国家出版基金项目
NATIONAL PUBLICATION FOUNDATION

海上絲綢之路文獻集成

總主編 陳支平 陳春聲

歷代史籍編 130

主編 范金民

海峽出版發行集團
THE STRAITS PUBLISHING & DISTRIBUTING GROUP
福建人民出版社

「十三五」國家重點圖書出版規劃重大出版工程規劃項目

國家新聞出版改革發展項目庫入庫項目

國家出版基金資助項目

本册目次

〔民國〕膠澳志十二卷末一卷

趙琪修　袁榮叜纂

［民國］《膠澳志》十二卷末一卷，趙琪修、袁榮叜纂。琪爲山東掖縣人，曾任膠澳商埠局總辦。榮叜爲浙江桐廬人，曾任山東省教育廳廳長。是志爲青島開埠以來首部志書。分沿革、方輿、民社、政治、食貨、交通、教育、建置、財賦、人物、藝文、大事記等類，凡十二卷五十四目，附圖八幅。不泥於舊志體例，殊具特識，考據往昔，記述近事，如德人租借、日本佔據、中國收回之始末，均極詳明。據中國國家圖書館藏民國十七年（一九二八）排印本影印。

膠澳志

［民國］膠澳志　序

膠澳志序

膠澳一商埠也轄境幅員不及一縣疆域分析僅二十年言其地不爲廣也考其歷史不爲遠也然而德人租之於先日本占之於後合全國人民之呼號奔走與二三友邦之協助援應僅乃光復故土迄於今茲舉世之人鮮不知有膠澳者以彈丸一隅之地而重逾千里之方州以三十年之一瞬而經過亘古未有之變遷是亦特殊之史局矣我國鑒覆車之前失顧來軫之遠慮市

政訂有專章全區闢爲商埠通貿遷於世界保東亞之和不誠以收復領土此爲先驅世論紛紜方以斯埠之盛衰卜中國之治亂關繫之艱且鉅也如是顧開埠期年長官數易留後相推湯沐同視琪以十四年七月受任涖膠承庫儲屢空之後値四郊多壘之秋僅保治安未遑進取三年以來謀之不就籌而未行清夜捫心引爲隱憾者亦以多矣然而求治之心未敢少懈間嘗考求埠政利病有所計議興革乃知爲政之要貴鑑往以

察來進化之端由革新以存古前年嘗屬寅僚編輯檔案成膠澳行政概要及膠澳法令彙纂各一册又念膠澳歷史既甚繁賾內則百端待舉外則懸案尚多修志一事尤不容緩乃于上年謀之閤埠紳商咸以爲然采訪既久徵集未周今夏乃聘袁君榮叜專司編纂並屬寅僚唐君廷章馬君天徠共爲參訂袁君出其舊藏益以調借所集圖書不下百種又復訪之耆舊廣事徵求稽以案牘相與引證考志乘之成規訂纂修之義例四

閱月而成書計分十二門五十二目舉夫沿革之變遷政事之得失典章文物利弊情僞畧具於斯後之來者考鏡往跡式煥新猷庶幾文獻可徵而因革有據則區區修志之微意也夫

民國十七年十月掖縣趙琪序

體例

一正名實　歷來言方志者或目爲郡國外史或指爲地理圖經義例紛紜頗滋聚訟實則縱之爲歷史橫之爲地理互爲附麗自古已然書經史也而有禹貢史記漢書史也而有八書十志後之史家偏重人物傳記而輕視典章文物之大經大綸于是通典通志通考與通鑑正史分道揚鑣三通者今之文化史經濟史法制史政治史而方志之所從出也

一辨宗旨　方志者地方之公史文化經濟法制政治則人民共同之動作也公史之作爲羣衆非爲个人司馬遷作游俠貨殖列傳所以見一世之風尚非徒以傳朱家郭解陶朱公之事跡也公史之作爲將來取鑑非爲既往留芳彼逝者已成陳跡榮辱得失何關痛癢惟後人鄭重其事乃引以爲現在之師資與未來之烱戒故曰史鑑鑑者爲人而鑑非爲鑑而鑑也古今之政事文章傳與不傳重與不重胥視此矣

一分門目　方志以記事實爲主事實繁賾則不得不類聚而羣分之故淸儒戴震修汾州志自謂無一定義例惟悉心於地理從其所便章氏學誠答甄秀才論修志書亦曰例以事起是知後之述作同者固不必立異異者亦不可强同茲編就本埠之事實參舊籍之規程分爲十二門曰沿革疆域分析之原起也曰方輿人民社稷之所憑依也曰民社文化經濟法制政治皆人事也無人則無歷史無國家故民爲邦本也曰政治有土有人不可無政治組織商埠者國家政治之分支所以治斯土理斯民者也曰食貨禹修六府以利用而厚生洪範九疇首言食貨蓋爲政始於養民因所利而利之是善養者也曰交通置郵傳政貿遷有無胥賴于交通也曰教育知識爲事業之原而倫理爲人羣之本也曰建置市廛溝渠修人功以供公用也曰財賦公共事業非財不辦以公共之財供公共之用是則人民應盡之義務也曰人物所以表彰懿行昭示來茲以已故者爲限遵成例也曰藝文所以搜羅放失徵文而考獻也曰大事記編年以爲之綱以見時代之先後也每門內容繁頤更析子目各以類從自爲始末

一限時代　歷來方志敘事橫則限于管轄之本區縱則起於疆域之建始膠澳之分析疆界乃近三十年事修志自以近代爲主然既往之因革損益有考求之必要者亦應存錄膠卽舊志兼綜中外羣書量爲要删以明原委

一明去取　政事文章相爲表裏方志之作記事貴詳贍而行文尚簡要文簡而事賅斯爲得要古來政書纖悉盡致者莫如周官故賈誼曰古人之治天下至纖至悉今之文明國家保育政策不外於是方志亦政書也事有關於國故民生者縱屬胥吏戶版之籍市井泉貨之簿纖悉皆所當存若其否也雖有鴻文鉅製亦當屏而弗錄且在本區是爲創作採訪雖殷徵求匪易與其遺漏致來者歎爲無徵毋甯廣存俾後人資以删訂

一辨體裁　自來古文家數分類綦繁卽以方志而論典略考紀名稱攸殊實則司馬遷之八書班固之十志杜佑之典鄭樵之略馬端臨之考名異實同原不必拘于文字今茲所修概謂之志至於圖譜之用所以濟文字之窮有時千百語不能明者一經表諸圖譜則統系爛然經緯畢顯司馬遷鄭樵最重圖譜而近世以統計爲專門之學雖其數字連篇誦之索然無味然一經記載不爽黍銖譬之言重取喻泰山言細譬諸秋毫小曰無內微塵多曰恆沙無量非不善於形容極文章之能事然終不如毫釐丈尺十百萬千之爲確實而明顯也茲編限于人事時間不克廣事繪圖惟有多作譜表雜於文字述作之中文譜兼行庶幾左圖右史得以互相發明也

一嚴論斷　孔子作春秋以書法寓褒貶是爲史家論贊之所由起蓋以見一世之公論非執筆者所得而隱揚也後世鄉愿之流詭曰方志有美無刺稍存諒直禍及其身於是修志乃爲是非之門而所修亦終不能見信於後世今茲修志既以文化經濟法制政治爲主不涉及人物之臧否惟一方之利弊情僞亦應有所論列庶幾示己往之得失作來者之師資

一原述作　歷史記述傳聞貴有根據故歷來方志之作間或逐條注明來歷顧一事雜見羣書而所述互有詳略采其一而屏其餘是爲闕漏同一事而繁引多條又嫌

重複惟有參錯羣書俾得長短相補故句句必有來歷則可而句句必著來歷則不勝其煩矣史記之文多集尚書國策而班固漢書亦嘗襲司馬遷之陳文間或典竄數語自成一家之言遷固未嘗自明所引何書後世並不因其未注來歷而斥所言爲無據近人箸述輒于卷端彙列參考書目蓋以見述作之淵源並示發明之塗徑也茲編所述凡引用原文者書據某書所載引證所記事實而典竄其文句者書見某書其有詮次羣書鎔爲一冶者則於各篇端末注明本篇本節取材采自某某等書擇要記之亦不能備舉也

膠澳志篇目

膠澳志卷一

沿革志一　歷代設治沿革

膠澳區轄境之青島市李村鄉區昔屬卽墨縣之仁化鄉陰島屬里仁鄉而薛家島則屬膠州霑化鄉辛林社小石頭黃島屬膠州霑化鄉安林社塔埠頭屬膠州濟實鄉海林社考卽墨縣志載卽墨禹貢青州之域古東夷地周爲夷國後入齊爲卽墨以地臨墨水故名在今平度州東南八十里古縣朱毛城故址猶存田單破燕兵於此秦屬齊郡西漢屬膠東國高帝元年項羽徙田市爲膠東王都卽墨漢文帝十六年封齊王肥之子雄渠爲膠東王七國之變膠東王反國除爲郡漢景帝復封其子寄爲膠東王迄於新莽廢膠東王殷爲公國除爲墳夷東漢以卽墨隸北海國三國入魏隸濟南郡晉仍之劉宋屬北海太守元魏隸長廣郡高齊省卽墨縣入長廣縣周因之隋開皇十六年復置卽墨於今治在舊城東南八十里不其東北二十七里隸東萊郡歷唐晉五代俱仍隋宋金因之元初改隸膠州至元二年廢卽墨縣析其地入掖縣膠水隸萊州領

於般陽府路明初升萊州府而以卽墨縣屬於萊州府下之膠州淸乾隆間直隸萊州府

按今之卽墨與古之卽墨轄境頗有出入今之卽墨設治始於隋實奄有漢之不其皐虞兩縣之全境及壯武縣之一部而漢魏晉之不其皐虞壯武三縣轄境旣有分合隸屬亦頗參差淸代葉圭綬續山東考古錄謂「卽墨地在漢屬徐州琅玡郡不其縣皐虞縣及青州膠東國壯武縣不其縣故城在今縣治西南二十七里卽今之不其社皐虞縣故城在今縣治東北五十里卽今之皐虞社壯武縣故城在今縣治西六十里卽今之南古城也在後漢爲青州北海國壯武縣及東萊郡不期縣在魏與晉不期屬長廣郡壯武屬城陽郡」又謂「卽墨在周末必非夷地而縣並非古卽墨」又謂「縣志所載自高齊以前皆古卽墨沿革」葉氏據漢書三國志晉書及通典文獻通考等書以爲考較所述爲精確也

又淸代顧祖禹讀史方輿紀要載「膠州春秋介國地戰國屬齊漢屬琅玡郡後漢屬東萊郡晉屬城陽郡劉宋屬高密郡後魏嘗置膠州隋屬密州唐宋因之元至元十二年置膠州於此隸益都路明洪武初以州治膠西省入屬青州府九年改今屬領縣二」顧書所記如是其後淸又改膠州爲散州淸末復爲直隸州而膠澳已劃爲租界矣方輿紀要又載「州東南九十里有薛家島橫伏入海每爲行旅患」又明史載「州東南百里有馬家濠長三里餘夾兩山中南北俱接海口嘉靖十一年巡按方遠宜議開新河以馬家濠數里皆石岡爲患臬使王獻鑿而通之十九年獻言元人海運自淮安循海而行至靈山之東浮山嶗山之西有薛島陳島石呀林立橫伏海中若橋號槐子口橋最險難越元人避之故放洋於三沙黑水直趨成山」云云蓋薛家島一地行舟視爲畏途由來久矣

以上所記歷代沿革略如是而就膠澳全區之形勢以探討其歷史上之地位大概漢唐以前設險在陸宋元而後置重在海蓋山東爲黃渤間之半島而卽墨薛家島又爲膠澳間之半島乃山東半島之一支具體而微者也半島之爲用以山爲裏以海爲表

土著之民每遇大陸民族之逼迫輒以此爲最後之根據地故燕之伐齊下其七十餘城而田單守卽墨一邑之地卒以存齊其後田橫之於劉邦至死不屈張步之於劉秀屢降復叛彼以一隅之地獨當初興之漢相持數年之久南北六朝膠卽尤爲用兵之地而歷來不逞之徒如晉之王彌魏之王伯恭明初之唐賽兒淸初之郭爾標亦嘗負隅倡亂聚衆弄兵雖賦性屈強亦憑藉險固也

洎人文進化海之爲用日廣半島介於內地與外海之間而爲之連鎖司其轉輸故漢唐有事遼東朝鮮輒以登萊爲根據地唐代留學印度之高僧與日本來學之僧侶亦恆取道於山東宋元明淸海運愈見重要故宋初置密州市舶司與廣州泉州杭州明州（卽今之甯波）同司南洋之互市考宋史食貨志載「神宗元豐五年知密州范諤言板橋鎭瀕海東則二廣福建淮浙西則京東河北河東三路商賈所聚海舶之利顓於富家大姓宜卽本州市舶司板橋鎭置抽解務六年詔都轉運使吳君厚條析以聞元祐三年諤等復言廣東福建淮浙賈人航海販物至京東河北河東等路運載錢帛

絲縣貿易而象犀乳香珍異之物雖嘗禁㩁未免欺隱若板橋市舶法行則海外諸物積於府庫者必倍於杭明二州使商舶通行無冒禁罹刑之患而上供之物免道路風永之虞乃置密州板橋市舶司賈人由海道往外蕃令以貨物名數幷所詣之地報所在州召保毋得參帶兵器或可造兵器及違禁之物官給以劵擅乘船由海入界河及往高麗新羅登萊州境者罪以徒」又考讀史方輿紀要膠州條下載「膠西廢縣今州治隋開皇十六年置屬密州唐武德六年省縣入高密以其地爲板橋鎭宋元祐二年復置膠西縣仍屬密州」又云「宋史載膠西當登州甯海之衝百貨輻輳李全使其兄福守之爲窟宅多收互市之利元置膠州治此」蓋宋都汴州(今之開封)海外往來以膠澳爲最捷且遼金方强登州海口非宋人所得利用元明淸建都北京軍糧民食仰給南方海運安危事關國脈而膠澳乃南北航海之所必經膠澳口外星羅棋布之小島實航海者避風供水之福星元代海運糧舟大都出江淮經膠州成山赴直沽盛時歲運三百六十萬石南洋蕃貢亦循此道明洪武都南京猶歲運七十萬石以濟遼東軍食以是膠州愈爲商賈薈萃船舶輻輳之所聞膠澳父老言三十年前閩浙貨船猶得乘潮直抵膠州南門其後膠萊河口日淤始以塔埠頭爲泊船卸貨之所今則塔埠頭之市街逐年外移由膠州境而遷入膠澳境矣

明之中葉倭冦爲患江浙閩粵沿海各州縣屢受其擾山東之登萊二州亦復一再波及故沿海擇要設戍烽火相望而明初所設沿海衞所愈見重要明史稱靈山衞在膠州東南九十里城周三里依山環海最爲險固卽今薛家島西南境也其在卽墨境者爲鰲山衞設指揮使三員及指揮同知千百戶等三十員衞兵一千餘名大船哨船快船若干艘而縣南八十里有浮山寨備禦千戶所隸鰲山衞其地卽今之浮山所也又置卽墨營初在縣南七十里金家嶺寨宣德八年移置縣北設守備一員兵九百名是爲登州三營之一讀史方輿紀要謂「膠州卽墨皆迫近海灘而卽墨南望淮安安東東海衞所諸城左右相錯如襟喉關鑰倭若犯淮則漸必犯萊矣故登萊三營之設卽墨一營視登州文登二營尤爲切要」又云「黃島在膠州東南六十里海中舊有居民

後因倭冦其地遂墟」於是可見膠澳之形勝重要與密州市舶所以中衰之故蓋明因防倭而嚴海禁且膠萊運河未獲成功海運亦不盡集於此然有淸一代仍於卽墨境設運倉四其一在浮山所倉置倉大使浮山所又設巡檢一員並調膠州陸右營移駐卽墨縣城設參將一員又分靈山衞唐島口柴胡蕩古鎭口夏河所頭營子麻灣口(麻灣卽膠州灣)會海口(卽墨舊志載會海口女姑口均距縣治西南四十里)共七汎各設千總一員而設膠州鎭於膠州其後膠州鎭裁改隸登州鎭洎光緒十年越南之役閩粵海軍既熸於法乃設海軍衙門以奕譞李鴻章主其事購戰艦飭海防於是出使大臣許景澄條議海軍事宜力言膠澳形勢險要且爲西人垂涎請闢爲海軍屯埠以防未然御史朱一新亦以爲言原摺發交李鴻章核議乃派道員劉含芳總兵琅威理莅膠察勘琅就軍事立論主張築堡設防劉就財政立論謂宜先固旅順威海而置膠澳爲緩圖誠以旅順威海扼渤海之門戶視膠澳更爲重要兼之海軍經費移用於頤和園奕譞李鴻章不敢諍而財力又不能兼顧卒采劉議設機廠船隝於旅順設海軍病院水師學堂於威海衞而置膠澳不用然鴻章意未忘之也十七年五月海軍演習事竣鴻章因偕山東巡撫張曜莅膠巡視乃調登州鎭總兵章高元率兵四營移駐膠澳高元建牙門於青島村天后宮側卽俗呼老衙門者也又相地於青島山及團島(舊名泥窪村)築土壘設砲台置驤武廣武砲兵等營相傳今之魚山路日本中學卽砲兵營故址警察廳卽驤武營故址車站前第五公園乃廣武營故址也又用旅順船廠鉄材築南海棧橋以便軍旅起卸後經德人續修以迄於今青島村初爲漁舟聚集之所舊有居民三四百戶大都以漁爲業今之天后宮太平路一帶乃三十年前泊舟曬網之所章高元駐兵而後漸成爲小鎭市矣

是時膠澳一隅久爲中外所注目英艦數來游弋俄艦於冬令時亦頻來寄泊千八百九十六年淸廷派李鴻章與喀西尼訂立中俄密約允俄國於有事東洋之際租借膠州灣十五年(中日書籍多有此項記載然迄未見租約明文據許文肅公遺稿載光緒二十一年許景澄嘗因俄艦來膠寄泊與俄交涉俄外部答係暫停一俟海參崴開

凍必卽駛回又德外相馬沙爾要求海口以俄爲例許景澄答以俄艦暫停並非借地云云可知此項要求並未成爲事實）而德人黎希特霍芬於千八百六十九年游歷山東內地於礦山物產調查綦詳盛爲稱譽以是德人愈益垂涎千八百九十七年以前德國政府已屢次命其東洋艦隊司令查批之提督一再調查膠州灣附近山東半島之經濟狀況軍事形勢繼又派著名之河海工程專家佛朗求司於千八百九十七年更於技術方面加以精密之調查是年八月作成極詳密之報告書於膠州灣之位置形勢面積港口島嶼氣候風位潮流潮汐差度海水所含鹽分及動植物水深之增減泊錨地海岸高低地質飲水住民商業交通漁業牧畜農業道路航路房舍建築材料工業車站地點罔不詳密調查切實研究小而一塊礁石一片沙土此後如何利用大而鐵路航路船塢如何設備以與香港上海競爭逐條計畫以立日後建設之基礎蓋其處心積慮存之已久而外患之可畏正在此而不在彼也

沿革志二　德人租借始末

租借膠澳者德人也而所以釀成膠澳之租借者乃列強競霸之趨勢使然非僅出於德意志一國之野心故租借膠澳之利害不僅中國有喪權失地之憂而且影響世界之和平明夫此而後可以知德人租借日人占據中國收回之顚末蓋自十八世紀以來歐洲列強競以殖民海外爲務亞美非澳四洲罔不受歐人之割據其後北美合衆國獨立乃樹孟羅主義以維持南北美之門戶自是以殖民爲務者專意東向顧非澳二洲瓜分豆割局勢已定于是競以中國爲衆矢之的其始歐人之觀測中國尙不若日本之精密故未敢顯然挑釁無故興師泊甲午中東之役中國一戰而敗于是四圍之高氣壓乘勢壓迫倡言瓜分毫無忌憚而俄德英法四國尤爲虎視眈眈俄藉索還遼東之功而攘取旅順大連灣法取廣州灣英取威海衞德人初謀定海憚於英人繼圖南澳日照（千八百九十五年冬德政府委漢納根調查南澳地方情形又派軍艦赴金門島登岸測量翌年李鴻章專使赴歐德之外相馬沙爾嘗向李之參贊稅務司德璀琳示意要求一海島或口岸儲煤屯船以爲商加關稅之條件以上均見許文肅

公遺稿）或珠江下流之喇叭島均認爲不適用最後乃選定膠州灣適于一千八百九十七年十一月一日曹州鉅野縣發生教案德國教士二人被殺德國乃藉此口實占據膠澳十一月十三日德艦隊司令棣利士率軍艦三艘開抵膠澳初猶欺我守將章高元謂係上岸試操翌日未曉登陸則逕行占據市內險要列砲對章高元之大營（俗呼老衙門）要以三時間以內退至滄口嗣又逼其退出李村一方則續派其亨利親王組織第二艦隊迅駛來東而於亨利未至東方以前德使海靖猶以虛與委蛇之手段與清廷交涉提議六條要求罷免負責之山東巡撫賠修被燬教堂撫卹被害教士及中德合資築路開鑛賠償兵費保障教堂以後平安等項比及亨利之艦隊已抵東方海靖又藉口於曹州有再燒教堂之謠言而要求膠州灣之租借權是時俄之與德久有成約英法亦已默認清廷對內對外無所措手不得已於清光緒二十四年二月十四日卽西歷一千八百九十八年三月六日結中德兩國之膠澳租約由李鴻章翁同龢與德使海靖簽訂茲錄條約原文如下（此項條約依據我國外交部出版官書與坊間出版之節本譯本稍有出入）

膠澳租借條約十欵

山東曹州府教案現已商結中國另外酬德國前經相助之誼故大清國國家大德國國家彼此願將兩國睦誼益增篤實兩國商民貿易使之格外聯絡是以和衷商定專條開列於左

第一端　膠澳租界

第一款　大清國大皇帝欲將中德兩國邦交聯絡並增武備威勢允許離膠澳海面潮平周遍一百里內准德國官兵無論何時過調惟自主之權仍全歸中國如有中國飭令設法等事先應與德國商定如德國須整頓水道等事中國不得攔阻該地中派駐兵營籌辦兵法仍歸中國先與德國會商辦理

第二款　大德國大皇帝願本國如他國在中國海岸有地可修造排備船隻存棧料物用件整齊各等之工因此甚爲合宜大清國大皇帝已允將膠澳之口南北兩面租與德國先以九十九年爲限德國於所租之地應蓋礮台等事以地棧各項護衛澳口

第三欵　德國所租之地租期未完中國不得治理均歸德國管轄以免兩國爭端茲將所租各段之地開列於後一膠澳之口北面所有連旱地之島其東北以一線自陰島東北角起至勞山灣爲限二膠澳之口南面所有連旱地之島其西南以一線自離齊伯山島西南偏南之灣西南首起往笛羅山島爲限三齊伯山陰島兩處四膠澳之內全海面平現在潮平之地五膠澳之前防護海面所用羣島如笛羅山炸連等嶼至德國租地及膠澳

周遍一百中國里界卄將來兩國派員查照地情詳細定明在膠澳中國兵商各船與德國相交之國各船德國擬一律優待因膠澳內海面均歸德國管轄德國國家無論何時可以定妥章程約束他國往來各船此章程即中國之船亦應一律照辦另外決無攔阻之事

第四款　膠澳外各島及險灘德國應設立浮樁等號各國船均應納費中國船亦應納費爲修整口岸各工程之用其餘各費中國船均無庸納

第五欵　嗣後如德國租期未滿之前自願將膠澳歸還中國德國所有在膠澳費項中國應許賠還另將較此相宜之處讓於德國德國向中國所租之地德國應許永遠不轉租與別國租地界內華民如能安分並不犯法仍可隨意居住德國自應一體保護倘德國需用地土應給地主地價並中國原有稅卡設立在德國租地之外惟所商定一百里地之內此事德國卽擬將納稅之界及納稅各章程與中國另外商定無損於中國之法辦結

第二端　鐵路鑛務等事

第一款　中國國家允准德國在山東省蓋造鐵路二道其一由膠澳經過濰縣青州博山淄川鄒平等處往濟南及山東界其二由膠澳往沂州及由此處經過萊蕪縣至濟南府其由濟南府往山東界之一道應俟鐵路造至濟南府後始可開造以便再商與中國自辦幹路相接（此後段鐵路經過之處應於另立詳細章程內定明）

第二款　蓋造以上各鐵路設立德商華商公司或設立一處或設立數處德商華商各自集股各派妥員領辦

第三欵　一切辦法兩國迅速另訂合同中德兩國自行商定此事惟所立德商華商公司造辦以上鐵路中國國家理應優待較諸在中國他處之華洋商務公司辦理各事所得利益不使向隅查此款專爲治理商務起見並無他意蓋造以上鐵路決不佔山東地土

第四款　於所開各道鐵路附近之處相距三十里內如膠濟北路在濰縣博山縣等處膠沂濟南路在沂州府萊蕪縣等處允准德國商開挖煤觔等項及須辦工程各事亦可由德商華商合股開採其鑛務章程亦應另行妥議德國商人及工程人中國國家亦應按照修蓋鐵路一節所云一律優待較諸在中國他處之華洋商務公司辦理各事所得利益不使向隅查此欵亦係專爲治理商務起見並無他意

第三端　山東全省辦事之法

在山東省內如有開辦各項事務商定向外國招集幫助爲理或用外國人或用外國資本或用外國料物中國應許先問該德國商人等願否承辦工程售賣料物如德國不願承辦此項工程及售賣料物中國可任憑自便另辦以昭公允

以上各條由兩國大皇帝批准中國批准之約到德國柏林之後德國批准之約交給中國駐德國大臣收領作爲互換之據

此專條應繕四分華文德文各二由兩國大臣畫押蓋印各執華德文一分以昭信守

上項租約初次磋議時本有租期五十年之議嗣以德使海靖食言我國當局不敢與之爭執且海靖最後之要求與彼初次送交之圖亦有參差故海靖於光緒二十三年十二月十九日致我國總理衙門照會有第二款地圖微有參差前交之圖不過大略並非卽照此圖定界等語而總理衙門是月二十三日答覆照會則謂查原送約稿既有膠澳周遍一百里之說無論地圖詳略自當照約定界笛羅山炸連嶼本衙門並不爭執云云可知笛羅山炸連嶼亦屬最後額外之要求而租約第三款第五項所稱膠澳之前防護海面所用羣島如笛羅山炸連等嶼一語尤屬含糊漫無限制德使之强橫狡詐總理衙門之顢頇懦弱概可想見其後我國派道員李希杰彭虞孫充劃界委員與德國所派之膠撫羅紳達少佐代莫林及法勒根漢三員於旬日之間將兩項界址忽忽劃定更屬惟命是聽草草了事以致塔埠頭地方德人亦謂係在潮平之內實則塔埠頭地方當日既有鎭市萬無於潮平線內建屋設肆之理我國委員事前不作準備當時又不加考察是皆外交失敗之前車也兩國劃界委員於是年七月初六日

卽西歷八月二十日簽訂租地合同是年八月二十一日卽西歷十月六日簽訂潮平合同及邊界合同茲分錄如下

租地合同

第一款劃定入膠澳向北德國租界地界從勞山灣東半島東北角起由此界綫大概至山嶺到岔澗山上山口止對白沙河河澗到膠澳向陰岔東北角兩國劃界官員帶同地保鄉約詳細定立界石

第一界石立在勞山灣半島東北角

第二界石立在磚塔嶺西南山口之山神廟側煤窰磚塔嶺均在中國界內烟雲澗南窰均在德國租界內

第三界石立在狗皮嶺之北約一百步隨卽前往嶺尖定立

第四界石立在岔澗廟東北偏北距廟約中國二里計德一千二百邁當

第五界石立在第四界石東北嶺上此處有山澗直達白沙河大河東椒澗大按子村鳴紅澗村岔澗廟均在德國租界內

第六界石立在河東東北約中國二里計德國一千二百邁當

第七界石立在第六界石偏北相距約中國二里計德一千一百邁當北塢王哥莊大路之間雙石屋河東河西暨北九水廟蔚竹庵均在德國租界內自此至山嶺上劃清界限至第八界石

第八界石立在薛家莊王哥莊大路之間距薛家莊約中國三里計德一千八百邁當往東北至薛家莊地界爲限榜石（卽棒石）北烏薛家莊均在德國租界之內

自第八界石起其界綫劃於山嶺白沙河北岸此嶺卽爲以下之界綫（甲）尖石係第一綫在老虎澗西口大路中間小壇之前偏東二十九度第二綫自白沙河外灣老虎澗村之西偏東五十五度（乙）爲圓山頭上有松樹第一綫在香裡楊家村大路之間過白沙河偏東三百四十五度第二綫在康公祠前石牌樓楊家村華陰集大路之間偏東七十三度大老村（卽大嶗村）老虎澗香裡梁村楊家村均在德國租界之內此界按照以上情形定立以免將來分劃村田致有爭端

第九界石立在路裡楊家村之間康公祠之西距乾河之東約六十步計德五十邁當自此向南定於華陰集楊家村之大路北向正西乾草地上再往南至白沙河定立

第十界石立白沙河北岸楊家村康公祠在德國租界之內華陰集路裡仍在中國界內自第十界石其界綫沿白沙河北岸至十一界石

第十一界石立在華陰集之西南白沙河南岸所以第十一界石立在南岸之故因河中旱灘仍屬中國自此界綫在旱灘南岔白沙河北岸至第十二界石在白沙河北岸附近九家莊立定所以白沙河之旱灘華陰集九家莊仍在中國界內

第十三界石立在白沙河北岸沙溝赴霞莊之渡口沙溝在中國界內霞莊在德國租界內

第十四界石立在北沙河北岸埜裡赴黃埠之渡口埜裡古鎮在中國界內黃埠在德國租界之內

第十五界石立在白沙河北岸古鎮赴黃埠之渡口

第十六界石立在白沙河北岸流亭赴勾塔埠之渡口距碧陰庵偏西約一百五十步計德一百二十邁當所以流亭在中國界內勾塔埠在德國租界內

第十七界石立在白沙河北岸太商赴勾塔埠之渡口太商仍在中國界內

第十八界石立在白沙河北岸白沙村赴勾塔埠之渡口白沙村仍在中國界內

第十九界石立在白沙河北岸白沙村赴仙家寨之渡口仙家寨在德國租界內

第二十界石立在白沙河北趙村赴宋哥莊之渡口趙村在中國界內宋哥莊在德國租界內

第二十一界石立在白沙河北岸港東赴女姑之渡口港東在中國界內藍家莊後路均在德國租界內

第二十二界石立在白沙河北岸向陰島東北角膠澳漲潮之處

第二款畫定入膠澳向南德國租界地址從齊伯山（卽黃島）西南偏南海岔壕北頭由運河往西至壕北頭界限指向壕窪往南至運河離官廳向東北偏北四百邁當再沿運河西岸至靈山衞薛家島石橋之處由此越壕南頭地界至海由此向笛羅山從薛家島往西南至半島均在德國租界之內

第一界石立在齊伯山（又名黃島）西南海岔

第二界石立在運河中游

第三界石立在靈山衞薛家島大路中間近運河之壕北頭壕窪壕南頭三村均在德國租界內張家灣官廳焦家莊均在中國界內

此項合同應繕兩分中德官員各執一分

潮平合同

第一款黃島陰島現定和約第三款之三業已載明

第二欵由膠澳漲潮之處卽白沙河入膠澳至二十二界石起轉灣至黃島西南偏南海岔立第一界石之處在現畫之地圖有藍道者卽爲界綫界限之處列左

從白沙河北岸河邊界石起向北至海邊土壩至王家女姑西距該村二百邁當由該處對海邊平地往西北偏北至海邊之土壩至前海之土壩從此界線至南灣西南偏南距該村一千四百邁當由此界線向西北至鐵家廟由該處轉西面向下崖西南偏南之土壩至枯草從此界綫向東南偏南前有平地後有水壩至旱灘之處至陳哥莊東五百邁當由此界綫從平地在此地設立之界石三箇在馬哥莊去陰島之路中間該處係漲潮之地再往西南偏西至易見之旱灘距王家莊西南九百邁當從旱灘對土坡向北約一千二百邁當由此界綫向西越平地一千八百邁當向西南一千八百邁當至商家溝之水壩由此向西南偏南至潮海西之旱灘由此界綫往西至沽河往前約一千六百邁當至水壩後有一千二百邁當至平地至西南之水壩從沽河界綫往北二千二百邁當至東河岔岸上有房由此界綫向西北至沽河西岔之橋在塔埠頭北由此至河堤之橋由此堤至周家村所有塔埠頭全島統在潮平界內在沽河東岔岸上有小房在此設一界石塔埠頭北邊有橋處請立界石由此界綫往南距營房不遠從平地至東營坡由此界綫往西至後王河由此界綫過平地往南至龍泉孫家由此界綫往東南偏東前有水壩至大般家後有平地至大石頭由此界綫向西至徐哥莊東四百邁當至黃島西南偏南之海岔之第一界石由此界綫距鹽灘東南偏東三百五十邁當距陳家港頭往東八百邁當距于家莊往東六百邁當距車子嶺往東四百五十邁當于家河之北綫在水壩上由薛家島向西南之海灣漲潮處均在德國租界之內至海岔內之小島均在中國界內

第三款膠澳前一百二十一經度（卽倫敦觀象台數）至北半球緯度三十六度十分距三十五度四十分中間笛羅山炸連島加帝廟島及羣島均係德國租地

此項合同應繕兩份中德各執一份

邊界合同

合同劃定離膠澳海面潮平週遍一百里邊界係中國里其界綫自南羣從客旅店集下流之河入海之地起由

此往西北到南羣埠西中間之路在埠西東過路其埠西仍在一百里邊界之外再向龔家莊東角由此到楊拉練東角其龔家莊楊拉練係在一百里邊界內從楊拉練之大路過香山夏家莊店埠蔣家莊至大路過小姑河係在一百里邊界內向往平度膠州兩處之大道距白河廟向北三里再過往平度膠州之大道又從長嶺高密之大路距馬哥莊西四里其馬哥莊在一百里邊界內由此往西南距夏埠偏西十四里之處向南相州集偏西二十八里向諸城舖上集之大路在華耀東過路其華耀亦在一百里邊界外往南至臯華練偏西三十四里向東南鹿居澗南石橋距邊界向西三十四里過泊裡程家練之大路其聶家村在一百里邊界內往東南至海南灘在一百里邊界內惟週遍一百里之邊界現經兩國官員和衷商確無用設立界石

此項合同應繕兩份各持一紙

除上項界約之外中德間之交涉較爲重要者厥惟稅關路鑛及膠高撤兵三事考其原委分述如下

（甲）中國在青島之設關徵稅　清光緒二十五年卽西歷一千八百九十九年由我國總稅務司與德使海靖會訂辦法二十條其中重要之點有三卽（一）無論洋貨土貨運入青島口岸者免稅若進口洋貨復由膠澳租界運入中國內地進口土貨復由

膠澳租界轉運他口或出洋之時則由中國稅關照章徵稅但租界內所產土貨免徵出口稅（二）船鈔之收支及泊船規費等項不屬稅關管理（三）稅關及其職員宿舍均設於租界內蓋德人仿香港例以青島爲自由港凡在租界內銷用物品概不徵稅故膠海關之徵稅亦以租界運出爲限然免稅區域過於廣汎稅關雖設多數之分卡稽查仍不免於漏稅而距離較遠之地方往來檢查官商均所不便於是光緒三十一年卽西歷千九百零五年赫德又與德使穆默改訂辦法八條其要點有四卽（一）膠澳租界之免稅區僅以埠頭附近爲限除此以外凡入租界之貨一律照章徵稅但照章免稅之貨物膠海關亦屬一律（二）租界內製成之貨應完稅率仍照所用原料應完之數推算由稅關會同青島德員查核規定（三）中國允於洋貨進口稅項下歲提二成補助租界政費（四）此項特殊之徵稅辦法專適用於青島故德國官廳須竭力輔助稅關與以便利自改正徵稅之後不惟稅關管理稽查大形便利沿界設卡經費亦獲節省而華商往日麕集於稅關關卡以設肆營商者今則無其必要而散居於租界內故租界亦較前驟形發展矣

（乙）中德會訂之山東路鑛章程　清光緒二十六年二月卽西歷千九百年由山東巡撫袁世凱幫辦廕昌與山東鐵路公司總經理錫樂巴山東鑛務公司總經理米海里訂立膠濟鐵路章程二十八款鑛務章程二十款關於華人入股保護城池祠廟廬墓不得防礙以及購地付價勘路勘鑛中國地方官派兵保護德人在路鑛附近租賃民房由官代立合同路鑛職員由中國地方官發給憑單等項均有規定尤可注意者路章第十七款規訂自百里環界以外不准載運外國軍隊及其軍械萬一中外失和該路儻有爲敵人把持處所該公司卽失管路之權中國亦不認保護之責又路章第二十八款鑛章第二十款均有中國國家將來可以收回此項路鑛之規定其後宣統三年六月卽西歷千九百十一年七月山東巡撫孫寶琦又與山東路鑛公司訂立收回三路鑛權合同其要點有五（一）坊子現有鑛場淄川現有鑛場及由金嶺鎭沿膠濟路迤北三十里至張店止留爲公司專辦鑛界均繪圖列界爲據此外中國從前允

辦之權濟津浦膠沂三綫沿路三十里之鑛權均行取消（二）博山境內鑛產之全部及淄川南境之鑛場均歸華商開辦（三）坊子鑛場毗連安邱境內者公司情願讓出昌樂境內之荆山窪鑛產則以距坊子鑛直線十華里爲度仍歸公司保留（四）公司專辦鑛界內原有華商開辦之鑛一律停辦（五）金嶺鎭附近中國如設鐵廠可以合辦至是乃將漫無限制之鐵路沿線三十里內之利權收回而前此有名無實之華德鑛商共同開採之辦法亦得劃清界限而不相擾乃上項合同議而未簽値辛亥改革德人又復藉口延宕直至民國二年卽西歷千九百十三年孫寶琦復任外交總長與交通部一再敦促德使乃又提出濟順（濟南至順德新鄉之間）高徐（高密至韓莊）兩路之新要求許借德款修路而取消正德（正定至德州）開兗（開封至兗州）之舊要求以及膠澳租約第二端第一款所許德人修路之權利（卽膠濟路由濟南延長至山東界與由膠澳往沂州經萊蕪至濟南之一路）是年十二月德使始將千九百十一年七月所訂之鑛務合同正式簽字

(丙)膠高撤兵善後條款　前項路鑛章程於千九百年三月議訂實則德人所組織之路鑛公司於千八百九十九年六月十日既已先後成立是年九月卽行開工築路是年冬高密鄉民與德人衝突(見後文本篇第十八節膠濟鐵路項下)翌年又值義和團之變於是路工停止進行德人有所藉口派兵進駐膠州高密兩處直至光緒三十一年十一月卽西歷千九百零五年十一月始由山東巡撫楊士驤與膠撫汪然美隆訂立撤兵善後條款五條其要點有(一)所有膠州德兵卽時撤退高密德兵於半年以內分期撤退(二)此後百里環界內之鐵路一律歸中國地方官警官巡防保護並酌派巡隊分站駐守(三)德國在膠州高密兩處所修兵房按照原支實數除去折舊作價四十萬元由中國買回留爲地方公用由膠撫訂立賣契爲憑於是德兵退出高密膠州而膠濟鐵路沿線始歸中國巡防

此外尙有膠澳交涉章程乃清光緒二十六年卽西歷一千九百年山東巡撫袁世凱與膠撫葉世克之代表布德樂所商訂由中國派交涉委員駐紮青島專辦交涉兼司華人訴訟卽德人控告華人之錢債鬬毆交易竊盜各項案件均由交涉委員按照中國常例訊斷其有牽涉德人必須到案者由德國派員會審各按本國律例秉公處斷如有租界外逃犯遁入青島華人住所者中國交涉委員卽可逕派差役提解歸案訊辦所爭回之權利頗多乃値庚子之變葉世克延不簽約迄未實行因內政之紛更而致外交之延誤固不僅此一事已也

在德人心目中視租借同於割讓德國國際法學者斯忝皆爾博士指爲一蔽以面紗之割讓」然此乃彼愛國一念之私故爲此曲解耳德國於所租之膠澳每年須交付中國以額定之租金且按照中德兩國先後改訂關稅辦法中國所設海關依然設於膠澳租界照章徵稅是中國之政權依然存在彰彰明甚而德國方面對於租借地旣有不得轉租別國之限制租約期滿並有交還中國之義務但於未滿期以前交還則中國許以賠償耳又如中國人民之住居於膠澳租界亦規定於租約以爲根據非僅受德國法律之單純支配凡此皆所以證明租借之不同於割讓至於租約第三款所

載租期未滿中國不得治理云云乃根據下文以免兩國爭端一語而來表示中國之自行休止而已猶之國家劃一部行政權委之地方自治在許與自治之範圍內亦常聽自治之地方政府自爲運用然授受之根據仍在自治法自治法由國法規定故國家之主權依然存在也且中國常許俄國以借用膠澳十五年矣不期年而取消之改租於德是租借之非割讓更有實例可證矣德人雖以强力租借膠澳然其在膠澳之舉措於沿革上頗關重要且精密切實可取法者不少茲分端述之如下

(一)官廳組職　德國租借澳膠之約既成乃於一千八百九十八年四月二十七日宣言實行其保護權而置於海軍部管轄之下蓋德國之租借膠澳一以爲海軍在東亞之根據地亦藉此擴充其東亞之商務也而是時德國之社會黨頗不滿於其政府之所爲社會黨領袖李布克乃特嘗於議會指摘其政府極言窮兵黷武非德國之福而膠澳之占領乃以肇中國分割之端而擾亂東洋和平之局議員白拜而亦謂德之敵在俄與法占據膠澳徒使本國兵分力弱一旦有事不能兼顧終必棄之於人社會黨對於德國租借膠澳一事旣已頻加非難故德政府置之於海部管轄之下而直接於德帝以免諸事之掣肘膠澳巡撫以海軍將佐任之其待遇與東非洲西非洲加美隆三總督同其職權甚爲廣汎除郵政司法官吏直隸於本部外其餘胥聽膠撫之指揮膠撫之下分軍政民政經理工務四部一參事會民政部長之下又分警察局埠頭局港務局地理局戶籍局山林局華人政務局鴉片局屠獸所測候所及學校經理部則兼軍民各種會計及財務預決算工務部分建築築港二課水道電汽隸建築課築港土木隸築港課然實地執行之土木局經理局則直隸於膠撫法院之司法行政隸於膠撫而裁判則以德國之高等法院爲第一審中央法院爲第二審惟郵電事務直隸於德國之郵政總長參事會爲膠撫之諮詢機關以膠撫爲會長以海軍參謀長民政部長經理部長醫務部長土木部長及市民代表四人爲會員市民代表之參事會員四名一名膠撫指派一名由商會互選一名由地主互選一名由歐美商家互選但以德國人爲限關於預算之編制及法令之起草均由參事會協議然無議決權以此

市民屢發不滿之聲要以施行自治制俾市民自行管理市政迄未之許嗣於參事會有增加市民代表員額之議亦未見諸實行也

(二)立法手續　依照舊德國之保護地法德帝對於保護地有立法權除少數制限外得發布代用法律之教令且德國宰相海軍總長對於膠州灣之保護地均有發布命令之權膠撫因受德國宰相之委任對於下列各款亦有發布命令之權卽(一)關於中國人及有色人之法律關係(二)關於不動產之法律關係(三)書類送達(四)强制執行(五)裁判費用行政命令及警察命令對於違犯此項命令之人得處以三箇月之禁錮拘留罰金沒收等刑罰惟膠州灣之財政每年須編成預算經德國聯邦會議及國會之協贊以立法之程序行之

(三)行政事項　膠撫雖有廣汎高貴之行政權然歷來對於參事會之主張頗能容納民意市政之積極進行亦恆出於參事會之主張且於參事會之外更有學務委員地價評定委員貧民及寺院問題等項委員之組織使市民於行政各方面多得參預

之機會雖未實行市自治然能以官治發展自治其方針顯而易見也關於華人之行政另設華人政務司初與民政部對立繼改爲部內之一局並另設華人之諮詢機關在一千九百二年四月規定華人委員會初稱中華商務公局計委員十二名內六名爲山東籍三名爲他省人三名爲洋行買辦嗣以成績不良乃於一千九百十年以膠撫命令改爲參事四名由齊燕會館選出二名三江會館廣東會館各選一名而由膠撫任命之其任期爲一年是年當選者爲胡規行朱子興丁敬臣古成章四人也至於行政區劃則分爲青島李村二區區置區長以德人充之任區之行政受民政部長之指揮李村區長兼司警察青島區又分爲青島大鮑島小泥窪孟家溝小鮑島楊家村台東鎮掃帚灘會前寺九小區李村則分爲各村莊小區長及村莊長則以華人充之

(四)司法事項　司法事項依據一千九百年之領事裁判法而以命令補其不備關於商事則適用本地方之商習慣裁判手續華人與非華人有別對於非華人由獨立之法院司之用二級審判設有地方高級兩法院對於華人初由行政機關兼理司法

間亦諮詢於當地之紳耆其關於商事者則招華商會長及其他紳董而徵其意見嗣千八百九十九年四月改定新制關於華人訴訟亦分二級審第一審由青島區李村區工部局之推事或地方法院之第一二庭行之第二審則於高等法院行之對於華人之犯罪行爲適用三種法卽(一)對於膠撫所布之附以刑罰制裁之命令而違犯之者(二)依據德國之法律對於德國對於他人之健康生命自由財產所爲之輕重罪(三)妨害公安秩序之行爲(四)依照中國法律應予處罰之行爲

(五)警察事項　警察章程係以膠撫之命令公布青島區置警察署其下又分設大鮑島支署水上支署台東鎮支署竹岔島葉世克岬支署陰島支署紅石崖支署及滄口刑事分所台西鎮派出所四方派出所黃島派出所塔埠頭派出所亨利街派出所李村區則由李村工務局(日本謂之區役所上海謂之工部局)兼管警察事務並設李村沙子口滄口三支署青島李村兩署之警察共設德人警佐三十名華捕八九十名警察之職務更別爲保安警街路警交通警營業警山林及農業警食物及衛生警

僕婢警等項各項取締規則皆以膠撫命令頒布而警察則依據規則執行之

(六)財政　德人租借時期純以設立市政基礎開發實業爲務故租借地之經費歷年均由德國國庫補助計一八九八年至一九一三年共補助一億六千二百五十萬馬克而就地所籌之歲入共計三千六百五十萬馬克不及補助額四分之一惟因歷年樹立之基礎成効日著故一九一二年本埠已有六百二十八萬馬克之收入翌年又增至七百二十萬約占全收入額之十分之四要之德人對於膠澳租借地之財政有二事最可注意其一以國庫之財力培植膠澳而非以膠澳租借地反哺德國其二本埠收入七百萬馬克大部出之於官營事業之盈餘而租稅居其少數市民負擔既輕故工商業之發展自速青島以最後闢之商埠僅十五年間遂駕烟台各埠而上之蓋非無因而然矣

(七)土地政策　德人對於租借地之市政首先注意而堪爲之模範者爲土地政策凡在新闢商埠若不注意土地政策而放任其自然每每引起少數人之壟斷投機投

之不中則聽其荒置有礙進步投之而中則任意抬價加重居民之負擔以阻礙商工業之發展故市街地之公有已成爲近代之公例而研究最早措施得宜者實爲德人德人自千八百九十七年冬占領膠州灣之後卽禁止買賣土地而一面按照市價買歸公有對於一時礙難買收之土地則官廳保留先買之優先權迨至千九百二年漸次買收完畢乃以高價標售於民此項民置之地仍課土地增價稅按照轉售增價之利益課其三分之一特設土地局專司土地之買賣租賃而其對於土地之調查地租之整理土地台賬（中國之魚鱗册）之製作尤爲精密特設土地測量部土地登錄局專司其事德人所製之土地台帳只載市街地工場地農園地而牧場森林並未詳載然較之膠卽兩縣交割之魚鱗册已見整齊大約有稅地居其三而無稅地居其七也

（八）教育　德人原以膠州灣爲彼之殖民地對於華人之國民教育初不重視故所辦小學設備同於私塾惟千九百八年與我國學部合辦之青島高等學堂內分法科工科農林科設備完整頗爲人所稱道又於造船所附設職工學校於膠濟鉄路公司

附設職工養成所歷年造成優級工匠及下級路員爲數不少

（九）衛生　德人最注意衛生故對於飲水用之水道及排泄穢水之溝渠頗能注意建築對於傳染病之預防飲食物之取締汚穢塵芥之掃除醫師藥舖之取締均有嚴密之規則而該管官吏又能認真執行絕不視爲具文又於柳樹台設療養所（今仍存空屋一所已坍敗不少矣）沙子口設保養所而對於鴉片一項尤能實行禁止在千九百九年境外運入青島之鴉片尙有一千二百担嗣卽逐年遞減至千九百十三年入口僅有十六担此與日本占據青島時代所取方針正相背馳也

（十）建築　德人當年之青島市建築按其性質要可分爲四區一青島區大部屬官廳會社及歐美人之住所屋之高度以十八公尺爲限樓則限於三層以下建築面積應占宅地面積十分之六以下鄰舍中間之距離至少三公尺有窗之方面至少距離四公尺房屋之配置爲防冬季之北風故樓梯及附屬屋舍恒置於北方而寢室及居室恒置於東南方又以東南方夏期多東南風故恒置露台以承之對於强風及溫氣

亦有適當之防備又爲其有颶風驟雨故建屋務以堅固爲務膠撫所定之建築規則頗置重於衛生交通堅固防火諸要點而於外觀裝飾則不注重大鮑島區多屬華人居屋建築面積須占地面積四分之三以下住室之開闊面積須在五平方公尺以上鄰舍中間之距離至少三公尺溝渠設備整齊故於衛生防火二事頗得善果埠頭區則以船行進出口商行爲主而供職於埠頭之人員多居於此別莊區則在市之東南方與海水浴場競馬場接近多屬紳富別莊德之海軍兵營亦駐於此

（十一）築港　中國原設棧橋本在前海然據德人考查青島灣（卽前海）之前方無防風防波之具水之深度亦不敷用且潮流激急縱欲浚渫不久又復淤塞不適於巨船之停泊故佛朗求司調查之際卽認膠州灣之東岸（卽今之埠頭區）爲適於築港之地點又就水位水深風力風向地形地質各項詳細研究以爲膠州灣口有三百公尺之寬有團島岬海西岬爲之扼守由灣口向北有强潮流爲此冲成所謂滄口水道之深海而且有多數之岩礁及小島嶼可供築堤之利用故認爲築港位置此爲最宜

比及水深試驗之結果有四平方公里之區域須加浚渫而防波堤內達于岩石之地方潮退時尙有十公尺之深堤內之中央部則有十八公尺于築港愈爲便利

青島港又分爲大港小港船渠港而以大港爲主其工程頗有可觀初相地於膠州灣之東岸包容二百八十公尺面積二平方公里有半之海面築一圜形之長堤以灣內多西北風故築堤以防之北堤延長四千六百公尺利用散列之多數礁岩及小島嶼而結合之其間則投以巨石其初多采自勞山沿海一帶嗣于青島附近發見花崗石采用甚便南堤長一千一百公尺卽因堤身以築成第一碼頭膠濟鉄路之岔道由陸地直通至南北兩堤之盡端而於北堤之盡端附近塡築海面使成陸地於此設貯煤所造船所而聯之以一萬六千噸之浮船隖大港內之碼頭分爲三部一二碼頭共建蓋瓦貨倉七棟分租於各船行計亨寶船行二棟禪臣洋行二棟美最時洋行一棟磐城商會一棟餘歸亨寶太古兩行合租又於碼頭稍遠之處築貨倉十五棟分租於各商行一二碼頭之間可容六千噸級之船十二艘同時停泊然青島之貿進步甚速碼

頭仍覺不敷應用於是由德人商會建議于二三碼頭之間另築新碼頭及貨倉膠撫准于千九百十五年之預算列調查費四萬馬克專供新碼頭調查設計之用此項新碼頭之設計向第三碼頭方面長五百七十公尺向第二碼頭方面長四百七十公尺全身寬一百三十公尺並擬築三層樓或四層樓之模範貨倉用最新式之方法以行貨物之裝卸又擬於免稅區內增建貨倉若干以應商行之需要當年入港之巨船如亨寶行之克來布朗德號其排水量乃有二萬六千七百餘噸之巨額港內常設駁船之確數雖不可考然積載量五噸上下之駁船蓋有二百五十艘也

(十二)造船所　一萬陸千噸之浮船隖與一百五十噸之起重機是亦青島自豪之一端也浮船隖比日本川崎造船所之大船隖猶且過之起重機亦迥非大連之起重機所能比擬但以造船之事業不佳收入雖豐支出亦巨僅供德國艦隊使用此外惟斐律濱紐幾內亞及中國海軍訂造之小汽船與海關巡船而已造船營業既不發達職員轉以無事爲苦蓋青島造船所初爲造船技師奥師他之所經營業規模甚小以修船製造小艇爲主既而膠撫認爲有官設之必要乃于千九百年收歸官辦初僅職員百餘名嗣於大港防波堤入口之左方塡築海面設造船所於此建置浮船隖於其前方至千九百零六年竣工船隖之長一百二十五公尺外寬三十九公尺內寬三十公尺深十三公尺其容積能容一萬六千噸之巨船船隖之底層分爲相關聯之五部分壁上裝置電動機以報告船隖深淺之測度起重機以電運用上下能舉一百五十噸之重送至十二公尺以外如舉五十噸之重量可送至二十五公尺之遠例如長一百六十英尺排水一百五十噸之新造船可逕用此機舉而移置於水面其他如各種機械大砲等項以此機爲之起卸運用自如誠屬偉觀造船所浮船隖之建設費據膠海關稅務司歐美爾所言蓋用五千萬馬克約合華幣二千五百萬元浮船隖後爲日人移往日本起重機無可利用亦形同廢物矣

造船所擴張之後有德籍職員五十名華籍工匠一千六百名事繁時達三千名其中三百名爲造船所之工徒也工場分製罐鍛冶木工鑄鐵等項成積頗有可觀其營業

種類約分四項卽(一)船舶如貨船客船碎冰船海上曳船內河曳船煤油發動機船小艇等項(二)機械如蒸氣機械各種機械鑄造各種銅鐵器具裝修鐵機鍍金鍍銀鍍鎳等項(三)汽罐如船舶用及工場用各種汽罐(四)器具如最新式住室用傢具及公事房傢具木器各種其中船舶一項截至民國三年止承訂新造者二十二艘我國之舞鳳砲艦(鋼鉄質長三十八公尺寬五公尺深三公尺排水量二百二十噸速力十五海浬餘)卽屬青島造船所承造成績頗佳卽在千九百十三年一年中之造船修船成積計有膠撫訂造小汽船二艘南洋德領(卽紐幾內亞)訂造快艇二艘(每艘百零四噸)又航洋三桅帆船一艘西伯利亞訂造河川汽船一艘膠海關訂造巡船一艘其承修入隖之船則有大船五艘小船三十三艘亦有可觀者也

(十三)造林　德人素以善於造林著名其來青島也首以造林爲務組織農林局派有名之林業技師郝司來青慘淡經營十有七年昔日濯濯之牛山今乃成爲蒼翠無際之林區我國林業不發達之大原因由於鄉民無遠慮無公德且煤炭不足鄉民競以柴草供炊事之用樵採所及林木無從長養而且任意吸烟或焚草取暖在箇人乃偶然之過失而國家則受鉅萬之損失年來各省官私林業均以此爲最苦痛之一事德人初至青島造林亦卽注意於此一方嚴行取締一方宣傳種樹之利奬勵人民造林所訂保護林木各項章程頗爲完密造林地禁止吸烟有在林業地吸煙或遺棄烟捲之燼餘於林業地及樹林之近處者處以一元乃至二十元之罰金或二週間之拘留乍覩其立法之嚴厲可驚其防護之周密實可佩也至千九百十二年爲止農林局支出造林經費共計一百三十萬馬克官費造林約一千二百公頃(德文 HEKTAR 每公頃合我國十六畝三分弱一千二百公頃卽我一萬九千五百六十畝也)奬勵民造之林倍于此數並設單簡之森林學校訓練造林藝徒又設大苗圃培苗出售以廣布於民間而在技術一方面尤感困難者山枯既久歷年爲雨水冲洗岩石露骨而突出形成無數之谿谷犬牙相錯粒土無存德人於露骨之谿谷及豁裂之穴塡之以土而於傾斜之山坡分爲若干階段以防降雨時土砂之流散於風化花崗石之石地

則蒔草種以護土又利用崩壞之谿谷築多數之堤堰以蓄水用無量數之火油馬口鐵筒汲水灌漑亙於三百公頃（合四千九百華畝）之穉林以此得免枯損而轉以此多數長成之樹林防護谿谷之崩壞與土砂之流失於是原有之峻坂危坡幾經整理之後亦漸化爲勻配較緩之傾斜地而鄉民亦漸知造林之利益矣

德人之造林於青島實爲初創事業故處處均帶有研究性對於青島之氣候地質始終研究調查無少怠而其所植之樹非洲熱帶之種樹而外其餘各種林木無不廣爲試種前後至六百五十餘次之多然多不得良好之成績蓋青島之長期乾燥頗不利於試植穉樹之發育也顧德人不以此而灰心每年仍繼續替選二十種爲之試種北美東部之森林樹以及貴重有用之灌木百二十餘種均嘗試種並選溫暖而低濕之場所以供試種貴重植物之用菜圃試種菜蔬種類并對於特種植物設有旋轉玻璃之房溫室雖無蒸汽（俗稱斯汀）之設備冬令亦常保三度以上之溫度故熱帶之椰子樹等珍奇植物亦能生長苗圃則以工業用牧畜用之植物爲主烟草木棉樟腦橄

欖胡麻之類罔不試種其試種之結果均認爲有培植之希望也尤可記者爲梅他蒲來幾即蔦蘿之一種經某化學家之試驗認爲此種植物之纖維適於實用曾經試紡有類粗絹絲倘能試驗成功則補壁美觀之蔦蘿又成爲衣被蒼生之珍品矣

德人對於果木亦曾設植物園爲之試種先後取德國及美國加利福爾尼亞種計有七十三種之蘋果七十八種之梨累經試種之結果認爲土質氣候相宜者梨有八種蘋果十一種耳櫻樹最宜其成育茂盛者有四十八種之多梅樹於青島地質最不相宜莓類成績最優至於桃杏之屬鄉間久矣盛植葡萄栽培則烟台之張裕製酒公司試種業有成效故青島植物園不復予以試種矣

農林局尤爲熱心之一事在於試驗肥料以高深之學理作細密之研究其中最有效之方法如下掘土至公尺三寸五分之深滿塡雜草待此草腐朽與水相結化爲良好之腐土（德文HUMUS）五年後更掘至六公寸之深而翻置之則化爲沃壤矣

（十四）道路溝渠　青島多岡陵而少平地故市區之道路區畫當年頗具匠心凡屬交通頻繁之街道每每開山鑿石闢懸崖以通路削峻坂爲平坡所築街道分爲車行道人行道更於車行道之中敷以條石專供獨輪車之運行人行道砌石成之一等街路則用花崗石板及膠灰製（德文BETON）石板車道純用鋪石路面則用蒸汽壓路機壓令平坦勾配急而易爲雨水冲刷有崩潰之虞者則鋪以石塊又爲節費清塵兼使路面耐用持久故塗以柏油街道之管理修繕洒掃皆由工程局司之沿海岸設有喞筒以供洒街馬車汲水之用德人謂以海水洒街不惟節省清水（即飲料之自來水）且使路面常得潤濕也街燈多用煤油燈大街乃置白熱電燈

德人對於排泄物污水及雨水之處分頗爲周到在千九百零一年以前使各住戶置便桶而大鮑區則設有公共廁所數處洎千九百零一年以後乃依德國式分築溝渠使雨水與排泄物污水分道而行雨水溝用鐵筋洋灰管及瓦管大部附於街道之建築而同時埋置此項暗渠至千九百零九年已延長二萬二千三百餘公尺污水之排出則於市內設喞筒及集水池二處俾排泄物污水匯集一處此項暗渠至千九百零

九年已延長三萬四千二百公尺千九百零五年又頒定溝渠新章使居民自設暗渠接通於官渠然青島區內比戶皆有私設暗渠而大鮑島區尚未普及也

（十五）電氣事業　德人不用瓦斯（煤氣）市內之燈火及工場之發動一以電氣爲主電氣事業歸諸官營由工務局管轄之官民需用逐年增多故亦爲本埠之大宗收入

（十六）屠獸場　德人所設屠獸場亦爲青島設備可稱之一端自千九百零四年開始建築繼續三年始克竣工計費七十五萬馬克迨千九百零八年又復大事擴張并派技師赴上海香港及其他各埠之屠獸場廣爲調查以供新築之參考屠宰一事屬屠獸場之專占事業但遇有繁要情形經過獸醫檢查亦許在場外屠宰至於市外屠宰運入市內者須受屠獸場獸醫之檢查始許販賣蓋德時之屠獸場屬於官營故行政範圍之檢查事項亦委場內獸醫使兼司之屠獸場之屠宰時刻出入車輛畜牲檢查肉類搬運以及腐劣肉類之處分手數料之收取皆有詳密之規定由膠撫之行政

命令定之

（十七）博物館及觀象臺　德人本有建立大規模之博物館之計畫未及實行其已設者僅有青島高等學堂之教育博物館劃教室之一部充之陳列各種機械模型及技術的器械又有稅關博物館乃由膠海關稅務司歐美爾之所創成立於千九百零九年卽由海關劃出一部分充用遍蒐山東各種物產廣爲陳列詳記所有名稱產地價額等項莫不詳爲記載又輸入品亦按國籍分別排列附以說明歐氏去後此館亦廢千九百八年德人又擬創一常設之商品陳列所青島各商行寄贈各種機械模型及物品者不少一時觀游夥集嗣以經費不足故而中止至千九百十三年乃復興焉觀象臺乃德意志海外艦友會醵金建設推爲東方有數之天文臺

（十八）膠濟鐵路　德人所賴以雄飛於東亞者其機關有三卽德華銀行山東鐵道會社鑛山會社是也三者先後成立而其爲德意志中央銀行等十四家大銀行之所投資創立則同蓋如同胞昆弟輔車相依者也鐵路公司創立於千八百九十九年六月資本五千四百萬馬克而鑛業公司則成立於是年冬季資本一千二百萬馬克其後二者合併更名山東路鑛公司鑛產作價五百四十萬馬克又加新股六十萬馬克合爲資本六千萬馬克嗣又增招新股一千萬馬克鐵路自千八百九十九年九月開工至千九百零四年六月全線工竣每公里之建設費平均十二萬一千馬克據德華鐵路公司報告建設費共用五千二百九十萬馬克以百分比計之軌道占二十九分弱橋梁占二十七分半石類材料占十二分弱事務費及股息各占七分半土工占五分强車站占四分强地價占四分弱工場占三分强

德人當日之鐵路公司雖屬商辦然贏利之一部分須報效於青島官廳股息分至百分之五以上者應以超過額之二十分一報効公家由此遞增如股息分至百分之十二以上則超過額中應提二分之一充効報金以此充港灣維持費之一部鐵路營業雖甚發達然千九百四年之股息僅得千分之三自千九百十二年以後僅得百分之七半而是年之報効金爲十一萬六千餘馬克翌年爲十五萬四千餘馬克也

鐵路公司所需之鐵軌橋梁車輛枕木洋灰共計十萬五千噸（內鐵製占六萬五千噸）大部分向柏林各工廠訂購共值二千三百萬馬克由北德公司及亨寶兩船行承運其中洋灰木材之類則用帆船裝載此項帆船前後遭難者四艘損失洋灰二萬餘桶電桿木料三千餘枝均曾保險故鐵路公司尙未受何等損失又以青島之築港工程尙未竣工裝卸之際大感困難機車橋材分量甚重駁船不勝其量屢致顚覆擱淺比及千九百一年小港竣工棧橋亦已延長吃水五公尺之汽船可傍棧橋停泊材料裝卸始稱便利且德人開築鐵路工程乃由青島膠州同時並舉膠州所用材料多用駁船運至塔埠頭起岸並于塔埠頭至膠州之間設有輕便鐵路以便轉運

膠濟鐵路公司所用德籍職員僅一百三十六人內有外站職員四十五人其餘則均以華人充之此亦與日本之方針大相懸殊者也

土方及築壘工程概由華工包修或畫段分包或按立方體積計値所訂契約極爲完備此項包工始終其事迄於全路告成足以證明其有承辦巨大工程之能力惟第一段工程橋梁過多（第一區線路延長不足全路之四分一然全路所用六千噸之橋梁鐵材第一區占三分之一）築壘工程亦從之而多故歐人包工亦居半數焉

築路石料磚瓦碎石皆於沿線就地取材至爲便利且沿線地方富於石灰質德之當局屢思獎勸試製洋灰以便路工之需用乃迄無應者

全線之建築計畫如車站貨倉宿舍廁所均以單純簡易爲主外觀樸素實質堅固惟濟南青島兩站設壯麗之建築幷設貨倉及機關車庫又以青島屋少人稠故有增築路員宿舍之計畫

築路之始買地殊爲困難且遷墳移舍尤爲鄉民所不樂爲當時均由各縣知事招集村莊長懇切開導分等發給一定之地價遷墳移屋另償以遷移費有果木種植者另予賠償買賣契約均由村莊長承中立保由知縣轉行發給故進行頗稱順利然良懦怯官之鄉民亦有領價不得而爲中間人所干沒者且鐵路經過之處有妨害民間之處亦多敢怒而不敢言且鄉愚無知亦不知應向何人發言惟有隱忍以不了了之而

已其中有隱忍不得遂以釀成大事者則爲光緒二十五年十月卽西歷一八九九年高密戕民一案初高密轄境姚哥莊鄉民因築路遷墳與路員時有齟齬而芝蘭莊一帶地勢窪下北高而南下一經築路則路堤北側之水爲堤所阻無所宣洩有傷耕作之虞故土方工程達高密境鄉民卽向鐵路工程員司請願分段多開涵洞以資宣洩路員置之不理鄉民俟之既久見路堤日築日近而涵洞之請願迄不能達則忿而聚集壯丁以武力與之抵抗驅逐督工員役是時膠撫爲葉世克上校性素驕橫待遇華人尤爲蠻悍無理既受路員之愬不察其詳遽派德兵二三百人星夜開赴高密首攻芝蘭莊殺傷村民百餘人莊民均向鄰莊逃散德兵又復進逼鄉民愬之縣官縣官無如之何愬之巡撫巡撫亦無所措手是時之山東巡撫爲毓賢以主倡義和團有名僅知仇視外人更不知所以與外人交涉之道於是鄉民愈覺進退失據顧德人自強租膠州灣以後亦不願更結怨於華人不問是非遽戕多命亦非其本國政府之初意也嗣乃由青島華商傅炳昭等挽德籍教士衛理賢出爲調停由膠撫出卹金二千元以

撫卹死傷鄉民幷於高密設醫院一所以示好於地方而路工亦酌開涵洞二所以資宣洩卽此了案彼以二教士之生命易取膠州灣而中國之數百鄉民則犧牲如鴻毛中外之不平等亦已久矣

而德人之運費政策與津浦競爭尤烈蓋由濟南至青島三百九十四公里由濟南至天津僅三百五十四公里是濟南貨物由津浦路出口裝船較青島近四十公里運費每噸以每公里二分計算則津浦比膠濟爲廉八角十五噸之車相差十二元矣故德人將內地運出之貨減輕運費凡由青島運往濟南之頭等貨每噸收費九元四角六分二等收費八元一角三等收費六元七角六分而由濟南運至青島頭等貨僅收五元八角五分二等僅收五元零三分三等僅收四元一角九分以與津浦相競爭因此土貨出口頗受其利厥後日人仍守故轍而一方對於日人輸入內地之貨又與以特別廉價以獎勵之比及我國收囘始爲矯正一二矣（本篇記事取村於田原天南所著膠州灣者居多）

沿革志三　日本占據始末

歐戰初起我國政府於民國三年卽西歷千九百十四年八月六日宣告中立並聲請美日兩國斡旋使各交戰國對於中國租借於他國之土地尊重其中立八月十五日日本政府致最後通牒於德國勸將軍隊軍艦退出中日兩國領海而將膠澳交付日本以便日後歸還中國並限以是月二十三日正午以前答覆先是我國覘知英日兩國對於膠澳將有非常行動曾向兩國表示願爲同袍共同作戰之意乃日本既欲包辦不願中國加入戰團我國自顧力有未逮亦卽不復堅持初議比及日本之最後通牒既達膠澳德人又密議甯可直接交還中國不願間接交付日本然我國政府怵於日本之威勢不敢承受乃依然守我之中立態度日本以德人延不答覆遂於八月二十三日向德國開戰又通告我國政府謂因軍事上之必要須經過中國領土以攻青島九月三日多數日兵遂繞道至龍口地方登岸橫穿山東半島經過萊州昌邑平度濰縣高密等處以達膠州沿途佔據城鎮徵發夫役物料收管我國郵電機關於是我國膠東一帶之中立界限盡被破壞我國政府不得已於九月三日宣告參照日俄戰

爭先例所有在龍口萊州及接近膠州灣附近地方之交戰國軍隊行動中國政府不負責任此外各處仍嚴守中立復與日本約定畫出特別行軍區域自濰縣車站以東爲限車站以西仍爲中立區域日軍不得侵越詎於九月二十六日日軍又突佔濰縣車站並迫令中國官吏退出鉄路沿線附近之地帶其後日軍又進至濟南佔據車站迨至十一月八日德人以青島降於英日聯軍我國政府以青島戰爭已畢請將山東內地日軍撤囘青島並除去龍口張店等處之軍用輕便鐵道日本不允我國政府以爲前此畫定特別行軍區城之理由既已不復存在遂於一九一五年一月七日照會英日兩國駐京公使取消前項宣告日使則謂日本政府決不使在山東之日本軍隊行動受中國取消宣告之影響並於是年一月十八日提出二十一條之要求所謂二十一條之要求者總分五項第一項乃關於山東之事項計分四條（一）要求我國對於日後日本政府向德國索得之德國轉讓山東之一切權利利益予以承認（二）要求我國不得將山東省之土地租借於他國（三）要求我國允許日本建造鐵路一線

由烟台或龍口以連接於膠濟鐵路（四）要求我國於山東境內開放商埠數處其處所應與日本協定第二項乃關於東三省之事項計分七條（一）要求我國將旅順大連之租借期限及南滿安奉兩路之營業期限展爲九十九年（二）要求我國允許日人在南滿洲購地爲建造工廠與經營農業之用（三）要求我國允許日本人居住南滿洲及內蒙古之東部經營商工業（四）中國若許第三國在南滿洲或東蒙古借款建築鐵路或以南滿洲東蒙古之租稅向第三國抵押借款均應得日本之許可（五）要求我國允許日人在南滿洲東蒙古開鑛（六）中國政府如在南滿洲東蒙古聘用政治財政或軍事顧問須先商諸日本政府（七）要求我國將吉長鐵路之管理權交付日本政府以九十九年爲期第三項乃關於漢冶萍公司之事項計分二條（一）要求我國候有機會將漢冶萍公司作爲兩國公共相關之事業（二）要求我國未得漢冶萍公司之同意不將該公司附近礦地許與他人開採第四項乃屬於我國沿海全部事項要求我國不將沿海港灣島嶼租借與第三國計一條第五項乃關於我國全部者計分七條（一）要求聘用日人爲中央政府之政治財政及軍事顧問（二）要求准許日人在我國購地設立病院教堂（三）要求將緊要地方之警察與日本共同處理或多聘日員（四）要求購買日本之軍需品以應用之一半爲最少數或在中國境內設立中日合辦之兵工廠技師須聘日人材料須買日貨（五）要求我國允許日人建築武昌九江南昌間之鉄路及南昌杭州間與南昌潮州間之鉄路（六）如用外資在福建省內開採金鑛建築鉄路須先商諸日本（七）要求我國允許日人在我國內地布教自此項要求提出之後我政府左支右絀外交當局忝顏與日本磋商二十餘次日本僅允將第五項中之第一第二第四第五第七各條留待日後再議其餘則酌爲修改而最重要對於山東及東三省之兩項要求略無讓步竟於民國四年五月七日以最後通牒强迫我政府簽字而一方則以交還膠澳爲餌於是年五月二十五日由駐京日使照會我國外交部提出預擬交還膠澳之四條件卽（一）膠澳全部闢爲商港（二）由日本指定日本之專管租界（三）列國亦可另置共同租界（四）關於德

國之營造物及財產如何處分及其條件手續應由中日協定

顧是時歐洲正在鏖戰和議正未有期而膠澳地方以及膠濟鉄路沿線重要地方均由日本派兵駐守青島稅關鉄路及沿路礦場均由日軍占踞自行派人管理且於青島設民政署坊子張店濟南設支署擅理詞訟擅收賦稅而冒稱民軍之吴大洲薄子明等亦卽依草附木以爲倡亂之資以濟南省垣之重地而匪軍與剿匪之省軍對抗至數閱月之久其盤踞周村等處之匪更屬表裏爲奸打家刼舍民不聊生少數莠民又復勾結日本浪人販賣毒物收買制錢以致山東全省騷擾不堪至於青島華商因受日德戰事影響損失二千餘萬猶其小焉者也此時之我國當局既怵於彼國陸軍之威勢壓迫又中於彼國外交之甘言利誘於是七年九月又有膠濟鐵路之換文高徐順濟之兩路墊款合同及七年五月之軍事協定膠濟換文之要點在於膠濟路所屬確定後歸中日合辦一語而以撤廢民政署及撤退沿路日兵爲交換之條件然濟南之日軍及青島之民政署迄未撤廢軍事協定以援助捷克排除德奧爲共同之目的器械則互相補助軍隊則互爲指揮實則日本方與英法密約英法對於將來之山東問題允爲日本援助而卽以運動中國對德絕交爲交換之條件觀於千九百十七年三月駐日法使補力恩答復日本外務省之照會而知之矣（以上見山東問題彙刊）

日德戰後之青島實爲衰退時期而市民所受影響則以我國人民爲最巨蓋自八月初德日雙方備戰本埠工商業卽已停頓我國商家消息遲鈍準備不及且匯兌轉運之機關大都握於外人之手華商所進洋貨無從銷售所辦土貨或因洋商退貨不收或因洋商延期付款縱或收到貨款平日之支票及德華銀行鈔票此時大都兌出現洋運現則無其力匯票則貼水甚巨而且戰局遽開炮火尤烈富室棄產而逃貧者束手待斃生命財產直接燬傷於外人炮火之下者不可勝紀據民國五年日本軍政署出版之李村要覽內載日德戰爭前調查戶口李村區內華人有一萬七千一百四十五戶計七萬一千三百餘口因日德戰役而逃亡於租界外者甚多是年十一月末日本軍政署開始調查李村區內華人僅五萬九千二百餘人其後秩序稍定始漸次歸

來云云是知李村一區避難在外者已有一萬二千以上占全數六分之一市內砲火愈激恐慌愈甚逃亡人數或更有過李村者且工商業完全停頓半年之久縱不逃亡亦已失業蓋自千九百十四年八月迄於翌年五月完全爲破壞中衰之時期自此爾後迄於十一年秒我國收回爲止是爲整頓復興之時期然而華人僅被破壞中衰之害而迄未享有整頓復興之利也

德人之以青島降於英日聯軍也聯軍遂於三年十一月十六日入據青島時當炮火之餘人則瘡痍屋則焚燬船塢沈沒港灣堵塞於是日人著手整理修飭發電所恢復電燈修復破壞之水道以供飲料舉行掃海將德人所沉輪船三艘先後起出又將沉沒之大浮船塢及一百五十噸之起重機重復曳起其餘道路溝渠碼頭仍照德人計畫分年進行於是市內之聊城路及奉天路一帶商店日闢市外滄口一帶工廠林立青島乃更覩新異之氣象然而於華人無與也

田原天南所著之膠州灣紀日商來青之原起甚詳玆節錄其一章俾與其後之發展作一考較田原之言曰日本之初來青島在千九百零一年左右人數僅五六十名而賣春婦居其多數其正當營業僅於神戶西門子洋行支店有日人二名供職其間而己率先來青之高橋德夫今村德重以經營酒樓妓館起家均成巨富雖其事業卑賤爲正人君子所不道然草創之功不可沒也其後來者日增顧可稱爲實業家者尙少大都屬於照像理髮旅館酒樓洗濯娼妓與此輩所需要之雜貨舖而己日本與青島貿易之關係雖逐年以俱進然十之八九屬於青島或神戶之華商德商之所經營日人不得與也在青島日商多居大包島溷跡於華人之間勢力微弱僅高橋照像館與開設酒樓之今村有多數德籍之顧客稍爲人所注目耳據千九百零七年六月之調查留青日人僅三十三戶一百九十六名其中照像業五戶二十一名珈琲店六戶十五名妓館四戶五十九名占其大宗其後三井正金湯淺日信江商大文磐城各行先後來設支店始於青島商界逐漸占重要之地位其中經營進口貿易者雖僅以青島之銷售爲主而營出口業之日商大都派店員逕赴內地之濟南泰安大汶口等處設

莊直接收買花生棉花牛脂各項土貨於是日商之勢力範圍擴充至於膠濟津浦兩路向來華商德商所把持之山東貿易權乃移轉於日商之手而於此轉否爲泰之變動予以莫大之援助者厥爲正金銀行從前德華銀行獨握青島之金融大權不與日商以融通之便重爲日商發展之障礙迨千九百十三年十一月正金設支店於青島日商乃大有生意據千九百十一年調查在青島日人已有五十一戶三百十二名其中正當之商人蓋有七戶三十四名而日本對青島之貿易亦屬與年俱進在千九百十三年日本輸入青島之貨稅關估價已有八百三十萬兩青島輸出日本之貨亦有二百十一萬兩是時在青之重要日商卽爲前述之三井等七家其中惟三井得加入歐美人組織之商會耳前此來青之日人多由上海遷此其後則一變徑路由大連來青然以來航日人愈增其中不良分子亦自不少實有設置領事之必要然日本外務省計畫不周僅於千九百十三年在濟南設有天津總領事之分館派一書記官常川駐濟而於青島日商則仍屬烟台領館管轄每年僅由領事或書記官來青視察一二次耳

右譯田原所述如是彼所著書於民國三年出版四年以後乃彼所不及載彼對於當時日人在青之進步業已歡喜讚歎不可言喻詎知六七年後更有千百倍於此者蓋自民國三年日軍占據青島以迄民國十一年杪中國收囘爲止其間經過八年有餘之久在青日人所經營之工場商店學校教堂航運漁撈園圃職工苦力以及供人娛樂之妓館遺毒社會之私販無一事一業不爲長足之進步據民國十一年末之調查在青日人已增至六千四百九十一戶計二萬三千五百六十六人其中老弱婦女家屬不列戶主者一萬四千一百十八人供職官廳之軍人軍屬及傭役合計二千七百七十一人從事於銀行會社之事務員九百零三人男女僕役一千二百六十七人僧侶俳優看護婦等一百八十四人藝妓酌婦一千零五人此外之三千餘人則屬營業之主人或持一定之職業以爲生活者此類更細別之其中貿易商及牙行經紀人三百八十三人包工之建築家一百八十六人及附屬於此之土木工匠一百二十八人

雜貨商一百四十八人類似妓館之飲食業一百六十九人（此節見青島山東見物書內）是時在青之日商資本在五十萬元以上者已有八十家之衆（見青島商工便覽）此數年中日人在青承租之官有開放地已有三百十餘萬坪（據魯案公產特刊載日本秋山委員在魯案會議報告稱在日本占據時期市內官有地租與日本人者一百二十四萬餘坪市外官有地租與日本人者一百八十九萬餘坪）約合我國二萬畝其自行塡築之海面沙塗數十萬坪及私行收買之民地六十餘萬坪又由官承購之私有地十六萬坪尚未計入在日人誠可謂不虛此行而我國對之更有愧色矣

沿革志四　中國收回始末

膠澳本屬中國領土初無與於外人之事自有德人之租借而後發生對外之交涉然租約訂定不得轉租故仍無與於第三國之事自有日人之占據始則反對中德之直接交涉繼則力爭中日之直接交涉一方面既表示交還中國一方面又聯英聯法聯各强國以膠澳爲交換之具於是膠澳收回遂成爲世界問題而須靜俟巴黎和會之

解決巴黎和會不能解決乃復有華盛頓會議膠澳收回之交涉至是乃有途徑可循而中日聯合會議則循是途徑而完成收回之一段落也經過層次歧而爲三而脈絡起伏實出於一分端記述以明始末巴黎和會經過依據代表陸徵祥等之和會報告書與我國代表團之會議錄及魯案公署刊行之青島以爲編次華盛頓會議經過則依據我國外交部之紅皮書及華會見聞錄並摘譯日本東方通信社出版之華府會議大觀中日聯合會議則依據魯案善後議事錄以爲纂述之根據

（一）巴黎和會中之膠澳問題

巴黎和會於民國八年一月十八日正式開幕我國亦派代表陸徵祥王正廷顧維鈞施肇基等參與會議迨一月二十七日議及膠澳問題日本代表要求膠澳膠濟路及其他利益由德國讓與日本我國代表顧維鈞起言應由中國陳說理由後再行討論翌日英美日法義五國代表繼續開會顧代表力言膠澳爲中國領土且爲北部門戶膠濟路與津浦路銜接卽爲國防計亦不能不爭且歷史上係歸中國宗教言語種族均屬同一故以和會所承認之民族及領土之完全各原則言之亦應歸還中國不願再播日後紛爭之種子以誤中國且誤世界云云日本代表牧野謂中日兩國已有成議應俟與日本後再向中國接洽威爾遜總統問此項文件可否送會審查顧代表謂可以送會牧野則謂須請示本國又謂中日既有協約毋須更事追求威總統問何以須交日本牧野答稱不過是一種手續顧代表謂二十一條之條款出於日本之强迫行爲且中國既已加入戰團中德間舊有條約業已取消況膠澳原約本不許轉讓他國今日本代表既當場聲明交還中國更無庸經兩番手續二月七日日本代表派其書記官晤我代表帶有提交大會之文件四種交我代表閱看卽（一）日本與英法俄義四國秘密換文四國允助日本爭執膠澳問題（二）二十一條中日秘密換文（三）膠濟鐵路換文（四）關於開海吉林洮南熱河各路換文二月十二日我國代表提出關於山東問題之說帖送交大會及英美日法各國幷將我方發表之文件先送日代表閱看四月十六日五國代表會議美代表提議膠澳暫交本會議各國保管一節擬

改爲由五國代管日本代表反對之四月二十二日大會以四領袖（卽美總統英法義三總理）名義邀我陸顧兩代表出席美總統先發言日本代表要求將膠澳問題列入和約持之甚堅此事中日既有兩次換文而英法各國亦與日本先有協定困難殊多顧代表答以一九一五年之約（卽二十一條款）係被逼簽訂一九一八年之約（卽膠濟路之換文）乃因當時日軍在山東騷擾不堪不得不暫顧目前此項換文本係臨時性質英總理謂英日協定所酬未免消昂然亦不能作廢現擬兩法卽（一）按照中日協定條件（二）使日本承繼德國權利顧代表謂二者均非所願惟互爲比較則德國從前尚無鐵路軍警權但卽此已屬危險萬狀又謂大會若不主張公道實令中國失望美總統謂大會非不欲主持公道乃爲條約所束縛現在國際聯盟成立此後更遇有强淩弱衆暴寡一類事項在會各國自應援助英法總理亦以爲言英總理又謂此二層原非卽時可得解決當再與專門委員研究四月二十四日我代表又向美英法三國提出說帖聲明英總理所提二層均有危險茲擬最後讓步之四層辦法

卽(一)先交五國暫管(二)日本於一年內交還(三)中國酌與賠償(四)全部開作商埠顧此時義國爭執阜姆問題會議大爲棘手日本乘此愈益堅持四月三十日四强領袖卽已決定辦法由德國將彼所得權利付與日本日本將領土主權交還中國而保留其經濟特權及特別居留地權我代表乃向英外部及四國會議力爭至少須於和約內加入交還中國一層五月六日我國陸王兩代表到會提出抗議請爲修正否則中國惟有對於膠澳問題保留簽約請將聲明記入議事錄五月二十四日我國陸顧兩代表復往晤和會秘書長詢問大會對於保留辦法之意見渠謂只有簽字與否不能保留顧代表引一八一五年維也納公約瑞典簽約時對於某條件聲明保留爲證乃云須由議長作主午後又晤則謂議長云勢難保留蓋因不滿意之各國聲請保留者多故而大會概爲拒絕也五月二十六日法外部又邀顧代表往晤仍云不能保留並詢保留之用意顧代表答以保留之意無非欲將來有權可請各國覆議並謂如約內不能註明附於約後亦可彼云附於約後仍爲本條約之一部分仍辦不到又

詰問顧代表究竟簽字與否答以鑒於本國民意非保留不可蓋自四月三十日四國領袖決定辦法之惡耗傳至北京國人羣深憤激北京學生界首以不簽字懲國賊廢密約三事要請政府乃有五月四日之事五月七日北京國民大會議決四條分電巴黎我國代表及各國使團聲明國人誓死不承認和會所訂之山東辦法上海天津南京蘇州鎮江蕪湖亦相率罷市誓死力爭六月二十日山東代表團八十五人痛哭於新華門質問外交真相二十七日京津各團體請願代表五百人露宿新華門力請拒絕簽約另行提案於國際聯盟請聯盟列邦更爲覆議至是政府亦鑒於內外　形勢乃罷免曹汝霖陸宗輿章宗祥等以謝國人而一方則電赴巴黎和會之我國代表保留簽約五月二十七日法外部又告顧代表謂可於簽約後備函交會聲明顧代表云如此有無効力法外長云効力相同顧代表乃反詰以効力相同何不於簽約前接受我之來函法外長云未簽以前不能接受顧代表乃聲明若不保留簽約中國人心必益忿激故中國代表不簽約其責任在和會至五月二十八日各國簽約之時我代表

遂不蒞會簽約我代表所反對簽約者卽爲凡爾賽對德和約之第一百五十六第一百五十七第一百五十八之三條茲錄其原文如下

第一百五十六條　德國將一八九八年三月六日與中國所訂條約及關於山東省之其他協定所得之一切權利名義及特權其中以關於膠澳區內鉄路鑛產及海底電線爲尤要允放棄以與日本

膠濟鉄路之德國一切權利其中包含支路連同各種附屬產業車站工場固定物件及車輛鑛產及開鑛所用之機器材料並一切附隨之權利及特權均歸日本所有

自青島至上海及自青島至烟台之德國國有海底電線連同一切附隨權利及特權并產業亦歸日本所有各項負担及債務概行免除

第一百五十七條　在膠澳區內之德國國有動產不動產以及德國直接間接之所建置或所改良又因負担費用而與該領土有關係而得以要求者均歸日本所有各項負担及債務概行免除

第一百五十八條　德國應將關於膠澳區內之民政軍政財政司法或其他行政之檔案登記册地圖證書及各種文件無論存放何處自本約施行日起三箇月內移交日本

德國并於同一期限內須將一切之條約協定或合同關於前兩條所列之各項權利名義或特權知照日本

(二)華盛頓會議

巴黎和會所以解決歐戰後之世界各大問題然而東亞問題既未得正當之解決而太平洋之前途轉增無窮之憂患使太平洋各國不能安枕於是美國首先提議徵求中國及英日法義各國之同意而召集華盛頓會議蓋自巴會約成送交各國正式簽字美國上院對於原文認爲不當共和黨更爲反對由上院議員羅冶提出修正案主張將凡爾賽修約第一百五十六七八等條中之交還日本字樣均改爲交還中國此案在上院外交委員會雖得通過而全院會議則以少數否決嗣羅冶又提議於和約中削除關於山東之三項條文此項動議亦未成立嗣後迭經民主黨竭力爲美政府調停九年三月四日卒通過保留案將凡爾賽對德和約第一百五十六第一百五十七第一百五十八三條決議保留暫不批准并聲明美國不承認此三條苟中日兩國因此有所紛爭美國保留其自由行動之權各國不得干預美國之態度如是而一方日本則自凡爾賽簽約後一再照會我外交部慫慂直接交涉外交部初則置之不答九年四月日本小幡公使又以照會催促且謂如此遷延日本將以中國爲默認山東

問題之自由處分矣我外部乃答以我國既不簽約故不能以該約爲根據且對德戰爭既已告終膠濟沿路之日軍應卽撤退此與歸還膠澳並非同一問題望卽從速實行此後雙方文書往還僅爲紙片上之辯駁而我國亦準備提議於國際聯盟以求最後之解決自十年八月美國發起華盛頓會議並邀我國蒞會於是駐京日使小幡又提議九條要求我國與開談判我國逐條駁覆卽（一）膠澳之德人租借權因中國對德宣戰時業已取消當然爲無條件之交還（二）膠澳開放中國早經宣言無設居留地之必要其餘內地開埠應由中國自由選定農業不許外人經營外僑於德人手中正當取得之既得權利應予維護此外違約霸占者不能承認（三）膠濟鉄路須完全歸中國管理鑛山應依中國鑛章辦理（五）濟順高徐兩路中國可與國際財團商辦烟濰不能援例（六）膠海關應按照關章與其他稅關同等辦理（七）日本果以誠意還付官有財產應包括官有半官有市有公有一切在內（九）撤兵與歸還膠澳係屬兩事自應另案先辦路警當由中國派遣對於來文第四項所開日本對於膠澳租約

之用入借款購料等各項優先權自願拋棄及第八項之提議兩國速派委員協訂實施細目則未予駁議而最後且聲明曰中國俟有適當之機會保有解決本案之自由華盛頓會議一在於節制列强過當之軍備以減輕各國人民之負擔其次則杜絕太平洋方面之禍源以防遏未來之危險而發動之原力實在英美兩國之相互接近以維持其各自在太平洋之利益地位但英國初意尚議由英美日本先開一預備會嗣以美國不贊成而止美國最初邀請者爲我國及英日法義五國嗣以比利時和蘭葡萄牙均與東亞有相當之關係自請加入共爲九國所討論者爲軍備制限問題及與此聯帶之太平洋問題與遠東問題前者組織軍備制限委員會以軍備最重之五强國爲主後者則由九國代表共同組織太平洋遠東委員會我國所派代表爲駐美公使施肇基駐英公使顧維鈞大理院長王寵惠對於軍備制限之問題以五强國之海軍爲主討論結果公訂以最高噸數之比例卽英美各占百分之五十日本占百分之三十法義各占百分之十七分半同時又由英美日本三國共同約訂太平洋上之制限防備區域在此區域內之三國領土所有防禦要塞及海軍根據地僅許維持現狀詳言之卽英領之香港紐幾內亞東北之一部分及附近島嶼美領之斐律濱羣島馬利昂羣島阿留香羣島薩摩亞羣島日領之千島羣島小笠原羣島奄美大島流球羣島台灣澎湖及新獲之加羅林羣島均在制限防備之列

太平洋遠東委員會於十一月十六日第一次開會我國施代表首先提案表示我國希望之領土保全主權獨立門戶開放機會均等相互平等相互尊重等十大原則各國代表均表同情英法代表且宣言對於彼國在華之既得特權不吝變更於是美代表羅德乃就我代表之所提議參以各國代表對此之共同意見併爲原則四條決議通過卽（一）各國應尊重中國之主權與獨立及領土與行政之完整（二）予中國完全無礙之機會以發展並維持一有力鞏固之政府（三）施用各國之權勢以期切實設立並維持各國在中國全境之商務實業機會均等之原則（四）不得因中國狀況乘機營謀特別權利而減少友邦人民之權利並不得獎許有害友邦安全之舉動於

是我代表乃根據上項決議案而提議廢止各國對我之不平等條約及其特權（一）關稅自主及過渡之改訂稅率案（二）取消治外法權案（三）取消勢力範圍案（四）收回租借領土案（五）統一中國郵政案（六）撤退外國軍隊案（七）取消外人所設無線電台案迨屢經討論之結果（一）關稅案僅得一徵收附稅之過渡辦法（二）治外法權案仍以改良司法制度爲前提但允組織委員會來華調查以除去外人所加於司法權之障礙（四）租借地案英國允還威海衛法國允還廣州灣（五）郵政案各國允將在華所設外國郵局一律撤銷（六）駐華外兵案以中國之保障爲前提允爲撤退中國隨時得以提請各國派員協商並不許以撤兵爲交換之條件（七）無線電台案限制外人所設僅供官用且中國得爲有條件之收買又提議取消勢力範圍一案因日本反對討論既往之二十一條款問題故未列入議事日程比及山東問題解決乃由日本代表幣原聲明如下（一）日本所得之關於南滿州東蒙古鐵路借款及以課稅相保借款之兩項優先權願歸國際財團承辦（二）日本更無主張南滿州地方

聘請日人充當政治財政軍事警察各項顧問之意（三）千九百十五年之中日換文日本所保留未決之第五項要求茲願取消於是我代表王寵惠當場聲明承認幣原取消各節但中國對於日本未放棄之部分將來遇有適當之機會仍須提案求適當之解決故爾聲明保留

至是乃再議及巴會未解決之山東問題當時我國反對中日直接交涉者仍不乏人嗣以英美兩國從中斡旋我國政府不能過拂友邦之美意乃以下列條件爲前題而由中日兩國直接談判卽（一）雙方從事實上討論（二）不得以二十一條爲根據（三）會議公開（四）從速議決報告於華盛頓大會否則停止交涉仍請大會公斷兩國談判之始將較易之稅關官產各項問題先行解決其次則將鑛山與鐵路分而爲二而將鑛山電線鹽田以及撤去日兵奉還政權各項依次議畢又我國要求戰時之損害賠償六百萬元應俟中日聯合會議協定亦載入記事錄所最困難者則爲膠濟鐵路一項日本始則主張中日合辦繼則要求作爲借款我國則主張卽時買囘爲此交涉一再停頓迭經英美再三調停雙方讓步乃於民國十一年一月二十五日完全議妥二月四日簽約本約共分三項卽（一）解決山東懸案條約計二十八條（二）附約六條（三）會議記錄中之協定條件計十六條茲依次分錄如下

解決山東懸案條約

中國日本彼此極願以友誼按照共同利益解決關於山東各懸案因決定訂立一解決各該問題之條約爲此

簡派全權

大中華民國大總統特派

全權公使　施肇基

全權公使　顧維鈞

前司法總長　王寵惠

大日本帝國大皇帝特派

海軍大臣　加　藤

全權大使　幣　原

外務省次官　埴　原

各全權將所奉全權證書互相校閱均屬妥洽議定條例如左

第一節　膠州德國舊租借地之交還

第一條　日本應將膠州德國舊租借地交還中國

第二條　中日兩國政府關於移交膠州德國舊租借地之行政權及該地域之公產並解決其他應行清釐事項各任命委員三人共同組織一聯合委員會與以商訂執行詳細辦法之權爲此該聯合委員會應於本約實施時卽行會集

第三條　上條所開移交膠州德國舊租借地之行政權及該地域之公產並解決其他事項應從速辦理完竣無論如何至遲不得逾本約實施後六個月

第四條　日本政府担任於移交膠州德國舊租借地行政權之際並將移交行政權時所必需及移交後中國治理該租借地及膠州灣周圍五十啓羅邁當地域所必需之檔案圖樣册籍單契及其他證書或各項簽證之副本現爲日本所有者交付中國政府

第二節　公產之移交

第五條　日本政府担任將膠州德國舊租借地內所有公產包括土地房舍工程及一切設置等項無論前屬德國官廳所有或日本管有期內官廳所購置建造者全部移交中國政府惟列入本約第七條者不在此限

第六條　前項移交之公產不得向中國政府要求償價但爲日本官廳所購置建造者及前屬德國官廳所有經日本增修者中國政府應按照日本政府所用之實費給還正當並公平之成數但以除去折舊估計現値爲原則

第七條　膠州德國舊租借地之公產中有爲設立青島日本領事館所必需者歸日本政府保留其爲日本居留民團體公益所必需如學校寺園墓地等仍歸該團體執管

第八條　以上三條內所開事項之詳細辦法應由本約第二條規定之聯合委員會協同妥議

第三節　日本軍隊之撤退

第九條　日本軍隊包括憲兵在內現駐沿青島濟南鐵路及其枝線者應於中國派有警隊或軍隊接防鐵路時立卽撤退

第十條　上條所稱之中國警隊或軍隊之配置及日本軍隊之撤退可分段行之其每段配置與撤退日期由中日主管人員預行協定此項日本軍隊如能於本約簽字日後三個月內全部撤盡應卽撤盡但無論如何至遲不得逾六個月

第十一條　駐青島之日本守備隊如能於移交膠州德國舊租借地行政權時同時撤盡應卽撤盡但無論如何至遲不得逾移交行政權之日後三十日

第四節　青島海關

第十二條　本條約實施時青島海關應卽完全爲中國海關之一部分

第十三條　一千九百十五年八月六日中日所訂關於重開青島中國海關之臨時合同於本約實施時應歸無效

第五節　青島濟南鐵路

第十四條　日本應將青島濟南鐵路及其枝線並一切附屬產業包括碼頭貨棧及他項同等產業等項移交中國

第十五條　中國担任照上述鐵路產業之現値實價償還日本償還之現値實價內係五千三百四十萬零六千一百四十一金馬克（卽德人遺下該項產業一部分之估價）或其同價並加日本管理期內對於該路永久增修所實費之數減去相當折舊上條所開碼頭貨棧等項產業不須給還價値惟於日本管理期內永久增修之費用亦須酌償而減去折舊

第十六條　中日兩國政府應各派委員三人組織聯合鐵路委員會按照上文規定界以評定鐵路產業之現値實價並辦理移交該項產業之權

第十七條　第十四條所稱之鐵路產業應從速移交完竣無論如何不得逾本約實施後九個月

第十八條　中國因實行本約第十五條償還路價辦法應於該鐵路產業移交完竣同時以中國國庫劵交付日本此項庫劵以鐵路產業及進款作抵期限十五年但得任中國政府之選擇由交付庫劵之日起滿五年時或五年後不論何時經六個月前通知將庫劵全數或一部分償清

第十九條　在上條所稱庫劵未償清前中國政府應選任一日本人爲車務長並選任一日本人爲會計長與中國會計長權限相等其任期均以庫劵償清之日爲止此項職員統歸中國局長指揮管轄監督有相當理由時得以撤換

第二十條　關於前述國庫劵財政上之專門事項爲本節所未規定者應由中日當局從速協定無論如何不得逾本約實施後六個月

第六節　青島濟南鐵路延長線

第二十一條　關於青島濟南鐵路二延長線之讓與權卽順濟線高徐線應令開放於國際財團共同動作由中國政府自行與該團協商條件

第七節　鑛山

第二十二條　淄川坊子金嶺鎭各鑛山前由中國以開採權許與德國者應移歸按照中國政府特許狀所組織之公司接辦日本人民在該公司之股本不得超過中國股本之數此項辦法之形式及詳細條件應由按照本約第二條所稱之聯合委員會協定之

第八節　開放膠州德國舊租借地

第二十三條　日本政府聲明幷無在膠州德國舊租借地設立日本專管租界或公共租界之意中國政府亦聲明將膠州德國舊租借地全部開爲商埠准外人在該區域內自由居住幷經營工商及其他合法職業

第二十四條　中國政府更聲明外國人民在德國舊租借地區域內之旣得權無論在德國租借時或日本軍事占領時經合法公道取得者應尊重之

關於日本人民或日本公司所得此項權利之法律上地位及效力各問題應由按照本約第二條所設之聯合委員會協定之

第九節　鹽場

第二十五條　因鹽爲中國政府專利事業議定凡沿膠州灣海岸鹽場確係日本人民或日本公司現在經營之利益統由中國政府公平購囘幷照相當條件以該沿岸產鹽之若干量數准予販往日本其一切辦法包含移交該項利益於中國政府在內應由按照本約第二條所設之聯合委員會籌辦並應從速完竣無論如何不得逾本約實施後六個月

第十節　海底電線

第二十六條　日本政府聲明關於青島烟台間及青島上海間前德國海底電線之權利名義特權均歸於中國惟該兩線之一部分爲日本政府用以安設青島佐世保間之海線者不在此例至關於青島佐世保綫在青島上岸與其運用之問題應由按照本約第二條所設之聯合委員會按照中國現行各合同之條件協定之

第十一節　無綫電台

第二十七條　日本政府担任將青島及濟南之日本無綫電台於該兩處日本軍隊撤退時分別移交中國政府而給以該項電台之相當償價其數目暨移交之詳細辦法由按照本約第二條所設之聯合委員會協定之

第二十八條　本約連同附約在內應由兩國批准其批准文件應從速在北京互換至遲不得逾簽字日四箇月

本約自互換批准文件日發生效力

爲此各全權將本約英文兩份各簽字蓋印

一千九百二十二年二月四日訂於華盛頓

施肇基　印

顧維鈞　印
王寵惠　印
加　藤　印
幣　原　印
埴　原　印

附約

第一條　優先權之放棄

日本政府聲明放棄一千八百九十八年三月六日中德條約所規定供給人才資本材料之一切優先權

第二條　公共產業之移交

按照本約第五條所稱之移交公產應包括（一）各項公共工程如道路自來水公園溝渠衛生設備等類（二）各項公共營業如關於電話電燈牧場洗衣廠等類

中國政府聲明膠州德國舊租借地之外國僑民於管理維持移交中國政府之公共工程有相當參與權

中國政府復聲明於接收膠州德國舊租借地內之電話時對於該地域內之外國僑民請求擴張改良爲公益所必需者中國政府當與以應有之考量

至於公共營業如關於電燈牧場洗衣廠等中國政府於接收時應再移交於青島市政廳由該廳設法使按照中國法律組織之各商務公司繼續經營各該項營業惟須遵守市政廳所訂規則及其監督

第三條　青島海關

中國政府聲明訓令中國海關總稅務司准許在膠州德國舊租借地內之日本商人得用日本文字與青島海關接洽事務並於選用青島海關適宜職員時酌加考量俾於該海關任用規則範圍內兼顧青島商務各種之需要

第四條　青島濟南鐵路

按照本約第十六條組織之聯合鐵路委員會對於應議事項如有意見不能一致之各點應由中日兩國政府以外交手續討論解決之決定此等各點兩國政府於必要時得經雙方同意聘任第三國一國或數國之專門家相助

第五條　烟濰鐵路

烟濰鐵路若用中國資本自行建築日本政府并不要求將該路建築權移歸國際財團共同動作

第六條　開放膠州德國舊租借地

中國政府聲明地方自治制度未經通行之前中國地方官廳應徵求居住德國舊租借地內外國僑民之意見

凡關於市政事件直接關係該僑民之幸福及利益者

施肇基
顧維鈞
王寵惠
加　藤
幣　原
埴　原

關於締結解決山東懸案條約中日代表會議紀錄中之協定條件

一　公產之移交

第一條　日本人民遵照中國法律之規定得准爲本條約附約第二條第四段所載關於公共營業而組織之任何商務公司之社員或股東

二　日本軍隊之撤退

第二條　自本條約第九條至第十一條所規定之日本軍隊撤退以後無論何種日本兵力概不得留於山東境內任何地方

三　青島濟南鐵路

第三條　所有日本在山東建築之各輕便鐵路及其附屬財產應作爲青島濟南鐵路財產之一部分

第四條　凡沿鐵路之電綫亦應作爲鐵路財產之一部分

第五條　鉄路收回時中國當局對於現在鉄路服務之日本人員有留用或解職之全權但須於鉄路移交之前預發相當之通知關於鉄路移交時卽行接替之詳細辦法應由本條約第十六條所規定之聯合鉄路委員會定之

第六條　所有鉄路日本車務長會計長所屬之職員均由中國局長委派并自鉄路移交兩年半以後中國政府可委派一中國人爲副車務長以兩年半爲任期又此項中國副車務長亦可依照本條約第十八條之規定於通知贖回國庫劵後隨時委派之

第七條　中國政府并無必須委派日本人爲上開所屬職員之義務

第八條　贖回本條約第十八條所規定之國庫劵不得籌集中國以外任何方面之款項行之

第九條　中國政府於遴選鉄路之日本車務長會計長時得諮詢日本政府可供參考之意見

第十條　關於主管鉄路之日本當局所訂現行合同或契約之一切問題應由聯合鉄路委員會解決之并於鉄路移交以前該日本當局不得訂立足以有害鉄路利益之任何新合同或契約

四　膠州德國舊租借地之開放

第十一條　本條約第二十三條中所用合法職業字樣不爲解釋爲列入農業及中國法律所禁止或按照中外條約所不准外人經營之營業惟此項定義應知其並不妨礙本條約第二十五條所規定之鹽場問題或關於按照本條約第二十四條所應決定之既得權之任何問題

五　郵務局

第十二條　所有膠州德國舊租借地以外之日本各郵務局如青島濟南鐵路在一千九百二十三年一月一日以前移交應於移交鐵路時同時撤去但無論如何不得逾上開日期

第十三條　所有膠州德國舊租借地內之日本各郵務局應於移交該租借地之行政權時同時撤去

六　要求

第十四條　本條約雖未列入中國人民所可要求該地日本當局或日本人民給還在山東之眞實產業或賠償山東中國人民生命財產之損害問題但於此項要求並不妨礙

第十五條　中國當局應給予日本當局該項要求之清單連同所有可以證明每種要求之適當證據關於對日本當局之要求應以外交方法公平解決之關於對日本人民之要求應以平常司法手續公平解決之至對日本人民之要求其每案眞相之調查果屬必要可以相等人數之中日官員專爲辦理此事指任之聯合委員會辦理之

第十六條　對於攻取青島時爲日本作戰直接所致之任何損害日本政府不負責任

西曆一千九百二十二年二月四日記於美京華盛頓

施肇基
顧維鈞
王寵惠
加藤
幣原
埴原

(二)中日聯合會議

山東懸案既經華盛頓會議解決我政府乃派王正廷爲魯案善後事宜督辦田中玉爲會辦按照原約第二條中日兩國各派委員三人組織聯合委員會商訂移交膠澳租界及其他事項又第十六條規定中日兩國各派委員三人組織聯合委員會評定

鐵路現值實價並辦理移交事宜我國乃派王正廷爲委員長日本派公使小幡酉吉爲委員長第一部第二部委員兩國各派三人又分組公產稅關鹽場礦山郵電鉄路各項分委員會實地調查分組審議自六月二十九日在北京外交部開會起至十一月杪止計第一部先後開會五十次第二部二十一次屬於第一部者其討論經過大概如下

(一)公產問題　包括土地房舍工程及一切建置範圍最廣性質最雜討論時間亦最多公產價值據日本所列三項(甲)德國遺留財產在青島租界者九百四十五萬餘元在膠濟路沿線者二十一餘元(乙)日本買收新營及加工之財產在青島租界者一千八百二十七萬餘元在膠濟路沿線者一百九十七萬餘元甲項毋庸付償而乙項則須由中國給價收回乙項之重要者爲民政部所管房屋六百零四萬元道路二百四十萬元土地一百二十三萬元水道二百三十八萬元港務所四十四萬元林務所三十五萬元遞信部所管發電所二百八十九萬元土地房屋四十九萬元電信電話九十五萬元無線電台二十三萬元陸軍部所管市內土地房屋七十三萬元膠濟沿線土地房屋一百九十七萬元以上價額中除去折舊數目及日本保留之部分至鐵路沿線公產雖經日方開列並提議與青島及濟南之公產交換以原約無賠償明文故我國委員不允與青島公產並論

(二)保留公產問題　日本委員提出計總領事館用十二所居留民團用十五所我國委員以其爲數過多詳加拒駁嗣將領館項下之測候所及民團項下之教員宿舍第一小學校等項刪除又將日本原要求之法院廳舍（卽現在之青島地方審判廳　及司令官邸（俗呼提督樓）取消而易以他項房屋及基地一萬五千坪計減爲公產十九所至於中國主張收回之青島病院日本委員長小幡亦允將來改爲中日共同之慈善事業惟不列入條約

(三)移交公產之希望條件問題　日本委員提出三項(一)中日兩利之公共事業如青島商科大學青島學院海事協會國際俱樂部青島商會英領事館等所用房

產望爲無償讓渡（二）文化公共事業之有契約者如青島市場共同卸貨場調馬所裝蹄場競馬場打球場教會新聞社等所用房屋望特予保護繼續待遇（三）文化公共事業之無契約者如李村農事試驗場青島各公學堂西鎭傳染病院打靶場及領港事務所等望准其繼續經營中國委員分別准駁且以此類事業應歸市政廳管理所許與者將來應受市政廳之認可及監督

（四）土地所有權及租借期限問題　日本委員提出辦法三條（一）現存土地所有權照舊承認（二）出租之官地改爲永租或長期租借本人希望所有權者並應付與之（三）將來租售土地務期公正寬大中國委員答以（一）外人居住營業應按照商埠章程辦理土地所有權則絕對不能承認（二）既得權須合法公道取得者方可由本委員會協定本項問題雙方爭論最久且煩最後乃決定農業地由中國給價收回其餘允於德國租借期限以內給與無償租用作爲買收價格期滿由中國收回

（五）公共營業問題　日本委員提議電汽公司屠獸場歸中日商人合辦屠獸場並由日本總領事館設置獸醫檢查肉類洗衣場日人之經營既得權應予注意上項公司組織大綱由委員會審議中國委員長以爲委員會審議公司組織在原約無根據至於檢查肉類則公司自應辦理市政廳亦應監督日本委員長亦承認中國方面有檢查之自由惟聲明無總領事館檢查印者不許輸入日本中國委員於此亦與同意

（六）外人參與公共建置問題　日本委員詢問此項參與方法中國委員允於規定市制時酌加考量

（七）郵電問題　日本委員提議五事（一）青島佐世保海線准用日文並撥給局屋（二）鐵路附設之公衆電報電話亦准用日文日語（三）青島濟南間之無線電收發日本公衆電報（四）市內電話暫准用日語叫號（五）撤退日郵歸郵務委員解決中國委員對於第五項同意其餘迭經辯難結果交郵電分委員會討論

（八）碼頭港灣問題　碼頭港灣本屬公產惟因日本占據後劃歸鐵道部管理故華盛頓原約亦在鐵路項下說明日委提議仍歸第二部委員討論中國委員主張此屬公產不能與鐵路之私產並論結果照中委主張日本提出港灣碼頭之財產原價二百五十四萬折實二百二十萬均歸入公產併計

（九）海關問題　中國委員提議完全照中國海關章制辦理日委以爲尙有附約所載及希望條件乃另組分委員會由總稅務司安格聯主持協議辦法七條（見協定細目中）

（十）礦山問題　淄川坊子金嶺鎭之礦照原約歸中國特許之中日合資公司承辦日委提出財產目錄爲德人遺留財產二百六十五萬日人新置財產七百六十三萬又提議處分方法（一）償款由公司分期付於日本政府（二）由兩國投資團各舉代表五名組織創立會在北京協定公司辦法（三）礦山移交在公司成立之後（四）礦山與鐵路碼頭之關係綦重須協定運費配車貯煤場及專用區域碼頭

五）劃分礦山與鐵路之財產（六）課稅須照最低率（七）定淄川坊子個人經營者之關係（指日人經營小礦魯大公司應予以諒解）（八）組織分委員會中國委員以原約並無償款規定力主無償移交其後將公司之設立程序解決乃續行研究償價日方始列財產目錄爲七百八十九萬繼經我國調查核估僅值三百萬元繼經雙方迭次交涉乃以五百萬元解決

（十一）鹽場問題　日本委員提出鹽田三千二百町步工廠二十四所財產目錄七百八十七萬中國委員對於補修費預想利益解職津貼三項計三百五十萬完全否認其餘實估僅值二百萬元中國委員提議日本須儘照產鹽全數收買日本委員只允規定最高額與最低額之範圍中國委員主張青鹽價格與關東州鹽一律待遇日本委員允照現在（指會議之當日）青鹽關鹽間之價格比率而每年協定之

（十二）償款支付問題　中國委員提議用國庫證券以銀元爲本位日本委員則要

求半數付現且以日金爲本位以及利息期限頗有爭議

(十三)膠濟沿線開埠問題　日本委員以膠濟沿線開放八處商埠華會時曾有宣言因與沿線公產保留問題聯帶提議中國委員答以原約無規定不在本會議範圍之內且開埠應由中國自行處置外人不能干涉

(十四)中國人民損害賠償問題　中國委員提議組織分委員會討論此事日方一再推諉謂須請示政府迄於會議終了仍未解決乃由我國委員長照會日方請由兩國政府另派委員協議並聲明將來應賠中國款項卽以中國應付日本償價之庫券扣抵日本委員覆文另行協訂日本政府自無異議

(十五)契約特許問題　中國委員提議日本民政部在租借地內所訂契約及所發特許應分別華會簽約前及批准換文前後抄送中國委員審核又租借地內工程設施應分別已開辦未開辦將各項設計預算書類交中國委員審查並應分別進行或停止日本委員以爲契約特許過多可隨時將必要者提出或就實地閱覽原文停止大規模之工程可以贊同至民間之合法工程建置不能抑止若有不法可從慣例救濟處理

(十六)四方發電所問題　日本民政部於十一年四月七日批准日人在四方設立發電所經山東交涉員向日領抗議迄未解決中國委員以上項批准在華會簽約以後殊與訂約精神不合應請取消日本委員謂四方各工場原有自設發電機現因經濟關係合而爲一且係九年認可本年乃經實行故重複認可如爲電汽事業統一起見可令與青島發電所歸併

以上屬於第一部者至第二部所管專屬鐵路事項不似第一部之複雜開會之初卽由中國委員提議四項(一)財產應分德人舊有日本新增列表交出研究(二)輕便鐵路屬於財產之一部(三)鐵路之日人成績(四)鐵路所訂合同契約日本委員大體贊同惟對於礦山所用輕便鐵路主張除外俟後再行討論日本委員主張設立三種分委員會卽(一)鐵路財產評價委員會(二)償還路價財政委員會(三)鐵路移

交委員會中國委員亦贊同之

(一)鐵路財產問題　除德人舊有五千三百四十萬馬克外（按德華鐵路公司建築膠濟鐵路共用五千三百萬馬克然歷年尙有新置財產據德華鐵路公司千九百十二年之貸借對照表資產項下鐵道設備值六千萬馬克貯品材料一百十萬植林十萬存款及鑛山財產在外）日本增加財產開列二千八百九十八萬元其中土地六十六萬餘元房屋二百九十六萬餘元營造物四百三十三萬餘元機械二百三十萬餘元車輛一千一百二十二萬餘元工場材料一百零七萬餘元復舊費二十二萬餘元什器備品一百三十二萬餘元貯藏品三百九十七萬餘元又沿綫附屬醫院五十餘萬元學校二十九萬餘元

(二)合同契約問題　中國委員提議請日本提出華府簽約以前契約合同交委員會審核華會簽約以後不得訂立何項合同如有必要應先知照中國委員求其同意日本委員亦承認但通常購買日用物品之合同除外

(三)工廠設施問題　中國委員提議自華府簽約後至移交前應將工程設施停止遇有必要亦應求中國委員同意其已經開工者應開單知照中國委員審核日本委員亦允照辦惟日常小工程除外

(四)永久改良增加解釋問題　中國委員就日委提出之財政目錄質問四種疑點(一)財產目錄中是否悉屬永久的改良增加(二)營業費是否列入(三)折舊依據何法(四)請以交通部會計則例爲審查標準日本委員答以(一)目錄係開列實費不僅爲永久的改良增加(二)普通工程改良費不在內但列入破壞復舊費(三)折舊方法可由分委員會決定(四)交通部會計則例是否實行請詳爲說明嗣由中國委員欲先定一永久改良增加之定義卽區別營業費資本費凡二千元以下之加工費用不列入資本項下日委不允嗣乃立一永久增修之原則曰此係包括世界鐵路會計原則所認爲可由資本項下支出之各種改良及增加原有効力或減少營業支出此項改良及增加必須有永久之性質並對於機械上或地點

上有固定之位置且具有繼續之價值者

（五）派員視察實務問題　中國委員提議由中國派員前往膠濟鐵路實地練習以便接收日本委員亦同意惟人數須求其適當薪水由中國支給亦不能為有責任之服務嗣經中國委員說明分三期派往第一期為主要部之調查視察十餘名並担任查閱合同等事第二期派遣較多第三期實行接收

第一第二兩部各分委員會經過若干次之討論乃將所商結果及不能解決之項一併報告大會又經大會迭次討論始得逐漸解決訂成山東懸案細目協定二十八條附件十類了解事項四類其華商損害賠償問題及土地所有權問題則以換文為據鐵路事項則另訂山東懸案鐵路細目協定十八條茲分別錄之如下

山東懸案細目協定

中日兩國政府為欲按照中華民國十一年二月四日（即大正十一年二月四日）在華盛頓簽字之解決山東懸案條約協定細目任命該條約第二條所定之聯合委員會委員如左

中華民國政府任命

督辦魯案善後事宜	王正廷
外交部參事	唐在章
督辦魯案善後事宜公署參議	徐東藩
兩湖巡閲使署顧問	陳幹

日本政府任命

特命全權公使	小幡酉吉
青島守備軍民政長官	秋山雅之介
大使館參事官	出淵勝次

以上兩國委員在北京會議協定條項如左

第一章　膠州德國舊租借地之交還

第一條　日本國因案照解決山東懸案條約第一條之規定將膠州德國舊租借地交還中國定於中華民國十一年十二月十日（即大正十一年十二月十日）正午移交一切行政權移交以後凡行政上一切權力及責任均歸中國政府

但照各種約章成案應屬日本領事官者不在此限

第二條　關於解決山東懸案條約第三條及第四條所定之行政及公產（包括碼頭港灣在內）之移交暨交付該移交所必需之文書等事應令中日兩國有權商訂執行詳細辦法之接收委員任之

第三條　前條所定中日兩國委員應自移交行政權於中國之日起一個月以內將接收事務辦理完竣

第四條　中國政府承認青島日本裁判所民刑事訴訟事件之裁判並訴訟行為不動產證明公證拒絕證書作成及私署證書確定日期之效力

第二章　日本軍隊之撤退

第五條　駐青島日本軍隊（包括憲兵）應自本協定第一條所定之日起二十日以內撤盡

第三章　租地

第六條　中國政府對於解決山東懸案條約批准交換前日本官憲所許可出租之地租期滿了後以同一條件准其續租三十年

前項所定三十年期滿時仍得續租但其續租條件應按照膠澳商埠租地規則辦理

該條約批准交換前日本官憲許可出租之地在許可條件所定期限內未著手築造或工作者不在前兩項之列

該條約批准交換後日本官憲之出租許可一律取消但限於中華民國十一年十二月十日以前已經著手築造或工作者按照膠澳商埠租地規則准許續租時與以優先的考慮

第四章　公產

第七條　按照解決山東懸案條約第七條協定應歸日本保留之財產如左

甲　日本領事館所必需者

一	舞鶴町二十七號	（房屋及地基）	（附圖青第一號）
二	舞鶴町二八號及佐賀町二六號	（房屋及地基）	（附圖青第二號）
三	佐賀町二四號及久留米町三四號	（房屋及地基）	（附圖青第三號）
四	萬年町二十號及同二二號	（房屋及地基）	（附圖青第四號 第五號）
五	濱松町一五號一七號及一八號	（房屋及地基）	（附圖青第六號）
六	馬關町一七號及同一八號	（房屋及地基）	（附圖青第七號）
七	佐賀町十一號	（房屋及地基）	（附圖青第八號）
八	霞關通北方高地	（地基一萬五千日坪）	（附圖青第九號）

乙　日本人居留民團所必需者

一	靜岡町一零號　日本人會	（房屋地基等）	（附圖青第十號）

二　葉櫻町二二號　化學試驗所　（房屋地基等）　（附圖青第十一號）
三　萬年町十五號　青島病院　（房屋地基等）　（附圖青第十二號）
四　有明町　中學校　（房屋地基等）　（附圖青第十三號）
五　三笠町　高等女學校　（房屋地基等）　（附圖青第十四號）
六　花笑町　第一小學校　（房屋地基等）　（附圖青第十五號）
七　若鶴山　青島神社　（房屋地基等）　（附圖青第十六號）
八　旭山　忠魂碑　（房屋地基等）　（附圖青第十七號）
九　膠州町　青島齋場　（房屋地基等）　（附圖青第十八號）
十　巽町　火葬場　（房屋地基等）　（附圖青第十九號）
十一　旭山　墓地　（　地　基　）　（附圖青第二十號）

前二項保留財產之土地以附圖界址爲限

第八條　前條所定以外膠州德國舊租借地內之一切公產應卽移交中國政府

第九條　膠濟鐵路沿線公產照該鐵路沿線撤兵協定應歸日本政府保留或使用之財產俟開埠地方決定時另由兩國政府協定

第五章　郵電

第十條　日本政府允將青島佐世保間海底電線之一半無償交與中國該線在青島之一端由中國政府運用其在佐世保之一端由日本政府運用

第十一條　關於上項海底電線辦理事項由中日兩國政府另行協定之

第十二條　中國政府聲明現在外國公司所有電信之特權獨占期滿後按照本國獨立精神準備自由取消無論何國政府或何種公司及私人均不准有包辦獨占權

第十三條　中國政府允於接收青島及濟南無線電台後在左列區間辦理一般公衆電報

一　青島無線電報局與海上船舶間

二　青島無線電報局與濟南無線電報局（以同局存在時爲限）間

第十四條　中國政府允於左開各電報局收發日本文字電報

一　青島海底電報局

二　青島無綫電報局

三　青島四方及滄口電報局

前項所定四方及滄口電報局收發日本文字電報時應特收費用但收費數目另由中日兩國主務官廳協定之

第十五條　中國政府允於接收膠濟鐵路（包支線）後將在該鐵路沿綫重要車站之電報局公開收發公衆電報

第十六條　中國政府允於接收青島濟南間軍用電話設備後自行公開並對於用戶予以相當之便利

第六章　鹽業

第十七條　中日兩國政府按照解決山東懸案條約第二十五條協定膠州灣沿岸產鹽輸出日本之條件如左

一日本國自民國十二年起（卽大正十二年）往後十五年間每年在最高額三萬萬五千萬斤最低額一萬萬斤之範圍以內購買青島鹽

但前項期限滿後更行協議

二中國政府對於日本所購買之青島鹽允照大正十年一月日本政府所定之鹽質檢定規則施行品質（顏色在內）之檢定

但將來有變更之必要時更行協定

三交鹽地點爲門司及其他日本主務官廳指定地點之倉庫但輸入門司以外地點時應給予他項輸入

鹽同樣之運費差額（輸入地點與門司之差）

四關於日本之購買青島鹽其他事項應由中日兩國主務官廳協定

第七章　公產及鹽業之償價

第十八條　中國政府按照解決山東懸案條約第六條對於移交公產償價及照同約第二十五條購回膠州灣沿岸從事鹽業之日本人及公司之利益等償價允將日金一千六百萬圓交付日本政府

前項金額內日金貳百萬圓應於公產及鹽業移交後一個月以內支付現金

第十九條　中國政府爲支付前項金額日金一千四百萬圓允於公產及鹽業移交完竣時以國庫券交付日本政府

第二十條　前條國庫券之條件如左

（一）本國庫券票面總額日金一千四百萬圓

（二）本國庫券之利率定爲年利六釐

（三）本國庫券之償還期限定爲十五年最初一年不付本自第二年起每年還本二次每次日金五十萬圓於付息之日同時償還

但不論何時經三個月前通知得將本國庫券之全數或一部償清

（四）本國庫券之担保除以關餘鹽餘款項充當外中國政府應再加考慮選定別項確實担保品從速與
駐京日本公使協定
中國政府將來整理中國外債時應將本國庫券儘先歸入整理案內辦理
（五）以前項所定之担保用付本國庫券之本息倘有不敷時中國政府允以他種財源支付
（六）本國庫券之利息由國庫券交付之日起算每半年支付一次
（七）本國庫券還本付息地點定爲日本東京指定橫濱正金銀行經理還本付息事務但因日本政府之
便利欲變更付款地點或經理銀行時應與中國政府協議
（八）中國政府對於本國庫券及息票並本國庫券本息之收付免除一切稅捐
（九）本國庫券交付後得因日本政府之便利將一部或全部自由讓授他人
（十）本國庫券稱爲青島公產及鹽業償價日金國庫券
（十一）本國庫券附帶每半年付息息票並載明記號號碼交付年月日中國政府代表之署名鈐章數額
利率償還期限担保中國政府之付款保證本息之支付方法經理銀行等證券所有者行使權利
之必要條項本國庫券之種類分爲十萬圓五十萬圓二種按所需數目製成之
（十二）本國庫券之印刷費用歸中國政府負擔

（十三）在本國庫券之正式證券未製成以前中國政府以臨時證券交付
第八章　鑛山
第二十一條　中日兩國政府爲設立解決山東懸案條約第二十二條所定公司起見令中日兩國資本團選
出之創立委員辦理設立公司之事務
第二十二條　按照中國政府特許狀所組織之公司成立時日本政府應將淄川坊子及金嶺鎮各鑛山及該
鑛山之附屬財產移歸該公司接辦
第二十三條　前條所列之公司爲中日合資公司其資本由中日兩國人各承受其半公司增加資本時亦同
第二十四條　前條公司應付日本政府之償價總額爲日金五百萬圓
第二十五條　前條償價支付之細目俟公司成立後由日本政府與該公司商定
第九章　膠海關
第二十六條　中國政府允將青島現行保稅區域制度繼續辦理
第二十七條　中國允將一九零五年膠海關修正協定第三條丙項規定所包之貨物依善意在一九二二年
二月四日以前定購者以由該期日起四年內進口爲限免除進口稅
第二十八條　中國政府允於中華民國十一年十二月十日以後對於膠州德國舊租借地之製造工廠與中

國他處商埠之製造工廠同樣待遇但上開期日後卽使變更現行章程凡根據一九零七年四月十七日協
定已運入該工廠之一切原料及其製造品以能向膠海關提出必要憑證者爲限得仍適用該協定辦理
本協定用中日兩國文字每種作成二份由兩國委員署名蓋印雙方保存中日文各一部爲證
中華民國十一年十二月一日
大　正十一年十二月一日
王正廷　印
唐在章　印
徐東藩　印
陳　幹　印
小幡酉吉　印
秋山雅之介　印
出淵勝次　印
附件
一、日本軍隊之撤退

中國政府在駐青島日本軍隊並青島及膠濟鐵路沿綫日本官憲之撤退歸還以前對於其滯留撤退歸還應
與以必要之便利及優例
關於前項之便利及優例應由本協定第二條所定中日兩國委員間協定之
二、既得權
外國人既得權利應按照解決山東懸案條約附約及協定條件所定由青島中國地方官與日本領事官謀適
當淸釐之法
三、土地
中國政府允於本協定第六條第四項但書規定之租地手續未了以前准其維持現狀
四、農業
中國政府得以公正之補償收囘德國舊租借地日本人經營之國武農場及其他之大農場
關於前項收囘細目由膠澳商埠局與日本領事官協定之
五、公產
（一）日本政府聲明應按照本協定第七條所定在旭山允保有一萬四十坪之墓地（附圖青第二零號）將
從來之墓地移交中國政府

(二)就青島神社及忠魂碑之用地雖照附圖畫定境界惟中國政府聲明保存現在鐵綫柵內之森林不予解除且前項森林地帶如因祭典等有必要時得准其自由使用

(三)中國政府聲明青島測候所接收後照左之方針經營之

甲暫時日本職員不受中國政府報酬爲該中國測候所之經營維持照舊職務該測候所與日本測候所交換報告之電報中國政府務竭力與以方便

乙將來中國測候所職員養成後與舊職員交代時更定與日本測候所報告聯絡之辦法

(四)中國政府按照本協定第八條關於接收左列財產聲明如下

一旭町兵營之房屋及用地無償租與商科大學使用

二青島學院現在租用之房屋及用地繼續無償租與使用

三現在租與海事協會之官地繼續無償租與使用

四青島市場小港共同卸貨場調馬所（舞鶴町）裝蹄所（佐賀町）競馬場並該場房屋應歸膠澳商埠局公平辦理

五現租與國際俱樂部（靜岡町）一號 GOLF 俱樂部（旭町練兵場內）及網球俱樂部（旅順町）用地及房屋由膠澳商埠局監督使其無償經營

六現在租與各宗教慈善團體之土地當減輕其租價

七現在租與青島新報社及（靜岡町）濟南日報支社（靜岡町）之房屋及土地准與相當便利青島新報社之宿舍（舞鶴町）以本協定簽字後一年爲限準前項繼續租與

八李村農事試驗場及膠澳各公學堂及台西鎮避病院當然維持且擴張之

九旭町練兵場及湛山打靶場由膠澳商埠局維持經營之中外人民得照商埠局管理公產規則使用之

十領港事務所（姬路町青島棧橋旁）由膠澳商埠局維持經營之

以上各項除膠澳商埠局自行經營者外其組織或公約須呈明膠澳商埠局認可並須遵守商埠局一般規則

六、發電所屠宰場及洗衣廠

中國政府承認關於經營電燈事業（以供給電力爲附帶事業）屠宰場洗衣廠之公司組織作爲中國之特許公司由中國及外國人（包含日本人在內）共同出資經營且按出資之多寡日本人得爲社員（包含董事在內）

組織上項公司時對於洗衣廠應考慮現在出租經營中日本人之契約

七、電話

(一)中國政府允於收回德國舊租借地內之電話營業後六個月間在該電話局酌用通曉日語之司機生以便與用日語之用戶接綫

(二)中國政府允於收回前項電話營業後令該電話局編制通行叫號上之一般用語以圖用戶之便利

八、鹽業

(一)關於青島鹽輸出本協定第十七條一項所載之購買量數如因中日兩國國內之生產狀況或鹽之需要而有難於授受上列最高或最低量數之事情時可不拘上開之協定量數其該年購買量數臨機協定之

(二)日本專賣局所購買之青島鹽以該專賣局所必要之品質爲限但輸入日本專賣局所不要之粗惡鹽時關於減價及其他辦法由中日主務官廳協定

(三)關於購買價額及工業用自已輸入鹽由中日主務官廳協定

(四)經理輸出人之選定由中國主務官廳指定後與日本主務官廳協定

(五)中國政府許可自由輸出青島鹽於朝鮮

(六)青島鹽業交付時關於鹽業者現所有或所持營業剩餘之原鹽及加工鹽乃至已結契約之鹽之輸出以民國十二年三月三十一日爲止得以現在同樣之條件而任意輸出之

九、鑛山

(一)公司股票限於中日各本國人得以轉讓用股票充担保時亦同

(二)公司置左開職員

理事九名

監察二名

理事中國人五名日本人四名監察中日各一名由中日兩國股東中選任

董事會之組織由中日兩國資本團代表者協定

(三)公司得延聘膠濟鐵路之當事者二名乃至三名爲公司諮議（相談役）

(四)公司之資本股份股東會及其他事項均照公司定章辦理

(五)公司應付日本政府之償價五百萬圓不取利息應俟公司得八釐以上之分紅時交付日本政府以超過紅利之半額

(六)公司就鑛區税鑛山税海關税及其他一切税捐應與其他中國礦山經營者同受最低率及優良之待

遇

（七）中國政府爲輸送該公司之煤炭及礦石就特別運費車輛分配暨設置煤炭礦石貯藏場擴張綫路等項當使與其他地方之各礦山公司受同等之優遇至其詳細辦法當令該礦山公司與膠濟鐵路間協定之

（八）膠濟鐵路所需之煤該公司當按照成本廉價供給

（九）中國政府保障將來在青島碼頭允許建設山東各礦山專用碼頭該碼頭之建設地點及其他細目臨時由膠澳商埠局與公司間協定之

（十）除以上各項所揭者外就與鐵路及碼頭之聯絡該公司得與中國其他採礦公司同受最優之待遇

（十一）就坊子及淄川之包工契約應照現狀移交公司將來由公司及該包工者間協定之

（十二）舊礦公司所屬財產而爲他部局使用者之處分應由公司及各部局協議之

（十三）公司存立期間決定時如當期間滿了之際公司仍行繼續存在則前開各項約定依然適用

十、膠海關

（一）中國政府聲明在本協定第二十六條所定保稅區域於本協定簽字時膠海關對於各種貨物所與之優例待遇照舊允許

（二）中國政府對於膠澳日本商人準用日本文字與膠海關接洽事務

（三）中國政府允令總稅務司於膠海關選用必需職員時在海關任用規則範圍內斟量膠澳商務上之需要並對於現有職員之更動務以最少程度爲限

（四）膠海關舊有財產由膠澳一般公產分離令總稅務司與日本駐青島官憲決定之

中華民國十一年十二月一日

大　正十一年十二月一日

王　正　廷　印

唐　在　章　印

徐　東　藩　印

陳　　　幹　印

小　幡　酉　吉　印

秋山雅之介　印

出　淵　勝　次　印

關於協定條件第六項要求事項之換文

王委員長致小幡委員長照會

爲照會事查解決山東懸案條約附屬協定條件第六項所規定之損害賠償問題曾於八月十日第一部第十三次會議時經本委員長提議組織分委員會討論辦法旋於九月四日第二十次會議時經貴委員長提出答覆並經彼此辯論對於敝委員會卽時組織此項分委員會之主張未蒙贊成以爲此項問題調查解決頗需時日按約應組織特別聯合委員會處理以免阻礙會議進行並謂若依提議趣旨另行組織明訂於該協定條件之聯合委員會則不妨徵求日本政府意見云云旋由外交部與貴委員長彼此磋商仍未議定辦法現在細目協定將告圓滿解決敝委員會本前次提案精神希望本聯合委員會一致據約建議於兩國政府從速指派相當人數之官員組織專任解決此項問題之聯合委員會以了此多年之懸案而增進兩國之親睦將來議定應賠中國款項卽以中國應付日本償價之國庫券扣付相應照會

貴委員長希卽

查照須至照會者

中華民國十一年十二月一日

小幡委員長覆王委員長照會（譯文）

爲照覆事關於締結山東條約時中日兩國委員協定條件第六項所定要求事接准

來照備悉一切查此案迭經在本委員會一再說明該問題並非本委員會應有之職務徵之該協定條件規定毫無疑義而本國政府所見亦全屬相同故本委員等主張此時本委員會無商定此案之權如貴國政府離開本委員會提議依據該協定條件規定另行商議本國政府自無異議相應照覆卽希查照須至照會者

大正十一年十二月一日

關於膠澳舊租借地內土地問題之換文

王委員長致小幡委員長照會

爲照會事查魯案中日聯合委員會中國委員對於現在外人在膠澳舊租借地區因賣買或其他形式而取得之土地權除農業地由中國給價贖回外允於德國租借膠澳之年限以內給與無償租用作爲買收價格期滿應由中國政府收回若繼續租用須按商埠局章程辦理以上辦法中國委員認爲極其公平妥善如日本委員仍持永租權主張惟有將本問題作爲懸案留待中日兩國政府另行解決相應照會

貴委員長希卽

查照須至照會者

中華民國十一年十二月一日

小幡委員長覆王委員長照會（譯文）

爲照會事關於現在外人在德國膠澳舊租借地內因具領賣買並填築而取得之土地所有權問題迭經在本委員會一再討論不幸彼此意見不能一致貴國委員拒絕將此項土地權作爲既得權而維持現狀僅允於德國租借年限以內無償租用對於期滿後之租用則須按照商埠局章程辦理倘本委員等仍是固持主張將本問題作爲懸案留待中日兩國政府別求解决而本委員等亦曾聲明爲擁護外人合法取得之既得權利並參酌貴國與外國間成約對於此項土地權如其他外國人同意將此作爲無償永代租借權日本亦可同意且確信本委員之主張依照條約之規定並現近貴國政府與駐華外交團間成爲問題之天津漢口等特別區之規定毫無不當今貴國委員既固持已見無已惟有允將本問題留待將來歸由中日兩國政府之外交機關商議相應照覆即希

查照須至照會者

大正十一年十二月一日

山東懸案細目協定了解事項

一、司法事項

山東懸案細目協定第四條之規定以不妨礙解决山東懸案條約第二十四條及本協定附件第二項爲限

二、租地

(一)日本政府聲明將來膠澳商埠租用地皮規則以不侵害因通商條約及中國各商埠慣例而享有之外國人權利利益爲限可尊重之

(二)將來其他租借地交還中國開爲商埠時在該商埠外國人關於地皮享有之權利及利益在膠澳商埠地亦同樣享有之

三、公產

(一)附屬於公產之備品什器及貯藏品之處理並補償除德國遺留品外其補償應由本協定第二條所定之中日兩國委員協定之

(二)中國政府聲明現在日本官憲施工中之青島第一碼頭擴張工程當按預定計畫繼續完成之

(三)日本政府承諾下表所列浚渫船小輪船及其船舶均移交中國政府但即墨丸於中國接收後應仍無償供領港事務之用

甲　輪船

港務所所屬　即墨丸　青島丸　三水丸

水上憲兵分隊　勞山丸

港灣事務所所屬　若鶴丸　黄島丸　千代丸　山東丸　九水丸　浮山丸

埠頭事務所所屬　相生丸　孤山丸　一水丸　二水丸

乙　雜船

港務所所屬　殺鼠船一隻　圍平船一隻　小型傳馬船一隻　小撥船(戎克)一隻

其他雜船七隻

港灣事務所所屬　三十五噸起重機船一隻　普利斯特馬式浚渫船小公號一隻　同大公號一隻　足場船二隻　來多船三隻　傳馬船五隻　戎克船三隻　端艇九隻　小運貨船一隻　泥受船十一隻

碼頭事務所所屬　二十二噸起重機船一隻　雜船四隻　發動機艇一隻

(四)中國政府聲明在公產償價未還清以前不以青島碼頭爲外債擔保如以該碼頭(倉庫在內)爲外債擔保時須先與日本協議

(五)中國政府聲明因青島各日本學校教員宿舍用而讓與或出租之房屋將來當以特別廉價之條件從速實行之

(六)中日兩國政府對於中日關係當事人間經營青島發電所設立新公司之交涉及組織因四方發電所設立者之參加認爲關於四方發電所中日間之異論事實上已經解决

(七)膠濟鐵路沿線公產决定由日本政府保留者如左開(甲)(乙)兩項左開(丙)至(癸)之財產應於開埠地决定時照協定第九條由中日兩國政府協議保留或補償等事項

甲　濟南守備隊官舍　九所

乙　濟南憲兵分隊長官舍　一所

丙　坊子將校集會所及同附屬家產　二所

丁　坊子憲兵分隊下士及上等兵宿舍　五所

戊　濰縣憲兵分遣所廳舍及官舍　二所

己　張店憲兵分隊廳舍及官舍　三所

庚　淄川炭坑憲兵派出所廳舍及官舍　三所

辛　博山憲兵分遣所廳舍及官舍　二所

壬　博山分遣隊兵舍　一所

癸　周村憲兵派出所廳舍及官舍　一所

本協定第十八條所規定中國政府應付日本政府之公產償價並未包含上開財產之價額

(八)前項所開財產照本協定第九條所定中日兩國政府商議决定處分以前繼續由日本政府保管之

（九）膠濟鐵路沿線日本政府所建設之數處小學校及醫院應於開埠地決定時由中日兩國政府商議使
　用方法前項商議未確定前仍准繼續使用

四、郵電

（一）本協定第十二條所載獨占權未收回以前中日兩國政府應以左開各項爲大體之議案從速協定青
　佐海底電線之運用辦法但至遲須於六個月以內辦竣

甲前開海底電線青島一端之運用中國政府暫時委託日本政府代辦

乙代辦前項事務之電報房（文簡稱電報房）不直接收發及投送公衆電報此項事務概歸青島電報局
　辦理

丙電報房所需之土地房屋（局員宿舍在內）機器線料等物及由該報房至青佐海底電線登陸地點之
　接線均歸中國供給所有電報局並接線之經常費均歸中國支付

丁電報房職員額數及薪金由中日雙方協定其主任及技師由日本委派賬務員由中國委派其電報生
　宜多用中國人員

戊中日兩國政府擔任各將其所有前項海底電線之一半維持保全

巳前項海底電線經轉中國各處與日本各處往來國際通用文字之尋常電報其海線費每字定爲五十
　生丁中日兩國各得其半其他各項報價另定之

（二）前項中日兩國間之青佐海底電綫協定未成立前暫由日本代爲保有及運用並應維持現狀

（三）青島無綫電報局與大連無綫電報局間之通信聯絡由中日兩國主務官廳協定

（四）中日兩國政府約定將中華民國六年三月二十六日所訂（現屬日本管理膠州灣租借地及山東鐵
　路之中日兩國郵電事務處理辦法並七年十月十日所訂前項辦法之細則及附帶文書）以膠濟鐵
　路（包支綫）移交中國政府之日廢止

山東懸案鐵路細目協定

中日兩國政府爲欲按照中華民國十一年二月四日卽大正十一年二月四日在華盛頓簽字之解決山東懸
案條約協定移交鐵路及償價細目任命該條約所定之鐵路聯合委員會委員如左

中華民國政府任命

督辦魯案善後事宜　　王正廷

交通次長　　勞之常

交通部參事　　陸夢熊

交通部技監　　顏德慶

日本國政府任命

特命全權公使　　小幡酉吉

青島守備軍民政長官　　秋山雅之介

鐵道技師　　大村卓一

以上兩國委員在北京會議協定條項如左

第一章　膠濟鐵路之移交

第一條　日本國因按照解決山東懸案條約第十四條之規定將膠濟鐵路及其支綫並一切附屬財産定於
中華民國十二年一月一日（卽大正十二年一月一日）正午移交中國

第二條　前條鐵路財産之移交應由中日兩國派定之接收委員任之並應自移交之日起一個月以內將接
收事務辦理完竣

第三條　移交第一條鐵路財産時應將該路所有一切文書單契賬册圖表等項於上開期間內移交

第二章　膠濟鐵路償價

第四條　中國政府按照山東懸案條約第十五條允償還日本政府鐵路財産價値日金四千萬元

第五條　前條金額以國庫券支付日本政府該國庫票面總額與前條所開之數目相同

第六條　本國庫券稱爲膠濟鐵路國庫券

第七條　本國庫券之種類分爲十萬圓及五萬圓二種按所需數目製成之

第八條　本國庫券之利率定爲年息六釐

第九條　本國庫券以膠濟鐵路財産及進款爲擔保此項財産及進款不得再供內債或其他外債之擔保
但中國政府如爲償還本國庫券而募積內債經中日兩國政府協定時不在此限

第十條　以本鐵路進款用付本國庫券之利息如不敷時中國政府允以他種進款支付

第十一條　本國庫券利息自本國庫券交付之日起算每半年支付一次

第十二條　中國政府對於本國庫券及息票並本國庫券本息之收付免除一切稅捐

第十三條　本國庫券交付後得由日本政府之便將全部或一部分自由讓授他人

第十四條　支付本國庫券本息之地點定爲日本東京並指定橫濱正金銀行經理但日本政府爲便利起見
欲變更經理銀行及地點（限於中日兩國境內）時須先由兩國政府協定之
關於匯款至經理支付本息之銀行方法如係還本款項中國政府得自由選定銀行匯付其付息款項雖以
由橫濱正金銀行青島分行或濟南分行匯付爲原則倘他家銀行匯價較正金銀行低廉時亦得由其他銀
行匯付

第十五條　在本國庫券本息還清以前本鐵路進款中應存入橫濱正金銀行之青島分行或濟南分行但由本鐵路進款中將每月分應付利息之數按月積存該銀行時其餘進款可由鐵路局長之選擇存入其他殷實之各銀行

提用本鐵路進款時須經中日兩會計處長會同副署

第十六條　本國庫券附存每半年息票載明記號號碼交付年月日中國政府代表之署名鈐章數額利率償還期限有担保中國政府之付款保證本息之支付方法經理銀行等證券所有者行使權利之必要條項

第十七條　本國庫券之印刷費用歸中國政府負擔

第十八條　在本國庫券之正式證券未製成以前中國政府以臨時證券支付

本協定用中日兩國文字每種作成二份由兩國委員署名蓋印雙方保存中日文各一部爲證

中華民國十一年十二月五日　王正廷印

　勞之常印

　陸夢熊印

大正十一年十二月五日　顏德慶印

　小幡酉吉印

　秋山雅之介印

　大村卓一印

山東懸案細目協定了解事項

一、照本協定第一條應行移交之鐵路財產包括現在鐵道部所屬之一切財產（卽由民政部陸軍部遞信部及其他移管之地皮築造物房屋等均在內）但有特別規定者不在此限

二、民國十二年三用中應交之川崎造船所定造之機關車價已包括在鐵路償價之內

三、照本協定第十四條第二項因經他銀行匯款而有無故延遲及不能在支付地實行交款情事以後必經由橫濱正金銀行青島分行及濟南分行匯付倘上述之橫濱正金銀行分行有同樣延遲及不能施行交款情事以後應當經由他銀行匯付

四、日本主管鐵路之當局所訂合同契約將來應行繼續與否及其他相關問題應由雙方準備移交接收委員會解決之

五、膠濟鐵路日本管理期內所有一切金錢上債權債務於移交之日尚未清了者均由日本方面負責清理

上項所述之金錢上之債權債務及訂約人之保證金押款租金等之處理方法由中日兩國移交接收委員協定之

六、鐵路移交期內收支之處理及業務經營之方法由中日兩國移交接收委員協定之

七、（一）中國政府聲明對於膠濟鉄路現用職員中國希望留用者應於移交事務開始之日起一個月以內並於各職員在職辦理移交事務中從速決定

（二）中國政府對於因前項選擇結果而離職之職員中國政府於其離職時一律給予一個月薪俸

（三）鉄路聯合委員會協定凡鉄路移交後卽須實行之更換職員詳細辦法由中日兩國移交接收委員訂定之

上項細目協定既於十一年十二月一日簽訂雙方約定十二月十日正午實行由我國接收青島行政權及第一部所議各項財產我國所派之魯案善後督辦王正廷於十二月六日由京起程七日到濟南與山東督軍兼魯案會辦田中玉及山東省長兼膠澳商埠督辦熊炳琦協商接收辦法由山東督軍借用快槍三百支配給預行編練之本埠警察及保安隊又調派原駐城陽之陸軍步兵八百編成武裝警察由王正廷與日本司令官由比光衛秋山雅之介商定將新編警察於九日晨開入青島又議定分組接收辦法郵政電報由交通部所派之郵電委員接收鹽田工廠由財政部鹽務署所派鹽務委員接收稅關原屬中國自設自管礦山則由魯大公司接收其餘本埠之公產港灣碼頭水道森林電話均經雙方分組派有專員交替接收並由王正廷與秋山雅之介協定接收手續六條九日熊炳琦攜帶隨員數十人衛隊三百名到青十日午前十一時在日本軍司令部舉行接收儀式由新任商埠督辦熊炳琦負責接管其第二部之膠濟鐵路則訂於十二年一月一日正午由交通部派員接收而仍留日籍員司與華員共同服務一面分別移管一面照常運行至一月二十九日全路實行完全接管其路警一項則於十一年三月魯案會議開會之先經雙方委員長商定自四月十日起卽由我國組織路警將全路分爲三大段先後接管其濟南之無線電台與附屬宿舍以及膠濟沿路之日軍兵營兵舍亦于是日接收完畢自五月二日起沿路日軍分別撤退回國此項路警初由京師保安隊調用繼復設立教練所另行訓練

迄於接收鐵路之後乃改爲膠濟路警務處也

關於膠澳行政接收之最後協定

第一條　關於行政接收依照山東懸案細目協定所載各項除海底電信由交通部直接辦理鑛山應直接移交於條約所定之合資公司外均完全實施終了

但關於右項之接收書類將來發生疑義時由兩國主務官廳接洽審定之

第二條　關於山東懸案細目協定了解事項第三所載評價補償問題暨十一年十二月九日會議議決事項第三所載補償及補助問題除廳中備品日本好意的無償讓與外由雙方決定其總額爲日金六十萬元整

第三條　前條所載償款支付方法商埠局允於六個月以內籌款償還

第四條　依十一年十二月九日會議議決事項第四所載自十一年十二月十日起至二十日止日本以友誼的在各機關助理事務之雇員以下薪工日金二萬零零九十四元二角由商埠局以現金卽時償還

第五條　測候所雖經點驗但關於派遣所長職員及聯絡方法由外交部與駐北京日本公使協定之

第六條　中國以友誼的暫時借與日本殘務整理人員所住居之宿舍及引繼動產並暫時借用之學校操場等官產務必從速遷讓並於騰出前一星期內通知商埠局派員接管

第七條　本協定無特別規定者或將來發生何項問題時概依照山東懸案解決條約及細目協定之條文精神由雙方主務官廳協議之

右協定作成中日文各二份由雙方委員長署名蓋印名保存中日文一份爲證

中華民國十二年三月十三日　膠澳商埠督辦兼行政接收委員長熊炳琦

大正十二年三月十三日　行政引繼實施委員長　秋山雅之介

膠澳志卷二

方輿志一　境界

膠澳商埠之區域以膠州灣爲中心沿膠州灣之四圍劃出陸地若干成爲膠澳商埠區東北界嶗山與卽墨縣接壤西跨海西以抵膠縣境北境距卽墨縣城十五公里西北境距膠縣城十公里北部西部所占陸地甚狹東北方與西南方所占陸地較豐儼然成東西兩半島青島市內及李村等處屬東半島而海西則屬西半島膠澳地在夏禹時屬青州領域形勢亦酷肖之夏禹時代之青州轄境當今之遼東半島與山東省域之大部分以渤海爲中心虞舜時代之營州周代職方氏之幽州與夏禹時代之青州方員廣狹稍有出入然大致相類膠澳區東半島之南端爲團島與西半島之北端海西岬相對峙以扼膠州灣之咽喉猶之遼東半島與山東半島相對峙以綰渤海之出入也山東半島之在中國向與直隸山西號稱三輔且當黃海渤海之要衝就國防交通文化各方面觀之在吾國北部位置至爲重要膠澳與渤海之關繫雖以距離較遠不若威海衛大連之密切然地當黃海腹心乃東方之第一重門戶北縮奉直東航日韓南通海州上海位置適中不僅司山東貿易之出入實兼握北方航運之樞機也

膠澳區之界線乃自前清光緒二十四年二月十四日卽西歷一八九八年三月六日我國與德國訂立膠州灣租借條約時由兩國委員所劃定者原約第三款規定曰玆將所租各段之地開列於後（一）膠澳之口北面所有連旱地之島其東北以一線自陰島東北角起至嶗山灣爲限（二）膠澳之口南面所有連旱地之島其西南以一線自離齊伯山島西南偏南之灣西南首起往笛羅山島爲限（三）齊伯山陰島兩處（四）膠澳之內全海面至現在潮平之地（五）膠澳之前防護海面所用羣島如笛羅山炸連等嶼是爲膠澳劃界之緣起所謂膠澳口者卽指團島岬與海西岬間之海頸膠澳口北面連旱地之島卽東半島（括青島市李村等）膠澳口南面連旱地之島卽西半島也訂約後由中德兩國委員會同劃界自南窰半島偏東海岸處起立第一號界石地當北緯三十六度七分東經一百二十度三十五分四十六秒由此而北經聚

仙宮之西沿磚塔嶺之脊北向于嶺上廟西路口立第二號界石又北抵北緯三十六度九分五十二秒東經一百二十度三十六分之地點立第三號界石由此沿山路平折而東抵東經一百二十度三十六分四十秒之地點復平折而北經五指峯抵北緯三十六度十一分六秒之地點立第四號界石復沿山路東北向略作弧形抵東經一百二十度三十七分四十七秒北緯三十六度十二分十八秒之地點立第五號界石由此折而西向偏北沿蔚竹菴背後之山坡復北抵東經一百二十度三十六分十一秒北緯三十六度十四分之地點立第六號界石由此折而西復折而北抵北緯三十六度十四分二十秒東經一百二十度三十六分六秒之地點立第七號界石正當赴王哥莊之路口由此沿捧石山脊而北經七百十四公尺與六百九十三公尺之兩高峯折而西抵北窩落村之北當北緯三十六度三十五分五秒東經一百二十度三十四分十一秒之處立第八號界石由此沿王喬崮山之山脊西抵楊家村北之廟側立第九號界石迂而西南抵白沙河岸立第十號界石越河南岸而西立第十一號界石

復越河而北抵大周家莊之東立第十二號界石由此沿河北岸迄於河口抵南港村之西立第十三號至第二十一號界石沿海岸折而北經女姑山又折而西北越紅沙河抵鐵家莊之南立第二十二號至第二十八號界石平行而西抵下疃村南立第二十九號界石此爲膠澳區之極北境地當北緯三十六度十九分二十四秒由此復折而南抵東古島之東南立第三十至第三十九等號界石復折而東南經城古莊之東立第四十號至第四十五號界石復折而西南抵趙家嶺莊正南之尖角立第四十六號至第五十二號界石由此折而西北復折而西南抵潮海莊南端之尖角立第五十三號至第六十一號界石由此折而西北復折而西抵西南塋村南端之尖角立第六十二號至第六十四號界石由此折而西北抵大沽河之東岸立第六十五號第六十六號界石越河而西抵塔埠頭鎭之北立第六十七號第六十八號界石由此而西抵馬家村之東立第六十九號第七十號界石第七十號界石當東經一百二十度三分四十五秒實爲膠澳區之極西境由此迂曲而南經東塋村之東立第七十一號至第

七十八號界石復折而西抵侯王河北立第七十九號界石由此向南引一直線抵龍泉村之東立第八十號界石由此折而東偏南抵發吉院東北之尖角立第八十一號至第九十四號界石由此而西南復折而東南抵大石頭之東端立第九十五號至一百零九號界石由此迂曲而西復南向引一直線抵長城嶺之東立第一百十號至第一百三十二號界石由此迂曲而南抵濠北頭立第一百三十三號至第一百三十七號界石由此沿舊運河之西岸南抵濠南頭立第一百三十八九號界石由此沿大灣口迂折而西南向經廣河口積米厓抵靈山衛舊城立第一百四十號至第一百五十一號界石此爲界石之第末號以上界石自第一號至二十二號又薛家島濠北頭濠南頭之界石三方鐵家莊陳家莊間之界石三方大沽河東岸界石一方塔埠頭北橋側界石一方均載在租地合同及潮平合同餘則未載德人所製五萬分一之膠澳全圖亦同其後日人製圖則一百五十一號之界石地點具載圖內蓋德人於千九百十年補立界石一次較初立爲更詳也由大灣口起沿薛家島之東岸北抵海西岬之北

端越膠澳海口自團島沿岸東向至南窰半島第一界石處是爲膠澳全區之境界線我國收回後卽以租借地之境界爲準於民國十一年十一月頒布之膠澳商埠章程規定其方位如下

膠澳商埠章程第二條　膠澳商埠之區域爲南北自北緯三十五度五十三分三十秒起至三十六度十六分二十秒止東西自東經一百二十度八分三十秒起至一百二十度三十七分四十秒止

右之經緯度仍沿襲德人之計算以陸地爲標準故南北以薛家島之南端爲極南起點以白沙河北之十四十五兩號界石爲極北終點至於膠州灣以潮平爲限界說本甚含糊二十年來沙漲潮低今之潮平線較之中德定界時之潮平綫相距甚遠且陰島黃島業與平陸接壤故膠澳現在管轄之陸地實以第二十八九兩號界石爲極北境當北緯三十六度十九分二十四秒水靈山島之南端爲極南境當北緯三十五度四十四分三十三秒第七十號界石爲極西境當東經一百二十度三分四十五秒塔連島爲極東境當東經一百二十度五十二分十秒此不可不知也

至於膠澳商埠中心之青島市其區域亦嘗以膠澳商埠章程及青島市施行市自治令規定如下

膠澳商埠章程第四條　市定名爲青島市以青島市街台東鎮及台西鎮之界址爲區域其他各地均稱爲鄉各鄉之區域由商埠督辦規定之

又青島市施行市自治令（十一年十一月十八日教令第二十六號）第二條　青島市之區域以青島市街台東鎮及台西鎮之界址爲區域

膠澳商埠中心之青島市適當東部半島之西南隅其市街建于青島灣與大港之間地帶適當北緯三十六度東經一百二十度與美國之桑佛郎西司哥港英領之直布羅陀海峽日本之東京緯度相同青島灣之南部爲外港外港之港界東自太平角之南端向西南方劃一直綫至海西岬東端之淮子口又由海西岬之北端下菴向北方劃一直綫以達團島之南角在此不等邊之三角形內是爲外港之領域俗稱前海在海西岬與團島間之直綫以西更由湖島子向西南劃一直綫以達黃島北端後灣莊之北角又由黃島之東端向東南劃一直綫以達薛家島灣北屯村之北端尖角在此

人字形內是爲內港之領域俗稱後海大港小港所有碼頭設備均在內港

由青島市赴國內國外之重要商港其水程距離如下（以一海浬爲單位）

天津	四八四·	神戶	八四五·
烟台	二三九·	橫濱	一•一三〇·
大連	二五六·	敦賀	一•五一九·
安東	四一六·	函館	一•七三二·
海州	一五〇·	高雄	一•二七一·
上海	三三五·	海參崴	一•八七〇·
福州	八六三·	馬尼拉	一•〇三〇·
厦門	一•〇六二·	新加坡	二•六五九·
香港	一•二三五·	西爾特爾	五•五〇七·
仁川	三四〇·	馬塞耳	八•三八一·
釜山	五〇〇·	倫敦	一一•四〇一·
長崎	五六三·	紐約	一一•〇〇八·
門司	五五〇·	桑佛郎西斯哥	五•七四二·

由青島市經鐵路赴內地各重要城市其距離如下（以一公里爲單位）

膠州	八一·	北京	八八三·
高密	一〇七·	泰安	四六六·
濰縣	一九六·	兗州	五五〇·
青州	二四〇·	濟甯	五八二·
濟南	三九四·	徐州	七一一·
天津	七四八·	浦口	一•〇五一·

方輿志二　面積

膠澳商埠區之陸地面積倂所屬二十五島嶼合計共五百五十一平方公里又七五三領海面積卽團島岬以西之膠州灣全部滿潮爲界計五百六十平方公里又青島灣領海（卽前海）面積十六平方公里又五玆細別之如下

（一）膠澳區東部半島陸地（卽青島市及李村滄口等）	四六一四七六 方公里
（二）膠澳區西部半島陸地（卽海西薛家島等）	四六·五七四
（三）膠澳區所轄島嶼共計	四三·七〇三
（甲）在膠州灣內各島	
大鮑島	〇·〇〇九
陰島	二八·七九〇
毛島	〇·〇二〇
黃島	五·三九〇
小島（在黃島西方）	〇·一六〇
小島（在黃島西南方）	〇·〇一〇
（乙）在膠州灣外各島	
青島	〇·〇一二
麥島	〇·一二八

赤島	○.○一二
竹岔島	○.三四一
檳榔島	○.○七七
蓮島(共三小島)	○.○二四
大福島	○.五五四
小福島(在大福島西北方)	○.○一一
鮑魚島	○.○一七
石島	○.○一○
大公島	○.一六二
小島(在大公島西方)	○.○○六
戛堤廟(卽家門島乃八仙墩北方之三小島)	○.○三四
小公島	○.○一九
唐島	○.○七○
水靈山島	七.五五五
小島(在水靈山北方)	○.○一○
小島(在水靈山東南方)	○.○○一
搭連島	○.二八一
陸地總面積	五五一·七五三
領海總面積	五七六·五○○
膠澳商埠全區海陸總面積	一,一二八·二五三

右列面積乃商埠局財政科依據德人昔年測量之數於民國十二年譯漢製表日人田原天南著膠州灣一書所載面積亦同田原固以德人之著書爲藍本也三十年來陵谷變遷而陰島之西北兩方面沙塗日漲膠州灣之海面縮減陰島黃島往年宛在水中今則衍爲平陸雖仍冠以島之舊名實則與薛家島團島相類事實上乃半島耳

又如德人原測二十五島而河洛島磨石島皷子洋天橋礁馬蹄礁概未列入或因礁岩面積過小而遺之耶我國收回後迭經舉辦清丈十三年丈青島市內十四年丈台東區十五年丈海西區市內變更尙少至於海西計薛家島紅石崖塔埠頭陰島四區原有放租官地五千三百四十五畝新測分禾稼地葦草地荒域地未租地四項共二萬零七百零二畝較原有放租之數增出一萬五千三百五十七畝約合七平方公里當原有陸地面積百分之一又二五是卽新增陸領之一部分猶屬官地之數民地尙不在內其餘山阪海隅官地測量亦未告竣故全陸面積究屬幾何尙難知其確數也

方輿志三　山川

山東全省之山脈實發源於長白山長白山分二支一支東南向綿亙於朝鮮之東南境至於釜山入海一支西南走奉天省境衍爲摩天嶺藍古嶺(卽千山山脈)更東南向形成遼東半島之脊骨至旅順老鐵山入海復斷續於廟島羣島之間越直隸海峽以入山東省境其東走者至成山角而止是爲山東半島東部之分水嶺西走者越大嶧山以達平度掖縣境地勢漸平坦旣越濰水而西又復隆起岡阜連綿以迄蒙山蒙山爲西部之分水嶺此嶺以北之河流入于渤海以南河流由江蘇境入于黃海由此更西入泰安境是爲泰山山脈泰山山脈乃山東半島之骨髓黃海渤海間之大分界也而嶗山一脈則屬泰山山脈之分支由靈山山脈自蓬萊南走於招遠萊陽之間以抵卽墨境形成嶗山半島

嶗山之嶗或作勞亦有稱爲牢山或鼇山者據明顧炎武山東考古錄載「勞山之名齊史以爲登之者勞又云一作牢邱長春又改爲鼇皆鄙淺可笑按南史明僧紹隱於長廣郡之嶗山又本草天麻生於泰山嶗山諸山則字本作嶗若魏書地形志唐書姜撫傳作牢乃傳寫之誤」又云「寰宇記秦始皇登勞盛山望蓬萊後人因謂此山一名勞盛山誤也勞盛二山名勞卽勞山盛卽盛山史記封禪書七曰日主祠成山成山斗入海漢書作盛山古字通用齊之東偏環以大海海岸之山莫大于勞成二山故始皇登之史記秦始皇本紀自琅玡北至榮成山予向疑之以爲其文在琅玡之下成山之

上必勞字之誤近見王充論衡實知篇引此正作勞成山」云云益知勞本作嶗而嶗成爲山東半島東部之兩大山脈又可證也

嶗山之主峯曰巨峯俗稱嶗頂其高海拔一千一百三十六公尺實爲嶗山之中心由巨峯而分走於四方乃嶗山半島之總分水嶺全部山勢東峻而西坦西走之山岐爲數小支其在膠澳區內者北支爲石門山山脈中支爲李村南山山脈南支爲浮山山脈此數山脈之間稍見平衍可耕之地是爲李村區

山勢自巨峯南走爲將軍槽將軍槽之東方經明霞洞太淸宮東南行抵八仙墩是爲嶗山半島之東南角由八仙墩沿海折而北向則青山黃山也

自巨峯西南走爲磚塔嶺在將軍槽西更南爲麥窰南窰以抵南窰半島與大福島相對是爲嶗山半島之南端

巨峯之正西爲五指峯海拔一千公尺五指峯之正西爲狼山亦名蓆山海拔七百七十九公尺是爲由巨峯岐出之南支狼山東與將軍槽相對以形成涼水河之流域西

與葛場山午山相對峙以形成猪窩河之流域狼山之西爲北坡李家坡傾斜之坡度平緩德人曾建牧場于此南爲菴子更南爲登窰東坡以抵栲栲島

由巨峰五指峯而北爲雙石屋海拔六百公尺雙石屋之東南有蔚竹菴北抵北九水廟隔北九水與駱駝頭相對峙

五指峯之西北爲大圈子更西北走爲柳樹台柳樹台與雙石屋間之水爲北九水向西北流卽白沙河之主源也

雙石屋之東爲官老石屋海拔六百公尺地當柳樹台之北偏東官老石屋之西北爲鋸山海拔六百公尺鋸山斜向東爲駱駝頭海拔五百公尺鋸山爲巨峯北支之一傾斜較緩東與嶗山北幹之針岩棒石相對峙以形成白沙河上游之流域西與葛場山相對峙以形成桑家澗之流域桑家澗亦白沙河之一支流也

葛場之西山勢漸低爲峪夼由此而北爲五龍山海拔四百尺五龍之西爲石門山海拔六百餘公尺有大石夾立若門故名石門山北與卽墨縣境之王喬崮山相對峙而

形成白沙河之流域南與浮山相對峙而形成李村河張村河之流域石門更岐爲數小支

石門山之本脈由葛場山走于正面西爲老虎山海拔二百三十餘公尺老虎山之西北爲丹山西爲樓山抵滄口岸爲止

樓山南距孤山約八公里海拔八十餘公尺濱海之小培塿也北接丹山梅菴灣頭二河發源於丹山樓山之西麓

石門山之北爲華樓山西南距丹山約七公里海拔三百五十公尺爲嶗山之外屏峭壁穿雲孤松刺天東南環峯如螺西北長河如帶山巓有廟廟後爲翠屏岩岩下爲金液泉最高之峯爲梳洗樓大石橫列瞻之若重簷此山之所得名也次爲五華崮崮傍有仙人洞

石門之西北爲華陽山當華樓之西方海拔三百餘公尺山麓有華陽洞俗名黃石洞

石門之西南爲臥狼匙山在李村之北境海拔四百二十九公尺附近岡阜以此爲最

高傾斜坡度甚峻險不可攀產硫化鐵鑛

峪夼之西爲北窰屬石門之南支自北窰向西南行介于李村河張村河之間是爲李村南山其最高處海拔二百二十五公尺位于李村之南故名李村南山北與臥狼匙山對峙而形成李村河流域東南與午山北嶺相對峙而形成張村河流域

李村南山之南支爲枯桃山海拔一百七十八公尺西支爲古堡山海拔二百二十六公尺老窪嶺海拔一百十五公尺迤邐抵丈兒山而止丈兒山之西麓則李村張村兩河之滙流處也

由峪夼而南山勢較低經北龍口南龍口以抵彭家莊之南方是爲午山午山東與狼山相對峙以形成猪窩河之流域其最高峯海拔三百五十公尺

午山之東支爲小嶗山海拔二百五十餘公尺形如覆盆羣山聳峙而此獨小故名小嶗

由午山迤邐而西北行岡陵起伏是爲午山北嶺嶺半有午山廟嶺東之小山名尖山

尖山之東北爲松山隔張村河而與枯桃山相對峙午山北嶺之南爲金家嶺由午山而西山勢漸卑越小埠東大埠東而南又復隆起是爲浮山浮山之最高峯海拔三百五十餘公尺山勢險峻爲日德當年攻守最烈之戰場乃青島東方之第一防禦線也浮山之東爲山東頭隔河與金家嶺相對峙正南爲麥島

浮山之北麓爲浮山後由此走于西北爲錯埠嶺又西北六公里爲大山海拔一百十公尺又西北二公里爲孤山高與大山等獨立挺秀故名孤此二山之傾斜坡度甚爲平緩

浮山之西支經田家村元家莊平而復起爲太平山最高峯海拔一百五十餘公尺德人昔年于此建有伊爾氣斯砲台爲青島東南隅之防守要地山石嶙峋林木蓊蒨接連第一公園處尤茂密焉

太平山東一公里許爲湛山平岡無高峯最高處海拔八十餘公尺德人建砲台於上分一二三號南北排列名中央砲壘乃青島市東部之重要防禦地帶由此東北一公里有小嶺名小湛山德人建有四號砲台台東鎮之北海泊河左岸有小山海拔二十九公尺德人建有五號砲台今均毀矣

湛山之南爲太平岬伸入海中與西方之匯泉岬遙遙相對匯泉岬伸入海中與太平岬團島岬並列而三昔有砲台爲德人最重要之防禦工程

青島山在太平山之西北方海拔一百三十餘公尺德人建有俾士麥砲台今已毀矣

貯水山在青島山之西北海拔九十餘公尺平列兩峯形如馬鞍德人舊有毛奇砲台已廢現建貯水池于此市內清水咸取給焉貯水山之西阿有日人所築之青島神社俗稱日本大廟

信號山海拔一百公尺在青島山之西貯水山之西南鼎立而成三角形此三角形之邊約二公里上建信號旗台爲輪船入港傳遞信號之所山之東阿有德人舊建之提督官舍俗呼提督樓

觀象山亦名測候山在信號山之西海拔七十九公尺上設觀象台故名位居青島市

之中心登高遠眺一覽無餘

觀海山在信號山之正西觀象山之西南海拔六十餘公尺上建有平台可以觀海故名

游內山在團島海拔十七公尺三面臨海德人昔建有砲台今已毀矣

自浮山太平山之餘勢延而爲市內之青島貯水觀象觀海諸山岡陵起伏以抵游內山入海與海西諸山相對峙以遙接于琅琊山脈之小竺山嶗山琅琊兩山脈之於膠州灣猶蟹之有兩螯也

崇石山在薛家島村西北隅海拔一百十公尺東接狼虎山海拔百餘公尺又東北爲穆陵山海拔一百四十餘公尺由比而東越薛家島有道貫山海拔一百餘公尺南北臨海東北接封山封山之最高峯海拔一百九十餘公尺俗名風火山三面臨海淮子口在山之東北爲舊日帆船出入海口之險地西有小山名青石山高五十餘公尺西北臨海

膠澳區內之水流最大者爲白沙河發源於巨峯北麓之魚鱗口歷北九水而北會合一水二水三水諸澗經流河西河東兩村之間以達窩落村匯合平森澗棒石澗桑家澗五龍澗諸水北流至涼亭西折經華陰蜿蜒以抵流亭華樓華陽牛兒諸山北流之水及源頭河次第入焉由此而西南流抵仙家寨之西有水源地在焉西折經趙村至女姑口入膠州灣白沙河流長六十餘公里河口寬七百五十公尺平時水竭水幅僅寬四公尺水深三公寸一遇雨期則洪流泛濫水幅之寬增至八百公尺以上附近村落時有氾濫之虞然懷挾上流肥沃之土壤以沉澱於下游兩岸流亭附近乃成沃土是亦白沙河之賜也

源頭河發源於華陽石門臥狼匙諸山之西麓長約十公里西北行經南圈安樂溝丹山西小水趙哥莊至狗塔埠北入白沙河

亞於白沙河之水爲李村河發源於石門山之東南方自上流莊至蘇家下河折而西南流合臧疃河經莊子鄭疃蜿蜒至東李村之西自臥狼匙山南流之水及自李村南

山北流之水均匯焉由此西流經楊哥莊曲哥莊南至閻家山枯桃山南方之張村河來匯之北折至李村水源地北西流合王埠疃河入於膠州灣李村河全長二十餘公里河口寬三百公尺平時水量枯竭遇雨則洪流橫溢與白沙河相類河口附近平日水幅僅一公尺乃至三公尺水深約二公寸

張村河發源於葛場山以西石門山以南之諸山中南流經橫担水牛溝崖南北龍口枯桃山折而西南流經張村下莊至中韓哥莊午山北流及李村南山南流之水入焉由此西北經劉家韓哥莊河東至河涯西北合浮山北流之水更北流至閻家山匯於李村河全流長二十公里

灣頭河發源於老虎山丹山之間長約五公里由灣頭西流經南曲至樓山後西北合梅菴河西入膠州灣平日僅一脈細流雨期暴漲與白沙河相類而河流更爲短狹其上流斷崖絕壁下流兩岸平坦河流甚屈曲河口遠而多淺灘宜於製鹽

梅菴河發源於老虎山西麓長約五公里由十梅菴西流至樓山後西北合於灣頭河

石溝河長三公里餘發源於老虎山之西麓合數谿流迂迴而西經板橋房入於膠州灣河口寬僅二三十公尺平日干竭無水且河床之勾配傾斜故雨期則奔流急湍水勢洶湧

海泊河長約七公里發源於浮山之西北麓西流經東西吳家村前折而西北流入膠州灣

浮山河發源於浮山南麓乃數多之岐流南匯於浮山所入海

金家嶺河長約三公里發源於午山浮山間之鞍部東南流合朱家窪河南流抵石老人之西入海

石灣河發源于小嶗山南麓之石院廟下東南流約三公里經石灣姜哥莊入海河流甚狹

旱河俗稱猪窩河發源於柳樹台之王子澗南九水西南流經九水菴桃園山大石約六公里抵午山之北麓折而東經小嶗山之北麓更東南流約三公里由沙子口入海

其上流兩岸懸崖壁立風景絕佳河底多石礫夏季始見水流

涼水河發源於狼山南方南茶澗李家坡一帶由狹隘之谿谷南流約二公里出登窰平原更三公里抵登窰口入海

以上屬膠澳區內之河流此外尚有河口屬膠澳區而流域在區外者爲石橋河紅沙河雲溪河洋河廣河而以膠萊河爲最著

石橋河發源於卽墨縣境之三標里山天井諸山間西南流至城陽又三公里經膠澳區入膠州灣續山東通志載淮涉河一源石城山西北流天井之陽一源蓮花山西南流經天井之陰至縣城東南合流至淮涉寺墨水來會西流轉北會石橋頭河西南流入海卽此

紅沙河發源於卽墨縣之馬鞍山南流至南萬又西南流二公里經膠澳區入膠州灣

雲溪河發源於膠縣之雲墨二水東南流至塔埠頭北經膠澳區入膠州灣

洋河發源於膠縣之斗嶺高成巘七寶山石灰山等處東流至五家灘南經膠澳區入

膠州灣續山東通志謂卽漢書之櫃艾水

廣河發源於膠縣之竺山東南流至靈口東經膠澳區入海

膠萊河源出高密縣境分南北流南流經膠州境合大小沽河入膠州灣北流經平度至掖縣海倉口入于渤海山東半島之水膠爲巨故古稱膠東膠西相沿而有膠州膠澳之名此命名之所由起也據明史河渠志載「元至元十七年姚演獻策開新河三百里起膠西縣東陳村海口北達海倉口謂之膠萊新河尋以勞費難成而罷嘉靖十七年山東巡撫胡纘宗請復濬馬壕(亦名馬家濠)淤道三十餘里十九年副使王獻言勞山之西有薛島陳島石砑林立橫伏海中最險元人避之故放洋走成山正東踰登抵萊然後出直沽考地圖薛島西有山曰小竺兩峯夾峙中有石岡曰馬壕其麓南北皆接海崖而北卽麻灣又稍北卽新河又西北卽萊州海倉由麻灣抵海倉纔三百三十里由淮安踰馬壕抵直沽纔一千五百里可免遶海之險元人嘗鑿此道遇石而止今鑿馬壕以趨麻灣濬新河口出海倉誠便獻乃於舊所鑿地迤西七丈許鑿之其

初土石相半下則皆石又下石頑如鐵焚以烈火用水沃之石爛化爲燼海波流匯麻灣以通長十有四里廣六丈有奇深半之由是江淮之舟達於膠萊踰年復濬新河水泉旁溢其勢甚闊設九閘置浮梁建官署以守而中間分水嶺難通者三十餘里時總河王以旂議復海運請先開平度新河帝謂妄議生擾而獻亦適遷去於是工未就而罷」明史所紀節錄如是蓋自元興海運粮船循海北上必經膠州灣爲避風上水之所而薛家島成山角兩處多險粮船頻遭難視爲畏途故元明先後四百年屢議闢膠萊新河在平度掖縣之間山勢平坦工程尚非甚難所困者水量不足故屢濬不成膠萊河下流之河床寬一百二十公尺平時水流枯竭流幅僅寬六十公尺水深五公寸以此屢濬無功然膠萊河之於膠州灣固有此重要歷史也明史所稱麻灣卽膠州灣北部又名太平灣西部亦名守風灣見續山東通志卷二十一疆域志山川篇馬壕卽薛家島西之壕北頭壕南頭河身已淤僅存陳跡耳膠萊運河通可避成山角之迂迴與危險馬壕運河通可避薛家島之迂迴與危險今日輪船盛行膠萊運河已無疏濬之必要然由膠澳赴日照海州之小輪帆船往來日密則馬壕運河尚有恢復之價值也

方輿志四　島嶼

沿海島嶼星羅棊布環峙於碧落滄溟之中屏蔽於膠澳區域之前後爲帆船出沒之區多燈塔設置之地茲記其名位形勢如下

唐島在薛家島西南之大灣口內靈山衞東南距岸約五分海里之一舊隸膠縣山勢不甚高峻爲帆船往來靈山衞之寄泊所

水靈山島在北緯三十五度四十四分半至四十七分之間東經一百二十度十分左右爲膠澳區之極南轄境地當薛家島之正南北距海岸約十三海里高出海面五百餘公尺靈山衞志云在衞城正南海中方廣四十餘里嵌露刻秀儼如畫屏屹立於巨浸之上草色山光翠然奪目林木茂密不生毒蟲未雨而雲先日而曙若有靈焉故名舊隸膠縣有村十五居民多漁東南峭壁如削西北水多巨石無口岸避風若縫魚口金家口城口子僅可容小舟十餘艘暫時停泊

水靈山北小島乃水靈山北方之羣島面積甚小環列海中以十數

水靈山東小島乃水靈山東南方之羣島數多而微與北小島相類是爲膠澳區西南界最遠之屬島

竹岔島在匯泉岬南方約八海里地當薛家島之東方地勢不甚高峻居民多漁舊隸膠縣

檳榔島在竹岔島之東舊隸膠縣

蓮島在檳榔島之東舊隸膠縣

青島在青島灣內距岸不足一海里舊隸卽墨德佔膠澳後遂著名於世日人改名加藤島我國接收仍名青島山岩聳秀林木蓊蒨德建燈塔於其巔每於夕陽斜照時與四圍之水光山色映射於暮靄蒼茫中誠爲天然畫圖

麥島地當浮山之南北距大麥島海岸不及半海里潮退時與陸地銜接舊隸卽墨

赤島在麥島之東北約三海里北距海岸約一海里舊隸卽墨

大公島距匯泉岬東南十一海里高出海面一百二十餘公尺舊隸卽墨巉岩峭壁屹立如屏

大公島之西小島上有燈塔東距大公島不及一海里舊隸卽墨

小公島在匯泉岬東南約十六海里當大公島之東北方舊隸卽墨

搭連島亦稱乍連島在嶗山南海面二十海里爲膠澳區東南界最遠之屬島高出海面七十餘公尺上建燈塔舊隸卽墨地當東經一百二十度五十二分十秒之左右北緯三十五度五十三四分之間實爲膠澳區之極東轄境

石島在南窰半島之正南北距大福島不及一海里舊隸卽墨

大福島卽墨縣志作徐福島在董家灣之東南北距南窰半島約半海里高出海面九十公尺俗稱徐福求仙於此故名舊隸卽墨

小福島卽墨縣志作小香島在大公島之西方舊隸卽墨

鮑魚島在大福島東一海里有半北距麥窰海岸稱是舊隸卽墨形如鮑魚故名
戛提廟羣島在青島市東五十餘公里地當八仙墩之東北方小島四五環拱成羣舊隸卽墨爲膠澳區極東之屬島
陰島在膠州灣內島之東南端距湖島子約四海里島之東北端東距女姑口約三海里北面多鹽田可通陸地形成半島地勢平坦居民十有六村咸賴魚鹽之利以爲生東南多礁岩惟滄島口可泊舟
毛島在陰島之東南方相距約半海里其西南方有小島二曰磨石島河洛島北距陰島均不足一海里
大鮑島在小港口北上建燈塔以便出入大小二港之輪船
黃島在團島岬之西約四海里舊隸膠縣南距薛家島之北端亦約四海里西距海岸不足一海里潮滿則宛在水中央潮退則接連平陸居民六村多業魚鹽西有小島俗呼大趕島西南方有小島面積更微

牛島在唐島東北約二海里東西距岸各半海里平陸無岡潮退則與陸地相接居民多業漁地屬膠縣但膠澳區之水上警察亦嘗會哨於此
天橋礁在大公島西方一海里餘由六七礁岩合成一羣舊隸卽墨
皷子洋礁在會全岬南六海里形如覆釜舊隸膠縣

方輿志五　地質

膠澳區內多岡陵而少原隰據德國地質學者所考察謂其地質多由于花岡石及片磨岩而組成并含有石灰岩及沙岩水靈山有煤炭層卽墨附近產礫岩綠石甚富其西方之馬鞍山亦富于煤炭膠州灣之西岸則含有石灰岩故地質學者謂此項地層之構造尙屬于新世紀也
東部山地由片磨岩分解而成土層概淺其表土乃片磨岩風解之沙土東海岸登窰一帶則含有粘土堪以種麥或培植果木惟薄于固著性不堪蓄瀦水分故易于乾燥而地味磽薄
由東海岸而北至仙家寨一帶土呈黑色含有腐植(沃度)較多漸成沃壤但因膠州灣之氣候潤濕鹽分浸存於土壤中亦有礙植物之生育
李村張村兩河之間卽由李村南山以迄河東河南閻家山附近之一帶土壤屬冲積土層蓋由兩河之水流冲積而成組成堅密之砂質粘土雖富于蓄水性然空氣之流通維艱肥料與土壤之分解殊形遲緩往往起物質還原之作用亦爲種植之障礙
滄口南方沙嶺莊孤山附近之傾斜地又李村南山之南麓與其東南方之波前溝之傾斜地以及午山朱家窪一帶之傾斜地均屬定積土卽由于土壤下層岩石之分解而成立者也此類土質其母岩分解物中之細壤土與可溶性之物質恒被雨水洗滌淨盡故表土之含有物分量大減遂化爲不毛之地
李村東方李村河北方之地域卽于家下河蘇家町附近一帶土質呈黃褐色或赤色此項表土含有半酸化鐵質蓋由下層之綠色粘土中含有亞酸化鐵質此綠色粘土曝露于空氣中既久于是亞酸化鐵更進一步而化爲半酸化鐵而土質愈瘠矣

張村附近一帶之土壤粒粗色微黃耕地中多含砂礫乏于蓄水力及保養力
東海岸沙子口小嶗山金家嶺附近土多磽确不適於耕種由此而西多屬斷崖絕壁無可利用
膠州灣之海底概屬沙質間有數處有花岡石類之岩亦逐年蝕化爲沙泥並有數處海底泥層厚至五公寸或一公尺故利於泊錨
膠州灣之海水不似芝罘之多穿孔蟲故泊船少受損蝕且含量鹹甚富故宜于製鹽
膠州灣潮流平穩無强急迴旋障礙航泊之狀態且滿潮平潮之差度較小通常小潮升相差一公尺七乃至三公尺大潮升時差額亦僅四公尺且港口寬有一海里半深十公尺故船泊出入便利
膠澳港內之最深處在游內山之西爲六十公尺最淺處在大鮑島之北爲五公尺至膠州灣之北部則日形淤淺尤以陰島之兩側爲最蓋陰島西方當膠州灣之西北隅適當膠萊河口東北隅則爲紅沙石橋白沙諸河入海之處此等河流恒挾有大量之

沙泥逐年沉澱河身淤塞愈甚則河流之沖刷愈以無力河口堆積之泥愈多故膠州灣之北部沙日以高水日以淺潮退時陰島黃島均與平陸接壤而成半島之形狀故此北部不利於航行然距市街較近之區正可利用沙灘加以塡築資爲工場用地以補充舊市街面積之不足也

青島市內因屬花岡石層故井泉之水量不豐又以濱海水質苦澀不適於飲料然市內既有水道之設備足供市民之需求市外鄉村概用河水及井水李村等處水質良好量亦豐富茲錄民國五年日人在李村診療所所製之水質試驗成積表如下（以上參譯膠州灣及李村要覽等書）

李村水質分析表

識別／場所	清濁	色	臭氣	反應	亞硝酸	鹽素	安磨尼亞
李村河北	澄明	無	無	弱酸性	無	所含極微	無
李村河南	極微濁	無	無	弱酸性	無	微含	無
滄口	澄明	無	無	弱酸性	無	微含	無
備考	本表係分取滄口七井李村河北五井及河水李村河南七井及河水分爲三組各別試驗所得結果如右						

如右表所示惟嫌鹽素含量稍多此外別無化學上之有害成分但能於井口之搆造加以改良預防病細菌之滲入自可得良好之飲水矣

方輿志六　氣候

青島氣候溫和風光明媚冬無嚴寒夏無酷暑中外人士羣稱爲東方之樂土青島全書有記云「此地負山面海氣候溫和海臨其南雖夏日之炎炎不敵海風之拂拂涼生軒戶清送花香浴海水而披襟步山陰而却扇西人避暑咸集於斯況北枕羣山藉層巒爲屛障不畏朔風之凜冽只知冬日之和融夏可避暑而冬可避寒此地勢然也」誦此短篇可稱讚揚恰當顧夏季多霧自四月以迄七月下旬之際每週恆有一次或數次之濃霧由海上襲來雖不至於有害健康然衣服器皿往往生黴自十二月至翌年三月則空氣乾燥寒威稍加然霜雪稀少海不結冰故青島最適宜之季節爲四月中旬至六月中旬與九月杪至十一月杪之兩期雖當盛暑未常超過攝氏寒暑表三十五度六分以上雖處嚴冬未常降至零點十二度八分以下是以避暑避寒之旅客逐年而日增也

風之方向則夏季多東南風冬季多西北風且風之種類微風最多强風次之暴風較少冬季每月有三四次由渤海方面吹來之强風爲常往年德人嘗就青島觀象台比較十年之氣候（自一八九八年至一九零七年）而求出每月平均之數量茲爲擇要列表如下

（甲）德人觀測之青島氣候十年比較表

種類／月份	氣壓	平均晝間溫度	降雨日數	雨量
一月	771·2	(一)0·4	5	10·0
二月	770·2	(一)(十)0·0	4	6·1
三月	767·5	4·4	5	22·6
四月	763·7	9·9	6	31·5
五月	759·0	15·4	8	47·6
六月	756·0	19·9	9	68·6
七月	756·1	23·4	14	168·6
八月	756·9	24·8	11	130·1
九月	761·8	21·4	7	62·2
十月	766·3	15·8	6	45·2
十一月	769·5	8·3	4	10·1
十二月	770·4	2·2	5	17·9

備考

氣壓欄內以公厘爲單位

平均晝間溫度欄內以攝氏度爲單位　（一）爲零點以下之度數

雨量欄內以公厘爲單位　全年平均雨量合計六百二十公厘又五

又據日人於民國五年至十三年共九年間所測之青島氣象略表（見青島日本總領事館出版之青島概要）茲錄之如下

(乙)日人觀測之青島氣象略表

本表內最高溫度之平均乃本月中每日之最高溫度合計月中一定之平均乃以最高之一日爲準更統歷年而合計之最低溫度同

月份	平均溫度	最高溫度 平均	最高溫度 月中一定之平均	最低溫度 平均	最低溫度 月中一定之平均	平均氣壓	平均風速度	風之最多方向	平均溼度	降雨月量	蒸發月量	日照時間月總計
一月	(一)1.9	1.9	8.5	(一)5.2	(一)11.7	771.5	6.8	北	65.8	7.5	62.8	196.7
二月	(一)0.1	3.8	9.9	(一)3.3	(一)9.2	769.1	6.8	北	66.4	9.9	67.6	193.5
三月	4.0	7.2	16.0	0.9	(一)5.5	767.1	7.3	南	68.6	13.7	10.5	231.1
四月	10.0	14.6	22.0	6.8	1.7	762.0	7.5	南南東	70.7	32.9	146.7	239.0
五月	15.4	20.4	27.4	12.0	6.9	758.2	7.0	南南東	72.7	26.9	192.5	271.8
六月	19.6	23.4	30.0	16.9	13.2	754.6	6.6	南南東	81.7	73.2	170.6	224.8
七月	23.5	26.6	31.6	21.5	18.7	754.4	6.2	南南東	89.3	118.9	146.1	189.2
八月	25.3	28.7	32.1	22.7	18.6	755.2	5.8	南南東	83.0	131.6	170.0	239.2
九月	21.0	24.8	29.2	17.8	11.8	760.8	5.9	北	73.6	92.5	154.1	218.2
十月	15.8	20.1	24.5	12.3	4.6	765.3	6.4	南	65.2	18.7	153.4	249.1
十一月	7.8	11.8	18.6	4.3	(一)4.0	768.4	7.3	北	63.5	18.1	102.2	208.8
十二月	1.1	4.6	11.9	(一)2.2	(一)9.5	770.7	7.0	北	63.6	14.5	71.7	188.4
全年	11.8	15.7	32.9	(一)12.5	8.8	763.1	6.7	南南東	72.0	558.4	1514.3	2650.0

自我國收回膠澳以後觀象台之測候及統計愈求完密昔之對於溫度每日測候三次者今則每小時測候一次近又統計二十年以來測候所得之結果歸納而平均之編成青島氣候之大概一書(民國十四年發刊)茲就是書所記錄之各項撮要編成統計說明製爲月表如下

(丙)二十年來之觀測統計月表

事類／月份	一月分	二月分
氣壓	是月氣壓在全年中爲最高其總平均值若訂正以海平高度可達七百七十二公厘蓋受北方西北利亞高氣壓之影響也　最高爲五年一月五日達七百六十公厘四　最低爲同年月之二十一日達七百五十公厘	是月氣壓仍高但總平均值比一月
溫度	是月溫度在全年中爲最低總平均在零點下二度以下　歷年平均之最高溫度爲一度七最低爲零點下五度四　但九年一月二十七日竟高至九度六是爲絕對最高六年一月七日竟低至零點下十五度四是爲絕對最低	比一月略高總平均爲零點下零度
風信	是月風信以北及北北西爲最多平均占百分之四十四　風力平均每秒六公尺七絕對最大之風力可達每秒二十公尺　其向亦多偏北因北方高氣壓力量甚大北信風極猛故也	仍以北風爲多平均占百分之二十
霧霜雨雪之日數	本月霧不多平均約爲二日　霧期恆在下半月　見霜日數平均十五日　降雪日數平均五日半　降雨日數平均爲五日　大風日數平均十五日　結冰日數平均五日	霧不甚多平均約爲四日　霧期恆
雨量	是月天氣乾雲量少　日照時數平均爲一百九十四小時而晴日較多之七年一月爲二百四十七小時較少之八年一月爲一百三十一小時　水氣壓只二公厘有餘　雨量平均值約八公厘強　但最多之三年達十五公厘五　最少之七年則爲零點	乾燥與一月同水氣壓與雲量比

月分	三
減二公厘因北方高氣壓圈減縮故也　最高爲九年一月十一日達七百七十四公厘五　最低爲六年一月十七日達七百四十八公厘四	是月氣壓之總平均值較一月減五公厘因北方之高氣壓範圍大爲減
一　歷年平均之最高爲一度七最低爲零點下五度四　但十年二月二十一日竟達十五度六是爲絕對最高八年二月四日降至零點下十一度八是爲絕對最低	溫度漸高總平均約爲四度四　歷年平均之最高爲八度五最低爲一
四　風力平均六公尺四最大風力比一月稍遜　方向仍以北與西北爲多仍受北方之高氣壓之影響故也	北方高氣壓之勢力減小北風行將中止故是月以南風爲多占百分之
在下半月　見霜日數平均十三日　見雪日數平均四日　大風日數平均十四日半　結冰平均五日　降雨日數平均爲四日	自是月起始多霧然總平均亦僅四日　見霜日數平均七日　降雪日
之一月所增亦微　日照時數總平均爲一百九十三小時而晴日較多之十年爲二百四十一小時較少之十一年爲一百四十三小時　雨量平均值爲八公厘四但最多之十一年達三十公釐最少之六年爲零點	本月溼度較增水氣雲量亦較多但空氣仍屬乾燥　日照時數總平

月分	四
縮故也　最高爲五年三月二日達七百六十九公釐八　最低爲七年三月二十四日達七百三十九公釐八	本月氣壓較之一月減十公釐其總平均值爲七百六十二公釐與大陸各地之平均值相差無幾因是月海
度四　但八年三月十八日達二十度是爲絕對最高六年三月一日達零點下七度四是爲絕對最低	是月溫度始增總平均爲十度一其最高最低之平均值爲十四度八與六度九可謂凍之終期　但十一年
十九南南東風占百分之十八北風占百分之十三可謂南北風交換之期　風力平均七公尺二最大風力平均二十二尺以上其方向仍多偏北及北西因每由大陸低度發生故也	以南南東風爲多占百分之二十三　風力平均爲七公尺一五因各地氣壓小故最大風力之平均值亦比
數平均一日半　大風日數平均十八日　結冰日數平均不過十分日之一　降雨日數平均五日	霧日較多平均約六日　總計仍有半日　見霜四月爲農作物萌芽時期霜雪最有妨害此點在農業上亟
均爲二百二十九小時晴日較多之七年爲二百四十九小時較少之九年爲一百七十二小時　雨量平均值約十五公厘但最多之十二年爲四十二公厘最少之十一年爲二公厘七	溼度水氣壓雲量均較上月爲大　日照時數總平均爲二百四十二小時而晴日較多之九年爲二百九十

月分	五
洋與大陸之氣壓頗見平均之象觀北京是月之總平均爲七百十三公厘卽可概見　最高爲五年四月三四兩日達七百六十六公厘　最低爲七年四月十七日達七百四十四公厘五	氣壓較上月更低減四公釐總平均值爲七百五十八公釐七五　最高爲五年五月四日達七百六十公釐
四月二十七日之二十六度六爲絕對最高五年四月三日之零點下二度二爲絕對最低	溫度總平均十五度四春季氣候已將告終青島密邇海濱故溫度之增進較緩如以北京爲比則是月溫度
前月爲小大風之方向亦至無定	仍以南南東風爲主占百分之二十九　風力平均六公尺九　大風方向無定仍多北向因南方低氣壓侵
應注意　自是月起不見冰雪　大風日數平均二十日　始見雷電平均爲一日　降雨日數平均五日八分	霧較上月更多平均計有八日　自是月起不見霜　見雹日數平均不及半日　雷電日數平均二日　大
小時較少之五年爲一百八十四小時　水氣壓六公厘四　雨量平均值二十七公厘但最多之十一年爲八十六公釐最少之八年爲六釐	溼度水氣壓雲量均增　日照時數總平均爲二百七十小時而晴日較多之九年爲三百十一小時較少之

月分	六月
九　最低爲六年五月七日達七百三十九公釐三	氣壓更低總平均值七百五十五公釐以印度北部之低氣壓侵入西北利亞山東半島亦在其範圍內故開始爲較強大之低降　最高爲八年
已增至十九度矣　其最高最低之平均值爲三十度一與十二度　但九年五月二十七日之二十八度七爲絕對最高八年五月二日之三度二爲絕對最低	溫度總平均值十九度五夏季氣候開始故溫度增高但因海洋關係進行仍緩北京是月已達二十四度矣　其最高最低之平均值則爲二十
入之影響也	仍以南南東風爲主占百分之貳拾叁　夏季信風已開始但其風力不甚大所以最大風力之平均值僅十八公尺五　大風方向則多南　風
風日數平均十九日　降雨日數平均七日八分	霧日仍增幾達最多量　降霧日數平均值約十一日　降雨日數平均值八日半　大風日數平均十六日九　雷電日數平均貳日四
七年爲二百三十小時　雨量平均值爲二十八公釐一但最多之七年爲七十四公釐二最少之九年爲八公釐六　是月雨量有增加之象	溼度水氣壓雲量均增多　日照時數總平均爲貳百十八小時而晴日較多之九年爲貳百八十貳小時較少之六年爲一百六十九小時　雨

六月一日達七百五十九公釐五最低爲七年六月二十二日達七百三十七度二

三度與十六度九　但六年六月二十七日之三十二度四爲絕對最高　又同年月二日之十一度一爲絕對最低

力平均六公尺四

量平均値八十公釐七但最多之十貳年爲貳百十九公釐六最少之十一年爲十六公釐八

七月分

是月氣壓最低其總平均値僅七百五十五公釐純爲夏季之氣候矣　最高爲六年七月二十七日達七百五十五公釐七　最低爲同年月四日達七百三十九公厘九

是月溫度甚高平均値爲二十三度五但因近海之故尚未到最高之度在內地則多以七月爲最熱也　甚最高最低之平均値爲二十六度八與二十一度六　但七年七月二十六日之三十四度一爲絕對最高十年七月一日之十七度八爲絕對最低

仍以南南東風爲主占百分之三十三　風力平均約六公尺　最大風力十五公尺五其向亦多偏南　夏季信風之力不如冬季信風之大海面颶風有時來襲但甚罕見

是月爲青島霧日最多之月平均値爲十二日最多之時可達二十餘日且多爲海上濃霧因東南風較甚恆挾霧以俱來並非青島本地所發生也故霧之來也與海面高氣壓之分配有密切關係　降雨日數平均十二日六　大風日數十一日六　雷電日數二日二分

溫度雲量均達最高度水氣壓亦甚高平均爲十九公厘九　雨量亦多平均値九十六公厘但最多之十一年爲二百三十七公厘最少之八年爲三十三公厘　青島於是月始入霖期在南方則以六月爲霖期青島氣候較遲故也　日照時數平均値爲二百零一小時而晴日較多之七年爲二百五十二小時較少之六年爲一百三十七小時七　是月陰天時較多故日照百分率在全年中爲最小此點在農業上衛生上至可注意

八月分

氣壓與上月相差無幾總平均値所增不及一公釐最高爲八年八月一日達七百五十六公厘五　最低爲七年八月二十二日達七百三十七公厘

是月爲青島溫度最高之月其平均値爲二十五度三最高溫度之發生較他處晚一月如北京則七月爲二十五度八而八月爲二十四度八矣　最高最低之平均値則爲二十八度八與二十二度八　但九年八月四日之三十五度四爲絕對最高五年八月三十日之十四度六爲絕對最低　因溫度甚高故多雷雨因氣壓甚低故間有颶風來襲

仍以南南東風爲主但較上月爲少計占百分之二十四　風力與上月相似　仍屬夏季信風期惟最大風力較上月爲大其向亦多爲南東與上月相似　太平洋上颶風亦偶經過青島但多在上半月

霧日驟減平均僅二日此亦青島氣候之特性也　降雨日數平均十一日四　大風日數平均九日四　雷電日數平均二日四

水氣壓十九公釐九蒸發量一百八十一公釐在全年中均爲最高蓋溫度高則蒸發大而水氣壓亦多空中所含水氣多故雨量以本月爲最多平均値達一百三十六公釐約占全年雨量四分之一但最多之十二年爲二百零九公釐五最少之十一年爲五十五公釐五　日照時數平均値爲二百三十五小時而晴日較多之八年爲二百九十六小時較少之十年爲一百七十一小時

九月分

氣壓增高甚多總平均値爲七百六十一公釐四比上月增六公釐因北方高氣壓勢力漸廓大也　最高爲十一年九月二十九日達七百六十六公釐最低爲同年月之三日達七百四十一公釐

溫度自本月始逐漸低減其平均値爲二十度八　最高平均値二十四度七最低平均値十七度七　但十二年九月十七日之三十一度爲絕對最高十一年九月三十日之九度三爲絕對最低　本月爲夏季之終期但餘熱尙存故溫度仍甚高其與大陸之溫度相差

自本月始主風易爲北向平均占百分之二十三　夏季信風至此已消滅最大之風方向無定但仍以北向爲多　最大風力之平均値爲十八公尺　是月仍爲颶風期但至青島者則不易見

霧仍少平均不及半日此爲秋季天氣清爽之始　降雨日數平均七日五　大風日數十二日四　雷電日數一日六

雨量仍多然已入乾燥之始期故降雨數較前月爲少　溫度雲量水氣壓亦均遜於上月　雨量之平均値爲九十二公釐八但十一年之貳百三十貳公釐爲最多十貳年之六公釐五爲最少　日照時數平均値爲貳百十貳小時而晴日較多之八年爲貳百九十六小

分		甚微如北京之平均值爲十九度一相差不及二度			時較少之十年爲一百七十一小時七
十月分	本月氣壓高至七百六十五公釐七以大陸高氣壓延及黃海沿岸也最高爲五年十月二十七日達七百六十九公釐七最低爲八年十月六日達七百四十七公釐三	溫度更低降其平均值爲十五度九以近海故其減也較緩　其最高最低之平均值爲三十度二與十二度三　但十年十月三日之二十五度爲絕對最高十二年十月貳十四日之貳度爲絕對最低	本月風無定向冬信風雖已開始然爲力甚微但統計之仍以北及北北西向爲最多合占百分之三十而南風亦占百分之十五　風力亦增大平均六公尺一最大風力之方向亦多爲西北亦以北方之高氣壓漸擴充故也	霧日亦少平均約一日故天氣多晴爽　日照百分率甚大平均爲百分之七十三　降雨日數平均約三日　大風日數平均十四日　雷電日數平均一日	溼度水氣壓均小雲量亦少　天氣乾燥雨量大減平均值僅十二公釐但最多之一十年爲四十五公釐六最少之七年爲十分公釐之一　日照時數平均值二百五十二小時而晴日較多之九年爲二百八十一小時較少之六年爲一百六十八小時半

十一月分	氣壓繼續增高平均值爲七十九公厘　最高爲五年十一月十四日達七百七十六公厘六　最低爲七年十一月一日達七百五十公厘	溫度低降甚多平均值爲八度　最高最低之平均值爲十二度與四度四　但九年十一月一日又五年十一月六日之二十二度八爲絕對最高十一年十一月二十五六兩日之零點下九度二爲絕對最低　溫度已到零點以下故已見雪	北風及北北西風爲主占百分之三十冬季開始冬信風之力亦較大風力平均六公尺九　最大風力平均可達二十三公尺其方向亦多北及北北西	霧日甚少平均約一日天氣清朗　日照百分率較大平均爲百分之六十七　降雨日數平均四日二　降雪日數平均八分即不足一日　大風日數平均十七日四分　降霜日數平均四日	天氣乾燥溼度及水氣壓均少雲量亦少　日照時數平均值二百零七小時而晴日較多之八年爲二百二十八小時七較少之五年爲一百六十八小時六　雨量平均值十七公釐但最多之七年爲三十九公厘最少之八年爲十分公釐之八
十	氣壓平均值爲七百七十三公厘增高之力量頗強因	溫度平均值降至一度　其最高最低之平均值爲四	北風爲主占百分之三十九蓋北信風之力已充足也	見霧日數平均爲一日　降雨日數平均四日四　降	是月爲海岸雨量較少之月平均約十五公厘九但最

二月分	[illegible]北之高氣壓範[illegible]大擴充也　最高爲八年十二月[illegible]十二日達七百[illegible]十三公厘　最低爲十年十二月[illegible]十六日達七百四十九公厘四	度六與零點下二度二故是月幾成全凍之月　但六年十二月一日之十四度四爲絕對最高五年十二月二十六日之零點下十四度一爲絕對最低　因溫度愈低故多雪	風力平均爲六公尺九　最大風力平均爲二十二公尺五其方向多偏北	雪日數平均三日三　大風日數平均十六日九　降霜日數平均十四日四　結冰日數平均三日三	多之八年爲三十四公厘最少之六年爲二公釐　乾燥情形與上月相似溼度水氣壓雲量均少　日照時數平均一百八十七小時但晴日較多之十一年爲二百十四小時九較少之五年爲一百三十小時

以上二表爲青島之氣象觀測因所觀測之年代前後參差故所推測之平均數微有出入然大致不甚相遠也惟膠澳區內有山岳地有濱海地有島嶼三者之氣候亦頗懸殊茲就青島觀象台測候所得之度數以歷年較寒之一月與較暖之八月爲準分區列表以考究各地氣候之差別其餘各月舉一反三可以類推

（丁）膠澳區內各地溫度比較表

標準	年分	李村	張村	九水	老窪鄉
一月最高溫度之平均數	民國六年	(一)0.1	(一)0.4	(一)0.0	0.8
	民國七年	2.5	2.1	2.0	3.0
	民國八年	0.9	1.4	1.3	1.9
	民國九年	3.7	2.7	3.6	3.8
	歷年平均	1.8	1.5	1.5	2.4
一月最低溫度之平均數	民國六年	(一)10.0	(一)9.7	(一)8.8	(一)9.5
	民國七年	(一)12.1	(一)11.1	(一)6.9	(一)8.9
	民國八年	(一)5.7	(一)5.4	(一)5.1	(一)6.8
	民國九年	(一)6.3	(一)5.6	(一)5.5	(一)6.0
	歷年平均	(一)8.5	(一)8.0	(一)6.6	(一)7.8
八月最高溫度之平均數	民國六年	29.3	28.8	28.7	33.5
	民國七年	30.3	29.4	28.9	31.6
	民國八年	31.4	30.6	30.6	82.2
	民國九年	29.7	29.6	30.0	31.4
	歷年平均	30.2	29.6	29.6	32.2
八月最低溫度之平均數	民國六年	21.9	21.7	21.7	22.1
	民國七年	21.9	22.1	22.3	21.8
	民國八年	19.0	21.6	22.1	21.7
	民國九年	23.0	21.8	21.2	21.8
	歷年平均	21.5	21.8	21.8	21.9

仙家寨	沙子口	浮山所	滄口	陰島	大公島	塔連島
1.1	0.9	(一)0.4	(一)0.4	(一)0.4	(一)1.3	(一)0.5
3.7	2.0	1.9	2.7	1.	1.2	1.9
0.4	3.1	1.7	1.5	1.2	1.9	2.1
4.7	4.4	3.0	3.0	2.7	3.1	3.7
2.5	2.6	1.6	1.7	1.2	1.2	2.1
(一)10.9	(一)8.2	(一)8.5	(一)9.8	(一)10.3	(一)6.9	(一)5.4
(一)10.1	(一)6.8	(一)8.4	(一)9.7	(一)9.0	(一)6.1	(一)5.6
(一)6.7	(一)4.3	(一)5.4	(一)6.3	(一)6.5	(一)3.5	(一)3.1
(一)6.0	(一)4.3	(一)6.6	(一)5.8	(一)6.5	(一)3.2	(一)2.7
(一)8.4	(一)5.9	(一)7.2	(一)7.9	(一)8.1	(一)4.9	(一)4.2
30.8	29.4	29.2	29.8	25.4	27.1	27.4
31.2	29.7	29.3	31.2	29.2	29.1	29.2
34.4	31.2	31.3	32.0	31.5	30.1	30.1
32.1	31.1	30.5	31.2	32.8	29.7	29.2
32.1	30.4	30.2	31.1	29.7	29.0	29.0
22.2	22.8	22.2	23.0	22.3	22.5	23.1
22.2	22.3	22.4	22.3	22.4	23.3	23.9
22.1	23.3	23.0	22.3	23.5	23.9	24.1
21.8	23.9	22.6	22.6	20.9	23.9	22.4
22.1	23.1	22.6	22.6	22.3	23.4	23.4

就丁表觀察各地溫度異同試分析言之如下

一月分高溫度平均之中以沙子口仙家寨老窪鄉爲較高塔連島張村九水浮山所李村次之而陰島大公島爲較低

一月分低溫度平均之中則以大公島塔連島爲較高滄口老窪鄉浮山所次之而李村仙家寨陰島張村爲較低

八月分高溫度平均之中以仙家寨老窪鄉爲較高滄口沙子口浮山所次之大公島塔連島爲較低

八月分低溫度平均之中大公島塔連島沙子口爲較高滄口浮山所仙家寨次之張村九水李村爲較低

塔連島可爲海洋氣候之代表各年之一月最低平均未嘗降至零點六度以下大公島僅有二年在零點六度以下而兩島之八月最高平均恆在三十度以下惟民國八年平均高至三十度一分故通年中在他處最寒之時彼之溫度較高在他處最暖時彼又占較低之地位此海洋氣候之特徵也

仙家寨可爲大陸氣候之代表八月之最高平均可達三十四度四而一月之最低平均亦可降至零點十度零九老窪鄉八月最高平均可達三十三度五而一月最低平均亦時降至零點下九度五李村八月最高平均爲三十一度四而一月之最低平均爲零點下十二度一其寒暑差之大與仙家寨相類惟李村之寒季暑季恆比仙家寨爲冷耳

以上爲膠澳區內之氣候比較若由青島沿膠濟鐵路西行則內地氣候逐漸變化試分爲三區以資比較說明卽以青島附近爲濱海區高密膠州一帶爲中區濟南附近爲內地區其槪況如下

一氣溫　每年氣溫平均內地約攝氏十四度餘向海漸減至海濱區則不滿十二度更按月平均計之海濱區最暖在八月約二十五六度中區八月仍較七月爲暖但溫度所增之差額僅十分度之二三耳內地則以七月爲最暖約在二十七度以至二十九度之間每年最高氣溫內地恒在七月中區濱海區則在八月內地及中區約三十二度濱海區則爲二十六七度餘最低氣溫各區均在一月濱海區在零點四度弱中區及內地在零點七八度餘其絕對最高之溫度則內地及中區約四十度餘濱海區約三十二三度餘其發生時期亦在七月與八月絕對最低則均在一月濱海區約在零點下十四度餘內地及中區則自零點下十五度至零點下十七度餘

二雨　雨量之分配每年各區均在五百五十公厘至六百公厘而海濱爲較少至海上各島尤少如塔連島爲三百八十餘公厘大公島爲二百八十餘公厘每年降雨時期自六月至九月雨量之最多爲七八兩月其餘各月均較乾燥故降雨亦較少

三溼度　溼度之分配則濱海區較之內地爲大內地區平均不過百分之五十餘濱海區可至百分之七十餘因近海處空氣較溼而溼度最大之月亦在六七八九月自

四月至七月爲青島霧期空氣尤溼海霧濃罩彌漫數日對於農作物極有利益

四風　風之速度濱海區較中區及內地爲大濱海區年平均可達每秒六公尺至七公尺至內地只每秒二公尺餘暴風日數每秒在十公尺以上者濱海區較多可達二百日內地不過十餘日最大風力濱海區可達每秒三十公尺中部及內地漸小只每秒十五六公尺至於風向則冬季偏西北夏季偏東南春秋兩季則南北風互相參雜

五天氣餘論　山東半島天氣較爲乾燥快晴天氣每年平均自九十至一百二十日降雨日數只有七八十日降霜及凍日內地自十月至翌年三月濱海自十一月秒至翌年四月總之濱海區爲海洋氣候收熱緩而退冷亦緩冬有暖流之灌漑夏有涼風之鼓盪故寒暖均不甚烈至於青島市街三面環海氣候極佳日暖風和實爲良港但由中區以至內地則爲大陸氣候故寒暖之差極大冬嚴寒而夏酷暑幸暴風少而雷雨多故尚不覺其十分難堪耳（另附氣象各圖見附卷）

方輿志七　里程

前清六部則例有道里表標列距離遠近爲出政施令之準則本埠行政司法官署亦有里程表惟起迄標準不甚明瞭而道路名稱間有變更茲參照舊表加以調查陸程悉以商埠局爲計里起點水程則以小港爲計里起點因市內有事於海西大都由小港出發也其有管轄區域變更悉依現行制度爲之改訂按照警察署及分駐所之次序列表如下

膠澳區各警署所轄市街鄉村里程表

濟南路貳里	北京路貳里	山東路壹里
直隸路壹里半	河南路壹里	天津路壹里半
山西路貳里	保定路壹里半	江甯路壹里半

以上係屬第一區警察署第一分駐所管轄

四方路壹里	博山路壹里	平度路壹里
芝罘路壹里	濰縣路壹里	德縣路壹里
泗水路壹里半	河南路壹里	大沽路壹里
甯陽路貳里	泰安路貳里	肥城路半里
山東路半里	浙江路半里	曲阜路半里
壽康路半里	新泰路半里	安徽路半里

以上屬第一警察署第二分駐所管轄

四川路西端伍里	台西一路伍里	台西四路伍里
台西二路伍里	雲南路西端肆里	台西三路伍里
團島路北端伍里	團島路南端捌里	鄆城路叁里
南陽路叁里	汶上路叁里	鉅野路肆里
磁山路叁里	滋陽路叁里	嘉祥路肆里
西藏路叁里	濮縣路肆里	費縣路東端貳里
壽張路叁里	單縣路東端貳里	城武路

挪　莊肆里	貴州路肆里	范縣路肆里
汶水路叁里半		

以上屬第一警察署第三分駐所管轄

郯城路壹里半	安徽路半里	太平路壹里
魚台路壹里半	浙江路南端壹里	蘭山路西端貳里
定陶路貳里	山東路壹里	費縣路貳里
蒙陰路壹里半	單縣路貳里	廣州一路貳里
泰安路貳里	湖北路西端貳里	廣西路西端貳里
河南路壹里	朝城路叁里	觀城路叁里
湖南路西端貳里	東平路貳里	

以上屬第一警察署第四分駐所管轄

福建路貳里	黃島路壹里	沂水路商埠局前

禹城路壹里　德縣路半里　明水路半里
臨清路貳里　湖北路半里　觀海一路半里
觀海二路壹里　安徽路半里　江蘇路內半里
觀象路壹里　湖南路半里　平原路南半里
四方路壹里　清水路貳里　易州路壹里半
芝罘路壹里　濟甯路壹里半
以上屬第一警察署第五分駐所管轄
萊陽路叁里　太平路東叁里　金口路叁里
龍口路壹里　魚山路　登州路肆里
廣西路東壹里　湖南路　莒縣路半里
齊東路西壹里半　江蘇路　青島路壹里
萊蕪路西壹里半　日照路　九水路半里

長清路西壹里半　常州路　大學路東肆里
安徽路　沂水路
以上屬第一警察署第六分駐所管轄
金口路叁里　滎城路肆里　魚山路肆里
牟平路伍里　公園路陸里　文登路陸里
福山路伍里　太平山路陸里半　南海路南柒里
棲霞路伍里　青中路肆里　定安路肆里
青島山路伍里　西園路伍里　海陽路叁里半
西山路
以上屬第一警察署第七分駐所管轄
莘縣路叁里半　滋陽路叁里　廣州一路北叁里
廣州二路叁里　廣州三路叁里　廣州四路叁里

廣州五路叁里　東平路貳里　雲南路北叁里
四川路北叁里　西廣場叁里　滕縣路叁里
荷澤路肆里　嘉祥路肆里　朝城路北叁里
壽張路叁里　石村路肆里　西大森叁里
觀城路叁里
以上屬第一警察署第八分駐所管轄
膠州路貳里　海泊路壹里半　濟甯路壹里半
茌平路叁里　李村路貳里　芝罘路南壹里半
博平路叁里半　卽墨路貳里　博山路壹里半
高密路貳里　滄口路貳里半　濰縣路壹里半
市場三路叁里　易州路壹里半　高唐路叁里半
陽穀路南貳里　臨清路叁里半　聊城路東肆里

以上屬第二警察署第一分駐所管轄
熱河路南叁里半　流亭路陸里　陽信路叁里
奉天路東柒里　濟陽路叁里　黃台路肆里半
德平路肆里　無棣一路東肆里　綏遠路北伍里
吉林路伍里　無棣二路肆里　章邱路肆里
錦州路伍里　無棣三路東肆里　桓台路肆里
鄒平路伍里　臨淄路伍里　無棣四路肆里
泰山路陸里　樂陵路伍里　青海路陸里
上海路南叁里　蒲台路　登州路
以上屬第二警察署第二分駐所管轄
長山路伍里半　周村路伍里　青城路西伍里
博興路伍里　商河路伍里　青海路東柒里

章邱路肆里半　桓台路肆里　泰山路陸里
甘肅路東伍里　臨淄路伍里　益都路肆里半
綏遠路北伍里　鄒平路伍里　樂陵路伍里
淄川路伍里　高苑路伍里　鉄山路伍里
以上屬第二警察署第三分駐所管轄
邱縣路肆里　朝陽路肆里半　冠縣路肆里
小港路肆里　平陰路肆里半　上海路北端肆里半
以上屬第二警察署第四分駐所管轄
莘縣路叁里半　堂邑路叁里　萊州路叁里半
直隸路貳里　山西路貳里半　小港路叁里
以上屬第二警察署第五分駐所管轄
招遠路叁里　臨清路叁里　恩縣路肆里

東阿路叁里　清平路叁里　廣東路肆里
市場一路叁里　甯波路肆里　市場二路叁里
甘肅路西肆里　聊城路東肆里　陵縣路西肆里
漢陽路叁里　館陶路叁里　吳淞路叁里半
夏津路叁里　武定路南叁里　上海路叁里
陽穀路叁里　商河路伍里　綏遠路北伍里
武城路
以上屬第二警察署第六分駐所管轄
福寺路　歷城路捌里半　台東三路捌里
菜市路捌里　昌平路捌里半　台東四路捌里
集場路捌里半　飯市路捌里半　昆明路捌里
丹陽路捌里半　台東五路捌里半　和興路捌里

大名路東玖里　台東六路捌里半　人和路捌里
清和路捌里半　台東七路捌里半　龍門路捌里
瑞雲路捌里半　台東八路玖里　長興路捌里
順興路捌里　台東九路玖里　威海路東玖里
台東一路捌里　台東十路玖里　豐盛路捌里
雲門路東玖里　台東二路捌里　德盛路捌里
振興路捌里　慶祥路捌里　萬壽路玖里
芙蓉路捌里　陽明路玖里　大成路玖里
以上屬台東警察署第一分駐所管轄
登州路東柒里　平定路玖里　松山路柒里半
壽光路柒里半　華陽路玖里　山口路柒里
安邱路柒里　昌樂路捌里　郭口路柒里半

霑化路玖里　曹縣路捌里　嶗山路柒里
諸城路捌里　利津路玖里　正定路玖里
寶慶路玖里　昌邑路玖里　道口路捌里
豐年路捌里　吉安路捌里　西吳家村拾叁里
清和路捌里　青海路柒里　廣信路捌里
東吳家村拾伍里　廣饒路陸里半　孟莊路拾里
錯埠嶺拾捌里　老虎窩貳拾壹里　嶧縣路柒里
坊子路柒里　田家村拾柒里　濱縣路捌里
東山路柒里　亢家村拾肆里　濰口路北拾里
西山路陸里　仲家窪拾叁里　祥符路柒里
太平鎮拾貳里　保安路柒里　泰山路柒里
桑梓路柒里　大港埋立地拾里　台柳路西端捌里

以上屬台東警察署第二分駐所管轄
大湛山莊拾里半　小窰村拾柒里　大麥島拾玖里
小湛山莊拾里　丁家莊拾陸里　王家麥島貳拾貳里
浮山所拾伍里　辛家莊拾陸里　徐家麥島貳拾壹里
大窰村拾捌里
以上屬台東警察署第三分駐所管轄
嘉禾路十肆里　東海岸北十伍里　武林路十里
下四方西村十伍里　康甯路十壹里　宣化路玖里
湖島村十柒里　興隆路十肆里　寶慶路玖里
北山路拾伍里
以上屬四滄警察署管轄
十梅菴村叁拾玖里　沙嶺家村貳拾叁里　樓山後叁拾捌里

閻家山村貳拾陸里　大水清溝貳拾貳里　小莊村叁拾肆里
大山村貳拾里　西南山村叁拾肆里　小夔窰頭叁拾里
坊子街村叁十捌里　西流莊叁十里　石溝村叁十陸里
棗園村叁十捌里　南嶺村叁十捌里　鹽灘村貳十肆里
西大村莊叁十壹里　文昌閣叁十伍里　東大村莊叁十壹里
大夔窰頭貳十玖里　孤山村貳十里　塋子村叁十壹里
小水清溝村貳十貳里　板橋坊村叁十肆里　小東山溝叁十壹里
滄口叁十里　滄台路北端叁十壹里　大馬路北叁十壹里
松柏路叁十里　柳林路叁十壹里　昇安路叁十壹里
光化路叁十壹里　桑園路叁十里半　青陽路叁十里半
永康路叁十里半　振華路叁十里半　德仁路叁十壹里
開明路貳十玖里　新市路叁十里半　大同路

鳳鳴路　保和路貳拾玖里　中興路叁拾里半
福甯路貳拾玖里　石門路叁拾里半　壽昌路叁拾壹里
廣德路叁拾里半　永安路叁拾壹里　仁和路叁拾壹里
隆昌路叁拾壹里　海邊路叁拾壹里　靜海路叁拾里
積善路叁十里　林祥路叁十里
以上屬四滄警察署第一分駐所管轄
小村莊十肆里　下四方東村十伍里　平安路北十伍里
韓家莊十陸里　奉化路北十陸里　嚴山路北十柒里
上四方村十陸里
以上屬四滄警察署第二分駐所管轄
李村叁十里　李村南莊叁十里　莊子叁十柒里
楊哥莊貳十玖里　東李村叁十貳里　蘇家莊叁十陸里

曲哥莊貳十捌里　侯家莊叁十叁里　劉家下河叁十捌里
水源地貳十捌里　河南莊貳十柒里　鄭莊叁十伍里
毛公地叁十捌里　王家下河肆十里　麥坡叁十捌里
棉花莊肆十柒里　爐房肆十貳里　楊家上流莊肆十伍里
下王埠莊叁十陸里　下臧莊肆十壹里　李家上流莊肆十壹里
上王埠莊叁十伍里　上臧莊肆十貳里　戴家上流莊肆十叁里
東王埠莊叁十柒里　于家下河肆十里　尤家下河莊叁十捌里
菴裏澗叁十玖里　佛耳崖叁十玖里　溝崖莊肆十伍里
洛圈澗肆十里　長澗肆十壹里　水牛陳家莊肆十捌里
崔家溝肆十里　畢家上流莊肆十伍里　橫坦肆十捌里
黑澗肆十里　王家上流莊肆十伍里　峪夼伍十里
雲頭崮肆十伍里　猪頭石肆十陸里　南屋石肆十伍里

以上屬李村警察署第一分駐所管轄

夏　莊陸十里　西小水肆拾伍里　女姑山肆拾伍里
藍家莊肆拾陸里　高家台伍拾陸里　源頭陸拾里
後樓肆拾陸里　彭家台伍拾伍里　少山前陸拾伍里
狗塔埠伍拾叁里　安樂溝伍拾伍里　石家宋哥莊肆拾貳里
西黃埠伍十柒里　史家泊子陸十里　仙家寨伍十里
東黃埠伍十捌里　劉家宋哥莊肆十壹里　丹山伍十里
趙哥莊伍十肆里　南曲肆十里　徐家宋哥莊肆十貳里
王家泊子陸十里　灣頭肆十貳里　雙埠肆十叁里
馬家台伍十伍里

以上屬李村警察署第二分駐所管轄

西老窪鄉柒十里　五龍洞陸十叁里　南北嶺村柒十肆里
香李村柒十貳里　七口峪陸十里　解家莊柒十伍里
罾口村柒十伍里　東老窪鄉柒十壹里　北窩洛村柒十伍里
帽子澗陸十伍里　大嶗村柒十叁里　南窩洛村柒十柒里
磅石村柒十柒里　畢家村陸十捌里　燕兒石柒十叁里
埠洛村陸十伍里　藍家村陸十柒里　兔兒石柒十叁里
上葛埸陸十貳里　涼泉村柒十貳里　周哥莊陸十叁里
北宅科陸十貳里　楊家村柒十伍里　磨屋石陸十里
前七口峪陸十里　北頭村柒十叁里　灰牛石柒十里
下葛埸陸十里　五龍町陸十里　書院村柒十里
河東柒十叁里　東烏衣巷柒十貳里　西烏衣巷柒十里

以上屬李村警察署第三分駐所管轄

九水村伍十伍里　旱河村伍十里　王子澗村伍十玖里

官老石屋村陸拾伍里　南龍口村肆拾伍里　猪窩村陸拾里
雙石屋村柒拾里　北龍口村肆拾陸里　柳樹台村陸拾叁里
河東村捌拾伍里　山大石村伍拾伍里　寨上村柒拾伍里
河西村捌拾伍里

以上屬李村警察署第四分駐所管轄

沙子口伍十伍里　段家埠伍十捌里　烟雲澗陸十伍里
南嶗山肆十捌里　栲栳島陸十里　姜哥莊伍拾里
石灣村肆十伍里　坡前溝伍十里　彭家莊肆十陸里
南宅科伍拾叁里　登窰村陸拾伍里　嶺西村陸拾叁里
戴家埠伍拾伍里　大河東陸拾陸里　西登窰陸拾伍里
于哥莊伍拾肆里　小河東陸拾伍里　南窰村陸拾陸里
董家埠伍十捌里　松山後伍十伍里　大庵子陸十捌里

以上屬李村警察署第五分駐所管轄

文張村叁十陸里　劉家下莊叁十肆里　董家下莊叁十貳里
鄭張村叁十伍里　孫家下莊叁十叁里　張家下莊叁十壹里
宋家下莊叁十里　鍾家溝叁十肆里　北村貳十柒里
李家下莊叁十壹里　野猪莊叁十叁里　金家嶺叁十里
車家下莊叁十里　石老人叁十伍里　埠西村貳十伍里
枯桃村叁十玖里　朱家窪叁十貳里　大埠東貳十捌里
牟家村叁十玖里　山東頭叁十里　浮山後貳十伍里
午山村叁十伍里　小埠東貳十玖里

以上屬李村警察署第六分駐所管轄

河西莊貳十肆里　東韓哥莊叁十里　夾嶺溝莊貳十貳里
河崖莊　西韓哥莊貳十柒里　河馬石莊貳十叁里

河東莊貳十柒里　中韓哥莊貳十玖里　唐家口莊貳十里
後台莊貳十伍里　楊家群莊貳十肆里　保兒莊貳十貳里
以上屬李村警察署第七分駐所管轄
長安路肆里　小港路肆里　小港沿肆里
以上屬海西警察署大港分駐所管轄
一號碼頭伍里半　二號碼頭伍里半　三號碼頭陸里
四號碼頭距小港水程三里　大港路伍里　東卡子伍里半
新疆路伍里
自新疆路而東至東柵欄止在膠濟鐵路幹線以北以及港政局之碼頭界內均
屬海西警察署大港分駐所管轄
南營子村叁里　南莊村十叁里　大窪村陸里
薛家島村半里　北莊村十伍里　顯浪村十里

烟台前村伍里　瓦屋莊十里　辛島村捌里
南屯村玖里　後岔灣村十捌里　濠北頭村陸里
北屯村玖里　北庵子村伍里　濠南頭村陸里
濠窪村柒里　魚鳴嘴村十伍里　草場窨子
西南山陸里　丁家河村叁里　蘭東村叁里
鹿角灣村叁里　劉家島村伍里　施家溝村柒里
石嶺子村柒里　董家河村十里　顧家島村十貳里
前豹窠村　後豹窠村以上各村均在薛家島薛家島距小港水程四十里由薛家島分駐所距各村之里數分別注明如右
竹岔島距小港水程五十里
溝南涯　上菴　溝北涯
沙口子　金家口子村　吉春溝
打魚口子村　辛莊　鬧石子

路南村　廟下　後登
城口子　猪圈　唐圈
毛家溝　東南溝以上各村在水靈山島本島距小港水程一百里
以上屬海西警察署薛家島分駐所管轄
小洋村壹里　高家村肆里　前韓家莊柒里半
東大洋村陸里　官疃叁里　蕭家村柒里
小莊叁里半　西大洋村叁里　殷家村伍里
後東洋嘴玖里半　邵哥莊叁里　西遼村伍里
後韓家村捌里　前東洋嘴捌里　苟家村壹里
甯家村陸里　以上各村均在陰島陰島距小港水程四十里由陰島分駐所至各村距離里數分別注明如右
以上屬海西警察署陰島分駐所管轄
塔埠頭街距小港水程九十里

以上屬海西警察署塔埠頭分駐所管轄
紅石崖街距小港水程五十里
以上屬海西警察署紅石崖分駐所管轄
前灣村　後灣村　窩棚村
鹽灘村　柳溝村
大趕島大趕島在黃島附近餘村均在黃島黃島距小港三十里
以上屬海西警察署黃島派出所管轄

膠澳志卷三

民社志一　戶口

李村區內原有村莊戶口密於西北而薄於東南蓋西北仙家寨一帶氣候溫暖土壤肥沃且偏在內地與縣治接近地方秩序較爲安穩至東南方面濱海多山此地以及海西多以漁業爲主戶口較稀自開埠以後全區人口逐年而增市內尤甚據千八百九十七年（光緒二十三年）德人調查全區人口爲八萬三千餘人民國十三年七月調查爲十八萬九千四百十一人民國十六年度我國調查爲六萬三千五百九十八戶計三十二萬二千一百四十八人其住居市內者在千九百零二年僅一萬四千九百零五人而千九百十三年則增至五萬三千三百十二人至民國十六年調查則第一第二兩警區及海西警署之大小港兩分駐所區內共有一萬九千六百六十五戶計九萬一千五百餘人其增加之速可概見矣

就戶口分布之疏密言之據德人當日調查市外二百七十四村內有人口百名以下

者三十六村百人以上至五百人者一百四十四村五百人以上乃至一千人者七十村一千人乃至二千人者二十村二千人以上者四村更據民國十五年本區警察之戶口調查册考之人口三千名以上者爲薛家島村（屬海西署）下四方西村（屬台東署）二村二千五百名以上者爲姜哥莊夏莊二村（均屬李村署）二千名以上者爲李村登窰村趙哥莊（以上屬李村署）四方之康甯路（屬台東署）後韓家村（屬海西署）計五村一千五百名以上者爲午山村九水村仙家寨丹山村西小水村源頭村大褒窰頭（以上屬李村署）浮山所小村莊（以上屬台東署）南莊辛島村（以上屬海西署）計十一村一千名以上者爲上王埠東李村侯家莊溝崖村鄭莊畢家上流下王埠浮山後河西村西韓哥莊王家上流橫担村大河東小河東董家埠殷家埠文張村山東頭鄭張村枯桃村旱河村樓山後劉家宋哥莊石老人南曲史家泊子灣頭村徐家宋哥莊女姑山雙埠小褒窰頭十梅庵棗園大水清溝（以上屬李村署）大湛山大麥島湖島子村東吳家村西吳家村四方之北山路（以上屬台東署）北莊

烟台前村部哥村西大洋西遼村（以上屬海西署）計四十五村玆將西歷千九百十年調查戶口及最近三年調查之戶口數分列兩表如下

（甲）西歷千九百十年之華籍戶口表

地別／類別	青島市內	青島市外即李村區	海西即薛家島	陰島	黃島	水靈山	紅石崖塔埠頭	竹岔島	共計
區數或村數	青島大鮑島台東台西計四區	208	25	16	6	16	2	1	四區又二七四村
戶數		23,332	2,284	1,676	266	393			
人口	34,180	101,939	10,870	9,526	10,812	1,934	602	277	161,140

右表錄自青島全書原書又附記云所居人數共十六萬一千一百四十人內有男八

萬零九百九十八口女四萬四千一百零八口其十歲以下之男女小孩三萬六千零三十四云

（乙）近年各區現住戶口調查表

管轄警署	第一		
管轄分駐所	第二		
街路或村莊	濟南路	北京路	保定路
十三年 戶數	一六三	一五三	三二
十三年 人口 男	七五二	一•一八五	三七〇
十三年 人口 女	一四五	一五六	四一
十三年 人口 共	八九七	一•三四一	四一一
十四年 戶數	九六	一三〇	四五
十四年 人口 男	八二四	六八八	三一三
十四年 人口 女	二三一	八四	八五
十四年 人口 共	一•〇五五	七七二	三九八
十五年 戶數	一五三	一四五	二八
十五年 人口 男	七四四	一•一五五	三三七
十五年 人口 女	一三六	一三五	四一
十五年 人口 共	八八〇	一•二九〇	三七八

區　警　察

分　駐

		男	女	共		男	女	共		男	女	共
山西路	一四六	五二七	一六四	六九一	一二一	八〇九	一四二	九五一	一七二	七〇二	二八七	九八九
直隸路	九九	九四三	八五	一・〇二八	九五	七三二	一〇五	八三七	一〇〇	八二四	八〇	九〇四
河南路	九九	七五九	九一	八五〇	九二	六九二	八九	七八一	九六	七三七	七五	八一二
山東路	一〇八	六九二	一〇九	八〇一	一五五	七二二	一四二	八六四	一〇四	五二七	一一〇	六三七
江甯路	一四六	四〇〇	一一二	五一二	一一七	七九二	一四七	九三九	一三五	三三五	一〇〇	四三五
天津路	一二一	九八九	一三二	一・一二一	一二八	七八九	一三一	九二〇	一四五	八九四	八四	九七八

署　第　一

所　第　二

		男	女	共		男	女	共		男	女	共
計	一・〇六七	六・六一七	一・〇三五	七・六五二	九七九	六・三六一	一・一五六	七・五一七	一・〇七八	六・二五五	一・〇四八	七・三〇三
新泰路	九七	二八一	八四	三六五	六四	一七〇	八八	二五八	八四	二四五	一〇二	三四七
大沽路	一九二	五八〇	二〇四	七八四	一四三	四六一	一八七	六四八	一六八	五四四	二三四	七七八
四方路	五一	二六八	二九	二九七	七九	一九三	一三二	三二五	五〇	二五七	三八	二九五
博山路	二二	一一九	一九	一三八	一七	四三	一二	五五	二一	一〇七	二四	一三一
泗水路	八六	二五四	八一	三三五	六一	一六一	七三	二三四	七五	二二六	一〇七	三三三

區

分

		男	女	共		男	女	共		男	女	共
德縣路	三〇	七五	六八	一四三	一七	三九	二六	六五	二八	六八	八〇	一四八
壽康路	一〇	二四	一八	四二	九	三二	一七	四九	九	二二	二四	四六
曲阜路	三八	九六	六六	一六二	三三	九二	五二	一四四	三五	八八	八四	一七二
安徽路	二五	六四	五八	一二二	一八	二七	二五	五二	二三	五七	九九	一五六
泰安路	一六	一八二	一〇	一九二	一三	八八	一八	一〇六	一四	一六三	一五	一七八
河南路	七二	三四	八三	三一七	三九	一四五	五七	二〇二	六六	二〇五	一三八	三四三

察　警

駐

		男	女	共		男	女	共		男	女	共
芝罘路	九三	二六一	一一三	三七四	九五	一九五	一二三	三一八	八一	二一八	一二四	三四二
平度路	一四四	四〇四	二一四	六一八	一七六	四五一	二八三	七三四	一二三	三八七	二五〇	六三七
甯陽路	一二八	二九三	九一	三八四	一〇二	一一五	一七一	二八六	一一五	二六八	一一九	三八七
濰縣路	一二二	二三一	一〇四	三三五	一〇四	三二九	一九〇	五一九	一一一	二一二	一一五	三二七
肥城路	一六八	三四六	二二一	五六七	一一〇	二〇七	一八八	三九五	一五五	三二三	二三一	五五四
山東路	七二	三四六	二二一	五六七	九六	二七四	一二四	三九八	六六	一五二	五二	二〇四

		署	第					一				
		所	第					三				
	浙江路	計	雲南路	汶上路	滋陽路	壽張路	費縣路	西藏路	濮縣路	嘉祥路	鉅野路	城武路
	二	一·三六九	三四七	三四七	七四	一一五	一一九	八四	七八	七二	四一	八七
男	三	三·八七四	一·〇七四	一·一三九	一六四	四六四	三二八	二八四	一六五	二〇五	一一五	一四二
女	二	一·五一〇	四一六	四一九	九一	一三二	一二二	一一七	一二五	一六五	八四	一二三
共	五	五·三八四	一·四九〇	一·五五八	二五五	五九六	四五〇	四〇一	二九〇	三七〇	一九九	二六五
		一·一七六	二〇八	二二五	八六	一四三	一三五	八二	七三	九七	五二	八五
男		三·〇二二	四五四	三七二	一一二	二三一	二三〇	二二七	一三六	一一九	二七〇	二二六
女		一·七六六	一八〇	一二七	五〇	一七四	一八九	一二一	一一二	一七五	一五六	一二七
共		四·七八八	六三四	四九八	一六二	四〇五	四一九	三四八	二四八	二九四	四二六	三五三
	三	一·二二七	三六二	三五六	七九	一二四	一二四	九一	八六	八三	四九	九二
男	一二	三·五五四	九七一	九四五	一二三	三六一	二八二	一九二	一一五	一一五	六九	一二二
女	二	一·八三八	四四八	四五二	一〇二	二三一	一八二	一四一	一四九	一〇五	七九	一二三
共	一四	五·三九二	一·四一九	一·三九七	二二五	五九二	四六四	三三三	二六四	二二〇	一四八	二四五

	區				警				察			
		分						駐				
	鄆城路	貴州路	單縣路	台西一路	台西二路	台西三路	台西四路	磁山路	團島路	四川路	汶水路	南陽路
	三五	二〇	四六二	六七	七八	一一六	四二	四	五	一二	一	一
男	七四	一〇九	一·五六一	一〇七	一八四	二三二	九三	一一	六四	八三	三	三
女	四五	五一	五二四	七八	一二六	一六九	七六	七	六	一四		
共	一一九	一六〇	二·〇八五	一八五	三一〇	四〇一	一六九	一八	七〇	九七	三	三
	三六	三二	三五二	六四	八四	一五一	六六	八	五	一五二	三	一
男	一七九	一七一	四二九	一七八	一九〇	一六〇	一六七	三五	一四	一九八	一七	六
女	一五二	一三四	三五四	一一五	六七	八九	一三二	二〇	六	二三二	一二	二
共	三三一	三〇五	七八三	二九三	二五七	二四九	二九九	五五	二〇	四三〇	二九	八
	三九	二二	四九三	八〇	八八	一三一	四八	七	五	一四	一	一
男	六一	四〇	一·二四二	七七	一三一	一八五	六四	一一	四四	三一	三	三
女	五九	三四	七三二	七九	一一五	一二五	六五	八	九	二二		
共	一二〇	七四	一·九七四	一五六	二四六	三一〇	一二九	一九	五三	五三	三	三

署　第一
所　第四

計／路		男	女	共		男	女	共		男	女	共
計	二·二一一	六·六〇四	二·八九〇	九·四九四	二·三三二	四·三三七	二·八七七	七·二一四	二·三七五	五·一八七	三·二六〇	八·四四七
山東路	四五	二三九	七〇	三〇九	四四	一九二	七五	二六七	五〇	三二〇	八三	四〇三
蒙陰路	一二	五八	一五	七三	四	二七	二七	五四	一一	五九	二三	八二
河南路	二八	六五	三九	一〇四	三六	八六	五五	一四一	三四	七八	四六	一二四
郯城路	二〇	七五	三〇	一〇五	七	一三五	二五	一六〇	五〇	一〇八	六八	一七六
費縣路	五〇	二六四	四九	三一七	八二	五〇六	三一四	八二〇	一六三	三六二	一四七	五〇九

膠澳志　民社志　戶口　七

區
分

路		男	女	共		男	女	共		男	女	共
廣州一路	一四	七〇〇	三〇〇	一〇〇〇	五一	一四五	七五	二二〇	五五	九六	七〇	一六六
單縣路	三〇	二五八	二五	二八三	七九	二七五	一一三	三八八	一〇七	三四三	一三五	四七八
東平路	一七	八一	二三	一〇四	四五	一二八	八五	二一三	二九	八四	四三	一二七
浙江路	一八	六六	四〇	一〇六	一〇	六〇	三六	九六	二七	八五	四八	一三三
湖北路	五九	二一〇	五八	二六八	六七	一四八	一一九	二六七	二九	二〇八	四七	二五五
湖南路	四三	二二二	七四	二九六	四〇	一六二	七七	二三九	四八	二九四	一二一	四一五

警　察
駐

路		男	女	共		男	女	共		男	女	共
廣西路	三三	二二一	八二	三〇三	一二六	二三一	一四九	三八〇	九三	三〇七	一一四	四二〇
太平路	三九	一四五	九二	二三七	三一	一二五	三一	一五六	四四	二〇二	一二五	三二七
蘭山路	二六	一〇九	七五	一八四	一一六	一五三	八五	二三八	九三	三一六	一一七	四三三
定陶路	一四	三三	一二	四五	一二	五七	二〇	七七	一八	三六	二二	五八
觀城路	一七	五六	三一	八七	九八	一一五	一四七	二六二	九七	一六九	七三	二四二
朝城路	七	一三	五	一八	三〇	一二六	六一	一八七	一四	三四	一四	四八

膠澳志　民社志　戶口　八

署　第
所　第

路／計		男	女	共		男	女	共		男	女	共
魚台路	六	三〇	一五	四五	三	六四		六四	三	三〇	一八	四八
泰安路	五	三六	二一	五七	九	六二	四四	一〇六	八	四六	三二	七八
安徽路	九	八八	三二	一二〇	七	三二	八	四〇	一二	八八	三一	一一九
計	四九二	二·三四三	八一八	三·一六一	八九七	二·八二九	一·五四六	四·三七五	九五八	三·二六五	一·三七七	四·六四二
江蘇路	四一	六九	八四	一五三	三九	一三二	五一	一八三	五六	一一六	三二	一四八
沂水路	一四	一三三	五	一三八	四	五九	二〇	七九	一五	四二	一〇	五二

一

五

路		男	女	共		男	女	共		男	女	共
平原路	二七	二九	一九	四八	二一	六六	三二	九八	三五	七八	二八	一〇六
觀象路	一九	四四	一六	七〇	三六	一一五	三五	一五〇	五〇	五四	四六	一〇〇
觀海路	二二	五〇	二七	七七	四一	一二〇	五五	一七五	六〇	一〇三	五四	一五七
湖南路	三一	二〇	一三	三三	三九	九七	二二	一一九	五〇	三九	三二	七一
湖北路	四	六		六	九	一四	八	二二	一二	二〇	一五	三五
安徽路	四八	七三	二三	九六	八	五九	三〇	八九	四六	六〇	三七	九七

區　警

分

路		男	女	共		男	女	共		男	女	共
明水路	五	一四		一四	四	二三	一二	三四	六	一九	一八	三七
德縣路	二五	八三	二一	一〇四	三七	一二八	三七	一六五	四四	四八	三四	八二
芝罘路	四二五	三八七	一三三	五二〇	一五六	四四六	一六四	六一〇	一二八	二三九	一五五	三九四
黃島路	三九四	八六四	三五二	一·二一六	三〇七	一·一一一	四一五	一·五二六	二五〇	六四四	三二四	九六八
易州路	二三	七九	二九	一〇八	二六	一三七	六六	二〇三	四九	八八	六四	一五二
四方路	一二一	三〇七	一九〇	四九七	八九	三九三	一二一	五一四	八七	六六八	一四七	八一五

察　署

駐　所

路		男	女	共		男	女	共		男	女	共
濟甯路	一〇七	一〇八	五三	一六一	九一	三一七	一二八	四四五	一一四	三九二	一三三	五二五
福建路	一五三	四七四	一八四	六五八	七二	五〇〇	二一二	七一二	一九四	六九三	二六八	九六一
臨淸路	三三	四八	一六	六四	四三	九九	七一	一七〇	三八	五〇	四〇	九〇
淸水路	三二	八五	一八	一〇三	三四	九二	七一	一七〇	二九	三八	三六	七四
禹城路	二四	二九	六	三五	四三	二一	一四	三五	五一	六一	二七	九八
計	一·五四八	二·九〇二	一·一八九	四·〇九一	一·二〇七	三·九二八	一·五六五	五·四九三	一·三一四	三·四五二	一·五一〇	四·九六二

第　一

第　六

路		男	女	共		男	女	共		男	女	共
萊陽路	二四	一〇一	三二	一三三	二〇	二二七	二八	二五五	四四	三五三	四八	四〇一
金口路	一四	二六	一八	四四	一二	四一	二三	六四	二〇	五二	三三	八五
大學路	三一	一二六	二一	一四七	二五	一〇六	四〇	一四六	五二	一二七	五八	一八五
太平路	三一	七三	三三	一〇六	三一	七六	四二	一一八	三九	九三	四五	一三八
廣西路	八二	五四四	一〇六	六五〇	三三	四三九	三八四	八二三	八三	六六六	二〇二	八六八
安徽路	三五	一七七	五〇	二二七	二九	四二	二四	六六	二八	四三	二五	六八

分區警

路名		男	女	共		男	女	共		男	女	共
莒縣路	一三	四九	一三	六二	一四	四二	二一	六三	二八	六八	四四	一一二
青島路	一	一六		一六	一	一	一	二	二	一〇	一	一一
九水路	一	一二		一二	一	二一		二一	二	二八	一	二九
江蘇路	八	一六	一〇	二六	九	一七	二〇五	二三二	一八	三一	二三〇	二六一
沂水路	一〇	三四	一四	四八	一〇	一二	一四	二六	二八	五三	四〇	九三
齊東路	一八	七〇	二二	九二	二八	五八	二九	八七	三六	六九	三七	一〇六

察署　第

駐所　第

路名		男	女	共		男	女	共		男	女	共
龍口路	一二	五七	一六	七三	一五	五七	二三	八〇	一九	四五	三二	七七
湖南路	六	一六	七	二三	二	五	二	七	六	一三	五	一八
萊蕪路	二	五	二	七	三	六	三	九	四	八	四	一二
常州路					一五	一三三	一四	一四七				
計	二八八	一,三二二	三四四	一,六六六	二五六	一,五三二	八六四	二,三六九	四一一	一,六六六	八一〇	二,四七六
文登路	四八	三六七	一二	三七九	九	五九	五	六四	九四	一八〇	三三	二一三

一

七

路名		男	女	共		男	女	共		男	女	共
魚山路	八	四四	一七	六一	一三	六二	一四	七六	九	七九	二八	一〇七
海陽路	四	二五	一二	三七	一四	一五	七	二二	九	三五	一七	五二
福山路	一三	五二	一九	七一	一八	三一七	二三	三四〇	三一	七〇	三三	一〇三
牟平路	五	五一	七	五八	七	四六	九	五五	九	六六	一三	七九
公園路	五	三五	六	四一	八	二〇	六	二六	九	一五	八	二三
棲霞路	一一	七一	七	七八	一三	五七	一八	七五	九	七五	二三	九八

區警

分

路名		男	女	共		男	女	共		男	女	共
南海路	九	四九	三	五二	一二	六〇	四	六四	一九	一一八	五	一二三
青中路	九	二七六	六	二八二	一三	一〇	一〇	二〇	一四	七五	一八	九三
青島山路	三	一五	二	一七	七	七	四	一一	三	七	四	一一
太平山路					六							
文登二路					八	二六	二	二八				
文登三路					八	二四	四	二八				

察　署　第

駐　所　第

路名		男	女	共		男	女	共		男	女	共
文登四路					七	二二	一八	四〇				
西園路					二	一	三	四	一	六	三	九
湛山路					二一							
金口路	三	三四	八	四二	三	五六	四	六〇	七	二五	一〇	三五
計	一一八	一.〇一九	九九	一.一一八	一六五	七八二	一三一	九一三	二二八	七五三	一九六	九四九
東平路	二二七	六〇四	二四一	八四五	一八九	五〇五	一九九	七〇四	二四八	七三九	三四二	一.〇八一

一

八

路名		男	女	共		男	女	共		男	女	共
滋陽路	一七二	四九六	一五三	六四九	二二六	七三七	一二四	八六一	三一三	六八一	二五九	九四〇
壽張路	四九	一一四	五三	一六七	四三	九二	五一	一四三	四〇	八九	二二	一一一
廣州一路	二一四	五四八	二二五	七七三	四七八	八九七	二六七	一.一六四	二一六	五四六	二七五	八二一
廣州二路	一〇四	二六三	一二三	三八六	九二	二七一	一〇九	三八〇	七七	一九〇	一一三	三〇三
廣州三路	四九	一三六	五八	一九四	四三	一七九	五九	二三八	三二	一五五	九九	二一四
廣州四路	一〇九	三四八	一一四	四六二	九五	一六三	一〇〇	二六三	六五	二〇六	七七	二八三

區　警

分

路名		男	女	共		男	女	共		男	女	共
廣州五路	九八	二六五	六一	三二六	五一	二一六	一〇六	三二二	七二	二〇〇	六二	二六二
雲南路	三四三	一.一四六	四二七	一.五七三	四八二	一.〇一〇	二一八	一.二二八	三六三	七二三	三五七	一.〇八〇
四川路	七八	一九二	九九	二九一	六六	一七九	五一	二三〇	五〇	一七三	六九	二四二
朝城路	三七	一一八	二一	一三九	一八	一九三	八	二〇一	二四	一五七	二四	一八二
莘縣路	一五	四四	六	五〇	一二	七八	六	八四	一九	一〇九	八	一一七
菏澤路	三七	一一五	一一	一二六	三〇	九九	一六	一一五	四一	一〇一	二七	一二八

察

駐

路名		男	女	共		男	女	共		男	女	共
滕縣路	一〇	五二	二	五四	五	二八	二	三〇	七	六二	五	六七
石村路	六	六四	四	六八	八	八七		八七	六	一八九	七	一九六
觀城路	四七	二四〇	五九	二九九	六七	二〇三	三〇	二三三	一〇五	一九一	一七	二〇八
西大森	七三	一三八	九二	二三〇					七七	一七一	一〇一	二七二
西廣場	一五〇	四八五	一五五	六四〇					二八	三六六	一九八	五六四
嘉祥路	一	一八	四	二二	一	三四		三四	一	七二		七二

署　第
所　第

		男	女	共		男	女	共		男	女	共
計	一,八一九	五,三八六	一,九〇八	七,二九四	二,〇二三	五,二六七	一,四二一	六,六八八	一,九七三	五,一二〇	二,〇二二	七,一四二
合計	八,九一二	三〇,〇六七	九,七九三	三九,八六〇	八,八二五	二八,〇五八	一一,三二六	三九,三八四	九,五六四	二九,二五二	一二,〇六一	四一,三一三
滄口路	七一	一七四	四一	二一五	一〇一	一八四	八二	二六六	一〇二	一九八	四七	二四五
即墨路	一三二	五〇三	六四	五六七	一四〇	四五三	一〇〇	五五三	一〇二	五二九	一三八	六六七
李村路	一五二	四六八	一二四	五九二	一四〇	四三七	一六七	六〇六	二二六	四八八	二三五	七二三
膠州路	二五一	九〇七	二〇三	一,一一〇	四六九	一,二〇一	二八九	一,四九〇	三六〇	一,二三五	四三三	一,六六八

一五

二　區
一　分

		男	女	共		男	女	共		男	女	共
海泊路	四三八	一,三四八	二五〇	一,五九八	二七八	一,二〇〇	三一二	一,五一二	三三九	八八七	二六三	一,一五〇
陽穀路	一〇七	一五四	五一	二〇五	八〇	一四九	六六	二一五	一〇二	二八七	八九	三七六
市場三路	一三五	七四六	三一	七七七	三二八	一六三	六七二	八三五	四七七	一,二五四	一二三	一,三七七
高密森	一九〇	九〇二	二〇六	一,一〇八	二三五	七六一	一八八	九四九	二二九	九七九	二三四	一,二一三
茌平場	一八	一〇	二	一二	一五	四二	五八	八〇	一一	四一	一〇	五一
博平路	一五	八	一	九	一五	一九	九	二八	六	一五		一五

警　察
駐

		男	女	共		男	女	共		男	女	共
高唐路	九	一二	二	一四	一八	二四	一二	三六	九	一四	一	一五
易州路	一九七	五〇一	一七七	六七八	一九〇	四三六	一八一	六一七	一七二	三六八	一七二	五四〇
博山路	一八八	五二五	一四四	六六九	一九三	五八三	一四八	七三一	一七五	六二六	一六四	七九〇
濰縣路	一六八	六〇八	一〇〇	七〇八	一一三	七二五	五八	七八五	九三	五六七	六六	六三三
濟甯路	二八三	五二四	一二一	六四五	二九〇	五五七	三二三	八八〇	二九四	六一〇	三一一	九二一
芝罘路	一二三	一四五	一〇一	二四六	一〇八	二六四	一二五	三八九	一二一	二八五	一五四	四三九

一六

署　第
所　第

		男	女	共		男	女	共		男	女	共
聊城路	八三	一〇五	一〇一	二〇六	四八	一一〇	五一	一六一	八二	一二三	五〇	一七三
臨清路	七	六	四	一〇	八	一七	八	二五	一二	一四	七	二一
計	二,五六七	七,六四六	一,七二三	九,三六九	二,七六九	七,九二七	二,二二九	一〇,一五六	二,九一二	八,五二〇	二,四九七	一一,〇一七
奉天路	二二九	五八五	四九四	一,〇七八	二三七	五二三	二三二	七五五	二三二	二七六	一四〇	四一六
泰山路	七二	一四〇	八二	二二二	一一一	一四五	八四	二二九	一五五	三二六	一七三	四九九
濟陽路	二八	六〇	五一	一一一	二一	六五	三七	一〇二	二六	三八	二六	六四

二

二

		男	女	共		男	女	共		男	女	共
流亭路	一七	九三	三八	一三一	三一	三○	二○	五○	六一	一○二	一○九	二一一
德平路	六	四三	五七	一○○	五七	四三	五○	九三	一九	二四	二一	四五
熱河路	二九	八四	六二	一四六	五七	一○一	四九	一五○	五二	七七	六七	一四四
臨淄路	七	六七	四二	一○九	八二	六三	三九	一○二	一四五	三○一	一五○	四五一
陽信路	二七	六○	二五	八五	四一	九○	二五	一一五	三二	五○	二二	七二
黃台路	一	三	一	四	一九	八	六	一四	八	一六	一九	三五

區

分

		男	女	共		男	女	共		男	女	共
樂陵路	八	一	二	三	一	一	一	二	一	二	三	五
吉林路	一一	三	三七	四○	一四	二二	二五	四七	五○	六七	一四八	二一五
錦州路	七四	一八四	八九	二七三	一八五	一六八	一○二	二七○	一七七	二一二	一○一	三一三
蒲台路	一三	五四	三一	八五	二九	三六	二九	六五	三六	四七	三五	八二
無棣路	二	五	五	一○	一二	三二	一○	四二	一一	二○	一○	三○
無棣二路	三	一○	二一	三一	九	一三	九	二二	二一	三六	二四	六○

警　　　　察

駐

		男	女	共		男	女	共		男	女	共
無棣三路	九	一六	一九	三五	六	一四	七	二一	一七	二六	二七	五三
無棣四路	五	八	八	一六	一三	四九	二三	七二	一○	一六	一七	三三
登州路	一	二	一○	一二	一	一		一				
鄒平路	二四	一一一	一三三	二四四	六七	九○	五一	一四一	一七二	三二九	一○五	四三四
章邱路	一七	二一	二一	四二	一一	二五	二三	四八	一九	二五	一三	三八
綏遠路	九	三○	三九	六九	七	一○	一一	二一	一二	二三	一七	四○

署　　　　第

所　　　　第

		男	女	共		男	女	共		男	女	共
桓台路	二三	五三	八二	一三五	三二	一四	三七	五一	四八	一二五	一一八	二四三
上海路	一八	四○	三八	七八	一○	三三	一○	四三	五	八	一三	二一
青海路									七九	一一○	一一三	二二三
計	六四三	一•六七三	一•三八七	三•○六○	一•○五三	一•六八五	八八○	二•五六五	一•三八八	二•二五七	一•四七一	三•七二八
益都路	一一一	二五二	八三	三三五	一七七	四七八	一七一	六四九	一六○	二七八	一八九	四六七
商河路	九五	三四八	一○二	四五○	八四	三九○	一一三	五○三	七八	二七七	一三一	四○八

二

三

		男	女	共		男	女	共		男	女	共
青海路	二三	九九	六四	一六三	三一	七七	四三	一二〇	五五	一七六	一〇七	二八三
章邱路	二六	四一	二〇	六一	四一	一〇〇	七七	一七七	三二	八一	五〇	一三一
新疆路	四	一		一								
樂陵路	三八	一三〇	二〇	一五〇	五七	八二	九八	一八〇	九二	二五五	一〇二	三五七
周村路	一三七	二二三	三四	二五七	一九四	三九〇	二五一	六四一	一三八	三七七	二二八	六〇五
青城路	七〇	一一一	八二	一九二	五八	一八三	八二	二六五	五九	八一	四九	一三〇

區　　　　署

分

		男	女	共		男	女	共		男	女	共
高苑路	四八	一〇一	六一	一六二	六一	一一五	九一	二〇六	五九	八二	五八	一四〇
淄川路	一四	二六	一二	三八	一四	五二	二九	八一	二〇	一二三	五六	一七九
桓台路	三五	六一	二四	八五	八〇	二〇五	一一三	三一八	八三	一四三	六六	二〇九
博興路	六六	六八	二三	九一	九八	二八二	九六	三七八	一〇〇	二三六	一三二	三六八
鐵山路	三六	二〇五	九八	三〇三	六二	一六三	一二九	二九二	八八	二八三	一三六	四一九
綏遠路	一〇	四〇		四〇	一八	八〇	四六	一二六	一八	二九	一五	四四

察　　　　署

駐　　　　所

		男	女	共		男	女	共		男	女	共
長山路	五五	一二三	二〇	一四三	四七	一七〇	九九	二六九	七二	二三八	九三	三三一
鄒平路	二二	二〇		二〇	二三	五九	四〇	九九	一八	一〇一	二六	一二七
甘肅路	二	一二〇		一二〇	五	二二		二二	七一	一二		一二
泰山路	三九	二八		二八	四七	六八	五三	一二一	四九	一〇〇	三九	一三九
臨淄路	二六	五		五	六二	六三	三九	一〇二	九三	一一三	六八	一八一
計	八五六	二·〇一二	六四三	二·六五五	一·一五九	二·九七九	一·五七〇	四·五四九	一·一九一	二·九八四	一·五四五	四·五三〇

第　　二　　區

第　　四　　分

		男	女	共		男	女	共		男	女	共
朝陽路	二五七	二九九	一〇二	四〇一	二二二	三四六	一七二	五一八	二〇〇	三六一	一六七	五二八
冠縣路	二四三	六七二	四二八	一·一〇〇	三一七	五二〇	三一一	八三一	二五九	九五六	二六一	一·二一七
邱縣路	一五八	五八八	一三四	七二二	三一七	五二〇	三一一	八三一	三〇八	五六三	二七〇	八三三
金鄉路	三四〇	九八九	三五三	一·三四二	四八八	一·〇九四	五〇三	一·五九七	四九八	一·〇七八	四七九	一·五五七
長安路	八六	三九〇	一〇八	四九八	一七九	四二八	一九六	六二四	一八八	四五七	一七七	六三四
惠民路	一九	一七四	九一	二六五	八三	一二一	九一	二一二	一一二	一五三	七六	二二九

警察署
駐所

路		男	女	共		男	女	共		男	女	共
平陰路	五二	三一二	八四	三九六	一七五	二五〇	一三一	三八一	二四〇	二八二	一二一	四〇三
新疆路	七	五〇	八	五八								
小港路	二一	六二	八九	一五一	一三	四九	一〇	五九	三九	五二	一一	六三
上海路	二三	三七	二八	六五	五三	八一	三六	一一七	五八	一三七	三七	一七四
計	一·一九六	三·五七三	一·四二五	四·九九八	一·七八三	三·七〇九	一·六八二	五·三九一	一·九〇二	四·〇三九	一·五九九	五·六三八

第二區警察署
第五分駐所

路		男	女	共		男	女	共		男	女	共
莘縣路	一三五	八三七	六八	九〇五	一六九	六四八	一一九	七六七	四一三	七八七	一〇六	八九三
堂邑路	三六	五二	二	五四	三一	四		四	三一	三一	三一	六二
萊州路	一五	一九	五	二四	四	四二	一六	五八	二〇	五	五	一〇
直隸路	一四六	五八五	一三三	七一八	三九一	五八二	一一二	六九四	一九一	四三七	一一二	五四九
山西路	三	四		四	五	三		三	二	四		四
小港路	一九	五四	四一	九五	六二	五〇	二二	七二	二三	七一	二三	九四
計	三五四	一·五五一	二四九	一·八〇〇	六六二	一·三二九	二六九	一·五九八	六七九	一·三三五	二七七	一·六一二

膠澳志　民社志　戶口　二二

第二區
第六分

路		男	女	共		男	女	共		男	女	共
館陶路	一〇六	一五七	一一二	二六九	七八	二二三	六七	二九〇	一〇二	二六八	一〇一	三六九
上海路	一八八	八三九	一四三	九八二	二九二	四四三	二六六	七〇九	一七二	二七二	二〇五	四七七
吳淞路	七九	一五九	六八	二二七	八八	二六九	一四九	四一八	一二二	二四一	一六〇	四〇一
招遠路	四〇	一一三	四〇	一五三	九八	一一九	一五〇	二六九	一三〇	一九七	一九三	三九〇
聊城路	一三六	二五九	二三一	四九〇	一八九	三八五	二〇六	五六四	二二三	二〇〇	一九八	三九八
漢陽路	四〇	四九	四五	九四	四二	六八	五〇	一一八	四六	八二	五六	一三八
武定路	一五三	二六五	一四四	四〇九	一二〇	二五六	一九六	四五二	一四六	二九五	一五〇	四四五
甯波路	一一八	二三六	九〇	三二六	一二〇	一七二	一五三	三二五	二五四	三五五	九五	四五〇
廣東路	五六	一一六	六九	一八五	三七	九三	五〇	一四三	五九	九二	四五	一三七
陵縣路	一〇六	四三九	二三五	六七四	一八四	二四二	二〇九	四五一	一七六	三〇九	二三七	五四六
恩縣路	五七	五五	八	六三	四六	八一	五二	一三三	五四	六八	五〇	一一八
綏遠路	五	五一	一二三	一七四	一二	三九	三一	七〇	二五	五九	三五	九四

膠澳志　民社志　戶口　二三

警察署駐所

	商河路	市場一路	市場二路	東阿路	甘肅路	武城路	清平路	臨清路	夏津路	陽穀路	計	合計
	一	一四三	一四〇	九四	二六六	二一	二三	一六五	四	一一	一·九五一	七·五六七
男	一七	八七	一六七	四二一	五一一	四二	五五	四一二	六八	三八	四·五五六	二一·〇一一
女	八	九九	一二四	三〇	二一二	三二	二二	四二四	六〇	三三	二·三五二	七·七七九
共	二五	一八六	二九一	四五一	七二三	七四	七七	八三六	一二八	七一	六·九〇八	二八·七九〇
	三	一七〇	一六五	一〇九	三一二	一五	一五	四三	一六	二	二·一七五	九·六〇一
男	六六	九二	一二五	一七一	四五九	二四	一九	五二	二〇	八〇	三·四七一	二一·一〇〇
女		一九	八五	一一八	三五七	二六	一〇五	三四	一一	三二	二·三六六	八·九九六
共	六六	一一一	二一〇	二八九	八一六	五〇	一二四	八六	三一	一一二	五·八三七	三〇·〇九六
	二	八七	一一七	一〇三	二三九	一三	一五	五三	一六	四三	二·二一五	一〇·二八七
男	一四	一一二	一五七	二〇四	四〇四	二六	一五	五七	二七	九一	三·五四五	二二·六八一
女	四	九九	一三八	一五二	三〇八	一四	一五	五一	一八	四二	二·三六六	九·七五五
共	一八	二一一	二九五	三五六	七一二	四〇	三〇	一〇八	四五	一三三	五·九一一	三二·四三六

台東第一

	順興路	瑞雲路	清和路	大名路	丹陽路	昌平路	歷城路	雲門路	威海路	龍門路	長興路	人和路
	一五六	一〇九	一六七	一〇九	一四二	一一八	七二	一六九	八八	七八	一三六	一四六
男	四五九	二九二	三二二	三九七	四〇二	三三八	二四三	一·〇二一	三三四	二八七	三七三	四三六
女	二一七	一六九	一三二	二二六	二一〇	一五六	一一一	一八七	七〇	九二	二二五	二二五
共	六七六	四六一	四五四	六二三	六一二	四九四	三五三	一·二〇八	四〇四	三七九	五九八	六六一
	一五八	一〇四	一六九	一一〇	一四四	一〇九	六五	一七〇	八八	八〇	一二七	一四三
男	四〇九	五二一	二五三	三五四	三五四	三一一	四三一	五七四	二九八	二四五	三三二	四一三
女	一二四	一七三	一二五	一一九	二二一	一五八	一一五	一八四	七七	一〇二	二三七	二二四
共	五三三	六九四	三七八	四七三	五七五	四六九	五四六	七五八	三七五	三四七	五六九	六三七
	一二二	一〇九	一六九	一一五	一四一	一一七	七三	一六五	八五	七五	一三三	一四一
男	二八四	二八二	二九八	二九一	二六一	二五八	二九六	二七三	二六七	二六三	二七八	一九六
女	一五二	一九五	一九五	一九二	一一一	一九三	一二三	一五四	一九五	一四九	一五二	一一二
共	四三六	四七七	四九三	四八三	三七三	四五一	四一九	四二七	四六二	四一二	四三〇	三〇八

區

		男	女	共		男	女	共		男	女	共
和興路	一一四	二七五	一四三	四一八	一一一	五四一	一五八	六九九	一一三	二七四	九五	三六九
昆明路	一一四	二七八	一三九	四一七	一〇九	二五七	一四三	四〇〇	一一二	二三九	九八	三三七
榮市路	五〇	一二九	六五	一九四	五五	二〇八	六九	二七七	五一	二四六	一七四	四二〇
福市路	三二	七二	四五	一一七	三七	一七五	四一	二一六	三二	四六	二七	七三
陽明路	一四	五一	一四	六五	一七	一四九	一八	一六七	一五	八四	五一	一三五
萬壽路	一三	六八	二三	九一	二一	六九	二六	九五	一四	九五	六七	一六二

警

分

		男	女	共		男	女	共		男	女	共
大成路	一四	二一	一〇	三一	一二	二四	一二	三六	一三	二二	一四	三六
芙蓉路	八	一五	一二	二七	八	一四	一五	二九	八	一九	一三	三二
慶祥路	一二	三二	一六	四八	一二	三一	一八	四九	一三	三一	二一	五二
鎮興路	五	一八	一一	二九	七	四六	一三	五九	五	二九	一六	四五
德盛路	二一	五九	二二	八一	一九	五七	二七	八四	二一	四三	二九	七二
吉祥路	二	一〇	三	一三	二	二四	一一	三五	二	三〇	一〇	四〇

察

駐

		男	女	共		男	女	共		男	女	共
飯市	四四	一〇七	五	一一二	四〇	九六	五	一〇一	七三	一二一	四	一二五
集場	四二	一一六	一三	一二九	三九	五八	一四	七二	四二	九一	七	九八
赤山坡	四二	一〇五	四九	一五四	五七	七七	五二	一二九	五三	一四九	九四	二四三
台東一路	六四	一八六	九八	二八四	七〇	一四三	一〇一	二四四	六四	二三二	一四五	三七七
台東二路	五五	一六二	六四	二二六	五三	一四三	五七	二〇〇	五四	二五〇	一〇八	三五八
台東三路	七三	二四四	一二二	三六六	六六	二一六	一三四	三五〇	七五	二四五	一五四	三九九

		男	女	共		男	女	共		男	女	共
台東四路	八七	三一五	一二〇	四三五	八四	二五八	一一一	三六九	五八	二九四	一七三	四六七
台東五路	七七	二五八	一二七	三八五	七四	二二六	一三四	四六〇	七八	二五四	一七三	四二七
台東六路	八九	二八二	一一三	三九五	八三	二四一	一二八	三六九	八七	二九六	一八六	四八二
台東七路	九三	二四九	一四〇	三八九	八八	二〇七	一三九	三四六	九二	二一二	三三	二四五
台東八路	三一	一〇二	三六	一三八	三一	九一	三八	一二九	三一	七四	四五	一一九
台東九路	一九	五六	二八	八四	二〇	六三	三三	九六	一九	三九	二一	六〇

台　東
第　二

署所		男	女	共		男	女	共		男	女	共
計	二•六〇五	八•一一三	三•四三八	一一•五五一	二•五八一	七•九〇九	三•三五六	一一•二六五	二•五七〇	六•六六三	三•六四〇	一〇•三〇三
奉天路	九七	二五三	八八	三四一	九一	三二五	一六二	四八七	七一	二六四	九三	三五七
華陽路	一三	三五	一七	五二	一七二	三六	一八	五六	七	六七	三三	一〇〇
維口路	二三	四四	一六	六〇	二二	四一	一七	五八	二二	三四	一四	四八
諸城路	四九	一一六	二九	一四五	三八	一一八	三〇	一四八	三一	七一	五五	一二六
濱縣路	一二三	二三七	一〇二	三三九	九二	二三五	一〇四	三三九	八一	二五一	一八五	四三六
昌樂路	二九	二三	一九	四二	二一	二八	一八	四六	一六	五八	一九	七七
清和路	一〇	二五	一四	三九	一二	一八	一六	三四	八	一八	一八	三六
順興路	八	二五	五	三〇	五	一四	六	二〇	八	一一八	五七	一七五
利津路	一九	四六	一四	六〇	五	一一	一五	二六	一六	五二	三七	八九
曹縣路	三	七	五	一二	五	一四	六	二〇	五	二六	二六	五二
昌邑路	四	一三	五	一八	三	六	六	一二	五	一八	一	一九

區　警
分

		男	女	共		男	女	共		男	女	共
嶗山路	二	一〇	三	一三	二	八	三	一一	一	六	三	九
孟莊路	二	一〇	三	一三	二	五	四	九	三	二九	六	三五
祥符路	二五	六四	二四	八八	一四	四一	二六	六七	二四	一〇二	六八	一七〇
吉安路	一	一二	七	一九	一	三	六	九	一	一一	四	一五
廣信路	一	四	二	六	一	三	二	五	一	一		一
東山路	四四	八八	六六	一五四	三五	七六	六九	一四五	三一	九三	七三	一六六
桑梓路	二	三	三	六	二	四	五	九	一	一	三	四
人和路	二三	三三	一九	五二	一八	二九	二二	五一	八	一六	二七	四三
郭口路	一〇	四五	一四	五九	九	三一	一八	四九	七	三五	一二	四七
登州路	九五	二〇四	一二五	三二九	七四	一四六	一三一	二七七	一〇一	二九〇	一六八	四五八
山口路	七二	一九一	八一	二七二	五二	一三二	八九	二二一	四三	一二四	七九	二〇三
道口路	一二	二四	六	三〇	一三	二六	一〇	三六	一四	四七	二六	七三

地名	戶	男	女	共	戶	男	女	共	戶	男	女	共
平定路	四八	一三〇	六六	一九六	三七	一三二	六九	二〇一	五〇	一三四	一〇七	二四一
豐年路	一一一	三〇九	一一八	四二七	七六	二九六	一二七	四二三	九三	二四五	一八九	四三四
西山路	一	三	一	四	一	三	二	五	一五	五三	一九	七二
松山路	三	一五	二	一七	四	一五	三	一八	一	三	三	六
泰山路	四	八	六	一四	四	五〇	八	五八	五	一九	八	二七
廣饒路	九三	一六三	一一二	二七五	七四	一四五	一一六	二六一	一〇一	一九一	一六八	三五九

察												
駐												
地名	戶	男	女	共	戶	男	女	共	戶	男	女	共
壽光路	一八	三四	三三	六七	一六	三三	四一	七四	二一	四八	四三	九一
大港埋立地	一	三六		三六	一	二一		二一	三	二三		二三
太平鎮	四二	九三	四九	一四二	四二	一九六	五〇	二四六	三一	一二〇	六二	一八二
東吳家村	三八三	八二〇	七二六	一·五四六	二七三	七八四	七三一	一·五一五	二八〇	七二五	六四七	一·三七二
西吳家村	二八二	八五五	五〇〇	一·三五五	二六五	七六九	四〇五	一·一七四	二六四	七四四	四九六	一·二四〇
錯埠嶺	一三〇	三八二	二八八	六七〇	一一七	四六四	二九二	七五六	一二二	三八七	三三五	七二二

	署											
	所											
地名	戶	男	女	共	戶	男	女	共	戶	男	女	共
田家村	八三	三二〇	二二四	五四四	七九	三〇三	二四八	五五一	九四	二九四	二五四	五四八
亢家莊	一〇五	二七一	二二四	四九五	九九	三三三	二二七	五六〇	八九	二五五	二二六	四八一
仲家窪	二一九	五七八	三六三	九四一	一七二	四六六	三三九	八〇五	一九八	四六六	三八九	八五五
老虎窩	一七	六二	五五	一一七	一七	五三	五〇	一〇三	一八	六二	五一	一一三
計	二·一〇七	五·五九一	三·四三四	九·〇二五	一·九六六	五·四一三	三·四九一	八·九〇四	一·八九〇	五·五〇一	四·〇〇四	九·五〇五

台												
第												
地名	戶	男	女	共	戶	男	女	共	戶	男	女	共
浮山所莊	三五五	七五五	六一五	一·三七〇	三三七	七五四	六一四	一·三六八	三七七	九三七	八一四	一·七五一

東		區		警								
三				分								
地名	戶	男	女	共	戶	男	女	共	戶	男	女	共
大湛山莊	二四三	九八	七五	一七三	二四八	七八二	五四三	一·三二五	二五二	六一七	五九七	一·二一四
小湛山莊	三〇	二八六	二四七	五三三	三三	九六	七二	一五八	三一	七八	六七	一四五
大鑿村	一〇六	二八六	二四七	五三三	一一一	二八五	二四四	五二九	一一四	二六五	二三九	五〇四
小鑿村	九六	一五七	一九五	三五二	九四	一五三	一九四	三四七	九四	二二六	一八二	四〇八
辛家莊	一九五	五九五	八六	五七三	一八九	五八五	一八三	七六八	二〇五	五二一	四二一	九四二
丁家莊	三四	九九	四七四	五七三	三八	九四	一〇八	二〇二	三一	一〇二	八八	一九〇

察署　台
駐所　第

大麥島	三二三	男六七八	女七八二	共一·四六〇	三二八	男六七九	女七八〇	共一·四五九	三二一	男七二七	女五九八	共一·三二五
徐家麥島	七九	男二一七	女一八五	共四〇二	七四	男二〇二	女一八三	共三八五	七七	男二〇二	女一七四	共三七六
王家麥島	一四九	男三八七	女二八八	共六七五	一四六	男三八八	女二九〇	共六七八	一三七	男三二六	女二九四	共六二〇
計	一·六一〇	男四·〇七一	女三·四九二	共七·五六三	一·五九七	男四·〇一八	女三·二一一	共七·二二九	一·六三九	男四·〇〇一	女三·四七四	共七·四七五
下四方西村	八〇五	男二·五五七	女一·一五二	共三·七〇九	八〇四	男二·二三七	女一·一七四	共三·四一一	一·五四三	男二·二五一	女一·二四二	共三·四九三
湖島村	二一六	男六四九	女五一五	共一·一六四	二五九	男四三二	女三一二	共七四四	二〇七	男五九六	女四八二	共一·〇七八

東　區
四

康寧路	七八三	男一·九六一	女二七八	共二·二三九	七八九	男二·五五〇	女三五四	共二·九〇四	五三六	男一·九一一	女五三〇	共二·四四一
嘉禾路	四五	男二〇六	女五八	共二六六	四七	男二二三	女二〇二	共四二五	一一一	男二九四	女一二四	共四一八
北山路	四〇九	男二·二〇六	女	共二·二〇六	四五〇	男二·四六〇	女六五八	共三·一一八	二〇五	男九四二	女二四二	共一·一八四
武林路	六四	男一四〇	女四七	共一八七	六四	男一七九	女七五	共二五四	四七	男四七二	女二四六	共七一八
昌樂路	二	男二	女	共二	二	男二三	女一八	共四一	二	男三	女	共三
興隆路	二	男二	女	共二	二	男二七	女二一	共四八	二	男五一	女五五	共一〇六

警　察
分　駐

宣化路	一四	男二一	女六	共二七	一五	男一五三	女一二三	共二七六	一四	男四九	女一五	共六四
奉化路	三	男二	女	共二	三	男三二	女二九	共六一				
東海岸	二六二	男五七九	女一三九	共七一八	二三九	男一·三九四	女一四二	共一·五三六	一三	男二七〇	女八五	共三五五
寶慶路	一五	男六八	女一〇	共七八	三〇	男四一	女四七	共八八	一二	男九九	女九三	共一九二
利津路	三	男一二	女	共一二	五	男一一	女	共一一	二	男八	女三	共一一
順興北路	六	男一九	女五	共二四								

署　台　東　區　警
所　第　五　分

武林路					六四	男一七九	女七五	共二五四	四七	男四七二	女二四六	共七一八
計	二·六二九	男八·四二六	女二·八六九	共一一·二九五	二·七〇九	男九·七六二	女三·一五五	共一二·九一七	二·六九四	男六·九四六	女三·一一七	共一〇·〇六三
奉化路	一七八	男五六二	女二六五	共八二七	一九八	男五四九	女三一一	共八六〇	二一三	男五九四	女三四〇	共九三四
下四方東村	一八〇	男五八一	女三三四	共九一五	一六八	男六三二	女三五六	共九八八	一四七	男四九五	女二四九	共七四四
上四方村	一七二	男五五九	女二四七	共八〇六	一六六	男五六一	女二九九	共八六〇	一六三	男四四三	女三二〇	共七六三
小村莊	五〇二	男一·五九二	女八五二	共二·四四四	四九二	男四九二	女七一六	共一·二〇八	四六三	男一·〇七七	女七六九	共一·八四六

察署			李村		
駐所			本		

村莊		男	女	共		男	女	共		男	女	共
韓家村	二一	五二	四三	九五	二九	三九	四八	八七	二九	四一	三九	八〇
計	一·〇五三	三·三四六	一·七四一	五·〇八七	一·〇五三	二·二七三	一·七三〇	四·〇〇三	一·〇一五	二·六四八	一·七一七	四·三六六
合計	一〇·〇〇四	二九·五四七	一四·九七四	四四·五二一	九·九〇六	二九·三七五	一四·九四三	四四·三一八	九·八〇八	二五·七六〇	一五·九五二	四一·七一二
李村	四一五	一·二一五	八一九	二·〇三四	四二三	一·二一五	八一八	二·〇三三	四四三	一·一三五	八一八	一·九五三
李村南莊	六五	一六八	一三二	三〇〇	六七	一六八	一五〇	三一八	六七	一六八	一五〇	三一八
莊子村	八六	二〇五	一九八	四〇三	一〇二	二一三	二〇〇	四一三	一〇二	二一三	二〇〇	四一三

區警察署
署

村莊		男	女	共		男	女	共		男	女	共
下河王家莊	七三	二四五	二二九	四七四	八四	二五二	二三〇	四八二	九〇	二五二	二三〇	四八二
上臧路	一六〇	五一三	三八一	八九四	一七一	五一二	三五六	八六八	一七一	五一二	三五二	八六四
下流王家莊	一九六	五五五	四八四	一·〇三八	二〇九	六三一	四九九	一·一三〇	二〇九	六三一	五三〇	一·一六一
上流戴家莊	三五	一三四	一〇一	二三五	四二	一三六	一一八	二五四	四二	一三六	一一八	二五四
橫坦	一八五	五六六	四〇五	九七一	二〇三	五六五	三九四	九五九	二〇三	五六五	五九四	一·一五九
上王埠莊	一七〇	五五二	四七九	一·〇三一	二〇三	五九八	五〇二	一·一〇〇	二〇三	五七八	四〇二	九八〇

李村區
本署

村莊		男	女	共		男	女	共		男	女	共
崔家溝	五三	一六八	一二二	二九〇	五七	一六五	一三九	三〇四	五九	一六五	一二一	二八六
南屋石	七二	二七一	二五二	五二三	七九	二八五	二二一	五〇六	七九	二八五	二二一	五〇六
楊哥莊	一一九	二九九	二七二	五七一	一二五	二九九	二七二	五七一	一二五	二九三	一七二	四六五
東李村	二一四	六一一	五三九	一·一五〇	二二〇	六三三	五六〇	一·一九三	二五〇	六三三	五六〇	一·一九三
蘇家莊	六八	二四〇	一八三	四二三	八一	二四〇	一八六	四二六	八一	二三二	一〇六	三三八
下河于家莊	八一	二八九	二〇八	四九七	九〇	二九〇	二一〇	五〇〇	一〇〇	二九〇	二三〇	五二〇

警察署
本署

村莊		男	女	共		男	女	共		男	女	共
佛耳崖	一一〇	三三二	二五一	五八三	一一九	三三四	二六九	六〇三	一二九	三三四	二六九	六〇三
麥城	一六	五〇	三四	八四	一六	五一	四〇	九一	一六	五一	四〇	九一
下河尤家莊	二九	七二	六二	一三四	三〇	七四	五五	一二九	三〇	七五	五五	一三〇
夼峪	一〇一	三一八	二三八	五五六	一一六	三一八	二三四	五五二	一一六	三一一	二三四	五四五
東王埠莊	六七	一八六	一五三	三三九	七五	一八七	一六四	三五一	七五	一八七	一六四	三五一
黑澗	五五	一八一	一五〇	三三一	五六	一九四	一四七	三四一	五六	一九四	一四七	三四一

李村區警察署本署

		男	女	共		男	女	共		男	女	共
曲哥莊	一四三	三六四	三二一	六八四	一四四	三八五	三三七	七二二	一四四	三八五	三三七	七二二
侯家莊	一五四	五一八	四八〇	九九八	一五九	五四一	四八九	一·〇三〇	一九九	五四一	五九九	一·一四〇
下河劉家莊	六二	一六六	一四九	三一五	六七	一六五	一四七	三一二	六七	一六五	一四七	三一二
爐房	六七	一九一	一六五	三五六	七一	一九四	一七〇	三六四	七一	一九四	一七〇	三六四
長澗	三八	一〇六	八〇	一八六	四一	一〇六	七七	一八三	四一	一〇二	七七	一七九
上流楊家莊	七一	二〇五	一四六	三五一	七三	二一四	一五五	三六九	七三	二一四	一五五	三六九
溝崖莊	一八七	五九四	四七一	一·〇六五	二二六	六〇四	四八二	一·〇八六	二二六	六〇四	四八〇	一·〇八四
棉花莊	三二	八一	七二	一五三	三八	八三	七八	一六一	三八	八三	七八	一六一
菴裡澗	五九	一九五	一五四	三四九	六一	二〇三	一七四	三七七	六一	二〇三	一七四	三七七
雲頭崮	一一〇	三五四	三〇二	六五六	一三二	三八五	三二五	七一〇	一三二	三六五	三二五	六九〇
河南莊	九七	二四三	一九一	四三四	一〇三	二六二	一九七	四五九	一〇三	二六二	一九七	四五九
鄭莊	二〇六	五八四	五一二	一·〇九六	二一五	五八三	五〇五	一·〇九六	二一五	五七三	五〇五	一·〇七八

李村區警察署本署

		男	女	共		男	女	共		男	女	共
毛公地	六九	二〇七	一八一	三八八	七三	二二五	一九〇	四一五	七八	二〇五	一九〇	三九五
下臧莊	四八	一一四	八五	一九九	五五	一一四	八六	二〇〇	五五	一一四	八六	二〇〇
上流畢家莊	一八九	五八九	四九〇	一·〇七七	二〇八	六〇一	四八四	一·〇八五	二〇八	五九四	四八四	一·〇七八
上流李家莊	一〇一	三三〇	二一〇	五四〇	一一五	三三六	二七五	六一一	一一五	三三六	二七五	六一一
水牛陳家莊	一五六	四六六	四〇五	八七一	一九八	四九九	四二三	九二二	一九八	四八〇	四二三	九〇三
下王埠莊	二三五	六九〇	五六一	一·二五二	二四一	七二三	五七三	一·二九六	二四一	七二三	五七三	一·二九六
羅圈澗	六二	二一二	一五四	三六六	七三	二二〇	一六二	三八二	七三	二二〇	一六二	三八二
猪頭石	四四	一四〇	一〇九	二四九	四五	一四四	一一三	二五七	四五	一〇〇	一一三	二一三
計	四五〇	一三·五一六	一〇·九三一	二四·四四七	四·九〇六	一三·九四七	五七·二九四	七一·二四一	五·〇二九	一三·七〇三	一一·二六二	二四·九六五

李村區警察署第

		男	女	共		男	女	共		男	女	共
滄台路	二四五	八一六	一五〇	九六六	二五九	六四四	二二〇	八六四	二五九	六四四	二二一	八六五
保和路	二七	七二	二四	九六	三一	七九	二三	一〇二	三一	七九	二三	一〇二
廣德路	六	四		四	一八	四四		四四	一八	四四		四四

李村區
一分

	福甯路	青陽路	隆昌路	振華路	壽昌路	光化路
	九	二〇	一	六九	三	一
男	一八	四一	二	二〇八	三	一
女	一	一三	一	二二	二	一
共	一九	五四	三	二三〇	五	二
	九	二一	一	六六	三	一
男	二六	四一	二	一五八	三	
女	二	二七	二	三三	二	
共	二八	六八	四	一九一	五	
	九	二一	一	六六	三	一
男	二六	四一	二	一五九	三	
女	二	二七	二	三四	二	
共	二八	六八	四	一九三	五	

警察署
駐所

	松柏路	德仁路	海邊	仁和路	石門路	開明路
	五四	八	四	九	一八	二
男	一五二	九	六	一九	九	
女	三〇	五	一	五	一二	一
共	一八二	一四	七	二四	二一	一
	六三	八	三	八	二三	九
男	一三三	一四	一	三五	四三	一四
女	六三	一〇	一	一一	一三	一五
共	一九六	二四	二	四六	五六	二九
	六三	八	二	八	二三	九
男	一三三	一四	一	三五	四三	一四
女	六三	一〇	一	一一	九	一五
共	一九六	二四	二	四六	五二	二九

李村區
第一

	柳林路	大馬路	小東山溝	永康路	桑園路	永安路
	四五	二〇八	四	一八	一七	二
男	一〇五	八·六七六	四	三六	三七	一
女	一五	一·一〇五	二	三	九	一
共	一二〇	九·七八一	六	三九	四六	二
	四八	二〇五	二	二三	一六	四
男	一六三	二·五八〇	二	七二	二八	
女	三八	九四七	二	二八	一一	
共	二〇一	九·四六七	四	一〇〇	三九	
	四八	一九〇	二	二三	一六	三
男	一六三	一〇·四七一		七二	二八	
女	三八	八七六		二八	一一	
共	二〇一	一一·三六七		一〇〇	三九	

警察署
分駐所

	中興路	新市路	闖家山	西大村	孤山村	板橋坊
	四〇	二九	二二七	五五	五七	二〇二
男	九一	二九	五二三	一二四	一二九	八一五
女	一一	一一	四二六	九七	一〇九	四九八
共	一〇二	四〇	九四九	二二一	二三八	一·三一三
	五一	二五	二三〇	五二	六八	二〇六
男	一二八	四〇	四八九	一三〇	一三二	五五八
女	三八	一一	四二六	一五五	一二二	四八一
共	一六六	五一	九一五	二八五	二五四	一·〇三九
	五一	二五	二三〇	五二	五七	二〇六
男	一二八	四〇	四八九	一三〇	一三一	五五八
女	三八	一一	三二六	一〇五	一二二	三八一
共	一六六	五一	八一五	二三五	二五三	九三九

李　村

第　一

		男	女	共		男	女	共		男	女	共
小麥窰頭	二三〇	八一五	四九八	一•三一三	二四一	六九二	四八〇	一•一七二	二四六	六九二	四八〇	一•一七二
坊子街	八〇	二五〇	一七四	四二四	八〇	二一五	一七五	三九〇	六九	二一五	一七五	三九〇
大麥窰頭	四五三	一•四八五	八〇三	二•二八八	四二〇	一•〇七三	八〇〇	一•八七三	四〇五	一•〇七三	八〇三	一•八七六
十梅菴	一九五	六〇三	四七九	一•〇八二	一九八	六〇七	四九九	一•一〇六	一七八	六〇七	四九九	一•一〇六
大山村	二七	八〇	五六	一三六	二七	八一	七〇	一五一	二七	八一	七〇	一五一
棗園莊	二二〇	六六〇	五五七	一•二一七	二二一	六二三	五五一	一•一七四	二二一	六二三	五五一	一•一七四

區　警

分

		男	女	共		男	女	共		男	女	共
西南山	二七	八二	五九	一四一	三〇	八六	五五	一四一	三〇	八六	五五	一四一
東大村	一一九	二八九	二七〇	五五九	一二〇	二九六	二九六	五九二	一二〇	三九六	三九六	七九二
西流莊	一三三	三六四	二七一	六三五	一四三	四〇〇	三三四	七三四	一四三	四六三	三二四	七八七
小水清溝	一三一	三三九	一八一	五二〇	一三一	三四一	二九九	六四〇	一三一	三四一	二六九	六一〇
文昌閣	三五	一〇九	七七	一八六	三四	一〇〇	七一	一七一	三四	一〇〇	七一	一七一
南嶺莊	九一	三三三	二七四	六〇七	一〇六	三四六	二八四	六三〇	一〇六	三四六	三五〇	六九六

察

駐

		男	女	共		男	女	共		男	女	共
大水清溝	二三七	五八一	五五九	一•一四〇	二四四	五七五	五四二	一•一一七	二四四	五七五	四四八	一•〇二三
樓山後	二〇四	五四四	四二六	九七〇	一九八	五三三	四三二	九六五	一九六	五三三	四二二	九五五
營子村	二八二	七五九	三三五	一•〇九四	二三六	五七六	三一〇	八八六	二三五	五七四	三〇二	八七六
小莊村	三一	八八	七八	一六六	三〇	八三	八五	一六八	三〇	八三	八五	一六八
石溝莊	六一	一九七	一五二	三四九	六四	二〇三	一六〇	三六三	六四	二〇三	一六〇	三六三
沙嶺莊	一五四	四一一	三四一	七五二	一五八	四二二	三六四	七八六	一五六	四二二	三六四	七八六

署　李

所　第

		男	女	共		男	女	共		男	女	共
鹽灘	一四〇	三五七	三〇七	六六四	一四〇	三五五	三〇四	六五九	一四〇	四五五	三〇四	七五九
計	四•二三〇	二〇•〇三五	八•四一〇	二八•四四五	四•二七一	一九•一〇六	八•七九二	二七•八九八	四•一九八	二一•三一六	八•五〇四	二九•八二〇
仙家寨	三六六	一•〇二一	八一九	一•八四〇	三六七	九七七	八六二	一•八三九	三八七	九七七	三六三	一•四四〇
藍家莊	一一七	三四九	二七七	六二六	一二〇	三七〇	二九七	六六七	一三〇	三七〇	二九五	六六五
東黃埠	一六四	四九一	四二〇	九一一	一六八	四八一	四二七	九〇八	一七八	四八一	四二七	九〇八
劉家宋哥莊	二六五	六八五	五八一	一•二六六	二六二	七〇六	六一六	一•三二二	一六五	七〇六	六一六	一•三二二

村

二

	彭家台	石家宋哥莊	少山前	夏莊	後樓	趙哥莊
	一一三	一五〇	二九	五〇五	六六	三四八
男	三一一	三九六	一〇一	一·四〇三	二三八	一·〇五九
女	二六七	三二五	九一	一·〇八三	一九二	九三六
共	五七八	七二一	一九二	二·四八六	四三〇	一·九九五
	一一九	一五二	三九	五〇五	七二	三七二
男	三一七	三八〇	一〇五	一·四〇三	二六二	一·〇六五
女	二八四	三四八	九四	一·〇八七	二〇五	九三五
共	六〇一	七二八	一九九	二·四九〇	四六七	二·〇〇〇
	一三九	一五七	三九	五四五	三九	三七四
男	三一七	三九〇	一〇五	一·四六三	二六二	一·一一五
女	二八四	三四八	九四	一·一三七	二〇五	九八五
共	六〇一	七三八	一九九	二·六〇〇	四六七	二·一〇〇

區

分

	高家台	南曲	丹山	西小水	狗塔埠	王家泊子
	九七	一九九	三一八	三五八	一八二	一〇五
男	二五九	六一五	八六四	九八一	四九二	三三二
女	二二八	四四三	七三八	七四九	四一五	二六〇
共	四八七	一·〇五八	一·六〇二	一·七三〇	九〇七	五九二
	一〇六	二二一	三一七	三六四	一八二	一一三
男	二八二	六二五	八八三	九五八	四九八	三三一
女	二二七	四六九	七七一	七四四	四三三	二五八
共	五〇九	一·〇九四	一·六五四	一·七〇二	九三一	五八九
	一一六	二二九	三二九	三六四	一八五	一二三
男	二八二	六二五	八八三	九五八	四九八	三三七
女	二二七	四六九	七八五	七九五	四三五	二五八
共	五〇九	一·〇四九	一·六六八	一·七五二	九三三	五九五

警　察

駐

	史家泊子	灣頭	徐家宋哥莊	女姑山	西黃埠	馬家台
	一九三	二三五	二三二	二一三	一三二	一一五
男	五六八	六七九	六二七	六二〇	四三二	三一九
女	四三七	五二四	四九九	四三〇	三四三	二七五
共	一·〇〇五	一·二〇三	一·一二六	一·〇五九	七七五	五九四
	一九八	二三八	二二四	二一五	一三二	一一九
男	五六七	六八三	六四四	六四〇	四一四	三四七
女	四六四	五二二	五三六	四四一	三四三	二九六
共	一·〇三一	一·二〇五	一·一八〇	一·〇八一	七五七	六四三
	一九八	二三八	二三四	二二五	一三六	一三九
男	五六七	七二三	六四四	六四〇	四一四	三四七
女	四六四	五七二	五三六	四八一	三四三	二九六
共	一·〇三一	一·二九五	一·一八〇	一·一二一	七五七	六四三

署　李

所　第

	安樂溝	源頭	雙埠	計	東烏衣巷	埠落村
	六七	二七四	二六八	五·一二〇	一〇四	四〇
男	二三四	八〇四	七〇五	一四·五八四	三九四	一一四
女	二三九	六六三	五二六	一一·七六九	三一三	八七
共	四七三	一·四六七	一·二三一	二六·三五三	七〇七	二〇一
	八二	二七九	二七二	五·二二九	一〇八	四二
男	二三八	八一七	七三一	一四·七二四	四一七	一三一
女	二四四	六六九	五二二	一二·〇九〇	三四四	一〇一
共	四八二	一·四八六	一·二五三	二六·八一四	七六一	二三二
	九六	二九九	二八六	五·四八五	一三八	四二
男	二三八	八一七	七七一	一四·九三〇	四一七	一三二
女	二四四	七〇九	六〇二	一二·四六九	三四四	一〇一
共	四八二	一·五二六	一·三七三	二七·三九九	七六一	二三三

村

三

		男	女	共		男	女	共		男	女	共
五龍澗	五七	一八九	一五三	三四二	六〇	一八五	一五一	三三六	六〇	一八五	一五一	三三六
窩落村	一〇八	四五七	三二九	七八六	一〇九	四七〇	三二六	七九六	一二九	四七〇	三二六	七九六
饗石村	七五	二四三	二三三	四七六	七四	二五八	二四一	四九九	八四	二五六	二四一	四九七
香裏村	一二七	四二九	三四八	七七七	一二九	四三四	三四五	七七九	一四四	四三四	三四五	七七九
北頭村	六〇	二一〇	一八一	三九一	七一	二一四	一八四	三九八	七一	二一四	一八〇	三九四
西烏衣巷	五三	一一四	一五七	二七一	五七	一五〇	一四九	二九九	五七	一九九	一四九	三四八

區

		男	女	共		男	女	共		男	女	共
涼　泉	五二	一九六	一七四	三七〇	五三	二〇四	一九一	三九五	七三	二〇四	一九一	三九五
磨屋石	一五	六八	四七	一一五	一七	六五	四七	一一二	二三	六五	四七	一一二
周哥莊	一一〇	四一七	三四一	七五八	一〇七	四一八	三四六	七六四	一三七	四〇〇	三四六	七四六
解哥莊	八三	三一四	二七七	五九一	八三	三一九	一八九	五〇八	九三	三一九	二四九	五六八
畢家村	一三二	三九五	三四二	七二七	一三二	四二一	三五四	七七五	一五三	四二五	三〇四	七二九
楊家村	一三六	四五一	三二五	七七六	一三六	四六七	三二九	七九六	一五六	四六七	三二九	七九六

警

分

		男	女	共		男	女	共		男	女	共
灰牛石	四四	一六八	一三〇	三九八	四五	一五四	一二九	二八三	五〇	一五四	一二九	二八三
七口峪	三五	一二一	九六	二一七	三六	一一四	一〇二	二一六	三六	一一四	一〇二	二一六
燕兒石	二七	一二八	九四	二二二	三二	一二三	八七	二一〇	三二	一二三	八七	二一〇
書院村	五二	一九〇	一八一	三七一	五二	二〇〇	一八二	三八二	六二	二〇〇	一八二	三八二
上葛場	三二	一一一	九七	二〇八	三二	一一二	一〇三	二一五	三七	一一二	一〇三	二一五
帽子澗	五一	一七四	一五一	三二五	五三	一七五	一六五	三四〇	六七	一七五	一六五	三四〇

察

駐

		男	女	共		男	女	共		男	女	共
藍家莊	八八	二八三	二三一	五一四	九三	三〇二	二五二	五五四	一〇三	三〇三	二五二	五五五
大勞村	六九	二五六	一七二	四二八	六八	二四九	一七四	四二三	七八	二四九	一七四	四二三
兎兒石	一六	五四	四八	一〇二	一九	五三	四四	九七	一九	五三	四四	九七
南北嶺	一七	七二	六二	一三四	一八	七二	五八	一三〇	二三	四一八	三四七	七六五
北科宅	一三八	四二一	三三〇	七五一	一三七	四一八	三四七	七六五	一五七	四一八	三四七	七六五
下葛場	七六	二八三	二二四	五〇七	七七	二八五	二三〇	五一五	九七	二八五	二三〇	五一五

	署所		李村第四			
	五龍村	計	九水村	山大石	寨上村	河西村
	五三	一•八五〇	二九五	五五	一三	一五
男	一六八	六•四二〇	九五一	一七八	五七	三九
女	一一九	五•二四二	七七一	一三四	四四	三一
共	二八七	一一•六六二	一•七二二	三一二	一〇一	七〇
	六〇	一•九〇一	三〇一	五八	一五	一六
男	一六三	六•五七三	九六一	一八九	五七	三八
女	一二九	五•二九九	七四九	一三七	三九	二七
共	二九二	一一•八七二	一•七一〇	三二六	九六	六五
	六〇	二•一八〇	三六一	六三	二〇	一六
男	一六三	六•六〇八	九五六	一八九	五七	三八
女	一二九	五•三〇五	七四六	一三七	三九	二七
共	二九二	一一•九一三	一•七〇二	三二六	九六	六五

	區警					
	分駐					
	旱河村	于子澗	官老石屋	南龍口	猪窩	雙石屋
	二二〇	一一	三九	一三三	一二	一七
男	六六九	四六	一一六	三九四	四四	六〇
女	四七六	二五	一〇七	三二三	三一	三六
共	一•一四五	七一	二二三	七一七	七五	九六
	二三二	一五	四三	一三四	一五	二〇
男	七三〇	三七	一三一	三九四	四四	五七
女	五一二	二一	一一五	三〇一	三四	三六
共	一•二四二	五八	二四六	六九五	七八	九三
	二六二	一五	五三	一五六	一五	二〇
男	七〇六	三七	一三一	三九〇	四四	五七
女	四九六	二一	一〇〇	三〇一	三四	三六
共	一•二〇二	五八	二三一	六九一	七八	九三

	察署			所	李第	
	北龍口	柳樹台	河東村	計	沙子口	栲栳島
	一二三	一五	三二	九九〇	七九	六三
男	三九一	四八	一二三	三•一一六	一八三	一七九
女	三五〇	三三	七五	二•四三六	五二	一四六
共	七四一	八一	一九八	五•五五二	二三五	三二五
	一二五	一七	三二	一•〇二三	七二	六五
男	四〇八	四六	一二六	三•二一八	一一八	一八一
女	三六三	三八	八四	二•四五六	五六	一五四
共	七七一	八四	二一〇	五•六七四	一七四	三三五
	一五〇	一七	三七	一•一八五	七三	六五
男	四〇八	四六	一二六	三•一八五	一一八	一八一
女	三六三	三八	八四	二•四二二	五五	一五四
共	七七一	八四	二一〇	五•六〇七	一七三	三三五

	村					
	五					
	彭家莊	南宅科	松山後	大庵子	南勞山	坡前溝
	一三六	七九	九六	三二	一五五	五〇
男	三八一	二二二	二五三	九八	三八四	一二六
女	二九六	一八〇	二〇五	六〇	三一三	九二
共	六七七	四〇二	四五八	一五八	六九七	二一八
	一四三	八〇	九一	三四	一五七	四九
男	三九八	二三一	二三二	九九	三八六	一二九
女	三〇二	一七七	二一一	六三	三一二	九六
共	七〇〇	四〇八	四四三	一六二	六九八	二二五
	一四二	八〇	九一	三四	一五七	四九
男	三九八	二三一	二二〇	九九	四一二	一二九
女	三一二	一七七	二一一	六二	三二二	九六
共	七一〇	四〇八	四三一	一六一	七三四	二二五

警

分

村名		男	女	共		男	女	共		男	女	共
登窰村	四六五	一・二六五	九六七	二・二三二	四六四	一・二四〇	九五九	二・一九九	四六四	一・二四〇	九五九	二・一九九
戴家埠	四一	一〇七	一〇八	二一五	三七	九五	九四	一八九	三七	九五	九四	一八九
嶺西村	一五三	四五七	三六一	八一八	一六〇	四七九	三七三	八五二	一六〇	四七九	三六二	八四一
石灣村	一六九	四四三	三一九	七六一	一六四	四四〇	三二〇	七六〇	一六四	四四〇	三五〇	七九〇
烟雲澗	二五	六八	三七	一〇五	二四	五二	三九	九一	二四	五二	三九	九一
大河東	二〇四	五八九	四〇四	九九二	二二二	六三六	四六七	一・一〇三	二二二	六二六	四六九	一・〇九四

察

駐

村名		男	女	共		男	女	共		男	女	共
小河東					二〇三	六〇五	四七九	一・〇八四	二〇二	六〇五	四六九	一・〇七四
西登窰	六三	一九二	一七六	三六八	六六	一九六	一七一	三六七	六六	一九六	一七一	三六七
姜哥莊	五八八	一・六一二	一・二四〇	二・八五二	五九一	一・六三二	一・二四八	二・八八〇	六〇〇	一・六三二	一・二四六	二・八七八
于哥莊	一五九	四八一	三七〇	八五一	一六一	四九一	三七六	八六七	一六六	四九一	三八六	八七七
南窰村	六三	一八三	一五二	三三五	六〇	一七〇	一四四	三一四	六〇	一七〇	一四四	三一四
董家埠	二二二	六四三	四八八	一・一三一	二二六	六四八	五一〇	一・一五八	二二六	六四八	五一〇	一・一五八

署 | 李

所 | 第

村名		男	女	共		男	女	共		男	女	共
段家埠	二七八	七七四	六二三	一・三九七	二八六	七八五	六四八	一・四三三	二八六	七八五	六四六	一・四三一
計	三・三四一	九・二四四	七・〇五〇	一六・二九四	三・三五五	九・二四三	七・一九九	一六・四四二	三・三六八	九・二四七	七・二三四	一六・四三一
文張村	二三四	六二七	五三七	一・一六四	二四三	六三二	五五五	一・一八七	二四三	六七〇	五五五	一・二二五
董家下莊	八八	二四四	二〇一	四四五	九二	二六八	二一八	四八六	九二	六二八	二一八	八四六
車家下莊	一〇五	二五〇	二一一	四六一	一〇八	二五四	二二四	四七八	一〇八	二五四	二二四	四七八
鍾家溝	九三	二一〇	一五七	三六七	九〇	二一五	一六四	三七九	九〇	二一五	一六四	三七九

村

六

村名		男	女	共		男	女	共		男	女	共
山東頭	二八一	六五二	五一一	一・一六三	二八三	六八六	五五九	一・二四五	二八二	六八六	五〇九	一・一九五
埠西村	八〇	一九〇	一七七	三六七	八一	二〇二	一九四	三九六	八一	二〇二	一九四	三九六
鄭張村	二〇九	五一九	四六七	九八六	二一八	五三五	四七七	一・〇一二	二一八	五三五	四七七	一・〇一二
張家下莊	一七七	三〇八	二二三	五三一	一四一	三〇七	二一四	五二一	一二〇	三〇七	二一四	五二一
枯桃樹	二三五	六七九	五八五	一・二六四	二九六	七六四	五八四	一・三四八	二九六	七六四	五八四	一・三四八
野猪莊	一二九	三六八	三一九	六八七	一五六	三七八	三一五	六九三	一五六	三七八	三一五	六九三

區　警

分

	小埠東	劉家下窪	宋家下莊	牟家莊	石老人	大埠東
	四六	一〇五	五四	一一三	二八六	一三二
男	一四二	二三五	一〇五	二七四	七三五	三五九
女	一〇四	二〇九	一〇〇	三一九	五四五	三一二
共	二四六	四四四	二〇五	五九三	一·二八〇	六七一
	五四	一〇八	五五	一二二	二八六	一四二
男	一四一	二五六	一二三	三〇八	七八一	三五三
女	九八	二〇二	一〇四	二一七	五四九	三一六
共	二三九	四五八	二二七	五二五	一·三三〇	六六九
	五四	一〇八	五五	一二五	二八六	一四二
男	一四三	二〇六	一二三	三〇〇	七八一	三五三
女	九八	二〇〇	一〇四	二一七	五四九	三一六
共	二四一	四〇六	二二七	五一七	一·三三〇	六六九

察

駐

	北村	浮山後	孫家下莊	李家下莊	午山村	朱家窪
	八八	二二〇	一〇〇	六四	三二八	一六六
男	二五三	五二三	二六五	一八三	四九七	四〇〇
女	二一九	五一七	二九九	一四五	六〇七	三六三
共	四七二	一·〇四〇	五六四	三二八	一·一〇四	七六三
	九六	二三二	一〇九	七二	三三四	一七四
男	二六九	五九六	二七一	一九七	八四三	四三〇
女	二二三	五二四	二〇一	一六六	六一六	三八一
共	四九二	一·一二〇	四七二	三六三	一·四五九	八一一
	九六	二三二	一〇九	七一	三三四	一七四
男	二六九	五九六	二七一	一九七	八四二	四三〇
女	二二三	五二四	二〇一	一六六	六八九	三八一
共	四九二	一·一二〇	四七二	三六三	一·五三一	八一一

署　李　村

所　第　七

	金家嶺	計	河西村	東韓哥莊	夾嶺溝	河崖莊
	一六三	三·四七六	二四六	一一七	八八	一九
男	四一二	八·七二七	六〇三	二九六	二五三	五〇
女	三一〇	七·四三七	五九〇	二五六	二一五	四五
共	七二二	一六·一六四	一·一九三	五五二	四六八	九五
	一七一	三·六六三	二四七	一一七	九二	一九
男	四二三	九·二三三	六一七	二九七	二六二	五四
女	三一九	七·四二〇	六〇六	二五三	二二九	四五
共	七四二	一六·六五三	一·二二三	五五〇	四九一	九九
	一七一	三·六四三	二五七	一三〇	九二	一九
男	四二〇	九·二一〇	六一七	三一〇	二四〇	五〇
女	三一九	七·四四一	六〇六	二九〇	二二九	四五
共	七三九	一六·六五一	一·二二三	六〇〇	四六九	九五

區　警

分　駐

	西韓哥莊	河馬石	河東莊	中韓哥莊	唐家口	後台莊
	二五四	四〇	五八	一六二	一〇六	一一
男	六六四	一〇三	一五四	三八七	二二五	二九
女	五七六	八五	一六〇	三六一	二二一	二八
共	一·二四〇	一八八	三一四	七四八	四四六	五七
	二七二	四一	六二	一六七	一〇五	一二
男	六四八	一〇五	一四九	三九四	二二一	二八
女	五八八	八四	一六〇	三七四	二三〇	二八
共	一·二三六	一八九	三〇九	七六八	四五一	五六
	二七二	六二	四二	一六七	一〇五	一二
男	六四八	一四九	一〇五	三九四	二六一	二八
女	五八〇	一六〇	八四	三七四	二二九	二八
共	一·二二八	三〇九	一八九	七六八	四九〇	五六

察　署　海　西
所　大

		男	女	共		男	女	共		男	女	共
楊家羣莊	五六	一四三	一二七	二七〇	六一	一五〇	一二八	二七八	六一	一五〇	一二八	二七八
保兒莊	四八	一三〇	一〇〇	二三〇	五三	一四〇	一〇七	二四七	五三	一四八	一〇九	二五七
計	一·二〇五	三·〇三七	二·七六四	五·八〇一	一·二四八	二·〇六五	二·八三二	五·八九七	一·二七二	三·一〇〇	二·八六二	五·九六二
合計	二四·七二二	七八·六七九	五六·〇三九	一三四·七一八	二五·五九六	七九·一〇八	五七·二九四	一三六·四〇二	二六·三六〇	八一·二九八	五七·五〇〇	一三八·七九八
大港路	二六	一七七	三	一八〇	二六	三四一	一五	三五六	四五	二五〇	一八	二六八
東卞子門	一五	五二	六	五八	一四	五〇	八	五八	一二	三九	九	四八

區　警　察
港　分　駐

		男	女	共		男	女	共		男	女	共
新疆路									一五	一〇七	一四	一二一
一號碼頭	一二	一五	三	一八	一二	三四	三	三七				
二號碼頭	五	一九		一九	五	一九		一九				
三號碼頭	五	八		八	四	四		四	六			
四號碼頭	二四	五〇	一三	六三	二三	三〇	九	三九				
五號碼頭	三	二		二	三	四		四				

署　海　西　區　警　察　署　海
所　小　港　分　駐　所　薛

		男	女	共		男	女	共		男	女	共
計	九〇	三二三	二五	三四八	八七	四八二	三五	五一七	七八	三九六	四一	四三七
小港沿	一二	六一	五	六六	三一	一〇九	六	一一五	三一	一八〇	一一	一九一
長安路	六	一四		一四	六	一七		一七	一六	九四	一二	一〇六
小港路	三五	一二五		一二五	一〇	五四		五四	八〇	四八五	三三	五一八
計	五三	二〇〇	五	二〇五	四七	一八〇	六	一八六	一二七	七五九	五六	八一五
南營子	七八	二〇九	二四七	四五六	七八	二〇九	二三五	四四四	七八	二〇九	二九五	五〇四

		男	女	共		男	女	共		男	女	共
烟臺前	一七〇	五四二	四三六	九七八	一七〇	五五二	四五五	一·〇〇七	一七八	五九二	四九五	一·〇八七
北屯	一二八	三六六	三〇五	六七一	一二八	三六七	三〇六	六七三	一二九	三七七	三一三	六九〇
南屯	七九	二一七	一七〇	三八七	七九	二一四	一六五	三七九	七九	二二四	二六五	四八九
北莊	二二五	六一〇	五〇七	一·一一七	二二五	六〇三	五一五	一·一一八	二二九	六一三	六四五	一·二五八
瓦屋莊	八五	二五八	二一六	四七四	八五	二六五	二一八	四八三	八七	二六五	二一八	四八三
南莊	二五一	七五四	六四七	一·四〇一	二五一	七四三	二〇〇	九四三	二五六	七五三	七六五	一·五一八

西

家

	戶	男	女	共	戶	男	女	共	戶	男	女	共
後岔灣	八二	二四〇	二〇五	四四五	八三	九二	八二	一七四	八九	二六八	二一〇	四七八
北菴子	三四	九三	七九	一七二	三四	七一	六九	一四〇	三六	九二	八二	一七四
大窪	二四	七一	七〇	一四一	二四	一二六	一〇二	二二八	二六	七一	六九	一四〇
顯浪	三二	一三五	一〇四	二三九	三二	一三七	一三一	二六八	三五	一二六	一〇二	二二八
丁家河	五四	一三六	一三三	二六九	五四	二六八	二〇〇	四六八	五八	一三七	一三一	二六八
蘭東	三八	一〇八	八五	一九三	三八	一〇二	八六	一八八	四〇	一一〇	八六	一九六

	戶	男	女	共	戶	男	女	共	戶	男	女	共
濠南頭	五〇	一七八	一三三	三一一	五〇	一三四	一三〇	二六四	五五	一三四	一三〇	二六四
濠北頭	七三	二一七	二〇四	四二一	七三	二一九	二〇八	四二七	七五	二六九	二五八	五二七
濠窪	七一	一五七	一五九	三一六	七一	一四七	一六〇	三〇七	七五	一四七	一六〇	三〇七
鹿角灣	一〇〇	二四一	二一八	四五九	一〇〇	二三八	二二七	四六五	一〇五	二三八	二三七	四七五
劉家島	一二七	三三八	二八四	六二二	一二七	三四一	二八九	六三〇	一二九	三四一	二九九	六四〇
石嶺子	五二	一三三	一三七	二七〇	五二	一三二	一二九	二六一	五八	一三二	一二九	二六一

區

島

	戶	男	女	共	戶	男	女	共	戶	男	女	共
施溝	八〇	二二七	二一二	四三九	八〇	二二九	二一六	四四五	八四	二三九	二二六	四六五
董家河	一〇一	二七四	二五一	五二五	一〇一	二七九	二五九	五三八	一〇二	二八九	二六九	五五八
顧家島	八九	二六〇	一九五	四五五	八九	二六〇	一九四	四五四	八九	二八〇	一九四	四七四
魚鳴嘴	八二	二五七	一八三	四四〇	八二	二五七	一八三	四四〇	八五	二六七	一九三	四六〇
竹岔島	七〇	一七三	一三二	三〇五	七〇	一七四	一三五	三〇九	七〇	一九四	一四五	三三九
薛家島	五三四	一·三八八	一·一七〇	二·五五八	五三六	一·三七七	一·一五二	二·五二九	六三三	一·七五九	一·四〇九	三·一六八

警

分

	戶	男	女	共	戶	男	女	共	戶	男	女	共
前豹窩	一五	四〇	三四	七四	一五	四〇	三二	七二	一六	四〇	三二	七二
後豹窩	八	二二	一九	四一	八	二二	一九	四一	八	二二	一九	四一
辛島	二四一	六三四	五〇五	一·一三九	二四一	六九四	五〇九	一·二〇三	三四一	九八一	六五九	一·六四〇
唐圈	二五	五二	五五	一〇七	二五	五二	五五	一〇七	二五	六二	五五	一一七
猪圈	二二	五二	四四	九六	二二	五三	四四	九七	二二	六〇	四四	一〇四
城口子	三六	九八	七二	一七〇	三六	九八	七二	一七〇	三六	一〇〇	七二	一七二

		男	女	共		男	女	共		男	女	共
廟下	八	二三	一六	三八	八	二三	一六	三八	八	二三	一六	三九
後登	二	四	七	一一	二	四	七	一一	二	四	七	一一
金家口子	一四	五五	二九	八四	一四	五五	二九	八四	一四	五五	二九	八四
路南	一〇	三二	二〇	五二	一〇	三二	二〇	五二	一三	二二	二〇	四二
闇石子	三五	九六	七七	一七三	三五	九六	七七	一七三	三五	一〇六	七七	一八三
南辛莊	三〇	八四	七五	一五九	三〇	八四	七五	一五九	三〇	九四	七五	一六九

察

駐

		男	女	共		男	女	共		男	女	共
打魚口子	一七	四五	三六	八一	一七	四五	三六	八一	一七	六五	三六	一〇一
大趕島村									四	一五	一三	二八
東南溝	二四	五一	四一	九二	二四	五一	四一	九二	二四	七一	四一	一一二
沙嘴子	三六	八六	七七	一六三	三六	八六	七七	一六三	三六	一一〇	七七	一八七
香椿溝	二三	五九	三八	九七	二三	五九	三八	九七	二三	七九	三八	一一七
毛家溝	五二	一四一	一一八	二五九	五二	一四一	一一八	二五九	五二	一七一	一一八	二八九

署　海

所　陰

		男	女	共		男	女	共		男	女	共
溝南崖	二二	五三	三九	九二	二二	五三	三九	九二	二二	六五	三九	一〇四
溝北崖	五	一二	一二	二四	五	一二	一二	二四	五	二三	一二	三四
上菴	一五	三六	四〇	七六	一五	三六	四〇	七六	一五	四六	四〇	八六
計	三·三四九	九·二五六	七·八三六	一七·〇九二	三·三五二	九·二七一	七·九四八	一七·一一九	三·六二九	一〇·三三八	八·八九八	一七·二八六
西大洋	二七二	八五一	六六四	一·五一五	二七三	八三二	六六七	一·四九九	一八三	六二二	四三八	一·〇六〇
荀家	二七	九八	八五	一八三	二七	九九	八五	一八四	二七	九九	九五	一九四

西　區

島

		男	女	共		男	女	共		男	女	共
般家	九六	三二二	二二四	五四六	九六	三三〇	二二二	五五二	一〇六	三五〇	二四二	五九二
前東洋嘴	九四	三二五	七四八	一·〇七三	九四	三二四	二七五	五九九	九四	三五四	二九五	六四九
西遼	二四四	八六一	七四八	一·六〇九	二四四	八六五	七四七	一·六一二	一七三	七一八	六一七	一·三三五
邵哥莊	二二六	六六七	五四六	一·二一三	二二六	六七八	五四五	一·二二三	二二六	七〇八	五五五	一·二六三
小洋	九四	三二〇	二八八	六〇八	九四	三五三	二九〇	六四三	九四	三八三	三〇〇	六八三
官疃	三六	一五四	一一〇	二六四	三六	一五四	一一〇	二六四	三六	一七四	一一〇	二八四

警察署												
分駐所												
蕭家	二二〇	男 七〇五	女 五四五	共 一·二五〇	二二〇	男 七〇四	女 五四七	共 一·二五一	一五四	男 五三二	女 三三七	共 八六九
後東洋嘴	五三	男 一七六	女 一六〇	共 三三六	五三	男 一七七	女 一五七	共 三三四	五三	男 一七八	女 一五七	共 三三五
東大洋	一八〇	男 六〇六	女 五三九	共 一·一四五	一八〇	男 六〇六	女 五三六	共 一·一四二	一四〇	男 四五二	女 四〇一	共 八五三
前韓家	八五	男 二八五	女 二四〇	共 五二五	八五	男 二八七	女 二四〇	共 五二七	八五	男 二八七	女 二四〇	共 五二七
高家	一三七	男 四三四	女 三七九	共 八一三	一三七	男 四三三	女 三七九	共 八一二	一三七	男 四四三	女 三六九	共 八一二
小莊	五五	男 一三九	女 一四一	共 二八〇	五五	男 一四三	女 一四五	共 二八八	五五	男 一五三	女 一六五	共 三一八
後韓家	二九四	男 一·二一八	女 九四八	共 二·一六六	二九六	男 一·二三七	女 九四六	共 二·一八三	二二八	男 一·〇六六	女 九〇四	共 一·九七〇
甯家	一五七	男 四九八	女 三九八	共 八九六	一五七	男 五〇〇	女 三九七	共 八九七	一五七	男 五〇〇	女 四一四	共 九一四
計	二·二七〇	男 七·六五九	女 六·二九一	共 一三·九五〇	二·二七三	男 七·七二〇	女 六·二八八	共 一四·〇〇八	一·九四九	男 七·〇一九	女 五·六四九	共 一二·六六八
塔埠頭分駐所												
塔埠頭	七七	男 二五五	女 八〇	共 三三五	七一	男 二四九	女 七八	共 三二七	八六	男 二五九	女 七六	共 三三五
計	七七	男 二五五	女 八〇	共 三三五	七一	男 二四九	女 七八	共 三二七	八六	男 二五九	女 七六	共 三三五
黃												
前灣	九八	男 二六七	女 二四〇	共 五〇七	一〇〇	男 二六〇	女 二四四	共 五〇四	一〇〇	男 二六〇	女 二四四	共 五〇四

海西區警察署												
島派出所												
後灣	五一	男 一六九	女 一三一	共 三〇〇	五〇	男 一七二	女 一三五	共 三〇七	五〇	男 一七二	女 一三五	共 三〇七
鹽灘	七三	男 二四五	女 二一一	共 四五六	七七	男 二五二	女 二二〇	共 四七二	七七	男 二五二	女 二二〇	共 四七二
柳溝	七五	男 二〇七	女 一八六	共 三九三	七五	男 二〇七	女 一九〇	共 三九七	七五	男 二〇七	女 一九〇	共 三九七
窩棚	六七	男 一六六	女 一三七	共 三〇三	六八	男 一七一	女 一四二	共 三一三	六八	男 一七一	女 一四二	共 三一三
計	三六四	男 一·〇五四	女 九〇五	共 一·九五九	三七〇	男 一·〇六二	女 九三一	共 一·九九三	三七〇	男 一·〇六三	女 一·八二七	共 二·八九〇
紅石崖分駐所												
紅石崖	八八	男 四二二	女 三九	共 四六一	九三	男 四一三	女 四五	共 四五八	一〇八	男 五八五	女 五八	共 六四三
計	八八	男 四二二	女 三九	共 四六一	九三	男 四一三	女 四五	共 四五八	一〇八	男 五八五	女 五八	共 六四三
合計	六·二九一	男 一九·一六九	女 一五·一八一	共 三四·三五〇	六·二九三	男 一九·三七七	女 一五·二三〇	共 三四·六〇七	六·三四三	男 二〇·四一九	女 一五·六五五	共 三六·〇七四
總計	五七·五一六	男 一七八·四七三	女 一〇三·七六六	共 二八二·二三九	六〇·二二一	男 一七七·〇一八	女 一〇七·七八九	共 二八四·八〇七	六二·三六二	男 一七九·四一〇	女 一一〇·九二三	共 二九〇·三三三

就各區戶口之變動言之（參觀前表）全區總數固屬逐年增加而各街各村歷年頗有增減卽以十四十五兩年爲比例台東署所管之四方北山路人口十四年爲三千一百十八名而十五年則減爲一千一百八十四名又四方康甯路人口十四年二千九百零四名而十五年則減爲二千四百四十一名以此台東區之人口總數十四年爲四萬四千三百十八名者十五年亦減爲四萬一千七百十二名其餘市外各街路住戶此例甚多此在市內及工場地住戶原亦含有活動性質其增減遷徙雖亦有關

於工商業之盛衰或兼有他項原因亦未可定至於鄉農本屬固定分子世守其業而亦有遷徙流亡則地方之憂矣總計十五年之戶口較十四年減少者有板橋坊鹽灘村閻家山大水清溝楊哥莊上王埠六村戶數不變而人口減去百名以上者大麥島減六戶一百三十四名東大洋村減四十戶二百八十七名後韓家莊減六十八戶二百十三名西遼村減七十一戶二百七十七名蕭家村減七十五戶二百八十二名西大洋村減九十戶四百三十九名爲數尤鉅此外戶減十數左右人減百名以內者或戶增而人口減者亦非少數按十五年八月間本區霍亂盛行病亡者爲數不少然亦未至如此之甚且是年八九兩月之死亡表每月四百餘人死於傳染病者共僅六十餘人是減少亦不盡由於死亡蓋戶口册之記載大有審核之餘地也

就出生及死亡之比例言之　凡出生超過於死亡者是爲人口增加之原因反是則爲人口減少之原因不然則必有移住出入以爲之調和也茲就本區十三十四十五三個年度出生死亡兩項月表統計之數字製成對照表每年死亡超過出生均在八百名以上約爲三與二之比例十五年尤甚出生二千零五十而死亡竟達三千三百六十人如屬事實誠堪駭異普通比例以出生與死亡兩抵每年應增人口千分之五至千分之十八惟法國爲千分之一名半蓋屬人口衰微之最可慮者今本區竟有死亡三出生二之比例此爲各國所無又各國通例每年出生千分之二十至千分之三十法國每年亦出生千分之十八本區三十萬人郎以每千出生二十計每年應出生六千人比諸對照表所列之數相去尚遠更以各區署互爲比較近三年人口總數第一區四萬第二區三萬海西區三萬五六千然第一區之出生數十三年僅當海西區六分之一弱十四年僅當海西區十七分之一第二區在十三年僅當海西區九分之一十四年當海西區七分之二李村區人口當第一區之三倍第二區之四倍而十三年之出生率則爲十四倍與二十倍十四年爲六十五倍與十三倍市內市外不應懸殊如是推原其故蓋由鄉間出生死亡多向警所具報市內則本國人之出生或報或否外人十九不報警所亦無從查問惟本國人死亡須領憑照較有稽考而前後比較則十五年統計數字差爲近真要入本區人口之增加其原因在於移住之夥而非由於出生之多事理顯然惟人口總數或亦有不盡不實者耳

（丙）膠澳商埠各區人口出生死亡表

管區	類別	拾三年度 男	拾三年度 女	拾三年度 合計	拾四年度 男	拾四年度 女	拾四年度 合計	拾五年度 男	拾五年度 女	拾五年度 合計
第一區警察署	出生	51	46	97	8	11	19	128	117	245
	死亡	105	98	203	39	30	69	204	118	322
第二區警察署	出生	29	36	65	49	47	96	71	62	133
	死亡	134	87	221	230	141	371	308	154	462
台東區警察署	出生	90	85	175	79	64	143	51	36	87
	死亡	267	262	529	274	233	507	243	176	419
李村區警察署	出生	777	561	1,338	694	550	1,244	767	544	1,311
	死亡	842	891	1,733	746	785	1,531	1,033	883	1,916
海西區警察署	出生	261	342	623	193	145	338	161	114	275
	死亡	219	174	393	141	143	284	132	112	244
總計	出生	1,208	1,070	2,278	1,023	817	1,840	1,178	873	2,051
	死亡	1,567	1,512	3,079	1,430	1,332	2,762	1,920	1,443	3,363

就死亡之年齡言之　喪其生之謂死然壽考令終出於自然殺傷夭折是爲非命自

然之死乃新陳代謝所不免非命之死是乃養生之道有所未盡社會之大患也茲據警察廳歷年所編之死亡年齡表彙編一表以供參考其中夭折之多尤爲驚心怵目國人素以廣殖聞名世界顧胎而不育育而不壽尚不如少有長壽之爲愈矣

(丁)死亡年齡表

死亡之年歲／年度	十三年度	十四年度	十五年度
五歲以內	584	550	380
十歲以內	112	162	20
十五歲以內	101	83	145
二十歲以內	149	171	179
二十五歲以內	234	188	201
三十歲以內	146	154	229
三十五歲以內	183	133	231
四十歲以內	174	130	264
四十五歲以內	175	153	277
五十歲以內	191	156	307
五十五歲以內	189	171	298
六十歲以內	190	130	189
六十五歲以內	151	159	119
七十歲以內	134	127	97
七十五歲以內	117	97	65
八十歲以內	84	102	54
八十五歲以內	62	61	37
九十歲以內	16	31	16
九十五歲以內	1	7	3
百歲以內		1	2
百歲以上			
年歲不詳	43	19	83
共計	3,036	2,785	3,376

又就外國僑民之變動言之僑居本區之外僑逐年日增奚啻十倍而其國籍之消長今昔迥殊試以千九百十三年及民國十六年兩數作一比較如下但千九百十三年德籍項下尚有軍人若干不計在內據千九百十年調查青島有德國軍隊二千三百人其後或稍有增益聞德人開城時共有五千餘人日本人初已增至二萬四千民國十二年軍人官吏等退去一萬餘人其後常在一萬三千名內外也各國籍之外僑今昔比較日本人計增四十一倍美國人增三倍半俄國人增五倍半德國人則減爲七分之一其餘略有增減而以外僑之總數計之則今之於昔猶增五倍七分餘也外僑居所多在第一區警察署而波蘭希臘葡萄牙朝鮮人則全居第二區警察署俄人亦有半數居此蓋外人酒店妓館多在第二區也日本人則市內鄉間無處不有其蹤跡矣

(戊)外僑今昔比較表

國籍區別／年份	民國十六年卽西歷千九百二十七年	民國二年卽西曆千九百十三年	備考
日本	男七一六六 女五八〇三 一二・九六九	三一六	
德國	男一五一 女一〇七 二五八	五五	
美國	男八八 女五二 一四〇	四〇	
英國	男四一 女二八 六九	五一	
俄國	男一六四 女一六八 三三二	六一	
法國	男三 女二 五	一五	
奧國		二三	
比利時		一	
丹馬	男三 女〇 三	二	
土爾其		三	
和蘭	男二 女四 六	一	
義國		一	
瑞典		三	
葡萄牙	男二 女〇 二	八	
希臘	男九 女三〇 三九	一	
諾威		一	
西班牙		一	
印度		二	
朝鮮	男一六 女七八 九四	一二	

南洋羣島			三
波蘭	男四 女七	一一	
無國籍			
共計	男七六四九 女六二七九	一三·九二八	二·四一一
附記	本表上列之數據本埠警察廳戶口調查表下列之數據膠州灣一書爲准但據青島新報所載十七年七月青島之日本總領事館調查日本人在膠澳區內者三千五百二十戶一萬三千二百六十六人朝鮮人五十八戶二百六十人與本表所列亦相去不遠也		

民社志二　方言

張羣雁曰膠澳僻處海濱北境之人聲濁上南境之人聲偃下附城之人聲平簡菹茲土者不易於辭聽因取畢拱辰先生韻略之字擇其反切爲方言以備採今删其泛蕪而錄如左

目深曰曉睺（上音摳下音候）耳垂曰鬷皺（上音朧下音打）目瞷曰盱（音斬）微視曰䁥（撤平聲）偷視曰眺（雪平聲）短視曰近覰（音趨）推人曰搜（音疎）覆物曰扸（音搗）藏物曰撒（音也）以拳加物曰扠（日皆切）以肩掀物曰攈（音欠）足踢曰踡（音捲）足蹬曰踼（音蒭上聲）不聽曰傻（沙上聲）不斂曰倀（除庚切）不潔曰跟賴（上音慵下音癩）羞縮曰眠娗（上音免下音殄）乖張曰褭嫃（上音列下音角）不正曰儭偠（上音蔑下音屑）不峭利曰邋遢（上音臘下音蹋）不爽快曰䙡襶（上音賴下音戴）誘人爲非曰攛掇（上音躥下音朵）依人度日曰偛傺（上音磕下音跛）背人私語曰諳諦（上音察下音七）暗地害人曰嚩噍（上音博下音樵）邨遠曰疥（音壙）驛平曰疃（音毯）高埠曰埂（音梗）高崖曰皖（剛上聲）土乾曰垎刺（上音搭下音拉）塵細曰埻土（埻同坲）近海曰港溝（港音蔣）近灘曰鹻場（鹻公斬切）水淡曰瀲（音擊）路濘曰泥（鋤加切）碾轂曰簸（音篡）碾米曰市（音伐）屑粗曰粞（音踹）米粗曰糶（音鏠）連展曰鬻餕（上音糜下音諄）飯焦曰鍋渣（音鍋轄）乾麵曰糢（不平聲）肥肉曰膔（音鑣）手進食曰噞（音俺）口就食曰嗵（音插）縫衣曰䋐（峭平聲）補鞵曰鞝（音仉）火伸帛曰熅（音慍）水浸物曰淊（音炮）碾輪曰碢（音駝）酒牀曰醡（音劃）水盆曰盔（音溥）酒壺曰榼（音海）擦桌曰抹（音罵）踹鼓曰鞔（音瞞）補壺曰穴（音滴）滅火曰沁（音親）磨刀曰鍚（音湯）磢磨曰鐫（音攢）指量物曰㪣（音攎）

肘量物曰庹（音托）竹勒雞毛曰担（音旦）牆釘木橛曰扡（音債）種麥曰耩（音講）種穀曰耬（音樓）秫稍曰莛杆（莛音廷）穀根曰秭子（秭曰渣）禾旱熟曰䅽（音造）稼晚收曰䅘（音民）樹分枝曰椏杈（上音丫下音巴）樹無枝曰榾柮（上音沽下音堆）蝦蟆子曰蛞蟲（上音括下音達）蛇行草曰䓮傘（上音出下音臘）拔草曰薅（音蒿）推車曰輂（音拱）挹水曰舀（音擾）棄水曰滎（音頃）物掩蓋曰悶（音籠）物著雨曰黴（音霉）蒸米作酒曰酶（音媒）蒸米培醋曰粚（音查）磨麥作麯曰櫟（音揤）下鹵作腐曰拃（音斬）竹篾曰箍（音沽）斲柄曰椑（音損）鉄鋦曰鍋（音菊古作鋈）銀鑞曰銲（音旱）風轉曰飈（旋去聲）雨侵曰潲（音哨）酒酸曰倒畬（音反）飯臭曰燍餲（上音斯下音惱）豆粉曰粉糰（音團）醬瓜曰瓜齏（音齋）餑一籠曰一茦（音壯）草一束曰一䒼（音檢）碗一塊曰一鞝（音紂）線一絭曰一綹（音柳）以上方言

虹曰醬雹曰拔港曰蒋日曰義人曰仁血曰歇肉曰幼熟曰逑渴曰磕飲曰哈額曰葉尾曰乙謝降曰謝醬場園曰場完膠河曰焦河嶽廟曰迓廟（以上變音以下訛音）俱訛具祠訛祀韋訛葦憎訛贈簞訛但羹訛梗咸訛顯垠訛認黎訛利潛訛淺卑訛比樊訛范陬訛湊扃訛迴躋訛濟顏訛雁珍訛枕緘訛減緬訛綿絺訛恥龔訛鞏緇訛止雌訛次虧窺皆

訛愧謀牟皆訛木頹訛皆訛腿慚餐皆訛粲（以上本皆平聲）靡訛迷幾訛機殍瓢訛軌訛規範訛繁窘訛迴穎訛桑釁訛欣懿訛夷殉訛旬茗訛名頸訛廷紹訛韶鄙訛卑菡萏訛函談穎郢皆訛盈估皆訛孤赳糾紿皆訛鳩菲匪篚斐皆訛非（以上本皆上聲）莉訛黎謚訛尸遂訛隨暇訛霞値訛姪孽訛茲勘訛堪屢訛呂付訛夫邵訛韶堠訛侯緯訛維玩訛完（以上本皆去聲）戚訛妻揖訛衣翕訛熙匿訛泥服訛符俗訛徐局訛拘逸佚皆訛夷給兮（以上本皆入聲）

以上方音

右文錄自道光二十五年張同聲修之膠州志膠卽兩縣方言略同其發音有異於今實合於古王筠說文釋例載產唐韻所簡切段氏謂今南北語言皆作楚簡切余妻高膠州人其讀書語言皆作所簡切王箸說文釋例所述如是是知卽墨人產讀如陝乃唐韻之讀法也膠志所謂變音如港曰蒋日曰義之類亦古音耳以下更就卽墨人之鄉談俗語雜采數十則以見一斑

交付（欠人財物交還於人謂之交付例如錢業以三月八月爲期卽謂之三月付八月付）芽瓜（取芽而種之甘藷謂之芽瓜）蔓瓜（折蔓而種之甘藷謂之蔓瓜）偏道（繞路之謂不繞路卽

曰不偏道 壯粗大之謂對細言 輕妙細小之謂對粗言 折蹬耍弄人之謂 直蹶蹶的形容其直或言其粗魯 轉不的阻止其轉又爲無可奈何之意 瞧不起看不中之謂 鈷釘音沽丁儘全力以擊人謂之鈷釘 腚讀如定卽臀之訛音 睃平視之謂 老雜毛鄙俗相詬之詞意與老雜種同 乜義與的字同讀如乜 遲糢糊眼汚末清 冷糊塗卽拈扎湯似北京之飩飿湯 夠滿足也 小嬌嬌愛好子女之稱謂 作嘎何爲之意與江浙語之作舍正同無所爲卽曰不作嘎 酏讀如惹阿兩人之謂卽北京語之倆 一搭以中指及大指伸直量物謂之一搭 欹下讀如且下睡倒之謂 科子女子不正之謂 瘦成一朵言其瘦瘠不堪只剩一把骨頭也 裂嘴張口之謂 擠打眼上下活動擠眉弄眼之謂亦云擠軋義同 囄作甚之謂與京語之幹嗎同 把抓手抓之謂如言兩手卽云兩隻把抓 弄把收拾戲弄之謂打降對仗亦云弄把 妗子甥對舅母之稱 媽媽祖母之謂 大爹姪對伯父之稱 媽子老媽或老嫗之謂 嫚女童謂之嫚 捨官女童之謂 小厮童子之謂對人稱己之子曰小厮 敢子的能如此便佳之用與京語敢情同 肋肥脅下之謂 善岔循良之謂不是善岔與京語不是好惹的語同 抏音兀掩耳謂之抏 不的麼猶言不好麼 歹吃苦之謂 撅人卽罵人 仁義爲人端厚之謂 肚兒圓飯飽肚大之謂 劇下頭來砍頭之謂斬伐樹稍亦曰劇下頭來 嗓根頭子猶言喉根 不利索猶言不喇囉 褄襹搭撒的亟形其襤褸也 扎括裝扮或修繕之謂 纂女人束髮者 拉撒汚穢之謂 半瞎目光近視之謂 膺推人之謂詩經戎狄是膺膺擊也 錘以拳擊人之謂 不峭利猶言不爽快 覥靦羞縮之謂讀如面騙 不出頭羞縮之謂 混賬不正之謂 跨拉遙遠之謂或書作夼 不細粗大之謂 人前一半人後一半背人說私話之謂 埠子山嶺之謂亦曰高崗 連展青麥穗上磨推碾謂之連展 崮峯謂之崮 鍋炸卽京語餃子 抓以手抓食之謂 銲以金類補壺漏處謂之銲 壓傾水之謂 蟻羊蟻羣之謂 額顱蓋額之謂卽天靈蓋額讀如頁 穩安置物件之謂 菴子山中小寺宇或農佃人所居小屋俗稱菴子 差不離相去不遠之謂 二十七四十一卽墨人諱言之俗以二十七喻兔以四十一喻龜也 賴戴汚穢之謂 冷拉鉄不打錘過時則失其時效之謂 老母猪括打野蔬之一種晒干煮食俗稱老母猪括打 牛筋子花喬木白花俗呼中筋子 瓜皮水河水干涸時細流不絕謂之瓜皮水形其少也 多大玉蜀黍製餅枚重一斤俗呼多大 一抹五一總之謂 夾骨吝嗇之謂 嘔吼吆喝之謂 媽虎謂狠爲媽虎 瞧不起輕視之謂 般打般兒言一班相等也 使性磅氣的沒好氣之謂 跛羅蓋膝蓋之謂跛讀波 挓睺瞪目視人卽睚眦之義讀如瓦候 替蹬毀棄之謂又有賣却之義 夾哈兒牆角隱僻之處謂之夾哈兒 艮上聲遲緩又柔韌之謂又物反潮溼亦云反艮 大董子一總之謂董卽總之轉晉 敗以禁止人且勿如此又不要如此卽曰敗以 三不動的不應而慣行之謂 折蹬折磨之謂又有變賣之義 緊火趕緊之謂 閃下遺棄之謂 搗以箸取菜之謂 沒爭敢瞬息之謂 沒過細未注意之謂

附歌謠

（一）潮水時間歌

初一十六寅申正　初八廿三巳亥初　初二十七寅申末

初九廿四巳亥正　初三十八卯酉正　初十廿五子午初

初四十九卯酉末　十一廿六子午正　初五二十辰戌初

十二廿七子午末　初六廿一辰戌正　十三廿八丑未初

初七廿二辰戌末　十四廿九丑未正　十五三十寅申初

（二）勸耕歌

二月二下龍抬頭　當今皇帝使金牛

正宮娘娘來送飯喻農婦之饋饁也　保佑黎民天下收

（三）山雀歌二則

山鴉雀　尾巴長　將了媳婦忘了娘將與娶同義

老娘撩在山口裏　媳婦放在坑頭上坑陂塹也北方累土或磚爲陂塹以代寢牀

媳婦要吃大甜梨　明日就去趕大集卽上市購物之謂日中爲市謂之集

老娘要吃酥燒餅　那有閒錢塡窟窿酥燒餅乃常食易得之物而梨則須遠赴市集始獲購取譏人情年長娶妻乃薄其父母也

（四）童歌二則

小老鼠　上燈台　偷油喝　下不來　吱呦吱呦叫奶奶

小板櫈　拉梅花　俺娘養著俺自家　買個鷄　下蛋吃　買個鴨　拴著耍

民社志三　風俗

卽墨縣志載人尤樸魯特少文藝蓋引隋書又云人性剛絕志氣緩慢語聲上形容大此水土之風也蓋引寰宇記膠州志亦云民以農爲務士敦經術俗多狷介衣冠文物有古風膠卽接壤風尙相類而膠澳自開埠以來五方雜處市鄉人民埋首痛心於外人管理之下者二十餘年直至接收而後乃得復見漢官威儀商埠以內非土民固有之俗也而鄉間則異是冠婚喪祭猶有古風不故爲標新立異不浮慕奇技淫巧顧以教育不能普及思想過於閉塞昧於新陳代謝之道恆至動靜兩失其宜至今幼女尙事纏足壯男猶存髮辮性本勤勉而不尙潔淨子女早婚而不重學藝具謹愿之美德而乏强健之常識其弊也流於懦弱雖遇横逆侵陵而罔敢與之抵抗蓋亦質美未學不識窮變通久之道有以使然此在閉關自守之日猶可謂之瑕瑜互見得失相乘而當此世界潮流不免益少損多相形見絀矣茲雜取舊籍及現行習慣分述如次

凡生子必告其子之父族母族三朝舉行湯餅會以紅蛋麵條饗客親族鄰里亦以此爲賀富裕之家或饋以布疋首飾生男則懸弧矢於門父母命以乳名待至入學或娶婦乃正式命名蓋冠禮久不行而此猶存其遺意焉兄弟析居大都俟父母亡故之後析產平分而長子較優父母在則聽父母支配

婚姻市內居民因籍貫教育宗教之別稍有異同而鄉間習慣仍以父母之命媒妁之言爲據夫婦本身初不相識六禮猶具頗異其名通聘用媒柬及庚帖媵以衣飾俗謂之下插戴聘禮稱家有無貧者布衣銀飾亦有折贈財禮貧者制錢二十千富者或至十倍新娘結婚應著服飾先期由男家置備送之女家女家則將粧奩擇日送至男家謂之過粧迎娶之日新郎至婦家親迎揖新婦而奠之酒亦奠雁之意也新婦入門先拜神祇謂之告天地入房進食謂之坐帳三朝始行廟見禮謁拜翁姑親長結婚四日以後新婦乃偕其壻歸甯母家

喪禮父母之喪易服殮後四日或七日成服陳祭舉哀告請至親相禮成服後仍朝夕奠薦寢苫枕塊百日始就牀褥三年始除服期功以下等衰如舊制葬之日辭靈設祭讀祝一如成服儀並延釋道諷誦經典葬無停柩頗近古中流以上轉重年庚方向信堪輿者之說葬之日親朋執紼並致賻奠葷輿埋築鄰里相助惟具酒饌無夫値尤見古風碑碣墳垣悉遵舊制普通惟具廣柳不立碑也

祭儀族大者恆有宗祠祀闔族遠祖祖禰則祀於家婚喪必告歲薦時享有用元旦二分二至（春分秋分夏至冬至）者有用元旦上元中元仲秋冬至者清明十月朔暨忌辰則祭於墓亦有於中元及除夕祭墓者或行或否

賓禮婚葬之賓期於成禮無不周備至親暱私燕則隨意豐儉不尙虛文較之市內廉儉多矣（以上雜見膠州志及即墨縣志）

元旦五更設燎祭五祀先祖拜尊長食水角黎明親友交拜三日不掃舍

上元蒸麵作燈注油點之視其燼花以占五穀豐歉曰燈花卜粉稻爲丸包以果實煑食之曰元宵門結松棚挂燈火放花爆陳雜劇（如高蹻之類）三日夜

二月二日食炒豆煎餅以灰界地作倉囤形撒以五穀亦祈年之意

寒食禁火淸明掃墓折柳枝簪之兒童放紙鳶婦女爲鞦韆之戲

穀雨用硃砂書符禁蝎

端午食角黍泛雄黃酒飮之門懸蒲艾人簪艾葉兒女繫五色絲於臂以辟邪

薦麥無定期卜吉爲之

六月六日曝書及衣蓄水浸物不腐

七夕婦女供織女圖穿針取巧有喪者先日設筵祭先靈戚友饋紙錢

中元祭先祖薦時食亦有採麻穀連莖穗以獻者

中秋士大夫家作月餅獻先祖親戚相饋遺設酒果玩月以月之明晦卜來歲元宵之晴雨

重陽士民有登高之會

十月一日掃墓

冬至祭先祖於寢有喪者先日設祭與七夕同

十二月八日以果實雜米豆煑食之曰臘八粥

二十三日暮以餻餅飴糖祀竈亦有用次日者

除夕易門神桃符春聯陳設五祀先祖神位曰迎神卑幼拜尊長曰辭歲夜食棗栗坐以待旦曰守歲

以上錄即墨縣志所載民間習尙如是蓋鄉民終歲辛勤僅藉春秋佳節引爲共同宴樂之期而又出之於祀先卜歲以示崇德報功之意云爾又據父老相傳土著之民在前明中葉多由河南福建廣西雲南遷移於此聚族而居村落之名某某家莊某村者大都昔之著姓以名其村著姓大族有宗祠有家譜祠則春秋必祭譜則數十年一修遷徙之源譜牒間有可考此亦族制之遺規也

民社志四　宗教

我國歷代君主雖亦間有崇拜釋道者然大多數仍守孔子之教爲社會倫理之中心

乃以教育學術倫理道德太不發達士大夫雖有尊孔之名民間則罕識字之人更不知四書五經之爲何物不過倫理道德禮儀制度嘗與歷代之政治相和而傳布於民間且歷來四民行事恆以士大夫爲準則故儒教之遺蛻猶存而精神則已去之甚遠膠澳一區爲外人占據者二十餘年比之內地尤形隔閡市區以內儒釋道之感格遠不如天主堂耶穌教之有勢力而在鄉間則一神教更不如多神教之占優勝誠以人民思想幼稚毫無科學知識見有木石狐鬼輒引起自身之幻想錯覺而詫爲神奇無賴不逞之徒遂得利用社會弱點而惑之以神鬼遠之如教匪義和團近之如大刀會大同教每每雜抄壇經斗經西遊記封神榜之文字以爲號召之資天下事之可憐可痛可危可慮又孰有過於是者此類思想幼稚之人民僅以个人之目前福利爲目的求仙學道且不足以動其身心至於孔佛耶之平等博愛殺身成仁更非彼所聞知好樂故宗教之勢力實甚微薄就本區警察廳十五年度之所調查僧道牧師神甫各項布教師合計僅六十二人其中華嚴宗二十二人神道派六人猶屬和樣之流非真以誦經說法爲務者也神道派之信徒二百三十人天主教之信徒一千九百五拾人基督教之信徒一千餘人綜計三千四百餘人在三十萬人之中信教者僅居百分之一而市內又占其百分之九十五（以上數目據警察廳十五年之宗教調查表但以國人爲限）蓋教會布教注重市內而鄉間之多神思想福利志願與一神教之佈道宗旨犧牲精神更形扞格概可知也本區釋道寺院及仙佛雜供之廟宇雖有一百餘所僅以表示迷信無宗教之可言卽其誦經拜斗超度亡魂僧道且非真有信仰民家亦僅視爲具文惟天主耶穌兩派教會每星期必集會誦禱又時時分途佈道朝夕講說中於人心稍有勢力此就國籍及宗派言之又可分爲五類卽（一）我國人自組之教會（二）英美人之耶穌教派（三）德人之新舊兩派（四）日本人之多神教派（五）回教徒

我國人自組者爲中華基督教會（亦稱自立會）原屬美國長老會派嗣以本國信徒日增人才輩出乃由國人自募捐款自立教會福山劉鶴亭卽墨姜希古譚希羣焦揚

庭等捐資致力爲多現有信徒七八百人所建會堂三設於市內上海路台東鎮台西鎮並附設兩級小學二校國民學校二校其經費皆由自立會捐募

英美人所組教會又分數派一曰長老會在市內陽信路設有膠東中學（初明德中學）無專設之佈道所其臨時禮拜處假本埠明星電影院行之一曰浸信會會堂在禹城路建築宏壯附設有小學一曰路德會以源出柏林故又稱柏林會柏林會之宗旨本以治學爲主當其盛時設有德華中學神學女子高等女子教員傳習所愛道院及多數之國民學校其後德人退去經費無着德華中學及多數小學遂卽停辦遺存膠州路及台東鎮之信義堂二所並愛道院及附設小學均歸美國之路得會接辦其後起者曰神台會設有膠州路之耶蘇堂及北京路四方路之福音堂二所

德人所組織之教會以加特力派之天主堂爲巨擘本堂在曲阜路千九百零二年剏設規模閎大罕有倫比堂內附設有女修道院明德男學聖功女學醫院幷附設印刷所又於李村台東鎮陰島薛家島水靈山島等處設有教堂其次爲柏林會初頗致力於教育事業今式微矣江蘇路之德意志新教寺院專爲歐美新教徒祈禱之所又有瑞士同善會屬著名牧師花之安所創設（花之安於千九百八十二年卽來山東傳教箸有自西徂東一書在北方之天主教向依賴法國之保護千八百九十年花之安歸國請於德相俾士麥脫法人之羈絆而以德國爲護法始於兗州置傳教本部德人之侵凌山東花之安與有力焉）會址在江蘇路卽花之安之遺產捐助會中者也又嘗剏設同善福柏兩醫院同善已廢福柏猶存繼花之安而紹述其事業者爲其高足衞理賢創設禮賢書院嗣歸國人自辦卽今之禮賢中學也同善會以舉辦醫院學校爲務不佈教此其特色也

日本人之佛教派有金光教天理教御嶽教曹洞教真言宗臨濟宗日蓮宗本派本願寺東本願寺各派而天理教又分設五所頗有異同信徒多者以本派寺兩派爲最均在六百人以上餘則五六十人至二三百不等亦有日本基督教會信徒僅六十名此類概以日人爲限惟真言宗於十六年發起密宗誦咒會借妙心寺爲會場間有我國

人前往誦習密宗儀軌亦正在萌芽也

（五）回教清真寺在廣西路賃屋設寺乃本區之回教徒於十六年所公組者聘有阿衡一人主持教務并設有回教義塚信徒有六七百人云

此外更有紅卍字會道院同善會名爲慈善團體以導引養生爲旨然亦含有幾分宗教之臭味其詳見結社篇

寺院統計表據本區警察廳十五年調查

宗教寺院區別	第一區警署所管	第二區警署所管	台東區警署所管	李村區警署所管	海西區警署所管
神道寺院					
佛教寺院			一	一	
道教寺院	一	一		二四	
基督教教堂	三	五	一	一	九
基督教說教所	五	一	二	一	
無所屬之公達廟宇	一		一八	四八	三四

民社志五　生活

青島市五方雜處衣食住之嗜好乃混和南北各地風尙而成食用物品運自遠方與各埠無少異北方人仍以粟麥雜粮爲主南方人仍以米食爲主本省籍之商家住戶每日二餐早餐十點晚餐四點外省籍每日三餐各從其故鄉之習慣食品物價亦與津滬相仿惟魚蝦供給較豐而蔬菜則種類較少蓋本區及附近地帶土壤多含沙礫不宜園圃故藝之者少肉類以鷄牛爲主視江南爲廉美菓類則溫帶所產桃杏梨蘋果之類本區產量甚豐烟台裝運亦便故較津滬爲多且廉衣服則北人樸素南人奢華鄉間尙能力守儉樸古風而市區則年來踵事增華迥非昔比自我國接收而後六年之中新增之大酒館有五六家四方並亦新增一家電影院劇場新增四五家正當之營業有減無增而捐稅之負擔日重無益之消耗日增此非市民之福也

市內住屋多屬歐式建築房租平均每間十元上下是較內地爲昂而視津滬漢爲廉我國收回膠澳後台西鎭華人新建之屋大都供普通居民之用房租以窗計每窗二元至三元每間月租四五元比之上海天津仍爲廉價十三年冬季以後迭受軍事影響百業彫弊而本埠軍人任意占用民居或假設機關或占爲私用嗣又征收房捐按全年房租取四之一人民所有房產既被軍人占用又須賠繳房捐有產者求售不得無產者不敢求置以此建築甚形停頓直至十七年夏季以後新建築始漸有起色加以膠東地方迄未安甯中產之家相率來青避難本埠民屋仍屬供不應求若以建築費言之今日之人工物料較諸十年以前約加三成以上而房租之定率則較接收以前初已減去五成以上本年乃漸有恢復之象也

鄉民對於衣食住三項之經費以食大宗大約每年每人需錢三百吊至四百吊假定以最廉之甘藷計之每日平均三斤約値銅元五十枚（初收獲時每斤値銀一二分

晒干後重量大減價亦稍昂）每年需銅元一萬八千二百五十枚卽錢三百六十四吊餘文加之他項食物則去四百吊爲不遠矣市內工匠勞力以小米爲主食每日需銅元六七十枚較之鄉民增十分之三故鄉民終歲辛勤所得十之七八用之於食衣服所費不過一二成居住則更占少數至於市內之工匠勞力則衣服與居住二項亦較鄉民爲優大約食費占四五成衣服占二成住居占一成若在女工則食量視男子爲減而衣服所費則視男工爲鉅也又在一般人之觀念對於食之需求亦較衣服住居更形重要當民國六七年歐戰緻烈之際英法兩國招募赴歐華工不下二十萬人奔走於槍林彈雨之下棲息於營幕溝壘之中都無怨言惟紛紛苦食料不足歸國後猶有餘恨且鄉間習慣冬季閒暇以甘藷爲粮而春後夏秋有畎畝之際則以粟（小米）爲主食而對於雇工尤必供以粟食工作方有效力勞働之人以食爲重尤可證也

鄉民肉食甚少惟每逢霖雨之後有賀雨之典禮少長咸集相聚稱慶沽酒殺豬共爲

歡飲藉賀雨以互相慰樂尙有古人鄉儺臘祭國慶大酺之遺風也

鄉民之衣食住三事大都取自給自足主義食糧蔬菜當然取給於自藝之園圃耕作卽製衣之布建屋之磚(或土坯)取火之柴繫物之繩亦多取之宮中不假外求稍裕之家則油酒醬酢大都自製故閭村婦孺恒有工作終歲積蓄不至外流惟其生活較爲單簡故需求易於取給惟其欲望易於滿足故社會相安無事此實我國之美風亦不僅膠澳爲然所惜時勢變遷外受經濟自然之壓迫內不知革新以存古以此家內手工日受淘汰而百貨仰給於人舊志所謂女世紡績之業今則機杼已成罕見之物而衣食或且仰給於外國大學所謂生衆食寡爲疾用舒之原則今日適得其反教育不進而欲望日高衣食不周又何暇談禮義哉

市內貧民大都麕居於台西鎭之挪莊馬後窩西廣場等處矮屋一椽僅堪容膝起臥炊滌胥在其中甚者支板爲棚合居三四旣虞火患更礙衛生此項官地免繳地租官廳屢議遷移祇以善後處置未能妥籌良策故而留以有待太年商埠局於十七年度

預算內列支八萬餘元擬就挪莊建築住屋千數百間廉價租於貧民此固歐美市政之良規而在我國亦爲創舉也聞日軍占踞青島之際亦曾注意及此嘗於台西鎭鑿岩塡谷築成平地數十畝地在台西鎭之東四川路之南滋陽路之西四周繚以牆垣中關水道溝渠廁所洗衣池所費不下十數萬元初議廉價租給貧民建屋附關市廛計畫頗密惜未竟其功近有濰縣女士譚愛倫者捐資二萬五千金擬在西鎭建屋數百間專爲市內貧民棲息之所不取房租亦難能可貴耳至於貧民職業苦力居多其初來自外縣恆屬赤貧來青二三年後稍知奮勉者大都變赤貧爲次貧更由次貧而化小康者不乏其人其婦孺間以手工或拾取襤褸爲業而不肖者則由拾取而轉爲竊取大港卸貨場左近恆有貧民婦孺追隨於貨車之後乘機行竊個人所得甚微而養成盜賊之惡習國家所損甚巨其貧可憫而其事宜禁是亦有司之責也

民國五年日本青島軍政署所編之李村要覽對於李村鄉民之衣食住狀況頗爲注意研究茲摘譯之以資參考亦以見日人對於吾國政事風俗研究之周密與其用心之深遠也

(一)衣服　無論男女大都布衣藍色無花至於綢緞之類僅富家女子出嫁時服之耳女子間着花紋或紅色之衣服其材料則購之於李村棗園流亭城陽王哥莊台東鎭之市集或於家庭自織之成衣大都由家庭婦女自爲縫紉不假手於外人大約成人所着之單長衫(俗稱大褂)須作三日單短衫(小褂)二日單褲一日夾者各增半日綢棉襖三日半其工作之遲鈍較之日本普通女子之手工不及三分之一蓋其縫紉極細密不務華美而以堅牢耐久爲主試揭尋常衣服之價格如左

(甲)尋常衣服價目表　按此表所列單價乃民國四五年所調查彼時銀元每元換錢二吊五百文今則換七八吊矣

名稱＼材料	粗布	洋布	洋緞	綢緞	備考
小褂	二吊文	一吊六百文			
夾小襖	二吊六百文	二吊文			
小棉襖	三吊五百文	三吊文			
小皮襖	十吊文			十四吊文	
大褂	二吊四百文	二吊二百文			
夾袍	五吊文	四吊五百文			
大棉襖	七吊文	六吊文			
大皮襖	十五吊文	十四吊文	十八吊文	二十五吊文	
坎肩	一吊五百文	一吊文	一吊六百文	二吊文	
馬褂	三吊文		四吊文	八吊文	
褲子	一吊六百文	一吊四百文			

套褲	一吊文	八百文		三吊五吊文	
汗衫	一吊六百文				
衛生衣	夏用一吊四百文冬用二吊二百四十文				
腿帶	四百二十文			七百文	
肚兜	一吊二百文				
帽子	半帽 三百文	毡帽 六七百文	葦笠 二百八十文	草帽 自八百四十文至一吊一百二十文	平常戴帽者少
耳套	八百四十文				
男靴	自一吊二百文至一吊六百文	草製 一吊餘文	一吊八百文	猪皮製 三吊餘文	普通用蒲或布製冬期雪中用猪皮製凡靴鞋大都家婦女自製
女靴	三百文		一吊一百廿文		
襪子	大七百文小三百文				

右表可見當年生活費之一斑要之平民所着衣服一套需二三元乃至十元爲常

(二)食物　李村鄉民之食事冬季朝夕兩餐春夏秋則朝午夕三餐通年食物以甘藷(俗稱地瓜)爲主每人所需一日平均二斤半乃至四斤甘藷之外雜以粟豆高粱小麥冬春食甘藷居多夏秋食粟居多是爲主食品自製之醃蘿蔔白菜菠菜韭菜茄子及豆腐之類類以肉雜或甘藷之乾葉製以爲凍更有以鹽混於洋粉皮以佐食者是爲副食品至於道家者流以麥粉製爲饅頭雜以魚肉此非上流社會不得享食尋常人家僅嫁娶宴會時用之不以供常食也貧民則以甘藷之蔓晒乾磨粉製爲團子以供常食其他野草凡葉之柔軟者莫不采以供食彼東三省以高粱爲常食而此地則以高粱小麥爲高等之食品其食品之粗劣概可知矣兹更考其食品之製造方法述之如下

主食物爲餅即以粟粉和爲團子煑而食之然此非較爲富裕之家不辦貧民則取柔

軟之野草切細之後以水洗滌去其灰汁混和於餅中食之　又以大豆浸於水中半日後磨爲細粉和以切碎之蘿蔔片煑爲糜而食之俗稱小豆腐亦曰炸貧民用以代茶及三餐之飲湯　地瓜或煑食或蒸食此爲鄉民最廣用之常食品又或切甘藷爲圓片晒干儲存以備隨時煑食春夏冬三季多以此爲常食謂之地瓜干貧民或取甘藷之蔓洗淨切細和以大豆磨而碎之煑之成小豆腐以供佐食之飲湯謂之地瓜丸子　稍裕之家煑粟如米飯然又或以高粱粉煑粥食之謂之糊又曰粘著類似北京之茶湯副食物之白菜菠菜等蔬類大都切細以水煑食或以豆油及鹽醃而食之蘿蔔煑食之外亦有製爲鹹菜者漬之以鹽三閱月後始出而供食　其他蒜葱及蘿蔔生食者多肉類則恆以油炒或燉熟食之　以粟或黍製成黃酒飲者最多(俗稱即墨老酒)自製之地瓜酒次之飲燒酒者僅占一小部分耳兹記李村區內之酒價如下以供參攷所列爲酒一升之單價乃批發之價格也

(乙)鄉間酒價表

名稱＼等級	上等	中等	下等	
黃酒	銀九・三分	五・三	四・七	
地瓜酒	四・七			
燒酒	二二・〇	二〇・〇		
紹興酒	七・四			
狀元紅	一三・〇			
玫瑰露	一四・〇			
五加皮史國公	一三・六			

其次爲煙本地產甚少大部分由濰縣運來菸葉每斤一角五分內外(此民國五年

市價十七年則須二角三四分矣）由各市鎮購取吸烟捲者尙屬少數　鄉民平日殆不飲茶而以萊連草（亦名車轂輪草）代之又由九水至北九水一帶地方產竹甚夥居民相習煎竹葉以代茶往年在柳樹台療養院供職之德國醫師嘗研究及此謂飲之能治腦病游九水者恆折竹攜回市內又德人嘗教鄉民采藤蘿之葉及花以製茶同樣之法晒干用供飲料

（三）住所　本區石料豐富故建築多用石其法下層疊之以石上層乃累以磚磚又分燒磚土坯（未燒之磚坯）二種磚大都用靑黑色鄉間各處土窰皆能製之用洋式紅磚者甚少屋頂大都鋪以高粱桿再以麥桿重葺其上然後蓋瓦木材以楸樹桐樹白楊爲多大都取材於木村或附近之山林中屋之內部兩側砌磚爲坑或以土坯爲之造一坑道通於竈導炊飯之烟與熱通過坑內以取煖　建築費大約草房每間（約四方步）五十吊文瓦房每間八十吊乃至一百二十吊文鄉民建築新屋及修理舊屋大都自爲工作而親友鄰里協力助成並不雇用工匠稍裕之家雖亦雇工建築然上梁之日鄰里競爲工作此亦鄉間之美俗也

民社志六　職業

本區居民職業以農工商漁四項占其多數而公務員役亦有可觀以本區各局所及中央政府省政府所設機關計之或不亞於津滬也農工商漁之事業別有專篇茲僅就有職無職爲之區別以究社會之經濟狀態試以警察廳之職業細別表爲據而引證之如下

膠澳居民職業細別表

區署	男女	公務員	軍人
第一區警察署	男	776	3,117
	女		
	計	776	3,117
第二區警察署	男	384	540
	女	50	
	計	434	540
台東區警察署	男	42	2,033
	女		
	計	42	2,033
李村區警察署	男	104	122
	女		
	計	104	122
海西區警察署	男	247	88
	女		
	計	247	88
合計	男	1,553	5,900
	女	50	
	計	1,603	5,900

區署	男女	警士	教員	學生	農業	鑛業	工業	商業	漁業	交通業
第一區警察署	男	757	103	1,499	14	19	3,288	8,448	89	613
	女		52	1,128	1		1,788	1,232		42
	計	757	155	2,627	15	19	5,076	9,680	89	655
第二區警察署	男	271	24	408		5	4,057	12,093	2	93
	女		8	158			777	796		
	計	271	32	566		5	4,834	12,889	2	93
台東區警察署	男	255	38	1,108	5,786		13,290	4,857	37	19
	女		5	504	9,720		3,644			3
	計	255	43	1,612	15,506		16,934	4,857	37	22
李村區警察署	男	368	123	3,221	64,191	1	2,011	2,422	439	70
	女		13	367	48,917		186	19	347	1
	計	368	136	3,588	113108	1	2,197	2,441	786	71
海西區警察署	男	404	20	1,204	9,572		390	1,221	4,348	
	女		1	37	11,481			49	1,537	
	計	404	21	1,241	21,053		390	1,270	5,885	
合計	男	2,055	308	7,440	79,563	25	23,036	29,041	4,915	795
	女		79	2,194	70,119			2,096	1,884	46
	計	2,055	387	9,634	149682	25	29,431	31,132	6,799	841

區署	男女	律師	醫生	教士	新聞記者	勞力	唱妓	其他	無職業	總計
第一區警察署	男	12	44	4	34	4,905		978	4,006	28,706
	女		7				125	149	8,272	12,796
	計	12	51	4	34	4,905	125	1,127	12,278	41,502
第二區警察署	男	11	32	4	2	5,065		1,441	2,877	27,309
	女			1		3	296	4,656	3,531	10,276
	計	11	32	5	2	5,068	296	6,097	6,408	37,585
台東區警察署	男		15	1	1	1,821		78	2,597	31,978
	女		5				15		4,850	18,746
	計		20	1	1	1,821	15	78	7,447	50,724
李村區警察署	男		8	6		135		921	8,178	82,329
	女		5				10	1	9,563	59,429
	計		13	6		135	10	922	17,750	141758
海西區警察署	男					471		90	2,913	20,968
	女						3	44	2,531	15,683
	計					471	3	134	5,444	36,651
合計	男	23	99	15	37	12,397		3,508	20,580	191290
	女		17	1		3	449	4,850	28,747	116930
	計	23	116	16	37	12,400	449	8,358	49,327	308220

附記　本表照錄警察廳所編十六年度原表外僑另有專表不在此例

右表公務員軍人警士三項大數應無舛誤其中軍人一項當十三年夏撤消膠防司令部而將原駐之第五師移回濰縣本區已無陸軍其後政局變遷又復濫招行伍充填街市迄十七年夏祝祥本所部退出境外始無軍隊之蹤跡矣教員學生兩項以本區教育局所調數目證之大致相符

工業一項本國人工廠所用工人數目可考者爲華新紗廠二千五百餘名四方機廠一千五百名永裕鹽廠三百餘名此外麵粉廠烟廠鉄工廠等工數不詳日本人方面則據日本人之青島商業會議所十五年出版之青島商工案內所載日人在本區內所設工場及帶有工廠性質者五十七家共用華工一萬九千五百餘名尚有東洋製油日清油坊大星蛋廠三井附設油廠等工數不詳歐美人設之英美烟公司工人一千餘名綜計職工二萬五千名是爲確實可信之數此外出口之中外土產商臨時雇工揀選花生人數約四五千人每年自夏歷十月至翌年二月以五個月爲期更將工數不詳之部分加入以與所列二萬九千四百餘人相較大致不遠

商業一項最難得其確數本國大商店二百十家假定東夥學徒總數每家平均二十員計四千餘人小商店實數據修志時專員調查市內有二千三百餘家（大商號及無招牌字號之浮攤均不計及）市外滄口一百二十八家四方三十家紅石崖八十四家塔埠頭三十八家李村二十餘家沙子口三十餘家共計二千六百餘家每家平均五人約爲一萬三千人浮攤貨販之流亦不下一二千人汽車夫馬車夫約有一千餘人當亦在商業之列又據日人之青島商工案內所載日商三百十二家所用華籍職員一千六百三十九名尚有日人所設之小商店六百四十五家以及歐美商店所用華員當亦不少惟無確實之計算右表所列三萬一千之數不敢信其必確或亦不甚懸殊耳

漁業一項據山東漁航局調查本區大小漁船一千五百餘隻每船二人至五人平均約四千人（小船居多數）又航船大小九百六十隻每船平均三人共計三千人兩項

合計與右表所列六千七百九十九名之數相差無幾又據魯案月報青島漁業篇載民國七年漁業組合成立中國漁業加入者八千人蓋航業之舢舨有時亦充作漁船而沿海農人亦兼業漁也

勞力一項所可考者據港政局統計年報碼頭勞力常備一千乃至三千名又據警察廳調查市內大車一千四百六十餘輛洋車二千五百餘輛大車三人共挽一輛洋車多屬二人晝夜替班共應有七千名此外尚有鉄路及工商家常雇苦力比之右表所列一萬二千之數亦不甚遠惟碼頭苦力及拉大車之苦力半數以上屬於臨時雇傭互有替換非有專職也

右表所列其他一項大約以公私機關之僕役居多確數不得其詳

農業一項右表所列爲十四萬九千餘人無職一項列四萬九千餘人此兩項或有交互之處不甚明瞭據警察編造之十六年度年齡表十五歲以下之未成年人有八萬二千五百餘口內十歲以下者占五萬五千餘口此項大約分括於農業無職兩項之中蓋戶口冊之職業分類大都以家長爲主而鄉民之職業又恆冠以農業字樣閫家婦孺要亦認爲與戶主同業表中所注項目較之實際難免有互爲出入之處也

民社志七　工資

勞資爭議已成爲我國今日之一問題實則我國工業之幼稚較之歐美相去天壤所有礱米磨麵紡紗織布繅絲製麻採茶釀酒多屬農民之兼業農民一身兼任資勞婦孺合作東夥無別卽在庸工亦屬鄉黨休戚相共罕有爭端所引爲憾事者資本不足不能講求人事發揮地利以致勞力有餘轉而求職於城市求職之勞工日增而投資之工場不能與之俱進是以工資之廉爲各國冠廉之至極民不聊生馴良者困乏以死强暴者則鋌而走險矣憫勞而惡資者乃務爲抑資以伸勞欲以人力揚其工資詎知所伸者僅城市少數之勞百萬千萬已耳彼鄉村多數求伸不得者尚以億萬計也城市所認爲不滿足之工資乃爲此輩求之不得之目的物如其開放門戶則求職多而需工少工資必減如其嚴爲畛域則此求職不得之多數終必有潰圍觸藩之一日

不獨資之憂亦勞之患也欲求工資之增高惟有獎勵事業之發展否則不揣其本而齊其末終無濟也膠澳開埠而後事業與年俱進勞工之需要日增戶口倍加而工資仍較內地爲進步所惜此項資料甚形缺乏茲就舊籍雜摘成編十年以來略具標準就此不完之統計考其事實之變遷則自六年以後工資率減者少而增者多丙表尤顯甲乙等表之調查大都雜取各家之工資以爲計算之標準先後容有參差考較難期精密丙表乃鉄道部實支之數先後比較眉目瞭然至於增減之所由然雖其原因甚爲複雜顧終不外於供求相劑之大原則人類之事恒相反而相成勞資之爭不外此理褊淺者論其偏於一時或視爲不能相容之冰炭而公平者察其全於永久乃認爲相依爲用之輔車也

(甲)民國六年之工資率

職業分類	中國人 上等	中國人 普通	日本人 上等	日本人 普通
木匠	銀元 .八〇	銀元 .五〇	銀元 二·〇〇	銀元 一·五〇
鋸木工	.八〇	.五〇	二·五〇	二·〇〇
小木作	.八〇	.五〇	二·〇〇	一·三〇
泥水匠	.七〇	.四五	二·〇〇	一·三〇
石匠	.七〇	.四五	二·五〇	一·八〇
磚窰工	.七〇	.四五	二·〇〇	一·五〇
疊工（日本席匠）			二·〇〇	一·五〇
油漆匠	.六〇	.四〇	二·五〇	二·〇〇
洋鐵匠	.五〇	.四〇	二·〇〇	一·五〇
鍛冶工	.五〇	.四〇	一·八〇	一·五〇
土工	.五〇	.三五	一·五〇	一·〇〇
農業苦力	.二五	.二〇		
雜役苦力		.二〇		
女僕			七·〇〇	五·〇〇
女僕工資係按月計				

附記　本表錄自日本人著之青島經濟事情表內工資係按日所得之數以銀元爲單位但因勞働之季節不同與就職之難易與庸期之久暫而時有增減本表僅示一標準耳

(乙)民國六七年之工資率

職業分類	上等工食並計	普通工食並計
機械工	銀元 一·五〇〇	.七〇〇
鍛冶工	一·二〇〇	.五〇〇
鑄鐵工	一·〇〇〇	.五〇〇
機器匠	一·〇〇〇	.五〇〇
火夫	.四五〇	.三〇〇
油漆匠	.七〇〇	.四〇〇
木工	一·〇〇〇	.四〇〇
磚窰工	.五〇〇	.二五〇
石工	一·五〇〇	.七〇〇
繅絲男工	.三三〇	.一四〇

職業分類	傭主供給伙食 上等	傭主供給伙食 普通
繅絲女工	.二六〇	.一二〇
紡織男工	.六五〇	.二〇〇
紡織女工	.三〇〇	.一五〇
紡織童工（十二歲至十五歲）	.〇八〇	
蛋粉製作工	二·〇〇〇	.六〇〇
雜役苦力	.四五〇	.二二〇

附記　本表錄自日本人著之青島之商工業是書民國七年出版

(丙)民國七八九等年之工資率

職業分類	中國人 七年	中國人 八年	中國人 九年	日本人 七年	日本人 八年	日本人 九年	
事務助手	銀元	銀元 ·九〇	銀元 一·一四		金圓 一·〇〇	金圓 一·八一	
事務工手	一·二〇						
道夫	·二八	·三四	·三八		一·六二	二·五一	
信差	·四〇	·四九	·五〇		一·五八	二·六二	
木匠	·四八	·五八	·五九		一·七七	二·八九	
鉄匠	·四二	·五九	·六四		二·三八	三·六六	
鍛冶工	·五一	·六一	·六七		一·四五	二·八〇	
種花匠	·四〇	·四七	·五九		一·二五		
普通工人	·二七	·三三	·三五		一·一四	二·一〇	
公役	·三三	·四一	·四四		·九〇	一·七八	以上常年雇用
苦力	·二七	·二七	·三〇				以下臨時雇用
木匠	·五三	·五三	·六五				
土工	·四〇	·四〇	·五〇				
洋鐵匠	·六六	·六九	·六三				
裱糊匠	·五〇	·五五	·五五				
塗工	·五一	·六〇	·七〇				
泥水匠	·五五	·六五	·六五				
鍛冶工	·六三	·七〇	·七二				
石匠	·六〇	·七〇	·六八				
磚窰工	·五三	·六五	·六五				
玻璃工	·六〇	·六〇	·六二				
鋸木工	·五七	·六五	·六四				
電氣工	·八〇	·八〇	·八〇				
烟突掃除夫		·三五	·三五				
舢板夫			·七二				
獨輪車夫(推小車者)			·五〇				
貨車夫(拉大車者)			·八五				

附記　本表采自民國七八九年之膠濟鉄路統計年報(日軍鉄道部出版)乃歷年鉄路對於雇工實在支出之數惟鉄路用人或有特殊情形與一般工資率或稍有出入也

(丁)民國十年之工資率

職業分類	中國人 優等	中國人 普通	中國人 劣等	日本人 優等	日本人 普通	日本人 劣等
木匠	銀元 ·八五	銀元 ·八〇	銀元 ·七〇	金圓 三·〇〇	金圓 二·五〇	金圓 二·〇〇
泥水匠	一·一〇	·八五	·七〇	三·五〇	三·〇〇	二·五〇
石匠	·九〇	·八五	·七五	四·〇〇	三·二五	二·五〇

磚瓦堆積工	一·一〇	·八五	·七〇	三·五〇	三·〇〇	二·五〇	
鍛冶工	一·一〇	·八五	·七〇	三·五〇	三·〇〇	二·五〇	
油漆匠	一·〇〇	·八五	·七〇	二·八〇	二·四〇	二·〇〇	
小木作	·八〇	·七〇	·五五	三·〇〇	二·七〇	二·五〇	
鋸木工	·九〇	·八五	·七〇	三·〇〇	二·五〇	二·〇〇	
裱糊匠	·九〇	·八〇	·七〇	三·〇〇	二·五〇	二·〇〇	
土工	·五〇	·四五	·四〇	二·五〇	二·〇〇	一·五〇	
農業苦力	·三〇	·二七	·二五				
雜役苦力	·四〇	·三七	·三〇				

紡績男工	一·七〇	一·〇〇	·二七	二·〇〇	一·七〇	一·四〇	紡績工資日本人亦以銀計下同
紡績女工	·四〇	·三〇	·二〇	一·五〇	一·二〇	一·一〇	同上
△磚窰苦力	·五〇	·三〇	·二七				
磚窰工	·六五	·四五	·二六				
洋鐵匠	·九〇	·八〇	·七〇	三·〇〇	二·七〇	二·五〇	
釀酒工	·六〇	·三〇	·二〇	四·〇〇	二·七〇	一·三〇	
疊工(日本席匠)	一·〇〇	·九〇	·八〇	三·五〇	三·〇〇	二·五〇	
△和服成衣工男				三·五〇	三·〇〇	二·五〇	
△和服成衣工女				二·五〇	一·八〇	·八〇	

洋服成衣	·七〇	·五五	·三〇	二·七〇	二·二〇	一·四〇
本屐工	·七五	·六〇	·五〇	二·六〇	二·〇〇	·八〇
鞋匠	一·二〇	一·〇〇	·七〇	二·五〇	二·二〇	二·〇〇
洗衣工	·九〇	·七〇	·四〇	一·五〇	·九〇	·五〇
製造點心工匠	一·〇〇	·五〇	·三五	二·七〇	一·七〇	一·〇〇
造船木匠	一·四〇	一·二〇	一·〇〇	三·五〇	三·二〇	三·〇〇
桶匠	·七〇	·六〇	·五〇	三·〇〇	二·七〇	二·五〇
鑄鉄工	一·〇〇	·八〇	·七〇	三·〇〇	二·五〇	二·〇〇
印書排字工	一·七〇	一·〇〇	·三〇	三·四〇	二·七〇	二·〇〇

印書排字女工				一·〇〇	·九五	·七〇
△漁夫				五〇〇·〇〇	三〇〇·〇〇	二〇〇·〇〇
草帽辮工匠	一·〇〇	·七〇	·五〇			

附記　本表錄自日本人著之青島商工便覽無△者係按日計傭有△者乃按年計傭而按一年三百六十五日除算或屬包工而按其所得全額算出其每日應得之工資也

(戊)民國十三年來之工資率

職業分類	前三年			十七年
	十三年	十四年	十五年	
木匠	銀元一·〇〇	·八〇	·七〇—·九〇	與十五年同
泥水匠	一·〇〇	·八〇	·七〇—·九〇	仝上
石匠	一·〇〇	·八〇	·八〇—一·〇〇	仝上

種類	年份	工資	備考
瓦匠	十三年 十四年 十五年	.九○○ .八○○ .九○○	與十五年同
鐵匠	十三年 十四年 十五年	.八○○ .八○○ .七○—一.九○○	仝上
油漆匠	十三年 十四年 十五年	.八○○ .八○○ .五○—.七○○	仝上
洋鐵匠	十三年 十四年 十五年	.九○○ .九○○ .七五—一.○○○	仝上
火柴工（供給宿舍）	十三年 十四年 十五年	.三○○ .三○○	
選棉工	十三年 十四年 十五年	.七○○ .七○○	
肥皂工	十三年 十四年 十五年	.五○○ .五○○	
磚窰工	十三年 十四年 十五年	.四○○ .八○○ .三五—.五五	與十五年同
紡績女工（供給宿舍）	十三年 十四年 十五年	.二六 .二六 .八七—.一七	一角八分至七角三分七厘

種類	年份	工資	備考
火柴女工（供給宿舍）	十三年 十四年 十五年	.八七—.一七 .二○	
火柴童女	十三年 十四年 十五年	七分至三角五分	與十五年同
印刷工	十三年 十四年 十五年	七角至一元二角	仝上
油廠女工	十三年 十四年 十五年	.二○	
排字工	十三年 十四年 十五年	.六五 一.五五 一.○○—一.四○	與十五年同
蓆工	十三年 十四年 十五年	.九○○ .九○○ 月額二十元至三十五元	
小木作	十三年 十四年 十五年	一.○○○ 一.○○○ 一.○○○	
鋸木工	十三年 十四年 十五年	.九○○ 一.○○○ .七○—.九○○	與十五年同
雜役苦力	十三年 十四年 十五年	.三五 .三五 .三○—.五○	

種類	年份	工資	備考
紡績工（供給宿舍）	十三年 十四年 十五年	.三五 .三五 三角五角七角	
繅絲工（十三四年供給宿舍）	十三年 十四年 十五年	銅元四十五枚 仝 .三○—.五○	十七年改爲三角至六角五分
骨粉製造工	十三年 十四年 十五年	.五○ .五○	
麥酒工	十三年 十四年 十五年	.四○ .四○	
製粉工	十三年 十四年 十五年	.六○ .六○	
製油工	十三年 十四年 十五年	.四五 .四五 .五○—.八○	與十五年同
公役		月薪七元至十七元	
女僕		月薪六元至十五元	
大車苦力	十三年 十四年 十五年	三角至六角	與十五年同
堆積石料工	十三年 十四年 十五年	.六五—.八○	與十五年同
堆積磚瓦工	十三年 十四年 十五年	.七○—.八五	同上

附記　本表錄自駐青日本總領事館歷年出版之青島概觀原書並記之曰青島近年雖則物價騰貴生活日高紗廠日增需工較多然以勞力供給豐富之故工資並未見昂騰且因事業不振轉有低落之象云

茲更就主要工場及一般商店作坊實地調查最近之工資狀況分述如下

(一)膠濟鉄路四方機廠　工匠初入廠者五角七分年久可加至一元四角每年加二次每次加五分或一角　領班工資與工匠同但年久者可加至二元每月並另給津貼四元　學徒初入廠者三角五分年久可加至七角每年加二次每次三四五分不等以上均按日給薪並供以宿舍　苦力由把頭包辦每名日給二角餘歸把頭其數不詳　四方機廠所用匠人多屬機械鍛冶技藝熟練且有專長

(二)華興紗廠　工人日給三角至六角　工頭日給五角至一元五角　機匠每月三十元至七十元

（三）永裕精鹽廠　雜工七元至九元　鹽工七元至十元　土木工機械工十六元至二十四五元　工徒八元均按月計供給宿舍并由廠設有公共炊事部廉價出售尋常停工並不解雇

（四）日本各紗廠　男工三角至七角　女工一角八分至七角三分七厘均按日計

（五）大英烟公司　機械男工高等日給一元五六角普通初入廠者日給四五角年久可加至七八角　包裝女工初入廠者日給四角年久可加至一元　但烟廠非常年開工工人時有作輟之虞

（六）一般鉄工廠　機械工匠日給七角至一元大廠供宿小廠則否

（七）和田木材廠　鋸木工日給四五角　苦力日給制錢二吊卽銅元一百枚

（八）一般之家庭手工業　鞋舖夥計月給十元內外供食宿徒弟僅供食宿優者或給零用錢及衣物無工資　成衣與鞋舖略同但南方成衣工資較優月薪可得二三十元洋服成衣更優　理髮匠按成分賬不供食者東六夥四供食者東八夥二或東七夥三夥計收入每月平均十四五元至二三十元學徒不給工資僅供食宿浴室與理髮手續略同但收入較少月可得十餘元耳

（九）一般之苦力公役　常用之車夫苦力月給十元優者至十一二元工食在內常用之舢板夫按成分賬者月給二三元供食不分賬者月給十二元內外不供食公役月給十元爲普通衙署局所則較優異或至二十元內外是又不可以常役論也

（十）一般之商店職員　商店職員其雇傭及勞働之性質與一般工匠有異大都心力兼勞賓主有特殊之關係薪俸甚薄而重在花紅歷來習慣如是魯籍各幫商店普通夥計月給十元內外掌櫃年俸二百元但花紅或比照月薪一二倍不等小商店月薪微者僅二三元飯食零用店中開支學徒小店無薪大店或月給二三元然南籍各幫商店薪工較亘至於銀行公司更不可同年而語矣

民社志八　物價

青島物價向稱昂貴當德人租借期間在青島購取本國或歐洲之食物較之上海平均貴百分之十五奢侈品尤甚例如德國物品在德國值一馬克者在青島則售一元中國物品在上海值一元者在青島可售一元五角當日遊青島者咸以爲異前任膠海關稅務司歐美爾以爲青島房租較之上海貴百分之三十故物價亦因之而貴（見日人著膠州灣）顧近二十年來津滬漢粤瀋五大市埠之房價逐年增高而青島接收後房租普減半數以上物價則減者少而增者多是知歐氏之說僅舉其一端實則物價昂貴原因決不如是單純也青島供求之範圍較狹貨物銷售不如津滬之活動周轉需滯則成本加重其價應昂範圍狹隘則競爭較少其價可昂且在膠濟路未通車以前（一千九百零四年）本埠輸入恆三倍於輸出以此匯兌出入不均滙水較亘而北方商賈估利尤重加之交通驟闢人口驟增而外人生活素高國人更不免受其影響我國接收而後物價本可希望稍平又以幣價跌落苛稅繁興十六年又形暴長尤可慮者廿年之物價昂貴大都限於奢侈物品其後則及於日用必需居民所感痛苦尤烈十七年入夏以後稍見平復矣近年膠澳物價之見於著述者有德國文之膠澳官報有日本文之李村要覽青島商工便覽等書惟以前後參差多數又未注明調查年月所調查之物品種類計算單位亦不一致又無百分比是以難資比較日人所組之商業會議所對於本埠物價變遷每日有專員司其記錄月終則比較最高最低平均之數而載之於統計月刊彼之駐青總領事館每年出青島概觀一冊其中物價一項卽根據統計月刊比較一年中之價格變遷而表示其高下茲就日人調查之近五年物價擇進出口貨與吾人較有關係之各項彙爲一表十五年以前以青島概觀爲據十六七兩年以統計月刊爲據

近五年來之物價表

類別	單位	價格標準	十三年六月末調查以一兩爲單位	十四年六月末調查以一兩爲單位	十五年十月末調查以一兩爲單位	十六年各月調查以一兩爲單位	十七年各月調查以一兩爲單位
（一）草帽辮							

披平編寬六米利上貨	每件二百四十把每把六十碼	最高最低月末	一五〇.〇〇 一四〇.〇〇	一八〇.〇〇 一六〇.〇〇	一五〇.〇〇 一四〇.〇〇 一四八.〇〇		
披平編寬六米利次貨	同	同	一四〇.〇〇 一三〇.〇〇	[illegible]		十一月 八五.〇〇	八月 九五.〇〇 三月 八〇.〇〇
披平編寬七米利上貨	同	同	一二〇.〇〇	一五〇.〇〇 一三〇.〇〇	一一〇.〇〇 一〇五.〇〇 一一二.〇〇		
披平編寬七米利次貨	同	同	一一〇.〇〇				
披勉編寬八米利次貨	同	同	五八.〇〇 五五.〇〇	六〇.〇〇 五五.〇〇	四八.〇〇 四六.〇〇 四八.〇〇	十二月 三五.〇〇 十一月 二五.〇〇	八月 三五.〇〇 三月 二四.〇〇
原草七米利上貨	同	同	九〇.〇〇	八〇.〇〇	五九.〇〇 五二.〇〇 五七.〇〇	十一月 一三〇.〇〇	三月 一二〇.〇〇 八月 九〇.〇〇
原草七米利次貨	同	同	八〇.〇〇 七〇.〇〇				
原草八米利上貨	同	同	六〇.〇〇	五〇.〇〇		十二月 三〇.〇〇 十一月 二八.〇〇	三月 三五.〇〇 二月 二〇.〇〇
原草八米利次貨	同	同	五〇.〇〇				
興濟六米利上貨	同	同	一八〇.〇〇 一六〇.〇〇	一五〇.〇〇	一七八.〇〇 一七〇.〇〇 一八五.〇〇	十一月 一三五.〇〇 十二月 一二〇.〇〇	一三〇.〇〇 一二〇.〇〇
興濟七米利上貨	同	同	一四〇.〇〇 一三〇.〇〇				
興濟九米利上貨	同	同	七〇.〇〇	一〇〇.〇〇 九〇.〇〇	一七〇.〇〇 一六五.〇〇 一四九.〇〇	十一月 五五.〇〇 十二月 四五.〇〇	二月 五〇.〇〇 四月 四〇.〇〇
浮邱十米利上貨	同	同	五八.〇〇 五五.〇〇	六〇.〇〇 五八.〇〇	六〇.〇〇 六二.〇〇 六五.〇〇	十一月 四五.〇〇 十二月 四三.〇〇	八月 四七.〇〇 二月 三八.〇〇
浮邱十米利次貨	同	同	五二.〇〇 五〇.〇〇				
浮邱十一米利上貨	同	同	五〇.〇〇 四八.〇〇	五八.〇〇	六〇.〇〇 五七.〇〇 五八.〇〇	三五.〇〇	八月 四〇.〇〇 三月 三二.〇〇
浮邱十一米利次貨	同	同	四三.〇〇				
甯陽十二米利次貨	同	同	三八.〇〇	四五.〇〇 四三.〇〇	四八.〇〇 四五.〇〇 四七.〇〇	三三.〇〇	八月 三九.〇〇 二月 三〇.〇〇
鹿邑十三米利次貨	同	同	四三.〇〇 四一.〇〇	四五.〇〇 四〇.〇〇	五〇.〇〇 四九.〇〇 四六.〇〇	四〇.〇〇	八月 五〇.〇〇 二月 四五.〇〇

惠濟十三米利上貨	同	同	三二.〇〇 三一.〇〇 三一.〇〇	四五.〇〇 四〇.〇〇	四三.〇〇 四一.〇〇 四三.〇〇		
惠濟十三米利次貨	同	同	三〇.〇〇				
陽信七米利半次貨	同	同	七〇.〇〇				
陽信十三米利次貨	同	同	四〇.〇〇	五五.〇〇 五〇.〇〇	四八.〇〇 四六.〇〇 四九.〇〇	五三.〇〇	八月 六〇.〇〇 二月 五〇.〇〇

(二)落花生

類別	單位	價格標準	十三年六月末調查以一元爲單位	十四年六月末調查以一元爲單位	十五年十月末調查以一元爲單位	十六年各月調查以一元爲單位	十七年各月調查以一元爲單位
花生帶殼	每担一百斤	最高最低月末	七.六〇 七.三〇 七.六〇	一〇.〇〇 九.五〇 一〇.〇〇	九.二五 七.一五 八.三五	三月 九.八〇 四月 七.二〇	六月 一二.五〇 一月 一〇.〇〇
花生米普通貨	同	同	八.五〇 八.〇〇 八.五〇	一一.九〇 一一.四〇 一一.七〇	一〇.七〇 一〇.一〇 一一.〇〇	十月 一三.〇〇 七月 一〇.二〇	三月 一四.五〇 一月 一二.〇〇
花生油	同	同	一七.二五 一六.七五 一七.二五	二五.〇〇 二四.〇〇 二五.〇〇	二一.五〇 一九.四〇 二〇.六〇	十二月 二五.五 八月 二〇.四	三月 二七.六〇 一月 二四.〇〇

(三)鷄卵

類別	單位	價格標準	十三年六月末調查以一元爲單位	十四年六月末調查以一元爲單位	十五年十月末調查以一元爲單位	十六年各月調查以一元爲單位	十七年各月調查以一元爲單位
大 二百八十個一箱	每千個	最高最低月末	一五.七〇 一四.〇〇 一五.〇〇	一四.七〇 一四.六〇 一四.七〇	三二.〇〇 二三.〇〇 一九.〇〇	三六.五〇 二三.〇〇	二月 二四.五〇 五月 二三.〇〇
中 三百一箱個	同	同	一三.五〇 一二.〇〇 一三.〇〇	一二.八〇	二八.〇〇 二二.〇〇 二六.〇〇	三四.〇〇 二〇.〇〇	二月 二二.〇〇 五月 二〇.五〇
小 三百六十個一箱	同	同	一一.五〇 一〇.〇〇 一一.〇〇	一一.〇〇 一〇.五〇 一一.〇〇	二三.〇〇 一九.〇〇 二一.〇〇	二九.五〇 一九.〇〇	二月 二一.〇〇 七月 一五.〇〇

(四)牛

類別	單位	價格標準	十三年六月末調查以一元爲單位	十四年六月末調查以一元爲單位	十五年十月末調查以一元爲單位	十六年各月調查以一元爲單位	十七年各月調查以一元爲單位
生牛	每基羅	最高最低月末	.二四〇 .二二〇 .二三五	.二三〇 .二一〇 .二二五	.二八 .二二 .二七	.三五 .一七	.三〇 .二〇
牛肉	每貫約合我國六斤	同	.一六〇 .一二五 .一五五	一.三〇 一.一〇 一.二五	一.七〇 一.三五 一.三五	.二五五 .一二	.二〇 .一四

類別	單位	價格標準	十三年六月末調査以一元爲單位	十四年六月末調査以一元爲單位	十五年十月末調査以一元爲單位	十六年各月調査以一元爲單位	十七年各月調査以一元爲單位
牛骨 供肥料用	每担即一百斤	本月末 前月末	二・〇〇 二・三〇	二・八〇	三・一五	三・四〇	四月 三・九〇 七月 二・八〇
骨粉 供肥料用	每噸	本月末 前月末	日金 八四・〇〇 九三・〇〇	九八・〇〇	八五・〇〇	九二・〇〇	四月 九八・〇〇 六月 七〇・〇〇

（五）牛皮

類別	單位	價格標準	十三年六月末調査以一兩爲單位	十四年六月末調査以一兩爲單位	十五年十月末調査以一兩爲單位	十六年各月調査以一兩爲單位	十七年各月調査以一兩爲單位
改良皮 大張	每担	最高 最低 月末	五一・〇〇 四九・〇〇 五〇・〇〇	五一・〇〇 四七・〇〇 五〇・〇〇	四二・〇〇 三九・〇〇 三七・五〇	五八・〇〇 四四・〇〇	八月 五三・〇〇 二月 四七・〇〇
改良皮 中張	同	同	五二・〇〇 四〇・〇〇	三九・〇〇 三六・〇〇	三五・〇〇 三三・〇〇 三〇・〇〇	四八・〇〇 三六・〇〇	八月 五一・〇〇 一月 四〇・〇〇
土乾皮 大張	同	同	四〇・〇〇 三九・〇〇 三八・〇〇	四五・〇〇 四二・〇〇 四五・〇〇	三五・〇〇 三二・〇〇	三九・〇〇 二九・〇〇	八月 四四・〇〇 四月 三六・五〇
土乾皮 中張	同	同	三七・〇〇 三五・〇〇 三七・〇〇	三五・〇〇 三一・〇〇 三四・〇〇	三一・〇〇 二九・〇〇 二七・五〇	三六・五〇 二一・〇〇	八月 四四・〇〇 四月 三六・五〇
土乾皮 小張	同	同	四五・〇〇 四三・〇〇 四五・〇〇	四二・〇〇 四〇・〇〇 四二・〇〇	四一・〇〇 三九・〇〇 三七・〇〇	四二・〇〇 三〇・〇〇	八月 五四・〇〇 一月 四二・〇〇

（六）煤

類別	單位	價格標準	十三年六月末調査以一元爲單位	十四年六月末調査以一元爲單位	十五年十月末調査以一元爲單位	十六年各月調査以一元爲單位	十七年各月調査以一元爲單位
淄川塊煤	每噸	本月末 前月末	一〇・五〇	一〇・五〇	一二・〇〇	一四・〇〇	四月 一八・〇〇 七月 一二・五〇
淄川粉煤	同	同	六・〇〇	六・〇〇	七・〇〇	八・〇〇	四月 一〇・〇〇 六月 六・五〇
博山塊煤 大山煤	同	同	一一・〇〇	一〇・〇〇	一四・〇〇	一四・〇〇	四月 一八・〇〇 六月 一二・五〇
博山塊煤 小山煤	同	同	一〇・〇〇	九・五〇	一二・〇〇	一三・〇〇	四月 一七・〇〇 六月 一一・五〇
改良焦炭	同	同	二〇・〇〇 二一・〇〇	一八・〇〇	二〇・〇〇	二三・〇〇	四月 二一・〇〇 五月 一七・〇〇
土製焦炭	同	同	一三・四〇	一三・〇〇	一四・〇〇	一六・〇〇	一月 一五・五〇 一四・〇〇

（七）桐木

類別	單位	價格標準	十三年六月末調査以一元爲單位	十四年六月末調査以一元爲單位	十五年十月末調査以一元爲單位	十六年各月調査以一元爲單位	十七年各月調査以一元爲單位
大圓 堅口 日人用製木屐		本月末 前月末	・一九〇 ・一八〇	・一八五	・一六五	・二二	
大圓 軟口		本月末 前月末	・一三五 ・一三〇	・一三五	・一三〇	・一七	

（八）棉紗

牌號	單位	價格標準	十三年六月末調査單位兩	十四年六月末調査單位兩	十五年十月末調査單位兩	十六年各月調査單位兩	十七年各月調査單位兩
銀月 十六支	每件四十捆	最高 最低 月末	一七四・五〇 一六六・〇〇 一六六・〇〇	一七三・五〇 一六八・五〇 一六八・五〇	一三九・五〇 一三一・〇〇 一三一・〇〇	十一月 一五七・ 二月 一二五・	七月 一六三・〇〇 三月 一四五・〇〇
金貨 十六支	同	同	一七三・七五 一六六・五〇 一六六・五〇	一六九・五〇 一六六・〇〇 一六六・〇〇	一三七・〇〇 一三二・〇〇 一三二・〇〇	九月 一五六・ 二月 一二一・	七月 一六一・〇〇 二月 一四二・〇〇
五彩星 十六支	同	同	一七四・〇〇 一六六・五〇 一六六・五〇	一六八・〇〇 一六六・五〇 一六四・〇〇	一三五・五〇 一二八・五〇 一二八・五〇	九月 一五一・ 六月 一一一・	八月 一五三・〇〇 二月 一三五・〇〇
花蝶 十六支	同	同	一七五・七五 一六七・〇〇 一六七・〇〇	停工未作			
扇面 十六支	同	同	一七四・〇〇 一六七・〇〇 一六七・〇〇				
福助 二十支	同	同	一八七・〇〇 一八〇・〇〇 一八〇・〇〇	一七八・〇〇 一七四・五〇 一七六・五〇			
銀月 二十支	同	同	一八七・五〇 一八〇・五〇 一八〇・五〇	一八六・五〇 一八〇・五〇 一八〇・五〇	一五〇・〇〇 一三九・五〇 一三九・五〇	九月 一六六・ 二月 一三五・	七月 一八六・〇〇 二月 一五四・〇〇
寶船 二十支	同	同	一八四・〇〇 一七六・五〇 一七六・五〇	一八一・〇〇 一七八・五〇 一七六・〇〇	一四三・〇〇 一三四・五〇 一三四・五〇	十月 一六〇・ 二月 一二八・	三月 一五三・〇〇 二月 一四八・五〇
宮女 二十支	同	同	一八三・七五 一七七・〇〇 一七七・〇〇	一八一・五〇 一七六・五〇 一七六・五〇	一四四・〇〇 一三七・〇〇 一三七・〇〇	十月 一六一・ 三月 一三四・	七月 一八二・〇〇 二月 一五三・〇〇
扇面 二十支	同	同		一六六・〇〇			
松鹿 卅二支	同	同	二五四・〇〇 二四一・〇〇 二四一・〇〇	二一八・〇〇 二〇八・〇〇 二一二・〇〇	二〇五・〇〇 一九八・〇〇 一九八・〇〇	三月 二〇二・ 三月 一八八・	二〇九・〇〇
花蝶 卅二支	同	同			一九七・五〇 一八八・〇〇 一八八・〇〇	十一月 二〇〇・ 七月 一六九・	三月 二四〇・〇〇 二月 一九二・〇〇
五彩星 十支	同	同			一二五・〇〇 一二二・五〇 一二二・五〇	十月 一一四・ 六月 一一一・	一三七・〇〇

（九）火柴

牌號	單位	價格標準	十三年六月末調查 單位元	十四年六月末調查 單位元	十五年十月末調查 單位元	十六年各月調查 單位元	十七年各月調查 單位元
雙喜裝木箱	每箱	最高 最低 月末	三五．五〇 三五．〇〇 三五．五〇	與上年同	四二．〇〇	十一月 四二．	四一．五〇 四〇．五〇
雙喜	每包	同	三二．五〇 三二．〇〇 三二．五〇	與上年同	三九．〇〇	十一月 三九．	三八．五〇 三七．五〇
三陽裝木箱	每箱	同	三五．五〇 三五．〇〇 三五．五〇	與上年同	四二．〇〇	十一月 四二． 二月 四一．	四一．五〇 四〇．五〇
三陽	每包	同	三二．五〇 三二．〇〇 三二．五〇	與上年同	三九．〇〇	十一月 三九．五〇 二月 三八．五〇	三八．五〇 三七．五〇
華祥	每箱二百四十封	同			六．五〇	六月 七．〇〇 五月 六．三〇	六．三〇

（十）蔴袋

類別	單位	價格標準	十三年六月末調查以一元爲單位元	十四年六月末調查以一元爲單位元	十五年十月末調查以一元爲單位元	十六年各月調查以一元爲單位元	十七年各月調查以一元爲單位元
綠條新	每百條	最高 最低 月末	四二．〇〇 四〇．〇〇 四一．〇〇	五五．〇〇 五四．〇〇	四九．〇〇 四六．〇〇 四九．〇〇	三月 六〇．〇〇 一月 四六．〇〇	一月 五二．〇〇 五月 四七．〇〇
又冲新特等	同	同	三四．〇〇 三一．〇〇 三三．〇〇	四四．〇〇 四二．〇〇	四五．〇〇 四二．〇〇 四五．〇〇	三月 五〇．〇〇 一月 四二．〇〇	
又冲新一等	同	同	三一．〇〇 二九．〇〇 三〇．〇〇	三五．〇〇 三三．〇〇	四三．〇〇 四〇．〇〇 四三．〇〇	三月 四六．五〇 六月 三九．〇〇	一月 四一．〇〇 五月 三六．〇〇
又冲新二等	同	同	二八．〇〇 二七．〇〇 二八．〇〇	三〇．〇〇 二七．〇〇 二八．〇〇	三六．〇〇 三三．〇〇 三六．〇〇	二月 四〇．〇〇 一月 三三．〇〇	一月 三四．〇〇 八月 二六．〇〇
藍條新	同	同	三六．〇〇	四五．〇〇 四四．〇〇		九月 四九．〇〇 七月 四三．〇〇	一月 四五．〇〇 五月 四〇．〇〇
又冲新特等	同	同	二八．〇〇 二七．〇〇	三三．〇〇 三二．〇〇		九月 三九．〇〇 一月 三一．〇〇	
又冲新一等	同	同	二六．〇〇 二四．〇〇 二八．〇〇	三〇．〇〇 二八．〇〇		九月 三六．〇〇 十一月 二三．五〇	一月 三五．五〇 五月 三三．〇〇
又冲新二等	同	同	二三．〇〇 二〇．〇〇 二一．〇〇	二七．〇〇 二六．〇〇		三月 三一．五〇 一月 二六．〇〇	三月 二九．五〇 一月 二二．〇〇
又冲新三等	同	同	一八．〇〇 一五．〇〇 一六．〇〇	一四．〇〇 一三．〇〇		一月 二五．〇〇 二月 一七．〇〇	一月 二二．〇〇 六月 一六．〇〇

（十一）木材

類別	單位	價格標準	十三年六月末調查以日金爲單位	十四年六月末調查以日金爲單位	十五年十月末調查以日金爲單位	十六年各月調查以日金爲單位	十七年各月調查以日金爲單位
松板四公厚普通	每坪卽六尺平方	本月末 前月末	一．四〇 一．八〇	一．五〇	一．四〇	十月 一．三〇 一．三〇	
松板四公厚上等丈二長	同	同	二．五〇 二．六〇	二．二〇	一．八〇	十月 一．八〇	
松板六分厚上等	同	同	三．五〇 三．六〇	三．二〇	二．八〇	二月 二．七〇	
松板一寸厚	同	同	五．四〇 五．六〇	五．二〇	四．八〇	二月 四．五〇	
關東白松	每才	同	．一五 ．一六	．一六五	．一四	二月 ．一五	
關東紅松	同	同	．一六 ．一六五	．一七五	．一五	二月 ．一八	

（十二）洋灰

牌號	單位	價格標準	十三年六月末調查以日金爲單位	十四年六月末調查以日金爲單位	十五年十月末調查以日金爲單位	十六年各月調查以日金爲單位	十七年各月調查以日金爲單位
唐山貨	每桶	本月末 前月末	六．七〇	五．八〇	六．〇〇	六．〇〇	五．八〇 五．七〇
東洋貨	同	同	七．八〇 六．四〇	五．三〇	八．〇〇	六．九〇	六．〇〇 五．七〇

（十三）石材

類別	單位	價格標準	十三年六月末調查以一元爲單位
花崗石普通貨		本月末 前月末	一．〇〇
白花崗石上等貨		同	一．五〇

（十四）磚瓦

類別	單位	價格標準	十三年六月末調查以一元爲單位	十四年六月末調查以一元爲單位	十五年十月末調查以一元爲單位	十六年各月調查以一元爲單位	十七年各月調查以一元爲單位

德國式機製紅磚	每千塊	本月末前月末	一一.〇〇	一二.〇〇	一四.〇〇	一三.〇〇	一三.〇〇 一二.五〇
青磚	同	同		八.五〇	一二.〇〇	一三.〇〇	一二.〇〇 一一.五〇
土窰造磚	同	同	八〇.〇〇	八.〇〇	九.八〇	一二.〇〇	一一.〇〇 一〇.〇〇
德國式瓦	同	同	四〇.〇〇	三六.〇〇	四〇.〇〇	四〇.〇〇	四〇.〇〇 三六.〇〇
鱗式瓦屋頂用	同	同	二八.〇〇		三〇.〇〇	三〇.〇〇	三〇.〇〇 二七.〇〇

以上各表爲最近五年之青島物價以此與民國七年或十年相較不免有逐年增高之象而鷄卵一項爲特甚在民國七年十年之際每千個値九元上下十三年遂加至十五元十五年加至三十二元十六年更加至三十六元蓋蛋廠林立出口日增使然其次爲牛皮上等者在民國七年十年爲二十八九兩而近五年則增至四十兩以上其逐年跌價者以鹽爲最七年每噸七元上下九年更高至十元上下自我國接收而

後則逐年跌價遂由五元四元降至三元以下矣其價値時有變動者爲棉紗及煤變動最少者爲火柴此外如米粮鱗介之類視收獲之豐歉蔬菜瓜果之屬視成熟之季節一年之中頗有漲落然綜括各類仍屬漲價多而落價少即如上海米在民國三年與七年調查每包八元上下迨十年以後則恒迴旋於十四元至二十元之間蓋生活程度日高縱有豐年亦不足以平米價矣

日人調查物價分爲貿易品建築品日用品三項前二者中外所同而日用品則國人與日人大異蓋旅青日人之飲食衣服無一不取材於日本故日本領館商會（日名商工會議所）調查者十之八九屬彼所習用與國人無涉右表所列亦僅就與國人有關係者摘要錄之而已本年修志之際曾於七八月間專員調查物價亦分貿易品建築品日用品三項種類品目尤爲繁賾茲爲分述於下

貿易品之重要者爲花生米有西南口貨（由日照安東衛靑口裝來）大路貨（由泰安大汶口裝來）二種前者市價每担十二元八角後者減四角花生帶殼每担十一元八角花生油每担二十七元五角鷄蛋以個數計每箱裝二百八十個爲上等三百個爲中等三百六十個爲下等本年七月間上者市價每千個二十元次者十六元或以磅計每重百磅約當大者八百六十個小者一千九月間市價大者百磅値二十四元次者十六元凍蛋由蛋廠混合黃白用冷藏法凝爲冰塊運銷歐洲市價每噸七百二十元牛肉多銷日本有一二三號之別一號每貫卽一百兩市價一元七角二號一元六角三號一元四角牛骨去日本充肥料用市價每担二元九角牛油每担二十元牛皮有青島貨與外口貨大張每担五十元中張四十五元外口鹽板大中張四十元小張四十八元又有甜板一項每担四十八元豆油每担二十元豆餅有大連貨靑口貨之別前者每担四元六角五分後者減價一角草帽辮以興濟貨鹿邑貨浮邱貨三項銷運較多鹿邑浮邱所產辮寬而粗鹿邑貨寬九分（米利卽公分）至十二分者每件（二百四十把爲一件）五十三兩次者九分半至十八分半價五十兩浮邱貨寬八分至十分者價五十五兩九分至十四分者價四十

七兩八分至十二分者價四十九兩興濟貨階級最多價亦懸殊四分至五分爲最上價四百兩五分至六分者次之價二百八十五兩五分至六分半者又次之價二百七十五兩五分至七分者價二百四十六兩六分至九分者價一百三十兩八分至十一分者價六十五兩九分半至十一分半者價四十五兩翅小寬六七分者價三十兩煤以博山淄川所產爲大宗博山大號去末者每噸十五元中號不去末者十三元煊子煤去末十三元不去末十一元粉煤八元五角淄川煤大號每車十五噸市價一百七十二元三號一百五十二元粉煤一百零七元棉花（由濟南來）每担四十七元粉條（卽罨）貨每担二十元洋粉每担一百四十兩海帶每担五兩蔴袋（印度產）新綠條每百條價五元冲新貨三元五角白糖（台灣產）上者四二三號每担六兩二錢五分次者二十五號價減一錢紅糖（香港產）一號每担六兩四錢二號價減一錢火柴均本埠產童鹿牌大號黑頭每箱（二百四十包）九元四角小號黑頭每箱（四百八十包）九元七角五分三星牌紅頭每箱（一千四百四十包）三十七元棉紗惟五子松

鹿兩種屬華商華興廠出品（每件四十捆）五子十支紗價一百三十九兩十六支紗一百六十七兩二十支一百八十一兩松鹿牌乃三十二支細紗價二百十兩其餘均屬本埠日廠出品市價已見前表矣

本國細布萬年青牌每疋（四十碼下同）八兩三錢劉海牌八兩二錢本國粗布四平連牌重十五磅者價六兩二錢五分十六磅者加三錢十八磅者七兩二錢三天牌九星牌握手牌均重十八磅價亦相若在七兩三錢上下跑馬牌較昂爲七兩九錢

日用品中如麵粉牌號甚多一號粉（每袋四十九磅）三元至三元二角四號粉二元二三角米以上海大米爲佳每包（百五十斤）價十五元香港粳米上者八兩二三錢次者六兩八錢江米九兩二三錢高粱（東三省產）有紅黑之別紅者四元黑者相差五六分又有元梁一種價減二角大豆有東三省產海州產之別海州產六元四角五分東三省產高二角餘大麥帶殼者四元八角小麥（高密產）六元三角以上皆以担計牛肉三角五分至六角豚肉三角五分至四角甘藷五分蘿蔔二分洋芋三分五厘以上皆以斤計其餘蔬菜瓜果因季節而漲落故不具述鷄重二斤者每羽五六角鴨重三斤者每羽一元有零筍干四角八分干魚子七角至一元豆付干九分醬油（本埠製）二角次者一角粗鹽二分精鹽五六分麵醬一角五分二至角鹹魚七分鹹鯗一角五六分鹹蘿蔔三分半鹹芥菜五分至一角以上皆以斤計五星啤酒（北平產）每箱（四十八瓶）十五元青島啤酒十四元德國啤酒二十二元卽墨黃酒一角二分至一角五分燒酒二角至三角地瓜酒一角大芳茶葉一元至一元八角龍井茶一元五角至四元八角醋五分至五角以上皆以斤計柞炭（嶗山產）每斤一角火油每箱（二桶）四元八角九分美孚亞細亞同價其餘雜牌稍差

建築品鐵條六元四角鐵板大中兩號六元六角小號高一角均以担計鉛板二十六號每張一元二角六分二十八號一元一角三十號九角二分洋釘大中兩號每箱九元八角小號十元洋鐵絲粗者每担七元五角細者十三元鉛絲每磅三角五分磚海西產者窰場交貨每千塊六元五角小港交貨七元二角市內交貨八元三四角沙磚

每千八元丈石在山交貨每平方公尺三角二分市內交貨五角二分亂石（工廠交貨）每立方公尺三元五六角沙子每立方公尺九角至一元二角美國紅松十四寸至十八寸者每千尺九十五元十八寸徑至三十寸者一百十元榴安木一百六十五元美國黑松六十五元白松八十八元一號企口板一百三十五元二號一百十元三號九十五元關東白松每立方公尺三十四五元紅松三十七八元灰溜子（房頂用薄板）每六尺平方價八分石灰每千斤六元唐山洋灰每桶五元七角大號紅洋瓦每千塊三十二元本國小瓦六元本國鐵釘每斤一角二分活頁三寸者每具八分半四寸者一角二分五寸者一角四分以上市價屬本年七八月間所調查其後頗有變動卽如磚瓦一項因本年李村等處水災及本埠新建築之驟增已由七八元之市價漲至十三四元矣

民社志九　結社

人之所以爲萬物之靈者在於能羣故集會結社實爲社會行政之要端人羣結合之起點我國古來以家爲國之單位五家爲鄰五鄰爲里此行政之設施特然至於社會組織非必以家爲單位也有以血統關繫而結合者爲宗祠義莊宗塾之類有以里居關繫而結合者在本鄉爲保甲鄉團水會（卽救火會）義倉義塾在外鄉爲會館祠社之類有以職業關繫而結合者爲行爲幫爲會館公所凡是皆有組織有規律其義源於博愛其用主於互助其始起於同族其終則汎及羣倫非僅隘其範圍只謀同社之私利也古來講治平之道者以法儒墨爲最精法家重國家故主法治儒墨重社會故主德治法律操之當道一旦人亡政息則亂作道德則浸潤於全民故曰道之以德齊之以禮有恥且格至於有恥且格不待政刑之督迫而人民畢能自治社會基礎堅定不可輕易動搖矣孔墨均以博愛爲主孔主親疏等差由近及遠書經首言親九族繼之以平章百姓終之以協和萬邦此亦順人情之自然非古人所故創亦猶之後世同鄉同業同學等組織以此爲合羣之起點耳墨子更進一步力持大同兼愛初雖不合時宜終必復起蓋立身於羣之中未有不善其身而能兼善天下者亦未有衆人皆醉

而獨醒可以常存者故改良社會實爲治國之根本兼善卽所以圖存也迺數千年來處於專制積威之下人民結社如漢之黨錮宋之太學明之東林稍涉政治之畛域卽爲當世所摧殘甚且懸爲厲禁相率緘口不言以致正當結社不獲循序發展而秘密之集合轉橫行於一時謹愿者只圖自保然終不能獨存狡黠者更利用羣之渙散無知識肆其詐力操縱而傾軋之殘毀其羣而終亦歸於自殺蓋聚數百千萬漠不相關之人而無血統宗教道德學術技藝種種關鍵爲之互相維繫而僅賴此不完全之法律不正當之權力以束縛之是不待綱紀解紐而禍患久矣潛伏於其中矣膠澳本屬商埠社會發展亦自商界啓其端倪結社之最早者爲齊燕三江廣東三會館及青島商會商界公益市政得失嘗集議而取決於此我國收回而後結社日盛成效尙鮮世人不甚熱心於集會結社而集會結社亦往往不能見重於世人是誠社會之憂宜亟圖改善者也現有結社約可分爲四類分別誌之如下其商會教育會律師公會農會依特殊之法令而組織者述於商業教育司法農業諸篇茲不複載

（甲）爲謀同鄉公益而組織者

齊燕會館於前清光緒年間成立初由山東天津各幫商號組織歷年經辦本埠公益同鄉義舉甚多所有湖島子華人公墓義地亦歸齊燕會館經管初與三江廣東三館輪值管理繼以輪值不便改歸齊燕專管本埠錢業市場亦附設於館中館址在館陶路陵縣路之間

三江會館於前清光緒年間成立初由蘇浙皖贛四幫商號組織歷年經辦本埠公益同鄉義舉甚多附設三江兩級小學現有學生八十餘人年支二千餘元又有長生會惜字會等項館址在芝罘路

廣東會館於前清光緒年間成立初由廣東幫商號組織歷年經辦本埠公益同鄉善舉甚多附設小學館址在芝罘路　以上三館建立最早名爲同鄉組織歷年爲本埠商界盡力甚多當德人租借時期設有華顧問十二人其中六人由齊燕會館推選又六人由三江廣東兩館推選各半市政興革關於華人公益者華顧問列席市參事會陳述意見彼時分子整齊團結堅固三館儼然爲商界之代表也

平度旅青同鄉會民國十一年十一月成立由平度同鄉組織調查旅青同鄉云有五千餘人會址在卽墨路

青島卽墨公會民國十二年四月成立由卽墨同鄉組織調查旅青同鄉云有二千餘人會址在卽墨路

萊陽同鄉會民國十三年成立由萊陽同鄉組織之

武定十縣旅青同鄉會民國十三年成立由十縣同鄉組織之調查得百餘人

黃縣同鄉會民國十三年成立由黃縣同鄉組織之

高密旅青同鄉會民國十二年三月成立調查高密旅青同鄉得二百餘人

東臨十四縣旅青同鄉會十四縣同鄉入會者初得八九十人繼減至二十餘人

甯波旅青同鄉會民國十一年成立會員四百餘人建有會館在台西壽張路對於旅青之貧困或死亡者間有施助資金棺木

青島市民公會民國十一年十二月成立會址在膠州路

膠澳鄉民公會各鄉區長村長組織之初附設有師範講習所嗣以經費不足停辦地方公有之南曲學田田租卽由鄉民公會收取以充會費會址原設李村集今移市內山東路

膠澳商埠挪莊公會民國十三年五月成立居住挪莊貧民向免地租民國十三年台西市鎭逐漸開闢故公署令居民遷移團島因結此會求免遷居附設義務小學向各界募捐不少並由商埠局膠濟鐵路局按月被助挪莊馬虎窩貧民共有一千餘戶

濟南十六縣同鄉會民國十二年六月成立

掖縣同鄉會民國十二年七月成立

膠縣同鄉會民國十二年七月成立

臨沂同鄉會民國十二年三月成立

濰縣同鄉會民國十二年七月成立

昌邑同鄉會民國十二年八月成立
海陽同鄉會民國十二年九月成立
田橫島同鄉會民國十四年一月成立
(乙)為謀地方公益而組織者
膠澳中國青年會民國十一年七月成立市民皆得為會員每人納入會費一元並有常年會捐附設有模範高初兩級小學自十二年開辦又女子職業班畢業一次現已停辦小學歷年領有商埠公署津貼每月二百元會址及附設小學初在湖北路現移膠州路
膠澳平民教育促進會民國十三年三月成立嘗于市內設立平民讀書處十所授以千字課識字畢業者不下千人
膠澳平民教育協進會民國十六年九月成立附設奉天路培德學校泰山路新民學校鄒平路青光學校四方村育才學校小村莊正本學校湖島村育賢學校邱縣路建華小學并各附設平民夜校會址在即墨路
青島基督教青年會乃全國基督青年會之一支體創於千九百零八年初附於北京路耶穌堂民國十五年第一次徵得會員四百餘人第二次徵得五百餘人本年由會友劉鶴庭捐給冠縣路樓房一所規畫逐漸擴充會內附設日夜學校補習數學英文等課附設閱報室青年宿舍臨時講演每年募集會員一次入會費三元十元不等會址在冠縣路
青島萬國體育會民國十三年二月成立會全馬場歸其承辦每月舉行賽馬獲利頗厚馬場內並附設各種打球設備凡有組織球會者得向體育會借用各國人均得入會普通會員每年會費二十元共有一百七八十人餘為股東會員有股份十萬元為馬場之運用資金會址在浙江路本埠賽馬每月輒一二次入場券不收費故以馬票為惟一之收入每年恆在百萬以上至百五十萬元其中以百分之八十五派給彩銀十五分歸馬會每年約得二十餘萬以十萬元獎給優勝之馬主其餘則

供會中開支以純贏之二報効商埠局一成捐助公益事業七成分派股息
青島中國體育會由國人同志組織有網球籃球等項設備
膠澳平民教育社十四年成立初設平民讀書處十所先後識字畢業二百餘人嗣又增設五所容學生六七百人社址附於基督教青年會內常年經費由萬國體育會捐助一千元委託基督教青年會代辦
青島道院民國十一年七月成立社員以習靜悟道為務附設因利局貸欵貧民每戶以三元為限不取息但每三日須還本一次限於一個月內還清又附設紅卍字會分會歷辦義賑多次
青島同善社於民國七年創立社員以洗心滌慮性命雙修為內功以正己化人財法兼施為外功兼辦捨藥施衣各項善舉
萬國道德會及台東鎮道德分會民國十三年八月成立歷年所辦何事不詳
膠澳自治促進會民國十二年四月成立附設通俗教育講演所每週講演二三次至十四年因款絀停辦
(丙)為謀同業公益而組織者
青島出口業公會民國十五年成立由中外出口業商號合力組織之
青島商業公會民國十二年三月成立初因青島取引所風潮商界恐慌故結此會共相維持當時入會商號二百餘家
青島房產公會民國十三年八月由本埠房主組織成立並附設租賃房屋事務所以期清理欠租和解主客會員初有百餘人按所置每房一所納費五角其後占屋欠租公會亦無力維護十五年冬遂即停辦
青島畜產同業公會民國十二年八月成立由畜產商組織之會員交保證金二百元每屠牛一頭交費一角關於購牛報捐附款追欠等項歷年解決不少會員每年初得二十餘人繼增至三十餘人然不入會之牛商數倍於此也會址在東平路
青島行棧同業公會民國十二年成立經辦行棧家買賣事宜為之保證會址原設濟

南路本埠之豆油花生現貨交易向在同業公會設立市場成立交易嗣於十七年七月間移入青島取引所矣

膠澳民船公會民國十二年十二月成立凡在膠澳區內之船戶水手均得入會歷經辦理船戶編號及調查水手人數並製定旗幟發給船戶嗣因辦理失當被官廳解散

青島棉紗同業公會民國十三年六月成立由販售棉紗之各商號組織之爲買賣兩方之居中担保現已停辦

青島燒酒同業公會民國十五年一月成立由販售本國酒之商號組織之歷爲同業解決紛爭會址在濟南路

膠澳水產同業公會民國十二年六月成立由漁戶漁商組織之原有會員約三百人會員各交保證金歷辦魚市場及水產公司進口鮮魚均得入市場叫賣買賣兩方各給公會扣用十分之二此會原爲抵制日人之水產組合而設乃以經辦人管理

失宜積虧甚巨遂於十五年停辦

青島煤炭同業公會民國十四年六月成立由販煤各商號組織之共五十餘家歷年經辦同業對外交涉會費以貨捐爲抱注會址在金鄉路

青島人力車同業公會民國十二年三月成立中日人之車主共爲組織經辦同業對外交涉近年營業不佳凡有執照十號者均按八折出租會址在膠州路

青島人力貨車同業公會民國十三年九月成立由人力貨車共爲組織會長書記均支夫馬薪金每車一輛月捐會費一角當十三年五月間警廳令貨車加寬車輪鉄瓦因而罷工乃組此會據會中人云有貨車二千輛車夫八千人然據警廳調查僅一千四百餘輛會址在汶上路

青島市場共同事務所民國十二年一月成立由市場租戶組織會員每月交會費一二三元不等經辦市場租戶對外交涉會員一百餘家會址在滄口路

膠澳報界公會民國十四年一月成立由各報館組織之經辦新聞聯合事項會址在安徽路

青島新聞記者聯歡社民國十三年六月成立由各新聞記者組織之經辦各報社聯合事項會址在安徽路

（丁）爲謀同好娛樂學藝而組織者

國際俱樂部民國十二年成立由中外人士共同組織之專供宴會娛樂之用會內有書報室球室跳舞室兼設食堂設備完善秩序井然會員恆六七十人入會費五十元每月會費七元會屋在河南路建築華麗乃商埠公署所贈與者

青島獅會民國十六年成立由中外人士共同組織有定期之晚餐會及臨時講演會址附設於青島基督教青年會並附設眼科治療所施診

青島氣象學會由本埠觀象台同人組織以研究氣象學爲職志

武術實益會民國十四年五月成立

公善社民國十五年六月成立

青島婦女會民國十六年成立

民社志十 養卹

本埠養卹事業有教養局濟良所育嬰堂習藝所義塚萬國公墓日本人公墓分述其緣起如左

教養局屬前督辦高恩洪所創辦由本埠經費年支一萬四五千元收容無產貧民授以有用工藝初分織染成衣製鞋繩索藤竹木工印刷編織等科規模宏大卜地於台東之兵器庫故址嗣以經費不足且庫址過於遼闊不便管理乃移於團島兵房舊屋嗣因軍隊索用又移於台西魚台路十四年七八月間擬改歸商會主辦議而未行現有局長一員主任二員訓誨師一員技師五員辦事員書記等五員警長二員警衛十六名夫役七名所收藝徒或由警察廳移送或由團體家族保送盛時五六十名少則二三十名不等

濟良所亦前督辦高恩洪創辦所以收容無告婦女以挽叔世之澆風所長初支俸薪

嗣由商會委托朱文彬代爲經管改爲義務職商埠局每年補助經費一千八百元青島商會補助稱是收容婦女恆得三十名內外老幼兼收每日並授以室內工作及讀書習字正當婚配准其出所或屬年幼被拐入所後經本生父母領回者亦頗不少

育嬰堂爲總辦趙琪所創辦撥給六十三號官產一所並增建樓房一所開辦費由公私捐集二萬餘元常年經費由牛照每張附捐一角每年可收六千餘元現收育嬰孩二十名歷來由市民領爲義子女者亦頗不少其組織則推常務董事四人董事二十四人共負管理之責並聘用主任庶務書記各一員現由董事張慰世專司其事

青島難民救濟會附設於商會內初十六年九月現德丸全船沉溺本埠官商演劇籌賑餘款三千餘元移作救濟難民之用乃設此會專司其事並隨時募捐兼辦其他義賑善舉

習藝所爲青島商界所倡募集捐款萬餘元並由商埠局撥給官產一所現由商會籌備一切專收本埠貧寒授以相當技藝

義塚地初在海濱卽今之商埠局用地德人初至修路建屋舊有塚墓均被遷徙於台東鎮劃地一區在今之利津路專供義地之用其事務初由商務公局管理公局取消改由齊燕三江廣東三會館輪年値管繼因輪値不便乃歸齊燕會館經管迨千九百零四年市街推廣漸及台東鎮德人復於湖島子地方價購民地中畝一百七十四畝永久充華人義地日人來後始將台東義塚遷葬於此計一千六百五十一塚民國十三年又經商埠公署增撥附近官地二十畝義地公所有屋二棟一爲李經邁捐助一爲本埠紳商捐建停柩不得逾兩箇月計屋五間僅停五柩借屋停柩者每月租洋十五元浮厝地面者每年按三等交費一等五元二等三元三等一元埋葬土中者按等交費一次等率同上

此外更有華新紗廠職工專用義地民國十二年於滄口劉家山後價置民地四畝專供廠中員司職工墓地翌年復就原址增置十畝供滄口區公共義地之用十六年本埠之回教徒成立教堂亦領有義地一區專供回教徒塚墓之用

萬國公墓地在青島山之東南麓卽青島山路之南側面積約五十畝設於千九百四年現商埠局派有專役爲之看守十五年十月並於四周增築圍牆以遏樵蘇踐踏其使用費成人者每柩收費十元占地以長二公尺五寬一公尺二爲度十四歲以下收費五元占地以長一公尺二五寬九公寸爲度二十五年之後可以平去另供新墓之用如越二十五年仍欲保存者應另交保存費二十五元

日本人墓地在民國六年以前亦葬於台東鎮公墓地其後於青島山之東北麓卽西山路之西側另闢一區約地四畝專供日人安葬使用費分一二三等占地一步以下者一等每步收費二元二等一元三等五角占地多者約加二三成

民社志十一　犯罪附違警

人生而有欲求其欲而不得則爭爭之不以其道則受法律之制裁而爲犯罪法律者禁之使不得妄爭也然而人情之所向法律往往不足以禁遏之蓋國家既無以泯其爭而人民又不知節其欲於是罪不勝罰而法律以窮況在叔季法紀蕩然强者恃力以蔑法黠者舞文以弄法情實益以不平法律愈失其用故爲治貴刑措導之以經濟範之以禮教減個人之私欲而競大羣之公欲公德日新私爭日泯昔爲犯罪之端者今乃爲進化之母管子謂倉廩實乃知禮節衣食足乃知榮辱孔子謂導之以德齊之以禮有恥且格至於有恥且格則必不故觸法網矣是知孔子必使無訟之說果有其道非空談也我國近年步武列邦改良司法對於犯罪統計歲必有報如之何正本探源以達無訟之旨不可不於此中研究之也青島地方審判廳本廳設於青島而分庭則設李村凡屬李村區之案件恆就近由分庭判決而其餘各區則歸本廳判決爲常本廳於十二年成立分庭於十三年成立每年之刑事確定案件皆有年報其中關於被告人之年齡家庭狀況教育程度資產生計職業皆與犯罪有關爲研究社會現狀者所必應注意茲就歷年年報先後比較約舉數端（一）爲確定被告人歷年之總增減十二年爲八百三十九十三年爲一千二百七十（本廳分庭合計下同）十四年爲一千零八十五年爲七百三十二十六年爲六百六十九就本表言之屬先增而後減

而就表外事實言之則十三年之驟增屬於可憂而十四年以後之驟減並不足喜蓋軍人干政法院不克盡職非必犯罪之日減也(二)就被告人之男女性言之女犯僅當男犯百分之四左右女子之與社會素少接觸蓋可知矣(三)就所犯之罪名言之以竊盜强盜爲最多次則鴉片又次則殺傷又次爲賭博而分庭所判以竊盜居第一位殺傷次之鴉片又次之是犯罪之原因大都逼於生計而鄉民之無法律思想致易陷於罪戾又與城市有別也(四)就總人口之比例言之本廳轄境有人口十七萬九千餘人分庭轄境有人口十四萬二千餘人然分庭判決總數最多之十三年份僅當本廳十之三十四年僅當本廳十之一非鄉民之犯罪較少卽法外之和解較多二者必居其一矣(五)就被告人之年齡言之以二十歲以上四十歲以下爲多而竊盜殺傷詐欺三項尤以二十歲以上之人居其多數十六以上十之八犯竊盜五十以上十之五犯鴉片一屬血氣方剛一則志氣頽喪矣(六)就被告人之家庭言之有父母有子者居其多數而無父母無子者居其少數未婚者居其多數而有配偶者居其少數然在女性則未婚者固未有一人也(七)就被告人之教育言之本區十年以來小學畢業者三千五百人而現在之在校學生大中小學合計萬有餘人加以歷年中途輟學之生徒是知受普通教育者約爲總人口之十分一全區人口總數爲三十萬零八千(警廳十六年調查人口卅二萬二千餘人外僑一萬四千茲不計入)而五年以來刑事確定之被告人總數爲四千五百八十二人其中受普通教育者得二百十八人對於被告人總數占百分之五對於全區人口總數不足千分之一能識字寫字者得一千二百六十七人對於被告人總數占百分之二十七對於全區人口總數約占千分之四全無教育者得二千九百九十九人對於被告人總數占百分之六十五對於全區人口總數約占千分之十是知受普通教育者之犯罪爲一而未受教育者爲二是有教育與無教育之別也然受普通教育之被告人半數爲嗎啡犯及鴉片犯是又不免誤用知識以助長犯罪矣(八)就被告人之資產言之烟賭盜毆四項犯罪有資產者與無資產者約略相當所異者分庭轄境之竊盜犯轉以稍有資產者居其多數而本廳轄境之竊盜犯則無產赤貧幾占四

分之三也(九)就被告人之生計言之竊盜犯以貧困生活者居多而殺傷與鴉片嗎啡賭博四項轉以普通生活與樸質生活者居多(十)就被告人之職業言之本廳轄境以自由業雇傭業工業居其多數而商業與無職業次之自由業雇傭無職三項所犯以竊盜爲最多工業所犯則盜殺煙嗎啡並計三項相等商業所犯以鴉片爲首而殺傷次之分庭轄境以農業居多數工次之商與雇傭又次之究其所犯則竊盜最占多數殺傷次之賭博與鴉片又次之而雇傭者之所犯則什之五爲竊盜此其大較也

(甲)刑事確定案件歷年比較表

罪名	妨害公務 男	妨害公務 女	偽證及誣告 男	偽證及誣告 女	放火決水及妨害水利 男	放火決水及妨害水利 女	危險物 男	危險物 女	妨害交通 男	妨害交通 女	妨害秩序 男	妨害秩序 女	偽造貨幣 男	偽造貨幣 女	偽造文書印文 男	偽造文書印文 女	鴉片烟 男	鴉片烟 女	賭博 男	賭博 女	姦非及重婚 男	姦非及重婚 女	殺傷 男	殺傷 女
青島地方審判廳判決 十二年	一	一	一		一		八		一		三		一〇		二		一三一	一四	一三		五	二	八八	
十三年	六		三		二		八	二			一四	一	五	一	七		一四六	二四	四九		三	三	一一〇	五
十四年	五		一		七		五				六		一八	二	七		一〇八	一三	九五		六	六	七八	五
十五年	二		一	一			七				四		一四		七		八九	二四	三五		三	一	一〇六	九
十六年			一				一〇	一			二		一一		四		三八	三	五	一	三		一一一	六
青島地方審判廳分庭判決 十二年											一				三		二六	三	五八		二		三八	一
十三年											一				二		六		一六					
十四年					一								一				一〇	一					四三	三
十五年																								
十六年	一		三								三		五				七		二三		二	一	二二	六

罪名	性別	1	2	3	4	5	6	7	8	9	10
私擅逮捕監禁	男	四		六	七			八	六	一	
	女										
略誘及和誘	男	二三	八	一七	一三	二〇		五	三	二	七
	女	一三	六	六	二	六		一	一	一	
竊盜及強盜	男	三一二	四〇二	四六八	二一五	二二〇		一三二	三三	一四	三二
	女		四	三	五	一		五			一
詐欺取財	男	三四	二七	三八	二二	二一		三	三	三	一三
	女				一						一
侵占	男	二〇	三五	二六	二〇	一〇		七	四	四	一
	女										
贓物	男	一三	二六	九	一七	一一		一		二	
	女		二	一		二					
毀棄損壞	男	四		一	三						
	女		一					一	一		
官吏犯贓	男	二	一								
	女										
嗎啡	男	一二二	四一	三〇	二〇	四二		七	一六	二	三
	女		一					一			
私鹽	男	四	二	一三							
	女										
盜匪	男	七									
	女										
妨害安全信用名譽秘密	男		一		五	六		三		一	
	女		一								
藏匿罪人及湮滅證據	男		二		六	一					
	女										
遺棄	男		三								
	女										
瀆職	男			四	三						
	女										
便利脫逃	男			三	二	一			二		一
	女										
藏匿被保人	男								一		
	女										
賄賂	男										一
	女										
合計	男	八〇九	九〇一	九五三	六〇一	五一七		二九四	九四	八三	一二三
	女	三〇	五三	三六	四三	二〇		一二	二	五	九

右表就法院年報編製其中有經警察廳移送案件茲更就膠澳商埠行政概要所載經過警察廳之刑事案件另列一表俾有參考（例如竊盜強盜法院併列一項警廳則分列二項觀此始知竊多盜少之比較）其違警案件及外人販運軍火案件別列二表附於其後外人販運軍火案件向以治外法權爲藉口不受我國官廳之制裁祇移交領事館含糊了結而已

（乙）膠澳商埠警察廳刑事案件表

罪名＼年份	十四年	十五年	十六年	十七年	備攷
內亂	五	一一	四	一	十四年分自七月二十五日起至年終止十五十六兩年爲全年之數十七年則至九月分止
瀆職		一	五	四	關於外人犯罪案件警廳另列一表計十四年七月二十五日以後共得十四人概屬危險物犯十五
妨害公務	一	七	二	二	年共二十八人其中危險物犯十五鴉片犯二嗎啡犯一妨害水利犯一殺傷犯一十六年共十七人危
放火			三		險物犯十嗎啡犯一毀棄損壞犯一殺傷犯三竊盜犯一詐欺取財犯一十七年至九月止共十五人
危險物		七	七	一五	危險物犯二殺傷犯七詐欺取財犯四妨害安全犯二
僞造貨幣	一〇	二一	八	七	
僞造文書	一		二	一	
鴉片	四三	七一	四三	四六	
賭博	四	三	一四	六	
姦非	三	七	二	二	
殺傷	九	二七	一三	一四	
私擅逮捕監禁		二	一		

略誘及和姦	一七	五〇	四七	四三
妨害安全		一	三	一
竊盜	一六八	二三〇	二〇六	一四三
強盜	一八	四一	四一	二五
詐欺取財	一三	二五	二七	一九
侵占	一一	二六	八	二
贓物	三	六	七	四
毀棄損壞		四	二	一
嗎啡	一〇	一七	一三	四
其他	一〇	四三	二四	一七
總計	三三六	六〇〇	四八一	三七九

(丙)膠澳商埠警察廳違警案件表

罪名／年份	十四年	十五年	十六年	十七年
妨害安寧	八	一〇	三八	一三
妨害秩序	二八	三九	二六六	三四〇
妨害公務	四	二	一〇	五
誣告僞證及湮沒證據			一	
妨害交通	五	一二	二四〇	一七一
妨害風俗	三八	五一	二五八	二三五
妨害衛生	五六	二二四	二〇七	二七
妨害他人身體財產	六八	二三四	一八五	一〇四
其他	五〇	九三	一三三	一三九
總計	二五七	六六五	一·二三八	一·〇三四

(丁)外人販運軍火表

日期	犯人性名	國籍	違禁品種類	數目	備攷
十二年二月四日	西村勇太郎	日本	白郎林手槍 子彈	九支 約二千粒	港政局查獲並有日警持刀示威攔阻抗議不復
二月十日	未詳 逃逸	日本	盒子槍	一百餘枝	經海關攔阻檢獲歸海關辦理
三月二十五日	隅田	日本	三十年步槍 彈 盒子槍	三十五支 三千九百六十 一支	在隅田住室內木床下及木箱內搜出
			彈 六輪手槍 彈	一百三十 一支 二百二十	
三月二十五日	隅田吾太郎 川端寅之助	日本	三十年式步槍 彈 盒子槍	三十五枝 三千九百六十粒 一枝	偵探隊查獲日本警察官阻止須將槍彈連犯交日領署當即
			彈 六輪手槍 彈	一百三十粒 一枝 二百二十粒	交去嗣日領覆云隅田處拘留十五日驅逐回國川端處二十
			八音手槍 盒子槍發條 大槍皮帶	一枝 二十個 二十五個	日拘留
三月二十五日	佐佐木義治	日本	自來得子彈	一千二百	以下共三起同日同時由水警拿獲由廳轉交日領查辦
三月二十五日	平野吉郎 山本武男	日本	白郎林槍	七枝	
三月二十五日	未詳 逃逸	日本	自來得槍 子彈	四枝 一千二百十	
四月十四日	野野山佐太郎	日本	鳥槍子彈	八盒計三百九十九粒	人犯送日領

四月五日	吉原友次郎	日本	自來得槍 彈	一支 二千五百粒	人犯交日領
四月二十三日	未詳 逃逸	日本	手槍 彈	四支 一包	港局拿獲交水警
四月二十三日	光武英和	日本	盒子槍 彈	一枝 一百粒	住輕藻町一番地三層樓上保安隊往搜時僅獲其差役王可本一名
五月九日	吉田初吉	日本	自來得槍 彈	四枝 二百粒	以下二案犯同時拿獲
五月九日	宮澤石江	日本	自來得槍	三枝	
五月十日	藤田菊太郎	日本	白郎林槍彈	一千〇八十九粒	人犯送日領
五月九日	犬上幸八 坂井隆生	日本	白郎林彈	大小二十六盒又十三粒	犯交日領
五月十日	川端寅之助	日本	手槍 彈	四枝 四百〇七粒	日本裁縫舖內有一婦人拿出一包抽身想逃當場捉獲 犯交日領
五月三十一日	海野藤次郎 川端仁平	日本	自來得槍	一枝	犯送日領

六月十日	中谷武雄	日本	白郎林 彈	一枝 二粒	犯交日領
六月十三日	秋山元太郎	日本	大槍彈 小手槍彈 匣子槍彈	十三粒 二枝又彈一百粒 四粒	此案會同日館員搜查當日將人贓交領管 並有烟土五十二兩彈殼三十五個
六月十五日	未詳	日本	手槍 彈	二枝 二百	港局查獲未訊問即交水警
六月十七日	李英豪	朝鮮	六輪手槍 彈	一枝 九粒	據供係代日人出售犯交日領
七月八日	拾谷桑太	日本	自來得鎗	二枝	水警查獲犯交日領
八月十六日	鈴木梅吉	日本	手槍 彈	一枝 二百粒	由日人山野又次報告中國人陶姓同一年老人向鈴木家買出
八月十九日	山上長三郎	日本	白郎林槍 彈 自來得彈	十枝 一千粒 九百九十七	犯交日領
八月二十日	河野佐吉	日本	槍彈	二千粒	由水上警察查獲抗議未復
十月三日	星田	日本	自來得槍 彈	三枝 四十四排	由春日丸木炭中查出據查木炭屬日商星包運

十月三日、五日	未詳	日本	自來得鎗 彈	三十六枝 三千三百六十	兩次水警會同海關港局由春日丸船內木炭內搜出交海關辦
十月二十四日	未詳	日本	盒子槍 彈	六十二枝 二千餘粒	由日船海王丸運來經海關查出將日人帶去 係據調查員報告
十二月十九日	原口喜一	日本	自來得槍 彈	一枝 一百	在大港車站查獲犯交日領
十二月二十日	南野重三郎	日本	自來得鎗 彈	二枝 二百	在日本大廟附近抓獲犯送日領
十三年二月十五日	安藤茂 島金高	日本	自來得鎗	三枝	港局查獲送水警犯交日領
二月十五日	齋籐富士郎	日本	白郎林鎗 彈殼 鎗探	二枝 五個 四根	犯交日領
二月十六日	日婦 籐原克西	日本	自來得鎗 彈	二枝 二百	以下三案均同時由春日丸乘客內査出尼苦又名武久港局查交水警犯交日領
二月十七日	日婦 尼苦 平尾信	日本	白郎林鎗 彈殼 鎗探	十六枝 三十二個 十六根	
二月十七日	日婦 吉子	日本	白郎林鎗 彈殼 鎗探	四枝 八個 四根	

三月三日	籐原猛	日本	盒子槍	四枝	犯交日領
三月十二日	小島辰夫	日本	白郎林槍 彈	二枝 二百	犯交日領
五月十日	中尾休四郎	日本	盒子槍 毛瑟槍 彈	四十八枝 彈九千 四十三枝 四千四百粒	於該人提貨之廢報紙內檢出槍彈交海關
七月七日	輪船 嘉義丸	日籍	自來得 白郎林手槍 子彈	八枝 三枝 一千粒	由船上三等艙睡鋪下搜出
十月二十二日	友永愼雄	日本	白郎林槍	十枝	槍交海關犯交日領
十月二十七日	小山十一郎	日本	盒子槍 彈	四枝 四百	贓由海關驗收犯交日領
十四年三月十四日	野村平之助	日本	白郎林槍 彈	二枝 二百七十四	犯交日領
四月十日	要德榮	日本	白郎林槍 槍探 彈殼	六枝 六根 六個	春日丸查獲犯交日領
五月六日	瀨戶永作	日本	白郎林槍 彈殼 槍探	四枝 八個 四根	犯交日領

五月六日	未詳	日本	白郎林槍	十五枝	由原田丸船上搜出贓歸海關
七月十二日	WAPPICR	俄人	六寸白郎林彈	二十七粒	此下兩案係據港局報告俄德人犯及德人子彈均交水警辦理繳彈二十七粒
七月十二日	HGUMAUN	德人	白郎林彈	約二百五十	
八月十五日	未詳	日本	盒子槍 白郎林 彈	五十彈五千五百 四十六枝 九千四百	督察處警廳報告經海關辦理
八月十五日	未詳 貨主爲日商成昌五金店	日本	子盒槍 白郎林 彈	二十枝彈三千 二十三枝 二千三百	此案與上案同爲日輪新高丸裝來在六號倉庫內查獲歸海關辦
八月十五日	中根喜作	日本	手槍 彈	六枝 六百	在新市場路查獲犯交日領
八月十七日	未詳 貨主原田兄弟商會	日本	盒子槍 彈 白郎林	二十二枝 二千二百 十六彈一千六百	在六號倉庫查獲歸海關辦
八月十八日	未詳	日本	手槍 彈	三十八 三千八百	由新高丸運來在車軸油內查出歸海關辦
八月二十三日	前田吉造	日本	白郎林 彈	七枝 六百九十九	犯由日警帶往領館辦
八月二十八日	川本關治	日本	手槍 彈 彈殼	二支 二十 二個	犯交日領
八月二十八日	上田作次 川本關坊	日本	彈殼 白郎林 槍探	三十六個 十八彈一千五百 二十根	犯交日領
九月九日	土肥厚	日本	白郎林	二支	犯交日領
九月十八日	三木甫	日本	白郎林 彈夾 槍探	二枝 二個 二根	犯交日領
九月十八日	未詳 貨主係三好商店	日本	白郎林彈	一千六百	留置堆棧破布包內查出
九月二十四日	三本常記	日本	自來得 彈	三支 六百	犯交日領
九月二十六日	田中秀次郎	日本	自來得	一支	犯交日領
十一月六日	更特	美人	白郎林 彈	四支 四百二十五	犯交該領館
十一月六日	隴野花	俄婦	白郎林 彈	一支 四盒	犯交法庭

十一月二十日	高橋手福	日本	白郎林彈	二百五十粒	犯交日領
十一月廿六日	尾中盛作	日本	盒子槍 子彈	二枝 二百粒	犯交日領
十二月廿三日	米克海利斯	德人	自來得槍 彈	三枝 三百	犯交法庭
十二月廿四日	阿哆囉夫排替爾	德人	白郎林鎗 彈	一枝 一百粒	犯交法庭鎗彈由護軍使提去
十五年一月八日	大阪中井商店	日本	手鎗 子彈	二十一枝 二千三百粒	於驗貨時在洋針包內發見贓交海關
一月八日	夫立次瓦而乃克	德人	白郎林鎗 彈	一枝 九十四	犯由港局交警廳械交護軍使
一月二十日	紀愛特 M.goteke	德人	白郎林鎗 彈	四枝 四百	送法庭辦
一月二十日	由耀開 Sxein ke	德人	白郎林鎗 彈	一枝 一百	送法庭辦
一月二十日	未詳	未詳	自來得鎗 彈 白郎林鎗	三十三枝 三千三百 一枝	海關檢存
三月四日	小泉志郎	日本	白郎林槍 彈夾	六枝 六個	贓送戒嚴司令部犯交日領
三月二十日	竹田矢四郎	日本	白郎林槍 彈	五枝 四百八十四	贓送司令部 此件由稽查處查獲
三月二十日	酉原信	日本	自來得鎗 槍盒零件	三枝 一包	贓送司令部犯交領館
四月十四日	森吾一	日本	白郎林槍 自來得槍	三枝 二枝	由海防司令部在碼頭查獲
四月二十一日	吉田淸	日本	白郎林 彈 盒子槍	四十枝 四千粒 一枝又彈四百粒	贓送司令部犯交領館
四月二十六日	岩崎佐源太	日本	手槍 子彈	三枝 三百	大港車站諜報處查獲
四月二十七日	渥美駒次郎	日本	自來得手鎗 子彈	一枝 八十六粒	在濰縣車站由路警搜獲
四月二十七日	未詳	日本	自來得槍 彈	二十枝 二千粒	由堆棧查出西京丸運來
五月三日	山田平造	日本	自來得手槍 彈	二枝 四百粒	諜報處於大港開往坊子之火車內查出

五月十五日	未詳 貨主係奧田商店	日本	槍彈	二百粒	夾在水菓箱內贓交司令部
五月十七日	管井市次郎	日本	白郎林彈	一千四百粒	犯交日領
五月十八日	野中今朝	日本	自來得彈	四枝四百	贓交司令部　犯交日領
五月十九日	未詳 日商山內商店	日本	白郎林彈	一百枝一萬	由膠皮圈貨內查出原田丸運來
七月三十日	川原靜夫 日婦高松エキ	日本	馬牌手槍彈	四枝二百九十九	鉄路局在高密站查獲
八月十九日	未詳 貨主係千葉商店	日本	盒子槍子彈	三十枝三千	在洋灰箱內查出貨由海關扣留
九月二十七日	宮浦銀平	日本	手槍彈	二枝二百	由軍警督察處在碼頭查獲
十月十九日	相原辰五郎	日本	白郎林彈	四枝四百	犯交日領
十一月廿五日	普爾曼	德人	白郎林彈	一枝七十五	由警廳處罰德人罰金五十五元
十一月廿七日	橋本岩雄	日本	手槍子彈	四百粒	犯交日領
十一月三十日	未詳	德人	獵槍子彈	八箱	由海關提去
十二月一日	高見常雄	日本	自來得彈	三枝三百	犯交日領
十二月十七日	吉田長清	日本	自來得彈	一支一百	犯交日領
十二月十七日	市場兼太	日本	白郎林彈	三百七十四	犯交日領
十六年三月一日	近籐新吉	日本	自來得彈	二支三百	犯交日領
三月十一日	磯田勝喜	日本	自來得彈	一百粒	犯交日領
三月三十一日	海老原純衞	日本	自來得	一支	犯交日領
四月十四日	阿爾拜特	外國人	白郎林彈	二支六百六十二	犯係美人因美領不承認爲美籍送英領辦

五月十九日	未詳 犯己逃	日本	白郎林槍彈	一百枝一萬粒	贓送戒嚴司令部本案由貨物稅局查獲
十月十七日	津田治三郎	日本	白郎林槍彈	五枝四百九十九	犯交日領
十月二十日	益隆洋行	日本	白郎林鎗彈	五十枝五千粒	由海關港局會同戒嚴司令部在倉庫曹達粉箱內查出
十月二十一日	未詳	日本	盒子槍彈	五十枝五千粒	由海關查出
十七年一月十九日	有川八郎	日本	自來得彈	五枝四百九十九	犯交日領
二月十三日	泉豐次	日本	自來得槍	三枝	犯交日領
二月十八日	平野金次郎	日本	手提機關鎗	一架	在綏遠路抓獲犯已逃
二月十九日	關塚善助	日本	八音手槍彈	二枝三百粒	在甘肅路查獲

附記　本表僅就有卷可稽者摘錄之至本年二月

民社志十二　游覽

山東游觀之美著於史者北有蓬萊南有琅琊嶗成兩脈亙於黃渤之間沿岸皆山傍山卽海是處可供登臨青島開埠而後設備日周舟車利達游旅紛集西人恆稱爲東方之樂園南海康長素嘗讚之曰碧海青山綠林紅瓦不寒不暑可舟可車擅天然之美而益之以人工宜其爲游旅所歸往也往年德人經營市政之餘尤注意於招來旅客嘗設旅客招待會編纂青島指南以廣告於世界又設爲夏期音樂會跳舞會游泳會乘馬會射擊會登山會等等組織鼓舞市民導之以高尚之娛樂其用意甚深遠矣我國承數千年文勝之弊又當存亡呼吸之秋固應尙質尙儉屏絕游觀專心工作顧人情好逸而惡勞與其勢迫利誘强之使勞毋甯鼓舞安慰俾忘其勞使人知工作之可樂則不强而自勸使人知娛樂之有方則去私而就公故公共娛樂亦爲市政措施之一端蓋於休憩游戲之中而寓之以涵養性靈鍛鍊身體合同工作整齊步伐之教是亦順人之情因勢利導之一道也膠澳區內所設之娛樂場所有公園有海水浴場

有競馬場有市內市外諸名勝更有嶗山諸峯可供游覽

（二）公園　我國接收時市內所有公園有爲日人保留者有爲日人解除者嗣經農林事務所整理幷增闢數處茲爲列表如下

（甲）本埠公園設備表

現在名稱	接收時稱名	面積	接收時原列精面積	接收後增加工作	備考
第一公園	旭公園	一千六百五十餘畝	一〇三·七七町步	開闢南園小西湖及清明植樹地	原供植苗試種之用所植花草樹木約二百種不下二十萬株內櫻花二萬株開花時游人極盛地址在競馬場東
第二公園	若鶴公園	二十四畝	一·五〇	久已荒蕪接收後重行開闢	地址在貯水山東麓
第三公園	新町公園	六十六畝	四·〇四	十二年補植樹二百四十株十三年植百餘株	地址在聊城路上海路之間緣坡植樹倘得自然之形趣
第四公園	深山公園	九畝	·五九	十二年補植花木八十六株十三年補植二百四十六株花圃四處	地址在山東路河南路肥城路曲阜路之間
第五公園	千葉公園	一畝半	·一〇	補植花木千一百七十八株	在青島車站前
第六公園	大村公園	十二畝	·八〇	補植花木三百餘株增設花圃	接收時正在計畫地址在安徽路爲狹而長之谷雜植花木因坡爲園薔薇甚多
督辦宿舍公園	官邸公園	二百六十畝	一四·九八	修整	地址在龍口路東內一部分租於日人三好植物園營業
天后公園	舞鶴公園	二十六畝	一·六六	修整	在天后宮側多植迎春花
督辦署前園	司令部前公園	五畝	·三〇	修整	接收前解除一部分花木整齊
海濱公園	曙濱公園	十七畝	一·一〇	修整	
江蘇路三角園	萬年町園	三畝	·一九	修整	
德縣路三角園	治德町園	三分	·〇二	修整	
山東路三角園	山東町園	一畝	·〇六	修整	
安徽路三角園	大村町園	三畝	·二〇	修整	
	青島神社	八十五畝	五·三五		日人保留
	大港公園	八十二畝	五·一六		接收時正在計畫未成立
	松坂公園	一百卅一畝	八·一九		接收前解除
	大和町三角園	五畝	·二九		接收時正在計畫未成立
督辦署西園		三畝			十三年就督辦署西餘地增植花木闢爲園
棧橋前園		二畝半			十三年闢植松苗若干株
奉天路三角園		五分			
雲南路三角園		三分			
常州路三角園		一分			

附記　本表依據農林特刊所記另行編列

以上市內公園大小十九處面積二千餘畝但區域配置不均而台西鎮台東鎮尤形缺乏農林事務所本己選定地點預計十四年動工（見農林特刊）嗣以時局關係因循未行市外四方則有膠濟鐵路局所設公園面積雖不甚廣而花木道路極爲修整累土爲山引水成沼植荷其中頗多野趣農林特刊又載市內道路已植行道樹者共有六十二條計植樹六千九百五十八株道樹以洋槐占最多數間有銀杏梧桐公孫樹白楊之類爲數甚少農林事務所爲日後擴充公園及道樹之準備培養多數之花木苗種別置專用苗圃其種類數量表之如下

（乙）公園用苗準備表

樹名	株數	樹齡	高度	樹名	株數	樹齡	高度
公孫樹 五角楓	一·一〇〇 八〇〇	一八 八	三·〇尺 八·〇	白楊 紫荊	一二〇 七八〇	六 七	六尺至三尺 五·〇尺

五角楓	四八〇	一二	五.〇
掃帚柏	九〇〇	四	一.〇
掃帚柏	一.〇〇〇	六	一.五
側柏	三〇〇	六	二.〇
美國楢樹	一二〇	八	四.〇
樅	六二〇	一二	八尺至五尺
枸橘	二.〇〇〇	四	一.五尺
紫藤	一二〇	一二	五.〇
雪柳	六〇〇	二	一.五
雪柳	一.二〇〇	一	一.〇
檉柳	二.〇〇〇	一	一.〇
木槿	一.八〇〇	六	三.〇
薔薇	一.五〇〇	一	二.〇
棣棠	一二〇	二	一.五
棣棠	七〇〇	一	一.〇
丁香	二〇	二	一.五
丁香	一五〇	一	一.四
連翹	八〇	六	四.〇
白荚	三四〇	七	五.〇
山茱萸	三〇	一八	三.〇
安石榴	三二〇	九	三.〇
正木	二〇〇	一二	二.〇
正木	二一〇	二	一.〇
正木	四〇〇	一	〇.五
過街柳	二〇〇	一	一.〇
倒垂柳	一二〇	一	一.〇
青楊	六〇〇	二	三.〇
溲疏	二〇〇	一	一.〇
楊櫨	一〇〇	一	一.五
檜柏	六〇〇	三	一.五
檜柏	一〇〇	二	一.八
檜柏	三〇〇	一	〇.五
杜松	一五〇	一	〇.五
圓柏	六〇	一	〇.五
花柏	一五〇	一	〇.五
海棠	三〇〇	一	〇.五
連翹	五〇〇	二	一.〇
珍珠梅	三二〇	三	一.五
珍珠梅	一.二〇〇	一	一.〇
接骨柏	一二〇	二	一.五
紅瑞木	一四〇	二	一.五
紅瑞木	三〇〇	一	一.〇
海棠	二〇〇	二	一.〇
玉蘭	六〇	二	一.〇
厚朴	二四〇	三	二.〇
山梅花	二〇〇	一	〇.五
蝙蝠葛	一.二〇〇	三	一.五
女貞子	三.〇〇〇	四	一.五

(丙)行道樹苗準備表

樹名	樹齡	高度	直徑	苗數	移植次數
條懸木	八	九尺	一寸五	二五六	三
條懸木	八	九	一寸五	二〇〇	三
條懸木	一〇	一二	二寸	三六〇	九
條懸木	一〇	一二	一寸五	五四四	九
大葉榆	七	九	一寸	二二五四	二
青桐	一〇	一五	一寸五	一三三〇	三
青楊	九	九	一寸	一七八四	三
洋槐	九	九	一寸	八一六	二
中國槐	七	九	一寸	六〇	三

附記　以上二表錄自農林特刊

(二)海水浴場　在會全岬之西灣之面積甚闊而左有會全岬環抱之砂細水清潮汐穩靜適於游泳浴場有官設板房數十間供浴客租用私建之屋數亦稱是有音樂亭二昔德人之海軍樂隊恆於暑際更番奏樂并教授游泳每夏自津滬各埠來此避暑之旅客數在千五百以上十七年增至三千以上每年八月舉行祭海會晝則賽泳夜放焰火以助游興浴場之側昔有海濱旅館今歸日人經營矣此外更有設備不全之浴場一在湛山之陽屬歐美教會所關別墅數十楹軒戶相望自成村落山東內地之教士大都避暑於此前臨太平角亦可游泳二在船渠港之背日人多游泳於此三在棧橋西沿太平路海濱是處可浴惟下有礁岩潮來恆起旋渦失足溺水數見不鮮湛山而外各浴場皆備有泳台供人練習暑期并由水上警察備有救護船以防意外危險

(三)競馬場　初爲德日人之練兵場我國接收後租與萬國體育會供打球競馬之用惟競馬次數太多馬票輸贏過距觀賽者競以賭博爲務胥失競馬之本意其流弊乃不可勝言

(四)市內名勝　青島市內道路修潔花木繽紛地勢斜長二面環海遠山近水朝暾晚霞天然之美時映眼簾全市不啻一大公園也而其尤著者爲觀海山觀象山貯水山信號山游內山匯泉岬青島

觀海山　當市內之中央遍山植松山巔有觀海臺登山遙望海西膠州灣之曲折瞭如指掌而東方之太平山信號山貯水山遙遙相對蒼翠欲滴其東爲觀象山有觀象臺及望火塔

游內山　亦名團島在台西鎮之西端山勢自嶗山蜿延連亙至此斗入海中岡陵起伏潮汐阻隔德人築堤其間以相聯貫設有燈臺並掌測候其地市遠人稀天空海闊時見白鷗飛翔逐潮汐以上下與市內瞻眺所及氣象又自不同

會全廢壘　太平山小湛山青島山及會全岬均有德人所建堡壘遺跡而以會全岬之工程爲尤鉅會全岬深入海中與太平岬相對船行其前航路可辨實爲膠澳之第一重門戶故德人之防禦設備尤爲嚴重壘之外圍壘石爲壁中闢地室由岬之腰部直達南端地室之中寢室藥庫炊事洗濯區分井然鉄軌電燈設備周至上置二十四珊加農砲二門十五珊者二門外則掩以叢林護以電網岬端巖石嶙峋與潮汐相摩盪朝暾晚霞最宜瞻眺太平山小湛山青島山地勢較高均堪望遠市鄉建築一覽無餘

天后宮　天后之祀不見於正史然漁航業奉祀維謹故沿海口岸恆有是廟廟東有老衙門爲章高元建牙之所二者均屬開埠以前所建純粹華式爲本埠所罕觀初德人嘗欲毁廟因華商傅鴻俊等竭力阻止今年商會復集資修理廟貌一新今漁航移泊小港廟中則雜供財神地祇一般迷信之市民朔望入廟拈香祈福

青島棧橋　在河南路之南端築於海中長約一里後半石築固以洋灰乃章高元任內所建德人又爲延長下立鉄柱上鋪木板置軌其上專供軍事之起卸年久失修今年商埠總辦趙琪計議重修預算八萬元已委德國技師主辦尅日興工棧橋右側原爲膠海關舊址其後大港築成關署乃移置大港在青島棧橋之東里許更有同式之建築亦章高元所建昔供軍用今已坍毁僅存遺跡矣

青島　爲近市之小島山岩聳秀林木蓊蒨每當斜陽夕照山光水色相映增輝鉅棧橋二三里小艇一葦可渡有時波濤洶湧移泊維艱游覽者多徘徊於棧橋亦如蓬萊之可及也

（五）郊外風景四季不同而春秋爲最佳鄉民植果爲業到處成林丹山小水一帶多植桃杏蘋果春則花色繽紛秋則懸實纍纍登窰等村植梨尤盛花時遠望如雲艷麗奪目而姿態雄偉心胸開闊所謂觀櫻盛會又如小巫之見大巫矣

沙子口　膠澳灣內之漁航集於滄口而外則聚於沙子口沙子口當旱河入海之處衆流交匯灣闊而水深故李村南部之貨物出入薈萃於是往年日軍嘗於此登岸並築輕便鐵道經張村而與膠濟鐵路相銜接春秋漁汛漁舟岔集海物紛陳有時裝卸梨果堆積如山亦奇觀也

李村　距青島市三十里地當李村河之中流爲四通八達之地鄉區之重要路線悉以此爲中心點村貿易亦聚於是河涯有市集每逢陰歷二七等日鄉民張幕設店米粮布疋木器農具以及家畜家禽應有盡有臨時營業恆得千數百家集會人數不下二三萬棗園流亭華陰等處市集概不如李村之盛附近有農事試驗場稍遠有李村水源地之建置皆足以供游覽

自台東鎮以達四方滄口悉爲工場薈萃之區李村諸河貫注其間女姑山遙峙於北東則岡陵起伏村落錯綜西則膠澳淺灘與陰島遙遙相對澳內風景又與灣外有殊也

（五）嶗山名勝　嶗山岩石突兀姿勢莊嚴峯上有峯谷下有谷又以所傍東海雲氣離合嵐光變幻爲內地名山所不及故齊記有泰山高不如東海勞之說非過譽也祗以偏在一隅遠人裹足往者惟讀書修道之士隱居其中開埠而後德人奬勵登山不遺餘力由青島至太清宮則有汽船至登窰柳樹台大嶗觀等處則有汽車道逕達山麓又於山中刻石立誌闢爲登山路徑十有六線依次編號間數百步立一標誌第幾路之號數刻於其上游山者按圖覓路循標往還內則以之鍛煉市民外則藉此招來游侶其用意甚深遠也嶗山名盛殊多約可分爲三部北部爲華樓宮大嶗觀神清宮迎仙觀白沙澗北九水劈石口桑家澗修真觀遇真觀太平宮中部爲九水柳樹台魚

麟口、**蔚竹庵**、**五指峯**、**巨峯**、**明道觀**、**華嚴菴**、**白雲洞**南部爲**青山**、**明霞洞**、**上淸宮**、**太淸宮**、**天門峯**、**聚仙宮**

華樓宮在華陰集東約五里，元泰定中建，殿宇香火昔爲最盛。卽墨縣志載：華樓山在縣南四十里，山顚有石似樓，故名。元尙書王思誠別爲十二景，有淸風嶺、王喬崮、聚仙台、翠屏巖、迎仙觀、高架崮、玉皇洞、凌烟崮上有元使臣劉志賢遺蛻、玉女盆山顚窪處如盆水盈不涸、虎嘯峯、碧落巖、南天門、松風口、夕陽澗山半有碑云海上名山第一明撫軍趙賢所立等名勝。明陳沂游嶗山記稱：至華樓山下，從石隙間深入，有萬壽宮、老君殿，少憩，尋翠屏巖，余梯而大書之。明日晨起，尋古遺跡，周山之石，摩勒殆遍，多金元作者云云。代久苔封，刻石多不可考，惟翠屏巖題字尙存二處，其一殆爲陳沂所書。六七年前土匪出沒其間，游人絕跡，廟宇益以殘破。廟前有銀杏數株，圍均合抱。縣志又載華樓山麓有金液泉，甘美不涸，陳沂游記亦稱之。

大嶗觀在華樓之東，地勢平坦，汽車可達，距大嶗觀三里，迂曲南行，登小嶺，有神淸宮、高據巖上，觀前麥浪、嶺山松濤皆成風韻。

迎仙觀在華陰集西三里許，卽王思誠所題十二景之一。觀前有銀杏古柏各一株，圍均合抱，尙有喬木古剎之象。

白沙澗卽白沙河之上流，計分九水，頭水兩山夾澗，下有深潭，二水東岸懸崖，潭深莫測，由此以達北九水廟，沿途灘峽奇秀，清流激湍，峭壁危崖，水作龍吟，石同虎踞，音樂圖畫，文本天成。三水、六水尤勝，劈石口之險峽亦稱奇觀。

北九水庵在柳樹台之東北約八里許。九水南流爲旱河，此則北流入白沙河，故稱北以別之。舊有書院，爲卽墨邑紳課士之所，故有官老石屋、雙石屋之名。溪流環抱，小山登以俯瞰，尤饒奇趣，兩岸別莊甚多，都爲外人所有。

桑家澗亦白沙河之支流，發源於官老石屋、柳樹台之陰，北流入白沙河，泉石淸幽，游人罕至。

修真觀在王哥莊見卽墨志，遙對鶴馬二山，遠眺最佳。

遇真觀在鶴山，卽墨縣東四十里見卽墨志。上有元邱長春「鶴山洞」三大字。鶴山爲嶗之東麓，洞巖寄特，曲折入勝，有滾龍、朝陽、金蟾等名。迴望西南，諸峯插立雲霄，別有奇感。

太平宮宋初敕建，乃華蓋真人劉若拙道場見卽墨志，南距白雲洞六里，在第六號、第十號兩號之交叉點。觀後有獅子峯，其狀如獅，仰天而吼。上登以觀海，可容百餘人，岩刻「山海奇觀」四大字，又有卽墨藍田所題詩句。田仕明爲御史，嘗與陳沂同游，題跋甚多，陳沂並刻「寅賓巖」三大字於崖下。峯近海濱，觀日聽潮最爲適當。

九水菴自青島至九水，道路平坦，車行六十餘里，途徑李村，渡李村河、張村河，東行五里許，道左有小山，轉過山麓，出旱河亦名猪窩河，卽達九水菴。菴臨觀川口，對岸有老樹十數株，下有別墅，上有平台，適當峯迴路轉之處，最宜眺望。有日人寓此，兼業旅宿，由此沿河而進，越彈月橋、王子澗，卽達柳樹台之麓。

柳樹台爲入山之孔道，南赴巨峯（卽嶗頂），東往北九水，於此分道。台上昔設療養院，廢屋猶存，附近亦有小旅館一二所，爲外人所經營。台臨深溪，越而南，卽赴巨峯之大道也。

巨峯當嶗山主峯之最高處，俗稱嶗頂。山岩周圍約半里許，其上又有層岩壘積，石罅間鑿石爲階，高丈餘，攀援上躡，俯瞰一切，海風泱泱，胸襟開闊。卽墨志稱之曰：疊嶂層巒，高入雲表，俯視全嶗，僅同蟻垤。五指峯在巨峰西北，高度亞於巨峯，由北九水菴之高處向東南可以眺見。

魚鱗口由北九水廟東南行里許，過雙石屋村，由村南危徑下趨澗底，循是而東，迂曲四五里，過牙門，達魚鱗口。北九水發源於是，懸崖壁立千仞，上有飛瀑下承，以井溢出爲澗。井在半山，登左右山巔始得望見，所謂水滴石穿者也。

蔚竹庵由魚鱗口北岸攀援而升，越一山梁，別有溪源，淸流石上，有廟名蔚竹庵。此爲魚鱗口赴蔚竹庵之捷徑，其大路則由北九水雙石屋登山，有松成林，觸風作韻。大路所經，氣象開闊，而捷徑則山花載途，泉石幽邃，取徑不同，景物亦異。菴東二三里有歧路，東北向棋盤石，東南向巨峯。

明道觀由巨峯沿第五號路向東北行，過一二小梁，循坡而下，路漸平坦，其北有巨巖

方廣二三丈爲棋盤石有廟爲明道觀由巨峯至此號稱六里實可十數里也

華嚴菴出明道觀北行五里過一高峻之山梁名滑溜口復循山之東側行三四里達華嚴菴菴在第一第五第十四三路之交叉點菴爲明崇禎時卽墨邑人黃坦所建憨山大師駐錫於此清初頒有藏經屬康熙間刻本字方約官尺五分整理完好今猶寶藏菴中幽篁甚茂嶗山寺院概屬道觀惟此爲僧舍耳

白雲洞在華嚴菴之西北東距太平宮可六七里地當第一號第四號路之交叉點山高四百公尺而洞則在山腹門前赭松千株幽篁蒼翠又有銀杏玉蘭圍均合抱洞乃岩石壘成上刻白雲洞三字人立岩上可以觀海

青山出華嚴菴東南行抵海濱經長嶺黃山以達青山依山傍海各成村落野蔬村醪風光明媚惟漁夫石匠咸集於此跡近市廛矣

太清宮一曰下宮在嶗山之東南海岸其南爲八仙墩懸崖峭壁三面環海其北爲明霞洞偏東越山而下卽青山村偏西登山而升爲上清宮相傳爲宋時勅建有元明清歷代修廟碑記文字湮沒艱於辨識廟中多喬木尤以耐冬有名廟後松楸蔚然成林與岩石而並秀蓋嶗山一名刹也（南海康有爲重游太清宮有詩云）青山碧海海波平汗漫重游到太清白果耐冬多閱劫嶗山花鬧紫薇明（自注云丙寅七月二十二日偕諸公重游嶗山太清宮返思三年前重游如夢倚紫薇花下作同游者呂振文旅常呂數靖衛公王毓崑讓耕李方琮錦璋蔣丙然右滄楊鑲溥子型余晉龢幼庚周淼仲潔孫彥譽清門人徐良善伯重游者惟戚運機愚勤牟鈞德幼南二君乃舊同游者曾幾何時儕侶皆散圍沙易感山海依然摩撫耐冬白果紫薇拓影留題後數年來游未知同游者幾何人能再來也書此俯仰人天憮然矣）

明霞洞由下宮後山循第二號路北上過一土梁有誌刻曰二宮分路處由此西北升而復降有小橋橋北卽明霞洞建於金大定二年巖上大刻明霞洞三字後院崖上有洞鐫草書述修道語相傳爲道士孫海嶽所題門前懸崖勒有長篇明人筆也地高六百五十公尺南控滄海宜於眺望門前松竹亦饒幽趣

上清宮由明霞洞西南行可二三里卽達上宮距下宮可四五里地當第十三號之路線亦爲宋建古刹昔年花木清幽牡丹尤盛今已圮敗不堪惟存銀杏圍可五抱門前石澗昔有朝真迎仙二橋橋側磨崖有邱長春鑴詩十絕字畫端整（見陳沂游嶗山記）

天門峯由上宮西行五六里險易不一至天門後有菴更西南數里爲天門峯山勢峻險羣峯拱立如擁仙釋山口二峯高數十仞兩楹相峙上插雲霄下瞰滄海有邱長春大書南天門三字

聚仙宮自南天門下歷數十峰遠望若蟻壞近則峻偉不可仰視由此攀援岩谷中頗事升降漸達海濱平陸越流清河過麥窰村以達聚仙宮宮乃元泰定年建有元人張起巖撰碑今已就圮由此循澗入山越烟雲澗磚塔嶺可達巨峰道尤險僻風景亦更爲奇瑰由此西行至登窰口沙子口則觀梨之勝地也

民社志十三　移殖

國人之移殖事業向以山東閩粵著稱閩之漳泉粵之潮嘉多向南洋移殖而山東登萊之人則以東三省爲歸我國自來有事遼東三韓陸路則出盧龍海道則逕登州漢唐以來大都如是明之遼東衞隸山東置遼海東甯道以分轄之於是遼東益爲魯人之殖民地迄於清季移居奉天吉林者先後數千萬人其路徑向取道於蓬萊芝罘比及青島開埠而膠濟鐵路南滿鐵路爲山東與奉吉交通之要道青島海運之聯絡又視芝罘爲便故近三十年來山東人民之移殖於省外國外者又恆取道於青島矣

魯人之移殖於東三省者其職業以農爲主而負販於海參崴哈爾濱各大城市或執一業以謀生者亦頗不解遠者或赴俄之西伯利亞伊爾庫斯克莫斯科其初春去冬還固定之移殖尚少稍久則漸化爲土著每逢冬令膠濟鐵路必爲移民加開一二次列車而烟濰一路徒步負戴結隊成羣其熙熙攘攘之狀亦復不相上下綜計一往一來恆在百萬以上而移出之超過於歸還年輒五六萬人不等近數年以政令之煩軍匪之擾移出之數倍於往昔且多貨其田廬攜其妻子爲久居不歸之計此類移殖東三省者尚屬境遇較優差能自給之人至於被招出洋以苦力爲事者則大都出於被動境遇地位既困且危蓋此輩既失其自衞之能力而政府又放棄其保民之責任前清弛禁以來去者幾何概無可考其間爲數較巨而有團體之行動者如南非洲英屬特蘭斯瓦耳於前清光緒三十年招工開鑛內以山東籍者爲多嘗與英國訂有招工

專章並設一總領事館以監護之其後日人來青頻頻招工赴奉天各地工作如撫順煤鑛招工局卽其一也而其數額鉅萬規模宏大者則推歐戰時之招工爲最蓋地大物博人衆三者本爲立國之要件而當歐戰方殷之際人衆之條件乃愈形其重要是時交戰國之壯丁徵發殆盡勞工日形不足於是英法俄諸國競來我國招工其中多數去自山東據日人所記之華工參戰情形摘譯如下（原名山東苦力參戰事情爲駐青日軍參謀部所編）英國初在威海衛招工赴歐先後不下五萬人其後招募區域漸向西移乃改由青島出發當時之駐濟英領事專司濟南坊子之招募運送而青島方面則假滄口德華絲廠舊址設收容所事務所委托和記洋行代爲經理膠濟鐵路沿線要區多設有招工辦事處委托教會牧師分途勸募應募者先檢查體格合格始爲剪髮沐浴更衣種痘更行注射以防腸癰訂立合同蓋取指印載明姓名籍貫身分履歷及安家費之應寄何處付與何人訂約者每人給以銅鐲鐫其號數並仿軍隊編制分排連隊遞相統屬十五名爲排四排爲連五連爲一中隊每中隊三百名或增至五百隊設工頭總管一人一二三等工頭三十人工頭待遇視下士或小排長上等兵又繙譯兼書記一人此外更有英籍軍校下士等二十四人以統率之出發之前稍加訓練由民國六年四月至翌年二月杪止計由青島逕赴歐洲之運送船先後二十二艘因避潛艇危險多取道於美國計華工五萬零三百十五名其合同之條款載明（一）雇庸性質從事於鐵路道路工場鑛山船隖森野農地之工作並聲明不受軍事之使役（二）工資每日一法郎或一法半（三）安家費每月十元工頭則增五元（四）死傷之養恤死亡及全廢者百五十元殘廢一支體者七十五元以內酌給之（五）受雇期間三年爲度訂約一年以後視雇主之便利得行解約但須於六個月以前預爲通告（六）勞動時間每日十小時（嗣以工人無星期休息頗招反感乃改訂每週休息半日）其待遇之程度衣食住均由雇主供給凡應募合格者給予衣服鞋襪巾帽毛毯出發之際另給外套衣服靴帽手巾面盆茶碗水壺褥蓆救命圈等項而收回先給之衣履以供續招之工行抵工作地後另給相當之服裝襯衣雨衣皮靴外套手套大都以英兵之舊衣充之凡

在工作地之僑工其食料有一定之供給每人日給牛肉麵包麵粉各十翁斯米及生菜各八翁斯薰肉二翁斯糖酪各一翁斯鹽茶及花生油各半翁斯每週發給菸葉二兩火柴一盒葡萄干若干每月發給牙粉一紙袋肥皂一方以及毛巾牙刷然實際不能如額照發故僑工每以不獲飽餐引爲憾事其宿舍視工作地距戰線之遠近而異其在後方之工場鐵路船隖等處工作者恒以貨倉改充宿舍每室容二十人至五十人有電燈暖爐之設備其近戰綫者舍於板棚或帳幕下舖地板以防潮溼然法國北部多雨冬令風勁寒氣襲人爲寒暑之所侵感而致病以死者頗不鮮矣

法國之招工始於民國五年初於北京法國使館內附設招工局並於天津上海廣東各設支部先後募集約三萬餘人嗣以天津老西開地方法人强行推廣租界發生問題天津不能續招乃改向青島募集又以船舶不敷運送濡滯稽延所招不足五千法國之募集機關屬於陸軍部與英人同惟英人利用教士勸募而法人則委托惠民公司代爲經募惠民公司爲華商所組織因船位不敷應用及金價之暴落公司損失甚鉅法人所訂雇約工資每日五法郎但於其中扣去膳費一法七十五生丁宿舍二十五生丁衣服二十五生丁壽險一法二十五生丁工人實得每日二法郎半出發之際給發安家費五十法郎死傷恤金每人二百七十五法郎但於訂約後六個月以內死傷者僅予半數其雇傭期間爲五年但三年後隨時得以解約工人衣服冠履均於出發之際發給以後每六個月並給布衣袴各二襲靴一雙帽一頂襪二雙工作時之食物日額爲麵粉（雜以高粱粉）一千格郎青菜二百肉一百八十或代以干魚一百米一百鹽茶脂肪各十五格郎（英人初亦同此後又改訂如前所述）其餘合同待遇均與英人所訂相類且英法兩國所招華工均在法境北部及比利時南境從事工作大致相同也

俄國之戰時招工與英法二者迥異初於民國六年二月在卽墨附近招有技術之工匠三十三名赴歐俄他羅斯拉布爾飛機工廠工作約期二年迄未聞其下落嗣於是年六月又由東清鐵路局長霍爾瓦特委托中日人合組之泰茂公司來青招工赴西

伯利亞等處從事於鐵路鑛山及工場之勞動三年爲期募集人數不得其詳然聞留俄華工甚多僅彼得格來得及莫斯科等處被迫服役於赤軍者數千人其他窮無所歸不可勝紀泰茂公司亦以蘇俄政變而失敗歇業焉

赴歐參戰華工總數果有幾何頗難得其確數因非由一處招募亦非一國專辦且有向在俄國南美澳洲等處工作而轉赴歐洲者亦頗不少或謂十七萬或云二十二萬以日本人之所觀察約有二十五萬人內英人招募者約得十萬（多數爲魯人）法人招募者約得四萬（在魯招募約居十之一）由他埠轉赴法國者約一萬人以上均在北法及比利時國境工作此外在亞洲及歐俄者各得五萬人論其勞動能力可分主觀客觀兩方面言之就主觀方面言之華工之體格健全性情溫順工資低廉各民族罕有其匹就客觀方面言之應募華工對於雇主待遇雖有怨言而英法之雇主對於被雇人之工作未嘗不認爲滿足工人中之有機械經驗者從事於後方之工場以鍛冶工泥水工機械工木工火夫占其多數據監工人言華工與英法人共同工作成績良好未見有何等之缺點當千九百十七年夏英人嘗選技藝特殊之華工從事於坦克車場之工作亦堪勝任又或赴法國西境哈布爾港船隖工作或往北非洲助法人耕植又或赴小亞細亞地方充任各項職工蓋無處不有華工之足跡矣其無特殊之技藝者則以運搬爲務前線之輕便鐵路時有移動戰壕內之軍需軍械時需運搬此類事務大都由華工任其勞工作之際或被傷於流彈或見襲於飛機往往凌風雨冒危險而馳驅百里之外據英軍中報告內有一則記松姆前線之工作云民國七年三月二十日華工第五十九中隊方於松姆附近從事築路又以軍隊向前移動爲之搬運軍需撤夜不休翌日敵軍既已接近此中隊之華工於槍林彈雨之中依然繼續工作至第三日正午始得休息其時德軍迫進歸路將斷而華工泰然自若橫斷松姆退就歸途二十二三露宿兩日二十四日又復前進以迄翌日之暮工作不休其中疲勞最劇之九十名乘車退後餘人仍於敵軍目力所及之處運搬軍需以至二十六日晡始獲休息嗣於二十七八九等日繼續前進終夜冒雨工作於戰壕之中以迄於月杪旬日之間跋涉二百餘里且行且工舉措不亂又監工軍校某英人語人云某中隊有華工四人勇敢爲兵士所不及彼等奔走於敵彈之下搬運軍需繼續至五日之久行動可爲模範故英政府酬以名譽獎章及獎金四十鎊其成績可見一斑矣

歐戰時之華工較之南非洲北婆羅洲之招工組織訓練較爲整齊待遇稍優華工留歐之際勞動時間雖因時因地而有殊然有一定規章早五時或六時即起朝餐六時後排隊點名從事工作十二時午餐休息一小時繼續工作至四時或五時而止晚餐後無夜工者則授以漢文算術地理歷史並講演歐戰之原因以及修身宗教之事或以電影啓其知識此外亦有娛樂之設備如胡琴笛鼓留聲機以及象棋毽子之類夜間星期得自娛樂亦有酒保烟酒糖果均有售取但物價甚昂酒一瓶值五法郎購一法郎之糖果僅得數枚每日二法郎之工資不堪供此嗜好也通信之設備亦尙周到信箋信封每月發給二次不識字者可倩繙譯員代勞工人發信即交付本隊之軍事郵政由便船彙寄青島威海衞或上海之招工局轉達於工人之家族然信件均經檢查工人苦況不敢道也美國之基督教青年會對於華工時加慰問與所以待遇白人之軍隊者無異特於上海聘能華語之英美青年赴歐爲華工演講招待或購運中國食品運之歐洲廉價出售或貸以樂器電影庭球藍球之類以資其運動或爲宗教之講演以從事於佈道焉

其待遇工人之家族頗爲周到故能使工人無後顧之憂工人出發之際給以安家費十元以後每月十元或由郵局逕匯其家或由家族向工局支取聽工人之自便計青島濰縣周村濟南四處各設招工局分所專司工人之通信及家族之領款而以濟濰兩處爲多家族向濟南領款者約二萬人濰縣約二萬五千人家族寄與工人信件亦交招工局代達局中並設問事處家族對於工人狀況亦可赴局問訊並備有戰地工作之活動影片以供家族觀覽

中國社會素缺衞生思想及其設備故英法之招工頗注重於檢驗體格普通工人尤以眼疾（托拉霍姆）及花柳病居多二者又最易傳染故於應募出發抵歐登岸須經

數次之檢驗每中隊設醫士一名及華籍助手數名近戰線者亦有臨時病院以木爲屋或以帳幕充之患病工人以肺結核爲最慘因患赤痢及腸窒扶斯而死亡者亦頗不少又或過勞致病流彈致傷以及中途死於潛艇者不可勝計或云死亡二萬或云得全數十之三其實數不可得而詳也

以上就日人所記華工參戰情形大略如是又聞本埠父老言僅英人於威海青島兩處所招在十萬人以上獲慶生還者半數而已回國華工多在民國八九年其時由山東省公署及青年會等團體派員來青招待歸者面多菜色言及所經困苦危險及工友之死亡猶有餘憾不知者以爲赴歐華工大有積蓄又或因民國七八年山東郵局收入滙款甚鉅以爲之證實則每日所得工資一二法郎不敷零用歸國之際每人所餘不過數十元多則百元而沿途又爲惡人利誘每每傾其所有始獲還鄉僅有每月十元之安家費較獲實惠綜計十萬人三年所得不下三千六百萬元郵局之匯款驟增者亦係此耳華工歸國之初山東當局初議設工藝廠資爲安插嗣以地方多故無

暇及此而歸者亦復星散不可復集矣越十年復有西班牙招工赴斐琅多島開墾之舉

斐琅多島者在西非洲毗阿弗臘灣地當東經八度北緯四度西歷紀元一七七八年始屬西班牙初爲刑事犯流謫之所本年有西班牙農事協會代表傅希來華招工初至上海天津有所協議爲當地所謝却十一月來青招工二千人女工童工亦略招募其招工條件（一）西班牙政府負招工之責（二）工作以耕植爲主（三）招募手續依照向章（四）資格自十八歲至四十歲體格强健性情馴良未曾犯罪且無惡癖（五）工資成年公共工作月給美金十二元田園工作十元女工五元童工半之（六）期限五年爲期期滿得協議延長之（七）招募方法招募時之飯食衣服住所以及醫藥衛生中途旅費協會供給（八）工作時間每日九小時或取得工人同意而增加之但加工時別給工資五年之內並得自營田園免納租稅期滿願留者協會贈地三十五英畝免其交稅工人並得在西班牙領土之海河內捕魚契約期間協會供以宿舍醫藥

及教育之設備（八）回國者協會供其川資惟其工資條件不如歐戰招工之優當由商埠局照會該國公使商訂招工下列條件（一）須有駐華公使來文正式證明（二）婦孺不准應募（三）華工名冊須存商埠局一份備查（四）須由商埠局會同總商會徵詢各被招工人是否願往（五）華工所乘輪船須在七千噸以上（六）華工在船死亡每人須撫卹費二百元到埠後因工死亡得享受當地勞工撫卹法之權利與該國工人同一待遇（七）華工須得受相當教育並在該埠得設工會（八）華工須予以匯款回國之權利（九）須有醫生兩名隨船看護（十）中國派監護委員兩名到埠後隨時視察有不利於華工者得請改良此外並對於工人工作每天不可過七小時每月工資以十五元美金爲最少數被僱期內死亡每工人應給撫卹金五百元等項要求承認西班牙招工代表以此項條件不協遂令其停止招募已招之各工人亦由商埠局給資遣散

膠澳商埠雖有多數人民移往省外國外其籍貫大都屬於青萊各縣至於膠澳本區

方患人少而日以移人爲務蓋自金元被兵山東戶口凋殘而即墨地廣人稀土瘠產薄尤稱疲邑故現存戶口多屬明之中葉南方各省移來族姓家譜均有可徵又於浮山所之梅白安梁四姓原屬乜先部落因扈從明英宗還朝有功得授浮山所世襲指揮千戶等職遂爲土著見清末王葆崇所撰世襲達官四姓合譜其後遼東人亦嘗遷居於此蓋登萊渡海而北者更由鴨綠江一帶浮海而南彼時耕植本非固定視水土氣候爲轉移兼乞丐盜賊之性質亦猶之今之出關者春去而冬還也同治年修即墨縣志載有明許鋌條議地方事宜一篇言之綦詳舊志懼涉指斥清朝之嫌故許文中遂字概從闕文至於膠澳開埠而後居民日增大都來自鄰邑而以膠縣平度爲最矣

膠澳志卷四

政治志一 設官

設官所以爲治而治亂之源不盡繫於設官世或不揣本末以設官爲盡治之能事每每未有其事而預設其官雖設此官而仍不治此事名稱歧出變更無定虛設此席徒亂人意故明儒顧炎武痛論明末官制之弊謂治官之官太多治民之官太少歷來治世設官額少而職專用人精選而久任叔季之世適與之反此亦治亂得失之原也膠澳接收之始設官立制廣額宏規儼然與特別行政區相若十三年而後員額一再裁減局所亦間有合併而省立機關增設尤頻若以其職務之性質考之僅商埠局警察廳港政局工程事務所審檢兩廳是爲親民之官其他鐵路電話等局則屬于官營業而中央所設之海關鹽官與夫省設之各局所皆屬財務官以收稅爲目的者也商埠行政市政原統于商埠局而警察廳等屬之是爲一系其餘法院海關鹽務鐵路電報郵政直隸中央省設各項稅局及軍警機關則隸於省政府各自有其系統按此三類分別列表更就其機關之組織設官之定額及人員之任免分爲三項列表如下本埠局所組織員額以檔案及十七年預算爲準中央及省之機關組織員額以山東統計月報爲準月報未載者從略

(甲)膠澳商埠局暨所屬組織表

- 膠澳商埠局
  - 內部組織
    - 財政科
      - 出納股
      - 審計股
      - 稽征股
      - 房地股
    - 總務科
      - 庶務股
      - 監理股
    - 秘書處
      - 機要股
      - 文書股
    - 民政科
      - 行政股
      - 警務股
    - 外交科
      - 東方股
      - 歐美股

- 警察廳
  - 總務科
    - 文牘股
    - 會計股
  - 行政科
  - 司法科
  - 衛生科
  - 勤務督察處
  - 教練督察處
  - 警察教練所
  - 第一警察署
  - 第二警察署
  - 台東警察署
  - 李村警察署
  - 海西警察署
  - 四滄警察署
  - 差遣隊
  - 消防隊
  - 偵探隊
  - 音樂隊

- 附屬機關
  - 港政局
    - 總務科
      - 統計股
      - 監理股
      - 庶務股
    - 港務科
      - 海事股
      - 標識股
      - 繫船股
      - 檢疫股
    - 營務科
      - 作業股
      - 貨物股
      - 倉庫股
      - 第一碼頭
      - 第二碼頭
    - 工務科
      - 船機股
      - 土木股
    - 小港分所
    - 碼頭運輸事務所

- 電話局
  - 總務科
    - 文書股
    - 庶務股
    - 工務股
    - 司機股
  - 營業科
    - 會計股
    - 業務股
- 特別市教育局
  - 第一科
  - 第二科
- 觀象台
  - 氣象地震科
  - 天文磁力科
- 工程事務所
  - 總務科
  - 土木科
  - 水道科
- 農林事務所
  - 技術組
  - 事務組
- 衛生事務所
- 教養局
- 牲畜檢驗局
- 稽查運輸違禁品所
- 公立通俗圖書館
- 宰畜公司檢查官
- 普濟醫院
- 傳染病院
- 保安隊
  - 大隊部
  - 第一中隊
  - 第二中隊

說明

(一)膠澳商埠局組織屢經變更民國十一年十二月十日接收本埠時山東省長熊炳琦兼任膠澳商埠督辦卽組織督辦公署內設秘書處總務處政務處保安處工程處財政課交涉課並設編查委員會財政審查會財政顧問會移交公共工程委員會以輔佐之嗣因財政支絀量爲裁併十二年三月改組爲秘書處總務課政務課工程課另設財政局暨交涉署秘書處不分科股總務課分庶務會計文牘編查公報五股政務課分行政警務學務實業衛生五股工程課分工務土木營造三股並設工程事務所歸課直轄財政局則設秘書及總務稅務房地三科總務稅務房地並各設一二三四四股交涉署則分設一二三三科民國十三年四月高恩洪繼任督辦分別改組裁財政局設財政科裁交涉署設外交科全署改爲秘書處暨總務民政財政外交四科秘書處分設三股除機要股外以原有總務課之文牘股改爲文書股以原有總務課之編查公報兩股併爲編纂股均改隸秘書處總務科增設材料考工合之原有之庶務會計共四股民政科分設行政警務學務實業四股將原有衛生股職掌歸併警務股辦理財政科分設總務審計稽征房地四股又因臨時淸丈房地事務另設淸理官產處外交科分設東方歐美二股其原有工程課職掌全部歸併工程事務所十一月高恩洪去職王翰章權攝署務爲日無幾溫樹德繼之以海軍司令兼任組織一沿其舊十四年七月現任總辦趙琪奉省令接辦膠澳事務大事裁減力加整頓改督辦公署爲商埠局原設之秘書處及四科均沿

其舊以秘書處編纂股歸併機要股設機要文書兩股原有總務科四股歸併爲庶務監理二股原有民政科四股歸併爲行政警務兩股另設特別市教育局專司學務事項裁撤淸理官產處歸併財政科分設出納稽征房地淸丈審計五股旋將淸丈事務併入房地改爲四股外交科則仍其舊又以水道事項無獨立設局之必要乃裁水道局所掌水道營業事務歸併財政科其工程事項改由工程事務所兼辦此現行商埠局組織及接收變更之大概也

(二)警察廳於十一年十二月接收後卽組織膠澳商埠警察廳內分四科外則編制水陸區警察署暨保安隊(沿革詳後段)消防隊騎兵隊差遣隊等十二年四月間取消騎兵隊酌用馬巡並設勤務督察偵緝隊十二年三月分靑島警察署爲第一第二區並原設之台東李村水上共有警察署五每區各設兩分署嗣亦裁撤同年九月間剏辦巡警教練所辦理三月卽行裁撤十三年二月間仍設教練所同年九月添設第一區廣州路之第八分駐所小湛山之臨時派出所及音樂隊十五年一月將水

上警署改組爲海西區警察署是年十二月海西署又劃歸山東水上警察廳管轄旋於翌年九月交回仍設海西署其教練督察處則於十五年十月間成立十七年七月復添設四滄區警察署以滄口爲第一分駐所下四方爲第二分駐所另於上四方設一派出所屬之廳內設總務行政司法衞生四科輔以差遣偵探消防音樂各隊及勤務教練兩督察處廳外共設六區警察署第一區設分駐所八第二區設分駐所六台東區設分駐所五李村區設分駐所七海西區設分駐所六及派出所數處四滄區設分駐所二派出所一此警察廳組織情形也

保安隊自接收後於十二年一月成立設一大隊歸警察廳兼轄隊設大隊長統率第一第二第三第四計四中隊十三年五月間復增設第五第六兩中隊十四年一月增設第二大隊長以五六兩中隊劃歸統率原有之大隊長稱第一大隊長並於二月間添設第七中隊屬第二大隊管轄同年十月省令將本埠保安隊劃歸衞隊第三團長兼膠東剿匪司令尹德三接管所有保安隊之一二兩大隊改編爲該團

第二第三兩營十七年七月本埠駐軍開拔仍組設保安隊置大隊長一分設兩中隊歸商埠局直接指揮此保安隊變更大概也

(三)港政局自吾國接收後其初尙沿襲日人舊制以原有之埠頭事務所改爲碼頭局小港分所屬之以原有之港務所改爲港務局原有之港灣事務所改爲港工局均直隸督辦公署民國十二年三月改組將碼頭港務兩局歸併爲港政局同時港工局亦改爲港工事務所港政局分總務港務業務船務四科總務設文牘會計統計審查監視庶務六股港務設海事標識設備三股並設檢疫所業務設作業船貨路貨倉庫四股船務設繫船一股港工事務所則分設工程船機兩科至十三年一月奉令減政總務科之審查統計兩設歸併爲審計股港務科之標識設備兩股歸併爲標設股業務科之船貨路貨兩股歸併爲貨物股船務科裁撤繫船股併入港務科管轄復將港工事務所歸併港政局改爲工務科內設船機土木二股十三年十一月工務科復添設浚渫股旋於十四年八月裁撤浚渫事務併歸土木股辦理

同年將審計股併入會計股十五年八月仍恢復爲統計股是爲現行組織

(四)電話局於接收後分設經理營業工務三科經理設文書庶務司機三股營業設會計業務兩股工務設線路機械兩股十四年七月內部略加改組分設總務營業二科總務分文書庶務工務司機四股營業分會計業務二股迄今未改

(五)特別市教育局所有事務原歸商埠局民政科學務股辦理民國十四年十月奉省令改設教育局內分第一第二兩科即以原有學務股事項劃歸教育局執掌

(六)觀象台由青島測候所改組於民國十三年二月接收成立內分氣象地震及天文磁力兩科

(七)工程事務所原由督辦公署之工程課歸併改設民國十三年五月歸併後內分文牘室庶務室會計室設計部道路部營造部八月復改組爲總務部道路部建築部營造部十四年七月水道局裁撤將水道局工務科事務併入本所辦理復改組爲總務科土木科水道科

(八)農林事務所接收後稱林務局十二年三月以農事試驗場歸併改稱農林事務所內分造林農事樹藝管理四科十三年一月復改爲技術事務兩組

(九)衞生事務所初設衞生局將警察廳之衞生組移歸該局于十二年三月一日成立由官廳辦理旋于同月仍歸警察廳長暫行兼理嗣于十三年五月間將衞生清潔事務改由商人包辦十四年十月仍收回官辦設立衞生事務所

(十)教養局設于民國十三年十月初設局長坐辦各一員十四年十月裁去坐辦一職

(十一)牲畜檢驗局于民國十三年九月籌備成立十四年七月改歸包商承辦十四年十月由山東管理牛照事務總辦兼辦膠澳檢驗局事宜始由商辦改歸官辦兼添設大港四方李村滄口分所四處十五年六月復兼辦鄉區屠宰稅事宜又設沙子口分所一處

(十一)稽查運輸違禁品所於民國十三年成立

（十三）公立通俗圖書館公立通俗講演所均於民國十三年十二月成立十四年八月改組將講演所歸併於圖書館

（十四）宰畜公司檢查官初爲青島屠獸場檢查官十二年十一月改歸商辦由中外合資青島宰畜公司辦理仍派員駐在公司內檢查

（十五）普濟醫院及傳染病院日人時代普濟李村四方皆設病院我國接收後於十二年一月以李村病院改爲普濟醫院李村診療所三月復以李村診療所改爲李村分院其四方病院於十二年二月方始由日人交還當卽改爲分院旋由鐵路局請改歸路局辦理當於是年六月劃歸路局十三年四月間將傳染病院歸併普濟醫院作爲分院又將未成立之化學試驗所停辦其器械及職務歸併醫院管理十四年五月省令將普濟醫院改爲山東陸軍總醫院同年十月又由衞隊團長祝祥本將兩院改爲該團司令部軍醫處兼市民傳染病院十七年七月因軍隊已撤仍恢復普濟及傳染兩院

（乙）中央直轄機關組織表

（一）青島地方審判廳（承山東高等審判廳之監督）
- 本廳
  - 民庭
  - 刑庭
  - 書記室
    - 文牘科
    - 民刑記錄科
    - 統計科
    - 會計科
  - 登記員
  - 繙譯員
  - 承發吏
- 附屬李村地方分庭

（二）青島地方檢察廳（承山東高等檢察廳之監督）
- 本廳
  - 檢察官
  - 書記官
- 附地方廳看守所

（三）山東第六監獄（承山東高等檢察廳之監督監設李村）
- 典獄長
- 教誨師
- 醫士

（四）膠海關監督公署
- 總務科
- 稽核科
- 二五附稅徵收處

（五）膠海關
- 本關
  - 內勤
    - 漢文文牘科
    - 英文文牘科
    - 會計科
    - 統計科
    - 總務科
    - 附設中國銀行正金銀行收稅處各一所
  - 外勤
    - 理船
    - 驗估
    - 稽查
- 附屬小港分關
  - 本關
    - 內勤
      - 往來內地出口　進口
      - 稅收
      - 附設中國銀行收稅處
    - 外勤
      - 理船
      - 驗估
      - 稽查
  - 附屬分卡六處
    - 滄口　女姑口　沙子口　塔埠頭
    - 紅石崖　靈山衞　膠濟號小輪一
    - 艘供巡查及赴分卡收解稅款之用

（六）青島運副公署
- 本署場產兼運銷科
- 附屬機關
  - 青島鹽警緝私隊
    - 第一區警隊
    - 第二區警隊
    - 第三區警隊
  - 大港
    - 坨務局
    - 檢定處
  - 小港
    - 坨務局
    - 檢定處
  - 三號碼頭坨務員
  - 女姑灘務員
  - 南萬灘務員
  - 馬哥莊灘務員
  - 潮海灘務員
  - 海莊灘務員
  - 紅石崖灘務員
  - 車家嶺灘務員

（七）青島鹽務稽核支所

- 鹽質檢定所
- 本所
  - 英文科
  - 漢文科
  - 會計科
- 附屬機關
  - 大港秤放局
  - 三號碼頭驗放處
  - 小港驗放處
  - 小港駐廠驗放處（駐小港精鹽工廠）
  - 台西鎮駐廠第一驗放處（駐台西鎮精鹽工廠）
  - 台西鎮駐廠第二驗放處（駐台西鎮精鹽工廠）
  - 紅石崖驗放處
  - 馬哥莊驗放處
  - 陳家港驗放處
  - 海莊驗放處
  - 潮海驗放處
  - 小石頭驗放處
  - 王家莊驗放處
  - 後韓家驗放處
  - 下崖驗放處
  - 海西驗放處

- 警務處
  - 攷勤室
  - 第一課
  - 第二課
  - 警務段
    - 警務第一段（青島）
    - 警務第二段（膠州）
    - 警務第三段（高密）
    - 警務第四段（坊子）
    - 警務第五段（濰縣）
    - 警務第六段（青州）
    - 警務第七段（博山）
    - 警務第八段（張店）
    - 警務第九段（濟南）
  - 保安隊
- 機務處
  - 機廠（四方）
  - 廠務課
  - 車輛課
    - 機務第一段（青島）
    - 機務第二段（高密）
    - 機務第三段（坊子）
    - 機務第四段（張店）
    - 機務第五段（濟南）
- 會計處
  - 出納課
  - 檢查課
    - 印票房
  - 綜核課

（八）膠濟鐵路管理局（隸屬於交通部）

- 工務處
  - 工程課
  - 產業課
  - 工務第一總段（青島）
    - 工務第一分段（青島）
    - 工務第二分段（高密）
    - 工務第四分段（岞山）
    - 工務第五分段（坊子）
  - 工務第二總段（濟南）
    - 工務第六分段（淄川）
    - 工務第七分段（青州）
    - 工務第八分段（張店）
    - 工務第九分段（普集）
    - 工務第十分段（濟南）
- 總務處
  - 青島材料所
  - 四方材料所
  - 庶務課
  - 機要課
  - 文書課
  - 材料課
    - 印刷所
    - 駐坊子收發煤觔員
    - 駐淄川收發煤觔員
    - 駐濟南收發煤觔員
  - 審核課
  - 編查課
  - 診察室（青島）

- 青島病院（特約）
- 四方醫院
- 高密醫院
- 坊子醫院
- 張店醫院
- 濟南醫院（特約）
- 青島小學校
- 四方小學校
- 高密小學校
- 青島中學校
- 坊子小學校
- 張店小學校
- 濟南小學校
- 電務課
  - 電務第一段（青島）
  - 電務第二段（濟南）
- 運輸課
- 文牘課
- 商務課
- 計核課
- 車務第一段（青島）
  - 青島站
  - 大港站
  - 四方站
  - 滄口站
  - 女姑站
  - 城陽站
  - 南泉站
  - 藍村站

李哥莊站
膠州站
姚哥莊站
膠東站
芝蘭莊站
塔耳堡站

車務處

- 車務第二段（坊子）
  - 蔡家莊站
  - 黃旗堡站
  - 蝦蟆屯站
  - 二十里堡站
  - 大圩河站
  - 昌樂站
  - 譚家坊子站
  - 岞山站
  - 南流站
  - 坊子站
  - 濰縣站
  - 朱劉店站
  - 堯溝站
  - 楊家莊站
- 車務第三段（張店）
  - 青州站
  - 淄河店站
  - 金嶺鎮站
  - 張店站
  - 淄川站
  - 博山站
  - 鐵山站
  - 普通站
  - 辛店站
  - 湖田站
  - 南定站
  - 大崑崙站
  - 淄川炭鑛站
- 車務第四段（濟南）
  - 馬尙站
  - 大臨池站
  - 普集站
  - 棗園莊站
  - 郭店站
  - 黃台站
  - 濟南站
  - 周村站
  - 王村站
  - 明水站
  - 龍山站
  - 王舍人莊站
  - 北關站

說明

膠濟鐵路最近之組織與民國十一年十二月交通部公佈之膠濟鐵路政府接收後管理局編制專章略有變更十二年五月原設之警察處改爲警務處十四年六月裁撤原設之車務總段其車務各分段直隸于車務處並添設車務處副處長一缺十五年四月原設之材料處所屬埠頭材料所歸併于四方材料所十二月原設之車務處所屬報務第二第三兩段歸併第一第四兩段十六年一月改車務分段爲車務段六月改組警務處分內外兩部內部爲第一課第二課攷勤室外部爲保安隊警務段原設之文牘勤務兩課暨警務三總段均取消十月裁撤材料處於總務處添設材料課其材料處之採買計核兩課均取銷青島四方濟南三材料所改隸總務處駐坊子淄川之收發煤觔員及計核課所屬之印刷所均歸材料課管轄十七年一月裁撤車務處所屬之報務段及電務分段三月又裁撤濟南材料所改設駐濟南收發煤觔員隸材料課七月改組總務處添設機要審核編查三課原有之核算營業公益三課均行

取銷

（九）青島電報局

- 本局
  - 附山東街分局
  - 附水電處
- 兼管
  - 台東鎭報房
  - 四方報房
  - 滄口報房

（十）青島一等郵局

- 本局
- 支局
  - 廣西路支局
  - 台東鎭支局
  - 碼頭支局
  - 奉天路支局
- 附
  - 滄口二等郵局
  - 四方二等郵局

（十一）青島無線電報局（隸於交通部）

（十二）膠澳菸酒經徵處（初隸中央菸酒事務署嗣改隸山東省政府）

（十三）青島印花稅辦事處（隸於山東印花稅分處）

（丙）山東省設機關組織表

青島貨物稅局（隸屬於山東財政廳）

青膠捲菸特稅分局（隸於山東捲菸特稅總局）

青膠官礦分局（隸於山東官礦局）

膠濟鐵路貨捐青島大港分局（隸於膠濟鐵路貨捐總局）

青島營業牌照稅分局（隸於山東營業牌照稅總局）

青島牛照分局（隸於山東牛照局）

青島漁航分局（初隸總局嗣改隸海疆司令部終隸於財政廳）

青島禁烟局（隸於山東禁烟總局）

膠東護軍使（十四年九月設立張懷斌被逐 旋卽裁撤十五年 又設畢庶澄鎗斃復裁）

海疆司令部（爲畢庶澄所設畢死亦廢）

膠東防守司令部（爲祝祥本所設祝軍出境部亦裁撤）
水上警察廳（十四年成立內設總務行政司法三科外設青島金口石島烟台龍口利津長清七署附澄海鎮海二礮艦）
渤海艦隊司令部

（丁）膠澳商埠各局所員額表

膠澳商埠局　二百二十五員
總辦一　秘書長一　科長四　股長十二　秘書辦事九　主任四　科員三六
辦事員　電生　稽查員　調查員　監印　校對　測量　測繪共六十八　書記二八　測量夫一八　司事工人共四四
警察廳　二千六百員
廳長一　科長四　署長四　督察長二　一等科員四　二等科員四　三等科員二　署員四　技士一　繙譯二　稽查員二〇　總隊長二　一等辦事員八　二等辦事員八　三等辦事員四　一等書記一二　二等書記一三　三等書記一〇

一等巡官一五　二等巡官一五　三等巡官一七　一等長警巡長三六　二等長警巡長三四　三等長警巡長五〇　一等長警巡警二二六　二等長警巡警三四〇　三等長警巡警六三九　一等馬巡巡長二　一等馬巡巡警四　二等馬巡巡警六　三等馬巡巡警八　電話司機生三　槍匠二　伙夫一四四　公役二五　馬夫四
海西區署長一　署員一　艦長一　船長一　一等輪機副一　二等輪機副一
一等辦事員一　二等辦事員二　書記二　一等巡官四　二等巡官四　三等巡官三　一等巡長八　二等巡長八　三等巡長十　一等警一〇〇　二等警六〇
三等警一〇〇　炮手一　司機一　一等船工一　二等船工一　修機匠一
一等水手三　二等水手三　三等水手三　一等升火二　二等升火二　夫頭一
水夫六　伙夫一二　公役一〇　教練所教務主任一　事務員一　學監一
班長一　班副二　守衛巡長一　巡警六　夫役一五

保安隊　三百一十一員名
大隊部設大隊長一　大隊附一　教練官一　副官一　軍需員一　書記員一
司書生二　諜報員二　傳達長一　傳達警四　號目一　槍匠一　皮匠一　伙夫三
第一第二兩中隊設中隊長二　分隊長六　司務長二　司書生二　一等巡長十八　二等巡長十八　一等警七十二　二等警一百四十四　號警四　傳達警四
伙夫十八
港政局　一百九十七員
局長一　副局長一　科長四　所長一　股長兼工程師二　股長兼主任醫官一
醫官二　股長二一　股員二四　所員四　征收員二　工程員四　圖算員四
辦事員六八　堆棧員二二　駕駛員二一　輪機員五　看守長四　看守員五　信號
副三　監工員二　稽查員一　司事一　助理員一　書記一五　助理六

電話局　一百九十一員
局長一　科長一　工程師一　主任六　股員一一　管理員三　辦事員二九
書記八　司機生一三〇
工程事務所　六十五員
所長一　科長二　工程師三　科員八　工程員一三　測量員三　監工員三
繪圖員三　辦事員一二　助理員六　書記六　測量夫二　管理員二　巡查一
農林事務所　二十二員
所長一　技師四　技術員七　事務員七　書記三
衛生事務所　十七員
所長一　副所長一　主任辦事員一　文牘一　會計一　庶務一　書記二　視查九
觀象台　二十一員

台長一　科長二　技術員五　觀測量員三　核算員二　事務員三　書記二
練習生三
教育局　十二員
局長一　科長二　視學員一　會計兼庶務一　科員二　辦事員二　書記三
教養局　十一員
局長一　主任二　管理兼訓誨一　辦事員二　收發一　書記一　技師二　警
備長一
牲畜檢驗兼辦鄉區屠宰稅局　三十一員
局長一　總務主任一　總稽查一　會計員一　文牘員一　庶務員一　售證員
一　收證員一　稽查員一　檢驗員五　核票員一　辦事員一　書記一　寫票
員四　巡查一〇
稽查處　十二員

稽查員一　一等稽查員兼主任一　二等稽查員三　文牘員一　稽查兵六
稽查違禁物品所　八員
所長一　辦事員一　稽查員一　書記一　巡長一　巡查三
傳染病院　二十一員
院長一　醫官二　副醫官一　事務主任一　事務助理員一　藥劑主任一　藥
助理二　書記一　看護長一　男看護六　女看護四
雜稅征收　三員
委員一　文牘兼會計一　稽查員一
宰畜稽查　四員
檢查員四
普濟醫院暨李村分院　二十六員
院長一　醫官四　化學技士一　藥劑師二　事務員四　書記二　看護婦一〇

助手二
（戊）中央直轄機關員額表
青島地方審判廳　廳長一　庭長二　推事四　候補推事四　書記官長一　書
記官九　雇員十五　登記員一　繙譯員四　承發吏六
附李村分庭　推事一　候補推事一　書記官二　雇員三　承發吏二
青島地方檢察廳　檢察長一　首席檢察官一　檢察官二　候補檢察官二　書
記官長一　書記官五　候補書記官一　雇員十七　檢驗吏二　法警十六
附地方廳看守所　所長一　教誨師一　醫官一
山東第六監獄　典獄長一　候補看守長二　教誨師一　醫士一
膠海關監督公署　監督一　秘書三　科長二　幫科長二　科員八　書記四
膠海關（本關）稅務司一　副稅務司一　外籍幫辦四　華籍幫辦三　稅務員十
四　學習員三　文牘員二　書記員一　核稅員七　額外稅務員一　（外勤）監

察長一　副監察長一　監察員三　稽查員二十四　驗估主任一　驗估員十二
（小港分關）主任幫辦一　稅務員二　核稅員六　驗估員二　稽查員四
（各分卡）滄口稽查員一兼理女姑口事　沙子口稽查員一　紅石崖稽查員一
核稅員一　塔埠頭稽查員一　核稅員一　靈山衛稽查員一
青島運副公署　運副一　科長一　科員七　錄事四　坨務員二　檢定員二
灘務員七　司事一　書記九　鹽警長一　警區隊長三　警官
青島鹽務稽核支所　經協理各一　主任秘書科員共十　書記三　附屬秤放局
長一　驗放員十八　監秤員一　科員一　書記十二　司秤員五十四　附屬華
洋檢定員各一　科員四
膠濟鐵路局　局長一　副局長一　處長七　副處長三　總段長三　廠長一
課長二四　副課長十　所長四　段長二四　課員一八四　技師一　工程司十
六　幫工程司九　試署工程司二　站長五六　副站長八一　保安大隊長一

中隊長兼隊附一　中隊長一　學校主任四　醫院主任四　學校教員二八　醫
士八　替班站長五　辦事員二二六　技士三　技術員一　辦事四三　繪圖生
二　繪圖員十　工務員五六　學習站長四　學習工務員四　客車查票員四
貨物主任十一　貨物司事六一　客票司事五〇　行李司事一九　車號司事三
三　過磅司事十二　站務司事十四　學習站務一二三　車隊長八五　學習車
隊長一七　車上貨物司事一三　車上行李司事三　碼頭貨物司事九　裝卸司
事一　司事一五九　練習九　練習生二五　實習三　實習生九　見習二　事
務員九　電報領班二六　電報副領班六　司報七三　司報練習六九　電話領
班四　簿記員四六　電話生一六　電話練習生一四　電話班長二　助理員六
佐助員二　機車視察員二　總查賬員一　查賬員三　印票員二　驗票員一
總稽查一　稽查一三　檢查兼視察員一　差遣員三　差遣一　調查員一
秘書五　律師四　助理律師一　偵查長一　密查員四　密查一　密查助理員

二　視查員六　稽查警務事宜一　學校書記二　書記一〇〇　學校庶務兼會
計一　司藥三　外科助手一　電機員二　驗車員一　帳務股長一　庶務股長
一　林務員二　監工二二　建築監工一　小隊長六　司務長二　保安隊一等
書記一　二等書記一　巡官二二
青島電報局　局長一　總管長　領班二　報生七十　司事十五　收支員三
附滄口報房領班一　司事一　報生二　附台東鎮報房領班一　報生一　附四
方報房領班一　報生一
青島郵政局　(一等局)局長一　郵務員六　郵務生二十九　揀信生十一　總
郵差一　信差長三　信差四十四　聽差二　苦力十七　汽車夫一　(廣西路
支局)局長一　郵務生一　苦力二　(台東鎮支局)局長一　苦力一　(碼頭
支局)局長一　苦力一　(奉天路支局)局長一　苦力一　(滄口二等郵局)局
長一　信差二　村鎮信差二　(四方二等郵局)局長一　信差二

青島無線電報局　局長一
膠澳菸酒經徵處　處長一
青島印花稅辦事處　主任一
(己)省轄機關員額表
青島貨物稅局　局長一　副局長一　局員八　辦事員六
青膠捲菸特稅分局　局長一　副局長一　文牘一　會計一　卡長六　稽查十
二　密查二　辦事員七　錄事二
青膠官礦分局　局長一　(係屬包辦故僅委局長一員)
青膠官硝分局　局長一
膠濟鐵路貨捐青島分局　局長一　事務員九　書記三
膠濟鐵路貨捐大港分局　局長一　事務員十一　稽查二　書記五
青島牛照分局　局長一

青島禁烟分局　局長一
青島漁航分局　局長一
海疆司令部
膠東防守司令部
水上警察廳　廳長一　科長三　署長七　艦長二　其餘大小職員共八十員
渤海艦隊司令部
(庚)本埠各局所主要官吏更替表
一、膠澳商埠督辦公署即商埠局
本署官制屢經變更初原直隸中央有督辦會辦其下設總務政務保安工程四處及財政交涉兩課至十
二年三月將會辦改爲坐辦復將總務政務工程三處改爲三課將保安處裁撤其財政課則另設財政局
交涉課則另設交涉公署十三年四月高恩洪接任督辦又將財政局交涉署裁撤隸歸督署改爲總務民
政財政外交四科原有之工程課裁撤歸併工程事務所辦理至十四年七月趙琪任事將督辦改爲總辦

改隸省政府復將坐辦裁缺其餘名稱均仍其舊所有本局職員以各科科長以上爲限其股長主任及副科長以下各員名目繁多已詳見統系表不再詳錄各人姓名玆將歷任官長列表如左

（其一）

督辦	會辦	秘書處長	總務處長	政務處長	保安處長	工程處長	財政課長	交涉課長
熊炳琦 十一年十二月十日接收膠澳行政	劉心源 中央任命未到任	吳瑞洪 十一年十二月任事 鄒文蔚 十二年二月任事	王　鴻 十一年十二月任事	王大楨 十一年十二月任事	梁上棟 十一年十二月任事	唐恩良 十一年十二月任事	郭珠泉 十一年十二月任事	姚作賓 十一年十二月任事

（其二）

督辦	坐辦	秘書處長	總務課長	政務課長	工程課長
熊炳琦 十三年三月卸任	龔積柄 十二年三月就職	鄒文蔚 十二年三月繼續任事 方作霖 十二年五月任事	王　鴻 十二年三月繼續任事旋卽卸事 吳金聲 十二年三月任事 鄒文蔚 十二年五月調任	王大楨 十二年三月繼續任事	唐恩良 十二年三月繼續任事

（其三）

督辦	坐辦	秘書處長	總務科長	民政科長	財政科長	外交科長
高恩洪 十三年四月就任 王翰章 十三年十一月五日護理 溫樹德 十三年十一月十五日就任	張殿魁 十三年四月就職 蕭永熙 十三年五月就職 高福生 十三年十一月任事	蕭永熙 十三年四月任事 袁榮叜 十三年五月任事 熊夢賓 十三年十一月代理 柳仲乘 十四年一月任事	郭大中 十三年四月任事 于鍾岱 十三年十一月代理 李毓藻 十四年五月任事	陳　冠 十三年四月任事	胡鵬昌 十三年五月任事 張英甫 十三年六月調任 郭　璞 十三年十一月代理 于鍾岱 十四年五月調任	吳錫永 十三年五月任事 俞文鼎 十三年五月任事

（其四）

總辦	秘書處長	總務科長	民政科長	財政科長	外交科長
趙　琪 十四年七月就職	呂振文 十四年七月任事	呂數靖 十四年七月任事 楊鑲溥 十六年一月代理三月繼續正式任事	杜樹芬 十四年七月任事 俞文鼎 十五年三月調任 彭福基 十五年七月升任	周　淼 十四年七月任事	俞文鼎 十四年七月繼續任事 陳家麟 十五年三月委任未到差 李方琮 十五年五月任事

二、膠澳商埠警察廳

本埠警察廳接收之初原設青島署台東署李村署水警署至十二年三月將青島署分爲第一第二兩署十五年一月將水警署改爲海西署十七年七月復添設四滄署廳內分總務行政衛生司法四科各科科長更調綦繁調查未周諸多缺漏故本表不及詳載

廳長	第一署長	第二署長	台東署長	李村署長	水警海西署長	四滄署長	督察長	消防隊長

程立 十一年十二月接收任事	成維靖 十二年三月任事	張殿魁 十三年四月任事	何瀚瀾 十三年十一月任事	陳韜 十三年十二月任事	程鎔 十四年十月任事	呂敦亮 十五年十月任事	王慶堂 十六年七月任事			
宋祖瑛 十一年十二月任爲青島署長	范良佐 十二年三月任事自是分爲一二兩署	吳長安 十二年六月任事	余炳勳 十三年六月任事	王維俊 十三年十一月任事	楚沛霆 十五年八月任事	梁逢啓 十六年一月任事	歐陽籍 十六年三月任事	王德鴻 十六年七月任事	朱斌訓 十七年八月任事	
	鄭國璋 十二年三月任事	馬希曾 十三年五月任事	侯善良 十四年十月任事	曹敦銓 十四年十月任事	劉蓉華 十六年一月任事	孫秉賢 十六年七月任事	任東英 十七年四月任事			
余炳勛 十一年十二月任事	楚沛霆 十三年六月任事	陳觀成 十四年八月任事	張寶善 十六年一月任事	張成南 十六年七月任事						
	張丕臣 十二年三月任事	鄭國璋 十三年五月任事	呂漢雲 十六年一月任事	徐序春 十六年七月任事						
張楚材 十一年十二月任事	李傳釗 十二年三月任事	梁逢啓 十三年五月任事至十五年一月改爲海西署長	李長礪 十六年一月任事	郭興貴 十六年三月任事	孫秉賢 十七年四月任事					
朱斌訓 十七年七月任事	陳寶琳 十七年八月任事									
宮毅 十一年十二月任事	王茂松 十二年三月任事	王慕琦 十三年五月任事	楊瑜通 十五年四月任事	王祖伊 十五年六月任事	方蕚 十五年十月任事	朱斌訓 十六年七年任事	姚志祖 十六年七月任事	王毓幹 十六年十二月任事	徐鴻恩 十七年八月任事	楊瑜通 十七年九月任事
吳長安 十二年三月任事	陳見龍 十二年六月任事	王玉珂 十四年十一月任事	沙士堅 十六年二月任事	楊善臣 十六年七月任事						

三、膠澳商埠港政局

港政局原名碼頭局十二年三月改組將碼頭港務兩局合併定名港政局初設總務船舶貨物三科旋將船舶改爲船務科貨物改爲業務科又設港務一科十三年一月港工事務所歸併港政局改設工務科將船務科裁撤各科內分設多股裁併添置時有變更本表茲不贅錄

局長	余晉龢 十一年十二月任事	吳金聲 十二年五月任事	姚頎忱 十三年四月任事	戚本恕 十三年十一月任事	周迪評 十四年七月代理	孔達
副局長	戚本恕 十一年十二月任事	奚定謨 十二年三月任事	陳道源 十三年四月代理	周迪評 十四年七月任事	姚文尉 十六年一月任事	龔建勛
總務科長	顧乃鑄 十一年十二月任事	宓鉄錚 十二年五月任事	宮毅 十二年九月任事	謝朝俊 十三年四月任事	顧乃鑄 十三年十一月任事	董毓瑢
港務科長	王光熊 十一年十二月任船舶科長旋改爲船務科長	戚本恕 十二年三月任港務科長	周迪評 十三年七月兼任	吳應輝 十五年十二月暫代	姚文尉 十六年一月兼任	
業務科長	邢契莘 十一年十二月任貨物科長	周德鴻 十二年八月任業務科長	徐東 十二年代	周志廉 十三年	雲惟佑 十三年十一月任事	尹國樑
工務科長		王光熊 十三年	高風華 十三年十一月任事	秦之麐 十四年九月任事		
小港分長所	李克謙 十一年十二月任事	崔連峯 十二年四月任	周麟瑞 十三年十一月任事	蕭春暄 十四年十月任事	許肇昌 十五年八月任事	周鍾霖

十四年八月任事	姚文尉	十七年九月任事					
十六年七月任事	蔡顯耀	十七年三月任事					
十四年八月任事	羅者濬	十四年八月任事	邱天衡	十四年十月任事	陳紹華	十五年三月任事	顧乃鑄	十五年七月任事	周鍾霖	十七年一月任事	李斌煜	十七年九月任事
吳應輝	十六年八月任事						
十四年十一月任事	陶文漪	十五年四月任事	唐達良	十五年八月任事	牟鏡璇	十七年九月任事	
十六年十月兼任	許樾	十七年一月任事	李樹偉	十七年九月任事			

四、膠澳商埠局附屬各機關

本埠附屬各機關除警察廳港政局外尚有電話局工程事務所等但有接收後添設者有後經裁併或中斷者茲彙列一表并附註成立歸併年月其各機關之內部辦事分設科股情形均從簡畧

年月／機關名稱	電話局		工程事務所	交涉公署	水道事務所
十一年	局長孔祥熙 十一年十二月任事		原設工程處	十一年十二月設交涉課	梁上棟 十一年十二月任事
十二年	聶慶惠 十二年八月任事		所長唐恩良 十二年三月工程課長兼任所長附屬工程課	馮國勳 十二年三月任事組織交涉公署；吳錫永 十二年八月任事	張濟元 十二年三月任事；莊英 十二年六
十三年	安茂經 十三年三月代理	姚啓儒 十三年四月任事；胡文濬 十三年十二月任事	王鴻訓 十三年四月任事爲獨立機關；周迪評 十三年六月任事；趙藍田 十三年八月任事	吳錫永 十三年四月交涉署裁撤	張英甫 十三年四月任事改爲水道局；胡鵬昌 十三年七
十四年	蔡大健 十四年七月代理	王寶仁 十四年七月任事	王超 十四年一月任事七月卸事；唐恩良 十四年七月任事		袁方喬 十四年四月任事 本年七月水道局裁撤歸併
十五年	龔建勳 十五年十二月任事		唐恩良		
十六年	姚文尉 十六年三月任事		唐恩良		
十七年	曹幹 十七年九月任事		唐恩良		

	月任事	月任事　陽明　十三年十一月任事	
財政局	十一年十二月設財政課	局長　郭珠泉　十二年三月任事	趙葆元　十三年三月代理　胡鵬昌　十三年四月任事五月將局裁撤改局爲科
港務局	局長　奚定謨　十一年十二月任事	奚定謨　十二年三月裁撤歸併港政局	

港工事務所	所長　王超　十一年十二月任事原名港工局	王超　十二年三月改稱港工事務所	王超　十三年二月裁撤歸併港政局				
農林事務所	所長　凌道揚　十一年十二月任事原名林務局	凌道揚　十二年三月改稱農林事務所	凌道揚	凌道揚　十四年七月卸事　夏繼禹　十四年七月任事	夏繼禹	夏繼禹	夏繼禹
屠獸場	監理官　楊卓茂　十一年十二月任事	江壽祺　十二年二月接事本年十一月改歸商辦					

農事試驗場	場長　李方琮　十一年十二月任事	李方琮　十二年三月歸併農林事務所					
商品陳列館	館長　姜歷山　十一年十二月任事	姜歷山	許耀宗　十三年四月接事　戚煥之　十三年十二月接事	戚煥之　十四年八月改爲商會接辦			
化學試驗所			所長　李方琮　十三年三月開辦任事即于四月裁撤歸併普濟醫院				

普濟醫院	院長　蔡振聲　十一年十二月任事	王東斗　十二年十二月接事	全紹清　十三年四月接事	王福滙　十四年七月接事九月改爲山東陸軍醫院			王福滙　十七年六月軍隊開拔出境陸軍醫院復爲普濟醫院王福滙接續任事
傳染病院	院長　王東斗　十一年十二月任事	黃祖詰　十三年三月接事	全紹清　十三年四月接事	王福滙　十四年七月接事九月改爲山東衛隊司令軍醫處兼院長			黃祖詰　十七年六月軍隊開拔出境衛戌病院恢復黃祖詰奉委任事
李村醫院	院長　蔡振聲　十一年十二月以蔡院長兼任	陳魏　十二年十月充李村分院長	全紹清　十三年五月歸併普濟醫院				

觀象台			台長蔣丙然 十三年二月接收日人測候所成立任事	蔣丙然	蔣丙然	蔣丙然	蔣丙然
軍警督察處			處長關際雯 十三年五月成立任事 張文通 十三年十月接事	王慶堂 十四年八月接事 本年十一月改爲稽查處	王慶堂	劉之申 十六年七月任事	劉之申 本年五月劉之申離職 陳寶琳 十七年五月接事 侯善良 十七年八月接事
清理官產處			處長柏森 十三年五月成立任事	郭鳳洲 十四年二月接事本年八月裁撤			
稽查運輸違禁品所			所長陳潤章 十三年八月成立任事	蕭翊新 十四年二月接事 方聯壁 十四年八月接事 王德鴻 十四年十月接事	王德鴻	呂閎江 十七年七月接事	呂閎江

教養局			坐辦史久龍 十三年九月成立任事局長由警察廳長兼任	陸耀章 十四年四月接事 杜樹芬 十四年十一月兼任改稱局長裁去坐辦	成緒宗 十五年三月接事 趙會昌 十五年十一月接事	胡豐義 十六年八月委任未到差 董希賢 十六年十月接事	曹幹 十七年二月接事 孫日新 十七年九月任事
禁烟局			局長張文通 十三年七月成立任事 全紹清 十三年十月接事	章煥文 十四年五月奉令取消			
			章煥文 十三年十一月接事				
教育局				局長陳命凡 十四年十月成立任事	陳命凡	陳命凡	陳命凡
衛生事務所				所長方聯壁 十四年十月成立任事	方聯壁	趙會昌 十六年八月接事	趙會昌
牲畜檢驗局				局長李博儒 十四年十月由商辦改爲官辦成立任事	李博儒	李博儒	李博儒

通俗圖書館			館長崔肇祺 十三年八月成立任事	胡鎮中 十四年八月接事	胡鎮中	胡鎮中	胡鎮中

（辛）中央各機關長官更替表

機關名稱＼年月	十一年	十二年	十三年	十四年	十五年	十六年	十七年
膠澳關監督公署		徐祖善 十二年一月任事 徐世襄 十二年十一月接事	徐世襄	任鳳賓 十四年二月接事	任鳳賓	周迪評 十六年七月接事	周迪評
膠海關稅務司	李家森 十一年十二月接事	李家森	馬都納 十三年十月接事	馬都納	鈴木籐藏 十五年三月以副稅務司代理 威厚瀾	中村元 十六年四月以副稅務司代理 華善 十六年六月接事	華善
青島鹽務稽核支所		經理王銓 十二年二月任事 李植蕃 十二年九月任事 協理天野恭太郎 十二年六月任事	李植蕃 天野恭太郎	李植蕃 船津文雄 十四年十月接事	李植蕃 船津文雄	李植蕃 船津文雄	李植蕃 船津文雄
青島運副公署	張同皋 十一年十二月駐青委員任事	王徵善 十二年十月駐青委員接事 常壽宸 十二年十二月接委員任	常壽宸 十三年十二月改為運副公署	呂鑄 十四年二月接事 吳必儒 十四年七月接事	吳必儒	吳家元 十六年十一月接事	吳家元
青島印花稅辦事處		柳運昌 十二年六月任事 張達 十二年十二月接事	張達	秦輝祖 十四年十一月接事	姚志道 十五年七月接事	姚志道	張仲賢 十七年四月接事
地方審判廳		戚運機 十二年一月任事	戚運機	戚運機	戚運機	孫紹康 十六年八月接事	張宗庚 十七年五月
地方檢察廳	董邦幹 十一年十二月任事	邵邦翰 十二年一月任事 王天偉 十二年四月任事	王毓崐 十三年一月接事	王毓崐	王毓崐	蔣廉正 十六年十月接事	余煇燾 十七年七月
菸酒經徵處		彭占勳 十二年四月籌備八月任處長事	彭占勳	王孝豐 十四年三月接事 彭占勳	張佩緒 本年七月省長加委改為膠澳菸酒經徵處	張佩緒	龔建勛 十七年三月接事 張慰世

	無線電報局	膠濟鐵路管理局								
十一年十二月任事		局長	副局長	總務處長	總務副處長	工務處長	車務處長	車務副處長	車務總段長	車務副總段長
	李遠 十二年一月任事	趙德三 劉堃	朱庭祺	胡靖 顧承曾		薩福均	大村卓一		馬廷燮	陳蘭生
	李遠	劉堃 邵恒濬 李鐘岳 朱庭祺	朱庭祺	顧承曾 蘇應銓		薩福均 周迪評	大村卓一		馬廷燮	陳蘭生 十三年五月裁
十四年八月接事 張佩緒 十四年十一月接事 月改爲山東第十四區菸酒分局	李遠	關鐸 李鐘岳 趙藍田 胡文通 趙藍田	朱庭祺 周鐘岐 周慶滿	劉維城 曹幹 劉維城 陳光弼	馬廷燮 十四年九月增設	周迪評 薩福均	大村卓一 兒玉國雄	錢宗淵 十四年六月增設	馬廷燮 十四年六月裁	
	李遠	趙藍田	周慶滿	陳光弼	馬廷燮	薩福均	兒玉國雄	錢宗淵		
	李遠	趙藍田	周慶滿 曲慶錫 陳翼	顧承曾	馬庭燮 董毓瑢	薩福均	兒玉國雄	錢宗淵 馬廷燮		
十七年六月接事膠澳商埠局委任	姚洪源 十七年六月接事	趙藍田	陳翼	顧承曾	董毓瑢	薩福均	兒玉國雄	馬廷燮		

三一

機務處長	會計處長	會計處長	會計副處長	材料處長	警務處長
孫繼丁	顧宗林	佐伯彪		顧振 史譯宣	景林
孫繼丁	顧宗林 盧炳田 陳天驥	佐伯彪		史譯宣 莊文周 許傳音	景林
孫繼丁 楊毅 孫繼丁	陳天驥 周迪評 張競立	佐伯彪	冒景瑋 十四年九月增設	許傳音 林再培	景林 尹德山 馬文龍
孫繼丁	冒景瑋 李祖模	佐伯彪	李祖模 十五年十二月裁	林再培	馬文龍
孫繼丁	李祖模	佐伯彪		林再培 十六年十二月裁	馬文龍 王春田
孫繼丁	李祖模	佐伯彪			王春田 任居建

三二

（壬）本埠隸屬省政府各機關長官更替表

機關名稱＼年月	捲菸特稅青膠區分局	管理牛照事務分局
十一年		
十二年	吳增鼎 十二年七月設駐青紙菸捐查驗所任所長	
十三年	姚作賓 十三年十月開辦任事設特稅分局歸商人包辦	
十四年	曲巖 十四年六月接事 伍曉菴 十四年八月接事 李四榮 十四年十一月接事收回官辦	朱文友
十五年	李筱坡 十五年十一月接事	李振東
十六年	孫官雲 十六年二月接事 姚志道 十六年十二月接事	李振東
十七年	劉曾撰	李振東

	十一年	十二年	十三年	十四年	十五年	十六年	十七年
				十四年九月接收任事			
漁航局				劉鵬高 十四年十一月任事	史書簡 十五年歸海防總司令管轄稱沿海漁航整理處；楊鳳玉 十五年十二月接事	祝祥本 十六年四月改爲沿海漁航整理總局司令祝祥本自兼；葉春墀 十六年五月奉省令改爲沿海漁航總局任事旋取消	
貨物稅局					張睿 十五年九月成立任事	方聯壁 十六年八月接事	方聯壁 十七年五月取消離職
膠濟鐵路貨捐局			方作霖 十三年九月成立任事	方作霖	柴勤唐 十五年三月接事	柴勤唐	
海軍轉運局		戚本恕 十二年四月任事					

（癸）駐青歷任各國領事官更替表

駐青各國領事官本表但註明接收以後者

國別＼年月	十一年	十二年	十三年	十四年	十五年	十六年	十七年
日本國	總領事森安三郎 十一年十二月始設駐青總領事館由濟調青任事	森安三郎	堀內謙介 十三年三月接事	江戶 十四年十二月堀內歸國江戶代理	矢田部 十五年五月接事	高瀨眞一 十六年十二月矢田回國高瀨代理	藤田榮介 十七年一月接事；河相 十七年七月藤田回國河相代理；藤田 十七年八月回任
英國領事	原爲副領事接收後升爲領事館	美哲 十二年五月任事	美哲	美哲	美哲	德瑞 十六年二月接事	德瑞
美國	領事歐敦司 原設領事官十一年十二月繼續任事	歐敦司	紐伯爾 十三年四月歐敦司調任紐伯爾代理	道爾清 十四年十月接事	道爾清	紐伯爾 十六年十月道爾清回國紐伯爾代理	道爾清 十七年三月回任
德國				吉溥利 駐濟德領兼管青島事務；希古賢 十四年十一月接事膠澳商埠始接有交替公文	希古賢	師謀 十六年一月任事；巴恩鍔 十六年十月師謀回國巴恩鍔署理	師謀 十七年四月回任

政治志二　法制

有權衡者不可欺以輕重有規矩者不可欺以方圓是故貴有法度也法者爲治之具所以使人類共守而不得以相欺故國無治亂莫不有法所異者視立法之程序與守法之程度爲如何耳甲制一權衡而强乙守之朝制一規矩而夕自毁之如是則法度

之効徵而制作翻爲爭端故民主之國公立而公守法治之國私立而共守立而不守斯亂亡之道矣我國收回膠澳而後定爲自闢商埠按照膠澳商埠章程第六條第一項之規定關於商埠內各項規則之訂定修改及公布本埠原有此項職權乃承德日紛更之後又值蕭牆多事之秋根本未立制作不遑未能統籌全局畫一立法僅就目前所急陸續頒定甚或因利乘便朝令夕改而所采之標準又多取法於德日德之法令大都出之於殖民地長官之命令所以處理殖民地者也日之法令大都出之於守備軍之軍令所以處理佔領地者也我國因襲而雜糅之冀使原住僑民相安於固有之制度故與他埠政令歧出然狡黠之僑民依然逼出於法令之外而尤以日僑爲特甚關於警察衛生租稅等項彼之僑民各自有其規則而置我商埠之規則於不顧有時且反脣相譏指我之權衡爲無當於是商埠之立法愈難是知法之不行非遷就補苴所可救濟也本埠各項規則業有膠澳商埠現行法令彙纂一書載其全文茲不重錄爰記其目以備掌故

膠澳商埠現行法令一覽表

官制

膠澳商埠公署暫行服務規則草案十一年十二月公布
膠澳商埠局組織及暫行服務規則草案十二年三月一日呈報中央
膠澳商埠督辦公署暫行編制規則草案十三年五月一日呈報中央
膠澳商埠局組織規則草案十四年九月二十日呈報省政府
膠澳商埠港務局組織規則十一年十二月公布
膠澳商埠港工局組織規則十一年十二月公布
膠澳商埠港工事務所組織規則十二年四月五日呈准
膠澳商埠水道局章程十二年一月公布
膠澳商埠水道事務所章程十二年七月七日呈准
膠澳商埠電話局暫行簡章十二年一月十一日呈報
膠澳商埠電話局組織大綱十四年九月十七日呈准
膠澳商埠普濟醫院及李村診療所暫行章程十二年二月二十一日呈准
膠澳商埠港政局組織規則十二年三月二十八日呈准
修正膠澳商埠港政局組織規則十二年十一月十一日呈准
修正膠澳商埠港政局組織規則十三年十二月十六日呈准
膠澳商埠警察廳暫行組織章程十二年四月三日呈奉中央核准
膠澳商埠傳染病院暫行規則十二年四月二十七日呈准
膠澳商埠商品陳列館章程十二年五月三日呈准
膠澳商埠農林事務所組織及服務規則十二年五月六日呈准
修正膠澳商埠農林事務所組織及服務規則十三年三月十八日呈准
膠澳商埠衛生局組織規則十二年五月二十八日呈准
膠澳商埠財政局組織規則十二年七月五日呈准

膠澳商埠交涉署組織暫行章程十二年八月七日呈准
膠澳商埠觀象台暫行規則十三年三月十八日公布
膠澳商埠化學試驗所規程十三年三月二十日呈准
膠澳商埠督辦公署工程事務所組織規則草案十三年五月一日公布
膠澳商埠工程事務所編制大綱十三年八月二十日呈准
膠澳商埠督辦公署清理官產處暫行組織規則十三年五月二日公布
膠澳商埠軍警督察處組織章程十三年五月十二日公布
膠澳商埠牲畜檢驗局暫行章程十三年八月十九日呈准
膠澳商埠稽查運輸違禁品所暫行章程十三年十月十七日公布
膠澳商埠教養局暫行簡章十三年十二月一日呈准
膠澳商埠濟良所簡章十三年十二月一日呈准
膠澳商埠教育局組織大綱十四年十月二十七日呈准

膠澳商埠火酒檢驗所暫行章程十五年十一月三日公布

官規

膠澳商埠港政局員司請假暫行規則十一年十二月二十日公布

膠澳商埠電話局辦事細則十二年一月一日呈准

膠澳商埠港政局守警賞罰規則十二年二月二十四日公布

膠澳商埠電話局司機生服務規則十二年三月五日公布

膠澳商埠警察廳巡官長警賞罰章程十二年四月十三日公布

膠澳商埠電話局工匠服務規則十二年四月十六日呈准

膠澳商埠督辦公署及附屬機關旅費規則十二年四月二十四日公布

膠澳商埠電話局司機生工資給予規則十二年四月三十日呈准

膠澳商埠督辦公署及附屬機關使用乘車免票暨運照規則十二年五月一日公布

膠澳商埠農林事務所辦事規則十二年五月六日呈准

膠澳商埠農林事務所工人應守規則十二年五月六日呈准

膠澳商埠督辦公署特種案件商決委員會組織簡章十二年五月二十三日公布

膠澳商埠商品陳列館辦事細則十二年五月二十六日呈准

膠澳商埠衛生局服務細則十二年五月二十八日呈准

膠澳商埠警察廳勤務督察處辦事規則十二年五月三十一日公布

膠澳商埠警察廳勤務督察施行細則十二年五月三十一日公布

膠澳商埠財政局清理公產委員會簡章十三年六月三日呈准

膠澳商埠港政局支出暫行規則十二年六月四日公布

膠澳商埠財政局辦事細則十二年七月五日呈准

膠澳商埠水道事務所辦事細則十二年七月七日呈准

膠澳商埠警察廳巡警教練所章程十二年八月八日公布

膠澳商埠督辦公署書記獎懲規則十二年九月四日宣布

膠澳商埠港政局法規審查委員會規則十二年九月十八日呈准

膠澳商埠局辦事通則十二年七月二十七日公布

膠澳商埠督辦公署辦事規則十三年八月二十日公布

膠澳商埠港政局辦事通則十二年十一月二十九日呈准

修正膠澳商埠港政局分科職掌及辦事通則十三年十二月十六日呈准

膠澳商埠督辦公署收受呈詞章程十二年十二月二日公布

膠澳商埠各機關長官交代規則十三年一月一日公布

膠澳商埠觀象臺辦事細則十三年三月二十日呈准

膠澳商埠觀象臺氣象地震科辦事規則十三年三月二十日呈准

膠澳商埠觀象臺天文磁力科辦事規則十三年三月二十日呈准

膠澳商埠觀象臺練習生規則十三年三月二十日呈准

膠澳商埠督辦公署清理官產處分課辦事細則十三年五月二日公布

膠澳商埠督辦公署政務會議規則十三年五月十五日公布

膠澳商埠官產評價委員會簡章十三年五月三十日公布

膠澳商埠警察廳消防隊服務規則十三年五月三十日呈准

膠澳商埠官產評價委員會辦事細則十三年六月三日公布

膠澳商埠觀象臺職員獎懲暫行章程十三年六月一日呈准

膠澳商埠警察廳警察衛生隊暫行編制章程十三年六月十一日呈准

膠澳商埠警察廳警察衛生隊暫行服務規則十三年六月十一日呈准

膠澳商埠軍警督察處辦事規則十三年六月十三日呈准

膠澳商埠各署職員敘級規則十三年七月九日公布

膠澳商埠督辦公署規定發煤領煤及購煤規則十三年八月二十九日公布

膠澳商埠牲畜檢驗局暫行辦事細則十三年十月二十七日呈准

膠澳商埠教養局辦事細則十三年十二月一日呈准

膠澳商埠濟良所辦事細則十三年十二月一日呈准
膠澳商埠電話局司機生管理章程十四年一月二十一日呈准
十四年九月一日修正
膠澳商埠電話局司機生管理章程補充規則十四年十一月十二日公布
膠澳商埠電話局工匠僱用章程十四年一月二十一日呈准
十四年十月一日修正
膠澳商埠電話局工匠僱用章程補充規則十四年十一月十二日公布
膠澳埠商港政局職員獎懲規則十四年二月七日公布
膠澳商埠港政局工務科管理工人規則十四年二月十三日公布
膠澳商埠港政局外勤員司警夫賞罰規則十四年二月二十四日公布
膠澳商埠港政局警工匠夫工貲支給規則十四年二月二十四日公布
膠澳商埠港政局職員撫卹規則十四年三月五日公布
膠澳商埠督辦公署視學員服務暫行規則十四年三月二十四日公布
膠澳商埠電話局司機生宿舍規則十四年五月十八日公布

膠澳商埠水道局工人工貲支給規則十四年五月二十五日呈准
膠澳商埠局派往各收入機關收款員辦事規則十四年八月二十日公布
膠澳商埠電話局司機生教練章程十四年八月二十一日呈准
膠澳商埠工程事務所辦事細則十五年二月六日呈准
膠澳商埠工程事務所材料庫辦事規則十五年二月六日呈准
膠澳商埠工程事務所攷工規則十五年二月六日呈准
膠澳商埠工程事務所材料機具購置收發規則十五年二月六日呈准
膠澳商埠工程事務所水源地辦事規則十五年二月六日呈准

內務

膠澳商埠警察廳管理飲食物營業規則十二年一月十二日呈准
膠澳商埠警察廳管理理髮營業規則十二年一月十二日呈准
膠澳商埠警察廳重訂管理理髮營業規則十七年一月呈准

膠澳商埠警察廳管理煤油營業規則十二年一月十三日呈准
膠澳商埠警察廳管理火柴地營業規則十二年一月十三日呈准
膠澳商埠警察廳道路取締規則十二年一月十三日呈准
膠澳商埠警察廳管理重載大車貨車一輪車暫行規則十二年一月十三日呈准
膠澳商埠警察廳取締自行車暫行規則十二年一月十三日呈准
膠澳商埠警察廳管理人力車暫行規則十二年一月十三日呈准
膠澳商埠警察廳管理汽車規則十二年一月十三日呈准
膠澳商埠警察廳取締運貨汽車規則十二年一月十三日呈准
膠澳商埠警察廳修正管理馬車車夫暫行規則十六年十一月呈准
膠澳商埠警察廳管理馬車車夫暫行規則十二年一月十三日呈准
膠澳商埠警察廳巡守長警指揮汽車通行簡章十二年一月十三日呈准
膠澳商埠警察廳請願巡警暫行章程十二年一月十三日呈准

膠澳商埠警察廳取締新聞雜誌及各種出版物品暫行規則十二年一月十三日呈准
膠澳商埠警察廳取締販賣銃炮軍械火藥類營業暫行規則十二年一月十三日呈准
膠澳商埠警察廳取締各種營業規則十二年一月十三日呈准
膠澳商埠警察廳酒類營業取締暫行規則十二年一月十三日呈准
膠澳商埠警察廳管理牛乳營業規則十二年一月二十一日呈准
膠澳商埠警察廳管理浴堂營業規則十二年一月二十一日呈准
膠澳商埠警察廳取締剔骨肉作坊規則十二年一月二十一日呈准
膠澳商埠警察廳取締各項肉質規則十二年一月二十一日呈准
膠澳商埠警察廳取締藥攤暫行規則十二年一月二十一日呈准
膠澳商埠警察廳取締藥攤執行細則十二年一月二十一日呈准
膠澳商埠警察廳取締墓地營葬規則十二年一月二十七日呈准
膠澳商埠警察廳管理種痘規則十二年一月二十七日呈准

膠澳商埠警察廳暫行取締產婆規則十二年一月二十七日呈准
膠澳商埠警察廳取締陰陽生規則十二年一月二十七日呈准
膠澳商埠警察廳調查戶口暫行細則十二年一月二十七日呈准
膠澳商埠警察廳調查戶口簿册登記凡例十二年一月二十七日呈准
膠澳商埠警察廳管理旅店規則十二年二月一日呈准
膠澳商埠警察廳旅客登記簿使用法十二年二月一日呈准
膠澳商埠警察廳取締狩獵自衞槍枝暫行規則十二年二月五日呈准
膠澳商埠警察廳管理戲班規則十二年二月十六日呈准
膠澳商埠警察廳管理戲園規則十二年二月十六日呈准
膠澳商埠警察廳管理電影園規則十二年二月十六日呈准
膠澳商埠警察廳取締戲院清潔規則十二年二月十六日呈准
膠澳商埠警察廳管理樂戶規則十二年二月十六日呈准

膠澳商埠警察廳管理娼妓規則十二年二月十六日呈准
膠澳商埠警察廳取締醫生暫行規則十二年二月二十二日呈准
膠澳商埠警察廳取締舊貨營業規則十二年二月二十三日呈准
膠澳商埠警察廳特許廣告暫行規則十二年三月八日呈准
膠澳商埠警察廳游行廣告暫行規則十二年三月九日呈准
膠澳商埠警察廳長警住所及身體衣服清潔規則十二年四月一日公布
膠澳商埠普濟醫院入院診療暫行規則十二年四月五日呈准
膠澳商埠警察廳取締臨時游覽場所小賣攤商規則十二年四月九日公布
膠澳商埠警察廳取締俄人登陸辦法十二年二月十六日公布
膠澳商埠傳染病院附設看護婦養成班簡章十二年四月十六日呈准
膠澳商埠警察廳管理鏢局營業規則十二年二月二十四呈准
膠澳商埠衞生局小便車及領戶搬運條規十二年五月三日公布

膠澳商埠警察廳檢查私帶軍火暫行規則十二年五月三日呈准
膠澳商埠警察廳暫擬掃除髒物規則十二年五月五日呈准
膠澳商埠警察廳禁止狩獵期間規則十二年五月十六日呈准
膠澳商埠警察廳管理狩獵施行細則十二年五月十六日呈准
膠澳商埠賽馬臨時開放規則十二年五月十七日公布
膠澳商埠督辦公署招商承辦供給職工規則十二年年五月二十四日公布
膠澳商埠督辦公署招商承辦雜役投標規則十二年五月二十四日公布
膠澳商埠督辦公署招商承辦工料投標規則十二年五月二十五日公布
膠澳商埠督辦公署招商承辦工料規則十二年五月二十五日公布
膠澳商埠警察廳管理會館規則十二年五月二十六日呈准
膠澳商埠警察廳管理書館說詞場暫行規則十二年六月二日呈准
膠澳商埠警察廳冰類營業取締規則十二年六月七日呈准

膠澳商埠警察廳清涼飲料水營業取締規則十二年六月七日呈准
膠澳商埠警察廳清涼飲料水及冰類營業取締執行細則十二年六月七日呈准
膠澳商埠警察廳取締海水浴辦法十二年六月十六日公布
膠澳商埠征收樂戶娼妓照費月捐暫行規則十二年六月二十一日公布
膠澳商埠警察廳取締負販商規則十二年六月二十二日呈准
膠澳商埠警察廳取締飼犬規則十二年六月二十五日呈准
膠澳商埠警察廳修正取締飼犬規則各條十三年四月三十日呈准 十六年八月三十日修正
膠澳商埠警察廳取締海水浴場規則十二年六月二十五日呈准
膠澳商埠警察廳捕治蚊蠅法十二年七月十日公布
膠澳商埠警察廳取締各公園維持秩序風俗辦法十二年七月二十四日公布
膠澳商埠運輸銅元出入境暫行取締規則十二年七月二十六日公布
膠澳商埠警察廳取締公立私立醫院規則十二年八月八日呈准

膠澳商埠警察廳取締公立私立醫院執行細則十二年八月八日呈准
膠澳商埠警察廳取締病疫獸類規則十二年八月三十一日呈准
膠澳商埠暫行建築規則十二年十月三日公布
膠澳商埠暫行建築施行細則十二年十月三日公布
膠澳商埠警察廳預防火險辦法十二年十月四日公布
膠澳商埠水道局給水規則十二年十月九日公布 十四年五月十五日修正
修正膠澳商埠局財政科水道給水征費規則十五年五月二十一日呈准
膠澳商埠水道事務所公衆給水及船舶給水規則十二年十月十三日呈准
膠澳商埠警察廳保護電線辦法十二年十月十九日公布
膠澳商埠第一市場管理所暫行規則十二年十月二十四日公布
膠澳商埠水道事務所專用下水道規則十二年十月二十九日呈准
膠澳商埠歐美人公墓埋葬章程十二年十二月十五日公布

膠澳商埠屠場取締規則十三年一月一日公布
膠澳商埠市政工程執行規則十三年一月十五日公布
膠澳商埠取締請領運輸危險物品護照暫行章程十三年四月二十五日公布
膠澳商埠警察廳取締各村莊槍械暫行規則十三年四月二十七日呈准
膠澳商埠警察廳出包衛生事務及糞便招標章程十三年四月三十日呈准
膠澳商埠警察廳按摩術針灸術營業取締規則十三年五月十五日呈准
膠澳商埠警察廳整頓私宰私販獸肉章程十三年五月二十三日公布
膠澳商埠警察廳傳染病報告條例十三年五月二十七日公布
膠澳商埠警察廳管理俄妓暫行規則十三年五二十一日呈准
修正膠澳商埠警察廳管理俄妓樂戶暫行規則十五年四月二十二日呈准
膠澳商埠警察廳包商承辦衛生事務所服務規則十三年六月十三日呈准
膠澳商埠警察廳包商承辦衛生事務暫行辦法十三年六月十三日呈准

膠澳商埠警察廳查驗車輛及換牌收捐臨時簡章十三年六月十九日公布
膠澳商埠修理官產房屋暫行辦法十三年六月二十一月公布
膠澳商埠警察廳取締飲食物營業簡章十三年七月七日公布
膠澳商埠賽馬規則十三年七月十二日公布
修正膠澳商埠賽馬規則各條十四年一月五日公布
膠澳商埠警察廳取締貨車辦法十三年七月十二日公布
膠澳商埠觀象台施放午炮規則十三年七月二十九日呈准
膠澳商埠警察廳取締車輛用騾馬暫行規則十三年八月二十七日呈准
膠澳商埠警察廳貨車善後辦法十三年十月九日公布
膠澳商埠滄口義地公會簡章十三年十一月十九日呈准
膠澳商埠教養局各項管理規則十三年十二月一日呈准
膠澳商埠教養局技師通守規則十三年十二月一日呈准

膠澳商埠教養局藝徒收容遣發規則十三年十二月一日呈准
膠澳商埠教養局藝徒獎金規則十三年十二月一日呈准
膠澳商埠教養局藝徒製品餘利支給並保管規則十三年十二月一日呈准
膠澳商埠教養局藝徒暫行獎懲規則十三年十二月一日呈准
膠澳商埠教養局參觀規則十三年十二月一日呈准
膠澳商埠濟良所收容遣發規則十三年十二月一日呈准
膠澳商埠取締薦頭行暫行規則十四年三月十七日公布
膠澳商埠警察廳取締渡客舢舨暫行規則十四年三月二十四日呈准
膠澳商埠警察廳修正取締渡客舢舨暫行規則十四年六月二十六日呈准
膠澳商埠預防虎列拉船舶檢疫規則十四年八月公布
膠澳商埠工程事務所修繕官有房屋牆栅等項建物手續規則十四年九月九日呈准
膠澳商埠工程事務所招商承辦供給車輛規則十四年九月二十四日呈准

膠澳商埠工程事務所招商承攬供給水車用夫馬規則十四年九月二十四日呈准
膠澳商埠警察廳編查門牌戶口暨戶口清册裝訂辦法十四年九月二十九日公布
膠澳商埠警察廳調查戶口摘要十四年九月二十九日公布
膠澳商埠警察廳整理戶籍辦法十四年十二月十八日公布
膠澳商埠工程事務所包工投標規則十五年二月六日呈准
膠澳商埠工程事務所招商包工規則十五年二月六日呈准
膠澳商埠工程事務所水道敷設修理規則十五年二月六日呈准
修正膠澳商埠工程事務所水道敷設修理規則十二年二月六日呈准
膠澳商埠工程事務所水表裝卸試驗規則十五年二月六日呈准
膠澳商埠工程事務所工廠作業規則十五年二月六日呈准
膠澳商埠觀象台無線電授時辦法十五年四月一日呈准
膠澳商埠警察廳取締運貨汽車規則十五年五月呈准
膠澳商埠警察廳取締車輛章程十五年八月呈准
膠澳商埠警察廳取締客棧接客暫行規則十五年九月呈准
膠澳商埠港政局消防規則十五年十月六日呈准
膠澳商埠港政局查獲禁品獎勵規則十五年十一月呈准
膠澳商埠警察廳火場警戒規則十六年四月一日呈准
膠澳商埠局管理公共汽車及收費規則十六年十月十七日公布

財政

膠澳商埠碼頭收費規則十二年三月二十四日公布
膠澳商埠稅務雜費投標規則十二年三月二十六日公布
膠澳商埠第一公園春季游覽會租地規則十二年四月十二日公布
膠澳商埠不動產證明許可收費規則十二年五月十五日公布
膠澳商埠徵收地稅暫行規則十二年五月十五日公布

膠澳商埠雜稅徵收款項暫行規則十二年五月十五日公布
膠澳商埠徵收地租暫行規則十三年五月二十二日公布十五年二月十八日修正
膠澳商埠局公有房產出租規則十二年五月二十七日公布十四年九月二十一日修正
膠澳商埠徵收車捐暫行規則十二年五月二十七日公布十三年六月修正
膠澳商埠採取石材土沙規則十二年六月六日公布十四年九月二十六日修正
膠澳商埠衛生費徵收暫行規則十二年六月二十七日公布
膠澳商埠領租官有土地暫行規則十二年七月二十五日公布
修正膠澳商埠領租官有土地暫行規則十四年七月二十三日公布
膠澳商埠徵收負販商月捐暫行規則十二年七月三十一日公布
膠澳商埠八釐市政公債條例十三年六月十八日咨報中央
膠澳商埠官有地更換租照規則十三年六月二十一日公布
膠澳商埠督辦公署驗契換契條例十四年六月二十五日公布
膠澳商埠督辦公署招領承租官有土地及地上附屬物變價簡章十三年六月二十七日公布
膠澳商埠房產驗契規則十二年七月十一日公布
膠澳商埠發行銅元票章程十三年八月九日咨報中央
膠澳商埠征收漁稅暫行規則十四年六月公布
膠澳商埠催徵各項租費稅捐暫行處分規則十四年九月十九日公布
承領觀嶗石屋荒山臨時章程十四年九月十九日呈准
膠澳商埠官私土地繳納丈量費用暫行規則十五年二月八日公布
膠澳商埠私土地設立誌石暫行規則十五年二月八日公布

教育

膠澳商埠各小學校暫行改良辦法十二年一月十三日公布
青島測候所辦法十二年四月北京議定
膠澳商埠取締私塾暫行辦法十二年六月二十三日公布

膠澳商埠夏期小學教育講習會章程十二年七月二十五日公布
膠澳商埠私立小學校立案標準十二年八月二十五日公布
膠澳商埠各校各項假期簡表十三年一月七日公布
膠澳商埠公立小學校職教員任用標準暫行規程十三年一月二十五日核准十四年四月二十八日修正
膠澳商埠觀象台氣象電報譯例十三年三月一日公布
膠澳商埠觀象台無線電電碼十三年五月三十日公布
膠澳商埠第二期夏期小學教育講習會章程十三年六月九日公布
膠澳商埠夏期婦女教育講習會章程十三年六月四日公布
膠澳商埠各學區學董服務規程十三年六月四日公布
膠澳商埠私立小學校給予補助費暫行規則十三年六月二十四日公布
膠澳商埠觀象台參觀規則十三年六月二十五日呈准
膠澳商埠公立小學校校長及教育俸給年功加俸褒奬及懲戒規程十三年七月二十四日呈准

膠澳商埠平民教育委員會簡章十三年八月六日公布
關於青島測候所辦法第六條條文之修正十三年九月北京鑒訂
膠澳商埠教育成績品展覽會章程十三年十月二十日呈准
膠澳商埠組織本埠小學教員參觀團辦法十四年二月十九日呈准
膠澳商埠公立通俗圖書館章程十四年九月二十四日呈准修正
膠澳商埠公立通俗圖書館附設通俗教育講演所簡章十四年九月二十四日呈准修正

農商

膠澳商埠督辦公署照會各國領事通知各僑民勿違林禁文十二年一月二十四日照會
膠澳商埠商品陳列館陳列室游覽暫行規則十二年五月三日呈准
膠澳商埠商品陳列館徵集物品暫行規則十二年五月三日呈准
膠澳商埠農林事務所造林獎勵規則十二年五月二十日呈准
膠澳商埠農林事務所水源涵養林規則十二年五月二十日呈准

膠澳商埠農林事務所民有林監督取締規則十二年五月二十日呈准
膠澳商埠農林事務所森林警察規則十二年五月二十日呈准
膠澳商埠農林事務所森林保護規則十二年五月二十日呈准
膠澳商埠農林事務所森林罰則十二年五月二十日呈准
膠澳商埠農林事務所森林禁令十二年五月二十日呈准
膠澳商埠公園游覽規則十二年五月二十日呈准
膠澳商埠行道樹保護規則十二年五月二十日呈准
膠澳商埠農林事務所代辦作物試驗規則十二年五月二十六日呈准
膠澳商埠農林事務所家畜配種規則十二年五月二十六日呈准
膠澳商埠農林事務所產物種苗配給規則十二年五月二十六日呈准
膠澳商埠漁業暫行取締規則十二年六月十四日公布
膠澳商埠各公園內許可租地販賣茶食暫行規則十二年七月五日公布

膠澳商埠商號公司追加註册暫行規則十二年九月十一日公布
膠澳商埠典當業管理規則十二年八月十三日公布
修正膠澳商埠典當業管理規則十三年十月十五日公布
膠澳商埠商品陳列館代售教育用品簡章十三年九月六日呈准
膠澳商埠廣州路商民協濟會簡章十三年九月十日呈准

交通

膠澳商埠港政局界內行商規則十二年一月十三日公布十四年二月四日修正
膠澳商埠港政局界內船上行商規則十二年一月十三日公布十四年二月四日修正十七年八月七日再修正
膠澳商埠港政局碼頭旅客行李運搬規則十二年一月二十六日公布
修正膠澳商埠港政局碼頭旅客行李運搬規則十四年二月四日修正
膠澳商埠電話局無料電話整理辦法十二年三月五日公布
膠澳商埠碼頭旅客行李運搬人同業規約十二年三月十一日公布

膠澳商埠碼頭規則十二年三月二十三日公布
膠澳商埠小港停泊費規則十二年三月二十七日公布 十四年十二月四日修正
膠澳商埠小港棧橋使用規則十二年三月二十七日公布
膠澳商埠港政局船行自傭人夫裝卸貨物許可試行規則十二年三月二十三日呈准
膠澳商埠港政局碼頭候船所營業規則十二年三月二十九日公布 十四年二月四日修正
膠澳商埠港政局小港儲置貨物場管理規則十二年四月三日公布 十二年六月二十七日修正 十四年三月二日再修正
膠澳港務管理章程十二年四月二十九日公布
膠澳商埠電話局電話急用裝設暫行規則十二年六月五日公布
膠澳商埠港政局管理區域內私設倉庫取締規則十二年六月二十五日呈准
膠澳商埠港政局煤灰拉圾船使用規則十二年七月十日呈准
膠澳商埠港政局規定貨車裝卸臨時作業辦法十二年七月十一日公布
膠澳商埠港政局招商承辦貨物運搬規則十二年九月二十七日呈准
膠澳引水暫行規則十二年十月三日公布 十六年四月二十日修正
膠澳商埠港政局取締碼頭界內旅館夥役章程十二年十一月二日公布
修正膠澳商埠港政局取締旅館夥役入界接送旅客規則十四年二月十六日呈准修正 十五年一月十四日再修正
膠澳商埠取締民船規則十二年十一月十五日公布
膠澳商埠港政局倉庫業務規則十二年十一月二十五日呈准 十六年七月十八日修正
膠澳商埠港政局徵收拖船費章程十二年十二月一日公布
膠澳商埠青島港規則十二年十二月二十日公布
修正膠澳商埠青島港規則各條十三年十月四日公布
膠澳商埠港政局准許船行組織運輸機關取締規則十三年五月一日公布
膠澳商埠港政局准許各船行組織運輸機關暫行辦法十三年五月一日公布
膠澳商埠電話局參觀程序十三年六月一日公布
膠澳商埠港政局工務科船舶及工作用品租用章程十三年十月十八日公布

膠澳商埠港政局船舶洗衣營業規則十四年二月四日公布
膠澳商埠港政局承攬局外工程盈利分配規則十四年二月十三日公布
膠澳商埠電話局青濟長途電話營業規則十四年四月一日公布
膠澳商埠港政局取締商號員役提運貨物規則十四年五月一日公布
膠澳商埠港政局取締勞動工人出入碼頭界內佩帶標牌辦法十四年五月八日公布
政記輪船股份有限公司承辦膠澳商埠港政局供給勞力合同十四年九月十二日釐訂
膠澳商埠小港各項船舟罰則十四年十二月四日呈准
膠澳商埠港政局偷漏碼頭費處罰規則十五年二月一日公布
膠澳商埠港政局取締進入碼頭車輛規則十五年十一月呈准
膠澳商埠港政局限制船舶載客規則十六年十月十九日呈准
膠澳商埠港政局招商掃海暫行辦法此係臨時規定無公布日期

服章

膠澳商埠督辦公署及附屬機關規定制服令十二年七月一日公布

公報

膠澳公報條例十二年一月十九日公布 十五年二月十一日修正

政治志三　警察

膠澳警察之訓練始於民國十一年是年四月膠濟沿線日軍退至青島城陽以西各站及隨車護路均由我國之鐵路警察隊處理此項路警初由北京保安隊借調改組訓練有素秩序整然於是益感收回膠澳必須有優良之警察魯案善後督辦王正廷乃於坊子設巡警教練所委程立為所長就濟南青州濰縣等處招考體力堅强文字通順之學警八百名授以現行法令刑法大意勤務章程警察要旨行政警察司法警察衛生警察違警罰法戰術要義偵探學簡明地理淺近測繪外國語操法等項課目六個月畢業全數派充膠澳警察一方并附設調查部即派教練所之教員更番來青調查日人對於本埠警務之布置實况隨時參酌用為訓練之資料故其後接收之際

尚稱有條不紊其警察所用槍械初由魯案督辦公署向日本訂購步槍一千五百枝以及馬槍機關槍手槍等件原訂是年十一月杪以前交貨乃日商屢次愆期不得已臨時由山東軍務督辦借撥槍枝并就陸軍第五師調撥一營改充保安隊襄同學警共維接收後之秩序其時青島一隅本爲盜匪之逋逃藪捕急則遁入租界引外人爲護符防弛則又出沒於嶗山小珠山海西一帶膠卽所屬村莊頻被刼掠其中孫百萬一夥尤爲狡悍黨徒四布橫行通衢當局投鼠忌器頗游移於剿撫之間未有所決而所派第五師之成維靖所部旣已移向嶗山取包圍之勢匪黨馬文龍等迺乘宴會之際將居間調停之茅少甫隋熙麟等挾與俱去是時我國警察雖已入居市內因市政尙未接收警察尙無正式任務於此新舊交替之際禍機隱伏一夕數驚迨十二月十日我國接收孫之黨羽乃漸引向李村而當局亦不復言剿乃招撫百萬所部編爲游擊隊又以橫行滋事貽外人以口實不久卽移駐坊子至是市內秩序漸稱安謐而訂購日商之槍械亦於接收後三日運至警察設備益以充實然經此一度恐慌之後市

政當局終慮警力之不足以全其責任乃於警察及保安隊之外加之以督辦衛隊及膠防司令所轄之第五師其後又有海軍陸戰隊第八軍第六十九旅等等名稱軍隊愈多警察乃愈難全其職責雖有軍警督察處之聯絡機關思以彌縫一時終亦無濟蓋政治作用至爲複雜而武力僅屬政治作用之一端非常之際偶一用之乃迷信武力者流不求政治之本源而信武力爲萬能詎知濫用之結果並其固有之效能而胥失之昔德人之治膠澳常設警察（華人充之俗呼巡捕）僅一百二十名德籍警官三十餘員（德人於膠澳租界內設青島李村兩警署青島署轄大鮑島水上台東上庵陰島紅石崖六分署及台西四方黃島塔埠頭黃草庵五派出所李村署轄李村沙子口滄口三分署）警察經費年支十四萬馬克（合我國七萬元）乃能路不拾遺夜不閉戶蓋彼之官廳軍隊以及社會之人物罔不負有恪守秩序維持治安之責且爾時人口之衆寡事務之繁簡以今比若不可以道里計故警員雖少易於爲力我國接收之初日本一方交還青島撤退彼之軍隊及憲兵一方卽於彼新設之青島總領事館內置日本帝國警察署而於市內市外設日警派出所九處侵我主權交涉經年僅得取消日警派出所之招牌良可慨也警察官署之組織已見設官篇內茲記其管轄區域及警士之配備另列一表如左

膠澳商埠警察管轄區域表

警署區別	地點	官警員額	管轄區域	崗位巡邏
第一區警察署		官員長警三百七十八員名		
第一分駐所	山東路濟南路角	四十五員名	江寧路　直隸路　保定路　天津路　濟南路　山東路　北京路　河南路　山西路	崗位十一處
第二分駐所	德縣路濰縣路角	三十六員名	肥城路　曲阜路　壽康路　山東路　平度路　博山路　泗水路　濰縣路　泰安路　浙江路　新泰路　芝罘路　安徽路　德縣路　大沽路　寧陽路　四方路　河南路	崗位七處
第三分駐所	雲南路濮縣路	二十六員名	貴州路　滋陽路　壽張路　濮縣路　費縣路　汶水路　單縣路　范縣路　鉅野路　西藏路　汶上路　嘉祥路　雲南路　團島路　磁山路　城武路　鄆城路　四川路　台西一路　台西二路　台西三路　台西四路	崗位四處
第四分駐所	太平路山東路口	三十四員名	安徽路　蘭山路　湖北路　山東路　朝城路　魚台路　觀城路　湖南路　廣西路　浙江路　太平路　費縣路　單縣路　蒙蔭路　河南路　定陶路　鄆城路　泰安路　廣州一路　東平路	崗位八處
第五分駐所	江蘇路平原路口	五十四員名	湖北路　清水路　福建路　濟寧路　易州路　黃島路　四方路　禹城路　臨清路　平原路　芝罘路　觀海一路　觀海二路　湖南路　明水路　沂水路　德縣路　安徽路　江蘇路　觀象路	崗位十六處
第六分駐所	萊陽路大學路口	二十四員名	江蘇路　九水路　萊陽路　湖南路　金口路　莒縣路　萊蕪路　龍口路　太平路　日照路　大學路　安徽路　常州路　廣西路　青島路　齊東路　長清路　沂水路	崗位五處
第七分駐所	文登路南海路口	二十八員名	青島山路　西園路　牟平路　棲霞路　青中路　公園路　金口路　文登路　西山路　榮城路　福山路　海陽路　南海路　魚山路　定安路　太平山路	崗位五處
第八分駐所	廣州一路廣州二路口	三十四員名	莘縣路　雲南路　壽張路　廣州三路　菏澤路　東平路　朝城路　廣州二路　滕縣路　觀城路　嘉祥路　廣州一路　西廣場　西大森　滋陽路　四川路　石村路　廣州四路	崗位八處

第二區警察署　員官長警二百八十四員名

分駐所	所在地	員數	管轄區域	崗位
第一分駐所	聊城路膠州路口	四十五員名	滄口路　花平路　易州路　海泊路　陽穀路　高密路　聊城路　膠州路　濟甯路　濰縣路　臨清路　李村路　高唐路　芝罘路　即墨路　博平路　博山路　市場三路	崗位十處
第二分駐所	奉天路樂陵路口	二十六員名	濟陽路　流亭路　德平路　熱河路　臨淄路　陽信路　吉林路　無棣一路　無棣二路　無棣三路　無棣四路　黃台路　蒲台路　奉天路　泰山路　鄒平路　樂陵路　錦州路　登州路　章邱路　桓台路　上海路　綏遠路　青海路	崗位五處
第三分駐所	商河路甘肅路口	二十五員名	益都路　青城路　甘肅路　周村路　綏遠路　高苑路　鄒平路　章邱路　鉄山路　淄川路　長山路　青海路　博興路　臨淄路　商河路　桓台路　泰山路　樂陵路	崗位五處
第四分駐所	冠縣路上海路口	二十九員名	冠縣路　朝陽路　惠民路　山海路　長安路　金鄉路　小港路　邱縣路　平陰路	崗位六處
第五分駐所	山西路萊州路口	二十八員名	莘縣路　小港路　萊州路　山西路　直隸路　堂邑路	崗位五處
第六分駐所	吳淞路武定路德平路口	三十五員名	陽穀路　招遠路　東阿路　聊城路　市場一路　市場二路　吳淞路　上海路　臨清路　清平路　武城路　陵縣路　夏津路　恩縣路　廣東路　甯波路　甘肅路　館陶路　武定路　商河路　綏遠路　漢陽路	崗位七處

海西區警察署　員官長警三百二十五員名

分駐所	所在地	員數	管轄區域	崗位
第一分駐所	大港路第一碼頭	四十四員名	新疆路　三號碼頭　大港路　四號碼頭　一號碼頭　五號碼頭　二號碼頭　東卡子門	七崗位處
第二分駐所	小港沿	四十員名	小港路　小港沿	七崗位處
第三分駐所	薛家島村	二十員名	鹿角灣　施　溝　烟台前　顯　浪　城口子　溝南崖　沙嘴子　廟　下　劉家島　石嶺子　竹岔島　香椿溝　鬧石子　溝北崖　南辛莊　後　登　董家河　魚鳴嘴　大　窪　毛家溝　金家口子　唐　圈　路　南　顧家島　南營子　北菴子　東南溝　打魚口子　猪　圈　上　菴	崗位二處
黃島派出所	前灣村	長警九名	前灣村　柳溝村　鹽灘村　大趕島　後灣村　窩棚村	一崗處位
濠北頭派出所	濠北頭村	長警九名	濠北頭　坡　灣　丁家河　濠　窪　後豹窩　前豹窩　濠南頭　草場窨子　西南山　蘭　東　辛　島	一崗處位
北莊派出所	北莊	長警九名	南屯　北屯　南莊　北莊　瓦屋莊　後岔灣　甘水灣	一崗處位
第四分駐所	陰島高萬丈山	二十員名	東大洋村　西大洋村　荀家村　西遼村　高家村　官　町　小洋村　小　莊	二崗處位
蕭家村派出所	蕭家村	長警九名	前東洋嘴　後東洋嘴　前韓家　後韓家　蕭家村　甯家村　邵哥莊　殷家莊	一崗處位
第五分駐所	紅石崖街	二十五員名	紅石崖	三崗處位
第六分駐所	塔埠頭街	二十四員名	塔埠頭	三崗處位
靖澳巡艦	宿舍新疆路	十四員名		
安澳巡船	仝	八員名		

台東區警察署　官員長警一百零九員名

分駐所	所在地	員數	管轄區域	崗位
第一分駐所	本署後院	五十六員名	台東一路二三四五六七八九十路　大名路　順興路　瑞雲路　清和路　丹陽路　威海路　集場路　飯市路　龍門路　長興路　萬壽路　福寺路　棗市路　豐盛路　芙蓉路　德盛路　大成路　慶祥路　順興路　昌平路　人和路　振興路　陽明路　雲門路　歷城路　昆明路　和興路	崗位十處
第二分駐所	奉天路壽光路	三十七員名	勞山路　廣信路　正定路　昌樂路　曹縣路　山口路　西山路　道口路　壽光路　平定路　霑化路　孟莊路　嶧縣路　保安路　松山路　廣饒路　祥符路　青海路　吉安路　登州路　安邱路　桑梓路　諸城路　利津路　昌邑路　郭口路　豐年路　泰山路　濱縣路　濼口路　坊子路　東山路　華陽路　大港埋立路　田家村　老虎窩　太平鎮　錯埠嶺　西吳家村　仲家窪　元家莊　東吳家村　台柳路	崗位六處
第三分駐所	浮山所	十六員名	浮山所　大麥島　大窰村　小湛山　小窰村　大湛山　徐家麥島　王家麥島　丁家莊　辛家莊	一崗處位

四滄區　官員長警

分駐所	所在地	員數	管轄區域	崗位
本署直轄	四方嘉禾路	二十七員名	寶慶路　嘉禾路　康甯路　興隆路　宣化路　東海岸　湖島村　北山路　武林路　下四方村	二崗處位
第一分駐所	滄口	三十六員名	滄台路　壽昌路　永安路　德仁路　靜海路　閻家山　小甕窰頭　坊子街　大馬路　石門路　福寧路　新市路　積善路　西大村　水清溝　東大村　孤山村　振華路　桑園路　松柏路　隆昌路　海邊路　小東山溝　大山村　仁和路　廣德路　柳林路　林祥路　沙嶺莊　西南山　聚　園　文昌閣	崗位

警察署九十三員名		李村區警官員長二		
	第二分駐所	第一分駐所	第二分駐所	
	奉化路下四方村	李村	仙家寨	
	三十員名	三十一員名	二十一員名	
營子村 小莊 樓山後 南嶺莊 板橋坊 石溝 永康路 光化路 中興路 西流莊 十梅菴 保和路 開明路 青陽路 鹽灘 鳳鳴路 大同路 大甕窖頭	奉化路 嚴山路 上四方村 下四方村 平安路 小村莊 韓家莊	東李村 南莊 鄭莊 莊子莊 蘇家莊 毛公地 劉家下河 王家下河 崔家溝 楊家上流 于家下河 水牛陳家 尤家下河 上王埠 下王埠 東王埠 楊哥莊 曲哥莊 黑澗 李家上流 雲頭崮 菴裡澗 羅圈澗 佛耳崖 猪頭石 南屋石 上臧 下臧 侯家莊 戴家上流 長澗 麥坡 溝崖 橫坦 峪岕 棉花 河南莊 畢家上流 王家上流 爐房	仙家寨 藍家莊 趙哥莊 狗塔埠 東黃埠 西黃埠 南曲 馬家台 彭家莊 高家台 西小水 徐家宋哥莊 王家泊子 史家泊子 劉家宋哥莊 石家宋哥莊 安樂溝 少山前 丹山 女姑山 後樓 灣頭 雙埠 源頭 夏莊	東烏衣巷 西烏衣巷 涼泉 埠落 磨屋石 五龍澗 北宅科 嚮世村
六處		崗位五處	崗位二處	崗

警察署百二十九員名				
第三分駐所	第四分駐所	第五分駐所	第六分駐所	第七分駐所
東烏衣巷	九水	沙子口	文張村	河西村
十六員名	十六員名	十六員名	十一員名	十一員名
灰牛石 兔兒石 燕兒石 大嶗 北頭村 窩洛 七口峪 南北嶺 周哥莊 楊家村 帽子澗 書院村 上葛場 下葛場 藍家村 解家莊 香裏村 畢家村 五龍村	九水 旱河 王子澗 河東村 南龍口 北龍口 山火石 猪窩 柳樹台 寨上村 官老石屋 雙石屋 河西村	沙子口 南嶗山 烟雲澗 大河東 戴家埠 彭家莊 栲栳島 坡前溝 西東窰 登窰 董家埠 段家埠 嶺西 小河東 松山後 大菴子 南宅科 南窰村 姜哥莊 石灣村 于哥村	鄭張村 枯桃村 牟家村 午山村 石老人 野猪莊 文張村 劉家下莊 孫家下莊 董家下莊 張家下莊 宋家下莊 李家下莊 車家下莊 鍾家溝 金家嶺 朱家窪 浮山後 山東頭 大埠頭 小埠頭 埠西 北村	河東村 河西村 河馬石 東韓哥莊 中韓哥莊 西韓哥莊 河崖 唐家口 保兒 楊家羣 夾嶺溝 後台莊
位一處	崗位一處	崗位一處	崗位一處	崗位一處

附記　海西區警察署之北莊派出所于春秋漁汛時始置餘時仍撤囘第三派出所

本埠之消防事務於警察廳設有消防隊專管第一第二兩區消防事務其台東李村兩區另設有消防分隊海西區則以地方遼闊島嶼散漫尙未設立消防設備我國接收時舊有汽油唧筒二架蒸汽唧筒一架人力唧筒二架單套水管車一輛人力水管車四輛雙套水管車一輛升降梯一架附帶救火斧鎬水管各件稱是上年新置汽車救火機一部幷附吸水管二十節水龍帶五十二節救火衣帽及斧鋸鉤繩各件尙稱齊備近六年據商埠局警務股卷册所載共有火災一百三十三起以市鄉之分野言之市內得一百十九起而鄉間僅十四起所謂市內者指人烟稠密之區如台東滄口亦在其列就被災之房舍言之屬於商店者五十起屬於住宅者四十起屬於工廠者二十二起屬於林場草地者十三起屬於輪船者五起屬於倉庫者二起屬於火車者一起署所醫院之類列入住宅汽車行木廠之類有工作者列入工廠就起火之原因言之因火爐遺火或升火加煤之不愼而起火者二十七起因烟捲餘燼而起火者二十五起尤以工廠工人吸烟居其多數因兒童戲弄火柴或火柴落地而起火者十三起因烟筒走火者亦十三起因電燈走電而起火者十一起因燃料發火者七起因點洋燭而引火者因點油燈而引火者因燃放爆竹而引火者因熬油或膠而引火者因火酒燈而引火者各四起因鍋爐炸裂者一起原因不明者十六起蓋十之八九出於無知識與不謹愼所謂人禍非天災也所幸本埠建築多采用歐式材料以磚石爲主商店而外大都保有相當之距離故延燒之害較爲輕微上列百三十三起之中其損失較巨者如十二年一月雙和里失愼被焚樓房八間又斯丹理車行失愼被焚屋宇十六間汽車一輛又三菱油房失愼被焚工廠大樓一座機器房一座貨房二十餘間同年二月山東倉庫失愼被焚棉花二百包同年五月三和洋行失愼被焚倉庫三間棉花一百包機械十五架同年九月青島燐守會社失愼被焚倉庫一所乾燥室四間及紙張原料等件又同豐益商號失愼被焚樓房十四幢火柴二十六大箱又益豐泰東義商號失愼延燒鄰舍樓房四十間十三年一月萬源永號失愼被焚屋宇十一間燒殺舖夥二人燒傷十七人同年五月邱縣路蟲雲樓失愼被焚屋宇一百二十餘間

同年九月德法藥房失愼延燒鄰舍三十七間同年十月薩德洋行失愼被焚樓房十六間樓下八間十四四月昇昌號失愼廷燒鄰舍多家又貯水山林地失愼延燒林木及草地十六畝同年十月太平山失愼延燒林木及草地十四畝同年十一月平陰路雜居院落失愼被焚樓房二十間又廣州路雜居院落失愼被焚樓房二十四間十五年一月青島病院失愼被焚樓房六間同年二月南真治商店失愼被焚平房十六間棉花三千包同年四月泉興號失愼延燒鄰舍樓房二十間同年十一月廣業製軸公司失愼被焚廠屋十六間十六年二月祥源號失愼延燒鄰舍樓房二十間又文登路草地失愼延燒十餘畝又生泰號失愼被焚樓房七十五間花生菓二百六十餘包同年十月興源棉行失愼焚失棉花七百六十包是爲較巨者矣

警察教練所時設時停十六年增聘德人安德河爲警廳顧問兼司教練及偵緝事宜對於汽車夫之攷試及行車取締頗加注意又由德國購取警犬四頭加以訓練遇有偵緝案件頗得其助俗所謂狼狗者本部居民飼育爲多此亦德人遺留之一事也

政治志四　衛生

本埠之衛生規則大都沿襲德人舊章較之他埠堪稱完備顧我國社會之衛生思想既不發達所有關於衛生行政之禁令惟賴官廳之督責市民鮮能互相勸勉竭力推行甚或厭其干涉譏爲煩瑣卽在德人租借期間對於華人之衛生取締較之歐人爲疎國人之有識者知爲德人之歧視我也而無識者轉樂其取締之較寬而與之相安且衛生之要貴能設想完密持久不懈時與注意未必見功偶爾疎防輒釀巨患淺見者流不察患之所自釀而又惡其功之難見每忽略之溯自我國接收而後初則冥冥之中無形廢弛繼則外人各自爲政欲不放棄而不可得茲舉其重要各節分端述之如下

（一）衛生事務之管理　衛生事務初歸警察廳之衛生組管理十二年三月改設衛生局仍由警察廳長兼領一年之中殊鮮成績外人遂藉口於衛生之無功而不繳衛生費十三年五月以官辦之不良乃改爲商辦衛生所用車馬由官貸與衛生經費由官支給所有市內糞便亦包與商人承辦市政之公益乃一變而爲私人之營利如此年餘廢弛愈甚十四年十月乃又改設衛生事務所收回官辦幷聘德人王鼒爲工程師改用汽車運送髒土計用汽車六輛每小時裝運一次每次裝運髒土約重三千磅每日早晚二班每班工作六小時計運七十二車約計二十一萬磅又添置脚踏車分路游行遇有糞便隨卽掃除當時耳目爲之一新日人住所亦屬一律但未交衛生費耳重要街道每日有水車專司洒掃至於每年春秋二季之大掃除則由衛生警察分區監督惟日本僑民則由彼之居留民團自爲督促幷未受本埠警廳之命令也

（二）病院藥房　本埠所有醫院設備最完美者爲青島病院是院初爲德人創設經營九年建築設備費二百萬馬克日人交還市政之際要求保留是院仍歸日人承管僅將公立之普濟醫院傳染病院交還我國十四年五月又改爲山東陸軍醫院迨至本年七月始獲恢復故觀此二院者屬本埠公立貧民就診不收醫藥費傳染病院並於台西海濱附設癩病療養所亦不收費一般市民之患病者賴以救濟惜經費不裕設備未能擴充殊有不敷應用之感其中外醫士個人經營之醫院僅德人之福柏醫院日人之鈴木博愛兩醫院富田眼科鈴木齒科設備差爲整齊然概以營利爲目的診費之巨非恆人所堪負荷餘則良莠不齊甚且違反取締章程助長社會惡德魚龍混雜監督匪易舊式中醫僅設診室概無醫院昔年德人所設之柳樹台沙子口兩療養院久已荒廢未能復也藥房爲數之夥尤難究詰日人所經營者不下三十家本國藥房藥舖市內大小九十家滄口九家四方六家李村五家多屬小本經營資本微故輕於犯法家數衆故檢察難周販運毒物之浪人恆與勾結狼狽爲奸此類新式醫藥之貽害社會較諸舊社會之庸醫殺人藥商影射尤爲此浮於彼昔年德人限制本埠藥房僅許德商一家營業雖云偏袒德人俾其專利實則增高藥房之資格養成社會之信用平準藥價檢查藥材監督較易故流弊較稀也

按本埠警察廳取締醫生規則凡行醫者每月應將診治人數分別治愈轉治死亡三項列表報廳廳更彙爲患病統計然所報之數未必盡實不正當之醫士縱不爲人治

病尤不能不浮報以掩其跡而日僑所設醫院以及產婆按摩針灸之類不守我官府之約束更屬漫無稽考茲就近數年之警廳所編患病人數月報彙爲一表雖不盡信亦以供研究之資

(甲)患病人數表

病別	全身病																	
	破傷風		膿毒症		敗血症		關節僂麻質斯		脚氣		白血病		糖尿病		狂犬病		其他全身病及中毒	
體性	男	女	男	女	男	女	男	女	男	女	男	女	男	女	男	女	男	女
十三年	三七	一〇	六七	一〇	二〇	三七	一・二一一	三八八	一六五	三八	四七	二七	一二三	九		二	四八一	一五九
十四年	九〇	七七	八四	三六	一七	四一	四〇三	一五八	二三九	三一	一七	二三	九八	一〇	一一	一	五五〇	三一一
十五年	一四四	九八	七九	六〇	一三	六七	二七九	一二三	一六〇	五四	一一	三二	九三	三五			六二二	四二九
十六年	一一三	九〇	八九	三八	二四	七七	三〇四	一七一	二〇八	四九	六	三一	七三	一〇	一一	一	六四三	四〇一

病別	全身病類		神經系病類																呼吸器病			
	共計		癲癇		神經衰弱		歇私埡里		腦、腦膜病患		脊髓、脊髓膜疾患		精神病屬		神經痛		其他神經系病		共計		鼻腔疾患		喉頭疾病	
體性	男	女	男	女	男	女	男	女	男	女	男	女	男	女	男	女	男	女	男	女	男	女	男	女
十三年	二・一五一	六八〇	六〇	一六	八六七	三二五	一八	二三三	六〇	一五	四一	五	一六六	六〇	五七一	一九〇	一一四	八二	一・八九七	九二六	八三五	三二一	七五六	二九五
十四年	一・五〇九	六八八	一七	一二	三五八	一五六	四八	一一四	五五	一五	五七	三二	一六二	一〇九	三〇二	四九	二一七	八九	一・二一六	五七六	二八一	八五	三三九	一二四
十五年	一・四〇一	八九八	三〇	一六	二九七	二〇九	九六	八七	九五	五三	一一七	四一	二四四	一一二	一三二	六六	四〇五	二六五	一・四一六	八四九	二〇三	八二	二五四	一二〇
十六年	一・四七一	八六八	一〇	一〇	三三二	一三三	四一	九三	五九	一五	六四	三八	一七三	七八	二〇六	八四	二六四	一三四	一・一四九	五八五	二二七	七九	三一五	一一八

吸		器						病			
氣管疾患		格魯布性肺炎		加答兒性肺炎		肺二口蟲病		胸膜疾患		其他呼吸器病	
男	女	男	女	男	女	男	女	男	女	男	女
一·五二八	七一三	七一	三四	七二	一三	二二五	九六	二三一	八三	六一四	二五五
八一九	三〇五	八五	五〇	一〇六	四一	一〇一	一二二	一八一	九九	七一〇	四二六
四一八	一六五	一六四	九〇	一二五	七五	一〇三	九一	二六八	一六二	七二六	四七二
六八三	二七九	一三三	六八	一一四	四六	七二	一〇二	三〇九	九六	七七八	三九二

類		循				環				器	
共計		心囊炎		心臟炎		心筋病		動脈瘤		靜脈瘤	
男	女	男	女	男	女	男	女	男	女	男	女
四·三三二	一·八一〇	四五	一四	一三八	一九	二二	二三	二三	一二	二四	六
二·六二二	一·二五二	四九	二三	一三七	五九	四八	二五	二七	一二	三五	一一
二·二六三	一·二五七	一三〇	六六	一一七	九二	一二二	四五	一三〇	五五	八二	四七
二·六三一	一·一八〇	五一	二六	九七	六〇	六二	二五	三三	一五	三二	六

病						類		榮			
痔核		淋巴管淋巴線疾患		其他循環器病		共計		齒疾患		口腔疾患	
男	女	男	女	男	女	男	女	男	女	男	女
五五二	一一四	六六二	三五八	一八二	九六	一·六四八	六四二	五四七	二五九	五三九	一七〇
三四三	九二	一八九	八四	二三四	一九三	一·〇六二	四九九	三二六	一六五	三六一	九三
二九九	一三三	三三五	一三七	四三一	三一〇	一·五四六	八八五	二九四	一六九	二六五	一一一
二〇六	一〇一	一七五	八六	三六九	二三〇	一·〇二五	五四九	三二四	一六二	三一〇	八八

養											
扁桃腺疾患		咽頭疾患		胃疾患		腸疾患		蟲樣特起炎		十二指腸蟲病	
男	女	男	女	男	女	男	女	男	女	男	女
六三四	二五五	三七四	一五四	一·八六一	五〇〇	一·三三二	四七〇	二	三	一三	一二
二四五	一〇〇	二三五	一一五	一·〇七二	四一二	五三七	一四七	六七	二七	一一	一一
二三五	九四	二七一	一四〇	七〇八	三六八	三八九	二〇二	六九	三六	三四	三四
二二〇	九八	二〇二	一五六	一·〇〇三	三七一	三九七	一五一	五九	三七	二〇	二一

病類	病名	性別				
器	肝臟疾患	男	六七	七五	一四八	八一
		女	四九	六三	八一	六九
	蛔蟲病	男	六七八	二七五	一七五	一九三
		女	二三六	一三七	八五	一一〇
	纖蟲病	男	二五	一五	二三	一二
		女	六	四	二五	六
	其他寄生蟲病	男	五八	五三	一三五	五四
		女	三七	一六	六三	一七
	肝二口蟲病	男	二六	一二	五七	一二
		女	三二	八	三三	九
	黃疸	男	七五	五三	四四	四六
		女	二六	八三	四七	七一
病	胆石病	男	一	六	八	七
		女	七	三三	三一	三一
	腹膜疾患	男	一五九	九六	二〇七	九七
		女	五〇	八一	一四八	九六
	直腸疾患	男	一八八	一七九	一〇三	一二一
		女	三〇	六三	六二	六九
	其他榮養器病	男	六七〇	六三八	六四五	六七七
		女	二一七	三五六	三七六	三九七
類	共計	男	七·二四九	四·二五六	三·八一〇	三·八四六
		女	二·五一三	一·九一四	二·一〇五	一·九八九
泌	腎臟炎	男	一七九	一一四	八八	一〇〇
		女	二三	三〇	三七	二四

病類	病名	性別				
尿器及生殖器病	膀胱病	男	三三三	一四二	七七	二七
		女	四一	一〇	三八	七
	攝護線病	男	一三四	二九	八八	四八
		女	一二	五	二六	八
	尿道病	男	六八一	四一六	一七七	二七九
		女	七九	七五	四八	七九
	龜頭包皮病	男	二九一	七七	六五	七九
		女				
	精系睪丸病	男	二六〇	八〇	四一	七〇
		女				
	其他泌尿器及生殖器病	男	二一六	一八五	二八四	二〇九
		女	一九七	二三四	二〇七	一七八
類	共計	男	二·〇九四	一·〇四三	八二〇	八一二
		女	三五二	三五四	三五六	二九六
眼病	駑拉仿謨	男	一·八二七	九八〇	三〇六	七三〇
		女	一·〇七〇	三五七	一一二	二八六
	其他結膜病	男	一·〇一三	三七六	二八九	三九三
		女	二三〇	九七	八四	一一四
	角膜病	男	三九五	一九〇	一三二	一八六
		女	二一四	五七	八七	六九
	虹彩病	男	一三四	三九	五二	四四
		女	四三	一九	四五	三〇
	網膜病	男	三九	四五	八五	七三
		女	七	一三	四三	二九

視神經病 男	視神經病 女	水晶體病 男	水晶體病 女	硝子體病 男	硝子體病 女	其他眼病 男	其他眼病 女	類共計 男	類共計 女	耳 外聽道病 男	耳 外聽道病 女
一一四	四四	五五	二七	二	八	四七三	一八〇	四·〇五二	一·八二三	四九七	一三八
七五	四三	二四	一五	二七	一一	四一五	一六三	二·一七一	七七五	三四七	一三一
九三	六〇	四五	四〇	四三	一三	三三九	一九二	一·三八四	六七六	一八六	一〇五
六九	三九	二七	四二	一八	八	四六〇	一七三	二·〇〇〇	七九〇	三二三	一一六

病 中耳病 男	中耳病 女	內耳病 男	內耳病 女	其他耳病 男	其他耳病 女	類 共計 男	共計 女	花柳病類 男	花柳病類 女	皮膚病類 男	皮膚病類 女
六八七	二〇一	二二二	八三	四九〇	一二〇	一·八九六	五四二	八·一五二	一·三九一	九·九九八	二·〇五六
二八八	一〇六	九八	五九	三九五	一七四	一·一二八	四七〇	三·八二八	五七四	四·六八四	一·二一二
一四二	六二	一〇三	五二	四一八	二〇九	八四九	四二八	一·四四〇	五九三	二·二四八	九三四
二〇二	八四	八七	六九	四三四	二〇四	一·〇四六	四七三	二·七八六	四六三	二·九一七	一·二二四

運動器病類 男	運動器病類 女	外傷及其他雜病類 男	外傷及其他雜病類 女	總計 男	總計 女
一·〇五六	三四一	一七·九四八	三·八一七	六二·四七三	一六·八九三
一·一一六	三七一	七·八四三	二·三七九	三二·四七八	一一·〇六四
八八七	八七四	三·八六七	一·七一〇	二一·九三一	一一·五六五
一·〇九三	四四二	六·一三四	二·〇四六	二六·九一〇	一〇·九〇五

上表依據警察廳按月患病人數報告表採錄因病死亡之數亦歸納其中惟普濟醫院各院之治療人數因報告不全均未列入以普濟一院而言在正當執行醫務之期間每月就診多者或至六七千人少則二三千耳又據青島概觀所記青島病院之統計概數十三年四月初至翌年三月杪一年之間就診人數九萬五千九十三名入院人數二萬三千九百七十二名合計約十二萬人十五年一月起全年之間就診人數十萬五千六百餘名入院三萬一千六百七十一名共十三萬七千餘人附記於此以

備參考

(三)檢疫及預防　本埠對於船舶檢疫預防傳染病以及防杜獸疫等項均有專章蓋自德人相沿迄今注重防疫不遺餘力歷次內地發生霍亂鼠疫之際本埠立卽嚴重檢查旅客遇有傳染狀態輒被抑留人則入院救治住所則實行消毒甚則停止入港隔絕交通防範至爲慎重故本埠恆得保全罕受傳染然平日行船入港在前海多一停留船行引爲不便日僑方面竟有倡議取銷此舉者港政局未予採納故迄今仍依向章辦理其十五年八月十六年九月兩次發生時疫舉行特別檢疫輕過統計港政局亦有報告茲爲彙製二表以備參考其花柳病之預防按照管理樂戶章程娼妓應受檢驗然本國妓女因社會習慣並未行定期之驗病有病亦恆隱諱不報日韓籍之妓女僅受日本警察之取締惟俄妓之類按期檢驗耳昔年德人嘗嚴令本埠醫生遇有梅毒病症負有報官之義務今之醫士久矣捐除之矣

(乙)十五年特別檢疫自八月十日至十月九日統計表　港政局報告

月日	檢驗船名	檢驗船數	共驗人數	有疫人數	處置情形
八月十日	唐山丸	一	一四七	無	
十一日	福建丸 榊丸	二	一二六 二〇四	無 三	入所消毒注射即愈
十二日	廬州丸 富士丸	二	九〇 三七	無	
十四日	大連丸 Sorpedon	二	二六〇 二三三	無	
十五日	合生 一進丸	二	二〇三 四二	無	
十六日	山東號 Montreal	二	一六三 三六	無	
十七日	西京丸 永寧	二	一六六 七七	無	
十八日	平安丸 Eldridge 華山丸	三	三八 六七 二七三	無	
十九日	大名	一	一〇二	無	
二十日	日陞 榊丸	二	一五五 二〇七	無	
二十一日	一進丸 Oakridge	二	四一 三七	無	
二十三日	Linan 大連丸	二	一八一 二二五	無	
二十五日	富士丸	一	三六	無	
二十六日	西京丸 廬州	二	一三一 八三	無	
二十八日	裕大 唐山丸	二	七九 一七七	無	
仝日	富陞 共同丸 一進丸	三	九二 九二 四二	無	
二十九日	榊丸 金山丸	二	一七九 四六	無	

月日	檢驗船名	檢驗船數	共驗人數	有疫人數	處置情形
三十日	Kwangsang Ehenan	二	一三四 一二〇	無	
三十一日	Tjitaraem	一	一〇〇	無	
九月一日	大連丸	一	二二一	無	
二日	大名	一	九七	無	
三日	西京丸 Gittiro 新生	三	一三二 四五 一〇三	無	
四日	貴州丸 華山丸	二	一五九 一一二	一 無	入所消毒注射即愈
五日	平安丸	一	四九	無	
六日	榊丸 山東	二	二二四 一四三	無 一	入所消毒注射即愈
八日	山東	一	一四二	無	復驗
九日	盧州丸 大連丸	二	八九 一七八	無	
十日	東洋丸 合生	二	五三 三四二	無	
十三日	臨安 唐山丸	二	一四八 二三四	無	
仝日	西京丸 室蘭	二	一五六 二七	無	
十五日	榊丸	一	一七九	無	
十六日	盛京丸 大名	二	二二一 九七	無	
十七日	Ynen Sang	一	一七四	無	
十八日	大連丸 Edmore	二	三〇〇 三八	無	
二十日	西京丸 增穗丸	二	一〇七 三九	無	

同日	Florida 鎮安	二	三七 二〇五	無	
二十一日	華山丸	一	二五三	無	
二十三日	Citgofwilingtar 盧州	二	七三 九一	無	
同日	增利 得利	二	四八 五五一	無	
二十四日	威陞 榊丸	二	一〇六 一六九	無	
二十五日	富陞 平安丸	二	一九三 六九	無 一	入所消毒注射卽愈
二十六日	Harold Dollar Kojun Marn	二	四九 五六	一 無	仝
二十七日	大連丸 Patrochner Saiyang	三	二三〇 二〇二 一二八	無	
二十九日	得利 北華	二	四八六 九一	無	
三十日	西京丸 唐山丸	二	一四四 二六四	無	
十月一日	眞盛丸 大名丸 合生	三	三九 一〇六 一六八	無	
三日	West Cayote 榊丸	二	三五 二一六	無	
同日	日陞	一	一五九	無	
四日	臨安	一	一二三	無	
五日	廣利	一	四九九	無	
六日	大連丸	一	二五〇	無	
八日	Kiler Marn 鎮安 吳順丸	三	二八 一六八 一五六	無	
九日	西京丸	一	一三一	無	

總計	九六	一三,六五五	七	

(丙)十六年檢驗上海來青船隻人數統計表

月日	船名	船數	檢驗人數	有無疫症	辦理情形
九月十二日	無				
十三日	合生	一	九六	無	
十四日	大連丸	一	四一三	無	
十五日	山東	一	五二二	有疑似患者二名	經青島病院檢驗確非虎疫症放行
十七日	榊丸	一	二七五	無	
十八日	華山丸	一	四二二	無	
十九日	綏陽	一	一九〇	無	
二十二日	四川	一	三〇一	有疑似患者二名	經青島病院檢驗確非虎疫症放行
二十三日	宇和島丸	一	二八	無	
同日	廣生	一	一四〇	無	
同日	眞盛丸	一	三〇	無	
二十六日	榊丸	一	三一九	無	
二十七日	恒生 盛京丸	二	一五九 一五七	無	
二十八日	益進丸	一	四七	無	
二十九日	新疆 天津丸	二	二六一 一二二	無	

三十日	日陞 平安丸	二	三〇〇 五一	無
十月一日	大連丸	一	三八五	無
二日	眞盛丸	一	二九	無
三日	乾利 富士丸	二	一五一 三六	無
五日	華山丸 榊丸 蘇州	三	三一五 二九五 一七六	無
六日	合生	一	二〇六	無
九日	大連丸	一	四五〇	無
十日	會寧丸 山東 澤生	三	二〇九 二三五 二四一	無
十二日	宇和島丸 富士丸 眞盛丸	三	二八 三七 二九	無
十三日	唐山丸	一	三五四	無
十四日	榊丸 貴生 綏陽	三	二八三 二五八 一六四	無
十七日	四川 大連丸	二	一五一 四二五	無
二十日	平安丸 新疆丸 天津丸	三	四八 二四〇 一七三	無
二十二日	華山丸	一	三四三	無
二十三日	榊丸	一	二九八	無
二十五日	益進丸	一	四二	無
二十六日	Selene	一	四一	無
同日	華頂山丸	一	三一	無
二十七日	蘇州	一	六一	無
三十日	天津丸	一	一六七	無
同日	Amum	一	三八	無
總計		五〇	九,八〇〇	內有疑似患者四名

(四)飲食業之取締　本埠對於飲食業之取締如牛乳業屠獸業冰水飲料業以及普通之飲食物營業均定有取締規則乃外人既不就範衛生警察難以行其職權而化驗之設備不全遇有專家分析之事檢驗又難於實施惟較諸內地產爲清潔耳接收之初本有化學試驗所之組織不惟辨土壤利農事亦以助醫藥飲食各事之化驗乃甫設即廢原有少數之化學試驗器械及其職務併歸普濟醫院主辦顧醫院所需僅關於醫化學之一部況連年多故醫院本務尙且無由發展更不暇兼顧及此矣

(五)鴉片之禁　據外人調查辛亥以前山東全省鴉片銷至七千担內五千担出自本省土產不足之二千担四分三由河南運入土藥四分一由烟台運入洋藥以補充之迨清光緒三十二年清廷下十年禁絕之令山東巡撫楊士驤孫寶琦等禁種甚嚴銷數日減然禁種之功雖見而禁吸之効未彰於是洋藥之輸入轉增宣統元年烟台進口至一千四百四十三担青島進口一千二百零四担其後德人禁令日嚴取消本埠烟館營業限制嗎啡等項之輸入民國二年遂遞減至十六担而是年烟台尚有三百四十九担比及日人滋青烟禁復弛五年之海關册載本年進口熟膏增至六十三担波斯土二十六担半台灣土二十七担半關册所未及載者更不知幾倍此數承辦之土商尙且赤手起家積貲千萬其收入之豐流毒之巨概可推知況鴉片之外又加之以金丹白丸由青島而傳送山東各縣更進而流毒於直豫之域歷年兵禍匪禍亦嘗直接間接與烟禍相因而至人民因此喪其資產流爲盜賊而軍閥轉恃此爲籌款之財源旋禁旋弛且販且種無知之徒又從而趨附之貪緣爲奸魚肉鄉里魯之禍至此而達極點矣本埠犯罪統計以鴉片嗎啡及竊盜爲多實則未被舉發者不知凡幾

而外人販運毒物更有專設之機關巨額之資本航船旅館均有聯絡腹地奧區無往不販實已防不勝防近年日本領館亦且嚴令彼之僑民實行禁止然亦未見有何効力蓋利重而罰輕罰不足懼而利則可欣漏網甚易而逮捕綦難漏網者固屬一擲千金而被逮者亦以保護有人無所損也

政治志五　自治

我國收回膠澳之始初以闢作商埠實行自治爲標幟不惟國人希望以此爲市政模範卽國際友邦亦以此爲吾人之試驗場視膠澳市政之成績卜國人自治之能力故魯案善後公署一方開中日委員聯合會議任外交折衝之責一方卽組織青島市暫行條例研究會於十一年七月下旬起草青島市暫行條例草案當時參預起草之人如包世傑朱我農高一涵張祖訓王大楨崔士傑丁敬臣鄒陞三包幼卿杜星北王朝佑陳天驥柴勤唐林澄波都屬一時知名之士先後開會六次作成草案條文三十二條提交太平洋會議善後委員會因收回之市政組織實爲善後委員會應負之責又

與各部行政均有關聯也原草案之要旨在以此確定自治權之基礎而內部之事則聽之將來之詳明規定不駐軍隊俾市府有自衞權市制初次由中央政府制定而三年後則由市民自行修改以重市之立法權顧因直隸中央抑屬山東省轄之問題頗有爭議而其時之北京政府及各省軍閥初無實行地方自治之誠意祇因處彼省憲潮流之際不得不以自治相抵制於是有自治會議之召集有市鄉自治制之頒布對於本埠亦用同一之筆法於十一年十一月先後頒布膠澳商埠章程及青島市施行自治制令膠澳各鄉施行鄉自治制令此三者實爲本埠組織之根據依照商埠章程由中央政府特派商埠督辦代表中央管理商埠事務并監督市鄉自治是屬官治範圍然設財政顧問會及工程委員會代表市民以協助之依照市鄉自治制令則爲純粹之自治而以商埠局爲第一監督以內務部爲第二監督顧上項市鄉自治制之施行日期須由內務總長定之施行日期既未頒定則前二令等於空文故在接收伊始僅於商埠局內設財政顧問會工程委員會之名稱本埠市民亦有自治籌備處之組織實則荏苒歲月迄無一事之進行十三年高恩洪蒞任行文內務部促其速頒市鄉自治制之實行日期部中竟無覆文其時外人藉口於參與市政之問題違抗商埠章程欠繳應交租稅亦已一年有餘乃議組織財政顧問會工程委員會以杜外人之口而作自治之基又以中外人士意見不一迄未實行十四年六月間本埠總商會市民公會等復有呈請施行市自治從速規定施行日期之舉前任督辦溫樹德以適將去任未予轉報且十三年三月間中央行衆議院選舉十四年七月間中央辦理國民代表會議選舉均經先後請求規定膠澳選政轉咨內務部核議亦皆以劃歸卽墨縣合併辦理電覆查照自是以後本區自治之精神由障礙而停滯由停滯而殘缺重以年來政局靡定牽蘿補屋枝節橫生迄無甯晷以致辛苦收回之特別區域竟未能實施特別自治之制度而外人反得以市政參與之口頭禪爲抵制要挾之具是所當深爲猛省者也今而後對內則百端待理對外則懸案甚多罔不與市政相關聯而市制之根本問題實爲之綱時局稍有轉機所願官府與市民交相努力期底於成以往之暫

行條例草案及市鄉自治制施行令雖未實施應供將來之參考錄之如下

青島市施行市自治制令　（十一年十一月十八日教令第二十六號）

第一條　青島市定爲特別市依市自治制組織之

第二條　青島市之區域以青島市街台東鎭及台西鎭之界址爲區域

第三條　青島市辦理自治事宜除遵守市自治制及其他法令外並不得與膠澳商埠章程抵觸

第四條　青島市由膠澳商埠局直接監督之

不服商埠局之命令或處分時得向內務部提起訴願

第五條　青島市自治會會員名額定爲十五名

第六條　青島市自治經費除市自治制第四十九條各款外並得以本省撥給之各項補助費充之

第七條　每屆年終直接監督應將青島市辦理情形咨內務部備案並呈報　大總統

第八條　市自治制第五十五條之但書於青島市不適用之

第九條　市自治制及本令施行日期由內務總長經由國務總理呈准　大總統定之

膠澳各鄉施行鄉自治制令　（十一年十一月十八日教令第二十七號）

第一條　鄉自治制於膠澳各鄉施行

第二條　膠澳各鄉之區域由膠澳商埠局定之

第三條　膠澳各鄉自治團體由膠澳商埠局監督之鄉自治制所定關於縣知事之職權均由商埠商局執行不服商埠局之命令或處分時得向內務部提起訴願

第四條　膠澳各鄉辦理自治事宜除遵守鄉自治制及其他法令外並不得與膠澳商埠章程抵觸

第五條　依鄉自治制第二十四條之規定須合併鄉之區域者以膠澳商埠區域內鄰近之鄉為限

第六條　鄉自治制及本令施行日期由內務總長定之

青島市暫行條例草案

第一章　總則

第一條　青島市之區域如下

南北自北緯三十五度五十三分三十秒起至三十六度十六分三十秒止東西自東經一百二十度八分三十秒起至一百二十度三十五分三十秒止

（附圖及詳細地名從略）

第二條　青島為山東省之特別市在本條例暫行期內受中央政府之監督

中央政府為增進外交信用執行中央政府及對外發展商業特設商埠督辦一員住青島市在本條例暫行期內負監督青島市政之責任

第三條　青島市有下列之自治權

一市教育及其連帶之事業

二市內之道路溝渠橋梁及市之他項土木工程事項

三市內之電燈電話電力煤汽水道電車埠頭市場屠宰場洗衣作及其他公用事項

四市內之警察商團及其他公安事項

五市內之衛生醫院及各種公益慈善事項

六市內之人民生計民食之維持及其統計事項

七市之土地農林礦產及其他公產之管理及處分事項

八市得制定市單行法規

九市得發行市公債

十市得規定市稅及保持其財政上之獨立

十一其他依法律賦與或由政府委託執行處理之事項

第二章　住民市民及其權利義務

第四條　凡住居青島市之人有固定住所滿六個月以上者皆為青島市之住民

第五條　凡住居青島市之中華民國人民年齡過二十一歲有固定住所滿一年以上具下列資格之一者皆為青島市之市民

一年納直接稅五元以上者

二高等小學畢業或同等程度者

三曾任或現任公職或教員者

四有動產一千元以上者

五有固定職業而粗通文字者

第六條　青島市民除下列規定外皆有選舉權及被選舉權

一褫奪公權尚未復權者

二受禁治產準禁治產或破產之宣告確定後尚未撤消者

三不識文字者

四僧道及他宗教師

五現役軍人

六現任本市官吏

七現任本市警察官及徵稅官

第七條　關於外國住民之利益得臨時咨詢其意見其辦法另定之

第八條　住民及市民有受教育之權利其辦法另定之

第九條　住民及市民有遵守市單行法規之義務

第十條　住民及市民有納稅之義務

第三章　市之行政

第十一條　青島市設市長一人由市議會就市中選舉之再由直接監督官署呈請中央任命其任期三年連舉得連任一次負市行政全部之責任

第十二條　青島市設市政廳該廳應分設教育實業財政公安公用工程等處執行各該處行政事務

第十三條　市政廳由市長主持之設書記長一人各處設處長一人並得設副處長一人或二人由市長呈請直接監督官署任命之任期三年此外得設其他職員及雇員若干人辦理各處事務

第十四條　青島市書記長及各處處長等之遴選應以受過大學教育之專門人才或經驗宏富者為標準

第十五條　青島市政廳之詳細組織另以事務規程定之

第四章　市議會

第十六條　青島市設市議會由市民分市區鄉區直接選舉議員十五人組織之

一　市區選出者九人

二　鄉區選出者六人

選舉區之劃分另定之

第十七條　市議會之職權如下

一　議決市預算市公債及市稅

二　議決市民請願案

三　議決市政廳送交案件

四　審查市各處行政成績

五　議決市單行法規

第十八條　市議員之任期三年每年改選三分之一第一屆之改選以抽籤法定之連舉得連任一次

第十九條　市議會設議長一人由市議會選舉之任期三年

第二十條　市議會及市政廳間發生爭議時得呈請直接監督官署決定之

第五章　市審計廳

第二十一條　市審計廳設廳長一人綜理全廳事務

第二十二條　審計廳長由市民直接選舉之任期三年連舉得連任一次

第二十三條　審計廳長之當選資格如下

一　具有會計知識在大學或高等專門學校畢業者

二　具有會計知識曾經辦理財政經驗宏富者

第二十四條　審計廳之職權如下

一　審查市財政收支之每月清册及檢核各種單據

二　審査市政廳關於財政上之各種契約及合同

三　獻議關於市財政會計方式之改良

四　編造每年市財政審計報告書

第二十五條　市審計廳與市政廳發生爭議時得呈請直接監督官署決定之

第六章　附則

第二十六條　在本條例暫行期內青島市之治安統由本市警察商團及保衛團維持之不得駐紮軍隊

第二十七條　在本條例暫行期內青島市政一律公開其方法如下

一　市政廳開行政會議時許市民列席旁聽

二　市會議開會時許市民列席旁聽

三　市審計廳開審計會議時許市民列席旁聽

第二十八條　青島市應劃分市區鄉區其劃分方法另定之

第二十九條　關於市選舉之一切詳細辦法另定之

第三十條　國家爲補助青島市之繁盛發達在本條例暫行期內按照前例以青島海關收入百分之二十及運銷外洋之鹽斤收入補助青島市政經費

第三十一條　本條之暫行期定爲三年期滿由市民直接選舉修改委員九人組織委員會修改本條例呈請中央政府核准之

第三十二條　本條例由　大總統公布之日施行之

政治志六　司法

膠澳區之司法事項在德人租借時期初於青島設立第一審法院名曰膠州灣德國

法院嗣又設立第二審法院名曰膠州灣上級法院對於華人之訴訟事件以青島及李村區之區役所（性質如前清之工巡局）幷膠州灣德國法院之第三部爲第一審管轄以膠州灣上級法院爲第二審管轄至日人佔踞時期則純屬軍事性質於青島守備軍置臨時陸軍法會議此外更設青島守備軍法院裁判關於軍事外之民刑事件一審判決確定無准許上訴之制李村區則由民政署兼理司法訴訟斯時我國人民不得與德日兩國人民受法律上之同等待遇蓋不僅喧賓奪主且受客之欺矣民國十一年十二月十日我國收回膠澳即設青島地方審判廳及檢察廳管轄民刑事地方初級訴訟及非訟事件其訴訟上土地管轄以膠澳商埠爲準關於民刑事地方管轄之案件聲明上訴以山東高等審判廳爲上訴機關並依山東懸案細目協定第四條中國政府承認青島日本裁判所民刑訴訟事件之裁判幷訴訟行爲不動產證明公證拒絕證書作成及私署證書確定日期之効力審判廳初置廳長一員推事二員候補推事一員書記官長一員書記官三員候補書記官一員繙譯官一員經

費年支二萬四千八百四十元嗣以社交日煩訟案日增且自十四年七月起原屬濟南福山兩地方廳管轄之膠縣卽墨高密安邱諸城日照平度等七縣之初級第二審案件一律劃歸青島地方廳管轄續增推事三員候補推事三員書記官四員幷於原設日文繙譯外增設德文英文俄文繙譯各一員經費於原預算外年增二萬一千餘元十二年十二月十日並組織李村地方分庭其土地管轄以李村警察署區域爲區域其事務管轄在分庭管轄區域內之地方初級案件均歸分庭審理但有時視當事人之便宜亦得歸青島本廳審理至初級上訴案件則由本廳派員赴分庭開庭審理此項分庭之設蓋因十二年六月間膠澳鄉民公會安子玉等具呈商埠督辦請求變通法權所有輕微案件仍仿德日人之舊制就近由警察署處理鄉人只求距離較近手續簡單而不知德人之以區役所兼理司法日人之以民政署兼理司法正所以歧視我國人其流弊乃不可勝言也

本埠華洋訴訟事件以日人關係爲多當我國接收之初司法部因外人請求觀審原有另設華洋訴訟審判所之提議嗣以一經分設流弊滋多故爾中止十三年四月間本埠日本總領事館致函膠澳商埠督辦公署藉口於審判廳之徵收訟費手續繁重要求更於本埠設立華洋訴訟機關嗣經審判廳據理拒絕以爲本埠關於華洋訴訟辦法幷無特殊習慣自應歸司法機關受理卽按諸中日通商行船條約亦無應設特殊機關審理之明文至訴訟之程序及費用之征收一依吾國司法法令辦理條約上既別無拘束自不因涉外訴訟而有異又經審判廳長戚運機及商埠督辦公署東方股長牟鈞德向駐青日本總領事堀內及司法領事梶田說明訟費之規定及程序之重要幷語以華洋訴訟慣例以縣知事掌第一審交涉公署掌第二審轉不如司法機關之獨立尊嚴純以奉守法律爲務日本梶田領事乃謂訟費爲數有限又爲各國家法律習慣所規定可不成爲問題且日僑對於青島法院之周到敏捷亦多表示滿足堀內總領事亦謂貴國既有誠意領館亦不堅持另設機關之議遂得取消故本埠華洋訴訟案件歷來華人爲原告者均歸本國法院依法處理惟有領事裁判權之國其

人民爲原告者仍向該管領事館起訴耳又關於訴訟手續如送達文書傳喚到案之類初亦頗費周折駐青日本領事曾經要求關於刑事之傳喚人證須送領事館簽字協傳嗣經廳長戚運機迭與交涉並整飭內部嚴守定章使外人無所藉口卒亦就我範圍矣青島審判廳審理案件歷年均有報告茲爲列表如左

（甲）民事訴訟案件總計年表本廳

案件		第一審	第二審	抗告	再審	假扣押假處分	強制執行	其他之事件	總計
收受案總數	十二年	578	58	5	4	72	394	192	1,303
	十三年	541	98	8	4	88	641	351	1,731
	十四年	436	163	12	8	88	545	417	1,669
	十五年	329	257	21	20	58	420	436	1,541
	十六年	427	192	22	6	82	484	324	1,537
已結總數	十二年	531	49	5	4	72	329	192	1,182
	十三年	525	93	8	4	88	570	351	1,639
	十四年	414	140	12	7	88	471	416	1,548
	十五年	315	235	21	20	58	370	436	1,455
	十六年	420	187	22	6	82	476	324	1,517
未結總數	十二年	47	9				65		121
	十三年	16	5				71		92
	十四年	22	23		1		74	1	121
	十五年	14	22				50		86
	十六年	7	5				8		20

（乙）刑事訴訟案件總計年表本廳

案件		第一審
收受案總數	十二年	760
	十三年	771
	十四年	769
	十五年	557
	十六年	536
已結總數	十二年	757
	十三年	758
	十四年	765
	十五年	549
	十六年	536
未結總數	十二年	3
	十三年	13
	十四年	4
	十五年	8
	十六年	

（丙）民事訴訟案件總計年表分庭

案件	年	第二審	抗告	再審	附帶民事訴訟	其他之事件	總計	豫審
收受案總數	十二年	4			10	50	824	41
	十三年	16			22	105	914	59
	十四年	6	4		25	101	915	64
	十五年	14	1		66	68	706	58
	十六年	16	2	3	37	94	688	74
已結總數	十二年	4			10	50	821	41
	十三年	14			22	105	899	51
	十四年	16	4		25	101	911	62
	十五年	14	1		66	68	698	56
	十六年	16	2	3	37	94	688	74
未結總數	十二年						3	
	十三年	2					15	8
	十四年						4	2
	十五年						8	2
	十六年							

（丁）刑事訴訟案件總計年表分庭

案件	年	第一審	再審	假扣押假處分	強制執行	其他之案件	總計
收受案總數	十二年						
	十三年	91	4	3	50	62	210
	十四年	69	1	3	41	91	205
	十五年	49		3	42	46	140
	十六年	63		2	53	62	180
已結總數	十二年						
	十三年	83	4	3	24	92	194
	十四年	66	1	3	32	91	193
	十五年	47		3	39	46	135
	十六年	63		2	51	62	178
未結總數	十二年						
	十三年	8			8		16
	十四年	3			9		12
	十五年	2			3		5
	十六年				2		2

（戊）辦理無領事裁判權國人民民事案件總計年表本廳

案件	年	第一審	再審	附帶民事訴訟	其他之事件	總計	豫審
收受案總數	十二年						
	十三年	137		1	26	164	19
	十四年	71		1	7	79	8
	十五年	62		7	15	84	9
	十六年	80		6	14	100	3
已結總數	十二年						
	十三年	136		1	26	163	17
	十四年	70		1	7	78	8
	十五年	60		7	15	82	9
	十六年	80		6	14	100	3
未結總數	十二年						
	十三年	1				1	2
	十四年	1				1	
	十五年	2				2	
	十六年						

（己）辦理無領事裁判權國人民刑事案件總計年表本廳

案件	年	第一審	第二審	合計
收受案總數	十二年	17	1	18
	十三年	24		24
	十四年	42		42
	十五年	41		41
	十六年	28		28
已結總數	十二年	14	1	15
	十三年	20		20
	十四年	41		41
	十五年	40		40
	十六年	28		28
未結總數	十二年	3		3
	十三年	4		4
	十四年	1		1
	十五年	1		1
	十六年			

案件	年	第一審	第二審
收受案總數	十二年	17	
	十三年	6	
	十四年	16	
	十五年	16	
	十六年	11	
已結總數	十二年	17	
	十三年	6	
	十四年	16	
	十五年	15	
	十六年	11	
未結總數	十二年		
	十三年		
	十四年		
	十五年	1	
	十六年		

案件		合計
收受案總數	十二年	17
	十三年	6
	十四年	16
	十五年	16
	十六年	11
已結總數	十二年	17
	十三年	6
	十四年	16
	十五年	15
	十六年	11
未結總數	十二年	
	十三年	
	十四年	
	十五年	1
	十六年	

（庚）辦理華洋訴訟民事案件總計年表本廳

案件		第一審	第二審	合計
收受案總數	十二年	39	1	40
	十三年	24		24
	十四年	9		9
	十五年	13		13
	十六年	19		19
已結總數	十二年	37	1	38
	十三年	24		24
	十四年	9		9
	十五年	12		12
	十六年	19		19
未結總數	十二年	2		2
	十三年			
	十四年			
	十五年	1		1
	十六年			

（辛）辦理華洋訴訟刑事案件總計年表本廳

案件		第一審	第二審	合計
收受案總數	十二年	134		134
	十三年	157		157
	十四年	121		121
	十五年	72		72
	十六年	67		67
已結總數	十二年	133		133
	十三年	155		155
	十四年	121		121
	十五年	71		71
	十六年	67		67
未結總數	十二年	1		1
	十三年	2		2
	十四年			
	十五年	1		1
	十六年			

（壬）華洋訴訟民事案件總計年表分庭

案件		第一審	第二審	合計
收受案總數	十二年			
	十三年	3		3
	十四年	2		2
	十五年			
	十六年			
已結總數	十二年			
	十三年	3		3
	十四年	2		2
	十五年			
	十六年			
未結總數	十二年			
	十三年			
	十四年			
	十五年			
	十六年			

（癸）華洋訴訟無領事裁判權國人民民事案件年表分庭

案件		第一審	第二審	合計
收受案總數	十二年			
	十三年	1		1
	十四年			
	十五年			
	十六年			
已結總數	十二年			
	十三年	1		1
	十四年			
	十五年			
	十六年			
未結總數	十二年			
	十三年			
	十四年			
	十五年			
	十六年			

（子）華洋訴訟刑事案件總計年表分庭

案件		第一審	第二審	合計
收受案總數	十二年			
	十三年	31		31
	十四年	1		1
	十五年	2		2
	十六年	2		2
已結總數	十二年			
	十三年	31		31
	十四年	1		1
	十五年	2		2
	十六年			
未結總數	十二年			
	十三年			
	十四年			
	十五年			
	十六年			

（附記）右列各表均依據青島地方審判廳歷年報告爲準

山東第六監獄設於李村原爲德人所建我國接收後初爲山東第四監獄之分監十三年就原址加以擴充改築第六監獄并畫原有之一部分附設看守所又於青島市內別設看守所兼充代用監獄已決人犯禁於監獄未決人犯置之看守所獄內均設有醫師教誨師診察疾病訓導悛悔第六監獄在監之已決犯百餘名代用監獄在監之已決犯七十餘名（據十五年統計）其膠縣卽墨高密等七縣之初級第二審案件雖歸青島地方審判廳管轄然各縣判決人犯仍寄各縣舊監亦因連年政局不甯未

能整齊畫一也
本區訟案較之津滬等埠爲稀民事訴訟尤形簡約故律師之需要較少本國律師二十餘人照章組織公會日本律師亦得十數

膠澳志卷五

食貨志一　農業

我國自古以農立國平原大澤農產豐富固無論矣山陬海隅之居民亦未嘗不務耕織蓋安民以厚生爲本厚生以衣食爲先衣食既爲人生不可須臾或缺之物故必求其自給自足農業之安土重遷畸於保守者以此民族之酷好和平不尙侵略者以此膠澳區負山濱海耕地較稀然以卽墨縣志膠州志考之昔之農產非不繁富也

卽墨縣志載本邑物產穀之屬有稻粱粟黍稷麥䵄穇豆芝蔴蕎麥䅘豆豌豆秫

菜之屬有葱韭蒜薤芥薑芹莧芋蕨茄瓠山藥萊菔蕃薯豇豆莢扁豆莢萵苣蔓菁白菜茼蒿芫荽菠菜金針天花粟笋松蕈藏梗蠶豆百合

瓜之屬有王瓜甜瓜絞瓜絲瓜稍瓜冬瓜西瓜南瓜北瓜倭瓜（原注按北瓜蕃瓜倭瓜卽一種或以扁者爲蕃瓜長者爲倭瓜舊志北瓜倭瓜並載今仍之以正其誤）地瓜（原注俗呼也卽番薯土人用以代糧志以從宜）

果之屬有桃杏李柰棗柿栗胡桃銀杏吉文官果櫻桃林檎（原注林檎卽花紅）杏梅李梅蘋果羊棗葡萄石榴木瓜木梨落花生梨菱芡藕山查

獸之屬有馬牛騾驢犬豕羊貓狼狍狐貉獾兔騷鼠蝟

禽之屬有雞鴨鵝烏鴉鶯鳩雉鴈鳧鳶鷹鶻鵓鷗鸛灰鶴鳩鶺燕布穀倉庚鴿啄木寒號（原注卽五靈脂）鴛鴦鷺鷥鵲雀鶉

貨之屬有棉布綄油蔴稭柴炭鹽靛席葛紅白蠟紅白蜜梨果花椒紫草紅花松花石花海帶乾榨酒蜜酒

膠州志載粱謂之穀其䅯中摧（原注音讀如挫）年豐則氣馨而宜馬其鑿曰小米黃赤者黏白者弗黏赤粱爲穈（原注音門說文穈赤苗嘉穀）俗謂之黍穀鑿曰小黃米白爲芑（原注說文芑白苗嘉穀）鑿曰白穀爾雅翼以粱爲黍稷之總名黏曰黍弗黏曰稷形相似也皆先熟充粢盛黍之鑿曰黃米中酒材稷未脫稃其顆明潤其鑿曰穄米

秫爾雅謂之衆（原注秫與黍同月令命大酋黍稻必齊是也）類亦有二穗大粒聚穫多者曰高粱言視粱爲高也穗散粒稀而黏者曰蜀黍蜀獨也言獨大於黍也其不黏者曰木稷言其種猥大若稷

如木本也又曰蘆穄義從同三者皆中酒材蜀黍木稷藸原注今曰稭 赤白箴細中席材原注說文禾藁去皮祭天以爲席 高粱藸亘中離薄其箴麤厚間爲筐筥若常席其稃皆中染周禮淇之以丹秫是也其別種曰玉蜀黍原注俗名包兒米 穗逐節生粒大如薏苡苞若毛竹短筍其端有鬚膠土不甚宜故種稀

麥以大小爲分辨曰大麥穗與芒俱長實中飴芽中藥材消腹脹南鄙指膠州之南鄙 多種之普種曰小麥春種者以春名芒種者以芒名不芒者曰秃麥亦曰火麥農民不待熟而蒸食之曰連展其秸可爲笠原注俗名草帽 其別種曰蕎麥顆有三角色黑九月始穫蒔不畏晚凡菽穀旱潦則犂其苗而種蕎稱爲救荒之穀

豆以五色爲分曰白豆黃豆綠豆黑豆絳豆原注俗名豇豆 青豆茶豆各如其色以名之黃者用尤廣豆亦名菽春秋疏豆之苗曰菽原注爾雅翼以菽爲豆之總名 其別種曰豌豆宜春熟先於麥

稻以水陸爲分膠之稻陸者十之八九產邑南鄙水稻惟產麻灣膠州灣之西北部古名麻灣 之畔黏曰稌中酒材其鑿曰稬米原注俗作糯米 不黏曰秔其鑿曰大米有異種曰山東頭米產邑之安林社卽海西紅石崖一帶黃島昔亦屬之 粒白而長性堅炊倍常稻乃熟更有一種粒赤而小既熟香乃發尤爲他邑所無

穇子有黑白二種與秫穀同時種穫本草綱目氣味甘澀補中益氣其別種類曰稗葉似稻節間無毛水潦傷稼亦可充食原注俗名水穇子

薏苡本草花紅白實色青白似珠而稍長一名回回米又名西番秫出邑西南鄉

麻牡曰枲雌曰苴其實曰黂亦可食其別種曰檾紵不及麻而用尤廣其珍類曰脂麻原注俗作芝蔴 正字通麻卽油麻爾雅翼胡麻一名巨勝原注言其大而勝卽今黑脂麻也脂麻之名始見於此按巨勝子今藥家所用形如脂麻而大倍之色亦無油蓋脂麻之別種北產無之 草棉一名古貝草元史謂之古貝棉禹貢厥篚織貝御纂書經以爲今之棉布蓋古者以麻爲布故織貝爲遠方之貢自元至元間古貝草棉入中國始衣被天下唐宋以前所謂棉皆木棉也草棉種宜沙土膠自近歲始漸種之與稼穡同故附麻末

其蔬菘謂之白菜原注葉卷如純束故謂之捲心白又一種梗圓葉末如箭羽種於春夏惟漬爲菹俗名箭幹白 蓼菜原注俗名辣菜根大如蘿蔔可爲菹亦可漬食 蘿蔔原注一名來服言來麰之所服也有紅白二種以善消食故根葉皆可食其別種曰胡蘿蔔色赤葉如蓡惟根可食 葱韭原注說文注剎之復生異於常草故自爲字加草非廣雅其花謂之菁可爲菹又山韭曰藿 蒜原注有大小二種產靈山衛者佳薹亦可茹其別種曰薤 菠菜臺菜原注根葉皆可食而根尤佳本草注此菜易起臺採其臺則分枝必多 生菜原注萵苣之屬可生茹 茼蒿芫荽芹菜原注俗名芹芽 茄原注色紫蒂長 稨豆原注名四季者園蔬也初夏卽成家種者有青白紫數種秋後成 豆角原注其莢長細如角 金簪原注一名黃花 芥原注子如小米味辛 茮原注音焦俗名秦茮從木誤木本者曰花椒 蔓菁原注子可爲油 莙薘原注形類菠菜 陰輕菜原注一名莧有紅白二種

其果桃杏梅李栗榛柿核桃原注一名胡桃 梨棠梨原注本與棗中剞劂 棗原注棗有大小二種 羊棗原注俗名稬棗 石榴櫻桃櫻珠原注一名珠櫻 葡萄原注有紫青二種 蘋婆原注大者爲柰子小者爲花紅卽古之林禽皆夏熟秋熟者爲秋子 山樝原注中藥材其別種曰映山紅 銀杏原注俗名白果 文官果木瓜原注中藥材其別種曰木梨 海棠果佛手柑原注一名枸櫞中藥材 香櫞原注有數種 金棗原注俗名羊朓橘靈山衛有高丈餘者 無花果原注大如李色紫味甘不花而實 葛藤原注出靈山島中實如枇杷味甘美

其蓏西瓜子瓜原注西瓜之別種多子農民多種之貨其子於海舶以射利 甜瓜黃瓜原注色純綠或曰卽王瓜 番瓜原注一名倭瓜 冬瓜北瓜南瓜絲瓜原注形似黃瓜而長瓤乾如亂絲 瓠壺盧原注一名匏 落花生原注俗名長生果鬚垂地結實東鄙種者尤廣 芋原注一名蹲鴟 山藥番薯原注俗名地瓜膠初無此產乾隆初年閩商自呂宋攜至適合土宜今蕃衍與五穀等南鄙尤多

其鳥鷄鵝鴨雉鳧原注卽野鴨 松鷄鴿鴉鵲鷹鷺鷥原注一名白鷺林棲身如白雪頂上有長毛十數莖毿毿然禽云鷺飛則露亦候時之鳥也 鸕鶿鵜原注一名淘河正字通陸璣曰形如鶚而大啄長尺餘頷下大如數升囊小澤中有魚共貯水滿而棄之水渴魚出乃食 鶺鴒原注水鳥也俗名鵪鶉 布穀原注卽鳴鳩俗呼斑鳩 戴勝原注鳩屬 黃鸝原注色極黃有黑翎冬則以泥土自裹蟄於山谷春則破而出 練雀原注有五色者似鸜鵒而小其尾如練帶俗名拖練 鸛原注身如鶴頂無丹項無烏帶俗名灰鶴 鵪鶉原注一名鴽 燕原注一名鳦一名元鳥 翠原注俗名老烏翠 鴿鷗鶚鴈鴇原注亦作鳵鴇皆音保似鴈斑文無後趾 鴷原注俗名啄木蟲 鷦鷯原注詩曰挑蟲一名巧婦俗名粉眼

其獸馬贏原注俗作騾 驢牛羊豕貓犬狐兔鸛狸狼鼠騷鼠衞志有野鹿麃獐今無之

其貨物山綢春綢布鹽原注向有曬鹽今惟煎鹽 鹻原注有草鹻土鹻二種 靛蜜蠟木炭瓜子花生豆餅豆油醃猪原注春用鮑秋用鱁 白菜槐米乾粉海米原注有大小二種 草帽氈帽鑿子石原注六稜出七寶山卽紫石英也 不灰木原注一名石龍骨出灰村土中

舊志所紀兩縣物產略同而膠邑爲類尤夥穀蔬瓜果固屬農產正宗卽家禽家畜採薪燒炭紡紗織布製蜜釀酒凡屬家庭之手工恆爲農民之副業蓋農時有節人力有

餘故兼業以資調劑物料人工取給方便故兼業易於程功始則取其自給繼則出以兼濟蓋科學未精分功未密初民組織爲特然也膠澳區負山面海地質磽确比諸兩縣原有之地實爲貧瘠日人所著李村要覽論之綦詳茲爲分節譯述如次

（一）耕地及地價　李村區之耕地惟膠濟鐵路沿線一帶地質較優其餘概屬砂質壤土且含礫石地味薄弱農作微細試分耕地爲三等宅地果園菜圃爲上等普通耕地爲中等山地海濱爲下等而下等地實占其大部分山腰岳腹苟有尺土罔不加以耡犂據民國四年調查土地台帳（如我國之魚鱗册）所載李村區內宅地耕地總計十一萬一千餘畝（原書記日本畝法爲七千三百七十八町每町約合我國十五畝餘）占全面積百分之十七按照李村當年人口九萬八千八百七十九人而平均分配之每人僅得一畝二分耳

又考李村區之買地價格以較大之數村爲準而平均之大約上等地每畝需銀八十二元中地五十元下地十九元因村落地點之不同略有差異其租佃有拔租永租之殊故地租亦有分種拔價上子粒三種之別普通租地手續多屬拔租因地之種類而異例如山林地草地以採薪刈草爲目的其期限恆以三年或五年爲度常例候刈採後交租若其租種果園則以一年爲限訂約時先交半租間有長期租約訂至十年十五年者乃稀有之事也且普通耕地之租每收穫一次則交一次李村附近之地價地租試取一二以爲標準表之如下

甲、李村佃租標準表一

地別	每畝地租	每畝土地市價	備攷
梨園菜圃	十四五吊文	二三百吊文	本表數目以民國四五年爲準
普通耕地	十吊文	一百四五十吊文	
最下等地	七八吊文	七八十吊文	

實則交租恆以物不以錢收穫既畢有由地主會同劈分者有俟佃戶自行送交者豆麥粟類各得其半藷秸則屬佃戶是爲分種不問收穫之豐歉而約定年交租糧或錢若干普通耕地每畝大約年二元至五元是爲拔租準此納交相當之穀類是爲上子粒永租者惟廟產適用之如曲哥莊等處屬於太清宮之廟產永遠租於佃戶承種其中畝（三百六十弓）一畝之租率如下

乙、李村佃租標準表二

品種	大豆	麥	稗	粟
地租	九升九合	一斗五升五合五勺	九升九合	九升九合
折租	．九〇元	一．五〇元	．五四元	一．八〇元

（二）主要耕作及農民生活　耕作以甘藷爲主占李村區農產總價之過半數小麥粟大豆落花生及梨次之合之其他果實蔬菜二十餘種每年所產總值八九萬元以人口比例之每人僅得八元四五角加以其他副業收入稍資補助然爲數亦微矣農民之收支及其生活至爲貧苦李村區內有地三十畝者卽稱富室民國四年調查李村全區戶數二萬零七百五十五戶有地三十畝者僅得三十餘戶李村附近號爲沃壤試就有地二十畝之上流農家一考究其全年之收支計上地二十畝價銀一千六百六十五元耕作收入四百五十二元有零支出三百三十九元有零收支相抵餘銀一百十三元有零卽對於耕地投資之純利可得年息六釐八毫（卽千分之六十八）通常上流農家家族婦孺恆在十名以上比例於收入全額每人年得四十五元每月不足四元沃壤富室如此下地貧戶可知又就支出言之每人日費不足一角亦可謂天下之至儉至廉者茲就調查所得分別三表如左

丙、農民資本一覽表

類別	數量	單價	小計	摘要
耕地	二十畝	每畝七八．五七一元	一五七一．四二〇元	以李村附近較爲肥沃之中等地爲準

牛	一頭	四二·八五六	四二·八五七	以四齡之牛價爲準可供使役十二年
騾	一頭	二九·二八六	二九·二八六	以五齡之騾價爲準可供使役十五年
豚	一頭	四·二八六	四·二八六	有生殖力之牡豕
農具	一副	一七·二八六	一七·二八六	獨輪車及耕犂等項農具二十五件
合計			一·六六五·二三五	

丁、農民收入一覽表

品類	收穫量	價格	品類	收穫量	價格
小麥	六〇升	五七·〇〇〇元	大麥	一三升	五·五七七元
小麥桿	一·〇〇〇斤	八·九三〇	大麥桿	一八〇斤	·九六五
芽生甘藷	八·二〇〇	八二·〇〇〇	稗	六升	一·九二六
甘藷蔓	一·二〇〇斤	一〇·七一六	稗桿	八〇斤	·五七〇
粟	六四升	三六·八二九	蔓生甘藷	一·六〇〇斤	一六·〇〇〇
粟桿	一·三〇〇斤	一一·六〇九	藷蔓	二〇〇斤	一·七八六
高粱	八升	四·八五六	蘿蔔	一·二六〇斤	八·九九六
高粱桿	二四〇斤	一·七一四	秋生玉蜀黍	一六升	一一·四二四
里芋	二〇〇斤	五·〇〇〇	蜀黍桿	三五〇斤	二·四九九
落花生	一七五升	四三·七五〇	大豆	一五升	一三·三九五
落花生蔓	八八〇斤	六·二八三	豆桿	四〇〇斤	三·五七二

玉蜀黍	五升	三·五七〇	小豚售價	二〇頭	三九·二八〇
黍桿	一〇〇斤	·七一四	自製肥料價	二〇車	七一·四〇〇
小黍	三升	二·二五〇	共計		四五二·六一一

戊、農民支出一覽表

類別	數量	價格	類別	數量	價格
長雇傭人工資	三人	四八·二一三	籽種代價	一年	一六·〇七一
又其伙食	二四〇日	七七·〇四〇	牡豚飼料	一年	二·五六八
臨時短傭工資及伙食	五〇工	一二·五〇〇	肥料豆餅	一〇〇〇斤	三二·一四〇
牛使用費	一年	一·七八六	應完糧賦	一年	五·〇〇〇
飼牛之料	一年	二五·七一六	雜費	一年	一·五一四
騾使用費	一年	一·六六四	小豚飼料	六〇日	四·二六〇
飼騾之料	一年	二四·二八四	自製肥料	二〇〇車	七一·四〇〇
農具補充並折價	一年	五·一八六	共計		三三九·三四二

(三)肥料及除蟲肥料　以人及家畜之糞便爲主而混以壤土其製法於院落內鑿方約丈餘之坑所有人之糞便及道路採集之牛馬糞塵芥悉投其中混以壤土任其腐朽然後取出積於院落之一隅外塗以泥貯以肥田此外由池沼溝渠中採集之泥土含有多量之有機質及竈下之泥土亦嘗混於糞土以充肥料惟果園栽植梨及蘋果者始用豆餅其他耕作用之者稀化學肥料更未之見也

除蟲之法恆用紅礬混於糞土中以預防之紅礬含有砒素堪以殺蟲也其他新法多未採用其事後之補救粟有害蟲則刈除有蟲之部分以免蔓延高粱有時發生小白

蟲則執其幹搖而落之承之以籠蘿蔔白菜遇有害蟲則用紅礬混於粟糠燒灰撒布於菜葉上或以含毒之白蒲草取汁塗於葉上以驅除之至於害蟲最多之豆類則未見有防範之術也

(四)主要農產物之概況　甘藷爲本區農產之大宗年產額值四十餘萬元乃居民之主要食品其品質優劣不一然較諸日本所產猶爲劣等收穫後切爲片厚約三分晒乾或細切成粉末以貯藏之其栽培法有芽瓜蔓瓜之別於陰歷二月初旬積細壤於火坑之上作爲溫床種藷其中越一閱月發芽長四五寸乃移植於地是爲芽瓜俗語亦稱火芽瓜所穫利於乾儲芽瓜移植後二閱月而蔓長尺許斷取分秧更爲移植是爲蔓瓜蔓瓜之栽種較芽瓜晚二閱月而二者之收穫同在陰歷九月惟其分秧較遲正值割麥之後麥藷先後並植節候兩不相妨但蔓瓜較芽瓜爲小收穫量約減十之六其種恆以麥藷芋蔓護而藏之翌春爲芽瓜之藷種

小麥乃山東之特產李村區每年約有十萬元之產額亞於甘藷尙由外埠移入若干以補土產之不足品質稍良然終不如山東內地所產之優秋季粟稗小黍收穫之後麥乃播種小麥種類甚多常食者又有亮麥紅麥白麥芝麥之異

亮麥黃褐色形橢圓質良而充實恆受海風之害故沿海地方植者甚少

紅麥亦稱紅光頭黃褐色長橢圓形稍充實通常植者最多

白麥亦稱白光頭黃褐色體細長有皺襞其質不良

芝麥黃褐色細長有芒被海風之害較少故濱海之民多植之

大麥年產不足萬元碾爲粉末以水調食大麥有二種春大麥陰歷二月中旬播種黃褐色形細長質劣冬大麥與小麥同時播種淡黃色形細長充實質較良

粟之年產額約六萬餘元更由外埠有若干之移入居民碾爲粉末調和於豆粉用以製餅或飯與粥其類有白穀黃穀黍穀三變黃穀紫根秋穀餓死驢穀之異

白穀色淡黃帶白粒不整質劣

黃穀色淡黃粒不整質劣

黍穀色黃粒不整質稍良好有粘力

三變黃穀色黃帶白粒不整質劣

紫根秋穀餓死驢穀亦同惟後者屬黃色耳

大豆年產額值三萬五千元以製油爲主或浸水以礱磨碎雜以貯菜調以麵粉製餛飩以爲食或製爲豆腐大豆亦有大白黃豆乾打搥豆小白黃豆下二斗豆之別

大白黃豆色黃形圓粒大而不整質稍良

乾打搥豆色黃褐形扁圓粒不整質不良

小白黃豆色淡黃形扁圓粒小而不整質亦不良

下二斗豆色淡黃形圓粒不整而充實質稍良

青小豆年產額僅值二百元亦有二種曰東北風綠豆色綠形圓而略方粒小而不整質不良曰黑綠豆黑褐色形圓而略方粒形不整質稍良好二者居民皆碾爲粉以製粉條或煮爲豆汁以供飲食

落花生亦山東之特產物販運南方及輸出歐洲爲多產額逐年增加李村區內則年產不足二萬元也較之日本所產形大而質良

高粱產額與落花生略等其質較之東三省所產爲劣居民炊以爲飯或碾爲粉和水調食亦有雜以麥粉製爲餃子饅頭之類以供食者高粱有紅胡秫白胡秫二種

紅胡秫紅褐色粒不整亦不充實質不良

白胡秫亦稱人胡秫色白帶黃粒不整質不良

稗年產額僅五千元居民碾爲粉末和豆粉以製餅或煮粥以供食有白穇子黑穇子之別白穇子黃褐色形如菱質較諸內地產爲良黑穇子褐色形如菱粒整形質良好

豌豆年產額四千餘元質稍良好居民碾爲粉末和以少量之麥粉製餅蒸食或煮之以代小豆其種有二曰凍豌豆色淡黃帶白形圓粒不整質稍良曰春豌豆色淡黃帶白粒小質不良

小黍年產額三千四百餘元較諸內地產爲良居民用以釀酒或製粉爲餅蒸以供食

亦有二種曰大白黍乳白色曰不冷頭淡綠色粒均不整而質則良好

玉蜀黍年產額一千餘元居民製粉爲餅蒸以供食或雜粟爲飯亦有二種曰春包米黃褐色粒充實質較良曰秋包米黃褐色形小不充實質較前者爲劣

米土質不宜又無灌漑之便產額甚微亦有二種曰水稻暗褐色粒小而帶長形質不良曰旱稻黃褐色帶長粒中形質較良

蕎麥產額甚微居民碾爲粉用製餃子或爲饅頭

蔬菜類之栽培比諸其他耕作物用意較爲周到產品亦佳其主要產品爲蘿蔔白菜里芋蓋本區土質含沙較多不宜於園圃也

蘿蔔年產約一萬四五千元品柔質佳者多最宜煑食或漬以鹽或晒爲乾亦有切碎和以豆粉製爲豆腐者

白菜城陽以西栽培爲盛而李村所產僅值四千餘元居民煑食或以鹽漬食

里芋年產額與白菜略等其質優良居民煑以供食

（五）農民之副業　以栽培果木爲最盛次爲漁業亦有以采石伐木爲副業者東北山居之民間亦飼養柞蠶或編製柳筐紡紗織布但爲數甚微也

果木以梨爲主次則蘋果花紅山楂杏棗桃柿葡萄櫻桃氣候土質均屬相宜李村產梨每年輸出一千萬斤內外計值七八萬元（按此屬依據昔年市價推算今則數倍於此）十之七八運販於青口海州鹽城東臺及上海等處一部分運往諸城膠州海參崴大連如能善選種苗改良栽培則前途頗有厚望普通植樹之法梨樹每中畝三百六十步平均植二十四株樹齡可經四五十年其高丈二三尺枝多橫擴枯枝秋後截去每畝平均收穫二千五六百斤較之日本穫率爲增初生之樹約三年而接種更三年或五年而結實接種恆於清明節前後行之施肥則間一年或三年培壅一次春季行之肥料以豆餅爲主間亦用家畜之糞或人糞遇有害蟲發生則鋪布於樹下以竿搖其樹枝使蟲落於布上捕而去之梨實有秋白梨恩梨凹窪梨洋梨秋白平梨齒梨團秋白梨各種其中以齒梨凹窪梨性耐久藏其貯藏之法於庭隅布高粱稭上鋪乾草積梨成堆晝則掩之以席使蔽日光夜間去席使通空氣每越旬則上下易位更疊一次腐者棄之入冬則掩以乾草以防凍傷不復啓動如此貯藏可存七八閱月之久梨之成熟以陰歷七月中旬至九月初旬爲期而以八月十五前後爲最盛其時販梨商賈羣集於滄口沙子口等處或向梨主預爲訂購或按市價現行交易商販購取之後盛以柳筐筐內四周襯以乾草筐之小者可四十斤大者三之李村區內植梨之地二千四百餘畝（民國四五年調查）平均每百斤價銀七角六七分

其次家畜李村農民之豢養家畜較之白沙河北岸之卽墨農民所養爲少日德戰後其數量尤形減少據日人於民國四年十月調查有牛八百三十五頭馬一百二十四頭騾驢合計四千三百五十七頭豚三千一百二十二頭鷄四千八百羽牛性馴良不擇水草比之日本之牛軀肥脚短且成育爲速適於食用其平均價格由銀七元至四十元內外馬之軀幹雖小然富於持久力挽車載重使役最宜惟以區內山岳起伏故使馬不如騾驢之利便其價格由九元至三十元內外騾驢飼養簡易力堪持久價格

亦廉故農民多飼之以供耕運其平均價格騾由十七元至五十元驢由六元至二十五元內外豚因飼養料不足常掘地覓草根朽木以充飢故繁殖力不强以養豚之總數按居民戶數而分配之每百戶僅得十七頭之比例每頭平均售價由八角至五元之間鷄之總數分配於居民戶數每百戶僅得二十六羽之比例鷄體短小乏產卵力每年一羽所產多不越百箇每羽價格約銀二角內外以上見李村要覽

以上所述以李村區爲主台東海西兩區調查不詳資料甚鮮然膠澳農業精華薈萃於李村區台東區之吳家村浮山所等處與李村區相類而海西區之陰島薛家島黃島水靈山居民多從事漁鹽農業尤鮮進步也

膠澳農事試驗場設於李村初附屬於青島德華學堂卽青島特別高等學堂爲該校農林科實習之地民國六年日人改爲農事試驗場並於是年開農產展覽會一次七年增植棉花甜菜菸蛇麻草等類新作物及日本蔬類以資試驗九月復開農產展覽會一次面積初僅八十餘畝嗣於八年收買鄰近民地九十餘畝十年收買一百八十畝又續闢果

園增築廄舍移台西鎭之牛羊等種畜五十餘頭飼畜其中農場設備漸具規模我國接收時家畜計有種牛三十頭種羊十七頭種豚十一頭洋鷄四十九羽牛屬和蘭種法蘭西種碩健倍於凡牛每頭重量二千磅以上植物有葡萄二百餘株莓五百株桃百餘株每五百株桃百餘株蘋果三百株柿五十株梨八百株梅櫻杏李各十數株辦公房屋倉庫廄舍大小共二十三棟建築面積占地五畝三分我國接收後繼續整理農場事務計分技術推廣兩項其屬於技術事項者又分耕種畜牧二項甲屬耕種者（一）爲特用作物如桑麻棉菸甜菜落花生蛇麻草除蟲菊以選種育種爲主（二）爲普通作物如麥粟大豆甘藷高粱以品種選種育種爲主并研求所應用之肥料及栽培方法（三）蔬類本地蔬菜外並植外國蔬類如甘藍蘆筍番茄日本南瓜甜菜蘿蔔之類（四）果木其品種多屬日本輸入產量尙佳品質優於本種（五）委托試驗農場有時受人民之委托作農事之試驗乙屬畜產者（一）乳牛接收時爲三十頭其後產生犢牛二十四頭選存良種二十六頭育牛目的在於改良種牛山東牛爲食役兼用之牛種體格矮小產乳甚少迭與和蘭種牛交配計至民國十三年已行至第四代第一代所產高四尺一寸每日產乳一百三十三兩第二代高四尺二寸五分產乳一百九十兩第三代高四尺二寸三分產乳二百七十三兩逐漸化爲純粹歐種（二）豖係以巴克夏種與本地種交配本地豖種色純黑發育緩肉量少巴克夏豖身黑而首尾四蹄則白交配之第二代所產已有半數與巴克夏種同色與曼氏遺傳律適相符合（三）綿羊我國羊毛長而粗產量亦少舊種每羊翦毛平均四十四兩而第一代之雜種平均得六十三兩毛質亦優（四）山羊現有薩納種牝牡各一爲產乳用山羊乳之功用不亞於牛而飼育則較易也（五）雞所飼種雞各有所長布拉廝種卵少肉豐來古杭種瘦小多卵年產二百以上名古屋柯慶種普利毛斯勞克種產卵既多體肉豐偉均爲東西洋選育之良種（六）牧草試植已有成績者爲紫花苜蓿及紅稍草果園草生育最佳又植牧草十數種試行輪流刈穫（七）飼料試以花生餅豆餅飼牛功效相等惟用之過多則產乳中之脂肪質過柔軟又飼猪養雞須攙用動物質則發育速而產卵多試用蝦皮結果良好其屬於推廣事項者（一）發行農業淺說每月兩期用以勸農增廣識見（二）舉行展覽會（三）調查農業狀況（四）交配種畜凡農民引牛羊來場配種每次收費牛一元羊豖五角自民國四年以後配牛已近千頭羊不足三百豖八十頭結果優良雞卵佳種亦售於鄉民爲種（五）改良種子精選麥棉佳種以鹽水或淡硫酸浸過廉價出售於鄉民農場之於膠澳農業其功不可沒矣所惜者研究化驗之設備泰少不能深求科學應用之於實際接收時原議創辦化學試驗所藉與農場相輔而行嗣以節費供軍因循未辦而自十四年以後農事試驗場竟爲畢庶澄之軍隊占居果木畜產備受蹂躪良可慨也

民國十三年膠澳農林事務所調查三十四戶之農民狀況以爲根據以攷其人口與地產之比例耕作物之收穫而得其平均數如下

己、民國十三年李村農業調查表

全家人口平均數	八·九八口	能作工人口占	三·五三口	不能作工人口占	五·四五口
全家共有農地畝數	五·四五畝	每人所占畝數	·六一畝		
耕作物品類平均數	三·九四種				
種穀平均每畝收穫量	八·〇五斗	其價值	五·六四元		
種麥平均每畝收穫量	五·九〇斗	其價值	六·〇二		
種甘藷平均每畝收穫量	一·四六二斤	其價值	一四·六二		
種豆平均每畝收穫量	七·五〇斗	其價值	八·七八		
種花生平均每畝收穫量	六〇〇斤	其價值	二八·四〇		
種高粱平均每畝收穫量	五·〇〇斗	其價值	七·〇〇		
種玉蜀黍平均每畝收穫量	六·〇〇斗	其價值	六·五〇		

以上七畝之總收穫價值　七六·九六元	每畝平均收穫價值　一〇·九九元
每家副產物收入之價值　一四·五〇	附記本表錄自農林特刊

膠澳農林事務所又於民國十三年陽歷十一月上旬卽陰歷十月上旬開農產展覽會一次事前召集各區長轉告農民預會陳列農民送列展覽之農產品計有八百七十三份分爲六十二種經事務所爲之品評計得奬者七十七人奬品一百零二份內計一等奬二十一份每份銅元二十吊文二等奬三十二份十吊文三等奬四十九份每份五吊文其品評之結果可注意者有四(一)賽品簡單偏於食料而工業原料之農產品則甚少計賽品八百七十三份內甘藷黍大豆小麥高粱五項共五百十三份占百分之五十八而蔬菜果品爲數殊少棉花菸葉之類僅有一份甘藷等類獲利甚薄而高價之棉菸種植較少者實亦由於土壤磽薄肥料不加之故(二)品種不良間有非常優美之賽品然一般觀察品種概屬不良如小麥概屬本地種麥粒小而稜量

微間有粒大質佳者其粒亦大小不齊麥色紅白參雜顯非純粹品種玉蜀黍蔬菜之類亦有同病(三)不善儲藏農民對於賽品之選擇優劣之標準不甚明瞭所選穀粒混雜砂土藁屑穀穗參差不齊間遭蟲嚙損其價值(四)預賽未能普及遠方來會陳列大都以李村附近二十里以內農民爲限遠方則甚少是知風氣之觀感未能汎及較遠之農村而交通之不便亦有以阻之其預賽產品之種類及得奬之村落表之如下

庚、農民賽品種類及份數表

甘藷	一四二份	玉蜀黍	一七份	圓蘿蔔	三
粟	九三	白高粱	一五	胡蘿蔔	三
小麥	九〇	大麥	一四	紅豆	三
黃豆	七七	蕎麥	一三	綠豆	三
紅高粱	四九	葵花	一三	芹菜	三
萊州蘿蔔	四九	黍	一二	茄子	三
花生	四五	柿子	一二	絞瓜	二
青豆	二二	梨	一二	茶豆	二
芋頭	一八	葫蘆	一二	瞞豆	二
馬鈴薯	一一	稷子	一〇	蓁豆	二
甘藍	六	北瓜	九	扁豆	二
日本蘿蔔	五	紅小豆	五	白合	一
刀豆	五	蘋果	五	黑豆	一
綠豆	八	芝蔴	八	四季豆	一
豌豆	八	大梨	四	葡萄	一
栗	四	山楂	四	獼葡萄	一
南瓜	七	黑高粱	四	油菜	一
椒	七	濰縣蘿蔔	四	蒜	一
芥菜	七	白菜	四	蓖蔴	一
蕪菁	六	莞荽	四	棉花	一
菸葉	一	劈藍	一	共計六十二種八百七十三份	

辛、農產展覽得奬村落表

李村	十六份	浮山所	四份	黃家下莊	二份
楊哥莊	九份	孫家下莊	四份	大村莊	一份
侯家莊	七份	吳家村	三份	十梅菴	一份
劉家韓哥莊	五份	書院村	三份	王家下河	一份
于家下河	五份	中韓哥莊	三份	九水	一份
下臧	五份	棗園	三份	下王埠莊	一份
文張村	五份	南曲	二份	孫家下河	一份
丹山	四份	韓哥莊	二份	登窰	一份
李村南莊	一份	上王埠莊	一份	鄭張村	一份
曲哥莊	一份	西韓哥莊	一份	洛圈澗	一份
樓山後	一份	西登窰	一份	劉家下莊	一份
張村	一份	小莊	一份	菴兒澗	一份
鄭町	一份	共計一百零二份		以上見農林特刊	

食貨志二　林業

膠即兩縣所產林木花草藥材之屬據即墨縣志所載木之屬有松柏檜椿梓楸梧桐樗榆槐柞楮桑柘楊柳棠黃楊白楊冬青西河柳皁角竹花之屬有梅桂蓮菊萱葵牡丹芍藥耐冬木蘭玉蘭木筆長春迎春探春荼蘼薔薇海棠合歡杜鵑玫瑰罌粟月季繡球木槿丁香木香山丹百合粉團金錢金盂珍珠芭蕉蠟梅天竹山茶石竹玉簪鳳仙鷄冠蔦蘿倒垂蓮秋海棠夾竹桃虞美人剪春羅西番蓮玉馬鞭小桃紅江西臘草之屬有書帶吉祥苜蓿蒲艾莎蒿葦蘆茅薺藥材之屬有茯苓黃精沙參升麻前胡柴胡澤瀉遠志細辛紅花紫草紫苑黃芩防風桔梗牽牛蒼朮葛根天虋冬藁本苦參大戟漏蘆地榆蛇牀南星麥冬車前貫衆草烏芫花海藻瞿麥栝蔞天花粉天麻郁李仁金銀花葳靈仙覆盆子元胡索益母草豨薟草龍膽草金線草紫蘇薄荷藿香半夏卷柏竹瀝王不留行石揀子青箱子夏枯草旋覆花白頭翁茴香五靈脂蛤粉海螵蛸牡礪石決明　膠州志載其木松柏樅原注音璁爾雅松葉柏身按即今刺松　檜原注集韻檜古活切音栝是檜即今栝松故孔氏禹貢栝柏注柏葉松身與檜同　桐原注有六種庭苑所植者梧桐也　槐楸原注說文梓也　楓原注欅雅枝善搖故字從風　椿原注禹貢作杶左傳作櫄說文作櫄一名櫄子曰香茶子暖胃　榆原注莢曰榆錢可蒸食其皮黏爲香必用之饑年民以爲食　楊柳原注其別種名欅　柞原注性堅韌中炭材　桑原注葉可飼蠶實曰葚皮可績爲紙　柘原注即壓桑蠶書柘葉飼蠶爲絲中琴瑟弦清響勝凡絲　楮原注說文穀也其皮可績爲布又可搗以爲紙　皁角樗原注俗曰炊樹曰臭椿實爲鳳眼草見隋杜公瞻編珠　檉原注俗名三川柳　檵原注幹直者中軍器拘者中農乂　其竹毛竹菉竹金鑲玉竹鳳尾竹其草荻原注即蒹也毛詩陸疏廣要蒹小而中實　葦原注即葭也陸疏廣要葭大而中虛　蓼原注所斬切蠶上聲葉細而科實荻之類也中笛薄隋書南郊神座皆用茁席今青州人謂之茁　茅原注其根相牽有節可醫咯血　蓼原注有數種一種名水紅　蒲原注蒲笋充蔬黃入藥葉爲席屨扇蓋　萍原注水草也葉面背俱青其四葉合成一葉如田字形者蘋也葉兩兩相對者藻也葉細如絲節節連生者蘊也　書帶草原注葉如韭花白實青根作鬚與麥門冬不同今到處有之　慈姑草原注生水田中似竅草而肥根曰地梨可以禦荒

附子苗原注花似牽牛根可食嘉慶時州飢北鄙之民掘附子苗以食　王蔧原注音歲俗呼掃帚　苜蓿海蓬原注葉長而圓可食以生斥鹵故名　茸草原注產北都即古都灤地利以覆屋一名蓼楷產西南山者曰山草質尤堅耐雨雪山居民皆用之　其他花草藥材膠志所記與即墨志略同蓋兩縣之氣候土宜相類惟即墨有嶗山山脈亙居其間平原較少而膠澳特甚故林木藥草亦視平原爲蕃衍也

膠澳林業德人嘗苦心經營十七年乃獲今日之結果其經過已詳沿革志在德人未蒞膠澳以前國人未嘗不植樹祇以土地制度不完善官既放任而人民不能自衛斧斤不時主客無別其次無科學專門之知識乏公共永久之觀念宜林之地而濫行開墾濫懇日增林木日減而山崩水患之事亦逐年而愈甚此又全國之通病也且膠澳之氣候春季少雨夏季多雨春少則樹木艱于發育夏多則土層易生罅裂以是民間植樹罕得成林僅於古廟墳園稍有樹木成長又或入山較深居民較少自然野生之林間有存者其由人工栽植者爲銀杏黑松扁柏檜落葉松樅杜松洋槐柳樹柳條（細柳枝條可編筐筥）中國白楊加奈大白楊朴樹香椿槐樹梧桐山楂栴檀漆樹李樹木槿靑桐

檉柳梨棗蘋菓梔子及竹其由自然野生者爲赤松抱榆皁莢合歡白膠樹山椒楓躑躅水蠟樹錦樹梣樹櫟樹接骨木木角豆此類之栽培存植僅供觀賞或資蔭蔽散植於岩石之間叢生於垣牆之側其克以天然之林相而形成森林者惟赤松一種而已見魯案月報

民林成績允推蔚竹庵爲最此外石門山登窰河源柳樹台等處亦間有小段落之造林嶗山之陽初則罕見林跡繼以德人之奬勵居民漸知森林之爲用零星種植亦自不少蓋地屬私有難於集合各自保護力不及遠其不能有大規模之經營者勢使然也蔚竹庵附近之松林多屬中國赤松面積約二千畝林齡多在二十年至百年之間而壯齡居其多數生長旺盛尚未達下降期其直徑之大者或達二尺其高度有達八十尺者跨白沙河支流以連接嶗山蔚兒鋪之官林其間民林樹齡多在二三十年左右生長暢茂較李村河流域之森林高出一等但其作業多不合法伐期尤欠適當栽植三十年前後其大者卽遭砍伐又以時行翦枝林相益疏受陽光之直射土壤日漸

干枯誠爲憾事由柳樹台至五龍山附近之森林亦屬優良以地當五龍澗之上流搬運維艱居民較少故林木易于維護也其樹齡平均在二十五年左右多屬赤松間植柞樹供飼野蠶大約松七而柞三也登窰河之上流茶澗附近之民林面積廣大東至嶗頂南毗石門之官林地勢傾斜甚急有達三十度之處全山概爲赤松林樹齡約在三四十年左右一町步平均千二百株乃至千五百株高者達六十餘尺此種松林皆由天然下種而成育者也嶗山之陽地沿海濱人烟稠密燃料愈缺故樹株難於成長然南窰附近有防沙林乃由地方共同經營全部概屬赤松由播種造林法而植成其面積約千二百畝樹齡同屬十二三年樹整林密成績頗優白沙河之中流老鴉鄉楊家村附近及張村河之中流龍口附近登窰附近均有民林植中國澤胡桃張村河李村河沿岸有民林植柳其地概屬洪水冲積之三角洲或沿岸之漲灘土壤肥沃而不適於耕種故用以造林藉防水患所植以澤胡桃之生長爲最良柳亦茂盛每年伐其枝條製成農具及筐筥供給市鄉使用白沙河源附近竹林頗多更南至明霞洞太淸宮則見廟宇附近恆有大面積之竹篁蔽日干霄頗形條暢

民林事業之較有組織者惟勞山森林公司初由卽墨人劉錫五發起于千九百零八年因集股不齊事業停頓越三年乃由同邑王作梅任經理依照股份有限公司章程集股五萬元計有股東二十餘名其事務所置於卽墨縣所有嶗山附近之已廢官牧場地在將軍槽附近屬卽墨縣境借予造林免收租費又買收少數民地所經營之林地面積計有四萬五千畝每畝按三百六十弓計所植樹木以松爲主楸柳次之此外有核桃二千株杏二千五百株桃一千株栗七百株然多屬五六年之稚樹惟松較長亦僅十四五齡上菴地方並設事務所置事務員八人任其管理目下每年僅二三百元之收入不敷支出十年後每年可望收入五六千元見李村要覽民國五年版

我國接收以後農林事務所亦嘗奬勵民林計十二年春由李村苗圃發放樹苗十三萬七千餘株其後迄於十三年又發放五十萬株分給鄉農造林不收苗價領苗之家共一百二十一戶報植之地爲五百十九畝其中多屬庭園塋地面積甚微其在十畝以上者僅棗園一戶報植十畝領苗二千候家莊一戶報植二十畝領苗一萬以上均屬黑松李家上流莊報植三十畝者一戶領洋槐苗十萬報植四十畝者三戶少者各領苗二十萬多者領苗二十萬概屬黑松報植六十畝者一戶領苗洋槐一萬黑松二萬報植二百畝者一戶領苗黑松十萬其數較巨然各戶領苗之株數與報植之面積比例至爲參差其無精確之計畫蓋可知矣見農林特刊

官林自德人租借後力爲經營先後十七年設定官林地三萬九千餘畝青島林業煥然改觀然自千九百十四年八月日德開釁德軍於青島海泊河之森林大施砍伐以資防禦復以砲彈炸毀不少官林之被害最鉅者青島林區約千四百畝海泊河林區約千一百畝黃草庵林區約四百畝丈兒山林區約八十畝臥狼齒山林區約四百畝德人又築臨時堡壘將防沙堤堰建築風車溫室一切林業設備盡行破壞以及貴重種苗溫室植物都遭此刼德人去而日人來秩序未復盜伐愈甚樵採所至火患隨之日軍雖有嚴禁終不能絕且日軍屯戍既多所需木炭甚衆乃弛伐木燒炭之禁准居

民自由燒炭不出旬日竈增十倍而山腹之雜木林河岸路傍之樹木戕伐殆盡迨軍事告終木炭需用暫減而濫伐仍未已翌年日軍又頻爲規定採伐私林之限制並定一般之森林管理禁令分設森林保護區五所每所置森林警長及華捕各一人晝夜巡視以防盜伐並注意風雨雹雪禽獸蟲菌之害以及境界標誌之保存又嘗招集居民演講造林之利益頒布苗種以廣民林之種植據十四年刊行之農林特刊載稱日人先後經營七年官有林新植七千三百九十四畝補植二千零八十六畝水源林新植一萬零一千三百零六畝補植二千九百五十八畝防沙造林計九百九十七畝並將德人所築堡壘地帶編入官林區內計四千零八十三畝日人對於水源林尤爲注意其劃定水源造林區域官民地共計面積十四萬五千餘畝其已造成者三千七百餘畝尚有十四萬二千餘畝預定自民國九年起十年以內完成預算九十八萬餘元繼續十年期成大業比及我國接收之際日人乘間開放先後解除官林計値三十七萬餘元又以土匪乘機竊發出沒於嶗山中日莠民遂起盜伐迭經農林事務所嚴爲防範捕獲犯禁日有數起嗣經編練林警四十名專司防護林務狀况漸見安全我國接收之際計有官林二十處大別之爲青島李村嶗山三區共爲三萬七千三百十八畝（日人解除面積業已除去）列表如左（以上據農林特刊及魯案月報）

（甲）我國接收官林面積表

森林名稱	面積	林區名稱	面積
青島官林	一〇·八五九·八五畝	海泊河官林	一·九二八·八一畝
黃草菴官林	七六七·五三	柳樹台官林	二八四·〇七
水清溝官林	一二·五五	北九水庵官林	二五〇·一六
閻家山官林	二〇六·一一	嶗山石門官林	二四一·〇六
丈兒山官林	二四四·五八	嶗山蔚兒鋪官林	一〇·五一九·一三
老鴉嶺官林	二四七·九〇	大福島官林	二三六·一八
臥狼齒山官林	二·一六一·八三	太平岬官林	一五三·二四
滄口樓山官林	二六九·九八	天黑山官林	二一八·七三
埜子樓山官林	一六〇·八九	舊砲台官林	一·九六二·六五
九水庵官林	三·三九七·九四	峪場子官林	三·一九五·三一
官林總計	三七·三一八·五〇	附記本表錄自農林特刊	

右述官林多由人工栽植而成其主要樹種以日本黑松中國赤松洋槐爲最多（按松性耐寒宜植山顚惟成長較緩且多脂易被火災洋槐不擇土亦易植而難枯成材較速昔年德人所植五齡之樹已堪供鑛山支柱之用又可燒炭成績良好其葉可飼牛羊其花可代茶葉爲用甚大）餘爲欅桐柳櫟槲檜櫻樅白檻赤楊厚朴柳杉青桐漆樹杞柳山櫻公孫樹澤胡桃中國赤楊中國白楊日本扁柏加拿大白楊等樹又向南山麓有淡竹苦竹黑竹及笹在赤松林中恆雜有栁樹橘樹洋槐林中雜有櫟樹赤楊林中雜有檜樹山巓部分屬天然下種之赤松林而稍加以人工山腹及麓多植日本黑松低地及溪谷之間則植洋槐赤楊李村區內則爲赤松林間有洋槐此類人工造林以青島爲中心而分向海泊河黃草庵閻家山水清溝柳樹台滄口嶗山方面而廣植之其由人工助成天然下種之造林爲九水庵北九水臥狼齒山（一部屬人工栽植）等處至於膠濟鉄道沿線及青島附近之人工造林德人植之較早其中針葉樹占百分之五十五林內有二三寸之被地物（落枝草皮之類掩蔽地面）足以保存溼氣除山巓之赤松林外概屬發育良好惟以栽植過密樹株交相壓迫林相欠整齊洋槐赤楊纖細如竹缺乏枝葉抵抗力弱此其弊也茲就青島官林中之主要林木舉其林相如左

（乙）青島官林生長狀態表

樹種	樹齡	平均直徑	平均高度	一町步株數	一町步之木材體積	備考
洋槐	五年	〇·八寸	一·八間	八·一二〇株	四〇·六〇石	植於平野或河岸之肥沃地者樹性強固
洋槐	一〇	一·五	二·七	六·六〇〇	一一二·二〇	

洋槐	一五	二·五	四·三	四·〇〇〇	二七二·〇〇	
洋槐	一八	三·二	六·五	三·一〇〇	四六八·一〇	
赤楊	五	〇·七	二·〇	九·六〇〇	四三·二〇	
赤楊	一〇	一·二	三·二	七·六〇〇	一二一·六〇	
赤楊	一五	二·三	五·〇	五·二〇〇	三七四·四〇	
赤楊	一八	三·二	七·〇	三·五〇〇	五一八·〇〇	多植於低溼地或河岸幼時之生長旺盛然樹幹之伸長點多被乾旱及嚴寒之害
黑松	五	〇·五	一·〇	一三·〇〇〇	一三·〇〇	
黑松	一〇	一·〇	一·五	一一·〇〇〇	五三·九〇	多植山脈傾斜地約占全林面積百分之三十五
黑松	一五	一·五	二·〇	八·四〇〇	一〇九·二〇	
黑松	一五	一·八	三·〇	六·八〇〇	一七〇·〇〇	
中國赤松	一〇	一·〇	一·二	一二·〇〇〇	四五·六〇	
中國赤松	一五	一·五	一·五	七·八〇〇	七四·九〇	多植於山巔由天然下種而生長者林相甚不良
中國赤松	一八	二·〇	一·八	六·五〇〇	一一〇·五〇	
落葉松	五	〇·六	一·二	九·五〇〇	一五·二〇	概植於平原之肥沃地幼時成長旺盛冬期多被乾旱及嚴寒之害
落葉松	一〇	一·二	二·五	七·六〇〇	九八·八〇	
落葉松	一五	一·八	三·三	六·八〇〇	二三八·〇〇	
落葉松	一八	二·〇	三·五	六·五〇〇	二七九·五〇	

李村區內之森林由人工栽植而著有成效者爲閻家山柳樹台官林二處閻家山當李村河張村河匯流地點有小面積之平地林概屬洋槐樹齡在十四年左右爲培養水源而栽植者柳樹台之森林乃爲該處療養院及別墅之衛生風景而栽植者（療養院自德人退去後即廢）洋槐黑松相間並茂至其他之官林其林相不佳與民林等蓋德人植林以青島林區爲先李村嶗山道遠人少不敷分布大都委托居民使任保護而酬以林產之一部或則貸以官林附屬地使之耕種以爲酬勞所有苗木雖亦成長然因居民濫取殖枝落葉掘絕草根有礙于新種之發芽甚且盜伐中飽故林相稀疏就中丈兒山老鴉嶺兩處官林本屬壯齡之松林成長較良中被戕伐甚可惋惜（以上據魯案月報）我國接收而後十二三兩年雖未能按照德日人原有計畫積力擴充尚堪補偏救弊維持現狀計十二年造林二百二十八畝增植柏類二萬餘株補植黑松十一萬株播種橡子六萬穴十三年造林一千零九十一畝增補植黑松洋槐十二萬餘株播種橡子二十一萬穴兩年之中先後發放樹苗六十四萬株分贈鄉民造林又設林內義務小學刊行林業淺說期以啓發鄉民漸求造林之普及詎意十四年以後軍匪橫行公然盜伐加以火患蟲災迭受損害僅可維持現狀而已茲將十二三兩年造林育苗情形分列各表如下

(丙)接收後第一年造林表

地點	面積	樹種	株數	備攷
太平山	六七·〇〇畝	黑松	一二·〇〇〇株	被盜伐及火災之風景林補植苗高四尺至五尺
南海沿岸	八四·〇〇	同上	九七·〇〇〇	情形同前苗木較小
樹木園北部	一·二〇	側柏	五〇〇	新修築之防砂林苗高一尺五寸斜面地段均以草皮培壅以防山水冲刷
柳樹台	四四·四〇	柳杉 日本扁柏	二〇·九一〇	水源造林
王子澗南山	四·〇〇	赤松	一·九二〇	同上
蔚兒鋪	一二八·〇〇	橡子	六一·四四〇穴	新播種造成之水源造林每穴播橡子五粒
共計	二二八·六〇		一三二·三三〇株 六一·四四〇穴	

(丁)接收後第二年造林表

地點	面積	樹種	株數	備攷
青島山	九·〇〇畝	黑松	五·七七〇株	防砂造林
太平山	七七·〇〇	黑松洋槐	七〇·四三四	被火災及蟲害之風景林補植
會姓岬	三·〇〇	黑松洋槐	二·六〇〇	同上
第一公園附近	九·〇〇	黃金樹 黑松	六·七七〇	防砂造林
西山路及太平山路兩旁	六·五〇	黑松	三·〇六三	防砂造林並於傾斜急處以石分級築造密植扶芳籐以防冲壞

九水庵	八六·三三	洋槐	三四·五〇〇	水源造林
九水庵	五六七·〇〇	橡子	一二八·九〇〇穴	水源播種造林
蔚兒鋪	三六四·〇〇	橡子		同上
共計	一〇九一·八三		一二三·一三七株 一二八·九〇〇穴	

附記 以上兩表錄自農林特刊

膠澳官設苗圃凡分三處台東鎮苗圃面積一百零七畝供給官林造林及市街行道樹用苗李村苗圃面積九十九畝供給民林及官林造林用苗嶗山苗圃面積三十五畝供給水源林用苗茲將育成苗木分別列表如下

(戊)台東鎮苗圃苗木表

種類	年齡	高度	株數
短葉松	二年生	四寸	二二·六八〇
黑松	二年生	六寸	二〇〇·二〇〇
黑松	三年生	九寸	一〇四·六一〇
黑松	四年生	一尺六寸	九四·五〇〇
赤松	二年生	四寸	一五八·八六〇
赤松	三年生	一尺二寸	一七·六二〇
赤松	四年生	一尺四寸	二六四·五〇〇
欅樹	三年生	三尺五寸	三七·八四〇
黃金樹	二年生	三尺五寸	六九·三〇〇
梓樹	二年生	二尺六寸	一二〇·〇〇〇
楓楊	三年生	三尺六寸	三·二四〇
側柏	二年生	九寸	八九·四四〇
側柏	四年生	三尺四寸	九五·八三〇
柳杉	二年生	三寸	七·二〇〇
日本扁柏	五年生	二尺八寸	四一〇
法國梧桐	八年生	九尺	三·七九〇
無刺槐	六年生	四尺	一·〇〇〇
梧桐	八年生	七尺	三·九九〇
山楸	六年生	七尺	二·二〇〇
刺槐	六年生	九尺	一·三〇〇
白欖	五年生	八尺	三·六〇〇
公孫樹	八年生	五尺	五五〇
白楊	九年生	九尺	五七六
樗	五年生	六尺	二·八〇〇
合計			一·三一六·三〇〇

(己)李村苗圃苗木表

種類	年齡	高度	株數
刺槐	一年生	二尺	一八八
刺槐	二年生	三尺	三·六八〇
刺槐	五年生	六尺	八四
刺槐	六年生	七尺	四七五
黑松	五年生	二尺五寸	五二·七三四
赤松	二年生	八寸	二九·四〇〇
赤松	五年生	二尺	二九·三九〇
側柏	二年生	八寸	一二·六〇〇
側柏	五年生	二尺五寸	五·〇九七
側柏	六年生	三尺	六·二三一
掃帚柏	五年生	一尺	二·四二三
黃金樹	三年生	五尺	一·五六二
柞樹	四年生	三尺	五·二六八
法國梧桐	一年生	二尺	一八八
栗	四年生	五尺	二二〇
共計			一四九·五四〇

(庚)嶗山區苗圃苗木表

種類	年齡	高度	株數
黑松	二年生	八寸	九·六〇〇
赤松	一年生	三寸	五七·一〇〇

赤松	二年生	七寸	一六二,四〇〇
赤松	三年生	一尺	二四,四〇〇
柳杉	四年生	一尺七寸	一五,六〇〇
側柏	三年生	一尺三寸	一五,三〇〇
刺槐	一年生	一尺	二一一,二〇〇
三角楓	一年生	五尺五寸	一二,二〇〇
合計			五〇七,八〇〇

膠澳區之林木及果樹等植物害蟲特多據德國記錄所載當千九百年頃即有松毛蟲松蛀蟲松實蜂地蟲穿孔蟲櫟毛蟲之類逐漸發生德人歷年設法捕獲收買並迭由外埠運多數之益鳥縱之山野以助除蟲之用顧以林木既欠發達鳥之孳育不繁頻年以來害蟲依然猖獗日德戰後保護廢弛四年冬令氣候溫暖異常故五年之害蟲更甚林木被害頗多而赤松尤烈五六兩年日人於官有林內所捕害蟲計達一億四千萬頭捕獲收買共費五千七百餘圓我國接收後十二年捕松毛蟲二千六百餘萬頭松毛蟲繭九十四萬翌年捕蟲六百七十萬捕繭五十四萬顧官林之蟲雖除民

林之蟲未去不久仍復蔓延害蟲之最多者爲松毛蟲椿橡虫松實蜂等松實蜂多寄生於赤松黑松及一切松類由新芽吸取樹液以致枯槁椿橡虫多寄生於洋槐及櫟樹之枝幹而蝕害其外皮雖加害之程度較輕而受害之範圍甚廣爲害最烈者爲松毛蟲專寄生於赤松民國二年太平山山腹之天然赤松林發生松毛蟲二百餘畝之林木全部因此枯槁至死四年海泊河森林之一部葉被蠶食殆盡樹亦枯死

當我國接收之際共有官林三萬七千餘畝日人估値二百三十餘萬元其中壯齡之樹概屬德人所植顧德人自千九百年至千九百十四年先後所用林業經費一百五十三萬馬克其中薪俸所需僅得二十三萬三千馬克約占全數百分之十五其餘八十五分概屬事業費故成績優美而千九百十一年官林收入五萬馬克以後三年每年六萬馬克我國接收之後農林經費屢經減削然十二年度預算列八萬四千餘元俸給辦公雜支即佔五萬八千元造林樹藝僅得二萬三千餘元俸給所需倍於事業十三十四兩年列五萬六千餘元造林經費不足一萬其餘概屬俸給辦公十六年總數稍增比例如故此又不僅農林爲然矣茲錄千九百十三年度德人之林業經費預算如左

(辛)千九百十三年度林業費用預算表

		馬克
甲	樹木園費(由含果樹園及其他樹木養成費)	二四,五七〇
一	苗圃地耕作費	一〇,〇〇〇
二	果樹及庭園培植費	二,九〇〇
三	引水費	六〇〇
四	廏肥及人造肥料費	三,〇〇〇
五	購買種苗費	五,〇〇〇
六	包裝植物材料費	五六〇
七	植物搬運及關稅費	
八	新設公園膠撫官邸公園海水浴場公園之培植費	一,三〇〇
九	臨時費	四二〇
乙	林區事業費	
一	驅除害蟲及保護整理林地費	七,八〇〇
二	新闢林道及修繕費	三,〇〇〇
三	堤塘及貯水池等之維持費	三〇〇
四	造林試驗費	五〇〇
五	林產物處理費	一,三〇〇
丙	乘馬補助金(林務署長使用二匹每匹一百馬克)	二〇〇
丁	乘馬飼養費	七三二
戊	雜費	四,三五〇
一	自行車修繕及紙筆書報等費	七五〇
二	對於林區內天然動植物之保護費	二〇〇

三　僕役工資　一·二〇〇
四　林業用小屋溫室維持費及事業材料用品費　二·六〇〇
五　守衛兵薪資　六〇〇
六　通信費　四八八
以上經常費共（尚有林務署長及林務員等之薪俸共支二萬三千二百馬克另列預算）　三九·一〇〇
一　已經造林地之撫育費　五·〇〇〇
二　官有林地新植費　七·〇〇〇
三　頒發李村住民造林用及果樹苗種費　三·〇〇〇
四　補植費　八〇〇
五　李村區內森林警察（華警）費　八四〇
六　李村區內森林防火看守人之僱傭費　三六〇
以上臨時費共　一七·三〇〇

飲水爲青島市之一大問題故水源造林實爲全埠要務之一日人繼續德人之後開闢白沙河之水源地畫定水源林區域計官民地面積十四萬五千餘畝其已造成者三千七百餘畝未造者尚有十四萬二千餘畝日人原有十年完成之計畫由民國九年起支出經費一萬七千餘元逐年遞增迨十三年以後每年十二三萬元共計九十五萬內以五十三萬爲造林費二十三萬爲養苗費十二萬爲民地賠償費四萬爲管理費五萬爲調查費綜計海泊河水源林三千一百餘畝擬於十一年造成李村張村兩河水源林二萬餘畝自十年至十二年分爲三年造成白沙河水源林十一萬八千餘畝分爲十年造成其造林方法分植苗播種二項每畝植樹以二百株爲準植苗掘穴一尺五寸立方每人工以掘穴五十爲準播種掘穴一尺五寸平方深一尺每人工以掘穴一百爲準植苗工以每人種植二百株爲準播種工以每人三百穴爲準工資每工二角五分計九年白沙河造五千五百畝種植黑松洋槐苗木九十萬株黑松種子五十斗櫟樹種子四百斗十年李村張村兩河造林一千六百畝種植黑松洋槐苗木三十萬株黑松種子二十斗櫟樹種子四百斗白沙河造林四千畝種植黑松等林木六十萬株馬尾松種子一百三十斗櫟樹種子四百六十斗黑松種子六十斗十一年李村張村兩河造林七百畝種植黑松洋槐苗木七十五萬株黑松赤松種子各四十六斗櫟樹種子一百七十斗海泊河造林三千一百畝種植黑松等苗木三十萬株黑松種子十七斗櫟樹種子三十四斗十二年李村張村兩河造林一萬三千畝種植黑松等苗木四百萬株黑松種子十七斗櫟樹種子三百斗十三年以後每年於白沙河造林一萬八千畝種植黑松等苗木五百四十萬株黑松種子二百五十斗櫟樹種子四千五百斗前後十年共需苗木二千五百五十萬株共需占用民地十三萬畝應行編入水源造林之區域以內此項民有林之採伐剪枝取草均應規訂一定之限制故每畝平均給以銀元三角之賠償費以三年爲度關於培苗播種植樹養草每年皆有詳密之預算我國收回之後農林事務所亦嘗訂十年造林計畫議以北九水嶗山爲第一區烏衣巷爲第二區東流水山陰爲第三區東流水山陽爲第四區龍口南山

爲第五區原擬每二年經營一區由第一區至第五區預期十年依次造完惜頻年多故迄未見諸實行也

食貨志三　漁業

我國兩大漁區南屬浙洋北卽黃海膠州灣漁業屬於黃海漁區之一部分其海岸線富於曲折且包有內灣外海島嶼羅列距岸縱達五十海里而遙水深猶在二十五尋以下故春秋二季各類魚羣游息甚夥或來求餌或爲產卵惟概屬近海魚族鮪鰹之屬殊不多覯蓋距暖潮較遠冬季不適於溫帶水族之棲息黃渤之間大致相類也魚羣來去視水溫爲轉移春暖則由南而北向沿岸而來集秋涼則自北而南循大洋以南徙故黃渤間之漁場亦視此爲伸縮近海重要魚族之行漁期列表如左

甲　行漁季候表

魚類＼月份	一月	二月	三月	四月	五月	六月	七月	八月	九月	十月	十一月	十二月

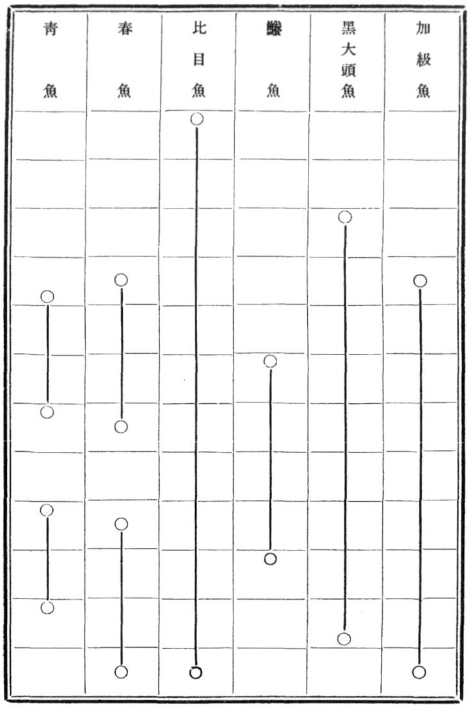

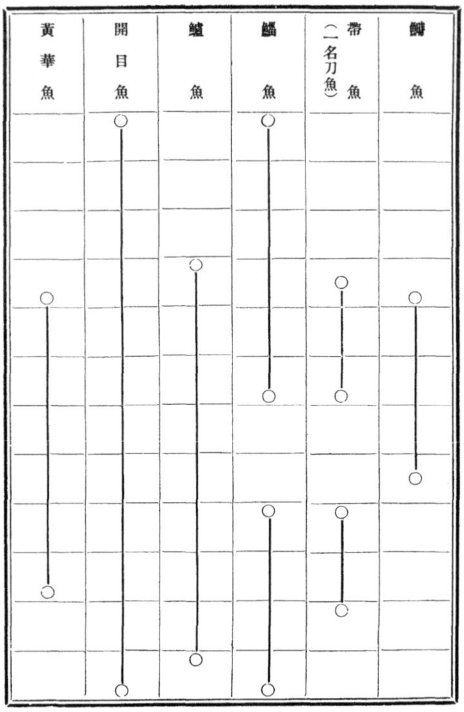

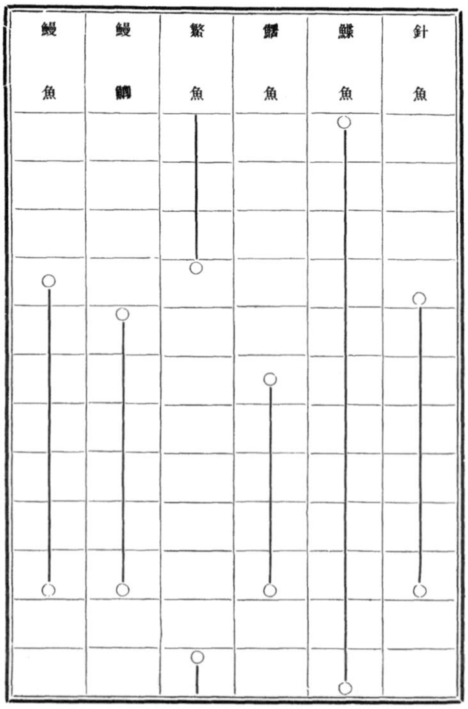

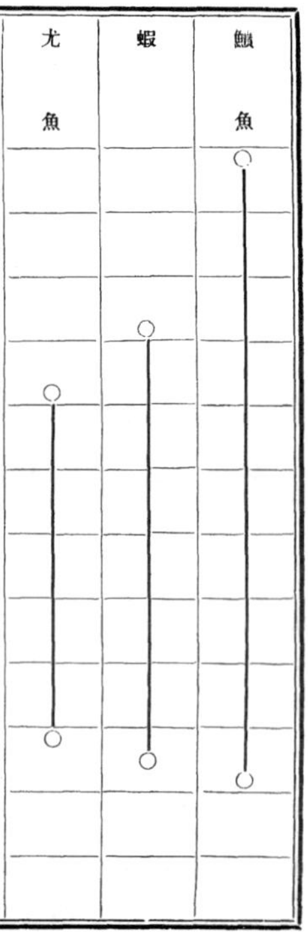

附記

表中之○所以表示月及旬之起迄例如加級魚自四月中旬至十二月中旬爲漁期黑大頭魚自三月上旬至十一月下旬爲漁期餘類推其季候以陰歷爲準

右表以外更有烏魚沙丁魚白魚鯛魚鰹魚鮑魚鰺魚金頭魚以及海參牡蠣蛤利螺貝蟹之類亦甚豐富鯨魚海豚海豹大洋中亦時見之以上見魯案月報青島之漁業調查昔管仲相齊以魚鹽之利致富强齊魯人之講求漁業由來已久惜後世墨守古法不能獲世界之新知相與俱進以致利棄於海而爲外人所攫占又不僅漁業一事爲然

矣山東漁業北匯烟台南聚青島烟台往年曾組漁業公司企畫遠洋行漁未見成効

膠澳漁區內灣以陰島爲根據外海以沙子口爲集匯膠州灣內水淺多灘魚之種類及食味亦不如外海之豐美大都屬航船（舢板）之兼業其行漁期約分春秋兩汛春汛在陰歷三月中旬至五月中旬以投網爲主秋汛在陰歷六月下旬至九月上旬以曳網爲主介貝之屬則沿海隨時可採尤以女姑雙埠一帶爲富潮退時濱海婦孺卽往採取惟冬令較少耳外海漁區以沙子口姜哥莊爲中心東越八仙墩而達千里島南抵搭連島水靈山島近則沿岸遠或相距六七十海里洋遠水深魚類較富漁期亦分兩汛春汛自正月中旬至五月中旬而以四月爲最秋汛自九月上旬至十二月下旬而以九月爲多春多用網秋多用釣春汛之末期大舟輒逐魚羣而向海州漁竣乃返返則以販運水菓爲事據日人於民國四年調查陰島方面有漁船三百三十艘漁夫一千三百餘名漁獲物值二萬五千元沙子口方面有漁船及筏三百艘漁夫一千二百餘名漁獲物值十萬元（以上見李村要覽）又據本埠警察廳十五年度調查本區有漁船

一千四百餘艘漁夫一萬一千人漁獲物二百萬斤而漁航局調查則謂本區漁船一千五百餘艘每艘漁夫二人至五人漁獲物二千五百餘萬斤值一百廿五萬元中日居半出口魚蝦千餘萬斤（見葉春墀山東漁航調查錄）魯案月報所載漁業調查又稱本區有漁船一千七百餘艘漁筏三百漁夫八千餘人漁獲物值六七十萬元日人在外又查往年之膠濟路統計年報由鐵路運往內地魚類六七八等年均在五千噸以上九年則增至八千五百噸與漁航局所記出口之數相近又查青島水產組合中國漁業加入者民國六年九千二百人七年八千六百人魯案調查根據於此與警察廳調查表所列人數亦不甚相遠也

我國漁業所用網具有圓網袖網流網曳網及雜魚繩釣之別（一）圓網以捕帶魚爲主長八十尺豎五十尺網目正方約一寸六七分上繫浮標下墜以石每一潮汐可下網一二十次此種漁船及筏約有一千三百艘根據地以靈口爲最盛沙子口姜哥莊浮山所次之漁場在水靈山竹岔島大公島小公島近海一帶水深約十三四尋漁期自二月下旬至五月中旬每船所獲約值三百元（二）袖網以捕蝦及雜魚爲主長五十四尺豎十八尺網目正方一寸五分網之腹部其目漸小下附網囊形如衣袖四角撐之以竹安置海中常使囊口承受潮流魚入囊中卽不得出一船可置二十餘網每日舉網一次本區約有一千三百餘網沿海一帶用者殊夥漁場在沙子口大麥島之間距岸約三四海里水深十尋內外海底概屬泥質便于置網漁期自陰歷二月上旬至六月上旬每船所獲約值四五百元（三）流網以捕春魚青魚鰆魚爲主網長八十餘尺豎三十尺下繫浮標下墜以瓦網目正方一寸二分今晚投網翌朝舉網用流網之漁船本區約有二百八十餘艘漁場在塔連島大公島水靈山附近一帶漁期自陰歷三月中旬至五月中旬每艘所獲約值五百元（四）曳網大者浮標長約二百尋以捕春魚鰈魚爲主小者不及五十尋以捕筋魚鱵魚爲主漁期自陰歷三月下旬至五月下旬間或續至十一月中旬每艘所獲約值二百元（見魯案善後月報及李村要覽）

以上爲中國漁業情形至於日本漁人自民國三年從日軍以俱來羼入我國漁場分

潤其利五年復在海州附近發見加級魚之大漁場八年日官給與補助金俾造腹寬一丈之大型漁船七艘于是南至海州北至成山皆屬日本漁人活動之範圍矣日人來此從事漁業大都春至秋還船具則由水產組合代爲保管民國四五六等年船數由一百零八增至一百三十餘艘七年又減爲九十三人數則五年最多爲五百六十一人七年減至四百四十人（見魯案善後日報）然據十四年十月一日駐青呂本總領事館之調查居留本埠之日人以漁撈海藻爲業者四十九人漁業勞働者三百零九人（見是年出版之青島概觀）本年修志時專員調查現有日本漁船三十四艘內計大型帆船三十艘小型摩托船四艘漁夫約三百名常駐青島終年從事漁業別有外埠漁輪逢漁期盛時駛來行漁少時六七艘多則十數艘每年日人售出魚價約三十餘萬元本埠銷十之六七膠濟沿路銷其三四更或駛往大連銷售其數不詳

日人採魚有繩釣打網升網流網及用潛水器之別繩釣有單數複數之別單數者日人謂之一棒釣每繩一鉤複數者日人謂之筵釣每繩四五十鉤以細繩結于總網如

綸之有經每船可下二三十鉤繩更番起落每繩四五十鉤獲魚恆在半數以上釣亦因無而別(一)加級魚之繩釣春季大船(腹寬七尺以上)向海州捕漁小船(六尺五寸以下)則出沒於水靈山大公島附近夏季範圍較廣秋季則在塔連島千里島一帶秋後十一二月則僅有八尺五寸以上之船於塔連島南方相距一百海里之處從事漁業加級魚在本區漁業中占重要之地位其漁期以五月十日爲始而海州則較早以四月二十一日爲初期七尺以下之船至十月上旬卽行停漁腹寬九尺以上之大船用船夫三名至九名每年所獲豐者可至七千元小型船亦可獲二千元(二)鱵魚之釣魚業以台西鎮沙子口爲根據地自民國四年由日本大分縣來十八艘由大連來十艘其後每年有十數艘來去夏季加級魚少則捕鱵入秋鱵羣散去更捕加級魚當漁期之始以大公島水靈山沙子口嶗山灣爲漁場漁期盛時則千里島附近爲最漁之終期亦有遠趨石島(在嶗山灣)或在塔連島南方以行漁者每艘所獲約七百元至一千三百元鱵之爲用最廣其鰭晒乾爲魚翅其骨可製器皿其肉鹽干供食皮可熬膠或製肉

翅肝可熬油以之製燭(三)升網民國四年有五十餘網其後逐年減少蓋升網是處可用而使用之期間較短宜於土著之兼業而不宜於遠航之漁家其漁期春汛自四月中旬至七月上旬秋汛自九月下旬至十月下旬七八月間有海蜇羣之來游不能下網每網所獲視漁場之優劣而異大約八十元至百四十元(四)打瀨網民國四年有日本廣島來之漁船四艘其漁場限于灣內漁期自四月上旬至六月下旬以捕取比目魚及鯿魚爲主每期所獲約四百元(五)春魚流網此類先只有我國人經營民國五年由日本香川招來漁戶試漁所獲倍於國人乃供過於求價格暴落尾重二斤之魚僅售二角其漁場春汛在水靈山大公島期末則移向海州秋汛在塔連島長門岩其漁期春自四月下旬至六月中旬秋自九月下旬致十二月上旬每船所獲約值九百元(六)鰵魚繩釣取鰵多在冬令日本漁人漁期竣事則還本國其留此者亦無所事民國五年日軍民署乃選成績素優之大船五艘發給試驗費令在塔連島以至石島(殆指嶗山灣之石島)試漁結果優良每艘平均獲五百二十元自是從事釣鰵者日多日人

又給以補助金六年遂增至二十二艘其漁期自十二月下旬至翌年三月下旬其漁場在塔連島腰島岬(卽八仙墩)及千里島三角形之間石島之南偏東二十五海里以至三十海里之間爲捕鰵最優之場所(七)潛水器初爲掃海探物之用繼則從事捕取鮑魚海參初有十餘隻嗣後日減其漁期鮑魚終年可捕海參自十二月下旬至翌年三月中旬每船約獲一千八百元用潛水器者每陷於濫捕無度之弊故往年日軍民署嘗設限制六艘爲度(八)採藻業民國五年日人荒川四郎由朝鮮濟州島招來蜑戶百餘名來膠采取石花菜北至嶗山灣南至日照沿岸嗣以資勞之間自起風潮歸於失敗然據十四年駐青日本總領事館之所調查漁撈採藻一業是年尚有四十九人惟其間一部改以收買販運爲務耳見魯案善後月報

本區漁業悉以捕取天生之魚介爲事至於人工養殖其事甚稀昔年有人於女姑口租灘養蟶國人近年亦間有從事於此者然天惠既豐不需資本養殖事業難期發展而捕取介類又不以時若不加以保護則竹蟶牡蠣之屬藩殖日微因少數之採取無

節而絕一方之利源誠可惜也

本埠漁業團體名曰青島水產組合民國五年二月成立由日軍司令部頒定青島水產組合規則并補助建築費銀四千五百元自建事務所其事業則以共同販賣相互救濟爲務有附設之魚市場初由日人中正正樹等集股承辦嗣以漁人與經紀人意見衝突信用中墜乃歸組合從新整理其後原辦日人又組織山東水產株式會社重行收囘仍無結果乃由日軍司令部津貼以二萬元而解散之其資產則歸組合買收乃減輕手數料免除漁船給水費及一成費成績尙優並集股四萬元附設金融組合經理組合之收支及同業之借貸墊款等事魚市場交易習慣係特定經紀人凡運往市場魚類由其運往先後順次拍賣拍定後卽將拍賣單交付賣主持往金融組合支取貨款其拍賣手數料卽於貨款中扣出手數料之率按照賣價鮮魚取百分之十水產製造品取百分之四所收手數料按十一成半劈分魚市場得四成金融組合得三成經紀囘佣水產公會輸入鮮魚貨之囘佣各一成五此外尙有一成費名目業已取

消（見前）據民國五六七等年調查每年在魚市場經手販賣之額恆十七八萬元由日本輸入魚類占五六萬元其餘多屬日人在青漁獲之販賣國人販賣五年爲四萬七千元六年三萬一千元七年一萬一千元蓋組合名爲中日合組實則專供日人之便利我國漁業加入人數雖多而獲享其利益甚少故十三年又另由本國漁業另組水產公會嗣以經辦之人不得其法竟以虧累自行取消又有漁航聯合會亦屬有名無實羣之構造訓練太缺此又不獨漁業爲然矣至於官廳方面對於漁業熊炳琦督辦時代訂有暫行取締漁業規則規定領照換照及繳納照費各辦法但迄未舉行十四年六月間復訂有征收漁稅暫行規則十條因時當捕魚期間爲時甚迫乃交由漁區各區村長地保代爲經收趙琪總辦接事以來以事涉瑣碎且省政府已另設漁航專局歸并統一故旋卽取消惟查漁航船捐在十三年間初由沿海厘金局代收全年約四萬元其後設立專局征收牌照并無報銷清册結果將局長高彤墀押追含糊了結繼由畢庶澄之海疆司令部自行管理原定比較三十一萬六千餘元十五六兩年

收入數目無册可稽其後漁航局仍隸財政廳全省計分十三區每年漁航兩捐可收十萬元各分局開支而外所餘無幾十六年沈鴻烈任渤海艦隊司令慨然以保護漁業維持海權爲己任對於越界捕魚之外人尙能實力干涉又嘗召集漁業會議講求自衞之道派定專務軍艦爲保護漁航之用黃渤之間分爲四區滄洲島以南至海州附近爲第一區派楚豫海燕兩艦滄州島以北至成山頭一帶爲第二區派威海海鶴兩艦自成山頭至黃縣招遠交界處爲第三區派定海江利鎭海三艦自黃招兩縣交界處至大口河口以北附近海面爲第四區派永翔海駿兩艦注重時日在陽歷四五六月之間保護漁業治安取締汽船强買三四兩區并阻入外籍漁船攔入領海又議本國漁船由渤海艦隊司令部發給旗燈俾便保護漁業精神爲之一振惜爲日無多全功未竟尙有待於來者之繼起也

食貨志四　鹽業

史記稱太公望至國修政因其俗簡其禮通工商之業便魚鹽之利而人民多歸齊蓋工商魚鹽之利齊之所固有也太公因而利之而已管仲相齊官山府海計口授食伐菹薪煑水爲鹽徵而集之十月始徵至於正月成鹽三萬六千鍾是爲我國鹽法之嚆矢膠澳鹽政舊隸石河場宋以前不可考矣宋史載李全之兄福與張林爭市舶征榷之利有六鹽場石河卽其一也山東鹽法志載石河場坐落膠州所屬膠州灘場十一副鹽鍋四十三面卽墨縣灘場十五副草蕩四處鹽鍋九十三面萊陽縣灘場二副草蕩四處鹽鍋二十一面海陽縣灘場十二副草蕩二十四處鹽鍋五十四面共二百一十一面每面徵銀一錢石河場原額竈丁六百八十八丁裁併行村場竈丁六百二十六丁又新增竈丁三十七丁丁銀一半攤入州縣地畝徵收一半按丁均徵石河場配運額票一萬一百三十三張每歲應配鹽二百二十七萬九千九百二十五斤康熙間登萊靑參議道丁蕙奏歸里甲徵一稅自是昌濰以東不食官鹽又有黑扒（鹽戶謂入水取鹽爲扒亦作把說文手部捾把也從手音聲戶溝切）鹽票名目嗣以有名無實亦於嘉慶年裁撤（見膠州志及山東鹽法志）登萊所屬沿海十八縣引岸既廢原有鹽課攤入各

縣丁粮併徵而原有竈丁執業亦較爲自由中經變更漸廢故業製鹽之法有晒與煎之別宋史食貨志載墾地爲畦引池水沃之謂之種鹽水耗則鹽成山東鹽法志載永利利國豐民豐國四場距海稍近鹽曬於池其形顆永阜新鎭王家岡甯海四場距海不啻六七十里而遠鹽熬於盤其形散膠州志物產志載向有晒鹽今惟煎鹽是書撰於道光年間是知膠澳一帶原有晒鹽之法其後改晒爲煎乃煎鹽利薄漸受自然之淘汰迨千九百零八年有蕭廷蕃者由金口習得晒鹽之法囘膠試辦是爲近年開灘晒鹽之始迄今膠澳鹽工恆向海陽招聘蓋開灘晒鹽海陽實開風氣之先海陽卽鹽法志之甯海也今昔陵谷變遷而煎晒之法亦因之而異民國初元膠澳鹽灘日形發展陰島周圍已有鹽灘斗子九百餘副年產鹽六七十萬担多數運銷朝鮮香港海參崴千九百十年出口至四百六十萬担平均價格每噸五元乃至十元嗣值日德戰事發生膠澳百業停頓又値洪水爲災間以海嘯鹽灘中毀無算家計較裕者修理恢復無力者則不得已而抛棄故業或利用農事漁事之餘暇兼製鹽業藉資彌補而已

（見魯案月報鹽場特刊及日人著之膠州灣）

膠澳鹽業近年之發展與其衰落其原因皆繫於日本歐戰期內日本工業擴充需鹽驟增昔年需鹽一千萬担内外至是增至一千六七百萬担日本政府雖廣設精鹽工廠應用新法改良民食然原鹽取之民間而民間則仍循用中國煎鹽古法產量少而工本巨每年總額不越一千萬担其不足額則賴青島鹽金州鹽（日人稱爲關東州鹽）台灣鹽安南鹽以供給之朝鮮每年需鹽四百萬担而當地鹽產僅得半額亦賴石島青島金州爲之補助山東之鹽本以王官石島爲兩大產區東綱配鹽取自王官場石島鹽祇供登屬食用所餘則以漁鹽名義運銷朝鮮之仁川釜山元山等埠民國元年五月黃海岸有風雨山東及朝鮮鹽均歉收韓民淡食日人葛城猪之助乃來青島購鹽八萬担運銷仁川釜山是爲青鹽銷韓之始其後朝鮮鹽業日闢需鹽愈多加以樺太廳（即庫頁島）所需漁鹽二百萬担日本全國求過於供之額總計一千萬担民國七八年又値日本鹽荒于是日人竭力開闢膠澳鹽灘及精鹽工廠八年之中新增製鹽工廠十九處未竣工者六處鹽灘斗子已竣工者一千三百八十副未竣工者一千三百四十二副而我國人舊有鹽灘截至我國接收之日爲止亦推廣至一千零七十一副每副斗子面積廣者可三十畝狹者減三之一民國七年度輸出三百七十餘萬担八年度輸出四百四十餘萬担九年度輸出三百九十餘萬担十年度輸出三百二十餘萬担是時鹽價平均每噸六七元有時高至十一二元儼然爲膠澳區之大宗貿易其輸出之權往日本者全操於日人之手輸出朝鮮之鹽則中日人共操之往香港海參崴者則歸我國商人所掌握當時本埠之中日鹽商有二十餘家贏利頗厚而製鹽之戶亦稱小康（見日人所著之青島鹽）

膠澳鹽業與各省區之習慣制度大相懸殊各省區屬商運官銷產銷數量販運價値均經官定膠澳則民運民銷製販自由並無限制各省區引岸配鹽畫定畛域行之有道則計口授食產銷適合折衷定價商民兩宜行之無道則竈困於商商困於私官商交征利以困民而私銷愈暢故爲鹽商者時或起家巨萬時則貧無立錐棄業廢引紛紛也膠澳反是既無引岸營業自由販運買賣與百貨等銷路若暢則價高利厚商竈交榮一旦滯消則供過於求亦必交困況膠澳產鹽以銷日本朝鮮爲主次則香港海參崴往年雖有少數私販侵銷於鐵路沿線民國七八年我國迭向日軍交涉禁阻雖不能絕爲數蓋寡本區民食更屬有限我國收回之後又禁運海參崴香港兩埠之鹽於是膠澳鹽業之生死榮枯完全操於日本人之手而其得失之樞紐乃繫於政府之交涉我政府知其然也故華府會議訂收回日人鹽場供給日人食鹽之約卽議歸華商一家承辦其事魯案會議仍本斯旨以爲談判其談判之最重要者一爲鹽產之評價所以結束既往以便接收一爲供給之辦法所以開示將來以利販運前之評價問題較之公產尤爲困難公產屬日軍占有較易商量鹽場係日人投資更難交涉日人知彼當局不能强爲買收乃任意浮開總計日金七百六十四萬餘元其中預想利益一項開至二百九十餘萬解職津貼亦列三拾萬實則開灘設廠多屬來青致富之徒小本營業事類報機初非大資本家且國人開灘在先日人開灘在後先開者多占優勝適宜之地而後開之灘距海非遠卽近遠則溝渠工鉅而引水仍艱近則潮水冲刷堤堰費重且日人狃於當年營利之厚與其政府獎勵之殷資富者工程開支不免浮費而資薄者減料偷工不爲久計甚或於華府訂約之後草草完工以俟中國之買收當我國委員前往調查之際所有鹽場房屋鹽灘堤堰業已毁壞不少依照建築支出據實勘估工廠共値日金九十七萬元鹽灘共値日金一百零八萬元與日方要求相去太遠惟以我國既採取鹽專賣制度不容外人在國内製販以遺後患故明知收回之不利而亦不容或已日本委員亦知日人要求過當又不能過拂其意於是歸入公產償金一併解决至於後之供給問題日委主張准予中日商人同等承辦我方嚴行拒絕而我方所注重者有二（一）膠澳鹽場爲日本保留依然供給日人食用故日本應照每年產額全數購買（二）日本收買膠澳鹽價應與金州鹽（卽關東州鹽）一律待遇蓋日本既要求我國保留其目的在於得鹽我國既爲供給彼邦當然購買於我爲對等義務於彼屬本來目的否則兩者俱爲無目的之動作非白癡與詐欺誰復爲之至於

一律待遇之要求亦爲日後買賣之保障蓋日本既爲膠澳鹽業之惟一主顧彼可任意壓迫而我無所恃以相抵抗魯案當局提議及此亦久矣慮及未來之失敗矣日委對於待遇問題允爲維持兩地鹽價相當之比率而年年協定之且以民國十一年兩地買鹽價格詳表表見魯案鹽場特刊爲准謂金州鹽一切裝卸費用實較膠澳鹽每担多費七分卽以此爲標准以此相持不決購買數量則議決日本國每年在最高額三萬五千萬斤卽三百五十萬担最低額一萬萬斤卽一百萬担之範圍以內購買靑島鹽然會議畢事之際又設附件一條謂前條所載購買數量如兩國遇有難於授受上別量數之事情時可不拘上開之協定量數而臨機協定之於是辛苦爭得之購買量數限制實際亦等於空文膠澳鹽業於此已宣告死刑矣此外日方提議之檢定鹽質與輸出朝鮮我方提議之輸出商由我國指定交盐地點以門司爲準雙方累經磋議始獲解決協定原文詳見沿革篇其未解決之待遇問題日委最後提出之工業用鹽問題以及其他各項均候兩國另派鹽務專員開會協議而膠澳鹽業之工作販運概行停止以候協議之解決

惟在我國接收以前已結契約之鹽准于十二年三月杪以前爲止准其如前輸出於是魯案會議告終所有日人開築之鹽廠鹽灘存鹽倉庫以及附屬之土地器具概於我國接收膠澳之日同時由我國鹽務委員接收以上事實經過見魯案會議錄及魯案鹽場特刊

我國接收膠澳鹽業而後日孜孜於招標售產政府惟恐其不得善價鹽商惟慮其不得錦標至於兩國之鹽務會議如何準備魯案未了之問題如何解決會議未開以前之輸出停頓如何救濟均屬無暇顧及以此荏苒經年而十二年一年之光陰竟至虛度直至十三年一月日本鹽務專員宇賀滋京與我國專員同在鹽務署開會是時鹽務署已指定永裕公司爲輸出日本食鹽專商宇賀表示同意而對於輸出手續則提議(一)膠澳鹽價應比關東州鹽卽金州鹽稍低(二)每年購買數量由日本專賣局與中國之輸出商直接協定(三)出口鹽稅照舊每担三分(四)指定輸出商三年爲期期滿並准日人承充(五)工用鹽可由日商逕向鹽戶購買(六)朝鮮鹽中日商均得承辦我國委員主張(一)膠澳鹽價應與金州鹽一律(二)指定之專商年限與協定之年限同(三)出口食鹽稅照魯案原議每担三分工用鹽乃日委另行提出之要求問題本身尙未解決稅率當然不在此限(四)工用鹽朝鮮鹽之輸出商均不得令外國人承充(五)工業用鹽朝鮮用鹽之輸出仍由華商辦理日人不得逕向鹽戶買鹽以此主張兩岐討論兩閱月迄無結果一方則隋熙麟介一二政客以獻策于吳佩孚謂膠鹽歲可籌款數百萬主張取消永裕另行招標鹽務署當局明知其言之譎而不敢與之辯欲取消永裕之投標又慮無人接續承辦且預收產價四十萬元無從付還於是益延宕會議之進行而要求商人之報效詎知荏苒二月會期已屆我方尙擬進行日委拂袖而去遂罷議於是日本專賣局知照朝鮮總督府並輸出朝鮮之少數靑鹽亦禁止其購買欲以此重困膠澳鹽業冀其屈伏而一方則竭力推廣旅順普蘭店一帶之鹽灘(卽金州鹽)以代膠澳十三十四兩年膠澳鹽靜候兩國協定依然不得輸出而金州鹽則乘機奄有膠澳之銷路彼之大日本鹽業會社數年之間資產增加數百萬而金州鹽之產額逐年而增已達五百萬担然台灣鹽金州鹽均歸大日本鹽業

一家專利日本專賣局難於制馭亦非彼國之利且金州半島山多灘狹非若膠澳之爲天然鹽場膠澳沙灘面積甚廣土質之粘性强宜築鹽池雨少風多鹽場上方又少河流無淡水冲混之處凡鹽灘之優良條件膠澳皆備而且人工價廉裝船便利皆爲金州半島之所不及金州盐進步固速然已儘量發揮無復推廣之餘地日本將來需鹽若再增加則膠澳鹽亦未嘗不可作後備之用卽如十三年以後日本雖禁朝鮮來靑購鹽然石島漁鹽由漁船運銷仁川等處者歲仍不下一二萬噸事實上仍賴我國之接濟且膠澳鹽價甚廉例如十五六七等年日本專賣局所訂鹽價膠澳鹽較金州鹽每担相差至一角以上較台灣鹽相差二角較日本內地鹽相差一元以上每年如多購膠澳鹽一百萬担則日本國庫所省甚巨故自我國收回膠澳而後在日人之心理絕不希望膠澳鹽業一如往年之發達使華商坐獲厚利然膠澳鹽業如其束手坐斃則日本目前卽少一廉價供給之鹽場一旦更遇民國七八年之鹽荒勢必再仰給於不可必得之埃及鹽西班牙鹽十一二三等年日本亦嘗取給於埃及西班牙矣道遠

償昂國際有事時尤不可恃日人亦鑒慮及此故亦未能盡忘情於膠澳鹽也然而我國觀察却不如是既不忍封閉鹽場示以決絕又不爲別籌生路杜彼挾制一再遷延弱點盡露自華府會議以來日本一再要我以保留鹽場要我以供給食用而卒之我轉受彼意外之壓迫束縛操縱是則我謀之不臧又不足爲外人責也

兩國之鹽務會議自十三年罷議而後膠澳鹽之輸出更屬遙遙無期鹽商鹽民不知外禦其侮轉而內自相殘於是有鹽潮之發生軍閥更乘商人之危而肆其誅求敲白骨以求黃金以此擾攘更無暇計及會議之事於是一延再延直至十四年十月屢經中外商人之斡旋始由我國鹽務署與駐京日本公使館往返磋商訂成青鹽協定草約計分臨時輸出及一般協定兩項辦法輸出朝鮮鹽仍無正式解決暫照臨時輸出辦理我國主張最力之稅率問題居然如願以償而購買待遇則已置之不問協定期間魯案初議延至民國四十一年者至是定爲延至二十六年杪爲有効期間日方要求之工用鹽輸出商須指定三名以上以及永裕公司輸出更須委托日商代理人我

國亦允之同時並由鹽務署指定華商十四家承辦日本工用鹽朝鮮鹽之輸出事宜至是延擱三年之會議始慶成功乃値政局變遷又延至十五年二月十二日始獲正式簽字是年五月青島稽核所奉到總所行知及協定全文而青島運副並未奉鹽務署正式公文依然不得領照起運又延至七月十日經鹽務署一再電令始見公布施行十五年七月乃得恢復輸出玆將協定原文附載於後

青島產鹽臨時輸出辦法

日本國政府專賣局及朝鮮總督府專賣局與中華民國政府鹽務署關於青島產鹽向日本臨時輸出辦法玆協定如左

第一條　按照本辦法臨時輸出鹽之數量以總數二十一萬噸爲限其中朝鮮輸出鹽至少不得在十萬噸以下

第二條　按照本辦法之日本工業家購買鹽由得有日本專賣局輸入命令之工業家向中國鹽務署所准許輸出之鹽商在青島港內購買輸入於日本內地

按照本辦法之朝鮮輸出鹽朝鮮總督府所許可之輸入人向中國鹽務署所准許輸出之鹽商在青島港內購買輸入於朝鮮但經買主同意且得有朝鮮總督府之承認時前項所准許之鹽商得直接輸入於朝鮮

第三條　中國鹽務署特准中國鹽商數名（三名以上）辦理前條鹽之輸出前項之輸出鹽由青島大港小港以輪船輸出之

第四條　按照本辦法日本工業家購買鹽及朝鮮輸出鹽之輸出稅每担征銀三分其碼頭捐等均仍照舊額征收但中國鹽務署得另由中國鹽商對於日本工業家購買鹽每担征銀三分而對於朝鮮輸出鹽每担征銀九分作爲公費

第五條　日本專賣局對於日本工業家發給青島鹽輸入命令時每次將該工業家之名稱鹽之種類數量及輸入地點通知駐青島中國鹽務官署

朝鮮總督府對於青島鹽之需要者准其將青島鹽輸入時每次將需要者之名稱鹽之種類數量輸入地點及消費地點通知駐青島中國鹽務官署

第六條　日本工業家或在朝鮮之需要者必在青島購買青島鹽時應向駐青日本總領事館領取證明書交由第三條第一項之鹽商呈送駐青島中國鹽務官署查驗

第七條　按照本辦法之朝鮮輸出鹽其輸入地點以釜山仁川元山清津四口岸爲限并由輸入口岸之稅關出具上陸證書交由駐青島總領事館送交駐青中國鹽務官署

日本帝國專賣局

日本帝國朝鮮總督府專賣局

中華民國鹽務署

大　正十五年　二月　日

中華民國十五年　二月　日

青島產鹽輸出一般協定

日本國政府專賣局及中華民國政府鹽務署根據大正十一年十二月一日即民國十一年十二月一日所簽定之山東懸案細目協定第六章及其附件第八項所規定關於青島產鹽輸出日本辦法玆協定如左

第一條　日本專賣局購買鹽之種類數量及購買價格每年由日本專賣局與經理輸出人協定之

第二條　日本專賣局購買鹽之輸出稅及碼頭捐等均仍照舊額征收在本協定有效期間內不增加並不另收新稅捐但商業上各項實在費用不在此限

第三條　日本專賣局購買鹽之經理輸出人定爲永裕鹽業公司

前項經理輸出人之指定期間以人正二十六年十二月三十一日即民國二十六年十二月三十一日爲限

第四條　前條之經理輸出人如不能履行義務時中國鹽務署與日本專賣局協議得隨時取消其指定另行選定經理輸出人與日本專賣局更行協定日本專賣局亦得與中國鹽務署協議另行更換

第五條　日本工業家購買鹽由得有日本專賣局輸入命令之工業家向中國鹽務署所特許輸出之鹽商在青島港內購買輸入於日本內地

中國鹽務署特許中國鹽商數名(三名以上)辦理前項鹽之輸出

前項之輸出鹽由青島大港小港以輪船輸出之

第六條　日本工業家購買鹽之輸出稅及碼頭捐等均仍照舊額征收但中國鹽務署得另由中國鹽商征收每担銀三分作爲公費

前項賦課在本協定有效期間內不增加並不另收新捐稅但商業上各項實在費用不在此限

第七條　日本工業家購買鹽之種類數量及購買價格並不預先協定應由日本工業家與第五條第二項之鹽商隨時商定之

第八條　日本專賣局對於日本工業家發給青島鹽輸入命令時每次將該工業家之名稱鹽之種類數量及輸入地點通知駐青島之中國鹽務官署

第九條　日本工業家如在青島購買青島鹽時應向駐青島日本總領事館領取證明書交由第五條第二項之鹽商呈送駐青島中國鹽務官署查驗

日本帝國專賣局代表　公使館二等書記官

中華民國鹽務署代表　鹽務署署長

大　正十五年　二月　日

中華民國十五年　二月　日

鹽廠鹽灘屬製鹽之設備工具其歸宿在於輸出協定不調輸出停頓則鹽場鹽灘舉失其用此又必然之勢也膠澳接收原定十一年十二月十日而鹽產因散在市鄉各處其財產又極瑣碎乃延至翌年二月始由鹽務署委員接收並設駐青鹽務委員及青島稽核支所所有收回鹽業財產交由委員保管鹽商鹽民原有中日合組之鹽業組合今則改爲國人自組之鹽業公會組合原辦之存鹽倉庫仍交公會保管三個月限滿收回改設官坨同時發布膠澳鹽業投標規則所有收回之鹽廠鹽灘以及附屬之土地器具附屬之事業總爲一束招商承辦最低標價三百萬元逐年分繳四月二日投標揭曉徐志清以五百五十三萬元投得頭標以次減至三百萬不等延至五月七日頭標逾限不繳保證金鹽務署乃取消其得標資格轉而覓其次標限期繳款期

滿亦不應以次推而至於三四五六等標其投而不應也如故是時已延至九月矣鹽務署乃依次與第七標之永裕公司訂立合同使承辦一切收回之鹽業並承認爲輸出日本食鹽專商十五年產價三百萬元勻作十五年四季分繳而以從速辦理協定及時輸出爲條件而是時之青島商會會長隋熙麟亦有志承辦膠澳鹽業乃號召鹽民組織聯合會推孫毓樟爲會長而使萬曜卿等爲供奔走一再赴京向鹽務署請願取消投標原案另由鹽民承辦鹽務署以聯合會既不照章投標又乏資產信用不願再事蹉跎致敗已成之局且是時政府方亟於籌款以供軍用乃迫永裕於訂立合同後預繳第一年之產價二十萬元又爲代借二十萬元以第二年產價作抵而言利之徒又獻策吳佩孚謂膠澳鹽業獲利甚厚出口稅之外應加課若干內銷精鹽每擔應加課若干以此要求永裕永裕無以應也聯合會之代表請願既不遂乃謀以武力解決聚衆數百圍膠澳商埠公署以示威燒民居報私怨廣布傳單謂永裕虐待鹽民杜絕生計實則永裕其時僅交過產價借款四十萬元又以每噸七元之重價收鹽三萬噸以備輸出至於一切產業尙未接管更無營業之可言也聯合會既以保護鹽民自任使鹽戶捐資入會無資者出鹽鹽盡則取其開灘執照誑以驗照而實則質諸銀行先後積鹽二三萬噸借款十餘萬元以供領袖之揮霍鹽民既喪其所有惟有受雇於聯合會藉聽指揮藉資糊口本埠當道雖知之而無如之何也不平之鹽民又組維持會與之對抗是時收回鹽廠鹽灘荒廢二載機械鍋鑪積銹成斑房屋堤堰倒潰無算鹽務署專人保管所費不貲亟欲履行合同移交永裕管理聯合會沮之不得乃聚衆向永裕示威毆傷其職員又圍商埠公署請願於是督辦高恩洪召集雙方力爲和解命永裕公司將所承購之鹽灘儘數借於鹽民承租製鹽而此後收買鹽價最低應以每噸四元爲準又囑永裕股東將未繳足之股份讓出半數聽鹽民認購然而聯合會之代表不願入股願另組民立公司專辦工業用鹽又請於中日協定未成立以前試辦臨時輸出蓋日商某與隋熙麟私訂購鹽契約以斡旋專賣局自任於是商埠公署爲之備案剋期組織民立公司又一再電財政部請辦臨時輸出以救膠澳鹽業之窮

乏久之民立公司集股無所得聯合會又請許以另招外埠鹽商投資民立而斡旋專賣局者亦屬徒托空言於是民立公司與臨時輪出二事不得已而暫行擱置以待時會而鹽產亦於是年七月移交永裕乃擇要修復工廠四處盐灘斗子六百八十副十四年二月開工製作精鹽試銷國內又以環境種種障礙旋開復停膠澳全區原有工廠十九嗣將不堪修復者删除餘十六廠按其原有設備每年應製精鹽一百五十萬擔洗鹽粉鹽二百萬擔往年日本歲銷一百萬擔今則顆粒不售國內所銷十四年僅二萬擔十五六兩年各銷十三四萬擔己修之廠尙須停工未修之廠更無希望其已修鹽灘則儘數租於鹽戶其民灘之生計艱難者（卽聯合會之民戶）并由永裕每戶貸本五十元作爲預付鹽價以每噸四元爲準十四年陰多晴少膠鹽歉收永裕所購官灘荒廢既久土鬆味淡租戶又無餘貲多加工本成績尤劣雖經一再減租依然顆粒不繳十五年租戶不願退租而又無力續作乃向永裕告貸按所租鹽灘多寡每副斗子借給貲金三四十元作爲預付鹽價以每噸四元爲準以此僅得彌縫一時在商民之心目中以爲目前雖遭挫折但令協定告成一旦出口則往日之盛況不難恢復不知歐戰告終日本之工業已田進取趨於保守加以地震火災更無暇企其擴充一方則金州鹽進步迅速已奪膠澳鹽往年之地位取而代之故自十五年恢復輸出日本專賣局買鹽卽不按照魯案協定辦理十五年實購七十五萬擔十六七兩年各八十萬擔兩國所約日本應在最高額三百五十萬擔最低額一百萬擔之範圍內每年購買膠澳鹽之條款三年以來迄未實行一次雖經我鹽務署之交涉永裕公司之抗議專賣局置之不答工業鹽朝鮮鹽銷數亦甚寥寥十二年以後產額大減然累年積鹽仍在二十萬噸以上三年滷耗及潮水冲失者約減去十之三其餘抵銷出口約略相當而十五六年之新鹽依然滯銷至是而鹽商鹽民之一線生機乃成絕望而且製鹽之工料日昂營業之捐稅日重裝卸之手續愈煩販運之開支愈巨十三四年鹽未出口尙得維持每噸四元之鹽價出口以後乃陸續降至三元以內往年運鹽一噸由灘卸坨舢板所費六角嗣竟加至三倍扣除運費鹽戶所得不足二元以償工本每噸

損失二三元不等已往者自知破產只可廉價出售傾產糊口未來者則減其工作有灘二付只耕其一應傭五工則減其二往日號爲小康之鹽戶至此亦與兩淮長蘆之竈丁不相上下而永裕之虧負尤鉅十六年以後租戶紛紛退租歷年積欠分文不交購領工廠已廢四之三鹽灘未完工者全廢已完工者半廢所謂三百萬元鹽產實質已減十之六七而使用價值竟等於零其他十數家之輸出組織較遲負累較少然出口營業只有此數亦屬坐食多而營業少聯合會請准六家而實行販運出口者裕豐恆一家而已且輸出之名雖在華商而買鹽之權仍屬日本其政府對於華商初不負保護之責則以壓迫爲能事其商人對於膠鹽素具操縱之慣技則居間以取贏而我國商號既衆急於求售轉復自相傾軋而甘受外人之操縱蓋自我國接收膠澳而後商工事業失敗多而成功少尤以鹽業爲最矣茲舉近十年來之本埠鹽價製爲二表以資考較

（甲）本埠鹽價表

年份	月份	一月	二月	三月	四月	五月	六月	七月	八月	九月	十月	十一月	十二月
民國七年	最高	4·20	4·20	4·20	4·30	4·30	4·50	4·80	5·00	4·80	4·50	4·50	5·00
	最低	4·00	4·00	4·00	4·10	4·10	4·30	4·50	4·80	4·60	4·30	4·30	4·80
民國八年	最高	6·00	7·00	13·00	6·50	6·50	6·40	6·20	5·00	6·00	6·50	6·04	6·00
	最低	5·80	6·80	11·00	6·20	6·20	6·20	6·00	4·50	5·50	6·00	5·00	4·30
民國九年	最高	7·00	7·60	7·50	7·22	5·96	4·26	4·33	4·93	5·29	5·37	5·40	5·01
	最低	4·15	4·40	4·50	4·52	3·66	3·07	3·25	4·30	4·28	4·24	4·36	4·07
民國十年	最高	4·50	無卸賣	同上	4·36	4·55	4·58	4·65	4·85	6·27	8·84	9·80	10·37
	最低	3·80			3·60	3·73	3·93	4·23	4·49	5·97	8·60	9·51	9·97
民國十一年	最高	10·20	10·30	9·70	7·20	7·30	7·00	6·20	8·30	8·80	8·80	8·50	8·40
	最低	9·70	8·90	8·30	6·50	6·20	5·25	5·30	6·10	7·20	8·20	8·20	8·30
民國十二年	最高	6·00	6·20	6·50	6·60	7·00	7·70	8·50	8·80	9·70	9·70	9·70	9·70
	最低	6·00	6·10	6·50	6·50	7·00	7·50	8·00	8·80	9·70	9·70	9·70	9·70
民國十三年	最高	無卸賣	同上	同上	同上	同上	同上	同上	同上	同上	4·00	4·00	4·00
	最低										4·00	4·00	4·00
民國十四年	最高	無卸賣	同上	同上	同上	同上	同上	同上	同上	同上	同上	同上	同上
	最低												

民國十五年	最高	無卸賣	同上	同上	同上	同上	同上	同上	3·50	3·50	3·50	3·75	3·75
	最低								3·50	3·50	3·40	3·50	2·70
民國十六年	最高	3·80	4·00	4·10	3·90	3·70	3·20	3·10	2·50	3·10	3·40	3·40	2·70
	最低	3·80	3·80	3·90	3·70	3·30	3·10	3·00	2·40	2·90	2·90	3·00	2·40
民國十七年	最高	2·70	3·10	3·30	3·30	3·00	3·00	2·80	2·40				
	最低	2·60	2·70	2·90	3·00	3·00	2·80	2·30	2·30				

附記　本表所載以鹽坨售價爲準乃鹽民售於鹽商在鹽坨交貨競買競賣之價值也無卸賣則無行市其預訂期鹽雙方協議鹽價者不在此列然事實上期鹽價值亦恒比照市價協定非若長鹽兩淮年前預訂期鹽輒減價二三成不等此亦膠澳之優點也　十三年無運販出口之鹽僅由永裕公司購存若干以濟鹽民之窮困其預訂期鹽爲數尤巨僅付訂銀並未交貨故不列入

(乙)運販日本鹽價表

年份＼種類	精鹽	洗鹽	上等原鹽	並等原鹽	工用洗鹽	工用並等鹽
民國七年度	一·八〇元		一·六七元	一·二四元		
民國八年度	一·八〇		二·〇〇			
民國九年度第一次	三·七一	二·一〇元	二·九五	一·八四		
民國九年度第二次	二·八九	一·二七	一·一八	一·〇三		
民國十年度第一次	二·二八	一·二〇	一·〇一	·九一		
民國十年度第二次	二·三九	一·〇七	一·〇七	·九七	·八八元	·七八元
民國十一年度						
民國十二年度						
民國十三年度						
民國十四年度						
民國十五年度				·九〇		
民國十六年度				·八〇		
民國十七年度				·八〇		

附記　本表以日本專賣局所出之買價爲準由售主運至專賣之地點交貨裝卸捐稅運費一切在內交貨地點以門司爲準遠者照加運費

食貨志五　鑛業

本區不以鑛產著名以鑛爲業者蓋寡然據卽墨縣志稱縣屬產試金石高岩綠石五色石田横島石(可製硯)鑿子石墨晶茶晶紫石英馬蹄石膠州志亦稱海西七寶山一帶產鑿子石卽紫石英也又有不灰木一名石龍骨出灰村土中又據日人所著李村要覽記述本區鑛產頗爲詳贍所述本區鑛產約爲金鑛白土石料水晶四類分述如下

(甲)金鑛　本區山岡概屬花崗石層每有金鑛發見其中較有希望者有三(一)横擔砂金在張村河上流横擔(水牛)陳家兩村之東有澗發源於上葛場山之陽而匯於張村河其匯流處距李村東約十六七里附近一帶之岩石乃由片磨岩及綠泥片岩構成片磨岩中有石英脈中含金質此類石英脈爲數至夥惟脈過細微寬僅一寸至四寸之譜產出地域亦只有二十五方步(原作坪約當我國一步)內外附近溪河平日水涸掘二三尺便有泉湧出掘下四尺卽達鑛基上層之土砂中含有砂金粗大有稜角此類砂金鑛約在二十四五年以前(李村要覽著於民國五年)爲膠州人某所發見當時經營亦有相當之利益其後歸中德人合辦僅獲收支相償不能取贏而今土人於農事餘暇間亦往採僅以椀掘故不能多取依照日人試採之結果每方步之土砂中約得砂金二分每月可得四兩足供工資也(二)彭家莊砂金由張村赴沙子口之大路有石橋架于溪澗之上此澗乃匯于旱河之溪流而砂金卽產于澗之上流其山脈爲浮山之分支地質亦屬片磨岩其中石英脈亦含金質金粒爲扁圓形無稜角鑛基由片磨岩而成距河床一尺乃至三尺四五寸有灰白色粘土層蔽之其粘土層中混有金粒所含金質較豐日本人嘗爲試採於二升內外之土砂中有極微細之金粒少者四五粒多者二三十粒且其河流有相當之水量便于作業其面積約十方步本地人嘗以土法採之(三)石門山砂金在長澗之北石門山之西北麓有溪流華人嘗採砂金於此但其所得爲

率甚微因而中止今無採者

(乙)臥狼匙山之硫化鐵鑛　距李村東北方約六里當臥狼匙山之東方長澗之北方山腹中有硫化鐵鑛日人嘗爲分析其中含有多量之鐵分含銀甚微色白而濁有類硝酸銀之狀又含金有二三百萬分之一僅露痕跡無甚希望民國二年前後德人嘗認爲金鑛試行採取嗣以含金甚微乃止

(丙)白土　李村區所產白土較之萊州所產日本所產質粗而欠白含錳硫黃其用不廣然此後若能研究改造或可得良好之結果其較著之產地有二(一)滄口北方之耐火粘土在滄口文昌閣之北方有苗沿山腹延向東方漸曲而東北掩沒有冲積層之下其終點不能明瞭據附近居民言民國三年有德人發見之卽行採掘運送于孤山製磚廠用以製造火磚性堪耐火未幾日德交戰遂廢土僅一層層厚一尺至二尺五寸如其精細調查或更有所發見亦未可知其土之色彩在日光微弱之坑洞內爲淡綠而帶白色有光澤如絲絹出洞日久則經風化轉成白色其分析結果如次

Si O_2	硅酸卽二養化矽	70.13
Al_2 O_8 XFE_2 O_2	酸化鋁卽養化鋁 酸化鐵養化鐵	23,10
CQO	酸化鈣卽養化鈣	.86
M80	酸化鎂卽養化鎂	1,32
	灼熱時水分	3,04
ete	其他雜質	1,55

其耐火度爲皆格爾三角錐之三十號(一千六百七十度)可用爲中等位之耐火原料大都用爲鐵廠鎔鑛鑪之塗料及耐火磚與火鑪內部之構造材料又或用爲製紙製絲之漂白材料(二)石老人村之白土李村東海岸沙子口之南石老人村海濱及近海之崗上產白土性質未經分析難言其詳惟德人梨希德和芬稱此地爲大孤山硅岩之露頭累層且由白色硅岩之存在而推測之殆爲此類岩石之風化分解者也在海濱一

帶及其北方崗阜之腹部懸崖有苗三處本地居民於退潮時赴海濱採取去其混合物而販之于市產于崗崖者稍帶紅色或淡黃色不如海濱所產之純白質亦不良目下無採掘者其面積前述兩處合計約三十萬方步倘有遠在海底之苗如有適當之採取方法或可望多量之出產但崗上所產地當斷崖之腹部須設階梯及運道始得採取外露之苗形如土沙採取甚易乃因曝露於風日之中外層風化使然至其掩沒土中之部分或仍同岩石亦不可知以其地濱海水運甚便惟其用途尙未充分研究僅知其耐火度屬皆格爾三角錐之三十一號(一千六百九十度)左右其耐火用屬于中等可供窰業原料之用亦可用爲製紙紡紗之漂白材料據本地居民言德人嘗運往大鮑島及孤山之窰廠以供磚瓦之原料或供磁磚及磚與琉璃瓦之材料也

(丁)石料　李村所至皆山石料甚富惟運費過鉅非濱海或沿大道之處不易採運其石之種類殆屬花崗石之一種大都含有多數之石英質故甚堅强由勞山至沙子口附近一帶所產花崗石表面微帶紅色質粗或謂此屬長石之含量表多觸空氣而表面腐蝕之結果也未知確否產於石老人村及浮山附近者呈淡黑色含雲母質爲多質頗堅實前之所述紅色花崗石乃形成嶗山之片麻岩所在皆有易于風化且其產地濱海潮退亦得泊船裝運甚便南窰半島位置最爲適當採石者多集於此民國四五年時日人亦有營此業者連同我國人約有數十家所取石料概由海道運至本埠或遠赴大連上海德人之建築用材似亦取給于此後所述之黑色花崗石多產于九水旱河附近質堅而美性堪耐久頗適于建築昔年從事採掘者亦有數所市內街道布石多用之並嘗運銷膠濟沿線以及上海

此外北九水廟附近產閃綠岩此石可供建築用及裝飾用若加以琢磨則生美麗之光澤泥紅澗附近之海底及海濱產黑灰色石可供刻碑及石臼之用其價每立方公尺在青島交貨銀三十元

又石老人村東有溫石山山上及海底均產溫石可供製硯或爲漁業鎮網之附屬品視其需要價不一定

大庵子附近產紅色石可供建築及裝飾用其價每立方公尺青島交貨銀三十元石材之概況如上所述比於日本所產質粗而乏耐久力然其產額豐富工價低廉故需求亦日益增廣就日人當年民國四五年調查沙子口附近所採石料青島交貨一才之賣價僅銀二角五分至三角紅色花崗石比于黑色更減二成華人石工在產地包工每才一角內外合之運赴青島之運費及裝卸費每件一角內外卽每件可獲利五分至一角民國四年由此運赴膠濟沿線以供道路及建築用者約值一萬元運往本埠市內者約五萬元運往上海者約一萬元大連約五千元總計七萬五千元之產額亦爲李村出產之一宗也往年沙子口及九水附近常有石工三百餘名從事採石每日工資約銀五角又有把頭多人互爭承攬而經紀人則介紹于買主與把頭之間居中取贏昔年之產地石價比之市內僅當三之一如有適當之販運方法移諸乏石之南方及滿州頗有擴張之餘地也

(戊)水晶　自北嶗山灣附近以迄沙子口一帶凡屬嶗山系之山脈均產水晶其東南部俗呼嶗困之附近所產尤豐凡花崗岩片磨岩硅岩等之裂罅中嘗塡滿石英脈而水晶前存寄于石英脈之中其結晶大者則在花崗岩中又石灰質之砂岩中亦頗見水晶而此地則罕覯之晶之色多屬黑茶紫色無色透明者甚少其中黑色尤多其硬度與普通水晶等屬七度左右其結晶之方式及質點酷似瑞士產之墨晶右水晶多而左右兩水晶甚少

墨晶我國以製眼鏡以黑色爲貴亦供首飾玩物之用聞古代由嶗山輸出上海之水晶甚多其產額未經細查然近年似不甚多日人嘗與居民訂約買取最大者每重一斤值銀四五十兩次者每斤值八兩至十兩不等將來若獎勵採取而巧爲磨琢製爲印章玩物婦人裝飾眼鏡等用亦物產之一宗也

(己)石灰石　海面一帶產之居民營石灰窰供給海西及市內之用惟以轉運不便本埠大宗所需仍取給於博山運石來青製灰以售

(庚)煤鑛　水靈山有煤鑛㞐千九百零三年德人調查水靈山地質發見無烟煤之鑛苗然以探鑛費鉅既無把握不敢試採嘗以水靈山竹岔島蓮島檳榔島之採鑛權利許與某德商千九百十三年終于放棄蓋無開採之希望矣

食貨志六　商業

膠澳區地瘠民貧物產稀薄農林畜牧概不發達顧灣闊而水深方向位置舉得其宜外當黃海之門戶內通中原之奧區固天然之商業地也且黃海舟楫之利秦漢已然秦始入海求仙漢武渡海徵韓下逮孫吳取道黃海以通遼東六朝之際山東商舶遂得往來南洋東晉高僧法顯求經印度由師子國(卽今錫蘭島)浮海至南洋耶婆提易舟以達長廣郡牢山(卽嶗山)其後日僧來華求學亦恆取此道蓋彼時商舶已由膠澳與東洋南洋相交通矣洎宋代置密州市舶司於板橋鎮卽今膠縣治所通淮浙福建廣東南洋之貨以供京東河南北之所需是時契丹方强渤海之利宋不得專而遼金民族又不習操舟通商之術故南北之海上貿易以膠澳爲惟一捷徑宋末李全踞有淮泗縱橫兩大之間猶以膠澳商貨征榷所得供其軍資比及元明移都北平海運粮舟以膠澳爲避風寄泊之所宋初盛况不可復覩又經倭寇摧殘日形衰落直至清末關爲租界商港中興始由膠州移於青島蓋人文進步舟車製作愈宏港灣設備複雜昔之依傍平原河口引爲交通便利者今翻以山隅海陬爲得計而淺瀨浮沙更視爲行舟之障礙故山東南部商港由膠州移於青島猶之北部商港由登州移於烟台蓋地利之効能亦隨人事之變化而有殊矣

膠海關之設始於千八百九十九年距今正三十載此三十載之中本埠進出口貿易逐年進步一日千里迥非其他各通商口岸所能企及統全國之口岸而比較其貿易額青島港恆居第六位或第七位而在北方各港位列第三彼烟台甯波等港通商較青島早四十年而進步大有遜色是則人事設備之明效大驗而尤不得不歸功於港灣埠頭之建築完善水陸交通之連絡得宜膠濟津浦兩路實爲青島港之兩大動脈蓋自鉄路開通運道便利費省而行速土產暢銷荒地日闢職業道廣工資日高而人民購買力日以旺盛需要之進口貨亦日以繁在鉄路未設以前山東全省殆以烟台

為惟一之貿易港膠濟路通而分其一部分東走青島津浦路通又分其一部分北走天津顧烟台之貿易額當光緒二十七八年間即西曆千九百零一二年已達四千五六百萬兩洎光緒三十年膠濟全路通車青島日盛烟台日衰不數年而貿易額退至三千萬兩以內其後又稍見恢復民國四年復達四千三百萬兩比及津浦鐵路通車烟台灌輸之範圍愈狹近年竟減至一千餘萬兩然青島港則增至一億五千萬兩是山東全省之進出貿易三十年來已增四倍設無兵災俶擾專致力於民生實業其為進步更不可量

青島港之貿易在開埠設關之翌年千九百年汽船貿易僅得八十萬兩帆船貿易則占三百十萬兩自千九百年至千九百十一年本埠汽船貿易平均每年加三百萬兩以上千九百十一年之貿易額為四千六百八十萬兩比之千九百年之八十萬兩蓋已五十八倍矣明年增至五千六百三十萬兩又明年增至六千零四十餘萬不幸歐洲戰事發生日德交鬨民國三四年即千九百十四年至千九百十五年一再銳減至一千三百四十萬（此為

四年八月至歲杪之數）五年恢復為四千七百六十餘萬自是逐年增加百分之二三十分不等最甚者如民國六年十年十六年等年份較上年加至一千萬以上十三年比十二年則增至二千五百萬惟九年十四年則視上年為減然以十六年之進出總額一億五千萬與十年前即民國六年之五千九百四十萬相較亦增多一倍有半增加率如此之猛進在全國口岸中亦僅有大連可與為比耳至於帆船貿易進步甚微在民國六年以前恆迴翔於四五百萬兩之間自七年至十年每年增加一百萬兩民國十年遂增至八百九十萬兩十一年因沿海盜匪猖獗突減至五百二十萬翌年漸次恢復十五年增至一千一百四十餘萬蓋自隴海鐵路通至海州以後海州與本港之間帆船貿易大形發達所惜連年用兵沿海各邑盜匪橫行猶未獲遂其本等之發展耳

就進口之洋貨與出口之土貨（即國貨茲仍從關冊之舊稱）兩相比較當設關之初年（千九百年）土貨出口本超過洋貨進口之數其後土貨出口之進步緩而洋貨出口之增加較速以致相形見絀自一九零二年以降出口土貨僅當進口洋貨之半數一九零八年以降出口土貨約當進口洋貨十之八或十之九直至千九百十二年即民國元年出口土貨始得超過進口洋貨之上千九百十九年即民國八年出口土貨約當進口洋貨之一倍翌年形勢轉頓（民國九年出洋土貨值一千九百三十萬兩較上年減六百餘萬）千九百二十一年復底于平且翌年進口洋貨且更超過出口土貨者一千萬兩蓋歐戰告終之際各國均苦物質缺乏價值騰貴我國僅獲占萬一之餘潤乘人之敝而非我之自然發展不能久也千九百二十四年出口土貨又見轉機自是以迄千九百二十七年此四年中進口洋貨始終盤旋于四千五百萬兩至四千七百萬兩之間而出口土貨則由一九二四年之五千五百萬兩逐年增加至一九二七年遂為七千四百萬兩是誠山東可喜之一現象然而可喜之中尚有可慮者則以出口土貨多藉外力發展其中生貨大宗如花生棉花牛肉雞蛋煤鹽之類恆假手於外人始得販運國外又如工藝品之棉紗花生油餅火柴紙烟其工廠多屬外人經

營有太阿倒持之病且上述出口土貨之中不盡屬輸出國外尚有移轉本國口岸之一部分其比率歷年不一大約少時占出口土貨總額三之一多時或占半數是知以由本口運銷外洋之土貨與本口銷受外國之洋貨兩相比擬終不足以相抵也

至於進口土貨較之進口洋貨其發展亦極為遲頓千九百年進口土貨為二百二十萬兩（此數括帆船貿易而併計之開埠以前及開埠之初本以帆船貿易為主也）自一九零三年以後每年平均約加一百萬其後進步漸次停頓直至一九二四年即民國十三年驟然增至三千二百萬兩是為土貨進口最盛之年一則國民漸知提倡國貨之重要供求相因而並進二則歐戰結果洋貨來路缺乏價格昂貴乃授土貨以振興之機會乃得稍見轉機顧以如彼千載難逢之機會美利堅日本以及中立各國莫不乘機致富轉債務為債權而回顧我國不惟未能乘此機會謀海外之市場且國內事二依然仰給於人蓋農工商礦均無基礎準備雖有千載一遇之機會亦只有供手讓人而千載難逢之反響則我又同受其敝是亦可謂不與人共安樂而與人共患難

者矣卽以本口而論十三年土貨之進出口固屬均有起色然以本口之銷場言之是年洋貨進口淨數四千四百九十萬土貨進口淨數三千一百九十萬是洋貨較土貨爲多銷也以本口之交易言之是年土貨出口五千五百三十萬除去其中轉口土貨一千八百萬是運銷外洋者僅有三千六百八十萬亦不足與洋貨進口之數相抵土貨進出較旺之年尙且如是其餘更可知矣故以本口之輸入貿易全體而論進口土貨終不敵進口洋貨之多僅有最初之千九百年洋貨進口六十三萬而土貨進口二百二十萬翌年以降則洋貨常占進口百分之七十分上下土貨僅占三十分或且不及直至民國十二年土貨之進口百分比始增至三十五分强十三年更增至四十一分强十四年又回降至三十六分十五十六兩年同爲三十七分是土貨之進口依然相形見絀矣更以進口洋貨與進口土貨之本身前後自爲比較民國十六年洋貨進口淨數爲四千七百萬比諸三十年前(卽千九百年)之六十三萬爲七十五倍民國十六年土貨進口淨數爲二千七百八十萬比諸三十年前之二百二十萬爲十二倍以彼進步之速形我進步之鈍尤令國人驚心動魄可恥更可懼也茲就膠海關設關以來(一九九九年七月朔設關)三十年間之進出口貿易洋貨進口總數淨數土貨進口總數淨數出口總數分別項目合製一表如下

(甲)歷年膠海關進出貿易貨價表

事類　年分	光緒二十六年 一九〇〇年	光緒二十七年 一九〇一年	光緒二十八年 一九〇二年	光緒二十九年 一九〇三年	光緒三十年 一九〇四年	光緒三十一年 一九〇五年	光緒三十二年 一九〇六年	光緒三十三年 一九〇七年	光緒三十四年 一九〇八年
洋貨									
進口　由外洋及香港進口		2,527,609	3,678,690	5,134,229	3,437,897	4,372,937	7,019,263	7,297,944	8,367,546
進口　由通商口岸進口		902,578	2,167,039	3,318,439	5,308,371	6,458,010	9,995,622	9,308,601	7,612,595
進口　共計		3,430,187	5,845,729	8,452,668	8,746,268	10,830,947	17,014,885	16,606,545	15,980,031
復出口　復往外洋及香港									
復出口　復往通商口岸									
復出口　共計									
洋貨進口淨數									
土貨進口總數		232,551	257,790	235,289	724,321	1,348,509	2,282,604	3,813,750	4,076,247
復往外洋及香港									
復往通商口岸									
共計土貨復出口									
土貨進口淨數									
土貨運往外洋及香港		18,370	102,949	234,216	845,302	2,430,350	3,526,093	883,550	2,687,028
土貨運往通商口岸		304,737	736,132	1,343,137	2,993,357	2,451,006	2,807,640	7,594,775	9,346,279
本口土貨出口總數		323,107	839,081	1,577,353	3,838,659	4,881,356	6,333,733	8,478,325	12,033,307
本口土貨出口淨數									
本口貿易貨價總數	810,517	3,985,845	9,942,606	10,265,310	13,309,748	17,060,812	25,631,222	28,898,620	32,089,695
本口貿易貨價淨數									

宣統元年 一九〇九年	宣統二年 一九一〇年	宣統三年 一九一一年	民國元年 一九一二年
11,070,550	12,032,202	13,371,472	14,706,756
8,529,569	8,855,092	7,768,484	9,490,696
19,600,119	20,877,294	21,139,956	24,197,452
		23,623	40,548
		221,503	201,623
		245,126	242,171
		20,894,830	23,955,281
5,914,181	5,691,699	5,827,021	7,133,409
		289,907	1,315,449
		143,965	60,510
		433,863	1,375,959
		5,393,158	5,757,450
4,500,869	7,557,909	10,177,174	9,151,896
10,235,760	9,613,506	9,676,495	15,847,464
14,736,629	17,171,415	19,853,669	24,999,360
40,250,929	43,750,411	46,820,646	56,330,221
		46,141,657	54,712,091

民國二年 一九一三年	民國三年 一九一四年	民國四年 一九一五年	民國五年 一九一六年
15,466,785	12,151,033	4,281,442	14,256,688
11,000,568	6,283,309	1,947,136	5,240,778
26,467,353	18,434,342	6,228,578	19,497,466
36,718	18,699	91,640	177,976
222,720	211,625	134,267	423,172
259,438	230,324	225,907	601,148
26,207,915	18,204,018	6,002,671	18,896,318
8,289,124	3,910,150	899,344	5,174,243
921,188	861,734	18,958	28,840
99,344	42,676	5,452	113,081
1,020,532	904,410	24,410	141,921
7,268,592	3,005,740	874,934	5,032,322
12,038,908	10,084,021	3,245,899	16,326,774
13,653,465	6,513,969	3,072,743	6,607,413
25,692,373	16,597,990	6,318,642	22,934,187
60,448,850	38,942,482	13,446,564	47,605,896
59,168,880	37,807,748	13,196,247	46,862,827

民國六年 一九一七年	民國七年 一九一八年	民國八年 一九一九年	民國九年 一九二〇年
17,824,772	16,973,786	17,543,367	20,694,474
5,826,124	6,320,237	4,617,788	6,202,159
23,650,896	23,294,023	22,161,155	26,896,633
332,805	120,647	309,444	718,538
779,708	978,995	1,660,587	621,086
[illegible]	[illegible]	[illegible]	[illegible]
22,538'383	22,194,381	20,191,124	25,557,009
10,048,186	12,001,408	10,231,226	9,939,712
232,481	97,600	46,406	25,832
282,267	185,399	1,743,728	539,877
515,348	282,999	1,790,134	565,709
9,532,838	11,718,409	8,441,092	9,374,003
16,666,720	15,310,731	25,413,743	19,290,776
9,045,050	14,223,809	13,330,895	13,362,322
25,711,770	29,534,540	38,744,608	32,653,098
59,410,852	64,829,971	71,136,989	69,489,443
57,782,991	63,447,330	67,376,824	67,584,110

民國十年 一九二一年	民國十一年 一九二二年	民國十二年 一九二三年	民國十三年 一九二四年
23,903,572	34,633,162	32,807,680	34,619,743
10,358,832	10,064,321	9,934,100	10,845,235
34,264,404	44,497,483	42,741,780	45,464,975
186,921	149,799	368,167	211,573
532,621	425,549	395,582	336,139
[illegible]	[illegible]	[illegible]	[illegible]
33,542,862	44,122,135	41,978,031	44,917,266
14,372,007	18,702,023	23,389,763	32,489,697
9,129	40,488	6,940	47,843
110,721	144,834	132,927	504,578
119,850	185,322	139,867	552,421
14,252,157	18,516,701	23,249,896	31,937,276
19,393,446	22,089,330	24,667,527	36,865,785
14,773,562	12,862,762	17,564,803	18,486,531
34,167,008	34,952,092	42,232,330	55,352,316
82,801,419	98,351,598	108,363,873	133,306,991
81,962,027	97,590,928	107,460,257	132,206,858

民國十四年 一九二五年	民國十五年 一九二六年	民國十六年 一九二七年
35,015,853	37,082,943	41,062,804
8,096,098	9,781,086	6,353,651
43,111,951	46,864,029	47,416,455
64,911	141,373	102,085
264,853	426,215	408,779
329,764	567,588	530,864
42,782,187	49,296,441	46,905,591
24,408,074	27,737,332	28,350,349
86,476	59,277	213,615
278,712	278,700	246,494
365,188	337,977	460,109
24,042,886	27,399,855	27,890,240
32,622,246	35,738,889	37,047,597
26,811,587	26,259,079	37,656,431
59,433,533	61,997,968	74·704,028
126,953,858	136,599,829	150,470,892
126,258,906	135,694,264	149,499,859

附記　本表所記數字以海關貿易册爲準帆船貿易不計在內其千九百十一年以前因調借關册不全故據日人所箸膠州灣一書轉錄之此書所載亦采而關册也　自一九零六年一月一日起實行關稅新章縮小本埠免稅區域故此後之貿易進步較之以前尤爲迅速

(乙)歷年膠海關帆船貿易貨價總數

年分／事類	進口貨價	出口貨價	進出口貨價總計	備攷
光緒二十六年 一九〇〇年			3,148,676	
光緒二十七年 一九〇一年	2,231,774	2,438,763	4,770,537	
光緒二十八年 一九〇二年	2,003,308	1,430,311	3,443,619	
光緒二十九年 一九〇三年	2,591,548	1,754,691	4,346,236	
光緒三十年 一九〇四年	2,166,038	2,410,412	5,576,450	
光緒三十一年 一九〇五年	2,947,070	2,343,902	5,290,972	
光緒三十二年 一九〇六年	2,955,448	2,137,181	5,092,629	
光緒三十三年 一九〇七年	3,390,588	2,052,291	5,442,879	
光緒三十四年 一九〇八年	3,346,486	2,442,044	5,788,530	
宣統元年 一九〇九年	3,528,648	1,720,989	5,249,637	
宣統二年 一九一〇年	3,976,361	2,001,396	5,977,757	
宣統三年 一九一一年	3,341,909	1,799,006	5,140,915	往來膠州灣內各處貿易貨價計値六四三•五五八兩不計在內
民國元年 一九一二年	4,473,793	1,856,944	6,330,737	往來膠州灣內各處貿易貨價計値一•三六四•三四二兩不計在內
民國二年 一九一三年	4,323,820	1,638,074	5,961,894	往來膠州灣內各處貿易貨價計値一•三二五•九六一兩不計在內
民國三年 一九一四年	2,304,307	951,322	3,255,629	內有內港輪船貿易貨價計値一〇八•六三九兩(進口一〇四•一七五兩出口四•四六四兩)另有往來膠州灣內各處貿易貨價計値五八六•一二五兩不計在內
民國四年 一九一五年	539,622	613,950	1,153,572	自九月至十二月止

年分／事類	進口貨價	出口貨價	進出口貨價總計	備攷
民國五年 一九一六年	2,566,531	1,743,527	4,310,058	
民國六年 一九一七年	3,242,140	1,520,896	4,763,125	
民國七年 一九一八年	3,904,765	2,138,888	6,043,653	
民國八年 一九一九年	5,986,786	1,425,614	7,412,400	內有內港輪船貿易貨價計値一二三•七九四兩(進口一一二•七一〇兩出口一一•〇八四兩)另有往來膠州灣內各處貿易貨價計値一•六八九•三九九兩不計在內
民國九年 一九二〇年	6,800,547	1,463,482	8,264,029	
民國十年 一九二一年	7,039,295	1,873,489	8,912,784	
民國十一年 一九二二年	3,630,333	1,700,332	5,331,165	
民國十二年 一九二三年	5,502,759	2,304,072	7,806,831	

民國十三年 一九二四年	5,299,904	3,287,726	8,587,630	內有內港輪船貿易貨價計值九九六•八〇〇兩(進口六二六•七〇二兩出口三七〇•〇九八兩)惟另有往來膠州灣內各處貿易貨價計值三•〇〇四•八七三兩不計在內
民國十四年 一九二五年	4,637,812	2,684,687	7,322,499	內有內港輪船貿易貨價計值九〇一•〇五七兩(進口二九七•〇二〇兩•出口六〇四•〇三七兩)惟另有往來膠州灣內各處貿易貨價計值三•七八六•五四八兩不計在內
民國十五年 一九二六年	6,767,419	4,719,412	11,486,831	內有內港輪船貿易貨價計值四•六七八•〇五二兩(進口二•二八九•九七三兩•出口二•三八九•〇七九兩)惟另有往來膠州灣內各處貿易貨價計一一•一五一•九七〇兩不計在內

附記　本表統計增減之由民國三年爲戰事而減十一年爲沿海不靖而減十四年因徵用船隻而減十五年則因鐵路捐重運艱故粗重之貨改裝帆船是年並膠州灣內計之共二千二百五十萬也

出口土貨以花生占第一位總計帶殼之果去殼之仁以及製成之油與餅四項近年出口價值約二千四五百萬兩當千九百零八年時花生仁花生油兩項出口各得九

萬餘担共值一百二十餘萬兩時經二十年出口率亦增二十倍蓋花生宜於砂土爲山東之特產據外人調查山東種植花生之地可三百餘萬畝而產量則得一億七八千萬石約占全國產量五分之四青島出口者僅屬其一部分尙有多數由津浦路運至天津浦口裝船近年津浦不能通車僅賴膠濟一路爲之運輸惜交通多阻貨棄於地否則青島出口尙不止此數也以銷地近年之狀況言之帶殼花生以銷歐洲爲主次爲美國日本花生油以銷美國爲主次廣東及香港次歐洲花生仁則德美英荷以及日本西法義丹各國均爲大買主然仍以廣東占第一位惟印度非洲所產花生近在歐洲市場漸露頭角爲我國之勁敵而美國對於我國花生油之需又視彼國棉子油之豐歉以爲衡花生貿易之於膠海關十三年占全額百分之四十四十六年占百分之三十其關係之巨如是故自選種加肥以至收獲裝運均須加意改良也販運花生之商販按出產之區域約分爲西南口貨(卽臨沂日照莒縣沂水所產)大汶口貨(卽泰安附近所產)齊東貨(卽齊東章邱所產)河北貨(卽岱北黃河兩岸所產)大

路貨(卽歸德一帶所產)而以大汶口貨爲最優粒大有光澤富於油分且花生忌潮溼間有晒之不透以至中途霉爛者頗受出口商之責備而傷國貨之名譽近年本國商人亦知注意於此矣

牛亦爲青島出口之大宗合計牛肉牛油牛皮三項近年值六七百萬兩牛肉初銷海參崴馬尼拉爲多嗣以日人見山東牛之價廉物美乃一手販之日本其來源初則取之本省繼則遠達河北大順廣彰衞懷一帶以及山西之澤潞耕牛缺乏價更昂貴近年屢次加重照費以期寓禁於征然奉行者又往往注重在征而輕視夫禁歷年出口竟至有增無減出口初以千九百十三年爲最盛亦僅二萬四千餘頭嗣又遞減迨民國四年以後又由八千頭遞增至六七萬頭統計山東全省原有之牛不過六七十萬近以連遭兵荒數且大減每年更加此巨數之漏巵亦農民之憂也

煤之出口以十三四兩年爲最佳竟達四百六十萬兩蓋開灤福中中興各公司因直奉戰事停頓故淄川博山煤得以暢銷其後膠濟之交通亦復阻隔淄博之煤亦復退

步而日本煤反得乘機入口年銷數十萬兩又增一漏巵矣外人謂淄博之煤質硬難燒氣候炎熱之處用之爲宜故近年遠航歐美之船恆來本埠裝煤俾經過赤道地帶可免自燃之危險

鷄蛋在民國十年出口貨值已達五百八十萬兩嗣又逐年遞減至十五年遂減至一百四十萬兩十六年始恢復爲三百五十萬兩然近年因外人所設蛋廠之進步乾蛋凍蛋兩項出口驟增

棉花除供給本埠六大紗廠而外近年尙有三百餘萬兩之出口山東土質宜棉且氣候乾燥不似南方之多雨故於美棉尤宜全省植棉地可二百三十萬畝昔年駐濟德領事拜茲調查謂全省產額不下三百萬担去殼軋花大約三而得一是製成純棉尙得一百萬担也產棉最著之地爲臨清夏津清平博平館陶冠縣曹縣高唐偏於省之西部所產多數運銷天津青島出口尙屬少數也

草帽辮亦爲山東特產之一以沙河產爲最著次則浮邱(泰安新泰蒙陰產)甯陽(

甯陽中莊產）馬頭（郯城產）壽光（壽光產）樂安（小淸河下流一帶所產）新城（新城產）濰縣（濰縣昌邑產）陽信（陽信產）興濟（直隸之靑縣興濟一帶所產）鹿邑（河南之歸德柘城一帶所產）初爲德人經營出口稱盛一時當千九百十年前後出口已達六百餘萬兩比經歐戰頗示停頓戰後大宗移於天津而近年則天津與靑島兩埠之輸出均乏起色草帽辮之運往上海及外洋在民國元二年膠海關占十之八四年以後大減而天津出口在二年爲七千六百餘担三年爲五千三百餘担而四年則增至二萬五千四百餘担烟台在二年無此項出口三年出口僅五百餘担四年則增至六千六百餘担其互爲消長蓋可見矣

菸葉出口以民國七八年爲盛達三四百萬兩嗣前減至三百萬兩以下惟十六年出口十八萬担值三百萬兩大都由南洋英美米星山東南信五公司所收買其產於濰縣安邱臨朐昌樂昌邑益都臨淄者集中於濰縣產於泰安萊蕪新泰者集中於大汶口此外則甯陽桓台等處亦以產菸著名而坊子站並有英美烟公司之種菸試驗場頗有成效

出口土貨多數屬於原生品及粗製品此工業不興之結果也然本埠近年出口之製成品有數事大可注意者爲棉紗土布繅絲麥酒紙烟五項紗布初屬進口大宗自民國十三年以後一變而爲出口大宗是年本埠廠紗出口值二百三十萬兩翌年倍之十六年又倍之遂增至一千零九十萬兩若以洋紗土紗合計進出兩抵十三年尙屬四萬担十四年則爲出超四萬二千担十五年出超九萬擔十六年出超二十一萬擔市布粗布一項自十四年出口四十六萬疋值二百念八萬兩十五年稱是十六年遂增至五十五萬疋值三百零二萬兩本埠七大紡織廠之力量蓋可推知然其中有一部分屬新關之銷場其他一部分仍屬內地固有之銷場祇因鉄路運輸困難內地稅捐加重故改由海道運至天津再轉銷內地耳土絲（手繅）及繭出口盛時當千九百零八九年卽得一百七八十萬兩其後時減時增頗少進步近五年來廠絲日盛土絲日減機械繅絲出口每年遂達三百餘萬至四百萬兩靑島絲廠占其大宗麥酒每年出口值四五十萬兩又日人所專營也紙烟初屬進口大宗然十四年居然出口一千六百担值十四萬四千兩十五年出口一萬三千八百担值一百五十二萬兩十六年因英美烟公司停工僅出口二千八百担值二十八萬一千兩是年輸入上海紙煙遂亦增加

山東以及鄰省均不產銅然在民國五年銅塊出口竟達六十餘萬担值關平銀九百萬兩六年稱是七年減爲四萬六千餘担其後每年仍有三四萬担值六七十萬兩是皆日本奸民銷毀制錢銅元冶爲銅塊以壞我錢法也又山東不產藥材向亦無出口者而十四五兩年居然出口值四萬兩十六年驟至三十萬兩亦可異也

茲將本埠出口主要貨物製爲近十年之比較表其非向來出口大宗而爲近年新增較可注意者則於表後附列近年出口數量價値以資考較

（丙）主要輸出土貨近十年比較表

年份 \ 品目	棉紗	銅塊及銅錠（運日本）	鉄鑛砂（運日本）	牛	豆粕	麥酒	麩子（多往日本）	豚毛	小麥
民國七年	千担	千担 46 787	千担 1,855 279	頭 544 22	千担 76 149	千打 284	千担 37 52	千担 5 362	千担 368 1,359
民國八年		4 73	1,088 219	2,422 94	345 691	566	134 180	4 266	1,064 3,512
民國九年	14 607		2,579 507	13,192 475	129 249	144 447	122 163	5 455	120 384
民國十年	3 173	16 239	1,428 287	5,565 199	84 185	153 306	233 317	2 112	43 133
民國十一年	8 279	9 165	1,190 237	8,020 306	13 28	166 332	436 580	4 378	
民國十二年	13 514	18 363	256 51	6,221 265	13 32	177 357	533 721	6 344	10 40
民國十三年	48 2,325	15 330	70 14	12,240 174		421	518 702	5 341	
民國十四年	113 5,611	19 423	4 10	1,669 94		212 419	376 684	5 496	40 145
民國十五年	117 5,319	34 760		1,223 68		219 431	398 666	7 934	
民國十六年	231 10,893	35 628		97 5		270 525	338 684	5 748	

煤（出口及船用）	千噸	172 1,539	135 1,218	259 2,338	274 2,439	338 2,840	244 2,201	510 4,596	468 4,589	182 1,854	275 2,684
焦炭	千噸	57 799	17 221	9 110	23 253	23 256	16 192	19 205	21 247	10 141	8 82
棉花（多銷日本）	千担	31 943	21 625	11 272	9 215	30 707	45 1,257	67 2,075	83 2,989	19 589	103 3,410
雞蛋（多數銷日本）	百萬個	25	98	29	5,880	363 4,498	261 3,003	238 2,863	169 2,107	101 1,416	233 3,498
花生餅	千担	18 31	58 122	47 89	109 274	91 238	107 257	153 367	128 307	175 491	174 470
帶殼落花生（多數銷英法和三國）	千担			1 3	108 324	148 564	239 1,031	397 1,866	367 1,687	362 1,738	266 1,492
花生仁（銷廣東南洋及歐美）	千担	494 2,226	1,030 4,635	1,237 5,986	1,402 6,167	1,335 6,944	1,558 9,039	2,552 16,337	2,546 15,786	2,337 15,427	1,893 14,005
牛肉（鮮）（多數銷日本）	千担	35 120	44 317	88 640	161 1,146	169 1,228	204 1,469	177 2,180	148 1,836	195 2,414	220 3,760
牛肉（凍）	千担	67 409	85 626	56 404	17 126	5 41					
落花生油（多數銷香港新加坡英國）	千擔	343 4,699	711 9,101	493 5,219	44 3,782	344 3,507	371 4,973	498 6,027	465 5,490	580 7,429	427 6,317
鹽（多銷日韓）	千擔	3,313 1,226	5,212 1,928	4,287 1,286	3,217 965	3,234 970	720 288	483 96	133 53	2,502 893	2,243 421
白繅絲（機械絲）	擔	54 36	156 132	253 208	299 263	494 494	486 780	564 541	767 728	622 559	699 629
黃繅絲（機械絲）	擔	935 575	561 439	1,449 1,086	1,743 1,534	1,367 1,504	2,599 3,633	2,467 2,319	2,685 2,470	3,169 2,783	3,947 3,552
山東絹紬	擔	3,347 1,432	1,679 723	835 281	1,958 753	717 344	997 408	1,625 747	1,884 885	2,302 920	1,549 743
生牛皮	千擔	44 1,501	44 1,499	36 1,087	34 939	24 572	28 921	19 504	26 692	44 1,325	84 2,351
草帽辮（漂白及花）	千擔	10 1,227	17 1,998	11 1,535	17 1,004	23 1,541	25 1,780	23 1,919	25 1,759	21 2,039	22 1,314
牛油	千擔	52 819	44 577	54 732	48 554	15 183	29 365	45 514	45 544	33 476	40 519
軟木材	十萬平方尺	16 82	20 149	25 194	45 380	21 208	27 261	21 212	16 156		

菸葉	千擔	137 2,772	204 3,791	234 4,722	181 3,344	152 2,295	168 2,777	147 2,349	166 2,490	114 1,665	180 3,070
桐木（木屐用）		133	184	250	697	829	1,021	748	461		
頭髮及髮網	千擔			2	81	145	3 143	4 223	3 130	4 133	9 273
骨	千擔	68 111	65 108	77 115	92 143	84 147	85 151	101 179	77 172	1 3	67 202
地毯	塊		160 1	506 15	286 7	686 49	1,916 136	216	174		
亂棉	千擔	1 6	2 12	1 5	1 4	2 9	28 104	241	137		
白色生絲	擔	403 187	38 18	184 79	443 243	191 124	190 152	99	34 19	15 8	6 3
黃色生絲	擔	2,182 776	236 101	1,731 699	1,626 894	617 419	1,164 931	580 331	310 177	65 36	97 53
繭	擔	278 19	985 79	307 24	970 133	590 100	3,247 519	1,877 281	3,036 132	1,060 127	1,455 160
亂絲及繭	擔			2,325 52	941 21	4,849 108	15,393 351	14,464 333	9,361 215	7,720 176	7,312 292
麥稈（雜色）	千擔			1 39	1 6	12 109	4 150	263	220		
蓖麻子油	千担				8	12	87	164	80		
柿餅	千担				63	73	85	115	15 54	33 111	36 122
黑棗紅棗	千担						20 91	98 463	69 373	103 1,005	196 1,237
精鹽	千担								23 9	138 444	168 641

附記　右表數目以關册爲依據右數記量或以担計或以噸計逐項注出其數巨位多不能排列者則删去百以下之尾數以便印刷亦醒眉目左數記值概以關平銀一千兩爲單位

向非出口大宗而近年驟有可觀者附記如後

市布粗布十四年出口四十六萬六千疋內市布占八萬二千六百疋餘爲粗布值二百二十八萬兩另有斜紋布三萬二千八百疋十五年四十四萬一千疋值二百三十二萬兩十六年五十五萬六千疋值三百

零二萬兩

冰凍蛋十四年出口二萬七千担值四十二萬兩十五年數量同值五十四萬兩十六年六萬一千担值一百十七萬兩

黃絲十二年出口一千一百担值九十三萬兩十三年減至五百八十担值三十三萬兩十四年減至三百十擔值十七萬兩

乾蛋白十四年出口四百担值四萬兩十五年五百担值四萬三千兩十七年二千一百担值十九萬三千兩

乾蛋黃十四年出口八百担值三萬三千兩十五年五百担值二萬一千兩十六年四千六百担值三十六萬三千兩

冰凍黃白全之溼蛋十五年出口二萬七千餘担十六年增至六萬一千担

飛棉花十四年出口兩萬八千擔值十八萬五千兩十五年出四萬一千擔值二十八万七千兩十六年出四万九千擔值三十二万兩

核桃十四年出口九千擔值五万二千兩十五年出口一万二千擔值六万七千兩十六年出口一万九千擔值十一万一千兩

瓜子十四年出口七千擔值六万三千兩十五年出口一万擔值十二万八千兩十六年出口一万三千擔值十六万九千兩

土布十六年出口三千一百疋值十六万九千兩

紙烟十四年出口一千六百擔值十四万四千兩十五年出口一万三千八百擔值一百五十二万兩十六年出口二千八百擔值二十八萬一千兩

火柴十四年出口一萬四千羅值三千兩十五年十萬羅值二萬二千兩十六年十八萬五千羅值四萬八千兩

藥材十四五年出口僅四萬兩上下十六年驟加至三十萬兩

進口土貨以棉紗棉花紙烟紙麵粉高粱六項爲大宗餘屬零星雜貨所值大都在二三十萬兩之間棉紗一項逐年遞減己由民國七年之四百五十七萬兩減爲十六年之四十五萬兩棉花則因本埠紗廠之需要逐年遞增而以十三年之七百十三萬兩十五年之九百四十五萬兩爲最盛

紙烟以民國十三年之一千六百三十萬兩爲最盛實則是年進口七萬九千担與上年數量相等祇以是年開徵捲烟特稅估價倍增翌年以後則本埠廠貨日增進口日減十六年因本埠烟廠抗稅停工乃由十五年之五百八十六萬兩復增爲七百五十六萬兩

山東用紙本多來自福建及上海當千九百七年前後汽船帆船運進共值三百萬兩上下近年印刷需要倍增而銷路反減蓋爲洋紙占去不少

麵粉原爲出口大宗高粱則膠東一帶恆仰給於奉天然亦視豐歉爲伸縮近年兵荒結果進口驟增十四年進口高粱約一百萬担值二百萬兩十五年二十七萬担值五十五萬兩本國麵粉五十三萬担值二百八十六萬兩米及玉蜀黍值五十七萬兩又洋米洋麵六十萬担值三百萬兩十六年進口高粱一百八十萬担值三百六十萬兩本國麵粉三十八萬担值二百二十萬兩米及玉蜀黍值九十萬兩又洋米洋麵三十三萬担值一百八十萬兩壯者散之四方而老弱待賑以食此亦山東歷來未有之象而又不僅山東爲然也茲將近十年來主要進口土貨列表如下

（丁）主要進口土貨近十年比較表

品目＼年份	民國七年	民國八年	民國九年	民國十年	民國十一年	民國十二年	民國十三年	民國十四年	民國十五年	民國十六年
粗布（斜紋布花土布在內）	千疋 67 千兩 367	71 385	84 439	176 879	126 589	132 606	133 775	59 277	60 317	36 193
棉紗	千担 133 4,575	119 4,248	62 2,557	93 4,347	101 4,161	75 3,094	39 1,950	30 1,419	14 656	9 452
玉蜀黍	千担 40 77			13 27	277 555	255 765	26 52	32 75	170 340	355 710
高粱及小米	千担 474 820	40 76	66 126	309 589	1,733 3,511	765 2,301	67 135	907 2,000	274 549	1,804 3,608
米	千擔 102 354	20 84	36 225	19 99	15 79	9 49	52 286	79 449	42 231	52 288
紙烟	千擔 23 1,542	31 2,065	30 2,495	33 3,172	55 5,345	78 7,674	79 16,307	33 6,796	29 5,864	39 7,569
棉花	千擔 3 93	16 374	27 666	49 1,089	22 485	103 2,898	209 7,135	156 5,613	315 9,453	163 5,398

麵粉	千担	161 674	134 584	77 334	9 44	6 32	17 82	76 381	102 522	536 2.865	380 2.205
桐油	千担	6 85	7 89	6 75	9 113	9 103	12 187	9 140	7 109	9 138	9 151
上等紙	千担	5 120	6 154	8 214	10 69	7 186	12 239	10 248	12 312	18 426	10 251
次等紙	千担	42 407	29 292	36 447	56 704	48 582	58 584	68 640	70 671	80 768	62 622
三等紙	千担	13 80	17 100	23 203	36 288	24 193	25 154	49 245	62 322	63 318	74 449
錫箔	千担	6 182	10 265	9 226	8 189	7 157	9 188	12 193	10 185	11 182	7 113
綠茶	擔	3.328 166	1.155 37	2.578 70	4.390 105	3.894 93	3.591 107	1.520 67	2.893 80	1.450 52	1.353 81
茶 毛茶 花燻茶	担	640 16	1.220 31	8.930 199	8.306 199	8.942 214	9.135 228	14.302 390	15.913 402	13.738 356	15.604 457
軟木 十萬平方尺		35 88	62 193	55 195	133 365	159 386	142 644	109 433	75 269	170	160
豆餅	千担						96 240		132 304	80 224	213 639
黃豆	千担						56 224		189 605	17 54	89 366
蠟燭	千担				41	48	9 170	7 142	2 45	6 105	6 99
洋灰	千担				56	37	100 92	117 126	89 91	39 37	107 91
煤	千噸						35 319	8 71	8 75	50 503	45 448
藥材					89	82	104	124	164	180	130
杉木	千根						94 188	133 200	233 350	6 9	55 110

附記　右表數字以關册爲依據右數記量分別注明左數記值以關平一千兩爲單位進口土貨初非重要而近年較有進步者附錄如後

機器進口十四年值六萬一千兩十五年值五萬兩十六年值三萬兩

生鉄進口十四年三萬擔值三萬一千兩十五年四萬三千擔值八萬五千兩十六年五萬五千擔值十一萬兩出口無

熟牛皮進口十四年九百擔值四萬六千兩十五年一千五百擔值七萬六千兩十六年二千七百擔值十三萬七千兩

生漆進口十四年一千二百擔值三萬一千兩十五年二千三百擔值四萬兩十六年二千五百擔值九萬兩

重木材進口十四年六萬四千立方尺值三万九千兩十五年七万八千立方尺值四萬七千兩十六年四萬三千立方尺值二萬五千兩

棉線襪進口十四年九萬六千打值十萬兩十五年十八万八千打值十八万三千兩十六年十四万七千打值十五万四千兩

乾鮮鹹菜進口十四年二万四千擔值七万八千兩十五年五万八千擔值二十二万二千兩十六年五万三千擔值二十一万四千兩

撫順煤進口十四年八千噸十五年增至五万噸

洋貨輸入本以紗布兩項爲大宗自千九百零六年以降兩項進口貨值已各達五百餘萬兩相沿不衰近年洋商競來內地設廠利用我國工資物價之低廉兼以避去海關加稅之負担因之土貨日有起色得以抵制洋貨進口之一部分紗布兩項即其最鮮著者洋紗進口自民國十一年以後逐年遞減至十六年遂減至二十三萬兩且同時本埠廠紗尚得出口至一十萬兩洋布花色繁多尚有多種銷數較少未經列入表內然即以表內所列九項入口最盛之千九百零六年達一百九十萬疋值五百九十萬兩其後漸減而民國十一年以後退步尤甚惟本埠布廠所織較粗不善染色故花洋標布漂白洋布紅洋布尚能維持原狀洋綢洋緞絨布更屬蒸蒸日上本國綢緞不足相抵而一般社會之習於奢侈又可於此覘之蓋數十年之紗布變遷初則土紗土布爲洋紗洋布所壓迫繼則日本紗布與英印紗布兩相競爭至於歐戰以來則本埠之日本廠家抗衡上海之紡織業而戰勝之矣

棉花本屬出口大宗然自民國九年以後進口之美棉印棉竟至逐年遞增八年之間加至六十倍九年不及二十萬兩而十六年則爲一千二百七十萬兩蓋因本埠七大

紗廠需棉甚多而本省所産棉花纖維短而硬不宜于紡收采裝包亦不得法故廠家多用美棉上海棉與本地棉攙和使用華新廠用棉七萬担本國棉八而洋棉居二日廠六家年用棉花原料九十萬担內山東棉約二萬上海棉及美印棉各得三十五萬證以十五年入口之數適相符合惟十六年本國棉花進口僅得十五年之半數據外人稱山東棉逐年改良或推用日廣矣印棉色黃多子僅供粗紗之攙用耳

煤亦屬出口大宗然自十二年以後竟有東洋煤進口十五年竟增至三萬噸

麵粉本屬出口大宗而近年進口甚猛十四年進口洋麵粉增至四十萬担值二百餘萬兩洋米亦增至十七萬担值九十七萬兩號爲以農立國而猶仰食於人尤可慮也機械器具之進口以民國十年至十二年爲最盛本埠工廠多於此時成立後遂停止進步惟鉄類各項材料尙有增加大都供機器修繕而已車輛鐵軌以十二三兩年進口較多中有轉口海州者不盡屬膠濟路之用也人造藍則自十四年以後日見退步染業之衰落槪可知矣

其餘進口洋貨前後比較大都增加而尤可注意者爲汽車一項十四年進口值七萬兩翌年增爲三倍十六年增爲四倍相因而至之車輪膠皮胎十四年進口三萬七千兩十五六年各得九萬餘兩汽發油之增加尤速十三年以後驟增十三四萬兩十六年遂增至二十八萬兩計重五十八萬美加倫其進步且方興未艾也

玆舉主要進口洋貨近十年之數量價値列表如下

（戊）主要進口洋貨近十年比較表

品目	民國七年	民國八年	民國九年	民國十年	民國十一年	民國十二年	民國十三年	民國十四年	民國十五年	民國十六年
細洋布（十三年以下係與粗洋布合計）	千疋 98 398	114 521	77 460	135 749	127 621	109 619	261 1,672	199 1,280	191 1,180	62 356
粗洋布	千疋 281 1,325	157 870	121 957	171 1,047	235 1,395	185 1,208				
漂白洋布	千疋 67 396	66 412	45 309	105 872	91 683	105 758	136 1,031	98 748	125 936	107 779
本色粗細斜紋布	千疋 153 750	36 184	98 557	71 405	39 206	24 136	13 83	12 74	11 65	2 15
染色粗細斜紋布	千疋					78 436	66 387	53 294	46 238	33 176
洋紅布花洋標素及花甯綢	千疋					47 259	72 306	50 207	63 271	53 227
本色洋標布（三十二寸及三十六寸）	千疋 440 1,251	477 1,045	221 1,008	136 450	119 429	112 464	142 624	44 212	48 183	18 89
漂白洋標布	千疋 73 319	38 194	27 189	85 596	85 546	34 254	20 131	6 44	7 43	5 33
花洋標布及花洋紗	千疋 81 329	76 330	44 189	64 352	145 655	181 840	262 1,188	185 749	169 998	165 644
洋羽綢	千疋 37 202	27 169	33 275	66 601	70 625	62 558	79 663	89 672	113 972	158 1,189
洋緞	千疋 1 8	2	84 571	99 653	132 857	131 962	141 1,270	105 933	100 874	39 337
絨布棉法絨（雙面不在內）	千疋					29 154	24 132	26 148	25 116	36 203
棉紗	千担 115 5,423	54 3,013	68 3,757	76 3,751	147 6,458	73 4,310	49 3,278	41 2,711	12 864	3 231
各種袋類	千担 1,827 253	3,828 624	68 791	76 740	45 647	45 433	67 605	51 587	51 655	22 197
紙烟	百萬支 365 939	271 717	269 681	75 239	42 172	79 256	44 186	26 124	30 167	24 129
棉花	千担	3	7 192	41 1,060	96 2,663	173 5,649	198 6,996	228 8,931	306 11,549	357 12,723
人造藍	千擔 39	61	9 922	18 1,599	29 1,772	28 1,390	42 2,065	38 1,500	26 721	9 267
未列名各色染料						479	604	241	179	227
他種染料						89	51	15	51	33
火柴材料	千担	262	1,300 251	407 421	19 605	80 489	71 408	59 378	65 431	58 370
米國油（即美孚）	2,360 613	6,542 1,288	7,162 2,056	6,099 1,750	8,316 2,438	10,975 3,190	1,934	3,402		

煤油　蘇門答剌油（即亞細亞）	3,311 / 827	2,764 / 638	2,589 / 725	2,312 / 899	3,312 / 998	102 / 33	448	52		
煤油　日本油	676 / 211	725 / 85	40 / 12		66 / 19	10 / 3	10	11		
煤油　合計（千美加倫）	6,354 / 1,654	10,329 / 2,176	9,792 / 2,793	9,411 / 2,650	11,694 / 3,456	11,088 / 3,226	9,424 / 2,393	12,444 / 3,466	9,767 / 2,503	14,649 / 3,712
車糖紅糖白糖	千担 409 / 2,491	217 / 1,357	184 / 1,863	362 / 2,248	173 / 1,314	342 / 2,485	486 / 3,872	536 / 3,855	443 / 2,903	421 / 2,765
冰糖	千担					24 / 272	37 / 440	30 / 314	27 / 259	20 / 207
鹹青鱗魚	千担					100 / 310	99 / 300	54 / 172	33 / 107	27 / 87
海帶海菜	千担					58 / 268	21 / 94	20 / 84	25 / 117	28 / 115
海產	千担					3 / 63	4 / 74	29 / 132	2 / 63	2 / 38
軟木（百萬平方尺）	1,312 / 47	15,477 / 671	24,527 / 1,138	5,349 / 266	23,405 / 825	11,352 / 435	14 / 547	20 / 730	11 / 379	12 / 401
重木材（百萬平方尺）						4 / 164	5 / 108	7 / 289	6 / 210	8 / 299
車輛類（汽車腳踏車不在內）	41	55	157	156	1,291	231	217	195	234	156
郵局包裹		314	397	578	613	400	338	337	435	432
鐵桿	千担		20 / 145	22 / 123	37 / 153	31 / 122	59 / 212	32 / 118	25 / 85	22 / 70
舊鉄及軟鋼	千担		113 / 274	152 / 281	153 / 361	157 / 332	213 / 442	209 / 430	109 / 225	61 / 129
鉄軌	千担					15 / 65	90 / 290	34 / 95		
鉄板	千担					19 / 88	42 / 173	28 / 116	27 / 100	19 / 73
馬口鉄	千擔					30 / 294	45 / 400	37 / 333	34 / 282	37 / 361
鍍鋅鉄片	千擔					11 / 103	21 / 187	14 / 124	17 / 156	17 / 150

蠟燭	千擔		2 / 59	3 / 65	5 / 109	10 / 72	28 / 164	10 / 93	11 / 122	7 / 84
純鹼燒鹼	千擔					48 / 145	55 / 143	53 / 139	45 / 128	48 / 130
鹼製品	千擔					11 / 69	19 / 78	12 / 67	20 / 85	13 / 92
火酒酒精	一千英加倫					125 / 66	292 / 151	269 / 141	287 / 154	86 / 49
油光紙及印書紙（十一年以前與包皮紙合計）	千擔			440	345	27 / 281	46 / 438	47 / 472	52 / 539	42 / 424
包皮紙	千擔					9 / 108	12 / 109	13 / 141	14 / 154	14 / 148
藥丸散膏丹品				168	170	255	317	353	361	375
洋灰	千擔		40 / 40	87 / 113	114 / 188	103 / 132	28 / 31	45 / 52	27 / 28	16 / 16
電氣材料（電報電話在外）			167	153	191	234	287	213	209	220
玻璃及其製品			28	29	26	39	107			
機械器具		694	574	3,637	5,846	3,168	1,419	1,041		
紡織廠機器						2,749	541	221	279	351
他種機器及零件						187	542	624	300	201
麵粉	千擔		9 / 89	1 / 9	36 / 177	167 / 775	167 / 886	106 / 577	412 / 2,093	203 / 1,084
白米及粳米	千擔		31 / 158	138 / 969	142 / 942	180 / 1,083	74 / 480	89 / 529	177 / 977	129 / 783
煤	千噸					14 / 120	16 / 110	20 / 119	29 / 235	11 / 79
洋素綢	千疋					41 / 164	51 / 215	63 / 253	47 / 144	48 / 195

附記　右表數字以關册爲依據右數記量分別注明左數記值以關平一千兩爲單位

非常進口之洋貨如菸葉在十五年進口二萬二千担值五十四萬兩十六年二萬三千担值四十五萬兩

小麥在十五六兩年各進口値千餘萬兩軍用軍火十五年進口値五十四萬兩十六年進口値四百三十七萬是皆有特別原因非貿易之常軌也

以上輸出入貿易大都操於數十家洋商之手如日本之三菱三井大倉江商東和清喜大杉吉澤日本棉花東亞烟草英商之和記富羅匯昌亞細亞太古怡和德商之培孚太隆吉利美最時世昌隆培蔭德天利瑞典商之寶隆美商之美孚紹和滋美祥泰其尤著者也本國商人僅對本國沿岸貿易稍有經營至於土貨之運往外洋洋貨之運入本口則罕有問津者蓋運輸機關金融機關以及一切設備均不能互相應照以致太阿倒持本埠粵商以土產爲業者有景昌隆廣有隆等八家每年營業金額約得一百萬元至百五十萬而日商三井經販花生米油及煤其代價年可二千萬元是粵商八家不足當彼之一家也日商第二流之大杉鈴木（已歇業）每年營業額亦達四五百萬元輸入洋貨在前淸時尙有粵閩浙魯四省商人設號於神戶橫濱長崎以運出土貨並運入日本之棉紗火柴洋糖水產雜貨爲事今日就凋零矣在歐戰最烈時

膠海關稅十之八屬於日本商人經納其後稍減爲百分之五十四五分此外則英商占百分之二十四五分華商經納不足百分之十實則無一非我國人民之負担而儘數假手於外人俾其於中取利操縱自如人爲刀俎我爲魚肉蓋非一朝一夕之故矣本埠華商據靑島總商會調查共有一千一百八十六家其中除去成衣局小飯舖理髮舖雜貨攤之外其餘八百五十五家計分六十六行各行家數如下

銀行六家　銀號二家　綢緞店十二家　土產六十四家
洋廣貨十家　雜貨一百十二家　轉運行棧九家　草辮莊四家
棉紗行六家　布疋雜貨念二家　鹽業四家　藥行二十六家
代理烟草業二家　五金行十六家　銀樓三家　錢業三十七家
碱莊二家　書局五家　南紙店五家　草帽莊四家
蓆行六家　木行十家　油坊九家　磁器店六家
陶器店五家　茶莊三家　進出口三家　航業四家

電業四家　估衣業十三家　鐘錶眼鏡業八家　照相業四家
皮貨業三家　代理煤油一家　麵粉二家　火柴二家
洋烟二家　顏料行一家　織工廠五家　醬園十五家
印刷業十三家　皮革行九家　繩子業七家　酒店十八家
古玩一家　工程局五家　肥皂廠二家　簍舖二家
鉄工廠十七家　煤炭業五十五家　窰廠四家　汽車行十三家
人力車行十家　洋服店十六家　牛業九家　牛猪肉舖六家
水菓行四家　鞋靴業四十四家　木工業三十九家　客棧旅社三十二家
大車業四家　澡塘十家　魚行二十家　食品業二十四家
飲食店二十六家　青菜行十一家

又東鎭區約計二百六十四家內較大字號五十一家計分雜貨業十六家布疋雜貨十五家燒鍋二家工程局二家鉄工廠四家染坊四家洋車行二家銀樓三家蓆行一

家澡塘二家

以上僅就市內店舖之較優者舉之若並市內外之小店舖合計不下三千家修志時曾經專員調查市內外各行家數如下

銀行七家　錢莊十九家　五金店十四家　估衣舖六十二家
錫匠舖一家　火柴公司三家　土產商一百四十二家　煤炭商六十四家
蓆莊十一家　蔴裝莊八家　鷄子莊五家　鹽業八家
經理顏料一家　壽險公司一家　石灰莊二家　靛莊一家
碱莊三家　茶莊五家　帽莊五家　藤器舖五家
化粧品店六家　皮貨店二家　輪船公司五家　戲園子七家
紙張店八家　糖菓店七家　水菓行十二家　青菜行六家
船行十四家　客棧二十八家　刻字舖七家　鑲牙醫五家
照相館六家　洋服店十三家　書局十家　報館十四家

蔴繩舖七家　電料行五家　眼鏡店五家　鐘錶店十八家
蔦頭行四家　工程局包工十家　玻璃鏡子店九家　磁器店八家
金銀首飾店十一家　稱匠舖五家　洋車公司三家　簍舖四家
當舖一家　麵包房一家　牛皮莊四十一家　鉄器舖一百三十家
木器舖一百零九家　木廠二十九家　雜貨舖五百十二家　綢緞舖八十家
靴鞋舖九十四家　飯舖二百六十九家　豆腐坊十家　牛猪肉舖四十家
成衣局一百一十家　洗衣局十九家　汽水公司二家　汽車公司六家
理髮舖七十四家　紙匠舖五家　藥房九十家　醬園三十家
油莊十七家　茶食店四十四家　油漆粉刷三十三家　印刷局二十五家
燒鍋酒店六十四家　馬車店一家　機器針店一家　貰紅白差舖三家
麵粉公司二家　米麵磨房五家　染坊二十三家　花邊工廠一家
烟草公司二家　油坊十六家　織襪工廠八家　製革工廠五家

肥皂廠二家

以上市內（卽青島鮑島台西台東）共計二千五百二十二家以設有字號獨立營業者爲斷其棧房寄寓之客商與市場浮攤之小販均不列入惟其中麵粉公司以下九項屬工廠性質又如印刷刻字鑲牙靴鞋成衣之類亦屬家內手工而兼司坐賈者也市外各區商店則彙列如左表

（己）市外各區商店表

行業＼區域	滄口	四方	李村	紅石崖	塔埠頭
煤廠	三		一	一	
雜糧店					三
雜貨舖	三三	三四	八	一六	六

行業＼區域	滄口	四方	李村	紅石崖	塔埠頭
水果舖	一二				
蔴繩舖	一				一
飯舖及餅舖	八	六		二三	三
酒館	二		三		
茶館					一
土產	一			三九	一一
綢緞舖	五				
鞋舖	一四	八		一	
成衣局	七	八			
銀樓	一	二			
理髮舖	三	五	二	二	二
藥房	九	六	五	三	一
醬園	四	三	一		
石印局	二				
鐵匠罏房	二	二	一	二	
書局	一				
茶食店	二				
牛猪肉舖	二	二		一	

鑲牙照相館	二	一			
木匠鋪	四	一	一	三	一
油漆粉刷舖	二				
茶葉舖	二				
鐘錶舖	一	二			
簍舖	一			一	
澡塘	一				
客棧				一	八
蓆舖				一	
錫器舖				一	
長途汽車					一
戲園		一			
估衣舖			一		
染坊			一		
油坊	一		一		
米麵磨房	一				
織襪工廠	一				
燒鍋		二			
磚窰				二	
共計	一二八	八三	二五	九七	三七

以上市鄉大小商店合計雖有三千家都屬小本經營自少數之銀行公司而外十萬以上之資本已屬寥寥可數且其營業性質多屬於市內之坐賈而非外埠之行商縱有少數心計之徒操奇致贏只知分利並未開源僅食商埠既興之果而不足以造商埠致盛之因在昔年開埠之初外人不得輕入內地內地官廳雖不克盡保商之責亦未至滋擾民之政故其時外人勢力限於通商口岸而止洋貨由通商口岸以入內地土貨由內地以運至通商口岸必經華商之手故進出口之貿易權雖操諸外人然洋行終須用華人爲買辦以與內地之行棧商販相互交易例如土產之花生棉花草帽辮等項由鄉人售於小販小販售於莊客莊客售於號商號商售於洋行始得出口近年以政局不甯華商觀望不前而洋商則持有三聯單之利器與領事之護符得以深入內地採辦土貨又或自向內地推銷洋貨及在通商口岸出廠之貨其敏捷與便利時或優於華商彼僅於出口時多交一子口半稅卽足以替代稅率倍蓰之各項征收且免除沿途之險阻刁難於是門戶洞開藩籬盡撤舉原有之媒介機關如小販莊客號商等等以及洋行買辦概可取消洋商大爲便利而華商營業之途愈狹無以自保洋商之中尤以日本人爲鉅細兼收無孔不入日商之來我國不僅運銷我國所需之日貨與彼人所求之華貨而且包攬華貨之進出以販給中外之用如本埠出口之花生棉花牛肉鷄蛋大部分已操於日本人之手彼能爲我之土貨開販路於海外不爲無功然而國人之生計事業逐年被攘日卽於窮故自民國三四年以後本埠華商倒產歇業者不計其數父老相傳謂民三以前爲華商致富時期以後則爲衰落時期此種現象尤以山東本籍之卽墨黃縣沙河各幫商人所感苦痛爲甚近年以來歇業之土產商號不下五六十家此非一二人之經營失敗使然實闔幫同業根本動搖所致其於商埠誠非小故本埠之進出口貿易日增而華商營業日益彫敝人既取其精華

我僅存此軀殼各國競以保護國貨國商爲務而我則未能是知洋商勢力之恣肆與我國工商之凋零其故可深長思矣

本埠商權既已操之洋商之手故貿易進步之利益華商罕得沾潤而遇有挫折損失則洋商大權在握操縱自如又每每移禍於華商其最甚者如日德交鬨華商直接間接所受損失約二千萬元青島取引所之失敗華商直接間接所受損失約一千萬元事過十年元氣尙難恢復戰事損失不盡屬商業範圍沿革篇已述之矣取引所之失敗固爲外人操縱亦華商自取其咎也先是民國八年間中日商人卽鼓動設立取引所九年二月日軍司令部遂宣布設立定爲官營是年九月開始營業分錢鈔物產證券三部而另組商股之信托會社以爲運用機關辦理交割担保並墊款事務信托會社股份十六萬股每股五十元先收四分之一計二百萬元中日人平均認股物產以落花生米及油豆油爲限錢鈔則限於正金銀行所發銀票證券則指定二十四種要屬日人在青島所組織之會社股劵實則物產錢鈔華人原有買賣市場自有取引所而後大部移於外人之手證券買賣僅以抬高日商之股劵聲價俾日人之企業資金便於周轉在日人眼光遼遠用意甚深而華商則僅圖一博千金之利並不顧及大局亦未慮及個人之前途物產錢鈔之兩項組合員華人多於日人數倍蓋此二項交易固以華人居其多數也創立經年股價三倍據最初半年之營業報告物產部經手花生油二萬五千七百餘車花生米四千五百餘車錢鈔部經手成交錢鈔四萬萬元共收手數料十六萬元實則競爲空盤助長賭博而已既而太平洋會議決定收回青島日軍當局乃於十一年三月杪廢止官營取引所其事務則併歸商辦之信托會社改稱株式會社青島取引所而日商松井伊助小西喜代松又發起青島企業信托會社資本與取引所同數目的則在合併青島取引所是年六月合併告成局中人自認之股任意質諸本所恣爲通融一旦抬高市價然後轉售外人以爲奸利如此屢爲抑揚勝負之數固難勝計然最後之黑幕一經揭穿亦卽不堪收拾又以歐戰結束日本股票跌價本埠間接受其影響於是初之獲勝鉅萬者至是一敗塗地實交每股十二元

有半之股劵往日漲至三十餘元至是竟等於零華商之大股東如成學田劉雲碧隋熙麟以及組合員等直接間接損失八九百萬迄今市民且爲談虎色變大禍既作松山小西一去不返而華商亦束手無策其後仍由日人主持一再減資實交四百萬元之股本最後減爲五十萬元嗣於十三年增設棉紗部雖經華商反對亦無效果上年復將華商之土產市場併入其中華商損失數百萬之資金又將固有之交易市場移歸外人管轄此亦青島商埠之恥也

商會之設始於清季青島商會之前身初名商務公局始於光緒二十八年卽西歷千九百二年初設董事十二人山東籍商人居其六外籍居其三洋行買辦居其三更於董事中公推四人列席於膠撫之參事會有代表市民參預市政之作用不僅謀商業之便利也嗣於宣統二年取消公局改由齊燕會館推舉二人三江廣東兩館各推一人名曰信任代表列席是年七月呈請農工商部頒給關防正式成立青島商務總會初設會董二十人內推總協理各一嗣改稱會長副會長而會董則增至三十二名宣統二年推選總理傅鳴俊協理丁長昇民國五年改組第一次改選會長丁長昇副會長成學由七年第二次改選會長成學田副會長丁長昇九年第三次改選會長成學田副會長隋熙麟十一年第四次改選會長隋熙麟副會長張立珂十三年第五次改選會長隋熙麟副會長李佐周十四年九月附設商事公斷處推宋潤霖爲處長十六年第七次改選會長宋潤霖副會長呂傳朗而會董亦增至五十二員入會商號民國五年改選時得一百八十家七年二百二十六家九年二百七十四家十一年三百二十八家十三年四百零八家十六年三百七十二家我國收回之際社會團體風起雲湧於是青島商會之外又有台西台東滄口商務分會三所嗣經部令取消然商家轉引爲不便蓋主持團體之人既不能以公正無私之心胸爲公衆謀其利益幸福則社會因利乘便各顧私圖地盤思想之發達亦固其所舉世狐鼠之徒憑陵城社以爲窟巢消耗既空終於倒壞城社固傾狐鼠亦斃不悟羣己權界公私相維終不足以自立於人世也在德人租借期內商務公局經費支絀僅賴華人房捐每戶月捐自三角起至二元止

以供局員薪工及市內廟產公產之修理費與賑恤款項而已其後人事日繁會中分科治事規模擴大捐派款項收入旣豐送往迎來費用亦巨尤苦者則軍閥認商會爲籌款之具歷次派捐募債籌備軍食罔不倚辦於商會而商會之地位亦愈顯其重要隋熙麟任會長時甚且創設鐵路運貨加快費自行派員征收又創議加征民船捐火車貨捐煤炭捐屠宰裝運捐歸商會經徵幸有公正商人表示反對會畢庶澄伏誅隋亦逃匿幸而獲免今昔異勢名實不符有如此者實則德人租借期內洋商別設商會而我國接收以後日商亦另組商業會議所（嗣改名商工會議所）對於本埠貿易消長商工利害均有專家爲之調查研究其實力充足目光遠大迥非吾人所能望其項背矣

進出口貿易大權旣已操之外人故金融勢力亦屬太阿倒持而日商之正金銀行隱然握本埠金融之重心（正金銀行存放款年可六億十二年金款二億二千三百萬圓銀款三億四千四百萬元十三年金款減爲一億八千九百萬圓銀款增爲四億四千九百萬元十四年金款減爲一億四千四百萬圓銀款增爲四億五千三百萬元）加之政局不甯國人失其自信之力華商所設金融機關如靑島地方銀行河南省銀行山東省銀行固屬倏起倏滅卽較有歷史基礎之山東商業銀行上年停止營業迄今尙未整理以此人心空虛金融業之活動範圍愈狹息率綦重貣貸兩難惟我全國金融中樞繫於上海本埠輪船裝出土貨向上海者年約一千萬兩由上海裝來進口土貨年約二千萬兩而洋貨由上海轉口裝來亦恆在一千萬兩內外故本埠金融恆依上海爲挹注而洋鳌之升降與申票之進出（聞本埠行棧號家所出申票民國十五年約得一千萬兩十六年得八百餘萬兩銀行電滙不在此列申票者卽出票之行棧指定在上海如期照付之滙票也他埠亦間有之爲數甚少）呼吸相通至於內地物價多用錢碼故銅元交易亦稱殷盛茲就本埠明華銀行所記錄之金融行市擇要彙列一表如下

（庚）本埠近年金融行市表

年分	月分	申票行市 最高 日期	申票行市 最高 行市	申票行市 最低 日期	申票行市 最低 行市	申票行市 全月平均	洋鳌行市 最高 日期	洋鳌行市 最高 行市	洋鳌行市 最低 日期	洋鳌行市 最低 行市	洋鳌行市 全月平均	銅元行市 最高 日期	銅元行市 最高 行市	銅元行市 最低 日期	銅元行市 最低 行市	銅元行市 全月平均
民國十三年	一月	五	7.0	一〇		3.386	三〇	6865	五	6785	6817	七	189	二三	187	188
	二月	二三	4.5	一三		2.353	二一	6832	二五	681	6828	二六	199	一一	187	195
	三月	三一	8.0	五		1.992	一	6825	七	6692	6778	二六	204	三	196	199
	四月	八	9.0	一〇	5.5	7.0	一五	6745	二九	6695	6723	三〇	207	一〇	198	203
	五月	一二	10.0	二八	35	6.984	五	6705	一二	666	669	三一	212	一三	207	210
	六月	七	9.0	一三	4.0	6.465	一	6687	七	655	6627	一	213	一二	210	211
	七月	六	7.5	一八	1.0	6097	一四	664	一	6575	6614	二三	220	三	212	215
	八月	五	7.0	二七	1.0	5.66	二九	681	一三	6605	6659	二九	221	一三	215	218
	九月	二三	12.5				一一	6805	一八	672	6445	二四	240	九	226	216
	十月	一四	11.0	一二	1.10	8.37	二九	6765	二一	67	6602	二	249	四	225	243
	十一月	一七	25.0	六	9.0	11.588	二六	703	一	676	6689	三	245	二五	236	231
	十二月	一	11.0	一六	3.5	6.333	三一	713	一〇	688	6958	一一	245	二三	237	240
民	一月	六	7.5	一一	2.0	4.749	七	707	一九	69	6965	一九	246	一四	237	240
	二月	一三	6.	一〇	1.	3.88	二	6905	二七	676	6812	二六	257	二	241	249
	三月	二	4.5	三一	1.	3.603	三一	6855	五	676	6791	二	260	五	256	258

國			十		四			年
四月	五月	六月	七月	八月	九月	十月	十一月	十二月
二七	一八	二六	四	八	一	二〇	二八	二九
9.	8.5	13.	11.	6.	4.	6.	5.	16.
一	二九	三	三〇	一五	三〇	三	一	一五
1.	4.	5.	45	.5		.5	1.	1.
419	6.393	8.	8.395	3.71	1.55	3.	2.784	6.21
一	一三	一	二八	三一	二五	二三	六	二
683	68	674	674	6845	6945	6935	6965	6965
二二	三〇	一六	一	一	二	九	一	二九
677	673	66	665	6727	6827	6877	692	679
6793	6776	6682	6697	679	6871	291	2941	6894
七	五	二九	三一	二三	一	三〇	一	一
261	259	269	277	294	290	289	282	268
二〇	二二	八	九	一	二三	一六	二六	二五
256	254	256	266	277	281	264	263	250
259	256	261	271	288	285	274	270	262

民			國			十		五
一月	二月	三月	四月	五月	六月	七月	八月	九月
六	三	六	六	一二	二一	二	三一	三〇
13.	6.5	4.	6.	3.	5.	3.75	5.	7.5
一二	一九	九	二三	五	一	三一	一九	六
	2.	1.	1.	1.	1.	1.75		1.
4.865	3.75	3.193	2.5	1.968	2.594	2.838	1.427	4.431
一三	六	一	二八	八	二九	二九	二八	一一
688	679	677	671	6735	6713	673	683	6855
七	二五	二二	六	三一	一	二	五	一
677	6781	6682	6697	6698	67	6695	6726	6816
6786	6784	6743	6704	2932	6704	6737	6753	6841
六	六	四	二九	一	三	二	一二	二二
274	275	293	291	292	300	295	294	296
八	一	一	二三	一八	二八	二九	一	五
264	271	276	287	289	289	2875	287	293
269	273	289	289	290	293	291	291	294

	年		民			國		十
十月	十一月	十二月	一月	二月	三月	四月	五月	六月
一	二四	一	六	二二	三〇	一〇	一	二九
6.75	6.5	5.5	4.	5.	8.	12.	7.	6.
二二	二〇	一八	二二	一四	三	二七	二七	一八
	2.	.5		.5	2.	6.		
1.638	4862	3.2	1.076	2.333	4.112	8.866	3.492	2.206
二二	一六	三一	六	七	一	一四	三一	三〇
685	694	694	692	69	6795	6815	6885	697
四	一	二	一〇	二八	七	二五	一二	一三
6762	682	689	6887	679	672	673	6757	6852
6801	6885	6911	6901	6836	6758	6776	6777	6882
二五	二一	三一	一〇	二六	一四	九	二六	八
299	299	303	315	320	335	335	360	352
四	七	一	八	一九	一	二九	一	一
288	292	297	305	305	315	330	333	345
293	293	299	310	310	329	333	341	350

六		年
七月	八月	九月
二二	二	一
45.	31.	7.5
一	二六	九
4.5	6.	4.
19.88	12.725	6.442
九	一二	九
6972	694	6895
二二	二二	一九
6875	6855	686
67	6882	6876
二八	一九	五
365	390	390
一五	一	一三
335	363	375
346	380	383

食貨志七　工業

膠澳附近地瘠民貧素無工業之可言顧以位置而論內有山東河北之輿區農產原料鑛產燃料至爲豐富金嶺鎮之鐵鑛於前清嘉慶年間既嘗開采頗有希望而港灣適當山東半島之陽在華北各港最居南端發揚北方之物產工藝以運送於南方之江浙閩粵東方之日韓台灣應以膠澳爲捷徑故膠澳之在北方實爲最有希望之工業地也在德國租借期內專致力於港灣道路水電工程以及內地之路鑛對於工廠尚屬有志未逮德人所經營者僅有麥酒廠繅絲廠汽水廠鷄蛋廠各一所與二三窰廠而已民國三年日德交鬨萌芽之工業益以益以停頓而華商發起組織之華興實

業公司亦遭波折損失無算其後日人注意工業競爲投資自民國七年至十一年爲本埠工業之建設時期所有日人經營之紗廠油坊鹽廠酒廠絲廠冰廠蛋廠大都於此時期成立每年入口之建築材料以及廠用機械輒達鉅萬十二年以後爲本埠工業之收穫時期日廠之新工程雖無何等增加而華商繼起如恆興雙蚨兩麵粉廠永裕公司之鹽廠以及小規模之油坊襪廠繼起不少近五年來出口貨值進步甚速卽本埠工業之收穫成績也我國物博人衆所欠缺者在于資本與技術外人挾其有餘之資本與優越之技術競來內地設廠利用我國物價工資之低廉又省卻運輸之費用與進出之關稅二十年來大勢所趨遍於各埠我國之政治家經濟家亦未嘗不認利用外資爲必經之階級惟其程度範圍要須審愼考量留有伸縮之餘地也茲舉本埠重要工業分類述之如下

(一)棉業工廠　棉布爲國民多數之所必需歷年棉類由外洋進口(包括棉花棉紗棉布之類)恆值二億四五千萬兩實爲一大漏卮而我國之土紗土布銷路既被

侵占殆盡亦爲生計日減之原因卽以本埠而論洋紗洋布兩項合計恆值千餘萬兩而本省所產數百萬担之棉花往往捨其一部以供外人之用昔年皖紳周氏父子有鑒於此糾合同志組織華新紗廠布置粗就而丁日德之役大受頓挫其後復行集資建廠於民國九年五月開工而日商之內外棉紗廠已於七年來青設立分廠後起者翻爲捷足矣其後日商接踵而起而華商繼起無人以致本埠惟一之重大工業日占其六我僅得其一紡軸全數二十六萬七千餘錠華商約得八之一全年出紗二十五六萬捆華廠僅得十分之一日商占十分之九且日商之大康鐘淵兩廠均設布機年出布七十六萬餘疋華新雖有推廣廠基增設布廠之議因政局不甯無由進取經濟之相形見絀不能不歸究於政治矣茲舉各紗廠之設備狀況列表如下

甲、本埠紗廠設備表

廠別／事類	華新（華商）	隆興（日商）	大康（日商）	富士（日商）	寶來（日商）	內外棉（日商）	鐘淵（日商）
組織關係	華新紡織公司五廠之一	日清紡績公司之一分廠	大日本紡績公司之一分廠	富士瓦斯紡績公司之一分廠	長崎紡織公司之一分廠	內外棉公司之一分廠	上海製造絹絲公司之一分廠
所在地	滄口	下四方莊	四方	滄口塋子	滄口小甕窰頭	四方莊	滄口
資本額	二百五十萬元	本社總額一千六百十二萬餘元	本社總額五千二百萬元	本社總額四千五百五十萬元	本社總額五百三十八萬元	本社總額一千六百萬元	本社總額規元一千萬兩（內有華股）
廠基面積		五八·一四九坪	工場六六一四六坪宿舍二四二六坪	十二萬五千六百坪	五六一五一坪	十萬五千九百餘坪	二十四萬七千坪
建築面積		五四六七坪	八七九一坪	八千二百坪	五九八九坪	工廠八八八三坪宿舍四二六五坪	二六六七九坪
廠房格式		磚造平房	磚造平房	磚造平房及樓房	磚造平房及樓房	工廠平房宿舍樓房	平房及樓房
開業年月	民國九年五月	民國十二年四月	民國十年十月	民國十年九月	民國十二年十一月	民國七年一月	民國十二年四月
製造能力	每年出單紗一萬四千捆股線六千捆	每日出紗六十五捆每年二萬捆	每日出紗一百五十捆布二百五十疋每年出紗四萬九千五百捆布八萬二千五百疋	每日九十捆每年三萬二千捆	每日四十捆每年一萬四千四百捆	每日一五七捆每年五萬一千八百捆	每日出紗九十五捆布一千九百疋每年出紗三萬四千捆布六十八萬疋內粗布占十之六細布十之三洋綾十之一
製貨種類	五子十支十六支松鹿十六支卅二支四十二支六十四支	寶船十支十六支二十支	金貨十支十六支宮女童魚十二支二十支	五彩星十支十六支二十支	寶來十支十六支二十支	銀月十支十六支二十支	花蝶牌紗雙飛龍牌布
製貨販路	沿海各省及長江上下游	山東天津上海	沿海各省	山東大連天津上海	山東天津上海香港	山東	中國沿海地方及印度澳洲
原料消費量	年用綿花七萬担	年用棉花七萬三千担	年用棉花十七萬二千担	年用棉花十萬担	年用棉花五萬担	日用棉花七萬五千磅年用二千四百八十萬磅	年用棉花九萬担
機械種類	精紡機三萬二千錠	精紡機二萬六千三百六十錠	精紡機一百五十座計五萬八千錠織布機一百五十四座	精紡機八十座計三萬錠	精紡機二萬錠	精紡機六萬三千二百錠	精紡機四萬二千餘錠布機八百六十五座

機械來原	馬力	用煤量	職工數	職工能力	作業時間
紡紗機係由美國文素懷定兩廠造紡線機係英國阿薩利司廠造			二千五百名		每日十小時
英國海雜林迪公司造	電動力每月三十八萬五千基羅瓦特	每年九百九十九噸	日本二十八名中國一〇三七名		每日十一小時
紡紗機英國普拉脫廠多布松廠美國懷定廠造布機日本野上廠造	自備發電五千基羅瓦特合六千七百馬力	每日六十噸年用二萬一千九百噸	日本人五十七名中國人三千五百名		每日十一小時又十五分
英國阿薩利司廠造	二千馬力	每日三十噸年用一萬噸	日本人二十六名中國人一千八百名		
美國薩可羅埃爾廠造	電力一千基羅瓦特	每日二十一噸年用七千六百噸	日本人四十五名中國人一千二百名		每日十一小時
英國普拉脫廠造	購入電力一千二百基羅瓦脫自備電力三千七百五十基羅瓦脫	每日三十三噸年用一萬一千噸	日本人一百二十名中國人三千三百七十七名		每日十一小時又十五分
英國普拉脫廠造	電機二座共三千五百基羅瓦脫	每日四十四噸	日本人一四三名中國人三千四百名		每日十一小時

休息日期	附記
星期日	
星期日	
星期日	
	貨棧一所面積一千二百餘坪容積四萬五千担
每週一日	
星期日及年節	
每週一日	附設蠶絲試驗所研究養蠶繅絲

紗布二事本屬相聯而毛巾線襪線毯花邊之類亦均附屬於此惟本埠因大康鐘淵兩紡織廠兼織布疋出數頗巨故木機布廠不易成立僅有長興祥布廠在台西雲南路規模狹小內容不詳原有農民副業歷史所謂女世紡績者亦已絕跡此外織襪工廠八家花邊工廠一家毛巾線毯之類山東銷路甚微故無專設工廠惟間有家內手工業由濟南購一二木機試製毛巾及浴衣寢衣之類而已線襪本地銷數逐年有增現有襪廠雖屬小本經營尚能獲利茲就業經調查者列表如下

乙、本埠襪廠花邊廠狀況表

名稱	地址	工廠面積	廠屋格式	機械設備	原動力	每日出貨數量	銷場	工人數	工資率	資本額
大綸襪廠	台東道口路	一百十方步係租用	機器間平房事務室樓房	織襪車十九部繞紗車三部絲光機一部餘爲木機附有染房	電機二部各得四馬力	八十打	本埠及內地	七十餘名	日給二角五分	五千元
興業織襪廠	膠州路		樓房	手搖紡織機四部脚踏線機二部		五打	本埠	四名	月給五元	
通盛公襪廠	台西三路		平房	織襪機六部	二馬力電機一部	十六打	本埠及海州	八名	月給三元供給伙食	
協成花邊廠	西藏路		樓房	紡織機大小各四部搖車四百餘個	十馬力三馬力二馬力電機各一部	一百五十打	本省及山西	三十名	日給三角	二千元
和興花邊廠	費縣路		租用樓下	紡織機大小各二部搖車三十部	三馬力電機一部	五十打	本省及山西	十六名	日給二角五分	

附記　此外尚有蒲台路之德源盛滄口路之天豐費縣路之有利雲南路之容記及同心恒等襪廠五家內容不詳

（二）絲類工廠　山東自古以產絲著名其後江浙川粵之絲盛行山東綢大爲減色一以南方溫暖宜蠶亦因東省人功不進日就凋落近年因西人之指導及學校之訓練養蠶繅絲諸見改良因之山東綢之聲價復與湖縐杭紡並駕齊驅惟南方一以家蠶爲主山東則有家飼野飼二種野飼柞蠶始終集中於烟台迄於近年繭綢仍爲烟台之大宗出口貿易家蠶盛行於青州臨朐一帶以及蒙陰新泰萊蕪沂水泰安滕縣而集中於周村出口者初則專走烟台繼則改道青島在青島未開埠以前烟台出口黃絲近一萬担嗣爲青島所奪遂以日減德人於千九百零二年創設德華絲廠於滄

日因開支過巨得不償失遂於千九百零九年歇業其後華商集資接辦亦鮮成績而止民國六年在上海之日華蠶絲公司來青設立分廠於奉天路六年七月開始工作計有煑繭鍋七百四十五口初年製絲一百五十担近則逐年增至一千五百担多數運銷美國每年所需乾繭一萬五千担以上民國十二年此廠成交買賣三百七十萬元翌年增爲三百九十萬十四年又增爲四百二十萬販路擴大概可推知且廠中附設養蠶試驗場對於山東內地之飼法飼料以及選種等事均有專科研究尤注意於柞蠶以視周村之華商絲廠氣象迥異矣

（三）麵粉工廠　山東本爲產麥食麥之區然近年洋麵進口竟成大宗貿易日人於民國六年創設青島製粉公司（濟南並有分廠）所製鹿頭牌麵粉久已盛行於本埠及膠濟沿線其後洋麵進口日多華商恒興雙蚨接踵而起以近年內地食料之缺乏而論本不敷銷顧因交通之障礙原料燃料不以時至未免作輟不時終讓日商獨步茲就調查之各廠狀況列表如下

丙、本埠麵粉廠狀況表

廠名	恒興第二麵粉廠（華商）	雙蚨麵粉公司（華商）	青島製粉公司（日商）	福星公司（日商）
所在地	奉天路	大港一路	邱縣路	壽光路
資本額	十三萬元	三十萬元	五十萬元	
廠地面積	五千二百方步	九畝七分二厘	五千七百坪	四百坪
建築面積			一千五百坪	二百十三坪
廠屋格式	廠房五層樓事務室樓房及平房	廠係樓房貨棧平房事務室樓房	四層樓	一層樓房
開工年月	民國十三年九月		民國六年七月	民國十四年十月
製造能力	每日出粉一千八百袋	每日出粉一千五百袋	每日出粉三千五百袋	每日出粉五十巴勒爾（一巴勒爾合日本量九斗即華量十七斗）
製貨種類	火磨牌	雙蚨牌	鹿頭牌	
製貨銷路	本埠每日約銷一千袋內外	本埠每日約銷一千袋內外	本埠及膠濟沿線	本埠
需用原料			每日用小日麥一千七百担	每日用小麥九十担
機械設備	製粉機六座	製紛机一座		製粉机一台
馬力	煤氣瓦斯	電机一百五十馬力		電机二十馬力
工人數	机工二十名 小工二十五名	机工八名 小工十七名	華人四十五名 日人一名	華人六名
作工時間	十一小時	十一小時	十二小時	

附記　此外有華商組織之舊式磨坊五家爲膠州路之永盛祥臨淄路之義合興益都路之德增棧台東五路之春泰棧滄口之恒祥規模狹小僅供附近門售而已

（四）麥酒工廠　與產麥聯屬之工業爲草帽辮及麥酒（俗呼啤酒）草帽辮之製造散在各縣屬農人之副業并無專設工廠本埠僅有經理出口之德商薩德洋行等附設工廠自行漂白而已麥酒工廠創立於一千九百零四年由歐美人集股三十萬元而以德人爲主所製黑白二種麥酒成績優良製貨三成銷本埠七成銷南北洋各埠每年輸出在三萬加倫以上日德交鬨此廠遂歸併於大日本麥酒公司而爲其一分廠民國五年十月繼續開工相沿至今本埠登州路之廠基占地三萬坪建築占地二千坪每年出酒四十萬打除山東外並推銷天津大連上海福州各埠每年消費麥料五十萬基羅消費煤一千八百噸用工人一百五十名設備有汽罐二台汽機一台直流發電機二台造冰機二台均德國肯尼次廠所造其規模宏大在我國殆無出其右矣

（五）火柴工廠　山東所銷火柴初多取給於日本其後日人來青設廠先後三家最近始有華商一家勢力微弱不足與之抗衡也茲就調查所得列表如下

丁、本埠火柴工廠狀況表

廠名	明華火柴公司	青島燐寸公司（日商濟南有分廠）	山東火柴工廠	華祥燐寸公司

所在地	滄口	曹縣路	華陽路	諸城路
資本額	一萬元	三十萬元	八十萬元	七萬一千元內有華股
廠基面積	二千五百坪	七六四五坪	九八五六坪	一二零四坪
建築面積		一九六四坪	二九八四坪	四六零坪
廠屋格式	平房由日人租來	平房	樓及平房	平房
開工年月		民國七年六月	民國九年三月	民國十三年四月
製貨能力	每日十噸	每日九十噸	每日一百二十噸	每日三十五箱每箱八百格羅斯
製貨銷路	山東海州徐州及山西	山東河南江蘇安徽東三省	山東直隸江蘇	山東江蘇
機械設備	手搖机十部	德式軸列机三十六台	德式軸列机五十二台日本柴垣式軸拔机三十台火岩式軸刻机十七台	日本平尾今福兩廠造机械二十四台
原動力		每年用煤一千噸	製軸用二十馬力摩托一架每日用煤二噸	五馬力電動机一台
工人數	一百一十八		九百八十名	二百五十名
工作時間		十小時	十二小時	十小時

（六）花生油工場　登萊二屬本爲豆油出產之所與牛莊相伯仲然山東所產之黃豆質劣油少不及東三省之優近三十年來山東豆油遂爲東三省所壓倒於是有花生油起而代之山東花生產額雖未逮東三省之大豆然前途亦正不可限量而花生油之暢銷歐美及廣東尤有一日千里之勢粵人僅供食用而歐美則以充製胰之原料或改製清油爲用甚大所惜我國舊式油坊不能改良本埠雖有數十家之油坊不能敵日商一家之產量又以日人經營油坊以輸出爲本務若專事製油亦難獲利故華商愈覺望而却步外人或謂我國固有花生近年因有病菌以致種子退化殼堅實小而洋種粒大油少又不適於榨油之用是知工業之進步有待於農業之改良正不必以一家一時之得失爲從違也茲就調查所及將華商所組舊式油坊與日商所組新式油坊分列二表如下

戊、本埠舊式油坊設備表

廠名	益合祥	玉興誠	和昌順	和海豐	源茂永
所在地	直隸路	雲南路	長安路	廣州路	長安路	奉天路
廠屋格式	平房	平房	平房	樓下	樓下	樓下
機械設備	壓豆滾子一部榨子十盤	壓豆滾子一部榨子五盤	壓豆滾子一部榨子十盤	同上	同上	壓豆機一部榨子八盤
原動力	七四半馬力電機一台	五馬力電機一台	同上	同上	五四半馬力電機一台	六馬力電機一台
製貨能力	每日出油三百餘斤	每日出油二百餘斤	同上	同上	同上	同上
銷路	本埠及外洋	同上	同上	同上	同上	同上
工人數	六名	同上	五名	六名	同上	同上

附記　此外尚有十家大致相同不復列舉

己、本埠新式油坊設備表

廠名	東洋製油公司	東和公司（本廠在營口）	蜂村洋行	三井油坊（三井經營）	三菱油坊（三菱經營）
所在地	奉天路	奉天路	華陽路	奉天路	吉林路
資本	八十萬元		一百萬元		民國十二年被燬一次約損失三十萬元
廠基面積	八千坪	六千九百坪	四千二百坪	五千六百餘坪	四千七百餘坪

建築面積	建築格式	開工年月	製貨能力	製貨種類	銷路	消費原料	機械設備	機械來路	原動力	用煤	工人數	工作時間
九百三十坪	平房及樓房	民國八年七月					水壓器					
一千四百坪	平房	民國六年十一月	每日製油二十五噸餅三十三噸每年製油五千五百噸餅八千五百噸	花生油 花生餅	廣東及歐美	每日花生九百担每年二十二萬五千担	十六台	日本中島廠	一百三十馬力	每日二噸半年用六百噸	中國人一百五十名 日本人七名	十小時
九百三十坪	樓房	民國十一年二月	每年製油四千噸餅六千噸	花生油及餅	中國日本歐美	年用花生一萬噸	開基式	美國造	一百馬力		中國人六十名 日本人四名	
七百七十九坪		民國七年		精製花生油								
	平房		每日精製清油四十噸每年五千噸	落花生粗油及精製牛油	日英德美						中國人十二名	

（七）鹽業工廠　鹽爲膠澳區之大宗土產其詳已見鹽業篇利用原鹽更爲加工精製是則民國而後之新興事業民國初元有鑒於各國食鹽之進化乃提倡精鹽以爲改良民食之計顧行之十餘年效率甚微舉全國之精鹽銷額不及一百萬担而膠澳則於日軍占踞之際競設鹽業工廠至十九處之多精粗鹽出口歲値數百萬元遂爲本埠大宗出產貿易蓋日本食用之鹽未有不經精製者也比及我國收回青島鹽務署將所有鹽業工廠售於永裕公司初因兩國協定不調停運四年之久舊有鹽廠除四方毛島僅存四壁餘均陸續坍毀小港台西三廠（原屬六廠嗣併爲三）雖經修復然以國內軍事頻興精鹽屢受禁阻十四五兩年膠澳精鹽運銷國內者僅得十數萬担十七年銷萬餘担至於日本往歲常銷膠澳精洗鹽八九十萬担精鹽每担値三元上下洗鹽二元上下今則一担不銷僅運粗鹽赴日自行精製我國收回之鹽廠十九處原有製造能力每年能產精鹽洗鹽各一百五十萬担以上今既別無銷路原有設備一概化爲廢物小港工廠所存之新式真空製鹽汽罐三台洗鹽機碎鹽機各十數台以及台西廠之電機全部迄今六年未得一試運轉而煎製之鹽鍋每年輒須休息六閱月以上國內精鹽事業近年同遭厄運然未有膠澳失敗之甚者也膠澳失敗而大連之鹽業代興日人頻年計劃以千五百萬日金創設大連鹼廠以鞏固當地鹽業之基礎而助長一般工業之發達顧以天惠之資格而論鹼廠之設大連又遠不若膠澳膠澳產鹽富於大連而易於集中又富有石灰石之原料與煤之燃料是製鹼固爲

膠澳之應有工業而與鹽業呼吸相關者也然以一般工業之不振年銷數萬噸洋鹼已自滿足鹽與鹼之前途尙屬遙遠矣

（八）烟業工廠　菸葉本爲山東大宗出產而吸烟之量繼長增高流毒更有甚於鴉片青島進口紙煙估價每年七八百萬兩十之八九屬南洋英美兩公司所造而英美烟公司又設分廠於本埠較之南洋公司由上海運銷者尤爲便利南洋英美以及日商之米星南信山東烟草均設有分店於濰縣青州坊子等處收買菸葉裝運出口英美恆占其三之二餘亦各有承攬以致小商難於插足本埠雖有出口數百萬兩之菸葉而無第二家之烟廠與之抗衡近年僅有華商鶴豐菸草公司創立於台西鎭備有捲烟機三架切煙機二架磨刀機一架烤煙機一架製匣機一架十二馬力電機一架每日製煙十大箱貨粗價廉僅供平民吸用與日人所製之劣等紙煙互爲周旋而已

（九）窰業工廠　膠澳區內各處含有粘土陶土宜於陶器及磚瓦之製造張村南之劉家下莊宋家下莊董家下莊向有燒製陶器之土窰數所每年製成缸甕碗盞三四

萬箇售諸李村棗園市集以供各村之用雖技劣而貨糙然價廉耐用若能利用不老人村之白土(見鑛業篇)加以改良未始無擴張改進之希望至於磚窰昔年德人嘗於孤山沙嶺莊各設一廠成績頗優民國五年歸日人經營統名曰孤山窰廠備有德國造之製磚機製瓦機各二台並有五十馬力之原動機每年製成洋磚洋瓦六百萬塊近更利用滄口文昌閣之粘土試造火磚成績頗優前途不可限量此廠現用工人四百名每年用煤二千噸所製磚瓦本埠需求有餘並以運銷大連上海此外如小村莊湖島子及海西一帶我國人經營土窰亦頗不少然出數既微不足相抵且土法多賴人力出貨遲緩此後工價愈高營業愈難若無改進之方終非持久之道也

(十)製蛋工廠　鷄蛋既爲本埠出口大宗於是有蛋廠之設或干之成粉或決之成凍以便裝運防其變壞此項工廠亦屬日人專利一爲石橋洋行每日製成卵液十五噸至二十噸每日需用生蛋五十萬個至七十萬個一爲大星公司每日製貨約得石橋之半數

(十一)製冰工廠　本埠既有運送內地之鮮魚及輸出之牛肉需冰甚多於是日人經營之大連製冰公司設分廠於本埠兼製飲料清水以供市內及膠濟沿線之需用廠內計有製冰機二台製水機一台二百二十馬力電機一台每日製冰四十噸飲料水六百打

(十二)化學及藥品工廠　我國工業最缺於化學之應用外人亦以其憑藉較稀程功較難此類企業頗爲罕覯其較粗者則有華商組織之維新化學工藝社與日商組織之信昌洋行山東藥物研究所山東產業公司維新廠設滄口專製顏料(卽硫化輕)與土鹼運銷本埠及膠濟沿線信昌廠設廣州路初爲德人經營民國四年日人接辦迄今製化粧洗濯所需之粗細肥皂日出九十噸銷路則由本埠推至膠濟沿線以達濟南天津近年並設分廠於觀城路專選花生油豆油牛油蓖麻子油復行精製以供造胰原料兼事輸出山東藥物研究所製造各種血淸及預防液每年製貨七百萬格拉姆供銷本埠濟南天津大連上海之用山東產業公司設園圃於李村種煙及除蟲菊製蚊香兼營輸出此外日人經營之醫院藥房兼業製販藥品者爲數亦夥

(十三)鐵工廠　山東鐵鑛多未開採本埠有煤而無鐵故鐵類工廠頗不發達近年一般工廠勃興乃有小規模之鐵工廠專供修繕機械之用然第一流工廠自備修繕不假外求故市內外鐵工廠雖有華人十七家日人四家規模均甚狹小其中以天津路之華昌甘肅路之東益河南路之同昌泰及日人經營之豐盛鐵工所較爲闊大華昌有鏇牀十六架刨床二架鑽穴床三架捲板床一架洗牀三架原動力用十馬力半之電機工人一百名東益有鏇床六架刨床二架鑽穴床一架捲板床一架洗床二架原動力用十馬力之電機工人五十名豐盛公司有機器十三架原動力用十馬力之電機工人五名同昌泰以修理鍋鑪見長華昌並能自製保險櫃麵粉機器各項豐盛兼司造船

(十四)皮革工廠　本埠出口牛皮亦屬大宗貿易然皮革製品內地銷場不廣故製革事業未顯萌芽僅有大港路之大興製革廠堤口路之德春製革廠規模陝隘內容

不詳此後皮箱皮鞋以及工廠所用皮件逐年增加則製革工廠亦有擴充之必要也

(十五)特種工廠　鋼鐵機件之製造以膠濟鐵路之四方機廠設備爲最完善內分五工場計第一工場爲組立鍋鑪二部分第二工場爲鏇床裝配銅工三部分第三工場爲鍛冶鑄鐵模型三部分第四工場爲車台木工縫工三部分第五場爲電工運工二部分尙有化學試驗室專司考驗材料之優劣强弱是廠專供路局製造之需與一般工業少直接之關係但本埠遇有特種機械爲坊間所不能治者四方機廠亦得代爲承修又膠澳電汽廠創於德人自我國收回後售歸商辦中日股份各半名曰膠澳電汽公司是廠爲本埠惟一之電汽事業供給全市電燈而外尙須供給各工廠之用電計市內外工場使用電汽公司之電以充原動力者每月有二百餘件換算馬力在五千馬力以上此後市內小工廠之發展有賴於電汽公司者當不鮮矣

右所舉本埠現有工廠約爲十五類皆以變形改製爲事者其他如硝皮屠獸繅棉染布等類之簡單工作概未計入其中大部分均屬於外人之所經營而日本人尤爲巨

細不捐自最大規模之紡織廠以至極微細之修繕鐵工無不捷足先登或且占爲專有以彼之資力雄厚所設立於本埠之工場資本在五十萬元以上者有二十家之多合計資金不下一億圓我國投資五十萬元以上之工業僅有華新紡紗永裕製鹽兩家電汽公司則爲中日合辦經濟劈力相去懸殊如是國民之衣食住行其樞紐均操之於外人是知今後之民生問題非從實際著手不可斷非空談高論所克挽回也

膠澳志卷六

交通志一　道路

歷來市街之路線計畫可分二種一爲棋盤式方向整齊作爲並行線一爲放射式以一點爲中心如日光之四射我國古代多取前式歐洲近代恆採後式德人之經營青島亦嘗以青島市及李村二地爲中心而築成放射線之道路網非惟因山川趨勢之自然亦以行政軍事均有此必要也在膠澳未經租借以前舊有街道可通騾車者計有四路即「一」由老衙門經四方水清溝以達滄口約二十五里「二」由第一路於貯水山麓岐出經河西以達李村約二十里「三」由第二路於河西附近岐出經劉家韓哥莊以達張村約十八里「四」更由張村經宅科小嶗山姜哥莊以達沙子口約十二里可通獨輪車者約有六路即「一」由滄口經板橋房以達趙村約十二里「二」由趙村經棗園李村以達張村約十五里「三」由李村至滄口約六里「四」由第一路於板橋房附近岐出經仙家寨以達狗塔埠約十二里「五」由女姑口至宋哥莊約六里「六」由湛山經浮山所辛家莊至大麥島約十里其由大麥島經山東頭姜哥莊以至登窰出登窰至麥窰又由山東頭經劉家韓哥莊以至河西及由滄口經沙嶺莊湖島子四方以至小村莊則小路崎嶇僅供步行不堪通車此仁化鄉會全村時代原有街道之狀況也德人來青市道與村道同時並進市內之路以今之德縣保定大沽三路爲橫幹線以山東館陶兩路爲縱幹線其餘縱橫岐出逐次推脩市道之設計中央爲車行道而兩側爲人行道設兩水溝及車輪石以防路面之損傷其路角之交叉點設緩衝地帶以防行車之衝突其十五分以上之斜坡全鋪以石以防降雨之沖毀其寬度在前述之橫幹線以南爲歐人住所路寬二十公尺左右路面爲馬加達式塗以撻爾油平坦整齊橫幹線以北原名大鮑島區路面寬約十公尺路緣與溝砌以亂石亦未塗油工作參差台西台東兩鎭街道形勢縱橫如兩棋盤而仍與青島市之放射線

相聯絡其寬度約十公尺路側築明溝台西街道尤爲狹隘其要塞道路寬度六公尺明溝或設或不設歸築城部管理而森林道路則歸森林局市外村道則歸李村警區其統系亦頗有參差也其村道之首先修築者爲青島滄口一路次則青島李村一路其後逐次興修計有十四路卽「一」由青島經台東鎭東吳家村保兒河西以達李村「二」由李村經東李村下河南龍口九水以達柳樹台「三」由南龍口經宅科段家埠以達登窰「四」由李村經曲哥莊大甕窰以達滄口「五」由登窰經沙子口以達宅科「六」由青島經四方水淸溝滄口仙家寨以達流亭「七」由李村經王埠莊舟山以達狗塔埠「八」由海泊經小村莊閻家山以達鹽灘「九」由小村莊至四方「十」由青島至沙子口「十一」由保兒河經楊家羣王家韓哥莊以達家下莊「十二」由小龍口經宅科老窪鄉以達解家莊「十三」由李村經張村以達宅科「十四」由李村經大村莊棗園以達南曲以上十四路皆可通行汽車惟十一以下之四路較狹行車

稍形困難市外村道甚寬自六公尺至九公尺其勾配爲二十五分之一以下曲半徑在五十公尺以上道路中部之四公尺內外用碎石築成主要之路兩旁植樹其橋梁用石或鐵筋洋灰築基或鋪石於河床兩側護以鐵筋洋灰水涸則橋露河面水漲則越橋而過橋不礙水故水亦不毀橋橋梁兩端及迂曲危險處所則敷石塗以白色使夜間行車亦得辨認是皆技術細密可爲法則者也日德交鬨市內外道路破壞已甚嗣經日人歷年修復約分三期第一期修復大窰溝小港小抱島等處第二期增修台西第三期增修台東以及市外四方滄口之路由六公尺廣至十六公尺李村狗塔埠之路則由山東改爲山西其餘無大更變總計自民國四年至八年共用二百二十萬日金新工程約居十之八而改修工程約居十之二其材料經費由本埠收入（日人名之日軍政費）項下開支而市外村道之工役則多由村民任之蓋自德人修理村道就地征役僅有橋梁溝渠由工程局派工包修運搬材料照給工資此外人

工則由各村攤派故創始之二三年（李村道開築二年僅修至楊家村滄口路開築三年僅修至小村莊）進行甚爲遲鈍其後多由警察署壓迫施行千九百零三年以後乃獲次第進行日人初於李村民政署設修路班用日本工頭一人華工三十人石工六人以此少數之人修復延長二百里之路進行甚爲遲鈍六年五月改以地保十一名充工區長亦無成績十月又改用常雇華工十一名爲工區長附以石工六名專司指揮而人夫則派征於沿路之各村莊其出役多少視工程計畫及關係之多少爲準約每十丁出三丁其年齡限於十七歲以上五十歲以下其承役日期以十日爲度亦有延至十餘日者其工鉅役重之區貼給工資每修路亘二公尺給銀一角四分其材料用碎石敷路面厚一公寸半寬四公尺其工具亦由夫役自備卽以鋤鏨爲之每工區由民政署置一石滾（以上見日人所編土木誌及工程事務所報告）蓋自德日派役修路以來鄉區負担較增然鄉民漸知修路之爲要務矣我國接管後在

太平角增闢二路通至湛山其四川路中段原被深溝隔斷者長約二百公尺一律填平成台西與市內之交通要道又增闢東平觀城滋陽嘉祥濮縣壽張汶上一二共八路並設雨水汚水兩項溝渠其市內馬路則逐年增廣柏油路及車輪石市道村道日見整齊所有路政概歸工程事務所管理不似德人當日之紛岐也茲將現有市村道路之名稱延長及接收後之歷年工作分別列表如下（以上記載雜見於土木誌等書以下甲乙丙丁四表據工程事務所開告）

（甲）膠澳市鄉道路工程表

路名	長度	面積	路名	長度	面積
湖北路	公尺 871.46	平方公尺 15660.36	濰縣路	公尺 496.85	平方公尺 5436.29
冠縣路	443.50	12333.19	市場一路	248.16	3008.28
館陶路	116.53	2234.69	市場二路	354.32	3618.49

武定路	46.36	546.32	市場三路	435.68	6235.06
白山路	536.15	5815.78	市場三滄口路間	218,16	594.00
肥城路	685.02	11429.19	海陽路	157.44	1007.81
濮縣路	555.76	8091.81	磁山路	145.62	2019.73
滋陽路	1218.19	16989.61	青島路	181.80	5808.58
莘冠路交叉廣場		2001.62	雲南路	1473.76	31682.72
陽穀路	3926.14	4454.21	蒙陰路	215.25	3624.70
塵濱町	370.80	5725.50	保定路	181.80	2634.89
平陰路	235.43	2226.54	北京路	546.31	7602.77
萊陽路	2412.25	29858.93	平度路	359.33	5058.93
李村路	462.86	6510.93	九水路	115.99	1971.99
東平路	810.25	11245.98	堂邑路	302.15	6009.33
陵縣路	118.53	1895.32	鉅野路	415.92	4773.74
海泊路	402.69	5758.37	直隸路	481.23	6817.80
河南路	323.60	6224.30	芝罘路	608.67	6502.42
城武路	319.62	4851.84	安徽路	928.45	3289.70
泰安路	575.85	12194.09	長安路	354.24	3337.41
招遠路	269.17	3905.40	朝陽路	196.44	1691.18
大沽路	313.46	4516.86	筑縣路	150.37	1705.59
聊城路	701.78	8788.30	浙江路	638.03	11709.79
臨清路	118.76	1205.95	沂水路東段	150.89	1188.34
聊城支路	216.98	564.61	鄒縣路	623.21	8772.98
四川路	1311.12	28797.12	登州路	385.42	4608.78
貴州路	1436.67	26809.28	西鎮市場	2430.76	8971.54

吳淞路	408.32	5691.02	台西一路	911.55	8606.80
禹城路	298.33	2703.01	台西二路	799.92	6134.98
萊州路	297.24	4925.75	台西三路	1088.20	7932.49
莘縣路	1324.14	16933.66	台西四路	334.06	4657.88
安徽路	1216.81	19697.54	團島路	1787.17	6156.79
泗水路	236.16	2101.75	即墨路	366.23	4881.49
湖南路	1587.02	27883.02	滄口路	345.33	4149.26
福建路	395.23	3870.11	日照路	158.17	2145.50
膠州路	1057.26	16295.96	平原路	444.32	3997.55
高密路	391.78	4528.06	費縣路	853.46	16674.22
金鄉路	384.50	3534.28	觀海一路	892.53	4740.45
黃島路	594.16	3957.91	觀海二路	930.53	4886.48
易州路	420.86	4691.15	臨朐路	721.75	3344.75
惠民路	331.69	1767.40	觀城路	1136.01	14437.94
東阿路	257.97	1735.80	太平路	1981.98	36820.84
魚台路	279.97	2950.96	太平路西段	824.83	
天津路	443.23	6516.05	江蘇路	1353.41	22789.41
沂水路	291.12	5560.63	江蘇沂水路交叉廣場		2100.45
莒縣路	158.08	2124.36	邱縣路	480.22	4236.22
山東堂邑路交叉廣場		3135.00	曲阜路	512.68	9053.19
湖南鄆城路交叉廣場		2187.90	汶上路	952.74	12197.61
濟南泰安路交叉廣場		4885.65	龍口路	766.47	7312.36
廣西支路	592.57	4333.40	山東路	471.41	9402.89
河南路	695.83	12181.75	濟南路	736.11	10045.74

上海路北段	262.97	2557.96	鄒城路	128.44	2262.51
朝城路	546.13	4519.90	廣州二至五路	567.76	3546.31
壽張路	514.86	7586.90	菏澤路	886.97	7509.88
河南路廣場		2313.69	濟寧路	547.21	7923.17
德縣路	996.23	17536.62	單縣路	1394.37	19608.00
四方路	423.54	4628.25	山西路	281.43	3882.98
清平路	167.62	2167.44	廣西路	1664.02	33404.35
清平路附	79.27	287.76	臨清路	436.23	6138.56
臨清路附	213.58	739.07	武城路	221.07	2804.97
小港路附	258.15	3617.46	夏津路	249.07	3282.17
小港沿	673.21	4121.87	高唐路	97.45	975.45
寧陽路	239.24	2148.05	博平路	103.08	1155.40

嘉祥路	529.27	8142.83	茌平路	182.45	2062.83
廣州路	1025.53	18729.05	仝北路	138.18	501.60
蘭山路	447.23	8073.69	仝中路	116.44	422.73
新泰路	238.16	4315.85	仝南路	183.89	333.80
望火台路	79.08	96.18	山東路	831.19	19476.85
苑縣路	188.35	2816.88	小港路	636.57	8988.11
以上屬青島市內第一區總計				7411466.71	9700134.31
道口路	350.33	3679.17	臨淄路	498.13	5074.74
新疆路	1079.89	19737.30	錦州支路	63.38	788.30
武定路	597.00	8800.77	館陶路	487.22	8467.14
冠縣路	526.31	10121.76	桓台路	868.55	12152.58
德盛路	425.41	3516.81	濱縣路	840.37	10870.20

振興路	505.59	4196.25	陽信路	957.54	6521.13
高苑路	320.51	2229.48	曹縣路	1021.01	14414.85
長興路	424.50	1859.88	濟陽路第二段	492.86	5713.62
龍門路	421.78	1730.03	章邱路	417.23	4253.37
歷城路	424.50	1731.54	威海路	807.18	15800.40
博興路	481.77	4425.63	周村路	475.41	5101.14
安邱路	121.15	1627.30	昌樂路	1168.97	22204.05
壽光路	524.49	7129.98	孟莊路	281.97	3995.64
和興路	673.21	4690.03	陵縣路	862.65	14560.86
甘肅路	840.64	11294.25	奉天路西段	1290.33	29792.73
益都路	525.03	8449.67	仝中段	802.47	17636.85
錦州路	742.11	7829.58	仝東段	1169.32	18458.88

台東九路	1149.16	14093.74	濰口路	947.10	13291.08
奉天支路	75.45	876.15	嶗山路	519.66	6714.91
郭口路	536.13	5446.98	葛城町	941.36	6613.53
台東二路	663.77	4508.10	陽明路	303.61	2379.27
台東四路	795.56	3494.07	台東三路	733.21	5056.19
台東六路	811.01	5624.32	台東五路	795.56	5393.42
台東八路	813.96	7768.47	台東七路	671.93	4487.01
大城路	889.55	8024.71	利津路	684.48	14527.26
雲門路	302.70	1237.50	大名路	942.63	7446.52
大港路	2237.96	32374.98	丹陽路	447.23	1639.20
登州路	2876.89	25745.28	沂水路東段	1294.05	8112.39
繫山路	798.10	3715.80	南海路	1572.57	13077.90

寧波路	537.95	6220.17	平定路	214.16	2183.21
廣饒路	610.85	4228.29	萊州路	696.29	10543.50
綏遠路	798.10	10695.63	熱河路	698.11	15057.90
吉林路	592.67	6436.32	黑龍江路	1042.75	21222.70
德平路	571.40	7994.91	山口路	375.24	3622.74
齊東路南段	412.14	2355.54	恩縣路	363.60	4845.39
萬壽路	642.85	5762.79	桑梓路	542.49	5744.97
邱縣路	170.89	1819.62	慶祥路	425.41	3516.81
芙蓉路	679.39	6183.87	濟陽路	303.61	2705.01
廣東路	486.32	5460.01	福寺路	471.41	4150.74
魚山路	1138.07	6682.50	無棣路	1103.53	10266.63
鄒平路	441.23	4218.72	青城路	573.58	4026.33

商河路	959.90	15103.77	棲霞路	1356.77	16184.52
淄川路	447.77	3007.62	長山路	597.21	8216.34
櫻田町	492.84	1341.91	菜市路	572.67	3526.71
諸城路	840.35	11292.34	泰山路	286.34	5785.89
臨邑路	1158.52	9180.11	仝上	787.19	5331.81
青島炮台路	680.84	6814.83	臨邑路	1158.52	9180.11
嶧縣路	249.98	3914.43	鐵山路	641.75	8458.89
黃台路	960.45	10621.05	綏遠路	169.98	2157.54
上海路	1008.08	14239.67	小港路	325.42	3669.60
昆明路	425.41	2490.87	青海路	950.27	14182.41
霑化路	653.12	12529.44	順興路	750.76	10552.54
青島山路	104.54	733.26	昌平路	418.14	1737.78

城山路	512.68	2299.11	福山路	1069.35	6579.21
城口路	973.99	13654.08	昌邑路	921.73	12932.98
盛豐路	716.29	6550.37	蒙古路	1003.35	20946.52
樂陵路	613.58	8369.46	元園路	638.30	2826.35
瑞雲路	419.96	2015.64	清和路	884.45	6128.43
人和路	647.21	4496.38	姜溝路	314.15	3176.51
龍田路	860.82	2718.54	文登路	1098.07	13109.75
齊東路	1058.99	5051.15	恩縣廣東路間	199.80	1101.44
萊蕪路	1187.15				
以上屬青島市內第二區總計				8632.03	95206.25
湛山支路	1507.30	5452.06	青島山炮台路	715.20	3334.34
職湛路	1115.16	4964.19	棲忠路	1397.14	6187.01

文湛北路	4133.22	16545.21	公園西路	1397.13	5590.85
西山路東段	1067.53	4774.57	公園西路北段	819.01	3001.19
公園東路	3274.40	11936.60	公園路	496.13	5403.42
西山路中段	1768.56	7840.33	青島山路	875.53	5263.48
西山支路	1104.98	7796.25	築城路	801.38	5099.55
西山路西段	1034.44	4341.99	匯泉炮台路	1095.16	7668.54
苗圃路	1169.52	4245.78	藥庫路	2079.25	7178.66
東山路北段	2574.29	12819.51	湛山路西段	2862.08	18777.07
東山支路	1690.74	5326.02	湛山路北段	2728.82	15650.25
仲窪路	2744.27	10315.31	湛山北路	1297.14	5063.03
炮壘路	3429.11	10530.86			
以上屬市外二區總計				43197.49	195206.07

路名	起訖	里數	費用	路名	起訖	里數	費用
李滄路	李村至滄口	3923.61	17377.69	四流路	四方至流亭	21282.78	218796.09
李防路	李村至防子街	4804.43	15209.81	台柳路	台東至柳樹台	29847.92	150661.40
李塔路	李村至狗塔埠	12004.25	41801.64	四小路	四方至小村莊	2786.45	20259.90
李沙路	李村至沙子口	12185.69	49812.30	膠小路	鐵路至小村	2186.51	8734.83
李山路	李村至山東頭	9099.09	22122.75	湛沙路	湛山至沙子口	20761.56	71667.83
宅登路	宅科至登窰	5439.09	24007.52	辛路	大辛家莊至大麥島	1947.08	6350.56
保張路	保兒莊至張村	8111.92	28013.18	小閻路	小村至閻家山	8534.96	33191.45
旱宅路	旱河至宅科	3107.87	14586.62	閻路	白閻家山至白沙河	10623.67	44693.78
蘇島路	蘇家下河至烏衣巷	14613.08	64234.84	李村市路		1765.64	13832.87
李大路	李村至大麥頭	4154.67	16536.44				
以上屬市外三區總計						177180.27	866391.50

(乙)中國接收後新修車輪石路工程表

年分／事項	總里數（公里）	工料費總額	所修地段及其延長
十二年	一·五〇八	一七四〇·八一元	新疆路全段八八八公尺大港路一段六二〇公尺每路有車輪石四行此路係舊有翻修　以下係新修
十三年	九·八三九	一八三八九·一三	濟南路一段長一七八公尺北京路一段長二八一公尺天津路一段長四六六公尺以上每公里祇補設車輪石一行河南路一段長五五一公尺湖南路一段長三五八公尺青海路全段長九四三公尺德平路全段長五六五五公尺直隸路一段長二六七公尺滄口路一段長二三七公尺芝罘路一段長二二七公尺大沽路一段長三二八公尺蘭山路一段長三九九公尺雲南路一段長四九六公尺吳淞路全段長四三五公尺博山路一段長九九公尺威海路全段長二·一四五公尺東平路全段長六七〇公尺滋陽路全段長六五九公尺觀城路全段長五二六公尺以上各路每公里係雙行車輪石
十四年	〇·五九八	一一九六·〇〇	壽張路全段長四〇五公尺滋陽路支路全段長一九三公尺每公里係雙行車輪石
十五年	二·二九二	三〇三九·〇〇	嘉祥路一段長一五〇公尺汶上第二支路全段長九九公尺奉天支路全段長四二公尺萊陽路全段長一七七六公尺博興路一段長七四公尺大港支路一段長一四九公尺以上除萊陽路係補設一行車輪石外餘均係雙行車輪石
十六年	八·五一四	二三四三三·〇〇	陵縣路一段長二八公尺四流路一段長八·〇六二公尺大港路新疆路等處補設一七二公尺每公里皆係雙行車輪石
十七年	〇·七八二	一八七八·〇〇	堂邑路一段長三三七公尺冠縣路一段長二二五公尺新疆路一段長一〇五公尺商河路一段長七五公尺館陶路一段長四〇公尺每公里皆係雙行車輪石

(丙)中國接收後翻修道路工程表

年分／事項	原有路之種類（土路或石子路）	翻修之種類（石子路或柏油路）	總里數（公里）	工料費用總額	所修地段
十二年	石子路	柏油路	一·五九五	五七四一·〇〇	濟南路東段太平路西段蘭山路全段湖南路一段
		石子路	四〇·五八一	三五七五四·〇〇	文登路南海沿安徽路黃台路熱河路兩路間之孔道梧桐路花園路高密路河南路牟平路棲霞路德平路泰安路濟南路北京路莘縣路博興路小港路四方路海泊路黃島路長山路石村路觀象路周村路齊東路台東七路滄口路台東八路流亭路清和路丹陽路雲門路吉林路昌平路大名路歷城路雲南路及即墨路邊路滄口路邊路濟甯路邊路李村路邊路河南路西段邊路湖南路邊路德縣支路青海路中路熱河路中路青海支路浙江路中路臨淄路中路肥城路中路鄒平路中路章邱路中路曲阜路中路桓台路中路台西鎮路中路魚山路中路台西三路中路海陽支路威海路中段黑龍江路東段青城路東段廣西路西段湖南路西段湛山路西段太平路西段登州路中段奉天路東段威海路北段團島路東北段蒙古路一段九水路東段
十三年		柏油路	二·三四八	九〇三九·〇〇	天津路冠縣路膠州路蒙陰路

		石子路	一一·五〇二	二一二六五·三七	昌樂路李村路商河路公園路北路山西路小港沿長安
					路惠民路平陰路朝陽路邱縣路金鄉路費縣路西藏路
					甯陽路觀城路吳淞路台西二路萊陽路上海路單縣路
					福建路萊州路廣州路及單縣支路大港支路小港路小
					港一支路小港二支路小港三支路
十四年		石子路	二·九七四	一三二五·二五	荷澤路濟甯路聊城路四流路
十五年		柏油路	五·四二三	一九七九一·五二	熱河路浙江路魚台路曲阜路北京路直隸路鄆城路第
					五公園廣場九水路德縣支路及沂水路廣西路肥城路
					大沽路河南路泰安路湖南路陵縣路各路一段
		石子路	一·〇〇六五	一七九一·八四	四流路李坊路流亭路四川路台柳路平安路
十六年		柏油路	·五八八	三九〇七·〇〇	海泊路及龍口支路
十七年		柏油路	五·八五八	二六〇·〇〇	濰縣路南海路龍口路平原路濟甯路高密路四方路德
					平路吳淞路及大學路西段聊城路南段黃島路南段熱
					河路北段安徽路北段

（丁）膠澳市街路名地號一覽表

路名	土地號數	日人名稱	德管名稱
太平路	自一號至四十二號	舞鶴町	威廉街俗名前海涯 Kaiser Wilhelm Ufer
蘭山路	自一號至八號	姬路町	皇族街 Hechenzolber Str.
鄆城路	自一號至三號	佐世保町	無 Wilhelmshavener
青島路	無	不入斗通	維里恩街 Wilhelms Str.
九水路	無	豐橋通	無 Yohann Albrecht Str.
常州路	自一號至五號	無	
廣西路	自一號至三十號	佐賀町	亭利親王街 Prinz Heine Str.
蒙陰路	自一號至二號	英町	門神街 Münchener Str.

路名	土地號數	日人名稱	德管名稱
莒縣路	自一號至四號	曙町	題壁街 Tierpitz Str.
日照路	無	熊本通	碧樓街 Bülow Str.
湖南路	自一號至三十五號	久留米町	太子街 Trene Strasse
明水路	自一號至三號	無	
湖北路	自一號至十九號	濱松町	依列女街 Kroprinz Str.
沂水路	自一號至九號	赤羽町	地利街 Diederichs Weg
曲阜路	自一號至八號	麻布町	柏林街 Berliner Str.
肥城路	自一號至二十四號	馬關町	柏門街 Bremer Str.
泰安路	自一號至五號	橫須賀町	麒麟街 Kieler Str.
甯陽路	自一號至十號	椎南町	贓官巷 Sielberfich Gasse
泗水路	自一號至六號	大坂町	丹煎街 Danziger Str.
新泰路	自一號至四號	比治山町	綠貝街 Kübeck Str.
河南路	自一號至二十三號	深山町 河南町	漢堡街 Hamburger Str.
山東路南段	自一號至三十五號	靜岡町	斐迭里街 Friedrich Str.
山東路北段	自一號至三十號	山東町 所澤町	大馬路 Schantung Str.
堂邑路	自一號至八號	所澤町	
浙江路	自一號至八號	高瀨町	盧坡街 Luidpold Str.
安徽路	自一號至二十號	大村町	愛貝街 Albrett Str.
德縣路	自一號至二十一號	治德町	後樓威街 Hohenlohe Weg
觀海一路	自一號至三十號	八幡町	瓦德街 Waldmer Str.
觀海二路	自一號至十八號	無	
平原路	自一號至十六號	鞍馬町	理薩街 Lazarett Str.
龍口路	自一號至十五號	有明町北段	阿里拉街 Alila Str.
江蘇路	自一號至四十四號	萬年町	畢士馬克街 Bismark Str.

龍山路	自一號至十五號	無	
張店路	自一號至四號	無	
觀象一路	自一號至十一號	千葉通	
觀象二路	自一號至七號	千葉通	
大沽路	自一號至十二號	大沽町	大沽街 Taku Str.
保定路	自一號至六號	保定町	保定街 Boding Str.
天津路	自一號至十九號	天津町	
北京路	自一號至二十四號	北京町	
濟南路	自一號至十八號	濟南町	濟南街 Tsinan Str.
山西路	自一號至四號	山西町	山西街 Schansi Str.
直隸路	自一號至十五號	直隸町	直隸街 Tschili Str.
平度路	自一號至十一號	平度町	平度街 Pindo Str.

黃島路	自一號至十三號	黃島町	黃島街 Huantau Str.
四方路	自一號至十一號	四方町	四方街 Syfang Str.
海泊路	自一號至十一號	海泊町	海泊街 Haipo Str.
高密路	自一號至九號	高密町	高密街 Kaumi Str.
膠州路	自一號至三十七號	膠州町	膠州街 Kiautschou Str.
即墨路	自一號至十三號	即墨町	即墨街 Tsimo Str.
李村路	自一號至二十一號	李村町	李村街 Litsun Str.
滄口路	自一號至二號	滄口町	滄口街 Tsangkou Str.
濰縣路	自一號至十二號	濰縣町	濰縣街 Weihsien Str.
博山路	自一號至十六號	白山町	博山街 Poschan Str.
易州路	自一號至十一號	易州町	沂州街 Y-tschou Str.
芝罘路	自一號至十七號	芝罘町	芝罘街 Tschifu Str.

濟寧路	自一號至二十一號	濟寧町	濟甯街 Tsining Str.
禹城路	自一號至十八號	宇治町	
福建路	自一號至九號	伏見町	
武城路	無	新町一丁目	
夏津路	自一號至五號	新町二丁目	
高唐路	自一號至二號	新町三丁目	
博平路	自一號至四號	新町四丁目	
茌平路	自一號至五號	新町五丁目	
清平路	自一號至四號	新町東通	
臨清路	自一號至十五號	新町西通 奈良町	
聊城路	自一號至三十二號	中野町	維禮街 Lazarett Weg
招遠路	自一號至十七號	大黑町	

陽穀路	自一號至十一號	賑町	
旅順路	自一號至六號	祝町	
市場三路	自一號至十四號	市場三丁目	
市場二路	自一號至十五號	市場二丁目	
市場一路	自一號至十六號	市場一丁目	
東阿路	自一號至六號	惠比須町	
吳淞路	自一號至十二號	吳淞町	吳淞街 Wusung Str.
冠縣路	自一號至四十二號	早霧町	雷先街 Rechtern Str.
邱縣路	自一號至二十一號	伏波町	
金鄉路	自一號至二十六號	金鄉町	
朝陽路	自一號至六號	朝陽町	
平陰路	自一號至九號	隆興町	

長安路	自一號至十三號	長安町	
惠民路	自一號至九號	惠民町	
寶山路	自一號至七號	三日月町	後海涯 Kleiner Hafen Str.
小港一路	自一號至二十九號	小港一丁目	後海涯 Kleiner Hafen Weg
小港二路	自一號至八號	小港二丁目	
小港沿	無	無	
莘縣路	自一號至二十六號	野山町	羅滿街 Rollmann Str.
荷澤一路	自一號至二號	無	
荷澤二路	自一號至三號	無	
荷澤三路	一號	無	
荷澤四路	一號	無	
南村路	自一號至五號	無	

石村路	自一號至五號	無	
廣州路	自一號至二十七號	廣島町	廣島街 Kilowatt Str.
朝城路	自一號至十一號	宮島町	
觀城路	自一號至二十二號	松島町	
東平路	自一號至二十三號	岡崎町	
滋陽路	自一號至十一號	初瀨町	
汶上路	自一號至十五號	明石町	
西藏路	自一號至六號	高雄町	
磁山路	無	石山町	
貴州路	自一號至二十六號	鳴門町	
閬中路	自一號至七號	浿速町	
筑縣路	自一號至六號	筑紫町	

城武路	自一號至二十一號	釜石町	
鄆城路	自一號至十五號	榛名町南段	
汶上路	自一號至三號	無	
范縣路	自一號至二號	須磨町	
單縣路	自一號至二十號	幸町	
費縣路	自一號至三十四號	吳町	
定陶路	自一號至二號	無	
壽張路	自一號至十三號	都町	
雲南路	自一號至五十四號	橘立町	台西鎮街 Tai-Hsi-Tschen Str.
滕縣路	自一號至十三號	無	
鄒縣路	自一號至七號	無	
濮縣路	自一號至七號	榛名町北段	

嘉祥路	自一號至二十號	清水町	
鉅野路	自一號至八號	鳥羽町	
四川路	自一號至十六號	鳴海町	
團島一路	自一號至九號	無	
團島二路	自一號至八號	無	
台西一路	自一號至十四號	台西鎮一丁目	
台西二路	自一號至二十五號	台西鎮二丁目	
台西三路	自一號至三十二號	台西鎮三丁目	
台西四路	自一號至二十三號	台西鎮四丁目	
台西五路	自一號至九號	無	
上海路	自一號至十七號	上海町	上海街 Schanghai Str.
萊州路	自一號至五號	薄雲町	凡促街 Franzius Str.

館陶路	自一號至二七號	葉櫻町	皇帝街 Kaiser Str.
陵縣路	自一號至三十一號	若葉町	維禮街 Prinz Wilhelm Str.
甘肅路	自一號至二十四號	輕藻町	魚鷹街 Cormoran Str.
武定路	自一號至十二號	花笑町	皇后街 Kaiserin Aug. Str.
寗波路	自一號至五號	寗波町	寗波街 Ningpo Str.
廣東路	自一號至六號	廣東町	
恩縣路	自一號至九號	松根町	維林街 Vering Str.
新疆路	自一號至二十三號	早舟町	
大港沿	無	無	
商河路	自一號至十二號	三條町	黑塔街 Hertha Str.
青城路	自一號至十一號	青柳町	芬羅街 Frauenlob Str.
長山路	自一號至十號	界町	涵匝街 Hansa Str.

高苑路	自一號至十號	千島町	
淄川路	自一號至十號	佐渡町	
鐵山路	自一號至二十四號	弓張町	特體街 Thetis Str.
周村路	自一號至二十一號	大島町	
樂陵路	自一號至二十一號	瀨戶町	洋豹街 Jaguar Str.
博興路	自一號至十八號	大森町	
益都路	自一號至二十九號	川崎町	
蒲台路	自一號至五號	無	
流亭路	自一號至三號	無	
奉天路西段	自一號至五十八號	若鶴町一丁目	
錦州路	自一號至三十三號	神奈川町	
吉林路	自一號至十二號	山岸町	

綏遠路	自一號至二十六號	大和町二丁目宮前町	
章邱路	自一號至十一號	琉球町	
桓台路	自一號至十六號	隼町	海鷲街 Seeadler Str.
鄒平路	自一號至十九號	淡路町	
臨淄路	自一號至十六號	壹岐町	
泰山路西段	自一號至三十三號	喜樂町	錦豹街 Luchs Str.
青海路	自一號至十五號	品川町	
泰山路東段	自一號至十四號	無	
黃台路	自一號至九號	三笠町	小鮑島街 Shopautau Str.
德平路	自一號至十二號	松坂町	
城陽路	自一號至六號	富士町	
濟陽路	自一號至十號	筑後町	

陽信路	自一號至十四號	利根町	
熱河路	自一號至二十二號	大和町一丁目	德意志街 Deutschland Str.
大連路	自一號至五號	無	
臨邑路	自一號至十一號	無	
無棣路	自一號至八號	無	
無棣二路	自一號至十六號	無	
無棣一路	自一號至十五號	無	
膠東路	自一號至六號	無	
蘇州路	自一號至十一號	無	
萊蕪路	自一號至二十四號	霞關通	病院路 Elisabeth Weg
齊東路	自一號至六號	小倉通	
大學路	自一號至十五號	巽町南段	東關街 Ostpass Str.

黃縣路	自一號至二十二號	無	
陰島路	無	無	
齊河路	無	無	
萊陽路	自一號至三十八號	旅順町	會前街 Victoria Bucht
海陽路	自一號至十一號	無	
金口一路	自一號至三十四號	無	
金口二路	自一號至十五號	無	
金口三路	自一號至六號	無	
魚山路	自一號至十九號	有明町南段	
福山路	自一號至三十五號	敷島町	
棲霞路	自一號至十四號	相見町	
牟平路	自一號至七號	豐年町	
岞山路	無	無	
王村路	自一號至七號	無	
京山路	無	無	
文登路	自一號至六號	旭町	
南海路	自一號至十二號	忠海町	
榮城路	無	無	
會泉路	自一號至八號	無	
普集路	自一號至三號	無	
大港一路	自一號至八號	無	
大港二路	自一號至二號	無	
大港三路	自一號至五號	無	
大港四路	無	無	

大港緯一路	無	無	
大港緯二路	無	無	
大港緯三路	無	無	
大港緯四路	無	無	
大港緯五路	無	無	
奉天路東段	自一號至三十五號	若鶴町二丁目	
臨朐路	無	無	
安邱路	無	無	
嶗山路	自一號至三號	無	
嶧縣路	無	有樂町	
廣饒路	自一號至八號	雲井町	
壽光路	自一號至四號	老松町	
寗海路	自一號至三號	大川町南段	
登州路東段	自一號至二十三號	巽町北段	
登州西段路	無	無	
西山路	自一號至八號	無	
華陽路	自一號至十一號	彌生町	
孟莊路	自一號至七號	無	
下窪路	一號	無	
曹縣路	自一號至四號	無	
霑化路	無	無	
利津路	無	無	
昌樂路	自一號至十六號	大川町北段	
濰縣路	自一號至九號	無	

諸城路	自一號至五號	無
昌邑路	自一號至七號	無
雒口路	自一號至五號	無
程口路	自一號至七號	無
營口路	無	無
長春路	無	無
蒙古路	無	無
瀋陽路	自一號至四號	無
道口路	自一號至六號	稻荷町
山口路	自一號至六號	山科町
姜溝路	自一號至十三號	住吉町
平定路	自一號至二號	坪井町

郭口路	自一號至六號	吉野町
桑梓路	自一號至四號	松枝町
順興路	自一號至二十號	順興町
瑞雲路	自一號至十二號	瑞雲町
清和路	自一號至二十四號	清和町
大名路	自一號至三十六號	太平町
丹陽路	自一號至三十號	丹鳳町
昌平路	自一號至三十號	常平町
歷城路	自一號至二十八號	利興町
雲門路	自一號至二十三號	鷹門町
威海路	自一號至五十號	隆運町
龍門路	自一號至二十四號	龍門町

長興路	自一號至三十五號	長興町
人和路	自一號至三十三號	人和町
和興路	自一號至三十號	和興町
昆明路	自一號至三十一號	承平町
菜市路	自一號至十一號	菜市町
福寺路	自一號至十號	福寺町
陽明路	自一號至十七號	陽明町
萬壽路	自一號至二十號	萬壽町
大成路	自一號至二十七號	大成町
慶祥路	自一號至二十八號	慶祥町
芙蓉路	自一號至二十八號	芙蓉町
振興路	自一號至二十八號	鎮興町

德盛路	自一號至二十六號	德盛町
豐盛路	自一號至十二號	豐盛町
台東一路	自一號至三號	若鶴町三丁目
台東二路	無	無
台東三路	無	無
台東四路	無	無
台東五路	無	無
台東六路	一號	無
台東七路	無	無
台東八路	自一號至七號	無
歸化路	自一號至三號	無
新民路	無	無

洮南路	無	無	
湛山大路	無	無	
湛山一路	自一號至二十號	無	
湛山二路	自一號至十五號	無	
湛山三路	自一號至十五號	無	
湛山四路	自一號至六號	無	
湛山五路	自一號至二號	無	
太平角一路	自一號至二十四號	無	
太平角二路	自一號至八號	無	
太平角三路	自一號至六號	無	
太平角四路	自一號至八號	無	
太平角五路	自一號至三號	無	
太平角六路	無	無	
黃海路	自一號至十五號	無	

我國接收而後汽車日形發展初僅百餘輛之汽車今已至五百以外其中屬於車行營業者僅占四分之一此外有長途汽車初爲俄商之所經營駛行市鄉嗣以營業失敗華商繼起現存三家金口卽墨沙河城陽旅客頗夥但以官道崎嶇行車顚播市內長途汽車中外商人均有營者且載貨之汽車日多人力貨車及獨輪車日形減少玆將近年車輛調查及現有長途汽車調查分列兩表如左

(戊)近年市內車輛統計表

車輛種類／年分	十三年	十五年	十七年
載客汽車	一五四輛	四七九輛	三九八輛
儎貨汽車			七七
載客馬車	六四	六四	七五
人力貨車	三・一一四	二・四六四	一・四六三
駕馬貨車	五一〇	四七九	三二八
人力車	二・八八三	二・六九九	二・五二四
脚踏車	二・四七四	二・六三九	二・四七四
脚踏汽車	一九	六六	二七
獨輪車	一・三三〇	五三四	不詳

附記　十三十五兩年之數係由各年之青島概觀摘錄十七年之數則據警察廳調查

(己)長途汽車調查表

公司名稱／類別	車輛	路線	經過各站地點	資本	速率	開辦年月
青沙長途汽車公司	六	自青島至沙河一一五里	青島滄口城陽卽墨長直劉家莊古現麻嵐平度門村店子沙河			十六年十一月
卽城長途汽車公司	五	自青島至金口	青島流亭城陽卽墨段村客旅店柳樹屯金口	十萬元	三十英里	十六年十月
青卽鶴利長途汽車公司	三	自青島至卽墨城九〇里	青島四方水清溝滄口營子樓山後仙家寨狗塔埠流亭張莊桃林北曲仲村東城韓村官莊郭家巷卽墨城	五萬元	三十五英里	十六年十月
膠紅汽車公司	四	自青島至紅石崖七十五里	洋河王台等處	三萬元		十五年十二月
膠塔汽車公司	六	自膠州至塔埠頭十八里	馬胡庄	一萬三千元		十六年十一月

附記　本表所記數字依據山東統計月刊及警察廳開報檔册爲準以上五家前因地方不靖時駛時停赴卽墨金口者本年稍有起色然青沙等線依然停駛其行駛市內及近郊者初推青蚨汽車公司爲巨擘計有車十五輛專行市口會全碼頭台東滄口李村等線十六年冬青蚨歇業改歸永興接辦此外中外車甚多共有四五十輛專載市鄉客貨故火車頗受影響

交通志二　郵電

各國郵電機關大都合設一氣我國因沿革不同組織亦異不惟郵與電分電與電亦分是亦交通不統一之一端也茲就青島郵電情形分別述之如左

一・郵政　我國於千八百九十年春始設郵局於青島兼轄青萊沂膠境內之十二分局雇用郵差分班走遞洎千九百零一年鐵路通至膠州向之青島間二日遞到之郵件至是只需二時間可達由是郵政從鐵路而推廣千九百十年冬濟南設立全省管理局青島始改爲分局民國三年冬日軍占踞青島及膠濟鐵路我國原設交通之機關盡被隔斷所有郵件僅能遞至城陽而日軍自設野戰郵便局管理市內郵電並于膠濟沿路擅設郵局以達濟南屢經我國交涉延至民國七年十一月始將青島郵政局恢復仍許客郵併行十一年我國與各國訂約撤消客郵日人始將青島及膠濟沿路所設郵局十六處先後取消我國乃於市內設一等局一所支局四所滄口四方各設二等局一

所一等局設局長一員郵務員六員郵務生二十九員揀信生十一員信差長四名信差四十四名工人十七名有自備郵務汽車各支局設局長一員信差一二名不等滄口局則增設村鎮信差二名分遞旱班郵件計滄口局所轄環行村鎮之信差有每日一班者所經地點爲滄口營子樓山後東宋哥莊西宋哥莊南曲仙家寨白沙河趙哥莊黃埠東黃埠夏莊法海寺東小水西小水丹山灣頭有間日一班者所經地點爲滄口水源地李村張村彭家莊南宅科于哥莊段家埠登窰沙子口姜哥莊嶗山旱河九水于家下河鄭町候家莊東李村綜計接收而後青島郵務逐年均有進步而匯款之增加尤爲迅速五年之間增至三倍蓋以連年軍事影響各省銀錢業匯兌維艱匯水過鉅故小數量之匯款多爲郵局所吸收包裹一項十四年大有進步其後忽形銳減包裹稅之加徵殆亦受有影響新聞遞件頗鮮進步其人文之故步自封耶抑人事之有所沮遏耳二者必居其一矣郵政儲金之目的首在獎勵節儲力求普及然

近三年來金額增而儲戶轉減不能達普及之希望亦一憾也十五年以後郵政收入大增殆因封緘與明片加重郵費之故茲將郵局經管事項彙列一表於下

「甲」郵務近年統計表

年分	收發郵件 封口信	收發郵件 明片	收發郵件 包裹	收發郵件 新聞	儲金 戶數	儲金 金額	匯款 匯出	匯款 匯入	郵局 收入	郵局 支出
十二年	二·〇三二·七七四件	二九八·九〇〇	一九·九八二	五九〇·〇〇〇	一七四戶	二三·九三五元	五六五·五六〇元	一二六·八六七	一六二·一五三	七八·三九九
十三年	二·〇九一·三三二件	四〇六·〇二〇	一八·六二〇	六一四·二〇〇	一八九戶	六六·二七五元	八一〇·一三〇元	二四二·六三三	一四〇·九八八	八五·四九〇
十四年	二·三七五·九二一件	三七〇·五三四	二七·三七二	六〇四·三五九	二八二戶	八二·九四一元	九七二·五九〇元	三二八·五三二	一四四·五九三	七一·九八九
十五年	二·五〇〇·八三三件	二九一·九一九	二五·九三五	五三三·八一〇	一七二戶	一〇四·三〇五元	一·一二〇·三六〇元	五八八·〇一七	一六七·二二八	八七·〇〇八
十六年	二·六〇九·一五七件	三三二·八五四	一四·一八四	五八八·一四五	四三戶	九七·三三七元	一·三七一·〇四六元	五〇·一六二	一六八·八〇四	九七·七四五

附記　本表數字依據青島郵政局所開送者爲準

二・電報　青島電報局始設於光緒十九年初爲報房租界開埠後始改爲局民國三年冬日軍佔距青島我國所設郵電同時停止七年冬始得恢復洎收回青島後又於市內山東路台東鎮增設分局二所滄口四方亦設報房附於郵政局由青島通至各埠之主要路線本可分爲五系其屬於陸線者由青島至濟南爲一系往德州天津及北方各省區之陸電由此轉達由青島至烟台爲一系烟台別有水線通大連大沽以轉達奉天直隸各處其屬於水線者由青島至上海爲一系由上海以轉達南方各省及外洋由青島至烟台爲一

系由烟台以接連大沽大連上海之水線由青島至日本佐世保爲一系由佐世保以達日韓各處青烟青滬兩水線原爲德荷電報公司建設投資七百萬馬克於千九百零四年開辦本社在德國克倫市分社在上海青島雅普島（雅普島者昔屬德今屬日本南洋廳由雅普至上海有海線一今亦歸日本所有）日德交閧後日人割此二線以改建青佐線供彼軍用青烟水線僅存五十里之斷線業已不堪使用嗣於華盛頓會議後日本始將此二線之權利名義特權交還中國其實質尚有待於修復故五系遂缺其二其青佐間之水線日本交還我國一半在青島之一端歸我國運用在佐世保之一端歸日本運用但在客電特許權未經取消以前我國仍將近青島之一端委托日本代辦惟不直接收發電報此項事務仍歸青島電報局辦理青佐綫經轉中日各處之尋常電報每字加收水綫費五十生丁中日各得其半烟台大連綫亦同華文明碼每字加收日本電局過綫費四分華文密碼及洋文每字加收八分往

外洋者每字加收六分本國通電華文明碼同城每字三分本省六分隔省一角二分洋文加半新聞電報本省三分隔省六分在山東省內收發電報以濟南烟台青島三處爲最繁各局統計不得其詳惟據山東統計月刊第十期載稱十四年十月至十二月青島電報局收入一萬二千九百餘元十五年一月至六月收入四萬二千餘元并註前任交代不清故以前無查考年支經費則爲四萬八千餘元也

三・無綫電報　初爲德人設立建于信號山上常與雅普島之電台通電成績優良嗣爲日軍炸毀重建於台西鎮之團島自民國十一年十二月始連同濟南之無綫電台由我國一並收回專設一局管理其事其電力十二啓羅瓦脫通信距離夜間可達二千英里供外洋及沿海船隻通電之用頗稱便利然民間用者較少收支不能相償尙賴有綫電報局之收入以津貼之

四・市內電話　創于千八百九十九年初僅四五十號至民國三年德人退去之際已增至四百二十二號計有交換機二台其一設於郵政局供公衆使用又一設於膠撫署內供官署使用兩交換機之間設有中繼綫六對以聯絡其交換事務常年費每架一百元零售者市內收費一角四方李村柳樹台二角滄口二角五分均以三分鐘爲一次民國三年日德交閧電話綫多被砲火破壞全部停止日軍乃將公衆用之電話移置於砲台等處以供軍用翌年二月始恢復原狀其後公衆需要日增日人乃增置複式交換機三台推廣綫路九年又將李村四方滄口之市外電話陸續恢復以迄我國接收之際市內已有電話二千四百五十五號內官署用者三百四十九李村有電話五十號官署用者十九滄口有電話七十五號內官署用者八四方有電話六十九號內官署用者十一共計電話機械三千五百九十一個其中使用人自備者二百五十八此外自動電話十三號以供隨時零售而當日掛號要求而未予裝機者尙有二千餘家卽此一端可以卜本埠商業之盛衰矣日人之經營電話與

郵政電報同設一所交換事務及機械工事均在郵局內執行其綫路工事則附設於遞信部之工務課其他直接與公衆接觸事務則在郵政局爲之其內部之監督購置修繕推廣則由遞信部之業務經理工程三課分司其事至我國接收後郵電各個分離乃別設電話局專司其事據電話局開報舊有電杆電綫歷年更換不少十六年冬又將滄口分局電話之一部分改併本局直接與市內通話其未改併者仍須經由中繼綫以與市內電話相聯絡現在所用電機爲共電式磁石式二種共電式分甲號桌機乙號桌機新式掛機普通掛機四種磁石式分桌機牆機二種市內電話統計二千六百五十六號計有電機三千九百二十三個滄口六十八個電話交換機本局用共電式計二十三座滄口分局用磁石式全市電話綫路計四路里數一百十六英里回綫延長里數二百零三英里近年通話次數常在一千一百二十萬次以上每月平均三萬次最繁之時每小時至三千四百次最閒之時則爲八次全年收入十六

年度已增至二十九萬七千餘元在接收時收入僅二十六萬餘元也

五·長途電話　由青島至濟南間之長途電話初爲日人建設專供軍用我國收回後由交通部與青島至濟南兩電話局迭經協議始於十三年十月簽訂合同試辦三年自十四年四月實行通話按照合同所載電話收入交通部得百分之六十濟青兩電話局各得百分之二十通話時間按五分鐘爲一次至多不得繼續過三次所需經費及修理路綫由各方自行負担其通話費亦由部與濟青兩局協訂惟青島至女姑口之間有電話綫四條原屬青島電話局所有另行訂立修養綫路合同兹將長途電話各站價目及歷年通話次數青島局經營收支分別列表如下

「乙」膠濟長途電話價目表

城陽	一角五分	膠州	四角	高密	五角五分
坊子	九角	濰縣	一元	昌樂	一元一角五分
青州	一元三角	淄川	一元六角五分	博山	一元八角
張店	一元五角	周村	一元六角	濟南	二元

「丙」長途電話歷年各站通話次數

區段＼年度	由青島至城陽	膠州	高密	坊子	昌樂	濰縣	青州	淄川	博山	張店	周村	濟南電報局城內局	濟南電報局商埠局	濟南
十四年度	251	616	446	421	25	601	202	117	323	310	103	19	33	7.104
十五年度	601	1.023	820	1.124	83	803	374	213	538	389	175	18	172	12.558
十六年度	619	1.719	715	675	71	1.065	406	164	319	412	103	22	211	14.157

「丁」長途電話歷年收支數目

收支＼年度	收入	支出	備考
十三年度	四·二六八·〇四	一·四八九·四一	自十四年四月五日起至六月三十日止撥電報局洋如上數
十四年度	二八·六二六·〇五	二一·六二〇·七二	撥電報局洋壹萬陸千四百六十二元四角八分解商埠局洋五千一百五十八元二角四分
十五年度	二六·二二四·八〇	二三·五八二·五八	撥電報局洋壹萬五千零六十六元六角九分解商埠局洋八千五百十五元八角九分
十六年度	二六·八九四·七五	三九·三二〇·九三	本年度支出數內除已撥電報局洋二萬零二百三十七元八角七分又解商埠局洋一萬八千零三十六元七角二分外自三月二日至六月底止尚存已征未解洋一千零四十六元三角四分
合計	八六·〇一三·六四	八六·〇一三·六四	

附記　以上三表均依據電話局開送數目作成

交通志三　膠濟鐵路

膠濟鐵路創修於德人而擴張於日人建築之經過概略沿革篇已述之矣計自千九百零四年全路竣工翌年營業收入二百萬元至千九百十三年而增收一倍且以德人開支撙節故每年有鉅額之盈餘以供股息報効折舊公積等項之用比及日人占據此路乃將埠頭倉庫等項移歸鐵路管理收支混合不分界域實則以路款之盈餘補鑛山之虧耗一方又力謀日軍日商之利益運費免票種種優待職員日增俸薪尤鉅僅七八九之三年開支職員之臨時俸給額外加俸賞與三項卽耗二百四十萬元官辦鐵路固不必以贏利爲目的也顧日人增加資產擴充營業之功亦不可沒八年之中其可紀者約分二類「一」車輛項下增購機車五十二(輛內自造S式五輛)增購及改造之客車七十八輛(內自造者二十八輛)貨車三百七十五輛(內自造者一百五十輛)又如各項之制動機及聯結器亦均加以改善故車之數量與効能二者並增在千九百十四年往復青濟間之客車日開一次貨車五次其後客車加至三次貨車加至十次每日之輸送力遂由二千噸加至五千五百噸「二」工程項下則有如金嶺鎮鉄山間之支綫六公里改築七十五磅重軌有如城陽李哥莊間較險要之二十八公里亦改重軌有如大港四方之填地三萬方步有如各站岔道延長二十四公里有如各大站之新建築及設備有如大港卸貨場有如電話電報綫之增設有如四方機廠之擴充增築工場十棟面積約十二畝就德人固有之機械二百十二臺更增二百九十臺此皆日人有功

路務之可紀者然以資金五千四百萬馬克折舊二十年之鐵路竟能作價四千萬金圓其道亦正在此茲取既往之收支統計分列二表以見德日既往之進步以爲我國未來之參考以上見魯案善後特刊

「甲」德營時期之歷年收支表

事類／年分	載客 票數	載客 收入	運貨 噸數	運貨 收入	雜收入	總收入	總支出	盈餘
一九〇五年	八〇三千人	五三三千元	三一〇千噸	一·二九九千元	七九千元	一·九一一千元	七四五千元	一·一六五千元
一九〇六年	八四六	五五九	三八一	一·四八八	一二一	二·一六八	七七八	一·三八五
一九〇七年	八九六	六一五	四〇九	一·六一三	一二九	二·三五九	一·〇一八	一·三四一
一九〇八年	八二八	六二六	四八六	一·八六二	一二四	三·六一四	一·〇八〇	二·五三四
一九〇九年	六四一	六一六	六九六	二·六九三	一〇一	三·四一一	一·一九三	二·二一八
一九一〇年	六五四	六五四	七六九	二·九六八	一〇七	三·七三〇	九九九	一·七三一
一九一一年	九〇九	七一四	七一七	二·七四一	五五	三五二	一·二〇〇	二·四一一
一九一二年	一·二三〇	九七〇	八五二	三·二二九	三九	四·二三九	一·一七五	三·〇六五
一九一三年	一·三一七	九五一	九四六	三·一二三	五四	四·一三〇	一·一九一	二·九三九

「乙」日營時期之歷年收支表

事類／年分	載客 人數	載客 收入	運貨 噸數	運貨 收入	雜收入	總收入	總支出
民國四年	一·二一七千人	七四二千元	五九五千噸	二·三九七日金千圓	四八日金千圓	三·一八八日金千圓	三·二四三日金千圓
民國五年	一·六六六	一·三八二	五八六	二·九五五	九九	四·四三七	四·〇三二
民國六年	二·〇六五	一·九一九	七〇五	三·八一三	一四一	五·八七四	六·八二四
民國七年	二·一五九	二·二三六	八三〇	四·九五九	一六四	七·三六〇	一二·〇〇六
民國八年	二·五四五	三·五一七	九八七	七·一四七	二八四	一〇·九五〇	一五·八四七
民國九年	二·九四五	二·五五五	一·〇七四	四·八六八	二四五	七·六六九	一六·〇八一

附記

一·本表數字依照日管鐵道部歷年統計爲準

二·民國八年客貨收入驟增者因銀價騰貴之故八年度銀一元平均換日金一圓九十三錢九年度平均換一圓三十一錢鐵道收入用銀而豫決算則又折合爲金故頗有出入也

三·民國九年運貨收入驟減者因日人以保護膠澳租界之工業及獎勵土產出口之目的而減收運費故蓋交還之期已近矣

四·民國七年總支出一千二百萬之中含有採鑛費三百八十九萬餘圓在內民國八年總支出一千五百八十四萬餘圓之中含有採鑛費七百零八萬餘圓在內民國九年總支出一千六百零八萬餘圓之中含有採鑛費四百四十九萬餘圓在內此外歷年之總支出中并含有埠頭倉庫鑛山學校病院之經費亦在其中蓋在日營鉄道之時期上項事務均歸鉄道部彙管除特別工程外其餘用人購料大部籠統開支未得其分列之詳數也

我國接收而後所有精神物力大都耗於用人行政方面組織則屢有變遷員司則頻爲增減而十四十五兩年爲尤甚十四年偏於推廣十五年偏於裁減又十五年六月間於裁課裁缺之外並曾甄別一次計裁員司二百七十餘人每月節省薪費三萬餘元然每月薪給開支三十餘萬較之接收伊始月支二十一二萬元者相差甚遠五年以來工務之成績較優而車務機務會計可紀之事亦頗不少茲分項述之如下

「甲」工務　接收以後卽注意於改築橋梁更換鋼軌二事十二年二月不幸有雲河斷橋之事肇事原因由於橋梁薄弱德人架橋多用輕巧開項華倫式而新換美國機車重量倍增而撞擊力更巨時值陰歷除夕司機急於歸家雙挂機車增加速度以致釀此慘劇鉄路財產大受損失然因此愈以證實橋梁有改築之必要乃于十二年秋呈奉交通部批准由路局按月儲款將全路橋梁分批更換並定新橋之荷重量以古柏氏E字五十級爲准且以坂梁橋爲主十三年春卽將第一第二兩批鋼橋招標由德商承辦於十四年二月交貨乃將大沽河密水及大沽河上流橋梁十七座陸續更換計換新梁鋼材一千四百五十噸第三批則因時局關係招標較遲延至十五年秒交貨計一千六百餘噸改築李村河城陽河及南泉東西河等處橋梁三十七座第四第五兩批鋼橋亦已向德商訂購此外改築小橋如將跨度一公尺至五公尺之工字橋改爲工字梁混凝土坂橋者三十八座將跨度十五公尺至三十公尺之鋼

橋改爲坂梁橋或混凝土橋者五座新增者二座正在計畫中者三十七座其次則爲鋼軌德人原用之十磅輕軌自十二年初至十五年秒損折至四十餘次故我國接收後卽經擬定計畫先將青島高密間之幹線原用六十磅者改用八十五磅重軌已換四段計八公里又六百九十公尺又於青島滄口間增築雙軌業於十六年起將四方間之路基完工並將大港四方一段換鋪重軌四方車站亦已推廣此外重要工程約有四端「一」四方機廠日人新築之客車廠繼續完工並於第一工場內增築機車用之軌道四條「二」十五年增築芝蘭莊丈嶺二十里堡大臨池四站第三股岔道十六年增築青島四方高密坊子四站岔道計二公里餘「三」十四年添築高密機車房「四」十三年增築四方機廠工人宿舍四十所更有不屬工程而隸於工務處者爲沿綫森林接收時計有五十六萬餘株十三年份標售十四萬五千九百餘株得樹價三萬四千餘元又十二三兩年減損九千株餘存四十一萬三千餘株十四年增

植八萬五千餘株十五年增植二十四萬八千餘株計實存七十四萬三千餘株

「乙」車務　我國接收伊始客貨運價均暫照舊章辦理然德日舊章偏重青島之發展於出入貨物不免歧視我國接收後逐次更訂「一」於十三年二月一日起實行交通部所定之客車運輸通則「二」同時另定客車運輸附則二十六條以資變通而維習慣「三」觀櫻旅客團體票價減收四分之一海水浴客亦同「四」學生及教職員寒暑假期單程減收四分之一往返票減收二分之一「五」定期票及回數票均按部章另訂辦法「六」報紙運價照包裹減半「七」取消工業用品退還運費之舊章「八」依據部制釐定運貨記賬章程十二條「九」運煤專價從前淄川煤鑛附屬路局運價甚廉且係記賬而博山大崐崙等鑛反是嗣於十三年秋迭經路鑛當局雙方協定草約內銷運費各家一律出口煤斤仍照原章每年自六月至十一月之間運煤收費照減一成達二十萬噸以上時另予一成回扣嗣以時局停頓直至十五年五月始經簽訂「十」食鹽運費向章每年運至三千噸以上者退回運價一成五分嗣以量數甚微遂于十三年四月取消「十一」向章運牛每頭每公里僅合五厘五毫比之通則訂價低廉三倍以上嗣於十三年四月起核加五成零担則照通則辦理「十二」淄川炭鑛及坊子粘土運價自十三年五月起改與博山運價一律按照粗貨減收三成「十三」十六年十一月始由濟南加開小工車一列按三等票價六折並商同政記大連兩船行合辦聯運由青島至大連統艙一元五角由發售站一併核收「十四」客運通則雖經實行而票價未改照原定票價每人每公里三等約九厘二等一分七厘三毫頭等三分四厘六毫概以一角爲單位比例頗欠公允例如青島至濟南四百十二公里三等票照每公里九厘應爲三元七角零八厘然定價則爲四元原擬修訂然以軍事影響迄未議訂而十六年五月起轉加客票三成貨運二成

膠濟路之運輸受時局影響最甚者爲徵調車輛增加稅捐二事當我國接收時原有機車一百零二輛客車一百九十六輛貨車一千六百三十七輛特種車十輛嗣於十二十三兩年增收日人訂購之机車六輛共爲一百零八輛截至十六年止新造客車二十輛貨車四十輛迨民國十三年秋至十四年春客貨車被軍運徵發過軌各三百餘輛迄未歸清十四年秋復肆徵調計過軌最多之際机車四十客車一百三十貨車一千四百五十三輛而沿路軍隊扣用尚不在內徵調所餘多屬殘破机廠既不勝其修運轉又迫不及待非必不得已亦卽扶病而行勉爲應用是時客貨運輸幾至完全停頓有形之修繕已增無形之損失尤鉅十五年四月以後始得陸續收回截至年秒過軌軍運之車迄未收回者尚有机車七輛客車二十九輛貨車四百二十八輛是爲鉄路運輸之直接障礙

其次間接爲運輸之障礙者則爲各項捐稅計有貨捐貨物稅加快費賑捐及

河工捐五項「一」貨捐自十三年九月開征其捐率按運價征收輕微貨物自百分之一至百分之十不等重徵捐率初與運價同嗣於是年十月十七日起減爲百分之六十十四年八月十一日起又復改訂捐率增加比較最低者按運價百分之六最高者爲百分之八十自十七年一月起捐局裁撤改由路局代收「二」貨物稅自十五年十月二日實行其稅率按照貨價值百抽二「三」加快費自十五年二月五日起由膠濟路代徵每十五噸車徵一百元七月一日乃減爲七十五元十月一日又減爲五十元惟煤及粘土免徵此費遠近一律徵收故短程貨物完全停頓自十二月一日起乃將膠澳區內及濟南黃台間之短程加快費取消「四」賑捐自十三年九月一日起奉交通部令頭等票收二角二等一角三等五分行李包裹票按運費加百分之三貨票加百分之五一年爲期十五年五月又由山東省令徵收「五」河工捐自十五年十月五日起省令施行捐率按客貨票價概加一成名爲疏濬黃河之用

本路自十三年一月一日起加入國有鐵路旅客聯運先試行於青島濰縣周村博山四站同時並加入中日旅客聯運至于貨物聯運在德人經管時期曾與津浦鐵路在濟南聯軌互通車輛日軍占踞因故中止我國收回後迭經兩路協商聯運辦法自十四年三月一日起實行膠濟路以青島大港四方滄口藍村膠州高密坊子二十里堡濰縣青州張店周村博山淄川炭鑛等十五站爲貨物聯運站津浦路以天津東總西三站滄州泊頭連鎮桑園德州平原禹城濼口泰安大汶口吳村兗州濟寗鄒縣滕縣臨城棗莊徐州南宿州蚌埠臨淮關浦口等二十五站爲貨物聯運站聯運貨物以整車煤油花生花生油花生仁木料棉花石灰雜粮烟葉陶器草帽辮小麥豆油布疋棉紗麵粉糖鷄蛋煤石料麩皮爲限其接收以前原設之海陸貨物聯運接收後參酌中日聯運規章另行修訂

「丙」机務　四方机廠之工作時間用於修理者十之七八用於製造者僅占十之二三接收五年之久計新造客車二十輛貨車四十輛改造客車五十一輛特種車二輛消除號數不詳然以接收一百九十六輛及新造改造七十一輛合計應有二百六十七輛顧十五年杪報存客車僅有二百七十輛是消除客車竟有五十輛之巨數矣各種車輛入廠修理輛數四年之中机車三百三十九輛爲全數之三倍餘客車八百七十四輛爲全數之四倍餘貨車四千五百十三輛爲全數之三倍弱按年比較則修理輛數逐年增加惟十四年分材料缺乏故較十三十五兩年爲少耳

機廠歷年設備則十三年增置油漆琢磨机一架十四年自造旋床四架購置十八寸旋床二架日人興築未竣之客貨車工場亦于十三年二月落成机廠附設試驗室分物理化學二部試驗五金類油類煤水洋灰每年平均約試驗二百次又附設藝徒養成所肄業者百餘人每日授課二小時餘時入廠工作四年爲期

「丁」會計　歷年收支數目均見附表及說明至於資產一項我國接收總數爲三千五百七十五萬餘元又附帶接收沿線郵政房產十二萬九千餘元截至十五年杪止增置資產三百三十餘萬元共爲三千九百零五萬餘元增置之產均由歷年盈餘項下撥付舉其大者如十二年份爲電報電話材料十二萬二千餘元机廠机件十四萬九千餘元机車七輛四十一萬七千餘元客貨車風閘十三萬一千餘元其他路基工程等項四萬餘元共增八十六萬五千餘元十三年份爲補還商埠公署地價二十八萬餘元房價六十三萬一千餘元机車二輛十六萬二千餘元客車八輛十八萬九千餘元守車五輛二萬四千餘元石灰車四十輛二十一萬三千餘元其他路基工程等項七萬六千餘元共增一百五十七萬九千餘元十四年份爲更換橋梁三十萬零四千餘元改造客車二十輛新造守車二輛十六萬餘元其他路基工程机件等十二萬四千餘元共增五十九萬餘元十五年份改造客車二十七輛守車一輛八萬

餘元橋工四萬餘元其他机廠車站房屋等項八萬元共增二十萬餘元其歷年廢棄資產之應減除者有十三年份之廢棄橋梁二萬一千餘元十五年份廢棄車輛四萬四千餘元餘年亦有一二千元不等以上增減兩抵仍增三百三十萬餘元故截至十五年杪計有資產三千九百零五萬六千餘元負債仍爲日金四千萬元其十五年杪以前利息付過日金九百六十萬元惟十五年應付之息一再延期增給年利九厘之複息耳

「戊」材料　接收伊始材料之支付稽核頗欠整齊訂購大宗材料照部章辦理普通材料由局隨時交商估價訂購自十三年度始一律用部頒購料單將副本抄送材料所收料另印發單由材料處查核轉送會計處付款稽核方法自十二年七月以後亦改用部頒料帳格式形式略見整齊然其後主管處課以及專司管料之材料所組織屢有變更員司頻爲更迭故路局歷年出版之統計及紀念册等項關於材料之報告爲最稀也

「己」警務　膠濟路警自始卽由我國官廳組織並不屬於鐵路公司洎日軍占踞膠濟鐵路强奪我國之鐵路警察權而代以日本憲兵十一年四月始將日軍撤退當由魯案督辦借調北京保安隊六百名編成膠濟路警自濟南至女姑口分爲三區沿站駐紮其後接收膠澳始入市內又續招學警一百二十名共分爲三總隊鎗械銳利服裝整潔其後替補日多未及訓練洎十四年抽調赴徐損失甚巨十五年七月設巡警敎練所另行招募乃得逐漸恢復原額所任職務以巡緝消防爲主十五年獲案二百餘起計私運軍火十起鴉片十九起私鹽一百三十餘起緝竊六十餘起查獲手鎗二十一枝子彈一千六百粒金丹白丸二百餘袋私鹽一万八千公斤其餘各年破案稱是全路消防設有甲種消防器七部乙種十一部喞筒十五架丙種三十九架視站之大小分別布置頗稱嚴密而沿路發生事故之較爲重大者則有十二年冬張店機務段長被架一案十五年一月南流站工人被架一案而十三年一月辛店燒車一事爲尤慘計燒燬客車三輛旅客焚死五人跳車跌斃二人傷重斃命者三人重輕傷四十五人其餘行車事故如出軌以十二三四年爲較多均在三十次以上十五六兩年則不滿二十次如衝突以十二三兩年爲多在十五次以上以後各年均在八次以下火患則十二年三次十三年十六年各二次其他行車障礙每年三四十次不等〔以上各節見膠濟鐵路局出版之歷週紀念册及歷年之會計年報〕

「丙」膠濟鉄路營業用款歷年比較表　本表以千元爲單位

年分＼項目	總務費	對營業進款之百分比	車務費	對營業進款之百分比	運務費	對營業進款之百分比	設備品維持費	對營業進款之百分比	工務維持費	對營業進款之百分比
十二年	一,三三三千元	一五·二三·	八二一千元	九·一四·	一,一三八千元	一三·一九·	一,五八六千元	一八·一七·	九一三千元	一〇·一五·
十三年	一,六三九	一六·二五·	八九四	九·一四·	一,二四五	一二·一九·	一,七一七	一七·一六·	九五九	九·一五·
十四年	一,八八一	二〇·二八·	九一四	一〇·一四·	一,二五二	一三·一九·	一,六〇六	一七·二四·	九一七	一〇·一四·
十五年	一,九八四	二四·二八·	九二〇	一一·一三·	一,二九九	一六·一八·	一,八一三	二二·二六·	九三〇	一一·一三·

附記　總務費所以遽增者由於薪俸公費之逐年增加以十二年與十五年兩相比較督辦經費（卽理事會及部中開支）由二萬三千餘元增至十萬零五千餘元總管理處由十九萬餘元加至四十七萬餘元會計處由十四萬餘元加至二十萬零七千餘元惟材料處由十七萬餘元減爲十五萬九千餘元警務薪餉由二十四萬三千餘元加至四十九萬餘元捐款獎金由四十四萬一千餘元減爲三十四萬四千餘元增減相抵尙增六十五萬餘元　車務費亦以薪俸公費爲增加之原因計監理項下增三萬五千元車站員役項下增七萬四千元印刷文具車票項下減三萬七千元運務費所增加者爲机車員役項下加十萬零六千元燃料加十萬元用煤由七萬五千餘噸加至八萬六千餘噸運煤費用亦加五萬三千餘元車上員役項下加二萬元而客貨車消耗品及費用則減去四萬元　設備品維持費之增加亦以薪俸爲大宗計机車監理項下加九萬三千元机車修理拆舊項下加四萬四千餘元客車修理拆舊項下加六萬七千餘元貨車修理拆舊項下則減二萬四千餘元發光導熱設備品項下減三萬七千元總机廠項下加五萬六千元　工務維持費養路工程之監理薪公加二萬八千元路綫保衞加九千元橋工減十二萬元軌道工資加三萬九千元軌枕鋼軌加三萬七千元車站及房屋加六萬三千元机件及器具減五萬六千元零星工作加四萬二千元電務薪公加二萬三千元維持費減二萬三千元此十二年與十五年支出增減之大較也

以下丙丁戊己四表所列數字及說明均依據膠濟鐵路局之歷年會計年報爲準

「丁」歷年費用統計標準表

事項＼年分	十二年	十三年	十四年	十五年	十六年
每營業路綫公里之費用	一二·七七七元	一四·二三九元	一四·四九四元	一五·三二三元	一五·九五二元
每行駛公里之費用	二·三二元	二·一八元	二·二八元	二·八〇元	二·四八元
每列車公里用煤重量	三〇·二六五公斤	二七·八二四公斤	二九·四九四公斤	三四·八三四公斤	三四·五九九公斤
每機車每年之平均修理費	四·九七七元	五·〇〇五元	四·三五四元	五·一三七元	五·五八八元
每年修理機車輛數	七〇輛	八五輛	七〇輛	一〇六輛	九一輛
客車每輛每年之平均修理費	五七四元	五五一元	三六七元	七三四元	九五三元
每年修理客車輛數	一九二輛	二一二輛	二二四輛	二三三輛	三五四輛
貨車每輛每年之平均修理費	一四三元	一三三元	一〇四元	一一八元	一五九元
每年修理貨車輛數	八九二輛	一·三八八輛	一·〇七七輛	一·一五七輛	一·五六五輛
每路綫一公里之維持費	二〇八元	二八九元	三三五元	三二五元	四〇七元

「戊」膠濟路歷年收支盈虧表　本表以元爲單位

年分＼項目	營業進款	營業用款	盈餘	用款與進款之百分比	備考
十二年分	八·七九七·一三七	五·七九一·三三九	三·〇〇四·八九八	六五·八	本年一月分進款六十五萬用款五十一萬盈餘十三萬作爲特別營業未列入上數內
十三年分	九·九九四·八三二	六·四五四·八二二	三·五四〇·〇〇九	六四·五	本年盈餘比上年增五十三萬但上年尚有一月分盈餘十三萬未列表內故實增四十萬耳
十四年分	九·二七〇·二六八	六·五七〇·二一九	二·六〇〇·〇四八	七一·六	本年九月以前本較上年增收三十五萬元十月以後車輛多被軍事徵發十至十二之三個月較上年共減一百十七萬餘元兩抵共減八十二萬餘元
十五年分	八·〇八五·五〇〇	六·九四六·一四八	一·一三九·三五二	八五·九	自去冬起車輛十之七八撥作軍用雖經一再索還然軍用及入廠修理之車仍在半數以上半年春季三個月貨運僅收五十餘萬較前兩年春季減收百數十萬四月以後始有轉机
十六年分	一一·〇三四·六二三	七·二三一·二〇二	三·八〇三·四二一	六五·五	本年進款含有軍事運輸記帳運費六十五萬餘元除去此項實收一千零三十九萬餘元

「已」膠濟鉄路客貨數量歷年比較表

年分＼事項	客運		貨運		備考
	旅客人數	客票進款	貨物噸數	貨運進款	
十二年	三·六六四·七二一名	二·四二七·二六九元	二·〇一四·四七六	六·三五〇·九二五	三等客票占三百五十七萬餘張免費票占五千張本路材料及煤占八萬噸
十三年	三·九九三·〇九〇	二·六七六·七八二	二·二八四·九三四	七·二四七·二四九	三等客票占三百九十萬餘張免費票占一萬二千張本路材料及煤占廿一萬零六千噸
十四年	三·六五〇·四九一	二·五一一·〇八一	二·〇六三·三六七	六·五四一·九四二	三等客票占三百五十七萬餘張免票占一萬張本路材料及煤占廿一萬六千噸
十五年	三·四三五·九三九	二·八二一·四三八	一·六三五·三五五	五·〇八六·〇八三	三等客票占三百十二萬餘張免費票占五萬張官運貨物占十五萬六千餘噸本路材料及煤占二十三萬噸
十六年	三·四〇八·九二三	三·八七二·六五九	二·〇八四·五九五	七·一二一·二〇一	

附記

一、客貨進款比較在十二年十三年十四年客運收入占全收入之二十六七分貨運收入占全收入之七十一二分至十五年則客運收入占三十四分而貨款只占六十三分弱十六年客運收入占三十五分强貨運收入占六十四分强

二、自十五年七月二十日起夜車改爲特別快車加收票費

三、自十六年五月一日起客運加價三成貨運加價二成

四、進款項下有免票及記賬之虛數在內

膠濟鐵路尚有二三事爲國人所當注意者其一膠濟鐵路與山東鑛務公司名義均屬中德合辦乃國人既無投資之準備德股瞬息認足亦更無我國入股之餘地惟前山東巡撫周馥於光緒廿八年卽千九百零二年由省庫支出二十五万兩收買鐵路鑛務兩公司股票各三百股每股一千馬克計共六十万馬克其後日軍藉口敵產橫行沒收我國股份亦被占有迄無人持此理由

與之理論此六十万馬克之華股如何下場亦不可不考此一事也又濟南黃台之支路係由山東巡撫楊士驤任內委托山東鐵路公司修築營業並貼給建築費二万餘兩此又一事也又德人租借期內台東鎮設有軍械庫由大港站近處築岔道通至此處專備裝卸軍械之用日軍佔據之初期嘗於滄口李村之間築有輕便鐵道五公里又八百公尺其始專供軍用四年二月始由日人借路營業乘客一人收費一角小行李每件收費五分貨車一輛收費四角至是年十一月停止營運軌道車輛均貯交於日軍兵器廠此亦交通界之一故事也

交通志四　航運

膠澳之於交通所以佔形勝者不僅在陸尤重在海其地當黃海之中心近赴南北洋以及日韓皆甚便利且澳廣水深堪泊遠航之巨舟在我國之港灣可供國際航線應用者南有黃浦三都澳北推膠澳大連膠澳之海上交通肇於

唐而興於宋閩浙商船初以膠州塔埠頭爲集散轉運之地次則滄口女姑亦有裝卸比及德人借地開埠外洋貿易大增航線亦趨重於青島千九百年進出口船僅二百四十七艘純登簿噸數二十七萬餘噸千九百十三年增至九百三十五艘一百三十萬噸（此數爲膠州灣轉載德文膠澳官報者據我國海關貿易册是年進口船一千七百三十三艘二百六十七萬噸下數則據關册）迄民國十五年更增至二千七百九十二艘五百零三萬噸進步之速在國內各埠首屈一指以其船籍言之在千九百十年以前德船占百分之五十以上嗣以英日之船銳增德船退占百分之四十三英船占百分之三十日本船占百分之十七英船因在我國沿海口岸素有根據日本則北據大連東通神戶以此與德船相頡頏民國四年德船中絕日船代興十年以來始終占青島航船之首席噸數盛時占至百分之七十我國接收以後英美船日增德船亦逐年恢復然日船仍占百分之五十至於我國輪船來往青島者初不滿萬噸接收後漸增至四十四万噸而十五年又驟減爲二十万噸僅居全額百分之四外國商船新闢航線本國予以補助保護我則反是以此航業不振不惟不能遠越重洋以爭衡於世界而且國內航業盡被外人占去以近三年言之民國十三年本埠進出口貨物一百五十五万餘噸其中往來本國口岸者占七十万噸十四年進出口貨一百五十万噸本國口岸占七十八万噸十五年進出口貨一百三十四万噸本國口岸占六十七万噸此項運費年可四五百万元如能保而有之亦不失爲航業之大宗也顧以環境之劣對於官廳有捐稅徵用之可虞對於商家又鮮通融便利之聯絡以此事事落後觀望不前接收時本埠當局行文交通部勸告招商局闢此航線招商局不敢應十三年高恩洪任督辦勸說政記公司增加班次華船始稍有起色然亦僅佔百分之八九而已其餘肇興三北等華商更不來此間津惟招商局於本年十月間始派向航津滬綫之新康等船兼航青島初航貨少船無定期即以本埠運往沿海

口岸貨物而論十五年共值二千六百二十五万關平兩日本船承運一千三百八十餘萬英船承運八百十五萬華船僅得三百五十萬十六年共值三千七百六十五萬關平兩英日兩國之船各佔一千八百餘萬而華船更減至八十九萬運本國之貨物銷本國之口岸且非洋旗不行更遑論國際之航業况且四年以來津浦鐵路恒有阻隔津滬航線又恢復辛亥以前（津浦通車在民國元年）之盛況日商之往來此線者有大連日清岩城（代理大阪）三家平均日開一班座客常滿大連船行連年增造新船增築新社是皆國人傾囊而出之華商拱手以奉讓者也兹按現有航線歷年船籍比較分製四表如下

「甲」本埠進口輪船表一（按照海關普通行輪章程航行者）

國籍 \ 年份		民國二年	民國三年	民國四年	民國五年	民國六年	民國七年	民國八年	民國九年	民國十年	民國十一年	民國十二年	民國十三年	民國十四年	民國十五年
美	隻	36	15	2	8	24	54	56	74	64	36	68	75	71	84
	噸	74	28	7	20	57	116	136	221	191	147	279	330	324	363
英	隻	510	246	54	112	132	124	216	274	243	397	370	361	411	462
	噸	834	471	71	136	315	198	509	601	457	720	768	822	919	1.016

丹 隻				2						4	16	28	21	18
丹 噸				6						21	57	90	90	78
和 隻					8	10	10	2	12	12	20	10	12	20
和 噸					18	14	20	4	51	55	94	46	56	94
法 隻	8	4			6				36	18	10	14	26	20
法 噸	26	16			36				53	25	38	43	111	93
德 隻	566	313								16	44	73	97	103
德 噸	1.163	697								62	166	295	411	447
義 隻									2			8	6	15
義 噸									6			35	28	80
日本 隻	518	264	347	1.163	1.248	1.505	2.183	2.052	1.724	1.730	1.463	1.606	1.646	1.754
日本 噸	470	312	357	1.005	1.114	1.236	1.556	1.828	1.684	1.991	1.695	2.105	2.145	2.561
瑙威 隻	13	22		2	2			4	4	18	14	42	22	25
瑙威 噸	21	25		8	8			3	3	66	32	59	24	23
俄 隻	26	46		2	16	10	23	20	7	14	36	22	28	28
俄 噸	24	79		2	21	6	21	20	4	14	43	31	33	24
瑞典 隻													8	10
瑞典 噸													31	37
波蘭 隻												44	8	
波蘭 噸												87	15	
但澤 隻												2		
但澤 噸												9		
奧 隻	2													
奧 噸	6													
無條約國 隻								2		9	35			
無條約國 噸										17	72			
華 隻	54	30		12	68	24	76	164	204	237	198	335	459	253
華 噸	57	25		8	29	15	41	107	170	175	145	289	446	206
全年總計 隻	1.733	940	403	1.301	1.504	1.727	2.564	2.592	2.326	2.491	2.274	2.620	2.818	2.792
全年總計 噸	2.679	1.656	436	1.188	1.600	1.588	2.284	2.787	2.323	3.299	3.393	4.248	4.639	5.036

附記　本表數字依據海關貿易册以千噸爲單位千以下之數捨去

「乙」本埠進口輪船表二（按照海關內港行輪章程進口者）

國籍＼年份	宣統三年	民國一年	民國二年	民國三年	民國四年	民國五年	民國六年	民國七年	民國八年	民國九年	民國十年	民國十一年	民國十二年	民國十三年	民國十四年	民國十五年
英 隻							2									
英 噸							2									
丹 隻													12	62	44	16
丹 噸													3	16	12	4
法 隻														2		
法 噸																
德 隻	4		102	86												
德 噸			11	7												
日本 隻	4	16	18		38	23	87	102	144	111	291	299	80	44	58	250
日本 噸	7	15	1		3	2	6	7	17	9	108	127	41	32	26	68
瑙威 隻		4	2											12		2
瑙威 噸		3	2											9		1
華 隻		9	46				2		46	5	64	223	481	332	216	361
華 噸			2				1		5	1	5	24	66	46	29	56
全年總計 隻	8	29	168	86	38	23	91	102	190	116	355	522	573	452	320	629
全年總計 噸	7	19	18	7	3	2	11	7	23	11	113	152	110	107	71	130

膠澳志　交通志　航運

附記　本表數字依據海關貿易册爲準以千噸爲單位千以下之數捨去

在青經營航運之船行大小數十家各有其注重之航路船舶以英日兩國爲最多且經營之航線最爲固定餘則時有增減德船雖少尙有勇往直前之氣概運賃亦頗有參差大約路僻船少者雖近亦昂路遠船多者雖遠亦廉租船則按船之等級而不同以最近之租價言之一千噸級者每噸月租五元一千五百噸級者月租四元五角二千噸級者四元三千噸級者三元至三元五角

四千噸級者二元五角至三元五千噸級者二元至二元五角六千噸級者二元租船大都以一個月爲計算單位煤水歸租戶船員薪水及船之修理歸船東也本埠現有之船行及其經營航線船隻茲經調查列表如下

「丙」膠澳航運調查表一（沿海口岸及東洋）

航綫	青島大連綫		大連上海	
經過各埠	青島 威海衛 芝罘		青島	
船名	共同丸十六	共同丸廿一	大連丸	奉天丸
船行或代理店	阿波共同汽船株式會社	仝	大連汽船株式會社	仝
國籍	日本	仝	仝	仝
噸數	1.477	1.380	3.748	3.975
來往次數	每月五次	仝	以下四艘每週往返共有七次	見前
客票價目			上海 大連	上海 大連
一等	十五元	仝	上海四十二元 大連卅三元	仝 仝
二等	十元	仝	上海三十元 大連廿二元	仝 仝
三等	五元	仝	上海十元 大連七元	仝 仝
四等	二元	仝	上海四十元 大連二元五角	仝 仝
貨物運價 種類	雜貨每噸	仝	仝	仝
價目	三元	仝	上海四元四角 大連三元五角	仝
附記			客票特別頭等上海一百二十六元大連九十九元	客票特別頭等上海六十二元大連四十八元

綫	津滬線	大連香港廣州線			
	大連 青島	青島 上海			
榊丸	天津丸	益進丸	英順丸	興順丸	第一東洋丸
仝	仝	仝	仝	仝	仝
日本	日本	日本	仝	仝	日本
3.402	2.317	993	2.156	2.189	2.202
見前	見前	不定期	仝	仝	仝
上海 大連	上海 天津				
四十二元 卅三元					
二十五元 十八元					
十元 七元					
仝	仝	仝	仝	仝	仝
仝	天津七元	上海四元四角 大連三元五角 香港八元			
客票特別頭等 上海六十七元 大連五十三元	客票特別頭等 上海六十三元 天津七十五元				

大連青島線	天津上海線		青島		
威海衛	青島 大連		上海		
敦賀丸	唐山丸	華山丸	恒生	富陞	日陞
英記行代理	日清汽船 康記洋行 代理	仝	怡和洋行	同	同
日本	日本	日本	英國	英國	英國
996	2.089		2.143	2.284	2.284
每六日一次	以下二艘合計每旬赴津赴滬各有一次	見前	以下七艘合計每週開二次	見前	見前
	天津 上海	仝	上海 香港	同	同
十二元	卅六元 卅元	仝	卅五元 七十元	同	同
八元	十二元 十元	仝			
六元	四元五角 四元	同			
二元					
仝	仝	同	同	同	同
大連三元 威海衛四元	天津八元 上海四元	同	上海七元二角 香港十二元	同	同
			花生米每百斤去上海二角八分去香港五角二分		

廣州線				青島廣州				
汕頭 香港				上海 汕頭 香港				
廣生	合生	澤生	貴生	綏陽	新疆	四川	新甯	蘇州
同	同	同	同	太古洋行	同	同	同	同
同	同	同	同	英國	同	同	同	同
2.283	2.149	2.358	2.320	2.590	2.645	2.064	2.555	2.604
同	同	同	同	以下六艘合計每週二次				
上海 香港	同	同	同	上海 香港	同	同	同	同
卅五元 七十元	同	同	同	卅五元 七十元	同	同	同	同
雜貨每噸	同	同	同	雜貨每百斤	同	同	同	同
同	同	同	同	上海一元 香港一元四角	同	同	同	同

線	南北洋							
	上海 香港 大連 安東							
山東	純利	成利	新利	廣利	乾利	順利	同利	豐利
同	政記公司	同	同	同	同	同	同	同
同	中國	同	同	同	同	同	同	同
2.549	1.203	1.200	1.197	1.033	4.000	1.529	1.408	1.912
	以下各艘合計每月約有四次	同	同	同	同	同	同	同
上海 香港				大連 上海				
卅五元 七十元				十元				
				八元				
				二元 四元				
雜貨每百斤	同	同	同	同	同	同	同	同
上海一元 香港一元四角	上海五元 大連二元 每担 廣東八角	同	同	同	同	同	同	同

綫	營口 天津	茂利	政記公司	中國	1.962	同						同	同	
		安利	同	同	1.642	同						同	同	
		迴利	同	同	1.377	同						同	同	
		得利	同	同	612	同						同	同	
天津台灣綫	青島 大連 福州 上海 高雄	長沙丸	大阪商船 岩城商會代理	日本	2.568	每旬日中赴滬赴津各有一次以下三艘合計	天津	卅六元		十二元	七元	同	天津七元	
		福建丸	同	同	2.568	見前	同	同		同	同	同		
		盛京丸	同	同	2.565	見前	同	同		同	同	同		
小港紅石崖	紅石崖	慎記	慎泰號	中國	38	每日一次		紅石崖	三角	塔埠頭	四角			以下四艘單日走紅石崖雙日走塔埠頭互相輪替
		運發誠	同	同	33			同	"	同	"			見前

塔埠頭綫	塔埠頭	保清	中村組	日本	28	每日一次		紅石崖	三角	塔埠頭	四角			原名清丸現歸華人出名代理
		乘安	同	日本				同		同	•			原名大福丸現歸華人出名代理
青島海	石臼所	同興	合興行	中國	69									
		裕盛	裕東公司	中國	76									
		鷹順	英記行	中國	54									
		乾元	富羅洋行		1 87									
		同濟 原名第二隱岐丸	合興行	中國	129									原屬日籍本年售於華商
		新隱岐丸	中村組	日本	108									
		第四福山丸	協信公司	日本	90									

州綫		第八隱岐丸	中村組	日本	258									
		登安	中村組	日本	301									張某所有而掛洋旗原航海州近改烟台
		膠州丸	裕東公司	中國	226									原由中村組經理名膠海丸嗣改今名
青島大阪	門司 神戶	日光丸	日本郵船株式會社	日本	5.056	每月二次	門司 大阪神戶	日金五十七圓 日金六十九圓	日金十八圓 日金四十六圓	日金十六圓 日金二十圓		雜貨每噸	門司 大阪神戶 日金七圓七十錢	
		泰山丸	大阪商船株式會社	日本	3.930	每月二次		日金六十九圓	日金四十八圓	日金二十四元		同	日金六圓	
		原田丸	原田汽船株式會社	日本	4.109	每月二次	門司 宇品 大阪神戶	日金五十九圓 日金六十三圓 日金六十九圓	日金三十八圓 日金四十二圓 日金四十六圓	日金十六圓 日金十八圓 日金廿圓		同	日金七圓六十錢	

綫	宇品	東萊丸	同	日本		不定期								
		海龍丸	第一洋行	同		每十日一次						牛肉每噸	十二元五角	有冷藏設備專運日本牛肉
青島仁川線	鎮南浦 木浦 釜山 上海 安東 芝罘 大連	平安丸	朝鮮郵船中村組代理	日本	1.580	每月二次	仁川	日金卅六圓	日金廿四圓	日金十二圓		雜貨每噸	日金六圓	
		會甯丸	同	同	1.010	每月三次	仁川	日金廿四圓		日金十二圓		同	日金七圓	

「丁」膠澳航運調查表（歐美航路）

歐洲航路

一、日本郵船會社　該社航行利物浦漢堡線之船貨多之時則來青寄港除九十十一之三個月外約每月一二隻船名如下

達拉郭丸 七•一四八噸	豐橋丸 七•〇三一噸	龍野丸 六•九九五噸
達卡阿丸 七•一六九噸	松江丸 七•〇六一噸	但馬丸 六•九九五噸

前橋丸　七•〇〇五噸	水戸丸　七•〇六一噸	鳥羽丸　六•九九五噸
武豐丸　七•〇二八噸	鳥取丸　五•九七三噸	郭賀丸　六•九八八噸

二• Blue Funnel Line 太古船行代理之英公司船　俗稱藍烟筩該行航行利物浦格刺司哥及漢堡線之船每月二三隻來青寄港其船名如下

Keemun (9.087)	Cyelops (9.051)	Diomed (9.323)	Teiresigs (7.606)
Pyrrhus (7.615)	Teucer (9.065)	Meriones (6.424)	Neleus (6.685)
Machaon (7.806)	Troilus (6.327)	Sarpeden (8.575)	Patroclus (6.277)
Dardanus (6.467)	Laomedon (6.693)	Phemius (6.327)	Agapnor (6.306)
Autolycus (6.464)	Adrastus (6.540)	Glancous (6.300)	

三• Ellarman & Bucknall Line 怡和代理之英公司船　該行航行漢堡線之青島貨多之時每月一回寄港船名如下

City of York (7.844)	City of Corinth (5.085)	City of Paris (9.423)
City of Simla (9.468)	City of Karachi (4.936)	City of Poona (7.844)
City of Ylasgon (5.086)	City of Manchester (5.116)	

四• Hamburg Amarican Line 德國亨寶船行　現由古德洋行代理其航線以漢堡爲起點每月一回開來東方回航時常來青島寄港其船名如左

Preussen (8.223)	Pheinland (6.319)	Münsterland (5.592)
Havelland (6.314)	Ermland (6.328)	Oladenburg (7.495)

除末後一艘外餘皆用發動機

五• North German Loloyr 北德輪船公司　美最時船行代理其航線以漢堡及不來門爲起點與亨寶公司同每月一二回開來東方回航時來青寄港船名如下

Remscheid (5.885)	Grandon (5.885)	Coblenz (9.449)	Saarbrucken(9.429)
Ilmar (5.470)	Trave (8.037)	Alster (8.514)	Trier (9.415)
Merkar (8.417)	Giessen (6.511)	Julda (9.492)	Augsberg (6.511)
Anhalt (6.579)			

六• Hugo Stinnes 德國公司船　亦係古德洋行代理其航綫亦以漢堡爲起點每月一回開來東方常來青寄港民國十二年七月始來青是年共來六艘船名如下

Emil Kirdolf (4.408)	Scheer (7.679)	Carl Lesien (4.402)
Hindenburg (7.392)	Albert Voegler (5.908)	Adolf vou Boeyer (5.707)

七• Holland East Asia Line 和蘭東方公司船　由富羅洋行代理其航綫由鹿特達姆赴漢堡不來門更來東方爲每月一回之定期船來青寄港貨少時則不來船名如下

S/S "Gemma" (8.420)	S/S "Aldebaran" (7.698)	S/S "Oldekerk" (7.242)
S/S "Zosma" (8.429)	S/S "Oudekerk" (7.833)	S/S "Oostkerk" (8.049)

八• East Asiatic Co: Ltd. of Copenhagen 瑞典公司船　現由寶隆洋行代理其航綫以斯康地拿比亞爲起點航行東方貨多時每月來青一次船名如下

Panama (6.650)	Indien (5.702)	Chila (6.913)	Malaya (8.590)	Afrika (6.207)

北美洲航路

一• 三井物產株式會社(日本)　該社航行西耶圖之船在落花生上市裝運之時期來青寄港船名如下

太平丸　六•五〇〇噸	伊吹山丸　五•八一五噸	秋葉山丸　四•六〇七噸

岩手山丸 五・八〇七噸	寶永山丸 六・〇三八噸	赤城山丸 四・六三五噸

二・North China Line (Columbia Pacific Shipping Co:) 美國祥泰木行之船其航綫以美國波特蘭德爲起點來航時以裝載木材爲主經上海至靑島回航時裝載中國土貨經由天津大連開回美國每月一次定期班所代理之美國船行三家其行名及船名如下

Oceanic & Oriental Navagation Co:

Golden Star	Golden Hind	Golden Dragon	Golden Sun	Golden Horn

Tacoma Oriental Steamship Co:

Grays Harbour	Alympia	Tacoma	Seattle
Ew Everett	Shelton	Belligham	

State Steamship Co:

New York	Michigan	California	Nevada
Washington	Kentucky	Illinois	Pennsylvania

三・Admiral Oriental Line 美公司船　富羅洋行代理其航綫以西耶圖爲起點出貨多時來靑寄港船名如下

City of Spoken (6.406)	Wheatland (7.007)	Bearport (5.568)
Pomona (7.583)	Eldvidge (7.001)	Edmove (6.999)

四・Canadian Government Merchant Marine Ltd. 英國加拿大公司船　於民國十二年開始來靑僅貨多時寄港每月一次來往舊金山西耶圖等處船名如下

Canadian Inventor (5.417)	Canadian Prospector (4.894)
Canadian Winner (4.884)	Canadian Highlander (5.370)
Canadian Freighter (4.895)	

五・Dollars Steam Ship Line 大來船行　係美國人組織由和記洋行代理其航綫經過舊金山西耶圖晩香坡等處以來東方每月約來靑寄港一次船名如下

Montana (7.772)	Wiana Wollar (7.033)	Melville Wollar (7.032)

六・日商國際運輸株式會社　代理川崎汽船株式會社之船其航綫經北美太平洋沿岸各埠以至東方每月約來靑寄港一次船名噸數如下

Montreal Maru (6.577)	Baltimore Maru (6.576)	Weels Maru (6.586)
Florida Maru (5.845)	Norfolk Maru (6.576)	Pacific Maru (5.873)
Atlantic Maru (5.873)		

靑島未開埠以前膠州灣與沿海口岸往來貿易專恃帆船開埠而後依然逐年遞增據海關册載本埠帆船進出口貿易千九百年得三百十四萬關平兩

千九百十年遞增至五百九十七萬兩民國四年因日德交鬨減至一百十萬兩其後又加至八九百萬兩十一年因沿海一帶土匪猖獗水陸交通甚形窒礙驟減至五百萬兩其後又日有起色十五年竟增至一千一百四十八萬兩蓋魯西交通隔絕膠東較爲安全沂洲諸城亦以靑島爲出入之門戶加之隴海鐵路通至海州而築港未成土貨多用帆船小輪載至靑島轉口故雖處烽火連年之際而依然得有進步也玆將歷年本埠民船貿易船隻數所載貨物担數及其價値列表如下

「戊」膠澳往來帆船統計表

年分／類別	進口貨值關平銀	出口貨值關平銀	進出口貨合計值關平銀	進出口帆船隻數	裝載貨物担數
民國九年	4.473.793	1.856.944	6.330.737	10.490	3.355.629
民國十年	4.323.820	1.638.074	5.961.894	10.030	3.270.832

民國三年	2.304.307	951.322	3.255.629	4.489	1.697.175
民國四年	539.622	613.950	1.153.572	4.530	1.165.959
民國五年	2.566.531	1.743.527	4.310.058	9.947	2.824.536
民國六年	3.242.140	1.520.895	4.763.125	11.017	3.131.568
民國七年	3.904.765	2.138.888	6.043.653	14.241	3.830.712
民國八年	5.986.786	1.425.614	7.412.400	16.986	4.584.516
民國九年	6.800.547	1.463.482	8.264.029	20.404	6.394.783
民國十年	7.079.295	1.873.489	8.912.784	20.431	5.842.670
民國十一年	3.603.333	1.700.832	5.331.165	9.098	2.586.669
民國十二年	5.502.759	2.304.072	7.806.831	15.856	4.040.288
民國十三年	5.299.904	3.287.726	8.587.630	15.404	3.922.562
民國十四年	4.637.812	2.684.687	7.322.499	15.467	3.987.436
民國十五年	6.767.419	4.719.412	11.486.831	13.973	3.822.903

附記　本表依據海關貿易册所載數目爲凖

帆船往來沿海各口岸以海州爲最繁民國八九年增至七八千隻可載二百餘萬至三百萬担其次則濤雒口歷年平均二千隻以上可載五六十萬担又次則爲金口及石島歷年平均各在一千隻以上可載二十萬担帆船因所從來之地點不同而名稱亦異玆分述之如下

釣船　卽福建船大者裝貨一二千擔乃至六千擔小者二千擔內外每艘船員二十五六人以上福建船初禁赴山東貿易故來者恒在寗波象山縣另行領取牌照所載貨物進口以紙爲最往年盛時歲載十六七萬担其次則竹桿陶器花蓆砂糖爲主出口則載豆落花生米落花生油胡桃甜瓜粉條柿餅藥材等項回南販售福建船兼掌運販船主卽爲貨主之代理人關於所儎貨物之買賣船主有其全權如遇市況不佳甚至停泊一二月之久待價而沽然後卸貨返儎

寗船　卽寗波船由浙江之鄞縣鎭海來者爲多其形狀與釣船相等但船體稍狹小儎貨容積亦與釣船相等所儎貨物多屬塔埠頭女姑口等處土產商委托販賣進口後卽時裝卸開回南方

沙船　江蘇境內之船多屬於此概屬平底是其構造之特徵分大中小三級大級者往來上海容量約二千五六百擔船員二十人內外裝來之貨多爲棉花空船開回爲常中級者容量一千五百擔船員十五六人大都內鹽城海州裝儎棉花芝蔴進口歸程則儎洋廣雜貨火柴荳油出口小級者六百擔左右船員六名上下由靑口海州裝儎胡桃芝蔴穀類進口秋季則裝水菓出口其餘季節無貨則空船開回

板船　一名鷄子乃山東省之民船船側繪製魚眼與釣船寗船相類但船體較小大者僅容三百擔內外多往來於山東半島及江北所儎貨物與沙船相類

膠澳志卷七

教育志

强國善羣在於教育教育者所以涵養民德啓迪民智而强健民族之發育也膠澳教育在未闢租界以前科舉未廢學校未興關於文化事業殊少概見洎乎德租日占沈淪二十餘年國人所受教育組織未備系統混淆束縛於外人殖民政策之下聽其支配而已接收以後始稍整理逐年擴充首爲規畫全埠學區規定教職員任用標準取締鄉間私塾核給小學補助經費循序施設比較舊觀漸有進步民國十二十三兩年曾於暑期辦理男女教員講習會聯合運動會暨成績展覽會本年復辦理成績展覽會遊藝會各一次近正從事調查學齡兒童以期完成義務教育然論者謂青島氣候溫和地處中國沿海岸中心點水陸交通均極便利其社會習尚與京津滬各地大不相同舊式之腐敗習慣尚未沾染政治之潮流接觸亦較淡泊山東半島原爲我國文化發祥之地不惟地方教育亟宜改良中央政府亦應於本埠特設國立大學庶幾發揚古德灌輸新知蓋所論不爲無見也兹就本埠教育行政及各級實施教育分述之

(一)教育行政機關

清光緒二十四年卽西歷一千八百九十八年德人始置學務委員會由膠撫指定之委員校長及學務委員會選出之委員共同組織辦理一切教育行政民國四年日軍佔踞青島乂於民政署總務部設學事係置學事員五人視學一人事務官二人民國十一年十二月本埠接收於膠澳督辦公署內置政務處處設學務科置科長一科員三視學員一辦事員二書記二十二年三月改處爲課改科爲股設股長一裁科員及辦事員各一餘仍舊十四年秋督辦公署改爲商埠局劃歸省轄裁學務股另設教育局設局長一科長二科員三視學員一辦事員二書記三惟是項教育行政機關在德日管理時代係包括各該國僑民教育在內接收以後則專辦本國行政事項外人教育迄未管轄及之

(二)專門教育

青島特別高等學堂一名赫蘭大學亦稱德華大學在德國租借時代最稱完備清光緒三十四年德國政府曾將創立此校意旨向我國駐德公使孫寶琦提議迨宣統元年膠撫乂將創立此校預算及贊助法案提出德國帝國議會通過定爲中德合辦之大學管理規則由我國學部宣布同年十月開校開辦費六十四萬馬克內由我國支出四萬馬克德國支出六十萬馬克自宣統元年起分三年支出經常費每年二十萬馬克我國四萬馬克由學部支出一萬馬克直隸山東兩省各支出一萬五千馬克預定十年爲期每年學費可收三萬馬克其餘十三萬馬克則由德國支給學科分爲預科高等兩級修業年限預科六年授普通學科高等小學畢業者得考選入預科預科畢業升入高等科高等科分爲法政科醫科理工科農林科四門法政科三年醫科四年實習一年理工科三年或四年農林科三年設監督一員由德國政府任命總稽查一員由我國學部選派盛時學生四百餘人先後卒業計有二百餘人今日國內專門醫工人才由此校出身者頗衆至日德宣戰是校遂卽停辦日佔青島將校址撥充鉄道部辦公現仍爲膠濟鉄路管理局

商科大學係日人擬辦而未成者日人於交還青島時曾保留德之伊爾地斯兵營舊址(日人稱旭兵營卽今文登路公立中學校)初擬籌辦商科大學招收中國學生經費由日華實業協會担任籌備主任爲今田實氏校長已推定東京高師教授川村氏於該兵營組織事務所但籌備年餘迄無具體辦法停頓至今卒未成立

私立青島大學創自民國十三年由前商埠督辦高恩洪發起就第五師兵營舊址(德名畢士馬克兵營日人稱萬年兵營)改爲校舍組織校董會開辦費由校董會募集經常費由督辦公署及膠濟鉄路局補助於是年十月成立設商工兩科學生八十人校長由高恩洪兼任是冬高恩洪去職卽由校董會公推宋傳典爲校長十五年秋添設鉄路管理科十六年又設附屬中學各班年來因校舍時爲軍隊占用故學生時增時減所出旬刊亦無定期經費寬裕時月支四千元近且減至三千元以下矣

(三)中等教育

德華中學爲加特力教會所創立始於淸光緒二十四年夏初有學生三十人分小學中學二級光緒三十四年增設師範班並加課德文學生日衆校務顯有進步不幸德日交鬨遂致停辦

禮賢中學始於淸光緒二十七年由瑞士同善教會創設初爲牧師花之安所發起花死而尉禮賢繼其後故名禮賢書院分小學中學二級經常費年約三千餘元大部分由亞細亞新教會同善會捐助德日宣戰因而輟學翌年恢復開校授課而經濟日困學生亦不如前之踴躍八年皖紳周學熙捐助常年校款兼設甲種商業班至十二年周氏歲捐中止乃改今名我國接收靑島後並經呈准立案上年添辦高級並由本埠補助經費

明德中學始於淸宣統三年爲美國長老會所設立民國八年五月因宣傳排日曾被日軍司令部封鎖翌年始行恢復編制仿舊制教育以宗教爲重職教員五人學生四十餘人經常費年約三千餘元接收後之明年學生發生風潮因卽停辦

李村特科師範係日人於佔領靑島後設立招收私塾師肄業二年注重日語其意在造成小學師資惟辦完一班卽已停止

私立靑島中學由本埠富商劉子山捐資創辦計捐有萊陽路洋房一所連同附屬地產又中國銀行股票十萬元存入東萊銀行作爲常年基金開辦費一萬餘元每月經費一千五百元十二年冬成立初招學生二班計五十人至民國十三年添招新生擴爲四班乃劉子山因與校長意見齟齬遽於是冬停辦所捐校產仍由劉氏掌握之

公立職業學校十二年九月間由前督辦公署籌設以伊爾地斯兵營舊址爲校舍是屋原爲日本保留設立商科大學嗣以商校舉辦無期當經公署委員交涉以日本第二小學校舍暫爲交換借充職業學校之用開辦費一萬零五百元常年費二萬三千餘元名爲職業實則僅招商科學生四班其中尙有初級二班補習一班計一百五十餘人職教員十六人甚鮮成績至十四年秋間以故停辦

私立膠澳中學民國十三年成立由魯紳陳雪南等創辦陳爲校長呈經立案其校址初借若鶴兵營舊址嗣因海軍强索以駐陸戰隊乃分爲職業學校之一部借充校舍常年經費除由校長募有基金外由本埠每月補助六百元由省款每年補助千元學生四班計一百三十九人迄十五年秋經費不繼呈准改爲公立

公立中學校係就私立膠澳中學改設於十五年秋間成立初招學生二班現爲三班常年經費一萬元

私立師範講習所於十三年五月成立由地方紳民設立以張鳴鑾爲董事長王曉山充所長學生三十餘名經費一千餘元以南曲學田收入充其基金餘爲捐募十五年暑期辦理畢業旋卽停辦

私立膠東中學係美國教會所辦學生八十餘人成立於十五年秋季常年經費約三千元尙未呈請立案

（四）小學教育

德人在膠澳初設有市鄉小學二十六所名曰蒙養學堂卽靑島台東鎭薛家島施溝

辛島南屯濠北頭瓦屋莊李村浮山後滄口（原在甕窰頭）趙哥莊法海寺九水埠落灰牛石侯家莊朱家洼陰島上流宋哥莊登窰姜哥莊于哥莊下河香裏等二十六校多就原有私塾改設教授修身讀經國文算學歷史地理格致德語五年畢業組織與我國學制不合至德日戰時停辦

民國四年日人將德時之蒙養學堂漸次恢復增加小學十一所統名曰公學堂所增者卽台西鎭雙山下莊張村現化菴仙家寨黃埠湛山大麥島辛家莊浮山所等十一校合諸德人所辦各校共爲三十七校職教人員多爲李村特科師範學生公學堂五年畢業教授科目爲修身國文地理歷史算術理科體操圖畫手工農業商業（女生加課縫衽）日語大致與我國舊制相類並於公學堂內附設實業學堂三年畢業其教授科目爲修身實業（農工商）國文數學實習及日語等項

我國接收後之各級小學卽以原有之三十七公學堂改稱公立小學有高級生者爲兩級無高級者爲初級按照部章改正課程除少數學校有女生外餘則均係男生計

兩級小學七所初級三十所其初各校學生合計約三千人現經逐年擴充學校已增至五十二所(見後表內)內兩級者十六所男女學生合共八千餘人

林內義務小學爲前農林事務所附設現已停辦

膠濟鉄路小學兩所一在四方一在青島青島小學現已增設中學仍歸路局管理

此外尚有私立育英小學信義小學挪莊小學中國青年會所辦之模範小學三江會館附設之三江小學天主教會所辦之明德小學基督教所辦之尚德小學均經先後呈准立案除尚德外並均得有本埠之補助費

(五)女子教育

女子職業學校附設於中國青年會內十二年秋間開辦有學生四十餘人學習縫紉刺繡等科十四年春舉行畢業以經費不濟未再續辦

青中女學十三年秋間私立青島中學既遷入萬年兵營後即將原址改設女子中學名曰青中女校僅有學生二十餘人職教經費均由青中兼辦嗣因青中停頓此校亦隨之停辦

淑範女學爲瑞士同善教會所創立於光緒三十一年初附設於禮賢書院其後學生日衆宣統二年始自築校舍頗爲周備授課分高初兩級高級六年畢業國文及普通學科之外以德文爲重初級三年畢業授國語算術地理體操唱歌德日交閧之後遂致停辦

私立文德女子中學由美國長老會創立初設膠州十三年九月始遷本埠有女生四十餘人內附小學兩級女生二十三人近年逐漸擴充學生日增本年並經籌辦高級

本埠補助經費逐年有增

公立女子兩級小學從前本埠小學女生多與男生同校肄業十三年春由督辦高恩洪籌設公立女子兩級小學校於江蘇路設學生四級是年暑期後復添設幼稺生一班十四年十月並於該校內附設女中一班十五年暑期後又增一班

公立女子中學校其初女生兩班原附設於公立女子兩級小學內嗣因班次既增校

舍不能容納當於十六年八月間將女中班次移出另設公立女子中學校暫租觀海二路民房爲校舍本年復添招新生一班所租校舍又不能容因撥用湖南路官產爲校舍於七月間遷入現有學生三班常年經費一萬元

聖功女學爲天主教會所辦專收中國學生內有學生四級現已得有補助費

(六)平民教育

本埠德日時代向無平民學校十三年春中國青年會創辦平民教育促進會籌設平民讀書處十餘所八月間復由督辦公署組設平民教育委員會設平民學校七所於市內並於鄉區分設三十餘所學生約三千餘人以四個月畢業并由永裕鹽業公司捐助一千元專充平民教育經費第一期辦理畢業所有義務教員均經分別給予獎章迨二期辦理將竣適以時局不甯因而停頓現有基督教青年會及平教協進會並萬國體育會之平教部分期辦理讀書處多所公家正在設法推辦以期普及

(七)通俗教育

接收後本埠設有私立通俗教育講演所曾經呈准立案十四年春以捐款不繼經費無着停辦至公立通俗教育講演所由督辦公署於十三年暑期籌設分定期臨時巡迴講演常年經費三千三百元同時並籌設公立通俗圖書館一所購置書籍約千餘元常年經費二千二百餘元館址在莒縣路十四年秋講演所與圖書館歸併常年經費裁減爲二千零二十元

(八)教育會

本埠教育會成立於民國十一年在未接收前已呈請山東教育廳轉部立案正會長孫廣欽副會長胡毓嵩十四年春改選劉銓法爲正會長胡毓嵩聯任爲副會長會員百餘人會址在上海路

(九)外國人之教育

青島市公立德人學校初於光緒二十五年由德人之學務委員會議定設立招收遠東各處德僑子弟入校一時學生人數達三百餘人其教育方法一準德制修業年限

小學三年中學六年卒業後給予一年志願兵資格此校於民國三年德日開戰後停閉校址在廣西路建築頗佳日人佔領青島將公立德人學校校址改爲日本第二小學我國接收以後該校本應交還嗣因與商科大學互借關係（見本卷私立職業學校條內）迄未實行

日人佔領青島對其本國僑民所辦教育積極籌設民國四年卽創設青島第一尋常高等小學校一所李村尋常小學校一所嗣又設高等女學校青島中學校青島第二尋常小學校各一所更於占領地樞要地方設小學校分教場旋廢李村尋常小學及四方分教場而於四方滄口各增尋常高等小學校一所又設外國語學協會一所幼稚園二所中校學生四百餘名高等女校學生三百餘名小學校學生合計一千六百餘名初時經費共計二十萬元現達三十餘萬元至青島學院係日人私立內分商業實業二部兼收中國學生經費以學費及捐款爲基金大半由基督教及青年會補助民國五年成立今年復由日本文部省認可予以補助其青島醫學校則成立於十三

年秋間專習醫科附於青島病院招收中國學生

其餘柏林教會所設之愛道院成立於光緒二十四年分男學女學二部學生四十餘人天主教所設之女學校成立於光緒二十八年教學方法一準英國學制有英語英文學數學地理歷史簿記家政繪畫音樂彫刻速記法文德文以及編物刺繡學生八十餘人併附設蒙養院一所又美國學校於我國接收時設於萊陽路招收各國僑商子弟入學學膳宿費頗重每年約需八百元現已停辦

上述各項關於公立學校及私立已立案之學校所有成立年月職教人數學生人數常年經費額數及私立補助臨時支出各費其間有案可稽者特爲分別表而出之用以覘本埠教育進行之狀況其日人所辦各校雖不受我國管轄第就其可查攷者另爲一表以資參證亦未始非借鏡之道也

膠澳商埠小學區畫表

區別	校名	所屬村莊
第一青島區	公立中學校	青島市區
	公立女子中學校	青島市區
	公立青島兩級小學校	青島市區
	公立女子兩級小學校	青島市區
	公立台西鎮兩級小學校	青島市區
	公立台東鎮兩級小學校	東鎮仲家窪西吳家莊亢家窪大水清溝小村莊上下四方孤山湖島子
第二李村區	公立李村兩級小學校	李村河南河東曲哥莊閻家山鹽灘南山楊哥莊南莊西大村莊東大村莊
	公立雙山初級小學校	唐家溝錯埠頭東吳家莊韓家莊保兒夾連溝河馬石河西河涯小清水溝黃家塋
	公立滄口初級小學校	滄口大甕窰頭小甕窰頭西流莊文昌閣石溝棗園小莊南嶺板橋房營子十梅菴
	公立棗園初級小學校	滄口大甕窰頭小甕窰頭西流莊文昌閣石溝棗園小莊南嶺板橋房營子十梅菴
	公立侯家莊初級小學校	東李村東黃埠莊上黃埠莊下黃埠莊臥狼匙佛兒涯麥坡鄭町蘇家町
	公立下河初級小學校	于家下河莊子王家下河劉家下流上臧町下臧町長澗李家上流莊毛公地爐房

	公立上流初級小學校	楊家上流莊王家上流莊劉家上流莊畢家上流莊北窰萬子菴
	公立張村兩級小學校	張村劉家下莊于家下莊董家下莊李家下莊張家下莊枯桃牟家枯桃
	公立韓哥莊兩級小學校	中韓哥莊王家韓哥莊劉家韓哥莊朱家下莊車家下莊楊家[⿰石巠]
	公立浮山後初級小學校	浮山後北村埠西大埠東小埠東
	公立大埠東初級小學校	浮山後北村埠西大埠東小埠東
	公立朱家窪初級小學校	朱家窪山東頭金家嶺野猪莊石老人鍾家溝午山
	公立石老人初級小學校	朱家窪山東頭金家嶺野猪莊石老人鍾家溝午山
	公立午山村初級小學校	朱家窪山東頭金家嶺野猪莊石老人鍾家溝午山
第三浮山所區	公立湛山初級小學校	湛山小湛山
	公立浮山所兩級小學校	浮山所亢家莊田家莊
	公立辛家莊初級小學校	辛家莊丁家莊大窰小窰
	公立大麥島初級小學校	王家麥島徐家麥島

第四沙子口區	公立九水兩級小學校	九水大禮瑩南龍口旱河石大山桃園澗好澗地九水菴王子澗菴子
	公立于哥莊初級小學校	于哥莊坡前溝彭家莊報山後宅科北勞山南勞山戴家埠段家埠董家埠
	公立段家埠兩級小學校	于哥莊坡前溝彭家莊報山後宅科北勞山南勞山戴家埠段家埠董家埠
	公立姜哥莊兩級小學校	姜哥莊石灣南柳溝沙子口
	公立登窰初級小學校	登窒東坡西澗登窰口蝎蜇西登窰嶺西涼水河大河東三叉茶河夾澗煙雲澗荊條澗
第五烏衣巷區	公立現化菴初級小學校	水牛橫担北龍口溝崖棉花
	公立北龍口初級小學校	水牛橫担北龍口溝崖棉花
	公立埠落兩級小學校	葛場周哥莊北宅科五龍帽子澗五龍澗旱行藍家莊畢家莊
	公立上葛場初級小學校	葛場周哥莊北宅科五龍帽子澗五龍澗旱行藍家莊畢家莊
	公立周哥莊初級小學校	葛場周哥莊北宅科五龍帽子澗五龍澗旱行藍家莊畢家莊
	公立香裏初級小學校	涼泉楊家莊
	公立楊家村初級小學校	涼泉楊家莊

第六仙家寨區

學校	附記
公立灰牛石兩級小學校	灰牛石雁兒石菴鬼兎河菴河西河東大勞烏衣菴
公立解家莊初級小學校	南窩前北窩前三水
公立宋哥莊初級小學校	徐家宋宋哥莊石家宋哥莊劉家宋哥莊雙埠西南曲東南區灣頭樓山後
公立仙家寨初級小學校	仙家寨狗塔埠
公立趙哥莊初級小學校	趙哥莊
公立法海寺兩級小學校	源頭南圈安樂溝烏家台丹山西小水欒家台崔家溝羅家澗雲頭崮猪頭石南峨石

第七海西區

學校	附記
公立黃埠初級小學校	東黃埠西黃埠史家泊子王家泊子
公立下莊初級小學校	月子口馬家蓮台蠻行下莊
公立薛家島兩級小學校	薛家島南營北菴子烟台前
公立施溝初級小學校	施溝鹿角灣劉家島石嶺董家河顧家島嘴鳴角
公立濠北頭初級小學校	濠北頭濠窪莊濠南頭丁家河藍東
公立辛島初級小學校	辛島河西西南山大窪東山顯浪

第八陰島區

學校	附記
公立南屯初級小學校	南屯北屯
公立瓦屋莊初級小學校	瓦屋莊南莊北莊後岔山灣
公立水靈山島初級小學校	城口子香春溝猪圈毛家溝上菴北溝涯南溝涯後登沙嘴廟下路南金家口閻石子打魚口子東南溝辛莊
公立陰島兩級小學校	高家村尹家莊甯家趙家宿家首家莊蕭家前韓家後韓家小莊前東洋嘴後東洋嘴西大洋東大洋後大洋
公立後韓家初級小學校	高家村尹家莊甯家趙家宿家首家莊蕭家前韓家後韓家小莊前東洋嘴後東洋嘴西大洋東大洋後大洋
公立西大洋村初級小學校	高家村尹家莊甯家趙家宿家首家莊蕭家前韓家後韓家小莊前東洋嘴後東洋嘴西大洋東大洋後大洋

附記

此外尙有黃島之後灣莊前灣莊柳溝莊鹽灘莊窩棚莊及竹岔島等處均歸第七學區現正籌擬在黃島添設小學

膠澳商埠歷年教育經常費預算表 自民國十一年度至民國十七度

校別	十一年度	十二年度	十三年度	十四年度	十五年度	十六年度	十七年度	附記
公立職業學校		23.704元	16.680元	16.680元				十四年八月停辦
公立中學校					7.800元	7.800元	10.000元	十五年九月由私立膠澳中學改設
公立女子中學校				1.240	2.360	6.200	10.000	十四年十月十五起設中學班一班於女子小學內十五年九月又增一班十六年九月由女子小學分出單獨設立女子中學

（歲出經常門預算數）

公立青島小學校	10.092	10.092	10.092	10.092	10.728	10.800	11.136	
公立台東鎮小學校	5.991	5.991	6.411	6.471	6.471	6.471	6.471	
公立台西鎮小學校	6.255	8.379	8.379	8.775	9.783	9.783	10.479	
公立女子小學校		6.000	6.000	6.000	6.000	6.000	6.000	十三年五月成立
公立李村小學校	7.305	7.305	6.270	5.829	6.105	6.105	5.142	
公立侯家莊初級小學校	774	774	774	1.476	1.476	1.476	1.827	
公立下河初級小學校	1.137	1.137	1.137	1.137	1.137	1.137	1.137	
公立張村小學校	1.077	1.104	1.104	1.077	2.481	2.481	3.183	十四年十月改爲兩級
公立浮山後初級小學校	1.485	1.485	1.125	1.476	1.827	1.125	1.476	十六年四月劃出學生二班設立大埠東初級小學
公立朱家窪初級小學校	1.233	1.233	1.233	1.233	2.286	1.935	1.935	十六年四月劃出學生一班設立石老人村初級小學九月劃出一班設立午山村初級小學
公立雙山初級小學校	774	774	774	774	1.125	1.125	1.476	
公立滄口初級小學校	1.233	1.413	1.413	1.233	1.560	1.560	1.911	

公立韓哥莊小學校			771	771	1.875	1.875	1.875	十三年九月成立十七年九月改爲兩級
公立仙家寨初級小學校	777	777	777	750	750	750	750	
公立宋哥莊初級小學校	1.161	1.161	1.161	774	774	774	1.125	
公立趙哥莊小學校	750	750	750	750	750	750	1.101	十七年九月改爲兩級
公立黃埠初級小學校	1.209	1.209	1.209	870	870	870	1.572	接收時名明德十三年改今名
公立下莊初級小學校	777	777	777	1.089	1.089	1.089	738	接收時名育英十三年改今名
公立法海寺小學校	1.164	1.164	1.164	1.137	1.488	1.488	1.862	十四年十月改爲兩級
公立香裡初級小學校	810	810	810	1.161	1.161	1.161	1.161	
公立灰牛石小學校	825	1.182	1.182	1.506	1.857	1.857	1.857	十七年九月改爲兩級
公立埠落小學校	858	1.197	1.197	1.548	1.872	1.872	1.872	十四年十月改爲兩級
公立現化菴初級小學校	1. 25	1.125	1.125	1.125	1.125	1.125	1.125	
公立上流初級小學校	1.152	1.152	1.152	1.125	1.125	1.125	1.125	

公立九水小學校	1.224	1.224	1.599	1.572	1.923	1.923	2.274	十三年八月改爲兩級
公立于哥莊初級小學校	801	801	801	1.125	2.178	1.125	1.476	十六年四月劃出學生三班改設段家埠初級小學
公立登窰初級小學校	1.113	1.113	1.113	1.464	1.815	1.815	1.500	
公立姜哥莊小學校	1.065	1.065	1.065	1.851	1.851	1.851	1.851	十四年五月改爲兩級
公立浮山所小學校	2.163	2.163	2.163	2.019	2.019	2.019	1.620	
公立辛家莊初級小學校	918	918	918	918	822	822	822	
公立大麥島初級小學校	918	918	918	1.476	1.476	1.476	1.476	
公立薛家島小學校	2.250	2.250	2.250	2.079	2.079	2.079	2.031	
公立施溝初級小學校	762	762	762	762	762	762	762	
公立瓦屋莊初級小學校	837	837	837	822	1.089	1.089	1.440	
公立濠北頭初級小學校	789	789	789	375	375	375	726	
公立南屯初級小學校	741	741	741	714	714	714	714	

公立陰島小學校	798	798	798	798	798	798	1.500	初名高家村十六年九月改今名並改爲兩級
公立辛島初級小學校	750	750	411	411	411	411	411	
公立湛山初級小學校	1.209	1.209	1.173	834	834	834	834	
公立解家莊初級小學校				1.149	1.149	1.149	1.149	該校前爲私立於十三年四月立案十四年六月改爲公立
公立周哥莊初級小學校				387	1.089	1.089	1.089	十四年七月成立
公立楊家村初級小學校				726	726	726	726	十四年七月成立
公立棗園初級小學校				1.125	1.125	1.125	1.476	十五年一月成立
公立西大洋初級小學校						387	1.440	十六年三月成立
公立大埠東初級小學校						1.089	1.089	十六年四月成立
公立石老人村初級小學校						387	738	十六年四月成立
公立段家埠小學校						1.089	1.791	十六年四月成立十七年九月改爲兩級
公立後韓家初級小學校						387	1.089	十六年四月成立

公立北龍口初級小學校						387	387	十六年六月成立
公立午山村初級小學校						387	387	十六年九月成立
公立上葛場初級小學校							738	十七年一月成立
公立水靈山島初級小學校							519	十七年四月成立
公立通俗圖書館兼講演所			5,580	2,020	2,020	2,020	2,020	圖書館講演所原係分設於十三年七月成立圖書館經費二二八零元講演所經費三三零零元十四年八月改併
計	64,302	97,033	95,412	98,726	101,130	107,048	122,411	

私立青島大學校			12,000	12,000	12,000	12,000	12,000	十三年十一月起每月由商埠局補助一千元山東省庫及膠濟鐵路補助在外
私立膠澳中學校		7,200	7,200	7,200				十三年一月起每月由商埠局補助六百元十五年度改爲公立中學
私立禮賢中學校						1,200	3,600	十六年十一月起每月由商埠局補助一百元十七年七月起又加補助費二百元
私立文德女子中學校			1,200	1,800	1,800	2,400	3,000	十三年九月起每月由商埠局補助一百元十四年二月起每月加五；元又自十六年七月起每月加五十元又自十七年九月起每月加五十元
私立青年會模範小學校		2,400	2,400	2,400	2,400	1,800	1,800	十三年一月起每月由商埠局補助二百元十六年三月起每月減五十元
私立聖功女子小學校							600	自十七年九月起每月由商埠局補助五十元

私立解家莊初級小學校			240					十三年四月起每月由商埠局補助二十元十四年改爲公立
私立育英小學校			540	540	540	540	540	十三年九月起每月由商埠局補助二十五元十四年一月起月增二十元
私立信義小學校				300	300	300	300	十四年十一月起每月由商埠局補助二十五元
私立挪莊小學校				200	200	200	200	十五年一月起每月由商埠局補助十六元六角七分
計		9,600	23,580	24,440	17,240	18,440	22,040	
合計	64,302	106,633	118,992	123,166	118,370	125,488	144,451	表列預算數間有追加費在內與呈准年度預算不同

膠澳商埠歷年教育臨時費預算表 自民國十一年度至民國十七年度

款別	歲出臨時門預算數 十一年度	十二年度	十三年度	十四年度	十五年度	十六年度	十七年度	附記
公立職業學校		10,557						
公立女子小學校		300						
各公立小學校添置器具	2,000	1,330	1,000	1,000	1,000	1,000	1,000	
各公立小學校修繕工程	2,000	3,072	1,000	1,000	1,000	2,000	2,000	

夏期小學教育講習會	夏期女學教育講演會	公立通俗教育講演所	公立通俗圖書館	全埠學生運動費	全埠學生體格檢查費
800	640				
850	400	700	1.500	500	200
850	400			500	
850	400			500	
850	400			500	
850	400			500	

視學員查學旅費	各校臨時準備費	小學教員參觀團旅費	預備接辦私立膠中經費	女子中學班校舍建築費	全埠學生種痘費
400					
400					
400	9.147	750			
400	2.611	750			200
400	3.000	750	2.000	2.000	200
400	6.000	750			200
400	6.000	750			200

教育成績品展覽會	各校經常準備費	私立補助準備費	公立中學添班	公立女子中學添班	公立女子中學開辦費
		5.000			
200	9.800	5.000			
200	8.000	5.000			
200	8.000	5.000			800
200	10.000	5.000	500	1.500	

教育局編輯及獎品等	計
	4.400
	17.099
	21.447
	22.711
	25.300
	26.100
800	30.100

表列預算數間有追加費在內與呈准年度預算不同

公私立各學校最近概況表

校名	公立中學校	公立女子中學校
開校年月	民國十五年十月一日	民國十六年十月六日
地點	文登路七號	湖南路十四號
校舍	教室四大間員生室十四間辦公及雜用室十四間夫役室三間便室三間	教室五間職教員室六間辦公室四間宿室八間雜用室八間
職教人數	職員一人職員兼教員三人教員四人	職員五人教員七人
學生總數	59人	63人
經費年額	10.000元	10.000
附記		

公立青島小學校	民國四年二月	北京路三十二號	教室十五大間辦公雜用等二十六間	職員一人 教員二十人	586人	11,136	
公立女子小學校	民國十三五月	江蘇路八號	教室六間辦公室一間雜用室五間	職員四人 教員六人	234人	6,000	
公立台東鎮小學校	民國十一年十二月	台東六路	教室二十五間辦公室五間宿舍一所雜用室七間	職員一人 教員十一人	370人	6,471	
公立台西鎮小學校	民國五年九月	一雲南路 一台西二路 一濮縣路	教室十七座辦公室五間雜用六間	職員一人 教員二十二人	705人	10,479	
公立李村小學校	民國四年八月	一李村北路 一李村村內 一楊哥莊 一閻家山	教室十一大間辦公室二大間宿舍一處禮堂一間雜用室四處	職員一人 教員九人	233人	5,142	
公立張村小學校	民國七年八月	一鄭張村 一孫家下莊 一張家下莊 一枯桃村 一牟家	教室二十五間辦公室十二間雜室二間	職員一人 教員七人	284人	3,183	

公立浮山所小學校	民國八年三月	浮山所	教室辦公室暨雜用室共十八間	職員一人 教員五人	106人	1,620	
公立九水小學校	光緒三十年	沙子口區九水	教室辦公室暨雜用室共二十二間	職員一人 教員四人	141人	2,274	
公立姜哥莊小學校	民國元年十一月	沙子口區姜哥莊	教室十間辦公室一間宿舍四間雜用室七間	職員一人 教員四人	156人	1,851	
公立現化菴小學校	民國五年三月	一水牛村 一溝崖村	教室十二間辦公室五間	職員一人 教員三人	122人	1,125	
公立埠落小學校	民國元年二月	一埠落村 一五龍澗村 一畢家村	教室十五間辦公室三間雜室七間	職員一人 教員四人	135人	1,872	
公立法海寺小學校	光緒二十九年	仙家寨區法海寺前	教室十二間辦公室一間雜用室七間	職員一人 教員四人	177人	1,862	

公立薛家島小學校	光緒三十二年一月	薛家島村	教室十二間辦公室三間雜用室二間	職員一人 教員四人	112人	2,031	
公立陰島小學校	民國五年民國十四年民國十六年	一陰島高家村 一蕭家村 一寧家村	教室十間辦公室四間雜用室五間	職員一人 教員二人	109人	1,500	
公立雙山初級小學校	民國六年八月	一河西 一口子 一保兒村	教室十三間辦公室二間雜用室一所	職員一人 教員三人	133人	1,476	
公立滄口初級小學校	民國二年	一滄口滄台路 一小甕窯頭	教室十四間辦公室二間雜用室六間	職員一人 教員三人	115人	1,911	
公立侯家莊初級小學校	民國元年二月民國十五年十月十六年十月	一侯家莊 一東李村 一上王埠莊	教室十五間宿舍五間	職員兼教員一人 教員四人	200人	1,827	
公立下河初級小學校	民國二年五月	于家下河村西	教室十間雜用室一間	職員一人 教員二人	125人	1,137	

公立上流初級小學校	民國三年四月	楊家上流莊	教室四間辦公室一間雜用室一間	職員一人 教員二人	95人	1,125	
公立韓哥莊初級小學校	民國十三年九月	韓哥莊	教室十三間辦公室七間雜用室二間	職員一人 教員二人	180人	1,875	
公立浮山後初級小學校	紀元前五年四月	浮山後村	教室十二間辦公室一間雜用室二間	職員一人 教員三人	124人	1,476	
公立朱家窪初級小學校	宣統元年一月	一朱家窪村 一山東頭村 一金家嶺村	教室十五間辦公室二間雜用室五間	職員一人 教員四人 助教一人	159人	1,935	
公立棗園初級小學校	民國十五年一月	棗園村	教室十二間辦公室三間雜用室一間	職員一人 教員三人	125人	1,476	
公立石老人初級小學校	民國十六年四月	石老人村	教室五間辦公室一間	職員一人 教員一人	58人	738	

公立午山村初級小學校	民國十六年九月	午山村	教室八間辦公室二間雜用室三間	職員一人 教員一人	108人	287	
公立大埠東初級小學校	一民國十四年二月 一民國十五年九月	大埠東	教室辦公室雜用室共十三間	職員一人 教員二人	99人	1.089	
公立湛山初級小學校	民國八年三月	青島大湛山	教室八室辦公室一間雜用室三間	職員一人 教員一人	58人	834	
公立大麥島初級小學校	民國八年三月	大麥島村	教室十二間辦公室二間	職員一人 教員三人	110人	1.476	
公立辛家莊初級小學校	民國八年三月	辛家莊	教室六間辦公室三間雜用室一間	職員一人 教員一人	41人	822	雜用室現坍塌
公立北龍口初級小學校	民國十六年五月	九水區北龍口村	教室四間辦公室二間雜用室二間	職員兼教員一人	36人	387	

公立登窰初級小學校	宣統元年八月	一小河東村 一大河東村	教室七間辦公室一間	職員一人 教員三人	144人	1.500	
公立于哥莊初級小學校	民國四年四月	一于哥莊 一于哥莊村前 一南宅科村	教室十二間辦公室三間雜用室二間	職員一人 教員二人	130人	1.476	
公立段家埠初級小學校	民國十五年一月	段家埠村	教室辦公室雜用室共十九間	職員一人 教員二人	99人	1.791	
公立香裏初級小學校	民國三年三月	香裏村	教室九間辦公室三間雜用室一間	職員一人 教員一人	92人	1.161	
公立灰牛石初級小學校	一宣統元年二月 一民國十四年六月	灰牛石村	教室辦公室及雜用室共十九間	職員一人 教員四人	169人	1.857	
公立周哥莊初級小學校	民國十四年七月	烏衣菴區周哥莊	教室九間辦公室一間雜用室一間	職員一人 教員二人	96人	1.089	

公立上葛場初級小學校	民國十七年一月	上葛場村	教室二間職員辦公室一間	職員一人 教員一人	64人	738	
公立解家莊初級小學校	民國十四年六月	解家莊	教室五間辦公室五間雜用室一間	職員一人 教員一人	59人	1.149	
公立宋哥莊初級小學校	民國四年五月	徐家宋哥莊	教室十間辦公室一間雜用室一間	職員一人 教員二人	91人	1.125	
公立仙家寨初級小學校	民國七年八月	仙家寨村	教室六間辦公室二間雜用室一間	職員一人 教員一人	65人	750	
公立黃埠初級小學校	一民國七年八月 一民國十七年三月	東黃埠	教室十三間辦公室三間雜用室四間	職員一人 教員三人	131人	1.572	
公立趙哥莊初級小學校	民國紀元前一年	趙哥莊	教室十三間辦公室三間雜室用六間	職員一人 教員二人	147人	1.101	

公立下莊初級小學校	民國七年六月	欒家下莊	教室九間辦公室三間雜用室三間	職員一人 教員二人	92人	738	
公立楊家村初級小學校	民國十四年七月	楊家村	教室十間辦公室二間雜用室三間	職員一人 教員一人	110人	726	
公立施溝初級小學校	民國元年二月	一施溝 一董家河	教室十二間辦公室一間	職員一人 教員一人	104人	762	
公立濠北頭初級小學校	民國二年三月	濠北頭村	教室五間辦公室一間	職員一人 教員一人	66人	726	
公立辛島初級小學校	民國四年三月	辛島	教室三間辦公室二間	職員兼教員一人	32人	411	
公立南屯初級小學校	民國元年六月	南屯	教室四間辦公室一間	職員一人 教員一人	60人	714	

公立瓦屋莊初級小學校	民國四年四月	瓦屋莊	教室五間辦公室二間雜用室二間	職員一人 教員三人	52人	1,440	
公立靈山島初級小學校	民國十七年三月	城口子	教室一間辦公及雜用室一間	職員兼 教員一人	60人	519	
公立後韓家初級小學校	民國十六年四月	後韓家村	教室七間辦公室一間雜用室一間	職員一人 教員一人	62人	1,089	
公立西大洋村初級小學校	民國十七年二月	一西大洋村 一東大洋村	教室十五間辦公室五間	職員一人 教員四人	100人	1,440	
計				二五四	7,383	120,391	
私立青島大學校	民國十三年九月	大學路	教室八大間辦公室宿舍禮堂雜用等約二百大間	職員十人 教員十七人	155人	12,000	經費數目僅列商埠局補助款額其他收入不在內以下做此

私立禮賢中學校	光緒二十七年	上海路	教室二十八間辦公室雜用室八十二間	職員四人 教員十人	172人	3,600	
私立文德女子中學校		濟陽路	教室八間辦公宿舍禮堂雜用等四十間	職員三人 教員六人	133人	3,000	
私立信義兩級小學校		台東鎮清和路	教室四間辦公室二間雜用室二間	職員五人 教員五人	94人	300	
私立模範兩級小學校		膠州路	教室十四間辦公室五間雜用室十五間	職員三人 教員七人	114人	1,800	
私立三江兩級小學校		四方路三江會館	教室三間辦公室一間雜用室十四間	職員一人 教員四人	98人	2,520	
私立明德兩級小學校	民國十二年二月	德縣路	教室十七間辦公室一間雜用室六間	職員四人 教員七人	159人	1,890	

私立尙德兩級小學校	民國九年二月	上海路	教室五間宿舍五間辦公室一間	職員二人 教員七人	230人	1,812	
私立育英兩級小學校	民國十二年五月	廣東路	教室五間辦公室一間雜用室二間	職員二人 教員六人	81人	540	
私立聖功女子兩級小學校	民國十一年	德縣路	教室五間辦公雜用等十一間	職員二人 教員四人	77人	600	
私立挪莊兩級小學校	民國十三年九月	武城路	教室七間辦公室三間	職員二人 教員四人	77人	200	
計				一一五	1,390	28,262	
統計				三六九	8,773	148,653	

本埠公立通俗教育最近概況表

名稱	成立年月	地點	館舍	職員人數	經費年額	附記
公立通俗圖書館兼講演所	十三年	莒縣路	藏書室二間閱書室一間講演室一間巡迴講演臨時擇市內外相當地點講演	職員一人 講演員二人	2,020	

膠澳商埠公私各校接收後自十一年起至十二年止每年學生年級班次男女人數表之一

校別	各年班次	公立職業學校 男	公立職業學校 女
			四
民國十一年	一年級		
	二年級		
	三年級		
	四年級		
	五年級		
計			
民國十二年	一年級	高40 初46	補36
	二年級	初39	
	三年級		
	四年級		
	五年級		
	六年級		
計			

公立青島小學校	一四男	99	107	80	35	22		343	80	68	60	64	26	15	313
	一五女	48	34	24	13	5		124	40	39	37	24	19		159
公立台東鎮小學校	九男	50	51	24	19	17		161	23	61	53	21	17	13	188
	九女	15	9	11	9	6		50	12	18	14	10	9	4	67
公立台西鎮小學校	八男	70	68	53	25	15		231	84	75	83	25	42		309
	一〇女	25	17	10	8	6		66	50	17	19	5	10		101
公立李村小學校	八男	12	20	15	26	34		107	39	56	46	23	23		187
	九女	8	10	5	6	4		33	15	9		8			32
公立滄口初級小學校	三男	12	5	5	8			30	14	11	7	8			40
	三女	8	4	2				14	14	8					22
公立上流初級小學校	三男	10	9	5	11	7		42	17	7	6	4			34
	三女														

公立侯家莊初級小學校	二男	7	1	6	3	2		19	33	11	15				59
	二女														
公立張村初級小學校	三男	10	10	12	10	12		54	27	24	19	11	14		95
	三女														
公立下河初級小學校	三男	11	20	25	12	11		79	29	15	17	5			66
	三女								11						11
公立朱家窪初級小學校	三男	21	11	6	12	17		67	25	9	16	13			63
	三女	7		1	1			9							
公立浮山後初級小學校	三男	22	11	12	9	6		60	28	10	14	8			60
	四女	8	3	7				18	6	5		5			16
公立雙山初級小學校	二男	3	7	9	13	4		36	15	12	6				33
	二女														

公立浮山所小學校	五男	10	21	12	44	6		93	23	12	10	18	16		79
	四女			2				2							
公立湛山初級小學校	五男	15	12	8	9	1		45	25	11	10	9			55
	三女														
公立辛家莊初級小學校	五男	8	7	6	12	3		36	17	5	6	9			37
	二女														
公立大麥島初級小學校	五男	16	11	19	14	4		64	29	12	14				55
	三女														
公立九水小學校	三男	13	6	9	17	12		57	29	12	11	14	14		80
	三女														
公立登窰初級小學	三男	15	14	8	12	8		57	41	13	18	8			80
	三女														

公立姜哥莊初級小學校	四男	24	9	8	10	5		56	25	17	16	11	6		75
	三女		1	4	3			8							
公立于哥莊初級小學校	二男	19	24	8	6	3		60	20	15	23	4			62
	二女														
九水林內義務小學校	男														
	女														
公立埠落初級小學校	二男	15	17	12	11	10		65	21	22	23	11	21		98
	三女														
公立現化庵初級小學校	三男	17	17	17	11	13		75	22	25	15	16			78
	三女														
公立香裏初級小學校	二男	10	13	5	7	8		43	12	15	5	6			38
	二女														

公立灰牛石初級小學校		公立仙家寨初級小學校		公立宋哥莊初級小學校		公立下莊初級小學校		公立法海寺初級小學校		公立黃埠初級小學校	
二 男	三 女	二 男	三 女	三 男	三 女	二 男	二 女	三 男	三 女	三 男	三 女
14		8		25		12		17		15	
12		9		13		10		17		12	
19		7		19		8		12		14	
17		5		13		15		19		13	
9		6		4		6		11		12	
71		35		74		51		76		66	
22	30	24		24		12		22		12	
20		13		13		10		13		10	
10		14		8		14		14		14	
9		9				13		14		13	
						13		10		13	
61	30	60		45		62		73		62	

公立趙哥莊初級小學校		公立薛家島小學校		公立施溝初級小學校		公立辛島初級小學校		公立南屯初級小學校		公立瓦屋莊初級小學校	
二 男	二 女	五 男	四 女	二 男	二 女	二 男	二 女	二 男	二 女	二 男	二 女
14				15		10		11		9	
14		65	7	10		9		9		18	
		12	4	9		10		6		11	
14		10	3	8				9		8	
		8	5	8							
42		95	19	50		29		35		46	
4		33	14	14		7		1		7	
10		13		13		12		12		9	
10		12	6	13		6		8		10	
8		5				1		4		6	
		15	3								
32		78	23	40		26		25		32	

公立滄北頭初級小學校		公立高家村初級小學校		公立女子小學校		蒙養園附設女學		計		私立膠澳中學校	
二 男	二 女	五 男	二 女	男	三 女	男	一 女	一三七 男	一四〇 女	男	二 女
3		3						645	119		
6		4						679	85		
8		6						505	70		
7		3						477	43		
5		4						293	26		
29		20						2.599	343		
10		21						1.012	192	70	
9		18						732	96		
10								636	76		
								370	52		
								230	41		
								28	4		
29		39						3.008	461	70	

計		統計		
男	二 女	一三七 男	一四二 女	女 男
		645	119	764
		679	85	764
		505	70	575
		477	43	520
		293	26	319
		2.599	343	2,942
70		1.082	192	1,274
		732	96	828
		636	76	712
		370	52	422
		230	41	271
		28	4	32
70		3.078	461	3,539

膠澳商埠公私各校自十三年起至十四年止每年學生年級班次男女人數表之二

校名		公立職業學校	
各年班次 男 女		四 男	女
民國十三年	一年級	初39	
	二年級	高33	初39
	三年級	初32	
	四年級		
	五年級		
	六年級		
計		143	
民國十四年	一年級		
	二年級		
	三年級		
	四年級		
	五年級		
	六年級		
計			

公立女子中學校		公立青島兩級小學校		公立女子兩級小學校		公立台東鎮兩級小學校		公立台西鎮兩級小學校		公立李村兩級小學校	
男	一女	一五男	一四女	四男	五女	六男	一三女	一一男	一二女	七男	七女
		50	30		25	43	37	111	44		
		80	40		23	52	16	67	36	74	34
		68	39		20	41	13	67	6	27	
		60	37		24	16	12	74		30	
		64	24		19	12	8	32		22	5
		26	19			10	5			6	
		348	189		111	174	91	351	86	159	39
	25	125	60		35	77	31	95	53	45	16
		87	39		29	44	20	39	46	24	14
		81	30		27	59	8	71		39	7
		38	23		20	45	10	58	32	34	
		38			11	22	11	51		29	8
		32	6		22	12	4	28			
	25	401	158		144	259	84	342	131	171	45

公立張村兩級小學校		公立浮山所兩級小學校		公亣九水兩級小學校		公立姜哥莊兩級小學校		公立現化菴兩級小學校		公立埠落兩級小學校	
三男	六女	四男	四女	三男	四女	三男	四女	三男	四女	三男	五女
36		25		24	22	32		62		30	
19		35		12		17		20		13	
12		10		9		13		16		26	
8		17		12		28				13	
13		16		11						20	
88		103		68	22	90		101		102	
34		37		50		47	16	32		21	28
18		25		30		46	16	30		34	
31		18		8		39	16	17	3	14	
17		9		15		30		11		15	
11		13		20						14	
		11		20						16	
111		113		142		162	48	90	3	114	28

公立法海寺兩級小學校		公立薛家島兩級小學校		公立陰島兩級小學校		公立雙山初級小學校		公立滄口初級小學校		公立侯家莊初級小學校	
二男	五女	四男	四女	三男	四女	二男	四女	三男	二女	二男	二女
16		20	5	7		22		17	14	15	
15		40	8	16		11		14	8	32	
8		11	3	9		10		15		9	
12		17				5		3		12	
		7									
		15									
51		110	16			48		49	22	68	
45		43		15		20		19	13	19	
19		35		14		26		12	9	16	
7		27		21		16			7	21	
		8		7		6		19		3	
34		10		6							
		6									
105		129		63		68		50	29	59	

公立下河初級小學校		公立上流初級小學校		公立韓哥莊初級小學校		公立浮山後初級小學校		公立朱家窪初級小學校		公立湛山初級小學校	
三男	三女	三男	三女	男	四女	三男	四女	三男	三女	三男	五女
51	15	63				32	14	24	4	20	
28		28				7	8	10		16	
12						7		15	1		
15		13				9	4	6		9	
										7	
106	15	104				55	29	65	5	52	
32		18		68	5	71	1	31	21	11	6
27	10	47		27	7	18	7	31	1	21	
19		29		31	6	12	2	17		10	
7				15		6	5	6		8	
										2	
85	10	94		141	18	107	15	85	22	52	6

公立大麥島初級小學校		公立辛家莊初級小學校		公立登窰初級小學校		公立于哥莊初級小學校		公立香裡初級小學校		公立灰牛石初級小學校	
四男	五女	二男	二女	三男	五女	二男	四女	二男	三女	三男	三女
37		19		48		35		21		50	30
24		15		28		26		10		23	
8		6		20		19		13		9	
8		10		6		6				8	
								5			
77		50		102		86		49		90	30
30		15	7	62	49	39		16	28	21	35
33		13		38		35		21	6	30	12
12		13		15		21		10		27	13
9		4		8		15		13		16	
6											
								5			
90		45	7	123	49	110		65	34	94	60

公立解家莊初級小學校		公立宋哥莊初級小學校		公立仙家寨初級小學校		公立黃埠初級小學校		公立趙哥莊初級小學校		公立下莊初級小學校	
男	六女	二男	二女	二男	四女	三男	二女	二男	二女	二男	二女
		34		21	8	17		17		23	
		13		7		13		21		8	
		9		11		11		16		12	
		14				10		8		5	
						11					
		70		39	8	62		62		48	
28		19		14		13		32		38	
50		25		14	7	10		19		26	
11		8		12		19		15		21	
7		4		12		11		11		8	
		4						4		3	
96		60		52	7	53		81		96	

公立楊家村初級小學校		公立施溝初級小學校		公立濠北頭初級小學校		公立辛島初級小學校		公立南屯初級小學校		公立瓦屋莊初級小學校	
男	二女	二男	三女	二男	一女	一男	一女	二男	二女	二男	二女
		11		9		11		10		7	
		10		8		9		10		15	
		25		6		10		11		8	
				7				3		3	
		46		30		30		34		33	
38		32		10		16		19		37	
12		20		9		8		10		20	
11		17		11		2		7		16	
						6		14		6	
61		69		30		32		50		79	

計		私立青島大學校		私立禮賢中學校		私立文德女子中學校		私立聖功女子兩級小學校		私立尚德兩級小學校	
一三三男	一七三女	二男	三女	四男	五女	男	九女	男	五女	二男	三女
1.109	248	商工 80		45			68		6	13	17
917	173			12					10	8	20
614	82								10	14	10
447	77			4					8	7	4
220	56								8	8	4
57	24								3		
3.364	660	80		61			68		45	50	55
1.459	404	114		50			中 小 26 16		8	8	4
1.063	223	39		21			中 小 13 25		9	10	2
835	119			23			12		10	17	6
501	90			19			中初 中舊 11 5 學制		8	11	5
267	30								3	10	1
130	32								2	8	
4.255	898	153		113			106		40	64	18

私立信義兩級小學校		私立模範兩級小學校		私立三江兩級小學校		私立明德兩級小學校		私立育英兩級小學校		私立挪莊初級小學校	
四 男	五 女	四 男	五 女	四 男	三 女	男	二 女	四 男	二 女	男	三 女
74		40		16	9			19	21		
		25		6				17	13		
		49		17	9			23			
				15	13			21	1		
				14	13						
74		114		68	44			80	25		
11	7	28	7	15	6	29		13	3	13	
15	3	28	5	10	6	31		12	4	37	27
7	6	44	9	10	6	26		9	2	8	
10	10	24	5	19	5	11		10			
11	10			12	13	24					
					7	16					
54	36	124	26	66	43	137		44	9	58	27

私立青島中學校		私立膠澳中學校		私立青島女子中學校		私立女子職業學校		私立解家莊初級小學校		私立樂育小學校	
二 男	三 女	四 男	三 女	一 男	女	二 男	女	二 男	女	二 男	女
30		66			20	完全 32	補習 18	68		12	3
42		73								8	7
										3	5
72		139			20	14		68		23	15
30											
42											
72											

四方鐵路小學校		膠濟鐵路青島小學校		私立湛山崇德小學校		私立大麥島尚德第四小學校		計		統計	
四 男	女	男	女	一 男	女	一 男	女	四三 男	四〇 女	一七六 男	二一三 女
63	17	174		25		2	18	727	229	1.836	477
34								235	40	1.152	213
25	4							141	28	755	110
12	2							67	20	514	97
								8	12	228	68
								14	16	71	40
134	23	174		25		2	18	1.192	345	4.556	1.005
								311	87	1.770	491
								245	94	1.308	317
								144	51	979	170
								109	44	910	134
								57	27	324	57
								24	9	154	41
								890	312	5.145	1.210

男 女
2,313
1,365
865
611
296
101
5,525
2,221
1,583
1,149
744
381
105
6,273

膠澳商埠公私各校自十五年起至十六年止每年學生年級班次男女人數表之三

校別	公立中學校		公立女子中學校		公立青島兩級小學校	
各年班次	二 男	二 女	二 男	三 女	一五 男	一七 女
民國十五年 一年級	38			25	79	44
二年級	21			20	136	59
三年級					76	33
四年級					63	28
五年級					35	19
六年級					28	
計	59			45	417	183
民國十六年 一年級	21			25	88	66
二年級				22	66	33
三年級	30			20	109	45
四年級					57	24
五年級					53	13
六年級					21	11
計	51			97	394	192

公立女子兩級小學校		公立台東鎮兩級小學校		公立台西鎮兩級小學校		公立李村兩級小學校		公立張村兩級小學校		公立浮山所兩級小學校	
五男	六女	一二男	一三女	一六男	一八女	八男	八女	六男	七女	四男	四女
	47	63		83	58	50	10	96	2	32	
	24	49	24	74	35	35	5	68		32	
	28	43	15	46	22	45	3	30		22	
	17	47	11	56	22	40	2	8		6	
	18	29	9	40		24	7	11		7	
幼雅生22	11	12	9	31		29	2	14		5	
22	145	243	68	330	137	223	29	227	2	104	
	49	79	32	117	71	69	14	87		22	
	45	63	19	79	66	43	11	66		26	
	30	19	25	87	35	28	2	63		17	
	26	19	12	31	21	13	6	30		10	
蒙養班28		26	7	60	23	27		8		5	
		26	6	37		32		12		6	
28	178	232	101	411	216	202	33	266		86	

膠澳志 教育志 三七

公立九水兩級小學校		公立姜哥莊兩級小學校		公立現化菴兩級小學校		公立埠落兩級小學校		公立法海寺兩級小學校		公立薛家島兩級小學校	
四男	四女	四男	四女	四男	三女	五男	五女	四男	四女	四男	四女
50		30	3	44		24	27	35		29	
39		46	10	27		18		36		43	
10		26	13	20	1	19		26		28	
15		14	8	11		8		4		15	
10						16				6	
8		16				15		27		7	
122		132	34	102	1	100	27	128		128	
57	1	24	6	44		29	6	38		34	
33		19		27		27	7	29		17	
6		39	17	20	1	17	17	28		16	
14		19	5	11		14		27		12	
10						13				10	
9						5					
129	1	101	28	102	1	105	30	122		89	

公立陰島兩級小學校		公立雙山初級小學校		公立滄口初級小學校		公立侯家莊初級小學校		公立下河初級小學校		公立上流初級小學校	
四男	四女	三男	五女	三男	三女	三男	五女	三男	三女	三男	三女
12		35		57	5	63		36	10	23	
10		16		32	2	16		34		34	
10		21		5		10		21	10	30	
13		9		2		16		18		14	
1											
46		81		96	16	105		109	20	101	
15		18		38	22	90		20		30	
3		30		30		68		38	4	25	
5		23		21	4	13		36		20	
10		16				27		27	4	20	
11											
44		87		89	26	198		121	8	95	

膠澳志 教育志 三八

公立韓哥莊初小學校		公立浮山後初級小學校		公立朱家窪初級小學校		公立棗園初級小學校		公立石老人初級小學校		公立午山村初小學校	
五男	五女	五男	五女	二男	三女	二男	二女	男	二女	男	二女
58		59	5	80	6	53					
69		57	7	39	5	16					
21		16	6	37							
19		12		12							
167		144	18	168	11	69					
57		36	8	46	8	30		47		35	
45		19	7	19	1	53		13	2	31	4
30		16	4	24	8	16					4
27		12	4	9							
159		83	23	98	17	99		60	2	66	8

	公立大埠東初級小學校		公立湛山初級小學校		公立大麥島初級小學校		公立辛家莊初級小學校		公立北龍口初級小學校		公立登窰初級小學校	
	男	三 女	四 男	二 女	五 男	五 女	二 男	二 女	男	二 女	五 男	四 女
			16		30		16				37	16
			10		30		10				36	19
			14		20		8				21	
			9		7		11				11	
			5		5							
					5							
			54		97		45				105	35
	36		22		36	1	11		20		31	
	30		11	7	25	1	11		8		28	9
	17		14		18	1	10		8		24	10
	17		6		22		6				20	
	100		53	7	101	3	38		36		103	19

	公立于哥莊初級小學校		公立段家埠初級小學校		公立香裡初級小學校		公立周哥莊初級小學校		公立灰牛石初級小學校		公立解家莊初級小學校	
	八 男	三 女	四 男	四 女	三 男	三 女	三 男	三 女	一五 男	一六 女	七 男	二 女
	68	33	49	18	12		22		32	16	32	2
	58		31	21	20	28	63		21	18	33	
	40		15		21	6	19		27	10	28	
	13		4		10				22	9	8	
	179	33	99	39	63	34	104		102	53	101	2
	41		72	26	23		29		20	10	23	
	33		32	13	14	24	28		30	19	13	1
	33		23			6	26		36	13	10	
			7		16		13		17	9		
	107		134	39	53	30	96		103	51	46	1

	公立宋哥莊初級小學校		公立仙家寨初級小學校		公立黃埠初級小學校		公立趙哥莊初級小學校		公立下莊初級小學校		公立楊家村初級小學校	
	二 男	二 女	四 男	四 女	二 男	三 女	二 男	四 女	三 男	四 女	二 男	二 女
	20		19		25		21		28		15	
	19		14		17		22		34		18	
	21		16		9		19		20		18	
	5		13		8		9		10			
	65		62		59		71		92		51	
	37		19	2	30		20		32		14	
	25		14		21		15		19		18	
	20		16		16		18		17		17	
	9		14				12		16		12	
	91		63	2	67		65		84		61	

	公立施溝初級小學校		公立濠北頭初級小學校		公立辛島初級小學校		公立南屯初級小學校		公立瓦屋莊初級小學校		公立後韓家初級小學校	
	二 男	二 女	一 男	二 女	四 男	一 女	四 男	四 女	男	女	男	二 女
	54		9		12		21		37			
	36		10		13		8		26			
	12		10		5		8		15			
					4		13		13			
	102		29		34		50		91			
	23		12	12	7		23		18		26	
	46		7	4	10		21		8	1	12	
	25		10	1	13		8		12		15	
			10		5		8		10		9	
	94		39	17	35		60		48	1	62	

公立西大洋村初級小學校 男	公立西大洋村初級小學校 三 女	計 二一〇 男	計 二二六 女	私立青島大學校 三 男	私立青島大學校 三 女	私立禮賢中學校 五 男	私立禮賢中學校 五 女	私立文德女子中學校 七 男	私立文德女子中學校 八 女	私立文德女子高小學校 三 男	私立文德女子高小學校 二 女
		1.729	302	科本 39		70		中高 11	中初 27		14
		1.496	257	科預 84		32		中初	23		26
		928	147			23		中初	10		
		552	97			19		中初	9		
		189	53								
		219	22								
		5.113	876	122		144		11	69		40
41	1	1.862	335	科預 52	科本 57	105		中初	26		15
27		1.397	278	科本 19		19		中高 11	中初 21		17
31		1.140	223			29		中初	25		
		634	111			17			10		
		251	43								
		148	17								
99	1	5.432	1.007	128		170		11	82		32

私立聖功女子兩級小學校 五 男	私立聖功女子兩級小學校 六 女	私立尚德兩級小學校 三 男	私立尚德兩級小學校 四 女	私立信義兩級小學校 六 男	私立信義兩級小學校 六 女	私立模範兩級小學校 五 男	私立模範兩級小學校 五 女	私立三江兩級小學校 三 男	私立三江兩級小學校 三 女	私立明德兩級小學校 三 男	私立明德兩級小學校 四 女
	9	13	7	16		19	16	6	6	32	
	11	15	10	31	5	19		21	4	30	
	9	18	12	21		32		18	5	28	
	8	18	8	14	7	17		17	3	22	
	4	8	3	11	6	20		9		12	
	8	10	1	12	5	10		9		22	
	49	82	41	105	23	117	16	80	18	146	
	23	35	15	15	2	18	24	14	3	36	
	14	30	16	13	9	21		9	4	38	
	19	24	15	11			15	14	1	30	
	7	21	19	8	5	33		14	12	22	
	5	20	7	7	5	17		9	4	23	
	7	8	1	9	6	16		14	7	10	
	75	138	73	63	27	105	39	74	31	159	

私立育英兩級小學校 三 男	私立育英兩級小學校 三 女	私立挪莊初級小學校 三 男	私立挪莊初級小學校 三 女	計 四九 男	計 五二 女	統計 二五九 男	統計 二七八 女	男 女
8	3	10		224	82	1.953	384	2,337
10	3	30		272	82	1.768	339	2,107
10	5	10		160	41	1.088	188	1,276
5	3			112	38	664	135	799
7				67	13	256	66	322
				63	14	282	328	318
40	14	50		898	270	6,011	1.148	7,159
12	5			344	113	2,206	448	2,654
12	5	21	6	193	92	1.590	370	1,960
7	4	25	12	140	91	1,280	314	1,594
6	4	13		134	57	768	168	936
				76	21	327	64	391
5				282	21	210	38	248
42	18	59	18	949	395	6.381	1.402	7,783

膠澳商埠各公立小學校自民國元年起每年畢業生人數表

年分＼校別	公立中學校	公立女子中學校	公立青島兩級小學校	公立東鎮兩級小學校	公立西鎮兩級小學校	公立女子兩級小學校	公立李村兩級小學校	公立浮山所兩級小學校	公立埠落兩級小學校	公立法海寺兩級小學校
元年										24
二年										10
三年										
四年										
五年										
六年										
七年			8	8	5		14		4	
八年			9	8	13		19		5	
九年			19	12	7		24		6	10
十年			13	15	15		16		10	13
十一年			9	17	23		9			
十二年			103	43	39		44	17	20	
十三年			51	46	26	27	53	14	13	11
十四年			83	49	26	29	34	19	13	
十五年	30		88	76	48	25	36	11	14	12
十六年	30		85	61	92	11	54	26	14	12
計	60		468	335	294	92	303	87	99	92

公立姜哥莊兩級小學校								3	5	3	2	28	31	3	12	12	99
公立九水兩級小學校							2	3		5	7	12	20	15	14	14	92
公立張村兩級小學校												8	6	17	14	22	67
公立薛家島兩級小學校							14	10	6	2	15	5	28	10	20	20	140
公立陰島兩級小學校														7	13	27	47
公立施溝初級小學校							2	4	6	8	9						29
公立瓦屋莊初級小學校							4	4	4	3		3	2	5	6	6	37
公立濠北頭初級小學校								3			3					10	16
公立南屯初級小學校												3	3		13	26	45
公立辛島初級小學校												1		6	4	4	15
公立湛山初級小學校												9	4	6	4	5	28
公立浮山後初級小學校								3	6	5		13	18	5	18	13	81
公立辛家莊初級小學校												9	10	3	11	9	42
公立大麥島初級小學校													8	9	9	9	35
公立下河初級小學校								13		11		5	13	7	18	18	85
公立滄口初級小學校												3	12	12			27
公立朱家窪初級小學校	6	4					8	4	6		9		20		8	11	76
公立趙哥莊初級小學校						5	4	8	10			8	6	9	9	9	68
公立上流初級小學校							5	6		6		4	11		14	14	60
公立于哥莊初級小學校								6	5	5	7	4	6	15	9	9	66
公立登窰初級小學校								4	5	7	6	8	6	8	12	22	78
公立侯家莊初級小學校							2	5					9	3	15	15	49
公立宋哥莊初級小學校											4	7	10		3	4	28
公立灰牛石初級小學校		5	6		6	7	6	5	5		5	8		8	16	16	93

公立香裏初級小學校							4	6	2	2	3	11		18	10	10	66
公立現化菴初級小學校								2	6	5	2	16	8		6	6	51
公立雙山初級小學校											3		5	6	7	7	28
公立仙家寨初級小學校										7		9		12	10	10	48
公立黃埠初級小學校												10		7	8	8	33
公立解家莊初級小學校														6	7	8	21
公立下莊初級小學校												5	3	6	5	12	31
公立楊家村初級小學校																	
公立周哥莊初級小學校																	
公立棗園初級小學校																	
公立西大洋初級小學校																	
公立韓哥莊初級小學校															9	18	27
公立大埠東初級小學校																	
公立石老人初級小學校																	
公立段家埠初級小學校																4	4
公立後韓家初級小學校																	
公立北龍口初級小學校																	
公立午山村初級小學校																	
公立上葛場初級小學校																	
公立靈山島初級小學校																	
計	30	19	6		6	12	90	143	144	161	133	455	480	456	644	763	3.542

膠澳商埠日本學校學生年級人數及經費表

校名	開校時期	校址	學級人數	計	經費預算數

青島日本中學校	民國六年四月	魚山路	一年九二 三年八〇 五年七一 二年九三 四年八六	四二二	一一五·五〇〇元
青島日本高等女學校	民國五年四月	黃台路	一年八二 三年九〇 五年五八 二年七四 四年六四	三六八	九〇·二九〇
青島學院商業學校	民國十年四月	館陶路	中國：一年二三 三年三 五年〇 二年一六 四年〇；日本：一年一七 三年一七 五年一四 二年二〇 四年一四	一二四	不詳
青島學院實業學校	民國五年四月	館陶路	中國：一年七 三年〇 日語科三八 二年〇；日本：一年二八 三年九 英文專修科 二年二七 二六	一一五	不詳
青島第一日本尋常高等小學校	民國四年四月	武定路	男：一年一〇九 三年九八 五年七二 高一年四 二年九二 四年九八 六年六八 高二年五；女：一年一〇七 三年九二 五年七五 高一年一五 二年一〇二 四年八七 六年五九 高二年一三	男五二六 女五五〇	七二·〇〇三
青島第二尋常小學校	民國六年四月	廣西路	男：一年三二 三年二四 五年二六 二年二〇 四年一七 六年二五；女：一年二一 三年一九 五年一四 二年二五 四年二七 六年一七	二六七	二三·九五六
四方日本尋常高等小學校	民國十二年十月	四方	男：一年一一 三年一三 五年四 二年一六 四年六 六年一〇；女：一年一二 三年一二 五年五 二年一七 四年九 六年八	一二三	一九·四八五

滄口日本尋常高等小學校	民國十二年三月	滄口	男：一年二二 三年一九 五年六 高一年一 二年一七 四年六 六年一三 高二年三；女：一年二〇 三年九 五年九 高一年四 二年一二 四年九 六年四 高二年三	男八七 女七〇	二〇·四五四
青島醫學校	民國十三年九月	江蘇路	一年〇 三年九 二年一二 四年六	二七	金六·二三二 銀一·九〇一

膠澳商埠公私立各學校現任校長姓名表

公立中學校	校長王敬模
公立女子中學校	校長吳淑嫺
公立青島小學校	校長胡鎮中
公立台東鎮小學校	校長張春峯
公立台西鎮小學校	校長鄭在庠
公立女子小學校	校長連索蘭卿
公立李村小學校	校長梁大公
公立張村小學校	校長于埜甫
公立浮山所小學校	校長李鴻儒
公立九水小學校	校長史玉銘
公立現化菴小學校	校長臧洪訓
公立法海寺小學校	校長李開平
公立薛家島小學校	校長宋振範
公立姜哥莊小學校	校長王善亭
公立陰島小學校	校長呂學劼
公立雙山小學校	校長王致中

公立滄口初級小學校　校長張心濤
公立侯家莊初級小學校　校長李伯川
公立下河初級小學校　校長李修清
公立上流初級小學校　校長王萬年
公立韓哥莊小學校　校長劉學輝
公立浮山後初級小學校　校長袁相适
公立朱家窪初級小學校　校長朱　琛
公立石老人初級小學校　校長呂官山
公立午山村初級小學校　校長宋克修
公立大埠東初級小學校　校長吳觀卿
公立湛山初級小學校　校長韓崇聖
公立辛家莊初級小學校　校長關志清
公立大麥島初級小學校　校長藍文吉
公立于哥莊初級小學校　校長杜愼五
公立登窰初級小學校　校長王薛五
公立現化菴初級小學校　校長臧洪訓
公立北龍口初級小學校　校長盧學田
公立段家埠小學校　校長朱心範
公立埠落小學校　校長李崇漢
公立香裏初級小學校　校長劉紹揚
公立灰牛石小學校　校長楊乃宣
公立周哥莊初級小學校　校長王思莘
公立上葛場初級小學校　校長王兆田
公立解家莊初級小學校　校長于永慶

公立宋哥莊初級小學校　校長張守安
公立仙家寨初級小學校　校長張顯勃
公立黄埠初級小學校　校長王汝珊
公立趙哥莊初級小學校　校長崔漢章
公立下莊初級小學校　校長劉鳳竹
公立楊家村初級小學校　校長張懷道
公立施溝初級小學校　校長金兆柱
公立濠北頭初級小學校　校長薛懷英
公立辛島初級小學校　校長李珍修
公立南屯初級小學校　校長王懋潤
公立瓦屋莊初級小學校　校長呂學敏
公立後韓家小學校　校長王玉光
公立西大洋村初級小學校　校長武銘策
公立水靈山島初級小學校　校長王延祺
私立青島大學校　校長宋傳典
私立禮賢中學校　校長劉銓法
私立文德女子中學附屬高級小學　校長張子清
私立聖功女子兩級小學校　校長德惠如　副校長曹方
私立明德兩級小學校　校長翁格滿　副校長周國屏
私立信義兩級小學校　校長蒲銘三
私立挪莊初級小學校　校長隨廷勛
私立育英兩級小學校　校長亓潤田
私立尙德兩級小學校　校長周銘九
私立三江兩級小學校　校長朱啓泰

私立青年會附屬模範兩級小學校	校長鄧洗元
青島日本中學校	校長山林隆助
青島日本高等女學校	校長山本泰勝
青島學院商業學校	校長吉利平次郎
青島第一日本尋常高等小學校	校長宇野祐四郎
青島第二日本尋常小學校	校長宗像壽太郎
四方日本尋常高等小學校	校長高田久人
滄口日本尋常高等小學校	校長阿南實直
青島醫學校	校長栗本定治郎

就以上各表觀察本埠公立男女中校學生人數各在五六十人左右以視日人之男中女高人數相去懸殊至公立各小學校除青島台西台東張村三四處外其餘人數均不及日人之第一第二小學旅青日僑總計萬四千人而有學生二千七百約爲五分之一我國全埠居民三十萬而學生僅得一萬人是三十分之一也更就經費方面言之日人各校統計年需三十萬供二千七百學生之用以視本埠公私各校額定經費及補助費總計不過十四萬有奇以此培植一萬之學生互爲對照相去天壤彼則設備完全基礎鞏固我則因陋就簡有名無實故知教育之前途數量不足尙屬其次品質不良尤爲可慮學校無相當之設備學生無一定之宗旨公立之職業私立之青島膠澳兩中學皆旋設旋停不能保三年之壽命其他亦日在風雨漂搖之中小學數雖日增而質則諸待改善加以時局不甯學生時有增減遷徙終期畢業之數與初期成班之數相差甚遠是亦有始無終秩序不甯之一現象也所差幸者接收而後對於舉行畢業一事差爲注重前之每年小學畢業百數十名者今則逐年遞增至六七百名且原有之市內各小學近年學生倍增而經費所加無幾是則治學人員之勤勉困苦于此可見一斑矣

統觀本埠各校絕無固定基金每年經費全恃官廳按年預算以資挹注然尙有南曲學田一事堪爲注意者南曲學田始於清光緒十四年由卽墨縣知縣以海防名義按戶攤捐購置坐落本埠鄉區南曲地方者一百二十一畝四分四厘三毫德國租借青島後糧銀由卽署解交德署租由卽墨縣收存嗣因租戶呈請德署收租德署並以縣署解糧不能年清年款于是將此項學租沒收永歸德署管業卽署派員攜卷交涉德署復將全卷扣留日佔青島此租仍交日署洎乎本埠將近交還卽墨紳民設法由日署將全卷收回旋呈請商埠督辦返還原田本埠鄉民公會亦以此田原爲鄉區攤捐購置膠區由卽劃出應將此田撥歸本埠辦學往返爭論案牘盈尺至民國十三年夏始由前督署函知卽墨縣傳同縣治紳董來青與本埠鄉民公會代表齊集督署雙方調解將此項田租作爲膠區與卽墨公有每年收入平均各得半數本埠所得由鄉民公會徵收爲辦理私立師範講習所基金該所辦理學生一班于十五年暑期停辦此租現由鄉民公會經管所謂教育基金僅此而已

膠澳志卷八

建置志一　港灣設備

青島港之範圍東自太平角起引一直線西南越海至象嘴卽淮子口又由團島角向南引一直線至脚子石嘴卽下菴在此三角形內屬外港之領域外港以西更由孤山角卽湖島子向西南引一直線至黃山嘴卽黃島之東角又折而東南至顯浪嘴在此人字形內屬內港之領域當德人之占據膠澳其目的所在固欲於東方創設海軍之根據地且爲擴張本國商業起見欲于此建一永久之貿易場故于未佔據之先調查青島港灣不遺餘力並特派河海工程專家來靑實地查勘將築港計畫詳列報告對于灣內水位水深風力風向地形地質等項精密攷察及占據後乃就青島灣前我國舊有所建之海軍棧橋接續建設木造碼頭長約三百五十米達並將俄國舊設之堆積軍用煤炭之小碼頭爲德國船隻停泊之所嗣以該灣前面既無防阻風波之設備港內水又不深潮流湍急旋浚旋淤始就工程專家原來調查之膠州灣東岸（卽現

在大港位置）定爲築港最良之地灣內西北一帶高潮時水面有二十五啓羅米達之長北風稍勁故須築一圓形之大防波堤爲築港之護衛其可築防波堤之基址周圍岩礁及細小島嶼起伏不絕水深距岩石槪在干潮十米達以上用作堤基可以節省工事堤內中央水深則距岩石約十八米達浚渫區域只須四平方啓羅米達已敷作港之用港與灣口距離約二百八十米達築港之位置由灣口向北順沿潮流略加浚渫卽成航路

德人于一千八百九十九年在青島市街之西北建築大港同時並于大港建造第一第二第三第四碼頭復于其南約距一海里之地建築船渠港及小港至千九百零六年始行竣工大港以圓形之大防波堤圍繞之爲輪船之停泊處堤之建築卽利用岩礁島嶼相連之地而沈石塊于其間然後用洋灰及切石敷設成之堤高約五米達上築鐵道與膠濟路相連接直達堤端又于堤之尖端塡築以爲煤炭堆積所並于其後建設造船所附以一萬六千噸之浮船渠長約一百二十五米達外廓寬三十九米達內廓寬三十米達深十三米達（此船渠日人來後卽已移歸日本）大港以南之船渠港爲保管修造碼頭及築港必要之用具凡小汽船撥船浚渫船等均停泊于此小港之建築有二防波堤入港水路深約五米達西南及東北岸水底由岩石而成沿莘縣路一帶水量雖淺便于民船停泊故自建設以來膠州之大沽河口塔埠頭紅石崖等處民船貿易悉移于此統計大港之防波堤長九千八百七十尺港口距離爲八百八十八尺小港之防波堤長一千九百三十八尺港口距離爲三百三十尺茲更就港灣之陸海設備分別紀之

（甲）陸上之設備（一）碼頭碼頭與防波堤等雖由沿海岸建築但可視爲陸上之設備德人舊建碼頭在港面之南者稱第一第二第三碼頭在北部防波堤之終點者爲第四碼頭當時建築碼頭以急于完成地下基礎尙未能十分堅固其先以多數木樁釘入地中木樁外面以六寸厚之鐵骨洋灰板四面覆之洋灰板每塊寬一英尺餘板內則塡以砂石木樁之上部蓋以十三英尺厚之花崗石板與板接續之處亦以洋灰

結合之碼頭之上部卽繫船壁以黃崗石造成爲保護此壁起見特製有防壁木枕當滿潮干潮時能自由上落故船舶繫離可免損壞然有時船舶到岸遇有重大冲突洋灰板不易抵當且歷年既久板之接續處所間有破損砂石致被冲去因而內部木樁易于搖動小則繫船壁發生凹凸大則黃崗石之奔落在所不免故碼頭各處常需修理日人佔領後因有洋灰方塊工場之設以爲增建碼頭之計畫然第一碼頭祇供繫留普通商船之用長二千五百二十六尺寬三百八十尺上有ABCD四倉庫第二碼頭長三千六百六十六尺寬三百三十七尺在德人時代專供海軍停泊今則與第一碼頭同供商船之用上有FGH三倉庫第三碼頭用以裝卸鹽煤洋油第四碼頭在德人時代專供造船廠及堆積軍用煤炭之處備有一百五十噸之起重機今則因其位置不適于起載貨物只充裝卸煤炭及鹽之用（二）繫船岸壁大港碼頭繫船岸壁之長約達一萬零六百三十二尺同時可繫留六千噸船十二隻各碼頭繫船區共七處至小港繫船岸壁長六千七百五十尺浮棧橋一座長二百尺大港內水深最高

潮時大抵三十三尺干滿潮之差平均爲十二尺(三)大港旗台在船渠港西北第一碼頭西端石基平房二座內設有自動檢潮器爲德人所創造日人佔領後日本海軍人員于民國五年曾經修改一次爲自動自記機接收後仍用之(四)青島旗台設在青島山尖端係德人建築計二層樓一座石基平房一座該山爲本埠近海最高之山建築旗台瞭望出入本港船舶甚爲便利日人沿用之接收後仍仿舊制(五)大小港事務所大港事務所建于碼頭之南平屋磚造一座小港事務分所建于小港之旁二層磚造一座均爲日人建築今歸港政局及小港分所辦公(六)倉庫均係火磚鉛鉄板及便利瓦等材料造成形如臨時兵營于光線通風及運搬出入均極完善大港有ABCDFGH倉庫七處其貯貨悉係暫時性質日人稱爲上屋又有露天堆貨地第一二三碼頭均有之暫時堆貨地日人稱爲假置場均訂有租賃章程其可以久貯貨物之倉庫則普通寄託貨物者七棟租與人者一棟危險品倉庫四棟留置倉庫一棟作業器具倉庫一棟火藥倉庫一棟官用倉庫五棟(內一棟已燒毀)祇由日人新修第二十號倉庫一棟餘均德建此外第四碼頭又有倉庫五棟(七)煤炭堆置所以甲丁庚(詳見後表)繫船區之各一部爲輸出及焚料煤炭之堆置場其貯炭能力約三萬六千噸之譜(八)堆鹽場堆鑛場以己區之一部爲輸出鹽堆置場其貯鹽能力約四萬噸以庚區之一部爲輸出鑛石堆積場其堆積能力約三萬噸(九)起重機爲裝卸貨物便利設浮動式起重機二台一爲三十噸一爲二十二噸又固定電氣起重機一台一百五十噸又起重機一台四十噸(十)自來水設備送水栓第一碼頭七個第二碼頭九個第三碼頭二個第四碼頭六個計共二十四每栓一小時送水能力約十五立方米達(十一)電話配線箱爲便利船舶與陸上通話起見特于碼頭岸壁安設電話配線箱船舶靠岸立可接用配線箱計第一碼頭六個第二碼頭六個此爲青島特有東洋各國尚無如此裝置也(十二)運貨設備碼頭區內鐵路延長約十五英里輕便鐵道線路延長約三英里橫轉或運搬車一百十輛大入車一百二十一台重量車八台小車三百九十七台其他尚有防雨具之雨覆布等

各碼頭繫船區及岸壁延長表

碼頭名稱	繫船區	岸壁延長	備攷
第一碼頭	甲	二•五二六尺	
第二碼頭	乙•丙•丁	三•六六六尺	乙長一•三二九尺　丙長三三六尺　丁長二•〇〇一尺
第三碼頭	戊	五六四尺	
第四碼頭	己•庚	三•八七六尺	己長二•一五一尺　庚長一•七二五尺
木造棧橋		四〇五尺	

繫船區內普通干潮時平均水深表

繫船區	普通干潮時水深	繫船區	普通干潮時水深
甲	二七尺	丁	二七尺
乙	二七尺	戊	三〇尺
丙	二八尺	己•庚	二五尺

倉庫名稱及使用區別一覽表

位置	名稱	使用區別
埠頭區內	第一號倉庫	留置貨物保管倉庫
同	第二號倉庫	營業用寄託貨物倉庫
同	第三號倉庫	保稅材料倉庫
同	第四號倉庫	營業用寄託貨物倉庫
同	第五號倉庫	同上
同	第六號倉庫	同上
同	第七號倉庫	同上

同	第八號倉庫	陸軍糧秣倉庫
同	第九號倉庫	同上
同	第十號倉庫	營業用寄託貨物倉庫
同	第十一號倉庫	陸軍糧秣倉庫
同	第十二號倉庫	營業用寄託貨物倉庫
同	第十三號倉庫	計理科用度倉庫
同	第十四號倉庫	營業用寄託貨物倉庫
同	第十五號倉庫	作業用器具倉庫
同	第十六號倉庫	火柴倉庫
同	第十七號倉庫	營業用寄託貨物倉庫
同	第十八號倉庫	同上
同	第十九號倉庫	同上
同	第二十號倉庫	同上

第四碼頭	第一號倉庫	營業用租賃倉庫
同	第二號倉庫	同上
同	第三號倉庫	同上
同	第十區	同上
同		同上

(乙)海上之設備(一)檢疫所凡船舶入港須懸掛檢疫信號先在外港暫行停泊聽候檢疫醫官到船檢驗有檢疫醫官檢獸醫官之別遇有患傳染病等症或疑似傳染病及有死體者並沾染獸疫及有獸類之死體者得由檢疫醫官指定地點于一定期間內停留之并施行船員與搭客之健康診斷暨消毒隔離以及其他處分對於病獸或死體並得行撲殺燒棄隔離消毒等處分此制德日行之接收後仍舊辦理（特別檢疫統計參見衛生篇）（二）引水員引水員之設置創自德人謂之領港員其區域自外港檢疫投錨地至內港放泊區及大小港各繫船區之水面以便于領導船舶之出入德人租借時之領港員歸港務所管理祇有指揮監督之權所得收入均由領港員自行分配其領港費船在十二英尺以內者二十五元以上每尺加三元日人占踞時代仍與德國辦法相同但在民國九年以前取强制主義無論何國船舶入港均須由領港人引導九年以後則取自由主義願否領港聽各船自便其領港費千噸未滿之船隻一次爲一元以上每百噸加五元接收以後歸港政局海事股管理定有引水規則謂之引水員所有收入除按月支給薪獎外一律歸公其引水費額各有規定引水員之資格亦嚴加攷選(三)拖船及撥船德時設備爲數無多日人加以完整一爲輪船有白墨號青島號三水號勞山號若鶴號黃島號千代號浮山號山東號九水號相生號孤山號一水號二水號各艘二爲雜船殺鼠船一隻團平船一隻小型傳馬船二隻小撥帆船一隻其他雜船十一隻三十五噸起重機船一隻二十二噸起重機船一隻普利斯特馬式浚渫船小公號一隻同大公號一隻足揚船二隻來多船三隻傳馬船五隻帆船三隻端艇九隻小運貨船一隻淘泥船十一隻發動機艇一隻今皆仍

之(四)航路標識青島港之航路標識最爲完備共分「燈台」「導燈」「備燈立標」「備燈浮標」「備燈霧警號浮標」「立標」「浮標」及霧警號之八種其制創設於德人及日德開戰德取守勢除在海岸一帶佈防外並將浮標燈台一律撤廢使日艦無可活動是時膠澳港面已無航路標識之設備迨日軍佔踞青島始重行建設至十一年移交我國時均已建修完竣接收後因仍舊制其區域分外海外港內港及大港四處凡駐有看守員之燈台如搭連島大公島游內山等處均設有信號柱及觀測氣象各儀器並按萬國船舶信號法使用信號至每日燃點燈火時間均自日沒時起至翌晨日出時止如遇天氣溟濛及使用電氣光原之燈火則亦有在日沒前至翌晨日出後尚燃點者所有各標識之位置其經緯度均按最近出版之海圖測定之茲將各標識之概況分別表記如左

立標類別表

類別	形狀	顏色	記事

左舷障害立標	石造方形	塗黑白橫線	上部裝設白色圓筒形像
左舷障害立標	石造圓筒形	塗黑白橫線	上部裝設黑色圓筒形像
孤立障害立標	鉄造高架形	塗紅黑橫線	上部裝設白色圓筒形像

立標一覽表

名稱	位置 所在地	北緯	東經	顏色	構造及大高潮水面上之高	大低潮時礁石之高	記事
大鮑島礁立標	馬蹄礁東方小港口北二鏈	36° 4' 51"	120° 18' 7"	黑白橫線	方形石塔白色目標係鉄造圓筒形　高三〇英尺	五英尺	入小港之左舷
巴嗒斯礁立標	馬蹄礁南方發電所海岸之北西二鏈	36° 4' 17"	120° 17' 47"	同	截頭圓筒形石塔黑色目標係鉄造圓筒形　高二〇英尺	五英尺	入小港之右舷
危險礁立標（鼓子洋）	由青島南微東三海里五鏈二分之一鼓子洋礁石上	35° 59' 42"	120° 19' 33"	紅黑橫線	方形鉄骨架白色目標係鉄製圓筒形　高二四英尺	十二英尺	
大公島礁立標（五丁礁）	大公島西約一海里三鏈	36° 57' 55"	120° 27' 56"	同	方形鉄骨架白色目標係鉄製圓筒形　高一四英尺	九英尺	

浮標類別表

類別	形狀	目標	顏色	記事
左舷浮標	圓錐形	無	黑	記載奇數號碼
右舷浮標	仝	無	紅	記載偶數號碼
孤立障害浮標	圓頭形	圓柱	黑·紅·黑白·紅白·	右舷記載偶數號碼　左舷記載奇數號碼

備燈浮標	仝	上部鉄架	紅	記載偶數號碼
備應霧笛號浮標	圓錐形	仝	紅	仝
打鐘浮標	截頭形	仝	紅	仝
禁止拋錨浮標	圓錐形	圓柱	紅	不列號

浮標一覽表

名稱	符號	位置 所在地	北緯	東經	顏色	構造及水面上之高	大低潮之水深（托）	記事
大港口左舷浮標	1	大港口西方約三鏈	36° 5' 20"	120° 17' 54"	黑	鉄造圓錐形　九英尺	$4\frac{1}{3}$	入大港時之左舷境界
大港口右舷浮標	2	大港口西方約四鏈	36° 5' 9"	120° 17' 54"	紅	鉄造圓錐形　九英尺	$3\frac{1}{2}$	入大港時之右舷境界
大港口左舷浮標	3	馬蹄礁備燈立標之北西方六鏈	36° 5' 4"	120° 16' 42'	黑	同　八英尺	$6\frac{1}{2}$	入大港時之左舷境界
大港口右舷浮標	4	大港口南西方約七鏈	36° 5' 2"	120° 17' 30"	紅	鉄製圓錐形　九英尺	$3\frac{1}{2}$	入大港時之右舷境界·
馬蹄西浮標	5	馬蹄礁備燈立標之西方七鏈	36° 4' 27"	120° 16' 15"	黑	鉄製圓錐形　八英尺	$5\frac{2}{3}$	入大港時之左舷境界表示馬蹄礁北方淺灘南端

中洲浮標	7	黄島北東中洲之上	36° 4' 2" 120° 15' 11"	黑	鉄製卵形上有標柱 一五英尺	$4\frac{5}{6}$	入大港時之左舷境界表示中洲區域
游內山打鐘浮標	8	游內山燈台南微東三鏈	36° 2' 27" 120° 17' 11"	紅	鉄製卵形上部設打鐘裝置 五英尺	$10\frac{1}{2}$	右舷境界因波浪動搖打鐘其音約達一海里民國十年七月二十二日撤去備燈浮標設打鐘浮標一
海西洲(白石)浮標	9	竹岔島西微北約一海里半海西洲上	35° 59' 22" 120° 16' 47"	黑	鉄製圓錐形上有標柱 一四英尺	$3\frac{1}{6}$	
青島西南浮標	10	青島棧橋西南方暗礁之南端	36° 2' 56 120° 18' 10"	紅	鉄製圓錐形 九英尺	4	右舷境界并表示青島棧橋西南方暗礁前端
燕子灘(南沙)浮標	11	青島南東四海里燕子灘上	35° 59' 56" 120° 21' 40"	黑	鉄製卵形上有標柱 一五英尺	$4\frac{5}{6}$	左舷境界并表示燕子灘之西北端
大港外第一浮標	13	大港口西方約五鏈	36° 5' 28' 120° 17' 45"	黑	同 一五英尺	$4\frac{1}{2}$	自女姑口入港之左舷境界
大港外第二浮標	14	大港口西方約一海里一鏈	36° 5' 36' 120° 17' 3"	紅	同 一五英尺	$3\frac{2}{3}$	自女姑口入港之右舷境界
馬蹄礁上端浮標	I	馬蹄礁備燈立標東北方約五鏈	36° 4' 53" 120° 17' 34"	紅白橫線	鐵製圓錐形上有標柱 一二英尺	$3\frac{1}{2}$	入小港時之右舷境界表示馬蹄礁東端

馬蹄礁下端浮標	II	馬蹄礁備燈立標南東方約三鏈半	36° 4' 21" 120° 17' 24"	黑白橫線	鐵製圓錐形上有標柱 一二英尺	$3\frac{1}{2}$	入小港時之左舷境界表示馬蹄礁南端
貝魯喀浮標(庵姑石)	III	游內山南西約二海里庵姑石北東端	36° 1' 39" 120° 15' 21"	黑	鐵製卵形上有標柱 一二英尺	$4\frac{1}{6}$	表示庵姑石東北端
青島東南禁止浮標	無	青島南東約五鏈	36° 2' 48" 120° 19' 15"	紅	鐵製圓錐形上有標柱 九英尺	8	右舷境界表示青島南東水面爲禁止船舶投錨區域之境界

附記　立標浮標之位置以經緯度表示之

所謂左舷右舷者卽指入港船舶自海口溯航水源之左右而言

距離用海里或鏈定之每海里爲一度六十分之一每鏈爲一海里十分之一約計一百托每托合六英尺

水深用托計算由大低潮之水面測定之

燈標及霧警號一覽表

名稱	塔連島	大公島	青島
種類	燈台霧警號	燈台霧警號	燈台
位置　所在地	嶗山南海面二十海里塔連島上	青島外港南東海面十海里大公島上	青島外港小青島上
位置　北緯	35° 53' 30"	35° 57' 56"	36° 3' 14"
位置　東經	120° 52' 10"	120° 29' 20"	120° 19' 1"
初點年月日	民國四年八月十四日	民國四年七月十六日	民國四年七月十七日
構造	白色八角形石塔	黑色圓形鐵塔	白色八角形石塔上部裝設鐵架
等級及燈質	第三等白色每十秒時發一閃光	第五等白色閃光每五秒時發二連閃光	第五等紅色明暗明三秒暗三秒
明弧	全度	全度	全度
燈高英尺　基礎上	42	25	51
燈高英尺　大潮高水面上	262	424	101
燭光數	190	$\frac{1}{5}$	$\frac{9}{25}$
光達距離(海里)	12	13	13
記事	(霧笛)每隔二十七秒吹鳴三秒 (光原)煤油蒸熱瓦斯白熱燈	(霧笛)每隔五十秒吹鳴四秒 (光原)阿塞奇林瓦斯燈	民國十年十二月十九日燭光數光達距離均變更 (光原)阿塞奇林瓦斯燈

游內山燈台霧警號	膠州灣口團島西南端	36° 2' 49" 120° 16' 53"	民國八年八月五日	黑白橫線八角形磚塔	第三等白色不動	自二八二度（北七三度西）繞北東至一八三度（南八度西）	50	82	5 1/2綠色 8 4/5紅色 22白色	15	（霧笛）每隔三十秒吹鳴三秒 自二五二度（南七七度西）至二八二度（北七三度西）以紅色表示太平岬之危險區域自一八三度（南八度西）至二一二度（南三七度西）以綠色表示馬蹄礁之危險區域自二一二度（南三七度西）至二五二度（南七七度西）爲暗礁方位 （光原）白熱電燈
小港南西航路高導燈	在小港口北堤端（北五六度東）相距約四四鏈	36° 4' 50" 120° 19' 7"	民國四年四月二十	綠色四方形鐵骨架	等外綠色不動	全度	30	39	1/5	2	本高導燈燈光與小港口北堤端燈台燈光之一直線表示巴喀斯礁立標與馬蹄礁下端浮標間之水路 （光原）白熱電燈
小港北西航路高導燈	小港內南堤根	36° 4' 27" 120° 18' 8"	同	紅色四方形鐵骨架	等外紅色不動	同	20	30	3/10	3	本高導燈燈光與小港口南堤端燈台燈光之一直線表示大鮑島礁立標與馬蹄礁上端浮標間之水路 （光原）白熱電燈

小港口北堤端燈台	小港口北堤端	36° 4' 36" 120° 18' 6"	民國四年四月二十	綠色四方形鐵骨架	等外綠色不動	全度	13	19	1/5	2	本燈台兼有低導燈之作用 （光原）白熱電燈
小港口南堤端燈台	小港口南堤端	36° 4' 32" 120° 18' 7"	同	紅色四方形鐵骨架	等外紅色不動	同	13 1/2	19	3/10	3	本燈台兼有低導燈之作用 （光原）白熱電燈
大港高導燈	第三碼頭北東約六百尺	36° 5' 30" 120° 19' 33"	民國四年三月一日	橙色四方形鐵骨架頂上有球籠	第六等橙色不動	自〇度（北五度東）至一九〇度（南一五度西）	66	17	3/10	4	本高導燈燈光與大港低導燈燈光之一直線表示入大港之水路 （光原）白熱電燈
大港低導燈	第二碼頭前端	39° 5' 24" 120° 18' 53"	同	同	同	同	36	43	3/10	4	（光原）白熱電燈

大港口北台燈	大港口第四碼頭前端	36° 5' 21" 120° 18' 25"	民國四年三月一日	綠色四方形鐵骨架	第六等綠色不動	全度	14	21	3/10	3	（光原）白熱電燈
大港口南台燈	大港口第一碼頭前端	36° 5' 15" 120° 18' 35"	同	紅色四方形鐵骨架	第六等紅色不動	同	14	21	3/10	4	（光原）白熱電燈
馬蹄礁備燈立標	大港外馬蹄礁	36° 4' 36" 120° 17' 17'	民國四年八月三日	黑白橫線圓形石塔	第四等白色明暗光明時五秒暗時一秒	全度	36	40	1/2	12	自一三七度（南三八度東）至一五七度（南一八度東）以紅色表示馬蹄礁北西之暗礁 （光原）高溫度煤油燈
馬蹄礁西北備燈立標	馬蹄礁備燈立標北西一鏈半	36° 4' 48" 120° 16' 53"	民國八年三月十二	紅色截頭圓錐形上部裝鐵架（6符號）	等外白色閃光每三秒時發一閃光	同		10.4	1/5	7	大低潮時水深九托半 燈高在水面上十英尺四 （光原）阿塞奇林瓦斯燈

會前角備燈霧警號浮標	會前角西南四鏈	36° 2' 27" 120° 19' 24	民國十年十二月十九	紅色圓錐形上部裝設鐵骨架（12符號）	等外白色閃光每三秒時發一閃光	全度		16 1/2	1/5	7	大低潮時水深九托半 同波浪搖動常發音響燈高在水面上十六英尺半 （光原）阿塞奇林瓦斯燈

附記

方位係按眞方位定之以正北爲零度其於各燈光區域則由海上向燈臺測定以度計算不設分秒但滿三十分或三十分以上者應整爲一度有時並計磁針方位於括弧內

燈光照射海面之部分謂之明弧明弧中顯異色燈光之部分謂之分弧

不動光保持一定之光力者爲不動光

明暗光不動光在一定時間內突然表現一次之全暗者爲明暗光但其明與暗時間有相等者有明時較暗時畧長者

閃光在黑暗中忽發單閃光者謂之閃光其黑暗之時間常較長於閃光之時間

連閃光經隔若干黑暗時間忽連發閃光者謂之連閃光如爲二個閃光則稱二連閃光三個閃光則稱三連閃光餘類推

燈標之高以英尺計之尺以下用四捨五入法計算

燈標及立標之高由大高潮之水面測定之
光力恒以十燭光爲單位例如一九〇爲一九萬燭光1/5爲二〇〇燭光是也
光遠距離係選晴朗之夜在大高潮水面高五米達之處觀測之其最遠最初所認見之距離卽爲光遠距離惟因天氣及潮水關係稍有差異
霧警號在溟濛天氣及霧雪時用之
燈之等級以折射玻璃內徑之大小區別之內徑大者則火口亦大惟本港燈標均在三等以下
所謂一燭光者係指用鯨蠟製成計重一二〇加倫之蠟燭於一時間內所消費之光力

日人之設方塊工場也一則鑒於德時碼頭之常需修理一則因貿易日就發達碼頭已不敷用且因德人所建之第一碼頭僅有北面一部之繫船壁其南部外側尚未築成故於民國九年議決第一碼頭之外側改築長七百米達之繫船壁原寬一百米達者改爲一百五十米達俾一萬噸以上之船舶可以停駛自由該處水深原僅十二三尺擬浚渫在干潮點以下至三十三尺其繫船壁由地基起皆以洋灰方塊堆叠至干潮點以上外部別以花崗石叠成其堅實勝於德人所造此項工事預定民國十三年中竣工洋灰方塊之製法以洋灰花崗石小塊及砂土三種加以一定水量混合置於木框之內結成爲一方塊每塊之重約四十噸每塊之價約日金一百七八十圓嗣因十一年冬青島交還我國工事暫行停頓而於細目協定了解事項內仍有第一碼頭擴張工事按照預定計畫繼續完成之約十二年春間曾由前港政局長余晉龢規畫擴張工事費用及其籌款方法繼以時局變遷尚未舉行本年軍事稍定當局已分年籌備列有預算抑亦整理港工之動機也

更就碼頭之經營事務言之德人時代設置碼頭局管理之但名雖係官辦碼頭局並不直營碼頭事業惟將繫船岸壁指定各船公司專用碼頭局僅檢查各公司賬簿徵收費用事務甚簡故自局長以下不過德員四人日軍來後初將修理港灣及港務行政統歸海軍管轄碼頭事務則改碼頭局爲埠頭局以掌之民國四年設立港務所隸民政部一切港灣事務歸該所接辦六年將埠頭局編入民政部之鉄道部於碼頭倉庫業務外並管埠頭區內之鉄道業務同時改名爲埠頭事務所又以貿易日見發達碼頭設備殊恐不敷應用於民國十年特設港灣事務所凡船舶檢疫航海標準浮標之布置氣象之信號領港人之監督及燈台設備等行政事項由港務所管理其建築修理浚渫並修造浮標信號及其他機械各工程統歸港灣事務所辦理而埠頭事務所則爲管理船舶之進出及處理貨物之執行機關其初德人時代將碼頭倉庫分爲二項租與民間辦理官廳由租借人徵收租金後因租借人弊端百出事業難於統一乃廢租借方法而另招人包辦當時承辦者爲粵商榮記既承辦後恃勢壟斷遇事專橫本地商人頗不願此等事業包於外省人之手於是各商聯合輪船公司排斥榮記德膠撫乃以官辦碼頭局直營之名而令青島輪船公司中素有信用如亨寶瑞記禪臣禮和美最利哈利六家洋行包辦各定承包區域經理碼頭事務各該洋行又各使其買辦轉爲承辦而以收入金中提出七成五分繳納官廳以爲酬報惟事務既爲包辦各家皆欲極力節省用費故除船內人夫爲常雇外其餘皆由工頭臨時招集所以運搬作業未能敏活迨日人攻擊青島當時德人將大港封鎖曾沈浚渫船二隻於港

口之兩端又沈米卡爾埃拍遜號輪船及丟倫打特號爾倫利克馬斯號兩艘於港之中央以爲軍事上之防阻民國三年十一月日軍占踞後僅許日輪停泊小港一面掃除大港四年二月將沈沒第一碼頭附近之爾倫利克馬斯號先行引起四月復將丟倫打特號及米卡爾埃拍遜號先後撈出於是輪船出入始復舊觀九月又將沈沒第四碼頭旁之一萬六千噸浮船渠及一百五十噸之起重機曳起至是港內完全肅清對於船車裝卸貨物由埠頭事務所直接指揮所有碼頭作業凡船上裝卸及碼頭區內之船車貨物裝卸運搬等事令貨主或輪船任意施行其後就各種情形研究非有一定組織不足收臨時指揮之效原定運搬苦力工資本係日給制度後改爲按噸給貲所需苦力與日人組織之山東運輸會社締結一定條約完全由其供給凡運貨一噸大概發給工貲洋二角每日平均約需人工一千二三百人惟本港輸出貨物大致以每年十一月迄翌年五月爲最多至夏枯期間人工閑散忙時每日需人工三千六七百名閑時則只需三四百人且船之到港無一定時間若平日無人工準備則臨時

勢難招集若多爲準備則又無一定貨物搬運承辦會社不給工貲此等人夫遂發生困難問題最後埠頭事務所與該會社規定平日人夫以千三百名爲率如遇貨物稀少時期則令會社照半數給貲接收以後初改埠頭事務所爲碼頭局改港灣事務所爲港工局改港務所爲港務局繼將港務碼頭兩局歸併爲港政局港工局改爲港工事務所民國十三年港工事務所裁撤統歸港政局辦理所有事務大致一沿日人之舊惟山東運輸會社積久弊生商人紛紛呈請取消初改由船行自僱人夫搬運貨物嗣以各船行不願承辦十二年十一月間又改爲商招包辦由港政局與運輸商行訂定契約同時取消山東運輸會社旋因運輸商行壟斷誤事十三年五月復取消運輸商行由各船行自行辦理其屬於東洋船舶者由東洋商組合之共同作業所承辦屬於西洋船舶者由西洋商組合之亞丹公司承辦其煤鹽一部分之作業及界內運搬作業由政記公司承辦十六年三月政記公司將運搬作業轉讓亞丹公司承辦遂由港政局收回歸局自行辦理以期直接管轄至船舶之繫離貨物之裝卸及其保管交

付與夫倉庫營業大致皆採用日人舊制對於各種收費略爲變更訂有碼頭收費倉庫業務等各專則其每年船舶往來貨物噸數各項另詳船舶篇內茲不贅

小港建築於德人其時取開放主義採用吸收貨物補助大港之政策與大港同時竣工惟設備尚未完整迨日軍來後仍銳意獎勵民船貿易使小港爲大港之營養港民國六年改修西南部岸壁工事其明年復將小港北東部岸壁修築並填埋海岸爲貨物儲置場及貨物裝卸地九年架設浮棧橋以便船舟之椗泊嗣以小港航路汽船及民船出入頻形增加遂有改修北防波堤及帆船寄泊岸壁並貨物儲存場擴張工事之成案預擬支出日金二十五元以中日魯案交涉開始工事因而中止接收後按照舊例略加變更訂有停泊費棧橋使用費管理儲置貨物場及取締民船領用船牌等各專則年來小港貿易日就發達往來於海州石臼所等處之小型汽船年有增加民船之由蘇滬及沿海各縣來者比較舊觀亦形踴躍蓋一則隴海鐵路既通內地之貨皆可取道海州轉靑出港一則以近年內地不靖津浦運輸停頓率皆藉民船之輸運以助貨物之流通現港內可停泊帆船千餘隻租賃暫寄等地之面積共計有二萬六千餘方公有碼頭二處分甲乙丙丁戊五區輪船在三百噸以內者皆在此繫靠同時可繫輪船七隻至於留置貨物之區域則均在小港沿岸一帶與租賃地暫寄地性質不同均經規定於各項章程內另有一種公賣手續凡有留置地內堆積貨物如過期無人繳費承領或在小港灣內漂流船隻等件無人認領者由小港事務所保存報明港政局按照留置停泊規則布告限期招領如逾期再無人承領認領卽宣市拍賣招商投標至其船號牌創自接收以後凡航行膠澳區內民船須領號牌每個定價三角使用一年爲期到期更換將來若果按照日人原有計畫將小港工事一律擴張則航業之發達且更有加於今日者其裨益於小港經費之收入及補助大港之貿易蓋非淺也（以上紀載雜見於魯案公產特刊及魯案公署刊行之靑島並港政局統計年表等書）

附第一碼頭擴張工事經費籌畫案（此案屬前碼頭局長余晉龢於接收後所建議者）

其一　擴張工事之主旨

按第一碼頭北側岸壁在德管時期業經完成其南側岸壁自日佔後迄今尙未修築所謂第一碼頭擴張工事云者卽指此而言至此項工事有無擴張之必要應以左列兩項論之

（一）港灣原則上之必要　按港灣原則在建築必要之碼頭並海陸上之設備便利輪船進出及貨物上下以期工商業發達然其所需之經費又不能不從經濟方面加以攷慮以免糜費而不適用如本埠大港碼頭係採取側岸壁卽於兩側均可繫留船舶而於堆棧使用貨車裝卸界內運搬等等便利實多査本埠進口輪船民國五年爲三百四十九隻七年增至一千〇十八隻自是以還無不逐年增加而現在第一第二第三第四碼頭總計能繫留船十七隻往往因繫船區不敷應用至感困難倘第一碼頭南岸側壁修築完成可繫留船六千噸級者二隻千噸級者三隻共可繫留船二十二隻於本埠發達至有關係

（二）條約規定上之必要　按魯案細目協定第三公有財產之第二中國政府聲明按照日本預定計畫繼續完成第一碼頭擴張工事日本政府因允讓渡浚渫船小蒸汽船及其他船舶云云既載約章復經小幡公使照會催促其早日應如何籌畫以期實現

其二　擴張工事之經費

按既認有擴張工事之必要首先應決者厥爲下列兩項

(一)應需工程費額(二)工程經費籌畫方法開列於左

(一)應需之工程費額　華幣一百萬元

(二)工程費之籌畫方法　發行市債其要件如左

甲　定名　擴張碼頭工事債劵

乙　債額　華幣一百萬元

丙　利息　按年八厘

丁　担保　碼頭收入年提二成

戊　償還本利方法　自第二年起付息償本以五年爲限

巳　發行方法　委托中國銀行或其他認定之銀行

庚　分配方法

1魯大公司　分配十分之三　三十萬

2膠濟路局　分配十分之三　三十萬

3膠濟鹽業公司　分配十分之二　二十萬

4電燈公司　分配十分之一　十萬

5市內　募集十分之一　十萬

其三　籌畫經費應注意事項

(一)淄川煤炭之碼頭費以前每噸八分今後如何征收應另新規定卽以此爲分配市債之條件

(二)鉄路用品之碼頭費以前無費今後如何征收另新規定卽以此爲分配市債之更換條件

(三)置鹽場以及鹽之碼頭費今後亦應另新規定擬以此爲分配市債之交換條件

(四)市內應募之十分之一計十萬元飭由商會就各銀行及殷實商戶分配之

發行市債條例及詳細辦法另行擬呈

建置志二　溝渠

溝渠者日人稱爲下水道膠澳未闢以前無市街之建設卽無所謂溝渠也自德人租借後將我國原住土民置之大鮑島及台東台西鎭三處令其建築半歐式之房舍集合居住一洗原有村落之舊觀然後規畫市街建設下水道以備將來市街發展擴張之計畫其規模宏大用意至爲周到下水道之方式完全爲暗渠式用以排洩糞尿及其他污水者謂之污水管用以排洩雨水者謂之雨水管而其中又有分離式與混合式之二種分離式者雨水管與污水管各別設置混合式則雨水管與污水管混爲一管前者多設於市街之東南部及中部卽青島區及前海沿方面後者多設於西部及北部卽大鮑島區及其附近三種下水管均用陶土燒製長約一米達內徑自七十五米厘至四百五十米厘兩管之接口處有螺旋以爲啣接周圍塗以柏油混以麻及砂土令其堅固埋於地下深約五六尺每隔四五十米達置有方形式或圓形式洋灰製之雨水污水人孔及雨水桝等以備淘疏壅塞之用德人建設市街之初僅設雨水管污物則以桶運搬嗣以桶運有礙衛生乃於一千九百零三年設置污水管至千九百零五年告竣至是各處便所悉爲水洗式矣日人佔踞以後因仍舊制年有增設而其增築部分均係分離式接收以來因市街之擴充亦復增置若干處蓋下水道工程深在土中且須隨地勢之傾斜以爲運用其能歷久不毀固非其他工程可比若能勤加冲洗不令阻塞雖歷百年猶如新築也

溝渠雖分雨水污水兩種以爲排洩然雨水之渣滓甚少且設有雨水桝以備十砂之

沈澱一經浚渫卽可開通隨處可以直接放流海中惟污水則宜集於一定之地旣無礙於衛生且須遠離街市以避污穢而便民居故污水則由各戶渠斗導入下水管流出隨各處地形自然之傾向而會合於四唧筒所由唧筒所將其固形污物浚出再用唧筒之力遠送於灣口外之海中所謂四唧筒所一在廣島町(現爲廣州路)一在舞鶴町(現爲太平路)一在瀨戶町(現爲下窪路)一在旭町(現爲會前路)每所各有污水積蓄池而下窪路大平路二處所集污水又轉匯於廣州路唧筒所污水池內更由此唧筒送於台西鎭屠獸場裏面之高台然後遠放於團島極端潮面下之排洩口均以電氣運轉唧筒其會前路所集污水則以風車之力送於會性岬海內四唧筒所之設置均極簡單惟廣州路唧筒所之污水池內置有鉄網使污質停留池內用人工起出作爲肥料售諸商人其經過鉄網之流汁則逕入海中至雨水雖皆放於沿海然在混合式之管則於各要所施有溢流裝置卽大雨時雨水可直由街側流入海口不經管內通遇蓋防唧筒所有雨水浸入之患也

因以上四唧筒所之設置故市內亦分四區各區內之汚水卽會合於各區之唧筒所以入海會前路之唧筒所最小係用風力每日排洩量僅三噸汚水池之容量祇十噸（一噸合一立方米達）太平路之唧筒所有德人所置五馬力之唧筒兩座每小時排洩量四十五噸施用電力每日排洩量爲一百五十噸汚水池之容量爲六十噸下窪路之唧筒所有日人所置二十馬力之唧筒一座每小時排洩量一百二十噸又德人所置十二馬力之唧筒一座每小時排洩量三十噸均用電力每日之排洩量爲一千五百噸汚水池之容量爲一百噸廣州路之唧筒所此爲四所中之最大者有三十馬力之唧筒兩座十馬力之唧筒兩座其中兩座因德人所置者已不堪用後由日人新置每小時排洩量一百八十噸原有德人舊置之兩座每小時排洩爲九十噸均用電力每日排洩量爲五千噸汚水池容量爲三百噸

其餘鄉區各地旣無暗渠式之設置類皆沿用舊式之明溝無足紀錄

現有下水道各種土管延長數目一覽表十七年十一月

種別	徑四百米厘以上	徑三百米厘以上至四百米厘止	徑二百米厘以上至三百米厘止	徑百米厘以上至二百米厘止	共計
雨水管	18,939.69	7,117.72	28,008.00	28,175.06	80,240.47
汚水管	3,924.60	5,478.17	14,396.47	51,893.23	75,692.47
混合水管	3,360.80	5,251.30	9,230.24	3,086.57	20,928.91
合計	26,225.09	17,847.19	49,634.71	83,154.86	176,861.85
附記	表內數目依據工程事務所開告				

建置志三　橋梁堤堰附

膠澳橋梁舊無所考自德人租佔後築市闢路始就溝河要道建設橋梁計自前清光緒二十四年以迄民國四年膠澳全埠德人所建橋梁總計七百餘座嗣經德日之役重要橋梁德人多自毀壞日人來後雖於全埠市政益加開拓而於橋梁間未恢復舊觀我國接收以還逐加整理始得漸臻完美兹將全埠所有橋梁名稱種類地址以及建築時代分別市內外列舉於下

（一）市內橋梁

蒙古路南端石橋日人所建石砌一空長二十二公尺寬十公尺石柱鐵欄

昌樂青海兩路交點石橋德人建石砌三空長十二公尺半寬十四公尺半石垛石柱鐵欄

昌樂華陽兩路交點石橋德人建石砌三空長十三公尺寬二十二公尺石垛石柱鐵欄

昌樂曹縣兩路交點石橋德人建石砌三空長十三公尺寬十四公尺半石垛石柱鐵欄

昌樂奉天兩路交點石橋德人建石砌二空長十五公尺寬二十二公尺石垛鐵欄

昌樂路南段石橋德人建石砌一空長六公尺寬十公尺半鐵欄

嶧縣奉天兩路交點石橋德人建石砌一空長五公尺寬二十二公尺鐵欄

登州桑梓兩路交點石橋德人建石砌一空長五公尺寬八公尺石欄

湛山莊東南石橋德人建石砌二空長九公尺半寬六公尺石垛鐵欄

湛山路西端木橋德人建石垛木梁一空長六公尺寬五公尺半木欄

文登路東段石橋德人建石砌一空長三公尺寬十四公尺鐵欄

西園路競馬場交點石橋德人建石砌一空長八公尺寬四公尺鐵欄

競馬場文登路交點鐵架石橋德人建二空長七公尺半寬十六公尺

競馬場路北段石橋德人建石砌二空長四公尺半寬五公尺半鐵杆鐵網

南海沿路石橋德人建石旋三空長十四公尺寬十公尺半石柱鐵欄

黃縣路中段石橋德人建石砌一空長十九公尺半寬五公尺半石欄

登州路南段日人青島中學前石橋德人建石砌一空長十九公尺半寬九公尺半石欄

登州路南段日人青島中學西磚砌洋灰橋德人建磚旋一空長十九公尺寬一公尺半磚砌把欄

登州龍口兩路交點石橋德人建石旋一空長九公尺寬六公尺半石欄

登州路南端石橋德人建石砌二空長九公尺寬六公尺半石欄

太平路東端石橋德人建石砌二空長十九公尺寬十五公尺鐵欄

四川東平兩路交點石橋德人建石砌十二空長二百十四公尺寬二公尺半鐵欄

定安橋爲市內通西嶺間之木架天橋橫跨膠濟鐵路之上全用美松建造十三年秋督辦高恩洪所創建市民因高字定菴故請以定安爲名西接雲南路東接北京天津大沽等路全長六百二十二英尺橋面寬十六英尺共二十一空以中間二空爲最大每空長五十九英尺橋垛三座亂石基礎洋灰接座木架高二十餘英尺往來火車卽由其下經過東端十空西端九空接連最大二空者長二十英尺餘十九英尺每空木柱四根平直排列西端木柱之下均用鐵路道木作基將木柱釘連其上東端則將木

柱釘入地面之後另用石子洋灰打於木柱四週而牢固之上架木梁九根橋面木則橫列排釘於木梁之上高度依次低下至兩端石垛之外築成沙石坡面漸與路面接平自此橋建築成功以來已成爲由市內至西嶺一帶之要道往來行人大稱便利矣

有粉橋在東平路西口迤北四川路之海濱石造年久失修大半爲海潮充圮矣

青島棧橋接山東路之南端伸入前海南端水深堪繫小輪前清章高元修築此橋以爲海軍運輸物品之要地其後德人又爲展築深入海中計長四百二十餘公尺寬十餘公尺分南北兩部南部鋼架木面北部石基灰面鐵索欄每當春夏之後遊人絡繹久爲海濱晚眺勝地惟南部鋼架經潮汐蕩擊蛤蠣侵蝕日見腐損若欲永久保持頗需重費修理

蝸牛橋在萊陽路西之海濱傳爲前清章高元所築蓋其時北洋軍艦恆來膠澳游弋築此橋以便上下俄艦借泊時亦嘗借以裝卸煤米石基灰面鐵欄日久失修現已傾圮大半

（二）市外橋梁

台柳路爲由台東鎭經李村至柳樹台赴嶗山要道德人所建各式橋梁涵洞計有二百十七座內洋灰拱橋五座以在保兒河西之間者爲最大長十九公尺寬四公尺石柱欄鐵筋洋灰平橋七座王子澗九水菴間者最大長二十餘公尺寬四公尺半餘位四山之中架山河之上怪石峭立澗泉溶溶林木青翠風景絕佳九水菴西石造拱橋一座全長三十餘公尺寬四公尺高七公尺建築材料俱係六七十公寸之方石中間一空長二十五公尺砌成彈月形故以彈月名橫架兩山之麓空懸大谿之中岩石磷磷山水潺潺林壑幽美佳妙絕俗惜德日之役德人自行炸毀雖經日人修復而德建工式掃地無餘矣十四年秋山洪暴發舊橋復圮當事竭力經營始得恢復故觀石造平形河底橋八座河堐河東間橫貫張村河者最大長一百六十餘公尺寬四公尺俟家莊南與蘇家下河西者均長六十八九公尺東李村西與北龍口南南龍口北者一長四十七公尺六餘一長五十公尺一長四十四公尺餘均寬三公尺餘其餘土管造

圓形涵洞十一座洋灰管造圓形涵洞三座洋灰管方形涵洞一座洋灰造平行涵洞三座石造平行涵洞一百六十二座形勢雖尙依舊接收以來各種涵洞之修繕亦不知幾次矣

四流路係由四方經滄口至流亭爲青島市通卽墨縣城大道橋梁九十六座計鐵筋洋灰平橋二座洋灰拱橋一座石造平橋十二座河底橋八座土管造圓形涵洞二十二座洋灰管圓形涵洞二座洋灰造平形涵洞二座石造平形涵洞四十九座鐵筋洋灰橋俱在海泊河之上大者長二十五公尺餘小者長十二公尺餘均寬五公尺六兩橋相距約一百五十餘公尺舊爲德建日人加寬道路乃於舊橋之右添建同樣新橋名爲兩座實係四橋每橋二空石底石垛石護坡洋灰欄洋灰拱橋在滄口街中間長七公尺餘寬十四公尺石造平橋以大水清溝者爲最計長十八公尺餘寬十五公尺六餘原爲德建日人加寬道路時翻修河底橋以鹽灘大嚢窰頭間李村河之石造平形橋爲最計長二百五十五公尺寬十一公尺大嚢窰頭西石造拱形河底橋長七十

三公尺寬十一公尺亦德人建均爲日人加寬接收後時加修補得以保持原狀營子北石造平行河底橋德人建長四十五公尺餘寬三公尺六餘其餘各式涵洞均係德建歷經修繕維持至今

四小路係由四方至小村莊赴台東鎮之路橋梁五座計鐵筋洋灰平橋三座洋灰拱形涵洞一座洋灰平形涵洞一座鐵筋洋灰平橋橫跨海泊河者二座俱在台東鎮之東兩橋相距百餘公尺一長四十八公尺一長二十四公尺寬九公尺餘高二公尺餘洋灰石底洋灰橋垛亂石護坡鐵梁鐵欄鐵筋洋灰橋面上用沙石鋪平均係六空德人建德日戰時橋欄毀壞日人雖加修理終未更換我國接收後始行修繕完美小村莊西一座在海泊河支流之上長十三公尺餘寬七公尺高二公尺餘二空灰垛鐵欄亦於戰時毀壞嗣經多方修理恢復原狀

膠小路爲自膠濟鐵路經四方至小村莊之路橋梁八座計鐵筋洋灰平橋一座在下四方之南長十七公尺寬五公尺餘高一公尺半二空石底石垛石柱鐵欄木橋一座

石造平形涵洞五座土管原形涵洞一座均德人建

小閻路爲小村莊至閻家山北李村水源地之專路橋梁三十三座計洋灰料石造平形河底橋一座在李村水源地東側李村河上長二百零九公尺餘寬四公尺半餘此橋迤南有鋼架木橋長寬與此橋略同爲李村水源地所專用洋灰拱形涵洞六座土管造圓形涵洞七座洋灰造平形涵洞四座洋灰料石造平形涵洞十一座石造平形涵洞二座鐵筋洋灰平橋一座洋灰管圓形涵洞一座俱係德人建築

李滄路爲李村至滄口之路橋梁三十七座計鐵筋洋灰平橋一座在小甕窰頭西流莊之間長二十九公尺餘寬三公尺石垛灰欄鐵筋洋灰拱橋四座石造平橋九座石造平形河底橋一座在大村莊西南長七十八公尺餘寬三公尺六餘石造平形涵洞二十二座均爲德人所建

李大路係由李村經大甕窰頭接四流路至滄口之迂道橋梁二十四座計石造平橋五座石造平形河底橋一座石造平形涵洞十八座俱德人建

閻白路係由閻家山北李村水源地至白沙河水源地之專路橋梁四十四座計石造平橋二座洋灰料石造平形河底橋九座以南山西流莊間者最大長七十二公尺寬三公尺半洋灰料石造平形涵洞一座土管造圓形涵洞三座石造拱形涵洞一座石造平形涵洞二十八座日人建築

李坊路爲由李村至坊子街之路橋梁十三座計石造平橋一座磚造拱橋一座洋灰造拱橋一座石造平形河底橋一座石造平形涵洞九座均德人建

李塔路係由李村至狗塔埠之路橋梁三十六座計石造平橋七座洋灰拱橋一座鐵筋洋灰平橋一座在上王埠莊北長十公尺餘寬四公尺餘二空石底石垛鐵筋洋灰梁高二公尺餘石造平形河底橋二座在下王埠莊南者長一百零八公尺寬二公尺半餘洋灰平形涵洞一座土管圓形涵洞一座石造平形涵洞二十三座俱德人建

蘇烏路係由蘇家下河至烏衣巷之路橋梁六十七座計石造平橋十座在橫担北者長十三公尺寬四公尺十五年秋爲山洪所毀嗣經修復溝堐莊北者長九公尺餘寬

四公尺餘石造平形河底橋四座北宅科西一座長二十四公尺半五龍北一座長三十一公尺俱寬三公尺餘毀於十五年秋之山水冬初始經修復舊觀畢家村東一座長二十四公尺半餘寬三公尺半北傍白沙河洋灰管圓形涵洞四座土管造圓形涵洞一座石造平形涵洞四十八座均係德人建築北宅科南臨河德人原建石橋戰事突起工程中斷今惟遺有石垛三五存焉烏衣巷南傍白沙河原無橋梁行旅往來極感不便十五年冬當事者提倡建造大石橋橫跨該河之上終以該處地勢建築不易且每當霪雨之際山洪暴發白濤挾巨石而下雖設堅固橋梁亦難經猛烈之撞擊嗣議改設石造平形河底橋官料民工十六年春開工建築三月告竣計長九十八公尺寬三公尺餘均以一公尺半長三十五公寸寬之大石砌成自此橋成功行客居民皆大便利歡聲雷動焉

旱宅路爲旱河至南宅科之路橋梁二十三座計石造平橋三座旱河村西者長六公尺半餘寬四公尺石造平形河底橋一座在松山後村南長二十四公尺餘寬三公尺

餘石造平形涵洞十九座均德人建
宅登路係由南宅科至登窰之路橋梁二十三座石造平橋四座在段家埠西者長二十一公尺餘石造平形河底橋二座在戴家埠于哥莊間者長一百三十八公尺餘寬三公尺餘石造平形涵洞十七座均德人建
李沙路爲由李村至沙子口之路橋梁三十六座計石造拱橋二座彭家莊一座長十一公尺寬四公尺半餘石造平橋十座在南𡺚山村北者長九公尺寬四公尺半餘洋灰拱橋一座石造平形涵洞二十三座均德人建
保張路爲保兒至張村之路計有石造平形涵洞九座德人建
李山路爲李村至山東頭之路計石造平橋二座石造平形涵洞六座均德人建
湛山路爲由青島市內經湛山莊至沙子口之路橋梁四十四座計石造平橋八座沙子口後一座長六十五公尺寬二公尺半高一公尺餘三十三空石垛石面石護坡德建日時傾圮接收後始於十二年冬重行修築恢復舊觀鐵筋洋灰平橋一座在大麥島之東長五公尺半寬二公尺六餘洋灰料石造河底平橋二座均在美哥莊之東一長二十公尺一長三十公尺寬三公尺六餘石造平形河底橋一座在沙子口之西長十五公尺半寬二公尺餘土管圓形涵洞十一座石造平形涵洞二十一座均德人建
辛大路爲辛莊至大麥島之路計有土管圓形涵洞二座石造平形涵洞三座均德人建
李村市街橋梁八座李村河橫貫村中上設洋灰料石平形河底橋長一百一十八公尺餘寬三公尺六餘土管造圓形涵洞一座石造平形涵洞六座均德人建
以上橋梁係就青島市內外馬路中建築者而言此外膠濟路之各式鐵橋市內如山西直隸小港等路十數橋每橋之長均在五六公尺內外市外如李村海泊白沙三河之大鐵橋均三十餘空長二百餘公尺亦係膠澳區內橋梁工程之大者

堤堰　堤堰所以蓄水膠澳負山面海河流由山入海源既非遠流亦不長平時多細流涓涓或至枯竭無水當山洪暴發之際雖屬汪洋巨浸然霎時卽可退落見底並無汜濫之患因兩岸皆羣山羅列可作天然堤堰故膠澳區域河流兩岸並無堤堰太平路四川路之堤堰爲維護海岸也團島路堤堰一爲通達團島之要道二爲維護全埠下水道之重要工程也湛山堤堰乃德人所築之壘壁也餘若四流台柳旱宅等路之堤堰均爲各該路線經過山谷或河岸之一段路基以上係德人創修工程均不甚鉅茲附列一表以備參攷

堤堰所在地	名稱	長度 公尺	高度 公尺
太平路	石堤	一.四三六.八六	六.四九
四川路	石堤	一.三一一.一二	二.二五
團島路	石堤	三六九.四五	一.五一
	混凝土堤	一七四.七一	三.〇二
湛山以東	石造戰壕	五.〇〇〇.〇〇	三.〇〇
四流路四方附近	石堤	五七六.三〇	二.四二
四流路四方東首	石堤	一九四.五三	二.二二
台柳路九水附近	石堤	二.六〇八.八三	四.〇四
九水庵	石堤	二.八九三.三五	四.五四
柳樹臺	石堤	四三六.三二	二.一三
旱宅路		三七八.一四	一.五三

又有城牆堤在商埠當六十里相傳前清嘉慶時築插柳城陰登窰諸村背山面海堤當其間北足以收東山水之散漫南足以禦海潮之浸灌故村人稱曰城牆堤
陰島土堤在馬哥莊之南有海灘闊約十里屬潮水會流之潮汐漲落行旅維艱前清

宣統二年德人徵派村民築成土堤基高五尺平砥如路日役數千人時歷二閱月乃獲蒇事行旅始免跋涉之苦

建置志四　水道

水道者亦稱自來水日人稱爲上水道膠澳未闢以前無所謂水道也其地負山臨海地質岩沙雖有小溪細流而淸泉罕見故德人租借青島後深感飲水之困難卽欲謀上水道之設置然無論規模如何挾小終須費若干年月非旦暮間可以驟成乃於市內掘井一百六十餘處用喞筒吸水以供市民之急需此不過一時權宜之計況青島與附近地質全部由花崗石組成含水極少近海部分多含鹽味其人烟稠密之地土層多被沾汚水質尤爲不良自非集合地下潛流不足爲適宜之飲料經幾費測度規畫消費巨大資本而始有今日下水道之大規模德人初闢海泊河水源地繼闢李村河水源地日人繼之復創設白沙河水源地以迄於今玆爲分別詳述之

（甲）海泊河水源地之設置　德人以掘井飲水殊苦不良且人口漸增供不應求察

知海泊河離青島較近地下潛流水量足供當時之用乃於一千八百九十九年就海泊河中穿泉井五十復於河畔穿管井六眼將各井水導匯於一集合井內井側置石油發動機喞筒大小各二台更於離海面高二十八米達之測候所山上修一容積四百噸之貯水池藉喞筒之力而送水於此再由此分配於需要各處是項工程於一千九百零二年始行竣工每日平均供給用水能力爲四百噸其後取消舊有泉井增設大泉井至一千九百零六年計有管井六大泉井七一日之給水能力可達千噸焉

（乙）李村水源地之設置　膠澳既經德人建設商務勃興且以大港碼頭落成商輪輻輳中外人士日益增多水源地之水量不足以資供給遂於一千九百零六年從事李村水源地之開闢其地當李村之西約四里青島之北約二十里在李村河與張村河合流之閻家山村初爲救急起見橫斷李村河穿井十餘處收集地下潛流沿路敷設鐵管依補助喞筒之力送水於海泊河水源地以補不足一面着手工作至一千九百零九年始告竣事其辦法與海泊河水源地相同導河牀下之潛流於取水井（管井）內用喞筒送至貯水池池在青島市東北標高六十八米突之貯水山上用鐵筋洋灰製成容量爲二千噸卽由此送水於各戶海泊河水源地暫行停止給水爾後逐年擴張至千九百十四年李村水源地共掘井至十八個之多迫日德戰爭李村水源地之喞筒所爲日人炸毀給水中斷日據青島旋卽着手修理民國四年一月復開始送水三月下旬大致復舊民國五年更在李村水源地掘井五個當時日人來青者頗多水量不敷應用復運轉海泊河喞筒所增加水量六年復於浮山後地方築堤堰三個作貯水之用七年五月又在李村水源地增設水井八個其時人口更增工場漸次發達飲水仍覺不敷故於八年二月在水源地下流設喞筒所三處每處御五六井別設送水管以送至舊有集合井內至九年二月竣工共計掘井十五口湧水量每日約增三千噸云

德日之戰也德人以兵少不敷分布將李村河沿岸防禦撤退燒毀機關室炸碎烟筒毀壞喞筒之主要部分將李村水源地完全破壞運用海泊河水源地以給水然水量

短少乃限令水道僅供官衙與軍用民居則開放市內舊井以資供給其時人民感受缺水痛苦不可言狀迨至日軍進奪海泊水源地於是各砲台給水斷絕德軍守卒勢難持久遂樹降旗而將關於水道之重要文書圖樣付之一炬日佔領後鑒於用水孔亟乃急謀恢復水道招集關於水道事務之德人技術者徵詢狀況及恢復原狀最速之方法先將市內經砲彈破壞之鐵管提前急修次修理貯水山麓之漏水水門並開用觀象山上之貯水池恢復旭兵營（卽青島大學）若鶴兵營卽前之膠澳中字等處之臨時喞筒及市內特設喞筒一面趕修海泊河水源工程民國三年十一月十三日若鶴兵營及旭兵營已能送水十七日舊總督府及病院並得給水至二十五日海泊河水源地大致已修理完竣市內之陸海軍兵舍宿舍病院等給水稍稍充足四年一月間我國避難他去者漸次歸來人口增多然給水尙無力普及至二月八日因查自來水除供軍用外尙有餘裕始開市內七處公共用水栓市民始得用水是時居民日增用水愈廣雖有海泊河之水源挹注頗虞不給仍於事先急謀恢復李村河水源自

同年一月着手修理並由日本定購二十馬力石油發動機及氣瓣式唧筒購運來青安設至三月下旬竣工每日可送水千九百餘噸時當天寒地凍經幾次障礙困難始克完竣又以石油發動機年事既久渣滓堆積屢生窒礙復由日本購置機械裝設唧筒蒸氣管及送水管乃於是年八月末日完全恢復戰前之送水狀態

(丙)白沙河水源地之設置　日人據青島後積極發展預知用水必日見增加非新闢一大水源地不可於是多方調查探知白沙河水源水量豐富故一方整理海泊李村兩河之水源一方卽實行籌備白沙河水源之設置民國七年十一月間歐戰停止鐵價漸落乃着手製作鐵管及各種機械八年四月開工九年五月竣工其位置選定白沙河左岸長約二百二十米達面積約七萬二千米達之土地爲水源地之設備以次塡平水源地地面築堰蓄水掘鑿管井修築送水本管及專用道路機器房與其他附屬物並逐次購買鍋爐汽機唧筒及鐵管等於水源地置管井十五個取水以通於集合井由集合井連結於送水本管其送水管則經滄口街交叉處沿已設道路經西南曲坊子街等村復由棗園附近分歧通過石溝文昌閣西流莊南山等處而達於李村水源地復於舊貯水池相對之山上計劃一容量四千噸之新貯水池於新舊貯水池之間連以鐵管蓋自七年着手經營至九年三月間完全竣事支出之經費計金銀兩項約達百萬元其滄口一部分則於西流莊附近設一支管經小甕窰頭至滄口市內用直徑六英寸之鑄鐵管作爲滄口送水本管並設一貯水池容量四百噸以供各工廠及居民之用是爲日人初設白沙河水源之工事迨民國十年六七月間每日平均送水量達九千噸爾時李村白沙兩水源地出水能力已達極點而李村已無再擴張之餘地乃於白沙河原有十五井之下流加鑿十二井總計爲二十七井出水量每日可達五千餘噸統計兩水源地每日送水總量在一萬一千噸以上蓋在短期內已無缺水之虞惟白沙河水井既經擴充而送水本管所受壓力驟大其由白沙河至李村者水少力輕尚無他慮而由李村至貯水山一段會兩水源地之水管力不支時形漏水遂於民國十一年由李村水源地起沿滄口大路至貯水山用內徑十六英寸長

十二英尺之鑄鐵管設一送水本管總長一萬一千三百九十七米達內設止水門二十二處排水門十二處排氣門八處與白沙河送水總管唧接平時白沙河送水至唧接處卽專走此管以入貯水池李村則循舊送水本管以送水復因滄口工廠林立人口陡增於設置第二送水總管時在李村河橋東側設一內徑六英寸鑄鐵支管與滄口市內原有水管連絡於是滄口用水益形充足

膠澳水道之施設經德日兩國之創造經營而得此清潔良好之飲水吾國收回後自十一年十二月以迄於今水道管之延長與接收時比較略有增加雖爲數無多然一則自白沙河水源擴充後水量之供給足以敷用一則以年來政局動搖本埠財政支絀尙無擴充之餘力近年市政整理人口增加給水戶數日有變更是所當未雨綢繆者茲更就水井之裝置水管之配置水源地之機器及給水設備分述如下

(甲)水道各井之裝置及現狀　(一)海泊水源地之水井創自德人設立最早有普通井六眼管井七眼其構造與李村水源地大致相同質地堅固自成立至今尙屬完善特以流域過小水量甚微平均每日只得八百噸之水量且距海過近富有鹽分非飲水缺乏之時不宜開用(二)李村水源地之水源原爲德人所闢當時穿管井十八以直徑六英寸長約四十尺周圍穿多數孔口之鍍錫銅管立於河牀深處銅管外部塡置小石小砂礫等爲濾過之裝置將所得清潔之水依曲管作用經導水管導於唧筒室附近之集合井內再用唧筒送納於貯水池每日送水量可達五千噸日人大加擴充復穿管井十三更於下流設應急井三處穿管井十七最大送水之量可達六千五百噸然李村河流域不廣大雨後水質亦濁且遇雨量少時水位低落卽形缺乏須用下流之應急井而費用則又倍於常時且應急井雖有十七然完全能用者不過半數故現皆放棄不用通計李村水源地雨水盛時送水可達六千噸春間水位低落祇達四千噸左右而已(三)白沙水源地之水井係爲日人建設共有管井二十七平均每井深十五米達井與井距離二十米達構造與李村水源地相同其鍍錫銅管於下部三米達之間周圍穿長二十米厘寬二米厘之多數小孔直立於地下岩盤上外塡

小礫粗砂爲濾水裝置上部覆以粘土以防地面汚水之浸入其集合井則內徑五米達深十一米達下部用鉄筋洋灰作斜刃形上部用磚砌成塗以洋灰井內設十六英寸灣形導水管直通管井並與各唧筒之吸水管相連絡是處水源每日送水量可達五千噸蓋其河流面積倍於李村水量豐富且附近鑿井之處地下潛流處於粘土層之下岩石之上河中濁流不能浸入水位無陡升陡降之弊水質亦永久澄清通計三水源地惟白沙河少事擴充水量卽可倍增接收後於民國十五十六兩年曾新設磚井二個銅質濾管井四個本年復新設磚井四個工竣之後水量可增三千噸則飲水暫可無缺乏之虞矣

水源地原有水井一覽表

所在地＼種類	管井數	泉井數	附記
海泊河水源地	七	六	管井之設備詳見前
李村河水源地	四八	無	泉井構造大致與普通井相同內部塗以洋灰留內徑約一
白沙河水源地	二七	無	英寸半之孔若干處內嵌以同徑之瓦斯管管端罩以極細銅絲網以作濾水之用三水源地共合之極大水量爲一萬
共計	八二	六	三千噸

白沙河水源地新造湧水井一覽表（本表由工程事務所開告）

年分＼事項	井之種類及個數	一日湧水量	工程費元爲單位	附記
十五年	磚井一個	一．〇〇〇噸	一〇〇六．〇〇〇	是年春旱缺水臨時築造專供汽機冷却用水省出精水給送市內
十六年	銅質濾管井四個磚井一個	一．六四〇	九五六九．一三五	十五年十月開工因各種障礙延至本年十一月始竣
十七年	磚井四個			上年建造濾管井費昂工遲湧水量亦小故本年專造磚井六月開工現尙未完竣每日供給送水已有二千噸試驗水質亦甚佳良將來竣工後每日可湧水三千噸工料費約在三千元左右

（乙）水道各管之配置及現狀　（一）爲送水本管管分二種曰鋼管曰鑄鉄管鋼管堅固耐久較鑄鉄爲優鑄鉄管每條之長限於十二尺海泊河水源地用之鋼管每條長三十一尺德人於李村河水源地用之並於水源地及貯水池之間設水道鉄管路線每百米達建立石標記明與水源地之距離又於道側每約一里半之處設一電話接續器以本管發生事故無論晝夜得將其地點通報於水源地及水道局以便修理設置甚爲周密然鋼管易於酸化腐蝕性太大如海泊送水管設於一千九百零二年內部尙無大變化李村送水管設於一千九百零六年而內部腐蝕之狀令人驚駭故當時日人開闢白沙河水源全用特別高壓之鑄鉄管內徑十六英寸長十二英尺重一千七百二十五磅平均埋深一米達五十生的仍設水源專用路線以爲保護送水管之用此管於千九百二十一年竣工設置未久自無他虞惟工程過於操切接頭水門及空氣門時形漏水果隨時加以注意修理原無大礙且純係鑄鉄管其壽命至少當在四十年以上（二）爲配水管市內之配水管一部爲德人所設一部爲日人所設普通多用鉛管惟本水道則懸爲厲禁蓋靑島水質經德人研究謂有溶解鉛性質有害衛生故常發布命令凡屋內上水管不得使用純鉛管而專用瓦斯管又恐瓦斯管因酸化作用而生赤鏽故內外均鍍亞鉛以資防護市內配水管迄於今日水門及空氣門雖間有漏水之處然關係既輕修理頗易卽有時水管破裂亦只限於一部無關全局修理固不難也（三）爲貯水池貯水池規模貴宜宏大至少須以一日之平均用水量爲標準德人建設海泊水源時市內所設貯水池祇觀象山上一處容量四百噸蓋當時市民不得用水道水每日官廳及兵營所需不過四百餘噸故此池已足應用及李村水源地落成市內設公共賣水栓市民始得用水道水每日費水約二千餘噸故於貯水山上作容量二千噸之貯水池並用科學研究以電話所用之電纜設自動表示器於水源地及水道局因電氣作用記明貯水池水量不費人工而可隨時知送水及用水之狀態且足以監督唧筒所之作工誠良法也嗣後日人佔據用水日增千九百二十一年間每日平均用水量約六千噸故於開闢白沙河水源期間同時在貯水

山右峯作容量四千噸之貯水池其構造長五十米達六三一三寬平均二十四米達六三三九深十二尺七寸有效水深十一尺六寸計與原有貯水池共容量爲六千噸可供全埠一日之需至觀象山舊有貯水池以高低不同不能同時送水今但供給觀象台之用滄口之貯水池容量四百噸原爲日人所設繼因滄口工場發達每日平均用水約千五百噸左右該池已嫌太小故現已由送水本管直接送水不經貯水池此池已立於無用之地接收以來市内人口遞年加增每日平均用水量須萬噸以上水池如故而用水日增殊不足以資周轉且水源地遠在數十里外倘送水管或機械發生變故稍事停頓恐慌立至蓄池内所蓄之水不足供一日之需在修理期間市内非斷絕用水不可是最可憂慮之點所當及早注意者也

水道水管一覽表(本表由工程事務所開告)

水管種類	口徑	長度(單位米)	備攷
鋼管	四〇〇	一一·三二五·〇〇	由李村至貯水池送水總管
鑄鐵管	四〇〇	二三·二七五·〇〇	由白沙河至貯水池送水總管
同	三七五	三·〇〇	配水管
同	三五〇	八·三六七·九五	同
同	三〇〇	八七一·九〇	同
同	二五〇	一·四二四·五〇	同
同	二二五	六·〇〇	同
同	二〇〇	五·九〇九·〇〇	同
同	一七五	一八·五一三·七〇	同
同	一二五	一七·九五〇·四〇	同
同	一〇〇	三七·二二八·一〇	同
同	七五	一八·六〇八·四七	同
同	六三	一三八·〇〇	同
同	五〇	二·四二六·〇〇	同
瓦斯管	七五	一·〇〇〇·〇〇	同
同	五〇	四·三二九·〇〇	同
同	四〇	一·七二八·六〇	同
同	三〇	八〇五·五〇	同
同	二五	三三〇·〇〇	同
同	二〇	五六五·〇〇	同
共計		一五六·三三〇·〇二	

給水設備一覽表(本表由工程事務所開告)

種類	個數及處數	摘要
專用給水栓	三·〇〇〇	(一)此係十七年十月間用戶使用水表大概數目因用戶時有增減故不能十分準確 (二)此外復有放任給水若干處
公共給水栓	二六	此係賣水處數每處水栓自一個至三個不等共計六十個以上
船舶給水栓	二五	
消火栓	三四一	此係接收時財產簿中數目歷年時有損壞亦隨時修理近更兩次新添及補換立形水龍六十七個約新舊數目尙足相抵
公共洗濯所	四	通常使用二處一處久停不用一處現正重加修理定於十八年開放使用

(丙)水源地機器設備及現狀　(一)海泊河水源地德人設有石油發動機唧筒四台其大型汽箭直徑三百米厘動長四百米厘囘轉數每分時二百二十小型汽箭直徑二百四十米厘動長三百四十米厘囘轉數每分時二百唧筒之大型者徑一百五十米厘動長二百米厘往復每分七十四囘揚水量每時六十噸小型者徑一百二十五米厘動長三百零五米厘往復每分六十回揚水量每時間二十五噸然自日人佔踞後以使用石油費過鉅(李村水源地送水一噸平均費一分五海泊水源地平均費五分)　乃棄石油機不用安置二十五馬力磨托二台現該四台唧筒不加修理能使用者僅二台耳(二)李村水源地德人置有汽鍋二蒸汽唧筒三每汽鍋一可供唧筒二台之用唧筒之汽機高壓汽箭徑二百八十米厘低壓汽箭徑四百四十米厘長

五百米厘橫置式附聯成汽機喞筒直徑二百二十米厘往復數每分五十至六十揚水量一時約百噸共設三台常用二台其一台作爲預備然德日戰爭時汽機受傷甚大且歷年已久動需修理二號鍋爐前面鉄板及內部皆朽腐不堪再用日人新置鍋爐一(爲三號)今可用者祇一號三號而已其汽機及喞筒經年既久中間復經一度之炸毁材料內部受意外之刺激已發生虧損不能計算其壽命雖日人大加修理然不過維持目前非果能長保永久也民國九年送水之量陡增日人鑒於汽機不敷應用遂於機廠南邊增設電動喞筒三台每台一百五十馬力送水量用電壓三千時一晝夜約達三千六百餘噸此項喞筒既經設置蒸汽喞筒遂立於補助機關地位河東岸及第一第三汽鍋之下流皆設有三十馬力及二十五馬力電動喞筒第二汽鍋下流亦設有小汽鍋及喞筒皆以備春季水位低落之時用以補助主要喞筒之力者蓋惟恐原有機械驟生危險藉以救濟於萬一也(三)白沙河水源地所有鍋爐汽機喞筒均設於民國九年其鍋爐直徑七英尺長二十八英尺七寸汽壓每平方英寸一百

二十磅軟鋼製雙火筒式共三個汽機則橫置聯成冷機式直接連於喞筒高壓汽筒之直徑二百八十米厘低壓汽筒四百四十米厘動長五百米厘回轉數每分鐘六十回共二台喞筒則直徑二百二十米厘爲橫置複動式送水量每台每小時一百二十五噸共三台其餘烟筒房舍布置均極周備設置既新閱時無幾且未受何等損壞是尚在新期時代益以勤加修理愼重使用十年以內當無危險之虞蓋三水源地之機件固以白沙河爲最健全也

接收後歷年送水總量一覽表(本表由工程事務所開告)

年分／數量	全年送水總量	每日平均送水量	備攷
十二年	三·九五五·四七一噸	一〇·八三六噸	
十三年	三·三七九·四五九噸	九·二五八噸	
十四年	三·三二二·六八八噸	九·一〇三噸	
十五年	三·七七九·七一六噸	一〇·三五五噸	
十六年	四·一〇七·六四二噸	一一·二五三噸	
十七年	二·三五四·二九四噸	一〇·九三〇噸	本年七月底止

接收後歷年水質檢查成績表(本表由工程事務所開告)

年分／事項	色	味	固形物	酸素消費量	安摩尼亞	克魯爾	硬度	浮游物	細菌
十二年									
十三年	無	無	一六八	一·四七		七〇·四		極微	一四三
十四年	無	無	一七〇	八·八七		七四·八		極微	四三
十五年	無	無	一五〇	一·四五	極微		五二	一五	一七三
十六年	無	無	一六〇	·九二	極微	四四·〇	四五	四	一六二
十七年	無	無	一二五	·九六	·〇一七	三六·〇	三一	二三	一六四

(附記)細菌係一立公分水所含之數餘均爲百萬分之數

(丁)各種給水之設備及現狀　德人租借之始給水方法係設喞筒於掘井之上千九百零一年海泊河水源地落成乃延長水道本管並於市內各所設置公共賣水栓對於居民開始給水訂有官設水道給水規則規定安設專用水道給水之量水表及小費等至千九百零九年李村水源地工竣青島市街各種之給水設備始臻完善自民國三年日人佔領之後其時專用給水栓有七百八十個公共給水栓爲三十二個市內配水管之延長約六萬九千七百四十九米達其後市街繁盛人口增加給水區域漸次擴大至九年三月間專用給水共千五百八十九個公共賣水栓二十四處水管延長八萬七千九百七十八米達接收以後水道管之延長及專用水栓公共水栓均已遞年增加但其設備之數量以視日人時代固少遜也

給水設備之費用例須徵收水價德人舊制專用給水每立方米達徵銀二角五分三個月徵收一次至公設用水栓自千九百四年至千九百八年八月以水栓爲中心凡

徑三百五十米達以內住戶地基每八平方米達年納四元並須先納三個月後改爲賣水制定明洋鐵桶兩桶徵銀一分民國四年日人改爲每桶一分至九年復改爲兩桶一分其專用給水日人初訂每立方米達徵銀二角後改爲一角五分並對於每月一百立方米達之用水每一立方米達減少二分以助長工業經營及飲料製造之發達我國接收以來徵費辦法一沿日人之舊凡一個月之用水量三立方米達以內銀四角五分一百立方米達以內者每一立方米達銀一角五分超過一百立方米達者其超過量每立方米達銀一角二分五百立方米達以上至一千立方米達者銀九分一千立方米達以上銀六分民國十三年六月間曾議加收水費凡五百立方米達以下者仍舊其在五百立方米達以上者遞有增價然迄未實行至十五年六月始行規定凡超過五百立方米達者其超過量每立方米達徵銀一角一分一千立方米達以上則徵其每超過量銀八分著爲定例(以上紀錄多取材於土木誌及張炳南之青島水道署史等書)

當德人租價之初以用水不給曾經掘井一百六十餘處以供市民飲水事後因新井水道告成舊井歸於廢棄雖屬己往之陳迹然亦古人鑿井而飲之遺意膠澳開闢僅有三十餘年而此一百六十餘井之舊址迄今詳查遺迹已多有湮沒而不可攷者或在民居院內或在市肆樓底甚有在店鋪櫃台下者陵谷變遷滄桑遞演有不勝今昔之感茲就官廳調查所得之數分別註其所在之地聊爲膠澳攷古之一助云爾

順興路灣沿七十五號新小房附近井一　奉天路二百三十五號路南地毯工廠院內井一　台東一路人和路口天主教堂南首井一　登州路東頭廁所前空地內井一　郭口路中段溝邊井一　桑梓路南首路邊菜園附近井一　平定路道口路角道口路二號院內井一　登州路橋北道口路下邊井一　道口路二十四號楊家村廟西菜園內井一　奉天路二百二十號道南楊家村廟西菜園附近井一　昌樂路十一號顏料廠內井一　姜溝路四十三號院內井一　郭口路十四號院內井一　旭兵營西南角馬路下邊井一　第一公園內玉蘭花附近井一　榮城路北頭東邊井一　榮城路跑馬場邊井一　第一公園內上有風車處井一　又公園西北角看園人住小房北首溝沿井一　跑馬場北段井三　跑馬場南段井五　棲霞路七號附近空地井一　又七號下首牟平路角馬房子院內井一　文登路飯店後井一　錦州路一百零四號下首日本廟附近井一　德平路溝底井一　又西邊路下井一　德平路溝西院內井一　無棣一路火藥庫前新設院內井一　江蘇路七號第五分駐所宿舍院內溝邊井一　龍口路湖南路口邊道上井一　大學路水溝邊菜園內井一　大學路洋灰橋西邊井一　廣西路地方看守所院內井一　又看守所後面清真寺西西邊道上井一　又清真寺前面院內井一　龍口路三好花園內溝邊井一　大學路老衙門後面井一　又老衙門院內井一　常州路龍口路角馬路西樹林附近井一　大學路錦花園內井一　又老衙門內井一　又老衙門門前井一　太平路第三污水排瀉處內井一　太平路萊陽路口第六分駐所北橋下邊井一　萊陽路西拐角二十二號院內井一　江蘇路青島病院內第一病舍前井二　大沽路十四號和興醬園院內井一　湖南路五號院內井一　又六十一號院內井一　九水路一號日本警察署後院內井一　蘭山路工程事務所內井一　市場二路四號院內井一　恩縣路二十三號院內井一　邱縣路三十七號青島麵粉公司院內井一　臨清路十一號松尾醫院內井一　海泊路廣興里院內西北角洋貨鋪櫃台下井一　博山路六十八號華盛西里院內井一　天津路二十號裕記木廠後院內井一　安徽路北頭溝邊東北角井一　山東路九號院內井一　安徽路花園溝邊西南角井一　又四號明水路角井一　河南路大沽路口亞東飯店前井一　(民國十三年新闢)青島車站花園內井一　又車站票房北井一　安徽路南首二十三號院內井一　北京路十一號院內即共和舞台東鄰井一　直隸路二十九號院內井一　直隸路北京路口邊道上井一　(民國十三年新闢)山西路北京路口邊道上井一　山西路濟南路角十九號成通字號院內井一　天津路四十七號院內井一　山東路一號國際俱樂部院內井一　曲阜路一號後院內井一　沂水路十一號院內井一　湖南路四十五號院內井一　太平路日本領事館院內井一

蘭山路廣西路口鐵路中學前井一　蘭山路十六號蛋粉公司西院內井一　青島車站煤廠附近井一　廣州路二十九號電汽公司院內井一　單縣路井樓內井一　貴州路中段海沿井一　又十六號青島牧場內井一　台西四路貴州路口空地內井一　台西一路西頭日華里北面井一　大沽路十二號不孤里院內井一　河南路肥城路口井一　海泊路五十三號山東路角房內井一　博山路二十一號院內井一　濟南路八十四號谷昌祥院內井一　第三公園內水溝旁井一　河南路二十號院內井一　天津路七號院內井一　又二號院內井一　直隸路八十五號院內井一　江甯路三十二號院內井一　黃島路芝罘路口井一　高密路十九號中華池後院內井一　臨淄路三十四號院內井一　廣西路四十四號院內井一　太平路安徽路角大飯店西號地樓內井一　湖北路三十一號院內井一　太平路鄒城路角十四號太平飯店樓底井一　太平路工程事務所第二倉庫對過井一　館陶路二十七號商品陳列館院內井一　膠州路普濟醫院右首井二　上海路二號朝陽路角青島市教育會井一　以上共爲井數一百十七云

建置志五　公產 附民間建築

精神上之建設重在教育物質上之建設重在土木德人之經營膠澳財力用於土木者什八九軍用堡壘非市政所必需不足論矣此外自港灣埠頭道路橋梁水道溝渠公園以迄房舍之建築無一非土木工程亦無一非市政之要務也我國收回青島之際市內所有官舍估價六百萬元而水道碼頭沿綫官產不在其內蓋開埠伊始不惟衙署學校兵營以及官營之電汽廠屠獸場洗衣廠倉庫占建築之多數且其時民間建築甚形缺乏在公服務人員均按等級貸予官舍此亦西國優待官吏維持身分之成規也我國接收時所謂六百萬元之官舍日人保留其一部分占用其一部分其餘又爲我國軍人官吏之所占用機關既多等級亦漫無限制如此者一載有餘官舍之租息一無所得而官舍設備復損其十之二三幾於毀尙書省之棟梁以充薪材矣十三年夏高恩洪任督辦設官產處厲行清釐住官舍之官吏一律收租查當日擬出租之官舍計一百二十四所按七折收租年可得二十一萬元而其中日人占用者三十八所如教員宿舍電信局青島新報社保育會幼雅園之類占租四萬元又日人租用在先收回後繼續借賃者如青島大飯店東洋旅館之類占租七萬餘元大都減免至是乃逐次整理例如青島大飯店曩月租一百三十元者至是加至七百元且收三萬元之押租又擇其無保留之必要者分別標售占用之風於焉少殺高去而軍人繼政此風又熾甚至青島大學校舍什九改充營房而軍隊厮養藉端占居民房者尤難殫數是亦建築界之一刼數也本年軍隊退去氣象稍見清甯顧積年破壞之餘修繕已非易事其無形消滅者更難言恢復矣附表就接收後之編查總數詳爲錄列以備查攷

膠澳商埠公產一覽表

財產號數	現編號數	坐落	建築種類	地皮等級	原建價格	說明
繼一四	第一號	湖南路	石樓一座平房三座洋式平房一座二層樓一座車棚二座	一等	金四二六·八七九·二七〇	第一號共分之一之二之三之四之五之六之七之八
繼一六	第二號	德縣路	二層樓二座	二等	銀四八·四二八·四三〇	第二號分之一之二
購三六	第三號	同	二層石樓一座平房一座	二等	金九·六二八·六五八	分之一之二
購六〇	第四號	同	二層樓一座停車房一座	二等	金二一·九一九·二八八	分之一之二
購五	第五號	同	三層樓一座平房一座	二等	銀六·九七一·五一〇	分之一之二
購五三	第六號	同	二層樓一座平房一座	二等	金七·二六三·九四七	分之一之二
繼一七	第七號	曲阜路	二層樓一座平房二座木便所一座	二等	銀一五·三二〇·八六〇	分之一之二之三之四
購六	第八號	安徽路	二層樓一座二層小樓房一座	二等	金一〇·三一七·〇〇〇	分之一之二
購五六	第九號	湖南路	二層樓三座木亭一座	二等	金五三·六四三·三九五	分之一之二之三之四
購五一	第十號	同	二層樓一座平房一座	二等	金二〇·〇七七·一三五	分之一之二

繼二十	十一號	山東路	二層樓一座平房二座	一等	金二九·九九七·四三九	分之一之二之三
購六七	十二號	河南路	二層樓二座平房五座	二等	金一七·二七三·〇六七	分之一至之七
繼一八九	十三號	山東路	二層樓二座平房二座	一等	金四二·四七〇·三四六	分之一至之四
購四一	十四號	同	四層樓一座平房一座二層樓一座	一等	金五一·六七二·八〇五	分之一之二之三
繼五五	十五號	蘭山路	倉庫一座木房一座倉庫二座小鉄倉庫一座	一二等	金三五·〇六四·六六六	分之一至之五
新五	十六號	山東路	平房二座	一等	銀二·八五八·一七二	分之一之二
占二三	十七號	太平路	水樓一座	二等	五六二·九〇〇	
占三〇	十八號	同	便所一座	一等	四一五·五〇〇	
繼五四	十九號	蘭山路	平房一座二層樓一座	一等	銀三〇·二〇六·七六〇	分之一之二

購七三	二十號	廣西路	二層樓一座	一等	金二一·四二〇·五三〇	
購一〇	二一號	太平路	三層樓一座	二等	銀一〇八·六三〇·〇〇〇	
同	二二號	同	二層樓二座平房二座	一等	金二八五·九三八·二三〇	分之一至之四
購五二	二三號	湖南路	二層樓一座	二等	金一五·〇四八·四一〇	
繼一三	二四號	江蘇路	三層樓一座平房一座樓房一座木車房一座	二等	金一九·〇一〇·一四七	分之一至之四
繼一五	二五號	沂水路	三層樓一座二層樓一座	二等	金二七·五〇四·〇四三	分之一之二
購二	二六號	同	二層樓一座二層圓樓一座	二等	銀一八·〇一八·〇〇〇	分之一之二
繼八	二七號	同	二層樓一座平房一座	二等	金一一·五四三·五九九	分之一之二
購八	二八號	觀海路	二層樓二座	二三等	銀一三·三〇四·〇〇〇	分之一之二

繼一〇	二九號	平原路	平房四座便所一座	三等	金一六·九三五·三〇七	分之一至之五
新一一九	三〇號	同	樓房一座	二三等	銀四·〇七〇·二〇〇	
繼七	三一號	江蘇路	平房二座倉庫一座木房一座	二等	金一〇·五二二·三四三	分之一至之四
新六	三二號	同	平房一座	二等	金七二〇·六七二	
繼一一	三三號	同	二層樓一座平房一座	二等	銀二一·二七八·八六〇	分之一之二
繼一二	三四號	同	大平房一座(陰雨運動場)	二等	銀九·一一七·六三〇	
繼二五	三五號	廣西路	平房一座三層樓一座	二等	銀五九·三一六·五〇〇	分之一之二
繼二九	三六號	同	平房一座車棚一座二層樓一座	三等	銀三一·七〇六·七六〇	分之一之二之三
新一	三七號	同	平房一座	三等	金二·四四五·二八一	

繼二六	三八號	同	平房四座廚房一座	三等	金五·二四九·六九二	分之一至之五
繼二四	三九號	廣西路	二層樓二座平房八座便所一座門房一座	三等	金四一·六一九·一八〇	分之一至之十二
繼二八之一	四〇號	登州路	平房十座便所一座木廠棚一座二層樓一座	三等	金四三·五四九·三八一	分之一至之十三
繼二七	四一號	廣西路	平房二座	三等	金八·一〇九·七七三	分之一之二
繼三〇	四二號	同	平房一座	三等	金一一·六五四·〇三七	
繼二八之二	四三號	同	平房一座	三等	金三·八一〇·六一三	
同	四四號	登州路	平房八座	三等	銀三二·四九五·三〇〇	分之一至之八
繼外一二	四五號	太平路	平房六座廚房一座便所一座木棚一座機器房一座	三等	銀二五·三九五·〇九〇	分之一至之十
購一二	四六號	同	平房九座便所一座鐵房一座	三等	銀一三·三六四·八七〇	分之一至之十一

占一九	四七號	太平路	機器房一座	三等	金一·九六九·九八五	
新四五	四八號	同	平房一座	三等	銀一·六五〇·〇〇〇	
占八	四九號	萊陽路	平房一座便所一座	三等	金四三三·三六〇	分之一之二
新二七	五〇號	登州路	二層樓三座	三等	金五六·三〇一·三七六	分之一之二之三
購一三	五一號	魚山路	平房一座花温室三座	三等	銀一·五二五·九三〇	分之一至之四
新二八	五二號	登州路	平房二座便所一座	三四等	金九·二三四·〇六八	分之一之二之三
繼二三	五三號	沂水路	三層樓一座木房一座鉄倉庫一座廠棚二座便所一座平房六座	二三等	銀四三一·五五四·〇八九	分之一至之十二
繼四	五四號	同	二層樓一座平房二座又新二六號平房一座	二三等	銀七·一〇九·六七八	分之一之二之三之四
繼五	五五號	齊東路	平房二座便所一座	三等	金四·七三二·五八一	分之一之二之三

繼三	五六號	測候所山	三層樓二座二層樓一座又附平房一座木房二座地窖一所平房四座	三等	銀五三·〇二三·一九五 金一·四五五·〇〇〇	分之一至之十一
新一一	五七號	同	三層樓一座	三等	銀三·〇三九·九三〇	
占四	五八號	聊城路	平房二座便所一座	二等	銀九·六六六·五〇〇	分之一之二之三
新四	五九號	膠州路	平房一座	三等	銀二·一五八·二五二	
新五六	六〇號	聊城路	平房一座	二等	銀一·四四五·一七〇	
新二二	六一號	臨清路	平房一座	三等	銀七二五·〇〇〇	
繼一	六二號	膠州路	二層樓一座平房十一座便所二座	三等	銀一五五·六二五·二三一	分之一至之十四
購四九	六三號	陽信路	二層樓一座平房一座便所一間	三等	金一二·二一三·二六六	分之一之二之三
購五〇	六四號	同	樓房一座平房一座	三等	金一五·三二七·四一六	分之一之二

占六	六五號	陽信路	平房二座便所一座	三等	金六·三四三·五四二	分之一之二之三
繼二	六六號	濟陽路	樓房一座平房二座	三等	金二四·三三一·三〇四	分之一之二之三
新九五	六七號	同	便所一座	三等	銀七·二三〇·〇〇〇	此號與一〇四·一〇五·一〇六·二〇四·號原作一處現改分列
新八	六八號	武定路	平房一座	二三等	銀一·八二三·六四二	
新五五	六九號	市場三路	樓房一座平房一座便所一座	二等	銀一九六·二一四·三九〇	分之一之二之三
購四三	七〇號	山東路	樓房二座平房一座	一二等	金一九·四四五·〇四〇	分之一之二之三
新二〇	七一號	濟南路	便所一座	二等	銀八二八·一〇〇	
購三三之一	七二號	山東路	樓房一座便所一座平房六座	一二等	金三一·五九一·八四〇 銀二〇·〇四六·九五〇	分之一至之八
購五七之一	七三號	同	樓房一座平房一座	一等	金三一·四七七·二〇五	分之一之二

新二一	七四號	同	便所一座水亭子一座	一二等	銀一·三三四·三〇〇	分之一之二
購四〇	七五號	同	樓房一座平房一座	一等	金三五·八〇九·六五六	分之一之二
新九七 繼二一	七六號	湖北路	樓房五座便所三座平房十二座車棚二座附平房一座	二等	銀一五·二六三·六八〇 金一一·五四二·五四八	分之一至之二十三
新四二	七七號	費縣路	平房一座	三等	銀三·九二九·〇五〇	
購二四	七八號	廣州路	樓房一座平房三座	三等	銀一三·五〇二·五八〇	分之一之二之三之四
新六七	七九號	觀城路	平房十四座	三等	銀一〇六·七九九·一四〇	分之一至之十四
購六五	八十號	太平路	樓房二座平房一座	三等	金一九·八六三·九七四 銀六〇三·六五〇	分之一之二之三
繼五七	八一號	同	樓房三座平房八座便所五座鐵房二座馬棚一座水樓一座	四等	金七·〇六〇·二二〇 四四·六二三·六八七 銀二〇六·四三八·三七五	分之一至之二十
繼五七	八二號	貴州路	平房一座木房一座便所一座	四等	金價在八十一號內	分之一之二之三

繼五八	八三號	團島路	平房三座木棚一座	四等	銀一一·一一二·九〇〇	分之一至之四
新六四	八四號	同	燈台一座浴室一間平房四座	四五等	銀三二·九二一·二〇〇	分之一至之六
繼五九	八五號	同	平房一座鉄房二座又土屋己破一座	四五等	原建價台帳無	分之一至之四
新一五二	八六號	同	平房八座便所二座木崗屋一間	四五等	銀三六·七八二·五六八	分之一至之十一
購一九	八七號	台西二路	樓房一座便所二座	五等	三·二八五·六〇〇	分之一之二之三
購六二	八八號	台西一路	平房一座馬棚三座鉄房一座	五等	金六·八一六·七七〇	分之一至之五
新一二一	八九號	四川路	平房一座廠棚五座便所一座	四等	銀九·八九四·〇〇〇	分之一至之七
新一九〇	九〇號	同	機器房一座	四等	銀八·一五二·〇〇〇	
新六六	九一號	同	刷糞筒房一座	四等	銀六·一四〇·〇〇〇	

新一七二	九二號	台西一路	便所一座	四等	銀二七·七五三·六三〇	
新一六〇	九三號	四川路	平房一座	四等	銀四·二三一·三六〇	
新一三二	九四號	雲南路	平房二座	四等	銀三九·二一〇·八六〇	分之一之二
新一四二	九五號	費縣路	樓房二座平房一座	四等	銀四三·三九五·六二〇	分之一之二之三
繼六一	九六號	嘉祥路	平房十六座木亭一座便所一座木房一座	四等	銀八六·一〇〇·三五〇	分之一至之十九
繼六二	九七號	觀城路	樓房一座大廳一座廠棚一座平房十三座	四等	金六一·〇三四·二六六 銀一九一·八七二·一二〇	分之一至之十六
占一八	九八號	廣州路	平房三座	三等	七·二七六·三七五	分之一之二之三
購六六	九九號	同	樓房二座鳥屋一座	三等	金一一·九二〇·九九五	分之一之二之三
繼六四	一〇〇號	莘縣路	樓房三座鉄平房五座平房九座倉庫一座木便所一座	三四等	金一一八·三〇九·三三二	分之一至之十九

新三	一〇一號	莘縣路	平房二座	二三等	銀二·三〇七·一八二	分之一之二
新五七	一〇二號	同	便所一座	二等	銀一·〇三二·六三〇	
繼六五	一〇三號	北京路	樓房一座便所一座	二等	銀二四·三〇三·四七〇	分之一之二
新九五	一〇四號	濟南路	便所二間	一二等	在六七號內	
同	一〇五號	直隸路	便所一座	二等	同	
同	一〇六號	小港路	同	二等	同	
同	一〇七號	廣州路	同	三等	同	
同	一〇八號	莘縣路	樓房一座木房一座	二等	因原台帳在港政局未估價	分之一之二
新六五	一〇九號	小港路	樓房平房一座	二等	銀六·六四四·二五〇	

繼七一	一一〇號	上海路	樓房一座平房二座	二等	金二七·七一六·九四二	分之一之二之三
占五	一一一號	邱縣路	平房一座	二等	銀九七六·一一〇	
新四七	一一二號	冠縣路	同	二等	銀一·六五〇·〇〇〇	
購一	一一三號	館陶路	樓房三座便所一座	一等	銀七一·三八〇·五五〇	分之一至之四
新九六	一一四號	聊城路	便所一座	三等	九四〇·〇〇〇	
購六九之二	一一五號	館陶路	樓房一座	一等	金九·二〇六·九三〇 銀四·六二三·九〇〇	
購七一	一一六號	同	樓房二座平房二座便所一座	一等	金三八·七九七·一九四	分之一至之五
購七	一一七號	同	樓房二座平房二座	一等	銀二八·三二一·九七〇	分之一至之四
購六八	一一八號	恩縣路	樓房十三座	一等	銀八二·三三九·四六〇 金八·八七九·二三四	分之一至之十三

購六八	一一八號	陵縣路	樓房八座	一等	與上合號合編	分之十四至之二十一
繼六九	一一九號	甘肅路	平房一座木房一座	一二等	金五八·九四一·九一一	分之一之二
同	同	武定路	平房八座便所一座	一二等	與上合號合編	分之三至之十一
繼六六	一二〇號	冠縣路	樓房一座平房一座	二等	金一四·一二七·八七八	分之一之二
無	一二一號	新疆路	平房十四座樓房二座木平房七座便所二座	二等	原台帳在港政局未估價	分之一至之二十五
繼六七	一二二號	同	平房三座木平房一座便所一座	二等	金五·七五七·五一〇	分之一至之五
購一八	一二三號	同	樓房一座平房一座	二等	銀四〇·九六一·五〇〇	分之一之二
購四二	一二四號	大港路	樓房二座平房二座	二等	金二九·六〇五·三九二	分之一至之四
占三四	一二五號	商河路	便所一座	二等	三八三·七五〇	

繼七〇之二	一二六號	同	樓房二座	一等	銀二〇·〇一一·一五〇	分之一之二
繼七〇之一	一二七號	同	樓房二座平房一座	一等	銀二七·二五三·五五〇	分之一之二之三
新二	一二八號	同	樓房一座	一等	銀四·八六六·五八〇	
購五八	一二九號	綏遠路	樓房一座平房一座木平房三間	一等	金一四·一六八·三七五	分之一之二之三
購一七	一三〇號	青城路	樓房一座便所一座	二等	銀一一·〇六七·〇〇〇	分之一之二
購一六	一三一號	綏遠路	樓房二座	二等	銀一八·五〇五·二四〇	分之一之二
購九	一三二號	鉄山路	樓房四座	二等	銀三五·九〇七·〇〇〇	分之一至之四
新四六	一三三號	奉天路	平房二座	二等	銀一·六五〇·〇〇〇	分之一之二
新四九	一三四號	熱河路	樓房一座便所一座平房一座	三等	銀一三五·二七一·九八〇	分之一之二之三

新四九	一三五號	熱河路	樓房一座便所一座平房一座	三等	價格併計在第一三四號內	分之一之二之三自此至第一五八號均同
同	一三六號	同	同	同	同	同
同	一三七號	同	同	同	同	同
同	一三八號	同	同	同	同	同
同	一三九號	同	同	同	同	同
同	一四〇號	同	同	同	同	同
同	一四一號	同	同	同	同	同
同	一四二號	同	同	同	同	同
同	一四三號	同	同	同	同	同

同	一四四號	同	同	同	同	同
同	一四五號	同	同	同	同	同
同	一四六號	同	同	同	同	同
同	一四七號	同	同	同	同	同
同	一四八號	同	同	同	同	同
同	一四九號	同	同	同	同	同
同	一五〇號	同	同	同	同	同
同	一五一號	同	同	同	同	同
同	一五二號	同	同	同	同	同

新四九	一五三號	熱河路	樓房一座便所一座平房一座	三等	價格併計在第一三四號內	分之一之二之三
同	一五四號	同	同	三等	同	同
同	一五五號	同	同	三等	同	同
同	一五六號	同	同	三等	同	同
同	一五七號	同	同	三等	同	同
同	一五八號	同	同	三等	同	同
纖外三一	一五九號	登州路	中房三十三座樓房三座便所二座木便所二座鉄房六座	三等	金一八八·一八八·二五九	分之一至之四十六
纖一八一九	一六〇號	山東路	木樓一座	一等	原估價在第十三號內	
纖二二	一六一號	登州路	樓房八座平房十二座廠棚四木平房五木亭三便所五木便所二木廠棚一土房一	四等	金四二〇·六三一·八八二	分之一至之四十一

新二二	一六二號	魚山路	木平房二座平房一座	三等	金二·七四九·八四一	分之一之二之三
纖三二	一六三號	萊陽路	樓平房一座平房二座木廠棚二座便所二座鐵房一座	三等	金七四·一四一·四八〇	分之一至之八
同	一六四號	同	樓房一座草亭一座平房一座	三等	原價在第一六三號內	分之一之二之三
新七	一六五號	南海沿	平房一座	四等	銀二·一九八·一七二	
纖三六	一六六號	同	亭子三座	四等	銀四·九九二·〇〇〇	分之一之二之三
纖三五 購七〇	一六七號	海水浴場	浴室六十六座便所一座	四等	銀二·七〇五·六五〇 三·八七五·〇〇〇	分之一至之六十七
新一八	一六八號	同	便所一座	四等	三三〇·六五〇	
占二八	一六九號	同	同	四等	三九〇·四〇〇	
占二九	一七〇號	南海沿	同	四等	二〇二·七六〇	

纖三三三四之一	一七一號	文登路	樓房一座	四等	銀三〇·七〇七·三四〇 一五·九七四·一二〇	分之一
同	同	福山路	樓房一座平房一座木亭子一座	四等	併前	分之二之三之四
纖三四之二	一七二號	福山路	平房二座	四等	金五·三五一·九〇七	分之一之二
購五四	一七三號	棲霞路	樓房一座附平房一座	四等	一一·八五二·四九〇	分之一之二
購四	一七四號	同	樓房一座平房一座	四等	金一五·九六〇·二二六	分之一之二
購三	一七五號	同	樓房二座平房二座	四等	金三〇·七三九·〇九八	分之一至之四
購六一	一七六號	練兵場	樓房一座平房一座涼台一座木平房一座	四五等	金六·四六九·〇三〇	分之一至之四
占二二	一七七號	同	平房一座	四五等	二·四九五·二〇〇	
占二一	一七八號	南海沿	機器房一座	五等	二·七七·〇〇〇	

纖三九	一七九號	同	木平房三座	五等	金二·六二一·三二〇	分之一之二之[illegible]
纖四〇	一八〇號	會性岬砲台	鉄平房又平房三座	五等	原建價格台帳無未估	分之一至之四
新一一八	一八一號	文登路西南	平房二座鉄頂平房四座	五等	銀一九·八〇〇·〇四〇	分之一至之六
無	一八二號	旭灣	平房二座	五等	向無台帳未估	分之一之二
購七四	一八三號	文登路	平房二座	四五等	金一·二九〇·〇〇〇	分之一之二
纖四二	一八四號	同	樓房四座平房十座便所三座木廠棚一座	四五等	金三四三·六八一·七三四	分之一至之十[illegible]
纖四三	一八五號	同	樓房二座平房三座木平房一座	四五等	一一八·三七三·三二一	分之一至之六
纖三八	一八六號	同	樓平房一座平房一座便所一座	四五等	銀一三·八一八·二一〇	分之一之二之[illegible]
纖四四	一八七號	第一公園	便所二間一座	四五等	銀二·七五二·六〇〇	

襍四四之三	一八八號	公園路	樓房一座平房三座圓室一座	四五等	銀一六·五一四·六二〇	分之一至之五
襍四四之二	一八九號	公園內	樓房一座平房一座	同	銀一三·七三五·七一〇	分之一之二
襍四四之一	一九〇號	同	樓房一座樓房附平房一座木平房一座平房三座	同	銀三五·九三八·四三〇	分之一至之六
襍四七	一九一號	旭山路	平房三宿便所一座木便所一座	同	原台帳無未估	分之一至之五
襍四六	一九二號	歐人墓地	平房三座	同	銀四·六五八·四一〇	分之一之二之三
襍七四	一九三號	湛山靶子場	平房六座便所一座	五等	三·一六八·四一二	分之一至之七
襍四八	一九四號	廣饒路	平房八座木亭一座便所一座木板房一座	四五等	銀三一·九七〇·七九〇	分之一至之十一
購五九	一九五號	西山路	平房三座	五等	金七·七三八·〇三八	分之一之二之三
襍四九	一九六號	登州路	樓房五座樓房附平房二座平房九座木平房一座木亭二座便所三座	五等	金三四九·五三九·一四六	分之一至之二十二

膠澳志　建置志　公產　五一

襍五〇	一九七號	台東鎮	平房二座	同	一二·七五九·五九六	分之一之二
襍五一	一九八號	雲門路	樓平房一座平房四座便所一座木便所一座	同	金一五·九八一·九二六	分之一至之七
新七六	一九九號	同	平房一座	同	銀九·五五〇·二二〇	
新九九	二〇〇號	台東六路	平房一座	同	銀一八·九八三·七四〇	
占一	二〇一號	仲家窪	平房二座	同	台帳未詳未估	分之一之二
新一〇〇	二〇二號	太平鎮	平房三座	五等	銀二·一四二·〇四〇	分之一之二之三
新一九	二〇三號	台東六路	便所一座	同	銀二〇八·三〇〇	
同	二〇四號	奉天路	便所一座	四五等	價在第六七號內	詳見第六七號
新四四	二〇五號	同	平房一座	三四等	銀一·六八〇·〇〇〇	

新九〇	二〇六號	昌樂路	平房一座	五等	銀五〇四·三一〇	
新八五	二〇七號	蒲台路	平房一座木平房二座	三等	銀二·九〇三·〇〇〇 金二六七·七二九	分之一之二之三
占二〇	二〇八號	樂陵路	平房二座木平房一座	同	一三·八九〇·九〇〇	同
新六〇	二〇九號	大港站	鐵房一座木便所一座	二三等	銀一·五八〇·五〇〇	分之一之二
購二〇	二一〇號	新疆路	平房一座	同	銀八〇九·〇〇〇	
襍七三之一之二	二一一號	大港路	大倉庫二座鉄倉庫一座平房一座便所二座木平房一座木便所一座	同	金一〇八·七七二·四二九	分之一至之八
無	二一二號	大港路	大倉庫六座鉄倉庫十三座木倉庫四座平房九座便所八座鉄便所六座木便所七座庫倉十座鉄房六座木平房七座二層倉庫三座二層樓房二座大平房一座木看守所二座木崗屋四座石亭子一座木廠棚一座小鳥屋一座		台帳在港政局未估	分之一至之九十一

膠澳志　建置志　公產　五二

新一六一	二一三號	大港路	平房一座	二等	銀一·六二〇·〇〇〇	
新一三三	二一四號	廣西路	平房二座	同	銀一·五八四·三〇〇	分之一之二
新二四	二一五號	湖北路	木平房一座	同	銀四五八·八〇〇	
占三一	二一六號	四方路	便所一座	同	一·八五三·二五〇	
新三七	二一七號	萊陽路	小木房一座	三等	銀三一〇·〇〇〇	
占一六	二一八號	旭山兵營上	平房一座	三四等	二·二一〇·四〇〇	
占一五	二一九號	若鶴山	水樓房一座	三等	一七·〇四八·八〇〇	
購三七	二二〇號	浮山所	平房二座便所一座		銀二·一五〇·一七〇	分之一之二之三
占二六	二二一號	海泊河	機器房一座		七·二八四·一六〇	

纖七六之四	二二二號	四方村	平房二座小平房一座木便所一座小土房一座		金七・六三一・八七五	分之一至之五
纖七六之二	二二三號	四方莊	平房一座便所一座		銀二二・六〇〇・八八〇	分之一之二
纖外三	二二四號	同	平房一座木便所一間		銀二・一四二・六二〇	分之一之二
新一七一	二二五號	滄口	平房一座		三・二九六・二〇〇	
新八一	二二六號	白沙河	機器平房一座平房六座木平房一座便所一座		金八・一五六・六九〇 銀三四・五六六・〇〇〇	分之一至之九
新一四〇	二二七號	仙家寨	平房三座木平房一座木便所一座		一〇・八一四・九四〇	分之一至之五
新五三	二二八號	同	平房一座		銀四〇〇・〇四〇	
購二二	二二九號	李村西	平房一座		銀一・三五四・四八〇	
纖外一〇	二三〇號	李村	二層樓一座小平房一座木庫倉四座鐵倉庫一座木小房一座平房一座		銀二五・七四四・一八〇	分之一至之九
購二六	二三一號	同	洋式平房二座		銀一四・三九九・九九〇	分之一之二
新二七	二三二號	同	洋式平房三座平房四座便所二座木便所一座		銀一四・五五八・八一〇	分之一至之十
新二六	二三三號	同	便所一座（係民有地）		銀一九九・〇〇〇	
占三八	二三四號	同	平房一座		銀七・九一八・二二〇	
新二五	二三五號	同	洋式平房三座小平房一座		金一三・一〇〇・一七五	分之一至之四
新三三	二三六號	同	洋式平房二座便所一座		銀六・五一七・三七〇	分之一之二之三
纖外一一	二三七號	同	平房四座木便所一座木亭子一座		銀二五・四四八・九一〇	分之一至之六
同	二三八號	同	洋式平房二座平房十座木板房二座		金二三・三九四・五二九	分之一至之十四
占三六	二三九號	同	樓平房一座洋式房二座洋平房一座平房二座便所二座木板房一座		銀一八・一五一・九一〇	分之一至之九

新一七〇	二四〇號	同	平房二十七間一座又一座		銀一一・五七四・八九〇	分之一之二
新一六二	二四一號	同	平房二座		銀二・二一六・〇五〇	分之一之二
占一四	二四二號	李村	大機器房一座木板房三座平房六座二層平房二座洋式平房二座便所一座		銀五二・二九三・四七〇 金六・八八四・〇〇〇	分之一至之十五
占三七	二四三號	同	大平房一座洋式平房十二座平房六座便所二座倉庫一座車屋一座溫室一座		銀七一・九五九・〇八〇	分之一至之二十四
占四〇	二四四號	同	平房一座		金三・八二六・六九八	
新五二	二四五號	同	便所一座		銀三一五・〇〇〇	
同	二四六號	同	便所一座		價併在第二四五號內	
纖外八 占五四 五五	二四七號	嶗山	平房七座大平房四座		一八・八一三・三一〇	分之一至之十一
新一八二	二四八號	柳樹台	平房一座		銀三五五・〇〇〇	
纖外七	二四九號	李村河西	草房一座		五八六・九七〇	
纖四三	二五〇號	文登路	二層樓二座平房一座木便所一座		二四・六〇九・六〇〇	分之一至之四
永兵五之一	二五一號	濟南站	大平房三座洋平房二座平房十座二層樓二座便所五座平倉庫一座		一二七六・四六〇・一五三	分之一至之二十三
青陸病二	二五二號	濟南站	二層樓一座便所一座平房三座		六五・〇九九・一一八	分之一至之五
無線一	二五三號	同	平房十四座二層樓三座鐵廠棚二座大平房一座鐵平房一座木便所一座木廠棚一座地庫一座地內小房一座洗澡房一座		二五九・九〇八・〇〇八	分之一至之二十六
軍經二	二五四號	同	大平房一平房三便所三		二一・九〇八・三五八	分之一至之七
憲五二	二五五號	同	二層樓一座三層樓一座平房三座		一二〇・九二八・四九八	分之一至之五
憲五一	二五六號	北關	二層樓一座		一一・五二一・〇四五	

憲五〇	二五七號	黃臺	同		一一·七三九·九九五	
憲四九	二五八號	王舍人莊	平房二座		八·三二五·八七四	分之一之二
憲四八	二五九號	郭店	平房二座		八·一二七·五五三	分之一之二
憲四七	二六〇號	龍山站	平房二座		七·八四九·八九三	分之一之二
臨兵一一	二六一號	同	同		一〇·五八三·八三〇	分之一之二
憲四六	二六二號	棗園莊	同		七·八八一·七〇九	分之一之二
憲四五	二六三號	明水	同		五·四一五·一八七	同
永兵四之一	二六四號	普集	平房六座二層樓一座便所二座木方亭一座		四〇·七四七·〇〇七	分之一至之十
憲四四	二六五號	同	平房二座木房一座鉄房一座		一一·一七七·六四二	分之一至之四

永兵四之二	二六六號	同	二層樓一座平房四座		八·三六九·一一一	分之一至之五
憲四三	二六七號	王村	平房二座		八·七〇四·四三九	分之一之二
憲四二	二六八號	大臨池	平房二座		七·八五八·五八一	同
臨兵三之二	二六九號	張店站	平房二座		原價併在第二七三號內	同
臨兵一〇	二七〇號	周村站	平房二座便所一座木平房一座		七·八七八·四三六	分之一至之四
憲四〇	二七一號	馬尙	平房一座鐵房一座		五·七五八·七五八	分之一之二
永兵三	二七二號	張店站	大平房四座平房三座便所二座木亭子一座木平房一座鉄房一座		二四·八四九·一〇三	分之一至之十二
永兵三之二	二七三號	同	大平房一座平房一座草平房一座便所一座		六·五七〇·三〇一	分之一至之四
憲三五	二七四號	南定	平房二座		五·七二五·七四八	分之一之二

憲三六	二七五號	淄川站	平房一座鉄房一座		八·〇九二·〇六四	分之一之二
同	二七六號	淄川炭鑛	平房三座便所一座		一二·八二二·八八三	分之一至之四
憲三八	二七七號	大崑崙	平房一座鉄房一座		五·五五九·七六四	分之一之二
憲三三	二七八號	湖田	平房二座		六·六九四·九三二	同
憲三一	二七九號	金嶺鎮	同		六·一〇六·四一〇	同
臨兵九	二八〇號	同	同		一·四四六·四九七	同
憲三〇	二八一號	辛店	同		三·七四八·一一七	同
憲二九	二八二號	淄河店	平房二座		七·九八三·六一〇	分之一之二
憲二八	二八三號	普通	同		五·八二七·九八六	分之一之二

憲二七	二八四號	青州	平房二座木房一座木便所一座		五·六五七·〇八一	分之一至之四
臨兵八	二八五號	同	二層樓一座平房二座木亭子一座木便所一座木板房一座		七·七九四·六六七	分之一至之六
憲二六	二八六號	楊家莊	平房二座		六·八九一·七七三	分之一之二
憲二五	二八七號	譚家坊子	平房二座		八·〇四三·四九六	同
憲二四	二八八號	堯溝	平房一座鉄房一座		六·八四四·五四六	同
憲二三	二八九號	昌樂	平房四座便所一座		四·八五九·五三〇	分之一至之五
臨兵七	二九〇號	同	平房二座		一〇·〇三四·一二〇	分之一之二
憲二二	二九一號	朱劉店	平房三座		七·一七九·六六二	分之一之二之三
憲二一	二九二號	大圩河	平房二座		八·四三九·三〇六	分之一之二

憲二〇之一	二九三號	濰縣	平房二座		一·一七四·六九四	分之一之二
憲一九	二九四號	二十里堡	平房二座		三·七五八·五二五	分之一之二
永兵二之一 軍經一	二九五號	坊子	鉄頂平房四座鉄屋二座平房十四座便所三座木亭子一座		一九六·二七五·七五〇 一六·八九一·四四八	分之一至之二十四
永兵二之二	二九六號	同	鉄頂平房一座平房一座便所一座		六·一一六·〇六九	分之一之二之三
永兵二之三	二九七號	同	平房十五座便所六座木亭子一座		四〇·二三七·八八四	分之一至之二十二
憲一八	二九八號	同	平房三座便所一座		一二·七三九·四一〇	分之一至之四
青陸一病	二九九號	同	平房六座		一三·七八八·七八六	分之一至之六
永兵二之四	三〇〇號	坊子站	平房九座便所一座		二一·六一八·六八三	分之一至之十
永兵二之五	三〇一號	同	平房十四座便所二座		二六·一七三·九〇〇	分之一至之十六

永兵二之六	三〇二號	在鍊炭所內	平房一座便所一座		二·一七八·八二七	分之一之二
憲一七	三〇三號	蝦蟆屯	平房二座		三·九三七·七九〇	分之一之二
憲一六	三〇四號	南流	平房二座		三·五五八·七六九	分之一之二
憲一五	三〇五號	黃旗堡	平房二座		三·四三四·五八八	分之一之二
憲一四	三〇六號	岞山	平房五座		七·三四四·九二三	分之一至之五
臨兵五	三〇七號	同	平房三座		一·〇七七·一四一	分之一之二之三
臨兵四	三〇八號	丈嶺	平房二座		一三·〇二六·六六八	分之一之二
憲一三	三〇九號	同	平房二座		七·八九五·四〇〇	分之一之二
憲一二	三一〇號	塔耳堡	平房二座		三·三二七·四〇三	分之一之二

憲一一	三一一號	蔡家莊	平房二座		四·四〇一·三四八	分之一之二
憲一〇之一	三一二號	高密	平房十座		三〇·九四八·三五三	分之一至之十
憲一〇之二	三一三號	同	平房三座		九·〇八六·五四〇	分之一之二之三
憲一〇之三	三一四號	同	樓房一座平房一座		六·二二六·一四七	分之一之二
永兵一之二	三一五號	同	平房二座		二·九七〇·四六四	分之一之二
憲九	三一六號	姚哥莊	平房二座		三·三八四·四九八	分之一之二
憲八	三一七號	芝蘭莊	平房二座		八·五〇二·八六七	分之一之二
憲六	三一八號	膠東	平房二座		七·六四六·〇〇五	分之一之二
憲五	三一九號	李哥莊	平房二座		三·四一四·六二六	分之一之二

憲四	三二〇號	藍村	平房二座便所一座		四·五七九·八二一	分之一之二之三
憲三	三二一號	南泉	平房二座		七·七四三·一〇一	分之一之二
憲二	三二二號	城陽	平房三座		九·二一一·四五九	分之一之二之三
臨兵一	三二三號	同	平房二座		一一·〇九三·二二五	分之一之二
憲一	三二四號	女姑口	平房二座		七·六七五·五四七	分之一之二
無	三二五號	尿灣	平房二座		係糞便所無台帳	分之一之二
購三六	三二六號	薛家島	平房五座便所一座		四·八二五·一二〇	分之一至之六
繼外四	三二七號	陰島	平房三座便所一座		六·一五七·四五〇	分之一至之四
占四四	三二八號	馬蹄礁	燈台一座		一·〇六四·二〇〇	

占四一	三二九號	加藤島卽青島	燈台一座平房一座		四・二一九・七〇〇	分之一之二
占九九	三三〇號	塔埠頭	平房一座		一・二七三・一〇〇	
郵字六	三三一號	山東路堂邑路	樓房三座	一二等	銀六三・七五〇・九〇六 金二〇三・九五四・三二三	分之一之二之三
郵字五一	三三二號	上海路三日月町	樓房二座	二等	金三四・七七八・八五〇	分之一之二
郵字一	三三三號	大港	樓平房一座平房一座	二三等	銀三・〇〇一・四〇四 金一一・二一八・〇〇〇	分之一之二
無	三三四號	鉄山路	樓房一座平房一座	三等	台帳無	分之一之二此係德人失蹤之房
郵字六一	三三五號	奉天路	樓房一座	二等	金一五・一五〇・七〇〇 銀九二八・〇〇〇	
郵字二	三三六號	台東鎮	平房四座	五等	銀二七・一五四・〇〇〇 金八四五・〇〇〇	分之一至之四
郵字四二	三三七號	廣州路	樓平房一座	三等	銀二・四六一・八二〇	

郵字九一	三三八號	單縣路	樓房一座木房一座洋鉄房一座	四等	銀四〇・五一二・四四〇	分之一之二之三在鉄道局內
郵字四一	三三九號	魚台路	樓平房一座平房四座	三等	金六・七九二・六五〇 銀三一・二一〇・五〇〇	分之一至之五
郵字七一	三四〇號	廣西路	樓房三座樓平房一座平房五座敞棚一座	一二等	銀八五・三一七・六二〇 金一一八・〇〇〇	分之一至之十
購一三	三四一號	莒縣路	樓房二座平房二座	二等	金二六・一二八・七〇〇	分之一至之四
購七	三四二號	沙子口	石形樓房一座石形平房一座		銀七七一・九七〇	分之一之二
郵字三	三四三號	四方	平房一座		金一四・八四八・九四〇	
郵字五	三四四號	滄口市內	樓平房一座平房一座		銀八・三七七・七二〇 金六一九・五〇〇	分之一之二
郵字四	三四五號	滄口	平房四座木屋二座		銀六・一三五・八三〇	分之一至之六
新四一	三四六號	朱家窪	平房二座		一・五七〇・五〇〇	分之一之二

新四〇	三四七號	姜家莊	平房四座		一・〇九九・七九〇	分之一至之四
占一五一	三四八號	登窰	平房四座		二・四八七・二五〇	分之一至之四
新五四	三四九號	畢家上流	平房二座		銀一・七三四・四八〇	分之一之二
郵字一一	三五〇號	第二埠頭	木平房一座	二三等	五〇・〇〇〇	
郵字二一	三五一號	商河路三條町	木平房一座	二等	五〇・〇〇〇	
郵字八	三五二號	泰安路	木平房一座	二等	五〇・〇〇〇	
郵字九	三五三號	莘縣路野山町	木平房一座	二等	五〇・〇〇〇	
郵字十	三五四號	台東鎮	木平房一座	五等	五〇・〇〇〇	
新一一一	三五五號	湛山	木便所二座		銀一・五六〇・一〇〇	分之一之二以下十五處便所價格均在內

新一一二	三五六號	浮山所	木便所四座		併入第三五五號內	分之一之二之三之四
同	三五七號	大麥島	木便所三座		同	分之一之二之三
同	三五八號	辛家莊	木便所一座		同	
同	三五九號	瓦屋莊	同		同	
同	三六〇號	南屯	同		同	
同	三六一號	薛家島	同		同	
同	三六二號	施溝	同		同	
同	三六三號	濠北頭	同		同	
同	三六四號	辛島	同		同	

占四二	三六五號	大公島	平房七座木便所一座燈台 平房一座	銀一九·一六四·一九〇 金一·三〇〇·〇〇〇	分之一至之九
占四三	三六六號	塔連島	平房三座鉄平房一座燈台 平房一座	銀一〇·九一七·〇六八 金一·三〇〇·〇〇〇	分之一至之五
新一一	三六七號	高家村	木便所一座	價在第三五五號內	
占一五	三六八號	若鶴山	平房一座	價在第二一九號內	
新八九	無號	四方村	木造運動具	七〇·〇〇〇	因無房屋未編號
新二五	無號	八幡山 觀海山	木造展望台	七〇五·三〇〇	因無房屋未編號
新七三	同	台東鎮	石造共同洗濯所	一·一九四·〇〇〇	同
新八八	同	巽町 登州路	木造運動具	七〇·〇〇〇	同
繼六八	同	早舟町 新疆路	石造繫船所 鉄	五·八六八·八〇〇	同

新一一	無號	舞鶴町 太平路	木造露天馬場	三一六·五八〇	同
新七一	同	九留米町 湖南路	石造石柱	九二·八〇〇	同
新一九二	同	柳樹台	石造灌水用堤	一·九八〇·四〇〇	同
占一二	同	台西鎮	石造時望場	二·〇五〇·三〇〇	同
占一七	同	萬年町 江蘇路	合土造貯水池	四·〇三九·二〇〇	同
購四四	同	赤羽町 沂水路	磚造三層一棟	二〇·一〇一·六三一	此房贈于英領爲領事館未編號
同	同	同	磚造一二層四棟	併前號	
繼六〇	同	台西鎮	石平一棟	三〇五·二〇〇	現因損壞未編號
繼三一	同	舞鶴濱	基礎二棟	五一·〇〇〇	因無房屋未編號

繼外九	無號	沙子口	磚平木平六棟	九四六·一一〇	現因損壞未編號
繼四五	同	萬年山砲台	石一二層三棟	原價台帳無	同
繼七三之五	同	台東鎮堡壘	磚一二層五棟	同	同
繼七五之五	同	湛山堡壘	石一層一棟	原價台帳無	現因損壞未編號
占二四	同	登州路	喞筒木一層一棟	五〇·四〇〇	同
占二七	同	同	喞筒磚一層一棟	五二九·七一〇	同
占三五之一	同	野山町 莘縣路	便所木平一棟	四七一·二〇〇	同
占三五之二	同	同	同	一五四·三五〇	同

附記

本表財產號數一欄係日人移交時台帳之名稱繼爲繼承德人之產占爲占領德人之產購爲日人買收之產新爲日人新造之產軍經爲日人陸軍經理部之屋憲爲日人憲兵隊之屋郵爲日人郵便局之產尙有永兵臨兵等名稱均爲日人當時駐兵所用之屋

現編號數一欄係接收後淸查官有房產編定之號間有日人未列入台帳者均補入房產一處每有分數座或至十座者原編號時分某號之一之二等字樣均附註于說明欄內自第二百五十一號至第三百二十四號官產現雖劃歸膠濟鉄路局管理但亦經當時順序編號故一併列入其餘或因現無房屋或係損壞不用均按原查情形一體附錄原建價格係日人移交後估定之價分金銀兩號稱金爲日人之金票(卽老頭票)銀爲中國銀幣價格間有未註明金銀字樣者依原案照式採錄

民間建築以民國六七八九等年爲最盛而日本人占其大部分我國接收後新建築雖較往年減色然本國人之建築漸占多數蓋在日軍占踞期間我國人領租官地大非易易每須借重日人出名贈以重賂一若上海租界之道契者然比及接收而後十二三兩年台西方面及觀海山附近本國人建築驟盛惜十四五兩年政局俶擾因之建築亦復銳減十六年稍見剝復之象本年秋後乃大有轉機然較之六七八九等年仍屬望塵莫及且往時日人建築以工場店鋪占其多數而住宅次之國人近年建築轉以住宅及小商店占其多數其取材施工恆取苟完苟美之主義不若德人之堅固整潔矣民間建築歷年統計製表如下以資比較

民間建築一覽表

年分＼類別	本國人 件數	本國人 建築面積	本國人 建築費	日本人 件數	日本人 建築面積	日本人 建築費	歐美人 件數	歐美人 建築面積	歐美人 建築費
民國四年	22	1008坪	75,530圓	14	624坪	23,637圓	6	605坪	92,560圓
民國五年	40	2,622	134,985	62	5,520	504,013	3	155	13,200
民國六年	40	3,219	294,010	73	13,160	1,383,196	3	154	13,200
民國七年	82	8,279	635,288	211	18,970	1,887,603	10	382	27,470
民國八年	134	10,056	930,860	260	20,393	2,402,453	8	721	65,350
民國十二年	85	平方公尺 26,261	742,450元	67	平方公尺 36,769	727,450元			
民國十三年	171	45,719	793,047	40	10,959	337,630	12	平方公尺 2,626	58,445元
民國十四年	74	21,119	517,410	11	2,498	64,760	27	12,669	261,300
民國十五年	56	9,477	211,100	15	2,227	51,680	11	8,230	286,644
民國十六年	94	22,041	543,665	14	4,803	122,850	4	510	14,350
民國十七年前六個月	37	23,150	375,720	7	1.084	22,080	3	320	5,900

附記

一右表數字八年以前依據日人所刊土木誌十二年以後依據工程事務所之報告　二民國九年至十一年之實數未詳然據海關貿易所載九年分本埠公私新建之屋得五百七十三所共費九百八十萬餘圓佔地兩萬三千坪約合五萬方步　三自四年至八年之六年間共計新築九百六十六件建築面積八萬五千八百五十八坪建築費八百四十七萬餘圓本國人佔三之一日本人佔三之二歐美人不及百分之三　四自十二年至十七年六月杪共計新築七百二十八件本國佔五百十七件建築面積共二十三萬零四百六十二平方公尺建築費用五百十三萬餘元本國人占十之六日本人佔十之三弱歐美人佔十之一強　五後六年不及前六年遠甚若以九年爲比更形遜色矣

自來市鎭利於坐賈而鄉鄙宜於行商蓋初民之交易範圍狹隘事類簡單需要之數量微尠故無永久設肆之可能購買之區域散漫故有周流普遍之必要易經繫辭日中爲市周禮地官五十里有市是知古人之市有一定之時期與一定之地點今之市集遍於各省（東北或曰廟會西南或曰趕墟）實古人市制之遺意近年都會所在又往往模仿歐美菜場勸業場之形式設公立之市場實則我國三千年前卽己創有此制禮記王制篇載市廛而不稅注謂廛市物邸舍稅其舍不稅其物又周禮地官篇載廛人掌斂廛布而入于泉府疏云謂在行肆官有邸舍人有置物於中使之出稅故云廛布也是知公立市場乃我國古制所以察供求之範圍計交通之便利聚行商于市廛供顧客之選擇以便民也後世政令疏闊事多放任於是市集之設聽民自便一鄉之胥役豪猾轉得而操縱之矣本區公立市場一商辦者二鄉間市集則有李村滄口棗園浮山所薛家島紅石崖韓家莊蕭家莊以及卽墨交界之流亭華陰等處

公立市場者亦名勸業場德人初建之於德縣路濰縣路交界處嗣由日人移築于市

場一路之現設地點其建築之宏偉爲本埠各市場冠計占地七百坪（合八百餘步）建築面積五百十七坪其屋之基礎係就地面掘深十三尺以鐵筋洋灰及礫石築之其屋之牆壁大部用磚一部用鐵筋洋灰外部下層牆址用花崗石樓高三十四尺前屋之底層地下室用洋灰一二層樓均用鐵筋洋灰其屋頂之梁用木上覆洋瓦場之正中設鐘樓高九十五尺以鐵筋洋灰築成頂上葺以銅板內置大鐘其建築圖樣屬近世復興式其場內外設有消火拴多處水道之引水管及各室之電燈設備齊全汚水管雨水管屋內用鐵製屋外用瓦製以達于公設之溝渠其工事費計現銀十八萬六千餘元又官發材料值日金七千餘元自民國六年十一月初起工翌年十二月杪竣工計十四閱月固屬本埠有數之鉅大工程也（以上見日人所著土木誌）然其市場經管之積弊叢生亦爲我國市場之絕無而僅見者公立市場開設伊始卽爲日人捷足先登本國商販往往不得其門而入甚或仰懇日本人爲之出名承租坐分其利當我國接收之際勸業場樓上日商五十五家而華商僅得五家樓下華商四十五家日商

二十九家露店華商二十七家日商十八家蓋樓上爲雜貨商屬勸業場性質本國商販自初卽未得插足其間迄今更幾于絕跡純粹爲日本商家之勸業場矣樓下及露店屬菜場性質菜蔬魚肉之類本國人所求用者多屬本國貨不得盡行排斥然其中尙有八名乃日人代爲具名承租日人又組織市場組合置組合長副組合長顧問各一人均屬日人充之評議員二十人日人得十六名我國人僅得五之一此五之一者不以反主爲客自恥翻以得伍外人爲榮或則勾結外人狼狽爲奸爲欺凌一般商販甚至售地瓜賣栗子之露攤小販皆有所謂紅股（俗稱好漢股）坐分其利此爲評議員之特權否則被擯於局外矣勸業場全樓上下及附屬店鋪月租日金六百五十圓又露店地址月租一百二十元初因收租瑣碎故由市場組合代收比及我國接收之際組合乃夤緣日軍當局訂一年包租之契約至十二年十月滿期組合長笹尾一藏呈請商埠局續租十年而本國商人連秀山等亦聯合華商組織市場共同事務所請求歸華商自辦王心齋等亦請包租願照市場組合原租每月日金七百七十元金額改交國

弊額外每年報效三千元是時競租者衆而小商販傳東川等頻頻聯名上書揭市場之隱幕於是商埠局財政局派員一再調查乃知官租正項之外頗有浮收組合包租露店基地月繳一百二十元實則露店圍房四十四間每間月租二元四角攤商地基一百九十三坪每坪租給日人收租八角華人收租九角僅露攤一項月收二百七十餘元而且會員每人收組合費二元八十錢水費一二元不等以及電燈等項均由組合包辦以此覬覦者衆固認爲大利之所在也其樓上下實租幾何因組合把持名冊抗不交出故當日財政局委員亦未得其詳然露攤地租每坪月租九角圍房露店每間亦租至二元四角而樓上樓下千有餘坪之勸業場每月包租僅六百五十元其爲不公不實蓋可知矣本埠當局既燭其隱乃決議收回官辦以解承攬之爭而杜包租之弊詎意十二年十一月二十日財政局派員前赴勸商場清查租戶清冊組合抗不交出二十二日再往接收組合竟敢鎖閉市場大門以罷市相要挾而事前組織市場共同事務所之連秀山等至是又一變其態度轉與日人聯合反對官廳之收回蓋此

輩所爭者私利而所害者公益連秀山本屬市場組合之評議員素爲日人所利用者也一般市民僅感罷市之不便而未知其中之隱情市場小販雖心惡此輩之把持而又無如之何而日人所組織之市場組合既以彼之領館爲護符又得我之浪人爲羽翼如此相持五六日迭經官廳開導乃於二十八日開市而最後之解決則由財政局派管理員管理經租租價仍照舊章水電雜費以及夜巡掃除各項依照實支按戶分攤由財政局派員經理並准樓上樓下露店中日商販各推一人幫同辦理市場公會以華人爲會長日人爲副會長評議員各推十二人會計由中日評議員中各推一人任之市場房屋攤地仍由公會承租後轉租於各商販租率以官廳所收爲準但會員每人月交會費二元八角市場風潮乃獲告一段落實則市場大權依然握於少數會員之手惟昔年爲日人所獨擅者今則勢力範圍稍分畛域本國之豪猾亦得占據一席分潤餘沫而市場之精華仍在外人之手我國商販多數麕集於露天之下日炙雨淋不勝其苦商埠局有鑒及此於十五年冬增蓋平屋九十餘間受之者莫不感激涕

零也

台東鎭商辦市場乃本鎭商人楊聖訓等於本年夏季募集商股所創設地在台東一路三路之間計新築樓房上下四十八間平房一百零四間每間月租三元五角魚肉菜果市場五十六間每間月租三元並設戲園一所書場二所樓房菜場書場踞其中部而四圍環以平房場中空地間爲數區以供露攤之陳列計有二百餘所每攤大者占地五六方公尺月租三角五分小者占地一二方公尺月租二角短期者以銅元計大攤日收三枚小攤二枚所售物品以供給工界食用者居多營業之範圍及其數量遠不若勸業場之發達矣

台西鎭市場亦屬商辦較之台東市場尤爲狹隘蕭索台西住戶較台東爲富庶祇以場外之商店供給較多而場內之布置又欠完善營業不振固其所也（以上采訪）

本區市集以李村棗園滄口浮山所爲著流亭華陰地在卽墨縣境而與本區毗連附近之膠澳人亦於此取給焉

李村市集以舊歷逢二逢七等日爲期利用李村河之沙灘爲臨時市場於各市集之中其買賣之繁盛首屈一指每年七十二回之市集四方供求咸集於是雖其買賣多少視時令之需要與氣候之晴雨而有不同通年計之平均每次陳列之臨時賣店約及一千二百魚類雜貨籽種古衣錢攤食物攤不計在內其陳列物品總值每次不下九千元當農事閑散之際遇有天氣晴朗賣店或至一千四百以上物價總值可達萬元而外據本地居民言自膠澳闢爲租界而後德人頗獎勵市集之發展故有逐年日盛之象德人嘗調查蒞會人數先後統計十餘次平均每次得二萬二千人又據日人調查平時集會陳列之主要物品總值就多次統計所得推算其每次之平均值如小麥一千一百五十元屬趙村城陽所產棉紗九百餘元屬日本產布疋八百元土布占十之四洋布估十之六菸葉七百餘元屬濰縣產豆餅五百元屬滄口流亭大村莊產其總值在二百元以上者爲海州產之豌豆大連產之玉蜀黍在百五十元上下者爲海州產之黃豆李村產之高粱地瓜干宋哥莊產之柳條筐與上海運來之火柴在百

元以上者爲泰安萊蕪之麻上海之粗紙安邱之葦笠趙村之粟在八十元以上者爲卽墨產之黃酒李村產之猪肉外洋之煤油上海運來之棉花在五十元以上者爲卽墨產之黃酒李村產之牛肉嶗山產之松柴樂安產之炕蓆在三十元上下者爲卽墨之皮貨竹簍鐵器下莊之陶器濰縣之靴釘滄口之鐵鍋上海之笤箒平度之鷄卵及鷄李村之粉條及韭菜卽墨之蒜上海之胡椒此外在十元上下者爲食物之蔬菜糖薑及器具之木扒鋤柄鍋蓋圓斗以及建築用之窗戶門板無不備具春夏之際更有多數之豆餅夏布蚊帳布籽種秋冬之際更有多數之果實古衣舊棉花等類臨時陳列春秋漁汛又有多數之水產由滄口沙子口運來陳列綜計每年七十二集逢閏有加全年陳列總值不下七十萬元假定交易三成亦得二十一萬元也

棗園市集假棗園村西街南端之河灘爲市場逢四逢九爲期其市況較李村集爲小每年盛時約有露店百五十家陳列物品總值約一千元平時約減其三之一蒞會人數恆在一千名內外陳列物品名色大都相類也

流亭市集每逢舊歷一六等日假流亭村外河灘集會每次之平均露店數七百三四十家陳列總值三千六七百元約當李村集三之一其主要物品爲棉花煤油火柴葦笠紙類棉紗小麥粟豆高粱玉蜀黍豆粕菸葉布疋烟捲蔴食鹽干魚穀其產及來路與李村集所陳列者同流亭地界膠澳卽墨之間又當白沙河之下流附近居民多集於此卽膠縣方面亦有多少之關繫也

華陰市集每逢舊歷四九等日集會露店數約得八百四五十家較流亭集爲多而每次陳列平均總值二千五六百元蓋小本經營佔其多數華陰近山而僻不如流亭之殷實允陳列之主要物品爲棉花棉紗洋布火柴煤油紙類玉蜀黍小麥豌豆土布菸葉蔴海產物與流亭略同以上見日本人著李村要覽

浮山所市集爲本區東南濱海一帶各村莊之惟一市場逢四逢九爲期每會蒞場人數盛時可四五千人平時二千上下尤以浮山所湛山一帶居民及漁戶居其多數

滄口市集逢五逢十爲期每會盛時可千餘人少則五六百陳列物品以工人需用爲

多

韓家莊蕭家莊均在陰島蕭家莊集逢五逢十爲期每集蒞會人數多則千餘少則四五百韓家莊集逢二逢七爲期蒞會人數較少僅當蕭家集之半數耳

紅石崖集逢一逢六爲期因其地爲海西膠諸兩縣出入要道故集會亦有可觀每集蒞會人數恆在千名內外

薛家島市集逢二逢七爲期乃薛家島各村莊惟一貿易之所每會人數八九百時或倍之漁戶居其多數以上采訪

膠澳志卷九

財賦志一　稅制

地關則民聚商通則貨興政繁則賦重事有相因而至者膠澳未闢以前僻處海濱荒涼砂礫惡有所謂捐稅制度其時居民漁戶除舊制每地一畝完納國課銀三分二厘（按膠澳未租借前當時膠州即墨粮銀每畝納稅三分二厘以當時庫平一兩折價京錢二吊四百文計京錢六十四文合制錢三十二文）外其他並無何種捐稅直接取之於民者自德人據爲租借地改正土地於是手數料賃貸稅營業證許可狀等種種名稱層出不已然所有收入槪屬本埠市稅性質市稅而外無其他負担且收入大宗以官營業爲主而稅捐爲輔也日人繼之有沿襲舊制者有特別改訂者而其種種施設則純以佔領地之政策爲主旨我國接收以後本埠稅制大致因仍舊章未能根本改革蓋一則緣用固有制度鑑於凡民圖始之難一則因陋就簡冀收僑民相安之效惟吾國捐稅制度亦自有其系統我國收回之商埠其市稅收入既已沿用德日人之舊制而我國固有之國稅省稅如鹽稅印花稅菸酒公賣稅貨物稅鐵路貨捐捲菸特稅營業牌照稅房捐以及各項攤派捐輸借貸逐事推行槪與內地同等負担或且過之於是膠澳之負担愈重而稅制之統系愈歧蓋未收回以前除海關稅外更無其他國稅也且本埠之工商業大都操諸外人之手而我國固有之國稅省稅僅本國籍之市民爲之負担與外人無與也所幸省設新稅本年多已取消而本埠原有之苛細雜征如商攤公秤地瓜酒稅山轎捐等項雜捐本年亦經商埠局總辦趙琪一體蠲免以期與民更始是固變更稅制之動機也爰將本埠捐稅經過事實與其起原沿革分別錄之以爲從政之鑑焉

（甲）稅捐制度　德人初占膠澳鑑於地勢之荒僻人民之寥落深注意於民業之保護以廣招徠其施政之初即以不妨礙租借地之發展爲主旨故其征稅科目力求簡易以輕住民之負担初設財源調查委員議定課稅物件及課稅方針於千八百九十八年九月二日發布膠撫命令定爲膠澳開始征稅之規則即（一）鴉片輸入除中國稅關征收入口稅外其運往租借地內者再課以入口稅同等之消費稅仍由膠海關代征解交膠撫（二）租借地內土地之所有權尚未收歸市公有者仍向土地所有人征稅按照中國從前所課丁粮章程征收凡土地面積每六百一十四平方米達（合中國一畝）收取制錢三十二文並得查察地方情形將應征糧稅之一部或全部免除一年或數年（三）市政廳收買之土地再賣之於民間者按照價格征收百分之六之地稅（另詳後段土地制度內）（四）青島港進出商船每噸征收船鈔（即噸稅）洋二分五厘但僅供青島運輸而受登錄之船不在此限（五）凡對官廳之特別行爲應征收手數費但對於船舶不在此限（六）畜犬每年課稅十元畜犬之家須先向警察署報告納稅後給以犬牌若三月以內繳還犬牌者得退其稅之半但鄉村所畜之犬不在此限（七）凡狩獵者須請求狩獵許可證證費每年十元三月以內將證繳還者退其半額（八）凡營業膠州灣內之航行船舶車輛轎戲園藥店酒類營業鴉片烟館酒飯館公寓客棧旅館當典拍賣商承募海外勞工者移民船舶等其營業特許之捐費德政府應其必要規定之（九）貯藏火藥爆發物洋油及其他行爲者另定之上列各種稅目如狩獵及犬稅係爲便于警察取締原非純出於收稅之目的故當時雖設其制而未勵行犬稅至千九百二年四月以後始實行征收其各種營業特許費亦恐有礙產業之發展初時並未收稅至千九百二年七月以後始向某種特許營業征稅又以中國人土地多屬小地主故先着手於土地台帳至千九百年中整理就緒乃始征稅其餘碼頭諸費如領港費倉庫堆置地之租借費貨物裝卸之手數料船舶之停泊費則於千九百四年二月間定之鹽斗稅（按斗稅本屬地方陋規之一原以海防書院籌款名目收取庫平一兩制錢一吊德人遂比附之折收四元民國初元既將膠東十八縣向歸錢粮帶征之鹽稅劃出獨立同時即將斗稅等項陋規槪行取消惟膠澳其時尚未收回故未實行收回後鹽務署又無暇及此以致鹽稅率雖與內地一致增重而此項陋規獨存）之每付斗子（五千平方米達）年納四元工業製造鹽之輸出稅每担三分則於千九百十年四月間定之犬稅之增至每年十五元則於千九百

十二年五月間定之酒精之輸入課稅則於千九百十四年四月間定之他如女姑口滄口沙子口塔埠頭及台東台西之房捐（民居每間年捐二元至六元）廠捐（家畜廠舍及堆貨場每百方公尺年徵二元至六元）女姑口滄口沙子口塔埠頭台東李村之公秤使用費（按貨價百分之三）李村台東各處之商攤稅（大攤日收銅元四枚小攤二枚）牲畜稅（向售主徵收賣價百分之二）等亦均於千九百零八年始行規定征收專充各鄉村公益之用而其重要收入則爲海關補助與鐵路鑛山之報效金海關補助依據千九百五年十二月之會訂辦法於每年輸入稅總額中提取二成補助市政廳（海關制度詳見後段）因海關輸入逐年發達補助亦逐年增加鐵路報效金係據膠濟公司創辦之發布命令凡公司年終結帳紅利分配越五分至七分時應繳其餘額二十分之一充報效金滿八分時則繳十分之一越八分以至十分時則繳五分之一越十分以至十二分時則繳三分之一越十二分以上則繳二分之一至於鑛山之報效費亦與鐵路標準相同祇以當時營業不良實無所得此外尚有所得

稅公司稅印花稅交易稅等其中有已着手試辦者有正在調查尚未施行者均因戰事發生卽歸中止總之德人對於膠澳之施設雖具有各項稅收而所入不償所出每年國庫補助之費少則數百萬多則一千餘萬（詳見度支篇）總計補助之額爲數約達一億七千餘萬馬克蓋具有投資性質而非專恃稅捐爲挹注也

日人旣佔靑島其課稅情形除膠濟鐵路煤鐵各鑛與德人不同外餘槪沿襲德人遺規因仍者十之八九損益者十之一二蓋膠濟鐵路與鑛山等自日軍占據靑島卽歸官辦故其歲入預算經常門則收入甚微臨時一門分爲膠濟鐵路收入與靑島事業收入所謂鐵路收入則包括客車收入貨車收入及爲鐵道部管理之炭鑛鐵鑛埠頭倉庫病院等項所謂事業收入則爲電氣自來水林務郵電及電話屠獸場印花稅等各項其餘尙有膠海關補助費之一項租稅及雜收之二項海關補助額之計算一如德人之舊租稅及雜收之征稅科目與其征收標準對於德人舊制雖略有變更然亦無大差異其租稅之種類則爲地租（私有地民有地之地租）各項營業稅各項船車稅酒稅鴉片吸食稅（於專賣監督費之外凡申請吸食者每人每月征費一元）鹽稅露店稅米麵肉鹽油烟之看秤手數料柴草菜魚之公秤稅塔埠頭各處之雜稅等其雜收之種類則爲物品變賣費土地（官有地）房屋租賃費飼犬及督促之免許手數料裁判所各種手數料懲罰及沒收金賠償及違約金醫院收入汚物掃除費學費境界石標費官地石砂採取費等然尙有二項專賣特許費（亦名專賣監督費）爲日人占據時之大宗收入一爲烟膏專賣特許費指定扶桑公司爲專賣局（民國四年）並於李村滄口沙子口仙家寨張村老窪鄉小水淸溝姜哥莊大嶗等處各設分局凡販賣烟膏者每兩征收專賣費一爲中國酒專賣特許費特許商人大萊號松本菊雄專賣非經專賣人之手不得釀造中國酒或輸入於本埠日人對於前二項特許費之收入年收若干旣不公開無從計算而對於靑島之市政極力擴充總計六七年之間經費尙有餘裕以視德人之年須國庫補助相去何至倍蓰况經營專賣之人一經包辦立致鉅富則其爲巨額之收入槪可想矣

我國接收而後事繁費絀益以鐵路鑛山電氣屠獸各項或移轉中央管轄或改由商人承辦故各種稅則但就日人原有舊制略爲損益重以頻年政局動搖軍事費用隨時提取酌盈劑虛頗難挹注外僑方面則藉口於土地所有權暨參與市政權以爲抵制種種稅款藉故延宕拒不繳納地租一項英人甫於去年開始完繳其餘僑民尙在觀望其他稅款亦均遇事阻抗實則本埠收入多屬官營業性質僅有地稅車捐營業捐雜稅衛生費牲畜檢驗費屠宰費等項屬於市稅性質共約收入四五十萬元其餘槪屬國稅省稅較之本埠所收市稅不啻數十倍市民負担輕重所以今昔懸殊也茲就本埠所管各項租稅列表紀錄如下地租一項其中亦含有稅之性質故亦附列

本埠租稅科目及稅率一覽表

租稅名稱	課稅徵租之人或物	租稅率	徵收期	根據法令	德租時代辦法	日踞時代辦法
地	德租時代賣出地畝	按照接收底册舊額征收百分之六	每年一月四月七月十月四期	膠澳商埠地稅暫行規則十二年五	最初照賣價征百分之六以後每年	以地價百分之六爲原則凡不按照

稅　地

	至百分之二十四	分繳	月十五日公布	調查修正地價市內分爲若干區按實際買賣價格以定一區之平均地價	原定計畫而使用者則加增之原有地價增加稅則免之
本國居民原有地畝	一等園林地每畝征三角五分 二等農地每畝征二角五分 三等山林砂石地每畝征一角五分	每年十一月一次繳納	同上	最初每小畝征制錢三十二文嗣增爲二百文至千九百零三年乃改訂爲現行制但畝分改按中畝計算每畝三百六十弓即九百二十一平方公尺	與現行制同
青島市街地	以每方步計算分五等一等六角二分以上 二等五角四分二厘以上 三等四角六分五厘以上 四等三角八分七厘以上 五等三角一分以上	每年按一四七十等月納租	膠澳商埠征收地租暫行規則十三年五月二十二日公布十五年二月十八日修正	與日踞時代相彷但無詳細規定	按坪計算一等年租八角以上二等七角以上三等六角以上四等五角以上五等四角以上
四方市街地	以每方步計算分二等一等一角一分六厘以上 二等七分七厘以上	同上	同上	同上	按坪計算一等一角五分以上二等一角以上
工場地	青島附近及四方附近均按每方步計算分二等一等一角五分五厘以上 二等七分七厘以上	同上	同上	同上	按坪計算一等二角以上二等一角
青島區農業地	以每十方步計算分五等一等七分七厘以上 二等五分四厘以上 三等三分九厘以上 四等二分三厘以上 五等一分五厘以上	同上	同上	同上	按十坪計算一等一角以上二等七分以上三等五分以上四等三分以上五等二分以上

租　車

李村區農業地	以每畝計算分四等一等三元五角以上 二等二元六角以上 三等一元六角以上 四等八角以上	十一月一次繳納	同上	與現制同	與現制同
漁池	每畝一角	同上	同上	同上	同上
台東鎮官地	以每二百平方公尺計算按月納租分三等一等八角五分 二等七角 三等五角五分	每月十五日一次繳納	同上	同上	同上
台西鎮官地	以每一百平方公尺計算按月繳租二角八分	同上	同上	同上	同上
汽車	每期七元	每年分四期每期三個月於每期第一月十五日以前繳納	膠澳商埠征收車捐暫行規則十二年五月二十七日公布十三年六月修正	與日人時代同	每期七元兩期併收每半年收費一次
載貨汽車	每期二十一元	同上	同上	無	無
載客馬車	每期五元一角	同上	同上	與日人時代同	每期五元
人力車	每期二元	同上	同上	同上	每期一元五角
脚踏車	每期一元二角	同上	同上	同上	每期一元
機器脚踏車	每期三元二角	同上	同上	同上	每期三元
載貨馬車	每月一元	每月十五日以前繳納	同上	同上	每期三元
人力載貨車	每月七角	同上	同上	同上	每期二元

捐	一輪小車	每月四角	同上	同上	同上	每期一元
捐	公共及長途汽車	每期二十一元另征執照費五十元每車每年繳納道路補助費一百元	補助費每六個月爲一次每次五十元	膠澳商埠局管理公共汽車及收費規則十六年十月五日公布	無	無
營業稅	旅館	分九十元六十元四十元二十元之四種	每年分四期每期三個月每期第一月征稅	依德人舊有辦法	畧與日人時代同	一等九十元二等六十元三等四十元四等二十元
營業稅	客棧	分三十元十元三元之三種	同上	同上	同上	一等三十元二等十元三等三元
營業稅	飯舖菜館藥房	分三十元十元三元之三種	同上	同上	同上	一等三十元二等十元三等三元
營業稅	酒舖燒鍋	分三十元十元三元之三種	同上	同上	同上	一等三十元二等十元三等三元
營業稅	戲園	分七十五元五十元二十五元之三種	同上	同上	同上	一等七十五元二等五十元三等二十五元
營業稅	窰場	磚窰每個每月四元木炭窰每個每期三元	同上	同上	同上	每月四元
營業稅	咖啡店	分一百元七十元四十元二十元十元之五種	同上	咖啡店酒排間營業暫行規則十六年一月十八日公布	同上	一等十元二等五元
營業稅	當舖	分二百元一百元之二種	同上	膠澳商埠典當營業管理規則十三年八月十三公布	同上	一等二百元二等一百元
衛生費	原有房屋	店鋪平房每坪每月二分住宅平房每坪每月一分五厘工場倉庫每坪每月五厘便桶及鐵製便所每個每月八角	每月十五日以前繳納	膠澳商埠衛生費征收暫行規則十二年六月二十七日公布	畧與日時同	與現制同
衛生費	新築房屋或改建	店鋪平房每方步每月一分六厘住宅平房每方步每月一分二厘工場倉庫每方步每月四厘便桶及鐵製便所每個每月八角	同上	同上	同上	同上
石材土砂採取費	採取土石者	採石每立方公尺八分採土每立方公尺四分採砂每立方公尺三分五厘	隨時征繳	膠澳商埠採取石材土砂規則十二年六月六日公布十四年九月二十六日修正	無	與現制同
負販商捐	負販商	甲等每月一元乙等每月八角丙等每月五角	每月十五日以前繳納	膠澳商埠負販商月捐暫行規則十二年七月公布	無	無
不動產證明費	買賣過戶	按價格千分之十五	隨時征收	膠澳商埠不動產證明許可收費規則十二年五月十五日公布	初收手續費一元民國三年公佈買賣私有地不動產除地價建築物實價所得純利按三分之一提歸公用嗣因日德交戰未實行	初依德人辦法收費一元民國九年十月以後改爲千分之十五收費
不動產證明費	典當過戶	按價格千分之五	同上	同上	同上	同千分之五收費
不動產證明費	無償贈與過戶	按價格千分之十	同上	同上	同上	同千分之廿收費
不動產證明費	分割過戶	按價格千分之二	同上	同上	同上	同千分之五收費
漁田	灘網區域	年租二十元	每年七月末日以前爲征收之期	膠澳商埠征收沿海官有漁田地租規則十六年十一月十七日公布	只有漁池一段年租二十元其漁稅歸水產組合徵收	與德人時代同
漁田	大蒲網區域	年租十六元	同上	同上	同上	同上
漁田	小蒲網區域	年租八元	同上	同上	同上	同上

租	大床網	每舢板年租五元	同上	同上	同上	同上
	小床網	每舢板年租三元	同上	同上	同上	同上
	大小插桿絲網	每舢板年租二元	同上	同上	同上	同上
草場租	每官畝	年租二角五分	每年七月末日以前爲征收之期	膠澳商埠局海西官地墾種章程十五年十月八日公布	每中畝二角五分	與德人時代同
丈量費	官私土地過戶丈量	以面積計算一千平方公尺以下五元　一千以上至二千公尺七元五角　二千以上至五千公尺十元　五千以上至一萬公尺十二元五角　一萬以上至二萬公尺十五元　以上每增一萬遞加二元五角	隨時征收	膠澳商埠官私土地繳納丈量費用暫行規則十五年二月八日公布	無	無
換照費	更換租照	每張二角	換照隨繳	膠澳商埠官有地更換租照規則十三年六月二十一日公布	無	無
驗契費	呈驗舊契換契新領	每張契紙費五角註册費二角	驗契隨繳	膠澳商埠驗契換契條例十四年六月公布	無	無
石標費	石標	每塊一元	隨時繳納	膠澳商埠官私土地設立誌石暫行規則十五年二月八日公布	每塊收費一元	每塊收費七角
掃除烟筒費	樓房平房之烟筒	每平房烟筒一眼收費五分樓房烟筒按層遞加	春夏秋三季兩月掃除一次冬季每月掃除一次按次徵收	膠澳商埠徵收掃除烟筒費規則十六年十月公布	大致歸商辦	與德人時代同

牲畜檢驗費	牲畜	騾馬牛每頭一元五角　驢每頭八角　猪每頭五角　羊每頭三角	隨時徵收	膠澳牲畜檢驗局暫行章程十三年八月呈准十五年六月奉省令改定	無	無
鄉區屠宰稅	牲畜	牛每頭二元　騾馬驢每頭一元五角　猪每頭一元　羊每頭五角	同上	十三年三月畜產公會包辦契約內附有徵收手續十五年六月訓令牲畜檢驗局兼辦徵收仍沿舊章	商辦	商辦
犬牌費	犬	原定每頭年捐五元現改收一元	每年自七月一日至翌年六月末日徵收一次	膠澳商埠警察廳取締飼犬規則十二年六月公布十三年四月修正十六年八月再修正	初爲每年每頭十元至千九百十二年增爲每頭十五元畜養二頭者第二頭則年二十元第三四頭每年各二十五元	每年每頭納費五元
齊燕會館義地費	義地埋葬或停厝	浮坵每坵五元頭等每坵七元五角　二等四元五角　三等一元　四等五角　小孩五角　暫停每坵十五元	每年由齊燕會館彙繳一次浮坵繳三分之一費一元五角頭二三等各繳五角四等全數繳款小孩及暫停均一律免費	依據德時辦法	德人租借時於前清光緒三十年公布義地收費章程	沿用德時辦法
歐美人公墓費	墓地成年者寬二公尺五公寸長一公尺二公寸未成年寬一公尺至一公尺二公寸長九公寸葬期爲二十五年	成年人租每年十元開掘費二元五角未成年人租費一年五元開掘費一元五角挖除舊枯骨費七元五角逾期保留費二十五元特別坟場費每方公尺三十五元	隨時繳納	膠澳商埠歐美人公墓埋葬章程十二年十二月十五日公布	與日時略同	與現制略同
催	繳納租稅之遲	催促欠款每件每	發出納稅通知	膠澳商埠衛生費	無	與現制同

促費	緘者	次徵洋一角	一個月以後	徵收暫行規則十二年六月公布		
裝船公秤稅	土產食物糖果蔬菜油類木料柴草礦產雜物藥品牲畜等十門計三百七十種	出口貨物抽收千分之十　進口貨物抽收千分之八	隨時徵收其由商包辦者按月攤繳	膠澳商埠紅石崖塔埠頭徵收規則十五年八月公布其他各處倣此	按貨價抽百分之三	由代辦人徵收包繳照收數扣十分之三
商攤稅	雜貨商	每佔地皮一坪徵收銅元二枚	逐月徵收其有板房者按月彙繳	沿德日時代習慣	與現制略同	與現制略同
山轎捐	包商	每山轎一乘月捐一元嗣改包商年繳包款百元本年四月間復改爲暫繳半數	每年自五月一日至翌年四月末日徵款一次	十四年五月由馬清忠呈請包辦十七年四月呈准暫繳半數	無	無
居留照費	外僑游歷人	每照三元印花稅一元	隨時徵收	沿用本國習慣	無	無
護照費	輸運現洋	在本省輸運現洋一萬元者每照六元出省加倍徵收	隨時繳納	沿用本國習慣	無	無
附記	表內之公秤稅商攤稅山轎捐等本年九月間己將塔埠頭紅石崖台東鎮滄口李村棗園沙子口及柳樹台等處一體明令取消　掃除烟筒費於十六年冬間停辦					

上列表內各項稅捐除地租地稅車捐營業稅之數種外科目雖多而收款甚微餘如糞便包價違禁品費租地報効金電汽公司之報効費宰畜公司之檢查費萬國體育會之報効費農林事業之收入費等亦均爲歲收之一種然本埠重要收入則首爲港政局其次爲電話局港政之碼頭費繫船費作業費領港費倉庫費留置費及小港分所之雜項稅捐費電話之裝置費使用費掛號費移轉費急用裝設費與夫自動長途等項均屬分門別類各有征收之費款而大致均沿用德日舊時之習慣略爲增損而已要之本埠財政初以官營業之收入爲主碼頭電話水道房租之各項皆屬於官營事業至於稅捐僅佔其小部分除地稅及司法收入外大都屬於普通市稅性質自成爲一系統顧自接收以來又加以我國原有國稅及新增省稅之新系統新舊糅雜以特別商埠區而兼有普通地方行政之負担其不免於重複固無可諱也

（乙）土地制度　德人租借膠澳之初除占有土地全沒入官外鑒於其他殖民地所受大資產家之弊害而思有以矯正之故其重要問題卽爲收買民間土地蓋以膠澳既闢爲租借地則公私建築需地既廣且市街一經開拓鐵路開通港灣興築貿易卽趨於繁盛人口亦因而漸增商民之需要房屋必多土地之價自當隨之而騰貴地價既漲則投機之資本家必將乘勢購買以圖壟斷之利行政當局使非事先設法預爲防止則不惟於將來青島之商工業者受有重大損失卽德人在膠澳之政治上亦必發生危險蓋本埠重要地點之所有權若歸諸大資本家之所有或且入於含有敵意之他國人之手則國法上及國際法上均無强制買回之例而對於一切經營之設備卽生種種障礙況地方之事業繁盛實由市政之積極經營其地價雖日趨增高既非由地主出資改善又未加過若干勞力之經營則此項漲價利益自不能歸於原有私人而應爲市廳之所公有方昭平允故自德人來後卽發布軍令禁止人民私自買賣土地一面設立測量部測量膠澳之土地面積規定等級並會同卽墨縣知縣與青島及其附近十八村地主協商購買之價格又與地主訂立契約設定官廳有購買之優先權蓋德人於占據膠澳之翌年（卽千八九十八年）一月在未訂租借地和約以前卽已着手收買土地至千九百零二年於此四年之間以青島爲中心北自海泊河起經仲家窪小湛山南至會前角以西一帶土地收買者約一萬四千餘畝迨至日德開戰前之十餘日在李村滄口及海西半島等處收買者又四千五百餘畝而對於已收買之土地更爲詳細調查精密測量除市政廳保留各種應用之土地外商民如欲購買某段者卽以投標方法行之投標之價超過其預定之額而又投價最高者卽可獲得所欲購之土地又設置地畝局及土地登錄局專司買賣租借及登記等事凡商民買得之後經過登記卽可自由買賣讓渡惟須於轉賣時將賣價呈報市政廳倘賣價超過當時之買價則其所得漲價差益應取百分之三十三分三釐以爲土地增價稅

然若土地所有者於買得後投有資本將土地改良而賣出者准將所投資本若干並按年加以六厘利息於其所得差益中扣除後始照餘額征收之至呈報所投資本價格是否確實則另由中德及各國人組成之審查委員會評定之又恐賣者欲圖少納稅金不將賣價據實呈報希圖隱匿則又規定市政廳得照賣者所報價格有優先收買之權其對於買有土地者每年應納地稅常例以百分之六爲標準但買者若無使用目的徒欲留待異日價格騰貴以謀轉賣則又規定凡買得土地須先呈明使用此項土地之目的倘於一定期間內不使用者當按所逾時期長短每年課以百分之九以至百分之二十四之土地稅俟其實行使用時再爲恢復原額當時規定逾期未使用之土地課稅其標準如左

第一年	九分	第四年	十二分
第七年	十五分	第十年	十八分
第十三年	二十一分	第十六年	二十四分

蓋其意欲使買者不敢留地久待多增負担而使土地長此荒蕪以阻礙埠內之繁盛且又恐他處之資本家買得土地多方操縱更設限制凡非住居本島之人不得有買地之權此外復規定所買土地於二十五年中未經買賣移轉者若其時地價騰漲應由委員會審查改定地價後按照當時買價差額征收增價稅百分之三十三分三釐以後每二十五年征收一次則無論是否售賣或移轉均須受增價稅之限制矣至所謂百分之六之地稅固屬按價征收而是項最初他價即屬德官廳賣出之價格此項地價之效力原定至千九百零一年十二月末日爲止經此時期則須另由地價評定委員審定之以後每三年修正一次其評價委員係由膠撫參事官及市民中所舉之代表西人二名中國人一名共同組織審查其評定價格之方法即(一)凡課稅土地其地位價值大概相等者合爲一區租借地內共分六區(二)每區土地以千九百一年間實際所賣價格若干以其區總面積除之即得平均價格以此價定爲修正地價(三)若土地適遇買賣之時由官廳拍賣者則以投標最低之價與投上最高之價平

均定之由個人賣買者以其實付之價定之由前項三者之規定而得六區平均每一平方米達之地價如左

第一區	一·六九元	第二區	一·三二元
第三區	〇·八三	第四區	一·〇一
第五區	〇·九六	第六區	〇·四五

上項辦法是德人對於膠澳私有地之原定方針但其後三年屆滿並未評定修正歷年以來市區發達住戶驟增地價日趨昂貴至千九百十三年十二月間膠撫乃召集參事會並由洋商會三人地主代表三人中國紳商六人（我國紳士如前山東巡撫周馥前外務部尙書呂海寰均在內）提議地價課稅應另修正議決由膠撫屬官六人洋商會二人地主代表二人我國紳商二人組織評價委員會按照歷年買賣實價作爲標準議決征稅定額於千九百十四年四月實行

顧炎武日知錄載明沿金元舊制量地五尺爲步二百四十步爲畝畝百爲頃里甲州

縣土著以社分遷民以屯分社民先占地廣屯民後占地狹故有大畝小畝之別東省相沿至今即墨志載許鋌地方事宜議有云本縣計畝舊規近城五里內土脈稍厚則以二百四十步爲畝離城五里外地土稍薄則以三百六十步爲畝新開荒地請以五百步爲畝蓋即墨地瘠民貧戶多逃亡地荒而粮存萬歷初議均地成熟者徵納荒閑者除豁於是熟地兼負荒地之粮而荒愈甚許鋌宰即墨招民墾荒頗多寬假復事清丈乃將並徵之糧均於新升之地以輕負擔清因明制差有損益據縣志載大糧上地九十頃六十一畝每畝徵銀四分六釐八毫有零加攤丁銀六釐有零大糧中地一萬二百十一頃七十五畝每畝徵銀二分八釐五毫有零加攤丁銀三厘二毫有零大糧下地一百三十七頃十五畝每畝徵銀二分四厘八毫有零加攤丁銀二厘六毫有零額外荒地一千二百八十六頃七十二畝每畝徵銀二分二厘一毫有零加攤丁銀二厘五毫有零收併浮山所上地八畝每畝徵銀四分六厘六毫有零加攤丁銀五厘一毫有零中地三十二畝每畝徵銀二分八厘一毫有零加攤丁銀三厘有零下地八十

七頃十二畝每畝徵銀一分九厘加攤丁銀七厘九毫有零膠澳境內中下地居多自經闢爲租界其經德人佔有入官者今稱官有地其由德人收買而轉賣於商民者今稱私有地尙有未經德人收買而土地所有權仍屬原有居民者今稱民有地德人對於未經收買之地其土地之所有人仍得照舊使用應納課稅亦照從前丁糧章程征收之凡土地面積每六百一十四平方米達按照當時中國幣制價格收取制錢三十二文其面積換算方法根據中國官廳所存粮册辦理其後感於中國粮册之不適於用又以經征人員（地保催粮村長收款）之種種弊端不免有額外浮收之積習乃調閱膠州卽墨兩縣原有粮册另製土地台帳至千九百零四年始行整理就緒於是另定徵收規則凡土地一畝（每畝二百四十弓卽六一四平方米達）每年徵京錢二百文分二期徵收由土地所在地之村長經徵繳納給以百分之五之手數料逾期不繳者處罰嗣於千九百零八年五月間復改爲每畝徵收京錢三百五十文至一千九百十三年九月更以命令變更地稅征額分爲三等等一地爲住屋果園菜園場圃地每畝年征三角五分二等地爲禾稼地每畝年征二角五分三等地爲山地及沙地每畝年征一角五分而每畝則改爲九百二十一平方半達（三百六十弓）是制蓋沿用至今矣

洎乎日軍佔據對於土地制度一依德人之舊有規模惟於不動產證明及登錄等項之手續另訂特別規則所有德人之土地增價稅亦於民國九年廢止以後買賣土地只征賣價千分之二蓋日人之目的皆以青島爲致富之地紛至沓來絡繹不絕自民國四年至八年之間日人之來青者已達三萬餘人則添修房屋擴充道路均須於土地是賴故一方取消增價稅以便有土地者樂於出賣俾日人得以平價購買一方則爲該國商民預留居住用地極力收買民間土地以爲擴張地盤之用自民國七年以後在四方及滄口一帶買收土地約三百餘萬坪除官廳應用者外餘仍租與原主耕種每畝租銀約三元至五元不等嗣以市街擴充工商繁盛日人之經營加工鹽業者應於水運便利之海岸建築工場較爲適宜由官廳許可青島鹽業等會社填埋海面

繼復由日軍自行出費填積將大港附近海岸一帶及低窪之地填築坦平俾可轉租日人居住或經營商業約計大小港海岸埋積之地共有十七萬九千餘坪（日人私人填積之地如青島鹽業株式會社在市內小港一路原名三日月町日本製鹽公司在滄口北方興亞起業株式會社在湖島子西方海岸爲數亦頗不少）至對於官有土地其辦法則與德時迥異德時之官有土地出賣者多出租者少日軍來青以後其國人蜂擁蟻附爭先恐後不數年間已達二三萬人則欲爲該國人謀發展計必先使之各有土地以爲永久之基礎而處分土地之辦法若欲如德人之專事出賣則當與德宣戰時曾有和平後仍將青島交還我國之宣言深恐引起世界之非難故特制定土地貸下之規則（貸下卽出租之意）將土地多數出租其初出租之期原定十年爲限不意華會結果決定青島歸還事出日人意料之外日本當局乃竟千十一年二月間將本埠官有土地五十萬坪突然宣告出賣其中承買之人日人被許可者一百七十八人而我國人則僅有二名且宣布出賣之價不但未依地價趨勢酌予增加反比德人原定標準價格低減將及半數如德人所定標準一等宅地價爲三十三元三等最低價爲五元而此次所定地價最高爲二十元最低爲二元則其存心偏袒已可概見幸宣告尙未實行卽遭我國抗議又經在青外人責言乃由日本陸軍部來電阻止一方又將土地廣事出租計截至十一年三月末止官有地之租出已達八百四十一萬餘坪而三月以後之租出爲數亦復不少所以魯案會議商訂細目協定對於土地租出有華府條約批准交換前後之區別蓋以防其濫租也至日本私人之購買土地當時藉軍隊之威力大加强迫收買其有不願賣者則用利誘勢迫不達目的不止查自日人來後至十年九月底止在青島市內市外日本私人收買之土地已達九十八萬三千餘坪而自是年九月以後亦復有加無已總計實在百萬坪以上如國武農場之類名爲農場實則壟斷居奇況德人在草剏之際收買民地化爲公有猶且出價七十元按中畝三百六十弓計算有屋一間償費三十元日人則於商埠既興地價已昂之後僅出每畝三十元至五六十元强爲收買歸諸外人私有此實各國所不許而爲

而爲最不公平之手段也

接收以來官私及民有土地均沿日人舊制惟官有土地之計算方法易坪爲平方公步租價略爲減輕計市內外私有地共爲一百六十萬五千九百三十餘米達上等民有地爲七千六百七十八中畝有奇中等民有地爲八萬八千四百三十中畝有奇下等民有地爲一萬五千二百五十六中畝有奇至官有土地歷年頻如整理自十四年趙琪總辦接事後更爲積極清釐開放滄口之工場地招領市外農地清丈市內外及海西各處以視接收時之官地年有增加現計市內外官地年租中國人具名項下十三萬七千四百七十餘元日本人具名項下二十萬一千三百餘元歐美人具名項下一萬六千五百餘元其台東西鎮之舊有官地原屬德時優待貧民較之市內外官地地租減輕一半有奇亦仍照舊辦理年可征租四千六百七十餘元青島區及李村區之買收農地係德日當時由民戶價買之地預備建設工場現因工場尚未擴充至各該處仍由各出賣原戶租種其中除已放贖各地不計外亦復照舊征租年可收租銀一萬二千餘元至沿海草場官荒及漁池各地近年清丈增加地畝爲數甚夥祇以草荒灘淺率多減免然昔日年租不及千元現已增至一倍以上矣

我國收回膠澳後之最困難者卽屬懸案之土地問題蓋在未接收以前因買賣手續而爲外人購去之土地計有八千餘畝日人得七千畝其餘外人得千餘畝當民國十一年在北京開中日聯合會議時我國欲照約全部收回日本則主張永久無償租用雙方爭持甚久最後換文我國允於德國租借膠澳之年限以內給與無償租用作爲買收價格期滿則由我國收回若更繼續租用須按商埠局章程辦理日方未允遂將此項問題作爲暫時懸案留待他日兩政府間之解決其外人經營農業之土地如國武農場一類則於山東懸案細目協定之附件中明白規定由我國收回其後國武要求巨額償金迭經中日雙方會議迄未解決十五年秋後經商埠局派定專員交涉本案雙方以口頭接洽至十六年夏間漸有接近之趨勢日方要求收回價額爲三十五萬餘元而以滄口市街地保留另案辦理以故延未解決蓋國武方面藉口於滄口市街地價昂貴是不啻自承爲壟斷居奇之地販而蔑視兩國所訂之條約此則我國人所當深爲注意者也

（丙）海關制度　青島榷稅由來已久卽墨縣志載青島口金家口海船按裝載貨物抽取稅銀倉口沙子登窰三小口裝載花椒梨果亦同咸豐十一年設立東海關於青島塔埠頭二處設分卡焉千八百九十九年我國總稅務司赫德與德使海靖協訂青島設關徵稅辦法二十條於同年七月一日實行初定辦法採用自由港制度以期青島貿易之發展故由海路運銷青島之貨物免徵進口稅但帆船運送之貨物及由租界運入華界之貨物與內地貨物運入租界又轉口運出者皆由海關照章徵稅然自實行以後經過六年之經驗對於檢查出入貨物之制度確有礙於青島之發展不能得豫期之效果一則因中國商民麕集於海關附近而不願住居於租界以內租界市面轉形蕭條一則海關取締境界之秘密貿易檢查既難周密商人亦蒙損害且鑒於香港澳門之例因檢查秘密貿易時引起交涉問題實有妨於中德間之親善經此種種困難乃於千九百零五年（光緒三十一年）十二月由總稅務司赫德與德使穆默會訂青島設關徵稅修改辦法縮小自由港之免稅區域以大港內包括之防波堤與碼頭及面於大港之土地（卽碼頭界內存入貨棧者）爲其界限出界卽須課稅於是租界之進出口貨亦皆課稅而以進口正稅之二成補助本埠以酬之（山東通志載當開議之始稅務司核記所存徵稅簿各貨留於租界之內不納關稅者約祇一成而德員所核則稱留有三成嗣復經詳查關員知留用者爲一成五而德員亦稱不及三成不過二成二三於是折衷定數此二成補助之所由來也）歷來我國海關章程在甲口完稅之貨轉銷乙口者不必重完稅課其甲口之交稅單仍有效力而膠海關因有二成補助之關係獨不適用此制卽在他口完稅之貨而轉銷膠澳者應由收稅之關卡發還原交之稅而由商人另向膠海關完納此爲膠海關之特殊情形現行之大連關稅制度卽仿此辦理者也民國三年日軍占踞青島稅關事務一時歸軍政管轄至四年八月日本向我國交涉將中德會訂辦法中之德國文字改爲日本字樣於是

將大連之稅關長立花政樹改任膠海關關務繼續進行以至於今本關設於青島名膠海關另於女姑口滄口沙子口紅石崖靈山衛等處設置分卡掌理稅關事務其所謂自由保稅區域仍以原有地段及德國舊時存在之鉄柵爲界限我國接收之初由中日聯合會議允將青島現行保稅區域制度繼續辦理並允將一九零五年膠海關修改辦法第三條丙項規定所包之貨物依善意在一九二二年二月四日以前訂購者以由該期日起四年內進口爲限免除進口稅又允於中華民國十一年十二月以後對於膠州舊租借地之製造工廠與中國他處商埠之製造工廠同樣待過且海關得用日本文字接洽事務職員更動以最少程度爲限舊有財產與膠澳公產分離之各辦法詳訂於此次細目協定及附件中蓋亦吾國稅關中之特別情形也

向來洋貨入口須交正稅其入口後轉銷內地者應交子口半稅所謂子口半稅乃爲替代內地厘金雜稅之計實予洋商以方便也然山東之厘金雜稅向章極微鉄路既不負稽查之責膠關亦未遍設陸路分卡故轉銷內地之洋貨多不交納子口半稅收

數甚屬寥寥比及近年新稅日增而子口稅亦從之而增則往年之隱匿走漏概可想見關稅已由協訂進於自主新訂七級制之新稅則已由國民政府厲行辦理膠海關亦定於十八年二月一日同時實行此後內地釐稅裁撤無所用其趨避矣

關稅而外其他國稅如印花菸酒之類稅率手續全國從同本埠亦無所歧異惟鹽稅因沿革關係頗有差別膠東沿岸十八縣舊有鹽課嘗於前清康熙年間攤歸錢糧項下由各縣帶徵其後膠澳劃爲租界德人乃設出口鹽稅每担三分又因鹽灘原有陋規（初爲海防而設繼則海不設防而陋規具在）改爲斗稅每副鹽灘（俗稱一副斗子）年課四元比及民國初元東岸鹽稅離錢糧而獨立十八縣原有斗捐及其他陋規概行裁撤其時膠澳尚未收回無由實行洎魯案會議結果出口鹽稅依照舊率三分載在協定嗣以日人於食用之外又歧出工用鹽問題於是青鹽協定結果定爲出口運往日韓鹽稅每担三分而用鹽加課公費三分朝鮮鹽九分其運往香港等處之鹽仍照特定輸出稅率每担二角漁鹽亦同其內地食鹽亦於收回膠澳時起照民國

初元規定另行徵稅每担初征四角嗣又增爲六角而精鹽在本埠銷售者每擔課稅二元五角其向有之斗稅雖經鹽民一再陳請迄未删除十八縣同有之陋規僅餘膠澳留此汚點此亦膠澳鹽稅特殊之狀態也

附幣制　本埠未闢租界以前純用制錢爲本位外埠滙兌則用銀兩以膠平爲準迄今洋價漲落滙價高下仍按膠平計算其後改用銀元以北洋造幣居其多數江南湖北所鑄初亦通用民國後則專用天津造幣廠之新幣輔幣甚少德人於清宣統元年曾鑄發鎳輔幣共值七萬元日人亦嘗雜用日本之銀鎳銅輔幣我國接收以來德幣固已絕跡而日幣則市面尚間有用者本國輔幣在我國接收後雖有新舊輔幣一再運來市面不能通用全賴中交兩行所發角票爲之周轉以十角當一元無輔幣貼水之病銅元一項本埠需用不多而膠濟沿線及內地交易仍以銅錢爲本位故銅元之買賣運販亦頗旺盛銅元一枚當制錢十文其計算上之稱呼卽京錢二十文對於洋價之換算亦因市價高低而不同接收之初大洋一元可換京錢三十五六吊值制錢

十文之銅元一百七八十枚今則因每銅元一枚當制錢二十文之輔幣充斥市面故銀價日高每元可換銅元三百五六十枚至若中國紙幣其初尚少行用自我國收回埠政後各銀行陸續開設於是中國交通山東各銀行之紙幣各地均得流通應用又有所謂錢票者依制錢與銅元爲比例往年如卽墨之德誠號積慶號滄口之益豐棧青島之謙益和立誠等均各發行使用今則市上已罕見矣外國銀行紙幣在未接收以前初有德華銀行之兌換券其後又有橫濱正金銀行之銀券及朝鮮銀行之金券銀券有十錢五十錢一元五元十元百元七種日軍初來時尚有一種軍用手票隨地行用未幾卽行收回金票因匯水漲落亦難通用現惟正金滙豐麥加利匯理各銀行之兌換券與我國各銀行紙幣互爲流通行用也

財賦志二　度支

考德人經營膠澳之初每年由德國國庫補助巨額之經費第一年（卽千八百九十八年）爲五百萬

馬克逐年遞增至第八年千九百零五年爲一千四百六十六萬馬克自此以後乃逐年遞減以迄千九百十三年猶有九百五十萬之補助綜計先後十七年其補助總數爲一億七千餘萬馬克蓋在千九百零五年以前本埠收入不足百萬且性質多屬臨時例如售地之地價收入歲額頗不確定至千九百零五年乃有百萬馬克之收入此後逐年遞增至千九百十三年已增至七百二十三萬馬克彼之國庫補助有類投資而本埠數百萬之歲入則其子息也更考其歲出之性質自千九百年至千九百十三年計十四年之中其純屬於軍事費者共四千七百零三萬馬克屬於民事費者共一千六百十一萬馬克屬於軍民共同者大都爲建築用共三千一百八十四萬馬克三者合計九千五百萬僅當國庫補助十分之六而强其餘十分之四卽六千七百萬馬克概屬官營事業之投資港灣道路碼頭水道溝渠電氣電話屠獸官房等項是誠所謂子母相權善闢財源者也茲據青島全書及膠州灣所記摘錄德人租借期內之收支統計分別列表如左

(甲)德人租借期內歷年歲入表

年次	德國國庫補助	本埠收入	共計	備攷
一八九八年	五·〇〇〇千馬克	三六〇千馬克	五·三六〇千馬克	是年本埠收入售地之地價占三十二萬地稅占一萬一千
一八九九年	八·五〇〇	二〇〇	八·七〇〇	是年本埠收入地價占十一萬地稅占三萬
一九〇〇年	九·七八〇	五三八	一〇·三一七	是年本埠收入地價占三十四萬地稅占五萬
一九〇一年	一〇·七五〇	二一二	一〇·九六一	是年之本埠收入係半年之數地價占二萬地稅占三萬
一九〇二年	一二·〇四四	三〇四	一二·三四八	是年以前之會計年度由上年十月一日起算是年以後改由本年四月一日起算
一九〇三年	一二·三五三	三七九	一二·七三二	
一九〇四年	一二·五八三	八四六	一三·四二九	
一九〇五年	一四·六六〇	一·〇三四	一五·六九七	
一九〇六年	一三·一五〇	一·六四五	一四·七九五	
一九〇七年	一一·七三六	一·五三五	一三·二六九	此二年因銀價跌落本埠收入按匯價合成馬克其數較上年爲減
一九〇八年	九·七四〇	一·四四五	一一·一八五	
一九〇九年	八·五四五	三·八一六	一二·三六一	
一九一〇年	八·一三一	四·七九八	一二·九二九	
一九一一年	七·七〇四	五·八七〇	一三·五七四	
一九一二年	八·二九八	六·二八〇	一四·五七八	此二年因軍事費較增故其國庫補助亦增
一九一三年	九·五〇八	七·二三五	一六·八〇七	
合計	一六二·四八〇	三六·四九八	一九九·〇四四	

附記　本表以一千馬克爲單位百位以下四拾五入表中之軍事費係包括京津之德兵費用在內

(乙)德人租借期內歷年歲出表

年次	軍事費	民政費	軍民共同費	臨時費	官營事業費	恩給基金	備攷
一九〇〇年	一·八六四千馬克	七八四千馬克	一·三二六千馬克	五·九二五千馬克			
一九〇一年	二·二五七	七二三	一·四〇四	六·五七五			
一九〇二年	二·三六九	七九九	一·七九一	七·三七五			
一九〇三年	二·四三五	九〇七	一·九三六	七·四七〇			
一九〇四年	二·四〇三	九八四	一·九七四	七·六九七			
一九〇五年	二·七一二	一·一〇二	二·一九三	九·二五七			

一九〇六年	三·二〇七	一·一八二	二·三七七	七·三七五		
一九〇七年	三·三三九	一·二四七	二·四二六	六·二三〇		
一九〇八年	三·四一一	一·三七〇	二·六一四	四·〇三七		
一九〇九年	三·五五六	一·三〇一	二·七六九	二·六六一	一·八〇二	七五
一九一〇年	六·五一七	一·七七五		一·七七五	二·五三二	一一五
一九一一年	四·〇一〇	一·二六三	三·七八七	二·〇七五	二·八五四	一四八
一九一二年	四·〇四〇	一·三〇九	三·九五六	二·〇三三	三·九三五	一六三
一九一三年	四·九一七	一·三六六	三·八九七	一·八五三	四·五五四	二〇〇

附記　本表以千馬克爲單位百位以下四捨五入　本表之臨時費大都屬於各種建築溝渠道路等項費用

(丙)德人租借期內本埠收入詳表

年次/項目	標售地價收入	地(錢糧)稅	鹽稅	地租	磚窰稅	碼頭費及領港費	運搬費及倉庫手數料
一九〇二年度	一五	六三		二〇（地租、磚窰稅合計）		一六（碼頭費及領港費、運搬費及倉庫手數料合計）	
一九〇三年度	三九	六二		二五（合計）		二一（合計）	
一九〇四年度	一五四	一〇一		四六（合計）		一四一（合計）	
一九〇五年度	一七四	一〇六		七五	三	一九八（合計）	
一九〇六年度	九二	一三六		八三	三	二六一（合計）	
一九〇七年度	八九	一二三		八四	一	三六〇（合計）	
一九〇八年度	五三	一一九		七一	一	二九六（合計）	
一九〇九年度	七七	一二二		四三	一	一二五	五九五
一九一〇年度	一三二	一三六	一四	四〇	二	一五三	七〇七
一九一一年度	六二六	一五五					
一九一二年度							

年次/項目	特許手數料(商店領照費)	法院手數料及法院罰款	住家建築參與所得(房屋官股份餘利)	電氣作業收入	水道收入	屠獸場收入	山林收入	鴉片烟稅	身分登記手數料
一九〇二年度	二五	四〇	八			一八			一
一九〇三年度	四五	三八	四三			三三			一
一九〇四年度	五七	四一	六六	二六（電氣、水道合計）		三九			三
一九〇五年度	八五	五四	八九	三八（合計）		四五		一	四
一九〇六年度	九一	一〇七	九六	六九（合計）		六二	二〇	一	四
一九〇七年度	八六	四五	八〇	一〇二（合計）		六五	一〇	一	三
一九〇八年度	八三	五四	八三	一二二（合計）		七一	一五	一六	一
一九〇九年度	九六	六六	八七	一一六	一六五	七九	六六	一五	一
一九一〇年度	一四七	六四	九三	三二二	一八〇	八九	六二	一二	一
一九一一年度	二四二		九〇	三五二	一九五	八五	六〇		
一九一二年度	二三七		九〇	三六八	二一五	一〇〇	六〇		

年次/項目	地券[illegible]手數料	犬稅	各項罰金	狩獵稅及獵區租費	官立學校學費	通行稅(護照費)	證明書及翻譯手數料	工程費警捐	市外華人公共事業手數料(公益費)
一九〇二年度	一〇	四	一〇	三					
一九〇三年度	一〇	四	七	二	四				
一九〇四年度	三	四	一八	三	五				
一九〇五年度	四	四	一九	三	一三		二	一二	
一九〇六年度	四	四	二四	三	一〇	二	一	九	
一九〇七年度	三	三	一五	四	一二	一	一	九	
一九〇八年度	三	四	二一	五	一三	一	一	六	
一九〇九年度	三	四	二五	五	六〇	一	一	一一	四八
一九一〇年度	四	五	二五	六	六三	一	二	九	二七
一九一一年度									
一九一二年度									

官有建築租款								一〇三	一一五		
膠海關進口稅二成補助					五一二	四九七	三六八	四一五	四三三	五五〇	
埠頭收入／船渠造船所收入								1,450	1,918		
其他租稅及手數料	五八	二五	一〇四	六六	三一	二二	三七	三五	三四		
合計	304	379	846	1,037	1,644	1,533	1,444	3,816	4,797	5,870	6,280

附記　本表自千九百零二年起以前之本埠收入詳數已見甲表備考欄矣　本表以一千馬克爲單位百位以下四捨五入　本表第十項之住家建築參與所得之名稱青島全書譯爲房屋股份又據魯案調查報告書謂卽官署包辦建築之哈利洋行於所得利益中提成報效也

（丁）德人租借期內歲出詳表

種類	款目　年次	一九一一年	一九一二年	一九一三年
經常	膠撫政廳	五〇・〇〇〇馬克	五・〇〇〇馬克	五・〇〇〇馬克
	行政費	二二九・二一六	一七六・八五二	一八六・五四二
	司法費	八〇・九〇〇	八一・九〇〇	八一・九〇〇
	警察費	一三九・七四〇	一四一・三四〇	一四二・〇四〇
	港灣費	八一・二五二	八九・五五二	八〇・七五三
	觀象台費	九・九〇〇	一〇・四〇〇	一〇・九〇〇
	港務部費	四三・一六〇	四三・四〇〇	四三・八〇〇
	歐人教育費	八七・六三六	六七・一七〇	九〇・五〇〇

民政費	華人教育費	六五・二〇八	八五・一一八	一六一・四二五	青島特別高等學堂經費此外又有我國補助每年四萬馬克
	各種支出	一三〇・二四二	一二九・七二七	一四二・九七九	
	港灣建置維持費	五六・五〇〇	九九・二〇〇	九九・二〇〇	
	測候費及港灣業務費	一二九・二〇〇	一二二・二〇〇	一二八・一五〇	此項爲物品設備用前之觀象台費港務部費爲人事費
	山林局費	三九・一四八	三九・一四八	三九・一〇〇	
	歐人學校費	一三・七〇〇	一三・七〇〇	一三・七〇〇	此項爲設備用
	華人學校費	一三九・四九三	一二〇・四九二	六八・〇〇〇	此項爲設備用
	華籍巡捕費	二七・五〇〇	二七・五〇〇	二七・五〇〇	
	計	一・三二二・七九四	一・二八七・七二九	一・三六六・四八九	

軍事費	俸給	二・一五〇・二四三	二・四七一・五六二	二・六四二・〇九四
	糧食費	八二九・六二五	九八八・六三五	一・〇一六・八二五
	被服費	二七一・五八八	三三八・四七六	三四一・〇〇八
	馬匹車輛	一八八・九三一	二二三・八六九	二五四・〇三五
	兵器及築城費	五六九・九三六	六七二・四〇〇	六六三・四二七
	計	四・〇一〇・三二三	四・六九四・九四二	四・九一七・三八九
軍民	預算費及審計費	五九・八五〇	五七・五七五	六二・一〇〇
	官房官地管理費	七四六・一二五	八〇四・一〇三	九一八・八八九
	官房建築費	二八一・一一八	三四九・二六八	三一三・三一八

共同費	精神病院費	一七·〇〇〇	二一·三五〇	二二·三五〇
	說教費	不詳	不詳	不詳
	膠督金庫及會計事務	一二八·四〇〇	一三一·七八一	一三二·二七五
	其他	一·五六七·七五〇	二·一二六·一七六	二·〇二一·八七〇
	計	三·一八七·四九九	三·九五五·六五一	三·八九六·六〇一
官營事業費	造船所及船隖費	二·一二五·一三〇	三·〇八九·六五五	三·六六三·六三一
	電氣作業費	二三四·〇〇〇	三五二·〇二八	三六八·七〇〇
	埠頭費	二一八·二七五	二二〇·三二五	二二五·五二五
	屠獸場費	六七·〇三六	六八·二六八	六五·〇五〇
業費	上下水道及道路費	一五九·七八六	二〇四·五六八	二三一·四〇〇
	計	二·八五四·四九七	三·九三四·八四四	四·五五四·三〇六
	恩給基金	一四八·〇〇〇	二〇〇·〇〇〇	二〇〇·〇〇〇
	以上經常費合計	一一·五二三·一一三	一四·〇七三·一七六	一四·九三四·七八五
	臨時費	二·〇七五·五〇〇	一·三八二·五〇〇	一·八五二·八四〇
總計		一三·五九八·六一三	一五·四五五·六七六	一六·七八七·六二五

以上甲乙丙丁四表均錄自日人所著膠州灣一書並參訂青島全書註入備考欄內

日軍占據時期一般財政大都沿襲德制然而較德人爲寬裕蓋日軍沒收德華路鑛公司之路鑛毋庸支付官利而坐享其利益而且雜收入一項爲額尤巨鴉片稅款亦在其中所有因青島而支辦之費用日人名之爲大正三年臨時事件費軍政撤廢後關於青島歲出歲入之預算除軍政費外仍由其陸軍部編制預算軍政費者青島守備軍司令部將在青島民政範圍之收入供青島之用而不列入其陸軍部預算者也其列入預算者經常門收入甚徵臨時門約可分爲膠濟鐵路收入本埠官營業收入此外則爲膠海關補助費及租稅與稅外雜收入三項茲據魯案調查報告書所載列爲二表如左

(戊)日軍占據時期歷年歲入表

款項 \ 年次		民國七年度	民國八年度	民國九年度	民國十年度	民國十一年度
鐵路營業收入	客車收入	二·三一七·五九九圓	三·五一七·九六八圓	二·五五五·三九四圓	三·二六五·七八二圓	二·五一〇·八五九圓
	貨車收入	四·八九一·八四九	七·一四七·四〇〇	四·八六八·六一五	七·五〇二·七一八	五·三二六·四七一
	雜收入	一〇八·三六五	二八四·九三三	二四五·八八八	二七八·七一二	二八七·四二三
	煤鑛收入	二·二三二·七〇三	二·五七〇·八八〇	二·七七七·〇七〇	四·六九三·二七五	五·三三二·〇〇〇
	鐵鑛收入		八三〇·二四七	一·四五二·三九六	一·八二二·五〇〇	一·二八〇·〇〇〇
	埠頭收入	九四七·七五六	一·三七三·七四二	八五五·〇四三	一·三六五·八七三	一·一六六·一八九
	倉庫收入		一五二·二〇六	一一九·二一一	一三四·一九〇	一一七·二二九
	病院收入		一四九·三七三	六一·九三八	六七·五八五	一〇五·二九二
	計	10,570,272	16,026,749	12,935,358	19,130,035	16,145,763
本埠官營業收入	電氣收入	三一一·五六五	三八七·八七二	五九六·〇三四	六九六·〇三七	八九〇·八二〇
	水道收入	一一八·五二六	一六二·五七五	二九〇·六九〇	三〇八·四三六	三五九·四九五
	森林收入	一四·二四一	一七·四二〇	一二·三三五	五·六七四	二一·一四四
	屠獸場	二〇三·六六三	三〇三·一一八	二〇四·〇四三	一七四·一一六	一五七·〇一四

營業收入 郵政	營業收入 電信	營業收入 電話	營業收入 印紙	營業收入 計	租稅收入	稅外雜收入	膠海關補助	總計
三三三‧七二	二二九‧〇四	八七‧四六八	一九‧〇八	一‧一四三‧六五七	三八七‧一四五	七‧八二八‧〇七五	不詳	19,929,149
	六一一‧四八七（郵政電信電話合計）		三二‧四二	一‧四八五‧六二四	五‧六二八‧三四（租稅稅外合計）		同	22,675,207
	七八五‧一〇三		三二‧八七	一‧八九一‧四九二	三一八七‧五四	八‧三六二‧一三九	同	23,507,743
	一‧〇二六‧八二七		三‧八三五	二‧二一四‧九二五	四一九‧一九九	六〇八‧五九一	同	22,372,750
	一‧〇六二‧一六二		三‧八三五	二‧四九四‧四七	不詳	不詳	同	18,640,210

附記　本表依據魯案調查報告書附編所載數字編列以日金爲單位其鉄路收入款目數字兼與鉄道部之統計年報核對相符　鉄路營業收入九年較八年驟減者因實際收入用銀而日人預算則按金銀匯率折合日金九年金價較高故預算之收入驟形減少其他收入則實際以日金爲本位故無出入　又租稅收入兩項歷年之細目不詳惟十年度之租稅內容爲地稅十五萬一千八百餘圓營業稅二萬一千二百餘圓（日本人未課此稅）船車稅七萬四千五百餘圓登錄稅四萬一千五百圓鹽稅九萬九千九百餘圓雜稅三萬餘圓合計四十一萬九千餘圓　十年度之稅外收入所可知者爲變售物品八千八百餘圓官房官地租金二十九萬二千六百餘圓執照費十二萬餘圓法院訟費一萬二千三百餘圓罰款八千七百餘圓賠償及違約金（使用公設物品而有損壞或過期違約者則有相當之賠償及違約金）八千餘圓醫院收入十九萬九千四百餘圓（此爲青島醫院收入鉄道項下則爲鉄路醫院收入）官膏收入不在內其他年度項目不詳然可以此推知概畧

(己)日軍占據期內歲出入總表

年度＼收支額	歲入	歲出	出入盈虧
民國七年度	一三‧八八六‧五七九圓	一九‧九七二‧二四四圓	盈　六‧〇八五‧六六五
民國八年度	二二‧六二四‧六三六	二二‧九九〇‧〇六三	盈　三六五‧四二七
民國九年度	二一‧一一四‧二七二	二四‧四〇七‧八二八	盈　三‧二九三‧五五六
民國十年度	二一‧三五九‧一九二	二一‧三八五‧四七七	盈　二六‧二八五
民國十一年度	二〇‧七二五‧一七八	一九‧六五六‧八五四	虧　一‧〇六八‧三二四

附記　本表錄自魯案調查報告書書內並稱表列七八九等年度之收入係併租稅及稅外收入共計其十年度十一年度則租稅收入及稅外收入並未列入表內且十年度之稅外收入內亦未列有烟膏專賣費故歷年累計盈餘不在少數青島市與膠濟路之擴張費要皆取給於此也

我國接收而後財政情形與前迥異其一鐵路郵電鹽課司法等項收入既已劃歸中央其二既不能如德人有國庫補助之鉅額亦不能如日人有巨額之稅外收入其三

船隖船廠爲日人取去電氣事業屠獸場接收不久售歸商辦洗衣廠及一部分之官有房產歸諸廢置其四外僑藉口參預市政之問題應徵租稅延欠不繳截至十六年度以前綜計積欠地租三十萬餘元衛生費十一萬餘元房租五萬餘元車捐七萬餘元合計五十餘萬元地稅一項歐美人照繳而日人又藉口於土地所有權問題每年欠繳三萬餘元業經六年之久其五本埠枯窘之餘歷年又爲軍閥籌墊海軍經費二百餘萬元（以上數字均據本埠十七年度預算册）以此本埠之產業日減本埠之財源日縮向之以官營事業爲收入主體者今則日趨重於捐稅加之以中央與省地方之新稅層出不窮人民負擔日重本埠財源日枯雖將市政經費一再減削仍無補於累年之積虧而欠付日本公產償金一千四百萬圓每年增付息金八十四萬本利迄今無著所謂一千六百萬圓贖回之公產原有數量固已大減現存價值更不如前茲就本埠歷年實收實支之數列爲三表如左

(庚)本埠近年歲入總表

科目＼年度	十一年度	十二年度	十三年度	十四年度	十五年度	十六年度
港政局收入	641,349	1,110,576	1,194,707	782,801	1,266,865	1,331,280
港政局搬運收入				123,212		
屠獸場收入	111,284	79,525				
電話局收入	110,718	284,669	267,194	251,902	316,682	328,269
水道事務所收入	129,161	266,859	273,013	359,721	381,396	408,673
農林事務所收入	12	8,902	12,134	8,446	2,794	9,338
各項稅款	(甲)68,925	(甲)159,809	(甲)198,773	(甲)201,969	(甲)218,464	(甲)204,723
各項租款	(乙)202,636	(乙)355,557	(乙)363,669	(乙)265,366	(乙)270,598	(乙)274,151
清潔收入			109,201	115,808	125,851	118,541
各項雜款	(丙)70,452	(庚)(丙)2,074,435	(丙)173,812	(丙)197,457	(丙)59,691	(丙)108,976
電業公司	61,936	27,999				
借入金	(丁)1,801,600	(丁)2,076,347				
海關稅	233,685	610,454				
烟酒稅	(戊)700					
宰畜公司收入		40,295				
牲畜檢驗收入					123,801	105,173
各項補助金			646,235	621,914	680,532	608,340
特別收入				1,015,572	492,630	132,049
墊款繳還	18,082	(辛)1,158,154				
提回存出金		99				
提撥下年度欵	(己)1,420,059	45,183	86,074	60,987	167,261	38,828
前年度結餘金			(壬)361,351	(壬)761,247	(壬)2,130,191	(壬)3,576,895
合計	4,870,599	8,298,863	3,684,373	4,766,402	6,236,756	7,245,236

(甲)即地稅營業稅雜稅車捐等項
(乙)即地租房租草場租漁池租等項
(丙)即證明許可費執照費各項罰款雜收入存款利息官股息金禁品所收入餘款交回等項
(丁)借入各銀行借款及發電所變價
(戊)烟酒局未成立時本埠征收
(己)本年入不敷支故由此科目轉賬
(庚)內有一百九十萬六千六百元屬發電所屠獸場之代價餘屬丙項
(辛)內有一百十四萬五千〇七十二元係墊付海軍費轉賬時作爲收回轉入十三年度
(壬)係墊付軍費之用並非實餘

(辛)商埠近年歲出總表

科目＼年度	十一年度	十二年度
商埠行政費	(甲)一,四七三,六四六元	(甲)四〇三,九二八元
外交費	一三,九九七	三五,九四〇
財政費	四二,九四一	一一七,七一六
警察費	四〇〇,〇九五	六五二,〇九四
農商費	(乙)六三,九三五	(乙)九一,〇〇一
港務費	(丙)五九一,〇四一	(丙)九四七,八九三
官有營業經費	(丁)二四七,八〇〇	(丁)三八六,四六九
醫院經費	四一,九七六	七八,九四六
衛生經費	二七,七八五	七六,八七二
海[illegible]軍墊款		六一八,七二六
海[illegible]軍補助費	(戊)五一,八三七	(戊)六三,五〇〇
教育費	三四,九五一	一一〇,六八三
徵[illegible]暫時墊款	(己)一八,〇八二	(己)五三九,四二九

科目		
測候費		一一・○三三
工程費	五六・八八八	一四九・五四二
存出金		(庚) 九九
歸還借入金	(辛) 一・八○一・六○○	(辛) 二・○七六・三四七
前年度未付訖		(壬) 一・五六七・九一四
本年度結餘金		三六一・三五○
軍事司法費	四・○二五	九・三八○
合計	四・八七○・五九九	

(甲)即督辦公署經常臨時經費日人移交動產償價代還魯案善後公署墊款各機關服裝費

(乙)即林務局農事試驗場商品陳列館三處之經常臨時經費

備考

(丙)即港政局港工事務所碼頭局港務局經費及港務臨時費

(丁)即電話局水道事務所屠獸場經費及官業臨時費

(戊)即督辦衛隊費軍艦補助費駐青軍隊津貼海軍轉運局經費

(己)係一轉帳科目轉入下年度

(庚)即存入各銀行欵存入上年度款

(辛)即歸還本年度歲入之丁項

(壬)內有一百四十二萬零五十九元係轉帳時撥付上年度款

(壬)本埠近年歲出總表二

	科目＼年度	十三年度	十四年度	十五年度	十六年度
商埠行政經費	督辦署經費	二四八・七八二元	元	元	元
	商埠局經費		二七七・六八八	二二八・四五二	二五○・六九五
	警察廳經費	五八八・四三一	四八二・六八二	三六七・○一四	四三三・七三六
	港政局經費	三五○・九八三	三二四・六一六	三五○・四四五	三七九・四二八
	電話局經費	一一五・五○○	一一五・一六○	一二一・一○○	一二六・四六六
	工程事務所經費	二三一・五八八	二九九・一六二	二六三・○一九	三○八・○二六
	農林事務所經費	六一・四八○	五五・六○五	四六・二四三	五三・二八○
	水道事務所經費	九五・九三九			
	觀象台經費	二一・一○○	二一・八○○	一九・七七八	二四・○○○
	學校經費	七○・二九一	六八・九九一		
	教育經費			八九・二一七	一四・○四四
	教育補助費	二九・三二○	二二・四七八		
	教養局經費	一四・四一四	一三・五一○	一五・二四○	一五・七二○
	稽查運輸違禁品所經費	三・三五七	三・九二九	三・八五七	三・九二九
	牲畜檢驗局經費	六・八一二	七・二三五	一二・五二八	一二・六○○
	普濟醫院經費	七○・一六二	三七・六八五		
	軍事補助費				七七・○○○
	軍警督察處經費	一四・一○○	一五・四○○		
	駐青軍隊補助費	三五・○○○			
	軍政執法處經費	五・五○三			
	商埠局稽查處經費			一六・三○○	一五・四五六
	籌備禁煙局經費	二一・三三七			
	衛生事務包費	五四・八○○			
	衛生事務所經費		四五・四三五	六○・○○八	六五・四九二
	商品陳列館經費	四・一六五	六五三		
	教育局經費		八・五一六	一二・四○二	一三・八○○
	宰畜檢查費		一○・八八○	一○・五五○	九・六三八
	清丈經費		一○・○○○	九・九一○	一一・○○○
	雜稅征收費		五・五一八	八・三六八	八・七三三
	電話局長途電話經費		三・五九五		
	公益事項補助費		二・六九三		

	民政補助費			(甲)九四·三九八	(甲)九四·一九八
商埠行政臨時費	督辦署臨時費	一九四·九三八			
	商埠局臨時費				
	港政局運搬費	一九一·七四九	一一八·七三〇		
	港政局臨教費	一六五·一九〇	一一四·九二六	一二六·二五七	二三七·九〇四
	電話局臨時費	一三·三三〇	五·七九九		三三·九一七
	雜稅征收所臨時費				一·二〇〇
	教育臨時費	一一·八八〇	一·六〇二	三·八二七	二·五九五
	財政臨時費	一一·八八〇	一二·八〇二	四一·七八八	一〇七·五一三
	教養局臨時費	九·九五六	七一六	一·五七六	
	軍警督察處臨時費	三〇·四三六	五〇〇		
	醫院臨時費	四·八七九	五〇〇		
	公債折耗	六七·〇〇〇	三三·〇〇〇		
	公債利息	二六·八〇〇			
	牲畜檢驗局臨時費	七三四			
	水道所臨時費	五二·六〇九			
	水道營業經費		九·九七四		
	水道營業臨時費			一一·六四二	一三·〇七九
	籌備禁煙局臨時費	一·二四三			
	農林所臨時費				
	違禁品所臨時費	二七八			八五
	警察廳臨時費		四·八二六	三二·五一八	五六·八九八
	衛生事務所臨時費		二·八一九	二·五〇四	五·二七三
	工程所臨時費		七·〇九四	五九·二二九	五·〇〇〇
	各項臨時費		五三·四一二	三九·八九七	五〇·六〇五
	全埠預備費		五四·三四六	一七二·一五六	七〇·五二七
	駐青軍隊津貼費		五七·八三〇		
	陸軍醫院補助費		六〇·〇〇〇		
	教育局臨時費		一九九		一·二八二
	清理官產事務所經費		一一·二六二		
	官產管理經費		五·八〇四		
	工程所水道營業材料費		一·四八〇		
	港政局特別費			一七·六八八	二六·四五五
	工程所特別費			一八·五〇〇	一八·五二八
	觀象台臨時費			一·二三二	一·三〇五
	商埠局稽查處臨時費			六〇〇	四五八
	官產管理臨時費			七·六八二	二三·二〇四
	前年度未付行政經費	一〇·五五一	一四一·八九五	一九八·四八〇	一六八·九九二
	前年度未付行政臨時費	一八·九一〇	六五·六三九	一九五·四五六	一二七·四八八
	本年度結餘金	七六一·二四七	二·一三〇·一九二	三·五七六·八九五	四·二七六·七六五
合計		三·六八四·三七三	四·七六六·四〇二	六·二三六·七五六	七·二四六·三一四
備考	(甲)係傳染病院陸軍醫院改歸山東省政府管理商品陳列館濟良所改歸青島商會管理而仍由本埠給予補助費				

附國稅省稅

膠澳初雖租借於德然吾國依然設關徵稅比及收回而後鹽稅菸酒稅印花稅捲菸特稅鐵路貨捐貨物稅營業牌照稅相繼並起名目繁多其收數以膠海關占第一位最初在光緒年間僅收六七十萬元近年則增至五百萬元其次爲貨物稅自十五年九月創辦靑島分局四個月收至四十六萬元占全省貨物稅總數百分之三十三分十六年收至一百九十餘萬元占全省百分之三十以上又次爲鹽稅十五年收六十餘萬元十六年收九十餘萬元又次爲膠濟鉄路貨捐靑島大港設兩分局十四年度收至四十餘萬元占貨捐全數百分之五十以上十五年度收五十四萬元占全數百

分之四十以上十六年舉辦營業牌照稅青島分局收至六十萬元十七年舉辦房捐青島一處收至四十餘萬元其他捲菸特稅菸酒稅印花稅各收一二十萬不等膠澳一隅之地每年所負擔於國庫省庫者綜計在一千萬元以上而鉄路之營業收入加快費附捐省公債之攤派軍人之自由徵用尚不在內也茲就案卷之可考證者分別列表如左

（癸）膠海關歷年稅課收數表

年分／稅別	進口正稅	出口正稅	復進口稅	土藥各稅	船鈔	內地子口稅	洋藥釐金	全年共計	附記
光緒三十年	332,724,560	93,145,443	6,215,465	369,180			9,600	432,465,248	附徵賑捐關平銀在十年總數內有一八四一五三兩一錢六厘十一年總數內有三〇九〇四兩二錢五分十四年總數內有三三五一一兩三錢八厘十五年總數內有九五四三二兩二錢一分十六年總數內有一二五〇兩一錢七分九厘　本表數目依據歷年海關貿易册編製以關平一兩爲單位每兩合銀幣一元五角
光緒三十一年	425,251,657	107,779,655	12,115,690	0,900			2,400	545,150,302	
光緒三十二年	714,981,615	136,405,362	22,992,093	3,766,050			846,800	878,991,920	
光緒三十三年	749,485,519	169,545,137	27,963,504	325,440		3,718,031	864,000	951,901,631	
光緒三十四年	667,443,675	229,694,312	27,294,455	622,950			1,661,200	926,716,592	
宣統元年	757,773,613	328,623,505	28,562,571	1,272,675		617,314	3,398,800	1,120,243,478	
宣統二年	762,349,526	438,468,979	34,938,891	719,175			1,617,800	1,238,394,371	
宣統三年	761,939,350	456,098,787	32,015,703	264,000			684,000	1,251,001,840	
民國元年	991,119,493	624,914,350	51,656,872	666,395			1,671,988	1,670,029,098	
民國二年	1,159,414,893	693,592,309	59,052,814	1,110,664			2,718,444	1,915,889,124	
民國三年	726,000,780	441,455,337	25,905,009	1,100,401			2,620,907	1,197,082,434	
民國四年	250,258,459	177,205,565	9,213,867	1,812,500		5,318,352	4,531,250	448,339,993	
民國五年	719,819,093	876,997,563	32,655,623	18,026,000		6,103,575	45,065,000	1,698,666,854	
民國六年	790,770,389	1,001,046,215	35,682,990	9,125,000		5,183,120	22,812,500	1,864,620,214	
民國七年	732,146,028	634,456,716	44,956,173			1,346,854		1,412,905,771	
民國八年	736,769,519	881,793,422	44,613,750			3,617,417		1,666,794,108	
民國九年	937,985,141	766,073,308	53,369,053			3,857,922		1,761,285,424	
民國十年	1,210,986,994	855,436,130	67,909,872			4,958,888		2,323,444,990	
民國十一年	1,314,861,521	833,533,352	70,588,347		2,225,850	4,401,401		2,258,514,721	
民國十二年	1,614,251,555	941,975,951	91,570,025		1,575,800	9,589,862		2,658,963,193	
民國十三年	1,847,705,435	1,260,904,540	94,702,264		1,291,800	6,648,575		3,211,252,614	
民國十四年	1,766,250,189	1,251,281,202	94,714,547		1,106,800	23,154,461		3,170,018,507	
民國十五年	1,833,999,069	1,354,837,530	93,205,436		2,422,200	52,134,939		3,432,031,384	
民國十六年	1,672,474,923	1,456,080,897	90,563,363		945,400	90,715,035		3,312,029,797	

（子）膠澳鹽稅歷年收數表

課稅種類／年分	民國十二年	民國十三年	民國十四年	民國十五年	民國十六年
本地食鹽稅	一四·一五三元	一八·二四五元	三〇·四四七元	八九·五三六元	八〇·八五三元
本國精鹽稅	四八		三二·三三五	四八五·六三七	四二八·五〇二
本國魚鹽稅	八二五	二·二二五	三·八六三	三·二七八	二·九四一
本國工業鹽稅	一·六〇一	七二	七六	一二四	二·〇〇〇
出口鹽稅	五·八五五		二一·〇八八		
運銷日本鹽稅				一七·八〇六	二二·四七三
運銷日本工鹽稅				一〇·〇五八	九〇·三五四

運銷朝鮮鹽稅		九六.〇二八		二六.〇〇六	四九.五五三
運銷香港鹽稅				三.五二〇	八〇.一九二
湘省借運鹽稅					一八四.八〇〇
鐵路軟水用鹽稅			一.八〇〇	六〇〇	
共計	二二.四八二	一一六.五七〇	八九.六〇九	六三六.五六五	九四一.六六八
附記	本表數目據青島稽核支所報告				

(丑)省置各項捐稅表

課稅種類	各年徵收數目
山東貨物稅青島分局	十五年九月開辦至十六年六月末日共一百三十二萬六千三百三十四元十六年僅九十十一三個月共三十四萬五千五百九十七元
膠濟鐵路貨捐青島分局	十四年七月至十五年六月二十六萬二千一百一十元十五年七月至十六年六月三十四萬四千八百零九元
膠濟鐵路貨捐大港分局	十四年七月至十五年六月十四萬零六百四十二元十五年七月至十六年六月十九萬五千五百七十九元
山東捲烟特稅青島分局	十四年十一月至十五年六月十萬一千七百零七元十五年七月至十六年六月十八萬八千五百四十四元
山東牛照青島分局	十五年收照費三十三萬八千三百五十元印花費一萬五千九百九十餘元十六年收照費三十八萬六千六百十餘元印花費一萬六千七百九十餘元十七年六月杪止收照費十七萬八千零七十餘元印花費六千一百四十餘元
膠澳菸酒經征處	十二年一萬八千七百七十二元十三年二萬三千一百元十四年七萬九千四百八十一元十五年九萬二千三百二十一元十六年二十六萬零五百二十二元十七年六月止三萬九千四百五十五元
青島印花稅辦事處	自開辦起至十七年四月上旬止共解本省印花稅處十四萬四千五百三十六元
山東營業牌照稅青島分局	十六年開辦上下兩期收稅二次十七年上期一次共約收六十萬元
山東全省房捐青島代征	十七年開辦一次計征四十餘萬元
山東漁航局青島分局	收數不詳
山東禁煙局青島分局	收數不詳
膠海關監督代征二五附稅	收數不詳

附記 本表所列貨物稅鐵路貨捐捲菸特稅四項數目係依據山東統計月刊爲準月刊所未載者從畧其餘各項依據檔案漁航局以下檔案不詳

膠澳志卷十

人物志

方志記載限於本區故載官師者以治所稱人物者以著籍纂輯之際必辨疆界沿革之離合以正人物籍貫之異同膠澳原屬膠卽兩縣之一部以治所言膠卽之官師亦卽膠澳之官師也以籍貫言城鄉有別固不得以膠澳一隅之著籍而奄有膠卽兩縣之全體然而代遠年湮先哲里居不盡可考前志既著令名後來豈容闕略爰就舊志之有傳者各列一表至於職官選舉列女舊志僅書銜名者茲不更爲贅述其近代人物爲舊志所未載者則就採訪所及别爲傳記以備史材

卽墨縣志人物表

名臣

王吉　王駿　王崇以上漢代　侯庸

辛曜　藍章　藍田　袁耀然

黃嘉善　周如砥　周鴻圖　黃宗昌以上明代

郭繡　李毓昌以上清代

勳績

公沙孚漢　孫仁鑑　孫仁傑以上金代　董進元

隋贇　呂讓　朱璞　欒鳳

王真　邱登階　范甯　杜希賢

楊良臣　藍國　江文深　范階

黃作孚　楊鹽　王鎬　王祿光

周郊　江一定　周如綸　周被

周鴻謨　孫繩武　宋統殷　楊光鯤

江之瀠　江衍汶　范德顯　藍再茂

張自蘊　孫昌祚　周熼　周乃浹

周篤昌以上明代　王埰　江萬秋　王垓

王楫　周日熙　周日燦　藍深

藍潤　黃培　黃坦　黃貞麟

范馥　江成　藍啓延　黃貞泰

江峽　周祚顯　黃大中　黃鴻中

楊士鑑　周來馨　黃敬中　楊玠

楊士鉊　周志讓　黃立世　周志闓

江淑絜　楊瑛　毛栻　藍順方

周冠王以上清代

忠節

王協中　陳清　黃基　王曦如以上明代

江恭先　韓奎光　韓繼心以上清代

孝義

王君操唐　藍福盛　藍銅　黃正

楊得玉　周民　藍思繼　黃宗庠

楊兆鵬以上明代　王之垣　劉鼎　鄢文輝

鄒魯　王永清　孫兆禧　黃宗揚

黃宗臣　宋德慎　楊遇吉　楊進吉

黃堣　黃壂　藍啓晃　黃貞晉

藍啓肅　黃貞觀　周效　孫應昇

范䎬　周緗　杜葳升　藍昌後

楊琬　王淵度　黃美中　黃理中

藍竟　王廷偉　王肇祚　周倬

黃貞巽　黃體中　孫貽諧　黃熙世

黃宏世　周聯馨　藍仕宋　王文炤
郭廷翼　黃　榛　杜延閭　宋大啞
周思璇　周逢源　譚國基　閻文學
宮學山　侯思部　任希孔　袁國平
孫毓圻　趙昇瑞　萬秉錡　吳中行
袁其序　魯得垤　孫繼善　仇玉林以上清代

經儒

庸　生　房　鳳　公沙穆以上漢代

文學

徐萬且漢　盧繼宗　藍　因　王邦直
周如錦　范養蒙　王澤洽　周　旭
孫　汴以上明代　黃宗崇　黃　埴　楊還吉

韓隣佐　周　璩　范士驥　周迪馨
黃克中　周毓正　黃　植　范九皋
解　瑤　馮文炌　郭廷翕　張　鶴
周知佺　楊中江　周翕珪　呂克箎以上清代

懿行

藍　芝　馬應麟　江　曉　周士皋
黃克家　黃宗楫　韓鳳浦以上明代　周昌胤
袁宏仁　毛　楷　周文編　孫光烈
宿　燦　黃　珍　趙　崇　孫文蔚
魏士宏　胡永祿　江秉鉦　江　巖
孫　琛　江　濬　解　恕　黃玉衡
劉　琅　藍重蕃　藍中高　黃如璧

毛文煥　藍用和　王朝棟　牛克楨
周思纁　王士燦　黃　慨　姜　森
姜　芬　孫若彝　于兆端　張永光
杜士久　李　瞻　張可法　于　楷
萬秉綬　江丕耀　張文潤　黃念聶
王景麟　王景甯　范廷文　張宗勛
孫　植　管學成　孫方桐以上清代

隱逸

王　仲漢　胡翔瀛清

僑寓

田　横　逢　萌　王　扶　鄭　元
鄭益恩　鄭小同以上漢代　楊　愔北齊　明僧紹南齊

高宏圖明　張允掄　李一壺　徐元仲
常正吾　宋繼澄　孫篤先　趙眞昌以上清代

名宦

田　單周代　鬬門慶忌　延　廣　王　成
張　敞　薛　宣　假　倉　吳　祐
童　恢　王　修以上漢代　仇　源唐代　王　延五代
胡　嵩　董守中　柴宗道　王章甫以上元代
裴　璀　周岐鳳　王　濬　田良輔
王　明　張　聞　王　輔　王　瓚
高允中　王重賢　張　韓　馬存仁
吳　廉　湯明善　鄒　臣　只好仁
許　鋌　李一敬　周應奎　杜爲棟以上明代

康霖生　尤三省　陳允捷　段昌總
朱　晨　王　純　晉蓮泰　方觀本
孔毓鈊　周　銓　姜調鼎　尤淑孝
葉棲鳳　裴廷桂　歐陽大勳　王九蘭
鄭鳴岡　魏世道　劉國玉　王　珏
沈靜威以上清代

婦德

范氏范階女周被妻　孫氏黃擇妻貞麟母　孫氏周民妻以上明代　孫氏黃貞麟妻
屈氏郭琇妻　于氏張國華妻　張氏周如砥妻　劉氏范來妻
高氏孫長妻以上清代

膠州志人物表

侯王

介葛盧周　高密王泰晉

官師

卞進之　徐　文以上宋代　房周卿金　王國昌
董　進　張榮實　賀　祉　林　鶚
燕帖木而　曾顏不花　柴本立　脫　歡以上元代
趙　禮　張　恭　陳南賓　杜銙昌
文　敏　韓　景　王振宗　任　綸
仇　鎮　董　龢　毛　智　林　瑢
孫　紘　曹　暠　匡允中　唐　鉞
金　鼎　邱鳳來　張　銓　余　棠
楊中啓　范　潘　曹　密　袁　隨
王　立　楊　科　劉孟承　童汝淹

劉　檟　李學禮　宋　偉　胡文光
王　炎　王崇瀾　劉弼寬　石得質
曹希植　趙克念　嚴思恭　閻　訥
王紹賢　湯承寵　邱　袞　余邦輔
高文登　楊　位　趙尙忠　孫枝芳
姚國樞　陳輔堯　談九疇　宗一邦
賈傳芳　向君化　蕭尙賓　梅　開
王猷吉　閻思學　殷　序　謝美生
徐律時　郭文祥　楊　京以上明代　柯永盛
李鳳鳴　魏邦珣　李茂時　劉名標
王淑躬　王星華　張思選　李　煌
趙民耆　吳友名　傅一德　張鵬翰

趙秉正　李成蛟　佟輔聖　郎熙化
張敷齡　楊奇烈　賈漢誼　常天祚
劉大慶　孫蘊韜　張琢璽　黃　章
余　震　袁　迷　高　節　劉景和
金國正　龔大良　滕國祥　王　珏
孟澤厚　成永健　馮景夏　戴　坤
王來祜　李景泰　鄭爲龍　史繼經
王　金　張孟儀　謝　雲　張虞吉
陳　端　馬負書　王引槤　孫治國
趙得祿　廖際遇　朱若炳　周於智
李　瀚　李奉翰　許承蒼　張玉樹
莊　閶　穆　維　姚國棟　唐魁元

愛星阿　劉文琪　葛覃楚　李文耕
倪彤書　戴屺　歐陽煥以上清代

事功

孔輝　王偉以上金代　欒彬　欒克敬
欒克剛　盧琮　盧世榮　盧世昌
盧世傑　王玹　劉濬　張緝
張復初以上元代　殷哲　楊可久　崔衍
姜圭　薛祿　李綱　韓福
欒瑄　張顯　張勉學　張正學
何琮　宋漢　袁瓚　袁繼祖
袁繼業　田竣　匡翼之　匡鐸
匡延年　高迪　鄧中和　姜周輔
崔志仁　趙從龍　趙完璧　趙慎修
趙傚　高光烈　張汝翼　姜潤身
馬思問　李元芳　趙一經　張銘
張汝元　劉早　郭居易　郭竹徵
郭邪　薛曜　紀五常　張絰
高鏘　于從政　姜士佐　趙儼
劉楷　宋可久　高宏圖　談震采
談必揚　高衍慶　張若獬　紀滕蛟
張應運　蘇叢　蘇潤　蘇萬春
宋井南　顧諟　高雲龍　王經世以上明代
法若真　法若貞　李世鐸　匡蘭馨
冷開泰　趙燾　宋可發　宋世遠

宋世厚　宋士芳　張應桂　張洽
張淳　王如辰　王如春　趙泰甡
趙泰臨　高攀嵩　高文燽　薛一棠
高昱之　張文嵋　周肇汝　徐撛
薛希瑄　畢高選　宗泰　蘇念祖
趙文奭　高曰恭　高曰聰　于廣
王岐毓　宋瑞鉽　宋端鈺　王懿
王紘　宋雲會　李觀瀛　張秉義
張奎高　鄧均　王元浩　徐世恩
胡景　王寯　鄧光岳　周再庚
紀岳　徐瓚　高蔚宸　宋昱
楊志敏　楊志聰　楊維梁　紀在譜
紀有堂　趙潾卿　欒廷鉁　張維祺
胡湘蘭　孫友于　王璐　高薰業
胡桂　孫汶　張曾靄　冷維焜
紀卯元　高鴻舉　崔偉　楊桂林以上清代

文苑

庸譚漢　張紳　趙白璧　趙任
高建節　趙僎　崔嶼　趙開成
王無竟　宋之麟　談必達　談必昌
侯芝　蘇應期　蘇濬以上明代　李世鎬
李世錫　李世鈿　李湄　李大標
于衣　姜錧　張宿耀　趙昌嗣
高宏暉　高宏逵　高琯　高冊

高　琭　張懋煌　王遇明　崔敷極
崔居易　姜長華　張燕翼　張在渭
張　禋　張　泰　宋之釗　唐　桂
陳之遴　蘇潛修　張謙宜　法　雲
法光祖　法宗焞　法煇祖　趙充庭
紀汝奭　焦復亨　趙聯甲　宋振甲
宋景白　高鳳翰　高錚符　高蕃仲
薛世道　薛世業　薛　桐　法重煇
宋世竣　趙熙㚞　張存仁　高鶴程
匡聖時　匡文昱　匡文炅　匡　苞
張　洤　張賓雁　法坤宏　法坤振
法坤厚　法士謌　匡淑烈　高蔚越
王克掞　王　夏　王　毅　趙　節
高裕業　匡文壇　崔宏遠　宗其彥
紀聖謨　紀熙瀛　王　楹　張甯蘊
張掄彥　張壽頤　張穎建　王翼周
宋繩祖　宋達孝　高珽方　逄克家以上清代

忠節

高　瀌　紀懋勳　薛　濂　薛　桀
張　熙　張繼芳　蘇萬室　法　寰
高允玆　張　籙以上明代　高　簡　匡蘭兆
張若欽　張啓先　宋憲儒　張槐徵以上清代

孝友

欒大道　冷時泰　高三重　冷國治

王　肱　趙懷愼　趙　佐　姜桃禎
孫必登　張鳳化　高嗣呂　高景安
魏詔爵　宋獻璧　法振邦　徐　順以上明代
高宏繡　王篤生　王　乾　鄧可茂
仇文玉　王　釗　匡　炎　相國璣
王之垣　唐世澤　郭大通　徐　振
徐一范　高溥之　趙驥祥　崔嗣統
王秉義　徐文藻　高辛祜　趙肖㚞
匡　謐　匡　諟　王功清　王功濯
周廷梁　周廷柬　周炳麟　趙宏鈞
趙祿均　汪　鎧　宋　雲　蔡　照
薛希包　薛應騄　胡　粲　高攀貞
宋　男　宋　鐼　宋廷儀　周相龍
周道愷　周天牧　紀學瀚　張岸登
匡　培　王宏仁　張友仁　逄迪遠
李　珠　王以爛　萬　鎧　田　祥
梁　似　郭人佐　高鶴程　傅儒忱
杜　淇　楊夢齡　楊世選　宋爾璣
周元焜　于　洵　高光斗　唐　豐
金裔聲　宗啓昌　宗　冕　程　洲
陳尙志　宋　澍　蘇再武　王汝爲以上清代

篤行

李　縉　李　相　王　斌　王和秬
姜文盛　冷若虛　趙時弼　王世道

崔輔　邊甯　鄧廷玿　姜光宿
高滄　袁學古　宋之曾　張宏範
趙懷禮　高瀚　匡如桐　張烱
法官　張志定　陳墀　趙運昌
郭繯膠以上明代　傅廷豹　維獻圖　宋宏毅
姜廷樞　張維鎬　周法稷　周謙
周肇淶　趙東晉　陳三謨　張應甲
匡熹　高重新　高志清　張琛
張珩　趙乖　張沅　高順之
王林　高堡　王士棟　王懷
趙秀　李汝治　張賫行　遲必昂
常憲夏　周延植　李長發　高延春

葉成舟　徐培德　傅守鈺　李褒齡
房王　宋孝誠　王汝仁　張楷
張栴　張元倩　張錫慶　朱時
柳如果　柳如楹　程世盛　金楫
金焯生　金坊　宋京　宋晉
周大詔　周從義　周從恕　匡暉吉
匡鏞　邱泰　高琦　高玳
宋健　孫友聞　紀儉　楊維楹
宋起蛟　孫銓　孫榮曾　孫渠
王以論　王以詩　王琦　楊兆勳
楊圻　逄世寬　周儒俊　周聰彝
胡錡　黃光第　李堯年　李華西

匡圯　劉琯　劉儀廷　高蔚然
高若銅　邵光廷　郭方翰　孫永泰
周士憲　胡雲鼎　欒庚　高元質
李淑孔　李鳴謙　王瑨　趙德澤
張元濤　王重度　張筠　崔楷以上清代

藝術

去留馨　冷超岩以上元代　僧繼達　麻衣趙以上明代
郭源昌　釋普善　冷枚　冷印乾
孫養氣　孫遜　孫迪　楊廷玉
楊永昆　朱震　匡璜　郭經
李植　李永新　張雉　匡若訥
匡若訥　宋孝真　宋梓　高汝澥

高攀鱗　高若錫　傅文藻　周訓徵
辛道澄　匡從先　鄒聖裔　高執珂
趙系　趙守經　張佩　陳棕榮
徐友直　宋保和　鄧鵬翥　王謹以上清代

僑寓

淳于恭後漢　陳仲舉東晉　溫如玉　張應召
王揖　王文炤　楊師亮以上明代　王垛
王鉉　王泳度　王淵度　王廷偕
王廷偉　王垓　張其策　萬世馨
章進　和剛中　尹璐　王朝棟以上清代

外徒

薛桓　藍道行　王憲以上明代　韓成

薛受益　薛璘　高槐業　冷芸約以上清代

鄉賢

于振麟字紱卿世居于家下河清同治壬戌副貢由官學教習歷官夏津高苑沂水茌平甯海等縣教諭事母以孝聞貧而好施島裏諸村向以穀積賠累爲請於官而免之有鄉友卒於外者爲歸其櫬嘗就聘東鹿縣幕兼校縣試或以賄進嚴拒之聞母病涕泣辭歸年五十三先母而卒

宮中梱字伊真幼以孝聞年五十九丁父憂哀毀盡禮鄉人稱之家貧而好讀書然淡泊不求進取膠澳租約既成中梱恥居租界內泣謂鄉鄰曰黃帝之冑遂淪異域耶自是兀坐一室咨嗟太息對人恆欷歔相向清光緒三十年正月二十日突自縊於樹下聞者咸悲之膠縣柯劭忞有句弔之曰漢家縱有中行說齊國甯無魯仲連一時詠弔之詞甚多亦所以誌國民之悲感也萊陽王垿爲作墓誌

陳尚梓仙家寨人富而好施陳氏本望族支衆丁蕃尚梓嘗於民國元年與其姪克煉各捐地十畝於其宗祠幷創義學以教族中子弟十數年而弗輟

陳作章仙家寨人與弟作孔以商業起家富甲鄉里周急濟貧里人稱之清光緒元年歲大飢作章兄弟散財發粟全活甚衆時有莠民糾衆搶米富者咸自危里人曰陳氏有德于吾不可傷也相率共縛之而鳴於官閤鄉以安縣官旌其門曰樂善好施

胡存約字規臣青島人先世經營商業事母至孝青島開埠之始市政權操諸外人華商稍能自振代表同業以參預市政者僅傅炳昭丁敬臣包幼卿周寶山成蘭圃與存約數人而已德人議移天后宮存約與傅炳昭等力爭之乃止以此爲衆所倚重有事悉就商焉

李倫德字仙洲世居侯家莊性謹飭讀書能通大義事親以孝聞清光緒戊戌丁父憂哀毀過人斷葷酒三年不內宿欲廬墓以母在不果其後母沒廬墓三年手植松柏朝夕哀慕感動里人萊陽王垿爲作李孝子事略

王知貢字縉卿本卽墨望族後移居滄口世習商賈以孝友稱滄口商務分會成立羣推爲會長又以捐財助賑爲人所稱譽

僑寓

康有爲廣東南海縣人少負大志博覽羣書著孔子改制考僞經考日本書目志等書講學於鄉近世學者如梁啓超湯叡等皆受業於其門甲午中東役起有爲約計偕諸舉子伏闕言國事請變法書凡七上中東役終我國割台灣澎湖地于日本賠兵費二億三千萬兩而英俄德法亦相繼割威海旅順大連膠州灣廣州灣以去於是清廷采有爲議裁冗官廢科舉立學堂舉經濟特科力圖變法自强有爲創設强學會不纏足會又密疏請開國會湖南巡撫陳寶箴學政江標亦創建時務學堂立湘學會聘梁啓超主講各省士大夫聞風競起日有生意乃不久而有戊戌八月之政變譚嗣同等被殺有爲亡命海外新政設施一返其舊卒釀庚子之變國事愈不可爲矣有爲游歐美四十餘邦辛亥後始歸國嘗寄居青島往還於黃海長江之間更從事於著述言論瑰瑋憂國之心時形於色丁卯正月年七十擬假呂振文寓宴客忽得暴疾卒呂君乃經

紀其喪事殯于李村

呂海寰山東掖縣人以舉人官兵部兼總理衙門章京外簡常鎮道署蘇松太道有政聲繼出使德國辛丑後歸國與盛宣懷同主辦修訂商約先後六七載始竣事繼任津浦鐵路會辦稅務處督辦辛亥後被舉爲全國紅十字會會長盡力於慈善事業至老不衰初寓青島繼乃遷居天津焉

趙爾巽漢軍旗人父文穎以進士任山東知縣歷權陽信商河廉直有政聲繼任陽穀死於粵寇之難家貧不能歸因留居萊州爾巽既長與兄爾震同舉進士旋考授御史抗直敢言外放貴州石阡府知府累遷至湖南巡撫戶部尚書奉天將軍湖廣總督四川總督東三省總督所至以廉能著稱長戶部三月裁部吏力掃數百年積弊之巢穴任奉天將軍時裁五部侍郎改軍治爲民治於省政頗有興革奉天初屬受協省分爾巽任事年餘歲收至二千萬兩課增而民不擾歷官山陝甘新川黔湘鄂奉天等省足跡遍中國自奉儉約以綜核名實爲務新任就道嘗微服入境屏絕送迎居官則未明

卽起燭下治案牘輒二三小時以俟天曉辛亥共和告成爾巽時任東督從容改幟地方不受糜爛其後主修清史不以遺老自居其治事精覈而識見通達頗爲當世所稱譽也

張人駿直隸豐潤縣人以翰林外任知府歷官至河南山東巡撫兩廣兩江總督諸子亦多顯宦然清廉自持家無餘財人駿與袁世凱爲兒女姻親辛亥後袁屢徵之不應因移居青島以避之

周馥安徽建德縣人幼從淮軍積功至道員遷直隸按察使諳練吏事爲李鴻章所倚重北洋新政多所贊襄而治河有功尤爲津沽民間所稱道甲午戰後鴻章內調馥亦乞休己亥從鴻章再起用累遷山東巡撫兩江兩廣總督所至興學練兵創興實業恆以鴻章爲模範撫魯時值河決利津薄莊議徙民居不塞薄莊俾河流直瀉入海又設沿河電局以利防堵德人踞膠澳侵略內地路鑛馥蒞青訪問德之膠撫宣慰我國商民又以膠濟路鑛概無華股由山東省庫籌款二十五萬兩購回路鑛股分各三十萬

馬克其後以老致仕嘗寄居青島父子相繼以振興實業爲務其規畫宏遠而成效昭著者以華新紗廠及啓新洋灰公司爲最青島華新卽其支廠之一也又好善樂施本埠建立三江會館馥與歷任魯撫之楊士驤胡廷幹吳廷斌先後皆有所捐助八十五病卒南京天津士紳均爲請建專祠

勞乃宣浙江桐鄉縣人以進士官直隸知縣二十餘年歷任臨榆南皮完縣蠡縣吳橋清苑等縣三膺卓異選補吏部稽勛司主事以假歸主浙江大學堂旋就聘於浙撫江督之幕府參畫新政戊申起候補四品京堂任憲政編查館提調嗣補江甯提學使授京師大學堂總監督兼署學部副大臣乃宣容心義理之學遇事無所婞阿官知縣時每日晨起閱公牘畢升坐二堂開啓重門吏役畢集面授稿牘於吏牌票於役吏所擬繕皆面呈役所傳到皆面報事畢而退民有呼籲者隨時出坐親問故閭人不能隔吏役吏役不能隔民人辛亥以後僑居青島嘗主德人尉禮賢所立之尊孔文社事講論經義一時寓公子弟多從就業袁世凱任總統聘充參政復辟之後清室授以法部尚

書均辭不赴卒年七十九生平所著極富現存者遺安錄一卷古籌算考釋六卷續編八卷籌算淺釋垛積籌法衍元小草各二卷籌算蒙課分法淺釋各一卷約章纂要八卷義和拳教源流考一卷等韻一得三卷歸來吟二卷簡字譜五種五卷讀音簡字通譜一卷自訂年譜一卷詩文若干卷

烈女

紀氏王埠莊紀齊球之女適呂兆佶年二十八而寡守節以終

嬌氏嬌子敬之女適呂兆恭十九喪夫仰藥以殉

劉氏甕窰頭劉京典之女適李誌德年二十二而寡仰藥以殉

張氏旱河村張丕琯之女適宅科宋作哲年二十八而寡守節以終

董氏下莊董襄臣之女適南宅科宋玉淸年十九而寡孝事翁姑守節以終

王氏姜哥莊王士嵩之女適登窰王祥臻年二十九而寡事翁撫子恪盡婦職

臧氏臧家莊村臧雲峯之女適侯家莊呂錫元丙辰夫亡氏以身殉時年二十九

袁氏張文海妻夫亡守節卽墨張紹价爲撰碑記

孫氏王孝信妻已未夫亡氏以身殉時年二十九

張氏河西村袁相瀛之女適閻家山張承炳甲寅日德構兵氏避於甕窰頭村竟罹於難肢體殘傷而亂離之中不得主名邑人憐之共爲立碑卽墨張紹价爲撰碑文

呂氏侯家莊呂崇官之女年十九適南嶺村劉延璜不逾載而夫亡自縊以殉萊陽王埈爲撰碑記

欒氏水牛莊陳文沐之妻年二十六而寡孝事翁姑撫子守節以終

畢氏水牛莊陳文浴之妻年二十而寡孝事翁姑撫子守節以終

姜氏水牛莊陳文洪之妻年二十二而寡孝事翁姑撫子守節以終

畢氏香裡村王宜鎔之妻年二十三而寡守節以終

紀氏嶺園王知勤之妻年二十一而寡孝事翁姑撫子守節

葛氏陰島車洋嘴葛茂令之女適同里王修璋夫死守節孝事翁姑以壽終清光緒間鄉人爲請旌表

胡氏欒作海妻年二十五而寡孝事翁姑守節以終

徐氏陰島韓家村韓高堂之女適同里李中淄年二十四而寡立嗣守節

王氏崔文蘭妻年二十而寡孝事翁姑守節以終清光緒間鄉人爲請旌表
朱氏郭松先妻年二十而寡茹苦守節撫子成人
任氏欒憤一妻年二十二而寡茹苦守節
戴氏楊宗美妻年二十四而寡守節撫孤壽近九旬
匡氏王維甯妻壬午其夫被難氏以身殉入祀節孝祠
高氏王念妻年二十八而寡守節鄉人爲請旌表
高氏王聽妻年二十七而寡孝事翁姑守節以終
薛氏王功澤妻年二十八而寡守節以終
劉氏陰島甯家村甯毓璠之妻年二十九而寡守節以終民國四年鄉人爲請旌表文曰松貞竹節
蕭氏陰島前東洋嘴任相年之妻年二十四而寡事姑立祧守節以終
韓氏陰島前東洋嘴任久謂妻年二十七而寡奉姑撫子守節三十餘年
蕭氏陰島後東洋嘴徐長祥妻年二十八而寡事親撫孤守節以終

徐氏陰島韓家村韓高堂妻年三十而寡孝事翁姑撫育子女守節以終
高氏陰島馬哥莊孫玉田妻年二十五而寡奉親撫子守節以終
劉氏王克銓妻年二十六而寡守節撫孤故後祀節孝祠
畢氏于成岳妻年二十二而寡守節五十八年後祀節孝祠
李氏孫文堂妻年二十六而寡守節三十年
姜氏孫德昭妻年二十二而寡氏以身殉
矯氏孫文舫妻年二十六而寡守節至八十七歲壽終祀節孝祠
李氏姜思渥妻年二十一而寡守節以終
李氏王文濱妻年二十七歲而寡守節以終祀節孝祠
孫氏王文高妻年二十六而寡守節五十年
朱氏姜公海妻年二十五而寡氏以身殉
徐氏褚元智妻年二十五而寡氏以身殉

呂氏蘇得淇妻年二十一而寡茹苦守節以壽終
朱氏大河東村朱毓仁女適明紅澗姜公海年二十一而寡氏以身殉
王氏嶺西村王儉忠女適登窰村王克署妻年二十七而寡氏以身殉
曲氏石灣村曲元珠女適董元琳少寡撫遺腹子成人立業事姑以孝聞
周氏劉新玉妻年二十九而寡守節四十六年
董氏劉元鎬妻守節撫孤後祀節孝祠
曲氏劉承蒡妻夫亡以身殉後祀節孝祠
臧氏劉元鐸妻守節五十二年後祀節孝祠
王氏王欽世妻年二十四而寡守節至七十八歲遇難而死
仲氏田仲修妻年二十六而寡守節以終
王氏王守春妻年十九而寡守節以終
蘇氏王永敬妻年二十而寡守節撫孤以終

賈氏張成倫妻年二十六而寡守節撫孤以終
徐氏蘇可玗妻年二十三夫死身殉
王氏孫永吉妻年十八夫死身殉
藍氏于京明妻年十八夫死身殉
孫氏辛成雲妻年十八夫死身殉
黃氏楊從福妻夫死以身殉
孫氏張鳳修妻夫死身殉
王氏段丕秋妻年二十一而寡矢志守節
王氏段思立妻年二十二而寡撫遺腹子守節未幾子殤乃以身殉
張氏段中玉妻年二十四而寡立嗣守節四十餘年
李氏段京孟妻夫亡身殉
尹氏段立虔妻夫亡身殉

王氏段成太妻年二十四而寡守節至八十八歲
孫氏董得瑞妻夫死身殉
胡氏龍口村胡延鳳女適段京壽夫亡守節茹苦事姑備嘗艱苦卒以壽終
曲氏閻學字妻少寡事翁姑撫幼子守節以終
孫氏仙家寨紀洽文妻事父母翁姑以孝著稱少寡守節以終
王氏棗園村劉天五妻少寡事翁姑撫幼子守節四十年
宋氏十梅庵莊啓滋妻年二十二而寡事翁姑撫幼子守節以終
于氏十梅庵魏立本妻十九而寡事姑立嗣守節以終
李氏十梅庵莊啓逑妻少寡事翁姑守節以終
李氏棗園王琳基妻夫亡以哀毀卒
紀氏棗園賈永玠妻年二十一而寡事翁姑守節以終
王氏滄口于永梓妻少寡事翁姑守節至八十餘歲

任氏棗園王珉基妻少寡事翁姑守節以終
王氏滄口劉從儉妻少寡事翁姑撫幼子守節以終
曲氏南山村王遐令妻少寡事翁姑守節以終
呂氏滄口曲先德妻少寡事翁姑撫幼孤守節以終
李氏滄口曲鳳格妻少寡事翁姑守節以終
屈氏大村莊曲宗友妻夫死身殉
王氏大村莊曲中彬妻少寡事翁姑守節以終
劉氏狗塔埠王如洪妻年二十二而寡以哀毀卒
紀氏狗塔埠王敦卓妻夫亡以哀卒
萬氏狗塔埠江裕恭妻少寡守節以終
周氏狗塔埠王思誥妻少寡守節
宋氏狗塔埠王延霍妻少寡守節

紀氏狗塔埠王方全妻年十八而寡守節至七十六歲以壽終
袁氏仙家寨陳作文妻少寡守節以壽終
王氏仙家寨紀中矩妻少寡守節
王氏仙家寨陳尚儉妻夫亡身殉
欒氏仙家寨紀正碩妻少寡守節以終
王氏仙家寨蒲廷澤妻少寡守節至七十五壽終
王氏大村莊曲宗仁妻少寡守節以終
姜氏樓山後徐志章妻十五而嫁十六而寡十八而卒
于氏源頭村王興監妻十九而寡事翁姑守節至八十八歲壽終
王氏徐鳳清妻少寡事姑盡孝撫子成家守節以終
徐氏莊子村王紹恕妻少寡事姑撫女洎甲寅日德交鬨于青島氏懼禍及乃仰藥以卒
劉氏王鼎臣妻少寡事姑撫子守節三十餘年光緒間旌表

曲氏鄭村呂效修妻少寡立嗣子其後嗣子及孫均早卒三世寡婦婆媳相弔鄉人咸悲其遇
徐氏上流莊王奎順妻年二十一而寡守節力作以奉養其翁
辛氏朱敬惠妻少寡守節
王氏朱闇初妻少寡守節
曲氏朱鎰初妻少寡守節以終入節孝祠
朱氏曲寬德妻少寡守節以終入節孝祠
辛氏王復卓妻少寡撫孤守節至八十一歲壽終入節孝祠
汪氏王得詢妻夫亡身殉入節孝祠
王氏段立恩妻少寡守節
王氏宋增吉妻少寡守節
鄭氏徐珍之妻少寡撫孤守節以終入節孝祠
紀氏徐鴻遙之妻撫孤守節四十六年

臧氏畢瑞莪之妻三十歲夫亡遺一子從令又亡遺孫德名又亡媳姜氏孫媳陳氏均矢志貞守備歷艱難壽九十六歲

姜氏畢從令之妻二十四歲夫亡遺一子氏奉孀姑撫孤子守節以終

陳氏畢德名之妻二十五歲夫亡氏奉孀姑暨祖姑紡績孝養矢志守節鄉人以其一門三節婦號曰節義堂

鐘氏劉學浩之妻十六于歸越一載夫病氏湯藥親侍三年不懈夫亡殯氏哭奠夫墓歸而自縊死

王氏劉汝爽之妻夫亡守節以終

王氏劉維珺之妻夫出外病故氏以身殉

劉氏王明篤之妻少寡守節

曲氏王立田之妻年二十三而夫亡矢志守節

袁氏王立迎之妻少寡守節

宋氏曲元清之妻年二十而寡守節以終

曲氏王立册之妻年二十二而夫亡逾一週氏以身殉鄉人爲之樹義烈可風碑懸列壯千秋匾額以表揚之

王氏曲瑞太之妻少寡守節以終

陳氏曲彈顯之妻少寡守節以終

劉氏王永革之妻少寡矢志守節

王氏曲中泮之妻少寡守節五十四年

汪氏王公美之妻少寡守節四十餘年

孫氏曲鳳生之妻年十九而寡撫孤守節四十一年

張氏王大咸之妻夫亡身殉

章氏曲好德之妻少寡撫孤守節至六十五歲以壽終

汪氏王公昇之妻年十九而夫亡守節以終

董氏曲成仁之妻少寡矢志守節

于氏祖振麟有傳見前貞女幼而好潔矢志不嫁及婚期將近瞑坐絕飲食逾兩閱月趺坐而逝越三日而殮面貌如生里人爲立塔稱曰于仙姑萊陽王埻爲作塔銘

辛氏湖島子村王延約之妻十九而嫁二十五而寡事翁姑撫嗣子守節以終學界立碑旌之

朱氏湖島子村王延剛之妻夫亡身殉里黨哀之爲立碑曰烈光山川

閻氏湖島子村王積光之子婦夫亡仰藥以殉里人爲立碑曰節烈可風

膠澳志卷十一

藝文志一 書目

歷來方志向有藝文一門其例仿於班固漢書顧漢書藝文志隋書經籍志乃羣籍之著錄後世所謂目錄提要之學也近代以圖書館補學校之所不及功效大著蔚爲專科於是古代目錄之學復見重於今日顧經師著作非各縣所必有於是藝文一門每每雜取當地人士之奏議論說詩賦碑銘纂集成篇姑備一格清儒章學誠辯之綦詳章氏主修湖北通志藝文一篇仍取法於漢書隋書而別纂傳記詩賦畸說剩言之屬編爲文徵八集叢談四卷以備采風體例謹嚴規模宏大然非褊地所能仿行本區著作既稀一時搜采未備而研究膠澳之事則中外不乏其書或爲掌故所關或屬輿論所繫他山之切磋有資個人之芻蕘可采不惟關於藝文亦有裨於政事茲故采集既往之著書立說編爲書目表并選錄數篇名曰文存以免孤本之遺忘而備有志者誦覽其他碑版古器別爲金石一篇

「甲」漢文書目表

書名	出板年月著者姓氏	册數	內容
魯案善後月報	魯案督辦公署 民國十一年	六	專記魯案交涉經過分言論公牘調查著譯紀事章制轉載附錄等目
魯案善後月報公產特刊	魯案督辦公署 民國十一年	一	專記公產交涉情形分評價價土地及日人保留日人希望膠海關六項問題之經過暨會議錄山東懸案協定全文
魯案善後月報鹽場特刊	魯案督辦公署 民國十一年	一	專紀鹽場交涉情形分鹽田狀況公私意見會議經過議決辦法四篇
魯案善後月報郵電特刊	魯案督辦公署 民國十一年	一	專紀郵電交涉情形分華會經過評價調查公私意見會議錄議決辦法接收報告七篇
魯案善後月報鐵路特刊	魯案督辦公署 民國十一年	一	專紀鐵路交涉經過及會議錄報告書等
魯案善後月報鑛產特刊	魯案督辦公署 民國十一年	一	專紀鑛山交涉經過分華會經過三鑛情形新商組織分委會議議決辦法五篇
魯案調查報告書	魯案行政調查部 民國十一年	三六	魯案善後會議事前即組織行政調查部預爲調查其報告書計分公產鑛山鹽田鐵道四編公產之中又分土地房產電汽水道等二十二案
魯案善後會議錄	魯案善後會議 民國十一年	十	計分第一第二兩部第一部關於公產郵電稅關鹽田鑛山之會議紀錄計六册第二部關於鐵路之會議紀錄二册協定條款一册保留房產圖一册
青島	魯案督辦公署 民國十一年	一	分沿革地理土地市街港灣路鑛商工水產農林郵電財政與金融教育行政及警察衛生共十五章
膠澳商埠教育彙刊	膠澳商埠督辦公署 民國十三年	一	專紀本埠教育及本年夏期講習會運動會經過分法令統計紀事講演專載附錄等篇
膠澳商埠現行法令彙纂	膠澳商埠局 民國十五年	一	專輯本埠法令分官制官規內務財政教育農商交通服章公報附錄等類
膠澳商埠行政紀要	膠澳商埠局 民國十六年	一	專紀十四年以後本埠經辦事項分本局經辦事項附屬機關經辦事項前者又按事項性質列有細目
解決山東懸案條約	外交部印民國十一年中英文合璧	一	
山東懸案細目協定	外交部印中日文合璧民國十一年	一	
山東懸案鐵路細目協定	外交部印民國十一年中日文合璧	一	
華會見聞錄	賈士毅民國十二年	一	專紀華會經過情形計分十章前三章及末二章紀華會發端及往返途中游記四章關幕五章限制軍備六章太平洋問題七章遠東問題八章華會結局
青島全書	謀樂民國三年六月	一	分上下二卷上卷專輯德人租借時期本埠一切華文法令下卷紀本埠地勢人口預算貿易之統計及農林說帖學務要覽船塢工程法令補遺等項
膠澳公報	膠澳商埠局每週二册		專紀本埠法令公文等項
膠濟路接收紀念册	膠濟鐵路局	三	第一第四第五周年各一册專紀每年大事及運輸統計圖表
膠濟路會計年報	膠濟鐵路局會計處每年一册		專紀本路各年收支統計
膠濟路運輸月報	膠濟鐵路局車務處每月一册		專紀每月運輸統計
膠海關季刊	膠海關每季一册		分報告書及統計兩項與海關貿易總册相似而紀載較詳
膠海關旬報	膠海關每旬一册		專紀每旬進出船隻及貨物之統計數目

膠澳港政局統計年報	港政局中英文合璧 每年一冊		專紀每年港政經過分本港概況大港碼頭小港碼頭港務情形四編以統計數字爲主
山東問題彙刊	歐美同學會 民國十年十一月	二	上卷爲關於山東問題之各項條約計四章各項調查計三章皆以事實爲主下卷爲各項論著又分爲五章
青島概要	葉春墀 民國十一年	一	分爲總論官廳土地租税公益團體工商教育交通衛生農林漁鹽名勝附錄共十章多紀日軍占據時期之狀況書如其名
青島之今日	民國十四年 琴島舊侶	一	專記接收後之舉措見聞言之痛切
農林特刊	膠澳農林事務所 民國十四年	一	專紀我國接收前後之膠澳農林狀況共分七篇附載圖說五篇
氣象月報	膠澳觀象台 月出一冊		專記青島氣候每日報告
青島氣候之大概	膠澳觀象臺 民國十四年蔣丙然	一	專記青島氣候及其歷年比較
參加萬國經度測量報告書	膠澳觀象臺 民國十六年	一	原書分六章一萬國經度測量委員會計畫書二膠澳觀象臺之測量儀器及方法三中星推算公式及較時方法四測量成績五天文臺之比較及結論

青島之林業	卞曉亭 民國十一年	一	是書爲山東農業專門學校教員學生來青調查編成報告共分八章
最近之青島	民國八年張武	一	分總論歷史港灣街市農林漁鹽工鑛商交通金融教育團體衛生等十八章
接管膠濟鐵紀	趙德三 民國十三年	二	專紀接收膠濟鐵路情形分部令章制紀事演說文件附載等篇
山東漁航調查錄	葉春墀 民國十六年八月	一	上篇漁業調查分記山東各口漁業狀況每口自爲一章下篇航業調查分記沿海各縣航業及船捐收數
游青膚言	陶貽謙	一	雜記青島故事舊聞不分章次
即墨縣志	知縣許鋌 教諭杜爲棟 明萬歷七年		是爲即墨最初之縣志分建置田賦戶口秩祀官師選舉人物八門門各有目全書八篇六十四目
又	知縣尤淑孝 高陽李元正 清乾隆二十八年		分方輿建置學校武備賦役職官選舉名宦人物藝文十門附以大事記及雜稽餘錄
又	知縣林溥 邑人周翕鐄 黃念昀 清同治十一年	八	門類同前其目則方輿志分星野沿革疆域形勝封建山川島嶼古蹟風俗物產十項建置志分城池衙署壇廟遺愛里社市廛堤堰橋梁坊表塚墓卹養計十一項學校志分文廟學署學田義學四項武備志分營汛墩堡郵驛海口四項賦役志分戶口田賦徭役解支耗羨鹽法榷税倉儲八項職官志分官師將備二項選舉志分薦辟進士舉人占籍貢士武科褒封恩廕世襲例任椽階將材十二項名官分吏治武功二項人物志分名臣勳績忠節孝義經儒文學懿行隱逸僑寓列女十項藝文志分文類上中下三項及著述一項大事志分異數災祥改革三項雜稽志分寺觀方技釋道海程拾遺辨語六項全書十二卷計目七十有八附目並計
膠州志	知州余邦輔 邑人趙慎修等 明萬歷十九年		是爲最初之膠州志分地理建置祠祀田賦官師人物選舉藝文八門
又	知州孫蘊韜 邑人高國標 清康熙十二年		不詳
又	知州周於智 劉括等 清乾隆十七年		不詳
又	知州張同聲 李圖張擧雁等 清道光二十五年	八	原書四十卷首列總分建置水道海疆各圖計一卷次則沿革道里封建歷代職官元代職官明代職官清代職官金元選舉明代選舉清代選舉誥敕爲表十一又次山川建置物產風俗賦役鹽法典禮學校兵防藝文爲志凡十又次侯王歷代官師明代官師清代官師歷代人物明代人物清代人物藝術僑寓外徙列女爲傳凡十三又次大事祥異雜述爲記三又次形勝古蹟金石訛疑爲考四

州志別本	張謙宜	二卷	是書對於康熙膠州志而作所以正其得失
膠州志前編	張賓雁	十卷	是書係就乾隆州志而爲之疏證補其疏漏
膠志疏證補	張擧雁	一卷	
靈山衛志	蘇潛修	四卷	是爲靈山衛方志之專書
靈山衛志續纂	宗其彥	一卷	仝上
嶗山志	明黃宗昌	二卷	
即墨列女志	清杜曦	一卷	
即墨考	清楊玠	一卷	
墨志稿存	清馮文炌	十二	
縣志正誤	清周翕鐄	一卷	

即墨人物考	清黃統中	一卷	
即墨志辨	清孫士斗	一卷	
即墨舊聞	清周榮鈐	二卷	
鰲山志略	清周榮鈐	一卷	
膠志補正	清王葆崇	一卷	
墨志補正	清王葆崇	一卷	
戊申采訪錄	清王葆崇	一卷	
桑梓待徵錄	清王葆崇	一卷	
勞山七游記	清王大來	一卷	於嶗山名勝記述頗詳
勞山金石目錄	清王葆崇	一卷	專載嶗山晉唐以來金石大略
鼇山采訪錄	清王葆崇	一卷	

「乙」和文書目表

青島之德國法令	青島日軍民政部 民國七年十月	一	采輯德人出板青島官報所載各項法令分編十七章較青島全書爲詳謀樂所編僅以華文誦習爲目的此則不然
青島之工商業	青島日軍民政部 民國七年十月	一	以制度及統計爲主分總說貿易稅關交通市場工業商工團體運貨及物價租稅勞動共十章
夏期講習會講演錄	日本人之青島教育會 民國八年	一	共分五篇一爲博士擊原坦講殖民地之教育二爲馬場鍬太郎講中國之財政經濟餘爲科學講演
膠州灣	日本田原天南 民國三年十二月	一	專紀德人在膠澳之經營事實分總論經營貿易產業交通防備市政結論計八篇取材精貴記述周詳
青島經濟事情	日本太田金乙 民國六年九月	一	專紀青島之企業分鐵路關係有望企業主要工場主要貨物煤之調查等篇
青島及山東見物	日本岸元吉 民國十一年二月	一	初載大阪朝日新聞名曰山東見物蓋該社記者之旅行通信也嗣改訂出版更今名專紀青島及膠濟沿路各城鎮之實業
山東會社綜覽	日本十口五郎 民國九年十二月	一	專紀日人在山東境內所經營各種會社之狀況

中國輸出入商品研究	日本榎米吉 田村源四郎 民國十三年五月	一	專紀中國出口生貨半生貨之產銷狀況分農業及工業製品二篇即豆麻粱粟薯米菜棉油芝蔴瓜花生菸棉花帽辮髮網花邊傘扇各項
華府會議大觀	東方通信社調查部 民國十年三月	一	專紀華盛頓會議之經過共分六編一總記二軍備制限三四國協定四中國參加五極東問題六山東問題
李村要覽	日軍李村派出所 民國五年十月	一	專紀李村區之政事共分地理行政農林商業漁業工場交通七章
青島商工案內	青島日商會議所 每年調查出版	一	專記青島工場商店之營業狀況華商及歐美商行亦載其中
山東苦力參戰事情	駐青日軍參謀部 民國八年三月	一	專紀赴歐華工經過狀況共分三章一總說募集情形二在歐工作狀況三結論回國狀況
山東經濟事情	日本崗伊太郎 小西元藏 民國七年五月	一	專紀山東之工商狀況以濟南爲主而兼及各城市共分商店工廠鑛業及貨幣度量衡財政預算土產水田鑛產都市水運鐵路等
青島森林之將來	日本本多靜六 民國七年五月	一	研究青島之森林狀況而計議改良之法并附成育狀況表
青島之教育	駐青日軍民政部 民國八年六月	一	一總說二在青及膠濟沿路之日人教育狀況三青島華人教育狀況

青島港貿易之消長	駐青日軍民政部 民國九年七月	一	共一圖九表貿易額累年比較圖又貿易累年比較表輸出入主要貨物表七八兩年按月比較表各口貿易區別表出入船舶表進出口貨幣表汽船帆船出入表
青島鹽輸移出統計	駐青日軍民政署 民國八年四月	一	專紀民國四年至八年之青島產銷運往各港統計
青島鹽	日本木村三郎 民國十年三月	一	前編專論青島鹽業後編論青島鹽與日本之關係附錄青島鹽統計及中國各鹽區產鹽狀況並山東問題
青島概觀	駐青日本總領事館 民國十四年	一	專紀青島工商狀況以日人爲主分位置沿革氣候面積戶口貿易教育交通信商店工廠工資及物價衛生宗教雜錄等十五章
山東研究資料	駐青日本軍政署 陸續出板		此書乃日軍踞膠時由其軍部先後派員調查各項資料陸續與支那研究社之支那研究資料滿鐵調查課之資料彙存相類
青島實業協會月報	青島實業協會 每月一冊		專紀青島之工商業分資料貿易海運及鐵道商況協會記事青島守備軍法規經濟統計等目

書名	出版者及時期	冊數	摘要
山東及膠州灣	東亞同文會 民國三年十二月	一	共分十一章一山東全省情形二德人之經營三膠州灣四膠濟鐵路五津浦鐵道六重要都市七重要物產八金融九通信十運河十一基督教
土木誌	駐青日軍民政部土木部 民國九年五月	一	是書爲土木部述當年之工程圖案第一編紀市街道路公園房舍築港材料等項第二編紀自來水之各項設備第三編紀溝渠各項設備
支那牛之研究	駐青日本軍政署 民國五年	一	分爲四章一牛之分布二皮毛性狀三體格四經濟的價値
山東之農業及牧畜	駐青日軍司令部 民國七年十月	五	第一冊論農業與家畜之關係第二冊論騾馬及驢第三冊論牛第四冊論羊第五冊論豚
山東省主要事業之概況	駐青日軍民政部 民國七年九月	一	是爲第一編內分棉花紡紗蠶絲烟草花生水田杞柳梧桐食獸毛皮卵粉花邊髮網帽辮柞蠶繭綢絹紬皮硝鹽等十九章
關東鹽與膠澳鹽之比較	駐青日軍民政署 民國十年十二月	一	是書以金州鹽田之面積產量生產力築造經營采製方法及鹽之品質成本販賣運輸等等與膠澳鹽兩兩比較分爲十七章

「丙」德文書目表

F. V. Richthofen, China, 1877. ff.

黎希德和芬著　中國志　一八七七年柏林出版

„　Schantung und Kiautschou, Berlin, 1898.

同上　山東及膠州志　一八九八年柏林出版

F. W. Mohr, Handbuch für das Schutzgebiet Kiautschou, Tsingtau, 1911.

莫邇著　膠州保護地帶便覽　一九一一年青島出版

E. Ohlmer, Tsingtau, sein Handel und sein Zollsystem, Tsingtau, 1914.

歐爾梅爾著　青島之商業及其稅制　一九一四年青島出版

Dr. Jur. H. Betz, Die wirtschaftliche Entwicklung der Provinz Schantung seit der Eröffnung Tsingtaus (1898-1910), Tsingtau, 1911.

培芝著　一八九八年至一九一〇年青島開港後山東省之經濟發展　一九一一年青島出版

Die Schantung-Eisenbahn und das von ihr erschlossene Gebiet, Tsingtau, 1912.

著者未詳　山東鐵路及其開發地帶　一九一二年青島出版

F. Secker, Zwischen Jangtse und Peiho Tsingtau, 1913.

帥格爾著　楊子及白漢中間地域　一九一三年青島出版

E. Gruenfeld, Hafenkolonien und Kolonialähnliche Verhältnisse in China Japan und Korea, Berlin, 1913.

顧洟凡爾特著　中國日本朝鮮海港殖民地及準殖民地之關係　一九一三年柏林出版

M. V. Brandt, China und seine Handelsbeziehungen zum Auslande, mit besonderer Berücksichtigung der Deutschen, Berlin 1899.

卜浪達著　中國及其尤關德國之對外通商關係　一八九九年柏林出版

„　33. Jahre in Ostasien, Leipzig, 1901.

同上　僑寓東亞卅三載　一九〇一年來泊郇喜出版

R. Zabel Deutschland in China, Leipzig, 1902.

查培爾著　中國境內之德國　一九〇二年來泊郇喜出版

J. Witte, Ostasien und Europae (Das Ringen zweier Weltkulturen) Tübingen, 1914.

韋德著　東亞與歐洲兩社會文化間之樞紐　一九一四年退賓經出版

W. Koch, Die Industrialisierung Chinas. Berlin, 1910.

擴霍著　中國工業保護策　一九一〇年柏林出版

A. Zimmermann, Kolonialpolitik, Leipzig, 1905.

晉美滿著　殖民政策　一九〇五年來泊郇喜出版

A. Zimmermann, Die Europäischen Kolonien, Berlin, 1896.

晉美滿著　歐州各國殖民地誌　一八九六年柏林出版

Kaebner, Kolonialpolitik, Jena, 1908.

寇伯耨著　殖民政策　一九〇八年耶那出版

A. Fischer, Die Modernen Kolonialstaaten und ihr heutiger Besitzstand, Wien, 1911.

費休著　近世殖民政府及其維持現狀　一九一一年維也納出版

V. D. Heydt, Kolonialhandbuch Berlin, 1912.

海德著　殖民要覽　一九一二年柏林出版

E. Fitger, Die Wirtschaftliche und technische Entwiklung der Schiffahrt, Leipzig, 1912.

費德格著　航海學之經濟及技術發達史　一九一二年來泊郈喜出版

Denkschrift betreffend die Entwicklung des Kiautschou-Gebiets.

關於膠州地方發達之備忘錄一八九八年一冊一八九九至一九〇〇年共一冊以後每年一冊柏林出版

Bericht der Handelskammer zu Tsingtau für das Jahr 1913.

一九一三年份青島商務局報告冊

Statuten der Handelskammer zu Tsingtau, 1905.

一九〇五年份青島商務局部署

Programm der Deutsch-Chinesischen Hochschule in Tsingtau, 1913.

一九一三年份青島德華大學年報

Lehrplan der Unterstufe der Deutschen-Chinesischen Hochschule in Tsingtau, 1912.

一九一二年份青島德華大學初級教程

Adressbuch für das Schutzgebiet Kiautschou und die Provinz Schantung, 1914-15.

一九一四年至一九一五年份膠州保護區及山東省人名錄

Kolonial-Jahrbuch, Herausgegeben von Gustav-Meinecke, Erster Jahrg. 1898.

哥斯達夫梅耐該出版殖民年鑑第一年份一八九八年版

Die Festnummer des Ostasiatischen Lloyds, Shanghai, 1913.

勞以德亞東商船日報定期號一九一三年上海出版

Jede Nummer des Ostasiatischen Lloyds.

同上日刊

Die Ostasiennumer des Berliner Tageblattes, Berlin, 1914.

柏林日報亞東號一九一四柏林出版

Amtsblatt für das Schutzgebiet Kiautschou, 1-15 Jahrgang, Tsingtau.

膠州保護區官報第一年至第十五年份青島出版

Tsingtauer Neueste Nachrichten, Tsingtau.

青島近聞青島出版

1897 Richthofen, F. F. v.: Kiautschou, seine Weltstellung u. voraussichtl. Bedeutung, 1897. Also Preussische Jahrbücher, 91, p. 167-191; Geog. Zeitschrift, v. 4, p. 103-107, 1898

黎希德和芬著　膠州之地位及其將來之意義

1898 Hesse-Wartegg, E. V.: Schantung u. Deutsch-China, von Kiautschou ins Heilige Land v. China u. v. Jangtsekiang nach Peking in Jahre 1898, Leipzig 1898

赫思瓦太格著　山東及德華——一八九八年由膠州至曲阜又由楊子江至北京之紀行

Hirth, F: Schantung u. Kiautschou. München, 1898. Also Allgemeine Zeitung, 27. & 28. Sept. 1898

赫堤著　　山東及膠州

Richthofen: Schantung und seine Eingangspforte Kiautschou, Berlin. Reimdr 1898

黎希德和芬著　　山東及其門戶——膠州

Rose, W: Kiautschou, Deutschlands Erwerbung in Ostasien. Bilderschmuck unter Leitg. 3. Aufl. Berlin, Schall und Grund, 1898

羅斯著　　膠州——德國在遠東所獲之利

Franzius, G: Kiautschou. 3. Aufl. Berlin, Schall und Grund, 1898. gr. in-8, pp. VIII-142

傅蘭金著　　膠州

1908 Weicker, Hans: Kiautschou: Das deutsche Schutzgebiet in Ostasien.

Berlin, A. Schall, 1908. p. 240

韋克著　　膠州——德國在遠東之附屬地

1909 Pfeiffer, M: Ein deutscher Reiterposten in Schantung. Berlin, Reimer 1909

飛佛著　　山東之德國租界地

1910 Krieger: Führer durch Tsingtau und Umgebung. 3. Aufl. p. 222, 120 Abb., 12 Karten und 1 Plan. Wolfenbüttel, Heckner 1906-4. Aufl. 1910

克里哥著　　青島及附近之指南

1912 Schüler, W: Abriss der neueren Geschichte Chinas unter besonderer Berücksichtigung der Provinz Schantung. Berlin, Karl Curtius, 1912

舒樂著　　關於山東部份中國新歷史之設計

Eine Reise durch die deutschen Kolonien. VI. Band. Kiautschou. mit 2 Karten und 111 Abbildungen. Berlin, Verlag Kolonie und Heimat,

1912, in-8, pp. 72

在德國租界內之旅行　第六卷膠州

1914 Schrameier, W: Aus Kiautschous Verwaltung: die Land, Steuer-und Zollpolitik. 1014. in-8, pp. VII-255

施拉梅爾著　　膠州之統治——土地稅及海關稅

Schrameier, W.: Kiautschou, seine Entwicklung und Bedeutung. Berlin, Karl Curtius.

施拉梅爾著　　膠州之發展及意義

「丁」英文書目表

Jones, J.: Fall of Tsingtao, with a study of Japan's ambition in China. Boston, Houghton Mifflin, 1915.

青島之陷落日人在支野心之研究　瓊恩斯著

Shantung Question. San Francisco, Chinese National Welfare Society in America, 1919.

山東問題　中國留美後援會編

Shantung treaties and agreements. Washington, Carnegie Endowment for International Peace, 1921.

山東條約及協定　華盛頓加氏基金會編

Gauss, C. E.: Economic development of Shantung Province, 1912-21. Washington, U. S. Bureau of Foreign and Domestic Commerce, 1922.

山東省之經濟發展　美國商務局編

Wood, G. Z.: Shantung Question. New York, Revell, 1922.

山東問題　何傑才著

Willoughby W. W.: China at the Conference. Baltimore, Johns Hopkins

Press, 1922.
華會之中國　韋羅貝著
Treaty between China and Japan for the settlement of outstanding questions relating to Shantung; with an agreement supplementary thereto; concluded at Washington on February 4, 1922. Washington, Government Printing Office 1922.
中日關於山東懸案之解決條文　美國外交部印行
Godshall, W. L.: International aspects of the Shantung question. Philadelphia, University of Pennsylvania, 1923.
山東問題之國際觀　古德謝著
以下屬散見於英德法文各雜誌者其排列次序如下一發表年月二著者姓氏三論文題目四所載之雜誌名稱五雜誌卷數六雜誌出版年月七雜誌頁數

1898 Parker, E. H.: Germans at Kiao-chau. Imperial & Asiatic Quarterly Review, 3rd Ser., vol. 5, pp. 173-174, 1898
1900 Bigelow, Paultney: Kiao-chau; Germany's First Colony in China. Harper's Magazine, vol. 39, March 1900, pp. 577
Denby, Jr. C.: German Colonial Experiment. Forum, vol. 29, pp. 572-583, July, 1900
1902 Tutein, R. von: German Kiao-chau Territory. East Asia, vol. 1, p. 51-63, 1902
1904 Germans in Kiao-chau. Review of Reviews, vol, 29, April 1904, p. 485-6
1905 Progress of German China. Review of Reviews, vol. 32, August 1905, p. 243-4

1908 Ockel, R.: Germany's One Successful Colony. Westminster Review, vol. 170, July 1908, p. 17-21
1914 Freeman, L. R.: Carrying the war into the Pacific; the Singificance of Japan's Action in Ordering Germany out of Kiao-chau. Map. il. Sunset, vol. 33, Oct. 1914, p. 668-76
Lyenaga, T: What a Kiaochau is Worth? Map. il. Independent, vol. 80, Oct. 26, 1914, p. 128-30
Trade of German China. Bulletin of the Geographical Society of Philadelphia, Oct. 1914, p. 49
Tsingtao, Germany's Eastern Colony. Scientific American Supplement, vol. 78, Oct. 17, 1914, p. 253
Harding, G. L.: Tsingtao, a Key to the Empire. Outlook, vol. 108,

Nov. 11, 1914, p. 579-83
Kawakami, K. K. Mikados' Campaign against Kiao-chau, Overland, N. S., vol. 64, Nov. 1914, p. 504-9.
Last Balance in Eastern Asia. New Republic, vol. 1, Nov. 21, 1914, p. 18-19
Mitford, E. B. England and Germany in Shantung. Fortnightly Review, vol. 102, Nov. 1914 p. 783-92
Ohlinger, G.: Kiao-chau. World's Work, vol. 29, Nov. 1914, p. 70-6
Blane, W.: Tsingtao and its Signaficance: with some Impressions from a Recent Visit. Nineteenth Century, vol. 76, Dec. 1914, p. 1213-26
Effects of the Japanese Triumph in the East. Current Opinion, vol. 57, Dec. 1914, p. 396-4
Kiao-chau, a Description. Journal of Geography, vol. 13, Dec. 1914,

p. 113-20

Problem in War Names. Scientific American, vol. 111, Dec. 12, 1914, p. 486

Seidmore, E. R.: Japan's Platonic War with Germany. Outlook, vol. 108, Dec. 23, 1914, p. 914-20

1915 Ishü Shinji: Fall of Sei-To (Tsingtao) and its Aftermath. Atlantic Review, Jan. 1915, p. 17-21

Ohlinger, G.: Tsingtau: Seguel to Port Arthur. Atlantic Monthly, vol. 115, Jan. 1915, p. 124-36.

Reserved Seat in the Theater of War: Bombardment of Tsingtao. Literary Digest, vol. 50, Jan. 9, 1915, p. 69

Tsingtao and After. New Republic, vol. 2, Feb. 6, 1915, p. 20-1

Harding, G. L. Tsing-tao, Key to-What? Everybody's Magazine,

vol. 32, Feb. 1915, p. 145-57

Hibbard, C. V. What will Japan do with Kiaochau? Outlook, vol. 109, Feb. 19, 1915, p. 338-41

Kinnosuke, A. Kiao-chau, and its meaning. Century, vol. 89, Feb. 1915, p. 564-8

1915 What is to become of Kiao-chau? Century, vol. 89, Feb. 1915, 636-7

Ohlinger, G.: Germany's lost colony in China. World's work, March 1915, p. 350-7

Piggott, F. T. China and the War. Nineteenth Century, vol. 77, Mar. 1915, p. 531-59

Brace, A. M.: Tsingtao and the Rising Sun. Sunset, vol. 34, April 1915 p. 732-7

Brace, A. M.: With the Germans in Tsingtao. World's Work, vol. 29, April 1915, p. 634-40

Final Expulsion of Germany from China. Imperialist Fortnightly vol. 103, April 1915, p. 733-40

Bramhall, J. T.: Kiao-chau and Bushido. Open Court, vol. 29, June 1915, p. 372-81

Yamada Nakaba: Capture of Tsing-tao (by the Japanese and English forces), Aug.-Nov. 1914. From Japanese Sources. United Service, Dec. 1915, p. 266-84

1916 Part played by British fleet at Tsingtao (First Authoritative account. From North China Herald). Journal U. S. Artillery, Jan.-Feb. 1916, p. 121-30

Arthur, B. W.: Tsiumph at Tsingtau. Blackwood's Magazine, vol. 199, April 1916, p. 577-594

British at Tsingtao. Despatches dated 9 and 29 Oct., 10 and 13 Nov. 1914, from General N. W. Barnardiston. Times, 31 May, 1916,p. 7.

1919 Young, R.: Japan at Kiao-chau and the Peace Conference. Contemporary Review, vol. 115, Mar. 1919, p. 277-88

Albrecht, A. E.: Kiao-chau Experiment in Taxation. Public, vol. 22, Dec. 9, 1019. p. 1135-7

Aftermath of the Shantung Settlement-Contemporary Events in Both Countries. Current History, vol. 11, Dec. 1919, p. 526-32

1920 Reid, G: War as a cuase of 'China's troubles. Open Court, vol. 34,

Apr. 1920, p. 193-9

1921 Shantung as China's big stick. Literary Digest, vol. 71, Dec. 3, 1921 p. 17

1922 Peffer, N.: Shantung and the Conference. Nation, vol. 114, Jan. 4, 1922 p. 12

Why the struggle for Shantung. Literary Digest, vol. 72, Jan. 21, 1922, p. 28-9

China's victory in Shantung, Literary Digest, vol. 72, Feb. 11, 1922, p. 12-13

Japan's Exit from Shantung. Literary Digest, vol. 73, May 20, 1922, p. 19

Hodges, C. What Japan is leaving: Shantung. Outlook, vol. 132,

Nov. 29, 1922, p. 560-1

Seidmore, E. R. What Japan is leaving: Tsingtau, Outlook, vol. 132, Nov. 29, 1922, p. 557-60

Kiao-chau, Open Port. Nation, vol. 115, Dec. 13, 1922, p. 674-6

Evacuation of Tsingtao. Outlook, vol. 132, Dec. 20, 1922, p. 688

1923 Japanese self-blame for Shantung. Literary Digest, vol. 76, Jan. 13, 1923, p. 19

Simpson, H. Shantung Question. Freeman, vol. 7, Apr. 4, 1923, p. 83-4

1924. Danton, G. H. Tsingtao; a Russian Spa? China Rev. vol. 6, Mar. 1924, p. 70-1

Pei, I. H. Tsingtao Waterworks. Far Eastern Rev. vol. 20, June 1924, p. 300-1

1924, Tsingtao, Magic City of Asia. China Weekly Review, vol. 29, June 14, 1924, p. 47-58

Increase of revenue of the Kiaochow-Tsinan Railway. China weekly Review, vol. 29, Aug. 23, 1924, p. 400

以上英文雜誌

1897 Hirth, Friedrich: Die Bucht von Kiautschou und ihr Hinterland. Vortrag gehalten am 6. December 1897 in der Abteilung München der Deutschen Colonial-Gesellschaft. Oest, Monats. f. d. Orient, 1897, pp. 133-139. Also Sonder-Abdruck aus den "Münchener Neuesten Nachrichten", München, Knorr & Hirth, s. d., br. in-12, pp. 21, 1 karte

Hesse-Wartegy, Ernst von: Die Anfänge einer Deutschen Handelsstadt in China. Velhagen & Klasing's Monatsch, 11, pp. 497-507, 1897-98,

1898 Eine deutsche Beschreibung Kiao-tschous. Deutsche Rundschau f. Geog. u. Stat., XX, März 1898, pp. 266-8

Cormoran: Von Kiaotschou-Rhede an der Ostküste von Formosa entlang nach Manila. Korv.-Kapt. Brussatis Mai 1898 Ann. der Hyd., XXVI, pp. 386-8, 1898.

Hesse-Wartegg, E. v.: Bei den Missionären der deutschen Mission von Südschantung. Deutsche Kolonialzeitung, 1, Dezember 1898, pp. 435-438

Kaiser; S. M. S.: Aus den Reiseberichten Seiner Majestät Schiffe. Die klimatischen und hydrographischen Verhältnisse der Kiautschou Bucht während des Winters 1897-98. Ann. der Hyd., XXVI, 1898 pp. 337-340

Keipert, Richard: Deutschland in Ostasien Provinz Schantung mit der Kiautschou-Bucht und den Kohlenfeldern von Po-Shan-Hsien, sowie d. projekt. Deutschen Eisenbahnlinien Situationszeichnung, nach den Orig. d. v. vfs. u. and Quellen v. Keipert, 1876. Schrift und Gebirge v. vfs 1:750.000. Berlin, Dietrich Reimer (E. Vohsen), 2. Aufl. 1898

Kiautschou. Deutsche Kolonialzeitung, 6 Januar 1898, p. 3.

Kiautschou. Deutsche Kolonialzeitung, 20 Jan. 1898, p. 18; 17. Feb. 1898, p. 63; 24 Feb. 1898, p. 65-66; & 10. März 1898, p. 91

Die Kiautschou Bucht. Petermann's Mitteilungen, XIIV, p. 34-4, 1898

Die Stadt Kiautschou Deutsche, 7. April 1898, p. 124-6

Von Kiautschou zum heiligen Grabe von China. Velhagen & Klasing's Monatsch, I, p. 297-311, 1898-99

Michaelis, D.: Was ist Kiautschou wert? Berlin, Dietrich Reimer, in-8, p. 27, 1898

Mootz H.: Die Namen der Orte in Deutsch-Shantung, festgestellt und erläutert. Shanghai, Ostasiat. Lloyd, in-8, p. 47, 1898

Ober-Baurat, Franzius Geheimer: Ein Ausflug nach Kiau-Tschou (mit einer Karte von Ostasien und der Kiau-Tschou-Bucht) Vortrag gehalten in der Abteilung Berlin-Charlottenburg der Deutschen Kolonial-Gesellschaft. Zweite unveränderte Auflage, Berlin 1898. Dietrich Reimer, in-8, p. 70-100

Richthofen: Die Rechtschreibung des Namens Kiautschou. Verhand. Ges. Erdk. Berlin, XXV, p. 71-74, 1898

Richthofen, F. F.: Der geologische Bau von Schantung (Kiao-tschou) mit besonderer Berücksichtigung der nutzbaren Lagerstätten. Nach der Mitteilung des Geheimrats. Zeitschrift für praktische Geologie (Berlin) mit Karten. Naturw. Wochenschrift 13 (1898): 141-145

Schumacher, R.: Kiautschou und die Ostasiatische Frage. Erlebnisse aus China und der japanischen Gefechtsfront, Berlin, Fussinger, in-8, p. 144,1898

1899 Denkschrift über Kiau-tschou. Oest. Monats. f. d. Orient (Wien) 1898, p. 8,-9

Die Verhandlungen des Reichstags über Kiautschou. Deutsche Kolonialzeitung, 9. Februar 1899, p. 45-46

Die deutsche Kiautschou-Bibliothek. Deutsche Kolonialzeitung,

20. April 1899, p. 136

1899 Bülow, Fritz von: Kiautschou. Beitr. z. Kolonialpol. 1, 1899 p. 365-8, 395-402

Seidel H.: Verkehrspolitische Aufgaben in Deutsch-China. Deutsche Kolonialzeitung, 18 Mai 1899, p. 174-175

Prager, E.: Kiautschou. Deutsche Kolonialzeitung, 10. August 1899, p. 287-288

Prager, E.: Kiautschou. Deutsche Kolonialzeitung, 24 August 1899, p. 306-307

Prager, E.: Aus dem Schutzgebiet Kiautschou. Deutsche Kolonialzeitung, 12 Oktober 1899, p. 385-386; 2 November 1899, p. 419-420

Der Gesundheitszustand in Kiautschou. Deutsche Kolonialzeitung 17 August 1899, p. 298-299; 24 August 1899, p. 305

Seidenkultur in Kiautschou. Deutsche Kolonialzeitung, 21 September 1899, p. 354

Kiautschou und sein Wert in englischer Beleuchtung von S. Deutsche Kolonialzeitung, 16 November 1899, p. 457

Andresen, P.: Die wirtschaftlichen Verhältnisse des deutschen Gebietes von Kiautschou. Deutsche Rundschau f. Geog. u. Stat., v. XXI, 1898-1899 p. 464-7

Dove, K.: Witterungsverhältnisse in Kiautschou. Deutsche Kolonialzeitung, 28 September 1899, p. 359

1900 Anz, Walter: Durch die Halbinsel Schantung von Tschifu nach

Tsingtau, 1 bis 6 März 1899; Petermann's Mitteilungen, XIVI, 1900, p. 273-277, karte.

Deimling: Die Kolonie Kiautschou in den ersten beiden Jahren ihrer Entwickelung. Verhand d. Abt. Berlin-Charlottenburg 1899-1900. Deutsche Kolonialgesellschaft, No. 2, p. 43-66

Deimling: Die Kolonie Kiautschou in den ersten beiden Jahren ihrer Entwickelung. Verh. der D. Kolonial-Gesellschaft, Abt. Berlin-Charlottenburg, 1900-1901, p. 43-66

Sievers, W: Die Kiautschou-Bucht nach der neuesten amtlichen Karte. Deutsche Kolonialzeitung, 8 Februar 1900, p. 58-59

Wilda, Johannes: Einige Bemerkungen zum Etat des Kiautschou-Gebietes für 1900. Deutsche Kolonialzeitung, 1 März 1900,

p. 87-89

Prager, E.: Neues aus und über Kiautschou. Deutsche Kolonialzeitung, 1 März 1900 p. 89-90; ibid., 8 März 1900, p. 100-101

Prager, E.: Aus Deutsch-China. Deutsche Kolonialzeitung, 22 März 1900, p. 121-122

Gerstenberg, H.: Die Gebirge des Deutschen Kiautschou-Gebiets. Deutsche Kolonialzeitung, 22 März 1900, p. 122-123

Ewerlien: Die Eisenbahn von Tsingtau nach Tsinan. Deutsche Kolonialzeitung, 26 April 1900, p. 175-176

Handelsaussichten für Tsingtau. (Aus dem ersten Bericht des Kaiserl chinesischen Zolldirektors Ohlmer) Deutsche Kolonialzeitung, 30 August 1900, p. 405-406; ibid., 6 September 1900, p. 414-415

Neues aus Deutsch-China. Deutsche Kolonialzeitung, 4 Oktober 1900, p. 465

Von Kiaotschou nach Tsingtau. Deutsche Kolonialzeitung, 1 Oktober 18 Oktober 1900, p. 479-480

Die wirtschaftliche Entwicklung Kiautschous. Oest. Monats. f. d. Orient, Wien, 1900, p. 90

Die Witterung zu Tsingtau in Juli, August und September 1899, nach den Aufzeichnungen der Kaiserlichen Vermessung im Kiautschou-Gebiet. Ann. der Hyd. XXVIII, 1900, p. 63-65

1901 Der neue Gouverneur für Kiautschou. Deutsche Kolonialzeitung, 7 März 1901, p. 93

190 Das Kiautschou-Gebiet im Februar 1901. Deutsche Kolonialzeitung,

16 Mai 1901, p. 198-199

Ewerlien, E.: Das Forstrevier von Tsingtau. Deutsche Kolonialzeitung, 11 Juli 1901, p. 276-277

Wilda, Johannes: Zur Entwicklung Tsingtaus. Mit 2 Abbildungen. Deutsche Kolonialzeitung, 8 August 1901, p. 314-316

Hoefer, Postor C. Aus dem Bereich der Missionen, Neuguinea, Samoa, Kiautschou. Deutsche Kolonialzeitung, 28. November 1901, p. 475-476

Die Vermessung des Deutschen Kiautschou-Gebiets. Darstellung d. Methoden u. Ergebnisse mit 11 Kartenanlagen. Bearb. im Reichsmarine-Amt auf. Grund d. Aufnahmen im Schutzgebiet in d. Jahren 1898-1900. Berlin, 1901, in-4, p. 90

Stenz, P. Georg. M.: Die Handelsaussichten Tsingtaus. Globus IXXIX, 1901, p. 341-2

Provisorische Zusatzbestimmung zu den Provis. Zollamtl. Bestimmungen für das D. Kiautschou-Gebiet. Vom 20 April 1901, Amtsblatt f. d. Kiaut.-Geb. 11, 1901, Beil. 2, Nr. 16.

Maercker. Hauptmann: Die Entwicklung des Kiautschou-Gebiets. Deutsche Kolonialzeitung, 1901, 21 Nov., p. 464-465; 28 Nov., p. 470-472; 5 Dez., p. 485; 12 Dez., p. 490; 19 Dez., p. 503-504; ibid., 1902, 2 Jan., p. 1-3; 9 Jan., p. 10-11; 16 Jan., p. 22-23; 23 Jan., p. 33-36; 6 Feb., p. 53-54; 20 Feb., p. 70-72; 27 Feb., p. 82-83; 6 März, p. 97-98; 20 März, p. 112; 27 März, p. 121-123; 13 Nov., p. 469-470; 27 Nov., p. 487-488; 4 Dez., p. 498-499; ibid. 1903, 8 Jan., p. 10-11; 12 Feb., p. 65-66; 5 März, p. 94-95; 16 April, p. 151-152; 23 April, p. 162-164; 30 April, p. 173-174, etc.

1902 Maercker, Hauptmann: Der Etat für das Kiautschou-Gebiet für 1902. Deutsche Kolonialzeitung, 13 Februar 1902, p. 63-64

Hoefer, Pastor C.: Aus dem Bereich der Missionen, Kiautschou. Deutsche Kolonialzeitung, 11 September 1902, p. 369

Gaedertz, A.: Abteilung Berlin-Charlottenburg der Deutschen Kolonial-gesellschaft.-Verhandlungen 1901-02 Band VI Heft 6 (mit einer Karte u. 2 Lichtdrucken) Vortrag, gehalten in der Abteilung Berlin-Charlottenburg der Deutschen Kolonial Gesellschaft. Berlin 1902, Dietrich Reimer, in-8, p. 136-162

Maercker, Hauptmann: Tsingtau, eine deutsche Städtegründung in

Ostasien. Vortg. Export 1902, p. 61

Schrameier, Adm. Rat: Wie die Landordnung von Kiautschou entstand? Soz. Streitfragen, Heft XIV. L. Harrwitz Nachf. Berlin 1902

Tutein, R.: Das deutsche Kiautschou-Gebiet. Der Ferne Osten, Bd. I, p. 86-101, 1902

Tsingtau und Kiautschou. Ein Kulturbild aus Deutsch-China—Sg.— Globus, LXXXI, p. 229-236, 1902

1903 Die Witterung zu Tsingtau im September, Oktober und November 1902, nebst einer Zusammenstellung für die vier Jahreszeiten und das Jahr Dezember 1901 bis einschliesslich November 1902. Bericht der Kaiserlichen Meteorologisch-Astronomischen Station zu Tsingtau. Ann der Hydr. XXXI, Jahrg. Heft 11, p 48-52 1903

Gaedertz, Baurat: Der Etat für das Schutzgebiet Kiautschou für 1903. Deutsche Kolonialzeitung, 19 Februar 1903, p. 74-76

Wegener, Georg: Die Bedeutung der Kolonie Kiautschou. Geog. Zeitschrift, 1903, p. 185-192

1904 Berensmann: Wirtschaftsgeographie Schantungs unter besonderer Berücksichtigung des Kiautschougebietes. Z. Kolonialpolitik, VI, 1904, p. 570-667

1905 Statistisches von Kiautschou. Deutsche Rundschau f. Geog. u. Stat., XXVIII, 1905-1906, p. 419-420

1907 Kolshorn, Oberleutnant W.: Die Entwicklung des Kiautschou-Gebiets in der Zeit vom Oktober 1905 bis Oktober 1906. Asien, 1907, Juli, p. 142-3; Aug. p. 147-9

1908 Ein Observatorius in Tsingtau. Deutsche Rundschau f. Geog. u. Stat. XXXI, 1908-1909 p. 186.

Zahl der Deutschen in Schantung. Deutsche Rundschau f. Geog. u. Stat. XXXI, 1908-1999, p. 469

1909 Telegraphische Bestimmung der Länge von Tsingtau, im Reichs-Marine-Amt-Bearbeitet. Ann. Hydrographie, 37 (1909), p. 1-7

Observatorium im Tsingtau. Deutsche Rundschau f. Geog. u. Stat., XXXII, 1909-1910, p. 521

1910 Penck, Albrecht: Tsingtau. Meereskunde, Vierter Jhrg., 12. Heft, p. 36, 1910

Wegener, Georg: Das Kiautschou-Gebiet. (Sonderabdruck aus "Das Deutsche Kolonialreich", zweiter Band) Leipzig und Wien,

1910, p. 499-542

1911 Uhlig, Carl: Entwicklung, Methoden und Probleme der Geographie der deutschen Kolonien. Geogr. Zeitsch. Leipzig. XVII, 1911, p. 361-378

1912 Die Entwicklung des Kiautschougebietes. Deutsche Rundschau f. Geog. u. Stat., XXXV, 1912-1913, p. 91

1913 Bökemann: Die Stadtanlage von Tsingtau. Kol. Monatsblätter, 15, 1913, p. 465-487

1914 Schmitthenner, H: Kiautschou. G. Z. XX, 1914, XII, 657-670 Grav.

以上德文雜誌

1898 Tomel, Guy: La baie de Kiao-Tcheou. Le Monde illustre. 15 Janvier 1898, p. 46.

La baie et la ville de Kiao-Tcheou. Soc. Roy. Belge Geog., Bulletin, 1898, p. 165-7

La Baie de Kiao-Tcheou et san Hinterland. A travers le Monde, vol. 4. 1898, p. 30-31

Kiao-Tcheou. A travers le Monde, vol. 4, 1898, p. 88

Fanvel, A. A.: Kiao-Tcheou. Rev. franc. de l Etranger, vol. 23, Avril 1898, pp. 213-220

1900 Kiautschou. Ann. d. Hyd., vol. 28, 1900, pp. 401-405

Les Montagnes du Territoire allemand de Kiao-Tcheou. A travers le Monde, vol. 6, 1900, p. 384

Les Montagnes du Territoire allemand de Kiao-Tcheou. Le Mono. Geog. 1900, Col. 597-8

Deniker, J: La colonie de Kiao-Tcheou en 1900. La Geographie, 15 April 1901, p. 328-329

Drahe, A.: Kiao-Tcheou. La nouvelle colonie allemande en Chine. Son developpement. Son avenir. A travers le Monde, vol. 6. 1900, p. 361-364. Cartes et ill.

Winandy, Armand: Le Shantung. Belgique coloniale. 27 Mai 1900, p. 246-7

1901 Brisse, André: Kiao-Tcheou. La naissance d'une colonie allemande en Extreme Orient. Revue Geog., Dec. 1901. p. 515-537

1902 Franconie, J.: Le Territoire allemand de Kiao-Tcheou. Developpement de la Colonie. Soc. Geog. Com. Havre, Bul., 1902, p. 54-59

Moreux, René: Le territoire de Kiao-Tcheou. Son present.—Son

avenir. Bul. Com. Asie franc., Mars 1902, p. 110-112; reimp. dans la Rev. Indo-Chinoise, 187, 19 Mai 1902. p. 442-4

Servigny, J.: Le developpement de Kiao-Tcheou. Rev. francaise. 1902, p. 646-654

1905 Chine-Kiao-Tcheou. Bull. Soc. Geog. Dunkerque, No. 29, Sept. 1905, p. 306-307

1906 Les Allemands au Chan-tong, opinions Chinoises a ce sujet. Par. C. D. Revue indo-chinoise, 30 Juin 1906, p. 983-984

1908 Les Allemands a Kiao-Tcheou. Bull. Com. Asie franc., fevrier 1908, p. 76

1910 Les Principaux produits de 1 exportation de Tsing-tao. Revue indo-chinoise. April 1910, p. 345-346

Perrand, Raymond: Le territoire de Kiao-Tcheou. Asie franc., Dec. 1910, p. 505-507

1912 Les defenses allemandes de Tsing-tao. Asie francaise. Juin 1912, p. 252

1914 Le commerce de Kiao-tcheou en 1912. Asie francaise, Janvier 1914, p. 39-40

Mus, D.: Les Allemands a Kiao-tcheou. Rev. indo-chinoise. Aout 1914, p. 141-146

1915 Bellet, M. Daniel: Tsing-tao et la ruine de la culture allemande en Extreme-Oridnt, Revue des Deux Mondes. 1 Mars 1915, p. 121-149

1917 Le developpement de Kiao-tcheou. Sans le regime japonais.

Asie francaise. Oct.-Dec. 1917, p. 195

1920 La valeur de Tsing-Tao. La Geographie, vol. 33, Janvier, 1920, p. 53-54

以上法文雜誌

右漢文和文德文英文法文書目五種已見其書者略記章次內容未見者僅記書名及卷數關於膠澳之和文論著散見於專刊及雜誌中者如南滿鐵道社之資料彙存調查資料支那研究會之支那研究資料青島軍政署之山東研究資料同文會之支那以及支那時報外交時報之類爲數尤夥惜未能遍爲搜求也其德英法文之著述及雜誌承北平之北海圖書館代爲調查約分爲德人租借日人占踞我國收回之三期按其先後略爲次序專著則記其著述人名書名出版地點及年月雜誌則記其發表年月著述人名論文命題所載雜誌之名稱卷數出版年月及其頁數

藝文志二　文存

張謙宜膠鎮誌

膠州之設總兵官自通政張若麒請報父仇始順治初得柯永盛故遼東名將部下多選鋒虓武能自握籌策東方以靖是時四征弗庭總兵得專斬伐甲士萬餘黨輒獻首功州人畏兵如鬼神視總兵則帝天也節鎮之勢遂成永盛調守贛州海時行至其先本元乜先部落迨明英宗迴鑾爲達官指揮至時行已失官生長京師爲丐戶狡猾無賴爲官司戮辱明末闖賊犯京師乘亂掠珠玉滿家買棺盛之自披衰麻杖而哭賊不入其門大清兵破闖賊長驅大進時行反服獻門得爲天津中軍事巡撫張忻時江南主使左懋第來聘已縱去又欲獲之時行請於忻單騎說囘兵部以爲能陞廣東參將又貪緣冒功授左都督鎮膠州故所親京都惡少年壩上諸馬賊皆鮮衣細鎧從爲衙隊顧貧無以給抵任僑居匡氏園國初下令甲申五月朔已後奔江南者爲逃官明末以官往者不問故太傅高大學士崇禎十六年起南京兵部侍郎彼自殉舊主與本朝無損也時行乃疏奏當籍沒戶部覆允官賣未令總兵專之也時行既以兵權脅州府宰相產故大無能公行占買者時行先據膏腴徐以租補庫直奇零折配牟利已鉅萬買船估糴餘糧價輒倍入掘太傅宅地盡得其古玉寶鼎金石鈿漆諸玩器又使其黨開邸第逐蒸魚切肝築脂賣漿之利占行市尅軍餉與富商大賈通假貸是時民柔而重犯法搢紳多惴惴保家莫敢攖其鋒兵故有柯鎮餘勁往往椎埋奪貨博債食人一兵或私畜四馬妻子皆金翠綺羅絃索酒歌不能戰矣然時行曾與督府會剿滿家硐諸賊壩上兒跳盪軍中頗能翦老弱及平民輒誇膠鎮爲勁兵其實五軍纔四百人任刀矟但豪富軍容略盛耳時行歸益驕倨奉擬王侯誠誘舊家子爲門生恣所啖嚼矣搢紳雖承奉恐後然心實厭苦之時行嘗怒抉人眼州民不寒而慄會東萊張大學士端其父忻故時行上官也有海州二使左右之陽諾而陰不省張已銜之州人各以新科進士爲顯官氣岸高不相下而時行亦善彌縫然終以爲無如我何也順治十年洪經略承疇大征有稱其能將兵者廷論以隸幕府蓋亦實謀去之先是疑法太史若眞使人篝取家函信深恨之又怨匡吏部蘭馨不爲援手益鑿金珠求病罷而張大學士方川事機寘不可迴矣時行謬爲大言欲建衛霍功顧壩上健兒京師惡少自時行致富籠絡饜食皆失職怨望時行與參佐强言兵此曹按刀詬睨老賊亦有用人時也會斫碁頭耳時行洋大度而心患之選其尤黠傑者貽之瑂弧泥金刀矢善馬綉韉蟒甲朱纓以悅其意此曹鼠狗盜易餌謀寖懈然調發期已迫巡撫使萊州道參議徐大用促行時行窘猶貪小利謀以行戰餉銀皆買豆醃豬先販淮安兵後至則入其羨而給以中然兵已狺狺不能平又恇怯與主將埒沈回子性凶悍主盟譟刼與其謀者不過三十人紳士以風聞告輒嚄唶迴護故富人皆不動而兵益得以爲計八月二十七日大閱誓師時行猶緩帶座狨以示閒暇健兒校步射而堂上將飲酒梨園各冠帶上翻射堂屏回子等提刀罵上妻子無月廩而偕我死耶爭前縛時行中軍張思選揮刀遮咤奴反耶刀誤中柱而頭已斷血涌梁間裨將康延泰上馬搖鞭所部千人皆從勒陣以待捕擊而中軍死主將禽向使不顧此兩人直前搏戰亂可立定也是時材官于科故壩上兒受時行餌者也單騎走漕府上變果賣老賊矣時行既就縛左右親兵盡散乃爲好語括鎮府貲借官商財以祈招安沈囘子懼衆人觀望一騎先入殺徐大用一騎秘署印推官李煌提頭入轅門五軍大亂康延泰之陣晡時乃解哭入東門賊亦倉猝不知所爲乃奉時行入先師殿解其縛嚴衛之賊中有李化吾者明之廢弁陰說沈回了使稱僞號事成除之不成使老革獨滅族武夫以爲然乃取梨園龍衣皮弁及文武品服册時行爲大明重興王李弁爲左丞相行軍司馬他土豪署官有差沈回子等與舊將韓啓元陳其策趙明善劉成功康延泰皆僞總兵揭黃旂於南門曰禮賢招兵反已成乃縱賊時行還府其女妾皆燕姬妖淫已爲兵將姦挾漸遣歸傾府中金銀𠄘幣五千人攘之不能盡賊時行乃授意左右分屠所怨家匡氏園素所不能得者縱火燒之時禁旅半征行登萊兵僅足守城故賊得肆暴無忌賊尙欲練鄉兵取鄰縣故明邊東監者曾督薊遼兵退爲道士時行雅重之其人有心計憐膠州斗大城一爲戰場生齒且盡故謬說以誤之使南奪洪經略兵不成則入湖廣山與流賊合先時行亦遣

諜書招昌邑李好賢明末土賊國初降好賢首其書不至又使人招滿家硐諸賊以會剿怨不納計無所之乃從邊策去然猶焚所修宅及其他怨家宅火晝夜不絕賊之有識者亦先屠妻子擁其擄掠者以行輜重婦女牛馬驘駝長四十里烏合亦一二千人皆錦袍襲甲而騎然堪戰者少特以亡命負虛聲爲官軍所憚賊刼邑紳子爲神機將神機好刀馬從盜魁王見之學并質以爲軍鋒王見之者刀馬無雙每戰旋舞足蔽三人故所向披靡攻莒州屠睢甯至不留雞犬諸僞將雖敢鬬而追兵前後遮絕有沂鎮之兵天津大名之兵懷慶汝甯之兵漕府操江之兵賊各縱酒色戀寶貨時行又昏庸日夜驚泣僞將無所秉謀烏合王見之等皆逃壖上兒陸續走金銀滿營如土甚至亳州不可支乃乞撫督府幸其疲而易制乃覊縻之分其殘軍僞將相皆降疏上王鐵山(名永吉)在兵部法太史日哭國門曰焉有建號署官攻城略地而可赦者由是時行賄不通張東萊堅持之乃集其父子兄弟逆校皆斬於大名傳首膠州自賊時行以九月初三日去十月登州兵備至鞭笞州同吏目督府鉤考反賊故用事及汚僞職者縲

紲滿獄巡撫題叛產估直十四萬有奇蔓延敲扑死者千餘人官吏參罰文移糾繆升沉死絕猶不解者凡二十年吁利之爲害烈矣哉

此篇錄自道光重修膠州志武人擅兵干政禍國殃民後先殆出一轍張君奮筆直書無所忌諱殆亦膠東數百萬人民血淚呼號之所寄託有不可復爲隱忍者矣又烏知後來者自署官爵殘民以逞更什百於海時行也蓋齊魯之被禍明清以來未有如斯之烈者也

許景澄條陳海軍應辦事宜摺 清光緒十二年

一山東之膠州灣宜及時相度爲海軍屯埠也外國屯紮水師必不與通商之埠同在一口則有事封港無所牽掣其規擇形勝必取外口嚴密內澳深廣蓋先令我之師船屯藏安固乃可蓄銳以擊敵船兵法所謂自立於不敗者也西國兵船測量中國海岸無處不達每豔稱膠州一灣爲屯船第一善埠該處爲大小沽河膠萊南河會流入海之處前明於此設立衞所東曰浮山所西曰靈山衞以資控扼其外羣山環抱口門狹僅三四里口內有島中峙實爲天然門戶周灣之地約數十里水深八九拓至四拓不

等當烟台未開口岸時航海商舶湊集頗盛本非散地荒陬可比且地當南北洋之中上顧旅順下趨江浙均一二日可達若酌抽北洋江南海軍合以山東一軍紮聚大枝則敵艦畏我截其後路必不敢輕犯北洋尤可爲畿疆外蔽其膠萊南河與北河海口通連元時海運曾由此取道避成山大洋之險將來濬治淤淺使雷艇小輪船在內通行則與直隷海面號令策應更爲靈捷溯自浙之溫州以北至於青齊濱海各處非口門坦漫卽港路淺狹惟該灣形勢完善又居衝要似爲地利之所必爭應請漸次經營期於十年而成巨鎮

此篇錄自許文肅公遺稾原注稱從薛副憲福成四國日記中輯錄首尾均缺前數段論述造船製械事項茲不備錄下文李文忠鴻章籌議膠澳公函一篇卽對此篇議覆近人之言膠澳開港者殆以許公爲嚆矢矣

李鴻章籌議膠澳公函 清光緒十二年六月十五日

賜函以許星使條奏海軍應辦事宜鈔摺交閱屬卽評量有無可仿辦者詳覆核辦等

因仰見集思廣益至意欽佩莫名鴻章細繹原摺所陳大沽口宜設鐵甲礮船鐵甲快船喫水尺寸不宜太淺鐵甲船式宜分別仿製海軍礮位宜用一律船廠機器局宜由漸擴充五條大都與現在辦法相符但目前人才餉力均絀尚有未能推廣之處至山東膠州灣宜爲海軍屯埠一節規畫遠大尤關緊要該處居山東之南海濱爲南北洋適中之地本年正月杪曾飭管理魚雷營劉道含芳帶兵輪前往查勘測量繪圖呈覽並具說帖大致謂口門小於威海而不如旅順口之緊固水比威旅加深守土者宜設防免爲外人占踞若爲海軍屯埠如修船塢設礮台所費不貲轉運煤糧軍需各物道遠則耗費尤重又地處偏僻距黑水洋船路尚三百餘里并不能扼斷來路似目前尚難籌辦然許星使摺稱西人豔稱膠州灣爲屯船第一善埠鴻章亦久聞是說上年法越釁起法人屢次聲計將由膠州進圖北犯曾奉旨飭東撫籌防是其地洵稱扼要因飭水師統領丁汝昌同英總兵琅威理帶鐵艦快船赴該處再行詳細審度具覆前已函報在案頃據丁琅等另具圖說呈覆各節均係琅威理之議所稱得海軍地利爲南

北洋水師總匯之區與許星使所擬及劉含芳勘度情形大略相同自來設防之法先近後遠旅順與大沽犄角對峙形勢所在必須先行下手俟旅順防務就緒如有餘力方可議辦距直千三百餘里之膠州但照琅威理等籌畫布置該處須設礮台六座分築土壘數處共需大小後膛礮約四十尊大小雷艇十二隻魚雷一百具浮雷七十箇燈樓數座另設船塢機器廠軍械庫暫駐守台陸軍六營既經創設水師口岸必預備有事時能戰能守以上各節皆必不可少之事若非如此布置亦不足爲海軍屯埠約估需費己不下數百萬兩在西洋各國創設水師屯埠關係至重原不惜此巨款而北洋目前兵力餉力實形竭蹶一旅順小口澳塢軍庫幷日而營至今尚未齊備斷難遠顧膠州許疏內請由南北洋會同經度南洋船餉更單未遑遠略東省河患正亟似尚無暇兼營惟地利所在必爭若我不先置守誠恐海上有警被人占據雖北竄之路尚遠而肘腋之患頗長必不得己可否請旨飭東撫酌撥數營就琅威理所呈圖內南岸陳家島北岸坦島西岸黃島各處分紮營壘俟籌有的款再行購礮築台逐漸經營將來南北洋水師添多鐵艦快船成軍後卽可在該處會哨駐操隨時擇要布置餉需浩大事端繁距殊非剋期可以蕆功謹將劉含芳及丁汝昌琅威理先後呈覆圖摺各一分照鈔奉覽用備采擇

劉含芳查勘膠州灣條陳

膠州澳居山東之南海自登州府文登縣之威海衞開輪由西向東六十里至成山繞山之後折而向西五百四十餘里至膠州澳口口東青島高四十七八丈有市有關地屬卽墨山脈來自勞山口西陳家島高三十六七丈島前有廟居民甚少西南大山起伏地接琅琊此外口羣山遠望之勢也青島陳家島爲外口門戶相去八里中間水深十餘丈八九丈不等再行內口而行青島西角小梅塢平崗七里向西直伸斷續相連直接玉女小島崗島皆低崗如隄而島如阜海外口內遙遙相見無可遮蔽故入口之船必須稍向西行方進內口而正西有黃島高十七八丈與玉女島相對爲內口水勢深淺不一與外口相等在內口中流四望則陳家島又居南青島居東黃島居西青黃

東西相距十二里故外口之水流向東南此內口之水深山勢也澳內地週百餘里東北皆水一望無際西北至膠州百里東至卽墨縣九十里西南多山間有灣澳皆屬淤灘寬三五里十餘里不等向北水深能行大艦之處僅十二里以鎭邊礮船吃水九尺自黃島向內開行至十八里而止再遠則淤灘愈多而水更淺矣此西北面之水雖有十餘里能停泊大船而有事之時內外相望無可遮護向東一面淤灘相等僅止青島北而山能屏蔽之處有深水一條寬約二里直通卽墨之女沽鎭能行大艦自三五丈以至十丈者僅長十里沿邊淤灘暗礁一二三里不等再東又淺去女沽鎭尚有十五里可望而不可及以全澳論之地雖寬廣而能泊大艦有屏蔽之處僅此青島北面深水一條寬約二里長僅十里此全澳之水勢也合山水之勢論之則口門小於威海而不如旅順口門之緊固而水比威旅加深守土者宜設防於此庶有事之時可以杜外人占爲立足之地然口門三島左右山凹台礮之費已屬不少而青島之東陳家島之西山勢過峽各有數處能由海外登岸抄入其布置之餉力誠非易事若以目前水師口岸而論其事之難者更有數端水師口岸以修船之塢供船之煤最爲要務而煤爲尤重無塢則船不能修無煤則船不能行修塢作廠之費固已非小款而磚瓦木料就地無可取材磚瓦尚可設法造窰木料則隔海遠運於奉省之東溝卽以上岸碼頭而論自岸以至大艦能泊之處長須二里費亦不貲此皆一成而不再用之費使餉力充足猶可以人力施之不過事難多費而已至於常用之煤斤兵馬之芻糧日所必需不容缺之者也近日天津之煤出大沽口運旅順五百七十餘里運膠州則一千二百四五十里是軍需各物水道運程無故而加至一倍半之多終年日用之常其暗耗者積少成多其數豈可限量此轉運之事終年暗耗之病也論者謂萊州濰縣產煤足可供用昇又畫餅充飢之說膠州城去濰縣二百四五十里上游雖有膠萊河不常有水卽有佳煤旱道何以運取再以膠城至口百里水淺處八十餘里祇能以數百石之民船駁運水陸展轉運價又當幾何況濰縣煤產祇見浮面未考其下之多寡精粗豈非畫餅之謂乎國家帑項艱難之時疆臣事事求其節省倘或時慮不繼豈可再開暗耗之

門此平時費力耗餉之大端略舉而論之耳以兵力而論北洋之船現僅十餘艘自顧十四島旅順煙威之門戶尙慮船單卽將來添至三十艘亦不足分駐其地蓋其地僻處海角去成山五百餘里又去黑水洋行船正道三百餘里輪船來往百里不見其煙況數百里之外乎設或一朝有事如敵船由黑水洋北駛膠澳尙未知覺此口地勢之偏僻斷非目前之兵力餉力所宜用也此管窺蠡測就其所見及者縷陳之是否有當
伏乞鈞裁

琅威理布置膠澳說帖

謹按山東膠州澳在之罘之北經三十六度三分東緯一百二十度十四分地氣和平口外東邊山勢崔嵬無沙石之險大小船隻可以離岸百碼行駛無虞口門環抱外口以陳家島爲南靑島爲北偏東取準約八里又以陳家島爲南坦島爲北取準約六里爲此口至狹之處內口以黃島爲西坦島爲東取準約七里澳內水面廣大如湖雖水之深淺不一可以按船之翻水之尺寸分別行駛駐泊卽比之歐洲最盛之水師兩軍之船均可容泊澳中東北一帶內不見外西南近黃島一帶內外略露有事時船可盡泊澳內東邊大山可以屛蔽由外口駛進過陳家島正西偏南有暗虎石湖涸略露轉進內口近坦島之北偏東有浪湯石湖涸亦見均無礙於船之行止內外口無論潮之漲落翻水最深之船可以隨時出進實爲海軍之地利南北洋水師總匯之區也除摹繪膠州澳圖注明水尺礁沙島口名目外應將布置各節詳細開呈於左　一口門外口南岸陳家島宜設礮台二座一在張駝山一在佐壁一在鳳凰山北岸宜設礮台二座一在小梅窪一在坦島（按卽團島）內口西岸黃島宜設礮台一座均用三合土建築礮台宜小工料要堅每台應配置七百磅子至八百磅子後膛大礮三尊如卽開辦可先築圖上畫方圈者四處圓圈者兩處可緩辦（若從省或先築土壘每一礮台改爲三壘每壘置大礮一尊似非長策）　一陳家島內之南灣地甚潛密可以藏伏雷艇進退便速該處岸邊坡而不陡可以設立存儲雷艇之所約須大小雷艇十二隻魚雷酌配　一口門兩邊各山島近海邊過峽處宜分築小土壘配置機礮快礮各約二十尊以防小船近攻惟各土壘宜在大礮台相近山過峽處安置　一陳家島東海邊山觜照圖上紅點處宜設二等燈樓一座以便夜間行船此燈自東偏南一字自南偏東二字其色須紅燈光約照十海里外又自北偏東五字自東偏北一字其燈色亦須紅以照口內暗虎石其餘各燈向皆白色口門諸處均可洞照　一口門水溜甚急宜專設浮雷約七十箇可敷堵禦　一口門兩岸並黃島一帶尋常須駐陸軍六營擇要分布兼守各礮台操演礮位有事時須添派六營爲兩岸游擊之師　一塢廠軍庫現審度澳內陰島可以安設應由辦工人擇定地勢方可合宜水淺處宜設長碼頭　一煤爲水師大宗亦應預爲籌畫探聞濰縣馬司莊有民人開挖距膠二百餘里其煤質之精粗煤苗之多寡未能遙度如設水師口岸應先派礦師前往試驗　一距澳三十里靈山衞出磚瓦距澳百里張壩出石灰至石條石塊可就地開鑿惟木料附近無產處須由關東江南運來　一糧草食物幷船上需用草蔴子車油花生油等項膠地均不昂貴　一以上布置所需魚雷艇魚雷及守口浮雷各項礮位軍械等件購價應由軍械總局估計礮台塢廠軍庫各工程經費應由海防工程局估計燈塔造費應由海關營造司估計照以上布置有成以後每年需餉項經費若干應由海防支應局核計　一如照以上布置若敵人來犯不能得利

右三篇錄自李文忠公全集海軍函稿卷一是時醇王奕譞掌海署而李副之籌議膠澳一函殆係答覆醇邸者許建膠澳屯兵之議李非不贊同顧財力不能兼顧不得不先其所急也

李鴻章議覆朱一新條陳 淸光緒十二年六月十五日

鈔寄御史朱一新條陳海軍摺件屬卽核覆等因查該御史所陳膠州設重鎭一條與許奏相同前函已詳晰剖論勿庸再贅惟稱旅順非戰守善地又云其地鎖鑰北洋屛藩遼瀋未容置爲緩圖誠如尊示矛盾其詞所云旅順六病亦未盡確一口門狹則我能出而敵不易入轉覺緊固易守敵船封堵與否本不係口門之寬窄二疏濬淤淺費帑凡水師屯埠不論大小未有不須疏濬卽未有不費帑者三口外亦有淺灘暗礁不盡陸岸敵雖有可登陸之處要在防守嚴密四各礮臺皆有巨砲交互夾擊敵船炸彈有山遮蔽內埠不致大損五無內河通腹地固無如何有事時須預集陸軍援護六大

連灣距旅尙遠金州後路暫有毅軍分防臨時仍應添兵彼不過欲先固膠州故爲抑揚失當之論殊不知膠距天津一千三百餘里實屬鞭長莫及且膠澳僻在登萊背後距黑水洋至成山頭行船正道尙三百餘里敵船可揚舲直北不必旁趨若以全力營膠州而置旅順於不顧彼謂堂奧得以晏如者實未敢信書生逞臆妄談無足怪也又閩粵宜添水陸學堂永停出洋肄業一條福州船政之興二十年來駕駛管輪學堂英才輩出現南北管駕兵船者閩廠學生居多以其稍知門徑較鹵莽滅裂者差勝學有技藝加以歷練則膽勇自壯若專取膽勇而無技藝必至如福建管駕橫海新船之忻成發一出海便失事矣粵省擬創設學堂而未成應請飭該督撫迅速設法興辦至謂天津學堂章程可觀奉行不力習業之時甚暫嬉遊之事恆多鴻章督令道員呂耀斗楊宗濂等分管水師陸軍學堂逐日躬親查察規矩實甚嚴肅並無舍業嬉遊情事此日前鈞駕在津所目擊者惟有嚴飭提調教習各員益加勤愼管束勿稍怠荒以弭讒慝之口至謂出洋學生多染夷風甚或私習洋教尤非篤論查派遣出洋學藝同治九十年間曾文正首倡斯論欲使西人長技中國皆能諳悉然後可圖自强同治十二年沈文肅葆楨在船政任內奏明遣學生分赴英法深究其造船駛船之方推陳出新制勝之理曾沈二公皆閱歷老成謀國深遠所見豈在朱一新之下蓋西法精奧非赴其學院船廠及大兵船隨班課習不能深造近年自西洋學成回者製造駕駛間有心得尙苦拔十得五才不敷用今欲擴充海軍添置船砲而先停其出洋肄業之途必致有船而無人可用因噎廢食斷無是理陸軍學生本無庸出洋水師則西人絕技須先在學堂課以測算再遣出洋精習數年乃冀有成夫海防根本首在育才天下各國皆然日本蕞爾小邦歲遣聰穎子弟數百人分赴西國學藝近年水師整練頗與西人抗行中國欲求自强而自封其途此陋儒一孔之見也至染夷風習洋教目前尙無其人惟在出使大臣及出洋監督等隨時督責訓戒則流弊自少又購買船砲責成曾紀澤核實經理一條上年英廠訂造快船二艘卽由曾紀澤經辦每隻需銀八十餘萬視李鳳苞前在德廠購濟遠鋼甲快船價六十餘萬尙有過之優劣本無定論現各省購辦外洋槍砲業經總理衙門奏令出使大臣就近采訪經理自可杜弊所請應無庸議又海軍衙門宜仿總署之例額設滿漢章京一條此事應由殿下察核主政所稱取士於京師不如取士於天下之大似尙有見是必選派熟習各國海軍規制情形者方可得力若如總署額設章京滿漢正途出身皆由考試卽不重小楷亦未必能通達時事也謹據管見所及據實臚陳是否有當敬乞酌裁覆奏爲幸

此篇錄自李文忠公全集海軍函稿亦係函覆醇王奕譞之件故文中有殿下字樣

朱一新敬陳海軍事宜疏清光緒十二年六月錄自佩弦齋文集

奏爲敬陳海軍事宜以備採擇事竊臣伏讀五月初一日懿旨以物色將才認眞練習諄諄訓諭反覆周詳仰見愼重海防實事求是之至意微臣管窺所及庸備芻蕘不揣檮昧敬爲皇太后皇上陳之一南北洋地勢遼遠宜建膠州爲重鎭以資聯絡兼以屏蔽北洋也自來用兵者禦敵於門庭之外而後堂奧得以晏如北洋形勢以渤海爲堂奧以旅順廟島對峙爲門戶以威海衞爲外障布置亦極周密矣然臣詳稽地勢參考衆論而知旅順一區非戰守之善地不宜以鉅帑營建船隖也口門狹處僅容一船敵易封堵一也口內淺沙膠滯戰船難以成列疏濬則費巨帑二也口外陸岸深水無沮洳亦無淺灘敵易登陸以襲我後三也屯埠三面懸海者西人謂之班道守護倍難該處地形似之又內埠離外埠太近敵船炸彈易及四也無內河以通腹地轉運甚艱燕齊與之隔海猝遭封堵陸兵難集五也金州西面大連環爲旅順後路庚申之役英人泊舟於此頸地太狹敵船便於寄椗斷我運道六也此數者皆兵事之所忌船塢既建敵必以全力注之而戰守多所牽掣特其地鎖鑰北洋屏藩遼瀋又未便置之不顧臣愚以爲欲固旅順威海則莫如先固膠州膠州海口寬二三里內有大澳可容羣艦其外地形盤互島嶼林立薛家陳家諸島橫石隱伏號稱天險最南爲曹家嘴又南則靈山距江南之鷹遊門三百餘里上可蔽登萊下可控江浙蓋形勝必爭之地也膠州分南北流其南流入海處曰麻灣口由麻灣泝南北河以達掖縣之海倉口亦三百餘里疏濬決滯舟楫可通元明兩代議修爲運道者也海倉口地居堂奧遙接津沽一旦中

外有事運北洋之軍實以濟膠州則指臂可以相聯而西夷窺擾之謀無所逞或運齊魯之雜粮以供禁旅則漕運可以直達而西夷封港之技無所施建威銷萌形勢利便可否飭下該撫臣詳細勘度如或臣言不謬則修造砲臺創建船塢以次經營酌抽戰艦屯集其地爲北洋首衝庶聲勢易通藩籬益固矣

李鴻章張曜會請添築烟台膠州砲臺片　清光緒十七年五月初五日錄自李文忠全集

再膠州海澳寬深口門緊曲昔年英法兵船犯津皆在威海大連灣停頓現在威大各口修築砲臺水師相依俱成海防重鎮若有敵船遠來必求一深水船澳停駐之處至於乘隙登岸陸路內犯之說尤可慮也是膠澳設防實爲要圖光緒十二年臣鴻章隨同醇賢親王閱海曾論及膠州必應置守惟經費支絀擬俟威大事竣趕籌續辦此次臣等會同前往詳審勘度形勢自應預爲經畫未可再緩又烟臺爲北洋通商三口之一中國沿海商岸南自瓊州北至營口俱已建置臺壘烟臺水深口寬尚無建置實不足以壯聲威况威海既爲海軍屯駐口岸烟臺相距百餘里係威防後路不容一隙之疏或謂通商海口一二國啓釁不能擾累各國商務而甲申法人犯甯波卽登岸臣等查烟臺十里外僅有通伸岡一臺距口門過遠雖置巨砲亦難遙擊惟歸岱山與崆峒之罘兩島鼎峙海門天然關隘歸岱背山面海尤爲輪船進口必經之路亟應先在歸岱築砲臺一座並於東南相連之玉帶山添築砲臺一座以便策應之罘崆峒從緩添置似此則黑水洋迤北深水船澳悉有守禦使敵船北來無可停泊之地渤海千餘里固若長城矣惟海軍衙門既無款可撥戶部亦難另籌九仞一簣中墮堪虞北洋爲京畿門戶海防一日不密臣心一日不安現與臣曜等籌計再四擬將烟台膠州口砲臺擇定基址酌量建築所需經費擬請將山東海防捐截留作爲建築砲臺之費雖數目極微尚可分年興辦臣曜仍當督飭司道隨時移緩就急務使告成有期其餘俟威海大連灣工竣再行奏明接續籌辦所需布紮營隊擬就山東現有各營抽撥毋庸添募以節經費是否有當謹合詞附片具陳伏乞聖鑒訓示謹奏

中國專使在巴黎和會之說帖全文

（甲）　德國租借權暨其他關於山東省權利之緣起及範圍

一租借之起原　初德國亞東艦隊欲於遠東得適宜之地爲海軍根據及商港曾遊弋於中國沿海一帶竭力搜求德政府調查員嘗以膠澳地方最爲適宜之說進適一八九七年十一月有德國教士二人在山東內地之曹州被害論厥情形本爲地方官防範不及而德政府方欲以武力遂其素志久思有所藉詞至是始挾爲口實遣軍艦四艘至膠澳派兵登岸聲言佔領中國政府見德兵入境事勢危急迫不得已乃與德國訂立一八九八年三月六日之約（見附件一）

二租借地之範圍　該約規定膠澳海面潮平周圍一百里內准許德國官兵過調惟主權仍歸中國復以膠澳之口南北兩面及島嶼若干處租與德國以九十九年爲限

三德國之路鑛權利　該約復准德國在山東省築造鐵路二道並於鐵路附近之處相距三十里內開挖鑛產此項路鑛事業由專設之德華合股公司舉辦華德商人均得投入股本選派董事中國政府又勉力允從在山東省內如有開辦各項事務需外國幫助或用外國人或用外國資本或用外國料物應先問該德國商人等願否承辦膠濟鐵路及支線共長四百三十四基羅邁特爲山東鐵路公司投資建築兩路之一該公司於一八九九年六月一日奉德政府特許於是年六月十四日成立一九〇〇年三月二十一日該公司與山東巡撫訂立中德膠濟鐵路章程一九〇四年六月路工告竣開車營業

一八九八年三月六日之約所准之開採鑛業權利由山東鑛務公司承辦該公司於一八九九年十月一日奉德政府特許於是年十月十日成立其已經開辦及正在開辦之鑛產爲淄川坊子之煤鑛及金嶺鎮附近之鐵鑛

一九一三年二月五日山東鑛務公司復將所有權利負担讓與山東鐵路公司管業於是路鑛兩權均爲鐵路公司所有

四中國之鐵路警察權　保護膠濟鐵路之權屬於中國一九〇〇年三月二十一日

訂定之膠濟鐵路章程（見附件二）第十六款云倘在百里環界外有須兵保護鐵路之處由山東巡撫派兵前往不准派用外國兵隊

又第二十六款云該公司在查路時及行車時倘因事稟請山東巡撫派兵保護應立卽准如所請

至保護山東鑛產一層則有同日訂定之山東華德煤鑛公司章程其第十款云或在勘查鑛苗或在開採時在百里環界以外倘須稟請山東巡撫派兵前往保護一切屆時查度情形見稟隨卽照准不准請用外國兵隊

一九〇〇年有德國軍隊派往租借地以外百里環界以內之高密膠州二處屯駐嗣經中國山東巡撫與德國青島總督於一九〇五年十一月二十八日訂立中德膠高撤兵善後條款（見附件三）德國將該項軍隊撤回青島並承認百里環界以內中國之鐵路警察權與環界以外鐵路無異又承認環界以內中國有施行山東省警察章程之權中國隨於膠州設立警署接管環界內鉄路警察事務

五德國對於鐵路借款之優先權　此外德國倘有關於山東省之鐵路借款優先權

按一九一三年十二月三十一日之換文中國一面以兩鐵路投資建築並供給物料之優先權畀德國此二路者一自高密至津浦路路線之某點暫時擇定爲韓莊一自濟南至京漢線上順德新鄉之間德國一面則讓還其德州正定間及兗州開封間兩路之優先權以及一八九八年三月六日專約所准之山東南部鐵路之優先權此外並允批准一九一一年七月二十四日山東巡撫與山東鑛務公司所訂之收回鑛權合同嗣因一九一四年六月十日中德換文德國又獲得濟順鐵路向西續展路線與煙濰線濟甯開封線之優先權

按一八九八年三月六日之約德國在山東省本有附近鐵路相距三十里卽十英里內之鑛權嗣因訂立上述一九一一年七月二十四日之收回鑛權合同其權遂大爲縮減按照該合同所訂山東鑛務公司除仍自留辦淄川坊子煤鑛及金嶺鎭鐵鑛外其餘鑛權均行取消其所留辦之三處則劃淸鑛界而讓還鑛界內如有開鑛所需應借用德國資本購用德國所產機器材料聘用德國工師

（乙）日本在山東軍事佔領之緣起及範圍

一日本亦對德宣戰　歐戰初起中國卽於一九一四年八月六日以大總統命令宣告中立兩星期後日使通知中國政府稱日本曾於八月十五日以最後通牒遞交德國勸將該國軍艦及一切武裝船隻立卽退出中日兩國之領海並於九月十五日以前將膠澳租借地全境移交日本以備日後交還中國且要求於一九一四年八月二十三日正午以前對於此項勸告爲無條件之承認按該最後通牒所稱此舉之用意乃在除去遠東和局擾亂之根且爲保衛英日同盟之公共利益計中國政府雖未見商於前然對於所擬關於膠澳租借地之辦法亦曾表示願爲同袍之意旋以未見嘉納始不堅持嗣日本以最後通牒未見答覆乃於一九一四年八月二十三日向德國宣戰

二日本軍隊在租借地及環界百里以外之龍口地岸登岸　日軍軍隊二萬餘人本

係派往攻擊青島不意竟擇龍口爲登岸之處龍口處山東北部海濱南距青島一百五十英里日軍於九月三日登陸橫穿山東半島以達膠州沿途佔據城鎭收管中國郵電機關徵收人工物料困苦居民皆視爲必要之舉其先鋒隊於九月十四日始抵該處而會攻青島之英軍則於九月二十三日在德國租借地以內之勞山灣登陸勞山灣距青島較近沿途所遇之障礙自以較日軍前進時爲少故與德軍交綏也第一役猶及與焉

三中國宣言劃出特別行軍區域　龍口既有日軍行動中國政府爲較易保障中立起見不獲已於九月三日宣告參照日俄戰爭先例所有在龍口萊州及接近膠州灣附近地方交戰國軍隊行用本政府不負責任此外各處仍嚴守中立同日將此項宣言照會各國駐北京公使（見附件四）是時復與日本政府約定該特別行軍區域係從至膠濟鐵路之濰縣車站以東爲限約距青島一百英里日軍遵守界限不得侵越而西

四日本佔領膠濟鉄路及各鑛產　詎於九月二十六日有日軍四百名突至濰縣佔據車站十月三日復迫中國軍隊退出鉄路附近地方三日後卽十月六日又不顧中國政府之抗議(見附件五六七八)進至濟南將車站三處悉行佔據於是膠濟全線皆爲所佔沿路分駐日軍路員亦漸易日人鉄路附近之鑛產亦於是時均被佔據賡續開採時圍攻青島之舉方在進行迨十一月八日德人以青島降於英日聯軍是月十六日聯軍入城次年一月一日復開港貿易

五中國取消行軍區域　中國政府以德人既以青島完全投降戰爭已畢交戰兩方之軍事設備業已解除遂請將山東內地之日軍撤迴青島並卸除龍口至張店之輕便鉄道以及附掛於中國電桿之電線而日本政府無可理喻中國政府以昔日不得已而宣告畫定特別行軍區域之理由今既不復存在遂取消當日之宣告復於一九一五年一月七日將取消之舉照會駐京英日公使(見附件九)旋於一月九日據日使照覆(見附件十一)謂奉本國訓令此項取消之舉實屬獨斷處置輕視國際信義不顧邦交措置誠有未當並謂日本政府決不使山東帝國軍隊之設施行動受此等取消之影響及拘束云云

六日本收管青島之中國海關　日本佔據青島及膠澳之後要求自派日本人約四十名充當海關人員之權所謂海關乃一八九九年四月十七日中德青島設關條約所訂設復經一九〇五年修訂者而言中國政府覺此等提議無可允許蓋一從其請恐海關組織將因之而紛亂且在德人管理之日青島海關人員亦全由中國自派也此事磋議未畢而日本神尾總司令已奉命將青島海關之文件財產遽行押收矣

七日本對中國二十一條之要求暨一九一五年五月二十五日關於山東省之條約　山東省之情形如是而日本駐北京公使於一九一五年一月十八日向中國大總統提出二十一款之要求(見附件十二)傾令中國寒心此項要求現已膾炙人口計分五號其第一號卽涉於山東省問題磋商之事延至五月日本政府遽於是月

七日以最後通牒(見附件十三十四)送達中國政府限四十八小時以內爲滿意之答復同時有滿洲山東日軍增多之消息傳至北京中國政府實逼處此舍屈從日本外他無可擇(見附件十五)不得已於一九一五年五月二十五日與日本簽訂關於山東省之條約附以三項換文暨其他各約(見附件十六)雖非所願祇以欲維持遠東之和局使中國人民免受無端之痛苦而諸友邦爲伸張正義自由公道之故方與中歐强國爲空前之戰爭尤不欲見其遠東利益之受損不得不委曲求全且深信此項問題與二十一款要求所發生之其他問題正能於平和會議中爲最後之解決也

八沿鉄路之日本民政權　日本政府復以一九一七年之第一百七十五號上諭設民政署於青島復設分署於坊子張店濟南此三處者皆沿膠濟鉄路而在百里環界之外者也三處中以坊子距青島爲最近然亦九十英里之譜坊子民政分署竟有擅理華人詞訟徵收華人賦稅之舉而膠濟鉄路與各鑛則置諸民政署鉄路股管理之下

九一九一八年九月二十四日之鉄路借款草合同及換文　山東鉄路深入腹地詎沿路日軍逗遛不去而民政各署之設在中國人民視之似有久踞山東之意山東本中國人民所深愛於是舉國惶恐而山東爲尤甚政府迫於衆議不得不思所以安心以俟戰事告終和會召集以解決一切關於世界將來和局之問題也乃與日本開始磋商一九一八年與日本訂立草合同(見附件十七)借款築鉄路二道此二路者一自膠濟線至徐州卽連接津浦滬甯鉄路一連接京漢鉄路者也日本政府以此合同之故乃於同日卽一九一八年九月二十四日換文中(附件十八)允將膠濟沿路日軍除濟南留一支隊外餘均撤回青島並裁撤山東省內之日本民政各署借款已墊交日金二千萬元惟正合同尚未畫押

(丙)　中國何以要求歸還

一該租借地爲中國領土內不可分拆之一部分　膠州租借地包括膠澳及其島嶼

而言之素爲中國領土內不可分拆之一部分其他之屬於何國從未發生問題且膠澳租借條約中本有主權仍歸中國之明文一八九八年之租與德國實肇始於德國侵略之行爲中國怯於威力不得已而允之其情形已詳本說帖之甲段德國在戰事前所有往山東省內之路鑛權利亦卽此次讓與之一部分此項權利及租借地之歸還中國實不過依據公認之領土完整原則爲公道之一舉若仍舉以畀德或轉給他國是不予中國以公道矣

二居民之種族語言宗教均完全屬於中國　膠州租借地爲山東省之一部分昔日德人所造今爲日本所據之鉄路自青島入內地綿亘二百五十四英里有餘者亦在該省該省人口三千八百萬皆志節高尙熱心愛國之民爲純粹中華人種其語言文字及尊奉孔教與他省人民咸無以異不特於國籍之原則毫無欠缺抑亦爲備具此項原則之模範而其志願殷切欲其桑梓之得免於德國或他國之凌迫尤無疑焉

三山東爲文化所肇始乃中國人民之聖地　以歷史言之山東省爲中國兩大聖賢孔子孟子所誕生中國文化所肇始實人民之聖域中國崇奉孔教之文儒每歲跋涉至此省謁聖蹟於曲阜者數以千計全國人民之目光胥集於此蓋中國之發展此省之力爲多今猶然也

四外人侵入必致朘削中國居民　山東省人民稠密致經濟競爭頗爲劇烈以三千八百二十四萬七千之人口聚集於三萬五千九百七十六方英里之地面衣食之源不外農業謀生自非易事蓋人口之多幾與法國相埒而地面之廣不過四分之一其不能容納他國羨餘人民亦已明甚此地而創立他國特殊勢力範圍或特別利益關係則除居民橫被朘削外無他結果也

五山東省內植立外國勢力範圍將成中國北部之經濟集權有害門戶之開放　不甯惟是山東一省備具中國北部經濟集權之要則其人民之衆可增外貨之暢銷鑛產之饒亦利於實業之發展抑尤有重於此者則將來膠州一灣必成爲中國北

部外貨輸入土貨輸出之第一要路是也數百年來膠州久爲山東省之重要商港該省貨物取道於十二世紀所闢之運河而至此處與內地最重要之商場曰濰縣者相聯絡雖膠澳北部爲積淤所塞膠州今不復爲海市之城然青島今爲山東省之海口其所坐落之沿岸地位正與膠州相同復爲新闢商務孔道如青濰膠濟鉄路者所挹注而此路又與京津甯滬鉄路會於濟南且處於膠澳之邊膠澳地勢屛蔽爲寒風所不及經年不凍非天津之北河可比故此新立商場實足以邀截中國北部全境之商務職是之故植立外國勢力範圍足以危害國際商務及實業者莫甚於山東維持門戶開放主義以普益各國者亦莫利於山東而最能維持之者則莫過於中國也

六德國租借地及鉄路爲中國形式上之重地　以形勢言之膠澳爲中國北部門戶之一膠濟鉄路至濟南而接津浦可以直達北京實足以扼自海至京最捷之一途尙有一途卽自旅順大連至奉天而達北京之鉄路是也中國政府爲鞏固國防計益以他項理由久欲杜絕德人之盤居青島今幸得英日聯軍驅而出之中國深願留此重地於自已掌握也

七爲遠東長久和平計必須歸還　就各方面審查之膠澳租借地以及附屬權利之問題止有一法可以滿意解决茍平和會議以此地及鉄路等權歸還中國則不特德國肆意之橫行罪惡藉以矯正且各國在遠東之公共利益亦藉以維護山東人民感覺靈敏其於外人之侵入桑梓以圖政治經濟之集權乃所厭惡且不憚表示其厭惡之意德人之盤踞膠澳侵入山東固其所痛惡卽今日共戰之友邦暫時佔據該租界地與鐵路亦其所不喜觀省議會商會之抗議可知也他省人民亦同此感政府防範人民使其表示反對止於抗議不進而爲更劇烈之行動頗非易事可見其於此問題感情之深矣設不歸還則不特中國與將來掌握該租借地及鐵路暨他項德國權利之國必生齟齬而山東人民與該國人民之間必且尤甚旣與攻擊青島時宣言鞏固東亞長久穩固和局之用意難以相容亦與英日同盟之宗旨

所謂護中國之獨立完整守各國在華商工業機會均等之原則以全各國在華之公共利益者亦不相符合矣

(丁)　何以應直接歸還

中國政府陳說各項理由以明膠州租借地膠濟鉄路及附屬權利應完全歸還中國既不舍有日本向德國索得租借權及鐵路權之後將不肯交還中國之意尤無疑慮之心中國對於日本保證之聲明固深信不疑所以注重於完全歸還中國一節者不過欲引人注意於此舉之爲根本上之公道而已

一程序較簡不致滋生枝節　抑歸還之法厥有二途卽直接歸還中國與間接由日本歸還是也於此二途中國願擇其直接者其理由之一卽取其程序簡單不致滋生枝節蓋一步所可達者自較分作兩步爲易也且中國從諸聯盟國與共戰國之後得與於克捷之光榮若向德國逕直收回青島及山東權利則足以增我國家之威信而聯盟國與共戰國敵愾同仇以維持之正義與公道之原則亦從此而益彰

矣

二所有犧牲中國非不深知但不能放棄領土權　中國之請求直接歸還非不知日本將德國驅出青島時所受之犧牲與其所損失之生命帑款中國政府人民於日本海陸軍隊英勇慷慨以助鄰國之舉實深銘感而英國於歐洲戰事危急之時仍能力助此舉亦所深荷卽其他聯盟國與共戰國之軍隊與敵人相持使不得分兵以援遠東而延長是處之戰事中國政府人民亦不能忘其惠中國鑒於山東人民當攻陷青島時因聯軍之行動受種種苦楚犧牲愈覺此等援助舉動之可感然感激雖深中國終不能承認其領土之權利可因他國之戰爭彼時身處局外而輒受影響也且日本固宣言戰爭之目的在使遠東和局不爲德人所危害目的既完全達到則其雖有所犧牲而食報之豐已無以加矣

三軍事佔領係屬暫時不能因此而得所有權與共在戰事中之中國權利相抗　中國政府亦非不了然於日本四年以來對於此項租借地及鐵路等項權利處於軍事佔領者之地位然徒因戰事期內之佔領不能遂獲得所佔土地或產業之主權總之不過暫時辦法必須經和平會議綜計諸聯盟國與共戰國之普通利益而追認或取銷之此次日本軍事佔領租借地與鉄路自中國對德奥宣戰之日起卽爲反對共戰國權利之舉而其佔據鉄路則自最初之時卽已不顧中國之抗議矣

四因二十一款要求所發生之關於山東省條約應受和平會議之修正　中國固曾於一九一五年五月二十五日與日本訂立關於山東省之條約其第一條云

中國政府允諾日後日本國政府擬向德國協定之所有德國關於山東省依據條約或其他關係對中國政府享有一切權利利益讓與等項處分槪行承認

然應憶此約與此外關於滿洲東內蒙之一約暨多數之換文皆發生於一九一五年一月十八日日本無故向中國提出之二十一款要求中國政府本所不願經日本送遞最後通牒限四十八小時以內爲滿意之答復始勉强允之無論當時訂約情形在中國極爲痛苦總之中國政府視之至多不過爲暫時之辦法必須經平和會

議爲最後之修正因其所涉首要問題本爲戰事所發生故舍最後之平和會議外不能爲滿意之解决也卽較近所訂關於膠濟鐵路暨昔日讓與德國他項路權之合同中國對之亦同一看法

不特此也就以上所行條文而細審之可見日本並未獲得關於山東租借地與鉄路暨他項德國權利不過得有保證謂所有關於德國權利利益讓與之處分倘經日本與德國協定中國卽從而承認之耳此項保證自係設想中國始終中立不能參與最後之平和會議而言若加以他項解釋則勢必指日本爲另有用意與其所明白宣告如英日同盟條約所謂願保中國之獨立等事者不能無悖蓋苟不認中國有宣戰及列席平和會議之權卽不啻不認其政治獨立所發生最要權利之一也中國既入戰局則該約所設想之情形卽已根本改變故依據事變境遷之法理此約已不復有效

五中國宣戰佈告聲明廢止該租借條約故租借權利業已囘復於中國且無論如何

按該約明文德國亦不能有讓與第三國之權　進而言之中國既於宣戰布告中顯然聲明所有中德兩國從前所訂一切條約合同協約皆因兩國立於戰爭地位一律廢止則一八九八年三月六日之約德國因之而得據有租借地暨鉄路以及他項權利者當然在廢止之列而德人所享之租借權利按法律言之卽業已囘復於領土之主權國卽出租該地之主權國易言之卽德人業已喪失其租借地等各項權利故已不復享有所謂關於山東省之權利可讓與他國者也卽謂租借之約不因戰事而廢絕然該約中本有不准轉租之明文亦未見德國能轉租其地與他國也至鉄路一節則按千九百年三月二十一日之中德膠濟鉄路章程本有中國國家可以收囘之規定卽含有不准轉讓與他國之意

中國鑒於上列各理由深信平和會議對於中國要求膠澳租借地膠濟鉄路暨關於山東省之他項德國權利之直接歸還必能認爲合於法律公道之舉苟完全承認此項要求則中國政府人民對於諸國秉公好義之精神必永感於無涯而對於日本且爲尤甚此一舉也不特日本與諸友邦所願維持之中國政治之獨立與領土之完整藉以鞏固而遠東之長久和局亦藉此新保證而益堅矣

附件目錄

一　千八百九十八年三月六日中德膠澳租借條約

二　千九百年三月二十一日中德膠濟鉄路章程

三　千九百零五年十一月二十八日中德膠高撤兵善後條款

四　千九百十四年九月三日中國外交部照會北京公使爲宣告劃出行軍區域事由

五　千九百十四年九月二十七日中國外交部照會北京日本公使爲抗議違犯中立事由

六　千九百十四年九月三十日中國外交部照會北京日本公使爲抗議佔據膠濟鉄路事由

七　千九百十四年十月二日北京日本公使照會中國外交部關於佔據膠濟鉄路之抗議事由

八　千九百十四年十月九日中國外交部照會北京日本公使爲再行抗議佔據膠濟鉄路事由

九　千九百十五年一月七日中國外交部照會北京英日兩國公使爲通知取消行軍區域事由

十　千九百十五年一月九日北京日本公使照會外交部聲照不能承認取消行軍區域之通知事由

十一　千九百十五年一月十六日中國外交部照會北京日本公使爲關於取消行軍區域事由

十二　千九百十五年一月十八日日本之二十一條款要求

十三　千九百十五年五月七日日本送致中國之最後通牒

十四　千九百十五年五月七日日本最後通牒之說明書

十五　千九百十五年五月八日中國答復日本最後通牒

十六　千九百十五年五月二十五日關於山東南滿東部內蒙之條約及各換文

十七　千九百十八年九月二十四日中國與日本所訂關於濟順及高徐兩鉄路之草合同

十八　千九百十八年九月二十四日中國駐日公使照會日本外交部爲處理山東省各問題事由

十九　千九百十八年九月二十四日中國駐日公使與日本政府換文附滿蒙四鉄路草合同

第一地圖　青島山東省鉄路形勢之重要

第二地圖　山東省及中國沿海

藝文志三　金石

即墨之於山東得名甚古而金石傳於世者獨希清人孫星衍撰寰宇訪碑錄趙之謙撰補寰宇訪碑錄於即墨未有所得意者偏在一隅傳者少而搜訪維艱耶嶗山寺觀以及懸崖古洞不乏古人摩勒迺以代遠年湮漸就磨滅或爲苔蘚封掩不可辨識今夏修志原議雇二拓手入山尋拓嗣以四郊多壘又逢霖雨爲災中途折回時不我予是固非倉猝間所可求也茲就羣書錄存此目其中有存有不存古物隱顯會有其時發潛闡幽以俟來者

晉煙臺頂石刻　頂在勞山石院東三里許其西北摩崖上鐫高陽劉初孫魏世淵晉太安二年共十三字勞山石刻惟此爲最古

隋慧炬院仆碑　碑在即墨縣治南四十里鳳凰山下鐫隋開皇某年重修等字

唐棋盤石石刻　白雲洞西南六里明道觀之東南棋盤石上面鐫敕採仙藥孫曇遺祭山海求仙石十數字似篆似隸其西曰柴場石上刻孫曇遺像鬚眉皆具稍西一大石鐫大唐天寶二年三月六日採仙藥孫曇等字剝蝕不可讀

宋李侍郎墓碑　墓在即墨縣治南七十里鄭疃碑誌模糊僅存元祐字

金上苑山碑　山在即墨縣治東南五十里今三清殿前有金明昌年碑

金獅子岩石刻　岩在上苑太平宮東岩側刻字有明昌五年九月二十五日一行

金明霞洞石刻　由上清宮而上計二三里則明霞洞也洞額大書明霞洞三字末書大定辛未年立

金白龍祠石刻　洞在上苑高處洞額鐫七絕二十首金長春子筆也附敘一篇敘後鐫泰和年月

金天門峯石刻　峯在上清宮南上勒南天門大字三金長春子筆也

元黃石洞石刻　洞在即墨縣治南四十里洞之上鐫邱眞人清天歌一章另石鐫至元五年二月敕即墨縣尹奉金眞弟子張□等字

元華樓宮石刻　華樓宮摩崖上多存仙詩或題王重陽作或題馬丹陽作或題邱長春作其紀年皆稱大德四年

元華表峯石刻　峯在華樓之陰西側鐫洞明眞人詩長生眞人詩後鐫大德四年十二月初十日書劉志德

元翠屏岩石刻　華樓山翠屏岩上東海勝游石刻逅東鐫丹訣一首末作大德三年十二月二十日雲嵒子上石

元玉皇洞方碑　洞在翠屏岩下前有方石碑文刻萊州達魯花赤李蘭奚膠水縣達魯花赤乃滿德等銜名後鐫時至大二年三月吉日

元雲嵒子道行碑　華樓上凌烟嵒爲元雲嵒子劉志堅修道處碑稱雲嵒爲邱眞人三傳弟子末鐫集賢殿大學士趙世□撰泰定三年正月十二日

元虎嘯峯石刻　峯在華樓山鐫丹訣一首後作大德四年十二月二十日雲嵒子上石

元碧落岩石刻　岩爲華樓宮後石壁岩東鐫長春子詩數首下記以大德二年十二月分別書雲嵒子上石王道堅上石

元重修上清宮碑　宮在即墨縣治東南七十里有元延祐四年重修碑記係承務郎朱璽撰文

元太清宮石刻　宮在即墨縣治東南七十里道藏西爲三皇殿殿後石壁上邱眞人鐫詩十絕

元聚仙宮建修碑　宮在即墨縣治南四十里居煙雲澗之左里餘有元泰定二年學士張起巖建修碑

元重修凝真觀碑　觀在即墨縣治東南四十里標山東有大德十年重修碑

元重修法海寺碑　寺在即墨縣治南四十里有元泰定三年重修碑文稱寺爲魏武皇帝創建宋嘉祐間寺僧重修

明翠屏岩石刻　華樓山翠屏岩上明魏守道蔡巡道陳魯南各有題鐫岩之東東海勝遊四大字亦蔡巡道書

明南天門石刻　南天門在華樓前平地鐫最樂處三大字明江右鄒善題

明重修大勞觀碑　觀在即墨縣治南四十五里大勞山之下有萬曆二十年三月重修碑邑人楊臚撰文

明九水菴碑　菴在大勞東有天順二年建太和觀碑壁間嵌崔撫軍玉麟□詩石刻一方

明仙姑洞石刻　洞在九水菴西額鐫仙姑洞三字明周魯題

明金壁洞石刻　洞在即墨縣治南八十里小勞山東北額鐫金壁洞三字萬曆十七年子秋道人立

明鐵瓦殿碑　巨峯在即墨縣治東南百里殿在巨峯之陽有萬曆十二年重修碑記

明慈光洞石刻　過中巨峯白雲菴朝陽洞爲慈光洞洞下鐫七絕一首明憨山和尚作也

明玄真洞石刻　洞在上清宮之顚額鐫重建玄吸將烏兎口中吞十一字爲明張三豐眞筆

明迎真菴鐵鐘　菴在華陰集西南二里其西院懸鐵鐘一上有正統十三年四月吉日造等字

明神清宮碑　宮在即墨縣治南四十里芙蓉峯前爲元邱長春棲眞之所有萬曆年如幻道人撰文碑

明重修潮海院碑　院在登窰西南三四里古石佛寺也有萬曆間重修碑

明重修塘子觀碑　觀在即墨縣治東南五十里文筆峯下有萬曆八年鼇山王納策撰文碑

明重修關帝廟碑　廟在上苑南里許有嘉靖間重修碑

右錄自膠州王葆崇所纂嶗山金石目錄據其子鴻圖所記葆崇於清末數遊嶗山勤於考古嗣因山中得病不起僅存此目以示來者

元鶴山洞石刻　遇眞菴後有洞洞旁石室有邱長春大書鶴山洞三字鐫其上

明獅子巖石刻　太平宮後獅子巖有明陳沂題寅賓巖三大字及詩一首

明明霞洞石刻　明陳沂題詩一章

元上清宮石刻　宮旁石澗跨朝眞迎仙二橋橋側巨崖有邱長春鐫詩十絕及明陳沂題詞

明巨峯石刻　巨峯下有陳沂題面壁洞及大篆靈鷲菴等字

以上均見同治年修卽墨縣志陳沂嶗山記又淸末續修山東通志亦載有明霞洞鶴山洞南天門各題字及邱長春詩刻翠屏山金元人摩崖聚仙宮碑宋李侍郞墓碑等目

清重修華樓廟碑記　碑在華樓康熙間立邑人周鑛正撰文見同治年修卽墨縣志

明霞洞石刻　明霞洞後崖小洞上鐫草書一額文曰重建玄妙眞吸將烏兔口中吞云係開山道士孫玄清所題前數字已剝落

青山道旁石刻　由青山往太清宮之途中道左勒波海參天四字旁注始皇二十八年數字蓋相傳秦始皇嘗游此摩崖而後人重爲仿鐫也

華嚴菴道上石刻　華嚴菴北三里許道旁有巨石勒山海奇觀四大字俗稱誌石

北九水道中石刻　由柳樹台赴北九水道中有道家題詩末書延祐某年等字

北九水道中題名　由柳樹台赴北九水道中有近人張仁駿等遊山題名

太清宮題詩　太清宮後有近人康有爲題詩數首鐫諸石

以上見日照牟海秋游嶗山記

徐福島古銅印　島在卽墨縣治東南五十里海中秦徐福入海求仙曾停舟於此光緒乙未島人於土中得銅印一方篆文曰太原仙道圖書

南城陽村古銅印　村在卽墨縣治西南三十餘里漢不其地也光緒間村人於土中得銅印高寸餘方不及寸獅紐篆文曰周昌之印

高家崮古銅器　華樓山高家崮山水會流處也同治間士人於溝中得古銅器甚夥惜皆無字跡可尋

壽陽菴古銅像銅器　菴在小勞東烟遊洞間有一室藏古銅像銅器甚夥皆古廟圮後移於此者

玉藥樓古銅瓶　樓在不其山之西南樓圮毁已久山民於遺址中得古銅瓶一中銜銅龍可旋轉不可出入山民碎而出之

菩薩洞鐵佛像　菩薩洞在白雲洞之前供鉄佛像一形式古緻相傳由海中撈得者

以上見王葆崇嶗山金石目錄

卽墨縣印　見惠氏印譜

卽墨丞印　漢封泥印文四字器藏濰縣陳氏見續山東通志第一百四十八卷

壯武長印　漢封泥印文四字器藏濰縣陳氏見續山東通志第一百四十八卷

齊卽墨刀　見錢譜

齊卽墨小刀　見錢譜

古箭鏃　民國十六年本埠工程員往勞山察看水源於明道觀西北十里王家大後道中得古箭鏃一鋒銳色綠銅製純銹觸之剝落現藏唐蜀眉家

膠澳志卷十二

膠澳大事記

歷來修志敍事恒以本區建置合併之年代爲起迄膠澳區之分畫始於前清光緒二十四年之闢爲租界而其發動則在光緒十一二年間茲篇就地言事縱則以近四十年爲斷横則以本區爲限惟國内國際之政事變遷與本區有特殊關係者間亦采錄以見脈絡之起原大小因果之相爲應照也

光緒十二年西曆一千八百八十六年

出使法俄奥大臣許景澄請闢膠澳軍港

德人黎希德和芬於西歷一千八百六十八年卽來山東有所調查盛譽山東地利之富於是膠澳一隅久爲外人垂涎景澄赴歐覘知其謀而是時閩粤海軍方熸於法清廷議重建於北洋景澄建議闢膠澳爲屯埠以鞏國防而杜外患近人之言膠澳事當以此爲嚆矢

李鴻章派劉含芳丁汝昌琅威理乘軍艦蒞膠澳相度設防計畫

許景澄既建議闢膠澳爲海軍屯埠御史朱一新亦以爲言事下海軍衙門核議李鴻章派道員劉含芳水師統領丁汝昌總兵英人琅威理先後蒞膠相度形勢計畫設防劉含芳議先籌旅順威海之防而置膠澳爲緩圖琅威理專就一隅設防立論計議甚密顧是時北洋汔防恃李鴻章一人而海軍經費又移供頤和園之建築渤海設防財力已苦支絀不暇顧及黄海也

光緒十七年西曆一千八百九十一年

五月李鴻章張曜簡閲海軍既竣由旅順來膠澳查看港灣乃議駐兵設防

調登州鎭總兵章高元率兵四營駐守膠澳

李鴻章張曜蒞靑勘視笾感膠澳之形勝重要乃調章高元率嵩武軍四營駐膠設防並築成南海棧橋及團島靑島等處舊式土堡嵩武軍屬張曜編練之舊部也

光緒二十年西曆一千八百九十四年

日本兵入朝鮮遂與我海軍開戰於黄海陸軍戰於平壤章高元調赴奉天翌年始引兵回駐膠澳

光緒二十一年西曆一千八百九十五年

李鴻章奉使赴日本議和訂馬關條約

俄德法三國阻日本割遼東地改爲增償兵費三千萬兩

光緒二十三年西歷一千八百九十七年

德人佛朗求斯來東探查膠澳情形

先是黎希德和芬來東調查盛稱山東鑛產之富德政府繼派其東洋艦隊司令查批之提督一再探查山東情形及經濟狀況至是又派河海工程專家佛朗求斯來東詳密調查於膠澳之形勢面積氣候潮流水土性質人民風俗工商漁牧農林路鑛經濟狀況以及日後開商埠通鉄路築碼頭設船隖各項計畫甚詳後遂一一見諸事實

十一月山東曹州鉅野縣發生教案德國教士二人被殺

德國東洋艦隊司令官棣利司率軍艦三艘來澳欺我守將章高元佯爲借地操演遂占據膠澳

德使海靖要求賠償教案六條

光緒二十四年西歷一千八百九十八年

二月德以海軍中佐托爾柏爾爲膠澳德軍司令

三月膠澳租約簽字

海靖初提要求罷免負責官吏賠修被燬教堂撫卹被害教士家屬合資築路開鑛賠償兵費保障傳教等六事而一方則由德皇威廉之弟亨利率第二艦隊來東清廷逡巡不決而海靖亦故示延緩比及亨利抵東海靖突然翻案要求租借膠澳我國積弱之餘新遭敗衂且對外無援而德人已預得英法俄三國之同情至是遂忍辱簽約於是俄索旅順大連灣英索九龍威海衛明年法又索廣州灣遺害至今未已

四月德置膠澳巡撫以海軍大佐羅紳達任之

膠澳瘟疫盛行死者頗衆

德人宣言以膠澳爲其保護地

九月德人開放膠澳爲自由港

德人發布膠澳土地條約

十月我國畫界委員李希杰彭虞孫與德勘界委員羅紳達等訂立潮平合同邊界合同

光緒二十五年西曆一千八百九十九年

二月德膠撫羅紳達辭職海軍大佐葉世克繼任

四月總稅務司赫德與德使海靖訂立膠澳稅關辦法

六月德人創立華德山東鉄路公司

毓賢任山東巡撫以獎勵義和團爲已任

秋蟲災食穀殆盡

十月德人創立華德山東鑛務公司

高密鄉民與膠濟路員冲突駐膠德撫遽派兵往戕殺百餘人

膠濟鉄路收買民地遷墳移屋頗不慊於居民高密芝蘭莊民要求鉄路公司多開涵洞以免水患公司置之不理鄉民積忿乃圖以武力阻之德兵遽往開鎗殺傷甚衆巡撫毓賢束手無策嗣由青島華商傅炳昭等挽德人尉禮賢出爲調停撫卹其事始解

沂州民教又啓釁德兵復入沂州旋退

光緒二十六年西歷一千九百年

二月袁世凱任山東巡撫禁止境內義和團不許設壇練拳

袁世凱蔭昌與膠濟鉄路公司經理錫樂巴訂立膠濟鉄路章程又與山東鑛務公司經理米海里及司米德訂立山東鑛務公司章程

五月義和團蠭起於直隸遂釀庚子之變駐膠德兵紛紛調赴天津駐北京德使克林德爲亂民所戕外兵啓釁連陷天津北京俄兵同時進據黑龍江清廷派奕劻李鴻章與各國議和明年乃訂辛丑條約

七月德人發行膠澳官報

德兵進駐膠州高密

上年高密鄉民與德人衝突本年北京又有義和團之變德人藉口進兵分駐膠州高密

光緒二十七年西歷一千九百零一年

一月德膠撫葉世克病故海軍大佐羅爾曼代理

三月德國亨寶船行始開青島赴北德之航線

四月膠濟鉄路由青島築至膠州開始行車

六月德以海軍大佐托爾柏爾任膠撫

九月德膠撫所設官學堂行開校式

膠濟鉄路展築至高密十二月復築至丈嶺開始通車

十二月張人駿任山東巡撫

德人尉禮賢創設禮賢書院其後改組中學

光緒二十八年西歷一千九百零二年

四月膠澳租界設立中華商務公局置董事十二人

董事由齊燕三江廣東三會館推選更由董事公推董事長一人得列席膠撫之參事會凡屬華人戶册口角調處受產轇轕等事公局均可處理市政興革亦可建議並得酌收華商房捐以供公局經費其公所設於天后宮

六月膠濟鉄路通車至濰縣

八月周馥任山東巡撫

十月山東鑛務公司始開掘坊子鑛井是月杪始運坊子煤至青島

十二月周馥蒞建巡視與膠撫托爾柏爾相酬酢並召集華商溫語宣慰是爲山東巡撫出巡膠澳之始

光緒二十九年（西歷一千九百零三年）

四月膠濟鉄路展築至青州

九月膠濟鉄路展築至張店

十一月德主教花之安卒

光緒三十年（西歷一千九百零四年）

三月膠澳第一碼頭北岸告成

碼頭工事始於一千八百九十九年至是第一碼頭北面岸壁先行告成其第二第三第四碼頭至千九百零六年次第竣工

六月膠濟鐵路築至濟南博山支線同時竣工全路通車

八月日俄開戰我軍守中立於遼西

九月柳樹台療養院落成開院

十一月德膠撫托爾柏爾請假歸國海軍大佐汪然美隆代理

博山玻璃公司成立

光緒三十一年（西歷一千九百零五年）

二月德代理膠撫汪然美隆就職

五月日俄海軍大戰於對馬島附近

九月青島商業會議所成立

十月日俄媾和訂茅資木司之約

十二月總稅務司赫德與德使穆默改訂膠海關辦法明年一月實行

駐膠州之德軍撤回青島山東巡撫楊士驤與德膠撫汪然美隆訂立撤兵善後條款五條

自光緒二十五年因高密鄉民與路員衝突翌年又有義和團之變德人藉口駐兵膠州高密兩處至是始商訂分期撤退本年十二月四日撤退駐膠德兵明年四月撤退駐高德兵所有兵房由我國備價收買我國並組織警察分駐膠高沿線保護鐵路

光緒三十二年（西歷一千九百零六年）

一月濟南府商埠實行開放

德膠撫官舍落成始由老衙門移此辦公今爲商埠局

四月高密德軍撤回青島

膠澳浮船塢工竣

七月青島屠獸場落成開始營業

八月德代理膠撫汪然美隆歸國托爾柏爾回任

九月美國始設領事館於青島

德國國會議員來青島

開李村展覽會

光緒三十三年（西歷一千九百零七年）

八月坊子煤鑛災

十月山東巡撫楊士驤出巡蒞青訪問德膠撫

十一月英國設領事館於青島

光緒三十四年（西歷一千九百零八年）

一月德人設立膠澳高等審判廳

我國借英德款築津浦路訂立合同

四月俄國設領事館於青島

袁樹勛任山東巡撫

五月坊子煤鑛始掘安尼井

八月我國與德人協定創設青島特別高等學堂

經費由我國與德人分担內設法政農林物理工程四科程度與大學等
十一月碼頭裝卸始歸官營
宣統元年西歷一千九百零九年
一月德膠撫署華政司長西拉賣爾博士歸國
四月德膠撫托爾柏爾歸國海軍大佐賣爾瓦的克代理
七月孫寶琦任山東巡撫
十月膠澳華商組織青島商會呈報北京農商部批准
山東諮議局選舉竣事開會議事
德人發行白銅幣（卽鎳銅合製）在青島使用
青島高等學堂校舍工竣招生開學
十一月山東巡撫孫寶琦贖回德人瑞記洋行所辦煤鑛五處用銀三十四萬兩
頒布府廳州縣地方自治章程

宣統二年西歷一千九百十年
一月德人設地產抵當銀行於青島
四月德膠撫托爾柏爾回任
五月山東巡撫孫寶琦來膠巡視並訪問膠撫
六月德國墨克連堡親王來膠游歷
七月萊陽土匪滋事
資政院始開會議事
九月德國國會議員蓋爾博士來膠游歷
北德郵船始航青島
德人取消中華商務公局及十二華董改由齊燕三江廣東三會館推舉信任四員列席膠撫參事會
宣統三年西歷一千九百十一年

一月東三省山東各處發見鼠疫青島未受傳染
五月德膠撫托爾柏爾請辭職歸國海軍大佐黑乃爾代理
我國退職大僚來青置屋移居者日衆
七月山東巡撫孫寶琦與山東路鑛公司訂立收回沿路鑛權合同德人藉口於國體改革延不簽字
八月卸任德膠撫托爾柏爾授爵休職海軍大佐賣爾瓦的克繼任
山東官銀號改組爲山東商業銀行始設分行於青島
德文膠澳全書出版
九月中華民軍革命長江各省先後光復
十一月德膠撫賣爾瓦的克就職
山東巡撫孫寶琦宣告獨立旋被迫取消辭職去魯張廣建代爲巡撫
美人長老會設立明德中學於青島

中華民國元年西歷一千九百十二年
一月中華民國成立改用陽歷
二月卽墨民軍起事旋卽結束
三月孫文被舉爲臨時大總統旋辭職讓位於袁世凱
改巡撫爲都督周自齊任山東都督兼民政長
六月普魯士瓦的曼爾親王蒞青旬日始去
九月德國亨利親王過青翌日赴日本會葬明治之喪
德國國會副議長巴希博士來青游歷
德國亨利親王又蒞青島
前臨時總統孫文由濟南過青島赴上海
十月德亨利親王檢閱戍膠德軍月杪取道西比利亞歸國
十二月德國東洋艦隊司令克羅克調任以司柏少將繼之

淑範女學校成立開校

民國二年西曆一千九百十三年

二月德人組織外賓招來會請辦獎券充宣傳經費

三月日本旅順民政署長吉豐次郎來青調查

四月國會參衆兩院開會

五月日本加籐高明來青游歷

日本第二艦隊來青寄泊

六月德人發布取締軍機嚴守秘密布告

德膠撫開參事會議預算

德人實行調查膠澳戶口

改訂山東鑛務公司合同將辛亥未簽字之約正式簽字

是項合同屬孫寶琦在山東巡撫任內商訂畫定德商鑛界取消鐵路沿線三十里內漫無限制之采鑛權嗣以政局變遷德人延不簽字至是孫寶琦任外交總長乃促德使正式簽約

八月德人修改膠澳戶籍法

周自齊調京靳雲鵬代理山東都督田文烈任山東民政長

袁世凱被舉爲大總統旋解散國會取消約法

十月德荷兩國所訂引渡犯人條約始適用於膠澳

日本正金銀行青島分號始在青登錄批准

德人訂定各國海陸軍在膠入境章程

民國三年西曆一千九百十四年

一月德人發布青島市區華人居住令

初德人分膠澳租界爲青島鮑島二區歐人居青島區東方人則居鮑島區其後我國人移居青島區者日衆德人竟有建議畫分畛域者至是乃議決除此制限

田文烈調任河南高景祺任山東民政長

三月日本外務部書記官芳澤謙吉來青游歷

德人改正膠澳租界地價

初德人於膠澳租界之私有地原有三年改正地價一次之規定當千九百二年三月評定地價即以市廳標售原價爲準課以地稅百分之六其後三年屆滿延未修正以至上年地價日昂膠撫乃於十二月召集參事會並由洋商會地主各推代表三人我國紳商推代表六人提議地價日昂課稅應予修正議決由膠撫屬官六人洋商會代表二人地主代表二人我國紳商二人組織評價委員會按照歷年買賣實價作爲標準較之市廳標售地價約增十分之五內外是年四月實行以迄今日

駐南京日本總領事船津辰一郎來青調查

袁世凱始廢內閣設國務卿於總統府寄寓青島之徐世昌被任爲國務卿

四月德人改訂膠澳酒精稅法十四條

膠海關公布民船（帆船）暫行章程

五月德國海軍部膠澳課長福來爾曾來青

高景祺丁艱卸職蔡儒楷任山東民政長旋改巡按使

六月膠海關稅務司德人歐美爾辭職歸國威爾在繼任

歐美爾供職我國海關前後四十餘年任膠海關稅務司者十六載其辭職歸國也中外人多惜之

日本貴族院議員德川慶久蜂須賀茂韶曾我等來青游歷

德膠撫開參事會議決來年預算

改都督爲將軍靳雲鵬爲泰武將軍督理山東軍務

天津日商大倉組之平戶號船員過青與華警沖突船員四名被拘旋省釋二名餘二名判罪處罰其一爲駕駛員籐賴堂士翌日縊死於青島監獄

七月德人發布洩漏軍機處分章程

德教育界開會議
日本關東都督福島安正大連民政署長大內丑之助來青調查
歐州大戰開始膠澳商業停頓本埠及膠濟沿線大受影響
德人在青捕獲搶刼諸城公款要犯戴子安等又卽墨刼案之仝日山等均引渡我國
秋大疫
八月我國對於歐洲戰事宣告中立
日本發最後通牒要求德人退出青島在德國之日本人亦出境回國
德膠撫命在青日本人限於本月二十五日正午出境
日德宣戰
日本第二艦隊封鎖膠澳
九月日軍在龍口登岸進占平度卽墨膠州
九月三日在龍口登岸十日進至平度十二日抵卽墨十三日抵膠州侵犯我國中立我政府宣布在龍口及膠澳附近之外兵行動本國不負其責
日軍英軍在嶗山灣登岸
二十七日我政府因日軍犯我中立占踞鐵路提出抗議
十月六日日軍進至濟南占踞膠濟鐵路全線
英日聯軍對青島下總攻擊
十一月七日在青島之德人降伏於英日聯軍
德人降伏時將重要建置如水道電燈船廠起重機盡行毀壞全市秩序紊亂日暮以後宛然黑暗世界我國紳商大都避難他往居民損失不堪言狀日軍入市旬日後電燈水道始獲漸次修復然我國之市外交通多被日軍隔斷外來郵電僅通至城陽而止
民國四年西歷一千九百十五年
一月一日日軍宣布恢復本埠商港貿易

七日我政府照會日本撤去中立地帶日軍並卸除龍口張店之輕便鐵路日本不應
我政府取消上年九月三日畫出之行軍區域
十八日日本提出二十一條要求我國強迫簽約
日軍占據膠海關
袁世凱派周自齊赴日本有所計議無結果而歸
袁世凱授意揚度等發起籌安會
五月七日日本以最後通牒強迫我政府簽字二十一條之要求
二十五日駐京日使照會我外交部提出交還膠澳之四條件
十二月蔡鍔等組護國軍於雲南起兵討袁世凱
駐青日軍捕獲匪船我國要求引渡日人將人犯送至城陽交省委接收
民國五年西歷一千九百十六年
一月袁世凱稱帝改洪憲元年
自上年籌安會發生僞造民意自立爲帝旋以入川之北洋軍失利取消帝號
五月吳大洲起護國軍於周村居正起護國軍於濰縣膠濟沿線土匪蠭起
袁世凱卒副總統黎元洪繼任總統恢復國會及約法
六月靳雲鵬辭職張懷芝督理山東軍務七月改稱督軍
七月日俄協約成
日人將德人所建之浮船塢曳往日本佐世保
蔡儒楷辭職改巡按使爲省長孫發緒任山東省長
八月山東民軍就撫分別遣散改編
十月孫發緒調任山西張懷芝兼任山東省長
十二月航行青島大連間之日輪阪鶴號在烟台遭風沉沒船客死者一百五十人
本年冬令極寒大港及港口冰厚二三尺小港帆船不能入港
奸民私販制錢

中日莠民自本年起私販制錢冶爲銅塊報運出口年來販去淨銅爲額甚巨本年一年之中卽有六十七萬担海關估價九百六十萬兩直魯豫三省制錢日減圜法大受影響

本埠烟販日增

日軍在青弛販烟之禁招商承辦據關册可查者本年進口熟膏六千三百餘斤波斯土二千六百六十斤台灣土二千七百四十斤金丹白丸毒藥日增膠濟沿路均受其害

民國六年 西曆一千九百十七年

一月日軍設民政署於青島設民政分署於李村及坊子張店

初設青島李村兩署至是改李村爲分署其公文布告仍用軍令軍示字樣

二月美國宣告對德絕交勸我國取同一態度

三月對德絕交案通過參議院明令宣布

四月第一次運赴法國馬賽華工一千八百餘人旋繼運二十艘共四萬四千餘人

五月交通部與日使訂立膠澳郵政電報暫行章程

六月解散國會

七月張勳擁清帝復辟逼黎元洪辭職段祺瑞起師討平之副總統馮國璋繼任總統

設立臨時參議院修改國會組織法

舊國會議員在南方開非常會議推總裁七人組織軍政府南北儼然分立

八月向德奧兩國宣戰停付德奧賠款收回天津漢口之德奧租界

本案於五月間通過國務會議因國會不可因而起國會與國務院之爭執至是始宣布

日軍司令官大谷囘國本鄉接任

九月輪船運費驟加五成或八成

歐戰日亟歐美船多供軍用船價驟增數倍故運費屢次增改其後日人發布戰時船隻管理令始稍有限制

日匯大跌華幣一圓可值日金幣一圓六角四分

十月外交部照會日使迅撤在青擅設之民政署

十一月膠濟路加開夜車

是春苦旱秋又多雨收穫大歉賴東三省運入高粱百餘萬担以濟民食

日人競設工廠於台東滄口等處

其資本較巨者有內外棉紗廠鈴木絲廠大連製冰廠青島鹽業廠大倉蛋粉廠山東火柴青島燐寸三井油房東洋油房等

英美烟公司改良濰縣菸葉漸著成效本年運出三萬五千担

日人以本埠收入爲日人建築第一小學是冬十二月竣工計費二十一餘元又爲日人建高等女學一所計費十四萬餘元

民國七年 西曆一千九百十八年

二月張懷芝率兵赴湘津浦鉄路運貨停滯

自去冬起張部陸續南下以迄今春

山西發生時疫濟南亦遭傳染於是停駛濟南濰縣之車至三月下旬始復原狀

五月日本要求我國訂立新協約

河南安徽天津上海各商會北京學生會勸阻不聽日使又屢促之卒於本月十六日訂約

七月北京新國會開會九月舉徐世昌爲大總統

九月交通部簽訂膠濟鐵路換文及高徐順濟之兩路墊款合同

十月日本歉收本埠弛運粮出口之禁小麥出口三十六萬担

日軍司令官本鄉他調大島接任

十一月實行上年所訂本埠郵政暫行辦法斷絕四年之郵政始見恢復

十二月陸徵祥等赴巴黎和會

去冬興築之公立市場本月竣工計費十九萬餘元
是年日人已有禁販鴉片之議然本年進口熟膏仍有五千五百斤明年乃減至七百五十斤
民國八年西歷一千九百十九年
一月巴黎和會開會我國要求直接交還青島
二月一日日使小幡指摘我代表顧維鈞在巴黎和會之言論要求守二十一條之秘密
三月張樹元任山東督軍沈銘昌任山東省長
四月二十二日巴黎和會審查山東問題案
五月二日政府電赴歐代表主張由德直接交還青島
四日北京學生憤山東問題之失敗羣毆曹汝霖陸宗輿章宗祥
六月我代表在巴黎和會拒簽對德和約

七月外部電陸徵祥簽對奧和約加入國際聯盟山東問題請國際聯盟公判
八月東洋霍亂症傳染至本埠日軍下令檢疫至八月始取消
屈映光任山東省長
屈在京與日使小幡要求三事一取消順濟高徐借款二撤退膠濟路日軍三駐濟日領不得擅捕華人日使允第三事照辦餘俟請示本國政府
日軍司令官大島退役由比接任
十月本埠患流行感冒病者四千餘人
十二月張樹元調京田中玉任山東督軍
是春登萊青各屬苦旱入秋始雨魯西又患蝗災損失甚巨
是年由歐回國華工先後四萬人
是年日貨進口大減本埠日廠所製棉紗火柴多轉銷大連其他復出口之日貨亦不鮮

本埠戶口日增建築日盛日人填築大港東北方之窪地約得七百餘畝預計經費四十七萬圓年杪已完十分之六
本埠新設普濟醫院用銀五萬四千元青島病院亦增築新屋用銀十八萬元濟南醫院建築費三十四萬餘元
民國九年西歷一千九百二十年
三月日本股票落價本埠經售日貨之華商歇業甚多又以本埠取引所失敗華商損失在千萬以上
德僑七百五十八人始回德國前膠撫實爾瓦的克與焉
四月日本大阪商船會社始闢紐約新嘉坡之航線經過青島運美之貨始得直達
五月華新紗廠開工置錠二萬本年出貨五千包
六月日本神戶發見虎疫本埠實行檢疫十月始已
七月直皖戰起皖派失敗

八月山東省長屈映光調京齊耀珊接任
是年魯西又旱成災花生跌價
魯西各屬春夏又旱成災者二十餘縣全省食糧僅穫百分之六十五棉花減半豆類僅收二十五分惟甘薯收八十分花生收一百分且歐美滯銷以此花生每担市價由八元九角跌至五元九角因而廣東暢銷得全數之半餘銷日本差足相抵
本埠始禁販鴉片原有烟館陸續歇業然烟戶仍得領照吸食
本埠年內新建之屋得五百七十三所共費九百八十萬元占地四萬二千坪約合五萬方步
民國十年西曆一千九百二十一年
一月督軍田中玉兼任山東省長
五月去春新築之日人中學是月竣工費銀十九萬餘元
八月美國政府提議開華盛頓會議

十一月太平洋會議開幕我國派施肇基顧維鈞王寵惠莅會

十二月京綏路訂購機車七輛特由本埠轉運

他埠起卸不便故特迂迴假道藉四號碼頭之大起重機以起卸之

是年魯西仍苦旱七八月間又頻見暴雨收穫減色鐵路鑛山鹽場均受損失

是年進口鴉片仍有三千七百二十斤領照吸戶三千一百餘人

水道局於李村水源地至貯水山之間增置口徑十六英寸水管計長七英里工料費五十萬圓

民國十一年西歷一千九百二十二年

二月四日華府會議訂定解決山東懸案條約

本年四月二十九日批准交換

四月日軍司令部始正式宣告取消鴉片專賣

奉直戰起津浦運輸中斷膠濟路線戒嚴七月始解

五月日軍陸續回國

王正廷任魯案督辦中日聯合委員在北京開會

即墨一帶土匪蠭起

六月大總統徐世昌辭職由國務院攝行職務

黎元洪復起執行大總統職權

九月即墨土匪至是集衆二千餘人出沒嶗山中市外鄉區多被其害

十月熊炳琦任山東省長

三號碼頭之危險品倉庫炸燬

因工人運卸綠酸鉀鞋釘與石磨擦發火計損失八萬元

十一月我國保安隊五百警察八百名開入青島市內

頒布膠澳商埠章程青島市施行市自治制令膠澳各鄉施行鄉自治制令

十二月一日山東懸案細目協定在北京簽字

熊炳琦兼任膠澳督辦

王正廷熊炳琦來青接收膠澳全區行政

本月十日正午行接收禮

招撫土匪孫百萬編爲游擊隊委孫百萬爲司令

先是土匪蠢動有主張剿辦者有主張招撫者商會隋熙麟諸人在天津路東華旅社與土匪接洽投誠事件不協被脅入山督辦熊炳琦遂招撫之編爲游擊隊一千名委匪首孫百萬爲膠東游擊司令然滋擾如故

膠濟鐵路日籍職員要求解職津貼罷工一日

罷工後由日軍司令部提給日金一百二十五萬元以津貼之其事始解

沙子口海關分卡因土匪猖獗暫停辦公

日本始設總領事館於青島

日人及日軍回國者先後一萬八千人

民國十二年西歷一千九百二十三年

一月設膠濟鐵路管理局

交通部於本年一月接收膠濟鐵路即組織管理局以趙德三爲局長

二月暫編膠東游擊司令孫百萬率隊移駐坊子

膠濟鐵路雲河橋斷

路局裝運貨車因司機雙掛機車急駛致將雲河鐵橋衝斷

三月鹽務署委員接收膠澳鹽田

孫宗先任膠防司令留駐本埠

本埠接收之初土匪蠭起督軍田中玉派第十旅旅長孫宗先爲臨時剿辦島匪司令至是乃將剿匪名義撤銷仍派孫宗先爲膠防司令駐青保護由商埠公署月給津貼五千元

四月軍艦海籌永績離青

海籌永績兩艦於接收時由海軍司令杜錫珪派駐青島海面本月五日未奉命令擅自離青赴滬

五月臨城土匪孫美瑤等刧津浦車擄中外旅客七十餘人

土匪數千人久據抱犢崮中至是截軌刧車擄人勒贖膠濟沿線土匪亦聞風猖獗自是月起停開夜車至本年十一月中旬始復原狀

六月本埠商業公所成立

本埠取引所失敗以來華商損失近千萬反對取引所之一派乃另組公所共圖救濟

大總統黎元洪因故離京由國務院攝行職務

本埠電汽公司正式歸中外合資商人承辦

電汽公司先由魯案督辦王正廷批准價格計日金一百六十二萬元按當時現價折合中幣一百五十萬零六千六百元所有機械財產各項於接收時卽直接轉交

該公司接辦先後收撥款項至是始完全清結

八月魯大公司接收淄川煤鑛

山東省政府創辦產銷新稅旋撤銷之

商民因產銷新稅過於苛細周村濰縣青州膠縣高密等處相繼罷市毆斃局員沿膠濟線全路騷然因爲明令取銷

九月日本大地震華僑被難者數千人

月之二日日本東京等處大地震死傷損失不可勝計華人僑寓日本者多數被難本埠聞耗由坐辦龔積柄發起日本震災義賑會籌募捐款地方各團體當集現款一萬五千元購辦麵粉馬鈴薯等食品先行運往日本辦理急賑各機關則按薪金多寡酌提百分之幾爲義賑費開辦游藝會及大學同志會演藝助賑

本埠公立職業學校成立僅招甲種商科一班

十月北京參衆兩院開會舉曹錕爲大總統國人謂之賄選

田中玉去職鄭士琦督理山東軍務善後事宜

私立青島中學校成立

富商劉子山捐二十萬之財產創辦中學不一年又將財產收回遂停辦

十一月屠獸場改爲商辦

本埠台西鎮屠獸場訂價日金四十萬售歸中日合組之商人承辦

峄山土匪綁架法國教士旋救回

取消碼頭山東運輸會社

本埠碼頭運輸在日軍占踞期內由日商山東運輸會社包辦壟斷偏苛商民苦之接收後本國商人多數呈請承辦本年三月間乃決定由各船行自行僱用苦力裝卸貨物暫行試辦繼因多數船行不願承辦九月間始訂招商承辦運搬規則由港政局與運輸商行訂定契約歸商人承包辦理同時將山東運輸會社取消於是月實行

十二月膠濟路張店段長葛蘭生被匪架去勒贖八萬元

孫美瑤復叛兗州鎮守使捕斬之

臨城土匪孫美瑤前因官軍圍剿遁入抱犢崮負嵎抗拒官軍以曠日持久乃收撫孫美瑤委充旅長編土匪爲陸軍藉以羈縻至是復叛由兗州鎮守使誘獲正法

民國十三年西曆一千九百二十四年

一月海圻諸艦北歸

數年前投粵之海圻海琛楚豫永翔肇和同安各艦由海軍司令溫樹德率之北歸就食膠澳吳佩孚令支給開拔費五十餘萬並每月額餉十二萬均取給於膠澳商埠

二月始設化學試驗所

本月中旬由李方琮組織成立至四月間高恩洪任督辦仍令取消

接收本埠測候所改爲膠澳觀象臺

上年由前魯案督辦王正廷與日本公使訂定青島測候所辦法八條至本年二月始按照前項辦法實行接管

私立膠澳中學成立開校

三月萬國體育會成立

訂定租用跑馬場特約計特許費一萬五千元年租五百元賽馬報効金二成慈善費一成租期定爲三十年

四月熊炳琦辭督辦兼職高恩洪任膠澳督辦

政記公司始設分行於本埠

孫宗先升任第五師長王翰章任膠防司令

駐青日領事館索取沒收槍彈督辦高恩洪拒絕之

日人屢犯私販軍械之禁我國查獲人犯均交日領事館自爲處分其贓物則由本埠官廳予以沒收日領事館要求索還我方以違禁物品沒收充公乃槍彈進口章

程所規定亦各國所公認我國官廳自有處分之權卽予駁覆

五月豁免十一年分鄉區地稅地租

膠澳鄉區農田地稅在接收後未清理以前青島區內各村全年地稅八千五百四十七元有奇李村區內各村全年地稅一萬九千零三十一元有奇其鄉區農田地租計共全年五千五百五十三元有奇民國十一年因中日過渡期間境內不靖鄉區損失甚巨無力完納已繳地稅祇二千四百四十餘元地租祇繳二百餘元鄉區公民代表安子玉等於接收後卽呈請督辦署要求豁免未繳之款當局以事關國課迄未解決高恩洪繼任督辦決定將十一年份鄉區地租地稅一體豁免其已納者並准於完納十三年份租稅內坐扣以恤民艱

始設軍警督察處以關際雯爲處長

本埠所駐海陸軍與警察頗欠聯絡乃合組督察處共事稽查

設清理官產處以柏森爲處長

官產自接收後未經整理軍吏借居損失頗巨乃設清理官產處調查清丈

創辦青島地方銀行

集股七十五萬元官二商一以隋熙麟爲銀行經理

發行市政公債一百萬元

以膠海關二成協款作爲担保議而未行明年乃陸續持向青島地方銀行押款嗣卽改押爲售抵還借款均按九折作價由歷年膠海關二成補助費項下陸續撥付還清

取消運輸商行由各船行自行辦理運輸

自上年碼頭運輸歸運輸商行承辦嗣以工人不敷運輸遲誤各船行嘖有繁言乃取消運輸商行由各船行自辦凡屬於東洋船舶者歸日商組合之共同作業所辦理屬於西洋船舶者歸西商組合之亞丹公司辦理其另一部分之煤鹽作業及界內運搬貨物作業歸政記公司承辦

溫樹德任渤海艦隊司令

六月田霈來青組織直魯豫巡閱使署軍事發審分處旋於十一月間裁撤

膠防司令王翰章率兵撤回濰縣

高恩洪以商埠不應駐兵乃請命吳佩孚將膠防司令部及所轄駐青軍隊一律移駐濰縣並取消每月津貼原占兵營改辦青島大學以此不慊於鄭士琦

七月鹽民搗毀永裕鹽業公司

先是鹽務署標售膠澳鹽場隋熙麟爭辦未得乃嗾鹽民向鹽務署呈請取消投標一再包圍商埠公署請願示威乂獻策吳佩孚謂青鹽可籌巨款以此蹉跎經年商民失業至是鹽務署以公私延誤不能更緩促永裕公司接管隋熙麟號召鹽民無賴數百人搗毀永裕欲以武力解決督辦高恩洪勸令集股合辦不聽許以臨時輸出及承辦工用輸出鹽其事始解

始設禁烟局以張文通爲局長

八月始設稽查運輸違禁品所

通俗圖書館成立

九月鐘淵紗廠工人罷工

鐘淵紗廠織布系練習生閻學春等因廠內減扣工價擅行敲扑同廠稍晚卽托詞開除所有工錢及保信金等一概充公扣發於是羣情激憤同日罷工紛向督署請願一面提出條件九條要求廠主承認經廠主逐條答復酌量允許旋卽開工

始設教養局

鄭士琦任直魯海疆防禦總司令

溫樹德任海軍副司令

山東省政府始設膠濟鐵路貨捐局

增課鐵路運貨以濟渤海艦隊軍餉

恆興麵粉廠開工

每月可出麵粉一千六百袋

青島大學開校

校舍初爲德日兵營建築宏敞可容軍隊一師督辦高恩洪假以創辦大學先招預科二班其中頗多華僑子弟嗣以青島中學停辦原有中學班亦附入大學開辦費由高恩洪等捐助經常費由本埠及膠濟鐵路補助之

十月山東省政府始於本埠增設捲菸特稅分局

定安橋落成

台西鎭與市內之交通因有青島車站亙於其中往來者必須繞越車站南端之費縣路或小港沿北端之莘縣路至爲不便故高恩洪創建此橋於莘費兩路之間自大沽路通雲南路闢一新道交通大爲利便台西一隅日有起色

始設濟良所

薩德洋行被焚

直系兵敗曹錕辭總統職由國務院攝行職務

十一月鄭士琦宣告山東中立

鄭士琦因北京政變宣示山東中立並於德州韓莊兩處掘斷津浦鐵路以拒客軍入境

山東省長熊炳琦去職龔積柄護理

王翰章護理膠澳督辦高恩洪被逼去職

鄭士琦宣布中立後卽派王翰章率五師兵一千五百人來青逐督辦高恩洪卽以王翰章護理

溫樹德任膠澳督辦

由鄭士琦照會任事

段祺瑞爲臨時執政總統一職自是遂廢

民國十四年 西歷一千九百二十五年

一月張宗昌任蘇皖魯剿匪總司令

鄭士琦督辦山東軍務善後事宜

臨時執政令裁撤各省督理改稱督辦軍務善後事宜

二月交通部接收青島海底電線

本月一日日本始將青島佐世保間之海底電線西半段移交交通部接管

三月吳志馨任海軍副司令

施從濱幫辦山東軍務

四月張宗昌督辦山東軍務善後事宜

青濟長途電話通話

青島濟南間之長途電話交涉始於本月解決至是通話

本埠四方大康及內外隆興紗廠工人罷工

日人所設之大康紗廠及內外隆興紗廠工人本月間要求增加工資改良待遇相

奉罷工廠主與工人相持二十餘日不能解决迭經官廳勸諭始於五月十日回復工作洎上工之後工人組織工會有所要請叠由日本總領事請求取締二十四日溫樹德令警察廳長陳韜解散工會於是工人復行罷工盤踞工廠當經陳韜會同海陸軍警前往於是月二十九日驅逐工人出廠封閉工廠逮捕代表當時工人有持鉄棍以相抗者軍警開槍示威當場擊斃一人負傷十六人拘捕數十人將不服解散之范錫祖司銘章等六人解送山東省政府訊辦其無知盲從者取保開釋遞解回籍並依據日人册開素不安分工人四百餘人一體押送出境各回原籍其餘留用工人均取具永遠不入黨籍切結工潮乃息

五月裁撤本埠禁烟局

禁烟局本爲籌款而設局設而款仍未籌徒弛烟禁滋中飽至是始裁撤

始設小港貨船查驗所

隴海鐵路展築至海州

海州與青島商業關係甚切至是海州運青轉口之商貨日增

臨時執政派朱慶瀾督辦膠澳辭不就職

六月始整理漁稅

七月張宗昌兼任山東省長

趙琪任膠澳商埠局總辦

本埠自高恩洪卸職中經王翰章溫樹德皆非中央所任命臨時執政任命之朱慶瀾辭不就任至是乃由山東省政府改商埠督辦公署爲膠澳商埠局委任總辦受省政府直轄

裁撤水道局

本埠水道局管理水道營業及工程總辦趙琪蒞任厲行減政裁撤原局將水道營業事務移歸商埠局財政科辦理工程事項則歸工程事務所辦理

八月李村大水

本月十日夜雨勢傾盆山洪暴發流决崖崩李村區九水一帶盡成澤國計被災共三十一村淹斃人口六十九人冲毁房屋七百六十餘間田地三千六百餘畝商埠局當即派員散放急賑大口各給麵二十四斤米十五斤洋一元小口減半死者每口給家屬洋二元傷者一元共計被災人口除死傷外大口三百四十八人小口一百九十八人按名發給其九水村劉輿等七戶受災尤甚每家各給特賑洋十元總辦趙琪親赴各災區慰問臨時籌撥二千元以備急賑之用另由日商滄口四工廠捐洋一千元青島行棧公會捐洋二百元一併發放賑恤同時台東鎮區及水靈山島均被水患併爲賑濟

裁撤官產管理處

高恩洪初設清理官產處繼改爲官產管理處專辦本埠房地事項至是因裁減經費歸併爲房地股隸財政科管轄所有房產土地之清丈測繪事項均併歸房地股辦理

上海等處發現虎疫

本埠對於上海乘船到港之旅客依照預防虎列拉船舶檢疫規則施行特別檢查陸路則由膠濟路局按站檢查警察廳注重清潔污穢衛生事務所勤加洒掃以免傳染

商品陳列館改歸商辦

商品陳列館自接收後繼續辦理絕鮮成績至是乃改歸青島總商會接辦仍由商埠局每年補助經費一千八百元

停辦公立之職業學校

職業學校僅設商業班素鮮成績十三年議改組而未果至是遂停辦

裁減本埠行政經費

本埠財政歷任積虧甚鉅趙琪總辦接任後諸事縮小範圍經費大爲減削計商埠局比較歷任原有經費全年減支二十三萬一千二百餘元警察廳減二十二萬一

千九百餘元港政局減八萬八千餘元電話局減一千餘元農林事務所減八千四百餘元觀象台減一千二百元各醫院減三萬八千四百餘元每年共減五十八萬餘元

始設清理鄉區官產事務所

先是本埠鄉區民有不動產並無過戶及登記底案可資根據曾經前任制定民有不動產驗契換契條例布告施行未及切實辦理至是乃設清理鄉區官產事務所辦理驗契事務限三個月竣事

十月始設教育局

本埠教育事項原隸商埠局民政科學務股辦理至是始設教育局將學務股事務劃歸該局受山東教育廳及商埠局之監督

畢庶澄任東北渤海艦隊司令吳志馨爲副司令

先是溫樹德既兼商埠督辦本埠局所多爲海軍將校所兼領顧下級之欲望日奢

又不能按期發餉漸生內訌至是因借索餉爲名勢幾暴動省政府乃令畢庶澄任東北渤海艦隊司令藉以鎮懾

山東省政府設山東統稅局

王翰章任第五師長率兵離青

尹德山任膠東剿匪司令

尹德山初任省政府衛隊第三團團長至是兼任本埠剿匪司令原有本埠保安隊一二兩營劃歸尹德山統轄節制旋兼青島戒嚴司令

濟良所改歸商會接辦

濟良所原屬地方慈善事業至是改由商會接辦

收回日僑佔用官產

本埠商河路一百二十六號官房日軍占踞期間租與山東新聞報社作爲社址我國接收後抗不納租歷年交涉未決至是始收回又恩縣路二十八號官產共十一座係當年租給日僑居住積欠租費四年迄未繳納迭經交涉嚴催至明年六月始全部收回

十一月山東省政府設漁航總局委劉鵬高爲青島漁航分局長

撤銷軍警督察處改爲膠澳商埠稽查處

膠東護軍使張懷斌任沿海戒嚴總司令

先是張懷斌任膠東護軍使留駐本埠至是復兼沿海戒嚴總司令職

畢庶澄任山東海防總司令

畢以調解海軍功得授現職未幾與護軍使張懷斌不協通電省政府逐而走之並繳張部之械

十二月督辦山東軍務張宗昌改稱山東保安總司令

畢庶澄任膠東護軍使

畢庶澄旋又任膠東一帶戒嚴總司令並兼任第八軍軍長又逐尹德山而併有尹

部尹德山遁走諸城

民國十五年（西曆一千九百二十六年）

一月海西警察署成立

水上警察署轄境海陸兼有海爲膠州灣全部陸則大小港及海西薛家島陰島紅石崖塔埠頭等處面積約四百零二方里居民六千三百餘戶男女三萬四千餘人向設定澳靖澳兩艦專司水上巡徼然各分駐派出所均在陸地扼要分設實際亦無異於陸警至是山東省政府既設全省水上警察廳本年一月因將水警署改爲海西區警察署以清權限

清丈市內地畝

本埠土地各項圖册日人多未交還所遺留者亦粗漏不完歷任舉辦清丈僅測清台西鎮及市內一部分總辦趙琪賡續辦理市內既經完竣復繼續清丈台東鎮并製成各種圖表以憑稽攷

三月辦理海西驗契及清丈

海西區沿海一帶北自陰島南至積米崖長約百數十里當德人劃界時本以潮水線爲界日久潮水漸退淤爲海灘人民自由開墾互相移轉接收以後前任均未計及本年三月始設海西清理官產事務所先行驗契然後分區清丈半年之間辦理完竣製成圖册以備稽攷

四月青島地方銀行改歸商辦

青島地方銀行原有官股五十萬商股二十五萬嗣以商埠公署積欠行款超過股本乃取消官股抵還借款改爲商辦然以經理非人卒於本年歇業經理隋熙麟避匿外埠經手帳款迄未清釐

臨時執政段祺瑞去職由國務院攝行職務

林憲祖代理山東省長

實行無線電授時辦法

青島午炮報午向由測候所掌之其砲位則在港政局所屬旗台之旁接收後未及兼顧停放數月十二年五月間曾商托電汽公司裝設特別電鈴於夜間九時息燈一二秒鐘以爲時間標準電汽公司未能照辦嗣乃恢復午炮由旗台裝設特別電鈴一具與測候所連接每日上午十二時由所按鈴通知卽由旗台發炮十三年四月間觀象台以午炮施放時刻屢差乃改由觀象台直接通電施放至是始改用無線電明年七月觀象台復購辦發音新機以之報午於是舊用午炮完全廢止

五月規定電汽公司路燈費

本埠公共路燈接收時計共六百八十五盞嗣因市面日就繁盛道路住戶遞年增加路燈須隨時增設電汽公司以諸多賠累要求給費或謂路燈係公共事業應當免費或謂該公司承領德遺財產並未計價可相抵償督辦高恩洪任內曾給與電費一次統按七成計算然尚無畫一辦法至是始決定接收時之六百八十五盞永久作爲免費自本年四月起凡從前及以後新設路燈均按七成給費由公家支給著爲定例

六月收回鄉區屠宰稅改歸官辦

鄉區屠宰原歸青島屠獸場併辦我國接收後屠獸場由商人承辦其鄉區屠獸另招包商全年繳洋七千一百元本年六月包辦期滿招標兩次不及額改爲官辦仍按舊章征收比較商人包辦年可增收一萬元至牲畜檢驗費原定牛馬騾每頭一元駒犢減半猪羊每頭三角自本年七月起改定牛馬騾加征五角駒犢三角猪羊二角年可增四萬六千餘元

解決日商水道加價

膠澳水道價格接收時沿用當年舊制計量專用水價百噸以下者每噸一角五分百噸以上至五百噸每噸一角二分五百噸至一千噸每噸九分千噸以上每噸六分督辦高恩洪任內改定辦法凡五噸以上者遞有增加日總領事以日人各紗廠用水均在千噸以上不肯承認加價且積欠水費甚多總辦趙琪接事賡續交涉至

是始經就緒凡五百噸以上至千噸定價每噸一角一分千噸以上每噸增爲八分所有從前欠繳水費一律照新章補繳

七月實行徵收外商菸酒稅

本月膠澳菸酒經徵處改組規定對於本地或在本地販賣之菸葉類一律課稅並通告日商販賣裝瓶酒類均須照章貼用印花此項規則頒布日商反對最力英美人繼之咸以有違約章堅不承認總辦趙琪以菸酒爲銷耗品類各口岸均經施行徵稅據理交涉初議將應納之稅暫爲記帳其後仍實行徵收凡經過或銷售膠澳境內菸酒無論有無海關護照均卽分別徵收

上海香港廈門等處發見虎疫

本埠卽組織防疫所對於船舶及火車乘客施行特別檢驗先後共檢得染疫者三百零四人治愈者一百三十七人未及醫治而死者一百六十七人

開放滄口工場地

日軍占據期內收買滄口附近民有地畝預備發展街市及工場日本資本家遂引爲投機事業每畝由日商給以三十元或至六十元向原地主收買仍租給原地主耕種按年繳租在未建築工場以前其地租費由日商直接向官署繳納租戶則按年向日商納租督辦熊炳琦曾經按戶通知取消原有辦法未能一律實行至是總辦趙琪以國有土地之權不應操諸外人卽於本月召集滄口區各村長籌商辦法由各村村長地保等代表各原地主呈領官地耕種以免異日糾紛

八月盜殺德商斐師恆

德商斐師恆向在廣西路營鐘表珠寶業富有資財本月五日下午七時餘突有盜三人入店刼財將斐頭部鉄棍擊傷身死當經警察廳查驗一面懸賞購緝旋由海防司令部諜報處周渭南指述英國人拉克似有犯罪嫌疑並由英領事證明拉克不務正業當將拉克由警廳拘致於其家搜查各件確有種種嫌疑證據轉送英領事館拘留待訊英領不問案由堅持英國法庭手續謂須派員負責宣誓簽字遽將拉克釋放總辦趙琪遂迭次嚴厲抗議往返公文不下十餘次痛予駁斥（本案來往原文見斐案始末記茲不詳錄）嫌疑犯既爲英領釋放因聘德人安德河偵緝外僑罪案及本案正兇自十六年一月後迭據報告本案正犯匿居廣東上海等處安德河乃派偵探隊長王功成帶同眼線俄人高對牙會同入籍軍稽查處長俄人魏烈爾赴滬將正犯俄人瓦列次幾古德林二名捕獲於四月十二日護解來青訊供確係殺害斐師恆正犯另有兇犯巴五拉在逃未獲由法庭判處死刑兇犯聲明不服提起上訴因將二犯轉解濟南高等廳審判六月間高審廳判決上訴駁斥被告復提起上訴正在移送大理院覆核俄犯瓦列次幾古德林突於七月二十七日越獄脫逃經山東省政府及本埠機關通函協緝八月二十六日古德林在滄州車站被捕自戕瓦列次幾亦於十二月十七日在哈爾濱就捕送由司法部判決

九月改建露天市場平房

本埠原有市場樓上分售洋貨日用器具各物樓下則爲魚肉蔬菓販賣之所迨後

市場漸次繁盛殊無隙地復於場之東偏專設露天市場以便商戶租領設攤各商漸有搭蓋小棚小屋藉蔽風雨參差不齊至是乃議建築平房九十六間由舊有商戶儘先租用酌定適中租費於是市場商店始整齊劃一

增修萬國公墓圍牆

招領市外農地

市外之台東湖島子東西吳家村上下四方仲家窪元家莊湛山浮山所小村莊等處民戶原有農地昔年經日設官署發價收買者不少我國接收後該村民等呈請以當時出售非由本意請備價領回至是決定准按原價由原地主收回自行耕種以利民生

山東省政府創設貨物稅並置分局於本埠

貨物稅局成立本埠外商藉口除海關稅外並無他稅日領事以代表團名義抗議取消甚或宣布傳單提倡罷市其中以日商爲最堅決總辦趙琪向各領事嚴重交涉往返磋商始訂定辦法兩條一進口貨凡日商由日本直接運貨來青銷售者免稅若須由青轉運內地卽須納稅又日商運貨如由中國領土內運青者亦須納稅二出口貨凡日商由青島採買或轉運赴日本者免稅若由青島運往中國領土內者卽須納稅

十一月始設火酒檢驗所

火酒運銷本埠須由商人呈報依法化驗如無毒質始准給照銷售有毒質者祇准供給工業及醫藥之用每箱收檢驗費兩元

十二月張作霖任安國軍總司令張宗昌任安國軍副司令

山東省政府設山東水上警察廳於青島

本埠原設之海西警察署移歸水上警察廳管轄

港政局方塊工場改歸海防總司令部青島鐵工廠管理

山東大荒民遷徙者以億萬計

本年爲山東災異最甚之年兵災旱災匪災紙幣災征役災相繼並起魯西魯南良民襁負棄產而逃赴關外者數十萬

民國十六年西歷一千九百二十七年

一月訂定不動產登記證明辦法

商民不動產之證明過戶及登記事項德人租借期內其經過手續先由司法機關登記再通知民政機關註册日人仍之我國接收以後證明登記每至互爲疏漏商民或因過戶事項但在商埠局證明其涉有債務者則僅在審判廳登記本年一月商埠局因與地方審判廳擬訂協助辦法九條彼此互相通知以資周密定於本年三月實行

三月膠濟鉄路在四方滄口間撞車死傷七十餘人

是月九日上午五時第六次火車誤點在四方西一里之地與第四次由滄口開來之車互撞當時軋斃者三十一人受傷四十人旋因重傷致死者五人當由路局分

別撫卹路局之車務副處長錢宗淵段長蔣之鼎副站長李衍林撤差緝辦路局正副局長各記大過二次

畢庶澄伏誅

畢庶澄年少氣盈驟膺軍長兼領海軍在青一年之間樹怨滋多本年一月張宗昌遣其率兵赴蘇逡巡觀望卒致潰敗遂爲張宗昌所殺并查抄其家產

四月祝祥本任膠東防守司令

畢庶澄死而膠東護軍使等名稱胥廢張宗昌乃派祝祥本爲膠東防守司令以代之畢庶澄原領之第八軍一體解散

張宗昌自兼海軍聯合艦隊總司令吳志馨爲副司令

海防總司令及渤海艦隊司令兩職原屬畢庶澄至是更設令名

軍艦肇和同安仍復原名

先是畢庶澄任海軍總司令將肇和同安兩艦易名爲澄和效安至是仍復原名

國民政府遷都南京

五月始設育嬰堂

育嬰堂由總辦趙琪提倡並經本埠人士分別捐輸集資一萬五千餘元復撥用上海路官產一號爲堂址於本年五月成立計支用開辦費及建築費一萬三千餘元並呈准由牲畜檢驗局每牛一頭附捐洋一角爲本堂經費聘有男女醫士負責養育計現養有男女嬰兒二十餘名堂內採用董事制訂有收養章程及育哺細則月需費洋六百餘元李村滄口台東各處均設有育嬰箱以備接收

祝祥本復設軍警督察處

日本出兵山東

日人鑒於國軍將入山東藉保護日僑爲名突於本月月杪派遣軍隊二千餘人由鄉田司令督率陸續來魯均自青島登岸分駐市內外居留民團尋常小學兩級學校女子中學大飯店中央旅館及鈴木絲廠等各工廠並在日人神社居留民團大

飯店等處自由裝置無線電台於武定路强設無線電桿於後海海沿修築浮橋大有久駐之勢仍陸續分遣膠濟沿線及濟南駐紮其軍團司令部設在日本兩級小學陸軍步兵三十三旅團司令部設在太平路經總辦趙琪迭次抗議撤兵一再要求撤除無線電台及軍用電話一面要求勿派兵駐紮膠濟沿線先後抗議至十二次日人知出兵爲違反中國民意又經政府及各方面同時電阻出兵且動國民公憤因有抵制日貨之舉於九月五日起將軍隊勻分四日完全撤回鄉田司令亦於是月八日離青

六月張作霖就任大元帥

七月膠州駐軍異動

膠州駐軍陳以燊由蘇境退駐膠縣本月四日掘毀鐵道割斷電線膠濟全路停車五日本埠人心岌岌未幾事平

張宗昌任海軍總司令沈鴻烈任第一艦隊司令吳志馨任第二艦隊司令

原有東北渤海江防艦隊司令名義一律取消

日本海軍毆擊警察及人力車夫

日本海軍三人在市場三路雇用人力車乘坐偶因口角將車夫踢倒凶毆附近崗警潘明治往勸亦被毆又毆及前往查視之巡警孫延壽勸商場崗警呂嗣元趕赴救助又被日兵用繩捆綁脅同孫延壽人力車夫及水菓販韓德祥同時架入汽車駛至膠州路分駐所將門崗高順昌所持之三八式步槍及子彈皮帶皮盒均奪去繼至海泊路警察宿舍又將病警陳自得毆傷架入汽車開往日本居留民團扣押同時復將打電話報告之巡警王進慶所佩帶之二六式手槍警刀奪去一時膠州路及市場三路一帶滿布日兵分設崗位如臨大敵經總辦趙琪嚴重抗議訂定辦法四條一日兵之非法行爲者查明懲辦中國方面同時取締人力車二中國警察分駐所所受損失及醫傷費日本負責賠償三中國警察之槍械及物件應由日本方面如數送還四日本海軍當局向中國官廳道歉上列各項日方完全承認交涉始結

八月軍艦肇和海琛將有異動事覺吳志馨被逮解省旋即鎗斃

九月日輪現德丸載客逾量沈沒海中

日輪現德丸航行青島紅石崖塔埠頭靈山衛四處船體屬木質構造船長日人鹽谷長榮原由海關限制祇准載客一百五十人邇來紅石崖一帶集有赴東難民甚多爭欲上船過青赴東船長貪載違章多至四百餘人孩童暨行李重量尙難稽攷駛至距小港口外十餘里全船沈溺當由停泊附近之美國兵艦及水上警察聞耗馳往搶救救出男女一百二十一名先後撈獲大小男屍九十二具大小女屍九十九具漂沈無蹤者不可勝計經總辦趙琪飭屬將撈獲屍首分別編號拍照備棺淺埋樹標候領其獲救復蘇者妥爲安置每名先給救濟洋五元一面召集軍政紳商各界發起募捐在新舞台籌演義務戲劇募捐救濟對於將來過境難民擇定大港第六號倉庫臨時收容由政記輪船公司輪流裝運出口又組織過境難民臨時救

濟會籌欵賑濟一面向日領嚴重交涉處分該船及懲辦船長一面令警察廳對於本埠各棧房攬客過多從嚴罰辦並飭港政局訂定從嚴限制船舶載客辦法當時日僑居留民團等各團體集捐日金九百七十餘元銀元一千一百二十餘元現德丸船身由日本方面送交中國處分賠償得拍賣船價一千八百六十餘元并由各棧房認罰洋一萬零一百元統歸救濟此次難民之用計死者棺木葬埋生者恤款路費共支一萬二千餘元餘均歸臨時救濟會撥作其他善舉

裁撤山東水上警察廳

本埠水上警察廳奉省政府令裁撤海西警察署仍撥歸膠澳商埠警察廳管轄

十一月省設漁航局又改隸財政廳委葉春墀爲局長

沈鴻烈任海軍副司令

山東省政府加抽膠濟路煤捐

省令加抽煤斤軍事特捐膠濟路煤商自本月十七日起停止裝運本埠因之煤荒撫順煤乘機旺銷至十二月八日始得調解

十二月山東省政府設青島禁烟分局以鮑耀庭爲分局長

民國十七年西歷一千九百二十八年

一月豁免水靈山島十六十七兩年地稅及舢板捐船隻報單手續費

水靈山島在膠澳區域極南海中四面環海孤立無鄰面積不過四十里所有山田可種者約七八百畝島內居民自明季遷往初時人烟稀少尙可維持生計近來生齒漸繁現已有村莊十七計三百七十八戶男婦老幼一千八百餘人按照人口分配地畝每人不過攤地四分有奇而此島山田盡屬石隙山坡土質瘠薄大者不過一二分小者僅可種大麥地瓜兩三墩歷年以來十室九空每有數十家數百口終日不得一飽者居民鳩形鵠面衣服襤褸所食物品均係地瓜島中居民有一丈七八尺之舢板船八隻僅供零星攬載有一丈之舢板八隻係爲島民出島討飯求乞乘坐之用本年一月由本埠過境難民臨時救濟會轉呈該島全體村長等請求豁

免地稅及舢板各捐以蘇黎困當查該島全年地稅共祇二百六十餘元由總辦趙琪准令將十六年全島地稅一體豁免並將舢板之小港停泊費及報單手續費准予長期豁免旋又由救濟會轉據該島人民請求自十七年起再行豁免地稅三年當經批准再免征十七年地稅一年餘俟屆時察看情形再定

二月免除紅石崖雞子稅地瓜稅

紅石崖雜稅始於民國十三年設所征收雞子一項純係肩挑貿易屬於貧民營業至地瓜與地瓜乾尤屬貧民食粮當時初設稅收一律均收稅款本年二月間紅石崖收稅委員劉曾撰以此項食物應在免稅之列呈請當局將上列兩項雜稅槪予免收經局批准一律免除

四月日本第二次出兵山東

日人上年派兵來魯未遂所欲此次國軍北進至兗州泰安日人仍藉保僑商爲名於本月二十五日由第六師團長福田彥助率領十三聯隊暨二十三四十五四

十七各聯隊入港登岸卽日轉赴濟南分駐博山明水及膠濟沿線其陸續來青之兵有第六聯隊十五聯隊五十聯隊三十四聯隊六十八聯隊等分駐市內外各處隨時派遣部隊往來青濟及膠濟沿線其第三師團長安滿亦於五月二十三日來青比及五月三日日兵在濟卒與國軍冲突燃炮轟擊機槍掃射濟南軍民橫遭慘死者不知凡幾國軍委派之交涉員蔡公時及其隨從職員十三人亦被日軍殘殺並聲明無論南北軍隊不得在濟青兩處及膠濟綫二十里以內駐紮濟南遂爲日軍盤踞本埠駐軍鑒於日人聲明爲避免衝突起見均陸續撤退市外總辦趙琪迭次抗議亦無效果自是膠濟沿綫土匪蠭起膠東各縣益陷於水深火熱之中矣

六月張作霖出關被奸人炸斃張學良請和民國乃告統一

張作霖雖稱大元帥屢次向國軍請和至是直魯軍屢失利乃率奉軍出關車抵瀋陽爲奸人所暗算遇炸藥轟斃張學良繼主奉軍益悟內鬨之非計國軍對奉轉增諒解於是十年南北對峙之局乃告統一

取消火酒檢驗所

祝祥本所部退出膠澳

八月入濟南之日軍第六師團漸次撤退由第三師團赴濟與之交替

九月豁免台東鎭李村沙子口等處雜稅

本埠市內外商攤公稱捐稅創自德人其後繼續辦理迄未更改總辦趙琪以此等捐稅跡近苛細前因時局不靖已將海西區塔埠頭紅石崖兩處裝船公稱稅暫行停辦至是復將台東鎭滄口李村棗園沙子口等處商攤公稱捐稅暨柳樹台山轎稅自本年十月起一律豁免所有台東鎭雜稅征收所小港貨船查驗所等機關停徵撤銷

本月駐滬日本總領事矢田開始向我外交部談判濟案其後屢議屢停尙待解決

海西大刀會擅收租稅不服縣警備隊之制止因而波及鹽警緝私隊官警被戕二十餘人會匪旋亦自相擾潰

十一月日斯巴尼亞人來青招工因條件不協中止

日本議員床次赴南京疏通濟案意見並赴濟南訪弔蔡公時之靈表示歉意

勘誤表

志別	頁數	行數	數字	數漏誤	校正
體例	二	十六	十二	確	確
沿革志	二	三	一	顧	顧
同	三	三	一	永	水
同	同	四	二十六	秉	乘
同	五	十八	六	割	剖
同	九	二十三	趙村上	漏一字	岸
同	十二	十八	十六	而	各
同	十四	七	五	職	織
同	同	同	十二、十三	澳膠	膠澳
同	十五	十七	六、七	參事	信任
同	十六	三	十五、十六	一二	三
同	十七	二十四	三十二	温	溼
同	十八	二十四	進步上	漏一字	易
同	十九	七	一	之	其
同	同	二十四	二十六	積	績
同	二十	一	三十二	機	衍文
同	同	七	五	積	績
同	同	十八	九	勵	厲
同	二十二	九	大鮑下	漏一字	島
同	同	二十一	十二	繁	緊
同	二十三	二十二	十六、十七	効報	報効
同	二十五	二十三	括弧內	村	材
同	二十九	二	李村上	漏一字	於
同	同	十九	十四	包	鮑
同	三十二	十八	十八	消	稍
同	三十五	四	五	自	泊
同	四十三	十六	十八	眞	直
同	四十四	八	二十一下	漏一字	萬
同	四十七	三	十一	間	問
同	五十四	十九	三十四	力	方
同	六十二	十九	十七	積	集
同	六十三	二	四十三	般	股
同	同	二十二	八	用	月
同	六十五	十六	二十二	名	各
方輿志	四	十三	十四	劃	劉
同	十	八	十	元	亢
同	同	二十二、二十三	舊建之下	提督	膠撫
同	十一	九	十四	比	此
同	十二	十三	二十八	槁	橋
同	十七	十八	二十五、二十六	量鹹	鹹量
同	二十二	後半頁四月分表內	第五欄第三行	半日　見霜四月	半日見霜　四月
同	二十五	前半頁八月分表內	第六欄第四行	多	高
同	二十六	前半頁十月分表內	第六欄第五行	一十	十一
同	二十七	後半頁表內末行	老窪鄉第十三欄	82.2	32.2

同	二十四	二十一	寵寺路下	漏二小字	八里
同	二十六	十二	第二層	沙嶺家	沙家嶺
同	三十九	二十四	河崖莊下	漏四小字	二十六里
民社志	四	河南路行	表內第五格	三四	二三四
同	五	雲南路行	表內第四格	三四七	三五一
同	七	費縣路行	表內第五格	二六四	二六八
同	十	禹城路行	表內第九格	二七	三七
同	十三	廣州三路行	表內第九格	九九	五九
同	十五	後半頁第四行	表內第三格	高密森	高密路
同	同	後半頁第四行	同格	茌平場	茌平路
同	同	茌平路行	表內第七格	五八	二八
同	十六	濰縣路行	表內第七格	七二五	七二七
同	同	奉天路行	表內第七格	五二三	五三三
同	同	同	表內第五格	一、〇七八	一、〇七九
同	二十	甘肅路行	表內第八格	七一	七
同	三十三	後半頁	表內第三格	王家下流莊	王家上流莊
同	三十五	鄭莊行	表內第七格	一、〇九六	一、〇八八
同	三十六	後半頁第三行	表內第七格	五七、二四九	一一、二〇六
同	同	同	同	七一、二四一	二五、一五三
同	四十	劉家宋哥莊行	表內第八格	一六五	二六五
同	四十二	女姑山行	表內第五格	四三〇	四三九
同	四十四	灰牛石行	表內第五格	三九八	二九八
同	同	南北嶺行	表內第九格	四一八	七二
同	同	同	同格	三四七	五八
同	同	同	同格	七六五	一三〇
同	四十八	枯桃村行	表內第三格	枯桃樹	枯桃村
同	五十一	前半頁第三行	表內第七格	二、〇六五	三、〇六五
同	五十六	前半頁第四行	表內第七格	一七、一一九	一七、二二一九
同	同	同	表內第九格	一七、二八六	一九、二三六
同	五十九	七	十五年八下	漏一字	九
同	六十	一	十四	人	之
同	六十二	一	表內第三格	五五	一八五五
同	同	後半頁第六行	第一字	譜	諸
同	六十四	二	十二	旱	早
同	同	十三	訛木下	頹訛	頹譌
同	同	同	二十八、二十九	瓢訛	訛瓢
同	同	十五	盆估下	漏一字	詁
同	同	十六、十七	三十三小註內	以皆上本去聲	以上皆本去聲
同	同	十七	夷給下	漏一字	訛
同	六十五	二	老雜毛小註內	意興	意與
同	同	後半頁第三行	牛筋子花小註內	呼中筋子	呼牛筋子
同	六十七	一	二十三	麵	麪
同	七十	九	六	台	召
同	同	二十一	二十	教	宗
同	同	二十二	二十七	派	願
同	七十一	後半頁第二行	表內第一格	公達	公建
同	七十二	十一	大宗上	漏一字	爲
同		十九	十四	繳	激

膠澳志　勘誤表

同	同	二十一	畎畝上	漏一字	事
同	七十三	十二	二十四	大	本
同	七十五	後半頁第六行	豆腐之類下	類以肉雜	雜以肉類
同	七十七	九	十	木	本
同	七十八	前半頁第六行	工業表內第十八格	漏四碼字	6,395
同	八十六	前半頁第二行	第一格	本屐工	木屐工
同	同	後半頁漁夫行	第八格備考欄	漏十六字	漁夫工資按年計算本國人無如是之巨
同	八十七	前半頁第九行	表內第二格	·八七	·〇八七
同	同	後半頁第一行	表內第二格	·八七	·〇八七
同	八十九	二十	十五	薄	薄
同	九九	十五	二十五·二十六	二至	至二
同	百〇二	十八	十九	被	補
同	百〇三	十四	二十六	雲	零
同	百〇四	二十二	十六	附	付
同	百〇五	十五	十五	抱	挹
同	百二十	後半頁第九行	十八	母	毋
同	百二十二	前半頁第五行	表內第六格	闢爲國	闢爲園
同	百二十五	二十三	三十二	鉅	距
同	同	二十四	十五	洵	洵
同	百二十六	一	之可下	漏三字	望不可
同	同	十	中心點下	漏一字	鄉
同	同	十七	二十八	所	近
同	同	二十三	十三	盛	勝

三

同	百二十七	十二	十	山	上
同	百二十八	一	四	寄	奇
同	同	二十二	十八	遶	遂
同	百三十	四	十七	壞	壞
同	同	十六	十	解	鮮
同	百三十二	六	二十	募	幕
同	百三十四	五	三十一	餮	餐
政治志	二	後半頁	第三層表內	營務科	業務科
同	五	十二	十四	三	山
同	十三	十	署長下	四	五
同	十五	一	觀測下	量	衍文
同	同	十八	助理上	漏一字	劑
同	十七	十七	總管下	長	一
同	五十一	二十一	二十六	若	昔
同	五十六	二十一	十八	守	寸
同	五十七	二	四月上	漏一字	年
同	六十六	十九	二十九	輕	經
同	七十二	七	二十八	產	差
同	七十五	二	三十九	商	衍文
同	七十六	二十二	市議會就志下	漏一字	民
同	七十八	九	本條下	漏一字	例
食貨志	三	後半頁第一行	小註內	鴛云鷺飛	禽經云鷺飛
同	同	後半頁第三行	鶴小註內	凉注身身如鶴頂	原注身如鶴頂
同	六	第一行表內	第三欄	四二·八五六	四二·八五七

膠澳志　勘誤表

同	同	第三行表內	第五欄	牡豕	牝豕
同	七	第七行表內	第四欄	牡豚	母豚
同	十二	四	蘋果上	每五百株桃百餘株	八字衍文
同	十四	第六行	十吊文上	二十二份下漏二字	二十二份每份
同	十九	十五	領苗二下	領苗二十萬多者	領苗二萬多者
同	二十	七	植一萬下	零	衍文
同	二十二	後半頁第三行	小註內	癆	療
同	二十七	第四行	括弧內	由含果樹園	內含果樹園
同	二十九	一	二十三	林	苗
同	同	十三	第五區原上	漏一字	爲
同	三十三	七	七	下	上
同	同	十	筋魚上	漏一字	玉
同	二十四	一	十二	鈎	釣
同	同	二	二	無	魚
同	同	同	二十三	捕漁小船	捕魚小船
同	四十	七	二十四	別	例
同	同	二十一	九	闢	關
同	四十二	二十三	十七	且	旦
同	四十八	前半頁附記內	首行二十三字	鹽坨	鹽坨
同	同	同	第二行三十四字	長鹽	長蘆
同	五十	後半頁化學表內	第五行	CQO	Cao
同	同	同	第七行	M80	Mgo
同	五十一	十二	二十七	表	過
同	五十二	十四	四	前	則

四

同	五十三	六	十一	徵	征
同	五十四	十五	八	至	多
同	五十五	二十三	二	二	事
同	六十	表內民國十五年欄	第十一格	49,296,441	46,296,441
同	同	同	第十四格	27,737,332	27,737,832
同	同	前半頁附記內	第二行	米而關册	采自關册
同	六十二	後半頁第八行	花生之油需下	漏一字	要
同	六十三	二十四	二十八	蒙蔭產	蒙陰產
同	六十四	九	十九	前	則
同	六十五	後半頁表內	第四行第八格	12,240	3,240
同	六十六	後半頁表內	第二行十一欄	2,243	3,243
同	七十一	前半頁末行	第四字	人	入
同	同	後半頁第三行	第一字	鮮	顯
同	七十二	三	山東棉約二下	約二萬	約二十萬
同	七十三	後半頁表內	第一行第六欄	147	125
同	同	同	第二行第六欄	45	125
同	七十五	前半頁表內	第一行第八欄	28	18
同	同	同	第八行第六欄	114	141
同	七十六	第一行小註內	九·十四	年各進口各値千餘	年進口各値十餘
同	同	八	三·十二	約	各
同	八十三	後半頁第一行	五·三十三	傳鳴俊·成學由	傳鴻俊·成學田
同	八十七	後半頁末行	十七·十八	益以二字	衍文
同	九十三	前半頁表內	第六行第三欄	小工十七名	小工五十七名
同	同	後半頁第十行	華商下	漏二字	明華

同	九十八	九	三十一	決	冰
同	一百	四	十四	劈	勢
交通志	一	三	二十四	爲	衍文
同	同	十九	二十七	兩	雨
同	二	八	十八	舟	丹
同	同	二十二	三十	日	曰
同	七	五	表內第五欄	807,18	897,18
同	十	後半頁第一行	表內第三欄	科	料
同	二十五	後半頁末行	第一字	火	大
同	二十八	頁中	交通志下	道路	郵電
同	三十二	後半頁第一行	表內第七格	三五二	三·五一一
同	三十四	二	折至下	漏二字	四百
同	同	三	二十三	緜	線
同	三十六	十一	省令下	漏二字	繼續
同	四十	後半頁末行	表內第六格	半年	本年
同	四十一	前半頁十三年欄	表內第六格	占廿一萬	占二十萬
同	四十二	十二	十二	浦	埔
同	四十五	後半頁大連丸欄	表內第十二格	四十元二元五角	七字衍文次行同
同	四十九	後半頁平安丸欄	表內第十四格	日金六圓	日金七圓
同	五十	十一	漢堡線之下	漏一字	船
同	五十二	六	洋文內	Navagation	Navigation
同	五十三	後半頁第四行	十五	洲	州
同	五十四	前半頁第八行	表內第二格	7,079	7,089
同	同	前半頁第九行	同	3,603	3,630

同	五十五	八	二十六	內	由
教育志	三	一	十七	先	光
同	四	一	二十二	爲	衍文
同	十	前半頁第五行	表內第三格	登窒東坡	登窰東坡
同	同	後半頁第四行	表內第三格	五龍潤	五龍澗
同	二十一	前半頁第二行	表內第二格	十三五月	十三年五月
同	二十二	前半頁第三行	表內第二格	紀元上漏二字	民國
同	二十三	前半頁第一行	表內第七格	287	387
同	同	後半頁第六行	表內第三格	烏衣菴	烏衣巷
同	三十一	後半頁第五行男	表內第六格	16	19
同	三十五	前半頁第五行女	表內第十格	25	35
同	同	後半頁第四行	表內第十格	14	50
同	四十五	前半頁第四行	表內第六格	一一五	一三五
同	同	後半頁第一行男	表內第六格	五二六	五四六
建置志	六	八	四	白	即
同	十三	十七	十八	迁	遷
同	十五	七	二十·二十一	商招	招商
同	十六	六	二十九	市	布
同	十八	二十四	五	遇	過
同	二十五	十三	二十八	美	姜
同	二十六	後半頁	第八行	當六十里	東六十里
同	同	同	同	插柳城陰	插柳成陰
同	同	後半頁末行	會流之下	漏一字	所
同	二十七	六	十四	挾	狹

同	同	十	十三	下	上
同	二十八	八	二十九	御	扼
同	同	十七	三十一	字	學
同	三十六	二十	專用給水下	漏一字	栓
同	三十七	十二	五	價	借
同	六十三	後半頁第五行	附記內	貿易所載	貿易册載
同	六十七	十四	五	黃	燒
同	六十八	三	魚穀其下	漏一字	出
財賦志	十三	十六	括弧內千八下	漏一字	百
同	十四	十八	二十	他	地
同	十六	十二	二十一·二十二	等一	一等
同	十七	末行	末二字	而爲二字	衍文
同	十八	五	二十七	如	加
同	二十	二	二十五	卞	卡
同	同	七	三十	過	遇
同	同	十二	十六	卞	卡
同	二十三	後半頁	附記內	四拾五入	四捨五入
同	二十九	前半頁表內	雜收入第二欄	一〇八·三六五	一八〇·三六五
同	三十六	前半頁表內	第五行	港政局臨數費	港政局臨時費
同	同	同	第九行第三欄	一一·八八〇	七九·五七九
同	同	同	第九行第四欄	一二·八〇二	五〇·六二六
同	三十八	後半頁表內	復進口稅第二格	6,215,465	6,216,465
同	同	同	第一格	藥土各程	藥土各稅
同	三十九	前半頁表內第一欄	子口稅第二十格	4,401,401	6,401,401

同	同	前半頁表內第二欄	鹽金第八格	1,617,800	1,917,800
同	四十	後半頁表內	第五行第二欄	十四年七萬九千	十四年一萬九千
人物志	一	十四	第二字	郭繡	郭琇
同	四	十九	胡嵩下	漏二小字	金代
同	九	四	第四排	法雲	法櫃
同	同	二十二	第一排	張若欽	張若歛
同	十一	七	第二排	趙東晉	趙東普
同	十三	四	二十八·二十九	穀積	積穀
同	十四	三	十八	右	著
同	同	十六	津浦鉄路下	會辦稅務處督辦	督辦稅務處會辦
同	十五	二十四	二十六	後	役
同	十八	同	十八	淫	瑤
同	二十一	三	二十二	續	績
同	同	四	小註內夫亡殯下	漏一字	時
同	同	二十二	行首大字內	于氏	于貞女
藝文志	三	後半頁第二行	表內第四欄	金蝠	金融
同	同	後半頁第三行	表內第一欄	鉄紀	鉄路紀
同	同	後半頁第九行	表內第二欄	林溥鎮·周翕	林溥·周翕鎮
同	四	前半頁第二行	表內第四欄	名官	名宦
同	同	前半頁第四行	同	災詳	災祥
同	同	前半頁第五行	同	辨語	辨誤
同	六	前半頁第一行	同	兄狀	狀況
同	同	後半頁第八行	同	信商店	通信商店
同	同	後半頁第九行	同	續與	續出版與

同	八	四	第九字	渼	河
同	二十九	二十二	十三	州	舟
同	三十	四	七	洋	佯
同	三十三	二十一	十	行	向
同	三十五	八	衆之下	漏一字	南
同	三十九	二十三	十九	鑿	鑒
同	四十一	十三	十九	徜	尙
同	四十二	十二	二十一	岸	方
同	同	二十一	十二	用	動
同	四十四	六	二十六	揁	損
同	四十五	一	二十	他	地
同	四十六	十三	十五	居	踞
同	四十九	十三	三十二	士	土
同	五十二	後半頁第四行	明玄眞洞石刻小註	建玄吸	建玄眞吸
大事記	五	一	七	建	膠
同	十四	十	計費二十一下	漏一字	萬
同	三十二	六	二十一	元	亢
同	三十七	二十二	二十九	闢	關
同	三十八	一	四	洒	酒

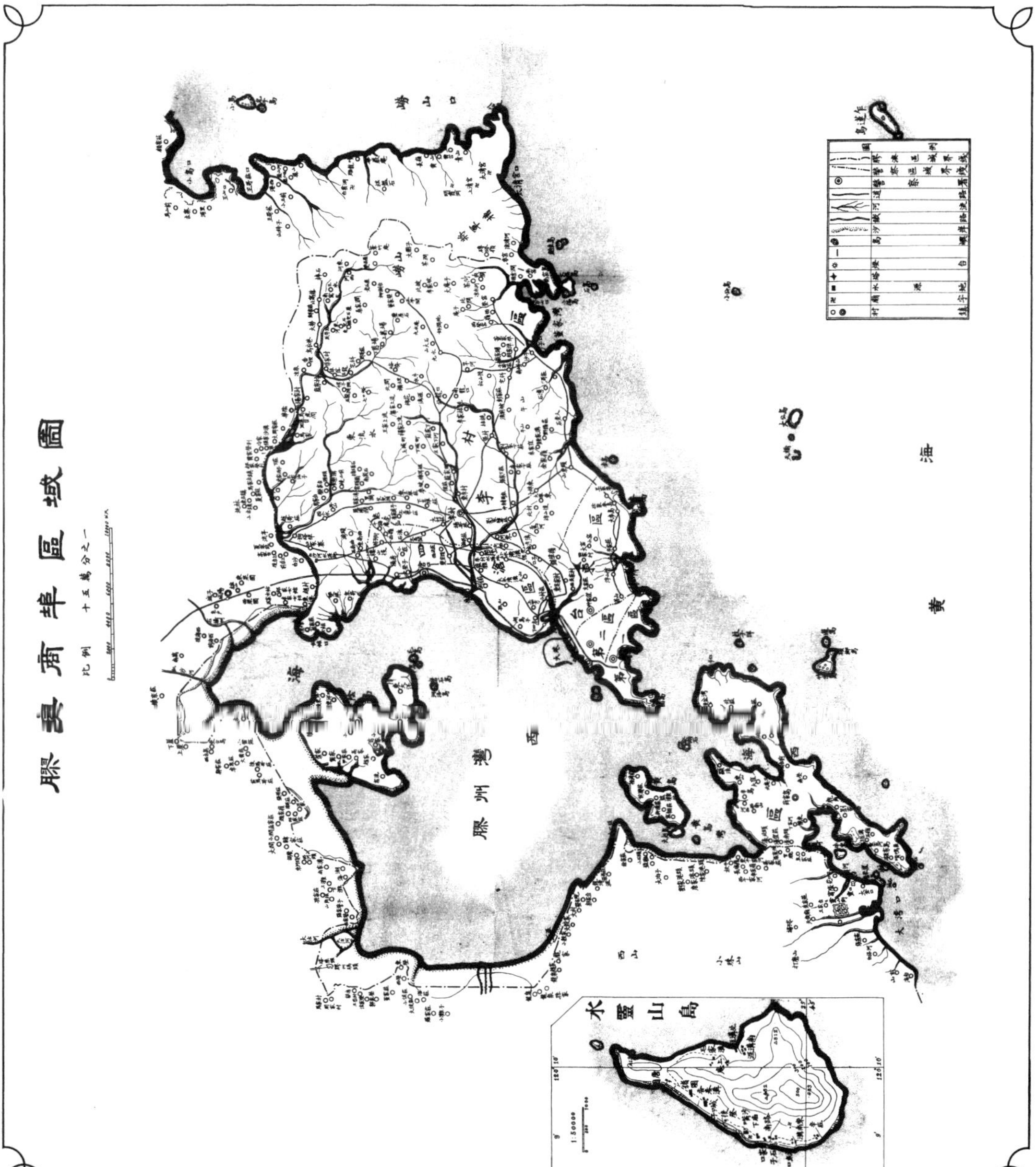
膠澳商埠區域圖
比例 十五萬分之一
膠州灣
黃海
水靈山島

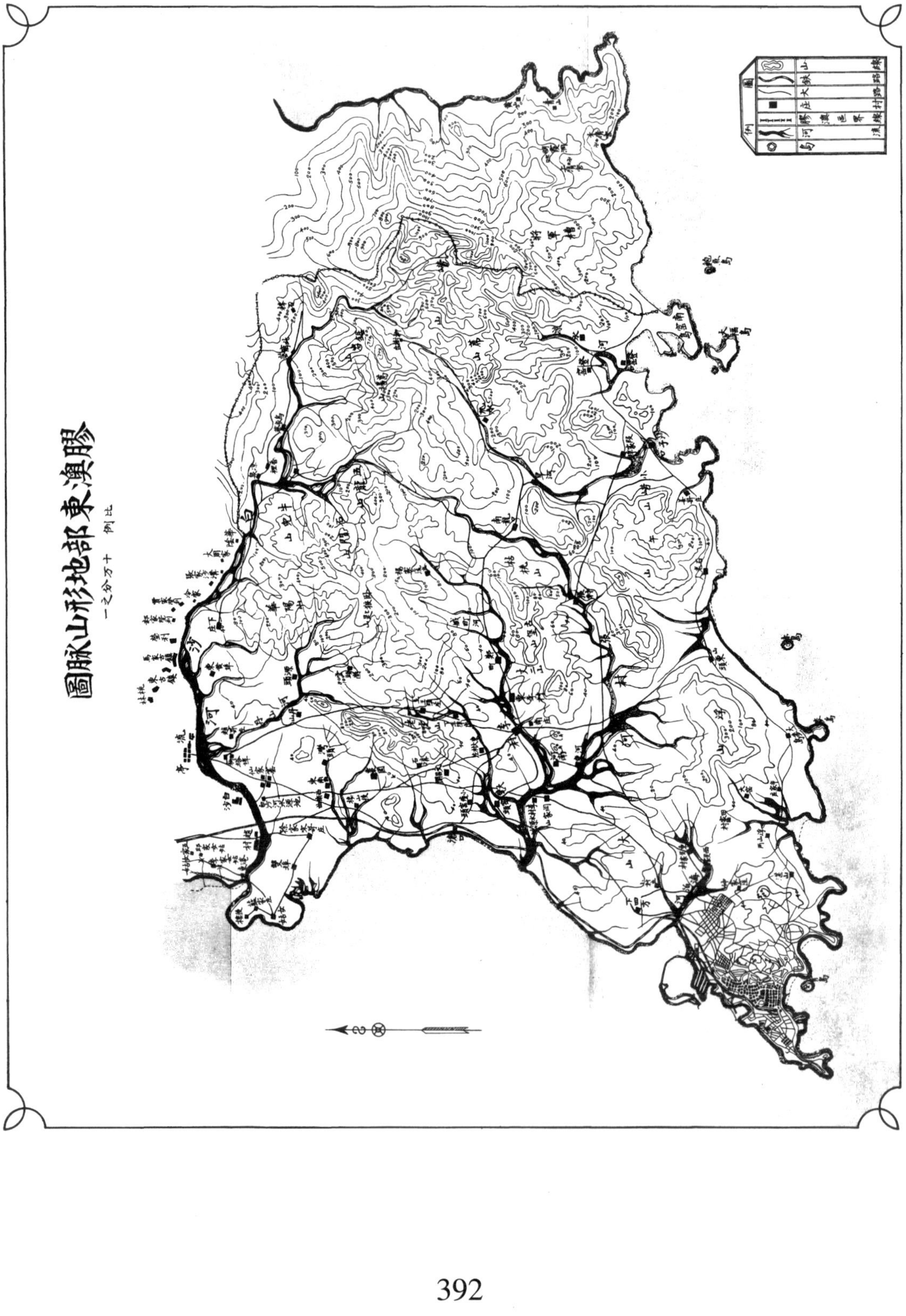
膠澳東部地形山脈圖
比例 十万分之一

膠澳西部地形山脈圖

比例　十万分之一

嶗山遊覽圖
比例　七萬五千分之一
圖例
膠澳區域界綫
境界石
道路
河川
村落
廟庵
表明高度

青島及其近周年雨計分配略圖

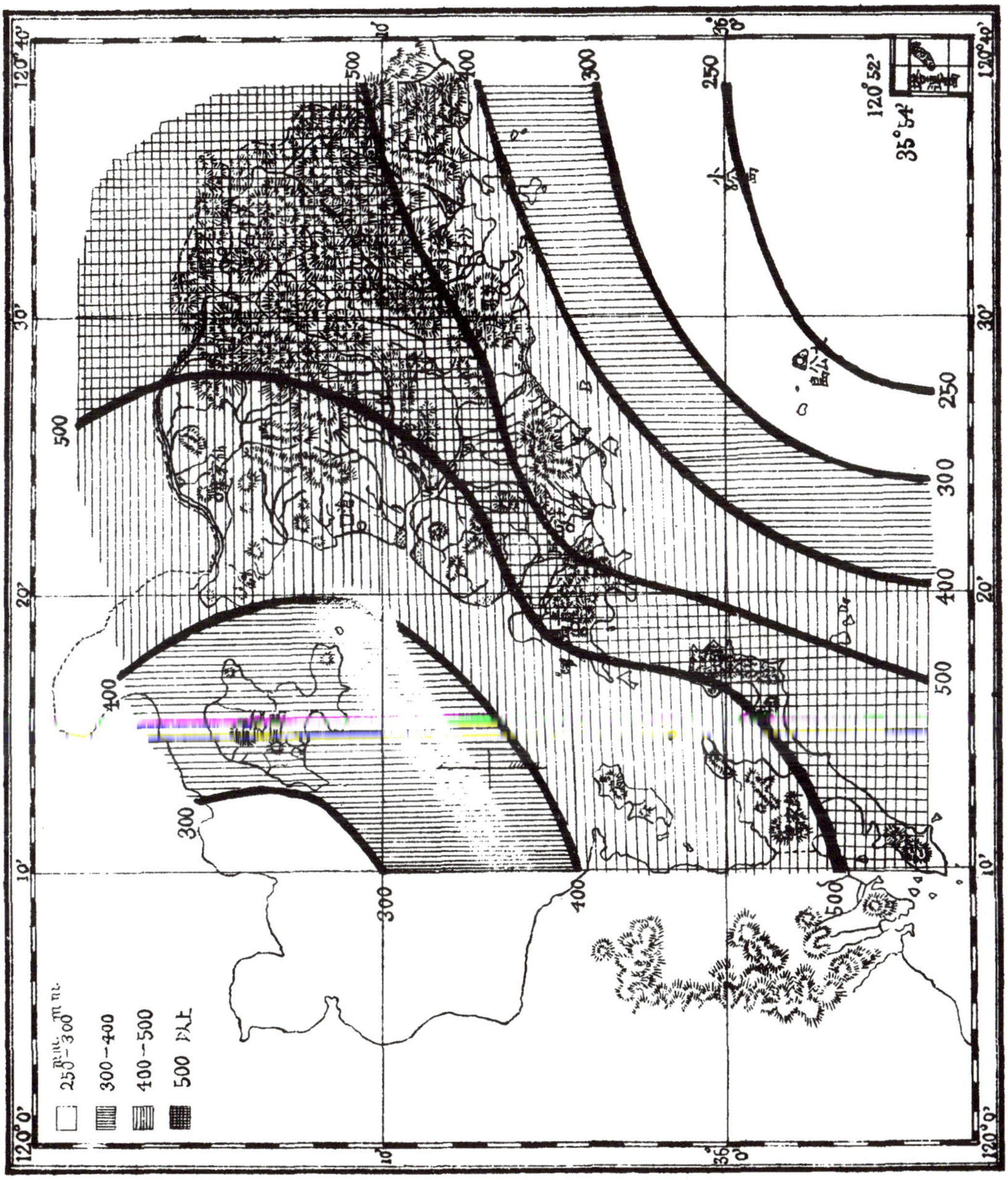

青島週年有霧日數有雨日數及雨量變差圖

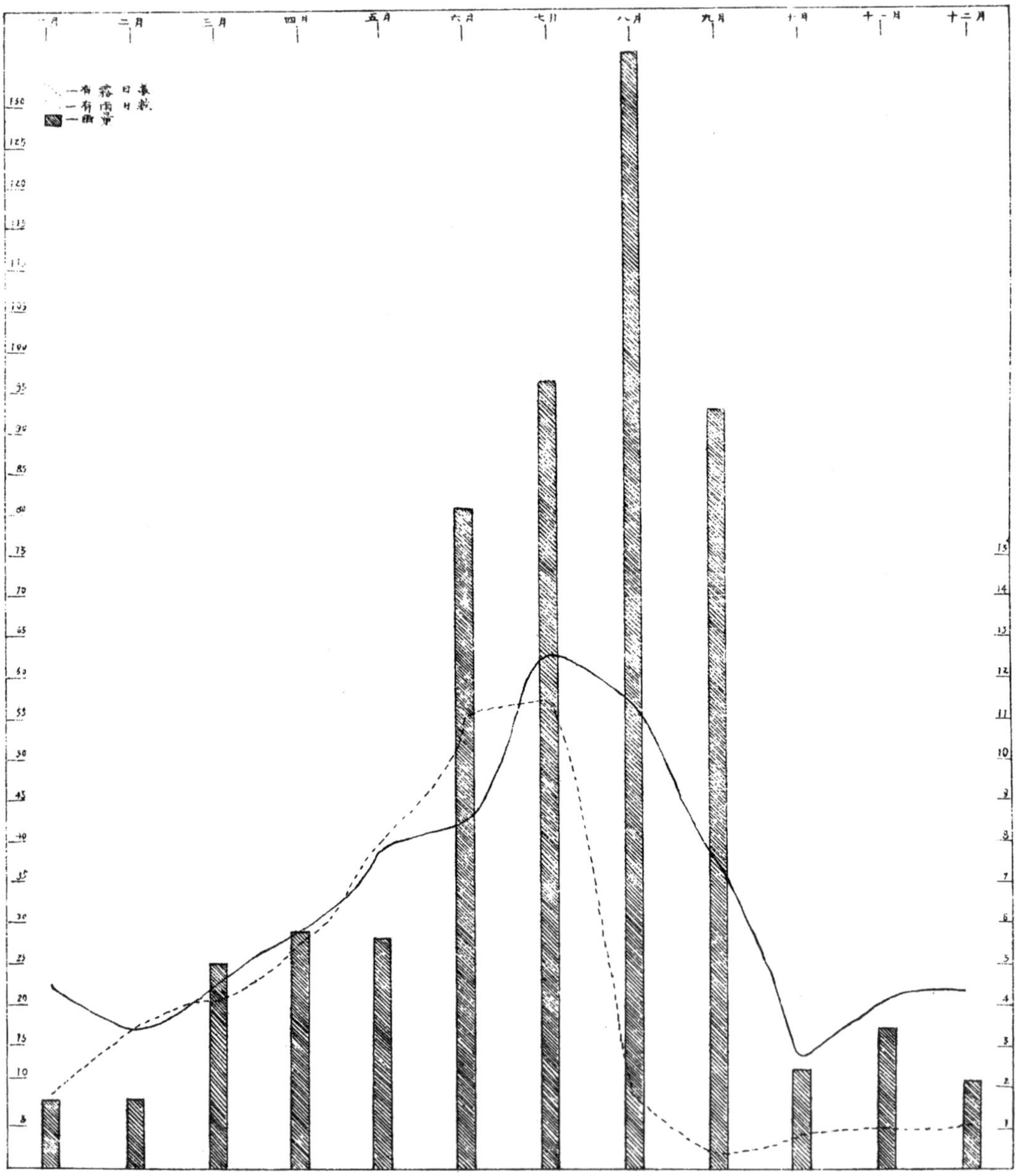

青島週年氣象變差圖

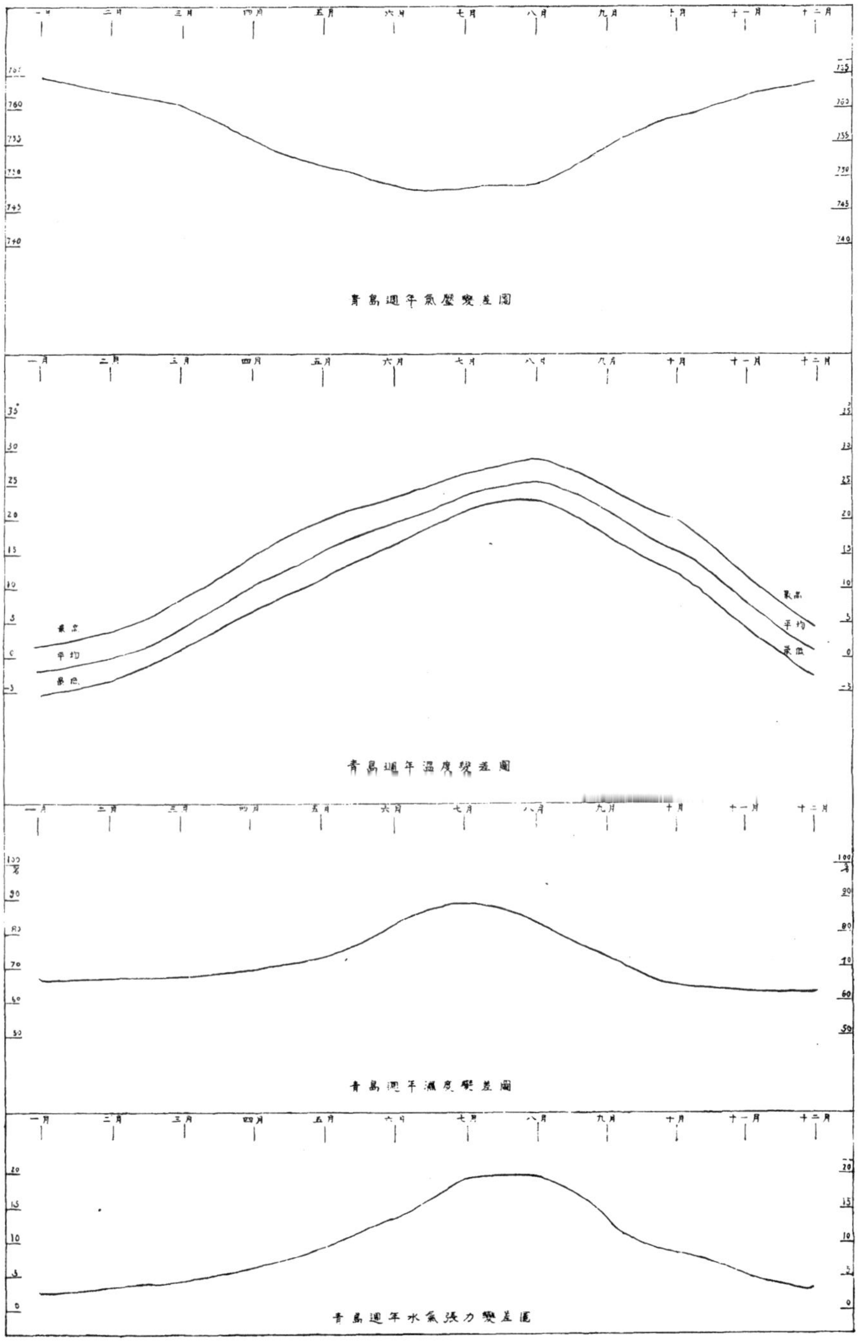
一月
二月
三月
四月
五月
六月
七月
八月
九月
十月
十一月
十二月
青島週年氣壓變差圖
最高
平均
最低
青島週年溫度變差圖
青島週年濕度變差圖
青島週年水氣張力變差圖

劉河鎮紀略十四卷（卷一）

〔清〕金端表輯

《劉河鎮紀略》十四卷，清金端表輯。端表字翼如，江蘇太倉人。劉河鎮，即今瀏河鎮，在江蘇太倉之東，當劉河與長江交匯處。元爲漕糧海運及海外貿易港口。明置巡檢司，爲鄭和下西洋出發之港。清乾、嘉之後逐漸衰落。此書後有道光三年（一八二三）後序，稱草就於嘉慶二十一年（一八一六）。書分發源、水利、創始、形勢、盛衰、人物、古蹟、節孝、街巷、災異、土產、俗談、奇事、宦蹟十四卷。敘水利，則歷載劉河淤塞疏浚事；敘創始，則述其開海通商、建閘防寇、海關盤查諸項。據上海圖書館藏稿本影印，其中卷七古蹟爲抄配。

劉河鎮紀略　序

達之道宜義命以自安焉耳余自嘉慶初蔌水稍周
急流勇退奈命途多舛屢遇凶災於是仍守舊業且
耕且讀但廢書者已二十年筆墨之事幾同隔世謹
閱先人遺墨誌
國朝之洪恩厚澤歷代之舊跡遺規不覺蹶然起欣然
喜曰是蓋今人所共聞而為後人居斯土者之所宜
通曉也用敢歷敘前賢所記載耳目所聞見者彙為
劉河鎮記畧一編雖搜羅未備、聊以見盛衰之理有
非人力所能强致者爾
時

劉家河特海隅偏僻之地耳身居其地習安耕鑿之常幾忘[illegible]力於何有余滋愧焉邇儒金子於燕閔之餘廣為搜羅求諸簡編訪諸父老務於一河之支派幷政治事蹟幷窮究其原委焉不止經歷有年再易稿而始成展卷之下尋流溯委政蹟昭然因革事宜瞭若指掌乃不覺蹶然而起曰有是夫濱海片隅幾經宋元明歷朝之經畫曁

國朝

歷聖之都俞及歷任憲臺之殫精竭慮以底於奠定者有若是夫然則是書也實深見夫河渠水利關

三

國脉之流通而為生民旱潦有備者也詎獨沾沾於潛德幽光人文彙萃核古今之事蹟詳物產之精華以肆其閎博云爾哉用是不揣固陋奮筆而為之序

時

嘉慶丁丑仲夏

同里世教弟唐景星拜手

周述亭先生序

逸儒先生之聚錄以成此書者為劉河鎮彫瘵已極目擊心傷而作也原夫鎮之衰由於河之塞而河之塞於先哲之云亡典章之湮沒苟人未亡而河尚

通則先生豈晏安株守之人亦何暇為此筆墨游戲之事哉矯自沿海進口以西至於太倉城所有南北諸枝河以及內地之六窑朱涇白蜆烏浜等河無不俱成平陸而大劉河又業經閉斷封鎖閘門非特米糧無自流通幷且三江何從宣洩徒致渾潮之壅積於閘外海口凡在鎮之土著民居悉如涸轍中物矣若非先生為之歷歷敘明不幾疑劉河鎮為無所關係之區乎先生將七百餘年之事蹟聚於一冊使人開卷了然繼自今重逢賢有司出採風留意按典而布德焉則此書之所記載某有益於

國計民生者豈淺鮮哉余讀竟不覺慨然有感而為之謹述數言以贈

時

嘉慶二十一年季冬之朔

姻眷教弟周承祖拜撰

署巡司魏春煦評

細讀先生大作如聽開元逸事令人忘倦有撫今念昔之感劉河至今日真剝果蒙泉時也此書異日安知不為餼羊之存邪

愚弟魏邦魯頓首

遊府尹公序

余宦劉十一年矣人地因緣殆非偶爾居既久公退之暇輒與里中耆碩究察形勢搜羅載籍非畧而不詳即偏而不備竊有憾焉夫茲土之盛衰所繫民命所關者莫如劉河蓋劉河屬要江之委三吳水利之原也十餘年來淤塞不通宣洩瀦蓄兩無所賴甲戌之旱癸未之水皆職此之由泣任初冀如金子以浚河論示余余即忻然有所得故去春有親塘蕩涇之浚是歲適值大潦湮沒殆無餘地而劉茜稍藉速瀉幸免為魚說者皆以為余之力而余實佩金子之言有

以牖我也今夏復以劉河記畧示蓋聚數十載之精
神以成是册採訪既宏選擇亦當而於開河之議尤
三致意焉方今開府急籌水利飛章請
旨䟽瀹三江得是編而覽之將見歷朝興廢地脉流通
歷歷如指上羅紋未必不有攸助且異日纂修邑誌
考鏡是書於劉河附近素所未彰者藉此採擇洵足
以備一方之典故而不僅慰余十年咨訪之深心已
也故樂而為之序時
道光四年歲次甲申孟夏之望
誥授武翼都尉晉武功將軍前署福建福寧浙江定海總

鎭

欽授廣東香山協都督江南劉河遊府尹安國拜撰

余世居劉河太倉者七百餘年今時事至此不過撮其大要志其遺跡以呈諸相好合叅惟祈增損筆削以完成此書庶幾後人有考鑑焉謹將閱過　諸公列左

倪士禮字位三年九十一歲　添註

顧　桐字鳳來號嶧山年七十四歲　考訂

周承祖字敏時號述亭　贈序

唐景星字範九號墨池　贈序

顧登衍 號春洲　添註

先生是書於劉河源委可謂詳且盡矣然必須如三江紀畧之輔以繪圖者更可目了然否則終恐扞格也書中偶有三筆悞處僭為發出叨蒙至愛故忘其冒昧尚祈宥之

魏邦魯 號春煦 署理巡司　評閱

朱鈞 字君範 號衡軒　參酌

杜護 字福堂 崑山人

三江紀畧原書水底開深一丈非如今之平地開下也

三江水利所云乃葑門外之小黃天蕩非長江也

尹安國 遊府　評序

于翼如 海防分州 批示贈詩　評閱

胡仁松 號友筠九江人　跋 後附

滄田桑海遷變靡常劉河乃三江之要津水利民生之所係非小回憶曩時帆檣林立商賈雲騰潮汐往來湧如奔馬不數年閒遽成平陸能不為之欷歔乎翼翁先生屏跡里門輯成劉河鎮記畧廣羅徧採收入卷帙僕展讀之覺今昔之事在於目前則婁江雖湮得先生識之可以不朽豈曰小補之哉是為記時

道光乙酉初夏

三山林大人江蘇巡撫筆識附後

道光甲午之夏余濬劉河工竣屢至其地為善後計有老民金端表者以其所輯劉河鎮記畧十四卷質

七

於余閲其紀載雖真贋雜出而用心亦可謂勤矣載
筆之或就而取證禮求諸野豈其然乎
撫吳使者三山林氏手識

道光十四年春蒙撫軍林公開浚劉河後四月閒又
來議築石壩以阻渾潮五月復至修理　天后行宫
六月二十八日扁舟查看土石二壩入廟拈香余以
此面呈蒙公優待各官送行後離閘半里許復停舟
請會余坐轎往謁因岸濶河深病足難行傳諭即在
轎中稍坐不必勞動喚兩孫上船面囑云爾祖一生
心血集成此書萬不可遺失即取詩箋批示回答見

兩孫憨態令親隨人持書與詩箋到轎前傳諭云大人有公務不及細觀俟暇日着人來取今且收藏之因筆此數言亦以見敬老民之厚意云　端表謹識

袁蟾客 號霞峯嘉定人時為翰林院待詔　贈詩

鎮洋縣曾

兵備道吳

邢仁植 字松年號潤林

黃　華 字瑞清號少迂　續註

劉河鎮記畧目錄

劉湄金端表翼如氏輯

第一卷 ○

發源自禹平水土起至嘉慶二十年止

第二卷

水利以閘門為彙集之區

第三卷

創始大小劉河　建閘防冦　築城崗涇　軍工戰船　炮臺鎮守
開海通商　海關查察　營船巡哨　閱兵水操
附恭紀
國瑞

第四卷

形勢東西形勢　南北形勢　山海形勢　兵法形勢　五城形勢

第五卷

盛衰自宋高宗南渡後起至嘉慶二十一年止

第六卷○

人物　方十里之内人所共聞者記之十里之外見聞未確者未敢妄記

第七卷

古蹟　方十里之内有其名而復得考其實記之餘未能焉

第八卷○

節孝　有報旌而未建坊者　有報旌而給匾者　有守節貞烈而未經報旌者

有未經報旌而曾撫覲查遵
旨入祠者　有貞烈盡節而未入祠者　有有丈夫而貞烈盡節者

有貞烈節孝而年逾三旬恐於報旌例未合者

有婢妾而能慕義守節撫孤者

第九卷○

街巷　橋梁廟宇附

九

第十卷
災異前明之事不記
第十一卷
土產海內所出者附
第十二卷
俗談辯誤　紀實
第十三卷
奇事古今並誌
第十四卷
宦蹟附善後事宜四條

劉河鎮記畧

劉渭金端表巽如氏輯

劉河鎮發源（自禹平水土起至嘉慶二十年止）

劉河鎮發源不自劉河鎮始也未有劉河鎮先有劉河城未有劉河城先有太倉城未有太倉城先有太倉未有太倉先有婁江或曰婁與劉同音也江與河通稱也婁江之稱乃劉河上音所誤或曰婁江下流壅塞有姓劉者創始開通故又曰劉家河是二說者信疑參半要之劉河為婁江之尾閭婁江之水必由劉河宣洩故欲詳考劉河鎮之發源應自婁江始

十

夏

禹敷土隨山刊木奠高山大川淮海惟揚州彭蠡既豬陽鳥攸居三江既入震澤底定

案禹貢註唐仲初吳都賦註松江下七十里分流東北入海者為婁江東南流者為東江併吳淞江為三江　案史記正義載三江在蘇府東南三十里名三江口其水分流一江由東南上七十里入海者為東江一江由東北下七十里入海者為婁江蓋東江在上故曰上江婁江在下故曰下江吳淞居中其水自西東下最為遥直故太湖之水從吳

淞入海者居多自明永樂二年欽差兵部尚書修濬蘇松水利見吳淞江自夏駕浦以東沙漲成田猝難除治遂開浚夏駕浦穿新洋港出青魚涇口挈吳淞上流之水匯於婁江之劉家河以入海從此劉口潮沙難積日漸深通民甚利之遂稱夏駕浦為尚書浦云　方輿紀要載太湖之水由東北三百餘里入海者曰婁江亦曰下江又案地理志載太湖在蘇州府吳縣西南五十里詳考水勢太湖中條之水由吳淞以入海南條之水前由東江今由黃浦以入海北條之水由寶帶橋灌入盤門葑門城濠遶婁門轉東遥遥

十

二百里直徑入海者為婁江則是三江口分流之處
蓋言太湖中條之水至此又三分其勢合東江婁江
以入海者也至於婁與劉同音江與河通稱之說亦
無庸細考要之劉河為婁江出海之咽喉劉河通塞
關蘇郡之盛衰不僅為劉鎮一隅之地故古人有言
曰潮到唯亭鎮姑蘇出狀元蓋淏方秀水直達蘇城
劉口之潮朔望大汎漫過唯亭於八月間海潮更大
蘇郡新崑老幼婦女於十七八九日羣聚新洋江塔
前觀潮謂之迎潮會鄉人築閘潮館於塔旁綵旗金
鼓各舁神像彙集於此遊船如蟻笙簫鼓樂十番百

戲曉夜不絶葢劉口海潮涌至玉柱塔前西迎婁江之水南迎新洋港吴淞之水北迎巴城陽城之水四水滙激無風生浪至夜月東升如萬道金龍戲舞塔前爲婁江一大觀後劉河淤塞潮雖不到而迎潮之至今猶未廢也　案宋邱與權記畧婁江自吴城東闉距崑山七十餘里北納陽城南吐松江由隄防不立故風波馳突姦人緣之以刼行李吏莫能禁至道光二年蘇守陳公按行之須築塘以隔之費用得數十萬中議而止皇佑中發運使許公復建議會舒州通判王安石相視朝廷從之婁江之至和塘始成按鎮

十三

洋縣志載揚州具區之地厥田下下厥土塗泥蓋沿海岡身高於內地中傾外仰勢若盤盂水不歸源則橫流四溢禹濬三江使太湖之水歸源東海自無泛溢之患夫太湖者南受浙江杭嘉湖宣歙諸山之水北受江南蘇松常以及上流各府諸河之水綿亘五百餘里橫廣三萬六千頃咸歸三江以入海其勢之瀚浩為何如哉而東江何以塞為民田乍浦何以壩分內外乎蓋杭嘉湖之西南地高山接東江雖瀉太湖之水而杭嘉湖西南一帶之水俱一洩而盡則是蘇松常三府之受其患者杭嘉湖西南一帶俱變為

田矣於是乍浦壩住水分內外將東江東路由白蜆河以入海者俱改為民田而東江西路之水引入黃浦使水往東流者轉而為西北東南紆迴曲折綿延數百里併入吳淞口出海之處同歸大海於是黃浦之水日益大而杭嘉湖之田地俱可有秋矣然猶未也杭嘉湖三府之地雖可成熟而其西南一帶山接土高之處仍無蓄洩於是又築長安壩以阻之天旱則蓄水大則洩浙江北路之田盡為肥美而太湖之水勢日漸衰矣此則先賢之深謀遠慮補禹貢之所未及者也余曾親歷其地細詢土著居民之明於水

利者始得其詳故併誌之　考自太湖之水勢日衰而婁江吳淞從此屢開屢塞矣蓋三江通海所以洩太湖之清水而海口渾潮全賴太湖清水以衝刷浮沙夫海潮之入其勢洶湧頃刻尋丈其一日兩潮所進之泥沙奚可量哉賴有太湖清水日夜東流勢雖緩而力甚長是以渾潮之來有清水以敵之則其來也緩而浮沙不能進其去也有清水以刷之而渾泥不能淀故清水强渾水弱河自深通渾水强清水弱河必淤塞此理之必然也今三江之路東江滅跡矣僅存婁江吳淞江二路以洩水宜暢達而反屢開屢

塞者何哉蓋水之發源山氣所積也故黃河之水發源於崑崙長江之水發源於岷山地氣之所蒸山泉出焉泉之所瀉流而為江滙而為河天地之氣日夜運行江河之水日夜東趨太湖者南聚杭嘉湖宣歙諸山之水北聚蘇松常西北諸河之水滙而成巨浸者也自築長安壩則浙省上流之水蓄而不發而中流之水順便南趨由黃浦以入海其蘇松常西北平洋之水俱弱而無力矣清水一弱則混水之力日強再以不明水利者未悉源委不知遠引清水近刷渾潮而徒以開挑塞責空靡

國帑宜此二江之水旋開旋塞也最可慮者童謠有言倒了長安壩水漫吳江塔於斯時也支幹皆淤從何洩瀉急籌開浚人力難施則洪水之災奚難再見哉今婁江之塞塞在下流吳松之塞塞在中界婁江之水東流無路轉而南趨由夏駕清洋諸港之支河以達吳淞而吳淞之潮西入無從激而北赴由江柵橋王渡口之支河以接婁江則二江者名雖為二其實一而已第諸河小港豈能容納渾潮則兩敗俱傷其淤塞也將立見矣

周

考越絕書載吳有兩倉春申君所建西曰均輸倉東曰太倉明張泰有婁城晚眺詩一首今附錄

高城一望思茫茫湖轉婁江入海長邊境到今非漢縣古倉何處積吳糧鷗棲淺渚寒蘆淨雁落平疇晚稻香野水閑雲吟不盡玉峯西望映斜陽

漢

三國時魏太和元年遼東太守公孫淵奪其叔父公孫恭之位曹叡封淵為揚烈將軍遼東太守之職淵心未足適東吳孫權遣張彌許晏賫金寶珠玉赴遼東封淵為燕王淵稱藩貢獻由海道以通使命遼東

兵多糧少中隔曹氏疆域乃聚衆於太倉海運以濟軍食一以張東吴之聲勢一以牽曹氏之併吞故太倉之東北有横涇倉場斯時但知有婁江之出海不聞有劉河之説

宋

景佑間范文正公統領水陸大兵駐扎茜涇鎮鎮守婁江海口開鑿瀏漕河以運糈濟軍

按是時婁江海寇之警内河外海一無攔阻而劉河口岸寬濶與海無異文正公屯兵茜涇開鑿瀏漕以通婁江水道使海寇之來有所瞻顧而不敢直入蓋

所以擋其衝以抑其銳也　按沈括夢溪筆談載蘇郡至崑山七十里皆水無旱路可通民頗病之熙寧時郎欲為長隄以通旱道奈蘇府皆澤國無處求土至嘉佑中有土人獻計者就水中以蘧蒢芻稾為墻栽兩行相去三尺去墻六丈又為一墻亦如前式漉水中淤泥實蘧蒢中候乾則以水車汰去兩墻間舊水其中閒六丈皆土留其半以為隄脚掘其半為渠取其土以為高隄每三里則為一橋以通南北之水不日隄成民咸便之至今猶利賴焉　考婁江一道在北則有巴城陽城兩湖之水在南則有沙湖三泖

澱山湖之水相連數百里浩渺無際斯時崑太之地幾同海外至宋至和元年興工挑築土塘至嘉佑中始有土人獻計方得完工以阻巴城陽城之水至明季時南岸又築石塘以阻沙河之水使婁江中流順適得保安瀾之慶通商賈之利者皆由於此　考巴城湖在婁江北二十里中有土墩舊有巴王殿今猶有巴王墓（元郭翼有詩）故名巴城湖與陽城湖相連陽城湖去婁江三十里湖面寬濶瀰漫二百餘里（明袁華有詩）西北水匯此二湖為最其水往東北則由福山戚浦等口以瀉東南則由湖川朱涇入劉河以瀉　考沙河在

婁江之南與婁江連接西受太湖之水分瀉於婁江吴淞滙成巨浸一望無際澱山湖在婁江之南八十餘里東西岸濶三十六里周圍約二百餘里其水西接太湖往東南盡注於三泖湖三泖在婁江之南百餘里再南則連接浙江矣自宋以前南北各湖統成一氣其中界有千墩一區上建僧寺爲南北往來駐扎之處蓋數百里大江之中其間高低凸凹約有千數故名曰千墩於今僧寺猶存而各墩俱已申糧開墾成田矣　按唐吴地記載婁門本號䣜門秦時䣜門東南古有䣜縣至漢王莽改爲婁縣其水爲新陽

年遠無稽自梁以後改爲崑山縣
國朝分設新陽縣於以見婁江一路民居日盛也　按吳郡圖經續記載婁江自婁門歷崑山由太倉出海故舊名崑山爲婁縣因婁江而得名也其南北兩岸有六塘四十四浦六十四涇詳載在崑山縣志皆引太湖震澤之水昔人所以泄巨之暴流備民田之灌溉者也按姑蘇志載太湖之水經郡城婁門歷崑山太倉至天妃鎮出海者爲婁江凡婁以東百餘里俗呼爲至和塘又東八十餘里俗呼爲劉家河其實皆婁江也於此知婁與劉之誤有由來矣　考水利書載婁江

百八十里出口渡海八十里直達崇明劉河者崇明之門戶也相傳宋時崇明一沙惟劉姚二姓居之是時婁江散漫下流無主劉姓者捐家資之半開浚一河使婁江之水直徑歸海人咸稱爲劉家河云　余上世與太原王氏皆南渡而來匿跡海濱太原祖塋在楊子涇東余族祖塋在瀏漕河西據父老傳說是時婁江沿海萑蒲葦蕩人跡寥寥自南渡以後生齒日繁豪强之家得以占沙據海地旺財生劉河北岸居民日增月盛而南岸沙灘遥遥數里故洋舸戰艦得以停泊漸通商賈遂成海船馬頭矣　今復按嘉

定崇明兩縣舊志合參而後知劉河之所由來者遠也蓋秦漢之時婁江出口原無劉河之名至唐時婁江水弱自太倉以東漸起暗沙拖長三十餘里直至海口日久沙高將婁水中分為二其一偏南以瀉即今之婁塘是也其一偏北以瀉即今之劉河是也從此婁水益弱而海中亦起暗沙唐武德初海門之南婁江之東積沙成洲捕漁者時往棲之宋建炎時有句容縣民劉姚二姓者因避兵亂逃居於此劉居西沙姚居東北沙闢草披荊開墾成田遂土着焉勤耕種以致巨富是時長江之水甚急又將海門之地衝

坍入海惟有婁江為對渡之口抑知江南暗沙漸拖漸遠幾與浙江連壤即今之坍沒寶山是也於是婁江偏南之水竟由今婁塘之東南各支河分瀉併歸入吳淞江以出海是以婁塘有海船灣之地至今猶有遺跡而婁江偏北之水更弱而無力矣內水益弱則海沙益積將太倉以東四十餘里塞成平陸而婁江口外劉姚二姓之糧食貨物無從過渡於是劉姓捐家資之半將婁江下流自太倉以東四十餘里開成巨港引水直徑入海非惟海外貨物便以運動而且沿海之田疇盡得豐收民咸感德遂順口稱為劉

家河云從此劉家河日漸寬濶而婁塘日漸淤塞矣我劉河父老相傳謂元時之劉河不濬而通且謂河道之通塞由乎天時地運使然非關人力至於官民吏役日就偷安放佚怠惰非惟忘宋世劉姓之大功抑且失萬水歸源之至理豈非大謬也哉宋寧宗時婁水竟分為二中間漲沙民皆耕種是時海不靖兩歧水道甚屬可虞於是築城屯兵以守時國號嘉定遂名為嘉定城婁江分流之水環遶於城之南北復於城之東開鑿新涇城之西開鑿黃姑塘以聯絡南北兩路之水至今南北新涇橋與黃姑塘橋各有遺

跡石家塘之名猶其後焉者也蓋水性順下河道之曲者紆迴而勢緩其直者迅疾而力强自開浚劉家河後婁江水勢浩蕩往來直瀉竟將外口劉姚二沙仍衝入海冥然無跡迨至元時於劉姚二沙之東北又漲三沙有朱陳張三姓居之後三沙連接民居稠密申糧立戶詔名此沙為天賜場隸通州該管至元十四年以天賜場戶口日繁因而制田賦立學校陞為崇明州設兵以守為劉家河阨要是時婁江偏南之一水從婁塘由外岡出黄渡口以併入吴淞一從婁塘歸練祁過羅店月浦由采陶港以入海不幾年而

十九

婁江漲沙由劉家河南岸往東南愈拖愈拖遠又入海中幾百餘里將采陶塞絕併將吳淞海口攔阻吳淞江亦竟淤塞於是吳淞之水一由新洋港以歸入婁江一由鹽鐵港以歸入劉家河一由南翔鎮穿嘉定城直北出劉家河以入海因此海口漸深濶元世百年海運無淺阻之虞者兩江之水併而為一也至明洪武初劉家河水勢衝激致崇明一州地坍户減遂降州為縣入蘇州府該管永樂十年平江伯陳瑄至劉家河督海運事黑夜風雨船多覆溺於是奏請將劉家河海口東南漲沙之上築一土山建烽火臺

以為洋船運船表識着江蘇巡撫周忱監督山週圍一十五里臺高三十餘丈廣栽大木多立烽堠晝則舉煙夜則明火海面空濶遥見千里以為劉家河海口之表是時西洋貢船絡繹不絶咸欣其便遂稱為天下第一馬頭各國奇珍異寶無不畢集因名曰寶山有成祖御製寶山碑記樹立山巔後會通河開浚糧船内運廣東開海運洋船轉口吴淞江開浚水勢大分而寶山之地被吴淞婁江兩水夾衝將百餘里之沙土盡坍入海僅存將臺舊基至

國朝雍正二年分縣築城以守更築海塘自劉家河海

口真接寶山城而海岸永固矣由此觀之可知天數地運皆由人事以為之未可概以為命而怠惰偷安者也至今吳淞口之浦東尚有寶山舊城為吳淞營養之所可知昔日吳淞口尚在寶山舊以南今日之吳淞口已為新口矣

元

蒙古第五世世祖至元八年改國號曰元　十七年命丞相顏伯平宋將寶玉圖籍載入海舟從劉家河出口由海道以達燕都　十九年朱清張暄建議海運上命總管羅畢璧監造海舟運米四萬六千石由劉

家河出口次年二月抵直古　至元二十三年建天妃行宮於劉河北岸漕瀆東額曰靈濟宮人咸稱劉河為天妃鎮云是時漕瀆北接茜涇民居稠密沿塘極盛矣時有顧瓛者輕財好勝其父為海市舶司正瓛繼父職捐家資之半招徠俠士王子才等贊成海運於劉河口至太倉南薰關築長隄三十餘里上建樓臺館舍以安商賈聚珍奇寶玩之物上貢京都至方國珍之亂瓛臨難不屈伏劍而死至正二年天妃行宮被海潮漱嚙日漸傾圮奉旨重建於舊址稍西瀆漕口移宮其上仍額曰靈濟左有金鈎右有玉帶兩

三五

河環衛宮基有鄭元佑記重建天妃行宮碑文立石於宮内即今之天妃宮是也至此凡三遷其宮矣今將碑文附錄於左

重建天妃行宮碑文

天地旣左海故百川混潰歸東南而海之功用遂與天地配然自陶唐氏以迄於今王者出而御極蓋非一人至於宏大之量包海宇混南北視鯨波萬里猶一擬龍伯九淵猶一舍凌駕冥渤責成歲功久之無虞未有如我朝世祖皇帝者也爰自定都燕京歲漕東南稻米將由河渠以達畿甸則道里遼而勞費大積力

久而用功多於是納海臣之請斷自宸衷始創海運
方其波平風順一日千里不踰旬日即詣京畿斯實
國家厚福其蟠天際地取道於海若執左券交相付
然風濤有所不測雖河流之細猶不免況於海乎設
使颶風鼓浪鯨呿鼇抃天跳地掉萬斛之舟輕於一
擲當此之時雖有絕倫智力必拱手待斃哀號籲天
叫呼禱神救死瞬息粤有天妃肇跡前宋著靈於我邦
家亟揚神光出於暒霧其光華煜謂之天燈飛泊高
桅不令墊覆舟人稽顙咸稱再生舟遂順濟其靈顯
白章章如此於是歷聖相承屢加封號爰即江江海

之要建祠妥靈若夫漕濟宮則尤典禮尊崇者也蓋海舟歲當春夏運畢集劉家港而漕實當港之衝故天妃宮之在漕者顯敞華麗實甲他祠國家政重漕饟既開漕府於吳每歲分浙江省宰臣一人督運當轉漕之際宰臣必躬率漕臣守臣咸集祠下卜吉於妃既得吉然後敢於港次發舟仍卽妃之宮刑馬推牛致大享禮饎腯身牲肥醇酬獻庶畢陳絲聲在絃金石間奏咽軋簫管繁吹入雲舞既歌闋冷風肅然虎臣率徒擢舟揚舲撾摐金響振川陸文嚴武齊羣拜聽命而後舉行由始建宮迄今五十一

年矣水嚙宮坊日就虧圮翼宮周廬閤亦頹壓爰歷五禩以宮迫海澨波濤浸淫工莫就緒今至正二年江浙行省叅知政事燕山圖魯公實董餫事漕府以有事於妃宮告公卽齋沐登舟弭節祠下顧瞻宮宇之弛惕憂形色立漕臣於前戒飭之曰朝廷嚴事天妃蠲潔明誠牲幣器數樂度舞綴悉有攸司載祀典至於歷歲遣使臣錫金盃香事事孔誠猶恐弗至今漕漕岸坊崩虧若此夫臣子之於君父每先意承顏尚懼或失顧今豈得自安哉漕臣對以非遷宮不可而遷之費甚繁計無所出爰積漕餘得中統鈔二萬五

二十三

千貫計貲量工什裁二三無何劉文明者跪於庭前拱手而言曰某常熟所海户也蒙神庇庥漕海積年衣食粗給今叅政公勵精於上漕府羣官盡瘁於下事神卹民可謂至矣欲徙神宫願以己貲合今漕府鈔悉委其料理洎完畢焉庶幾川后妥靈官政盡美於是公與羣僚咸加獎與退而文明相地於神宫之稍西乃徙宫其上土埴燥剛户向高平經構於是年之正月裁二視朔用告落成殿寢言言門廡崇崇梁拱森齊丹雘朗潤視舊加壯是歲春運直達沽無一稍損文明念舊址已圮歲久自非分省明公督責嚴切

省幕都事王公慶掾史常明等叅贊明敏漕府羣公克承公志則是舉也幾何而得就緒哉文明既礱石紀天妃之聖靈以及官臣之庶績庶幾神人相與取信無窮若夫妃之氏族靈異往往散在傳記故茲不書

至正十七年張士誠據蘇州遣其將高智廣移常熟之支塘城改築太倉城

按王世貞太倉紀畧云先年有海寇之警謂太倉近於海故累甓而塞之使水折而南而西而北而其氣盛於金虎之方是以爲紳紱而甲胄勝其錫粟貨幣

由東關以入者束於一竇而不得達是以物值踊而擔夫重其門於東者無生氣之受是以民蕭索而不舒　考宋元繼統之際婁江之水直達劉河是以元時不濬而通迨至正十七年張士誠據蘇州慮寇之來將劉河塞絕使婁江之水往東趨者南折而入張涇至交江口東折而入劉河環城以東復折而南而北紆迴曲折勢漸緩而河漸塞開濬之功更不可緩矣蓋自禹濬三江而後水已歸源從未聞有築壩閘挑之法然東南之水旁流橫溢猶未盡善也自宋仁宗之世見澤國皆可成沃壤因於嘉佑四年置門江

兵二千名於吴淞常熟崑山太倉各五百名不時淘
浚既而高宗南渡於紹興中又添招開江百名就各
支港撈挖是以宋三百年間治水者三十餘次元百
年間治水者十二次明季以來五年小浚十年大浚
遂為定例
國朝定鼎以後疊
命重臣親臨東土屢勞
宸慮
飭示機宜誠以東南財賦之區未可稍忽是以歷朝
於三江水利之宜劉河倍加詳慎云　考交江口在

太倉州之西南劉河海水至此與婁水相接是清水强而海水急冲激成濤無風生浪舟行時遭覆溺而渾潮沙土亦藉以衝刷太倉州志載八月十八日鄉民會於張涇口觀潮遂成婁江勝跡云

明

洪武二年令户部於蘇州太倉儲糧二十萬石命都督張赫督運由劉家河以供遼東

按太祖開國仍宗元制海運以餉遼東蓋太祖都金陵四方貢賦由江以達至成祖遷始開會通河以資內運　洪武十三年海運糧七十餘萬石達遼東

洪武二十一年航海侯張赫督江陰等衛官軍八萬二千餘人出海運糧還自遼東　洪武二十六年建海運倉於太倉大南門外計九百一十九間設海運總兵署於半涇灣口　永樂元年三月平江伯陳瑄總督海運糧五十萬石赴北京四月命户部尚書夏元吉開浚劉家河　按夏元吉奏疏内云自吴淞長橋至夏駕浦約一百二十餘里雖云通流多有淺狹自夏駕浦抵上海縣南倉浦口可一百三十餘里潮沙漲塞已成平陸欲即開濬工費浩大松江黄浦乃通吴淞要道今下流壅遏難疏宜浚吴淞兩岸之

安亭等浦引太湖諸水入劉家河白泖注海　考夏忠靖公治水江南役民夫五十餘萬公布衣徒步值感暑命去其麾蓋衆問之公曰衆人赤體在烈石中吾何忍獨張麾蓋乎寓居崑山千墩市所居不陳儀從坐惟一室有鄉人遊寺與公雜坐或問僧曰欽差尚書何在僧曰觀書者是也於是驚散公亦不以爲意其惜民爲國度量寬宏有如此者故併誌之　永樂四年建百萬倉於直沽尹兒灣天津衛城仍平江伯陳瑄兼理江淮衛海運米一百萬石至北京　永樂七年太監鄭和王景弘等統兵二萬七千駕海舟

往海外諸番頒賞自劉家河出口至五虎口放洋張十二道帆順風十晝夜至占國城　永樂十三年陳瑄開清江浦會通河成遂罷海運　按張采誌載歷考海運本虞夏時沿江入海貢道自劉家河開洋經黑水綠水白蓬頭水諸大洋之險自會通河成始不海運　考縣誌載元時海運自劉家河出海經通州海門縣黃連沙嘴萬里長灘開洋明時海運自劉家河出口過崇明平安沙小洪放洋　據老人倪惠三云

國朝海道自劉河出口往北過大洪東北斜遶過半洋太平戲臺等沙盤過寥角嘴直北往西好風五六日

二十七

直抵天津　按倪惠三原籍崇明後遷劉河自十六歲隨父出海行駛海舟於關東來往七十餘年海道最為熟悉云　成化十八年都指揮郭鋐築劉河城於劉家港之北岸周圍三里建東西南三門東西水關二城上建望海樓東至海三里南至劉家港半里築護潮圍塘高一丈二尺濶四五尺不等斯時稱城曰劉河城稱鎮曰天妃鎮有王望海行古風一首茲錄於左

日沒處天盡頭尾閭東注何時休蓬壺閬苑在何處閶闔有金銀宮闕五城十二之瓊樓我欲往之但

見洪濤巨浪從我今誰由何當挾飛仙汗漫同遨遊
弱東流萬里等閑度遍覽三山與十洲
崇禎十三年連年大旱糧河阻截都中有斗米珍珠
之謠有崇明縣人沈廷揚上疏議復海運准奏適太
太倉漕兑已畢廷揚領淮次糧萬石即由淮入海五
編奏疏詳載入崇明縣誌
國朝順治元年掃除闖賊坐鎮中原溥天率土共沐
皇仁而東南水澤之區自明季不修水利河道皆塞高
低田畝水旱皆災
天庾正供數歲不能相繼至順治十一年奉

世祖章皇帝詔曰東南財賦重地素稱沃壤連年水旱重困生民皆因失修水利致誤農工該督撫責成地方官悉心講求水利以時蓄洩水旱無虞民安樂利欽此

順治十二年太倉州白公諱登明准顧士璉呈開朱涇西至至和塘東至漕漕折而南入劉家河長六十里　按劉家河自夏忠靖公開竣之後河身通暢不濬者二十餘年後循例開挑任吏胥書役上下其手至明末時不治三十餘年遂成平陸至

國朝順治九年三韓白公來蒞州事見淤沙横亘葦岸

成林急難濬治有劉河鎮諸生顧士璉策濬朱涇繪圖以進白公嘉之遂興是役有三韓白公開鑿朱涇記畧並顧士璉白公渠記俱録於左

白公朱涇記畧

登明自癸巳季夏承乏婁土斯時崑常兩邑暨州西北鄉水潦未退有言疏劉河以洩西鄉之溢瀰高鄉之旱者予維農田必資水利自劉河塞而邑之東南皆成石田岡身之水倒注西北是高低俱困矣且劉河洩郡城震澤之水自下流淤而上江歲溢其害被全郡寔大必也劉河疏而太倉之水利治太倉水利

二十九

治而全郡水利亦治籌東南水利斷自劉河始然觀古江遺跡潤者二里許狹者百丈最狹者五六十丈今沼沚斷續蘆岸圍田息壤高於平陸惟瀕海數里潮汐尚通然淤泥浮灔漲沙橫亘以此言濬必如明夏忠靖之濬白茆海忠介之濬吳淞動支公帑或截漕糧事關旁郡方可集事今當軍興旁午饑饉連年而復命官捐餉編夫募役是滋擾也甲午夏颶風駕潮沸溢無歸木棉淹盡予撫膺曰是予過也因思古今異宜陵谷易位不當別開新道稍代婁江洩水之任耶適顧士璉策濬朱涇繪圖以示曰此十年之所

究思者有四大益焉救本邑旱潦一也洩鄰氾濫二也通東南舟楫三也開選方形勝四也予覽厥源委西起至和塘東抵瀂漕由天妃鎮以達劉河旁及茜涇市貫穿數支以成全河或仍舊跡用疏或創新道開鑿長六十里縱橫界至咸就條理予乃援幹河瀹濬之規斟酌分段絕包攬之弊給食田夫銷各圩田實以杜規避照魚鱗號冊以免賄藏革塘長舊例而私耗可省開樣河丈尺而盈冐無容別難段易段之繁簡均坐區客區之勞逸分督則有層級稽功則有標記以及立限分程賞勤罰惰測深量澗堆築開挑

纖悉臚列懸諸門於是役夫四至蟻聚蜂屯萬衆齊施長河蜿蜒不日而就予每十日一巡一巡而工有其五再巡而工有其八三巡而工已竟矣為丈九千餘濶五六丈深一丈五尺工三十六萬有奇始於乙未孟春以季春訖功蓋由邑之東南受困已極而用東南之民疏東南之河固其素願而又倣古人遺意當農隙饑荒勸田主出粟田夫用力既役既賑故功倍焉雖婁江未復禹跡難恢而區區帶朝宗有路郡城諸水七浦所不盡洩肴得逕道以殺狂瀾之勢豈無少救乎故曰太倉水利治而全郡水利可治則新

渠暫為婁江閏位也亦宜

顧士璉白公渠記一名新劉河又曰小劉河即今之朱涇是也載太倉新劉誌

三韓白公莅婁之明年順治十一年也仁澤既流百廢具舉於是加惠農田講求水利仲冬之朔揖諸生而進之詢以開江之策士璉因有請曰昔夏忠靖公謂劉家港即婁江也則劉河乃三江之一自東江堙而吳淞淤上流震澤諸水皆從劉河入海所以波濤浩淼稱為禹功自明季連年大旱百川盡涸湖水弱潮水強塗泥淀積漲成平陸止存瀕海數里涓流耳州人幸阜師難入以開江為諱其時沿海有倭寇之患然自劉河塞

後長洲崑山嵗成巨浸州之東南蓄洩無備膏腴皆為磽瘠覩鄰境之困與本邑之災豈非尾閭未通之咎歟年來廷臣屢疏開濬而浩費莫措然則東南水利其不興乎必俟劉河疏而農田濟是挽西江以活涸鮒矣士連生於海濱粗識原委太倉北有感浦止瀉陽城巴城諸河之水南有鹽鐵河出嘉定皆不能全受上江之水惟疏城東至和塘朱涇一帶多逕少紆自東關外直抵瀏漕藉數里未塞之劉河為入海之路使上江之水釃而為三南出鹽鐵北出感浦中出朱涇如三江然然後四大利可興也一則備本邑

之旱潦二則淺鄰邦之沸溢三則達東南之舟楫四
則開選巽方之形勝浚朱涇之費不及劉河之十一
而厥利相等請無煩　公帑援幹河事例州民協濬為
便公首肯之時所在告濬公曰東南急而西北緩於是
遂定朱涇之役考朱涇不詳年代因濬得昔陷石梁
鐫淳熙年月建造姓氏水利書宋淳熙間三吳濬河
最多今石梁之中尚沒於田則河身深廣固昔日之
幹也又考范文正濬新塘此河中段土人稱新塘疑
即范公旁濬及者則又先於淳熙矣但即建梁至今
河已垂五百年而鐫石始啟則不大濬者蓋已久矣

是以河形如溝洫兩岸如岡陵喬木叢篠古堰斷坡俱為農田鳩工之日州人惑之公曰是難為慮始者也於是去邑而謀諸野及循河分段頂祝載塗負插荷畚風馳雲集闤境響應雷動郊野高岡峻壠轉瞬深渠畎澮細流遂成天塹長河萬丈役未三旬此百年父老所未見者也要畫有六便焉治河難於起夫今令業主給窮佃工食寓賑於役一便也難於派段今用銷圩法照魚鱗冊實數視難易配田多少二便也難於派公役段今河隨圩轉田散各圩不併一户難借櫌免為規避三便也難於督率今自衿耆塘長圩長佃

夫挨次分督標記河旁勤惰可稽四便也難於省耗今自正官僚佐自攜供費盡汰塘長陋規五便也難於算工今先將難易段開樣河估定丈尺工價奸民不得虛冒六便也遵此六便故民功輳焉計濬河自東關外至和塘起東南至嘉定界由界河而東石婆港而北與朱涇會由朱涇鎮而東至朱岡橋北小塘子南東會朱涇迤東抵楊家浜北壽菴西又會朱涇迤東至六里橋北東出瀏漕自瀏漕至天妃鎮南出劉河又旁浚北瀏漕至茜涇鎮之新塘而新渠竟矣長六十餘里計九千九百八十丈加濶四丈至六丈

加深一丈二尺至五尺用民工三千六萬有奇議始於甲午之仲冬工始於乙未孟春之二十日告成於季春之十日雨晴相半役民不過二十五日焉曩者東南困於陸輓商農俱病有出劉河北七鴉口以達州者受外海風濤之厄有出嘉定河以達州者受候潮紆頓之苦今內地通流既無意外之虞而東方之駕輕舠者不半日可抵邑治且單需漕輓水陸並進外控邊堡內利農商大有裨也已邇者風帆上下榜人歌呼霧潦連旬汙萊不困至於東迎潮汐西導崑常南泛嘉定北注河川支河數十條溉田數十頃雖

非劉河功與徐矣正符疏滌之法也劉河因潮水不瀉不能漱蕩沙今南有石家塘北有新劉河兩水夾衝庶幾數里之江不即堙淤矣要之成事非難作事非易士璉垂承公垂詢茹納芻蕘惠及梓里以畢駑鈍上報知己下答民心日夜戰懼恐不克終幸邀天佑得逭罪戾是皆我公平日惠愛臨事之精誠故獨斷而民服專委而有成而又躬親胼胝巡行勤勞祭海則靈潮捲於沙堤禱晴則春霏變為景日雖曰人事實有默相焉是以民喜而謂曰白公渠又新塘劉河云離堆鄭渠民懷其惠芍陂瓠口世誦其休況今

者復淳熙五百年之水代禹貢四千載之江流當邁漢白公上矣蓋水利者農田之本也財賦之盈虛民情之苦樂皆於農田有係公見其大故以水利為勤勤雖然作善者尤貴乎善繼所望留心民瘼者鏡流劉地之源委察前人之苦心長使斯流不替也則召父杜母後先一轍矣予故綜其事而為之記使後之仁牧得以覽焉

按白公之開朱涇也雖白公主之而顧公實創其議然從來特創之舉功縱可垂於奕世事難分解於一時其任怨任勞苟非有大識大力曷克當此非白公

無以顯顧公才非顧公何以成白公功是二公者真指臂相資者已　考顧士璉之創斯議也方集事時衆皆大譁欲毀首事之室白公单騎巡行河上一日值天晚欲借宿民間咸閉門不納適遇廟僧方借金粟而居後每出則以布帳隨行到處露棲役終不擾人情大安　按白公開朱涇衆議咸不以為然及河成適長洲崑山霪潦未洩公決東大瀏河瀼積水崩騰而下西鄉潦水盡膝清岸皆出歲收大有劉河通暢則所利者豈獨一鄉一邑而已哉

順治十四年太倉州白登明開大劉河西自塩溝港

三十五

口東至石家塘口長六十餘里　按是時大劉河塞絶白公屢請開濬上憲以功鉅難辦莫敢身任有御史李公諱森先號琳枝山東人明崇禎庚辰進士來按三吳因士民請浚獨與白公籌議功遂成　考梅村吳偉業先生記畧云在前元時海運千艘所聚明户部尚書夏公原吉奉命來濬面勢宏濶瀧濤奔壯為西水入海孔道維時艖舫番舶奇珍瑋寶絡繹傒館鮫人海賈之利幾遍天下田肥民富足供國家百萬之財賦其利賴於東南者甚鉅百年以來水土之政不修河淯衍沃豪民圍為田與水爭尺寸之壤以此

河流涓涓日就堙塞治崇禎子丑之閒竟成平陸自
石家塘而西彌望皆菱蒲茭亂舟楫不通昔日上腴
廢為斥鹵土瘠民貧職此之由
國朝工科給事中胡公之駿疏陳便宜請開劉河已得
報可復以動支　帑項考無按據不果順治丙申冬
巡按御史李公諱森先行部至州崑邑及州之耆老
紳士僉言劉河宜濬請於御史願民自疏鑿以受上
命御史大喜會督撫具
題仍委公專任白公暴露泥塗不宿民居人益勤奮
閲月而告成　考劉河要江為入海孔道蘇郡崑常

三十六

咸皆利賴而崑邑地窪凡遇災荒尤為剥膚順治十年水災動捐正賦數十萬金幸而十二年決朱涇大壩十四年開浚劉河使西北霪潦盡洩歲得豐登是以民間有大小二劉河之名言有益於東南者其功相侔也

康熙十年總督麻勒吉巡撫馬祐布政慕天顔奉
旨發
帑大濬劉河自南盤鐵口東至海口長八十餘里於二月二十六日開工至十一年六月內陸續完工

節錄巡撫馬祐報浚劉河吳淞疏畧

蘇屬劉河松屬吳淞江乃江南蘇松常浙江杭嘉禾六府諸水滙歸入海之咽喉疏則六府同其利塞則六府受其害先因淤塞百年於康熙九年夏霪雨連旬湖水泛溢三月不消農工廢棄人户流亾臣念
國課民生關係重大又准督臣麻勒吉浙撫臣范承謨咨商疏浚劉河吳淞故道俱稱為第一急務臣隨會議題請開浚俾各處飢民就近趂食於修復水利之中兼行救荒之事荷蒙
皇上俯允部覆准留江浙二省康熙九年分漕折銀共一十四萬兩以充工費令臣等速造册

三十七

題銷等因以下細冊不錄

按是年西大壩築盐鉄口東大壩築於新鎮塹溝口之梅花椿外計長五千一百八十丈面濶十二丈底濶六丈六尺深一丈役民夫四十七萬五千零

康熙四十七年兩江總督邵穆布江蘇巡撫于準奏開大劉河西段自凝碧橋起東至袁家渡止計長三十里發　帑銀五千一百兩

雍正五年

特命副都統李淑德原任山東巡撫陳世倌發　帑開濬大劉河檄太鎮崑新嘉寶六州縣各募民夫就

役　四月廿六日奉

上諭諭兩江總督范時繹江蘇巡撫陳時夏欽差督理
江蘇水利李淑德陳世倌朕軫念民依以蘇松地勢稍
下特遣大臣會同督撫開濬水道為久遠之計太湖
之水歸海者經劉家河白茆河居多必經直深廣令
水暢出方能一勞永逸觀圖誌所載二河形勢數十
里一徑直趨入海無少曲折因年歲久遠海口為潮
沙壅塞悉成平陸太倉常熟之紳衿土豪霸佔耕種
然報科者十無二三私獲重利於已經開濬疏通務
必盡沙漲地畝以復古道方是闢有背公懷私害衆

三八

利已之徒有不顧者患串買地棍投遞公呈或請支河
別開或請另開新道其言紛紛不一陳世倌乃但知
潔已而不奉公之人李淑德亦旗下武員識見淺鄙
尚以似是之言或惑於聽聞或希圖微利或稍徇情
而或依違遷避使積水不能暢出數年後仍致壅塞
則汝等罪不可逭矣該督撫欽差等當竭力奉公詳
勘務為一勞永逸之策倘紳衿惡棍生事阻撓爾等
指名題參嚴懲數人則不公不法之刁風自息矣若
少有欺隱苟且塞責了事異日代人領過之時莫怨
朕未明白曉諭也欽此

按是年開浚大劉河凡瀏漕朱涇楊林至和塘牛涇灣小塘子鹽鉄石婆港吳塘牛涇公塘湖川陸窑新塘等支河淤者開之淺者疏之無不深通詳載縣志不及細録

是年民情鼓舞議建

皇亭立石紀功永為世法江蘇巡撫陳時夏㦸摺

奏報婁江水利工成告竣士民具呈謝

恩請建

萬壽碑亭奉六月初二日

上諭朕以實心行實政全不好尚虛文可速止之

按是年大開劉河共用　帑銀二萬九千九百五十
一兩零
乾隆元年奉
旨革除水利捐銀毋得私行徵派二年奉
上諭江南督撫令濱海州縣各於所屬境内視河流淺
阻每歲農隙募夫挑濬定為章程逐年舉行
江蘇督撫奏定官民分别挑濬河道大劉河係宣洩
湖海之大道遇有淤墊應動藩庫銀修浚戚浦專洩
巴城陽城諸河之水不動藩庫銀修浚
按三江水利東江久已滅跡僅存婁江吴淞二道第

太湖之水非二江所能盡洩於是春申君黃歇開黃浦以為吳淞之副總兵戚繼光開戚浦以為婁江之副皆所以洩上游之水以防後患者也至

國朝順治十二年州憲白公又開濬朱涇西北之水往東南直下從此戚浦日淤而朱涇日漸寬深遂以朱涇為婁江之副而民間有大小二劉河之稱要之難開者河道易致者水源識地理之宜順水流之性則決諸東者東流決諸西者西流得其自然之性矣

乾隆三年兩江總督那公諱蘇圖親至劉河勘視形勢尚摺奏請遷劉河城於茜涇奉

四十

旨依議檄蘇州府海防同知張漢平領　帑監築周圍
五里陸門共建水門三高二丈五尺六寸
按劉河城於前明成化十八年建潮水衝齧屢遭兵
火日漸傾圮城内已無居人東南城角已坍入海督
憲那親至相度形勢謂南垸新漲沙灘難以任重北
垸茜涇為四水滙流之處地高土重離劉河七八里
此地實便具題請
旨發　帑重建將舊磚石運至茜涇照舊城加高加濶
於是土人遂稱為茜涇城云
乾隆二十年署鎮洋縣潘諱涵通詳各憲將小劉河

出口通潮之環洞橋下壩斷來龍立石永禁不許開
通前至康熙十年曾奉
旨建閘劉河海口是時水勢浩大蒙江蘇巡撫馬祐奏
請於閘之南北兩岸開月河兩道南通新涇北通朱
涇使海潮來往分而為三庶幾勢緩而閘保
聖恩俞允發　帑開鑿是時海冦未靖閘門常閉海水衝
激不五十年閘已傾圮從此內水充盈外水洶湧南
岸月河上流水少潮沙灌積淤塞成田北岸月河由
瀏漕以達朱涇直接西北諸大河清水沙難淀積河
寬水猛環洞橋口幾與閘門相似為涇小販由船以

達茜者似覺不便謀之廿載無隙可乘至乾隆十八年因開濬漕市河有茜涇民人葉漢等具呈通渠壩阻蒙署理鎮洋縣潘涵通詳各憲遂勒石壩斷來龍使海潮清水彼此無從接應以致西北各支河俱成平陸而西北諸大河之水遶道南行始而大劉河通暢則歸大劉河以出海後大劉河淤塞則歸吳淞江以出海矣　考歷來支幹河道皆經先聖先賢之經營會計謀畫而後成功是以後人未敢輕易更張蓋恐貪目前之小利廢萬世之大功也我太鎮河道以劉河為大幹河關蘇太各州縣之田疇此大禹之遺謨

可考也以小劉河為中幹河關鎮邑闔境之田疇此樊村顧公費數十年之心血三韓白公受無萬人之怨恨相與謀畫而成者也其所以若此者凡為斯民萬世計耳今以舟楫往來之小便而竟以橋門壩斷來龍使西北之民田盡成瘠土茍有人心必不為此倘顧白二公靈爽有知當飲泣於九泉下矣夫太倉之至劉河閘口不過三十六里之旱地耳而大劉河回環曲折至八十餘里之遥不若朱涇之直徑趨東水旱皆三十六里也是以顧公尋其源委繪其水圖支幹之流井然有序白公見而悦之以為西北之衆水皆

可滙歸於此而潮沙難積矣至康熙十年奉
旨開月河下流更暢水勢愈猛有善人陳公信者建環
洞石橋猶於其地取名曰海寧一以檔東西之衝激
一以南北之往來意至善也至乾隆時民猶以為未
便密稟潘縣尊於築壩之時拆去環橋填為平地因
陳氏子孫未肯輕毁祖宗善跡縣尊亦未便强逼遂
留至於今人稱為旱橋而河身日塞橋以西竟成旱
河矣幸而此橋未毁遺迹猶存而撫碑文而致嘅得
以追念前人若并此而無之則一片苦心化為烏有
矣今將碑文備録於左

壩阻環洞橋碑文

署江南太倉州鎮洋縣正堂加十級紀大功三次潘為通渠壩阻事於乾隆十八年十一月初一日奉陞任江南蘇松等處十一府承宣布政使司加四級紀録大功二十一次郭憲牌開奉兵部右侍郎兼都察院右副都御史總理糧儲提督軍務巡撫江寧等處地方莊批本司詳啇城兵民支領月糧裝載貨物全賴市河運行祇緣年久淤塞舟楫難通故民人葉漢等呈請疏浚今據照議將東轉一河仍舊用木欄堵以重課鈔於該河環洞橋旁挑築土壩一座并浚通

市河船隻直抵茜城不特兵民皆得其便而兩岸田疇亦沾水利但恐日久廢棄或有私行開挖　應俯所請飭令該地方勒石永遵取碑摹送查至所有用過土方夫工細數似應免其開造理合據情同冊詳候鑒奪批示以便移行遵照等由奉批如詳移行遵照　取碑摹送查毋遲繳冊存等因到司奉此合就抄録詳看飭行仰縣查照來文抄詳憲批事理即便遵照將挑築前項壩工勒石永禁私行開挖毋致日久廢棄仍取碑摹二套送司以憑轉呈等因到縣奉此除經移行遵照外合行勒石永遵為此碑仰兵民

與原呈葉漢人等共相遵照嗣後永禁私行開挖如
有殘缺滲漏隨時修補毋致日久廢弛各宜遵守勿
替須至碑者乾隆二十年五月

署理鎮洋縣潘　涵
海防總捕廳陳家模
調任鎮洋縣冷時松
劉河營遊擊陳蔡鰲
閘汛千總高成玉
甘草司巡檢沈　琦
陸樹倉　周遠聲　李萬春

宣文和

原呈葉　漢　李象虞　周紀芳

郁御章等公立

茅厶厶　王厶厶　李鼎岳

余方明

其碑文糢糊殘缺茲照原摹録存以備後査

乾隆二十九年兩江總督尹繼善江蘇巡撫莊有恭

會議借　帑開大劉河其所借司庫銀兩分作三年

隨同六州縣地丁錢糧徵還歸欵專摺具奏奉

旨依議欽此

按大劉河自雍正五年開濬之後不大浚者三十餘年河道漸淺蒙江總督尹江蘇巡撫莊親至劉河勘視欲開　帑則工費浩大欲派田則民力不支議以先支藩庫存項借給六州縣農民分段承挑尅期集事俟工竣之後着六州縣均派作三年歸欵如此則

國帑無虧民力仍舒而事工有濟誠善舉也蓋

朝廷經費自有常度若事關開　帑不得不得籌謀鄭重而查勘估計之下在在需時未免轉失民望今民借民還官為經理苟能常遵舊例不槩　帑銀亦何患河道之淤哉　考六州縣分段開挑太鎮居十分

之五嘉寶居十分之三崑新居十分之二崇明按照
銀數協貼十分之一是年西大壩築於塩鉄口之西
東大壩築於小塘外子口之西丈尺深淺悉照前例自
尹公內召入京後河事漸不可問矣有袁子才送行
詩二首今録於左
隨園先生冬月送尹宮保入覲
十月霜風響玉珂尚書應詔走闗河心如遊子冬溫切
事為蒼生面奏多六出花隨鞭影動九重天聽履聲
過遥知吉甫趨朝日剛和彤廷瑞雪歌
廿載封疆依舊貧行囊只帶一家春貢筐草草無方

物薦表拳拳有善人公論自多留鼎鼐私心還望轉
車塵老臣耐得征途冷原是冰霜閱歷身
乾隆四十四年大劉河復淤太鎮紳耆呈請開浚兩江
總督高晉江蘇巡撫楊奎會議仍照二十九年例借
帑開挑其丈尺淺深悉照前規　按是年惟開大劉
河而支河小港槩未及開
乾隆五十年大劉河又淤太鎮崑新諸衿耆呈請復
開但未滿十年於例未符蒙兩江總督李世傑江蘇
巡撫閔鶚元暫請半　帑自鹽鐵口西築壩至長橋
灣三江口築東壩暫開淺段四十餘里其丈量勘估

罕六

悉由工房吏役之裁　按自此以後河自事漸不可問矣

嘉慶二年兩江總督李奉翰江蘇巡撫費淳具

題借　帑開挑大劉河冬季即塞

按自乾隆五十年開挑淺段以後河道易淤衆情以為五年小浚十年大浚向有成例自四十四年大浚之後至五十四五年當循例大開因於五十五年各衿耆復呈請浚抑知徒費銀錢事無頭緒且以臺灣有事遂置不問延至嘉慶元年河成平陸民情急迫衿耆再四遞呈督撫奏請借　帑動工於二年季春

興開夏秋尚可行舟至冬季即塞是年西壩在南馬頭之東東壩在石家塘西一里自此大開劉河權歸工房吏役而竟以開劉河為利藪矣

嘉慶七年太倉州康基田力主開劉河兩江總督費淳江蘇巡撫岳起會疏具奏借　帑興工未完工而開壩以致半途而廢太鎮生員邢遵理毛坤具呈請再開挑奉憲責以阻撓公事仰學除名

按嘉慶二年開浚劉河冬季即塞再欲開挑不但於例不合而民力亦不能再舉延至六年適總河大人康公因罣誤降調太倉州康久歷河工一視劉河形

勢立即詳辦奈憲批輾轉勘估多端至年終封印後康公坐候撫轅力請具　題蓋康公年望重久任封圻今雖降調而門生故舊多列憲員況河務素所熟悉是以撫憲即於年終本內會同督憲具　題借帑於嘉慶七年二月初汛開工是年築西壩於南馬頭東壩在石家塘口　按是役也康公欲效雍正五年開法為一勞永逸之計因載碑石三座自撰碑文將如何請　帑如何役民如何開法一一詳載之隨帶石工同至劉河鐫刻并飭示通河役夫人等如有怠玩不法者以軍法從事民心歡悅踴躍興工詎知

各路人夫正在竭力開挑而西壩忽開通河有水人咸異之幸而東壩未開衆擬州尊與督憲入城必然商議合壩再挑於是民間公同議舉太鎮生員邢導理毛坤投遞公呈請再開挑詎料憲情叵測竟移文學憲責以不守學規阻撓公事仰學除名撤衙門傳說此非上憲之意實猾吏之顯其權也蓋舉監生員例應閉户讀書不得干與外事但呈請開河亦不過為

國計民生起見雖非務本似可無庸飭革然上下衙門吏役久已以開大劉河為利藪今被康公主浚非惟

無益抑且躭憂見上憲可朦竟擬以秀才多事理應
飭革之例送批使後來者不得再敢饒舌此亦邢毛
二公之不幸也更可異者不數日閻將康公調任松
江知府而東壩卽着兵備道李廷敬來劉開去從此
大劉河一事無人再敢言矣　考大劉河自七年開
後八年又淤九年蘇郡崑新大水清水東注猶幸新
開河道得以衝刷浮沙潮水不能上者數日河道稍
深至十一年又淤太鎮紳衿周鏡等具呈督憲行轅
批仰松太道勘議詳報又呈撫憲批此非迫不可緩
之工暫且緩辦至十二年淤塞更甚水難洩瀉於是

崑新紳衿杜一桂等具呈撫憲請浚劉河以洩水批仰松太道遵照督部堂批示勘議通詳察奪至十三年河道更淤漸成平陸太鎮紳衿劉河耆老沿海居民屢動公呈撫批此案功程浩大借項甚巨前據紳士周鏡等具呈經前鎮洋縣估册通詳因非迫不可緩之工奉飭在案今又備陳情形卽據情察辦可也等語此三年之中上下衙門使費約有數千金而河事仍擱不辦自此民間無開劉河之想矣

嘉慶十四年鎮洋縣董和培開濬朱涇未能盡善至十五年冬季卽塞

按嘉慶十二三年間太鎮崑新諸衿耆請浚大劉河撫批非迫不可緩之工仍擱不辦河成平陸民間無水路可通乃做闢東旱道情形設立車馬起旱物價昂貴而太鎮之民素所未習艱苦倍形遂議闢朱涇冀通一線但上房使費甚巨不周則不能開於是闔鎮民人共議公捐呈稟縣尊蒙郎批准通詳民便民開官為經理抑知旁人眼熱百計阻撓時屆農忙糊塗開壩來年復塞　按是年朱涇東壩在劉河之瀏漕口西壩在板橋西湖川口本欲由橫歷橋港直達太倉東門奈被旁人傳說此河係是州界必須另行詳辦

民間無力故自西轉北由西向南以達太倉而其實
鎮洋界直至東門外石界牌止
按大劉河自嘉慶十五六年間塞成平陸是時江蘇
藩憲慶公福係前相國尹公繼善之幼子今相國慶
公桂之弟也慶公惆念民艱着該縣通詳會同道憲
合詞親稟撫憲受慢而回蓋江南水利係撫軍專政
故也至十七年季春撫憲進京
陛見慶公署理撫篆是時各州縣俱在蘇候送撫憲登
程慶公接篆後立傳太倉州鎮洋縣進見諭以立辦
大劉河事州縣連夜到劉丈量估計民間喜出望外

但值農忙布種之時州縣議以暫開水線一道其大
工俟秋收後冬季築壩春季興挑以紓民力大人允
許
嘉慶十七年十一月初八日兩江總督百齡江蘇巡
撫朱理彙摺　題奏借　帑開大劉河附錄奏稿
兩江總督臣百
江蘇巡撫臣朱跪奏為循例借項挑濬劉河以資水利仰祈
聖鑒事竊照太倉州屬鎮洋縣境內劉河一道係三江
通海要津農田藉資灌溉並於商民船隻往來均有
利賴乾隆二十九年經前督臣尹繼善會同前撫臣
莊有恭奏請借　帑開挑嗣於四十四及五十年嘉

慶二年七年河道淤淺節經歷任督撫臣循照舊案
奏明挑浚在案茲自嘉慶七年挑浚以來已逾十載
該河潮灌沙積日久復多淤塞幾成平陸商販不通
田疇不能得沾水利難以再緩疏浚據太倉州鎮洋
縣詳請委員勘估興挑前來卽經批司委勘據蘇松
太兵備道鍾琦親赴劉河率同該州縣逐一查勘自
鹽鐵口西大壩起至劉河鎮軍工廠基東大壩止實
係淤塞應挑核計長一萬五百三十一丈估挑面寬
十一丈底寬六丈浚深一丈一二尺不等實需土方
工費連築壩共銀九萬八千六兩零由司議援照成

案詳請具奏挑浚等情臣等伏查劉河為太倉鎮洋
嘉定寶山崑山新陽六州縣民田水利攸關又為商
船海舶及崇明縣船出入必由之路今因潮沙灌積
年久河身淤淺此河向歸民辦先行借動公　帑給
挑事竣於得沾水利之州縣照數徵還相應仰懇
聖恩俯准循照歷次借項挑浚成案先於司庫公項借
給農民分段承挑仍循向例令太倉鎮洋二縣承挑
十分之五嘉定寶山二縣承挑十分之三崑山新陽
二縣承挑十分之二崇明縣按照銀數協貼十分之
一俾得剋期集事其所借銀兩分作三年隨同地丁

徵還歸欵責成該司道督飭州縣實力董率鄉民乘此農隙之時赶緊築壩興挑俟具報工竣時臣朱即當往工所按段丈量核實驗收臣等仍嚴行查察毋許假手胥役地保稍滋弊端以期工歸實用仰副

聖主嘉惠農商慎重水利之至意所有借項挑浚劉河緣由臣等謹合詞恭摺具奏伏乞

皇上睿鑒謹奏

嘉慶十七年十二月初三日江蘇巡撫朱於丹陽途次奉到十一月二十六日

上諭兩江總督百等奏請借項挑浚劉河以資水利一

摺劉河係太倉等六州縣農田水利攸關且爲商船
出入要津今因潮沙灌積年久淤淺自應疏浚以惠
農商據該督等委員確勘估計共需銀九萬八千六
兩零並請循歷次成案借項興挑着照所請於司庫
内先行借給分派承挑工竣後核實驗收其所借銀
兩准其分限三年隨同地丁徵收歸款該部知道摺
並發欽此
嘉慶十八年正月初八日合大劉河壩十八日下椿
二月初五日興工四月初三日停工二十六日開壩
無水　按向例借項開挑大劉河利

國便民
帝心眷顧歷蒙
恩准所以民間具呈請浚督先於藩庫内籌定　帑項
一面彙題一面築壩俟奉到
硃批即傳六州縣民夫齊集開工向例不過四十天即可告竣或雨晴不一遲至五十餘天無不盡善至三月農忙便可乗時耕種奈權歸吏役一議開便索使費使費不敷日就遷延遲至無可再遲之處則聊草塞責藉以農忙為辭亟催開壩此歷來之通病今次尤甚蓋河成平陸即併力開挑且虞不濟而各吏役

之意惟異今次不通下次使費仍在甚至有水者竟可開而為無水矣所借　帑項銀九萬八千六兩有零之據六州縣鄉民細算共用銀六十餘萬兩而河竟無水良可慨也　考是役也於二月初五開工挑挖奈河高於岸沙高於田正值春分雨集不二十日而大雨時行連綿半月三月初五日藩憲慶公冒雨來劉查勘面諭各河員毫無功次須上緊趕辦先是撫憲進京慶公署篆不二月而實受朱公到任慶公仍就藩職面稟大劉河事應速辦是時慶公亦以俸滿例應入都因恐河事再緩俟至十一月初撫憲具

題後進京
陞見着回原任候陞未幾報陞山東巡撫四月初三日
道憲鍾來劉看河被吏役等以丈竿隨岸點水時岸
皆高峻朦混報為足數道憲即令停工而六州縣農
夫驚出意外擠至海關請再開挖而道憲連進蘇報
已滿工請撫憲來劉勘視開壩撫憲到劉適遇大雨
各縣董事鄉民沿途跪於泥淖中具呈一概不收擇
於四月二十六日即委道憲來劉開壩先開東壩水
被淤泥所阻不能進口復開西壩而清水流至坍竹
園渡而止沿塘居民有口號云開了七八十里乾河

滴水全無回家只好賣老婆咸以爲笑談候至五月初一大汛潮始冲進而壩外淤泥盡入河中矣　按歷來開河滿工必先開西路支河小港之壩使清水灌滿新河候小汛潮緩始決東壩使清水東趨勢猛則壩外淤泥可衝刷入海矣今奸書猾吏明知所開未深西水難至請道憲先開東壩欲借海潮之力以擠其奸而抑知潮亦不來此豈有神明之顯示耶然道憲亦竟不問無水之故而從此了事矣　考浚河舊規東西築定大壩然後將沿河支港亦俱壩住先去浮沙踏平河底中開水線一條自西至東兩旁泥

中之水盡實入水線則土輕而力省矣復以應開深若干者通河打定樣樁河深一尺水線再深一尺河深二尺水線再開一尺漸次而下董事易於催督河員易於考察矣今被工房河差將六州縣分段之處築成六壩名曰分段壩使民夫各開各河因而勤惰不分高低莫辨甚至壩開而兩頭無水此歷來開河之第一大害也

嘉慶十八年五月將閘門關閉封鎖不許船隻進出

按劉河之新閘自四月廿六日開壩無水之後至月初大汛方得來潮初六日忽聞有憲札傳甘草

司着將四座閘門關閉不許船隻出入民間不知
何意適崇明縣對渡貨船進口閘夫不敢啟板崇
明船急須進閘大閘曰大劉河係崇明出入必由
要道是以開劉河按照銀數協貼十分之一督撫
奏明
皇上分作三年同地丁錢糧徵還今忽關閉門不許
進出其奉
旨耶抑奉憲耶甘草司無言回答以憲札為辭而崇
明船急以進閘願出拔板小費遂啟板放船進內
至三日後太倉州閘知啟板之事立着鎮洋縣提

甘草司及閘夫公兵當堂審訊甘草司大受處分而閘夫公兵各責二十板枷號閘墩之上從此永不許開閘而崇明船亦不敢再至劉河矣五月初八日交芒種天大旱梅雨不下交夏至後亦不雨各道支河盡涸花稻不長二十六日忽聞縣尊董公奉憲來劉封閘鄉農聚耆老百人跪求開閘以資灌溉董公以奉憲為辭再四懇求許以暫留二門以通海俟稟上憲再定行止忽又於二十八日午後有撫憲委員候補知州盧俊奉委到劉封閘嘉鎮兩邑之民得聞此信驟聚男女老幼數千人各執乾死稻苗一握自委員

公館前直至閘口委員至閘必要將四座閘門盡行封鎖鄉老稟云內河缺水全憑海潮灌溉田疇委員云難道開了閘門那海水就送到你田裏來了衆農人一聞此言大喊一聲死稻如山堆於面前人聲鼎沸委員面如土色望西急走而四座閘門之板已盡被鄉農拔起從此潮水奔騰向閘內如飛而進其支河小港凡動車戽之處俱可接濟矣是日也闔鎮為之閉户不敢出視蒙各上憲寬洪大度並無處分人心始定至六月初九日太倉州朱又傳札諭仰甘草司仍將閘板齊下奈天時更旱各路缺水官仍下而

民仍拔再而至三後於七月二十四日始見太倉州朱張掛兵備道封鎖閘門告示其時農事將畢田已無需於水矣今將告示附録

江蘇直隸太倉州朱奉

欽命江南分巡蘇松太兵備道兼管海防水利驛鹽事務加四級紀録六次鍾　為曉諭事照得劉河設立閘座原以外捍潮沙内資蓄水自當因時啟閉以期經久而實效今次開浚劉河挑挖深通閘座修葺堅固閘板一律换新當經本道飭據該州縣定議循照舊章倘内河水啟板放出清水以刷潮沙設内河水涸

啟板放潮入河以資灌溉若内河水平無須啟板其閘門概用鉄鍊聯貫封鎖如遇水澇或秋汛風潮必須啟放責在甘草司巡檢隨時稟報由鎮洋縣親勘水勢情形相機啟放不准巡檢衙門差役閘夫人等擅自啟放内外商船貨物到閘令其盤閘過船本道先經會同藩司詳奉兩院憲批允飭遵勒石遵守在案茲恐差役閘夫人等有擅自私放藉端勒索行舟情事除飭該州縣不時親往查察并一體示禁外合行出示曉諭為此示仰商民差役人閘夫等知悉嗣後務須遵照依時啟閉倘敢擅自私啟閘板藉端需

索行舟以致潮沙灌入河道壅滯定即嚴拿從重懲辦決不稍貸毋違特示

按自封閘告示張掛之後劉河海口非惟開海通商時所分收之北洋沙船不到即奉

旨對渡劉河之青口船亦不到非惟崇明對渡之船不敢到即內河往來運貨之船亦不敢到矣又何患乎差役閘夫之勒索哉從此劉河頓成絕地居民逃散房屋傾頹零落之象不堪再問且封閘一事即使撫憲未遑出示州縣亦宜預曉民間俾知封閘之由緩急得以具呈求啟乃忽地委員封閘其封皮原係撫院

五十八

之封皮而委員並未諭明其故及至鄉農拔板之後而上憲並不責民州縣亦置不問其為憲吏之弄權舞弊可想而知矣　細考封閘一事不過為生意場中起見欲斷絕劉河以圖獨占遂至遺禍無窮其合謀共有四人其黨甚衆各聚其所相信者先約太鎮崑新四邑之舉監生員一十八人誘之以重利謂若能將閘門用石板關閉則於劉河閘口設立過偁牙行則一年之貨物往來可得十萬餘金之利息聞者貪心飛舞各自翻查舊規尋可以阻住閘之例及藩憲慶公看穿有弊面責縣尊而董公已被衆生監所惑

徒費銀錢製辦石板現存軍工廠基至今尚在四人見此計不行復議用木板隨時啟閉及至木板一下即將巡撫部院封皮封鎖閘門則與石板無異矣知愛民決不肯准辦此事故嵩差委員封以為必行之勢而抑知被鄉農硬拔州縣亦置不言此計又不能行勢必仗道憲出示然後可以據示關閉但開河原期通達若關閉閘門亦何貴河之深廣哉然上憲雖可朦蔽亦須以似是之言方能混過是以密相商議請詳各上憲言有隨時啟閉之善相機蓄洩之宜其言娓娓實可聳聽而上憲不覺墮其術中矣批允之後

猶慮縣（憲）仁慈中有阻礙故張掛告示不着縣而着州
由此以推知五六月間之着甘草司關閉鎮洋縣封
鎖又祇着委員官下板而並無告示者皆憲吏之弄
權也明矣至於激動農民之怒强拔閘板而本州縣
及巡司皆默無一言者在彼不過受憲吏之囑實則
非奉憲頒行耳蓋奉
旨發　將借給六州縣所開之河又奉
上諭劉河係太倉等六州縣農田水利攸關且為商船
出入要津自應疏浚以惠農商等
諭萬民跪聽之下無不仰感

天恩之浩大督撫又豈敢出示關閉閘門使農商兩病也哉但未張封閘告示以前則兩司督撫未敢主其事既張告示以後即巡兵公卒皆得持其說況通年來凡督撫兩司之蒞任者不聞其查閘門之應封與否惟查閘門之曾封與否而已蓋此舉已為定例矣在同寅上憲猶未肯輕易更張則其遺害之深可勝言哉幸際

聖天子在上海不揚波沿海居民得以安業萬一風潮不測大劉河閘門閉塞小劉河橋水不通遠近支河又成平陸一時巡司不及稟報縣尊不及親勘水無去

路勢必散溢旁流閘外之民不皆盡為魚鼈哉至此
而督撫報災
聖恩賑卹而民之死者已死矣泉下幽魂哀號莫訴是誰之
過與追思十八年閘未開大壩以前幸遇慶公到劉
勘視河工看穿弊竇得以換用木板民猶可拔若其
時竟用石板則一下不能再拔將田疇如何耕治
國課何從完納此猶不幸中之幸也今則閘內海沙積
滿河已不通石板與木板又論不到此矣
嘉慶十八年六月兩江總督百　奏將開劉河所借
帑項用銀餘六千八百三十五兩以二千八百三十

五兩造浚船四隻製備混江龍鐵掃箒以為浚河之用將四千兩交蘇松太道發商生息存於道庫以為歲修之用七月初六日奉

上諭百齡等奏酌籌劉河善後事宜一摺劉河工段現已挑濬深通惟海口潮土嫩沙易致停淤該督等議請設立混江龍鐵掃箒等物用海船四隻水手二十四名往來爬疏俾河流暢出工程得資經久着照所請准其於挑工節省項下動支銀二千八百三十五兩零以充製備船隻器具之用餘銀四千兩並准其發商生息存貯蘇松太道庫作歲修及增給工食之

需所有一切經管章程俱着照所議行該部知道欽此　按自八月間製就浚船四隻備辦混江龍鉄掃箒運至閘外將閘門封鎖着水手爬疏抑知閘門一閉出水甚緩而來潮又無去路水進甚慢混龍鉄箒拖於船尾爬住泥沙則船行甚遲急忙拖至海口而潮又奔騰而至夫以甚緩之水行甚遲之船遇甚急之潮欲泥沙之外出也其可得乎夫混龍鉄箒誠導河之良法然用之於黄河則勢順用之於劉河則勢逆黄河之水東流迅疾一有淺阻則用此二者以攻動泥沙即順流而下所謂順其性而利導之事甚便

也劉河之水一日兩潮忽而東下忽而西上沙隨潮往內急趨所下閘板但能阻水勢豈能禁泥沙哉蓋頭湧進驟高尋丈其浮沙乘勢而來無孔不入一歸閘內有板阻之則紆回衍慢流動便緩其淀也甚易迨潮退之時水已澄清而無力矣所以今日閘外猶通閘內已塞推原其故皆由此也而混龍鐵篙浚船如石田之無用只好拋停於閘口為後日之遺跡也而已

嘉慶十九年大旱各路無水年歲大荒米價每石長至六千外劉口豆糧斷絕七月十六日天大風潮海

者
出只得
從此大劉々

橋壩斷而不准通各路支可[illegible]俱壅塞而數千年海口之要江遂為[illegible][illegible]矣[illegible]

国家出版基金项目
NATIONAL PUBLICATION FOUNDATION

海上絲綢之路文獻集成

總主编　陳支平　陳春聲

歷代史籍編　131

主编　范金民

海峽出版發行集團
THE STRAITS PUBLISHING & DISTRIBUTING GROUP
福建人民出版社

本册目次

劉河鎮紀略十四卷（卷二至卷一一）

〔清〕金端表輯

木

劉河紀略 二

劉河鎮記畧卷二

劉湄金端表翼如氏輯

劉河水利以閘門為彙集要區

我劉鎮一區為婁江長江入海咽喉是以上流之水條分縷析咸會聚於劉河之閘口併歸大海蓋天下之巨浸有三首為洞庭中為彭蠡尾為震澤震澤即太湖也横廣三萬六千頃其北則連接石湖其東北則連接沙河其東則連接陳墓周莊蘆區白蕩等河環圍四面皆水茫茫一片無風生浪亦無從細悉其名此係太湖北條之水歸婁江由劉河海口瀉其長

江之水發源萬里自鎮江分流入蘇郡常熟崑山之陽城巴城二河往北則由白茆許浦福山王庄各海口以瀉往東則由戚浦楊林茜涇新塘各海口以瀉今自白茆至新塘各中小海口皆已淤塞則太湖北條之水長江分流之水俱由劉河之大口以瀉是以劉河者婁江長江兩水咽喉也然此皆隣邑之水利不及細詳其大要總以大劉河為宣洩故劉河為大幹河而以朱涇為小劉河以副之其間支中有幹幹中有支縱横田畝均沾水利暢達東西商賈咸藉流通民安物阜誠海邦之沃土財賦之巨區也為敢歷

稽支幹以誌水利
聞古人云東南為財賦之區歲計所入當天下三分之一故古聖王之治水以利農田也十夫有溝百夫有洫千夫有澮萬夫有川皆所以防水旱於未來籌蓄洩於平時吾劉河水利發源於太湖其北條之水分流於婁江南合沙河北合陽城巴城二河歸劉家河以入海其二河以北之水由湖川分流入陸窑塘涇歸瀏漕河出口合劉家河以入海自明季倭匪入冦各海口之河共望其淤塞使倭匪不能直入是以百年水利不修田皆湮沒民不聊生至

二

國朝順治十二年太倉州白公開浚朱涇引巴城陽城及
崑常之水由湖川歸入陸窑塘涇合流漕漕歸大劉
河以入海而崑常之水患息十四年復奉
旨開挑大劉河仍委白公主浚引太湖北條之並沙河
陽城巴城之水合流直瀉入大劉河以入海自此前
朝之水患至而盡息蓋皆
聖天子
睿慮周詳各大憲謀猷備至康熙十年奉
旨建天妃閘於劉河鎮中市復開鑿月河以分內外水
出入之勢從此婁江西南之水自太倉城江交口則

為江水海水交接之處迤東則有七虞涇洋涇鹽鐵陸家浜半涇灣港公塘港石婆港紅橋港廟堂港橫歷港三江口千步涇雙塘涇小塘子石家塘車溝楊家浜會集西來清水以衝刷以內之泥沙其陽城巴城西北之水自太倉城東北板橋西樹家橋口為湖川下流灌注之處散歸於朱涇陸窑唐涇復會聚於瀏漕分流於楊家浜之勒馬涇朱涇之瀏漕口東轉河口楊子涇口竪溝口湯涇口聚西北清水以衝刷以外之泥沙自此閘門內外泥沙不能淀積而河自深通矣譬諸人身四肢無風寒之積則腸胃自舒若

腸胃不舒而不治其四肢風寒雖有良藥弗能愈也故各支河開浚如四肢百骸脈絡貫通一無阻積從此河日深而水日奮劉鎮之得以全盛者悉由於此此皆

國朝之

聖德憲功循成迹以創新猷順天時而勞民力事在人為者也夫水利之道創始為難而守成迹以善後者尤難三江之水大禹創始然細推之亦非大禹也禹貢曰三江既入震澤底定不曰開鑿而曰既入者禹之前已舊有三江矣故禹貢之注曰費疏鑿者雖小必紀

無施勞者雖大必畧蓋三江為沿海巨區潮沙日積無以治之則擁擠不通日久不治則沿海岡身高於內地橫流旁溢此洪荒之所由致也禹之治水也循其舊跡而疏通之使水得順下之性則自無泛溢之患矣朱涇水利白公創始而顧公副之然細推之亦非二公創始也白公渠記曰因濬得昔陷石梁鐫淳熙年月建造姓氏推而至於文正公之鑿瀏漕濬新塘則七百歲以前先有朱涇顧白二公亦不過循其舊跡而疏通之使東南之田疇連年豐稔此豈天之別有偏私哉亦在於人為而已矣至白公之塑像立

廟受一方之香火亦非民之好為諂瀆皆所以感之
深而報之切耳至康熙十年江蘇巡撫諱祐馬公布
政慕公諱天顔奉
旨建天妃閘於劉河二公親至沿海勘視形勢見外口
海潮奔騰而進内河清水奮迅而下内外齧激倘閘
底一有罅隙則流空而易崩難保其永固於是奏請
於閘之南北兩岸開鑿月河分遶閘門之外使上流
清水三分其勢一由南岸月河使之穿石家塘過黄
姑塘則婁江南路之水已出閘外矣一由北岸月河
使之達瀏漕接朱涇則陽城巴城北路之水又出閘

外矣合而言之閘門當其一兩月河各當其一則內水至閘其勢稍緩環出閘外三分者仍合為一致而清水仍猛至於海潮之入亦猶之內水之出仍使三分其勢而渾沙流散不復停滯河難淤塞矣此皆大憲之所以計水利而保閘座之善策也然而如是者不過五十餘年至雍正二年七月十三日夜海潮泛溢將閘座衝倒南岸民房捲去數丈僅存北岸閘堍建新浮橋其上以通行人可見劉河一鎮為江海吐納之區是以

國朝開海以來蒞斯土者無不盡心籌畫隨時疏濬凡一

支河小港無不勤勤開浚使清水通流民田有賴凡此詳載縣志兹不細贅第考江蘇地形水勢北高南下而於劉河鎮為更甚自宋元明以來劉河寬皆數里河之北為老岸河之南俱係新漲沙灘故農人所植之物其發榮倍於他處蓋土鬆而易長及至築閘下樁其色南北無異而其性則異是以不五十年一遇風潮之患南岸倒而北岸仍安至今其跡猶存究其閘墩致壞之由以南轉河之塞絶而南轉河之塞絶以水勢地形之北高南下也夫海潮之乘風而至茍有前路可通則任其長驅而有闢以一束其勢則

其流自必分行往北月河由有瀏漕朱涇之去路往南月河竟阻塞不通其勢必回旋而激怒旁流橫溢將新漲沙灘層層攻去閘雖堅固不能藉土力以存此天妃閘之所以必崩也北岸月河通暢順流而去此北塊之所安然也然南岸月河不久而即塞者何也蓋劉河之身北高南下婁塘分大劉河之勢以瀉婁水南則又有王渡口江橋口柵橋口婁塘之水順流南瀉折入吳淞欲轉北而至黄姑其勢反不順故婁塘之水亦有自黄姑塘入石家塘以歸大劉河者但紆回曲折勢甚遲緩自閘南轉河連接黄姑石家塘後

海潮自北往南勢甚迅疾清水自南往北勢甚遲滯渾水强而清水弱不數年而河成平陸矣而北岸月河之日就寬深者何也蓋以朱涇之水西接湖川湖川之水又接陽城巴城加以陸瑸唐涇亦接湖川之水三路併歸瀏漕入北轉月河以達大劉河聚諸河清水日夜東流不息潮沙自難淀積清水强而渾水弱不數年而衝成巨港矣（查瀏漕河身面潤七八丈深八九尺）此兩月通塞不同之故也然北月河水雖暢達但利農田不甚利於舟楫以故有菡涇富商葉漢等因舟楫往來不便欲壩斷環洞橋口開市河由市河小港出入則船穩而易行水

緩而無礙謀之數年無敢專主蓋此北轉河係督撫
請
旨發　帑開鑿分水勢以保閘座者倘有疎虞誰職其
咎延至乾隆十八年始將大小衙門暗通關節然後
市河挑浚至乾隆二十年有署篆潘公諱涵者未究
根由通詳各憲勒石壩截環洞橋口且禁不許私開
併欲將橋折毀填為平地因建橋善人陳公信之後
科第連發欲留祖宗之善蹟不肯輕毀故得中止後
因橋下壩住竟成平地至今稱為旱橋云追思
國朝統一寰宇以後慮明季百年間利水失修民間疾苦

盡如涸轍州憲白公徧詢東鄉耆老得顧君士璉獻議呈請先浚朱涇繼浚大劉河以熟蘇太各州縣田疇斯時也太湖北條之水由婁江入大劉河以入海於六渡橋有市其陽城巴城湖川之水入朱涇入澑漕由大劉河以注諸海於板橋有市朱涇浦有市紅廟有市浦家街有市楊家橋有市朱岡橋有市萬壽菴有市六里橋有市夫以朱涇劉河兩者而論劉河長八十里聚市者一朱涇長三十六里聚市者八其故何也蓋朱涇一河直徑東行以至澑漕而澑漕北通茜涇引唐涇所接湖川之水西通新塘市引陸窑

所接湖川之水以助朱涇水力南抵大劉河以注於海所以海沙不能停積而朱涇陸窑唐涇漕漕莫不舟楫相啣商賈相聚物阜民康既庶既富此皆
聖朝之深恩厚澤惠農通商之至意也其北岸月河之稱東轉河者何也蓋漕漕南北河也在漕之東且在中市之東人遂以東轉河稱之而不復稱為北轉河矣其朱涇之稱小劉河者何也蓋朱涇既係劉河之副不過河面狹小其形體相似人遂以小劉河稱之大劉河者全洩太湖北條之水寬濶深通波瀾浩瀚惟有錨纜大纜之海舟方敢停泊而商賈小船皆由朱

涇來往所劉河則八十里僅有一市朱涇則三十六里而反有八市也自環洞橋口阻絕僅由市河以通舟楫舟楫則穩矣不知下流不暢上流水勢便弱弱則下進之渾潮強矣始也猶不覺其為害迨久之而兩岸之漲灘漸起有漲灘以阻其勢而力更弱矣清水之力愈弱則渾水之力愈猛不數年而唐涇告塞矣陸窑告塞矣又數年而朱涇又告塞矣清水既無一任海之奔騰來往其泥沙之積為平陸直轉瞬間耳從灌溉無資租糧無着鄉農具呈當道請浚朱涇奈浚之愈深其塞愈速蓋市河一路民房重疊不能

深開外高内低渾沙有入無出徒勞民力者非止一次至嘉慶七年劉鎮中市大遭火災兩岸樓房瓦礫倒入市河屢次撈挖終難盡起於嘉慶十四年具呈縣尊請浚朱涇議將市河亦築土壩以阻渾潮蓄留清水為暫時之計蒙董公批准第是年春不發夏初無雨正浸種插蒔之所來清水戽車一動全河盡涸於農人鳴金聚衆將壩扒開放進海潮即官府亦不能禁止蓋農田水利關係

國課民生沿海土田全賴海潮灌漑苟調處失宜即致災荒自扒壩以後渾沙隨潮而入不一年而朱涇又塞

至十八年開浚大劉河道憲鍾公封鎖閘門潮不能
西去盡入瀦漕朱涇農田雖得其便而壅積則愈易
矣至十九年瀦漕朱涇皆為平陸而是年天又大旱
各路缺水大增米價潮不能進朱涇瀦漕西北田疇
盡為赤地有太倉御史文軒汪公丁艱守制憫東南
水利之不修天時之荒旱與在城富紳觀光陸公名
王賓者議因工代賑之法救濟災黎約同闔城紳衿
具呈縣尊董公請浚東鄉各支河以修水利而活民
命令將呈底錄存
陸王賓等呈　為籲請修舉東鄉水利以備旱潦兼

因工代賑以活災黎事切思
國家財賦出於農田農田肥瘠關乎水利未有水利不修
而可以裕
國計莫民生者也鎮邑東濱大海斥鹵之區全恃劉河楊
林朱涇諸河以資灌溉蓋劉河為三江水利通塞所
係而楊林朱涇諸河則又附近劉河之支幹脈絡相
連灌輸相濟東鄉數百萬民田旱賴以蓄潦賴以洩
賦租民食所關非細事也伏查劉河自去年動帑開
挑至今利賴而楊林朱涇諸河久未濬治竟成堙塞
今歲夏秋亢旱凡近劉河之田尚可戽水未至全災

而楊林朱涇左近各區田無水利遂致農夫束手坐
聽荒蕪顆粒不收饑寒載道旱災所被獨甚東北兩
鄉業蒙　仁憲詳請緩征兼糶貧米現復籌辦捐賑
拯濟災氓闔境蒼生已無不虔頌
皇仁謳歌憲德王寳等切以為利有大小事有變通與其
補救於目前竭瘠土有限之脂膏籌助捐而終憂不
足孰若綢繆於未雨謀萬姓無窮之利賴轉因工多
活貧民王寳等地屬桑梓情均休戚目擊東鄉田畝
情形倘得楊林朱涇諸水與劉河一例深通則雖暘雨
偶愆斷不至田皆赤土且鎮邑素非沃壤戶鮮蓋藏

即間有殷實之家其資力不迨他郡十分之一除現在城廂貧民業議捐賑外其東北兩鄉一帶極次貧民為數較繁而捐資苦寡杯水輿薪恐歸無濟為此約同鄉城紳耆士庶悉為酌議情願各照所業田畝附近楊林朱涇各都啚計畝出資逐段集夫給錢開濬不耗銖兩官錢不扣絲毫租欠務使工歸實在費不虛糜在各業戶衆擎易舉且可期日後有秋而在各貧民食力有資即可免三春之枵腹既洽符因工代賑之例亦藉展急公趨事之忱一舉兩得今日要務無有過於此者倘不籌大計以備水旱於將來權通

變以救饑黎於目下不但萬一偏災再被必致租稅
無着比屋啼號而刻下無數哀鴻恐無以全登衽席
恭值　仁憲己溺己饑恫瘝在抱各大憲求寧求莫
胞與為懷特行瀝誠環叩台端仰懇曲鑒輿情據呈
詳請准將楊林朱涇諸河業户自願開挑事歸民辦
等因諄切轉顲其集費催夫給錢督役悉候　仁憲
酌定章程傳飭各圩保報明殷實可靠之人分局督
辦務殫一片血忱以拯偏隅生命庶幾上無虧
國課下可活窮黎蓋為遇災而懼之謀懲暵乾於既往且
權因地制宜之策賙孳殣於今茲澤大利溥情殷事

急惟奠慈懷卓識洞燭機宜速賜核實奪申請則業户幸甚災民甚幸除稟明州憲外激切上呈附批

鎮洋縣正堂董批本年被歉收窮黎啼饑號寒實深憫惻雖本縣與該紳士等現在捐資賑濟而為數無多難期普徧茲該紳士等因楊林朱涇諸河日久湮塞水利攸關急需開浚非惟以工代賑濟困目前且東境田疇永資灌溉貽利無窮洵屬畫得宜殊堪嘉尚准即據稟詳請各憲示遵仍候飭傳各啚圩長取造業田清册并選舉殷實董事稟候核辦粘單附

從此縣尊立傳楊林朱涇沿塘圩地當堂諭話在城

紳衿猶恐東鄉業佃户未能盡悉因工代賑之意因
刊刻勸濬諸河公啟傳送太鎮兩邑居民今將公啟
附錄
在城紳衿傳送公啟吾婁僻處海濱無舟車商賈之
利耑賴業田所入藉為俯仰之資生際
熙朝全婁户口較
國初增至數十倍即五穀連登而食指殷繁尚宜籌畫而
可聽其水利不修農田日歉乎切查太鎮西接太湖
之支東通大海之口尚使諸河流暢澇則納西水以
東歸旱則引海潮而內灌蓄洩兩便可使水旱無虞

今楊林朱涇十八港小塘子諸河淤塞東鄉盡為石田本年雨澤愆期木棉禾稻大抵有水則生水涸則死計成熟田畝每畝花稻所出約畧四五千文今荒田二十餘萬顆粒全無則是本處出息合計已少一百餘萬銀錢今幸逢官長愛民勘災詳緩而荒區乏食待哺嗷嗷臘盡春回更難存活將來道殣溝瘠之饑民皆素來納穀輸錢之佃户業佃誼同休戚雖業主亦憂艱窘而佃丁之困苦較深若聽其自然而不為之備則久晴必有久雨一遇西來水漲宣洩無從又遭淹浸不可謂事之必無者也同人轉輾圖維莫

若師古人以工代賑之意業食佃力將諸河一律春挑一以救現在之饑一以開後來之利擬將閭閻困苦情形瀝訴本官申詳大憲業佃同心協力無使一切人等侵用分文檢開濬楊林成例共應役州縣二境田六十萬畝若朱涇十八港小塘子同時開濬中有一田四役之區理應均攤公辦計上四河共應土方四十三萬二千一百方對折合算酌給佃丁飯食併戽水築壩圩保飯食一切等欵每畝出錢五十餘文便可集事今擬開河半月各佃户自向業主支領飯食不在陳租扣算圩保傳齊佃户候州縣二憲到河

合壩開工東邀城中紳士分段稽查并邀各鄉耆殷實公正之人協同圩保常川在工監督併請派委員一位不時履看協力同心約月餘則諸工可竣似與民生水利兩有裨益州縣二憲愷悌慈祥稟訴苦情定邀俯察民瘼弊除利舉但恐現在歉收之歲憚於出錢而向來漁利之人從而阻撓惟事關民命未敢遠小嫌而惜小費用敢布聞梓里大人先生察其是非權其利害倘始議者有分毫利己私心神明鑒殛若畏勞避怨惜小偷安不惟數十萬貧民將成餓莩抑且蓄洩無資未免再遭荒歉業則租籽無着棄則

收受無人不為農民計當為子孫計不為子孫計亦當自為計伏冀俯聽蕘言匡其不逮如有萬不可行之處尚期明白諭另為布置公事公言勿吝大教

嘉慶十九年九月同里公啟

按城中是啟刻板印送州縣二境各業户是時正值米糧大貴鄉農手足無措之時忽見勸濬諸河公啟不勝雀躍有十九都三啚六啚耆老二人見啟中有未妥之處意欲面會紳衿共商萬穩以為久遠之計因素未會面未便草率遂修書一封以為進見之地其書存錄

謹陳蜀莞之見仰期　老先生大人鑒察切某等素處鄉閭身親稼穡屢年雖有小旱五穀尚能成熟今歲大旱五穀不登雖曰天災亦由河道不通之故捧讀諸大人先生勸濬諸河之啟仰見桑梓誼切籌畫周詳并云公事公言更見虛懷若谷故某等不揣冒昧畧陳固陋惟冀大人先生電鑒啟中有云業食佃力使佃户自向業主支領飯食不在陳租扣算竊恐勢有所不能何者凡人好仁之念不勝好利之心況今之有田產者大抵大户為少中下為多其在僅有五六十畝或三四十畝之家外有富人氣象

而內實薪水不克其肯貼然支給乎且有豪猾之徒動言上年租稅未清反欲藉浚河以取食其不得也理勢之所必然者也據某等管見不必使佃户自向業主取領飯食而使圩長預先開明田畝細數給票與地保催糧使夫頭催夫董事督工各執其事若有不肯給糧者則地保稟明董事董事轉稟縣尊若圩長狥情匿田使夫頭稟明董事轉稟縣尊若地保侵食口糧亦使夫頭稟明董事轉稟縣尊先檢一二豪猾之最者治其强梗敗公之罪則其餘自然聞風貼服矣然必及今乞縣令尊申詳上憲出示張掛奉憲命

以施行則此舉或不至草率了事而併可為後來之成事例矣溯昔州憲白公開浚朱涇亦為救荒之計僅役民夫二十五日而告竣何昔日之易而今日之難乎大抵業食佃力之規既壞使佃户既不得食又勞其力則心不甘心不甘則力不盡故雖有浚河之河皆不能如式而止某等生長閭閻悉知其弊故敢畧陳固陋倘有可採併欲借階前盈尺之地備詳興利除弊之原此又非筆墨所能罄也

畧叅數條開列於左

一開浚諸河勿用河差以免滋擾

十六

一瀋漕河出口市房僭塞河身不滿一丈水勢甚緩易致淤塞現有海寧橋下俗名環洞橋向係通渠大道由東轉河以達劉河不過三百餘步之遥前被土豪壩阻將此閘通則洩瀉為易庶幾泥沙難積

一董事照啚公舉一人不許吏役刁難索賄

一圩長地方共應每日給錢一百四十文其帮辦赴工者每日給錢一百文亦業主付出照田均派

一河面不可收狹以免後來難治

另繪朱涇全圖一幅敘文附錄

此圖尚為朱涇河而繪故詳於大劉河北岸而畧於南

岸其間支港甚繁不及備載要皆彙歸一口以引衆水之源譬之人身咽喉納穀其飲食之氣流行於四肢百骸使血脉融和人藉以生長田間水道亦猶是也我鎮邑之田全賴大劉河之水今開浚不二年而淤塞者因上年七月州憲奉兵備道憲鍾會同藩憲詳請兩院憲批准封鎖閘門勒石遵守在案又蒙制憲百奉明一律深通設立混江龍鉄掃箒往來爬疏得資經久奉

旨俱着照所議行欽此　欽遵在案奈海水强内水弱一日兩潮其浮沙能導之使出者旋即導之使入再

將閘門一閉其沙有入而無出雖致淤淺未易更張鄉農所切望者僅有朱涇一河蓋此河東迎潮汐西導崑常南達劉河北注楊林支河數十條灌田數千頃誠東南之要津

國家財賦賦所由出者也但此水由瀂漕河出納海寧橋為咽喉其南雖有市河狹而且淺開深則民房有礙不深則潮沙灌進立見淤塞此嘉慶十四年開浚朱涇已有前鑒矣湖前海寧橋下水勢寬闊茜墩米糧船出入恐有阻礙於乾隆二十年茜墩兵民具呈通渠壩阻勒石禁閘自後朱涇瀂漕二河日漸淤淺竟

成平陸今夏亢旱滴水全無者皆由於此則是既壩橋門仍不得為衆兵之便而適為萬民截厥咽喉路矣為

國課計為萬民計急將此壩開通則非朱涇暢達可救水旱之災而瀏漕沿塘亦庶免荒歉之虞况茜城兵糧自瀏漕塞後久不由此河駁運今開濬朱涇兼浚瀏漕則此二河逼近茜城由太倉起運可以直達矣今謹繪圖摹碑呈電伏望鑒察萬民永戴

嘉慶十九年十二月　朱涇沿塘鄉農公繪

按自嘉慶十九年十二月繪圖摹碑後二老即擬入

十八

入城緣連朝雨雪道路難行舟行無水延至正月初
天晴進城聞河事已被各圩地稟銷不辦心甚惑之
即往向會紳衿言語吱唔據云楊林被圩地稟銷朱
涇仍辦茅思楊林於上年鄉農遞過
御呈奉部文發江蘇按察司查辦豈有圩地稟銷之理亦
豈有獨辦朱涇之事其中情弊是必請問縣尊方知
其細於是粘勸濬单具呈呈底錄存
十九都三六啚耆民△△△謹稟為濬河救民飭圩速
辦事切身等務農為業痛遭上年亢旱乏水無由遂
顆粒無收忽見在城諸大人先生勸濬諸河之啟不

勝踴躍鄉閭無不感激至此春氣融和尚非農務殷忙之際不聞圩長傳報董事之說日望動工而查無聲息倘再延遲事成難矣故身等叩稟大老爺速飭圩長報明董事以集大工若河道不浚或再遭亢旱田畝荒蕪小民何以聊生俾農田得沾水利戴德上稟

附粘勸濬諸河單一紙

鎮洋縣正堂董批

此案前據紳士陸王賓等稟請按畝出資開浚楊林朱涇諸河以工代賑等情當經飭取業田清册并選報董事一面諭令紳士妥議章程稟覆去後旋據紳

十九

士面稟邀同城鄉各業户籌議意見未同一時不克興挑只可仍辦捐賑而各圩長又以上年秋收歉薄業户拮据倍常稟請緩辦前來本縣以現在青黄不接窮黎謀食維艱急需籌濟未便因此躭延是以又經愷切出示勸諭紳富先行捐資辦賑在案本縣於水利民生有益之事無不籌辦惟此項河工向係業食佃力疏浚本農縣既不能勉强從事亦爾二人所能辦理即使佃業踴躍業户未能計畝出資於公仍屬無濟究竟現在能否興挑衆情是否允洽着同各業户妥議另稟察奪

按是河於正月初閏二老入城聞河事已散即欲回鄉因念旱災已久民間望開甚切意欲感動縣尊求其開挑故另寫呈詞至十五日縣尊拈香回署面呈求蒙優禮相待命於賓館暫候着宅門房傳出各圩地稟銷呈詞及批語給細閲與各圩地數十人皆係楊林圩地朱涇圩地僅有二人始知楊林朱涇俱已被圩地朦混稟銷亦是無法因即回寓蒙縣尊當日即行批示奉批後細詢朱涇各啚圩地與名者只有二人皆係遠啚據各圩地備述情由知上年議浚楊林事已垂成被州縣工房全吞壩費以致顧姓赴京

二十

呈控奉部批着按察司提究今在城各憲官（宦）興工挑浚諸河工房無從着手要錢故串通圩地稟稱民間無力開挑朦混本官又恐獨銷楊林一差官府生疑乃拖扯朱涇圩地二人將諸河一併稟銷縣不覺墮其術中但民望甚殷令既奉縣批會同各業户妥議未便竟置不問於是二老循行朱涇沿塘傳諭縣尊德意各鄉農約於二十一日集萬壽菴會議是日有王先生者業田行醫少年豪爽已有成議就本啚朱涇口築壩西至萬安橋止約有五里餘各業佃户自行挑挖二老曰古語云一丈不通萬丈無功豈有萬

天不通而一丈反有功者也既有縣尊批示理應公同仝河業佃酌議遞呈為是於是衆鄉老代王先生細述上年情由云自上年冬間有縣尊傳諭圩地開報董事之說河差向各圩地每畝要洋錢三元如無不報董事不准開河此時正在饑荒民病之際租糧無着

國課無完誰有餘錢供給河差只付過洋錢每畝半元甚拂河差之意但傳報董事河事成否尚在未定就朱涇三十六畝已先要洋錢一百二十餘元之多若動手開其銀錢正無可量民間無力只好聽天由命至

於二位之言我等亦未敢深信赫赫紳衿俱係家居之大位因見歲荒為
國愛民發此傳单勸濬諸河尚且被工房河差串通圩地稟銷若猶不信朱涇之圩地現在眼前是誰聯名稟銷者此事豈二位所能出頭哉況二位能必紳衿之帮辦與河差之不索錢乎若聽二位之言章程議定各啚鄉老呈請開挑將來河差仍舊勒索紳衿依然袖手半途而止是誰之過歟出乎反乎之事紳衿可為我鄉農不肯為也等語二老默默抱慚而止然論理亦無甚慚也慚於輕信傳单而已矣於是衆鄉農議定

於正月二十七日打壩二月初一日開工而西段朱涇亦開鳳踴躍連接興工矣而楊林瀏漕開之亦然動手雖未能如式且喜東鄉從此無不開之河然皆董縣尊之愛民寬厚有以致之也

謹按汪撫軍志伊荒政輯要一書原以工賑兼行蓋工者所以補賑之不足而賑者所以濟工之不及非謂興工作可以不賑有賑濟可不興工也蓋有田户口可報災荒而無業貧民何由上達哉

嘉慶二十年春又大旱至四月無雨人心惶惶鬧路各新開河道俱可有水惟瀏漕朱涇之支河小港被環

三十二

洞橋壩住來龍雖有市河進水甚微未能徧及正在浸種插蒔之時急需用水耆老數人復粘碑圖具呈

朱涇沿塘耆老呈詞

爲請復古道以通海水急救農田事切思鎮邑田疇全賴一日兩潮海水灌溉身等素居瀂漕朱涇沿塘目睹河道淤塞無潮進口以致上年亢旱禾稻全荒今春各都啚圩保率領貧民佃户挑挖瀂漕朱涇雖不能如式已通一線特以朱涇由瀂漕進水而瀂漕進水之處爲市房擠塞河身僅止丈餘所入潮水甚微支河未能遍及現有環洞橋下本係古來通渠水

道由東轉河以達劉河細詢鄉老乃知壩斷之由於
乾隆二十年有民人葉漢等當緣河道通暢水勢洶
湧恐於米粮船隻有礙稟請前縣憲詳明撫藩二憲
勒石壩阻不許開通現今河形尚在自環洞橋至劉
河岸口相隔祇有三百餘弓之地身等伏思古今之
形勢不同河道之通塞各異自瀏漕淤塞以來粮米
船久不由此出入即東轉河口舊有木柵欄堵之處
仍可用木柵欄住惟求通海水一線以資灌溉拯民
涸轍現今正在浸種插蒔之時天時較旱支河小港
尚未得水倘失機宜將來秋成何望

國課何完今繪圖摹碑呈電身等業經集同在鎮鄉農安議咸各允洽為此環叩太老爺恩准給示開堵以通海水急救農田萬民感戴激切上呈

嘉慶二十年四月二十二日具呈

附粘朱涇全圖連敘文全幅環洞橋摹碑一紙

鎮洋縣正堂董五月初二日批

查環洞橋所築壩座既經前縣詳蒙各憲飭令勒石永禁不許私開自應遵照況瀏漕等河一律挑浚則引潮灌田以資利賴未便再行詳請將壩座開通致干憲飭繪圖摹碑發還不准

民間得批後皆以農田水利
國課攸關租粮如何措辦幸而五月初三日得批後初四
日即雨初八日交黄梅又雨一路雨調匀至嘉慶二
十一年風調雨順五穀豊登人心如安
自縣尊批不准開通環洞橋壩之後有强霸一方之
車夫郁耀等串通圩地將東轉河填為平地墾種成
田有劉鎮衿耆倪惠三等年九十一歲悉知東轉河
縁由遂具呈縣尊懇求查禁今將呈底録存
十九都六圖衿耆倪惠三王堃張德明等具呈為私
塞官河禀請查禁事切劉河鎮有東轉河一條係漕

漕朱涇出納海水之咽喉前於乾隆二十年署鎮洋縣潘詳憲勒石霸斷其河雖淺尚屬官河是以六十餘年官未便陞粮民未敢耕種今有無知之徒私自墾種成田幸未插蒔下秧猶可中止故特叩呈太老爺示諭圩地速行查禁萬民感戴頂德上呈

嘉慶二十一年五月　日呈

鎮洋縣正堂董批准飭地保查明覆奪

於是行牌十九都六啚圩地着即繪圖查覆今將牌底録存

鎮洋縣正堂為私塞官河事據十九都六三啚衿耆

王塗倪惠三張明德禀稱切劉河鎮有東轉河一條係瀏漕朱涇出納海水之咽喉前於乾隆二十年署鎮洋縣潘詳憲勒石壩斷其河雖淺尚屬官河今有無知之徒私墾成田幸未插蒔叩呈查禁等情到縣據此除批示外合飭查覆為此仰十九都六三啚該圩地等毋稍延庇干咎速速須牌

嘉慶二十一年五月十七日行　限圩地一日銷

圩地延至六月不覆於六月初八日復出牌催覆今將牌底録存

鎮洋縣　正堂董為私塞官河事案據衿耆王塗倪惠

二十五

三張明德等稟稱劉河東河奉憲勒石嚮斷有無知之徒私墾成田呈請查禁等情據經飭查去後未據覆到合行飭催為此仰十九都六三啚圩地速速遵前票查明東轉河是否淤塞究係何人私佔并共佔有若干畝的限本月初十日繪圖覆縣以憑察奪該圩地毋再延庇致干差押速速須至牌者

嘉慶二十一年六月初八日　仰該圩地准此

後董縣尊調任南滙縣接任縣尊明歲終事冗未及細查至二十二年正月二十七日出差徐榮押圩地稟覆抑知圩地竟不稟覆至今猶成懸案

嘉慶二十二年蘇郡崑新常昭俱潦插秧於土從耕種水漫於田無從宣洩米粮昂貴於是鄉鎮農商議浚朱涇有欲開深後壩住以蓄清水者有欲建閘以司啟閉者有欲築漊以通水道者各持己見主浚無人蒙巡司曾公竭力張羅奈隔省之水性各異而土著之楚咻甚繁因以鄙見粗擬浚河論二紙附錄於左

浚朱涇論

近年太鎮東鄉各河盡塞嘉慶丁丑有議開浚朱涇壩住以蓄清水者有議開浚後建閘以司啟閉者有

二十六

議築水漊以通水道者議論紛然未有確見余世居

劉鎮念切桑梓聊就鄙見而論之

竊聞國家以農田為本農田以水利為本水利不修則農田害農田害非國家之利也其利害之機辨於毫忽有視為利而實有害者有視為害而實有利者在明察者統觀大局審其利害之機而決其可否之閘而已我劉河一口為婁江入海之咽喉溯自禹濬三江而後東江已滅跡矣僅存吳淞婁江以洩太湖之水太湖者江浙兩省山水滙集之巨浸也横廣三萬六千頃太湖東南則有泖河澱河之水東北則陽

城巴城之水是兩河者雖不若太湖之廣而汪洋浩瀚一望無際故宗景佑間范文正公屯茜涇鎮守劉河海口熟籌三路之水非二江所能盡洩因急開鑿朱涇漕漕以洩陽城巴城之水元明以來此河為最至

聖朝開國之初州憲白公創議通詳督撫奏請先浚朱涇康熙十年江蘇巡撫馬公復奏請開鑿東轉河一道使朱涇之水順流直下雍正五年欽差原任山東巡撫陳公特命修濬江南河道使下流暢通因先浚大劉河後浚朱涇蓋以此河宣洩陽巴二河之水關係

崑新常昭四邑之田疇從此太湖南條之水以吳淞江爲巨口而黄浦副之北條之水以婁江之劉河爲巨口而朱涇副之水流洪暢數十年來民安物阜咸稱富庶今吳淞黄浦姑置不論第論我婁江一道以婁江爲幹河朱涇爲支河而朱涇又爲支中之幹以陸窑唐涇爲支河近年支幹皆淤農田之蓄洩商賈之往來毫無利賴急宜開浚最要者朱涇其次即陸窑唐涇近閘城鄉紳農呈請開浚朱涇已蒙批准飭辦但愚意以爲獨開朱涇而不開陸窑唐涇無益也三河盡開而不開環洞橋壩亦無益也何則夫沿海

岡身高於内地現在水帶橋轉北市河一線渾水可入而清水不到若内河既開而市河不浚則渾沙有入無出内河易致淤塞若欲開深市河則市河自嘉慶七年火災以後磚石滿積而且河面甚狹必致岸崩土裂兩岸民房皆遭其害勢不能行也明矣市河不開而但開内河則渾沙有入無出不過一年内河立淤從前十四年開浚朱涇至十五年即淤此為前車之鑒矣議者亦知渾水有入無出其勢易淤於是又欲壩阻渾潮蓄留清水以為久遠之計此意何嘗不是然愚意以為仍然無益也何以言之沿海岡身

高於內地農田耕種全賴海水灌漑若壩之無論清水不能直到壩基即使能到而東鄉萬萬田疇僅藉此一河之水戽車一動立見涸轍從前十四年開浚朱涇亦曾壩留清水不及一月灌漑無資遂鳴金聚衆扒去壩座即官府亦難禁止此蓋不利農田之故也扒去之後渾潮仍然有入無出不一年而即淤此又前車之鑒矣議者亦知築壩之無益於是又議建閘以司啟閉以為潮長時下板以阻渾水之入潮退時啟板以放清水之出此說亦未嘗不是然愚意又以為無益也何以言之夫渾沙乘海水而來無孔不

入即有閘板但能使内水之勢緩不能阻外潮之不入且閘板一下渾水愈急内水愈緩蓋灌入閘門必紆徐平衍以行下即淀積及潮退時啟板則真留渾水而放清水矣清水可出渾沙不能出其淤也可立而待則建閘與不建閘豈不同乎至於築水漊之説只可行於溝洫間不可施於江海流通之地坐井觀天之見更不足道總而言之獨開朱涇不築壩固無益築壩亦無益不建閘無益建閘亦無益然則朱涇竟不必開乎非也欲為久遠之計莫若兼開陸窑唐涇使二水助朱涇之力其市河一線既不可開則竟壩

二十九

之然後將環洞橋舊壩開通使內水外水之出入悉由於東轉河環洞橋下以行而朱涇既有陸窑唐涇之并力合注則清水之力可敵渾潮而不致有淀積之虞內河可保常通矣或有駁之者曰環洞橋奉憲勒石壩阻今欲開之不亦難乎愚以為無難也從前壩斷時各處支河通暢朱涇清水浩瀚市河兩岸民房不高又少河底亦無磚石瀾而且通是以壩住且河身渾沙難淀清能敵渾原無妨礙所謂彼一時此一時也又何何患開之之難哉或又曰市河一線之潮尚慮渾沙之入而環洞橋之深廣必倍於市河此獨無慮乎

則又非也市河之慮入渾沙而不能出者以身狹岸高耳若可使深濶則清水自可敵渾潮今礙於兩岸民房無從開浚是以籌及環洞橋一路耳此路民房不過數家即遷移亦非難事工段不過廿丈其挑浚亦為容易既濶且深豈尚有若市河之慮慮乎或又曰然則請開環洞橋將何說以告上憲愚以為此易言也農田水利所貴在因時制宜昔利於壩今利於開上憲既念切民瘼自必察奪形勢豈有固執成見不准開通以蘇民病者乎或又曰環洞橋陸窑唐涇誠宜開矣倘東西地勢外口高於內河三河既開仍不

能力敵渾潮豈非徒費人力乎是又不然夫朱涇為支中之幹陸窑唐涇為朱涇之支皆接湖川之水而湖川又直接巴陽二河與太湖之水源遠流長因陸窑唐涇久塞是以水不能東注今若一并深通則三路齊下勢必汪洋浩瀚足以敵渾潮矣況海潮之入也一日兩潮三時來而三時往其來也清與混相敵其去也清水尾潮而下如精鋭之兵逐敗軍之走又何患乎泥沙之淀積哉夫謀事必圖萬全興利期于久遠誠能如是不獨農田之水旱無憂即舟楫之往來亦便且遠矣是以自宋迄明至我

朝開海以來蒞斯土者無不盡心謀畫隨時疏浚使清水通流農田無害載之縣志自可細查近來諸河盡塞清水無所宣洩是以今秋雨過多下流阻塞遂致崑新等處低區淹浸稻禾難穫米不出鄉農咸受困今者開浚朱涇將為農田計乎將為舟楫計乎如但為舟楫計則壩住渾潮上流不暢舟楫之所通亦有限如欲為農田計則區區數千丈之朱涇並不深通豈能容納上流之水萬一夏潦秋雨水發西鄉遠近低田不為巨浸者亦幾希矣況清水難洩建閘則仍慮渾沙之灌入築壩又慮鄉農之扒開非建與不建同

而築與不築等哉愚所以反覆思維謂必開環洞橋壩與陸窑唐涇者也且陸窑之水穿新塘市唐涇之水遶蔦涇城自兩河淤塞以來兩處居民皆受其困蓋以朱涇未開陸窑唐涇雖浚亦無用耳今若開閘環洞橋以洩兩河之水彼處之民皆將踴躍從事矣此所謂久遠之謀非徒目前之計亦江蘇全郡之利不獨太鎮一隅之幸也較之獨開朱涇築壩建閘其計之孰得孰失與利之孰近孰遠惟高明者採擇焉

嘉慶二十二年臘月日論

浚東轉河論

或有問於余曰爾欲將朱涇陸窑唐涇三河開浚撤去環洞橋壩挖深東轉河能保西水之必下清水之能敵渾潮久遠不塞乎余應之曰以理論之西水無有不下清水無有不能敵者也孟子曰決諸東方則東流決諸西方則西流水之性也自朱涇塞後則陽巴二河之水併入婁江由大劉河以出海劉河塞後陽巴婁三水又併入吳淞江以出海今吳淞江又塞則陽巴婁吳淞江之水俱併入黃浦以出海夫陽巴二河之水本由朱涇達東轉河徑直東趨者因朱涇劉河吳淞江盡塞乃越婁江穿沙河過吳淞江歸三泖

澱三遶過松江府轉而北趨方入黃浦紆徐曲折由吳淞口以出海約計七八百里之遙此豈水之好為迂遠哉夫亦唐涇陸窑朱涇之塞之故耳今若開朱涇陸窑唐涇并挖通轉河大口則陽巴二河之水東下不過四五十里便而且捷焉有西水之不下者哉至於清水敵渾水之說更不必遠求請即以東南之澱草浜論此河向係蓄水灌田之小河彼時吳淞婁江通暢從未聞西北清水有由此河以宣洩者自朱涇劉河吳淞盡塞之後西水東行無路於是陽巴二河之水已遶道併歸黃浦矣其東路之水歸太倉之吳

涇港入塩鉄交江二口越嘉定城遶至南翔鎮東行入鹽草浜吳巷橋歸吳淞口以遂將此河衝成巨港現今兩岸搭駕九接浮橋舟楫往來無不由此出入此人所共知共見者夫分入鹽草浜之水不過陽巴二河半面之水耳其力之大如此況開通朱涇等河陽巴全河之水俱可併力直趨而下又何患清水之不敵渾潮哉或者曰據所論清水必下則即以市河為宣洩之路可也又何必定環洞橋通東轉河哉余曰非也市河之底積有磚石此七年分火災所致東轉河底泥沙而已磚石非清水所能衝去而泥沙則

清水之所易為力也況市河身僅一線兩岸盡屬民房欲深濶之使清水能敵渾潮斯固不待智者而已知難矣或又曰朱涇之塞也亦已久矣其浚也亦非一次矣何以屢次不聞有此議今忽欲開東轉河又何故也余曰是亦有時也有機也從前之開朱涇劉河吳淞尚屬通暢西水之來分流而下分流則其勢緩而其力弱故恐雖開無益今則劉河吳淞皆塞水無所歸乘此時以開朱涇水必專注朱涇而其力猛矣豈但渾不勝清而且從前積土皆可由此而衝去亦如蘊藻浜之轉眼而成巨港矣此所以必待此時而

後議開也或又據所論誠宜開矣但開之非易姑俟一二年何如余曰此又不可緩也趂吳淞未開之時水勢未分力足以衝刷積泥若待吳淞既開之後水勢已分恐其力已弱不能衝刷積泥矣愚故謂時與機之可失也或又曰據所論則又矛盾矣吳淞開後水弱不能衝深東轉河則環洞橋雖開亦無益矣不如且蓄清水之猶為上策奚必定開東轉河哉余又以為不然夫水性就下遇低處即流水勢趨近有近路即歸今巳城陽城之水必繞道遠流以入海者非其不樂趨近也徒以朱涇之不通耳今若通之則必

就近即使吳淞亦開豈依然舍近而趨遠哉此理之必無者也夫泥之久積者為老沙新漲者為新沙老沙非勇猛之清水不能去新沙則潮落時苟有清水以尾之即可淨矣此一定之理勢也東轉河久積老沙故必乘吳淞未開水勢未分之時使之衝刷盡淨然後新沙之來隨潮長而隨潮落永無淤積之患矣愚之見如是敢以質之高明

嘉慶二十三年正月日論

此論一出大非衆意不合時宜未便多言大衆於嘉慶二十三年十一月將朱涇河具呈請浚勘估議費

轉輾多端延至二十三年二月初六日築壩分段戽水定于二月二十二日興工奈三月初一日已交清明正值桃花春雨之時連日大雨壩内水滿再行車水而清明已過麥秀已齊即欲喚集農夫而農夫已無暇矣故曰夏令曰九月除道十月成梁蓋農工已畢可用民力今當春深播種之時欲強民以開河不亦難乎於是議以秋挑而不開壩第各河雖淤舟楫雖不能行猶有一線之流以通水跡今則南轉河已變為田北轉河環洞橋阻絕南澛漕又經壩住大劉河閘門封鎖清水無涓之來海潮奮勇而進泥沙淀積

閘門内外俱成平陸浮橋左右河底皆現水利從此盡絶此豈天之欲絶其源流哉亦在人為而已矣更可悲者窑八千之地最為可憐此地介在陸窑唐涇之間方圓八千餘畝蓋元明之際有富户陸姓者設厰燒窑將劉鎮西北八千畝之地運土為窑以應萬家之器用又另開河道通舟楫以運器故土人稱為陸窑塘其窑八千之地南至陸窑北至唐涇八千畝之田盡為窑土人遂窑八千稱之在彼時河寛水大淺瀉甚便今則諸河盡塞旱潦無備南北東西盡為高阜而獨凹其中欲遷移而無力欲捐棄而不能鳩

鵠窮民僅延殘喘惟望兩河開浚則旱潦皆有所恃此瀏漕轉河之通暢寔八千之民所日夜焚香而頂祝者也噫情形若此即寔八千之外豈少也哉茲特誌其一隅焉耳

康熙十年開浚大劉河是時未經分縣惟太倉嘉定崑山三邑承辦嘉定縣尊趙公諱昕有劉河行古風一篇云

具區之水通九州乾坤蕩蕩東南浮自古震撼不肯定三江既入纔安流數千年來說神禹桑田遷改誰為主欲泝東江不可尋茫然蘆荻成荒土吳淞

奔激望蒼波要江已訛劉家河上流石橋扼其吭
到海力緩自逶迤潮來忽挾泥沙立泥沙勢尊潮
不入延袤歲月難動~~遙~~搖江水倒回湖水急湖溢
庚戌田廬災蛟龍鼉下鼉登臺哭聲淒切與水鬬
千村萬落如瓶罍秋冬水涸問室家陌無稻邱無
麻寡妻衣单老翁餕攜持雜踏趨官衙撫臺持疏
請
天子踏災蠲稅有
俞上更
詔開江大徵工劉河吳淞次第起劉河挑濬劃三方嘉

定崑山出太倉小吏泥中擊鼛鼓犀儌河上供餱糧
嗟我役夫胼胝傷五月報績非張皇江神海若復相
見鳴鼉大樂驅黿梁辛亥天旱亦七月潮水混浩騰
吳越淖沒櫓檣行奮飛枯穗焦禾生氣勃
天子至聖時正清河潤千里告太平吳淞江役功繼舉東
南其畝皆深耕會見雲帆萬艘輸神京笪笞永不究
吳民

立

劉河紀略

劉河紀略十四卷，後缺第七古蹟一卷，僅存十三卷，可成於本。
蒙以紀此鈔來四部，詢之他家所藏者，均缺是卷，可見皆於
既缺後鈔錄者也，當設法補之。且魯魚亥豕訛處甚多，
尤宜逐一改正爲是。

光緒戊寅二月　諸氏閑存書屋藏書並識

劉河鎮記畧第三卷

劉湄金端表翼如氏輯

創始

大小劉河　開海通商　建閘防寇
積穀救飢　築城菑涇　海關盤查
軍工造船　營船巡哨　炮臺鎮守
閱兵水操

附
國瑞禎祥

溯歷朝開國之初制度經營郡縣咸有紀載我鎮邑亦志載詳明但劉河一鎮僻在海隅變遷不一滄海

桑田不同今昔我
國家撫有中夏慎重海疆
睿慮周詳
恩波先沛故農安耕鑿商樂經營用敢考核遺蹟之所
由使後人知感被焉

大小劉河

劉河自明季塞絕之後不治者三十餘年
國朝定鼎因前明屢遭倭寇之擾以開江為諱至
順治十年三韓白公來治州事見河身之塞水勢之
哀民情之苦日夜焦勞計無所出乙未孟春有樊村

顧公諱士璉者劉鎮之傑士也通今博古世事洞明
將開濬朱涇之事繪圖以呈白公大喜從此戴月披
星越月而工竣是河也雖不如劉河之水面宏濶波
濤雄壯而西北之水賴之以洩舟楫往來儼然一幹
河也遂以小劉河稱之
順治十四年復開大劉河督撫彙
題蠲州賦之半派別屬代輸仍委白公主其事酌撥
嘉定崑山協濬於二月初八日祀神啟土民如子來
亦月餘而告成從此復大禹千百年之舊跡開
聖朝億萬世之巨功河流浩渺水面寬濶遂別之曰大劉

二

河

夫劉河者三江之尾閭也三江之水順流使出復以海潮之水延之使入蓋所以借海潮之生氣補天地之盡脈也人稟天地之氣其中盈虛消息一以貫之故劉河暢則劉鎮劉興劉河塞則劉鎮衰不但此也海潮之氣直達江源故劉鎮一衰則太鎮崑新以及蘇郡諸邑無不俱衰者無他氣使之然也我

聖朝統一寰宇先籌水利亟亟將大小劉河開浚深通則

是

聖君賢弼之貽惠於萬萬生靈者豈特一鄉一邑哉

考大劉河白公申覆督撫文畧云劉河自婁城至海口計長七十五里前云難開者必依古額廣濶應費銀七十餘萬兩今若倣海忠介之開吴淞濶以十五丈爲率縱不及故額然十二丈斷不可少約共積銀九萬七千二百兩前開朱涇用民鏹三萬六千兩等語據此則劉河之濶以舊制較之吴淞廣增數倍宜其洋舸戰艦槎商貢舶停泊之多矣今次開濬劉河六州縣農民約共用銀六十餘萬兩若盡歸河用則三百年前之風景亦何難再見哉豈意借帑銀九萬八千餘兩尚報用餘銀六千八百三十餘兩河工一

三

事不問可知矣

民間頌州憲白公詩

軺車信宿下東倉脚底陽春信許長要使羣黎安部屋先教白筆掃風霜

退衙萬卷一儒生簾閣茶烟一縷清官燭夜聞鈴索靜銅籤遥應讀書聲

扠衣上馬絶飛埃百石弓弦霹靂開千炬（騎）跨坊傳炬火使君海岸射潮回

英年白暦（晳）氣如虹下馬文章上（馬）弓吴下兒郎應錯認周郎那復在江東

其小劉河之沿塘八市地落盛衰已散見於各卷矣茲不細贅

開海通商

我劉鎮僻處海隅東南之地俱產木棉賴
國朝開海通商招來遠賈以致帆檣林立市舶雲屯兼籌因地致宜之法使沙島各船分收無雜是以
國課充而民情樂時甚盛也自奸胥作祟使沙島混雜另收別口彼之意非厚於彼而無薄於此也徒以水清者無魚樹雜者多獸劉口嚴查明察無地容奸此
國家之益非衙蠹之利也惟能窺其隱而事事親裁尚難

防其舞弊苟信其老練而心腹托則其無一事為民
之計正其無一事非誤國之謀也蓋其意惟知求利
而於
國計民生之道何容心哉然其利己之謀必藉詞於
國計民生而實與
國計民生有甚不相宜之處苟非精於治理鮮有不被
其朦蔽者可不畏哉
順治十三年奉
旨凡一應米糧時物等項恐與逆賊互相私販特
旨嚴禁不許商民船隻私自下海從此各海口片板不得

出洋

按前明倭寇之驚洪武時即已蠢動至嘉靖萬曆時尤甚其來也由劉河海口揚帆直達蘇城是以明末數十年劉河非不能開實不敢開耳至

國朝順治二年又有崇明張士儀等勾通海寇滋擾沿江而

宸衷霄旰禦寇有方仍將劉河開浚深通禁海以絶其資蓋開河者所以利農田禁海者所以防民害也

康熙十八年十月初四日

兵部等衙門謹密

題為請
旨事該江南巡撫慕天顏
題請開海貿易一疏臣等查得户部疏稱需用錢粮
甚多今内外諸臣有將米豆草束等項價值
題請加增者有稱百姓困苦
題請蠲緩者有稱百姓困苦條
奏賑救者今江南等處災荒又見告矣倘槩議不准
恐民生不遂有負
皇上愛養斯民之至意若竟從所請則錢粮愈少軍需愈
形不足所需錢粮足與不足豈得不預為籌畫在外

督撫身任地方知之必悉如何使百姓不致困苦以
足
國用有益兵餉之處俱行陳
奏等因具
題
奉
旨現今各路大兵需餉浩繁關係重大這本內事情着九
卿詹事科道會同確議具奏欽此
九卿詹事科道會
題臣等查得兵餉關係最為緊要不得不預行籌畫

在外督撫等身任地方錢粮應生應節之處知之必
悉應仍照户部所議請敕各督撫如何使百姓不致
困苦以足
國用有益兵餉之處務使盡心速議陳
奏之日再議可也
十月初六日奉
旨依議欽此
康熙十九年二月初七日江南巡撫　臣慕天顏謹密
題　臣奉到
部文移咨　臣等看得理財之道不外生節二端而今

裁省頻頻業已無遺是節之無可節矣若夫生財之道非問諸民財必取天地自然之利鑄山煮海管仲之所以富齊平準鹽鐵宏羊之所以裕漢斯固已然之效然皆因地因時致功所謂不惟其法惟其人也在今日鹽課既已加增鼓鑄既已搜採而惟是礦山取銀之道每因費多獲少格議難行雖曰生生不匱積少亦必成多然銀之出於中國者有限而開採則利害兼之銀之出於外國者無窮而以有易無流通不竭從古海洋商船之利於民者莫大焉往時江浙閩廣之富饒倍於他省豈地產之獨厚乎要皆資於

海外者源源而來也魚鹽之利既爲沿海地方所固有而洋貨出入經其地每有一本而獲十利者或一舶所載貨盈百千萬緡試問直省中富商巨賈連檣貿易有此滿載重貨輕本大利者乎民安得不富況白銀之行使於宇内日逐銷耗沉湮爲必然之勢乃市舶之金錢得以繼其窮故常盈而不見其縮今則無地不嗟貧寡之患而在江南爲尤甚何也江南之賦煩重於他省自禁海以來片帆不得出洋海外之生息既絶且多遷費之苦腹内人民株守田舍耕鑿之外更無他望即歲歲豐稔正賦供而餘粒無多食

衆生寡能不坐致凋傷又況兵興至今征求更急加之以災患因之以飢饉而猶不盡轉死溝壑者不知費幾許安全也民貧而期
國富豈不難哉今部臣籌餉不敷請
勅臣等速議陳
奏臣才識疎拙曉夕細等籌謂此經
國遠圖當習集衆益不敢驟進臆説是以廣行諮訪據布政司臣丁思孔詳議開海禁一策仍以事關重大再行酌議詳覆前來臣思海舶通商誠有利益於
民生蓋地產所出絲布藥材等貨原屬平常之物一

至外國得價數倍使外國之金銀歲入於我百姓賴
以充裕賦餉賴以轉輸豈非生財之大原較之斤斤
議節議捐不啻霄壤懸殊也但海禁重關軍
國在
廟堂之上屢議加嚴臣等職守封圻曷敢輕言弛禁
然未雨綢繆要在邊疆自固其於洋船往來棄沙内
從實無關得失臣請爲
皇上細陳之夫海禁之嚴也不過爲逆氛未殄恐内奸之
接引登犯盧我生民又爲商船往還慮狡寇之剽突
邀求耗兹貨殖耳殊不知沿海出口各有定處海艘

原不能在在近泊其口岸設有鎮將重兵一艘出入
悉可點其人數稽其籍貫察其貨物無處容奸也而
操本角利之民寄命風濤亟圖厚載以歸安肯棄妻
子室家甘心蹈不測之禍且往者既已籍隸人船回
者亦能驗視人船名數倘有犯
令夾帶又安能逃通賊之
國典若云勾引連䑸乘虛剽掠則凡可登犯之處封
守毖防自足禁禦其衝突有何處虛之可乘即目今
外洋間有遊魂飄忽原不因市舶之通而生發也茫
茫巨海廣濶非常外國賓貢之船往來自若則商船
九

亦能瞭遠而鼠竄餘孽又何從扼其津要而攔阻之乎他省不敢具論惟就江南地揆度如吳淞劉河福山崇明狼山廟灣諸處衝要提鎮官軍星羅碁布我之防隘甚密彼之窺視何來如謂閩廣方在用兵江南不便開禁則編筏捕魚已久行而無弊矣雲臺復業亦歡呼於淮北矣近今廟灣小艇又許覓利於沿邊是閩廣之禁雖未撤而江南之開自無礙各省民情地利久在我

皇上洞照之中總之未禁之先不因通商而賊滋逞既禁之後不因商絶而賊自殲獨是二十年來可以厚收

海外之金錢而坐棄之反將安享我疆之沙土而輕擲之為甚可惜耳臣愚謂浙閩粵海禁之宜開與否仍聽各督撫臣之確議尚或可緩而江南一省民生日慽財用日艱不開海禁困苦益深不得不冒昧上

請倘蒙

睿鑒俞允其間烙號編船察貨征稅事宜與夫申嚴令甲杜絕奸宄定貨物之禁例勘口岸之通塞另行逐一酌

妥請

命遵行外其稽督巡防必兼資於文武現在鎮將官兵足資分汛而抽分納稅應責地方文職宜仿廟灣現

十

駐同知事例以蘇府海防同知移駐福山松府海防
同知移駐吳淞楊府軍捕同知移駐狼山統聽道官
彈壓亦毋容添設冗員以滋靡費臣更有請者江南
棄沙雖已復業過半尚有界外未復之洲實則在大
江口內而不在外洋遷民失業更為可憫今若開禁
再行勘令復歸故塋種補課又係生財之一端而海
舶通商所資在天下之大百世之遠豈僅江南一隅
足餉一時已哉臣謹會同臣阿席熙合詞密疏具
題伏候
睿裁施行臣未敢擅便謹

題請
旨
二月二十六日奉
旨着九卿詹事科道會議具奏欽此
九卿詹事科道會
題臣等會議得江南巡撫慕天顏疏稱海舶通商有
利益於民生云云臣等伏查海賊未靖故廣東浙江奉
旨特差部員嚴禁遏界況福建現在征剿海逆其該撫
題請江南開海貿易之處目今且毋庸議俟蕩平海
賊該撫具

十一

題之日再議可也臣等未敢擅便謹宻

題請

旨

康熙二十二年三月十三日

户科給事中臣孫蕙謹

題為捐納之事例已定財賦之公私宜覆請設專官

以便商民以足國用事切惟天地自然之利因之可

以裕國而

國家應復之制通之亦可以便民臣辦理户垣綜核

錢粮見户部覆廣東巡撫疏内稱有市舶一項每歲

收稅銀二萬二千餘兩自康熙元年禁海外番船隻不至有逆藩下人沈上達勾結黨棍私通外洋一年可得利六十萬後差部員洪尼喀至粵門查閱部覆准其由旱路進貿易十九年僅收稅銀二十六萬及撫臣李士禎入境親查二十年則收稅銀一萬三千二百七十餘兩以此推之則得其人以清理即可報多不得其人而聽其侵漁谿壑則亦可以報少也查故明沿海地方設有市舶司提舉通洋抽稅雖因革不一然彼明時但有海防而無海禁故環海內外互相貿易番船估船輻輳鱗集在粵則粵饒在閩則閩富自

禁海之令一下不許片板入洋而閩粵之富饒漸次消耗矣又經兩逆盤叛踞井邑蕭條然外番之貨物不絶於中國者禁於公而未嘗禁於私沿海之督撫提鎮視為奇貨蠹胥豪并夤緣為奸通洋貿易以奉其官長如沈上達者正復不少也今日四方削平海氛漸滅琉球安南諸國信使往來風帆絡繹而且要害之地設兵防守碁布星羅斷無有連艅大艘猝犯内地之慮也臣愚以為及今事例初罷當變通市舶提舉之制或令沿海道員近郡佐責其管理或特設專官照舊關收稅之例除會議廣撫李士禎疏稱渡口鹽

埠等項共增稅銀六萬五千餘兩外至於諸省各色商民或願內地經販或願出海貿易俱許其自造船隻報官給票登記姓名查明人數取具保結嚴其夾帶定其限期其出境也給票而後放行其回帆也驗票而後放進計其貨之貴賤定其稅之輕重不數年間內地之元氣可復嶺外之財賦日增不但閩粵之富饒已也仍

勅下督撫詳議開禁之事宜並酌設官之規條庶幾從前外洋內洋各項物利徒飽於私橐者今可歸之

公家其有關於

國計民生者大也臣在户言户謬陳管見如此統祈
皇上乾斷施行
工部右侍郎降一級留任臣金　謹
題為捐納之事例已停財賦之公私宜覆請設專官
以便商民以足
國用事案照户科給事中臣孫蕙
奏稱云
云統祈
皇上乾斷施行為此具本謹
題請
旨

十一月初九日奉
旨將此本交於欽差金呀會同江浙督撫議覆欽此
康熙二十三年二月初一日
欽差江南浙江查勘沿海等處地方部院臣金呀臣
。為請
旨事於康熙二十二年十一月奉
旨交與臣等原任巡撫慕天顏
題請開海貿易一疏給事中孫蕙條
奏
題請海上貿易一疏臣等到該地方與江浙督撫會
卤

議得慕天顏孫蕙奏稱云云查得順治十三年凡一
應米粮時物等項恐與逆賊互相私販特
旨嚴禁不許商民船隻私自下海其與外藩貿易之事查
我
朝從未有貿易之舉無案卷可查今查籌海圖編一書
明季洪武初設市舶於江南之太倉尋罷改設於福
建江浙廣東其外藩在江南貿易自明季已經改設
福建浙江廣東三省應毋庸議再查江省廟灣地方
准用五百石以下船隻貿捕而狼山福山又設官渡
聽民來往過渡貿易其餘地方仍禁未開今

皇上德威遠播海外悉寍江省海禁相應停止其凡通海口次所立木椿盡行撤去俱照廟灣現行例令民修造五百石以下船隻裝載土產米粮等物於海上越省貿易及採捕魚蝦嗣後有情願貿捕百姓預行禀明該地方官登記姓名取其保結給發印票船頭印烙號記其出入也令防守海口官員驗其印票點其人數倘有造雙桅八槳五百石以上大船出洋夾帶禁物者仍照舊例從重治罪若文武官員及衙役兵丁借端留難需索着該督撫提鎮嚴查指名

題叅從重治罪若督撫提鎮狥情不行

題參或被科道
題參或被旁人首告一體從重治罪其餘渡口亦照
狼山例交與督撫提鎮設法修造渡船令商民過渡
貿易至收偵物交各該道計算貨之貴賤定稅之輕
重按季造冊報部今海禁既開兵船之防守巡查斷
不可少江省提鎮標下各有快船沙船號船惟狼山
鎮標除渡之外別無船隻查京口將軍標下現有沙
船號船一百八十隻內應撥四十隻給狼山鎮標令
其防汛地方巡邏商賈可也臣等未敢擅便謹
題請

旨

康熙二十四年

江蘇巡撫桑。。親履海口相度形勢

題定章程給照通商行駛閩省商船名曰鳥船熟於浙台洋面不入北洋來江俱收上海口子江省商船名曰沙船熟於奉東洋面不入南洋來江俱收劉河口子各設關榷收稅守口員弁易於稽查永為定例

觀此而知前大憲之深謀遠慮為

國為民真有令人思不忘者也然同一江南海口而必沙鳥分收者何哉蓋劉河吳淞二大口海寇之

所習聞者也黄浦一小港海寇之所未聞者也今劉河吴淞俱成平陸其心無望矣而黄浦則日就深通已成巨港風濤之險商人見之而惻目惟鳥船其船尖底其人狡滑其音鴃舌其所載者皆粗重之物以之停泊上海可無意外之虞蓋其船尖底着淺即倒雖浦東一片沙灘吴淞進口七十餘里然外有吴淞營叅將以守之内有兵備道以鎮之如鳥在籠何從飛脱則令其收此最為妥洽矣而沙船其底平稍淺可行其人巧奸詐時生其所載者皆東省貴重之物而劉口則有炮臺營船以

防守之海關以稽察之兩岸汛官以巡查之所以
重
國課而計奸商者周且密矣縱有奸詐之生烏能脫
其重重防範哉是皆前大憲之一片苦心綢繆於
未雨
聖天子之萬機握算妥洽乎羣黎者也苟率由而不變
豈非民安而
國裕哉
考沙船在乾隆四五年間漸次不遵舊制越收上海
僅存青口對渡船仍收劉口從此浙閩洋匪越入北

洋直至城山之石島雞鳴島焚刼奉東二省咸皆震怖太鎮衿耆生監曾具呈　撫憲其詞畧云沙船不遵舊章共越劉河混入上海與在上島船雜處一口船混人多稽察雖嚴爭端易起其在洋為盜島船覘候沙船重貨厚貲乘風肆刼報案頻多未必不由於此且恐日久相熟不肖島船或勾引沙船舵工水手熟北洋沙線者引路為匪上年匪船竄入山東洋面弊可槩見此沙島各船應請飭令照舊分收者也等語

巡撫批　沙島各船收口自來有一定章程如果混

雜一處理應速行查禁仰松江府即會同太倉州確查安辦具覆毋遲粘例並發等語候至第二年未見舉動而洋匪之猖狂益甚於是復具呈於
撫憲云上冬生等環籲
憲轅蒙飭府州禁辦仰見
憲天慎重海疆之至意惟是上邑趨利之徒賄承捺擱竟以聽商自便之説袒朦率覆焉肯將混雜弊端據實指陳如上年上邑龍華鎮閩人械鬭斃命有案黃浦港閩人行刼斃命有案東門外閩人登岸搶火有案加以沙船水手混雜其間竊恐日見效尤在上

邑商牙但顧目前之利不顧混雜之貽害無窮現奉
堵緝竄逸洋匪但混雜則易於藏奸分收則稽查自密
為安商計即所為弭盜計伏乞
大憲大人恩賜電核飭禁分收絕洋匪而通水利澄
源正本永奠海疆急切上呈等語後仍被奸胥捺擱
動靜未聞
乾隆五年奉
旨准兩江總督那
奏請饋邑豆石准其由青口對渡劉河糶賣以資民
食

按太鎮於乾隆三四年歉收關山東各口皆荒豈船不到惟贛邑豐稔蒙兩江總督那公親至劉河勘視

題請將贛邑之豆由青口出口對渡劉河以資民食奉

部文户部為請弛贛邑海口之禁等事貴州司案呈四月二十四日江南司付大學士會同議准兩江總

督那等具

奏贛邑豆石准其由青口運往劉河糶賣以資民食並令淮安江海二關將進口船隻徵收稅銀一案於

乾隆五年四月十三日

題本月十五日奉

旨依議欽此相應付知等因前來相因抄録原
題行文蘇撫並淮關監督遵照奉行可也為此合咨
前去查照施行
按青口荳船自康熙二十四年大弛海禁之後即准
其對渡劉河糶賣但贛邑民情險惡未免有越販私
偷之弊於康熙五十七年被兩江總督常
題請禁止至雍正三年陞任布政司鄂目擊民艱復
請弛禁未果接任布政司潦公紿文議詳選擇誠實
船户裝運劉河復蒙
恩准至雍正七年署理兩江總督范公又以贛邑之豆

原有内河可通太倉不必定由海口對渡致滋獘端
因復
題請禁止蓋以已被歷憲洞燭其奸是以屢開屢禁
至是復蒙督憲那公
題請弛禁以後青口商人奉行者五十餘年至嘉慶
年間見各省貨船越收上海亦思改轍先有贛榆縣
生員吴昌善具呈督憲請本境豆餅與黄豆一體對
渡劉河銷售督憲具
題請
旨奉

二十

御

批海口例禁理應嚴密商人惟利是趨其呈請豆餅出
口銷售之處不過為夾帶私貨起見該督所請弛禁
殊屬非是嗣後仍照舊定章程督飭稽查欽此即此

仰見

聖天子明察秋毫洞見民情之至意至慶嘉慶六年六月
十八日江蘇巡撫岳公清查青口豆船船冊不對飭
令文武員弁嚴查毋許混收別口

兵部侍郎兼都察院副都御史總理粮儲提督軍務
巡撫江寧等處岳　為遵札呈送事據該關呈稱
嘉慶五年十月十一十二月分大關呈送劉河口收

進贛邑豆船二百七十五隻戳存贛榆縣所發豆单
二百七十五張開摺呈送查核發關益印發縣註銷
等情到本部院據此除摺存查外查贛榆縣黃豆一
項定例
奏准由青口對渡劉河口發賣不混（准）收別口今該縣
所給各戶豆单原俱填註自青口出口運往劉河發
賣字樣何以僅據十月分陸恒發一船十一月分高
恒興施永泰王合泰三船十二月分張元順一船遵
例收進對渡劉河口發賣其餘高源發等共二百七
十船均各另收大關殊違定例合就飭行為此仰官

吏即將發來戳存豆单二百七十五張蓋印轉發贛
榆縣查收備案一面轉飭遵照嗣該縣豆船給發豆
单務遵
奏准定例由青口出口運往對渡劉河售賣毋許仍
前混收別口致滋偷漏仍將給過各船豆单裝運豆數按
月隨時分晰開摺呈報以憑該關呈繳豆单到日查
核飭遵並將本年春季分贛榆縣有無給過豆单一
并查明據實覆奪事關海運毋任違混有干未便速
速須至牌者右仰海關准此
嘉慶七年七月二十一日太倉州奉憲移行鎮洋縣

出示查禁分別收船

本州正堂　　為分別收船等事本年七月初五日
奉布政司汪札開奉巡撫部院岳批太倉州詳贛榆
縣豆船請照舊例由青口對渡劉河糶賣以濟民食
不准任其混收別口致滋偷漏並請通飭沿海守口
員弁查有紊越即治以違例之罪等情奉批查贛榆
縣所產黃豆一項於乾隆五年
奏准定例由青口對渡劉河糶賣以資民食未出口
之先該縣驗明給以印单填明商船姓名豆石數目
運往處所發賣字樣按月造册分晰報院查考進口

時令該關收稅戳截角回縣呈繳豆单報院核銷等因歷據海關將收對渡劉河口贛邑豆船截存豆单開摺按季呈送查核在案今據該州具詳前情核與定例相符惟聲請飭行贛邑每船發給印文移知鎮邑隨船帶投之處查贛邑豆船既有印单可稽自可毋庸再給印文令其隨船帶投致滋紛擾仰蘇州布政司即速查核例案妥議詳奪飭遵一面仍遵前札將贛榆縣給過豆单張數及裝運豆石數目飭令嗣後按月隨時開摺呈報以憑稽核并通飭守口員弁實力嚴查毋任混收別口致滋繞越偷漏有干禁例並

移明海關道一體飭遵繳等因到司奉此除查例核
議會詳院示飭遵外奉批前因合就札飭等因到州
奉此合行轉飭札到該縣即便遵照分別移行沿江
沿海守口文武員弁實力嚴查如有贛邑豆船毋任
混收別口致滋繞越偷漏有干未便一面仍遵節繳
將劉河口收進贛邑豆船數目嗣後按月隨時開摺
通報以憑稽核毋稍違悞切切
至嘉慶八年又有青口商人陳程宏泰以劉河淤塞
為辭具呈督憲又欲越收上海
兩江總督費批贛邑豆石止許由青口運至劉河對

二十三

渡銷售係户部甫經
奏定章程何得遽思改易況劉河淤塞地方官自必隨時開浚以利舟行毋庸飾詞越瀆原呈發還不准然而青口之人心未死也於是勾合上海洋行賄囑劉河訟棍串通道房陸煥堂撫房王翼宸許以常年規例聚黨營謀至嘉慶十三年復約崇明山西衆商之在青口者聯名具呈道憲以劉河淤淺為辭請暫收上海而道房竟備文詳撫撫房亦竟批准今將兵備道告示録存

欽命江蘇分巡蘇松太兵備道鍾為環叩憲恩事本年

十一月十八日據崇明山西海州等處商人陳恒隆常宗昇郭極興汪和祥等呈稱云云查青口豆船向來或收劉河或收吳淞至關報稅售賣原聽商民自便嗣於嘉慶七年劉河開浚深通內河駁運便易奉院憲檄飭遵照

於乾隆五年

奏准定例贛邑豆船由青口對渡劉糶賣今據該商等具呈劉河淤淺現在興挑而石家塘支河又復淺阻駁運維艱請循舊例即在劉河報稅發給稅单原船於吳淞口千驗收到大關投牙售賣之處自應恤商暫准轉口一俟劉河挑竣之日仍由劉河駁運除報

二十四

明撫憲並移知海關各衙門轉飭在口員役遵照外
合亟發示札知札到該縣即便知照並將發來告示
轉發該地保揀糊木板懸掛劉河口仍具文呈覆毋
違特此札知
自此以後劉河一口竟無一船之至矣鎮之居民宛
如涸鮒迨嘉慶十九年又遭大荒民不堪命聞
欽差兵部尚書初諱彭齡署理江蘇巡撫素有清正愛
民之聲劉鎮老人龔景山等以户部
奏定章程奉
旨准青口豆船對渡劉河以資民食一案具呈爲剋下救

荒之計附錄呈底於左

呈為濟食情迫環叩飭遵舊章事切身等僻處海濱時虞飄没而太鎮木棉之地謀食尤艱前蒙督憲那憐念窮黎於乾隆五年

奏請將贛之豆由青口對渡劉河以濟太鎮民食奉

旨毋許越收別口又於嘉慶八年有上海縣商人程宏泰等藉以劉河淤淺為辭意欲將贛邑豆貨越收上海具呈前大憲蒙批贛邑豆貨止由青口運至劉河對渡銷售係户部甫經

奏定章何得遽思改易況劉河淤淺地方官自必隨

時開浚以利舟行毋庸飾詞越瀆等諭自是以來賴
有青口豆貨以濟之窮黎咸沾實惠至嘉慶十三年
河道復淤經海等處商人汪和祥等以河道淤淺青
口豆貨可否即在劉河報稅發給稅单原船收至上
海扦驗銷售一俟劉河挑浚之日仍歸劉河發賣等
情具呈道憲蒙暫准轉口一俟劉河挑浚之日仍由
内河駁運出示曉諭有案可稽迨十七年蒙前大憲
暨督部堂
奏請借
帑開浚劉河工已久竣河道深通而青口豆船延挨

至今未見收到劉河第上年年歲豐稔謀食雖米粮猶賤今則米價昂貴若地產木棉之區他處之米粮不至民為餓殍即在須臾查本年贛邑豆苗極好新豆現在裝船駁運之時咸望啣尾而至得以救荒滋恐商人未悉劉河挑浚仍泥於暫行轉口之說太鎮黎民饔飧奚繼欣逢

大憲大人福曜光臨軫恤民瘼同飢同溺小民望恩情切若大旱望雨為此環叩

大憲大人俯察蟻情恩賜飭知贛邑併移道憲諭令青口豆船仍收劉口以濟太鎮民食萬民感戴上呈

二十六

八月二十三日奉
批查此案上年據司道議詳以劉河本係海關分口
劉口雖已開濬深通商賈久已星散行店亦多遷徙
贛邑荳船若强令收劉河勢必仍前稀少裹足不前
轉於額稅有缺請照東省荳船之例或收劉河或收
上海均聽商民自便等情經前部院如詳辦理在案
今爾等呈請飭知贛邑諭令青口荳船仍收劉口之
說如劉河商賈業已輻輳荳價日有起色該商等趨
利若鶩自必踴躍而來亦毋庸官為招至也
九月初三日龔景山等又呈

為濟民開運不聽商便事並抄粘乾隆五年
上諭
嘉慶八年
上諭兩江總督批語撫憲原批
九月初八日又批云前批已明如果商賈輻輳行店
復開豆價日有起色該商等趨利若鶩自可仍循舊
章歸收劉口行銷否則無利可圖即不便官為抑勒
伊等又豈肯以爾等日用所需折本而售致令裹足
不前短收稅額耶爾等應仍聽豆商自便不得多瀆
按龔景山之請導

欽定章程者原因歲荒起見與生意一道毫無關涉豈
料憲情叵測以生意為稅額攸關以民命為天時所
致致推原其故又被奸商衙蠹舞弊矣更可異者嘉
慶二十一年因連年淮滸二關稅額短缺
皇上查問情由而督撫回奏摺內稱贛榆縣一路黃豆從
青口航海對渡松江之劉河口糶賣其意蓋欲使蘇
松兩屬混雜不分以便從中舞弊此所謂州縣以朦
其府道府道以朦其督撫督撫其
皇上者也夫
國家定典

聖帝之所勞思大臣之所籌度而成者也今被奸商賄囑
書吏竟將
欽定章程以聽商自便一言毀之則其貽害於民間者
不過一州一邑而攸關於
國計者正無窮也

建閘防寇

康熙十年江蘇巡撫馬祐布政慕天顔奉
旨建天妃閘於劉河鎮之天后宮東距海一十一里設水
門三中濶計二丈四尺四隅築石實土以護石閘凡
二十丈

按黃與堅建閘記載是時海沖無民船來往不煩啟放並築月河於其旁夫月河者轉河也南轉河通石家塘北轉河通漕其時海氛未靖海禁未開

聖天子日夜憂思特命撫臣海口建閘非專為水利而設也而撫臣能體

聖天子之心

題請開鑿轉河使海水之來兩分其勢庶幾閘座可保然不過五十餘年閘究傾圮考范文正公有言曰新導之河必設閘以禦來潮使沙不能壅若婁江七浦上流洪潤海潮不能過者不必置閘如楊林湖川

盐鉄等河南出婁江北通七浦者皆不可無閘又考明周大誥建閘論曰上路地連山土脈理堅實又無潮水交衝故可築閘呂城孟瀆等閘是也瀕海皆浮沙海潮湖水内外衝齧閘底樁木之處一有罅漸次流空而易崩白茆七浦斜堰等閘是也故十設而九廢然是二說者

聖天子豈不知之特以海疆重地欲保護斯民不得不預為籌備而後世迂儒定以為建閘必須啟閉是豈能知事理者哉夫建閘者所以備不測之虞而不閉者所以濟三時之利而通舟楫之便也由是以思

二十九

聖天子之貽貽惠農商豈不至深遠哉

雍正八年閘圮奉

旨重建新閘於天后宮西半里許立水門四其大小規模悉如其舊每門備木板二十四塊然備而不用

嘉慶七年總河大人康　諱基田降調太倉州開浚劉河撤去南馬頭東西中三座浮橋之石塊木樁恐阻

上流清水也

嘉慶十八年七月兵備道鍾飭令太倉州朱將閘門之閘板齊下用鉄鍊連貫而封鎖之船貨到閘令盤閘過船毋許啟放

細察封閘之故有由來焉嘉慶十三年青口商人奉兵備道示准其暫行轉口之後非惟太鎮人民不作開浚劉河之想即青口商人亦不料劉河之再浚也於是汲汲焉復與撫道二衙書吏並洋行訟棍日夜圖維而書吏之巧計生焉趁開河之際日與各州縣之舉監生員會商因勾合太鎮崑新之紳衿一十八人許以河浚之後若能將石板霸住閘門不許開放則青口荳船之奉

旨收劉者萬無不至船貨到時令其盤閘過船而閘口創一過儎牙行一年必有十萬餘金之利斯時十八人

三十

餓眼花生妄思非分遂信以為真於是措盤費搜尋舊例投呈州縣及各憲并請縣尊六案通詳遂使忠厚仁慈之董縣尊聞可截留清水永遠不必再開之説竟樂為之通詳而上憲衙門俱已關照亦竟批准董公大喜立傳石匠發庫銀備辦長二丈五六尺潤一尺四五寸之大石條九十六條連夜赶辦定於開壩前下齊石板適於三月初五日藩憲慶大人勘視河身至東壩陡然想起堵截閘門一事顧董公而言曰用石板堵住閘門是誰教你的主意董公不能答遂不歡而散董公回署後立傳主稿書辦而書辦早

已聞風逃脱矣此時十八人之意興雖減而貪心猶在也乃復議换用木板引隨時啟閉之説以呈各憲亦仍批准然而各書吏之心猶未安也蓋倘遇一精察能員慮及民情有不便之處竟可不閉矣急退而謀於當路之貴公子某奉以重賄告以實情於是七月十七日有出示封閘之舉猶恐縣尊仁慈不行遂着太倉州用鉄鍊連貫封鎖閘門勒石遵守然書吏之心仍未穩也乃復擬混江龍鉄掃帚之説以為善後事宜於督撫

奏本内一并申明奏

御批一切經管章程俱着照所議行欽此至此書吏之
心安矣商人之心亦安矣青口豆船竟不來矣獨十
八人之妄想則成畫餅矣幸而
聖朝景運海不揚波倘海潮泛溢而閘門已閉則閘外之
民豈不盡成魚鱉哉古人有言曰學而後入政未聞
以政學者此類是也

積穀救飢

雍正三年九月二十三日奉
上諭古者視歲之上中為儲蓄之節蓋官民經畫久遠
不為一時苟且之計積之於豐年用之於歉歲所謂

有備無患法良而意美也朕自臨御以來宵旰勤求無刻不以民依為念乃重農積粟之詔屢下而閭閻卒少蓋藏官倉亦多虧缺即如直隸保定等府去歲頗稱有秋今春二麥亦熟乃以夏秋雨水過多田禾被澇而民間遂有飢色幾至流離若非多方賑恤窮民必致失所此皆草野無知食不以時用不以禮但快目前之有餘罔計異日之不足一遭旱澇追悔無從至於常平通倉原為備荒而設乃奉行不力多至缺額罪何可逭茲　江南浙江江西湖廣福建河南山西陝西廣東廣西雲南貴州等省督撫報稱今歲秋

成八九十分不等朕覽奏不勝慰悦督撫等可轉飭有司徧行曉諭務須樽節愛惜各留餘地預為他時緩急之需社倉之法宜趁此豐年努力行之勿視為虛文故事朕為吾民籌畫養贍之道惓惓於懷無時或釋而吾民自謀其身家若但苟且因循不復長顧遠慮則重負朕軫念元元之意矣至於州縣倉儲向有虧缺者若不趁此豐收之時速行買補將來發覺斷不姑貸慎之慎之欽此

雍正四年鎮洋縣陶士偰奉

旨建積穀常平倉

乾隆六年鎮洋縣金鴻遵
旨建積穀倉於劉鎮之十九都六啚計倉之基地二畝有零倉厫十四間倉廳一間在新閘東即今之甘草司公館是也

考甘草司官署原在六河鎮係太倉州界為六河滙集之地故名六河繞鎮者為甘草河地出甘草故又名甘草鎮而甘草司之名亦因是而得後以劉河日盛海船出入俱應點視年貌查明人數掛號放行於是暫借積穀倉為公館而積穀倉之善政遂廢矣而甘草鎮之官署至今僅存公基一塊石碑一座而已

築城茜涇

乾隆三年兩江總督那 諱蘇圖奉
旨築城茜涇將劉河舊城磚石運至茜涇檄蘇州府同知
張漢平領
紹監督照舊城加濶加高立陸門四水門三高二丈
五尺六寸圍廣五里有零飭令劉河營遊擊統領水
陸官兵八百三十名駐扎以鎮守劉河海口
按劉河城前明以參將守之萬曆時改遊擊至明末
屢遭兵火內無居人城亦漸傾
國朝康熙六年兩江總督郎廷佐巡撫韓世琦以重兵移

駐茜涇仍以遊擊鎮守

乾隆四年發

帑建演武廳於茜涇東門外教場內計基地七十七

畝零建演武大廳三間捲棚三逢一四七舞牌二五

八試鳥鎗三六九習射逢十則合營演陣乾隆五年

奉憲委甘草司巡檢領

帑設立火藥局於守備署之東偏

兩江總督高晉

題請崇明鎮標下五營官兵提至劉河營合操奉

旨俞允自此每逢制軍大閱之期則崇明劉河六營官兵

齊集教場遂爲菑涇之勝觀焉

海關盤查

康熙二十四年奉

旨開海禁通商江蘇巡撫桑

題定章程沙船熟於奉東洋面不入南洋來江俱收

劉河口子設立關榷收并文武員弁守口稽查

按明李籌海圖編一書洪武初設市舶司提舉於江

南之太倉永樂時中使鄭和亦由劉家港出海通使

海外諸國各國貢船俱於劉河口停泊後海寇屢警

遂移於廣東而太倉之市舶司遂廢至

國朝開海以後商民漸集然商船之進口亦甚艱也每每一船進口於沿海文武衙門掛號在船舵者親賫官票進蘇先於撫轅呈驗然後委員到劉點驗人數面貌查倉納方敢出售貨物蓋是時海寇未平各大憝猶慮有未盡之洋匪混入商人名下以擾沿海居民於是議以土商報保税着劉鎮之積祖商販身家殷實者報明鎮洋縣着地鄰互相保結送撫轅看驗給以諭单令其於商船進口時先行查明根底出具保結送關查驗然後扞倉納税如此籌度周詳可謂盡善盡美矣

户科給事中孫蕙
題奏云事例初開當變通市舶提舉之制或令沿海道員郡伊責其管理或特設專官各關收稅於是奉
旨將海關稅務着兵備道兼管分防其關政用人要務仍由巡撫經理

按兵備道於前明正德七年設立原駐扎太倉今縣東保本寺即其舊基也嘉靖十四年命兵備道統轄蘇松常鎮四府事仍駐太倉萬曆二十二年命太倉兵備道專管蘇松二府分水利道管常鎮二府事直至

國朝康熙二年改兵備道爲蘇松常道移駐蘇城康熙二十四年開海以後商船分收各口設鎮海關於劉河海口乃復移兵備道駐於上海兼管關務另立海關以弾壓鳥蠻而劉河之海關稅署南岸則設立內外哨船河置木栅貫以大棕繩用鉄鏈聯鎖使南北相連關分內外每潮水平時放炮開關放船出入有藩憲委員坐官廳以監督倘內貨出關則有內哨船以司之於潮水未平之前協同關書內師逐一點驗貨物恐有違禁等情查明後給小票於過關時呈繳其外貨進關則有外哨船以司之於投關報票後協同關書

內師暨稅行坐船至海口通船檢點貨物令其另僱小船駁運進關亦給與小票過關時呈繳惟冰鮮船進口隨到開關揚帆西往哨船隨之以進俟查明倉口回關停泊再有魚秧船出口亦到即開關不稍停留是二者乃

國之恩典一以廣生育一以便商利也

軍工戰船

古者步伐止齊兵車之戰久已無聞惟有水陸二戰而已水戰以舟陸戰以馬而海戰之法未聞自元開海運明季通商海疆不靖海戰之船不可緩矣其以

國初定制崇明鎮標戰船設廠於劉河口修造取其緩急之便也夫江南水陸大兵提督軍門主之而沿海水師崇明狼山二總兵統之狼山船廠設立南京崇明船廠設立劉河各隨其便而已崇明一鎮南至松江吳淞營黃窑墩等口直接浙江北至常熟福山營養鵝墩等口直接狼山而劉河口適當崇明對渡南北中要之地相隔八十里水面軍令一出船可立至豈非緩急可恃哉此各大憲之盡心謀度而後設立於此處者也自嘉慶二年開浚劉河冬季即塞之後軍工船料不能通運嘉慶四年兵備道李廷敬飭令遷至

上海此廠遂廢然上海廠基設在吳淞內港出黃浦江三里離吳淞口七十餘里出口必候風潮之便盤過寶山嘴收至崇明約二百餘里即遇順風亦須兩日一夜由此觀之可見前大憲之斟酌事宜自有深意若但就目前之便而不計臨事之艱豈知經國之道哉是以嘉慶五年總大人康公諱基田閱視海塘路過軍工廠陸問道憲曰劉河軍工廠如何不見道憲答曰因劉河淤淺已遷往上海矣大人笑而言曰倘上海再淤則欲遷往何處乎考鎮洋縣志載南墅溝河面濶十三丈五尺河口打樁三路每路樁四十枝北

墅溝河面廣七大河口釘樁三路每路樁一十八枝其鉄鏈麻索木料等銀俱於軍工廠支銷則軍工一廠雖為造船而設而於海口防禦與有功焉

朝廷之為民謀可謂無微不至矣

考下海戰船之法歷古所無惟漢武帝之禦海寇則有樓船有戈船有下瀨船有橫海船故於江淮青齊皆設有樓船軍後擊南越救東甌則用江淮樓船滅朝鮮則用青齊樓船一經練習水戰則山東之人亦能操舟楫以下海矣宜其所向之無敵也

營船巡哨

康熙十三年設沙船八隻帶兵一百六十名派於劉河鎮專管内河巡哨
按是海禁未開劉河海口無民船來往但着於内河各路巡緝
乾隆元年設巡哨沙船四隻輪派千把總各一員外委各一員帶兵八十名在南北洋面巡哨東至崇明中流為界南至黄窑墩接界北至養鵝墩接界四船輪流往返停泊則於劉河口之營船灣以防内地
炮臺鎮守
康熙五十六年奉

旨於劉河海口設立炮臺建房三間以藏火藥下建營房
十二間輪派千把總各一員經制外委一員統兵八十
二名駐守海口
乾隆三年兩江總督那蘇圖
奏請建立高臺築垛貯炮上設木蓋以蔽風雨其臺
下營房着鎮洋縣不時修理
按劉河口以南牛角尖新開河平冦灣薛敬塘破倭
口北則丁涇潮田涇新塘大赦河陶家港楊林港等
處各汛俱屬炮臺統轄
考炮臺試炮每歲於秋季開操時試放劉河盛時船

隻頗多每逢試炮先期巡海驅逐一切船隻至是日清晨守汛官員祭炮然後試放

閱兵水操

自古兵家之法水戰則有海戰絶少自開海運以來窮島匪徒俱生覬覦此元明之所以受累也欲靖海疆海戰豈容緩乎故兩江總督尹公諱繼善預籌及此於乾隆二十八年與巡撫莊公諱有恭題請於劉河海口塘上建立高臺以閱水師使沿塘營汛乘海艘臨驚濤習演衝擊隨風舒轉庶幾習之久者膽自壯演之熟者機自靈縱有颶風之來不至

目眩而足仆矣昔周瑜以三萬人逆曹兵於赤壁謝安以八千人邀苻堅於淝水其即此意也夫我劉河二百年來無海寇之警者皆諸大憲之綢繆未雨

聖天子之

睿慮致詳得以享此太平之福也

附記國瑞

順治八年鳳凰降

八年秋鳳集於謝浦龜山之麓大小衆鳥以萬計翱翔嘈雜於左右越七日摩空而去糞污田土如堊其毛羽多青色又明年鳳集青州毛羽備五色從鳥亦如之

四十

數日而去有遺粒如珠色光澤而碧識者曰此竹食實也

按蔡衡對光武帝曰凡象鳳者有五種多赤色曰鳳多青色曰鸞多黃色曰鷟多紫色曰鵷多白色曰鵠皆身高大餘衆鳥飛護則集於澍浦者其青鸞乎若夫青州所見其為鳳也無疑矣

又按山海經廣註云鳳凰狀如雞高五六尺身備五彩首文曰德翼文曰義背文曰禮膺文曰仁腹文曰信飲食自然自歌自舞見則天下安寧應聖君而一出

雍正三年日月合璧五星聯珠

三年二月初二日在朝諸王及文武大臣以日月合
璧五星聯珠為四千餘年未有之瑞恭請
世宗憲皇帝御殿以受朝賀奉
上諭不必行遣官祭
景陵以昭祥瑞續奉
上諭據欽天監奏稱雍正三年二月二日庚午日月合
璧以同明五星聯珠而共貫宿纏營室之次位當娵
訾之宮為從來未有之瑞應請勅付史館等語朕維
日月五星運行於天本有常度是以從古曆元可坐

算而得然古稱高陽時五星會於營室漢帝時五星聚於東井宋祖時五星聚於奎史書皆紀以為祥蓋七政會合數雖一定而遭逢其時者實海宇昇平民安物阜之會也若以為德化所致朕方臨御二載有何功德遽能致此嘉祥皆由我

皇考六十餘年

聖德神功蟠天際地為千秋不世出之君為

上天第一篤愛之子所以純禧駢集曆數綿長錫祚垂光至於今日睹此難逢之嘉瑞朕嗣統以來兢兢業業率由舊章惟以

皇考之心為心以
皇考之政為政宅衷圖事罔敢少越尺寸故邀
上天垂鑒仍如
皇考之御宇綏猷而錫以無疆之福也朕幸逢嘉會不但
不敢自居亦且不敢自謙總由
上天申眷
皇考朕與天下臣民同在福祐之中當與天下臣共慶之
所奏著付史館并頒中外欽此

日月合璧五星聯珠賦

皇帝握乾符闡坤珍參兩大撫三辰澤滂九域恩覃八垠

平章之化協熙皞之俗醇太和翔洽祥光氤氳甘雪
霏微而布潤靈雨優渥於當春天庥茲至景貺畢臻
爾乃象緯清明乾文炳煥二曜合彩於一垣五佐聯
輝而有爛娵訾近值於乾宮營室斜連於碧漢匪疾
匪徐或聚或散參差互映象圓璧之同規錯落齊升
儼編珠之共貫豈第聚奎聚井美盛世之昭回重光
重輪賡載歌於復旦時則青帝司辰夾鐘應律仲月
則節號中和庚午則詩云吉日順時耀彩欲顯見於
正陽應候流光協良辰於初吉迓
熙朝之純嘏適符太史之占溯上古之歷宗還殫羲和

之術有以知氣數之綦隆是以覩
聖人之首出斯時也神靈豫悅朝野歡騰僉踴躍忭舞合
詞而稱曰於哉
聖主之祥徵也仰重離之懸象將表瑞於升恒燦五行之
順序亦呈慶於豐登矧曠世而不覿遇
聖主之時乘昌期既應景福誕膺延禧錫祚以莫不增
天子方穆然改容勤思至道欽昊天以凝休揚坤功而展
孝卻賀典而居命詞官而祇告戒百僚使修庶政敦
誠心而去文貌祥既降而治益昌福彌隆而德彌劭固
當炳圖牒而薦貞符邁羲軒而宣顯號臣竊覩管雖陋

無能繪日月之華而槃扣為愚竊願傾葵藿之照謹
拜稽首歌曰惟天為大我
皇則之
聖祖垂裕我
皇式之惟天惟
祖孚佑我
皇中天景運媲於陶唐於萬斯年載篤其慶申錫無疆永
昭瑞應
雍正四年黄河澄清
四年十二月初九日起黄河日漸澄清至十六十七

十八澄清澈底自河南虞城縣至江南桃源縣共六百餘里自陝州以下東至虞城共一千餘里自陝州以上至潼關渡口約三百餘里地連五省澄清到底實布逢之上瑞

雍正五年正月十三日諸大臣

奏請

世宗憲皇帝陞殿以受朝賀奉

上諭覽諸王大臣等奏稱河水澄清二千里期逾兩旬為從來未有之瑞懇請陞殿慶賀朕嘗言天下至大庶務至繁斷非人主一身所能經理必賴內外臣工協力

贊襄然後可以成一道同風之盛若上（有）涼德之主而
下皋夔稷契之臣則工虞水火佐理有人政務亦患（不）
其不舉若上有堯舜之主而下皆共工驩兜之輩則
耳目股肱無所資藉政務亦必至於廢弛故人君之
道以得人為要而人臣之道以奉職為先此一定之
理也朕統臨萬方雖刻刻有勵精圖治之念然必（賴）内
外臣工共矢公忠各殫才力然後有實政實效及於
吏治民生方可以感
天和而錫繁祉不然則朕雖有勤政之念豈能事事躬親
辦理也今見數年之中荷蒙

上天
皇考默佑疊賜嘉祥茲又有河清之工瑞朕細推天人感
應之理自非無因當由内外臣工能體朕宵衣旰食
之懷洗陽奉陰違之習分猷効職有數端之善上合
昊天
皇考之心是以錫茲福慶以勵將來爾等試再思之人事
甫修僅有數端之善即邀
上天
皇考之嘉貺若此倘能益竭忠誠事事皆善則其獲福又
當何如或由此而侈然自足怠惰前修則其獲譴又

復何如可不慎乎可不懼乎況天道惡盈朕心方且因此益加戒儆所請慶賀典禮朕必不行朕君臣之間實屬一體

上天

皇考既垂訓於朕朕即以此訓及諸臣

上天

皇考既錫福於朕朕即以此福及諸臣凡屬京官自大學士尚書以下主事以上内大臣都統前鋒統領護軍統領步軍統領以下參領將領以上凡屬外官自督撫以下知縣以上武官自將軍提鎮以下參將以上俱

着加一等其王公等管理部院都統事務者應如何
加恩之處着宗人府議奏自玆以往内外臣工當益
加黽勉精白乃心和衷共濟矢勤矢慎秉公去私懍
天鑒之匪遥念感應之不爽以至誠至敬仰承
上天
皇考之眷佑則受福孔多永永勿替矣勉之勉之欽此

河清賦　趙大鯨

時當泰運瑞見河清湛洪源而朗徹涵萬象以澄清
治協脩和聿着
聖朝之嘉瑞祥徵清晏益貽　天下之隆平爾其天一滋生

四十六

坤元涌溢尊為瀆宗號稱水伯出自崑崙導從積石既遥應乎星精亦下縈乎地脉分兩源而積勢逶迤疏九派而旁流潤澤三門遠注箭流之濁水俱黄六斗曾量蒲海之春波未碧若乃陽侯効順河伯呈祥澄瀾浩浩素波湯湯拂祥風而漣漪澎瀰臨瑞日而清泚汪洋一望空明詳觀貝闕千尋皎潔俯瞰龍堂涵碧落而鏡光如洗遶金隄而練影偏長星斗輝澄恍三秋之銀漢雲霞彩漾疑五色之榮光息巨浪於桃花晶瑩一片照翠川之蘭葉洞晰豪芒誠以凝兩間之協氣而表

帝治之光昌懿夫世際之文明時登至治值寰宇之澄清覩光華之格被調寒暑於四時普蕃鮮於庶類璣衡朗耀象緯既見於中天經瀆安瀾濬滌復彰於厚地惟景歷之方隆正嘉祥之疊至粤考靈源之神應屢著符命於瑶編玉檢金繩三公臨觀於舜世飛星入昴五老呈瑞於堯年綠字授而禹功方告白魚躍而姬籙開先惟帝王之誕呈河洛而相傳乃溯洪流歷四千餘年而底定欣開清駛亘二千餘里而連延斯天地太和之氣周流而洋溢亦宇宙郅隆之運軼後而超前樂九州之熙皞撫萬國而甄陶勑幾康於業

業荷福佑之綿綿薦明禋而昭格沛渥澤於班聯鞏
金甌於寶歷調玉燭於薰絃敬詠懷柔於周頌而歌
景慶於堯天

雍正五年嘉禾之瑞

五年十月各省俱產嘉禾有一莖至十五穗之多恭
呈
御覽奉
旨停其進獻欽此

雍正七年卿雲之瑞

七年雲貴廣西總督鄂爾泰奏稱雍正六年十月二

十九日卿雲呈現光燦捧日經辰巳午三時之久奉

旨宣付史館欽此

道光元年四月初一日七星捧日

元年四月欽天監謹奏為

泰運呈祥七政獻瑞事切臣監謹推得

皇上御極元年四月初一日辛巳辰初一刻八分合朔之

候日纏太梁之宮時金星附日而居婁合木火水土

而同壁歲星居首均向紫氣東方順行

景運納音屬金長庚正與日同度此誠古今難遇之嘉祥

洵為載籍所希之上瑞恭惟

聖維合德
大化參元福應丕臻麻徵咸獻重輪在重之歲五佐
襄五撫之辰璧合效靈珠聯獻瑞要為衆兆黎民安樂
之休壁主文章廣化文明之治昔高陽聚室經數世
而一闢成周聚房歷三朝而始見未有鴻禧駢集元
象時垂如我
朝者也蓋我
列聖大德光昭百年之間天章四照我
皇上至誠感格一宮之內福曜九華又況逢
九五之建元值

四旬之紀壽近則二十六度宏開億千萬年率土臚歡普
天同慶謹按七政宫度繪圖進呈為此謹
奏

四十九

修

劉河紀略

四五

劉河鎮記畧第四卷

劉淯金端表翼如氏輯

形勢

我劉河一鎮僻在海隅而州縣志俱稱為東南保障非其地之可以保障東南也其形勢之足以統轄各口耳蓋聚精會神實在於此是以歷朝海運咸出劉河明季通商稱為天下第一碼頭

國朝開海以後雖變通市舶提舉之制而

歷聖諭旨無不以劉河為要地用敢畧敘形勢

南北形勢

漢唐以前劉河海口實無跡可稽至北宋景祐間范文正公統兵鎮守茜涇開鑿瀏漕河以通劉河水師出入是時劉口地勢寥廓無險可據至南宋韓蘄王世忠統領水陸大兵鎮守劉河築將臺於南岸駐扎大營復於東南寶山界建立將臺以閱水師蓋寶山之地又入東海於此登臺瞭望則劉河吳淞崇明乍浦各口情形如在目前而且浙省洋匪舉動亦可一望而知此南北之形勢而范韓二公所以於此相度得破倭之勝算者也

東西形勢

劉河為太湖之尾閭杭嘉湖宣歙諸山之水俱彙聚於太湖出寶帶橋北注由蘇郡婁門東下遶崑山太倉直至劉河出口而崇明適當其衝使水為二一過吳淞口由崇明南沙嘴以入海一經呂四場由崇明北沙嘴以入海二水回環勢若含珠此水經所謂海口羅心者是也得總戎以鎮守使洋匪不敢窺視劉則是劉河為蘇太各邑之保障而崇明實為劉河之保障矣此東西之形勢而沿海之居民得安居而樂業者也

山海形勢

前明成祖賛劉河海口日外即滄溟浩渺無際海舶往來最為衝要蓋東南巽位特峙洋山馬跡二峯以主巽方之旺氣而西北又有崑山常熟以照之其陽城巴城之水條分縷析由河川朱涇唐涇陸窑等支河會合於瀏漕河出口以接劉河（東）南海水其脈絡貫通巽辛相配水法宗旨云巽龍入局乃文昌照臨之地是以劉鎮之東則有太原祖塋全收其生旺之氣劉鎮之中則有天后行宮世享其香火之盛大平洋之水靜水也海潮之水動水也動則生陽靜則生陰陰陽相合萬物化生是以歷朝以來劉鎮雖興廢靡常

而終不至於盡絶者蓋此山海形勢乃天造地設非人力所措致也

兵法形勢

考前明崇禎十三年扒平王陸大造反陸大者崇明罪囚也自丁丑獄變逃入海中自稱扒平王勾通顧三麻子等登岸焚刧殺傷官兵三麻子者崇明黄氏駕船奴也是時鎮江有張海等江北有廖三等聚衆數千人合艅殺掠直抵施翹河當沙頭港宋家鎮等處往南掠至青村柘林北趨江淮掠漕船直逼江陰靖江自此大江南北無不震驚城門盡閉江蘇巡撫

黄希奏請會師剿滅是時有蘇松兵備道程峋方濰任急趨劉河海口視師進蘇見巡撫面禀情形巡撫委以軍機重任復至劉河立傳守官兵着僱捕船百餘隻漁丁二千餘名另立一營號曰漁勇選標材官二十餘人分屬統領給二月粮各授方畧以崇明營守備安國劉河營守備羅萬卷爲總領於四月十四日出兵遇賊於高家嘴發兵捕捉崇明總王之仁哨船發大炮破賊一船安羅二將夾擊自辰至未殺賊數百獲賊舟一十五隻生俘五十五人斬於劉口賊遁去官兵急追敗賊於大安沙又敗於江北新港獲

舟六十餘隻，生俘百人，焚殺溺死者無算。賊又竄入淮北，以刼漕粮，總漕史可法發兵急擊，賊又轉南。其先鋒張海被擒，刼無援應。程公憐其內多飢民，檄諭解散，又獲顧三麻子之兄顧大，令傳示招安。三麻見兄泣下，顧大傳示兵備道之威信，遂率衆至劉河營乞降。程公給以免死牌，散其餘黨二千餘人，收船三十餘隻，授以把總之職，置於麾下。計蒞任視師至受降之日，總百日耳。張采有言曰：程公功績偉而速，其得算在用漁勇，其功之速在身駐劉河海口，與南北軍帥呼應相通。當此歲時荒歉，又所統皆疲卒，而百日

之中使巨魁乞降南東安靖不亦難哉此兵家之形勢而為將者不可不審也

考吳梅村先生誌云程公為潤州太守時臨江治兵適遇賊發輒得威名播聞賊黨公至劉河之日賊遙指曰此京口旌旄也蓋賊心早懾矣及下車之後一定軍令諸兵將皆勇躍爭先莫敢怠玩故能蹙賊窮島百日功成賊既乞降則用之不疑散其餘黨萬里蕩清斯可謂奇矣

按自古海寇難平非以其兵革之利米粟之多也為其生處海中不以死生為念則膽壯而氣自豪矣內

地官兵素不見風濤之險即持兵站立猶且不能安望其殺賊乎而漁丁者以船為家日在水中又有官兵以護以之其胆亦壯矣此程公之勝算也然幸有巡撫黄公以腹心相托得以身處要地展其所為苟或同寅疑忌呼應不靈則雖有程公亦何足以相濟哉

五城形勢

宋寧宗嘉定十年外寇疊興海盜出没是時劉河岸濶沙深勢如大海蘇州知府趙彥橚奏割崑山之地另設嘉定縣於南岸築城屯兵以守其南瀏漕原為

水師出入之内河後因河道不修以致填搬成平地另浚石家塘以通嘉定兵糧之來往

國朝康熙八年欽差大人嗏閱視沿海奏請將寳山城改築石頭城屯兵於内以条將守之蓋明時寳山之地乂入東海百餘鹽場竈户羅列如林向築土城以守劉河吳淞兩口相隔甚遥自萬曆十三年以後海潮冲激坍及於山至明末城已三遷

國朝順治十八年欽差大人蘇宜議汰此城至康熙八年有老人獻議此處有鉄板沙如築石城必能永固至雍正二年分嘉定縣之半另設寳山縣其蒲滙塘爲

水師出入之內河乾隆三年遷劉河圳城之磚石另築茜涇城屯兵於內以遊府守之其北滑漕為水師出入之內河是三河者俱會於大劉河出海今三河通利三城堅固地內則有太倉城外海則有崇明城按天文則如五星之環衛參地理則如五行之碁布此五城之形勢而為保障劉河之大局也

按寶山城原舊土城在吳巷橋口其吳淞口尚在土城之南明時原係兩口後吳淞口日漸淤淺吳巷橋日漸深通將土城遷於吳巷橋口之北所棄城基為營中牧馬之地後吳淞口塞吳巷口深海艘皆由吳

六

巷口出入明末時土城又難保守直至康熙八年欽差大人與督撫正在勘視會議之時忽有一白髮老人扶而至曰此處乃海疆要地非城不守此地有鐵板沙須築石頭城以鎮之可以永久正欲細問老人不見其驚為神明指示遂定議築石城至今一百六十年矣塘岸毫無損壞此鐵板沙之明驗也不特此也其沙拖入沙海中數里所以往來船隻必避過寶山嘴皆以鐵板沙之故也

劉河鎮記畧第五卷

劉滑金端表翼如氏輯

盛衰

古人有言曰一晝一夜花開者謝一春一秋物故者新昔所無今忽有不為過昔所有今已無不為不足斯言也不獨達者知為樂天知命之言歷觀古今來盛衰升降之理事無巨細亦何在而不若是哉我劉鎮自開海以來日新月盛闤境平安百有餘年可謂盛矣其衰也無非以河道淤塞商賈雲散耳此即天地往復之道運會之循環也然較之前年河南之變

七

與洋匪之闖入吳淞烏鑾之肆行搶劫豈不大相懸絕哉可知天之淤塞劉河以困苦斯民者正天之保護斯民也爰稽往昔以誌盛衰

初盛

考舊誌載婁江口為三代時海外各國貢道然年遠無稽難以憑信秦漢唐晉以來雖有紀載惟太倉事蹟而劉口無聞蓋是時太倉以東河流散漫未能歸一至宋高宗南渡以後韓蘄王鎮守劉河海口雖在兵戈擾攘之際而居民漸集旺氣日生此則劉河之初盛也

初衰

孝宗之世秦檜專權武穆遇害國事日非蘄王急解兵柄隱於西河自號清涼居士日以詩酒為樂於是海盜卲琪張青據崇明造反是時沿海皆大盜出沒居民逃避無存此一衰也

再盛

元至元十七年世祖命丞相伯顏總制大軍取宋江南諸郡望風而降伯顏遣員外郎石天麟詣闕奏捷世祖大喜顧謂侍臣曰朕已得江南諒宋之君臣必懼朕與宋本無讐若遣使議和想無不從者遂勅伯

八

顏按兵不動命禮部尚書廉希賢齎奉國書使宋議和至伯顏軍所希賢請兵衛送伯顏曰方今兩軍相持宜令行人先往道意若以兵往恐生嫌隙和議難成矣希賢堅請乃閱銳卒五百畀之宋兵疑其叩關討戰率衆掩擊希賢被執而死世祖聞之大怒敕兵進攻益廣二王奔婺州范文虎奉少帝及太皇太后安營於浙江之沿海沙灘時少帝方四歲太皇太后望空拜祝曰海若有靈當波濤大作使我寡婦孤兒盡歸水府是我願也自此海潮三日不上兵馬安然文虎乃率衆降元伯顏收宋寶玉圖籍率少帝及太

皇太后由劉河口出海乘海舟以至燕京世祖封少帝為瀛國公以公主配之賜宅以居至元十九年朱清張瑄議奏海運漕粮於是命總管羅壁協同瑄等置造平底沙船六十隻裝糧四萬六千餘石八月由劉家河出口次年三月抵直沽是年初運海舟皆沿山依島頗費時日朝廷亦不之責也

至元二十三年奉旨建天妃行宮於劉河之北岸瀂漕河東約半里設立行泉府司專管海運增置萬户府四所於瀂漕塘以朱清為中萬户府張瑄為千户

九

是年海運粮五十七萬八千石有零於劉家河出口

大德十年江浙年歲不登敕令湖廣江西各輸粮五十萬石運至劉以充海運是年共一百八十萬餘石泰定二年海運江南粮一百七十餘萬石時漕臣康里奏北地廪積方饒請減粮數以舒江南之民力從之

至正二年天妃行宮漸圮漕臣以宮基迫近劉河岸難以永保奉旨移建發帑銀二萬五千鈔於舊基之稍西北重建

當此天庾出入宰輔頻臨各省之漕糧彙集一口又盛也

再哀

至正十二年海盜方國珍率島匪入寇劉家河是時浙省參政樊執敬督海運將發賊忽湧至燒舟糧無數直抵太倉賴漕户杭和卿招同廟僧謬懺攔敵居民得以逃避是時江參政寶哥同執敬率兵數千駐扎崑山先遣平江奕十字軍試賊相遇於張涇東口兵潰賊勢猖獗大掠至武陵橋（即今之太倉州西大橋是也）重獲乃去民死無算

至正十四年方國珍復率蘭山賊入寇劉家河蓋不忘糧艘也副萬户董搏霄率衆破於半涇灣賊始遁

去自此議停海運
至正十六年賊寇張士誠占據蘇州改平江路為隆平府時方國珍已降元封為海道防禦萬户奉檄統領温台明三州舟師號稱克復士誠遣其將呂珍禦之大敗士誠計窮議虛其地於是遣偽將史文炳屠太倉焚燒沿海廬舍殆盡國珍退乃招流民築太倉城以守之
易曰滿招損謙受益此言真千古之寶鑑也我劉鎮僻處海隅與海外之山島相接一旦以各省米糧屯聚於此荒陬窮民一經匪徒煽惑頓忘性命矣且外

隔重洋姦人聚黨內地何由知其賣細是以劉河盛之愈久其禍伏之愈深甚至盜與盜相併各肆其好殺之心使千門萬户盡成瓦礫豈（非）滿招損哉此又一衰也

又盛

至正二十八年閏七月元順帝出奔明太祖洪武元年以右丞相徐達為征虜大將運（軍）常遇春副之大破元兵於洛北以應天府為南京開封為北京太祖至北京放元宮人命户部於蘇州太倉儲粮二十萬石命都督張赫監督海運仍由劉家河出口以供遼東

按明季海運自洪武五年至二十五年每歲以七十萬石為率

洪武二十六年奉旨建海運倉於太倉計九百十九間命都督朱信為海運總兵大小官運軍悉聽調度建海運總兵署於半涇灣口建海運所用兵器鎧甲庫於總兵署東

永樂三年命太監鄭和王景弘等造大舶賫金幣統兵二萬七千餘人海船二百八十隻九月自劉家河出海十月至福建長樂太平港十二月於五虎口放洋張十二道帆順風十晝夜至西洋占城國時海寇

陳祖義聚衆三佛齊國抄掠番商鄭和發兵生擒巨魁七年道經錫蘭山國王亞烈苦奈兒負固謀欲加害賴神靈顯應得備遂生擒其王歸獻宥之歸國十二年統舟師往忽魯謨斯等國有蘇門荅剌國偽王蘇幹剌寇侵遣使赴闕請救遂率兵進剿生擒偽王歸獻以次遍歷西洋耀兵絕域諸邦皆恐朝貢日衆十三年滿剌加國王率妻子朝貢十五年忽魯謨斯國進獅子金錢豹西馬阿丹國進麒麟番名祖剌法并長角馬哈獸木骨都東國進花福祿并獅子十剌哇國進千里駱駝并駝雞爪哇國進麋黑羔獸方物

皆前古未聞各國王遣弟男捧金葉表文朝貢十九年命各國使臣久在京師者皆厚賜悉還本國從此各國貢獻較前益加豐厚貢船舟師俱泊劉河口天后宮前

宣德六年正使太監鄭和副使朱良都指揮朱珍等勒文於石立於劉家河天妃行宮之壁事載星槎記聞書

自此外國貢使絡繹而來而番商洋賈慕劉河口之名帆檣林立於是議設市舶提舉司於太倉專管通商收稅之事而劉河之財賦遂甲於天下矣此又一

大風也

又衰

嘉靖三十一年倭寇掠沿海是年秋報倭寇一在吳淞口一在七了口一在崇明沙明年閏三月賊首王直自列港走白馬廟掠寶山由劉家河揚帆而入劉河營守備解明道知縣董邦政率兵迎擊追至吳淞口有別隊賊從綵陶港來與王直合益猖獗都御史蔡克寬遣府同知任環與賊戰斬賊首百餘始遁四月又有賊首蕭顯自浙西來入劉家港寇太倉克寬在郡聞警星馳至太倉賊竟圍城凡十七日焚東西南三門掠各鎮鄉及倉粟克寬被圍賊飽其所欲而

去

按張采紀事先是倭商閩船至劉河口商販皆得利後黄巖黄尚書沒其値倭商懷恨有匪類王直素與彼船主五峯善遂勾倭入𡨚自稱徽王前後蹂躪内地二十餘年從此東南鼎沸無寧歲矣

考資治通鑑劉河口設市舶提舉司於太倉海船至則平其値制馭之權在官及嘉靖初廢提舉海濵奸人遂操其利初猶商主之後禁通番遂移於貴官勢家抑勒其値倭商怨恨糾黨入掠致沿海居民奔竄一空終嘉靖之世無寧日

嘉靖三十三年賊首王直蕭顯等率倭人一枝自劉家河入攻崑山一枝由吳淞江入遶青浦白鶴港北出攻太倉州判金汝舟指揮姜統率兵擊之敗賊於劉家港而松江之賊出青魚涇者與劉家河所入之賊相遇合攻太倉既而散至戚浦沙頭直塘雙鳳往來屯聚者四十餘日其攻崑山賊衆進掠蘇城崑山益急知縣祝乾壽力禦之殪其賊魁賊始懼各縣得以解圍遁出劉河口者數百艘其賊首陳東掠蘇城者由鮎魚口逃出太湖向嘉善而去自賊進劉河口刼掠鄉鎮攻犯城池堙開夷毫凡民間耕種畜養無

去

子遺矣屍填溝壑要江水為之赤言之不勝心悸由
此觀之而知
國朝統一寰宇籌及各海口建閘者蓋兼為防寇計非徒
為水利計也向使有閘以阻之即或防禦稍疏被其闖
入而閘板一下如鳥入籠何從飛去蓋海寇長於水
而短於陸其所恃者船耳船不能行欲登岸以逃則
陸路官兵雲集用我之長以攻彼之短亦何難滅此
而朝食哉惟無閘以阻之是以放胆横行肆然無忌
而守口之官兵亦未如之何矣
嘉靖三十四年兵部尚書張經總督江南浙江軍務

奉命討倭迫倭於王江涇大破之時趙文華督視海防攘其功奏以養寇失機嚴嵩從中搆陷下張經於獄殺之

按其時倭寇猖獗騷動東南自福建寧波乍浦吳淞劉河常熟等口二千餘里無一處無倭内地自徽杭嚴三府至太平寧國直犯南京出秣陵關刼溧陽宜興抵無錫滸墅關蔓延數千里破城刼粮傷害兵民不可勝數

嘉靖三十六年兵部侍郎胡宗憲總督浙江軍務討倭時總兵俞大猷兵備任環參將喬基統領水師設

十五

伏劉口之洋面及茶山東北賊正揚帆東駛沉其舟六十餘隻

嘉靖四十一年嚴黨勢敗趙文華已死正總兵俞大猷副總兵戚繼光總督胡宗憲相與設計誘倭殺死無算倭焰少熄至萬曆時掃除淨盡竟無有生還其國者

蘇子曰天子下無内憂者必無外患此言可深長思也夫倭寇之竊發茍無趙文華攘功構陷一端則王江涇之敗倭已膽喪矣何至蔓延又甚使無限生靈遭其慘戮若此哉

明季倭寇之亂官兵致討急之則揚帆入海緩之則結黨內掠各海口皆其熟悉是戚繼光設計在楊林之北另開一河以通於海令官兵陸續出海遶於倭寇之前截其歸路令陸地官兵偪其入海蓋倭之於海道向原一無阻攔來去自如今忽偪之於前截之於後首尾不能相顧欲逃無路欲戰不能此所以無一生還者也民感戚公之德遂稱此河爲戚浦誌不忘也

順治二年太倉州人張士儀反士儀故明河北總兵也鼎革後領勁卒數千戰艘百餘由河北泛海至崇明

據之當事者使人招之不報時
大兵徇江南都督汪公統兵至茜涇適士儀進口據
劉河城所領之卒素稱驍勇皆持丈餘標鎗汪公猝
與之遇兵皆胆寒汪公乃選步兵之最勇敢者百餘
人挾籐牌執短兵奮勇入其隊使長鎗不能使繼以
馬兵弓箭大隊蹴之士儀大潰殺其勁卒三千餘人
退入劉河城而江蘇巡撫吳統大軍亦至圍劉河城
士儀窘迫適吳撫軍軍中有與士儀兵相識者揚言
以招之兵各有反戈之意士儀知不能敵出城請降
大兵班師又有顧三麻子復據劉河城蓋聞張兵敗

投降
大兵已去乃招聚數千人就崇明擁百餘隻海艘渡
江據劉河城廣招無賴以圖深入
大兵急回扼其要三麻欲逃不得漸即被殺餘各星
散而劉河口得以稍安
自倭寇擾亂以來居民四散十不存一繼以海盜之
驚劉河城中竟闃無居人矣此又一衰也
復盛
康熙二十三年奉
旨准

欽差江南浙江查勘沿海等處地方部院金公會同
江浙督撫議覆開海禁通商
康熙二十四年奉
旨准江蘇巡撫衆
題定章程沙鳥分收（詳載在開海通商內）但海禁已久海船之舵
工水手久無其人茲雖開禁亦未能即有海商後有
安徽商人金姓者賫資本至劉河始創造海船又有
通州劉姓者繼起而為海商呂四有趙姓者亦起而
從之自此膠州則有中和利吉號萊陽則有吉順滙
縣則有恒利而業船者則有呂四之高姚包趙諸大

户其餘小户與奉東各口之商販如雲而起矣
於是乎有字號之稱矣字號者以二字為記號者也
貨多而幇衆往來不一奚能盡悉其真偽有字號以
記之則不問其商人之何姓何名而但以字號為問
凡貨之高下價之貴賤俱可隨字號以定蓋為字號
者俱係身家殷實之人有之可無匪人假冒之弊矣
而於是乎又有保税行之目矣保税者商人之領袖
也是時海氛初平保無有匪人混入客商之慮於是
着土商保税土商者不必其祖籍劉河但就其身家
殷實素習商販而於劉河本地人休戚相關且與奉

東商人素所熟悉者令其投充保稅以杜奸匪於是有寧波之吳姓出焉吳氏因明季兵亂逃至劉河贅於尚涇李姓家李氏富而無嗣故甥承舅業即以李長泰投充保稅又有太興之李姓者世業奉東商販其舅姓萬住居劉河即以萬復隆投充保稅又有崑山之徐杭州之鄭姓俱與劉地之富家巨室相善一徐恒豫一鄭復興投充保稅從此四姓連名互保地鄰出結而商客之來茲土者先至稅行報明來歷稅行即去稟海關扦倉納稅投行發賣則匪商無由混入矣

而於是乎又有荳行雜貨行矣外海商人已有稅行領袖而內地商人來劉販貨者亦難别其賢愚於是各大憲定其章程令於藩憲處領帖開張創立牙行招接內商視其貨之高低定其價之貴賤使內外商人各無爭競而扣用一二厘以供用度而外商之銀錢惟牙行是問

於是乎又有標船送銀之例焉蓋內外之商彼此不相謀而中間有行以主之則售貨者惟行收銀者亦惟行日夕奔波不勝其繁乃定為標期一月三標以六為度蓋些少貨物可以現銀交易今萬商雲集或

擁貨而無銀或有銀而無貨均非運籌之道也有標期以限之則可隨時交易各行按期以付銀內客亦准期而交付但劉河迫近於海號商俱以劉河為聚貨之區以蘇城為聚財之地逢期收銀皆解送於蘇城而婁江一道南有沙河北有陽城巴城諸河水通數郡一望無涯雖有長隄之隔而三里一橋五里一八達四通匪類易以於藏身而奉東各商販船貨之多要不過登膠萊滙登有字號十六七家膠有二十餘家深慮沙河之險稟鎮洋縣通詳各大憲於藩庫內請領鳥鎗火藥兵器又於山東聘請教師保護標

銀送往蘇城字號交納是時送標之船每標船動以廿
萬又立錢票船四隻以八為期此獨登膠二帮之銀
奉憲護送者也其餘字號之僱人傳送或自行押送
亦指不勝屈
而於是乎有感德樂輸之事矣是時劉鎮百廢俱舉
特創婁東書院兼修普濟育嬰二堂善凡商人之履斯
土者無不共沐甄陶之化咸樂捐輸以成善舉於是
具呈縣尊自願捐錢今將呈詞附左
為感德樂輸事切生等在
臺治劉河口航海貿易數十餘年沐

二十

皇恩浩蕩
憲德汪洋商利船安不繁不擾第以力綿無由報効
恭逢
仁臺振興書院為濟
國家培養人材兼之普育嬰莫非安懷大德利吉等仰
瞻化治踴躍樂聊蘄資公費是以妥議船分三等每次
進口大船捐銀七錢中船捐銀五錢小船三錢船商
各半每年可有千金於持照赴巡司掛號時逐次呈
繳甘草司解案撥用銖銖而積少成多源源而用堪
不匱生等逐蠅微末或稍報

皇恩

憲德於萬一為此連名具呈伏乞

太老爺俯電商情檄行巡司遵照捐辦以垂永久上

呈　乾隆十七年　日呈

考古者學校之外通都大邑必設書院以聚英才講習道藝我劉鎮偏隅僻地向未專設自開禁之後東南形勝日漸舒展科甲連綿文風蔚起又值廉吏福公來治邑事特創婁東書院以育英才甚盛舉也至於普育嬰雖於康熙雍正時陸續舉行至此復行修葺以廣大其規模又有浙江商監唐健捐資於育嬰

堂之左右添設房屋數十間以居乳媼而南北衆商聞風踴躍集奉東江浙各商中之年高有望者每帮一人連名具呈縣尊併呈州憲懇請勒永遵以襄善舉以垂久遠

自此以後商民樂業船如蜂擁而來行號日增自海關至外口十有餘里商船相接有四纜停泊者直至口外四五里斯時關以內則有蹚板尖頭蘇駁馬樓子派子路區沙河等船以駁運貨物關以外則有小哨圈棚庛口網快等船以渡往來而扦倉看樣者直至兩旁海舟停泊稠密如城亦竟其船之已在大海中

矣
於是乎有海關彙榴開報之案焉蓋眡時東西洋及
閩廣沙島各船俱集劉河海口我
朝富有四海凡魚鹽斥鹵之區何莫非仰食沾仁之子
但船多每易藏奸分收稽查自密於是各督撫籌議
規條
宸衷乾斷將洋船收於廣東閩船收於福建蛋船收寧波
沙船收劉河島船收上海各立海關盤查奸細收納
稅課井井有條自乾隆二十年之後劉口之船益多
而督撫提鎮每必親至劉河互相防範見船泊如雲疑

二十二

有不應收之船於中混入必致越販私偷之弊是以
巡撫行查各海關令其彙摺開報奉撫憲查劉口内
向無安南東洋閩廣船隻而東省徽籍以及通屬各
商設有長庄字號赴蘇置銷貨物為便故常年到口
惟關山東商船居多等因　乾隆二十二年四月查
覆
自康熙二十四年開海通商以來帆檣林立江海年
流通五穀登成三時不害又一大獄也
又衷
於是乎有非商非賈非行非號之張洪聲出焉洪聲

本姓周名鏞號素亭其先人少孤舅家乳哺撫養成人故即以舅家之姓為姓家資富有苦無子嗣年過知非捐議敘布政司理問恭請

誥封其一生有億中之才無宿諾之心精於會計善於判斷是以閭里無不佩服奉東商客樂與之交於是咸以字號托焉蓋商客之來遥遥數千里苟非誠信無私者亦何敢以銀錢重任相托而洪聲執一不二人也生長劉河與牙行商販素熟各字號之意以為與其北地用人不若江南托友之為便故洪聲得代管字號者十有二家登帮則永興合興膠帮則吉

順正義義成徽幫則德盛誠和海寧則金長和關東葉隆昌黄頤慶上海則唐永裕趙泰源等然洪聲雖才堪馭衆而筆札應酬是非之繁實有不堪其勞者於是用幫夥三人太倉潘端植徽州閔建侯與余而三矣而洪聲則獨攬大權調處出入之宜每於親朋會晤酒酣耳熱之時必慨然歎曰劉河殆將衰矣余於閒暇時嘗問其所以致衰之道則曰海口攔門沙起内河必淺内河淺清水不能直瀉則沙愈長矣沙愈長則船不前進其能以不衰乎余亦不之深信不數年而洪聲得中風不語之症人咸笑之曰言太盡

天地所忌此症之所由來也於是衆字號各自請夥
安庄而河道亦漸淤矣
乾隆四十八年是時余已在蘇承辦吉順號事蘇劉
來往河道雖淺尚無阻礙之處至乾隆五年開浚之
後淺段未深深處亦淺駁貨物不能流通從此商人
漸散然猶賴有軍工一廠船料出入猶且時時撈挖
民間粮食可通至嘉慶四年兵備道李廷敬將軍工
廠飭遷上海自此粮食船隻斷絶不通矣嘉慶五年
總河大人康公基田降調太倉州定議開劉河通詳
各憲轉轅批詳勘估嘉慶六年歲底康公坐候撫轅

力請
題奏七年二月興工大人自撰碑文在蘇置碑石三
座傳喚石工載至劉河一面鐫刻碑文一面曉諭通
河夫役人等如有怠玩不法者擬以軍法從事夫役
肅然蓋康公欲效雍正五年開浚之法立石永為定
例民情大悅豈意半途阻撓公又陞任而去而商行
字號盡遷上海僅存奉
旨對渡劉河濟民食之青口荳船數十號尚收劉河至九
年秋蘇郡各邑大水災內河水大衝沙入海河得稍
通十三年復奉兵備道鍾出示曉諭聽商自便是以

南北商人皆席捲而去向之所謂字號者去者去而倒者倒矣向之所謂保稅行者燒者燒而拆者拆矣向之所謂荳行雜貨行者死者死而絕者絕矣向之所謂標船者已將鳥鎗兵器繳還藩庫矣向之所謂感德樂輸者今已闃寂無人膏火無着矣向之所謂彙摺開報者今無一船進口筆札無煩矣劉河之所有者惟一天明月兩岸葦風蕭瑟之龍韻與啼飢號寒之聲如相贈答而無限哀鴻飛棲無着良可慨矣然追思七百年來盛衰不一惟盛之久者其衰必極此亦天運之循環剥復消長之理也猶幸者數十年來

繁華熱鬧人未嘗淫佚驕奢故其衰也亦無殺戮兵戈之慘歷溯前朝已有明鑒今日之衰安知非幸而不知者未免有怨尤之言此蓋未之思耳從此以後惟存繖商之敬祀天后每歲三月二十三日祝誕之辰繖幫之紳衿父老必率其子弟捧觴上壽其燈彩規模與盛時無異後因廟宇將圯欲積數年修葺行宮卜之神前神許其可故上年暫停燈彩然祀事之誠亦未嘗少懈也

所深佩服者秭〔登〕之張復興於乾隆五十四五年間各字號已遷上海僅存登膠二三家俱發信往北道及

劉河衰狀亦欲遷於上海惟復興回信不許拔庄以為我家不過萬金家業今富有千百萬矣皆得之於劉河口若因其衰而他往豈成客帮之義乎況我號中之費每歲不過千金亦屬有限不許拔庄於是僅存復興一家安庄不動直至河道塞絕片板不進復興乃售屋拔庄而去至此又一大衰也

附王硯樵劉湄八詠

劉河城舊名備倭城枕海襟江商艘雲集固吾邑之雄鎮也自宋以來古蹟可考者寥寥焉春餘多暇摭拾一二分賦短章以備採風之一得云

海天浴日

若木升華徹紫台，咸池初浴出烏胎。一天湧黛千山睹，半壁浮金萬象開。影盪蛟宮猶上下，氣凌鼇背獨徘徊。野人無限葵傾意，光被疑登日觀來。

平洋水閱

彩鷁迴翔走電車，烟清海澄靜無譁。掠波烏變騰三捷，跋浪雲屯散五花。畫角聲隨漁唱遠，春旗色映夕陽斜。島夷卉服休征伐，閒聽鼕鼕鼉鼓撾。

沙嶼歸帆

雪浪浮空島嶼微，天涯指點遠帆歸。貼波杳靄破烟

出隔樹參差帶月飛颺處何心驚鷺宿到來有意認漁磯千檣葉葉知無恙欲賦瀟湘景轉非

韓王古壘

錦衣千載想英雄尚有荒臺峙海東南渡江山揩半壁中興良將勝孤忠背嵬小試防倭畧伐(戢)終成佐命功今值寧鯨波寧靜日蒼涼野戍夕陽紅

新閘潮聲

砥柱中流束怒潮烟痕拍岸(瀉)春濤晴飛雪雹三關險迅走風霆萬壑高曉枕隔花驚斷夢夜逢和雨試輕舸尋思蓄洩東南利欲志河渠首屢搔

二十七

雙橋卧虹

浮梁蜿偃列西東鎖鑰要江兩峙雄寒影落波迯幻蜃晴光壓岸亘霓虹乍收漁網絲絲雨却綰春帆面面風最是倚欄凝望處平洋寧海路交通寧海即老浮橋名

後山積雪

寶山平峙壁巑岏十仞凌空足大觀林麓參差迷畫景海天寂歷覺潮寒波明一水分瓊圃月朗千家繞玉欄試聳吟肩舒遠目載將詩思滿歸鞍

水濱漁市

東風幾日集漁艘海物惟腥重此帮日射金鱗開水

牐氷封銀鬣滿蓬窗柳枝貫去鮮盈尺翠釜烹來玉一雙羨煞時羞風味美蓴鱸何必憶松江

顧春洲和硯樵八詠

硯樵先生係相國文肅公大宗世掌旗杆下檀樹坟春秋祭掃常來往於劉河菡涇之間而春洲太倉人也工部員外容堂公之夬[長子]少君家貧採芹後設帳於劉河之曹姓近因曹姓欲還嘉邑春洲將同往故即用硯樵之韻感賦此詩以別劉鎮云

海天浴日

渤澥騰輝徹上台赤龍何處弄珠胎輪飛玉宇珠宮

爛九盪滄瀛絳闕開九野星盤空燦列三山雲氣自

徘徊祥光捧出黃人影翹首疑瞻古佛來

平洋水閱

三翼軍馳流水車精嚴鵝鸛不聞譁瀾回縈海千強

弩陣轉黃龍五色花快槳雲飛朱盾舞危檣風掣繡

旗斜而今雨打疎篷夜點點聲疑戰鼓撾

沙嶼歸帆

落霞紅處島烟微笑指征夫共雁歸萬里驚濤雲岫

合一天細雨布帆飛懷鄉客遠看秋樹爭市人多鬧

舊磯惆悵雙虹橋畔月廿年風景已全非

韓王古壘

轉戰中原一世雄，當年威望浙西東。南朝早定和金議，古壘空懷貫日忠。海國龍旗追往事，江山驢背失元功。可憐娘子軍何處，渡口殘花滿地紅。

新閘潮聲

扁舟曾放子時潮，彷彿胥江起怒濤。影接雙虹天柱亘，源通一線海門高。帆收夜月停孤客，流駛輕風走急舸。小小滄桑彈指換，有人白首幾回搔。

雙橋卧虹

雙橋飛落海雲東，勝蹟長懷保障雄。遠岫千帆收落日長天萬古駕垂虹，簫吹兩美揚州月（虹一名美人）練引中流楚峽風（杜詩川霓引練長）愁絕空江眠隻影，平洋無處問津通（平洋橋今已毀壞）

後山積雪

不須磊石自巑岏，銀海光中足壯觀。數點青留孤柏瘦，一分香破老梅寒（謂郁廟老梅古跡）玉鈎河淺餘瑶粉，金粟樓空冷畫欄（謂顧家樓下勝跡）轉眼天涯吹絮影，西風何處壓吟鞍（余將同館主移家練水去故云）

水濱漁市

春潮一夜送輕艭，破曉腥風滿海邦。早市人聲喧古渡

高樓客影倚疎窗可無酒盡仙螺百想有書傳錦鯉雙却憶漁洋吟麗句綠波紅樹在吳江

劉涓八詠和韻

一角銅鉦挂列台。海隔初日早徘徊。潮猶若木榮光比浪擁扶桑麗景開。赤水探珠驚蕩漾。紅雲錯象撐徘徊。野人偃仰滄江上。註識有樓絳闕來。海天浴日　一

水師校抄駕輕車。橫海樓船白不譁。漾列飛風還破浪。陣廻簇錦渡圖花。艳倚組練千般舞。柳拂旌旗五色錦。却自承平營壘弛。鼓鼙久未岸邊樾。平洋水閱　二

島嶼縈洄夕照微。渡頭遙指片帆歸。斷雲缺處蘆碕遠。細

三十

雨來時樹杪飛海角津梁標稅石天涯樺櫂課商磯平此
依舊手橋集祇費海千景漸飛沙嶼歸帆　三
支撐南渡古虜雄舊壘威餘海水東擊櫓千軍戍鼓層背
笼一旅矢公忠敢忘立馬摧強敵難免騎驢息戰功惆悵蕭
蕭蒼荻分秋來雲落野花紅　韩王古壘　四
不盡滄瀛汨汨潮海門一綫起波濤頻防雜糅泥沙下辛賴
中流砥柱高迴經朝收初泊岸野航相讓作福舟調心水
旱資閘（閏）閉籌策須從療蒙搖　秋閘潮聲　五
市闌難（莫）障百川東控扼邊樞攬勢雄兩岸灤洄穿雪鷁一
江迢遞貫晴虹偃橋飲澗縈過雨穩恰乘波不礙風祇

帆形單檣采新浮吳

漫描

竹

劉河紀略 六

劉河鎮記畧第六卷

劉滑金端表翼如氏輯

人物

嘗聞天不擇地以生人亦不因地而減色我劉鎮雖僻在海隅而人材之崛起或樹績於朝端或楷模於閭里自有卓然不朽者即或粗鄙之武夫閨中之淑媛其行事與烈丈夫無異者亦復不少蓋地雖遐鄙人稟英華之氣無少偏倚也是以雄才萃聚覺海角羣生倍增氣色用敢就見聞者而誌之

偶桓

一

桓字孟武號海翁前明洪武時人住居鎮之東北鄉長釣灣東桃源涇東墅草堂為其讀書處其嗜酒喜吟洪武二十四年以秀才保舉授崇安縣從事後陞荆門州吏目遂自號荆門為人嚴正遇事不苟恥一目人因稱為瞎虎自稱曰瞎牛見世路崎嶇不樂仕進致政歸築江雨軒於草堂之左其自題畫卷有一絶云

溪山深處野人居小小簾櫳草閣虚洒面松風吹夢醒凌霄花落半床書

年八十二而卒有江雨軒詩集惜未梓行至今偶桃家

宅子孫猶有但俱務農矣桓當日又有懷友次陳石泉一首云

楓林葉赤露華濃來往晴沙一徑通遥望美人秋水隔蘋花吹老楚江風

王文肅公

文肅公其先世由高宗時南渡至此半渡風作譜系盡失隱居於海口之北岸匿跡耕田至明嘉靖十三年歲次甲午七月二十一日午時公始生生時萬爵集屋端故取名錫爵字元馭號荊石為人敦厚朴誠不事文飾嘉靖三十七年魁南畿四十一年禮部會試第

二

一殿試第二授翰林院編修幹隆慶時充經筵講官五年掌翰林院事萬曆元年修穆宗實録成陞國子監祭酒四十年陞詹事五年陞禮部右侍郎既而丁艾憂歸十二年十二月為禮部尚書文淵閣大學士召入閣理事自古無家居大拜之理公力辭上遣行人捧詔催使就道十四年會典成進一品階十六年二品考滿受太子太保十八年元旦内召輔臣入上携皇長子出輔臣趨拜因以册立豫教請上意俟十歲後行大典事遂寢十九年火落赤犯邉議用兵公與申時行諫阻忤上意又請建儲不報遂以母老乞

歸終養至二十年四月復召入閣是年慧星入紫微垣公極言紫微垣為王者宮亟宜册立太子章六上乃許上稱公為忠孝兩全二十二年皇長子常洛出閣講學年已十四歲出閣用東宮儀衛中外欣服於是又疏請求歸終養特賜忠孝兩全匾額並賜金銀幣帛歸家後母卒上手詔慰問二十九年遣官存問三十三年再遣官問三十五年後復詔入閣輔政公以病辭上又遣醫存問公竟不出矣家居惟澆花種竹又十餘年而卒一生不說隱過不識斗稱告歸十餘年而帝心眷顧不衰可謂榮矣卒年七十有七誥授

三

光祿大夫太子太保吏部尚書建極殿大學士謚曰
文肅其洪功偉業詳載國史萬曆三十八年奉
旨敕建大學士祠於太倉春秋致祭又建三聘亭於
祠內以藏敕命
國朝康熙五十七年奉
旨撥欵致祭領入春秋祀典至今其子孫城鄉分居矣

王鼎爵

鼎爵字家馭號和石文肅公胞弟少受業於兄質稍
魯讀書能刻苦嘉靖甲子舉孝廉隆慶戊辰會魁授
刑部主事陞授禮部主客司郎中庚辰陞河南提學

副使移疾歸丁外艱服闋病卒年五十其爲人性氣和緩篤交遊好施與居官精勤無子

國朝崇祀鄉賢祠

吴鸞

鸞字應祥劉河之茜涇人正德辛未會試甲戌廷試授禮部精膳司主事陞主客司郎中致仕歸人皆稱曰逃回進士蓋先生以服官爲苦事而辭歸耳事繼母至孝田産悉讓於弟茅屋數椽蕭然自得絶干謁或部使者或有司請輙不應時例部員致仕州大夫給馬鸞却之惟一童子相隨往來徒步遇賊豎無不

應酬其謙和如此

王衡

衡字辰玉號緱山文肅公之子萬曆戊子解元辛丑
會魁殿試第二授翰林院編修生先文肅公卒
國朝誥贈光祿大夫經筵講官文淵閣大學士禮部尚
書奉
旨崇祀鄉賢祠

王時敏

時敏字遜之號烟客文肅公之孫衡之子也世襲太
常寺少卿

國朝誥贈光祿大夫經筵講官文淵閣大學士禮部尚
書鄉人稱爲恭孝先生奉
旨崇祀鄉賢祠生子九人掞其第八子也

王栗園

栗園名寬字敬男太原名族依宋南渡者其始祖道
昭公也耕於北墅溝至相國文肅公洎
國朝相國西田公甲第連綿栗園指墅溝而言曰墅溝
豈不足當東園耶蓋其時東園別業已成然食廩廿
年不得一第而聲名籍甚及門英發者不可枚舉積
廩膳之餘營栗園以自樂先生眉宇軒昂音如鐘聲

言論風采迥異常人卒年六十有三顧行人先生為之立傳

王鵬軒

鵬軒子名南溟字鯤發居於墅溝自相國西田公派衍為九或南園或埼橋或樊村涇或泮宮前皆有獨鵬軒居於茜涇鎮為與墅溝之祖近也不慕榮華惟事耕讀其貌廣顙高顴準直上豐絕類文肅惟下稍削耳人有勸之者曰子出必能繼文肅然執拗之性不能改也一生未嘗入城惟其女弟適金氏臨終乃入城一理身後事自號鵬軒子耕讀終身

吳觀洲

按庠生吳錦係觀洲之子　王禮謹識

觀洲名周楨先世萊陽人靖康之後徙居茜涇明邊事棘有吳之雅者以明經起家贊畫軍機晉秩秋官大夫即先生之曾祖也至先生志在讀書受知於山右邵子昆先生為諸生後屢困棘闈乾隆元年年八十有六恩賜八品頂帶乾隆三年舉鄉飲酒禮以先生齒德皆尊當事者首推之禮未及行而先生已卒年八十八歲視其籍則二十年來得膳田祖五百餘金皆周卹親朋博濟困阨矣其孫歸復於乾隆三年入泮　其孫騋乾隆乙酉……貢……遠雨府同知治理

吴之彦

之彦字世美號慎菴家於漕河三里橋西明隆慶辛未進士為人清正官至南臺御史

郭士髦

士髦字斯士號如岬家劉河城中州庠領膳生甲申之變欲以身殉舍旁有池水夜起思投念其父老且病遂難自決然附膺痛哭蹈海之心無日去諸懷也後城遭兵火所居毀壞徙於茜涇終不入城市父疾七年敬如一日父死殯葬盡禮卒年六十五歲

王璣

璣字璿伯號穎菴祖居旗杆下承爵公之子性至孝多膂力中崇禎庚辰進士守備柘林遭闖賊之亂甲申之變已任忠義營總兵封懷遠將軍乙酉大兵下江南璣方巡近地猝相遇奮勇當之身被數矢幾死有老僕負之以行主帥奇其勇必生致之聞其孝尋執其父母以招璣璣望見伏地大哭曰吾不能不為親屈也遂卸甲降授之職不受布衣草履躬耕海濱以養父母卒年四十三歲

吳士鰲

士鰲號瀛海家於劉鎮之東楊子涇由歲貢生選授

瀛海縣訓導故號瀛一生著作甚富稟性固執不苟交接其著作亦藏而不露故詩文未行於世

吳克孝

克孝字人撫號曾岡家漕漕河塘弱冠時為諸生家貧有富者饋粟且十鍾却不受崇禎庚歲試能開元拔冠其房丁丑舉進士丁母艱服闋授刑部主事旋進員外郎秉性嚴毅在朝不苟謁失當國意為備兵保定以目青去職甲申薦補嘉湖道募健勇練水師擒盜首黃文魁姚二等斬之並獲梟盜葉六斗張等磔於市自此嘉湖無盜警其禁戢姦暴掃除勢要

不可勝記俱載在黃堂於與堅州誌後目青益劇豢
告歸嘉湖人遮道泣送數十里赴水挽留而死者
人俱載嘉湖府誌晚年竟失明所居房屋不蔽風雨
卒年八十一歲死之日貸錢備棺而殮亦奉
旨入鄉賢祠

吳繼善

繼善字志衍茜涇人崇禎丁丑進士為人博學智辨
篤信孝友謁選得四川成都令時荆襄已陷兼道至
任見蜀事已棘亟謁蜀藩請發帑銀募勇備禦不應
既而張獻忠破成都被執不屈全家三十六口俱遇

八

害時甲申十一月二十五日也有一僕五郎者亦茜涇人已脱矣奮然曰主死我何獨生遂慷慨罵賊而死

王掞

掞字藻儒號顓菴康熙庚戌進士官至光祿大夫經筵講官文淵閣大學士禮部尚書入閣理事廿年後予告家居卒於乾隆二年恩賜祭葬自此九房昆季咸居太倉其餘仍住劉河而科甲至今未衰

魯之璵

之璵字玙若原籍長洲爲劉河營總兵以義勇自厲

乙酉大兵狥太倉之嶼對衆大哭誓以身殉閏六月率舟師至太倉城欲擒州牧徐樹藩不獲移師向郡破葑門而入奮勇先登奪馬斫營出入者四殺傷甚多力盡無援身中數十矢没於南園越三日顏色尚如生人不敢近咸嘖嘖稱魯將軍云

王日新

日新字鑑明號眉岳精通經學為名諸生食餼教弟子有法明季兵亂海口不能寧居隱於茜涇躬耕自樂時茜涇十房街為太原合族避兵之所日新絶意科舉肆力於天文地理之學故星緯形勝皆瞭如指

九

掌

王發祥

發祥字登善號長源日新之子弱冠有文名崇禎丙子魁鄉薦

國朝順治乙未登進士除刑部廣西司主事轉陞員外郎

奉命視學湖北庚子兼攝湖南學政

王曾武

曾武字弘導日新之孫年十三歲補弟子員奏銷罣誤援貲入太學天資敏捷詩文博雅遊京師長洲

文恪公延以課子兼理奏疏鴻文偉議多出其手丁

卯試北闈薦而不售遂絕意功名隱居自樂

王吉武

吉武字憲尹號氷菴日新之次孫自幼慧悟書無不覽康熙壬子舉於鄉丙辰成進士除中書舍人九年遷工部主事陞員外郎尋以户部郎中出守紹興號稱難治又遭水旱惟一切持以簡靜事集而不競忤上憲意甫二載中計典歸老屋數椽僅蔽風雨炊煙時斷興至出遊所過山川人物盡入詩囊其和氣雍容人如其詩云卒年八十一歲著有氷菴詩集行於世

瑯琊王黄立

立係王世貞之裔字鉞公康熙己酉經元丙辰進士先居瀏漕之三里橋繼居茜涇之蒲鞋塲卒遷太倉其事跡未考

吴升元

升元字仲超家茜涇博聞强記兼精曆學能預知明年之日月蝕一無差誤為人沉黙少言終歲隱一几讀書不及他事家貧取與極明絶糧則忍飢自若以歲授無錫縣學訓導得病歸死於途次

吴震元

震元字長卿家在瀏漕河西桃源涇十歲能文十三歲補諸生萬曆壬子領鄉薦壬戌授知灤州事旋德安通判丁卯陞衡州同知既而改漳州癸酉紅賊亂震元守銅山督將力戰大破之丁父艱遂不復出益博通經史精讖緯推測知崇禎十年以後數當陽九因歎曰只今便高臥已負半生閒乃築負半菴於桃源涇之北杜門著述至壬午年病卒

顧士璉

士璉字殷重號樊村州庠生於鎮之西北鄉三里築樓以居其人博通今古練達世情家資裕饒秉性慷

十一

慨凡濟物利人拯難周急之事悉身任之順治十二年助州守白公開朱涇十四年又浚劉河事事贊襄生民咸賴跡載州縣二誌是時又值大旱本邑缺漕曾與何寧國陸世儀江士韶曹周王發祥等叩
閽請折既得所請州人感其惠聚千金為路費悉卻還晚年與其姪行人又築宅於太倉城南之樊村涇遂自號樊村從此鄉城來往以樂餘年惜無後以親姪為子年八十四歲而卒

顧行人

行人字陳埁士璉之姪也幼敏慧長通經史授行人

司行人之職於雍正時告歸蒔花竹樂觴詠乾隆八年鎮洋縣金諱鴻聘修縣誌與廣東巡撫王諱謩南監察御史毛諱之玉三人為大總裁分任合邑舉貢生員贊襄蒐採三載而告成壽至七十餘歲而卒

按行人公字玉停號賓陽子初居劉河之樓下宅後遷太倉之樊村涇十七為諸生二十八舉孝廉
内廷湛凝齋纂修六壬易課律數淵源中和樂府
諸書外廷送三百餘人應試
聖祖親策之得七十二人行人為冠
内廷呼為算學狀元蓋行人一生有三絶藝字學

十二

算學樂湛凝齋所纂修皆出行人之筆
聖祖嘉獎得
溫旨總裁書成議敘補授行人司行人之職其稟質
超卓少負奇氣時奉使頒
詔浙江浙撫方監臨移文欲止使臣於境外以俟撤
棘行人移覆云接
詔重於監臨且非內簾使臣不敢宿
君命於荒郊撫軍遽即出迎後
聖祖賜第京師迎封公就養時適隨
駕熱河奉

旨着回京省親後丁艱歸里自知鋒稜節槩不合於
時服闋起官亦不復出矣乾隆十二年卒年七
嵗所著有沈桐集抱桐集八矢注字圖説旋宮知
義內則音釋以註龍虎經註楞嚴經等書

沈光祿先生為之銘曰
流不窮兮君子之才介如石兮君之操名途蹇兮門內
修口懸河兮躬蹈道覽千古兮探百家眼獨明兮心
獨造富著作兮藏名山銘諸幽兮萬古告

曹祥

祥字世奇號茆菴家於桃源涇少貧居婦家授以産

十三

卻不受訓蒙自給年三十補邑庠滿廩後司訓建陽遷懷安教諭既而陞授新昌令片言決獄治新昌九載風俗大變時吏部郎應大猷稱祥為嚴而不苛辦而不擾察而不煩廉而不飾挫而不折峻而不激咸而不怠困而不求舉循吏為第一以母老告歸遂不復出家貧如故里中人亦不知其故為令也治新昌時有呂姓者恃富橫於鄉為祥所折服因改行從善卒為善士伊子呂光洵為御史巡按太倉干旄至桃源涇拜謁伏地涕泣曰微吾翁誰成吾父者且言昌士民受恩難報立廟以誌不忘而祥已盡忘前事

矣及光洵細述之方悟留談竟夕而去後舉鄉飲賓弗赴卒年八十一歲今其墓在桃源涇

蔣若萊

若萊字龍江其先長洲人遷居劉河善騎射多膂力時有流寇巡撫張國維募致軍中為把總崇禎八年出守浦口闖賊至若萊往來攻截賊竄百里外國維上其功擢為參將明年賊犯清江浦復大破之遂拜為都督守安慶又破賊於潛山後守金華孤城無援先粇其妻子巷戰竟日力盡自刎而死

吳星嶽

十四

星嶽茜溼人家素豐厚祖父樂善好施其父因中年無子每以為憂有星者自崇明渡海來此望劉河氣色語人曰此地乃西來地脉結穴之處數年内當降生福星財主聞者以為江河套話至嘉靖十三年星嶽之父一夕忽夢一白鬚老人攜二小童一白而肥一黑而胖令擇其一父取白者老人曰毋後悔其父唯唯而醒是夜星嶽生親戚踵門申賀知王文肅公亦於是日生彼此原係至戚各以得子為幸及至總角時二子相聚一白一黑宛如夢中當時亦不解才故迨其後文肅公連登科第位列台垣為江南大福

星而星嶽則財隨身轉富甲海濱為江南大財主始知星者之言不謬然積財以貽後人子孫不能相積福以貽後人子孫可以相繼此財主之所以終遜於福星也據古老傳説星嶽不識錢數不識斗量惟徧遊閩各省以為樂不帶銀錢而銀錢自至嘗於江西買碗鋪中見其身無寶鈔何以交易星嶽云其鈔即在此地何用遠取遂掘地得鈔買盡江西之碗從者曰如何運回星嶽以碗擲地其聲清越即令從人將碗盡行擊碎以碗瓣砌成街道至今江西猶有古跡存焉

浦士衡

士衡字殷卿家於滷漕之三里橋蘇州府學庠生萬曆壬子舉孝廉丙戌登進士歷官至御史今其子孫皆務農矣

蕭士純

士純字伯粹家於茜涇歲貢生萬曆丙子孝庠由儒學教諭陞至江西建昌府通判

蕭與成

與成廩貢生由南海縣主簿遷上虞縣縣丞陞瀾衛經歷是時劉河北岸有王浦蕭吳四大家之稱其

人才之蔚起難以枚舉第實跡無傳未敢妄記

周士達

士達字尚卿茜涇人髫歲能文家貧棄詩書營貨殖撫幼弟為之婚娶奉養祖母歿營喪葬嫁三姊皆獨力承辦族姪祥被仇所害傾囊營救始得釋潮災裸而至者幾百人給以衣而飼以粥後以子京為叅將

覃恩

詔封武德將軍晉封昭勇將軍卒年七十八歲

周京

京字西侯號嘯軒士達之子也能孝養得父歡心母

多病侍奉十三載竟得霍然王原祁贈以印章曰秉孝弱冠京習騎射由千把總陞任吳淞中軍守備署參將地介海濱值歲飢賑荒防盜士民安堵旋遭父母喪引疾告歸子象育字敬孚年十八有將才康熙四十四年授劉河營把總旋千總事跡詳載州誌

王昱

昱字日初號東莊麓臺先生之弟也性極敏慧而淡於功名築梅花樓以書畫為樂後遯跡於瀏漕之三里橋西嘯歌自得是時麓臺先生在京官吏部左侍郎其所畫之山水為世所寶屢以招弟書來而東莊

林泉自適絶意榮華後年愈老而筆愈精幾與麓
相頡頏矣

陳景鴻

景鴻字公信其先人遭明季兵亂由浙江寧波鄞縣至江南遂家於劉河鎮焉公惟一藝隨身艱辛餬口而慷慨好善積藝食之餘家計漸饒又得奇遇遂致富豐於是輕財好施樂善不倦於康熙乙未年建環洞大石橋於瀏漕口取名海寧又於雍正九年建城隍廟於太倉顧公陳埻為之作敘勒石以誌不朽又建朱岡大石橋於小塘子港又建斗姆閣於玉皇宮

後至於遇災荒而濟飢遭瘟疫而施藥修太倉一路往來之橋梁周頎川闔族親朋之緩急種種善心殊難枚舉卒年九十有餘

陳昺

昺字琁瑚號晴江公信公之曾孫也乾隆甲午舉孝廉候補知縣早夭其子大照字曉昇號雲岫舉嘉慶甲子孝廉

陳震

震字雄萬號寅堂公信公之曾孫也乾隆戊子經庚子

恩科登進士授延安宮教習甲寅乙卯戊午三科東同考官選授山東鉅野縣知縣任滿報陞知州因罣誤未之任而沒於官無子嗣姪

郁濬

濬字舜川號真齋廩膳生居鎮之北街王家街內乾隆己亥科被薦未售遂絕意功名家雖豐却不替學雖富守儒風為人古道端方語言不苟邑人咸重之所居有風臺月榭足以遊目暢懷佳時令節必集知己以言歡今之荷花池即其遊賞處也且敦孝弟以訓後人不樂仕進真隱君子也

大

錢王璞

王璞字掌衡號竹菴家於鎮之南轉河沿巷居幽僻庭院深沈其門上署一聯云南邨僻巷東海野人其人錦心繡口豪放不羈少年時多膂力善騎射弱冠遊武庠捐貲議叙騎都副尉人咸稱二老爺一生善恢諧喜吟詠雖無好句而隨口輒就曾習岐黄得青囊之秘遊維揚十餘年豪俠性成囊無餘物返劉之日正劉河全盛之時親友家以招至為幸蓋其談天說地人不能學是以奉東商客咸樂與交凡晏會竹菴先生在舉座為之不樂食兼人酒無量壽至

十餘六十壽有吴愚溪先生贈以長句一首云
余齒方弱翁氣雄余鬚已白翁顔紅翁之一生
最悉請述數言以壽翁翁當少年時本為讀書者
性既聰穎手神復瀟洒瑶林秀發一枝春玉山輝
映萬仞新方謂青雲在咫尺褐衣頃刻離風塵金
門不買相如賦蓬户難仲蔚貧奮袖低昂投筆起
走馬彎弓從此始飛羽常作餓鴟叫没石穿楊兒
戲耳丈夫豈作轅下駒仰天大笑任馳驅一覺揚
州悟烟月千金燕邸從樗蒲囊資散盡歸來早移
舟又向西洒（江）道西江江水綠沄沄恨不釀作醁酥

十九

供傾倒南北勞勞乍倦遊閉門依舊抱窮愁覓得青囊不傳術半為濟世半身謀床頭莫患無酒幸有相招多好友鳧臛駝羹取次陳老饕日日涎流口談天炙轂味津津衍奭淳于應俯首人生歡樂無百年浮雲富貴吾何有不如早築糟邱臺一吸須乾千百杯酣然高臥作大夢夢中往往登蓬萊登蓬萊赴瑤席酌金漿餐玉液君看天上古仙人歷歷數來多醉客人

周正學

正學字恃瞻號懷莪稟貢生候補學正家居茜涇、

積學淵源卓絶一時為大宗伯沈歸愚先生所欣名遂大着其文則見選於小題風雅練川會義文沁二集探珠集棷經二集江浙人文薈勝集詩則見選於苔岑集停雲集盍簪集俱膾炙人口不獨一鄉一邑也

倪大臨

大臨字端夔號自山家菡涇邑庠生乾隆丁酉舉孝廉母老不赴選草廬蔽風雨硯田供菽水北平張公高其品請入幕府以訓其子得以朝夕歸家定省無缺乾隆四十四年太夫人辭世過分哭泣得氣疾不

劉鎮古蹟

卷七

古人云、向之所欣、俯仰之間、已成陳迹、蓋名物雖微、莫非昔人一時自快之事、及至時異世殊、徒增感悼、而以誤傳誤、遂致名物皆非、此稽古者所以追思而興慨焉、我劉鎮地當瀕海、變易靡常、用敢畧述舊聞、以誌遺跡、

天后宫

昔天后行宫、在老閘之東、元至正二年、遷宫於靈慈寺舊基之上、此基左右有二河、一曰金鈎、一曰玉帶、後有三涇、一曰朱涇、二曰桃源涇、三曰茜涇、皆承接劉河海水、以通舟楫、劉河據其南、茜涇據其北、桃源

朱涇居其中、以澮漕河聯成一貫、南有靈慈寺、北有懷讓寺、遥遥相照、闔東一鎮之旺氣、為東南勝地、自明季倭寇之亂、由大劉河以入、將劉河、朱涇、桃源、三處居民蹂成齏粉、房屋盡為灰燼、幸而天后管轄海道、為倭寇所敬奉、得以保全、是以

國朝定鼎以後、劉河僅存一天后行宮而已、黃涇居於北、稍得偏安、迨康熙二十四年、開海通商、居民遂集、而桃源、朱涇久成赤地、於是黃涇、劉河、遂中分為二、黃涇以今之廣孝寺為主廟、劉河以今之天后宮為主廟、勢使然也、遡天后行宮舊基、或曰、是後漢三國

時所建、或曰、是宋南渡後所建、然年遠無所考據、姑不具論、惟遷天后行宮於靈慈寺公基之上、則在至正二年、元明以來、尚非甚遠、猶有可稽、蓋是時劉河河身附南、水勢寬闊、南岸無居民、北岸建靈濟天妃行宮、後河身日漸北從、宮基近岸五十餘年、而宮圮、其靈慈寺基、在行宮西北數武、與瀏漕河相近、前殿供觀音大士、後殿供三世如來、三世殿前有大槐樹一株、上巢鸛鶴、時人稱為南北寺云、南寺為靈慈寺、北懷寺為懷讓寺、即今薔湮之廣孝寺也、瀏漕一河支港蔓延、為闔鎮之血脈、是時商販居民、咸聚於瀏漕、

二

蓋大劉河水勢浩瀚、惟洋船海艘、方敢停泊、民船往
来有由小劉河至六里橋直達瀏漕者、有由小劉河
進周洛涇至高涇、過徐諫議宅、往東金家橋、穿西桃
源涇浪息菴口以達瀏漕者、有由新塘市穿六窑塘
以達瀏漕者、後靈慈寺遭火災、山门前殿盡成灰燼、
惟存三世大殿、僧人漸散、至至正二年、有常熟縣商
户劉文明者、領國鈔、捐己資、
奉
旨遷天妃行宫於其上、仍以靈濟舊宫之額懸之、於是
民间知靈濟宫、而不復稱南寺矣、其北寺之名、至今

猶未改也、有元臣鄭元佑遷宮碑文、勒石於宮內、已詳載發源卷內、其三世殿、至國朝乾隆七年、遷於漕漕河西玉皇宮後、其殿基有安徽山左衆商、於乾隆八年公建　天后宮樓於其上、今將　天后歷朝封典、除粮、以及土豪強佔、里正公堂呈、備錄於左、

封典

宋徽宗宣和四年立廟、額曰靈濟宮、頒祭田、春秋二祭、

高宗紹興二十六年、敕封靈惠夫人、

寧宗慶元四年、加封靈惠妃、

三

理宗寶慶三年、晉封靈惠天妃、
元世祖至元二十六年、海運遇風、　天后顯靈、冊封
護國顯佑天妃、
明、洪武二年、追封功臣、勅封昭孝靈濟感應天妃、
成祖永樂七年、遣使西洋各國封王、屢顯靈應、加封
護國庇民弘仁普濟天妃、
國朝、康熙十九年、征剿淅閩洋匪、屢顯靈應、
特旨封護國靈應弘仁普濟天妃、
康熙二十一年、蕩平淅閩洋匪、
欽差禮部賫

御書香帛祭告、
康熙二十三年、掃除海寇淨盡、
特旨晉封天后、
雍正十二年、奉
旨頒入祀典、着　督撫大臣主春秋二祭、
乾隆五十三年、征剿臺灣、官兵在洋遇風、　天后
顯靈、有異鳥無數飛集檣端、波平浪息、　督撫嵩
摺
上聞、
御製顯神贊順四字、以答　神庥、

四

豁粮帖文

江南直隸蘇藴州府太倉州、為乞作公占、以奉香火
祠事、據督捴周憚呈、據耆民董佑呈、開本州劉家河
天妃宮僧 德悟 慧明、稱本宮先蒙 正使太監鄭、
奏免宮基粮税、為因年久坍頹、後蒙 兵偹憲臺熊、
按臨地方、調兵剿寇、捐俸買田築基搬建宮殿神像、
血食萬年、恩澤千載、告免基地粮税、今蒙 把守劉
河把捴鄧、各捐俸資、建造兵偹憲生祠、缺少基地、又買
唐熿田壹拾叄畝五分五厘三毫、該粮三石七斗九
升四合九勺、令該僧 德悟 慧明名下輸納粮税、僧恩

貧僧並無生理、又無施主、周旋粮後、無徒從措办、伏乞俯念優免、庶使芳流萬古常存、香火千年有賴等因、到州、據此前僧所告事情、批仰周懌會同區書查議、相應優豁、查得將該區人户陸愚等名下有未入會計田蕩米三石七斗九升四合九勺、開還抵補原數外、備田呈繳前來、據此、擬合帖發遵奉、為此合行帖仰本僧查照帖文內事理、一体遵奉施行、毋得違錯未便、須至帖者。

右帖下天妃宫僧德悟慧明准此。

嘉靖四十年二月初五日　給帖

又

江南蘇州府太倉州、為懇恩給帖重光恩典事、據天
妃宫住持僧　徹思具呈前事內稱、切思僧從幼天妃
宫勵志焚修、歷有年數、其宫基坐落十九都六啚冬
字圩七十六號內、先朝奉道憲熊、捐俸買地營建、以
光廟貌、永垂香火、歷蒙給帖、准作公占、除粮不入會
計、案帖現據、但經今日久、未免有弛德澤、誠恐該啚
里正等、復生混擾、伏叩　電照、原帖、給示禁飭、并再
給帖、重彰盛典等情、據此、為照、天妃宫創建有年、可
稱古剎、住持　徹思在內焚修、一方香火攸賴、業查基

地、准作公占、除粮已久、合再出示給帖、爲此帖付該
住持僧徹思、遵照帖文内事理、靜守焚修、嗣後如有
區蠹人等、復生事端、騷擾不法、許即指名稟報本州、
以凴憑申究、須至帖者、

右帖給住持僧徹思准此

康熙十九年八月十四日　　給帖

霸占廟基呈詞　　本州粮里章雲具稟

爲豪强占霸官地而侵　恩赦、貧民厚租税而受虐
蠲、懇飭清查、民沾寔惠事、切
皇上愛養斯民、加意軫恤、不時蠲賑、原令鳩鵠之民、均

六

沾寔惠者也、今年恭遇
恩詔欵開、各省貧民賃僦官地棲身營業者、察明租額
蠲恤等
旨頒行在案、現嘗出票、着各區畬造冊呈送、詳　憲核
咨達　部、今查太倉州治劉河娘娘廟及城隍廟基
地、盡被富室强豪勾通地方、踞爲己業、蓋造市房、窮
民租其營業、每每受租税苛炙、此皆侵欺
皇土、刻剥小民、即未逢
恩詔、必當詳察究處、今奉清查造冊、若不備細陳明、逐
一丈勘、則蕩蕩　皇恩、盡遭豪棍侵吞、而積貧小民

並無升合之獲、豈
聖朝愛養元元之至意、伏乞
天臺、仰佐
聖治嚴着各區公正、開明官地畝数四址、親臨丈勘、果
係貧民搭蓋棲身者、造冊申　憲核轉、倘遇霸踞亭
利者、按擬究懲、追其歷歲侵蝕、助充公用、庶小民無
迓惠之虛名、
天臺有撫綏之寔政也、上稟
康熙五十二年九月初三日　呈
批　立着公正丈覆　匕

牌差查覆

江南太倉州正堂加三級李、　為豪强霸占官地等事、據粮里章雲具詞前事、內稱劉河娘娘廟城隍廟基盡被富室豪强、勾通地方、踞為己業、蓋造市房、窮民租其營業、租稅苛炙等情前來、據此、合亟飭行、為此仰役、立着該公正、即將詞內所禀富室豪强、占踞娘娘廟城隍廟基、逐一丈勘、是否何人踞占、造房取利、為即備細具覆、以憑核奪、提究施行、去役如遲、重處不貸、速速、

一着立案

一票差殷太

康熙五十二年九月初六日。　出差　朱霞

康熙五十三年　章雲又具呈　牌差立勘

署理江南太倉州正堂王、為違
旨抗　官等事、據粮里章雲具稟前事、案查章雲於前
州任內、曾喞豪强霸官地而侵　恩赦等事具控、差
役殷太、着公正丈勘去後、未據具覆、今據前情、合亟
飭催、為此仰原差殷太、立着飛沓徐瓚錫、協仝該啚
公正、星赴劉河鎮、將娘娘廟城隍廟基地、秉公丈勘、
何人踞占造房營利、速即造具侵占步口四址、數目、
姓名、繪圖呈報、以憑核奪、提究施行、去役如遲、重處

不貸、

康熙五十三年十月二十四日

稟仰原差殷太、飛者徐瓚錫　准此

本州項下奉點飛者徐瓚錫具稟

為遵牌丈覆事、切前月二十六日、一件為遵

旨抗　官事、點身丈勘天妃鎮娘娘廟城隍廟公基、有

有無盈虧侵占、開具姓名四址呈電等因、到門、遵即

協仝　台差、及本啚公正徐允之、地方沈金等、查明

遵　部魚鱗步口四址細册、逐一丈勘、丈得十九都

六啚冬字圩七十六號原號、公占田七畝八分四厘、

內有娘娘廟、城隍廟、五聖堂、稅房等、總屬公占基地、

而山门两旁、寔有樓房平屋店面、朝南共計十一間、朝北或瓦或草、搭盖開張者、亦復不少、當據本啚公正地方、逐一開明、親書筆據、謹繪圖呈覆、伏乞憲天太老爺裁奪施行、上禀、

附呈　圖一幅

筆據十三紙

娘々廟城隍廟等全圖

主辦金錫榮

娘娘廟董事毛會伯

幇办姜本初

陳岳傳

城隍廟董事俞念矦

幇办鄭吉輝

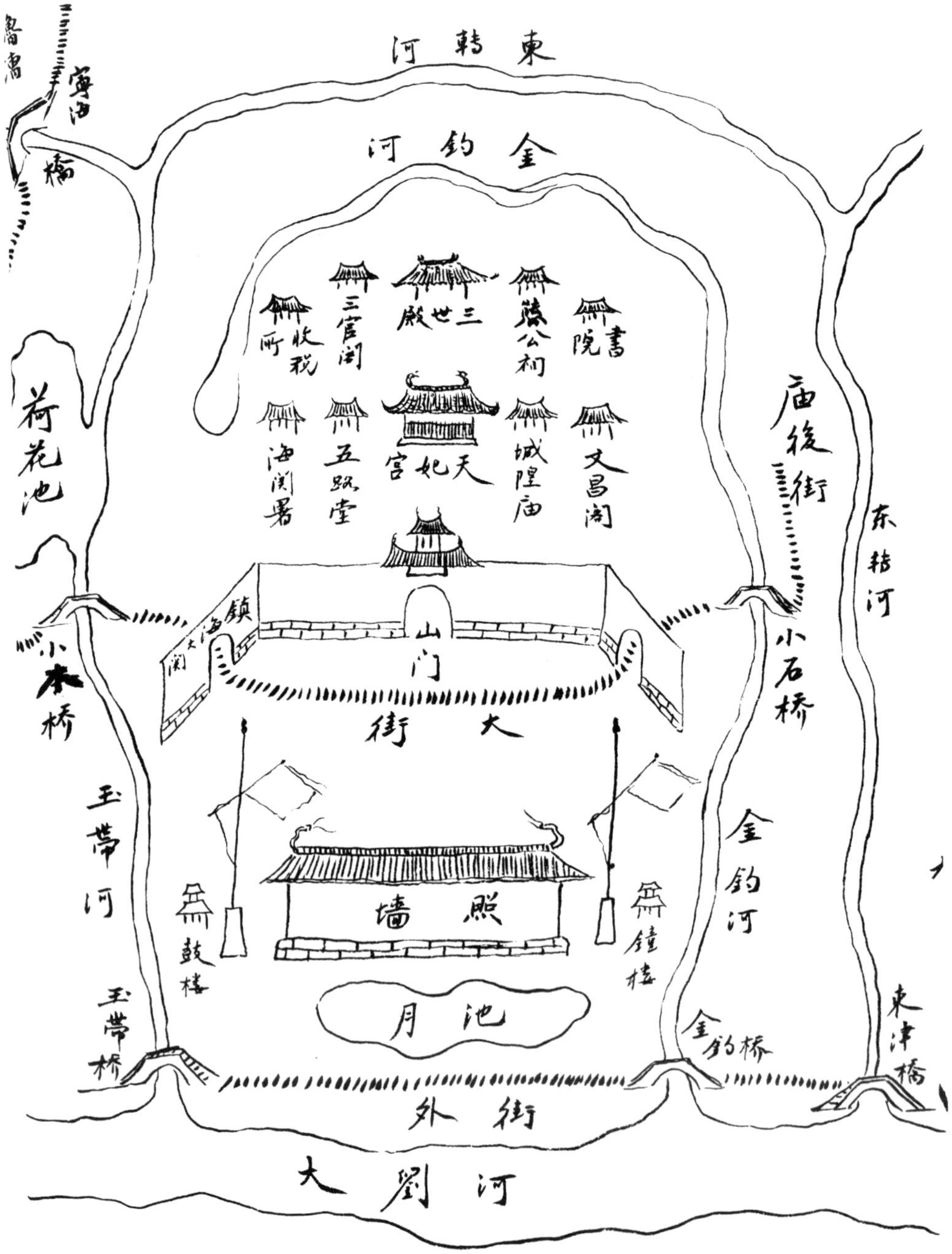
東轄河
金釣河
寧海橋
三世殿
三官閣
收稅所
蔡公祠
書院
天妃宮
五顯堂
海關署
城隍廟
文昌閣
荷花池
廟後街
東轄河
鎮海大關
山门
小石橋
小木橋
大街
玉帶河
金釣河
鼓樓
照墻
鐘樓
月池
玉帶橋
金釣橋
東津橋
外街
大劉河

案宋時　天后靈濟宮、原建於今五楊池左近、後靈
慈寺火災、幾成赤地、而靈濟宮逼近河岸、日漸坍毀、
於元時遷宮於寺基、據古老傳説、靈慈寺基有五百
餘畝、與茜涇北寺相等、至明時邵楚兩把總、又於公基
之外買田十三畝五分五厘、以建　熊兵備生祠、至
國朝康熙時丈勘、總共只存七畝八分四厘、其豪強侵
佔者、已不可問矣、至於今金鈎玉帶兩河、皆成窒地、
蓋造樓房。其金鈎河僅存半溝一段。小石橋一条。玉
帶河僅存玉帶石橋一条。河身形跡全無、侵佔之弊、
可勝嘆哉、蓋劉河口為东南衝要之口區、內江外海、

形勢昂藏、是以歷代之際、兵火必及、居民遷徙靡常、故自宋迄今七百餘年、而劉口古跡、記載無人、即或有之、而兵燹之及、逃避不遑、亦無暇計及於此矣、今幸逢太平大治之世、故得羅而記之、至於歷朝 天后顯應靈跡、俱詳載在甫田邑乘、茲不細贅、

熊公生祠

兵備熊公、鎮守劉河海口時、正胡宗憲揔督江浙軍務、會兵剿倭、而倭寇自南京出秣陵關、刼宜興、溧陽、直抵滸墅關、閘

熊公把守劉河、倭人不敢出劉、往松江而去、胡宗憲

與賊首王直同鄉、誘之使降、收而斬之、賊黨乃揚帆
而南、流劫廣東福建等處、而劉河得以安静、故邵楚二
把總各捐俸資、建造熊公生祠、塑像以祀之、時　熊
公已陞任江苏布政矣、至
國朝乾隆七年、　天后宫啟建宫樓、將　熊公像移供
於宫楼之左廂、有平海碑記、亦立於廂之廊下云、
熊公生容榮祠、在天后宫後、有平海碑記、在熊公
祠旁、

鎮海關舊基

鎮海関於

國朝康熙二十四年、開海通商後所立、在天后行宮之門外西首、有石庫門一座、上有石刻鎮海關三字、至今猶在、先自是明季無並關設立市舶司提舉、以主商政、另設鎮海衛兵一枝以鎮守、

國朝順治時、海禁甚嚴、無民船往來、故於四年分撤鎮海衛兵、以為内運漕粮之用、至　康熙時、掃除洋盜、海晏河清、大開海禁、以便商民、自二十四年開禁以後、即以鎮海衛之規設立鎮海大關於劉河海口、以盤查奸細、其天后宮大殿西首、朝東署門南首樓房三大進、餘屋數十間為收稅所、至今又稱為老房稅

云、往後劉鎮日盛、內外商船雲集、逃關偷漏之事時聞、因將大關遷於廟東沿河衝要之地、建立高樓、凡貨船出入、登樓一望、東西關閘、俱在目前、則巡河小哨俱無從作弊矣、較之老税房更爲嚴密焉、

嘉慶己巳、有山西客自上海來、揖余而言曰、上海無天后宫、無海關、何也、余聞之大駭、此言何自而來耶、客曰、有宫而非天后、有税署而無關、一任其海舟之出入、是以云無宫無關也、余坐而細思、徐起而應之曰、子謂無關者、謂其無關名耶、無攔阻耶、其無關名者、自康熙二十四年

十二

開海以来、江南海関、設立劉河、額曰鎮海、諒上海亦為鎮海関也明矣、茲不必細論、第云上海天后之無宮、余則不信、宮前之稱、人所共知、而謂為非天后、何也、客曰、先生其未之知耶、吾已畧得其詳、蓋黄浦一江、瀉淅江之水、借呉淞口以出口、故所聚者皆淅省之人、宮中所敬奉者、陳洲娘娘、非天后也、天后金身惟一、而陳洲娘娘有三、細詢土人、據稱娘々祖居陳洲海島、在淅閩交界之處、姊妹三人、同得神仙異術、凡龍伯九淵、無不畏服、故淅閩之地、有奉陳洲教者、有食陳洲素者、上海之宮、係閩人所建、上海之風、惟知敬祀陳洲娘々、而天后之宮闕如也、第天后為國家禦災捍患、歷朝敬奉、載在祀典、沿海要區、敕建神宮、尊崇封號、自古以來、以劉河為天下第一碼頭、故特建行宮、我衆商人、經海貿易、得以朔望焚香瞻拜、今在上海、欲完愿酬神、各廟不容、故爾江南船商、議建江蘇會館於南倉、以敬祀天后、雖尚未完工、而我商人祀事有所矣、且不特我商人無從敬祀天后也、上年崇明

十三 摠戎大人、爲洋海寧靖、於上海宮中掛匾酬神、被烏蠻撤去匾額、不許上匾、大人亦無可如何、所以徽帮各號貿易雖在上海、而天后聖誕霞昇之晨、必至劉河敬祀者、蓋爲此也、余恍然曰、上海之地、其若此耶、因筆而記其事、

城隍廟

輔德公太倉州城隍行宮、在劉鎮中市、天后行宮之左、計頭大殿穿堂私宅共七進、前明弘治中、割常熟之雙鳳鄉、崑山之新安惠安、湖川三鄉、嘉定之樂智、循義二鄉、爲太倉州界、易設太倉知州、遂建州城隍

廟於朝陽门内、其威靈赫奕、保障海疆、萬民感戴、每逢朔望、沿海居民、必入城敬禮、第風雨寒暑、人情以跋涉為艱、因議於劉鎮另設行轅、以便農工商賈各展如在之誠、至

國朝康熙時、城中邑廟火災、前宮後殿、盡為赤地、而

神靈之護衛斯民、在我劉鎮屢現祥瑞、時正　相國

王公諱掞

予告鄉居、感　神靈之顯應、為之掛匾於大殿、額曰天監在茲、至今猶存遺跡、至於若何顯應之處、無人紀載、亦未敢妄記、據父老傳說、竟有目睹城隍儀衛、自

沿海回轆者、今撮其大要以記之、庶記幾無忘
神惠云、

王六官真人廟

王六官眞人、不知其名、素以捕魚為業、無妻子家室、自炊自爨以為食、偶得大魚、則必招友沽酒、歡呼暢飲、盡醉而散、習以為常、我劉鎮自明季倭寇竊發、禁海者百有餘年、至
國朝康熙二十四年、開禁通商、無有敢出當海之任者、王六官特創平底沙船式樣、以裝運貨物、船穩而易行、王官六親自出海、身當香供以押運、是年臘月將盡、

船在北地、不得順風過南、在船水手、俱望回家度歲、各自愁嘆、忽一日王六官云、快快收拾家伙、明日下午、有好風至矣、眾人皆笑其為痴、至明日未末申初、風色漸轉、大眾驚異、各船起錨掛篷、風力漸大、一夜之間、但聞水聲潺潺、飛行數千里、直抵劉河海口、眾人猶疑未必即是劉河、及至天明一望、果在口外、眾方大驚、以為如有神助、大眾歡喜、收船進口、眾人因約王六官於酒肆中沽估酒以謝、王六官隨眾登岸、不知去向、眾人四處追尋、無有形跡、候至三日、眾方疑其神異、於是眾人私議、且到船上揀點其鋪陳在否、大象回船、見其登岸時之草鞋草帽、以及零星破布衣服、俱在船中、象方信其爲一夜之順風、乃王尧六官真人所使也、細想其前事、雖非大異於人、而往往有出人意外之奇、其平日誠敬二字、人所不可及、每早晚於　天后妃前、必洗手焚香、虔誠禮拜、一切米穀、必拾置口中、便溺另有木柜、不使入海、終日惟歡欣笑語、令人忘背井離鄉之戚、種々善端、難以枚舉、於是各船着舵水手、捐資塑像、立廟於天妃行宮之西、以奉香火、每於放船時、必先於真人廟焚香請神、謂之請順風、到船設醮、淨船、必捧真人紙馬、於各艙鑒視、驅除邪癘、謂之洗船、遂為定例、無有敢壞其規者、夫炎帝出而火化興、后稷降而五穀布、天生聖人、所以開萬世穀食之資、天生真人、所以助一代財源之盛、溯自明季禁海以來、幾及百年、家居者舵久已老死無存、誰復敢於茫茫大海之中、試其技藝之能哉、有真人出而為之創其始、使人知山陬海隅咸為利藪、引各省商人、窮島嶼生財之地、以助

國家稅課之充、謂非真人之力也歟、其塑像立廟以祀之者、理也、非諂也、

今真人廟在　天后宮西、三官閣前殿、自劉鎮

一衰、廟中香火亦斷絕矣、一六

西域海棠

西域海棠、俗名西府海棠、江南素無此種、明永樂時、中使鄭和出使海外、於西域携歸植於天后行宮之左、城隍廟劉湄書院前庭今書院内裝塑花神、遂称爲花神殿云、内有大玉蘭一本、覆蓋庭前、與海棠相映、春時遊人不絕、今西府海棠各處皆有矣、

文昌閣

文昌閣在天后宮~~右~~左、城隍廟東、五路堂之後、爲閩鎮儒林所敬奉、稱爲梓潼帝君、樓嘉定縣　陸稼書

先生文昌祠記、

附錄嘉定縣　陸稼書先生文昌祠記

文昌、何神也、司馬遷天官書曰斗魁戴筐六星爲文昌、一曰上將、二曰次將、三曰貴相、四曰司命、五曰司中、六曰司祿、周禮大宗伯以槱燎祀司中司命、月令季冬之月畢祀天之神祇、鄭康成謂司命司中與焉、然則文昌天神也、星有六、各有攸司、而統之曰文昌、蓋道之顯者謂之文、將相祿命、皆權於道、明乎非有道者不得與、凡世之不以道而得將相祿命者、皆非文昌之所授、古之祀之者、蓋所以答其默相道統之勤功、而非教人禱祀以求寵利也、近世祀文昌者、不復分司命司中、而統號之曰文昌、從其重者為主、猶未大遠乎古、但祀之之意、專以求富貴功名、而不知有道、則已失其本、而又雜以道家不經之說、謂上帝命梓潼神掌文昌府事、及人間祿籍、元時遂加號為帝君、按所謂梓潼神者、相傳姓張、諱亞子、其先越巂人、因報母仇、徙居劍州之七曲山、仕晉戰死、人為立廟梓潼嶺上、唐明皇西狩、追封左丞、僖宗入蜀、封濟順王、宋咸平改封英顯、是則文昌者、天神也、梓潼者、人鬼也、合文昌梓潼而一之、不經甚矣、即以梓潼神配文昌、如棄之於稷、句龍之於社、然梓潼神非可以配文昌者也、配文昌者、自孔子而下、宜莫如四配十哲、及兩廡從祀之先賢先儒、擇一而配焉、可也、於梓潼何有哉、以梓潼配文昌、猶不可、而況直呼梓潼為文昌、而不復知有載筐六星、司命司中者耶。吾知祀周禮月令史記之文昌、為吾道宗主者而已、他非所知也、在人則有至聖孔子、及先賢先儒、在天則有文昌、皆教人以正誼明道、而一切計功謀利之私、知有富貴功名而不知有道、及假道以富貴功名者、孔子之所擯、文昌之所擯也、明乎文昌之所以為文昌、

庶幾俎豆馨香、来格来饗、不吐而棄之乎。康熙戊辰孟冬任靈壽縣記、

顯佑山

顯佑土山、為天后行宮之靠山、據星家云、其高必倍於行宮、然後勢合而神安、於是衆商船公捐挑築始於乾隆三十三年春季興工、歷歲加增、功歸寔在、後捐項銀錢、俱被稅行侵入己橐、遂致半路而廢、而各商船亦漸散歸上海矣、倘後有有力者、能繼起而興挑、使不致功虧一簣、則我劉鎮之幸、亦天后之靈也、

郁家廟

郁家廟、在鎮東里許、劉河鎮自明季兵火以後、闃無居人、而郁氏率先居之、故鄰鎮中基地、半為郁氏家産、於鎮之東偏、建立家廟、後郁氏勢衰、鄉人塑土地神像於其中、而廟名猶存其舊云。

大梅樹

大梅樹、在郁家宅大宅後竹園之左、離廟半里許、老榦桿揷雲、狂枝匝地、樹下可容廿席、花時如粉裝玉琢、無異香雪云、今亦漸枯矣。

嘉慶庚辰春、茜溪陶淡人先生採梅感賦二絕、今備

録於左、并叙

元宵後二日、同朱衡軒、唐墨池、金揆庭、於劉河東郊郁宅、探古梅、惜已枯死、嘅賦二絶、

十年舊雨九年親、恨我來時不見春、冷艷已從雪冰化、尚留鐵幹待詩人、

枯根朽幹得相親、不負今宵夢裡春、老友重來餘一嘆、三年生未了惜花人、

朱衡軒先生和一絶

獨卧荒村孰共親、年年來訪又新春、癯仙夢醒飄然去、我輩猶為枕上人、

李靜夫先生遥和一絶

老梅恨未一相親、曾歷氷霜五百春、莫許生機容易盡、世间無此大年人、

夏穆址

夏穆址者、祀夏穆二將軍祠之舊基也、明時劉河海口、聚市於沿海、自倭寇之來、男女老幼、鷄犬六畜、無不遭其殺害、夏穆二將軍者、失其名、係江西木客、不勝義憤、奮臂而起、設謀以木為柵、造如委巷、約以某月某日、誘倭入於巷中、兩頭守住、將倭寇殺盡、而二人亦力盡而死、民間感其義、稱為將軍、為之塑像立

廟以祀之、歲久廟圮、鄉農即其地重建土祠地神祠、二十
而以二將軍之像附祀於旁、以繼春秋香火、方數里
之內、感念二將軍之惠者、咸稱為夏穆址云、

考夏將軍、自伊祖為木客、至劉河、已歷三世、傳
至將軍、置田地、造房屋、完粮納稅、遂為劉河巨
室、忽遭倭寇之變、妻兒老幼、盡為鯨鯢、穆將軍
者、木客之幇夥也、二人憤不顧身、設計盡除倭
寇、二將軍既死之後、所遺田產、無人主管、近鄉
之人感念其義、即其遺址、為之塑像立廟、故方
數里之地、皆稱為夏穆址云、今已盡散為民田

矣、

檀樹坟

檀樹坟者。王以東公諱湧者。葬其曾祖有常公與祖文剛公之墓也、是時海口聚市於劉河城、太原王氏自宋南遷以來、隱居海濱、躬耕為業。後習廛市經營、置販木棉。蓋我太倉自元至正間。崖州黃婆、以南番木棉、傳入蘇松。教以捍彈紡織之法。於是太倉木棉遂為中國所獨擅、凡江西湖廣襄陽、以及海外東西兩洋等處、咸集太倉劉河販運、以東公承繼舊業、誠信無私、時有江西客童姓者、世交也、賫資本來劉販花、日夜以遊行為事、是時以東公之父汝澤公、見少年商販、不以生意為緊、而以遊行為事、心竊非之、每夕瞰其所往、見其由郭外田間、或作或坐、或行或止、或仰以觀天、或俯俯而察地、公亦不解其所為、如此者數夕、心甚異之、至一夕嚴密、衆客皆寢、童客仍外出、公竊隨之、至西鄉佇立四望、忽而解衣、赤體卧地、繼而起、起而大笑、折楊枝以誌其地而回、明早、公亟至其所誌之地、正王氏地也、公始恍然悟曰、是必地師無疑矣、蓋是時汝澤公、正以父祖未葬、請師擇地、俱云西有吉壤、但未識穴之所在、今見童客觀天察地、以誌其處是必精於地理無疑矣、後童客返江西、明年秋、又至、是夕人靜後、客攜楸色而出、至上年所誌之地、又仰觀俯察、取楸色以埋之、禮拜而回、汝澤公雖窃其後、客勿知也、後童客將銀錢交付以東公、托代發貨、先回江西、又明年、以東公議葬事、汝澤公始以始末告之、於是將有常公葬主穴、文剛公附之、而童姓之骸骨、於正月穴之左數十武、另築一坟、兩並峙、各植松柏、其生旺之氣、咸極盛焉、江西客不至江南者三載、至是年復至、見巍巍兩墓、松柏森然、不覺如針刺股、坐立不寧、非憂其一片苦心之空費、憂其骸骨之不知歸於何處矣、以東公隱窺其情、因慰之曰、客之所憂者非為葬地也耶、客曰、然、公告之曰、兩坟並築、其左者為尊壟、右者為吾家之墓、客喜謝而曰、且訴其情曰、余世習坎輿、為祖骸未葬、自江西追尋龍脈、至此結穴、以為得所、豈知君家福大、葬其主穴、而余家得其旁氣、此天氣（意）也、公詢之曰、其吉若何、客曰、主穴為文星照臨之的、數年內必生宰輔、其脈甚長、併可子孫相繼、余家不過武職相継而已、公又詢之曰、其言有預兆可憑乎、客曰、五行周天主穴必自生檀樹、此文星降臨之期也、檀樹成林、此文星發現之時也、

君其識之、至嘉靖十三年、文肅公生、正檀樹初生時也、後魁南畿、登翰院、入閣理事、正檀樹極盛時也、至
國朝康熙時、檀樹復盛、顓菴公復入閣、今子孫科甲聯綿、人咸知為檀樹坆之發源云、

皇莊

皇莊在墅溝橋東、離旗竿下約數里、為　文肅公接
旨批本之處、前明萬曆時、　文肅公予告家居、凡各省奏本、有疑難不決者、　皇上勑飛騎、着文肅公批判、　文肅公不敢於家中接旨、因於官道旁另築公館、凡一有本到、立即批判上覆、刻不停留、故鄉人咸

稱爲皇莊、今房屋雖俱拆毀、而其地猶稱爲皇莊云。

旗竿下

旗竿下者、文肅公發源之處也、是時沿海並無科甲、鄉人間從未見旗桿、自文肅公登甲榜之後豎立旗竿、人遂稱爲旗竿下云。

魁星閣

魁星閣者、文肅公未第時、魁星出現之處也、人之見之者、咸以爲怪、而文肅公自幼與之戲、是年將魁南鐵、公宿於閣、豁然有聲、滿室皆光、光中現一骷〔枯〕髏、骨節皆有光焰、穿窗而出、直入雲中、此即所謂文光射

斗也、[illegible]鼎甲之後、即建閣以祀魁星、今廢、

讀書樓

讀書樓、為文肅公讀書之處、在魁星閣後、藏書萬卷、公日夜攻苦其中、至今猶有遺跡、

卸甲廳

卸甲廳者、明懷遠將軍王璣葬甲之處也、璣為承爵公之子、其住宅離旗竿下不遠、璣中崇禎庚辰科武進士、出守柘林營、時闖賊之亂正盛、屢陞至總兵、轉戰有功、封為懷遠將軍之職、上賜以鎧甲全副、使之防禦沿海、甲申之變、已欲殉難、奈高年父母在堂、無人

養贍、且变在不測、未敢即死、乙酉
大兵徇江南、至劉河、璣猶巡視沿海、猝與
大兵遇、奮不顧身、衆寡不敵、己身被數矢、仆地幾死、有
徤僕僕負之以逃、得不死、復持兵出戰、
大兵主帥奇其勇、必生致之、聞其孝、追尋其居址、執其
父母、花梆架刀以招之、璣望見慟哭、伏地、曰、吾不能不
為親屈也、於是卸甲於廳、跪拜而泣曰、此上賜也、此
身不能殉國、此心已殉國矣、遂葬甲於廳而言曰、葬
甲所以似吾之死也、遂赴
大兵納降、主帥署以職不受、率父母以歸、草履布衲、

往来劉鎮茜涇之地、後連生二子、年四十三歲而卒、至今葬甲廳尚在、子孫猶世守焉、

梅花楼

梅花楼在旗竿下、為東莊王昱書画之所、週圍植梅百株、築楼其中以自樂、

案梅花楼有二、一在太倉州西、相府之西後為麓臺先生書画之所、據王氏族姓相傳謂旗竿下亦有梅花楼、為東莊先生書画之所、未知其詳、姑誌之、以俟後查、

劉河城基

二一五

劉河城、自明季遭海寇、
國初又有兵亂、城空無人、東门漸淤入海、至乾隆三年、
兩江總督那、奉
旨將舊城磚石運至茜涇、另築新城、留西门月城一角、
上架大砲、以防海寇、即今之砲台是也、

閱兵臺

閱兵臺、在劉河海口南岸、海塘之上、乾隆二十八年、
兩江總督尹、江蘇巡撫莊、奏請於劉河海口海
塘之上、建築高臺、以閱水師、使沿海水師乘戰艦以
練習火球火箭鎗砲之屢屬、奉

旨發　帑建築、

陳老相公廟

老相公廟、在新鎮東南、約三四里、老相公、陳姓、字日初、江西人、明季避兵亂、流寓海濱、以醫為業、貌甚蒼古、蘊奇不露、蓋高人而隱於醫者也、是時沿海尚寧靖、老相曰、此處可無大害、於是往來於二十都張庄地方、不復他徙、後果如其言、其先見如此、鄉人咸敬重之、至

國朝康熙十二年三月初三日、無疾而歿於寓、寓々主為之安葬、後屢現夢醫民、咸感之、即於坟旁立廟塑像以

奉香火、後數百里之外、有具香帛以酬神恩者、於是陳老相公之名、遂傳聞海外矣、有聞雲奎撰陳老相公請封啟、附錄於左、

請封啟　　天師府職掌　　聞雲奎撰

謹啟、老相公者、陳姓、字日初、江西人、明季時流寓太江南太倉州鎮洋縣二十都張庄土地司界、以醫術行於時、而於外科又著、凡治病、應手輒效、畧不計利、遐邇賴之、咸稱神醫云、康熙十二年、老相公八十三歲、於三月初三日、無疾而殁、寓主某異之、為之擇地而葬焉、後數年、寓主忽患外症、時醫束手俱云不治、

一家倉皇無措、病者於梦中見老相公来、云爾病、非
凡醫所能療治、我坟上有某樹、汝取其葉、搗爛塗之、
可愈病者述其異於家人、如此法治之而愈、由是感
激為之塑像立廟、崇奉甚虔、時稱陳老相公廟云、自
後有禱輙應、香火特盛、百年来凡大江南北、具束帛、
奉酒漿、訪陳老相公廟者、四時不絕、此其　神靈丕
著、保護靡涯、爰望　敕封、以發幽泯、以光桑壤、謹啓
以請、

張庄廟

張庄廟、在沿海二十都、與寶山連界、舊為勝地、有城

隍廟、有土地祠、一方香火為極盛、乾隆二十年、大風潮、將城隍廟衝倒、其神像隨潮衝進、至天法廟基而止、於是廟鄰撈起、供於天法廟中、張庄房屋盡皆衝倒、遂為廢地、至今僅存土地祠云、

新鎮天后行宮

新鎮天后行宮、於乾隆三十年、通州船商劉姓者創始、通字商船、公同捐建、是時劉河鎮各有商人雲集、天后宮香火、晝夜不絕、而各船之在海口者、恒以躭遲擁擠、殊失敬　神之禮、於是劉姓者、議於新鎮另建　天后行宮、以昭誠敬、以便船商、其宮大殿規模、

金身神像、與老鎮行宮無異、惟後殿宮樓未建、已費有巨萬、為通州呂四之香火院云、

馬磧頭

馬磧頭、在新鎮南里許、為

國初沈石二家養馬之所、其先人於明季時、家已巨富、鎮之南岸田地、半為沈氏產、至石二、又為王府八太師之甥、始則恃其財、繼則仗其勢、橫行無忌、無惡不為、家中設有水火牢、有拂其意者、即置於牢中、以絕其命、為沿海一大害、東西各路、設有外宅倉房、以積粮食、後磧養馬無數、故鄉間有口號云、沈家府、馬馱

鑰匙驢馱鎖、言其倉房鎖鑰之多也、時有（二十八）
欽差大人某在蘇訪知此事、假裝搖鈴貨郎、來劉晴訪、
至新鎮、始知其宅高臺疊宇、庭院深沉、適有老婦自
宅中出、見貨郎而招之、　大人隨之入內宅、石二吡
之、彼此爭論間、石二命喚家人命束縛、收入水牢、斯
時重圍垣複壁、勢難飛越、　大人計無所出、自分必
死、適前老婦又至、責其不知規矩、得罪家主、　大人
求其相救、老婦曰、如此重门深院、焉能相救、　大人
曰、吾有好友、在茜涇遊擊衙门、但求通信、必能相救、
爾老婦人亦不再（必）来、自有人養老送終、老婦喜曰、我

本無男女、若得如此、寔為幸甚、但何以為憑、大人
曰、爾將裙子角来、我有信物、於是老婦以裙角進、
大人咬指滲血、將
欽差印、印於裙角、囑老婦曰、爾到衙门、不必聲張、將堂
鼓連擊、以裙角頂於頭上、自有人来接應矣、於是老
婦候至天明、重门開鎖、老婦係本宅人、攜杖而出、一
無攔阻、直至茜涇、是時文武各衙门、但知有
欽差私行下縣、不知在何處遊府、忽聞鼓聲、急陞堂、見
一老婦人、頭頂裙幅、急取而觀之、乃
欽差印也、即问老婦曰、用印之人、現在何處、老婦曰、現

在沈府中、於是發號㧞軍、立即提兵出署、着後堂將老婦管待、是時沈氏勢大、仰資者衆、已早有人通信、石二知事急迫、子身脱逃、及官兵到門、家中人尚未盡知、將沈宅圍住、救出

欽差、一面發兵追捉石二、一面將沈宅剿滅盡淨、除其一害、石二逃入海中、不知所終、而馬礴猶存古蹟云

天法廟

天法廟、於　國初有天法和尚者、自南海普陀山來、住錫於劉河之南岸、築草菴以居、供觀音大士、日惟誦經爲事、後自吐三昧真火、焚身西逝、其徒造塔藏

骸葬於廟後，鄉農復建土地祠於廟右，以奉一方香火，而其廟總稱為天法廟云。

天法廟城隍

天法廟，向為劉河南鄉祈晴禱雨之處，素無城隍。乾隆二十年大潮災，偶見一神像流至河旁，鄉人撈起視之，乃城隍像也。遂供於廟中。未幾，聞張庄廟不見城隍，於沿塘河港細查，知在天法廟中，即具香燭，意欲請回。天法廟鄰不依，立即蓋造城隍行宮，張庄廟鄰，亦無可如何，將城隍　部頒符印收藏不付，故至今我劉鎮河北城隍有　天師府　部頒符印，河南城隍惟空相而已。

三十

馬家灘

馬家灘，自明季萬曆時，有馬氏南塘公，貿易來劉卜居於此者也。是時灘塗葦岸，並無業主，公陞科納稅，立戶辦粮，人遂稱爲馬家灘云。伊子儀唐公，弱歲遊庠，立品端方，舉鄉飲賓。州尊陳公諱子翰，給匾旌門曰：碩德可風。鄉里咸尊其德望。伊孫趐白、仲白、賓白，皆入泮廩餼，書禮傳家，豐衣足食，爲劉河南之岸巨室。今子孫繁衍，猶世守耕讀焉。

韓夫人將臺

其臺在馬家灘興隆橋東南數武，台基尚在。或曰此韓夫人將臺，蘄王將臺尚在東南寶山界，然婦隨夫唱，雖係夫人點兵接應之處，總屬韓王古壘云。夫人梁氏，俠妓也。深通韜畧，熟悉軍機，屈身為妓，日在相府承應。韓王未達時，為相府一巡邏卒。是夜大雪，梁氏推窻望雪，見雪中蹲踞一虎，梁氏驚疑，拭目以觀，見一人凍卧雪中。梁氏憐其寒，隨手取一皮衣自窗内擲蓋其身，亦不知其為何人也。明晨相府失一貂裘，梁氏驚，纍尋覓其人，隨之而逃，遂投軍平寇，屢立

戰功、夫人共有功焉、追世忠封王拜爵爵、梁氏夫人自領一軍、以隨征戰、故蘄王鎮守劉河海口、將台有二至今留為古跡云、

國朝何元烺題韓蘄王湖上騎驢詩、備錄於左、

時蘄王拜樞密院使、不以和議為然、為秦檜所所忌、遂連疏乞解樞柄、乞骸骨歸故里杜门謝客、絕口不言兵、騎驢携酒、從一二奚奴、日遊西湖以自樂、

剩水殘山在、英雄顧果餘、峰頭誰立馬、湖上自騎驢、

鼙鼓休前烈、風波慎後車、暗指岳武穆 六橋驅短策、五國想

空廬、此日朝廷小、平生將佐疎、徜徉聊景物、蹤跡溷樵漁、伏櫪心原壯、先鞭志竟虛、晚歸微醉後、猶夢讀兵書、

石家塘橋

石家塘、在馬家灘西南、約二三里、明季時劉河南岸西、沿塘俱爲石氏所陸粮耕種、因開河運海水以灌田、遂稱爲石家塘、乎河又於沿塘建五聯大石橋、以通行人、名曰石家橋其倉箱屯積、富甲劉渭、今泯沒無人矣、

唐家港大牡丹

唐家巷、在劉河西南六七里、與嘉定連界、其牡丹一本高過於墻、花時望如堆錦、動以千數、先時唐氏聚族於此、池塘圍繞、此花原植於書廳前、已數百年矣、今廳堂内已畀為廚房紡織之地、遊人往來、甚為所惡、花主俗人、每於此花未放時、盡行剪去、以絕遊人、是亦花之不幸也矣、

張涇廟

張涇廟、舊為海音禪寺、係太原王氏所建、歲久廟圮、又遭兵火、幾至滅跡、

國初王氏重修、循舊制而減其規、因其在張涇河東岸、

鄉人遂稱為張涇廟云、至乾隆時、是廟又圯、嘉慶初、有僧志南者、募緣重建、迺王氏勢盛時、自旗竿下至太倉相府、相隔四十餘里、其田幾盡為王氏之產、沿途建築廟宇、以為秋成時收租駐扎之處、後王氏勢衰、張涇廟日漸頹敗、為乞丐所居、磚石瓦木料盡行拆毁、惟存佛像十餘尊、露處其地、時現靈光、衆咸異之、欲重修而無力、鄉人議以將諸佛像送入大海、以免污穢、於是衆人以佛像裝蒲包、扛抬而行、自張涇至海口、相隔十五六里路、穿劉鎮之海神廟前、各暫休息、適志南僧見之、詢所自來、慨然嘆曰、此吾出家

之機也、蓋志南僧、俗姓袁氏、居於劉河鎮之河西街、三十三
自幼持齋、習成衣爲業、母老、與兄同居以奉母、一生
未娶、其爲人誠實、闔鎮人皆認識之、於是衆又聞而
異之、僧曰、吾自髮幼、心愛出家、有老母在、不能自主、
今母已去世、尚有兄在、懇將佛像暫留一宿、容俟禀
明家兄、明日定規、以何、衆見其誠意懇切、遂將佛像
寄存廟中而去、明早、鄉人復集、僧曰、吾兄已允、可無
疑矣、是時聚而觀者益衆、因問僧曰、爾能誦經乎、曰、
不能、爾有護法乎、曰、無有、衆咸笑之曰、既不識字、又
無護法、其將何以立廟乎、曰、吾能念佛、惟仗佛力以

扶持、於是有好事者、曰、爾既立志出家、亦須拜師以習經典、募緣以供飲食、庶幾佛祖有靈、扶持立廟、象鄉人代應之、曰、如此大功德、吾鄉間願供飲食、志南願拜玉皇殿宫之蘭亭僧為師、朝夕教以金剛經一部、鄉人復捐資、先修塑韋馱尊者、結茅蓬於原基之上、日間則鳴魚以誦经、早晚則擊銅板周行闔鎮以以募化、風雨寒暑、未嘗間斷、如此者數載、艱苦萬端、修持不二、忽有大姓某、患便溺不通症、百醫不治、命在須臾、款禱神明以祈默佑、衆咸曰、現在張涇廟僧募緣已數載、何不許願以祈佛佑乎、病者聞而喜曰、此病可愈、願捐銀五百金、以助興工、即於灶神前焚香立願、頃刻而愈、人咸異之、於是有樂善好施也者、從而和之、於嘉慶初年興工重建、不數月而工竣、迎回諸佛像、遂為張涇一村之香火院云、其志南僧年已週甲、於嘉慶十二年、無疾化去、葬於廟之北原、其徒世守其清規焉、

朱涇廟

朱涇廟、於　順治十二年、　州憲白公、准劉河諸生顧士璉之請、開鑿朱涇、以洩上游清水、田疇得以接濟、鄉農欲祈久遠深通、於是塑土地神像以祀之、至

乾隆二十年，鎮洋縣潘公准土人葉漢等之請，將朱涇出水之环洞口壩住，一任渾潮灌積，塞成平陸，廟亦傾圮。至嘉慶二十二年，鄉民復請浚朱涇，重修廟宇，有修廟公啓，謹錄於左。

蓋聞飲蜡吹豳，樂利之風自古；春祈秋報，方社之典長新。我本境朱涇司徒，為鎮邑土地正神，英靈默佑，田疇無水悍旱之虞，鄉里輸忱，歲時竭牲牢之奉，誠以朱涇本名小劉河，為八市連絡之區。（順治十二年州憲白公開鑿朱涇以後，板橋有市，朱涇鋪有市，紅廟有市，浦家衖有市，楊家橋有市，朱蔄橋有市，萬壽庵有市，六里甘橋有市。）沾水利者，東西幾五十里，而司徒宣職分郡廟，乃三鎮仰瞻之地、茜涇鎮新塘鎮劉河鎮叨福庇者、士庶殆千百家、今廟貌漸以傾頹、恐祀事因之怠忽、地少布金、修葺之工程無着、人咸懷玉、信善之踴躍應多、凡我同人、共襄義舉、維冀集腋成裘、重睹寢堂輪奂、庶幾自天降福、相慶家室盈寧、謹啟、

顧家楼下

顧家楼下有三、有南楼下、北楼下、西楼下、俱為諸生顧殷重諱士璉所築、離鎮或一二里、或三四里不一、時劉鎮無楼房、殷重創始築楼以居、額曰、金粟楼、人咸称為楼下宅云、顧公家資殷富、晚年無子、築楼以

居、講求性命之學、至老不倦、因族姓繁衍、連築三大
宅、分授子姪、扶杖往來、以樂餘年、今此樓下已為金
姓所居、西南樓下、猶爲顧姓後人所世守云、

白高二公祠

此祠、在茜涇城西门内三官堂之左、一祀太倉州
知州白登明、我劉河自前明迄於
國初、東南水利不講者、幾及百年、白公於順治十二
年開鑿朱涇、十四年開浚劉河、布帳露棲、役終不擾
使不大小劉河、群流舒暢、五穀豐登、萬民感德、立
像以祀之、一祀劉河營遊擊高必昌、查顧士璉新劉

河誌載載　高公於順治初年、海匪橫溢、晝夜震驚、後值大盜鄭芝龍反、破鎮江城、進薄江甯、被崇明揔兵梁花鳳所敗、匪船即退圍崇明、當此賊勢啣接、兵戈鼎沸之時、　公能捍禦海口、力保孤城、使大盜不敢西顧、安堵如常、萬民感德、立像以祀之、今此祠已改作文昌帝君行宮、而以　白高二公之像移置於三官堂之左廂、今三官堂亦將頹敗、其跡將泯、劉河衆姓、感念舊恩、歡迎請二像來劉、祀於城隍行宮之左、而茜城衆姓、亦不忘舊德、未便舉動、因請画師瞻像繪圖

三十六

神像二幅、祀於劉鎮之純陽宮雷祖殿、以奉香火云、

壽菴

壽菴、在朱涇沿塘、離鎮五里許、原名萬壽菴、為劉河最盛之處、蓋自明季百餘年、水利不修、朱涇一河、幾將滅迹、萬民已成涸轍、蒙
國朝盛德、　州憲宏恩、開浚此河、連年成熟、民間無以
報德、荅、因於朱涇沿塘建
萬壽菴、內塑三世如來、上供
萬壽龍牌、萬民於塑望焚香　頂祝
聖壽無疆、每逢

聖誕允文武之駐扎於劉河各口者、咸集萬壽菴
恭祝
聖誕、甚　盛典也、於茜涇則塑　州憲白公神像以祀
之、至今猶存、而壽菴之古典不行矣、

栢家廟

栢家廟、舊爲徐諫議宅旁基地、捐於衆姓建廟、以奉
一村香火、故名曰百家廟、後徐氏勢敗、廟亦漸圮、至
國朝有栢秀三者、捐重資建大殿山门、裝塑诸佛聖像、
人遂稱爲栢家廟云、

玄通寺

玄通寺、即古玄通道院、在劉鎮西北、離鎮約七八里、離新塘市約二三里、此寺向係道衆所居、自明永樂時、姚少師駐錫茜涇、改懷讓寺為廣孝教寺、佛教大行、僧勢甚盛、其僧人中有强而多智者、遂攘玄通道院為己有、改為宏门禪寺、其香烟之盛、與廣孝寺並驅、於是廣置田地、大興土木、其基地方圓有八百餘畝、佛殿僧房、號稱五千餘间、名曰一藏、嚮原有高僧主持、法律清嚴、為東鄉寺院之首、至明末世乱、僧人日就不法、漸有人匪混入為僧、遂至私僧房中私藏娼妓、習以為常、後世事日非、並有不法主持私開地

穴、引誘良家婦女、藏匿穴中、日夜宣淫、外人雖沸傳　三十八
其事、而寺院深沉、無從知其實細、後官府亦有風聞、
但觀其寺、外象清嚴、法律與前無異、並無實據可得、
當此世亂紛紛、即官府亦不便多事、至
國朝定鼎以後、庶政肅清、有　江蘇巡撫某、訪聞有此
一事、亦以事無實據、未便拴拏、於是密訪蘇城有老
練名妓、色藝俱全者、密傳至署中、告以欲訪宏門寺
一案、如得實情、令汝從良、妓許諾、回至署中(家)、密囑老
練(跟班)一人、鴇母一人、令其相隨至劉河宏門進(寺)香、萬不
可說是妓家、冒稱(為)某富戶第幾院如夫人、於是僱大

船、盛服而往、滿載香燭、闔寺拈香、知客僧一見、知其為大來歷、主持僧迎請後院侍茶、即呈愿簿、求請寫愿、妓書助愿銀五百兩、先以金鐲一隻付之、斯時主持僧與妓眉來眼去、甚屬多情、於是衆僧報知方丈、復請至方丈奉齋、方丈僧一見、驚魂喪魄、親自侍立斟酒、妓之酒量甚洪、僧之邪心漸起、細詢夫人入廟燒香之故、妓詩答以求子為辭、從此語言漸入於邪、僧留夫人止宿、妓曰、今日未可造次、必得有安穩地方、方可盤桓、僧滿口承應、自有妥貼之處、妓曰、今日露人眼目、多所未便、俟三日後、月明之夜、妾當親自来耳、僧猶依々不舍、妓曰、吾有金鐲一隻、暫且贈爾、月圓之夜、決不失信、遂傳喚跟班、下船回蘇、僧人既貪其色、又利其財、無不留心等候十五夜三鼓、果見一葉小舟、停泊山门、俟其上岸、果前進香之女子也、遂邀入密室、歡呼暢飲、醉後、遂開地穴、層級而下、見有無數女人、皆穠裝艷飾、侍立兩旁、另有一穴、則方丈之所居也、一切女人應用之物、無不畢備、曉鐘一動、僧人皆起而去、穴中晝夜以燈燭継之、妓遂各詢女人来蹤去跡、始末根由、詳記片紙、午後、方丈又来叙話、妓又出白金百兩為贈、盤桓三日、妓曰、吾在家中、原約三日為期、未便多住、俟五日之後、吾尚有金銀一宗、當帶之而來、決不失約、僧人大喜、密囑以午夜而来、仍當午夜而去、妓訪明事寔、仍得脫身而回、実出萬幸、回蘇後、妓即往撫轅面禀此事、留妓於署中、併喚老跟班老鴇、亦入署中、以三處居之、至三日後、密傳令箭兩枝、一枝着中軍參將、提兵往劉河口捕盜、留守備守轅、一枝着城守營參將、帶領官兵、往劉河口捕盜、留守備守城、俱不可聲張、會齊於劉河鎮聽令、巡撫親自帶領妓家三人、仍持香燭、先令妓入廟衆僧一見、稱為信人、未及拈香、忽山門外傳報巡撫新親自入廟拈香、於是衆僧紛紛擾々、急傳報方丈、主持、及職事僧人、披袈裟迎接、而巡撫已登大殿、着隨從快班、將披袈裟者、立即鎖拿、妓跪接後、着妓領路先行、巡撫與衆兵壯隨後而進、直入密室、打開地穴、於是衆僧始知此女為巡撫差來探穴者、急欲往外脱逃、是時山门外、兵馬如山、有有力僧人、踰墻而逃、被弓箭鳥鎗所傷、有巧計僧人、從狗洞而出者、又為步兵所殺、惟一切疲敝僧人、俱避於香積廚中、戰慄不已、斯時巡撫打開地穴、放出婦女、着聚於藏经閣、聽候點驗、令在寺未死各僧、俱聚於大殿、聽候發落、令衆軍士將僧人外衣脫去、見有紬綾褲襖者、皆令捆赴候、令又令衆軍士塹滿地穴、將一切密室僧房、立即拆毀、其木料等物、團團聚成數十堆、架火焚燒、將鎖拿捆赴僧人、俱投入火中、燒為灰燼、撿少年誠實僧人、令其還俗、各自歸農、留年老病癈僧人看守大殿、以奉香火、仍改寺名為玄通寺、令妓先回、准其從良、令各衆婦女各自還家、往後不得再行入廟燒香、所有僧庫中銀錢貨物等、俱散給與衆官兵均派、巡撫亦即回蘇、遐邇萬姓聞之、無不感激焚香跪送、香烟載道、劉鎮老人筆而詳記其事、以示後人、蘇郡聞之亦驚以為奇、世所罕有、有好事者、打成戲曲、名曰火燒宏門寺、大小名班、無不唱演、鄉人又称為清朝八齣云、從此玄通寺香火烟日少、廟宇不修、基地尽改為民田、至今僅存大殿數間而已、

范文正公衣冠墓

此墓在茜涇城北門內、分州署照墙南數十武、宋時海疆不靖、民不寥（聊）生、　文正公設鎮屯兵於茜涇閘、鳌濬漕河、以鎮守劉河海口、其餘各小口、俱建閘以阻海匪、使之不敢深入內地、萬民感　德、為設衣冠墓道、以供春秋祭掃、如父母　祖宗之不敢須刻忘為

范坟怪石

范坟之上、有太湖石峯一座、嵌空玲瓏、人欲得之者、於黑夜僱工人竊取、見其下一空穴、穴中供有香案燭台、其石未取去、而其人已癲狂不醒人事、仍移置其上、其人即愈、屢試屢驗、人咸稱爲怪石、云是以其坟雖無人看管、而其石至今猶留遺跡焉、亦安知非文正公之靈氣所感耶、爲茜溪八景之一、

海防分州署

劉河城初遷茜涇原議設鎮洋縣署於城中、以彈壓沿海、因費大未果、另修設太倉州海防分州公署於

城之西北偶、內外堂屋五進、旁有花廳書室、樹石花木、嘉慶初年、猶有舊跡、今久不修理、已毀為平地、形跡全無矣、

遊擊將軍署

遊府公署、舊為王日新住宅、約有廿畝、明季兵亂、日新公隱居不仕、伊子發祥、字登善、
國朝順治時登進士、
欽命督學兩湖、以廉介自持、伊孫吉武、字愿尹、康熙丙辰進士、出守紹興、清正簡潔、忤 上憲意、中計退歸、父字（子）清廉、家計蕭然、將住宅售為公所、及至吉武

歸、僅存老屋數椽、以蔽風雨而已、其遊擊公署、自照墻頭门、大堂、私宅、傍有書廳、射圃、後有荷池、馬道、為遊擊將軍講武之處、

古桂

署中古桂二株、為日新公所手植、歷今已數百餘年矣、據地師云、此桂関係署中風水、凡遊府入署後無不陞遷者、

嘉慶二十年、鎮守劉河營遊擊尹公安國、少君名湘、號琴公、隨任攻書、弱冠遊庠、英年學富、有古桂古風一首、并引、備錄於右、

附錄伊瑟兮老桂古風一首并引　四十三

茜涇官廨、有老桂二株、掩蔽天井、花開香聞數里、提督馬公諭見之、嘆爲數百年物、閱歷半天下、寔爲罕覯云、

天公安放奇詩料、待我百年我始到、一見疑入大小山、再拜便把仙翁叫、此老閱歷千萬人、見我亦便臉堆笑、笑聲直上干雲霄、震驚風雨響蕭々、自古手舞足蹈處、空山忽遇烟霞交、弟念淮南八老品本貴、何佝將軍幕府駐、想愛將軍幕府無異月宮清、遂肯此間賦小住、小住此間間幾年、圓蓋矗矗（矗）欲捫天、偏條當

識吳剛斧、前任黃公思齋偁平之紀詩款額，歲在丙子，已六十三年矣。分種難尋博望船、幾疑昨夜三更王母去、元鸞與邊暫托寓、又疑貴偶山裡舊成林、作遣綵鵬分兩樹、天仙原莫溯由來、但見奇於霓波之柱太液臺、我得結以爲旂、乘爲舫、千歲酒泛紫霞杯、又共梅菊茶茗同一煮、尤西堂作桂茗。鼻觀香絲通縷縷、恰值嫦娥夜散花、金粟亂落如黃雨、趙甌北謂桂落爲黃雨。吁嗟乎、骨格自古才自新、吐氣香馥郁乃驚人、旁有小兒亦學乃翁狀、開口便復迸金銀、後軒一小林亦盛。爾既爲我清筆硯、我亦爲爾揚聲名、此花請當潤筆明珠一萬斛、此詩請當買鄰金錢五百緡、

東郊演武

劉河營、為江南沿海第一緊要之區、故兵威之盛、武備之嚴、倍于別口、明季時、劉河城近海坍圮、　國初遷於黃涇、即於城東建演武場、故遂有東郊演武之稱、定例、　制憲三年一閱兵、閱後、　制憲即渡海以閱鎮標之兵、閱後、仍渡劉河、再往別營閱視、蓋以崇明孤懸海外、劉河對渡、不過七十餘里、近而易渡、可無意外之虞、至乾隆初年、　制憲高公晉渡海、被風所阻、數日不得渡、有悞軍期、兼之身當兩江重任、尚有風濤不可測、反負

君恩付託之重、因即題請弔提　鎮標四營、於劉河營
合操、
恩旨俞允、從此五營彙集茜涇城、誠沿海七十二營中
之大勝觀也、故列於茜城八景之第一、今三載一閱
之例雖未改、而　鎮標之兵、又提往別營操演矣、

西溪走馬

茜涇之西有溪焉、係茜山之水環遶成溪、西流入唐
涇而去、元明時、桃柳甚盛、為仕民遊觀之所、今沿堤
桃柳雖稀、其跡尚存、　嘉慶廿乙卯春、陶淡人先生
有西溪看桃花即事五古一首、備錄於左、四十三

三度问桃源、把臂招群玉、閒步出西郊、小橋流一曲、
淡蕩風日佳、落霞看晚燭、灼灼滿林紅、花酣春意足、
意足春奈何、春歸日將促、寄語看花人、無虛此躑躅、
嗟余老懷新、一日來一瞩、愛煞隔溪鄰、幽棲享清福、
舍北與舍南、紅雲雜煙綠、入林看不飽、登高騁我慾、
儔云凡桃李、樂此好風俗、莫使風雨橫、相思杳難續、

廣孝寺

廣孝寺、即古懷讓寺、又名曰北寺、以其南有靈慈寺而稱也、於後漢三國時、東吳孫權之母吳太夫人所建、太夫人酷信佛教、於沿海建寺不少、其額曰懷讓

者、蓋取吳太伯三讓之意以命名也、是時東吳聚兵粮於婁江海口、海運以濟遼東兵食、此時劉河為極盛之地、而孫策、孫權事母至孝、建大寺以祈佛佑、以悦親心、據古老相傳、其基地有五百餘畝、殿宇之多、為東南最、苟非大有力者、焉能建此、晋唐以來時或修葺、至宋時有僧志瓊重建大殿、元末復毀、明太祖洪武時、有僧道衍、從成祖於燕都、建文之世、道衍定策起兵、扶成祖撫有天下、論功第一、拜資政大夫、封太子少師、復姚氏姓、賜名廣孝、留輔太子於南京、於是急流勇退、歸隱海濱、即懷讓寺居焉、重興土木、再整檀林、額曰廣孝教寺、又建亭於香花橋之南、曰懷讓遺跡、今前後殿俱圮、惟三世殿尚存、而懷讓遺跡之亭、亦於嘉慶初已毀壞無存矣、

四十六

案姚廣孝、蘇州人、歸隱茜涇後、有幽居詩二句云、春燕雛成辭舊壘、午鷄啼罷啄陰墀、可爲明季人物、因殺業太甚、故終身爲僧而不改、其所可取者、位極人臣、而不變易僧相、功成退隱、而明哲保身、可謂智矣、其在靖難時、曾奏啟方孝儒爲賢、不可加害、而成祖仍殺之、此其所以歸隱之必急急也、

日月琉璃燈

茜涇北寺、有日月琉璃燈一對、古老相傳、爲茜涇寶物。考是燈係建文帝被逐後、披剃爲僧、於終南山得之、後建文復逃、是燈爲姚廣孝所得、天下平定、廣孝歸隱茜涇、此燈懸於北寺、明末世亂、燈無下落、

國朝時、寺之東房劉河、於河底得之、人未之識也、一爲無錫許鳴樂之父所得、一流落於常熟之慧日寺、寺僧不肖、出售無主、爲劉河之王丕揚先生所得、遂爲王氏珍藏、近因王氏族有幼喪、將燈懸於靈前、謂幽冥之有益也。余仍親見之、其石糙色黑暗、潅油引火

則光於外、晝則光赤、夜則光白、隨日月之光以轉移、四十七
故曰日月琉璃燈、其實不過石琉璃、而其光則甚奇
矣、

金身羅漢二十尊

自漢明帝時佛入中國以来、以十八尊羅漢為扶持佛教之祖、故凡大寺叢林、必塑金身羅漢一十八尊、以助威嚴、從未見有二十尊者、自姚廣孝主持北寺、欲為身後計、思長享此方香火、而未得其計、有顧姓某者、茜涇之富室也、素與廣孝交、廣孝屢勸其出仕、顧姓不允、後語以身後計、顧姓欣然曰、何不塑身於

羅漢之中、則朔望可長享香煙於不斷矣、於是重修佛像、添塑羅漢二尊、一以姚廣孝像裝塑、一以顧姓像裝塑、遂成二十尊、至今北寺中留為遺跡焉、

寺前古塔

茜涇古塔一座、向不知其所由來、又相傳為仙跡、俱無可考、後得王日新筆記、載

國朝康熙初年、茜涇大興燈彩、高搭燈樓、幾與塔齊、有遊人於塔中挖取古磚一塊、上刻篆云、吳大帝某年月日太夫人吳氏同徐夫人氏建、日新公記其事、藏之書篋、今撿得之、始知是塔、非俗傳所謂仙跡也、查吳大

帝係後漢三國時孫權自稱之號、徐夫人原係茜涇人、故於此建廟造塔、以為香火院云。

大悲殿

大悲殿、在茜涇城門內數十武、為廣孝寺東房大殿供觀音大士、前殿供關帝聖像、東廂有火神、西廂有馬王與關帝、火神、皆係築城新供、而大悲一殿、已相沿數百年矣、

靈臺禪院

靈臺禪院、即今所稱三官堂是也、在茜涇西門內數武、為廣孝寺西房、大殿供三官大帝、後殿供觀音大

士、山门之巔上、有董其昌書三元賜福匾額、歷朝以来雖皆修理、今已頹敗矣。

齋堂

查此寺齋堂有六、曰翠雲堂、曰指月堂、曰福林堂、曰閑山堂、左有東林、右有西園、梵宇深廣、律法之戒嚴為東南第一、詳載廣孝寺碑記、自姚少師歸隱此寺、將歷来所聚金銀手寶物、咸運至寺中、且偕隐同僚各有囊資、於是以長石築城墻、造房藏置、以防竊盗其遺跡至今猶存、今售為陶淡人後園改造園亭書室矣。

藏經閣

藏經閣，在廣孝寺後殿之後，大楼五楹，高入雲霄，登樓以望，則東觀大海，西望太倉，南見劉河，北遠楊林，為懷讓之舊跡，歷朝修理，代不乏人，至

國朝盡圮，廟僧募緣重建，數十年來雖建楼五間，不及舊楼之半，至今尚未完工，又將圮矣。

北寺鐘聲

北寺，即古懷讓寺也，因其南劉河沿塘有靈慈寺，遥遥相對，其中間潘漕一河，民居稠密，人遂稱為南北寺云，自明時國師姚廣孝主持此寺，更名廣孝教寺，

遂接衆設齋、晨鐘暮鼓、朝夕焚修、立有法紀、當風清月白萬籟俱寂之時、聞鐘聲隨風斷續、清韻抑揚、覺此身色相皆空、如入羅浮仙界、不復知有世間事、為茜溪八景之一、

後山茜草

茜山、在北寺後數武、因生茜草而得名、茜涇者、茜山之水所由通焉、其山高不過數尺、一山根耳、據古老相傳、謂常熟山之來龍、蜿蜒至此、本欲長成一山、被産婦所污而止、自姚少師歸隱茜涇、朝臣相率偕隱者不少、少師即其地壘石為山、引水為池、與偕隱諸

人相與咏歌嘯傲於其間、極一時之盛、今已盡為荒邱、惟見茜草蔓延於其上云、為茜溪八景之一、

環橋映月

此橋係青石築城、墈底環如滿月、月夜海潮冲進、如萬道金龍戲舞於橋门、為茜溪八景之一、

雙井通泉

雙井衖在茜城南门内、路東兩井相遠數武、雖大旱不涸、左汲則右動、右汲則左動、潮漲潮落井水隨之高下、為茜溪八景之一、

南地塔影

茜涇古塔一座、在中市、無頂、塔之西南、有生瓜涇一池、水清澈底、相傳塔頂在其池中、每於冬初望前月上時、塔影映入池中、則全塔俱現、爲茜溪八景之一、今已築城、塔與池、被城牆所隔、不復聞其有影矣、

以上三景、據古老相傳爲仙跡、有姊妹三人一夜而成、至天明時、未能完工、是以塔無頂、井無圈、橋無欄、雖有此説、然事無考據、姑誌之、以博一笑、

五嶽廟

嶽廟在茜涇城南門内、朝東堂屋一大間、内供五嶽

聖像，以奉香火，其像魁像偉，高與屋齊，見者咸異之。凡神廟無不朝南，以取向陽之意，此廟獨東向，而且像不配，殊非敬神立廟之道。查舊誌載明時崑山知縣楊子器，拆毀莆涇嶽廟，改建崑山社學，以是知嶽廟基地原非狹隘，其朝東之廟，蓋其拆剩餘屋，移聖像五尊於其中，非正殿也。後人無力重建，就此奉香火至今，留為遺跡。

季家廟

季家廟，在莆城南门外，為莆涇季氏家祠。是時季氏勢盛，建立家廟，以奉祭祀，富而無後，撫養吳姓外甥為子吳姓歸宗。廟無主持。今塑關帝聖像於其中。人咸稱為関帝廟矣。

妃子墳

妃子墳、在瀏漕塘三里橋北、相傳宋高宗時、有愛妃宋氏、原籍茜涇、南渡時、隨駕以行、伊兄亦從龍而南、駕駐平江路、妃路途驚恐、至此病卒、高宗惜之、是時兵戈擾攘、着伊兄帶回原籍、安葬鄉間、相傳為妃子墳、又稱為宋坟云、

浪息菴

浪息菴、在瀏漕河東岸東桃源涇口、其桃源涇東接

墅溝、以通海水。查縣誌載南墅溝河，西寬十三丈五尺；北墅溝寬七丈，為劉河進口第一支河，水力勇猛，由桃源涇直達瀏漕，而涇口為海水分流之處，一達南瀏漕，一達北瀏漕，一達西桃源涇，其水勢之奔騰砰湃，遠近皆驚，因於涇口建三聯大石橋，以通南北行人，又建觀音大士菴以鎮之，取名浪息。至

國朝乾隆時菴圮，今河已久成平陸，鄉人重建，供猛將神於內，以祈年歲豐登，而以大士像移置於旁，其菴名猶仍其舊云。

徐諫議宅

徐諫議宅、在西桃源涇之南、三里橋之西、其宅週八十四畝零、四面環河、遍植桃柳、開通桃源海涇、以接海水、使活水環於外、清水積於中、週圍築成石岸、内建樓臺亭院、樹石花木、以爲息遊之地、自明季倭冦肆掠、俱变爲平地、惟存湖石靈峯一座、於嘉慶十一年、余扱亭五叔見而得之、移置於書室前、尚留其遺跡焉、

六里橋

劉河營官兵駐扎茜涇、自茜涇至此、約有六里、故称六里橋、其實不過五里地耳、其沿塘東岸爲蒿蒲漊

口、是口東連洋子涇、以通海水、時洋子涇河面寬十五十三
丈有餘、故菖蒲漊口水勢甚急、上建三聯大石橋、以
通行人、而小劉河口適當其衝、故其泄水亦甚急、其南
又有海寧橋口之轉河、水帶橋口之市河、故六里橋之
南、其河可不濬而通、自乾隆二十年、鎮洋縣潘諱
涵、詳奉　上憲批准、將海寧橋口勒石壩阻、來龍一
截、瀂漕河淺塞、自瀂漕塞而小劉河亦塞、至今各河
俱成平陸、田疇歲歲被荒矣、

邢家橋

邢家橋、在六里橋南、爲

國朝初時邢姓所建、邢氏原係富户、生二子、忘其名、不務農業、家産廢盡、於明季時流落燕都、爲相府门卒、

國朝統一以後、二子被

親王所青目、後

親王

代巡江南、二子隨從安撫、多所指畫、遂爲

親王所深信、給以都司之職、於是建宅於滄濤塘、将廢産贖回、聲勢赫奕、文武各官過其门者、不敢鳴金、跨滄濤塘建橋、以便出入、人遂稱爲邢家橋云、後其兄死於京、其弟扶柩歸里、死於途、不數年間、冰消瓦解、

今已泯沒無聞矣、

環洞橋

橋在東轉河西口、先是未開東轉河、此處原屬溝洫、自康熙十年、建開劉河、　江蘇巡撫馬祜親勘形勢、渾潮清水互相迎激、非經久之道、因專摺
奏請於南北兩岸、開鑿兩河、以分水勢、奉
旨發帑開鑿、從此上流澛漕朱涇之水、由東轉河迅疾奔馳、是河日漸寬深、有劉鎮善人陳公信者、捐資獨建環洞大石橋於西口、取名曰海寧、以濟行人之來往、後世子孫科甲聯綿、遂成巨室、至乾隆二十年、有

署篆鎮洋縣潘公、欲拆去此橋、填為平地、幸陈氏子孫不依、留至如今猶有遺蹟焉。

金鈎河

金鈎河、為天后行宮之後抱、偶閱前人筆記、載金鈎河共有七套、天后行宮、前臨大江、後遶象河、為劉河海口龍蟠虎踞之地、是以數百年來、劉鎮屢興屢廢、而宮中香火之盛、至今未衰、其由財神衖進水者、為第一套、由東轉河遶出海寧橋者、為第二套、由東轉河往東環出唐家堰者、為第三套、由東轉河往東直北轉西、環出何家堰者、為第四套、由楊子涇往西北、

穿出菖蒲耬口者、為第五套、由墅溝往西北、過金家 五十五
宅、由浪息菴前桃源涇出口者、為第六套、由墅溝直
北往西、環過宋涇、由磨盤嘴以接陸窑塘者、為第七
套、此七套海潮俱歸瀦漕以西接陽城巴城之水、而
上流清水之入海者、彙聚湖川、由唐涇、陸窑、朱涇、歸
瀦漕、以分流入海、是以西北辛水、係分縷晰、咸望天
后行宮、以迎巽水而東南巽水、龍滾虎摽、咸射天
后行宮、以接辛水、共滙流屈曲、環於宮之前後左右、
而宮適居其所、是以歷朝以來、支幹暢則香火盛、支
幹塞則香火衰、

國朝自雍正五年。陳公世館倌、將大小諸河、開浚深通、宮中香火日新月盛。至乾隆九年、介巖金公纂修邑乘、猶載南墅溝河面寬十三丈五尺、北墅溝寬七丈、至今東轉河現存河面、除鄉農圍佔之餘、尚有七八丈、以是知各河之寬深通暢、寔有令人追思而深惜者、迨於今各河盡塞、而天后行宮香火始衰、尚未至於淨絶者、涓流猶在也。

東轉河

是河於康熙十年、江蘇巡撫馬祜請

旨發帑開鑿、分水勢以保天妃閘閘座、有劉河鎮善人陳公信獨建環洞橋於西口、以便行人、至乾隆二十年、有萬淦富商葉漢等、為貨船不便、囑署篆縣尊潘　涵詳奉　上憲、將此河填斷、斯時築填、不過為生意船不便、猶恐大衆不依、或有偷開此填者、故於當橋門、蓋草房三間、使人日夜看守、後富商勢敗、看人竟踞此房為已有、改蓋瓦屋、時正劉河日漸興旺、分巡兵備道盛來劉查閱閩務、　盛公明於堪輿、論以劉地宜築土山、以為天后宮後靠、則有山有水、可保永久、但無處取土、因議於東轉河内、本係欽工御河、今已填斷、海沙易積、着回税行建立章程、挑築土山、於東轉河中取土、其僱夫挑工所費、議於各商船掛號時公捐、先有呂四船商湧躍公捐、蓋 天后神靈、海天活佛、凡業船之家、無不樂從。於乾隆三十三年定立規條、年年挑築、後大劉河淤塞、商船星散、不取土者廿載、至嘉慶二十一年、有車夫郁耀、向係不法、又恃其兄在 縣衙行走、遂串通圩地、將東轉河河基、開墾成田、有十九都三啚六啚矜耆倪位三王堃 張德明等具呈 縣尊、今將呈底錄存、

十九都三啚六啚矜耆倪位三 王堃 張德明等具呈

為私塞官河稟請查禁事，切劉河鎮有東轉一河，係 三十七
瀏漕朱涇出納海水之咽喉，前於乾隆二十年，署
鎮洋縣潘　詳憲勒石埧斷、其河雖淺，尚屬官河，是以
六十餘年，官未便陞粮，民未敢耕種，今有無知之徒，
私自開懇墾成田，幸未插蒔下秧，猶可中止，故特叩
呈
太老爺示諭圩地查禁，萬民感戴頂德，上呈。
嘉慶二十一年五月　日呈
鎮洋縣正堂董　批　准飭地保查明覆奪
牌面

鎮洋縣正堂董　為私塞官河等事。據十九都三啚六啚衿耆倪位三、王塑、張德明、稟稱，切劉河鎮有東轉河一条，係瀏濟朱涇出納海水之咽喉。前於乾隆二十年署鎮洋縣潘詳　憲勒石埧斷。其河雖淺，尚屬官河，今有無知之徒，私墾成田，幸未插蒔，叩呈查禁等情到縣。據此，除批示外，合飭查覆。為此仰十九都三六啚該圩地保，即速查明東轉河現在是否淤塞，係何人私佔，開墾成田，共佔有若干畝，限三日繪啚覆縣，以憑察奪。該圩地等毋稍庇延干咎，速々須牌。

嘉慶二十一年五月十七日行

圩地限三日銷

五十八

未見稟覆於六月初八日又出摧牌覆

圩地不覆

嘉慶二十二年新任鎮洋縣明、　於閘即後、出差徐

榮押覆、係工房承辦、賄捺不覆、至今遂成懸案、

嘉慶二十四年、郁耀為搶叔事、家產蕩然、圩地又串通

顯佑宮呂四僧耕種、

道光元年三月、延陵節孝坊前、閘後月池、挑築照山、

遍栽楊柳、又將東轉河西段佔為己有、

欽工河道、竟可各自佔踞、皆環洞口一壩之害也、

露

劉河紀略

劉河鎮記畧第八卷

劉湄金端表翼如氏輯

節孝

中庸曰君子之道造端乎夫婦蓋夫婦為人倫之首父子君臣所由出焉而婦德為尤重雖有賢子孫猶賴有賢母以朝夕訓誨所謂胎教乳教之道最為關切嚴父嚴師又其後矣是歷朝大典首重節孝而於
國朝為尤甚我劉鎮雖僻在海隅藎臣義士代不乏人大抵出於母訓者多不幸而冰霜矢志之死靡他與丈夫無異者正復不少

世宗憲皇帝特頒鉅典
敕建節孝祠於各州縣以奉春秋祀事
恩至大也義至隆也為敢歷稽劉鎮之節孝事實以
彰
聖德以勵民風
謹列節孝條規
雍正元年二月十三日欽奉
上諭諭禮部致治之要首在風化移風易俗莫先於鼓勵
良善使人知彝倫天則之為重忠孝廉節之宜敦古
帝王勞來匡直所以納民於軌物者舍是無由也

朝廷每遇
覃恩
詔款内必有
旌表孝義忠節之條實係鉅典邇來有大吏往往視為具
文並未廣諮遠訪祇將有力之家囑托賄遺者漫憑
郡縣監司之申詳即為
題請建坊而山邨僻壤窮氓耕織之人或菽水養親
天性篤孝或柏舟矢志之死靡他鄉鄰嗟歎為可欽
而姓氏不傳於城邑幽光湮欝潛德消沉者何可勝
數爾部即着傳

諭督撫學政諸臣嗣後務祈期各屬搜羅虛公核詢確據本
人鄉評實蹟
題奏
旌獎勿以匹夫匹婦而輕為沮抑勿以富家巨族而
濫為表揚以副
朕成族化民實心彰善之至意特諭欽此
雍正元年九月初五日欽奉
恩詔內開
旌表節義乃彰善大典每見直省地方有力之家尚
能上達而鄉村貧寠之人則多湮沒無聞深可憫惻

著該督撫學臣及有司徧加採訪務使苦寒守節之家
同霑
恩澤至節婦年逾四十而身故計其守節已歷十五載
以上者亦應酌量
旌獎著該部議奏欽此
又奉
上諭
旌表節義給銀建坊民間往往視為具文未曾建立
恐日久仍至泯沒不能使民間有所觀感著於地方
公所設立祠宇將前後忠孝節義之人俱標姓名於

三

中祭祀用以闡幽光而垂永久著該部議奏欽此

建節孝總祠序

乾隆七年奉

旨敕各縣建節孝總祠

易恒之六五曰恒其德貞婦人吉其傳曰婦人貞吉

從一而終也故婦不二適義炳日星俗澈風頽靡他

者少

國家於是有激揚之典以勵世磨鈍然止表厥里居而

已未得列在祀典也

世宗憲皇帝御極之元年

詔旌八旗直省孝義忠節
特命封疆大吏所在採訪隨
敕郡縣設立祠宇春秋再祭以光潛德
今皇帝孝治天下尤重名節凡督撫學臣
題旌節孝已經部核者無論存没皆得入祠題名甚
盛典也嗚呼委巷匹婦之微得與藎臣誼士孝子仁
人同俎豆於千秋普天率土莫不感激奮厲則所以
立懦廉頑者豈淺鮮哉吾州一郡都會祠宜首建顧
涖斯土案牘旁午卒卒未暇雍正元年州守黄公廷
銓遵奉部議以州治艮隅天主堂詳憲飭改革故鼎

新規模肇造繼之者州守江公之煒悉心經理細大畢舉乾隆七年孟冬諸賢裔緝祠録一卷郵致不佞請為文以紀之既不獲辭廼誌其大都云首列

上諭

詔欵紀

恩也附録改建重修始末紀勞也次額編祭儀除粮遵依紀成憲也次祭田碑記紀紳士諸賢裔之好義也次祠中規條紀節目之不容畧也終之以題名牓紀姓氏以昭垂不朽也嗟乎手是書者忠孝之思可以油然生矣

時

乾隆七年歲次壬戌臘月朔

賜進士出身通奉大夫直隸布政使司布政使翰林院庶吉士州人沈起元謹序於金臺官舍

祠中對聯

滿堂巾幗邁衣冠海門第一橋潮汐流芳不盡

兩祀冰霜光俎豆梵鐘百八叩晨昏擊節時聞

節孝後裔行人司行人顧陳垿撰

乾隆十五年奉

上諭

欽定清標形管四字以爲節婦匾式詳載
上諭條例内
歷叙節婦姓氏
有報旌而建坊者
張章氏
節孝章氏張國禧之妻年十九而嫁二十二而夫亡
生一子尚未週歲襁負含哺親勤耕織壷漿菽水敬
事舅姑形容憔悴歷盡艱辛者四十餘年至康熙五
十三年壽至六十九歲老病以終
世宗憲皇帝登極之元年首奉

恩詔敕直隸各省督撫學臣令所在有司遍加採訪凡有苦寒守節無力不能上達者盡行查出申報一體旌表伊子太學生張法聖瀝陳苦節蒙太倉州通詳督撫學三院憲蒙總督查諱弼納彙

題請

旨雍正二年接奉禮部咨覆給帑建坊張法聖於雍正三年建祠樹貞節石坊於祠前乾隆七年春

敕建節孝祠成遵

旨設位導送入祠以享春秋祀典其祠堂坊在三都五圖

萬涇塔西茅家衖口

鄒顧氏

節孝顧氏邢文傑之妻年二十四而嫁生一女二十十八而夫亡觸棺截髮幾欲身殉緣遺腹五月翁姑勸諭始强從命既而生子取名永思字孝則氏仰承俯育一身兼任恭逢

恩詔敕查叅

奏建坊時氏年將七十守節者已四十餘年於雍正七年鎮洋縣通詳各憲彙

題請

旨給
帑建坊永思竭力創建節孝祠樹坊於祠前其坊在
瀏漕西岸沿河乾隆七年遵
旨設位於
敕建之節孝祠永思生子八人皆偉岸有志後子孫繁衍
稱極盛焉

周張氏

節孝張氏周道生之妻年二十而嫁生二子道生忽得
口噤之症一晝夜而辭世氏慟毀氣絕者再舅姑再
三勸諭强進飲食時翁姑年衰家事難勝長子震緒

能識方字次子震綱總離母腹氏延師督課未敢少懈婦兼子職𡻕後跋前拮据拵茶莫此為甚後翁姑辭世長子探芹氏得稍安然女工紡織猶未弛也旋長孫傑復受知於督學桐城張公氏方色喜曰今可以謝責矣時年七十守節者已四十餘年恭逢

世宗憲皇帝

詔諭督撫學臣察訪忠節孝義并

諭令建立節孝祠以光潛德於是州學廩增附貢諸生

聯名具呈以張氏之苦節上陳氏聞之泣曰婦人守節分所宜然奈何以此博名耶雍正六年州守申詳

各憲彙

題請

旨雍正七年接奉部覆給

帑建坊震緒昆季於雍正八年卜地於茜涇之四都

五啚建立石坊張氏壽至七十有四形神矍鑠二子

四孫八玄時家計稍豐雍正十年潮災氏以所積囊資

散給親黨受惠者不少後偶患腳疾孫玄繞膝談笑而

逝遵

旨設位於

敕建節孝祠以享兩祀是坊在茜涇南門內大街今已傾

八

圮而兩旁石柱猶存

張陳氏

節孝陳氏張受圮之妻乾隆四年鎮洋縣金諱鴻通

詳各憲彙

題請

旨給

帑建坊乾隆九年後裔張鎬建石坊於門遵

旨設位於

敕建節孝祠內其事實失傳其坊在新閘北境

金郁氏

金郁氏

節孝圖郁氏金石麟妻金瑞表璽如先生祖母坊在劉河鎮九都六啚王家宅內

全録節孝圖記畧并敘

敘

嗚呼吾彭城自上祖以來世傳清節至吾祖考石麟公不幸早世遺八十三日之藐孤投畀吾祖妣郁太孺人恩勤鞠育艱苦萬端憶太孺人嘗抱不肖孫男端表置膝道及守節撫孤之事輒痛哭端表時年方五六歲耳後見太孺人之身邀

旌典并吾先考質齋府君之享遐膺

寵錫鄉里稱善士何厚幸也古稱善無不報信哉不肖端表不能讀書上達顯揚先世懿德今年五十矣

九

亦既抱孫回憶前言輒復潛然流涕用敢倩名筆度二代真像合為一幅即刺血謹書太孺人節孝始末而以先考之行事綴焉庶幾無忘祖德云

記畧

先祖石麟公字九苞行二祖居州城之東北隅贅於劉河鎮之郁姓苦志勤學得景沈二徒為筆硯友祖妣郁太孺人太外祖靜園公之愛女也不忍遠離先祖即於郁氏宅旁置屋而居後太外祖辭世祖母舅家遭多難遷於城南之蓬閬鎮先祖仍復歸城時應小試場中得疾一病不起是年吾先考文蔚公生於

諱在號質齋先祖臥床見而喜曰承啟有人死亦瞑目矣但氣稟微弱詩書雖不可不讀然讀書以明理功名二字置不安念前車可鑒也太孺人泣而言曰但望其延祖宗一線決不令其入場應試矣先祖瞑目而逝存年二十六歲而太孺人行二十七歲撫棺大慟幾不欲生回視藐孤勢難殉節因於靈前設誓曰使此子而撫養成人當令其娶妻完聚靈前一拜送歸泉壤倘不幸而夭惟有三棺同入土耳聞者為之嗚咽於是朝夕含哺不離懷抱鶴唳風聲俱增惕息時忽有銅盆憑空而擊幾傷吾先考太孺人驚疑

十

有崇倉皇無措急起僱船往蓬閬母家暫避由城南至鎮必渡婁江險阻太倉城東南之張涇河瀉婁江之水欲至蓬閬鎮者必進江交口豈料船至江心波浪大作時夜將半黑雲蔽天船進退不能太孺人抱吾先考拜而祝曰使天不絕我孤寡當雲開月霽穩渡此江苟命盡於此惟有抱孤兒赴江而死耳未幾雷電之勢繞西南往北而散時太外祖母張太孺人在家聞有鬼哭之聲繞於庭中忽聞叩門甚急大驚啟門則吾祖妣太孺人至矣相持大慟悶絕於地祖母舅議以暫居蓬閬紡織度日先考漸長即於蓬閬

從師秉性沉靜讀書敏悟師甚器之年十二有太外
叔祖舜川郁公劉河之名士也太孺人即挈吾先考
仍歸劉河就學於舜川公年十六有太外叔祖賡臣
郁延至其家設帳而訓蒙焉早則聚生徒以教句讀
晚則侍舜公以領師訓出則恭讓以接尊長入則和
豫以承菽水外祖敬思吳公聞而愛之以女配焉家
貧艱於聘娶外祖備奩而嫁之為吾先妣吳太孺人
斯時祖妣太孺人始得申靈前之誓遂相率入城尋
祖塋設祭而安葬之自先祖辭世後二十餘年祖妣
太孺人無笑容至是顏稍解越三載吾先兄鐸生祖

妣太孺人喜形於色兄生而聰慧讀書過目成誦有
風鑑者見而歎曰好一箇聰明兒惜尺錦耳聞者不
以為意至十歲而夭祖妣太孺人慘無後起悲傷欲
絕先考仍為歡笑以解親憂先妣太孺人哭不敢出
聲悲傷之甚二目失明越明年不肖端表生祖妣太
孺人復喜親戚踵門而賀者無虛日
乾隆十七年
聖駕巡幸江浙恭逢
皇太后鑾輿
御祝

七旬
聖壽奉
懿旨着各督撫細查民間有柏舟矢志菽水養親有據實
題奏給
額旌表先考聞此
恩旨喜不自勝然非吾太孺人之意曾固止之曰饔飧
不給何力辦此吾母舅貞一吳公聞之歎曰斯真賢
母子矣遂慨然贊襄其事於是鄰里親戚皆踴躍具
名投呈縣尊賴公諱晉通詳各憲彙
題請

旨給

帑建坊於乾隆二十九年鳩工建磚坊於門祖妣太孺人病先考不解帶者三月髮結如漆衣虱成握先妣太孺人出奩資質之以供藥餌以給薪水尸祝巫醫百計罔效祖妣太孺人歿享年六十三歲吾先考永念劬勞愴悲欲絕凡一切附身附棺者以誠以敬所以七七終時身如骨立從此家徒四壁矣後亦遵

旨設位於

敕建節孝祠內以享春秋二祀先考遵先祖考遺命一生未入場屋然數十年來手亦未嘗釋卷後先妣

歿先考誓不再娶時端表已有室矣家事盡付端表
而端表年甫弱冠亦以訓蒙為計但食指五六貧無
負郭之田因棄硯田而逐什一之利而先考至七十
始謝去生徒計訓蒙者五十五年一生未嘗與戶外
事日惟以人倫大義訓誨孫曹杜門不出爭競心無
無他嗜好惟稍飲酒醉輒陶然酒友過訪多忘年交
身長八尺貌偉多髯晚年置一竹杖然備而已嘉慶
元年恭遇
覃恩特舉養老大典縣尊李公諱汝棟通詳各憲咨部
上聞

欽賜九品頂帶
恩獎榮身嘉慶四年壽至七十八歲無疾而終縣尊李公
給匾旌門曰一鄉善士嗚呼微吾祖妣太孺人之節
百折不回何能享榮而膺福微吾祖妣太孺人之孝
一誠有感何能綿澤而廸光爲子孫者宜何如激勸
也節孝事實載在乘者其畧也先考爲祖妣太孺人
建坊時另有著述兹廼撮要成篇至先考先之行事
則端表所編年而手輯者也
嘉慶十六年七月　不肖孫男端表泣血謹述
嘉慶十七年正月元旦懸圖瞻拜徐竹香甥見而泫

下濡毫題七律二章

廿年履操等如荼，盼到兒成淚眼枯。似我一生堪殉節，更誰三月撫遺孤。欣看雨露從天下，料得辛酸入地無。幸喜文孫述祖德，揮毫和血繪新圖。

回首咿啞止八旬，傷心母氏淚沾巾。時將解笑承歡意，來慰青燈白髮人。重疊君恩千里詔，殷勤子職一家春。畫圖重展慈容看，握管徒慚寫未真。

張潘氏

再甥孫徐雲翼沐手敬書

節孝潘氏張洪義繼妻孝芬之生母也洪義元室死無子老母在堂聘潘氏為繼室生孝芬而洪義去世氏年輕上奉孀姑下撫孤子家貧紡織以度日孝芬性孝長則負擔於市乾隆七年氏已七十餘守苦節者五十年親鄰為之報縣通詳各憲彙
題請
旌乾隆九年接奉部咨給
帑建坊是時孝芬貧甚不克措辦至乾隆三十六年始建祠樹石坊於祠前潘氏壽終遵
旨設位於

敕建節祠内其坊在劉鎮西街典當街北有吳縣淩
先生五言長句以紀其事附録於後
婦德在三從柔順為本質一朝變故乘還期抗貞
烈毀容髮可剪明心指堪折歷觀烈女篇張母實
其匹母性（傑）幽閑自幼禮無失暨長歸洪義相敬常
秩秩方幸續鸞膠諧和譜琴瑟忽操別鶴聲悲風
起房室灑竹淚痕枯破鏡肝腸裂生誓不分飛死
願（埋）同穴弟念白髮枯堂甘旨闕又念黄口穉待哺
啼號切一死固不惜老稚將奚活夫志所不逮妾
力所當竭曉織五更霜夜紡三更月仰事與俯育

十五

罔非十指出荼不言苦拮据不辭疾之死矢靡他
百年如一日天鑒母劬勞厥後自長發令子既老
成諸孫復英拔書節呈文衡大顲揮椽筆具題聞
朝廷給坊蒙厚恤東郊擇高原牛眠卜云吉種松已蒼然
鹿觸輒自蹶於茲建宏祠樹石何萃屼母身雖長
逝母名終不沒凡彼閨閣姿古傳時稱述莫誇林
下風但式女中傑

邢郁氏

節孝郁氏邢介繁之妻介繁早夭無子嗣嫡姪峻天
為子守苦節者四十餘年於乾隆三十年從報旌已矣

恩旨給
卹建坊其坊表事實俟查明另記
唐周氏
節孝周氏鎮海衛唐天傑之妻乾隆三十八年巡撫
薩公諱載彙
題請
旨給
卹建坊後裔議敘縣佐承照領
卹於乾隆四十六年建節孝石坊於顯佑山後導
旨設位於

敕建節孝祠

吳李氏

節孝李氏吳明峻之妻先是李氏父母無子惟一女贅明峻為養壻時值明末兵荒之際明峻之父吳復先宦學庠生負父攜子避兵劉河明峻既贅於李氏生四子而去世氏尚年輕輕上事鰥公下撫四子養生身父母課諸兒讀書殫竭心力曉夜靡安長子義臣完娶連舉八子時氏年已八十餘恭逢

高宗純皇帝登極特頒

詔俾窮鄉僻壤忠節孝義悉得表揚芳烈以廟食千秋

乾隆六年巡撫陳公大受彙
題請
旨給
帑建坊至乾隆四十六年長孫循武字孝彰曾孫懌
理字怡庭建石坊於宗祠前遵
旨設位於
敕建節孝祠其坊在劉鎮北顯佑山前
吴俞氏
節孝俞氏吴懷理字守正之妻明峻之曾孫媳也氏
係都閫府俞公諱虎之長女于歸後恪循婦道生二

十七

子長曰德元字萬資次曰德亨字孝芬守正公病二年而卒次子德亨又夭氏慟夫亡子夭幾欲相從於地下時太翁孝彰公年高尚健再三勸諭氏不敢違事翁姑益謹乾隆三十七年氏年五十八歲感時疫而終德元生子名潤舉甲午武孝廉陞授狼山守備乾隆四十九年巡撫閔公諱鶚元彙

題請

旨給

帑建坊乾隆五十年恭逢

萬壽

覃恩誥贈宜人設位於
敕建節孝祠內此坊在劉鎮西鄉葉家橋墓道

貞孝俞氏

貞孝女俞氏吳德亨之聘妻明峻公之元孫媳也氏
廷璋俞公生二男一女俱受業於余之先考質齋公
女自幼靜默寡言行坐俱端先考甚之十一歲受吳
德亨之聘遂不出閨門及笄後德亨患瘵而亡女
聞之求視含殮父母許之至則撫屍大慟遂欲守志
不歸延陵以其年尚幼未便輕留女痛哭而回誓絕食
以廷璋夫婦以獨女故愛之如珍再三勸慰女矢志

靡他湯水不沾者已七日矣天經吳公之母李太孺人聞之入視則僅存微息太孺人多方勸慰女置不聞太孺人責之曰汝必欲餓死貞則貞矣而使父母慘戚如此其如不孝之罪乎女稍領之進以糜粥勉受之然尚不能言惟含淚而已太孺人慰之曰俟健身體吾當領汝為寄女太孺人遂止宿同寢留伴焉數日之後身體復舊遂拜太孺人為寄女母吳姓聞之以太孺人為再生之恩而以女為不世出之傑也後德之姪潤遵一子雙祧之例迎歸奉養潤官至狼山守府養於任所乾隆四十九年卒年五十無疾而

終即於是蒙巡撫閔公鶚元彙
題請
旨給
帑建坊乾隆五十年潤建貞女石坊於劉鎮之西葉家
橋墓道遵
旨設位於
敕建節孝祠嘉慶三年有請乩者俞氏降乩云已登
仙籙

張沈氏

節孝沈氏張聖榮之妻早年十九夫死無子嗣二房之姪

岐山爲子號西嶠於乾隆　　年報旌奉

旨給

帑建坊岐山建石坊於新閘西官馬頭設位導送入

敕建節孝祠其坊今已坍廢矣

施陳氏

節孝陳氏施孝基之妻年二十一歲而嫁生二子長振緒字贊先次振業字漢臣孝基經商客死氏年二十九歲終宵苦作上奉高堂下撫二子至乾隆五十年氏現存年七十一歲守苦節者四十餘年二子循例報旌蒙鎮洋縣馮公諱聖世批查得已故儒童施

孝基之妻陳氏冰霜勵操金石同貞屏棄鉛華閒儀足式躬親井臼內助稱賢鴻案齊眉深夜而篝燈佐讀鹿車分挽終年而斷雁音沉迨凶聞忽傳悲葬淵魚之腹義言勸勉旋返少女之魂奉白髮而承歡婦兼厥子撫藐孤而成立母可為師三千里旅櫬營歸七十年守貞如一洵協全貞之德允為太璞之完宜順輿情以彰

旌典通詳各憲彙

題奏稿云為舉報貞節孝行以昭風化事直隸太倉州屬之鎮洋縣呈報儒童施孝基妻陳氏二十一歲

廿

適夫二十九歲夫故守節者四十一年現年七十一歲舉三棺而安窀穸艱苦備嘗撫兩孤而繼宗祧劬勞克至著青年勵志白首完貞大義允明甘孤芳以自賞素心堪質任百折而不回似兹苦節應請建坊至節婦陶郭氏等口查係循分守節例與給匾加奬除將事實册給送部查核外臣謹會同督臣學臣合詞具題請

旨

乾隆十二年正月初十日奉到禮部咨文給銀建坊乾隆五十四年振緒振業恭領、

給銀建節石坊於門其坊在王家衖内乾隆六十
年陳氏壽終遵
旨設位導送入
敕建節孝祠

節烈陳紀氏

烈婦紀氏陳雅川號琦園之繼妻先是琦園公元室
周氏生一子字鴻植未離襁褓而周氏去世繼娶紀氏
撫養訓教者數載而琦園公死氏托孤於嫂欲自盡
以殉墜樓而下傷其足衆親戚百計調治始痊至終
七後防閑者懈遂投入後河而死伊子鴻植並親族

鄰里呈報督撫彙
題請
旨給、
帑建坊鴻植為之立節烈石坊於墓道在天法廟後
遵
旨設位於
敕建節祠內
陳黃氏
節孝黃氏陳照庭之妻良佐公之媳掄三公之長孫
媳也完娶未幾照庭去世嗣次房長子幼子上春脩

姑及太翁姑竭盡婦道迨太翁姑翁姑辭世氏亦週
甲矣守節者三十餘年先是照庭昆季六人掄三公
所遺家產俱已照股分析至黄氏病喚嗣子暨各房
子姪將所有金銀田產以大半給嗣子以小半分給
各房子姪之貧者於嘉慶十八年辭世即於是年親
族鄰里呈報縣尊通詳各憲彚
題請
旨給
帑建坊其坊在西市梢廣福園後亦遵
旨設位於

勅建節孝祠
有詳報而給匾旌揚者
吳李氏
節孝吳李氏吳循轍之妻明峻公之三房孫媳也生子綸理字天經甫週歲而循轍去世氏紡織作苦以教養其子後天經生七子皆英俊乾隆二十七年循例報旌各憲彙
題乾隆二十八年接奉部覆吳李氏循例守節着兩江總督給匾旌揚其節婦李氏一體入祠以光潛德後總督尹公諱繼善給四字曰清標彤管遵

旨設位於
敕建節孝祠
吴黄氏
節孝黄氏吴朝宗之妻年十八而嫁年餘朝宗失足隨河而死氏赴河以殉鄰里急救得免翁姑妯娌為之勸諭嗣長房次子楷字立方為子家貧紡織度日卒於嘉慶十九年壽六十三歲守苦節者四十餘年家貧無力報旌親戚鄰里為之具呈學師教諭王公給匾曰柏操萱壽亦遵
旨設位於

勑建節孝祠

有守節貞烈而未經報旌者

黃陳氏

節孝陳氏黃寧謀之妻鄉進士陳蓼賓之孫女也年二十九守寡以紡織教養三子長子華嘉慶甲辰歲入泮意欲為母報旌適道光七年江蘇學院辛諱從益闡揚節婦乘試案臨具呈後給匾曰苦節風清遵

旨設位於

敕建節孝祠

金浦氏

節孝浦氏金兆宗之妻雍正十年七月十六日劉河大潮災居民房屋十室九傾兆宗一家二十餘口飄没無存因急欲救母被屋壓死時浦氏年二十二歲懷孕三月幸免水厄然房屋傾倒無地容身田畝遭荒何從謀食母家棲宿苦不勝言雍正十一年生子明發遂襁負其子躬親田事以養以教且耕且讀後明發生二子四孫世守農業氏享年六十九歲守苦節者四十五年鄉居無力報旌姑誌之以俟其子孫之有興發者家住瀏漕塘三里橋西

吴李氏

節婦李氏吳經理字景濤之妻明峻公之三房曾孫媳也景濤公善丹青精於傳神隨母舅張賓如往維揚數載得病而歸旋即去世李氏幾不欲生因念宗祧無繼嗣次房綸理之子德鵬為子撫養成人娶妻完聚而德鵬夫婦雙亡又嗣德鵾之長子榮潤為孫年尚幼未經報旌誌以俟報家住河西街

周范氏

節孝范氏周鴻字雲達之妻生二子長名大瀚次名鏡字鳳藻號蓉莊乾隆二十八年雲達去世氏年二十八歲大瀚方五齡蓉莊甫二週耳氏事姑盡誠敬

子甚嚴乾隆五十八年辭世守苦節者三十一年蓉莊舉孝廉家貧未及報旌嘉慶十九年蓉莊選授大興縣學教諭二十一年夏歿於任所其孫尚幼以俟後旌家住茜涇北街

顧邢氏

節孝邢氏顧理之妻理自幼穎悟性喜讀書其父以打麪爲業而躭於酒理年十九爲鎮邑有名諸生娶妻後未二年而夭邢氏悲慟欲絶不食者數日勉持家政苦守清貧未幾翁亦去世嗣子名興貴邢氏紡績度日六十餘而卒守苦節將四十年家極貧無力

報住河西街

張倪氏媳吳氏雙節

節孝倪氏張秉衡之妻生二子而秉衡去世長子字乾一倪氏撫養成人娶吳氏為媳乾一二十三即死無子姑媳俱孀備嘗艱苦倪氏撫次子蔚字豹文成娶妻完聚立業成家守苦節三十餘年吳氏現已六十七歲守節亦四十餘年矣俱未報旌家住天后宮西街

毛奚氏

節婦奚氏毛奕崗之妻奕崗早夭無子嗣姪毛宇寧

為子守苦節者三十餘年尚未報旌住河南西河沿

張吴氏

節婦吴氏張爾音之妻生一子乳名登雲官週歲而父死母子相依者三十餘年氏死登雲貧不能自立、披剃為僧今不知所往矣

徐龔氏

孝節龔氏徐受益之妻二十三而夫亡無子絶粒求死姑曲諭之而免嗣子名銘字自新七十七而自新亦死有孫男三住茜涇西門内

朱顧氏媳倪氏雙節

節孝顧氏朱顯宗揚廷之妻年二十七而適夫期月而揚廷病癆療醫治不痊氏不忍見其夫死欲先死之投井撈起調治竟日而醒而廷揚旋亦就木氏又欲覓死姑及嫂規之以大義遂撫嗣子錫圭為子長娶王氏為室生子名瞻屺甫十二歲而王氏死錫圭復娶倪氏為継室生子名瞻岵三歲而父錫圭死倪氏大慟欲殉以從顧氏諭之曰吾昔遵姑命不死撫孤汝當承吾之志毋拘小節倪氏拜遵於是姑媳二人午夜篝燈三更紡織迨瞻屺成立聘陳氏為室生一子名文彬不三月而陳氏死時倪氏已辭世矣遺孤

冊舉報

仍係顧氏撫養是三世相傳皆賴顧氏一人之力家無恒產惟藉紡織給饔飧其苦爲何如哉其氷霜堅志經歷五十九年八十有五而壽終尚未報旌録存之以俟後之採風者家住劉鎮之北街桂林里

陳王氏

節孝王氏陳韞輝之妻耀偶公之媳也耀偶公家居奉佛樂善持齋印送經文杜門不出王氏于歸後事姑盡禮生一子字翰周甫兩週而韞輝去世年只二十五事翁姑撫孤子歷艱辛者三十餘年尚未報旌家住河北西河沿

周李氏

節婦李氏周涵之妻守苦節者四十八年係庠生周棟之母家住莴涇東街亦未報旌

周王氏

節婦王氏庠生周斌進字廷翼之妻侗初王公之妹也夫歿撫孤守節不逾年而孤殤撫姪恒為己子未幾又殤再撫姪怡為子守苦節者五十八年亦未報旌住漕漕之磨盤嘴

周郁氏

節婦郁氏周湘之妻守苦節者三十四年係太學生

周大邦之母家住茜涇北街未曾報旌

錢顧氏

烈婦顧錢掌衡之曾孫媳也居南轉河沿殉夫同日而死聞者莫不下淚有顧春洲先生為之作序并詩以弔之謹錄於左

錢承緒字集成後改名夢鼐字曰調鎮洋之劉河鎮人幼失恃家貧棄儒業賈娶妻顧氏淑慎事翁及夫克盡婦道以針黹易甘旨晝夜無間兩目竟矐後卒錢君餬口四方家益窘歲丁丑秋間錢君自崇明得疾旋里纏綿床簀閱將及一月病中偶思食肉糜婦

以無錢市肉又不忍逆夫意竟自封股一臠煮熟以
進錢君私問幼子肉所從來子以實告一驚氣絶子
唬婦入急救已無及亦不哭但曰吾當相從於地下
耳以後事囑其子使告諸親故遂閉户自經縊死時嘉
慶慶二十二年八月初二日也聞者莫不哀之親串助
資殯葬余為作歌以俟採風并囑諸同人和焉
婁江水清駛東流河洋洋岸邊連理樹沙際雙鴛鴦
鴛鴦不獨宿于飛相頡頏一朝失其侶魂魄從翱翔
錢家有賢婦柔順又端莊夫子賦行役貿米盖空囊
何以歡菽水織作勞空房裁衣并刺繡事事皆精良

饑藥餌如何支病夫轉側繩床臥藜藿久厭思肉糜無錢市脯脯焉得空箱典盡無完衣婦兮輾轉思奇計忽在茲但願郎加餐毀身亦不辭金刀刳去臂上肉烹進且為郎充饑得肉暗自疑問兒此是何人貽稚子口難掩入耳驚魂飛嗟哉寸臠才下咽傷心一慟永訣離婦不啼心更悽世無不死草返魂知何期生則同衾死同穴與君地下來相依孤燈綠如豆究轉懸青絲驚呼鄰里競奔集相看流涕如綆縻明朝斂錢助殯殮一抔之土埋向婁江以北茜水噫嘘嚱幾人大節不可奪胡乃巾幗大就義甘如飴更誰匍

匾額
天闕棹楔旌此節烈奇綱常大義激頽俗墓門千古清
風吹

有未經報旌而督撫親查遵
旨入祠以享春秋二祭者

王許氏

烈婦許氏明崇禎庚辰科武進士王璣之元室初璣
守備柘林後值闖賊之亂陞授忠義營副總兵封懷
遠將軍語其妻許氏曰我今出以任國事汝奈何氏
正色對曰食君祿忠君事臣道也至於舅姑在堂有

妾在君勿慮甲申以後
國朝一統寰宇大兵平定沿海璣之父母被執許氏赴
水死乾隆七年
敕建節孝祠成查歷朝節孝貞烈一併入祠以昭前代
徽音故許氏亦得享祀春秋

王許氏

節婦許氏王璣之繼室王璣巡視沿海猝與
大兵遇相持不退
大兵主將奇其勇執其父母以招璣望見之跪拜哭
慟曰吾不能不為親屈也遂卸甲來歸及授以職不

受躬耕海濱以養父母時尚無子聘前妻之妹為繼
室生二子璣卒氏年二十四歲兵燹家破守節撫二
子成立後八十餘而卒乾隆七年
敕建節孝祠成查其節亦得遵
旨入祠享祀

有貞烈盡節而未入祠者

王完姑

烈女完姑王璣之胞妹也完姑年甫及笄聞哥嫂臨
別之言欣然曰嫂果有志吾死不孤矣從此二人以
志節相勵乙酉秋

大兵下劉河執其父母去姑遂陷閣自經嫂亦赴水死查縣誌雖有王完姑之名而敕建節孝祠題名榜錄並無其名特為表之

王陸氏

烈婦陸氏、王發祥之繼妻日新公之媳也、時日新公年已高發祥公兼理湖北湖南學政元室去世中饋乏人遂聘陸氏為繼室生一子名接武先是發祥公有二子長曾武次吉武曾武絕意功名隱居自得吉武年輕發祥公學政任滿赴京卒於邸訃至陸氏慟絕竟日始甦時接武方六歲氏課子極嚴康熙十一年吉

武登鄉榜氏喜既而潸然視接武而言曰今而後吾
藐孤其有托矣適發祥忌日氏大哭之後閤户自經
而死年二十九歲此事縣誌亦載而未入
敕建節孝祠故為表而出之
有有丈夫而貞烈盡節者

顧高氏

烈婦高氏住南街關帝廟前博山張君之壁鄰也其
婦生長農家不讀書不圖名節而貞腸烈志成自天
然不貪飽暖寧甘飢餓以死名教禮失而求諸野高
氏有也博山張君見而悲之為作輓詞并序其始末

序

張純博山 字[illegible]

近世稱揚婦德者幾於户盡女宗人稱閫範矣及為之循名核實半藉乎華族高門歸美分榮祇由乎夫階子級是以昌黎有諛墓之譏魏收有穢史之目處今日而昭垂女史者得失參半至若窮巷女子目不見史書耳不聞禮教而事跡實合古人州里不知舉有司不及採其湮沒而不彰者不知凡幾矣若我鄰之顧氏婦其人非歟婦姓高氏世業農幼失父母依於兄嫂及笄適顧姓翁姑素無行婦視之弗善焉夫又嗜酒不事生業飦粥常不繼翁姑欲變其志婦忿

然曰是可以辱吾父母哉何有生為也卒不從竟自絕食而死嗚呼士大夫讀書懷古平時廉隅自砥礪氣節自期許毅然若不可奪及臨危處變不能動心忍性害必避利必趨蒙恥苟免身名俱喪者比比而是而此婦生長草野年方少艾艱苦備嘗歷時甚久屹然如山嶽之不能動不虧體不辱親苦節孝思並行不悖雖古烈丈夫何以加諸乃識淺鄙夫未知尊重反迂而笑之噫大義不明遂使無瑕之白璧幾與草木同腐悲夫夫表微闡幽者有司之責也遏惡揚善者吾人之事也余故為之摭其事實以俟留心風

化者為之採擇焉

輓詞

不逐頹波不怨天綱常名教獨仔肩心清那怕紅塵染體潔何難黄土捐事到蓋棺始有定人能就義自無愆問渠若箇全貞烈蓬華羣推高氏賢

又　　顧蓉堂

蓉堂名王霖字柱國翰林院庶吉士户部主事

萬事皆容偽死生無偽為綱常存婦女廉恥愧鬚眉豈以草茅賤而將貞烈遺清風欽里黨不必俟豐碑

又

陳寅堂

寅堂名震字雄萬庚子科進士鉅野知縣

備嘗艱苦志難移匹婦能將名教垂勁節豈隨庸俗咻貞心只有老天知遇人不淑終安命完璧有懷自樂飢玉死無言塵已脱滿江星月伴魂居

陳王氏

烈婦王氏陳某之媳其姑有穢行婦弗善焉姑欲逼婦亂志以塞口婦不從雉經而死陳姓住城隍廟東原籍福建王氏鎮之鄉人

張曹氏

烈婦曹氏張廷諤之媳恂夫之妻也住鎮之河西街張公家貧善丹青精於傳神時常熟錢壽春任福建臬臺請張公至任所因帶長子恂夫同行抵閩又為制憲伍公拉納所留羈福建者數載恂夫遂習吏事積筆墨所餘回家完娶曹氏于歸得一子未幾廷諤公去世恂夫仍遊福建家中苦況賴曹氏支持里中有浮薄子見其家貧子幼曹氏年輕思欲亂其清貞作假書一封使一老持付曹氏時正晚解衣典錢二百給之及至啟書皆不堪之言氏無從分剖遂投繯自縊而死此嘉慶十三年十一月十六日事也按

大清律乾隆二十一年部議有有夫之婦因夫外出
而親屬逼嫁自盡者例准
旌表夫以逼嫁自盡尚得邀
恩而况被穢言而能一死以明其貞潔者耶故誌之以
俟採風者取擇焉
有貞烈節孝而年逾三十恐於報旌有未合者亦
姑誌以俟採擇

陳郁氏

節孝郁氏陳文若之妻郁佐王之第五女陳宏業之
第三媳也宏業公築宅於鎮之北街王家衖南有三

子二女四孫郁氏于歸時家業正盛雖非鎮之巨擘然亦頗稱殷實未幾其孫死其媳死其子死已嫁之女亦死廿年間家產蕩然僅存翁媳二人身無立錐宏業年逾七旬勸氏再醮氏誓以死守後翁病氏告借親戚以奉湯藥翁死氏售坟傍餘地以安葬氏無所依暫歸母家竟自憤絕食而死此乾隆四十五年事閤鎮無不歎息徐竹香有詩一章附錄於左

女子貴從一生死不敢二我生胡不辰良人早見棄感君憐我貧妾為予計亦知煢獨艱度日良非易自恨少知書長復慕大義妾身雖云微妾意良

獨至古人一念間可以感天地妾顧獨何人操持
敢少異恨無刀與錐剖心以相示

有婢妾能慕義守節者

金門婢妾徐氏

徐氏余五服叔會嘉公之贈婢也公年四十四而娶
陳崧生之女為室氏隨正室而來遂收為妾年十九
歲至二十二而夫婦辭世無子嗣二房次姪為子氏
自願守節後嗣又死時叔祖母年高氏隨冢婦及諸
婦事奉惟謹冰心孤影安守如常存年五十四歲守苦
節已三十餘年矣查例生人不立傳聊述數言以俟

後之論定者

顧門妾費氏請旌節公呈（樓下宅事）此事在雍正年間其

坊表已無查考矣

節非當位彌足維風忠以成貞尤堪起化懇加褒獎

用發幽潛竊惟坤順承天義嚴敵體星輝輔月情抑

宵征故弱草輕塵不責以松筠之概而貫魚蒙寵宜

寬其氷蘖之操若夫隨夫君而詠柏舟自可流芳於

附驥其或鞠嗣孤而摹荻畫亦將媲美於丸熊未有

隻影孤燈空閨永夜齊眉偕老獨守志以終身弱女

非男苦相依而度日餘生待盡矢死靡他如已故生

員顧元錫之側室費氏者也氏芝草無根豈有詩書之訓芳蘭入夢偏嫻淑慎之儀嫡主在而已冠青衣正位虛而不嫌黃裏才班絡秀代中饋已無慚掌握明珠幸先花之有兆無何良人未周甲子遽捐賓以仙遊氏身暗數晨昏願就夜臺而死殉徒以遺嬰未離襁褓恐仰累於諸兄且兩姊亦在髫齡尚齊眉於穉妹用是恩勤以育常形影之相憐操作維勞親井臼而弗懈襄彼內政參介婦衆之間助厥明禋侍夫女君之側洎乎孫枝競發季女于歸氏則氷骨漸銷霜顏欲謝矣跡其半生苦節合一家百口而無閒言景

玆畢世幽貞歷三十九年而如一日允符定例況協
新編芳規堪式乎里閭懿行具詳於事實謹呈
夫激揚之典歷朝所不廢而
敕建節孝祠以奉春秋二祀使窮黎之婦與忠臣孝子
同享千秋以亘古所未聞而
本朝所僅有者也是以
洪恩遠布凡山陬海隅無不道同風一劉河雖在海
角而十里之內勵廉恥守清貞皦然與日月爭光以
仰體
歷聖彰善化民之意者已為不少故特誌其事實記其里

居使後人有所觀感焉

附記貞義兩全

大清律載乾隆四十二年兩江總督高
題奏江寧淮安府山陽縣監生程允元於二歲時與直
隸平谷縣人劉登庸之女結婚後程允元回南登庸
身故眷口流落天津後女窮獨無依隱跡尼菴彼此
不通音問者五十餘年各堅守前盟矢志不回後允
元在漕船教書隨船至天津聞人傳說有貞女劉氏
在尼菴允元訪問的確知即是原聘妻劉氏當經該
縣聞此異事遂傳劉氏至署令當堂與程允元合巹

隨稻南下回淮奉部覆准給
帑建坊
旌表共建一坊題曰貞義之門

節孝續纂

一門雙節

初集梧陸公訓蒙於鄉年二十有五而卒元室徐氏
撫孤守節教養倍摯孤子逢辰號東溪娶高氏孝行
夙著品學兩優未幾遊庠生子以孚閱期年而東溪
病卒徐氏同寡媳高氏勵節氷霜撫孤以孚讀書敦行
閱數十載如一日道光十六年前　學憲龔給荼苦

筠清匾額旌奉
旨給帑建亭〔坊〕年六十有四而歿時孫以孚方髫齡也
高氏克迪前光今雖尚未請
旌而其子以孚文行優篤矢志功名前程未可限量
人咸以為一門雙節之報云

雙貞同世

初思成毛公與宗周陸公皆吾劉之寒士也二公相友善思成公有第四女許配吳門宗周公有長女許配沈門按沈寄姓毛也有宕即沈振甲既而毛壻吳某陸壻沈某相繼未娶而卒兩女子年各及笄皆矢志靡他立誓守貞文

奇

劉河紀略

九十五

劉河鎮記畧第九卷

劉湄金端表巽如氏輯

街巷

古者一物一名各有取意而舊跡攸存猶可追維而記憶況日夕之所經行賢愚之所共履者乎今者流風已歇餘韻無存有心者每感慨係之爲敢歷誌街巷橋梁使稽古者有所考據焉

我劉河一鎮自歷朝以來以瀏漕爲市河以天后宮爲南寺以廣孝寺爲北寺爲一鎮之關束後遭明季兵火居民稀少至

國初以後劉河茜涇中分為二然軍營制度仍歸一致今
欲詳考其跡仍以天后宫為主而以北寺為後座從天
后宫門轉東為城隍廟轉西為鎮海關有石庫門上
刊三大字曰鎮海關至今猶在此康熙二十四年奉
旨開海通商之後立關收税之故址也由宫門外正南過
照牆沿河而西為看倉馬頭停泊内河小哨船大小
兩隻以察内河貨物之投税出關者再往西為玉帶
橋舊時宫前有金鈎玉帶兩河環衛宫基今被廟鄰
填滿起造房屋形迹全無惟近橋尚有數尺之形而
其橋猶在再西則為南貨船馬頭凡蘇郡運來貨物

於此上岸再西則鄭復興保稅洋行再西則寧海橋堍即老浮橋也沿堍往西則水帶橋即漕漕出口處也過水帶橋轉北即河西街直往西去則為吉利橋橋下之河相傳始名勒馬涇淤塞後有木商洪姓者浚通之遂共稱洪家涇此河為木排出入之河進是河者過典當前往東北穿朱家坟直北轉西進木行橋為木行基再往西則通楊家浜以接西北上流之水此余幼時猶及見之環過木行基直西由老鴉浜橋環至積穀倉後而止河身俱有數丈其河環圍之中多聚富家巨室自乾隆初年以後沿河居民共與此河爭

二

尺寸之土遂至塞成平陸今朱家坟前及典當門前尚有河形其中間俱蓋造房屋無跡可尋矣此河塞後富厚之家漸漸零落此地師所謂水旺財生之明驗也過吉利橋轉北往西則為典當衕不進衕往西則為小廟前內供關帝聖像後為義塚劉河興發時有無知者竟將小廟折毀義塚填平改造張義興棧房三進然白晝鬼現後樓無人敢住再往西則為船埠頭各路小船於此聚集再西則三义路往北轉灣則為木作衕可通太倉路一直往西則為楊木橋通積穀倉後往南轉西沿河直至積穀倉前今已改巡

檢司衙門矣過衙往北則即積穀倉衕通太倉路不進衕往西則為海神廟建於乾隆十九年照牆之外即為新閘西則土地祠再西則張陳氏節孝坊再西則為已故狼山守備吳潤宅後有射圃書齋河池樹石旁有棧房今已全無矣再西則陳氏新庄係掄三陳公所築四面河池環繞內一大宅亦有亭院花卉回廊曲檻今猶有存焉一直往西則有大馬頭官員往來停舟之所再西則為北楊家浜通劉河接朱涇者再往西則往太倉之大官道矣自西回東仍至海神廟前過新閘則為營房場上有營房兩進瞭望臺一

座煙墩三木坊一輪派千把總或外委統兵二十名以守閘口往西則為營房街進街一直南往則即馬家灘興隆橋往嘉定之大官道矣而營房場往西則為陸天益大棧房係陸吉隆所建開張天益豆行餅行花行此棧乃招接各口商人棧貨者也再西則李元昇棧房係東省商人租以居停者再西直至南楊家浜橋而止其間房(屋)今俱開墾成田矣自西回東過營房場往東則陳德潤豈行再東則張利泰老行乃張寶鬐子所創是時初開海禁寶鬐子自崇明遷至劉河開此行也奉東商客無不仰視為鎮之首富其

行房住宅之後有河亭樹石為遊息之所今臨街門面尚在而後面已為平地矣再東則為登帮復興號住房後售與沈姓居住再東則萊陽吉順字號住房後售與項姓居住再東則項興泰荳行樓房七進集内河客商為最盛之行今此房推與奉東客商而空闔矣再東則姜旭昇之當房即為姜家街進街至底兩頭俱有巷柵盡為姜姓之房後有荷池荷亭姜氏衰花園池亭歸於項姓今項氏又衰廢為空池矣過姜家街往東則毛源豐荳行再東則即寧海橋之南堍轉而南往即南街中有劉承裕當舖當棧為呂四

四

劉姓所開一直出南市梢則為關帝廟再南則為天法廟由天法廟往南則有高家街即往寶山城之大道矣自南回北從老浮橋垷往東則為南澛漕河口是河今已滅跡惟存大石橋橋面已與路平今往南之毛坑街即昔日澛漕之東河沿也南街東半樓房俱在河身之內直至關帝廟而止過澛漕石橋一直往東則為標馬頭此處停泊標船逢六開標登膠兩帮於藩庫內請領鳥鎗火藥臨期歸收各營行應付之銀捆成丁包送付標船其標登膠兩帮拈鬮押送標客先坐於船候各號之銀齊送上船號客親自到船

送行然後鳴金放炮打標鑼開船每月三標無有間斷過標馬頭往東直至平洋橋南堍即新浮橋也一路上岸樓房為關東崇明呂四各商租居賣買之處下岸樓房為雜貨小伙等行買賣之處過新浮橋南堍往東則為季復隆保稅洋行係李萬成所創伊子用九承繼父業用九死將住宅折賣惟存門道一間及基地售與張姓為菜地矣再往東則為南轉河橋過橋往東則為小臺灣街蓋闕前明閩廣沙鳥各船俱收劉河海口停泊弊端百出

國朝統一之後有鑒於前明混雜之失故於康熙二十四

五

年大開海禁之時將船分收各口不許混雜一處而烏蠻情性橫梗雖有明示强欲收劉仍於轉河橋東停泊藉端滋事咸受其累遷避讓之故此處稱小臺灣街云嗣後建帮字號大船收上海小船仍收劉河口者爭鬬人命之事時或不免至雍正二年分縣之後

世宗憲皇帝勵精圖治整飭綱紀鎮洋縣唐公清正梗直將烏蠻不法之事面稟上憲適有二烏船進口唐公將船拔起鋸為兩段以火焚之示曰如有違逆

國法者以此為例從此烏船不敢收劉河口矣由小臺灣

街轉南沿河為繩索場再往東為打繖處凡海船所用錨繖棕纜各項繩索俱於此打造再東則為軍工廠卯家浜由小臺灣街直東沿劉河塘為竹木行聚集之處沿河轉南亦至卯家浜為往東總路此處為棕麻行聚集之處今俱無存矣再東則即軍工廠周圍竹籬回繞內開號溝中為廠基公署奉憲委蘇州府海防同知監督置造出海巡哨戰船歸崇明總兵統轄嘉慶四年奉兵備道李公諱廷敬飭令遷至上海此廠遂廢往東二里許則俱屬民間廠基置造出海船隻料房住房連接如雲今皆成田矣再東則為

南楊子涇橋過橋往東民房連接直至新鎮再東則是蘇州府城隍廟蓋未設太倉州時此地原屬蘇府管轄勅封忠安王再東則天后宮為新鎮中市酒肆茶坊最為茂盛今亦所存無幾矣再東則為南塈溝橋額曰飛鴻橋之南用木樁釘斷以防關外越販私逃之弊再東則為海塘一直往東過閱兵臺則往寶山之大塘矣仍回至老鎮天后宮東即太倉州城隍廟再東財神街再東金鉤河今已造房屋沿河岸有金鉤橋久已坍入河中矣而財神街即金鉤河之西岸進街由五路堂照牆外轉東過小橋往北則為金鉤

河之東岸一直往北則為水龍閣往北轉西則即天后宮之後街由財神街口不進街往東則徐恒昌保稅洋行再東則為天妃閘舊基今建平洋橋矣閘坭往北則為閘街轉西名燕子窠街西即金鈎河沿不進街轉北往東則為白石混堂街通東轉河沿一直往北則為閘街底轉西屈曲幽深低房雅室則為九龍灣此處娼妓如雲迎門賣笑劉河全盛時吹彈歌唱之聲不絕於耳今房屋已毀間有存者易為紡織聲矣再往北則顯佑山前之東轉河沿矣仍由天妃閘往東則閘亭上有官廳一座再往東則為海關稅署

七

頭門匾額大書四字曰海關稅署進頭門兩旁廂房為書舍辦事之所中間大廳為官府會客之處後堂三楹為總庫內師所居之地其餘班役雜差人等俱於兩旁餘屋居停沿河高築石塘樹旗杆一對外立木板照牆一座上畫天官賜福又立朱漆紅欄一溜以防失足路西則有馬頭路東則立大木樁一根上繫大綜纜一條直接南岸而南岸亦然所以分關之內外也河中設三角木柵廿聯俗名木烏龜是也用鐵鏈貫鎖以防小船之逃漏防範之嚴最為周至再往東則為看倉馬頭再往東則為北轉河橋過橋往

東轉北則為崔家衖進衖往北則為崔家宅係崇明崔姓遷來築宅於此今雖無人其地猶稱崔家宅再往北則通顯佑山東麓矣由崔家衖仍一直往東則為巡鹽廳巡查海口之販賣私鹽者再往東則為定王土地祠及龍王行宮再東為擺渡口崇明渡船官船停泊之處再東為五楊池蓋兩岸沙灘樹木稀少崇明船隻進口望見大楊樹五株即可停船帶纜故稱再往東則為北楊子涇查縣志載是河寬有七大一帶俱係海船脩造之處今亦為田矣再往東則為北墅溝橋河面亦濶西北達澛漕再東則為劉河城基

有鎮海威靈府城隍廟再東則為海塘直通楊林戚浦從天后宫門轉西進鎮海關石庫門為廟西街往西為季長泰保税洋行再西為十字街乃鎮之中市東西南北俱有巷柵以防匪人竊盜東至鎮海關大柵南至寧海橋大柵西至中津橋大柵西北至水龍柵進北王家街為依仁里柵直北則為桂林里北柵其中綢綾布號當鋪錢庄一切買賣無不悉備由十字街出南柵為寧海橋凡木橋本不載志書而此橋入志者蓋因地制宜之道此地勢不能建立石橋而如此要害橋梁又不能不載故特破志書之例而筆

之者也由十字街出西栅過中津橋為河西街集餅荳油鹽花米六陳為鄉人之聚處往北為賜進士第陳震住宅為伊祖信公所造往北轉西為木行街進街往西有大河緊對朱家墳者即昔日木排出入之所往南過石橋為張潘氏節孝坊往西為木行基後為翁家宅今為孝廉吴金潤之父開基之住宅再西則為廣福園義塚再西即老鴉浜橋一直西去則往太倉之大路矣從木行街口一直沿瀏漕往北為北石橋西堍又北即邢顧氏節孝坊往北轉西為小羊街不進街往北為小浜過石橋即玉皇宫及正獄廟有

天庫一座乃鎮鄉之城隍土地解天餉茭化之所玉皇宮後為白蜆涇蓋捕魚船多於此漕漕河附近捕捉此地白殼蜆子多而味美故名此涇西通楊家浜達朱涇今滿矣由十字街往西北水街柵為北街鋪店貨物上岸之所對水街者為王家街其名無可考進往東為金郁氏節孝坊其內即一鄉善士盧金質齋之住宅再東為施陳氏節孝坊再東賜進士第金瀫老宅伊曾祖咏周公所建再東出依仁里柵為天后宮後街往北地名菜園而寔皆大厦為山西崇明居停之處東為菜園街進街往北轉西為荷花池舊為

郁氏家池有茂林修竹湖石花卉今已四分五裂為衆姓公有又北則東轉河沿直至海寧橋而止出菜園衖口往東接金鈎河沿一帶俱為山西滙縣崇明各幇居停之所今亦闃然若從王家衖口一直往北出桂林里北栅為北石橋東堍再北即環洞橋係東轉河之西口轉東為顯佑山前有吴李氏節孝坊東為顯佑宮為本鎮商船議事之處再東火神廟雷祖殿文昌閣純陽殿施棺所土山後有唐周氏節孝坊由環洞橋往北為孝廉許汝圭住宅秋闈不第大挑一等發往山東以知縣補用將房屋出售為路費前往山東

十

候補授新泰縣歿於任再往北為倪家宅衍今倪姓已無人矣往北出市梢為唐家堰又北為何家堰又北為邢家橋又北為菖蒲漊有三聯大石橋聚小市跨滄漕者為六里橋西北為朱涇口再北為五里橋再北為三里橋東為妃子坟西為徐諫議住宅再北為桃源涇橋過橋即浪息菴再北為磨盤嘴過橋轉西即陸窑塘由塘口直北為福林橋河之西為季家廟再往北則茜涇城濠矣沿城濠往西有清水一泓即生瓜涇即南池塔影古跡沿城濠往東過弔橋為水關入月城進南門路東為周張氏節孝坊古基路西

為期頤橋過橋往北坐西朝東者為五嶽廟朝南者為城隍廟不過期頤橋一直大街往北路東為雙井街即雙井通泉也路西為環洞橋即環橋映月也過橋往西為十房街明時王氏聚族避兵之處再往西為白衣觀音菴再西則為周氏嘯園係周西候號嘯所築今已廢矣由環洞橋東境大街一直往北為塘坊橋過橋轉東即古塔前為茜涇之中市由塔前往東為塔橋即新塘橋也又東為財神廟東為碧龍橋亦名轉河橋過橋往東為中軍守府署內建軍裝樓以藏軍器係古岳武穆廟址再東為城隍廟廟北東一片

十一

曠野設立太平火藥局從此至東門月城亦有水關過弔橋跨新塘河者為興隆橋橋之北為線綱場係漁船聚集結網之處橋之南為演武場即東郊演武也沿塘一直往東約三里即新塘海口矣仍入城由塔前往西路北為茅家衖進衖往北坐西朝東為留嬰堂雍正時太倉州江公諱之煒傳諭各鄉設恐民間有嬰兒而不能撫養者送太倉城路遠或有輕棄故就近立留嬰堂僱乳母暫養俟送入城交育嬰堂收養乾隆元年監生王鋐捐資於宅後設立今已廢矣仍回茅家衖口為張章氏節孝坊往西為大通橋過

橋往西為雲臺禪院即三官堂右左即向高二公祠今已改為文昌宮廟外之河即瀏漕之尾塘涇之接界也跨瀏漕者為永興橋又名三官堂橋不過橋往西出西月城門過弔橋為塘涇往西即西溪走馬處也轉南過橋則往太倉之大路矣仍入城由塔前往北為平橋此處新塘瀏漕兩水會聚之所今已塞為平陸惟存水溝一道而已再往北為高真堂舊為真武廟今供關帝聖像轉東為遊擊將軍署東為滿州街北為蒲鞋場署之東南為武帝廟由高真堂轉西出衖為范文正公衣冠墓上有湖石即范坟怪石也

十二

往北即太倉州海防分州署今已無矣轉西為西寺橋其河為西寺涇有水關以通城外濠水由高真直北有懷讓寺遺跡古木坊一座往北為香花橋一名廣孝橋過橋往北為金剛殿北為彌陀殿北為大殿有大鐘一口即北寺鐘聲也殿後為藏經閣閣後為茜山生茜草即後山茜草也廟東為東寺涇由香花橋轉西為太平橋往北為木行橋一直出北門月城往東為茜山北麓今俱為義塚矣過吊橋沿六里塘直北通楊林海口之路矣

大要劉河茜涇歷朝以來原屬一鎮宋元明之屯兵

海運聚市俱廢於劉河之北岸其衙署民房之多歧路橋梁之紛紜與夫事蹟之繁真指不勝屈七百餘年間惜無人詳記以致實跡難考今僅撮其大要將所見所聞者録而存之而已

十三

劉河鎮記畧第十卷

劉湄金端表翼如氏輯

災異

災異之事歷朝所時有而我劉鎮僻處海濱尤為易致比年來官清民樂海晏河清鼓腹含飴幾忘帝力矣然居安思危為人情所難故敢歷記見聞以時警惕

順治二年閏六月初一夜半星落如雨

三年新鎮李明家六月初四日地中出血初五日愈明家尤甚

西

八年大水災禾稻盡淹死
十年又大水花稻全傷民死無算
十五年八月二十三日未刻地震聲如雷
十七年十一月初二日海中龍見無雨西北忽起黑雲一片龍見二十七條附雲而行至海中而滅
十二月初五日虹見
初八日大雪結冰鐸連日不化俗謂樹帶孝
十八年正月初一日龍又見海中初四日又見
康熙元年鹽梟生事近海二十一都無業頑民以販賣私鹽為活是年有巡鹽廳某至其地獲私數人捆

縛而來忽有羣黨數百人刼之以去傷其鹽廳督撫聞之發兵剿其地鹽販恃强不法互相殺傷劉鎮數里盡作池魚事載菴嗒瑣言

四年潮災七月初一日忽起大風海潮泛溢壞却房屋無數沿海禾稻俱傷

五年十二月初八日地震其聲似從東南來者

七年六月至七月地生白毛

九年大水災陰雨連月高低田盡没花稻俱無民間屋宇漂没無算巡撫親勘議開河洩水

十五年七月初旬天雨白絲數日

十五

十九年夏淫雨累月木棉禾稻荳苗皆爛

二十一年夏雨災木棉盡爛

三十二年七月十三日颶風海水泛溢沿海溺死者甚衆

四十六年夏秋大旱海潮不上井泉亦竭河底俱裂

是年城中妖僧一念謀叛幸劉口海防同知商公諱奕銓覺之先事擒獲叛黨四十八人伏誅和尚脫逃至明年始獲亦伏誅

四十七年夏大水田可行舟兼旬始退木棉渰死

六十年夏秋大旱

六十一年春雨秋旱七月初三夜有大星自東南流至西北其聲如雷其光似電過處有白痕一條如練然長竟天久乃滅

雍正二年七月十三日颶風大作海水泛溢

五年十二月十三日酉刻有白氣一條其長竟天食頃始滅

六年三月初九日有黑氣一條勢如疋練自東南至西北良久方散是年大疫

十年七月十六日未刻颶風發潮大溢人畜死無算近海水高二丈餘漫過太倉直抵崑山巡撫親臨勘視

着州縣官先行撫恤專摺
上聞隨奉
恩旨蠲賑民始得安
十一年夏五月大疫死亡無算州縣令各處地方每日
報死者數一日甚有一百數十之多劉鎮棺木為之
空焉立秋後始安
乾隆五年荒災適總督那公諱蘇圖沿海閱兵萬民
呈請救饑是年幸贛榆荳粮豐收蒙奏請將贛邑之
荳由青口出口對渡劉河以濟民奉
旨俞允始得安然

七年虎災是夜大東風小汛潮水大減清晨沿海有農夫焉於蘆葦中見一大犬熟睡沙灘心疑其非犬即而視之忽被昂頭一齕皮肉皆去立時痛死同伴始知其為虎也而驅之然東路茫茫大海虎何從來蓋隔日狼山探演虎也驚避海灘晚起大風虎乃性發乘風揚尾一夜至此易曰風從虎靈壁子曰虎嘯風生其洶然也今人聲鼎沸鳴金驅逐倏忽之間不知所往既而咸以為在茜涇南門外坟内於是遊府發兵擒虎虎負隅而兵咸懼未幾而又杳然矣忽報在河南馬家灘因此地素無虎見聞者氾心怯數

十九

日之內人雖未傷而鎮中之雞犬已蕩然一空矣忽
一日清晨西市梢有早起如厠者見虎坐於毛坑之
內大驚而回急報入營各持鎗炮將毛坑圍住遠遠以
鳥鎗亂打虎不動人漸近之以長鎗刺虎亦不動有
大膽者即而視之則虎已死久矣於是將死虎送縣
剥其皮而存諸庫
八年十二月初七日戌刻天鳴自北而南其聲如磨
轉然
十二年七月十四日大潮災海水漫過灶看殿有米
難炊死者無數禾稻淹死縣尊冷時松亦勘因初任

官員未悉民間之事見鎮中魚肉買賣如常便順口
説賣魚買肉不像有荒於是農人大呼一聲將死稻
死花望轎中亂投縣尊大驚避入城隍廟中衆荒民
圍住廟門不散廟僧禀曰頭門外荒民擁塞太爺只
好出後門下船乃步行登舟一直進蘇哭訴撫憲撫
憲大怒立傳中軍發令箭一枝提兵至劉欲拿頑民
正法而是日之荒民四散回家忽報官兵來捉着州縣分
州巡司傳地保查明交出兩岸地保呆如木偶蓋鬧
事之後東西各散並不知其何都何啚姓甚名誰官
與地保各無主見於是議將鎮之極凶惡者二人曰

十八

高六顧才以為首事餘俱未便通拿為辭禀覆中軍而中軍亦有親信隨丁在外察訪知非有心歐辱官長今已有首事之人即批杖斃示衆時高六顧才並不知有此事忽見地保踏門鎖拿疑有舊案發覺及拿到城隍廟見本縣及司廳俱在並不審問齊聲喝打自午至酉二人氣絶皂班禀稱已死至二鼓後二人復醒昂首號曰吾不知所得何罪如此毒打看屍者明告其故二人曰若此何不早説快將火酒來俟吾二人大醉之後可將草紙浸溼封糊鼻口自然死矣衆如其言果死明早禀於中軍於是中軍出示曉

諭不法頑民已經正法餘俱從寬不究人心始安而鎮之父老復呈禀中鎮府被災情形撫憲批准耑摺奏請賑濟奉
旨發賑蠲免萬民其蘇
二十年又大荒災蓋春雨連綿小熟失望交夏亢旱秋不能插米價日增死亾載道劉鎮設廠煮粥勸富户平糶督撫繪圖
上聞奉
旨蠲賑明年又大疫人死無算
二十七年又荒災幸前任縣尊金公諱鴻建積穀倉

於新開口充實其中故得民無菜色

四十六年六月十八日大潮災是日未刻東北天忽起雲罔將至半天雲邊忽現一星光芒四射雲至西南微雨驟風至晚雨漸大忽有聲自東北來勢如萬馬奔騰狂風大雨頃刻而至戌刻未停時交亥子漲潮人聲鼎沸蓋潮頭山立乘風而來海船斷纜打進口内竟將兩浮橋打去擠住在新開風愈緊船愈多閘橋不能勝任亦趁勢斷去是時岸上河中號哭之聲耳不忍聞寅刻忽轉大西北風遠遠聞山崩海嘯之聲乃回風推倒房屋也天明潮退浮屍棺木徧滿

河中落水勢急盡沖入海清晨一望有船在田中者矣有在岸上者矣有壓在屋上者矣有頭在岸而尾在河者矣三橋皆斷南北不通必須往來者則從新閘船山之上亾命而過午潮仍大幸風雨已止各將岸上之船漸次認明撐入河心而田中之船有離岸二三里者甚至開河放出沿海花稻湮沒殆盡州縣勘視申詳督撫請　給賑饑民始安堵

五十年大荒災花稻盡壞米價至五千二百文不過三日而饑民載道矣劉鎮賴青口荳粮接濟得以稍安

五十九年七月初七日大潮災水較四十六年低一尺幸兩橋斷於日間遭難而死者尚少

嘉慶二年天雨白絲兩日

七年大火災十一月三十日夜戌時於浮橋街火起往南燒至浮橋大柵尚離一二家幸保浮橋未着往東燒至鎮海關亦離三四家西至中津橋大柵北至水街柵羅仁和當房而止此正十字街鎮之中市店鋪稠密其間樓房銀錢貨物古董玩器典籍圖書不知凡幾盡為灰燼燒至初一日天明方熄初五日夜河南又火起亦在浮橋口中市燒去數十家從此闤

鎮驚惶弗敢寧居是年秋冬久旱且有謠言云火殃落在劉鎮以致家家不敢舉火至來年春雨連綿民心方定

九年水災大荒蘇郡崑新時鬧搶劫劉鎮幸到青口荳粮得以無事

十一年餘麥生灰俗名番麥關東呼為包米江南得此種沿海多有植之者結實於麥秋之後故名餘麥是年結實盡成飛禽走獸人物之形無不酷肖內中麥粒俱變為黑灰到處皆然人為荒年之兆

十八年地生毛黑白皆有黑如猪毛白似竹毛拔起

二十一

細視根有細毛如稻秧初生者然劉河前路最多北路亦有閘太倉崑山皆然

十九年旱災是年初夏大旱直至深秋無花稻雜物皆壞饑民載道內地河道淤塞粮難運至青口荳粮舊時奉

旨對渡劉口以濟太鎮民食後奉道憲告示船收上海老人龔敬三等具呈撫憲求請不准甚至斗米千錢各處搶奪民不堪命太倉有御史文軒汪公名彥博者約同富紳陸賓王等具呈縣尊請浚東鄉諸河以工代賑因被工房串通圩地河不果開雖蒙縣尊董

公勸紳富捐米賑饑三日而三日之後民仍無食死亡接踵明年春又旱至五月初四日始雨初八日交黄梅又雨民心乃定

十九年二月二十九日火災時因天旱於戌刻南街火起浮橋之上往來救火之人擠塞不開橋面竟斷正值潮平人死無算

大凡災害之生水旱居多被之者亦不止一鄉一邑惟七八九月風之患是我劉鎮獨受之苦是以前之大憲於劉河一口更爲關切而州縣之蒞斯土者無不思患預防今則舊例俱廢一有災異亦

無從告訴矣

劉河鎮記畧第十一卷

劉湄金端表巽如氏輯

土產

大凡天地生物各因其土之所宜而種植培養尤賴人力以維持有得天地自然之生氣而不藉乎人力者謂之土產然一鄉一邑地面無幾是以雜物之出於此而聚於此者概謂之土產吾劉鎮蕞爾微區地在海濱得天地自然之氣者亦有一二可稱而藉人力以會聚於此者正復不少用敢枚舉而詳載之

茜草

二十三

此草生於茜涇茜山之麓其性入厥陰血分能止血行血消瘀通經喘治風痺黃疸其根可染絳紅其枝葉蔓延徧地與凡草無異惟節節相對入水濃煎其色如血為血症要藥

菅草蒲鞋

出茜涇聚市於遊擊衙門之東北名曰蒲鞋場

蒲包

劉河茜涇皆出是物生水交秋乃刈曬乾織包為包

棉花之用

木棉

其種甚多約有十餘種概名之曰棉花太倉之東徧地皆有其用普中國

餘麥

俗名番麥即關東之包兒米江南沿海皆植劉口最佳煮如糯米粥但性熱不宜多食鎮以西則甘香而硬矣

各色荳名

肉裏青青皮綠肉其粒甚大○香珠荳粒小而味甚香○香櫞黄粒大色黄味亦香○羊眼花其形如羊眼珠○紫羅黄色紅紫粒大味香○以上各荳劉河

之南北皆有

薏苡仁

在澇漕沿塘者佳其性糯而香摘其葉煮粥則粥香而色碧若夫關東生者其性便硬且味薄

山藥

出茜涇者佳大而無滓

天花粉

係括樓根磨粉淀清而成能生津降火潤燥滑痰為虛熱人最宜之品

芋頭

芋有數品有香芋波羅芋落花生甘露子惟香芋最佳俱出瀏漕茜涇

黄雀

出沿海蘆葦中係稻田中水雞所化沿海稻苗穗不盈一二寸收不過二三斗為海中鹽水浸傷之地近年海口淤塞稍可成熟秋收時田中無水水雞即化為雀以食未收之稻羣聚而飛夜宿蘆葦取之之法不用網羅候是夜風起則葦中有聲雀不敢動人以手取之如拾芥但不可驚一驚則羣飛而散其味嫩而美深秋無食則投海化蛤即禮記所謂雀入大水

為蛤也
團尾
似黄雀而更肥美於四月間化生出於麥田中食麥
者身肥不能高飛伏於田間但取之必以鷹
九頭鳥
一名沙雀又名鬼車將發颶風則此鳥鳴於雲際其
聲怪甚人便知有風潮之至
按九頭鳥帝鷽書謂之逆鶬草木子載其鳥十頭
能收人魂一首被犬噬去其血長淋每風雨將作
飛鳴而過聲似鬼然

白蜆

出瀏漕河西白蜆涇他處亦有但係草殼薄味惟此殼白故名白蜆涇其味嫩而美今河塞物無

螳

俗呼螳小娘形如蜆而長白殼白肉滿肚皆黄其形酷類人形味亦甘美故稱為螳小娘出六里橋沿塘一帶有以酒糟糟而食之則更為佳品今亦久無矣

閘門蟹

出新閘口身肥力大由河底扒上伏於閘旁必深秋九月方其味甚厚

菜花蟹
出蒿涇菜花開時乃有純雄無雌味大甘美
海蟚
出劉河口形似螺蟚而細其味鮮美
沙裏勾
形如蟛蜞而小有梅指犬其兇方其殼軟其身厚其味甘美向出劉河口川沙之深沙中取之〻法必掘土三四尺以鉄鉤勾出其穴甚深聚穴而居故土人以沙裏勾名之但不能多得得之則以清水漂去肚中之沙以酒釀帶糟而生沃之置之瓶中封口藏之

此物出在嚴冬時候來春得佳釀而配食之其食之之法將沙裏勾一枚置杯中以熱酒冲之則張牙舞爪兩目直竪口吐黃油浮滿杯中取酒餘之殊屬鮮美一再冲而後嚼之僅存渣滓而已

按沙裏勾向出在劉口之南小川沙後忽遷於上海之川沙因托友覓來覺不類昔時之形與味矣細〔詢〕之知又往南遷在南滙縣之沿海沙灘因憶昔部康節先生登北直天〔津〕橋聞鵑鴂聲愀然曰凡天地之氣盛衰之理昆蟲禽獸往〻能先知之此聲惟江浙常有今忽聞於北地天下其將大亂歟或

問其故曰凡天地之氣自北而南者主太平之景自南而北者主亂離之象今南方鳥音忽在於此天道北行矣其能無亂乎今沙裏勾之日漸南遷其亦地氣使然居民世享太平之福者即此意也夫且海中之物多出於福山楊林新塘等口近年盛於劉口可知天地之氣自北而南人情亦自北而南宜上海之必將興發也

各色海鮮

鰣魚

一名惜鱗魚他處出者色青劉口出者微黄而肥大

河豚

春初出者為佳蘆葦生芽則有毒不可食矣其肺最佳有美名曰西施乳

麪條魚

形似麪條故名又名鱠殘淡緑色者佳

白魰

為無鱗魚美比河豚而無毒冬方有

着甲

又名黄甲一魚重有百斤者交夏方有

鰉魚

渾身金黄色一名首魚網是魚於内地打冰出海謂之冰鮮

車片

本名鯧魚以其形似車輪故曰車片身扁而圓骨軟而細大不過七八寸味甚鮮美為魚中上品出數甚少不能躭擱時日得之則必冰護好亦謂之冰鮮

鰣魚

鰣魚有數種曰刀鰣曰子鰣曰騷鰣曰小鰣俱出於劉河茜涇海口其刀鰣長可満尺色白如銀鱗細如錦金光耀目味甚鮮美而子鰣則似刀鰣而小満腹

皆子春末夏初散子之時浮於水面得之甚易其子
芭有美名曰螳螂肚曬乾封置可藏至冬月而食若
騷鱭則骨硬肉粗其味大遜惟小鱭則價廉物美除
頭去骨聶為膾做餅煎味亦異常凡此魚出即死半
日後便臭名謂火鮮

小白蝦

海口所出離水即死小而鮮價亦賤不能去遠亦劉
地獨得之品

以上各海鮮俱聚於劉地而蘇崑太鎮各小販必
須趕緊快船來往方可

二十九

国家出版基金项目
NATIONAL PUBLICATION FOUNDATION

海上絲綢之路文獻集成

總主編 陳支平 陳春聲

歷代史籍編

132

主編 范金民

海峽出版發行集團
THE STRAITS PUBLISHING & DISTRIBUTING GROUP
福建人民出版社

本册目次

劉河鎮紀略十四卷（卷一二至一四）

〔清〕金端表輯

石

劉河紀略

劉河鎮記畧第十二卷

劉湄金端表翼如氏輯

俗談

自古民風所尚每取徵於俗談茍事非謊誕則談言微中譏諷可托而風俗之澆樸人情之臧否於是乎見雖其言俚鄙或見笑於大方而意有可所存必見賞於雅俗是為記

海頭朝報

凡人得一奇聞而欲轉告於人人必先戲之曰爾又有海頭朝報耶此劉河人之口談而實出於旗杆下

之王氏蓋前明萬曆時王文肅公入閣理事告終養
家居朝廷凡有大事必降旨咨詢是國家之事督撫
未聞劉河先知人遂稱爲海頭朝報云後文肅公之
曾孫顓菴公於
國朝康熙時亦入閣告歸後凡
朝廷有
大典之頒各州縣未知而劉河人先曉人又有口號云
欲知朝内事先問海頭人
一錢如命
凡富人吝惜人必誚之曰是人真一錢如命也不知

此誤傳也人雖吝亦何至一錢如命耶蓋相傳有一貧士偶在城樓見地有一錢下城取之則一柿蒂復上城視之錢也遂細認其四旁復下取依然柿蒂復上城見一人過而拾之急下城借觀則真錢矣貧士歎曰一錢有命豈可强乎人以此言醒世之貪得者
能以爲一錢如命則謬矣

二形子話

凡人之言隨方逐圓似是而非者俗爲之二形子話劉河雖有此談而二形二字未知所出考縣志載前明正統元年東鄉生一人具男女二體可男可女其

二

陰陽二物亦無異常人名曰二形子人是以不實之
言爲之二形子諺云

阿留原剩阿留身

凡人富而復貧人每誚之曰阿留原剩阿留身向不
知阿留爲何如人偶閱菽園雜記明李時有張阿留
者貧無所倚賣身與周元素爲家僮長習繪事粉墨
濃淡適匀遂致豐富人有口號云太倉張阿留喫得
老淡喫得羞但其獃愚成性至老不改數年而家仍
廢復依周姓爲終老計因語人曰前生註定奴才命
阿留原剩阿留身遂相傳爲笑談

親兄弟明算賬

凡人與人往來銖錙必較則曰親兄弟明算賬此言謬矣蓋與外人交其銀錢必清必楚者恐傷廉惠耳至於手足銀錢田產何莫非祖宗父母之所遺若過於較量豈成其為弟兄乎是皆為俗談所誤不如改親兄弟無算賬之為佳

瞎撞

凡人愚昧不明事理得聲便走而不及致詳者謂之瞎撞偶閱太平廣記載瞎撞乃西北番獸之名形如黃鼠而大短喙無目性極狡猾晝伏夜出善聽人足聲

一聞人聲輒驚惶亂竄按劉河人瞎撞語氣酷肖此獸之形

畢鬍子上匾天理良心

凡人受屈於勢豪而無從申訴每語人曰畢鬍子上匾蓋隱藏下面天理良心四字在內其畢鬍子者雍正時人偉身大力不事生業以酒為命遇有背理不平之事則無論戚友必硬主其事人亦莫敢不依住城隍廟東房惟二間乾隆初年廟東火災延及戲樓畢鬍子負母以出寄於他所捨身上樓折去旁屋保全大殿後宮火熄後鄰屋俱成灰燼惟畢鬍子二間

不動於是畢鬍子上匾於殿中嵌大算盤一座上書
天理良心四字遂傳為美談

福伯伯喫車片話話而已

劉河人以語言虛誑有口無心者稱為福伯伯喫車片下隱話話而已四字謂其語言之不實也而福伯伯者雍正時人姓包號聲遠乳名福官年輕者咸以伯伯稱之其為人勤慎儉樸掙有數千金之業生一子愛口腹將家私食盡而死伯伯勤儉如故又掙千金復生一子與兄無異是以其家之烹飪人共羡之而伯伯又喜自誇每飯後人問之曰今日伯伯是何

美饌必曰亦無甚佳餚不過車片而已蓋劉河以是魚為上品每有人問答如必是及俟其飯而觀之則黃虀腐菜而已人遂有福伯伯喫車片話話而已之談云

江北找

借貸銀錢還時清未能反找足其數者謂之江北找此言因江北呂四劉條良而起劉行二江北人呼為劉阿二家無恒產帮人劃海蟄為生為人誠實帮傢夥並無身工以一九分貨為例劉積有二三年餘蟄數百擔借東家之船運往他處出售遇風飄泊問詢始知在浙

江洋面投行發賣以埶一斤換竹一竿滿蓋浙江之地多竹而吕四魚簖網斷枉枉必需遂獲利數十倍後就近至劉河口消貨人稱為劉二爹有人借其銀錢而未能清還則劉反找出以湊成數名曰江北找

借了一升還九合

借貸銀錢而不肯如數清還者謂之借子一升還九合下隱賴合巴三字耳此言出於王麟洲鳳洲弟兄打趣蝦蟇之説蓋蝦蟇俗稱為癩蛤把時二人方八九歲見庭前蝦蟇跳躍以各藏本相説一隱語鳳洲曰有米不肯糶無米偏要糶蓋蝦蟇初生於水有頭

有尾而獨無足及至化形上岸行跳則生足脫尾東鄉尾與米糴與跳字不同而音同故云麟洲應聲曰此所謂借了一升九合也合與蛤亦同音其意適合瀨杷（蛤）之名聞者奇其慧乃遂傳為美談

捕風捉影

憑空害人並無實據者俗談謂之捕風捉影而其實是言乃頌龍圖包公德政之言蓋龍圖之與民申冤理枉即風之吹影之動必捕捉以明之說載龍圖公案而今則以無端陷為捕風捉影不亦異乎

朱謹身測字衣冠濟楚

從前古道可風出行必具衣冠後世風漸薄即書禮之家亦以便服為脱俗有心者慨古道之日遠矣乾隆時有宋謹身者以測字為業常在天后宮法基之上適總督高公往崇明閲兵風阻未渡至天后宮拈香一時未備禮生無奈與宋先生商議先生素曉禮文諾之拈香畢大人見禮生無頂帶怪而問之答曰童生家貧無業以測字為生因大人駕臨暫充禮生大人笑曰禮文無失到也像个禮生着從人賞給禮生頂帶宋先生謝而受之自此先生每日必袍套頂帽坐於測字場中生意日隆於是人編口號云宋謹身

測字衣冠濟楚而人情輕薄見有衣冠而過者必笑之曰是又一宋謹身測字摹樣於是劉鎮相傳為口談　大人入廟拈香後順風揚帆而往閱兵田劉掛匾酬神自此共知　天后之神靈顯應文武員弁朔望無不竭誠敬謁而宋謹先生測字之場日盛矣

陸瞎子死爺無撞撞處

凡人胸無成見率意妄行而所如不遇者人必誚之曰好像陸瞎子死爺無撞撞處陸瞎子雍正間人住天法廟南目失明以算命為生父老性至孝得錢輒買酒肉供父心甚靈日行街巷井井有條忽一日見

其溺淋失據欲東之西人問曰爾今日何神魂之若失耶瞎子泣曰今日我父死矣心不能定矣人遂有陸瞎子死爺没撞撞處之談劉河人往往道之

方鬐子坐頭位罪不至此

古聖制禮範圍人心使異於禽獸而人遂因之不敢越追後禮失而文猶在故有以非禮爲禮者斯禮之遠於古也已甚然而禮在人心一言可見者則莫如俗談所謂方鬐子坐頭位罪不至此者是方鬐子者劉鎮之老龜也適有清白家喜事開筵方鬐子在座主人以其年老推坐首席方乃局促不安曰罪不至

七

此斯言流傳至今

陳崧生擇地死安生樂

國初時平定海疆兵民休息沿海有口號云生安死樂蓋久罹寇盜忽際太平不特生樂死亦安矣迨後昇平日久人情漸以擇地安葬為重事孜孜不倦竟以祖父之骸骨為致富致貴之具甚至有積數世而猶不入土者已入土而復遷葬者惑不滋甚哉劉河有陳崧生者業堪輿時勸人以速葬為第一請其擇地則曰死安生樂而已人遂有陳崧生擇地死安生樂之謗蓋祖父者人之枝葉根本也子孫者祖父之枝

葉也培其根本枝葉自然茂盛此天地之道也譬彼草木得土則生弗得則死人所共知至於祖父之柩則歷年經歲而不知安葬是豈昧於斯理哉其心蓋橫一富貴之念耳不知富貴在德不在地若其平生所為之事皆昧心背理而欲藉地師之神通祖父之骸骨為我富貴之由天下寧有是理乎則陳崧生之勸人速葬死安生樂之言其得此意也夫

六神無主

凡人遇大事苟內外人役安置不當往往事無頭緒人乃誚之曰六神無主俗雖有是言未必知六神究

係何神按漢中郎將蔡邕所撰獨斷一書載有六神之説一曰風伯神箕星也能興風一曰雨師神畢星也能興雨一曰明星神火星也漢祀神誌作靈星又為龍星號曰天田一曰社稷神社神共工氏之子曰句龍能平水土顓頊時舉為土正天下賴其功堯因祀以為社神稷神厲山氏之子曰柱能植百穀顓頊時舉為田正天下賴其功以稷為五穀之長因以稷名其神社稷二神其功相同故社稷同壇一曰先農神神農作耒耜教民稼穡少昊時置九農之官春扈氏導趣民耕種夏扈氏趣民芸除秋扈趣民收斂冬扈

氏趣民蓋藏棘扈氏掌人間百菓行扈氏晝為民驅鳥宵扈氏夜為民驅獸桑扈氏趣民養蠶老扈氏趣民收麥一日瘟疫神顓頊氏生三子而夭亾遂為疫鬼其一居江水為瘧一居若水為魍魎一居人宮室區隅善驚小鬼於是帝命方相氏黃金四目蒙以熊皮玄衣朱裳執戈揚楯常以歲終十二月從百隸及童兒以為儺以索宮中敺疫鬼也桃弧棘矢土鼓且射以赤丸五穀播灑之以除疾殃已而立桃人葦索儋牙虎神荼鬱壘以執之二神者海中有度朔山上有桃木蟠屈三千里東北有鬼門萬鬼所出入者

九

也命二神居其門主閱領諸鬼其最惡害人之鬼執以葦索以食虎故十二月歲終常以先臘之夜逐除之乃畫神荼鬱壘神像并懸掛葦索於門户以禦凶也

張先生走路上樑梯

劉河庠生張某者訓蒙里巷年七旬孜孜不倦家貧性儉自幼有目疾出入步行必戴眼鏡春夏則著白布單衫秋冬則頭戴濶邊大結子䌷秋帽身穿紫色布棉襖往來街市必昂其脛竭其鼻仰其目以兩手捧其臀匆匆然而前望望然而去足高氣揚有上樑

梯模様人問其起居則曰老布袄還是做親創的今天照常吃湯泡飯一茶盞塩豆三粒寒士之儉可風也惜乎當世輕薄口但以上樑梯稱之能無浩歎哉

劉河鎮記畧第十三卷

劉渭金端表翼如氏輯

奇事古今並誌

自來誕幻不經之事聖人所不語而生物不測天地亦示人以意外之奇此稗史中所時有而考古者未盡刪也我劉鎮地當海濱每有聞見出於意外者敢畧記數端以存奇跡

奇鳥

順治六年七月十四琅邪王氏坟於樹彈得一鳥高七尺餘人面鳥身

十

奇雞

十八年吴氏家雄雞生卵

奇牛

康熙十七年劉河城東沈姓家牛産一犢一身而二頭

還魂香

客座新聞載明永樂時劉河天妃宫後三世殿前有古槐一株上巢鸛鶴哺卵其中廟僧外出其行童取其卵置鍋中燒已熟而僧歸鸛鶴悲鳴不已怪問行童得取卵之情急命將卵仍置巢中亦非望其再生

但姑免悲鳴耳數日之後忽見二雛啾啾於巢穴未幾引而去僧命人探巢中得異木尺許香氣馥郁遂供於佛前後西洋倭國來貢船泊宫前入廟拈香見是木欲得之僧曰能起建後殿則與之倭使以五百金與僧許以後酬僧遂與之後復來入貢僧已去世其徒詢是木之名則曰還魂香也出大西洋聚窟洲係仙種不易得之物凡得香氣能使死者返魂無價之寶也

按山海經廣注載大荒之南有成山甘水出馬有不死之國不死之樹不死之草甘木即不死樹食之不

十一

老故蟣蠓集云瓊琬不死之芝玿岩返魂之樹還魂香疑即其樹枝也

小人國進貢

前明永樂時命太監鄭和於劉河口造十二道大蓬洋船率師二萬七千耀兵於西洋絕域於是西洋各國貢使絡繹於劉河口有小人國亦來進貢湯維禎紀事詩云鮫卵兼斤傳海上海人一尺立階前要江馬頭天下少春水如天即放船詩載鎮洋縣志考鮫魚卵出大西洋即魚子也每粒重有一二斤其魚之大可知矣考小人國在西北大荒朱衣元冠長尺七

寸最長者一尺獨自遊行常被海鶴所食出東方曼倩語故劉鎮以為奇事

奇遇

國初時劉河營把總王滄野者職司巡哨曾統領五舟出海三舟遇風抵一海島二舟未至因守風帶僕登岸閒步約二里見一殿宇宏壯廊柱俱以白石鐫蛟螭形歷階而上不見一人亦無神像至其後屋則石几石榻俱極工細四圍設寶玉珍玩仍無人跡滄野甚喜因取寶物數端以出甫回舟而颶風作與僕仍躍登岸抱一大樹而三舟已為虀粉舟中人無一

存者餓三日幾斃命幸後十二舟亦至得不死歸據老海師云所歷者龍宮也因取物攖龍怒故有碎舟之厄而其僕於衣内藏碧玉簫一枝竟無恙以為寶物事載枺餘補筆

狗異

前明萬曆五年劉河口岸有人鋤地深三尺許得狗四隻皆呦呦作小兒聲

又康熙十年七月茜涇兵家一狗站立作人言

按天以陰陽五行化生萬氣以成形人與草木禽獸原無二理惟人得天地清氣之純草木得天地濁氣

之純故順生畜類得天地清濁氣之雜而未純故橫生得清氣之純故心含於血氣之內發行於覆載之中耳司聽而目司視出言以明其心之理遊行於義理配三才而立極萬物中之至靈者也得濁氣之純故不識不知隨地力以生長資霜露以榮枯如松柏之蒼古者無冬無夏歷千秋而不改其色此萬物中之無知者也惟鳥獸昆蟲得清濁之餘氣雜而未純故橫行而不能立蓋得其偏未得其全於五行則得其一未得其五故耳耳雖能聽目雖能視亦知有配合之宜而心常渾渾惟知鳴吠不能達天地之理即或

能之而鸚鵡能言不離飛鳥猩猩能言不離走獸今狗能立作人言則得雜氣者變而為純不亦異乎

奇婢

雍正初官清民樂海晏河清惟盜賊尚未淨吾鄉富室某泛海經營為業家中惟一婢與主母共居其婢粗而有急智一夕盜入主母驚惶無措其婢蘭姐秉燭迎謂盜曰吾主母臥病勿驚金帛任取匙在此賊喜無阻遂開箱搬運蘭姐執燭照之賊飽欲而去明晨主母責其無能婢曰賊在吾掌握中矣金帛何足慮哉吾當照燭時已將燭油滴淋賊衣今認其衣而捕

之無逃也於是鳴官捕捉如其言而跡無一脫胥金帛完趙傳以為婢中之傑云

八卦臺

臺在劉河南岸海口閱兵臺前鎮洋縣馮公諱聖世所建馮公奉天府鑲紅旗人乾隆四十三年以舉人挑選補授仁厚愛民忠良為國詩書禮樂之文三教九流之術無不精通先是劉河最患秋汛風潮頃刻巨浪湧進人不及逃船不及避木棉禾稻所過傷害是以歷來涖鎮邑者於七月間必親至劉河至九月方回謂之守汛蓋潮災輕重恐下之稟報故必目睹情形

庶幾申詳無駁馮下車之後即慮及此於四十六年六月十八日風潮大發民死無算橋閘俱壞房屋倒者無數馮公到劉勘災除申詳請帑賑濟外即於是年冬築石臺於閱兵臺前以小石條六向東南接坤卦鎮之從此海沙日長海塘無傾倒之虞否則無論石塘土塘旋修旋倒費用浩繁築臺以後至今數十年風潮不大海塘不傾而劉口之泥沙從此塞滿矣亦一奇事也

攔門沙

劉口之攔門沙起於乾隆四十四五年間是時海舟

往來微覺礙駛後漸隆起人始知有攔門沙乃涌簽以便舟行至五十年後舟不能過必候潮長時往來幾疑劉口必成平陸抑自知自此以後沙亦如常嘉慶七年州憲康公開浚劉河清水奮勇衝出海潮不能上者三日劉河通暢攔門沙隱不期年而復起亦可謂奇矣

吐壽

鎮有蔡被表者開木行於新鎮乾隆五十六年有木客自川中來帶得奇鳥一隻口中能吐壽字余始聞特約二三知己至其家見此鳥大如母雞毛色斑斕

頭戴翠肉角環於兩耳其嘴爪翅膀與母雞無二其性馴而靜愛美色見衣五色衣者必吐壽字據木客云須靜候之竟有三四日而不得見其一吐者余二三人亦畧聞其説俱衣冠而至惟靜以覘之始聞其聲喙喙繼見其梳翎矣舒翅矣未幾見其頷下露絲線一條直貫腹下良久只見舉首一洒則變如椿斫其五色漸粗復用力一洒則圓如滿月大如團扇掛於胸前一硃紅壽字映於石青砂地之上色甚鮮明於是或步或舞其意甚樂觀者亦寂然無聲久之其頭一洒壽字仍如椿斫再洒仍如綵線仍梳翎舒翅遂

吐綬大鷄頷下祇能變化彩色謂為吐露壽字未免言之過甚

如常矣詢此鳥所自謂出四川之峨嵋山良不易得也

斯乃泰西雞亦鳥也[illegible]

韓瓶

劉河新鎮之南宋時韓蘄王世忠曾屯兵於此國初時鄉人鋤地得瓶戲以梅枝供其中則不獨開花且能結菓遂異之取視梅枝竟纍纍生根矣他木亦然蓋蘄王愛兵如手足雪天寒冷親斟(自置)酒瓶以賞軍士酒盡瓶棄河干海沙日積陷於泥中之者如獲寶焉

火中雞

嘉慶七年十二月初一日劉鎮大火災東至鎮海關西至中津橋南至老浮橋北至仁和當房三更起火至明午方熄因在市中一鎮皆恐火熄後忽於瓦礫場中聞雞鳴聲人咸異之好事者扒開煙燼循其聲而尋之見有雞棚一座在墻脚下房屋倒時被半截破牆架住一無傷害開棚則雌雄兩雞安棲其內並不知此外之已成火海也共以為天賜餘生遂送至蘇州西園放生事亦奇矣而更有奇者太倉州橋西大街貨衖口南貨鋪一家大小七口俱燒為灰燼附記之

可活此之謂也○火起前一日有成衣某夜歸道經火街橋時已三鼓路無一人去周姓門首數十步遥見有緑衣黑衣二人靠門而立又有一青衣人跪其前若懇求狀三人俱前朝服色某見之大驚急從别路去越日而火起○日間周姓之妻適從外家歸其在母家已廿餘日矣父母勸其再住幾日竟不從而歸罹於難○其歸也父母命一老嫗送之出門數步忽腹中大痛急返得免於難○周有店夥某解衣就寢忽聞叩門聲啟户視之無人回身而内火已發狂奔得免○火起之後周某逃至後門大呼救命有小

十八

舟急棹而前忽見火毬從空而下將後岸水橋打斷一石飛至船小舟急退而周某已满身着火矣○火起後文武官及一切救火者俱至隔岸望見樓窓口男女五六人痛哭呼救衆亦無計可施有顧阿狗者素以肩輿為業立橋上將撓鈎搭在屋角一躍而上從窓口拖一人欲與俱下不防失足同落河中衆急救起幸俱未死而所救之人一足已斷其人乃周之寡嬸也○數前年周娶妻之夜忽從睡夢中大呼而起合家大驚詢之則云但見火光燭天而已焚如之慘已兆於此

鱟

鱟者虹也俗稱為鱟嘉慶七年秋午後雨過於天后宮金鈎河基起鱟凡往來於此及兩旁店鋪皆成五彩之形人亦不自知也彼此互問不覺己身之亦成五彩急趨上浮橋望之但見廟東結成紅綠之光至新閘遠望則長虹環繞於鎮矣詩經註云日與雨交倏然成形乃天地之淫氣也考字義又為魚類查是魚善淫雌常負雄以行長五六尺形似蟹雖大風不能

解

按鱟之一物出在南方於浙江寧波沿海為最多民間

十九

取而食之其形似團魚而十二足其足如蟹尾長於身骨而肉少背有九宮八卦紋形如龜殼大者五六尺人不敢食小者七八寸可以取食味甚鮮有打爛和鹽而晒者謂之鱟醬更為鮮美但興陽大熱之性不敢多食殺之其血綠有冲於酒中飲者若獲之必雙如蛤蚧狀单行者少有在海中交者亦有在沿海浮土中交者雷雨一過淫性大發淫氣貫天日光斜照變為五彩此大者之所以人不敢食也猶之雷州之雷雞人亦取食雷雨一過雷雞即從地而生遍地飛走人取而食之七日之後不敢食矣

朱景山吹弹打唱

浙江有朱景山者能以一人而兼吹弹打唱之技余未之信嘉慶八年春其人至劉於清河軒茶肆中賣技始而觀者數十人繼而盈百於卒也擁擠若市余從牆外聽之如敘數人於一室中各呈其技因給肆中值入而細觀見其運用心機於手口膝腿之上不疾不徐從容合度其音韻之和有不期然而然之妙於以歎人之心思特患不專耳苟能致志則天下何事不可造至精至妙之境哉使其任權衡之重當機變之地其調處之宜必有可觀惜乎其所為者小技

二十

銀杏樹仙草

友人在普陀山採得牙牌草無錫山中亦有須見之其名未詳紀此之也

嘉慶十三年秋忽有人持香燭至茜涇嶽廟求仙草者廟僧不解其故曰仙草何在其人曰在銀杏樹上於是使人梯而上尋至東南最高枝上見有異草焉取下視之似薺菜圓葉而小每葉上有牙牌點或么二么三四六五六天地人和等不一葉面有點葉底透明每棵六七葉白點綠葉色甚鮮明問其人問何以知之則曰病人夢中神明指示後又有人至而求者遂傳為茜涇銀杏樹仙草能以治病後求者益多皆婁塘羅店之人但其樹甚高取之極難僧人支木

架盡取下來求者若市不二月而草盡事亦奇矣然揆其理諒鳥啣草種遺於樹上得雨露之氣而生耳但不知求者究何所知而來

雞異

嘉慶十九年春余之表弟吳崐發家畜二母雞每日哺產蛋二枚習以為常忽一日一雌者啣一雌者之首接尾而交如是數次明日仍有二蛋而交如故咸欲殺之余止之曰殺之無益聞古有雌化為雄之說不如留之後亦無事偶閱鈕玉樵事觚載康熙丙辰年有吳江孫靜菴先生過荊州聞有女化為男之事其

家姓黃為鄉塾師老而鰥矣有一女慧甚隨父讀書年十四自繡白衣大士懸閨中供奉一夕夢大士語之曰汝父好善固宜有子奈老矣即命汝為之啖以紅丸下嚥覺一道熱氣直達下體迷眩者七日起則化為男矣但此女已許同里譚姓往告之譚不信訟於官質驗果真乃息訟從此觀者雲集靜菴先生作詩以贈之曰夢中多變化多奇創紅顏忽作男兒相卸却羅衫蝴蝶裙博帶寬衣相揖讓見客低頭尚認羞珠環小髻烏蠻樣

鴨異

劉河新鎮有汪姓者開南貨鋪店號萬和偶買雌鴨兩隻殺其一而留其一明日生一蛋汪喜後日窠中見二蛋異之自此以後日生五枚十日以之後則生七枚矣一日開棚見有二十三枚其鴨飛至屋上一家驚訝而鴨竟向西南方飛去矣遥望之高入雲霄漸漸不見此嘉慶七年事也後其家亦平安無事至今今有汪永（湧）者尚守其業子孫亦綿延云

黿異

劉河自新閘至老浮橋河面原有二十餘丈老浮橋至軍工廠有三十餘丈嘉慶十八年開浚劉河打壩

於軍工廠諭令照十一大開挑反將兩岸填出二十餘丈以致大河變為小港忽於十九年六月有鼉結隊而進夜於浮橋口浮水玩月兩岸日漸坍圮咸喜以為河通之兆蓋前明洪武明大江淤塞忽有鼉將兩岸搜挾遂成澤國反為民害太祖惡之明時呼鼉為猪婆龍猪與朱同音而太祖諱元又與黿同音朝廷避諱令人於江中捕鼉務須淨盡有一老鼉衆力掣不起老漁翁曰此四足爬土得力耳乃覓穿底大甕貫緍以猪肝為餌而釣之則足爬於甕滑而無力隨緍而起此患始絶今劉河有此深可卜矣豈知聞

門關閉鼃不能進於閘外兩月餘將泥沙爬挾俱沖入海八月初大汛鼃遂（隨）潮而去是以今之閘外尚為深通而閘內幾成平陸矣

按拾遺記載禹濟巨海鼃為架梁

古今註曰鼃一名河伯使者其形窮脊而連脇其勢據洲渚而擊奔流具跚然之質隨日以行鼃力水底能走故能通河

陶鵝

博物志載一名淘河其形似鵝而大則倍之能飛能走能伏水底數日不食頷下有肉瘤藏魚以備食性

善居水日於水底覓魚以食是以河中有此河必深通故名曰淘河然未易遘也嘉慶二十年五月十一日營兵見而以鳥鎗斃之懸魚市以售人亦未之或識朱衛軒先生見而歎曰淘河也是固有功於河道者也何為至於死哉歸而述於余余遂記之

海潮考

劉河之一日兩潮萬民因之利用商賈因之厚生
國課因之豐富而問其來往之處則概不知也考之古書則曰其漲落隨月之盈虛以為度究莫知其來何所去何方何以時刻之不誤也余心久異之適乾隆

三十九年寓蘇郡晤東洋船之耆舵談及海潮一事余因詢其海船出口往東南行者吾知其至浙閩臺灣之地往東北行者吾知其至奉東遼瀋之區從未聞有正東於於放行之路此何以故耆舵曰凡走洋而者皆認山認土而行極南西洋極北遼海俱可循行計日而至惟正東大溜船不能行蓋大溜如人身之血海衆水之所歸也人身有呼吸天地亦有呼吸人身呼吸血即隨氣流行於四肢百骸天地呼吸水即隨氣流行於東西南北大溜者天地呼吸之機也呼則潮長吸則潮是以雖隔百千萬里百千萬載而

認山認土者蓋祇循海岸而行耳

二三四

潮水之長落不失其時者乃天地氣機使之然也旁
一人又問曰爾其知大溜之遠近乎曰不知也就其
大畧而約計之總以億萬計蓋最遠者為大西洋與
中國日月異路寒暑異時在中國之西南其次遼海
在中國之東北再其次則東洋在中國之東南然而
舟行（是說往東洋）日期往返必隔數年非遠於西洋遼海避大溜
遠道而行也夫大溜在天地之東南故往東洋者必
於臺灣嘴添水米放船定西南針逢島收針候風再
往西行約遠過大溜然後東行無山可望無沙可點
將至東洋界又有山焉是以三年五載常飄於大洋

而不得歸者為此故也或又問曰爾既老於海洋何不一試其遠近乎曰不敢試也非惟大滬不敢試即大滬之邊際亦不敢試也所以東洋大船往往數十年無音信者皆誤由大滬邊際捲入其中耳余聞之未敢全信聊記其說以備博物者之參考焉

海沙雲

其雲起於夏末秋初黎明時日猶未上此雲先升於東海上如萬山重疊黑如鍋底勢若猛獸怪狀奇形難以言喻至日光漸起則四邊為五彩紅黄之色燦爛如錦日已高色漸微仍沉於海則是年東鄉可卜

豐稔若日光未起先有黑色如人首壁立而起日高時奔騰如駿馬布散滿天成黄沙色者謂之海和尚是年必有風潮之患此皆天地之氣災祥之先見者也

小兒異

鎮有李中和者住南街帮夥於醃臘行歲底收賬路過南檀樹坟見一嬰兒坐於坟旁年約週歲見中和而笑因無子抱以歸夫婦撫養有人問及答為己子但不甚言語偶出一言人多不解飲食之外惟默坐而已將十歲時指牆東曰是家將失火既而東鄰果

起火人雖驚惶却無大害忽一日又指西鄰曰此家亦將火矣其言亦驗父母喜其心靈而鄰之人則以為拾得之子出言不利不許其住南街遂遷居於新浮橋東豈知此子癲言怪語更甚於前且言無不應鄰又惡之父母亦疑之中和有至親陳孝思者素奉正一教持齋禮斗聞有此事私向中和曰此子必有邪魅附身何不請法師驅之中和首肯遂設醮壇於家其子曰兒非魅也豈道法所能驅逐恐觸神怒必有天譴既而空中飛磚打瓦燈燭俱滅道衆奔逃而其子安坐如故乃告父母曰兒飯緣已滿承父母撫

養之恩無從報荅兒將遊行四方此處不可留矣遂拜别而去後去南翔白鶴寺中披剃爲僧亦因言語狂惑爲寺鄰所逐復至劉河中和夫婦已死李姓無人棲身於浪息菴菴中並無僧道亦不知其食從何來此乾隆五十年間事也後因事多怪異又被鄉人所逐從此一去踪跡終杳矣

颶風

颶風之發各口皆有惟吾劉河口爲更甚何也劉河之口向東而偏北者也東北大海黄河長江出口之水俱滙流於此東北風一起將二水之勢折向西南

奔騰而來而海潮之入由東南而來中間恰有崇明之隔二水衝激彙湧進口風助水勢水趁風威此何如其猛勁哉故東南風無害也正東風亦無害也所最可患者東北風耳

按風之為物並無形質乃天地之象氣而獨猛於秋者何也蓋天地之氣四時不同春氣舒展故風和夏氣發生故風熱秋氣收斂故風肅冬氣閉藏故風冽春與夏交舒展必發生順也秋與冬交收斂必閉藏亦順也即冬與春交閉藏久而忽得舒展其氣更順惟夏與秋交發生正盛之時而忽來收斂之氣其激

而成颶也宜矣至深秋時則收斂之氣已凝發生之氣全消而其風自息矣

按山海經云極東大荒之中有山名曰鞠陵山有神人名曰析丹司風之出入我劉河在東南盡地而東極在東北故東北風來勢必猛西北亦有山在闢展之東兩山對峙其風自西北氷山雪海而來故其風冷亦皆天地之氣也

附錄蘇文忠公颶風賦

仲氛之夕客有扣門指雲物而告余曰海氣甚惡非祲非祥斷霓飲海而北指赤雲夾日而南翔此颶風

之漸也予盡備之語未卒庭户肅然槁葉蔌蔌驚烏疾呼怖獸辟易忽野馬之決驟矯退飛之六鷁襲土囊而暴怒掠衆竅之叱吸予乃入室而坐歛袵變色客曰未也此颶風之先驅爾少焉排户破扉殞瓦擗屋礧擊巨石揉折喬木勢翻渤澥響振坤軸疑屏翳之赫怒執陽侯而將戮鼓十尺之濤瀾襄百仞之陵谷呑泥沙於一卷落崩崖於再觸列萬馬而並驚會千車而爭逐虎豹讋駭鯨鯢奔蹙類鉅鹿之戰殷聲呼而動地似昆陽之役舉百萬於一覆予亦為之股慄毛聳索氣側足夜拊榻而九徙盡命遍而三卜蓋

廿九

三日而後息也父老來唁酒漿羅列勞來僮僕懼定而悦理草木之既偃葺軒檻之已折補茅茨之罅漏塞牆垣之頹闕已而山林寂然海波不興動者自止鳴者自停湛天宇之蒼蒼流孤月之熒熒忽悟且歎莫知所營鳴呼小大出於相形憂喜因於所遇昔之飄然者若為巨那吹萬不同果足佈耶蟻之緣也噓則墜蚋之集也呵則舉夫噓呵曾不足以振物而施之二蟲則甚懼鵬水擊而三千摶扶搖而九萬彼視吾之惴慄亦爾女之相莞均大塊之噫氣奚巨細之足辨陋耳目之不廣為外物之所變且夫萬象起滅衆

怪耀眩求髣髴於過目視空中之飛電則向之所謂可懼者實耶虛耶惜吾知之晚也

筆

顥

劉河紀略

劉河鎮記畧第十四卷

劉渭金端表翼如氏輯

宦蹟

古聖王之治天下也股肱耳目各有攸司凡察民情而禦民患者惟有司與守令實深賴之蓋親民之官莫近於郡守邑令董仲舒曰郡守者民之師帥也邑令者民之父母也然而簿書錢穀頭緒紛繁必得監司守巡以佐理之然後纖悉民情明如燭照矣故治天下者賴股肱耳目之休明而治郡邑者亦賴股肱耳目之休明我劉鎮僻在海隅實為要地賴有佐理

一

守禦之賢能得以物阜民康用敢畧舉文武之宦蹟而志之

海防分州

海防廳之署本在茜涇原屬蘇州府該管

國朝康熙六年劉河營兵馬移駐茜涇雍正二年分縣以後陞太倉為直隸州統轄嘉崇鎮寶四邑遂改為海防分州亦兼理四邑事宜非孝廉方正才幹明敏者難堪此任所以重佐理而慎邊防也故莅斯任者常周行四邑以稽察非常而茜涇之署幾同虛設矣後亦傾廢常借劉河小臺灣街之現空民房以為公館

與海口更近矣

魯公諱起忌其里居康熙六年來涖此任精察勤慎時劉河營初移茜涇魯稟命各上憲請將公項銀買王日新住宅數十畝改建遊擊公署並中軍守府署上憲察其能保舉陞任而去

商公諱奕銓字右衡紹興人由監生考授海防同知時尚未分縣仍屬蘇州府轄公年英膽壯久善稽察康熙四十六年有妖僧一念等倡亂城中有市獪錢保陸申等約為内應謡言欲先據太倉城進蘇城達江寧以圖大事州守李公颺廷聞之大驚公乃入城

二

慰之一面令城中提備一面親率丁壯先於黑夜擒獲錢保陸申一念逃脫獲其簿籍復擒其頭目四十八人盡誅之而因簿籍内所關甚大焚之餘黨不問明年又獲一念亦伏誅而商公落職矣羈太倉者數十年貧不能自給至乾隆元年奉

恩旨大赦得收拾旋里

夏公諱扶雲號需堂湖北孝感縣人乙卯舉人乾隆二十五年題授海防分州駐扎茜涇理事井井有條陞任而去

郭公諱禺湖北德安府安陸縣人癸酉孝廉乾隆四

十年選授海防分州是時茜涇公署雖存而公朔望必至劉鎮城隍廟中聚集兵民上供

萬壽龍牌宣講

聖諭擇鄉閭之年高有德者酌之以酒市中之行兇强横者責之以板民心大悦在任七年清風兩袖後陞去

萬民具衣傘遠送依依不忍舍焉

張公諱炳南山東嶧縣人戊申孝廉原任元和縣知縣於嘉慶十年六月題陞海防分州公精明水利練達事宜勤政愛民靡所不至時正大劉河新浚公見兩岸筲斷羅列諭令除去毋阻上流清水鄉民云上

三

房有費不肯撤去捕魚自若公即入城面稟州憲乃
出差驅除淨盡從此海口攔門沙亦被衝去民皆感之
蓋河之害莫甚於簹簖築土墩於兩岸簽大竹於中
流魚至此而不前水至此而難流沙至此而即淀此
張采水利論嚴立五禁中之至要者也再有衙役之弊
凡一切審斷詞訟役吏跕立兩旁竟敢妄談曲直而
初任者每以地脈生疎口音難辨藉役吏為耳目公
則不然遇有書吏在旁多口則站起而言曰你來可
乎於是堂規頓肅向例分州到任必周行四邑訪察
輿情第四邑民風不一鎮邑淳謹而尚文嘉邑善訟

而尚智實邑好義而尚勇惟崇邑越在海外恃强好訟不惜身家恃强則遇事必爭好訟則連結不解不惜身家則役吏因之射利故崇邑之風堂上之佐則為佐貳佐貳之下則為吏役一有事端吏役不能解紛然稟明堂上而佐貳則必候堂上發下然後經理是以吏役之權反重於佐貳公悉知其弊周行至崇提積年舊案不數日盡斷內有吏役從中阻撓者重責而深懲之民皆大悦蓋崇吏役各具富厚身家事權甚重凡有是非以錢為尚故久無杖責吏役之風不意張公鉄面無私三邑聞知亦皆震怖至于嚴查海船

四

之出入禁止賭博之刁風種種善跡不可枚舉茲特撮
其大要云爾

甘草司巡檢

舊志載巡檢有二一駐茜涇之甘草鎮楊林寨一駐
劉家河之劉河寨明末時廢劉河巡檢
國朝開海以後即將甘草鎮之巡檢移駐劉河故曰甘草
司巡檢屬太倉州分司至今搢紳全書切註太倉州
名下仍其舊也
沈公諱琦浙江仁和縣人雍正十年奉憲委查劉河
海口住俞家樓飯舖即今之蔣家樓是也一人一騎

謙恭折節時有富室某以蹄酒餽送却之某再三申
意公問人曰未知可受否衆皆勸受乃受下簧矣在
二十餘年告病歸惟清風兩袖而已
許公諱六息浙江山陰縣人時劉鎮初盛奉憲委不
必至甘草鎮即於劉河接篆任事租還環洞橋南境
民房為公館凡有訟事即於城隍廟坐審往來小橋
從只二人公身偉力大善於治賊雖黑夜猶在委巷往
來在任數年民可夜不閉户後陞去
翁公諱潮浙江仁和縣人時鎮正盛衙事繁雜遂借
積穀倉房為公館商民議建財神廟公為領袖且上匾

五

於殿曰錫福海疆其為人取與不苟得罪於州憲公差
被參而去
王公諱兆棠浙江錢塘縣人才幹有餘非佐雜度量
後官至常熟粮道陞授江南布政報陞江西巡撫年
衰未之任而卒
張公諱纘祖山西定襄縣人於乾隆三十三年選授
時劉鎮大盛賢愚不等事端浩繁因稟命於州憲懇
請軍牢二名以助威彈壓巡司之有軍牢自張公始
在任數年丁艱而去
施公諱元灝浙江仁和縣人有才畧恫民乾時大判河

淤淺公一力主浚瀏漕民咸感之於海口獲得大盜解

郡督撫崇摺保奏奉

旨引見陞授如皋知縣鎮之民為之上額曰惠〻

青

施公諱錦文號益堂於乾隆四十六年選授文雅風流樂與文人學士交銀錢取與不苟一切酗酒無賴之徒咸為斂跡

袁公諱廖與四川文川縣人廩貢生選授是時劉鎮極盛巡司行徑幾與憲員無異改積穀倉為衙門麾蓋旗鑼日遊街市致民有袁壁虎之稱乾隆五十九年死署中其子與妾先載金銀財物意欲進蘇安置

為扶柩回鄉之計夜登舟忽起大風船翻闔口子淹死而財物傾覆妾改嫁而棺木未歸本州鰲公為之葬於鎮之北原潞漕河東立石曰劉河鎮甘草司巡檢袁廖興之墓

曾公諱浩號蘊山江西長寧人廩貢生嘉慶十九年十月蒞任閱各河淤塞諭民以開河為要時旱災入城面稟縣尊云大劉河

欽工未敢草率請以朱涇先浚堂工許之即　辦乃親蒞河干恩威並施又慮海沙壅積遂　浦口壩阻渾俟需水之時開壩放潮其為民為

國之心實有足嘉者
魏公諱邦曾號春煦湖南寶慶府邵陽[illegible]一歲貢生
例授縣丞分發江蘇在轅候補者十有[illegible]公古道
端方不近時趨曾署松江之華亭縣上海黃浦巡檢
嘉定之三界司巡檢皆有政聲嘉慶二十四年春曾
公解餉入都公奉憲署斯任蒞任之後即於郡廟中
宣講
聖諭以厚民風公餘之暇又邀請闔鎮生童於公館中會
課設席欵留以勵士子後復於一鄉善士廬常設會
課公所一月兩期源〻不絕此誠歷任佐貳之所未

有而況暫為署事者乎吾劉鎮自各河淤塞之後文風大衰久少芹香比年來連綿不絶皆賴公勸勵之功也時有忤逆子陸某夫婦皆不孝而父又溺愛其子公訪知之適於途中見其子與人口角公帶回署以大板責之其父聞之急來求恕公曰爾子不孝皆爾縱成令跪其旁以視責滿杖而舍之其子歸乃改善不敢如前公署理五月而曾公回任臨行鎮之生監衿耆設祖帳餞於西郊各以詩章送別　以有二律云

借寇無緣最繫思送君難似識君時官能儒雅來

嫌晚政在和去望遲兩岸祥風回禾黍一江秋水
照睽離連朝霖雨隨車遠剩有棠陰　詩
使君才調本清醇到處能扶大雅輪　誄士定
修循吏傳化民原藉書人肯嫌地僻難遊宦共喜
官廉不厭貧何日卿雲欣再覩旌旗紅照海東春
詩章甚多不能備録

劉河營

按舊志載劉河一鎮為江南七郡鎖鑰東南沿海要區宋元之世設水軍户府統領水陸大兵鎮守明時改設太倉鎮海二衛太倉衛鎮守太倉鎮海衛鎮守劉

河
國朝順治初以副將領兵駐後改遊擊康熙時剿除海寇掃淨島匪開禁通商招徠遠賈設鎮海關於劉口以盤詰奸宄移鎮海衛與太倉衛兵為護衛漕粮內運之用而劉口專以遊擊鎮守其太倉城守亦由遊擊撥用從此河清海晏
國富兵强沿海居民得享太平之福矣

遊擊
高公諱必昌智勇兼備恩威並施順治　領水陸官兵鎮守劉河海口時

國事初開疆多故而高公以靜鎮處之值海盜鄭芝龍反破鎮江城進圍南京被崇明鎮梁化鳳敗盜即回圍崇明時沿海數百里皆盜艘出沒公設備靜守不動聲色而盜不敢西顧民有泰山之安誠社稷臣也民感其德為之塑像立廟於茜涇春秋祭之

蔣公諱飛鵬山東人武進士出身授江南劉河營遊擊值乾隆十二年潮災民死無算各路搶劫時撫軍安公諱寧滿州欲以威畏飢民將激變端有生員蔡煥監生閔仍宗首倡滋事將謀不規而公委曲安撫諭以大義將二人通詳大憲定以乘災搶劫之案革

九

去頂帶從寬治之民心稍於是制軍親自到劉遍問
諸父老涕泣而慰諭之民心大定督撫嵩摺
上聞保舉將公卓異以水浸堪虞才能撫衆奏
旨引見遂不次飛陞而去
張公諱樹穀愛兵民好文學勤騎射雖冬夏不輟嘗
於烈石中演武遂捐資於場之四圍徧植榆柳使軍
得以蔭息又建池亭於署之後院射圃荷蕩中集文人
結社吟詩聘請孝廉倪自山訓其子弟自此春夏讀
書秋冬講武英風雅量公能兼之於任陞南路參
將未之任而卒有陶宗亮號淡人重過也亭觀荷有

感用倪自山韻七律一首云　綸巾羽扇延

英氣全消大樹枝至今風雅總堪思

三益玉潤冰清凜四知宿雨難乾荒草淚好花空

負故人期海邦剩有招陪客猶說將軍橫槊時

色公諱克圖滿州鑲藍旗人向隨大將軍阿公征緬

甸金川屢次得公時臺灣有事海盜正多所以於乾

隆五十八年着色公為遊擊以鎮守海口公待兵以

禮愛民如子有先朱衡軒頌色公詩五首今錄其一

云

閫府勳名重海東當時束髮已從戎鉄衣光冷中

天月筆策聲喧大漠風塞上十年頭盡白匣中三
尺血猶紅笑他裘馬翩翩者那識人間百戰功
尹公諱安國於嘉慶十九年由廣東協鎮調任劉河
營遊擊公原籍松江府人素悉水利事宜是年適值
大旱蒙折柬邀議水利事因就鄙見作浚河論二篇
以呈深相契合遂備文移會縣尊請其出詳上憲先
開瀏漕蕩涇奈中有阻撓不果後民間私開朱涇瀏
漕陸窑蕩涇未能如式公深憂之果不二年而仍如
平陸至道光二年冬公即籌議新塘瀉
州縣懇情准辦於三年春季開挑夏初淫雨溝澮皆

盈交秋江水泛漲渰沒四十七州縣民死無算莊稻全無飢民載而劉河茜涇被災稍考皆[illegible]焉民感惠為掛匾於大堂曰惠澤長流至於軍政之嚴肅防禦之慎密亦無不井井有條

守備葛公諱經邦字翰廷號曉蘭南通州人甲寅科武孝廉劉河營千總保陞守備署理守府事少年登科具文武文之才挾英豪之氣前程正未可量又酷好吟詩廣交騷客於陶淡人齊中結詩社遇公餘之暇必邀知己數人擘箋嘯詠為永日之歡今詩已成集不須細贅聊録與陶淡人唱和之作亦想見

十一

盛世昇平風厚官〔閲〕樂之意云爾

陶淡人九秋領餞葛公之江盄

來往雲霄路馳驅馬首忙今朝傾一醉客裏過重陽秋冷寒衣備宵征旅夢長吴江楓葉好對菊話山莊

葛公和韻

同是清吟客君閑我獨忙床頭題落葉馬背送斜陽笋束新詩富雲深去路長今秋重九日難就菊花莊

江盄客中懷陶淡人

匹馬行將去崎嶇路不窮秋中知己別客裏故人
同（垂吳淞寓遇家鄉故人故云）落日九峯暮秋江一雁空、　悵罳識戕
俱道信天翁
緣何分袂後孤館倍情牽夜雨喧難夢雞窗寂似
禪裁詩劈繭紙沽酒解囊錢正值開懷處偏教塵
事纏
南北踪無定如川晝夜流舟車常更換水陸不停
留偷得忙中趣渾忘客裏愁晚來秋色好遥映白
蘋洲
六載江南道龍門數問津船頭閒索句馬背倦懷

十二

人風景他鄉好交情此地真歸鞍鞭更着急欲奮飛身

附善後事宜四則

一籌劉河鎮河道

我劉鎮以大小劉河為腸胃以各支河為血脈以養生靈而活民上以完國課下以利農田今閘門關閉大劉河已無望矣而小劉河壩斷來龍各支河淤成平陸其受病之深扁盧束手然坐而待斃不如竭力調治之為善、醫多意雜未免診視之失宜余不揣愚昧靜夜細聊述數言録

呈

諸大人先生水鑒

我太屬地形北高南下故西來之水南瀉者多至劉河為更甚蓋劉河北岸自漢唐以來久稱老岸南岸之地俱屬新漲沙灘其低益甚而議者以開石家塘為便則失其地勢矣蓋沿海之河全憑上流清水以衝刷浮沙尚以力弱為慮必勤開濬而後可若石家塘何有衝刷浮沙之力耶況地分兩邑貫大爭歧人心各異鎮邑則利其開通嘉邑則望其淤塞緣上流清水自太倉至嘉定已分為二一則穿城直瀉吳淞

十三

一則由城濠環東轉北以歸石家塘勢緩而水少嘉邑人心惟望石家塘口塞絕則可蓄清水以為灌溉之資若開通之則海沙灌入即城內之河且有漸滿之虞是用力以開河者適所以自害矣此所謂人心各異也鄙意以為宜於石家塘口壩住以阻渾潮而以南北新涇着意開通蓄清水以行舟楫以運米粮亦劉鎮救死之一策然於血脈流通之道猶未合也惟有小劉朱涇者本係

國朝統一寰宇第一當開之水河身全在鎮[illegible]省而

是河誠顧士璉先生所云選方形內可以利農田

為成例則衙門使費可稍省至于環洞橋口壩牐、
案是河原係奉
旨發
帑開鑿之河潘縣尊見水勢之急不過暫為壩阻之
計今內河淤塞若此懇情上憲將
欽工河道循例開通諒無不准之理誠、能如是則胃氣
通而血脉流病可漸蘇矣未諳識
諸君子以為何如
再
查寶山之薀草浜係田間蓄水之河其外口於康熙

二十四年開海通商時將吴港橋口壩住以防小船偷漏之弊後於乾隆時旱災需水鄉農具呈撤去土壩以引海水灌田不數年間已衝成大口其地不接西南之水全憑西北之水以衝通者也蓋嘉慶初年吴淞江自黄渡口以西塞成平陸西南之水截而為二於是太湖南北條之水由泖澱諸河入黄浦吴淞口以出海而婁江之水自六渡橋以東亦成平陸故太湖北條之水由婁江太倉城南張涇之江交鹽鉄等港入黄渡江栅橋二口歸吴淞江以出海迨十年之後黄渡江栅二口俱塞水無所往於是西北

而使紆回曲折越二百餘里而後瀉歸大海哉比余所以日夜思維歎息而痛恨者也余閱世六世十餘年矣今目瞶耳聾無所用矣惟望後起英才斟酌盡善而行則我劉幸甚敢筆而記之以公同好

一籌茜涇河道

我劉地之要害有三曰劉河鎮劉河口劉河營三者相依唇齒名雖異而實則一皆為東南之保障蘇郡之屏藩也劉河口通商賈劉河鎮豐

國課劉河營備不虞今劉口之商賈已絶劉鎮之稅課已

十七

無惟劉河營之備其制猶遵然地理之宜必須預為籌畫如茜涇城中之水是矣蓋水者如人身之血脈也無一處不宜通暢者也茜涇之地四水回環東有新塘西有唐涇南有滷漕北有六里塘俱彙於北寺前平橋港是時紳富羅列如林自築城以後將各水阻截因而富室田地散而歸鄉城中貧如洗矣幸四水環城秀氣未絕是以滷漕通則孝廉舉滷漕塞則泮芹絕此歷來之驗衆所共知也蓋巽方來水為文明之氣城中聚水為財富之源余於嘉慶七年家遭故附居茜涇之茅家衖井深一丈四五尺而無水各

路河底盡裂心甚慼之周視四隅若此者多蓋此土厚潮不能入每大汛潮水進城海沙灌積有入無去以致如此為今之計宜將城中河開挖通連使之一氣相貫更加闊深三座水門外築閘以壩水使初一二三十五六七每月六日大汛放水滿積河中其沙一淀即清則每月有二十四日之清水滋養此城矣如此則活水環于外靜水積于中財秀之生自有不期然而然之致蓋城之衰衰於調處之失宜也是以文則一榜武則三品富則萬金未嘗有缺所缺者水夫以三里之城而回環有五里之水以養則氣自足

六

矣氣足而不發者未之有也在當日之築此城原相度地勢大費經營不料後人之怠惰而至于此也譬之人身實病難醫今茜涇之病非實病也不過在睡夢之中壓其手則手木壓足則足木耳及至醒來血脈流通則一無所病矣茜涇之衰病亦猶是但恐一睡不醒則營中之軍裝器械火藥鎗炮俱在城中而竟無水濟倘有疎虞艱長何及豈不大可慮哉而或曰茜城民窮財盡無力開挑此言亦未之思耳夫城中兵民雜處其所以開河蓄水者不獨為民計亦以為兵計為

國計也食
朝廷之糧耕
朝廷之田彼此各宜盡力若徒諉之曰河道之淤塞數
也百姓之窮若（苦）命也但知食祿
皇家而此外一無與焉豈理也哉况城池為
朝廷謹守之地有縣令以守者事宜縣令任之有主將
以守者主將任之有分防佐理者分防佐理亦宜分
任之三者各無推諉昔制府李公名衛未達時嘗與
一羽士渡江中流遇風舟將覆羽士作法救之公拜
謝羽士曰貴人得遇我相救數也命也又何謝焉公

十九

又拜曰吾領師此訓終身安命矣羽士曰是又不盡
然一身之窮達當安命至于
國計民生之利害不可言命天地之生人才
朝廷之設官爵皆所以補救氣數者也身握事權求于
而委之曰命天地何必生此人才
朝廷何必設此官爵予晨門曰是知其不可而為之者
諸葛武侯曰鞠躬盡瘁死而後已此聖賢立命之學
公其識之李公再拜受教問其姓名曰言之恐驚登
岸數武翳然無跡此天地神明之默化斯人又奚必
問其神與仙哉我茜涇水道惟望文武共商兵民合

議則力省而易辦人多而易舉誠能使諸河氣貫通則經久不竭又何至民如涸鮒哉敢畧陳管見以質
高明

平洋橋

平洋橋向建在天妃閘舊基屢建屢壞據故老相傳下有閘底蓋用大木樁打下蓋石板於上以鐵錠勝鍊住閘底平然後建閘後被潮水衝倒閘塌而閘底未動泥沙日積底不能見今建木橋於上樁難深入土中余自幼即記此言今劉地民窮財盡無力修橋廿年以來遂致廢棄但盛衰往復之理天心難測倘

平

一旦重興須知下有閘底樁不能入必也或於龍王廟前或於五楊池頭則天后行宮海關稅署得青龍白虎以環衛兩旁則氣聚而勢亦得矣兼之東距地形寬轉河面非濶而南北來往之人更為便益故特誌之以俟後啟

城隍廟

竊思城隍正神奉
天守土吉凶禍福咸得主裁是以歲祀月謁
朝廷亦所以示左陰右陽之義詩曰相在爾室尚不愧於屋漏孔子曰鬼神之為德其盛矣乎以是知古聖

人之敬神如在雖暗室屋漏之中無不懔天鑒之在茲而況塑像立廟之神乎我劉鎮之有城隍廟也南北各一以區區蕞爾之地而必立二廟以爭奇角勝是直以神明為兒戲矣乎神其福之乎夫人之所以敬神明者昭其誠也誠者一也我劉鎮之壞正以人心不一之故也以一廟之細猶有二心則凡事之大於此者尚可問乎夫

朝廷命官以分職天地有神以分司陰陽原無二理第

朝廷之命官有形者也天地之有神無形者也以人心推測而得之也人心即天心人心安天心亦安天心

二十一

安而神明無安（不）矣然則立城隍神於天后行宫之左神明其安乎蓋城隍者鑒察之神猶

朝廷之有司也而居於后（天）至尊之左其不安也明矣以愚意度之不如將海神之在新關者遷於天后宫旁供其驅使而以城隍廟遷於新關以坐鎮劉河則庶幾不失

朝廷左陰右陽之義矣所更可笑者文星（昌）主為一鎮文明之象而竟藏於五路財神之後是直以文秀之氣埋於青蚨污埰之中矣宜劉地文風之不振也愚意宜將文昌遷于河南之天法廟以主東南秀氣又何

患才秀之不鍾毓乎夫天現日月星辰以垂象地布山川河嶽以呈形人具耳目口鼻以宣化三才宗歸一理其位置之宜豈容錯亂鎮之廟宇亦猶是耳今以一轉移之間而使神靈妥而人心一位置當而事理宜則庶幾天鑒其誠而百祥是降矣詩曰永言配命自求多福此之謂也

二十二

後序

是書於嘉慶二十一年草輯完成未及細較於二十二年得中瘋症高閣者三載後病小愈復事稽考至道光元年兒媳雙亡內無炊爨外無應門七歲幼孫相依為命事無巨細俱出親裁非惟不暇亦無心於此矣二年冬復得穿踝惡疽臥床半載晝夜不安刀劃剪挖左足已壞起床後行走維艱日坐書齋課孫之暇復以是書消晝得以命學徒暨堂弟姪孫抄錄清楚至三年之夏秋湮没四十七州縣余聞之不禁擊臬而歎曰此災之來慮之已久不料其及吾身而

二十三

親見之也
朝廷費無數銀錢賑恤災黎而各
大憲之籌度洩水急難措辦此皆由支港不通三江
塞絶之故有友謂余曰子劉河鎮記畧雖完今遇此
大災各
大憲會聚沿海以籌度救災之計而劉鎮茜涇被災
獨輕亦宜志載一二以傳示後人使知事不未雨綢
繆必致噬臍無及余細思之言雖有理奈年近七旬心
血無幾搜索枯腸實難再辦再但義不容辭勉遵友
教俟再輯録成編以呈筆削

道光三年仲冬之望

劉淐金端表翼如氏再

〔民國〕上海縣志二十卷（卷一至卷四）

吴馨　江家嵋修　姚文枬纂

〔民國〕《上海縣志》二十卷，吴馨、江家嵋修，姚文枏纂。所記起民國元年（一九一二），訖十七年，乃民國七年《上海縣志續志》之續作。民國十四年設局，姚文枏任主纂，十七年上海特别市成立，與上海縣分域而治，志局遂緩，二十年重啓。志中民國十二年以前内容依姚氏稿，十三年至十七年部分乃新纂。二十卷篇目定於姚氏，分疆域、川流、田賦、紀年、政治、財用、農工、商務、教育、慈善、工程、防衛、外交、人物、藝術、游寓、列女、名位、人瑞等門。其交通、外交二門尤見中外往來之概況。據上海圖書館藏民國二十五年排印本影印。

民國上海縣志

鈕永建署

民國上海縣志

丙子仲春

黄藴深題

序

上海置縣始於元析於華亭設治吳淞黃浦之交襟江憑海爲吳越衝要劇邑迨中外通商輪軌輻輳工商坌集益號繁縟其疆域變遷風土習尚文物制度明清前民歷有志記凡所纂修雖多散佚同治志尚襲載綦詳民國初肇邑人士復有上海縣續志之纂結束遜清一代興廢故實而民國成立以來政教遭遞羌無編紀十四年乃議設局董理徵采編輯聘耆宿姚君子讓主纂祇以世故紛紜往事遺徽搜羅匪易撰稿垂成姚氏復歸道山筆絕麟書未遑成帙余於二十二年秋奉調來滬慮一邑文獻淹久墜闕亟謀蒇事得在事諸君子纘姚氏之緒輯其存稿補其未竟溯自民國元年訖於民國十七年訂爲民國縣志晐已往之因革鑑得失於輶軒後之尋求治理者庶乎資所借鏡豈徒徵文

考事而已十七年後則爲縣市畫治之始疆域分割過半地理形勢財賦生產迥非故吾遷治鄉鄙農村是隸昔之所謂衝劇繁縟者已歸淳樸之境昔之工商複沓者將唯治本是圖實吾邑歷史環境一大改易亦乘志體例一自然階段所有始末當別爲敘述茲以編纂告成將付剞劂囑序於余爰誌概略弁諸簡端

中華民國二十四年六月上海縣縣長海甯潘忠甲謹序

序

民國七年上海縣續志行世十三年九月縣議事會又議修民國縣志起元年訖十二年明年一月總纂姚恭靖先生編定目錄分授纂員閱二年草稿粗具會革命軍至特別市成立十七年七月與縣劃分區域志遂停頓二十年七月議定展長限斷五年有半上以銜接續志下以引起市志而十九市鄉二百二十有四圖之全局完全結束矣吾邑志乘權輿顧氏彧自明弘治至清同治八次修輯續志賡續同治志本志又續續志其體例雖有變更而分門各纂則一也昔范石湖著吳郡志竭一人之心思才力以成一家之言故脈絡貫通意義周匝論者推爲方志之善本後王文恪因吳寬之舊藁與祝允明文徵明杜啓蔡羽諸耆碩作姑蘇志在明人地志中最爲古雅然整密完善不及范書夫以

文恪諸賢之才學猶不能媲美石湖豈古今人不相及耶蓋人之學問有深淺識解有精疏文藝有高下所謂物之不齊物之情也強不齊者以使之齊勢不能融合無間一節之玷累及全書此蓋分門各纂之流弊也吾邑李農部纂嘉慶志陸慶循作修例以訾之俞大史纂同治志先君子作札記以繩之續志初成恭靖舉其闕誤識之眉端余纂南滙續志近自檢校已覺其先後牴牾事實乖舛不足以信今而傳後嗚呼文章千古事得失寸心知於以信衆人合撰之不若一人獨譔之精且密焉况此十七年中時勢之變遷運會之升降政令之因革外交之利鈍人才之消長物力之盛衰風俗人心之變幻日異月新歲不同後有君子旁搜博采薈萃成書與石湖名著並垂不朽則本志之成僅足供後賢之采擇其存其亡嘉慶以上諸志固有先例也恭靖晚年多病不

能治事余亦衰老憚於檢閲今之屬比成書皆潤書黄君之力也附識於此以諗讀者

中華民國二十四年四月秦錫田序

民國上海縣志題名

縣行政官任期滿三月以上者列名

吳　馨字懷久　洪錫範字伯言　沈寶昌字韞石
李祖夔以字行　張思永字受之　危道豐字芑灜
徐韋曼字寬甫　邵樹華字季實　江家瑂字眉仲

纂修員

姚文枬字子讓　主纂全書　彊域川流田賦紀年四略纂修員　訪稿二萬言以上
秦錫田字硯畦　總閱全書　政治財用交通三門纂修員　訪稿二萬言以上
黃宗麟字藴深　全書修定員
黃藝錫字潤書　全書修定員暨督刊員
葉景澐字醴文　人物門纂修員

王燮功　字慕詰　農工商務慈善工程四門纂修員

李味青　原名維清字右之　教育防衛二門纂修員　籌備修志主任　修志局事務主任

賈豐芸　字粟香　教育商務列女名位人瑞五門纂修員　訪稿二萬言以上

楊　逸　字東山　藝術游寓二門纂修員　訪稿九千言以上

錢允中　字紳齋　慈善門纂修員　訪稿八千言以上

吳中弼　字覺迷　外交門纂修員

葉鴻績　字慕橘　外交門分修員

胡人鳳　字笠夫　工程門分修員

胡祥翰　字寄凡　工程門分修員

朱　贊　字伯華　教育門分修員

李宗鄴　字頌唐　教育門分修員

曹　楝字幹臣　教育門分修員

劉榮照字映藜　商務列女名位人瑞分修員
訪稿一萬言以上

討論員

李鍾珏字平書　莫錫綸字子經　劉增祥字子瑜

陸文麓字崧侯　錢　椒字蔭庭　李祖佑字蕉軒

朱日宣字福田　李鴻翥字逖先　談壽基字恭甫

沈　周字步瀛　穆湘瑤字恕再　周文熾字釆臣

潘艮士字伯賢　姚　才字叔達　秦錫祺字壽農

施　舍字養勇　鄭　毅字果齋　王　棟字彬彥

採訪員

陳師咸字筑聲　訪稿三萬言以上

范本崇字應生　訪稿三萬言以上

諸斗星以字行　訪稿二萬言以上

何　謙字半遊　訪稿一萬言以上

張友棠字啓南　訪稿一萬言以上

馬恩培字柳江　訪稿一萬言以上

楊春膏字撲烟　唐錫瑞字子衡　訪稿均九千言以上

潘紫綬字曼聲　訪稿八千言以上

陳　珍字友儒　楊勤立字鵠儀　訪稿均六千言以上

王文苑字萬初　顧祥和字翕周　奚　鋆字秉鈞

吉增彰字卓民　張　翼字鳳山　訪稿均五千言以上

曹　浩字瀚亭　訪稿四千言以上

周　澂字立誠　曹九思字秉誠　唐祖鎰字璞莊

周增禧字鴻機　潘鴻鼎以字行　訪稿均三千言以上

彭召棠字蔭喬　張同登字步瀛　鈕永亮字庚新

朱禮儉字意誠　王樹功字稚眉　陳德清字鏡如

干思頤字養君　沈宏鼎字丹忱　朱孔長字一槎

梅　言字簡生　王南坤字立賢　丁　烈字子裘

奚佐湯字真杰　王瑞年字灝仁　周　競字雁汀

周長榮字華欽　張友威　訪稿均二千言以上

馮文蔚字似喬　王汝舟字濟川　胡方鍔字方鶴

潘如樑字友梅　孫夔龍字鳳池　錢福田字廣甫

倪奮揆字斌洽　沈葆義字夢蓮　黃嘉修字五雲

龔　燧字祥林　何毓桂字林發　楊嘉椿字聘漁

高壽田字硯耘　王沛霖字星泉　趙磐石

嚴汝熙字瑞臣　葛恩元字虞臣　陳時夏字梅生

丁光徇字夢松　何維則字晴梅　王銓運字際亭

楊心才字濟時　陸　鑫字虎丞　沈文彬字杏苑

陸志學字文甫　徐承宗字梅卿　范本鎏字玉生

李然昌字綺城　趙光第字鏡芙　顧夢熊字渭川

潘昂雲字祖英　徐行敏字訥甫　伊立勳字峻齋

瞿　鉞字紹伊　朱　炎字炎之　王　暉字吉甫

張企文　莊調六　潘光啓

佛羅克法國人徐滙天文臺主　訪稿均一千字以上

事務員

唐頤壽　字養儒　文牘員

徐　棨　字文蓀　書記員

岳啓明　字啞僧

閆　艾　字潤民

毛恆遇　字吉生

吳　俊　字進誠　全書校刊員

王平章　字劍知　收掌員

徐元勳　字立人　庶務員

撖祖華　字伯清

王本忠　字步岳

陸嗣賢　字慕軍　全書校刊員　均暫任書記員

民國上海縣志例言

一是志起民國元年訖民國十七年自元年至十二年悉依姚氏文枬編纂成稿市縣分治始於民國十八年故自十三年至十七年中間五年仍係舊時區域惟時勢變易諮訪殊難各市鄉區因革事實均係臨時采輯而成疏舛闕漏知所不免閱者諒之

一邑志首重圖繪是志起訖僅十餘年疆域形勢略無變更姑從缺略

一各志體例詳略不同是志篇目一依姚氏成稿之舊間有增損經李氏味靑斟酌參訂務合事實不計成例其疆域川流田賦紀年四篇經姚氏手訂成稿一仍其舊惟紀年新增至十七年止

一人物上篇悉依舊有成稿下篇係由見聞所及陸續補入或有采

訪未周事實失當之處以付印期迫未暇一一覈正別列下篇以清界限

一列女年代事實原稿均敘至十二年止其後陸續補入有敘至十七年者均於篇中注明之

一是志刊印需費不貲承嚴味蓮先生捐助壹千伍百元郁葆青先生捐助壹百伍拾元嚴陵舊隱捐助壹百元張益君張益甫兩先生合捐壹百元謹依同治志例刊列銜名以誌高誼

民國上海縣志目錄

卷三

財用

民國上海縣志卷一

疆域

上海立縣在元至元二十九年未立縣之先爲華亭東境之上海鎭華亭唐天寶年縣其先爲崑山南境崑山故婁地婁者秦縣梁省入信義旋又析以爲崑山也

華亭十三鄉五十保（風涇三胥浦三仙山二雲間四白沙三長人六高昌九北亭四華亭三集賢三修竹三新江三海隅四）上海得五鄉（長高新北海）二十六保明嘉靖萬曆間置靑浦割三鄉（新北海）十一保（內兩保改隸嘉定）淸雍正二年析三保又兩半保以置南匯嘉慶十一年析半保隸川沙今所存者高昌鄉之八保又一半保長人鄉之一保又兩半保而已一保者十八也兩半保者十六與二十一也一半保者二十二也八保者二十三至三十也各保分領各圖共二百一十七

縣歷元明清三朝皆隸松江府民國廢府而上海爲江蘇省六十一縣之一（設道尹時爲滬海道十二縣之首）

縣境極北赤道北三十一度十八分五十四秒極南赤道北三十度五十八分三十五秒極西京師偏東四度四十七分四秒極東京師偏東五度十一分十一秒地形斜長東則北盈而南朒西則南北盈而中朒接壤之縣東爲川沙東南及南爲南匯西爲松江（舊華亭縣）西北爲靑浦爲嘉定北爲寶山

縣治在二十五保南境赤北三十一度十三分四十秒京東五度一分五十秒世界經度（倫敦天文台爲中綫）東一百二十一度二十九分十六秒明嘉靖中築城民國廢

縣境區畫自咸豐至民國經四次規定表如左

第一次 咸豐十年團練設局	城總局 城廂分十六段城北已爲租界		新閘 二十七保北境光緒初猶隸法華局後分出	江境廟 西	引翔港 東北	新涇 西北	江橋 西北	諸翟 西北	虹稿 西
第二次 光緒三十二年學區	城廂 分九區爲七聯區之一	老閘 北	新閘 北	江境廟 南	引翔 北	新涇 西	江橋 西	諸翟 西	虹橋 西
第三次 宣統二年部章城鎮鄉自治	合四區爲城自治區域				引翔鄉	合四區爲鎮自治區域曰蒲淞鎮			
第四次 民國元年省章市鄉自治	上海市 閘北市 仍城自治區域之舊但新閘老閘二區北境在租界北與南市隔絕故別爲市				引翔鄉	蒲淞市			
保	二十五保		二十五 二十七保	二十五 二十七 二十四保	二十三 二十二保	二十八 二十九 三十保	二十八 二十七 三十保	三十保	二十八 二十九保
圖	十二		一八	三五一	十 一四	四三一	二一四	七	四三

法華	西北	法華	西	法華鄉	法華鄉	二十六保	六
漕河涇	西	漕河涇	南	漕河涇鄉	漕河涇鄉	二十九 四保	九 一
曹行	西	曹行	南	曹行鄉	曹行鄉	十八 二十六保	七 二
北橋 馬橋 初稱北馬橋後分二局	西南	北橋	西南	北橋鄉	北橋鄉	十八保	八
		馬橋	西南	馬橋鄉	馬橋鄉	十八保	十
中渡橋 後改顓橋	西南	顓橋	西南	顓橋鄉	顓橋鄉	十八保	五
閔行	西南	閔行	西南	閔行鄉	閔行鄉	十六 二十一保	十四 三
塘灣	西南	塘灣	南	塘灣鄉	塘灣鄉	十八 二十一保	二 六
陳家行	南	陳行	東南	陳行鄉	陳行鄉	二十一保	七
三林塘	南	三林	東南	三林鄉	三林鄉	二十四保	十

楊思橋　南	楊思　東南	楊思鄉	楊思鄉	三十四保	九
塘橋　東北	塘橋　東	合四區爲鎮自治區域曰東涇鎮	塘橋鄉	二十四保	八
洋涇　東北	洋涇　東		洋涇市	二十三二十四保	十一十二
陸行　東	陸行　東		陸行鄉	二十二保	十
高行　東	高行　東		高行鄉	二十二保	十三
初設鄉局二十分隸六路以統於城總局後增設二局凡城鄉二十三局	凡二十四區其二十三區分隸六鄉聯區合城廂爲七聯區	凡城一鎮二鄉十二合計自治區十有五	凡市四鄉十有五至今稱十九市鄉		共二百一十七圖

道光中結英美法三國條約上海爲通商五口之一先後議劃租界光緒而後復有展拓表如左

劃界時代	國別	沿革	地方區域
道光二十六八年兩次	英　今爲公共	同治二年合幷美界始稱公共今稱中區	老閘區之南半部

道光二十八年	美（今爲公共）	同治二年合并英界始稱公共今稱北區	老閘區之北半部
道光二十九、咸豐十一年兩次	法		城北區（爲城廂九區之一）
光緒二十四年	各國公共	今稱東區	引翔區之南境
光緒二十六年	各國公共	今稱西區	新閘區之中間一大部分
同上	法		新閘區之東南隅一小部分
民國	法		新閘江境區之南北境

川流

縣境巨川西來亘縣之北境者曰吳淞江西南來環縣境之南及東南而貫縣之東境者曰黃浦二川合流東北入海曰吳淞口（口之兩岸皆寶山境）浦西水道浦淞南北通流者曰橫瀝曰竹岡截浦南北者曰沙岡三水皆南抵海

塘

淞潮南注者曰新涇曰李縱涇皆在橫瀝東　浦潮西注者曰蒲匯塘東接肇嘉浜統稱蒲塘肇河今肇浜入浦處已填塞分流入浦者曰龍華港曰日赤港曰漕河涇曰張家塘曰春申塘曰六磊塘曰俞塘直達松城

浦東水道淞浦海潮南注者曰鹹塘曰都台浦口曰東溝曰馬家浜口曰西溝　浦潮東注者曰華漕蕰曰白蓮涇曰楊溜漊曰三林塘曰周浦塘

淞北水道淞浦海潮西注者曰虬江此水爲上寳分界虬江者舊江也蓋吳淞故道（其別支曰引翔港曰楊樹浦曰虹口港）

濬治工役以傍河農田受益各圖計畝起夫業食佃力其負擔重輕以遠近爲差有頁浚有協浚有貼車壩費對於隣境有伴徭有還役皆稽成案行之成案除見後註外有咸豐九年之漕河涇光緒十六年之橫瀝南段

浦西水道聯帶松青康熙五十九年道光十六年均有蒲肇河案雍正元年有輪浚六磊等十一河條議勒石光緒九年有華涇港案　浦東水道聯帶川南嘉慶二十二年道光十六年光緒三十一三十三年均有都台浦馬家浜華漕蕰各案咸豐九年同治七年均有鹹塘等案同治十三年有楊溜漊三林塘案勒石　淞北

水道聯帶嘉寶其工役亦皆聯帶負擔

吳淞江以太湖入海正幹由沿江八縣通力負擔（道光七年原案十一州縣即今之八縣因江震崑新太鎮六州縣今并爲三縣）黃浦以國際商港由國家負擔（光緒三十一年奏案）

田賦

明隆慶三年丈田均糧所定科則如左

(甲)田之科則　(一)每畝正粮二斗五合　(二)每畝加耗上鄉九升中鄉六升下鄉三升護塘外不加耗合正耗曰平米故有二斗九升五合則田二斗三升五合則田二斗五合則田各名稱（分青浦後上海無中鄉田）　(三)低薄田一畝四分準熟田一畝

(乙)蕩漊之科則　(一)每畝無耗平米得業蕩一斗五升柴蕩一斗草蕩水漊皆五升　(二)以得業蕩二畝柴蕩三畝草蕩水漊

六畝各準熟田一畝統稱三斗則不等田

(丙)熟田低薄田不等田通用之準折科則　傍浦留步田一畝五分準腹內田一畝

額科平米法定每石強半征銀謂之折色弱半征米謂之本色萬歷十四年二十八保二十九保三十保呈奉題准仿嘉定例全改折征於是本縣有折糧田征糧田之分（隆慶清丈後續告改折者折價每石五錢四錢五分四錢不等吾邑三保初折四錢至十七年始定一例五錢）城濠官地明代免科清順治十四年撥兵承種每畝五升陞粮每六畝準熟田一畝（亦當爲三斗則）康熙二年奉文另行征解

同治三年減漕定案於是本縣征粮田有原科平米減科平米之分而閔行顓北馬橋等處最爲瘠薄田再照新科優減十分之七厘七絲有奇陳行等處瘠薄稍次田再照新科優減十分之六厘五毫高行陸行

等處瘠薄再次田再照新科優減十分之六釐於是上鄉分爲四則原科二斗九升五合則減爲二斗三升三合五勺零則優減爲二斗一升九合五勺零則又二斗一升八合三勺零則又二斗一升七合零則下鄉分爲二則原科二斗三升五合則減爲二斗三合零則優減爲一斗九升一合零則護塘外仍一則原科二斗五合則減爲一斗七升八合三勺零則蕩漊不等田原科三斗則減爲二斗三升七合五勺零則仍上鄉下鄉護塘外各爲一則城濠官地原科五升則減爲三升九合零則仍另爲一則共征粮及城濠租一十一則合之折粮四則田上鄉一則蕩漊上鄉下鄉護塘外各爲一則共一十五則

減科平米每石征數（甲）本色米四斗二合三勺九抄零閏加六勺七抄零減漕粮改折灰石等八勺一抄零（乙）漕贈五米順治十六年案一升五合五勺三抄零閏減四抄零

征粮原科平米每石征數（甲）折色銀二錢七分九釐五毫三絲零閏加幷改折灰石一釐八毫六絲零（乙）漕贈十銀五米同案三分五釐一毫六絲零閏減八絲零折粮平米每石征數折色銀四錢八釐一毫七絲零閏無加減

不論征粮折粮每畝征數（甲）九厘地畝銀萬歷邊餉四十六年畝加三厘五毫四十八年又加五厘五毫合爲九厘順治二年罷四年復雍正三年減六厘一忽零（乙）徭里銀萬歷年加派均徭銀一萬三千五百餘兩里甲均平銀三千七百餘兩八厘七毫六絲五忽零閏加一毫二絲六忽零（丙）人丁銀雍正六年始隨田征收優免一百八十三丁每丁一分七厘四毫八絲二忽零當差四萬三千一百二丁每丁一分七厘八毫四絲二忽零兩共七百七十二兩二錢二分五厘九絲閏加一十七兩七錢七分一厘據康熙五十一年丁册以後孳生永不加賦一厘一毫二絲六忽零閏加二絲五忽零（丁）雜辦銀雍正七年始歸田地攤征計正耗共一百十兩二錢七分五厘一毫五絲三忽零

城濠地不派九厘地畝銀及徭里銀其他征數亦與草蕩水溇準折田異微

不論每石折征每畝派征每征正銀一兩加耗五分雍正六年耗羨歸公案加一納耗乾隆元年減五分

本色米於秋收後征收由水道運京故稱爲漕米折色銀定制仲春開征仲夏農忙停征仲秋接征停忙以前征半謂之上忙以後征半謂之下忙故亦統稱爲忙銀

各則田銀米每畝征數表如左

一十五則今用簡稱於征粮田以甲乙丙丁爲上鄉四則之代字戊巳爲下鄉二則之代字庚爲護塘外一則之代字辛爲不等田三則幷爲一則之代字於折粮田以壬爲上鄉田一則之代字癸爲不等田三則幷爲一則之代字城濠則稱另則

	科則	米數（徵串數勺爲止閏減數每畝不及半勺故從略）	銀數（徵串數厘爲止閏加數每畝至多八毫故從略）
甲	二三三五零	〇、〇九七六二〇	〇、一一四三零
乙	二一九五零	〇、〇九一七六零	〇、一一四三零
丙	二一八三零	〇、〇九一二七零	〇、一一四三零
丁	二一七〇零	〇、〇九〇七九〇	〇、一一四三零
戊	二〇三〇零	〇、〇八四九五零	〇、〇九四五零
己	一九一〇零	〇、〇七九八五强	〇、〇九四五零
庚	一七八三零	〇、〇七四五四弱	〇、〇八四六弱
辛	二三七五零	〇、〇九九二七零	〇、一一六弱
壬	二九五〇正	〇、〇〇〇〇〇〇	〇、一四三二强
癸	三〇〇〇正	〇、〇〇〇〇〇〇	〇、一四五四零
另	〇三九〇零	〇、〇九一七一〇	〇、一一〇五强

在右列各則之外者一曰蘆課〔每畝課銀熟田一錢五分一厘次熟田一錢上密蘆地五分次密蘆地三分上草灘二分上稀蘆地一分六厘下稀蘆地一分五厘白塗一分三厘莎草灘一分水洼五厘凡十則(以下亦用十天干爲省稱)其緣起係清初沒收明開國勳產查丈長江蘆洲由濱江而遠及蘇松云〕一曰學田租〔租則無攷其緣起係官民捐助以爲學中公費載在會典免科〕一曰贍運屯田〔分民佃屯田津運屯田兩種民佃每畝折租銀五錢五分八厘津運每畝征津貼銀二錢貼造銀三分其緣起係衛所軍田收歸州縣經收者〕

向來民間通用錢文銀米折錢官吏有抬價浮收之弊同治四年部章整頓隨時奏定折價而弊始清其後民間通用銀圓以銀圓折合錢價官民又多爭議民國臨時省議會議決銀米折價用圓不用錢而爭始息

辛亥十月議決銀每兩折價一元五角米每石折價三圓附加稅每兩三角每石一圓皆縣三市鄉七分配民國三年起省令加省稅每兩三角每石一圓六年起每兩省稅三角減爲二角五分於是每兩共征二

圓五分每石共征五圓至今弗改
同治四年部章漕米每石折價年内以四千五百文爲率年外以五千文爲率此爲年外加價五百文之始辛亥十月議決啓征日起兩月内未完者加二十分之一忙漕一律民國二年冬漕起省令部准改爲加十分之一五年議決正其名爲滯納罰金初限兩月限外加二十分之一續限兩月限外加十分之一六年上忙起實行初議一半解省一半歸市鄉公用後改全數解省旋復舊三年部議征收費於正額外附收於是每完納折價一圓加費五分十年減賦案專減米額於是甲辛兩則減爲每畝九升五合乙丙丁三則減爲每畝九升
學田一頃七十畝三厘七毫共征銀四十二兩六錢七分九厘民佃屯田一十八頃六十畝七分六厘四毫共征銀一千三十八兩三錢四厘

三毫津運屯田五十二頃二十四畝四厘共征銀一千二百一兩五錢三分此皆固定之額至各則準熟田及蘆田坍漲升除歷年不一據宣統三年册籍各則準熟田六千八百七頃一十一畝二分二厘三毫（內甲二四五五〇三・八七二七零乙〇二八七〇九・九九八〇丙〇六三六〇八・一二七〇丁一四二一一・七〇六〇戊〇〇〇八七・八一六六己〇四七六三八・三〇七〇庚〇〇〇一五五・八四一六辛〇〇一〇八三・九三四一壬一五一二六七・六八七七癸〇〇五二七・六五二二另〇〇〇〇一六・二七八九）共征米四萬九千二百二十九石八斗三升八勺（閏減二十一石一斗一升四合四勺）銀（正耗并計）八萬一千四百九兩四錢一分二厘（有田外額征之漁課五十一兩二錢八分七厘門攤舖鈔八十七兩七錢一分七厘在內閏加四百六十六兩五錢九分四厘）蘆洲一百四十三頃一畝八厘三毫（內甲一九三一二七八乙四二五四五六〇丙二二七九二〇四丁〇七七七四四六戊〇二五二六五九己〇一〇〇四一〇庚〇六八七〇六一辛〇三七三六五一壬二五九五〇六二癸一〇四九七五二）共征銀（正耗并計）九百五十二兩七錢一分八厘民國十二年册籍丁漕田（即各則準熟田）六千七百八十三頃六十七畝一分八厘四絲共應銀七萬七千九百七十兩一錢六厘四毫以每兩二圓五分折合一

十五萬九千八百三十八圓七角一分八厘共應米四萬七千九百八十二石四斗七升九合以每石五圓折合二十三萬九千九百一十二圓三角九分五厘兩共三十九萬九千七百五十一圓一角一分三厘蘆田一百十頃三畝八分三厘五毫共應銀六百八十一兩五錢八分八厘折合一千三百九十七圓二角五分五厘其學屯兩租幷計共銀二千二百八十二兩五錢四分九厘折合四千六百七十九圓二角二分五厘

統計全縣丁漕租課四十萬五千八百二十七圓五角九分三厘內國稅二十六萬五千三百四十八圓八角有奇米折十四萬三千九百四十七圓四三七銀折十一萬六千九百五十五圓一五九課一千二十二圓三八二租三千四百二十三圓八二三省稅六萬八千二百一十六圓有奇米折四萬七千九百八十二圓四七九銀折一萬九千四百九十二圓五二六課一百七十圓三九七租五百七十圓六三七縣稅二萬一千六百七十八圓八角有奇

米折一萬四千三百九十四圓七四四銀折七千一十七圓三〇九課六十一圓三四三租二百五圓四二九市鄉稅五萬五百八十三圓九角有奇米折三萬三千五百八十七圓七三五銀折一萬六千三百七十三圓七二三課一百四十三圓一三四租四百七十九圓三三六

紀年

壬辰元世祖至元二十九年　於華亭縣東境之上海鎮立上海縣與華亭同爲江浙行省之松江府屬縣

癸巳至元三十年

甲午至元三十一年　縣尹周汝楫視事於舊榷場　改鎮學爲縣學

乙未元成宗元貞元年

丙申元貞二年

丁酉大德元年

戊戌大德二年　至元十四年所設之上海鎮市舶司至是併歸四明

乃改司署爲縣署
己亥大德三年
庚子大德四年
辛丑大德五年　七月朔大風海溢
壬寅大德六年
癸卯大德七年
甲辰大德八年
乙巳大德九年　旱蝗
丙午大德十年　饑
丁未大德十一年
戊申元武宗至大元年

己酉至大二年
庚戌至大三年　移建縣學於縣署西
辛亥至大四年
壬子元仁宗皇慶元年　八月大風海溢
癸丑皇慶二年
甲寅延祐元年　遷縣學於縣署東復舊址
乙卯延祐二年
丙辰延祐三年　大水
丁巳延祐四年　大饑
戊午延祐五年
己未延祐六年

庚申延祐七年　大旱

辛酉元英宗至治元年　進士榜趙庭芝（元代南人登第自此始）

壬戌至治二年

癸亥至治三年　濬吴松江

甲子元泰定帝泰定元年　進士榜潘達

乙丑泰定二年

丙寅泰定三年　廢松江府并屬嘉興府

丁卯泰定四年

戊辰元文宗天歷元年　復松江府

己巳天歷二年

庚午至順元年　閏七月大水

辛未至順二年
壬申至順三年
癸酉元順帝元統元年
甲戌元統二年　行助役法
乙亥至元元年
丙子至元二年
丁丑至元三年　饑　六月訛言詔選童男女一時嫁娶殆盡
戊寅至元四年
己卯至元五年
庚辰至元六年
辛巳至正元年

壬午至正二年
癸未至正三年
甲申至正四年　進士榜秦裕伯
乙酉至正五年
丙戌至正六年
丁亥至正七年
戊子至正八年　五月大水
己丑至正九年
庚寅至正十年
辛卯至正十一年
壬辰至正十二年

癸巳至正十三年
甲午至正十四年
乙未至正十五年
丙申至正十六年　張士誠據平江　松江叛兵陷縣治省發苗兵收復之大焚掠四月士誠將史文炳據松江　是年朱元璋據集慶（行省治所）稱吳國公
丁酉至正十七年
戊戌至正十八年　朝命士誠爲太尉邑人錢鶴皐爲行省左丞姚大章爲總兵
己亥至正十九年
庚子至正二十年

辛丑至正二十一年

壬寅至正二十二年

癸卯至正二十三年

甲辰至正二十四年卽朱吳元年　正月吳國公稱吳王改集慶路爲應天府廢江浙行省　吳遣兵攻士誠松江降於吳三月鶴皋起兵使大章據縣治知縣祝挺走避四月鶴皋破松江殺吳守將吳軍下松江殺鶴皋挺復縣治殺大章止吳軍東下

乙巳至正二十五年卽朱吳二年

丙午至正二十六年卽朱吳三年

丁未至正二十七年卽朱吳四年

戊申明太祖洪武元年　吳王卽帝位定國號曰明

己酉洪武二年　移建神祇壇於南郊　移建社稷壇於西北郊
庚戌洪武三年
辛亥洪武四年
壬子洪武五年
癸丑洪武六年
甲寅洪武七年　建養濟院
乙卯洪武八年　九月大水饑
丙辰洪武九年
丁巳洪武十年
戊午洪武十一年　七月海溢
己未洪武十二年

庚申洪武十三年
辛酉洪武十四年
壬戌洪武十五年
癸亥洪武十六年
甲子洪武十七年
乙丑洪武十八年　無收
丙寅洪武十九年　無收
丁卯洪武二十年　無收　置南滙守禦所
戊辰洪武二十一年
己巳洪武二十二年
庚午洪武二十三年

辛未洪武二十四年
壬申洪武二十五年
癸酉洪武二十六年
甲戌洪武二十七年　進士榜沈暹
乙亥洪武二十八年
丙子洪武二十九年
丁丑洪武三十年
戊寅洪武三十一年
己卯明惠帝建文元年
庚辰建文二年
辛巳建文三年

壬午建文四年

癸未明成祖永樂元年　饑

甲申永樂二年　進士榜馮吉劉庸周霖　六月大水饑　戸部尚書
夏元吉治水蘇松濬縣境范家浜通黃浦達海

乙酉永樂三年　春大雨六月霪雨十日

丙戌永樂四年　進士榜沈驥

丁亥永樂五年

戊子永樂六年

己丑永樂七年

庚寅永樂八年

辛卯永樂九年

壬辰永樂十年　進士榜黄翰
癸巳永樂十一年
甲午永樂十二年
乙未永樂十三年　進士榜曹衡張衡李昇
丙申永樂十四年
丁酉永樂十五年
戊戌永樂十六年　進士榜楊珙韓著
己亥永樂十七年
庚子永樂十八年
辛丑永樂十九年　進士榜陸徵高敏朱忠
壬寅永樂二十年

癸卯永樂二十一年
甲辰永樂二十二年　進士榜陳質
乙巳明仁宗洪熙元年
丙午明宣宗宣德元年
丁未宣德二年　進士榜蔣性中
戊申宣德三年
己酉宣德四年
庚戌宣德五年
辛亥宣德六年　建濟農倉
壬子宣德七年　水
癸丑宣德八年　建水次倉於縣東南浦岸

甲寅宣德九年

乙卯宣德十年

丙辰明英宗正統元年

丁巳正統二年

戊午正統三年

己未正統四年　七月大風傷稼

庚申正統五年　水

辛酉正統六年　定應天府曰南京松江府直隸南京

壬戌正統七年

癸亥正統八年

甲子正統九年　七月大風雨海溢　十二月大雪七晝夜

乙丑正統十年　進士榜金智浦清

丙寅正統十一年

丁卯正統十二年

戊辰正統十三年

己巳正統十四年

庚午明景宗景泰元年

辛未景泰二年　進士榜周輿唐瑜

壬申景泰三年

癸酉景泰四年

甲戌景泰五年　正月大雨雪四旬　夏水　大疫　進士榜李清郁

文博沈擧金純

乙亥景泰六年　連年邑人因輸米振災賜冠帶者十三人
丙子景泰七年
丁丑明英宗天順元年　進士榜宋訥唐珣鍾震談倫李澄
戊寅天順二年　巡撫都御史崔恭大濬浦西水道
己卯天順三年
庚辰天順四年　進士榜王霽王綸
辛巳天順五年　海溢
壬午天順六年
癸未天順七年　進士榜戴春董綸姜浩張謹
甲申天順八年　海溢　饑
乙酉明憲宗成化元年

丙戌成化二年　饑　進士榜莫諲
丁亥成化三年　連年因輸米振飢詔授承事郎者十一人迪功郎者
二人
戊子成化四年
己丑成化五年　進士榜沈璐金爵喬維翰
庚寅成化六年
辛卯成化七年　秋大風雨海溢
壬辰成化八年　知府白行中築沿海護塘萬七千七百四十八丈
癸巳成化九年
甲午成化十年
乙未成化十一年　進士榜張穀

丙申成化十二年
丁酉成化十三年
戊戌成化十四年　進士榜陳粟周洪
己亥成化十五年
庚子成化十六年
辛丑成化十七年　春夏旱　二月地震　進士榜談詔　七月大風雨　九月十月陰雨連綿禾稼不登　冬至大雷電雨雪
壬寅成化十八年　饑
癸卯成化十九年
甲辰成化二十年　進士榜姜清黃金金獻民
乙巳成化二十一年

丙午成化二十二年
丁未成化二十三年　進士榜唐禎張黼
戊申明孝宗弘治元年
己酉弘治二年
庚戌弘治三年　進士榜張天爵
辛亥弘治四年　雨水害稼
壬子弘治五年　雨水害稼
癸丑弘治六年　進士榜趙松王大用
甲寅弘治七年
乙卯弘治八年　五月大疫　饑
丙辰弘治九年　進士榜董忱董恬張鳴鳳沈恩曹閔唐錦

丁巳弘治十年
戊午弘治十一年　六月海溢
己未弘治十二年　進士榜王泰徐南曹豹
庚申弘治十三年
辛酉弘治十四年　十月十四日地震
壬戌弘治十五年　進士榜唐懽張龍郁侃張萱
癸亥弘治十六年　四月大雨雹損麥　夏秋旱
甲子弘治十七年
乙丑弘治十八年　進士榜陸深張鷗陶驥
丙寅明武宗正德元年　大風雨海溢　崇明有變邑人恐
丁卯正德二年

戊辰正德三年　進士榜張紘張永泰
己巳正德四年　七月雨六晝夜　冬黃浦冰經月不解　饑
庚午正德五年　夏麥多歧穗　五月霪雨　六月大風決田圍低鄉
　復饑　疫　十一月水
辛未正德六年　六月大水　進士榜金濂戴恩金臯
壬申正德七年　大旱　七月二十五日大風海水暴漲　冬至日海
　上望見列炬聞金革聲空巷走出
癸酉正德八年　饑
甲戌正德九年　進士榜吳稷金皡
乙亥正德十年
丙子正德十一年

丁丑正德十二年　夏大雨殺麥禾　進士榜儲昱朱豹
戊寅正德十三年　夏大雨彌月漂室廬人畜　八月大水
己卯正德十四年　八月大風雨損禾稼　大饑
庚辰正德十五年　進士榜李翔
辛巳正德十六年
壬午明世宗嘉靖元年　七月朔大風自北來二十五日大風雨海溢
開吳松江
癸未嘉靖二年　進士榜趙綸石英中潘恩張國維　八月大水
甲申嘉靖三年　春地震
乙酉嘉靖四年
丙戌嘉靖五年　進士榜張鵠葛桂談愷戴邦正諸傑

丁亥嘉靖六年

戊子嘉靖七年

己丑嘉靖八年　七月蝗

庚寅嘉靖九年　夏旱

辛卯嘉靖十年

壬辰嘉靖十一年　進士榜唐國相王教

癸巳嘉靖十二年

甲午嘉靖十三年

乙未嘉靖十四年　進士榜翁燦趙憲奚良輔閔煦

丙申嘉靖十五年

丁酉嘉靖十六年

戊戌嘉靖十七年　進士榜董子儀繆文龍
己亥嘉靖十八年　閏七月海嘯
庚子嘉靖十九年　六月大水七月海溢
辛丑嘉靖二十年　進士榜張鶚翼吳天壽唐志大孫續
壬寅嘉靖二十一年　建萬雲橋於方浜口
癸卯嘉靖二十二年
甲辰嘉靖二十三年　旱
乙巳嘉靖二十四年　大旱
丙午嘉靖二十五年
丁未嘉靖二十六年　進士榜李昭祥龔愷
戊申嘉靖二十七年

己酉嘉靖二十八年
庚戌嘉靖二十九年　進士榜董傳策孫應魁沈陽
辛亥嘉靖三十年　地震
壬子嘉靖三十一年
癸丑嘉靖三十二年　二月倭寇陷南滙所軍士李府及其子香力戰死之　閏三月賊酋蕭顯等掠縣境　四月十九日官兵敗於十九保連賓華橋賊船泊北馬頭登陸焚掠縣治　五月七日賊從祝家橋驟至恣掠爨糧船　十二日賊船三百餘艘犯邑治統兵官武尙文宋鼇巷戰死之賊縱火焚縣署而去前鋒丁爵追賊清水漥死之

進士榜屠寛華秉中唐繼祿唐自化俞文榮龔情金深　六月二十七日賊顯刼城東北黃泥浜糧船浙江鎮撫吳賢死之　冬築城

關門六南曰跨龍西曰儀鳳北曰晏海東北曰寶帶東曰朝宗東南曰朝陽　設海防道以按察司僉事領之　賊顯據南沙　十一月賊刼三林莊

甲寅嘉靖三十三年　正月賊顯入吳淞所官兵敗於黃浦中被奪一舟賊偪東門海防道董邦政嬰城守禦二月解圍縣丞劉東陽躡賊至太平寺死之　三月賊顯據下沙新場賊酋葉麻據周浦　四月賊襲南滙所哨官李黍力戰死之黍香之弟　六月賊舟自嘉興焚掠閔行　七月官兵討川沙賊　八月官兵討南滙賊

乙卯嘉靖三十四年　邦政擣川沙賊巢監生喬鏜追賊敗之　總督張經至松江官兵大集　二月把總婁宇殲南滙賊　三月邦政擊賊於浦東　四月工部侍郎趙文華至松江　張經會浙兵追賊於

王江涇五月朔大捷　四日川沙賊刼牐港周浦車溝　七月巡撫曹邦輔敗賊於雙溝　九月文華兵敗於陶宅　十月陶宅賊移屯周浦柘林出洋賊還據川沙　十一月周浦賊移屯新場閏十一月二日僉事焦希程游擊曹光新破之

丙辰嘉靖三十五年　三月倭船犯七籠港邦政擊敗之倭船犯南滙參政任環參將婁宇擊敗之　五月朔倭船猝至攻城署縣事劉本學率士民防守十七日城夫楊鈿死之賊解圍去　進士榜趙灼

丁巳嘉靖三十六年　裁海防道設海防同知　同知羅拱辰築沿城箭臺環濠土牆各門敵樓東北要害處高臺層樓　築川沙城

戊午嘉靖三十七年　秋大水饑

己未嘉靖三十八年　海防同知移駐府治　進士榜張仲謙徐卿龍

秦嘉楫金定顧名世
庚申嘉靖三十九年
辛酉嘉靖四十年
壬戌嘉靖四十一年　進士榜潘允端艾可久
癸亥嘉靖四十二年　改建濟農倉於西南城
甲子嘉靖四十三年
乙丑嘉靖四十四年　進士榜徐汝翼喬懋敬潘允哲王圻
丙寅嘉靖四十五年　秋大風雨
丁卯明穆宗隆慶元年　六月大風海溢　大饑　訛言詔選宮女一
時嫁娶殆盡
戊辰隆慶二年　元旦大風晝晦　進士榜喬木蔡汝賢林景暘

己巳隆慶三年　僉事鄭元韶奉敕丈田均糧　六月朔海溢大風東南來漂人畜
庚午隆慶四年　巡撫都御史海瑞開吳松江
辛未隆慶五年　進士榜李時英金從洋侯堯封潘伯獅李伯春唐本堯王文炳
壬申隆慶六年
癸酉明神宗萬歷元年　割西境隸靑浦縣
甲戌萬歷二年
乙亥萬歷三年　九月大水
丙子萬歷四年　饑
丁丑萬歷五年　六月寒　霪雨傷稼

戊寅萬歷六年
己卯萬歷七年　大水
庚辰萬歷八年　進士榜張愜
辛巳萬歷九年
壬午萬歷十年　七月十三日大雨海溢　大饑　十月颶風西北來
江舟多覆沒
癸未萬歷十一年　正月朔地震　進士榜俞顯卿
甲申萬歷十二年
乙酉萬歷十三年　於沿海護塘外築備塘九千二百五十丈五尺
丙戌萬歷十四年　冬雨木冰
丁亥萬歷十五年　正月雨木冰　五月至七月霪雨雷颶傷稼

戊子萬曆十六年　春大旱　大疫　五月大水　七月大風　大饑
　莠民嘯聚多刼奪殺傷詔用重典
己丑萬曆十七年　正月雨木冰如箸　大饑　進士榜董其昌李叔
春朱正色陳所藴　五月至七月不雨　海溢　六月十八日雩邑
人出粟振飢三百石以上彙題建坊者十人二百石以下官旌免役
者不計數
庚寅萬曆十八年
辛卯萬曆十九年　六月大水七月海溢大雨城門晝閉　十月雷電
晦夕大震
壬辰萬曆二十年　進士榜朱家法李尙衮
癸巳萬曆二十一年

甲午萬曆二十二年

乙未萬曆二十三年　正月天鼓鳴地震　進士榜夏景華杜士全李

中立戴士林

丙申萬曆二十四年

丁酉萬曆二十五年

戊戌萬曆二十六年　進士榜劉嘉猷姚永濟

己亥萬曆二十七年

庚子萬曆二十八年

辛丑萬曆二十九年　進士榜張所望

壬寅萬曆三十年

癸卯萬曆三十一年

甲辰萬歷三十二年　進士榜徐光啓黃體仁

乙巳萬歷三十三年

丙午萬歷三十四年

丁未萬歷三十五年　進士榜楊萬里李時榮張肇林喬拱璧陳舜道

戊申萬歷三十六年　大水大饑

己酉萬歷三十七年　饑

庚戌萬歷三十八年　進士榜陸燧喬時敏潘大儒朱國盛侯震暘

辛亥萬歷三十九年

壬子萬歷四十年

癸丑萬歷四十一年　進士榜王庭梅朱本洽董羽宸喬時英

甲寅萬歷四十二年

乙卯萬歷四十三年
丙辰萬歷四十四年　龍華港口之百步橋易石工竣　進士榜許譽
卿杜喬林徐百朋王陞
丁巳萬歷四十五年
戊午萬歷四十六年
己未萬歷四十七年　進士榜葉有聲董象恆張泰階潘雲會范文若
趙東曦李逢申
庚申明光宗泰昌元年
辛酉明熹宗天啓元年
壬戌天啓二年　進士榜張元玘朱長世何萬化謝秉謙聶愼行
癸亥天啓三年　三月地震　十二月地震

甲子天啓四年

乙丑天啓五年

丙寅天啓六年

丁卯天啓七年

戊辰明思宗崇禎元年　進士榜陳正中張元始

己巳崇禎二年　饑　官紳捐振

庚午崇禎三年

辛未崇禎四年　進士榜徐天麟杜麟徵

壬申崇禎五年　旱　大饑

癸酉崇禎六年

甲戌崇禎七年　進士榜朱永佑楊枝起翁元益

乙亥崇禎八年
丙子崇禎九年　六月大旱　十二月黄浦冰
丁丑崇禎十年　進士榜包爾庚袁定
戊寅崇禎十一年
己卯崇禎十二年
庚辰崇禎十三年　大饑　進士榜吳永孚顧其言周汝誼瞿騫
辛巳崇禎十四年　夏大旱蝗紳民捐振
壬午崇禎十五年
癸未崇禎十六年　進士榜李待問沈泓
甲申崇禎十七年　六月有奴弑主者家奴結隊焚刼官派兵擒剿
是年三月流賊陷京師崇禎帝殉國五月福王即帝位於南京改元

弘光　十月清帝入京師改元順治

乙酉弘光元年卽清世祖順治二年　五月清兵定南京改南直隸爲江南布政司應天府爲江甯府　閏六月八日清兵入屯吳淞府縣官去職府照磨陶渙署縣事　七月六日邑民潘復殺陶渙　八月三日清兵破松江　二十五日清兵破縣城潘復遁　九月周浦諸生孔思起兵攻川沙不克死之

丙戌順治三年　四月五竈盜掠川沙周浦知縣孫鵬移兵平之

丁亥順治四年　春霪雨無麥　進士榜曹垂璨諸舜發

戊子順治五年　四月大風雨冰雹　江南提督始駐松江

己丑順治六年　進士榜許纘曾袁國梓朱紹鳳

庚寅順治七年　饑

辛卯順治八年　大水
壬辰順治九年　進士榜施維翰李延棨　大旱　移建水次倉於小南門內
癸巳順治十年　署提督王燝駐兵城東九月海寇至燝退保城中寇掠閔行滿載出海十五日巡撫周國治統兵至十二月海寇復入犯提督張天祿出戰其長子死焉
甲午順治十一年　海口立木樁浦中亘鐵練以禦寇船　六月大風雨海溢　七月三日寇至東溝挽樁練以去　二十六日寇掠高橋高行洋涇東溝　八月寇船進浦而南天祿駐城東遣兵救閔行巷戰退之　十二月三日黄浦冰
乙未順治十二年　設黄浦營參將　二月地震　進士榜張錫懌陸

嗚珂王日藻潘堯彩
丙申順治十三年　八月訛傳選女一時嫁娶殆盡　九月地震　十
月地震
丁酉順治十四年
戊戌順治十五年　進士榜徐士吉朱錦　八月大風雨　地震
己亥順治十六年　五月海警提督馬逢知統兵至吳淞知縣陸宗贄
集民夫登陴
庚子順治十七年
辛丑順治十八年　調崇明水師副總兵移駐　夏大旱　分江南省
爲左右兩布政司松江府屬於右布政司　進士榜喬夢蛟趙子瞻
葉映榴袁璿董含王乂汧

壬寅清聖祖康熙元年
癸卯康熙二年　大疫
甲辰康熙三年　七月颶風浦水大溢八月大風雨海溢
乙巳康熙四年　夏大雨　七月大旱颶風大作
丙午康熙五年　黄浦營裁參將改設游擊　工部差員勘定蘆課
丁未康熙六年　改江南右布政司爲江蘇布政司治蘇州
戊申康熙七年　撤回崇明水師　六月十七日地震有聲
己酉康熙八年
庚戌康熙九年　黄浦營裁游擊改設守備　四月大水五月霪雨六
月大風雨海溢　西南城濟農倉廢基開墾升科
辛亥康熙十年　大旱饑官紳捐振

壬子康熙十一年　七月蝗西北來不食稻半月後南去　初建吳淞

江石牐

癸丑康熙十二年

甲寅康熙十三年　布政慕天顏奏定均田均役法

乙卯康熙十四年　復調崇明水師副總兵移駐　復建吳淞江石牐

丙辰康熙十五年　進士榜張啓祚彭開祜張集　撤回崇明水師

冬大雪

丁巳康熙十六年　元日夜半雷震達旦大雨雪　四月大旱疫

戊午康熙十七年　六月七日亢旱水竭

己未康熙十八年　進士榜朱廷獻金甫　大旱　八月十日螟蝗食

蘆二日而去禾稻無恙二麥蠶豆無收

庚申康熙十九年　三月官紳捐辦春振蓋廠南門外薮溪堂　五月大水浦溢　麥大熟　八月三日驟雨潮漲
辛酉康熙二十年
壬戌康熙二十一年　三月海寇入犯刼糧艘二官兵追逐守備司起龍死之　進士榜金然
癸亥康熙二十二年　建常平倉於縣署　十一月黃浦冰旬餘始釋　十二月朔復寒八日熱雷電暴雨
甲子康熙二十三年
乙丑康熙二十四年　設海關　榷關使者駐漴闕
丙寅康熙二十五年
丁卯康熙二十六年　榷關使者移駐縣治　改東北城都憲行臺爲

權署　七月大風雨傷稼破牆屋覆舟
戊辰康熙二十七年　歲饑
己巳康熙二十八年
庚午康熙二十九年
辛未康熙三十年　進士榜戴有祺
壬申康熙三十一年
癸酉康熙三十二年　六月大旱　九月大風雨雹　冬黃浦冰
甲戌康熙三十三年
乙亥康熙三十四年
丙子康熙三十五年　六月朔颶風大雨夜半海溢　七月二十二日
大風雨

丁丑康熙三十六年　進士榜周彝
戊寅康熙三十七年
己卯康熙三十八年
庚辰康熙三十九年　進士榜顧維訥張翮　七月暴風三晝夜
辛巳康熙四十年
壬午康熙四十一年　亭橋南張氏婦一產三男二壽夭
癸未康熙四十二年　進士榜歸鴻
甲申康熙四十三年　四月霪雨
乙酉康熙四十四年　夏旱　秋大水　饑官紳募辦平糶
丙戌康熙四十五年　進士榜王鎬
丁亥康熙四十六年　夏亢旱水竭　七月地震

戊子康熙四十七年　正月至五月大雨　秋大水禾棉無收　設粥
　廠南門外振饑
己丑康熙四十八年　進士榜張書紳劉念椿
庚寅康熙四十九年　民建育嬰堂
辛卯康熙五十年
壬辰康熙五十一年
癸巳康熙五十二年　進士榜蔡嵩秦忠淑
甲午康熙五十三年
乙未康熙五十四年　進士榜淩如煥徐學柄　水　饑
丙申康熙五十五年
丁酉康熙五十六年

戊戌康熙五十七年　進士榜張鉞
己亥康熙五十八年　江南提標右營游擊自府城移駐縣治並轄黃浦營
庚子康熙五十九年　建提右營署於西南城海防道署舊址
辛丑康熙六十年　旱　饑
壬寅康熙六十一年　罷榷關使者以巡撫管海關
癸卯清世宗雍正元年　冬進士榜徐甯朱鑑張兆昌
甲辰雍正二年　秋進士榜程班朱良裘馬嚴　冬署游擊盛天福以浦江漁人網得玉璽送提督進呈賞銀緞
乙巳雍正三年　巡撫委蘇松道管海關
丙午雍正四年　割東南境置南匯縣　饑　建先農壇於北郊

丁未雍正五年　進士榜葉滋葉承　十一月開濬吳淞江

戊申雍正六年　三月二十九日知府周中鋐查勘吳淞大壩工程督
　夫下埽舟沒水死廷旨贈太僕卿士民建祠於陳家渡口

己酉雍正七年

庚戌雍正八年　進士榜曹一士　蘇松巡道移駐上海加兵備銜
　十月地震

辛亥雍正九年　建道署於城之東南隅

壬子雍正十年　七月大風雨海溢　官紳捐貲撈埋并施粥

癸丑雍正十一年　大疫　大水　饑

甲寅雍正十二年

乙卯雍正十三年　沿海蟚蜞嚙麥豆棉稻　移建吳淞石塘於金家

灣（東距舊塘三里）
丙辰清高宗乾隆元年　改兵備道分巡蘇松太　進士榜淩應龍
丁巳乾隆二年　金家灣新塘工竣　進士榜喬光烈黃槐淩應蘭
戊午乾隆三年　八月大風雨海溢
己未乾隆四年
庚申乾隆五年
辛酉乾隆六年
壬戌乾隆七年　進士榜張端木　裁黃浦營
癸亥乾隆八年
甲子乾隆九年
乙丑乾隆十年　建同善堂

丙寅乾隆十一年
丁卯乾隆十二年　正月雨木冰　七月大風海溢　官民煑粥振飢
戊辰乾隆十三年　建申江書院於縣署北官地　進士榜鈕思恪
己巳乾隆十四年　大疫
庚午乾隆十五年
辛未乾隆十六年
壬申乾隆十七年
癸酉乾隆十八年　二十三保民築沿浦土塘三千三百三十丈
甲戌乾隆十九年　進士榜徐秉哲
乙亥乾隆二十年　大水　大饑　官紳捐振
丙子乾隆二十一年　春猶饑　夏大疫

丁丑乾隆二十二年　進士榜曹錫寶
戊寅乾隆二十三年
己卯乾隆二十四年
庚辰乾隆二十五年　重修申江書院改名敬業　分江蘇爲兩布政司巡撫駐蘇州總督駐江甯並爲省會松江府屬於蘇州布政司
辛巳乾隆二十六年　進士榜趙傳紀陸錫熊
壬午乾隆二十七年　夏亢旱　七月大水　十月雷雨雹
癸未乾隆二十八年　進士榜薛鼎銘喬鍾吳
甲申乾隆二十九年　浦東二十二保民築沿浦土塘二千九百二丈
乙酉乾隆三十年
丙戌乾隆三十一年　改兵備道分巡松太

丁亥乾隆三十二年　變售東北城榷使廢署

戊子乾隆三十三年

己丑乾隆三十四年　進士榜汪佑煌

庚寅乾隆三十五年

辛卯乾隆三十六年　進士榜徐長發

壬辰乾隆三十七年　進士榜施潤

癸巳乾隆三十八年

甲午乾隆三十九年

乙未乾隆四十年

丙申乾隆四十一年

丁酉乾隆四十二年　二十四保民築沿浦土塘二千四百丈

戊戌乾隆四十三年

己亥乾隆四十四年

庚子乾隆四十五年

辛丑乾隆四十六年　夏大旱　六月大風雨海溢　祲　巡道盛保

贖囘東北城榷署廢基建公館

壬寅乾隆四十七年

癸卯乾隆四十八年　重建百步橋工竣

甲辰乾隆四十九年　夏霪雨　秋大疫

乙巳乾隆五十年　夏大旱

丙午乾隆五十一年

丁未乾隆五十二年　進士榜徐慰祖

戊申乾隆五十三年

己酉乾隆五十四年　進士榜張位中

庚戌乾隆五十五年　四月五日大雨雹損麥

辛亥乾隆五十六年　祲

壬子乾隆五十七年　冬暖　十二月二十七日雷鳴

癸丑乾隆五十八年

甲寅乾隆五十九年　七月大風雨海溢八月大雨十晝夜　大祲

乙卯乾隆六十年　饑　邑士出粟施粥

丙辰清仁宗嘉慶元年　進士榜李松林

丁巳嘉慶二年

戊午嘉慶三年

己未嘉慶四年　七月大風雨海溢
庚申嘉慶五年
辛酉嘉慶六年
壬戌嘉慶七年
癸亥嘉慶八年
甲子嘉慶九年　建同仁堂於藥局街
乙丑嘉慶十年　秋大雨海溢
丙寅嘉慶十一年
丁卯嘉慶十二年
戊辰嘉慶十三年　兵備道仍分巡蘇松太　進士榜趙維熊
己巳嘉慶十四年　冬黃浦冰

庚午嘉慶十五年　割東境瀕海者隸川沙廳

辛未嘉慶十六年

壬申嘉慶十七年　養濟院燬

癸酉嘉慶十八年

甲戌嘉慶十九年　進士榜趙棠　大旱　三月至七月不雨邑人出
粟振飢

乙亥嘉慶二十年

丙子嘉慶二十一年

丁丑嘉慶二十二年　進士榜張惇訓趙柄趙榮

戊寅嘉慶二十三年　秋旱

己卯嘉慶二十四年

庚辰嘉慶二十五年　秋大疫
辛巳清宣宗道光元年　兵備道龔麗正築西城箭臺　夏大疫
壬午道光二年　五月十七日大風自西來有物蜒蟺大雷雨毀學宮魁閣漂商船
癸未道光三年　二月至五月大雨七月九月又大雨　大饑　邑人捐振並收育嬰孩
甲申道光四年
乙酉道光五年　本省冬漕試行海運（共裝沙蛋各船一千五百六十二號）
丙戌道光六年　建黃道婆祠於西南城半段涇
丁亥道光七年

戊子道光八年

己丑道光九年　進士榜曹棨

庚寅道光十年

辛卯道光十一年

壬辰道光十二年　進士榜曹樹奎

癸巳道光十三年　邑紳士設局採訪節孝貞烈婦女得千四百十四人彙冊題旌　夏秋霪雨棉歉稻不登　饑　官民辦振兼贍外來飢民並收養遺孩千七百餘口明年各歸其家

甲午道光十四年　建樂珠書院

乙未道光十五年　歲稔

丙申道光十六年　育嬰堂歸同仁堂兼管

丁酉道光十七年

戊戌道光十八年　除日熱大雷電以雨

己亥道光十九年　正月朔雷三日大雪冰凍經旬

庚子道光二十年　六月提督陳化成統兵駐吳淞口巡撫裕謙總督牛鑑先後駐縣

辛丑道光二十一年

壬寅道光二十二年　調兵集防　三月西城積穀倉火藥轟發震十餘里死傷數十人　五月西洋英吉利兵艦逼吳淞口牛鑑守東礮臺陳化成守西礮臺初八日牛鑑遁吳淞口失守陳化成死之十一日敵兵水陸並進水兵過閔行陸兵入北門典史楊慶恩死之十五日敵兵退　秋和議成縣爲通商五口之一　提右營內河水師游

擊升爲參將加副將銜

癸卯道光二十三年　四月設松江府海防同知駐上海　設西洋商船盤驗所於洋涇浜北

甲辰道光二十四年　十月建同知署於西城　二十夜微雷有雹二十三日地震

乙巳道光二十五年　進士榜曹驊　大雨雹　六月地震

丙午道光二十六年　建新關於城北浦岸司西洋商船稅務撤盤驗所　六月十四日地大震十月五日又震　劃英國租界於洋涇浜北岸

丁未道光二十七年　江浙兩省冬漕續行海運　六月十三日地震

戊申道光二十八年　六月二十日大風雨潮溢二十三日晨大雷雨

忽西北風有雪　棉九月始花　饑　灑掃局定採訪旌例規條
劃美國租界於吳淞北岸並劃定南岸爲英國租界
己酉道光二十九年　夏大雨五十餘日　六月七月地屢震　秋冬
大疫　大饑　邑民集捐二十餘萬按口給錢米並設廠留養又收
育遺孩二千餘口　劃法國租界於洋涇浜南岸
庚戌道光三十年　十二月二十四保陳裕堂妻一產三男二不育
辛亥清文宗咸豐元年　正月十七夜地震　三月地震　六月霪雨
見雪
壬子咸豐二年　十一月地震
癸丑咸豐三年　二月粵匪陷江甯　三月六日夜地大震連日屢震
七月八日洪姓婦一產三男後均餓死圍城中　七月二十四日

颶風大作　八月亂民陷青浦又陷嘉定　五日閩廣會匪陷縣城
知縣袁祖悳守備李大鈞死之十日匪陷南滙又陷川沙　巡撫許
乃釗統兵勦匪令主事劉存厚統撫勇進攻二十日復青浦二十三
日南滙復二十五日川沙復二十六日復嘉定二十七日海防同知
署知府藍蔚雯統兵船泊龍華　九月存厚與乃釗會師駐新閘按
察使吉爾杭阿駐靜安寺是謂北營蔚雯駐小木橋李恆嵩統防勦
局勝勇駐盧家灣是謂南營　十一月七日河水沸　十八日已革
知府謝繼超入城招降被害
甲寅咸豐四年　正月開地道用火藥轟城　九日西城轟發崩四五
丈　四月官軍與西商訌　二十九日小南門轟發　六月乃釗罷
吉爾杭阿代之　二十九日小南門轟發副將清長冒火進死之

九月北營斷賊餉道　十月十六日河水湧　十一月五日黃浦水沸　七日地大震　十八日浙江同知胡枚登北城燒積善寺賊巢深入援絕死之　十二月地屢震三十日存厚攻小南門地轟復發

　是年英法美三國租界始合設工務局

乙卯咸豐五年　正月朔匪首劉麗川潛遁官兵擒斬之於小牐橋是夜南營客將暨李恆嵩等入城搜斬賊目縱火焚廬舍　三日巡撫入奏陳善後十事　清釐田糧重造圖册　署同知吳煦移署於東北城舊榷署其舊署改關廟　同仁堂易名爲同仁輔元堂　秋改建縣學於西城營署基

丙辰咸豐六年　夏大旱蝗自北來收捕至數百斛　九月霪雨

丁巳咸豐七年　春有蝗　七月大風雨潮溢　八月陰雨禾棉多損

蝗集西南鄉傷晚禾

戊午咸豐八年　新關設稅務司正副各西人一　民建果育堂於淘沙場　商辦輪船捕盜改爲官辦

己未咸豐九年　六月四日夜有雪　是月城鄉人民多被掠賣出洋兵備道行文三國領事查究七月呂宋國舟上放還百五十餘人每人索還買價五十圓

庚申咸豐十年　閏三月粵匪自江甯東竄　四月陷蘇州省城　五月陷嘉定陷青浦　知縣劉郇膏勸辦團練　兵備道吳煦以美國廢將華爾統中西勇　十三日松江府城陷　巡撫薛煥駐縣吳煦兼署布政使　二十七日華爾會官軍攻克松江復府城　西鄉聚義民擊賊六月十四日西援七寶拒退青浦竄賊十六日北援南翔

至江橋爲嘉定竄賊所敗　二十四日西鄉義民防堵野雞墩　二十六日賊復陷松江東竄閔行中渡橋義民擊退之　是月於晏海寶帶兩門間闢便門聯絡西兵防守　三十日西鄉義民援七寶七月朔追賊於吳楊浜敗潰死傷無算賊沿途焚掠至陳涇廟辦團諸生陳垣殉死之　二日賊衝散盧家灣駐營外委陳鳳彩周定邦死之三日賊薄城攻西南隅巡撫暨司道廳縣登城守禦賊連日攻撲並焚掠城東六日城上礮傷賊酋李秀成七日圍始解　八日郃膏至西鄉安撫　八月設團練總局於城中　九月團練大臣龐鍾璐駐縣按察使湯雲松副之　十月設各鄉團練局十九處　四日諸翟局勇襲黃渡賊巡撫撥勇防諸翟　十二月四日嘉青賊襲諸翟文生陳常監生張士英等二百餘人及新涇局委員章堂皆陣亡

六日各局赴援郁膏亦至賊聞風先遁七日郁膏回城十日各局收隊十一日巡撫發兵駐諸翟

辛酉咸豐十一年　二月二日各局援七寶三日援新涇四日虹橋局勇敗賊於野雞墩北岸六日虹橋新涇法華各局勇援江橋七日渡江追剿是晚收隊　四月八日郁膏至諸翟祭去臘陣亡義民　十五日虹橋局於野奴涇東新壘祭旗演礮　五月十日撤駐防諸翟之參將梁安邦勇　十二日賊衝駐防諸翟之參將梁勝章營中礮而退　郁膏調漕河涇局勇三百駐小萊廟　十三日虹橋新涇局勇赴華漕野雞墩防江橋竄賊虹橋局勇叉援朱方橋十五日接仗獲勝十七日收隊　十四日雲松郁膏至諸翟追殺竄賊十七日勝章與漕河涇局勇擊敗竄賊追至黃渡　二十三日嘉靑踞賊大股

來犯　二十四日江境廟局勇在野雞墩接仗統帶曹承恩等十七人陣亡郇膏至野雞墩　二十五日虹橋局勇在新涇接仗局勇金桂芳陣亡新涇局被焚燬郇膏至新涇　二十六日雲松駐兵法華

二十七日巡撫撥勝勇五百駐北新涇　二十八日諸翟各防營被圍　二十九日賊退　六月十六日北新涇勝勇移回諸翟　七月郇膏令新涇江橋局勇撈淺吳松幷築壘以遏賊衝虹橋漕河涇局勇助之八月工竣　浙賊犯浦南　二十四日郇膏渡浦帶浦東各局勇禦賊於奉賢縣之南橋爲駐防南橋之馮營所刼賴救得免

二十五日賊退郇膏回縣　九月四日賊圍諸翟營梁勝章自南橋馳歸突圍入守八日賊焚燬七寶民團局赴援之漕河涇局統帶沈月峯陣亡　二十二日嘉靑賊竄野雞墩郇膏赴北新涇防禦

二十四日團練大臣派勇援北新涇敗潰於福居寺　二十五日虹橋局勇渡中新涇擊賊奮勇蔡炳丁行和陣亡　是夜華漕營被圍中營參將李恆嵩帶洋鎗隊由松江至賊驚潰北渡多溺死　二十六日賊退各局收隊　十一月二十日駐諸翟之十八營調防縣城及洋涇　十二月浙賊竄浦南　十七日奉賢陷　十八日南滙陷十九日川沙陷　二十四日賊逼白蓮涇口巡撫調海舶架礮守禦　二十五日諸翟大營退紮張官渡　二十七二十八二十九凡三日大雪　劃定法國租界東盡浦岸

壬戌清穆宗同治元年　正月朔華爾以洋槍隊五百人大破賊數萬於府城外迎喜濱奏上賜號常勝軍　賊酋李秀成踞王家寺靑嘉賊屯偪北川南賊駐高橋　十六日郁膏統民團渡浦剿賊至洋涇

遇伏守備張祥琪軍功趙景賢監生沈斌趙金祥皆陣亡　二十三日西兵攻克高橋　設會防局於城北（時巡撫以江浙紳士之請奏准會商英比二國合兵剿賊）二月王家寺賊犯虹橋逼礮壘九日十二日迭次攻撲十四日大隊突至十五日步騎繼進礮壘不守局勇潰散西鄉團局至是盡毁　賊犯顓橋馬橋局勇擊却之　是月欽差大臣兩江總督曾國藩奏派道員李鴻章來縣剿賊三月吳煦督會防局具舟迎師鴻章率參將程學啓滕嗣武千總劉銘傳同知潘鼎新等統皖楚兵萬人自皖航江海抵縣駐城南　四月三日復嘉定　十四日復青浦　十五日鴻章署巡撫　十九日復南橋　二十一日復柘林　二十三日復奉賢　二十八日嘉定復陷　五月三日復南滙　四日復川沙　六日學啓敗賊於虹橋漕河涇

七日奉賢柘林復陷　十一日再復奉賢柘林　十三日青浦復陷　二十一日賊大股犯新橋及法華徐家滙學啓被圍鴻章馳救大破之　六月二十一日復金山衞城自是浦東無賊蹤　七月十五日再復青浦　十九日賊酋譚紹洸大股薄縣城署提督黃翼升統水軍至擊走賊移犯新涇法華相持旬日　八月三日鴻章會諸軍大破之復毁其吳淞北岸七營　九月朔再復嘉定　譚賊大舉東犯十七日鴻章敗之於四江口南岸十九日又敗之於北岸二十二日又集諸軍逼賊營大破之自是淞滬無賊蹤　是年設釐捐總局於縣治　兵備道募壯丁編爲衞隊　江海新關設河泊所以英國水師官司之　遷敬業書院於舊學基　建同仁保安堂於老閘鎮　法租界退出公共工部局自組市政府

癸亥同治二年　置善產同仁輔元堂田三十九頃弱育嬰堂田十五頃強建倉房於華亭縣之後岡鎮　十月巡撫統水陸各軍進攻蘇州克之省城復　是年英美兩國租界改爲各國公共

甲子同治三年　四月裁遣常勝軍　六月江甯復本省肅清　英法會防兵駐城者以次撤退

乙丑同治四年　十二月撤會防局

丙寅同治五年　於北城便門添築月城敵樓名其門曰障川　同善堂歸併於同仁輔元堂　重修學宮舉釋奠禮樂　英商創築鐵路於吳淞江北

丁卯同治六年　建普育堂於半段涇　建江南機器製造局於城南浦岸　兵備道應寶時建龍門書院於西南城

戊辰同治七年　進士榜劉至喜　總理各國事務衙門與英國公使議訂洋涇浜設官會審章程　設修志局於也是園　詳辦積穀　移建社稷壇於西郊肇嘉浜北　改提標內河右營爲提標裏河右營

己巳同治八年　灑掃局册報歷年採訪節孝貞烈婦女九百三十三人詳題旌表　重建縣署常平倉

庚午同治九年　建滬北仁濟堂於西新橋北

辛未同治十年　進士榜周晉瑳李曾珂　建清節堂於半段涇善產田二十頃建倉房於嘉定縣之方泰鎮　丹麥商設大北電報公司

壬申同治十一年　西南鄉士民建吳會書院於馬橋鎮　設輪船招商局於城東北浦岸

癸酉同治十二年　建同仁輔元分堂於城西北　冬漕海運分裝商輪

甲戌同治十三年　續備滬軍親兵營駐北門内分防城廂内外　建放生局於陸家浜南　建法華積穀倉　四明公所因法租界馬路侵入塚地集衆抵抗

乙亥清德宗光緒元年　駐閔行之浙西鹽捕左營原有五哨改哨爲營　中西紳商建格致書院於租界　建閔行積穀倉　八月四日大風雨海溢

丙子光緒二年　兵備道馮焌光建求志書院於東南城倉基　秋訛傳邪術翦人髮辮又紙人作祟比戶夜驚鳴鉦　英商淞北鐵路延長達吳淞口

丁丑光緒三年　秋有蝗歲祲　九月總督沈葆楨收買淞北鐵路拆毀之

戊寅光緒四年　粲珠書院附設孝廉課　張煥綸創正蒙書院於梅溪上

己卯光緒五年　建滬北棲流公所於新閘南　定同仁輔元堂果育堂普育堂輪年管理積穀

庚辰光緒六年　撫標滬軍營駐南門外分防浦東西各處　十月官辦電綫由天津達上海

辛巳光緒七年　製造局設礮隊兩營舊營分駐本局附近新營分防東西北三路　閏七月四日大風雨海溢　設電報局於城北浦岸與大北訂立合同

壬午光緒八年　三月電報改歸商辦

癸未光緒九年　建積穀倉於馬家廠　七月大風雨潮溢　電報總局收買大北吳淞口陸路電綫　建出使行轅於鐵大橋北　建同善粥廠於新閘橋北

甲申光緒十年　撫標親兵新中營駐閔行備陸防　江浙巡防新中營駐閔行築營壘　法越戰事起海防喫緊知縣黎光旦奉文舉辦民團

乙酉光緒十一年　兵備道邵友濂以正蒙書院改建梅溪書院　建清節堂於城西半段涇　灑掃局册報節孝貞烈婦女百四十一人始由縣學會銜巡詳撫院題旌幷定三年彙上之議

丙戌光緒十二年

丁亥光緒十三年　閔行陸防營改水師

戊子光緒十四年

己丑光緒十五年　進士榜楊德鏁　建萬壽宮於曹氏半涇園故址

七月大疫

庚寅光緒十六年　進士榜王全綱王慶平張堅

辛卯光緒十七年

壬辰光緒十八年　夏秋大旱饑　十二月大雪黃浦冰　引翔港周

建侯妻一產三男

癸巳光緒十九年

甲午光緒二十年　進士榜孫文詒　日本內犯海口戒嚴　知縣黃

承暄奉文舉辦民團

乙未光緒二十一年　正月二十二日地大震　進士榜秦錫圭　秋大疫
丙申光緒二十二年　閔行江浙巡防營他調　建奎星閣於學宮巽方　東南鄉士民建三林書院於三林鎮　十月奏准復築淞北鐵路
丁酉光緒二十三年　開辦郵政附設於新關
戊戌光緒二十四年　展放各國公共租界於虹口以東　七月三日夜半雷擊龍華火藥船　電報收歸國有　四明公所因法租界又議塚地築路罷市罷工總督派臬使查辦各國領事和解之
己亥光緒二十五年　建公共租界會審公廨於北浙江路　輪電兩局建南洋公學於法華鎮南

庚子光緒二十六年　三月十日巳時晝晦　夏因北方拳亂各國兵艦進泊浦江　江浙冬漕全歸輪運（時沙船已不滿五十號）　展放各國公共租界於周涇以西又展放法國租界

辛丑光緒二十七年　鎮海葉氏建澄衷學堂於虹口　定舊有海關曰江海常關新關曰江海關常關在通商口岸五十里內者歸稅務司管轄

壬寅光緒二十八年　冬各國兵艦撤回　改吳會書院爲強恕學堂三林書院爲三林學堂

癸卯光緒二十九年　進士榜朱壽朋　夏大疫　八月滬甯鐵路開辦設總管理處於上海

甲辰光緒三十年　改龍門書院爲師範學校　邑紳曾鑄以美虐華

工倡議抵制全國響應不用美貨　旅紳創設萬國紅十字會

乙巳光緒三十一年　敬業書院停止課試改辦官立小學堂　藥珠書院停止課試改辦師範傳習所　原駐城西南之督標奇兵右營改編爲巡防十一十二十三十四步隊分防浦東北境及引翔城西等處　原駐南市之太湖水師第五營移駐閔行沿浦　八月三日海溢漂沒無算　十月開合邑學務公會於明倫堂　設城廂内外總工程局於城東浦岸

丙午光緒三十二年　五月十四日大風　奏設江蘇鐵路公司十一月滬嘉路開工　改萬國紅十字會爲中國紅十字會　十二月部辦南市電話

丁未光緒三十三年　改巡防步隊爲淞滬巡防營原有十三十四兩

隊編爲第五營駐浦東塘工局分防上寶各處　四月上海勸學所成立　七月郵政總局自江海關遷於北京路　東城省園王氏建南洋中學於外日暉橋　浦東楊斯盛建浦東中學校於六里橋南

戊申光緒三十四年　三月滬甯路工竣　建浦東塘工善後局於東溝口　建貧兒院於斜橋南　西鄉朱馮氏一産三男母子俱殞

己酉清宣統元年　正月兵備道蔡乃煌蒞總工程局主議以規銀一百二十五萬兩向粵商收回水廠　於西城闢尙文門拱辰門於東北城闢福佑門　建上海醫院於城東南積穀公地　北城蘇氏募建民立中學堂於城南神祇壇基　四月滬嘉路工竣設總站於城南　十月江蘇諮議局成立於江甯開會出席者謝源深姚文枬秦錫田朱開甲穆湘瑤姚祓舉常駐員　十一月二十七日地太震

租界始行駛電車　是年奉文遵旨籌辦地方自治議定城自治一鎮自治二鄉自治十有二各於十二月上旬舉行議員之選舉

庚戌宣統二年　正月改總工程局爲城自治公所　三月諮議局臨時會出席者如前　建孤兒院於龍華東　七月撤厘捐總局　八月南市黃浦設水上巡警　九月建警鐘樓於東南城倉基并建救火聯合會　諮議局常會出席者謝源深姚文枏秦錫田朱開甲顧言姚任財政審查長宣三預算審查總長

辛亥宣統三年　二月諮議局臨時會出席者如前　六月舉行縣議員之選舉　是歲革命事起八月十九日發難於武昌立中華民國軍政府稱黃帝四千六百九年　九月長沙九江西安民軍並起警報疊至全埠震動城自治公所議會董會連日密籌應變機宜保安

方略七日董會議決警備五案　十一日商團二十餘起會員二千餘人大會於九畝地行檢閲禮任兵科舉人李顯謨爲司令聯合救火會員編配分防地段　十二日晚革命駐滬黨人陳其美出席於城自治會議　十三日午後閘北巡警變動兵備道避入租界　日晡民軍攻製造局不克其美被獲　夜分民軍入城焚道署大堂文武官出走（惟教諭守祭器典史守監獄候交代）　十四日昧爽民軍以道署衛隊及滬軍營再攻製造局商團一部分助之救出其美局官出走　晨城自治總董李鍾珏蒞縣署接收民政斬謀財害命罪惡衆著之獄四三　十四日杭州民軍起　貴州民軍起　十五日蘇州民軍起巡撫程德全被舉爲蘇軍都督　十六日其美被舉爲滬軍都督　十七日滬軍府任伍廷芳爲外交總長李鍾珏爲民政總長兼製造局長沈懋

昭爲財政總長　十八日民政總長任吳馨爲縣民政長黃慶瀾爲縣司法長莫錫綸爲市長顧履桂爲副市長改城自治公所爲市政廳　十七十八十九等日廣西安徽廣東福建等省民軍並起　滬軍府任李顯謨爲滬防水陸全軍統領　二十一日鎭江民軍起海軍各艦附之　二十二日江陰炮臺受製造局協餉表示同一之行動　二十五日滬軍出發攻甯　二十六日浙軍由滬出發攻甯　二十七日製造局籌款發給海軍駐滬各艦之九月分餉銀是日製造局開始運送攻甯軍火　十月一日蘇軍府召集諮議局議員開臨時省議會於蘇州出席者如前姚任財政審查長兼代審議長秦任學務審查長　二日蘇軍都督出發攻甯　五日蘇浙滬鎭各軍會師攻甯　製造局拆卸吳淞口炮臺大炮二於十日十一日兩次

夜車運甯　十二日甯垣下總督提督將軍均出走　蘇軍都督入甯垣改稱江蘇都督組駐甯省政府　程都督自甯涖滬移書稱病武進莊蘊寬代督甯政府用莊代督名義由司長代行　臨時省議會議決官制廢道府廳州上海爲江蘇六十縣之一　南北議和　清廷代表唐紹儀民軍代表伍庭芳會議於公共租界市政廳　十一月各省軍府代表會議於甯垣　十三日孫文自外洋歸國由滬抵甯各省代表會議舉爲中華民國臨時大總統

壬子中華民國元年孫大總統就職下令改用陽曆以黃帝四千六百九年十一月十三日爲中華民國元年一月一日　定五色旗爲國旗　二日清廷撤回唐紹儀由其內閣總理袁世凱直接與民軍代表電商和議　置駐滬通商交涉使　省頒暫行市鄉制廢除城鎮

名稱　二十八日各省臨時省議會推出代表所組之臨時參議院成立於南京（即甯垣）　二月十二日即宣統三年十二月二十五日清皇帝下詔退位　十三日孫大總統咨參議院辭職並薦袁世凱繼任　十五日參議院舉袁世凱爲臨時大總統　二十日舉黎元洪爲臨時副總統　三月十日公布臨時約法　十一日袁在北京受臨時大總統之任　四月一日孫在南京解臨時大總統之任以黃興爲南京留守　二十八日臨時參議會遷至北京　五月黃興電請銷職　六月八日公布國旗商旗暨海陸軍旗式　七日舉行縣市鄉議員之選舉　陳都督辭職滬軍府取銷　八月公布國會組織法　縣議會成立於尙文門內　縣參事會成立於縣公署　十一月置江海關監督　十二月十日依法舉行國會之衆議院議員

初選舉並舉行江蘇省議會議員之初選舉

癸丑中華民國二年一月縣民政長改稱縣知事　十日衆議院議員及省議會議員之覆選舉皆於蘇州舉行　二月省議會成立於南京（卽甯垣）出席者黃申錫顧鏡清沈周秦錫田　三月省議會依法選舉國會參議院議員　二十一日盜殺前農林總長宋教仁於閘北滬甯車站　二十四日租界破獲殺宋凶犯　四月四日內閣總理唐紹儀與駐京各國公使簽訂濬浦局暫行章程　八日兩院議員舉行國會開會儀式於北京出席者參院秦錫圭曹汝霖衆院姚文枏

是日巴西國承認中華民國　二十六日參議院成立　二十八日衆議院成立　五月美國墨西哥國祕魯國均承認中華民國八日宋案凶犯由租界引渡　駐滬通商交涉使改稱外交部特派

江蘇交涉員仍駐滬　黨人以發見政府有殺宋嫌疑譁起討袁
二十八日暴徒犯製造局廠　七月六日海軍中將鄭汝成率第四
師陸軍步隊三營由塘沽航海抵滬駐守局廠稱海軍警衛隊第一
第二第三營　十二日贛省討袁軍起宣布獨立　十五日黃興入
甯垣稱江蘇討袁軍總司令脅都督程德全省長應德閎通電各縣
宣布獨立　十六日縣商會集議保安方略　十七日程都督應省
長離甯來滬縣知事吳馨淞滬警察廳長穆湘瑤同時辭職　縣商
會縣教育會商團公會救火聯合會集議合組上海保衛團於市政
廳舉李鍾珏爲團長　十八日陳其美設駐滬討袁軍總司令部於
南市　中國紅十字會暨滬城分會各組救護隊預備出發　李團
長就任並先接收警務　駐滬領事團阻陸軍部派隊二千人於吳

淞口外　松軍八百人到滬佔龍華火藥廠　十九日李團長謁鄭中將於製造局　二十日陳司令調鎮軍及駐甯福字軍先後到滬淞口被阻之軍隊繞由川沙登陸渡浦　下午李團長偕地方各公團邀鄭中將陳司令在高昌廟水廠三面磋商息戰無結果　二十一日晚各公團集議趕辦書面推舉代表分投籲息　二十二日夜半戰事起黨軍猛攻局廠開砲擊退之南市城厢居戶逃避一空電鐙機水暨公私建築多受砲火損壞　二十三日晨李團長以保衛失效走避警務失統馭崗巡寥落　福字軍鎗殺出防商團二人於路商團停止出防　夜半黨軍再猛攻局廠再擊退之其美遁司令部潰散　二十四二十五兩日縣議長莫錫綸市總董陸文麓函鄭中將並電中央陳告兵災慘狀籲請維持　二十六日程都督應

省長奉中央電令在滬組織行署鄭中將奉中央電令任爲上海鎮守使　二十七日穆警廳長回任　二十八日吳知事回任　二十九日黃興遁程督電告取銷獨立　八月六日鄭鎮守使奉令任爲上海警備地域司令官　十四日鄭鎮守使奉令兼督理製造局薩鎮冰督辦淞滬水警　九月中央兵入甯垣免程督任張勳免應長任韓國鈞　十月國會議員組憲法會議議決關於選舉總統之一部份四日公佈又組選舉總統會六日選出大總統袁世凱七日選出副總統黎元洪　日斯巴尼亞等十三國承認中華民國　十日大總統於北京副總統於武昌同時就職　十一月四日下令解散國民黨　國會因議員被認爲亂黨而摘取徽章追繳證書者四百餘人不能成會　十二日任張勳長江巡閱使馮國璋江蘇都督

甲寅中華民國三年一月明令停止國會兩院議員職務　二月電令各省停辦地方自治　鄭使奉文派員接收市政廳改爲工巡捐局交涉員兼任上海觀察使　三月歐戰起　五月一日中央公布增修約法　六日設修志局於縣議會會所　六月上海觀察使改稱滬海道尹轄松太海門等十二縣上海爲十二縣之首　八月二十三日修志局遷於也是園

乙卯中華民國四年八月北京發現籌安會提議政體問題　十月奉文選舉代表每縣一人赴省投票表決政體問題　十一月十日盜殺鄭鎮守使於租界途中汽車內　陸軍第四師長楊善德奉電令由松江鎮守使調駐上海改稱淞滬護軍使仍駐製造局廠以盧永祥爲副使駐吳淞取銷鎮守使　建築縣公署於亭橋路營署基

十二月五日海軍肇和艦發炮擊製造局廠旋罷　十一日宣布全國表決政體之結果主張君主立憲戴大總統爲皇帝　二十五日雲南起義討袁　三十一日令明年改元洪憲

丙辰洪憲元年三月二十一日廢止洪憲年號仍稱中華民國五年

五月建築地方審檢兩廳於西南郊　十八日盜殺陳其美於租界寓所　六月六日袁大總統薨於位　七日黎副總統就大總統任

八月一日國會開會出席者如前　九月國會開憲法會議　十月一日省議會回復開會出席者秦錫田沈周黄申錫顧鏡淸　國會開選舉總統會三十日選出副總統馮國璋

丁巳中華民國六年一月楊善德督浙盧永祥任淞滬護軍使取消副使　三月十四日中央宣布對德絶交　六月督軍團由天津入京

十二日明令解散國會兩院　張勳擁兵入京七月一日以清帝復辟黎大總統遜位　三日段祺瑞在馬廠起兵討逆　六日馮副總統在甯就代理大總統任　十二日討逆軍入京張勳遁　十三日馮代總統由甯到京　八月任李純江蘇督軍　十四日中央對德奥兩國宣戰　二十五日兩院議員開非常會議於廣州出席者秦錫圭劉欽謨　十月中央召集臨時參議院　十一月十日臨時參議院開會於北京

戊午中華民國七年一月三十一日撤修志局　二月中央公布修正兩院議員選舉法　舉行衆議員之選舉　八月續修縣志出版　十二日新國會開會於北京　十月十日省議會第二次改選出席者黄申錫　新國會舉徐世昌爲大總統

己未中華民國八年二月南北議和北代表朱啓鈐南代表唐紹儀會議於租界之舊德總會　五月和議無效代表罷歸　六月南北市工商罷業電中央要求釋被捕學生並黜賣國者得請乃已　八月盧永祥督浙薦何豐林任淞滬護軍使

庚申中華民國九年　五月在法租界之全國學生會暨勞動團體婦女團體均被封閉　七月十日以蘇滬交惡特別戒嚴　十月李純自戕齊燮元督蘇

辛酉中華民國十年一月廣州非常會議舉孫文爲大總統

壬戌中華民國十一年五月兩院議員設第一屆國會繼續開會籌備處於天津　六月二日徐大總統辭職離京　十一日黎大總統入京復職　八月國會繼續開會出席者秦錫圭姚文枬　十月一日

省議會第三次改選出席者黃申錫穆湘瑤　十二月國會續開憲法會議

癸亥中華民國十二年一月設修志局於也是園　六月奉文回復地方自治　縣議會開會　中央賄選事起十三日黎大總統被迫離京　七月國會議員南下者集會於西南郊湖北會館出席者姚文枏秦錫圭　十月國會議員留京者公布憲法全部選舉曹錕爲大總統　移滬國會兩院議員凌鴻壽等宣言聲討賄選　何豐林通電聲討賄選　離京國會議員褚輔成等四百八十三人通電聲討賄選

甲子中華民國十三年　北京政府令各省區改選衆議員　廣州組織建國政府推孫文爲總統定靑天白日滿地紅爲國旗　三月淸

丈局成立　五月三十一日承認蘇聯政府　八月二十二日邑廟大殿災損失十五萬元　八月二十九日江浙戰事緊急英美法日致警牒於外交部　九月三日江浙兩軍於滬甯路安亭站接觸閔行輪船被封乘客三百餘人盡迫登陸　直奉交戰直軍敗曹錕去職段祺瑞爲臨時執政　九月二十五日西湖雷峯塔圮廢　十月十三日盧永祥何豐林亡日本江浙戰事終止　十月十七日北京蘇浙議員通電主張裁撤淞滬護軍使遷移兵工廠以弭戰禍司法總長章士釗令法院檢舉賄選案賄選議員均逃避

乙丑中華民國十四年　一月外兵及商團警備租界　三月孫文卒　五月三十日西捕鎗殺學生是爲五卅慘案　廣州國民政府成立　蔣中正攻克惠州陳烱明退閩　北京政府召集關稅特別會

議

丙寅中華民國十五年　四月十四日納稅西人會議決工部局中添置華董三人　執政府解散國務總理顏惠慶在北京組攝政內閣　五月四日淞滬商埠督辦公署成立　蔣中正就國民軍總司令職　吳佩孚遣散國會議員　國民政府由廣州遷武漢

丁卯中華民國十六年　一月一日收回公共租界會審公廨改組臨時法院　三月　日國民軍至上海　國民政府定都南京　南京中央政治會議定八月一日實行關稅自主同時裁撤釐卡　第八屆遠東運動會在上海開幕　六月三十日特別市土地局接收清丈局　七月七日上海特別市政府成立接收市公所

戊辰中華民國十七年　中央政治會議通過設立中華民國建設委

員會　郵政總局發表全國人口共四億八千五百萬餘　國府委員議决廢兩用元統一幣制　六月一日租界內各公園開放　七月一日劃上海市閘北市蒲淞市洋涇市引翔鄉法華鄉漕河涇鄉高行鄉陸行鄉塘橋鄉楊思鄉爲上海特別市區域閔行鄉顓橋鄉北橋鄉馬橋鄉曹行鄉塘灣鄉三林鄉陳行鄉爲上海縣區域

民國上海縣志卷二

政治上　官治

行政官

縣知事　辛亥九月江蘇都督頒布江蘇暫行地方制十二條縣設民政長十月頒發民政長印信三年十月遵照中央命令改稱縣知事頒發縣知事新印　縣民政長公署設佐治職分課治事曰總務曰警務曰學務曰實業曰主計二年四月改設四科第一內務第二財政第三教育第四實業每科置科長一員科員若干員

歷任縣知事題名

姓名	別號	籍貫	到任期	交卸期	備註
吳馨	懷疚	本縣	辛亥九月十八日	民國三年一月一日	

洪錫範	伯言	太倉	三年一月一日	三年十一月六日	
沈寶昌	醞石	浙江紹興	三年十一月六日	五年十月九日	丁憂請假
景崧	毓華	河南商城	五年十月九日	五年十二月十六日	代理
沈寶昌			五年十二月十六日	十三年九月十九日	回任
熊烈	商衡		十三年九月十九日	十三年十月十八日	代理
李壽慈	南山		十三年十月十八日	十四年一月十日	
傅文通			十四年一月十日	十四年一月十四日	
范回春			十四年一月十四日	十四年一月三十日	
應季審			十四年一月三十日	十四年二月五日	
李祖夔		浙江	十四年二月五日	十四年十月十八日	
張思永	受之	松江	十四年十月十八日	十五年四月七日	

危道豐　芑濱　十五年四月七日　十五年十月二十四日

徐章曼　寬甫　十五年十月二十四日　十六年三月二十二日

陳勇三　本縣　十六年三月二十二日　十六年三月二十四日

邵樹華　十六年三月二十四日　十六年八月二十日

江家瑂　眉仲　安徽婺源　十六年八月二十日

案歷任縣知事吳馨沈寶昌任期最久治績尤著吳馨本邑人另見人物傳餘如傅文通范回春應季審陳勇三任期均不滿一月時局不甯吏治亦變遷無定也

南市工巡捐局　三年二月奉令停辦自治上海鎮守使鄭汝成委派外交委員楊南珊會同縣知事洪錫範將上海市政廳之財產賬簿卷宗先行接收保管三月參仿天津辦法改市政廳為工巡捐局電由軍

事處轉呈大總統准設上海工巡捐局管理工程衛生及徵收關於工程衛生之捐稅唯本市之學務劃歸縣辦

附三年三月上海工巡捐局試辦章程總綱十五條

一本局承上海鎮守使命令接辦上海南市暨閘北市政廳工程衛生事宜并徵收關於工程衛生之公益稅車船及其他雜捐仿天津工巡捐局辦法參照上海現狀加以變通定名爲上海工巡捐局　二上海閘北市政廳應辦之衛生工程并關於工程衛生徵收捐稅由本局設一分局派員辦理以昭劃一　三凡經前市議會議決市政廳執行之案繼續有效倘有應行變通之處由本局隨時考查再行酌辦　四凡前上海南市暨閘北市政廳所定辦事暨收捐章程如有變通之處由本局斟酌删改隨時佈告俾得有所遵循　五凡隸屬於上海南市市政廳東南西中各區辦事機關一律取消其區內應辦事件應繳之款除學務外一律歸本局繼續辦理　六凡前上海南市暨閘北市政廳經手債務暨欠收款項均由本局擔任償還與繼續催繳惟債務須經本局核與市政廳賬目相符方准照付其償還期限除遇特別情形須商量展緩外自應按期償還以昭信用　七凡前上海南市暨閘北市政廳所有公產均由本局接收保管其應行收入各款亦由本局繼續經收　八本局應徵各項捐稅現暫依據前上海南市暨閘北市政廳所訂稅額辦理將來斟酌情形再議增減　九凡前上海南市暨閘北市政廳與各商家所立合同除查有不合情形應行取消者餘均作爲有效惟必須於本局開辦一月內來局呈驗應由各該科查核會同總務處呈明局長加蓋印記方能作准　十凡隸屬於南市暨閘北市政廳之各慈善團另選地方公正士紳呈請上海鎮守使委任辦理俱由本局隨時稽查　十一本局擇前市政廳董事中之公正者呈請上海鎮守使聘用爲本局顧問員以期廣徵意見溝通輿情　十二前上海南市暨閘北市政廳辦事人員除學務外由本局酌量錄用以資熟悉　十三本局所收各款除辦理事件外餘款盡數撥歸淞滬警察費遇有稽查稅捐需藉警力得隨時函請各該長官協助　十四本局持減政主義一切人員薪費比照前市政廳實行撙節俟將來整理就緒如事務較繁再行增添　十五本局現正清查上海城壕事務所俟澈底查明後關於該所經辦事件另行斟酌情形歸併本局詳

（定專章以昭允洽）局設局長一人總務處長一人文牘統計員各一人庶務會計總務工程衞生各科主任各一人助理員各一人或三人四人十一年十月添設副局長一人

滬北工巡捐局　辛亥改革以後閘北設立民政總局自治公所元年十二月改組爲閘北市政廳辦理地方行政並附設警務公所裁判所三年二月停辦自治三月上海鎭守使鄭汝成派員改組閘北工巡捐分局專管工程衞生及徵收關於工程衞生之捐稅仍由南市工巡捐局節制以一事權十二月爲節省經費統一辦事起見呈奉巡按使鎭守使核准改爲閘北分辦處設主任一人七年一月閘北紳商以近年商市繁盛詳求松滬護軍使盧永祥核准設立滬北工巡捐局局設總務科稅務處工程處（總務科科員先置二十人後增至三十二人稅務處職員十七人後增至二十八人工程處職員六人後增至十三人）其清道路

燈向由警察廳辦理十年收回局辦添設衛生處職員十一人後增二人

歷任工巡捐局局長題名

南市

楊南珊 三年三月任 字南珊直隸天津人

朱鈞弼 三年四月任 字壽丞江蘇吳縣人 案朱曾以丁艱請假一月由莫錫綸代理

杜　純 六年十月代理 字梅叔廣東番禺人 案局長黃慶瀾未視事旋任金華道尹故由杜代理

姚志祖 六年七月任 字石蓀直隸天津人

莫錫綸 十一年十月任 字子經本邑人

姚福同 十二年八月任 字慕蓮浙江嘉興人

滬北

曹有成 七年一月任 字履冰廣東順德人

陳繼蕃 九年一月任 字頌賢浙江嘉善人

汪　洋 九年十月任 字子實安徽旌德人

許人俊 十年十月任 字劍靑江蘇吳縣人

缺十一年十月姚福同任副局長十二年五月辭職總務處潘方燿兼代

司法官

地方審判廳　上海司法署成立於辛亥九月司法長駐縣署辦公各市鄉裁判分所皆隸屬於司法署元年一月改上海司法署爲上海地方審判廳司法長爲廳長仍節制各裁判分所廳置廳長一員庭長三員推事十員候補推事七員書記官長一員書記官十七員候補書記官七員繙譯官二員錄事三十員承發吏十六人管轄上海縣之第一審第二審民刑案件及松江奉賢南滙寶山崇明海門金山青浦川沙太倉嘉定南通等縣第二審民刑案件其廳內之組織法民事庭二民事簡易庭一刑事庭一刑事簡易庭一民事訴訟執行處一書記室分文牘科紀錄科統計科會計科登記處

地方檢察廳　元年一月置檢察廳長一員首席檢察官一員檢察官四員候補檢察無定額書記官長一員看守所長一員書記官八員繙譯官一員繙譯員候補書記官法醫皆無定額檢驗員二員看守所醫士一員主任錄事一員錄事繕狀生皆無定額看守所書記三人司法警長一人看守所所丁長一人司法警目二人司法警察二十七人所丁二十四人第一審管轄區域爲受理上海縣屬全境之初級管轄刑事案件及地方管轄刑事案件第二審管轄區域爲受理本廳及寶山南滙青浦太倉嘉定金山川沙崇明海門松江奉賢南通各縣之初級管轄刑事上訴抗告再議案件

典獄長　元年一月置典獄官一員三年十一月改爲典獄長

初級審判廳　辛亥十月設南市浦東東溝曹家渡三林塘等處裁判

分所皆隸屬於司法署元年一月地方廳內附設第一初級審判廳轄上海市之中區西區及法華鄉蒲淞市漕河涇鄉以地方審判廳長兼任初級廳長三月添設閘北裁判分所十月改南市裁判分所爲第二初級審判廳轄上海市之東區南區及高昌廟警區轄境駐南市小普陀改閘北裁判分所爲第三初級審判廳轄閘北新閘橋天保里龔家宅寶興路虬江橋胡家木橋叉袋角南潭子灣北新涇駐閘北共和路幷浦東東溝兩裁判分所爲第四初級審判廳轄洋涇市及塘橋高行陸行三鄉駐浦東爛泥渡改閔行裁判分所爲第五初級審判廳轄閔行顓橋北橋馬橋四鄉駐閔行鎭設第六初級審判分廳轄引翔鄉駐引翔港改三林塘裁判分所爲第七初級分廳轄三林陳行楊思三鄉改曹家渡裁判分所爲第八初級分廳轄二十七保十三圖及南十二

北十二圖之吳淞江以南地段二十八保八九圖及吳淞江以北之南十二圖十并十一圖駐曹家渡上列各初級審判廳各置一初級檢察廳各初級審判分廳各置一初級檢察分廳二年二月并第一第二初級廳及第七初級分廳爲第一初級審判廳駐南門內并第三初級廳及第六第八初級分廳爲第二初級審判廳駐閘北共和路改第四初級廳爲第三初級審判廳駐爛泥渡第五初級廳爲第四初級審判廳駐閔行鎮仍各配置一初級檢察廳十一月又并第三初級廳於第一廳第四初級廳於第二廳三年五月悉裁初級各審判廳唯閘北設地方審判廳分庭由地方廳隨時派推事一員或二員到庭仍配置一地方檢察分庭四年十月裁撤另在地方廳內組織簡易庭

歷任司法官題名

地方審判廳長

黃慶瀾 元年一月任 字涵之本邑人

張清樾 二年五月任 字蔭公江蘇崇明人

袁鍾祥 三年五月任 字麟伯江蘇江寧人

陸守經 六年十二月任 字達權江蘇青浦人

張允同 八年二月任 字子鄭廣東番禺人

戚運機 九年九月任 字愚勤湖北沔陽人

梅詒穀 十年十月任 字伯蓀浙江餘姚人

沈錫慶 十二年二月任 字慶生浙江紹興人

鄭毓秀 十六年三月任 廣東寶安

地方檢察廳長

張象焜 元年一月任 江蘇吳縣人

陳　英 二年一月任 湖南善化人

蔡光輝 二年八月任 字季平江蘇松江人

汪駉孫 三年二月任 安徽盱眙人

劉祖望 四年一月代理 安徽廬江人

林炳勳 四年二月任 字仲立福建閩侯人

賀德深 八年五月代理 湖北枝江人

梅詒穀 八年六月任 字伯蓀浙江餘姚人

汪忠章 九年八月代理 安徽婺縣人

譚辛震 九年九月任 湖南湘潭人

王義檢 十年六月任 直隸易縣人

黃用中 十年十月代理 廣西桂林人

車顯承 十一年五月任 字湛青 廣東番禺人

孫紹康 十四年四月任 字民任 吉林人

鄭毓秀 十六年五月兼任

典獄長

吳家振 元年一月任 字確生 安徽涇縣人

周渭南 二年九月任 江蘇無錫人

吳鴻瀚 三年三月代理 浙江紹興人

鄢傳薪 三年四月任 湖北武昌人

李瀘 三年九月任 湖北天門人

敖振翔五年十月任字雲亭河南光山人
竇家楨九年四月任江蘇無錫人
吳曾善十年一月任字慈堪江蘇吳縣人
黄馥十年四月代理浙江吳興人
竇家楨十一年一月任
楊宣猷十二年十二月任
朱剛十三年六月任
殷史雄十六年六月任
黄馥蘭十七年六月任

江蘇第二監獄民國元年稱上海地方監獄後改上海模範監獄四年改上海監獄八年五月改今名

典獄長

敖振翔 字雲亭

黃馥

竇家楨

吳曾善 字慈堪 十年五月任

吳棠 字直喃

吳魁 十七年四月任

南市裁判分所	陳仁琅
浦東裁判分所	姚鵰
東溝裁判分所	嚴善增
曹家渡裁判分所	周宗翰
三林塘裁判分所	姚善繁
閔行裁判分所	金鑑
閘北裁判分所	孫濤清

第一初級廳	黃慶瀾
第二初級廳	俞應望
第三初級廳	董邦幹
第四初級廳	龔鑑
第五初級廳	夏季穠
第六初級分廳	汪綸
第七初級分廳	秦炳漢
第八初級分廳	任桐

元年一月地審廳長兼任二年十二月裁幷於第二廳	俞應望	二年十月以第一廳第二廳第七分廳合組十一月裁第三廳幷入三年五月裁撤
元年一月任二年二月改組爲第一廳	董邦幹	二年十月以第三廳第六分廳第八分廳合組十一月裁第四廳幷入三年五月裁撤
元年一月任二年二月改組爲第二廳	龔　鑑	二年二月以第四廳改組十一月裁幷第一廳
元年一月任二年二月改爲第三廳	沈葆曾	二年二月以第五廳改組十一月裁幷第一廳
元年一月任二年二月改爲第四廳		
元年一月任二年二月裁幷第一廳		
元年一月任二年二月裁幷第一廳		
元年一月任二年二月裁幷第二廳		

駐縣高級統治官

滬海道道尹　三年二月置上海觀察使以特派江蘇交涉員兼任之六月改爲滬海道道尹轄上海寶山嘉定太倉松江奉賢金山南滙青

浦川沙崇明海門十二縣仍以交涉員兼任之遵奉教令頒布道官制第十二條自委掾屬分組總務內務教育實業四科各置科長一人科員無定額並奉教育部令設道視學員四年十月改道尹爲專員五年奉省令設道苗圃委員七年改道視學員爲教育行政委員又增設祕書十年設統計專員附設自治指導員

歷任道尹題名

楊　晟 三年二月任觀察使六月改 字小川廣東東莞人

周晉鑣 四年十月任 字金箴浙江慈谿人

徐元誥 五年九月任 字鶴仙江西南昌人

王賡廷 六年三月任 字芷颺直隸撫寧人

沈寶昌 八年五月護理 字醞石浙江紹興人

王賡廷八年七月回任

沈寶昌十一年二月護理

王賡廷十一年三月回任

謹案辛亥九月滬軍都督以李鍾珏爲民政總長江蘇都督府設民政司委李鍾珏爲民政司長以上海爲通商鉅埠民政事宜較爲繁重遇有急待發布之件由李司長就近以江蘇都督府民政司長之名義行之仍隨時報告二年六月省垣變起組織省行政署於上海八月移蘇州此皆權宜應變非經久之制故不立專條仍附識於此以存事實

中央任命駐縣官

上海鎮守使　三年七月置上海鎮守使直接中央不受江蘇都督之

節制遇事分報統率辦事處規定經常費每年十萬圓由江蘇都督公署按月分撥臨時特別費呈由中央另撥

松滬護軍使　四年十一月裁上海松江兩鎮守使改組松滬護軍使署內設立參謀處副官處軍需課軍法課祕書處交際祕書處稽查處差遣處陸軍監獄拘留所以上海松江兩鎮守使署經費歸併並因陸軍監獄拘留所電報費等規定經常費每年十三萬圓仍指定江蘇上將軍署援案照撥

鎮守使題名

鄭汝成二年七月任字子靜直隸靜海人

護軍使題名

楊善德四年十一月任字樹棠安徽懷寧人

盧永祥五年十二月任字子嘉山東濟陽人

何豐林八年八月任字茂如山東平陰人

江海關監督　元年置署內設總務征榷稽核航政四科各科設科長一人一二三等科員若干人七年九月馮監督與威稅務司會訂常關稅則呈奉財政部稅務處審定遵行十年十一月改建三層樓一所並關前浦灘水泥碼頭一座　五十里外分設常關八曰崇明曰南通曰海門曰黃家港曰滸劉（續志有瀏河滸浦兩分關茲并爲一）曰黃田曰瀾江曰孟河均由監督遴派稅員一人督率稽徵　總口二處支港口四十二處（皆見續志）分口八十三處（續志作八十四處茲裁撤黃家港分關所轄之過船港）洋關設稅務司副稅務司各一人由稅務處總稅務司委任而受監督之管轄　附洋關期限仍按三箇月爲一結扣至十二年九月爲二百五十二結期滿　稅額十二年度共征銀圓二千三百九十萬四千另九十五兩（洋藥已禁止進口）稅則洋貨進口稅則於七年十一年兩次修改至切實值百抽五　通商各國現增墨西哥玻

利非亞瑞士智利希臘剛果等六國續志所載德奧俄三國歐戰後尚未議訂通商條約

歷任監督題名

施炳燮元年十一月任浙江紹興人

馮國勳六年八月任字孔懷廣東人

姚　煜八年二月任字文敷浙江海寗人

陶　琰十年十一月任字希泉江蘇武進人

姚　煜十一年五月任

特派江蘇交涉員　元年一月置駐滬通商交涉使二年五月外交部改爲特派江蘇交涉員制定各省交涉員職務通則定名江蘇交涉署分設四科曰總務曰交際曰外政曰通商各科設科長一員科員二員後酌添科員每科一二員不等

歷任交涉使題名

溫宗堯元年一月任字欽甫廣東番禺人

陳貽範元年四月任字安生江蘇吳縣人

歷任交涉員題名

張煜全二年七月任字昶雲廣東番禺人

楊　晟二年十一月任字小川廣東東莞人

周晉鑣四年十月任字金箴浙江慈谿人

楊　晟五年二月任

朱兆莘六年二月任字鼎青廣東花縣人

薩福楙六年七月任字桐蓀福建閩侯人

陳貽範七年二月任字安生江蘇吳縣人

楊　晟八年三月任

許　沅九年六月任字秋颿江蘇丹徒人

淞滬商埠督辦公署　十四年江浙搆兵兩省人士爲求避免將來糾

紛計劃分淞滬爲特別區以作兩省之緩衝地遂有組織淞滬商埠督辦之建議嗣因官治與民治問題遷延不決致未實現自孫傳芳就任浙閩蘇皖贛聯軍總司令決計設立委丁文江爲總辦自兼督辦十五年五月四日就龍華前松滬護軍使署舊址設督辦公署規訂淞滬督辦公署組織大綱十三條參議會章程十二條如左

淞滬商埠督辦公署組織大綱

第一條　淞滬商埠督辦公署管理淞滬商埠內行政外交保安等事務並監督商埠內地方自治事務

第二條　淞滬商埠督辦公署設督辦一人由聯軍總司令兼任之綜理一切政務總辦一人由總司令任命之稟承督辦監督指導本署各職員執行本署職務督辦不在署時得由總辦代行職務但遇有重要事務仍須請示辦理

第三條　淞滬商埠督辦公署設秘書長一人祕書二人由督辦委任之

第四條　淞滬商埠督辦公署設左列各處處內各職員均由督辦委任之

一總務處　設處長一人

二外交處　設處長一人由江蘇特派交涉員兼任之

三政務處　設處長一人由滬海道尹兼任之

四保安處　設處長一人由淞滬警察廳長兼任之

五工務處　設處長一人
六財政處　設處長一人

第五條　總務處掌理本署機要文書收發保管編輯統計調查報告「執法」交際庶務及不屬於他處之事務

第六條　外交處掌理商埠區域內一切外交事務

第七條　政務處掌理商埠區域內一切行政事務

第八條　保安處掌理商埠區域內一切治安及衛生事務

第九條　工務處掌理商埠區域內公共建築之港務道路橋樑河道及市自治之土木工程事務

第十條　財政處掌理本公署及商埠區域內收入支出事務

第十一條　各處職員除外交政務保安三處應以原署職員兼充其他各處得分科辦事每科設科長一人科員若干人承長官之命令掌理本科事務

第十二條　淞滬商埠督辦公署爲繕寫文件及襄理雜務得酌用助理書記錄事若干人

第十三條　本條例自公布之日施行

職員姓名

督辦孫傳芳

總辦丁文江

總務處長溫應星　機要科長瞿　鉞　文書科長胡爲和　庶務科

長盛開偉　執法科長（淞滬戒嚴司令部司法科長兼）

外交處長——江蘇特派交涉員許　沅

政務處長滬海道尹傅疆

財政處長崔季友　徵收科長胡泰年　稽核科長馮寶鑑　出納科長宋

工務處長程文勳　經界主任徐韋曼

保安處長淞滬戒嚴司令兼淞滬警察廳長嚴春陽

參議會章程

第一條　淞滬商埠督辦公署因實行職務集思廣益起見設參議會於本公署

第二條　參議會設參議九人

第三條　參議會參議由本公署聘任

第四條　參議會各參議公推參議一人爲開會時主席

第五條　參議會開會由本公署召集

第六條　參議會得就本公署組織大綱第一條所舉各職務事項隨時建議請督辦裁決

第七條　本公署遇有公務財務及其他應議事件隨時由督辦交參議會審議
第八條　參議會開會時本公署總辦得隨時出席以資接洽
第九條　參議會開會時應須辦理紀錄庶務等事人員由參議會知照總務處臨時派員
第十條　參議會議事記錄及文卷均由總務處派定之常任書記保管
第十一條　會章各條內未經規定事宜由參議會隨時商由本公署核奪辦理
第十二條　會章候聯軍總司令核准後實行

參議姓名

黃炎培　虞和德　袁希濤　顧履桂　沈聯芳
李鍾珏　宋漢章　陳炳謙　王豐鎬

十五年六月一日設聯軍總司令部駐滬軍法處先在上海縣公署暫行辦公旋遷龍華派溫應星爲處長經費月定一萬元按月由江蘇財政廳支給署內職員厲行考試派科長瞿鉞辦理錄取八十三名分別任用爲官廳考試用人之始並先後接收滬南工巡捐局閘北自治區從事整理浦東塘工善後局亦經派員調查籌備改進十六年一月收

囘公共租界會審公廨改組臨時法院同時於公共租界威海衞路設接洽處派外交處長許沅爲總辦三月十三日以吳光新爲督辦裁撤總辦三月二十一日國民軍總指揮白崇禧由浙北來佔領龍華及兵工廠派員接收淞滬督辦公署旋於三月二十九日完全結束閘北工巡捐局同時恢復

政治下　民治

縣自治

上海縣議事會議員三十六人自上海市選出者十人莫錫綸韓孝先宋國棟王煥功周文熾陸文龍奚慶良張葆辰曹驤王積沄閔行鄉三人李味青黃申錫董炳章蒲淞市洋涇市引翔高行陸行三林漕河涇等鄉各二人蒲淞潘良士王豐玉洋涇張士杰潘鎬引翔王銓蓮周樹藩高行葉增銘孫熹陸行張景韓王佐三林喬棠趙履信漕河涇陶福嘉唐尊瑋閘北市法華曹行塘灣顓橋北橋馬橋塘橋楊思陳行等鄉各一人

閘北錢允亨　法華楊洪藻　曹行曹鳳苞　塘灣錢椒　顓橋樓望鎔　北橋趙澄瀾　馬橋張之綱　塘橋孫旂勳　楊思陳天錫　陳行秦錫田　民國元年八月成立會所在尚文門內廢一粟菴　議長莫錫綸副議長李味青十年開常年會十二月開臨時會二年開常年會一次臨時會三次三年開臨時會一次三月解散十二年六月二十三日省令恢復各級自治機關縣議事會以停頓十年議員缺額三之二由各市鄉調查補選十二月蒇事自上海市選出者六人錢梅生姚文枬沈錫圭王燮功趙葆琨姚明善　蒲淞市高行閔行等鄉各二人蒲淞市姚才王臨照高行黃厚生瞿德純閔行夏建安吳履平　閘北市引翔法華漕河涇三林陳行塘灣顓橋馬橋北橋等鄉各一人　閘北市瞿佐炎陳行秦翰才　引翔嚴汝熙塘灣楊德圻　法華胡人鳳顓橋李建庸　漕河涇楊心正馬橋張孝言　三林朱學生北橋楊福麟　舊議員復任者十四人王煥功韓孝先莫錫綸朱國棟張士杰潘鎬王銓運陶福嘉曹鳳苞王佐張景韓喬棠陳天錫李味青　十三年一月一日始開會

上海縣參事會參事員七人　秦錫田奚慶良唐尊璋潘良士孫熹黃申錫周文熾　民國元年八月成立每月開會一次　二年一月秦錫田黃申錫辭職以次多數葉增銘楊洪藻遞補　三年三月解散十二年回復時參事

員僅存四人周文熾潘良士葉增銘楊洪藻除次多數趙履信遞補外仍缺二人

市自治

上海市　**元年八月以上海城改組**宣統元年奉頒城鎮鄉自治章程上海城就總工程局所轄之東區西區南區益以城內爲中區租界迤北之老閘新閘爲北區又將江境廟區并入西南兩區改總工程局爲自治公所二年正月成立　議事會議員六十人甲乙兩級各選三十人除當選無效及援章謝絕告退者十一人外當選議員四十九人乙級當選者蘇本炎李鍾珏莫錫綸陸文麓徐志淦郁懷智錢允利王震林曾賚宋國棟奚慶良吳馨穆湘瑤錢福田蔡正蒙顧鴻逵沈洪文楊辰王納善潘如檏沈懋昭郭廷鈐金祖圻姚文棟甲級當選者顧履桂周文熾沈照干城李浩沈功章張嘉年沈恩孚瞿慶善王沛麟李厚恒吳炳熊楊嘉穀林世傑姚曾綬洪淦孔昭立周文彬葉增銘李厚祐臧清揚吳寶地葉佳棠陳瑞邦張煥斗議長沈恩孚副議長吳馨三年正月議員半數任滿除議長副議長外籤留二十八人瞿慶善徐志澄楊嘉彀沈洪文郭廷鈐郁懷智吳炳熊張嘉年潘如檏蔡正蒙李厚祐孔昭立陸文麓沈照金祖圻顧鴻逵李浩張煥斗吳寶地錢允利姚文棟王納善沈懋昭王沛麟李厚垣林世傑錢福田臧清揚甲級乙級各選十五人內除謝絕者三人共當選二十七人乙級當選者葉增銘奚慶良江巽王樹功吳維卿居古周文熾鍾景泰趙秉圭張國衡凌紀椿朱樹恒金潤章張良試甲級當選者趙光第林祖溍陸熙順張在新干城姚曾綬趙鴻藻宋國棟許模艾恒鎮郁頤培蔣調元鍾浩志曹驤　董事會總董李鍾珏董事莫錫綸王震顧履桂名譽董事朱開甲梅豫張祁祖鎏姚曾綬施兆祥葉逵顧徵錫朱大經毛經疇王寶崙蘇本炎朱得傳三年正月名譽董事半數任滿由議事會籤留六人蘇本炎顧徵錫王寶崙梅豫張朱開甲葉逵改選六人金祖壎祁祖鎏夏紹庭郭懷桐毛經疇劉汝曾

九月上海光復公推莫錫綸爲上海市政廳臨時市長顧履桂爲副市長維持市政至市議事會成立後退職　**其吳淞江以北之二十五保一圖**

二圖二十七保十圖十一圖南十二圖北十二圖劃入閘北市其他保圖仍依原有之區域　議事會議員六十人汪茂培葛歗恩趙鴻藻童鎮海胡方鍔蔣調元錢崇德江巽干城葉逵顧學謙許模姚鴻朱炯沈錫齡王納善賈豐臻王樹功陳仲舒錢福田吳炳熊龔模王燮功袁肇燁朱鳳章瞿慶善朱雲望江確生臧清揚吳寶地楊士煇朱澄曉陸熙順陳鉉勳瞿慶桐徐宸郁頤培王震鍾椿淦鄭增基宋國傑張嘉年郭廷贊閔瓛金祖圻沈照葉銘德朱樹恒王沛麟朱開元徐志淦諸翔林祖溍曹棣張承綬蒯晉德顧履桂姚文枏張良試奚維垣　議長姚文枏副議長王納善二年三月姚文枏退職遵市鄉制以副議長王納善爲議長互選賈豐臻爲副議長七月議員半數任滿遵省令留得票較多者三十人自汪茂培至吳寶地　任滿改選者三十人陳一桂陳嘉典馬煦陳明善高壽田張國傑崔寶錡曹棣曹鍾玨王沛麟趙葆焜胡宗禧胡祥衛文熙顧藩陸熙順程兆魁郁惠培徐宸穆蔚林王南坤胡光熏陳鉉鄭增基曹庸鏈謝宣宋國傑吳倫堡朱家駒　九月議長王納善辭職以副議長賈豐臻爲議長互選吳寶地爲副議長三年三月解散鎮守使鄭汝成派員接收自治公所改爲工巡捐局十二年六月回復自治假同仁輔元堂爲自治公所　董事會總董一人陸文麓　董事三人蘇本炎顧履桂楊炎　名譽董事十二

人（郁懷智夏紹庭金祖壎朱得傳王曾毅姚曾綬郭懷桐沈維燿金毓孫張在新張國衡嚴兆濂）八月名譽董事半數任滿援議事會議員例留得票較多者六人（自郁懷智至姚曾綬）改選六人（嚴兆濂林祖溍張在新沈維燿金毓孫朱開甲）三年二月奉令停辦自治縣公署限令各市鄉於三月十五日以前造册送署派員接收并就固有之市鄉分別委任經董副經董維持款產接辦公益事宜

附錄市鄉經董辦事規程

第一條　市鄉經董爲縣知事之助理員輔佐縣知事經理各該市鄉自治事業

第二條　市鄉經董以辦事之必要得設辦事處

第三條　市鄉經董以辦事上之必要得雇員爲助但雇員之額不得超過第四條之規定

第四條　市鄉經董雇員之名額以本條規定之

一市設書記會計庶務各一人處役三人以下上海市閘北市地方繁劇得以必要依經董副經董之申請別定名額由縣公署核定之

二鄉(甲種)人口一萬二千以上者設書記兼會計一人庶務一人處役一人

適用本項之鄉如左

閔行引翔漕河涇高行三林陸行法華塘灣塘橋陳行楊思曹行

二鄉(乙種)人口不滿一萬二千者設會計兼庶務一人處役一人

適用本項之鄉如左

馬橋北橋顓橋

第五條市鄉經董對於行政公署之申請陳述答覆概用函函紙及板心大小如頒式

第六條前項函件經董副經董均須署名捺印

第七條市鄉經董辦事處支給方法依支給規則辦理

第八條每月由縣行政公署開行政會議一度市鄉經董非有特別要故必須列席

上海市委姚文枬爲經董朱開甲陸文麓爲副經董專辦慈善學務兩項辦事處在尙文路五年六月姚文枬辭職委陸文麓爲經董朱開甲爲副經董十二年六月自治囘復十一月總董陸文麓辭職董事蘇本炎已先病故議事會公決補選總董一人姚文枬董事一人姚曾綬十三年七月選總董一人李鍾珏董事三人顧履桂楊逸沈惟燿

蒲淞市　元年七月以西涇鎭改組宣統三年五月合虹橋新涇諸翟江橋四區爲西涇鎭自治公所在北新涇　議事會議員十七人顧大綱沈宗懋蔣家鳳王豐玉陳維善趙登鼇宗霖汝張顧孝清唐萃基張鏐顧視清諸崇灝朱則誠殷兆熊張承德曹允升議長顧大綱副議長沈宗懋　董事會總董顧視清董事沈寶寅名譽董事潘紫綬徐世達王萃馨侯念清　議事會議員二十人顧大綱朱則誠張鏐張祿姚才陳錦漁陳時夏趙登鼇殷兆熊潘紫綬諸崇灝王豐鍾王臨照陳維善胡遇魁蔣家鳳顧視清徐世

達沈寶寅張杰議長顧大綱副議長諸崇瀾三年三月議員半數任滿籤留十人顧大綱朱則誠張鏐張祿姚才諸崇瀾王豐鍾王臨照陳維善胡遇魁改選十人曹九思王莘昌趙登鼇蔣永深周士魁殷兆熊金英諸以烱楊春膏何在天三年三月解散十二年十月回復議長顧大綱已先病故照章推副議長諸崇瀾爲議長互選曹九思爲副議長　董事會二年一月成立因選舉爭議至元年十二月選舉董事二年一月成立總董一人顧鏡清董事一人沈寶寅名譽董事四人潘紫綬徐世達曹九思張俊二月總董顧鏡清辭職董事沈寶寅代理九月顧鏡清復職十二月名譽董事半數任滿籤留二人潘紫綬徐世達未及改選全體解職三年三月縣公署委任沈寶寅爲經董潘紫綬爲副經董四年二月潘紫綬因案撤消八年二月委顧視清爲副經董十二年十月董事沈寶寅名譽董事徐世達皆復職改選總董一人王臨鈞名譽董事三人顧視清干思頣潘紫綬十三年七月選王臨鈞爲總董沈寶寅爲董事市公所在二十九保六圖基地一畝六分二年董事沈寶寅以市公欵建平屋一進五間八年經董沈寶寅顧視清添建東西廂廳兩座

洋涇市　**元年七月分舊東涇鎭洋涇區**東涇鎭合高行陸行洋涇塘橋四區爲一鎭自治公所在洋涇鎭寶仁堂宣統二年五月成立分洋涇區之爛泥渡爲西區洋涇鎭爲中區高行區爲北區陸行區爲東區塘橋區爲南區　議事會議員二十八人瞿鉞楊保恒高守智張信瞿本瑚黃志賢盛鱗書金煥章談壽基潘偉柄顧澤堯倪光裕潘光曜閔起鳳陸鑫張士熙陶思孝龔紹祖孫思泮張維翰黃若水顧鴻基楊潤祥陳楚翹趙光祖楊肇堅顧昀顧名驥議長瞿鉞副議長楊保恒　議長瞿鉞辭職以副議長楊保恒爲議長公舉倪光裕爲副議長　董事會總董劉志濤董事潘光賓孫鼒名譽董事陳棟初張學仲季鴻勳王庭槐沈文彬朱有恒　**改組爲市**元年三月縣民政長吳委任劉志濤潘光賓爲臨時鄉董佐六月調查戶口得正附戶一萬九百三十九戶男女人口五萬二千六百四十七口遵照江蘇暫行市鄉制第二條人口滿五萬以上者爲市之規定呈准民政長改爲洋涇市　**議事會議員二十人**金煥章陸鑫潘偉柄倪鍾浚張信孫思泮蔡希邕陸均國張士熙張維翰屈柏春沈文彬龔紹祖潘偉英成光鉞唐錫章莊鼎勳陳秋芳朱馥顧鴻基　**議長金煥章副議長陸鑫二年七月議員半數任滿籤留十人**金煥章陸鑫倪鍾浚張信張志熙張維翰屈柏春沈文彬龔紹祖　**改選十人**潘偉柄蔡希邕陸均國金望德傅望儼黃樹珊韓文彬潘偉英顧鴻奎朱馥　**董事會總董一人**劉志濤　**董事一人**潘光賓　**名譽董事四人**陳棟初張慶宗張倫宣張銘卿　**二年七月名譽董事半數缺額**張慶宗辭職陳棟初病故　**補選二人**倪清漣蔡蘭洲　**三年三月解散縣公署委任劉志濤爲經董潘光賓爲副經董十三年七月選劉志濤爲總董潘光賓爲董事**

閘北市本上海市之北區地元年八月分吳淞江以北之廿五保一圖二圖廿七保十圖十一圖南十二圖北十二圖與寶山縣聯合成市元年一月公推錢允利爲市長沈鏞爲副市長十二月由民政總局及自治公所辦理地方行政並附設警務公所裁判分所惟議事會董事會均未組織 三年三月縣公署委錢允利爲經董周以藩爲副經董五年一月周以藩退職委趙光第爲副經董十二年十月錢允利病故委趙光第爲經董十三年七月選沈鏞爲經董王棟爲副經董

鄉自治

閔行鄉 元年六月改組宣統三年以閔行區爲鄉自治公所在閔行務敏學堂 議事會議員十二人朱承鼎黃申錫馬恩培陳之綱沈文蕙顧文濬蔣世傑范欽鏃張承桂馬軼羣喬世德蔣廷幹議長朱承鼎副議長黃申錫鄉董李祖佑鄉佐李顯常 議事會議員十四人朱承鼎馬恩培陳之綱范欽鏃蔣世俊包飛鴻范欽鈁以上七人爲元年六月當選而留任者 喬世德朱鳳鏌周錫鏞沈文蕙馬軼羣張承桂朱紫貴 以上七人爲二年十月改選者 議長朱承鼎副議長馬恩培 鄉董李祖佑鄉佐李顯常三年三月縣公署委李祖佑爲經董朱

承鼎爲副經董九年三月李祖佑辭職委朱承鼎爲經董二年鄉董李祖佑議長朱承鼎馬恩培前議長黃申錫等議以閔行鎮北度門廢寺基址改建鄉公所共樓平屋二十五間用銀幣六千三百圓有奇里人李祖錫有記十三年七月選顧文郁爲鄉董朱奉䜣爲鄉佐十六年四月組織地方臨時執行委員會附錄委員會呈報邵樹華縣長文

呈爲陳報閔行鄉成立地方臨時執行委員會經過情形並請核發圖記式樣以便辦公事竊閔行自去年十月間顧鄉董文郁病故後一應政務暫由鄉佐朱奉䜣維持至舊曆年底朱鄉佐又向鈞署及鄉議會辭職其時接替尚未有人迨本年舊曆正月間雖由鄉議會選出鄉董蔣世傑鄉佐夏建藩然其時適値周逆蔭人軍隊壓境諸事紛亂接手無由鄉佐夏建藩先向議會辭職而鄉董蔣世傑亦以世變時移未便貿然接任曾將執照呈報請予註銷在案以至地方政事至今乏人主持刻下軍事初定百端待理遂由本縣三區黨部開全體黨員大會組織地方臨時執行委員會選舉蔣世傑林青張宗庠夏建藩李維華等五人爲臨時執行委員經於本月十三日就職用特呈報並請核發圖記俾資信守

謹呈

引翔鄉　元年五月改組宣統三年正月以引翔區爲鄉自治公所在引翔港鎮劉公祠議事會議員十一人王增祺楊嘉椿王銓運董召南黃賢俊王增元邢咸中沈錫齡王銓達辛世銘陸文中議長王增祺副議長楊嘉椿鄉董王增祐鄉佐周樹蘭議事會議員十二人楊嘉椿沈錫齡辛世銘姚錦橚王銓驤楊秉銓黃賢俊王增元王銓達蔣錫鍾吳魁周文烑議長楊嘉椿副議長沈錫齡二年一月沈錫齡病故舉王增元爲副議長七月議員半數任滿留任六人楊嘉椿姚錦橚王銓驤王增元蔣錫鍾吳魁改選六

人陳則恭邢一經陸學讓楊嘉松周文勳楊秉銓三年三月解散十二年九月回復議員存者八人楊嘉椿王增元姚錦檢王銓驥蔣錫鍾吳魁陳則恭周文勳鄉董王增祐鄉佐周樹蘭三年三月縣公署委王銓運爲經董六年三月王銓運解職委周文熾爲經董十年七月周文熾辭職委周樹蘭爲經董十一年九月委王銓運爲副經董十二年九月鄉董王增祐鄉佐周樹蘭復職十三年七月選周文勳爲鄉董

漕河涇鄉　元年八月改組宣統二年五月以漕河涇區爲鄉自治公所在漕河涇鎮議事會議員十四人唐祖瀛張秀峯王紹裘朱世昌胡文達陶福嘉吳紹基沈文豹秦頌平薛嘉樂張彥俊許時信唐錫瑞楊孝綏議長唐祖瀛副議長張秀峯鄉董梅蕚鄉佐史恩及議事會議員十四人楊孝恭唐祖涵楊孝綏金承烈沈文豹朱世昌梅魁梅堅薛嘉樂唐錫瑞許時信吳紹基唐祖瀛議長楊孝恭副議長唐祖涵二年改選楊孝恭唐祖涵梅蕚楊心正唐錫瑞梅祖光史錫鵬張玉珮沈文豹朱世昌唐祖烈張文光　三年三月解散十二年十一月回復補選議員六人楊心才張祖涵唐祖鎰唐敬熙潘蒼水金承烈鄉董唐祖瀛鄉佐吳紹基三年三月縣公署委梅宗泰爲經董七年十月委楊心正爲副經董九年三月梅宗泰病故委

張宗福爲經董十年十一月張宗福解職委唐祖瀛爲經董十二年六月唐祖瀛解職委張宗福爲經董張秀麒爲副經董十三年七月選楊心正爲鄉董吳紹基爲鄉佐

高行鄉　分舊東涇鎭之北區爲鄉元年八月成立（鄉公所在高行鎭清暉閣）議事會議員十二人（顧昀朱淵馬文祥孫樹鈞楊孝思楊孝峯楊洪生王筱松陳安甫陳楚翹談壽基瞿東侯）議長顧昀副議長朱淵二年五月議員半數任滿改選六人（朱文緯印崙北孫樹鈞馬文祥楊孝峯楊孝思）鄉董顧澤堯鄉佐胡承禧三年五月縣公署委倪光裕爲經董十一月倪光裕辭職委談壽基爲經董十三年七月改選議員（朱文緯潘鴻鼎王筱松馬文祥陳錫榮孫璞君印崙北孫樹鈞陳楚翹鄒志賢楊孝峯瞿鋕泰）議長陳錫榮鄉董朱文裕十五年六月改選鄉董朱文裕鄉佐顧澤璇十七年四月改行政局縣委潘鴻鼎爲局長同年七月劃入市區

陸行鄉　分舊東涇鎭之東區爲鄉元年六月成立　議事會議員十

四人閔起鳳張景范季鴻勳陳企賢陶福翔陶樹萱陶思孝徐耕山陶古心王安林趙增喜趙增高議長閔起鳳副議長張景范二年六月議員半數任滿除正副議長外籤留五人徐耕山陶古心王安林趙增喜趙增高改選七人季鴻勳王子言沈安夫陶鴻翔陶思孝徐桂庭韓景廷三年三月解散十二年九月回復議員存者十人陶古心王安林趙增喜趙增高季鴻勳王子言沈安夫陶鴻翔陶思孝徐桂庭議長閔起鳳已病故副議長張景范已辭職改選陶鴻翔爲議長季鴻勳爲副議長鄉董陶錫年鄉佐王鎭三年三月縣公署委王鎭爲經董十二月委陶鴻翔爲副經董六年七月王鎭退職委陶鴻翔爲經董十二年九月鄉董陶錫年復職改選張鴻賓爲鄉佐十五年改選季鴻勳爲鄉董十七年春遇盜殞命縣未委行政局長同年七月劃入市區

塘橋鄉　分舊東涇鎭之南區爲鄉元年八月成立鄉公所賃用塘橋鎭趙姓屋議事會議員十二人王暉連城鮑玉泉顧福田羅鳴岐高維嶽黃若水徐嘉亨陸秀宗　餘三人缺議長王暉副議長連城二年八

月議員半數改選高維嶽黃若水嚴祖基鳳瑜生衛鳴岡　三年三月解散十二月十二月回復議員存八人王暉紀玉泉顧福田羅鳴岐高維嶽黃若水嚴祖基鳳瑜生補選四人施俊傑孫德華王竹亭衛硯卿　副議長連城已病故選施俊傑爲副議長鄉董盛麟書鄉佐高守智三年三月縣公署委盛麟書爲經董辦事處在三官堂　十二年十二月鄉董盛麟書鄉佐高守智復職十七年劃入市區

三林鄉　元年九月改組宣統三年正月以三林區爲鄉議事會議員十四人趙履福喬棠姚樹柏趙履信陳師咸火學初龐允諧火榮祖衛友文周競計茂齋湯履經王德宗議長趙履福副議長喬棠鄉董湯學釗鄉佐朱孔長　鄉公所設三林鎮慈悲閣議事會議員十四人趙履福喬棠任思德龐允諧徐宗愼火學初王蘭齋沈懿卿計茂齋姚順卿趙履信王玉田火旭生朱孔長　議長趙履福副議長喬棠喬棠辭職選任思德爲副議長二年十一月議員半數任滿籤留七人趙履福任思德龐允諧徐宗愼火學初王蘭齋計茂齋　改選七人陸志學朱孔長孫保滋湯福綏龐淞徐星齋王蘭齋　鄉董喬栅鄉佐湯學釗三年三月縣公署委趙履福爲經董十二年九月鄉董喬栅復職鄉議會議員缺額過半十三年一月補選　十三年七月

選喬枬爲鄉董任俊行爲鄉佐

法華鄉　元年七月改組宣統三年五月以法華區爲鄉自治公所在法華贊育堂議事會議員十人朱贇楊洪鈞李洪翥何福祥楊樹源張文治胡人鳳楊洪桂金成義王士林議長朱贇副議長楊洪鈞鄉董王熾鄉佐楊洪釗議事會議員十二人楊洪鈞周世餘黃壽祺胡人鳳楊洪桂金成義周邦錫張國衡楊洪釗王佐才楊樹源王士霖議長楊洪鈞副議長周世餘二年七月議員半數任滿留任六人楊洪鈞周世餘黃壽祺楊洪桂金成義周邦錫改選六人楊洪釗黃熾何煥其楊樹源盛朝爵李文敏鄉董李鴻翥鄉佐胡人鳳三年三月縣公署委楊洪鈞爲經董七年楊洪鈞退職委李鴻翥爲經董十三年七月選楊洪釗爲鄉董黃壽祺爲鄉佐

塘灣鄉　元年七月改組宣統二年八月以塘灣區爲鄉議事會議員十二人名佚議長陳善副議長楊德圻鄉董錢椒鄉佐錢枚議事會議員十二人孫景福何毓桂張錫驥丁光弼王鼎銘宋成業彭召棠餘五名佚議長孫景福副議長何毓桂二年十月議員半數任滿改選六人彭召棠錢端履陳善蔣洪生喬源洪香泉三年三月解散十二年十二月回復議員存六人孫景福何毓桂張錫驥丁光弼彭召棠錢端履補選六人孫枚臣王浩然丁及成錢朗蟾彭士高潘祖英鄉

董王長秀鄉佐周澂三年三月縣公署委錢椒爲經董十三年七月改選議員潘祖英何謙丁及成何毓桂龔祥林彭士高楊連卿陳漢章孫祖貽錢朗蟾王浩然錢端履議長丁及成副議長錢朗蟾鄉董彭召棠鄉佐孫介凡十五年六月改選董佐均連任十七年五月改行政局彭召棠爲局長鄉公所在塘灣鎮東市二年以鄉公款建築瓦平屋七間

陳行鄉　元年七月改組宣統二年八月以陳行區爲鄉　議事會議員十八人秦錫田孔祥百孫夒龍胡能譜徐紹元胡能讓趙正鶴李怡如康紀善陳謙吉議長秦錫田副議長孔祥百鄉董胡祖德鄉佐朱繩祖　議事會員十二人秦錫祺孔祥百胡能譜孫夒龍任佐仁康善紀李怡如楊啓瑞胡能讓楊頌周胡祖德徐紹元　議康善紀李怡如楊啓長秦錫祺副議長孔祥百二年五月議員半數任滿留任六人瑞胡能譜孫夒龍孔祥百　改選六人楊頌周秦錫芝孫詩鎬任佐仁胡能讓朱繩祖　議長秦錫祺被選爲鄉董推孔祥百爲議長選孫夒龍爲副議長鄉董胡祖德鄉佐徐紹元二年五月胡祖德辭職改選秦錫祺爲鄉董三年三月縣公署委秦錫祺爲經董十二年十月恢復地方自治開議事會籌備會到會議員胡能讓李怡如趙正鶴朱繩祖楊頌周徐紹元康善紀楊啓瑞孫夒

龍秦錫芝孔祥百胡祖德十三年七月選秦錫祺爲鄉董朱繩武爲鄉佐八月議事會改選十一人朱繩祖孫夔龍胡能讓陳鑫生胡能任楊頌周陳如鈺周守仁孫詩鎬秦錫芝趙正鶴縣公署委秦錫祺爲鄉董十二月議事會開會議長朱繩祖病故孫夔龍爲議長秦錫芝爲副議長十五年四月秦錫祺辭職朱繩武代理鄉董六月改選朱繩武爲鄉董孔祥百爲鄉佐

楊思鄉　元年七月改組宣統三年正月以楊思區爲鄉議事會議員十二人陳義生周兆荃孫鶴鳴李湘園楊友來周國華楊勤立陳棪張芝良王錫魁周彝訓周秋棠議長陳義生副議長周兆荃鄉董周希泗鄉佐周兆芝議員十二人馬庭柏楊友來李琨麒周彝訓朱能繩孫鶴鳴陳義生周兆荃張蓮福周希泗楊勤邦李湘園議長楊勤邦副議長孫鶴鳴二年十二月議員半數任滿留任六人楊勤邦孫鶴鳴周希泗陳義生馬庭柏周彝訓改選六人朱學繩李琨麒李湘園王錫魁張蓮福周兆芑鄉董周兆芝鄉佐楊友來三年三月縣公署委周兆芝爲經董四年十二月周兆芝解職委穆湘瑤爲經董十三年七月選穆湘瑤爲鄉董陳義生爲鄉佐

曹行鄉　元年七月改組宣統三年秋以曹行區爲鄉議事會議員十二人姜渭漁曹鳳苞劉東海吳文玉葉芳金士榮潘鍾杰康永年朱萃華喬洪謨陳英孫潤福議長姜渭漁副議長曹鳳苞鄉董劉增祥鄉佐嚴覲光議事會議員十二人康永年嚴恭丁維熊孫潤福陳漢英胡宗道姜樹勛丁維權吳嘉謨王承勛喬洪謨孫叔康議長康永年副議長嚴恭鄉董劉東海鄉佐潘鍾杰三年三月縣公署委任劉東海爲經董六年二月劉東海退職改委劉增祥爲經董十三年六月選康永年爲鄉董曹正書爲鄉佐十五年六月改選曹正書爲鄉董潘鉄鋆爲鄉佐十七年五月改行政局鄉董爲局長

馬橋鄉　元年六月改組宣統三年正月以馬橋區爲鄉自治公所在馬橋鎮强恕學堂議事會議員十二人沈澄清朱禮儉奚鋆鈕永祥劉宗漢王傳馨張之翰周公瑜楊維幹王承堯許宗士孫槐庭議長沈澄清副議長朱禮儉鄉董張之綱鄉佐楊維邦議事會議員十二人周宗瑜鈕元晏楊維幹沈聯第楊正祥劉宗漢奚祖繩翁大奎鈕永祥朱禮儉王傳馨張本楨議長周宗瑜副議長鈕元晏二年五月議員半數任滿留任六人周宗瑜鈕元晏鈕永祥朱禮儉王傳馨張本楨改選六人奚憲章屠錫圭沈涵清翁斗平楊書祥張崟謙三年三月解散十二年十一月回復議員存十人鈕元晏奚憲章鈕永祥朱禮儉王傳馨張本楨屠錫圭沈涵清楊書祥張崟謙改選鈕元晏

爲議長奚憲章爲副議長鄉董王廷奎鄉佐楊維幹三年三月縣公署委任王廷奎爲經董八年九月王廷奎退職改委奚佐湯爲經董楊維幹爲副經董十年五月奚佐湯退職改委楊維幹爲經董王承堯爲副經董十二年十一月鄉董王廷奎鄉佐楊維幹並復職十三年七月選王承堯爲鄉董楊維幹爲鄉佐元年鄉董王廷奎議長周宗瑜修葺舊公善堂平屋六間暨文昌閣前後廳樓爲鄉公所

北橋鄉　元年六月改組宣統三年正月以北橋區爲鄉自治公所借設明心寺內議事會議員八人周同德陳珍陸杏林戴元亮喬慶福王懋功姜祖承徐雲卿議長周同德副議長陳珍鄉董喬錫增鄉佐趙澄瀾　議事會議員十人陳珍陸名卿徐雲卿戴元亮姜祖承王懋功李昌齡朱介福陸杏林喬慶福　議長陳珍副議長陸名卿二年八月議員半數任滿留任五人自陳珍至姜祖承　改選五人陸祖朗周鏡清王懋功徐士芳李學能　鄉董喬錫增鄉佐陸杏林三年三月縣公署委任陳珍爲經董五年八月陳珍辭職改任戴元貞爲經董十一年九月戴元貞病故委任喬梅嶺爲經董楊撰羣爲副經董十二年六月恢復自治

鄉董喬錫增先已病故十二月補選李學能爲鄉董十三年七月改任孫世本爲鄉董十六年改行政局戴著經爲局長元年就舊巡防局故址改建鄉公所卽明心寺十勿齋故址

顓橋鄉　元年六月改組宣統三年二月以顓橋區爲鄉自治公所在顓橋鎭顓區小學議事會議員八人張國華施其光吳祥生倪似水金殿慶何訪梅張維榮樓望鎔議長張國華副議長施其光鄉董俞懷卿鄉佐何其章議事會議員十二人張國華劉永一張維榮金殿慶倪似水何宗立吳雲如趙竹香李仲達樓望鎔張俊傑餘佚議長張國華副議長劉永一二年六月議員半數任滿留任六人張國華劉永一張維榮金殿慶倪似水張俊傑改選六人何宗立吳雲如趙竹香李仲達餘佚鄉董俞孟德鄉佐施其光三年三月縣公署委任施其光爲經董十三年七月選施其光爲鄉董俞誠意爲鄉佐

清丈局

民國十年十二月上海縣地方款產經理處董事會議以本縣田地自咸豐五年清糧以還六十餘年浦濱坍漲租界變遷今昔形勢久已不

同且糧與地不盡合單與地不盡符移罩朦混百弊叢生釐正經界實爲要務議決設立清丈籌備處公推姚文枬爲籌備主任十一年五月縣知事正式函聘姚文枬爲籌備主任並聘秦錫田沈周爲副主任擬訂清丈局章程十八條清丈規程八十條公斷處規程二十條丈費每畝三角二分分四年隨忙漕帶徵有漕各圖忙征四分漕征四分折漕各圖上下忙各征四分單費每紙五分地價昂貴各圖得按畝酌增但每畝至多以二十五元爲限編入清丈章程內呈報縣知事轉呈監督各官署立案並請省長分咨內務財政司法各部立案十二年一月清理江蘇官產處請將本縣准折田畝按照實地繳價升科二月各市鄉經董及籌備會開會議決清理官產處提議取消田畝准折法實屬牟利擾民一致堅決駁拒十三年三月省公署批上海舉辦清丈事出民

意應卽照准同月清丈籌備會選姚文枘爲總董秦錫田劉增祥胡人鳳黄申錫爲董事嗣黄申錫辭職以次多數陸文麓爲董事各市鄉議董同時選出四月實施清丈至十六年六月三十日止上海城廂區及漕河涇蒲淞曹塘各市鄉次第丈竣十六年上海改稱特別市於是此外各鄉清丈事務遂告停頓

附錄

清丈局程章

清丈局清丈規程

清丈局公斷處規程

清丈局測丈實施規程

清丈局丈務細則

上海縣清丈局章程

第一章 總則

第一條 本局由縣款產經理處各市鄉經董及士紳組織之清丈籌備會決議呈請上海縣知事轉呈滬海道尹江蘇省長分咨內務部財政部核准設立定名上海縣清丈局

第二條 本局以清丈全縣土地釐正經界整理糧賦爲宗旨

第二章　權限

第三條　本局處理之事務如左

一清丈全縣土地及繪圖造册事項
二整理糧賦額數事項
三給換執業田單事項
四其他關係清丈事項

第四條　本局處理事務受地方行政官署之監督

第三章　職員

第五條　本局置左列各項職員

一總董一人主持本局事務監督所屬職員
二董事四人輔助總董襄理局務
三丈繪主任一人副主任一人掌丈量繪圖編造册單等事務
四稽核主任一人掌考察丈繪册單丈繪員勤務等事務
五事務主任一人掌文牘會計庶務等事務
六丈繪員六十人承總董董事丈繪主任副主任之命分掌丈量繪圖編造册單等事務
七稽核員六人承總董董事稽核主任之命分掌考察丈繪册單丈繪員勤務等事務
八事務員四人承總董董事事務主任之命分掌文牘會計庶務等事務
九書記無定額承總董董事及所屬主任之命任繕寫文書等事務

第六條　總董董事由清丈籌備會選舉呈請縣知事聘任之丈繪主任副主任稽核主任事務主任由總董董事得議董會之同意呈請縣知事委任之其他各項職員由總董董事與各主任協商任用之

第七條　本局設公役若干名由總董董事因事雇用

第四章　分局

第八條　各市鄉清丈分局於各市鄉實行清丈時設立之
第九條　分局置董事一人或二人輔助本局管理分局事務分局稽核員一人至四人承總董董事稽核主任分局董事之命掌稽核本職事務外兼任分局事務員職務
第十條　分局董事由各市鄉經董兼任稽核員由分局董事與總董董事協商任用之
第十一條　本局置議董二十九人由清丈籌備會選舉之議董名額上海市六人蒲淞市四人閘北洋涇市各二人其他十五鄉每鄉各一人
第十二條　議董每月舉行會議一次凡本局重要事務須經議董會議決後執行

第六章　公斷處

第十三條　本局設公斷處置公斷員三人由總董董事得議董會之同意呈請縣知事委任之公斷因清丈所生之爭議如不服公斷時呈送縣知事公署辦理

第七章　經費

第十四條　本局之經費以下列三種充之
一　隨忙漕帶徵之清丈費冊單費
二　特別丈費特別單費
三　其他應歸本局收入之費
第十五條　前條所列各費之徵收方法須經議董會議決呈准監督官署後實行

第八章　附則

第十六條　關於丈繪冊單與職員服務會計出納及其他各項規則另定之
第十七條　本章程如有應行修改之處得由總董董事或議董四人以上之提議經議董會議決修正
第十八條　本章程自呈准監督官署後施行

上海縣清丈局清丈規程

第一章　總則

第一條　本局章程第三條所規定之各款事務其處理程序依本規程行之

第二條　本縣上海閘北蒲淞洋涇四市引翔法華漕河涇曹行塘灣閔行顓橋北橋馬橋陳行三林楊思塘橋高行陸行十五鄉所領各圖不等各田依次清丈

第三條　公共租界法租界內地產呈由官署接洽辦理

第二章　經界

第四條　本縣與鄰縣及各市鄉各圖間有插花斗入等地得呈准官署改正之

第五條　縣市鄉圖圩有經界不明者得擇要厘定遇必要時並竪立界碑

第三章　科則

第六條　全縣准折不等各田仍照原定科則但得依土地實況呈請酌量變更

第七條　舊有及現有公佔義塚荒墳絕戶挖廢蕩塗等田得依土地實況分別升免或歸公

第八條　公有道路河渠核定寬度免科

第九條　津屯學租等田改從所屬各圖普通科則

第十條　蘆課新升等田未列各圖號領戶册者核定科則挨次編入

第四章　分局

第十一條　各市鄉分局於定期開辦前由本局呈縣將開辦日期及關於清丈各項章程先行布告

第十二條　各分局所領各圖田糧各册開辦前由本局呈縣令册書彙繳轉發分局

第十三條　各分局於各圖丈竣後裁撤如有未盡事宜移歸本局辦理

第五章　業主

第十四條　本局於各分局布告開辦時隨發業產報告單交由各分局圖保按糧串紙數挨戶轉給如二地以上共串者按地數發給令業主依限塡寫送交分局

第十五條　各圖定期開丈時先期十日通告各業主令屆時到塲臨丈時仍由圖保通知

第十六條　業主臨丈不到者得委托代理人或租佃人如均不到者經四鄰業主指定亦得丈量但經界不明必須業主到場指定者不在此限

第十七條　非個人所有之田產臨丈時應到場之人如左

一　國有公有或公團體所指派之人

二　私團體或共有產所委定之人

三　寺廟住持或管理人

第十八條　道契地丈量細則由本局呈縣核定之

第十九條　教堂教會未轉道契田地依普通田產辦理

第二十條　田房界址不明者業主接到通告後須自清理

第二十一條　田產業主有失踪者除依本規程丈量外所有應給田單及業產由本局暫代保管其細則另定之

第六章　丈量

第二十二條　丈量按照法定新弓制仍參用舊弓核算

第二十三條　丈量參照舊冊挨號爲之每田一號但因土地實況得酌量合併

第二十四條　田畝照舊冊單額有出入時以丈見實數爲準更正糧額

第二十五條　毗連田產非被佔有據不得於臨丈時請求劃補

第二十六條　臨丈發生爭議時得就所爭尺寸丈量後由業主聲請公斷處公斷

第二十七條　田產經界之間建築物或溝岸等如無歸屬一造之證明者認爲各半所有

第二十八條　共有田產依左列各款定之

一　不可分割並不可分別糧額者立共有之戶

二　僅能分別糧額者繪共有地圖分立糧戶

三　可分割並可分別糧額者分繪各戶地圖並分立糧戶

四　一部分可分劃一部分不可分劃者依上列三款分別辦理

第二十九條　因有界標之外有餘地之習慣或證據者依習慣或證據定之

第三十條　道路依左列各款定之

一　已定寬度者依寬度丈量之

二　未定寬度者得規定其寬度

三　其他小路無歸屬一造之證明者認爲兩旁業主各半所有

第三十一條　河渠依左列各欵定之

一　幹河及幹河正出之支河於原有河面外核定寬度

二　其他支河以現有河面爲準

三　公用及私有河渠仍照原有狀況辦理

四　因改良土地或交通水利必須開鑿河渠者得預定寬度

第三十二條　業主兩戶以上共有之道路河渠關係交通水利者不得填塞或阻斷之

第三十三條　丈量時各圖圖保須隨同指領丈畢應具指領無誤證明書交局備查

第三十四條　關於丈繪之各項細則另定之

第七章　複丈

第三十五條　每圖丈量完竣經覆核抽查複丈後即將所丈田額附以地圖按戶填發田額通知書

第三十六條　業主接到田額通知書後如以丈量不符得於業戶確定前按第六十八條之規定預交丈費聲請複丈如原丈相差之數達百分之一以上者除立予更正外並將丈費發還

第三十七條　聲請複丈經本局定期施行時業主應親自臨場丈畢示以尺寸如無異議即認爲確定

第三十八條　屆指定複丈日期業主臨丈不到場者本局即認田額通知書爲確定

第八章　圖册

第三十九條　各項圖册按照本縣市鄉所領各圖依次編列改正舊有名稱

第四十條　丈量時隨造魚鱗草册魚鱗草圖俟複丈確定後再造正册
第四十一條　魚鱗册每號繪一地圖依原形比例縮小分註四址戶名田額如一號有數戶者分別註明
第四十二條　魚鱗圖按一千二百分之一比例每圖一紙如田額多者得分繪圩圖二紙以上訂於魚鱗册之首
第四十三條　縣市鄉圖界及土地狀況關於政治教育軍事實業交通宗教慈善等各項建築物圖內均須標註
第四十四條　每圖田產業戶確定時依魚鱗册造號領戶册依號領戶册造戶領號册
第四十五條　號領戶册以號爲次序分列業戶田額
第四十六條　戶領號册以號領戶册所列戶名依姓之筆畫多寡爲次序分列號數田額
第四十七條　各圖魚鱗册號領戶册之首應分列各等則田及公佔義塚荒墳絕戶挖廢蕩塗道路河渠各項田額及全圖總額
第四十八條　魚鱗册造正副各一本均存本局另造副本一本存各圖所屬之市鄉公所
第四十九條　號領戶册戶領號册各造正本一本存本局副本一本存各圖所屬市鄉公所
第五十條　魚鱗册魚鱗圖號領戶册戶領號册均由本局繪造
第五十一條　各項圖册正副本造竣後呈縣蓋印分別存儲
第五十二條　業主得聲請本局鈔錄各項圖册其細則另定之

第九章　立戶

第五十三條　田產業主應以眞確姓名入册如有貼糧沿用錯誤等情得於接到田額通知書後二十日內向各分局聲請更正
第五十四條　除公司及共有產外涉於範圍廣泛之戶名均令向局改正
第五十五條　抵押及典賣之產仍立出抵人及出典人戶名但典買者經出典人之同意得立受典人戶名

第五十六條　逾第五十三條規定期間卽爲業戶確定嗣後欲聲請更改者依第五十七條規定辦理

第五十七條　丈竣未給田單各圖田產有移轉變更時受主應將契據及田額通知書向本局驗明過戶

第十章　交驗

第五十八條　各圖業戶確定後由局定期通告各業主於二十日內攜帶舊單或契紙糧串及其他管業證據交由各分局送本局查驗如有窒碍情形不能將管業證據交驗者得另具保證書代之

第五十九條　驗明後將舊單或保證書存局餘證發還給予領單證於本局通告發單時憑證領取新單

第十一章　田單

第六十條　田單每戶一紙開具縣市鄉圖圩號數戶名科則田額並圖繪地形詳註丈尺四址由本局呈經縣署蓋印轉交各分局定期憑領單證發給

第六十一條　田單由現業主承領倘有抵押及典賣情事由出典人或出抵人邀同受抵人或受典人携帶契據及領單證向各分局領取

第六十二條　通告發單後業主應於一個月內向各分局領取

第六十三條　自通告領單日起至發單完竣日止停止過戶

第六十四條　各圖自通告發單時起所有不等各田均憑新單管業其咸豐五年舊單及其他憑照印諭概失管業效力

第六十五條　各圖新單有移轉變更或滅失毀損時業主得聲請本局補給代單其細則另定之

第十二章　徵費

第六十六條　清丈費及册單費每畝每年隨忙漕帶徵銀圓八分以四年爲限但於必要時經由議董會之決議得展延其期間或繼續帶徵

第六十七條　地價昂貴市鄉之各圖於前條帶徵費外得按地價百分之一範圍內增收其册單費

第六十八條　特別丈費於有左列各欵情形時按每畝二元以上十元以下之範圍內徵收之

一　丈竣後業主聲請複丈者

二業主因爭議聲請複丈者
三業主因分析聲請丈量者
第六十九條　特別單費於單地出入時按地價百分之五範圍內徵收之
第七十條　過戶費於業主聲請過戶時按地價千分之五範圍內徵收之
第七十一條　第六十七條第六十九條第七十條規定之地價依近三年地價平均估計之
第七十二條　業主聲請鈔錄各項圖册時應依鈔錄費細則徵收其費
第七十三條　國有公有或供公益用之地產得減免本章規定各費但以收益爲目的者不在此限

第十三章　計算

第七十四條　本局各項之計算方法依左列各欵定之
一丈量及面積分步分二位
二田額分頃畝分釐毫五位
三本局徵收各費除第六十六條規定外分圓角分釐四位
上列各欵末位以下之細數取四捨五入法

第十四章　紀律

第七十五條　本局職員有舞弊情事經指明證據來局報告查實後分別處分
第七十六條　對於本局各職員處理事務有故意或過失而加妨害者呈請官廳懲治併責令賠償損失

第十五章　附則

第七十七條　關於公斷程序及職員服務俸給等各項規則另定之
第七十八條　本局於清丈完竣裁撤後所有田地册單事宜特設田地册單局承辦其章程另定之
第七十九條　本規程有應行修正之處經議董會議決修正
第八十條　本規程自呈准監督官署後實行

上海縣清丈局公斷規處程

第一條　公斷處按照本局章程第十三條規定附設本局

第二條　公斷處立於仲裁地位以鄭重經界要政迅速解決爭議爲主旨

第三條　公斷處置左列各項職員

一　公斷員三人處理公斷事件互推主任一人主持公斷處事務

二　事務員二人司調查庶務等事務

三　書記員二人司記錄繕寫等事務

第四條　公斷員以衆望素孚熟悉法律習慣之本藉士紳依本局章程規定任用之其他職員由本局總董董事與主任公斷員協商任用之

第五條　公斷處處理事件以本局章程第三條規定各款事項所生之爭議爲限

第六條　爭議事件由關係人聲請或丈繪主任提交公斷後公斷處應分派公斷員處理之

第七條　公斷員接受公斷事件後應於三日內定期通告關係人到場

第八條　關係人如以處理公斷事件之公斷員有應行迴避之原因得聲請迴避公斷員自認有迴避之原因者得自請迴避

第九條　前條迴避之聲請如本局決定其聲請爲正當時應另以他公斷員處理之

第十條　公斷員就處理事件得訊問到場之關係人及實施調查與爲公斷上必要之行爲

第十一條　公斷員於訊問關係人時先須試行和解如和解成立即訂立和解契約

第十二條　和解不成立或性質上不能和解者公斷員就該事件應予判斷

第十三條　判斷由處理該事件之公斷員作成公斷書記明事實理由及公斷主旨年月日署名蓋章分別交付關係人

第十四條　因處理公斷事件所需之費用由理曲之關係人負擔其主張各有一部理由者得使其平均

負担均記明於公斷書
第十五條　關係人接到公斷書後如有不服得於十日內聲明理由由本局轉呈監督官署核辦
第十六條　逾期不聲明不服或聲明不服經監督官署核定者公斷處須以其主旨通告丈繪主任確定入册
第十七條　公斷處職員如有舞弊失職情事由本局呈請監督官署依法處分
第十八條　關於公斷程序之細則另定之
第十九條　本規程如有未盡事宜得以本局議董會議決修正
第二十條　本規程自呈准監督官署後施行

上海縣清丈局測丈實施規則

第一章　總則

第一條　本縣清丈之業務計分三項如左
一圖根測量
二道綫測量
三戸地測量
第二條　分本縣十九市鄉爲三區
閔行馬橋北橋塘灣顓橋曹行爲第一區
漕河涇法華蒲淞上海閘北引翔鄉爲第二區
高行陸行洋涇楊思塘橋三林陳行爲第三區
第三條　測量時長之單位以公尺爲標準
第四條　關於各項測量之諸計算符號及註記等概以規定之表式而施行之

第二章　圖根測量

第五條　在規定區域內用三角網法進行擇其主要之位置分配圖根點遂依此以測定基綫及子午綫且順次施行方向角測量並以所測之結果而計算縱橫線因以決定各點之位置

第六條　圖根測量所用之器械其種類如左

二十秒讀經緯儀　平板儀　鋼捲尺　布捲尺　標桿　標旗　望遠鏡　其餘各種附屬物品

第七條　施行圖根測量時先須巡視區域內之地形以定圖根點編製之順序

第八條　圖根點各點相互之距離約爲一千至二千公尺遇困難時得酌量增減之

第九條　選定圖根點時應擇展視良好之開濶地以期互相通視

第十條　圖根點所選之各角以正三角形爲最好不得已時則限制其最小之角應在三十度以上最大之角應在一百二十度以下

第十一條　圖根點分爲主點及補點二種

第十二條　圖根點之位置須埋設標石以表示之並須於緊要地點建設覘標以便觀測

第十三條　石標分甲乙兩種凡遇港口大道市鎮子午綫及重要地點均埋設甲種石標

第十四條　圖根點選定時須附以名號以附近地名名之並依預定之順序附以數號用亞拉伯數字註記之

條十五條　在一區內設置二條以上之基綫

第十六條　選擇基線務於平坦開濶之地勢且易於通行者並依選定之次序而以數號區別之

第十七條　基線之長爲一千至二千公尺用鋼捲尺實測二次以上依所測之中數而採用之

前項二次實測之差數不得超過次式 $0.005\sqrt{K}$ 之限制但式中之K爲以十公尺爲單位之基線長

第十八條　前項規定基線之長如遇地勢困難得縮短基線之距離而以基線綱增大之但基線之長不得在五百公尺以下

第十九條　子午線測量須俟極星在東方或西方最大偏倚之際而施行之

第二十條　觀測子午線之地點須用圖根點之主點且擇其在基線之一端者但爲地勢所限時得於其

接近基線之圖根點行之

第二十一條　觀測子午線於極星最大偏倚時施行二次之觀測而採用其中數前二項之觀測其差數不得過四十秒

第二十二條　既測定極星之方向則依其角度推定子午線之方向而埋設石標於其北端是爲北點

第二十三條　子午線方向決定後即於其點覘視一個隣近之圖根點測定其覘線與子午線所成之角値以爲原方向角

第二十四條　圖根測量應繪製圖根選點圖使用平板儀依二萬分一之縮尺而繪製之

第二十五條　選點圖上應記載之事項如左

一圖根點及覘線

二基線及子午線測站

三市鎭及著名之村莊重要之道路河川橋樑

四各種經界線之概形

五各種註記

第二十六條　測量方向角在圖根主點上安置經緯儀以隣近之主點爲原方向順次覘視四週之圖根點以測定各覘線之方向角但此項角度係由原方向而起算者

第二十七條　圖根測量對於一方向角應施行正反各二次之觀測

第二十八條　測量方向角其每次旋轉之閉塞差若在四十秒以下者得將此差誤分配於各角又每次所測之各方向角若其誤差在四十秒以下者得採用其中數

第二十九條　連接隣近三個主點即成三角形但其各內角之和對於百八十度之差若在四十秒以下可將此誤差分配於各角而施行改正

第三十條　聚三角形之計算若其閉塞在 $0.00012K<\sqrt{T}$ 以下時得改正之但式中之K爲該閉塞邊之長且十公尺爲單位者T爲三角形之個數

第三十一條　圖根點之縱橫綫依二個主點已知之縱橫線而算定之並採用其二値之中數

第三十二條　圖根點之縱橫線算定後卽將各數轉列於成果表復由成果表計算展開縱橫距製成圖根點明細表

第三十三條　圖根點之縱橫線數值算至公分爲止

圖根測量簿另詳之

第三章　經緯道線測量

第三十四條　在規定區域及其附近用經緯儀配置道綫點於各圖根點之間並準據圖根點依經緯道綫測量法而測定各點之位置並用平板儀測繪其地形

第三十五條　經緯道綫測量所用之器械其種類如左

一分讀經緯儀　平板儀　布捲尺　標桿其餘各種附屬物品

第三十六條　施行經緯道線測量須先巡視其區域以定作業之次序並調查圖根點之覘標應否重行修理或另行建設標旗並須調查該區域之界線

第三十七條　道綫點各點相互之距離其平均約爲一百公尺但係地形之關係可將此數酌量增減之

第三十八條　道線點之位置須埋設木樁亦可利用固定之物體以表示之

第三十九條　選點圖依二千五百分一之縮尺而繪製之

第四十條　道綫選點圖應記之事項如左

一圖根點

二經緯道綫點及其徑路

三重要之道路河川橋樑村莊房屋及各種重要建築物等

四各種境界之概形

第四十一條　經緯道綫測量由圖根點及已知道綫點出發連結各圖根點而閉塞於他圖根點或已知之道綫點用以檢查其成果但亦閉塞於出發點

第四十二條　原方位邊方位角依圖根測量或道綫測量就其二端已知點之縱橫綫差而算定之

方位角之閉塞差若在$2\sqrt{N}$以下時可將此數配布於各邊但式中之N爲邊數縱橫綫之閉塞差若在$0.2\sqrt{N}$以下時得分配於各點但式中之N爲點數

第四十三條　經緯道線測量之距離用二次測量之中數以決定之

前項二次測量之差數不得超過次式$0.009\sqrt{K}$但式中之K爲以十公尺爲單位之邊長

第四十四條　經緯道線測量之縱橫線算定後即將各數轉列於道線點明細表

第四十五條　經緯道線測量簿另詳之

第四章　戶地測量

第四十六條　戶地測量根據圖根點道線點依圖解法而測定各戶地之形狀面積及關係之位置

第四十七條　戶地測量其所用之器械種類如左

平板儀　布捲尺　標桿　測針　製圖器械　其餘各種附屬物品

第四十八條　戶地測丈用五百分一之縮尺而施行之

第四十九條　戶地測量所用圖紙其內廓爲五公寸之正方形外廓爲五十二公分之正方形

第五十條　戶地測量之距離應量至公分位但在特別區域如市鎮地價昂貴之處須量至半公分

第五十一條　前條距離之交差若在$0.02\sqrt{K}$以下時可用其中數以決定之但式中之K爲以十公尺爲單位之長度

第五十二條　施行戶地測量時先須巡視其地勢以定作業之次序並調查圖根點道線點所設之覘標木椿應否重行修理或另設標旗

第五十三條　前條作業既竣須再調查圖界圩界及戶地界並令地主將所屬之戶地境界鎚入小木椿以資標示

第五十四條　圖根點及道綫稀疏處得配置若干之補助點依圖解法而測定之

第五十五條　圖解法分爲交會法及道線法二種

第五十六條　交會法者依覘視綫之交會以決定該點之位置並依其線長而測定其距離是也

第五十七條　依交會法而決定補助點之位置須用三個以上之覘綫其交角在三十度以上一百五十度以下爲限

第五十八條　施行交會法時若三個覘綫不交會於一點而成三角形若該三角形內切圓之直徑在二公厘(圖上距離)以下時卽取其中心以決定其位置

第五十九條　道線法須實測隣近各點之距離並以多角綫以決定該點之位置

第六十條　補助點之位置悉鎚入木椿以表示之

測板上之補助點卽於其位置用針刺一小孔並沿其周圍畫一小圈以標示之

第六十一條　測量區域之接合部須選定共通之點並於其椿頭染以紅土或石灰俾便識別

第六十二條　戶地原圖應載之事項如左

一　圖根點道綫點

二　戶地界

三　各種境界線

四　道路堤塘溝渠河川橋樑碼頭等

五　各項註記

第六十三條　戶地凡在原圖邊外五公尺以內須照前條之規定而詳細繪入之

第六十四條　戶地原圖上須照預定之次序編定各起點之假定號數

第六十五條　戶地測量記載簿須抄錄原圖上各起地之假定號數地主姓名及略圖算式等

第六十六條　戶地原圖上之各起地應分爲多數之三角形而計算其面積

第六十七條　各測板上之原圖其接合部須彼此一致若圖上之差在0.001公尺以下時其接合部認爲正確

第六十八條　戶地丈量記載簿另詳之

第五章　製圖

第六十九條　製圖之體例分册圖輿圖二項

第七十條　輿圖分全邑輿圖全鄉輿圖全圖輿圖三項

第七十一條　册圖分全圖總圖全圩魚鱗圖及分號散圖三種

第七十二條　全邑輿圖以四萬分之一比例全鄉輿圖以一萬分之一比例全圖輿圖以二千五百分之一比例

第七十三條　全圖總圖以一萬分之一比例全圩魚鱗圖以五千分之一比例分號散圖以適宜之比例定之

第七十四條　每一市鎮各繪一圖比例臨時酌定之

第七十五條　每圖位置均上北下南

第七十六條　圖上線號分左列之三項

一一號綫寬約五公毫

二二號線寬約二公毫半

三三號線寬約一公毫半

第七十七條　線號又分爲實綫及點線二種

點線依其虛部之長短分爲左之三種

一尋常點線　實部五公厘虛部同

二短點綫　實部三公厘虛部七公厘

三長點綫　實部七公厘虛部三公厘

第七十八條　境界綫分爲左之五種

一縣界用紅色一號線之點綫其實部一公分虛部爲一公分半於其虛部插入三個直徑五公毫之圓點

二市鄉界用紅色一號線之點綫其實部與虛部均爲一公分於其虛部插入二個直徑五公毫之圓點

三圖界用紅色二號線之點綫其實部爲一公分虛部爲八公毫於其虛部插入一個直徑二公毫半之圓點

四圩界用紅色二號線之點綫其實部爲一公分虛部爲五公厘

五戶地界用三號實線虛其角隅用直徑二公毫半之點表示之

戶地之界綫不宜與隅角點互相密接應留微量之空白俾易明瞭

第七十九條　戶地原圖之圖廓綫須用紅色三號實綫描繪之

第八十條　圖根主點爲一紅色複圈其外圈直徑約爲一公分並於圈之中央描繪一黑點補點則繪一紅色單圈中央亦描繪一黑點

第八十一條　道綫點爲一黑色單卷其直徑約爲四公厘或作一正三角形中央描繪一二號點

第八十二條　道路及河川依其真寬以三號實綫描繪其二邊以表示之

第八十三條　橋樑依其眞寬用三號實綫描繪其兩邊并將其兩端向外披開以表示之

第八十四條　註記文字分爲正揩宋體及亞拉伯字三種

第八十五條　正揩宋體字之大小依所示物體之大小而用二公厘至十二公厘爲適宜字隔依所示物體之形狀而用字大二分之一至字大之五倍爲適宜

第八十六條　輿圖註記字用宋體其他用正揩

第八十七條　圖面之註記須垂直列之但有時亦可列爲水平或傾斜之方向但文字須自右至左依次排列且與圖面之下邊(圖廓)成直立形

第八十八條　綫狀物體之註記須依其形狀列之但宜與該物體成直立形或與之平行

第八十九條　亞拉伯數字之字高用三公厘至一公分爲適宜字隔爲字高二分之一而書於該記號之上方

第九十條　魚鱗圖及魚鱗册戶地原圖依本局清丈規程第八章之規定而繪製之

第九十一條　各種選點圖繪竣後應於圖之上方中央向水平方向書曰某號圖根選點圖某字某號道線選點圖某號某字第幾號原圖

某號圖根選點圖

中華民國　年　月　日

組長某（印）
組員某（印）

比例二萬分之一

某號某字道線選點圖

中華民國　年　月　日

組長某（印）
組員某（印）

比例二千五百分之一

中華民國　年　月　日

某號某字第　號原圖

比例五百分之一

組長某(印)
組員某(印)

上海縣清丈局丈務細則

第一章　編制

第一條　依本局章程第三章第五條合并第三第四兩項改設丈務主任一人副主任一人其第六第七兩項改分內外二部編制

第二條　內部分稽核製圖單冊三項設組長一人組員若干人

第三條 內部組長受丈務正副主任之命(下簡稱主任)指配各組員稽核各區成績繪製各種圖表及編製單册等事遇必要時得呈請主任分赴各區覆測覆丈
第四條 內部組長遇事務紛繁時得呈請主任分組辦事
第五條 內部各項辦事規約由組長擬定呈請主任核准施行
第六條 外部依規定分全縣爲三區除城廂租界由主任親轄外每區設丈務領袖一人(下簡稱領袖)受主任之命督率本區全部員生進行丈務
區內開辦三角時領袖兼任三角班長其班員由主任指定之
第七條 區內進行導線戶地得設二組或三組每組設組長一人由主任任命之受領袖之指揮負一組內完全責任
每區第一組組長得由領袖兼任之
第八條 每組設戶地六班至八班導線一班稽核一班但稽核班得二組以上合設之
第九條 戶地導線稽核各班各設班長一人由領袖呈請主任任命之受組長之指配負一班內完全責任但導線班長由組長兼任之
第十條 戶地班各設班員一人由領袖呈請主任任命之輔助班長丈量戶地計算面積塡造表册
第十一條 導線班各設班員三人由領袖呈請主任任命之其二人輔助班長測量導線計算經緯距及塡造表册其一人專測繪地形
第十二條 稽核班各設班員若干人由領袖呈請主任任命之輔助班長查核導線戶地之圖表計算而遇導線有餘戶地不足時導線班長班員卽改任戶地
第十三條 領袖得依事理之必要酌訂各項規約以補章程之簡缺呈報主任核准施行整理之如發見疑點得覆施測丈
第十四條 二組以上之區得設事務員一人掌文書收發保管等事
第十五條 內外部任職者除領袖組長外其資格分丈繪員練習生二等

第十六條　丈繪員依其學識程度經驗之高下能力之强弱分爲一等丈繪員二等丈繪員三等丈繪員三級

第十七條　練習生由本局授以測丈必需之學識技能派往內外各部練習依其能力之高下分一等練習生二等練習生三等練習生三級

第十八條　丈繪員來局試任三月後主任認爲適用者依等發給聘書練習生畢業後繼續任職者得省去試用期間

第十九條　領袖組長之薪給由主任酌定之其他員生之薪給規定如下

一等丈繪員　二十七元至三十元

二等丈繪員　二十三元至二十六元

三等丈繪員　十九元至二十二元

一等練習生　十五元至十八元

二等練習生　十一元至十四元

三等練習生　七元至十元

第二十條　員生升級每人每年不得過一次加薪不得過二次

第二十一條　員生升級內部由組長外部由領袖呈請主任核准施行

第二十二條　每年三月爲升級期九月爲加薪期其員生之應加應升者主任呈報董事部分等榜示并給憑證

第二十三條　分區領袖駐在地得設辦事處一所其規則另訂之

第二章　成績

第二十四條　三角班成績由主任另定之

第二十五條　導線班成績每月以八十點爲及格地形成績每月測地形圖（比例二千五百分之一）兩幅爲及格

第二十六條　導線測角計算及地形繪圖塡造表册等項應備手續皆須完備隨時報告主任
第二十七條　戶地班成績係包括計算繪圖塡造表册及一切應備手續在內
第二十八條　戶地班成績依員生之資格能力規定及格畝數如下
一等丈繪員　每人每月二百畝
二等丈繪員　每人每月一百七十畝
三等丈繪員　每人每月一百四十畝
一等練習生　每人每月一百二十畝
二等練習生　每人每月一百畝
三等練習生　每人每月八十畝
第二十九條　戶地丈量如遇村宅基地須隨時記註於計算表附注項下其成績之計算每號在半畝以內者一畝作三畝在半畝以上一畝以下者一畝作二畝
第三十條　丈量市鎭成績之計算一畝作三畝如遇大鎭情形複雜者隨時由領袖酌定呈報主任核准
第三十一條　宅基市鎭附近田畝不與房屋同號者不得援房屋之例計算成績
第三十二條　城廂戶地成績之計算由主任另定之
第三十三條　公用之河渠道路面積依則田計算成績於每圖幅記載圖內詳細逐項列出
第三十四條　戶地各班於一圖丈竣後將各項田畝號數戶數及其他應行報告情形詳細列表報告本區領袖由領袖審核後轉報主任其製表時間抵作十日成績
第三十五條　稽核班成積另定之
第三十六條　製圖及編造單册之成績另定之
第三十七條　練習生隨班練習未滿三月者不計其成績
第三十八條　每月五日各班班長應將上月之成績清繳領袖或組長領袖組長彙查各班成績造具表册於每月終了後每三個月終了後每六個月終了後每一年終了後各分别報告主任

第三十九條　各區遇有特別情形於成績發生關繫者隨時由領袖或組長呈報主任酌商辦法

第三章　獎懲

第四十條　內外部員生在任職期內勤勉無過成績優美者依下列方法獎勵之

(甲)升級

(乙)加薪

(丙)獎金

第四十一條　有下列優點之一者得升級

(一)總計全年成績超過規定數百分之二十以上手續完美辦事勤勉行爲端謹及薪額已達其本級限度者

(二)具有才能卓異學識高深有特殊之成績者

第四十二條　有下列優點之一者得加薪

(一)總計六個月成績超過定額百分之二十以上其薪額未達其本級限度者

(二)總計六個月成績及格辦事勤勉品性和謹其薪額未達其本級限度者

(三)具有升級資格但已無級可升者

第四十三條　備有下列優點之一者得給以獎金

(一)戶地成績三個月總計超過定額每一畝給獎金一角以百分之二十爲限

(二)導線成績三個月總計超過定額每一點給銀三角

第四十四條　內外部員生於任職期內有成績錯誤品性乖戾能力薄弱者依下列方法懲誡之

(甲)罰金

(乙)扣薪

(丙)降級

(丁)解職

第四十五條　有下列各項之一者處以罰金
（一）三個月成績總計不及規定限度在百分之二十以上者
（二）圖表手續不完全及草率敷衍者
（三）成績逾限不繳者
第四十六條　有下列各項之一者處以扣薪
（一）已繳成績不準確者
（二）告假日期逾越規定程度在三日以上者
（三）六個月總計成績不及格者
第四十七條　有下列各項之一者處以降級
（一）全年總計成績不及格者在百分之二十以內者降一級二十以上者降二級
（二）辦事疏忽能力薄弱累及丈務者
第四十八條　有下列各項之一者處以解職
（一）營私舞弊查有確據者
（二）品性乖戾學識粗陋有妨丈務者
（三）遇事諉延或敷衍曠職不作業者
（四）已受降級處分而難望遷改者
（五）練習生之無可造就者
第四章　附則
第四十九條　本細則得由丈員十人以上聯署或領袖組長之請求或主任認爲應行修改者得由主任召集各領袖各組長公議修改
第五十條　本細則由主任商請董事部以本局名義公布施行之

公款公產管理處

本縣地方經費其收支保管屬於地方行政範圍民國二年五月縣議事會議決設特別會計處專理地方經費議訂試辦規則十條十一月縣公署委丁熙咸張信爲地方特別會計正副委員設辦事處於尙文路前學務課三年三月自治停辦縣公署仍委丁熙咸張信爲地方公款公產經理處正副經理員八月接收也是園房屋修志局始遷入辦公四年十一月就也是園門樓二幢平房一間翻造樓房六幢爲公款公產經理處辦公處五年五月接收上海醫院改稱公立上海醫院延汪尊美爲院長代張竹君女士償還前欠洋二萬三千五百元九月張信辭職八年十二月丁熙咸辭職縣公署委姚文枬朱日宣爲正副經理員十年十月委秦錫田爲總董張煥符爲副董旋張煥符病故十一

年改委沈周爲副董十五年七月縣議事會議決改爲地方款產管理處公舉秦錫田爲處長沈周爲副處長十六年十一月省頒江蘇各縣地方款產管理處暫行條例四十一條由地方各公團選舉改稱總董副董當選後由縣知事聘任仍選秦錫田爲總董沈周爲副董依照條例分別任事其歷年出入盈朒之數備詳決算册及財用志款產項下茲不復贅良以公款公產之實數均爲市鄉汗血之資不容絲毫濫費惟於十三年九月二十一日經前護軍使何豐林提借積穀項下洋十萬六千二百元截至十七年六月底止應加息洋四萬六百零七元五角九分當時由護軍使令文指定由本縣徵起國稅項下歸還並有省公署訂立合同在上海兵工廠變價項下歸還在案此項令文及合同均經公款公產處保存迄未結束此爲闔邑人士所羣慼不滿者也

名蹟

古蹟

秦皇馳道相傳秦始皇觀海時築北距長江南達海廣可五馬並行今滬閔長途汽車路中段卽其遺址

上馬墩本名草鞋墩在二十九保四圖王家寺西相傳宋韓世忠行軍經此久雨乍晴兵士棄草履堆積成墩元錢鶴皋起兵於此馳馬因改名又北曰箭墩則錢氏習射所也

石池在三十保三圖王湖橋北元錢鶴皋別業兩岸及池底悉甃白石清康熙初尚有存者今名石池灣

倭墩在三十保二圖永福禪院西南明嘉靖間倭寇剽掠村人殺而焚之埋骨於此

窰墩在三十保二圖大洓浦口永福禪院之東其一在北珍圩相傳明時秦氏建宅造甎於此

城隍廟見前志續志　民國四年九月住持羅克裕邱金生以戲臺兩廊大殿寢宮等屋朽腐不堪七月颶風損壞更甚請求公款公產經理處修理該處管理員丁熙咸張信募捐重修共用銀七千四百五十三圓收得捐款三千六百八十圓不敷三千七百七十三圓由處墊發十一年十二月内皁班房失愼延燒東廊樓屋二幢過街樓一間北及猛將堂東及玉清宮樓面三間大殿屋面損壞重簷焦灼十二年二月地方款產經理處總董秦錫田副董沈周募捐修建時旗杆已折大門朽黯黄金榮杜月笙張嘯林捐銀三千五百兩合建鋼骨水泥旗杆及照牆吹鼓亭葉培德堂捐銀二千圓獨修大門程瑾記捐銀二千四百五十圓獨修

玉清宮修理大殿銀一萬二千五百圓東樓一千六百六十五圓玉清宮西樓房三幢一千五百六十圓實收捐款一萬四千四百四十八圓九角九分六厘獨捐者除外不敷銀一千二百七十六圓四厘由款產處籌墊十三年舊曆七月十五日各會首正昇神象出巡大火燬大殿延及殿後之中廳殿前奏樂臺之樓面殿東財神殿之西側樓殿西許眞君殿至十五年七月黃金榮張嘯林金庭蓀劉鴻生程霖生蘇嘉善邊瑞馨張效良范回春杜月笙等合捐銀五萬圓重建大殿秦錫田記曰殿高四丈八尺廣四丈一尺深六丈三尺三寸以鋼鐵爲骨幹以水泥爲材料不用一甎一木而采椽畫棟翠瓦朱簷仍沿古神廟之儀制蓋黃君等慨擲鉅金久記營造廠暨公利營造師以科學之精神運美術之思想迎合社會之心理故能崢嶸璀璨式壯觀瞻工歷十七月而竣又由款產處籌欵重建許眞君殿改建文昌殿星宿殿爲三層樓用鋼骨水泥星宿殿下放寬街道三樓塑供十殿閻王

附廟後園民國初廢丐頭花神樓歸貧民習藝所管業六年勸學所酌償修費收回船舫廳七年地方欵產經理處償費收回龍船廳餘詳見續志

大境見同治志民國元年拆城築路後箭臺燬僅存正殿

芙蓉池一名山池在三十保二圖明季兩岸盡植芙蓉清初侯峒曾以采摘者多復補植之今廢侯艮暘招友詩　蟹近重陽味漸佳不須愁到酒難賒臨池得句朋笻過會看芙蓉月下花沈葵山池步月詩　山平池尚在散步月明時魚躍浪花碎鳥飛樹影移芙蓉荒舊渚蘆荻長新陂憑弔興亡跡徘徊悵所思

鳳凰池在法華鄉和尚橋東相傳明季唐方伯築壙時大雨雹有鳳凰一雌一雄騰出飛去據形家言尚有兩翅地東傍蘆青浜西傍上澳塘今其地多卜葬者

鴛鴦池在法華鄉錢家巷西由西蘆浦一支折西兩潭左右環抱冬夏不涸

土山在法華鄉徐家滙南里許相傳徐文定公築壙時積土成山清光

緒間天主堂剷平建屋仍疊石一堆以誌遺蹟今地名土山灣
紫薇隄在諸翟龍江岸邊多植紫薇故村名紫隄江名紫薇
聚龍橋在閔行橫涇口見同治志淸嘉慶二十一年里人李林松計偕北上舟經橋下有雙鯉躍入舟中旋登進士第爰捐金新之
古銀杏樹　閔行鄉有二株一在閔行鎭北廟一在吳會鎭西南王寺　塘灣鄉有八株一在小關帝廟一在普濟菴一在二十一保四十二圖陳宅五株在邢竇湖永甯橋東　三林鄉有六株一在海會寺東南薛氏墓一在陳汝菴其在積善寺者二株在崇福道院者東西二株東株寄生楡槐二樹極茂盛尤奇特
古黃楝樹在二十四保黃二圖壽豐橋南相傳明時植

第宅園林

椒園在三十二保二圖新嘉里東陳思橋西元末錢鶴皐種椒處廣數畝有池如半月

留耕堂在二十四保黃二圖明永樂時湖廣荆門州知州王斗文建有安分軒懷靜堂望月樓諸勝斗文本居鶴沙逢水災泛舟至朱唐港左遂卜居焉後堂燬於倭子孫卽其址爲宅宅旁有玉龍玉鳳等橋皆仍舊名焉

晚蘭堂在二十一保七圖六道浜俗名小旗杆宅明廣東按察使何萬化故居

耕織堂在六道浜明萬曆間何應科故居清乾隆間八世孫委重建應科見續志人物補遺

奚氏廳在二十一保五圖明貢生奚子葵故居中有行素堂環碧軒皆雕刻精細今僅存環碧軒

董園卽同治志之竹安齋在閔行啓秀橋右明董其昌讀書處今地歸潘姓

拄頰山房在二十九保五圖徐家老宅明進士徐天麟棄官娛老處有牡丹陂木樨亭梅花書屋又有閒園徐殷輅集同人觴詠之處

荊隱舊莊在諸翟鎭芙蓉池西岸明鼎革時侯玄洵室人夏淑吉居之夏淑吉移居舊莊詩　四海盡風塵桃源欲問津風來香入坐月靜錦成茵花鳥酬知己雲山待主人王孫歸去後春色到東鄰　夏完淳過荊隱舊居感賦詩　舊日風光地園林日夜開金樽移草木綺席隱莓苔西院三春靜東鄰百鳥哀殘花猶未落如待玉人來

染香居在華漕鎭諸章建庭中偏植牡丹每歲花時招同人觴詠其中章見續志人物補遺

勤息堂在三十保二圖乾隆五十年太學生侯惟銘惟鏞改爲斗宮中奉斗姆咸豐四年里人葺爲讀書會文之所

三珠堂在三林塘乾隆時趙奎璧建後有芋北草堂

念祖堂在三林塘本趙鸞故宅淸倉場總督張集築後歸趙奎璧堂東

曰人境吾廬董其昌書西曰留硯齋錢縠書西南曰春暉閣東南曰二酉齋後爲保定堂莫樹堉重書東曰就桐書屋趙鼐書西曰靜心多妙張照書堂後半廳曰石菖蒲館江甯黃鐸僑居時書西爲半耕居東爲桐蔭山房花木繁茂黃氏兄弟與里中諸名流觴詠處也案堂見續志略而不詳今據訪稿補敘

鴻寶堂在三林塘本明主事趙綸號梅谷廢宅趙奎璧購地重建堂北爲佇雲書屋再北爲菊圃東曰晚香深處西曰筠西小築其後有荷池古樹扶疏頗饒幽趣

三省堂餘慶堂並在三林塘仁和里乾隆時王士宗建

譜韻堂在諸翟鎭東里許新街里歲貢沈葵故居葵見續志人物補遺念祖堂在三十保二圖長濱宅張維綱故居維綱見續志人物又有懷德堂張增所居

耕餘小憩在三十保四圖陶家宅太學張孝允觴詠處里人侯敞題額

豁然園在三林塘詩人王孟洮之弟王彬居之孟洮續志有傳彬詩稿見續志藝文園有荷池有茅亭花木幽秀江甯黃文達詞調寄南浦月　碎碧殘紅短垣圍住秋多少葉鋪溪沼笑倩西風掃　別未經時已是秋將老斜陽好茗鑪烟裊快讀新詞稿

臨碧軒本明陳時泰建李待問書在百曲村後遭亂屋毀而牓字猶存清光緒間時泰八世孫鼎科遷居三林塘懸其牓於堂後

浦東別墅在六里橋浦東中學校後楊斯盛晚年養痾處右即斯盛墓斯盛儲銀叁萬圓存本生息爲別墅修繕及子孫讀書之用又川沙縣境內祭田四百五十畝亦屬於別墅並請浦東中學校校董會兼管光緒三十四年由斯盛呈請兩院咨部立案

亦園在二十四保黃二圖清宣統二年喬栴築

西園在陳家行鎮西有亭池花木中奉秦溫毅先生銅像

松雪廬在二十七保三八圖交界處趙錫恩奉父處有荊橋踏雪徐徑

尋梅鑑亭迎風葉隄問柳湧泉采荷松岡望月蓮池觀魚靑溪垂釣圯水橫舟趙林謁墓諸勝

郁氏山莊在徐家滙李公祠左偏中奉郁懷智祠墓堂曰立本軒曰樂穡泉石清疏花竹蓊翳極幽邃之致

憩園有二一在肇周路一在億定盤路皆有亭臺之勝

扆虹園在靶子路俗呼趙家花園粤人趙氏築

遂吾廬在徐家滙路謹記路東橋後臨肇嘉浜皖人程氏别業多佳山石

雨園在江灣路蜀商公所之北爲鄧雨農别業

松社在徐家滙路花木不多而地址甚廣中奉再造民國偉人蔡鍔祠墓

蕚園在靜安寺路戈登路口爲奚蕚銜別業

精武公園在倍開爾路爲精武同人憩息之所地勢頗開展

醴泉別墅在霞飛路

清眞別墅在徐家滙路亞爾培路口

避暑山莊在二十九保五圖浙人潘氏建俗呼潘園南爲塋墓占地三十四畝建築布置式參中西

老學菴在二十八保三圖邑人陸氏置竹籬茅舍瓜架豆棚獨饒野趣

枕流別業在二十八保三圖合肥李氏別業面臨吳淞江地約十畝

半淞園在高昌廟路邑人姚伯鴻設計建築占地六十餘畝中有山可登眺有水可盪舟亭堂廊榭結構精雅春秋佳日游人如織

玉山別墅在引翔鄉瑤階衖民國八年粵商馬玉山築池石幽秀尤多

秋菊
養眞別墅在楊思橋鎭民國八年陳義生建
虬溪草堂在引翔鄉軍工路旁南通張謇題牓民國八年軍工路成里
人王銓運購地六畝特建此堂以垂紀念故又名紀念園有亭池花石
之勝
敏園在閔行鎭邑人李顯謨建中有山二峯三池三池中又疊一峯堂
宇亭閣位置楚楚地約三十餘畝
黃家園在漕河涇鎭西民國十二年黃金榮建額曰槐蔭堂堂後家祠
堂東佇月宧畫舫北爲黃氏墓山石盤繞上有凌雲松月兩亭花木繁
多擅池亭之勝
附華人公園在白渡橋爲西人所築得任華人游覽者也面臨吳淞

江占天然之形勝佈置殊草草
西人公園在外白渡橋面臨黃浦中央爲噴水池及音樂亭夏時雜列樂隊左右茅亭各一有紀念碑二一爲常勝軍立一爲馬嘉禮立爲西人公共娛樂之所
兒童公園在蓬路俗名崑山花園西人專爲僑商兒童娛樂而築
法國公園在辣斐德路北爲法蘭西人公共娛樂之所園址甚廣境頗幽靜
德國公園在貝勒路口爲德國人所築今由法人管理
滙山公園在韜朋路
凡爾登花園在霞飛路前德國總會花園也今改設法人俱樂部
趙莊在二十九保六圖今入英籍之華人趙灼臣築占地二十四畝

麗虹園在佘山路洋商利得利建亭臺樓閣悉仿中國古制地約三十餘畝

平吉園在佘山路平湖洋行置建築之式仿中國古宮殿制地約二十七畝

金石

楊斯盛銅象在六里橋浦東中學校民國六年立松江錢葆珍有記

曾鑄銅象在斜橋貧兒院民國十二年立邑人蘇紹柄有記

范杞良石象民國三年發見於晏海門外城濠初置愚園旋移樓外樓四年三月始移置也是園　案象爲築城時工匠所製厭勝品也

潘氏蘭亭帖見同治志

六體千字文見同治志　案上二種皆明潘雲龍摹刻　民國三年公款公產經理處出貲購置也是園

歷朝出仕吏員碑見同治志　案碑本在舊縣署前民國四年改建新署移置也是園尚有舊碑五方移置敬業學校內字多漫漶不可識

絜園記見同治志　案石本在舊道署內民國三年移置勸學所今在尙文路教育局內　案上五種石存而地點移易者

蘇東坡書蹟尊經閣舊藏東坡書釋翁亭石刻紅巾之亂燬於火松江錢氏曾見拓本共凡八幅今已無考

明刻五倫書學署重建時邑人趙敬修出所藏明刻五倫書一部鎭於明倫堂正脊道光二十九之役滬城陷落爲西兵穴脊取出後爲賈氏所得書凡六十二卷分訂二十四册版絕巨高至營造尺一尺三寸三分寬至八寸一分黃紙封面每册首頁有廣運之寶朱璽蓋明宮舊物也此書由賈氏裔孫送上海修志局缺卷一卷二卷十一卷十二四卷至六十一卷止存二十二册民國二十四年由上海修志局收存

徐渭仁印徐氏紫珊刀法精絕有手刻徐渭仁印玉章一顆藏日本東京博物院中

重建南積善寺記明成化八年郁文博撰　今存三林鄉寺內

重建明心寺記明萬曆四年朱錫祚撰

天移井碑明萬曆十二年陸樹聲撰　上二石並存北橋鄉明心寺內

義田井亭菴記明萬曆四十年陳所藴撰計文治書董其昌篆額　今存三林鄉陳汶菴

瓶山道院助贍田房記明崇禎九年張肯堂撰翁英書　今存北橋鄉明心寺內

小山赤壁碑上八分書題小山赤壁四字下草書詞兩闋字跡模糊不可辨後有跋錢溥撰　今存舊縣署前徐大有故居

遵憲平漕成績碑清康熙十三年知縣陳之佐立

禁革漕白積弊碑清康熙三十七年知縣陳善立　上二種並存舊水次倉內

楊師橋建橋碑記清康熙四十八年道士瞿凌空撰　今存三林鄉崇福道院

三十保頁浚蟠龍江免派他徭記清雍正三年王嘉文諸雲等立　今存蒲淞市大淶廟前

飭禁漕弊碑記年月已剝蝕無考

奉憲禁革儲廒收米勒取廒租碑記雍正九年　上二種並存舊水次倉內

重建楊師橋記清乾隆三年張端木撰凌存淳書　今存三林鄉東城隍廟

重修瓶山道院記清乾隆二十二年趙駿烈撰鈕光銘書　今存北橋鄉院內

永禁差保雇募硝夫派累糧里碑乾隆三十三年知縣張世友立　今存舊水次倉

三林塘東石道記清乾隆四十四年趙拱璧撰吳光書　今存三林鄉東城隍廟

重建香花橋記　清乾隆五十年瞿鴻藻書撰　今存三林鄉海會寺

八品冠帶喬佳佑壽翁墓誌銘　清陸錫熊撰曹錫寶書喬鍾吳篆額　今存北橋鄉十四圖

西昌菴石堤記　清嘉慶五年趙球撰金宗璞書孫如玉篆額　今存三林鄉菴內

重修海會寺記　清嘉慶六年吳省欽撰王誠書　今存三林鄉寺內

興安公所記　清嘉慶十五年庚午郭尚先撰　今存新公所

重修觀音閣記　清嘉慶二十年馮以昌撰　今存北橋鄉明心寺

開浚俞塘橫瀝示略　清嘉慶二十一年知縣葉機給示里人朱昂記略　今存北橋鎮金山寺

重建西林懺院　清嘉慶二十三年王廷銓撰書　今存三林鄉鄉公所

重修商鹽步記　清道光三年癸未十一月奏委整頓松所鹺兩浙青村場大使張祥口撰卽補鹽大使沈求誠書今存鹽碼頭

烏泥涇廟遷浦東記　道光二十五年立　今存三林鄉

上海吉勇烈公祠碑記　清同治九年六安涂宗瀛撰書

增修上海敬業書院碑記清同治九年六安涂宗瀛撰書上二碑並在敬業學校內

漕河涇唐氏義學記清光緒五年劉熙載撰　今存漕河涇鎮

創建馬孝女祠記清光緒二十九年唐錫瑞撰唐賡颺書封文權篆額

重建十六石橋碑清光緒三十三年立

創建長生殿記清光緒三十三年馬慧貞立　上三石並存漕河涇鎮梵壽菴內

秦溫毅先生銅象記清宣統二年胡祖德撰吳江陸恢書

創建度民橋記民國元年秦錫田撰奉賢朱聲樹書　上二石並在陳行鄉西園

陣亡官兵紀念碑民國三年一爲陸軍少尉羅星溪兵士秦學初立一爲水上警察楊壽林王祥生周友年立並在北橋鎮金山廟

胡執卿君墓誌銘民國四年秦錫圭撰朱壽朋書

閔行鄉自治公所記民國四年李祖錫撰高邕書

斗姥堂記民國五年胡祖德撰吳瑗書　在陳行鄉三十圖

創建大雄寶殿記民國七年唐錫瑞撰雷補同書　在漕河涇鎮梵壽菴

軍工路築路紀念碑民國七年王銓運立　在引翔鄉軍功路旁

郁屏翰先生紀念碑民國八年姚文枬撰吳瑗書　在公共體育場

新建三林陳行楊思三鄉公立第二國民小學校校舍記民國八年秦錫田撰朱壽朋書　在楊思鄉校內

劉沈二公祠記民國八年唐尊璋撰朱運新書　在漕河涇鄉祠內

重修青龍菴記民國九年秦錫田撰徐紹甲書　在陳行鄉二十九圖

新建三林陳行楊思三鄉公立第四國民小學校校舍記民國九年秦錫田撰奉賢朱聲樹書　在陳行鄉十七圖

徐大總統頒給沈公祠碑民國十年立　在漕河涇鄉祠內

嚴介廷德行碑民國十年立碑鐫遺像黎大總統題銘　在引翔鄉十一圖蔣家浜嚴氏家祠

吳公興學碑記民國十年崑山方還撰衡陽曾熙書　在務本女學校內

仁濟堂記民國十一年定海朱佩珍撰旌德呂美璟書　在公共租界西新橋北雲南路

重修烏泥涇廟記民國十一年長洲陳受昌撰林鉞書　在三林鄉廟內

松滬警察廳長徐公德政碑民國十二年餘姚戚牧撰青浦黃昶書

靜善堂落成記民國十二年無錫鄒權撰餘姚戚牧書

附

法蘭西商人紀念碑民國九年法工董局以清道光二十二年有法商十三人到滬開始經商立此紀念字皆法文　在蒲淞市二十九保四圖姚家港

永禁相驗需索示咸豐九年十一月知縣劉立

永免各業津貼公費示同治六年七月知縣葉立

永禁捕役擾害示同治八年正月知縣朱立

奉頒錢糧辦賦章程示同治八年六月知縣朱立

二十四保三區等十三圖永免蒲肇兩河工役示同治十三年九月知縣葉立

二十四保方一等三十圖頂浚三林塘楊溜漊永免蒲肇工役示同治十三年九月知縣葉立　案上二碑全文見續志水道治績

開濬吳淞江西段應通縣十二保輪派戽水示同治十三年十一月知縣葉立

飭典鋪隆冬讓利示光緒六年八月布政司朱立

上南二縣預籌周浦塘河工經費永遠保護示光緒十七年三月知縣袁立　案碑文見續志水道治績　上九種本在舊縣署大堂前民國四年六月縣署遷徙知事沈寶昌以碑文所載與現在情形多不適用自無移置之必要因各拓摹四紙一存卷一存公款公產經理處一存修志局一存市經董辦事處以備考核皆石毀而僅存搨本者

坊表

繡衣坊明景泰間爲監察御史何溥立在塘灣鄉六道浜今廢

承德坊爲何逵立見續志民國八年逵十七世孫士進等重修

俊士坊爲江西南昌府同知何瓛立　案同治志爲何全立誤茲據何氏譜更正

節孝坊民國六年爲王增祚妻談氏立在二十三保六圖引溪第一里道西

宗祠

劉氏家祠在城內二十五保十圖見續志民國四年汝鴻與其姪榮照各劃宅基西北隅地爲祠基榮照重建

金氏宗祠在十六保二十九圖荷港橋鎮民國七年慶章等以義莊款建

黃氏家祠在十六保三十三八圖竹岡之東民國十二年宗堅建原有祠田三十畝宗堅宗麟續捐十畝申錫又捐十畝

王氏宗祠在十八保十三圖清嘉慶間王棟兄弟三人合建宣統元年錫增廷奎祝三等增建丙舍並捐二三房之膳田爲祭田民國十一年廷奎承堯瑞年瑞龢等訂保存祠產簡章呈准縣公署備案　按續志作道光間王棟建宣統元年增置祭田並誤兹據王瑞年報告糾正

彭氏家祠在十八保二十六圖民國四年彭召棠建

奚氏宗祠見續志民國七年增建吹臺聽事

奚氏家祠在二十一保五圖清道光二十八年奚容齋建

何氏宗祠舊在二十一保七圖六道浜南明洪武間宋秦國公十二世孫逵建清同治五年二十五世孫經國遷至何家渡北沙門塘廟右畔　按此卽續志祠祀門之何公祠名蹟門之何公祠

蓋一祠而誤分爲二梅軒卽逵南浦卽經國續志皆誤書其字

何氏宗祠在二十一保七圖六道浜南清光緒二十八年秦國公二十八世孫士進等建民國六年士進邀族弟渭泉渭川湶族姪謙姪孫毓桂等增建後進聽事吹臺祀中立附祀廣逵三槐萬花剛　案此卽續志祠祀門之何忠節公祠名蹟門之何氏分祠亦一祠而分爲二且並無忠節公祠及分祠之名

秦氏宗祠在二十一保十六圖陳行鎮東民國十四年秦錫田建

朱氏家祠在二十二保二十四圖高行中市清同治十二年朱其蒓建廣十餘畝有園林之勝

顧氏宗祠在二十二保三圖民國二年顧紀生建

錢氏宗祠在二十三保十圖民國七年錢毓秀建並爲其母淩氏建節孝坊於祠外

王氏支祠在二十三保六圖花港民國十年王銓運建

陳氏宗祠在二十四保三區四圖靴鞋浜北清光緒四年陳萬鈞建

龐氏支祠在二十四保方二圖民國六年龐允詒龐銓等公建祭田四十畝有奇

陶氏宗祠在二十四保三十一圖豐樂橋北民國十二年陶秉鈞秉澄建祠墓田十七畝有奇

毛氏宗祠 在二十六保十四圖清道光庚子毛祥麟建

陳氏家祠 在二十六保十幷十三圖龍華鎮南清光緒十八年陳錡等公建祠田二十五畝有奇

閻氏家祠 在二十六保二十二圖楊家港閻恩溥建祭田二十四畝有奇

惠氏家祠 在二十六保十三圖漕河廟南惠忻泉建

姚氏宗祠 在二十六保十五圖灌池民國七年姚元焌元鑫建

周氏宗祠 在二十六保三十三圖民國十二年周錫鈁錫鉞錫釗建祭田十六畝

毛氏宗祠 在二十七保一圖百步橋西乾隆二十六年毛肇烈建

曹氏宗祠 見續志　案曹氏無後撫張姓子爲嗣今已歸宗由張姓主祭光緒季年變賣祭田重建祠宇

徐氏宗祠 在二十八保六圖虹橋路民國元年徐元章奉母秦氏命建

錢氏宗祠 在二十八保十六圖沈陳巷民國四年錢序東建基地十一畝有奇

甘氏山莊 在二十八保十八圖霍必蘭路民國六年甘月松建基地十三畝有奇

瞿氏山莊在二十八保七圖陶家宅又名留餘別墅民國元年瞿鴻聲建基地八畝有奇

上谷宗祠在三十保六圖侯家角清嘉慶十三年侯允中建

龍江上谷東族宗祠在三十保二圖諸翟鎮蟠龍橋側清嘉慶二十三年東族裔孫將舊關帝廟改建

陳氏宗祠在三十保二圖陳家巷西清嘉慶間陳思成建

陳氏宗祠在三十保一圖康家巷北清道光三年陳克昌建

于氏宗祠在三十保諸翟鎮清光緒二十年于青雲歿後無嗣族人即以其遺屋爲祠遺產十餘畝皆爲祭田

金氏義莊在十六保二十九圖見續志　金日堅子慶章續購田數頃足成千畝均爲義莊贍族之資

朱孔文金氏義田記自范文正置義田千畝贍養貧族士大夫聞風慕傚代不乏人不必遠徵史册即近數十年方數十里爲余所目覩者若華陽橋顧氏漯水渡蕭氏荷巷橋金氏皆置義田或三百畝或五百畝多寡之數不一而敬宗收族之心則無不同也顧氏義田自仲庸先生宦浙歸手自購置余時館朱語緣家聞其事而賢之以爲近世所難若蕭氏金氏皆以一嫠婦承其故夫之志割棄膏腴之田慨然與族共之此非明乎義利之辨不爲世俗婦女之見所淆者曷足以語此則尤屬難能可貴已金氏守之先生歿配蔣夫人捐遺產三百卅餘畝爲義田光緒中葉事也蕭氏也秋先生歿配王夫人捐遺產三百畝爲義田民國初元事也余與兩家姻親世好故嘗得而預聞之而前輩顧丹泉先生尤爲兩家所宗仰溯義田建設之由來旣深得其鼓吹之力而金氏之章程條教且皆出自先生手訂用能

通達事理洞見物情行之至今有衆利而無一弊也閒嘗就其大較論之銀錢簿記延外姓人經理使族長不得把持其善一年收租穀冬夏分散無遺使族衆不生覬覦其善二不孝不弟及游惰無業者雖貧不與所以裁制之法嚴族姓子弟設塾使之讀書改就他業則酌給行裝費所以造就之途廣其善三凡此諸善誠不知與顧氏蕭氏義田章程兩相攷校其優劣何如然顧氏仲庸先生之後風流消歇未有聞人蕭氏子壽榮尙在童年未能自立餘族皆農家者流兩家義田但使保守弗失余猶以爲可喜事已若金氏則余友靜初以賢人繼守之先生祀其道德學問足以冠冕一時而性尤好施濟人之急雖疏逖不吝況乎一本之親於義尤應篤厚哉今官駐韓領事廉俸贏餘將續購良田數頃足成范氏義田之額使太夫人之遺澤益發揮而光大之西望天平與高義園後先媲美要可拭目待也雖然文正立身行己之道先憂後樂之懷自有足以昭示來茲垂諸不朽者其義田贍族之舉僅爲盛德流著之一端原不以此而增重余貧甚無一坵一壠庇及根本而抗希古人未嘗自餒蓋所恃者在彼不在此靜初賢者久矣與余相喻於無言矣

冢墓

明周府良醫喬寵墓子吏部壽官鄉飲大賓追祔 在城內莊家橋西肇嘉浜南

上海縣知縣杜鎰墓 見同治志光緒十八年同仁輔元堂董事汪濤曹基善等葺有碑記墓出二分四釐

清常熟諸生吳歷墓 歷字漁山號墨井道人工畫嘗至大西洋入耶穌教會歸居邑之東城邑人徐渭仁跋漁山小象云余嘗於邑之大南門外天主教墳見臥碑碑中間大字云天學修士漁山吳公之墓兩邊小書云諱歷聖名西滿常熟縣人康熙二十一年入耶穌教二十七登鐸德行教上海疾卒於聖瑪第亞瞻禮日年八十有七康熙戊戌季夏同會修士孟由義立碑　嘉慶乾隆兩縣志並有傳

湖南石門縣知縣趙棠墓見同治志棠無後墓由戚族保管民國四年上海市經董姚文枬請縣飭慈善團保管墓田四畝五分七釐九毫

普善山莊積骨塔在閘北市　王駿生記略民國三年邀集同志收埋暴露初置義塚地六畝有奇後增至一百七八十畝無如棺柩日多無濟於事因議建積骨塔規定掩埋後以二十年爲期期滿後檢骨收葬於塔塔形天圓地方高四丈方八丈深一丈二尺堅同石室安若長城

閔其墓在十六保十八圖橫瀝西啓秀橋北地一畝零民國八年經董李祖佑請縣給諭歸鄉公所管業墓之四周甃以短牆　續志作二十一保一圖誤

清孝廉方正李邦獻墓在十六保三十三八圖草字圩三十號黃土橋東

明江西贛州府照磨何一鵬墓從子明威將軍京畿游擊三槐祔在二十一保一圖四百九十七號邢賽湖西

明福建將樂縣知縣何一鸞墓子郡庠生三正孫處士萬山祔在二十一保五圖二百四十三號

元處士黃文亮墓在北橋廟涇灣十七圖歲字圩一百八十二號　案文亮爲雲間黃氏由新安始遷祖民國二十二年縣署遷北橋在墓左側有河界之縣長嚴愼予購其地爲宅舊碑移置西北距原墓地十丈許有墓記

明貤贈奉政大夫何逵墓沈瑛志子誥贈奉政大夫哲李清志貤贈奉政大夫吉祔在二十一保七圖翔字圩八百三十號六道浜墓前有承德坊俗呼石牌坊墳

明江西南昌府同知何瓛墓董傳策志子貤贈明威將軍王府典膳錸孫貤贈通議大夫鴻臚寺序班應祥沈愷志誥贈明威將軍四川行都司斷事應福曾孫贈承德郎夢熊祔在二十一保七圖翔字圩四百八十八號姚澄河北

明諸生何珮墓子貤贈文林郎錫孫郡掾授冠帶省祭應科祔在二十一保七圖翔字圩九百七十九號六道浜北俗名白虎擎拳墳

明候選州同知何其魯墓子諸生三策孫郡庠生萬程貤贈修職郎萬僎祔在何珮墓西

明候選府同知何鈿墓子江西萬安縣驛丞應官祔在二十一保七圖八百十二號前有石亭俗呼留秀墳

明陰陽學正術何鍔子郡掾援冠帶省祭應陽祔在二十一保七圖五百五十五號

明南京中城兵馬司指揮何夢龍墓張仲志孫湖北黃州衞經歷鄉飲大賓萬齡祔在二十一保七圖三百二十二號邢竇湖東

明贈通議大夫何一鳳墓子贈通議大夫三錫贈通議大夫三經贈通議大夫三史贈通議大夫三傑祔在二十一保七圖七百十一號六道浜

明贈游擊將軍何三陛墓子游擊將軍京制守備萬象孫婁縣學武生安綏青浦縣學武生安紱祔在二十一保七圖六百二十三號

明贈游擊將軍浙江象山縣主簿何大禮墓在二十一保四十二圖

明四川大竹縣何藩墓在二十一保七圖何家渡　上據何氏譜

六合縣教諭徐晉高墓在二十一保二十九圖　晉高續志有傳

義民墓在二十一保九十一圖吳衙涇渡今信大窰廠旁墓碑勒上邑團練剿賊陣亡獎䘏義民二十一保五圖張景七圖張三六九圖郭永湖四十二圖謝焦小九十一圖王金松洪海涵何福熙

馬全王補榮之墓同治二年十月督辦團練同知銜補用知縣前黃浦司巡檢沈化誠撰文五品銜前任縣丞署黃浦司巡檢黃琪題字跡强半漫漶

巴縣鄒容墓見續志　案鄒墓於民國十三年重修立表於墓之東南隅即錢糧廟滬閔長途汽車公司路側餘杭章炳麟作墓表三原于右任書并題其墓曰贈大將軍巴縣鄒君墓文中劉三即劉季平爲之營葬者也

清贈朝議大夫內閣中書選用教諭沭陽縣訓導欽賜舉人王承錄墓子朝議大夫光祿寺署正宗驥祔在二十一保七圖詩字圩　承錄續志有傳

明處士王槐墓在二十四保方一圖六百七十六號　案槐爲三林王氏始遷祖其十世孫廷銓有記

明封中議大夫福建永春縣知縣王思墓子贈文林郎經山東按察使綸祔在二十四保天一圖

清諸生王孟洮墓在二十四保三區六圖海會寺東　孟洮列續志人物傳

清贈光祿大夫曹耀淳墓子贈光祿大夫鍾坤祔在二十五保十四圖　耀淳鍾坤見續志封贈表

清贈資政大夫嚴正邦墓在二十五保十五圖裏日暉橋

縣議事會議員曹驤墓在二十五保十五圖裏日暉橋

清李如濱墓子廷楷筠嘉祔並見同治志本在二十七保九圖民國三年遷葬二十六保二區十一二十七圖悲字圩三百七十六七八號

清候選員外郎陳增源墓子奉天候補知縣錡同知銜鉞光祿寺署正銓祔在二十六保十并十三圖龍華鎮南

清太倉州同知長興臧毓麒墓在二十六保十四圖毓麒續志列游寓傳

清浙江候補州同知唐心田墓在二十六保十四圖

清候選布政司理問唐心如墓在二十六保十四圖

清補用守備劉汝翼墓弟諸生汝曾祔在二十六保十五圖

孝女馬巧姑衣冠墓在二十六保十五圖梵壽菴東北

四等嘉禾章簡任職湖北軍民兩長公署諮議官徐紹曾墓在二十六保十五圖

清浙江候補知縣楊忠墓在二十六保二十二圖

清知府銜候選同知張焕綸墓在二十六保二十二圖　焕綸續志有傳

縣參事會參事員唐尊瑋墓在二十六保二十二圖

清中書科中書附貢生唐祖釗墓弟翰林院待詔祖銓太常寺博士祖鎰祔在二十二保二十二圖

明處士黃鳳崗墓子樂洲孫可成祔在十六保四十二圖三百七十四號銀杏樹坟

清涇縣知縣進士楊德鑅墓在浦東二十四保蓋十二圖

清議敍布經歷葉和墓子浙江候補知縣佳鎮祔在二十六保十一二十七圖

清浙江仁和場大使徐彭齡墓在二十八保六圖

明兵部職方司主事華亭張履端墓在二十八保十六圖褚家灣　黃道周銘

清祀忠義祠六品軍功張士英墓子諸生維翰祔在三十保四圖　士英見同治志

清諸生張維綱墓在三十保資字圩二百號　準綱續志有傳

清歲貢生張啓元墓在三十保四圖啓元見續志選舉表

清武舉人侯士駒墓在三十保六圖士駒見前志選舉表

清通議大夫朱國華墓在三十保九圖國華續志有傳

清諸生朱莊墓在三十保九圖莊續志有傳

清歲貢生朱英墓在三十保九圖英續志有傳

清附貢生朱書墓在三十保九圖書續志有傳

附錄

清贈奉直大夫趙長銓墓子奉直大夫奎璧祔在南滙縣二十一保十四圖時思橋南俗呼柏樹墳

舒城縣訓導汪宜耀墓在松江縣天馬山

諸生朱孔陽墓在嘉定縣宇字號四圖南珍字圩

孝廉方正恩貢生張承頤墓在南滙縣二十一保十四圖

同知銜千雲墓子陝西醴泉白河安塞等縣知縣長華祔在嘉定縣西南鄉沙浦

四品銜江西知縣徐棣墓在青浦縣黃渡鄉四十五保二區五圖

貤封奉政大夫秦乃歌墓在南滙縣二十一保二十四圖二百三十七號

山西布政使王慶平墓子三品蔭生順天府經歷仁鏡祔在青浦縣三十八保一區二十八圖染字圩二十六號佘山騎龍堰

誥封光祿大夫諸生曹成達墓在嘉定縣仙橋鄉東橫涇　山陰魏彧誌銘

萬國公墓上虞經潤山妻汪國貞於虹橋路購地五十畝可容墓穴千許不囿國籍不分宗教故名萬國公墓周樹奎記

萬年公墓黃楚九於民國十一年在漕河涇鎮東購地三十餘畝建望雲睦公園餘作墓地　黃楚九望雲亭記　詩曰陟彼屺兮瞻望母兮蓋凡人子當靡瞻靡依之日輒抱恨終天積思而不獲解是必有以誌之者垂諸後世以示子孫此斯亭所由建也予年十五遘父喪時母年僅三十四耳越五載母遽棄養臨危諄諄以勿墮家聲爲訓予涕泣受命痛革前非於是承先人業習眼科愈者蓁衆繼創藥房旋闢商塲近立銀行孤詣苦心家業乃稍稍裕然追思今日之得以至此者何莫非母訓所致而母亡已三十二年矣頤養之樂不獲親享人天永隔重見無期能不悲哉昔狄梁公望雲而思親舍其孝思古今稱之予於已未春建親睦公祠於漕河涇明年築園復樹亭於南曰望雲志思母也每當春秋祭日登斯亭也白雲慢慖恍然如接吾母之音容色笑雲無盡望亦無盡而予以思親之心庸

有盡乎是爲記

永安公墓 民國十七年彭召棠於二十一保八十圖二百三十九號地募欵建圍牆瓦房爲平民葬地槪不取費

中國公墓 鄞縣虞和德等集資創辦在滬閔長途汽身公司吳家巷車站旁購地一百餘畝取費營葬

長安公墓 程幼甫潘旭昇等集資在十六保三十二圖滬閔長途汽車公司車站旁購地一百餘畝取費營葬

普安公墓 在閔行鎮北滬閔長途汽車公司路東普安堂董事張宗庠李維華等募欵創辦取費營葬

民國上海縣志

鈕永建署

民國上海縣志卷三

財用一　負擔

地畝之負擔

國稅 見田賦略

附辛亥十月臨時省議會議決忙漕案支配問題(丙)忙漕正稅以八成解省隨征隨解以二成留支本地方行政費巡警費征收費按季實報實銷司法經費仍以解省之八成正稅內提撥(丁)忙漕項下留支爲本年之用漕糧項下留支爲明年之用附稅亦應照此分劃　案三年自治取銷以後此案已不盡遵行

又二年六月省議會議決修正江蘇省征收地稅暫行條例第四條征收時期酌照舊章統依陽曆規定如左　(一)上忙七月一號開征八月卅一號全完(二)下忙九月十六號開征十一月十五號全完(三)蘆課等項九月十六號開征十月十五號全完(四)漕米十二月十六號開征次年二月十五號全完各縣如因習慣不得已不能遵照前項開征期者得預先呈請提前或展緩但仍以開征之日起至全完之日止扣定兩個月爲限

省稅 見田賦略

臨時稅　四年六年七年隨忙附徵水利經費每屆每畝銀二分 三年十月江南

水利局總辦徐壽茲以瀏河吳淞等河淤淺待浚召集各縣紳士集議議決各按本縣田畝附徵銀二分以三年爲度經水利局呈請巡按使咨請財政部呈奉大總統批准本邑先由地方公款公產經理處籌款墊解至四年六年七年各於上下忙銀內分徵歸墊

八年隨忙附徵海塘經費每畝銀二分四年六月江蘇財政廳廳長胡翔林江南水利局總辦沈佺奉江蘇巡按使飭召集舊蘇松太屬各縣官紳議籌寶山塘工經費議決此項工程需銀三十五萬圓分作三成國家接濟一成省款担任一成各縣分担一成仍照舊案按畝分攤其現帶省河經費者應俟帶竣續徵本邑水利經費已七年帶竣故本年續徵

十五年十一月預借冬漕每畝三角十一月二十五日知事徐韋曼奉浙閩蘇皖贛聯軍總司令部江蘇省長公署會令預借十六年冬漕每石三元卽以一元五角歸還上屆預借其餘一元五角悉數解省

十六年十一月每畝加征一角五分十一月二十五日知事江家楣奉江蘇省政府巧電財政廳長張壽鏞提議於十六年冬漕每石加征正稅二元內提五角補助地方經費

附

減征二年六月省議會議決修正江蘇省征收地稅暫行條例第六條各縣田地遇水旱成災或歉收時縣知事會同市鄉職詳細履勘分別輕重酌定應減成數交由縣議會議決呈請省民政長核准依左之規定公布之(一)普減(二)分區減成(三)剔荒前項之核定省民政長於省公報公佈之縣知事奉文後知會縣市鄉以通告公布之第七條各縣忙銀在災歉減收核准前已完納者應減之數流

抵次年新賦第九條第三項如遇災歉減征之年應於冬漕由單及版串上載明流抵銀數　案本邑歷屆歉收皆依第六條第一項之辦法

四年以秋收歉薄減征本年漕米一成幷流抵明年上下忙銀各減征一成　八年十年同

貨物之負擔

貨物稅　辛亥九月十四日民政總長示裁撤百貨落地捐　十月省議會議決裁釐抵補方法凡外省來貨於進省征收半稅於銷場或出省征收半稅本省產貨於起運征收半稅於銷場或出省征收半稅（半稅卽本稅則全數之半）外省來貨本省產貨起運以後其指銷或出省願全數幷完者得幷征之其總稅認稅（卽舊有之總捐認捐）向係全數幷完者亦得幷征之幷製定各貨名目捐數及起捐量數表知會都督公布執行所有各局卡一律裁撤通過稅一律停止內地常關一幷裁撤　十一月

都督令縣民政長設上海貨物稅總公所於上海市政廳設分所於曹家渡大泗江南翔大場虹橋日暉港大馬頭南馬頭叉袋角及滬甯滬杭各車站按大泗江南翔大場皆非邑境但轄於上海總公所耳元年四月省議會修正原案議決各地應設征收貨物稅總分公所若干處其數目及地點由都督府定之五月省政府派委所長又將各業認捐擇尤酌留餘均陸續撤銷改爲按貨征稅曹家渡分所移設周太僕廟改名吳淞江分所叉袋角滬甯滬杭分所先後改爲專局另委專員及認商辦理三年改爲產銷幷征定比額全年銀七十三萬五千二百三十六元嗣後節次增加六年加至九十三萬五千一百六十八元是爲最鉅之額後又屢有增減十二年奉准全年額徵八十四萬二千一百四十八元土布忽焉免稅忽焉復收忽收半稅煤油忽歸商認忽又奉令收回忽又改爲官辦棉紗菸酒豬隻紙箔鮮貨磚瓦等貨或另設專局或由商直接向財政廳包認一歲之中甚有變更至三四次者茲

將十五年分各業認稅單開列於後以資考核　鮮豬十六萬元棉紗十二萬二千元杭綢四萬三千九百四十元六角四分華糖四萬二千九百六十元湖縐濮綢三萬七千一百二十九元三角二分洋貨無錫洋布二萬八千一百八十二元藥材二萬七千六百九十二元北貨一萬五千三百八十四元八角參燕一萬二千三百零八元洋廣貨一萬一千零二十元六角南市棉花一萬零七百二十五元嘉定棉花二千七百五十元水果九千六百元桐茶油蔴七千五百元火腿五千三百五十八元牛皮沙藤五千一百七十五元顏料雜貨四千六百五十元皮裘四千三百九十元八角廣木四千五百九十八元柏油白蠟四千三百六十四元二角磁器三千七百六十元銅錫三千四百三十七元五角洋靛三千三百四十二元海味二千七百六十八元八角蔈筍二千六百四十元土火柴二千四百九十一元六角洋雜木板二千七百七十七元綿綢裱綾二千二百九十一元青果福橘二千零五十九元二角醃鮮皮一千四百八十元紅木一千六百二十六元二角漆一千二百元糖果二千零六十六元九角九分烏木木桿八百四十元冶坊六百三十三元六角破布網絮五百七十六元象牙二百六十四元雞鴨八千元　案豆麥芝蔴菜子棉花披豬鹹肉花生鮮豬雞鴨雞蛋等貨十五年增加稅額多至一倍少至三之一　此外皆依舊率可知認捐之業除鮮豬棉花雞鴨三業外皆舊額也

閔庫稅務分所元年五月設在閔行鎮後改爲閔行稅務總公所其分所之在邑境者東溝西溝嚴家橋三林塘周浦塘口

附元年十一月縣議事會請撤銷閔庫貨物稅分所案　查稅制以全國一致爲原則乃者稅制未頒臨時省議會鑒於前清弊政急思有以整理之時定裁釐抵補方法卽采用文明各國之單稅法用產消兩半稅通行全省將前清通過稅之惡稅名目剷除嗣以省界所分產消不能全收非有特別規定之一省單行稅法不可於是添入進出省兩半稅而後運往他省之貨本省徵產稅更徵出省稅合兩半稅仍爲

完全之單稅法他省運來之貨徵銷稅更徵進省稅亦是單稅法在立法者於一省之規定單行稅法以進省出省稅濟產銷兩稅之窮又經一再修正議決初意原欲維國庫恤商艱蘇民困立法未嘗不合乃奉行者故爲法律解釋之錯誤竟變單稅而爲複稅原其弊之所由生在離去進省出省之特別規定而單提進出二字於是一縣之中上海設貨物稅公所相去五十里同縣之閔行鎮又設一閔庫分公所他若同縣之嚴家橋三林北橋沙岡東溝等處皆設分所一縣之中稅所林立仍逞前清竭澤而漁之手段其病民病商視前清爲尤甚在前清徵收通過稅已指爲虐政若離去省字僅言進出稅與前清通過稅何以異又益以產銷兩稅非視前清爲尤甚乎依縣制第十八條第一項爲地方應革事宜固在本議事會應議範圍之內查舊例閔行鎮與五庫各爲徵釐水卡去秋光復一洗前清弊政以貨物稅爲裁釐抵補方法就地徵收初無煩擾詎於本年五月間有人朦稟都督使上海與閔行分而爲二又以閔行前清向有釐卡核與省會議決本省舊有各局卡一律裁撤之條恐有抵觸乃將華亭縣屬之五庫牽扯命名巧爲掩飾其違法一上海爲通商巨埠百貨薈萃之區閔庫分所未設以前貨物往來悉歸上海稽征故徵收劃一商情尚稱允洽自閔滬既分卡所重疊閔行既設分所又於上海市油車碼頭添設巡船重徵奪稅而閔行又沿用前清卡蠹設未兼旬風潮迭起商民受害稅務無裨其違法二分運單爲銷稅已完之證是領有運單之貨在本省內無論何地均可分銷乃在上海已完銷稅領有運單之貨運至閔行又須徵稅其違法三進省出省兩稅原欲於產銷之外求單稅法之完全是宜於本省與鄰省分界之要道始可設徵收機關閔行非兩省分界之要道而亦設所稽徵試問所徵者爲產銷稅乎則上海之總公所固具在也爲進省出省稅乎則閔行非兩省分界之區乃肆其譎詐之術故將省字抹去僅言進出稅以任其所爲而不知即省會議決停止之前清通過稅也改頭換面巧於重徵其違法四民國肇新前清弊政允宜剔除淨盡豈容若輩陽假徵收之美名陰使掊克之實害欺商民之無告等法令於弁髦公家失信商號暗虧利害所分關係甚大現在全國稅制既未頒行理宜按照省議會前議力袪積弊庶商賈得除非分之擔荷齊民得免轉嫁之痛苦應移請民政長將原案呈請江蘇都督迅賜查照省會議決原案立予將誤解法文朦混徵收之閔庫貨物稅分公所裁撤其同縣之嚴家橋三林北橋沙岡東溝等處分

所並請一律停止俾清積弊而惠商民

關稅　江海關見前志徵洋貨進口稅土貨出口稅復進口稅子口半稅江蘇全省徵收貨物稅章程第五條執有海關子口稅單及洋雜貨四聯單之貨物至銷場時照章補完落地稅其執有三聯關單入內地采辦土貨仍令產地行舖先行完納產稅　洋藥稅七年始關冊無洋藥名目　船鈔四年始免土布出口稅八年始免茶葉出口稅是年修改進口稅則八月一日實行但洋貨在八月一日以前起運者雖於八月一日抵滬仍照舊稅則完納十年一月一日起土貨出洋之存票由進口稅內扣除案清光緒二十八年中英商約第一款曰存票悉歸海關發給此等存票可用以抵納出入口貨稅惟不得用以抵納子口半稅至洋貨入口後三年之內再運出外洋其存票可由該貨入口納稅之海關銀號領取現銀不得減扣云云是存票抵納進口貨稅本屬舊章　三月一日起按所收稅銀加徵振捐百分之十今將歷年徵數列下　元年一千一百五十萬兩有奇二年一千四百五十萬兩有奇三年一千二百零五萬兩四年一千一百四十萬兩五年一千一百三十一萬兩六年一千一

百二十一萬兩四千五百七十兩七年一千九十萬三千四十七兩八年一千四百二十九萬兩九年一千八百八十三萬三千兩十年一千九百九十一萬四千三百五十六兩十一年二千一百九十二萬三千八百七兩十二年二千三百九十萬四千九十五兩

菸酒公賣　四年部訂菸酒公賣章程江蘇全省分爲八區每區設一分棧上海設江蘇二區菸酒事務分局以有特殊情形派設分棧七處菸酒牌照稅一處第一分棧徵收白酒公賣第二分棧徵收西菸公賣第三分棧徵收土黃酒公賣第四分棧徵收皮絲煙公賣第五分棧徵收煙葉公賣第六分棧徵收紹酒公賣第七分棧（即太嘉寶分棧）徵收內外菸酒公賣其牌照稅處徵收菸酒照費十二年額定徵收公賣費十三萬元有奇牌照稅二萬八千元

捲菸營業特稅　省議會議決在省內營銷紙捲菸雪茄菸者無論躉賣零賣有無公賣局牌照自十二年度起皆須向該縣知事領取營業執照（不收照費）官廳發行營業特稅憑證照貨價徵百分之二十製定菸類稅則表凡依則納稅之菸得於最小之容器上貼用憑證如不依法實貼者處以一元以上五十元以下之罰金全省分二十九區上（上海）寶（寶山）區全年額徵五十五萬元

行爲之負擔

田房買賣契稅　辛亥十月臨時省議會議決田房買賣每契價一元征稅五分以三分爲正稅儘數解省以二分爲附稅留充本地方之用三年一月國稅廳變更議案以契稅五分之一爲附稅四年一月改契價一元征稅六分仍以六分之一爲附稅典契契價一元征稅

三分由承典人負擔期滿贖產出典人不復償還契約成立應於六個月內納稅逾期者罰匿稅者罰令將歷年稅數列後　元年二萬九千七百七十五元七角一分五釐二年二萬八千八百元一角四分三年四萬九千三百六十三元一角二分二釐四年上半年一萬五千三百五十九元七角七分七釐四年度（奉部章會計年度自本年七月起至明年六月止）三萬七千八百十八元八角四分五釐五年度四萬四百十五元六角四分六年度六萬八千八百三十四元七角三分三釐七年度六萬七十六元七角一分三釐八年度七萬四千一百二元六角七釐九年度十萬八千八百二十一元八角五分三釐十年度十四萬九千二百四十六元二角三分二釐十一年度十四萬三千二百四十三元四角四分七釐十二年度十三萬九千六百五十八元九角四分七

釐

附 契紙　辛亥十月臨時省議會議決印契紙收費一角後增至五角附征教育費三角本邑別有草契無論絕典皆須先塡草契每紙收費一角

驗契　三年一月一日奉財政部通令開辦驗契凡未納稅之契無論官契白契年代久遠皆須呈驗契失者呈單單契並失者塡申告表聲請驗後給發新契不另納稅每契一紙徵收紙價一元注册費一角四年五月變更辦法契價在三十元以上者爲大契徵驗契費二元注册費二角三十元以下者爲小契徵驗契費一元注册費一角四年八月財政廳詳奉財政部批准自本年十月一日起大契加半收三元三角小契加半收一元六角五分自五年一月一日起大契

收四元四角小契收二元二角（連註冊費在內）至六月底限滿逾限不驗契歸無效旋准展期半年大契加收五元五角小契加收二元七角五分六年又准展期半年至本年六月爲止仍照最後驗契數目徵收（案驗契本罔民政策乃限期屢展繳費迭加官吏舞弊牟利如新契投稅亦令繳驗費不繳即不准投稅甚至得主投稅勒令呈驗棄主之舊契(俗稱上首契)契失則驗單驗費由得主任之不繳亦不准投稅案論財部本意實爲土地負担內之臨時國稅而奉行者已轉入行爲負担內之非法稅故附於契稅之後）

典業領證納稅　三年財政部定章新開典業在城廂或商務繁盛者爲一等在鄉鎮者爲二等以現開牌號添設分典者爲三等登錄憑證亦分等納稅一等五百元二等三百元三等二百元隨繳手數料百分之五年繳典稅銀五十兩一五折合銀元七十五元其憑證以二十年爲期期滿另納稅銀換給新證

牙行登錄憑證　辛亥十月臨時省議會議決牙稅法每帖捐原數百

兩者征稅五元以四元解省以一元充本地方之用元年四月議決

牙帖稅分等表

等則	舊章庫平銀兩數	現銀折合銀兩數	舊章歲納銀兩數	依上屆議決案每百兩征五元合數
上等繁盛	五百兩	七百五十元	二十五兩	二十五元
上等偏僻	二百兩	三百元	十兩	十元
二等繁盛	三百兩	四百五十元	十五兩	十五元
二等偏僻 三等繁盛	一百五十兩	二百二十五元	七兩五錢	七元五角
三等偏僻	一百兩	一百五十元	五兩	五元
下等	五十兩	七十五元	二兩五錢	二元五角

三年財政部核明牙行登錄章程給發憑證分長期短期二種長期

憑證二十年一換短期憑證一年一換長期登錄稅一等繁盛七百五十元偏僻四百元二等繁盛四百五十元偏僻三百元三等繁盛三百元偏僻二百元四等繁盛一百五十元偏僻一百元每年納營業稅一等繁盛二十五元偏僻十二元二等繁盛十七元偏僻九元三等繁盛十元偏僻六元四等繁盛五元偏僻四元短期營業稅一等四十元二等二十四元三等十六元四等十元營業稅照長期例分別繁盛偏僻分等完納登錄稅營業稅皆附收手數料一成營業稅又附收教育費二成

官中　財政部牙稅大綱田地房產之牙稅繳捐領帖納稅等手續悉照牙帖例辦理五年一月財政廳通令舉辦改牙紀名曰官本邑按照市鄉官契分辦處分別選充照牙行登錄章程捐領長期憑證作爲四等牙行每名繳登錄稅銀七十五元并附繳手數料一成每年

納營業稅二元五角附繳四釐手數料凡典賣契契紙成交之時官中須當場加蓋戳記查民間習慣契價百元另出中貲十元茲定於十元內提出一元計全縣一年可提七千四百元撥給一半支付官中薪工等用下餘一半撥充馬巡經費八年三月財政部取消官中所領憑證一律弔銷所繳登錄稅營業滿半年以上毋庸置議未滿半年者按數發還

屠宰稅　四年五月一日開辦按照部章每宰猪一口徵稅銀三角牛一頭稅一元羊一口稅二角教育特捐各照正稅附徵三之一七年四月一日起由商承辦全年認繳銀二萬五百元附繳教育費一成銀二千五十元十一年六月起加認五釐全年認繳二萬一千五百二十五元附繳教育費一成銀二千一百五十二元十二年九月一

日起全年認繳銀三萬元附繳教育費一成銀三千元

廣告捐　十二年二月財政廳公布徵收廣告捐章程廣告分三種一設立特別廣告牌二實帖紙質廣告三舉行游行廣告特別廣告有三曰道旁廣告曰牆壁廣告（此二種高寬以一尺五寸爲限）曰屋頂廣告（高寬以五尺爲限）道旁官基每方尺月捐六分私基四分牆壁官牆每方尺月捐二分私牆一分屋頂木架嵌設電光者官房每方尺月捐八分私房或僅設木架者四分紙質長二尺以下寬一尺以下每百張捐五角長三尺以下寬一尺五寸以下者每百尺捐一元長寬合計五方尺以下者每百張捐一元游行每一人早六時至晚六時者捐一角晚六時至十二時者減半攜樂器者每件照人數五名納捐以馬車轉運者每輛照人數十二名納捐游行以十二人爲限逾十二人者須分爲兩班

印花稅　元年十月參議院議決印花稅法臨時大總統依法公布財政部復製定施行細則京師以二年三月一日爲實行期各地方以奉到印花後三十日施行凡契約簿據可用爲憑證者皆須貼用其稅額爲一分二分四分一角二角五角一元一元五角凡八級其票色爲赭綠紅紫藍凡五種後增人事憑證一類凡護照執照證書願書呈文申請書婚書皆須貼用稅額三分四分一角二角三角四角五角一元一元五角二元凡十級如應貼不貼或貼而未蓋章簽字者照應貼數加百倍罰貼不足數者罰五十倍票已用過揭下再貼者罰三百倍僞造或改造者照刑律僞造紙幣例處罰歲由警察廳按戶檢查本邑以特殊情形貨票當票支票匯票期票劃條等件暫緩貼用

財用二　欵產

備荒欵產

縣積穀　三年一月積穀總董葉佳棠將經理之欵產移交特別會計處接收計存各典正本錢十一萬四百四十七千七百十一文息本錢三萬五千四十五千九百三十一文銀圓四千九十一元五角四分五釐備用餘欵錢五千九百四十二千二百二十九文租欵銀圓三千元現欵銀圓六百二十六元五分六釐叉錢二百八十四千九百八十四文平屋六十六間披屋十三間樓屋十五幢月收租金一百六十六元二百二十五角五分地二十三畝二分七釐一毫閔行倉屋法華倉屋各一座是年典業洋價改照衣牌縮小十文銀圓向作一千一百六十文者增至一千三百五十文穀欵存典向以錢計損失甚鉅因邀各市鄉董開會集議與典業董事一再磋商酌中定

價每圓作錢一千二百三十文錢數折改圓數計存各典正本八萬九千七百九十四元三角七分其息本及備用餘欵租欵三項四萬四元四角五分一釐提充改建倉屋之用共建樓屋一百幢廂樓十二幢披樓三幢過街樓三間應工料銀五萬六千四百十八元收回舊料作價三千四十五元實支五萬三千三百七十三元（又撥還祝羣女學校歷年修理費一千五百二十一元三角五分一厘發還舊租戶頂首三百十八元二分四厘酌給舊租戶遷費二百九十七元六角四分工巡捐局築路捐款三百十四元二角自來水龍頭及各項雜支九百三十五元一角八分八厘）提欵不敷借用客欵三萬元閔行倉屋讓與閔行鄉立強敏小學校作價一千一百元分五期繳欵法華倉屋讓與法華鄉立淞溪小學校作價一千八百元分六期繳欵五年提欵二萬五千元分給十五鄉平糶全縣田六千七百八十四頃四十一畝每頃派支銀三元六角八分四釐九毫一絲九忽清末上海醫院占用倉地建築院

屋是年收歸公立訂立租契年納地租一千二百元此項租款仍捐充醫院常年經費添建樓屋三十二幢廂樓二十六幢街樓二間計糜銀二萬七千六百十一元內除舊料銀一千一百四十元另支給還舊屋價九百元遷費六十元電燈自來水等二百八十九元五角一分九年又辦平糶依五年例支銀二萬五千元十年修理租屋糜銀二千五百七十六元八角四分八釐自四月起每幢增收月租一元十二年結存欵十一萬八千一百十五元樓屋一百三十一幢廂樓三十七幢過街樓五間月收租金一千二十七元一角地租全年收銀六千四百元十五年又辦平糶支銀二萬四千三百八十六元八角九分七釐本邑積儲有錢無穀詳載續志

九年十二月省議會議以穀本十成之五買存本縣各米商號省長令縣照辦經地方公款公產經理處總董姚文枬副董朱日宣與縣商會往返函商十年五月又邀市鄉經董集議辦法六月呈覆縣知事云呈爲遵令具復敬請核轉事案照上年十二月十五日奉到鈞署訓令第八二七號內開案照民國九年十二月四日奉省長訓令准江蘇省議會咨開本月二十四日議決整頓積穀辦法案一件相應繕具議案咨請查照通令遵行等因附抄議案到署除咨復外合亟通令仰即遵照辦理具報此令等因並抄發議案一件到縣合行訓令仰該處遵照辦理並具復轉報察核此令等因並抄發議案一件奉此查省會

議決案共分四項其第一項指明句容等五縣第二項指明揚中淮陰等縣以上各項流弊吾邑向來均無類此情形自可無庸置議其第三項係選任管理機關懲治營私舞弊等語本處現立管理地位自應聽候鈞署核辦無庸妄贊一詞惟第四項所規定則管理機關有輔佐執行之義務自應研究辦理查第四項內載有治人貴有治法今莫如於積穀積錢之中定一折衷辦法以穀本十成之五（積穀充裕之縣或定以十成之三四）買存本縣各米商號取具交易契約及連環保結設有一舖倒閉虧空穀欵由其餘各舖攤償並訂明辦理平糶時期得可隨時取用本欵不生利息米價亦無伸縮倘屆時提取穀米無着責令如數買補限期交清逾限則由官廳予以相當之懲處如是則既免平時鼠雀等之虧耗并可減雇員經管各費之開支其餘十成之五（或十成之六七）仍存典生息倘買存之米不足辦理平糶時再動用存款以資接濟庶無緩急不應之虞等語接原議用意可分兩層第一層折衷成數以免積穀積錢之偏重第二層穀米買存商號以免虧耗而減開支但論辦事程序非將第二層辦妥則第一層亦無從照辦當卽抄錄原議函請縣商會轉致米業董事公訂存米辦法見復去後至本年五月十八日接縣商會復函據仁穀公所米業董聲稱奉到通知邀同業集議僉以省議會議決積穀辦法本爲備荒要政但責令米商承辦取具連環保結各節均謂責任綦重無人敢承蓋以米行代客買賣係以市價爲轉移若代公家積穀則不能隨時變通平日旣無倉儲大棧屋臨時又因價格不宜一旦供不應求米商詎能擔此損失况吾儕營業本屬自由誰負連帶責任而冒意外風險一再討論均不擔任應請據情核轉等語當邀集十九市鄉經董於五月三十一日公商辦法僉謂省會議案誠爲意美法良米商復函亦屬情真事實但欲別求良法殊覺智慮俱窮上海本木棉之地產米極少居戶糧食完全仰給外米則論米數之盈朒其原因不在農而在商上海人烟稠密幾甲全國食米銷數極巨蓋因通商大埠華洋麕集之故則論缺米之恐慌其主要又不在四鄉而在城廂租界此乃特別情形與他縣不同者也攷邑志田賦門積儲篇積穀至多之年不過二萬石有奇礱碾打白不滿萬石積錢至多之年本息并計不過十六萬串有奇合今日銀幣僅十萬圓有奇此皆農民血汗商典孳息官紳經營閱三四十年之久方能得此乃覩上年食米平價局徵信錄用米至十二萬餘石之多貼補虧耗以及折息保險等等用費至二十餘萬圓之

巨兩面參觀則是數十年之積纍實不足供一朝之用局面過大潮流無定懲前毖後大可寒心去年如此巨款皆由商界熱心籌集深恐後難爲繼而如去年之恐慌則將來難保其必無卽今年亦尚難把握有備無患惟懷永圖爲上海大局計非有大規模之積貯不可而此大規模之積貯非商捐商辦合南北市偉大魄力自爲活動不可古稱寓兵於農今當寓農於商是則省議會之議案苟師其意而不泥其法實於上海最爲適宜至爲鄉農計則圖匱於豐豐歲帶徵積儲歉歲發借耔種舊章仍未可廢成案無庸變更但欲以之支撑大局抵禦潮流則不能也等語文枬等商摧再四買存商號一節米商不願擔任自未便强以所難商捐商辦之大規模積貯雖非咄嗟可辦而商界熱心容可見諸實事擬請鈞署行知商會徐籌計畫緣奉前因合行呈復伏祈俯賜核定轉呈省長訓示施行再上海客米由米行介諸米店售諸食戶故米行恆負招徠之義務米店恆負儲備之義務若能儲備寬裕卽是天然倉庫方當獎勵豈可詬病近聞有獻議省公署嚴禁奸商囤積居奇者此議若行則米店恐蹈嫌疑不敢盡量儲備卽米行後路呆滯不能盡量招徠轉必釀成恐慌關係匪細須知上海情形但當嚴防出口斷不必禁止囤積此層應請隨呈聲叙合并陳明

鄉積穀　五年風災楊思鄉經董穆湘瑤募捐發賑餘銀四百七十二元七角六分購存秈米七十八石七斗九升三合（每石六元）此後穆董每年捐助米二十石並陸續勸募至十二年止積存千石專備本鄉荒歉補助貧戶之用歸鄉董保存交代時應專案呈報縣公署

教育欵產

縣有欵產　四年省令設立教育欵產經理處本邑附設於公欵公產經理處七年勸學所成立教育經費委託公欵公產經理處代爲收支另立簿册九年七月實行劃分各項欵產由勸學所自行管理十年奉縣令將坐落塘灣鄉之儒學田八十四畝四分二釐七毫讓渡該鄉雙溪小學至十二年存基金一萬九千六百三十四元積聚金二萬五千七百元（內提存工業學校建築款一萬八千十六元教育博覽館籌備款一千元縣立第一小學校基金四千五百元農業學校基金一千二百元）存產列表如下

名稱	額數	地點	備注
教育局	地十三畝二分一釐屋五十餘間	上海市尙文路	局東餘屋元年二年借設縣議事會三年以後借設殘疾院局西空地闢作學校園局前皆市房
尙文路房屋	樓屋披樓各三十幢過樓二間平屋三間	同上	就教育局基地上建築

縣立第一小學校	地六畝二分二釐八毫	二十五保八圖上海市老學前敬業街	內敬業書院舊址四畝二分四釐三毫收用老學基地一畝九分八釐五毫
縣立第二小學校	地十三畝八分九釐	洋涇市楊家渡	
縣立第三小學校		北河南路天后宮後埭	
縣立乙種農業學校	地十四畝七分屋四十一間	閔行鄉黃浦灘	
縣立女學校務本	地十二畝三釐三毫屋一百間	上海黃家闕路	
公共體育場	地一畝四分二釐六毫屋二十八間	二十五保十三圖	另租上海慈善團地二十六畝二分四釐五毫
教育博覽館地基	一畝六分二厘六毫	二十五保十三圖七百七十號七十一號	
錢糧廳房地產	地原額八畝八釐二毫除錢糧公所一畝四分七毫外凈存六畝六分七釐五毫屋九十五間	二十五保五圖城隍廟內	三林養正兩校承租該地歲納租金
董事廳房地產	地九分七釐五毫屋三十間	同上	指撥農業學堂基產
船舫廳房地產	地五分八釐三毫屋三十三間	同上	同上

穿心街房地產	地一分屋四間	二十五保五圖	
蓬萊路房地產	地九分三釐七毫屋十二間	二十五保十圖	
吾園路房地產	地二畝屋五十間	同上	屋價地價並支用中江書院地價作爲縣立第一小學校基產
聚奎街房地產	地二畝八分九釐二毫屋九十七間	二十五保七八圖	縣立第一小學校基產已見續志
舊學基房地產	地一畝八分屋九間	同上	
應公祠路房產	地四分零平屋八間		
申江書院田	二百五十七畝一分八厘一毫	十六保三十一圖三十六圖三十九圖四十二圖十八保七八圖六併三十七圖二十一三十一圖三十三圖二十一保六九圖二十二保二十四圖二十三保九圖二十四保十二圖十七圖十六圖二十四圖五十二圖副八圖副十五圖三區五圖二十五保十二圖十四圖二十六保二十一圖二十二圖三十一圖二十七保四圖五圖二十八保三圖五圖八圖十六圖西七圖四十八圖三十八保八圖	

申江書院蘆課田	四十四畝一分七厘二毫	二十二保二十九圖	原額五十餘畝自虬江遷變田多坍廢玆丈見實田如上數
儒學田	二百一畝三分三厘一毫	十六保三十三八圖四十七九圖十八保四三十六圖二十二保二十九圖三十保五圖二十六保十圖二十九保六圖	

附記儒學田除讓渡塘灣鄉雙溪小學外又三十保八圖田十畝四分六釐五毫奉文撥充滬海道道屬苗圃二十五保十五圖蘆蕩田五畝六分四釐三毫吳勸學所長售與江南造船所得價銀一千四百十元七角五分

案續志光緒二十八年丈見申江書院田四百畝六分一釐四毫蘆蕩四十五畝八分二釐九毫宣統三年售去二十七保田一畝八分四釐二毫實存田三百九十八畝七分七釐二毫今查二十五保十四圖內被製造局用去二畝一分六釐九毫十五圖內被蘇路公司築用一畝二分四釐二毫又敬業學堂售去二十七保八圖田一畝八分二釐四毫續志皆未載民國元年售去二十七保五圖田九分五釐八毫七圖田九分九釐九毫八圖田四分五釐九毫四年售去二十三保分十九圖田二十五畝九分二十五保十三圖田一畝一分八釐九毫二十七保七圖田一畝五分五釐四毫五年售去二十三保二圖田六十二畝三分五釐五毫二十五保九圖田四畝四分九毫十二圖田十三畝五分六釐八毫二十七保七圖田十三畝四厘八毫六年售去二十四保二區十四圖田一畝一分五釐二十五保十二圖田一畝六分四釐二毫二十七保五圖田二畝三毫五圖田四畝七分八釐七毫七圖田一畝九分九釐八毫北十二圖田十二畝八分五釐八年售出二十四保蓋十二圖田二畝四分七毫九年售出二十八保西十八圖田一畝九分八釐七毫十年售出二十八保南十二圖田三畝一分三厘五毫十一年滬海道尹建築公署劃用二十七保田一畝五分二毫築路劃用二十七保五圖田四分四釐五毫其二十保六圖田二畝九分九毫七圖田一畝三分五厘五毫二十八保六圖田一畝一分五釐二毫何時變售皆不可考

市鄉教育欵　上海市存欵三萬九千二十四元八角四分六釐內萬竹學校建築基金一萬七千一百四十二元時化學校基金二千一百七十三元九分四釐和安學校基金二千一百四十一元三角六分農壇學校基金八百十七元第三小學建築基金三百八十元學務處存款一萬五千八百六十九元一角一分六釐　據十二年度報告　閔行鄉存欵五千五百九十元內强敏學校積儲金三千三百六十元帶征教育費積儲金二千九十元學務三百四十元　據十一年度預算册　三林鄉存欵三千元　馬橋鄉存欵一千八百元內强恕學校存五百五十元第二小學存二百二十元帶徵教育費存八百十元學務積儲款二百二十元　據十一年度預算册

市鄉教育產是表所列校產與教育志載地畝房屋數目間有不同或依舊存册籍或據新來訪稿要之年代略有後先校產不無增損姑並存之以資參考

市鄉別	類別	地產	房產
上海市	小蓬萊房地產	二畝六分三厘	市樓平屋三幢四間
	水神閣房地產	四分一厘	市新舊屋六三幢
	養正小學校	二畝三分九厘六毫	樓平屋四幢三間　舊屋未計本小天竺地

又錢糧廳房產	租用教育局地	市樓屋十幢
又地產	二畝二分七厘四毫本小天竺僧墓	
梅溪小學校	一畝七分六厘四毫	樓屋八幢三層樓一座
和安小學校	借用棲流公所地四畝五分七釐七毫	樓屋九幢棲流公所舊屋未計
萬竹小學校	六畝七分五厘七毫	樓屋二十一幢平屋五間
巽與小學校	三畝七厘舊華陽道院基	樓屋十幢平屋五間
時化小學校	借用陳公祠地一畝六分	樓屋一幢平屋八間三層樓四幢舊屋未計
隆德小學校	四分三厘三毫本龍王廟地	四層樓一座
西成小學校	萬壽宮半涇園地七畝三分五釐八毫新購地五分三毫	樓屋五幢舊屋未計
又可樂軒地產	一畝九分九厘四毫	

	農壇小學校	舊先農壇地二畝二厘	樓屋七幢 平屋四間
	旦華小學校	一畝二分四毫本竹林庵地	三層樓一座 樓屋三幢 舊屋未計
	崇正小學校	二畝一分六厘四毫本送子庵地	樓屋四幢舊屋未計
	又 地產	一畝五分三厘三毫本送子庵僧墓	
	東明小學校	六分六厘二毫本地藏庵地	披屋六幢 樓屋六間
	比德小學校	二畝五分三厘八毫	九間
	暉橋小學校	二畝四分	未建築
	江境小學校	二畝六毫	平屋六間
	貧民初級小學校	八分六厘七毫	平屋十間
閘北市	飛虹小學校	七分一厘八毫本文昌宮地	樓屋七幢 平屋七間

蒲淞市	高級小學校	六畝六分一厘七毫	二十八間
	初級小學校	附設高級內	十一間
	又關帝廟房地產	七畝二分	市平屋四十八間市樓屋五幢另廟屋十八間
	又長生庵房地產	十畝	平屋十三間
	又利濟渡地產	三十畝	
	第二小學校	二畝五分七厘三毫	十二間
	又地產	三畝二分	
	第三小學校	一畝五分八厘七毫	五間
	第四小學校	三畝六分六厘二毫	六間
	第五小學校	二畝五分一厘七毫	五間

	第八小學校	二畝八分一厘八毫	五間
	第九小學校	三畝七分一厘一毫	五間
	第十小學校	三畝二分八厘五毫	十四年停辦
	第十二小學校	一畝五分四厘二毫	五間
	第十三小學校	一畝五分五毫	五間
洋涇市	第一小學校	二畝二分八厘	九間
	第三小學校	八畝三分又租用民田十畝	平屋二十四間 樓屋七幢
	第五小學校	一畝二分八厘	三間
引翔鄉	虬溪小學校	租用民地	五間
	虹口小學校	本老三官堂地	二間

	虹鎮小學校		五間
	引溪小學校	舊文昌宮地	樓屋四幢舊屋四間
	虹北小學校	一畝四分六厘	六間
法華鄉	第一小學校	六畝一分七厘本積穀倉地	樓屋三幢平屋二十三間
	第二小學校	三畝三分三厘二毫	七間
	第三小學校	五畝七分七厘	樓屋五幢平屋八間
	第四小學校	一畝一分一厘二毫	
	第五小學校	一畝九分	
漕河涇鄉	第一小學校	三畝	七間
	第二小學校	二畝	樓屋三幢平屋四間

	第三小學校	一畝一分一厘	三間
	第四小學校	四畝五分	樓屋一幢 平屋十五間
曹行鄉	第一小學校		四間
	第二小學校	二畝五分零	十三間
	第五小學校	舊關帝廟	樓屋五幢 平屋三間
	第六小學校	二畝三分零	四間
	第七小學校	一畝零	四間
塘灣鄉	第一小學校	三畝	九間
	第二小學校	四畝二分	樓屋五幢 平屋十六間
	第三小學校	舊斗姥閣地 新購一畝	七間

	第四小學校	二畝	五間
	第五小學校	舊甘露庵地	八間
	第六小學校	二畝	五間
閔行鄉	第一小學校	二畝九分八厘本積穀倉地	樓屋七幢平屋二十一間
	原名強敏學校校產	四白十四畝零	
	第三小學校	三分七厘八毫	七間
	第四小學校	三畝二分七厘	八間
	第五小學校	二畝零	八間
	第六小學校	一分八厘五毫	四間
馬橋鄉	公有地產	五畝七分四厘	八間上爲舊俞善廟產

	又	八畝三分四厘	四間上爲舊北王廟產
	又	十三畝六分三厘九毫	十一間上爲舊雞山廟產
	强恕小學校	三百九十五畝二分二厘三毫	三十間
	第二小學校	二畝七分	四間
	第三小學校	五十畝一分二厘本白沃廟產	用廟屋十九間
	第六小學校	九畝三分三厘	十二間
	第七小學校	二畝三分三厘四毫	七間
	第八小學校	一畝四分八厘	四間
	第九小學校	二畝	四間
顓橋鄉	公有地產	二十七畝五分八厘四毫由强恕分出	

	第三小學校	二畝九厘	四間又舊屋二間
	第四小學校	一畝	四間
北橋鄉	第一小學校	二畝明心寺基地劃出	五間另借用寺屋四間
	第四小學校	一畝六分	五間
高行鄉	第一小學校	三畝用藥師殿地	二間
	第三小學校	二畝二分	七間
	第四小學校	三畝	四間
	第五小學校	二畝零	五間
	第六小學校	二畝	五間
	第七小學校	二畝	五間

	第八小學校		三間
	第九小學校	一畝二分	
陸行鄉	都川小學校	八畝四分七厘三毫	十五間城隍廟舊屋
	又　地產	十三畝八分二厘	
	又　地產	四十三畝八分二厘	
	三修小學校	一畝五分三厘九毫	五間三官堂舊屋
	問道小學校	四畝五厘四毫	
	又　地產	五畝四分五厘四毫	
	永寧小學校	一畝八分	未建築
	振南小學校	三十餘畝原係法華庵地	三間舊庵屋

	培朝小學校	四畝五分三厘三毫	七間
	西新小學校	六畝二分九厘	十二間屋地皆帝勅庵產
塘橋鄉	第一小學校	二畝五分八毫	七間
	第二小學校	五畝餘	
三林楊師	公立高級小學校	二十八畝五厘九毫	樓屋二十二幢平屋十三間
陳行三鄉	又　房產	地幷在校基內	十七間出租
共有產	又　房產	租用教育局錢糧廳地	樓七十六幢
	又　地產	一百十七畝四分一厘六毫	
	第一小學校	三畝二分五厘五毫	十間
	第三小學校	二畝七分	

	第四小學校	一畝八分九厘三毫	三間
三林鄉	第一小學校		三間
	第二小學校	三畝六分	七間
	第三小學校	借用烏泥涇廟地	三間另借廟屋三間
	第六小學校	六分五厘	三間
陳行鄉	第二小學校	二分八厘二毫本關帝廟地	四間
	第三小學校	二畝六分一厘	六間
	第四小學校	四分	三間
	第五小學校	五分八厘四毫	六間
	第六小學校	一畝一分八厘	四間

楊思鄉

第一小學校	二畝七分	七間
第二小學校	一畝	五間
第三小學校	租地	草屋七間
第四小學校	一畝八分	八間
第五小學校	二畝四分	
第六小學校	一畝	五間
第七小學校	三分五厘	二間
第十小學校	租地	三間
第十一小學校	租地	草屋四間
第十二小學校	一畝七厘七毫	

	第十三小學校	一畝五毫	三間
	第十四小學校	租地	三間

慈善款產

慈善機關款多支絀唯上海慈善團十二年度報告存華商電氣公司股票六萬四千元內國公債票五千六百元滬閔南柘汽車公司公債票一萬元然其四柱總冊存該相抵不敷銀四萬二千六百餘元則上列存款尚非正確故本篇列產不列款

產別	地產	房屋	坐落地點
上海慈善團（同仁輔元堂）	二畝三分五厘一毫	樓十幢 平屋二十五間	廿二保方二圖 高昌廟
	四十四畝一厘五毫	三六雙間三層樓一 雙間庫門茜宅宅三層樓十幢 單四六樓屋四十七幢	廿五保四圖 民國路 寧波路 白爾路 安納金路 敏體尼蔭路 法公館馬路 八仙橋街 自來火行街
	八分五厘六毫	雙間庫門一三幢兩廂一宅 單一宅樓屋五幢 平屋二間	廿五保五圖 張家街 侯家路 沈香閣對門
	一畝二分七厘七毫	樓屋二幢連過街樓三十四間	廿五保七圖 裏外鹹瓜街

六畝三分三釐八毫	樓屋八十五幢二廂　樓平屋十六間　雙間庫門一宅	廿五保八圖肇嘉路　外鹹瓜街
五畝六分五釐五毫	雙間庫門二宅　樓屋四幢	廿五保九圖萬生橋
二畝八分五釐八毫	雙間庫門四宅　單五宅　樓屋五幢半　廣式樓屋十幢	廿五保十圖石皮街　岸　石駁　蓬萊路
七畝一分四毫	樓屋十七幢　平屋十二間　單間樓屋四宅　堂屋校舍各一座	廿五保十一圖西倉路　喬家柵　阜民路　梅家街
十七畝六分六釐七毫	樓屋十六幢　平屋八十七間　救生局一座	廿五保十二圖陸家浜　車站路　利涉橋　南碼頭
三分四釐一毫	第三學校校舍	廿五保十三圖方斜路
一畝[illegible]分八釐五毫	雙間庫門四宅　單一宅　樓屋十六間　又一幢	廿五保十六圖蔡陽街　王家嘴角　警廳路　趙家灣
一畝八釐		廿四保廿三圖浦東老白渡
二分六釐		廿五保四圖
五分		廿五保七圖小東門北首

	十一畝八厘一毫		廿五保十二圖利涉橋煤屑路滬軍營馬路橋
	三十一畝六分三厘三毫		廿五保十三圖康悌路體育場東首方斜路永錫堂
	四畝五分五厘七毫		廿五保十六圖喬家路中華路
	一畝四分八厘一毫		廿七保十一圖閘北水電廠外面
	二畝零又蘆洲一則	倉房一座	松江縣後岡鎮
	三千五百二十一畝一分		松江縣
	四百六十九畝三分二厘八毫		金山縣
	七十一畝三分五厘		閔行鄉
	三百三十七畝七分四厘		橫浦浦東場
又果育堂	一畝一分三厘	樓屋十幢平屋五間	廿五保五圖薛衖底長生北首

	三畝一厘五毫	三四雙間庫門四宅單四 樓屋十二幢	廿五保六十一圖 淘沙塲 育德里
	二畝一厘一毫	三一雙間庫門二宅單一 樓屋十六幢	廿五保八圖 楊家渡 財神街 大偊頭大街 如意街
	一分三厘二毫	平屋二間	廿五保十圖 土地堂街
	一畝五分二厘一毫	樓屋八幢 平屋十二間	廿五保十一圖 虹橋路 中華路 望雲路
	一分	樓屋二幢	廿五保十六圖 撫安街
	十四畝九分二厘九毫		廿五保二圖 石暉港
又清節堂	八畝八分五厘二毫	雙間庫門四 單十三宅 清節堂全部	廿五保十圖 蓬萊路 靜修路
	二畝一厘五毫	樓平屋三十餘間	廿五保十一圖 藥局街
	二畝六厘	倉房全座	嘉定縣方泰鎮
	二千一百八十四畝二分三厘三毫		嘉定縣

	六十二畝八分五厘三毫		崑山縣
	二十八畝二分		青浦縣
	九十八畝二分		浙江嘉善縣
又育嬰堂	一分八厘	樓屋四幢	廿五保五圖陳市安橋南首
	三分六厘四毫	樓屋八幢	廿五保七圖四牌坊夏家街
	三畝九分三厘八毫	樓屋八幢育嬰堂全部	廿五保十一圖阜民路唐家街
	二分四厘八毫	平屋三間	廿五保十六圖豆市街
又全節堂	六厘	樓屋二幢	廿五保七圖施家街
又同善堂	一畝一分	三間庫門一宅 雙間庫門一宅 樓屋九幢	廿五保十一圖望雲路
復善堂	一畝八厘	樓屋十二幢 平屋三間	廿五保十一圖復善堂街裏倉橋堍 薛家橋堍

仁濟堂	四畝二分七厘	樓屋五十九幢半 過街樓十間	雲南路 西藏路 育仁里
	十二畝一厘	樓屋一百四十四幢	新閘山海關路北仁濟里
	五畝四分二厘	樓屋七十五幢	華成路南仁濟里 青蓮路息影公所
	四畝七分五厘一毫	堂屋全部 樓屋六幢	
	二畝四分八厘七毫	存儲施材屋	平濟利路
	一畝二分二厘	育嬰堂全部	大沽路
位中堂	八分四厘四毫	三層樓三幢 二層樓十二幢 平屋三間	廿五保十六圖 萬聚街
	四分三厘七毫	樓屋十二幢 平屋四間	廿五保七圖
	二分二厘六毫	平屋三間	廿五保十一圖
新普育堂	一百二十餘畝	本堂屋宇	大南門外

	一畝八分三厘八毫	樓屋三十四幢	西門外萬生橋北首
	二畝一分五厘	樓屋二十八幢	西門外普安坊
		舊堂屋	蓬萊路
	五畝二分零		漕河涇鄉
	七畝		江境廟小馬橋
	二分		西藏路洋龍公所舊址
保嬰總局	一分		裏竹行街
	借用邑廟羅神殿地	樓屋六幢平屋三間	
同義善會	二畝二分二厘六毫	屋二十八間	民國路露香園路
義濟善會	三畝零	殯舍十間	卄五保卄五圖

	八畝零		廿六保十五圖 公墓
思濟因利局	八分五厘四毫	八間	廿五保十圖
孤兒院	二十畝	一百四十間	龍華茂公橋
天主堂火政會	借用天主堂地	三層樓屋五幢	董家渡
公立上海醫院	借用積穀倉地六畝六分六釐四毫	三層樓屋九 二層樓屋二十九幢 平屋二十九間	三泰碼頭
閘北育嬰堂	一畝零	樓屋二十七間	大統路
衍善普安堂	五畝八厘	堂屋八間 殯房八十八間	十六保十八圖
	三畝九分三厘七毫	屋三十七間	同上
	十畝三分四厘二毫		同上 義塚
	一百四十五畝二分三厘九毫		閔行鄉

	十七畝六分四厘六毫		南滙縣十六保
廣慈苦兒院	二十三畝二分一厘六毫	屋七十餘間	閔行鎮
	六十五畝		松江縣
	三百三十二畝		袁浦塲
	一百三十七畝		浦南畜植公司
	二十四畝五分		柘林城濠
	三十一畝零		又城內
	六百五十六畝零		袁浦場
	八十餘畝		松江奉賢上海南滙等縣
公善堂	一百八十五畝六分四厘九毫	屋十三間	馬橋鄉

公濟堂	五十三畝八分四厘七毫	屋七間	同上
贊育堂	一畝五分	屋十間	法華鎮
	十三畝九分五厘八毫		二十八九保三十保
恆裕堂	三分二厘	屋三間殯舍	十八保二十六圖
	二畝七分九厘四毫		同上
保嬰會	二十七畝三分三厘五毫		塘灣鄉
保節會	四十三畝零		同上
胡家木橋救火會	二分	屋八間	天同路

縣欵產

政體改革之初縣欵產暫由縣機關保管民國二年十二月設特別會

計處置委員二人三年三月改名地方公欵公產經理處置經理員二人十年十月奉省令改爲地方欵產經理處置總董一人副董一人董事十人據十二年度決算册存典公欵銀七千七百七圓存公債票銀二百六十圓總結不敷銀七千五十五圓抵以存款僅餘銀九百一十二圓公產有也是園在凝和路地五畝六分二釐二毫屋五十七間樂珠宮在凝和路地一畝四分七釐六毫屋二十五間舊學基在老學前街地十畝七分五釐一毫水次倉基在喬濱路地四畝八分八釐四毫屋五十餘間鎭海廟基在外鹹瓜街地一畝二分九釐三毫龍船廳在邑廟豫園地四分三釐屋四間其餘學宮在文廟路地三十一畝六分九釐四毫武廟在肇嘉路地七畝三分三釐七毫城隍廟在二十五保五圖地十二畝二分二毫羣忠祠在城皇廟內地四分四釐二毫節孝祠一在老學前街地九分六釐九毫一在梅家街地五分七釐屋十三間總祠在老學前街地一分二釐九毫陳公祠在淘沙場地二畝七分四釐三毫袁公祠在淘沙場地七分二釐九毫劉公祠愍忠祠並在文廟路夢花樓口地共四畝一分一釐五毫天后宮在河南路地三畝八分皆由地方款產經理處保管

附記　縣公產於四五六年變售者舊學基地一分六釐淘沙場泥墩三分六釐六毫營房街基一畝五分二釐五毫鎭海廟基七分三釐九毫地藏庵地一畝二分四釐九毫學宮照墻後地六分

八釐五毫大碼頭接官亭地二分六釐二毫高巷頭地二畝六分九釐六毫小沙渡地九畝八分八釐七毫其浦東洋涇市洋商充公地十畝於九年變售邑廟內園於六年請縣諭給錢業總公所管業十三年英工部局加闊天后宮橋劃用二分九釐

市鄉款產

上海市案三年二月市政廳移交工巡捐局冊列存銀二萬三千七百四十八元虧銀二十一萬四千八百九十六圓存虧相抵實虧十九萬一千一百四十七圓

辦公處三層樓屋五幢新樓屋十五幢舊樓屋五幢平屋八間基地二畝二分七釐三毫估值銀三萬兩

南區分辦處屋六十六間又三間庫門三宅樓屋十四幢基地四畝四釐七毫估值銀二萬兩

西區分辦處借用慈善團地洋式樓屋三幢平屋三間披屋一間又舊樓屋三幢舊平屋十四間新竹屋一間估值銀二千兩

十六舖橋南首沿浦地八畝四分九釐又岸綫約一百丈估值銀二十二萬兩

斜橋地六分三釐二毫平屋三間竹屋二間 估值銀七百兩

縣後泥墩地一畝四分 估值銀四千三百兩

丹鳳樓前泥墩地二畝四分四釐四毫 估值銀一萬四千兩

南碼頭沿浦地約五畝 估值銀一萬五千兩

九畝地地約九分 估值銀三千兩　上列地價皆照三年時價估計

二十三保四七圖地一畝二分二釐五毫

二十四保副十五圖地十一畝一分八釐六毫 上列公產皆於三年三月移交工巡捐局至十二年自治回復仍未發還

蒲淞市　存蘇路股票銀一百十九圓　積聚金一千一百三十二圓 據十一年度預算冊

市公所平屋五間東西廳二座廂房二間坑廁一所基地一畝二分

在北新涇鎮

曹家渡義渡平屋四間二十七畝八分在二十八保南十二圖

利濟渡灘地三十畝在三十保九圖

三涇廟義塚地二十七畝八分在二十八保三圖

石家墳基三分在二十八保三圖

法華鄉　存欵七百八十圓據九年報告

鄉公所基地一畝五分在二十八保五圖

關廟樓屋四幢平屋三十三間基地三畝二分九釐五毫

公產十畝二分八釐六毫內二十八保七圖二畝八圖五畝四分四釐六毫北十二圖五分五釐十六圖一畝二分九釐二十九保三圖一畝三十保八圖五畝四分四釐六毫

公路及橋碼頭基一畝七分三釐二毫內二十八保五圖三分二釐八毫六圖一畝四分四毫

義塚六畝八分三釐五毫內二十八保五圖四畝六釐四毫八九圖二畝七分七釐一毫

塘灣鄉　鄉公所屋四間

公產四十四畝四分二釐四毫內恆裕堂田二畝五分

蘆課田一百二十一畝七分一釐二毫

閔行鄉　存現款一千四百八十九圓儲款三千九百六十圓內附稅餘欵八百十八圓新橋餘欵五百四十圓平米餘欵二百五十二圓負販團欵一千二百六十六圓母子涇款一千七十圓蘇路本息十四圓　據十一年預算册

馬橋鄉　鄉公所屋十間市房五間田一分

公產一畝四分九釐內小普陀地一畝零四釐三官堂地四分五釐

北橋鄉　公產八畝零

顓橋鄉　公產五畝七分六釐皆恆善堂田

塘橋鄉　積聚金二百零四圓據十一年度預算册

公產五畝六分六釐九毫

三林鄉　風災振餘及紳商捐款銀一千一百圓

積善寺產四十四畝九分七釐五毫

城隍廟產十二畝六分四釐

義塚地九畝六分七釐六毫在南滙縣二十一保十四圖

財用三　捐稅

縣捐稅

忙銀附稅見田賦略

漕糧附稅見田賦略

租課附稅見田賦略　案上三項附稅自七年七月起勸學所分收四成充縣教育費公款公產經理處分收六成充其他縣地方費

帶徵忙漕徵收費見田賦略　五年十一月省議會議決除抵支實需徵收費用外儘數撥充各本縣地方自治經費經省長公署公佈並通令遵行十年三月省令忙漕徵收

費預算由地方會議編制決算宣佈衆知盈餘爲自治之用本邑十二年度預算總册收入項下列二萬四千九百圓支出項下列一萬八千九百圓應盈餘六千圓已混合支配於縣地方費內

忙漕滯納罰金見田賦略　本邑以各市鄉分派爲數極微而手續極繁暫由地方公欵公產經理處收

田房買賣契稅留支地方費　元年定留縣五之二三年改五之一六年又改六之一語具負擔篇縣署經征元二兩年扣四釐充費三年以後扣一成充獎勵金故每稅一元三四五各年實收一角八分六年以後實收一角五分七年七月起勸學所分收十之六地方公欵公產經理處收十之四

牙帖營業稅附稅　照正稅附加十之二元年二年內扣徵收費四釐三年起停扣每稅一圓地方費實收二角七年七月起由勸學所收專充推廣義務教育之用

屠宰稅附稅　四年起徵照正稅附加十之一充義務教育費

房捐　沿用前清舊章照租金征捐一成五釐業戶租戶各任其半專捐商戶不捐住宅唯上海外馬路一帶及肇周路黃家闕路安瀾路

車站路斜徐路林蔭路等處經總工程局城自治公所先後呈請豁免辛亥十月臨時省議會以房租係市鄉稅性質唯抵支巡警費尚合公共心理議決全數充本地方用元年知事吳馨規定縣地方警察費以房捐抵支呈准省長立案十二年度縣地方費預算册列九萬四千二百圓

洋商年租餘款　淸咸豐四年改訂英法美租界租地章程第七條曰一納租每地一畝納年租錢一千五百文於每年十二月預付該業戶以便完糧云云是征租爲原業戶之權利完糧爲原業戶之義務乃各業戶完全放棄以致產權旁落成爲積久習慣光緒十四年始由縣署諭充年租地保徵收官吏朋分餘款至民國縣議事會成立始議決悉充縣地方公用

市鄉捐稅

忙漕附稅見田賦略

租課附稅見田賦略

上海市之特稅　一公益捐按月徵收以房捐爲標準居戶照房租收五釐鋪戶及貨棧六釐東區外馬路市房貨棧因向無房捐照房租收一成二釐其有自己產業估計租價如上列各數分別徵收　二交通稅(甲)車輛按月徵收營業汽車三圓自備汽車二圓營業馬車二圓自備馬車一圓二角營業人力車八角大貨車二圓五角馬貨車二圓五角小貨車一圓小車五角自備人力車按季二圓　(乙)船隻按月徵收自一圓二角至二角凡十等分二十類唯八長渡搖渡船免稅　三商業稅(甲)紙煙店每間月收一圓攤月收二角(乙)酒肆雙開門面月收二圓單開門面月收一圓(丙)酒館按茶桌每桌月收一角水爐不滿五桌者免收　四行政徵費(甲)戲園書場(乙)菜攤貨攤(丙)船契掛號(丁)田房印契學費(戊)廣告

閘北市　總捐照房租徵收鋪戶一成住戶六釐車捐船捐清潔捐雜捐營造照費

蒲淞市　鮮地貨捐四百八十圓　船捐七百二十元　茶館捐二百七十元　陳家渡稅所捐六十元　補助六百圓　新涇路燈捐慈善捐皆無定額

洋涇市　茶館捐一百八十圓　清潔捐四百八十圓　清道路燈捐一千八百圓　籮間捐五十圓　渡船捐三百六十圓　煙公司公益捐九圓　廟捐一百圓　慈善捐三百圓　營造執照捐皆無定額

引翔鄉　營造執照捐公益捐皆無定額

法華鄉　公益捐清道路燈捐房捐皆無定額

閔行鄉　茶館捐四百圓　行號捐一百三十圓　輪船捐一百二十圓

馬橋鄉　典當公益捐二十五圓　猪捐八圓

顓橋鄉　蒼朮捐三圓

北橋鄉　典業捐四十圓　路燈捐慈善捐皆無定額

塘橋鄉　清道路燈捐無定額

三林鄉　公益捐無定額

教育捐牙帖附稅屠宰附稅皆充縣教育費見前

田房買賣中資捐田房買賣得主照契價加費一成以酬中保名曰中資　於中資內提捐二成充本市鄉教育費

田畝帶征　八年勸學所謀推廣各市教育召集全縣士紳議決每年隨上下忙每畝各徵銀二分九年因災歉停徵十年以後續增各市鄉照忙銀實徵數攤派

市鄉補助　乙種農業學校學生膳費完全豁免五年一月起在市鄉忙漕附稅內酌提四釐以資補助

慈善捐

上海慈善團　各商業認捐者有南北錢業典業質業絲業茶葉業木

業洋貨業銀樓業金業醬園槽坊業洋廣貨業花業糖行業豆米業其撥自機關者有法會審公堂法工部局（以上皆歲有定額）其指捐事業者有施米施衣施藥施賒棺等捐其他有各善姓捐各項臨時特捐（以上皆無定額）

棲流公所　各商業認捐者有參業藥行業藥材飲片業銀樓業銅錫業鐵業錢業煤炭業珠玉業醬園業衣莊業紙箔業金骽鹹貨業牋扇業南北貨業木行業瓷業京貨帽業竹行業顏料業碾米業茶葉業漆業絲綫業米業酒飯茶館浴堂業花行業豬行肉莊業客棧業布業茶食業酒業（以上皆月認常捐）典業綢緞業油豆餅雜糧業洋貨業柏油業書籍裝訂業茶業絲業輪船裝儎業洋廣皮貨業鞋業貰器業米行業醃臘公所廣幇各業機關認捐者有會審公廨（以上常捐皆以年計）其他各善姓捐（無定額）

復善堂各善姓常捐二千三百圓

位中堂醫藥常捐一千圓　義務學校捐六百圓　保赤捐三百圓

新普育堂常捐上海市公所一萬四千圓慈善團九千六百圓地方公欵公產經理處三千六百圓法會審公廨七百二十圓淞滬警察廳四百八十圓

保嬰總局各善姓常捐九百圓

同義善會各善姓常捐無定額約三四萬元

義濟善會各善姓常捐無定額約六七百圓

貧兒院各界善士捐無定額

天主堂火政會常捐一百五十圓

公立上海醫院捐撥積穀項下五千九百七十圓房捐項下五千四百圓滬南工巡捐局一千圓電燈公司一百八十圓

閘北育嬰堂募捐開辦一千圓經常二千七百圓基不金一千圓

廣慈苦兒院各善士認捐一千六百九十五圓又錢一千二百五十千文　特捐三千四百八十九圓　各公署認捐上海縣二

百圓松江縣一百五十圓奉賢金山南匯青浦四縣各一百圓**各機關認捐**水上警察第一區六百七十七圓閔行稅務公所三百圓**商業團體認捐**閔南輪船局三百六十圓各花廠一千零四十圓滬閔長途汽車電話處二十四圓

其他特捐

補助縣警察費　三年度始於忙漕附稅項下酌提一成抵補縣地方警費月支六百圓房捐供縣警費本無不足之虞唯因二年三月省款補助巡警教練所費每月六百圓至六月停止縣公署收入短絀故以附稅抵補十一年度始減提五釐十二年縣議事會議決截至本年十二月停止

縣署馬巡費　五年三月開辦馬巡於田房買賣中資項下酌徵五釐充費是年三月開辦官中始於中資內加提一成以五釐歸官中五釐充馬巡費至八年三月官中撤銷仍單獨徵收馬巡費五釐至十二年九月停止

水利經費　三林塘河工　四年五年六年廿四保各圖上下忙銀每畝帶徵銀一分五釐漕米每畝帶徵銀五分先是清宣統二年三林塘人民請集欵重濬三林塘照案於廿四保天一圖方一圖方二圖方十二圖黃二圖列四圖一區五圖一區九圖二區三圖二區六圖二區七圖正八圖副八圖二區九圖十併十一圖蓋十二圖二區十三圖十四圖正十五圖三區三圖三區四圖三區

五圖三區六圖三區七圖三十一圖共二十五圖忙銀每畝帶徵錢三十文漕米每畝帶徵錢六十文民國四年上忙始繼續帶徵改錢數爲銀幣數每年每畝徵銀八分以三年爲度

六磊塘河工　七年八年十八保各圖漕米每畝徵銀八分忙銀每畝徵銀六分查舊章十八保五七圖七八圖九圖十五圖十六圖十八圖廿四圖廿五圖廿八圖廿九圖廿九三十一圖三十三圖三十三八圖六廾三十七圖爲項浚十圖十二圖二十圖廿二圖廿三圖廿七圖三十二圖三十四五圖三十九圖爲協浚茲不分項協每畝各徵銀一角四分於七年漕米八年忙銀分徵

孫家溝河工　八年二十二保二十四圖五十二圖隨忙每畝徵銀八分

新涇港小黃浦河工　八年十二年廿四保各圖上下忙每畝各徵銀一角或八分或五分漕米每畝各徵銀二角或一角或一角八分三林塘支河新涇港小黃浦皆久淤墊該處人民議就得沾水利各圖田內徵款積聚待濬廿四保方一圖忙漕每畝徵銀四角方二圖徵二角四圖徵二角六分共帶四忙一漕方一圖四圖屯田每畝徵銀六角分兩次徵起自八年上忙始至九年下忙至九年歉收停徵十二年漕米續徵

楊溜漊河工　九年十二年廿四保各圖忙銀每畝徵銀二分漕米

每畝徵銀三分 八年十月三林楊思橋塘橋三鄉開濬楊淄漊根據三林塘帶徵舊案廿四保二十五圖忙銀每畝徵銀二分漕米每畝徵銀三分自九年漕始十二年下忙止會十二年歲歉停徵至十二年漕米續徵

東虬江河工　十一年廿二保各圖隨忙徵銀每畝八分 照舊案廿二保二十三圖二十六圖二十九圖三十四圖三十五八圖每畝各徵銀八分

財用四　度支

縣收入表一 經常一

年度	忙銀附稅	漕糧附稅	租課附稅	契稅附稅	牙稅附稅	屠宰附稅	房捐	年租餘款
元	七二〇九元	一三九八元	一元	一一四三三元	八八二元		五七九五五元	
二	六八四九	一三八一七	五〇一	三六一〇	六五〇		四九二四一元	九六三〇元
三	七二七一	一四六五三	一一三一	一一一八九	六八四		六三四三五	五〇〇〇

四	七二八四	一三二〇八	一一三二	六八〇七			六四九七〇	五〇〇〇
五	七二七五	一四六五一	一一三一	六九〇〇			六九〇七〇	
六	七二六七	一四六五二	一一三七	一〇三二五			七三六三七	
七	七二六八	一四六五三	一一三七	九〇一一			七四七〇一	
八	六五四一	一三一八七	一一三六	一一一一五			七五三三八	
九	七二六八	一四六五二	一一三七	一六三二三	一〇二五	二〇五〇元	七七六七五	
十	六五四一	一二九五二	一一三六	二二三八六	一一六九	二〇八〇	八〇二七五	
十一	六五〇〇	一二九五五	一一三七	二一四八六	八六〇	二一五〇	八三〇九二	
十二	七二二三	一四三五五	一一三七	二七三四一		三〇〇〇	八六四〇〇	
十三	五五四	八一三九		七〇八〇			五一二六三	

十四	四二八五	八五三二		九六一〇			八九九八五	
十五	四九九七	六〇一八		七〇四七			九五七三三	
十六	三五四五	九五七四		四六六九			四三六六九	
總計	九七八七七	一八七三九六	一一八五三	一八六三三二	五二七〇	九二八〇	一一三六四三九	一九六三〇

縣收入表二 經常二

年度	公產租金	分欵息金	各市鄉抽提馬巡費	各機關捐撥慈善費	縣立各校學生納費	醫院收入	農場收入	苗圃收入
元	六四三二元	二五三七元			四三一一元			
二	一一四八七	三三四六			七八七六			
三	一四〇三三	三九六四			七七四七			
四	一五七七三	三〇四八	一三七二元	二〇〇〇元	九五九六	一九五一元		

五	二六二四三	二八四〇	三六五八	三八二〇	一一〇二六	一〇五四八		
六	三一一九三	三二二三	五一六二	三六四〇	一三二〇〇	一二七一三		
七	三一三六二	三三八三	六〇三二	三六四〇	一三八六四	一三七九六	二八元	四二四元
八	三二三〇七	三三八六	六四四七	三六四〇	一五〇〇〇	一八一六三	四七	六四四元
九	三三一六四	三一〇一	一〇三九五	三六四〇	一六三八五	一六四二三	二七三	三五五
十	三四三二一	三一五一	九〇一七	三六四〇	一六六七〇	二一二〇七	九六	二五七
十一	三五三三三	三四九九	一〇八一八	三六四〇	二〇一三七	二四三三五	六四	二五一
十二	三八九三六	三三六四	四〇〇〇	五一一一	二九七〇三	三六〇一九		三八五
十三	五四七八	七〇八				六四〇〇		
十四	七六三七	四四八				九八〇〇		

十五	七三八六	四四八				一一六〇〇		
十六	三九五〇	五四八				一三二〇〇		
總計	三三五〇三五	四〇九九四	五六九〇一	三二七七一	一六五五一五	一九六一五四	五〇八	二三一六

縣收入表三臨時

年度	忙漕滯納罰金	違警罰金	市鄉補助警察費	市鄉補助教育費	公產變價	特別收入	雜收入
元					五四〇〇元	四九二元	三元
二					二六五〇	一六二〇	一六
三	四九八三元	二一〇二元	六三八九元		三〇〇	一一六〇	二一六
四	五三五	一六六八	四七七六	一二二二元	三三九五五	五〇〇〇	一五三
五		一二〇四	四九一〇	一九六四	七三四八五	一二六九〇	四九四〇

六		一三九四	五一九三	二〇七七	五一〇六	三八四七	一八八五
七	九八二	九〇四	五一八六	二〇七四	一五一〇		四六三六
八	一七一五	九七三	四八一〇	二〇七四			三九六
九	一六五二	一〇五六	四八七三	一一一三	一八〇〇		五四〇九〇
十	一九五七	一〇一三	四八八一	一四一三	二〇八四		三九三〇
十一	一〇六二	一三三二	三二三〇	一四六一	二九		三〇七三
十二	一〇〇五	一五五一	七四九	一〇三六			二〇六二〇
十三	二二二七		六九〇六			五五	
十四			一一六四〇			四一	
十五	二七五		八四一七			四二	

	十六	總計
		一六三九三
		一三一九七
		七一九六〇
		一四四三四
		一二六三一九
	七	二四九五四
		九四九五八

縣費支出表一

年度	元	二	三	四	五	六
議參事會	二七八九元	五二一七元			一一八一	一〇八
款產經理處		七三六二元	二二八六元	二六二二	二六三八	二三二八
縣警察			六三六一三元	六一一九三	六一七七七	六五四八三
公立醫院				二三五〇〇元	一九一〇二	一八三〇四
祭祀附修理設備		三〇元	九六五七	二三五七	一〇九一〇	一四五二
選舉	三二一元		四八〇元			五三五二
測繪地圖		五六〇〇元	九〇四〇			
修志局		一四〇三元	五五八二		四九六二	

七		二〇五九	六四〇〇三	二〇〇〇〇	一七二〇			二二八二五
八		二四一五	六八三五一	一三〇〇〇	二一六八			八四
九		三〇一二	六六六五	二七三八九	一七三七	五五九七		
十		三五八六	六九四六二	一二六〇〇	一四二二			
十一		三〇八六	七二六五一	一一八〇〇	一一〇四一			五六〇
十二	四一四九	三一三五	八〇六〇八	一三六〇〇	四八五〇	一四六六		
十三	五六五六	三〇五五	三八四〇二	一一七六〇	一一五五			一八三四
十四	五四九八	二八〇三	六七一七〇	一七六〇〇	一二一一	一一八〇		六四八〇
十五	五〇七七	四六九八	六六一六四	二〇四〇〇	一二七八			一四四〇
十六		四一一二	三九三一五	一八六〇〇	六三五			三六八〇

縣費支出表二

年度	官契局	購置建築公產	整理公產	苗圃附植樹場	農場	補助慈善	補助市鄉水利	雜項
總計	二九六八四	四九一九七	八二四八五七	一二七六五五	五一六二三	一四三九六	一四六四〇	四八八五〇
元		一二三四八元	四八三元					
二		一三三四	一九四			七二〇〇	三八〇	六四八九亓
三	一九六		三五四二			六一九二	三七〇	五四〇〇
四	四八二	一〇七三一	八六五	二〇二		八四〇〇	八〇	五二
五	三一		一六七四八	四七五		八四〇〇	一〇〇	九九七
六			一一二三	六〇六六		八四〇〇	二七〇	一四五九
七			一二六	四九七七		八四〇〇	三〇	二二一

八			三五三	四八〇一	一一二	八四〇〇	三六〇	二一一三
九		三三三八	二五四九九	三〇〇九	一四九八〇	六〇〇〇		五一六
十		七〇〇	一二四九	二九七一	七三九	八一六二	三〇	三五
十一			九二八	二九四八	七五五	六〇〇〇	四九三	八
十二			九三七	二八四一	五五〇	六〇〇〇	五〇	五四二二
十三		一〇四四三	三〇二一	七五四	一五八	六〇〇〇	六〇	三五六
十四		四七七八	五五四〇	一三七六	二〇〇	六〇〇〇	二二〇	一一二
十五			一八九三	一六五一	二〇〇	六〇〇〇	二〇	二四五
十六			六五	二六九八		六〇〇〇	二〇	四三
總計	七〇九	四三六七二	六二五六六	三四七六九	一七六九四	一〇五五四	二四八三	二三四六八

縣教育費支出表一

年度		元	二	三	四	五	六	七
勸學所	十二年改名敎育局							一三二〇
第一小學校	元年名敬業高等小學校	一三三七八元	一二七八三	九七四七	一〇九五七	一二八八二	一四六一七	一二四八六
第二小學校	元年名震修兩等小學校	一四一一元	一一五二	二八六四	三〇三四	三〇四九	三六三一	三七五二
第三小學校								
乙種農業學校				四三九七元	六〇二五	一五〇三一	九三四六	五五八七
農村師範學校								
敬業初級中學								
女子小學校		七二〇〇元	五九八八	三七九二	四三七二	四三六一	四六二三	四五五八
女子中學校	三四年講習所附入			三一二四元	二六四〇	四九一五	五九九一	七四一九

八	一五〇〇	一二四六八	三九一〇		五三四四			四五四四	七一九二
九	二六七三	一三七五四	四一一三		五五二三			五四四七	七五三五
十	二三二三	一四一三六	四二一九		五三九八			五六二二	七七三〇
十一	二八二二	一五八三七	四三三三	三九一七	五二七五	三二六一		五九八二	八一五一
十二	二九七八	一七六一四	四六一八	四七七一	五〇八八	三〇四四	一二三八一	五五一四	一四五〇
總計	一三六一五	一六〇六五九	四〇〇八六	八六八八	六七〇一四	六三〇五	一二三八一	六二〇〇三	五六一四七

縣教育費支出表二

年度	通俗教育	公共體育場	經理學款產	縣視學員	補助學界	購置校基建築校舍	購置建築學產	整理學產	其他支出
元	一五〇元		一一四七元		一三五二元	三八二五元	六五〇元		五三三元
二	一一五七			四四六元	五四七三	二三五一九	七〇四	八四七	

三	八〇四			九四八	一三六三	一一五五九			三六
四	九六一	一二三五元		九二〇	一三七二七	二四二四	五一〇五二	四三〇九	一六五八
五	二四三二四九八六			九二四	一三五九九		二七四五〇	一〇六八	一四八四
六	七八一	五〇七五		一一〇六	一三八六四			二九五一	一二六五
七	七四三	五〇七五	一五四二元	一〇六〇	一三五八五	七九二六	九七二		一三三九
八	九三六	四三八	二六〇〇	一〇四〇	一五四七六				二七六〇
九	三九八	四五九	二二一五	一〇四〇	一四四九八		一七六〇	九二三	一四一八
十	五一八	五三九八	二七二三	一〇四〇	一五二四〇	一五一一	三〇〇〇		一八七〇
十一	八四八	五三四五	三三三九	一〇八〇	一七七九七	一八〇〇	一三九六六		一〇五四
十二	七七九	五八九一	三八七三	一一二〇	一九六〇五	一二五〇〇	七〇九		一五七〇

總計	八三一八	五三九〇二	一七四三八	一〇七二四	一四五五七九	六五〇六四	一〇〇二六三	一〇〇九八	一四九八七

市鄉收支

上海市政廳全年收入二十萬圓閘北市政廳全年收入八萬圓三年三月悉歸工巡捐局接收上海市經董專辦慈善教育事宜由工巡捐局提撥地方公益稅二萬五千六百圓閘北自三年後地方捐稅逐漸增加至十二年度將達五十萬圓而提撥市經董辦事處者僅三千四百四十圓充教育費者僅三千二百圓然工巡捐局之收入皆地方稅之性質也茲將上海市政廳元二三年收支合製一表滬北工巡捐局三年至十二年之收支各製一表其閘北市政廳元二三年之收支及南市工巡捐局三年以後之收支皆從缺

上海市政廳收支總表

收入類別	元年三月至十二月	二年正月至六月	二年七月起三年三月止
公款			一九四
公產	一八八六五	一二一四九	一八七〇二
地方捐	五一三八八	三一四九五	三一五六二
車捐	三九二九三	二七一一七	三二二四八
船捐	二四七二五	一三九一五	一九〇三七
商船船契號挂	四九一八	四四八二	五〇六一
執照費	三六二二	二二〇三	二九四三
中資捐	一〇〇二四	七五七〇	五三八五
學務捐		二〇五	五一

支出類別	元年三月至十二月	二年正月至六月	二年七月起三年三月止
學務費	七四三二二	三四二三〇	三八二七一
衛生費	一七〇〇六	一〇四一六	一三四二三
工程費	三三七七七	四二四八九	五九八四二
路燈費	二〇〇二二	一二三九九	一六二七二
善舉費	五二四一八	五二四五八	一三〇四三
議事會費	七一四	八三七	八九五
董事會費	一四八〇三	九五三四	一五九〇八
南區費	四五四八	二五四八	三二一七
西區費	四九五三	三〇一九	三九一二

工程捐	四四一三	五一三三	一二九六八	中區費	二一九三	一九七四	二八七九
善舉捐		三九七八六		選舉費	四〇九	五五三	四三二
廣告税	五三九	二五五	五五五	裁判所費	五八一五		
附加税	八二三	三四七六	三八一九	購置公產	二四五〇八		二三〇〇
清潔捐	四〇〇〇	六四〇〇	九四〇〇	特別費	五五四		一一六七
茶酒煙店捐		一四一三	二七三一	債息	一〇四八二	三一〇	一一八五三
學務收入	一六八四五	八六〇二	八八八七	西區兵災遺失			六九五
補助費	一六〇〇二	一〇四三	六六				
各商業捐助	六六〇	三八〇	四〇四				
董事辦事員捐薪	六〇						

公物變價	公地變價	莊息	雜收入	總計
三五三		三六	六八〇	一九七四六六
	六八四二	八七	一五二	一七二七〇五
六一〇七	七四三二	四七	三一〇	一六七九〇九

				總計
				二六六五二四
				一七〇七六七
				一八四一〇九

滬北工巡捐局收入表

年度	總捐	車捐	船捐	清潔捐	雜捐	營造照費	總計
三	二七一六〇	三六五四五	二三一二	八〇〇〇	五九六八	二四八四	八二四一七
四	四三四六五	四八六一二	六三八二	一二〇〇〇	七六三二	二三三六	一二〇四三〇
五	四六四二〇	四七七二三	八七〇四	一六五二〇	九一五一	一九四六	一三〇四六六

六	四四三三九	五六八七三	七六四八	一三六三五	七九一五	二一四八	一三二五六〇
七	五〇一一〇	七二五四五	六七四五	一四六六五	二二七〇五	二一一六	一六八八八八
八	五一三三八	八四九七九	七四三一	一九四九五	四四三四〇	一八六六	二〇九三五一
九	六一七一九	一〇〇三三一	一〇〇七五	一九三八〇	五五六六九	二九一〇	二五〇〇八六
十	七五〇九一	一二三六二九	一二九〇六	三六八〇四	一三七〇二	四七七二	二六六九〇六
十一	九八六二九	一四五三一三	一六三三八	四四一八〇	二九八七二	六九八八	三四一三二二
十二	二〇一五六五	一六四九一八	一四四一〇	四〇〇八八	四八〇二一	七九六五	四七六九六九

滬北工巡捐局支出表

年度	辦公費	工程費	衛生費	貼費	總計
三	二三四四二	一三一六二	一一九三一	一二六〇〇	六一一三五

四	二二四五五	四七三七三	一六〇〇〇	四一二三五	一二七〇三二
五	二九二六〇	四〇九四五	一七八〇〇	四二三八九	一三〇三九五
六	二二五八三	九三八四三	一九八〇三	三八六九二	一七四九二二
七	三〇七一六	四八二三七	二八八九五	三九一二二	一四六九七一
八	二八三一二	一三八五二八	三〇二七四	三六三一〇	二三三四二五
九	三二二四四	一六四七四五	三一七七三	三四七八六	二六三五五〇
十	四二八一〇	一三六五六四	三五四三四	四三七五二	二五八五六二
十一	五四〇四四	一三三三一七	四六二一八	四五四六七	三七九〇四七
十二	五九〇九九	三四五二九九	四九一七九	六三二〇五	五一六七八三

市鄉收入表依據十一年度預算冊

市鄉別	忙漕附稅	欵產租息	帶徵各費	雜收入	總計
上海市	三五四八	五九三九	四四六三〇	三八六〇〇	九二七一七
閘北市	四五八		五七五四	四六四〇	一〇八五二
蒲淞市	三二〇二	一〇三八	八〇五九	二〇三四	一四三三三
洋涇市	二六二二	五九	四二〇九	三六七九	一〇五九六
引翔鄉	三三七五	三八〇	三八五三	五一二〇	一二七二八
法華鄉	五六七	三三三三	二四〇〇	五七六二	九〇五九
漕河涇鄉	三二八六		二四四九		五七三五
曹行鄉	二五七八	一〇〇	一二九一		三九六八
塘灣鄉	二四四七	八〇	三八〇		二九〇七

閔行鄉	四四五九	二二二三	三二二九	六五〇	一〇五六一
馬橋鄉	二四八七	二六〇〇	一六四三	三三	六七六三
顓橋鄉	一一一一	九九	七九〇	四三	二〇四三
北橋鄉	一七九九	四六	九九三	七六	二九一四
高行鄉	二七六三	六八	二四九六	一六八	五四八五
陸行鄉	二七七六	六五	三七八〇		六六二一
塘橋鄉	一四七三	二一三	一四六六	二四二	三三九四
三林鄉	二六四五	一四〇	一三七七	二〇四	四三六九
陳行鄉	一九八三		一二一一		三一九四
楊思鄉	一九〇六	二三〇	一〇四七	八七〇〇	一一八八三

市鄉教育費收入表 依據十二年度概算

市鄉別	附稅	捐稅	公欵息金	公產租金	學費	上年提存積聚金	其他	總計
上海市	一四一九	四一四四二	一五二	五二一〇	二八七八八		一三〇〇〇	九〇〇一二
閘北市	二五七	二八二八			五一一六	一〇八四六		二〇〇五七
蒲淞市	二五六二	七五六二		八九〇	八〇〇	一一五二		一二七〇三
洋涇市	一五九三	三〇八九		一三	一二〇〇			五八九五
引翔鄉	三七〇〇	三九〇八	二六〇		三八〇	一一八三三		一八七八一
法華鄉	五一〇	一七五〇			四〇〇		四五〇〇	一四六〇
漕河涇鄉	二三〇一				四〇〇			四七五一
曹行鄉	一九五四	一二七一	七三		五〇		七六五	四三五二

塘灣鄉	一八三五	一二〇五		一八〇				三二二〇
閔行鄉	二九四三	三三七八	五九三	一二五八	五〇〇		三〇〇	八九四三
馬橋鄉	一八三七	一三四八	二〇四	一五四七	三二〇			五二五六
顓橋鄉	六九七	五六〇		四五	二四〇			一五六二
北橋鄉	一一七〇	九四七	二一	二五	八六			二二四九
高行鄉	一九三五	一七九六			一四五〇		一六五	五三四九
陸行鄉	二二二二	一七八一		六五	二四〇〇			六四六五
塘橋鄉	一〇五二	一二九七		二三	四一〇	二〇四		二九八六
三林鄉	一九九四	一三七七	五	四				三三八一
陳行鄉	一三八八	一〇三〇			一八〇			二五九九

楊思鄉	一五二五	一〇四七	九〇三			七〇〇	一四七五

市鄉教育費支出表 依據十二年度概算

市鄉別	支撥公立學校	補助私立學校	推廣學校	其他	積聚金	預備金	總計
上海市	八四五八〇	一八九六		三五三六			九〇〇五四
閘北市	二二八〇		一〇七九八	一一五	六七五二	一一二	二〇〇五七
蒲淞市	五九七六	七二〇	二〇九〇	二三九四	一一三二	三九一	一二七〇三
洋涇市	四二一〇	一三〇		六一〇		九四五	五八九五
引翔鄉	三七四二	三〇〇	二二二一	二三九二	一〇一二〇		一八七八一
法華鄉	二〇四六		五一〇〇	一二七		一八七	七四六〇
漕河涇鄉	三一六五			一一八五		四〇	四七五一

曹行鄉	二三五二		一二五〇	五一四			四一一六
塘灣鄉	一七七二		三〇〇	一一四八			三二二〇
閔行鄉	四八〇〇	五六〇		三一〇三	四一〇		八九七三
馬橋鄉	二九五八			一七二九	五〇〇	六九	五二五六
顓橋鄉	九二八	八〇		二一〇	三四四		一五六二
北橋鄉	九九六			一二五三			二二四九
高行鄉	三〇八八	八〇	四七〇	一六七九		二六六	六四六八
陸行鄉	四〇七五			二〇二七		二六六	六四六八
塘橋鄉	一三〇五	九六		一一四四		四四一	二九八六
三林鄉	八二四	九七〇	七〇〇	八七六		一一	三三八一

陳行鄉	一三九六			一〇九六		一〇七	二五九九
楊思鄉	四五六八		四四〇	五〇二一		四四六	一〇四七六

市鄉其他支出表

市鄉別	經董辦公費	補助警察費	慈善費	衛生費	工程費	公產完稅修理	雜支	總計
上海市	二二〇七	四〇四						二六七四
閘北市	一四四〇	五一						一四九一
蒲淞市	一一七二	三五五	四〇四	六一八	一五八		四〇	二七〇七
洋涇市	六〇〇	一三一	四〇〇		四〇〇	三四四	二七〇〇	四六七五
引翔鄉	九一二	三八〇	四〇〇	五〇〇	一七六九		三六〇	四三二一
法華鄉	四〇〇	六三	一〇〇		二〇〇	七〇	四五〇	一二八三

漕河涇鄉	四八〇	三七四	二六〇		一〇〇			一二一四
曹行鄉	四四四	二九〇	五〇	一二〇	五〇		一三〇	九七六
塘灣鄉	四三二	二六七	二三〇		二五〇	四七		一二二六
閔行鄉	七四八	四九八	一〇〇	一〇〇	二〇〇	九二	一二〇	一八五八
顓橋鄉	二一三	一二九	四〇				七六	四五八
北橋鄉	三四八	二〇一			三三二	一〇二	三九	一〇四二
馬橋鄉	三六〇	二七八	四一四	五〇	七〇	九九〇		二一七一
高行鄉	四六三	三〇八	一五〇	五〇	六三六	五五		一六六二
陸行鄉	三一一		三一一					六二二
塘橋鄉	三九六	一六六				五	三七二	九三三

三林鄉	五〇〇	三〇二	六〇	一〇〇	二八〇	五〇		一二九二
陳行鄉	四〇〇	二二二	八〇	三〇	八〇			八一二
楊思鄉	四八〇	二一七	五〇	二〇	三〇			七八七

民國上海縣志卷四

農工上　農業建設

農會

市鄉農會依據農商部頒規程各市鄉均須設立負有編製農業狀況報告建議改良農事救濟荒歉及籌備農產陳列所農事試驗場冬期學校巡行演講諸職務設會長評議調查等職員經費由會員分擔二年奉令後各市鄉漸次成立附表於後以成立先後爲次

法華鄉農會　二年二月立

漕河涇鄉農會　二年二月立

北橋鄉農會附設鄉公所　二年三月立

曹行鄉農會附設鄉公所　二年五月立

陳行鄉農會　二年五月立
洋涇市農會　二年五月立
高行鄉農會設鎮中市清暉閣　二年五月立
蒲淞市農會附設鄉公所　二年六月立
閔行鄉農會　二年六月立
顓橋鄉農會附設鄉公所　二年七月立
馬橋鄉農會　二年八月立
塘灣鄉農會附設鄉公所　三年一月立
三林鄉農會設南積教寺　三年二月立
引翔鄉農會附設虬溪小學校　三年十一月立
閘北市農會　十二年五月立

上海市農會設水神閣　十二年八月立

農場苗圃

縣立農場八年四月奉省令籌設並照省頒辦法成立五場第一場在蒲淞市三十保北四圖占地十七畝五分第二場在蒲淞市二十八保二圖占地二十一畝四釐七毫均租用民地第三場在陸行鄉二十二保十七圖占地十五畝第四場在三林鄉二十四保四圖占地二十畝第五場在北橋鄉十八保七圖占地二十畝均各該鄉公有產公推農學碩士穆湘玥爲主任各場設駐場辦事員第一第二場以本市農會長任之第三場以苗圃助理員任之第四第五場延農業學生任之開辦費六百元常年費三百六十元仿借墊辦法由公款公產經理處籌撥收穫後歸償從試種美棉入手惟地形高下不

一有不合種植美棉者因兼植本棉九年五月遷第五場於楊思鄉二十四保七圖十年第五場與東南大學農科合辦育種場占地三十畝

附縣立農場簡章

一命名　奉省長訓令於全縣區域內籌備農場現先分設五處定蒲淞北市為第一農場蒲淞南市為第二農場陸行鄉為第三農場三林鄉為第四農場北橋鄉為第五農場

二辦法　本縣農產品棉為大宗現先從試種美棉入手以後逐步進行各種試驗

三職員　甲主任一人以有植棉學識及經驗者任之其職務監察各場進行狀況各場帳目及往來文件並須每月至少赴各場察看一次隨時指導冀得實地改良之効果乙駐場辦事員每場一人以有植棉學識及經驗者任之其職務管理各該場植棉事項及帳目信件等並按照節令編製報告交主任察核受其指揮和衷商榷並逐日督察農夫整理田畝且宜隨時聯絡鄉農以圖植棉智識之普及

四經費　每場約二十畝每畝得酌給津貼其辦有成績者照省定章程得將農場收入全行給予其駐場辦事員之薪水伙食田租房金日用肥料治田費第均於所給津貼及收入項下抵支　按第一年為試辦期上項規定有不適用者得變通辦理

五會議　每屆各場收穫後由主任招集各駐場辦事員會議一次報告過去之情形規定將來之辦法以冀完備而收實効

六報告　本場試驗報告每年一次由主任徵集各場報告彙編一次以措詞淺近取材簡易便於農民

倣行爲準

七　章程　本場簡章有須增删處由主任會同實業科主任商改請縣長核定

附錄九年九月農場主任穆湘玥碩士著驅除害蟲之意見

棉業關係民生國計至鉅已爲中外人士所注意吾邑奉省令業已設立五場以廣提倡惟當夏末秋初發生虫害至秋深而虫害亦盛按棉產之所由銳減皆虫害蔓延有以致之且以辦棉場撲滅害虫實爲一大要事僅恃棉場人員逐日搜捕不及害虫生殖之迅速且害虫大都由飛蛾傳播種子一產百卵歲且三世美棉肥壯受害尤烈各農戶不知努力搜捕僅由棉場有限之人力掃除此無限之害虫殊難奏效必得全邑農民悉皆注力於撲滅害虫庶幾美棉可以安然移植而收良果即境內凡百農業可以不受害虫剝蝕同受增進產額之益爲特請求邑長邀集各市鄉經董提議掃除害虫辦法切囑各鄉董聯絡地方保正傳告各鄉戶一致努力搜捕害虫並由縣公署示諭各鄉以補勸告之所不及此舉關係重要誠能由我上邑樹之先聲他邑聞風繼起共作此振興農產根本要圖則有裨於民生國計者甚大茲將掃除害虫簡法約陳如左

一現在搜捕害虫之主張　現今農作稍暇田家童婦餘時尤多宜早晚入田巡視植物病狀搜捕蝕葉捲葉鑽心蛀果等害虫隨見隨殺之無論棉田稻田菜田宜一律搜捕以求掃除淨盡免遺後害

一今後搜捕害虫之主張　秋暮收場後必須將田土勤加耕鋤將土中虫穴搗毀並使飛鳥啄食其田岸坟脚有草處概行翻鋤將草根盡數翻出聚積焚燒草根下每有害虫巢窟草根翻動則害窟盡破天氣寒涼行動不易易爲飛鳥及土蟻捕食其冬季停種之田除虫收效因嚴冬冰雪降時厲行耕田兩三回則土中蟄虫可以盡行凍斃即虫卵亦無難凍裂又上海農家於宅旁墓邊喜植枳楊取其容易成蔭不知枳楊根下蟄伏害虫甚多亦宜於每三五年中翻動舊根續種新株以減害虫

上海縣知事公署第一七八號

爲布告事本署迭據各鄉農會及各紳等來牘報稱近日稻田間發生一種害虫吸食稻穗膏液田禾即形枯萎流傳極速非設法驅除預防爲害不堪設想請派員查勘核示等情據經委派農場主任穆湘玥前往察勘去後茲據函復遵派代理員吉增彰前往各鄉分別勘明並擬陳驅除方法請即出示布告並令各農會經董等轉告鄉民注意防除以免蔓延爲害等語據此合亟布告仰各鄉農會經董一體知悉按照後開指明情形及防除方法趕速注意預備並轉告鄉民各自切實防備以免滋蔓而保農田是爲至要切切特此布告

計開

害虫之名稱　此次發生害虫係稻之浮塵子及食根虫一則具吸收口吸收稻液一則具利銳口嚙食稻根

浮塵子經過習性　每年發生四五回成虫越年卵爲灰白產於稻莖每頭之產卵數有二十左右其發生期第一回五月下旬第二回七月上旬第三回七月中旬第四回八月下旬第五回九月中旬若四回發生者其性活潑被害甚劇

食根虫經過習性　每年一個成虫七八月中發生幼虫潛入地中越冬於六七月間食害根部造成薄繭於雜草中化蛹爲成虫再食葉部而後產卵繼續加害勢頗劇烈

現在之驅除法　(一)燈火誘殺法昆虫具有慕光性設置火油燈於田間則晚際虫之飛翔者必多燈下置水盤略敷洋油虫觸木板則墜入水中溺斃或悶死矣　(二)枝除焚燒法虫將發現時立取稻枝去充作燃料勿可堆積場中留待化生遺害來年收成

將來之預防法　(一)輪植法虫類侵受植物各有所好適者留之不適者去之棉之捲葉虫不能侵害稻作稻之浮塵子不能侵害棉作互相避免爲害少矣　(二)廣播早稻法害虫之發生期有定則人力挽回播種早稻爲上策雖收成欠色然比諸無所收獲者善矣　(三)冬春深耕法害虫

之卵受寒氣之侵凌及鳥類之啄食則次年發生較少且可促進土壤風化增加養分不少也
(四)田圃整理法雜草易藏虫類宜芟除淨盡堆聚焚燒之勿留遺孽自無害虫發生

苗圃在浦東高行鄉二十二保五十圖琵琶灣六年十月奉部令興辦由縣知事委任浦東塘工善後局董朱日宣籌辦七年七月工竣用資五千八百九十九元七角八分三釐圃址三十餘畝畫爲甲乙丙丁等十區中爲屋宇屋分兩進爲廳事爲辦公室職員實習生室工役宿舍及庖湢之屬咸備廳以前左植風向針右植吸電桿闢路五環圃者曰大球中出者曰中正縱曰左通右達橫曰大東大西各區分植者爲林木爲果樹爲花樹圃西偏爲魚池己戊區間爲菱塘甲區東庚區東各浚一池分植紅白荷藻農具耒鋤之類有購自湖南者有購自通州者陳列兩廊以供參考圃成縣委陶錫年爲主任並設助理實習生藝徒以事耕作每歲清明節官紳咸蒞圃舉行植樹

典禮

滬海道屬苗圃在蒲淞市三十保八圖德子圩第四百八十二號五年滬海道尹奉令設立假本邑學田九畝七分三釐原單十畝四分六釐五毫建屋三間每歲清明道尹率屬蒞圃行植樹典禮經費由所屬十二縣分擔本邑每年於附稅項下提撥銀七十一元創辦時攤解臨時費一百元六角

閔行農事試驗場在鄉公所西南占地四畝有奇十二年成立每歲清明節鄉人於場中行植樹典禮

三林農場在南積教寺占地四十畝八年成立試種美棉及青梗花以不合地宜於十一年停辦

東大蔬菜農場在楊思鄉五圖沿楊淄漊由穆湘瑤陳天錫及農學博

士葛敬中等集資設立租地二百餘畝專蒔泰西種蔬菜瓜果之屬栽壅悉依西法收穫獨早爲市上時鮮最租界各菜市均有承銷販賣部僑滬西人咸樂於購食

南華園在二十一三十一圖十二年由劉東海吳耀生創辦種植特種水蜜桃及除蟲菊占地二十畝

樹基園在二十一三十一圖十二年由吳樹基創辦專植特種水蜜桃占地四畝

小離垢園在二十八九圖由劉季平創辦種植桃樹桑樹占地十二畝

農工

農產

稻之屬

秔稻瓜熟稻種七八十日熟其時陳尖氣濁新米氣芬售於市上可得善價故諺云本土新早値錢　香秔　紅蓮稻　箭子稻　秈稻　金城稻　旱稻　糯稻以上詳前志及續志

麥之屬

大麥盛暑時炒焦代茶能消渴去濕　圓麥　小麥　雀麥以上詳前志及續志　脫芒大麥莖葉俱似大麥惟熟時芒盡脫宛如圓麥性微涼可充飢

菽之屬

黃豆　黑豆　青豆　紫羅豆　赤豆　蕓豆　蠶豆　豌豆　豇豆早結者色白曰小豇豆晚結者曰攢花豇形圓者曰鰻鱺豇　扁豆　刀豆　落花生以上詳前志及續志　菉豆莢長有黑白紅斑各種嫩莢供蔬食

雜穀之屬

黃穄　蘆粟本來自崇明近年鄉間亦有植之者　珍珠米　高粱以上詳前志及續志　胡麻卽脂麻俗作芝麻亦稱油麻莖方葉圓銳

有光澤秋開白花節節結實長者寸許四稜六稜七稜八稜不同子有黑白兩種皆可壓油前志歲時篇所稱麻稭皆胡麻莖之已枯者

枲之屬

棉花 乾藏蒲包未去子者稱子花去子者名花衣　美國棉種爲世界最其纖維之長平均一寸五六分農商部頒給美棉種子曰愛字棉幹直立葉色深綠裂銳尖果枝下長上短成錐形果中大卵形纖維百分率爲三十三至三十六長一英吋至$1\frac{1}{8}$吋色白靱力强曰脫字棉最早熟葉色淡綠多毛果中有角纖維百分率爲二十八至三十長$\frac{7}{8}$英吋至一英吋色白下種在穀雨前後歷二百日而收花故年僅一熟　**麻** 以上詳前志及續志

蔬之屬

白菜 以白莖爲佳近盛行一種曰黃大頭多用以醃作齏磨兜堅齋叢話云相傳明開平故侯黜爵家貧賣菜自活傳種至今十月已有其梗如虀勺白而嫩名瓢兒菜開平在明季劾權貴有聲厲樊榭詩曰可憐一紙鋤奸疏留裏街頭賣菜錢小白菜俗呼雞毛菜　**油菜**　**塌科菜**　**芥菜** 去葉用莖醃之卽搾菜初來自蜀故又名四川菜與湖之所謂倒瓶菜相似湖本多芥種類凡八此以葉莖凸起之彌陀芥製之按前志稱莖厚屈曲如拳俗稱波螺芥波螺芥疑卽彌陀芥　**銀絲芥**　**雪裏蕻** 與白菜同醃菜味逾美　**薺菜** 野生者味美可合餡略煑熟細切和豬肉以製餛飩粉團較全肉者尤佳　**菠菜**　**莧菜**　**羅漢菜**　**甜菜**　**蕹菜**　**諸葛菜**　**馬蘭**　**金花菜**　**芹**　**韭**　**葱**　**蒜** 葉初出煑食殊香稱新大蒜俗傳排大蒜須後

一月苗葉排於月初與排於二十七八日等也　芫荽　蘆菔　紅蘆菔　胡蘆菔　蓬蒿　萵苣

茄子　雷蕈　茭白　山藥　芋　山芋　慈菇　竹筍　豆芽

葶薺　辣椒俗呼辣茄色青時可作蔬及色轉紅搗作醬辣逾川椒銷行甚廣蓋自鎮江以上西至蜀北至京津人都嗜之產數旺時三林一鄉每日肩挑以去者輒數十擔爲販蔬

大宗之一　大頭菜　洋葱　馬鈴薯　劈藍　藥芹　黃菘菜　捲心菜

生菜　苦菜　荷花頭　花菜　洋百合　香菜　菊花菜以上詳前

志及續志　石刁柏俗名蘆筍草本春時取將出土之嫩芽供蔬食別有風味且富滋養分　蕘蔞四月開紅花詩所謂四月秀葽也可食味如金花菜亦可作肥料

蓏之屬

王瓜　甜瓜顱橋鄉邋遢堰所產之青皮綠肉瓜占香甜脆三勝　冬瓜　生瓜　西瓜向以三林塘產雪瓤蝴蝶子爲最佳近則稍遜有名

洋西瓜者細皮白瓤紅子又有馬鈴瓜橢圓小如碗又有弸瓜長如枕均極甘　飯瓜有鶴頸合盤諸種蓄至年冬和粉爲糕糰　絲瓜其絡並供洗濯用　苦瓜　凸

底瓜　南京黃瓜　南瓜或稱北瓜　葫蘆以上俱詳前志及續志　珠瓜續志作金瓜皮表瘖瘤以多爲貴　地蒲形似

生瓜細而長可作蔬本角產近法華等處多植之

果之屬

桃　柹　杏　梅遲梅俗呼石梅至老不軟亦不黃　金剛梅肥大如胡桃每個重三兩至二兩熟時向日半邊現紅色　桃梅形大如桃熟時皮黃味甘以老梅枝移接桃根上者結實良　李　橙　香櫞　代橘　石榴　花紅　枇杷有紅芒白芒兩種自中心河鄉華家宅種植獲利三林等鄉多有植者　葡萄　銀杏　棗　菱烏菱邑產甚少秋末有煑熟喚賣者多來自湖郡　無花果　櫻桃　郁李　橘　金柑　枸橘　梨　木瓜　胡桃　栗　橄欖　香蕉　芡　蓮實　番柹又名西紅柹以上詳前志及續志　麥李較黃姑李爲小邑南塘灣鄉多植之

竹木之屬

護居竹　燕竹　黃金間　碧玉竹　篾竹　黃菰竹　紫竹　壽星竹　鳳尾竹　飛白竹　慈竹　方竹　斑竹莖細肉厚面有黃白斑點頗雅觀產於顓橋曹行各鄉　天竺子黃色者尤貴　桑葉圓大豐厚甚少者曰魯桑又稱家桑葉小邊有鋸齒甚多者曰荆桑又稱野桑以魯桑條接荆桑本盛茂久遠　榆　黃楊　槐　楊柳　檀　柏　楮　石楠　杉　烏桕　皁角　椿俗名臭椿易於生長材劣多灣曲

冬青　梧桐　榮　柘　梓　樸　楝　椒　槤　雞距　椶櫚

松　茶　山礬　洋桐　楓楊　外國冬青　臭梧桐　楓　白查

枝楊青連色者名南京枝楊以上詳前志及續志　洋槐德國種生長極速植道旁最易成陰譯名作矮加西亞　黃金樹北美產生長迅速四五年成陰幹梃直可製器枝葉似梓夏開白花子種極易萌發　糖箸叢生似竹而矮葉澗用以蒸糕糰　金鉤子可解酒幹木製爲輿槓軟而不下墜　香椿本作櫄一作橁幹叢生清明前發紫色嫩芽名香椿頭細切同豆腐或腐皮竹筍新蠶豆煑食有異香葉長醃之俗稱鹹香椿頭　檜又稱圓柏葉尖硬類柏幹似松爾雅云檜柏葉松身

花卉之屬

牡丹　芍藥　梅　臘梅　梨　海棠　杏　桃　李　玉蘭　辛夷　紫荊　繡球　木香　瑞香　結香　迎春　山茶　杜鵑

壽梅　金帶　素馨　飛來鳳　紫藤　薔薇有黃白紅三種黃色者爲貴　棣棠　玫瑰　金絲桃　荼蘼　木槿　梔子大者爲荷花梔子小者爲丁香梔子　榴　凌霄　紫薇

木芙蓉　桂　夾竹桃　剪春羅　虞美人　洛陽　萱　百合

翠臺　翠雀　金蓮　箬蘭　柳穿楡　荷　午時蓮　鐵線蓮
玉簪　金錢　紫茉莉　蜀葵　錦葵　秋葵　菊　長春菊
萬壽菊　藍菊　僧鞋菊　宮錦　鳳仙　雞冠　雁來紅　金絲
荷葉　千年紅　芭蕉　瑤草　象牙草　蓼　茗蕘　仙鶴草
翠雲草　蘋　吉祥草　萬年靑　蕙　蘭　建蘭　櫻桃　櫻
林檎　郁李　大玉蘭　月季　珠蘭　茉莉　茶梅　錦帶　白
蘭　爵梅　洋月季　洋玫瑰　夜來香　魚兒牡丹　十姊妹
金絲蓮　秋海棠　葵　石竹　翦秋羅　蝴蝶花　晚香玉　秋
牡丹　渥丹　秋蝴蝶　荊葵　刺桐梅　狀元鞭　白薇　蘭草
水仙　金燈花　杜若　細辛　蘼蕪　石蒜　美人蕉　紅藍
女蘿　虎刺　潮來花　紫羅欄　康麗參　洋白菊　弔蘭

牽牛　喇叭花　外國馬蘭　入臘紅　洋蝴蝶花　珊瑚珠　洋水仙　洋百合　紫槐　外國荷花　象牙紅　書帶草　紫草子　野辣椒　薜荔　十樣錦　文竹　小劍莓　野莧　雞眼草　漿瓣草　紅菜　菖蒲　菩提珠　蟋蟀草　狗尾草　油壺盧草　絲草　蘿藦　仙人掌　仙人球　含羞草以上俱詳前志及續志

大麗花一名天竺牡丹產自中央亞美利加墨西哥根如芋莖青中空有節高五六尺複葉羽狀花色豔麗花瓣有菊瓣蓮瓣管瓣單瓣球形之別以菊瓣爲尤佳自夏至秋盡開放不絕秋日摘嫩枝插土中即活性畏寒入冬須掘取其根置之溫處俟來年清明後更種之　元寶結子似元寶故名隨種隨出極易長茂　唐菖蒲俗名菖蘭草本宿根葉似菖蒲初夏開花色紅白黃紫不一香似蘭　鬱金香初夏開花甚豔麗有單瓣重瓣之別色紅黃白不一　香水草葉互生形似艾有香氣夏秋有花色紫瓣五出有異香　花豌豆草本蔓性形似豌豆葉色深綠莖扁花有紅紫淡紅等色可盆玩　草夾竹桃葉似夾竹桃夏秋開花色紫或紅或白亦有邊紅而中心白者頗美麗　香水花又名香水白葉似玫瑰花似薔薇而大色白重瓣香味濃烈莖有刺極長植墻下可引之攀登續志作白薔薇　除蟲菊奧國種色白性芳烈能斃一切害蟲播種分兩期一在三月底一在九月中春夏之交發花莖尺許開白花花中含有化合物曝乾並能驅動植體中之害虫枝幹亦可用惟力較弱根留土中明年自能萌長紅花者波斯種僅供玩賞無除虫之效　紫鶴花似玉簪葉而小七月開花花淡紫　雪松

花莖柔嫩初夏作細花似松色白　**井前蘭**花葉似良薑而小色淡紫中呈黃點叢生墻陰　**紫金鐘**花下垂如鐘色紫　**翠鈴**小於紫金鐘色翠　**秋牡丹**花淡紅色　**西番蓮**葉圓分裂如掌夏日午時開花外瓣白色內多細鬚紫色濃淡不一　**蛇莓**野生莖貼地複葉春夏間葉腋生花黃色五瓣結實細色紅花蒂似覆盆子有毒　**蜘蛛蓮**一名紫紅蓮　**草頭花**狀似金花頭花紅黃紫白不一秋時盆栽置溫室中可供冬季賞玩　**波羅**一名鳳梨葉長二三尺大而尖邊緣作鋸齒狀葉脚互抱夏月叢葉間發花密集成圓錐形在熱地能結果邑栽者花期較晚故不實　**翦絨薔薇**一名牛棘又名買笑花紅愈開愈濃似翦絨二三月間開四季不絕雪中亦間有之又有一種名十姊妹　**煙草**一名淡巴菰莖高五六尺葉大於掌七月開花色紅結子甚細　**雪蕉**葉似蕉長二三寸莖生葉外小花六出如雪　**滿月芳**莖滿布如髮葉似螺旋　**露生山草**細而長花白甚小　**花菖蒲**花似蝴蝶紅白相間純紅者名紅菖蒲　**百日草**

藥之屬

枸杞子　**菖蒲**　**麥門冬**　**香附**　**瓜蔞**　**牽牛**　**薄荷**　**紫蘇**

車前子　**天南星**　**旋覆花**　**艾**　**夏枯草**　**澤蘭**　**半夏**　**高良薑**　**大薊**　**紫花地丁**　**山慈姑**　**蓖麻子**　**豨薟草**　**香薷**　**竹節菜**　**地黃**　**杜牛膝**前志續志俱作牛膝　**大黃**　**何首烏**　**薏苡仁**　**金銀藤**

藿香　商陸　蒲公英又名羊奶草　貫衆　青蒿　瞿麥　桔梗　茵陳
蛇床子　旱蓮草　益母草　細辛　木賊草　酸漿草　枸橘
臭梧桐　蘹香　五加皮　青木香其藤名天仙藤亦入藥　三七　夫娘子草
穿穿活　射干　佩蘭　馬蘭　生地　芎藭　牛舌　紫葳　吳
茱萸　半枝蓮　女貞子　桑白皮　蒼耳　地膚子　當歸　郁
李仁　金絲荷葉　槐實　梔子　苦草　菟絲子　木鼈子　樫
柳　石菖蒲葉長者名龍鬚石菖蒲入藥　百合　葎草　烏蘞　牛蒡　白毛藤　移
青草　野萵苣　水仙　漿瓣草　仙鶴草　辣蓼　荷　桑葉
竹葉　石斛　無花果葉　蘆根須生於活水者去節煎飲能解胃熱以上俱見前志及續志　八角金盤淘沙場土地堂內昔有之　雪裏青生田塍間四時不凋治痔瘡煎水洗之嬰兒生雪口搗汁搽之均有奇效　魚腥草葉似首烏而小莖紫白花四出花心細蕊攢簇略似初生桑葚氣味腥惡惹之洗滌不去搗汁可治肺癰　澤漆俗呼奶奶草隨處有之一莖五穗圓梗空心葉如落花生折之有白汁流出熬膏搽瘰癧頗有效　蘿藦入藥用根功用略同枸杞子李

氏本草引古語云出門千里勿食蘿藦枸杞蓋補腎藥也續志列花卉之屬 **小薊** 能止血亦搗汁服續志作小劍薊 **金創獨一草** 莖長尺許僅生一葉治損傷極驗

金鎖銀開 節節生葉搗汁治喉症 **野丈人** 治初痢久痢不可用 **白茅根** 一名地筋專治吐血鼻衄 **浮萍** 紫背者入藥治風濕 **薤白** 卽地葱頭治胸腕刺痛有效 **馬勃** 俗稱剝落蘇產卑濕地治刀斧傷敷患處立能止血 **天精草** 卽地骨皮葉能生津止渴 **土高麗參** 形似紅蘿菔藤長丈餘開花結莢功能補中土益元氣惟性太熱不宜多食 **鬧楊花** 俗名瘋草治瘋濕極驗惟性烈多食令人不省 **石葦** 卽瓦花治五淋白濁 **氣殺郎中草** 外毒未潰時塗之可不用醫故名 **鵝不食草** 生石縫及陰濕處通鼻利九竅 **落得打** 香如省頭草葉大倍之本草無此名今醫家多用之高年人筋骨疼痛洗之極驗

佛耳草 蔓生於地葉似貓耳故又稱貓耳朵草性涼微寒專治熱咳 **掛燈籠** 莖長尺餘葉似薄荷結實如燈籠故名性微寒甘能治咳

雜植之屬

青秧　蘆　荻　茅　蕎麥　蒲　荻　甘稞 以上詳前志及續志

羊齒之屬

鐵樹　雞脚草　鳳尾草　骨牌草 以上詳續志

蘚苔之屬

土馬鬉　地錢以上詳續志

菌藻之屬

木菌　鬼繖　梅蘚　黴菌　酵母菌　細菌　水緜　聚藻以上詳續志

蟲之屬

蠶　胡蜂　蜜蜂　蝴蝶　蟬　蜻蜓　螢　螳螂　蟋蟀　紡織娘　螻蛄　蟹邑產不甚大夏時已肥諺云忙做忙不要忘記六月黃六月黃者蟹也九十月所食自洋澄湖來者爲最邑西沙岡橫瀝六磊塘所產殼有八字形因呼八字蟹肥美　蟛蟹　蟚蜞有青紅二種夜間以燈火誘之捕獲極易黃文達詩隱約一燈紅近水村童三五照蟚蜞　望潮郎　蝦　斑蝥續志稱害虫按動物學俱載能捕食小虫爲著名之益虫　阜牛　天牛　金龜子　叩頭蟲　洋蟲　蟻

蜜虎　寄生蜂　鐵蜂　細腰蜂　皮蟲　尺蠖　麥蛾　天蛾

蛄蟖　雀糞蝶　桃蟲　野蠶　螟蟲　蠅　介殼蟲　伏蟲　水蚤　蚱蜢　唧鈴子　蜘蛛　壁蟢　蠅虎　喜蛛　䗪蟲　蚰蜒

馬蚿以上見前志及續志　**蜚蠊**一名蟑螂體形椭圓而扁色褐頭部小觸角鞭狀頗長後翅較前翅大步行極速觸之則放惡臭常棲於庖廚陰暗處晝伏夜出盜竊食物　**竈馬**俗名竈雞體裸出赤褐色缺翅與聽器觸角絲狀後翅强大善跳躍夏日棲於陰濕地夜集於竈上　**穀象**害虫俗名蛘子體赤褐色老則黑褐色頭小口吻頗長輒以吻穿孔於穀類之發芽處產卵多受其害　**椿象**害虫一名蟻種類頗多體長椭圓形色黃褐頭突出翅爲半革質及半膜質後翅全膜口吻尖銳棲於稻麥等葉上吸其汁液遇敵則佯死墜地兼放惡臭　**浮塵子**害虫似蟬而小體細長色黃綠頭部濶有褐斑觸角鞭狀口吻管狀目灰褐色橫行善跳躍夜間見火則撲稻葉及莖吸食養液卵產於葉緣孔內幼虫爲害尤烈　**地蠶**形圓體長一寸有半頭小色淡灰微褐食菽類蔬類之葉晝伏夜出觸物則卷曲爲環落地佯死成虫爲蛾　**瓜守**害虫一名瓜螢體扁平色橙黃有光澤觸角長食瓜類之葉被食處成網狀　**瓢蟲**一名紅娘體呈半球形變種頗多故色彩不一翅鞘有點或無點呈斑紋產卵於植物類之葉內經數日而成幼虫食茄科與葫蘆科等植物之葉　**食根蟲**七八月產生入地越冬六七月間食棉根造成薄繭附雜草中化蛹爲成蟲

豸之屬

蛭　**蚯蚓**　**馬黃**以上詳續志

漁牧

鱗之屬

鱸魚　鱖魚　鰡魚　鯉魚　青魚　白魚　鯽魚　鯊魚　黑魚

比目魚　鮰魚（俗呼鮰老鼠）　黃顙魚　鮎魚　白鰷魚　銀魚　玉筋魚（菜花盛時味佳故稱菜花玉墜墜俗呼作治）　鱔魚　鰻鱺　米魚　鱘魚　鱭魚（一種俗名鱭毛魚產浦江中）　鯧魚

鰣魚　黃魚　勒魚　河豚　朱魚　赤魚　泥鰍　金鯉　鯇魚

馬頭魚　鮬魚　塘裏魚　鯿魚　白鰍魚　盎牛（以上見前志及續志）　貼壁乾（與玉墜魚相似身扁多涎貼壁不落油煎醋烹味佳）　箬鞋魚（頭身俱扁色白無骨肉味嫩美形如箬大者五六寸）

介之屬

龜　鼈（入夏被蚊吮食之有毒）　黿　蜥蜴　守宮　蛤蚧　蛇（以上見前志及續志）

貝之屬

蚌　蟶　小蠰蟶　蛤蜊　蜆　田螺　蝸牛　小螺獅　尖螺

蛞蝓　細螺獅（以上見前志及續志）　蚶子（一名廠蚶子又稱瓦楞子雙殼灰色形如瓦楞寧波產者佳）　梅蛤（形似蛤蜊小如瓜子故又稱海瓜子）

兩棲之屬

黑魚　田雞（按即蛙俗呼跳魚）　蝦蟆　癩蛤蟲（案即蟾蜍有毒腺遇敵則射出白漿即蟾酥入藥別有一種體小不能鳴者名蛤端）

毛之屬

牛　羊　豕　狗　猫　兔　獾　貒　香貍　黃鼠狼　獺　鼠

江豬（王家渡浦中有之）　蝙蝠　馬　騾　驢　田鼠　洋鼠　松鼠　鼹鼠

鼪鼠　鼯鼠　厠鼠　猬（以上詳前志及續志）　荷蘭牛（荷蘭國產形瘠乳房甚大邑人飼之以採乳）　天竺鼠（西洋種形似兔而小故俗稱洋兔毛色黃白黑間雜斑爛可觀孳生極易）

羽之屬

鶴　野雞　雁　雞　鴨　鵝　鶖鴰　鵪鶉　鷺鷥　翠鳥　鴿

鷯哥　八哥　蠟嘴　布穀　野鳬　竹雞　鵲　鴉　青鵻

鵚　麻雀　燕　鷹　鵂鶹　百舌　青雀　鶻鵃　鷦鷯　十姊

妹　白頭翁　告天　鶯　百勞　裙帶鳥　黃馬雞　山和尚

靑鵻　雪花鳥　軋花鳥　烏老庫在三林鎮北里許老樹成行烏結巢其上數以百計風寒日暮烏棲樹巔一望盡黑入夜聞有聲颯颯如雨皆墜糞也詰朝掃除可供肥料向惟王姓家擅其利近則鄰村新庫亦有之烏凌晨西去覓食向晚歸宿每年盛夏他去八月初漸來愈聚愈多　金雀　栽毛鷹

蕩雀　鶺鴒　鴷　鸊鷉以上見前志及續志　吐綬雞一名七面鳥西洋種頭與頸皆裸出膚呈皺狀有紅色肉瘤喉下垂紅色肉瓣雄者啼時紅色均化藍白色毛羽時振作團扇狀味美爲家禽冠卵亦供食用

工作品

布帛之屬

紗線已載前志及續志近來惟西南鄉尚有手紡者以土布猶能行銷閩粵及北地也　機器紗已見續志各紗廠或紡織廠出品有八支十支十二支十四支至四十二支不等各有商標註冊紗織機件多購自美國　布前志所載龍稀柳條布格子布斗紋布四種產銷俱無所設之染織各廠大都仿造舶來品卽手工織就之品銷路亦已改變列舉如下　東稀已見續志惟以西稀東套改織並將每疋加長一尺半每年約出五六十萬疋元二年間所銷以本色爲多近則染色者居十成之九　西稀已見續志因銷路大減機戶大半改織東稀每年祇出十餘萬疋　套布已見續志亦因銷路減少祇出四五十萬疋　蘆紋布已見續志有新老機之別老機濶一尺三寸至三寸半長一丈七尺半至八尺新機濶一尺四寸二分至七分長二丈至二丈一尺每年約出十萬疋本埠及蘇杭

天津均有銷路　雪青布已見續志亦出塘灣閔行附近各鄉村藍經白緯丈尺同蘆紋每年約出四五萬疋銷路以本埠爲大宗亦銷蘇屬各鄉　高麗布已見前志及續志惟續志廿八袍三十三袍三十七袍係二八袍三三袍三七袍之誤應更正　高麗巾已見前志及續志惟續志二四巾誤書廿四巾二八巾誤書廿八巾二五巾誤書廿五巾三三巾誤書三十三巾應更正　三二毛寶布以東稀一疋半改做袍料一襲濶一尺一寸二分至七分長二丈八尺至九尺半用本國靛青染成深藍色洗濯不退名毛寶藍銷粵東西及南洋羣島香港等處每年五六十萬疋　三二灰色布亦以東稀一疋半改做袍料一襲有銀灰京灰等色用松煙灰染就丈尺同毛寶布銷路亦同年約二十萬疋　印花布用豆粉和石灰隔以花板印於東稀或西稀俟乾用靛青染過刮去灰漬現出花色甚美有白地藍地之分近來推銷東三省及閩粵等處年約二十萬疋浦東白蓮涇之印花布廠係用機器染藍再加藥水點白花色精巧與舶來品之花標無異　白生已見續志因銷路日微機戶大半改做花邊　絲光布　愛國布　絲布　甬布　毛巾　棉織羅緞以上六種已見續志　漂白布濶二尺五寸半長十丈五尺經緯均二十支機器紗機器織成後用漂粉漂白　斜紋布濶二尺長七丈五尺經紗二十支緯紗二十四支機器紡織成斜條形有元色寶藍灰色等色染成後用機器軋光有本光絲光冲光之別　直貢呢仿舶來品機織各色俱全濶二尺長七丈五尺經紗二十四支機器紗緯線四十二支機器線　橫貢呢濶二尺長七丈五尺經緯均二十四支紗機器紡　**繭絲**已詳續志　織染就各色與直貢呢同

此外關於布帛出品列表如左

品名	商標	牌號	廠址	經理人	備註

棉紗	金獅富貴雲鶴	[illegible]豐紡織新局	楊樹浦華盛路	聶潞生	紗錠四萬四千四百枚
同上	雙象龍	振華紡織公司	楊樹浦蘭路	薛文泰	紗錠一萬三千五百四十八枚
同上	人鐘	申新紡織第一廠	陳家渡白利南路	榮宗敬	紗錠三萬九千七百五十二枚
同上	童子軍飛馬人鐘	申新紡織第二廠	宜昌路	榮宗敬	紗錠二萬四千九百三十四枚
同上		德大紗廠	華德路	穆杼齋	
同上	寶鼎鴻魚	鴻裕紡織公司	麥根路	鄭培之 鄭耀南	紗錠三萬八千四百枚
同上	雙地球地球墨龍	溥益紡織公司	西蘇州路	徐靜仁	紗錠二萬六千五百二十枚
同上	雙地球地球促織	溥益紡織公司第二廠	勞勃生路	徐靜仁	紗錠二萬四千枚
同上	雙馬雙喜歡喜	厚生紡織公司	楊樹浦西湖路	穆藕初	紗錠五萬零六百八十八枚
同上	孔雀	緯通紡織公司	楊樹浦平涼路	陳玉亭 金長星 陳若盧	紗錠二萬四千八百零八枚

同上	電車 長城	同昌公司	機廠街	沈明賢 慶賢	紗錠一萬一千五百九十二枚
同上	金馬 得利 鵲梅 團龍 金雞 採花	三新紡織公司工廠	楊樹浦	盛玉麐 馬卸爾	紗錠六萬九千枚
同上	金雞 花蝶 猫蝶 劉海 財神	統益紡織公司	莫干山路	吳麟書 袁敦之	紗錠四萬四千五百四十四枚
同上	飛機	恒大紗廠	浦東楊思橋	穆杼齋 陳子馨	紗錠一萬五千五百五十二枚
同上	金錢 金城 嘉禾	永安紗織公司	引翔港	郭順	紗錠三萬五千枚
同上	三羊 三友	永裕紗廠	小沙渡西北	許松春	紗錠一萬二千枚
同上	火車 帆船 汽球 泰山 人球 人鶴 得意 榮歸	大豐紡織公司	潭子灣蘇州河邊	徐慶雲	紗錠二萬零七百三十六枚
同上	鴻福 象畫 雙全	振泰紡織公司	曹家渡西首	王啓宇 周辛伯 陳耕莘	紗錠二萬零九百二十枚
同上	寶蘇 福壽 鴻鑾	鴻章紡織染廠	麥根路	鄭培之 張迭生	紗錠二萬零七百三十六枚
同上	四季大發 一本萬利 美人船	崇信紡織公司	談家渡浜北	董仲生	紗錠三萬四千枚

同上	雙獅	民生紗廠	華倫路		紡製廢花廢紗紗錠五萬枚
同上	錦雞 雞球	經緯紡織廠	岳州路	沈承福	紡製廢花廢紗 紗錠五千一百二十枚
同上	五福 三星 監龍 牧羊 紅龍 大總統 胭脂虎	怡和紗廠 怡和公益 楊樹浦	楊樹浦	英商怡和洋行	紗錠七萬二千三百十二 二萬五千三百七十六 五萬五千六百三十二枚
同上	雙鳳 文明結婚 聚寶盆	東方紗廠	楊樹浦	英商安利洋行	紗錠五萬二千枚
同上	日光 三虎 三星 雙虎 龍門	上海紡織公司第一 二 三	楊樹浦	日商大谷	紗錠二萬零三百九十二 二萬五千四百八十二 五萬零五百五十二枚
同上	木蓮 丹鳳 藍鳳 美女 雲鵰	日華紗廠第一 二 三 四	(一)(二)浦東 (三)(四)勞勃生路	日商木田 田邊	紗錠五萬二千二百五十六 五萬五千五百五十二枚
同上	水月	內外紗廠第三 四 東五 西五 七 十二 八 九 十三 十四 十五	(三)(四)西蘇州路 (東五)(西五)(十二)澳門路 麥根路 (十三)(十四)勞勃生路 戈登路	日商川村 山口 大西 岡田	紗錠二萬零零四十 四萬 二萬九千六百 二萬九千六百 二萬零七百六十八 二萬零八百 二萬三千三百五十六 二萬三千二百 二萬三千二百 三萬二千枚

同上		嘉和紗廠	勞勃生路		紗錠十萬零七千七百七十六枚
同上	鴻禧	東華紗廠第一二三	華德路	日商 齋藤	紗錠四萬五千四百四十枚
同上	陽鶴	同興紗廠第一二	戈登路 楊樹浦	日商 刀川	紗錠四萬一千六百枚 二萬八千
同上	寶光	公大紗廠	平凉路	日商	紗錠三萬九千八百五十二枚
同上	五美 天官 麒麟 四喜 財星照	公茂紗廠	楊樹浦	日商	紗錠四萬五千五百十六枚
同上	馬 宮女 金錢 大寶 雙美 鯉 鶴鹿 牡丹	大康紗廠第一二	騰越路	日商 高橋	紗錠五萬八千零八十枚
同上	豐年 月琴 軍人	豐田紗廠第一二	極司非爾路	日商 豐田	紗錠六萬零七百六十八枚
同上	仙桃	裕豐紗廠	楊樹浦	日商 岩尾	紗錠四萬五千六百枚
棉線		鴻裕紡織公司	見前	見前	線錠五千五百枚
		溥益紡織公司	見前	見前	線錠一千六百枚

		溥益紡織公司第二廠	見前	見前	線錠
		厚生紡織公司	見前	見前	線錠七千零五十六 四千零三十二枚
		三新紡織公司工廠	見前	見前	線錠八百八十枚
		統益紡織公司	見前	見前	線錠八千枚
		永安紡織公司	見前	見前	線錠四千枚
		振泰紡織公司	見前	見前	線錠三千五百 二千八百枚
		內外紗廠第四八十五	見前	見前	線錠一千一百五十二 一萬零九百十二枚 一萬六千八百
		同興紗廠	見前	見前	線錠一萬九千七百六十枚
		公大紗廠	見前	見前	線錠一萬零一百二十枚
絲光紗線	象	緯明染織廠	南車站路	馮筱亭	

	三光	啓明染織廠	西區斜橋	諸文綺	
	雙金獅	信大染織廠	斜土路口	諸錦良	
		華陽染織廠	三官堂後	嚴光第	
五色紗線球	三星	增盛廠	斜橋甡元里	陸星莊	
臘光絲線	飛鷹	公利線廠	大通路	沈葆三 翁文安	
線球	天鵝	協大工廠	甘肅路	顧九如	
綜線木紗	金錢	中國華榮廠	海甯路	吳端濤	
綿線球	三益	三益染織工廠	天通菴路協隆里	李峴初	
五彩線球	寶塔	綸華工廠	山海關路	范如純	
棉布	地球 雙塔 五鶴 喂馬 牡丹 三羊 雲鶴 老人	恆豐紡織新局	見前	見前	布機六百十四件

申新紡織第一廠	人鐘	見前	見前	布機一千一百件
鴻裕紡織公司	八鼎 三鼎 五鼎 鴻魚 天字	見前	見前	布機二百四十件
溥益紡織公司		見前	見前	布機五百件
厚生紡織公司	三虎 松鼠 雲龍 獅 三多 歡喜	見前	見前	布機六十二件
緯通紡織公司		見前	見前	布機二百件
三新紡織公司	天字 五馬 和合 長城 弓鹿 八塔	見前	見前	布機一千件
永安紡織公司	金城 金鐘			布機七百件
大豐慶記紡織公司	鸚鵡 八球 大發			布機二百件 出布四千六百千碼
鴻章紡織染廠	鴻鸞 三羊 快馬 雙鳳 獅球 萬象			布機四百十六件
怡和紗廠	三魚 三猫 三兔 三鹿			布機一千九百件

	飛人 飛馬 麒麟 孔雀 安利旗	東方紗廠			布機四百四十八件
	牛頭 飛馬 馬頭 元寶 雙虎	上海紡織公司第一二三			布機三百七十六 五百十 九百八十三件
	丹鳳	日華紗廠			布機五百件
		內外裕廠第七九	見前	見前	布機八百 八百件
	留聲機器 得勝杯	同興紗廠	見前	見前	布機九百五十二件
		公茂紗廠	見前	見前	布機五百十五件
		裕豐紗廠	見前	見前	布機四百件
絲光布	獨立 全球	勤德榮記布廠	浦東爛泥渡	陳德耀	
	天女散花	鴻章布廠	西門	金輔堂	
	雙童	新大布廠	五福街	家士楷	

花素愛國布	飛艇 飛鷹	信通織布廠	閘北王家閘	姚福康	
條格布	雙魚 孔雀	裕成染織工廠	虬江橋	董裕珍	
花素布疋	紅樓夢	元通布莊	藍維靄路能德里	施少初	
	織機圖	愛國染織廠	徐家滙鎮西	黃頌平	
線呢	九子 四喜	達豐織工廠	虹口塘山路	王啟宇	
絲光線呢	挽回利權	鎮裕公司	浦東	江肇周	
衛生絨布	軍艦	振豐染織廠	巨籟達路	王蓮舫	
羅緞席咈	七夕	通和布廠	海昌路如意里	施少初	
席咈麻紗	順風	四義棉織廠	辣斐德路菜市路	張振聲	
廠絲	蠶繭	元餘絲廠	阿拉白司脫路	丁汝霖	絲車三百三十八部

	鐵錨	瑞綸安記絲廠	密勒路	吳蘭溪	絲車六百部
	金桑月兔	公泰絲廠	麥根路	史悠庭	絲車二百部
	信昌廠圖	信昌絲廠	梵王渡	唐子威	絲車五百三十六部
	金鹿地球	永泰絲廠	七浦路	徐錦榮	絲車五百三十二部
	玫瑰	久成絲廠	徐家滙路	莫觴清	絲車五百二十部
	同上	又第二廠	日暉橋東	同上	絲車四百十六部
	庫倫布	大倫新絲廠	海界橋	吳松岩	絲車二百部
	金雞	大成絲廠	光復路	徐可亭	絲車二百八十部
	金鵝鷄哥	聚綸絲廠	滿洲路	朱百勤	絲車四百四十部
	黑絲花籃	乾康絲廠	蘇州路	王亦梅	絲車二百四十四部

	得利	統益絲廠	分水廟	倪欽章	絲車二百五十六部
	元寶	三元絲廠	天通菴	施仲箎	絲車二百四十部
	瑞星 土星	裕和協絲廠	寶山路	王耀祖	絲車四百零四部
絹紗	种	中和絹絲公司	閘北金陵路	黃式章	
紗葛紡緞	飛艇	錦雲電機絲織廠	兆豐路	陶少紅	
大幅文華綢	文字	文記電力絲織廠	天通菴路	魯正炳	
物華紡	華字	物華絲織廠	塘山路	陳保欽	
華絲葛	月娥	中華工業公司	白利南路	林桂慶	
愛國紡	怡成	怡成府綢莊	巨籟達路	駱吉昌 譚宗榮	
府綢	虎球	鼎新裕久記廠	勞勃生路	龐竹卿	

改良上海府綢	三羊	久成府綢莊	梵王渡	
花邊	山羊 獅球	勝德織造廠	小沙渡	顧兆楨

農具之屬

花袋　收花籃　蒲包　花包索　蘆簾　水車　牛車盤　稻牀

犂　鐮　鐵搭　鋤頭　田刀　削花耙　畫　打麥鐧　鐵杴

捱扻以上詳續志　盪木製架形如横目字長尺許濶四寸附以灣形之鐵釘裝有長柄用以除稻田之草　移植鏝其桿半圓形上有木柄下頭圓形似鏟用以移植果樹棉苗等植物不碎泥土極易生活十一年春塘灣鄉黃聞紘由日本植木會社購歸仿造

工具之屬

軋車　彈花弓　彈花槌　釣花竹　團花檵　搓花蓋　紡車

紡紗錠　經車　糊盆　刷布帚　布機　布扣　梭子　布撐

刮布刀　布夾　布經團　甬布機以上詳前志及續志　縫針華豐縫針廠在華德路所製仿法國式

機器之屬

續志載光緒三十年邑人朱開甲創設求新機器廠製造新式機器云云求新廠實爲我國工業界仿造外洋機器之鼻祖十餘年來物質文明日盛一日機器需要百倍疇曩以是機器廠之繼求新而起者各地皆是滬上尤形發達惟資本有多寡之殊出品有專門普通之別茲擇較著者列表於后而以兵工廠殿焉

品名	牌號廠	址	經理人	附註
機器	求新廠	南市機廠街	朱志堯	名開甲
各種機器	大隆製造機器廠	大連灣路	嚴裕棠	
電風扇 馬達	光明電機料製造廠	引翔港西柵口	何德顯	
馬達 變壓器 快慢開關 先令羅絲 花電鈴 浦許燈頭 平開關 閘刀開關 船燈 行燈	益中機器公司	浦東洋涇凌家木橋	聶雲台	
織襪機	利新機器廠	中華路	馮聚金	

自動襪機	高昌機器製造工廠	北河南路	沈材嵩
織襪車	華興襪機廠	南市三角街	吳則周
織襪機器	復興工藝廠	平涼路	易裕孫
紡織機件	維大紡織用品製造廠	威海衛路	同上
布疋整理機	銳利機器廠	鴨綠路	胡春泉
打米機	榮昌機器廠	鴨綠路	周文玉
各種機器	公勤鐵廠	楊樹浦臨青里	黃寅齋
筒管	中華機器紗管公司	閘北長安里	郁坤和
電力織綢機	物華綢廠鐵工部	東西華德路永吉里	陳保欽 王植三
法式提花機	中華織物機器製造廠	閘北中興路	盛炳華

各種乾電池	五洲電池製造廠	九畝地青蓮路	戴瀛洲
大小機器製造及修理汽船	興昌機器造船廠	日暉橋鐵路棧房西	

工藝之屬

竹器 普益習藝所曾有出品 **藤器** **漆器** **木器** 製造木牀几案椅榥櫥箱者稱嫁妝店製造盆桶者稱圓作列肆於東街及小南門大街另有小木作專製紅木梅檀器具者設新老北門一帶能行銷日本 **翻砂** **製革** **陶器** 以上詳續志 **軋米** **軋花** **碾麵**

榨油 均以機器爲之邑境內俱有專廠 **磚瓦** 信大窰廠在塘灣鄉九十一圖吳衝涇古渡頭九年冬邑人穆湘瑤等集股設立專製紅色磚瓦每日可出貨六七萬方 **毛巾** 雙紗毛巾軋毛巾洗濯用大者爲牀毯檯毯中華國貨出品社冠亞實業製造廠三星實業工廠光華毛巾廠均有出品 **玻璃器皿** 公益玻璃公司設閘北中興路 **刻字** 木刻近年需要漸少刻印則牛角者多爲店鋪所用望平街一帶有專刻晶章牙章石章者仿日本式也 **橡皮品** 橫浜橋西士慶路中華製造橡皮物品公司出品甚多 **印刷** 石印鉛印珂羅版五彩石印以商務印書館中華書局爲巨擘一設寶山路一設靜安寺路此外大小印刷店徧地皆是 **製瑯** **搪磁** 中華職業學校有出品

服飾之屬

瓜皮緞帽絨帽紗帽 彩衣街老萬泰冠華及山東路馬敦和老升利元元陳天一均有名 大禮帽常禮帽 同上 西式呢帽 小東門大街顏祥茂製帽公司仿西式製售 草帽 貧兒院曾有出品原料爲嘉定黃草惟用人工製造本過巨不久輟 通草帽 盛暑用之馬敦和等各家均有出售 鞋 小東門大街及廣東路鞋肆最多男女大小冬夏悉備式樣新奇經年屢變 皮鞋 仿舶來品用牛皮製成邑人多作爲雨具大小皮鞋舖各處皆有 襪 宏茂昌所製等布襪邑人用之者已絕無僅有普通所著概爲線襪初係舶來品繼而廣東等處購機仿製運銷滬上購用者衆而各機器廠亦能仿製織襪機於是織襪廠先後設立者百數十家進而爲絲光線襪閃光線襪麻紗襪絨線襪純絲襪男女大小長短日新月異布襪僅銷諸內地矣 汗衫 景綸廠及中國內衣織布廠所出之衛生汗衫爲最 衛生衫褲 冬日服之亦以景綸廠爲最著 螺甸鈕扣 康腦脫路自求廠及中華職業學校均有出品 眼鏡 已詳續志近年戴眼鏡風行一時南京路眼鏡公司林立以高易精益爲巨擘鏡片及金邊鋼邊玳瑁邊皆係舶來品惟須配光後方裝置故泥城橋東設有眼鏡廠 毛絨圍巾 近來逢隆冬男女俱尚圍巾毛織或絨線結成 手杖 豫園旱煙管店有製者蓋仿西人所謂司的克也 陽傘 普益習藝所曾製之旋輟近盛行綢陽傘婦女夏日用之閘北立成傘廠造 摺扇 豫園及河南路各牋扇店出售大半來自蘇杭

美術之屬

神像 銅像 求新廠能鑄之 木刻小品 象牙雕刻品 箋對 筆 墨 以上詳續志

珂羅版 精印古今名人書畫與原本絲毫無異商務印書館中華書局有正書局所出尤多 金銀器皿 租界中有專仿西式製造者粵人所設工匠亦大半粵人工料尤貴

紙花絹花日新造花廠在浙江路庭筠里所造花朵極能像真由先施永安兩公司經售　鐘錶美華利鐘錶廠在閘北天通庵鎮南北市均有發行所　風琴西式風琴學校唱歌課用之北火車站公興路有共和風琴廠專製此類風琴　物理器械科學儀器館廠址在恒豐路發行所在河南路　信箋信封河南路九華堂朵雲軒福州路吉羊樓最著名　地毯　毛刷　玩具　車鏡寶山縣境之上海模範游民兩工廠有上項出品設發行所於南京路

飲饌之屬

酒　餳糖　豆腐　醬油　粉團　餅干　素麵近年以豫園內松月樓所製爲最　茶食

酒釀　醃蔬　罐頭食物　蜜餞　糖食　青鹽食品　糖炒栗

糟鉢頭　醬蒸肉　醉蟹　糟肉　熏炙品以上詳前志及續志　素魚翅珠瓜絲製功德林蔬食處及各寺觀盛筵中用之　甜醬以麵粉豆粉利水成塊切片煑熟置稻草中經霉變後謂之醬黃加入甘草及鹽曬之成醬　醬油精八仙橋東乾康醬園發明　麵粉機器街申大麵粉公司雙馬商標三泰碼頭新昌麵粉公司虎商標　葷素挂麵垃圾橋北興華製麵公司福祿壽商標維爾蒙路華通製麵公司雄雞商標　辣醬油仿舶來品製　結汁牛肉局門路冠生園製　陳皮梅同上

藥品之屬

寶珍膏　六神丸　人參再造丸　戈製半夏　瘋犬咬傷藥　瘧疾丸　營衛全補丸　集成神化散　半夏麯　肺露　飲片　十滴藥水　救命粉以上詳續志　立退脚腫丸肇浜路嚴大德堂製近年用機器碾米精鑿太過反礙中運故脚氣病日見其多治法宜服糠蓋五穀之外層皮殼皆能助運化濕今有以花生蠶豆帶殼煮湯飲之以治疾者其理正同此丸原方製者未肯外傳或云不外五穀之皮殼也說亦近似

消耗之屬

火柴有紅頭黑頭之別熒昌公司熒昌公司利民廠銷路最廣　洋燭仿舶來品有冠亞實業製造廠永記廠振興公司利興公司長源公司安樂公司華利造燭廠同福公司諸家製造　肥皂普益習藝所出品已輟中華興記香皂廠曾奉農商部給予優獎亨利肥皂廠展覽會得一等金牌　牙粉家庭工業社所出無敵牌牙粉行銷最廣　牙刷雙輪牙刷廠設小西門外鱗祥里頗足抵制舶來品　牙籤食後剔牙垢之用中國第一牙籤廠於展覽會得獎金牌別有鵝毛管製牙籤爲泗涇路聯益號出品　糊精裱糊用胡振豐始設糊精廠於西門外壽祥里　旱烟管竹製邑廟豫園列肆出售清季邑人有不吸捲烟會之設於時羣吸旱烟烟管銷路大旺光復後捲煙復行旱烟管遂鮮顧問者　麻雀牌賭具之一種豫園象牙店出售歐戰後歐美人多嗜此者各出口洋行紛紛定製業此者獲利無算且求過於供製牌工人夜以繼日因之出品益劣聞美國將設廠自造

海上絲綢之路文獻集成

總主編 陳支平 陳春聲

歷代史籍編

134

主編 范金民

海峽出版發行集團
THE STRAITS PUBLISHING & DISTRIBUTING GROUP
福建人民出版社

国家出版基金项目
NATIONAL PUBLICATION FOUNDATION

本册目次

［民國］上海縣志二十卷（卷一四至卷二〇）

吴馨　江家嵋修　姚文枏纂

民國上海縣志卷十四

外交志

租界沿革

前清乾隆時有英人畢谷者爲東印度公司代理人嘗至上海察看情形極言爲通商善地遂報告本國道光十二年林特賽郭實獵夫二英人復至上海亦極言與上海通商英國商業當日盛此爲英人垂涎上海之始嗣於道光十五年有英商船名夏荷米駛入吳淞停泊至秋間而去此爲英人商船至上海之始英人垂涎上海既於開埠前一再窺伺及鴉片戰事終結前清以耆英等爲全權大臣於道光二十二年七月二十四日西歷一千八百四十二年八月二十九號締結中英條約於南京而上海爲五口之一開埠之局以定中英條約計十三款其開放五口及其餘尚有緊要之五款先時卽由英國會中擬定於二十年七月由英使伯麥及領事義律乘船赴天津投書北京政府

爲講款之條件及二十二年正式訂約乃將此六款羼入中英條約十三款中據此則英人垂涎上海乃係其國會平昔之主張非臨時談判所及此爲上海列入五口及開埠之原因　姚公鶴上海開埠史述

黄鏡人滬人寳鑑　上海之成爲最巨商埠自西歷一千八百三十二年始焉蓋是時有英商名林特賽始探上海居之七日目睹帆舟進出四百艘返國廣布繼又有英教士名梅特赫斯鐵者亦來探上海確查林氏之報告亦返國廣布至西歷一千八百四十二年六月十三日始有英兵艦統於韋力納帕苟副軍者偕英兵四千人統於英將哥夫者抵吳淞少戰攻入吳淞口遂得寳山縣是月十九日更得上海縣我軍聞風而潰曳兵而走有礮四百零九尊悉爲英軍所獲英軍乃入駐上海城七月十三日始退出時南京條約已成開汕頭厦門福州寧波上海爲商埠至租界地址由英領事巴爾福揀定其地距上海城北門爲一英里半縱自洋涇濱至蘇州河横自黄浦灘至泥城濱統計有一英方里至西歷一千八百四十三年十一月十七日始正式闢爲商埠

英人裘昔司上海通商史　上海開埠之説既屢受挫折而繼起之念則未嘗稍衰越數年東方印度公司哲姆司安姆司頓議以舟山易上海忽於一千八百三十三年(按清道光十三年)廣東亦禁西人貿易於是華洋之惡感漸深故東印度公司決意行安姆司頓之策一千八百四十年(按清道光十九年)遂舉兵佔舟山自是海中巍峙諸島遂爲英人勢力範圍政府以西人已至上海而恐其復至也因設種種防藩之策製槍炮備軍械修城墉練兵士一若大敵之將至者復修築吳淞砲台以扼長江咽喉其最巨之砲台廣袤約三英里自寳山直達吳淞置巨砲一百三十餘尊復於吳淞江口設半月形之砲台對岸更築一高台置砲二十一尊一千八百四十二年四月十八日(按清道光二十二年)忽上海火藥局失火提督陳化成疑有奸謀聞警星夜馳至吳淞視之砲台幸無恙時吳淞砲台共有守兵五千餘人復有旗兵若干人皆精壯之卒而陳化成雖年已老耄而精神矍鑠且生平素以剿海盜爲事故軍事經驗頗富以之爲吳淞守將可稱得人中英釁起英人本欲得上海至是由英將威廉帕苟率艦若干艘往攻吳淞時江督牛鑑力主滅夷決意用武遂於一千八百四十二年六月十六日(按清道光二十二年五月初八日)開戰英艦由巨艦白羅得率之而前康威爾隨之直當西砲台之衝復命小帆艦馬特司德

哥倫冰及格里烏駛入江中攻小砲台由白羅得巨艦爲後援時英戰艦北星適至亦命其往攻佈置既訖皆由東印度公司之汽船拖之而進吳淞砲台見之卽發砲遙擊時船離港口尚遠故砲彈皆落水中英艦默不答砲猛進不已追距砲台稍近始同時發砲砲台所發之彈頗能命中英艦白羅得受彈十餘次大尉海威得中彈沒其他各艦亦多受砲傷砲台受彈亦烈巨砲之受彈而燬者以十數而華兵之力戰如故一人手執紅旗登高指揮雖砲烟蔽天槍彈震地而彼自若也須臾馬特司德由倪梅司拖之直入吳淞江中彈而火因解纜倪梅司則直入江口攻中國砲船時砲船之泊於港口者共十九艘見英艦至發砲擊之英艦擊以開花彈盡燬其檣亦有中彈而火者華兵爭下舢舨而遁倪梅司逐之英艦棐爾宋亦至合而逐之燬中國砲船殆盡幸獲全者二艘而已時馬特司亦突入江中巨砲已不能及而英艦之小砲轉足制砲台之死命時西砲台已在危急中哥倫冰格里烏二艦亦舍東砲台幷力攻之砲台殊死戰猛攻可二句鐘砲台漸不支而援兵則蔽野而至英艦用開花彈遙擊使不得前江督牛鑑方率兵至中彈遁兵無鬭志四散奔竄時砲火亦漸息英水兵爭先登陸由威孫率之冒煙而前復遇華兵接戰砲火交下英人死傷甚衆威孫亦中數創時白羅得艦長漢起率水兵登陸因協力而進提督陳化成鵠立砲側手燃巨砲揮刀禦敵身中數創自知不支乃北向叩頭而沒嗚呼烈矣西砲台既得東砲台唾手而下於是英兵整隊攻寶山牛鑑以五千餘人禦之華兵潰退三十餘里牛鑑挾兵退至蘇州沿途兵士之遁者幾半寶山之役英人死者二人傷者三十餘人華兵死者百餘人傷者不計其數而牛鑑尚詡詡以善戰自負其至京告急文略曰叛徒攻吳淞陳提督陣沒寶山失守官軍與洋夷相持七日沉敵艦三艘洋夷以百數敵人自巨艦檣上下擊故我軍不支遂至敗績臣退至寶山而寶山已先爲洋夷所得臣不得已挾軍民至蘇州以禦之今提督陳某力戰陣隕而臣則忍辱偸生以保殘民至使吳淞失陷寶山被破雖罄南山之竹不足以書臣罪臣該萬死萬死謹以待刑云云十七日英艦倪梅司及梅特賽進攻內砲台行可七英里兩岸砲台初猶發砲擊之二艦不顧迫稍進守兵聞聲而遁幷火其營壘而去至是吳淞口之要隘已盡入英人之手至十九日水陸並進攻上海追英兵艦至今英領事館處中國砲兵卽發砲擊之英艦發砲還攻華兵漸不支棄砲台遁英兵乃登陸英陸兵亦自後至合兵整隊自北門入無

禦之者駐城隍廟英兵大掠城中所積盡空英將患之乃嚴禁刦掠而城中之巨室富戶已如洗矣越數日亨利白丁格援兵至用華文檄告華人人心漸定清廷亦擬與英人和議允以三十萬圓贖上海英人不允乃於六月二十三日自上海起程向南京進發戰艦七十三艘至鎮江復交戰半晌破之直攻南京發砲未數聲華官即宣告停戰與英人議和許上海爲通商口岸以香港畀英

上海最初開埠在道光二十三年九月二十六日（西一千八百四十三年十一月十七號）**首設領事名曰急嘔巴爾福劃租界四址北面李家莊即今之北京路東面黃浦江南面洋涇濱西面即今之福建路一帶長濱此租界乃蘇松太道宮慕久批准**（徐潤上海雜記）

蘇松太道宮慕久告示

欽命監督江南海關分巡蘇松太兵備道宮爲曉諭事前於大清道光二十二年（一八四二年）奉到上諭內開英人請求於廣州福州廈門寧波上海等五處港口許其通商貿易並准各國商民人等挈眷居住事准如所請但租地架造須由地方官憲與領事官體察地方民情審愼議定以期永久相安等因奉此茲體察民情斟酌上海地方情形劃定洋涇浜以北李家莊以南之地准租與英國商人爲建築房舍及居住之用所有協議訂定之章程茲公佈如下其各遵照毋違道光二十五年十一月初一日示即一八四五年十一月二十九日

麥耆司上海通商史　一千八百四十三年十一月十七日（清道光二十三年）中政府正式宣布上海爲華洋通商口岸西人初至上海苦無卜居之地乃出貲購地建築地主索價奇昂英領事向華官交涉置不理且謂地係人民私產官家無強迫出售理於是華商乃百計挾制輾轉磋議必得善價而後止其

有專以販地爲業致巨富者英人亦無如之何故當時吾英人輒謂購地之難實百倍於吳淞之役英領事巴爾福患之乃於一千八百四十五年十二月二十九日（按清道光二十五年十一月初一日）與滬海道訂立地產章程於是購地之困難稍殺地章既成巴爾福更與滬海道會議英租界地界事華人議以河道爲界始不至有意外之變更故洋涇濱之北李家莊之南爲英租界東則不以黃浦爲界而由英領事立石爲界至是而租界之規模始略就乃注意於修築道路等事

道光二十八年（西一千八百四十八年）蘇松太道麟桂與領事阿利國重訂租界北界放至蘇州河爲止東南以洋涇浜爲界東北至蘇州河西南至周涇浜西北至蘇州河蘇宅合計二千八百二十畝是年美教會住在虹口卽以該處劃作美租界緣彼時尙未有美界明文也（後在該處設一浮橋通連英界居民增多至同治二年西一千八百六十三年虹口與租界造成大橋交通始便）

是年由麟桂出示劃定法界敏體尼爲法國領事至次年三月十四日（西四月六號）發表

蘇松太道麟桂告示

監督江南海關兼管銅務分巡蘇松太兵備道加五級紀錄八次麟爲

曉諭事照得上海與大法國通商昨准領事府敏以道光二十四年九月經欽差大臣兩廣總督部堂耆等會同欽差全權大臣喇議大清國與大法國永遠友睦通商奏奉兩大國上諭允准和約內載凡法蘭西人按照第二十二款至五口地方居住無論人數多寡聽其租賃房屋及行棧貯貨或租地自行建屋建行法蘭西人亦一體可以建造禮拜堂醫院周急院學房墳地各項地方會同領事官酌議定法蘭西宜居住宜建造之地凡地租房租多寡之處彼此在事人務須按照地方價值定議中國官阻止內地民人高抬租值法蘭西領事官亦謹防本國人强壓迫受租值在五口地方凡法蘭西人房屋間數地段寬廣不必議立限制俾法蘭西人相宜獲益倘有中國人將法蘭西人禮拜堂墳地觸犯毀壞地方官照例嚴拘重懲等語久經各國遵行在案今法國人尙無租住之地應卽會勘等因隨經本道會同法國領事府敏勘定上海北門外南至城河北至洋涇浜西至關帝廟褚家橋東至廣東潮州會館沿河至洋涇浜東角註明界址倘若地方不敷日後再議別地隨至隨議其所議界內地憑領事府隨時按照民價議租謹防本國人强壓迫受租值如若內地人民違約昂價不照中國時價憑領事府向地方官飭令該民人等遵行和約前錄之條款至各國人如願在界內租地者應向該國領事商明辦理毋違特示

道光二十九年三月十四日示卽一八四九年四月六日

美租界闢於道光二十八年（一千八百四十八年）由美牧師蓬恩與滬道商定旬月而成得蘇州河以北之地

姚公鶴上海開埠史述　南京條約爲中英戰後所締結則享條約權利實祇一英國何來法美租界之開放及逐細檢考當時事實始悉道光二十二年中英訂約之後美法繼踵赴粵要請其時耆英總制兩廣悉與援照英例奏明清廷准與通商五口於是法美亦遂派員蒞滬經營開埠事而法美租界實濫觴於是

裘昔司上海通商史　先是中英吳淞之戰法人亦接踵至雖未與戰事顧久有分一杯羹之意故南京條約磋商時法人卽遣法艦長薛西禮乘帆船至南京欲與聞南京條約事爲英人所拒法人頗怏怏未幾中法約亦告成法領事敏體尼執中法條約要求開闢租界美比二領事亦躍躍有染指之勢法領事既與滬道磋商者久要求洋涇濱以南等處爲法租界而滬道祇允以租界鄰近之地英領事亦左袒滬道意法人亦有難色至一千八百四十九年（按清道光二十九年）滬道去職繼任者爲麟桂法人仍力續前請麟諾之遂於四月六日（上海雜記作四月四號）成議卒以南盡城河北至洋涇濱東至潮州會館西盡關帝廟褚家橋之地爲法租界

姚公鶴上海閑話　海通以後外人經營租界在當時定議之初並不名爲租界不過中政府劃定一地准外人於此地內租地建屋耳故租界之租字乃係租地之租字移換而來自太阿倒持此劃定界內一切統治權漸漸放棄於是外人始組織工部局以管理市政設巡捕房以總持警政而商埠之上海乃成爲租界之上海矣觀法大馬路名公館馬路則以領事署在此馬路而名而當時領署不自居衙署之列可知巡捕房普通稱之曰行四馬路之巡捕房稱老行大馬路之巡捕房新行行爲賣買交易之營業稱謂則當時巡捕房亦不列於衙署矣撫今返昔孰爲爲之可慨已

英使柏魯士訓令　一千八百六十二年九月八日（按清咸豐十一年）英使柏魯士致上海英領事麥特哈斯德之訓令略稱上海英國租界並非中國移轉於英國之土地亦非中國租給於英國之土地（中略）仍爲中國之領土關於界內中國人民之地位中國政府並未正式放棄其管理之權英國政府亦未嘗要求之或表示任何行使保護之意願云云此種制度實與原理不合將來徒滋無窮之糾紛與責任且華人對此決不甘願英國政府果因何故而取乎此殊不可解大英除爲其商業建設供給一安全之地域外當無其他利益故余以爲凡因租界漸變爲中國市鎭而生種種困難時英國政府決不至以擴張其管轄權於華人之手段以爲救濟困難之辦法吾人保護上海既僅爲使其免受盜賊侵害吾人對於華人與英政府之自然關係必不準備妨害之云云英使上述之意見並經由其他條約國公使完全贊成其後各公使批准上海市政計劃之際復注重下列數條件由英使於一千八百六十三年八

月六日（按淸同治元年）訓令上海租地人（甲）此項土地權各國公使仍承自中國政府（乙）此項權利不得擴及市政事務道路警察及因市政目的徵稅事務以外（丙）界內華人受中國之管轄與界外華人同（丁）外人處於各本國領事管轄權下管理事務須有中國分子參加

咸豐五年（西一千八百五十五年）法人假助守之名將東門外附郭之屋盡付一炬而中政府以法有助攻之功卽將其地讓與法人（自道光二十二年江寧條約議結後英法美三國既先後來滬開埠迄道光二十六二十八年兩次劃界於是外人居留之局以定惟當時之劃界係英法美賅括的劃界並未指定何地爲英何地爲法爲美若今日之界劃井然也有之自咸豐五年劉麗川亂平始當劉之戕官据城也其始與英領事溫那治通至咸豐四年蘇撫吉爾杭阿以上海北門外洋涇濱爲洋人租界不能立營而賊反得於洋行南首據鄭家木橋以通軍火因謀之各國法蘭西提督辣厄爾首請助順復與英領商議南首馬路聽官兵築營於是以五年正月朔會同進攻而城以復自城復之後法人假助守之名遂有上述之事而中政府以法有助攻之功卽將其地讓與法人以故與道光二十九年三月十七日法敏領事與上海麟道台所勘定法蘭西地界出示內指南至城河北至洋涇濱西至褚家橋東至潮州會館沿河至洋涇東角四至遂有溢出又道光二十六二十八兩年劃界未將各國界址劃明其法界之劃明在先而小東門外之讓與法人則在咸豐五年間上海開埠史述）

光緒二十五年西關泥城橋以西至靜安寺路東北關虹口迤東之地以迄引翔港由各國公使議決將舊時英美租界幷東西新關之地統

名日公共租界面積計共三萬三千餘畝姚公鶴上海閒話

同治二年卽西一千八百六十三年駐京各國公使團會議決定上海公共租界改組之原則如下
(一)關於領土之權限必須由各國直接得之於政府　(二)此項權限以純粹地方事務暨道路巡警及地方所需之捐稅爲限　(三)中國人非實係外國人所雇用者須完全歸中國官管束與內地無異　(四)各國領事官仍各自管束其人民工部局官長祇能拘捕違犯公安之罪人向其所屬之中外官長控訴　(五)工部局中復有中國董事凡一切有關中國居民利益之措施須先諮詢得其同意

光緒三十四年六月各領事議推廣北線嗣由外部江督上海紳商一再力拒議始寢商務印書館上海指南

中華民國三年七月中法官吏議定北自長濱路西自英之徐家滙路南自斜橋徐家匯路沿河至徐家匯橋東自麋鹿路肇周路各半起至斜橋止歸入法國警察之內同上並參當時官廳布告

滬海道尹兼外交部特派江蘇交涉員楊晟布告
爲出示布告事案照上海法租界外毗連大路華法警察權限不清不免困難本道尹兼特派交涉員與駐滬法總領事甘各奉中華民國外交部法國駐京使臣訓令議訂爲中法兩國敦輯睦誼起見擬將上海法租界以西之地址北自長濱路西自英之徐家滙路南自斜橋徐家滙路沿河至徐家匯橋爲止經

兩面磋商議歸入法國警察之內蓋上文所指地址內外國居民甚多所有馬路悉爲法國公董局購地開築並時行修葺作爲公董局產業其安設路燈創立巡捕房分派巡捕設立電軌自來水煤氣電燈各種經費至今全歸該公董局一體擔任職是之故決定將上文所指定界內地段以後全歸法公董局管轄茲特擬條款十一條如左　一斄鹿路及肇周以一半歸法國公董局管理以一半仍歸民國管理其巡查事務悉遵民國路現已通行之章程中法巡警兩相和衷辦理各有梭巡之權　二中國前築肇周路自斄鹿路起所用去經費由法公董局賠償一半並將西門外自方濱橋迤南至斜橋所有前經法國鋪修之馬路交還中國不必貼費惟須將該路隨時修理俾電車通行無阻　三法國通徐家滙馬路及法租界各路中國軍隊中國婚喪儀仗等儘可通行出入惟須先行通知法巡捕房以便無礙交通　四上海交涉員或觀察使同法國總領事議定選出中國紳董兩員專與法公董局會辦華人住居法界及外馬路各事　五住居法租界及外馬路之中外人等所有應納中國政府地稅悉歸法公董局主任代收繳納若以後中國他處華人田賦有增加問題法租界及外馬路華人田賦亦一律增加　六法租界及外馬路華人耕種之田地住居之房屋及平等人家之各產法公董局永不抽房捐地稅及他種類似之捐以及人頭稅　七中國業主房主欲用自來水煤氣電氣等在以上指明界內者始有完納地稅房捐於公董局之責其執有道契之地不得視爲華人產業　八華人所有法租界及外馬路坟墓無業主本家允准萬無遷移之責各家仍可聽其自由掃祭然爲衛生起見此約批准以後所有華人棺柩祇准在界內掩埋不准浮厝如有特別情形須暫爲殯寄者應得公董局之批准　九法租界及外馬路與英界交界事宜由法公董局與英工部局直接商辦　十中國政府所派定上海法租界會審公堂之中國審判員亦有權審問在外馬路區域內中國人之民刑訴訟是以在此區域內特立一廳所爲該員執行審判事項之用　十一以上條款在中華民國外交部會同法國駐京使臣於批准後三個月後始生效力等因並附地圖會同簽字蓋印分別存案茲經奉外交部電飭以本月十四日爲發表之期除按圖會勘勒石以資遵守外合行通示周知爲此仰法租界暨外馬路各該處中外居戶人等一體知悉特示中華民國三年七月十四日

又詳江蘇巡按使　詳爲上海法租界毗連大路劃清華法警權遵奉部飭定期實行事竊照民國二年十一月十四日奉外交部公函准法康使來部面稱以接駐上海法總領事函稱上海法租界外毗連大路華法警權不清不免困難請早設法釐定旋據法總領事提出條件當將會商前浙滬警察薩督辦並飭上海縣洪知事調查暨與法領駁議一切情形于本年二月十六日照錄各項條陳並測繪地圖備文呈報外交部暨使憲前在民政長任內各在案嗣後均由外交部隨時電查情形主持辦理四月初六日奉外交部電開法界外馬路事現經本部與法使協商解決訂明關於國事犯訂立專款四條互換照會另函達其尊處與法領原擬之約款十條亦經本部與法使酌改爲十一條首段敘文內訓令下改爲中法兩國敦輯睦誼起見下接擬將上海法租界云云又歸入法國管理權改爲歸入法國警察權茲擬條約改爲條欵十一條其條文第一襄鹿路及肇周路以一半歸法國公董局管理一半仍歸民國管理其巡查事務悉遵民國路現已通行之章程中法巡警兩相和衷辦事各有梭巡之權第二中國前築肇周路自襄鹿路起所有用去之經費由法公董局賠償一半並將西門外自方濱橋迤南至斜橋所有前經法國鋪修之馬路交還中國不必賠費惟須將該路隨時修理俾電車通行無阻第三四五三條均照原文不改第六條租界內華人耕種之田地住居之房屋及平等人家之各產法公董局永不抽收房捐地稅及他類似之捐稅以及人頭稅第七於始有完納地稅房捐下加于公董局四字餘照原文第八該坟墓既未遷移之前句刪除所有華人棺柩下改祇准在界內掩埋不准浮厝餘照原文第九條原文不改第十條中國政府所派定之上海法租界會審公堂之中國審判員亦有權審問在外馬路區域內中國人之民刑訴訟是以在此區域內特立一廳所爲該員執行審判事項之用第十一以上條款經中華民國外交部會同法國駐京使臣於批准後三個月始生效力等語由法使電知法領外所有約款十一條卽由該特派員繕具條文與法領互訂簽字爲要並希暫守祕密等因茲奉外交部本月初六日電飭以十四日爲發表之期除出示布告並會同法領勘明界址勒石遵守仍俟將辦理情形另文續報外理合照錄示稿備由詳請察核訓

示施行謹詳江蘇巡按使

附錄上海租界各項章程條例

上海租界各項章程原本現已不存上海交涉署所依據者爲約章成案匯覽租借門所載六項章程茲將此六項章程依照約章成案匯覽原定次序錄之如下

上海英法美租界租地章程 咸豐四年卽西一千八百五十四年公佈

一新章所指界限後附地圖卽係道光二十六年八月初五日巴領事與宮道台所判並於二十八年十一月初二日經阿領事與麟道台復又按二十九年三月十七日敏領事與麟道台勘定法蘭西地界出示內指南至城河北至洋涇濱西至褚家橋東至潮州會館沿河至洋涇濱東角等處曾經法蘭西欽差大臣會同廣東制台徐均經允准界內軍工廠新開邑厲壇三處並英國領事衙門均屬官地不在章程之內嗣後美國與法蘭西所用官地亦一律辦理惟照例給付錢糧

一界內租地凡欲向華人買房租地須將該地繪圖註明四址畝數稟報該國領事官設無該國領事官卽託別國領事官卽查有無別人先議以及別故並照會三國領事官查問如有人先議卽立期定租倘過期不租憑後議人租用

一定租查明無先議之礙卽議定價值寫契二紙繪圖呈報領事官轉移道台查核如無妨礙卽鈐印送還歸價收用至址內遷移墳墓中國例不入契另行議辦

一立契付價後仍照舊用道台全銜塡契三紙鈐印並由道台照會三國領事官以便存案塡圖備查

一留地充公凡道路馬頭前已充作公用者今仍作公用嗣後凡租地基須仿照一律留出公地其錢糧歸伊完納惟不准收回亦不得恃爲該地之主至道路復行開展由衆公舉之人每年初間察看形勢隨時酌定設造

一立界石租定地基豎一石碣上刻號數後由領事官委員帶同地保業戶租主親至該地眼同看明四址豎立界石以免侵越並杜將來爭論

一納租每畝年租一千五百文每年於十二月中預付該業戶以備完糧先十日由道台行文三國領事官飭令該租主將租價交付銀號領取收單三張倘過期不交則由領事官追繳

一轉租租地皆註册爲憑凡轉租限三日內報明添註如過期未註卽不爲過契矣其洋房左近不准華人起造房屋草棚恐遭祝融之患不遵者卽由道台究辦大美國衙署之北至吳淞江一帶未奉領事二位允准不許開設公店違者按後開懲罰

一禁止華人用篷寮竹木及一切易燃之物起造房屋並不許存儲硝磺火藥私貨易於著火之物及多存火酒違者初次罰銀二十五元如不改移按每日加罰二十五元再犯隨時加倍如運硝磺火藥等物來滬必需由官酌定在何處儲存應隔遠他人房屋免致貽害起造房屋札立木架及磚瓦木料貨物皆不得阻礙道路並不准將房簷過伸各項妨礙行人如犯以上各條飭知後不改每日罰銀九元禁止堆積穢物任溝洫滿流放轡騎馬趕車並往來溜馬肆意喧嚷滋鬧一切惹厭之事違者每次罰銀十元所有罰項該管領事追繳其無領事官者卽著華官著追

一起造修整道路碼頭溝渠橋梁隨時掃洗淨潔並點路燈設派更夫各費每年初間三國領事官傳集各租主會商或按地輸稅或由碼頭納餉選派三名或多名經收卽用爲以上各項支銷不肯納稅者卽稟明領事飭追倘該人無領事官卽由三國領事官轉移道台追繳給經收人具領其進出銀項隨時登簿每年一次與各租主閱准凡有田地之事領事官於先十天將緣由預行轉知各租主屆期會商但須租主五人簽名始能傳集視衆論如何仍須三國領事官允准方可辦理

一外國人及華民墳墓界內分開地段爲外國人墳塋租地內如有華民墳墓未經該民依允則不能遷移可以按時來前祭掃但嗣後界內不准再停棺材

一賣酒及開設酒館界內無論中外之人未經領事官給牌不准賣酒並開公店請牌開設者應具保店內不滋事端如係華人須再由道台發給牌照

一違犯以上各條章程領事官卽傳案查訊嚴行罰辦倘該人無領事官卽移請道台代爲罰辦

一此章後有改易之處則須三國領事官會同道台商酌詳明三國欽差及兩廣總督允准方可改辦也

附錄租地契式

江南海關道爲給出租地契事照得接准　國領事官　照會內開今據　國　人稟請在上海按和約所定界內租業戶　地一段永遠租　畝　分　釐　毫　北　南　東　西　每畝給價　文其年租每畝一千五百文每年預付銀號等因前來本道已飭業戶　將該地租給該商收用務照後開各條遵行查核外國人按和約在界內租定地畝卻不由己便亦不得轉與別國未曾准住中國之人必須中國官憲與領事官查視其租地賃房無足妨礙方准租住又查向議章程雖外國人有通融得益之處但無准租地賃房與華民輾轉貨賣若華民欲在界內租地賃房須由領事官與中國官憲酌給蓋印憑據始可准行上列各條倘該商並後代管業之人將來以其地轉與不稟明本國領事官並道憲批准登籍將其地整段分段或已或人另造房屋轉租華民居住若未領兩國官憲允准憑據並每年不將每畝租錢一千五百文預付銀號違犯斯章者則此契作爲廢紙地即歸官須至租地契者　年　月　日給租地地契　按原訂英界章程因有未明之處經英法美公使會議改定以上各條由各領事移會蘇松太道核明辦理旋由英法美公使會銜曉諭租界居民一體遵照

上海洋涇濱北首租界章程

第一款　定立地方界限（此係特指後開兩段地方而言）

其一段係於道光二十六年八月初五日西歷一千八百四十六年九月十四日上海前兵備道宫英領事官巴會同議訂租界章程內所指之地方該地界限嗣於道光二十八年十一月初二日即西歷一千八百四十八年十一月二十七日經上海前兵備道麟英領事阿復行推廣詳細議定繪國列說以憑遵守

又一段係於光緒十九年五月十三日即西歷一千八百九十三年六月二十六日中國地方官與各國領事官所派之員會同商訂上海吳淞江北首虹口地方之租界今特開列於後其界線起首之處係在蘇州河即吳淞江北岸即二十七保及二十五保交界地方立第一號界石由此處朝北

直線至西穿虹濱立第二號界石再由此處朝東從相連第二號界石之第二副號界石起沿西穿虹濱南岸至第三號界石卽在錫金公所之東南角再由此處直線向東北至第四號界石再由此處直線向北至第五號界石卽在相近界濱地方再由此處沿向外之彎弓式線至第五副號界石再由此處向東直線至第六號界石卽在界濱南岸齊北河南路之西邊再由此處向東穿過北河南路沿寶山上海兩縣之界線立第七號第八號第九號界石其第九號界石係在美國領事署註册第五百九十九號地之東北角由第九號界石起向東直線至第十號界石卽在美國領事署註册第五百六十一號地上係在操槍路東盡之北邊相連吳淞路地方再由此處相連第十號界石之第十副號界石起直線向東北至第十一號界石卽在英國領事註册第一千八百八十五號地上再由此處從相連第十一號界石之第十一副號界石起直線向東南至第十二號界石卽在虹口港之東岸再由此處直線向東至第十三號界石再由相連第十三號界石之第十四號界石起直線向東南至第十五號界石卽在美國領事署註册第六百十七號地上再由第十五號界石相連第十五副號界石起直線向東北至第十六號界石卽在周家舍村莊相近東盡之處再由相連第十六號界石之第十七號界石起直線向東南至第十八號十九號界石其第十九號界石係在圓通寺前小濱之東岸再由相連第十九號界石之第十九副號界石起直線向東南至第二十號界石卽在馬風濱之北岸再由相連第二十號界石之第二十一號界石起直線向東南至第二十二號界石卽在西薛家濱村莊之東北盡處再由相連第二十二號之第二十三號界石起直線向南至第二十四號界石卽在相近英國領事署註册第一千九百五十三號地之東北角再由相連第二十四號界石之第二十五號界石起直線向東南至第二十六號二十七號二十八號二十九號界石其第二十九號界石係在相近英國領事署註册第一千九百十一號地之東北角再由相連第二十九號界石之第三十號界石起直線向東南至第三十一號三十二號三十三號三十四號界石其第三十四號界石係在徐家宅村莊北首楊樹浦港之西岸再由此處沿楊樹浦港至黃浦江再由此處沿黃浦江至蘇州河口再由此處沿蘇州河北岸至以上所言起首之處

至第一段界內有不歸公局管轄者特開於後
一江海北關
一春申君關(已廢)
一英廷擬作公用之地(卽英公館地址)
一凡與中國立有和約各國(或現在或將來或租賃或置買)專作國家公用之地然英國領事公署地址並海關與以上所載置用之地於衆所應完之項應付之捐亦一體責成交納

第二款　租地之法
凡在所定租界限內有人欲向中國原業戶租用基地置買房屋產業必須遵照中國與各國所立約章條款辦理

第三款　租地應辦事宜如何方爲完善及立契之法
凡永遠租地之事如查無關礙方准願承租者與中國原業戶商定價值等事稟明該管領事官在署中呈出中國原業戶所寫永遠出租契據二紙係屬一式繪圖一紙畫出地形詳載四址領事官卽據以轉送上海道衙門以備查考查明所租之地事俱屬妥當無礙卽由道署加蓋印信移還給執該地價值卽可照數付清若所租基地內有墳墓厝柩等情或遷葬或搬讓必須臨時商辦因中國例此等情節不寫入永租契據之內故也

第四款　租地須掛號入册卽典押亦須報明入册
凡遵照以上例章置業立契事竣之後限一月內由該租主持赴該管領事官衙門內報明入册掛號以後如有典押各情亦須於一月內赴該管官署報明入册備考

第五款　轉契亦須掛號
凡轉租基地須在該契掛號之領事衙門內呈明其得主亦須赴該管領事衙門呈請掛號並由領事官通知公局

第六款　讓出公用之地

凡在租界以內已經執業租主各西人讓出作公用之地（如道路漲灘之類）嗣後仍照前遵行專作公用不得另作別用卽將來置買新地內如有漲灘亦必憑照此章讓作公用以資執業因須預籌推廣開築通行往來之路由公局於西歷每年新正查勘地圖將應作新開馬路處所公同會議擬定（公局係租界之內執業租主及有關准議事之西人照章公同會議選派設立以辦事者所有關議章程設局章程均見於後）凡遇此後轉租之事基地內如有續漲灘地及應作道路之地必由承租者照章讓作公用以便執業（此章係議定衆所共知自應遵照之租地執業章程）此項照章讓出及已作公用之地除齊集各執業租主有關人等公同會議核定允准將該地給回原主收回之外不能由原主自行任意收回至此項已經議出作爲公用之地尙有應完年租雖仍由原主照繳但不能藉此希圖營業除照上載各項外如有佔用漲灘馬路等地作爲公用情事必須經該執業租主應允方可施行決不能以援引此章爲詞各執業租主會同關議將地段劃歸公局管轄之後公局卽將擬在該地方作公用公路等處出示通知倘有早在該地方置有產業之有約各國商民等因公局示內所云公用公路之處有所辯論限十四天內投該管領事官具呈禀明或自己專函通知該局以便設法調處若照領事官意見未能妥協卽任聽公局將管轄該地方之責推辭此事卽作爲罷論租界內執業租主（有關議事人亦在內）會議商定准其購買租界以外接連之地相隔之地或照兩下言明情願收受（西人或中國人）之地以便編成街路及建造公花園爲大衆遊玩怡性適情之處所有購買建造與常年經修費用准由公局在第九欵抽收捐項內隨時支付但此等街路花園專作公用與租界以內居住之人同沾利益合行聲明

第七欵　立分界石碑

凡租地四至必經中國官員該管領事督率辦理豎立分界石碑將編成號數用英漢文字合寫刊刻明白確實預訂日期屆時由該管領事官派人傳同執業租主亭者地保原業戶等偕往查與道路界限均無違礙方准將分界石碑豎立以免將來因此爭論致啓訟端

第八款　限期完納年租

凡中國業戶租與西人之地倘存有應完年租限於每年十二月十五日預將明年地租全行照完倘有遲延及抗欠等情即由上海道函致該管領事官向執業之西人追繳

第九款　抽收馬路碼頭房地以及各項之捐

租界地方必當預籌治理以資妥善

一設立辦事公局

一興造租界以內各項應辦工程及常年修理之事

一租界全境應行妥當整治潔淨設立路燈儲水灑地以免塵污開通溝渠

一設立巡查街道巡捕

一籌備公局所需公用基地房屋或租或買事宜

一籌措公局應行延請僱用之辦公上下各項人役月支公費因舉辦以上所開各事需用銀兩或應行借支或另行措辦有約各國領事官(或其中已有大半位數)於西歷每年之正二月初旬擇定日期(必於兩禮拜之前宣示於衆)按照後開章程選舉辦事公局之董事各國領事官又於正二月內宣示限二十一天齊集衆人會同籌議舉辦上開各項事宜之經費銀兩並准此會內齊集之人(執業租主有關者離境給據代辦之人亦在內)將抽收捐款及發給執照等事(按後開規例各條辦理)議定施行(凡議行之事或大衆全允或大半已允者均可從而行之)亦准將地基價值房屋租金自行估算以憑收捐但地捐須與房捐相準地捐照所估時值地價抽取房捐照所估每年應收租金抽取總之地捐如係抽一兩則房捐所抽不得過二十兩餘俱仿此類推並准抽收貨捐租界內之人將貨物過海關或在碼頭上起卸貨物下船轉運均可抽捐捐數多少照貨之價值而定但貨價每一百兩捐不得逾一錢又准其隨時酌量情形抽取各項之捐以備舉辦上項各事宜需用經費

第十款　會同選舉公局董事

凡辦事公局之董事應有各執業租主及有關議事人照第九款會議按後開章程選舉董事員數

多不得過九位少不得逾五人以便將照章捐項抽收及已收捐款存候照例文用並章程內一切應辦之事均宜切實遵行以資妥善故該董事選充之後卽當給以全權辦理捐款收支等事倘有不遵章付捐者卽由局董投該管官署控追並將欠捐人房地扣留作抵或抄取貨物器具拍賣抵償以重捐項

第十一款　公局董事酌定規例

照章將公局董事選舉妥當之後凡已經批准附入章程以後規例內一切權柄勢力並規例內議歸局董應辦之事應得之物均全給與公局值年之董事及將來接辦之後任該局董有隨時另行酌定規例之權以便章程各項更增完善並可將酌定規例增改停止但不能與章程相背須俟批准宣示以後方可施行局董照章酌定之例除專指局內及所用上下人等事件必奉有約各國領事官駐京欽差(或其中已有大半位數)批准及特請執業租主齊集會議應允方可照辦凡特請衆租主會議日期須先期十天宣示並將因何事會議之處聲明

第十二款　查閱帳目

公局因一切收進付出帳目應行請人查閱俟奉各執業租主公同議允准故於請人查閱之後卽將清帳刊呈衆覽所有執業租主核准公局帳目一事係於各領事官照章所請年會(卽第九款之每年公會)之時舉行

第十三款　控追欠捐

倘有人不肯付捐(卽照此章所抽之各捐)及不肯認繳罰款(卽後附規例內各犯例之罰款)卽由公局所委之經理人投該管官署控追俟奉准後按律施行以便將欠捐追回若欠捐人係附貨主無從查尋或係在該管官員所轄地界以外或係查無領事管束之人則公局俟奉地方官批准後卽將該貨(卽應完各捐之貨有不付延遲等情)扣留備抵或另行設法將欠捐追回若查係房產業主卽酌取產業若干以足抵欠捐之數爲止

第十四款　追繳規例內罰款

凡違背後附規例內應罰各款或不付執照費公局均可投該管官署呈控該管官員查明屬實卽飭犯例之人遵繳(或付出罰款或存項充用)並飭將訟費付出(卽公局控追犯例人罰款所費之項或云堂費也)均由該員量行辦理至按此章之(在現已定將來酌定)規例內一切罰款等項均登記簿上以資充裕而便照章支用

第十五欵　特會議事

凡遇酌啟公會議事之時卽可由有約各國領事官(或一位或數位)或房地執業租主(例得有關議事者必滿二十五人寫立允單方可舉行)隨時訂期邀請赴會以便公同商議與租界內大衆相關之事(所訂之日所議係因何事須先期十天宣示)此特會之例也特會議事之時租界各執業租主統計人數如到場者極少須有三分之一(凡房屋地基執業租主例得議事有關者或自己到場或離境出門給據與人代辦者均在此數內)而到場之人如已有大半書允則所議定之事未經到場之有關議事人悉當照行當赴會議事時如有領事在場卽以在任較久之領事官爲會中首領如無領事官在場則於例得有關議事諸位之中公推一人(須允行人數在大半以上)爲此次議事會首凡照此章在公會議定允行之事倘係章程內未經提及與大衆攸關者會首必將此事報明各領事官等俟其酌定批准之後方可施行但事經議定限十天後方將領事官批示宣出倘有人以爲與其(自己產業)有礙可於此十天限內呈請領事官核辦若已滿兩月已經領事官將批准示諭宣出衆人必當遵行

第十六款　墳墓

租界以內應行專擇合宜地方爲西人建造墳墓之需至西人所租地基內如有中國原業戶墳墓非與商允不得擅行遷去所有未遷之墳墓亦准原業主隨時前往查視屆時祭掃總之租界以內不准再行於地基上埋棺厝柩

第十七款　違背租界章程

凡違背租界章程者經人(或地方官員)報知該管領事傳案查實卽行議罰(或由領事自辦或

係飭人代辦均可）其例有二罰錢之數不得過三百元監押之期不得逾六個月倘應另行發落亦可酌辦若查係無領事管束之人有違章情事公局稟由領事官（數位或一位）函致中國地方官商辦以冀保全此章程之權力而將犯例者懲罰

第十八款　保舉公局董事

凡例得議事有關之各西人兩位可保舉一照章合式之人（此章見後）充作公局董事一位作正保一位作副保繕立保單簽名爲據並取具該人願充董事之字據於擇定會選董事之期七日以前必送交公局經理人（或所委專辦此事之人）接收即於收單限期之次日將所保之人名登記清册宣示懸榜於大衆共見之處並刊入西字新聞紙內倘屆期而保充董事之人名數已過於九位則值年董事卽派兩人專司其事在擇定會選董事處所接收各執業租主之鬮單公局所派之兩人執有房地執業租主例得議事入公會發鬮者姓名清册於各有鬮人親到場者按册給以一單（單上係被舉待補董事之各位姓名）俾在單內聽其將情願具保之人名用筆圈出勿逾額定九員之數簽字爲據卽將此單封送置於公局特爲此事而設之箱內從擇定選舉董事之日起至次日截止（係接連兩天第一天早十點鐘起至午後三下鐘次日早十下鐘至午後三下鐘止）立由公局另行特派兩人開箱查看將單內鬮保最多之九位檢出此九位卽可定爲值年董事倘保充員數恰在額限內（九員以下或五員以上）卽毋庸如此（此指給單簽字圈名置箱等事而言）逕於接收保單限滿之次日宣示於衆懸榜登報已足定值年董事之位矣若所保員數較少不足五位（四人以下）亦於收單限滿之次日由值年董事將册載有鬮人名刊入日報至選舉之日特啓一會由赴會到場之有鬮人或發鬮或另用別法酌添董事以符額限（極少須有五人）此數人卽定其爲值年公局董事

第十九款　公局赴會議事

凡在租界居住之西人執有產業或自己出名或做經理洋行之東家出名（須將名下應付各捐項付清）准在選舉董事及各公會議事之時發鬮並特聲明此等發鬮議事之人必所執產業地

價計五百兩以上每年所付房地捐項照公局估算計十兩以上（各執照費不在此內）或係賃住房屋照公局估每年租金計在五百兩以上而付捐者屆會議事件時惟持有此等離境出門因病未到者特書託辦字據人方准代其鬮議其堪充董事者必名下所付房地各捐照公局估算每年計五十兩以上（各執照費不在內）或係賃住房屋照公局估每年租金計數一千二百兩而付捐者方爲堪充董事合例之人凡照章應行有鬮之人每一洋行中所發不能過一鬮凡例應有鬮者均名列淸册存於公局由局內辦事人於西歷每年十二月初一日起從速查核將應行增減之數照公局酌定宣示於衆

第二十款　選舉公局董事員缺

公局値年董事遇有一二位缺出其數不過三員卽由現任値年董事公同會議（照從衆例行）以補其缺倘空缺多至三員以上則選舉所缺董事補任之事必全照第十八款辦理

第二十一款　公局董事任事期限

公局任事將滿之董事其賬目照第九第十二款經人查閱在年會核准報銷之後即行交卸新董事上任接管直到自己經手收付賬目經人查閱會同核准報銷之後卽交與後任接辦所有新董事接任後於第一次會議卽公同選舉二位爲會首一正一副以一年爲期會議之時兩位會首倘不在場卽由各董事臨時自推一人權代其任

第二十二款　董事會議

董事會議之時倘有事須公商者或允或否兩邊鬮數各得其半則儘有會首鬮之一邊是從（會議之時人各一鬮惟會首則當此際另有一鬮可發兩鬮鬮數各半將會首之另鬮隨意添入則此一邊卽較多一鬮矣故從之）凡赴會議事極少須在三人以上方可定議施行

第二十三款　局董分任各專責成

公局董事應辦事件內酌有交與分局辦理更覺妥善者隨時在董事內分派設局幾處委辦何事全歸公局任便調度分局辦事不得出公局分所當爲之外分局會議人數極少亦由公局酌定

第二十四欵　委派辦事上下人等

公局因照此章辦事應行委派僱用之上下人等計若干名各歸公局核定所需月支工費由公款支付並可酌定規例以便管束此等人或任用或辭退悉聽公局主裁除特會公同議准之員缺薪費外其餘人額缺不得逾三年

第二十五款　開呈公款賬册

公局酌將公款照所開應行支付之賬以備與大衆有益有用而支付者不得逾年會核准或特會核准所開支付之數每年現任董事將滿之時必將一年中經手收進付出各項款目開載清册呈候衆覽此清册於年會定期之前十天宣示

第二十六款　公局董事等人被控其責任不歸於本人

凡公局董事等項人及遵奉公局指示之董事經理人勘工人巡捕頭與另行僱用之上下人等所辦事件寫立合同實係遵章照辦如因此有被控向索之事其責任決不歸於經手之本人至公局應用之款核准之項無論由何人經手支付（指董事經理人勘工人巡捕頭等項而言）均在公局照章抽收捐款銀兩內支用

第二十七款　控告公局

公局可以做原告控人亦可以被人控告均由公局之總經理人出名具呈或用上海西人公局出名具呈尋常之人與人結訟所有經官訊斷究追等事應享之權利公局亦一體享受毫無區別公局若係被告所受被告責任亦與尋常之人不殊惟將應受之責任專歸於公局之產業不與經手之各董事及經理人等相干凡控告公局及其經理人等者卽在西國領事公堂投呈控告（係於西歷每年年首有約各國領事會同公議推出幾位名曰領事公堂以便專審此等控案）

第二十八款　增改章程

此項章程將來如有更改增添或所載語言所給權柄等項有可疑惑之處卽由各領事官與中國地方官會同商擬必俟各國欽差及中國國家批准方可定規

第二十九款　解明稱謂

此章程以上所稱執業租主出捐人等字樣均照第十九款指有圖例得議事人而言然或字樣雖同而按之義意各別者仍就來字所稱爲斷云

第三十款　房屋

公局可隨時設立造屋規例以便稽查新造房屋之牆垣基地屋頂煙囱是否堅固足禦火災留出空地清氣能否流通溝渠坑廁及堆放圾垃處所是否合式至不宜居住之屋或應永閉暫關等事各租主建蓋房屋須先將圖樣送交公局查閱工作時可派人勘視如造屋違式可以飭令拆去或改造式樣公局擬行規例須交地產董事核閱然不能駁回會議立定後並俟宣示六個月方可通行

第六款（甲）　馬路基地

凡讓出興築新路增潤舊路及一切公用所需之地租界執業租主得增長其權利除第六款原載外尚有新增改定章程

一公局擬作公用之地應繪第六款原載所指圖樣宣示西國租主於圖樣未宣示以前已經管業或雖已承租而尚未管業者限三個月內准將詳細情形及不願遵讓之處函報公局或詣公局面陳或託人代訴聽候公局核斷

倘逾限已四個月及圖樣宣示一年並已將該租主所陳核定而仍行抗爭即由公局函請後開選立之勘估地值地產董事公同核斷估給地值及屋價如再不遵查第六款原文雖似有異議茲由各租主本管官員幫助以伸地產董事之權

一勘估地值之地產董事須選立三員一員即於西歷每年一月十五日以前由公局會議派充一員由册載每年納稅十兩或十兩以上各租主於會議公局董事之日公舉租主二位於會選七天內可在公局將保題姓名送請收存至會選之日宣示俾衆周知倘屆時保題姓名祇有一員則此員定爲地產董事毋庸再行公舉之例一員由租界出捐人公舉出捐人於會議七天前可

將保題姓名送交公局接收至會議之日公局將保題姓名及會議情形宣示大衆週知倘屆期並無保送姓名到局則以照章合式之人臨時會議定立爲地產董事此三員董事均於每年出捐人會議之次日蒞任辦公一年滿期須將任內經手未完事件料理清楚方可交卸

凡在公局支領薪水之人不得選派爲地產董事

一年內或遇董事缺員仍歸原舉者重舉一員接辦如必不得已卽特行會議公舉

一切事件均應於一月內訊斷完結亦有從衆議而展限者

董事公費由公款內提給酬勞之費由公局預定或照辦事久暫核付

第六款(乙)　鐵路

凡鐵路公司有欽命籌辦者有憲札飭辦者如欲在租界內購地築路須繪畫圖樣送交公局閱看其鐵路造法與公路有何干涉或築造橋樑或經過平地及一切緊要情形均開載明晰倘經公局允許公司可將應需之地問該租主購用照公局購地公用規例辦理給償時値地價並按地價另加津貼每百兩極少二十五兩以償勉强讓購基地所受虧損至用賸之地該租主如尙受虧應由地產董事酌給償款

第六款(丙)　建築新路

公局欲得基地建築新路(稱新路者舊路之擴張在內)並認爲公益上宜在此項基地上依照本章程建築新路者在着手之先至少應在上海發行英文日報上登載通告一次述其所擬辦法如有當衝或毗連新路基地之執業西人並應予以同樣之通知又應準備該項新路之計畫圖樣及剷平鋪築安置鐵器開通水溝建築暗渠及完成此項道路所需費用之概算此項計畫圖樣概算應存置於公局測量處內以備衆覽當衝或毗連該路之基地如有執業西人於通知後三個月內有權具呈陳述異議並親自或委代理人到場提出證據於公局之前證明以此項新路不應建築之原因公局應聽其陳述予以裁定

三個月期間經過後或有此項異議而已經核駁公局得於通知日起四個月以後至一年以內進行劃平鋪築安置鐵器開通水溝建築暗渠及完成此項新路之工程所需費用三分之二以內應由當衝或毗連新路之基地在發布通知時及以後之執業西人支出之但新路每旁之全體執業西人所出者不得超過工程全費三分之一以上其支出之成數由公局定之但若此項執業西人對於公局所定其個人所應支出之部分有不服者於分擔數目公告後三個月內有權陳訴於地產委員地產委員應斟酌因修築新路所增漲之利益並將陳訴基地啣入馬路之多少與鄰近地基比照觀之且應斟酌此項基地之特殊形狀及此外一切情形而裁決此項陳訴並應依其所認爲公平者承認或減少公局所定之分擔數目（以關於陳訴人及陳訴基地者爲限）公局修路所出費用依本章程有應由執業西人就其房產負償還全部或一部之責者該項費用應向該房產現在之執業西人徵還之在該項費用徵還以前該項費用應爲房產之負擔凡向執業西人徵還該項費用時應以公局所發單據爲該執業西人應付數目之最後證據如該件咨送地產委員則以地產委員所發單據爲最後證據

上海新定虹口租界章程（卽美租界）

第一條　所定之界應立界石上鐫華英文字以示分劃清楚並另繪一圖備考所列界石均有數目第一號在吳淞江北岸官地准其永遠豎立該地一方工部局每年情願照繳年租第六號在界濱南岸卽北河南路西首官地與一號界石事同一律至於他處界石立在洋商華民地上者如係華民之產已允永遠租與工部局每年租洋五元由工部局付與地主以及地主之後裔或轉買該地之地主倘工部局與地主將該一方地租洋歸一次總付清結亦可商辦若係洋商之產由工部局與洋商自行商辦

第二條　倘工部局欲築公路穿過華人產業則須於動工之前預先商議購地及搬遷房屋或墳墓之在路線上者

第三條　華人墳墓若非其家屬自行允准不得動遷

第四條　凡築公路不能穿過義塚

第五條　不論何條通潮之港或河道向來所有者工部局願不填塞如用填塞須先與地方官商議方可

第六條(房捐)　一切向來所有住宅因係華人原業戶之產並係華人原業戶居住現在並不收捐者又一切新舊房屋在華人原業戶地上離馬路或應築之馬路較遠並無利益可得者工部局情願概不收捐

第七條(地捐)　凡虹口租界內耕種之田備常爲華人原業戶之產工部局願不收捐

第八條　吳淞江不在美租界內水利之事歸中國地方官經管所有北岸岸線將來應由地方官與美領事工部局員會同勘定以後修建駁岸不得填築線外工部局如在吳淞江添造橋樑同現在所造之橋一律不能再低備在北岸建築碼頭亦不得填出河外淤墊河身有礙水利天后宮廟及毗連之屋係款接出使大臣經過上海時之用均不歸工部局節制又以下所開虹口各廟係載在北京部册工部局願不收捐

計開　三官堂　下海廟　魯班殿　天后宮　淨土庵

上海洋涇浜北首西國租界田地章程

同治八年西一千八百六十九年實施共二十九欵至光緒二十四年西一千八百九十八年增訂

第一條　管理溝渠

凡照以上章程所定租界內之一切公用之溝或係陰溝陽溝或在街道上面下面以及需用工程物料無論係在此章程頒行之時已成之溝及將來擬造之溝造溝經費是否出自公局或出自他人等情均專歸公局一體管理

第二條　造溝之權

公局隨時查勘應行築造街衢下面之總溝道分溝道或挖水池或立水閘或淘修深通或安設機器等工程以便將租界內各處積水汚穢妥實疏泄倘有將溝應接通別條街道者不拘是何街道均可穿過務須小心酌度庶不致損及產業若果與人家私產有礙即自行照數賠償應賠多少之數請公正人斷理或由受損之人照章控追凡因完全上載各工程勘有必得穿通人家已經圈進之地或另項之地皆屬可行但須由公局酌定一合宜日期將此事（欲造各溝工程穿通此家地基之事）須先知照地主損及地主或租主產業照例償銀公局可將溝逐段通接直到各河內以暢出水或將溝中汚穢各物妥爲設法運出就便堆積售與種田人或另行銷用但不得礙及地方與取人憎惡

第三條　推廣溝渠

凡歸公局管轄一切大小之溝隨時可往勘辦增大修改及用全圈半圈式各做法倘查有無用應廢之溝便可拆去或竟行填塞但此做法總不得礙及地方取人憎惡

第四條　擅通公溝

凡人私造之溝未經奉有公局准據擅行接通於公局管轄之一切池溝者即應致罰不得過一百元而此溝應行重造等處悉聽公局所指示之做法而行需用工料費用仍由本人（私造溝擅通公溝之人）照付不付即照控追償銀例行

第五條　造屋於溝面必有公局准據

凡欲造房開溝其基地之下如有公局管轄之大小各溝必奉有公局所給准據方可在溝面上造房砌溝如有在此租界章程已經批准頒行之後犯此例者即由公局將犯例人所造之房溝拆去其拆去工費仍由該犯例造作之人索取不付即照控追償欵之章程辦理

第六條　各溝做蓋

租界內一切大小之溝無論公私均要做蓋及各項妥善之法勿使穢惡氣味四散溢出所做溝蓋

第七條應由公局做或由地主自做

應支造溝工費

第八款公局造溝通溝常年修溝等項工費均由第九款章程所抽捐項內開支

造屋必須築溝照局示而行

凡有人在租界內蓋造房屋或舊屋翻新必須先築泄去汚水之溝（一條或數條溝並報知公局由勘工人（卽打樣西人）將應用何法築造需用何項料物溝身之大小寬窄與地面相距之深淺以及高低平側之勢逐一聲明以便將屋下積水妥爲宣泄之處呈報公局飭知該業戶（卽造屋人）遵辦若業主已將蓋房屋及翻造之事報知公局而勘工人不卽據呈轉報過十四天定限准由該業戶任便開工一如無此通知公局之定例者凡新造翻造各屋所砌泄水之溝若於該屋基地週圍一百尺（英尺）以內有公局砌造及合理而用之溝應如何接通之處全聽公局指示備該屋基地百尺內並無公用各溝則將所砌之溝卽接至一有蓋之陰井內或至別處不在屋基下面其距各屋遠近均照公局指示須適中合宜之處備造屋翻新砌溝之人不遵此例每罰鍰不得過二百五十元凡租界內房屋無論係在此例頒行以前所造以後所造若無地溝及通至公溝之溝不足與該屋及附近地方宣泄汚水如房屋四週一百英尺內有公局所造與合理可用之溝一經公局勘工人呈報公局卽行函示該業戶租主酌定限期令其速砌地溝（一條或數條溝）以資宣泄所有需用料物如何做法及其大小深淺寬窄平側等處均照勘工人原呈而辦接受局示延置不理卽由公局酌量訂期將此項工程自行砌作該業戶租主如不付出所用工費卽照章向索按控追償銀例行

第九條勘視馬路

租界內凡馬路及一切公用之路均由公局勘工人查視所有經理道路責任及常年勘路人責任權柄悉專歸公局承認

第十條開通道路

凡此章頒行以前已有之公路及開出之公路所有經營修理等事均歸公局承認至鋪砌當中大路兩邊小路所用一切磚石料物以及因修路而用之房屋器具等項亦悉歸公局經管

第十一條　修工塞道

公局當興工造作之時（如造溝修溝折溝鋪路等工程）所有該處坐落地方街道可以暫時阻塞不准往來行走惟兩邊附近居民步行出入概不攔阻

第十二條　私修街道

公局管轄之街道其中間兩旁已經鋪砌之磚石等項料物如有擅自取去及私行改動者除由公局允許及執有准據外卽行照罰以二十五元爲限至所改動移易之料物每一方尺罰不得逾一元

第十三條　煤氣管水管歸公局更動

凡遇公局照章辦事時酌將租界道路內煤氣燈自來水等管佈置安設應高應低或另行修理改動處斟酌情形隨時函知該公司（卽設各管子之主人）令其從速就便遵辦但所示做法不得與其產業常有損礙（如水不通暢煤氣阻塞不能燃點之類）所需修改工費及賠補損傷產業等項銀兩悉由公局在照章抽收捐款內支付倘該公司等奉到公局函飭抗不遵行或無故遲延不將各管子照指示做法者卽由公局自行酌辦但不能因此損其產業致令水阻氣塞需用工費仍向該公司等索取不付卽照控追償欵例行

第十四條　房屋須有水落

凡有人住屋係向外迎街者若未造水落（一名攔漏）經公局查出專函知照限令十四天內按屋之寬窄做成水落或接至鄰舍之水落或與附柱之直管子相承務使瓦面簷前之雨水不致淋及行人濺地濡溼爲要並須時常修理倘逾限不遵卽行罰鍰每天不得逾十元

第十五條　街上堆積材料特置照燈

凡人在街上堆積各項材料（造屋材料等項）或於街心挖坑者無論是否係照公局指示而行必

由該人自行出資於適中合宜之處妥設一燈從日落燃點至天明爲止並打一竹笆以資圍護均俟工竣撤去(物料搬完坑已填平)如不遵照設燈打笆者每事以罰二十五元爲限罰鍰以後仍不照辦者計日議罰每一日不得逾十元

第十六條　堆料挖坑久延之罰

凡租界街道內此等造屋材料各項料物或所挖深坑除在需用期內耽延尚合情之內如有無故運延任意堆挖不肯搬開填平者每事以罰二十五元爲限既罰之後仍未遵辦即計日罰鍰不得過十元所有呈出堆料挖坑實係尚在需用限內憑據之責任歸於該本人

第十七條　修整房屋

凡房屋坑洞及迎街等處因失於修理並不編籬圍護致與大衆行人有危險妨礙者公局可自行修整編籬圍護其工費由原業主照付不付則公局照控追償欵例行

第十八條　潔淨租界地方

公局將租界內所有公路及兩邊行人往來走道隨時打掃灰塵垃圾收拾乾淨一齊挑去並將租界一切房屋內之灰塵垃圾等物酌與人家方便合宜之時刻掃清挑去至厠所陰井等處隨時前往倒空妥爲滌洗乾淨

第十九條　公局可代人打掃

如有人因此章將房屋前面行人往來走路處所打掃乾淨之責任向公局商酌並訂明時日公局卽可代其照章打掃以資潔淨

第二十條　失修房屋

凡租界內房屋牆壁如有失修傾側倒塌致與行路及鄰近居人等有違礙情形一經公局勘工人(卽打樣人)勘明卽函知該管領事由領事官飭知該業主或現住租戶將此等房屋牆壁迅行拆卸翻造修理酌定限期照勘工人所指妥爲繕治如不遵飭辦理或該業主及租戶無從尋覓卽由公局立將此等房屋牆壁折修翻造或全辦或酌辦隨時核定所需工費仍由該業主租戶照繳

第二十一條　追繳工費

倘在租界以內尋見第二十條內載該業主租戶卽由公局向其索取工費如有抗欠遲延等情該管領事官接收公局函呈後繕給諭單准照將產業作抵之例理償

第二十二條　業主不見工費如何追償

倘在租界以內第二十條載明該原業主租戶無從尋覓或所置產業不敷抵償公局卽刊印或繕寫告白黏貼於該房牆或基地之上人所觸目之處並刊入新聞紙以便告知該業主租戶云限二十八天後將此等房地拍賣所得價銀抵還已支工費或將房屋酌量售去若干計足抵所用之工費而止所有拍賣各項價銀補足工費如有餘下之銀存候原主具領倘拍賣之後仍不足抵其控追欠項找數之權與控追欠項全數之權仍屬無異

第二十三條　伸出街道各項

凡各式房屋有門前天窗沿街洋臺各式天篷臺階石坡門窗百葉窗牆壁欄干籬笆或各項招牌(或橫或直或木或鐵或欄街懸空伸出等項招牌)沿街售物置攤(或高攤或低攤)等項伸出街外攔阻街道與行人致有一切違礙不便之處均可由公局飭令全行搬開酌加修拆該房屋租戶等人奉到飭知單據限十四天遵辦如延不遵辦每事以罰十元為限並由公局自行拆修搬開所需工費仍可向索倘不付出卽照控追賠補之例而行所有攔阻街道等事若由房東所為租戶可將已付之各項工費在房主每月租金之內扣還清楚合行聲明

第二十四條　攔塞街道

凡有人將各項貨物蓋房材料屯積公路之上致將行人走道攔阻者每二十四點鐘以罰十元為限至次日由公局函知原主(貨物主材料主管工人等均在此內)倘查無下落卽可自行將各項貨料搬去扣留俟繳回所用工費之後給還原主具領如不照繳公費公局可控追賠項之例辦理公局所扣各項貨料俟酌定合理限期已滿亦可售去抵補應得工費罰款如有餘賸銀兩存候給還所蓋房屋如查與公路有礙需用攔杆板壁木架等項以便妥加圈護而免妨及衆人者如該屋

主有抗延不做等情卽由公局代做所需工費開賬向其索取

第二十五條　打掃街道

凡租地租房之人應將房屋前面行人走路之處遵照公局指示隨時打掃乾淨其四面之溝及陰井等泄水處所亦須淘治通暢並將垃圾灰塵等項污穢掃除乾淨如不遵辦以罰五元爲限凡房屋租戶名下應行承受責任如有零間分租情事不與分租之戶相干仍向原出租之戶是問

第二十六條　挑除垃圾污穢

公局酌定一與人家方便合宜時刻專爲挑倒廁所便桶穢水污物而設決不能稍有逾越公局所定時刻出示通知以後倘租界內有挑倒污穢之人出於限定時刻之外者又無論何時有人將所用運物各式車輛桶具等項並不設蓋或有蓋不足適用致臭氣四散污穢傾溢者又有人於挑倒之時任意傾潑者又有無心傾潑而不肯洗淸掃淨者計每事所罰極多不得過十元倘眞正犯例之人無從尋覓卽向管車輛桶具之人是問

第二十七條　挑除坑穢

凡房業主租戶均不准在地坑等項處所將污糞穢水及令人厭惡之物堆積經公局給示以後逾四十八點鐘尙不挑倒乾淨或將陰井坑厠內污水任其滿溢浸泛致附近居人增惡以及收養豬豚等事每事以罰十元爲限被罰後仍不迅速悛改計日照罰以二元爲限並由公局將此等污穢坑厠陰井等項自行挑治潔淨以免大衆憎厭因做此等工程及承僱夫役按照合理時刻進人家住屋趁便工作者所需費用仍向犯例之人索取不付則照控追賠欵之例而行此項銀兩公局先向租戶索償倘無從尋覓可向地主追討

第二十八條　不許久堆污穢各物

除在田塲外不准將馬牛豬各棚糞穢等物在公局所不准之地方堆積以七天爲限若數逾一噸之多則以兩天爲限公局給函飭知以後必於二十四點鐘內搬去倘不搬去卽行充公由局管業自行（或飭令承僱夫役）搬去售賣售價歸公支應或將搬開工費仍向該房地（業主租戶）索取

不付則照控追賠欵例行

等二十九條　查視地方汚穢（二十九欵三十欵三十一欵如有醫士字樣卽係指此條所載之數等人）

租界內堆積汚水糞物等物經人（一係租界內請延查視地方保人身體平安精神爽快之醫士一係住租界醫士內科二人或外科二人或內外科各一人）專函報知云與人精神身體有礙公局經理人卽通知該物主或住該處之人限令二十四點鐘內全行搬開如不遵辦卽行充公由公局管業飭承僱工役搬開售去售價歸公至搬開工費仍向物主等索取不付卽照控追賠款例行

第三十條　查視房屋汚穢

醫士等函知公局云租界內房屋（全間或一間）有汚穢不潔情事致與租戶及鄰近之人精神身體大有險礙或云將此屋修整粉飾方免臭氣四溢瘟疫叢生又云有陰井陰溝坑厠失修與附近之人身體精神有妨公局卽函致該物主云將此房屋等項在酌定時刻內照所指做法迅辦有抗延者每日以罰十元爲限並由公局自行僱役將房屋粉飾淘井通溝挑倒坑厠等事辦竣所需工費照控追賠款例行

第三十一條　禁止取人憎惡等事

凡租界內有人開視鎔鍊五金製造蠟燭肥皂等廠宰殺燒煮各牲骨肉作坊豬圈厠所水坑牛馬糞堆及一切製作售賣等場經醫生等查視有與衆人精神身體妨礙危險等情函告公局卽投該管官署呈請飭禁該管官查實卽傳知該物主等停止或查有更改防備之法而未經仿用者由該管官酌給限期令其遵照如不遵者卽行罰辦

第三十二條　阻止打掃街道工役之罰

凡所租房地在租界以內經公局僱定工役專司打掃如有不肯遵照向其任意攔阻者每次所罰不得過二十五元

第三十三條　危險貨物

租界以內如有人建造茅棚竹屋及積草堆柴易引火災房屋又堆積犯禁貨物與人性命有害者如火藥鏇硝硫磺之類又應行限止囤積堆放數目不能逾額之煤油火酒石腦油及各種易燃易轟之煤氣藥水等物均不准行倘有犯者第一次以罰二百五十元爲限第二次以下不得過五百元並可將該貨物充公支用如有將以上各貨運進租界內者須報明公局由經理人指示堆放處所庶免災傷不遵則罰以二百五十元爲限倘再延不遵辦計日而罰以一百元爲限均由公局投該管官署控追

第三十四條　執照費

租界以內如有人開設衆所游玩之處如唱曲所戲館馬戲場各打球場彈琴所酒店令人沉醉之藥食肉各鋪宰牛所馬房等或出賣各酒令人醉藥肉食等物出租船車馬車各具在公局碼頭裝貨卸貨(自置出租)之船各等項生意均捐取公局所給執照方可開設此項執照倘與給西國人須由領事官畫押公局可任便定立執照條例向捐執照人索取各式保單亦有時酌量情形無須執照保單者所有各執照捐銀之數按年會議定而行倘犯此例每一次所罰不得過一百元

第三十五條　不准嚷鬧

凡租界以內如有人施放大小洋鎗或無故任意大聲嚷鬧乘馬驅車到處疾馳或在街上溜馬及不合情理惹人厭惡等事每事議罰不得過十元

第三十六條　車上點燈無論何項車具均於日落後一點鐘起至天明前一點鐘止在車上燃點明燈不點燈之罰極多不得過五元

第三十七條　不准身帶利器

租界以內無論何人不得身帶利器行走(大小洋鎗大刀小扎刀棍上有鐵皮包者皆作凶器論)除各領事官公局特行允准及水陸員弁團練兵穿號衣之兵丁公出外如犯此者罰以十元爲限或押一禮拜(或作苦工或不作苦工)攜槍打獵者不在此例

第三十八條　巡捉犯例人

凡公局僱用及臨事時喚令幫助之人租界以內如巡見犯例人不知其姓名而拘捉者無庸執持信票卽憑此例而行迅速至該管官署

第三十九條　違犯官示

凡以上所言與人有損有礙可憎可惡諸事倘不照官示而行遵限停止更改者卽於限滿之後計日行罰不得過二十五元凡犯例人之罰查係僱工卽向其主人行罰

第四十條　規例

凡事照常例係取人厭惡致被控告有責任者不能援引此例以爲所行合例而冀推卸

第四十一條　罰款追繳之法

此條例內罰款充公等項如未指明如何追繳之處可在該管官署追控該管官查實卽飭犯例人照付並酌令繳出堂費及公局控告之費

第四十二條　頒給條例

此條例刊印後如有例應議事人向索卽由公局經理人照給不取分文並取一本懸於公局門首及大衆共見之處

按此項章程其第八款第三十四歘現經增改規例並於第八款下新增規例茲將增改規例及新增規例並錄如下

第八條　增改規例

凡在租界蓋造新屋翻造舊屋其地應塡高若干悉視與毗連之公路中心而定又接連四圍小街築作陰陽各溝等事均照公局定章遵辦如違者罰銀不過二百五十元並可令拆去所造總以造至合式爲止

凡蓋造新屋翻造舊屋必先築造宣泄污水之溝並將如何做法用何物料溝之大小寬窄與地面相距之深淺及高低平側之式按照公局定章遵辦新造翻造各屋所砌泄水之溝若在基地四面一百尺以內有公局所砌公溝或合例可用之溝如何與相接通悉聽公局指示如

並無公局所砌公溝則將各溝接至附近之溝仍聽公局指示違章者罰款亦不得逾二百五十元租界內凡造房屋無論在此規例頒行前若未造地溝及接連公溝之溝以致該房屋及附近地方污穢積水不足以資宣泄一經公局查出該房屋四週一百尺以內造有公溝及合例可用之溝即函示該屋主酌定限期令其迅速砌造俾污水不能存積所有應用何項料物如何造法及大小淺深闊窄平側等式均照公局指示而行如已接受公局函示延宕不辦即由公局將此項工程飭匠砌作用過工料各費仍令該屋主照繳其不照繳者按控追索償例辦理

新增規例

凡欲新造房屋或舊屋翻新須將各圖樣呈送公局聽候核示准否應於十四天內示知倘造違式房屋經公局派人拆去所用工費向屋主或承造者追繳按控追償款之例行

查第三十款章程內載凡修理坍毀房屋或修換各件或各式房屋改作住宅或大廈分作數間或牆垣加高培厚均一律謂之新造公局可任便加增違章例第一次罰繳二十五元二次以下每一天罰十元其照章呈送圖樣者應付捐項之數由公局核定

第三十四條　增改規例（各項執照）

租界內凡開設公衆游玩處所唱曲場小菜場戲館馬戲場打球場彈琴所跳戲所妓院酒店令人沉醉之藥舖各種彩票店牛乳房宰牛所馬房肉食各舖當押店洗衣作等及出賣各酒令人沉醉之藥舖各種彩票肉食各物出租船車馬各具或養犬均須捐取公局所給執照方准開設此等執照如給與西人並由本管領事畫押公局可任便設立規例向捐取執照人酌量情形取具各式保單各項執照捐銀之數按每年會議所定抽取違章者第一次罰銀不得過一百元二次以下每二十四點鐘罰銀不得過二十五元

附錄某君論上海公共租界及其解決租界地皮章程

上海于一千八百四十二年（按清道光二十二年）經中英南京條約闢爲通商口岸一千八百四十三年（按清道光二十三年）中英虎門附加條約遂承認英人得以攜眷赴廣州福州厦門寧波上海五港口居住不相欺侮不加拘制所以從當時條約言中國只承認外人可以在此諸口岸內自由居住通商並未承認外人可以在居住地域內行使行政權一千八百四十三年（按清道光二十三年）英人自行在上海劃定彼居住地域南以洋涇濱爲界北以蘇州河爲界東以黄浦江爲界西以護城河爲界此項界址直至一千八百四十五年（按清道光二十五年）乃經中國政府正式承認並經中國政府以地皮章程規定惟此一千八百四十五年之地皮章程並未將該地域組成一種市區亦未將以該地域內行政權尤其是警察權讓於外人當時英人亦不過設一道路碼頭委員會而已一千八百四十九年（按清道光二十九年）法國復於洋涇濱與上海縣城之間取得居住地域即現在之法租界美人於一千八百四十八年（按清道光二十八年）在虹口亦取得居住地域以是又有虹口租界或美租界之稱一千八百五十四年（按清咸豐四年）英法美三國駐滬領事共同議訂一種地皮章程華繹爲上海英法美租界地章程此一千八百五十四年地皮章程對於英法美三租界內租地道路碼頭及課税等事各有規定搆成一種三國共守之市政章程此項章程成立後上海外僑於一千八百五十五年（按清咸豐五年）遂選出一董事會以爲三租界共同之市政機關而原來之道路碼頭委員會遂解散吾人應注意者即一千八百五十四年地皮章程之議定及實施均未經中國政府參預所以英法美國等之取得行政權自始即是侵佔數年後法國又退出三國共管之組織而一千八百六十三年（按清同治二年）美租界與英租界依英美雙方之同意而合併此項合併地域並取得上海洋涇北首西國之名即今日之所謂上海公共租界英美租界合併以後上海外僑又將前述一千八百五十四年地皮章程改訂並於一千八百六十九年（按清同治八年）經列國駐北京公使核准此一千八百六十九年地皮章程華繹爲上海洋涇濱北首租界章程即上海公共租界之第一次根本組織法界內市政機關之組織及其職權俱在此章程內規定而此項章程制定之時中國政府始終未經參預事後中國政府亦從未與任何外國官員簽訂正式承受此項章程之協定不過列國曾於事後將此章程當作一種既成事實

通知中國政府而已此章程於一千八百八十三年(按清光緒八年)復有修改修改後送請北京列國公使核准而列國公使直至一千八百九十八年(按清光緒二十三年)始將原案改正而給以批准此一千八百九十八年之地皮章程卽今日上海公共租界之現行組織法中國政府亦未嘗正式參與此章程之制定也

上海華民住居租界內條例

照得華民若未領地方蓋印憑據並經有和約之三國領事官允准則不得在界內賃房租地基建造宅舍居住今將如何辦理條例開列於左

凡華民在界內租地賃房如該地係外國人之業則由該業戶稟明領事官係華民之業則由該業戶稟明地方官將租戶姓名年籍作何生意欲造何等房屋作何應用共住幾人是何姓名均皆註明繪圖呈驗如地方官及各領事官查視其人無礙准其居住該租戶卽出具甘結將同居各人姓名年籍塡寫木牌懸掛門內隨時稟報地方官查核遵照新定章程並按例納稅倘若漏報初次罰銀五十元後再漏報將憑據追繳不准居住該租戶若係殷實正派之人卽自行具結否則別請殷實之人二名代具保結

附發租洋涇濱地基條款

一按後所繪地圖分爲二十一段由中外官憲會同分判

一各段內地基其未先經按例註冊租定者則發租之時出價高者得租

一發租之時如已得租當卽按每百元先交二十爲定限十天全數交至銀行倘若逾期則定銀不還

一地內房屋不在發租之內限一月內著原業拆移如逾限不拆其房屋卽歸租主

一地段皆同界內別處租地遵照章程各欵並按圖留出公路

一地段內如有已經定租註冊者發租之時須親身或著人在塲聲明若無人在場之地卽行另租發租

之時如無別人爭租須該人聲明依官所定之數如不肯依定數給價卽將其地撤回如有人爭租則歸出價最高之人該人倘不聲明亦必勒出其價待其說明則伊作爲租主

一如有人爭論則經租之人作主從新另行發租

一價銀皆須洋錢

上海會丈局酌議定章

一西人租地以華民執業田單爲憑近來新租契地每有單地不符以及轇轕不清等情皆緣不查明於前致有奸民勾串經中地保但圖得費遽行加戳立契而租地之西人受其欺蔽而不知也迨經送契發勘委員有經丈之責輾轉根查致多延擱嗣後凡租賃一地須各該圖地保於未立契以前帶同租地西人與出租之原業戶將所執何號田單赴局驗明約以十日爲期由會丈局弔查糧册單地相符並查無糾葛等情卽知照領事衙門傳同租地西人令出租原業戶當堂寫立出租契由地保加蓋圖戳一面塡寫道契送請道憲發勘一經發局祇須訂期會同勘丈便可稟復蓋已查明事前不致再有稽擱

一所租契地如查有單地不符以及糾葛不清等事亦須於到局驗單後儘十日期內將因何單地不符轇葛不清之處知照領事衙門轉飭西人退租倘係可以清理之事應俟理清後再行核辦

一西人租地價銀每於未經勘丈印立道契以前但憑地保於出租契內加蓋圖戳遽行付價迨經送契發勘查有單地不符或糾轕不清等事委員將契稟銷而租賃是地之西人地價已先付過半且有以爲抵有田單價銀全付後竟無可追取者經訟受虧時所恆有嗣後須俟會丈局查明相符毫無糾轕於知照領事衙門准其立契後方可酌付銀兩若未經會丈局查明知照准其立契以前不得先行付價以杜欺朦

一從前舊契未經勘丈各地如一地兩契或有侵佔官地須令繳價升科及有商令原業主遷墳等事非經丈委員所能自主此外分割轉租毫無糾轕之地均隨到隨勘斷不延擱

一勘丈所租契地向有勘費係按照地價大小以八釐計費由原業華民付給爲地保各役加戳紙張飯食車輛等費今仍照舊歸原業華民承繳惟不必由地保經手因每有侵蝕等弊擬請由租地西人於所付地價內代扣繳由領事署所派會勘之員送局當場照向章分派給領倘費已送局分派而該契或有事故不能批印送還自應仍由會丈局將所給分派之費限一月內如數送還

一勘丈舊契租地向不給費惟較之勘丈新契地倍覺辛勞因已造有房屋難於分晰之故茲既明定章程擬除全地轉契不經勘丈毋庸給費外如係劃租分立新契擬每契酌定給費四元交會丈局核收分給

以上酌擬六條如有未盡事宜仍當隨時商辦

附錄申報民國十四年八月三日所載上海道契問題

邇來國人對於上海道契問題頗有注意者此事一關國權一關產權均至重要惟居民或尚不能深知特爲分敘俾研究者得考證焉

一歷史　上海自道光二十二年通商以來並許洋商在滬獨得地產租購權而洋商必求得該管領事之保護及中國官廳之證明以堅其產權於是始有道契蓋滬道據領事之請求以發契即謂之道契也其時辦理者既昧於國權又無固定之手續洋商遂漫無限制僅由租主呈請本國領事轉函上海道發給印契是以契內圖保四址不甚詳載至同治年間盡行附送田單租契由道隨時派員查勘嗣因辦理日多遂於光緒十五年由道設立會丈局而此後之道契必由會丈局先行丈勘相沿至今猶其例也

二手續　此種取得道契之手續謂之轉契轉契者先由洋商於購租地產時將原有之印契單等交付領事館承辦者大都爲經租賬房律師及地產公司等領事驗明後即據轉會丈局由局派員會同領事館工部局人員親往丈尺並驗查單據俟確實後隨即轉道尹公署蓋印證明而道契完成矣

三費用　轉契手續代爲呈領事之洋商例須納費由經手之律師公司等訂定之領事館手續費各有

不同英租界按地畝估價抽成故爲最昂至會丈局則每契例納十元惟查有疑弊時則調查證明率須別加費用至其支配則每月局中開支兩千元道尹公署千元交涉公署之交際津貼項下五百元其他支用五百元故每月須以四千元分配各機關也

四　勘契　轉契之際必由會丈局勘界查契有無疑弊蓋舊有方單每可割裂抵轉故往往一紙已裂爲零星而轉契者據以呈轉極難證明或有非調齊其原有方單舊單併驗不可者然原單散在業主難於彙集其必不可得者又須有地保於圖分中查明保結亦有方單糧串數目不符舊契售去一方而仍朦報轉結全契者又有丈量時以歷久手續不清而地多於契者則局中或認契外之地爲公產轉契必須補繳地價或地少於契則業主又必清查四址鄰界之地疑弊既多必加調查調查必有費用而人遂目爲利藪所集矣

五　華契　曩例租界但得由洋商轉契故華人置產亦必託洋商辦轉通例均別由洋商轉給華業主以權柄單證明此地但由洋商經管而實係華業主之產其後國人起而力爭官廳領事亦明知華人之置產於租界者日多故幾經爭執遂別有華商道契之設立華方由上海總商會主持之蓋卽居洋商領事館之地位也一切辦法率與洋商相同原夫方單契據均以表示產權惟以洋商有國際關係須得領事之證明重以道契以堅其管業之產權而華人又以租界關係並辦華商道契以示一律爲同樣產權之表證論其原則信用固相同也因有此保證而移轉抵借遂必根據道契洋商界尤須憑西册道契於是積重難返欲以產業流通管業者又無一不求得西册道契坐使洋商獲利至於今日矣

六　範圍　租界以內洋商管業轉契固在約章而當時洋商亦有在界外得產轉契者官廳昧於督察一例發給直至會丈局設立查已轉契之圖分愈推愈遠因卽設法限止凡未經轉契之圖分一概不予開始再轉於是轉契範圍乃不根據租界而根據已否轉過之圖分爲可否續准之標準矣寶山以毗連租界由南洋大臣咨部通融准轉者十五圖吳淞亦先與上海一律辦理迨會丈局歸併遂兼轄淞寶兩處今特將租界以外准轉道契之圖保附表於後（非表載者卽不准轉契也）俾知洋商道契勢力之所及矣

上海　二十八保五六圖二十八保三圖二十八保十併十一圖二十八保四圖二十八保九圖二十八保南十二圖二十八保北十二圖二十七保北十二圖二十七保十一圖二十七保十圖二十三保十五圖二十三保十六圖二十三保正十九圖二十三保四圖二十三保八圖二十三保九圖二十三保六圖二十三保五圖二十三保三圖二十三保分十九圖

浦東　二十二保五十三圖二十二保五十一圖二十二保四十三圖二十四保二十一圖二十三保十四圖二十四保十六圖二十四保二十四圖二十四保二十三圖二十四保二區十六圖二十四保正十五圖二十四保十四圖

寶山　結一圖結九一圖結九二圖闕三圖殷四圖殷五圖殷六圖（此圖江灣跑馬廳東有不可轉者）金二圖金二十三圖闕三圖闕五圖雨二十五圖推八圖殷六圖闕十六圖

吳淞　騰四十二圖騰四十一圖騰三十九圖騰四十圖衣三十六圖衣二十九圖衣十九圖罔三十三圖罔三十二圖罔十四圖周二十八圖周二十圖周十六圖周十圖衣十三圖（原本周二十圖）

附錄民國元年三月江蘇臨時省議會議決上海洋商租地印契暫用單行法

第一條　本法行用之效力應以民國國會成立議決全國通商口岸洋商租地辦法頒行一律遵守之日爲止

第二條　上海洋商租地契在前清時應由上海道蓋印者今改由上海縣民政長蓋印

（說明）本省暫行地方制縣民政長直隸於都督與前清州縣官必經司道府直隸州各階級而後達於督撫者體制迥殊故現在之縣民政長與前清之司道無甚差別租契蓋印當然有同等之效用

第三條　陰曆辛亥年九月十三日以前前清上海道蓋印之租契認爲繼續有效九月十四日以後非經本管縣民政長蓋印者即一概認爲無效

第四條　前清上海道所設立之會丈局自陰歷辛亥年九月十四日以後認爲已經消滅

第五條　縣民政長對於租界以外之田土但有保管之責任暫無允許洋商租用之權

第六條　縣民政長對於租界內之田土但能憑舊有糧業單串契據核明轉契暫無允許升科之權

附條　本省通商口岸江寗蘇州丹徒寶山等縣如適用本法之規定亦得比照上海辦理總以縣民政長對於本境田土有完全管理權爲一定之宗旨

跑馬場

跑馬場爲西人夏秋兩季賽馬比球之處前清道光三十年始購地於河南路及洋涇浜迤北一帶計八十畝今俗名抛球場即其故稱清咸豐四年上海小刀會作亂泥城之戰美國軍隊循跑馬場左折至洋涇浜與清兵交戰是爲跑馬場最初之地咸豐四年後移至浙江路芝罘路之間復嫌地址狹小不易擴充遂由英人逐漸圈佔移置於泥城浜迤西之地周圍廣約三里清光緒十四年上海縣知事裴大中由英總

領事處領到地價委董事朱紫綬顧銘照爲給價委員每畝給洋十元由地主憑單具領完案茲錄縣知事裴大中諭單於後

諭飭查發事據民人孫千千等二百二十四戶稟稱跑馬場地找價前蒙示諭具領孫等卽行稟請諭董領發祗因各業戶大半均係鄉曲愚民老幼婦女應投何處由何人經發罔屬茫然其足跡未登公庭者必須輾轉託人花費侵蝕又所不免如歸紳董經手有照者可以親自赴領無虞花費無照者由董督保確查的戶給發取具各業連環保結聲明日後檢出原照或頂名冒領等弊均歸保人理償字樣一俟發完卽由紳董檢齊保結憑照開具清摺呈案備案查稟乞諭飭朱董紫綬顧董銘照出爲辦理等情到縣據此查此案前奉　道憲扎接英總領事函據本國官律師威金生函稱跑馬圈基找價原業戶孫千千等邀伊經手調處已向公司董事商議除經理各費外每畝可給洋十元原業均已願領以斷葛藤請由縣示諭領洋等由札縣查辦嗣又奉　道憲札接英總領事許函送未領找洋二千三百八十六元三角八分掣回找價憑照一百八紙并各戶借洋抄賬札飭分別核辦各等因奉經先後出示曉諭各業戶持照赴領在案茲據孫千千等具稟前情自可照辦除批示外合行札飭諭到該董卽便遵照傳諭各業戶前向該董領取總須憑照付洋倘有遺失憑照之戶卽當督同地保確查的戶究明如何遺失取具各業連環保結聲明日後檢出原照或頂名冒領等弊均歸保人理償字樣毋任混冒仍俟發完卽由該董等檢齊保結憑照開具清摺呈請詳銷完案均勿率延再前項憑照卷查前縣共發二百六十五紙塡明戶名畝數現僅收回一百八紙尙少一百五十七紙特諭

光緒十四年十月十九日　右諭董事顧銘照准此

附錄租界外西人所開馬路（自北而南計）

- 工部局築
  - 南北路
    - 北四川路　通至靶子場
    - 北河南路　穿過滬甯鐵道
  - 東西路
    - 極斯非而路　西達梵王渡
  - 南北路
    - 白利南路　又勞勃生路
    - 徐家滙路　通靜安寺
- 法公董局築
  - 東西幹路
    - 公館馬路　即法大馬路直西一段
    - 霞飛路　甯波會館至交通大學
    - 徐家滙路　方濱橋至徐家滙
  - 南北支路
    - 呂班路卽盧家灣路
    - 聖母院路接金神父路
    - 畢勛路

租界法權

上海開埠爲清道光二十二年中英條約所允許該約第二欵原文云一自今以後大皇帝恩准英國人民帶同所屬家屬寄居沿海之廣州福州廈門甯波上海等五處港口貿易通商無礙英國君主派設領事等官住該五處城邑專理商賈事宜與各該地方官公文往來令英人按照下條開敍之例清楚交納貨稅鈔餉等費云云自條約允許寄居於是道光二十六二十八年兩次由上海道會同英領劃定界址惟當時劃定此界係允許外人於此界內可以隨便寄居非即將此界交與外人管理則當時之所謂開埠者尚未至喧賓奪主而租界二字之名詞亦未成立也故終道光之世主權仍屬中國而所謂租界者當時名之曰夷場實不過一外人居留地道光二十二年江寧條約雖僅許寄居而於事實上已於指定界綫內任聽居住賃房外又允許外人買屋租

地起造矣故當時之租界由寄居地進而爲居留地寄居祇許賃房居住居留則許租地建屋與現在租界之性質絕異而其辦理方法亦極簡單

道光二十二年定約通商後二十三年移蘇州督糧同知爲松江府海防同知移駐上海管理中外通商交涉事宜訂劃租界及重要交涉事件仍由巡道與領事西官商辦此爲辦理租界交涉設官之始

咸豐三年西一千八百五十三年九月七日紅中匪首劉麗川攻上海城至北門殺守兵而入焚道縣二署大掠城中先是各國領事開會討論上海守衛事宜英領事阿利國宣言無論亂軍官軍皆不得入租界而各國居留之人亦不因國籍之異而生兩歧之意致防禦疏忽爲匪所乘法領事首贊其議乃與英國水軍合力防範英美亦同時組織義勇隊選舉代表統率水陸軍並於租界四周築柵外掘深溝故租界防範頗周密是年英租

界創巡捕隊（當時僅有八名至咸豐五年加至三十名同治十三年加至一百十二名宣統元年加至一千七百名）四年六月二十九日（西一千八百五十四年七月十一日）英租界工部局成立舉英商三人爲局中董事（工部局未成立前設有一公會管理碼頭街道等事）工部局成立時英領阿利國遣代表宣布防範政策（謂保衛租界之責由華人任之各國無實行保護之權惟有協助之責英美水師當協濟陸軍之所不及而不可侵佔華地）自英領宣布此政策後英美人民咸致疑訝旋法人與匪軍有隙法將致書法領事（謂亂軍之蠢起剽掠憑藉西人之力所致當通告英美以紅巾匪軍之不足恃危亡在即毋與之通）法領事愛棠遂通告英人毋以水師及軍火接濟（西七月十三日）英人允之並允撤減江中水兵英領事復開會討論實行中立以消除華洋惡感而阻匪軍殺戮之禍（西七月十六日）嗣法人以匪軍處心險惡議與官軍合攻之策遂於是年除夕（西一千八百五十五年二月十七日）克之

同治三年總理衙門照會駐京使署稱德國派民人德爾孫爲上海總領事不能照領事官相待（文云爲咨行事八月十二日准布國署欽差大臣上海總領事拉照會內稱現派民人德爾孫作爲上海總領事官派往寧波辦事之人

等因前來本衙門查所派民人德爾孫作爲上海領事官派往寧波辦事之人此人並非領事官未便以領事相待相應抄錄原照會一件咨查照至該總領事雖據稱現署欽差大臣而究係領事之官職未便由本衙門照復並希查明應由何處與之行文即給予照會告以所派民人德爾孫既係往來辦事之人只代商人赴關呈報各事如有應辦之事令其轉達上海領事官該民人在中國口岸不能照領事官體制相待等語以杜弊端

七年總理衙門與駐京英公使議訂洋涇浜設官會審章程十條由巡道專委熟習洋文之同知一員爲英美租界會審官專理華洋訟案及租界華人錢債交易控案建設會審公廨初在南京路購地建房計地四畝有奇光緒九年移建於廨之西北洋商雷四德願將自己租地五畝調換另捐建築費銀五千兩光緒二十年英領事藉口班房狹隘商請改建巡道蔡鈞稟准總督飭委將舊廨基地變價改建新廨於北浙江路計基地四畝六分有奇

洋涇浜設官會審章程

一遴委同知一員專駐洋涇浜管理各國租地界內錢債鬭毆竊盜詞訟各等案件立一公館置備枷杖以下刑具並設　凡有華民控告華民及洋商控告華民無論錢債與交易各事均准其提訊定斷並照中國常例審訊並准其將華民刑訊管押及發落枷杖以下罪名

一凡遇案件牽涉洋人必應到案者必須領事官會同委員審問或派洋官會審若案情只係中國人並無洋人在內卽聽中國委員自行訊斷各國領事官毋庸干預

一凡爲外國服役及洋人延請之華民如經涉訟先由該委員將該人所犯案情移知領事官立將應訊

之人交案不得庇匿至訊案時或由該領事官或由其所派之員准其來堂聽訟如案中並不牽涉洋人者不得干預凡不作商人之領事官及其服役並僱用之人如未得該領事官允准不便拏獲

一華人犯案重大或至死罪或至軍流徒罪以上中國例由地方正印官詳請臬司審轉由督撫酌定奏咨應仍由上海縣審斷詳辦倘有命案亦歸上海縣相驗委員不得擅專

一中國人犯逃避外國租界者即由該委員選差巡提不用縣票亦不必再用洋局巡捕

一華洋互控案件審斷必須兩得其平按約辦理不得各懷意見如係有領事管束之洋人仍須按約辦理倘係無領事管束之洋人則由委員自行審斷仍邀一外國官員陪審一面詳報上海道查核倘兩造有不服委員所斷者准赴上海道及領事官處控告復審

一有領事之洋人犯罪按約由領事懲辦其無領事之洋人犯罪即由委員酌擬罪名詳報上海道核定並與一有約之領事公商酌辦至華民犯罪即由該委員核明重輕照例辦理

一委員應用通事繙譯書差人等由該委員自行招募並僱洋人一二名看管一切其無領事管束之洋人犯罪即由該委員派令所僱之洋人隨時傳提管押所需經費按月赴道具領倘書差人等有訛詐索擾情弊從嚴究辦

一委員審斷案件及訪拏人犯須設立一印簿將爲何拏人如何定斷緣由逐日記明以便上司查考倘辦理不善或聲名平常由道隨時參撤另行委員接辦

一委員審斷案件倘有原告捏砌訴詞誣控本人者無論華洋一經訊明即由該委員將誣告之家照章嚴行罰辦其罰辦章程即先由該委員會同領事官酌定一面送道核准總期華洋一律不得稍有偏袒以昭公允

以上章程十條於同治七年十一月二十五日奉南洋大臣馬劄同治七年十一月十五日准總理衙門咨行

八年派法租界會審員就法總領事署附設會審公廨法租界審判機關始附屬於法捕房諸事苟簡

至是始正式派設會審員

法租界會審辦法

法租界會審公廨向無公布章程茲就其歷來辦法事實錄左

會審公廨附設於法領事署委員由巡道委派華洋訴訟及華人民刑訴訟均由委員會同法副領事審訊華洋案件由領事會同委員分別傳訊刑事案件由捕房起訴民事案件由委員自行核稟分別准駁批示傳提（洋涇浜設官章程十條法領事並未承認委員仍依據遵行）

華洋訴訟如被告為中國人均按照中律辦理華人民刑訴訟均按中律辦理命盜重案歸上海縣訊理

（光緒二十七年駐滬各國領事議定照會巡道飭會審委員照辦）

傳提各票分三種傳提本租界人證之票由委員印行領事簽字傳提英租界人證之票由委員印行領事簽字後再送領袖領事簽字或被告係別國人仍須送該管領事簽字傳提內地人證之票由委員印行領事簽字後送該管地方官協同辦理

逮捕人犯當法公廨初設時會審委員由會捕局委員兼辦該局設有線勇十餘人凡傳提等事由委員派勇會同法捕房包探辦理光緒三十二年會捕局裁撤逮捕全權均歸捕房掌握

相驗踏勘等事宜歸上海縣辦理

民事案被告及人證均羈留總巡捕房刑事犯未定案者分拘各捕房已定案者發盧家灣牢獄收押女犯押捕房女押所

刑具向用笞杖枷號光緒三十二年奏飭停刑後笞杖停止枷號仍沿用

華洋訴訟兩造均准用律師辯護刑事案件不准用律師民事案件款項在一千兩以上者兩造得延律師辯護律師須通法國語言方准到堂

堂費民事訴訟按照原告所控之數每百圓收堂費二圓俟判決後由公堂斟酌情形斷令兩造遵繳款由法捕房經收彙繳法領事撥充公堂經費

是年五月十四日引翔鄉耶松船廠守更英人卓爾哲與廠內工作華人王阿然陳唔叨細故互罵卓爾哲懷恨於午刻散工時在路旁開鎗轟斃王阿然復鎗傷陳唔叨左腿轟落右手三指知縣朱鳳梯蒞驗獲兇會同英領事審訊卓爾哲供認不諱領事意將兇犯解回本國懲辦經華官再三辯論遂定以絞決論抵由領事詳准駐華公使於是年七月就地處決

是時值洪楊亂後租界地面日臻繁盛導淫騙賭之風亦日熾法租界賭場法公董局法公董局創立於同治元年收捐甚鉅由巡道商允法領事年給華商碼頭捐項以償賭捐實力禁除至如花會白鴿票買闈姓及花鼓淫戲煙館女堂倌並經道縣會商各國領事協同查禁而左文襄奉使蒞滬時嘗勒禁小押店葉廷眷知上海縣時嘗取締花鼓戲至女堂倌自周小

大犯案後大吏力主嚴辦此風遂以永革此則爲華官而治理租界矣租界初闢時有華洋不得雜居之令自洪楊亂時各處人民以上海得西兵保護力來此避難僑民遂多嗣至土客雜糅良莠莫辨游民無賴賭徒娼妓蔓延滋多西人未始不以爲病而以捐項之關係亦遂容之華官於租界禁令例與領事官會辦事輒延約必再三促迫乃見施行花會賭博白鴿票等同治五年華官已有禁令自後租界風氣遞進奢靡大小男女戲場多至二十餘所花鼓戲最爲淫蕩西官力允禁除煙館女堂倌始見於同治十一年查禁後光緒六年九月兩次發見旋卽禁絕

十三年三月十八日法人因索地築路起釁槍斃華人法租界內房屋遭焚釀成交涉重案先是法公董局索四明公所義塚地開築馬路甬人惶急環請知縣葉廷眷向法總領事葛篤商勸免築已有允意特未宣示十八日値外國禮拜期洋人在路游行行近四明公所與華捕齟齬巡捕驅逐華人出刀相脅華人忿爭愈聚愈衆有洋人在樓上發槍斃行路華人一人衆益鬨礫石以投洋人持械出槍刃交發又斃華人七人重傷九人方騷擾間而馬棚火起燬洋房三十餘間巡道沈秉成

率屬馳救派兵彈壓翌日葛領總事在四明公所宣示停築馬路並許於義塚四週趕築圍墻以清界限人心始定葛總領事文告云法總領事葛爲剴切曉諭事照得本總領事自駐滬以來凡在本法國租界內商民無不準情保護茲因外面謠言有謂本國欲拆四明公所者有謂本國於該公所地上開築馬路傷及義塚者皆係無賴之徒訛傳煽惑前據四明董事等稟請改築等情並准蘇松太道照會暨上海縣來文請順輿情各等因本總領事業經勸諭公董局議改前說毋庸傷及該公所房屋並不得傷動該義塚坟墓非但不築馬路並傳知四明公所速築圍墻以清界限而免疑惑正欲出示詎有無知愚氓並不候復輒敢糾衆滋鬧深爲可惜爲此示諭界內商民人等知悉爾等仍各安居樂業切勿輕信謠言致貽後悔切切特示同治十三年三月十九日示發四明公所實貼事後沈道馳稟南北洋通商大臣批飭嚴重交涉緝兇論抵葛總領事則謂法人開槍係爲自衛被燬房屋物件損失應由中國賠償爭辯數四未有定議光緒二年正月南洋大臣沈葆楨特派道員吳大廷與法公使特派員繙譯官阿麟會同商辦阿繙譯官持論一如葛總領事並要求全讓四明公所塚地給以地價由甯人在租界外購地遷葬吳道力爭四明公所塚地應照葛領總領事文告辦理至槍斃華人應援照

同治九年天津成案緝兇抵償外加卹款同治九年五月津民傷斃法人十三名九月定案正法津民十六名軍流六名徒罪十九名被殺法人每名撫卹銀一萬兩　是案迭次會商未能解決旋吳道病故事又中輟四年七月總理衙門與法國公使商定中國償還法瑙意三國民人房屋物件損失費共銀三萬七千六百五十兩法國償還中國槍斃民人七名撫卹銀七千兩自後四明公所房屋塜地永歸甯波董事經管免其遷移塜地之內永不得築路開溝造房種植由總理衙門咨行江蘇督蘇撫札飭巡道褚蘭生與法李總領事繕立議單彼此畫押蓋印交割完案

光緒四年七月十七日滬道與法總領事押印議單　為立據完案事查上海前因四明公所義塜地內欲開馬路於同治十三年三月十八日華洋民人在法國租界互鬨華人斃命七名法界房屋被焚一案兩國查辦日久未結本道現奉南洋通商大臣沈蘇撫憲吳飭知本總領事現奉駐京大臣白飭知經總理各國事務衙門與法國駐京大臣白面商略云兩國律例專論交情彼此兩讓完結嗣後兩國均不得援以為例所有法瑙意三國民人被失房屋物件等一併在內由中國償還關平銀三萬七千兩其斃命華人七名由法國自願給卹銀七千兩彼此交割完案此後法國租界內四明公所房屋塜地永歸寧波董事經管免其遷移凡塜地之內永不得築路開溝造房種植致損塟棺由本領事特飭公董局令巡捕隨時照料以全善舉而敦和好為此繕立議單一單兩紙彼此畫押蓋印各執為憑詳明上憲立案須至議單者

光緒十二年邑人曹驤稟請蘇松太道龔照瑗札飭租界會審官轉飭捕房將判押捕房之犯停止充作苦工龔道得稟後卽行札飭會審公廨蔡倅查核舊案妥爲查辦蔡委奉札後卽與領事商妥將押犯停充苦工

邑人曹驤上蘇松太道稟略

上海租界地方會審公堂判押捕房之犯捕房每令充作苦工或二三十人一羣繫以長鍊由巡捕房令在馬路或拖滾石或敲碎石視若犬羊驅同牛馬華人見而赧顏洋人見而輕視伏念苦工乃西國刑法祇宜行於西犯之身乃捕房凡獲西犯卽解該管領事辦理從未見有罰令在路作苦工者此可見各國領事均顧本國體面昭然若揭何我國竟不得仿行目下華人寄居外洋者甚多如該處有薄待華人情事出使大臣猶必據理以爭況在我國疆土爲敢伏求憲台札飭租界會審官查明轉飭捕房將驅令押犯充作苦工一項立卽停止另籌別法辦理實於國體幸甚再該項苦工大半皆迫於衣食無業可圖致每犯事如公堂能籌設一押犯之處將判押之犯悉置該處管押每日責令學習手藝一則不至令彼暇逸一則俾彼日後有謀生之道於懲辦之中寓化導之意似勝於驅令充作苦工多矣云云

蘇松太道龔照瑗給會審公廨委員蔡倅札

爲札飭事（中略）查租界押犯罰作苦工歷經由道照會飭停並行該廨委辦有案嗣滬設立棲流公所係因公廨押犯過多藉有留養之地起見據稟前情仰會審公廨委員蔡倅查核舊案妥爲籌辦具復

此致

二十四年五月法總領事白藻泰以公董局欲設法文館醫院宰牛廠需租用四明公所地函至巡道蔡鈞正行查待復而公所圍墻公董局已懸牌指明其地爲建築善舉之用甯董稟道申明歷來成案請商法總領事勿改前議蔡道往商願覓地替換另捐工貲法領事以租界內前有福建會館義塚均已被人租用爲棧口堅持勿納二十八日法兵拆塚圍墻甯人忿而罷市匪徒乘間以擾法捕房法兵備械槍斃華人十七名重傷二十餘名至是甯人益忿甯人之服務於洋行公司者均罷職罷工出口輪船因之停滯洋人飲食起居亦感不便深怨法人起畔羣起詰難法人中餒乃允通融辦理先撤駐防兵緩讓義塚地經蔡道轉督撫先後派委蘇藩聶緝槼道員羅嘉杰等來滬會辦交涉時拓界保塚之說紛起法人遂力圖拓界聶

藩會道籌商先結甬案另商拓界迭商駐法欽使慶常與法外部磋議九月總督劉坤一准總理衙門咨開准慶常星使咨復四明公所一案與法外部磋商允洽四明房地歸華官管轄拓界事宜飭由華官與法領事就地和商照辦並允法公董局開通甯波路拆讓四明公所房屋二十八間公所被拆圍墻自行備費修築法公董局酌償讓地築路價銀二千兩新拓界內定海善長會館及四明新公所照常停柩前被槍斃華人十七名迭次責償撫卹法方不允由道詳准督撫另籌銀一千七百兩飭縣發給屍屬具領完案

四明公所董事方繼善等稟巡道文

竊董等昨接法國工部局來函云查上海法國工部局圖載寧波會館之地爲一百八十六號與一百九十一號圖內之地經會館動用多年且查此地並無契據頃敝局按照條約稟明駐滬總領事照准將原地討還以便作爲公舉有益界內華民之事如建立華民少年學堂一所施醫院一所宰牛場一所已蒙領事允許工部局即於今日起立一一百八十六號與一百九十一號之契據所有應給價值候領事與

地方官商量後給與應領之人相應函致查照等因查徽公所於嘉慶二年創始在上海二十五保四圖地方共置義田五十二畝五分三釐六毫中造房屋兩所爲四明公所屋外四面爲四明義塚埋葬貧苦難歸之柩迄今正及百年執有印契爲據義塚葬骸已有數萬具之多是法國創立租界在後四明建設公所在前故於同治初年稟請立案保全義塚並蒙法領事體會四明公所爲甯商逢節祭祀之所免其捐輸又於同治十三年鬧事之後蒙前法總領事葛出示曉諭本總領事駐劄上海以來凡在本法國租地界內商民無不准保護茲因外面謠言業經勸諭公董局議改前説毋庸傷及該公所房屋並不得傷動該義塚坟墓非但不築馬路並傳知四明公所董事速築圍墻以清界限而免疑惑等因各在案茲准法工部局來函有稟請總領事准將原地討還以便作爲公舉有益界內華民之事等語接訊之下羣相驚詫查義塚坟墓公所房屋已閱百年無論不便改動即歷來中西官憲諭飭成案亦顯不相符華人於坟墓一事第一鄭重而寧郡人民在滬者不下數十萬若不曲順輿情恐迫成衆怒致肇事端爲此籲懇查照歷來成案會法總領事諭飭工部局仍照原議毋稍更動以保骸骨而安民心毋任急切待命之至

二十六年七月北省拳亂上海道余聯沅奉南洋大臣劉坤一兩湖總督張之洞電令與各國駐滬領事議訂東南保護約款九條

其文曰 一上海道臺余現奉南洋大臣劉兩湖督憲張電示與各國駐滬領事官會商辦法上海租界歸各國公同保護長江及蘇杭內地均歸各省督撫保護兩不相擾以保全中外商民人民產業爲主　二上海租界公同保護章程已另立條款　三長江及蘇杭內地各國商民教士產業均歸南洋大臣劉兩湖督憲張允認切實保護並移知各省督撫及嚴飭各該文武官員一體認眞保護現已出示禁止謠言嚴拿匪徒　四長江內地中國兵力已足使地方安靜各口岸已有各國兵輪者仍照常停泊惟須約束水手人等不可登岸　五各國以後如不待中國督撫商允竟至多派兵輪駛入長江等處以致百姓懷疑藉端啓釁燬壞洋商教士人命產業事後

中國不認賠償　六吳淞及長江各礮臺各國兵輪切不可近臺停泊及緊對礮臺之處兵輪水手亦不可在礮臺附近地方操練彼此免致誤犯　七上海製造局火藥局一帶各國兵輪勿往遊弋駐泊及派洋兵捕前往以期各不相擾此局軍火事爲防剿長江內地土匪保護中外商民之用設有督撫提用各國無庸驚疑　八內地如有各國洋教士及遊歷各洋人遇偏僻未經設防地方切勿冒險前往　九凡租界內一切設法防護之事均須安靜辦理切勿張皇以搖人心

保護上海城廂內外章程

一租界內華人以及產業應由各國巡防保護租界外洋人教堂教民應由中國官妥爲巡防保護遇有緊急之事互相知照妥辦

二地方流氓土棍遇有聚衆滋事或搶刦傷人無論華洋地界均須一體嚴拏交地方官從重嚴辦

三現因各處商賈停滯各項小工傭趁較難擬請租界工程局添辦新擴各界路工城內則令疏通河道並由道臺挑選精壯充當勇丁務使民間有事可致消患無形

四添辦各項工程及添募勇丁口糧中外官商公議捐助章程

五滬市以錢業爲大宗而錢業須賴銀行零拆轉輸若銀行不照常零拆或到期收銀迫促錢市一有擠倒各行生意必皆窒礙市面一壞人心即震動不安應請中外各銀行東及錢業董事互相通融緩急使錢行可以支持

六鈔票應照舊行用祇須道臺會同各領事出示曉諭聲明各行票未收銀搭幾成鈔票由各錢業照付

七租界內大小各戲館應令照常不可停歇以惑人聽

八租界內救火章程甚備租界外浦東亦應仿照多備救火具若有火警附近居民不可亂動一面由火會分馳往救一面分派巡捕兵丁分班巡護認真彈壓應請先行出示曉諭

九租界巡捕應請添募晝夜梭巡大小街路均有巡捕城廂內外以及浦東南市亦應添募巡捕多派員

弁分班輪流巡查

十查明租界四至出入總散路徑租界內邊地則由工部局於各要路多派巡捕每處若干人建造捕房常川駐守瞭望界內倘有遠處成羣來界亂人卽鳴警知會局中派捕抵欄租界外邊地則由華官派兵搭蓋棚帳常川駐守勿令成羣亂人闖入租界以內

光緒二十六年六月上海中西各官會同商定

二十九年商約大臣呂鏡宇伍廷芳以上海公共租界會審公廨流弊滋多奏請查核舊例妥訂辦案簡章原奏略稱會審公廨創設之始立法本極詳明如果確守成規原無中外偏畸之弊惟近來洋官於互控之案大率把持袒護雖有會審之名殊失秉公之道又往往干預華民案件幾歸獨斷至華民犯罪本有由委員核明輕重照例辦理之條尋常枷責而外或應羈禁或應罰鍰事涉瑣細誠未能一一繩以定例相沿既久遂至意存高下莫衷一是商民每懷冤憤無可告訴上海租界繁盛甲於他處似此因仍疲玩不特地方難期安謐抑於中國體制有關況中西刑律差殊外人夙所藉口今於租界公共之地復侵華民自由之權流弊何所底止且無畫一刑律不中不外小民受此荼毒爲之惻然應由臣等查核舊例妥訂辦案簡章奏請定案後咨行督撫臣轉飭江海關道督飭該會審公廨委員恪守定章清釐界限並咨會外務部照會各國使臣轉行領事等官一體遵照

三十年冬俄國阿思科爾巡洋艦大夫特蘭提阿基夫酗酒行經浦灘斧斃甬人周生有是年日俄戰事正烈俄艦敗逃至上海日艦追迫於後各國領事公議依公法令俄艦將緊要機件卸下交中國收管艦兵歸中國保護日艦乃舍之去不意

俄兵受華官蔭庇而反戕華人甬商集議應照租界內無領事管束之西人犯事例由華官拘拏治罪擬請巡道照辦俄領不允激動商民公憤罷市明年商約大臣盛宣懷與俄總領事會議案情按照俄國刑律第一千四百五十八欵科罪奪去一切利益監禁八年罰作苦工俄國承審官判詞業經聲敍嗣又減等治罪祗按輕忽定擬改爲監禁四年盛宣懷以阿基夫行爲兇橫僅以輕忽二字定擬殊不公道檢案咨送駐俄公使請咨俄國外部轉咨海部復核遂仍照駐滬俄承審官原判監禁八年治罪以昭平允

三十一年奥美德英美荷韓比義日大西洋日本各國公使照會外務部修改上海會審章程附送章程節略部咨江督札飭滬道核復巡道袁樹勳會商副律法官道員羅貞意就原開節略逐條研究於十條外

另添二條稟復聲明作爲續增上海洋涇浜設官會審章程

巡道袁樹勳稟復南洋大臣遵飭增改上海公共租界會審章程

敬稟者本年正月初九日奉憲台札准外務部咨准奧美德英俄荷韓比義日大西洋日本十二國駐京大臣聯銜照稱上海會審公堂修改章程一事原章係於一千八百六十八年經各國大臣與總理衙門會同商定嗣後會審案件年盛一年至一千八百九十八年擴展租界後應歸公堂所轄人數愈多會審案件更格外加增因此修改章程甚爲當務之急是以駐滬各國領事官已商議修改公堂會審章程節略轉送駐京各國大臣核商本大臣等已會議多次茲將所定章程節略照送貴親王查照希即核明照允以便按向來辦法迅即頒布施行等因到部准此相應咨請迅飭上海關道逐條詳細核議聲復以憑商定等因到本大臣抄單札飭遵照咨飭事理逐條詳細妥議稟咨等因到道奉此遵查上海租界設立公廨派員會審中外錢債詞訟一應交涉案件同治七年奉頒洋涇浜設官章程十條辦法本極周密如果中外實力奉行原無流弊乃外人往往不遵委員亦復偏狥以致定章幾同具文現在既奉修改即可趁此切實妥議以期補救然陳義太高又慮多所扞格難於就範而事權所在又未可再任侵奪連日會商副律法官羅道貞意就節略逐一考究職道竊謂修改二字指原章不盡妥善或行有流弊而言此次交議各節係屬增補應辦事宜祗應作爲續增不宜認作修改免致原章應有主權稍有損失現商由羅道將原來各條參酌約章懲前庇後分別可否逐條登註作爲續增上海洋涇浜設官會審章程持平立論不著重筆以期動聽易行而原章亦可竝行不悖惟事關治權未便有任侵損如擬改之處各國尚有異詞務請大部力賜堅持變予刪改大局幸甚謹將奉行奧美等十二國照請修改上海會審公廨章程引證舊章參酌原議逐條登註另開各條

第一條　(甲)上海會審公堂於捕房解訊及會審交涉案件應分立華文冊檔將每案分註冊中按次編號凡收狀日期兩造姓名籍貫何國控告何事開審後所有按日堂斷堂諭以及復訊上控訊辦

各件亦須一一註明並將結案之堂諭詳註冊中

(乙)所有會審同知權限凡刑錢等案件在枷杖以下及監禁五年以下各罪名均准訊辦分立冊檔中同前

(丙)以上各項冊檔除捕房解訊及會審交涉兩項凡與本案確有關係之人皆許隨時查閱其餘自理詞訟刑名案件不在此例惟案結後應將判詞及已釋已辦證人姓名隨時懸示以期大衆周知

第二條　會審公堂所審各案除中外會審官員商定有關風化之案應行密訊外其餘各案均須任人公聽

第三條　凡控告洋涇浜租界內之中國人員承審華員准照本國官制應有之權力辦理被控人員亦准照例具訴如應傳之人內有體面之人於傳票姓名之旁註明准其暫保避繳保銀免予管押

第四條　(甲)除兩造均係華人並未牽涉洋人案件外其餘各案均應有外國官員會審此外國會審委員權限應照煙台條約第二款辦理並應視各國商民照約應得之利權由各國領事官分別委派

(乙)中外堂官如有意見不合未能結案之處應請上海道及案內外國人之本國總領事官或領事官覆核

第五條　會審公堂牢獄應仿西洋止疫由該公堂自行延訂資深合格之華醫辦理應需常年經費由上海道指撥

第六條　凡居住洋涇浜北租界內之華人何論何案經會審公堂提究傳訊所出之提傳各票應由領袖總領事畫押蓋印方能施行若被告係外國商民雇用者其提票兼須由該東人之本國領事官畫押蓋印方能行提

第七條　凡詞訟刑名各案如有外國會審官在座兩造均可聘用律師惟律師必須經其本國公堂允充律師會審公堂方准充用否則不准

第八條　凡審訊案件本案之中外堂官如以爲律師不遵命令即可暫禁其在本堂充當律師其暫禁期限不出一個月如經該律師之本國領事官允諾則暫禁之限可展至六個月

第九條　凡審訊案件如照華例並無成案可查會審公堂應照中國商民通例公平斷讞

第十條　凡原有之章程各條與此項續增章程不相牴牾者中外官員仍實力奉行

公共租界會審公廨華務民事案件辦法

一　華務民事案件在華務收發處遞呈稟單格式仍照尋常如華文稟單之外更備洋文稟單者亦不能作爲不合稟單一經遞到收發處即行掛號入冊呈交官員批示或傳或提即將稟單繕發

二　傳單提票均由公廨繕發經領袖領事簽印之後再由捕房派探捕傳提

三　凡原告呈遞訴訟每一控稟應納掛號費百分中之一分五視所控之數多寡爲定其費應付交監察房收支處至審訊時原告再納堂費百分中之一分五亦視控數多寡爲定每一控案自遞稟以至審訊原告前後共納費百分中之三分惟掛號費少則不能過兩圓五角多則以一百圓爲限堂費亦然故無論若何巨案至多原告共出費洋二百圓貧窮之人帶至公堂察明實係貧窮無錢則准予免納即將稟單掛號批示出票傳提與納費者一律辦理

四　原告繳納之掛號費與堂費應俟結案之後歸曲者承認如公堂察核案情另有別故不應歸曲者承認不在此例

五　原告遞到之稟應按次掛號入冊俟兩造以及見證人等傳集之後即將是案另入聽審冊內

六　聽審冊內寫明某號某案陪審官到堂觀審亦按聽審冊號數挨次輪訊倘有一堂不能訊結之案則下次復訊仍須原陪審官到堂訊審至定斷結案爲止

七　如華務案內有關係洋商者應視關係洋商是何國商人歸何國陪審官到堂觀審所謂關係者必須該洋商或公司洋行與涉訟之兩造勝負中有間接之利權關係是也惟該洋商究與涉訟國實有關係與否應由該洋商之該管領事解決之

八審問案件陪審官僅到公堂觀審不行干預如有不明之處可向承審官詢問並可取閱關係案中之一切合同字樣

九華務案之堂諭應用上海公共租界會審公廨名義並由觀審之陪審官畫押然後宣佈俾涉訟者曉然堂諭爲租界中秉權執政之官所下

十代表律師原被均能延請到堂申辯案情承審官員應照尋常辦法准予律師訴辯惟如堂上察有貧窮被告無錢延請律師代陳案中曲折因而被告不利者應令原被兩造各不延請律師以昭公允

是年十一月十二日會審公廨英陪審官德爲門副領事**違章強奪逮案未訊實之粵婦黎黃氏等改押西牢**工部局男西牢於光緒二十九年創立女西牢於三十一年創立**並縱西捕毆差辱官鬨鬧公堂會審停止激動商民公憤於二十二日**西一千九百零五年十二月八日**罷市二日**

黎黃氏等係屬官眷由川來滬攜帶女孩五口巡捕指爲誘拐拘送公廨審時廨員關絅金紹城以案未訊實照章暫羈公廨內女押所英陪審官德爲門堅欲改西牢廨員據章力爭德爲門令西捕牽奪毆傷公役襄讞金令紹城離座喝阻西捕舉棍欲擊公堂秩序紊亂旋將黎黃氏等就押西牢闔埠譁然紳商學界及旅滬粵商迭次會議公決辦法一請撤換英副領事德爲門一革懲毆差辱官西捕一裁撤女西牢一華人訟案歸華人審斷一工部局董兼舉華董商准巡道電達外部商部與駐京英使切商辦理時工部局已知黎黃氏等無罪誤拘寬待釋出而於毆差辱官事堅不引咎遷延旬日遲不解決公共租界華商店鋪均閉門停市流氓聚衆侮辱西人燬車撕衣并擾及南京路捕房道縣偕同商董挨戶勸告秩序漸復是役也西兵出隊斃匪二十餘人並有行路人誤遭鎗斃者**總督周馥以外務部電涖滬與領袖總領事英總領事商明西牢各女犯尅**

日發回公廨羈押會審公堂照常開審即懲鬧事匪犯英領事聲請賠償租界損失華官以匪徒恣肆由鬧堂案延宕釀成華界兵役無從入租界搜捕租界巡捕無術自衛何能責償損失拒絕不允而紳商公電請願各條延商年餘迄無結果惟女犯不押西牢改羈公廨女所歸華官主持則允照辦總督周馥即於此時電咨外部上海會審公堂亟應整頓重訂刑章分晰權限擬章呈遞奉旨交刑部擬奏

刑部奏復外部呈遞周馥電陳上海會審公堂變通刑章摺

光緒三十一年十二月十四日軍機處片交本日奉旨外務部呈遞周馥電據稱上海會審公堂擬變通刑章以期華洋輕重略均等語著刑部迅速議奏欽此鈔錄原電交出到部查原電內稱上海會審公堂章程如案內全係華人歸華官審判毋庸領事干預近十餘年凡經工部局會提之華人領事派副領事於早堂陪審會審交涉之案何國原被即由何國派員又華民犯罪俟會審判定後枷杖以下罪名由華員發落徒罪以上歸上海縣辦理此向來辦案大概情形也本年奏定新章變通笞杖罪仿照外國罰金辦法如無力完納折爲作工謹當遵照辦理但中外情形不同貧民不名一錢無鍰可罰工藝廠尚未開辦無工可作現時到案人犯擬分罪名爲五等一交差帶出取保保後不再犯即時省釋二公堂暫押取保三交縣發本地保甲管束四笞罪自十至五十暫押公堂十日至五十日仍准輕重量爲增減五杖罪按數改爲監禁如杖一百即監禁百日情重者量加公堂向無監獄有押所可容男犯百人女犯三十人西人因犯人日多別建牢以羈華犯現監禁五百餘人頗有連加鐐銬等瘐死者不報華官殊不成事今

欲自建一牢約估需五十萬金常年經費十餘萬金經費尙苦無著此時監禁之犯不能不暫借西牢應由讞員批明非兇惡及瘋病不加刑具一俟習藝工廠建成再遵照奏定章程辦理至女犯向押公堂今擬女犯罪輕者交親族或的保管束如拐帶誆騙之案訂明管押日期以十日至百日爲限又錢債案原被皆不跪審惟刑名案向華官前跪審但犯者尙未審實已罹熬審之刑殊覺不合如近日黎黃氏以官眷孀婦誣爲拐帶深堪憫惻竊以爲洋員陪審無論何犯到堂俱直立聽審俟罪名判定飭其跪聽判詞似較允當等因電由外務部呈遞欽奉諭旨著臣部迅速議奏竊維上海華洋雜處詞訟繁多凡緝捕拘禁各事辦理稍或失宜皆足以貽口實而滋流弊其原訂會審公堂章程如案內全係華人歸華官審判一條固已劃明權限如果該公堂先事圖維創建牢獄並設立習藝工廠何致有婦女羈禁西牢之案中外刑章不同彼寬此嚴徒來外人殘酷之機馴至外人之待華民吏加殘酷而不恤如此次黎黃氏被誣管押西牢蓋積漸使然也刑章爲法權所繫亟宜酌量變通俾輕重略均庶足以劑其平而善其後茲據該署督電稱笞杖改爲罰金惟貧民不名一錢無鍰可罰工藝廠尙未開辦無工可作現時到案人犯擬分罪名爲五等臣等詳加酌核如差帶取保省釋並公堂暫押取保及交縣管束此三等尙屬周妥應如所議辦理惟笞罪改押公堂杖罪改爲監禁二等如按笞杖實數作爲押禁日期未免過重査奏定章程無力完納罰金折爲作工應罰金一兩折作工四日以次遞加至十五兩折作工六十日而止等因今後公堂尙未辦罪犯習藝工廠擬請代以押禁自應按照原定折爲作工日期分別代以押禁以昭平允而歸劃一又所稱今欲自建一牢經費尙苦無著此時監禁之犯不能不暫借西牢應由讞員批明非兇犯及瘋病不加刑具等語具見防維周摯該讞員務須切實遵辦仍令趕緊設法創辦習藝工廠俾得教養有資庶幾遷善更易該署督又稱女犯向押公堂擬將罪輕者交親族或的保管束如拐帶誆騙之案訂明管押日期以十日及百日爲止等語所擬尙屬允協仍令查照婦女贖罪新章分別辦理至洋員陪審無論何犯到堂俱直立聽審俟罪名判定飭其跪聽判詞亦係矜恤罪犯免罹熬審之苦尙屬可行惟旣經准免長跪聽審則定案判詞亦應免其跪聽以歸一律總之上海爲通商大埠設立會審公堂歷有年所無論華洋案件總須持平辦理尤在委員得人方能保固法權至改良監獄及收犯習藝尤爲切要之

圖未可恃有借禁西牢苟且補苴日久又滋糾葛應令該署督迅速飭屬興辦俟獄舍及工廠告成一律遵照奏定章程核辦以期整齊劃一如蒙俞允臣部即行文該署督遵照辦理得旨如所議行

三十二年五月給事中左紹佐奏新訂上海會審公堂刑章有失之太輕有失之太重有難以見之實行請飭部改訂刑部奏復應仍照前奏辦理

刑部奏復給事中左紹佐奏新訂上海會審公堂刑章飭部改訂查應仍照前奏辦理摺

光緒三十二年五月准軍機處交出給事中左紹佐奏新訂上海會審公堂刑章請飭部改訂一摺奉旨著刑部議奏欽此當將原奏鈔交到部查閱原奏據稱上海會審公堂專司華洋交涉自宜參酌中西法律酌中定斷伏見此次刑部議復兩江督臣周馥條陳變通公堂刑章所擬辦法有失之太輕者有失之太重者有難以見之實行者如原奏稱罰金十五兩工作至六十日又拐帶婦女及誆騙等案訂明管押日期以十日及百日爲限各條查上海五方輻輳爲神奸巨蠹出沒之所聞新廨歷辦各案罰鍰有千金以上者監禁有十年二十年者嚴法以懲犯者尚復不絕今定罰金十五兩而止則措辦甚易工作六十日而止則日期甚淺恐此律一行作奸犯科之人必日多一日又如和姦定律杖八十新章則罰銀十兩上海風俗僥靡輕薄無行之人何惜此十兩之銀如是則人人可以犯姦幾於誨淫又如竊盜贓滿四十兩律定杖一百新章罰銀十五兩然則受罰之後尚可得銀二十五兩可以脫然無事如是則人人樂於行竊幾於誨盜至拐帶婦女例載被誘之人不知情爲首絞候爲從杖一百流三千里新章定管押日期

以十日及百日爲限殊與成例不符此失之太輕者如杖罪改禁今欲自建一牢經費尚苦無著不得不借禁西牢查上海西牢淩虐情形人言嘖嘖近年以來監斃不少華民視爲畏途向來公堂辦法惟定罪監禁半年以上者始行送入西牢或暫押捕房捕房與西牢雖皆爲西人押犯之所而捕房較輕西牢較重今定杖罪皆借禁西牢蓋於西牢情形有所未悉耳查杖罪自六十至一百止照折作工自二十日至六十日止若照新章則判押二十日之犯卽須送押轉不如新章未頒之前尚得邀夫寬典此則失之太重者如原奏有交差取保之條不知外人言及中國差役則深惡痛疾以爲弊竇之尤原奏有交縣管束之條凡徒流以上均須移縣不知新廨除竊盜外並不移縣通融已久一旦紛更外人豈肯允從勢必空文爭執徒費筆舌此所謂難以實行者刑律關乎法權公堂繫乎國體與其將來扞格於外人莫若今日預籌夫妥善等因奏奉諭旨著臣部議奏臣等竊維上海爲通商大埠一切華洋詞訟案件繁多自非辦理得宜不足固法權而弭外侮是以去年十二月間臣部議復署理兩江總督周馥電稱新章改作罰金貧民不名一錢無鍰可罰工藝廠尚未開辦無工可作現時到案人犯擬分罪名爲五等臣等當以差帶取保省釋並公堂暫押取保及交縣管束此三等尚屬周妥請如所議辦理惟笞罪改押公堂杖罪改爲監禁二等各按笞杖實數作爲牢禁日期未免過重臣部聲明押禁日期卽照工作日數自罰金一兩折作工四日起以次遞加至六十日爲止等因奏准遵照在案是該督變更成法原期輕重略均而臣部衡量等差實恐增加過當茲據該給事中奏稱新廨罰鍰有千金以上者監禁有十年二十年者今定罰金十五兩而止則措辦甚易工作六十日而止則日期甚淺等語查停止刑訊係奉特旨飭遵之事其笞杖等罪擬仿外國罰金之法凡律例內笞五十以下者改爲罰銀五錢以上三兩五錢以下杖六十者改爲罰銀五兩每一等加二兩五錢以次遞至杖一百者改爲罰銀十五兩而止如無力完納者折爲作工應罰一兩折作工四日以次遞加至十五兩折作工六十日而止原以笞杖於五刑爲最輕故罰金之數不可過重卽工作之期不得過多此是各直省通行之定章不能於該埠而獨異至罰鍰千金以上乾隆年間惟軍流等贖罪章程定有此數現在業已酌減至監禁至十年二十年之法亦僅施之於搶刦等項罪人絕無笞杖人犯照此定擬者卽使有之亦自該廨員不諳刑章之過烏可執彼以例此乎且立法必有所

限不能因措辦之易而議增又豈得因刑期之淺而從刻言者不察但恐法律一行作奸犯科之人日多一日不知所犯者果係輕罪自可毋庸議加若係重罪仍不難執法以繩其後非一謂罰金外遂無重刑又如和姦律載杖八十例係滿杖加枷按新章滿杖應罰銀十五兩若非婦女仍當枷號似亦足以蔽辜原奏謂輕薄無行之人何惜此十兩之銀殊涉誤會又竊盜一項上年四月間已定有工作習藝章程如各省習藝所尚未設立者即將現犯照應得工作期限暫予監禁本以竊盜藉攘取為事論贓雖有多寡之分誅心實無輕重之別故較別項輕罪人犯及無知犯罪者辦理為嚴該給事中謂竊盜贓滿四十兩律定杖一百新章罰銀十五兩尚可得二十五兩殆未見此奏定章程耳至誘拐婦女例載被誘之人不知情為首絞候為從滿流原指情節較重者而言若該署督前電所稱女犯向押公廨擬將罪輕者交親戚或的保管束如拐帶誆騙之案訂明管押日期以十日及百日為限等語係指罪在棲流以下者言之核與成例並不相悖故臣部議復並飭令查照婦女贖罪新章分別辦理似不得謂失之太輕該給事中又稱向來公堂定罪監禁半年以上者始行送入西牢今定杖罪均須借禁則照新章判押二十日之犯即須送押轉不如新章未須以前得邀寬典等語查西牢淩虐情形該署督原電言之甚悉特以公廨押所容犯僅可百人自行建牢經費又難速措故不得不暫為借押之謀臣部擬照作工日期定以六十日為限之議即是預防流弊隱與維持蓋以拘繫久則幽閉堪虞刑期淺則開釋較易既可令舊有之押所及早騰挪尤可使寄禁之西牢得稍免苛虐瘐斃之苦且臣等又恐該公廨恃有借禁之舉或遂苟且補苴日久終滋轇轕是以仍令趕緊改良監獄及創辦工廠等事以為收回法權之計原摺當邀聖明洞照似不得謂失之太重至中國差役向為民害盡人知之全在地方官加意約束或冀稍挽頹風今該公廨既不能不需差役以供奔走則差帶取保之犯即係立時省釋之人情事甚微不至多滋弊竇又所稱新廨除命盜外並不移縣一旦紛歧外人豈肯允從等語查原定會審公廨章程凡華民犯罪俟會審判定枷杖以下由華員發落流徙以上歸上海縣辦理權限本極分明自各該委員恇怯無能遇事因循但知退讓馴至法權寖失遂視定章為具文該給事中謂徒流並不送縣自係現在實情惟臣部議准交縣管束之條係專為笞杖人犯而設笞杖由華員發落原屬自有之主權即慮外人不肯允從亦儘可據理爭執

未便隨時遷就況事由該署督發議公堂情事豈竟一無所知如果十分爲難亦何肯侈語更張而自取煩苦此又理之顯然自見者必謂逆料其難行而姑毀我法以徇之恐非計之得者也統觀該給事中所奏既不悉疆臣之原電亦未諒臣部之苦心現在公廨新章因該署督與各領事尚未商定臣部既無直接交涉之權亦豈能有貿然改訂之舉所有該給事中聲請臣部改訂之處應毋庸議抑臣等更有請者公堂爲萬國觀瞻所繫既須謀對外之策亦宜先求治內之方如修監獄以資保衛開工廠以卹囚徒均爲該部當務之急應仍飭下兩江總督轉飭上海道查照前奏從速認真舉辦庶可免借禁之累兼可獲遷善之資似於時政刑章兩有裨益得旨如所議行

三十三年巡道瑞澂照會領袖領事訂定公共租界工部局越界拘人辦法詳請兩江總督改建會審公廨男犯押所女犯押所

是年十一月兩江總督批滬道梁如浩前升道瑞澂原詳云據詳會審公廨男犯押所係由工部局繪送圖樣連改建書記辦公房飭匠估工料銀二萬八千一百八十餘兩女犯押所按照新圖建造四層洋樓估需工料銀一萬八千二百五十餘兩合共需銀四萬六千四百四十七兩六錢二分又男所裝設電燈費及置辦桌凳共需銀三百兩其女所應用桌凳及電燈裝費尚不在內以提存米捐五萬兩及餘剩平糶用剩銀四千九百四十餘兩又工部局繳還劃作馬路地價銀一千二百兩抵支足敷應用等情查請公廨修建男女押所一案工部局一再阻撓經該升道與各領相機磋商始能就範察核現擬辦法甚屬妥洽估計工料亦極核實似此籌謀周密煞費苦心應准悉如所議辦理除據情並將圖摺各件分咨外務部度支部查照外仰現任梁道迅卽照案督飭妥辦務期工堅料實毋任草率偷減一俟工竣卽行派員驗收並將用款據實造册報銷至所需常年經費以及女所購辦桌凳裝設電燈等費用須應續行分別核議稟辦併卽遵照仍候撫院批示繳

巡道瑞澂照會領袖領事訂定公共租界工部局越界拘人辦法

一華人與華人涉訟如被告住居租界之外照章應由原告自赴界外之地方官衙門控理公廨不得出票越提以明權限

一華人與華人涉訟如被告向居租界之內照章應由原告先自赴公廨控理如兩造中有一不服公廨判斷准赴上海道衙門上控由道另派他員復訊如案情重大徑由道台親訊

一租界內華人與華人或洋人與華人如有涉訟而被告避住界外應行傳提當由公廨委員發給印票選派妥差持赴該處管區之警察局呈候核明情節在票上簽字蓋印派探協提到局訊明發交帶回如有關涉刑名重要案件並准工部局探捕通融同往

一公廨差役及工部局探捕如不將差票呈候警局核准擅自提人者隨時由警局拘拿送究

一違章越界之探捕差役由警局拘住之後如係廨差交廨訊辦如係華探華捕送廨由讞員會同西官訊辦如係西探西捕送廨轉交領袖領事官究辦並由廨員觀審

宣統三年九月革命事起上海響應武昌光復縣道各官逃匿無蹤公共租界會審公廨男女押所以無人主持由領袖領事出示收管

文曰駐劄上海管理商務各國領事公會比總領事兼領事總領事薛福德爲出示曉諭事照得租界華商居民人等查爲數甚衆民刑訴訟事件本有特立之會審公堂辦理茲欲保守租界和平治安惟有必使會審公堂與押所仍舊接續辦理爲急要之舉因此立約各國領事官特行出示曉諭住居租界之華洋商民人等一體知悉各國領事揆情度勢憑其職位權柄暫行承認已在公廨辦事之關炯王嘉熙聶宗羲三員爲公廨讞員仍行隨同該領事所派之陪審西官和衷辦事並准租界上海西人工部局巡捕收管公廨押所尙有公廨所出業由該管領事簽印之民刑二事傳單牌示及經該管陪審官照例簽印之諭單等件均應出力照辦凡

有公堂應持之權柄亦當竭力帮助爲此出示曉諭仰爾租界華商居民人等知悉目下滬境大局情形雖是未定但與爾等安分營生之良民素享租界特別取益免損之各權利仍無絲毫損失倘有不法之徒恃强恐嚇妄思干預爾等商業或勒令捐斂會黨之費等情一經查明發覺自應嚴拿從重究辦不得稍縱切切特示　關烱王嘉熙聶宗羲三讞員以公廨押所自設立會審公堂迄今數十年歷由華官管理外人從無干涉之權且所押之犯均係錢債商民與刑事案犯有別一旦歸捕房經管主權盡失故請各業商董五十餘人並延律師丁榕至英領事署向英美德各領事力爭關烱又以領事所議定民刑各案傳提人犯之辦法在在有損主權擬定傳提簡章五條一各領事來文請出傳單提票如經核准照辦者所有傳單提票限於文到二十四點鐘以內發行　二各領來文均隨時付給收條條上註明文到鐘點刻分以免錯誤推諉　三本廨規定每日上午九時起至下午六時止爲辦公時間如過此時間概歸次日辦理　四禮拜日停止辦公如遇有緊要事件仍可通融辦理　五差役奉到傳單牌示之後限三日內傳提到案如三日不到該役須將不到之事由稟明如單傳不到則稟請酌量改提如票提不到則稟候酌核辦理倘若逾限不到該役並不立時稟明應將該役從嚴懲辦照會英美德三國領事查照並出示曉諭俾書吏差役及涉訟人等一體知悉詎各領事以前次已經擬有簡章照會公廨在案無須重

行擬章更改照復關讞員不肯承認總商會總協理爲挽救公共公廨主權致函公共租界領袖總領事函云前此民軍起事人心浮動各領事爲鄭重羈押人犯起見議將公廨押所暫由工部局派捕代管俟事定之後仍照向章辦理其時衆情頗深疑慮幸英領事邀集各業商人述明意見並經敝總協理等竭力開導人心始獲寧靖近又風聞向歸晚堂審訊華人與華人之訴訟案件亦須由各國會審官到堂會審之說衆情倍形驚駭紛紛至敝會探問情形竊思公廨問案凡由捕房解送或洋人與華人涉訟之案件向歸各國陪審官到堂會審其華人與華人訟案既無與洋人關涉則歸入晚堂由華官自行訊理以免言語隔閡或有下情不能上達之虞原定章程本極平允是以數十年來上下相安値此時局不靖之秋一旦忽有變更人心最易騷動殊違各領事保護治安之意總協理深願此說之不確如果實有此議務祈轉商各領事萬勿實行以免衆情之紛擾而敦中外之睦誼大局幸甚滬事幸甚領袖總領事照會公廨以前五年以上之刑事案犯應歸會審公廨一律訊斷卽死罪抵償之案亦應歸會審公廨審訊擬罪稟請領事公會批示施行文云爲照會事照得公共租界會審公廨辦理五年以上之刑事案件實屬混亂不齊皆因地方官不能按照定章辦理以致稽押甚多窒礙尤深所有以前五年以上之刑事案均歸地方官辦理一層現在亟應除去此後無論何等刑事案應歸會審公廨一律訊斷卽死罪抵罰之案亦應歸會審公廨審訊擬罪稟請領事公會批示施行相應照會貴會審公廨煩卽查照辦理領事公會以公共租界會審公廨已無上級機關爲之主宰擬將公廨中每月應發之各項薪俸工食均歸工部局擔任

發給各商董聞之以公廨管押所及傳提事宜已歸捕房經管今又欲將華案歸併早堂訊理如其官吏員役俸金工食又歸工部局擔任發給則所有主權完全喪失無存萬難承認商請讞員關絅堅持勿允所有按月應發官員薪俸差役工食等項由各商界暫爲籌墊上海光復上海道逃時存有廨銀十五萬悉爲外人提用會審公廨組織爲中國正會審官一副會審官四各領事會同延聘又派洋會審官一人或二人資格不一權力則同另有檢察處設檢察長一檢察員十二皆由工部局推選旅滬外人由領事團加委中外交保收支處設洋員一辦理刑事案件曰總寫字間華洋員各一司文書爲洋務案處洋員一華務案處設祕書二科長三均有書記解員俸正月俸八百兩副四百兩在道存欵內劃支其餘在罰金中提取

英副領事會審捕房解案時改派華捕站堂英副領事翰壘德會同讞員聶宗羲在會審公堂會審捕房解案項案時翰見堂下各差役依舊站堂當向聶襄讞詢問聶襄讞答以差役站堂站候由來久矣翰云目下差役均可不用由捕房飭派華捕到堂承值遂由駐廨八十五號西捕頭惠勒立命一千零零一號華捕站堂伺候聶襄讞向之抗辯翰允與正讞官關絅商後再定至會審公堂向例凡飭傳之案證到案後由廨交保候訊自傳提票歸捕房經管後所有傳案人證如奉判交保卽由駐廨八十五號西捕頭惠勒帶入寫字間繕寫保結加蓋保家圖章簽字之後卽行釋放不經廨差之手亦無須代書繕寫保狀

公共租界工部局告示

上海西人工部局爲出示曉諭事照得近來國家四方改變上海城內與本界接壤各處現時情事本局時常提防保衛界內治安所有界內向來一切辦法凡關於界內鋪戶住家等等之各華人毫無更改若無會審公堂所出妥實牌示不准提人除已由本局西捕擔任施行外會審公堂不將牌票傳單出給即有界外所出傳票提單須照常送與會審公堂嗣後亦由本局西捕照以上辦法擔任施行無論何人擅行嘗試擾害恐嚇界內住家居戶或欲勒詐財物等弊該華人應投附近捕房報明詳細情形即由捕房將擾害人等提拘將案解與會審公廨查究懲辦華人居民一概不准身帶利器行走如大小洋鎗小札刀棍上有皮包者皆作凶器論如犯此者提拘扣留爲此仰住戶人等一體知悉所有界內居家華人如被人告必須先在會審公堂訊明否則無論何項人等逕行提出界外乃爲犯法如此項舉動一經查出或被告發定予提究致干罪戾決不姑容勿謂言之不先也其各凛遵毋違切切特示

司法長黃慶瀾就任後以會審公堂移案提犯不按向章辦理爲爭回主權計函廨交涉

租界命盜案件例由上海縣相驗後即行提歸縣署訊辦民軍起義後領事即欲將命盜案歸會審公堂訊辦讞員關絅函請司法長黃慶瀾將前縣令田寶榮所驗魯吳氏尸格抄錄送廨以憑復訊定案等情黃司法長以其與向章不符竭力爭持不予抄送又縣署押犯如經公堂提訊照章提訊之後仍須送回縣署收押民軍起義後往往不肯送還至是領事又向民政署移提在押之葉徵生至公廨審究黃司法長函復以後移提人犯押解到案之後如民政署須提案訊審仍須隨時交還並須領事簽字將此項辦法允許照行方予將葉徵生解廨等因

民國上海縣志

鈕永建署

卷十五　人物上
人物下
卷十六　藝術
卷十七　游寓

民國上海縣志卷十五

人物上

李邦黻　徐彭齡從兄棟
曹允升　顧言
李祖錫　王維勤
王宗駿　嚴應鈞祖正邦　父鳳岐　子兆椿
彭聲駿　周宗瑜
喬錫增　潘上珍
朱徵鎔　王宗毅
劉世杰　劉汝曾
朱承鼎　王宗驥

郁懷智　楊振錄

張　剛　張　堅

姚明燾　王維泰弟維城

錢允利　丁熙咸

朱耀祖　王慶平子仁鏡

唐祖繩　汪錫增

吳　馨　劉至澤

王宗暉　胡　瑛

耿光覲　鈕永昭

蘇本炎　曹　煒

蔣清鏡　曹成達

吳良謨　陳昌鳳

張之綱　趙　淦

曹　驤　吳鍾英

張國華　馬軼羣

陸燿庠　夏書林黃海林　陳和生附

嚴克昌　沈澄清

李邦黻號梯雲晚取反身之義別字㐆叟又字㐆僧閔行鎮人林松同治志有傳孫尙暲子續志附傳少遭兵燹棄儒就賈北橋孫嘯琴一見器重謂儒家子不當廢學遂決然捨去溫肄舊業從學於川沙顧孝廉謙之門同治八年入邑庠嘉善鍾文烝主講敬業書院邦黻從受業飫聞穀梁家緒論故於春秋學爲最深遂成春秋穀梁經比事二卷輯唐玉

川子春秋擿微一卷采入南菁叢書復爲輯述以發明之事母至孝以暇修供菽水居父母喪哀毀骨立竭誠盡禮喪服中讀禮欲綜貫古今爲喪禮纂一書條理具而書未成常以爲恨修林松易園詩文集板並刊易園集補遺星土釋鄉黨私塾課本及父母優盋羅室月來軒詩稿以承先志又呈送所著周易述補於王學使先謙得刊入續經解中家中舊藏書不以貧故鬻於人兢兢保守不使散失以爲子孫當盡之責精於說文等韻學恪守三十六字毋而以江氏永借韻轉切圖爲入門要訣曾撰切韻啓蒙二卷及爾雅釋官釋親二卷中年後精研三禮尤好宋儒語錄躬行實踐治家整飭恪守朱氏柏廬家訓足跡不入公門邦勸治經遠紹易園家法近得鍾氏薪傳其教授生徒前後四十餘年教法會通經史歸本修身曾輯東萊博議

集評刊行爲學徒課本浦東西靑年經邦獻講授皆嶄然不落恆蹊家素貧晚境稍裕族中無後及戚友困乏者量力資助以館穀之餘行慈善之實而自奉淡泊衣服或至補綴飲食恆不兼味居恆慎默然當酒酣耳熟縱談十數年來家國事輒蹙額深憂不能自遣晚歲以保存古學爲己任與同志設立圖書館課暇恆至館釐整藏書宣統元年邑人公舉孝廉方正固辭二年徵書至稱疾不赴民國元年冬卒年六十六邦獻勤於著述不自珍惜稿多散佚子味靑檢遺書得文稿二卷雜稿一卷雜著一卷文宗桐城湘鄉詩有唐人風格

徐彭齡字允頤號曉秋允臨見續志藝術從子彭齡事母孝撫弟檯楨各成立營鹽筴起家配運上南川引窩玉牒告成敘勞得鹽大使分浙江歷任仁和錢淸下砂袁浦場官錢淸最久錢淸舊有書院廢圮久彭齡

至卽命題觀風優給膏火擇尤刊刻課藝壬寅癸卯兩科院生得甲乙榜者十七人爲從來未有之盛科舉廢學校興捐廉設小學七所又設宣講所閱報社爲各屬倡甯圍沙地坍而復漲原戶與墾戶互爭訟纏七十年官經數十任每辦清丈沙民揭竿暴動時人爲諺曰錢清好做甯圍難過彭齡抵任下鄉察訪者三年乃稟請設局升科親歷隴畝督吏丈量鄉父老各戒其子弟靜聽處分不半年而經界正巡撫張曾敭馮汝騤先後奏保彭齡熱誠興學卓著循聲籲請破格獎勵摺中言闔省寅僚能盡如該員之用心則學務無患不興地方無患不治兩奉硃諭傳旨嘉獎宣統中引退歸里民國元年卒彭齡從兄楝字爾權講黃老學壯游浙粵贛設帳授徒從游甚衆官江西候補知縣著述至富已刊者有老子詮釋求道津梁

曹允升字中孚世居江橋爲人急公好義若開浚河渠地方公益羣力所不及者均盡力助之曾任蒲淞市議員江橋新涇諸翟虹橋合併爲蒲淞市奔走尤力民國二年卒年七十六

顧言字丹泉世居十六保荷巷橋性嚴重有膽識年十六畢羣經善屬文博覽古文辭尤喜讀漢書丹黃爛然咸豐十年洪楊擾松城言居鄉且耕且讀嘗舉徐光啓農政全書植棉成效勸勉鄉人以是種棉益衆（西南鄉四十餘圖荒墳絕戶地廢而糧額猶存皆由糰業賠墊同治六年言聯合士紳請於藩司王大經永遠禁止勒石縣署同治七年入邑庠）言於濬渠之學講求有素自光緒初至季年歷濬竹岡横瀝千步涇俞塘幷佐浚吳淞蒲肇諸幹水工至萬餘丈附近田數萬畝皆資灌溉横瀝工竣知縣陸元鼎驗收河工謂曰如此鉅

工千夫雲集無爭毆口角片紙入告足見君之調度有方而用心良苦矣松滬通衢有中渡橋歲久頹廢言佽助勸募易木以石費至四千餘金鄰近橋梁有毀壞者悉修葺之光緒十二年至十六年歲連歉請於縣以積穀息金給籽種皆躬自規畫核實散放米貴則陳請平糶四境以安浦西各鄉向無書院同治十一年偕鈕世章張慶慈創辦吳會書院培養寒畯士風以振事載入續府志書院成鈕張故世言獨任其勞光緒二十四年以後國人競言維新乃改吳會爲強恕學校開四方風氣之先造就甚衆商約大臣呂海寰入奏傳旨嘉獎三十年邑人組織學務公所（後奉部令改勸學所）言被舉爲協理經理財政多所規畫邑人陸徵祥星使注重農業倡捐鉅金知縣汪懋琨屬言董其事規定辦法就閔行建農校延教師招學生不一載而成立三十

三年任總理官契局章程多歸手定宣統元年被選江蘇諮議局議員於本省利弊頗有建議言事親孝待弟友與人交篤於氣誼戚族有托孤者若馬橋鈕世楨同里沈作舟身沒子幼爲之處分家事以遺產寄交吳會書院管理及其子完姻悉以歸還鈕沈兩家至今感之精研醫藥自內經傷寒及劉張李朱近代王孟英諸書探討入微求診者無遠近必往治治輒效民國三年卒年七十餘

李祖錫字子蓮號祉聯世居閔行咸豐十年隨父榮棣伯榮滋（續志人物有傳）避地通州日手一編不以亂離廢學其後回里從師治舉子業尤篤信先儒義理之學事母孝母病劇焚香禱天刲股和藥以進竟霍然愈又四年母卒哀毀骨立遂得怔忡病時愈時發同治十三年以縣試第一入泮撥入府庠尋補增廣生舉優行中光緒十一年副貢其爲

文一宗先正根柢經史尤善書取法晉唐在家授徒十六年館竹岡黃氏八年所造就甚衆遠近執贄來遊者皆擷芹食餼掇巍科以去熱心地方公益歲歉則請給耔種匪警則籌辦團防疏浚橫瀝淡水瀝母子涇改建啓秀雲路中渡橋經理普安衍善堂靡不竭盡心力實事求是而於公欵出納絲毫不苟二十四年政變後鑒於世界大勢非興學育才不可與顧言等改吳會書院爲強恕學堂並倡設務敏學堂延聘專家中西並課手定規制躬自督理以崇實黜華爲宗旨三十一年選授震澤縣訓導之任未久蘇紳延爲江震高等小學校長並由江震兩縣令會請稽察兩縣學務所過市鎮竭誠激勸一時聞風興起捐資辦學者數十處猶慮偏重西文國學荒墜演述宋儒精蘊成修身範一本蘇湖學子爭相傳頌焉任職五年宣統二年

觀江甯勸業會陡患中風舌強言蹇適顧言出席諮議局邀治投以熄風化痰諸品病漸瘳卽歸里辭退學官杜門養痾時本邑中等農業學校成立邑令田寶榮敦請爲監督迫於地方義務扶病主持校事任職七年舊疾復發卒年六十九著異文攟略二卷經義類編三卷青琅詩文集隨筆等編待刊子三長子顯衡先卒次子顯常字鏡海邑庠生性剛果明白事理因病習醫治人輒愈不受酬閔南輪船公司與法商立興公司競爭勢幾不支顯常四出奔走竭力維持依據條約與立興爭事始得直厥後立興歸併閔南航業始有起色三子顯謨邑庠生肄業武備學堂暨日本士官學校歸國應試賞舉人歷任軍職

王維勤字轂生慶勳同治志列人物傳次子幼嗜學受經於鍾子英學文於童子

佩避難劉河受拳術於太倉施蓮史涔遭寇亂不廢讀書時淺見者謂今世已亂人可恣行維勤曰此正君子恐懼修省之時堯有九年之水加一版者後沒湯有七年之旱施一勺者後枯若藉口世亂而無所不爲乃詩所謂其何能淑載胥及溺者也清同治五年補行元年壬戌歲試以第一名入邑庠尋丁父艱顧家中弟妹均幼遂絕意仕進一以教養弟妹爲務維勤之學邃於經史其釋大學以誠正爲根本格致爲入手其釋孟子以知言養氣爲亞聖根本之學其釋中庸注意於君子之道造端夫婦而以中國胎教泰西衛生之說爲證其釋書經注意於周公無逸常以國語敬姜論勞逸相提並論善談易謂天道變化不主故常君子之出處語默所以能素位而行者在大象六十四箇君子於諸史中惟取左傳史記次之爲歐陽公五代

史其他均視如帳簿無裨實用生平未嘗著書或勸以著作傳後曰精理名言古人已先我言之在身體力行耳王氏以孝友起其家維勤之教弟妹及子必舉其家先世孝友故事以爲準的承其教者莫不感念祖德蔚然各能自樹立精醫理自內經傷寒金匱及劉張李朱諸大家之書無不披覽嗜圍棋國手如陳子仙周小松與爲師友弈理爲一方冠嘗曰善弈者能走逆境又曰劇戰時不可動忿兵蓋就弈而悟哲理焉初維勤少時與無錫許靜山縱談天下事言欲致治平宜廢科舉設學校行鄉舉里選之法而以時文帖括爲霸者牢籠英雄之具時科舉方盛識者以爲知言宣統紀元邑人公舉孝廉方正維勤曰歇後鄭五作宰相時事可知矣遂不應徵

王宗駿字遹叔號沽生承基續志有傳次子工算術善絲竹嫻崑曲畫法南

田承基督辦甘黔皖統捐宗駿綜核收解款數百萬無毫釐誤以助饟辦捐勞績歷敍員外郎分部郎中以知府用里居好施藥餌父承基患半身不遂症嘗覓再造丸方請名醫加減躬自配製服之遂愈乃出餘粒以行世承基建宗祠定祭禮纂家譜兄宗壽歷董積穀海運宗駿襄助力尤多光緒二十年中東之役籌辦團練三十三年總工程局成立任議董兼調查地方公產創辦內地電燈公司以抵制租界之侵入宣統三年滬城光復組織保安團又輸欵購洋龍設消防團以弭火患宗駿富記憶力有忍耐性每任一事不苟不懈課子綦嚴諸子科第繼起皆有聲庠序焉

嚴應鈞字秉國號殿卿先世自劉河徙上海遂占邑籍祖正邦少習油麻業既而自設肆晚乃營沙船業卒時年八十父鳳歧號義棠幼時

習賈吳門動止異常兒肆主信任之及正邦設肆滬上招之歸肆主如失左右手內行誠摯與其弟恪守家業出入渤海遼瀋間皆守義重信爲衆商所推重其經商一軌於正義所不可雖逆億可獲鉅萬不爲也船號而外曾合股開設錢肆凡在戚鄰多所汲引俾之宣力商場久之聲譽漸隆邑吏以公家事相屬任十六鋪巡防南局董事以河工案獎敘八品頂戴遇覃恩膺四品封典卒年八十一應鈞幼就傅即勤敏端重比長理船業操奇計嬴一出以信義貲甲一邑而自奉儉律已嚴待人謙和性惡訟犯而不校人有逋負不加迫索其在家庭能先意承志雖年逾五十猶孺子慕也父沒當道委爲十六鋪巡防南局董事分所當盡皆力任不辭遇外省水旱籌振有求助者無不立應於鄉里義舉亦如之應鈞父子捐金襄助善舉皆隱名

不求人知不願獲奬總工程局成立被選爲議董宣統元年當道以董理清查公所事相敦促應鈞念時局日非風俗奢侈以年邁辭杜門却掃未嘗周旋其間同邑劉烺兩集江南耆碩爲千齡會應鈞與焉卒年八十二歿後數年其孫昌堉以累代皆臻上壽且又齊眉偕老製三世耄耋圖一時名士題詠殆徧次子兆椿字頌芳附貢生早卒

彭聲駿字月亭塘灣鎮人監生性剛決有特識好義嫉邪而能容衆犯而不校故終身無一仇人光緒間兩次襄濬俞塘不憚勞怨撫姪如子清末出其自創產業均派子姪無歧視塘灣向無施棺惜字聲駿捐金爲之倡民國三年卒臨終猶以建立家祠設保嬰會兩事未成爲憾堅囑其子續成焉

周宗瑜字甲生馬橋人習醫師事松江金秉之治病別具神解宣統間各地籌辦自治宗瑜張之綱等主馬橋自爲一鄉不與閔行北橋合奔走甚力鄉自治成立再任鄉議長每屆會期先將議案細加研究蘄於法律人情毋相乖背遇事不可者必力持之不爲衆議所撓強恕學校始時款產頗不盡出本鄉宗瑜依自治章程謂校址在馬橋應歸本鄉管理歷呈縣省申請文凡十餘上再接再厲不稍衰其任事之勇如此民國三年卒

喬錫增字子卿世居北橋光緒末與朱洞賓創辦北橋公學宣統三年地方自治成立選任鄉董民有涉訟者輒爲勸導和解之嘗曰董理地方人民之代表也鄉曲不能無是非而是非無不可理喻既爲和解不可留伏訟端必須使人徹底了解乃能和息以是鄉里多自願

息訟民俗以和民國四年卒

潘上珍字茂昌世居新涇性孝友家貧棄讀就賈喜爲人排難解紛坦白無城府好施與發起施棺掩埋諸善舉力不足稱貸以濟之延師課族中子弟其貧乏者爲之婚娶庀材拓屋以居之襄浚吳淞江移建關帝廟廟有餘地醵貲購市屋數十間徵其租爲修理暨小學基金剏辦小學修建橋路蘇州航船傾覆竭力營救拯起十一人爲之易衣醫治各送之歸董新涇局事數十年任勞任怨人不敢干以私民國四年卒年八十九易簀時猶以不侵人利訓其子焉

朱徵鎔字吟香布政司理問氣量寬厚柔和忍耐每遇善舉盡心籌畫有公正稱光緒中董理普育堂務收養貧民凡一千數百人與李齡策辦魯晉秦隴等省賑務全活甚衆

王宗縠字垢生晚號鶴僧承壎有傳續志第七子嗣伯父承樞後幼侍宦京師從宋承庠御史遊喜臨池承庠亟賞之謂筆法爲諸昆冠年十五南歸受學於同邑曹檟兼習詩古文詞進步鋭甚縣試第一入邑庠旋食廩餼學政札調入江陰南菁書院肄業南菁爲人文淵藪宗縠兼擅經解詞賦聲名藉甚中光緒二十三年選拔值胞伯承基以道光十七年選拔周甲六十年間先後同科士林傳爲佳話二十九年舉於鄉明年考取内閣中書充本衙門撰文三十一年學部設法政學堂考取肄業由部咨明本衙門例免入直並免扣資俸未及畢業同邑王慶平任兩浙鹽運使延充書記尺牘多出宗縠手慶平遷晉臬以道遠辭職家居宗縠精音律及崑曲邑人設潤鴻社推爲社長文廟樂舞任教習招集諸生按譜指授邑志續修任人物傳稿甫竣

卒宗穀著述甚富多散佚卒後妻奚氏蒐遺稿屬慶平選定爲之序今有鶴寮遺稿

劉世杰字汝嘉邑優廩生邃於文尤擅詩詞著有默存詩稿少受經於李祖錫學有根柢祖錫長務敏公學世杰爲教員不辭勞勩後興辦淪智小學於邑北城繼復長市立養正學校三年規畫校務不遺餘力視學生如子弟學者咸樂就之民國五年卒世杰天資豪爽從事教育歷卅年其删潤諸生課卷精力特健時下師範生莫能望其項背也

劉汝曾字省吾號景輿錫溫弟錫焜（續志有傳）子幼歷從名師遊最後受學於同邑曹槱業大進既冠入邑庠其始致力經史詞章壯歲大病幾殆經年始瘳遂絕意進取以熱忱任公益事歷董善堂祀典書院學

校河工團防皆實事求是區畫有方光緒二十八年邑令汪延薫敬業學堂駐堂辦事任庶務兼任經學課在校清查校田四次監造校舍操場三次凡公產經汝曾管理者皆親歷丈繪圩號弓尺圖籍燦然最後經理慈善團棺塚手定日報月報年報各表式尤精密足資統計續修邑志任祠祀職官選舉列女各門分纂員稿將及半攖疾不起汝曾生平砥礪廉隅治事精詳不苟其卒也時論惜之

朱承鼎字理卿先世自南滙新場遷居閔行遂占邑籍補博士弟子員讀書終日不釋卷善屬文典麗有根柢尤好岐黃之學博通靈素難經傷寒金匱性敏而靜精研脈理治病輒應手愈不計酬求診者日數十起著傷寒述義四卷其規畫地方如辦團防設商會與學校籌自治濬河救荒諸章程皆其手訂便於實施歷任閔行鄉經董商會

會長處事和平詳愼人無異言

王宗驥字小鐵承錄（續志有傳）子幼多病勤學不輟尤留心有用之學文不多作筆意簡古近桐城書宗魯公力透紙背然未嘗治制舉業手校家乘及寫定先德遺稿若干册嘗摹先人金石印章輯爲紉佩齋印存以貽知交父承錄嗜硯石蓄良硯最多因以傳硯名齋撫摩手澤往往泣下性方剛戚屬子弟有片長獎借不去口有過輒面斥聲色俱厲與人談聲徹庭院治家嚴肅自奉儉約盛暑不科洗治事有定晷生平孝友有至性淡於榮利以助賑及海運功奏奬光祿寺署正選用同知加知府銜不謁選

郁懷智字屛翰自號素癡幼肄業廣方言館嗣以家貧棄學就商守信義重然諾中年以後營業漸順因以起家生平對於教育慈善事業

及其他公衆利益之事無不熱心興辦資助有差嘗創旦華學堂及普字義學七所先後輸資至壹萬壹千捌百元其補助各學凡十九校先後捐銀陸千玖百玖拾玖兩幣弍千肆百元其捐助慈善凡二十一處先後捐銀弍千弍百柒拾伍兩幣弍千壹百弍拾元其他若施衣施銀施藥施棺施送善書等共計捐銀肆千捌百捌拾弍兩幣柒百玖拾元其各省賑捐等共計銀壹萬零玖百玖拾柒兩幣壹千弍百叁拾元其辦理公衆利益先後捐銀肆千玖百零柒兩幣陸千壹百餘元統計捐款共銀叁萬零陸拾壹兩幣弍萬肆千伍百元懷智嘗提倡實業購桑秧千株分給法華引翔港二鄉農人勸令種植以廣蠶業並購美國棉子試種譯刊棉樹栽培新法棉種改良法培棉肥料淺說分送行世民國七年十二月卒邑人姚文枏等臚陳事

實呈請褒揚大總統褒以仁言利溥匾額及褒狀邑人爲立紀念碑於公共體育場懷智性孝友事親能得歡心有弟二懷恭懷儉幼時家中失火不得出懷智冒火掖之出始免於厄親既沒二弟尚稚懷智提攜扶植俾至成人常以私財潤其弟及二弟沒懷智復撫其子俾皆有以自立平日潛心王氏良知之學詩宗放翁有素癡老人遺集行世書臨顏米畫法雲林亦精鐵筆古趣盎然暮年商暇以藝蘭蒔竹爲消遣計其襟懷冲淡如此邑人私謚曰敦惠先生

楊振錄字偉才號味吟祖秋巖仁厚敏達精篆刻工繪事父聿修孳孳行善歷董善堂振錄幼岐嶷八歲讀唐人詩琅琅上口十歲始學爲詩文其師林孝廉曾望出聯語令對曰簷深上燈早即應聲曰風定落花遲又曰深樹雲來鳥不知對曰空園露滴蟬先覺師激賞之年

十九入邑庠邑爲人文淵藪勝流雲集振鍭恆與結社聯吟而族父德炳德鑅復督課綦嚴學業益進光緒十五年恩科登鄉薦再試禮部不售大挑二等授教職未及選除而政局變遷遂絶意進取家居教授十二年後就館於徐滙公學初任大修院教習繼兼中學教習能勤其職振鍭少席豐厚晚年家中落而夷猶瀟脱喜怒不形好吟咏蟄居一室當其冥思孤往輒發篋出唐賢詩高誦聲震戶牖仍有所得縱筆疾書自謂不減古人民國六年卒年五十六

張剛字子維川沙九團人洪楊之亂遷居上海垂髫嗜學過目不忘爲業師所器重年十六應童子試十九入邑庠鄉闈八次屢薦不售肄業龍門書院治性理學新政迭興學校林立而南區獨付缺如於是籌集欵項補助校費創立南區小學校見舊道德淪亡延請宿儒注

重國學遠近稱之歷辦南區學校十一年墊用千餘金同人擬爲設法籌還辭不受又擬請獎不允後入商界任醃臘業董十餘載潔己奉公銀錢一切毫不假手遇同業爭執事排難解紛不存偏袒衆心悅服交友以誠信治家以嚴肅一生謹慎力矯時趨民國七年八月卒年六十八

張堅字子方又字莊舫剛弟九歲就傅目數行下十三歲畢諸經作制舉文有奇氣府試第一旋入府庠肄業龍門書院光緒八年中本省副貢仍住書院與師友相切磋聞見益廣學業益邃素性淡泊有終焉之志十五年中順天鄉試舉人十六年成進士以知縣即用籤分河南二十二年署新蔡縣初政即矢明慎有疑獄必日夜思思不獲則微服訪察務使民無寃抑而後已書院月課鄉試賓興常年積穀

恤孤養老靡不加意整理二十九年署固始縣縣境盜賊充斥堅下車嚴緝捕擇尤置重典比匝月盜風頓息有羅孝子者家貧親病不獲醫藥割肺葉和湯以進親病竟愈大吏以民德歸厚奬爲異政瀕行邑人上日烈風清匾額三十二年補武安縣縣僻處山谷風氣閉塞與山西直隸接壤宵小易竄伏又民俗嗜煙婦女亦漸染堅嚴治盜匪巡拔煙苗除之務盡時近收穫民環叩保留聲勢洶洶幾釀禍堅不爲少動曰吾爲百姓去毒雖死得所堅宦汴積二十二年充鄉試同考官者三解京餉任軍裝局差任收發支應局差各一其充省垣高等學堂監督聘教員購儀器一手經營學風爲諸校冠辦學三年列上考保補缺後以知府用在武安行新政廢淫祀立工藝所勸辦煤礦創女學戒裹足農林畜牧樹之模範時籌欵派捐堅擇其能

行者行之不能行者自負處分設法罷之居恆以勤儉二字自勖謂勤能補拙儉以養廉雖習見語未易及也任武安既久考績列優等宣統三年春以父士來年逾八十請終養假卸任歸里不與地方公事惟續修邑志任分纂每至午夜不息子其桐勸其節勞則曰吾生平宦遊近卅載未獲在梓鄉略盡義務今吾樂此不疲也民國年間邑人自武安歸述堅座右聯云在山泉清出山泉濁吾輩務一雪此恥師事三人兄事五人居官尚毋忘斯言聯爲宣統二年撰至今尚存署中云

姚明燾字孟笹元滋續志有傳孫文枅子幼勤學習論孟毛詩通喪服經傳九章幾何代數叉嘗受畫圖學法文臘丁文有手編手譯算學物理學等書手抄經傳說文及喪服書若干種入邑庠舉優行任敬業學

堂算學教員及其他學校十餘年民國元年任縣議會文牘員三年縣修志籌備處以學識優長夙負鄉望聘爲分纂員不就僅暫任書記員四年應族兄明德之招航海歷遼東黑龍江留省城兩月駐嫩江一年又應張慶桐之招任恰克圖公署主事兩年七年冬任阿爾泰財政局長八年三月七日昧爽衞兵變犯承化寺公署明燾出戶突中槍子卒年三十九明燾爲人謹厚精密無浮囂氣無苟且心歷練稍久僉以邊才相期到阿山僅百十五日不幸遇害而同邑同官之跳免者纍纍也事聞政府照文官因公罹險致死優䘏

王維泰慶昌續志有傳次子字柳生邑廪生僑居嘉定之南翔鎭性孝友嘗刲股療母疾知帖括不足爲學清光緒二十二年就家祠餘屋設育材書塾三十二年任兵工學校校長嚴訂課程注重理化添建實習

工廠由是校務蒸蒸日上尤體䘏地方清末當道擬加松屬各縣典業稅奔走甯蘇籲免事不獲行弟維城字匯生廩膳生工倚聲

錢允利字貫三宣統元年爲閘北商團副會長三年革命事起率團員維持秩序民國元年被舉閘北市政廳長二次革命時各國水兵借保護地方名闌入閘北界乃與工部局力爭事旋寢於閘北善舉救火會事盡力尤多

丁熙咸字賡堯別號戇盦府庠生爲敬業學堂教員光緒三十年九月巡撫端方咨送日本宏文學院習師範三十二年春畢業內渡仍回敬業兼任學監是年冬別組東城師範傳習所輔強女塾東明學堂自任校長不支俸給宣統元年夏登拔萃科明年朝考列三等就職直隸州州判三年軍諮府派赴庫倫充兵備處文案辦事大臣三多

聘兼幕職并命其子就學焉是年秋武昌兵起各省響應熙咸請假回京至則聞庫倫活佛宣告獨立訊亟取道津濟膠濟鐵路由青島乘輪回滬市政廳任爲市學務委員鋭意興學民國元年春民政長吳馨任爲縣視學二年夏兼攝縣立第一高等小學校長擴學額爲六百人分教室十二組翻造前廳爲洋式樓房是年滬地遭二次革命兵燹之餘地方公益百端待理縣議會組設特别會計處舉熙咸爲經理員吳馨委任之六年夏辭校長職專任公欵公產處經理員卽特别會計處於取消自治後變更名稱者也地方欵產教育款產積穀款產以一身任之其間收回也是園上海醫院推廣縣市鄉各校建築縣苗圃植樹場建造多稼里租屋百餘幢爲積穀增益歲入均悉心籌畫夙夜勤勞七年秋招商公學成立聘熙咸爲校長兼

任後南北奔馳心力交瘁發病卒

朱耀祖字曉春沙岡口人有膂力勇於任事興水利辦學堂及地方公益事與顧言夏其釗李祖錫相伯仲

王慶平字耜雲原籍諸暨幼失怙恃洪楊之亂避寇來滬依舅氏丁以居刻苦嚮學因入邑庠舉同治九年鄉試性風流倜儻治制舉文益有聲既而累試禮部不售光緒十五年考取内閣中書十六年成進士改庶吉士年四十餘矣散館改主事籤掣禮部二十一年考取軍機章京每二日一輪值寅進午散或至未刻始退入直十餘年未嘗乞假每屬稿援筆立就同輩服其勤敏二十六年兩宮西狩慶平方退直聞警徒步出城詢駕行已遠倉皇前進顛踣者再飢就道傍市食夜假農家席地宿一晝夜行百十里以前途多盜折回貲棄略盡

得親友接濟復前進徑赴西安行在匝月始達入直行宮翌歲八月回鑾沿途駐蹕仍輪班入直駕抵鄭州奉旨補禮部儀制司員外郎抵順德派先期回京清釐檔卷二十八年充軍機處幫領班二十九年補精膳司郎中三十年充軍機處領班初慶平少時不矜細節通籍後一變而爲謹慎至是職司樞要益兢兢焉樞垣前輩語以居斯地位以闇淡聲華爲第一義慶平終身確守是言三十一年後官制改革軍機處改差爲缺領班秩同正三品三十三年授浙江鹽運使時詔清理財政簿書委積日不暇給竭半載之力一清積弊鹽斤甫加價商人請改錢碼爲洋碼大吏已爲所動慶平力拒之自治浙任湖山咫尺未曾一游署以內未嘗更一器置一物書齋客室絕不增飾嘗謂朝廷設官爲辦事也稍縱游觀即妨公務去浙時商人以明

鏡及澄水磁缸贈却之至今留置鹽務公所宣統元年授山西按察使晉省庶政刷新臬署祇一空屋新官到任所需悉出貲自備慶平喜曰向來州縣供應上司絲毫悉取之民我何忍乎勘視讞牘鞫審人犯必詳必慎尤注意州縣詳報命盜文牘有疑問輒馳札駁飭以爲俟至覆訊必拖延月日連累者多以是全活甚衆改提法使專辦司法行政事時審檢廳模範監獄同時成立部令製預算辦統計期限迫促前無師承昕夕督同幕佐辦理幸免延誤三年二月擢布政司更新伊始需欵日增學務司法巡警勸業各署設施進行皆仰給藩庫兼籌並顧至感困難尋奉旨護理巡撫時憲政亟進省庫告竭言利者猶挾策以進慶平專摺奏陳新政措施之失務以恤民力培國本爲請摺上交部議奏八月新撫陸鍾琦至回藩司任九月八日

晉垣民軍起戕巡撫直入藩署慶平恐被辱自縊以殉爲民軍解救擁之入諮議局監視逾月勺飲不入者三晝夜會民軍潰於娘子關晉省官紳請慶平出借各司道散遣潰卒撫輯居民省城賴以復全旋奉旨開缺襆被入京一身外無長物旅京五年不問國事邑志續修公推總閱全稿始歸里僦居城南出入徒步見者忘其爲開府之尊也江南通志局聘任副纂束修所入賴以自贍卒年七十三慶平著述頗富遭亂散佚遺篋中惟日記數册繕寫悉精楷至老不改間有吟詠亦載日記中子仁鏡字冰如三品廕生順天府經歷工醫任京師外城官醫局最久先慶平卒

唐祖繩字蓮孫晚號夢幻入邑庠世居漕河涇鎮其初敦品礪行謹守繩墨事親以孝聞工帖括又熟於時務掌故之學辯論滔滔不絕下

筆千言立就早歲課徒鄉里門弟子稱盛科舉罷後橐筆出游歷主海上蘇報天津北洋官報大公報益世報筆政民國八年以積勞歿於津寓當益世報初辦時即受聘爲總編纂員未及二載報紙銷數達數萬執北方報界牛耳館主西人加敬禮焉歿後三年仍以薪水之半贍養其家其見重如此祖繩所爲文不下數千篇多散佚僅存若干篇皆晚近所作其子敬熙屬同邑陳時夏爲之編次擬名其書曰夢幻遺箸

汪錫增原名龍琛字季航人驥（續志有傳）季子生於周浦周浦一名澧溪故小字曰澧生母氏儲早歿錫增甫離襁褓人驥恆以父兼母職故父子之愛尤篤比長兩兄或以宦游外出獨錫增未離膝下依依孺慕終其身父子皆能文善飲應書院試同席咿唔推敲字句相商確如

朋友平居課畢往往徒步就鄰肆沽飲見者羨其天倫之樂錫增年十三受業於同邑趙晉棠十七入邑庠歲科試輒冠其曹遂食廩餼年未冠也興化劉熙載主講龍門書院選高材生入院肄業錫增與焉既而人驥亦補額住院人比之蔡九峯父子云光緒十一年中選貢出瑞安黃體芳之門明年朝考列三等就職直隸州州判父猶及見之二十八年中舉人嘗被聘爲海門師山書院山長主講二年辭歸時科舉將廢邑敬業書院改官立高等小學錫增任最高級教習其後學制屢變班級遞增而恆主任最高級以終其身凡十九年中間權養正敬業校長各半年任留雲校長十年仍未脫離敬業初人驥主講廣方言館錫增隨侍於天文地輿數理化涉獵有得不自以爲能顧生徒受業於錫增者僉謂先生以舊學發明新理新舊一貫

無不心悅而誠服教育事業俸薄而課重任此者往往半途輟業去錫增曰我生於斯長於斯生活於斯願終於斯其執德不遷如此方科舉時代門下士掇巍科入詞苑膺顯宦者相望其後歲時饋遺無所受謂我自食其力足免凍餒安用多金固以請則謝之曰鄙人所需於諸君者其在身後乎由是不敢復請其秉性廉介又如此邑志續修禮聘名宿分任纂輯人物一門最夥而城市尤多於四鄉錫增與王宗毅分任屬稿王認四鄉稿未竟而謝世錫增獨總其成勒成兩卷平時批改校課皆作小行楷一筆不苟有與論文者終日娓娓無倦容至欣賞處爲浮白擊節生平無慍色無惡言晚年患鼻齆不辨薰蕕嘗自笑曰近來觸處腥羶令人作嘔予猶得久耐此惡空氣賴有此耳民國九年六月酷熱攖微疾卒

吳馨字畹九號懷疚其先歙人清初以避兵遷上海遂著籍焉馨八歲而孤母楊本生母張延師課讀賦稟特優弱冠入邑庠即棄舉子業究心有用之學南洋公學設師範院馨奮起就學於教授管理諸端研究有得三載卒業因設務本女塾爲全國女學校創就學者衆北至内外蒙古南至南洋羣島莫不有務本女生蹤跡焉光緒三十一年城廂總工程局開辦被選爲議董於地方利弊興革知無不言言無不盡旋任西區區長任事五載獨注意道路警察衛生諸要政而於盧家灣河道方斜路界綫及電車電綫與外商竭力交涉挽救地方利權尤多諸凡築路濬河計畫遠到事詳上海市自治志宣統二年被選爲縣視學兼勸學所總董任事一載是歲又被選爲城自治議長任事二年逮革命事起被推爲縣民政長後奉令改稱知事自

任縣職起宣統三年秋末迄民國三年春初其間時局震動變幻萬端馨從容應付一無所絀解組後任法租界公董局華董磋商劃界主權所在絲毫必爭五年被選爲教育會會長按期召集各小學校校長教員研究教育孜孜不倦同時舉辦公共體育場首捐巨貲爲倡卒底於成即任爲管理指導員兼童子軍聯合會會長手訂規程他邑取則七年春任勸學所所長推廣全邑小學教育定按畝帶徵學費辦法以補原有教育經費之不足於西區闢馬路於九畝地闢商市於城壕基闢電軌於斜橋築公共體育場又測繪全境輿圖續修卅年志乘成績昭彰清末以捐貲助賑歷獎道銜入民國以維持地方秩序獎五等文虎章復以設立務本女塾捐歸縣立女子中學特獎一等嘉祥章三等嘉禾章頒給興賢毓秀扁額其於全縣學務

全縣水利具有擘畫計慮縝密顧未及實施而卒論者惜之

劉至澤字愷之至喜（續志有傳）弟監生浙江候補府照磨補用知縣歷權浙江松陽江蘇常海鹽稅每戒其巡丁曰鹽金本稗政苟足比較何忍重苦吾民以是商販稱頌之僑寓松江爲雲間九老之一民國九年卒年七十二

王宗暉字日卿承基（續志有傳）從姪嗣父承禧精計然術宗暉席其緒始習錢業繼習布業往返營口牛莊以土布易油餅頗獲利斥其餘充善舉修理街道興捐義塾惠及孤貧嘗爲人雪冤償債口不言功戚屬十餘家生前養恤身後喪葬之事全力任之四十年無少懈

胡瑛（譜名大柯）字執卿原籍婺源以經商日久占籍本邑性孝友其兄年老失業時贍其家並育其孫自置良田千畝設胡氏敦睦義莊於本邑

陸家浜以田屬之同族推主徽甯思恭堂事辦理善舉不遺餘力

耿光覲字郁雨先世徽州以經商至馬橋遂入籍焉從鈕翰見府縣續志鈕永譽華亭陳鎔經童召南治經史詩古文詞制義補博士弟子員性慷慨勇於任事與王珍見續志鈕永昭等董濬俞塘行河干督勸不懈清光緒末協助顓北馬閔巡防局員嚴禁煙賭犯者封屋充公雖親戚好友不稍假借人服其無私其後聚賭售煙者輒避私室光覲密知之乃借十齡幼女偵查得實送之官藉以示儆由是煙賭絕跡光緒三十年間與蔣清鏡張謙受等創辦馬橋小學校強華女學校敦聘良師按戶勸導故生徒甚衆其後馬橋小學校歸併強恕強華於宣統三年由鄉董接管改名萃秀即今之鄉立第四學校也光覲狀貌魁梧聲若洪鐘平生好周人之急好飲酒酒酣後與父言慈與子

言孝間及地方掌故史乘娓娓不倦其內行修飭事母孝晚年猶孺慕不衰

鈕永昭字復生號挹暉世章見續志次子祖元蒸爲一鄉耆宿晚年以課孫爲樂永昭及其兄永保幼承庭訓家學淵源弱冠入邑庠憤吾國之日趨貧弱慨然以興學校辦實業爲已任于是俞塘公學成立於前廣利蠶桑公會剏辦於後闢桑田數十畝植桑樹數千株選地方志士肄業浙江之蠶學館學既成實行育蠶爲地方倡導一時聞風繼起者頗不乏人乃同志識見膚淺心志不堅稍受挫折遂爾氣餒荏苒三年一蹶不振永昭氣忿成疾抑鬱以終永昭性情嚴峻不苟言笑肄業江陰南菁學院著有晏子春秋校釋二卷博贍精覈多發前人所未發選刊南菁叢書中生平所學經史而外兼通醫易星緯

諸書而尤精于生辰推算之術或有以張之洞陶模岑春萱三制軍之生辰八字試其術者永昭決其富貴生死不爽累黍嘗督浚俞塘不肖之徒有以土方多寡相朦者永昭略事勾稽立擿其奸時人驚爲神焉

蘇本炎字筠尙升續志有傳孫父鮫叔紹柄(另傳)咸善書本炎能承家學其商學受業於曾鑄續志有傳鑄器之妻以女本炎精法律凡商界章程公牘及析券合劑莫不明習力謀破除吾國商業積習性豪爽議論縱橫動中肯綮見義勇爲提倡實業踴躍投貲綜其生平爲會長者四爲董事者六初於光緒三十年創辦民立中學屬其弟本銚任校長助經費數萬又創辦民立幼童學校屬其妻曾澤新任校長又助其妹創辦民立女子中學五四運動之後見學生動輒罷課頗不謂

然謂青年際此時艱益宜盡力求學以備他日用若違家長之命以輟學業非計也本炎自奉甚約子女皆布衣徒步不染時習民國八年卒年四十八葬蒲淞市中新涇

曹煒字芝文邑庠生事母至孝母殁設座二十年虔誠供奉里有服毒者持藥往救雖隆冬深夜必赴不受酬見貧者傾囊助之任崇正官塾教習及文廟樂舞教習屆祭期必重整琴瑟校正音律任洒掃局節孝採訪事悉心記載襄理江蘇海運十五年始終不懈董復善堂及醫藥牛痘惜字施棺慈善事業次第舉辦不支車馬費著幹事齋文集試帖詩嘗印送醫藥堪輿諸書其中推拿保赤必要一書尤爲醫家推許晚年研究釋道諸經典嘗爲修訂重刊民國十年卒年七十三兄城穀見續志選舉表

蔣清鏡字冰卿馬橋鄉人邑庠生髫齡即不喜弄謹守繩墨恂恂如長者從鈕翰（續志有傳）治經史翰卒與翰之子璥及嚴家鼎遊以道義文章相切磋璥字奏雲亦諸生資稟過人風神散曠未冠即以詩文蜚聲文社問校訂羣書怡然自得有高世之志其詩冲夷恬靜入陶靖節堂奧文近葉水心詞學稼軒楷法玉局松雪隸則張遷韓勑慕林和靖之風因號梅影詞人所畫墨梅老幹杈枒著花的歷有致性耿介不諧俗而內行修潔清鏡既日與漸摩學業猛晉後又從鈕永保童召南治制藝皆得其心法性不輕去就應聘授徒賓主輒相得甚歡館華陽橋顧氏至十餘年旋任馬橋強恕沙溪縣立農業閔行強敏各學校校長教員造就甚多鄉閭推爲祭酒有大著作多仰成焉每放假旋里後生踵門執經問難者相繼清鏡指示詳明雖盛暑嚴寒

曾不屏却曰我樂此不爲疲也家貧而廉於取亦不肯有求於人少時同學如鈕永建朱孔文金慶章或綰兵符或佩法篆或膺外交重任偶有書翰往還一無所干與耿光覲張登謙等剏辦強華女學校馬橋小學校並盡義務爲之教授其古文蒼老簡潔行書得聖教序筆意晚年東游日本考察教育以資取法其後三子盡喪遭遇坎軻民國十年卒

曹成達字豫材鍾坤續志藝術有傳子弱冠入邑庠屢試不售橐筆出游湘鄉李興鋭重其才延攬入製造局先後筦庫房及議價處事盡心擘畫謀所以節費飭工之法昕夕勿懈蘇省剏辦鐵路上海舉辦市政襄理總局事務遇事皆盡心力以才器重於時天性敦篤五歲失母事父暨繼母皆得其歡心教養二弟成勛成龢孜孜不倦以孝友聞晚年

以子汝霖官外務部左侍郎誥封光祿大夫就養京師生平自奉極約而饋貧周急無恡惜遇荒歉輒盡力賑濟嘗謂士大夫既得溫飽當念小民困苦民國十一年卒年六十七臨終自輓曰念一身無過無功地獄天堂問閻羅何以處我溯先世克勤克儉朝乾夕惕願子孫毋忝所生

吳艮謨字虞臣閔行人性仁厚自奉儉而好行善經商以信義爲重遇口角爭訟苦口勸息人感其誠稱之爲佛久任普安堂董事多所建設中年乏子晚歲有六子皆以爲爲善之報卒年七十餘

陳昌鳳字枈苞閔行人入邑庠畢業師範歷充鄉校農校及城市養正學堂教員後任勸學員學務委員實心任事籌畫周詳民國十一年卒年五十昌鳳誠謹儉約有古君子風後以積勞病歿士論惜之

張之綱字韻笙馬橋五七圖人慶慈族子入邑庠後設館授徒事有傳續志母至孝宣統二年各地籌備自治時馬橋有主聯合顓橋北橋馬橋閔行爲一鎭者之綱主馬橋獨爲一鄉與王廷奎周宗瑜等呈准於省縣鄉議會成立被選爲鄉董旋任縣議員改革時與商會辦理保衛團徹夜梭巡宵小匿跡後習法政執行律師業務遇事不茍辦理事件輒曰訟則終凶盍事排解人咸稱爲長者民國十一年九月清丈籌備會推舉審查員審查淸丈章程十月審查員十二人公推之綱爲審查會長悉心討論修正淸丈規程製成說明書及出入經費概算書錄送籌備會人咸服其精細

趙淦字鑑湖世居邑城幼避紅巾亂寓法華性至孝母氏徐病劇仰天籲禱封臂肉煎湯以飲之竟愈事聞大總統題褒至性過人額諸親

友聳恿開筵慶賀淦曰不可命子錫恩以筵資移作興學用就幼時避難之法華鎭購地刱立小學校名曰思本

曹驤號潤甫八歲入西人所設蒙塾習中西文同治初入英界工部局任譯務十年入邑庠時在庠文生兼通中西文者惟驤一人嘗著英字入門行世華人之爲英字典自驤始光緒初知縣莫祥芝聘任縣署譯務關道劉瑞芬檄辦洋務局繙譯又委考查美國回華學生九年關道邵友濂檄赴川南崇寶四縣商辦漁團並保護大東北公司海綫十年總督曾國荃檄辦行轅密電邵友濂檄充兩江營務處委員十一年劉瑞芬出使英法奏調隨員至印度洋因病折回十二年曾國荃檄委襄辦金陵洋務局兼辦下關稽查局暨同文館西學教習十九年金陵臺灣督撫均委令駐滬坐探軍務驤辦理外交先後

二十餘年遇會丈會審會議一秉至公毫無偏私捕房遇華人犯罪者罰充苦工驤謂有傷國體嚴厲交涉始得罷免中法戰事起法軍窺鎮海在滬覓領港西人已有成議驤燗知之密設法阻止浙東幸免兵災歷任保安堂棲流公所和安學校董事總工程局教育會縣議會議員而於閘北二圖義塚與英工部局力爭訂約永遠保存時論尤韙之曹氏宗祠祭田耗蝕殆盡驤悉心經理籌墊用款歷四十年訪尋先墓跋涉吳縣嘉定諸鄉著尋墓記及曹氏鄉賢錄曹氏家集目錄輯高伯祖錫寶古雪齋文集曾叔祖江西陲雜詠父耀璨琅軒詩稿諸書次第刊行驤事母孝與人交淡而彌篤存卹戚族自奉至儉嗜讀中西學說各有心得嘗刊封禁海口論孝經儒行合編其他新聞譯稿刊於製造局者又十餘種民國十二年壽八十邑人正

擬臚陳事實呈請大府舉鄉飲賓遽於六月卒長子鍾麟邑庠生先
卒

吳鍾英字汲深閔行人秉性孝友慎言行嚴取與苦志篤學入邑庠補
增生清宣統初詔舉孝廉方正與邑人李邦黻王維勤同被舉獨鍾
英入都待試適武昌兵起即南旋杜門課徒平生維持國學以四書
五經先正語錄諄諄訓勉獎掖後進恆如不及公推爲普安堂總董
添殯舍置義塚擴充接嬰保赤名額嚴訂寄柩年限及建橋鋪路修
埠無不竭盡心力撙節開支晚好吟詠與奉賢朱家駒青浦徐公修
相酬唱著有觀樂吟草民國十二年卒

張國華字達卿顓橋鄉人嫻習婚喪禮數鄉里有事輒爲襄助里人咸
之嘗剏立顓橋學堂貧苦就學者免費歷任恒善堂經理顓橋鄉議

事會議長教育會會長及清丈籌備委員盡瘁桑梓三十餘年性沈敏孝友母病侍奉不稍離夜必仰天禱祝及歿哀毀成疾民國十二年卒

馬軼羣字杏生彭家渡人名醫馬雲亭子入邑庠補增生性靜默讀書過目不忘不涉外事於農業教育提倡尤力

陸燿庠號鼎卿清附貢生候選訓導歷任崇正東南官塾及南官塾教習勤於授課晨七時前到塾六時後退學者咸宗仰之繼任文廟樂舞教習辦祭董事改革後保文廟保管員被舉爲洒掃局收支員爲人誠懇篤實絲毫不苟對於地方公益及族黨事尤盡力爲之有古君子風焉

夏書林果育堂救火社社員民國元年以救紅欄杆橋許姓災灼傷兩

殞死江蘇都督程德全獎給能禦大災額二年死舊校場災者九舖衆安社社員黃海林江蘇民政長獎給舍身成仁額九年死救舊倉路災者四區救火會會員陳和生縣知事沈寶昌獎給捨身赴義護軍使盧永祥獎給舍身取義額

嚴克昌字哲人居馬橋鄉世爲望族敏而好學弱冠入邑庠嗣又與當世名人遊研究詩賦掌故之學好集成語以爲文才名頗著旋以屢躓鄉闈退求醫學暇以詩文自娛年五十卒臨卒自挽云人生五十不爲夭死得恰好家富三千儘受用喫賸有餘

沈澄清字志青號培生馬橋一二圖人家世業農澄清獨喜讀書肄業強恕學校旋入邑庠肄業師範學校研究教育洋涇楊保恆最器重之清光緒間與張之綱周宗瑜王廷奎等籌辦本鄉自治被選爲議

長旋勸學所聘爲單級小學宣講員周歷各市鄉竭誠指導未幾就湖南常德師範學校教員先後任職十餘年民國十二年病卒箸述多涉教育其規畫本鄉教育事宜不遺餘力云

人物下

葉佳棠　趙履福子承慤

孫文詒　唐錫瑞弟曾瑋　子祖釗

趙世修　蔣慶和

謝源深　楊保恆

王全綱　陳桂春

蘇紹柄　黃協塤

秦錫圭　徐鳳標

姜雲洲　楊德鑠

陸文麓　李鍾珏

林曾裕　沈秉春

唐祖瀛　倪清漣

劉志濤　金文字

顧慶邦　陸　鑫

潘　鎬　奚佐湯

補遺

董　含　喬佳佑

黃　琮　鈕永譽

唐樹滋　謝文彬

陳增鈞 弟增源 姪錡　　周之楨

康　濟　　朱以義 子洞賓

沈壽昌　　朱占春 子孔慈

楊繩祖　　楊　忠

周錦棠　　曹日新 子鍾潞

瞿永嘉 子慶同　　金士林

沈士偁　　張　濼

陶德懋　　張　楨 子光豫

陸桂棠　　趙雲秀 孫本善

葉佳棠字棣華和 見續志 三子少習商業善算術姑夫沈澄煜署浙江新昌縣篆後莞烏鎮南潯衢州後林諸釐局皆延司會計出納不苟同

邑王維圻總湖州嘉興鹽鹺局禮聘殷勤待爲上客又爲甲商經理鹽廒先餘姚後劉河商竈交頌游浙凡四十年不營私事不薦一人故去留交代之際恆脫然無累及鹺引改章潔身引退年七十矣天性仁慈事父及兩兄生則孝友歿則經紀後事必誠必信既歸里精力猶健邑人推董普育堂經畫周至老癃殘廢各得其所又以餘力創立震修學堂延聘名師成績冠諸校卽今縣立第二小學也民國三年卒年八十二

趙履福字志熙號子禧颺曾見續志子爲文簡鍊每試輒冠其曹遊庠食餼肄業龍門書院與姚文枬項文瑞遊致力於漢宋之學遠近聞其名爭委贄焉三林學校成掌教務嚴訂課程士風丕變民國三年任本鄉經董其時私立小學經費多絀別移鄉欵維持之地方公益事

業躬自董理不辭勞瘁兩次疏濬三林塘任勞任怨口不言功以是鄉里德之年七十一卒弟子私謚曰和恪先生子承懃號鶴琴諸生光緒三十二年由三林學堂貲遣游學日本瀕行與同志秦之望陳師咸從兄承家等發起筠溪小學專收蒙童及初等男女同校欲增進社會程度熱心籌設規畫初定即束裝東去民國二年夏畢業於東京高等工業學校應用化學科歸國後任浦東中學化學教員承懃承父履福之教學有淵源秉性忠厚勇於自試賫志以終

孫文詒號燕秋父士錫慷慨好施與性尤純孝文詒生而岐嶷性復豪邁明達時務甲午中日戰爭戊戌政變庚子拳禍前後各上萬言書皆洞中機要光緒十七年舉人二十年進士以知縣用歷充通運局發審兼總監兌浙江學務處總文案兼總稽核歷署浙江奉化臨海

等縣知縣授鎮海知縣兼營務處提調鎮海縣教諭在任時剏設學校舉辦警察及平民習藝所開地方風氣之先吏民歌功頌德所至有聲宣統三年因疾乞休杜門養痾絕意仕進民國成立後浙江都督湯壽潛江蘇民政總長李鍾珏迭次徵召皆以疾辭不赴著有八琅仙館文集紅珠館詩詞集刼紅緣等書卒年六十二

唐錫瑞字子衡心柏（續志有傳）長子事親純孝善堪輿醫學能丈量田畝松江育嬰堂有南滙沙田一萬六千餘畝上海清節堂有嘉定縣田二千餘畝錫瑞按戶清丈造册繪圖堂中得有稽考同治四年秋浙藩應寶時函聘襄辦工賑歷辦浙西河工並海甯州備塘河工工長一百二十里逐日乘馬河干日夜督催如期工竣四鄉橋樑有圮壞者募款修建行旅稱便募建劉沈二公祠及馬孝女祠光緒三十二年

米價奇昂申請地方當道禁米出口保留積穀民食以紓又龍華子藥廠存儲火藥逾時過久慮有不測力請遷移當道韙其言卒將廢藥傾棄地方稱慶平時掩骼埋胔遇善必爲著有唐氏四禮輯要二卷二十六保保志四卷卒年八十三弟尊璋字詠茗晚號難齋心柏四子遊幕京師及粵蜀滇黔閩晉所至有聲光緒十九年猓玀倡亂雲貴總督王文韶敍功以知縣用銓分河南晚年歸里與邑人士詩酒唱和討論地方利弊以漕河淤至徐家滙道路崎狹倡議闢漕溪路以利行人著有難雜鈔二卷筆錄十八種松江唐氏入泮錄一卷卒年七十一子祖釗字企周入府庠博通經史及門成就甚衆

趙世修字韻丞世爲邑中望族六世祖文哲高祖秉淵曾祖祖楧祖繼勳同治志並有傳俱以文章道義傳誦於時繼勳官泰興教諭因家焉世修生

長泰興同治十三年入邑庠旋食廩餼肄業南菁書院與青浦張家鎮松江張葆元最友善爲文沈博絕麗得江山雄直之氣歲科試輒冠儕偶顧屢躓鄉闈鬱鬱不得志抑塞磊落之氣恆流露於詩洎辛亥國變橐筆走燕京爲五城中學講師課藝之暇縱情詩酒慷慨悲歌不能自已嘗語同郡友人謂吾死必瘞吾於陶然亭畔樹短碣曰上海詩人趙世修之墓與香冢爲鄰於願畢矣顱頷數年歿於雲間會館卒葬於廣渠門外雲間會館義地所著有話雨集稿已佚今傳世者有澤畔吟感艷集二種乃集中之一部分也

蔣慶和字靜園鬻竇河人性慷爽有膽識談吐風生好爲人排難解紛凡錢債糾葛土地爭執之事經其勸導咸帖然感悔光緒中浚橫瀝與顧言李祖錫等往返任事依限竣工歷浚淡水河千步涇寒暑奔

走口不言勞跨横灑之啓秀橋向支以木年久失修勢將傾圮募資易以洋檀護以鐵欄行人稱便民國五年卒年七十八

謝源深字志澄號酉山父錫祉字香谷精醫術喜施予遇貧病牵不取酬壽八十有二源深賦性聰慧讀書過目成誦年十一畢十三經作詩文有奇氣光緒十三年入邑庠有志於經世之學旁及金石書畫評隲允當不屑以帖括爲事二十年中舉人逆知時局日危文字不足以濟變決計不應會試專致力於鄉里公益三十一年秋海潮爲災土塘冲決日夜奔馳身任修築之役工竣謀善後始議設塘工局顧地方款絀不獲已恆捐私資助成之浦左一帶廠棧林立洋商地痞朋比爲奸侵漁田畝矇領道契糾紛無所不至源深力持正義不屈不撓卒使就範又創道南小學規畫周詳成就甚衆宣統二年當

選諮議局議員於地方利弊建議侃侃率具綱領民國成立杜門却掃不問世事平居深自韜晦不欲以名自見然遇鄉里爭議咸引一言爲重時論高之有隱君子風焉民國九年卒年五十二

楊保恆字月如洋涇區之社莊廟人弱冠補附生長於小學時在清光緒季年朝野競倡變法與邑人賈豐臻等東渡日本畢業弘文學院回國後於二十二鋪創設小學校一所旋以龍門書院改爲師範學校又籌設速成師範及單級教授所等一時學者雲集社會知名之士皆出其門民國元年任省立第一師範校長擘劃周詳推爲教育界先進嗣就上海城市自治公所學務專員上海縣學務課長教育部教科書審查等職往來京蘇間對於本鄉教育勵精竭慮不憚煩勞洋涇各學校多於此時成立民國四年應教育部聘編纂教科書

在北京旅次覆軍不及施救民國五年歿於協和醫院年四十四教育界咸痛惜不置焉

王全綱字有常原籍鎮江其父避洪楊之難僑寓縣城遂家焉家本寒素而力學匆輟弱冠入邑庠南滙奚氏素號望族度其必貴妻以女資以膏火全綱益奮發遂登鄉榜成進士授翰林院編修散館以知縣用分發廣東歷任花縣海豐增城樂昌海陽等縣知縣俱有政聲數爲廣東鄉試同考官得士稱盛性狷介恥干求亘二十年未嘗升擢坦如也光緒中同邑李鍾珏知廣東遂溪縣事廉幹有聲於時以爭廣州灣事遂知花縣不久解綬虧欠至鉅上僚追比甚嚴適全綱繼其任爲李百端彌補藉免賠累復貸以資斧始得歸里時人兩賢之生平邃於性理之學是非曲直不稍假借遇事衡情度理侃侃直

道引經據典滔滔不絕聞者爲之動容中年研求歧黃之術入其堂奧雖未嘗懸壺而回春妙手譽滿一時晚年明心見性尤多澈悟易簀前數夕自謂夢至一山殿閣庭陛森嚴整肅其中一殿榜曰古天民藪旁懸一聯上聯有理境闢鴻濛人樞超象外之句語極玄奧文亦冗長或謂全綱生有自來死有所歸而其生平所學與聯語相關惜傳者未能憶其全文爲憾耳

陳桂春爛泥渡人以駁運起家性慈善於地方公益事業盡力佽助孜孜不倦光復之際地方警餉無着幾致譁變桂春臨時籌墊得以無事又於警局路私立小學一所年捐經費千餘金縣長沈寶昌嘉其好義贈以見義勇爲額所居曰穎川小築布置嫻雅有隱士風卒年五十二

蘇紹柄字稼秋邑庠生性至孝友敦篤伉儷耽詩酒擅書法夫人王元珠女士同邑王記屏四女性淑婉工詩善畫著有惋春遺稿紹柄在家課徒遇事外出夫人輒代督課自是生徒歲增戚族子弟咸來就讀光緒二年就閩商聘董理蘇垣泉漳兩館事洪楊之後毀廢不堪悉心整理有條不紊光緒七年湖北學使高勉之聘襄學幕光緒十三年董理上海建汀會館事光緒十九年渡臺灣襄理製造局報銷兼稽核中日事起始復歸里夫人早逝紹柄日以詩酒遣懷又任蘇州商會副會長辦事公正人咸欽之迨齊盧搆兵避難來滬因迭受驚恐勞頓益甚病匝月而卒年七十四

黃協塤字式權號夢畹家本川沙高行鎭以川沙分屬上海遂占上海籍性穎敏童時母程氏授以詩即琅琅上口從南滙張嘯山遊詩文

益進入邑庠時新聞事業惟申報開創最先英人美查聞其名聘任主筆每日著論發揮名大噪銷路驟增自是主筆政二十年申報遂執新聞界之牛耳光緒三十三年就震旦學校學監宣統二年改就南匯第三公學校長南匯續修縣志任分纂員輯有海曲詩續鈔十二卷同聲集二卷癸甲記遊詩一卷民國十三年卒年七十二

秦錫圭字鎮國號介侯晚號見齋榮光（續志有傳）次子幼慧能文光緒十九年登鄉舉二十一年成進士授翰林院庶吉士二十四年散館改官知縣選山西壽陽縣知縣二十五年履任壽當道衝地瘠徭繁民多溺女錫圭嚴禁之復籌設保嬰局貧民生孩月給錢米弊俗漸革二十六年直隸拳匪起錫圭懼其蔓延清查戶口嚴禁客店容留匪類乃邑西榆次拳匪突入邑境殺教民焚教堂急請省兵駐縣獲匪首

正法匪遂駭散會京津失守兩宮西狩勤王之師絡繹於道邑故有清徭局錫圭命徧設分局儲備芻糧平價發售分檄各鄉舉辦民團扼守險要復募壯丁一百名朝夕訓練督往四鄉巡查客軍咸斂手奉法紀二十七年聯軍入晉境州縣悉聞風遁潰兵西下沿途搶掠盂縣測石驛之驛馬被刼一空於是公文往來不能轉遞巡撫岑春煊檄探東路軍情錫圭命練勇若干人分懷公文徒步越盂縣平定州直入直隸獲鹿訪察軍事而次第陳報未幾獲刼馬匪數名訊實正法梟示驛門馬仍歸驛驛路始通岑撫嘉其處置有方命兼全省營務處乃召集各軍將領令收集潰卒分守要塞各軍咸懾服旋坐教案落職遣戍淳州陝甘總督升允聞其才聘入幕府命主文案兼督練公所文案土藥稅捐局文案官銀錢局坐辦振務局坐辦和輯

商民遠近悅服宣統三年山西巡撫丁寶銓專奏昭雪得旨開復原官民國二年江蘇省議會選爲國會參議院議員即自誓不入政界不受黨派津貼及其他非法取得之金錢三年袁世凱停止參衆兩院職務五年黎黄陂召集國會六年張勳迫黄陂解散國會兩院議員赴廣東開非常會議七年開正式會議八年開制憲會議錫圭皆出席與議十一年黄陂復職恢復國會仍到京出席給三等嘉禾章十二年給二等大綬嘉禾章十三年卒年六十一著有補晉執行表二卷方鎮表二卷宣景文三王年譜一卷見齋詩文集受川公牘各若干卷

徐鳳標閘北徐家宅人小名阿根充海昌公所扛夫父名德升已故平時事母至孝天性敦篤雖業扛夫遇貧者即路遠不索厚酬人咸重

之民國十四年四月舊歷三月二十五日夜十二時家失火鳳標從睡夢中驚起徧喚隣人取水灌救倉猝間各自奔逃迨鳳標覓母不得知尚未出險急返身入救其母其妻隨夫同入火穴救母其時火已燎原屋梁遽折母子夫婦三人同時罹難至翌日檢出屍骸徐孝子仰面死四體筋絡被火燻炙拳曲如蝦衣髮俱盡卒時年三十五歲其母徐倪氏年六十二歲及妻徐徐氏年三十六歲皆焦頭爛額側身而死由檢察廳派員蒞驗後在海昌公所募棺殮之棺値價三十八元移葬於大場南白皮橋其父徐德升墓側子名執中年十四歲曾在和安學校讀書弟名根生年二十七歲業工

姜雲洲原名東海姜家宅人父賢良初業鞋匠家貧不能令子入學賢良爲廚夫令雲洲爲魚販魚行多在吳淞雲洲往返淞滬日行百里

積錢買米以養老母偶市麵食其蓋麵魚肉必留歸奉母昏定晨省無間寒暑所入既微恆不能舉火乃請於父設一宰牛作初時營業不振力持不怠二十年後始稍發展於是力行善事賙卹貧苦施給衣米凡稱貸者零星數悉不署券亦不計還自陳家巷至姜家宅一帶曾獨資建築石路往來稱便十五年夏滬上大疫遂致不起卒年五十六

楊德鑅字仲琪號耀璜邑廩生城書曾孫（見同治志）立瀚子（見續志）光緒五年經魁十五年進士即用知縣任三臺縣知縣代理潼川府知府十七年任四川鄉試同考官歷辦滇黔永岸綦岸鹽局事務丁父憂回籍川民遮道攀留服闋選授廣西博白縣知縣以親老告近改選安徽涇縣知縣勤恤民隱政聲卓著因病辭職歸涇民籲留一如川中自退

官後家居養母世事概不與聞民國十六年卒年七十五
陸文麓字崧侯清附貢生待人和藹見義勇爲迭任保安善堂及棲流公所董事凡矜老恤貧收養流民諸事履行勿懈有某董私售義塚地於外人一再力爭卒得保全棲流公所地瀕吳淞江戶口日盛而學塾極少光緒三十二年創立和安小學延聘名師分科授課越二十年而學額達千六百餘人復於公所設工藝廠教以織布旁及木工革工成績甚著民國元年七月上海市政廳選舉總董文麓當選任事之後清理市債百廢具舉三年自治取銷惟學務劃交縣署縣長洪錫範令姚紳文枏任市經董而以文麓副之設市經董辦事處接管學務五年文枏辭職文麓任經董市立小學歲有增加整頓學欵不遺餘力初任時僅四千圓越十年增至四萬圓六年東亞同文

書院在龍華百步橋租用民地建築艇房文麓以地在軍事區域內不容溷雜外人呈請當道嚴重交涉卒以廢約齊盧戰爭後官辦市政復歸民辦乃就市公所名譽董事兼上海縣修志局纂修員上海市徵訪局主任清丈局及商會董事法租界公董局華董等職遇事一秉至公不肯稍事遷就凡所規畫一以便民爲主至其躬行實踐事親孝與人忠事寡嫂以敬撫孤姪以慈亦爲人所難能云民國十六年卒年七十二

李鍾珏字平書晚號且頑父炳銓寶山縣諸生以孝行稱精醫鍾珏早孤警敏殊常兒遭寇亂遷上海年十七入邑庠肄業龍門書院丁祖母程氏憂乃棄舉業專究經世之學兼應字林滬報館主筆慼城河淤塞飲料不潔每遇火災取水不便建議開自來水廠先就城北設

局引水入城居民稱便光緒十一年選優貢朝考以知縣用籤分廣東迭署保甲洋務局清理南海積案等差權署陸豐新甯遂溪縣事所至有聲其風節政績最著者在令遂溪縣時先是法人索遂溪吳川兩縣地及硇洲東海兩島居民呼籲保全議久不決光緒二十四年冬鍾珏視事後即調集團兵實施訓練親往校閱勖以大義法兵攻黃略村各團聞警麕集法兵見勢盛始退復調兵艦三艘駐赤嵌勢甚汹汹廷派廣西提督蘇元春議和而法兵復攻麻章墟發砲擊民房傷團練九人居民三人轉攻平石有軍官二人被團兵擒獲戮之法兵大憤拘雷瓊道周炳勛要索備至復大舉攻黃略村練勇死六十人傷三四十人焚民房數百間縣城大震各地團練皆來聽指揮遂收復黃略村未幾得蘇提督電告止兵復邀同往會勘界址謝

勿往是時法人以二軍官死電駐京法使要求以遂溪縣令抵命形勢嚴重中外大吏以三次交綏皆法爲戎首交相論辨於是粵督密電交卸回省遂溪居民謌頌送別香花塞途其後蘇提督議定遂溪界址至赤嵌福建村爲止麻章黃略皆獲保全居民感激不止時李文忠鴻章新簡粵督周道炳勛入謁訴稱職道受辱皆由李令妄爲所致文忠訶之曰天下州縣皆如李鍾珏洋人敢要中國土地耶時人聞其語電促謁文忠卒不往以是節槪聲譽當世高之光緒二十六年張文達公之洞檄調赴鄂歷辦文案及武備學堂洎文達移督兩江即委充江南機器製造局提調就局後餘地立初級小學設醫學會及女子中西醫學堂經理擘畫布置秩然視事之暇議於城廂南市仿行警察設立總工程局試辦地方自治拆城以興商務惟拆

城之舉邑中守舊者尼之乃折衷採闢門築路之議光緒三十二年就總工程局總董改辦電燈廠爲商辦電燈有限公司推廣警政分設東南西三區三十三年奉令禁煙限期迫促業此者數千人咸汹懼乃召滬學會商餘學會商學補習會滬西體操會南市商業體操會團員聯合五會爲商團公會擔任保衛晝夜梭巡地方始獲安謐先是城廂內外救火會三十餘社各自爲政遇警喧攘動致僨事於是集合組織成救火聯合會建築鐘樓互施援助城廂內外之救火事業始收聯絡互助之效他如創設中國品物陳列所上海醫院收回內地自來水公司改組城自治公所皆其勛烈之卓卓可紀者革命事起民黨領袖與地方士紳咸引鍾珏一言爲重乃博諮衆議密謀應付而處處以保全地方勿傷民命爲要義故東南光復匕鬯不

驚事定後首拆城垣築電車軌道移城西義塚地建設慈善機關於是貧民習藝所新普育堂南市電車公司閘北水電廠次第成立民國元年南北和議告成興革善後之事次第結束遂絕意政治游心於金石文藝其間雖勉徇地方紳士之請一就市政廳保衛團長非其志也既見黨國鬩爭時事每況愈下乃屏跡崑山取舊藏書畫檢點評騭其鑒賞之精迥非時下諸人所企及自編平泉書屋目錄二册流傳域外收藏之富衡鑒之公海內外咸歎服不置云民國十六年卒年七十六邑人私諡曰通敏先生

林曾裕字問之別號依谷炳魁見續志子邑諸生爲人誠懇曾任涵德中學校校長兼養正飛虹小學校教員循循善誘勤於督課並任保衛團董事教育行政委員民國成立文廟學官廢止學田祭器無人主

持經地方士紳申請縣署延聘曾裕爲保管員負責保管主辦春秋上丁釋奠十五年奉省長委爲文廟奉祀官十六年卒年七十三
沈秉春洋涇人居其昌棧南業銅匠民國十三年浦東保衞團成立秉春即加入爲會員十六年夏鹹塘附近遇盜保衞團聞訊追捕盜自東竄西適經秉春家南時方浴罷閒坐聞槍聲自遠而近知爲逸盜乃告家人曰我當截盜去路其妻阻之秉春曰身爲保衞團員有盜不捕焉用保衞爲遂執棍伏路旁盜過急起擊之盜亂發手鎗適中要害立時殞命年僅二十三遠近哀之其葬處人稱沈烈士墓云
唐祖瀛字步洲漕河涇人入邑庠性聰穎善書法生平儉約任鄉議事會議長旋董鄉事節存公欵三千餘元以一千元爲濟煢會基本金凡本鄉年老者無依者給牌按月領費以二千餘元籌設鄉立第三

學校修建橋樑行善不倦

倪清漣字士清洋涇區之四十八圖人性慈善對於地方公益事宜莫不量力贊助任新聞報館總會計歷二十年在鄉私立育新小學一所教導貧苦子弟成就甚多卒年五十九

劉志濤字頡雲洋涇人生而穎異齠齡能屬文年十五即應試旋補附生歲科試輒冠全軍於是補增補廩並舉優行癸卯舉於鄉倡設寶仁小學於洋涇東鎮是爲東鄉設校之始由是而震修而蒙養等校相繼開辦清季籌備地方自治議合高行陸行塘橋洋涇四鄉爲一鎮名東涇公選志濤爲總董辛亥光復之際警餉無着秩序大亂時居蒙養小學聞警出而制止警士恃衆頑抗欲加暴行志濤大呼曰苟不傷害地方余當負責籌給衆咸諾之乃邀集地方人士分頭籌

措如期給與紛爭始息民國成立後頒布市鄉制度仍爲洋涇市總董凡屬市鄉行政事宜如教育衛生工程農工商務及保衛團慈善事業等莫不酌量情形次第施行爲人和藹可親凡所交無貴賤貧富一致待遇人咸德之其家嘗遭失竊價逾千金案破追贓賊已典質用罄警官詣商辦法志濤語之曰彼既窮而竊竊仍不能免其窮既窮則辦之何益倘知改過釋之可也其德量如此時年六十六

金文字以字行金家巷人自幼穎悟未弱冠補附生任教職於中法學校十餘年迨法領事公署聘任文案始辭教職民國以來自治成立被選爲洋涇市議長議長例有津貼車資文字絲毫不受時人以是高之卒年五十七

顧慶邦字燕庭漕河涇人性至孝父晚年病瘵臥牀七載慶邦雖操商

業每日準時返家侍奉七年如一日其至性足稱焉

陸鑫字虎丞洋涇人卒業於上海師範傳習所能詩工書曾爲洋涇市副議長後任市立第一小學校校長募欵建築新舍規模略備其一生心力盡瘁於教育界者十之八九可以風矣卒年五十有三

潘鎬字景周洋涇人附生父夢花爲塾師景周幼時督課綦嚴專習史學習字昕夕不輟故景周眇一目而偏工八法者父之教也科舉廢後南洋公學考取官費出洋學生景周已獲選卒因目眇而罷聞者惜之後往蘇州法政學校肄業任洋涇勵學會國文主講民國後又任市公所文牘等職績學致病賫志以終卒年四十五

奚佐湯字眞杰馬橋鎮人少通經史大義旋遊童樹棠先生之門學益大進入邑庠清政不綱知帖括末足致用與顧言鈕永建黃藴深金

慶章諸人募資剏辦强恕學校又以鄉村蒙童失學者衆復醵資設正蒙小學民國初年地方不靖創辦鄉團悉心保衛鄉里德之於地方興革事宜殫力規劃勞怨勿辭以捐資興學辦理四鄉農會有功獎給三等嘉禾章生平秉性忠直勤儉自持族中貧乏無告者時加周恤並建宗祠置義莊田百餘畝爲基金其敦本睦族足以風焉卒年六十四

人物補遺

董含字閬石一字榕城幼時明敏年十五補邑庠發憤勤讀晝夜不休順治十一年舉人十八年進士殿試時主試擬置第一忌者尼之置二甲第二遭移藩之變絶意仕進遨遊山水蕭然自得晚年耽心經史手不釋卷所著有古樂府二卷閱離草四卷間居稿三卷北渚草

二卷林史一卷山遊草二卷三岡識略十卷一名蒪鄉贅筆盍簪感逝錄二卷安蔬堂詩稿十卷（並見華亭縣志）

喬佳佑字芳虞世居北橋佳佑性孝早年失恃故自號莪村事父尤篤父卒哀毀終制後家貲雖裕自奉仍儉尤肯周急難歲祲輸粟以賑全活多人郡邑官師屢欲薦孝義舉鄉飲皆力謝之學使諸城劉旌其門曰年高德劭邑令以壽奏旌賜八品冠服並給粟帛卒年九十四內閣中書舍人浙江山西主考官陸錫熊誌其墓刑部員外郎中書舍人曹錫寶書其銘

黃琮原名琳字昆發號二鄉閔行人邑庠生嗜酒好書嘗遊青浦王昶之門與李林松鈕春船諸人友善博觀羣書喜作擘窠大字額其屋曰卷石山房亭榭竹石布置翛然著有頤素齋詩稿及金剛經註釋

一卷

鈕永謦字詠仙有逸才同治五年以院試第一入邑庠詩文清麗書法東坡間參魯公爲藝林所珍重與同邑顧言華亭郭福衡友善過從甚密爲道義之交著有晚香書屋詩草

唐樹滋號子怡（晚年更號志伊）世居漕河涇鄉好學工詩年二十五入邑庠屢試秋闈薦而不售研究醫理診治輒驗同光間奉檄兩浚吳淞江復浚漕河涇諸港里中善舉襄助甚多人有過失規勸備至性仁厚無厲色惡聲至其遇公正發憤洋洋數千言若江河之奔決人咸服之襄建宗祠助祭田修族譜以附貢生保巡檢肅清捻匪案內保花翎五品銜淡於榮利不求仕進光緒二十九年卒年六十

謝文彬字子穀性義俠勇於任事咸豐十年粵匪犯境縣城危急知縣

劉郇膏檄各鄉團練保境文彬率團勇禦之匪遂退繼辦松江營務同治元年隨淮軍克復嘉定辦理江浙湖廣轉運米石事宜以功保知縣分發江西歷任安仁都昌各縣知縣都昌民情獷猂號稱難治蒞任後查獲首犯懲治之餘俱帖服并革除陋規創設書院士風為之丕變地方要政如治水務農積穀備荒相繼舉辦離任之日耆民遮道攀留愛戴備至省中當道器其才歷委充饒州德化鄱陽康山秀江景德鎮左蠡上饒貫溪吳城吉安建昌各地釐差均以廉敏著稱勤政恤商口碑載道至有謝菩薩之稱素性儉約布衣蔬食若將終身在贛數十年未嘗挈眷自隨故於去世之日行李蕭條士紳有為之泣下者光緒三十一年卒於建昌差次年六十八著有聽泉吟稿三卷太上感應篇靈驗記一卷聽訟心得一卷

陳增鈞字佑申承父業沙船賴以生活者恆在三百人以上生平任俠好義凡遇水旱偏災地方公益事靡役不與光緒八年山西大饑輸銀五千兩光緒二十年黄河告災輸銀叁千兩皆匿名捐助世莫知之光緒十年中法之役欽差大臣左宗棠南洋大臣曾國荃會檄委辦後路糧台悉心擘劃絶無隕越事竣由軍功保至同知直隸州上峯器重爭相羅致以侍養嗣母終未出山光緒三十四年卒年五十有六弟增源字藻春世業商至增源更業轉運往返滬津營口間性伉爽質直有沙船遭洋舶撞折後舷船梢損失甚鉅迭向索賠不允反以行駛不愼責難事聞巡道龔照瑗知咎在洋商力助交涉卒獲賠償增源以公理既伸取得賠欵悉充善舉於籌餉籌賑案內保奬四品銜兵部員外郎卒年六十光緒三十一年給樂善好施額准予

建坊增源子錡字稷堂附貢生由國史館謄錄議敘鹽大使嗣奏保免選本班以知縣分省補用光緒三十一年投效奉天將軍趙爾巽奏留任承德縣幫審未及半載結案三百數十起大吏嘉其能保補缺後以直隸州知州升用加四品銜在奉省辦農事試驗場成績斐然尋以病歸里卒

周之楨字子儼邑庠生居三林鄉康龎宅爲制藝文不事修飾自中繩墨生平悃愊無華館滬市十餘年布衣布履不改常度其授徒勤於講解學生最易領會嘗設帳於邑城徐氏及後辭歸徐氏子有泣下者著周氏家乘秦榮光爲之序

康濟字愷侯富於天才工詩能文獎掖後進尤爲熱心嘗授徒三十四圖謝家巷有留別陸懷民詩云萍蹤偶爾寄鄉村看罷煙霞卽閉

門藉有士衡邀過會話殘紅日對清樽其詩淸雋典雅大都類此惜
遺稿散佚見者不多
朱以義字武園北橋人爲人有至性好讀書博聞強識不事舉子業所
著詩古文辭斐然可觀尤精於醫非親故不輕診視其教誨子弟一
以躬行實踐爲歸故朱氏世爲邑中望族胥其教也子洞賓字步雲
邑庠生十餘歲而孤事母孝苦志求學從華亭歲貢陳醉六游文名
甚噪待人謙恭自持勤謹後棄舉子業攻醫有名於時
沈壽昌字淸和洋涇市人幼聰穎有大志年十二選入上海出洋總局
肄業成績優異選派出洋至挪威大學校專習理化時淸廷初創海
軍需才孔亟光緒七年奉調回華由北洋大臣李鴻章派在威遠艦
實習旋任二副以定遠有功擢把總十二年升濟遠巡艦大副十五

年升署北洋海軍中軍左營都司尋又升任幫帶時壽昌在海軍防次常以書勉胞弟福昌林昌儲才以爲國用二十年六月朝鮮變起日本先派海軍絕我通朝鮮海道時北洋大臣命濟遠威遠廣乙三艦翼運陸軍至牙山事爲日本偵知襲擊三艦於豐島海面濟遠管帶見敵近匿甲板厚處獨壽昌屹立司柁幷指揮礮手還擊不幸柁毁壽昌中彈歿年祇三十有二清廷嘉其忠勇追贈總兵銜妻周氏有賢聲恆勖夫以國事爲重因夫久役在外竟至無後兩弟賴其策進均有聲鄉里云

朱占春字嶺梅三林塘人博聞強記有智略遇事敢爲好爲人營解不平同治季年淮軍駐龍華恣肆不法鄉民誤爲賊殺之吏拘某甲拷掠某甲已屈伏論律當死甲父馳赴占春乞援救占春索閱全案文

卷歎曰寃哉是獄甲供以挺擊而兵屍身首異處有是理乎以狀聞
卒得平反其精察類如此時寇警日璧當道議於王家渡築砲台禦
之民多震恐占春上書言十不便得中止洪楊亂後所在多盜賊首
先辦鄉團晝夜警備地方以安其他保衛鄉里之事靡不竭心力爲
之因是忤當道旨欲借事陷之遂徙居高墟隱於醫著推拿二十八
法行世卒年七十三子孔慈字志超承家學業醫性至孝父病臟封
股和藥以進洎沒哀毁備至生平豪俠好義扶弱鋤暴爲常人所不
能爲某日嘗斷炊從質庫得金歸過其鄰聞詬誶聲詢之知爲鄰家
喪子惑巫言欲以喪事陷同居者孔慈排闥入反覆開道兩造咸折
服遂傾質金殮之爭議遂息歸家未能舉火處之夷然其隱德足以
風焉中年妻亡誓不再娶逾二十八年卒年七十

楊繩祖號子明漕河涇人入邑庠性厚重寡言與人交情意周浹讀書聰慧有經世志事親謹順父患外症半年迎醫煎藥朝夕侍奉及歿喪葬盡禮撫兩弟成立財無私蓄同治間知縣莫祥芝延講闔邑鄉約歷任邑令咸稱其品端行方爲一鄉仰望云

楊忠號子恬附貢生世居漕河涇鄉十五圖咸豐八年襄浚漕河涇并南新涇諸港洪楊之亂知縣劉郇膏委辦團練越境剿賊克復泗涇北幹山松江府案內保舉候選訓導及全省肅淸保賞戴藍翎加六品銜同治二年襄浚吳淞江改捐縣丞分發浙江試用並以河工保補缺後以知縣用加五品銜光緒十四年復浚漕河涇新涇等港忠性情靜默遇事明斷凡地方公務梓里細事宣力排解父老重之

周錦棠號省園九歲喪父母育於祖母黃氏家既長習賈遭亂避地法

華又避周浦族之孤苦無依者輒招之同處事祖母至孝祖母戒殺生錦棠能承其志祖母有疾侍奉湯藥衣不解帶及歿哀毀骨立嘗讀李密陳情表至臣無祖母四語輒三復流涕自念遭家孤苦遇戚里之孤寡者必量力佽助家居西門舊時自孔家衖至紅欄杆橋道路泥濘天雨積潦無宣洩之處行者病之錦棠醵金詣果育堂請築路開溝光緒十四年路成行者便之光緒二十六年卒臨終指牀側簏出逋券悉焚之

曹日新字作邦號子懷邑庠生垂燦七世孫榮嗣子耀翔子也垂燦榮耀翔均見前志爲人誠懇樸實和藹可親任崇正南官塾教習三十餘年誨人不倦官塾中子弟之遊庠者以南塾爲最多董洒掃局事逢釋奠期終日駐局歷久不懈日新子鍾潞號少懷府庠生伉爽質直遇事不苟

父歿後繼任南官塾教習晨七時授課至五六時放學終日嚴督生徒雖祁寒盛暑亦不輟課六官塾會課南塾生徒前列者居多

瞿永嘉字竹亭號樂君監生初以通判分省浙江辦理海運有功累保同知光緒三年題補馬鎮同知八年委辦海運局九年檄調代理津局海運事旋返原職見地方風俗衰敗倡育嬰禁溺女並革生剝羊皮之習刊串雅方書印送陰隲文等善書十九年冬歿於任所子慶同字仲戌甫八歲扶櫬歸里述及父病况聲淚交并聞者咸爲感動歸後肄業尚賢堂震旦復旦諸校羣學會之設任教育籌款建設諸務又以餘力擔任愛國城東體操諸女校及吳淞小學花業公學染業學教科蓁苓紫金校長類盡義務宣統二年間襄查九畝地公產民國元年知事吳馨委規畫城壕路工旋被選爲上海市議會議員

二年二次革命戰罷兵災善後事宜以積勞卒年甫二十有八

金士林字谷園世居江橋邑庠生多才善楷著綠滿廬文集光緒末創辦江橋陳渡曹渡小學任江橋局董暨江橋區學董光緒三十四年卒年三十九

沈士偁字乘遠號樸庵邑庠生性孝以父母年邁授徒奉養工詩著有缶音集耆餘集

張灤字味蒓工隸書善吟詠秉性敦篤終身不娶居陳忠愍公祠之東偏室奉父母粟主有時果必供之而後食出必告反必面至老無倦容

陶德懋字蔭喬性明決果毅未弱冠即董二十二保事辦理河工積穀等公廉精覈清咸豐三年與邑紳趙枏等請濬都台浦十年知縣劉

郇膏復使董濬以洪楊軍擾中止捐貲辦民團劉郇膏使會閱行張江柵團禦賊於南橋地方賴以安全

張楨字子勛浦東人廩膳生與兄桂賃居法華西鎮兄弟相繼任法華局施賑浚河實心任事循循善誘教誨不倦與馮純壽續志有傳爲密友子光豫字鏡秋邑庠生畢業師範任敬業學堂教員勤於課業張氏世善書家蓄古碑碣至富光豫之曾伯祖嘉仁著隸辨補五卷自序稱遺者拾之缺者增之康熙戊戌以後出土之石爲南原所未見者輯而續之手自寫定紙墨黝然遺蹟可珍也

陸桂棠字菊生明陸深裔孫咸豐十年髮賊犯邑境時桂棠年十六郎投效江南提標右營以智慮明敏翌年選派隨同洋員教習學習鎗炮陣法同治元年隨營防剿克復嘉定縣城並北新涇四江口兩次

解圍二年調赴浙江委帶開花炮隊轉戰杭州餘杭海甯桐鄉富陽等處皆捷浙省肅清奉命解散四年投效銘軍奉委幫帶洋炮副營續委管帶洋炮後營克復黃陂等縣自入伍至此以功歷保都司賞戴花翎八年船政大臣沈葆楨招往福州委派模廠等差船工告成晉階游擊光緒三年福州大水時桂棠方統全福右營練兵率領士卒徒跣拯溺晝夜無間獲全者甚衆閩督何璟嘉其功委署龍巖營游擊補臺灣恆春營游擊署嘉義營參將調漳州鎮標中營游擊其後復奉委管帶福銳左軍右營練兵事務所至之處紀律嚴明宵小斂跡光緒十三年十八年兩次軍政以才具優長練兵有法均列正薦卓異漳郡賭風熾甚文武署均收陋規游擊署尤鉅賭臺即設署外桂棠履任首禁絕之自束髮從軍以及服官閩省四十餘年未嘗

一日耽安逸年六十一以前在軍營服勞受傷時患頭眩遂解組歸

宣統二年卒

趙雲秀洋涇鎮裘家木橋人有勇力嘗設磨坊見牯牛相鬭兩手執其角而分之其鬭立解坊中大磨轉動綦重須用牛挽雲秀以一手推之數十轉不憊也會有米船夥某聞其名約與比武曰我能負米七袋即頭頂一袋肩負二袋手挾二袋膝置二袋如能勝始甘服雲秀試之亦能負七袋以好勝心強命人再加一袋銜於口雖一時制勝竟以是致傷得咯血疾尋卒年四十五孫本善以字行篤行好學二十三年畢業於上海聖約翰大學得學士位迭任淮揚各地中西文教授著有實用英文法等書英美煙公司聘爲內地推銷主任派駐洛陽旋又令往山西調查各分銷處賬目時土匪橫行本善已有戒

心乃請公司轉請官廳派兵護送本善跨馬前行護兵隨之馬忽疾
馳遠離兵所適盜匪欄路將肆擄架護兵聞警至匪遂散竄本善於
驚慌中奔避山奧尋獲時已面無人色蓋爲神經受震血液變毒遂
遍身現青黯色急送附近醫院就診卒不能救年祇三十四

民國上海縣志卷十六

藝術

鄭嘉榮　秦乃歌
曹耀鑣子基增　姪檲　沈兆沅
趙履綏　沈思義
聶友樵　曹　華
嚴家鼎　陳廷誥
秦　鐸　趙森高
應斗橋　顧大綱
楊孝福子以培　張世鑣姪汝南
曹　鉅　潘錫魁

火榮業　陸鵬
沈廷奎　嚴兆楞
倪心元　薛貴艮
諸步階　胡振懿
王萃仁　張瀚
張思倫子士奇

鄭嘉榮字鞠初德鍾見續志子道光咸豐時方崇尚科舉獨棄帖括究實學遂算術精理化測驗機器之理無不洞悉同治四年始入江南製造局規畫工程及船廠事九年李鴻章調赴北洋光緒十五年提調天津機器局二十二年提調津蘆鐵路二十六年拳匪亂作路燬南歸經辦龍華子藥廠二十七年赴北洋辦硝二十九年春又辦硝北

上留充銀元局提調旋改幫辦三十二年幫辦北洋機器局三十三年坐辦勸業鐵工廠至冬假歸三十四年任製造局總稽查宣統二年總辦金陵製造局三年十月返滬民國元年冬卒自同治四年迄宣統三年先後任局廠事四十五年實事求是無仕宦氣習於德州兵工廠鍊鋼事苦心經營而不食其報性廉介不苟取任龍華子藥廠時廠中公物狼藉委地絲毫無所沾潤咸豐中辦清丈時持尋常堪輿家所用羅盤環行上海城堞且行且繪迨經一周相差僅銖黍測繪之精可見一班嘗自以少讀書爲憾事衣冠質樸議論篤實有古人風

秦乃歌見續志選舉表字又詞榮光見續志弟妾稾穎慧能讀書耽風雅書法娟秀畫撫南田詩得漁洋法乳間塡小令步武夢窗篆刻取法宣和而所

作不自惜多散佚洪楊亂平人民逸豫里中少年爭集絲竹角棋酒六博以爲樂乃歌藝輒冠其曹耦閒又飼鴿養金魚妙悟物情獨得蕃息旋即棄去性瀟洒出塵不凝滯於物中年因母病研求醫藥上探靈素下參修園洄溪諸說嘗舉傷寒論溫病條辨兩書反覆考索豁然貫通處方治病輒應手奏效有乞診者觸寒暑冒風雨徒步往視之效不索酬酬亦不盡受鄉人德之

曹耀鑣字子蘭樹李見前志子承家學善畫花卉人物兼工傳神子基增號藝心善山水刻畫工細又精用器畫爲英工部局繪圖員三十餘年耀鑣基增先後任曹氏正副族長整理祠產悉心擘畫族人咸重之基增族兄楓號桂巖洪學曾孫晟子洪學晟見同治志善畫松竹菊花精鑒別且善琴惟不肯輕繪酬以資亦不受故遺墨甚鮮

沈兆沅字蘭溆號小竹畫家沈兆涵心海之弟與徐祥見續志藝術湯經常見續志游寓爲莫逆交故所作書畫得力於兩人之指授而獲其神祕善寫照獨出心裁以筆硬鈎神情逼肖繪事餘閒並精音律

趙履綏字月生三林塘人邑庠生工醫而不求名其初鎭人未之知也及滬醫王萃祥續志藝術有傳來鎭治病評鎭上諸醫方履綏爲冠名遂大噪卒年七十四

沈思義號子蘭三林塘人健談豪飲善奕祖裕功父湘春均業醫思義於婦科尤所擅長子麗生亦行醫早卒思義令長孫隨侍盡以其道傳之世承醫業今爲五世醫家云

聶友樵閔行鄉三十一圖人幼從漯水渡外科蕭秋山習醫盡得其術求治立愈貧者並不受酬以故門庭若市民國二年卒

曹華字蟠根受學於錢惠安（見續志）華工畫人物仕女慧安門下多高才而於華稱許獨至民國二年卒年六十七

嚴家鼎字鼐臣馬橋人性聰穎少嗜學師事鈕翰童召南清光緒九年入邑庠二十八年與周宗璩奚佐湯溉辦正蒙初等小學堂於時風氣未開咸詫爲異各地私塾尤竭力沮撓家鼎志不稍衰自任教員講解詳悉來學者衆由此而躐升中學者頗多處事精密跬步不苟能繪事諳音律少與鈕永建張國維等結算術社究心疇人之學朝夕切磋學業益進平居無疾言厲色偶遇橫逆從容以理析之人無不翕服民國二年夏卒

陳廷誥字履墀世居北橋亦保（續志藝術有傳）孫邑庠生先耀子廷誥早孤母潘氏（續志列女有傳）教養成立母死哀毀骨立嘗語人曰科舉非經世學遂棄父

業承祖業行醫擅傷寒一科不計酬亦不求名光緒三十三年八月應塘灣鄉董孫望山聘歸途在鷺湖廟陡遇疾風猛雨雷電頻臨震斃轎夫二人廷誥端坐轎中初不覺猶語之曰狂風大雨中何停轎路旁耶自後盛稱爲天打郎中（俗指醫生）名益噪民國二年卒

秦鐸字子明居三林塘六圖精內外科其拔疔膏有神效家無恒產歲助慈善捐費必三四百圓夏施暑藥設醫局冬施衣米棺木每歲無間所居曰壺隱山房屋前後徧植花木與江甯黃文濤兄弟爲莫逆交逢令節備筵邀諸名士飲酒各酬以詩輯惠我好音集一册晚年入周浦輔化壇爲壇弟子冠歲助壇費亦三四百圓自奉菲薄歲入悉付善舉無有吝色民國五年卒

趙森高字沐三三林塘人善畫墨梅傳神酷肖族姪承穀（原名承烈）號也鐵

工山水人物且精鐵筆

應斗橋北橋人堪輿家文烈之子數世擅此業斗橋相地但取無妨礙者即勸人速葬嘗曰福地全憑心地無事多求也工書畫能詩善鐵筆

顧大綱字賓谷世居蒲淞市之江橋鄉少嗜學遘兵燹不廢誦讀先後從寶山王芴同邑侯敵游王工書侯兼詩書畫三絕皆一時知名士大綱日被薰陶所學益進年二十三入邑庠後舍儒就賈以鹽莢油坊致贏羨妻顏氏善治稼穡家業日裕江橋顧氏世業醫曾祖沁庵祖維新父錫榮皆以醫名於時大綱博讀羣書復承家學研究有得則小試之往返眞茹南翔間寒暑無間活人甚衆五十歲後被選爲江橋鄉會長者三蒲淞市議長者再地方公益規畫秩然生平習勤

崇儉不以境遇而異民國六年卒

楊孝福字竹孫忠長子幼善制舉文屢試不售改習醫審脈審理必求至當研治女科應手輒效子以培字蔭莊從寶山名醫馬逢伯游克承家學

張世鑣字景和號鑲雲晚年更號冰壺麟祥見續志四子生而穎異讀書過目成誦性誠篤年十三父卒悲痛若成人恬淡寡欲不樂仕進以家世業醫遂寢饋於靈樞素問諸書朝夕鑽研不數載出而問世處方如老吏斷獄時下咸驚異之先是父麟祥兄世臻世煜俱以醫名世鑣益專其業術愈精名愈盛中歲耳聾佐以傳聲筒診時應症處方不爽毫髮凡婦孺走卒遐邇人士咸尊以張聾而不名黎明即起督子若孫悉心臨診門以內至庭除間屏息待診者恒肩摩無隙地

取值甚微病者依次坐不設拔號特診之例然見急病亟趨前先診一洗時醫陋習貧者不特却其酬且轉給以藥資富者延診酬金或從豐則色不豫顧寓滬名公巨卿耳其名多樂就之其於致病原因率直言不爲諱人服其應驗亦怡然受之光緒之季廣徵天下名醫有司舉以進世鑣以親老道遠辭不應召人益高之平時待人和煦藹然可親然處家一衷於禮母顧氏年八十餘疾革率諸子席地宿棺旁少子微坐是得寒疾致不起後生舉止一不中禮則作色讓之不稍假借故一家服御儉素若窶人而慷慨仗義以緩急告無不援手疏戚遠族恩義備至敬宗收族視爲己任斥資重建宗祠置祭器撰碑記訂條規至嚴猶太國人哈同建園林於湧泉浜購民田數百畝五世祖墓適當其衝欲強購之峻拒園主無以難卒爲闢路設門

祭掃無阻春秋祭祀渡浦遠行雖風雨疾病無間晚年於淞南築淞隱補讀廬雜蒔花木時或習靜翛然物外有隱君子風焉光緒中以治滬軍營兵士病不取酬奬都司職光緒二十六年順直助賑晉游擊銜復以孫慶增貴封通奉大夫於民國十四年卒年七十一姪汝南字衡山叔世鑣既以醫名於時汝南能世其業治疾有奇驗慷慨任俠貧者踵門告貸恒斥貲不責償邑中目爲善士天性純孝母徐病劇嘗刲臂侍奉病日以瘳邑人奇其行上陳當道以孝子請旌光緒二十年得旨報可學使龍湛霖奬給采蘭藝黍額卒祀孝弟祠

曹鉅號鐵卿垂燦八世孫鋆孫垂燦鋆均見前志世承家學精堪輿不泥成法以爲福地不如心地故相度陰陽但求無所妨礙而已爲人精明幹練嫺習禮俗親族吉凶之事恒代爲經紀鉅族兄鍾奭號約溪邑庠生

樹淦（見前志）曾孫亦精堪輿術絲毫不苟遠近爭延致之

潘錫魁字壽祺邑庠生原籍寶山父梅生業醫家於滬遂占籍焉錫魁能醫嘗愈肺癆而不索酬任崇正北官塾教習兼任六塾音樂體操教員性謹厚董節孝祠嘗編節孝彙姓

火榮業字迪生世居三林塘沈穀端謹好學深思弱冠肄業江南製造局廣方言館時南滙賈步緯（續志游寓有傳）爲教習專授天文曆象之學榮業從之游其爲學目不旁視心不分神所得獨出儕輩上步緯門徒雖衆而通其術者僅榮業一人步緯譯航海通書年成一册供南北洋兵輪之用榮業助譯無一字錯誤復時從徐家滙天文臺諸教士討論故於氣象學別具心得光緒十六年測繪南滙縣全圖二十八年測繪上虞縣圖二十年製造局總辦劉麒祥於廣方言館別設天文

專科延步緯爲總教習聘榮業爲之副數十寒暑循循善誘一時疇人子弟蔚起二十二年鄂督張文襄延主兩湖經心兩書院教授天文迭電相邀以母老事繁辭不應聘仍居上海與賈步緯譯航海通書及增廣每秒爲率之八綫對數表交食引蒙躔離引蒙等書步緯歿即繼其席輯則梅山房便用通書以竟其志迨辛亥政變浩然有歸田志隱居造曆不問世事鼎革後改用西曆營業編曆仍偏重夏正使農不失時人咸稱便性孝友束修所入悉以奉母昆弟雍睦無間言民國九年卒遠近交游無不惋惜天算之學自此成廣陵散矣

陸鵬字子萬錢慧安弟子工人物仕女兼善漢隸仿楊峴民國十年卒

沈廷奎字庾梅洋涇市沈家弄人幼有大志世承家學不屑治舉業專攻醫學鑒於近代西醫頗有發明除研究中醫外兼肄業中日醫學

梫得醫學學士位任松軍軍醫科長幷在鄉里施醫給藥以救貧病會鄉有針灸某庸而時者也鄉人患痧延某針治庚梅在旁質之曰凡用針須旋而進亦旋而出此何理也某瞠目不能答庚梅曰針細而滑旋則不傷膜理汝爲針科尚不知此理乎某赧然鼠竄而去自此斂跡其見解越人如此著有沈氏醫學彙書五卷積勞致疾賫志而歿年三十四

嚴兆楞字淡人少席豐厚中年鑽研方書遂以醫名與張思臻（見續志藝術）善因得其傳兼擅内外科所治輒效不計診金貧者更却其酬

倪心元洋涇鎮東四十八圖人好讀書隱於醫處方尤爲詳慎恒語人曰治病先不求有功但求無過常品亦能治病不必輕投猛劑也遇貧病輒徒步往從不計酬人稱長者卒年六十七

薛貴良三林鎭北薛家橋人身極短小精拳術有鐵腿壁虎等功又勤練諸武器非遇橫暴從不以技炫人洪楊之亂充周浦團練局副營教師曾隨邑令劉郇膏禦賊於南橋晚年授徒鄉里人以其行八羣呼爲八先生徒中傳其術者南滙鞠茂堂烏泥涇廟陳勞國最著

諸步階以字行洋涇區之諸家宅人爲名醫諸煥章之曾孫少羸弱六歲未能步履及長爲醫一反時醫敷延之習或補或瀉每能起死回生對於藥性多所發明如謂黃連能治百病石膏止吐大黃止血之類診務之暇從事鍛鍊身體柔弱之軀轉爲强健中年後潛心佛學朝夕諷經雖年屆杖國望之如五十許人民國十五年夏冒暑出診罹疫卒享年七十有一

胡振懿胡巷人玉樹(續志有傳)之曾伯祖也有勇力少時與梅炳同習武術

梅身體蹻健能攝身梁上人不之見振懿軀壯而力強兩足尤亢健雖重逾三百斤之石以足踢之能飛舞數十步外衆皆駭愕晨夕練習至老不衰與梅炳交甚篤炳嘗授徒爲生里中有嫉之者嗾使諸徒匿修金弗予炳聞之急邀振懿至偕行至徒家振懿見東壁有石重數百斤舉足踢之石遂遠飛徒懼遂納修金其後振懿壽至八十一炳亦七十餘二人俱以武術傳世云

王萃仁（字蕉聲又字茉申別號綠天居士）新橋人附貢生性情和易敦樸篤學種蕉數十本暇輒摘葉習字六書篆隸尤擅勝場習畫於侯梅衫得神似鐵筆有秦漢遺風壯歲遷茸城與楊兆椿耿道冲輩善結社倡酬彙成碧紗籠初二兩集又繪種蕉學書圖三十餘幅題詞百餘章愛古錢精鑒別得秦漢前貨品十餘事珍如珙璧非同嗜者不輕示手錄吳鈞選

錢齋筆記薛氏家藏錢譜萬子照古金錄陸次雲刀布泉范胡勛樵峯泉志張林叟泉錄紺珠室泉圖洪氏泉志董氏泉譜凡三十餘卷每篇末恒參以己意光緒三十三年卒

張瀚字秋蒓善畫墨蘭精外科尤工書法相傳文星閣上之人物權衡額爲十六歲時所書

張思倫字敍堂號彝齋居三十保陶家橋監生精外科設診所於關渡浦南口畜馬代步有患癰疽經久不愈病勢垂危者思倫一治輒效人呼爲張仙人子士奇（一名泰）字鍾英號菊池奎文閣典籍少攻舉業試輒前列後病心悸改治醫應手輒效同治三年秋寇平疫作遠近競延診治士奇憫貧苦者多徒步赴病家竟以奔走勞悴卒

民國上海縣志卷十七

游寓

唐懋芝　沈曾植

梁鼎芬　施則敬

沈敦和　沈洪賚

龔照瑗　朱其昂 弟其詔 其懿

徐　潤　金國棟

顧銘照　馮煥雲

潘錫成　楊葆光

李瑞清　高　邕

何維樸　汪　洵

陸恢　黃文濤
尤嘉瑩　惲毓嘉
倪田　吳石仙
沈砎　朱佩珍
俞原　俞禮
金爾珍　閻裕德
鄧邦安　鄭文焯
章鴻森　黃山壽
陳綱　朱志朝
汪祖堃　陸永堅
余邦朝　李麟策

金永祺　　謝　鈞
周　諧　　胡　瑛
李湘逸　　底　雲
劉　震　　方繼善
方　基　　潘大受
閔泳翊

唐懋芝字紫瑞號艮巖嘉定人明季諸生工詩文好義俠寓諸翟與侯艮暘善艮暘與兄鼎暘因事繫獄拘禁松江普照寺懋芝密爲具食得不死其待友忠實率類此

沈曾植字乙庵號子培浙江嘉興縣人光緒十六年進士刑部主事洊升郎中兼總理衙門行走會典館總纂精研刑律著漢律輯存晉刑

法志補尙書薛允升推爲律家第一曾植之學覃研經訓博綜流覽無書不窺嘗言少年從朱子入故於六學首重禮通籍後與浙東李慈銘齊名號爲沈李與朱一新袁昶同術同方尤相契厚詩則自韓門以溯漢魏取元嘉元和元祐之精謂之三關由險絶而造平正又治遼金元三史及西北輿地以通知時事之變在譯署定沿海輿圖派員測繪光緒二十九年簡江西廣信府知府旋調南昌署糧道鹽道三十二年擢安徽提學使赴日本考察學務三十三年署安徽布政使三十四年護理巡撫宣統元年謝病歸辛亥國變後隱居上海初曾植於光緒二十七年嘗總理南洋公學與邑人多契洽民國六年以後感慨時事樓居不下以詩歌寫其牢落而已工書寢饋魏晉南北朝諸石刻而擷其精華晚年寫閣帖縱橫排奡自成一家所著

海日樓詩文集若干卷曼陀羅寐詞一卷題跋兩卷十二年卒年七十一

梁鼎芬字節庵號星海廣東番禺人光緒六年由進士入翰林官編修法越事起上書劾當路因罷官退居焦山時來滬上嘗寓也是園工詩古文辭名雋拔俗書宗黃山谷南皮張之洞識爲異才禮遇特隆歷主粵垣甯垣鄂垣講席十餘載拳亂時兩宮西幸之洞以人才特薦赴行在賞還原官歷官至湖北按察使國變後眷戀清室不忍去募助續修崇陵工費工成受崇陵種樹之命爲冲人傅恩禮有加民國八年卒清廷予謚文忠葬崇陵側

施則敬字子英善昌（見續志游寓）子隨父避亂居滬上光緒元年舉人以教習期滿用知縣歷充各疆吏幕直督李鴻章尤重之委辦賑務善承先

志直奉魯豫蘇皖之賑靡役不從以勞洊保道員淡於榮利不求仕進仍在滬辦理各項公益青年會紅十字會仁濟堂各有捐助其最著者倡輸巨欵設貧兒院大總統贈額曰急公好義在震澤原籍創義莊建義校他如保節育嬰及潯震閒修圩建塘靡不力任巨貲俾底於成民國十三年卒年七十震澤各團體開會追悼私謚貞惠先生

沈敦和字仲禮鄞縣人曾署山西冀甯解職寓滬倡辦紅十字會華洋義賑會公立時疫醫院諸善舉各省兵災水旱疫癘賑濟事宜靡役不與全活甚衆

沈洪賚慈谿人光緒四年法人索四明公所義塚地開築馬路旅滬甯波人惶急萬狀洪賚創議反對塚地得全歷辦四明公所善舉鄉人

德之

龔照瑗安徽合肥人光緒十二年任蘇松太兵備道嚴察屬吏尤重課士擴充蘂珠龍門求志格致書院課舍增膏火名額禮延諸宿儒經師較課所拔選者春秋闈輒連捷士習文風一時丕振時於梅溪注重西學後此改設諸學堂多於梅溪高材生取師資焉邑城水利年久失修文廟樂舞亦多廢墜公皆捐廉修治光緒十四十五年間蘇皖順天水旱偏災輒捐巨款爲賑西人在滬者聞而義之電告歐美因各捐金錢匯華爲助集數𨒪巨三省災民多被拯濟實開華洋義賑之嚆矢餘多善政四民至今稱之

朱其昂字雲甫寶山人淸咸豐六年至十一年歷辦江蘇海運同治元年會辦江蘇海運局兼捐輸事宜時江督李鴻章擬倡辦招商局其

昂上辦法十二條規劃詳善檄其昂任招商局總辦收買美商金亨敦碼頭改名金利源與英商怡和太古兩公司訂立三公司合同十三年購法國新金山日本長崎等處碼頭備商輪停船之用光緒三年奏設貽來年機器磨坊於天津中國之機器製麵粉此爲嚆矢四年授天津海關道未之任卒弟其詔字翼甫繼辦招商局光緒初權永定河道有政聲旋調清河道時正辦修築朝鮮電報及直隸開平平泉礦務暨淞滬鐵路事未之任十八年署津海關道未接篆卒從弟其懿字叔彝（又字彝甫）幫辦招商局江蘇海運事宜任湖南永州衡州府知府署沅州常德府知府歷辦淞滬鐵路事宜並任兩江省視學官

徐潤字雨之號愚齋廣東香山人年十五來滬上棄書習賈業絲茶二

十年中外人士交相推重同治十二年直隸總督李鴻章議興商埠派會同唐廷樞接創招商局先是十一年冬朱其昂總辦漕運僅有輪船四艘浦東輪埠一處於擴充商務運載貨物頗感困難乃慘淡經營與唐廷樞盛宣懷等盡心籌劃招股添船造棧載貨開拓航路設立碼頭諸事運漕事務仍歸朱其昂經辦招商局初定招股百萬後改二百萬光緒二年旗昌輪船公司自擬出售索價二百六十萬兩約於數日內決定是時總辦唐廷樞赴福州盛宣懷赴武穴爲期至迫乃獨自籌議估計旗昌全部除輪船不計外有金利源金方東金永盛三處輪埠可泊六七艘中棧輪埠水步最深可泊外洋大輪又甯波輪埠順泰輪埠並天津貨棧輪埠及長江各埠輪埠貨棧十數處全數核計何止僅值二百六十萬兩乃即日定議允予收買議

價二百二十萬卒以二百二十二萬定議匆促之間毅然決定迨唐廷樞盛宣懷回局均各贊同是時兩江總督沈葆楨直隸總督李鴻章深加贊許謂爲膽識俱優褒譽備至由是招商局輪船得與外洋諸公司爭衡中國國旗飄揚於英京及利物浦南洋各島檀香山日本等處實航路發展之快意事也輪船保險向由外商承辦至是洋商嫉江孚輪航行長江用華人爲船主不允保險初創仁和水險公司續創濟和水火險公司自保船險洋商乃無異言創辦開平林西煤礦塘沽種植公司續辦承平三山銀礦貴池天華南票台吉等礦香港利遠糖榨公司玻璃公司烟台纊絲局虹口倫章造紙公司又以歐西石印法於文化事業裨益頗多創同文書局影印圖書集成及廣百宋齋鉛版書局印刷書籍藝林詫爲創舉凡所規畫皆爲中

國所未見而事事足與歐美競爭光緒二十年唐山薦饑流民十餘萬麕集無所得食奔走募振集款三十餘萬地方以安中以法越搆釁兵事緊張所創實業幾致失敗然其堅忍耐苦百折不回投艱遺大之精神至老彌篤歷受李鴻章王文韶知遇頗自振奮復於天津與西商設先農房產公司廣益房產公司合股電車公司種福台墾務公司以爲規復商務之計二十八年在廣東設香山同益種植橄欖松柴公司二十九年至錦州創大凌河天一墾務公司三十二年在上海設華興保險公司三十三年設華安保險公司皆所以振實業而挽回利權者也溯其六十年來閱歷名場關於公益事業靡役不與中外紳商咸相引重至其利害所關甯犧牲財產而弗恤可謂偉矣著有上海雜記自編年譜迄宣統元年止卒年七十四

金國棟號協堂崇明人居西門大街精醫貧病求診輒不受酬更助以藥門常如市遇公益善舉莫不盡力佽助西成學堂推爲校董有子早殤至七十五歲更舉一子人以爲作善之報

顧銘照字雨田南匯人咸豐末避寇遷居邑南倉街精幼科同治十年創設益善堂於南門外光緒十年任育嬰堂清節堂普育堂保嬰局滬北仁濟留嬰堂常年施診事前後垂三十年十六年創辦救火會於江蘇海運局及水神閣二十八年設利濟學校於南滙長子藩擔任義務教員捐貲逾三千元三十二年秋次子祥和就風神廟創設東區第一小學校又以通俗教育未能普及光緒三十四年稟准蘇松太道蔡乃煌設立宣講社民國三年卒十二年五月褒給鄉國垂型額

馮煥雲原名晉字松溪寶山人爲文楷模先正旁通陰陽星卜家言授徒滬上凌貞鏞丁興民皆從之游王慶平少以家難將棄儒業賈力止之後卒成名其識見高遠如此

潘錫成字誠齋浙江烏程人幼隨父經商滬瀆因家焉壯歲受知於武進盛宣懷爲捐納知縣分省江西旋署理萍鄉縣事循聲卓著庚子變起始解組歸絕意仕進性慷慨好施與親友有告急者不惜典質以濟之

楊葆光字古蘊別字蘇盦婁縣人歲貢生歷知浙江龍游宣平新昌縣有政聲學問淹博工行草書兼精古隸晚歲罷官優游滬上囊橐蕭然鬻書自給民國元年卒年八十三著有蘇盦詩集

李瑞清字梅盦臨川人光緒十九年舉人由進士入翰林歷官江甯提

學使江甯布政使升學部左侍郎國變後絕意仕進黃冠道服自號清道人寓滬鬻書撫鐘鼎古篆漢魏六朝諸碑靡不精妙謂從看雲黃山悟徹書法民國九年八月卒於滬年五十四

高邕字邕之號李盦浙江仁和人樹森（見續志游寓）子生有異稟少好臨池書法根據篆隸尤致力於顏平原李北海中年以後嗜書瘞鶴銘草書宗孫氏書譜神明變化生面別開畫師八大石濤神味冷雋迥不猶人嘗援例納粟以江蘇候補同知需次滬上顧服官非所志仍專精於筆墨間創設豫園書畫善會嘉惠貧寒提挈後進成就甚多國變後改號聾公又號赤岸山民專以賣字為活民國十年三月卒於滬年七十二所藏書畫名蹟並宋明拓本碑帖甚富歿後鮮有存者

何維樸字詩孫號盤叟又號晚遂老人道州人紹基（見續志游寓）孫同治六年

副貢考取内閣中書以道員分江南候補胸懷灑落肆情詩酒喜填詞不樂爲吏雖數領要差所入皆以濟困乏而已則屢空書法深得家學工山水取法四王宣統三年後隱居滬上與諸遺老文讌往還不問時事鬻書畫以自給民國十二年卒

汪洵字淵若號子淵陽湖人未第時嘗手寫經世文編全部光緒十八年以進士入翰林工詩文行楷書間架峻整規撫篆隸以渾厚見長鬻書滬上二十餘年民國四年卒

陸恢字廉夫號狷盦吳江人工山水兼擅花卉爲蘇撫吳大澂所賞清光緒二十二年江督張之洞集海内名畫家補繪王元惲所進承華事略以恢總其事圖中衣冠彝器悉遵歷代古制廷諭襃稱生平鑑古至多心摹手追愈臻神化寓滬時得畫資輒以易古碑拓書擅漢

隸旁參魏晉六朝民國九年卒年七十餘
黃文濤字語松號幼亭別號半醒道人先世由婺源徙江甯轉句容又徙邑三林塘由諸生中副貢就職教諭加內閣中書銜仍註江甯籍光緒十六年應聶緝槼聘爲廣方言館中學教席授館生以經世之學成就宏多三十年復就繙譯館編校旋以年老謝事文濤性敦厚篤於孝友能詩格律謹嚴氣度安雅有其餘集詩稿四卷宣統三年民國二年兩遭兵燹寓廬在戰綫內文濤避居近地時倚戶聽槍礮聲以卜兩軍之成敗天懷淡定不以境遇累其心也劉烜集千齡會文濤與焉爲歌詩以紀之民國六年卒年八十七
尤嘉瑩字懷庭晚號睡仙奉賢人居閔行鄉父梅林精繪事伯仲四王嘉瑩幼時喜花鳥寫生若有神追中年名重一時片紙尺幅得者珍

之
惲毓嘉字孟樂武進人清翰林院編修延平府知府民國元年避難來
邑隱居引翔鄉十三圖薛家浜善書求者甚衆八年卒
倪田字墨耕江都人工畫人物仕女山水花鳥筆意灑脫宗山陰任頤
常參用其法能自樹一幟寓滬鬻畫垂三十年民國八年卒年六十
五
吳石仙以字行江甯人工畫山水參用西法有獨得之祕林壑幽奇渲
染之妙人莫能窺民國五年卒
沈硃字肖琴浙江秀水人洪楊之亂被虜處匪中以明曉書史頗優待
之得間潛遁轉徙至閔行匿居三十八圖性耿直廉介工篆刻喜書
畫金石尤善大幅梅竹雖囊橐屢空不以爲意讀書作畫終日怡然

生平重節行未嘗干人以非禮設館訓蒙終其身所與游皆當時知名士無貴賤貧富人咸稱之民國五年卒

朱佩珍字葆三先世居浙江黃巖父祥麟爲定海游擊遂占籍焉稍長遷上海習賈勤敏誠樸主者器之委以會計久之自設愼裕五金肆是爲獨資營商之始起家徒手無所資藉徒以重然諾審取與爲士大夫所愛重東西各國人士來此經商或旅游者聞其名爭結納焉海通以來挾土物與外人交易或居間逐什一利以甯波人居多咸推佩珍爲領袖乞㓨薦通有無者日踵於門必盡心力爲之贊助或竊貲而逃輒出己貲代償之前後所耗累巨萬以此信義益著聞於時所營如銀行如保險公司如航業如自來水煤鑛麵粉紡織新聞事業不可縷數無論爲首創爲參加咸推尊之以資號召在上海甯

波定海之公益慈善教育事業或中外著稱之中國紅十字會中國救濟婦孺會禁烟公會華洋義賑會靡役不與任總商會會長九年經營規畫輿論翕然民國十五年卒年七十九

俞原字宜長號語霜別署女妝山民浙江吳興縣人善畫花卉山水師八大石濤獨闢畦徑幽夐奇古得未曾有詩學宋人下筆絕俗嘗北游應肅親王之招京華冠蓋傾動一時國變後屏迹海上謝絕人事鬻書畫自給民國十一年卒年四十餘

俞禮字達夫山陰人任頤見續志游寓弟子工畫人物花鳥盡得師傳中年後改仿徐青藤又喜摹金冬心自是畫格一變民國十一年卒年六十一

金爾珍字少芝號吉石浙江秀水人遷居滬上精鑒古工行楷書出入

晉唐純以韻勝中年後專學東坡更號蘇盦偶寫山水仿麓臺墨井深得古意民國六年卒年七十餘

閻裕德字潤田直隸人清授資政大夫安徽候補道光緒初經商滬上遂家焉性誠篤不苟律已勤儉待人寬厚集資創建順直會館於西門外今順直士民嘖嘖稱之

鄧邦安字伯與江甯人前兩廣總督廷楨曾孫工詩文精篆刻尤粹於醫著有聽竹軒集

鄭文焯字小坡號叔問別號大鶴山人高密人先世爲關東海島鎮守協鎮從師入關隸漢軍正白旗故爲旗籍光緒元年舉人工詩古文辭精金石考據通醫理善書畫風格逌上卓然名家襄蘇撫幕前後十餘年時往來蘇滬間國變後閉居杜門不問世事行醫鬻書以自

給

章鴻森字蘅汀湖州歸安人同治六年舉人副考官張之洞亟賞之以知縣分發江蘇佐蘇松太道幕逾二十年箋啓條議咸出其手光緒二十年之洞督兩江電召入幕襄辦文案二十二年至二十九年歷知縣嘉定江陰二縣爲政廉明自奉儉約晚年買宅於龍門書院之東琴書嘯傲怡然自得以終其身光緒三十三年卒

黃山壽字旭初武進人善畫工細人物雙鈎花鳥靑碧山水立規正矩無一俗筆客津門數年拳匪後南歸寓滬鬻畫言行篤誠樂於爲善民國八年卒年六十五

陳綱字聘之原籍奉賢光緒二十年遷居閔行幼習商後習畫精山水花鳥人物

朱志朝字瑞紳號蓉齋婁庠生遷居諸翟工詩賦著和聲集、

汪祖堃字啓綬吳興人業綢緞弱冠侍母疾潛研醫理有神悟爲人診視輒有神效登門求治者日恆數十人集合同志發起醫藥研究會並工繪事諳音律偶讀隨園食譜因仿製各項食品參以已意製爲醬菜及熟食榜曰紫陽觀

陸永堅字呂班深九世孫文然子均見同治志遷居寶邑眞茹鎭故號寶山性質直推誠待人罄貲以葬三代之喪善書畫克承家學子鉉庠名立字价人號述山寶山庠生授徒講學從游甚衆著眞茹里志及陸氏世澤彙編孫祖澤字德修號竹山周歲而孤長爲治生計來滬業賈躬親列肆歷六十餘年不倦出貲營族人之喪先後凡六七親戚有急無不周恤曾孫鴻模庠名鴻逵字儀吉號莊畬邑庠增生安貧劬學授徒

以終其身鴻模孫培業字伯勤庠生早卒
余邦朝字國華號衡卿安徽黟縣人監生爲徽甯思恭堂董事咸豐三年寇亂縱橫邦朝獨駐堂看守停寄棺木數以千計賊至縱火焚掠邦朝率堂丁奮力撲滅僅燬堂屋柩得無恙事後集兩郡董事瘞埋立石標識同鄉感之同治五年卒民國十二年褒給鄉國垂型額
李麟策字玉書江北某縣人以錢業起家爲人心氣和平任果育堂董事諸凡善舉盡心樂助直豫晉魯秦隴諸省奇災奔走募欵不辭勞瘁全活甚衆
金永祺字顯揚吳縣橫涇人設酒肆於城西喜交游有一法華鄉老叟來必入肆沽飲叟精醫理隱不問世見永祺遇之厚傳與醫書抄本永祺受之窮究數年遂擅醫術而以內外科幼科爲最著邑令松亭

給三折功深額

謝鈞字岳崧湘鄉人曾任浦東總巡盡心職務盜賊肅清叉先後兩浚上南川都台浦農人賴之地方言水利者咸稱其功

周諧靑浦白鶴江人性戇直忠謹少業髹工旋受雇於馬橋鈕氏工作綦勤舊主故後仍力作不懈幼主有過恆舉舊主事規正之與以値不受曰衣食於主足矣此無所用爲我貯之以備緩急鄰里有困急者卽取以濟之絕不言報里中少年有揮霍無度者輒婉辭勸之里人畏其嚴謂有士君子之操云民國元年卒鈕氏義其行別爲立塚歲時祭之

胡瑛字定成本姓蔣松江人公壽見續志嗣孫商餘學會體育部畢業生商團公會會員曾任先春日華同化三校英文及體操教員辛亥九月改

革時見鄂軍勢危潛赴武昌充敢死隊長遇戰必先漢陽破時遇機關槍亡於陣妻姚氏殉焉

李湘逸長沙人書業商團畢業生性特機警辛亥七月改革時偕同志攻製造局偵知局中機關鎗將發立命臥倒以避其鋒得免於難每戰有功爲滬軍先鋒隊排長攻南京天堡城身先士卒猝中礮彈受重傷回長沙卒

底雲字奇峯鹽城人商團公會畢業宣統三年九月間陳其美遇難約隊攻製造局援出之事定後孫文任爲印鑄局局長未幾爲人所戕

劉震原名遜謙字舜欽崇安人商團公會會員曾任澄衷學堂兵操教員宣統三年九月攻製造局時充滬軍先鋒隊第三隊隊長奮勇當先後攻南京天堡城每戰有功滬軍解散後流寓鎮江爲張勳所殺

方繼善字子謙號黼臣　法人爭四明公所義塚地繼善誓死反對幷出其先代與法領事交涉成案陳之當道因是得全滬人義之

方基譜名仁孝　法人爭四明公所義塚地旅滬甯波紳商誓死力抗卒得保全基與有力焉

潘大受字容百浙江餘姚人有弟一人友愛異常弟卒後撫姪如子性質直有大志嘗經商湘滬間目覩時事艱危時作憂憤語民國十四年五月三十日上海慘案發生工商界及學生爲英捕房鎗殺者二十餘人大受外憤強權內憂積弱自繕遺書四函分致妻子及戚某其遺書有云慨憤已極爲國殉軀行年五十二不願再作亡國奴又不願與齷齪世界共之其傷心處淚血俱迸聞者眥裂突於六月十七日乘新江天輪自沉於海其遺尸漂至川沙新港於二十四日家

人殮而歸葬於鄉年五十二

閔泳翊字園丁朝鮮國人國亡避地上海以翰墨自娛書學顏平原擅畫蘭竹筆氣雄健時招書畫名流宴集寓廬布紙揮毫以爲樂民國三年卒其子奉柩歸葬仁川

民國上海縣志

鈕永建署

卷十八
列女上
列女下
卷十九
名位
卷二十
人瑞

民國上海縣志卷十八

列女上

同治志及續志均列列女茲仍其舊鼎革以來旌典已廢民國四年政府頒褒揚條例其第一條共列八欵凡合於八款之一者均得請褒於是邑之列婦奉褒者年有其人其不請褒而足以入志者亦時有所聞采訪得之勿敢遺焉志列女節婦

杜氏塘灣鄉二十一保五圖金海春妻道光二十六年夫亡氏年二十六歲撫孤金林成立光緒二十八年氏歿守節五十七年壽八十二歲見續志據訪稿補

黃氏濮炳樞妻民國九年歿守節六十三年壽八十九歲

賈氏張兆麟妻民國七年歿守節五十九年壽八十五歲

高氏褚衍齡妻現存年七十九歲守節已五十一年（現存年歲以民國十二年爲準後皆倣此）

沈氏龔士元妻民國六年氏歿守節五十八年壽八十六歲

吳氏二十一保十六圖秦始達妻現存守節已六十二年壽八十五歲

吳氏邢裕仁繼妻現存守節已五十二年壽八十一歲

陳氏王家楝妻民國十一年氏歿守節五十四年壽八十二歲

翁氏北橋鄉十四圖（續志作十圖）喬錫光妻民國七年氏歿年七十歲守節四十七年

劉氏二十一保十六圖胡亨恆妻現存守節已六十二年壽八十九歲

沈氏（附朱氏）張錫唐繼妻民國三年歿守節五十六年壽八十五歲朱氏

張蓮妻民國五年歿守節五十七年壽八十五歲

楊氏朱桂卿妻民國八年歿年七十四歲守節四十九年

董氏候選知縣許承霈繼妻事親孝事姑亦如之撫三歲孤朝元及夫前室女節衣食營葬翁姑夫及夫前室柩居屋鄰市廛有以鉅直爲貿者氏曰阨窮命也敝廬先姑之遺敢因以爲利乎有術者謂祖塋子姓不繁且僻遠宜他徙氏謂地僻適安子孫惟其賢不惟其多豈宜違天妄求擾及泉壤民國十一年歿年七十五歲守節四十六年子朝元充滬甯鐵路段長

曹氏蔡茂芳妻撫嗣子金才成立民國四年氏歿年八十歲守節五十五年

胡氏周晉卿妻同治十一年續志作十二年夫亡氏年三十歲家貧勤紡織撫子彙成成立民國十一年氏歿守節五十一年壽八十歲

曹氏周桂昌妻同治三年夫亡氏年二十七歲撫子錦章成立民國二

年氏歿年七十六歲守節五十年續志光緒三十三年歿年歲亦與此兩歧茲錄法華鄉志俟攷
潘氏陳阿福妻現年七十二歲節已五十二年
程氏周坤咸妻撫子炳奎成立民國十二年氏歿守節五十九年壽八十四歲
王氏二十八保東十八圖侯達昌妻現年七十二歲守節已四十三年
葉氏褚妙榮妻撫子阿毛子堂成立現年六十五歲守節已四十四年
陳氏唐蘭如妻光緒七年夫亡氏年三十歲續志作二十九歲現年七十二歲守節已四十三年
陳氏徐友生妻民國九年氏歿年六十八歲守節三十九年
馬氏金阿海妻民國八年氏歿年六十三歲守節三十五年
右清已旌節婦二十三人俱載續志今續續志載已旌現存今不詳其存歿者俟攷未旌者同

談氏王增祚妻（見續志已旌）現存年七十七歲守節已五十二年（民國五年褒）

周氏王增鎬妾（見續志待旌）布衣素食撫嫡子鑣鍔成立民國四年氏歿年六十六歲守節三十八年

馬氏邑袁瑞成妻夫病癱瘓氏侍奉得稍痊光緒十七年歿氏年二十七歲撫子永年順年成立生平布衣素食民國六年氏歿年五十三歲守節二十七年（以上二人民國七年褒）

陸氏王宗祐妻（見續志待旌祐續志誤作佑）

陳氏高福嘉妻（見續志待旌）奉邁姑嗣夫姪壽昌姑歿喪葬盡禮生平布衣茹素現年六十二歲守節已三十八年

張氏上海市中區文生林祖源妻光緒二十四年夫亡氏年三十歲現年五十五歲守節已二十六年

季氏邑吳瑞芳妻咸豐二年夫亡氏年二十七歲撫孤守節光緒二十九年氏歿年七十八歲守節五十二年

蔣氏邑同知銜監生曹騵妾光緒十六年騵亡氏年二十一歲三十一年氏歿年三十六歲守節十六年

鍾氏高行朱其淵妻道光二十七年夫亡氏年二十一歲撫嗣子有臣成立民國九年氏歿守節七十四年壽九十四歲鍾氏見續志待旌鍾誤作宗守節年例與此不符

以上六人民國八年褒

江氏二十五保十二圖劉彥卿妻事翁姑孝夫病親嘗湯藥衣不解帶禱天願以身代卒不起時光緒二十二年氏年二十八歲撫孤佐曾惠曾成立翁姑尋歿氏哀毀骨立喪葬盡禮生平好施予典簪珥施衣助藥戚里甚德之奉　褒時年五十二歲守節已二十五年

宋氏何達可妻見續志待旌姑歿喪葬盡禮嗣夫姪樸撫之成立現年六十二歲守節已四十一年

湯氏胡能杰妻見續志待旌現年五十八歲守節已三十三年以上三人民國九年褒

高氏顧繼鈞妾見續志待旌民國四年氏歿年四十八歲守節三十三年民國十年十一年兩次奉褒

姚氏朱春祺妻見續志待旌賴鍼黹以活積貲葬翁姑夫三柩現年五十四歲守節已三十一年

程氏上海市中區陳錫源繼妻光緒二十一年夫亡氏年二十四歲奉翁姑撫遺孤現年五十二歲守節已二十九年

唐氏二十四保四十八圖潘承勛妻孝事邁姑同治六年夫亡氏年二十一歲奉姑撫女鍼黹以養旋贅婿陸立夫婿女相繼卒又撫其孤

成立晚年內外曾孫有十餘人民國十年氏歿年七十五歲守節五十五年

項氏程長樂妻（見續志待旌）現年六十二歲守節已三十五年（以上五人民國十年褒）

王氏邑朱一幹妻光緒二十五年夫亡氏年三十歲撫三孤矢守現年五十四歲守節已二十五年

丁氏二十五保十一圖徐熙載妻光緒十九年夫亡氏年二十九歲撫孤培心培仁培質成立民國十年氏歿年五十七歲守節二十九年

鄭氏邑紳黃選瀛妻光緒十二年夫亡氏年二十八歲撫育子女均成立現年六十五歲守節已三十八年

張氏邑趙績塘妻咸豐十年遭洪楊亂夫被虜死氏年二十九歲撫孤秉圭現存守節已六十四年壽九十二歲

邱氏附生王樹基妻奉翁及庶姑盡婦職光緒十六年夫亡氏年二十七歲尋翁及庶姑先後歿氏喪葬盡禮嗣夫姪松濤現年六十歲守節已三十四年（以上五人民國十一年褒）

䞣氏陳行鄉二十一保十六圖文生秦錫芷妻光緒二十一年夫亡氏年二十三歲撫孤之衜成立民國十年氏歿年四十九歲守節二十七年夫兄錫田爲之銘

楊氏周樹蕃妻（見續志已旌）嗣夫姪文勳現年七十九歲守節已五十七年（三十圖人續志誤作十一圖）

瞿氏顧慶汸妻（見續志已旌）現存守節已五十七年壽八十三歲

張氏世襲雲騎尉趙增墉妻（見續志待旌）民國元年氏歿年三十七歲守節十三年

歐氏二十五保五圖張志高妻光緒十五年夫亡氏年二十五歲撫孤秉鑫成立現年五十九歲守節已三十五年以上五人民國十二年褒

右民國褒揚節婦二十七人褒品均詳褒揚後皆同

陸氏周貴榮妻民國十二年歿年六十六歲守節三十七年續志附姑宗氏傳

謝氏莊景春妻現存年五十八歲守節已三十年

嚴氏顯橋十八保十五圖張義榮妻民國十年氏歿年七十八守節五十七年

董氏喬國貞妻撫女遺嫁旋卒氏隻影無依紡織自活現存年五十二歲守節已三十年

黃氏北橋西市鞠士周妻奉姑撫女贅婿守仁現存年七十一歲守節已四十二年守仁妻鞠氏另見附傳

楊氏北橋十八保十七圖陸元龍妻撫子祖來旋殤又撫夫姪孫爲嗣提攜成立現存年六十歲守節已三十一年

張氏北橋西市喬朝鍔妻民國四年氏歿年七十七歲守節五十一年

蔣氏二十一保七圖周雪卿妻光緒十九年夫亡氏年二十六歲勤紡織撫孤女遺嫁現存年五十六歲守節已三十一年續志作小弟茲據訪稿稱係雪卿乳名所載守節年例誤茲據以更正

孫氏金福林妻現存年五十九歲守節已三十一年

朱氏沈鍇妻現存年五十九歲守節已三十三年

黃氏趙履順妻民國六年氏歿守節五十七年壽八十六歲黃續志誤作王

傅氏施承澍妻撫孤其偉其錦成立現存年六十四歲守節已三十六年

蘇氏名本農程學樽妻撫二齡孤乃衡成立氏精書數與其妹葉蘇本清王蘇本嵒朱蘇本綺湯蘇本楠剏立上海女子中學校旋建校舍於文廟路頗費經營任校務逾十稔校中出納稽核詳審積勞遘疾民國十二年氏歿年六十五歲守節四十年

吳氏徐志書妻光緒十五年夫亡氏年二十一歲現年五十五歲守節已三十五年續志作十六年夫亡誤

曹氏王桂全妻民國五年歿年五十二歲守節三十二年

蔡氏孫錫欽妻撫女遺嫁民國七年歿年七十六歲守節五十年訪稿謂錫欽患瘵疾三年氏侍奉湯藥歷久不渝

陳氏法華東鎮李景賢妻光緒二十五年夫亡氏年二十八歲撫孤成立現年五十二歲守節已二十五年續志作二十四年夫亡誤

浦氏法華西鎭李景佺妻現年五十九歲守節已四十年

錢氏胡象山妻現年五十七歲守節已三十二年（續志象山作象三）

金氏徐和生妻光緒十年夫亡氏年二十二歲現年六十一歲守節已四十年（續志作十一年夫亡誤）

張氏胡惠田妻撫孤雲廷少廷彩廷成立民國十一年氏歿年六十七歲守節三十九年

趙氏張綏邦妻現年六十八歲守節已四十九年

褚（續志誤作諸）氏胡柏卿妻撫嗣子芝雲成立現年六十六歲守節已四十年

王氏二十八保東七圖楊悅甫妻光緒十六年夫亡氏年二十五歲撫女遺嫁現年五十八歲守節已三十四年（續志作十四年夫亡誤茲據法華鄉志）

李氏二十八保東七圖楊祥林妻光緒二十三年夫亡氏年二十八歲

撫女遺嫁並爲翁姑營塟現年五十四歲守節已二十七年續志守節年例誤

唐氏楊錫麟妻現年六十一歲守節已三十四年

劉氏二十八保東七圖陸鴻洲續志鳳作鴻妻現年五十二歲守節已三十四年

馮氏秦毛郎妻現年五十五歲守節已三十八年

俞氏二十八保八九圖張煥章妻民國十一年氏歿年五十九歲守節三十四年

張氏附子婦陳氏孫婦盛氏嚴嘉臨妻現年七十六歲守節已五十七年子正修妻陳氏正修光緒八年亡氏年二十八歲現年六十九歲守節已四十二年孫善卿光緒十八年亡妻盛氏年二十二歲現年五十三歲守節已三十二年嘉臨續志誤作林嘉善卿妻盛氏守節年例亦誤茲據訪稿更正　按陳氏續志未載今附補於此

楊氏沈光梁妻現年五十五歲守節已二十八年

楊氏褚順和妻光緒十五年夫亡氏年二十九歲現年六十三歲守節已三十五年續志作十三年夫亡今據法華鄉志

艾氏周益齋妻光緒十八年夫亡氏年二十三歲悲痛絕粒復吞金環遇救得甦奉翁姑撫夫姪愼餘爲嗣操作積資瘞二代喪現年五十六歲守節已三十四年續志作十六年夫亡誤據訪稿並法華鄉志

張氏周裕香妻光緒元年夫亡氏年二十五歲現年七十三歲守節已四十九年續志作同治十二年夫亡茲據法華鄉志

祝氏周省堂妻光緒四年夫亡氏年三十歲現年七十五歲守節已四十六年續志作光緒二年夫亡今據法華鄉志

褚氏朱家宅法華鄉志作柿子灣何文海妻現年五十七歲守節已三十六年

淩氏二十八保東十八圖邢關富妻民國十一年氏歿年五十九歲守節三十六年

吳氏莊麻發妻現年五十四歲守節已三十八年

楊氏邢土堂妻現年五十五歲守節已三十六年

顧氏張仰周妻民國九年歿年五十六歲守節二十七年

姚氏馮玉卿妻民國八年歿年六十九歲守節四十四年

侯氏張二如妻民國八年歿年五十歲守節二十六年

黃氏徐志賢妻光緒十六年婚未百日夫亡氏年十八歲現年五十一歲守節已三十四年續志作十七年夫亡誤

張氏楊雨人妻民國七年歿年四十四歲守節十七年清節堂報告冊雨人名餘生

王氏二十八保東七圖劉信卿妻現年四十八歲守節已二十四年

唐氏法華東鎭李景福妻光緒二十六年夫亡氏年二十五歲撫子超成立民國三年氏歿年三十九歲守節十五年續志作二十七年夫亡茲據法華鄉志

閔氏徐墨君妻現年四十六歲守節已二十四年

葛氏單祚甫妻現年四十六歲守節已二十四年

李氏法華陳和侯妻民國十二年氏歿年四十四歲守節二十二年續志作知侯邑城人茲據清節堂報告册更正

徐氏王少峯妻現年四十三歲守節已二十二年

徐氏張蓮舟妻現年四十三歲守節已二十二年

右五十一人續志載待旌曁年未四十守滿六年節婦今續

張氏閔行李雲浦妻咸豐十年夫亡氏年二十九歲撫孤矢守民國二年氏歿守節五十四年壽八十二歲

蔣氏閔行荷巷橋庠生金日堅妻光緒二十四年夫亡氏年三十歲民國十二年歿年五十五歲守節二十六年
沈氏馬橋鄉十八保十圖孫大雄妻光緒三十二年夫亡氏年十九歲民國十二年歿年三十六歲守節十八年
朱氏十八保十八圖施浩生妻光緒四年婚逾二月夫亡氏年二十七歲家貧紡織爲生民國十二年歿年七十二歲守節四十六年
陸氏馬橋沙脊北五七圖張念曾妻光緒二十二年夫亡氏年二十二歲遌夫柩哭之慟不食不言欲以身殉戚族勸之曰若翁衰邁夫弟妹俱幼遺孤待撫家事若是烏可殉氏聞之泣從其言平日黎明卽起操作恆至夜分尋翁歿爲夫弟妹婚嫁既而析產氏得田四畝或悲其遇曰吾母女力耕衣食足矣何憂爲後氏女嫁三日而夫亡氏

自悲境遇抑鬱以終時民國十年歿年四十七歲守節二十六年

蔡氏塘灣鄉二十一保五圖蔣家港蔣源浦妻民國三年夫亡氏年二十九歲撫孤錫疇經才十二年氏歿年三十八歲守節十年

李氏塘灣鄉二十一保七圖朱關興妻光緒九年夫亡氏年二十二歲撫嗣子國祥成立民國七年歿年五十七歲守節三十六年

沈氏塘灣鄉二十一保七圖何家渡何玉廷妻同治二年夫亡氏年二十八歲耕織撫孤女三先後遣嫁民國八年歿守節五十七年壽八十四歲

趙氏二十一保二十九圖塘口鎮監生孫詩則妻同治八年夫亡氏年二十七歲能文喜吟唐詩撫子禮儀成立民國六年氏歿年七十五歲守節四十九年

徐氏二十一保二十九圖塘口鎮從九品銜孫桐村妻光緒十五年夫亡氏年二十九歲撫女遺嫁庠生樊寶琛以夫姪禮維兼祧民國十一年歿年六十二歲守節三十四年

陶氏二十一保二十九圖塘口鎮北金裕卿繼妻光緒二十四年夫亡氏年二十九歲民國十二年歿年五十四歲守節二十六年

周氏二十三保二圖曹耀新妻同治二年夫亡氏年三十歲民國三年歿守節五十二年壽八十一歲

徐氏三林塘鎮方一圖趙森高妻同治五年夫亡氏年三十歲以鍼黹自給撫二孤成立民國七年歿守節五十三年壽八十二歲

儲氏三林塘鎮方一圖朱增溥妻光緒三十年夫亡氏年三十歲民國十年氏歿年四十七歲守節十八年

汪氏三林塘六圖從九品許乃桂妻同治十年夫亡氏年二十六歲撫女巧貞及笄而歿氏孑然一身孤苦自度民國六年氏歿年七十二歲守節四十七年

儲氏三林塘朱光才妻光緒三十三年夫亡氏年二十八歲留養清節堂民國八年氏出堂年四十歲守節已十三年清節報告册氏出堂後旋歿年待攷

曹氏二十五保十圖龔瑞珊妻同治二年夫亡氏年二十九歲撫子新德明德安德成立民國三年氏歿守節五十一年壽八十歲新德妻唐氏另見

濮氏邑程松泉妻同治十二年夫亡氏年二十八歲撫孤乃術民國八年氏歿年七十四歲守節四十七年

項氏二十五保十圖宋增祥妻夫病籲天祈壽封臂療之卒不起時光緒二十六年氏年二十八歲憂鬱成瘵數年始瘳民國九年氏歿年

四十八歲守節二十一年

陳氏邑陸子蕃繼妻宣統元年夫亡氏年二十六歲留養淸節堂民國九年出堂年三十七歲守節已十二年淸節堂報告冊氏出堂後旋歿年俟攷

孫氏二十八保三圖姚孟艮妻光緒二十五年夫亡氏年二十八歲民國二年氏歿年四十二歲守節十五年

胡氏附貢生人鳳三女法華西鎮協軍校黃慶森妻宣統三年夫亡氏年三十歲撫子惠民成立民國十一年氏歿年四十一歲守節十二年

陸氏塘橋朱蓉卿妻同治六年夫亡氏年十九翌年產一男守節撫孤事姑盡孝撫養夫妹二人以至遣嫁民國八年氏歿時已曾孫滿堂年七十二守節五十三年

蘇氏三十保二圖諸翟鎮蘇永卿妻光緒二十三年夫亡氏年二十八歲民國十二年氏歿年五十四歲守節二十七年

張氏十六保十八圖閔行鎮李蘭言妻光緒二十五年夫亡氏年二十九歲民國十九年氏歿年五十五歲守節二十六年以上二十五人均已故

丁氏閔行竹岡口喬文達繼妻光緒七年夫亡氏年二十九歲撫孤成立女遺嫁現年七十二歲守節已四十四年

金氏名杏書閔行荷巷橋文童孫樹葵妻在室時母童病劇割股療之光緒十五年夫亡氏年二十二歲吞金以殉遇救得生事邁姑撫夫姪頌仁尋歿又撫外孫以延宗祀現年五十六歲守節已三十五年

金氏十六保二十八圖庠生楊載春繼妻光緒十九年夫亡氏年二十七歲撫孤伯鴻現年五十七歲守節已三十一年

丁氏十六保四十七九圖羅全衡妻光緒八年夫亡氏年二十九歲奉姑陳氏紡織以養現年七十歲守節已四十二年

孟氏馬橋十八保十圖孫補金妻同治七年夫亡氏年三十歲紡織自給撫孤成立現存守節已五十六年壽八十五歲

沈氏顧橋鄉十八保十五圖趙德全妻光緒九年夫亡氏年二十七歲撫姑自守現年六十七歲守節已四十一年

何氏十八保十八圖茹雲發繼妻光緒八年婚逾二月夫亡氏年二十八歲撫孤旭江成立現年六十九歲守節已四十二年

蔣氏北橋鄉十八保十九圖黃大古妻光緒十五年夫亡氏年二十三歲家貧無餘粒力食堅持或謀非禮氏嚴拒之現年五十七歲守節已三十五年

李氏北橋蔡展君妻光緒二十三年夫亡氏年三十歲撫孤效良成立現年五十六歲守節已二十七年
洪氏塘灣鄉二十一保五圖李魁林妻同治五年夫亡氏年二十八歲家貧紡織自給守節已五十八年現壽八十五歲
王氏塘灣鄉二十一保五圖奚和春妻光緒五年夫亡氏年二十九歲撫孤裕祥成立現年七十三歲守節已四十五年
錢氏塘灣鄉二十一保五圖徐鑒春妻光緒十六年夫亡氏年二十四歲勤紡織奉邁姑撫孤趾祥成立現年五十七歲守節已三十四年
謝氏塘灣鄉二十一保七圖六道浜王根生妻光緒十四年夫亡氏年二十九歲現年六十四歲守節已三十六年
張氏塘灣鄉二十一保七圖朱坤和繼妻光緒七年夫亡氏年二十一

歲撫嗣子伯餘成立現年六十三歲守節已四十三
王氏塘灣鄉二十一保七圖蔣鑒全妻光緒二十年夫亡氏年二十九
歲紡織自給撫孤雷聲成立現年五十八歲守節已三十年
朱氏塘灣鄉二十一保七圖秦福堂妻光緒十九年夫亡氏年二十七
歲撫孤煥榮成立現年五十七歲守節已三十一年
范氏塘灣鄉二十一保七圖徐海如妻光緒二十二年夫亡氏年二十
九歲撫夫姪莘根爲嗣現年五十六歲守節已二十八年
王氏塘灣鄉二十一保七圖何和卿妻光緒二十三年夫亡氏年二十
九歲撫孤友生成立現年五十五歲守節已二十七年
奚氏塘灣鄉二十一保七圖范宗英妻光緒二十三年夫亡氏年二十
九歲嗣夫姪金和現年五十五歲守節已二十七年

沈氏陳行鄉二十一保十六圖潘愼卿妻光緒十二年夫亡氏年二十二歲現年五十九歲守節已三十八年

俞氏二十一保二十圖趙新畬妻光緒二年夫亡氏年二十一歲食貧矢守現年六十八歲守節已四十八年

趙氏附娣張氏二十一保二十圖江瑞山妻光緒八年夫亡氏年二十二歲現年六十三歲夫弟金山光緒十四年亡妻張氏年二十四歲與趙同撫子士魁現年五十九歲趙守已四十二年張守已三十六年

計氏陳行鄉二十一保二十圖曹樹堂妻光緒十六年夫亡氏年二十三歲傭工爲活現年五十六歲守節已三十四年

談氏二十一保二十圖趙香山妻光緒十九年夫亡氏年二十歲現年五十歲守節已三十一年

蔡氏陳行鄉二十一保二十五圖諸華華妻光緒十九年夫亡氏年二十九歲家貧撫孤望深成立現年五十九歲守節已三十一年

孫氏二十一保二十九圖趙友新妻光緒元年夫亡氏年二十五歲現年七十三歲守節已四十九年

華氏二十一保二十九圖塘口鎮庠生孫洤妻光緒八年夫亡氏年二十九歲撫子向伯成立後子媳先後歿又撫孫傳德成立現年七十歲守節已四十二年

王氏二十一保二十九圖塘口鎮康松桃妻光緒二十年夫亡氏年二十九歲現年五十八歲守節已三十年

黃氏塘灣鄉二十一保四十二圖陸振昌妻同治元年夫亡氏年二十四歲現存守節已六十二年壽八十五歲

楊氏塘灣鄉二十一保四十二圖李文鞠妻同治十二年夫亡氏年二十二歲嗣夫姪蘭卿女遣嫁參謀部國防科科長錢桐現年七十二歲守節已五十一年

蔣氏塘灣鄉西二十一保東四十二圖金鶴林妻光緒十八年夫亡氏年二十九歲撫孤成立現年六十歲守節已三十二年

王氏塘灣鄉西二十一保東四十二圖洪田元妻光緒十六年夫亡氏年二十四歲茹苦撫孤現年五十七歲守節已三十四年

楊氏高行鄉葉其祉妻同治二年夫亡氏年二十五歲撫子增銘成立現存守節已六十一年壽八十五歲

朱氏二十三保二圖周維新妻同治十三年夫亡氏年二十四歲現年七十三歲守節已五十年

周氏二十三保二圖張永華妻光緒十年夫亡氏年二十六歲現年六十五歲守節已四十年
張氏二十三保二圖朱鶴鳴妻光緒十四年夫亡氏年二十五歲現年六十歲守節已三十六年
何氏二十三保二圖張永銓妻光緒十七年夫亡氏年二十七歲現年五十九歲守節已三十三年
金氏二十三保二圖曹順基妻光緒十二年夫亡氏年二十一歲現年五十八歲守節已三十八年
楊氏二十三保二圖曹和尚妻光緒十八年夫亡氏年二十七歲現年五十八歲守節已三十二年
徐氏二十三保二圖瞿星伯妻光緒二十年夫亡氏年二十八歲現年

五十七歲守節已三十年
朱氏二十三保二圖周俊英妻光緒二十年夫亡氏年二十五歲現年
五十四歲守節已三十年
張氏二十三保二圖朱富春妻光緒二十二年夫亡氏年二十五歲現
年五十二歲守節已二十八年
宋氏二十三保二圖錢毛弟妻光緒二十七年夫亡氏年二十九歲現
年五十一歲守節已二十三年
孫氏二十四保方一圖萬阿鑑妻光緒五年夫亡氏年二十三歲撫夫
姪大官爲嗣現年六十七歲守節已四十五年
楊氏三林塘鎮方一圖附生趙履雲妾光緒十二年履雲歿氏年二十
五歲現年六十二歲守節已三十八年

蔣氏三林塘六圖王家山王美觀妻光緒十五年夫亡氏年二十五歲撫女遺嫁現年五十九歲守節已三十五年

沈氏三林鄉王旭齋妻光緒九年夫亡氏年二十八歲現年六十八歲守節已四十一年

火氏三林鄉沈敬蘭妻光緒十七年夫亡氏年二十五歲現年五十七歲守節已三十三年

徐氏三林鄉謝阿全妻光緒二十年夫亡氏年二十六歲現年五十五歲守節已三十年

徐氏邑藥局街喬鏡清妻光緒七年夫亡氏年二十八歲家貧恃鍼黹爲活奉邁姑撫遺腹子佐廷現年七十歲守節已四十三年

唐氏二十五保十圖龔新德妻光緒十一年夫亡氏年二十九歲撫子

彭年現年六十七歲守節已三十九年

傅氏二十五保十圖沈鴻如妻光緒六年夫亡氏年三十歲現年七十三歲守節已四十四年

毛氏倒川衖鄧禹門妻光緒二十一年夫亡氏年二十四歲撫孤俊夫成立現年五十二歲守節已二十九年俊夫妻陳氏另見附傳

章氏二十五保十一圖曹基霈妻光緒十九年夫亡氏年二十七歲撫子女成立現年五十七歲守節已三十一年

周氏二十五保十二圖楊幼泉妻光緒六年夫亡氏年二十四歲撫嗣子成立嗣子歿又撫孫現年六十七歲守節已四十四年

楊氏縣西街餅業楊雲峯女光緒十三年贅壻潘賢良翌年夫亡氏年二十一歲家貧仍理父業迨父母相繼歿氏喪葬盡禮撫嗣子錫藩

成立現年五十六歲守節已三十六年
袁氏二十五保十六圖陸俊卿妻同治十三年夫亡氏年二十五歲奉邁姑撫襁褓子思源成立姑歿奉翁姑柩營葬現年七十四歲守節已五十年
程氏邑朱立芳妻同治二年夫亡氏年二十七歲留養清節堂光緒十七年出堂年五十五歲守節已二十九年
邱氏邑屠宗幹妻同治八年夫亡氏年十八歲留養清節堂光緒三十二年出堂年五十五歲守節已三十八年
黃氏邑蔣壽彭妻光緒元年夫亡氏年二十八歲留養清節堂光緒三十年出堂年五十七歲守節已三十年
席氏邑俞佩明妻光緒三年夫亡氏年二十七歲留養清節堂宣統二

年出堂年六十歲守節已三十四年
游氏邑錢志仁妻光緒八年夫亡氏年二十九歲留養淸節堂光緒三十一年出堂年五十二歲守節已二十四年
吳氏邑凌貞銘妻光緒八年夫亡氏年二十九歲留養淸節堂現年七十歲守節已四十二年
沈氏二十五保五圖王春生妻十七歲夫亡營祖姑翁姑及小姑喪葬現年六十二歲守節已四十六年
楊氏邑布政使理問銜監生吳澍繼妻光緒十二年夫亡氏年二十四歲事邁姑撫夫前室女遣嫁以夫姪俊甫爲嗣俊甫亡又以夫姪俊紳兼祧現年六十一歲守節已三十八年
蔣氏邑劉福泉妻光緒二十年夫亡氏年三十歲現年五十九歲守節

已三十年
徐氏邑奚順發妻光緒二十年夫亡氏年二十二歲留養淸節堂現年五十一歲守節已三十年
孫氏蒲淞市新橋監生王豐燕妻贈翰林院庶吉士諸暨籍光圻女自幼端敏不苟言笑母病經年侍不離寢光緒十九年夫亡氏年二十五歲慟欲殉承翁姑命始強起是冬盜入其家盜首迫其翁姑索財物氏自夫故後釵珥衣襦封置一室至是氏示其處羣盜恣取以去人爲慰問曰翁姑得無恙於願已足彼戔戔者吾固棄之如遺何惜爲邑令黃承暄勘得其實逾二年嗣夫兄豐玉子臨堅延師課讀督責綦嚴後入泮復畢業於郵傳部高等實業學堂娣殁撫其遺女爲之遺嫁先是新橋有永寶堂義莊爲王氏公建氏翁舉人萃龢向主

其事擬增學舍議成而翁歿氏竟其志建屋二楹以助地方興學即今之蒲淞市立新橋國民學校也自奉儉約而濟貧給藥無吝色現年五十五歲守節已三十一年

馬氏法華西鎭孫良川妻同治十一年夫亡氏年三十歲守節已五十二年現壽八十一歲

顧氏法華庠生李鴻振妻光緒十四年夫亡氏年二十四歲現年五十九歲守節已三十六年

吳氏法華東鎭何蘭芳妻光緒二十一年夫亡氏年二十五歲撫女翠英現年五十三歲守節已二十九年翠英另見貞女

凌氏二十八保十二圖薛金發妻嫁八月夫亡氏年二十歲孝奉邁姑撫養子現年七十一歲守節已五十二年

王氏三十保二圖萬永生妻光緒二十一年夫亡氏年二十五歲現年五十三歲守節已二十九年
金氏三十保四圖王材生妻光緒十二年夫亡氏年二十二歲撫三月孤佳生現年五十九歲守節已三十八年
丁氏三十保四圖陸桂生妻光緒二十年夫亡氏年二十七歲現年五十六歲守節已三十年
阮氏三十保四圖夏俊卿妻光緒二十三年夫亡氏年二十八歲現年五十四歲守節已二十七年
馮氏三十保四圖諸裕忠妻光緒二十四年夫亡氏年二十九歲現年五十四歲守節已二十六年
王氏三十保五圖張龍觀妻光緒十八年夫亡氏年二十九歲現年六

十歲守節已三十二年

魯氏三十保七圖潘掌生妻光緒二十四年夫亡氏年三十歲孝事邁翁撫養子成立現年五十五歲守節已二十六年

沈氏三十保七圖沈桂卿妻光緒十八年夫亡氏年二十三歲現年五十四歲守節已三十二年

姚氏三十保陶家橋張竹生妻光緒二十四年夫亡氏年三十歲撫孤景祿景祥成立現年五十五歲守節已二十六年景祥妻張氏另見附傳以上八十一人現存

右待褒節婦一百五十七人

附

周氏邑朱仲川妾宣統元年夫亡氏年十八歲留養清節堂現年三十二歲守節已十五年

喬氏顓橋鄉十八保十五圖王惠生妻民國三年夫亡氏年二十三

歲現年三十二歲守節已四十年
喬氏三十保四圖祥里翟生觀妻民國元年夫亡氏年二十二歲現
年三十三歲守節已十二年
洪氏塘灣王夢熊妻民國元年夫亡氏年二十三歲留養清節堂現
年三十四歲守節已十二年清節堂報告册氏十二年出堂後旋殁年俟攷
陳氏倒川衖鄧俊夫妻民國三年夫亡氏年二十二歲撫孤厚基現
年三十四歲守節已十三年
徐氏荷巷橋中書科中書銜金炳章繼妻宣統三年夫亡氏年二十
三歲現年三十五歲守節已十三年
葉氏三林鄉曹王坤妻民國二年夫亡氏年二十六歲奉邁姑現年
三十六歲守節已十一年

唐氏蒲淞市虹橋鎮顧澄園妻民國三年夫亡氏年二十七歲現年三十六歲守節已十年
計氏三林塘汪志雲妻民國三年夫亡氏年二十七歲撫子潤清留養清節堂現年三十六歲守節已十年
陳氏邑錢達卿妾民國三年達卿亡氏年二十七歲撫子一清留養清節堂現年三十六歲守節已十年
湯氏三林塘鎮六圖趙承宗妻民國三年夫亡氏年二十八歲現年三十七歲守節已十年
趙氏二十四保黃二圖陸培卿繼妻民國三年夫亡氏年二十八歲留養清節堂現年三十七歲守節已十年
朱氏邑潘企良妻光緒三十二年夫亡氏年二十一歲留養清節堂

現年三十八歲守節已十八年
陶氏三十保六圖侯光亘妻光緒三十四年夫亡氏年二十三歲現
年三十八歲守節已十六年
談氏二十三保二圖張掌坤妻光緒三十四年夫亡氏年二十三歲
現年三十八歲守節已十六年
王氏邑朱慶泉妻民國二年夫亡氏年二十八歲撫子壽清留養清
節堂現年三十八歲守節已十一年
李氏塘灣鄉二十一保七圖楊秀根妻民國三年夫亡氏年二十九
歲撫孤關福現年三十八歲守節已十年
艾氏二十八保十六圖馮家宅金秀芳妻光緒三十年夫亡氏年二
十歲撫女一現年三十九歲守節已二十年

王氏塘灣鄉二十一保七圖何家渡何火堂妻光緒三十年夫亡氏年二十歲現年三十九歲守節已二十年
陳氏二十八保十六圖馮家宅金永芳妻宣統元年夫亡氏年二十五歲撫子女各一現年三十九歲守節已十五年
蔡氏蒲淞市虹橋潘鏡澄妻宣統元年夫亡氏年二十五歲現年三十九歲守節已十五年
蔣氏二十五保十圖沈悅初妻民國元年夫亡氏年二十八歲撫孤翼曾現年三十九歲守節已十二年
瞿氏三林塘趙菊生妻民國二年夫亡氏年二十九歲撫子介清留養清節堂現年三十九歲守節已十一年
張氏塘灣鄉二十一保五圖奚星卿妻宣統二年夫亡氏年二十七

歲紡織撫孤女現年四十歲守節已十四年
何氏二十八保東七圖何家角沈杏樓妻宣統二年夫亡氏年二十七歲現年四十歲守節已十四年
徐氏青浦增生士階女三十保四圖長浜張家麟妻光緒二十九年夫亡氏年二十一歲撫嗣子善功現年四十一歲守節已二十一年
陸氏三林鄉張吉生妻光緒三十二年夫亡氏年二十四歲現年四十一歲守節已十八年
楊氏塘灣鄉二十一保五圖奚杏卿妻光緒三十四年夫亡氏年二十六歲撫女紡琴成立爲之贅壻現年四十一歲守節已十六年
蘇氏三十保二圖項善行妻宣統元年夫亡氏年二十七歲現年四

十一歲守節已十五年
陳氏二十五保十一圖李所昌妻光緒二十八年夫亡氏年二十一歲嗣夫姪積楨現年四十二歲守節已二十二年
范氏二十四保方一圖葛益春妻光緒二十九年婚後越五月夫亡氏年二十二歲又越六月生遺腹子振鏞撫之成立現年四十二歲守節已二十一年
陸氏邑俞文元妻光緒三十四年夫亡氏年二十七歲現年四十二歲守節已十六年
施氏邑顧芝齋妻宣統元年夫亡氏年二十八歲留養清節堂現年四十二歲守節已十五年
金氏二十八保六圖唐子涇葉和洲妻宣統二年夫亡氏年二十九

歲撫遺腹子現年四十二歲守節已十四年
楊氏三十保長浜監生張煒君妻宣統三年夫亡氏年三十歲奉翁姑撫孤監文成立現年四十二歲守節已十三年
朱氏曹行鄉三十四圖楊宏生妻光緒二十七年婚後旬日夫亡氏年二十一歲翁姑勸再醮氏執不可紡織以活現年四十三歲守節已二十三年
黃氏二十八保東十八圖喬家里喬錫全繼妻光緒二十九年夫亡氏年二十三歲現年四十三歲守節已二十一年
謝氏塘灣鄉二十一保七圖六道浜朱福生妻光緒三十一年夫亡氏年二十五歲遺孤木金早殤撫孤女冰珠遺嫁現年四十三歲守節已十九年

楊氏三十保五圖張聖全妻光緒三十一年夫亡氏年二十五歲現年四十三歲守節已十九年

陶氏三十保二圖沈克仁妻光緒三十二年夫亡氏年二十六歲現年四十三歲守節已十八年

陸氏二十五保十圖周德成妻光緒三十四年夫亡氏年二十八歲奉邁姑撫子繩祖民國十七年現年四十八歲守節已二十一年

金氏北橋鎮中市陸元麟妻光緒三十四年夫亡氏年二十八歲撫孤成立性好周急族有賴以舉火者現年四十三歲守節已十六年

鞠氏北橋西市鞠守仁妻宣統元年夫亡氏年二十九歲奉母黃見待

襃矢志堅守紡織以活撫子錫昌錫田小弟現年四十三歲守節

已十五年
周氏二十四保方一圖王錫生妻光緒二十三年夫亡氏年十八歲
撫遺腹子新華成立現年四十四歲守節已二十七年
沈氏三林鄉李裕生妻光緒二十五年夫亡氏年二十歲撫女遺嫁
現年四十四歲守節已二十五年
朱氏邑陸濤妻光緒三十一年夫亡氏年二十六歲撫子錫安現年
四十四歲守節已十九年
張氏二十三保二圖朱阿弟妻光緒三十二年夫亡氏年二十七歲
現年四十四歲守節已十八年
談氏陳行鄉二十五圖陳榮熙妻光緒二十年婚逾年夫亡氏年十
六歲現年四十五歲守節已三十年

朱氏三十保二圖沈世榮妻光緒二十四年夫亡氏年二十歲撫遺腹子補香成立現年四十五歲守節已二十六年

楊氏三十保四圖戴行南妻光緒二十四年夫亡氏年二十歲懷胎六月生福桂撫之成立現年四十五歲守節已二十六年

吳氏三林鄉曹金泉妻光緒三十一年夫亡氏年二十七歲撫子杏生現年四十五歲守節已十九年

胡氏二十八保十六圖艾家宅艾瑞海妻光緒三十一年夫亡氏年二十七歲奉孀姑撫三歲孤關根遺腹子梅生成立現年四十五歲守節已十九年

孫氏陳行秦岳西妻光緒三十二年夫亡氏年二十八歲撫子錫復留養清節堂現年四十五歲守節已十八年

馮氏三十保二圖東管巷秦峙西妻光緒三十二年夫亡氏年二十九歲奉祖姑及翁姑撫子利淵成立現年四十六歲守節已十八年

陳氏三十保四圖周長生妻光緒三十二年夫亡氏年二十九歲現年四十六歲守節已十八年

徐氏法華東鎭李景瀾妻光緒三十二年夫亡氏年二十九歲現年四十六歲守節已十八年

湯氏三十保五圖金子雲妻光緒三十三年夫亡氏年三十歲現年四十六歲守節已十七年

顧氏三林塘鎭方一圖沈麗生妻光緒三十三年夫亡氏年三十歲撫二孤一女現年四十六歲守節已十七年

喬氏邑計祥生妻光緒三十年夫亡氏年二十八歲撫五齡孤鴻發一歲孤簡銘現年四十七歲守節已二十年

淩氏三十保二圖張柏生妻光緒三十一年夫亡氏年二十九歲現年四十七歲守節已十九年

朱氏塘灣鄉二十一保七圖何家渡何錫堂妻光緒三十一年夫亡氏年二十九歲撫孤柏生夢生成立現年四十七歲守節已十九年

楊氏三林塘鎭方一圖趙承樞妻光緒三十一年夫亡氏年二十九歲現年四十七歲守節已十九年

鄭氏上海市中區楊祥甫妻光緒二十八年夫亡氏年二十七歲事翁姑孝撫孤成立現年四十八歲守節已二十二年

周氏楊思鄉三區七圖胡培佳妻光緒二十八年夫亡氏年二十七歲現年四十八歲守節已二十二年

侯氏三十保二圖新嘉里汪忠貞妻光緒二十八年夫亡氏年二十七歲撫夫姪百順爲嗣現年四十八歲守節已二十二年

周氏二十五保十一圖曹錫卿妻光緒三十年夫亡氏年二十九歲撫襁褓女爲之贅壻現年四十八歲守節已二十年

潘氏邑朱斗文妻舉人崇福女光緒二十二年夫亡氏年二十二歲現年四十九歲守節已二十八年

宋氏塘灣鄉二十一保五圖蔣九華妻光緒二十四年夫亡氏年二十四歲撫孤鳳亭成立現年四十九歲守節已二十六年

曹氏二十八保十六圖柿子灣葉和尚妻光緒二十五年夫亡氏年

二十五歲現年四十九歲守節已二十五年
錢氏二十五保十圖朱寅生妻光緒二十八年夫亡氏年二十八歲家貧無餘粒傭工自給撫孤錫春現年四十九歲守節已二十二年
陸氏二十五保十一圖盛叔美妻光緒二十九年夫亡氏年二十九歲撫嗣子章康現年四十九歲守節已二十一年
謝氏北橋東市孫賓谷妻光緒三十年夫亡氏年三十歲撫子成立爲翁姑夫營葬盡禮現年四十九歲守節已二十年以上民國十二年爲準
史氏漕河涇楊心照妻宣統三年夫亡氏年二十二歲撫子永清民國十七年現年三十九歲守節已十八年
楊氏漕河涇鄉十圖潘咸明妻光緒三十年夫亡氏年二十九歲民

國十七年現年五十三歲守節已二十五年
張氏二十六保十四圖周俊卿妻光緒二十八年夫亡氏年二十歲
民國十七年現年四十六歲守節已二十七年
唐氏小木橋張錫瑞妻宣統元年夫亡氏年二十二歲撫子惠民民
國十七年現年四十一歲守節已二十年
唐氏漕河涇監生楊立炘繼妻光緒三十二年夫亡氏年三十歲事
翁姑撫子心炳民國十七年現年五十二歲守節已二十三年以上民國十七年爲準

右守滿十年以上節婦七十七人

包氏邑李丹甫妻宣統元年夫亡氏年二十歲撫子文良留養淸節
堂民國三年歿年二十五歲守節六年

吳氏南碼頭陶仲鑫妻民國七年夫亡氏年十八歲奉姑鍾氏撫遺腹子臣忠氏自夫亡後憂鬱成疾數載始瘥性溫厚好施予濟貧給藥無吝色現年二十三歲守節已六年

董氏馬橋鄉十八保十圖孫雲靑妻民國七年夫亡氏年二十一歲現年二十六歲守節已六年

王氏二十四保方一圖胡祥麟繼妻民國五年夫亡氏年二十二歲留養淸節堂現年二十九歲守節已八年

馮氏三十保二圖萬紀根妻民國五年夫亡氏年二十二歲現年二十九歲守節已八年

張氏三十保陶家橋張景祥妻民國七年夫亡氏年二十四歲現年二十九歲守節已六年

陳氏塘灣鄉西二十一保東四十二圖洪連生妻民國五年夫亡氏年二十六歲撫孤女贅婿現年三十三歲守節已八年

何氏塘灣鄉二十一保七圖六道浜宋咸生妻民國六年夫亡氏年二十七歲撫孤少林木林遺腹子少山現年三十三歲守節已七年

曹氏塘灣鄉西二十一保東四十二圖郭金標妻民國六年夫亡氏年二十七歲奉邁翁撫子女現年三十三歲守節已七年

汪氏邑余春富繼妻民國七年夫亡氏年二十八歲留養清節堂現年三十三歲守節已六年

項氏三十保四圖諸永祥妻民國七年夫亡氏年二十八歲現年三十三歲守節已六年

周氏邑陳洪生妻民國四年夫亡氏年二十六歲撫子抯清穎清留養清節堂現年三十四歲守節已九年

姚氏三十保四圖周榮生妻民國四年夫亡氏年二十六歲現年三十四歲守節已九年

翁氏塘灣鄉西二十一保九十一圖王蘭生妻民國七年夫亡氏年二十九歲奉邁翁撫子女現年三十四歲守節已六年

何氏名翠英塘灣鄉二十一保七圖桂秋女贅壻康耕山民國五年夫亡氏年二十八歲撫孤俊良火生現年三十五歲守節已八年

馮氏三十保五圖金瑞生妻民國六年夫亡氏年二十九歲現年三十五歲守節已七年

黃氏三十保二圖諸翟鎮蘇茂才妻民國四年夫亡氏年二十八歲

現年三十六歲守節已九年

邢氏邑張龍初妻民國五年夫亡氏年二十九歲撫子勤清儉清南清留養清節堂現年三十六歲守節已八年

金氏三十保二圖張佳祥妻民國六年夫亡氏年三十歲現年三十六歲守節已七年

沈氏邑趙一鳴妻民國四年夫亡氏年三十歲留養清節堂現年三十八歲守節已九年

右守滿六年節婦二十人循舊例附載

節婦補遺

王氏二十七保七圖錢家塘錢瑞元妻乾隆五十六年夫亡氏年二十四歲道光二十五年歿年七十八歲守節五十五年知縣許乃大給

松柏堅操額

顧氏李寶和妻道光二十五年學院張芾給貞石流芳額訪稿据紫堤村志

蘇氏三十保二圖諸翟鎮南街趙元正妻同治三年學院彭久餘給節勵松筠額

侯氏沈世茂妻學院劉給節操冰霜額訪稿据紫堤村志顧氏至侯氏守節年例並失攷

沈氏法華西鎮王竹君妻咸豐十年夫亡氏年二十六歲子乙山生纔六月撫養成立光緒三十年歿年七十歲守節四十五年學院溥給芳流彤史額法華鄉志

蔣氏閔行竹岡口喬棟梁妻同治十年夫亡氏年二十八歲孝事舅姑撫夫姪履祥爲嗣學院瞿給貞心勁節額宣統二年氏歿年六十七歲守節四十年以上六人有司額旌

郁氏附夫妾孫氏侯本姓徐伯權妻唐行鎮人伯權早卒無後氏偕夫妾孫氏誓不二志撫夫甥童烈爲嗣事在明天順成化間松江殿撰錢福有雙節詩曰年少何堪喪藁砧持身不愧柏舟吟金刀齊剪延賓髮黃卷常存教子心鏡裏孤鸞無對影琴中別鶴有哀音佇看旌表門閭後同沐天家雨露深參府志並紫堤村志

陸氏三十保二圖府庠生侯安國妻夫早世撫二孤守節尋二孤俱亡氏歸莊家涇母家以終

何氏三十保二圖何允玆女歸朱某婚未百日夫亡強自節哀恐重傷父母心既服闋翁姑有微諷寬慰語氏不欲聞歸母家母忽暴疾亡氏哀毀致病嗣夫姪從彥瀕死囑從彥曰吾柩須與爾嗣父合葬並諄囑姊曰妹係嫠婦且新喪母宜以縞素殮復瞪目白其父而卒年

二十五孔毓書詩曰從來貞孝兩難成淑女芳規得竝行共信夫亡猶未死獨緣母在且偷生十年身歷風霜苦一世魂隨冰雪清阿父白頭傷愛女淚珠和墨表生平

侯氏三十保六圖南池圈張元龍妻夫亡時氏年二十九歲氏歿年五十二歲陸氏至侯氏據紫堤村志補年例均失攷

沈氏二十八保六圖沈鳳歧妻二十五歲夫亡守節四十餘年

朱氏二十八保五圖吳炳妻二十七歲夫亡撫遺腹子祖培成立守節四十一年以上二人據法華鄉志年例失攷

潘氏塘灣鄉六道浜何紹箕繼妻道光二十年夫亡氏年二十六歲紡織撫嗣子士進成立光緒十七年氏歿年七十七歲守節五十二年

朱氏二十三保十圖徐關關妻道光二十一年夫亡氏年二十九歲光

緒二十年歿守節五十四年壽八十二歲

張氏漕河涇鎮史望臣妻咸豐七年夫亡氏年二十五歲誓以身殉戚族勸慰始免耕織奉邁姑孝撫孤國昇成立光緒二十九年氏歿年七十一歲守節四十七年

馬氏二十八保六圖南胡家宅張春貴妻咸豐八年夫亡氏年二十四歲撫嗣子文清同治十一年歿年三十八歲守節十五年法華鄉志

何氏三林鄉孫洪瑞妻咸豐八年夫亡氏年三十歲光緒二十四年歿年七十歲守節四十一年

倪氏三林鄉湯賡寶妻咸豐十一年賡寶陣亡周浦鎮氏年三十歲撫三子一女成立光緒二十五年氏歿年六十八歲守節三十九年

曹氏二十七保七圖沈家木橋徐元宰妻同治元年夫亡氏年二十五

歲光緒二十六年歿年六十三歲守節三十九年

徐氏邑夏文銓妻在室時善體親意既嫁孝邁姑和妯娌同治二年夫亡氏年二十八歲遺孤錫驥錫驊襁褓子錫驤鍼黹以養撫之成立誨子嚴嘗曰親賢勤業克振家聲光緒三十一年歿年七十歲守節四十三年（錫驊妻沈氏錫驤妻王氏另見附傳）

張氏二十八保東七圖何家角楊盈三妻同治五年夫亡氏年二十六歲撫子蓉甫成立光緒九年歿年四十三歲守節十八年（法華鄉志）

盛氏小南門外錢懋順妻同治八年夫亡氏年二十七歲宣統元年歿年六十七歲守節四十一年

喬氏二十四保天一圖布政司使理問監生湯和齋妻光緒元年夫亡氏年二十三歲矢志守節足不踰閾二十五年氏歿年四十七歲守

節二十五年

王氏三林鄉孫瑞華妻光緒五年夫亡氏年三十歲撫子鏡泉成立十六年氏歿年四十一歲守節十二年

范氏荷巷橋監生金翰西繼妻光緒七年夫亡氏年二十七歲十九年歿年三十九歲守節十三年

湯氏三林塘六圖茅松亭妻光緒十年夫亡氏年二十六歲撫孤績澄成立三十四年歿年五十歲守節二十五年

陳氏三十保四圖喬雪香妻光緒十六年夫亡氏年二十八歲撫三月孤考生二十七年氏歿年三十九歲守節十二年

徐氏邑曹生觀妻光緒二十年夫亡氏年二十歲留養淸節堂二十五年歿年二十五歲守節六年

右節婦補遺二十二人

金氏邑戴慶福妻光緒三十四年夫亡氏年三十一歲撫子永昌留養淸節堂民國五年歿年三十九歲守節九年

蔡氏二十五保十圖監生劉榮榜妻光緒十四年夫亡氏年三十三歲民國七年歿年六十三歲守節三十一年

王氏邑許國身妻光緒二十八年夫亡氏年三十四歲撫嗣子洪琪留養淸節堂民國五年氏歿年四十八歲守節十五年

宋氏二十五保十一圖八品銜金陸照妻光緒十年夫亡氏年三十五歲撫子潤章入泮潤壽成立民國元年氏歿年六十三歲守節二十九年

浦氏邑童桂生妻光緒二十年夫亡氏年三十七歲留養淸節堂民

國七年歿年六十一歲守節二十五年

陶氏二十五保十圖周長杰妻宣統元年夫亡氏年三十七歲民國九年歿年四十八歲守節十二年

鄭氏邑秦培根妻宣統三年夫亡氏年四十歲撫子德英留養淸節堂民國十二年歿年五十二歲守節十三年以上人已故

范氏邑胡佩靑妻光緒十六年夫亡氏年三十一歲留養淸節堂現年六十四歲守節已三十四年

萬氏三十保四圖陶家橋張正興妻宣統元年夫亡氏年三十一歲撫孤女爲之贅婿桂祥現年四十五歲守節已十五年

王氏塘灣鄉二十一保東四十二圖洪美生妻宣統三年夫亡氏年三十一歲撫子女婚嫁現年四十三歲守節已十三年

朱氏邑曹福根妻民國六年夫亡氏年三十一歲撫子子泉子林留養清節堂現年三十七歲守節已七年

周氏塘灣鄉二十一保五圖姚永全妻光緒元年夫亡氏年三十二歲勤紡織睦戚族撫孤關生淡生守節已四十九年現壽八十歲

趙氏二十三保二圖曹咸金妻光緒二十四年夫亡氏年三十二歲現年五十七歲守節已二十六年

張氏二十三保二圖曹耀金妻光緒二十六年夫亡氏年三十二歲現年五十五歲守節已二十四年

楊氏邑北張家衖監生袁敬魁繼妻光緒二十七年夫亡氏年三十二歲當夫病革時氏封臂療之夫卒投繯以殉遇救得甦奉邁姑撫夫前室子鴻鈞鴻淦成立現年五十四歲守節已二十三年

徐氏塘灣鄉二十一保七圖朱國祥妻宣統元年夫亡氏年三十二歲撫孤文才德才秀峯成立現年四十六歲守節已十五年

朱氏邑錢選青繼妻宣統三年夫亡氏年三十二歲留養清節堂現年四十四歲守節已十三年

康氏三林塘六圖趙履高妻光緒十五年夫亡氏年三十三歲撫孤成立旋卒與媳湯氏撫孤孫現年六十七歲守節三十五年

陳氏二十三保二圖曹嘉榮妻光緒二十五年夫亡氏年三十三歲現年五十七歲守節已二十五年

鍾氏南碼頭陶松林妻光緒三十一年夫亡氏年三十三歲撫孤仲森仲鑫成立現年五十一歲守節已十九年仲鑫妻吳氏另見

蔡氏邑曹古雲繼妻民國二年夫亡氏年三十三歲撫子保民留養

清節堂現年四十三歲守節已十一年
曹氏邑城張玉鑫繼妻宣統二年夫亡氏年三十四歲事祖姑陸姑
旌節孝蔣以孝聞撫育子女現年四十七歲守節已十四年
王氏上海市夏錫驤妻光緒十九年夫亡氏年三十五歲現年六十
五歲守節已三十一年
張氏二十三保二圖陸竹卿妻光緒二十二年夫亡氏年三十五歲
撫子文中訓之有方現年六十二歲守節已二十八年
吳氏二十三保二圖朱楚卿妻光緒三十四年夫亡氏年三十五歲
現年五十歲守節已十六年
顧氏二十五保十圖姚元澍妾民國五年元澍亡氏年三十五歲撫
子仁齋留養清節堂現年四十二歲守節已八年

王氏名如英塘灣鄉二十一保七圖啓甲女贅婿蔣生發民國七年夫亡氏年三十五歲撫孤駿才駿田現年四十歲守節已六年

沈氏上海市夏錫驊妻光緒二十年夫亡氏年三十六歲現年六十五歲守節已三十年

胡氏二十三保二圖朱楨祥妻光緒二十年夫亡氏年三十七歲現年六十六歲守節已三十年

周氏二十三保二圖曹學庭妻光緒三十四年夫亡氏年三十七歲現年五十二歲守節已十六年

吳氏二十三保二圖曹祥囝妻光緒三十四年夫亡氏年三十七歲現年五十二歲守節已十六年

曹氏塘灣鄉二十一保五圖湯元春妻光緒十八年夫亡氏年三十

九歲撫孤志廉成立現年七十歲守節已三十二年

瞿氏二十一保九十一圖丁光祚妻光緒十八年夫亡氏年三十九歲撫孤竟成及成成立性慷爽周旋戚族間片言解紛好施與爲里黨所重現存年七十歲守節已三十二年

右三十歲外夫故例得附書節婦三十三人

三十歲外夫故節婦補遺

蔣氏塘灣鄉二十一保七圖六道浜何委妻有淑行乾隆十六年夫亡氏年三十七歲撫孤德銓德耀德岡成立五十九年氏歿守節四十四年壽八十歲

李氏法華楊廷玉妻三十三歲夫亡撫孤守節三十餘年而歿据法華鄉志

年例失攷

陸氏諸生許元駿妻通文史有志行道光二十九年夫亡氏年三十六歲撫六齡孤承霈值大水又遭紅巾粵匪之亂流離顛沛家業蕩然氏操履堅卓機聲燈下督教綦嚴承霈長通輿地測繪蘇魯地圖歷次敍勞保知縣未仕遽卒同子婦董撫其孤光緒六年氏歿年六十七歲守節三十二年子婦董清已旌另見

封氏邑朱子雲妻光緒十年夫亡氏年三十五歲留養清節堂十六年歿年四十一歲守節七年

楊氏邑包輪香妻光緒十二年夫亡氏年三十二歲嗣子祥本留養清節堂二十七年歿年四十七歲守節十六年

許氏三林塘六圖梅詠春妻光緒十五年夫亡氏年三十九歲遺孤四女二長僅十齡幼係遺腹氏明書算性溫和誨子女無疾言厲

色戚里有貧乏者稱貸無不應光緒二十九年歿年五十三歲守節十五年

李氏邑高翰香妻光緒十五年夫亡氏年三十四歲撫子紹聲留養清節堂二十九年歿年四十八歲守節十五年

樊氏邑方良元妻光緒二十一年夫亡氏年三十一歲撫子金寶留養清節堂三十年歿年四十歲守節十年

右三十歲外夫故例得附書節婦補遺八人

清已旌節婦補遺

胡氏三十保二圖諸翟鎮侯世謙妻年二十五歲而寡守志撫孤壽至九十四歲康熙五十五年提鎮杜給完貞遐壽額訪稿据紫堤村志言氏後遷嘉定縣界年至七十請樊建坊今坊猶在氏之門前云

戴氏法華鎮李實繼妻康熙三十八年夫亡氏年二十四歲守節十八年歿道光十三年旌

吳氏法華鎮李煦妻二十二歲夫亡撫嗣子應堪成立守節四十五年道光十三年旌

馬氏附夫妾周氏法華儒童李焯妻二十四歲夫亡事繼姑撫孤應埰夫妾周氏年二十一撫一女與嫡同守志道光六年邑令許乃大給雙節額馬守四十六年歿周守五十五年歿同治八年旌以上四人据法華鄉志

艾氏二十八保十六圖芾子灣曹樹珊妻光緒十一年夫亡氏年二十三歲宣統元年歿年四十七歲守節二十五年据法華鄉志宣統二年旌按續志列待旌歿年及守節年多書一年茲據以更正

徐氏邑趙廷俊妻嘉慶二十五年夫亡氏年十九歲道光二十三年氏

歿年四十二歲守節二十四年訪稿云已旌年失攷

列女下

孝婦孝女

金氏名蓮芳法華西鎮振玉女民國四年歿年四十六歲

右孝女一人載續志待旌

陳氏名寶琮豐記碼頭商人增鈞女見上清光緒三十四年父患隔症勢甚劇寶琮侍奉湯藥衣不解帶閱半載有餘未嘗稍離父病益劇私自割股以進七年歿年三十六祀節孝祠民國七年褒

梁氏名敏福建長樂人隨父僑居於邑光緒二十八年敏年十三母許氏病神志模糊敏親奉湯藥衣不解帶禱告天神願以身代母病以瘳民國三年歸上海市經董陸文麓爲繼室撫育夫前室之女如己

出人無間言民國七年褒

陳氏名龢生清候選光祿寺署正鉞次女郵傳部高等實業學堂畢業生曹永城妻光緒三十年春母賈氏病肺幾殆時父旅於陝龢生侍奉湯藥衣不解帶祈禱於天母病以瘳三十三年春父患傷寒龢生侍疾一如前狀後父病竟不起龢生哀毁骨立其孝行著聞鄉里民國八年褒

施氏二十五保七圖清花翎五品銜候選縣丞蒯錟第妻光緒六年姑祁氏病篤羣醫束手氏刲臂和藥以進疾賴以瘳民國十年褒

王氏舉人承錄女方文基妻清光緒十三年正月母郭氏患病氏歸甯侍奉母枕氏臂凡十二小時氏竟忘臂之麻木二十四年春姑陶氏久病時文基方旅於閩氏以婦職兼子職侍奉湯藥衣不解帶者四

閲月雖自病亦不怠姑病賴以漸瘳及秋姑病復劇氏終夜徬徨目不交睫及棄養氏哀毀骨立民國十一年六月歿民國十一年褒

蘇氏名本清清候選道鮫第三女商人葉逵妻邁姑陸氏病本清侍奉湯藥歷久不渝鄉里以孝稱光緒三十年與女士朱程穎合辦初級小學又與姊妹合辦上海女中學歷年捐助款五千圓有奇民國十二年六月以孝行盡心公益奉褒民國十二年褒

右已褒孝婦孝女六人

郭氏懷溥次女舉人楊逸妻孝事翁姑奉膳燖湯先意承旨艱苦相夫安貧若素歿時年三十六猶以不得事姑終天年爲恨鄉里欽之

周氏名文琮字靜珍松江附貢周鉞長女舉人黄藝錫妻姑何氏患瘵疾卧床經年氏入門晨夕侍奉能得歡心調藥治饌先意承志扶持

起臥絕無倦懈幼愛文學以姑病廢書姑歿哀痛備至逾年始就學宗孟女學校東渡日本畢業東京女子美術學校美術作品秀麗妍雅同儕歎服圖繪尤瀟灑生動成績輒冠其曹性尤好勤無一息自逸待人和藹周至動中禮法歸國後主持家政一以清潔質樸爲務烹飪浣滌之事從不假手僕媼身素羸弱習勞多疾民國二年赴京師值京榆車失愼隨攜製品悉燬於火一生心血化爲灰燼氏惋惜之餘宿疾時發民國三年以難產歿於北京年三十六聞者悼惜無不垂淚

孫氏名傳芳陳行鄉塘口附生夔龍女民國七年父病劇傳芳侍奉湯藥衣不解帶父病以瘳後兄傳甲早世傳芳念親老弟幼無以持家心恒憂鬱竟得瘵疾歿時九年六月

莊氏附子婦甘氏　北新涇布政使經歷潘上珍妻事翁姑以孝稱翁姑歿小姑四年俱幼氏撫之成人小姑之長者適許氏夫婦早世遺有一孤夫從姪晉臣幼失怙恃氏均撫之爲之娶妻贖屋俾得自立性好施與親族有以貧乏告者無不佽助教子嚴每值夜深人靜里人聞機聲與書聲相和知氏之課子也媳甘氏亦以孝稱姑患癱瘓臥床七年氏侍奉湯藥洗滌汚穢歷久不懈翁患神經病喜毆人人多趨避氏獨侍奉不避鞭撲歿年六十九

王氏塘灣鄉西二十一保東四十二圖附生周瀓妻事父母及翁姑均以孝稱人無間言歿年五十

王氏名桂襄北橋王家棟女馬橋附生鈕璥妻光緒二十七年夫亡氏年四十三歲矢志撫孤入不足佐以女紅事姑陳能色養姑患瘍氏

洗滌汚穢勞瘁不辭性明敏料事多中當交易所蠭起時戒其季子勿入凡事氏必預爲之備或先數年已布置周密嘗曰有備始無患故家庭井井生平薄於衣食迨二子成立仍不改其舊先是夫故後族人有謀侵蝕其產者氏嚴防之卒不得逞民國十二年氏歿年六十五歲

陳氏附生趙光第繼妻民國二年春母楊病劇氏焚香禱天願以身代盡心侍奉衣不解帶逾半載刲臂和藥以進母病得瘳現年六十一歲

右待褒孝婦孝女七人

貞女

程氏字戴裕府撫嗣子長齡民國四年氏歿年六十四歲

右續志載已旌貞女

張氏名鈺珠見續志待旌貞女早失怙恃惟兄嫂是依後兄嫂相繼歿撫姪成立姪亡與姪婦撫其孤士元成立居近北郭未嘗涉足租界中歲後常年茹素然菴觀寺院無其足音民國八年歿壽八十七歲民國八年褒

陳氏名汝潤錫端女八歲喪母父先後納妾周氏韓氏相繼歿女以父年逾花甲侍奉不嫁清光緒十四年父歿女年五十有四奉褒時女年八十有七

陳氏名壽珍倓三女八歲喪父時弟序東年更幼母徐氏治喪悲慟女諫曰父亡兒等惟賴母以存幸有弟在長得繼續先人願母以弟爲念及稍長事母以孝先意承旨母非女不歡及笄有爲之議婚者女輒曰父亡家中祇一母一弟母已衰弟尚幼不願相離願終身事母

如必以大義相責俟弟婚後烹饋有人母有所依賴而後可及弟婚有子女仍不嫁母病女侍奉湯藥衣不解帶母歿女襄弟治喪如禮服闋後兩載餘弟與弟婦相繼歿女撫其遺孤四人茹苦含辛數十年如一日其長者並爲之婚嫁民國七年歿年四十九歲（以上二人民國十一年褒）

唐氏名祖淦漕河涇鎮監生尊璋女字史春泉將婚而夫患瘵疾卒氏聞訃悲泣登門祭奠矢志守貞奉翁姑孝（民國十二年褒）

右已褒貞女五人

蔣氏名愛珠塘灣鄉五圖明江女性溫厚勤操作孝事父母守貞不字現存年七十餘

吳翠英法華東鎮蘭芳女矢志守貞長齋禮佛現年三十一歲

右待褒貞女二人

貞女補遺

王氏名瑞珠三林塘廷鈺女性至孝父早故弟四年均幼母鬱鬱寡歡瑞珠立誓守貞事母終養清光緒七年歿年六十八

烈婦烈女

姚氏商團會員胡英妻清宣統三年秋夫陣亡於黃陂氏聞耗從容稟翁姑曰吾家數代單傳夫尚未有後義不容從軍惟國事緊急不可不往先前之不敢稟者一則恐驚堂上二則滿擬功成身歸也今死矣雖軍人以戰死爲榮然無後爲大何以對祖宗於地下乎遂吞金約指并自刎而死年二十三歲

陳氏名宛珍紹興縣銘女上海市中區王域善聘妻幼從塾師讀了解四書孝經列女傳大義深羨古人之行誼稍長輟學佐家政事父母

能先意承旨年十二丁母艱哀毀逾恆繼事後母一如事前母十七許字王民國七年春聞域善病憂慮減食迨聞病劇終夜於邑比訃至神色慘沮會天時驟燠呼婢汲湯更衣沐浴潛自仰藥擁衾涕泣與姊相訣及覺察家人施救宛珍泫然曰兒志早決生雖未獲見夫歿或相從地下阿父救兒適以辱兒請遂兒志兒目瞑矣惟憾不得奉父母期諸姊弟善事雙親勿以我爲念言訖而逝時七年五月三日也距夫歿僅三時年二十歲

附松滬護軍使盧永祥等五十人徵文啓　在昔壓笄一慟城欲全頹截髮長號石思立化三辰霜肅爰徵不二之奇行九曜烟霾乃有靡他之苦節是皆杞梁有婦人是未亡洪母無夫心原先死紅顏赴義雄於一劍之師縞袂趨風凜若萬夫之特未有盈門待賦先簪白奈之花見廟未成已作紅蘼之草畢微軀於塡海擬作寃禽植雙樹以成墳蔚成貞木難爲目論遠邁前徽傾厥心波莫詳偉烈者也則有陳烈女宛珍者家在曹娥江畔僑居黃歇浦邊八齡入塾十歲通經劉氏三姝工銘蘭葉謝公小女慣頌椒花固已德容婉嫕獨擅女宗圖象溫恭自嫻內則奉異本之萱枝情逾自出吟因風之柳絮聲譽旁流矣年十七許字滬紳王遠甫四子菁士金童玉女豔說良緣苦雨淒風厄當靈匹重遭胠篋之驚遂兆執牖之夢先索金閨之物壓勝無靈繼闈玉樹之埋痛心曷極或者謂中人以上疇無礙爾之操賢智之流詎失瞻

然之志烈女鸞影雖單鵠寡未唱但使畢生鋆髻亦足慰在天之靈即令沒世蒿簪已可瞑重泉之目而烈女則絕意偷生無心乞活澡以蘭湯飲之酖藥春風夜月開殘鵑血之枝碧海青天補盡媧皇之石醬排閶闔以呼閽竟逐巫陽而入地蓋去薔士之歿僅三時耳嗟乎周官陰敎之則薄俗難期茂先女史之箴歐風競美不期今世尚有斯人書之青史泣吏其於羊碑彈入冰紘哀有逾於湘瑟珍茲禮教五千年之故國增華揚此懿聞三百幅之吳綾爭寫伏龔彩毫才子惠以瓊瑤彤管文人錫之珠玉庶使貞風廣被長開四照之花勁節長春永秀萬年之草

襄平趙爾巽挽詞　寘寘清風祠沉沉古井水坤軸傾陁女媧死人生誰復重廉恥烈石貞金乃有此（一解）德門有女名宛珍詩禮詔謀流世芬移家浙水居春申庭闈奉盤帨姊弟吹篪塤（二解）爛月盈門輝玉鏡翩翩裙屐郎才盛繡襦蛺蝶翻羅帳芙蓉暎筆花準作催妝詠洗馬清愁茂陵病（三解）飛鵬入堂舉室悽惶女則無語低眉歛裳調我茗椀濯我蘭湯樓風蕭蕭寒月照床（四解）呼阿姊前涕盈把爺娘大恩妹奪捨天不嬰兒竟陶寡善侍白髮親毋復念亡者伴妹今夜間明日黃泉下（五解）父母聞語摧心肝一藥不呷雙淚斑女貞樹折春風寒午年辰月廿三日詎婿三時女命畢與古貞姜愍女匹（六解）紛紜世俗繩禮經盲風怪雨荒八溟景此大節天下型殉夫殉國同忠貞吁嗟乎帝女桑枯湘竹裂東海冤禽夜啼血

張氏舊道前街范兆塏妻民國六年夫患咯血時發時止氏悉力侍奉衣不解帶者半載七年夏夫歿氏於夫歿後之翌日潛自服毒家人施救得生越六日乘防懈再服以殉時六月十一日也以上三人民國七年褒

附姚文枬徵文啓　晚近以來權利思想日熾綱常名節視為迂談不講久矣上海商埠尤為角逐之場歌吹繁華鄭聲遍地識者傷之不謂城廂內地貞節殉烈成仁取義之事一歲再見此誠狂瀾砥柱士君

子所樂相稱道以爲風俗人心之保障者也民國七年六月十一日邑治二十二舖舊道前街有范烈婦仰藥殉夫一事距新北門老街陳貞女之殉烈纔數月耳烈婦氏張其大父曰藍田居登雲橋東宰肉設肆父曰竹山業錢莊烈婦年二十一適范雨祥雨祥有父曰友安有兄曰瑞祥家庭之間怡怡如也雨祥業報關行去歲患咯血醫痊復發今歲加劇遂不起烈婦於夫亡之翌日吞服紅頭火柴家人覺之醫救得生乘防懈再吞服醫救無效則夫亡之第七日也事聞於縣公署下市董查實知事沈公寶昌贈額曰之死靡他並上其事於省咨部呈請褒揚於是烈婦之姓氏與陳貞女並垂不朽矣或曰烈婦有周歲孤撫孤責重義不當死此言誠是也春秋責賢者備九京有知亦當樂受然當哀痛迫切時至情至性之激發一往而不可遏豈暇有所較量於其間哉余檢邑志所載烈婦凡四百數十人大抵遭兵亂或强暴或意外之變因而捐軀者爲多其促以夫亡矢殉者六十餘人耳而其中記孤於娣姒或族戚而死者得九人焉非至情一往者耶抑必深信所託之可恃而非忍棄其孤也要之范烈婦之德爲不孤矣友安慟其子若婦之死冀士大夫謌詠其事以廣流傳介程生子長乞余小啓因據所述事實書之如此惟當世立言君子鑒焉

右已褒烈婦烈女三人

金氏名鳳藻二十五保十圖金梅溪女邑約翰大學醫科畢業生武昌籍周光松妻鼎革時有女子募捐團鳳藻首捐鉅款爲創嘗與夫游杭在煙霞洞側築陟圮亭並自爲記記中謂其母極愛山水惜得斯景不能與親同游因作此亭其孝思可見一斑民國三年鳳藻病劇

經光松力治得愈未幾而光松竟不起鳳藻泣曰夫之病爲吾而起今吾愈而夫一瞑不視何獨生爲遂屢次仰藥均遇救尋將其餘貲存儲充子女教養及其身後費並託人保管竟服藥以殉時九月二十四日也距夫死適半年與夫柩同窆陟圯亭旁

徐氏北橋鎮西市喬吉順妻民國四年夫病劇氏泣謂子女曰吾不能事爾父病而致危奚忍見其死遂私自整理衣服仰藥而亡年四十六歲越三時夫亦亡

右待褒烈婦二人

烈婦補遺

龔氏附子妾劉氏 明恤贈太常寺少卿（吏科給事中）侯震暘見縣續志人物傳妻嘉定方伯錫爵女順治元年子峒曾殉明難時偕少子岐曾避居諸翟鎮

舊宅岐曾復以匿故人亡命被攝氏曰我昔欲爲卞壺母今甯不得爲孔褒母乎從容赴池死同死者岐曾妾劉氏

右烈婦補遺一人

吳氏南匯錢桂榮妻民國六年歿年七十一歲守節四十五年

周氏錢塘陳皋繼妻民國五年歿年七十歲守節四十三年

談氏無錫倪秋泉妻現年五十六歲守節已三十六年

金氏嘉定胡文巖妻民國七年歿年五十二歲守節二十九年

蔣氏吳縣候選知縣監生袁鶴熙妻現年六十三歲守節已三十九年

民國十一年奉　褒給節勵松筠額白綬褒章由原籍呈請

許氏無錫姚步青妻民國四年歿年四十九歲守節二十一年

何氏平湖馮蘭亭妻現年六十六歲守節已四十一年

王氏廣東崇化李國亨妾民國元年歿年五十五歲守節二十八年

戴氏邑李潤生聘妻民國八年歿年四十四歲

蔡氏無錫周冕妻民國四年奉　襃給井水盟心額由原籍呈請

右續志載客籍節婦九人貞女一人烈婦一人

李氏浙江吳興縣人清追贈光祿寺卿原任江蘇常鎮通海兵備道趙炳麟妾氏幼嫻禮教性謙謹同治二年炳麟亡氏年二十歲欲以身殉戚族力勸始免家貧篝燈夜織佐大婦訓嫡子成立光緒二十年歿年五十一歲守節三十二年

章氏浙江紹興縣陶修齡妻嫁逾年夫亡氏年二十二歲屢欲殉戚族曉以大義始含淚承命奉邁姑姑病親嘗湯藥衣不解帶者三閱月撫三月孤士英入泮奉　襃時年六十一歲守節已四十年以上二人民國六年

褒

劉氏邑一峯女休甯黃應裕繼妻光緒七年夫亡氏年三十歲撫子佳棟佳樑佳柱成立二十六年氏歿年四十九歲守節二十年

趙氏山西長子縣縣丞湖北江陵縣監生嚴汝鵬妾光緒十一年冬汝鵬病任所氏晝夜侍疾翌年春汝鵬歿氏年二十四歲屢欲殉以家人嚴防始止撫孤成立佐大婦扶柩旋里後子女相繼歿依嫡子鋮織供家用奉　褒時年五十九歲守節已三十六年

嚴氏湖北崇陽縣優廩生周震達妻在室時事母孝光緒十七年夫病氏親嘗湯藥衣不解帶祈禱天神願以身代夫病竟不起時氏年二十八歲屢次昏絕喪葬畢潛自仰藥遇救得生後母家悲其志逆之歸鍼黹自給奉　褒時年五十八歲守節已三十一年

邱氏廣東大埔楊子光妻初童養夫家奉翁姑孝光緒十四年夫亡氏年二十八歲撫孤富臣鍼黹以養現年六十三歲守節已三十六年以上四人民國十年褒

蔡氏安徽黟縣余邦朝繼妻知書能文好施予同治五年夫亡氏年二十八歲撫子光麟成立夫從子女少孤氏愛護備至爲之婚嫁光緒三十四年氏歿年七十歲守節四十三年民國十年褒

徐氏吳縣陳潤泉妻光緒二十六年夫亡氏年二十五歲矢志自守以鍼黹度日民國十年氏歿年四十六歲守節二十二年

丁氏天津鄭彤恩妻宣統三年夫亡氏年二十二歲撫二齡孤留養清節堂民國十一年氏歿年三十三歲守節十二年

梁氏名儷梅廣東番禺彭椿林妻椿林電報學堂畢業生光緒二十九

年歿於鎮江電報局總管差次氏年二十五歲越三日氏生遺腹子逾十年殤民國十年氏歿年四十三歲守節十九年以上三人民國十一年褒

陳氏婺源汪文澤妾光緒五年夫亡氏年二十六歲孝親睦族節用濟困撫嫡出子女成立現年七十歲守節已四十五年民國十二年褒

仇氏湘陰周愛棠繼妻光緒二十八年夫亡氏年二十二歲撫子順寶留養清節堂民國三年氏歿年三十四歲守節十三年

奚氏吳縣宓錦章妻民國二年夫亡氏年二十五歲撫子雲清留養清節堂民國十二年歿年三十五歲守節十一年

顧氏無錫丁壽榮妻光緒二十六年夫亡氏年十九歲留養清節堂民國九年歿年三十九歲守節二十一年

胡氏嘉定施道生繼妻光緒二十八年夫亡氏年二十四歲留養清節

堂撫子彭年民國七年氏歿年四十歲守節十七年
李氏周浦顧應春妻宣統元年夫亡氏年二十七歲民國十一年出堂
年四十歲守節已十四年清節報告册氏出堂後旋歿年待攷　以上已故節婦五人
朱氏休甯汪恭安妻同治十二年夫亡氏年二十八歲留養清節堂光
緒二十一年出堂年五十歲守節已二十三年
陳氏丹陽鄺長春妻同治十一年夫亡氏年二十九歲留養清節堂光
緒二十五年出堂年五十六歲守節已二十八年
徐氏吳縣席子芳妻光緒三年夫亡氏年三十歲留養清節堂光緒三
十三年出堂年六十歲守節已三十一年
沈氏桐城范勝年妻光緒十三年夫亡氏年二十九歲留養清節堂光
緒三十四年出堂年五十歲守節已二十二年

張氏江甯周少峯妻光緒二十一年夫亡氏年二十九歲奉翁姑撫嗣子現年五十七歲守節已二十九年

沈氏附子婦衞氏南滙杜行鎭邢晴舫妻同治九年夫亡氏年三十歲勤耕織撫襁褓子望馨成立女遣嫁本鎭商董葉鳳鳴望馨光緒三十二年亡妻衞氏年三十五歲姑媳同撫其三孤沈現壽八十三歲守節已五十四年衞現年五十二歲守節已十八年以上現存節婦六人待褒

附朱氏吳興陸稈春妾民國三年夫亡氏年二十二歲撫子稼清留養清節堂現年三十一歲守節已十年

楊氏武進姚子青妻民國二年夫亡氏年二十二歲留養清節堂現年三十二歲守節已十一年

趙氏通州季金生繼妻宣統二年夫亡氏年二十二歲留養清節堂

現年三十五歲守節已十四年
殷氏慈谿馮康伯妾民國二年康伯亡氏年二十五歲留養清節堂現年三十五歲守節已十一年
王氏江甯孫元盛妻民國二年夫亡氏年二十五歲撫子汝清留養清節堂現年三十五歲守節已十一年
彭氏休甯邵園村妻宣統二年夫亡氏年二十三歲留養清節堂現年三十六歲守節已十四年
鄭氏周浦李杏園妻民國三年夫亡氏年二十七歲留養清節堂現年三十六歲守節已十年
張氏長洲顧立發妻光緒三十四年夫亡氏年二十二歲撫子耀清留養清節堂現年三十七歲守節已十六年

毛氏嘉定陳福耕妻宣統元年夫亡氏年二十三歲留養清節堂現
年三十七歲守節已十五年
曹氏吳縣楊鏡清繼妻民國二年夫亡氏年二十七歲留養清節堂
現年三十七歲守節已十一年
徐氏休甯張寶君妻民國二年夫亡氏年二十七歲撫子智清留養
清節堂現年三十七歲守節已十一年
戴氏嘉定顧銘之妻光緒三十三年夫亡氏年二十二歲留養清節
堂現年三十八歲守節已十七年
姚氏嘉定金翰雲妻民國元年夫亡氏年二十七歲留養清節堂現
年三十八歲守節已十二年
劉氏杭縣曹幼蘭妻民國二年夫亡氏年二十九歲撫子瀾清留養

清節堂現年三十九歲守節已十一年
沈氏吳縣王松泉妻宣統三年夫亡氏年二十八歲留養清節堂民國十二年出堂年四十歲守節已十三年
張氏吳縣潘儀玉妻宣統三年夫亡氏年二十九歲撫子女各一現年四十一歲守節已十三年
王氏德州王子祥妻光緒三十三年夫亡氏年二十五歲留養清節堂現年四十一歲守節已十七年
瞿氏慈谿陳仁甫妻光緒三十四年夫亡氏年二十七歲留養清節堂現年四十二歲守節已十六年
宋氏南翔李裕順妻光緒三十二年夫亡氏年二十五歲撫子耕清留養清節堂現年四十二歲守節已十八年

顧氏寶山顔仁卿妻光緒三十二年夫亡氏年二十六歲留養清節堂撫遺腹子旋殤現年四十三歲守節已十八年

許氏青浦吳式如繼妻光緒三十一年夫亡氏年二十六歲留養清節堂現年四十四歲守節已十九年

林氏嘉定方泰鎭程榮伯妻光緒三十三年夫亡氏年二十八歲撫子裕清留養清節堂現年四十四歲守節已十七年

彭氏吳縣孫愼焱妻光緒二十九年夫亡氏年二十五歲留養清節堂現年四十五歲守節已二十一年

胡氏萍鄉倪麗卿妻光緒二十四年夫亡氏年二十一歲留養清節堂現年四十六歲守節已二十六年

謝氏南翔程筠孫妻光緒三十年夫亡氏年二十七歲留養清節堂

現年四十六歲守節已二十年

趙氏南滙張元良妻光緒三十三年夫亡氏年三十歲撫子輔清留養清節堂現年四十六歲守節已十七年

張氏洞庭山葉楹甫妻光緒三十年夫亡氏年二十九歲留養清節堂現年四十八歲守節已二十年

單氏吳縣魏翰舫妻光緒二十四年夫亡氏年二十四歲現年四十九歲守節已二十六年

黃氏吳縣魏贊卿妻光緒二十四年夫亡氏年二十歲現年四十五歲守節已二十六年以上年未五十守滿十年以上節婦二十九人

韓氏嘉定沈禹門妻民國元年夫亡氏年二十九歲撫子翰清留養清節堂民國六年歿年三十四歲守節六年

楊氏鄞縣沈鴻生繼妻光緒三十三年夫亡氏年二十八歲民國三年出堂年三十五歲守節已八年清節報告冊氏出堂後旋歿年待攷

孫氏慈谿孔省三妻光緒三十三年夫亡氏年二十六歲撫嗣子獻超留養清節堂民國四年氏歿年三十四歲守節九年

顧氏慈谿王本榮繼妻民國三年夫亡氏年三十歲留養清節堂十年歿年三十七歲守節八年以上守節六年以上已故節婦四人附錄

宋氏南翔李福卿妻民國四年夫亡氏年二十一歲留養清節堂現年二十九歲守節已九年

張氏松江龔銘賢妻民國七年夫亡氏年二十五歲撫子仲清定清留養清節堂現年三十歲守節已六年

傅氏蕭山沈偶凡妻民國七年夫亡氏年二十六歲留養清節堂現

年三十一歲守節已六年
吳氏紹興屠玉麟繼妻民國四年夫亡氏年二十四歲撫子景清晏
清留養清節堂現年三十二歲守節已九年
趙氏瀏河吳少舫妻民國五年夫亡氏年二十七歲撫子企清留養
清節堂現年三十四歲守節已八年
錢氏嘉定程鏘士妻民國六年夫亡氏年二十八歲撫子堯清舜清
留養清節堂現年三十四歲守節已七年
顧氏無錫楊梅生妻民國四年夫亡氏年二十八歲撫子震清宏清
留養清節堂現年三十六歲守節已九年以上守滿六年現存節婦七人附錄

節婦補遺

陳氏鎮洋縣監生瞿士鵬繼妻道光三十年夫亡氏年二十九歲撫

子永嘉永瑞成立光緒二十八年氏歿壽八十一歲守節五十三年以子永嘉仕封淑人孫慶賢慶璋俱入邑庠（同治十年兩江總督李江蘇巡撫丁提學彭奏旌）

程氏嘉定金汝槐妻咸豐十年婚後五月夫被粵匪虜死氏年十八歲慟欲殉戚族力勸始免奉邁姑姑病氏變簪珥資醫藥費侍奉湯藥衣不解帶者二越月迨姑歿喪葬盡禮爲夫弟妹婚嫁入清節堂民國三年氏歿年七十二歲守節五十五年（光緒二十年旌以上已旌節婦二人）

丁氏安徽黟縣余宗龍妻道光九年夫亡氏年三十歲撫孤邦朝成立同治元年氏歿年六十三歲守節三十四年（子婦蔡氏已褒另見）

葉氏安徽黟縣汪永鎏妻嘉慶九年夫亡氏年二十五歲奉邁姑撫嗣子鈺道光二十五年氏歿年六十六歲守節四十二年

羅氏乍浦陸秋畦妻光緒十五年夫亡氏年二十六歲留養清節堂

二十八年歿年三十九歲守節十四年以上已故節婦三人待褒

達氏名鳳琴六合同民景濂女隨父僑居市中區母韓氏早歿父不再娶民國九年十一月十日父歿越四日喪塟甫畢女突服毒以殉當未殉前女嘗自言曰吾父與他人父不同吾父守義終身吾無父無以至今日父無吾無以安幽冥吾將從父於地下家人聞之以爲思父所致不及防及毒發已無救身畔有致兄嫂遺書略謂自今以後得永侍老父於泉壤所願已遂並囑將所蓄飾幣辦身後事務從儉省云時年二十一歲已故孝女民國十年褒

胡氏名芳珠南市蓬萊路繼昌女父早亡無兄弟母周氏多病矢志不字侍奉終身母歿營喪葬盡禮廬墓以居現存年四十九歲

戴蘇貞句容儒彬次女隨父僑居北市民國八年九月父病劇蘇貞

侍奉湯藥衣不解帶祈禱於天父病以瘳純孝之稱人無間言現存

孝女二人民國十年褎

江氏江甯黃文濤妻洪楊據金陵氏隨家屬遷浦東姜家宅家貧無隔宿糧得米則先奉孀姑暨諸叔舅叔姑而自以野蔬充膳廚無積薪恆藉鍼黹易之後遷三林塘同治甲子姑病篤氏侍奉湯藥衣不解帶者數月及姑歿哀毀盡禮季叔姑仲叔舅相繼歿所遺弟妹年俱幼氏與仲娣分任撫養教子嚴自幼坐立卽導以規矩子就外傅歸後必督課至三鼓方許寢夫弟文達文瀚俱早世氏撫其子女如己出成婚遣嫁一無歧視晚年子承慶承壽供職京內外家境稍裕自安儉樸而遇親鄰貧苦者則出資以濟之光緒丁未遷高昌廟民國五年夫病危氏焦急成疾先夫歿

金氏江浦人適同邑候選教諭陳慶元見續志流寓僑居於邑博經里光緒某年鄰右失愼時姑湯氏年已八十餘火起夜半家人倉卒不知所爲氏登樓入其姑之臥室負姑而出天忽反風寓廬竟無恙人以爲純孝所感慶元早世氏撫孤三人成立民國七年歿年七十八歲以上已故孝婦二人

杭氏丹陽縣人邑僑貢天祥聘妻自幼寄養夫家同治二年天祥亡氏年十六歲翁錫晉憐其少謀再字氏執不可幾以身殉矢志守節撫夫姪賢慶爲嗣現年七十六歲

周氏靑浦徐隆德聘妻民國元年夫亡氏年二十三歲矢不再字過門守貞現留養淸節堂年三十四歲以上現存貞女二人待褒

朱氏名佑榮江甯籍黃廷瑩妻僑居上海婚未久夫赴陝州就電報

局局長職佑榮事邁姑和妯娌旋肄業於愛羣女學校高小科奮於學冠其曹民國三年冬悉夫病劇差次聞耗奔赴甫抵陝夫見一面即瞑佑榮撫尸大慟親視含殮畢潛吞金約指以殉時年二十七歲民國五年奉　褒給嵊嶺風高額由交通部咨行呈請

右客籍節孝貞烈婦女三人

賢婦

黃氏邑保安堂董事瞿慶模妻光緒二十一年慶模患反胃及隔症三載有餘氏侍奉湯藥歷久不渝夫病以瘳

顧氏南滙監生鹿次女邑附貢曹驤繼室幼時由母舅奚雲烈撫育爲女清光緒十二年氏年二十六養母蔣氏病久癱垂危氏侍奉湯藥頃刻不離病賴以痊人以孝稱後蔣氏歿氏哀毀盡禮喪葬畢因無

依歸本宗遺嫁光緒三十三年歿年四十七歲以上三人民國七年褒

楊氏字棗蓀豐記碼頭花翎升用同知直隸候補知縣陳鉦妻性賢明識大體遇疑難當機立斷悉中肯綮族墓有當路衝者爲擇地遷葬親督工役遇規畫建築亦如之雖盛暑嚴寒弗顧周旋戚族間片言解紛無不折服鉦嘗纂修族譜氏多所協贊頗涉獵歷史掌故明當世之務應對侃侃無所撓處事接物一以誠信貧無匡困視爲天職而自奉甚儉約民國八年歿年五十四歲民國八年褒

秦氏清婁縣翰林院待詔慶勳女邑浙江仁和場大使徐彭齡妻事邁姑李氏以孝稱彭齡官錢清設書院進諸生而講貫午夜不輟氏供酒膳及門無不頌師母賢又好行慈善冬給衣米夏施醫藥紹人稱爲女菩薩彭齡卒氏出貲令其子元章建徐氏宗祠民國九年褒

張氏會稽道尹黃慶瀾妻事翁姑以孝稱慶瀾赴日考察教育工業氏隨往因留學於女校及回國慶瀾設三育小學兼設女校氏任教授管理以身先之寒暑疾病無間歷數年如一日慶瀾任湖北德安府時氏時至女學獎勸教員勉勵學生慶瀾嘗患病甚劇氏每日焚香籲天祈以身代病果瘳人謂誠感所致翁樂善好施終歲製藥濟人歿後氏助慶瀾繼其志益擴而充之施醫藥米票歲以爲常貧苦婦孺有病求藥者輒親爲療治祖墓在黃渡氏每往掃墓必攜藥品分送沿途貧苦鄉人至家祠復如之並躬爲醫治慶瀾宦遊所至氏孜孜於饋貧行善施醫給藥諸事一如在家時素工西法鍼黹遇各處水旱公益募捐氏必獨出心裁督率媳女輩昕夕製成各品送往助賑年五十値會稽道屬受風水巨災氏舉親友饋贈之儀及筵資悉

充賑民國十二年歿遺囑慶瀾勿灰心善舉並命諸子助父積極進行慶瀾嘗兩任法官氏屢以矜恤獄囚恩施法外爲請又屢勸設立義務學校教育貧兒慶瀾之設金享小學從其志也歿後凡曾受氏恩惠者皆失聲痛哭民國十年奉褒十一年晉給

蔣氏寶山劍人女邑諸生朱澄敘妻澄敘有心疾不事家人生產氏教生徒得束脩以奉養堂上及門多成才者子樹翹約翰大學畢業生民國十年褒

朱氏清元和主簿錢塘錫朋女法華鹽運使司副使李鴻綸妻諳經史明大義鴻綸早世家有青浦李洪順鹽窩氏規畫井井銷數日旺夫弟逵羽爲人所害氏叩閽鳴其冤嘗出私積購嘉定青浦兩邑田五百餘畝建李氏義莊名曰果思學院唐景崇給勵志敦宗額民國十年褒以上已

褒賢婦七人

蔣氏名淑英字繡餘邑廩生黃兆勳妻明給事中性中（同治志有傳）十四世裔孫邑庠生凝瑞女天性仁孝躭吟詠侍奉翁姑必誠必敬定省之餘不廢文史其詩詞旨婉約得風人溫厚之遺書法娟秀逼似靈飛遺稿隨手散佚存者有繡餘漫草若干卷同治三年卒年三十五

王氏三林塘廩貢趙履福妻性勤儉家貧以鍼黹助夫黎明即起夜三鼓方寢非遇賓祭日不茹葷暮年夫長三鄉公立學校兼任三林鄉董子承懃任浦東中學教職所入較豐而氏猶日操井臼夜則篝鐙縫紉有勸以年高宜節勞者每婉辭謝之

葛氏舉人學禮女三林塘議敘八品銜趙椿曾妻事本生姑董氏孝養備至性慈祥恆捐助施藥施棺諸善舉清光緒己丑夫亡時子方出

就外傅氏知學風宜振倡捐巨資於三林書院命子履信留學日本女履曾求學於南市畢業後設潤鴻女學氏任義務校長外規教課內督庖廚以心力交瘁而歿

葉氏三林塘趙履駿妻夫設衣肆於周浦氏以縫級佐之數年而致富某年夫病劇氏封臂和藥夫病以痊人謂至誠所感

倪氏三林塘陳世祿妾性慈善一日世祿自外至臨餐不御氏問之曰某房第幾某今晚猶未舉火也氏遣人遺之粟家有田數頃歲入穀礱礱貯之至來年夏平價糶於鄉里率以爲常所雇舂者言明自食舂者至恆早氏羮粥徧食之曰天寒枵腹不堪任勞苦也嫡火氏早歿撫嫡子如己出年八十歿嫡子哭之慟曰吾非庶母何所恃以至於成人也

趙氏懷曾長女陳鼎科妻性和順饒智謀清咸豐辛酉洪楊擾浦東時翁柩猶在堂氏助夫籌匿處卒無恙賊至氏黑夜攜細軟抱攜兒女隨夫向三林塘抵蔣家圈夫先行及至三林抵家不遇夫急匿所攜柴房中北走城市中途遇賊匿孩蘆中賊詢之紿言爲人作乳母賊不疑乃免旋聞夫受重創遣弟援之多方醫治不足則稱貸以療之善製醬瓜獨得祕法晚年尚親手調製每餽親友咸歎爲得未曾有年八十歿

姚氏名寶珍二十五保十圖錢昌志妻夫家故貧所入不足氏佐以鍼黹孝事翁姑安貧若素夫歿撫孤成立民國三年歿壽八十一歲

熊氏王宗城妻事翁姑以孝著夫兄宗湜官濟南喪偶遺一子二女夫弟宗甲夫婦俱早世遺子女各一氏撫養之飲食敎誨如己出後一

一爲之婚嫁民國八年秋宗城疾革氏侍奉湯藥衣不解帶者旬餘旋亦患病與宗城同日卒

鄧氏名邦康字少婷江甯人幼隨母顔淑婷居於邑性至孝工詩文年十六刲臂療姊疾後適江浦陳國權事姑以孝稱夫病又刲一臂療之民國紀元國權與西士李提摩太等創睦誼會聯絡中外感情邦康出奩中物助會費幾及萬金中西各報咸稱之後隨夫歸隱金陵所著有鄧尚書年譜金陵雜錄年譜詳載其曾祖廷楨與林文忠公辦理鴉片交涉及開戰各案雜錄記六朝以來金陵人士之言行著作得數百人爲金陵詩徵金陵通傳等所未載者

郭氏秀水金爾珍見游宦傳妻寓邑高家衖好施予戚族鄰里中之以匱乏告者罔弗應德性純粹禮法謹嚴每元旦夫婦率衣冠交拜以賀相

敬如賓有鴻光風現存壽八十四歲

右賢婦十八人

賢婦補遺

蘇氏邑張錦文妻早失怙恃受撫於姨丈賈履上同治元年氏年二十七適錦文錦文營某業九年受店主遺託佐其小主而小主揮霍不務其業錦文屢諫不從憂憤積慮無以爲計氏偶或勸慰則頓足曰我豈能學負義之人見風使舵處我所處之境不以我之心爲心者哉是年閏十月十六日錦文忽失蹤時氏偵之杳不可得家素貧操女紅以教養子女旋殤撫子祖蔭入泮光緒二十一年氏歿年六十矢守凡二十六年彌留時痛哭謂祖蔭曰我抱終天之恨死不能瞑目汝不忘生汝之恩其能覓汝父以歸以慰我魂於地下乎祖蔭奉

遺命三十餘年屢訪其父迄無耗以格於例不敢爲氏請袠然氏之茹苦含辛望夫化石實難能而可貴也

才女

顏氏名淑婷廣東連平人通經史工畫善刺繡適江甯廪生鄧嘉綜僑居於邑嘉綜歿淑婷守節數十年教子女五人成立戚族賢之淑婷生長粤東少時其祖伯燾任閩浙總督適英人因禁煙啓釁故於當日閩粤戰事甚詳多官私紀載所未及者晚年嘗欲筆之於書未及成而卒

姚氏名其慎字憶仙南滙人孝廉方正李邦黻繼室與姊吉仙女史見南滙縣志閨中酬唱同推不櫛進士于歸後倡和亦多晚年授徒講學有宋宣文風著六宜樓詩稿待梓民國十五年卒年七十六子婦吳氏

味靑妻事姑至孝早卒

王氏名宜三林塘六圖附生孟洮次女性聰慧工吟詠字杭州洪昌燾未嫁而歿臨終有句曰撇却雙親赴夜臺燈花何喜向人開乞父續之父因作哭女詩十首所著有繡餘詩稿一卷

李氏名齡芝字文英鹽運使運同鴻綸女九歲能作擘窠大字外祖朱錫朋七十壽齡芝在病中書聯祝之見者莫不驚歎惟深自韜晦非至親不能得其寸縑尺幅嫁後感心疾仰藥死

張氏名冰字守瑜承綬女務本女中學二年級生先後讀書九年從未曠課所著有好學生解說新家庭論文士之筆等課作師謂其文筆頗淡有宋廬陵之風書宗顏黃二家兼摹思翁得其神似運用中鋒筆法圓渾民八後新體白話盛行一時甚有以小說爲課本者冰則

熟讀五種遺規以爲卒業後闡揚女教挽救末俗之本民國九年七月母病嘔三日夜羣醫束手冰憂慮徬徨夜半焚香祈禱暈絕於庭父喚醒則已二日不食及母病瘥冰額膚墳起二目盡赤蓋其拜禱涕泣亦已憊矣十年八月歿年十六

任氏名霞字雨華邑僑山陰頤長女適吳興吳氏畫承家學山水花卉盡得眞傳嫁後操筆時希流傳甚少

秦氏名葆祥陳行鄉董錫祺女務本女子高等小學畢業升學師範適南滙徐第後任南邑縣立女子高等小學教職頗有教授法旋以難產歿

右才女六人

才女補遺

歸懋儀號佩珊女史常熟人浙江布政使朝煦女法華上舍李學璜妻其母名心敬字一銘李宗袁女耽吟詠嫁歸氏後早卒著有蠹魚草佩珊承母訓工詩詞志趣卓然得風人旨生平詩藁不下千餘首金壇段友白選其尤者付梓名繡餘草繡餘續草繡餘三草聽雪詞并爲序傳誦江右嘗題虢國早朝圖有馬馱香夢入宮門句見賞於隨園晚年居吳下爲女師信徒者衆王叔彝題其遺藁云難得佳人能享壽相隨名士不妨貧蓋實錄也參法華鄉志

右才女補遺一人

附記一同治志上卷六十七葉王氏何德明妻今按守節五十三年嘉慶十四年歿見法華鄉志　七十八葉林氏續志附記稱仁和龔自珍定盦續集徐泰母碣文云云今據訪稿稱是碣爲侯官林則徐書張廷濟題崑玉秋霜足補續志之略　中卷七十七葉王氏范仁祺妻今按夫亡氏年三十一歲撫女嫁乾隆六十年歿年六十九歲　下卷二十七葉沈鳳岐妻今按道光九年夫亡　五十三葉顧氏曹克勤妻今按道光二十四年夫亡　九十九葉畢氏今按爲中書李臁塋妾咸豐十年壽八十四歲七月遇賊殉難　另見攷證　以上據法華鄉

志

續志列女二 四十七葉丁氏孔昆智妻今按撫孤矢守營喪塋六經婚嫁八姑連氏好潔氏事得其歡距母孫氏居凡三里母病朝夕奔波侍奉歷三月 按續志光緒二十一年旌訪稿稱光緒二十六年宋承庠侍御奏旌

列女三 二十二葉劉氏張宇廷妻今按撫嗣子光馨光緒三年氏歿

列女四 十三葉陸氏燧女今按燧爲庠生 以上據法華鄉志

附記一同治志上卷 十五葉秦氏王宰妻今按郡守給敬姜遺範額 三十葉李氏王衍妻今按李令給勵節冰霜額 以上並據法華鄉志 三十一葉程氏陸天榮妻今按許令給柏節淩霜額 張氏諸行愼妻今按布政使某給節凜冰霜額 九十六葉蘇氏張以禮妻今按知縣許乃大給節壽貞慈額 一百二十葉唐氏張文藻妻今按學使張芾給節標松貞額 以上並據訪稿

中卷 十四葉談氏沈元龍妻今按許令給節壽額道光七年歿年六十三歲 法華鄉志 十八葉唐氏謝成章妻今按許令給雙節額十九葉沈氏謝敬文妻今按許令給貞節額訪稿云成章爲敬文姪 據訪稿 二十二葉吳氏李應墉妾今按知縣許乃大給節孝慈淑額 五十九葉趙氏鄒育琪妻今按學使青給清節流芳額 以上據法華鄉志 七十四葉陸氏唐觀成妻今按知縣許乃大給貞節額 俞氏陳樹義妻今按許令給貞慈賢淑額 並據訪稿

下卷 二十三葉范氏張蘭堂妻今按學使李給清節芳型額 三十五葉張氏金承珊妻今按學使鮑給勵節延宗額 並據訪稿

續志列女一 一葉張氏艾斐成妻今按學使彭給勵節延宗額張鄉志亦作孫 艾蜚彬妻今按學使彭給婦德母儀額 十三葉楊氏沈耀章妻今按嘉慶二十三年夫亡學使童給柏節松齡額 以上並據法華鄉志

附

列女攷證

同治志上卷 十四葉王氏徐爾斗妻冰清玉映額法華鄉志映作潔 三十葉李氏王衍妻年至七十七歲法華鄉志歿年作八十歲 五十葉姚氏程宗洛妻二十三歲

夫亡法華鄉志作二十一歲　一百二十二葉張心正法華鄉志作張以正　**中卷**五十九葉蔣氏以姪曾穀爲嗣法華鄉志穀作釗　六十葉文生陸對曾當改作府庠生　**下卷**七十一葉陸氏後適庠生葉駿法華鄉志葉作蔡　九十九葉畢氏李曾懋生祖母應改作中書李應堃妾詳附記　**續志列女二**四十五葉四十六葉諸氏童堃妻二見疑卽一人二次旌　四十九葉黃氏汪錦堂妻複見於列女三第九葉當刪　五十六葉周金海法華鄉志周作陸　六十八葉潘氏陳阿福妻複見於列女三第三十四葉據清節堂報告是一人當刪　**列女三**三葉潘氏吳坤泉妻複見於十一葉當刪　二十四葉徐氏周林浦妻一節今據訪稿稱光緒六年夫亡氏年二十七歲撫孤杏卿秋全成立宣統三年歿年五十八歲守節三十二年　四十七葉褚氏馬銀春妻現存法華鄉志宣統元年歿年四十五歲守節二十二年　**列女四**二葉曹氏名樹模應改曹氏樹模女　八葉程氏字戴裕府九葉字戴秀六據清節堂報告裕府是名秀六是號是一人且秀六條年歲亦誤應將九葉秀六條刪去　十七葉戴氏顧敬夫妻複載於列女二第十六葉邑籍當刪　張氏李維楨妻張氏李桂松妻兩條並列今據清節堂報告維楨是名桂松是號是一人桂松條應刪

民國上海縣志卷十九

名位

議員

民國紀元先有臨時參議院之組織旋卽正式辦理參議院衆議院省議會選舉元年九月以後均告成立三年春同時解散五年六月重行召集

國會議員

秦錫圭見續志進士民國二年二月選任參議員議員

姚文枬見續志舉人民國二年一月選任衆議院議員十二年辭職

李鍾珏見續志貢生民國十年四月當選衆議院議員未召集

省議員

秦錫田見續志舉人民國二年二月選任

黃申錫字譜蘅附貢生民國二年二月選任　七年八月選任　十年八月選任

顧鏡清字肖岩附生民國二年二月選任

沈　周見續志例仕民國二年二月選任

姚明善見續志例仕民國七年八月候補當選後補任

王豐鍾字濟臣民國五年九月候補當選後補任

學位畢業於大學或同等學校得有學位者列之其畢業而校無規定之學位給與者另列畢業生表至已見續志科第或畢業生科第者均不復列

姓名	畢業之學校學及學科	所得學位	附記
曾澤霖志慈	日本早稻田大學	政學士	邑庠生光緒三十四年畢業
陸　定建三	日本明治大學法律科	法學士	邑庠生宣統元年畢業

朱炎 炎之	比國黎業斯省國立大學理科	理化學博士	宣統三年十月畢業
李純圭 偉伯	美國華白盧大學	政治經濟學士	民國元年畢業
潘騩安	聖約翰大學	學士	民國元年畢業
姚家壽	聖約翰大學	學士	民國元年畢業
程錫騏	聖約翰大學	學士	民國二年畢業
李渭林	聖約翰大學	學士	民國二年畢業
姚家琪	聖約翰大學	學士	民國二年畢業
穆湘玥 藕初	美國伊歷諾大學搭克塞農工專修學校	農學士碩士	民國二年畢業
趙承嘏 鶴琴	東京高等工業專門學校應用化學科	化學士	邑庠生民國二年畢業
范永增 藕春	美國麻省理工大學土木衛生工程科	學士碩士	邑庠生民國二年畢業得學士又習一年畢業得碩士

陳昌驥 鐵峯	交通部上海工業專門學校土木專科	工學士	民國三年畢業
諸人騏 麈奇	同右	同右	同右
朱保倫 序人	震旦大學文科	文學士	續志進士壽朋子民國三年畢業
楊　卓	美國理海大學礦冶科	礦冶科碩士	見續志畢業生科第民國三年畢業
沈子高	聖約翰大學	學士	民國三年畢業
吳慶元	同右	同右	同右
姚福壽	同右	同右	同右
朱友漁	美國哥崙比亞大學	博士	同右
王彝照	英國立勤德大學院	工碩士	續志畢業生科第進士明照弟
王乙照	同右	同右	同右

陳壽清鳳屏	比國崗士大學	工碩士	民國三年畢業
金祥鳳丹儀	北洋大學土木科	工學士	民國四年畢業
朱文瑞	聖約翰大學	學士	同右
李純介	同右	同右	同右
李迪雲	同右	同右	同右
石晉榮	同右	同右	同右
沈寶善楚紉	美國華盛頓大學	外交政治碩士	邑庠生續志人物悅恩子五年畢業
惠雲芳	聖約翰大學	學士	民國五年畢業
陶士瑛	同右	同右	同右
朱文駿惠人	日本東京日本大學專門部法律科	法學士	見大學或同等學校畢業生表民國六年畢業

何傑才 其偉	美國耶路哈佛大學	學士碩士	民國六年七年畢業
陸鳴盛 潤瑜	交通部上海工業專門學校土木專科	工學士	民國六年畢業
朱樹怡 友能	同右	同右	同右
張石麟	聖約翰大學	學士	同右
陳琦	同右	同右	同右
朱耀驊 良甫	同右	同右	同右
華杏卿	同右	同右	同右
夏全綬 若仲	交通部工業專門學校土木科美國康乃爾大學工程科	學士碩士	民國六年十一年畢業
陳東 文甫	交通部上海工業專門學校電機專科	電機學士	民國七年畢業
王國鈞 伯衡	美國普仁斯頓哥崙比亞大學	學士碩士	民國七年八年畢業

蕭裕生蓮裳	北京大學文科	文學士	民國七年畢業
趙修鴻	聖約翰大學	理科學士	民國七年畢業
周增奎	北京大學理科美國意利諾大學陶磁化學工程科美國薛賴侃斯大學商科	理學士化學工程碩士經濟商學博士	民國七年北京大學畢業九年意利諾大學畢業十一年薛賴侃斯大學畢業
張謙吉自牧	日本帝國大學農科大學	農學士	民國八年畢業
張景新	聖約翰大學	學士	同右
李文淵	同右	同右	同右
陸兆璋	同右	同右	同右
陸仁貴	同右	同右	同右
吳元楨	同右	同右	同右
姚家衔	同右	同右	同右

凌其峻 幼華	美國哇海哇大學	陶業工程學士	民國八年畢業
金湯 鏡清	交通部上海工業專門學校土木科美國康乃爾大學土木科	學士碩士	祥鳳弟民國八年畢業
葉鴻眷 企孫	美國芝加哥哈佛大學	學士碩士博士	續志科第舉人景澐子民國九年在芝加哥大學畢業十一年在哈佛大學畢業十二年又畢業得博士
王裕光 三錫	交通部上海工業專門學校土木專科	工學士	民國九年畢業
火貫樟 豫材	交通部上海工業專門學校鐵路管理科	經濟學士	同右
王輔功 可權	同右	同右	續志畢業生科第舉人煥功弟民國九年畢業
楊天擇 演菴	同右	同右	民國九年畢業
張福元	聖約翰大學	學士	同右
徐秉蓀	同右	同右	同右
唐樹屏	同右	同右	同右

胡文柄 擁城	震旦大學院高等法政科特別班法國巴黎大學院經濟科	法政博士 經濟博士	民國九年在震旦大學院畢業十一年在巴黎大學院畢業
王恩洪 惠周	美國喬其華盛頓大學經濟科	碩士	民國十年畢業
何其榮 志競	美國哥羅拉度省立大學教育科	教育學士 碩士	民國十年畢業
趙貽鏡 蓉叔	交通部上海工業專門學校土木專科	工學士	同右
朱諳律	聖約翰大學	學士	同右
方立慶	同右	同右	同右
吳元福	同右	同右	同右
湯天棟 擊一	交通部南洋大學電機工程科	電機學士	民國十一年畢業
陳師經 駝生	美國麻省羅威爾大學	化學士	民國十一年畢業
張鵬翼	聖約翰大學	學士	同右

林良慶	聖約翰大學	學士	民國十一年畢業
劉忠俊	同右	同右	同右
吳鴻照	交通部南洋大學機械工程科	學士	民國十二年畢業
唐在均（孟平）	美國伊薩克埠康乃爾大學農科	農科碩士	續志畢業生科第在章在賢弟民國十二年畢業
張玉麟	聖約翰大學	學士	民國十二年畢業
劉祥徵	同右	同右	同右
潘永春	同右	同右	同右
楊復春	同右	經濟學士	同右
楊德壽	同右	學士	同右
吳鴻壽（滌塵）	同右	同右	同右

陳鶴鳴 仲皋	德國佛郎府大學	同右	民國十二年畢業
倪尚達 志超	美國蘇省理工大學電機工程科 哈佛大學無線電研究院	理學士 碩士	民國十二年畢業 民國十二年畢業
唐劍花	復旦大學	文學士	民國十六年畢業
黃潔 啓羅	交通部南洋大學機械科 美國普渡大學機械科	學士 碩士	民國十四年畢業 民國十五年畢業
李開第	交通部南洋大學電機工程科 英國孟却斯德茂衛電機廠	學士 技術師	民國十三年畢業 民國十七年畢業
郭傳煜 孟炎	聖約翰大學	經濟學士	民國十四年畢業
錢端升 愛青	清華學校 美國哈佛大學	經濟博士	民國十年畢業 民國十三年畢業

大學或同等學校畢業生表（已見續志科第及畢業生科第或例仕者不復列）

姓名	畢業之學校及學科	附記
龔渭琳 佩卿	上海廣方言館法文科	光緒年畢業

楊書雯仲卿	上海廣方言館 京師同文館	法華鄉人原籍長沙光緒年先後在兩館畢業
秦東如	南京海軍學堂	光緒二十三年畢業
張　奎新吾	北洋大學 日本帝國大學應用化學科	光緒二十五年北洋大學畢業 光緒二十九年日本帝國大學畢業
曹福慶	聖約翰大學	光緒二十五年畢業
吳任之	同右	同右
顏明慶	同右	光緒二十六年畢業
朱葆元	同右	光緒二十七年畢業
蕭智哲	同右	同右
龔懋恩	同右	同右
曹延生	同右	同右

陳孚卿	同右	光緒二十八年畢業
朱樹翹	同右	同右
吳清泰	同右	光緒二十九年畢業
譚以禮	同右	光緒三十年畢業
顏福慶	同右	同右
楊盛林	同右	同右
陳昌驥	商部高等實業學堂	見學位光緒三十一年畢業
徐善祥	聖約翰大學	光緒三十一年畢業
譚郇山	同右	同右
朱友漁	同右	見學位光緒三十二年畢業

張汝熙夢姜	郵傳部高等實業學堂商務專科	光緒三十三年畢業
顏連慶	聖約翰大學	同右
范永增靄春	郵傳部高等實業學堂	見學位光緒三十四年畢業
歸潤祥	聖約翰大學	光緒三十四年畢業
李翰綬	同右	同右
牛惠霖	同右	同右
顧祥麟天放	復旦大學高等正科	宣統元年畢業
朱葆芬	美國康乃爾大學	宣統元年畢業得機械工程師
沈素存	聖約翰大學	原名寶善見學位宣統元年畢業
譚雅聲	同右	宣統元年畢業

趙本善	同右	同右
李翰紳	同右	同右
林桂慶	同右	同右
唐德業	同右	同右
賈豐臻季英	日本東洋大學哲學教育專門部	邑庠生續志人物助子宣統二年畢業
王繩善爾綱	郵傳部高等實業學堂土木工程科	宣統二年畢業
李廸花	聖約翰大學	同右
牛惠生	同右	同右
戴繼恩	同右	同右
姚家彝	同右	同右

倪鍾澄	郵傳部唐山路礦學堂土木工科	宣統三年畢業
周福保 雲階	江南高等學校格致科	同右
楊潤身	聖約翰大學	同右
黃慶森 夢賢	蘇州陸軍學堂步兵科	宣統三年赴部試中等授職協軍校
沈忻來 建英	交通部上海工業專門學校土木工程科	民國元年畢業
郭守中 晉孫	交通部上海工業專門學校電機工程科	同右
王臨鈞	交通部唐山工業專門學校土木科	同右
龔紫青 紀長	交通部上海工業專門學校土木工程科	民國二年畢業
朱文駿 惠人	南京民國法政大學專門法律別科	同右
楊英	交通部吳淞商船學校	民國三年畢業

張懷仁欽明	震旦大學院高等文科	同右
賈觀仁佛如	日本東京高等師範學校數理科	續志人物助孫附傳豐藻子民國四年畢業
朱蓉錦	日本長崎醫學專門學校	民國四年畢業
何傑才	北京清華學校	見學位民國四年畢業
王國鈞	同右	同右
周蘭芳	保定陸軍軍官學校第二期工兵科	民國五年畢業
湯紀清	保定陸軍軍官學校第二期步兵科	同右
夏全印燊伯	商船學校	民國五年畢業船政生
凌其峻	北京清華學校	見學位民國五年畢業
徐元壽紹吟	上海南洋路礦專門學校土木工程科	民國六年優等畢業

夏建安 慎初	日本大阪醫科大學	同治志舉人其釗次子民國六年畢業
張啟溶 孟澄	南京海軍雷電學校	民國六年畢業
喬履祥 潤康	日本富山藥學專門學校	同右
張　冰 耀生	南京海軍軍官學校無線電班北京交通部郵電學校無線電工程班	民國六年在海軍服務
楊天擇	交通部商船專門學校	見學位民國六年畢業
汪尊美 企張	日本大阪醫科大學內科	續志人物人驥附傳龍珠子民國七年畢業
汪煜美 子岡	日本大阪醫科大學	同右
瞿紹衡	日本大阪醫科大學內科	民國七年畢業
陳師經	北京清華學校	見學位民國七年畢業
胡文柄	震旦大學院高等法政科	同右

姚聞曾	南通紡織學校	原籍吳興遷居法華民國七年畢業
王鍾麟	北京交通部郵電專門學校電信科	民國七年最優等畢業
彭　溶杏卿	日本大阪齒科專門學校	民國八年畢業
徐鎮東亞屏	法國都魯士大學農科	同右
丁陛銘滌新	同濟大學機師科	同右
黃文生	同右	同右
陳樹德滋彰	同右	見學位壽清子民國八年畢業
錢耕畬茂稼	同右	民國九年畢業
高多心景淦	同右	同右
張乾生孝俊	同右	同右

黃寅齋（守煦）	同右	同右
陸慶楣（仲英）	上海南洋路礦專門學校土木工程科	民國九年優等畢業
徐祖蔭	國立南京高等師範學校工科	民國九年畢業
朱天秉（錫章）	直隸高等工業學校	同右
莊秉權	清華學校高等班	同右
金建勳（炳麟）	震旦大學院高等工科	見學位民國九年畢業
楊樹藩（燧炘）	直隸交通部郵電專門學校	民國十年畢業
秦之炯（志迥）	同濟大學機師科	續志人物榮光孫 民國十年畢業
楊卓凡（半瘋）	同右	同右
蘇祖圭（伯玉）	同右	同右

金洪振 如玉	同右	同右
朱文緯 燮揚	北京陸軍軍需學校高等經理專科學員班	文駿弟民國十一年畢業
孔令甲 漢布	同濟大學工科	民國十一年畢業
孔令由 魯門	同濟大學機師科	同右
曹桐 桐廬	同右	同右
葛益鑫	北京高等專門稅務學校	民國十一年畢業第一名
楊樹豐	南京高等師範學校	民國十一年畢業
曾立羣	同濟大學醫科	民國十一年最優等畢業得醫生證書
顏晟棣 耕陶	同濟大學機師科	民國十二年畢業
陸德澤 鳳翔	同右	同右

徐頌虞禹遜	同右	同右
沈石麟	南通紡織專門學校	同右

公職

陸徵祥號子欣國務總理駐瑞士國特命全權公使兼國際保工會委員

顏惠慶見勳獎及續志畢業生科第進士歷任外交部次長駐德意志國兼駐丹麥國全權公使和京會議禁煙事宜全權代表駐丹麥國兼瑞典國全權公使外交部總長國務總理財政整理會會長

曹汝霖見續志畢業生科第外交部總長

唐在復見續志例仕駐義大利國特命全權公使兼國際聯合會全權代表

李家鏊見勳獎及續志例仕西北路觀察使濱江道尹兼吉林交涉局事務特派駐西比利亞高等委員外交部參事上行走署東省特區高等審判廳廳長特派駐蘇俄國外交全權代表

張慶同字鳳輝阿爾泰辦事長官

黃炎培 見續志舉人教育部次長總長

顏德慶 見續志留學畢業生科第進士歷任交通部司長參事粵漢鐵路總辦交通部技正粵漢鐵路湘鄂局局長中東鐵路及西比利亞鐵路協約國技術部中國代表華府會議中國代表團交通部專門委員漢粵川鐵路會辦交通部參事魯案委員會委員魯案評價委員會委員長膠濟鐵路接收委員會委員長交通部技監

陸　定 見學位勳獎財政部參事賦稅會辦

朱壽朋 見續志科第進士外交部僉事條約司帮辦

謝永炘 外交部僉事交際司第四科科長

黃藝錫 見勳獎及續志畢業生科第舉人歷任農商部僉事化驗土壤統計各科科長農林司第一科科長農事試驗場主任文官甄別委員會委員農林司司長糖業改良委員會會長林務研究所所長棉業處處長技監廳帮辦技師甄別委員主任實業代表會議會員實業行政會議會員

黃宗麟 見勳獎及續志畢業生科第舉人歷任松江地方審判廳推事外交部主事僉事駐朝鮮總領事館副領事兼代總領事駐仁川領事俄事委員會事務員太平洋會議籌備員太平洋會議中國代表祕書太平洋會議善後委員會祕書關稅特別會議籌備員

朱　炎 見學位勳獎歷任教育部僉事駐歐留學經理員歐洲留學生監督教育部專門教育司科長專門以上學校視察委員會常任委員教育部祕書選派留學審查委員及辦理考選留學外

國學生事務處幹事長選派留學外國學生試驗副委員簡任職存記升用

張　奎 見大學或同等學校畢業生表及勳獎工商部參事代次長農商部參事代次長後改任技監

唐在章 見續志畢業生科第舉人外交部參事兼財政整理會專門委員

徐　球 號子球歷任羅馬國萬國農會常駐員農林部僉事農商部僉事棉業處辦事

何傑才 見學位外交部幫辦祕書兼機要處主任國務院祕書

沈寶善 見學位外交部南方外交祕書華會祕書國際聯合會祕書

王枚功 見續志貢生選貢參謀部祕書

王國鈞 見學位交通部總務廳編譯科科長

錢　桐 參謀本部第一局第五科科長

錢春祺 交通部主事調查科副科長

金振聲 參謀本部第四局第四科科員

胡文柄見大學或同等學校畢業生表法權討論委員會祕書關稅會議處處員

王錫善幣制局鈔券處第一科科員

項鎮芳見續志科第舉人國務院主事

顧宗翰號秋蘅外交部主事

龔渭琳見大學或同等學校畢業生表及勳獎外交部主事

徐鎮東見大學或同等學校畢業生表籌辦全國財政會議事宜處處員外交部關稅特別會議委員會處員

徐善慶號文言歷任駐英吉利國駐葡萄牙國使館隨員駐長崎領事金山巴拿馬橫濱等處總領事駐墨西哥國代辦公使事外交部參事上行走

金慶章見續志畢業生科第舉人領事銜駐朝鮮仁川領事館隨習領事

楊書雯見大學或同等學校畢業生表外交部郎中歷任長崎菲律濱坎拿大巴拿馬領事

耿　匡駐赤塔總領事館辦理隨習領事事務

曹汝銓署駐英吉利使館隨員

張其棫署國際聯合會全權代表辦事處隨員

朱保倫見學位署義大利使館祕書三等官兼署國際聯合會全權代表辦事處三等祕書官

虞魯伯署駐美利堅使館主事

陸燿焜審計院核審官

蔡錫藩審計院核算官

徐承基審計院書記官

吳樹聲全國水利局主事

唐在賢京都市政公所第四處處長

王豐鎬見勳獎及續志科第舉人外交部特派浙江交涉員全權公使存記

黃慶瀾見勳獎褒揚及官治司法官歷任浙江省公署機要祕書兼司法祕書總務科科長甄海道道尹甌海關監督溫州交涉員簡任金華道道尹調署會稽道道尹

姚明燽有傳又見勳獎阿爾泰財政局長恰克圖辦事長官署主事

朱樹恆號久餘附貢生恰克圖都護副使公署主事阿爾泰墾運局長兼辦事長官公署第一科科長

張書紳號子佩見勳獎直隸威縣邢台縣知事農商部參事廳行走簡任職存記

葛尚沖見續志及科第優貢官治司法官歷任吳縣地方檢察廳檢察官浙江甌海道署會稽道署科長簡任職存記分浙任用薦任職

葛尚德山西榆次縣知事

朱孔文江西九江地方檢察廳檢察長

朱文萃奉天興綏場鹽知事

姚文榮字錦秋歷任吳淞電報局局長閘北電報局局長

顧祥和見勳獎民國四年江蘇省長委任爲淞滬警察廳技士

干思頤溧水縣城市警察第一區區員

趙鴻藻見勳獎薦任職留浙任用會稽道署總務科科員浙江煙酒事務局委員

徐則森署天津地方審判廳書記官

朱日宣見勳獎褒揚歷任籌辦太倉寶山塘工局委員寶山塘工委員寶山海塘帮同監修員帮辦監修兼歲修局委員

姚明善見勳獎及續志例仕江蘇省道籌備處佐理員

唐祖謚字璞莊辦理河南賑捐薦任職任用

武職

唐在禮號哲夫將軍府裕威將軍兼鐵路警備事務督辦

鈕永建見勳獎及續志科第舉人陸軍中將

李顯謨見勳獎及續志畢業生科第舉人陸軍少將歷任滬防全軍統領陸軍第三混成旅旅長江蘇水上警察廳廳長江蘇警備隊總司令江蘇中立處會辦海州青口等處中立處主任蘇松太營地局局長

胡文蔚甘肅督軍署一等參謀官省長公署參事

黃　曦福建靖國軍第二混成旅第三團副官

張啓溶見大學或同等學校畢業生表楚謙軍艦副電官

胡文棟參領銜調查蒙古實業委員

秦東如見勳獎及大學或同等學校畢業生表楚觀楚泰軍艦輪機上尉

楊洪釗浙江石浦緝私第六營第四隊隊長

周蘭芳見大學或同等學校畢業生表陸軍步兵中尉

唐志喜見勳獎陸軍步兵中校

張　冰見大學或同等學校畢業生表南京海軍總司令公署電務課一等課員

謝保田江蘇水上警察一區二隊一分隊七號巡官

黃金榮見勳獎陸軍上校執政府侍從武官國民革命軍總司令部少將參議

勳獎官獎附

顏惠慶見公職及續志畢業生科第進士特授勳四位勳二位獎給一等大綬寶光嘉禾章一等文虎章

鈕永建見公職及續志科第舉人特授勳三位

顏德慶 見公職及續志畢業生科第進士獎給一等大綬嘉禾章二等大綬寶光嘉禾章二等文虎章

黃慶瀾 見公職褒揚及官治司法官民國四年以蘇省辦事最爲出力人員保案獎給四等嘉禾章旋晉獎三等嘉禾章六年晉獎二等嘉禾章七年獎給四等文虎章旋獎給二等大綬嘉禾章八年獎給三等寶光嘉禾章十年晉獎二等寶光嘉禾章十一年晉獎二等大綬寶光嘉禾章

李顯謨 見公職及續志畢業生科第獎給二等大綬嘉禾章二等文虎章晉給二等寶光嘉禾章

黃藝錫 見公職及續志畢業生科第民國七年獎給三等嘉禾章十一年晉給二等大綬嘉禾章十二年獎給二等寶光嘉禾章

張　奎 見公職及大學或同等學校畢業生表獎給二等大綬嘉禾章

陸　定 見學位及公職獎給二等大綬嘉禾章

王豐鎬 見公職及續志科第舉人民國十年以辦理戰時德奧事務處正主任獎給三等嘉禾章旋以有功民國晉獎二等嘉禾章又獎給二等大綬嘉禾章

姚文枬 見國會議員及續志科第舉人民國十二年以在衆議院議員任獎給二等大綬嘉禾章

秦錫圭 見國會議員及續志科第進士民國十一年以在參議院議員任獎給三等嘉禾章十二年獎給二等大綬嘉禾章

黃楚九 民國八年河南旱災賑案獎給二等大綬嘉禾章

唐在章見公職及續志畢業科第獎給四等嘉禾章三等嘉禾章二等嘉禾章二等寶光嘉禾章一等嘉禾章

秦東如見公職及大學或同等學校畢業生表獎給六等文虎章

李家鏊見公職及續志例仕獎給三等嘉禾章二等大綬嘉禾章二等寶光嘉禾章贈予紀念徽章金質紀念章

謝銘勳字孟軍民國四年以任四川將軍署參議獎給四等嘉禾章十年晉給三等嘉禾章十二年以奔走南北爲恢復國會獎給二等大綬嘉禾章

李鍾珏見續志優貢民國五年獎給二等嘉禾章

徐善慶見公職獎給二等嘉禾章

朱　炎見學位及公職十二年以歷年辦理部務勞績卓著獎給二等嘉禾章

趙錫恩字晉卿獎給二等嘉禾章

顧履桂字馨一民國七年以農商部調查實業案獎給四等嘉禾章八年以盧護軍使防疫案晉獎三等嘉禾章

黃宗麟見公職及畢業生科第民國八年獎給五等嘉禾章十一年以充太平洋會議善後委員會祕書晉給二等嘉禾章

穆湘瑤見防衛國家警察及續志科第舉人民國二年以在淞滬警察廳長任獎給三等文虎章

張書紳見公職元年以辛亥陽夏戰役異常出力獎給一等金色獎章四年以在邢台縣知事任勇於任事贍識俱優獎給五等嘉禾章五年以辦學出力傳令嘉獎又以理冬防出力獎給四等嘉禾章經徵出力獎給五等單鶴章拏獲隣境盜首出力獎給銀質棠蔭章七年以前在邢台縣任內辦理命案出力獎給三等獎勵由內務部以進級註冊八年以前在邢台縣任內拏獲隣境盜犯出力獎給金質棠蔭章十二年獎給三等文虎章

錢允利字貴三民國五年以有功鄉里擁護共和獎給五等嘉禾章六年以續募公債出力晉給四等嘉禾章

葉鴻績見續志畢業生科第民國四年五月以約法會議祕書廳保獎給五等嘉禾章八年二月以交通部保獎電政出力人員案晉給四等嘉禾章

徐顯曾民國八年以湖北水災駐滬籌賑勞績獎給四等嘉禾章

姚明善見公職及續志例仕獎給四等嘉禾章

趙鴻藻見公職及續志例仕民國三年以中國紅十字會職員碭山勦匪救護出力案獎給六等文虎章五年以救護募捐出力案晉給五等嘉禾章十二年以華洋義賑募捐案晉給四等嘉禾章

賈豐臻見大學或同等學校畢業生表民國五年以辦理學務卓著勤勞獎給五等嘉禾章十二年以教育部保案及蘇教育廳保案兩次晉給四等嘉禾章

姚明燽有傳又見公職以在恰克圖辦事長官署祕書任獎給五等嘉禾章又獎六等文虎章

朱樹恆見公職獎給六等文虎章七等嘉禾章

龔渭琳 見公職及大學或同等學校畢業生表獎給五等嘉禾章

姚文榮 見公職以電報局勞績獎給五等嘉禾章

姚元鑫 字欣之民國八年以辦理遣送敵僑出力獎給六等嘉禾章十二年以辦理蘇省賑務出力晋給五等嘉禾章

唐志喜 見公職民國五年以國慶榮典獎給六等文虎章

朱文萃 見公職七年以順直水災賑案獎給六等嘉禾章

王燮功 號慕詰民國九年以辦理遣送敵僑事務獎給八等嘉禾章十年以助賑獎給六等嘉禾章

楊士照 號白民民國四年以辦學出力獎給七等嘉禾章

王銓運 民國七年以籌款開築軍工路勞績獎給七等嘉禾章

胡文蔚 見公職獎給七等嘉禾章

顧祥和 見公職民國八年以淞滬警察廳技士保衛治安迭獲要案勞績獎給八等嘉禾章九年以辦直魯豫急賑出力晋給七等嘉禾章

朱日宣 見公職及褒揚民國六年以寶山海塘工程防護出力人員保案獎給八等嘉禾章十年以辦理寶山海塘出力保案晋給七等嘉禾章

李廷翰號默非民國四年以辦學出力獎給八等嘉禾章

李宗鄴號頌唐民國七年以辦理教育著有成績獎給八等嘉禾章

黃金榮法國政府給頭等金質寶星二等銀質寶星

官獎凡由京内外官長所給之獎附列於此

黃慶瀾見公職襃揚及官治司法官民國八年司法部給一等金質獎章

黃藝錫見公職及續志畢業生科第舉人教育部給一等獎章農商部給一等獎章

朱　炎見公職及學位七年以代辦交通部留學事務交通部給名譽章又以農商部委託在歐代辦權度儀器事務農商部給一等獎章

黃宗麟見公職及續志外交部給一等獎章

徐善慶見公職外交部給二等一級獎章

湯學釗宣統元年以本邑扣布陳賽蒙江蘇巡撫陸給二等獎憑兩江總督張給二等銀質獎章二年以元大牌尖布格子布陳列南洋勸業會農工商部給銀質獎章民國四年以京莊白套布陳列農商部國貨展覽會給金質繪馬獎章

張書紳見公職民國九年因辦理教育行政成績卓著教育部給二等獎章

張　超民國二年以淞滬警察廳水巡隊長勤奮從公程都督應民政長給金質獎章三年以防衛地方出力內務部給二等三級獎章

賈豐臻見大學或同等學校畢業生表民國三年以辦學成績江蘇省長給二等銀色獎章八年給三等銀色獎章

殷錫璋號受田民國三年以在紅十字會出力陸軍部給三等獎章

陸文麓見褒揚捐資興學民國十一年以辦學得力教育部給三等獎章

姚明善見公職及續志例仕教育部給三等嘉祥章

毛恆遇民國七年以辦理教育著有成績教育部給四等獎章

李宗鄴民國十一年以辦理國語教育成績卓著教育部給四等獎章

顧祥和民國五年以淞滬警察廳技士保衛地方出力陸軍部給銀色獎章

褒揚

褒揚

民國四年吾邑奉頒褒揚條例及施行細則嗣後歷奉修正條例列款凡八一孝行純篤二特著義行三盡心公益四有功藝術五碩德淑行六睦婣任卹七節烈婦女八年登百歲合例者其子孫親族鄰里均得具呈於縣知事請其確攷行實出具證明書呈由省長咨行內務部請予褒揚或取具在京同鄉薦任以上文官二人證明書得逕呈內務部請予褒揚合於一款者大總統題給扁額合於二款以上者加給褒辭現存者另給金色或銀色褒章褒章綬色依款而別一黃色二青色三紫色四藍色五或八紅色六綠色七白色至受褒後復因其他事項再褒者每次給予飾版一枚附著於褒揚之綬其色如其綬茲將吾邑奉褒者列表如左

受褒人姓名字號	奉褒年	褒品	附記
黃宗堅 字冰如	民國十一年	耆德頤齡額	大總統特獎
黃宗麟 字雲深	民國十五年	敬宗睦族額 綠綬褒章	大總統特獎
劉錫焜	民國七年	孝友可風額 青綠綬褒章 黃褒辭	見縣續志人物附兄錫溫傳
李邦瓛	民國七年	州里所推額 紅綠綬褒章 黃褒辭	
曾澤霖 字子文	民國七年	急公好義額 紫綬褒章	續志人物鑄子 民國元年至四年捐助貧兒院經費銀四萬兩銀圓二千八百六十餘圓

陸文龐字崧侯	民國七年	急公好義額 紫綬褒章	清光緒三十二年至民國二年七月籌撥和安學校經費銀六千一百三十餘圓又捐助建築費銀一萬圓
施佩環	民國八年	至性過人額 黃綬褒章	
趙淦	民國八年	至性過人額 黃綬褒章	
郁懷智	民國八年	仁言利溥額 褒辭	
謝源深	民國八年	急公好義額 紫綬褒章	見續志舉人
宋曰宣字福田	民國八年	急公好義額 紫綬褒章	
黃楚九	民國八年	樂善好施額	
夏長泰字嶽山	民國九年	急公好義額 紫綬褒章	民國元年起歷年捐助公益事及學務慈善經費銀九千五百餘圓　另見壽民
唐錫榮	民國十年	熱心公益額	縣續志人物有傳
郭廷鈐字聘之	民國十年	孝德永彰額 褒辭	

顧夢熊字渭川	民國十年	急公好義額 紫綬褒章	
張仲照字笙香	民國十年	宗仁主義額青紫 紅綠綬褒章褒辭	
湯學釗	民國十年	博濟爲懷額 紫綠綬褒章褒辭	浙省蘭溪水災捐銀百兩餘省長張載揚給嘉惠災黎額
顧銘照邑僑南滙籍	民國十二年	鄉國垂型額 褒辭	
余邦朝字國華邑僑黟縣籍	民國十二年	鄉國垂型額 褒辭	
胡人鳳	民國十二年	模範搢紳額黃紫 紅綠綬褒章褒辭	見例仕補遺
張秉鑫	民國十二年	依仁踐孝額黃紫 綠綬褒章褒辭	
附趙鴻藻字芹波	民國五年	紅十字會募捐出力給救濟爲懷額	
徐顯曾	民國八年	湖北水災籌賑給樂善好施額	
瞿煥文	民國九年	捐賑給樂善好施額	另見壽民

右三人係專案呈請奉褒核與褒揚條例稍有不符附識於此

受褒人姓名或姓氏	某某之女或某之妻妾	奉褒年	褒品附記
談氏	王增祚妻	民國五年	懷清望峻額 黃綬褒章
陳寶琮	陳增鈞女	民國七年	至性過人額 黃綬褒章
梁敏	附貢生陸文麓繼妻	民國七年	至性過人額 黃綬褒章
黃氏	保安堂董瞿慶模妻	民國七年	鄉里矜式額 紅綬褒章
顧氏	附貢生曹驤繼妻	民國七年	至性過人額 黃綬褒章
周氏	王增鎬妾	民國七年	志潔行芳額
馬氏	袁瑞成妻	民國七年	志潔行芳額
姚氏	商團會員胡英妻	民國七年	匪石心堅額

陳宛珍	王城善聘妻	民國七年	匪石心堅額	縣知事沈寶昌給貞烈可風額
張氏	范兆塏妻	民國七年	匪石心堅額	縣知事沈寶昌給之死靡他
王洪氏		民國八年	急公好義額 紫綬褒章	氏原籍定海　民國五年捐助貧兒院經費銀三千圓
楊棗蓀	陳鈺妻	民國八年	賢孝可風額 黃紅綬褒章 褒辭	
陸氏	王宗祐妻	民國八年	志潔行芳額	
陳龢生	郵傳部高等實業學堂畢業生曹永城妻	民國八年	至性過人額 黃綬褒章	
陳氏	庠生高福嘉妻	民國八年	節勵松筠額 白綬褒章	
張氏	庠生林祖源妻	民國八年	節勵松筠額 白綬褒章	
季氏	吳瑞芳妻	民國八年	潛德幽光額	
蔣氏	監生曹驟妾	民國八年	志潔行芳額	

張鈺珠	錢介帆繼妻	民國八年	行義旌門額褒辭	縣知事沈寶昌給貞烈可風額
鍾氏	朱其淵妻	民國八年	貞順兼全額褒辭	
江氏	劉彥卿妻	民國九年	扁額　黃白綬褒章　褒辭	
宋氏	何達可妻	民國九年	節勵松筠額白綬褒章	
馬氏	夏長泰妻	民國九年	急公好義額紫綬褒章	歷年捐助慈善經費銀四千六百餘圓　另見壽婦
秦氏	清浙江仁和場大使徐彭齡妻	民國九年	懿德可風額紅黃綬褒章　褒辭	
湯氏	胡能杰妻	民國九年	節勵松筠額	
高氏	顧繼鈞妾	民國十二年	志潔行芳巾幗完人額　褒辭	
姚氏	朱春祺妻	民國十年	節勵松筠額白綬褒章	
程氏	陳錫源妻	民國十年	節勵松筠額白綬褒章	

蔣氏	庠生朱澄叙妻	民國十年	令德孔昭額　紅黃綬褒章　褒辭
朱氏	李鴻綸妻	民國十年	行義旌門額　綠白綬褒章　褒辭
唐氏	潘承勛妻	民國十年	節勵松筠額
施氏	蒯錟第妻	民國十年	至性過人額　黃綬褒章
項氏	程長樂妻	民國十年	節勵松筠額
王氏	朱一幹妻	民國十一年	節勵松筠額　白綬褒章
陳汝潤	陳錫端女	民國十一年	至性過人額　黃綬褒章
丁氏	徐熙載妻	民國十一年	志潔行芳額
鄭氏	黃選瀛妻	民國十一年	節勵松筠額　白綬褒章
張氏	趙續塘妻	民國十一年	節勵松筠額　白綬褒章

王氏	方文基妻	民國十一年	孝閾流芳額
陳壽珍	陳俊三女	民國十一年	孝閾流芳額
邱氏	附生王樹基妻	民國十一年	節勵松筠額白綬褒章
趙氏	秦錫芷妻	民國十二年	苦節純孝額褒辭
唐氏	史春泉聘妻	民國十二年	抱淑完貞額黃紅白綬褒章褒辭
楊氏	周樹蕃妻	民國十二年	竹孝松貞額黃白綬褒章褒辭
瞿氏	顧慶汸妻	民國十二年	節勵松筠額白綬褒章
朱氏	李煜秀妻	民國十二年	蔚爲人瑞額紅綬褒章
張氏	清世襲雲騎尉趙增墉妻	民國十二年	志潔行芳額
歐氏	張志高妻	民國十二年	節勵松筠竹孝松貞額黃白綬褒章褒辭

蘇本清	葉逵妻	民國十二年	孝思錫類額 黃紫綬褒章 褒辭	
周氏	唐尊瑋妻	民國十五年	懿德遐齡額	

本表所載除王洪氏夏長泰妻馬氏詳附記欄李煜秀妻朱氏唐尊瑋妻周氏見耄壽餘俱見列女志

盧氏	嚴介廷妻	民國五年	義方教子額	
張氏	會稽道尹黃慶瀾妻	民國十年	惠周鴻澤額五等金色慈惠章十一年晉給三等金色慈惠章	另見列女傳
奚氏	王宗驥繼妻	民國十年	寶婺騰輝額	

右三人由家屬在京專案呈准奉褒核與褒揚條例稍有不符附識於此

附客籍由本縣呈請者

李氏	吳興趙炳麟妾	民國六年	扁額
章氏	紹興陶修齡妻	民國六年	扁額 白綬褒章
戴蘇貞	句容儒彬女	民國十年	至性過人額 黃綬褒章
劉氏	休寧黃應裕繼妻	民國十年	志潔行芳額
趙氏	湖北江陵縣嚴汝鵬妾	民國十年	扁額 白綬褒章
嚴氏	崇陽縣優廩生周震達妻	民國十年	扁額 白綬褒章
達鳳琴	六合縣附生景濂女	民國十年	孝闕流芳額
邱氏	大埔楊子先妻	民國十年	節勵松筠額 白綬褒章
蔡氏	黟縣監生余邦朝繼妻	民國十年	抱淑守貞額 褒辭
徐氏	吳縣陳潤泉妻	民國十一年	志潔行芳額

丁氏	天津鄭彤恩妻	民國十一年	志潔行芳額
梁儷梅	番禺彭椿林妻	民國十一年	志潔行芳額

本表所載俱見列女志

捐貲興學褒獎

民國三年教育部頒捐資興學條例凡捐資千圓至未滿萬圓者分別獎給一二三等金質褒章捐資至萬圓者獎給扁額並金質一等獎章應給銀質褒章者由省行政長官授與應給金質褒章者由教育部總長授與應給扁額並金質褒章者由 大總統授與（銀質金質旋改銀色金色）茲將捐資一千圓以上得獎者列表如下

捐貲者之姓名籍貫	何年捐入某處	所捐數目	獎品附記
黃繼曾 金山縣人	元年至七年捐入金山上海各校並各省賑款	十餘萬元	九年十月大總統獎給扁額
吳馨 不書籍貫者皆邑人	二年十二月捐入私立務本女學基地校舍校具捐歸縣有	玖萬壹千叁百零壹元	獎給三等嘉禾章興賢毓秀額一等嘉祥章

袁樹勛	湖南湘潭	元年四月捐入私立神州法政專門學校	三萬元	大總統給予扁額褒辭	樹勛以公益事不願沽名緘謝項城故額字不著
周師熊	吳縣人	九年五月捐入私立南洋中學校	二萬八千元	大總統給予三等嘉禾章	
黃慶瀾		二年一月至四年九月捐入私立三育初高等小學校	二萬一千三百元	大總統特獎進給三等嘉禾章	
凌祖壽	吳興縣人	元年七月至三年十二月捐入私立南洋女子師範學校	一萬五千九百十元	教育部獎金色一等褒章及勵學功宏額	
徐一冰	吳興縣人	元年一月至三年十二月捐入私立中國體操學校及女子體操學校	一萬四千九百十四元	教育部給金色一等褒章並頒教思無窮額大總統給七等嘉禾章	
印廣	武進縣人	元年一月至三年十二月捐入私立留雲高等小學校	一萬四千六百元	部頒培養功深額金色一等褒章	
蘇本炎		二年一月至三年七月捐入私立民立中學校及女子中學校	一萬一千六百元	金色一等嘉祥章給富教兼施額	
穆湘玥	字藕初	九年捐入中華職業教育社	一萬元	三等嘉祥章	
黃錞		元年一月捐入私立三育初高等小學校	一萬元	大總統獎給養正遺規額	
顧家曾	川沙縣人	元年七月至三年十二月捐入私立通惠高等小學校	五千元	金色一等褒章	

朱澄儉	五年八月至七年七月捐入私立思敬國民學校	三千七百元	金色二等褒章並敬敎勸學額
王遵善	元年一月至三年十二月捐入私立健文女子高小學校	三千六百元	金色二等褒章
王文孝	三年十二月捐入私立通惠高小學校	三千元	金色二等褒章
楊白民	元年一月至二年十二月捐入私立城東女學校	二千九百六十五元	金色三等褒章
倪鍾澄	四年至八年捐入洋涇市私立育新小學校	二千四百六十九元	金色三等褒章
黃寶圻吳縣人	元年一月至三年十二月捐入私立贊化高小學校	二千四百三十九元六角六分	金色三等褒章
陳聯章	十一年二月捐入私立竟成小學校	二千四百二十二元	金色一等褒章
王蘇本喦	元年至三年捐入私立女子中學校	二千二百六十元	金色三等褒章
王靜涵	九年八月捐入蒲淞市立高等小學校	二千元	金色三等褒章敬敎勸學額
湯蘇本楠	元年至三年捐入私立女子中學校	一千八百二十元	金色三等褒章

王琪	元年至三年捐入私立女子中學校	一千六百元	金色三等褒章
朱程穎（嘉興縣人）	元年一月至三年十二月捐入私立初級小學校	一千二百元	金色三等褒章
郁屏翰	元年至三年捐入私立旦華小學校	一千九十元	金色三等褒章
汪春鑑（烏程縣人）	元年一月至三年十二月捐入私立小學校	一千八十元	金色三等褒章
吳兆奎（吳縣人）	六年一月至八年十二月捐入引翔鄉私立勵志國民學校	一千八十元	金色三等褒章
湯學釗	九年三月捐入三林鄉立第二小學校	一千二十六元	金色三等褒章
葉蘇本清	元年至三年授入私立女子中學校	一千二十元	金色三等褒章
穆湘瑤	元年一月至三年十二月捐入私立貧民初等小學校	一千三元	金色三等褒章
沈懿卿	元年起至十一年止捐入三林鄉立第六初級小學校	一千元	金色三等褒章
蔣長洛（江甯縣人）	元年十月捐入上海貧兒院	一千元	金色三等褒章

瞿慶模		元年十二月捐入上海市立和安高小學校建築費	一千元	金色三等褒章
曹驤		元年十二月捐入上海市立和安高小學校建築費	一千元	金色三等褒章
王煥卿		元年十二月捐入上海市立和安高小學校建築費	一千元	金色三等褒章
王裕生		元年十二月捐入上海市立和安高小學校建築費	一千元	金色三等褒章
瞿汝澂		元年十二月捐入上海市立和安高小學校建築費	一千元	金色三等褒章
衛文熙		元年十二月捐入上海市立和安高小學校建築費	一千元	金色三等褒章
趙文照	川沙縣人	三年十二月捐入私立通惠高小學校	一千元	金色三等褒章
李家驤	南匯縣人	三年十二月捐入私立通惠高小學校	一千元	金色三等褒章
王慶祥	川沙縣人	三年十二月捐入私立通惠高小學校	一千元	金色三等褒章
江裕生		三年十二月捐入私立通惠高小學校	一千元	金色三等褒章

雷汲韓	九年八月捐入蒲淞市立高等小學校	一千元	金色三等褒章

附

官褒

夏書林會稽人果育救火會會員關帝廟後許姓災撲救灼傷死民國元年江蘇都督程德全給能禦火災額並恤銀百圓**黃海林**民國二年民政長吳馨給舍身成仁額**陳和生**民國九年護軍使盧永祥給舍身取義額縣知事沈寶昌給捨身赴義額**陸氏**康柏棠妻二十一保四十二圖人民國十一年捐助塘灣鄉保嬰會田九畝三分並銀百圓縣知事沈寶昌給德惠可風額

附記官旌

明侯峒曾弟岷曾岐曾同歲遊庠督學某給江南三鳳額　徐天麟崇禎年松江知府方岳貢給海國一人額　按天麟見同治志進士**清**徐荃徵康熙十一年江蘇藩憲慕天顏以佐濬吳淞江給經濟宏才額　按荃徵見縣續志人物補遺附從父人麟傳　錢廷宰二十四保天一圖人鄰里有盜警所捕實誣廷宰白其冤雍正四年知縣李玫給一鄉善士額　汪宜耀乾隆八年學憲開泰給積學明經額　按宜耀見同治志歲貢　張啓元嘉慶二十二年學憲湯金釗給明經行修額　按啓元見縣續志貢表補遺　侯廷爵張士榮嘉慶二十三年開濬吳淞江邑令葉並給勤公利濟額　陳思成道光三年捐賑邑令給睦姻任卹額　按思成見縣續志人物補遺傳　沈葵道光二十五年學憲張芾給橋門登雋額　按葵歲貢附同治志人物朱孔陽傳　張子京光緒九年巡檢朱瀾給花滿杏林額　胡瑛光緒十七年順直水災案直督李奏准頒樂善好施額　陳增源光緒三十一年順直賑災案直督袁奏准頒樂善好施額

附前志選舉表補遺

進士舉人表

明進士

何清　永樂癸未科字君澄廣從子歙縣教諭　據何氏譜　按廣見同治志辟薦

朱瑄　正統戊辰科彭時榜字廷珍監察御史山西按察副使

朱恩　成化甲辰科字汝丞正統戊辰瑄子行人刑部郎中河南按察使南京禮部尚書

朱大韶　嘉靖丁未科字象元正統戊辰瑄曾孫選庶吉士國子監司業　按同治志進士表朱本洽鄉志云大韶子

朱積　崇禎癸未科字早服嘉靖丁未大韶孫選庶吉士　以上據法華鄉志　按府志瑄恩大韶積並列華亭

明舉人

何清　建文壬午科見進士　據何氏譜　按府志作永樂元年癸未科誤

朱瑄　府學正統戊午科見進士　據法華鄉志

何溥　正統丁卯科字字君公永樂癸未進士清從曾孫內閣中書遷監察御史賜建繡衣坊　據何氏譜　按府志作清弟誤

朱恩　成化甲午科府學見進士

朱良訓　正德己卯科字臣式府學正統戊辰進士瑄孫福建建寧長樂縣知縣

朱大韶　嘉靖癸卯科解元尤瑛中式第二名詩見進士

朱大年　嘉靖壬子科字元圃丁未進士大韶從弟延平應天府推官

朱本復　萬歷辛卯科字同元府學嘉靖壬子大年子河南南陽府通判　按府志順天中式

朱積　崇禎庚午科府學見進士　以上據法華鄉志　按府志朱氏並列府學

清舉人

何炳　順治丁酉科字孚有號星如　據何氏譜　按府志列府學改名丙炎宣城教諭華亭人

三代進士朱大韶嘉靖丁未科　子本洽萬歷癸丑科　孫積崇禎癸未科

父子進士朱瑄正統戊辰科　子恩成化甲辰科

貢表

明何震景泰間歲貢府學正統丁卯舉人溥弟陝西涇陽縣訓導

清何之瑩康熙庚寅歲貢字念依號价千婁庠生順治丁酉舉人炳子授訓導　以上據何氏譜

畢業生科第

朱文煒字夔揚光緒三十二年北洋大學預科法律專科優等畢業奏獎舉人

附記顏德慶美國斐真伊亞大學理海大學畢業金慶章外務部考工司司員日本股股員駐朝鮮仁川領事館書記官黃宗麟簽分內務部榷算司

黃藝錫任農林部僉事　以上四人並見續志畢業生科第表今據採訪所得足補續志之缺附記於此

武科

明武舉人何三槐萬歷癸卯科字士虬號繩水京制守備升游擊何如傅天啓辛酉科字元良萬歷癸卯三槐子

清武舉人何儀順治戊子科字顒若萬歷癸卯三槐孫　以上據何氏譜

封贈

明何彥敬見例仕補遺孫溥仕贈監察御史　何思學子溥仕贈監察御史　景泰間　何逵字公遠監生孫瓛仕贈南昌府同知　何哲字惟喆子瓛仕贈南昌府同知　何吉字惟吉從子瓛仕貤贈南昌府同知　成化間　何鈿字汝器府同知銜子應官仕貤贈萬安縣驛丞　隆慶間　何應祥見同治志例仕字文瑞曾孫萬化仕贈廣東按察史　何一鳳見同治志例仕字德卿孫萬化仕贈廣東按察使　何三錫一鳳次子字士安　何三經一鳳三子字士濟　何三史一鳳四子字士宗　何三謨一鳳五子字士則　何三輔一鳳六子字士弼　何三傑一鳳七子見續志藝術補傳　何懷玉一鳳八子字士璞庠生均以從子萬化仕貤贈廣東按察使　按同治志天啓年三品封贈載萬化父三德贈職餘失載今據補　何安期萬化子字子長廩生子藩仕贈大竹縣知縣　按藩見同治志貢表備攷贈年失攷以上據何氏譜　朱孟庸子誼仕封監察御史　朱良諷子大韶仕封國子監司業　朱誥子大年仕封順天府推官　朱大英子本治仕贈眞定府知府以上據法華鄉志不註年

清何萬程子炳仕貤贈修職郎　何萬僎字君庸從子炳仕貤贈修職郎　順治年據何氏譜　金曰堅字守之兼祧子慶章仕贈奉政大夫　光緒年　王文繡曾孫豐鎬仕贈榮祿大夫　王桂林孫豐鎬仕贈榮祿大夫　王景道子豐鎬仕贈榮祿大夫　金光璧字品三孫慶章仕貤贈奉政大夫　金光琪字緘三兼祧孫慶章仕貤贈奉政大夫　金召棠字佩生子慶章仕贈奉政大夫　宣統年

武封贈

明何鍊見同治志封贈九品曾孫三槐仕贈明威將軍何應福見同治志例仕字文斂孫三槐仕贈明威將軍何之龍字乾卿附監生鄉飲大賓子三槐仕贈明威將軍　萬歷年　何大禮字節卿象山縣主簿孫萬象仕贈游擊將軍何三陛字士芳子萬象仕贈游擊將軍何三復字士白從子萬象仕貤贈游擊將軍　崇禎間

職銜封贈

李鍾淵庠生子曾祥職封法華鄉志不註年趙棟字荊山孫錫恩職貤贈趙淦字鑑湖監生子錫恩職封以上奉政大夫宣統年

例仕

明何如亮上元縣教諭何嗣甯字素闇府學訓導吏部尚書魏驥爲立傳何彥敬嗣甯弟德清縣主簿　以上永樂間何應官字文賢以郡椽任萬安縣驛丞何季春字元卿附監生湖廣武岡州同知何夢鰲應福子字巨卿順天附監生南京中城兵馬司指揮　按應福見同治志例仕何國楨一鵬子字際明附監生浙江按察使知事　按一鵬見縣續志人物補遺　以上隆慶年並據何氏譜石泉四川巴縣典史　按泉同治志封贈六品表不書其官朱長祚察卿孫字君培鴻臚寺序班三舉鄉飲大賓　按同治志清七品封贈失載其官何子升字少泉官鴻臚鄉志謂何譜蠹損臚字下不能辨　以上據法華鄉志不書年

清李鍾俊詹事府主簿陸進庠生光祿寺署正議叙訓導　按進見縣續志人物傳補遺李曾鼎字夢岩山東候補府經歷李曾復字菊人國子監典簿

李曾懋字伯英附監浙江候補縣丞　李曾祥見同治志例仕署衢州府照磨司獄　楊錫九字子岩附貢候選訓導見縣續志職銜封贈　胡人鳳字笠夫附貢候選訓導　楊鴻藻字秋孫錫九子廣東候補鹽知事加道銜　李景軾字季衡曾祐孫浙江布政使理問見同治志例仕光緒宣統間　曾祐以上據法華鄉志　徐棅字爾權江西候補知縣光緒年　陳瑞清字鏡鷗錡子出使英美等國二等書記官　張書紳號子佩花翎四品銜署河南信陽州知州調署鞏縣知縣保免補知府以道員用加二品銜署湖北江夏漢陽等縣知縣　徐顯曾廣東候補知縣咨調安徽旋以道員歸原省試用　張均監生浙江補用縣丞選知縣　王秋字肅生民政部主事　張奎商部主事

武職

明何萬祚淮安守備崇禎間　何萬象萬祚弟崇禎間授游擊將軍清初任京制守備防汛　並据何氏譜

清楊大勇遇春子劉河營千總　姚步雲玉成姪武生補用把總出戰殉難　李鴻模字硯孫儘先補用把總　以上並据法華鄉志　按遇春玉成俱見同治志武職　張熙武生直隸守禦所千總陞用守備　黃慶森授職協軍校

附選舉表攷證

科第　同治志明隆慶王文炳榜姓高

貢生　同治志明萬歷姚永濟當作見進士教正德丁丑進士豹從孫　朱家泰昌朱長治法華鄉志字朗安正德丁丑進士豹曾孫

崇禎姚襄明戊辰貢萬歷戊辰辰當作戊朱長芳戊辰正德丁丑進士豹曾孫

清順治徐爾路授職知縣舉鄉飲大賓縣續志補遺備攷王智古法華鄉志例仕曰增貢據此當删

封贈

同治志明萬歷徐珣字淳隱徐緒字西溪清嘉慶李陽承德郎李秉智李烱奉直鄉志並作奉政道光李熙庠生　李應墉李應堦奉鄉政志作奉直

縣續志光緒李鍾汸奉直鄉志作朝議　以上據法華鄉志

縣續志職銜封贈楊令文孝忠奉政法華鄉志作奉直

同治志例仕明朱蟾能詩　朱宸卿通政司知事顏志作上林署正按法華鄉志上林苑署正轉通政司知事　張秉一監事鄉志作署正　王淑誼文炳子鄉志作從子　朱家賓署丞鄉志作監署朱長統字支石察卿孫見鄉志

清徐文國法華鄉志全州清軍鹽捕同知署河池州事王沛鄉志署臨駒縣知縣　周鑾字以人鄉志人作任　徐承志庠生王維藩鄉志作王藩

武職清楊遇春署竭石鎮總兵法華鄉志姚玉成南汎把總法華鄉志作北汎

民國上海縣志卷二十

人瑞　耄壽

壽民已故明本傳不複列下並此　凡有傳者年壽叙

瞿煥文續志現存民國九年卒年九十歲另見褒揚

周桐春二十四保方二圖人民國十一年卒年八十八歲

曹炳昌續志現存八十四歲誤　民國五年卒

王長增二十八保東七圖人民國十一年卒

楊以銘字雲卿二十六保二十五圖人民國十七年卒以上俱八十六歲

張靜山二十四保六圖人民國五年卒

夏長泰二十五保四圖人民國十年卒年八十五歲妻馬氏民國十二

年卒年八十六歲同妻另見褒揚

曹康爵字秀卿二十一保二十九圖人民國十一年卒
喬嘉生二十八保東十八圖人民國十一年卒
夏樹圭十八保十圖人民國十二年卒
唐俊達三十保七圖人民國十二年卒以上俱八十五歲
楊振廷二十八保十六圖人民國八年卒
錢炳和二十八保東十八圖人民國十年卒
周新全三十保二圖人民國十一年卒
張如松二十四保方一圖人民國十二年卒
胡仲勛二十八保六圖人民國十二年卒
朱三觀三十保九圖人民國十二年卒以上俱八十四歲
孫三和續志現存民國二年卒

張年華三十保大六圖人民國八年卒
朱得仁十八保二十三五圖人民國九年卒
顧木咸二十一保二十圖人民國十一年卒
顧聖榮三十保大六圖人民國十二年卒
唐錫瑞字子衡二十六保十五圖人民國十六年卒以上俱八十三歲
葉佳棠續志現存民國二年卒
徐阿和續志現存八十二歲誤民國三年卒年八十二歲妻張氏民國五年卒年八四歲
姚　鈞字登甫三十保十圖人日能徒步數十里民國五年卒
孫秀峯二十四保六圖人日能徒步數十里民國八年卒
劉荀斯二十八保六圖人民國八年卒

蔣學文二十四保正十五圖人民國十年卒
潘裕庭三十保七圖人民國十年卒
孫瑞觀二十四保六圖人民國十一年卒
陳梅峯二十五保十圖人民國十一年卒年八十二歲妻沈氏民國十二年卒年八十歲
陳孟祥二十八保北十二圖人民國十一年卒
王　燿號子明二十四保六圖人民國十二年卒以上俱八十二歲
張耀中二十一保五圖人民國七年卒
何勝前二十一保七圖人民國七年卒
朱瑞芳三十保大六圖人民國七年卒
何在天三十保十圖人民國七年卒

孫供儀壽民補遺敬達子民國九年卒

梅篆香十八保三十三圖武生民國十一年卒以上俱八十一歲

蔣榮佳二十一保五圖人民國四年卒年八十歲妻錢氏民國十二年卒年八十八歲

徐增祥號翠峯二十四保方一圖人民國四年卒

嚴應鈞字殿卿二十五保十六圖人民國五年卒年八十歲妻陸氏民國十年卒年八十六歲

王瑞桃十八保十五圖人民國十年卒

何羽翔二十一保七圖人民國十年卒

張務本十六保十八圖人民國十年卒

黃茂榮二十一保七圖人民國十年卒

楊敬妥十八保三十二圖人民國十一年卒

何士進原名歧周字鎬京二十一保七圖人性孝友不苟言笑嘗募建

宗祠協修族譜民國十一年卒

朱竹田二十一保七圖人民國十二年卒

黃春林二十一保七圖人民國十二年卒

曹驤字潤甫二十五保十一圖人民國十二年卒

徐建文二十八保四圖人民國十二年卒

金雨亭三十保四圖人民國十二年卒

錢俊達三十保七圖人民國十二年卒以上俱八十歲

壽民現存

陸達夫續志現存民國十二年現年九十二歲

顏子山十八保十六圖人齒全神明不衰插田蒔禾不後人

趙緯九二十九保六圖人以上民國十二年俱八十九歲

孫南山二十一保東四十二圖人民國十二年現年八十八歲

張吉生原籍川沙久居本邑二十五保十一圖人

丁錦榮二十五保十一圖人以上民國十二年俱八十七歲

馬　良字相伯原籍丹陽久居徐家匯天主堂民國十二年八十四歲現存民國十七年八十九歲

周瓶如十八保五十圖人

高元興二十一保二十圖人

孫榮祥字蓉江二十五保十圖人

宋丙榮二十五保十圖人

朱土山二十六保二十三圖人

金孝昌二十七保七圖人

陸榮華二十九保六圖人（以上民國十二年俱八十二歲）

王谷香二十一保西四十二圖人民國十二年現存年八十二歲妻金氏民國十二年現存年八十一歲

蔣玉麟二十一保五十四五圖人

范進卿二十一保九十一圖人

湯火金二十四保天一圖人

喬振和字良材二十四保方二圖人

張承灝字紹梁二十四保六圖人尚能作細書

江　馨字馥亭（原籍蘇州久居本邑）二十五保十圖性和靄好施與董復善堂悉心規畫

沈貴華二十六保二十四圖人
吳雲山二十六保二十八九圖人
余芝卿二十八保一圖人
姜玉田二十八保十併十一圖人
艾蘭泉二十八保十六圖人
莊益昌二十八保東十八圖人
張錦雲三十保八圖人以上民國十二年俱八十二歲
錢廷楨十八保二十七圖人
楊湘帆二十一保五十四五圖人
姚聖祥二十一保八十圖人
周敬文字雲山二十四保方二圖人

孫雨田字海涵二十四保方二圖人四世同堂

楊以銘字雲卿二十六保十五圖人

俞蘭香二十六保二十四圖人

曹安益二十七保七圖人

張鳳珍二十八保北十二圖人

葉桂芳二十八保十六圖人民國十二年現年八十一歲妻周氏現年八十二歲以上民國十二年俱八十一歲

李　楠十八保七八圖人

徐秀峯字咸和十八保十一圖人

蔣桂堂二十一保五圖人

王書勳字柳村二十一保七圖人

何炳南二十一保七圖人
黃南浦二十一保七圖人
李元發二十一保十三圖人
楊春山二十一保十三圖人
李長庚二十一保十三圖人
朱振聲號醴泉二十一保二十五圖人著有內經運氣輯要八卷南匯舉人姚有彬貢生于鬯並有序
朱永全字秋樓二十一保五十四五圖人四世同堂
潘瑞堂二十一保八十圖人
丁瑞卿二十一保九十一圖人
丁靜卿二十一保九十一圖人

秦百祿字萬青二十五保五圖人四世同堂
羅　麟字竹溪二十五保十圖人
鄭錫爵字少卿二十五保十圖人
艾恆鎮字北坪二十五保十一圖人
楊洪春二十五保十二圖人
徐永春二十五保十六圖人原籍鎮海
蔡洛全二十六保十圖人
沈一鳴二十六保二十一、三十一圖人
徐聖全二十六保二十五圖人
諸桂芳二十七保七圖人
許明瑞二十八保十九圖人

葉雲卿三十保二圖人
朱紀方三十保五圖人
朱佩玉三十保九圖人以上民國十二年俱八十歲
朱九思十八保十二圖人四世同堂子二孫二曾孫一素業農心性和平一無嗜好煙酒絕不入口現尚健步日能步行十二里不見疲勞民國十七年八十一歲現存
沈月波十六保十八圖人民國十七年八十二歲
張桂華二十六保十三圖人
陸杏林十八保十九圖人以上民國十七年俱八十四歲

壽民補遺

侯士煦同治志允義子光緒三十三年卒年九十七歲父子同壽

周武城二十八保十六圖人乾隆十六年卒年九十五歲子鎬如乾隆二十八年卒年八十五歲玄孫士榮咸豐三年卒年八十九歲
王堅字其相誠樸肫篤自奉極薄而勇於爲善建宗祠助祭田歲祲出粟助賑乾隆二年卒年九十歲十五年知縣潘給惠我鮮民額
侯玉堂三十保大六圖人光緒二十五年卒以上俱九十歲
梅超忠二十四保方一圖人地方公益悉力貲助暮年尙能作細書徒步數十里道光五年卒
徐佩山二十七保七圖人光緒十一年卒以上俱八十九歲
王旭齋二十一保十三圖人光緒二十八年卒年八十八歲
何永錫字萬年二十一保七圖人性慷慨嘗率其子近義募捐重建宗祠嘉慶十年卒年八十六歲進士李林松爲之傳

楊元周二十八保東七圖人道光四年卒
何勝華二十八保東七圖人宣統三年卒以上俱八十六歲
楊令文二十八保東七圖人道光二十二年卒
陳策時二十八保五圖人道光二十五年卒
張雲瑞三十保十二圖人光緒三十年卒以上俱八十四歲
張應全二十一保二十圖人乾隆三十一年卒年八十三歲妻蔡氏乾隆四十二年卒年八十二歲從子兆元咸豐二年卒兆元妻姚氏咸豐元年卒俱年八十四歲
丁臨照十八保三十二圖人嘉慶二十年卒
王赤仁二十八保五圖人同治六年卒
許茂加二十七保七圖人光緒八年卒以上俱八十三歲

陸承祖二十八保五圖人康熙二十三年卒年八十二歲妻湯氏同年
卒年八十一歲
金大德二十八保三圖人咸豐五年卒
陳德良二十七保七圖人光緒二年卒
宋善賢二十五保十一圖人光緒二十三年卒
黃益三二十八保五圖人光緒二十七年卒
周晉昌字守瓶監生二十一保東四二圖人宣統元年卒
陳廷颺字曉山二十四保六圖人宣統二年卒以上俱八十二歲
何　魁字文煥二十一保七圖人乾隆五十一年卒年八十一歲妻朱
氏乾隆五十年卒年八十歲
丁桂芳十八保三十二圖人乾隆五十四年卒

徐赤興二十四保方一圖人光緒十年卒

孫敬達二十一保二十圖人光緒十三年卒

錢兆熊字槐江二十五保十圖人晚與邑紳王承基鄭恭壽等十二人

仿香山九老故事飲酒賦詩攝影於徐園光緒十六年卒

俟如山三十保大六圖人光緒三十二年卒以上俱八十一歲

黃達之二十一保七圖人康熙十九年卒

蔣書華二十一保五圖人光緒二十二年卒以上俱八十歲

壽婦已故　凡節孝貞烈賢才婦女年壽敍明本傳及夫婦同壽卽敘其夫名下者均不複列下並此

高氏十八保四三十六圖宋秋林妻民國十二年卒年九十四歲

姚氏三十六保圖文生諸麒麟妻民國元年卒

許氏胡念春妻續志現存民國二年卒

陸氏二十一保五圖湯春華妻民國十二年卒以上俱九十三歲
徐氏二十四保方二圖周懷仁妻民國五年卒
包氏金永祺繼妻續志現存民國十年卒
朱氏二十四保六圖王熙琥妻民國十一年卒以上俱九十一歲
姚氏三十保四圖陸愛忠妻續志現存民國二年卒年九十歲
陳氏二十八保四圖趙秀卿妻民國九年卒年八十九歲
楊氏蘇帆南妻續志現存民國元年卒
薛氏二十九保一圖沈彩如妻民國八年卒以上俱八十八歲
何氏二十一保七圖黃新培妻民國三年卒
曹氏陸大元妻續志現存民國五年卒
秦氏金靜春妻續志現存作八十六歲誤民國七年卒

陸氏二十八保六圖胡秀堂妻民國十一年卒

張氏二十八保六圖胡如山妻民國十一年卒

喬氏二十八保東七圖楊大業妻民國十一年卒

周氏壽民黃益三繼妻民國十一年卒

嚴氏二十八保四圖陳玉芹妻民國十二年卒以上俱八十七歲

丁氏林老瑞妻續志現存作八十四歲民國三年卒

金氏三十保五圖楊廷華續志現存誤作華廷妻民國六年卒

趙氏十八保四三十六圖劉友蘭妻民國七年卒四代同堂

徐氏三十保二圖秦建昌妻民國八年卒

山氏二十六保十圖孫象標妻持躬勤儉淑行著於一鄉民國九年卒

四世同堂

方氏二十五保八圖李浩春繼妻民國十年卒
楊氏二十八保東七圖徐明天妻民國十一年卒
吳氏二十八保十六圖馬世榮妻民國十二年卒
衞氏三十保二圖陳冬明妻民國十二年卒以上俱年八十六歲
李氏二十一保五圖金海堂妻民國八年卒
胡氏二十八保六圖胡鑑堂妻民國九年卒
時氏祁兆熙見續志人物傳妻民國十年卒四世同堂
葉氏二十五保十一圖朱澄鍾妻民國十一年卒
葉氏二十八保五圖王杏春妻民國十一年卒以上俱年八十五歲
周氏二十三保二圖沈炳榮妻民國二年卒
王氏周戴萊妻續志現存作八十二歲民國三年卒

袁氏三十保六圖侯贊虞妻民國三年卒
奚氏二十五保十一圖葉茂春妻民國六年卒
楊氏三十保二圖項嘉亭妻民國九年卒
范氏二十七保七圖陳尚英妻民國十年卒
徐氏二十八保六圖張尚年妻民國十二年卒
王氏三十保二圖蘇杏春妻民國十二年卒
曹氏三十保二圖何慶妻民國十二年卒以上俱年八十四歲
金氏沈銀奎妻續志現存民國元年卒
周氏楊德堂妻續志現存民國元年卒
邢氏二十三保一圖嚴秉智妻民國二年卒
楊氏二十一保七圖何紹麟妻民國三年卒續志麟誤作林歿年闕今據訪稿補

沈氏艾阿關妻續志現存作八十一歲民國三年卒

陳氏諸瑞茂妻續志現存民國三年卒

奚氏壽民王旭齋妻民國四年卒

張氏三十保五圖文生朱光斗妻民國六年卒

俞氏三十保五圖楊根云妻民國七年卒

曹氏二十八保北十二圖李秀峯妻民國八年卒

范氏二十五保十一圖增生楊夢熊妻民國九年卒

侯氏二十八保十六圖周百福妻民國九年卒

徐氏三十保六圖侯大榮妻民國九年卒

侯氏二十八保五圖樓珊妻民國十年卒

周氏二十八保北十二圖陳桂泉妻民國十一年卒以上俱年八十二歲

胡氏童金咸妻續志現存民國元年卒

孫氏周蔭庭妻續志現存民國二年卒

潘氏金炳揚妻續志現存作八十一歲民國三年卒

王氏三十保四圖楊啓新妻民國五年卒

姜氏二十四保二十二圖沈海泉妻民國八年卒

張氏二十八保十六圖周聖和妻民國九年卒

秋氏二十四保方二圖龐春榮妾民國十年卒四世同堂

范氏三十保十圖蔣秉和妻民國十二年卒

張氏二十六保十五圖唐尊筌妻民國十五年卒以上俱年八十二歲

湯氏丁熙堂妻續志作希唐歿年闕民國元年卒

金氏二十一保七圖何錫鎰妻民國元年卒

侯氏張廷芳妻續志現存民國元年卒
陸氏二十五保十一圖曹馴妻民國三年卒
陳氏二十一保七圖武生何殿樓妻民國四年卒
謝氏十八保十圖孫象山妻民國五年卒
諸氏二十八保東七圖何元慶妻民國七年卒
鄒氏十八保十八圖吴雨聲妻民國八年卒
畢氏二十一保七圖孫茂春妻民國九年卒
楊氏二十八保六圖盧桂新妻民國九年卒
張氏二十八保十六圖褚瑞生妻民國九年卒
吴氏十八保十五圖張金坡妻民國十年卒
李氏二十八保北十二圖陳耕揚妻民國十年卒

黃氏二十五保十一圖王宗鎬妻民國十一年卒以上俱年八十一歲
王氏二十一保七圖朱咸保妻民國元年卒
郁氏二十七保五圖曹阿泉妻民國六年卒
張氏二十一保十七圖姜益三妻民國十年卒
王氏二十八保十六圖周阿海妻民國十年卒
顧氏二十八保十六圖周文彬妻民國十年卒
王氏二十八保十六圖周全林妻民國十年卒
艾氏二十八保四圖監生徐經邦妻民國十二年卒以上俱年八十歲

壽婦現存

朱氏邑李煜秀妻民國十二年現年一百歲民國十二年褒
何氏二十五保十圖韓芝祥妻民國十二年現年九十四歲

湯氏二十六保十併十三圖蔡阿六妻民國十二年現年九十二歲
慕氏二十六保二十五圖蔡新寶妻
朱氏二十七保七圖許蘭州妻
楊氏二十八保十六圖周元愷妻以上民國十二年俱九十歲
王氏二十五保十二圖錢子艮妻
姚氏二十七保八圖顧如昌妻以上民國十二年俱八十九歲
金氏二十一保東四十二圖郭桂桐妻民國十二年現年八十八歲
陳氏二十四保六圖薛雲山妻
徐氏二十五保十六圖周大昌妻原籍鎮海久居本邑
陳氏二十一保二十圖趙吉誥妻
黃氏二十三保六圖胡坤昆妻以上民國十二年俱八十七歲

張氏二十四保黃二圖張陳聖妻四代同堂
陳氏二十四保黃二圖姚泉源妻
張氏二十四保黃二圖姚雅泉妻
黃氏二十五保十一圖曹縣妻
錢氏三十保二圖馮忠和妻
何氏三十保二圖葉二觀妻
劉氏三十保六圖張小弟妻以上民國十二年俱八十六歲
孫氏十八保二十七圖錢福山妻
吳氏二十五保十圖周賜福妻
王氏二十六保十圖蔡貴華妻
陸氏二十六保十併十三圖沈紀昌妻

李氏二十六保十一二十七圖潘國香妻
周氏二十八保十六圖周順忠妻
張氏三十保十二圖曹中孚妻以上民國十二年俱八十五歲
李氏十八保十五圖王春園妻
李氏二十一保十三圖董根山妻
張氏二十一保二十五圖吳雲山妻
楊氏二十一保西四十二圖蔣香林妻
任氏二十四保黄二圖喬東金妻
董氏二十四保方二圖龐勝華妻
蔣氏二十五保八圖顧子善妻
霍氏二十五保十一圖管璞齋妻

李氏二十五保十一圖王瑞濤妻
黃氏二十五保十一圖朱念壠妻
陸氏二十五保十二圖王元發妻
潘氏二十六保二十四圖秦國生妻
盛氏二十六保二十五圖杜雪坤妻
何氏二十八保東七圖唐阿春妻
秦氏二十八保十六圖馮克成妻
楊氏二十八保十六圖沈松舟妻
錢氏三十保九圖朱雨田妻以上民國十二年俱八十四歲
何氏十八保十三圖翁笑雲妻
陳氏二十一保二十圖陳達天妻

謝氏二十一保二十圖趙靜廉妻
黃氏二十一保西四十二圖陸正昌妻
陳氏二十一保八十圖郭蘭亭妻
潘氏二十四保黃二圖喬月齋妻
周氏二十四保六圖張園根妻
陳氏二十五保十圖徐時貴妻
沈氏二十五保十一圖蘇鮫見續志藝術妻持家儉約待物寬和
張氏二十五保十一圖監生浙江試用巡檢曹震妻
張氏二十五保十一圖周紹蓮妻
毛氏二十五保十一圖監生候選鹽大使曹基樞妻
單氏二十五保十二圖殷成玉妻四世同堂

蔣氏靜安寺路黃鐔妻
宋氏二十六保十併十三圖蔡惠遷妻
金氏二十六保十併十三圖徐木生妻
沈氏二十六保二十二圖徐南官妻
朱氏二十七保七圖許泗金妻
張氏二十八保東七圖陸臨照妻
趙氏二十八保東十八圖潘大川妻
胡氏三十保二圖張四維妻
諸氏三十保四圖郁聖全妻
何氏三十保九圖劉森林妻以上民國十二年俱八十三歲
沈氏名金珠十八保七八圖李作孚妻

王氏十八保十五圖趙永和妻
何氏十八保十五圖趙連城妻
王氏二十一保七圖蔣梅卿妻
王氏二十一保二十圖張坤貞妻
戈氏二十一保二十圖孫鴻湘妻
張氏二十一保二十圖趙守廉妻
雲氏二十一保二十八圖朱雅堂妻
孫氏二十一保東四十二圖孫心忠妻
浦氏二十一保四十二圖張嘯亭妻
黃氏二十四保方二圖龎錦山妻
莊氏二十四保黃二圖陸慶華妻

蔣氏原籍吳興久居本邑二十五保十一圖王馥棠妻子震職贈淑人
王氏原籍無錫久居本邑二十五保八圖楊文蔚妻
黃氏二十五保十一圖謝尊一妻
高氏二十五保十二圖沈勝全妻
陸氏二十五保十二圖張大富妻
李氏二十六保十併十三圖孫瑞湘妻
王氏二十六保十五圖沈土林妻
張氏二十六保二十五圖翁榮春妻
張氏二十六保二十五圖徐炳元妻
李氏二十七保七圖諸楚才妻
姚氏二十八保十六圖曹鳳歧妻

金氏三十保二圖程蘭堂妻
金氏三十保二圖馬進春妻
顧氏三十保四圖姚金芳妻
朱氏三十保六圖侯南喬妻以上民國十二年俱八十二歲
謝氏十六保十八圖何全發妻
董氏十六保四十七九圖羅大奎妻
王氏十八保十五圖張海伯妻
徐氏壽民楊敬妥妻
金氏二十一保五圖張槐松妻
張氏二十一保五圖何丹譽妻
沈氏二十一保五圖陸文正妻

楊氏二十一保五圖謝關炳妻
奚氏二十一保五圖宋明義妻
吳氏二十一保七圖韓琴齋妻
張氏二十一保八十圖馬增南妻
康氏二十一保九十一圖楊海元妻
孫氏二十一保九十一圖錢田觀妻
沈氏二十四保黃二圖陸鴻舟妻
姚氏二十四保方二圖王士官妻
李氏二十四保方二圖周振邦妻四世同堂
陸氏二十四保六圖朱浩修妻
王氏原籍常州久居本邑二十五保五圖謝禮棠妻

黃氏二十五保八圖李鍾祿妻
程氏二十五保十圖蔡迪燦妻
鄒氏二十五保十圖薛桂祥妻
顧氏二十六保十倂十三圖楊瑞祥妻
金氏二十六保二十三圖范厚齋妻
張氏二十六保二十七圖趙春麟妻
錢氏二十七保七圖徐中吉妻
馬氏二十八保十六圖沈臨彥妻
錢氏三十保二圖萬裕耕妻
金氏三十保五圖楊福全妻
陶氏三十保七圖潘裕庭妻以上民國十二年俱八十一歲

駱氏十六保十八圖周和倌妻
張氏十八保十五圖王瑞濤妻
朱氏二十一保五圖監生張文香妻
褚氏二十一保五圖陸雪舫妻
徐氏二十一保五圖張寶生妻
周氏二十一保五圖宋鶴樓妻
孫氏二十一保七圖朱桂林妻
蔣氏二十一保七圖何錦堂妻
朱氏二十一保七圖何增善妻
陳氏二十一保七圖孫金如妻
盛氏二十一保十三圖朱邦昌妻

孫氏二十一保十三圖陳吉甫妻
梅氏二十一保十三圖陳亘香妻
傅氏二十一保二十圖陳嘉全妻
俞氏二十一保二十圖趙次山妻
謝氏二十一保西四十二圖孫木生妻
奚氏二十一保八十圖趙雲浦妻
沈氏二十一保八十圖孫金魁妻
陸氏二十一保九十一圖王麻大妻
錢氏二十一保九十一圖楊永和妻
李氏二十二保五十二圖顧永泉妻
孫氏二十四保方一圖洪月卿妻

徐氏二十四保方二圖周勝榮妻

湯氏二十四保九圖張海泉妻

胡氏二十四保正十五圖蔣學文妻

周氏久居本邑二十五保七圖華亭胡公壽繼妻

褚氏二十五保十圖賈尊吉妻

陳氏二十五保十圖王甫永妻

陳氏二十五保十圖程子驤妻

崔氏二十五保十一圖徐保琳妻

包氏二十五保十六圖陸炳炎妻

劉氏二十五保十一圖提右營候補外委王煥松妻

楊氏二十五保十一圖黃晉和妻

黃氏二十五保十一圖顧錫堃妻

顧氏名蘭二十六保二十一三十一圖劉增慶妻

劉氏二十七保七圖陳象英妻

某氏二十八保十二圖金殿文妻

金氏二十九保六圖陸蔭侯妻

何氏三十保二圖侯飛卿妻以上民國十二年俱八十歲

王氏二十六保十五圖沈掌榮妻民國十七年九十歲

張氏二十六保小九圖湯堂松妻民國十七年八十七歲

陸氏二十六保十四圖李秋樵妻民國十七年八十六歲

山氏二十六保十四圖陳仲卿妻民國十七年八十一歲

周氏二十六保十五圖監生唐尊瑋妻民國十七年八十歲另見褒揚

壽婦補遺

朱氏二十八保東七圖楊聖芳妻乾隆五十三年卒年一百三歲

俞氏十八保七八圖李大和妻光緒二年卒年九十六歲

楊氏二十八保十六圖曹留金妻宣統三年卒年九十四歲

馬氏十八保二十六圖沈鵬九妻光緒二十五年卒

任氏二十一保二十圖孫榮春妻光緒二十六年卒以上俱年九十一歲

唐氏二十八保北十二圖唐三保妻光緒二十三年卒

顧氏二十一保二十圖張坤炎妻光緒三十一年卒

王氏二十五保十一圖角生曹耀魁妻宣統元年卒以上俱年八十九歲

王氏二十八保五圖黃質園妻咸豐九年卒

吳氏二十一保二十圖孫敬達妻光緒二十年卒以上俱年八十八歲

孫氏十八保三十二圖丁宏道妻嘉慶二十一年卒
楊氏二十一保二十圖張國成妻道光二十九年卒以上俱年八十七歲
顧氏二十一保二十圖張介美妻嘉慶十年卒
金氏十八保三十二圖丁元英妻道光十年卒
徐氏二十七保七圖錢聖華光緒八年卒以上俱年八十六歲
張氏十八保三十四圖丁泰山妻光緒十四年卒
張氏二十五保四圖俞海龍妻光緒三十四年卒以上俱年八十五歲
陳氏二十八保六圖胡文明妻光緒三十年卒年八十四歲
王氏二十一保七圖黃德義妻雍正十一年卒
倪氏十八保三十二圖監生丁允生妻道光八年卒
王氏二十一保二十圖張學義妻同治十二年卒

陳氏二十一保二十圖張學禮妻光緒十二年卒

何氏二十八保東七圖劉增寶妻光緒二十四年卒以上俱年八十三歲

吳氏徐光啓妻順治三年卒封夫人

劉氏二十五保十一圖曹基昌妻光緒二十九年卒

潘氏二十五保十圖孫淇園妻光緒三十四年卒以上俱年八十二歲

孫氏徐光啓孫爾爵妻康熙三十四年卒

姚氏二十一保七圖黃德昭妻嘉慶十六年卒

姚氏二十八保五圖李熙繼妻道光五年卒封恭人

彭氏十八保三十二圖丁樂采妻道光十年卒

蔡氏二十五保十一圖李光照妻光緒四年卒

范氏二十八保五圖陸汝紳妻光緒十年卒

梅氏二十四保方一圖徐樞妻光緒十三年卒
梅氏二十四保六圖朱錦廷妻善推拿光緒十七年卒
梅氏二十四保方一圖徐鳳山妻光緒十九年卒以上俱年八十一歲
宋氏二十一保七圖何綬祿繼妻道光二十七年卒
蔣氏二十一保七圖黄景蘭妻光緒十七年卒
胡氏二十五保十一圖監生曹耀瀵妻光緒二十四年卒
曹氏二十八保十六圖周文麟妻光緒三十三年卒
姚氏二十一保二十圖張大楠妻光緒三十四年卒
朱氏三十保六圖侯瑞元妻宣統元年卒以上俱年八十歲

五世同堂

張宗泰見續志壽民備攷子一孫五曾孫七玄孫一民國二年卒年八十六歲

陳芝蘭十八保十五圖人民國九年卒年八十一歲子二孫五曾孫五玄孫一

徐右銘二十六保二十五圖人民國十七年現存年九十三歲子三孫六曾孫七玄孫三

濮氏姚元滋妻續志現存子二直隸候補道二品銜經濟特科重游泮水庠生文棟舉人衆議院議員文枬孫二監生明煇優行附生明燾曾孫四玄孫二民國十年卒年九十三歲

唐氏顧銜慶妻續志現存子一承煒孫二曾孫五玄孫一民國十年卒年九十一歲

張氏二十六保十五圖陳松岩繼妻子三孫六曾孫四玄孫一民國十五年卒年八十九歲

張氏龍華計春泉妻子二孫四曾孫七玄孫一民國十七年現存年八十四歲

五世同堂補遺

喬國成同治志現存惟子二曾孫一法華鄉志作子一曾孫二同治七年卒年八十三歲

壽民攷證

續志徐以納康熙十七年卒按法華鄉志作六十年卒　吳桂芳光緒十年恩賞按應依法華鄉志作二十年　徐友梅光緒六年卒按法華鄉志作七年卒

壽婦攷證

同治志周氏金鳴憲妻壽百有一今按應據法華鄉志改作百有二　續志吳氏唐心柏妻今按心柏從一品封典氏七十壽順承郡王給陀羅經被雲南藩司英奎給福自天中額

黃氏喬慶全妻今按訪稿氏稱光緒二十六年歿年八十二歲據此續志所載歿年歲並誤許氏金鳳儀妻賈氏張兆麟妻按已並見節婦此複當刪

七葉衍祥

劉氏二十五保十六圖湖南候補巡檢沈悅穆妻勤儉耐苦待人忠厚

逮事曾祖姑祖翁姑暨翁姑子三孫九曾孫二民國七年卒年七十七歲

民國上海縣志勘誤表

正	誤	門類	卷數	頁數	行數	字數
林松	松林	紀年	卷一	三五	二十	十四
揚	楊	同	同	四一	四	八
釐	厘	同	同	四九	四	十九
廷	庭	同	同	五〇	十六	四
蘭	藺	政治下	卷二	二〇	九	二三
章程	程章	同	同	二四	七	四
土	士	同	同	二七	五	十二
楷	揩	同	同	三二	三七　三九	七　十八
續	績	同	同	四七	一三	六
入	人	名蹟	同	五十	六	五
維	準	同	同	五三	十一	十
田賦略	略字刪	財用	卷三	一	四　十五	三　三

百	白	同	同	十七	十五	七
等	第	農工	卷四	二	二五	二一
王	家	物產	卷四	十七	十	九
夏	憂	同	同	二一	八	六
熒	熒	同	同	二二	六	三
甚	其	商務	卷五	三	四二	二一
義	議	同	同	八	七	二
叢輿應列次行		同	同	十六	九	一
劍	劉	同	同	四四	十	十一
公	公字贅	同	卷六	五	六	十四
如	脫一字	教育	卷七	三	二三	二八字下
續	績	同	卷八	二	十八	九
間	脫一字	同	同	五	四	十八字下
貫	慣	同	同	十八	十七	三十
間	開	同	卷九	十二	十	六
竟	章	同	同	三四	六	十二

係	保	同	同	三五	二十	十二
値	植	慈善	卷十	七	二一	二
士	土	同	同	十	十六	八
地字起應低一格		同	同	十一	八	一
自來	脫二字	同	同	十二	十三	五字下
茲	前	工程	卷十一	二	一	三七
時字贅		同	同	十四	九	十五
議	義	同	同	二十	十四	三十
廠	脫一字	同	同	二三	十四	十五字下
城	脫一字	同	同	二四	十	七字下
錄	銀	同	同	二七	一	二
撙	樽	交通	卷十二	六	一	二
事	脫一字	同	同	九	二一	十八字下
固	因	同	同	十五	二二	三
部	脫一字	同	同	十六	二四	三字下
當	脫一字	同	同	二十	十三	十九字下

之	以	同	同	二一	四十	七
本字起低一格		同	同	二七	一	一字起
國	脫一字	同	同	二八	二五	十七字下
洋	揚	同	同	三十	二三	三五
撙	樽	同	同	三二	七	十四
載	戴	外交	卷十四	六	二五	四
廟	關	同	同	八	二五	四
支	文	同	同	十	一	三一
設	視	同	同	十七	三七	八
滅	減	同	同	二二	二二	三四
巾	中	同	同	二四	十七	十三
輪	輸	外交	卷十四	三三	四一	二八
母	毋	人物	卷十五	二	十八	二十
熱	熟	同	同	三	四	六
第四頁去括弧		同	同	四	七九	七三
偶	仍	同	同	十三	六	二五

指	揩	同	同	二三	二二	十八
子	字	同	同	三十	九	十七
齋	脫一字	同	同	三一	八	八字下
寶	實	同	同	三五	十二	十六
沈秉春字起高一格		同	同	四十	三	一字起
士	土	同	同	四八	二	二
叔字衍		藝術	卷十六	六	五	五
縢	滕	同	同	七	十五	七
憂	寡	游寓	卷十七	二	二二	二〇
年	年	同	同	四	十五	六
縣字衍		同	同	十一	五	二
朱氏字起另行		列女	卷十八	一	二〇	全行
守	添歲字下	同	同	二	十三	十二字下
深	琛	同	同	十	一三	一六
氏	氐	同	同	十二	五	二四
年	脫一字	同	同	十三	十二	二二字下

現字起低一字		同	同	十八	七	全行
毆	歐	同	同	四〇	六	二〇
託	記	同	同	四十三	二八	二八
女	添子字下	同	同	五十七	二〇	六字下
捐	授	名位	卷十九	二十五	七	十

国家出版基金项目
NATIONAL PUBLICATION FOUNDATION

海上絲綢之路文獻集成

總主编 陳支平 陳春聲

歷代史籍編 133

主编 范金民

海峽出版發行集團
THE STRAITS PUBLISHING & DISTRIBUTING GROUP
福建人民出版社

本册目次

［民國］上海縣志二十卷（卷五至卷一三）

吴馨　江家嵋修　姚文枏纂

民國上海縣志卷五

商務上　商業建設

商會

總商會在北河南路民國元年呈准農商部以天后宮西出使行轅改建光復初南北市商業設立稱商務公所元年一月商務總會續志詳由愛而近路遷併改組始定今名凡正當營業無論合幫不合幫各行號及個人願入會者有會員二人介紹經董事會通過予以入會證書每年開全體會議一次設會長副會長各一人會董三十三人特別會董無定額任期二年於全體會董中推選若干人分任事務爲商事公斷處公證委員會財政委員會陳列所委員會圖書室委員會出版部委員會交際委員會調查委員會華商道契委員會茲擇要列左

商事公斷處以理處商事之爭議息訟和解爲宗旨設處長一人評議員調查員二十六人公斷費用得向理屈者酌徵之附設查帳處公證委員會爲便於商事公斷及答復官廳調查而設公證範圍以商事契約商店資本商號商標四者爲限凡請求證明者照章征收公證費

商品陳列所徵集商品分部陳列以國貨爲限出品以本國籍爲限分爲農林園藝鑛產水產狩牧製造工藝機械染織工業化學工業美術科學儀器飲食品藥品十二部每年徵集一次並舉行審查一次分別等第給獎

各部審查報告 民國十年十一月

農林園藝部 過探先

此次農林園藝部出產品經審查結果擬給最優等獎者九十五優等獎者七十五一等獎者三十八二等獎

者十九本部審查之標準有四一在商業農業上之價值二品質之優劣三特色之有無四產額與銷路之廣狹各品給獎之理由有載在審查單上者茲不復述

上海爲中國最大商埠華洋貿易極盛商品陳列所陳列各品似應特別注意對於國際貿易上有關係者惜此次農林出品除絲茶外其他如棉如大荳如植物油類如雜糧如畜產出品既不多優良者更覺稀少不無遺憾

即以絲茶而論得獎者獨多固爲出品優良之證據如絲之色澤搖力茶之製造及合於衛生之裝置不無應行改良之處精益求精不得不望之各出品人矣

棉之一物占國際貿易上重要地位而於國民衣着所需關係尤鉅此次出品絕少滿意者蓋中棉退化已達極點輸種美棉尤鮮研究故欲求一纖維細長整齊色澤潔淨之出品而竟不可得國人倘仍不注意於棉質之改良不惟逐年二萬萬棉貨之漏巵不能塞即中國已有之棉業地位亦岌岌而不能保也願國人其猛省

米麥雖非國際貿易要品要亦國內農林商品上之最重要者而出品不多優良者更鮮即以得獎最高之出品與在日本美洲所見者两相比較尚有霄壤之別急應注意提倡品種之改良

此次展覽會出品最足引起吾人之注意者爲樂平靛青公所靛油其品之精力比較尋常土產增勝十倍有餘苟能再注意於產品之潔淨以及研究保持不腐之方法不難成爲一種特別之商品也其次爲瑞裕隆之黃蠟柏油戚秀甫之養蜂成績均能表示其優點之所在大豐公司之罐頭茶葉義大仁之麻線生和隆之花生油穗豐廠之豆油製造均極精良南洋兄弟烟草公司之香煙雖屬消耗物品然該公司近來營業頗爲發達挽回利權不少製造上亦能研究進步是亦吾國實業上之好消息也

商品陳列對於裝璜位置極應注意陳列適宜裝璜美麗則出品之價值參觀人之興趣可以增加不少此次出品數量既少裝置都以玻璃瓶千種一律爲貨樣則可爲陳列品則不足是亦一缺憾也出品人除製造廠家外大都爲販賣商人生產之農人絕無僅有則中國農民智識之淺陋有以致之不足爲怪也惜商人於出品時不能詳細說明產品之來源產額與銷路之廣狹以爲審查者之參考耳

商品之陳列應取其在農業商業上有價值者此次出品尙多駁雜如不切實用應行注意淘汰之雙宮繭而亦作爲出品殊無謂也誠望於舉行第二次展覽會或徵集陳列所出品時先出以真確之調査重要商品悉羅靡遺陳列之前略爲鑑定量其商業農業上之位置與以適宜之陳列地位加以表示特質之裝璜詳細之説明各地同樣產品之比較則陳列所展覽會所收之效果必更美滿矣探先審查農產品時葉君元鼎襄助之力最多茶之審查陳翊周謝蓉齋胡德馨三先生主之木材之審查凌道揚朱吟江兩先生主之蠶絲及繭品杜翊雲陳灝泉丁汝霖蔡止穆凌芝芳楊奎侯鄭良卿先生等主之

鑛產部　孫昌克

此次商品陳列所鑛產部審查各品以品質論陳列品中曾經冶鍊製造之品如鉛鋼硬鉛石棉等觀其化學成分固可知其製造法之大概唯其他多天然產物不參人力出地卽成商品是其品質之高下但可供學理上之參加而人力經營之得法與否無從表見也在尋常製造工業其價值須合原料之費人工製造之費及運輸之費而計之原料與運費他人與我同價吾但經營得法則勝算可操故價值之高低實商場競爭成敗利鈍之準衡此在尋常商品莫不皆然其在鑛產則又稍異蓋鑛產品莫不以最近大鑛出品之値以爲値斯原料不能人人同價自鑛廠以至商市運輸之費每每甚巨且因地而異業鑛者必就鑛藏之所在設廠以採取之不能如通常工業之可以擇地設廠也此皆無關於人力經營如何亦足見鑛業受天然情勢之限制甚大而人力不過得小部分之影響故鑛產品價値之高低仍不足表見人力經營之良否也至於抵制外貨及推銷國外二者實互相表裏在此不假人力製造之天產物外貨遠渡重洋多莫能與我爭我且可以天產之富出而售之於人故言抵制與推銷其勢甚易譬如富家子弟出其祖先遺物以市人甚不足以自豪也更試觀冶鍊製造之品原料取自國中價雖較廉但必製造合法與經營得術方足與外貨爭勝我所有者不過鉛硬鉛罐鋼石棉等以之抵制且患不勝絕少推銷國外之把握此不能不歎我礦

業之太幼稚矣

此次審查結果給最優等奬者三給優等奬者十二給一等奬者五給二等奬者二其非商品而供陳列因給謝狀者二統計二十四起審查既畢爲述各項標準之範圍如下(一)品質全屬天然(二)價值大半人力而目前外貨充斥更難言乎抵制與推銷今以此評陳列品不無失平之譏然舍此更難有較善之標準良由鑛業性質受制於天然情勢者重不同製造工業可以人力經營而逐生效尋常心理視礦業爲賭博之一道卽以此也

報告終篇猶有不能已於言者處今之世非鑛業不足以立國唯其業礦之有種種危險正吾人宜勇猛精進以講求礦學之理由探得礦藏吾不難推察其天然形勢如其限制過甚極人力萬無獲利之望吾不必虛糜巨資以求僥幸苟其天然形勢甚便吾不難推算全局以定措施進行之法初無異於經營製造工業苟企業家能以經營製造工業之道經營礦業方達礦業發達之唯一希望乎

水產部　葉鴻英

此次總商會商品陳列所第一屆展覽會各種水產經本部審查各員審定奬等得最優等者一優等者三一等者五二等者三

本部開審查會時先由審查各員議定標準計分五項一是否品質純潔二是否製造精良三是否合乎時價四能否抵制外貨五能否推銷國外若陳列品中有不能以此相繩者則稍事變通期於適合

江蘇省立水產學校之各種水產標本均爲該校漁撈科向濱海之區所搜獲種類繁多不乏光怪陸離之品其製法用百分之一福𤁣耳水和以百分之九十九清水然後將所製水產洗淨浸之以蠟蜜封其口可以歷久不壞惟出品僅供該校教科上參攷之用非賣品也此次選送各品亦不過借供陳列以資研究自不能與各種商品同論爰由會持備謝狀藉答熱忱海味亦食品之一而魚翅魚肚海參蝦米紫菜等尤爲席上之珍其中除毛常肚外(西人用以作膠水之原料)惟宏遠廠所製針魚或有推銷外洋之希望餘則僅供國內饈肴之用而已現在市上所售之貨都來自東瀛夫以我國海岸綫之綿亘天產品之富有當不在英日諸國下但本國對於該項海味業除江浙漁業公司其規模較大外餘則無可稱道也至對於漁撈

製造等技亦尚在萌芽時代今者吳淞溫州等處已有水產學校深望數年後人才輩出急圖振興則我國海味業庶有豸乎此次本部所陳列者有山東省立水產試驗場宏遠海味廠曹宣誠堂等製品而其間當以山東水產試驗場爲最良其次如宏遠海味廠之蝦米蝦子亦頗乾潔一般販賣家則以該品價格尚稱公道差可與舶品相頡頏云

食鹽一項向爲我國大宗出產利溥魚鹽見諸管子惟製鹽者大率墨守成規不加研究以致我國鹽業遂少進步之望現在雖有起而改良者然亦如鳳毛麟角不數覯也本部陳列鹽產祇久大通益兩公司二者相較則久大成績較優其磚鹽色潔味鮮無潮解性鹽化鈉之含量幾占全部粉鹽品質與塼鹽埒惟潮解性較强精鹽含鎂較多比諸普通食鹽已覺高出一籌亦我國鹽業上之一種好現象也

狩牧部　嚴昭鑑

本所狩牧部此次陳列品中以鄭祥泰之皮貨爲最夥其中以海虎皮獾皮黃狼皮掃雪貂皮灰鼠皮真灘皮白兔皮真紫貂皮白羔皮等爲最勝真銀鼠皮虎皮黃狐皮獺皮玄狐皮豹皮等次之要皆難能可貴之品非資本雄厚搜羅宏富不能若是之美備他若模範工廠之漂白豬鬃色澤純潔洵稱無上之品裕記工廠之熟豬鬃質地潤而有力製造亦甚精良恒順泰之豬鬃製造品質均佳似較中國皮毛公司同義等出品稍勝一籌其餘出品如華新公司之羽絨能用機器提出洵足爲國產生色曹宣誠堂之野鴨絨泰順奎之羽毛亦堪稱上乘惟均係天然之品搜集較難耳至羊毛一項以數量無多僅具標本不足以資考覈也計此次審查結果得最優等獎者二優等獎者三一等獎者二二等獎者四

製造工藝部

（文具類）顧樹森

五四運動前覽海關貿易册怦然於外貨之輸入年有增加大工藝品無論矣小而文具紙張流入亦動以數十萬歷年綜計不下數千百萬國家工藝之衰弱其可痛心也爲何如後抵制劣貨義氣所結風動全國識者乃謀根本之救濟提倡國貨不抵制而自抵制故小工藝之興如朝曦如初月正未有艾也今審查本所第一次展覽會陳列文具工藝諸品如各種紙類墨水密達尺信封信箋徽墨湖筆彩畫顏料及複寫用

鋼筆鋼版等筆墨與紙爲我國固有之工藝品其他如密達尺等倣造者居多數可稱工作細巧物料堅固者固不少然能匠心特出巧爲創造者尙不多覯深望各製造家本其所有精益求精日新月異實踐價廉物美之旨與各國出品一競爭於世界商場也

（雜用品類）　王開治

扇　摺扇出品最佳者爲怡春堂號手工精巧花樣亦多各式女扇尤見特色歐美婦女近多喜用正可藉此推銷國外張多記所製者多係大扇亦可適用劉怡記之葵扇及龔國寶之草編扇作法精緻男女咸宜尤爲社會所歡迎

牙刷　爲人衞生所必需之品查振宇廠家庭工業社雙輪等牌號者皆屬精良商餘次之然各家所製之品當將其形式長短種類增多以供社會之需求

毛刷　有衣刷頭刷地刷等種類樣式不同用途亦異以方韻生所製者爲佳鄭榮記次之

砂布砂紙　有整光號及民醒公司兩家出品之精緻與外貨相等該項爲各工廠之所必需品當將貨額漸次擴充推銷全國

帽　草帽如大東所製者工料皆精純爲國產之上品餘如冠華陸有信記次之漢立興及用中又次之然各家之品多係軟胚而於硬胚者尙未注意不能投外人之心好以廣銷外洋呢帽及白帆布帽有冠華華盛等家之出品工料雖遜外貨然事屬初次仿製尙有研究地步

傘　陽傘有大華厚生粹成立成海門習藝所及蓋日涼傘公司之出品布面綢面俱備價值低廉銷路暢旺至於工料較精之品似宜分別添製以抵制上等之外貨輸入又有中華製傘廠新發明之傘樣數色傘桿能分拆傘骨能伸縮全傘折卸裝置袋內長不盈尺便於携帶猶爲獨出心裁該公司正在組織之中將來之發達當不亞於他項工業也紙傘一項改良式者卽細桿曲柄如張大生及鎭江孤兒院所製者尙可適用

手杖　出品之佳者爲銅陰山館及寶興銀樓餘如森林及先施次之桐陰山館所製者杖身嵌銀絲作法精巧殊有心得然價値亦較昂貴查手杖一物係散步時間所用上柄工料儘可求其精良然下截近地揮

擊易爲傷損不宜過於求精仍以普通價廉物料堅牢者爲上

梳篦　出品者以卜恒順爲優勝餘如汪義大王大昌同泰元次之

玩具　陳列者有商務印書館模範工廠先施等家商務印書館所製者多係兒童玩具含有教育性質於改良社會不無小補模範工廠所出者於人物雕刻手工尤爲精良

報時鐘　祇有美華利一家之出品大小俱備材料堅固作法精良較諸外貨有加無已

銅絲布　出品者祇有大昌隆一家貨樣精細可惜銅絲原料非本國所產此項銅絲布可作羅底之用若再分別添作絲粗孔大者可充汽機各件合縫及汽管接頭等項之用途以代外貨

鐵絲釘　出品者只有新業製釘公司一家貨樣按釘絲粗細長短共分數種查其形式與外貨相等惟釘絲原料亦非國產此項鐵釘各處銷場極旺正可從事擴充挽回利權於萬一

蔴線球　即各店家東物所用之小蔴繩以增盛所出者種類多銷路廣餘者次之

捕魚網　只有吳淞水產學校之出品

牙籤　聯益號所出之鵝管牙籤及中國牙籤廠之柳木牙籤價值低廉均可適用

皮金　只有三義公司之出品

賽磁徽章　只有商務印書館之出品

（傢具類）阮尚介　謝賓來

瓷器　我國瓷器素爲名產世所贊賞號稱磁國本埠陳列所此次展覽會所陳建華鴻康祥各家及湖南模範窰業工場與浙江龍泉磁業工塲等處出品甚屬不少第物因地異不能强同如江西瓷質之潔白細膩出於自然形式亦漸翻新惟圖案似尚欠新奇湖南瓷器之工作形式均臻優美惟瓷質略帶青色不能純白是爲遺憾至浙江龍泉之哥窰名盛宋代爲磁業史所稱顧以年代湮遠製法失傳民國六年該地官紳鑒於磁業之重要爰集鉅貲恢復舊觀且其燒製等法能參酌科學方法悉心研究無怪經營未久而出品之佳竟能媲美贛湘然亦在辦理之得人也

磚瓦及缸管　花磚有啓新洋灰公司及上海棲流所二家之品瓦及電料祇有啟新一家出品缸管並有

開平和記窰業工場之品啓新公司開辦已久規模宏大其質料精良配製合度久已膾炙人口棲流所之花磚亦頗堅潔可供營造之用和記公司之貨亦爲國貨中之佳品

玻璃器皿　玻璃器皿爲化學工業中最重要之品除普通平面兩種玻璃用以供裝嵌窗戶器皿外尚有結晶玻璃一種凡飲食化學上所用之器具瓶類皆屬之近年來吾國經營玻璃工廠者類多失敗此次陳列品祇有公益廠之各種玻璃器及玻璃瓶其對於形式質料色澤較之舶貨固不得稱爲上品然施諸實用猶屬適宜要在銳意改良再求精進耳此外尤宜注意仿製各種理化器皿以供科學上之應用至仁昌永之玻絲品製作精美能銷國外頗爲出色大興料器公司之電燈罩形式新穎頗臻美備惟透光似較遜於外貨也

製革及革製品　製革有源大武陵大星精益四廠之品其中以源大爲最佳革製品有日新公司太昶號北洋硝皮廠上海孤兒院振興國貨公司老久昶號及中華皮鞋公司各家所製皮包皮箱等件均屬佳品足以抵制外貨惟皮鞋以中華皮鞋公司所製者爲最合時尚特價較昂耳

剪刀　杭州老鶴記近記大井記琴記各家所陳列之剪刀悉鍍以鎳既增美觀又可防銹較諸舊式其美劣判然可見老鶴記尙有西式剃刀及各種醫用之刀尤爲工藝進步之明徵惟於實用上尙冀悉心研究以謀抵制

搪瓷器　搪瓷器歷年外貨輸入甚鉅自五四後國內新工業勃興此次陳列品中竟有國產之鑄豐公司及中華職業學校之出品種類繁多足與外貨相抗如能推廣其製造之量更求精進則外貨之輸入自當漸減挽回利權杜塞漏巵深望該出品家毅力圖之

鈕扣　螺甸扣於新工業中成績最速如吳淞水產公司之出品色澤明潔式樣合宜絕無暗淡呆滯之弊其工作之優可與舶貨相頡頏惟供不應求亟待推廣餘如自求企公金星三益北亞各廠所出之品價廉物美故能暢銷全國邇來市上舶來鈕扣幾於絕跡各廠家抵制之功有足多焉至通運工業之牛角鈕扣品質亦佳

籐竹等器　籐器有森林號及上海孤兒院兩家之出品種類頗多物料堅固均爲中外人士所歡迎而森

林出貨較多故營業之範圍亦廣海門游民習藝所竹製網籃等件編工頗細惟式樣尙須再求靈巧興華公司之花竹器雖構造簡單然式樣頗雅緻用之點綴園林別饒幽趣

木器　祇有馬德記之銀杏寫字檯一件選料既稱精緻式樣亦具匠心

漆器　我國漆器以福州爲最著廣東甯波次之此次先施公司之漆器皆屬閩製色澤鮮明繪綵絢爛惟價值太昂僅中人以上方有購買之力他如湖南章生明餘姚貧民習藝所之漆器工作雖遜於福州然價格低廉當日本漆器暢銷時代差可與之抗衡至上海模範工廠之出品能特製洋式用具深合社會心理惟色澤尙欠鮮明顧該廠創設未久得有如是之成績亦不可謂不速矣

金屬器　金屬器中以鐵器之用最廣此次陳列品中乃寥寥可數至於銅器則以漢口鄭炳興號出品爲最優蓋其磨工圓潤刻花細緻較之本埠自覺頭角嶄然別樹一幟上海協順昌之出品用爛銅板法製成花紋亦頗別緻江蘇第五工場暨善工廠之鉛匙箸杯椀質輕耐用洵家庭日用之良品也

機械部　童世亨

本屆機械部出品雖祇寥寥數十件然在工業幼稺之國得見如此成績已屬難能可貴就中如商務印書館所製各項印刷機器華生電器製造廠所製發電機變壓器等爲最足引人注意湖南省立工業學校中華職業學校及武林鐵工廠等亦各有零星機件陳列會場學術技能熔爲一爐熱心提倡有厚望焉他如交通部上海電池廠所製之蓄電池及乾濕電池確有種種特色爲全國電報電話及無線電台所通用足以塞漏卮而示模範洵可嘉也審查結果得列入最優等者二家優等者八家一等者十家

染織工業部　季新益

織維工業爲製造工業之重心於國計民生關係最大本部所謂染織者實含有棉麻絲毛各種動植物纖維之加工而言與其名爲染織工業不如稱爲纖維工業似較渾括此次出品計共三百二十九點經各專家審查之結果得最優等獎者百五十九點優等獎者八十九點一等獎者八十八點二等獎者三十九點

紡紗業自歐戰以來錠數驟增數倍方且蒸蒸日上技術亦大有進步惟匀度與拉力二者缺點較多尙難與舶來品抗衡織物業則棉織絲織五光十色均有顯著之進步而絲織尤甚推原其故大率應用鐵機以

代人工又能講求圖案以競新奇然顏色易變花樣易毛幾於千篇一律是練染整理均未臻美善也麻織僅有漂白夏布數種質料極優若以機械加工價值必能較廉麻袋爲各種商品包裝所必需用途最廣須大規模之經營方能抵制外貨毛織雖甚重要除絨線襪外無一出品是亦不能不急起直追以期挽莫大之利權也

綢物成績亦頗可觀惟其材料之撚數尙須攷求適當以宏利用

化學工業部　方傳沅

化學工業之範圍至廣凡天產物經化學作用而製成之品均屬之不特於工業界占重要位置於國防上亦有密切之關係也商品陳列所之有化學工業部原欲觀我國化學工業之現狀以供研究而資觀感此次化學工業部徵集各省出品除少數窰業品如水泥玻璃等金屬品如鋼鐵鉛銻等釀造品如酒類等因所中之分配列入鑛產部製造工藝部飲食品部農林園藝部致本部未得其詳外其經本部所審查者共計出品人九十家出品總數四百四十三種其因遠省寄運不便及對於陳列所觀念冷淡必尙居多數然吾國化學工業之精華亦已可概見嘗考日本大正六年東京開化學工業博覽會徵集國內出品多至七萬三千餘種以吾國幅員之大天產之富出品乃不及彼邦百分之一興念及此則國人化學工業程度之幼稺更無可爲諱茲僅就審查所及摭拾狀況參以鄙見論述如左以與國人注意於此者共商榷之

審查之標準製品則注重品質製法價格以及能否抵制外貨推銷國外化妝品則注重品質裝璜價格以及能否抵制外貨推銷國外化學藥品則注重純度及價格惜出品人多不照所中規定手續未將製造略法及營業情形逐條說明有幷價格亦付缺如者同人等限於審查時日不遑一一調查也

（一）化妝品類　化妝品業之巨者當推廣生行香亞公司中國化學工業社三家出品繁多不勝枚舉凡化妝品之可得之國外者無不應有盡有廣生行開設於前清光緒年間工廠在廣東中國化學工業社開辦於清宣統三年設廠於滬西檳榔路香亞公司係美洲華僑所組織先在舊金山開辦民國八年始遷廠於上海各家在天津漢口等處均有支店開設其營業頗盛出品之精美著名者如廣生行雙美牌之花露水生髮油香亞公司之金鐘商標香水生髮油中國化學工業社三星商標之雪花精香水精各種牙

粉等均通銷全國足以供社會之需求此外先施大陸三西馥茂愛根生五家均有出品惟種類不若首述三公司之完備其以製造牙粉爲專業者則有家庭工業社所出無敵牌牙粉銷額極廣年達二十餘萬金日貨金剛石獅子牙粉之唯一勁敵也永和實業公司之月裏嫦娥牌牙粉中國國貨出品社之雄鷄牌牙粉三和實業社之仙女牌牙粉銷數亦廣均足抵制日貨其以製造化妝香皂爲業者上海有五洲固本華豐中華興記愛華四家煙台有源成泰無錫有廣勤規模之最大者爲五洲固本皂廠該廠係購自德僑機械設備均極新式聘有化學專科之華技師香皂之外兼造洗濯肥皂其香皂品質優美且不含粉質最爲特色惟香味裝璜遜於華豐華豐香皂種類最多裝璜香味均優美愛華及中華興記出品相伯仲價則稍廉源成泰所出香皂質雖優美價太昂貴廣勤則規模較小尚求擴充總觀各品雖不能媲美歐美然較之日本製品則有過無不及化妝品之進步不可謂不速也

(二)製品類　火柴　顏料　油漆　染料　樟腦　洗濯肥皂　橡皮製品　洋燭

國內火柴工業頗形發達送所陳列者有燮昌熒昌恆昌中華正大鴻生利民三明八家考火柴品質之優劣應以下列諸點爲標準(一)抵禦潮濕力(二)木質之疏密與强弱(三)火柴頭藥料之性與量(四)火餤及抵抗空氣流動力(五)每盒中之廢梗及裝置又應力圖遺燃之患試取瑞典火柴燃而比較之便知改良之點所在國產火柴雖不免缺點滋多然確能抵制外貨間有輸出國外者如能研究而改良之不難獨占其利也開林公司之各色鉛粉及油漆均採用西法製造品優價廉振華公司之各色油漆亦足爲工業界增色玉興黃錫九所製銀硃黃丹等雖舊法製造而覆蓋力甚强色亦鮮豔允推良品聞運銷日本爲數頗巨云明星公司之白鉛粉色欠白潔質亦稍重尚須改良染料類僅有贇青硫化青品紅數種贇青甚尋常硫化青含酸過多品紅則染色甚佳協隆興愼餘廠之樟腦油分離未淨洗濯肥皂出品人有南陽冠亞明華永興隆茂商餘廣勤亨利啓新鴻生唐山中國造胰廠五洲固本合茂全豐鼎豐松大十六家品質之最優者爲五洲固本餘皆平平橡皮製品有陳嘉庚公司及上海模範工廠陳嘉庚公司出品較多如車輪鞋底橡皮管帶等靡不具備該公司係華僑巨商陳嘉庚君所辦誠我國橡皮製造業之唯一巨擘模範工廠所製橡皮車胎質亦堅韌足抵外貨洋燭出品人計有全茂好華氏冠亞東三省燭廠萬泰南陽明華

八家就中以南陽出品爲較良

(三)化學工業藥品　化學工業藥品之最有價値者首推漢口熾昌公司之鹽酸鉀用電氣分解製造該廠創於歐戰之際近來舶來鹽酸鉀價格日廉該廠仍得維持尤屬難能該廠兼造牛皮膠從前用於火柴之膠多購自日本自有該廠製品後燮昌熒昌等廠俱購用國產矣科學儀器館送所陳列者計有汞鉀銅鉛鹽類等十九種如用於化學及醫藥則純度太低如用於工業則價太昂未能抵制舶來品也其能確實抵制舶來品者厥有炭酸鎂一種炭酸鎂爲製造牙粉及橡皮之原料向皆購諸日本近來國內製造者計有無錫第一製鎂廠上海中國化學工業社及烟台通益公司三家輕鬆潔白不亞外貨產額亦巨足供國內需要故近來日貨炭酸鎂殆已絕跡於市上矣

(四)雜品類　薰香　殺蚊香　松香　鞋油　中燭

查雜品類所陳列者僅寥寥數種內如菁華齋馨華齋王大興之衛生香均頗精美公新廠協興昇之松香含雜質不少惟質地甚佳如能使松香顏色更透明而淡則尤合工業之用中國化學工業社及仙樂種植園之殺蚊香確有驅蚊之效足以抵制日貨新華工業社及光明鞋油亦尚合用至源豐潤所造中燭煙煤太重光力不足其燭芯亟須改良也

吾觀於化學工業部之情形不禁生無窮之感喟者則以吾國化學工業之幼稚已極殊無化學工業之可言也茲述國中化學工業情形及其不振之原因以供一指正

(一)無基本的化學工業

酸鹻全爲化學工業之母諸凡化學工業之所由生產者也考一國酸鹻產額之多寡可以觀其化學工程之程度其重要可知無酸鹻足以自給不特各種化學工業之進行受其影響且莫塞偌大之漏卮顧國中對此基本的化學工業寂然無聞(塘沽近有永利製鹻公司之組織尚未成立)而化妝品工業獨盛統計此次陳列化妝品共計二百九十四種占全部出品總數百分之六十五所願國人以製造化妝品之熱忱從事於創辦酸鹻洋紙玻璃等重要工業則吾國之化學工業其庶幾乎

(二)原料之不獨立

吾國化學工業所需要之原料雖就中未嘗無少數國產然其主要原料概屬外國品爲多例如玻璃肥皂炭酸鎂之鹼漂染之染料漂粉以及其他之工業藥品莫不仰給於國外即陶磁器釉藥之微亦多購自日本反觀國內重要原料如鑛石油脂皮毛藥材等則輸出甚巨雖有豐富之原料而不能利用大好物料徒供他人利用長此以往縱化學工業日就發達苟無原料獨立之基礎則所謂發達者亦僅皮相而已

（三）舊工業之不改良

吾國固有之工業如糖紙陶磁器等受外貨競爭之影響均奄無生氣其故在墨守舊法無改良之可言也舊工業家牢守積習故步自封無論矣新工業家多輕視舊工業不屑研究思所以改良之夫改良土貨早爲識者所公認以舊工業爲新工業之基礎事半功倍不明乎此而欲盡棄吾國之舊工業而另建新工業卒至新工業未見成功而固有之舊工業轉以荒墮如此而言進化非南轅北轍耶

（四）國家無保護政策

吾國關稅被人協定不僅進口稅即出品稅亦如是入口之競爭品如磁器糖茶等奢侈品如煙酒綢緞化妝品等則不能自由征以重稅需要品如工業上應用材料爲國內所不能產者則無由課以輕稅工業上應用最廣如硫酸硝酸硝石等政府且視爲違禁品亦不許輕易進口國貨稅如產銷出省釐捐什稅等則層層剝削太阿倒持此數十年固有之工業既不能維持新工業又不能補助進無以攻退無以守之由來也

（五）工業常識之缺乏

謀工業之發達豈一朝一夕所能爲力必有普及之工業教育以培養國民之工業智識然後工業乃有可望日本明治努力於工業教育如工業學校模範工場職工學校工業試驗所陳列所工業圖書館等之設備工業學生之海外派遣皆不遺餘力今日日本工業之發達良非偶然或曰吾國自維新以來各地亦嘗設有工業學校陳列所與夫工業試驗所矣留學歸國之工業專門人材不謂不多然工業之幼稚如故各種工業如製紙製玻璃等亦嘗設有工廠然每每失敗此其故何也蓋工業之發達決非直接關繫之工業家所能成功必使國民之志趣與注意成爲一致然後收效乃大也吾國之資本家什九不能理解其所營

工業之性質其所任之人往往非工業之真人才及其所營失敗則相率視工業爲畏途而投機虛業則轉蓬勃而興而失敗亦愈速製造家什九無科學知識所謂化學工業者不僅限於化學電器也機械也皆與化學工業不可分離其關係猶醫術之有內科外科相應爲用欲求其一已不多覯況兼備乎祇知有成法不知科學之應用宜其製造不精又因商人之缺乏商品知識於是粗製濫造之弊益多雖然吾非謂吾國之無此項工業人才第國中之所謂化學工業者泰半規模狹小其技師未必爲專門家去世界所謂化學工業者尚遠也人民什九不識國中工業之大勢不知所以促工業之進步此無他其所謂以工業立國之主議尚不成爲國民之觀念耳有上述之五原因工業安得不失敗世之欲謀化學工業之發達者亦可知所從事矣

美術部　張聿光　裘芭香

此次商品陳列所美術部經審查結果擬給最優等獎者十五優等獎者十三一等獎者十二等獎者四

本部審查以有無審美觀念爲標準以甲乙定等給獎不用分數蓋美術品物不能由分子平均以定優劣譬如彫刻一門有工作細巧而物體失真形式不美之金質物一又工作簡單而物體準確形式美觀之木質物一將其分子比較而平均之適相等然以美術上評之當以木質者爲優以其物體準確形式美觀合乎審查之標準也

吾人自呱呱墜地卽有天然之美感湛乎其中如見斑爛玲瓏之物輒喜笑玩弄不忍釋去是其證也可知實用之具玩賞之品惟美觀者人恒愛用之凡商品皆然不僅美術品也本部物品之切于實用者聿光等尤爲注意如林琢石齋之青田石燭盆水池煙灰缸等先施公司之景泰藍皂缸筆洗自來火夾等此兩種物料曩者製文玩供陳設而已今能兼製日常需要之品殊堪嘉獎用列最優等以示提倡他如磁礮銀器電刻掛屏軸屏軸帳等光彩照耀爲有目共賞銀器之摹古者頗得古趣其倣自外洋者式樣新奇工作精良與舶來品不稍異足徵工人美術之進步也

宋錦爲絲織物中最美麗之品與景泰藍銅器並爲全球所稱許宋錦手袋外人尤愛用之象牙雕刻物多精巧絕倫花邊一類確能抵制外貨惜原料多非國產商品競爭原料爲第一問題需外人原料而倣造外

人之貨物非基本的抵制深望國人力事採取以應所需庶幾商業利權不致絲毫外溢也

刺繡陳列不少有本埠及湘繡蘇繡等針法純練色線鮮艷惟繡法多依舊動物骨格姿勢不能準確植物枝葉趨向殊少生趣刺繡乃針線之圖畫亦須以景物之形其形色其色也南通刺繡局余沈壽女士嘗刺義大利王像獲美術界無上榮譽此次未見該局作品實爲憾事

圖畫爲本部重要分子但此次陳列獨少願我同人出佳作而陳列之以供國人之觀覽藉進審美之觀念其得益於商業前途豈淺鮮哉

科學儀器部　李耀邦

此次科學儀器部經審查結果擬給最優等獎者六十三點優等獎者一百零五點一等獎者六十六點二等獎者十五點本部審查之標準有六(一)工作是否細巧分甲乙兩目甲科學的精密度如何乙機械的精密度如何(二)物料是否堅固(三)有無自出心裁(四)是否價格低廉(五)能否抵制外貨(六)能否推銷外國給獎理由以一二兩項爲審查注重之要點三四五六等項爲另加分數審查者悉照此評定等第

此次商品陳列所陳列各種物品以資展覽於國外貿易國內觀摩極關重要科學儀器與教育前途及工場實業尤爲緊要所有科學儀器驟觀之外貌頗覺美麗然於科學的精密機械的準確絕少經驗與研究不無遺憾此種欠缺實由於缺乏科學專門人才爲之料量補救此弊惟希出品者以能延用專門人才與有經驗人機師爲貴而精密之度猶非手工所能勝任必須有相當之機器方克有濟此則審查者之希冀與厚望焉

此次陳列之科學儀器物品完全爲模仿製造品改良者甚少推陳出新自出心裁者一無所有各國科學儀器貴乎本科學真理合本國人之文化與進境雖有仿他國形式大半均獨出心裁自行創製出品者能多出自創之件則引起學生及國人之創造心關係於國家前途實非淺鮮此次審查胡剛復君尤爲出力

飲食品部　葛敬中

此次商品陳列所飲食品部經審查結果得最優等獎者二十八家優等獎者四十六家一等獎者三十五

家二等獎者十家悉依本部審查之標準而鑑定之（一）是否物料優美（二）是否製造精良（三）是否裝璜雅緻（四）是否價格低廉（五）能否抵制外貨（六）是否適合衛生但陳列品中有無須裝璜者有不標價格者有本不輸出國外者有原來不適衛生者卽不能以全部之標準範之故審查之際須酌量變通以衡其優劣焉

此次陳列諸品中對於國際之貿易敬中等最爲注意有十餘年前不識爲何物者今亦自能製造矣若論輸出則甚寥寥僅麵粉煉油而已以言抵制尙覺其可如張裕之酒馬玉山之糖興華之麵粉泰豐之罐詰就各埠營業之調查已可見其大概假令出品人更能精其製造推其銷路由國內而國外則所謂挽回利權非異人任也

調查海關統計數載以來我國麵粉之銷入海外者爲數殊多論製造與品質本不讓他人之專美惟原料爲第一問題我國農業本甚守舊天災人禍之年卽有供不敷求之勢以去歲情形而論反有美麥之大批進口是則能否抵制外貨及行銷海外尙須視國內農業之情形而爲定斷是今日之業麵粉者對於小麥之試驗及推廣宜更爲進一步之注意矣

罐詰一物近來沿海各省多有製造者惟對於蔬菜如豌豆菜豆石刁柏等製造者甚少反之洋貨之輸入則年在百萬金以上舍可求之利未免可惜至果品之製造每不注意製罐之鐵其鍍於面層之錫內含之鉛有一定之限制若遇果酸而起變化小則傷人脾胃重則戕人生命於國民之衛生殊有妨礙又如漬魚之油既不能自行製造而每以賤價之劣品充之實損魚之品質凡此諸端皆當與罐詰製造者商榷也

葡萄酒之製造在我國北省甚多而唯妙唯肖者厥唯張裕然因資本之過大物價卽不能平抑故海外輸入之酒費煩重而價亦相埒卽在北京柵欄法人所經營之酒廠其品質甚高而價亦極低是則商業上運用資本之方法亦不可不有所注意也

果汁爲消暑解渴夏令最良之飲品且不含酒精宜於衛生將來世界倣照美邦廢除醇毒則果汁之銷量必十倍於今日但遍觀此項之陳列品其價格未免過大是由於國內尙無多數之精糖廠及大規模之玻璃製造廠致不能不仰給於外貨而定價自難低廉是則工業之改良與飲食品之推銷實有其大之影響

也

此次陳列之飲食品其關於國內向有之物爲數甚少且精良者亦有限是有望於出品者更加踴躍焉

藥品部　彭樹滋

藥品本性質上之區別可分之爲四類一爲生藥卽天產動植物（礦物亦附之）一爲化學品一爲製劑乃依據各國局方或大家處方製成將其中藥味分量服法效能一一載明者一爲賣藥自撰方書祕不宜布僅以其服法效能廣告發售者按吾國藥界情形而論生藥本極豐富國人利賴已數千年雖未必盡如前人所言效用之宏其中確有効力者不在少數故海禁開後每年輸出數量亦佔鉅額儘有研究利用之餘地化學品居西藥中大部分各國除藥局方備載外各種新藥尤日出不已證諸吾國現狀最爲需要然此種製造須有工業上之規模始能着手原料若何採取副產物若何利用與各方面實業之發達與否均有密切關係若無提倡研究之機關補助奬勵之方法欲求興起一時殆未易言製劑一項各國均極流行大都爲醫士便於取携之用賣藥之效力本不能若何精確然以社會上希圖便利需用日繁亦復侵佔優勢但各國對於賣藥之性質均有專律規定甚至對於過分誇張之廣告亦加取締吾國藥劑師法藥律等均未遑制定共同籌畫期以時日漸次推行此次應徵出品者僅皆爲轉輸販售之商號粹華藥廠創立以西法將漢藥提鍊謂能擷取精華其用意極爲深遠而現在所用方法按諸學理尚在演進之中化學品中僅得樟腦薄荷腦數者可謂絕無僅有滬地市場前曾有國產納富太林臭藥水酒精安毋尼亞水等出品中竟均缺如卽如醫用衛生材料之脫脂棉花某廠曾經創製亦未見陳列殊爲遺憾惟人和廠之消毒布雖質地不及舶來品之白而細輭尚堪施諸實用然猶希更事改良以圖抵制耳製劑一項無有至賣藥則各藥房所送陳者皆是其成分是否可恃效力是否確實均有待於化學之檢查或醫士之證明一時驟難論斷僅就各該說明欄所載情形言之儘多可商榷之處惟邇年來風氣日開舶來品賣藥輸入日夥充斥市廛幸賴滬上著名藥房數家努力經營仿製推銷得以抵制外貨挽回利權其功要亦爲吾人所公認此外如戈製半夏閔氏傷膏等所謂家傳之秘者不惜以方示人其熱心亦堪贊許茲擬分等辦法各出品人大概均給以一等或二等奬惟樟腦成績較優堪給優等奬至最優等奬本極優異當以留待來者

各部陳列物品數量統計比較表

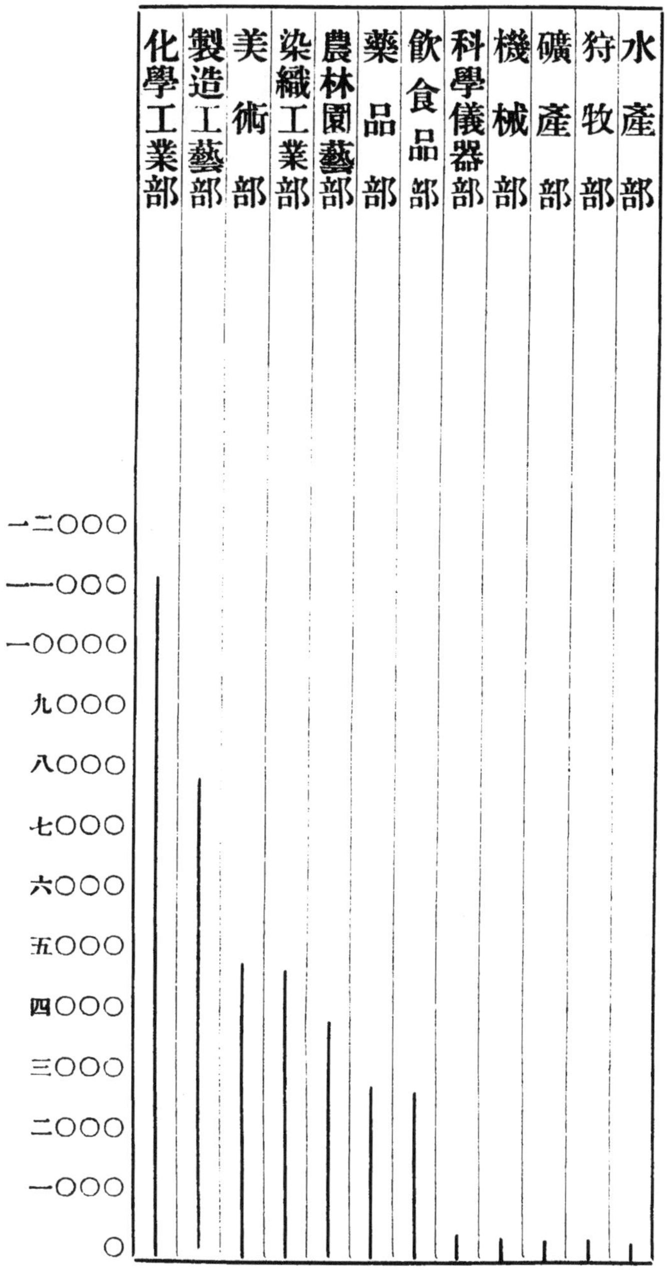

各部出品人數比較表

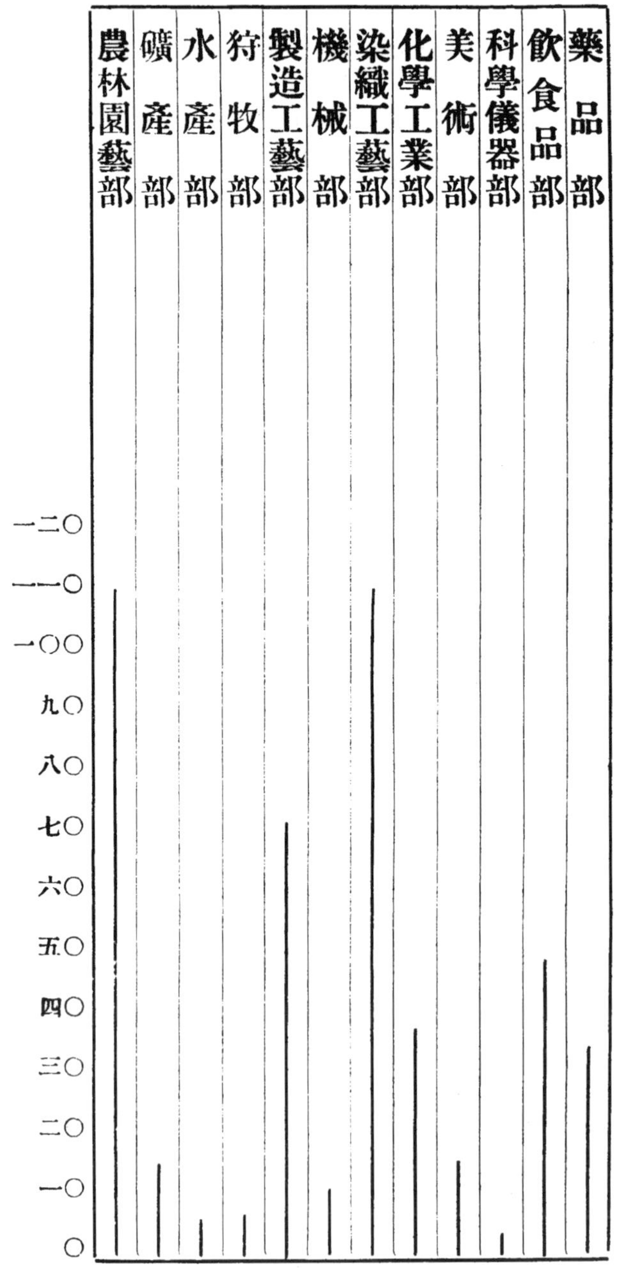
藥品部
飲食品部
科學儀器部
美術部
化學工業部
染織工藝部
機械部
製造工藝部
狩牧部
水產部
礦產部
農林園藝部
一二〇
一一〇
一〇〇
九〇
八〇
七〇
六〇
五〇
四〇
三〇
二〇
一〇
〇

得獎等第

茲將陳列所吾邑出品人陳列各品得獎等第列表如下

得獎等第	商品部	品名	出品人
最優等獎	農林園藝部	花生油	生和隆榨油廠
		花生油	大有榨油廠
		豆油	穗豐豆油餅廠
		除蟲菊	中國化學工業社
		松江百哥稻	鴻盛米行
		各種香煙	南洋兄弟煙草公司
		皮絲煙	賴天生德
		各種蔴線	義大仁號

信昌廠基牌白廠絲	信昌絲廠
綠茶珍眉	元吉茶號
平水綠茶湖州綠茶	震和茶棧
龍井烏龍毛峯碧螺茶	吳肇泰
獅子峰龍井茶紅茶明前祁門貢祁茶珠蘭花碧螺春茶普珥茶	大豐罐頭茶葉公司
獅子龍井茶龍字龍井茶祁門岩毫茶上碧螺春茶龍井旗紅茶珠蘭毛尖茶珠蘭頂谷茶特別雲霧茶	程裕新
芽蕊蓮芯梅塢龍井老竹大方極品桑蔬茶	程裕和
花藍牌孔雀牌寶星牌荷花牌水仙牌共和牌游客牌美女牌天壇牌紅茶	華茶有限公司
磚茶白鶴甯州貢茶白鶴祁門貢茶祁門貢茶貢貢祁茶貢王祁茶祁門祁貢魁貢茶	忠信昌茶棧
獅峯龍井崇安武彝祁門烏龍新安松蘿茶福建雙薰六安香片六安毛峰洞庭碧螺春茶	汪裕泰茶號

	獅牌虎牌鹿牌兔牌鶴牌鷹牌鸚鵡牌孔雀牌紅茶龍井蓮心洞庭碧螺武彝小種祁門烏龍茶	汪裕泰第四茶號
礦產部	煙煤焦煤耐火磚	漢冶萍公司
狩牧部	漂白猪鬃	模範工廠
	熟猪鬃	裕記工廠
製造工藝部	草帽	大東公司
	鐘	美華利
	紗管	維大公司
	紙	寶源廠
	密達尺	國貨文具廠
機械部	鋁機板	商務印書館

	乾濕電瓶	交通部上海電池廠
染織工業部	錦雲葛緞面葛緞條紡絨地紡玉芙紗藕絲紗	錦雲絲織廠
	物華葛帳面條紡	物華絲織公司
	改良紡柳條花紡條格𦁤紡素緊綫縐素銀絨葛潤華絲葛	錦豐綢莊
	美亞葛華絲緞華綢華紡	美亞綢廠
	華絲葛	天綸綢廠
	宋錦	裕泰成
	府綢	久成府綢莊
	絲光羅緞絲光線毛巾	啓明染織廠
	絲光線各種整理布疋	達豐染織公司

三新染織廠	冲蘇紗 各種布疋
鴻章廠	絲光線 各種布疋
精勤染織廠	冲蘇紗 各種布疋
勤德榮記布廠	各種布疋
第一織造廠	各種線毯
三友實業社	毛巾 浴巾 床巾 浴衣
厚生紡織公司	平布斜紋布雙喜牌十支棉紗四十二支雙股線寶塔牌二十支棉紗
鴻裕紗廠	平布斜紋布鴻魚牌三股四股線寶鼎牌二十支十六支十四支十二支棉紗
三新紗廠	平布斜紋布採花牌二十支團龍牌十四支棉紗
寶成紡織公司	如意牌十支十二支十四支十六支二十支棉紗

德大紗廠	寶塔牌十支十二支十四支十六支二十支二十四支三十二支四十二支棉紗美女牌三十二支四十二棉紗	
溥益紗廠	促織牌十二支地球牌十四支墨龍牌十六支棉紗	
永豫紗廠	三羊牌十六支棉紗	
申新紗廠	人鐘牌十支十四支十六支棉紗	
緯通紡織公司	孔雀牌十二支十四支十六支二十支棉紗	
振華紡織公司	雙象牌二十支棉紗	
恒大紗廠	飛機牌十四支二十支棉紗	
芳元地毯廠	地毯	
中茵地毯廠	地毯	
大北地毯公司	地毯	

	地毯	義昌恒
	地毯	華鷹地毯公司
	地毯	恒豐永
	汗衫袴	景綸廠
	衛生絨布衣汗衫領巾	振豐棉織廠
	衛生絨布衫褲	興祥棉織廠
	絲線襪	中華第一針織廠
	絲線襪	華純織造廠
	絲襪	鴻興織襪廠
	絲襪	利華襪廠

化學工業部

花露水瑞香露南京露東方露茉莉精生髮水香亞雪花玉蘭霜暑天雪花蘭花粉貴妃粉香亞牙粉香亞浴鹽消毒葯粉	香亞公司
生髮香水生髮油香雪滅蚊香輕質炭酸鎂二妙牙粉	中國化學工業社
生髮水雅霜	大陸西藥公司
生髮香水	馥茂化妝品廠
香粉紙	金錩香粉紙廠
薄多爾固齒水臘八爾	三西公司
仿俄國最輕牙粉炭酸鎂特種媚梨霜	家庭工業社
各種香皂　洗濯肥皂	五洲固本藥廠
各種香皂	華豐香皂廠
各種香皂	中華興記香皂廠

各種香皂	愛華瑞記香皂廠
麒麟牌火柴	利民公司
釣魚魚樵大上海牌火柴	熒昌公司
課讀渭水雙獅牌火柴及牛皮膠	燮昌公司
松老牌火柴	恒昌公司
各色油漆　顏色鉛粉	開林鉛粉公司
各色油漆	振華油漆公司
人力車輪內外橡皮胎	模範工廠
黃銅金水阿摩尼亞水	科學儀器館
美術部	
緙絲軸	裕泰成

	電刻掛屏對聯軸帳等	美記華珍公司
	景泰藍器	同興和
	琺瑯銀器白銀器	恒孚銀樓
	銀器	宏裕銀樓
	羅甸屏名片匣銀花插銀手袋二十八層牙球景泰藍器	先施公司
	黃楊木刻	劉丕記
	石刻盆	林琢石齋
	花果籃	世新造花公司
	花邊宋錦手袋	競新公司
	花邊	大成花邊廠

		花邊	勝德織造廠
		花邊	中華工業廠
	科學儀器部	印刷品	商務印書館
		商船雛形汽機雛形測量標尺美式物理天平離心力水車水壓機特種抽氣機汽轉球煤氣燈威氏感電機電流旋轉器	
		白鷺葭凫錦雞蒼鴉麻鴉火烈鳥孔雀白鷴香狸豹猪貛山和尚猴各標本鯊魚胎兒鹹魚鱸魚鯽魚鰻魚青花蟹烏賊海蜇海荳芽水	
		蛇蝮蛇赤楝蛇蛇鼻母陽遂足金線蛙發育順序家猪眼球各標本	
		各種應用植物標本	
		頭部解剖模型頭部剖示模型心臟模型桃花模型草棉花模型	
		電鍍銅版雕刻黃楊木版	
		汽轉球代那摩	中華書局

	人寄生蟲 牛寄生蟲 標本 鱘魚標本	
	寫眞銅版花邊	
	風琴	科學儀器舘
	阿脫烏達氏墜體速率試驗器 愷陀擺鸞絲檢力器 頭解剖 眼耳 模型	
飲食品部	糖果餅乾	馬玉山公司
	罐詰魚肉類	泰豐公司
	罐詰肉類	眞鼎陽觀
	結汁果汁牛肉陳皮梅南華李共和果子梅精出核橄欖檸檬	冠生園
	蛋白蛋黃	福成蛋廠
	煉油	民達公司

	煉油	金星公司
	茶腿	同大祥號
	麪粉	阜豐公司
	麪粉	長豐公司
	麵粉	福新公司
	麵粉	祥新公司
	麵製品	興華公司
	醬油	萬生昶醬園
	醬油	萬聚醬園
	醬油	乾康醬園

優等獎	農林園藝部	
	醬油	萬琛醬園
	通州棉花	協泰號
	太倉棉花	陳公茂
	無錫新白粳 新粳	鴻盛米行
	豆油	巨昌和油餅廠
	山東花生仁天津金元豆	駿源行
	苧蔴	義大仁號
	白蔴	蔡叔記號
	各種香煙	中國興業煙草公司
	雙燕牌皮絲煙	林裕隆

	雙美人牌皮絲煙	林大森
	黃白蜜黃白占	協興昇
	黃蜂蠟白蜜黃蠟	毛義興號
	靛油	樂平靛青公所
	養蜂出品	戚秀甫養蜂場
	材才樣本	震巽木商公所
	蠶醫牌白廠絲意種黃繭昆山大圓繭	允餘絲廠
	日鶴牌白廠絲	元豐絲廠
	金雞雷公大來牌白廠絲	大來絲廠
	海鷗牌白廠絲	連益絲廠

	百司福牌白廠絲	百司福絲廠
	藍象牌白廠絲	德和絲廠
	美女牌白廠絲	豫豐協絲廠
	金雙獅牌白廠絲	信成絲廠
	茉莉花茶	大豐罐頭茶葉公司
	雲山貢尖茶珠蘭蓮芯茶雙薰茉莉茶	程裕新
	金山時雨茶烏龍芽紅茶	程裕和
	玫瑰牌小玫瑰牌紅茶	華茶有限公司
礦產部	開平煤焦炭	義泰興
	河南煤	泰興

	鉛	一志鎔鍊廠
	錳石雲母石棉赤鐵錫	新中國貿易公司
水產部	髻珠	新源昌號
	魚肚淡菜紅旗參	同協祥
狩牧部	各種皮貨	鄭祥泰皮貨莊
	猪鬃	恒順泰
製造工藝部	瓷器	建華公司
	江西瓷器	鴻康祥
	玻絲品	仁昌永
	陶器	利用公司

	漆器	先施公司
	漆器	模範工廠
	草帽	冠華帽莊
	草帽	中國陸有製帽公司
	中華新傘	中華製傘廠
	各式男女用傘	大華傘廠
	各式男女用傘	立成傘廠
	手杖	森林
	幼葵扇葵織扇	劉怡記
	扇	怡春堂

	皮革	源大公司
	牙刷	雙輪牙刷公司
	牙刷	振宇廠
	牙刷	家庭工業社
	牙刷	中華國貨出品社
	玻璃器皿	公益廠
	毛刷	上海第一工廠
	楊木椴木火柴桿	久恒德製桿廠
	牙籤	中國牙籤廠
	鵝毛管牙籤	聯益

蔴線球	增盛蔴線廠
紗管	大來廠
連史紙毛邊紙	龍章紙廠
玻紙	光華玻紙廠
水彩畫色密達尺	馬利工藝廠
自來水毛筆	馮燮堂
徽墨湖筆	胡祥鈞開文
徽墨	曹素功
鋼版筆複寫紙	景文製版所
信箋信封徽墨湖筆墨水中國墨汁賽磁徽章	商務印書館

	信箋封徽墨湖筆	中華書局
	皮鞋	中華皮鞋公司
	眼鏡	恒源祥
機械部	八啓羅華德直流發電機六十恩配電鍍發電機十五啟羅華德變壓機雙極換向開關器配電盤雙極自動隔電器電流限制表	華生電器製造廠
	蓄電池	交通部上海電池廠
	三號印書機脚踏印書機金工車床鐵絲釘書機裁紙機燙金字機軋墨機	商務印書館
	鋼鐵製造品	漢冶平公司
	提花機	中華織物機器廠
	鑽床鐵製另件	中華職業學校
染織工業部	府綢	久昌綢莊

府綢	三晉川
府綢	天豐絲綢號
府綢	大豐
香雲紗	同永泰
香雲紗	裕泰祥
香雲紗	裕綸
寶鼎牌六八十支棉紗	鴻裕紗廠
人鐘牌二十支棉紗	申新紗廠
飛機牌十十六支棉紗	恒大紗廠
電車牌十四二十支棉紗	同昌紗廠

得利圖牌十支 團龍牌十六支 棉紗	三新紗廠
雙象牌十六支棉紗	振華紡織公司
地球牌墨龍牌廿支 促織牌十六支 棉紗	溥益紗廠
孔雀牌十支棉紗	緯通紡織公司
毛絨線	中國第一毛絨線廠
絲光布	通和染織工廠
絲光線	信大染廠
線毯	華成廠
線毯	海華織造廠
毛巾	源康祥

	毛巾	三星廠
	毛巾	光華毛巾廠
	連褲衛生夏衣	中國內衣織布廠
	絲毛絨襪	中發襪廠
	毛襪線襪手套帽	大中華針織廠
	絲襪	德和欒織廠
	絲襪	鼎華襪廠
	絲襪	勤益襪廠
	絲襪	新華公記
	線毛冲襪	久和襪廠

	線襪	足安襪廠
	絲綸暖襪	恒興染織廠
	蓆	德大蓆號
化學工業部	上等香水白玫瑰上等香水仙花露桂花水白玫瑰水美人香水天香鹼貴妃水粉面粉紫蘭面粉潤顏露潤顏香蜜胭脂膏生髮油護髮脂	香亞公司
	香水精花露水紫羅蘭香水東方香香水琵琶香水消毒藥水牙粉普通牙粉擦鞋帽白粉化妝乳香水粉香撲粉蘭花撲粉香囊香粉紙雪花精雪花霜香蜜胭脂水	中國化學工業社
	香水粉露水粉光面粉	五洲大藥房
	雪花檀香雪花花露水花容水洗牙水芝蘭嫩面油滑體粉生髮油	大陸西藥公司
	花露水	馥茂化妝品廠
	極品超等香水百花香水美顏水香粉	三西公司
	花露水	中華愛根生公司

	擦面牙粉薄荷牙粉橙花牙粉黑牙散蝶牌牙粉檀香粉玉簪花粉雪膚霜雪粉媚梨粉整容粉撲粉粉撲	家庭工業社
	洗臉牙粉潤髮香油	永和實業公司
	擦面牙粉玫瑰香蜜暑天霜	中華國貨出品社
	擦面牙粉	三和工藝社
	肥皂	裕餘公司
	肥皂	啟新蘭記碱皂廠
	肥皂	隆茂皂廠
	肥皂	鼎豐肥皂公司
	肥皂洋燭	南洋燭皂廠
	洋燭	冠亞實業製造廠

	皮鞋油	新華工業社
	皮鞋油	光明鞋油廠
	白鉛粉	明星公司
	中國牌五九牌火柴	利民公司
	松老農夫牌火柴連枝廣告火柴	熒昌公司
	小滑水牌火柴	熒昌公司
	蝴蝶牌火柴	恒昌公司
	立斃蚊烟香	華通製藥社
	六角斗香　敬神斗香　檀末神香　黄塔香	王大興號
	白楓香　紅松香	協興昇

	赤養化末鉻酸鉀酸銅硝酸銀硝酸鉛二綠化錫無水酒精火棉	科學儀器館
美術部	刺繡中堂冊頁竹石三開屏小掛屏繡花繩邊大靠身檯毯	裕泰成
	刺繡中堂	萬利源
	花鳥繡片	上海貧兒院
	粵省顧繡	先施公司
	國粹花卉畫	閔湘
	木刻人物	天然樹根出品所
	石刻筆架筆筒等	林琢石齋
	銀器	泰亨源
	顏忠節像	錢化佛

科學儀器館	病理模型	中華職業學校
	排斯杀六	類思開明聚樂部
	銅版鋅版黃銅版	景文製版所
	華文打字機幻燈幻燈影片活動影片驗反動力器發汽機直流電流表電報機雛形弦振動試驗器袋鼠角麂山兔豪豕鷺鷥鴿梟啄木鳥黃鳥藍雀各標本山蛙帶魚鯉魚望潮河蝦石首魚紅娘魚石龍子河豚鱟孛蟹猝蛭馬蛭守宮蜈蚣蜥蜴蚯蚓山蛛蜘沙蠶各標本	商務印書館
	各種昆蟲標本	
	蚊蟲生長順序蜜蜂生長順序標本	
	頭子筋肉腦解剖消化系肺臟女子生殖器部宮姙娠卵巢烏賊解剖各模型	
	三色銅版照相銅版雕刻銅版雕刻鋼版珂羅版華文鉛字西文鉛字銅模	
	槓杆七色輪	中華書局

	腸寄生蟲太頸繼蟲海光蟲蠍章魚海參各標本	
	鷄冠水母蟾除變態蝮蛇蠑螈水母各標本	
	三色玻璃版三色寫眞銅版鋅版銅模中文鉛字	
	物理天平電報機雛形熱氣機雛形但你爾絲秤代那摩直流電表聯合式紅帆電池賽倫熱電堆杜哈美氏曲線記音器驗氣壓半球弧光電燈	科學儀器館
	礦物標本	
	皮膚放大人體肺喉心胃肝腎脾臟反芻胃女子生殖器子宮妊娠各模型	
飲食品部	餅乾罐頭果品	泰豐公司
	肉類製品乳腐醬菜	三陽觀
	味始素	泰豐食品公司
	糖果	開利糖果公司

糖果	天香公司
罐詰魚肉乳腐醬菜葡萄酒	老紫陽觀
果露杏仁精杏仁霜	惠華公司
南棗	同大祥
芡實　紅白蓮	萬泰愼
西法火腿	萬隆
麵粉	華豐公司
龍肝片	周文俊龍肝片出品社
明蝦片	徐祥記
醬油	長春醬園

	醬油	聚康醬園
	醬油	元和醬園
	醬油	老同興醬園
	醬油	朱和康醬園
	醬油	何壽康醬園
	蝦子醬油醬菜乳腐	眞鼎陽觀
	醋	萬琛醬園
藥品部	樟腦	愼餘廠
	樟腦	協隆興記行
	藥水　杏仁精	粹華製藥廠

壹等獎	農林園藝部	角里陰花天津菉豆盛澤洋尖機白洋尖眞茹蠶豆浦東黑芝麻	鴻盛米行
		天津赤豆白扁豆	大隆行
		山東花生	駿源行
		木耳蘇菰白木耳冬菇香菌葛仙米榆耳髮菜	同協祥
		胡桃仁桂圖紅棗香菇木耳金菜青筍杏仁京許子米仁松子京棗	萬泰愼
		菊花	大豐罐頭茶葉公司
		卡裏子棉	益泰順
		上海棉花	怡興行
		火機棉花	永茂花廠
		上海棉花上白棉花	福昌行

		通州棉花	源泰康
		上海棉花上白棉花	恒泰
		洪江桐油支白桐油	源來德記
		棉籽油	大有油廠
		烟葉	大有恒
		炭	協盛和
		無錫黃繭頭號繭安徽靑陽尖繭沔陽米色繭	允餘絲廠
		三愛司牌白廠絲	緒昌福絲廠
		天昌牌白廠絲	天昌絲廠
		天成牌白廠絲	天成絲廠

	和合牌白廠絲	大來絲廠
鑛產部	鉛鋅鎢鉬烟煤	新中國貿易公司
	螢石	集仁仲記
水產部	紫菜魚翅魚頭牛莊蝦米山東墨魚	同協祥
	淡菜紫菜魚翅魚肚魚頭海占	萬泰慎
狩牧部	各種羽毛	泰順奎
	生牛皮	協泰祥
製造工藝部	玻璃瓶	公益廠
	料器	仁昌永
	花磚	上海棲流所

搪瓷器	鑄豐公司
搪瓷器鈕扣	中華職業學校
銅器	協順昌
鋁匙	善工五金廠
銅器	江蘇省立第五工場
銀杏木寫字檯紅木桌椅	馬德記
鏡框木	祥大思記
草帽	用中製帽廠
草帽	漢立興
白帆布帽	利盛

	呢帽白帆布帽	冠華帽莊
	紙傘	張大生
	籐器	森林號
	籐器皮箱皮包	上海孤兒院
	皮夾瓷器	振興國貨公司
	皮革	精益廠
	鈕扣	通運工業社
	鈕扣	自求工廠
	鈕扣	企公廠
	鈕扣	金星鈕扣公司

	鈕扣	大中廠
	摺扇	中華書局
	梳篦	同泰元
	牙刷	商餘公司
	花籃大小扎金鬚值日帶刀球	振昌成
	扎金壽字囘龍線散線鬚	德大豐
	寶瑩珠　珠花	醒心社
	大禮服	榮昌祥
	紙	合興公司
	湖筆	毛春塘

	卡片　依像畫顏料	粹華公司
	錫紙	錦華錫紙廠
	玩具	先施公司
	玩具	商務印書館
	玩具	模範工廠
	眼鏡	精益眼鏡公司
	眼鏡	光華眼鏡公司
	眼鏡	大明公司
	紗帶	中華紗帶公司
	紗帶	學生聯合會紗帶工場

機械部

軋花機	東信製造軋花機廠
軋花機	利華廠
人力紡紗機	民生鐵工廠
提花鉛絲保險鉛絲銅絲刷	永興泰
錠胆	大成工廠
錠胆紙齒輪	善工五金廠
三股造繩機	上海造繩總廠
卍字電燈泡	中國寶華電器廠
汽油燈	華明廠
電池	大東電池廠

	覆寫機	先施公司
	磁夾	高蘇磁業廠
染織工業部	電機綢	德和廠
	毛絨線　毛絨線製品	維一毛絨線廠
	各種布疋	震康廠
	條布羊毛毯	申昌裕
	條布	振興國貨公司
	絲光布　雙線布　單紗布	大成布廠
	線布　呢	恒裕豐全記布廠
	土布	錦泰義

		白生	陶恆昌
		毛巾	商餘公司
		菠羅絹	濟和
		各種手巾	中國建新公司
		各種手巾	中華製巾廠
		線球絲光棉綸	鴻大廠
		色線球	公利線廠
		絲光線球	裕豐線球工廠
		絲光毛冷	錦豐
		線球	公茂廠

	各種邊帶	鴻裕邊帶廠
	辮帶	中華辮帶廠
	白紗帶	中和廠
	地毯	模範工廠
	絲襪　線襪　毛綸襪	裕成染織廠
	絲光襪	志成襪廠
	線襪	環球襪廠
	絲光襪	進步織造廠
	襪	聯璧襪廠
	絲光襪　純絨襪	義和襪廠

	毛襪　絨帽　圍巾	振利廠
	絲光襪	家庭針織社
	絲光襪	寶隆廠
	毛襪	新華公記
	絲光襪	廣昇祥
	毛襪	辛權襪廠
化學工業部	香亞粉膏艷容膏	香亞公司
	上香水百花香水拉芬特香水芝蘭香水修容粉檀香香水 五月花香水小方瓶香水黃白潤髮膠	中國化學工業社
	蜜糖膠　生髮臘	大陸西藥公司
	花露水　生髮水	五洲大藥房

	潤身粉　生髮油	中華愛根生公司
	黃白蜜精	家庭工業社
	撲面粉　普通牙粉	三和工藝社
	雪花	馥茂化妝品廠
	烏髮香油壹永香油老牌香油永和香油潤髮膠	永和實業公司
	刨花	廣三元
	肥皂	冠亞實業廠
	各種香皂	鼎豐公司
	洋燭	中華洋燭廠
	花燭　貢燭　蠟燭	源豐潤

	平安蚊蟲香	九洲製藥廠
	立斃臭蟲藥	九天製藥公司
	殺蚊線香	華通製藥社
	安息香黑塔香檀末斗香	王大興號
	愛國牌火柴	恒昌公司
	火漆	三緘火漆社
	以脫鹽酸硝酸硫酸綠化汞	科學儀器舘
美術部	被面女套繡字七言對色緞花邊夏布繡小花絖	裕泰成
	國旗繡片	貧兒院
	國粹畫	楊雪玖

	木炭像 裝衣像	生春軒
	木炭像 裝衣像	春生軒
科學儀器部	風琴 各種花邊	商務印書館
	電話機無線電報機雛形正切電流表盤旋機阿脫馬特氏墜體測驗器杜哈美氏曲線記音器托氏感電機地球儀複轉地球儀三球儀	
	人體解剖人體骨骼乳解剖 耳喉頭解剖 發聲器 胃臟 各模型	
	抽氣機驗反動力器真空鈴步氏氣壓表液體折光試驗器馬爾司電報機離心力軌道無礙軸壓水櫃熱漲條	中華書局
	風琴	
	動物集合標本農作物害蟲標本桑害蟲標本保護色標本 蜜蜂生長順序標本 蚊蟲生長順序標本	
	寄生蝦標本 西文鉛字黃楊木雕刻版雕刻銅版電鍍銅版寫真銅版	
	繪圖器	科學儀器館

	電話機正切電流表水壓機積氣噴水器飛輪抽氣機石灰燃案上人體人體骨骼雞卵發生順序各種蠶珊瑚放大烏賊	
	解剖蛤解剖蛙解剖蝦神經蛙神經魚心神經系蛇心神經系石竹梅花桃花櫻花地形各模形	
飲食品部	車厘果露檸檬露結汁番茄醬	馬玉山公司
	果露	中國化學工業社
	杏仁露果汁	利華公司
	果汁	中法藥房
	餅乾	天福餅乾公司
	餅乾	中華協記公司
	露酒	三陽觀
	白玫瑰酒　菉豆燒酒	同慶永

		白玫瑰酒	天順元
		白玫瑰酒	萬恆醬園
		露酒	大慶永酒行
		露酒	大同釀酒廠
		花雕露酒	王恆豫
		露酒	同昌福
		露酒	康成造酒廠
		砂糖　紅糖　白糖	元裕糖行
		紐筋	萬泰愼
		皮蛋	豐茂廠

藥品部	
榮寶丹　白樹油	大陸藥房
直正血　人丹	中法藥房
神效膏	中國化學工業社
戈製半夏	戈善慶堂
麥液精丸紅鐵精丸海草藥丸藥膏胃良眼藥水	華西藥房
鏡面散	人壽醫藥室
薄荷精	普太和
驥製半夏	崔氏瓣香廬
各種藥酒傷藥	福山堂
薄荷錠薄荷油薄荷水薄荷烟如意油玉桂油丁香油艾片油白鳳丸種福丹化州橘紅	種德園

	參貝陳皮消痰半夏延齡佛手藥製橄欖	宋公祠
	保腎固精丸	愛華製藥社
	止咳除痰散	何禮臣
	十滴藥水	家庭工業社
	消毒無敵片淋毒無敵片防毒無敵膠百毒無敵散拔毒無敵水久淋無敵水白帶無敵球淋毒無敵錠	江逢治化學製藥公司
	人造自來血樹皮丸代參膏補天汁女界寶月月紅魚肝油海波藥良丹	五洲大藥房
	人參再造丸	王利川平記
	腦素腎素血素紅血輪紅血輪補丸慶勝丹固本子宮丸	羅威藥房
	八寶珍珠丸內服愛克憐外用愛克憐中華目藥皮膚新藥疥癬膏	三西公司
	麝香	杜盛興

	白粉霜酸棗仁等	嘉廣生藥行
	懷山藥大生地等	裕和源藥行
	方兒茶斑毛	中和裕藥行
	大茴香白花蛇等	義成藥行
	懷牛膝大川烏等	慎大藥行
	大黃大茯苓等	協隆興記行
	肚棓大黃等	協泰祥號
	茴香丁香等	同協祥
	麝香大黃等	王葆仁
	肚棓川姜黃等	同泰祥

		各種藥材	粹華製藥廠
貳等獎	農林園藝部	南陵秈蘇州破[illegible]米早白粳沙更米東三省小米牛莊高粱天津芝蔴	鴻盛米行
		花生芥辣菜籽	大隆行
		棕川黃南桔花果	永茂祥
		菊花	稑裕新
		黃象牌白廠絲	德和絲廠
		沔陽紅繭無錫湖色繭	允餘絲廠
	水產部	魚頭	萬泰慎
	狩牧部	猪鬃	中國皮毛公司
		羊毛	協泰祥

製造工藝部	銅器錫器手杖白蓮咯帽	先施公司
	各式呢帽	顏祥茂
	文具盒書架寫字盒信插花卉屏焦畫	中華職業學校
	小照鏡　日記簿	金錩香粉紙廠
	磨墨機	胡祥鈞開文
	銀質徽章要物	萬成銀樓
	耳環戒指	商餘公司
	文明燭	戴春林平記
	花竹小桌椅　小號花架	興華公司
	男女鞋	履新公司

	夜明燈	耀明廠
	粉撲	利益號
染織工業部	錦緞被面	江全泰
	五彩被面	申昌裕
	大布	啓成玉
	大布	祥泰布莊
	大布	祥生泰
	五彩線球絲光絨線	協大工廠
	蠟光線綜絖線木線球通絲線	公利廠
	絲綸	恆興廠

	絲帶絲弦絨線花線	振昌成
	腿帶	維新廠
	扎帶	三發廠
	絲光襪	振泰襪廠
	絲光襪	商餘公司
化學工業部	嫦娥霜蜜膠	永和實業公司
	芝蘭粉擦面牙粉潤髮膠	中華愛根生公司
	頂門檀香	興隆源號
	衛生盤香	王大興號
	黑鞋油	中國化學工藝社

科學儀器部	繪圖器　八行星儀	商務印書館
	晶抽模型正切電流表平行四邊合力器安全燈	中華書局
	河豚標本	
	病蠶模型蠶兒雌雄鑑別模型胎兒模型	
	噴霧器	科學儀器館
	礦山模型顏面半截模型齒模型乳模型	
飲食品部	瓶酒	聚興益
	白玫瑰酒	元和醬園
	蜜棗	萬泰愼
藥品部	九煉百草精	友人氏製藥公司

立止咳嗽茶葉	汪氏採芝廬
袁製痛瘋骨痛露解毒止痛露	濟華堂
醒獅丹	張樂天
民丹天癸湯	民生公司
衛生蜜	協興昇
痛瘋藥露	仁養廬
人中寶胃氣散六〇六內服藥及藥膏	太和大藥房
種强湯	華通製藥社
筋骨疼痛露立止咳嗽茶保肺止咳丸消痰半夏餅清火利便散	聯昌德軒氏

上海總商會呈請農商部備案文

民國十年六月六日

上海總商會呈為創設上海商品陳列所請准備案並咨行各省事竊維立國之道以振興實業為先振興實業以推廣國際貿易為要我國地大物博出品富饒歐美各邦所需種種原料多恃我國供給則我國在國際貿易地位本可以佔勝利乃近年以來洋貨充斥土產壅滯國計民生因之益窘凡我商人言念及此莫不同聲浩歎考東西各國貿易政策不一其端要不外提倡國內之生產力以杜外溢之漏卮蓋不如是則其國之製品必為外貨所壓倒其國之利源必為外貨所吸收故列國對於生貨原料品之輸入概行免稅製造品則重稅之而於本國物產之輸出則免其稅他如改良製造品獎勵輸出且發國帑以補助之凡以求抵制外貨保守富源而已上海為通商巨埠我國輸出物品大都以此為薈萃之處徒以交通未便懋遷之道每局於方隅團結無方聚合之區反疏於研究甚至有天然特產足供世界之需要者竟湮沒而不彰製作精良應備吾人之仿造者又借鏡而莫得遂至農荒於野工廢於場商困於廛鑛棄於地者比比皆是也本會有鑒於此迭經會董等再三討論皆主張舉辦商品陳列所徵集各省方物陳列一堂俾資比較而勵觀摩復求改良而供參考且遇外洋採運既可作樣品廣告之場欲求國貨推銷尤當盡說明介紹之責有此數利始足以振興我國之實業並足以推廣國際之貿易爰於前年會集滬上各商家分募巨款即就本會附近建築商品陳列所一所並置備各種櫥櫃俾供陳列之用共計費銀九萬餘兩所有開辦及常年經費等項仍議由本會隨時籌募俾底於成現當開辦之初業由本會議定規章五種另訂成冊呈乞
鑒核至所內組織一切均已完備訂於本年八月間開幕宗旨以改良國貨發展工商業為主尤以振興實業推廣國際貿易為切要之圖並訂每年六七月間徵集各省商品一次俾求進步復訂每年八月間舉行展覽會一次審查商品分別等第給予獎牌並擇尤呈請
鈞部核給獎憑以示鼓勵所有本會創設商品陳列所各緣由理合呈請
鈞部備案並乞
咨行各省省長分飭所屬實業廳暨商會農會工會等一體籌備出品照章統限於本年七月三十一日以前為徵集各省商品彙運到滬之期相應併案陳明伏乞

核准查照施行無任懇切待
命之至
十年六月二十六日奉　農商部批第九八五號據呈及規章均悉該會創設上海商品陳列所應准備
案至徵集各省商品一節業經令行各省實業廳轉飭所屬各商會農會出品陳列並將辦理情形呈復
合先批仰知照此批

上海總商會商品陳列所總章

第一條　本所由上海總商會創設故定名曰上海總商會商品陳列所

第二條　本所徵集各省商品分部陳列以改良國貨發展工商業爲宗旨

第三條　本所每年於陽曆六七月間徵集商品一次俾資比較以求進步

第四條　本所每年於陽曆八月間訂期開展覽會一次舉行審查分別等第給獎

第五條　本所經費由上海總商會籌定並請由上海各商業團體隨時量力捐助

第六條　本所由上海總商會會董中推舉若干人組織委員會會議決定遇有重要事件應提出議案交由上海總商會常會公決

第七條　委員會推舉委員長一人爲委員會議之主席委員長遇有事故不能出席時由委員會臨時推舉一人代理主席

第八條　本所設所長一人由上海總商會會長聘任之但須得本所委員會之同意

第九條　本所設三科辦事如左
總務科　商品科　編查科

第十條　本所所長秉承上海總商會會長執行本所委員會議決一切事務遇有事故不能到所時本所總務科科長得代理其職務

第十一條　各科設科長一人科員二人均由所長秉承上海總商會會長聘任之但須經本所委員會通過

第十二條　各科職掌如左

總務科職掌

一　關於文件收發保管事項
二　關於本所會計及一切設備事項
三　關於稽查員役勤惰事項
四　關於全科庶務及不屬於他科事項

商品科職掌

一　關於商品之徵集運輸事項
二　關於商品之陳列保管事項
三　關於商品之介紹買賣事項
四　關於招待觀覽人事項

編查科職掌

一　關於編製各種統計圖册報告及商品說明書等事項
二　關於商品之調查事項
三　關於國內外工商業狀況之採訪事項
四　關於工商業者之諮詢答解等事項

第十三條　各科設事務員書記員無定額視事務之繁簡由所長派任

第十四條　各科事務員書記員分任職務均由科長商承所長指定遇有繁重事件應由各科會同辦理或酌調他科人員助理之

第十五條　本所職員每逢星期及國慶節期均照例休假惟商品科爲招待觀覽人起見上午休假半

日下午照常辦公
第十六條　本所展覽審查章程及徵集商品規則陳列保管規則觀覽規則均另訂之
第十七條　本總章由上海總商會常會議决公布施行
第十八條　本總章經委員會或會董五人以上之同意得提議修改之

陳列保管規則

第一條　本所收到各處徵集之商品即置於棧房開箱查照商品目錄書商品說明書及出品人願書逐件檢查如有不合商品資格或損壞之品當即分別剔退不予陳列
第二條　檢查後准予陳列之商品按照該品所屬部類分別登記商品簿商品簿式即與商品說明書式相同以便核對
第三條　商品未陳列以前應于登記商品簿時編註號數暫存商品儲藏室照簿編號各附標籤以待陳列
第四條　凡商品經檢查登記商品簿後即塡發各出品人收據在收據上編列號數即與商品簿號數相同以憑查取
第五條　商品儲藏室另立簿册分別登記某日存儲某部類之商品若干件某日取出陳列某部類之商品若干件派員管理以專責成而免遺失
第六條　本所商品分十二部陳列如左
（一）農業園藝部　（二）鑛産部　（三）水産部　（四）狩牧部　（五）製造工藝部　（六）機械部　（七）染織工業部　（八）化學工業部　（九）美術部　（十）科學儀器部　（十一）飲食品部　（十二）藥品部
第七條　商品于陳列時各附籤標註明品名産地或製造地産額或製造額銷塲用途價値及出品人姓名以便觀覽者一目了然

第八條　本所置備玻璃橱檯專供商品陳列之用如有商品不宜陳列於橱檯者採用實物陳列方法
第九條　陳列各部商品如認爲必要時由本所酌加裝飾以壯觀瞻
第十條　出品人如有自願特別陳列裝飾者須先繪呈圖樣得本所之許可其陳列裝飾時應受本所商品科科長之指揮
第十一條　本所對于商品隨時變更陳列務期日新月異振起觀覽者之興趣並以新穎適宜之陳列方法提高商品之價值
第十二條　本所專爲商品組織陳列研究會隨時邀集富有陳列經驗及學識者開會研究各部陳列方法以期改進
第十三條　本規則由上海總商會常會議決公布施行
第十四條　本規則經委員會或會董五人以上之同意得提議修改之

商業圖書館以增進社會教育輔助商人學識爲宗旨每日下午二時至九時爲閱覽時間並許會員借覽已備書籍約一萬五千册援美人杜威氏十進法分總類哲學宗教社會語言實業美術文學史地十大類

商業補習學校以利用公暇研究商業應用智識爲宗旨每晚授課二小時

月報每月發行一册

附歷任會長副會長姓名

會長四年十月前稱總理

朱佩珍光復初舉任

周晉鑣元年六月選任三年連任

朱佩珍四年十月選任

聶其杰九年選任

宋漢章十一年七月選任

虞和德十三年七月選任

傅宗耀十五年七月選任

副會長四年十月前稱協理

林世傑光復初舉任

貝仁元同上元年六月連任

王　震元年六月選任

朱佩珍三年六月選任

沈　鏞四年十月選任

秦祖澤九年選任

方積蕃十一年七月選任十三年連任

袁禮敦十五年七月選任

縣商會

縣商會即續志南商會 民國六年始改今名並奉部頒發鈐記按淸光緒三十二年報部立案時定名曰滬南商會分所宣統元年詳部核准改稱滬南商務分會民國二年改稱滬南商會尋又改爲上海南商會三年商會法公布後未實行至六年三月始依法改組 初設總理協理各一人議董十九人商事公斷處處長一人改組後易總協理議董名稱爲會長副會長會董任期二年七年九月購毛家衖房地爲會產

附歷任會長副會長姓名

會長六年三月前稱總理

顧履桂元年舉任

姚曾綬九年選任十一年連任

顧履桂十四年三月選任十六年五月連任

副會長六年三月前稱協理

蘇本炎元年舉任

姚曾綬八年選任

姚福同九年選任十一年連任

朱得傳十四年三月選任十六年五月連任

附閔行商會

閔行商會淸光緒三十二年成立名閔行商務分會元年始呈准改稱會所由普安堂劃讓餘地五分改建用銀二千六百餘圓

公棧

上海公棧四年春中國銀行向大淸銀行淸理處價購蘇州河畔各棧房由交通浙江興業浙江地方實業上海商業儲蓄鹽業六銀行租用合組公棧以便寄存貨物並推廣押款嗣後各銀行次第加入公棧事業益加擴充十年三月北蘇州河火災公棧太半被焚迄未恢復

美國巴拿馬賽會出品協會上海縣分會

三年美國巴拿馬賽會徵求我國與賽奉農商部令於蘇省設立籌備巴拿馬賽會出品協會又於我邑設立分會事務所照章以縣知事爲

會長總商會會長爲副會長並置評議部徵集員暨名譽勸導等職員經費於地方公款内支給銀三千圓不足由商會籌補實支銀五千六百九十元五角五分四釐　五月六日假貧民習藝所開上海縣物産會徵集物品計一萬六百四十五件出品目錄如下(一)美術(二)教育(三)社會經濟(四)文藝(五)工藝(六)交通(七)農業附食品(八)園藝(九)礦物　六月一日假陸家浜中國圖書公司舊址開江蘇籌備巴拿馬賽會出品協會展覽會至三十日閉會由農商部給照赴賽

附錄農商部審查核定巴拿馬賽會上海出品得獎等級

頭等獎十五

各種畫高奇峯　各種畫高劍父

各種畫磁器哈少甫　劉海中堂郭楚臣

風景橫幅華琪
各種鉛板及科學儀器書籍等商務書館
各種鐘美華利
水星金星地球茶上海茶業出品會
祁門茶忠信昌
綠茶益芳茶號
二等獎四十八
仿古畫熊文庸
雙貓花籃蘇本嵒
繡蘆雁大挂屏一幢貧兒院
雕花牙鈕扣沈小莊
繡華盛頓像張公威
飛虹渡輪模型如意引擎求新廠
甯州茶謙順安
綠茶裕生華茶公司
綠茶鼎盛隆茶莊
水彩山水等林慕貞
拿破崙繡像等金靜芳
繡品成績上海女子中學
各種銅版鉛版及書籍等中華書局

各種墨曹素功

十六四支線紗振華紗廠

練絲屏及戳紗繡花枕片等賀雲章

各種絲經裕豐潤

各種化粧品廣生公司

獾皮毯徐南鑑

各種磁器莫華記

圖絲信昌廠

馬頭花莖牌絲乾康

牌絲協安

飛壁虎絲震祥

改良絲光紗線諸人龍

雪白府綢石文炳

裝飾品及窗門帘鬚等羅季舫

線結披肩袖口戴竹甫

各種紙龍章廠

染色毛皮振新公司

各種草帽冠華

飛鶴牌絲黃坤記

將軍牌絲華純泰

牌絲勤昌

彗星牌絲祥慶

孔雀牌絲裕祥　帆船牌絲源康
山查花牌絲裕康　牌絲通大
飛麒麟牌絲通綽　黑蛇牌絲賡記
石闌仁牌絲錦成　荷花牌牌絲振昌裕
雙雞牌絲慶華　大總統牌絲利昌
彩鳳牌絲大經　綠茶中華大利公司
綠茶和茂茶棧　綠茶瑞記茶棧
綠茶瑞源棧　仙芽茶洪昌隆茶棧
各種磁器湍齋　金星牌絲延昌恆

三等獎三十三

工筆藍菊李瑞卿　青綠山水姚伯鴻

秋夜畫高劍僧
水彩橋亭風景傅笨漢
莊耀甫楷書菊花畫幅陸家軒
各種堆絹人物生春軒
各種書籍中國圖書公司
大總統像圖畫美術院
獺皮蔡鴻泰
蜂蠟毛義興
各色緞紗甯綢汪星一
桂花絲光布黃慶瀾
絲光布華昌

牡丹畫屏李偉女
毛筆斷橋煙雨宋補蘿
繡花琴條袁鑄鐵
各種成績品第二師範學校
珂羅版條幅有正書局
各種木刻品貧兒院
雪花精牙粉等化學工業社
雜色花裱綾白裱花綾機戶宏富
各色緞紗及漳緞徐枝春
十六四支紗裕源
線結工藝程文明

軋髮刀銳利公司　各種銅器姚雅卿
珠塔許蓉初　紅木器具馬德記
紅龍花盆磁瓶潤源昌　各種藥五洲藥房
綠茶瑞興茶號　紅茶裕恆春茶號
綠茶王慶餘

四等獎二十四

左腕字屏黃奐華　靜觀橫披王煥章
趙如虎畫金箋正豐永　草書中學字對陸韶華
出塞圖高曉山　修身作法園藝實習貧兒院
厚紙工貧民小學校　透視圖何邦瑞
西湖風景華女士　油畫啓明女學

毛筆美女共和女學　堆花檯毯愛羣女學校

線結衣服聚秀女學校　圖案等二師範附屬小學校

救火引擎圖沈蘭谷　戽水機模型居硯仙

圖章周印侯　牙粉丹藥等羅威藥房

洋燈燈芯三友社　搹棉獅子狗卓耀珊

各種銀器萬成　各種摺扇蓋日公司

各種門簾同順昌　各種銅器裕豐仁

交易所

日本商人始創取引所於福州路經營各項證券及各種物品之定期約期買賣一時商人趨之若鶩取引所既獲利無算華商之有力者羨之乃有上海證券物品交易所之設立（或云五年冬孫文曾與北市鉅商謀設交易所以政爭中止）同時農商

部亦有交易所條例頒布由是而某某證劵交易所也某種物品交易所也某某交換所也某種市場也風發雲湧層見疊出雖有部例限制以託足租界故得自由組織置法令於不顧當九十兩年間成立開幕者二十餘家登報籌備者逾百家其呈部核准領有執照者不滿十家設立地點強半在愛多亞路公館馬路一帶散見於公共租界者間有之在内地者衹二三家股本額多至千萬少亦五十萬實際所收有不及一二成者乃房屋什物備極奢華聘僱員役概以百計一時英法兩租界地價房租增至倍蓰每一籌備處設立購股票者輒輾轉相求付定銀若干圓執收據一紙不逾時獲利二三倍其故由最先成立之交易所將本所股票價格高檯於是盡人以購買股票爲利益最需要愈多票價愈漲辦交易所者方自詡得計不知無窮禍害卽伏其中未幾

該所以失信幾至破產而風行全埠之股票狂熱頓落千丈而其他諸所之已設者閉歇籌備者取銷投機之風庶乎稍熄然而環顧滬市貨肆之被欠損失何止千萬失業者之流蕩無歸何止萬人至於發起人也股東也理事也投機家也訟累者傾家者失蹤者自戕者又不知其幾何人至是而交易所之巋然尚存者僅最先成立之一家與同業所組織之六家而已蓋居今日而言商業固不能不有定期約期之買賣交易所之職責爲平準物價調劑供求故其效用足以保證買賣之安全與信用善用之固未嘗無裨於商戰也茲就現存各所列舉於後

上海證券物品交易所在四川路一號九年立

華商證券交易所在漢口路四十五號九年立

華商棉業交易所在愛多亞路九年立

華商紗布交易所在愛多亞路八十號十年立
上海麵粉交易所在民國路新開河九年立
上海雜糧豆餅交易所在愛多亞路十五號九年立
金業交易所在黃浦灘九江路五號十年立

民國上海縣志卷六

商務下

商業團體凡已見續志者不列已見續志而調查較詳者仍附列

中華國貨維持會爲緒綸錢江雲錦盛涇京緞綯業典業衣業帽業繡業各公所團體聯合組織元年始設於中旺街八年購會所於高墩路費一萬七千餘元籌募不足由簡照南龐竹卿助欵成之當政府議訂冠服章制時請願採用絲織國產品經內務部呈大總統批准三年冬菲律賓嘉年華會徵求我國物品與賽會長伍廷芳副會長王文典自備川資攜商品赴賽獲獎證多種四年農商部開全國國貨展覽會副會長王介安亦自備川資赴京特闢一所專列會內赴賽品是會江浙兩省得獎匾額者六而會內赴賽者得其五時論榮

之黎大總統頒給利用厚生額
常熟米業公所在洪昇碼頭内新新街清光緒十八年建初名常昭米業公所光復後改今名額曰豐裕基地三分五釐
義德堂麵粉公所在吾園路清同治初建奉關壯穆侯象基地一分五釐
均德堂麵業公所在薛衖底麵鋪同業公立清同治元年購置光緒三十年增葺基地三分五釐六毫
體仁夏布公所在二十五保十六圖梅家衖清光緒十三年購建
山東河南綢業公所續志作絲綢業公所向在山海關路十一年購閘北太陽廟地二畝六分七釐十二年建中奉關壯穆侯象左爲同業先輩祠右爲議事室
蠶業公所在大生衖清光緒三十一年建祀關壯穆侯

衣莊公所在天燈衖清光緒十二年購建
裘業公所在曲尺灣清光緒十四年皮貨業建
履業公所原稱靴鞋公所在金家旗杆八年建奉神位三中曰履祖左曰孫臏右曰趙武靈王
嶺雲公墅氈帽公所在蔡陽衖清光緒元年建中奉財神象額曰冬煦堂光復後氈帽需要大減業驟落公所等於虛設基地三分六厘
鮮猪業敦仁公所在孫家衖清光緒初購地建屋基地二分有奇額曰敦仁堂祀關壯穆侯民國六年大加修葺設同業送醫所同業善後會暨商業學校
魚業公所在大生衖民國二年建廳堂大小十五幢中奉關壯穆象額曰得所堂基地七分五釐四毫

興安公所俗稱桂園公所在金家宅衖閩省業桂圓黑棗檀香商公立創始於淸乾隆間初設新開河嘉慶十二年大理寺卿郭尙先撰記立碑咸豐朝公所燬於兵碑獨存同治十一年購地建屋供天后象民國十年江祖著等重修並董事會基地八分

水果公所時行堂淸光緒十四年始設於小東門內見續志　民國五年購裏毛家衖楊姓屋改建六年工竣遷入基地一畝四分四釐三毫

滬南三山會館爲閩商之營靑果福橘業者公立初賃屋於裏倉橋淸光緒季年購地於二十四保二區方十二圖滬杭車站對面宣統元年始建閱五載工竣殿宇宏麗供湄州天后象殿前爲戲臺後爲樓西爲園池石亭臺參差掩映繚以西式磚牆何振岱撰記基地四畝二釐五毫

書業公所在障川路淸光緒十二年購地及屋基地三分七釐四毫　有堂曰崇德旋

出賃公所以廢二十六年復設於公共租界小花園宣統三年遷回原址公訂章程選舉董事創辦書業商團民國八年集捐設同義善會又設文友社每歲刊行國民快覽一書議董章宸蔭捐資購義塚地六畝八分六釐於寶邑大場鎮又將公所儲欵購閘北指江廟路地三畝四分有奇備建醫院

上海印刷全業公所在天通菴八字橋堍印刷業公立基地十畝

紅木拆料同業公所永林堂在福佑路爲批拆紅木花梨陰沉香楠等樹料商公立始創於清光緒初民國三年併入烏木煙桿業集款改建基地二分一釐八毫

磚灰業公所見續志　永諧堂在金家牌樓清光緒三十一年南北市磚灰同業集資購地一畝七分宣統二年吳旭齋等經建廳事五楹中奉

關壯穆侯象民國九年建槐亭（錢昌輝撰記）

銅錫公所（見續志）在利涉橋西北蕭谷峯捐地二畝二分二釐一毫同業集資添購四分六釐三毫清光緒三十年建大廳奉關壯穆侯象民國四年改建並奉老君象左右奉發起人神龕樓上爲議場東西爲董事室招待室首董長生位及助欵五百圓以上肖像各室及辦公室寢室門房庖湢之屬咸備縻貲萬二千金

漆商公所在火神廟東清光緒十九年建奉關壯穆侯朱文公羅大眞人神位附設漆商認税事務所（基地七分二釐）

草紙業浙嚴公所在荷花池清咸豐五年購建供同業客商住宿及屯貨中供天曹府君象（基地五分）

磁業公所在陸家宅清光緒三十三年購建基地四分七釐供關壯穆

侯曁平浪王象民國八年購二十五保十圖地二分六釐二毫樓屋五幢以賃金充公所經費

洋貨商業公會爲字號門莊行家五金玻璃煤油顏料木器食物九業三百餘家公立在法租界東新街法册道契第一百七十三號地三畝七分七釐三毫清光緒三十四年建額曰振新並建振新里樓房出賃充常年經費

蘇州集義公所向在法租界晏公廟西光緒三十二年營運日本海産雜貨業公建有續志有丙舍民國元年法工部局取締停柩因購地於二十五保十五圖麗園路計二十五畝建屋二百三十間八年工竣始遷廳事奉關壯穆侯象額曰懷德

油麻公所在老太平街清同治二年桐油苧麻同業建屋兩進各三楹

中供關壯穆侯象是業兼營釘鐵當沙船盛行時需要大繁獲利甚豐自輪船興沙船日少是業遂形衰落然公所司月仍勿廢基地九分八釐四毫

德馨堂煙業公所在東姚家街清同治九年旱煙業商公立初設財神街民國六年購屋於是基地一畝四分八釐五毫煙兌業衆和社有事亦於此集議

齊安公所在侯家路季家街煙葉業公立亦稱煙業公所

敬業堂西菸公所俗稱鼻煙公所在油車街清光緒二十三年京滬同業公建基地四分四釐中奉關壯穆侯天后諸象江蘇巡撫趙舒翹采辦貢煙內閣學士陳邦瑞御史宋伯魯進呈貢煙因均有聯額題贈

敦義堂茶食公所在二十五保十圖中華路清光緒間茶食肆同業購建奉關壯穆侯象基地一畝有奇

星江茶業公所在糖坊街洋莊茶葉各棧公立初設花草浜五年移建

於此正廳供朱文公神位額曰敦梓堂基地一畝一釐
銀行公會在香港路六年七月成立最先入會者爲中國交通浙江興
業浙江地方實業上海商業鹽業中孚七行八年議決檢定公共準
備金規則爲入會各銀行不虞之備每行所存金額至少規銀一萬
兩於會中特闢庫房存儲之故不生息他如刊行銀行周刊改組上
海公棧組織商業名詞研究會公定營業規程承募交通部八釐
短期購車公債組織上海造幣廠借款銀團發行通泰鹽墾五公司
債票代兌中法實業銀行鈔票發起票據研究會請願政府停止續
發新公債凡所以利商業紓民困者莫不首先發起擘畫周詳至十
二年止入會者又有聚興誠四明中華廣東金城新華東萊大陸東
亞永亨中國實業東陸正利中國通商中南農商工商各銀行先後

凡二十四行十一年三月發行房地產公債三十萬兩爲改建會所之需

金業商會在公共租界黃浦灘路清光緒十九年建

華商紗廠聯合會設總事務所於愛多亞路設會長副會長各一人董事十一人每年三月開大會一次在會各廠應納會費按照各該廠用花每擔抽銀三分十年起改每擔抽銀一分五釐新廠入會須繳入會費銀壹百兩十二年間全國入會紗廠計四十八家設立在邑境者十七家

浙紹咈布公所在淨土路清同治八年浙紹人業染洋貨咈布工人立咈布俗稱席咈布光緒間購建基地三分有奇

漂業公所在喬浜路東口三年漂業工人立糙色洋布用漂白粉漂染成白卽稱漂白布

上寶靑藍淺批染藝公所在西倉路清光緒二十四年紹興染藝工人

聯合寶山境內各坊公立
綢綾染業公所在貴州路永平里
綺霞堂染業公所在署前路壽康里
金陵染業公所有二一在三官堂路一在穿心路
蘇紹絲綫絨經染藝公所在中華路白漾街口十年立中奉關壯穆侯象
鼎和堂廚業公所在藥局街六年南北庖人公立爲同業集議之所並辦施醫施藥施棺諸善舉
公共宰作在薛家浜口滬甯蘇三幫公建
甯幫木作公所在新閘橋北祀公輸子
漆藝公所在派克路梅福里

方作公所在尙文路胡家衖棺木工人公建

道達堂溝路公所原名砌街公所附設於水木工業公所淸道光九年始自立團體同治二年集資建公所於文廟路民國九年增葺並釐訂章程整頓行規呈准淞滬警察廳暨縣公署立案

印刷職工聯合會在芝罘路

鐫業公所在邑廟玉淸宮

梓業公所在西倉橋高家衖雕花作同業立

銅鐵機器公所在茂德路東華德路

徽甯梓業公所在高家衖淸咸豐六年徽甯紅木工人公建中奉魯般象

聯梓堂紅木物件公所在望雲路九年購屋基地二分六釐五毫

梳妝公所在大白柵二年紅木梳妝鏡匣同業立基地一分四釐
象牙公所在北張家衖十二年建基地二分五釐
骨器小行公所在林蔭路
皮坊公所在麗園路六年牛皮業建基地五分
水鑪公所在斜土路水鑪俗稱老虎灶同業公建
鑪坊公所在儀鳳路石湖坊
簡簿公所在西姚家衖
裝池公所在石駁岸裝裱書畫碑帖同業公立
整容公所在青龍街雞毛衖薙髮同業立
永義堂紙器公所在虹橋衖蘇滬紙紮冥器同業公立七年購中供羊角哀左伯桃象基地二分

捷音公所在靜修路清同治十一年販賣日報同人公立

星相公所在凝河路星相同業向設恤幽會於豫園旋廢六年購屋立公所辦理同業賒棺善會暨惜字會屋七楹供鬼谷仙師方炳靈公象額曰居易堂基地三分一釐一毫

梨園公所在梨園路清同光間京劇同人公建光緒季年復加修葺附設伶界聯合會

金融機關

自山西票號衰落之後上海金融機關之組織其一爲錢莊其二爲外國銀行其三爲內國銀行信託公司儲蓄會官銀公司均歸納于銀行或錢莊之內

錢莊最初營業僅係兌換一端嗣後商業日繁始有存款放款及流通莊票之業務光緒初北市有八十餘家南市有三十餘家迨至七年中

法之役倒閉相繼僅存二十餘家旋又逐漸恢復北市有七十餘家南市有三十餘家後營口市面衰敗滬上各莊受其影響頗有外強中乾之象不旋踵而橡皮風潮突起市面大爲震動其消沉之象不亞於中法之役倒閉者數十家辛亥鼎革市面益不可問是時南北兩市共存五十餘家至民國二年逐漸恢復迄今各莊資本亦日益加巨魄力雄厚者大都側重於抵押放款故北市有八十七家南市亦有二十五家雖經五四風潮交易所風潮五卅風潮均不甚受其影響

外國銀行自上海互市以來至於今共有二十餘家交易以滙豐爲最大勢力亦最強實以上海商務英商居十之七八而滙豐爲之總收付也日本金融機關初僅正金臺灣二家旋又增爲六七家德華因歐戰沒收中法因虧累倒閉近均復業是以我國進出口之收付機關均爲

外國銀行所操縱

內國銀行清季以通商銀行爲最早大清銀行爲最有勢力鼎革後大清改爲中國爲國家銀行之基礎其時尙有交通銀行浙江興業銀行浙江銀行四明銀行等數家今共有五十餘家與錢莊及外國銀行相鼎足銀行錢莊俱有公會之組織有已入未入公會二種

銀行 附外國銀行及中外合辦銀行

已入公會之內國銀行

中國銀行上海分行繼承大淸銀行之後民國元年首先開辦五年五月十二日下令停兌金融界大爲恐慌行長宋漢章副行長張公權組織股東聯合會由律師代表股東向滬行要求將本行所有資產負債交付律師管理一面通告各商存欵鈔票一律兌現以弭風潮定有辦

法五條（一）上海中行由股東聯合會舉定監察員一人到行監察全行事務悉歸股東聯合會主持（二）本行所有資產負債移交外國律師代表股東管理一切並隨時有查賬之權（三）上海分行鈔票將準備金移交外國律師保管隨時兌現（四）所有存款均到期立兌（五）將來各商家設有損失悉歸股東聯合會負責　民國六年總裁王叔魯副總裁張公權擬招足商股一千萬呈請修正中國銀行則例是年十一月公布

交通銀行上海分行光緒三十四年開辦除管理交通部所轄之路電郵航四政收付外兼有代理國庫發行鈔票之權爲國家銀行之一民國五年奉令停兌滬行至六年始行復業

浙江興業銀行開辦於光緒三十二年係浙江鐵路公司所發起股本初爲一百萬圓先收四分之一杭州爲總行上海爲分行之一開辦時即有發行鈔票之權鼎革時兌現提存均能應付裕如信用日著民國三年蔣抑卮手訂章程移總行於上海於總行內設總辦事處董事監

察人於董事中選出董事長一人辦事董事四人常駐總辦事處對外行爲以董事長代表其時浙江鐵路公司收歸國有該行卽將鐵路公司所附股份招他商承受現在股份已收足二百五十萬圓十二年滬行改稱總行

浙江實業銀行初爲浙江銀行宣統元年開辦官商合股總行設杭州上海爲分行民國初元曾代理省庫四年六月改組浙江地方實業銀行股本官六商四旋於十一年官商分離改歸官辦者稱爲浙江地方銀行改歸商辦者稱爲浙江實業銀行今上海爲總行股本已收一百八十萬圓四年與中國銀行訂定領劵特約收回本行所發鈔票銷燬增設國外匯兌部所附設之儲蓄處完全獨立

上海商業儲蓄銀行民國三年莊得之陳光甫等創辦股本初爲十萬

圓旋增至二百五十萬圓七年增設國外匯兌及各種儲蓄十三年又增設旅行部分行遍於津浦滬甯各商埠

鹽業銀行民國三年十月政府以鹽欵爲財政收入大宗特設銀行經理之派張鎭芳招股開辦股本已收六百五十萬圓總行在北京上海爲分行之一是行營業對於國家不負鹽業以外之其他義務十二年總理吳達銓聯合金城大陸中南三行組織儲蓄會及準備庫

中孚銀行上海分行係孫蔭庭所發起開辦於民國六年總行在天津股本已收一百五十萬圓上海華商銀行經營國外匯兌對外正式發表者以該行爲最早年來兼辦儲蓄

四明銀行爲甯波李雲書等創辦上海總行設於光緒三十四年股本已收規元七十五萬兩有發行鈔票之權鼎革時兌現提存賴以平定

者俱甬商之力該行具商業儲蓄銀行性質年來儲蓄頗形發達

聚興誠銀行爲股份兩合公司蜀人楊依仁楊培賢等所組織楊氏世業聚興誠商號（爲疋頭棉花雜糧各業）匯兌頻繁乃設此行總行在重慶上海爲分行之一資本一百萬圓無限責任股東（皆係楊姓）與有限責任股東各半擔任

中華商業儲蓄銀行簡稱中華銀行民國元年創設主辦者爲沈縵雲股本二十五萬圓初有發行鈔票之權旋以僞票迭出停發年來專營商業儲蓄

廣東銀行上海爲分行之一總行在香港資本英金一百八萬二千餘磅採用買辦制度其營業以國外匯兌爲主

金城銀行民國六年開辦股本已收六百萬圓具商業兼儲蓄性質總

行在天津上海爲分行之一十二年與鹽業大陸中南三行共同組織儲蓄會及準備庫

新華商業儲蓄銀行係中國交通兩行所籌辦初爲儲蓄銀行爲內國儲蓄銀行之嚆矢創辦於民國三年資本已收二百萬圓總行在北京上海爲分行之一初專營儲蓄釐定各種儲蓄金發行有獎儲蓄票旋因項城帝制失敗將票收回以五年公債換給十四年改爲商業儲蓄

東萊銀行爲魯商劉子山所獨資創辦總行在靑島上海爲分行之一資本二十萬圓民國十二年改組有限公司資本三百萬圓劉仍爲大股東專營商業

大陸銀行創立於民國八年股本已收三百三十四萬五千餘圓商業兼儲蓄總行在天津上海爲分行之一十二年與金城鹽業中南三行

共同組織儲蓄會及準備庫
東亞銀行爲香港簡東浦李芝芳所創辦總行在香港上海爲分行之一股本已收港銀五百萬圓營業以國外匯兌爲主
永亨銀行民國七年施省之創辦股本五十萬圓專營商業
中國實業銀行總行在天津上海爲分行之一前財政總長周學熙創辦股本已收三百十萬餘圓有發行鈔票之權其性質以商業而兼營儲蓄保險
中國通商銀行光緒二十三年盛宣懷奏請部款並招商股爲官商合局上海爲總行天津漢口並設分行庚子之役津行收束辛亥之役漢行亦歇股本爲規元二百五十萬兩曾入外國銀行公會並有發行鈔票之權繼設分行於甯波及本邑虹口南市

中南銀行上海爲總行南洋僑商黃弈住與現任該行總經理胡筆江所創辦股本已收七百五十萬圓有發行鈔票之權民國十二年與鹽業金城大陸三行合組儲蓄會又以呈准發行之鈔票會同三行發行合組準備庫

農商銀行總行在北京上海爲分行之一前農商總長高凌蔚創辦官商合股股本已收一百七十三萬一千圓有發行鈔票之權

工商銀行總行在香港上海爲分行之一股本已收一百三十萬餘圓以國外匯兌爲主

未入公會之內國銀行

江蘇銀行係江蘇省立民國九年開辦上海爲總行蘇境重要商埠均設分行股本六十萬圓自設倉庫注重貨物押欵兼營儲蓄

勸工銀行民國十年開辦股本已收五十一萬六千五百圓每股二十圓便於勞工者入股

勸業銀行係官商合股民國九年開辦總行在北京上海爲分行之一股本已收二百三十九萬一千餘圓農商部有保息之優待條件

棉業銀行開辦於民國十年上海爲總行設分行於漢口股本已收五十萬圓專營滬漢棉花押匯押欵及匯兌事業

煤業銀行民國十年煤業同人創設股本四十萬圓專營煤業往來其性質與棉業銀行同

華大商業儲蓄銀行開辦於民國九年邑人葉逵顧履桂王震等所發起股本已收五十萬圓

上海江南商業儲蓄銀行民國十一年開辦股本已收二十五萬圓

百滙商業儲蓄銀行民國十一年開辦股本已收二十五萬一千圓

信通商業儲蓄銀行民國十年開辦股本二十萬圓

山東商業銀行民國三年總行在濟南上海爲分行之一股本已收一百五十八萬餘圓魯境重要商埠均設分行

東南植業銀行民國十一年開辦股本五十萬圓營商業而兼儲蓄

蒙藏銀行股本已收一百三十九萬圓總行在天津上海爲分行之一

通易銀行民國十年開辦股本已收七十五萬圓

中國興業銀行民國十四年開辦總行在漢口上海爲分行之一股本已收一百五十萬圓

香港國民商業儲蓄銀行民國十一年開辦總行在香港上海爲分行之一股本已收二百五十二萬二千餘圓

上海國民銀行民國十二年開辦股本二十萬圓
道一銀行民國八年開辦股本四十五萬三千五百圓總行在杭州
正大銀行民國十四年承正利銀行之舊址股本二十五萬圓
上海通和銀行民國十四年開辦股本五十萬圓

此外尚有富滇銀行係雲南滙兌機關濟東實業銀行係山東滙兌機關明華銀行係童今吾創辦蘇州儲蓄銀行係洪小圃孫慎欽創辦美華銀行係黃和卿創辦聯華銀行係厲汝熊創辦日夜銀行係黃楚九創辦女子商業儲蓄銀行係嚴叔和女士創辦中國儲蓄銀行係中國儲蓄之分行江蘇典業銀行係蘇省典商所創辦均以開辦未久茲從闕

附

已入公會之外國銀行

麥加利銀行係有限公司爲英人創辦西曆一千八百五十三年英皇發布勅令准立故號稱皇家特許銀行總行在倫敦不稱麥加利惟上海分行則以第一任總理之名名之年最久爲外國銀行領袖其業務專利英人之在澳洲印度中國等處之經商以存款放款匯兌爲主爲

純粹之商業銀行兼發行鈔票

滙豐銀行原名香港上海銀行西曆一千八百八十一年英商怡和仁記等洋行招募華商在香港開辦嗣華股陸續讓與洋商總行在香港上海爲分行之一該行除完全爲對華貿易機關外如我國賠款年金之輸送鐵路借欵之收付及其他各業之投資鈔票之流通均占莫大利益辛亥光復吸收存款尤巨近年關稅之外繼以鹽稅資力雄厚竟有操縱我國金融之勢力

花旗銀行係股份有限公司西曆一九零一年爲美人所辦總行設紐約上海爲分行之一營業頗發達蓋美國輸入中國之貨以洋油洋布爲大宗雙方之滙兌貼現期票等事皆爲該行一家經理至發行之鈔票均得流通於我國內地其勢力亦不弱也

東方滙利銀行西曆一八七五年法人所辦總行設巴黎上海爲分行之一全爲法商對華貿易機關五國銀團該行亦居其一

橫濱正金銀行爲股份有限公司係日人中村道太所發起西曆一八九零年成立總行在橫濱上海爲分行之一該行宗旨本在乎對外匯兌貼現自中日戰爭後注全神於我國日俄戰爭後益擴充其實力於東三省在該處發行鈔票勢力更強上海因屢次抵制至今鈔票收囘未發也

和蘭銀行總行在勞透特姆西曆一八二四年開辦一九零二年成立上海爲分行之一爲南洋和蘭殖民地金融機關年來上海與南洋各地交易頻繁分行業務日形發達

華比銀行一九零二年開辦總行設勃魯塞爾上海爲分行之一其初

資本爲佛郎一百萬旋增至佛郎五千萬先收三千萬其勢力日厚
臺灣銀行係中日議和後日本官商合辦之有限公司總行設臺北上
海爲分行之一其目的欲擴張經濟勢力於中國南部各地除存放匯
兌外有兼理國庫之權在華發行鈔票數亦不少上海因屢次抵制至
今收回未發
住友銀行係日本商辦之有限公司總行設大阪上海爲分行之一存
放各欵逐年遞增爲數甚巨故資力雄厚不亞於其他日人銀行
三井銀行亦係日人商辦之有限公司爲三井洋行金融機關總行設
東京上海爲分行之一專營進出口匯兌事業
三菱銀行亦日商有限公司爲三菱洋行金融機關總行設東京上海
爲分行之一專營進出口匯兌事業

朝鮮銀行係日本得朝鮮後所創辦總行設朝鮮京城上海爲分行之一有發行鈔票之權其目的在擴張勢力於南滿北滿一帶鈔票在該地流通無阻稱爲金票

有利銀行爲英國海外銀行之一西曆一八七五年開辦總行設倫敦上海爲分行之一額定資本三百萬磅分甲乙丙三種

大通銀行係美國銀公司所組織總行設紐約上海爲分行之一

安達銀行係荷商所組織總行設荷京上海爲分行之一

大英銀行爲英國輪船公司所組織總行設倫敦上海爲分行之一

華義銀行初係中義兩國合辦現華股退出讓歸義國獨辦總行設意京上海爲分行之一

運通銀行係美國運通轉運公司所組織總行設紐約上海爲分行之

一

德華銀行西曆一八八九年德人開辦總行設柏林上海爲分行之一在我國境内發行鈔票勢力不亞於匯豐爲五國銀行團之一民國六年八月我國對德宣戰該行由我國沒收停止營業實行清理上海行址售與交通銀行營業七年歐戰終了德華旋亦復業

中法工商銀行爲中法實業銀行所改組辛亥改革後政府亟籌善後向六國銀行團提出借欵屢議未成其時東方匯理銀行主張中法兩國聯合設一銀行以輸入外資財政總長熊希齡韙其言遂有中法實業銀行之組織其資本法認三分之二中認三分之一得在我國發行鈔票總行設巴黎上海爲分行之一民國十年六月總行忽下令停止營業惹起恐慌外國銀行界漠然不顧而北京上海之我國銀行咸主

代兌鈔票一時共兌出洋二百零九萬餘圓十四年七月重行組織改稱今名始將我國銀行代兌之鈔票收回其存欵匯欵則以五厘美金債票換給我國人損失甚巨

未入公會之外國銀行

義品銀行係意國商人所組織上海爲分行之一專營我國房地產押欵該行開業之始營運資本均募集公司債以佛郎爲本位而所營我國之上海天津漢口各埠房地產押款大多以銀兩爲本位歐戰後佛郎匯價暴落將銀兩押欵陸續收回購進佛郎以付公司債本息其利益甚大

美豐銀行係在滬美人所組織上海爲總行成立約十年

遠東銀行係俄政府所設開辦於西曆一千九百二十三年總行在哈

爾濱曾向我國政府注册上海爲分行之一

中外合辦銀行

中華滙業銀行爲中日合辦之滙兑銀行曹汝霖等發起民國七年成立總行在北京上海爲分行之一曾入銀行公會該行組織法總理爲中國人專務理事爲日本人分行正經理爲中國人副經理爲日本人其主權屬我國

中華懋業銀行爲中美合辦總行在北京上海爲分行之一曾入銀行公會

錢莊

錢莊之組織略如前金融機關所述現分已入公會與未入公會二種至民國十五年止計已入公會者八十七家未入公會者二十五家每

莊股本最巨者三十六萬兩最少者萬兩其牌號及股東姓名不具錄
信託公司
信託公司乃承交易所而繼起者當時不下十餘家後僅存中央通易兩家
中央信託公司民國十年開辦資本初定爲一千萬圓先收四分之一股東以紹興幫錢莊爲多十二年改爲實收股本三百萬圓董事長田時霖田逝世田祁原繼之經理爲嚴成德公司之組織分銀行信託保險儲蓄四部十四年北京路新廈落成營業發達世多稱之
通易信託公司民國十年開辦初名通易公司爲無限公司黃溯初范季美主之旋爲兩合公司無限責任股東爲黃溯初范季美鄧君翔三人信託公司成立兩合公司即行清理資本總額爲二百五十萬圓十

五年合併浙江絲綢銀行聞已實收二百萬圓董事長兼總經理爲黃溯初其組織分銀行信託證券儲蓄四部營業以證券爲多且爲證券業之先導者近亦營新廈於北京路

中外儲蓄會

萬國儲蓄會西曆一九一二年法人所創辦其入會辦法全會每月納銀十二圓半會每月納銀六圓四分會每月納銀三圓其給獎辦法自特獎至附獎各得獎金多寡不等

四行儲蓄會民國十二年由吳達銓聯合鹽業金城中南大陸四銀行創辦資本共一百萬圓上海爲總會附設準備庫京津漢各埠設分會分庫吳達銓爲總主任錢新之爲副主任未及三年各種儲蓄已達七百餘萬圓

中法儲蓄會爲中法商人合辦民國十四年法國商人股份讓與中國商人另行修正章程呈請財政農商兩部註册改爲股份有限公司仍用舊名北京爲總會上海爲分會之一以沈燮臣爲經理其入會及給奬辦法大致與萬國儲蓄會同

官銀號及銀公司

各省官商爲便利匯兑起見於上海設立官銀號或銀號其規模大小不一如東三省敦昌等是若銀公司則全係私人集資創辦大抵以合資公司爲多專營押款事業如一大集成等是若瑞恆兼營證劵事業東方儲蓄則於押款外兼營儲蓄事業

附屬事業

上海公估局僅北市一家係安徽汪蘭亭所創辦爲銀錢業及各商所

公認市上元寶須由公估局批過方可通用批費每隻銀二分四厘獲利頗巨倘有偷漏未批查出須補出批費批過之寶各家收回後須一一復平如有輕重應卽更正否則公估局不任其責公估方法有二一爲秤量一爲秤色秤量者謂之管秤秤色者謂之看色凡公估時先由一人將元寶之中央凹部拭淨交與管秤者秤量後卽將其重量以墨筆記入凹部於是看色者以其目力判斷其成色之優劣記入中央凹部大約成色高者批申水二兩七錢五分成色低者批二兩六錢五分如重過四十九兩八錢者每兩申五分如成色在二兩六錢五分之下者不批此係指上海爐房所出元寶每隻以四十九兩八錢爲標準者而言若各省所來之元寶申水照通例批如低色之寶去水至一兩以外者卽不批倘看色者有疑義時以方鐵椎鑿入檢查其內部之成色

然後記入之此等秤色全憑其平日之經驗外人見之無不驚歎銀爐爲冶銀鑄寶之所外地來寶成色不同均須改鑄或由銀條熔鑄或由小銀圓改鑄銀爐即受銀行錢莊之委託以從事此改鑄業務如由銀行委託者銀行合計大條銀與上海元寶之比較數以大條銀交與銀爐銀爐出一本票交於銀行作爲銀爐對於銀行之欠款其手續等於拆票信用較厚之銀鑪出一本票已足信用稍次者須有銀鑪三家連環作保隔一二日元寶鑄成後即送交銀行如由銀行委託將外地元寶改鑄者其手續亦同惟成色較優之外地元寶銀鑪尚須貼水二三兩不等如由錢莊委託者錢莊預計所交元寶或小銀圓合上海元寶成色當得若干與銀鑪約定之後隔一日銀鑪即以鑄成元寶交回錢莊總之鑄出之元寶均須送公估局批定後方可送交銀行或錢

莊民國十五年銀鑪以此爲業者共二十二家其同業結合之機關爲銀鑪公會

上海銀行公會始於民國四年春係中國交通浙江興業浙江實業上海商業儲蓄鹽業中孚等七行所發起七年香港路會所落成入會銀行增其六共十三家是年七月八日開成立會訂定上海銀行公會章程照章選舉董事後又陸續加入銀行十三家共二十六家十四年香港路大廈落成十五年入會者減二家共計二十四家先是九年九月公訂入會各銀行營業上共同遵守之規則名爲上海銀行營業規程都十六條呈請財政農商兩部核准備案又爲在會各銀行提倡公共準備起見共集準備金三十八萬餘兩訂定公共準備金規則十六條外國銀行公會會所附設於麥加利銀行向以麥加利經理爲會長大

致爲謀國外匯兌業之營業便利者也訂有上海國外匯兌銀行公會章程

錢業公會爲錢業集議之所其始組織甚簡民國十二年一月修正章程及營業規則甚爲詳密章程十七條營業規則二十五條

銀行週報爲我國銀行界最早之言論機關創始於民國六年春夏之交借中國銀行餘屋爲基址七月銀行公會正式開幕週報卽遷入公會辦理

錢業月報爲上海錢業之言論機關創始於民國十年二月以錢業公會餘屋爲基址

行市委員會附設於銀行公會上海各銀行對於洋釐銀拆之大小向照錢業公會挂牌之行市對於先令大條之長縮向照外國銀行挂牌

之行市而國內匯兌之行市則以各行各埠來電爲標準至不統一銀行公會在會各行有感於此特設行市委員會每日上午派員到會集議雖未能獨立釐定各種行市而將來實力擴充或可別樹一幟也

國外匯兌經紀員公會爲銀行公會所設民國七八年以來在會各銀行經營國外匯兌日益加多經紀人逐年有加即由公會檢定華商匯兌經紀員公會章程十五年六月止計共有十六人

國內銀行團乃仿照外國銀行而成立民國紀元以來滬上銀行業日益發達且有銀行公會之組織團體因之鞏固於是有聯合放款之舉其最大者一爲造幣廠借款銀團二爲通泰鹽墾五公司借款銀團三爲車輛借款銀團

銀幣化驗所爲銀錢兩公會所特設甯杭皖鄂贛等省運滬新幣成色

重量每有參差皖贛兩處尤多輕幣市面擾亂不堪言狀兩公會有鑒於此將運滬新幣抽送化驗所每星期化驗一次並登報公布以維幣政

金融方面所受之影響

上海規元勢力之影響於金融　九八規元爲上海通行之計算銀兩無論銀行錢莊各商店莫不以此爲計算之標準（如元寶一隻重五十二兩加申水二兩五錢以九八除之得五十五兩六錢卽五十四兩五錢之上海銀兩爲五十五兩六錢）其計算法之起原始於南市之豆麥行故各地與上海交易者均稱九八豆規元後租界開闢商務日繁此計算法遂流傳於租界成爲商界之計算本位中外銀行及錢莊各商店均以規元爲交易之媒介卽各省各埠亦以此爲轉移在金融界占有重大勢力（其以豆規銀計作庫平銀湘平銀漕平銀關平銀俱見續志疆域風俗）

墨西哥銀圓與本國銀圓統一之影響於金融　上海自互市以來通用墨西哥銀圓其勢力甚偉大即市上通用之龍銀圓其價格亦不能相等民國七年五四風潮陡起上海罷市事平後六月十一日開市墨西哥銀圓缺乏上海錢業公會集議將墨西哥銀圓龍銀圓及各新幣合開同一市價取消墨西哥銀圓行情並通告銀行及各業上海銀行公會得此消息即在公會集議各行均極贊成先由華商銀行團與各錢莊即日實行旋外國銀行亦一致贊同幷有甚願將北洋銀圓及香港站人銀圓亦一律通用之語當其時中外各銀行及錢莊合力經營銀幣始得統一（年來墨西哥銀圓幾絕跡市上所通行者大多國幣）

交易所潮流之影響於金融　滬上自有日本取引所各種花紗絲繭交易幾盡入其掌握甬商虞洽卿有鑒於此遂於民國九年集同志創

辦證券物品交易所市面大爲震動繼之者有華商證券交易所華商紗布交易所雜糧交易所麵粉交易所金業交易所等共達一百餘家各地資本多集於滬且富於投機性之滬商巧立各種名目一物之微亦以此中爲媒介卜晝之餘兼以夜市爲交易以致風發雲湧不可遏抑至十年冬倒閉者踵相接識者謂爲橡皮風潮後之第一大風潮今猶存者僅證券物品交易所華商證券交易所華商棉業交易所華商紗布交易所雜糧交易所麵粉交易所金業交易所七家而已其影響於金融甚巨（另見商業建設）

整理公債案成立之影響於金融　民國紀元以來政府舉行內債人民觀望不前致各種公債價格日益低落一以擔保未能確實二以還本屢次愆期信用因之未固十年三月財政部籌定整理辦法當時除

七年短期公債有延期賠款確實指抵三四年公債有指定常關收入暨德俄停付賠款交與總稅務司專欵存儲以便償本付息外餘俱歸入整理案內由總稅務司安格聯氏保管基金世所稱爲整理案公債是也其影響於金融亦巨

兌換劵發達之影響於金融　外國銀行在滬發行鈔票爲數甚多以致內地間有流入民國紀元以來中交兩行兌換劵逐漸推行中經袁氏稱帝下令停兌中行抗不遵命故能信用日益鞏固年來國內銀行如交通銀行通商銀行浙江興業銀行四明銀行中南銀行廣東銀行中國實業銀行農商銀行均有發行鈔票之權市面流通爲數甚巨其中亦有力主準備獨立與營業極端畫分者故信用日著而外國銀行之鈔票遂逐漸減少此與金融有極大之關係也

各錢莊領券之影響於金融　中國銀行原有領用鈔票辦法僅限於少數銀行同業民國十二年十一月滬市發生銀與銀幣兩荒之恐慌籌碼不敷周轉各錢莊因援照銀行領用中行鈔票例擬向中行領用未果十三年春錢莊復聯合要求經幾次磋商雙方協議訂立領用鈔票合同訂立以後各莊雖未普及市面已大爲震動各錢莊收付以往來戶爲多向之以五日爲期七日爲期領用各行鈔票者今乃專領用中行鈔票向之中外銀行鈔票並用者今乃專用中行鈔票

發行銀輔幣券之影響於金融　民國十三年六七月間滬市以銀角跌價單角缺乏行使頗感不便故有發行銀輔幣券以爲治標之計當時主張者以上海造幣廠尚未開辦銀幣何從鑄造擬由銀錢兩公會會同發行一角銀輔幣券一千萬張卽一百萬圓十足準備以期救濟

卒未實行十五年十二月一日中交兩行同時發行銀輔幣劵中行發行者爲一角二角五角三種交行發行者爲一角二角兩種此項輔幣劵係十進兌換制如集滿十角可向兩行或代兌機關兌換大銀圓一圓其未滿十角之零劵由兩行委託代兌換莊照市以銅圓兌大銀圓價兌換銅圓不折不扣此於小民之生計與輔幣之整飭所關匪淺也

九六公債漲落之影響於金融　民國十一年二月十一日政府公布發行償還內外短債八釐債劵俗稱九六公債蓋以債額爲九千六百萬而名之也政府以鹽餘向國內銀行抵債甚多即以是項債票八四抵給除付給日本方面之債四千餘萬撥付軍政各費一千餘萬外其餘四千三百五十餘萬均抵給與國內銀團惟以債息僅付過一次債本又無償還之期以致價格低至二折以下十四年夏秋之交政府有

委託總稅務司安格聯氏繼續保管基金之消息於是價格漲至六折以上市面大爲紛擾蓋是項債劵確有繼承整理金融公債關餘基金之權利也且查金融公債還本之期十六年即可終了十七年即可開始撥還九六公債本息所爭者祇付息還本時期之一間耳其影響於金融甚巨

民國上海縣志

鈕永建署

民國上海縣志卷七

教育　教育行政

民國成立蘇省長官通令各州縣舊時所有勸學所應取銷改歸學務科辦理以資統一並吊銷圖記具報是年十一月一日裁撤勸學所任楊保恆爲上海縣公署學務課課長民國元年三月楊保恆就任江蘇省立第一師範學校校長改任李宗鄴爲學務課長兼縣視學二年四月省令視學一職應遴選合格人員專案呈准任用五月任丁熙咸爲縣視學旋就任特別會計處常任委員三年一月任朱贇爲縣視學七年四月江蘇教育廳轉省令並發教育部修正勸學所規程及施行細則限五月十日以前成立上海縣勸學所於六月十五日組織成立即任吳馨爲勸學所所長規程細則附後

縣教育局

民國元年稱勸學所遵教育部頒修正勸學所規程及施行細則奉省飭廳轉縣限日成立爰於民國七年六月八日邀集十九市鄉經董學務委員縣立校長暨各士紳於也是園商定組織辦法並以經費不敷於規定甲縣經費一千元外酌加半數由縣呈准即於同月奉教育廳長符委任吳馨爲所長八年五月十一日吳所長病故縣委楊嘉椿爲代理所長六月教育廳胡委任李宗鄴爲所長以大吉路體育場一部分房屋不敷辦公遷回尚文路勸學所舊址至教育欵產由欵產經理處於九年陸續交出十二年七月奉令改組爲縣教育局下附規程及施行細則

縣教育局施行細則

第一條　本細則遵照縣教育局規程並依地方情形訂定

第二條　本局事務員三人承局長指揮分掌左列事務

一文牘　主辦文牘及關於調查統計圖表編製事項

一會計　掌理款項出納審核預算決算及關於經費之統計表册編製事項

一雜務　掌管案卷收發文件及書寫等事項

第三條　本局視學遵照部令以縣視學任之

第四條　視學視察評語除照章呈報備核外由本局公布之

第五條　縣市鄉立學校校長進退由局長呈請縣知事任免之

第六條　本局董事會遵照奉頒辦法甲項之規定設董事九人董事會開會由局長召集其會議細則另訂之

第七條　全縣市鄉分爲五學區設教育委員五人其細則另訂之

第八條　本局商承縣知事辦理全縣教育行政事宜如有應行討論及徵集意見時亦得參照前勸學所規程第二條召集縣教育行政會議

第九條　本細則自呈准日起施行

附勸學所規程

第一條　各縣設勸學所輔佐縣知事辦理縣教育行政事宜並總核各自治區教育事務

第二條　勸學所設所長一人由縣知事呈由教育廳長委任呈報省長及教育部備查

第三條　勸學所設勸學員二人至四人由縣知事委任呈由廳長彙報該管最高級行政長官遇必要時得置臨時勸學員由縣知事就各區學務委員內委令兼充

第四條　具有左列資格之一者得充勸學所所長

一曾任地方教育事務五年以上者

一曾任高等小學校校長三年以上者

一曾在師範學校畢業任教育職務一年以上者

第五條　具有左列資格之一者得充勸學員

一曾任地方教育事務二年以上者

一曾任國民學校或高等小學校教員二年以上者

一曾在師範學校畢業者

第六條　勸學所所長受縣知事之監督指揮總理所內事務勸學員受所長之監督指揮分掌所內事務

第七條　勸學所視事務之繁簡得設書記一人至三人

第八條　勸學所職員之薪俸公費由縣知事呈請教育廳長核定呈報該管最高級行政長官

第九條　勸學所經費由縣知事就地方公款項下自行籌支仍詳報主管長官查核備案

第十條　自治區未成立地方由勸學所依照地方學事通則處理其教育事務

第十一條　本規程之施行細則由教總長定之

第十二條　本規程自公布日施行

勸學所規程施行細則草案

第一條　關於左列各事項由勸學所陳請於縣知事處理之

一　義務教育之調查及勸導督促等事項

二　查核各學區之位置及其聯合事項

三　各區學務員會之設置事項

四　查核各區學齡兒童之登記及其就學免緩事項

五　經管縣屬教育經費編製預算决算並稽核各區教育經費處理其紛爭事項

六 查核各學校之建築及其他設備事項

七 核定區立各校之學級編製及教科目增減事項

八 縣立各校及其他教育事業之設置事項

九 核定區立各校及其他教育事業之設置事項

十 私立學校之認許及考核事項

十一 代用學校之核定事項

十二 改良私塾事項

十三 社會教育之施設事項

十四 學校衛生事項

十五 縣屬教育之統計報告事項

十六 縣知事特別委任事項

第二條 勸學所辦理縣教育行政事宜及第一條所列之各事項遇有應行討論及徵集意見時應陳請於縣知事召集縣教育會議前項會議以左列各員組織之

一 縣署主任教育職員

一 勸學所所員

一 縣立各校之校長及其他教職員

一 各區區董及學務委員

一 縣知事特別指定之教育會會員及地方士紳

縣教育會議之議事細則由縣知事核定呈報該管長官查核備案

第三條 勸學所所長每一學年內須周歷縣屬各區一次或二次勸學員分任各區勸學事宜每一學期內須周歷所任區域二次以上勸學所所長及勸學員周歷各區時應就所執行之職務述爲勸學日記報告於縣知事

第四條　勸學所每一年終應就所內辦理事項編爲學事年報其要目左

一縣教育當年之經過情形

一翌年之教育計畫

一本細則第一條所列各事項之處理概要

一縣教育之統計

一其他報告事項

第五條　勸學所所長以三年爲一任屆期滿時由縣知事呈請改委或仍諭連任勸學員以二年爲一任屆期滿時由縣知事改委或仍令續充

第六條　勸學所所長及勸學員之奬勵及懲戒事項依地方興學人員考成法之規定由縣知事呈由教育廳長分別執行呈報該管最高級長官

第七條　勸學所所長應刊用圖記由縣知事呈請教育廳長刊發彙報該管最高級長官

第八條　勸學所經費由所長按月造具支付表呈請縣知事核發仍於年終列入縣教育經費案內呈報該管長官查核備案

第九條　勸學所所長及勸學員因臨時職務及其他特別事項得支給旅費及雜費其費額及支給細則由縣知事定之

第十條　勸學所所長及勸學員非經縣知事之核准不得兼充他項職務

前項之規定臨時勸學員不適用之

第十一條　勸學所經管之文書册籍及關於財產款項之簿摺契據等件遇所長交代時應連同圖記陳請縣知事核明交代

第十二條　勸學所之文書程式對於縣知事以呈行之對於各區各校及其他教育塲所以公函行之

第十三條　勸學所之辦事細則由縣知事核定呈報該管長官查核備案

第十四條　本細則自公布日施行

附江蘇市鄉學務委員服務規程

一市鄉學務委員按照部頒小學校令第四條第四項受市長或鄉長（即市總董或鄉董）之委任辦理本市鄉教育事宜其得受委任之事項如左

甲　規畫本市鄉教育事務

乙　調查本市鄉學齡兒童數

丙　擬具本市鄉應設小學校之數及位置並酌擬分年推廣之次序

丁　擬具本市鄉經常費內教育費應占之分數

戊　每年度調製本市鄉教育費概算書並彙編決算

己　核定本市鄉學齡兒童之就學及出席狀況

庚　考核本市鄉各學校編製學級支配教員釐訂學科課程事宜

辛　考核本市鄉各學校教授管訓育事宜

壬　規畫本市鄉社會教育事宜

癸　其他經法令規定市長或鄉長職權以內關於教育事宜

二市鄉學務委員除前條規定外不得用學務委員名義

三每市或每鄉設有學務委員二人以上者得由市長或鄉長就其職務或區域畫分委任之

四市鄉學務委員每年應將本市鄉教育進行之狀況具報告書於市長或鄉長轉報縣民政長

五鄉學校聯合設置學務委員時比照上列各條辦理

附學區表

區名	元年區域	十二年區域

第一學區	上海市　引翔鄉　閘北市	上海市　引翔鄉　閘北市	
第二學區	蒲淞市　法華鄉	蒲淞市　漕河涇鄉　法華鄉　曹行鄉	
第三學區	高行鄉　洋涇市　陸行鄉　塘橋鄉	高行鄉　洋涇市　陸行鄉　塘橋鄉	
第四學區	三林鄉　楊思鄉　陳行鄉	三林鄉　楊思鄉　陳行鄉	
第五學區	漕河涇鄉　曹行鄉　塘灣鄉	閔行鄉　北橋鄉　馬橋鄉　塘灣鄉　顓橋鄉	
第六學區	閔行鄉　顓橋鄉　馬橋鄉　北橋鄉		

教育團體

小學教育研究會

小學教育研究會成立於民國七年十月經上海縣勸學所教育會會同發起邀集上海公私立各小學校職教員組織之研究方法分三種

甲普通研究乙分科研究丙通訊研究研究結果彙印研究錄分送全縣各小學校參攷八年十月印行第一本研究錄九年八月印行第二本十年四月印行第三本十一年五月印行第四本同年九月印行第五本十二年十二月印行第六本附簡章

附上海縣小學教育研究會簡章

一宗旨　以研究小學校教學管理訓練上實施方法爲主

二組織　由上海公私立各小學校組織之

三會員　暫定資格如左

甲　上海公私立各小學校校長教員

乙　上海縣教育會職員及勸學所職員

丙　有志研究小學教育者

四職員　暫定會長副會長各一人書記三人編輯六人均由會員中公推任之

五研究資料

甲　研究問題注重局部及實際

乙　研究問題由各會員提議之

六研究方法

甲普通研究　各小學校校長及經衆公推之會員會同本會職員開會研究是謂普通研究會

凡提議之問題先由普通研究會討論認爲成立者提出研究研究之結果可完全解決者卽行議決如必須分科研究者提交分科研究會

乙分科研究會　依據研究問題之性質就會員中公推或自認分別擔任開會研究是謂分科研究會

分科研究會應自定研究方法並推一人爲主任

丙通訊研究　凡關於採訪意見及調查實施方法經過情形等得通訊於各會員研究之

七會期　普通研究暫定每月開會一次分科研究臨時酌定

八報告　研究之結果應具報告書詳敘實施之方法由本會印刷宣布以備各學校實地試驗

徵求各學校實地試驗之經過情形及所得結果由本會彙編發布

九會所　暫設事務所於公共體育場

江蘇省教育會

年　月	第　屆常會	會姓氏長	副會長姓氏
元年六月	第八屆常會	會長張謇	副會長王同愈
二年六月	第九屆常會	會長張謇	副會長王同愈
三年八月	第十屆常會	會長張謇	副會長黃炎培

四年八月	第十一屆常會	會長張謇	副會長黃炎培
五年八月	第十二屆常會	會長張謇	副會長黃炎培
六年八月	第十三屆常會	會長張謇	副會長黃炎培
七年八月	第十四屆常會	會長張謇	副會長黃炎培
八年八月	第十五屆常會	會長張謇	副會長黃炎培
九年八月	第十六屆常會	會長張謇	副會長黃炎培
十年八月	第十七屆常會	會長張謇	副會長黃炎培
十一年八月	第十八屆常會	會長袁希濤	副會長黃炎培
十二年八月	第十九屆常會	會長袁希濤	副會長黃炎培

上海縣教育會

年　　月	第　屆常會	會長姓氏	副會長姓氏
元年四月	第五屆常會	會長賈豐臻	副會長王納才
二年四月	第六屆常會	會長賈豐臻	副會長王納才
三年四月	第七屆常會	會長李宗鄴	副會長姚文枬
四年五月	第八屆常會	會長吳　馨	副會長賈豐臻
五年四月	第九屆常會	會長吳　馨	副會長賈豐臻
六年六月	第十屆常會	會長吳　馨	副會長賈豐臻
七年七月	第十一屆常會	會長賈豐臻	副會長丁熙咸
八年七月	第十二屆常會	會長李味青	副會長丁熙咸
九年七月	第十三屆常會	會長李味青	副會長曹　橳

十年七月	第十四屆常會	會長賈豐芸	副會長曹楝
十一年五月	第十五屆常會	會長賈豐芸	副會長曹楝
十二年五月	第十六屆常會	會長賈豐芸	副會長曹楝

蒲淞市區教育會設蒲淞市自治公所民國九年八月開成立大會舉顧祥麐爲正會長王臨照爲副會長其經費由蒲淞市教育費項下撥支

閔行鄉教育會閔行原有奎星閣爲六角形在春申閣前民國六年經李顯常等集議改建樓房三幢費銀一千餘元並建待渡亭於浦濱教育會移設於此

北橋鄉教育會於民國五年由李學能等發起籌備至七年訂定會章

會務成立歷選戴笠楊福麟等爲會長會所暫設鄉立第一校
顓橋鄉教育會在顓橋鄉（十八保十八圖）自治公所内民國五年邑人施其光張國華等依照部定規程組織成立
漕河涇鄉教育會在漕河涇鄉公所由楊心才唐敬熙發起民國十一年四月成立八月附設小學教育研究會每月集各學校教職員開會一次
曹行鄉教育會於民國十二年六月由邑人錢賡香發起至七月二十二日假第二初級小學校開成立大會

神州醫學藥總會

神州醫學藥總會成立於民國元年發起者爲上海醫藥界余伯陶包識生王問樵葛吉卿等以研究醫藥精理發達神州天產講求公衆衛

生爲宗旨責任計分十欵（一）籌備醫藥專門學校（二）發行各種醫藥學報（三）籌辦醫院（四）搜羅古今醫書建設藏書樓（五）徵集醫藥界通才編輯各種教育講義呈請教育部審定頒行（六）籌辦醫藥各科補修科（七）徵集全國醫藥出品創設博覽會（八）籌辦藥品陳列所（九）力圖醫藥實行統一改良修合丸散膏丹及飲片炮製並化驗等法（十）凡關於醫藥應興應革事宜隨時條陳政府以備採擇施行於民國二年推舉代表晉京呈請國務院教育部立案當蒙大總統發下國務院奉第三十五號批准立案即就英租界麥根路設立神州醫藥專校一所編有講義多種分科教授計畢業師範生一班正科生一班今春改組爲神州中醫大學校址在閘北天通庵路並先後設立神州醫院於南北兩市歷任正會長爲余伯陶郎德壎顏伯卿朱少坡等歷

任副會長爲徐小圃吳菊舫朱堯臣黄少歧顧渭川蔡濟平葛吉卿童芝蓀王祖德等

上海童子軍會

民國六年七月由本邑縣教育會籌備組織上海縣童子軍聯合會推定基本會員着手組織是年十月六日成立定爲中華民國江蘇上海縣童子軍聯合會簡稱曰上海縣童子軍聯合會會所設在上海市西區大吉路公共體育場十年十二月改定名爲中華民國江蘇上海童子軍會簡稱曰上海童子軍會

上海學商公會

上海學商公會在前清光緒三十四年秋由顧翕周袁頌豐鄧源和顧旭侯單貽孫等集合學商兩界人士共同組織以聯絡感情交換智識

共同研究各種學理力圖改良社會促進文化爲宗旨會所設在小南門外水神閣歷辦商業補習夜校宣講人倫道德施醫給藥各義舉頗爲地方人民所信仰會友地方士紳鉅商居多至民國十二年六月由淞滬警察廳長徐國樑臚舉事蹟呈請江蘇省長轉咨內務部核准立案

上海公共體育場

民國四年十月省令各縣籌辦各縣公共體育場縣知事沈寶昌委託縣教育會會長吳馨主辦從事規畫籌集經費租借斜橋北堍慈善團公地二十六畝有奇建築西式樓房一座中式樓房一座健身房一座分劃足球場一處網球場二處室內籃球場一處室外籃球場一處隊球場一處設置柔軟體操部球部器械部田徑賽部技擊部附設體育

會招集有志研究體育者爲會員支配職員職務設管理員一人主持場務籌備一載有餘方始完竣於民國六年三月三十日開幕成立計共需開辦費銀二萬二千二百餘元

公共學校園

公共學校園園址在教育局西北即前一粟庵餘地地三畝有奇爲上海市內各小學校學習自然科便利起見由上海縣教育局上海市學務處暨上海各小學校籌設之自十一年十一月一日着手籌備至十二年五月十七日成立

社會教育

通俗宣講社

通俗宣講社在上海市南區陸家浜中道橋南首由邑人顧祥和王立

才顧旭侯袁順年共同發起於紀元前一年組織元年呈稟縣知事備案各區分設宣講所東區設老白渡街龍王廟理事單鑅西區設林蔭路西林寺理事鄧立銘南區復善堂街迎春高昌廟理事俞達北區設英租界大通路啓明學校理事汪春鑑中區一設火神廟理事洪濤一設邑廟萃秀堂理事王佐才二年起又往浦東各村分段宣講同年發起人兼任市政廳調查學齡兒童三年起開設通俗夜校六年起辦暑期衛生演講七年起辦通俗圖書室同年又辦露天學校九年起每逢夏季開暑期半日學校所需經費由發起人擔任外並由上海市公所補助

少年宣講團發起於辛亥光復之際強俄乘我內顧無暇之機侵佔庫倫時滬各界莫不憤恨乃有滬北啓明小學校學生汪龍超毅然發起

組織宣講團以課業餘暇分赴四鄉宣講國恥促醒民衆定名少年宣講團宗旨以改良風俗補助教育執行社會教育應有之事務對團員之訓練訂有一戒嗜吸烟草二戒戲傳賭博三戒無故飲酒四戒跡趨奢華五戒輕棄寒素六戒毀人名譽七戒有始無終八戒多購外物九戒虛耗光陰十戒妄自尊大十項戒約又定一行本團所辦之事業二行愛人如己之美德三行節儉儲蓄之良法四行救急助難之義務五行有過相勸之友誼六行提倡國產之責任七行謀展實業之利源八行刻苦勤勞之習慣九行百折不回之志願十行個人體育之鍛鍊之十行以養成社會青年之模範於民國紀元春宣告成立有團員二十人學界居多先設事務所於英租界晉福里啓明小學校四年春發行少年月刊一種又籌設半夜學校於美租界桃源坊秋復設辦事處於

巨籟達路文安坊汪宅又改坊間舊有小曲以通俗勸世之歌定名改良小調前後發行凡十萬餘册流行全國甚廣五年冬發刊新少年報六年春附辦第一露天學校於滬西盧家灣七年春分露天學校爲十區與宣講一致進行又鑒於滬地失學失業靑年良多附辦童子負販團是夏接辦尙新國民學校秋分設支部於南通推廣宣講範圍又組化裝演講部通俗游藝部輔社會教育之進行是冬呈准上海縣知事滬海道尹江蘇教育廳江蘇省長均批准在案八年春爲力謀進行徵求團員遷總部於嵩山路四十七號入夏附設公衆閱報社訂全上海各日報以利地方人士又擬分設支部呈請教育部亦批准在案九年春發起籌建團所以垂永久而謀社會教育發展汪龍超曾歷赴全國重要區域勸募捐欵各界慷慨贊助購定中華路尙文門口十一保二

十五圖空地一方爲基地建築團所及通俗演講場又分設蘇州支部於四月成立入夏請醫送診以濟貧民又改臨時爲永久是冬又開辦通俗夜學校於總部十年春擇定上海定所宣講分爲東南西北中本六區每逢星期開講又分游行宣講爲一二三四四隊按期出發宣講並組織調查部調查社會生計風俗衞生交通等項以資參攷實業部從事發起工商農各業以謀生利儲金部儲蓄金錢藉圖社會個人經濟之活動入夏又組暑疫救急隊分赴四鄉急救時疫發贈痧藥又刊新商人修養錄爲商界少年之修養十一年春發展計畫設立公衆閱報牌於上海老西門口開上海社會教育之先聲又設立華英中學校於閘北養成應用人才是年冬爲籌備建築事宜利便起見遷總部於小西門外養志坊十二年春建築總部團所及上海通俗演講場開工

是秋江蘇教育廳社會教育指導員張世穀莅滬到團參觀力爲贊揚乃呈報教育廳由廳轉咨上海縣公署傳令嘉獎至冬團所落成是時由滬南工巡捐局定團所後面公路爲少年路以爲紀念發起人汪龍超以基礎永固建築團所之責任已畢卽行辭去

民國上海縣志卷八

教育 宗教

金山神主廟祀漢博陸侯霍光卽城隍廟大殿也又有廟在北橋鎭見同治志祠祀

鄂王廟在城隍廟東清設巡防保甲局於此光緒二十七年僧松山募捐重修三十二年改建設北區救火會會後餘屋又畫分爲二一往西出入移置岳鄂王神像通城隍廟殿庭一改猛將堂爲警察局今其宿舍內尚存鄂王遺跡石刻橫幅一方嵌置牆中係蘇郡顧氏家藏邑人唐墀於道光八年勒石置壁

劉猛將軍廟在城隍廟東見同治志清光緒間漸燬市人賃設茶肆名其地曰猛將堂改革後改建爲警區又有猛將禪院在西倉橋東見續志

東嶽廟在火神廟後西偏似毗連而實各有界址單契歸慈善團保管

民國十二年募建曹案辦公處及土地庫藏等祠
海神廟在薛家浜海運局旁見續志改革後駐兵今設警區分所駐宿舍
東海神壇在天后宫門設壇見同治志自天后宫燬於兵其地久廢
先農壇在陸家浜南見同治志改革後廢改爲市立農壇學校在滬軍營路
利濟侯廟在西門内虹橋堍見同治志民國三年以築肇嘉路暨對峙其西
之鼓吹臺均重建
純陽帝君祠在巡道街即水仙宫見同治志民國十年辛酉僧了生改西偏
文武聖殿平屋爲樓五楹上祀三清下奉二聖並重修正殿
丹鳳樓見同治志以清宣統間拆城築福佑路毁其下雷祖殿改革後邑人
毛經疇等遷出神像移東明小學於此
明目侯廟即羅老太廟見同治志在凝河路顧家衖民國九年庚申屋圮陸

鴻貴同治志陳秋濤之姪孫重建改名同治初里人陳秋濤陸秋園出貲重建平屋三開間兩進時徐文瀛爲二十鋪段董朦報自建至民國九年秋園之孫鴻貴出貲改建樓房族弟陸鴻棠承造糜銀四千元由秋濤之子秋園之本生子德基呈市公所總董陸文麓轉呈上海縣公署備案基地二分四厘七毫

振武臺卽眞武廟見同治志以拆城毀

瞿眞人廟在斜橋南迤西十五圖前清光緒十九年旅滬湘人集貲建爲祀神集會之所蓋廟而兼會館者民國二年復購地於廟西設湖南旅滬公學

三官堂卽古雲臺見同治志在滬南鹹瓜街十六鋪保甲局設此改革後設巡警所其廟雖存而若廢

三元廟在南門外見續志俗呼野三官堂每歲正月七月十月二十七日香火極盛民國十二年後殿燬於火惟前殿存

青蓮菴見續志民國元年四鋪救火會改建後院大殿等屋爲市房僅餘

大悲殿海印堂

福田菴見續志在西馬橋北堍民國　年塡浜築路卽以爲名以精調蔬饌聞

沉香閣見同治志在二十五保五圖四十七號基地六畝七分四厘入官住持浪雲民國十年歿徒定海嗣

廣福講寺見同治志在二十五保五圖五十三號基地十二畝九分零三毫民國四年二區救火會改建山門外井亭爲市房後院房屋民國元年改設紫金學校

小武當卽紫霞殿見續志民國　年間原址爲電燈公司遷設南市車站售歸青年普益社開設學校

蓮座庵在中華路東淸乾隆時朱氏捐地有尼淨空募建又由住持本立及今慧倫募捐重建

靜安教寺在公共租界僅存大殿見同治志清光緒初住持僧正生募貲重
建六年落成正生歿六根繼以寺產豐富民國十二年客僧仰西心如
藉會審公廨力攘爲主持滬嘐剃度派聯合會方與力爭
天后宮在鐵大橋北見續志因地歸國有非租界權力所及門內空地賭
攤林立民國以來公共租界工部局屢次交涉請准予入內查禁十一
年地方欵產經理處總協董秦錫田沈周恐損國權籌欵修葺驅逐賭
攤設縣立第三學校於此中華職業教育社借用前進設立商餘學校
玉佛寺分院在公共租界北成都路清光緒間武進盛宣懷建以祀玉
琢之觀音寺在寶山縣江灣鄉進香之人交通不便故復分設於此
彌陀寺在公共租界北成都路滬南留雲蘭若住持募建爲海潮下院
報本堂在公共租界廣西路專備人借營齋奠佛像無多僧徒無幾而

陳設精雅與他寺觀異
龍華教寺在龍華鎮民國以來迭駐軍隊九年團長張慕韓募捐重修復經住持元照募捐建營房二百餘間商請軍隊遷移十一年香汎始復
岳王廟在漕河涇古寺西清光緒三十二年甬人鄔鳳松及吳紹基等募捐重修
度門寺見同治志在閔行鎮民國三年改建鄉公所後僅餘西北祖師殿由李祖佑購葉姓房兩間葺爲寺門
春申道院見續志在閔行鎮橫涇東關帝廟旁樓屋三幢民國十七年關帝廟改建第一公安分局設春申塑像於閣樓併由公安分局租用春申閣仍由住持道士使用

城隍廟在閔行鎭爲上海縣城隍行轅頗軒敞第三進錫祉堂相傳爲乾隆時壽民李枝桂所建又有一廟在橫涇東卽關帝廟西首今改爲簡易小學

清淨菴在閔行鎭城隍廟後

仁濟觀在馬橋鎭爲明兵部郎中何剛讀書處未詳建時

俞善廟在馬橋鎭民國十一年鈕永祚等募欵重建

陳雞山廟在馬橋鎭清宣統三年廟圯劉宗漢移建今地

北王寺在馬橋鎭民國十二年張益齡與僧化元等募貲重修

范遷王廟在馬橋鎭民國三年張秀蔚陸梅新等募捐重修

白沃廟在馬橋鎭見續志民國二年歸鄉公所管理

永慈菴在塘灣鄉明崇禎元年錢弘仁弘義建淸康熙三十四年錢氏

二世孫永浩三世孫懷萱修葺五十三年四世孫祖嗣五世孫元箸重修嘉慶十一年四世孫世賢祖德續修同治十一年錢氏裔孫丕訓丕顯丕濤榮照等重建

法華菴在塘灣鄉（見同治志）清光緒二十四年周晉昌籌欵修葺民國四年洪香泉周立誠重修

省殿子廟在塘灣鄉民國十二年錢椒曹正書康濟民等募捐重修

吳衝涇廟在塘灣鎭（見續志）民國四年丁光弼何少巖等籌款重修

甘露菴在塘灣鎭（見同治志）民國四年孫景福潘祖英蔣鴻聲孫祖貽等募捐修葺改西廂爲側廳

普濟菴俗名蔣家廟在塘灣鎭明崇禎時建清咸豐時蔣鳴崗蔣照環修民國十一年蔣燮堃蔣蓮坡蔣華募貲重修

惠濟菴即姚家廟見續志在塘灣鎮民國十一年姚如士姚榮生姚關林等募貲重修

新廟見續志在塘灣鎮民國二年謝子全謝月樓等募貲重修

仁壽菴在塘灣鎮小關帝廟在側見續志清光緒宋成業募修

沙門塘廟見續志在塘灣鎮民國四年何達如等募捐重修

南廣福寺見同治志在塘灣鎮民國六年何毓桂籌欵修葺

鷺湖廟見同治志附錄在塘灣鎮民國元年彭月亭蔡雲洲募捐重修

金鐘廟在塘灣鎮見同治志民國十一年金秋潮募捐重修

南宿菴在曹行鎮民國八年沈純甫李德明募建

淨土菴在曹行鎮孫家橋村民國九年趙瑞麟姜樹勛募捐重修

龍皇菴在曹行鎮葉家宅民國八年楊同生朱國香募捐重修

蓬場廟見續志在法華鎮民國十二年沈子賡殷豹君等募建十王殿一埭兩廡

東蓬場廟在法華鎮即遺賢菴見續志民國九年胡人鳳沈雲圃等募捐重建西廳一埭及兩廡十二年又募建東廳一埭及東廡幷新前進

關帝廟在法華鄉新橋北原名觀音堂相傳爲王氏家菴燬於洪楊之亂民國七年里人王麓孫偕姪山安募捐建屋三楹中奉關帝故改是名東奉觀音西設文昌位

三涇廟見續志在法華鄉民國七年姚福卿等捐建後殿幷修全廟

翠竹菴見同治志在法華鄉民國七年住持廣林及李鴻翥等募修大殿戲台殿東建屋兩楹

觀音禪寺見同治志在法華鄉民國七年僧增昌募捐重建大殿八年姚福

卿等續募重建兩廡山門

陳涇廟在法華鄉五圖見同治志有屋二進民國二年法工董局放闊徐家滙路迫令遷進由錢福田陳聯章等呈縣照會法工董局歸償遷費重建前進翌年以廟東餘地建設陳涇小學校

瞿巷關帝廟在蒲淞市宣統元年里人捐貲建

關帝廟在北新涇地方公建平樓房六十餘間基地七畝三分三厘七毫民國五年收歸市有

欽賜仰殿即東嶽行宮見同治志在浦東二十四保二十圖每年舊歷三月二十八日相傳爲東嶽誕辰香火頗盛

藥師殿在浦東二十二保二十四圖見同治志民國九年顧聘珍等募捐改建

積善寺在三林鄉寺外餘地四十餘畝清光緒末住持眞華將田單抵押於留雲寺宣統間三林學校備欵贖回呈准縣署作爲校產仍附設初等小學於寺中民國初鄉董喬栩又備欵向三林學校收回作爲鄉公產

西林懺院（見同治志）在三林鄉後有慈悲閣今爲三林鄉公所

烏泥涇廟在三林鄉本在烏泥涇鎮明萬歷鎮燬於倭遷浦濱清康熙又圮於潮地甲孫明海遂遷廟於此與徐彥臣所建之紫竹菴並道光同治間迭經彥臣之孫盛岡鳴岡曾孫載榮修葺又以日久將圮民國十一年王振翔重建幷菴廟而一之規模頗偉

海會寺在三林鄉漢時建三國孫權母重修元大德間僧慧能住持修葺後至閩得道清嘉慶六年僧曇照增修有雨花堂（金永孚書額）衆香國（王誠書額）

漱石居諸勝同治志微誤今依訪稿更正

猛將堂在三林鄉民國七年湯學釗募捐重建

東城隍廟在三林鄉西林懺院東共四進奉上海縣城隍

西城隍廟在三林鄉西昌庵西共三進奉府城隍在後進設貞固學校於此

岳王廟在三林鄉見同治志民國九年龐詮龐錦添建唱臺

河塔廟在三林鄉清乾隆時建道光二十三年沈泰元錢廷秀龐舜球任象奎陳友良等募貲重修並建門埭同治九年沈邦基龐春榮陳萬均任思義錢甯海募貲修理二進改西廂爲西廳光緒三十年任思勤龐允諧陳鑨耀沈譽清等捐募建後宮兩廂

陳汶庵在三林鄉俗呼陳村觀音堂元大德間僧圓建後明隆慶三年

趙希唐捨地重建陳所蘊有記
松筠菴在三林鄉明季建傍有羅漢松即金永孚所居之處後廢光緒
間金氏裔孫購松補植
天花庵在三林鄉汽車站東本在八字橋側清初僧文表因盧姓乏嗣
捨宅遷焉嘉慶八年盧在邦在廷衛克讓等募捐重建
德昌菴在三林鄉四圖清乾隆時建
青龍庵在陳行鄉塘口鎮南舊址近西黃浦清光緒初曹恂如遷今址
三十年徐近勇胡子皋募金建屋六埭民國八年復募款購地建山門
五楹秦錫田有記
曹村廟見同治志在楊思鄉民國十二年陳義生募貲建屋六間修葺十一
間

方外

黃綏來閔行洞眞道院住持善符咒祈雨屢驗

潘蘊仁閔行鄉春申道院羽士善符籙驅邪禱雨屢著徵驗

正詹清康熙時蒲淞市逘子庵住持精武術或云吳三桂將兵敗隱此

正修中歲出家清道光時住持文昌宮齋誦之餘治園蔬積貲歸葬父母妻子雲游不知所終

維琳號無畏大士元時北橋鎭明心寺住持寺有宋元豐時古松二有司欲取供朝用感而賦詩云大夫去作棟樑材無復清陰覆綠苔今夜月明霜露下誤他千里鶴飛來詩聞於朝詔勿伐

琴樓明心寺僧本沙岡孫氏母趙感異夢而生十三歲母歿寺僧悅齋乞捨出家不妄言笑明嘉靖萬曆間重建佛殿爲寺中興僧與縣令許

爲方外交隆慶四年蓄髮解糧北運及回許令親爲剃髮

晴輪明心寺僧篤於交誼邑庠生趙蘊公因處分事桎梏赴部晴輪冒暑赴京營救得平而反士林稱之

還照一名上鑑明心寺僧受傳於鄧小吼和尚爲臨濟三十四代法嗣善吟詠長潑墨山水牡丹尤爲世所珍

曉聞明心寺僧喜畫梅花頗饒雅緻

回教堂

清眞寺旅滬回教同人所建一在城南草鞋灣創設於清咸豐時者爲最先重建年見續志一在穿心街見續志務本小學外又設清眞董事會回教聯合俱進會等一在英租界見續志一在西倉橋路民國六年創立前兩進設清眞國民學校後進設高等回文學校暨中華回教學會基地約三畝餘一在滬

北小沙渡民國九年立　別墅在斜徐路北（見續志）　公塋（見續志）　在別墅之北坐落二十七保二圖六圖民國以來購置田畝左右分十餘處並築塋垣保障之

天主教

天主教之入境始自徐文定公光啓明萬曆三十六年光啓丁憂回籍過南京請意人郭居靜（同治志稱郭仰鳳）至上海開教始寓南門內喬家浜側（俗稱九間樓今屋尚存）是爲上海有天主教之始明萬曆三十七年徐光啓在宅旁建第一天主堂崇禎十年西士潘國光（見同治志）另建堂於安仁里今名老天主堂其在董家渡徐家滙（徐家匯爲徐光啟故宅以地當肇嘉浜法華涇兩水滙合處故名）洋涇浜之天主堂已略見前志茲就其統系分別爲表

名稱	剏辦年	地址	剏辦人	建築與事業

老天主堂	明崇禎十年	安仁里	南格祿	雍正元年改關帝廟咸豐十一年仍還西教士
董家渡天主堂	道光二十六年	董家渡	羅類思	江南傳教之中心點
洋涇浜天主堂	道光二十九年	洋涇浜天主堂街		教士住宅及病房爲江南傳教總賬房
虹口天主堂	同治九年	虹口		
天主堂（新堂）	光緒三十二年	徐家滙		堂宇寬大可容教友二千五百餘人
楊樹浦天主堂	民國十七年	楊樹浦		
新聞天主堂		新聞大通路		
耶穌會修院	道光二十七年	徐家滙肇嘉浜東	南格祿	內分三部有司鐸住室大學院初學院
大修院	道光三十年	由浦東張家樓遷徐家滙	李秀芳 施於民	授神學哲學
小修院（主心修院）	同前	同前	同前	

徐滙中學	同前	徐家滙		分中學及高級小學
藏書樓	道光二十七年	徐家滙		西書八萬冊中書十二萬冊志書二千一百種
土山灣	同治三年	土山灣		專收教外孤兒有慈母堂小學校及各種小工廠
博物院	同治七年	盧家灣	韓伯祿	陳列動植物標本
聖母院	同治八年	徐家滙		
獻堂會	同前			中國貞女專任女校教習管理育嬰
徐滙女子中學	同治七年			專收教中女子寄宿生
拯亡會	同治六年		郎懷仁	施女界教育兼育嬰事務
聖誕女校	民國十二年			
啟明女校	民國六年			培植教外女生

聾啞學堂				修女專授口講筆寫
幼稚園				
育嬰堂				
刺繡花邊裁縫洗衣				女工約五百人
善牧院		徐家滙		
聖衣院	同治十二年	土山灣慈雲橋東		以克己修身祈禱爲宗旨
聖心報館	光緒十三年	徐家滙		月刊以傳揚聖化爲宗旨
天文台	光緒二十五年	同前		地震學及氣象學
聖教雜誌社	民國元年	同前	潘秋麓	有週刊月刊二種
滙師中學及附屬小學	民國九年	同前		中學原名徐滙師範小學原名類思小學

耶穌教

自新舊二教分道揚鑣不相爲謀各行其是多歷年所新教又分聖公監理二會聖公會爲新中之舊監理會爲新中之新滬地各教堂各機關名目繁多範圍不出二者之外顧其流雖異而爲源實同爰以國爲綱以年爲序各列一表如左

上海基督教會堂表

名稱	國籍	宗派	創辦年	地址	創辦人	建築與事業
長老會堂	中國	北長老會	光緒十六年	閘北寶通路	美國范約翰 鄞縣俞國楨	民國四年重建新堂
基督教會	同上	自理會	光緒二十六年	閘北恆業路	寶山高鳳池等九人	賃屋辦報十一年外埠設分會三處
眞神堂	同上	北浸會	光緒二十八年	美租界蓬路	奉化鄔卓然	賃屋附設初級小學校

地方第一自立會	同上	中國耶穌敎自立會	光緒三十二年	實山路義品里	鄞縣俞國楨 閩侯黃乃裳	賃屋辦理小學校 民國十二年改爲敎養公學
基督自理會	同上	基督會	光緒三十三年	美租界正豐街	溫州金定沛	
同上	同上	同上	同上	美租界提籃橋	鄞縣李賴圭	賃屋三間附設初級小學校
禧年堂	同上	福音會	同上	美租界兆豐路	上虞周世光	建禮堂住宅及市房
信道會堂	同上	使徒信心會	宣統元年	閘北寶山路	鄞縣盛永保 美國慕女士	民國五年建禮堂住宅附設初級女學校
基督自理會	同上	基督會	宣統二年	英租界靜安寺	台州彭約翰 溫州金定沛	
苦力福音會	同上	自理會	民國三年	閘北新民路	英國馬達生	建禮堂校舍附設華文小學校
旅滬廣東富吉堂	同上	中華基督敎會	民國四年	北四川路橫浜橋	廣州黃其馨崔通約鄺富灼等八人	六年建禮堂敎士齋校堂值十萬金七年開辦郇光女學校
粹德堂	同上	自理會	民國五年	龍華豐林橋	青浦夏鮑氏	建堂一座於孤兒院爲紀念院董夏瑞芳
滬東浸會	同上	浸信會	同上	楊樹浦	定海董景安	自建禮堂住宅及滬江大學校房屋共計近四百間

苦力福音會	同上	自理會	民國六年	美租界嘉興路	英國馬逢生	賃屋附設小學校及會養所
閩人三一堂	同上	同上	同上	英租界博物院路	閩侯林幼誠等三人	
佈道會堂	同上	同上	民國七年	滬北天同路	上海吳錫庚紹興黃兆麟	
伯特利教堂	同上	同上	同上	滬南製造局	九江石美玉女士等五人	自建禮堂及附設看護女校醫院住宅
自立祈禱會	同上	中國耶穌教自立會	民國八年	美租界塘山路	湖北陳寶珊甯波方路得女士等	賃屋附設國民學校並辦會員安老儲蓄等事
神恩堂	同上	自理會	民國九年	滬北虹鎮	上海吳錫庚紹興黃兆麟	自建禮堂校舍附設國民小學校
自立教堂	同上	同上	同上	浦東花園	天津張經甫	
滬北浸會堂	同上	北浸會	民國十年	閘北寶山路	委員會	民國十四年自建堂宇並設新民公學婦女半日等校
自立佈道堂	同上	中國耶穌教自立會	同上	美租界嘉興路	紹興朱保羅丁義成	賃屋並設學校
全備福音堂	同上	使徒信心會	同上	閘北中興路	美國杜伯雲	

浙甌旅滬自立堂	同上	中國耶穌教自立會	民國十一年	小南門外	永嘉陳寶麒平陽陳鶴鳴等	
基督自理會	同上	基督會	同上	滬西劉家宅	温州王福林	
耶穌教堂	同上	使徒信心會	同上	城内蓬萊路	甯波陳鰲	
使徒工作會	同上	自理會	同上	太陽廟後	吳縣俞富卿	
旅滬嶺東教堂	同上	中華基督教會	民國十二年	北四川路川公路	潮州林章榮楊益惠等十七人	賃屋附設義務學校及留養所
江淮旅滬自立堂	同上	中華耶穌教自立會	同上	滬北張家巷北	鹽城智培英蕪湖宋昆山	賃屋附設婦女教養分院及義務小學校
自理堂	美國	南浸會	道光二十七年	法租界老北門外	美國晏摩太	民國七年由華人重建新堂歷辦明德男女學校
天恩堂	同上	聖公會	道光二十八年	城内石駁岸	聖公會	自建禮堂住宅附設男女學校
安息浸理堂	同上	安息會	道光三十年	西門外斜橋	美國賈本德華乃德	清宣統元年建禮堂及校舍附設惠中學堂
崇家堂	同上	同上	同上	城内彩衣街	同上	自建會堂校舍住宅

救主堂	同上	聖公會	咸豐二年	美租界狄思威路	聖公會	自建禮堂住宅附設男女學校
滬南清心堂	同上	北長老會	咸豐五年	大南門外	美國范約翰中國黃文瀾	光緒二十六年重建新堂另設男女清心中學各一所
聖約翰堂	同上	聖公會	咸豐九年	梵王渡	聖公會	自建禮堂男女大學校及主教住宅等屋四百餘間
慕爾堂	同上	監理公會	同上	英租界雲南路	美國監伯李德	光緒十三年建大禮堂校舍
滬北鴻德堂	同上	北長老會	光緒八年	英租界北京路	美國鮑哲才費啟鴻	民國十四年購地於寶山縣屬寶安樂路二十七年自建新堂
聖彼得堂	同上	聖公會	光緒十四年	英租界愛文義路	美國李思倫	自建禮堂附設培德學校
基督會堂	同上	基督會	光緒二十年	美租界昆明路	美國衛雅閣	自建禮堂住宅附設男女學校
景林堂	同上	監理公會	光緒二十三年	美租界崑山路	美國林樂和	建中西書院樓房多幢中華民國十二年建大禮堂及住宅
福音堂	同上	同上	光緒二十四年	閔行鎮	美國步惠連	自建禮堂爲閔行教區
同	同上	同上	光緒二十六年	浦東三林塘	同上	

耶穌堂	同上	使徒信心會	光緒二十六年	閘北東寶興路	美國委員會	賃屋附設小學校
福音堂	同上	監理公會	光緒三十年	浦東洋涇鎮	美國潘慎文	
廣東浸會	同上	南浸會	光緒三十一年	閘北西寶興路	美國萬應遠	民國九年建禮堂
復臨安息堂	同上	安息會	同上	美租界沈家灣	美國施永福	民國十三年建禮堂附設三育學校並辦時兆月報及聖經學堂
藩恩堂	同上	女公會	光緒三十二年	西門外高頭上	美國明女士	民國元年建造並設聖經學校禆文女校又組成女佈道會機關
懷恩堂	同上	南浸會	宣統二年	閘北東寶興路	美國樂靈生	民國十四年重建樓房四層並辦學校
守真堂	同上	宣道會	同上	美租界北四川路	美國史亨	民國五年建堂一座
全備福音堂	同上	使徒信心會	民國元年	美租界鴨綠路	美國陸拿氏	賃屋附設小學校
懷史堂	同上	宣道會	民國五年	美租界北四川路	美國差會	民國五年建禮堂並設百美蘭女中學
諸聖堂	同上	聖公會	民國七年	法租界辣斐德路	美國麥甘霖 中國汪孝奎	自建禮堂住宅

懷施堂	同上	南浸會	民國十一年	閘北西寶興路	美國萬應遠	民國十四年建禮堂住宅及明強晏摩男女中校屋三百餘間爲浸會莊
耶穌堂	同上	使徒信心會	同上	浦東爛泥渡	美國范蘭	
福音堂	英國	倫敦會	道光二十年	城內三牌樓	英國麥特赫	自建禮堂歷辦中西公學民國七年重建
天安堂	同上	同上	道光二十五年	英租界麥家圈	英國慕維廉	建堂一所民國十二年重建並辦峻德學校全係華人自立
官話福音堂	同上	內地會	同治四年	美租界吳淞路	英國戴德生	建禮堂前後樓房二百餘間爲公所
安在甘堂	同上	聖公會	光緒六年	英租界漢口路	英國下議院	建大禮堂正副講堂及辦事專供英美人禮拜
新天安堂	同上	倫敦會	光緒十六年	英租界蘇州路	倫敦西差會	自建禮堂專供英人禮拜
思艾堂	同上	同上	光緒二十八年	美租界兆豐路	英國畢得恆	自建大禮堂紀念艾君
聖保羅堂	同上	聖公會	同上	英租界山東路	鄞縣陳繼鐸	民國十四年建新堂於寶山縣屬天通庵路
天樂堂	同上	倫敦會	民國十一年	美租界兆豐路	英國包克私	自建禮堂及住宅各一所

上海基督教機關表

耶穌堂	瑞典	神召會	民國二年	城內魚行橋	瑞典安得生	
同上	同上	同上	民國十一年	浦東楊家渡	同上	
同上	同上	同上	同上	滬東楊樹浦	上虞姚崇恩	
基督教堂	日本	美以美會	宣統三年	美租界北四川路	日本西差會	賃屋附設日僑俱樂部
中日公理堂	同上	公理會	民國九年	滬北狄思威路	日本委員會	
中日天理堂	同上	公理會	民國十年	美租界白保羅路	同上	
福音堂	比國	耶穌會	民國十一年	美租界梧州路	安徽張巴拿	
同上	同上	同上	同上	英租界膠州路	同上	
興道堂	荷蘭	上帝會	宣統二年	界路北山西路	鎮江李吉臣	賃居附設義務夜校

名稱	國籍	創辦年	創辦人	地址	性質及辦法	建築及事業
中國聖教書會	中國	光緒四年	美國麥特范約翰	圓明園路二十三號	著譯宗教界用以證道書籍	
上海市青年會	同上	光緒二十六年	上海曹錫賡	四川路二百三號	以德智體羣四育增進人格	光緒三十二年建殉道堂及童子部
上海市婦女青年會	同上	光緒二十九年	杭州丁女士	海甯路六號	輔育女界造就家庭教育	
基督教傳道聯會	同上	光緒三十年	華人牧師	四川路青年會	中國牧師聯絡情誼固結團體	
孤兒院	同上	光緒三十一年	高翰卿王一亭李平書等	龍華豐林橋	撫育無怙恃兒女	清宣統元年建一百餘間留養三百名置基地於寶山縣屬江灣路
中國主日學合會	同上	光緒三十三年	教士大會委員	美租界崑山花園五號	提倡主日靈修	
中華學生立志證道團	同上	宣統二年	山東丁立美	英租界博物院路	注重士林講道	
中國基督教教育會	同上	民國元年	美國賈腓力	圓明園路二十三號	研究宗教教育	
衛生教育會	同上	民國三年	美國畢德輝	同上	衛生訓育	

基督徒佈道團	同上	同上	平湖柯進行 江陰龐子賢等	麥家圈天安堂	信徒義務講道輔助教會爲獨立機關	
華東基督教教育會	同上	民國四年	中西教育界	圓明園路二十三號	研究宗教育	賃屋以蘇浙皖三省事業爲限
博醫會	同上	民國五年	中西醫士領袖	同上	研究醫學	
中華國內佈道會	同上	民國七年	京兆誠靜怡陳維屏等七人	同上	以遠方創立佈道爲旨	賃屋已開放雲南教會三處往者十四人
滬東公社	同上	民國十年	浸禮會華委員	楊樹浦南首	服務社會扶助地方貧寒實施義務教育	購地建屋附辦醫室學舍並設閱書報社
滬西公社	同上	民國十一年	上海瞿伯和等	曹家渡五角場	同上	賃屋開校並設地方華人俱樂部宣講所
中國基督教會總會	同上	同上	長老華人倫敦公理三會	英租界圓明園路	注重統一名稱	
提倡全國注音字母委員會	同上	同上	中華續行會	美租界崐山花園五號	普及教育	
中華全國協進會	同上	同上	中西教牧師九十六人	圓明園路二十三號	協助教會進行	
中華基督教文社	同上	民國十二年	吳興沈嗣莊王治心	博物院路	著書論文	

基督教普益社	中美	民國七年	長老會主堂會	紫霞路	宣揚聖道普益羣衆務務社會輔助堂會	購置房屋約值三萬金
聖公會江蘇全省總賑房	美國	道光二十八年	聖公會差會	西華德路	度支全省賑務	自置辦公室十八間
美華聖經會	同上	光緒二年	美國古利克	圓明園路二十三號	推廣福音事業	
婦孺醫院	同上	光緒十一年	美國女佈道會	西門方斜路	療治婦孺疾病	建築病室附設保產院
瞽目院	同上	光緒十五年	美國聖公會	淘沙場	留養失明同道	自置屋宇
濟良所	同上	光緒三十年	美英僑滬女士十四人	四馬路	救濟困厄婦女	在寶山縣屬置地建屋爲學校醫院
中華勉勵會全國協會	同上	宣統元年	美國施嘉達	英租界新康路十一號	勉助會堂疾展激勵信徒身靈	
盲啞學校	同上	宣統三年	美國傅步蘭	滬西憶定盤路	訓育盲啞孩童	置地建屋留養百餘人
夏令兒童義務學校聯合會	同上	民國七年	美國鮑偉文	圓明園路二十三號	注重童稚教育	
婦女節制協會	同上	民國十一年	九江石美玉梅寶英	同上	節制嗜好	賃屋已立撫育工兒院教養婦女院

女青年會全國協會	同上	民國十二年	中國梅華銓夫人等	美租界乍浦路	增高女權道德	
內地全國總務司庫公所	英國	同治四年	英人戴德生	美租界吳淞路	招待內地來滬西教士	自建樓房八十餘幢
大英聖書公會	同上	同治九年	英國總委會	香港路三號	推廣福音事業	民國十二年購地建樓六幢
蘇格蘭聖經會	同上	光緒六年	英人楊格非	圓明園路二十三號	同上	
廣學會	同上	光緒十三年	英人李提摩太威廉臣等	美租界北四川路	以文字證道爲旨	建樓十餘幢
進德會	同上	民國四年	英美工部局	同上	改良社會風俗減除賣淫事業	
教士公所	英美	光緒二十六年	美人伊文思	同上	西士僑居逆旅中樞	賃屋內附便利各部

教育　祀典

祀天

民國三年政事堂禮制館刊行祀天通禮每歲冬至日各地方行政長

官代表人民祀天於南郊滬海道尹楊晟縣知事沈寶昌假普益習藝所舉行明年卽止

附錄祀天通禮　各地方行政官祀天儀　每歲冬至日各地方行政長官代表人民祀天於南郊獻官則以巡按使主之（有故則道尹代祭）書祝版眡割戒具陳設省齍以政務廳長糾儀以道尹（道尹代祭糾儀以縣知事）執事以政務廳人員及地方員紳之嫻禮儀者選充在城文武官委任以上咸與祭散齋二日致齋一日　右齋戒　前祀一日昧爽執事官擇南郊高潔之處埽地爲壇供張如前儀張獻官與祭官執事人次及饌幔惟地之宜　右供張　是日午後執事官大禮服敬書祝版安奉於次遂省牲眡宰辨籩豆簠簋之實展器於饌幔　右書版眡割戒具　祀日昧爽執事官入壇陳設牲帛器數如前儀惟不用玉司樂設樂懸於壇下及干戚羽籥之舞惟地之宜陳設既畢政務廳升壇省眡齍盛如儀　右陳設省齍　獻官行禮時正立位在壇上拜位在壇下均北嚮與祭官拜位在獻官拜位之南亦北嚮望燎位在壇下東南隅東嚮　執事人司帛爵司福胙各二人立壇上司祝一人立西案之西糾儀一人立東案之南西嚮壇下通贊一人又南爲司樂一人均立於東西嚮引贊一人立獻官拜位之西東嚮樂工序立於東西樂懸之次歌工立於樂工之次樂舞生分行序立惟地之宜燎人立於燎爐之東南隅　右辨位　是日昧爽獻官與祭官均集獻官具祭服盥畢署名於祝版司祝進奉於祝案通贊贊執事者就位執事皆就位引贊引獻官就拜位北嚮立贊就位與祭官皆就位北嚮序立通贊贊樂舞生就位執事者各司其事與祭官各就位　右就位　通贊贊燔柴乃燔柴司樂舉麾贊舉燔柴樂樂工鼓柷樂作通贊贊四拜獻官及與祭官皆四拜司饌奉毛血槃進奠於案司樂偃麾工戛敔樂止　右燔柴　通贊贊奠帛司樂贊舉奠帛樂引贊贊升壇引獻官升壇正立贊獻帛司帛爵進篚獻官受篚拱舉司帛爵奠於案正中贊復位引獻官復拜位立樂止　右奠帛　通贊贊奉俎司樂贊舉奉俎樂司饌進撤毛血槃以出有司盛羹於壺進至壇下司饌二人執之以升引贊贊升壇引獻官升壇正立贊奉俎司饌執壺

以進獻官拱舉司饌以羹沃俎者三退出贊復位引獻官復拜位立樂止　右奉俎　通贊贊行初獻禮司帛爵揭尊冪勺挹酒實爵以俟司樂贊舉初獻樂樂作樂工舉節舞干戚之舞引贊贊升壇引獻官升壇正立贊獻爵司帛爵進爵獻官受爵拱舉司帛爵奠爵於墊中引贊贊詣讀祝位引獻官詣讀祝位正立樂暫止通贊贊讀祝司祝奉祝立於獻官右讀祝辭曰維某年某月日大總統某令某省巡案使某代表地方人民敢昭告於　上天曰蒼蒼者氣叩聲臭而無聞芸芸之生託鴻濛以資始雖天無私覆匪繄於方域之親而民有秉彝不忘乎本始之祭時維冬至陽氣初生敬以幣帛犧齋粢盛庶品備兹禋燎祇薦潔誠嗚呼維玄有宰旡間元元之心至誠感神咸懍昭昭之象尚饗讀畢獻官拱舉司祝奉安祝版如儀退樂復作引贊贊復位引獻官復拜位立通贊贊四拜獻官及與祭官皆四拜樂止武功之舞退文舞執羽籥進　右初獻讀祝　通贊贊行亞獻禮司帛爵執爵以進司樂贊舉亞獻樂樂作舞羽籥之舞引贊贊升壇引獻官升壇奠爵於左禮如初獻贊復位引獻官復拜位立樂止　右亞獻　通贊贊行終獻禮司帛爵執爵以進司樂贊舉終獻樂樂作（舞與亞獻同）引贊引獻官升壇奠爵於右禮如亞獻贊復位樂止文德之舞退　右終獻　既終獻通贊進至祝案前東嚮贊獻官代表地方人民受福胙樂樂作引贊贊詣受福胙位引獻官至位正立贊飲福酒司福胙二人左右立一人自右進福酒獻官受爵供舉以授於左受胙如飲福之儀贊復位引獻官復位通贊贊四拜獻官及與祭官皆四拜樂止通贊贊徹饌司樂贊舉徹饌樂樂作司帛爵進徹籩豆各一如儀樂止　右受福胙徹饌　通贊贊望燎司樂贊舉望燎樂通贊贊奉祝帛酒饌恭送燎所如儀引贊贊詣望燎位引獻官詣燎所望燎畢樂止通贊贊禮成獻官及與祭官皆退　右望燎

道尹縣知事祀天儀　凡道尹縣知事每歲冬至日各於其所駐地方代表人民祀天有故則各以其屬代在城文官委任以上亦咸與祭書祝版眡割戒具陳設省齍各以其屬官爲之糾儀則道尹以縣知事縣知事以掾屬執事人各於屬官或地方員紳內選充其齋戒日期牲帛器數行禮儀節均與省會同其與巡按使同城之道尹及與道尹同城之縣知事不另致祭

祀文廟

縣學自清升大祀以費絀未有變更見續志改革後屢駐軍隊蹂躪殊甚經縣議會議决大修民國三年由公款公產經理處籌款修葺崇聖祠尊經閣明倫堂名宦鄉賢忠義孝弟各祠外及櫺星門宮牆圜牆莫不煥然一新並拓大大成殿前月臺置備祭器樂舞器祭服以符典禮樂舞儀器服式另由樂舞生主任范本崇均遵典禮編譜

大成殿見續志兩廡增祀者東廡先儒顏元民國八年從祀位列湯斌之次西廡先儒李塨民國八年從祀位列顧炎武之次

祭禮附　民國元年三月內務教育部電文廟應照舊致祭惟去拜跪禮改三鞠躬祭服用常服三年十月政事堂禮制館咨行祀孔典禮以夏時春秋兩丁爲祀孔之日仍從大祀其禮節與祭天一律用四拜禮五年八月內務部電除拜跪行鞠躬改祭服爲禮服訂迎神送神各三鞠躬讀祝受胙各一鞠躬八年九月內務部咨行祭祀冠服仍用三年舊制並行四拜再拜禮十一年九月內務部電祀典冠服禮節照五年成案仍用鞠躬禮正獻人員用大禮服陪祭各官用常禮服十二年九月內務部電自本年秋丁起凡制定祀典仍照民國八年頒布案之辦理

祝文附　維某年月日某官某致祭於　至聖先師孔子曰維　先師德參化育道慣古今集羣聖之大成炳前知以垂憲天下爲公中國一人之量生民未有六經千載之心循宮牆而瞻富美入室升堂隆俎豆而奉馨香先明後法茲當上丁祇率彝章肅展微忱聿將祀典以　復聖顏子　宗聖曾子　述聖孔子　亞聖孟子配於戲聲名所屆血氣莫不尊親光景常新禮樂明其禋祀尚　饗

樂章附　沿清之舊惟改迎神曰昭和初獻曰雝和首句予懷改永懷亞獻曰熙和終獻曰淵和徹饌曰昌和送神曰德和末二句化我育我改以化以育

崇聖祠（見續志）

祝文附　維某年月日某官某致祭於　肇聖王木金父公　裕聖王祈父公　詒聖王防叔公　昌聖王伯夏公　啓聖王叔梁公曰維　王垂裕後昆光開聖緒爲層冰之積水作大輅之椎輪旣祖功而宗德必有達人亦木木而水源不忘數典茲届上丁聿修祀事配以　先賢孔氏　先賢顏氏　先賢曾氏　先賢孟孫氏尚　饗

忠義孝弟祠（見續志）

增祀者因公罹險致死賜恤阿爾泰財政局長五等嘉禾章六等文虎章邑庠優行附生姚明燾（民國八年卹有傳）　義行私謚敦惠郁懷智（民國八年褒有傳）　清授奉政大夫候選布理問南滙顧銘照（民國十二年褒有傳）　貤贈選用鹽大使黟縣監生余邦朝（同年褒有傳）　孝弟清贈昭武都尉議敍八品銜劉錫焜（民國七年褒有傳）　孝行孝廉方正李邦巘（同年褒有傳）　民人趙淦（民國八年褒）　清授朝議大

夫花翎運同銜候選鹽大使附貢生郭廷鉁（民國十年褒 有傳）

劉沈二公祠（劉公祠見續志）在二十六保漕河涇梵壽庵左別祠將圮民國七年里人唐錫瑞楊孝恭張秀峯楊心正等募欵重建合祀護理江蘇巡撫江蘇布政使前上海縣知縣劉郇膏安徽巡撫前蘇松太巡道沈秉成祔祀前丹徒縣訓導唐錫榮（唐尊璋記 上海縣治繁劇爲三吳冠當南北樞紐江海要衝自互市以來東西各邦觀瞻所係清廷簡授官吏每選賢良任之而吳中耆舊所傳謂觀察斯土者咸同而後惟太康劉公歸安沈公皆以名進士蒞蘇本經術發爲治術文章道德先後耀映而於小民生計所關尤行之不遺餘力同治宣統之邑乘兩公列入名宦傳中德星所照殆亦非偶然耶按志載劉公郇膏知上海縣事大減折糧之賦禁絕檢驗之需修築圩塘疏濬河道捐書院經費練鄉兵保城沈公秉成任蘇松太道以邑境棉布利薄從紳士唐廣文錫榮議樹桑育蠶並刊發蠶桑輯要一書令家喻戶曉剏詁經精舍廣方言館培養子弟兼習歐西文字撫內馭外悉中竅要迺同堂共祀以伸愛戴而隆報享不可謂非民之無良也而族兄廣文公錫榮與劉辦團治河保全鄉土與沈課桑飼蠶振興實業檔册可考吾鄉父老嘖嘖稱之宜邦人士一再開具事實幷臚列沈公政績請於上海建立專祠以廣文公祔祀之疏入報可則是俯順輿情矣先是里人建有劉公生祠嗣經城紳建立專祠有司歲祀戊午之秋伯兄于衡董其事度地募捐合建劉沈兩公祠於鎭東聿興祀事逾年工竣囑尊璋記其涯略尊璋因廣文公從祀事竊問之伯兄曰季弟前爲縣志采訪員今爲省志徵訪員不見諸志所載周方二公祠中之顧從禮乎明嘉靖間倭寇上海從禮言於方公築城固守得祔入祠今廣文公在籍在官隨同劉沈兩公擘畫佐治前後三十餘年不少倦蓋其造福桑梓有如此禮經言曰有功德於民則祀之古亦風徽人往

流連憑弔而感念不忘者況兩公政澤吾身猶見及之以視史册度有漢之文翁禮教倪寬輔渠宋之張詠植桑王洙均稅合之安石寓兵於農遺意而何多讓歟若謂滄桑變遷時勢浮薄世旣沒事亦湮奚必援欒社石祠以爲例豈不大可慨乎曾瑋雖不佞亦將泚筆而紀兩公之賢勞一鄉之故實以諗來者於是乎書

節孝祠 見續志 民國三年內務部公布褒揚條例施行細則凡合於褒揚條例者得遵章納費隨時申請褒揚

教諭署改革後教諭職廢署屋亦漸坍壞僅餘從屋三間儲藏祭器樂器文廟並作保管員辦事室

洒埽局 見續志各學校生徒分期擔任輔助洒掃之制改革後此制遂廢

洒埽先董祠 見續志

學田　舊學基地　文廟公欵　賓興計借款產　洒埽局欵產 以上並見續志改革後概歸縣機關

存書學籍 見續志

存學禮樂器 民國三年置備祭器樂舞器祭服後各器存學宮祭服歸縣機關

祀武廟

關帝廟民國四年增祀岳忠武王改廟名曰關岳稱正殿曰武成兩廡從祀東奉張飛王濬韓擒虎李靖蘇定方郭子儀曹彬韓世忠旭烈兀徐達馮勝戚繼光西奉趙雲謝玄賀若弼尉遲敬德李光弼王彥章狄青劉錡郭侃常遇春藍玉周遇吉 正位稱關壯穆侯岳忠武王神位從祀直書某姓名之位一律用紅底金字惟從祀尺寸較正位略小

祀儀附　正位兩案各用籩豆十登一鉶二簠二簋二合用太牢一俎兩廡東西各三案各用籩豆四鉶一簠一簋一合用少牢各一俎迎神再拜初獻讀祝亞終獻即由司爵奠爵不親獻受祼送神均再拜送瘞禮成主祭官省以巡按使道以道尹縣以縣知事特別行政區域則以道尹或辦事長官所有地方各軍官警官及兼有軍警職各文官一體與祭與將軍同城之巡按使與巡按使同城之道尹道尹同城之縣知事不另致祭祀期爲春分秋分後第一戊日五年九月改迎神送神各三鞠躬受祼三鞠躬

樂章附　迎神奏建和之章　懿鑠兮神功震華夏兮英風義勇兮河東惟湯陰兮與同修祀典兮方州峙降歆閟宮　初獻奏安和之章武功之舞　神來兮格思風馬下兮靈旂量幣兮初陳（樂暫止讀祝文）薦芳馨兮玉巵瞻仰兮明威儼如在兮軒墀　亞獻奏靖和之章武功之舞　萬舞兮洋洋禮再舉兮陳觴靈昭昭兮既留庶鑒誠兮降康　終獻奏康和之章武功之舞　名世兮鍾靈炳河嶽兮日星祀事兮三成肅駿奔兮廟庭（舞退）　徹饌奏蹈和之章　告徹兮禮成神其受兮苾芬明德兮惟馨播聲

威兮八紘(受脤)　送神奏揚利之章　雲駕兮高翔神將歸兮九閶受福兮烝民(樂暫止送瘞所)導
我武兮惟揚　右關岳合祀譜亦由樂舞　生主任范本崇編輯未舉行
春秋祝文附　維某年月日某地方某官某敬祭於　關壯穆侯　岳忠武王曰維　神武功彪炳偉烈
昭垂建大節於千秋振英風於六合忠誠正直麗河嶽而長留智仁勇功與日星而並耀潔馨香而合祀
德量同符肅俎豆以明禋心源如
接維祈　歆享克鑒精神尙　饗

民國上海縣志卷九

教育

學校上

敬業中學校在老學前聚奎街聚奎里縣立第一小學校東原名敬業學堂光緒二十八年改設(見續志)基地一畝七分七厘原爲第一小學校產出租朱姓民國十一年冬校長潘寶書爲便利學生升學計建議於勸學所將出租地收回建設經所長李宗鄴核准即委潘寶書籌建翌秋校舍落成用銀三萬圓九月開學定名爲上海縣立敬業中學校分初中高中兩班高中分普通科土木工程科

務本女子中學校在黃家闕路光緒二十八年邑人吳馨創辦(見續志)民國五年秋以附設於第一女子小學校之小學教員講習所改組經

費由教育局支給分初中高中兩部高中分普通及師範科共十二級

右中學

縣立第一小學校（原名官立敬業高等小學堂）在舊學宮基（見續志）民國二年改稱上海縣立第一高等小學校十二年八月改今名校地六畝一分三厘民國以來以學生日衆屢次添建校舍元年改建西院前後埭為洋式樓房八幢二年改建前廳為洋式樓房十一幢三年購校前俞姓屋地建室內體操廳兼作大禮堂四年改建前埭平房為宿舍計樓房十七幢七年改建校門及後埭新屋十二年就後操場添設大禮堂改建前操場為樓房計全部校舍可容學生千人

縣立第二高等小學校（原名震修）在楊家渡東市常年經費以知縣捐廉及

穀息茶捐棧捐爲大宗不敷由普育善堂補助見續志改革後知縣捐廉及穀息均停止茶捐棧捐亦難續收普育堂屬上海市慈善團不能以餘資供市區小學之用民國元年收歸縣有名上海縣立震修兩等小學校任顧昀爲校長二年經縣議會追認改名上海縣立第二高等小學校改初等科歸市立以符江蘇省暫行小學校令之規定並經市議會通過定名市立第三初等小學校校長由顧昀兼任經費縣市分任三年租校東田二畝二分爲學校園設備及歷年經常費均取給於宿舍餘款不支公費四年購校北田一畝一分建教室樓房七幢又平房五間走廊廁所等用銀七千五百六圓六年租校北田七畝八分爲農事試驗場延農業專科教員九年購校東南張姓舊屋二間半並基地一畝一分用銀一千二百圓十年購校北田六畝一分用銀二千五百六十一圓十

一年建宿舍平房兩進每進十間及走廊等（用銀九千三十六圓）其款由學校自行籌集分年在宿舍餘欵中清償者五千元向附近紳商暨校友捐募者三千三百八十六元又利息一百七十五元勸學所補助四百七十五元總計十二年中叠經購地建屋設備漸見完善計辦畢業高等科十屆共一百七十九人初等科七屆共二百五十二人

縣立第三小學校在公共租界北河南路民國十二年二月開辦以天后宮後埭屋爲校舍

縣立第四小學校在閔行西浦濱中等農業學堂舊址（見續志）民國元年校舍燬於火三年重行建築新舍兩埭前爲教室後爲宿舍是年秋創辦縣立乙種農業學校十一年附設農村師範一級初中程度十二年改今名

縣立農村師範講習所民國十一年就縣立乙種農業學校餘屋設立招收學生一級修業期二年十三年七月畢業八月改稱爲縣立師範學校招收學生一年級修業期三年十六年七月畢業後停辦

縣立第一女子小學校（原名務本女塾）在黃家闕路（見續志）民國元年停辦一學期秋季開學二年秋創辦人吳馨將校產捐歸縣有改稱縣立第一女子高等小學校高等科分文科理科三年增文學科一級秋設女子甲種小學教員講習所改文學科爲師範講習科初等補習科爲附屬小學科四年八月建操棚四間（用銀二千四百圓）停辦師範講習科一級增國文專修科五年秋改小學教員講習所爲縣立務本女子中學校以國文專修科改中學兩班初小兩級改稱補修科六年增中學爲三級高小爲三級（分四教室）七年九月建教室兩幢走廊披屋兩間（用銀五千七百十三

圓專供補修科之用增中學一級八年至十年中學高小各四級初等補修科三級十二年秋行新學制舊制中學三級新制初中一年級分甲乙兩組二年級一組改高等小學爲縣立第一女子小學校六年畢業前期四級後期兩級（三教室）十三年秋減舊制中學一級增新制中學兩級（初中一二年級均分甲乙兩組三年級一組）小學部仍舊

方還記　務本女塾在滬西黃家闕路創辦於前清光緒二十八年辛亥鼎革地方未靖故於民國元年春季停辦一學期秋季繼續開辦設高等科甲乙兩組高小科三級初等科一級二年秋創辦人吳馨以校基房屋校具捐歸縣有改稱縣立第一女子高等小學校學級編制爲高小三級初等補修科一級分高等科乙班爲高等文科高等理科作爲高小補習科民國三年增設文學科一級是年秋設立女子甲種小學教員講習所改文學科爲師範講習科兩級並改初等補習科爲附屬小學科分二教室四年八月重建旱操棚四間（價格二千四百元）是秋減師範一級增設國文專修科初小高小各級如舊五年秋季改小學教員講習所爲縣立務本女子中學校以專修科改設中學兩班初等兩級改稱補修科六年增中學爲三級高小爲三級四教室七年九月新建教室兩大幢走廊披屋兩間（西式樓房價格銀伍千七百十三元）專供補修科用增中學一級自八年至十年爲中學四級高小四級初等補修科三級　務本女塾自民國十一年起各級編制均仍舊貫十二年秋季試行新學制舊制中學三級新初中一年級甲乙兩組二年級一組改高等小學爲縣立第一女子小學校六年畢業前期四級後期兩級三教室十三年秋減舊制中學一級增新制中學兩級（初中一二年級均分甲乙兩組三年級一組）小學部

編制仍舊方還記　師儒之尊盛於漢代碑碣𨜒彰擊自門徒姓氏聯蟬風尙古已更數千祀流風寖沫師不古若世無降禮間生名世往史希蹤慨焉興歎風教衰矣吾國女學姬周始昌嬴秦而降嬪教不行中梱之子罔有師承內茂不昭曷以端化先生渺焉匹夫憂世心遙羣痳一聰肇建女塾輝輝海濆覃葛志勤揭櫫務本從之雲風歸而敷教達於陬澨先生勞善不私功成不居斥金十萬更爲縣學出膺里社劬思損年其弟子莘莘懷德勿諼教誨式穀齊於生我將以代石樹學昭示方來記云織祀先蠶農祀先嗇曠之百代興感敬禮況於身親受業薰德善良者乎卓彼羣彥其猶古之道歟先生名馨字懷疚上海人　銘曰坤乾之義二儀並尊女統於男古義滋泯風詩正葩乃閑厥家不有王睢罔應翳牙翼翼先生東南大師女學是興四方是儀師之不昌有教斯弘教之始孩有覺其蒙舉世不爲天民是任祥鳳一鳴百聲破喑海水湯湯海山蒼蒼景行曩修讚歎流涙我銘其石我媿厥德同心異軌欲從罔克

右縣立小學

市立養正小學校原名官立養正在北張家街見續志　民國元年二月歸市立專辦高小二年改爲高初兩等原有校地一畝六分元年購程姓地三分三厘建平屋三間大門移建南首六年購東南隅吳姓地四分六厘六毫建樓房四幢十二年組織小博物館規模粗具

市立梅溪小學校原名官立梅溪在蓬萊路見續志　民國元年歸市立原有校地一

畝三分八厘一毫不足擴充秋購西隣曹姓地三分八厘三毫建教室樓房八幢餘地闢爲運動場并建雨中操室六年十二月開四十週紀念會大總統頒額曰成績卓然江蘇省長頒額曰學津先覺八年七月校友會以校舍不敷就原有雨操室籌款翻建三層樓上爲校友會事務室中爲教室下爲雨操室題其額曰景姚

沈寶昌頌詞　今日爲上海梅溪學校四十週紀念寶昌蒞任是邦躬與盛會無任榮幸茲將梅溪學校之特點爲在座諸君約略陳之溯梅溪學校之歷史實導源於正蒙書院時前清方以科舉取士地方學子日醉心於帖括之業獨經甫張先生與二三同志仿安定分齋遺意以教授諸生其間所編課程國文而外兼授歷史地理算術物理時務詩歌非今日學校中所謂智育乎所定校訓六條曰和厚曰蕭靜曰勤奮曰精熟曰敏捷曰整潔非今日學校中所謂德育乎他如投壺習射擊球超距衛生習武諸科目非今日學校中所謂體育乎七日一休沐總稽六日間之道德學問而尤注重於立身行已非今日學校中所謂實踐教育與自動主義乎凡此數者在今日學校始行之而經甫先生已揭示於四十年以前遵先民之矩矱度學校之津梁此其特點一凡民可與樂成難與圖始經甫先生創設正蒙書院時滬上猶風氣僿陋詫爲不合時宜獨能力闢羣疑苦心撐拄嗣因成效漸著學者漸衆於是關道邵公友濂爲之購地築屋規模始備以臨梅溪改名梅溪書院確立今日學校之基礎具俊傑之卓識振頹靡之學風此其特點二人事變遷桑田滄海海上昔日著名之校如方言館兵工學堂今日已成陳迹其他私人設立之小學相繼停辦者更不勝僂指獨梅溪舊同學一秉經甫先生之遺訓有舉不廢盡力保存中間雖因官

欸停止於民國紀元後改歸上海市立而校中組織猶恪守經甫先生手定成規樹久遠之宏模範狂狷以正軌此其特點三今者梅溪學校校友會舉行四十週紀念大總統特頒成績卓然江蘇省長復頒學津先覺額一以彰先生之典型一以示後學之模楷但願梅溪學校之職員學生以及我上海辦學諸君子人人以經甫先生爲法不避艱難不畏疑謗矢之以恒心持之以毅力爲教育界放一異彩雖謂今日梅溪學校之紀念不止梅溪一校之紀念而亦上海全邑學校之紀念也可

黄炎培頌詞　梅溪學校故書院也創之者爲張經甫先生念教育必基乎蒙養因組織斯院師古小學之意參以西國學校之法國文史地外兼課格致西文既而清廷廢科舉遂正名曰學校吾國教育上海發達最早而上海小學梅溪實開其先於今蓋四十稔矣此四十稔中國家幾經變故教育生機摧殘殆盡梅溪亦幾停辦而今竟如故且續續進步無已此固上海教育行政當局維持之力而亦職教員諸君能發揮其精神取信於社會有以感而致之也比者職業教育之說興主張小學兼施實業教練梅溪於是增課商業闢學校商店爲實施職業陶冶地知其主校務者又不屑屑於墨守舊章而能應時勢之需要改良其教育方針也則其未來之發達甯復可量今月二日校友會發起四十週紀念會大總統江蘇省長均題額以榮之炎培以事未能參與盛典敢序其事以爲頌

梅豫棖記　今海內學校衆矣盛矣若我梅溪者固無足異然四十年前世方醉心於帖括科舉之業烏有所謂學校者我師張經甫先生煥綸獨鑒於中外强弱人才消長之勢慨焉以興學自任而梅溪學校迺於四十年前卓然爲今日風氣之先導學者既歌頌張先生不衰而方其經營締造貲之財以促成之者尤莫不以前校董姚右孫天來之功爲多自開創以暨成立屋舍之租建薪費之補助月靡鉅金數歲無倦色又盡遣其子弟就學以爲衆倡由今日視之其事又無足異也顧當梅溪初年謠諑騰沸若異言異服之背於時非聖無法之戾於道去之若將浼焉而姚先生始終毅然力扶植之惟恐不及此豈易言者哉抑士大夫稍席豐厚則先急其飲食衣服宮室妻妾之奉或濫作布施以徼幸於冥漠之途或謬爲煦孑以弋譽於慈善之業若其成效不逆睹名利無私覬卽廢然返耳以其辛苦積累之貲投之寂寞寡味之學校而無所吝若姚先生者有幾人歟今梅溪名日盛學者亦日衆校舍恒苦不足姚先生仲子紫

若曾綬方長我梅溪校友會復創捐千金就雨中操場建樓三層爲講堂增置校具燦乎大備不足則市學務科助千元校友會助千餘元再不足則由紫若獨力募集千元以底於成同人旣多紫若之篤承先志又重念姚先生之功德懼夫歲久而實勿彰爰以景姚額其堂而督豫悵爲之記車舝之詩曰景行行止考槃之詩曰永矢弗諼其斯之謂也後之來者觀於吾文而興起以相繼於無窮則尤梅溪之大幸而姚先生且益以不朽也矣

市立和安小學校在成都路（見續志）民國二年一月歸市立原有高初共七級八年八月增至十四級校舍不敷六年四月續租棲流公所北面餘地建第二校舍計西式樓房五幢九年四月於第二校舍後建雨操場一所十二年七月再租棲流公所西面餘地建築第三校舍計西式樓房四幢雨操場一所前後共租棲流公所基地四畝五分七厘七毫設商店於校門左側木工場於大王廟前接官廳舊址出品多學校用具成績頗佳歷受省視學優評七年六月教育部特給四等獎章

市立萬竹小學校在九畝路見續志民國元年校舍落成增初等科兩級商業科一二年級各一級七年秋增初等一級補習科一級八年秋增商業三年級一級十二年秋添招高級小學生兩級成立時北部建築樓房十二幢雨操場一操裝室一司閽室一校役室一皆平屋六年七月改建操裝室爲樓房兩幢七年七月改建雨操場爲樓房五幢十二年七月在樓房之西接建樓房三幢連女校共地六畝七分五厘七毫至此已無擴充餘地校長嘉定李廷翰歷受部省視學優評政府獎勵八年教育部發表國中優良小學計十一校萬竹與爲九年李校長他就去職繼其任者爲朱開乾女子部亦於是年分辦

市立萬竹女子小學校在九畝地萬竹路民國元年市自治公所創辦

初賃獅子衖徐姓屋爲教室至六月本校舍全部落成分六教室三年添建樓房一幢四年劃操場西南隅地建平房一間五年建樓房一幢自元年至九年男女兩部由李廷翰一人主持解職後委李廷慧繼任女校

市立巽與小學校原名南區第一在外倉橋東茅山殿見續志校地三畝七厘民國元年建樓房十幢平屋五間室內操場一所與崇正小學合而爲一兼辦乙種商業原有義額四十名仍擇貧寒子弟減免學費四年設商品樣本室蒐集各項國貨商品藉供研究並設商業實踐室十二年春添建平房四間爲教員臥室

市立西成小學校見續志在蓬萊路民國元年改歸市立因校舍不敷將原有半涇園明性庵萬壽宮撥充校舍三年拆去門埭改建樓房九

幢校分男女兩部男生由蓬萊路出入女生由文廟路出入校基計地七畝八分六厘一毫十二年起改組完全小學

市立時化小學校在淘沙場見續志　民國元年歸市立教室借陳忠愍公祠餘屋以不敷應用元年就祠西隙地建平屋四間復於其南建平屋四間爲司閽室應接室等十年夏將南首平屋翻建樓房四幢並建大門用銀三千八百圓　十二年夏翻建北首平房爲三層樓三幢半並建走廊用銀八千九百圓

奚敬垚記學生蔣長庚刲臂療親事　六年五月

蔣生長庚年十五去年八月始來校就學入三年級朝夕孜孜不數月學亢進試輒冠其曹任級長遇事合規則恂恂好禮職員同學交口稱譽之入學後曾未輟一課本年春假開學生忽缺席訝而詰諸同學有謂其父病甚劇者顧迷離惝恍語莫能詳午後蔣生來請假見其容顏憔悴幾爲驚叫且眉宇間蘊無窮慘澹意蓋不待啓齒早知其重有憂矣詢之則曰我父年六十供職錢業公所垂四十年月博微薪爲一家謀衣食不幸日前突患中風卧病不能興幸先生准假二天俾盡侍奉職也越二日生復來面龐消瘦特甚且益灰敗兩目腫赤淚被於頰泣且言曰父病後急延醫診治藥數進而未奏效晚間益以喘息家中又少人調護故目不交睫者數晝夜前晚父喘益急時夜已深急無治法不得已私跪庭中求默佑

於神祇又覔取小剪自刲左臂肉寸許剪鈍肉不遽下力持再四始得裂巾裹創特置罐中付姊妹未之覺煎以奉父父服後神色頓霽痰亦盡哇出深幸區區之衷獲福於天不意昨晨忽復轉劇竟至於逝世也蔣生述至此哽咽幾不成聲蓋傷於心者深故發於外者末由自制敬芔聞其事敬其爲人擬卽爲文表之而蔣生以爲不可且曰父在不能分勞父殁未克盡禮若以此事遂勞稱述茲因父病而博美譽不重滋吾戾乎嗚呼何其志之沉篤而言之謙退也晚近以來世風澆薄綱紀陵夷孝親敬長之道求諸士大夫且不易而於童稚得之亦大足以風世矣敬芔既攝影以範全校學生復念有造於一鄉一校者尤小而繫於世道人心者綦大縱欲不言情何忍已乃不厭求詳識其顛末如右如荷當世君子進而教之幸甚

市立隆德小學校原名東區第一在老白渡風神廟見續志　民國元年改歸市立十二年八月照新學制編製改辦完全小學校基占地四分三釐三毫建築四層樓下爲室內操場上三層樓設九教室用銀一萬四千元有奇

市立崇正小學校卽崇正西南官塾　在大南門外大佛廠街送子庵民國元年歸市立建樓房四幢基地二畝一分六釐四毫合級教授不收學費

市立農壇小學校在滬軍營先農壇舊址民國元年春由市政廳設立初租大穰里民房爲校舍就先農壇舊址建築樓房四幢平屋四間

七月校舍落成十二年遵新學制改組完全小學設六學級添建教室兩幢後廂一幢

市立東明小學校見續志　民國元年遷入福佑路雷祖殿仍由毛經疇經理二年春改歸市立六年十二月丹鳳樓住持楊承業願將房屋基地歸公由校償還銀七百二十圓基地六分六厘二毫

市立倉基小學校原名羣學會附屬義務小學　在中華路白糧倉舊址民國元年二月歸市立仍借羣學會前埭是年十二月請撥求志書院基地建築校舍二年四月批准訓令市政廳照案儘數收管八年二月羣學會收回自用遂解租約另租藥局衖民房爲教室十年租用慈善團之省立第五工場舊屋

市立朝宗小學校在地藏庵原係崇正東塾改革後經費無着由十五

鋪商團維持民國二年與鄰近東華義務學校合并改歸市立以近朝宗門舊址故名朝宗校基地一畝八分八厘四毫

市立高昌小學校在高昌廟民國二年由市政廳設立假老君殿爲校舍夏滬南戰事起校舍爲兵隊所駐中輟半年三年春另賃民房繼續開辦

市立比德小學校在辣斐德路亞爾培路口 民國元年由市政廳設立十二年秋改組完全小學校基二畝五分三厘八毫宣統三年德文醫工學堂與城自治公所調換者 初建教室二小屋二三年春添建小屋二九年秋添建教室二小屋一共教室六

市立江境小學校在江境廟後見續志 民國元年改單級爲複式租用民房三間

市立旦華小學校在旦華路見續志　民國六年一月郁紳懷智推歸市立八年秋改建三層樓新舍十年秋復建新樓三幢基地一畝二分四毫

市立暉橋小學校民國六年春刱設租用民房十一年市經董辦事處購買李姓地二畝四分作校基尚待建築

市立貧民小學校見續志　民國元年二月改爲代用二年七月仍歸私立五年一月歸市立校舍係印花公所基地八分六厘七毫充用

市立第一小學校民國九年春刱設以西成小學大禮堂爲教室單級編制不收學費

市立第二小學校民國九年春刱設假文廟崇勉堂爲教室單級編制不收學費

市立第三小學校民國九年秋剏設假教育局東偏餘屋爲教室十一年春接收學生會所辦之義務小學校爲第二部（償學生會校具費銀五百二十圓）租用西白漾弄愼德里民房十二年春改爲完全小學不收學費

市立第四小學校民國十年春剏設校舍初假喬家栅民房嗣遷麥家衖

市立第五小學校民國十一年春剏設初賃沙場街奚姓房嗣遷談家衖王宅複式編制

市立第六小學校民國十一年秋剏設租用陸家浜三角街民房十二年秋照完全小學編制

市立第七小學校民國十一年秋成立租用東唐家衖陳姓屋爲校舍後遷魚行橋南堍東首

市立西外小學校在唐家灣民國十一年秋邑人諸文綺捐貲創辦十二年秋改歸市立照完全小學編制

南區小學校在蘆蓆街見續志民國八年改爲義務女子小學經費由邑人穆湘瑤獨任十二年後改市立

右市立小學

先春小學校在孫家衕先春公所見續志經常費由市公所於茶捐項下撥用

愛羣女子小學校在蓬萊路民國元年春由袁希濂創辦假用西倉橋民屋二年租市產小蓬萊空屋爲校舍九年集捐建樓房四幢添設中學分初中高中兩部市公所與教育局均有補助

西區小學校民國四年秋由王培生李廷翰等創設租用民房初在方

斜路後遷至林蔭路省教育會後十一年設分校於斜橋

陳涇小學校在陳涇廟民國三年邑人錢福田陳聯章等籌捐創設初假廟屋爲校舍四年冬就廟後餘地建築教室一教員室一圍以竹籬（用銀四百七十二圓）五年請准於附近七五四二四圖中田地買賣抽收中費五厘作爲經常費十二年夏添設教室一（用銀四百九十圓）改爲複式概免學費

竟成小學校在二十七保七圖法新租界巨潑來斯路民國十二年剏設里人陳聯章購地九分四厘五毫（用銀一千四百二十二圓）捐爲校基並捐銀一千圓與士紳捐建校舍計教室一教員室一役室一（連地價共用銀五千二百三十圓）經費由民國五年陳涇小學請准之五厘中費不收學費

貞元小學校在老學前（見續志）民國元年改爲代用按月由市政廳補助

經費十二月取消代用由邑人林祖溍王植善繼續辦理
閨範女子小學校民國二年由林祖溍王植善創辦假節孝祠前廳爲校舍
吉雲初級小學校在邑廟大殿東公廨廳民國元年由邑人陳肇昇陸琦等剏設初名吉仁七年以經費竭蹶由花業吉雲堂董事沈惟燿出而維持改今名由吉雲堂撥公欵補助
甯波旅滬同鄉會第三公學在西門路三慶里民國九年九月由會董張讓三方椒伯陳蓉館孫梅堂等創設經費由會籌撥
甯波旅滬同鄉會第五公學在肇嘉路東段民國十年二月剏設經費由會籌撥
甯波旅滬同鄉會第六公學在篾竹街荷花池民國十一年八月剏設

經費由會籌撥

四明第一義務小學校在法租界民國路四明公所內民國九年二月
由四明公所開辦不收學費並給書籍紙筆等物經費由公所支撥
基金一萬五千圓

精勤第二學社在林蔭路民國十一年刱設

育羣小學校在方斜路民國九年女士趙穎刱設

尚德初高等小學校在大吉路民國七年刱設

貧兒小學校在二十五保十三圖五聖堂民國八年邑人李祥發康錫
元談銀泉陳金裕張叔華等刱設

民生女學校民國元年女士胡韞吟祝淑敬籌款刱設初賃南陽橋民
屋爲校舍三年遷寶昌路仁和里

滬南慈善會義務小學校在薛家浜口民國十一年會董朱世杰及子寶宗集同志二十餘人各認常年費五十圓創辦是校專授初級不收學費

七舖義務小學校在大白柵東華道院內民國二年四月邑人沈宗約𠚤設單級編制夏應堂顧馨一葉鴻英衛芝山胡憤堂等各認常年經費

浦東中學附屬小學校在浦東六里橋見續志民國元年將南部房屋畫歸中學以第一初小教室及校後中學教職員臥室歸校用四年八月遷多稼路海運局屋六年四月購局地及屋七年建校舍樓房九幢辦事室三開雨中操室四間食堂浴室廚房等十一間八年十二月收購租用之操場地十二年四月將舊有底賦堂屋改建樓房五

幢另闢新校門並見浦東中學

女子職業補習學校民國十三年二月女士鍾陸亞雲創設租民國路民國里民屋爲教舍後遷高墩路餘慶里學級課程均同小學

初級小學校在小南門北見續志　注重家庭生活故與尋常小學小異十二年增幼稚級

商船小學校在馬家廠商船會館見續志　民國元年裁高等二年春設商業補習科十二年秋改稱商業科

思敬小學校在西姚家弄朱氏宗祠民國五年八月由沛國族會創設宗祠堂額曰思敬故以名校經費由朱氏公欵撥助

清眞國民學校清光緒三十四年開辦民國元年清眞董事會哈少甫金星白及學董沙善餘伍特公等擴充定名爲上海清眞務本兩等

小學校附設於穿心街清眞寺七年春遷西倉橋街清眞西寺改今名九年改建教室經費由馬乙棠集合同志捐助

水果業華實高等小學校在福佑路水果公所見續志六年遷裏毛家街新公所經費由水果業公欵項下支撥

潮惠小學校在久大萬聚兩碼頭間潮惠會館民國二年八月粤人郭輝鄭芳鉞陳開日創設經費由會館支撥四年六月教育部總長湯給三等褒狀十二年四月　黎大總統給有功庠序額

滬紹水木業私立通惠小學校在打鐵浜西見續志民國二年改今名

留雲學校在陸家浜見續志民國七年秋建新校舍十幢於留雲蘭若後翌春遷入

志明學校民國元年邑人丁立鈞創設在肇嘉路登雲橋今遷姚家菴

街十二年添設高級學生家寒者免費或半費經費由校董姚文枏李味青王濟川范回春等任之

泉漳小學校在製造局西泉漳別墅見續志民國二年秋遷外鹹瓜街泉漳會館更名泉漳高等小學校四年教育部獎給蒙養攸資額十二年更今名凡泉漳府屬龍溪同安海澄三邑籍子弟概免脩膳費同府異縣者免脩不免膳

羣賢女學校在花衣街施家衖民國五年春邑人喬本立創設分初小高小兩級十二年上海市公所補助費年二百圓經常費由本立籌墊

珠玉業學校在侯家路珠玉業公所民國八年珠玉業董張秉鑫創設分初小高小兩級新建校舍經常費由同業擔任學生免費者恆占

學額半數以上

郁氏普一義務小學清光緒三十四年邑人郁懷智創設初在旦華路民國二年購船浦濱移設船上以便附近棚船中貧兒就學棚船被逐停辦六年五月將借設於洒掃局之普三小學改稱普一另設普三於肇嘉路沈宅

郁氏普二義務小學清宣統三年邑人郁懷智借大境關帝廟創設

郁氏普三義務小學清宣統三年郁懷智借洒掃局𠜂設六年改稱普一遷肇嘉路沈宅十二年遷王家碼頭裏街

郁氏普四義務小學在九畝地青蓮禪院民國元年郁懷智創設

郁氏普五義務小學民國六年四月郁懷智創設初在滬杭火車站左近後遷黃家闕路南永興街九年遷南倉街施家衖新購校舍

郁氏普七義務小學民國六年十二月郁懷智創設初以普五學生日衆增是校於附近十年六月遷南張家街新購校舍十二年改建新舍

附記　上列六校外另有普六義務小學在法華鄉各校學額初定各二十名專收貧寒子弟不取學費並給課業用品民國六年冬郁懷智卒遺命子孫永久繼續辦理十二年擴充學額各四十名然實際仍多溢額屏翰興學碑亭在縣立公共體育場上海市經董陸文麓建

敦仁小學校在民國路五金洋貨公所同義善會清光緒二十七年與同義善會同時開辦專教五金洋貨業子弟民國七年改建三層樓校舍

羣學會幼稚園民國十一年羣學會創立卽設會中分甲乙兩組

右上海市私立小學幼稚園附

市立飛虹小學校原名飛虹義務在二十五保頭圖文昌閣見續志校基七分一釐八毫校舍樓房七幢平屋七間基本金銀四千圓由前校董邑紳王豐鎬存放生息作爲常年經費入民國後利息無着全恃收入學費十一年四月改歸市立十年改建校舍

市立第一初級小學校在閘北二十七保十圖市公所民國元年成立校舍三間均係舊有單級編制

市立第二小學校在二十七保十一圖漢中路集義里民國四年秋由市經董辦事處賃屋刱設複式編制

市立第三初級小學校在二十七保十一圖民國九年春市經董辦事

處設立校舍租用大統路發祥里民房複式編制十年春遷新民路興業里

三育學校在新閘路平江公所東見續志民國十二年黄慶瀾捐貲建新校舍於舢板廠橋北恆通路設備完全

上海共和女學校民國元年八月靖江祝鴻逵創辦初賃熱河路民屋爲校舍十一年遷甘肅路德興坊

市民公學民國七年春青浦人孫啓英創辦初名志英乙種商業學校賃閘北恆通路恆通里屋爲校舍秋改稱競新兩等小學校八年遷恆豐路敬業里十二年夏改今名添夜課日課學費半係免收夜課則完全不取

甯波旅滬同鄉會第一公學在公共租界七浦路豫順里民國四年八

月由會董洪承祁等創辦專收甬籍兒童九年秋添設高級經費由會籌撥

右閘北市

市立高等小學校在二十九保六圖新涇鎮民國八年邑人沈寶寅顧鏡清顧祥麐顧視清王緝熙劉志濂任敬承曹九思楊春膏王臨照王臨鈞趙登鰲沈克由潘紫綬等發起購置校地六畝六分一厘七毫（用銀一千四百八十圓）建校舍樓房八幢平屋二十五間（用銀一萬六百五十二圓）經費由市經董售出二十八保南十二圖義塚一方及義渡公地得銀五千圓餘由發起人及紳士捐助十年春校舍落成共分高級教室二初級教室四操場校園寢室廚房俱備經常費由圖董五厘中貲捐項下撥用

市立第一初級小學校在新涇鎮清光緒三十二年邑人沈寶寅潘上珍捌設校舍用關廟餘屋民國十年春遷新校舍（校地畝分詳見高小）計平屋十一間（用銀三千圓）經費由田畝帶徵項下撥用

市立第二初級小學校（原名虹溪）在虹橋鎮（見續志）民國十一年添建校舍三間（用銀四百五十圓）有教室三會客室一教員室一西廂爲六區警察派出所借用

市立第三初級小學校（原名贊育）在華漕鎮（見續志）民國十二年購地一畝五分八釐七毫（用銀二百圓）十四年建築校舍五間（用銀二千五百元）經費由田畝帶徵項下撥用

市立第四初級小學校（原名江橋）在江橋鎮（見續志）民國十二年購地四畝六釐七毫（用銀四百十圓）建校舍六間（用銀二千五百三十一圓）經費由田畝帶徵項下撥用

市立第五初級小學校民國元年邑人王萃馨假王氏祠刱設十三年秋在二十九保西二圖井亭廟購地二畝五分一厘七毫用銀二百八十元建築校舍五間用銀一千八百九十元經費由田畝帶徵項下撥用

市立第六初級小學校原名梅源後改九十圖在朱家庫見續志初係私立賃屋創設民國元年改市立

市立第七初級小學校在二十八保十併十一圖假周太僕廟東廳單級編制民國二年改市立

市立第八初級小學校原名莊敬在楊家巷見續志民國十二年冬購置校地二畝八分一厘八毫用銀四百五十圓建校舍五間用銀二千五百圓經費由田畝帶徵項下撥用

市立第九初級小學校在二十九保一圖王滿泗橋原名虹北民國八年邑

人朱靜卿賃屋剏設九年購校地三畝七分一釐一毫用銀七百五十圓建校舍五間用銀一千二百圓經費由田畝帶徵項下撥用
市立第十初級小學校原名曹渡在曹家渡見續志初用長生庵餘屋民國十年購地一畝五分二釐六毫後以基址太小調換公地三畝二分八釐五毫十四年停辦
市立第十一初級小學校在王家樓民國九年剏設假中天王廟爲校舍單級編制
市立第十二初級小學校在二十九保四圖王家寺民國十二年由市經董剏設校地一畝五分四釐二毫用銀一百三十圓建校舍五間用銀一千九百二圓經費由田畝帶徵項下撥用
市立第十三初級小學校在三十保二圖諸翟鎮民國十年由市經董

刱設校地一畝五分五毫（用銀二百六十圓）校舍五間（用銀二千六十二圓）分兩教室經費由田畝帶徵項下撥用

代用頌和初級小學校在三十保南四圖長浜宅民國元年春邑人張友棠賃屋創設五年改代用

代用梅源初級小學校在福田寺民國二年春邑人姚才捐貲創辦用寺西廂爲校舍五年後改代用

代用虞墩初級小學校在三十保八圖虞姬墩（見續志）假民房爲校舍單級編制民國六年改代用

代用虹南初級小學校在虹橋鎮南蔣家塘（見續志）假民房爲校舍單級編制民國五年改代用

代用安國初級小學校在安國寺（見續志）假寺西廳爲教室單級編制民

國三年改代用

右蒲淞市

振華初等小學校（見續志）在華漕鎮民國三年春幷入贊育歸市立

蒲淞市私立芳林初級小學校在三十保一圖芳林寺民國十二年春邑人張斌創辦芳林寺正殿爲教室單級教授

以上係蒲淞市私立小學

鄉立第一小學校（原名法華）在法華鎮西市積穀倉（見續志）民國三年承買倉房計地六畝一分七釐共樓平房二十二間（用銀一千八百圓）爲校舍九年將倉廒改建教室兩埭（用銀三百七十圓）添設補習科一級十二年改組完全小學分三教室複式編制

鄉立第二初級小學校（原名興業）清末郵傳部高等實業學堂監督唐文治

捐貲創辦民國四年歸鄉立五年夏遷翠竹庵七年鄉經董楊洪鈞沿虹橋路購置校地三畝三分三釐二毫（用銀二千三百二十圓）建平屋五楹小屋兩間外砌圍牆（用銀二千六百圓有奇）分兩教室經費由鄉公款支撥

鄉立第三小學校在二十八保（八九）圖盧薛宅民國十一年鄉經董李鴻翥創設購校地五畝七分七釐（用銀七千二百四十五圓）先建平屋五楹添建樓房五幢及門房役室等三間（用銀八千八百圓有奇）初辦兩級十二年改組完全小學分四教室經費由鄉公款支撥

鄉立第四初級小學校在小𡋣民國十一年春創設假蓬場廟廳事爲教室單級編制十二年冬購校地

私立楊村初級小學校（原名何家角）在西鄉何家角（見續志）用楊氏宗祠爲校舍光復後經常費由鄉公所補助民國十一年起開支概由原發起人

楊鴻藻楊樹源擔任單級編制
私立滙西初級小學校在徐家滙西徐宅該處係天主堂範圍教會學校外公家並無學校民國二年由徐聯科將家塾改良以補缺憾且捐校地校舍待建
私立普六初級小學校民國六年邑紳郁懷智創辦八年建新校舍於郁氏山莊外單級編制專收貧苦子弟不徵學費更給書籍
私立思本初級小學校在東鎮民國九年邑人趙錫恩奉父命移母八旬筵貲購地一方建廳事三楹爲教室中懸至性過人四字乃大總統題褒其父趙淦額也
私立嚴氏第二公學在二十八保八九圖錢家巷東民國十一年邑人嚴裕棠秉承其父介廷興學之志捐貲購地五畝有奇建教室八間

樓房八幢可容學生六百名用銀三萬四千圓經常費由個人籌撥

私立志成初級小學校在曹家渡鎮見續志光復後經費由各商店籌集補助民國三年停辦

私立啓新小學校在曹家渡民國三年里人王士霖黄曦等籌捐創辦七年停辦

私立復智小學校在諸安浜後民國四年宋季生妻徐碧仙就京兆別墅中添建教室三招收鄰近兒童就學槪免學費開支均由校主擔任

私立開明初級小學校在北十二圖曹家堰前民國十一年里人沈悦堂曹雲山等集貲創辦建築教室一大間教員室一間借用操場一方係徐餘慶產不取租金經常費由發起人籌撥

私立南洋義務學校在楊家庫民國八年秋由南洋大學學生會刱設專收年長失學者於晚間授課所給課本祗收半費
私立復旦義務小學校在李文忠公祠由復旦學生會刱設專收貧苦子弟分初高兩級高小畢業後每屆選送兩名升入中學不取學費
私立法華義務初級小學校在法華鎭西王省記樹牧場內民國十一年邑人王豐鎬創辦專收農民子弟普通學科外並略授農事知識
私立潘氏公學在梹榔路民國十二年里人潘聲濤建校舍創設不收學費開支均由校主擔任
國立南洋大學附屬小學校見南洋大學

右法華鄉

鄉立引溪小學校在二十三保十一圖引翔港鎭見續志校舍用舊有文

昌宮屋民國二年添建樓房四幢（用銀二千餘元）計高級教室一初級教室三經費由鄉公款支撥

鄉立楊樹浦小學校在楊樹浦路太平寺民國元年邑人王銓運創辦初係私立二年秋改歸鄉立不收學費經費由鄉經董辦事處支給單級編制

鄉立虬溪初級小學校在二十三保六圖瑤階弄初係私立民國十二年春邑紳王銓運購地建平屋五間（用銀三千餘圓）分兩教室複式編制

鄉立培寒初級小學校在平涼路華盛路口民國九年由紗廠工會創設購地一畝五分建校舍七間計三教室經費均由紗廠工會同人捐募十二年夏歸鄉立

鄉立虹北初級小學校在二十三保正十九圖民國九年邑人周樹蘭

蔡耀祥創設由蔡耀祥捐校址地五分全維周捐入六分一釐復由鄉公所購入三分五釐建平屋六間分兩教室（用銀三千餘元）經費歸鄉經董處支撥

鄉立虹鎮初級小學校在二十三保十五圖虹鎮民國二年創設民房爲校舍四年建教室一十二年添建教室一複式編制經費由鄉經董處支撥

鄉立江橋初級小學校在二十三保九圖楊家觀音堂北民國三年賃屋創設五年購地建平屋三間經費由鄉經董處支給單級編制

鄉立胡家橋初級小學校在二十三保二圖胡家木橋民國元年假分水廟創設十三年購置校地八分三釐七毫（用銀二千八百兩）建築樓房七幢（用銀六千三百餘兩）計四教室經費由經董處擔任

代用虹口初級小學校在虹口老三官堂（見續志）民國二年邑人王銓運籌款建教室二間單級編制至十二年增設一級改爲複式

代用勵志初級小學校在威賽路永和里民國六年春邑人王銓運等賃屋創設初係單級十二年改複式

私立澄衷小學校（見續志）詳見中學校舍特建共分十四教室複式編制

私立引南初級小學校在二十二保五十一圖沈家灘民國十二年春邑人周成德沈爾晟賃屋創設嗣撥用鄉公款購校基五分四釐二毫（用銀一千五百二十圓）建築樓房五幢（用銀九千餘圓）十三年改歸鄉立

私立崇義初級小學校在塘山路崇義善會內由項如松發起用崇義善會餘屋爲校舍經費亦由會中擔任初係單級民國十二年分三教室

私立同善初級小學校在虹口燮昌火柴廠後由項如松發起租民房爲校舍複式編制經費由私人籌撥

私立眉州初級小學校在楊樹浦眉州路民國十一年由邑人辛韻蘭及其妹素貞捐欵創設建校舍樓房三幢前爲花圃廚房役室俱全單級編制經常費由發起人擔任

私立嚴氏第一公學在楊樹浦高郎橋嚴氏家祠内民國九年秋邑人嚴裕棠創設不收學費經費由發起人擔任

甯波旅滬同鄉會第二公學民國九年秋由會董張讓三方椒伯陳蓉館孫梅堂等創辦初設公共租界鄧脱路謙吉里十三年春遷同春里分初高兩級學生書籍及經費由會籌撥

右引翔港鄉

鄉立第一初級小學校原名漕溪在漕河涇鎮城隍廟見續志　民國二年改歸鄉立校基三畝係城隍廟公產民國十一年建平屋七間用銀五千一百八十七圓　邑人楊心正張秀麒捐募銀一千圓餘由鄉公欵支撥複式編制

鄉立第二初級小學校原名啓新在二十六保二十五圖梅家街鎮見續志　民國四年改歸鄉立購校基地二畝用銀六百圓建樓房三幢平屋四間用銀四千圓　邑人張宗福梅宗泰捐募銀一千圓餘由鄉公款支撥複式編制

鄉立第三初級小學校原名育才在二十六保十一圖潘宅見續志　民國四年改歸鄉立購校基一畝一分一釐用銀一百六十九圓十一年建平屋三間用銀一千三百七十一圓鄉公款補助銀五百六十圓餘由邑人陳醉六張安和張茂春毛鳳池彭桂年等捐募單級編制

鄉立第四小學校原名蒙養在二十六保十三圖龍華鎮見續志　民國四年改歸

鄉立校基四畝五分（係漕河廟公地）民國五年建平屋十五間樓房一幢（用銀三千六百圓）鄉公所補助銀八百圓餘由吳士英捐募分五教室初級單式高級複式

鄉立第五初級小學校在二十六保南十四圖民國九年秋借陳氏宗祠創設單級編制

鄉立第六初級小學校在二十六保二十五圖朱家巷鎮民國十一年秋借泰山堂菴房四間創設單級編制

蔡氏義務小學校在吳家巷滬閔汽車路東民國九年七月由蔡氏宗祠捐款賃屋創設十年五月購地建校舍五間專授初級不收學費及課業用品經費年限五百圓支用蔡氏專欵存儲之基本金息

右漕河涇鄉

鄉立第一初級小學校今名關港在十八保二九卅一圖關港民國元年春邑人康永年賃屋創設二年改歸鄉立單級編制

鄉立第二初級小學校原名毓秀在十八保三十二圖曹行鎮見續志民國二年改歸鄉立校基一畝一分有奇係原有公地校舍舊有兩間新建兩間複式編制十七年秋添建校舍九間潘姓捐校基地一畝四分

鄉立第三初級小學校今名板橋在十八保六併三十七圖民國元年秋賃屋創設單級編制

鄉立第四初級小學校原名振新在二十六保廿八九圖甯國寺見續志賃屋創設民國二年改歸鄉立特建校舍單級編制

鄉立第五初級小學校今名華涇在二十六保廿一卅一圖華涇鎮民國四年秋創設校基係關帝廟舊址建樓房五幢平屋三間分兩教室複

式編制十一年改爲單級

鄉立第六初級小學校（今名道南）在十八保二區六幷三十七圖民國十年秋創設邑人姜叔英捐助校基地二畝三分吳守六捐銀四百圓建校舍四間餘由鄉公所擔任單級編制

鄉立第七初級小學校（今名許涇）在十八保二十五圖許宅民國十三年賃屋創設十四年建校舍四間（用銀六百餘圓）邑人許雲祥捐校基地一畝有奇朱曉艮捐銀五十元鄒同德同炳合捐銀五十元蔡增祥捐銀三十元餘由鄉公款支撥單級編制

鄉立第八初級小學校（今名車溝）在十八保二十九三十一圖民國十三年秋創設租用民房爲校舍單級編制

右曹行鄉

鄉立第一初級小學校（原名雙溪）在十八保二十七圖校基三畝租本鄉保節會產建校舍六間（用銀一千六百元）民國元年十二月創設十七年添建大門廚房（用銀五百九十五元）單級編制

鄉立第二初級小學校（今名塘灣小學）在二十一保十三圖里人錢椒捐校基地三畝又購民田一畝（用銀八十元）建校舍九間（用銀二千〇四十元）民國二年二月創設十四年十月添建大門校舍七間（用銀一千九百一元）複式編制十七年試辦完全小學添建樓房五幢平臺二間（用銀三千四百六十四元九角四分三厘）邑人彭召棠捐基地二分銀二百元何沛蒼丁及成各捐銀五十元調地售價一千三百元教育局補助銀三百元餘由鄉公所撥助

鄉立第三初級小學校（原名吳涇）在二十一保九十一圖校址係舊有斗姥閣基又購民田一畝（用銀六十元）建校舍六間（用銀一千二百六十元）邑人丁光鬯捐銀

一百四十元鄉公欵撥助四百元民國六年二月創設十七年春添建教室二間休息室大門（用銀六百十五元三角四分）複式編制

鄉立第四初級小學校（今名湯橋）在二十一保七圖校基購民田二畝（用銀一百元）建校舍五間（用銀一千四百元）民國六年十月創設單級編制

鄉立第五初級小學校（今名甘露）在二十一保八十圖校基係廟產建平屋六間（用銀一千五百元）邑人孫景福捐銀三百十七元蔣鴻聲孫祖貽各捐銀一百十元餘由鄉公欵支撥民國六年二月創設單級編制十七年三月添建大門及平房兩間（用銀四百三元）

鄉立第六初級小學校（今名觀濤）在二十一保十三圖陳宅民國十四年二月賃屋創設單級編制十七年春購校基二畝（用銀二百一元）建大門及平房五間（用銀一千六百五十九元）

鄉立第七初級小學校今名培材在二十一保五圖民國十七年二月賃屋創設單級編制

鄉立第八初級小學校今名塘閔在二十一保四十二圖帶丈張宅民國十七年八月賃屋創設現特建校舍單級編制

右塘灣鄉

鄉立強敏小學校原名務敏在閔行鎮西市積穀倉見續志校基二畝九分八釐校舍平房二十一間用銀六千元樓房七幢用銀七千元分六教室鄉立第一初小隸之校產則田四百十四畝有奇由鄉公所經理

鄉立第二初級小學校民國二年賃屋創設後遷入鄉公所內十年春遷二十一保一圖校舍仍假民房單級編制

鄉立第三初級小學校原名荷溪在十六保二十九圖荷港橋見續志民國二年

改鄉立校基三分七釐八毫校舍平屋七間（用銀一千五百元）分兩教室複式編制

鄉立第四初級小學校（原名鷲湖）在二十一保五十四五圖蔣祠（見續志）民國二年歸鄉立八年邑人蔣世傑捐地三畝二分七釐（合銀四百元）建平房八間（用銀二千一百五十元有奇）分兩教室複式編制

鄉立第五初級小學校（今名竹溪）在四十二圖光緒三十年邑人黃宗堅黃申錫賃屋創設（見續志）八年邑人黃宗堅黃宗麟捐地二畝建平屋八間（用銀一千六百九十六元）單級編制

鄉立第六初級小學校在十六保三十九圖吳會鎮民國二年創設校基一分八釐五毫校舍修用廟屋四間（費銀五百餘元）單級編制

鄉立第七初級小學校在二十一保六九圖民國十二年賃屋創設單

級編制

鄉立崇實女子小學校在閔行鎮民國四年邑人李祖佑等創設初假李氏純嘏堂經費由鄉公欵補助旋遷入鄉公所樓上十二年自治恢復再遷至强敏小學內改爲鄉立

私立振華女子小學校在閔行鎮西街夏氏宗祠民國七年邑人夏建藩昆季創設以宗祠餘屋爲校舍經費亦槪歸擔負分三教室複式編制

右閔行鄉

鄉立第一初級小學校原名顓區在十八保十八圖顓橋鎮用華陽廟後殿爲校舍見續志分兩教室複式編制

鄉立第二初級小學校在十八保七八圖民國元年春創設用鎮江廟

後埭爲教室單級編制

鄉立第三初級小學校在十八保十六圖孫宅民國九年創設九年改爲鄉立單級編制十二年冬購地二畝九釐用銀一百四十元特建校舍四間

私立紫岡初級小學校在十八保七八圖李宅民國元年邑人李秋泉等創設三年春幷入第二小學校

私立育材初級小學校在十八保九圖沈宅民國八年春邑人沈志冲等創設單級編制

右顓橋鄉

鄉立第一初級小學校原名北橋在北橋鎮明心寺祿玉山房見續志民國二年春改爲鄉立十一年劃明心寺餘地二畝爲校基建平屋五間用銀三千元有奇分二教室複式編制

鄉立第二初級小學校今名競擇在十八保二十二圖民國四年春創設用野三官堂後埭爲校舍單級編制

鄉立第三初級小學校今名草庵在十八保五十圖民國六年秋創設用草庵後埭爲校舍單級編制

鄉立第四初級小學校今名東喬在十八保十四圖民國五年冬購校基地一畝六分用銀一百餘元

右北橋鄉

鄉立強恕小學校原名強恕在馬橋鎮中市見續志附設鄉立第一初級小學民國十二年改爲完全小學校

鄉立第二初級小學校原名俞塘在十八保十三圖見續志民國元年改爲鄉立校舍仍假民房十一年冬在玉盤橋東購置校基地二畝七分用銀一百十元

十二年建校舍四間用銀一千零五十九元

鄉立第三初級小學校原名沙溪在十八保十圖白沃廟見續志民國二年秋改歸鄉立用廟後隸爲校舍廟地五十畝一分二釐均作校產由鄉公所經理

鄉立第四初級小學校原名萃秀在馬橋鎮東見續志民國元年改歸鄉立四年春遷入公善堂後進分二教室

鄉立第五初級小學校原名崇正在十八保四十一圖公濟堂見續志民國元年改歸鄉立單級編制

鄉立第六初級小學校原名青登在青登廟以廟後大廳爲教室民國二年春創設單級編制地一畝二分八釐併廟田八畝五釐爲校產由鄉公所經理

鄉立第七初級小學校（今名孟晉）在十八保十二圖猛將廟原有廟基地一畝五分三釐四毫又購入西南隅民田八分（用銀五十元）遷移廟屋建築校舍（共用銀一千元有奇）邑人朱禮儉捐銀一百元餘由鄉款支撥民國九年秋創設校基坐落十八保十二圖鹹字圩（三百十一號則田八分八釐四毫三百十二號則田一畝四分五釐）單級編制

鄉立第八初級小學校（今名三餘）在十八保五七圖民國十二年秋邑人張孝穎捐田一畝四分八釐（契價銀六十元）建平屋四間（用銀一千零五十六元）前建校門並圍墻（用銀八十七元）工竣開學

鄉立第九初級小學校（今名西村）在十八保一二圖民國十二年夏邑人張秀實捐田二畝建平屋四間（用銀九百九十元）工竣開學

右馬橋鄉

市立第一初級小學校原名洋涇在二十四保四十八圖洋涇鎮見續志基地二畝二分八釐餘建屋九間用銀二千元民國二年歸市立

市立第二初級小學校原名蒙養在二十四保二十四圖賴義渡東市見續志民國二年歸市立

市立第三初級小學校原名震修在二十四保二十三圖楊家渡東市見續志民國二年分初等小學部歸市立

市立第四初級小學校原名社莊在二十四保十八圖洋涇社莊廟見續志民國二年歸市立

市立第五初級小學校在二十四保十九圖民國九年秋邑人韓儒宗捌設校址一畝二分八釐建校舍三間用銀一千六百元

市立第一女子初級小學校原名私立競存女子小學校在二十四保二十四圖賴義渡

鎮花園石橋民國四年秋邑女士盛競存賃屋剏設六年改兩等九年歸市立祇辦初級

甯波旅滬同鄉會第四公學在浦東陸家嘴民國九年剏設學生均甬籍經費由會撥欵

　右洋涇市

鄉立第一初級小學校（原名高行）在二十二保二十四圖高行鎮（見續志）民國二年改爲鄉立校址約三畝建屋二間

鄉立第二初級小學校（原名東溝）在二十二保五十三圖塘工善後局（見續志）民國二年改爲鄉立校址賃塘工善後局

鄉立第三初級小學在二十二保二十八圖民國元年春邑人顧澤堯孫燾剏設二年改鄉立校址公地二畝餘十二年秋又購二分（用銀五十元）

建屋七間用銀四千一百三十二元

鄉立第四初級小學校在高行南鎮民國元年邑人顧枚生顧培原顧景崧趙茂勳談壽基剏設嗣顧枚生顧培原顧景崧顧錫麟於二十二保三十四圖顧家宅合捐校址地三畝枚生培原各一畝景崧錫麟各半畝七年建校舍四間用銀一千二百餘元遷焉建築費由剏設者捐募

鄉立第五初級小學校在二十四保五十圖楊家衖民國十年邑人談壽基陸培榮剏設由凌世昌捐校址地二畝餘校舍五間用銀二千餘元凌世昌捐四百元倪子上捐一百元餘均公欵

鄉立第六初級小學校在二十二保三十八圖民國二年邑人王筱松談壽基賃屋剏設十二年由施雲卿捐校址地二畝建校舍五間用銀一千九百餘元由王筱崧黃甫源施雲卿施悅卿沈文卿等捐集遷焉

鄉立第七初級小學校在二十二保二十九圖馬路橋民國六年春邑人陳承祖談壽基賃屋𠞊設由陳承祖捐校址地二畝十二年建校舍五間（用銀一千三百四十二元鄉經費五百元公款一百二十元外由朱秋江楊曉峯楊健菴顧枚生溫天熙陳鶴樓陳承祖黃佐才等捐助募集）

鄉立第八初級小學校在二十二保三十四圖陸家宅民國七年春邑人陳安甫萬漢城租地𠞊設八年建校舍三間（用銀七百五十四元由𠞊設人捐募）

鄉立第九初級小學校在二十二保二十四圖陸家宅民國十二年春邑人談壽基高志昂𠞊設購校址地一畝二分（用銀一百七十元）

鄉立第十初級小學校在二十二保三圖鄒家宅民國十五年邑人鄒鳳山捐地一畝建造校舍三間（用銀九百元）

右高行鄉

都川小學校在二十二保六圖陸家行城隍廟（見續志）以廟基地四畝五

分五毫屋十二間爲校產清光緒三十一年陶錫年捐地二畝二分七釐三毫又購地一畝六分五釐（用銀一百五十五元）三十四年購五十二圖地四十三畝八分二釐民國三年建校舍十五間（用銀二千十二元五角四分存地方特別會計處五百七十八元陶錫年募七百九十五元之外悉由公款公產處支撥）

三修初級小學校在二十二保四十四圖金家橋鎮三官堂（見續志）以三官堂基地四分五釐二毫屋五間又地一畝八釐七毫爲校產

振南初級小學校在二十二保五圖陸行鎮南（見續志）以法華庵基地三十二畝屋三間爲校產

永甯初級小學校在二十二保八圖張家橋鎮（見續志）民國九年邑人王椿年助銀千元朱炎助銀百元張松濤助地一畝八分校舍賃用

效范初級小學校在二十二保三十八圖民國三年邑人陶錫年王鎮

刱設

培朝初級小學校在二十二保三十九圖民國三年邑人陶錫年王鎮賃屋刱設民國六年朱日宣助校基地三畝七分八釐三毫又購七分五釐（用銀六十七元二角）建舍七間（用銀一千四百[illegible]元存地方特別會計處四百十二元四角六分外悉由上海縣欵產處支撥）

西新初級小學校在二十二保四十三圖帝敕庵民國五年秋邑人王鎮刱設以庵基地四畝八分九釐四毫屋十二間又地一畝四分爲校產

東林初級小學校在二十二保七圖金家宅民國九年邑人錢慶濤賃屋刱設

拱北初級小學校在二十二保三十八圖馬家衖民國十一年邑人徐桂庭賃屋刱設

問道初級小學校在二十二保四十三圖慶甯寺（見續志）以寺僧助地四畝五釐四毫爲校產（原係陸行鄉立於民國十年始由塘工善後局擔任經費）

右陸行鄉

鄉立第一初級小學校（原名塘橋）在二十四保十七圖（見續志）民國元年歸鄉立七年購地二畝五分八毫九年秋建校舍七間（用銀一千六百七十二元四角）

鄉立第二初級小學校在二十四保十五圖民國元年春邑人盛麟書高守智賃屋刱設四年購地五畝餘十五年春就九潤庵公地建校舍

鄉立第三初級小學校在二十四保二區十三圖嚴家橋南民國十二年由鄉公所賃屋刱設

鄉立第四初級小學校在二十四保二區十六圖西圩民國十三年由

鄉公所賃屋𠶷設

浦東中學附屬第一初等小學校見續志　清光緒三十三年正月浦東中學校校主楊斯盛開辦附設廣明高等小學校卽以其食堂爲校舍名曰附屬初等三十四年新校舍落成卽遷入與廣明高小分立易今名民國元年校舍劃歸中學附屬小學另建新校舍

私立大東義務小學校在二十四保十四圖民國十四年邑人羅守賢獨資創設不收學費

私立立志小學校在二十四保十六圖張家浜口民國十七年由立大工廠姚潤鑅獨資創設

私立大來小學校在二十四保十四圖白蓮涇浜民國十三年英商大來獨資創設

右塘橋鄉

三林陳行楊思鄉立小學校（原名三林）在二十四保六圖三林塘鎮東市文昌閣（見續志）民國元年建築校舍二年十年十一年迭次增建共屋六十七間（用銀約三萬元）舊校舍經火災未燬五間歸別用（欵產見續志產之收入由學校聯合會管理審查預算後撥付）

三林陳行楊思鄉立第一初級小學校（原名三林分設第一小學校）在二十四保南六圖（見續志）民國五年購方一圖地三畝二分五釐五毫（用銀一百八十元）建屋七間（用銀二千七百六十元）九年又建三間（用銀八百元）均由學校聯合會支撥

秦錫田記　清宣統二年三林學校分設初等小學七第一校在廣益堂面水臨街爲廣楹三無游息所無運動場誠湫隘囂塵不可以居者也越三載三林新校舍落成就校門築屋四楹爲第一校校舍顧學生日多教室不能容丁巳三月度地於古筠溪義學之西前控市壥後臨孔道交通利便空氣清爽建屋七楹校園在左庖湢在右護以花木繞以藩籬八月始業學生雲集分班授課秩秩彬彬（錫田）乃進諸生而詔之曰斯校成立於今八年幾經改革幾經遷徙始定基礎成事蓋若是之難也然斯校之左非古之筠溪義學乎當儲璇氏創造之初室宇之崇閎設置之美備度必遠勝於斯其師若生朝吟夕誦史鑄經鎔造就人才之盛亦必遠勝於斯驟遭倭亂忽焉殘廢閱今三百餘歲而荒烟蔓草瓦礫縱橫當時志應之堂錢湛二氏之記已杳然無跡可尋蓋其人存則其政舉其人亡則其政息天下事皆如此耳雖然人

無百年不亡之身政有百世不息之道古之君子不憂其身之亡而憂其政之息鄭僑之於游吉蕭何之於曹參羊祜之於杜預罔弗汲引英才指授方略而其繼用之人又各竭其心思才力以步武其矩矱擴大其規模保存其百變不易之宗旨故其鴻圖偉業弈葉常新雖無老成人尚有典型不愆不忘河山並壽可也今諸生聚集於斯游息於斯誦讀講貫於斯固與斯校關繫密切而有主人翁之資格者也諸生勉之哉美國之哈佛大學日本之慶應義塾畢業生舉全力以經營之故能日新月異名滿環球傳曰有爲者亦若是又曰有志者事竟成吾願爲諸生勗吾敬爲斯校頌校地三畝二分五厘五毫購置之費銀幣一百八十元建築之費二千七百六十圓設備之費一百七十元都縻銀三千一百一十圓庚申春又就校園隙地建屋三楹又費銀八百元

鄉立第一初級小學校（今名海會）在二十四保北六圖海會寺前民國五年鄉議會議設校舍三間

鄉立第二初級小學校（今名五權）在二十四保天一圖民國六年邑人湯學釗創辦校基三畝六分校舍七間（共用銀二千餘元公款捐助各千餘元）

鄉立第三初級小學校（今名作新）在二十四保西五圖烏泥涇廟民國元年邑人薛朗卿創設十一年邑人王振翔捐建校舍三間於廟左（用銀八百餘元）

鄉立第四初級小學校（今名三民）在二十四保列四圖三林廟民國十年邑

人湯學釗趙履福李上達王裕忠葉峻德孫裕德借廟屋刱設
鄉立第五初級小學校（今名東明）在二十四保北三圖民國十二年賃屋創設
鄉立第六初級小學校（原名懿德見續志）在二十四保三十一圖民國十三年改爲鄉立
鄉立第七初級小學校（原名瑞龍見續志）在二十四保三圖瑞龍庵民國十二年遷羅神三官堂改爲鄉立
私立代用黃二初級學校（見續志）在二十四保黃二圖民國六年改爲代用
秀實代用小學校（見續志）在二十四保黃二圖民國　年改爲代用
方二初級小學校（見續志）在二十四保方二圖龐氏支祠周競借龐錦龐淞創辦經費歲由鄉公所補助銀一百七十元學生納費多寡不等

不足由周競籌措
貞固小學校在二十四保方一圖清光緒二十九年春邑人朱孔長等創設校基地二畝餘用城隍廟公地初辦兩等繼改初級經費初由發起人籌措後得公款補助民國十三年改爲鄉立第十
河塔國民小學校在二十六保二十八九圖民國七年邑人任思勤龐錦錢煥如等創設經費用蕩租款
右三林鄉
鄉立第一初級小學校原名仁巷在二十一保十六圖陳行鎮西市民國元年改歸鄉立二年又并本立見續志爲一校改今名
鄉立第二初級小學校原名競新在二十一保二十九圖塘口鎮中市見續志民國元年改歸鄉立校基二分八釐二毫係關帝廟產二年建平房四

間（用銀八百圓）又并二十九圖爲一校改今名

鄉立第三初級小學校（原名題橋）在二十一保二十八圖題橋鎮（見續志）民國元年改歸鄉立購校基二畝六分一釐（用銀二百六十圓）二年改今名十年建校舍平房六間（用銀一千八百四十圓）由里人周承銘捐銀三百圓餘由鄉公款支撥

鄉立第四初級小學校在二十一保二十圖趙家蕩民國二年由鄉公所賃民房設立十二年購置民房（用銀五百圓）校基四分

鄉立第五初級小學校在二十一保三十圖斗姥堂民國二年由鄉公所設立校基五分八釐四毫保斗姥堂產

鄉立第六初級小學校（原名鶴坡）在二十一保二十五圖草庵（見續志）民國二年改歸鄉立校基一畝一分八釐係草庵廟產

三林陳行楊思鄉立第三初級小學校今名倉橋在二十一保二十圖倉橋陳宅原名三林分設第七小學校見續志民國二年改

三林陳行楊思鄉立第四初級小學校今名三圭在二十一保十七圖三官堂民國九年由三鄉學校聯合會建屋設立

秦錫田記　記曰良弓之子必學爲箕良冶之子必學爲裘言習慣之自然也諺曰蓬生蔴中不扶自直白沙在泥與之俱黑喩習俗之移人也人生不幸入居黑暗之家庭出接鄙陋之社會陰賊險狠視爲當然殘酷貪惏無所不至卒至觸文網犯刑律而猶不自知其非豈天性然哉夫亦風俗之不良致化之未善有以致之耳今使大庭廣衆之中執盜賊而謂之曰爾爲賊爾爲盜其人必慚且忿執盜賊之子而謂之曰若父爲賊若父爲盜其人必憤而爭是人皆知盜賊之不可爲與爲盜賊之可羞可恥也是所謂是非之心人皆有之羞惡之心人皆有之也古之君子知人性之本善而淪亡於物欲之外誘也於是設爲庠序學校之敎申以孝弟忠信之義誘而掖之優而柔之使之童而習之以保存其固有之天良而不至牿亡於旦晝然後閑以法律濬以術智鼓舞以實業內之有禮法之防維外之無飢寒之困苦中人以上可以爲善中人以下可以無過人人納之於軌範之中故人人有國民之資格也吾鄉十七圖地窄而修介居南滙縣境之間又密邇百餘年之賊窟先君子慮其風之漸染吾鄉也光緒季年設義塾於三元道觀旋以費絀中止觀東有李氏祠蒙師設塾於中鄉農藉以識字者十餘年矣去夏蒙師歿鄉之人懼子弟之失學余與雲翹胡君謀度地於道觀之西建屋三楹二爲教室一爲教員室工三閱月而畢縻銀幣八百圓購備校具又縻銀一百元校前爲運動場校後爲厠所校後隙地留待後來之擴充屋宇軒爽空氣清澄今秋始業學生達六十人魯頌有之曰翩彼飛鴞集于泮林食我桑椹懷我好音蓋天下無不可

格之物亦無不可化之人人果潔已以進吾援互鄉童子之例以納之而與吾鄉之子弟授以同等之教材使之滌舊汚端蒙養尊人格重公德以漸收易俗移風之效斯則余紹述先君子之微意而吾鄉父老所樂觀厥成者乎校基故屬道觀廟祝之香火地也爲購觀南地以互易之田額一畝五分六厘價值一百二十五圓中華民國九年十月學校聯合長秦錫田撰奉賢朱聲樹書

三林陳行楊思鄉立第五初級小學校在二十一保二十九圖金家蕩民國十年由三鄉學校聯合會賃屋設立

三林陳行楊思鄉立第六初級小學校（今名顧涇）在二十一保十七圖先設在康家庵民國十年由三鄉學校聯合會購地建屋遷立

三林陳行楊思鄉立第七初級小學校（今名排馬）在二十一保二十九圖莫宅（原名志新二年由趙國芹創設）十年由三鄉學校聯合會接辦

三林陳行楊思鄉立第八初級小學校在二十一保二十八圖（原名長壽賃秦公祠爲校舍三年改稱陳行鄉立第七小學）十一年由三鄉學校聯合會遷屋承辦

右陳行鄉

鄉立第一初級小學校（原名養智）在二十四保七圖（見續志）民國元年改歸鄉立專辦初等嗣購校址地一畝七分（用銀約四百圓）四年建校舍七間（用銀約一千八百圓）

鄉立第二初級小學校（原名競立）在二十四保三圖（見續志）民國元年改歸鄉立邑人陳義生續捐校址地八分五年建校舍五間（用銀約一千二百圓）

鄉立第三初級小學校（原名八九圖）在二十四保副八圖邑人朱能繩創辦民國元年改歸鄉立校基賃民田九年建茅舍七間（用銀約五百圓）

鄉立第四初級小學校（即三林分設第六）在二十四保十幷十一圖（見續志）民國元年改爲私立永思小學校三年歸鄉立校址地一畝八分四年建校舍五間在佛照寺前（用銀約八百圓）十年新建三間在蕩里（用銀約五百圓）

鄉立第五初級小學校在二十四保十幷十一圖周家渡民國四年賃屋開辦嗣購校址地二畝四分（用銀三百五十圓）

鄉立第六初級小學校原名三林分設第五在二十四保六圖曹家宅見續志民國元年三鄉學校聯合會改爲三鄉公立第二初等小學校五年購校址地一畝用銀二百圓建校舍五間用銀一千六百圓皆由三鄉學校聯合會支撥八年改今名

鄉立第七初級小學校在二十四保九圖張家宅民國八年秋創辦十一年購校址地三分五釐修葺舊屋三間爲校舍用銀二百五十圓

鄉立第八初級小學校在二十四保七圖胡巷民國九年春賃屋創設

鄉立第九初級小學校在二十四保六圖陳家衖民國九年秋賃屋創設

鄉立第十初級小學校在二十四保五圖東橋民國九年秋創設租地建校舍三間用銀五百圓

鄉立第十一初級小學校在二十四保七圖姚劉家宅民國九年秋創設租地建茅舍三間用銀二百八十圓

鄉立第十二初級小學校在二十四保五圖長壽庵民國九年秋創設購校址地一畝七釐七毫用銀一百六十元

鄉立第十三初級小學校在二十四保七圖施家宅民國十年秋創設校址地一畝五毫用銀一百五十元建校舍三間用銀五百五十元

鄉立第十四初級小學校在二十四保五圖十年春創設租地建校舍三間用銀六百圓

右楊思鄉

學校下

交通部南洋大學原名郵傳部高等實業學堂在城西徐家匯海格路見續志民國元年改

名交通部高等工業專門學校設土木工科及電機科三年所轄之吳淞商船學堂改隸海軍部五年建材料試驗廠七年建圖書館采歐美最新式規模頗爲宏敞藏中文書三萬餘册西文書三千餘册是年添設鐵路管理專科九年建西教室鍋爐間無線電試驗室水力學試驗塔十年秋改名交通大學上海學校十一年夏改定今名設管理科學電機機械土木五學院中院改稱南洋模範中學設初中高中各三級

同濟大學原名同濟德文醫學堂在寶昌路南法華路光緒三十三年德國醫學博士寶隆創辦建校舍於白克路見續志嗣改遷吳淞設醫科工科理科三學院附設高級中學

暨南大學原名暨南學堂光緒三十二年開辦民國十一年改商科大

學十六年改國立暨南大學遷眞茹設文學院理學院商學院附設
中學分初中高中各三班高中師範科三班

右國立大學

震旦大學（原名震旦學院見續志）在呂班路光緒二十九年丹徒馬良創辦設法工
醫三院法律政治經濟土木電機化工數理醫學牙科八系

復旦大學淸光緒三十一年丹徒馬良創辦假吳淞提署爲校舍民國
二年夏兵事起校舍燬校長李登輝商通當道遷法華東鎭李文忠
公祠是校程度分大中兩部大學設四院經費歷由政府補助十年
在江灣翔殷路購地建築校舍落成後大學及附中遷往新校舍中
學分高中初中兩部高中分文理商三科初中不分科高中初中各
分三級復旦實驗中學在江灣翔殷路亦分高中初中二部學生所

組織之義務小學仍在

滬江大學在楊樹浦軍工路光緒三十二年創辦設文科理科教育科商科四學院附設中學分高中初中各三級

中國公學在江灣文治路清光緒三十二年創辦設有文學法律政治經濟商業四系

大同大學在滬杭車站南民國元年三月立達學社社員創辦原名大同學院十一年改今名校地廣袤規模宏大設文科理科商科三院英文數理兩專科爲私立大學之冠並附設中學分七級記欲述大同創辦史不得不溯立達學社立達學社者發起於民國紀元前一年首夏其時同志十一人皆任教燕都講學勵志咸抱宏願爰結契約合成法團以期厚集羣力爲建立事業之儲備越半載民軍舉義同人陸續南還聚於海上慨社會之不良公私學校大半外粉飾而內敷衍教育有類機械反使學者天賦能力末由發展同人以爲不事改良種族將積漸退化願寄人籬下志願既無以自伸散處四方學殖亦日就荒落於是有自行設立學校之議而大同學院乃於民國元年三月十九日誕生當是時社員戚屬之知其事者殆無不目以爲狂交相勸阻而同人則謂但憂毅力不充不患度支不足乃相約同居滬瀆之同志皆委身校事一年以內卽凍餒加身亦

不可離校而行第一學期中除沈商耆先生盡義務月餘外一切職務全由社員擔任居校者既自備雜用之資兼事者更量納薪俸所入心力交瘁境非人所能堪然因志願克償精神愈淬而愈厲其歡欣惕厲之情實出於中心而不能自已也

大同本爲立達興舉事業之一社爲幹而校爲枝惟社員人數成社時僅十一人同年八月加入一人元年三月加入一人四月加入三人八月加入一人二年一月又加入一人除一人入社未久卽故外都十七人此十七人者大抵偏於學術雖誦魯齊治生之訓而無烏倮比封之才既殫力於校事更無興舉其他事業之餘力且任社職者無不兼任校職校與社遂由自然之趨勢合而不分迄今社務未嘗絲毫發展者以此而大同常艱難竭蹶時得以維持者亦卽在此

大同經費不募捐不取官中津貼全恃立達補助立達則仰給於社員社員對於社中之義務計分四項一曰入社金人五圓後改爲十圓二曰常納金月半元三曰量納金各計所入分百一什一兩種規定納之月入百元以上者以十之三爲百一金母數十之七爲什一金母數月入百圓以下三十圓以上者以三十圓爲百一金母數十之七爲什一金母數月入百圓以下三十圓以上者以三十圓爲百一金母數餘爲什一金母數月入三十圓以下者概作百一金母數四曰特納金無定數此爲元年七月所議定者迨五年七月於量納金一項略有修改餘仍舊以上四項收入社中全以撥入大同猶有不足則舉債以濟之債分二種由有力社員貸與社中之金曰內債向社外挪移之金曰外債社員中有力之人甚少故爲內債債主者無多人至社員服務於大同所應得之勞薪第一學期悉數捐入社中卽上所謂特納金也第二學期規定致全力於大同不兼外事者得月支生活費三十圓兼外事者仍不取第四第五學期始規定得支二成其餘八成仍捐入社以濟大同第六學期以後捐入之數逐年遞減然仍視大同之所需要以定標準焉

大同經濟狀況如上所述誠不免有捉襟見肘之窘所幸同人皆止知義務不知權利協力經營得以免於隕越近數年來頗得非社員之贊助而所延請之大師復不以待遇菲薄而退棄自今以往視前此之僅恃社員支持或稍易進行乎然而回首前塵所謂自立立人自達達人者其境猶距齊國幾千萬里神

遊而已此則本社能力之稚弱同人所當自勵者也

東吳大學法律學院原名東吳大學第二中學校見續志在崑山路民國四年創辦分五級

大夏大學在法華鄉梵王渡民國十三年創辦分文科理科教育科商科法科工學院及師範專修科附設初中高中科

光華大學在大西路民國十四年創辦設文科理科商科三學院附設中學分普通科商科

持志學院在閘北水電路民國十四年創辦設文科法科商科三科附設中學及女子部分初中高中商科普通科

右私立大學

國立音樂專科學校在陶爾斐司路民國十六年十一月創辦十七年遷畢勛路學生宿舍在辣斐德路桃源村設預科專修科選科及特

別選科

國立上海醫學院在海格路三百七十三號民國十六年創辦專授醫科

右國立專科學校

中法國立通惠工商學校在辣斐德路亞爾培路口原係德人所立同濟德文醫工學校歐戰時爲法公董局收管民國十年由中法政府合組是校分大學四級附屬高中三級法文補習班一級校長由中法政府各派一人經費亦由兩國政府分任

右中法國立工學院

江蘇水產學校在吳淞砲台灣民國元年省立設漁撈製造兩科

右省立專門學校

中央木工教室民國七年八月上海市經董陸文麓委託中華職業教育社黃炎培代辦每學期令距離較近之市立小學校派遣四五六年級生隨時前往學習簡易木工經費由市經董處支給十三年起由市公所支給

右上海市市立專門學校

上海中學在尙文路民國十六年七月由省立第二師範學校商業專科學校改組設初中高中兩部

右省立中學校

格致中學在北海路設高中三級初中三級

育才公學在山海關路光緒二十八年創辦分高中初中高小三部

右公共租界工部局立

中法學校在敏體尼蔭路光緒十二年創辦分普通初中高中科附設小學

右法租界工部局立

南洋中學在外日暉橋見續志　民國八年得劉垣經募之大達公司捐款改建宿舍分高中初中各三級

民立中學在大南門中華路光緒三十年邑人蘇本立等捐資創辦見續志　設高中初中兩級

浦東中學校在浦東六里橋見續志　光緒三十年創辦民國二年三月添設工業班預科並得省款補助年三千圓八月開辦工業本科四年附屬高小遷滬南海運局舊址五年六月停辦工業班六年校主楊斯盛銅像落成八年三月建兩中操室及彈子房六月添築教室十

幢宿舍九幢八月附設第一國民小學遷設校外設高中初中兩班
十二月築跑冰場九年十一月改建爲教員宿舍
澄衷中學校在虹口塘山路見續志光緒二十七年葉成忠創辦三十四
年停辦中學民國　年重設並附設初高小學經費均由基金生息
撥用設初中八級
愛國女子中學在江灣路塵園清光緒二十八年創辦初在派克路登
賢里設本科及預科宣統二年移海甯路天保里設中學小學兩部
民國三年呈由江蘇教育廳立案添辦體育科文科畢業生服務社
會者達數千人遵教育部學制分設初中高中及高中師範科體育
師範科與附屬小學四部校中經費由諸校董募集
明強中學校在閘北寶興路光緒二十一年創辦分高中初中各三級

育材中學原名育材學堂（見續志）清光緒二十二年邑人王植善創辦初名道前小學堂三十二年遷小東門仁和里易名南洋中學預科民國元年遷大東門王氏省園四年春改稱育材高等小學校仍隸屬於中學十二年秋賃鄰屋開辦初級中學四級小學改爲六年制附屬焉

青年會中學在四川路光緒二十七年創辦分初中及高中普通科

思惠女子初級中學在昆明路光緒二十八年創辦設商科三級

城東女子中學在花衣街竹行衖原名城東女學社光緒二十九年創辦（見續志）設小學初中兩部

中國女子體育師範學校在巨籟達路光緒三十四年創辦設師範科三級

崇德女子中學校在北四川路白保羅路光緒三十一年創辦分高中初中各三級
善導女子初級中學在崑山路光緒三十一年創辦分三級
民立女子中學在老西門文廟路口原名民立女中學堂見續志民國元年知事吳馨撥文廟西公地四畝五分作校基二年自建校舍設初中三級高中三級
民國女中學校在威海衞路倚雲里民國元年創辦設六級
廣東初級中學在閘北源寶路民國元年創辦分四級
南洋女子中學在阿拉白司脫路民國元年創辦分初中高中兩班
啓秀女子中學在北四川路東寶興路民國三年創辦分初中高中八級

同義初級中學在福煦路馬浪路口民國三年創辦設普通科三級

市北中學在閘北永興路宋公園路東首民國四年立設高中初中兩級

上公初級職業中學在白克路北河南路口原名上海公學民國五年創辦分三級

貧兒教養初級中學在膠州路三百九十七號民國五年創辦分三學級

人和助產學校在莫利愛路民國六年創辦分二級

坤範女子初級中學在梅白格路靑島路口民國七年創辦分初中三級

振德初級中學在愛文義路小沙渡路口民國七年創辦分初中普通

科三級
金陵中學在梧州路民國八年創辦設初中班
南洋商科高級中學在海格路善鐘路底民國九年創辦設初中高中
各三級
惠靈中學在滬閔路新龍華民國九年創辦分普通科商科各三級
民生中學在北浙江路海甯路南林里民國九年創辦初中三級
兩江女子體育師範學校在江灣翔殷路民國十年創辦分體育與童
子軍教練員訓練班二科
羣益女子職業中學在閘北海甯路民國十一年創辦分商業家事兩
科
進德女子中學在鄭家木橋民國十二年創辦分初高級

華華中學在愚園路民國十二年創辦分普通科六級
廣肇中學在北四川路橫浜橋民國十二年九月創辦分初中七班
安徽初級中學在閘北中興路民國十二年創辦分三級
南方中學在北四川路崑山路民國十二年創辦設初中高中分普通
科商科
吳淞初級中學在吳淞鎮北民國十三年創辦分三級
同德助產學校在卡德路山海關路民國十三年創辦分四級
惠羣女子初中學校在提籃橋茂海路民國十三年創辦分三級
懷恩初級中學在北四川路寶興路民國十三年創辦分三級
天同中學在狄思威路民國十四年創辦設初中三級
立達學園在江灣立達路民國十四年創辦設初中高中兩部分普通

及農村教育科
中德助產學校在麥根路泰來里民國十四年創辦分四級
東南女子體育師範學校在江灣翔殷路民國十四年創辦分三級
培明女子中學在麥根路新橋民國十四年創辦設初中高中師範科
培成女子中學在小沙渡路民國十四年創辦分高中初中各三級
錢業初級中學在北河南路蓬路民國十四年創辦分三級附設小學
滬東初級中學在楊樹浦路民國十四年創辦分三級
明德中學在徐家滙天鑰橋路斜土路口民國十五年創辦分七級
泉漳中學在外日暉橋民國十五年創辦分初中高中兩部
正風中學在姚主教路麥尼尼路口民國十五年創辦設三科十一級
仿德女子初級中學在董家渡西橫街民國十五年創辦分三級

道中女子中學在愛文義路大通路口民國十六年創辦分初中三級
新民中學校在江灣北柵外民國十六年創辦分初中高中兩部高中
分普通科商科每科各三級
肇基初級中學在曹家渡民國十六年創辦分三級
審美女子中學在梅白格路民國十六年創辦分初中高中各三級
曉明女子初級中學在天主堂街民國十六年創辦分三級
協進初中在愚園路膠州路口民國十六年創辦分初中三級
青年中學在霞飛路民國十六年創辦分初中及高中普通科
青華中學在跑馬廳派克路定興路口民國十六年創辦分初中三級
上海中學在膠州路民國十六年創辦分初中高中兩科
旦華初級中學在虹口沈家灣西嘉興路民國十六年創辦設三級

民智初級中學在新閘路民國十七年創辦
智仁勇女子中學在西摩路威海衞路口民國十七年創辦分初中高
中各三級
求德女子初級中學在新閘大通路培德里民國十七年創辦分初中
三級
君毅中學在國貨路普育東路民國十七年創辦設初中高中六級
建國中學在閘北止園路民國十七年創辦設高中初中兩部
上海幼稚師範學校在槟榔路民國十七年創辦分簡易科六級舊制
二級本科四級
國華中學在戈登路勞勃生路口民國十七年創辦分高中初中兩班
右私立中學

中國體操學校見續志清宣統二年遷尙文門外民國四年遷林蔭路教育部給教思無窮額九年遷吳興南潯鎮

上海美術專科學校在法租界菜市路民國元年創辦設有中畫西畫音樂圖案藝術教育等五系

同德醫學院在新大沽路民國七年創辦設醫科七級

東南醫學院分一二兩院一院在眞茹桃浦西路二院在滬軍營東民國十五年創辦分五級

中華職業學校在陸家浜迎勳路民國七年七月黃炎培創辦附設於中華職業教育社學科分商科機械科土木工程科校舍工場均新建

東亞體育專門學校在方斜路慶安里民國七年龐醒躍傅琅齋創設

上海女子醫學院在西門方斜路民國十三年創辦設醫科六級

上海工藝專門學校在辣斐德路民國十三年創辦設針織漂染化學等三科

羣學會聾啞學校民國九年羣學會創立即設中學科分普通及技藝兩科年有市教育費補助

滬江女子體育專門學校在唐家灣民國十二年創設

上海法政學院在金神父路打浦橋民國十三年創辦設法律及政治經濟兩系

新華藝術專科學校在金神父路打浦橋民國十五年美術專門學校停辦教員潘伯英俞寄凡等創辦有國畫洋畫音樂藝術等系

上海法學院在閘北江灣路民國十五年創辦設法律政治經濟商業

四系銀行統計會計稅務專修科

正風文學院在交通路中山路口民國十六年創辦

右上海市私立專門學校

三廉學社在滬甯車站南克能海路民國六年八月鄧履冰創設初名英德文研究社七年二月添辦珠算研究社八月改今名課程爲打字速記珠算英文德文簿記等科後添繙譯部代譯中英德俄日各種文件又添改文科代改社外生郵寄到社之文件十一年八月添幻術科

右閘北市私立專門學校

約翰大學校在法華鄉梵王渡見續志光緒五年由美人卜舫濟等設立分大學中學兩部大學設文理學院神學院醫學院土木工科學院

大學院等科校址一百餘畝大學畢業後給與學士學位按該處並非租界而校中所用水電均由英租界輸入地方人士以有關主權稟准官廳與該校訂有契約中國水電能通至該地時校中所設之電線水管應立予廢棄改用中國水電並遵公司章程照例給價

聖馬利亞女書院見續志在三涇北初與約翰書院同在梵王渡約翰改組大學後地位不敷民國十二年於鐵路西購地七十畝建築新校舍程度分中小兩部現設專科畢業後可直接歐美大學

清心中學在大南門陸家浜路原名清心中學堂見續志咸豐二年創辦分初中高中分普通科商科

清心女子中學在大南門外陸家浜路原名清心女學見續志咸豐二年創辦分初中高中各三級

麥倫中學在虹口兆豐路光緒十七年創辦原名麥倫書院見續志分普通科高中三級初中三級共八級

惠中女子中學在西門斜橋原名惠中女學見續志光緒十三年創辦設初中三級

惠中中學在徐家匯路二十三號光緒十五年創辦分高中三級初中三級

華童公學在北四川路老靶子路赫司克路六十三號光緒三十年創辦見續志分高中三年初中三年預科二年

聖芳濟學校在虹口南潯路見續志光緒十年創辦分八級

中西女子中學原名中西女塾在英租界三馬路跑馬場見續志光緒十六年創辦民國七年在億定盤路購上虞經潤山之辰園基址改組遷入分初中高中兩部小學仍在三馬路慕爾堂

晏摩氏女學校光緒二十三年美國柏樂緹女士創辦校址在老北門

浸會堂嗣遷北四川路定名晏摩氏女學光緒二十六年復遷回老北門由萬應遠博士捐建校舍民國十三年遷閘北北寶興路浸會莊前後均由美人掌校事民國十七年聘中國凌永泉爲校長分設高中初中兩部附設小學部經費除收學費外由美國基督教南浸禮會補助

華夏大學在眞茹民國十四年創辦兼中學小學設神科英文專科中學分初中高中各三級女初中三級

啓明女子中學原名啓明女學堂（見續志）在徐家滙聖母院民國五年另購天鑰橋路基地建築新校舍遷入專收教外女生分中小兩部中學分高級中學三級初中三級並設專科有刺繡音樂美術等科畢業試卷送英國阿克斯福爾大學評定後發給證書

約翰青年會學校初辦小學民國三年校長瞿同慶集貲購曹家渡市西地一方建築校舍遷入學程分中小兩部畢業後可升入約翰大學

徐滙中學原名徐匯公學道光三十年創辦見續志在徐家滙初遵中國公令專課詩文科舉廢後改設中學及高初小三部照學部定章兼習英法文字內分上中下三院上下院課教徒子弟中院課教外學生民國七年添建新校舍於大堂後合教中教外爲一畢業後升入震旦大學院或送外洋專科

徐滙女子中學在徐家滙聖母院橋東咸豐五年創辦設高中初中各三級

英華書館在靶子路四百十二號見續志咸豐二年創設分六級

裨文女子中學在西門白雲觀隔壁見續志咸豐元年創辦分高中初中各三級附設小學

聖誕女校在徐家匯聖母院法教會設立專課院中修道貞女中西文並習學程分中小兩部

崇德女學校在徐家匯見續志專收教中寄宿女生由修女教授中學部之國文課則由男教員擔任而修女亦隨入教室負管理之責

類思小學見續志在天主堂博物院南係徐匯中學之附屬畢業後升入徐匯中學民國十年另開師範班以養成教會學校教員

幼稚園在聖母院內以修女及保姆掌之由啓明女學生教授取費極廉

慈母堂小學校在土山灣法教會設立專教本堂牧養男童半日讀書

半日習藝

振恤幼女會在盧薛宅東南民國元年建築校舍由美教會西女士教授中西文字

聾啞學校在聖母院法教會設立專收女生由修女研究聾啞教育者教以發音寫算

盲童學校原在北四川路美人傅蘭雅創設民國元年於億定盤路北段購地建築校舍落成後遷入校長傅步蘭專收中國盲童編字母五十四拼切成音用凸點符號令盲童以指摩讀工業有籐器縫紉綆織等科課程與普通小學無異而音樂成績尤著

進行小學校在董家渡街天主堂南民國三年二月由公教進行會創設原名進行初高等小學校假會所餘屋爲校舍經費除學費外年

由會中補助公款銀千圓

亞喬書院在方斜路民國十二年崔覺善創設

右教會學校

東亞同文書院在徐家匯虹橋路西火車站左光緒二十六年由日本政府撥欵創辦原在高昌廟左近賃屋開辦民國二年燬於兵火遂要求政府賠償巨款卽以之購地四十餘畝跨虹橋路南北建築校舍兩所南部爲中國學生所居北部均日本學生民國五年落成分中學專門兩部專門設工商兩科商業四年畢業工業五年畢業

右外國人學校

民國上海縣志卷十

慈善

慈善團

上海慈善團元年始組織成立緣自清宣統三年改政以後各善堂經費盈絀不等有向賴官款補助者驟形缺乏爰公議將市區舊有之同仁輔元堂果育堂普育堂育嬰堂清節保節堂全節堂同仁輔元分堂施粥廠救生局暨新成立之新普育堂貧民習勤所（後改名普益習藝所）合爲一大團體酌盈劑虛統一辦理以同仁輔元堂爲事務所設經理副經理各一人並置文牘會計庶務等科辦理全團事務凡基金基產款項收支統由經理任之（清保節堂育嬰堂各設主任收支統一新普育堂暨普益習藝所各設主任各自收支經費不敷團中按月分別補助）設董事會爲監督機關月開常會一次常年各項善舉經費約銀十

四五萬圓以公款生息公產租金及常捐徵費等收入充用至臨時捐振恤遣流亡襄助義舉尤歲糜不貲附設義務初級小學校三所十二年購置毗連同仁輔元堂東首陸姓地一畝建第一小學校舍至各分機關或改或廢因革互異分列於後

同仁輔元堂見前志並續志元年改組後以慈善團經理副經理兼是堂主任辦理恤嫠贍老矜孤施衣施米施茶施粥施醫施藥施棺賒棺代葬救生掩埋救火諸善舉款產生息收入較多而養生送死常年需費亦視昔倍蓰連年添置浦東北蔡鎮義地共一百三畝有奇

育嬰堂見前志並續志留養嬰孩悉依舊制堂中第四進平屋地氣潮濕有礙衛生民國四年秋改建樓房六幢並披屋圍牆用費四千二百元

清節保節堂見續志一切暫循舊制經費由慈善團通力協籌

同仁輔元分堂見續志　二年法租界工部局放寬甯波路商讓基地六分三釐七毫價還地價地價銀四千七百八十二兩又償還拆屋損失費銀二千七十五兩　因將堂後義塚移遷浦東北蔡鎮騰出空地建樓屋三幢後進平屋五間爲分堂辦事所度堂屋西偏建設驗屍所分堂向辦義舉以收埋路斃及客棧旅館送來病重待斃者居多並擔任法租界安當愛仁兩醫院送來病故屍骸有應報請檢驗者向以堂屋狹小露置庭心日炙雨淋情形可慘且法租界無驗屍專所因仿英租界斐倫路格式特建驗屍所

施粥廠由同仁輔元堂經辦在陸家浜中道橋北岸因舊有普安亭施粥廠閘北同善粥廠光復後均廢而施粥爲隆冬慣例貧民跂望未可撤消故賃屋舉辦初借舊時江蘇海運局地址及商船會館餘屋六年始建廠屋兩進平房十五間每冬施粥兩月附設年終施給米票領米處平時爲第二義務初級小學校舍

救生局初在老白渡並於楊家渡設輪船救生局見續志　均賴官欵撥

濟光復後官費無著輪船歸淞滬警察廳水巡隊使用爰議將兩局合併六年與滬南工巡捐局商准以慈善團所有薛家浜灘地一條換得市有之南碼頭南首出浦公地一方建築局所並改築碼頭救生收屍起落較便

儒寡會（見續志）仍由同仁輔元堂經管

新普育堂在陸家浜普安橋南本同仁輔元堂義塚地慈善團謀改組普育堂以舊址不敷用度地另建（建築規畫見續志附註）由市議會訂定簡章公推陸伯鴻爲主任二年二月工竣由主任延請天主教修女十二人任管理看護事宜舊堂貧老病民悉數遷入所設養老院貧兒院殘廢院貧病院病犯院寄養所均男女分院爲屋二百餘間嗣又添建男女瘋人院割診室製藥室毒瘡室門診室戒煙室呆人院幼稚

舍六年復拓購民地十餘畝設置工場改建廚房倉廩養牲場洗衣所備人宿舍各院留養人數恆逾定額一千五百名以上凡留養之男女貧兒均入堂中附設之小學校肄業畢業後就其性質所近體質所宜授以工藝習藝有成准其出外謀生女貧兒及笄後由堂擇配十二年冬復增築工藝專門學校三層樓洋房二百餘幢（建築費十萬兩）占地三十餘畝收容學生一千三百人並於堂南同仁堂公地及價購民地建南市時疫醫院傳染病院一所並於楊樹浦（詳醫院）江灣吳淞閘北叉袋角梅家衖松江崑山各處設立分醫院常年經費約需十二萬元除公欵撥助官廳補助堂產租金業戶特捐工藝出品等項收入抵支外由中外公教團體暨紳商捐助自開辦以來支出已達一百三十餘萬上述收入相抵不足以息借給之負欠約二十餘萬

元常年留養煢民平均一千七百人施醫給藥之門診人數合之各分院每年平均五十萬人以上

普益習藝所原名貧民習藝所剏辦緣起建築規畫已見續志元年九月開辦公推張煥斗主任招收貧寒子弟額定一百五十人學習各種工藝教養兼施二年七月滬南發生兵事大門左側樓房五幢燬於礮火藝徒星散因是中輟三年秋募捐續辦始改今名分設圖畫寫眞音樂陶器泥塑機器藤器木器竹器毛織諸藝科並國文英文兩學科常年經費約二萬元以公產收入公團補助紳商捐款工藝出品等項充用每歲夏秋值池荷園菊盛開舉展覽會各一次許藝徒家屬來所探視並點綴會場薄收游資推銷工藝出品以資補助

附裁併各堂　果育堂見前志續志併入同仁輔元堂後淘沙場堂產租予張崇義堂改設倘俠學校經歲逋租二年三月忽告火警被燬無餘嗣由慈善團建

造育德里房屋出租

普育堂見前志續志併入新普育堂並接管堂產

保赤局見續志併入育嬰堂

慈善團組成適江蘇暫行市鄉制頒布善舉屬市自治範圍因隸入上海市政廳三年自治停止由縣委任紳董經辦十二年自治回復仍隸上海市每年預算決算列有專册

上海邑廟董事會民國十五年十二月成立公推秦錫田爲會長訂定章程二十三條十六年一月呈准縣公署備案同年十一月並呈市政府備案會董額設十一人會所初借北區救火會洎星宿殿重建工竣復募欵翻建中廳財神殿許眞君殿至十七年本會會所落成始移入辦事各殿均派管理員責成繳納香資以充公益經費先是兩廊浮攤占地既多交通不便訂立辦法九條實行取締十六年三月呈准縣公署備案兩廊房租攤租由上海縣公款公產管理處移

交管理原有東西兩房住持由會雇用每月酌給工食銀責成保管經卷服裝法器每年開會四次以三月六月九月十二月行之

善堂

同仁保安堂在南京路詳續志辦理英美租界掩骼埋胔逐漸推廣其卹嫠贍老施棺施米施醫藥諸善舉俱循舊進行

滬北棲流公所在新閘大王廟後詳續志近復添設水泥花磚人造石各工藝其年少聰穎者教以西樂八年改建號舍並添築浴室養病室瘋所

保息局蘇紳馮桂芬創辦初於清咸豐年間借城北廣福寺設蘇郡保息局辦理發糧施棺施衣施醫施粥等善舉經費以盛綢等提捐爲大宗蘇籍寓滬紳士如袁仲蔚陳綏卿施善畦等先後任事歷六十

餘年十一年添購蒲淞市章虹橋即二十八保十九圖空字圩地（四畝九分）作爲義塚

同願留心惜字會在吾園路八號（續志作同願留心社在也是園後）清光緒二十一年川沙人郭關龍募捐設立常僱夫役八名收拾沿街字紙米飯兼辦賒棺及掩埋路斃孩屍經費由會員分認分年捐月捐二種

貧兒院在斜橋南局門路（詳續志）最近組織分三部曰留養部留養院中供給衣食施以教育者一百四十人曰通學部寄學公私立學校由院擔任學費者二十餘人曰職業部由院遴派各工廠習業者十餘人

上海普濟善會在中華路舊大南門十二年春購地建屋所辦善舉爲惜字紙施醫藥衣米附設普濟義務小學校會長郭煇副會長嚴兆

濂沈錫圭

中國紅十字會總辦事處在九江路初稱萬國紅十字會元年十月遷總會於北京總會之事業凡二一戰時得經軍事長官及戰地司令官之同意救護傷兵二平時得地方官廳之協助振災施療而於上海設總辦事處以政府任命之副議長一人駐處處理之凡籌募欵項聯絡分會徵集會員及其他一切會務均屬焉

中國紅十字會滬城分會在舊縣前街清宣統三年八月成立光復初編練臨時救護隊以備不虞癸丑滬南發生戰事救護受傷兵民掩埋路斃各隊員咸極奮勇戰事甫息設立臨事防疫醫院其後甯鎮兵燹偕總辦事處施救運滬被創兵民全活數百人歷年辦理衞生防疫保赤種痘施衣施米糜貲綦鉅皆由會員擔負

滬南慈善會在馬家廠浦東公所八年夏時疫流行死亡相繼旅滬善

士朱世杰王汝舟孫文光等發起施材會後會員加入者衆乃組成斯會兼施診給藥施種牛痘隆冬施給衣米呈淮松滬護軍使署立案給示十年夏副會長嚴兆濂借墊銀八千餘兩購薛家浜口陳姓蘆課地二畝五分建平房九間開辦義務學校十三年二月建會所

城北慈善會在九畝地大境十年八月成立會長沈錫圭副會長姚文枬姚福同

婦孺救濟會留養院爲旅滬浙紳朱佩珍徐懋王震等以各地拐案迭見婦孺之被害者實繁有徒因於元年秋發起斯會資僱探役隨處緝訪設留養院於江灣廣四十餘畝有教室工場西樂課等被救之婦孺無家屬承領者留養人數平均五百人事務所在民國路

濟良所爲西國善女包女士等發起以租界爲煙花叢藪龜鴇凌虐買

女至無人道因於清光緒季年創設濟良所凡不願爲娼者或被虐無告者或被龜鴇霸阻從良者皆可投所報告由所轉稟會審公廨訊奪如奉堂諭擇配即留所教以女紅及書算總所在閘北寶山路之天通鎮分所在福州路

聯義善會在滬甯車站旱橋西首王家宅清光緒三十三年王士俊等醵資組織始借平江公所辦理驗票施棺宣統二年於新閘陳家浜設立材料所民國元年始自購地五畝六分建造會所（七開間雙廂房三進）又市樓房四十五幢四年始兼辦施醫給藥六年設立義務學校冬季施送衣米並添建校舍孔聖堂關帝殿附設聯雲社乩壇問卜求醫不取植九年設撫兒院定額六十名衣食教養不收費十年添購地三畝九分六釐三毫作操場等用設總辦事處於北山東路

至聖善院在虹口兆豐路五年由盛緣篤等創辦十一年特建院所占地一畝二分六釐附設義務小學校院長王震副院長余盛煜王皋蓀

普善山莊事務所在閘北中華新路三年由王駿生等剏辦設義務小學於寶山縣之彭浦鄉設普善西醫院於閘北新民路又在上寶兩縣境內購地一百八十餘畝埋葬無主旅櫬遺棄孩屍並於西門外斜橋設立分莊施診給藥

一善社在蓬萊路報關公所內印送善書僱役收拾字紙並製惜字麓徧懸道旁以免字紙散棄附設義務小學

湧泉施材會姚福卿等發起並於法華市西購地十三畝有奇爲義塚

施棺局在蒲淞市三年始設凡本市貧苦死亡實無力成殮者由圖董

擔保施給之

恆善堂在顓橋鎮十八保十五圖專辦掩埋施棺施藥諸善舉堂田五畝七分在上邑十八保十五圖一百十九號計一畝五分三厘又一百二十六號計九分七釐又在華邑三十六保四十圖三百六十三號計二畝三分三釐四十三圖四百二十七號計九分

同善施材會在塘橋鄉泰隆橋北首十年春里人胡珊山高守智盛麟書倪繡章募捐租地建屋創辦

保嬰會在塘灣鄉九年春里人陳善丁汝霖楊德圻彭召棠等募捐二千餘元購地五十餘畝充經常費附設會所於鄉公所額定保嬰八十名

恆裕堂殯舍在塘灣鎮北十五年彭召棠募欵建築殯舍三間爲客民寄柩之所十八保二十六圖陽字圩二百八十號

浦東同仁慈善會初設於高行鄉清暉閣十二年由葉增銘瞿德純等

募捐在二十二保二十四圖高行南鎮猛將堂舊址建造會所夏施醫藥冬施衣米春秋施種牛痘附設義務小學校並舉辦施棺掩埋

廣慈苦兒院在閔行鎮橫涇東七年水警第一區區長沈葆義與紳士李祖佑黃申錫喬世德等購地二十餘畝捐作院址葆義獨助萬金督工興築並呈請省長年撥三千元舊松屬各縣長合捐千元充經常費收養孤貧孩童不分區域額定二百名分班授以普通學識畢業後分送各工廠學習工藝院址面臨浦江池水清漪花木繁茂池以南廳事五楹爲客座監督室暨院長院董文牘會計諸辦公室此外若課堂宿舍食堂病房廚房浴室操場爲屋五十餘間池跨以橋里人朱承鼎題曰孺歌橋

濟急社在漕河涇鎮八年由唐祖鎔等就城隍廟爲辦事處舉辦施棺

施藥十三年兵災後停辦

醫院

公立上海醫院見續志上海醫院　在馬家廠積穀倉碼頭借用積穀倉外基地建築清季由李鍾珏創設五年四月歸縣立始定今名設董事會議訂章程遴聘院長十一年十二月設醫務長事務長各一人常年經費在五萬圓以上收入不足由縣地方公款撥助或自行募集

中國公立醫院見續志　主治鼠疫天花猩花熱白喉等傳染病仍由沈敦和陳炳謙陸伯鴻迭任總理協理爲華人主辦成蹟最著之傳染病院

防疫所見續志　在閘北寶山路寶興里民國二年淞滬警察廳主治鼠疫及檢查疫癘三年停辦

南市時疫醫院在新普育堂南八年秋霍亂流行因拓同仁輔元堂公地並購民地共十餘畝建造男女病房十三幢天花症房四幢暨看護室醫藥室割症室浴室太平間等縻費七萬圓延醫士修女各二人擔任醫藥看護常年需費約五千圓

楊樹浦聖心醫院在二十三保十二圖楊樹浦橋北占地五十畝有奇建造西式樓房四所每所十一幢均爲養病房分頭二三等可容四百人修女看護辦事室一所計七幢暨廚房除毒洗衣室花房雜料室傭人宿舍等縻資二十萬金規模宏敞空氣清鮮極合養病院中各務延方濟各會修女十二人管理之經常費年需十萬均由主任陸伯鴻以公教進行會名義向中外紳商及宗教團體勸募

閘北慈善團施醫院在天通路

英工部局各醫院巡捕病院在海寧路華人隔離病院在老靶子路西人隔離病院在靶子路

法巡捕養病房在薛華立路

徽甯醫院在二十五保十三圖二年立發起人汪蓮石汪漢溪謝筠亭汪允輝

斜橋醫院在二十五保十三圖十一年立發起人郭人驥

時疫醫院由紅十字會辦理初無定所詳續志十一年建屋於西藏路愛多亞路口

泉漳醫院在外郎家橋升吉里元年立每日午前施診給藥亦可住院養病惟非泉漳兩屬人不給藥不留院

寶隆醫院在白克路並設產科及戒煙處

廣益中醫院一曰南院在石皮衖一曰北院在叉袋角西之譚家渡每

日午前施診遇貧病給藥不取值北院並設時疫病房每日取費一元赤貧者免癲狂瘋癱另有治療室

明濟眼科醫院初在甯波路現設西藏路愛多亞路口爲浙商黃楚九立每日午前施診醫藥費分文不取

閔行病院在廣慈苦兒院西水警區長沈葆義就公地捐貲建設藥室病房十餘間用費三千餘元

引翔醫院在引翔港鎭里人周樹蘭朱之翰辛世銘嚴鈞清楊嘉椿朱蓉鏡周文勳等呈縣𠸄設暫借厚仁堂先董祠餘屋爲院舍施診給藥需費由各慈善家募集世銘獨籌墊千五百元鄉公所撥助一千元並常年補助一百元

救火會

救火聯合會（見續志） 設會長一人副會長二人分設總務會計文牘三科會中經費屬於房產收入者爲邑廟懷迴樓（基地三分九厘三毫） 穿心街周方二公祠（免科地五分二釐二毫） 豫園湖心亭及湖基（一畝七毫） 邑廟西驛地（一畝五分二釐五毫） 屬於補助者爲失火罰欵市欵及私人特別捐欵元年冬陸錦遷變產助八千元爲數最鉅紳士李鍾珏毛經疇王引才穆湘瑤莫錫綸姚福同先後任會長副會長職務（十二年五月第五次修正章程）

第一區至第九區救火會 上海市境内原有救火會多至三十餘社各自爲政臨場施救輒生衝突因議將所有各社併合成區於每區適中地點建一總滙龍所有警則本區各社一律赴救他區衹由總滙龍所馳救議定於二年九月由聯合會呈請縣知事兼城濠事務所所長吳馨指撥城濠基地建築各區龍所得報可未幾撤城濠事

務所改丈放局鎭守使鄭汝成以救火會可移至冷僻之處不必擠在最優市場爲言取銷撥地因是或另擇地點或繳價承買設區事務由各社公舉會長主持之顧經費不盡充意見非一致延至十二年猶有未成立者至是聯合會又議改東南西北四區及浦東區浦江區而九區之制以廢茲略舉各區經過情形如左

第一區救火會以四舖永慶社十舖永安社東城永濟社豫園公益社永濟北社合併成之建總龍所於邑廟東首價購寶帶路城濠地四分二釐二毫地價銀八千四百二十二兩三錢四分備建市房取租並奉財政部撥給南城濠地一畝三分二釐六毫

第二區救火會以北城衆安社北城宏農社八舖安濟社十二舖北鎭春申社新舞台水會衆安西社合併成之建總龍所於紫金路

並奉財政部撥給南城濠地九分五釐七毫
第三區救火會以西城澤濟社中城利濟社十九二十舖公安社果育救火會西區治濟社合併成之建總龍所於安瀾路基地一畝二分由丈放局詳准財政部劃撥會長朱佩珍副會長朱炳張嘉年
第四區救火會以十五舖既濟社頭舖平安社南三舖總安社十九舖熘安社仁元救火會合併成之建總龍所於舊縣署班房基地約二分五釐會長林祖溍副會長王燮功王沛麟
第五區救火會以楊家渡永安社永安救火會輔濟救火會合併成之擬建總龍所於大碼頭接官亭舊址
第六區救火會以關橋至王家碼頭各救火社合併成之租用王家

碼頭北首第四公共碼頭塡出之市有地九分四釐備建總龍所

會長顧履桂副會長張嘉年沈維燿

第七區救火會以水神閣火會董家渡火會城東平安社萬家公益社花業救火會協濟救火會合併成之奉財政部撥給海神廟基地備建總龍所

第八區救火會定爲高昌廟一帶未經籌辦

第九區救火會定爲浦東洋涇全市未經籌辦

東南西北四區救火會　八年冬聯合會議定將全市火政改劃爲東南西北四區並於洋涇塘橋設浦東區於浦江設浦江區九年起四區及浦東區先後成立

東區救火會以北自十六舖南至董家渡東自黃浦西至中華路爲

界綫價購大碼頭自來水公司基地二分六釐二毫五絲（地價銀二千六百二十五兩）並租借水公司水塔餘地一分三釐四毫建造三層洋房四幢下層儲放救火車輛二層爲辦公室三層爲臥室另建瞭望台一座共糜銀五千七百兩向外洋定購新式馬特救火機三架連進出水皮帶糜銀二萬四千圓界內地龍頭計高龍頭四特別龍頭四普通龍頭七十三會長顧履桂副會長姚曾綬張嘉年

南區救火會以董家渡至高昌廟爲界綫租用滬杭甬路局基地（坐落南車站路對面東北角）四畝建造會所五幢下層儲放救火器具上爲辦公室餘屋三幢繚以水門汀牆糜銀一萬八千餘兩並向英倫定購最新式每分鐘出水五百加倫四輪馬特救火機一座馬特扶梯車皮帶車各一架並出水皮帶等件又糜銀二萬二千餘兩界內地

龍頭計高龍頭二特別龍頭二十五普通龍頭四十會長王震副會長姚福同朱得傳

西區救火會在安瀾路卽第三區救火會總龍所原址成立時由聯合會撥給機車器具値銀一萬五千圓臨時添置什物服裝修造會所又縻銀一萬三千餘圓設義務會員六十名僱員十二名汽車夫三名常年預算需費六千圓界内地龍頭計高龍頭十五特別龍頭二十九普通龍頭二十二會長黄炎培副會長穆湘瑤朱江

北區救火會在邑廟東卽一區救火會原址界内地龍頭計三門龍頭二高龍頭二十三特別龍頭四十三普通龍頭六十六會長毛經疇副會長王沛齡

浦東區救火會以洋涇市塘橋鄉沿浦爲界綫會長汪忠賢副會長葉桂芬夏以瑚

閘北救火聯合會在虹口胡家木橋天潼路清宣統三年由就地紳商組織而成救火器具初用人力手撳機旋改用新式抽水機幫浦三輛購自英國列倫廠及德法名廠惟列倫幫浦燬於丁卯兵災分設一二三段救火會一段會所在新民路租用閘北慈善團地五分建三層樓三二層樓三瞭望臺一高九丈費銀七千兩華界內均裝有太平龍頭其聯合會及二三段會所均租民房常年費由市政機關撥給並徵每戶每幢月捐一角

董家渡天主堂火政會在董家渡街天主堂東首清光緒三年郎主教商同地方士紳購辦洋龍三架於堂左闢屋三椽名董家渡天主堂

洋龍會民國紀元邊院長與朱志堯陸伯鴻沈祥生高靜之沈國樑等協議改組始定今名三年向求新廠定造水汽力引擎一座四年添購救火汽車十二年向法國訂購黺浦汽車會員四十人俱義務職會長沈國樑副會長陸鴻膺陸仲麟

曹家渡救火會在鎮東市十一年成立購置洋龍及救火機械用費萬圓由各商業分任會長吳寶書

楊思鄉救火會六年六月穆湘瑤陳悅周陳子馨等購置洋龍二座於鎮之南北分設龍所訂定會章呈縣立案會員分普通志願二種每歲陰曆五月二十日與三林鄉救火會開演龍會

閔行救火會在新安路清宣統二年成立舊時僅有水龍今添置救火機一架皮帶車一架吊車一架會員三十二人每年演習二次應用

之銅帽雨衣及吊梯龍珠燈齊備經費由闔鎮紳商捐助

三林救火會舊時僅有水龍置東城隍廟二年始賃典當街對屋爲會所每歲分龍日與楊思鄉救火會較射水力一次地點初在三林學堂後改孫家橋市汽車路

高行救火會在高行同仁慈善會

顓橋救火會在顓橋鎮南滬閔長途汽車站東有水龍一架附屬器咸備

馬橋救火會向有水龍兩具置西市財神廟十二年張益謙吳道榮等發起組織假鄉公所爲會所編成志願消防隊添置水龍鐃鈎及消防應用衣帽器具咸備

公共租界救火會有四 一在河南路 一在吳淞路 一在愛文義路 一在

蘇州路內容以在河南路者爲最完備

又警鐘二　一在山東路　一在閔行路

法工部局水龍間　一在公館馬路　一在霞飛路

上海縣志

民國上海縣志

鈕永建署

卷十一 工程
卷十二 交通
卷十三 防衛
卷十四 外交

民國上海縣志卷十一

工程

河工

民國元年四月內閣總理唐紹儀與各國駐京公使簽訂濬浦局暫行章程

修理黃浦河道條款已見續志查條款第十條載明照辛丑和約每年支用關平銀四十六萬兩以二十年爲限光末宣初之際縮短工程限期二十年爲四年工費以二十年併計之九百二十萬兩爲額借欵付給乃工未盡而款已用完於是江海關稅務司及濬浦局工程師倡議續辦兩江總督張人駿不允照行改濬浦局爲善後養工局辭退洋員歸華人自主辛亥夏秋間外交團據上海洋商商會條陳辦法(卽暫行章程)在京提議彼此各有爭持未能解決會值政體改革稅務司工程師藉口洋商衆意催迫請求照辦經內閣總理唐紹儀略爲修改允准照辦今將章程錄下

辦理濬浦局章程

第一條　組織

開濬黃浦河道局以下從簡稱曰濬浦局局員三人上海通商交涉使上海稅務司上海理船廳

第二條　權限

該局權柄係中央政府所委不隸省憲屬下局中三員之權彼此相等如有商辦事件以多數認可爲斷

第三條　經費

所有該局財政均歸該局管理

甲　中國政府原定每年支用關平銀四十六萬兩定限交付該局收掌該局賬簿在何銀行卽將此款存何銀行其以前借款還本付利亦皆歸該局籌備

乙　此次所擬辦法自宣布後三十日內一切款項均歸該局收掌

丙　日後中國政府如增添每年支用之款亦須定有時期交與該局收掌

丁　所有下開第四條內所載進出口濬浦稅應由稅務司代征定以時日全交該局收掌

戊　濬浦局舉辦工程及雇用人夫等項其使費均由該局自主惟銀行支票須局員兩人同行簽字

第四條　稅項

在上海之各商務會及代表上海商務利益之各公會已允加稅專爲修濬浦江之用該稅卽照海關稅每百兩加三兩其免稅之貨每值千兩抽一兩五錢俟各國駐京大臣咨明該局允許後卽按上開第三條第四節所開辦法辦理

第五條　購辦材料工程

招辦工程及購買材料機器等事均用投票法視所投之票與工程最稱便宜者卽准用該票

第六條　員司

應用人員及書記與工程師等均由該局自主聘用管理

第七條　管轄界限

該局所轄之境自黃浦入長江處起至潮流停止處止其境內河身兩傍潮到處有與河道相關之工程非由該局認可無論何項工程不准興修且傍岸之浮碼頭並躉船亦非由該局允許不得建設如欲在黃浦口岸南界之下興辦以上各事仍可按向來辦法赴理船廳稟請聽候辦理其黃浦江面之巡警及衛生驗疫燈塔浮標引港等事仍照舊歸海關管理

第八條　漲灘公產

查西曆一千九百零五年所訂濬浦條欵內載黃浦兩岸漲灘公產因濬浦工程而出售者其售得之價應作濬浦經費所載尚欠明晰今查自訂立該條欵以來所有黃浦兩岸官地直達至濬浦局所定之界

線者均由升科局售去應歸濬浦局而並未照辦此層亟宜清理惟事甚煩雜未便於此詳及前議定俟此次章程宣布後再由上海通商交涉使會同各國領事團將此事考查以爲付入本章程之首先手續

第九條　責任

濬浦局局員之責任開列於後

甲　早日會同工程師商訂下開二事

（一）何爲濬浦終達之目的

（二）該項辦法需用若干應預行估計

乙　養已濬之工或另修新工以固舊工

丙　若酌量情形可以辦理款項又屬有着則由長江至上海須修養航道一條該航道卽在春潮至小之時深可二十尺寬可九百尺

丁　如款項有着凡修養河道新工程應隨時開辦

戊　旁岸地主如欲將現在碼頭改良濬浦局可按公平價値爲之開濬

第十條　顧問局

濬浦顧問局以下稱顧問局其選法卽查何國之船在上海進出口噸數最大者五國由該五國駐京大臣各選一人選定後由各該國駐滬總領事知照濬浦局嗣後如有改派亦由該總領事知照濬浦局此外並由上海商務總會選舉一人

甲　書記一人司兩局事務

乙　該顧問局之職分係代表上海商家查察濬浦辦法如有須向濬浦局講論之處可隨時詢問是以濬浦局將所有擬辦之工程工程之進步及財政等事隨時報告顧問局派工程師一節亦應與顧問局會商

丙　如顧問局指詢之件以爲濬浦局未曾十分注意而本口商務利益致有妨碍者顧問局卽可告領事會該會卽係第十條所開之五國總領事如領事會仍不與濬浦局商妥卽可詳報五國駐京大

臣以便交涉

第十一條　兩局設立之宗旨

設立濬浦與顧問兩局之意有三

甲　濬浦局員不可過多以便辦事迅速

乙　濬浦局所轄之境由長江處起至潮流停止處止區域甚廣是以局員應由中央政府委任

丙　本口商務所關亦須有實行代表之人派在顧問局爲代表較派在濬浦局更形得力

以下續加條款照上項第八條所載爲清理黃浦江岸出售公地及應升科灘地之辦法已由外交部暨駐京公使團核准照辦於一千九百十六年一月執行

第十二條　出售升科漲灘公產

甲　此章程所指在黃浦江一帶可出售之漲灘或升科之灘地係自江南製造局起至吳淞口外濬浦局所築長堤之盡處止在尋常大潮水綫之內並非濬浦局及河泊事項所需之地者一切契據統由滬海道尹照下開辦法發給

乙　若江岸地主呈請欲得地產前之灘地或子母相生之地將原契照常附呈則會丈局驗其所呈是否確實

丙　會丈局先將原地之正式圖樣送交濬浦局然後會同濬浦局及該地主會丈其地若屬洋商須會同該管領事一同會丈其時先將原地靠江一邊之界址勘定再由濬浦局工程師丈量其應升之地連同原地繪就全圖載明其應升之地及其地位如何與濬浦局三角線相連幷該原地之四址此圖由濬浦局送會丈局轉致該地主承認後濬浦局規定其升科之費

丁　濬浦局核算此項升科畝價之標準應照附近之地價然該地之填築及修泊岸等費濬浦局亦須留意也

戊　此項升科費銀由濬浦局知照該地主若係洋商應函明該管領事轉知由該地主逕交濬浦局當給以正式之收據一紙俟收據呈到後華官卽應發給地契批明所增升科之地所有升科收銀之

據祇有濬浦局發給爲準

己　倘地主以濬浦局所定之升科費似乎太昂可照一千九百零五年章程第八條所載有權得以申訴

庚　如地主有已付過升科費照濬浦局暫時所定每畝二百五十兩者其所短收之數應由地主向濬浦局繳清如其地所估之價未滿二百五十兩者則溢收之款亦由濬浦局發還以昭平允

辛　濬浦局繪畫地圖時應照下開辦法

照當時尋常大潮小綫（吳淞水平線高十二尺半）爲起點之標準先勘定原地之兩旁界址是在何處可以直達至大潮水綫再由該處立二直綫達至濬浦局末次界綫其方向對於濬浦綫須作直角形爲升科兩旁之界址其靠江之界綫卽爲濬浦暫行之水綫也

若多年原地先被潮流所沖刷者今因升科得回原地其所得回之地址無論與原地址是否相符亦須照以上所定之法爲規定以上所定地址之辦法尚有應注意者設有呈請升科江灘之地其毗連之鄰地早經升科出有契據則現時呈請升科之地址不得侵佔早經出契之地

壬　所有應繳濬浦局升科費之地畝照以下所開辦法核算通同辦法其升科之地在尋常大潮水綫及暫時濬浦綫之間者按照上列第八條辦法辦理歸各該江岸地主核算

惟原地在一千九百零六年以後受有沖刷者應將被沖之高地核算減除之僅照其餘之地畝核計升科

如洋商道契地畝其原地佔過現時大潮水綫者則應將其佔過水綫之地若干減除之僅以其餘之新地核計升科

如原地靠江邊界址不到一千九百零六年潮水界綫者其中隔有無契之地則此無契地之升科費應歸中國長官照收

此章程業將華英二文詳細校對如有文字互異之處應以英文爲準

二年三月馬橋鄉民濬袁家港十八保二三圖五七圖公民楊錫璋陸虎金等籌議開濬是河東出西河西通千步涇共長二百七十餘丈以兩圖田畝每畝開挑六尺不願挑者業主出米三升佃戶出錢四十文僱挑面寬一丈八尺底寬五尺縣給補助壩費銀十元

馬橋鄉民濬六聚港十八保一二圖二三圖公民沈杏山吳永康等議濬是河東出俞塘西通千步涇共長二百五十餘丈每畝開挑六尺縣給補助壩費銀十元

馬橋鄉民濬曹家港十八保四三十六圖一二圖二三圖十一圖公民劉宗漢孫德全王儒耕徐祖光王傳乾沈新國等議濬是河東出沙岡西通瀫港共長六百四十一丈十一圖四三十六圖從沙岡口開至沈涇浜計四百零八丈除兩圖中鰥寡孤獨無力不計外項濬計田三百九十四畝協濬二百七十四畝酌提兩圖農田八十畝每畝銀五角計四十元充築壩戽水望壩開壩等費項濬每畝派挑八尺五寸協濬以六折計算每畝派挑五尺一寸又一二圖二三圖從沈涇浜開至瀫港計長二百三十三丈每畝派挑六尺面寬二丈底寬五尺由縣補助壩費銀三十元

馬橋鄉民濬西長浜十八保四三十六圖公民董福卿張彥垣等議濬是河共長三百餘丈由縣補助壩費銀十元再撥十元指定修理石橋之用

馬橋鄉民濬韓家港十八保十二圖公民陸梅新等議濬是河長二百七十餘丈由縣撥給壩費銀十元

十月法華鄉民濬唐子涇該河二十八保十六圖六圖之界浜東由肇嘉浜進口至西滬杭甬鐵路工長三百六十丈面寬二丈底寬六尺平水濬深四尺經董胡人鳳呈准開挑以得沾水利唐子涇一宅分大中小戶按段編夫不給工價車壩雜費及僱工修削一律如式共縻銀七十餘元除縣撥壩費銀二十元外由董捐給

二十二保民與川沙縣民會濬盧九郎溝先是元年高行鄉議會議決開濬是河當由議長顧昀會同川沙高昌鄉議長尤桂芬呈

由兩縣核准西起三叉港東迄西運鹽河河工主任顧澤堯黃琮工長二千四百九十三丈面寬四丈至三丈不等底寬三分之一平水濬深五尺計土方三萬六千九百四十方五分以上境五十二圖三圖二十四圖二十八圖二十一圖二十二圖二十三圖二十六圖二十九圖三一四圖三十五圖三十六圖三十八圖共十三個圖分川境共九個圖份項濬共額田三萬八百八畝七分八厘九毫按額分挑車壩雜費共縻銀一千六百六十五元八角五分四厘川縣長補助銀三百元上縣長補助銀一百四十元本鄉公所補助銀一百元上川兩境紳商共捐銀九百二十一元四角六分三厘不敷之款在高行鎮消防項下借墊銀一百五十四元二角三分四厘以資彌補

三年十月重濬東上澳塘法華鄉經董楊洪鈞會同蒲淞市經董沈寶寅呈請重濬口寬二丈底寬六尺六寸平水濬深四尺共工長一千三百八十三丈計丈不計方以各圖出港折足分挑南自蒲匯塘進口二十八保十九圖一百九十三丈十六圖一百三十四丈西十八圖二百九十九丈東七圖四百八十丈三圖二百二十一丈四圖出李從涇五十丈南北壩外共六丈前有北十二圖地保沈悅堂因案罰洋一千元除去雜費淨存洋九百元充作東上澳塘河工經費兌見錢一千二百五十一千每丈派錢九百四文不敷之處各圖賠墊車壩雜費二百四十六元九角七分三厘除縣撥車壩費洋一百二十元外實不敷洋一百二十六元九角七分三厘兩市鄉各半擔任籌給

四年一月陳行鄉民與南匯縣周浦塘河工局董議決築壩補方案歷屆周浦塘濬河必築壩陳行鎮西上年又濬周浦塘縮短西段工程築壩題橋市陳行鄉經董秦錫祺提出抗議由本縣縣知事詳請道尹轉飭南匯縣遵照舊章程經河工局董派員疏通請陳行鄉公推代表來局妥議變通辦法一月十六日陳行鄉代表秦錫田與周浦河工局總董秦始基朱祥紱等公議一議決周浦塘題橋以西此次未及疏浚所有陳行市舊壩基及淤淺之處應向水利局借銜泥船挖深准於四五月間實

行二議決日後開浚周浦塘或變通辦法用銜泥船挖深如仍築壩開濬仍照光緒十六年成案築至陳行鎮市西後周浦市經董朱祥紱雇乍浦浚河局挖泥船挖去塘口攔門沙泥六百七十三方舊壩泥一百九十五方共用租船煤油工資等費錢一千五百九十七千二百七十二文合國幣銀一千一百七十四元四角六分五厘由南滙縣於河工經費項下支用

三月馬橋鄉民濬張淘涇漛涇

十八保二三圖十一圖圖董沈澄清劉宗漢等議濬張淘涇南出横涇北達陳家涇長二百七十餘丈介於兩圖之間漛涇東通張淘涇西出新河長七十餘丈在二三圖内以沿河田畝平均支配開挑由縣撥給壩費銀四十元

六月工巡捐局詳准各當道推放沿浦岸綫與濬浦局訂立章程籌撥經費案

工巡捐局規劃濬浦經費意見書應貼濬浦局挖泥費銀十萬兩係照濬浦局約計之方數開工以後量見實數按月支給又預估建築駁岸經費銀十萬兩亦屬隨時支給之款兹擬將丈放局借存關路餘款六萬元合銀四萬三千餘兩先行儘數挪撥大碼頭至董家渡約長三百五十丈所有岸綫地畝租價案經邀集紳董議定岸綫每丈每年三十七兩五錢除留出公用碼頭五處外約計岸綫長三百丈每年應得租價一萬一千二百五十兩地租每畝每年七百五十兩現擬填築之地除放寬馬路及留出沿浦公用並公共建築塲所外其餘招商承租之地目前預估約計二十餘畝每年應得租價約一萬六七千兩以上岸綫地畝由虞和德組織大通公司繳價承租合該公司預繳岸綫地畝租價一年約二萬八千餘兩並令按照全年租價繳納押租約二萬八千餘兩共五萬六千餘兩連丈放局借存關路餘款四萬三千餘兩三共約十萬兩足資應付其餘不敷之款另行籌借即以升科之地抵作押款如升科章程一時不及實行擬暫以大通公司租地合同作抵經費有着即不致妨碍工程時間此當時籌備經費之計劃也至九月實行撈挖准總工程司海德生函稱南市挖泥付欵查雷拿尼亞挖泥機在南浦所挖之數七八兩月共計十二萬三千五百八十九立方碼零五六照本年六月四日所訂合同第七節現在第一次付款

業已屆期共計規銀三萬八百九十七兩三錢九分即上述挖泥之數以每方碼二錢五分計算旋由該局照原案四成支付計銀一萬二千三百五十八兩九錢五分六厘九月份所挖之泥按照合同規定界綫計四萬零五百立方碼應付挖泥費一萬一百二十五兩如數撥給十月份雷拿尼亞所挖之泥四萬二千七百七十立方碼計付銀一萬六百九十二兩五錢十一月份挖泥三萬六千五百五十立方碼計付銀九千一百三十七兩五錢十二月份挖泥四萬三千六百三十立方碼計付銀一萬九百七兩五錢大碼頭至董家渡建築駁岸於民國五年一月開始動工由久記承包每丈工料銀一百八十元計岸綫長約三百五十丈共工料銀約六萬三千元議定改築斜形駁岸性質耐久與水門汀不相上下價格可減省一半四個月完工一月份挖泥三萬六千六百二十立方碼計付銀九千一百五十五兩二月份挖泥三萬九千八百三十立方碼計付銀九千九百五十七兩五錢三月份挖泥四萬七千七百立方碼計付銀一萬一千九百二十五兩

上海工巡捐局與濬浦局訂立合同條件

(一)濬浦局應將以前規定界綫之地位照附圖重行更改(二)該地估價升科之費俟升科章程實行以後工巡捐局應將該款如數照付不得稽延時日(三)工巡捐局應於合同簽字後一年以內由大達碼頭起往南約長三千五百尺應需圖樣繪送濬浦局商定後即照新定界綫凹進五丈建築駁岸俟工竣後准工巡捐局將所留五丈之處建築浮碼頭(四)濬浦局當在上述第三節三千五百尺之地位由新定界綫至江中行船水道照尋常淺潮時按附圖挖深十尺(五)工巡捐局應選用監工一員會同濬浦局稽查員監察挖泥工程及丈量所挖之泥數此項工程自簽定合同之日起約需十個月可以告竣當由兩方面會丈其江底之深淺如該處一帶尋常淺水時碻見有十尺之深則該合同作爲圓滿告成(六)工巡捐局應將現在規定江岸沿浦之各項小船木排碼頭不駁岸一律遷除(七)上項挖泥費工巡捐局應於陽歷每月十號以前照濬浦局所記之方數按月付款其所挖地點自大達碼頭至董家渡爲止沿新定界綫計面積濶約四百尺以運泥船中量見之數每立方碼規銀二錢五分工巡捐局應出之挖泥費係照量見之方數計算其總數至多四十萬立方碼計規銀十萬兩

（八）該處一帶灘地業戶所有關於本合同據理要求之事應由工巡捐局秉公辦理（九）如工巡捐局不能按期照付上項挖費濬浦局可以飭令停工

十月法華鄉民撈淺李漎涇　法華鄉經董楊洪鈞胡人鳳呈准撈淺工長一千七百十三丈五尺自河口中間挑下北出吳淞江南至法華種德橋底寬一丈平水濬深三尺合土七千二十三方一分一厘先挑西段工竣再挑東段以省車費由局僱夫每方三百文合銀一千四百六十七元五角五分車壩雜費糜銀四百二十三元四角七分二厘兩共銀一千八百九十一元二分二厘除縣撥沈悅堂款銀五百元跑馬總會一百二十八元二角各商積存河捐及紳士捐助共銀七百八十七元八角二分二厘外不敷銀四百七十五元暫向各商號借墊俟有相當公款及續收河捐歸還

五年一月二十三保民濬走馬塘　此塘東通虬港出黃浦西達寶山江灣鄉爲引翔鄉之幹河年久淤塞經董王銓運邀集沾利田畝各圖董保議照光緒六年十九年成案按畝分挑不另派費

二月二十八保民濬吉家迎潮浜　浜在東西上澳塘之橫貫東名吉家浜西名迎潮浜約長五百丈浜南十九圖浜北十六圖公民沈子賡派沾水利之各村落按戶出夫疏濬不給工價另募捐銀九十餘元一律修削完竣

十月閔行鄉民濬母子涇　該河爲閔行鎮聚氣蓄水之處且關係消防經董李祖佑馬恩培等集議開挑工長一百七十八丈有奇又帶濬孫家河四十六丈有奇僱工承挑糜銀一千八十餘元十一年重行撈淺糜銀五百三十餘元

六年二月諸翟鎮商民撈淺新蟠龍江 自祥裏出吳淞江長一百八十四丈開挑費洋四十七元錢一千九百八十文商民捐洋三十三元錢三百四十文蒲淞市公所津貼洋十二元不敷之款由楊春膏捐助

三月馬橋鄉民濬西長浜 十八保四三十六圖圖董張彥垣等以該河在二年間曾經撈淺因開工較遲播種期迫未經竣工至是決議重濬由縣撥給壩費銀二十元

馬橋鄉民濬西橫涇 十八保二三圖圖董沈澄清等議濬是河東出瀫港西通千步涇長二百九十六丈以沿河田畝平均支配開挑由縣撥給壩費銀二十元

馬橋鄉民濬朱家浜橫溝 十八保二三圖圖董沈澄清等議濬朱家浜南出西橫涇北由橫溝出新河長二百十四丈橫溝西南由朱家浜出西橫涇東出新河長一百九十丈以沿河田畝平均支配開挑由縣撥給壩費銀二十元

馬橋鄉民濬姚浜 十八保四十八圖圖董陸梅新等議濬是河北出俞塘東南出紫岡長二百四十丈由縣撥給壩費銀十元

馬橋鄉民濬吳家浜 十八保一二圖圖董張秀實等議濬是河南出俞塘北出橫涇與二三圖之西橫涇聯貫長二百六十丈由縣撥給壩費銀二十元

十月閔行鄉民濬汲水港 西通橫瀝東達邢寶湖爲二十一保六九圖五十四五圖小幹河梱董李鶴亭等照業食佃力舊章請求李祖佑等主持開濬計用堵壩戽水及建石橋木橋等費銀九百五十餘元

七年三月馬橋鄉民濬張家浜沈家浜十八保四十一圖圖董楊維幹等議濬兩河均東出沙岡沈家浜一百七十丈張家浜長一百四十丈由縣撥給壩費銀二十元

九月二十四保民與南匯縣民會濬三林塘公舉三林鄉經董趙履福爲河工總董湯學釗喬枬爲協董籌議進行仍照向章以二十四保天一圖方一圖方二圖黃二圖列四圖一區五圖九圖二區三圖六圖七圖正八圖副八圖九圖十併十一圖蓄十二圖方十二圖十三圖十四圖正十五圖三區二圖四圖五圖六圖七圖三十一圖南邑二十一保十四圖十八圖二十一圖二十二圖二十三圖兩共三十個圖份項濬共額田八萬一千二百九畝有奇計帶徵銀一萬五千六十六元九角一分五厘南邑應負畝捐統計方價實數按照畝捐核派該銀三千三百八十一元五角六分三厘由該縣徵存水利總費內提撥又舉朱孔長爲巡河總董龐錦任思勤湯福綬爲巡河董事龐約槎等十九人爲段董委任縣警察第五分所長王崇善爲河工委員貼僱縣警八名以充河差聘員測量弓長二千八百七十一丈計土六萬八千九十六方有奇共支挑土價銀一萬七千八百三十一元二分三厘是役也天雨過多於十月二十七日大小各壩一律合龍大壩三座小壩六十三座西大壩在港口猴象橋宅中大壩在鎮東天漲橋北首楊溜瀵盡流處東大壩在東三林塘之青龍橋又以西大壩至永興橋凡十三段爲鄉河永興橋至天漲橋凡十二段爲鎮河天漲橋至東大壩凡十二段爲鄉河分等挑價鄉河面寬五丈市河面寬三丈平水濬深六尺趕測水方包戽積水三十一日起大雨浹旬至十一月九日稍霽十日晚又大雨十五日始晴以致河水驟漲連日開挖回龍放水中壩回龍迭次坍圮僱工搶築日夜守望十六日重測水方趕戽積水至十二月一日方始開挑又遭雨雪旋戽旋涸旋涸旋雨大戽九次小戽二十餘次自堵壩以至告竣凡五閱月其阻於雨雪者居其半費於桔槔之工者又過於半之半能施箕鍤之工者僅及匝月耳迨八年四月十四日已過立夏東作方興不得不報縣驗收撤局此由於天時之不利以致費縻工緩也又以本地民夫頗難集足並招客夫准徐崇海兩幇崇海性馴工敏

而淮徐中多游氓性蠻工劣開工後妄報工程塡腮砌岸一人倡始百夫效尤理喻不從竟至率夫鬨局委員不能彈壓幸先添警駐防不致肇事趙總董靜鎮其間雖遭橫逆百折不回跋涉河干忍勞忍怨與各董和衷共濟卒能告厥成功其用心亦良苦矣

十月十八保民與松江縣民會濬六磊塘該塘自前清乾隆十一年開濬迄今已歷一百七十三年同光間建議疏濬未果除顓橋迤西一二里尚爲通渠外其餘形同溝洫潮汐不通灌漑無資農商交困民國六年秋本鄉紳商劉增祥施其光動議邀集松境紳商周鉞何求等討論先從測量繪圖入手七年五月始設局籌備公推劉增祥爲河工總董施其光爲河工協董呈請知事沈寶昌指令照行又聘法華鄉胡人鳳爲駐局坐辦員十月仍照業食佃力各圖各捆插簽分段手續頗繁是年冬春之交大雨連綿壩內一片汪洋無從戽趕建議在東壩開挖回龍連放兩潮大有功效所剩河底水安車戽乾已在八年正月底也實行開挑至四月告竣設局三總局設顓橋東局設裏車溝橋陳宅西局設鎭岡廟查舊河形在二十三五圖聖堂橋斜北環兜里許潮流迂緩此次因地制宜購買民田開直僅長十九丈八尺五寸省費殊多全河工長四千六百九十一丈六尺五寸土八萬三千八百六十七方一分一厘加繁工土三千四百五十一方共挑土八萬八千三百十八方一分一厘頂濬額田四萬四千一百六十三畝每畝挑土一方九分七厘七毫一絲七忽八抄自東黃浦進口東壩起迤西八百二十九丈四尺裏車溝橋口寬五丈底寬二丈迤西五百八十四丈一尺改道處口寬四丈五尺底寬一丈八尺再西至千步涇尾壩止三千二百七十八丈一尺五寸口寬四丈底寬一丈六尺惟顓橋鎭市河議照中市環洞橋門寬濶爲準如有佔越一律拆除計口寬二丈一尺底寬一丈六尺通河平水濬深六尺惟該河東由黃浦進口西達千步涇延袤二十六里分隸上海松江兩縣在松江境爲莘莊鄉上海境爲曹行塘灣顓橋北橋馬橋五鄉沓碑記及縣志載雍正三年頂濬各圖按照現時形勢不同如十八保十六圖應列頂濬則前志所無十八保十圖應列協濬則前志爲頂濬若泥執前志殊難公允由總協董邀集沿河各圖董議定以現時出灘爲頂濬鄰圖爲協濬一致贊成上邑十八保五七圖七八圖九圖十

五圖十六圖十八圖二十四圖二十五圖二十八圖二十九圖三十一圖三十三圖三十三八圖六併三十七圖又跨塘松邑三十六保四十圖四十一圖爲項濬上邑十八保十二圖二十圖二十二圖二十三圖二十七圖三十二圖三十四五圖三十九圖爲協濬帶徵額田除去松邑二圖不帶另行捐銀及本境荒坟絕戶外共五萬八千一百六十四畝自民國八年上忙起隨忙每畝帶徵銀六分上下忙各帶三分冬漕每畝帶徵銀八分總計每畝帶徵銀一角四分合共帶徵銀八千一百四十二元九角六分先向公款公產處借墊俟起徵忙漕歸還松邑跨塘之四十圖四十一圖因未帶徵挑土之外由莘莊鄉公所撥自治經費項下補助銀五百元此外如上邑十八保十圖三十一圖查碑記原列項濬因不出灘改爲協濬帶徵之外十圖貼補繁工費四百元三十一圖貼補河工費二百元與前案略爲變通惟十八保十三圖因潮泥升漲其出灘略帶一隅因項濬俞塘有案可稽是河不列項協祇貼河工費洋五十元以上共收經費銀九千二百九十二元九角六分支用車壩局費等項所缺無多由款產處撥助壩費項下彌補所有總協董段董及坐辦等員皆盡義務

閔行鄉民濬韓倉港 該河俗呼西荷涇南出黃浦北達望海塘工長七百四十餘丈爲十六保二十八二十九三十一三十九各圖關係農田水利顧文濬主持議照業食佃力按傍河田額二千四百餘畝提費八成挑土二成充費督同董保派段挑竣

八年三月馬橋鄉民濬勺家浜 十八保十二圖圖董朱禮儉等議濬是河西出沙岡長一百三十丈以沿河農田一百六十餘畝按畝分挑由縣撥給壩費銀十元

馬橋鄉民濬盛家岡 十八保十三圖圖董鈕永祥等議濬是河南出俞塘東北出紫岡長二百七十丈由縣撥給壩費銀二十元

十月二十二保與川沙縣民會濬孫家溝

該河工長二千一百九十四丈四尺面寬三丈至四丈不等濬深三尺至五尺不等

計土三萬一千四十三方上境河工主任談壽基承挑圖份二十四圖五十二圖川邑河工主任黃琮陳有恒承挑圖份十五圖二十五圖三十七圖十四圖三十三之南半圖計額田二萬六千七百一畝抽出二千一百二畝出夫戽水抵免挑土實存挑土田二萬四千五百九十九畝按額分挑車壩雜費共支一千七百餘元由川邑十五圖二十五圖三十七圖每畝帶徵銀八分共徵銀一千一百二十一元二角八分不敷之款由兩縣署暨紳商捐助之三閱月告竣

南二十四保共二十五圖民濬楊淄漊

楊淄漊與三林塘通流上屆同時並濬本屆三林紳民逕請獨濬而楊淄漊則附帶撈淺規定

工費銀三千元惟該漊近年淤淺日甚曾由楊思鄉經董穆湘瑤於民國六年夏僱挖泥機從港口至日新橋一段先行撈淺共縻銀三千餘元費由穆董捐助至民國七年冬三林設局濬河工竣後撤局未將該漊撈淺經穆董呈請知事沈寶昌邀集三林楊思塘橋三鄉經董圖董暨邑紳兩次在署會議公決楊淄漊改撈淺爲開濬根據原案南二十四保三鄉共二十五圖分帶畝捐自民國九年冬漕起徵至十二年下忙止帶足三年每畝徵費銀五分共銀一萬八十一元三分二厘連三林塘案內以前帶徵之撈淺費本息一併移充以後塘橋鄉遇有河工應需三林楊思兩鄉各圖畝捐每畝帶徵二分以作此次開濬兩河之還役當繕具議決案由三鄉經董聯名呈縣核准由縣通詳立案一面穆董向公款公產處借銀一萬元先行開挑俟徵起畝捐陸續劃抵歸還公推穆湘瑤爲河工總董縣警察第五分所長王崇善警佐爲河工委員假本鎮陳氏養眞別墅爲河工局計築大壩二座小壩四十三座戽水開挑時値天氣暢晴得以如限告竣又剷去盤駝二十八處障碍悉除十二月初三日疏壩又西壩外積有淤泥口外出浦又有欄門沙橫阻特僱挖泥機一併挖去交通稱便查向章收支報告分別河底河面如帶徵畝捐屬河底專支挑土撈淺之用其車壩局費屬河面應徵商捐本屆急促濬河事前未及籌備頗不欲事後再徵商捐況楊思一鎮商舖無多捐

難足數不敷之款暫向恒大恒源紗花兩廠挪墊茲將收支各款列左河底項下收款產處抵借帶徵畝捐銀一萬元收三林河工局移交撈淺費銀三千一百十二元九角八分一厘共收銀一萬三千一百十二元九角八分一厘原支丈土方二萬六千五百八十二方五六七每方工價二角八分共銀七千四百四十三元九分八厘繁工土方三千四百七十三方銀七百七元一角驗收各段賞款銀三百三十七元八角三分八厘修削盤駝二十八處土方四千二百十四方零一八銀一千五百十五元九角一分七厘挖泥機撈淺費銀五千四百七十七元三角五分五厘共支挑土撈淺等銀一萬五千四百八十一元三角八厘河底項下收支相抵不敷銀二千三百六十八元三角二分七厘河面項下收陳源來等捐銀一千九十八元支築大壩兩座工料銀八百八十三元六角九分八厘築小壩四十三座工料銀二百九十七元二角七分二厘段椿河底椿木銀六十六元三角一分一厘戽水車水綫車銀一千四百十三元六分三厘酬勞測量員董監工等銀五百四十六元犒賞彈壓警察銀一百五十元僕役工資銀二百八十一元九分一厘筆墨紙簿銀三十元一分四厘油燭煙茶煤炭銀九十元八角三分二厘攝影各壩及全體職員銀七十三元七角六厘福食銀七百五十七元五角六分七厘雜費銀四十七元九角七分共支車壩局費等銀四千六百三十七元五角二分四厘河面項下收支相抵不敷銀三千五百三十九元五角二分四厘河底河面不敷兩共墊銀五千九百七元八角五分一厘該恒大紗廠借款銀四千五百九十三元一角三厘該恒源花廠借款銀一千三百十四元八角五分八厘共該借款銀五千九百七元九角六分一厘以上該項除不敷墊支外尚存銀一角一分

九年 一月馬橋鄉民濬黃泥浜十八保十三圖圖董鈕永祥等議濬是河南出俞塘東出紫岡長三百二十丈由縣撥給壩費銀二十元

馬橋鄉民濬東長浜十八保四十一圖四三十六圖圖董楊維幹等議濬是河南出望海塘北出俞塘與西長浜聯貫長三百四十丈由縣撥給壩費銀二十元

二月江南水利局委員陳恩梓以機船挖濬吳淞江先是七年七月局總辦沈佺遴委恩梓勘辦吳淞工

程勘得東自潭子港西工部局電氣機門口起西至紀王渡西三百五十丈止計長六千九百五十丈分爲十五段此處水量極淺須開深四尺作爲最要工程十九段之東新閘橋起一千二百二十二丈分爲兩段十五段之西四江口止三千四百七十丈分爲七段此兩處水量較深應開深三尺作爲次要工程灣曲改直擇尤截角者六處均在十五段之內又以商埠交通之關係不能築壩議用挖泥機船開濬說帖附表呈報到局當查局有上海求新廠原造機船一艘在吳江濬河工竣駛滬修理即可調用又向發興廠定造機船一艘向英商茂成洋行於外洋訂購金司登丁種大號機船一艘初定施工由西而東故於八年六月設局紀王廟求新發興兩船先後到工正在開挖接奉省電移緩就急乃以兩船移赴新閘於九年二月開工設局小沙渡又向工巡捐局添借機船一艘三月到工三架機船同時開挖每日可出土二百方另僱小工百餘每日乘潮落時切灘預算新閘橋起至梵王渡西之鐵路止卽原勘次要兩段最要四段共長二千八百二十二丈連梵王渡截角兩處合計應得土方十五萬二千六百六十六方需費十八萬三千八百五十八三圓約二年半工竣由局呈省備案丁種機船於九年冬間到工卽於十年六月離工他用恩梓於十二年二月病故由費承祿接辦十三年五月完工由局總辦羅樹森驗收其土方溢出原預算二萬三千二百五十有奇其經費計支求新修理機船二千五百圓發興機船八千圓丁種機船三萬二千圓有奇籌備費五千二百圓有奇紀王廟工費一萬五千八百圓梵王渡至新閘工費十七萬九千圓有奇共二十四萬三千五百圓有奇除收泥價八千四百元有奇外實用二十三萬五千圓有奇查四五六等年水利局徵畝捐每畝六分而上青吳江崑太嘉寶等八縣爲浚淞專款計八縣解局共數爲三十八萬三千餘圓則尚有十四萬八千餘圓但事前測量及分擔總局等費固未計及也

附錄八年一月十七日沈佺上省長書 竊查蘇州河爲吳淞江尾閭上承太湖之水下由上海白大橋達黃浦以入海乃本省蘇常鎭浙省杭嘉湖各縣水利農田最有關係之要口職局按照前巡按使韓所定計劃將吳淞江下游淤淺之處籌議浚治業經呈明派委陳恩梓辦理在案惟該河毗連租界外人時或生心卷查民國三年十

二月間曾據地方士紳稟稱洋商在上海推放租界領袖領事擬具草合同議界址則曰西南自蘇州河又曰一邊係蘇州河議權限則曰歸工部局警部管理工部局擔任開浚河道陳請駁斥等情當經徐前河總辦轉詳鈞署請咨外交部維持四年十一月間職局辦理松泖測量因與租界毗連函請滬海道尹照會領事免致阻礙旋准周前道尹函稱蘇州河雖有一段在租界內仍歸華官管轄云云案卷歷歷可據本不必再事瀆陳乃閱本年一月下旬新聞報載浚浦局海工程師修治吳淞江計劃草案內容共分五章第一章述向來修治蘇州河之辦法謂上海一部份租界以內係由工部局辦理去歲曾由海關河泊司提議將該河大事修治由浚浦局按照辛丑和約併入修治黃浦一起辦理第九章又曰修治該河責任可由浚浦局擔任等語其中殊多誤會總辦伏查前清光緒十九年新定上海虹口租界章程第八條曰吳淞江不在美租界內水利之事歸中國地方官經管等語歷考向來開闢租界從未聞以河道加入是蘇州河完全屬我中國管理毫無疑義卽清末屢次派員與挑吳淞江入黃浦一段亦有前案可稽雖浚浦局係國家設立機關所有洋員皆由政府僱用第調查該局辦事之權操於洋員種種棘手非本省官廳所能過問吳淞江既與江浙水道息息相通爲最要之咽喉遇有疏治內地河湖恒有連帶關係若權不我屬勢必致處處掣肘動多阻礙於江南水利實有無窮之害前因該局於一九一二年續訂浚浦暫行章程藉潮流所至等字爲口實越界測量至松江之西太湖一帶曾經省議會及職局屢屢提議請咨外交部力爭今閱時未久又利用此名義議浚蘇州河以冀侵我主權於此不加防閑隱憂方大矧陳委員籌備事宜刻已告竣目前止議施工無勞他人越俎思維至再理合將浚浦局修治吳淞江計劃草案照錄清摺上呈鈞覽請賜令行上海交涉員知照浚浦局爭取銷前議仍照舊約所載吳淞江水利之事歸中國地方官經營以保此一線尾閭實爲公便

八年六月二十四日省長訓令水利局文

案據外交部特派江蘇交涉員楊晟呈稱准滬海道道尹咨奉鈞署第二九五六號指令據江南水利局函陳一件據報載浚浦局擬修治吳淞江計劃草案照錄清摺請令行交涉員知照浚浦局取消前議仍照舊約由奉令函及另摺均悉所議不爲無見仰滬海道尹先行令縣查明如

果屬實卽便就近咨行上海交涉員知照浚浦局等取消前議遵照舊章辦理以保主權仍具報併咨該局知照此令函及清摺均抄發等因奉此當經訓令上海縣知事查明具復去後茲據呈稱遵經派員詳查據復查得此項修治吳淞江計劃草案確由該局海工程師擬定刊有西文書一册但因經費問題尚未解決故現時未卽舉辦新聞紙載係就原書中節譯其大要茲覓取該計劃草案書一册復請察核等情前來據此是浚浦局之擬修吳淞江定有計畫草案事已屬實理合將奉令查明情形檢同原書據實呈復仰祈鑒察核辦等情據此敝署復查無異除分別呈咨及呈指令外相應咨行貴交涉員查照希卽知照浚浦局取消前議仍照舊章辦理以保主權實紉公誼等因奉此當函囑浚浦局取消原議茲接函稱接大函爲本局所刊治理蘇州河計畫書一事本局對於此舉決不侵害本省官員治理蘇州河之權限並請將此意轉呈省長謹將治理該河計畫書之原委爲台端縷晰陳之查上海河泊司其權限專司本口航務蘇州河下游亦在管轄範圍之內並有江岸地主建築駁岸時有定奪岸綫之權限去秋曾致函本局意謂對於此項事務並開濬及治理蘇州河擬請相助爲理云云本局因此項問題與上海口岸有密切之關係且蘇州河之不治與黃浦及本口大爲不利是以深表同情且本局司員內皆精於浚河工程者並知邇來省庫財政困難就本局人才及經濟而言助理開浚該河想亦正當此計畫書之刊布有由來也本年一月二十二日本局致陳交涉員一函外附計畫書一册請其參以意見匡我不逮想該書定已早呈省長維時貴署適在交代之際似省長於未經接得貴署呈遞計劃書之前已從他方面獲得該書省長因此定有未滿意者本局亦爲之歉然惟本局對於此事之原意願以人才經濟以資供給無非欲爲公衆利益起見本局爲政府所設之機關局員亦中國政府之官員故本局與本省官員對於此舉相助爲理斷不至喪失中國之主權也本局亦極樂聞省吏之議擔任開濬該河但將來恐有發生他項交涉本局願先爲之指示如將來辦理稽延並有不滿意於上海之社會上海公共團體定必請求駐京各公使强制中國政府將此事迅速辦理須獲良好之效果及至彼時如公使團或來干涉中國治內法權是則於中國主權與聲譽有所喪失矣茲附上本年一月二十二日本局致陳交涉員函六分並華洋文計畫書各六分深望轉呈省長並有關水利之各機關均注意焉等情前來查核來函所稱上海

河泊司有權於本口航務及定奪岸綫是其所有權已自言明而謂蘇州河下游與浦水同一源流即在河泊司管轄範圍之內未免權限不清浚浦與治河截然兩事無煩該局越俎代謀吳淞江之待於修治水利局已派員籌備正議施行以經濟言省庫雖支絀而區區治河經費尚不難籌以人才言現由本國專門學校養成及留學他邦畢業回國者不在少數該局既知浚浦局為我國政府所設之機關局員亦我國政府之官員是有所建議應受命於中央政府如未奉許可不能擅自執行總之吳淞江由江南水利局管理修治是其專責若能刻日施工則毋庸慮及稽延致有不滿意於上海之社會修治河道完全係我國內政各國公使素敦睦誼何致强行干涉但果有人有財辦理得法亦何能逆料無良好之效果擬俟奉到指令即逐節答復取消議案並懇令行水利局籌集經費趕速施工以杜藉口是否有當理合檢同函件五份呈請省長鑒核分別令發指令遵行再該局一月二十二日致陳前交涉員函件未准移交合併陳明等情並附呈譯件到署據此查此案前據該局呈送草案前來經令行滬海道尹行縣查明並據道呈聲明已逕咨該交涉員在案茲據前情除指令呈及附送譯件均悉該交涉員擬駁各節批卻導窾洞中肯綮所見極是仰即查照答復務以取消原議為止至關於工程實施已抄呈令行江南水利局趕速籌備矣

江南水利局總辦羅樹森呈省長公署核銷吳淞江工程文

呈為造送吳淞江新閘以西工程支出計算懇請核銷陳祈鑒核事竊照吳淞江水利工程於民國七年沈前總辦佺奉令籌濬當委陳故員恩梓勘估編製預算圖表一自潭子港西工部局電氣機門口起至紀王渡西三百五十丈止計長六千九百五十丈分作十五段為最要工程應開土二十九萬九千九百八十四方用機船開挖需費十九萬九千六百元又自紀王廟西三百五十丈起至四江口止為次要呈奉鈞署核准於八年七月十四日在紀王渡設局開工十二月因報載蘇州河即吳淞江下游淤淺有碍航行并有濬浦局前來興辦之說沈前總辦遵奉鈞署密令亟籌自濬保全主權當飭陳故員按段測勘另編預算將新閘橋

西至梵王渡分爲六段由新閘橋至潭子港兩段工長一千二百二十丈原列次要擬濬深四尺由潭子港至梵王渡四段工長一千六百丈原列最要擬濬深三尺兩傍淺灘剷深二尺現均照原擬再加深一尺共應挑土方十五萬三千六百六十方需款十八萬三千八百五十三元將局遷至上海提前開濬當於九年二月六日卽擇最淤淺之小沙渡一帶設局開工紀王渡工程暫時結束均經沈前總辦呈報鈞署幷造送預算書表是年十月沈前總辦辭職總辦奉委到差督飭員司認眞開濬至十年九月中段工竣自廣肇山莊東角起至小沙渡止卽原報之二三兩段計工長一千零二丈濬土六萬七千八百七十七方十一年十一月西段挑竣自小沙渡至鐵路橋止卽原報第四五六段工長一千二百丈又梵王渡截角一處共出土七萬三千七百二十四方東段竣工自廣肇山莊起東至新閘橋止卽原報之第一段工長六百二十丈出土三萬五千三百十三方每段完竣均經陳故員及費委員先後造册報經總辦親詣工次會同局員及地方士紳乘舟逐段勘量所開寬深丈尺均與册報相符取結呈報總計全工各段共挑土十七萬六千九百十四方因河道自勘估後又日益淤墊加以租界傾棄垃圾淤淺更易故較原預算溢出土方二萬三千二百五十餘方其施工詳情開工後迭據工員按季報局轉呈在案又紀王渡一段工程八年移局時因係暫時結束尚擬續濬故未據陳故員呈報開挖土方之數此吳淞江水利工程開濬土方之大概情形也至濬淞工費係取之於上寶等八縣帶徵之水利畝捐沈前總辦自七年籌備起至九年十月交卸止咨准財政廳撥放過籌備銀六千元工程費銀六萬元總辦自九年十月接辦起截至本年五月止計十三次共收財政廳撥到工費銀十三萬元均經先後轉發陳故員及費委員領用計自籌備起先後總計共收財政廳銀十九萬六千元又據費委員册報該局曾收丁種機船餘款銀三百九元水電廠貼費銀二百五十元又售賣泥價銀八千一百九十二元連財政廳所發共銀二十萬四千七百五十一元此收款之大略也所有支款籌備費實支銀五千二百二十七元一角九分四厘曾經陳故員造具支出計算由局轉呈核銷餘存銀七百七十二元八角零沈前總辦交卸時移交存局計工程費九年二月紀王渡工程結束實支銀一萬五千八百元陳委員恩梓在差病故經職局委科員王廷杰會同費委員查算賬目因公虧銀五千零八十一元因該故員身後蕭條無力賠償當經呈請自八

年十月起每月加給夫馬薪水銀一百元卽就收入泥價開支歸入報銷以抵公虧奉令核准照辦又新聞以西全部工程據費委員報實支銀十七萬九千零九十一元五角九分尙存現銀三千八百五十九元零又按諸原預算尙有九千六百五十餘元未領經總辦呈准移作現濬新聞東首工程局費之用此又支款之大略也現飭據費委員承祿將新聞西首及紀王渡各工程用款分別造具計算書表粘據幷據稱支付款目按諸原預算數或增或減因機器工程與天時之變遷以及種種發生之事爲預算所不及料者故按諸款目雖不能脗合而以總數相較實有減無增再局中發放之款在十元以上遵章粘貼印花其餘單據或因數屬零星或因工廠商店設在租界向不遵貼印花無從追補等情前來總辦復核無異幷將本局收放款目日期詳列總表以期周密而易審核理合檢同書表簿據具文呈請鈞署鑒核准銷示遵奉省長公署指令

核銷已令行財政廳知照矣

十月二十二保民與川沙縣民會濬鹹塘上邑主任談壽基川邑主任黃琮陳有恒呈請開濬工長二千二百十七丈七尺四寸面寬四丈至三丈不等底寬十之四平水濬深五尺上境三圖二十一圖二十二圖二十三圖二十六圖二十八圖二十九圖三十四圖三十五圖三十六圖三十八圖川境二十七圖三十一圖三十三圖三十二圖三十三圖承挑兩境額田三萬五千二百十二畝七分內除水線車田二千八百六十一畝共挑土三萬一千九百二十一方一分二厘八毫三閱月工竣共縻車壩雜費銀二千八十餘元

十年二月蒲淞市江橋鎭商協濬申紀港該港兩岸皆屬上境而中段西岸屬上境東岸屬嘉界查衆涇橋迤西百餘丈南岸屬上境北岸屬嘉界清光緒三十年嘉邑動議開挑移請本邑會汪照會江橋局董金士林籌款協濬時以商業不振無力擔負嘉邑僅開至嘉上交界之衆涇橋止民國九年嘉邑續議開濬咨請本邑會沈籌款協濬今行照辦江橋主任曹九思與南翔主任李樹勛商定辦法卽於十年二月興工北自嘉上交界衆涇橋起南至吳淞江出口丈見七百五十四丈六尺分爲十五段面寬四丈底寬一丈三尺挑深二尺八寸水方四千

八百四十五方二分七厘戽水費每方洋五分五厘共縻洋二百六十六元五角土方五千三百四十三方三厘難工每方洋三角煩工每方洋二角五分易工每方洋二角共縻洋一千六百餘元開築大小各壩及各項竹木等費洋四百餘元員役薪膳及水綫車雜支洋七百餘元一月工竣共縻洋約三千元該項協濬經費鎮商籌捐洋六百元蒲淞市公所適有賣出江橋區公產款項撥捐洋九百元爲歷來特別之協濬尙有朝北至華家橋半係上境半係嘉界長約二百六十餘丈略行挑深經費一應在內

三月諸翟鎮民又撈新蟠龍江自莊家涇裕壽橋起出吳淞江長一百五丈開挑費洋三十二元諸紀根晚年得子特捐洋二十元蒲淞市津貼洋十二元

十月高行鄉民濬東虬江該江自前清咸豐九年開濬已閱六十餘年淤如平陸各圖董公呈上海縣公署請任高行鄉經董談壽基籌備開挑以塘工局幫董淩雲曾副之援照上屆成案以二十二保二十三圖二十六圖二十九圖三十四圖三十五六八圖爲承濬并每畝帶徵捐銀八分以充經費工長一千三百八十六丈三尺計土一萬八千五百六十七方九分七厘承濬額田一萬八千一百四十四畝抽水夫田一千八百十四畝實存挑土田一萬六千三百三十畝每畝派挑一方一三七車壩雜費計支一千四百三十六元九角一分畝捐不敷由紳商富戶捐助之十月二十四日開工十二月二十三日告竣

十一年一月馬橋鄉民濬西長浜十八保四三十六圖圖董張益齡等議濬面寬二丈底寬六尺由縣撥給壩費銀三十元

二月改道橫瀝滬閔南柘汽車公司築路填斷橫瀝因購十八保十八圖民田三畝九分九厘二毫改道開通與農浜上字河人可河合流

十月高行鄉民濬虬江河工主任談壽基工長一千六百五十四丈七尺計土二萬四千一百二十七方承挑圖份二十二保二十一圖二十三圖二十六圖二十九圖三十四圖三十五圖三十七圖三十八圖按畝出夫項濬共縻車壩雜費銀一千五百六十元由傍河圖份每畝帶徵銀八分充用

十一月高行鄉民濬橫紫岡十八保十二圖十三圖公民何潤畬等議濬是河東出竹岡西北出紫岡長一百三十二丈以沿河田畝派挑由縣撥給壩費銀二十元

十二年九月上海川沙寶山會濬界浜上境主任談壽基川境主任黃琮呈請開濬上川工長一千八百十六丈九尺五寸面寬五丈至四丈不等底寬十之四平水濬深六尺上境二十二保二十一圖二十二圖二十三圖二十六圖二十八圖二十九圖三十四圖三十五圖三十六圖三十八圖共額田二萬三千五百九十六畝內除水綫夫由二千三百六十畝外實存二萬一千二百三十六畝川境二十七圖三十一圖三十三十二圖及三十三之北半圖共額田九千三百四十三畝內除水綫夫田九百四十四畝外兩邑共挑土連加繁工四萬三千七百四十一方五分八厘是河寶境主政項濬一半其餘一半以上七川三分挑寶董承給車壩雜費銀二千元不敷三百八十餘元由主任向紳商勸募充之夏歷九月二十一日堵壩至十二月十二日疏壩工竣

十四年秋曹行鄉議會籌浚馬園涇此河南出六磊塘北通關港長三里有奇年久失修幾成平陸十四年冬由鄉董康永年鄉佐曹正書主辦按畝派挑市河工程就鎭商募捐河面定爲四丈市河收狹爲二丈翌年三月底告竣市西原有環龍橋架馬園涇橋面大半毀壞十五年改建橋面易石爲木

八月公民孫景福郭宗經潘祖英函請塘灣北橋兩鄉議會籌議疏浚

塘子涇 孫景福等以塘子涇淤淺請塘灣北橋兩鄉議會籌議疏浚息借塘灣鄉教育費二千元不足之數另行籌墊由十八保五十圖二十一保四十二圖八十圖九十一圖田畝忙漕項下附帶每畝一角六分歸還呈縣核准指令塘灣鄉鄉董彭召棠北橋鄉鄉董孫世本協商辦理委任孫景福郭宗經爲該河總協董設河工局於溝圈村全河工長二千零三十丈七尺二寸一分六厘面寬四丈底寬一丈六尺深五尺六寸挑土四萬七千六百七十方七分四厘援照濬河業食佃力制除西五十圖東四十二圖協濬外其餘各圖均爲項濬至十五年三月全河開竣共用銀二千七百九十一元九角四分四厘

九月二十一保十三圖四十二圖九十一圖圖董丁光弼王浩良洪鑑堂等議浚潘家浜 該河自黃浦起出鶯脰河年久失修淤成平陸丁光弼等聯名分呈縣署鄉議事會鄉公所籌議疏浚先由各圖墊款開浚嗣後由二十一保四十二圖十三圖九十一圖忙漕每畝帶徵一角六分歸還由鄉董彭召棠呈請縣署委丁光弼爲河工總董附設河工局於鄉公所全河工長一千二百九十一丈一寸面寬三丈八尺底寬一丈四尺挑深五尺援照徵工編夫制按畝分任除西四十二圖十三圖北半圖協浚外餘圖均項浚至十五年四月開竣共用銀一千八百五十八元六角五分六厘

十五年一月漕河涇鎮議事會疏濬後場河 該河年久失修鄉董楊心正呈縣委唐祖鎰楊心才主辦計自西鎮珠塘橋迤北轉東工長一百四十三丈浚費連改建珠塘谷慶兩橋共用二千五百六十三元六角九分一厘楊心正籌募一千六百三十一元五角不敷洋九百三十二元一角九分一厘經鄉議事會議決以前河工局公地變賣償還

塘工 吳淞黃浦合流以後斜趨東北入海而邑境土塘抵禦海潮者即在合流斜趨之兩岸今正其名曰淞浦西北岸土塘淞浦東南岸土塘

淞浦西北岸土塘 虹口起虬江口止同治志載乾隆十八年築三千三百三十丈者爲此塘之全部續志載光緒二十九年修者似爲此塘之一小部嘉道咸同當有修葺舊志失載不可攷矣劃租界後租界以內由洋商於光緒間築楊樹浦路租界以外由地方官民於民國七年築軍工路自此有路工無塘工楊樹浦路見續志軍工路詳本志道路篇

淞浦東南岸土塘 此塘分兩大段內段張家浜口起西新塘浜口止外段西新塘浜口起上寶界浜口止內段卽同治志載乾隆四十二年築二千四百丈者而續志稱光緒以後洋商租築廠棧云云蓋久無塘工矣外段卽同治志載乾隆二十九年築二千九百二丈者今又分爲七小段西新塘浜口至美孚火油池北墻爲第一段火油池墻北至慶甯寺後二百四十六丈爲第二段寺後至西溝口二百五十六丈爲第三段西溝口至東溝口三百六十六丈爲第四段東溝口至嚴家宅後三百四十一丈爲第五段嚴家宅後至北陶家宅五百六十七丈爲第六段北陶家宅至界浜五百四丈爲第七段第一段同於內段久無塘工第二段壓廢四十三圖民田二十二畝有奇第六段壓廢五十三圖民田七十一畝有奇此兩段卽續志載光緒三十二年移築新塘長八百十三丈六尺者第三第四第五第七此四段卽續志修整老塘圩岸長一千五百六十二丈者而續志所載三十三年五十三圖塘工又爲第六小段內之一部

民國九年塘工善後局設分局於慶甯寺

十二年六月塘工善後局修二十二保五十三圖嚴家宅外土塘 此卽第六小段內之一部也光緒三十三年因老塘灘已坍盡故築新塘五十六丈新塘爲裏塘而老塘爲外塘今因外塘坍盡水勢冲及裏塘故加濶修工長一百十二丈七尺共土一千七百方有奇八月初工竣費銀七百八十五圓

七年塘工善後局以二十二保四十三圖新塘改築道塘路 此卽第二小段之全部也道堂

路詳道路篇

道路

中華路　民國路上二路環於中區之外先後填城濠築成　方浜路民國三年填方浜放濶橫貫中區　縣基路係舊縣署基改闢南至縣前街北至廟前街　耕餘里　永澤里　福興坊　錦雲坊　鄰賢坊　餘慶里均在縣基路東側　貴美里　福銘里　履福坊　慶安坊　富美里　蔚福里均在縣基路西側

縣左街東至四牌坊街西至縣基路　盛家街舊稱盛家衖東至縣基路西至三牌坊街　謙吉里在盛家街　典當街盛家街北　傅家街南至縣西街北至縣後街上四街均係舊縣署基地舊監獄基地及基餘地所開築　懷賢坊在傅家街東側　裕成里　靜安坊　大慶里　致靜里均在傅家街西側　達布街民國路南　觀音閣街福佑路北　丹鳳街觀音閣街東因舊有丹鳳樓故名　障川路北起民國路南至福佑路因舊係障川門所在故名障川門俗又稱新北門此路爲闢門時所時築故俗又稱新街　障川老街障川街西　積善街民國路南通障川街因積善寺所在故名　晏海路舊卽晏海門所在晏海門俗呼老北門故昔稱老北門大街南達日華路　舊倉街南起大境路北達民國路　紫華路東通侯家路西達紫金路　白衣街舊倉街東長生街西因舊有白衣庵故名　長生街北起穿心路南至日華路因舊有長生禪院故名　雲居街爲雲居庵所在西通長生街

高墩街舊倉街西墩基街通晏海路劉墳街露香園路南青蓮街通萬竹直街以青蓮禪院得名福田街爲福田庵所在南達方浜路同慶街福田街北陳士安路晝錦牌樓路北以舊有陳士安橋故名肇嘉路塡肇嘉浜放闊東起中華路西至民國路横貫中區寶帶街福佑路南方浜路北松雪街北通獅子街大方街福田街西肇方街大方街南儀鳳街在肇嘉路西口以儀鳳門得名冬青園街夢花樓街西中又有冬青園街望雲路北接三牌樓街南連凝和路靈濟街舊稱魚行橋街南通東唐家街撫安街麵筋街南阜民路北接縣前路南達中華路警廳路巡道街東中大夫坊街通蔓笠街蔓笠街中分東西東通撫安街西接靈濟街因舊有蔓笠橋故名引綫街巡道街西火神廟街南南陽街蓬萊路東北鴛鴦廳街南陽街南柏枝街喬家栅街北凝和路塡凝和橋浜築成永興街南貫黃家街以舊有永興橋故名白漾街分四一街在西黃家街南二街三街四街在尚文路尚文路凝利路西因舊有尚文門故名同仁里黃家街南通中華路應公祠街尚文路北一粟街通應公祠街因舊有一粟庵故名劉公祠街夢花樓南莊家街肇嘉路南以舊有莊家橋得名學宮街學宮東側西倉橋街東接白栅街西達靜修路舊有西倉橋因名西倉路與西倉橋街成十字形南達先棉祠街先棉祠街應公祠街東先棉祠在焉學前街學宮前永甯街蓬萊路南百脚街蓬萊路縣署南花草街晝錦牌樓路西

右中區

斜徐路東起斜橋西至徐家滙　**大木橋路**　**小木橋路**上二路均北起斜徐路南至一圖界　**局門路**南接龍華路因對製造局後門故名　**魯班路**南起龍華路北至肇嘉浜　**新橋路**局門路西因北達新橋故名　**打浦路**在泉障別墅後以打浦橋名　**斜土路**東起斜橋南西達土山灣　**貧兒院路**與局門路成交叉形貧兒院築　**日暉路**康衢路北沿日暉橋故名　**康衢路**在滬杭鐵道北東起製造局路西越外日暉港與龍華路相接惟港上迄未建橋車輛僅至日暉橋止　**眞人路**東起製造局路西達外日暉港以瞿眞人廟得名　**東廟橋路**龍華路北　**謹記路**斜徐路南爲程謹記所築故名　**麗園路**肇嘉浜東　**龍華路**　**製造局路**上兩路見前志民國十年南工巡局重修　**漕溪路**起斜土路至漕河涇唐尊瑋有記　**弼教路**起江蘇第二監獄至漕溪路　**龍項路**起龍華車站至項家宅十四年漕河涇鄉議會議決開闢爲第一里道

右西南區

福履理路東起金神父路西至四圖界　**亞爾培路**　**拉都路**　**臺拉斯脫路**上三路均南起徐家滙路北至五圖界

右法租界機關所築界外各路

愛多亞路塡西洋涇浜築成　按西洋涇浜本不在租界範圍嗣英法兩工部局會同將該浜塡築成路遂作爲兩租界之交界綫

右公共租界法租界兩機關所同築界外之路

慕爾鳴路（西摩路東）

右公共租界西區

齊物浦路　齊齊哈爾路　蘭路　眉州路　甯國路　臨青路　甯武路　格蘭路　桂陽路　定海路　黎平路（均楊樹浦路西）　海州路　胡倫路　平涼路　河間路（均與上齊物浦諸路成交叉綫）

右公共租界機關在北所築界外各路

右公共租界機關在西所築界外之路

大西路（愚園路南）

軍工路（南起引翔鄉北經寶邑殷行鄉直達吳淞蘊藻浜民國七年由盧護軍使委王棟爲兵工築路總指揮撥兵開築路基寬十丈長三十餘里爲期三月）　馬玉山路（在引翔鎮北民國十一年由粵商馬玉山倡捐巨資築成故名）

右引翔鄉

南街起亭橋達南梢東街起東市梢至大淶廟

右諸翟鄉

南街起觀音殿至南市梢東街觀音殿東西街起觀音殿達西市梢

右華漕鎮

恆大路民國十年恆大紗廠築楊思橋南至恆大橋一段陳子馨築

右楊思鄉

新街民國九年併二小街改建車站路起毋子涇口沿北岸東達新橋民國十年閔行鄉公所築敏園路車站路北李顯謨築廣慈路起廣慈苦兒院前分二支一達啓秀橋一至聚龍橋

右閔行鄉

煤屑路起孫家橋之汽車站經添漲橋達東城隍廟石路起劉家圈至東市孫寳福等築

右三林鄉

長堰路清嘉慶間里人奚萬成築 公所路在塘灣鄉公所前 蔭喬路在塘灣鎮南市 慶安街在鎮中市 警察路 三新街上二路在鎮北市

右塘灣鄉

塘橋路自董家渡至泰龍橋長一千一百三十四尺民國二年塘工善後局卽以該處淸出地價修築 石片路起三官堂至倪家宅民國九年春盛麟書築 張家浜路塡張家浜築成 界溝路起盛家街南口經張家宅邱家宅大堰直達界溝灣民國十年築 青陽路起青石橋至胡家木橋南木杓溝止民國六年募款築 塘嚴路起中市東木橋至嚴家橋止長三里民國十六年築 塘橋市街民國十六年王暉等重修

右塘橋鄉

北橋鎮街起廟涇橋至七星橋民國二年鄉公所重修

右北橋鄉

題橋南街第三小學校前長八十丈周承銘募築

右陳行鄉

民生路 洋涇鎮西民國十一年塘工善後局築

右洋涇市

道塘路 在陸行鄉居家橋東民國九年塘工善後局築

橋梁

中區橋梁 民國三年塡肇嘉浜跨浜之水關橋撫安橋靈濟橋阜民橋望雲橋登雲橋留雲橋羊肉橋混堂橋穿心河橋莊家橋曹家橋均毁民國四年塡方浜東部跨浜之益慶橋長生橋葛家橋如意橋館驛橋陳士安橋永濟橋廣福寺橋均毁

南區橋梁 跨薛家浜之薛家浜橋裏薛家浜橋青龍橋金帶橋南區橋妙蓮橋聖賢橋外倉橋裏倉橋小閘橋塡浜毁去

東區橋梁 跨方浜之外十六舖橋陸家宅橋跨肇嘉浜之大關橋裏關橋龍德橋外郎家橋裏郎家橋壩基橋均因塡浜毁去

西區橋梁 跨肇嘉浜之萬勝橋吴家宅橋新木橋潘家木橋陳涇東廟橋西廟橋塡浜毁去

租界橋梁 跨新開河之新開河橋法工部局塡河毁去　跨西洋涇浜之外洋涇橋裏洋涇橋三洋涇橋三茅閣橋帶鉤橋鄭家木橋東新橋西新橋英法兩工部局塡築馬路毁去　跨泥城河

之南泥城橋中泥城橋北泥城橋英工部局塡築馬路毀去

十六保　閔行鄉有新橋向支以木民國五年李祖佑馬恩培等募資重建易石　黃土橋見同治志　向砌以磚民國二年鄉公所重建易石　留橋俗稱牛橋亦名柳橋跨母子涇民國九年鄉公所募資重建甃以石繚以鐵欄　啓秀橋見同治志　民國五年李祖佑馬恩培等集資重修

十八保　顓橋鄉有巷口橋跨沙岡本木橋民國十二年里人金殿賡等改建易石　彩龍橋俗呼鎭岡廟橋跨六磊塘　勝塘橋民國十二年里人楊念攽等重修　永安橋俗呼油車橋民國八年里人張國華等重修　東塘橋跨六磊塘民十二年里人孫逢吉等重行修建　馬橋鄉有里村涇石橋民國四年七月楊維幹等募款重建改石　紫岡第三橋原名水項橋民國八年王廷奎鈕永祥等募貲重建始題今名　竹岡石橋民國八年戴元貞慶福等集資重修　鎭江廟石橋民國八年重修　永固石橋在吳家蕩民國八年吳蘭亭蔣永清等募貲重建　滙橋民國八年張秀實等集貲重建　大石橋民國七年奚佐湯捐修

二十一保　塘灣鄉有長慶橋跨塘子涇俗呼西石橋　網埠橋在網埠宅西故名　牛橋民國十二年里人湯志廉募修　上二橋跨蔣家港　北大橋一名秦家大橋跨大姚港　長港橋楊成龍建同治志誤湯成龍茲爲訂正　油車橋跨戈渠港　搏狗橋跨清芳浜清嘉慶間里人奚萬成建　義隆橋跨唐春涇民國六年彭召棠募修　湯家木橋民國十年鄉公所撥款重修　望家橋明正德間何佩建崇禎間裔孫萬僎重修清洪楊之

役石沉橋毀重建改木　**南大橋**明李清建民國十二年湯志廉募修　上三橋跨六道浜　**鴛鴦橋**跨枯樹港相傳清乾隆間建南半用石北半用木而木材迄今未腐鴛鴦之名以此

太平橋俗稱起先橋跨北潮港　按同治志所稱太平橋今名東石橋在九十一圖此在八十圖別一太平橋同治志失載　**西石橋**孫家宅西跨唐子涇　**東木橋**即李家橋民國十年何少岩等募資重建　**西木橋**在周家塘民國九年孫望三募資重建　**俞塘橋**見同治志　**祥雲橋**上二橋清光緒間浚俞塘時皆由經董錢椒募資重建

新木橋民國三年十月里人王鼎銘陳等募修　**繆家石橋**清光緒間濬俞塘時重建　**慶安橋**清光緒間彭月亭募捐重修圍以石欄民國十二年彭召棠又修　上五橋跨俞塘　**錢家木橋**民國八年丁夢松募資重建　**一貫橋**永慈庵後　**信大橋**民國十一年信大窰廠建以便工人往返　**法華庵木橋**洪鑑堂周立誠募修　**顧家木橋**民國七年洪鑑堂周立誠募修　**張家石橋**上六橋跨吳衝涇　**小石橋**跨吳衝涇支流民國十一年洪鑑堂募修　**王家木橋**有二一在王家宅東一在宅西民國九年里人王錫田募資重修　**菴橋**甘露庵後民國八年孫望三建　**尹家木橋**民國三年里人龔嘯峯募資重建十二年龔祥林籌資重修　**薛家木橋**跨鬻竇河民國六年十二年兩修　**東木橋**跨潘家浜民國十年王駕六等募修　**陳行鄉有裕民橋**即前志所稱橋頭市大木橋民國六年秦錫田錫祺募資重建改石始易今名　**鶴壽橋**民國十二年秦錫祺周承銘籌資重建改名　**齊眉橋**原名朱家木橋民國十一年朱繩祖談氏伉儷出貲易石始題今名　上二橋跨鶴坡塘

二十二保　**高行區有黃浦橋**跨蘆九朗溝　**東浦第一橋**在琵琶灣用塞門德士建造　**公安橋**原名

小良山橋民國十年里人楊燮堅等募貲重建改石　**安平橋**原名北腰浜橋民國十年里人楊孝峯等集貲里建改石

二十三保　**引翔鄉有虬港橋**民國七年北工巡局改建塞門德土　**盧家橋**跨走馬塘民國十一年建

二十四保　**塘橋區有六里橋**見同治志　清同治間同仁輔元堂重修民國十一年里人黃麗生募貲又修　**三里橋**　**周家衖橋**　**永安橋**上三橋民國九年里人孫耀堂等募修　**中和橋**民國十一年孫耀堂等募修　**楊思鄉有楊思橋**同治志稱楊師橋　民國十年里人陳大錫楊勤力重建橋面用石餘用鋼骨水泥橋欄鐵製　**恆大橋**楊思橋南民國十年恒大紗廠建其橋礎橋柱均用鋼骨水泥築成橋面鋪置洋松兩面範以鐵欄長七十六尺廣十六尺　**日新橋**見前志　向爲木橋民國三年里人陳義生孫鶴鳴重建改石　**三林鄉有興隆橋**見同治志　民國二年葉志祥溪裕泉孫裕德等募貲重修　**飛馬橋**民國三年王蘭齋建　**公濟橋**即前志慕家橋民國八年里人湯福魁王中一梅言集貲重建改石加闊始易今名　**花園橋**在上南汽車路東民國十年里人湯學釗捐建　**延壽橋**即前志薛家木橋里人湯學釗重建民國十二年適湯年七十子姪親友稱慶不許遂移壽資改建石橋因易今名　**永泰橋**永安橋俗稱中界石橋清乾隆間里中徵瑞堂張氏重建民國三年里人汪俊行龐鈺梅言張思義重修　**永安橋**有二一在百曲陳祠東一在崇福道院南清乾隆間建民國七年里人湯福魁集資重建橋面加闊　**三林塘橋**俗呼汽車橋民國十年上南汽車公司用塞門德土築成　按此橋成西有孫家橋即於其時拆去　**武陵橋**　**衞家油車木橋**　**顏家木橋**上三橋跨陳村港　**新安橋**　**陸宅西橋**　**福德橋**上三橋跨新橋港　**王鶴橋川便**

民橋　朱塘橋上三橋跨朱塘港　玉龍橋　三祝橋　萬古橋　分芋涇橋　夏家橋上五橋跨長浜　百曲橋　三桂橋　百曲塘橋上三橋跨百曲港　種德橋俗呼牛橋跨牛橋港　興隆橋一名朱家石橋跨朱家浜　東太平橋　西太平橋上二橋跨鸖溪　通秀橋跨通塘港　馬橋　天富橋上二橋跨西中分涇　報恩橋　仁壽橋俗呼唐家石橋　青龍橋上三橋跨東中分涇　地利木橋　鍾三鳳橋俗呼老石橋　惠仁橋俗名高橋　楊木橋上四橋跨新塘港　莊家石橋　大六千浜南橋上二橋跨南莊家浜　鍾家石橋一名中界橋　牛河橋　永安橋　沈家宅橋　安慶橋上五橋跨觀涇漊　陳家橋　興隆橋上二橋跨乂溝　義興橋跨方巷河　通濟橋　麟鳳橋　壽春橋　三興橋上四橋跨後漕涇　永興橋有二一見前志　五福橋上二橋跨三塔涇　秀徵橋跨董瀝涇　合興橋俗呼聖子花橋跨大花港　法雲橋　樂安橋上二橋跨分芋涇　寶善橋跨張壙河　鴨浜稍橋　郁家堰橋上二橋跨鴨浜　朱家石橋　漢家宅橋上二橋跨曬旗浜　王家木橋跨狀男浜　河圈橋跨張家河圈　菖蒲堰橋　小石橋上二橋跨旋仰浜　三林廟橋　秀龍橋又名草菴橋上二橋跨三林廟港　富貴橋積善寺西　張家宅橋跨范家浜　浴堂橋何家巷市北跨浴堂浜

絲網巾橋跨李家浜　澤龍橋跨湯家浜　我素橋石馬墳西南又名天喜橋　長生橋東遙浜北口　同善橋一名王家宅橋　飛龍橋上二橋跨一港名未詳　劉家石橋小喬家宅東　興聖橋陳汶菴前　高家浜橋　唐家浜橋德昌菴東南　太平橋有四一跨百曲港一跨西中分涇一跨東中分涇一麻出浜口　網埠橋　薔薇涇橋上二橋跨薔薇涇　牆東橋薛孝思宅西　烏泥涇廟橋跨王家浜　楊家石橋楊家墳南　裏尖橋喬家灣西北　育秀橋三林學堂西跨漕坊後河民國三年湯學釗建　青龍橋有二一在東三林市東一跨小河港一跨旺龍浜　萬壽橋有三一見前志即東廟橋一跨石家浜一跨北莊家浜俗名趙家橋　香花橋有二一積善寺東一在海會寺前跨謝家浜　萬安橋有四一跨西中分涇一跨後漕涇一在潘家厙西北跨厙浜一即蔣家車橋跨蔣浜民國二年湯學釗重修　花園頭橋花園頭西　大育橋跨匯祥橋港　九思堂橋跨川心河　得和橋跨第一條河　如意橋跨第二條河　豐樂橋跨橫港　瑞臨橋雞毛蕩南　上南橋原名王家木橋跨三林塘民國八年喬裕明募貲重建改石因橋北上海縣界橋南南匯縣界易今名　望塔橋跨小黃浦民國七年龐銓陳秋江等募貲重建　河塔石橋跨華涇港口民國三年任思勤等請撥歷年蕩租重建　永安石橋跨小華涇港民國九年撥公款建　墳山角石橋跨康家港支港民國十一年撥蕩租重建

二十六保　龍華橋龍華寺東民國十二年由工巡捐局滬杭鐵路局合建

二十八保　局門橋　新橋　魯班橋　打浦橋上四橋跨肇嘉浜民國四年建　法華鄉

有謹記橋卽前志之豫豐橋民國七年工巡捐局放濶重建改今名　鐵路橋有三一跨吳淞江一跨李漎涇一跨肇嘉浜民國四年交通部築　東生橋見前志民國三年警佐余炳文里人胡人鳳集貲重建增廣六尺無錫鄒弢有碑記　項家橋見前志　民國二年蘇蘭生募修　王殿橋見前志　馬巷橋　迎潮橋上三橋跨吉家迎潮浜民國五年沈子賡於濬河時募貲將王殿馬巷加高迎潮易石　陸家石橋見前志　民國五年法華鄉公所建造　平安橋民國六年里人黃瑞堂募修　沐垢橋民國十二年里人褚耕濤倡捐重建　上二橋跨姚家浜　思本橋民國九年趙錫恩建　周家橋民國十二年里人喬恪生集貲改建塞門德土　上二橋跨李漎涇

蒲淞市有萬興橋　永安橋候家塘前　上二橋民國五年由潮陽郭鳳暉捐貲興修　尋梅橋跨漕河涇港橋東屬漕河涇鄉橋西屬蒲淞市民國十二年由南匯張效良捐貲陳時夏經建橋長三丈兩岸橋礅用塞門德土築成橋面用美國松材範以鐵欄　珠塘橋漕河涇西鎮民國十五年黃金榮捐建用塞門德土　滬閔第一橋在滬閔長途汽車路跨漕河涇民國十一年滬閔長途汽車公司建

二十九保　周家橋在北新涇東跨李漎涇民國五年改建塞門德土

三十保　蒲淞市有潘家橋原名周家橋明成化二十年二月建石刻尚存清順治初潘氏改建木橋易今名　徐家橋徐氏建其裔孫禎稷里人侯嗣曾重建姓名並勒橋石　新石橋清光緒間僧大海募建　上三橋跨盤龍江　新興橋清嘉慶十九年重建　仁壽橋上二橋跨新港　北杜巷橋跨大浜頭　裕壽橋在莊家涇跨肖娘港　萬安橋見同治志　民國十一年張友杲陳紹麟募貲重修　沈家橋跨東郭浦同治間毀民國十一年張友杲

募貲重修**種德橋**見前志　民國十二年沈俊汪莘耕募修**興順橋**跨三濞港民國九年張祿募捐易木爲石**蒼葭橋**跨莊家涇民國十年張祿募建

碼頭

黃浦西岸　**董家渡碼頭**　**公義碼頭**上二碼頭向用木建旱經傾圮民國十一年夏川沙黃炎培南滙傅恭弼等籌款重建公義仍用木材董家渡則改用塞門德土東西長五丈南北連平台落水濶有十二丈上蓋以棚以便渡客**義渡碼頭**在董家渡北民國十一年由義渡夫築　**新碼頭**有二一在董家渡南一在義渡碼頭北均民國十一年新築　**南碼頭**在陸家浜口坍毀已久民國九年由王一亭王竹亭籌銀一千餘元並同仁輔元堂捐銀一千元餘由渡業同人等湊集改築塞門德土駁岸並渡亭一濶三丈長六丈

黃浦東岸　**王家渡碼頭**旁有勒石載乾隆十八年里人王日新日照添石重建前志失載茲爲補之　**浦益碼頭**在王家渡碼頭南民國二年二月間因人民上下輪船由船載渡一時溺斃多命遂由龐約樸等募款築成

津渡

周家嘴角渡浦西由平涼路出浦經塘工局董朱日宣向蕭姓地產內劃出作爲公共船埠民國十二年立石　**楊樹浦渡**民國十年塘工善後局修築　**董家渡**民國二年經塘橋鄉公所塘工善後局會同重建計寬六丈十三年浦東公所改建塞門德土　**東渡**在慶寧寺民國八年塘工善後局改建塞門德土　**南碼頭渡**

在白蓮涇北向係因陋就簡邇來渡客日多咸感不便民國四年由渡業同人集貲重築石駁並建待渡涼亭惟兩旁岸基均爲外人占有恐遭侵混故特由浦東塘工局規定岸綫十丈俾便停泊渡船 **姚家渡** 見前志 清嘉慶間奚萬成建今已失修 **何家渡** 有二一在塘南一在塘北民國四年由里人何士進等將歷年所抽渡貲各建石碼頭一以期永久 **黃家渡** 民國二年龐佐春等集貲建築碼頭以便停泊輪船 **彭家渡亭** 彭家渡見前志待渡亭清嘉慶間奚萬成建 **石碼頭渡** 在二十八保二十八九圖民國五年任思勤龐允諧等請撥歷年蕩租重建 **西溝渡** 隸高行鄉 **塘灣渡** 民國三年彭召棠丁竟成周澂募款建築十二年南遷至九十一圖吳衝涇口 **關港渡** 在二十一保九十一圖民國二年劉增祥康永年募款建築

水電

上海內地自來水公司創始於清光緒二十八年詳續志 光復後仍由李鍾珏經理因前借款籌還原辦人劉學詢成本銀一百二十五萬而公司原有地基建築機器等資產僅值四十餘萬上海市議會以前巡道蔡乃煌所斷成本過浮請願財政部將貸款撥濟地方被駁以致公司負欠官款至百萬之鉅四年冬嘉興商民姚福同等集股百

萬兩以七十萬向財政部購得營業權福同任總經理復設副經理二人董事七人查帳二人復延邑士紳爲名譽董事向農商部註册時上海市經董姚文枬以自來水關係市政出水不潔有礙衞生水量不足有妨火政取價或鉅有關生計股本不純有害主權迭向當道進言促公司注意其時水廠在望達道南設備計渾水池二高池一沙濾池大小六清水池一鍋鑪四進水機大小四出水機大小三大碼頭有水塔一嗣後逐漸添設沙濾池六礬水池二清水池一顧以廠地無可發展而沙濾池仍不敷用因添置沙濾機缸七座至是供求不復缺乏機器則添鍋鑪二隻三十寸口徑進水機一座千二百萬加倫六百萬加倫出水機各一座全市水管漸次交通惟西南方面自斜橋以上僅設幹管最大者三十寸口徑支管隨用隨裝尙

未徧及移建辦事處於中華路廠內原有洋工程師住宅一所新建員司辦事處一所各路零散售水之高龍頭一百五十餘售水每擔由二十文增至二十一文用戶按月納價五年起加價十二年又有修改裝管水價章程刊布公司資本漸增至二百萬兩每月收入已逾四十萬兩

華商電汽公司在滬杭甬南車站之南望道橋之北二十四保方十二圖初南市電燈創自馬路工程局設廠於十六舖南燈數祇一千十餘盞光緒三十二年改爲商辦名曰內地電燈公司定股本銀十萬兩實收六萬數千兩價購小武當（即紫霞殿）舊址設廠置機並在斜橋分設小部分電機租用自來水公司餘地（在望道橋）分立支廠董其事者爲張煥斗宣統三年改由陸伯鴻經理煥斗輔之燈數漸增至七千餘

民國元年開辦南市電車以電燈公司有直流電機多座足敷電車之用因繕具辦法請市政廳轉呈民政總長核准設車廠於南車站路購地二十四畝九分有奇電車用電本由電燈公司供給至是燈公司患電力不足車公司乃另購鍋鑪電機各二座於是有餘電轉售於燈公司按度取值嗣因兩公司同一性質宜行合併議既定遂於七年始改用今名定股本總額爲一百萬元十年改用一千六百基勞伏脫交流機十年添置三千二百基勞伏脫推平機時燈數已達七萬電力又虞不足十二年添招股本一百萬元購德國六千四百基勞伏脫之大推平機兩座時股本共二百萬元統計先後所置基地五十五畝五分六釐四毫（小武當舊廠不合用售與靑年普益社）建造車廠機房鍋鑪房打水房鉗車房打鐵間電池打樣間三十餘間洋式辦事樓房十

幢棧房十八幢住宅樓房十二幢洋樓房十幢機器鍋鑪三計電機五部馬達二部變流機二部磅浦四部打水馬達四部發電廠用大小方脈九隻鍋鑪九座烟卣一座打風機一座大小水池三座電燈桿線計水門汀二百七十五木桿三千七百零七方鐵柱六十五圓鐵柱四十四地線方脈間計江南造船所十六舖福佑路紫霞路大碼頭安瀾路拱辰路上海醫院登雲橋江邊碼頭等十處大小方脈二十九隻〢〥〤〥不等平方線八千四百餘丈車軌計七千一百八十八丈以單軌計脫而林電線二根大小鐵桿六百零四水門汀柱七十八車輛計馬達車新舊四十二拖車八修線馬達車二汽車一乘電燈用費初以盞數計今改以度數計每度納費二角三分旋減為二角一分電車購票最低價由銅元一枚增至三枚餘載交通志

浦東電汽公司八年一月嘉定童世亨及邑人劉志濤潘卓人沈文彬張蟾芬等發起設立以浦東邑境爲營業區域呈准交通部立案並向農商部註册五月開創立會建發電於張家浜口南岸九年十二月通電放光十一年添購張家浜北岸地十畝建事務所並增建蒸汽透平發電廠以備擴充輸電資本由五萬元增至三十萬容量自一百二十基羅伏脫增至八百四十線路縱貫洋涇塘橋楊思三市鄉南至周家渡北逾洋涇港綿亘三十餘里

閘北水電公司（未歸商辦時稱水電廠）在舢舨廠新橋北潭子灣清宣統二年成立（詳續志）光復後經省議會議決用省款接辦爲省營業地方紳商屢請改商辦至十三年九月實行江蘇省長韓國鈞以一百三十餘萬元之廠價六十萬之營業權售於商辦籌備處定名閘北水電公司

特別工程

拆城塡濠

民國紀元民政總長李鍾珏因公民姚文枬等之呈請蘇滬兩都督之批准照會縣民政長上海市長設立城濠事務所於市政廳公推吳馨任所長莫錫綸任副所長實行拆城塡濠未幾莫錫綸被選爲縣議長即裁副所長職

元年一月十九日東城舊道署東首及羣學會救火聯合會前面城牆首先拆除嗣後槪由城濠事務所僱工拆卸濠基則開築大溝埋設瓦筒以備築路三年三月自治停辦城濠事務所歸併工巡捐總局接辦五月財政部令設濠官產丈放局委陶湘爲總辦朱鈞弼爲會辦撤城濠事務所然其時城垣已拆盡丈放局者僅變售基地以得價轉供財

部而已

城濠事務所爲預防城内地產私售外人由縣知事函致通商交涉使轉行會丈局阻止城内地產轉換道契並通諭圖保遵守

中華民國兩路之建築

就城濠基地築成環形馬路南半自儀鳳門至寶帶門長八百九十丈三年冬工成名曰中華路北半自儀鳳門至寶帶門長八百五十丈二年六月工成名曰民國路

初城濠事務所長縣知事吳馨以拆城善後事宜工費浩繁呈准省長將塡濠築路餘地一百四十餘畝由地方自治團體繳價承領以充經費迨事務所被撤改歸丈放局辦理地方所領地同時取銷並發還繳價

附呈文

竊照上海拆城之舉創議多年卒以阻力孔多迄未實行光復後由公民姚文枬等公呈重申前請經前江蘇都督莊前滬軍都督陳先後批准並由前民政總長李照會知事會同上海市總董妥爲規畫各在案查拆城填濠事屬創舉除舊匪艱建設爲難綜厥大綱不外乎交際衛生交通養路諸大端而要非寬籌經費不爲功謹爲我省長縷晰陳之一曰交際上海北半城本與法租界接壤自小東門起至西門外之方浜橋止處處接觸若不將路權警權及一切管理之權分別劃清無以善後業與前法總領事喇今法總領事甘一再磋商並得淞滬警察廳長及市董事會之同意訂定聯絡辦法七條附件二條又續訂附件四條於聯絡交誼之中仍事事以劃清權限爲宗旨期於融洽分明不相侵越今將條件錄呈鈞鑒俯賜備案以昭鄭重一曰衛生城濠河身高於浦江淤積污穢蓄洩兩難先以築造大溝分段洩瀉俾城廂內外居民有所宣洩次運泥填平以築路基路成後於兩旁酌栽樹木推廣電燈水管並擬令上海市酌立菜場其沿城茆簷壞屋亦須次第拆除另行整理一洗從前藏垢納污之習一曰交通環城一周繞以電車藉便行旅除幹路外擬闢支路口三十餘處俾城內居民同受交通之益一曰養路新築之路最易淤陷下土本鬆非一再壓堅隨時修補恐目前坦蕩之路不久卽變成崎嶇之道此養路經費尤不得不預爲籌備者也統計一切工程除電車菜場另行規畫及利用城磚城泥築溝填濠外概算幹路長九里餘寬十二邁當至十五邁當不等支路口三十餘處共需工料銀元二十八萬有奇其常年養路之費尚未計及自開工以來先由前民政總長李借墊銀元六萬數千元次由知事於地方公款內挪借銀元四萬餘元又將原有撈挖城河經費陸續提湊僅將北半城大溝造竣支溝接齊現正建築路面其南半城瓦筒溝雖已定製齊全而埋溝及路面工費尚無所出竊思此項大工需款至鉅祗有就地設法將填濠築路餘地整理取資逐漸抵償而養路之費亦可不致無著惟事關公衆究非移湊墊補所能濟事必須地方團體公衆擔負確定名義始可繼續辦理案照審計處擬定檢查官有財產暫行規程第十一條第十二條凡不供公用之官有土地得撥給地方自治團體之公用擬以上海縣地方自治團體名義請求將此項關係全縣之城濠餘地撥給公用仍案照第十一條準用第八條及第九條第一項第一款之

規定繳價承領查上海縣志內載城濠地九十七畝六分七釐九毫每六畝準熟田一畝計準熟田十六畝二分九釐一毫每畝五升科則年納不及一石以糧田論似非官產惟歷年由縣墊完並無業戶自應以官地論爲以城牆基址除去幹路支路淨計餘地約一百四十畝有奇此城濠官地之原額及丈見實地之大略也更以前清綠營出租納費常年所進爲標準約租息銀元一千數百元以息推本擬繳價銀元一萬四千元以符檢查規程第八條第一條從前之價格此項基地非大加整頓無從增進收益爲國家設想實需重大保管之費案檢查規程第九條第二項之理由合併聲明如蒙指令照准應繳地價即於縣地方費內設法措繳一面由議參兩會議決繼續擔負城濠路工一切事宜以持久遠而資整頓至此項幹路或正名縣路或完工後委托上海市管理另行酌定所有拆城善後事宜現由縣地方名義擔負請繳價承領城濠餘地各緣由理合具文呈請察核指令併乞據情函致江蘇都督程一體備案施行實爲公便二年七月

附縣公署報告縣議事會文

上海拆城之舉於光復後呈准都督實行雖由縣知事兼任所長然事屬臨時國家地方名義尚未確定現經援據審計處檢查官有財產暫行章程呈奉省長核准以縣地方自治團體名義承辦工程並繳價承領城根餘地以期整理取資逐漸抵償並已由省公署咨部備案一面籌借現款繼價清了茲將原呈指令抄錄全份送請貴議會備案俟工程告竣經費有著再行詳細報告二年九月

縣議事會移復縣知事文

查城濠地每六畝準熟田一畝本係有糧之地歷年忙漕由縣完納自是縣有產今復按照審計處擬定檢查官有財產暫行規程由縣知事呈奉前江蘇民政長應核准繳價將城濠公地除築路外全數由縣地方自治團體承領作爲縣地方公產名義既已確當處理亟應規定所有已繳城根地價銀元一萬四千元應於二年度縣地方費豫算內追加並列入是年決算至拆城填濠築路及一切善後事宜業經呈准由地方自治團體承辦縣知事本處於監督地位嗣後工程經費如何籌劃如何抵償以及如何發展地方事業無論職權有無更動自應責成原辦城濠事務所所長恪遵前民政長應妥慎辦理之指令始

終其事隨時將辦理情形報告於本議事會務使全工一律告竣期於縣地方自治諸大端日臻發達以資振興而垂久遠應函請縣知事查照施行

塡濠築路餘地經繳價承領後由事務所擬定北半城餘地辦法十一條並通告先儘舊租戶繳價承領給諭管業

附錄城濠事務所公告北半城城濠築路餘地辦法

一北半城原有城濠基地四十畝有奇現並以城基除去幹路裏圈路及支路口二十五處外丈見淨地六十畝有奇按照形勢取建築上之便利劃分若干段每段分若干號詳見地圖

二前條城濠餘地內除二十畝左右分別留作公共建築基址並另行召變外仍留出地四十畝有奇先儘舊租戶繳價承買並按舊租戶從前之間數地段畝分丈尺依現定之地形酌量支配假定間數其有舊屋因礙路線拆除者亦一律就近支配地點俾昭公道詳見地圖

三擬設揭示場三處廣告場三處公園一處公共電話三處公共消防所三處菜場一處堆積物料場二處公厠若干處均在前項留出公地之內儘先提出

四拆城塡濠築溝造路後城內外交通既便市面亦復毗連因按照內外市面繁簡邀同明白建築情形之員酌中公估地價分等支配詳見另表

五舊租戶按照規定地點如願承買者依地價表所定價格淨繳百分之八十以昭優待

舊租戶如不願繳價卽另行召變仍於地價內提出百分之十五以作補償舊屋之價

六將來翻造房屋應取堅固整齊不能如從前之凹凸參差隨意位置自以幢數較多者爲合算如有零星之戶欲與人合造或歸併無從接洽者本事務所內設立介紹所特派專員代爲紹介以免曠廢而期兩便

七凡繳價管業之戶給以印諭地圖立卽過戶註册承糧

八向來城廂以內並無洋商租契此項繳價管業之戶應以華人爲限

九通告舊租戶自陽曆十二月十一號起除星期外每日上午十點鐘起下午四點鐘止可到事務所閱看地圖價表等以定辦法以一個月爲期如逾期不來接洽或不願繳價卽照第五條第二項辦理

十爲振興市面起見此項城濠基地房主房客應繳房捐暫緩一年起徵

十一南半城辦法俟路成後另行規定

關於毗連法租界路權問題由縣知事與法總領事簽訂南市市政廳與法公董局管理華法馬路聯絡辦法七條並附件說明又續訂附件四條載外交志

北半城城根原有英兵士義塚阻礙交通一再商請英領事擇地遷移未允僅收進塚東邊地一分七釐四毫繪圖簽字存案詳外交志

三年五月財政部城濠官產丈放局成立至五年一月裁撤收入地價銀一百二十餘萬元除工程費用外鎭守使鄭汝成以工振名義提用三十萬元餘款悉解財政部

攤銀丈放規則　一部定地價由寶帶路起向北至出浦路每畝價銀二萬兩至一萬六千五百兩由出浦路至大生路每畝價銀一萬五千兩由大生路至丹鳳路每畝價銀一萬四千五百兩由丹鳳路至觀雲路每畝價銀一萬五千兩由達布路至安仁路每畝價銀一萬六千兩由安仁路至羅家路每畝價銀一萬六千兩至一萬七千兩由羅家路至積善路每畝價銀一萬七千兩至二萬兩由積善路至薩珠路每畝價銀一萬六千兩至一萬五千五百兩由薩珠路至舊倉路每畝價銀一萬七千兩至一萬二千兩由舊倉路至露香園路每畝價銀一萬一千兩至七千兩由露香園路至三角路每畝價銀六千兩由三角路至萬竹路每畝價銀六千五百兩由萬竹路至方浜路每畝價銀六千兩由方浜路至翁家路每畝價銀四千五百兩由翁家路至儀鳳門路每畝價銀五千兩至七千兩　二地價之外隨收照費按地價三釐繳納

十五年六月塡築陸家浜此浜東出黃浦西至斜橋接肇嘉浜計長八千英尺悉成平坦大道

縣知事公署在二十五保十圖蓬萊路基地十一畝五分四釐五毫改革之初行政司法兩機關併設舊知縣署元年八月知事吳馨議以舊參將署改建縣知事公署騰出縣署基地籌建審檢兩廳並以舊海防同知署召變得價充縣署建築費均經呈省核准嗣以參將署

址六畝二分七釐四毫不敷應用復價購毗連民地五畝二分七釐一毫所有舊海防署基地連照牆隙地共五畝八分四釐變價得銀四萬四千二百十六圓六分三釐除支添置房地各價銀一萬一千一百十三圓運磚塡泥修路等費銀六百七十一圓七角九分七釐外存銀三萬二千餘圓而建築估價需銀三萬五千圓四年五月興工未及半颶風爲災貼還工頭耗費銀三千二百六十九圓續添工程遷移衙署購置器具等項銀七千二百五十圓收支相抵不敷銀一萬三千圓經呈准由變賣舊縣署基地項下撥補是年十一月工竣計建洋式樓房前後進各七幢東西二十四幢公寓一所前後各五幢糜銀四萬五千五百十九圓經營其事者署知事沈寶昌

舊知縣署基地連同縣丞主簿典史各署及監獄常平倉基地冊載公

占免科地五十一畝二分四釐六毫分隸二十五保六圖十六圖光復後改爲縣民政署及司法署五年清理江蘇官產處奉財政部令以縣署及審檢廳監獄先後擇地遷建將該舊基查丈估價召變經查見實在基地四十一畝二分四釐由滬南工巡捐局闢路興市計路地六畝二分五釐已築石路六分九毫又售撥前市政廳及救火會地一畝六分七毫實存基地三十二畝七分七釐四毫標買底價平均每畝三千六百八十圓嗣由興市公司加價承買平均每畝規平銀三千一百四十兩

地方審判廳地方檢察廳在二十五保十二圖南車站路四年由同仁輔元堂贈予基地十六畝一分八毫並添購民地三畝三分四釐四毫五年五月開始建築六年工竣審判廳居左樓下法庭四座暨收

發處當事人證人鑑定人候審室旁聽人及律師休息室律師閱卷室儲卷室承發吏辦公室樓上法庭六座及各庭辦公室檢察廳居右樓下偵查庭五座暨收發處傳達室告訴告發證人候訊處刑事被告人候訊處卷檔處贓物庫司法警長辦公室並設解剖室於審判廳東隅樓上爲檢察長檢察官辦公室客室各科辦事室建築各費由舊縣署基地變價撥助實支銀十二萬五千圓七年六月建看守所十一年四月後向同仁輔元堂商允劃贈基地五分六釐三毫並購民地四分三釐於十三年添築圍牆幷東西轅門牆外有餘地寬四尺六寸

檢察廳看守所六年十一月始建七年六月工竣計男女號舍及辦公宿舍等共三十間支銀一萬四千一百二十四圓零八分十二年六

月增築號舍六幢支銀六千零二十五圓
江蘇第二監獄在二十六保十五圖漕河涇鎮街後特闢馬路日鞠教路基地八十八畝七釐三毫五年奉司法部令撥款建築八年五月落成全部俱爲平房大小三百餘間前爲大門儀門門東西爲男女待見室收發處門衞室東南爲看守宿室又東爲電機室西南爲女監監房作丁字形容六十九人中爲辦公室會客廳出品陳列處材料庫物品庫訊問室看守教練所職員室醫室廚房看守飯堂其東爲病監容二十二人西爲洗濯場理髮場炊事場浴池種植場建築場庫房後部爲男監監房作星光式分甲乙丙丁戊己庚七翼有三人五人之雜居監及晝夜分房監共容七百七十四人於乙丙戊己四監尾各設工場於丁監尾設教誨室教育室圖書室東北爲看守

宿室有瞭望臺峙於監房之中央建築費糜銀十二萬四千八百圓監犯作業分官司業受負業承攬業三種官司業以窯工印刷種植木工毛巾織布織襪炊事各科爲主要籐工竹工漆工建築鐵工草工畜牧次之受負業以糊盒縫襪縫紉洗濯四科爲主要織襪搖紗理髮次之承攬業爲織布全監作業人數約占百分之九十基本金一萬六千餘元每年贏餘可八千元

民國上海縣志卷十二

交通

續志外編交通一門雖未出書已有定稿本志全錄舊稿而益以民國之事實蓋導源前代不能簡略事繁文冗又不能歸納於民國之中故其體例略異於他志

航

吾滬帆船行駛北洋者曰沙船專走牛莊天津等埠道咸以前邑人業此者多致鉅富同治以來業日衰敗船日減少曰衛船較沙船差小專走山東各埠行駛南洋者曰南船俗呼硬擋專走福建曰甯船專走甯波行駛長江者曰鴨尾船俗名鴨屁股專走長江各埠客船停泊本埠攬載人貨者曰南灣子有大中小三號曰無錫絲網船大者雙夾弄中者單夾弄小者無夾弄裝飾華麗祇能坐人不便運貨曰無錫快曰江北快曰蒲鞵頭停泊有定地往來有定期者曰航船遠自常熟蘇州嘉興湖州等埠近自華婁金奉青南川各境其自邑境及南境沿浦者皆逐日隨潮往來無帆小船曰舢舨曰划船有本帮淮楊帮兩帮曰灘船曰駁船曰擺渡船本境互相往來載貨者提船裝人者曰帳船曰碼頭船停泊上海各埠南市須至工程局領照北市須至工部局領照　據市政廳徵收船隻稅章程各種船隻分二十一類一本帮駁船福建舢舨船二柴灘船三農船(卽鄉下船)醬渣船四蘇州灘船常昭船魚船蕒船五有檣駁船六洞庭山船棚頭船蜆子船江北竹坊船脚划船道登船南潯船七無錫快船航船灘船菱湖船長安船海

鹽船烏山船石灰船關外江北船紗河船八錫金船九大駁船烏山百官船小紹興船十龍華嘴船子花駁船石灰駁船十一號頭船十二海寧船提船醬鰹船窰貨船蘆墟船十三巢河船絲網船長江船太湖船鷄鴨船十四淮揚百官船十五蘇州石頭船瀏河鹽灘船斗子船十六揀蟶船常州船十七嘉興航船十八崇明船猪船江北酒船十九大號紹興船(卽蘆潭船)釣船大號紅頭舢舨船二十金山嘴船八團舢舨船二十一山東船鹽城船青口船掘港船梁藩船外海沙船江西碗船白銅船木櫃船　案淞滬全埠船名此已羅列無遺唯與上列名稱微有不同

輪船類別有二曰外國曰內國　外國輪船有英法德三公司遠者達倫敦(英京)紐約(美境)近者至神戸橫濱(皆日本境)船多泊於吳淞口外之三峽水(俗呼公司船)　而以小輪運送　內國輪船類別有三曰沿海曰沿江曰內河　沿海輪船又分南洋北洋兩類南洋者南至甯波海門溫州福州廣州汕頭瓊州北洋者北至煙臺天津秦王島營口　沿江輪船經通州江陰鎮江南京蕪湖大通安慶九江武穴黃州而至漢口別由鷓鴣港而至大港或入江口(輪船由吳淞入口者須別雇領港船引入)　內河小輪船又分黃浦吳淞(俗呼蘇州河)兩類走吳淞江者由蘇州而上達常熟無錫或達南潯湖州走黃浦者由松

江而上達杭州別有沿浦停泊而直達平湖者由浦入內港而至新場大團南滙川沙者皆航船之改良者也駛入東溝一日數往返者又渡船之改良者也光緒中有木輪船者行駛蘇州等處其機器形如桔槔全用人力人以足蹴輪輪動船行然勞費而滯緩旋卽廢止

輪船招商局　同治十一年浙閩總督左宗棠奏設船廠造船四艘不適於用奏請改爲商船奉旨交南北洋大臣議覆邑人朱其昂時以浙江候補知府總辦浙江海運其弟其詔以候補知縣總董江蘇海運同在天津見江海航利悉被洋商佔奪因以挽回權利之說進北洋大臣李鴻章韙之奏設輪船招商局委其昂爲總辦其詔副之官設局商集本議招商股一千股每股先收銀五百兩顧風氣未開應者寥寥其昂罄其家產復舉債以益之力仍不支乃請鴻章奏借官款徐集商本次第歸還時洋商怡和太古旗昌禪臣等行知招商局實力未充競減運

價陷令虧折其昂又請鴻章咨淮戶部酌撥南漕歸局分運藉以維持然營業仍不發達十二年六月其昂復請鴻章加委盛宣懷唐廷樞徐潤爲總辦聯絡商號發展事業據同治十三年帳略商股資本四十七萬六千兩公欵存項十二萬三千兩上海有總局浦東有洋棧天津有總局有洋棧漢口九江各有躉船有分局牛莊煙臺福州廈門廣州香港汕頭甯波鎭江及外洋之長崎橫濱神戶星加坡檳榔嶼安南等處皆有分局輪船六艘曰伊新曰永清曰福星曰利運曰和衆曰海鏡光緒二年旗昌洋行歇業出售其昂亟請南洋大臣沈葆楨借官欵銀二百八十萬兩將該行之船隻埠頭全數收買未幾禪臣洋行亦歇業太古怡和知招商局基礎已堅於是變其破壞之謀而爲聯絡之計公議運貨搭客三公司（招商太古怡和）價目齊一彼此不得低落違者罰宣統元年局

歸部轄遵照商律組織董事會爲監督機關然董事會所議決者部派委員從中梗阻不得實行據該局辛亥年第三十八屆帳略局置輪艘二十九艘豐順江寬江永海晏江天江孚江通致遠圖南普濟江裕廣大廣利廣濟新裕固陵新豐新濟快利公平安平泰順飛鯨遇順江新新昌新康新銘同華上海總局之外有棧五處曰北棧曰中棧曰南棧曰楊家渡棧曰華棧天津塘沽通州營口煙臺宜昌長沙沙市漢口九江蕪湖南京鎭江甯波溫州福州汕頭澳門香港廣州梧州各有局產上海十六鋪及吳淞杭州北戴河各有地產計先後招集股本銀二百萬兩光緒二十四年加塡股票二百萬兩分派各股東存執名曰公積股票連前共計股本四百萬兩合成四萬股至是實存碼頭棧房租產房屋地基輪船躉船等項估計値銀九百四十九萬五千一百六十七兩七錢四分九釐除股本四百萬兩積餘銀二十九萬二千一百五十三兩七錢四分九釐之外皆負債所經營者也

同治十一年十一月北洋通商大臣李鴻章試辦招商輪船奏略　同治六七年間曾國藩丁日昌在江蘇督撫任內迭據道員許道身同知容閎創議華商置造洋船章程分運漕米兼攬客貨曾經寄請總理衙門核准飭由江海關道曉諭各口試辦日久因循未有成局僅於同治七年借用夾板船運米一次旋又中止本年夏間臣於驗收海運之暇商令浙局總辦海運委員候補知府朱其昂等酌擬輪船招商章程嗣又據稱現在官造輪船內並無商船可領該員等籍隸松滬稔知各省在滬殷商或置輪船或挾資本向各口裝載貿易向俱依附洋商名下若由官設立商局招徠則各商所有輪船股本必漸歸併官局似足順商情而張國體擬請先行試辦招商爲官商浹洽地步俟機器局商船造成即可隨時添入推廣通行又江浙沙寧船隻日少海運米石日增本屆因沙船不敷諸形棘手應請以商局輪船分裝海運米石以補沙寧船之不足將來雖米數愈增亦可無缺船之患等情臣飭據津海關道陳欽天津道丁壽昌等覆核皆以該府朱其昂所議爲然請照戶部核准練餉制錢借給蘇浙典商章程准該商等借領二十萬串以作設局商本而示信於衆商仍預繳息錢助賑所有盈虧全歸商認與官無涉當即飭派朱其昂回滬設局招商迭據稟稱各幫商人紛紛入股現已購集堅集輪船三隻所有津滬應需棧房碼頭及保險股分事宜海運米數等項均辦有頭緒並稟經臣咨商江浙督撫臣飭撥明年海運漕米二十萬石由招商輪船運津其水脚耗米等項悉照沙寧船定章辦理至攬載貨物報關納稅仍照新關章程辦理昨據浙江糧道如山詳稱該省新漕米數較增正患沙船不敷撥用請令朱其昂等招商輪船分運浙漕較爲便捷又准署兩江督臣張樹聲函覆以海運難在僱船今有招商輪以濟沙衞之乏不但無礙漕行實於海運大有裨益等語是南北合力籌辦華商輪船可期就緒目前海運固不致竭蹶若從此中國輪船暢行閩滬各廠造成商船亦得隨時租領庶使我內江外海之利不致爲洋人佔盡其關係於國計民生者實非淺鮮

光緒三年李鴻章沈葆楨奏整頓招商局摺　竊臣等承准軍機大臣字寄九月十八日奉上諭御史董儁翰奏輪船招商局關係緊要急須整頓一摺據稱該局每月虧銀五六萬兩因置船過多載貨之資不敷經費用人太濫耗費日增等語輪船招商原以收中國之利權必須有利無弊方可以期久遠著李鴻

章沈葆楨通盤籌畫於該局經費權衡出入認真整頓毋得稍有虛糜嚴諭該局不得以辦公爲名位置私人濫行收錄並飭令該商總和衷辦事勿騖虛名而鮮實濟等因欽此並將董儁翰原摺抄給臣等閱看適該局商總道員朱其昂唐廷樞等在津籌辦直晉賑糶糧石臣鴻章面加考究仍分飭津海關道黎兆棠署江海關道劉瑞芬密爲查訪妥籌整頓之策茲據該道等分晰查明擬議章程前來臣等覆加察核如原奏置船過多一節查招商局開辦五年已自置輪船十二號迨收買旗昌洋行又添大小輪船十八號旗昌船向走長江爲多若無外人傾擠江面生意尚旺船隻不至閒擱乃英商太古將裝貨噸銀大減一意傾跌局船攬載價亦隨減不敷船用以致間有停擱實迫於事勢之無可如何擬令該局逐加挑剔將旗昌輪船年久朽敝者或拆料存儲以備配修他船或量爲變價歸還局本藉省停船看守之費惟勿任中外流氓售去減價相擠其現行各船內有附局帶管者歲收馬頭費無幾徒分局船攬載之貨除永寧洞庭二船已據報由局收買歸入商股外其餘三船應全行辭去無庸帶管又原奏用人太濫一節查該局專講貿易所用必其所習與官場情形隔絕應由該商總等自行選派以一事權臣等及各關道向無薦人之事每遇載運漕糧時各省容有轉薦員紳臣屢飭朱其昂等不可礙於情面濫行收錄現在各口岸總分各局共二十七處需人必多在事皆各有職守並無隔省官員挂名應差支領薪水之事又原奏該局每月須賠銀五六萬兩等語查該局先後置買船棧等項計價銀四百二十餘萬兩其中實本僅分領各省官帑一百九十萬有奇商股七十三萬零共銀二百六十餘萬兩尚短一百六十萬兩係以浮存挪借抵用計息不貲遂至左支右絀此由局本不足之故加以太古洋行跌價傾軋入不敷出然每年結算官利尚敷衍自給其暗中虧耗者只有輪船原價一項未曾按年折除並不得謂每月虧賠也又原奏各項費用嚴禁濫支隨時駁飭等語查該局進項以攬載水腳爲大宗另有漕運耗米及帶貨二成免稅辦米盈餘應令此後如能將耗米照章收足帶貨免稅按照稅則核計除貼還貨主外尚餘幾成均歸入局中專款列收不得併入水腳開銷其採辦漕米無論盈虧悉歸公局一切巨細進款全登公帳記載分明不准遺漏含混至出款約有三端一爲船用凡在船人役辛工等項每船月定額數修理工料行船用物須有限制均在所收水腳內開支一爲局用總分各局司事人等辛貲雜費須分別定額均在所

提每兩五分公費內開支備有不敷不准於公帳撥補仍將收支各數按年詳細開報一爲棧房船廠之用應在棧租內開支不敷再由局費提補外如購買船煤置備物業皆應撙節攬載客貨水脚向章每百兩給回用銀五兩不准濫加務歸一律即借用錢莊銀亦不可多縻重息以上出入各款均責成局員權衡緩急督同司事悉心經理勿任用人稍有浪費其帳目除局員商總隨時互相查核外並飭江海津海兩關道於每年結帳時就近分赴滬津各局認真清查如有隱冒據實稟請參賠以昭核實而免浮議凡此整頓之法已備極周詳惟念招商局之設原以分洋商利權於國家元氣中外大局實相維繫賴商爲承辦尤賴官爲維持英商力與傾擠商股遂多觀望誠恐虧耗既巨難以支久貽笑外人且墮其把持專利之計臣等再四籌維祗得就現有之款爲變通之策前經各省借撥官帑倡率濟急取息僅七八釐較商股一分利息尚少原議俟商股充盈即行歸款現在商本未充生意淡薄官帑又未便久稽該關道等與局員籌議擬請自光緒三年起將直隸江蘇浙江江西湖北東海關等歷年撥存該局官帑銀一百九十萬八千兩均予緩息三年俟光緒六年起緩利拔本勻分五期每年繳還一期以紓商力每期計應繳官本銀三十八萬一千六百兩由商局預爲籌定按原撥平色銀數先分赴各省關局具結存案屆時照繳無論如何爲難不得再求展緩統計八年官本全清其緩收息款以後或作官股或陸續帶繳屆期察看情形再議至官商應甘苦與共前雖議定商股按年給息一分今官利既緩嗣後擬將每年應付一分息銀以一半給各商收領一半存局作爲續招股本亦按一年計息以五釐給商五釐存局彌補缺本俟八年後局本補足息即全給衆商當尚樂從隨時招添新股一律辦理惟現計局本至一百六十萬之多船舊並未折算僅將官帑緩息八年商息留半抵本恐尚不敷補缺擬自光緒三年七月起按年截數其有盈餘銀兩暫緩派分全數留局作爲公股照章一分起息其息全留作本俟八年期滿統計此項股本積息若干除酌提換購新船外再分派衆商均沾庶子母相權生生不已局務亦維持於不敝所有保險局存本及新收局船保險銀兩應併歸招商局統算無須作爲浮存照市付息亦無庸另提九五局用別立一局以免盈絀懸殊如此分別秉公調劑冀得上不虧國下不病商根本既固久遠可期華商應聞風而踴躍洋商或輸誠以議和臣等仍隨時嚴飭該局員商總等恪遵聖訓和衷辦事勿鶩虛名而鮮實濟勿

圖小利而誤大局勿畏人言而思縮手勿執己見而昧機宜惟以救濟時艱毋負委任爲念自當日有起色矣

光緒三年李鴻章奏海運官物統歸商局片　再臣等欽奉寄諭董恂翰奏稱沿江沿海各口中國官商應需輪船運載貨物能否統歸該局攬載各省漕糧能否再予加成歸該局輪船載運並著該大臣等體察情形妥籌辦理等因欽此伏查輪船載多駛速以中國官商貨物交中國輪船承運本屬名正言順近來雲南解京銅觔四川辦運燈木江浙采辦官物直晉購運賑糧凡由海運者均歸招商局裝載華商貨物向准華船攬運固未便顯設厲禁令其專歸局船而商局分運商貨亦尚不少應請嗣後沿江沿海各省遇有海運官物應需輪船裝運者統歸局船照章承運若須在不通商地方起卸由局移請海關繕給專照以便關卡查驗而免洋商影射至承運各省漕糧爲商局命脈所係現在局船攬載商貨爲洋船擠跌動輒虧賠非多運漕糧以羡餘補不足萬難持久查近年浙漕分撥較多蘇漕分撥較少昨蒙恩准江安漕糧明歲改由海運交招商招運實爲公私兩益應請旨敕下江蘇浙江督撫臣轉飭糧道嗣後蘇浙海運漕米須分四五成撥給招商局輪船承運不得短少餘歸沙船裝載以示體恤此外江西湖北采買漕米仍照案歸局船運津但視年穀順成漕運有加天庾既充盈商局亦霑微利無慮洋商擠軋保全實多

光緒六年李鴻章奏商局官帑分年抵還摺　竊直隸江蘇浙江江西湖北東海關等歷年撥存輪船招商局官帑銀一百九十萬八千兩原議商股充盈即行歸款嗣因商本未充官帑亦未便久擱經臣等於光緒三年十一月會奏緩息三年俟光緒六年起緩利拔本勻分五期每年繳還一期銀三十八萬一千六百兩由商局預爲籌定按原撥平色銀數分赴各省關局具結存案屆時照繳等因奉旨該衙門知道欽遵在案今屆第一期應還之限據該局商總道員唐廷樞徐潤稟稱該局自光緒二年冬歸併旗昌洋行輪船後至三年六月底結帳計成本銀四百二十九萬餘兩四年六月底結帳計成本銀四百二十九萬餘兩五年六月底結帳計成本銀三百九十八萬餘兩五年七月以後雖太古怡和洋行力與傾擠而局中生意尚能相持此成本可望日輕之情形也又該局光緒三年結帳計官帑存銀一百九十萬餘兩

升足上海規平銀一百九十二萬八千餘兩商股七十三萬餘兩保險商股三十七萬四千餘兩欠旗昌洋行六十九萬兩欠華商五十六萬兩光緒四年結帳計仍存官帑一百九十二萬八千餘兩商股七十餘萬一千餘兩保險商股四十一萬八千餘兩船險公積九萬六千餘兩股分存息三萬七千餘兩欠旗昌四十六萬兩欠華商八十八萬六千餘兩光緒五年結帳仍存官帑一百九十二萬八千餘兩計商股八十萬餘兩保險商股五十八萬二千餘兩船險公積十一萬九千兩欠旗昌二十六萬兩欠華商二十九萬三千餘兩五年十二月止又拔還旗昌十萬兩東海關等官帑十二萬六千五百兩此欠款可望日少之情形也從前請緩三年後拔還官帑者原因旗昌船價六十九萬不得不先行拔還以免外人貽笑現在僅欠旗昌十六萬欠華商亦不過三四十萬氣力已漸展舒所存官帑原平銀一百九十萬八千兩除撥還東海關等十二萬六千五百兩尙存一百七十八萬一千五百兩應照原奏自光緒六年起勻分五期每年繳還一期銀三十五萬六千三百兩擬將輪船承運漕糧應領水脚自本年爲始五年之內全數抵還官帑查海運章程每石向發水脚等項曹平銀五錢六分一釐五毫八絲三忽三微本年奉江蘇行知與沙船一律核減三分嗣後實應發每石銀五錢三分一釐零如果每年運米六十六萬石應領水脚等銀三十五萬餘兩卽可照原議五年歸還淸結萬一江廣停運浙江撥米不能如數總當儘應收之運脚均抵應還之官帑仍以扣清之年分爲止應請飭各省糧道將此項水脚按年解存上海道庫行知該局查照各省關局每年應還平色銀數分別撥還俟官帑抵清後再將運漕水脚等項歸局自領如此辦理官帑無慮其虛懸商本亦漸冀塡足惟此數年之內凡輪船運漕需用之費皆需取給於攬載客貨之中以後生意雖無一定而其盈虧在商不在官今使官帑先有著落商力無論如何總當殫心竭慮設法支持等情具稟前來臣查各省撥存該局官帑銀一百九十萬八千兩除已還外尙存一百七十八萬一千五百兩按照原奏自光緒六年起勻分五年拔還每年應還三十五萬六千三百兩該道等指定局船承運漕糧應領水脚等項的款卽自本年起由各省糧道按年解存上海道庫抵還官帑尙屬急公如果海上別無警變此項自係確有把握計嗣後運漕一石應照章實發水脚等銀五錢三分一釐零若每年運米六十六萬石應得銀三十五萬餘兩足可抵還官帑應卽照此定議仍責成該道等隨時認眞整

頓樽節經營務使以攬載之餘資補運漕之用費庶幾欠欵日少成本日輕可固根基而期久遠

光緒九年李鴻章覆奏商局輪船暫售美國摺　竊臣接准總理衙門密電六月二十五日奉旨從前設立招商局置買輪船係奏明辦理現聞售於美國李鴻章何以未經具奏殊屬非是海上轉運全恃輪船此舉自因恐爲法奪起見究竟是否出售抑暫行租給著據實奏聞並隨時酌奪情形設法收回欽此伏讀之下悚惕莫名臣查招商輪船局本仿西國公司之意雖賴官爲扶助一切張弛緩急事宜皆由商董經營至於外人交涉權變之處官法所不能繩者尚可援西例以相維持自本年閏五月間法酋統率兵艦來華恫喝肆擾海疆不靖局勢日非華商輪船二十餘艘駛行洋面日有戒心法人徧布謠言遇船劫奪船貨成本太重懼遭不測之險南北商旅咸以搭載局船爲戒彼蓋視招商局輪船與船政煤礦同深覬覦者也若轉運官物兵械等件既無鐵艦護持必爲敵船阻截即使假借他國之旗斷難冒險行駛若將船隻避泊口內局董唐廷樞又稱久停則必致損傷船身機器一切養船經費商力亦不能空賠於是滬上紳商私相籌議外洋商務皆憑律師主持遂密邀招商局素僱之英國公正律師担文細查各國律例成案凡本國商船改換他國旗幟須在兩國未開衅以前黑海之戰俄商皆懸德美之旗有二艘換旗於戰事三日前遂爲法人所奪復有二艘易旗於戰前暗立售回之據亦爲英國所奪布法之戰兩國商船多售於他國易旗駛行事後仍復原業若暫行租賃則非實在轉售他國必不能保護此萬國通行之公例也先是唐廷樞在滬議交粤商怡和洋行換旗代辦担文則謂英律煩苛難罄美律簡易易從美與中國交情較厚應換美旗爲妥適有美國旗昌行主願將招商局產悉照原值價銀五百二十五萬兩統歸該行認售該行以銀票如數抵給他日事定將銀票給還收回船棧權操自我仍可改換華旗道員馬建忠素習洋文熟諳公法前委赴滬會查招商局務該員就近與担文及旗昌反覆商論担文力保中法事定可以原價收回旗昌亦誓言決不失信故於價值亦不計較爲建忠偵知法事叵測遂毅然決然獨肩其責因與衆商定議訂立合同將各船棧暫交旗昌代爲經管換用美國旗幟照常駛行兩面所押契據銀行期票與收票按照西國律例均交律師担文收執日後藉以爲憑是戰前商船換旗出售爲各國常有之事中國雖屬創見而衆商爲時勢所迫亦屬萬不得已至將來收回關鍵馬建忠惟担文是問衆

商惟馬建忠是問節節鈐制斷不容稍有反覆也當法師議約未成之際軍書旁午臣雖知商船暫換美旗而未悉其詳是以未遽入告且此等事件華商與洋商交涉彼此全憑信義律師既援西例担保而官長郤未便主議外侮橫加商情惶迫數千人身家關係而官無法以保護之更無力以賠償之商人自設法保全成本官尤未便抑勒好在各省公款八十餘萬商本四百數十萬皆有著落事竣可以操縱自如但冀法約早定船棧照議歸還中國商務復興更無喫虧之處惟聞法人四處偵探總疑商局輪船並非實售於美尚思援西例以乘間攫拏俾爲軍用美國官商亦惴惴相與隱諱竭力保護此中機括尚求聖明默鑒而曲原之

光緒十二年李鴻章奏遵議維持商局摺　竊臣等欽奉光緒十一年九月十二日寄諭順天府代遞道員葉廷眷條陳內扶持商局一條據稱請准招商局輪船裝運鄂鹽該局承運漕糧請照沙船回空免稅章程辦理並展緩運漕限期藉客貨水脚補其不足湖北帽合茶酌減稅課歸局裝運等語所陳各節係專爲維持商務起見惟於各該省鹺政稅釐有無關礙著李鴻章曾國荃體察情形籌商奏明辦理至該局事務應否令蘇松太道及津海關道就近會商並著酌議具奏等因欽此遵卽分行各該司道等體察籌商去後旋據議覆前來竊維輪船招商局之設原因各口通商以來中國沿江沿海之利盡爲外國商輪侵佔故設法招集華股特創此局以與洋商爭衡庶逐漸收回權利所關於國家體制華民生計極巨亦實爲中外交涉之大端惟船棧碼頭各項成本甚重與洋商分攬客貨常年所得水脚無多且洋商心懷嫉忌屢次跌價傾擠上年又遭法兵之擾海船難行遂至局本層遞虧折該員董無法支拄不得不暫借洋債以濟急需當此局勢岌岌之際必須官爲維持乃可日就起色葉廷眷所陳各節頗有見地但局船裝運鄂鹽及展緩運漕限期兩條不無窒礙應無庸議其運漕局船回空照沙船免稅一條查運漕沙寧船回空凡在北洋三口裝載豆貨雜糧等項向准全免出口稅在案局船本可照辦惟恐免稅較多於稅餉有礙飭據津海山海東海江海關道議覆嗣後商局輪船運漕回空請免北洋山口出口稅二成如原來裝米一千石回空時免收出口貨稅二百名查照派運米數通扯免足二成仍較沙寧船少免八成以示區別又湖北帽合茶一條飭據津海江海江漢關道復稱帽合茶向由鄂豫內地運赴張家口蒙古

地方粗枝大葉價值最輕嗣後如華商由鄂附搭商局輪船出口請照甎茶之例每百觔減爲出口正稅銀六錢並免復進口半稅原局船藉得水脚他船不得攬載其由津北運張家口外仍照定沿途內地稅釐以上兩條應請均自本年開辦起另將執照保單及稽核章程核定分飭遵照惟葉廷眷原請各條以運鹽爲大宗今運鹽既有窒礙僅運漕回空免稅二成及裝運帽合茶兩項尙可酌准綜計所沾利益每年不過合銀二萬兩左右局累已深實不足以資補救查該局奏定章程原擬藉運漕水脚以補攬載客貨之不足局中有此津貼方可與洋商爭衡而不爲傾擠前曾議明局船應得水脚悉照沙寧船定章每石實銀五錢六分零未幾又有扣減上年美商旗昌與英商怡和太古輪船承運漕糧減爲三錢五分實則支用不敷皆各虧本夫彼族之甘認此欵而爭運者蓋明知洋輪運漕可暫而不可久華商力量微薄藉以去其運漕津貼將立見傾覆而江海輪船之利仍可專歸於洋商耳其心計極爲狡狠若不杜其覬覦則華商之氣益餒洋商之燄益張恐中國商務一蹶不可復振朝廷視華商之輪船與沙寧船原無軒輕現在沙寧船運漕每石應支銀四錢三分一釐零所有本屆商局輪船運漕應請仍照沙寧船現領之數支給以後一體照辦不再區分扣減亦不扣海運局公費以免虧賠而資津貼輪船運漕較沙寧船多一保險及蔴袋之費其修費亦大今支款照沙寧船一律庶昭平允且轉運迅速不致久存船內卽有蒸變遇險又可取償是於公家亦殊有益也湖北湖南江西釆辦漕米飭由該局代購運交其運費亦應照四錢三分一釐零核給俾無歧異又該局原存各省官本及光緒二年買併旗昌船棧案內前南洋大臣沈葆楨奏撥官本未還銀一百七十八萬餘兩於光緒六年奏明由運漕水脚項下分年扣還其時局中借欠商欵有限遂議先還官本尙屬急公今計歷年扣還並湖北軍需扣款業已過半外尙應還銀七十七萬餘兩而該局現欠洋債計有一百餘萬兩若令官本洋債一併拔還商力萬不能逮查所牘各省官本七十餘萬內本多閒款亦非急不可待請暫緩拔還免扣水脚各項以示體恤俟洋債歸結後卽責令分年籌繳官本不准短少庶免失信外人亦不致同時催逼掣動全局查泰西各國商務多由國家出費幫貼即日本新定輪船公司章程議明十五年間由政府保認商民股本按年八釐利息該公司向來所負之債並歸政府股分內所得子金償還誠以商務興廢關係國家强弱必相與維持於不敝中國帑藏

非裕趨尚不同若保認商民官利代還債負勢有不能自應妥籌可行之策今所擬運漕水脚仍照沙寧船之數並無增益其回空免稅則較沙寧船核減帽合茶減稅甚微官本僅止緩繳實於公家並無甚損而該局商困藉可少舒事關中國商務要端非此斷不足以敵洋商而保我權利相應仰懇特恩俯准照辦以作商民之氣大局幸甚至該局自去秋向旗昌收回後已遴派道員盛宣懷等認眞整頓經理嚴定章程力除弊竇務使商民信從可資經久江海津海關道本飭隨時會籌局務應併令江蘇糧道與江海關道遇有要件隨時會同局員籌商協助俾資利便

辛亥八月武漢起義繼與北軍交戰漢口船棧碼頭貨物財產損失甚鉅滬軍都督借銀五十萬兩又調用各輪船脚等費損失銀二十萬兩江輪停駛四月少收水脚銀二十萬兩其他需欵又極浩繁幾致周轉不靈因將各埠棧房向滙豐抵借銀一百五十萬兩民國元年裁撤部派委員二年股東大會公議以董事會正副會長擔負完全責任主船營業會計三科分職辦事在會各董亦分擔職任三年各股東以册列輪埠局棧屋地價目逐漸減輕原爲鞏固根本起見不意局外之人百計覬覦巧誘豪奪幾被賤價攫取爰於股東大會公決局產悉照時價

核結並將無關航業之市房及各種股分劃出另立積餘產業公司以杜局外之妄想其關於航業之輪船局產照實價估計并原存公積加塡股本四百四十萬兩分給股東以四十萬兩分給辦事員司又將積餘產業核實塡給股票銀幣四百四十萬圓亦以四百萬圓分給股東四十萬圓分給辦事員司凡舊有局股一股者自三月起換發航業股兩股（每股規銀一百兩）積餘產業股一股（每股銀幣一百圓）統計江海輪船及躉駁小輪船照驗船官估値銀三百七十七萬六千餘兩各埠局棧地基房屋照滙豐及通和洋工程估値銀一千二百七十八萬六千餘兩加添置小輪銀九千兩上海蕪湖鎭江廣州澳門漢口等埠置地設棧築碼頭銀六萬七千餘兩除無關航業之市房地產銀三百二十四萬六千餘兩撥歸積餘公司外實存一千五百九萬餘兩五年三月海軍部將新銘新

康新裕愛仁四船同扣天津運輸軍隊餉械赴閩新裕被海容軍艦撞沉時值各省獨立津煙港粤班停駛遂將公平遇順同華三船租與粤商行駛南洋羣島訂造銅売雙暗輪船一號名曰新大六年五月安平船在威海觸礁失事十一月普濟船在銅沙洋面與新豐互撞沉沒七年南北爭戰交通互阻故將海輪七艘先後租與閩粤各商行駛新加坡等埠詎致遠在仰光失愼焚燬江寬上駛漢口突被楚材兵輪撞沉九年添置嘉禾輪船一艘十年訂立江輪兩號渝宜淺水船一號海輪兩號曰江安江順江慶新華新江天據五十届報告十二年結存船埠局棧屋地值價銀一千九百四十六萬二千九百三十九兩九錢三分一釐積餘產業公司之房地股份值銀四百四十八萬八千七百十六兩五錢三分五釐

中國郵船公司　民國四年成立有船一艘名曰中國爲吾國汽船通行太平洋之發軔後又添置南京尼羅兩船

圖長公司　有船一往來上海琿春等處

順義公司　有船二往來上海青島芝罘天津等處

大達公司　清光緒三十四年成立有船六由上海經崇明海門通州揚州至浦口

甯紹商輪公司　清宣統三年成立今有船三曰甯紹曰甬興曰新甯紹航綫自上海起一訖甯波一訖漢口

平安輪船局　民國元年成立有船三曰新寶華曰老寶華曰平陽行駛上海至穿山定海石浦海門通州平陽瑞安北沙海門崇明等埠

閔南輪局　清光緒三十年創立初名敏航往返上海閔行至民國三

年增加股本推廣營業有船四曰平申曰湖江曰新閔南曰閔馨皆行駛上海平湖間專駛上海閔行間者停泊閔行　閘港　杜家行　塘灣　塘口　關港　王家渡上海各埠　專駛上海平湖間者停泊王家渡　塘口　杜家行　閘港　閔行　沙岡　葉榭　張澤　松江　氽來廟　洙涇　泖口　新埭　平湖各埠

浦東塘工善後局輪渡　清宣統二年設立民國二年自置一船曰公益後增一船曰公安由東溝經駛慶寧寺西溝至上海英租界外灘大馬路

附民國五年塘工局詳縣知事文　爲詳請核轉事竊奉第一四八號鈞署飭開本年三月三日奉滬海道道尹公署第二五六號飭開案照前據該知轉據浦東塘工善後局董詳浦東塘工範圍禁止他輪行駛請出示曉諭一案據經批飭並分咨會商核辦嗣准江蘇交涉署復請本道核辦又准江海關監督抄同批局原文復請查照各在案查關文內開案經分別批示飭縣自應由該局董等遵照關批另文稟縣詳道核辦合即飭仰該知事遵即行知該局董遵照辦理可也此飭等因到縣奉此合行飭知飭到該局董即便遵照此飭等因董局奉此查浦東本屬內地塘工捍禦水患上至美孚油池下至上寶界浜爲止

計沿浦修築工長二千餘丈東溝卽都台浦西溝卽馬家浜經董等先後籌浚兩河共工長六千餘丈不敷經費由局開支東溝自設局駐營後公務日繁如防營領發餉械軍警解送盜竊工程載運物料鄉櫃完解錢糧在在胥關重要非設輪渡不可爰於前清宣統元年會商防營將口外暗沙設法雇機開挖以通航路並稟請前道縣移知浚浦局勘准由局墊款由營擔土二年設輪行駛往來滬埠因公家經費無着亦無他項的欵指撥議搭行人酌取渡貲以資挹注其地方辦公員紳及學堂教習軍警差郵人等槪免收費稟奉前道縣以有益地方准予出示開辦函關免驗在案迄今調防載運一切要公悉賴公輪專駛並不另支公項東西二溝本非行輪地點與向來通商營業內港不同民國元年經前上海民政總長暨民政長示禁商輪入港有德商支那汽輪行駛載客迭經前交涉使轉覆德領事阻止軍民未分治以前復經稟請前蘇都督程立案行縣出示查禁嗣有華商源源小輪開駛入港由前民政長函關禁阻當奉璽稅務司三百五十九號覆縣函開已傳源源業戶到關面諭東溝一港並非小輪公共往來之地設有不遵擅自行駛地方官長卽可立予扣留等語詎有新江源同興小輪先後來駛攬載均經詳請飭禁民國二年復將局輪往來浦江查案說明列表並檢刊案圖冊陳縣分詳江蘇巡按使暨前上海鎭守使咨陳陸軍部當奉批開以局輪爲公益起見准予立案並請前上海觀察使分別詳送各大部當奉內務部令開以該局塘工善後經費未領公帑亦不捐取民貲全以清理外人佔用塘基繳價作爲塘工河工路工各項之用又以添設輪渡籌款購輪除備公用往來及巡緝外兼載行人酌取渡貲藉資挹注辦法並無不合准予立案又奉交通部令開以董局奉准建設清理塘基請兵駐防以資鎭懾又以墊款雇機開挖東溝港口漲沙行駛輪渡事爲辦公便利起見並搭行人資貼經費事屬地方公益迭次奏准有案絕非個人營私擅利者可比應准立案並奉外交部農商部一體立案繼有利濟公司價買同興小輪更名東溝入港貿易又經前知事洪查敘歷辦成案詳請前巡按使韓轉咨大部停止註册給照並聲明東溝一口除塘工局因公行輪此後無論何項團體及別種機關均不得藉詞行駛以杜紛爭當奉農商部令開據情函致交通部查照並批知上海南商會轉飭遵照毋得註册並將該公司註册費發還等因各在案西溝同隸塘工範圍前經繪圖簽明地址疊蒙監督詳請滬海道道尹楊核轉巡按使齊分咨大部

援照東溝成案核准禁止商輪開駛並築埠儎渡沿塘江面停頓拖駁嗣有通和河靖甘肅各小輪遞易行駛又蒙核轉關監督詳請部示由關飭扣吊照亦在案茲查前奉鈞飭先後轉奉滬海道道尹公署暨交涉公署飭開准江海關監督施函開二月十五日接稅務司來函准日本總領事函開日商戴生昌輪船局小輪通源丸擬由本口至東溝來往行駛搭客等因當蒙關監督查案答復並抄件轉飭董局仰見維持公益之至意查本案重在開河挖口營局辦公附搭收貲以濟公用事關地方公益善後事宜原與營業專利不同塘工範圍禁止他項小輪行駛疊經奉部核准誠恐華洋商輪未盡週知爲再歷查成案遵飭具文詳請鈞鑒並乞轉詳滬海道

道尹出示曉諭以免交涉實爲公便

江海關華輪往來蘇杭滬搭載客貨章程

一　凡此項蘇杭滬內河華商輪船約有兩類一係可以自裝貨物之輪一係不能自裝貨物必須另用民船裝載作爲拖帶之輪無論是何一類到口之時均須報請新關查驗辦理臨出口時必得請領准單方准駛出又如裝貨之輪必先報關納稅請領准單始可取下貨物

二　凡華商輪船若係常川來往蘇杭滬者准將船牌送呈新關留存稟請發給輪船河照一紙以六箇月爲限既領河照之船即可報關照章納稅請領准單起下貨物其所具之稟必得將其輪船係屬何類即如或裝貨之輪或拖船之輪分別註明如係拖船之輪所拖船數不得過三隻亦不准裝貨倘有多拖船隻私裝貨物情事一經查出應將該貨充公至華商行船現經酌定華輪往來蘇杭兩關正道路由凡由滬至蘇者入吳淞江即蘇州河行經黃渡陸家浜三江口車坊高店等處以抵密渡橋蘇關凡由滬至杭者從黃浦之南行經閔行松江楓涇嘉興等處再由運河以達拱宸橋杭關至於蘇杭兩關來往則當以運河之吳淞江北尺平望界牌嘉興等處一路爲正道不准另走此外內地河道如果杳有私自改道者應將船隻一併充公

三　凡華商輪船除挂中國之旗外白晝應懸新關所定之旗黑夜除常用之鐙外另須按照關定式樣用

白光鐙三盞擇在人所易見之處貫連懸挂俾易分辨

四凡華商輪船來往蘇杭滬三處須挂用關式白色旗幟其形長方長四尺濶一尺四寸旗面用紅式大字橫排書明某華商某輪船旗應由該商照式自備

以上華商輪船章程

五凡華商所用民船裝貨載運蘇杭滬者該商必得先行將船報關挂號請領執照由關卽將商名船名號數塡明在內該船卽應自備關式旗幟應用並將船列號數遵在新關所定之處用大字排列書明俾易認識

六凡華商所用挂號之民船上下貨物應照各該口新關章程辦理由該商隨時報關請領准單方准裝貨卸貨其沿途經過關卡如令將新關所發挂號之執照繳驗應卽呈出驗明卽予放行不得稽留

七凡華商所用挂號之民船該船之艙必須有蓋可掩如或無蓋必須蓋有艙面有門可閉之房以便新關貼封預防沿途私自起下抽換等弊

八凡華商所用挂號之民船該船只准在蘇杭滬三處報關進出貿易如在此外他處來往而所裝之貨亦非報由此三關者一經查出應將該船貨物一併充公

九凡華商所用挂號之民船請領執照後如因事故暫停來往該商應將原領執照繳存新關俟復運貨時再行發還倘欲轉賣他人應卽報明新關所有原領執照並連旗號等件卽行一併繳存以便核銷一面由關飭役將該船上所書大字銷去

十凡華商所用挂號之民船來往蘇杭滬三處須挂用關式紫色旗幟其形長方長四尺濶一尺四寸旗面用白色大字橫排書明某華商第某號民船

以上華商民船章程

十一凡華商輪船並挂號民船所裝之貨卽與條約及各關章程所准往來通商他口者無異

以上貨物章程

十二凡華商輪船並挂號民船所運之貨卽按通商稅則納稅至其船隻則分別辦理輪船納船鈔民船

完船料

十三凡洋貨從滬報運蘇杭者均在蘇杭等關完納進口正稅至洋藥一項所有應完稅釐亦即在該兩關照納惟報運之時必得照章在本關出具保結聲明必在蘇杭完納稅釐等語

十四凡土貨從滬報運蘇杭者應由江海關徵收出口正稅再由蘇杭等關徵收復進口半稅

十五凡土貨從蘇杭報運出口者應由蘇杭等關徵收正稅再由復進之口徵收半稅

以上徵稅章程

十六凡華商輪船暨挂號民船均應泊在新關指定之處

十七凡華商輪船暨挂號民船無論由滬開往蘇杭來滬均須於開行之先赴關報明請領船牌執照等件方准起行如經查有船隻並無此項船牌執照而擅自開行即將該船拏獲充公或領有船牌執照私自改道他走不由本章第二條所定之路而行經關查獲應將該船貨一併充公

十八凡華商輪船暨挂號民船每逢進口出口務須在江海關所設之南北兩卡停候查驗放行

以上停泊章程

右定章程暫行試辦倘日後有與稅務未便之處應隨時核議增改以臻妥善

軌

邑境水鄉有舟無車陸地運貨向用人力咸同以來始有小車（俗名江北車）後又有人力車（俗名東洋車）馬車載貨則有塌車然但流通於北市至光緒三十三年沿浦築外馬路南市始有東洋車馬車宣統二年城內始准通車

然四鄉道路未修小車之外罕通行焉脚踏車其始爲單輪今皆雙輪而單輪者絕跡矣人力車始皆鐵輪民國初有橡皮黃包車而鐵輪車遂淘汰淨盡十二年始有脚踏黃包車駕車者乘脚踏車於前而後繫黃包車汽車又名摩托卡近漸盛行南北市

淞滬鐵路　同治五年七月英商瑪禮遜（邢臺馬其沙實業公司之經理人）創築鐵路由上海老靶子路至江灣長十里八分光緒二年三月更由江灣延長達吳淞口共長三十里五分軌寬四尺類今之輕便鐵路三年九月總督沈葆楨購回拆毀償英商銀二十八萬五千兩（車軌等件移至臺灣供運煤之用）二十二年十月南洋通商大臣奏准復築二十三年三月開工二十四年七月工竣路綫由靶子場起點經張華浜至礮臺灣長三十里五分七用瑪禮遜舊路綫者十之三（共用銀九十二萬五千八百二十八兩內購地費十二萬六千三百四十八兩）三十年九月歸併於滬甯

鐵路 案此路係南洋大臣奏辦又經王文韶張之洞奏歸鐵路總公司管理作爲國家鐵路不招商股不用外債吾國完全之鐵路僅此一綫乃督辦盛宣懷借英欵築滬寧路謬以已成之路一併抵押於英使英國揚子江之勢力範圍首尾貫澈良堪浩歎

滬甯鐵路　光緒二十九年二月署總督張之洞奏准建築滬甯鐵路督辦盛宣懷與英商銀公司訂借英金二百二十五萬磅作爲貲本 先是二十二年南洋大臣奏辦吳淞至江寧鐵路估銀七百萬兩以瑞記借款所餘二百五十萬兩及兩准鹽務擬籌之一百萬兩爲資本其餘概招商股王文韶張之洞請撥直隸海防銀五十萬兩合成三百萬兩先造淞滬續造滬寧奉旨允准時德築山東路俄築東三省路英政府大爲垂涎遂乘淞滬未竣之時實行經營揚子江手段二十四年閏三月電駐京公使向總理衙門索辦滬寧政府命盛宣懷與銀公司訂草約於上海適英以杜戰吾以拳亂彼此遷延二十九年二月訂定正約借欵三百二十五萬磅江蘇官紳紛紛力爭始圖收回自辦繼因約不能廢乃謀減輕成本冀早贖回取銷百萬磅僅借二百二十五萬磅九折交付週年行息五釐限五十年還清年限內銀公司有總攬之權如屆期本或息不完全路所有產業統歸銀公司管理又銀公司承辦各項材料每百抽五行車以後營業所入純利銀公司得五分之一卽照借欵五分之一之數豫先給發餘利憑票綜計銀公司爲我國借欵可不費一文坐獲百分之三十五分之大利而週息五釐之付於資本家者又在其外通盤核算我國名雖借九折之欵實乃過於六折購地欵二十五萬磅六釐行息無論何時可贖還然以淞滬鐵路作抵 **八月開辦三十二年五月滬錫綫工竣十月總辦唐紹儀又借英金六十五萬磅** 九五折交付年息五釐限二十五年以我國政府之鐵路財產作保證此路用費之鉅數倍於他路 **三十三年**

正月錫常綫竣八月常鎭綫竣三十四年三月鎭甯綫竣全路共長六百三里本路前設總管理處凡事取決會議洋員每占多數宣統元年更訂辦事章程撤廢總管理處以華人爲總辦兼議員領袖主權始漸收回

總督張之洞巡撫恩壽鐵路督辦盛宣懷奏英商借款訂立合同摺　光緒二十四年閏三月初四日承准總理衙門支電英使述其政府之意自滬至寧鐵路必欲令怡和承辦勢難峻拒飭由總公司相機籌辦臣宣懷遵與怡和兼代匯豐之英國銀公司磋議草約二十五條聲明設與地方窒礙隨時更正仍俟簽定正約會同督撫具奏經總理衙門核准於是年閏三月二十二日先將草約簽印即派員伴護英工司瑪禮遜等勘測軌道估計工費適英以特戰我以拳亂彼此遷延未議正約上年七月銀公司公舉前駐上海領事官璧禮南來議計訂詳細合同二十五款議借英金三百二十五萬磅虛數九扣年息五釐五十年爲期准其分次印售金磅小票如中國國家有款撥給或中國紳富集貲願購借款總數便應照減撥還淞滬鐵路工價後即將已成車路暨備造滬寧全路作爲借款抵押所獲餘利銀公司得五分之一即照售票應分之數另給餘利憑票十二年半後每百磅加給二磅半隨時可將小票贖還二十五年後便照一百磅原價取贖毋庸加給至餘利憑票年期屆滿分給餘利即時作廢毋庸取贖造路期內就本付息路成以後贖票拔本悉在鐵路進款支給全路計定五年全竣設無事故逾此期限銀公司五年內應得餘利全行扣罰上海設立總管理處一所本省督撫與督辦大臣加派一員職銜相當隨時查閱帳目稟報督撫稽核洋工司祇管工程不能干預地方公事凡所建築悉應順洽華人意見尊敬中國官員借款期內不收事稅如日後中國推設各項稅捐如印花稅之類別項商務一律徵收則滬寧鐵路亦

應照徵全路雙軌地畝總公司自備仍由銀公司墊款另須購地於標界之外預備日後推展商務所必需一併加售小票綜計不得逾英金二十五萬磅年息六釐在中國應得餘利項下支給不能仍由鐵路進欵支付此項加售購地小票並無年限隨時可以取贖造路購用中外材料按照西例每百給五此外別無絲毫扣用漢陽鐵廠自造料件訂明儘先購用凡遇調兵運械振饑各事照核定車價減半給發儘先侵碍中國主權概不得經由此路正約簽定草約作廢十二個月不興工即將正約註銷中國祇認英國銀公司不准轉與他國及他國之人民各等語臣等伏查江省沃衍饒富物產豐腴雖藉江海以轉輸究慮外氛之阻遏自蘆漢粵漢津鎮各路相繼定議西北供億取給東南察度軍政商情滬寧接軫勢難再緩此次磋議借款雖以粵漢美欵辦法爲基址其自保權利之處實較已定各路爲尤多殫竭衆思無可再議璧利南電致英京一切俱已允協理合先繕具清單恭呈御覽俟奉旨批准再行簽印即由臣之洞臣恩壽等會同臣宣懷遴派大員切實興辦以冀仰副朝廷睠懷南服慎重路工之至意　按鋼軌等件不先儘漢陽鐵廠材料廠及各重大職任不准華人管理蓋主權已失利權皆虛言矣

滬嘉鐵路　光緒三十二年江蘇紳商請辦本省鐵路四月組織蘇路公司閏四月商部奏准商辦並派本部右丞王清穆爲總理頭等顧問官張謇爲協理定名曰蘇省鐵路有限公司先集股銀一千萬元分作二百萬股每股銀五元（先入之一百萬股作爲優先股其招股滿千股者加給五十股作爲紅股截至宣統三年止實收股本規元二百九十九萬二千零六十四兩八錢七分）請部添派在籍翰林院編修王同愈爲南路協理安徽候補道許

鼎霖爲北路協理先築南路之滬嘉路時議路線與山東河南安徽浙江四省接軌除滬寧鐵路已借外債籌築外先從上海至嘉興蘇州至嘉興入手與浙省接軌其與齊豫皖接軌各路線以次規定至三十四年又議定南路由上海至嘉興曰滬嘉線由蘇州至嘉興曰蘇嘉線北路由清江至徐州曰清徐線清江至瓜洲曰清瓜線清江至海州曰清海線以次籌築九月開第一次股東大會十一月行開工禮三十三年三月商部核准注册八月開車九月滬杭甬借款議起蘇省紳商極力反對三十四年二月郵傳部奏准英商借款部借部還蘇浙兩公司承領部撥存款鐵路仍係完全商辦並無變更郵傳部仍與他商辦之鐵路公司一律看待三月滬松路綫開車宣統元年四月行全路開車禮共長十九萬一千尺合華里一百十二里工程項下共支規元二百五十七萬七千八百二十一兩八錢四分營業項下共支規元五十萬零一千九百三十六兩七錢二分

上海滬軍營後設總車站而邑境之龍華梅家衖兩處各設車站路線起點在廿四保方十二圖迤南而西經廿五保十四圖十五圖廿七保一圖廿六保十併十三圖廿二圖東廿三圖廿六圖廿五圖廿四圖西廿三圖入華亭縣境

光緒三十二年閏四月商部奏請設立蘇省鐵路有限公司摺　臣部於光緒三十二年四月間接據江蘇通省京官暨在籍紳士日講起居注官翰林院侍讀學士惲毓鼎等二百五十六人公同呈稱竊維近年風氣漸開鐵路關係之重盡人皆知若皖贛川粵閩浙等省類皆由全省紳商合力籌辦均邀奏奉諭旨允准在案江蘇處江海要衝爲東南綰轂之區現在滬甯業已借款開造此外幹枝各綫大概自江以南由上海經松江以達於浙自江以北由海州經徐州以達於豫貫輸銜接亟應首先籌築以握利權其餘各綫亦宜陸續測勘次第開築現經在籍紳商屢次集議擬先集股款一千萬元設立蘇省鐵路有限公司由創辦諸人先行認定百餘萬元以爲勘路興工之用路未告成以前之股息擬就地方情形酌量另行籌補惟造端宏大風聲所樹首在得人非資深望重爲全省紳商所信任者不足以膺玆鉅任查有商部右丞王清穆學識宏通思慮周密擬公舉爲鐵路總理商部頭等顧問官翰林院修撰張謇才具恢宏辦事練達擬公舉爲協理以之主持公司一應事宜必能措置裕如爲蘇省力謀公益毓鼎等或服官京師或散處鄉里往復電商意見相同除將勘路集款招股興工各詳細事宜公同妥訂章程再行呈請核奪外請將設立蘇省鐵路公司公舉總協理繕具大概辦法公懇據情奏明立案請旨遵行又准工部尚書陸潤庠都察院左都御史兼署禮部尚書陸寶忠內閣學士兼禮部侍郎銜吳郁生宗人府府丞陳名侃外務部左丞鄒嘉來署外務部右丞雷補同等函同前因並稱江蘇鐵路亟宜籌築潤庠等事關桑梓允宜力贊其成王清穆張謇熟諳時政鄉望素孚令其規畫路務必有可觀公懇准如所請各等語臣等伏查蘇省物產富饒地勢利便外環大海中亘長江與山東河南安徽浙江各界毗連商賈往來極形繁盛實爲東南衝要之區現在諸政日見發達所有安徽浙江兩省鐵路業由該省紳士先後自籌建築呈由臣部奏奉諭旨允准在案今江蘇紳士惲毓鼎等呈請援案辦理將來與安徽浙江等省接軌合轍以冀商運便捷力保利權洵爲扼要之圖其公舉臣部右丞王清穆翰林院修撰張謇辦理鐵路事宜查右丞王清穆才大心細規模宏遠夙在臣部辦事動中竅要上年奉命考察商務暨會查路礦款項周歷沿江沿海各埠於鐵路各項辦法均曾研究茲雖在京供職而函電商榷遙爲控制於路務自有裨益既經該省紳商等合詞公舉前來可否仰懇天恩俯念路政重要准將臣部右丞王清穆派令總理江蘇鐵

路以順輿情修撰張謇才具開展辦事結實向能整理實業究心商務於鐵路事宜亦所熟悉既爲鄉里所推應請派爲協理所有招股勘路購地興工各要端均應由該紳等妥慎籌畫隨時稟呈臣部詳核奏明切實興辦以一事權而聯衆志至該省路綫除滬寧業已借款建築欽派大臣辦理外該紳等所稱自江以南由上海經松江以達於浙自江以北由海州經徐州以達於豫首先籌築以收貫輸銜接之利意在使內地土貨灌輸商埠爲利便運途收回利權起見籌畫至爲允當應准先予立案俟股本集有成數即由臣部飭令趕速興工一切遵照臣部奏定章程辦理得旨如所議行

光緒三十二年十一月蘇路公司咨呈郵傳部農工商部兩江總督江蘇巡撫文　竊蘇省鐵路公司於本年閏四月初三日商部奏准商辦並派清穆爲總理謇爲協理謹按原奏招股勘路購地興工各要端均應妥慎籌畫隨時呈部詳核切實興辦又俟股本積有成數該紳等擬具詳細章程勘定路綫繪圖貼說呈部再行奏明等語清穆在京供職時即遵部奏與蘇省紳商函電商榷遙爲策應謇於五六月間迭在蘇州上海兩處會集紳商籌議招股勘路各節維時清穆適奉按察直隸之命而謇以經營實業時往返於淮徐通海間蘇省鐵路既須南北兼籌非臂助得人難收速效因援照陝甘成案會商清穆呈部請添派在籍翰林院編修王同愈爲南路協理安徽候補道許鼎霖爲北路協理蒙部允准在案清穆復就近在京延訂京張幫辦工程前檢關鐵路學堂畢業生徐文泂爲領袖工程司並請詹道天佑爲顧問總工程司其幫工程司均由領袖工程司分別延訂此清穆在京與謇在蘇措置開辦之大略情形也迨清穆於七月杪南來工程司亦先後踵至先由蘇州起勘時南中苦雨積潦載途謇及同愈偕工程司履勘舟車並進僅及吳江縣境水深草茂跋涉艱困徒耗時日因折回滬接勘上海至嘉興一段兩月以來由上海至嘉善縣境之楓涇鎮止晝則裹糧勘路夜則篝燈繪圖江浙之間風氣早開編刊白話廣貼鄉鎮蚩蚩者氓知中國人自辦中國鐵路樂爲鄉導極形安謐現正妥派鄉耆設局購地此清穆等督率勘路現在滬嘉一段業已告竣之大略情形也築路之事首先集股尤須得人謹按商律公司董事查帳各職均應公舉蘇省鐵路公司成立在閩浙皖贛各省之後海上士商雲集其稍具營業思想者紛紛入各省路股因十人而九而蘇省財力既不若閩粵各省有海外流寓之華僑可廣招徠又不若浙省寧湖各幫

以善賈著聞多財樂助開辦以來僅恃同志熱忱以汗血筆舌多方招集自五月起至今十月二十日止凡收五十萬零一千五百六十五股實收銀圓一百三十五萬零六十八元每股五元計之照章分四期收足可得銀二百五十萬元有奇照原奏先招一千萬元已得四分之一九月十五日在上海開股東正式會到五百餘人三日而畢定議參酌浙省辦法在一百萬股以內者均作爲優先股並照商律投票選舉董事十三人查帳員五人公司辦事分稽核籌備文報收支購地管理六所管理所俟路成再設外現先設五所每所以一人領袖之名爲所長其餘延用司事各員均受成於所長而統轄於董事局總協理則視商律之總辦數月以來和衷商權有分立之權而亦有共擔之責務尊秩序力戒紛龐期於核實速成以保垂失之路權以濬甫開之商智所有股東會公決詳章一冊坿呈鑒核乞俯賜備案此淸穆等與股東會議章程之大略情形也惟是蘇省鐵路既須南北兼籌南綫則自上海達杭自蘇州達杭路綫均蘇短而浙長以一與二之比例如上海至浙境之楓涇僅得一百一十里而浙省自杭州起築接至楓涇設非兼程倍進則工竣必在滬綫之後即使浙省於滬綫西行而嘉綫東趨提前迎築倘杭垣路綫並未抵嘉則滬僅接浙嘉而不接杭省中道徘徊彼此均損現在妥商浙江鐵路公司訂議同時接軌之辦法庶足以堅任事者之心而壯資本者之氣至北綫原奏先辦海州至開封淸穆等迭與豫省撫藩函電商權知豫省正在擇人籌款但蘇省情形海州商埠未興尚未便起築路綫自淸江浦至徐州爲蘇路達豫之中心點客貨輳萃航路多艱豫而接徐固尤稱便徐先通浦利亦可操與南綫上海至浙杭必全路告成方可獲利者情形至不相侔謷擬先往度地一周次第接勘此淸穆等統籌南北路綫之大略情形也至於鐵路附屬沿路應用電報電話即援照潮汕章程歸公司自辦應請核准立案其餘未盡事宜俟擇日開工另行呈報

光緒三十四年郵傳部奏江浙鐵路公司存欵章程摺　本年二月初四日臣部會同外務部奏明商民承領部撥存欵路歸商辦一片奉旨依議欽此原摺內稱兩省公司接欵還款容電商江浙督撫臣妥籌辦法並經由郵傳部議定章程俾資遵守等語當即擬議章程邀約股東公舉人來署閱看均稱妥洽堪資遵守其部借合同原有折扣虧耗各款當日係欲收回草合同之虧損因定以利易權之法惟路歸商

辦商力微弱臣部有維持路政之責自未便專令商民受虧而江浙兩公司亦能仰體時艱於所領部撥存款承認年息五釐五毫其不敷之款由臣部分別籌墊一面勻撥款項交該兩公司趕緊接造以期克底於成抑臣等更有請者滬杭甬全路約六百餘里之長所領存款仍慮不敷兩公司應多集股本濟用且路短則利微路長則利厚兩公司尤須陸續接展始足以資周轉而便交通臣部總理路政責無旁貸仍隨時咨商督撫臣勸令各該省商民循名責實始終勤奮該兩公司深明大義必能竭力維持以副朝廷振興實業之至意

民國二年四月蘇路公司多數股東議決呈請交通部收歸國有并舉楊廷棟爲代表赴部請求六月楊代表與交通部訂立合約十二月三十一日公司將全路財產及歷屆帳簿文件契據完全交與部鍾局長文耀接收清楚並將總理關防截角繳部其他圖記亦經銷燬交通部改路名爲滬杭甬路據公司第七屆報告自丁未年開工至民國二年止建設成本銀五百十九萬九千一百五十元零一角四分八釐自戊申年開車起至民國二年止盈餘抵息不敷銀七十四萬四千一百十一元八角七分六釐總計股本銀四百六十八萬三千五十元七角二

分債本銀八十萬三千九百五十九元四角九分三釐

附交通部呈文及批　爲呈報事竊查蘇省商辦鐵路滬嘉一綫原在前清光緒三十四年所訂滬杭甬鐵路借款合同路綫之內當時士夫力爭拒款而外人屢責踐言對內對外困難萬分不得已乃由政府與蘇浙路公司另訂存款章程易直接而爲間接勉期息事然擾擾多載迄無根本解決之法政府日負重息其擔荷仍在人民而公司乃迄不得絲毫利益民國肇建障蔽一開上下既無事於爭持利害乃漸明乎眞際本年四月十日本部接據該公司正式呈稱本公司於四月二日開股東常會當有到會股東提議將滬嘉一綫請部收歸國有既蘇民困又爲政府解交涉上困難問題經大多數股東議決正式呈部商議並委託楊廷棟代表赴部本部查此次該公司大多數股東主張路歸國有收回股本本部自應上謀國利下順輿情以期雙方兼顧即與代表迭次晤商協定合約十三條雙方認可簽字經將合約草案提出務會議公決互換此本部與蘇省鐵路公司代表議定接收合約之大概情形也伏查合約各條雙方協定意見同孚良由蘇省人士洞明事理力體時艱用能一致同心翕然定議至此項分年償還股本利自應在滬杭甬借款內提用如交涉未遽解決致前款不能應手時應再由他處暫行設法騰挪以堅信用一面由本部自二年度起列入特別預算內辦理茲謹將議定蘇省鐵路接收合約十三條備文呈請大總統鑒核施行謹呈中華民國二年六月二十五日奉大總統批據呈悉交國務院查照此批

接收商辦蘇省鐵路合約

商辦蘇省鐵路公司（以上稱公司）代表楊廷棟（以下稱代表人）今受公司之委托全體股東會之議決案全權代表該路與交通部（以下稱部）商訂該路讓歸國有事宜茲經彼此議決訂立條欵如下

一公司允將現有滬嘉路綫（即由上海至楓涇綫）及其附屬財產與權利照公司股東會議決完全讓歸國有由部直接管轄自由處理一切所有以前給與該公司之權利槪行取銷

二公司所有股本計正股三百四十七萬六千五百二十三元又息股一百零七萬三千八百九十五元(此數俟清算後方能確定)部允如數歸還由部換給有期證券自接收之日起均分五年每年均分三次攤付其數目以另表定之但因每年度財政上之情形亦得提前歸還惟須先三個月前通告公司

三自接收之日起未經攤還之股本由部仍照原定股息數目按陽曆算給年息於每次攤還股本一並彙計付清

四所有從前紅股一概無效故不能認爲股欵亦不償本付息

五前清光緒三十四年三月十五日郵傳部所訂蘇浙路存款章程十四條自接收之日起其關於蘇路一方面悉行作廢

六公司取銷後應設一清算機關其詳細辦法另定之

七公司存欠各款確屬該路者由部繼承擔認但以第六屆報告册所列明者爲斷

八本合約雙方簽定以後接收之日以前公司一切財產及各項收支出入由公司擔任嚴重保管監督完全負其責任

九公司所訂傭工轉運租地等有期契約除有特別原因外其契約未滿時一律繼續有效

十本合約簽定後一面由部派員前往公司詳細清算公司應飭經管員司分別造具財產目錄連同所有底簿及一切契據供其查對簽字爲據

十一定期民國二年七月一日實行接收

十二凡未經本合約規定之欵項部不任歸還之責

十三按照以上條欵應續定各項詳細手續由代表人與部再協議定之

按本路股欵本息自民國三年一月起至七年九月止應盡付清乃再四展期截至十二年年底尙有一期未付

滬甯鐵路與滬杭鐵路接軌之議在前淸宣統三年已有動機（時議定三綫爲架空鐵路由滬寧上海站發軔直向南行路跨英美法各租界以達滬城西門外與滬杭甬路接軌第二綫由叉袋角起點貼繞租界以達滬杭甬路第三綫由真茹起點南行跨蘇州河經梵王渡徐家匯等處至日暉港接軌）後經兩路總工程詳細估勘決定滬甯一面以叉袋角貨棧迤西八百碼爲起點滬杭一面以龍華爲起點其路綫所經自叉袋角迤西過蘇州河之支流西南行跨蘇州河而達梵王渡經法華叉南行經徐家匯叉偏東行達龍華西首之犂角尖（今名新龍華）接軌於民國三年繪圖帖說呈由交通部核准四年三月興工五年十一月工竣十二月四日通車接軌綫自龍華新站起至上海北站止共車站四個本綫里程十六公里叉百分之六十岔道八公里叉百分之六上海北站實爲滬甯滬杭甬兩路之總車站亦稱北站而原有之滬杭甬車站則稱南站（如在北站啓行者須經過梵王渡、徐家匯等站至新龍華站始與南站南行之車聯接按兩路未接軌前滬甯路乘客年約五百五十萬人滬杭路止一百十一萬人自五年接軌六年即人數驟增滬甯路六百萬人滬杭路四百五十萬

人至十一年而滬寧路增至一千四十五萬二百三十五人滬杭路亦增至六百餘萬人

上海南市華商電車公司　民國元年電燈公司經理陸熙順以南市應辦電車以廣交通並以電燈公司有直流電機適合電車之用先時美商古納及東方萬國公司先後向當道請求承辦南市電車均經議事會議決拒絕此次華商自行承辦呈請民政總長交由市長請議事會通過並訂立合同專利三十年（合同原文載上海市自治志）是年二月公司成立集股本銀二十萬元購得滬嘉鐵路餘地二十四畝九分一釐（每畝地價五百五十兩）建設車廠置自動車十二輛拖車四輛貨車二輛先在外馬路行駛自十六舖至董家渡設雙軌董家渡至車站設單軌二年八月十一日開始行車三年與法租界電車公司訂立合同在民國路自小東門至老西門各置路軌互相行駛十六舖浜基同時由公司填築行車五年中華

路小東門至小南門通車而滬杭車站亦通車至高昌廟直達小東門六年小南門至老西門通車七年老西門至高昌廟通車於是西門可直達高昌廟全路車軌均改爲雙軌矣至是路綫分長路路牌紅（高昌廟至小東門）車站路路牌綠（高昌廟至西門）民國路路牌黃中華路路牌白共四路站口分長路七車站路民國路中華路各四站以軌道計合里數共十七里四二於時馬達車拖車亦逐漸推廣惟電流仍由電燈公司供給按表取値嗣兩公司合并爲一改爲華商電氣公司定股本銀圓一百萬元九年始行招足十二年增加股本一百萬元（前後共二百萬元）電車增至四十二輛

按電車乘客逐漸增多三年四百八十萬五十八人四年七百八十七萬八百九十八人

附錄公司與市政廳訂立合同

第一章　緣起

第一條　南市市政廳按照本年六月議事會議決案准華商電車有限公司在本廳所轄區域內駛行

電車其修路築橋設軌豎桿及將來駛行電車一切規則與夫應盡之義務應享之權利均規定於本合同內以資遵守

第二章　遵守之責任

第二條　本合同卽爲正式之契約一樣兩紙由市政廳與電車公司（以下只稱公司）各執一紙彼此遵守不得違背

第三章　股本之招集

第三條　公司應遵照本合同之規定另訂招股簡章招集股本銀二十萬元俟招足十萬元由市政廳驗實後卽行開辦

第四條　公司資本須集自華商不得外國人附股

第四章　路綫之規劃

第五條　本合同所附之圖係目前規定之第一條路綫自十六鋪橋沿浦灘迤南經大碼頭董家渡滬軍營蘇路火車站以達高昌廟其自高昌廟迤西至斜橋之路綫行規劃

第六條　將來城垣拆平之後修築寬大馬路公司可於此馬路上鋪設駛行電車惟須先將辦理情形報告市政廳交市議會通過開辦

第五章　權利之享受其期限

第七條　公司依本合同之規定得享受市政廳所許之一切權利

第八條　公司依本合同規定所享之一切權利以後非經市政廳認可不得轉讓於他人

第九條　如市政廳欲於他路上另設新軌道駛行電車必先將此項情形通知公司以便知其是否願照本合同辦法承造

第十條　市政廳擬設之新軌道如公司不願承造則市政廳有權另招他人承辦惟不能損害公司已有路綫上營業之權利且距離公司路綫二百密達之內他人不得另設電車軌道

第十一條　凡公司中之軌道電桿電綫及關於電車工程之各種車輛皆有免納市政廳稅之權利

第十二條　公司經市政廳允准得電車內收取張貼告白及印刷品費

第十三條　本合同所許之一切權利以三十年爲期自公司開車之日計算期滿後或由市政廳購回自辦或招他人承辦或仍歸公司續辦當另訂合同辦理

第六章　對於市政廳之報酬

第十四條　公司於每日進款毛數內抽提百分之三爲市政廳之報酧金

第十五條　市政廳每月應派員至公司檢查進款賬目後其報酧金卽於每月底彙繳不得拖延

第七章　對於市政廳之義務

第十六條　在擾亂之時或華界戒嚴之際所有電車任市政廳隨時使用裝載軍隊或運送戰品等事

第十七條　如市政廳於夜間照章停車後須用電車裝運工作上所需之材料等物公司均須應允

第十八條　所有此項特別裝運費由公司與市政廳會同酌定

第八章　設軌之計畫

第十九條　雙軌中央距離一密達

第二十條　鐵軌每一密達重四十五基勞設鐵軌置於石子打成之基礎上再用石子築成馬路一如市政廳所築之馬路如日後市政廳將築路之法改變則公司亦須照改變之法建築

第二十一條　雙軌可置於滿十二密達闊之馬路上如不滿十二密達之馬路欲置雙軌須經市政廳允准方可照辦倘於滿十二密達之馬路中間有數處其闊僅十密達至十二密達而其長不滿五十密達者亦可舖設雙軌

第九章　關於電車之工程

第二十二條　電車用架空電綫式電力拖車用五百至六百之電流

第二十三條　在熱鬧之處蓄電箱置於地中僻靜之處則置在路面

第二十四條　電車兩旁電桿用鋼質製成

第二十五條　如於電力關斷之時公司可暫用別種拖力駛行電車

第二十六條　凡路濶在二十四英尺之內用伸臂鋼柱
第二十七條　凡廣濶之路則用兩面拉緊鐵絲鋼柱

第十章　電車之路程價目

第二十八條　電車內分頭等二等兩種坐位如有兩電車拖帶而行者則內一乘可作特別坐位公司並可開行專車該車祇備一種坐位茲將公司擬收車價列左頭等車價第一站收銅元二枚第二站加收銅元三枚第三站加收銅元三枚第五六站加收銅元三枚每站相距離約一里半二等車價第一站收銅元一枚第二站加收銅元一枚第三四站加收銅元一枚第五六站加收銅元一枚
第二十九條　車費價目可由公司與市政廳兩方接洽隨時更改
第三十條　所有電車價目路程單應於公司公事房內及電車內張貼如有更改之處宜廣爲通告

第十一章　道路之權限

第三十一條　公司如欲於市政廳所轄之道路橋梁安置軌道修理換新及裝置一切附屬物件須先經市政廳之允准而市政廳得審時度勢以定相辦法

第十二章　道路橋之修築與保養

第三十二條　所有軌道中央之馬路及軌道兩旁距離五十生的密達(即半密達)之馬路均歸公司保養修理其應修之馬路一經市政廳之通知公司即須派人修理
第三十三條　馬路上打掃洒水仍歸市政廳雇人辦理
第三十四條　所有電車經過之橋梁及暗橋不能任電車之重量者須由市政廳設法改築堅固其費歸公司擔任
第三十六條　如於未鋪石子之路而電車亦須經過者則該路自裝設鉄軌後由市政廳鋪石築路公司應償還拆除建築等費
第三十七條　如河面上另築橋梁而電車須由上經過者則一切改造等費應由公司擔任而置鐵軌

時須在旁別置一橋以通往來得市政廳允准者其興造軌道橋梁之費一切亦由公司擔任

第三十八條　電車所經過之道路如地面有不平或須修理而阻電車之行駛者則市政廳須於十四日之前咨照公司使別置一段軌道或於近旁道路暫置軌道以通往來其費由公司自任

第三十九條　公司於工作上必不得已而損及道路上一切陰溝水溝須由市政廳允准工畢時由市政廳雇工修理其費由公司擔任

第四十條　電車所經之道路距離兩旁軌道五十生的密達以外由市政廳保養修理

第四十一條　公司須維持保養其電車所經過之道路橋梁使常年穩固不致損壞須立即雇工修理不得延遲致生危險

第十三章　對於他人或他公司權利之關係

第四十二條　如軌道造於公共地產個人私產及他公司地產之上而事前未與該業主接洽者倘該業主欲令公司拆去已造之軌道公司即須照辦一切費用均由公司自任

第四十三條　電車軌道於安放修理換新或移動時所經之路如有自來水管自來火管及電報電話電燈等柱杆之阻礙倘不得該物主之允許絲毫不得移動若已得物主之允許而市政廳未能允准者亦不得移

第四十四條　公司於工作時如損壞一切公物或私產則市政廳有監理其一切工作之權而公司須負賠償損失之責任

第四十五條　公司於工作時如損壞電話電報等綫一切電氣記號等各種建築品工畢時公司須出資修理

第十四章　對於公司之補助

第四十六條　公司如遇經濟困難時可報告市政廳由市政廳調查其實在情形交議事會核議應否設法維持

第四十七條　公司舖設軌道如用洋工程師在場指點市政廳當妥爲保護

第四十八條　電車行駛迅速各種車輛或因不及避讓致生種種危險當由市政廳另訂妥慎章程俾各遵守

第四十九條　市政廳當知會警務處添訂由電車行駛之道路上種種規則爲防衞

第十五章　對於電車各種之取締

第五十條　所有電車拖車式樣均須經市政廳查驗允准後方可使用其車箱之濶不得過英尺六尺六寸

第五十一條　凡引電箱須由市政廳指定堅固地段方可安設

第五十二條　市政廳當會同公司訂定駛行電車及開行速率等章程

第五十三條　市政廳隨時可訂立治理電車章程所訂章程應於二星期之內登上海日報俾衆周知其關於應訂章程各項如左(甲)管理使用車上警鈴(乙)如市政廳視爲發危險之處可令電車即行停駛(丙)管理電車上乘客上下之法與車上布置合式與否(丁)管理電車之速率(戊)各項中英二文合刊之印刷品應在電車內及別處張貼(己)市政廳應訂公司違犯以上各項章程罰款分五元十元兩種

第五十四條　公司如有違背合同或於其電車所經之道路橋梁有損壞時不即修理則第一日罰洋一百元以後每日罰洋二十五元

第五十五條　電車每晚至十二時停駛十二時後非經市政廳允准無論何事不得開行

第五十六條　公司不准乘客攜帶過十六磅重一立方尺大之物件如有取厭他人及一切危險之物雖小亦不得攜帶

第五十七條　市政廳應禁止凸輪車行駛於電車軌道範圍之內并派稽查員攜市政廳所給之稽查劵不論何時何車可以查驗車上機器電綫及各種器具如查有不適用不穩固之處一經市政廳函告公司應卽設法修理

第五十八條　公司如有妨碍市政廳道路章程之事市政廳可照定章議罰

第五十九條　公司中工人及辦事人如不遵合同或有損害物件傷斃人命等事公司應另訂賠償撫卹之章程

第十六章　營業之購回

第六十條　市政廳於三十年期滿後可將建築品活動及不活動材料與電車電氣等物自行購回惟須於期滿前二年先行咨照公司

第六十一條　購回價值應由市政廳與公司各請一公正人估計如公司人兩方不相允洽則另請第三公正人斷定後兩造(廳與公司)即應遵照

第六十二條　市政廳購回後如願將此項營業轉租於別種公司而電車公司聲明願意續辦則市政廳應先儘老公司惟總須投標並視新章程之利便爲斷

第十七章　公司所有物之租讓與抵押

第六十三條　公司如欲將地產機器建築品及各種材料售讓於中國銀行及華商銀行均須市政廳議事會議決方可照辦其價可由公司自行訂定俟買賣手續完畢後即與本合同斷絕關係

第六十四條　公司於不得已時爲維持營業計可將公司產業抵借款項惟須報告市政廳交議事會議准

第十八章　公司之代表

第六十五條　公司應由各股東公舉一人總理公司中一切事宜對於公司有代表之資格對於合同負完全之責任

第十九章　交涉以解決

第六十六條　市政廳與公司有交涉各事或於建築時或於行政上或於本合同條款或於兩方面權利發生一切爭端疑難問題應由市政廳董事會移交議事會議決

第二十章　合同之執持與修改

第六十七條　所有市政廳與公司往來之各種文件及市政廳之認可證據均須繕寫或用印刷一方

面由市董事會簽字一方面由公司代表簽字彼此各執一紙爲憑

第六十八條　本合同如有不適用處應修改時由市政廳與公司雙方協議修訂民國元年七月立合同上海華商電車有限公司上海南市市政廳市長莫子經公司總理陸伯鴻

附條按照合同第六章第十四條三釐報酧以三年爲限逾三年以五釐報酧民國十二年癸亥四月分起加足五釐

滬閔南柘長途汽車公司　民國九年邑人李顯謨黃申錫等發起原定計劃由上海南市至閔行過黃浦經奉賢縣之南橋以達松江縣之柘林今所成者止上海南市至閔行一段計路長二十七公里設總公司於滬閔南柘路在滬杭甬鐵路公司之北分辦事處於閔行由上海西門往西南經土山灣漕河涇惠靈學校錢糧廟顓橋北橋至閔行路寬五十英尺

上南長途汽車公司　民國十年邑人穆湘瑤與南滙朱祥紱合組上南交通事務局推舉朱祥紱爲局長修築上南縣道由公司墊欵築路與交通局締結租路有軌行車契約以三十年爲期路自浦東周家渡

浦灘起南經楊思橋三林塘又南至天花庵南而入南境百曲以達周浦爲第一段計路綫長二十四華里在邑境者十六里向南經沈莊杭頭以抵新場爲第二段再向東南至大團泥城爲第三段路面寬四十英尺十年十月興工十一年六月工竣九月開駛行車十三年冬改用鐵道修建水泥橋六座十四年春改駛鋼輪每小時一班與浦江輪渡啣接人咸稱便

上川長途汽車路　民國十年川沙黃炎培等邀同上海浦東塘工善後局局董朱日宣籌築上川縣道由川境曹家路鎭轉西沿莊家溝北岸入上境經奚家橋越都臺浦又西金家橋鎭南過馬家浜直北達慶甯寺塘工分局東渡公輪碼頭渡口計路綫長三十七里半在邑境者約十二里是年七月朱局董會同川沙縣交通工程事務所主任張志

鶴副主任黃洪培呈請上川兩縣公署呈省立案十一年二月開工路寬三丈兩旁開水溝各寬五尺共占地面四丈唯慶甯寺至金家橋行人較多路面展寬二丈車式軌道悉如上南路

附公共租界電車一千九百年宣統元年三月五日開辦一自靜安寺路至公園靶子場一自十六舖至卡德路一自東新橋至麥根路一自西門至滬甯車站一自滬甯車站至外白渡橋一自滬甯車站至提籃橋一自楊樹浦至十六舖一自洋布局至十六舖一自提籃橋至十六舖一自外洋涇橋至靶子場一自三洋涇橋至北泥城橋按路綫時有變更此據民國十年調查

法租界電車一千九百八年宣統元年開駛一自十六舖至徐家匯一自小東門至西門一自西門至滬甯車站公司在盧家灣北首電車出

廠一往南行斜橋西門一往北行經呂班路霞飛路

無軌電車一千九百十四年（民國三年）秋開駛後因路未堅實暫行停駛明年七月復開一端在洋涇浜設有轉車盤自能將車轉回一設在老閘路南境

郵

吾邑通信機關設於官者曰鋪遞（見兵防）曰文報局則創設於光緒四年外洋文報往來上海最爲便捷美國肄業華童洋局派司事陸湛源經理出使日本大臣派招商局委員王松森經理出使英國大臣派游擊黃惠和經理出使德國大臣派滬關稅務司經理所需經費陸司事則於華童洋局額領項下扣給王委員則由星使徑給黃游擊則由海關給發稅務司則由關道給領辦法至爲紛歧至是總理衙門奏准飭令

南洋大臣轉飭江海關道將以後出使東西洋各國大臣文報概由招商局員接遞各項費用卽在江海關按年彙寄各國出使經費內支給該局委員除經理公牘信件之外並購上海新聞報紙遇有地方要務隨時報知各星使　設於民者曰信局以私人營業傳遞私人函件視道路之遠近與物質之輕重而高下其信資其局略分兩類曰輪船信局者由輪船分遞各口者也曰內河信局者用划船俗稱脚划船分送各地者也至郵政局成立信局各須挂號領照取締日嚴營業衰落矣

郵政局　咸豐十一年通商各國在北京設立使館各使館與上海來往之信札皆由總理衙門令驛站代遞而海關任其收發海關以北洋冬令冰凍由陸轉運乃於上海清江之間設立寄信局旣又設分局於天津及沿海各岸皆由汽船傳遞光緒二年各海關皆設寄信局四年

試用郵票更於海關之外試設分局於是上海商民間有向海關寄信者然寄信局送信不出租界範圍之內而各國多有設立專局者二十二年三月特旨設立郵政局暫附屬於海關上海委造册處稅務司兼管郵政事宜又以上海通商口岸爲中國寄遞適中之區分赴南北暨入長江並往外海較爲事繁任重特派員役辦理仍歸稅務司會同監督管轄三十年與法國訂立郵約主要目的在雙方交換包裹三十一年與英國德國訂立郵約英約兩國郵票互相承認德約根據萬國郵政同盟規條互相聯絡政府爲便利南斐洲華僑交通起見復與那塔爾政府訂立專約宣統三年始設總局與海關分離上海有總局一在南京路支局十七南市行仁碼頭　裏馬路　城內舊校場　綵衣街　北市愛而近路　南京路　百老匯路　西華德路　蓬路　靶子路　卡德路　巨籟達路　新閘路　文監師路　西門外　徐家匯路　浦東河塘街

光緒二十二年二月總理各國事務衙門奏請試辦郵政摺　臣衙門准署南洋大臣張之洞咨鈔擬設立郵政請飭議章一片光緒二十一年十二月初三日欽奉電傳諭旨郵政一節業經總署籌議粗有頭

緒矣欽此欽遵仰見聖主周卹商旅通志類情之至意查原奏內稱泰西各國郵政重同鐵路特設大臣綜理取資甚微獲利甚鉅權有統一商民並利近來英法美德日本在上海及各口設局實背萬國通例曾經前南洋大臣曾國荃據道員薛福成委員李圭稅務司葛顯禮等往復條議咨由總理衙門飭總稅務司赫德詳議謂此舉裕國便民爲辦得到之事至稅關所辦郵遞因與國家所設體制不同故推廣每多窒礙現復與葛顯禮面加籌議知其情形熟悉各關稅務司熟諳辦法者當亦不乏請飭總理衙門轉飭赫德妥議章程開辦即推行沿江沿海各省及內地水陸各路務令各國將所設信局全撤並與各國聯會彼此傳遞文函等語臣等查光緒二年間赫德因議滇案請設送信官局爲郵政發端之始經臣衙門函商北洋大臣李鴻章於四年間覆稱擬開設京城天津煙台牛莊上海五處略仿泰西郵政辦法交赫德管理嗣因各國紛紛在上海暨各口設立郵局慮佔華民生計九年間德國使臣巴蘭德來請派員赴會十一年曾國荃咨稱州同李圭條陳郵局利益各節並據寗海關稅務司葛顯禮申稱香港英監督有願將上海英局改歸華關自辦之語經臣衙門先後飭據江海關道總稅務司籌議咨行南洋大臣查核十六年三月劄行赫德以所擬辦法既於民局無損即就通商各口推廣辦理擬俟辦有規模再行請旨定設此該大臣張之洞所稱各稅關試辦郵遞之權輿也臣等復查寗海江海各關道來稟每謂稅關郵局未經奏定外人得以借口十八年冬赫德亦以數年辦理艱難若再不奏請設立官郵政局恐將另生枝節十九年五月迭接李鴻章劉坤一咨據江海關道聶緝槼稟稱上海英美工部局現議增設各口信局異日中國再議推廣必更維艱各等語是原奏所稱體制不同推廣每處窒礙誠爲洞見癥結之論至各國通行歲收鉅帑一節考泰西郵政自乾隆初年普國始議代民經理統以大臣位齊卿貳各國以爲上下交便仿而效之光緒十九年葛顯禮呈送萬國郵政條例聯約者六十餘國大端以先購圖記紙黏貼信面送局以抵信資每封口信重五錢者取銀四分道遠酌加其取資既微又有定期而無遺拆百貨騰跌萬里起居隨時徑達至有事時並可查禁敵國私函誠如原奏所稱權有統一爲利商利民即以利國之要政也又查十八年以來美國一國郵局清單一歲所收銀圓至六十四兆二十萬九千四百九十圓之多張之洞所舉英國收數當中銀三四千萬兩尚係約略之辭利侔鐵路誠爲不虛且西國郵政

與電局相輔以火車輪船爲遞送近年法國設立公司輪船十艘通名曰信船遇口停泊信包未到不得開碇其鄭重如此中國工商旅店新舊金山檀香山新嘉坡檳榔嶼古巴秘魯者不下數百萬人據李圭稟稱該工等有一紙家書十年不達者緣郵會有扣阻無約國文函之例也中國郵政若行即以獲資置備輪船出洋藉遞信以流通商貨其挽回利權所關尤鉅臣等博訪周諮知爲當務之急爰於十九年劄飭赫德詳加討論是否確於小民生計無礙上年六月至十二月復與該總稅務司面商屢屢先後據其遞到四項章程計四十四款臣等詳加批閱大致釐然自應及時開辦應請旨勅下臣衙門轉飭總稅務司赫德專司其事仍由臣衙門總其成略如各口新關規制即照赫德現擬章程定期開辦應製單紙亦由赫德一手經理遇有應行酌改增添之處隨時呈由臣衙門核定務期有利無弊至赫德呈內稱萬國聯約郵政公會係在瑞士國應備照會寄由出使大臣轉交該國執政大臣爲入會之據自可據萬國通例轉告各國將在華所設信局一律撤回按咸豐八年俄約光緒十三年法約本載明兩國公文信件互相遞送中國既經入會各國當無從藉口以上所議如蒙俞允即由臣衙門欽遵分別咨照劄飭辦理俟辦有頭緒即推行內地水陸各路剋期興辦一面咨行沿江沿海及內地各直省將軍督撫知照屆期即將簡要辦法飭地方州縣曉諭商民咸知利便凡有民局仍舊開設不奪小民之利並准赴官局報名領單照章幫同遞送期與各電局相爲表裏其江海輪船及將來鐵路所通處所應如何交寄文信由該總稅務司與各該局員會商辦理官郵政局歲入暨開支款目由總稅務司按結申報臣衙門彙核奏報赫德所擬章程條款另具清單恭呈御覽

民國元年南北統一始於舊郵票上加印中華民國四字二年發行新郵票兩種一爲革命紀念郵票上孫文肖像一爲共和紀念郵票上袁世凱肖像三年分全國爲二十一郵區每區設管理局一所次爲支局

次爲代理支局上海一埠自爲一區亦設管理局幷有支局九方浜路南京路曹家渡　愷自邇路　楊樹浦　徐家滙　黃浦外灘　高昌廟　爛泥渡是年九月一日萬國郵會在日斯巴尼亞開會各國承認我國加入幷附入羅馬包裹章程自此國內國外往來郵件與各國互負遞寄之責部派上海管理局爲直接互換局九年又在日斯巴尼亞開萬國郵會博議大會各國提議多至二千餘件而與我國有密切關係者三件一法國提議將國際郵政公約施行細則中關於客郵各款一律刪除二包裹協約第五條我國要求增收額外資費七十五生丁附件第三條要求增收過境包裹費一佛郎二十五生丁三吾國提議此次議決各約中皆定有禁止鴉片嗎啡高根等毒質物之專件上三案皆經大會通過是年政府以郵局開辦十五年特製紀念郵票上海管理局在公共租界北京路支局十九方浜路　肇嘉路　南市外灘　浦東爛泥渡　西

華德路西段　北四川路北車站　卡德路　新閘路　南京路　愷自邇路　公館馬路　西門　裏馬路　閘北霞飛路　楊樹浦　徐家滙　高昌廟　曹家渡　靜安寺邑境內地局三閔行二等局新龍華二等局周家橋三等局郵寄代辦所八洋涇鎮　北新涇　虹橋　三林塘　漕河涇　馬橋　顓橋　北橋能將滙票兌欵之支局十二方浜路　南市外灘　爛泥渡　北車站　卡德路　南京路　愷自邇路　閘北　徐家滙　高昌廟　漕家渡　靜安寺路兼辦郵政儲金之支局八方浜路　南市外灘　爛泥渡　南京路　愷自邇路　徐家滙　高昌廟　曹家渡兼收保險信件之支局三高昌廟　西華德路西段　北四川路開發國際滙票之支局三公館馬路　北四川路　西華德路西段兌付國際滙票之支局十五方浜路　南市外灘　爛泥渡　西華德路　北四川路　卡德路　南京路　愷自邇路　公館馬路　閘北　霞飛路　徐家滙　高昌廟　楊樹浦　靜安寺兼收代收貨價之郵件之支局三北四川路　公館馬路　西華德路西段

附外國郵局設於吾國境內者始於英國當我國未辦郵政以前有大英書信館之設名曰中國書信館在北京路於是法國書信館在天主堂街德國書信館在福州路俄國皇家書信館在蓬路美國書信館在黃浦路接踵而起至大清郵政局成立亦改名郵政局而冠各國國名於上光緒二十八年日

本設日本郵便局民國十二年始撤（在黃浦路）

電

電報　上海之有電報自大北公司始大北者丹麥國之公司其本部在丹京哥本海根一千八百六十九年（同治八年）丹人天得根創辦翌年推廣至遠東經營中國日本之交通事業設水綫於琿春長崎上海香港各處上海至香港至長崎琿春電綫均於一千八百七十一年開辦是年冬間各綫與西伯利亞綫完全接通光緒六年直隸總督李鴻章奏准天津電綫由陸路接至上海由軍餉內撥銀十七萬八千七百兩檄前津海關道鄭藻如候補道盛宣懷與大北公司訂立合同委託代辦工程十月工竣（是月十二日總理衙門有公電至滬轉由外國電綫寄達駐德公使是爲中國電報傳達外洋之第一信）八年三月上海招商股八十萬元改爲官督商辦又自上海而南經浙江福建各海口以達

廣東九年三月工竣是年大北加設雙綫（上海長崎琿春間）　一千九百年（光緒二十六年）　又與大東公司聯合建設上海芝罘間及芝罘大沽間兩綫　一千九百零三年美國紐約太平洋商務水綫登岸與上海陸綫聯合　三十四年中國電報收歸國有計全國電報局五百餘處而上海局所在黃浦灘路（與大北大東太平洋商務三公司同在一處）　大北開辦之時卽編訂華文電碼以便華人通電其法以號碼四位與華字對照通電時以號碼傳達再譯成文句今日中國電局所用之電碼卽濫觴於此（外國電報又有路透大德利兩公司）

光緒六年李鴻章奏設電報摺　用兵之道必以神速爲貴是以泰西各國於講求鎗礮之外水路則有快輪船陸路則有火輪車以此用兵飛行絕跡而數萬里海洋欲通軍信則又有電報之法於是和則以玉帛相親戰則以兵戎相見海國如戶庭焉近來俄羅斯日本國均效而行之故由各國以至上海莫不設立電報瞬息之間可以互相問答獨中國文書尙恃驛遞雖日行六百里加緊亦已遲速懸殊查俄國海綫可達上海旱綫可達恰克圖其消息靈捷極矣卽如曾紀澤由俄國電報到上海衹須一日而由上海至京城現係輪船附寄尙須六七日到京如遇海道不通由驛必以十日爲期是上海至京僅二千數百里較之俄國至上海消息反遲十倍儻遇用兵之際彼等外國軍信速於中國利害已判若徑庭且其鐵甲等項兵船在海岸日行千餘里勢必聲東擊西莫可測度全賴軍報神速相機調撥是電報實爲防

務必需之物同治十三年日本窺犯臺灣沈葆楨等屢言其利奉旨飭辦而因循迄無成就臣上年曾於大沽北塘海口礮臺試設電報以達天津號令各營頃刻響應從前傳遞電信猶用洋字必待繙譯而知今已改用華文較前更便如傳秘密要事另立暗號即經理電綫者亦不能知斷無漏洩之虞現自北洋以至南洋調兵饋餉在在俱關緊要亟宜設立電報以通氣脈如安置海綫經費過多且易蝕壞如由天津陸路循運河以至江北越長江由鎮江達上海安置旱綫即與外國通中國之電綫相接需費不過十數萬兩一半年可以告成約計正綫支綫橫亘須有三千餘里沿路分設局棧常年用費頗繁擬由臣先於軍餉內酌籌墊辦俟辦成後仿照輪船招商章程擇公正商董招股集資俾令分年繳還本銀嗣後即由官督商辦聽其自取信資以充經費並由臣設立電報學堂雇用洋人教習中國學生自行經理庶幾權自我操持久不敝如蒙俞允應請飭下兩江總督江蘇巡撫山東巡撫漕河總督轉行經過地方官一體照料保護勿使損壞

光緒七年中國電報總局丹國大北公司會議中國與外洋彼此收遞電報辦法合同

一所有經中國電綫寄往來外國之電報若寄報者不指明從何綫寄往當由日本及海蔘葳一路傳寄

一中國總局當與大北公司互相通知電報信資即中國電報局由上海至內地各處之價大北公司由上海至廈門香港以及外洋各處之價

一所有電報在中國分局寄往中國各處及寄往外國經大北公司海綫寄去者除上海外中國電報局應將全價收清然後將大北公司應得之價照章劃還大北公司大北公司保各處電報妥當寄去外國以及上海至廈門香港等處所有電報由外國寄中國內地者大北公司亦一併收其信資將應交中國之價彙劃歸還中國電報局中國電報局亦保各電報在中國電綫之上妥寄如有貽悞彼此查照公法定章辦理

一凡由中國寄外國或由外國寄中國內地之報中國電報局及大北公司均應在上海各立專册登記其交易之數彼此應行找還之數每英月初二日互相較對前月之册倘有應找之款當於下月初十以前彼此繳清

一中國上海電報局倘與上海大北公司同在一處或租大北公司房屋即應繳大北公司房租若干彼此另行商定如中國另有相近之屋卽由中自主統歸上海分局總辦辦理惟須由中國設一電綫與上海大北公司之綫相接

一中國總局大北公司可各定其自己之價但寄外國電報之價均須按照倫敦西曆一千八百七十九年新定萬國電報章程凡中國電報局傳寄中國字電報或用大北公司所定中國字之電報新書或由中國自行編查新碼

一電報頭字以及中國各電報局與大北公司來往信札均用英文惟合同則以華文爲主

一中國設立津滬電綫於大北公司亦有裨益故於中國電報有益之事大北公司自願幫助但中國自主之事大北不得干預

一中國電報局及大北公司所有因電報公事來往電信均無信資

一大北公司海綫如有斷絕停滯等情大北公司卽時通知中國電報卽時通知上海大北公司

一中國自行創設電報乃自主之權係北洋大臣開辦以後無論何省官憲託大北公司代爲經手雇人購料者應由大北公司先行稟明北洋大臣核奪候示允准方可代辦如不稟明則不准辦

一按照大北公司原稟第四條大北公司應繳回中國官報之費每三箇月一結專歸一款繳交上海電報局轉解天津總局察收轉報北洋大臣大北公司亦用洋文報單報知北洋大臣由天津總局代呈

一長江水綫必須用輪船修理屆時應雇大北公司海綫輪船並洋匠前往修理每日船匠煤炭一切花費照每日英洋四百五十元如中國願派人赴大北公司海綫輪船往公司海綫之處學習大北公司情願盡心盡法傳授至自能修理長江水綫爲止

一凡發售數碼商人電報至外洋者應照萬國電報章程以三箇數目作爲一字大北公司之綫變通章

程凡遇四箇數目之字均聚聯按三箇分爲一字中國此時如用四箇數目字碼之書凡經上海厦門香港長崎海參威丹國水綫之處能否照四碼一字收價恆甯臣無專主之權應由恆甯臣函請丹國總公司復信照辦

光緒八年李鴻章奏商業接辦電綫摺　竊臣於光緒六年八月奏請由天津陸路循運河至鎭江上海設立陸綫電報籌款墊辦俟辦成後擇公正商董招集股貲接辦並設電報學堂教習生徒自行經理是年八月十四日奉上諭現在籌辦防務南北洋必須消息靈通以期無誤事機該大臣請於陸路由天津至江北鎭江達上海安置電綫係爲因時制宜起見即著妥速籌辦並著江蘇山東各督撫飭令地方官一體保護照料勿任損壞餘均照所議辦理等因欽此當經督飭前津海關道鄭藻如候補道盛宣懷劉含芳等妥議章程與丹國大北電報公司商立合同代爲購料僱人查勘設綫道路以資熟手指導自七年五月初興工至十月底工竣南北中外消息瞬息可通仍照奏案招商集股自八年三月初起歸商接辦由官督查臣仍籌貼每年沿途弁兵巡費一萬一千兩以示體恤五年後如電資有餘再行截止夏間朝鮮內變急調南北水陸各營實賴電報靈捷其赴機之速爲從來所未有卽總理衙門與臣等密商出洋各使臣及南省要務莫不旋至立應成效已灼然共見矣十月間英法美德各使請在上海設立萬國電報公司擬添由滬至香港各口海綫英國署使臣格維納並援同治九年總理衙門已允成案請由英商添設自上海至甯波溫州福州廈門汕頭各口海綫其勢幾難禁遏臣與總理衙門往返函商惟有勸集華商先行接辦由滬至粵沿海各口陸綫以杜外人覬覦之漸而保中國自主之權使彼族無利可圖或者徘徊中止且沿海各省與京外籌商軍國要事調兵催餉均得一氣靈通於洋務海防實有裨助而商民之轉輸貿易者亦藉電報速達利益更廣因飭津滬電報局委員盛宣懷等傳集衆商妥晰會議頃據盛宣懷會同商董候選道鄭官應候選主事經元善國子監學生衛謝家福副將王榮和等聯銜馳稟擬請自蘇州浙江福建通商各海口以達廣東與現在粵省所辦陸綫相接計將六千里照津滬陸綫成本工費核算約需銀四十餘萬兩沿途分設局棧常年用費亦倍於津滬現有大北公司海綫直達香港或將來英商再添水綫勢必互相跌價傾擠籌辦實屬不易惟欲收我中國自有之權利必當竭力籌維

勸集鉅資次第開辦以盡報效之忱公議章程呈請援案奏明請旨勅下蘇浙閩粵各督撫轉行經過地方官一體照料保護等情前來臣查核所議章程尚屬周妥當此外人窺伺之際必須激厲華商羣策羣力共圖抵制雖浙閩粵各省道里較遠民情不一而同治十三年沈葆楨奏請在閩境興辦電綫速通軍報業奉旨准因循未就署兩廣督臣曾國荃等因英商議設水綫至省飭粵商興造陸綫以拒敵謀業有成局可知風氣漸開南中官民皆知電報爲有益軍國商旅之事况自津達滬二千數百里陸綫成後沿途毫無擾累各省必有風聞擬請勅下江蘇浙江福建廣東各督撫臣轉飭經過地方官妥爲勸諭隨事照料保護勿使稍有阻撓損壞以期事在必成庶免華商裹足外人貽笑而各國添設海綫之謀當漸消阻實與交涉大局有裨

光緒九年中國電報總局丹國大北公司會議大北售與中國上海至吳淞旱綫合同

一丹商大北公司因接到駐上海丹國領事弼來文據稱本領事接三月二十七日上海關道臺照會內開啓者本年三月二十六日奉蘇撫憲衛札開光緒九年三月二十一日准總理衙門咨案查同治十二年間丹商在上海安設旱綫屢經照會請飭令撤去乃丹商不俟議定輒行安設遷延至今仍未撤去查洋商在中國設立旱綫及引綫上岸條約並無准行明文丹國商人不守約章率行舉辦於中國自主之權殊有妨礙且無以服各國商人之心况中國現已立有電報公司所有各口陸路旱綫卽日次第舉行尤未便任聽丹商旱綫攙雜其間有損中國之權利相應咨行貴撫轉飭地方員弁迅將丹國商人所設上海旱綫卽時拆毁無任稽延等因到院札道遵照辦理等因奉此合亟函致卽祈貴領事查照轉飭大北公司將吳淞至上海陸路電綫趕緊自行撤除並望見復以便轉稟等因是以大北公司向中國電報總局會商現在中國電報總局稟明總理衙門南北洋大臣准由中國買回大北公司陸路電綫一道由大北公司現租上海黃浦灘揚子路第七號房屋起至大北公司吳淞房屋爲止

兩面議定此條旱綫照現今竪立電桿電綫以及磁碗一切俱全除機器外統計上海規銀三千兩准於合同簽名之後將原價銀三千兩交付大北公司收取大北公司即於是日將此條旱綫交付中國電報局執管

二大北公司由日本香港廈門來滬之海綫現在吳淞與旱綫相接通至上海揚子路七號房屋旱綫除現今所繫三條仍留不動外中國允再添綫三條准於合同簽名日起兩個月內做就

三中國電報局於吳淞旱綫可繫鐵綫若干條隨意所欲惟恐木桿受重不起中國自用鐵綫儘可多添為本地傳報生意之用但當以電綫無礙木桿能受重為準

四中國買回吳淞旱綫中國自必常守堅固以期無誤如有損壞中國電報局自必趕速修好萬一中國電報局不照前議遇有損壞並不修好則大北公司可以代修之費仍可隨時向電報局算還

五吳淞旱綫歸中國買回之後所有大北公司水綫雖與中國旱綫相接其水綫仍歸大北公司照舊章辦理並在上海設立公司

六所有大北公司海綫傳遞電報經過中國上海吳淞旱綫一切報費歸大北公司定價收取惟上海至吳淞陸路電報不得由大北公司傳遞

七因大北海綫傳遞中國官報概不取費是以中國電報局允減報費僅就大北收費電報經過日本寄往歐美兩洲及亞洲俄國之報係由中國電報局內地各處寄來或由上海交於大北傳遞經過吳淞旱綫者應由大北按照上海至長崎水綫所收報費歸中國電報局每百分之二分五釐其中國官報過大北綫免費者不在內

八中國電報局可將大北公司所備日流簿及一切帳簿專派司事查閱抄記以便核對報費分算按成照派按月一結其算帳日期總以不逾每月十號為準

九大北公司在吳淞海邊本有房屋一所安置水旱綫頭現在旱綫既歸中國收回應由中國電報局租用大北公司房屋兩大間由中國每月出租洋二十元改為中國吳淞電報分局安設旱綫機器並將中國旱綫頭與大北海綫頭在此房內相接

十大北公司將來如欲將吳淞海綫頭拆去移至洋子角請由中國電報局另造上海至揚子角旱綫一條與大北公司海綫相接中國電報局亦可稟請中國總理衙門允准一切章程與吳淞接綫一律辦法所收往來報費大北公司應歸中國電報局每百分之五分所議第七款章程應歸中國電報局報費每百分之二分五作爲罷論或照中國電報局日後取大東公司報費一例

十一中國及各國或上海口岸遇有海口封禁不測之事以及合同所未及詳載之事彼此互商均照萬國公法辦理

十二以上所訂合同以二十年爲限議於立合同之日起嗣後中國如與大東公司所議上海吳淞旱綫章程有所更改則中國電報局必須速卽函致大北以便大北酌將現立合同照改

十三大北公司與中國電報局所訂之合同於大北公司前請中國國家准行之事以及與電報局所立合同章程等件毫無關礙

十四以上各條各合寫中英字兩分各執一分由中國電報總辦丹國大北電報公司總辦定議簽名並請上海關道臺丹國領事官簽名蓋印詳送中國總理衙門南北洋大臣丹國駐京欽差大臣核准備案如有合同字義遇須辯論之處概以華文爲准另添華文合同兩分由中國電報局備送中國大憲合併附註

光緒九年中國電報總局英國大東公司續訂上海等處電報章程

一原合同第四條所載大東公司經理人允請總公司不設水綫至寧波廈門福州汕頭廣州以及上海迤南中國各海口等語現因大東總公司欲請於福州汕頭兩處之中擇定一處離口設立躉船安置綫頭應聽中國總理衙門暨英國駐華大臣會議定奪倘中國電報局欲引水綫至新加坡檳榔嶼兩處之中擇定一處離口設立躉船安置綫頭亦必由中國執政大臣與英國執政大臣會議定奪

二現因大東公司海綫頭已抵吳淞口急欲通報由中國電報局稟設上海至吳淞中國旱綫一條以接大東海綫綫頭不必再用洋子角接綫所有吳淞接綫辦法卽照光緒九年二月二十三日所議洋子

角接綫合同十六條一體辦理將來或欲仍歸洋子角接綫則吳淞之綫仍應拆去至於第一二條所載中國電報局旱綫報費如在洋子角相接應歸一百分之五分如在吳淞口相接應歸一百分之二分五釐

三凡日本至香港及香港至日本電報經過上海吳淞旱綫中國電報局應照上海至香港電報費取百分之一分其中國各處往來外洋及外洋至中國各處來往電報費應取每百分之二分五釐

四中國電報局置設上海吳淞旱綫兩條與大東水綫相接所有大東通報事宜應大東公司自己派人辦理

五中國電報局在吳淞海邊設立房屋將中國電綫頭與大東水綫頭相接以符原議而分華洋海旱電綫界限屋內另留住房一間以便大東公司用人在吳淞辦理試驗及修理水綫之時可以住居

六如大東公司日後允將中國官電報往來歐洲讓費不取則大東所接上海吳淞旱綫亦可照大北公司所議報費一律辦理

光緒十六年出使英法義比大臣薛福成論大東大北電報兩公司訂立合同呈總署函　敬啟者大東大北兩公司報効官電訂立合同一節十一月十八日寄上一電因查該公司之例凡爲電報公事發電者不給電費爰將辦法詳叙電中惟須俟該局閒暇時始能發遞聞逾半月後甫經達到旋接鈞署來電謹悉壹是已經電覆梗概所擬合同第二款內除中國電報局外不准別國公司在中國海邊安設水綫等語該公司初意欲作不准別公司在中國海邊安設水綫而無別國字樣則中國電局將來亦不能設自斷無此辦法理論數月始改爲不准別國公司字樣然合同全款皆從此生根北東公司所得利益祇此一事至第一款明認其在吳淞等處設綫原係空文並非實惠蓋彼之設綫已一二十年矣勢固難以不認而驟撤之但我須以此說斡旋方無損於體制彼亦知此條並無所獲而彼於第四第五第八等款皆予我以絕大權利實專酬第二款之益耳若第二款不行則全款當廢功敗垂成殊屬可惜竊意北東公司前函謂他國必生異議實係兩公司爭論時情形昔年大北來華先設海綫大東起而相爭謂英使威妥瑪前在鈞署理論滇案曾議請英商在中國設水陸電綫當時曾否答允固未可知而威使之藉端

要挾不循公法亦與近來各國情形不同福成近到外洋竊觀各國於電綫鐵路等事尤以自主之權爲兢兢斷不任他人干預無論交何國何人承辦惟其自爲酌度友邦不能顧問查蒲安臣所定中美續約第八款亦聲明電綫鐵路均係內治之法美國並無干預之權光緒初年英商在吳淞私設鐵路經沈文肅公力與相持彼遂停輟者殆格於公法也中國二十年前於此等利害尚未深諳大北乘隙先來擅自設綫當時亦以彼族饒舌爲疑慮並未從嚴禁阻以致大東相繼效尤並託威使原議以爲券與大北兩不相讓勢難堅拒今大東早經設綫則於威使前議一層已安置妥帖目下各國交涉與前迥殊均能循理且不生要挾之端更無異議鄙意乘此閒暇亟定規模收回權利最爲要著從前合肥傅相亦與大北訂立合同六條惟於報効官電之外尚無別項利益且於合同字句未及仔細推敲因有不准別公司設綫之說彼時中國電局適自造綫大東又來攙越而大北乃趁此翻悔不肯踐約迄今未有歸東福成所深慮者北東來華設綫而我未能禁阻又不責其報効若各國公使援照前來我將無辭以拒之凡值用兵之時電綫尤關緊要倘德與法日諸國並遣公司來華設綫則中國爲各帮公共通電之地門戶洞開何所底止即如甲申年孤拔接法廷密電掩我不備遂有馬江之失其時爲法通電者非大北即大東因我未訂合同故彼並無所忌也今之辦法借北東兩公司之報効而予以保護兩公司爲名而杜他綫之來各國公司既知有此合同自不妄生覬覦前電所云英丹俄公使若來問此事請以中國自主之權回覆決絕者蓋彼使不能與聞明非國家交涉之事則各國自不能援均霑之例爲辭因係我與該公司自訂合同猶之在英購製機器法不能以此相責望在德采辦軍火奥不能以此相瀆擾也況北東既爲我用遇有他公司潛來設綫彼必偵探密報我可豫籌設法禁拒非若昔日辦理之棘手福成深知電務關係緊要派員與兩公司理論舌敝唇焦已有八閱月之心力注於其間始獲漸就範圍即現擬九款亦經句斟字酌與彼往返駁論者五六次矣硜硜之見竊謂此舉俾各國不生覬覦永保中國自主之權爲第一義有事時受我監察不爲我敵國通電爲第二義疏通中外消息辦理交涉隱獲裨益爲第三義中外各署每歲可節省電費數萬金猶係第四義也前電各款彼此磋磨既久大致已無甚出入第三款應改之語謹遵鈞電當與北東商定惟中國電局與兩公司商訂各項章程一句仍擬作爲允兩公司與中國

電局自行商訂各項章程以下再照電示之語敘入則電局已獲無形之權利蓋合同之語謂電局應商之公司則權在公司若云允公司商之電局則權在電局查兩公司在中國僅有海綫數處較之電局陸綫通連各省究有主客之分衆寡之殊察其隱情似不能不聯絡電局且其交涉之事甚多勢固不能不與商也福成已於臘月初二日移駐巴黎而大東總辦亦有事外出仲春始返倫敦福成擬於回英時再與商訂合同俟議妥後一面咨報候核一面奏聞請旨緣前此大北合同六條北洋曾有奏案此次必須具奏以示鄭重乃足取信於洋人俾無翻悔而核定之權仍在鈞署重洋遠隔電價過昂每致信息不靈竊冀此局早定一日卽早收一日撙節之益卽使趕速就緒恐通行開辦已在明年夏秋間矣以上各情敬乞回明堂憲裁奪　敬再啓者前與北東兩公司先議合同節略據稱該兩公司係英俄國家扶持創設今與中國商訂合同必須請示國家並請將此節敘入合同之內福成思我若明認其請示必受彼國家牽制且自主之權隱被英俄干預殊多不便所以不允將此層敘入告以此係中國之事與英俄國家無涉彼之請示與否非中國所能過問但我總不能明認耳兩公司遂亦無辭萬一英俄公使詣鈞署詢問此事請明告以此非兩國交涉之事應由中國自主不願他人與聞否則彼且認爲當問之事始而干預繼而把持流弊恐無窮矣合併縷陳

光緒二十九年電政大臣袁等咨外務部大東大北公司聯合美綫辦法章程文　爲咨呈事前准美國紐約太平洋商務水綫公司函稱擬由呂宋造綫接通上海或附近上海地方卽指吳淞而言當經盛大臣以中美交好勢難拒絕詳敘各國海綫章程並陳明查照大東大北合同妥籌辦理於本年正月初七日電咨大部在案本大臣等接辦後迭經派員與東北公司熟商玆據該兩公司函稱美水綫接通上海一事敝公司奉總董命推誠奉商貴局與其設法阻止力有未逮不如另擬和平辦法使美公司不至奪我三公司歐洲往來報務以保全彼此固有之權利特擬聯合辦法九條請速復以便乘英京萬國電報公會集議之時將抵制之法先事商定免致美水綫造成後無所措手等語查各國水綫登岸空言阻止無裨實際除不與接綫外並無他法本局自與東北公司訂齊價合同後歲入洋報費頗鉅今添一公司自不免稍分利益惟細核兩公司所擬九條辦法於本綫費不過吃虧尚可抵制六七若中國不允聯合

堅執不准上岸既慮美綫造成於吳淞口外設一躉船無須上岸亦無須接綫儘可跌價爭攬致齊價報費全數無著尤慮該兩公司暗與美公司聯合吃虧更鉅得允准該兩公司推誠聯合仍守定中國本綫界限不使利權外溢以相抵制他國倘再援請尚可藉東方各公司力量併力拒阻除飭總局函復大東北公司照辦外業經本大臣等電咨大部在案昨奉大部咨電開電悉東北公司所擬辦法九條希即咨部備案等因准此查東北公司所擬辦法九條係與我電局預籌抵制美水綫在吳淞上岸辦法將來允准美水綫上岸時尚須另立合同以昭信守茲准前因相應將該兩公司所擬辦法九條照鈔清摺咨送

大部謹請

查照備案

附錄大東大北公司聯合美綫辦法章程

一電局應得之本綫費向來受分每字一佛郎四十二生丁若與美綫接通傳報收費必須與此數相同

二美公司如允照辦電局可與之聯合敝公司亦然

三電局本綫費應得之數須預爲聲明

四華歐往來每字總價七佛郎如日後減跌則所定之一佛郎四十二生丁亦當核減

五欲成此舉必須擔保美公司能得一定之進款其款即在歐美淨得報費內攤算惟尚須招他公司共分其任以減輕我三公司擔保認攤之費

六若事未議定遽允美水綫登岸則該水綫登岸之口岸報費電局不能得本綫費所失之數定多於擔保認攤之數

七彼此攤認成數之多寡按照統帳總數爲增減若按西一千九百零一年即光緒二十七年分報務計算認攤之數電局約出英金一萬一千五百鎊東北兩公司約出英金四萬鎊然美報減價招徠或尚可以恢復

八電局本綫費既歸一律所收報費應入新大公司統帳攤算

九如此辦理若美政府相助而成兩公司並電局地位更可穩固

民國元年交通當局核減電報價本省每字六分隔省加倍遠近一律十年加入萬國電報公會

無綫電報　四年一月在吳淞設立機器先於元年運到日間電力可通出七百英里夜間可通出三百英里　十年一月政府與舊金山美國合衆無綫電公司訂立合同在上海建造一千啓羅瓦德之一等電臺一所又二等電臺一所由中美合辦十年期滿後爲中政府所有

電話局　光緒三十二年十二月郵傳部電政總局派員開辦三十三年十月通話民國十年建總局於大南門口中華路九年六月興工十年七月落成建築費十一萬五千二百五十四圓分局四屬於縣境者在閘北共和新路致富里一在南翔鎮一在江灣鎮一在吳淞鎮其裝設之區域北至吳淞西

至南翔南至龍華

閔行電話局　滬閔南柘長途汽車公司設立由閔行汽車站北經北橋顓橋錢糧廟惠靈漕河涇站與上海電話局接綫通話

航空

航空站　民國十年航空事務處開辦京滬航空綫路由北京起經過天津濟南徐州南京以迄上海共需設立航空站五處特派勘地委員陳虹會同上海縣知事圈購二十九保三圖民田二百三十三畝三分二釐九毫按照國有航空站收用土地規則第四十條每畝給價銀八十圓十二年上忙起開除糧額又青浦縣三十五保一圖民田三十三畝八分三厘六毫一并圈入

飛機場　在龍華松滬護軍使署江邊大操場民國十一年成立有飛機八架

民國上海縣志卷十三

防衛

軍隊

辛亥九月十三日上海光復綠營兵均逃匿翌日吳淞光復軍李燮和到滬稱滬軍總司令維持地方秩序十七日起義各軍領袖公推陳其美爲滬軍都督卽日組織都督府於小東門內舊海防廳署洎夫南北統一江蘇都督府成立於蘇州陳其美自請取銷滬軍都督名義元年七月三十一日宣告結束移交滬防全軍統領李顯謨二年中央任命李顯謨爲陸軍第三混成旅旅長所部軍隊仍駐上海是年五月工黨領袖徐企文夜襲製造局不成被捕其時臨時總統袁世凱以上海地方衝要派旅長鄭汝成率第七第十九兩旅來滬並任命爲上海警備

地總司令六月李顯謨任江蘇水上警察廳廳長滬防全軍歸鄭汝成節制七月南京留守黃興江西都督李烈鈞起兵討袁陳其美鈕永建等在滬響應攻擊製造局血戰五晝夜鄭汝成指揮陸軍及海軍肇和應瑞等艦敗之中央任命鄭汝成爲上海鎮守使北洋軍隊遂陸續來滬四年十月鄭汝成爲刺客所戕中央簽派重兵駐滬以上海松江兩鎮守使改組護軍使任命陸軍第四師師長楊善德爲淞滬護軍使統率第四第十兩師駐紮松江吳淞及上海之高昌廟龍華閘北等處是年十二月肇和兵艦叛開礮與他艦互轟旋卽敉平五年十二月楊善德升任浙江督軍中央任命陸軍第十師師長盧永祥爲護軍使駐滬軍隊仍屬第四第十兩師八年八月盧永祥升任浙江督軍由上海防守司令王賓代理護軍使是年十月中央任命浙江甯台鎮守使兼陸

軍第六混成旅旅長何豐林爲護軍使於是淞滬地方之軍隊直接受浙江指揮九年直皖戰爭江蘇督軍李純欲收回淞滬幾與盧何開釁經地方士紳力阻乃免

茲將元年至十二年國家駐滬軍隊列表如左

滬軍總司令總司令李燮和軍隊約有三團亦稱光復軍

滬軍都督都督陳其美軍隊約有三師

滬防全軍統領統領李顯謨軍隊約一混成旅

陸軍第三混成旅旅長李顯謨

鎮守使鎮守使兼陸軍第七旅旅長鄭汝成

師旅名稱	營數	駐在地
陸軍步兵第七旅	步礮兵七營	高昌廟吳淞口

陸軍步兵第八旅第十五團	步兵三營	龍華閘北江灣
陸軍步兵第十九旅	步兵六營	高昌廟閘北浦東江灣吳淞獅子林

護軍使 護軍使兼陸軍第四師師長楊善德

師旅名稱	營數	駐在地
陸軍第四師	十三營	松江上海高昌廟龍華
陸軍第十師	二十營	江灣吳淞獅子林

護軍使 護軍使兼陸軍第十師師長盧永祥

師旅名稱	營數	駐在地
浙江督署衛隊	三營	松江楓涇一帶
陸軍第四師	九營	
陸軍第十師及陸軍第四師礟二營	二十一營	上海寶山一帶

護軍使 護軍使兼陸軍第六混成旅旅長何豐林

師旅名稱	營數	駐在地
陸軍第十師	十四營	江灣吳淞獅子林龍華
	礮三營	龍華
陸軍第十混成旅	六營	高昌廟閘北浦東楓涇
浙江督軍衛隊二團 陸軍第四師工輜兩營	五營	松江一帶

海軍司令部

上海當江海要衝吾國海軍艦隊駐防於吳淞口及黃浦江中往來游弋而設司令部於高昌廟駐有陸戰隊及衛隊

海軍驗藥所

海軍驗藥所在楊思鄉沿楊淄溇港之南岸建設藥庫即海軍之軍械儲藏所派委管理有陸戰隊駐防

警察

淞滬警察廳

上海警察始於前清光緒三十二年自後繼續推廣設立上海巡警總局於閘北以管轄之維時城外南市十六舖一帶先已設有總工程局由地方籌欵設立警察所不屬於巡警總局沿至清末迄未變更辛亥上海光復滬南閘北劃爲兩部各設公所在南市者爲南市警務公所在閘北者爲閘北警務公所至民國二年一月南市警務公所改爲上海商埠巡警局閘北警務公所改爲閘北巡警局是年五月合組爲淞滬警察廳南北兩市統歸管轄三年一月十五日又分爲滬南閘北兩分廳七月一日裁撤分廳又組爲淞滬警察廳十六年七月上海特別市市成立改稱公安局年領省庫經費銀四十八萬六千一百九十圓

零四角七分六釐

歷任廳長姓氏

穆湘瑤江蘇上海二年五月任

徐國樑直隸天津三年七月任

陸榮籛浙江桐鄉十二年十一月任

王固磐直隸天津十三年八月任

杜金釗十三年十二月任

常之英十四年二月任

江　聲江蘇上海十四年十月任

嚴春陽十四年十二月任

劉劚榮十五年十一月任

吳忠信安徽十六年三月任

沈毓麟浙江吳興十六年七月任是年七月改稱公安局

戴石浮十六年九月任

黃振興十七年十二月任

編制

廳長一員機要處主任一員勤務督察長二員稽查員無定額總務科長一員行政科長一員司法科長一員衛生科長一員

每科設一等科員一員二等科員二員三等科員三員僱員書記無定額

第一區署長一員巡官二員書記一員第一區一二三分駐所署員各一員巡官各一員

第二區署長一員巡官二員書記一員第二區一二分駐所署員各一員巡官各一員
第三區署長一員巡官一員書記一員第三區一二分駐所署員各一員巡官各一員第三分駐所署員一員巡官二員第四分駐所署員一員巡官一員
第四區署長一員巡官二員書記一員第四區一二三分駐所署員各一員巡官各一員
第五區署長一員巡官二員書記一員第五區一二三分駐所署員各一員巡官各一員第四分駐所署員一員巡官二員第五分駐所署員一員巡官一員
第六區署長一員巡官二員書記一員第一分駐所署員一員巡官一

員第二分駐所署員一員巡官一員
以上各署所共巡長一百七十三名巡警一千七百七十名
保安隊隊長一員巡官二員巡長十名巡警一百名
游巡一二三四隊每隊隊長一員巡官二員巡長十名巡警一百名
水巡隊隊長一員巡官一員巡長四名巡警三十八名
偵緝隊隊長一員隊員二員偵探四十五名
吳淞商埠警察局局長一員總務兼行政科長一員書記一員司法兼
衞生科長一員書記一員
第一區署長局長兼任巡官一員
第二區署長一員巡官一員
以上吳淞商埠警察局共巡長九名巡警九十名

所有上項長警均係正額其額外代募官警不列在內

警察設置區域表

分區名稱	分區地址	分隊名稱	分隊地址
第一區警察署	大東門外關橋南	第一警備隊	南市
第一分署	南區街	第二警備隊	閘北
第二分署	鄂王廟	第三警備隊	西門外
第三分署	水仙宮	第四警備隊	城內
第二區警察署	西門外肇周路	水巡隊	浦江一區前 閘北大王廟
第一分署	沉香閣	騎巡隊	浦東欽賜仰殿 浦西徐家滙
第二分署	余公祠		

第三分署	高昌廟		
第三區警察署	閘北寶山路		
第一分署	閘北虬江路		
第二分署	閘北南海邑廟		
第三分署	閘北胡家木橋		
第四分署	閘北引翔港		
第四區警察署	閘北共和路		
第一分署	閘北天保里		
第二分署	閘北叉袋角		
第三分署	寶山眞如鎮		

第四分署	北新涇鎮	
第五區警察署	浦東爛泥渡	
第一分署	浦東楊家渡	
第二分署	浦東洋涇鎮	
第三分署	浦東塘橋鎮	
第六區警察署	寶山吳淞鎮	
第一分署	寶山江灣鎮	
第二分署	寶山高橋鎮	
徐家滙警察分署	徐家滙鎮	
曹家渡警察分署	曹家渡鎮	

江蘇水上警察廳第一專署

民國二年江蘇水上警察廳廳長李顯謨改編太湖內河松軍飛划全部二十營爲水上警察廳薦任松軍水師統領沈葆義爲第一專署署長署設閔行鎮

蘇屬緝私第二營

民國五年奉蘇屬緝私統領令派第二營駐閔行鎮

地方警察

上海縣警察所

上海縣警察所初名上海縣警察事務所成立於民國二年四月一日由縣知事指揮監督純屬地方警察性質設警務長一員主持一切並設警務員及雇員若干人分任職務三年十一月奉省令改組爲上海

縣警察所所長由縣知事兼任警務長一職遵令取銷改爲主任警佐其下設六分所長分任各鄉警務十六年特別市政府改警察所爲公安局各分所爲公安分局

上海縣警察事務所縣知事警務長姓氏

吳　馨縣知事邑人二年四月任

景　崧警務長河南商城二年四月任

上海縣警察所所長主任警佐姓氏

洪錫範所長江蘇太倉三年十一月任

沈寶昌所長浙江紹興六年八月任

景　崧主任警佐三年十一月任

王師曾主任警佐邑人六年八月任

熊　烈主任警佐江蘇江都九年五月任

上海縣警察所設於縣知事公署內設分所於閔行第一分所　北橋第二分所　曹行第三分所　漕河涇第四分所　三林第五分所　高行第六分所　等處共爲六區第一分所分派出所於馬橋顓橋第三分所分派出所於塘灣第五分所分派出所於陳行楊思第六分所分派出所於陸行共管理十二鄉區域其餘市鄉則屬淞滬警察範圍警察所及各分所共計有步巡長警二百九十二名騎巡長警十六名經費指定房捐中賫捐及違警罰金依據十二年度預算計歲糜經常臨時經費銀六萬八千七百九十元

公安分局

十七年閔行區公所黨部商會籌款就橫瀝東關帝廟舊址改建第一公安分局

附縣第一公安分局建築委員會呈縣長文

呈爲籌款興建公安分局組織建築委員會呈請察核備案事竊查第一公安分局原有房屋因雨傾坍曾由公安分局程局長商准區公所區黨部商會興建招工估價經由公安分局擬具辦法備文呈報鈞長暨公安局長在案上月二十日接區公所通知召集地方各公團開聯席會議議決即由各公團推舉代表組織公安分局建築委員會主持辦理建築事宜以專責成委員人選除第一區區長及公安分局長爲當然委員外當場推舉張伯良等六人爲委員尅日成立着手進行所有經費一項估計需洋二千元之譜業經建築委員會第一次會議議決商准區公所區黨部商會設法籌措並決定由閔行鎭房捐項下自十七年九月份起按月撥還五十元至二十一年十二月終以清訖爲止曾經公安分局呈准在案嗣後徵收此項房捐時即由公安分局收應撥之款逕予撥還以省手續除即日由屬會雇工開始建築外理合將建築公安分局房屋組織建築委員會議決籌款情由備文呈報請鑒核備案批示祇遵實爲公便謹呈

附

江蘇暫行各縣辦理警察條例

二年六月省議會議決案

第一條　各縣依據現行地方警察官廳組織令第一條第二項之規定各設警察事務所由縣知事監督指揮辦理縣屬地方警察事務

第二條　各縣警察事務所之警察名額分級規定如左

甲級　一百六十名

乙級　一百三十名

丙級　一百名

前項規定之甲乙丙級依支配警察經費等差表辦理

各縣原有之警察多於前項規定之名額者其餘額由市鄉籌款辦理

各縣得於該縣警察名額內精選若干名專備縣知事指揮巡邏緝捕之用其餘額由縣知事就繁盛或重要地點支配之

省會及商埠警察廳所在之縣得以該縣警察充警察廳管轄區域以外巡邏緝捕之用

第三條　各縣須設警察教練所其細則另訂之

第四條　各縣警察經費及教練所經費依第二條之規定由省支給經費如左

甲級月支銀一千八百元

乙級月支銀一千五百元

丙級月支銀一千二百元

第五條　本條例自公布日施行

附　江蘇暫行各縣警察教練所細則

第一條　各縣警察教練所依本省巡警教練所簡章辦理（載第一期省公報）

第二條　教練所經費卽以江蘇暫行各縣辦理警察條例第四條規定之數內核實開支按月呈報省行政長官查考

第三條　教練所所長以警察事務所所長兼任教員以警務員兼任

第四條　原有之警察未經教練者須分期抽調入所教練

第五條　原有警察有應抽調入所教練而不合教練所簡章所定入學資格者應逐漸裁汰另行招補

第六條　原有之警察雖曾受教練而未及格者亦應抽調補習

第七條　原有之警察尚未能滿規定額數者均須於江蘇暫行各縣辦理警察條例公布之日起一個月內招募足額先行教練

第八條　入所教練時無論新招及原有之警察一律由所給予膳宿制服不另給餉

原有之警察於抽調入所教練或補習畢業後得酌核其成績分別量予加餉或升遷以資鼓勵

第九條　教練所之成績由縣知事按期呈報省行政長官並由省隨時派員視察之

第十條　本細則自公布日施行

附

江蘇各縣警察所編制暫行簡章

民國九年六月省令公佈

本省各縣警察所依民三年八月中央公布之縣警察所官制令除警察所長一人由縣知事兼任外警佐員額全縣不得逾三人其事務較繁之縣得酌設學習警佐前項警察所長由警務處長給委兼任警佐及學習警佐均由警務長遴委

縣警察所設於縣城內以警佐一人輔佐所長執行全縣警察事務如城內區域較廣祇須酌設分駐所及派出所不得於城內再設警察分所

警察分所於縣城外特別繁盛地方設置之以額定之警佐派充分所長如應設之分所較多額定之警佐不敷派充分所長時得以資格較優之學習警佐試充

縣警察所及警察分所轄境不必依自治區域爲標準照本簡章第六條警區統系之規定得酌設分駐所一處或數處以巡長主持之

前項巡官巡長由警察所遴派呈報警務處查考

縣警察所因事務之必要得依縣警所官制令第四條酌用僱員之規定酌設助理員書記員巡查消防偵緝及其他各項需要之職員

前項僱員由警察所長遴派其名額薪費資格職務須呈報警務處查考

各縣地面遼濶市鄉村落不相聯屬與廳局區畫不同所有各縣警區統系及警察所辦事細則均由所長遵照此次編制酌量本縣情形另行分別區劃擬定呈送警務處核定

本簡章係本省暫行編制如有未盡事宜或須另行編制時隨時修改呈請省長核定

本簡章自呈准省長公布日施行

地方自衛

清季地方紳商仿租界萬國商團之法舉辦商團（見續志）頗得守望相助之效洎辛亥光復時商團之外又有各種自衛團之設立茲分錄如左

商團

商團組織詳見續志初設南市商團公會後改上海商團公會會團計十有五會員達二千人以上丁未奉令閉歇煙間商團巡邏三晝夜地方賴以安謐辛亥武昌起義滬上謠諑紛傳人心皇皇九月初由公會會長李鍾珏令團員荷槍出防城外六百人城內四百人分段晝夜梭巡並由巡道署加撥毛瑟槍三百支至九月十三日民軍襲擊製造局商團協力進攻克之團員張魯德榮壽豐陣亡（有傳當時地方官逃匿監犯蠢動商團奉令斬重犯張毛毛徐仲魯翼修和尚三名乃始帖服人心大快）地方光復商團實與有功焉嗣後一方

訓練一方保衛其成績可見及癸丑夏歷六月民軍陳其美討袁軍起爲上海警備地司令鄭汝成所敗南市閘北均爲火線所及居民遷避一空商團整隊出巡維持地方秩序潰兵土匪不敢竊發先後半月未嘗稍懈後鄭汝成爲鎭守使以商團通敵勒令解散收繳槍械會長李鍾玨葉惠鈞出亡日本數年成績至此告終可爲浩歎五年省令設立商團籌備處地方士紳以前事灰心未見舉辦

閘北商團負有地方自衛職責民國二年猝被解散至十三年九月齊燮元盧永祥搆兵太嘉各屬悉成戰區閘北市内一夕數驚士紳王棟徐春榮等呈請上海寶山縣知事組織閘北保衛團設團本部於大統路其羅店江灣劉行大場楊行彭浦殷行廣福眞如各市鄉區遍設支團公舉沈鏞徐懋爲正副總董王棟尹鵬爲正副團總購

械置裝徵集員丁應徵而至者八千餘人編成步騎各隊分駐市內及各鄰區以自衛十月孫傳芳窺浙盧永祥何豐林下野浙滬聯軍無主紛紛潰退麕集閘北繼之以張允明旅之進佔白寶山部之防守閘北危急間不容髮數萬飢軍統率無人進佔軍隊號令不一宮邦鐸屯兵眞如張允明進逼天通菴均欲得浙滬殘軍械彈而有之以閘北爲激戰之地王棟尹鵬等嚴督所部綏靖地方復四出籌措給養以安殘軍使無變志又親冒矢鏑向各部隊陳說息兵卒以化險爲夷免罹兵燹及韓國鈞繼齊燮元督蘇盧永祥以宣撫使名義率奉軍南下十四年一月齊燮元又來滬佔宮邦鐸部隊聯絡孫傳芳驅逐張允明齊孫以浙滬聯軍第一路第二路總司令名義佔領上海拒絕奉軍雙方接觸齊軍不利奉軍追蹤而至閘北又幾罹第

二次戰禍其時省長韓國鈞兼督軍務善後以淞滬地當要衝主持不可一日無人專使蒞滬敦促王棟尹鵬就淞滬保安正副司令職王棟等因辭不獲激於大義一月二十八日設司令部於閘北指揮團隊維持治安辦理善後收容散兵資遣回籍組織藍十字會協助閘北慈善團救傷恤貧而公款如洗上海總商會粵僑商業聯合會南洋兄弟烟草公司商務印書館閘北水電公司等雖分墊鉅款杯水車薪時虞不給王棟慨斥所有私產向銀錢業抵借以應急需毀家紓難時論尚之越半年地方稍蘇至九月王棟尹鵬自請撤銷保安司令部仍任閘北保安團原職又組織淞滬保衛團聯合辦事處於閘北舉王棟姚福同尹鵬爲正副委員長通力合作務以保衛地方爲己任十四年秋孫傳芳爲五省總司令奉軍退走至十五年夏

國民革命軍北伐孫傳芳恐保衛團與革命軍通聲氣密令淞滬商埠總辦丁文江滬海道尹傅疆集合龍華檢閱突被繳械輿論責難孫卒將槍械發還及國民軍抵滬全國鼎定上海行政組織雖有更變而保衛團之爲民衆自衛武力則始終爲地方人士確認者也

閔行商團自民國二年解散後幸地方平靖得保無虞民國十三年九月齊燮元盧永祥開釁閔行以接近浙境盧永祥派兵一千餘人駐紮閔行以防蘇軍侵襲其砲隊駐敏園步隊則雜居民房全市震恐及盧永祥退走孫傳芳又派盧香亭旅長率軍隊踵至駐紮強敏學堂及縣立農校水陸兵士共三千餘人幸盧軍秩序尙屬整齊地方紳商各界以驟增多數軍隊供應浩繁遂組織紅十字分會與鄉公所合力籌墊軍需計洋六千六百餘元至十六年二月周蔭人軍

復由浙到閔行始僅二千餘人其後陸續集合三月中增至一萬餘人所有公共機關及民間住宅一律強佔茶館旅館米舖均任意寄宿商人惶恐幾致不能營業其時軍用物品均責成地方供給紳商各界疲於奔命尤慮其鋌而走險更遭不測當即組織臨時辦事處籌借款項盡力應付而閔行一隅之地通計損失已及一萬餘元是月下旬國民東路軍薛岳軍隊由浙境追至周蔭人遂向滬地退却計前後兩次雖幸未遭糜爛然以蕞爾鄉鎮容納萬餘之兵已屬筋疲力盡矣

城廂民團

上海城自治公所招募民團巡邏城廂內外城內之南城北城計一百二十四人城外分東南西三區東區計九十八人南區計八十六

人西區計三十七人設事務所於同仁輔元堂經費以房捐充之

南城紳商志願團

南城十九二十兩舖紳商創辦志願團團員八十人事務所設西喬家浜王宅

守望保安團

城內二十二舖及七舖紳商創辦守望保安團團員七十人事務所設蓬萊路葉宅

學生志願團

龍門師範學堂組織學生志願團巡邏西南城一帶

保衞團

名稱	成立年月	某支團	駐紮地址	團長
八舖			安濟救火會	
製造局			製造局	
閔行	十四年	第一	鄉公所	顧文郁兼
蒲淞	十四年	第三	市公所	沈寶寅
塘灣	十五年		鄉公所	彭召棠兼
北橋	十五年	第七	北橋鎮	孫世本兼
馬橋	十五年			王承堯兼
顓橋	十五年			施其光兼
塘橋	十六年	第五	塘橋鎮	王　暉

高　行	十五年	第十五	潘鴻鼎
陳　行	十七年	第二十九	孔令甲

国家出版基金项目
NATIONAL PUBLICATION FOUNDATION

海上絲綢之路文獻集成

總主編 陳支平 陳春聲

歷代史籍編 136

主編 范金民

海峽出版發行集團
THE STRAITS PUBLISHING & DISTRIBUTING GROUP
福建人民出版社

本册目次

鎮海縣新志備稿二卷

董祖羲纂

《鎮海縣新志備稿》二卷，董祖羲纂。此志初附民國《鎮海縣志》後，輯録《鎮海縣志》截稿後未及採訪之近事與前志所缺遺者。卷上辛亥改革紀略、鄉界畫分之省令、沿革志、營建志、河渠志、賦税志、祠祀志、教育志、實業志、交通志、表，卷下列傳、善舉、藝文、古蹟、遺聞、祥異、記事、物産等。全書分門與前志不盡相同，而子目則多仍其舊，惟實業爲前志所無，以關係頗鉅，故雖不多見，亦特創一門。據中國國家圖書館藏民國二十年（一九三一）排印本影印。

鎮海縣新志備稿

鎮海縣新志備稿

中華民國二十年十一月發印

上海蔚文印刷局承印

鎮海縣新志備稿

例言

一本志自採訪終了以後所有近事未及採訪者隨時由局函詢或託友朋轉訪凡所報告頭緒紛繁搜採既苦難周紀載又難盡覈且未經審查難期完善然片紙隻字悉關掌故見聞所及亟宜排比成書由董祖羲君擔任編輯幾經困難方克成編名爲新志備稿以示尙待後人之審定增輯云爾

一備稿分門與前志不盡同而子目則多仍其舊惟山川無所變更無所增益不復重列至實業爲前此所無然關係頗鉅雖不多見亦特創列一門

一備稿輯成而後付刊以前間有將事實自行報告者仍據以補入其無報告者姑闕焉

鎮海縣新志備稿

卷上目錄

卷下目錄

鎮海縣新志備稿

辛亥改革記略

我鎮海之光復也在民國紀元之前一年實辛亥九月十六日也先是八月十九日武昌倡義各省先後繼起浙垣亦於九月十四日通電響應吾鎮得電最早者爲商會當時以事出非常即行飛告各公團於是勸學所總董沈世京教育會副會長金偉庠城議會議長劉郇等聞訊馳至即偕商會總理朱思義及士紳等先赴縣署具報時知縣孫文詒告假回籍由縣丞彭玉辰攝行縣事既得報即在署開緊急會議僉以此事本時會所趨無待計議惟吾鎮軍隊林立尚未知其所嚮遂決議分赴駐鎮各軍事當局徵取意旨時礮臺統領劉繼泉首先表示以民意爲歸而水師統領馮英華則遲疑未有所決衆以駐鎮軍隊惟張標統載陽最具實力且又素極開明乃羣赴標本部進説張對於地方治

安宣言負責而於省電雖有同情以事出倉卒力主慎重及十五日寧波軍政分府成立之通電到鎮於是吾鎮之軍民其意遂決次晨即由張標統整隊游行於城廂內外宣布光復一時商民等驚喜交集爭各裂帛爲旗懸諸竿頭以示傾向於是吾鎮二百餘年受清政府統治之下至是遂告脫離矣越日邑人李鏡第銜寧波軍政分府之命來鎮宣慰時代理知縣彭玉辰以新政伊始力辭不勝任地方行政幾乎負責無人乃由各公團邀集軍政各界協同籌議僉以革新之際首重軍務決議設立鎮海軍政支部俾與省部銜接一氣蓋是時省垣已改稱軍政府矣旋又議定支部組織大綱內分軍政民政爲兩系均隸屬於支部更於軍政中分陸軍水師礮隊於民政中分民事財政教育俾全縣行政有所統系復別設民議會爲議事機關用以翊贊行政即日並推定張載陽爲支部長以馮英華劉繼泉副之其陸軍水師礮臺仍由正副部長兼任之民政方面則推定李善祥任民事沈世京任財政金偉庠任教育至民議會則

由各鄉推選尅期召集旋亦舉定王嘉榕爲議長繼又延定海方壯猷任司法專理民刑事件於是吾鎭之新政大略始備矣張部長既領主部務乃集所轄軍隊於鎭城大校場舉行誓師禮是日各兵士裝束一新軍容甚盛無何南京清軍猶固守未下省政府檄令吾鎭支部派隊從征當由支部長立飭營長葉頌清率隊出發軍事既興張部長以羽書旁午力辭兼轄民事而維時省政府適頒行新官制於縣設民政長以管理全縣行政於是民議會決議將支部撤消公舉教育會會長劉崇照爲民政長十月初八日劉民政長入署視事依照新官制分民政財政教育爲三科各科長卽以支部時主任民事財政教育者繼續之惟以財政繁重別延杭縣陸則三爲之助至警察局巡官柯秀山已因事去職省政府另委夏斐忱充任之惟局在張仙祠舊址殊逼隘乃遷入縣署以便指使更延邑人金士衍爲學官駐學署以維文教蓋至是而吾鎭民政益以刷新矣會南京清軍肅清各省代表齊集寧垣組織臨時政府舉孫中山先

生爲大總統國號中華民國歷用太陽歷通電全國並定元年一月一日即辛亥十一月十三日舉行南京政府成立慶典吾鎮奉此電告即由縣署咨行各公團轉知闔邑商民屆期慶祝及是日軍界自張標統以下政界自劉民政長以下俱集縣署行禮而各公團及商民等亦皆懸燈慶賀頗極一時之盛顧是時清帝猶未遜位及二月十二日北京宣布共和南北遂以統一蓋至是全國始行光復然距吾鎮起義之期相去蓋已百日云

鎮海縣新志備稿

鄉界畫分之省令

靈巖泰邱兩鄉分界之爭執歷年已久經前盛知事邀集全縣紳耆公同集議無法解決故前志關於界綫但錄舊志以俟後來之審定本年由曹縣長將此案呈請省政府委員來鎮履勘旋省委員高炳泰到縣會同縣長及兩鄉紳民到界址所在逐一勘明呈省察核蒙省政府將界綫明切批示到縣由縣政府將全案送局茲將省令及原呈錄如後

浙江省民政廳指令第九六二八號令鎮海縣縣長　呈一件爲會呈履勘鎮海舊巖泰兩區爭界情形由　呈件均悉旣據會查礮頭弄新碶市及大浦河之東南田賦册均屬泰邱鄉一都則大浦河以東爲泰邱鄉固有區域已屬明甚應歸泰邱鄉編制鄉村大浦河之西北依田賦册旣屬靈巖鄉二都

則兩鄉自應以大浦河爲界依該河之中心爲分界線所有該河關於水利事項即由兩鄉共同管理原收稧租並照舊徵收至編制鄉村僅屬自治區域之划分其土地仍同爲國土並非爲某鄉所有値此建設新治之際各該鄉又不乏明達之士宜勿再爲意氣之爭以利自治進行併仰剴切勸導辦理仍將遵辦情形報核件存此令廳長張難先　中華民國二十年六月十六日

浙江省民政廳訓令第三八六七號令鎮海縣縣長　案據該縣大稧等村里長俞梅堂等呈稱嚴泰兩鄉奉令以大浦河中心爲界礙難遵辦請准收回前令派員復勘等情查此案前據高視察員會同該縣呈復即經本廳以第九六二八號指令飭遵在案該嚴鄉所爭之點既重在水利對於大浦河之管理問題自應由該兩鄉公正士民共同議定管理辦法由縣核准辦理茲據前情合行抄發原呈及檢發附件令仰該縣長迅即查照前令妥速持平

辦理並加以開導勿任再起爭執致生糾紛仍將遵辦情形具報備核此令計抄發原呈一件又檢發原呈照片六帋仍繳廳長張難先　中華民國二十年九月二日

附　視察員高炳泰 縣長曹伯權 呈民政廳廳長張原呈

呈爲會銜呈報勘划鎮海縣舊巖泰區界情形并擬具解決辦法仰祈鑒核示遵事竊視察員奉鈞廳第一六九六號訓令委赴鎮海會同勘划巖泰區界擬具解決辦法呈候核奪等因遵卽馳抵鎮海會晤縣長先奉令同前因當卽調齊全案卷宗及志乘田賦册等詳加研究并會同馳往大碶里察勘爭執地帶形勢晤見里長俞梅堂徵詢各項意見及復雇小汽船循大浦河北下沿途所歷各系爭地段均經逐一詳加履勘約行十八里達新碶察看畢召集巖方系爭人代表林國瑜俞梅堂顧百揆（代表俞友濂通知而未到）及泰方新碶村長虞和鈴系爭人代表王學禮陳后周顧康伯等分別

談話將兩方所爭持各點詳爲解釋并剴切勸導毋逞意氣當憑事實解決代表等似亦感動請求政府從速了此懸案此爲履勘之實況也竊查此案雙方爭持懸十餘年其提出之證據理由互有抵觸又其所稱水利上之利害各點亦爲雙方之相對問題都不能證明彼此之固有區域故解決方法自當依據天然形勢以謀兩方事實上之便利且聞諸地方父老言巖泰界爭其始以巖方之人才輩出文墨衆多而紳士顧自申俞樹周等持之最烈泰方人以不善文字迫不得已時輒用武力雙方各不相讓互逞意氣直同水火相延迄今界爭其名氣爭其實而現在巖方主張最堅者爲顧自申之子百揆俞樹周之子友濂在彼等意以爲先輩所爭得之地位不應爲人子者所放棄而爲不肖之子孫故雖經歷來政府之調解終難折服雙方在政府方面亦明知此案無論任何方法解決決不能使兩方不再控告故多圓滑其辭免避糾紛圖一時之姑息以致此極平常之界案曠懸時日而不結

云云視察員等細察其言按之事實似亦不無可信且悉本縣最新縣志均已纂修完竣亦以此項界爭未決遲遲不能付梓是此懸案實宜早爲解決也奉令前因理應將察勘情形備文呈報并擬具解決辦法二項另紙繕錄一併呈送仰祈鈞長鑒核擇一決定飭遵實爲公便再查此案原卷內已繪有詳細圖說故不贅製合併陳明謹呈計繳還原卷一宗並附呈解決巖泰爭界辦法一件

解決鎮海縣第五六區(卽舊巖泰區)區界辦法

(一)以大浦河之中心爲五六兩區分區綫凡在該河身上所築之碶堰等均歸五六兩區共同管理

說明　(甲)兩區區域按諸志乘證諸事實均無清楚界限兩方所提證據互有抵觸茲查田賦册正册所載(一)墱頭弄屬泰邱一都下內甲册名墱頭第一二三村(墱頭弄卽墱頭村之總名)(二)茅家弄(毛家弄確係新碶市之一部分)田賦册內無此名稱查泰邱鄉一都下外甲有

茅姓糧戶一戶毗連都啚並無茅姓糧戶(三)新碶市屬泰邱鄉一都下外甲册上名稱爲新碶頭(四)千丈塘以西大浦河之東南屬泰邱鄉一都丙甲河之西北屬靈巖鄉二都一啚故此種之可攷證據大浦河以東地自以屬泰邱鄉爲可靠巖方前此所持以千丈塘爲界之說既無充分理由已不足折服衆論嗣復主張毛家弄嶴頭弄（參閱原卷內鄭指導員繪圖）以西兩地划歸巖區如此非特地係插花且更無明顯界綫足資識別又本邑光緒志卷十三廟壇類永豐亭（參閱原卷內鄭指導員繪圖）之關帝廟載明屬泰邱鄉一都二啚是則河以西之地更有非屬巖者(乙)巖方之所謂水利問題以爲一旦天旱泰人向巖河放水全巖之田立將萎枯此種見解實爲錯誤茲姑不論私開碶閘妨礙農田自有法律裁制即以深淺而論巖方謂巖河高於泰河相差三尺固如是則天旱時巖河雖涸而泰河尚有三尺之水安有泰放巖水之理此種偏見實

屬不成理由視察員等履勘時巖泰兩河相距最狹處不過二三尺穴岸過水固甚易了不必待於碶閘也今日該河所有碶堰歸巖泰雙方共同管理水利更自不成問題矣（丙）以河分界界限最爲明顯核與省頒划區辦法亦相符合將來可免種種借端糾紛

（二）以大浦河東岸綫爲界河身屬五區

說明　此係根據梓山會議議決辦法（詳原卷內）在泰方以爲忍痛退讓在巖方尚未滿意惟東岸既爲泰有泰人在沿河自不能不使有河身如設網捕魚等隨處可引起雙方之爭執

鎭海縣新志備稿

沿革志

隸轄

邑治之隸轄　自三代迄前淸具詳前志民國紀元之始廢道府制縣直隸於省由都督府統治之（辛亥九月浙江設都督統治軍民）二年軍民分治縣受治於巡按使（二年設巡按使三年都督改稱督軍六年巡按使改稱省長）然仍爲兩級制三年各道區設道尹會稽道轄地視舊寧紹台道縣又受道轄乃爲三級制至於縣之轄境則仍沿其舊

鄉制　自鎭隅外舊分爲七鄉曰東管曰西管曰靈緖曰崇邱曰靈巖曰泰邱曰海晏而穿山霩衢以有城故雖在鄉屬於鎭隅之六啚七啚淸宣統二年籌辦自治靈緖則劃分爲前後兩鄉穿山霩衢不復隸於鎭隅合立爲霩衢一鄉餘均如舊民國三年後靈緖又分爲東西兩鄉故今制城隅爲一區江

以北東管西管前緒東緒西緒爲五區江以南崇邱靈巖泰邱海晏霩䨟爲五區共有十一區矣

官制

縣官　清制設知縣一人縣丞一人典史一人巡檢三人民國初建以知縣爲民事長典史爲典獄官縣丞巡檢俱廢别設初級審判廳元年十一月改民事長爲縣知事二年十月改審判廳爲審檢所别設帮審員以知事兼檢察職務三年四月審檢所裁由縣知事兼理司法帮審員改爲承審員典獄官改爲管獄員縣知事得自辟掾屬分科辦事

場官　清乾隆以來縣設鹽場大使三人曰清泉場龍頭場穿長場民國元年六月龍頭場歸併於慈谿之鳴鶴場祇存二場改大使爲鹽事長四年復改稱鹽知事

學官　清制設教諭一人訓導一人清季科舉停廢學官亦停止選授民國以

來別設文廟奉祀官一員俸由縣稅項下支給本邑至今尚無設置

軍警

駐鎮陸軍　清宣統三年鎮海駐陸軍二營（由徵兵新練）以一營駐江南崇邱一都盧家村一營分駐西門外葱園村時標統爲張載陽兵額凡一標三營一營五隊一隊一百零八人民國以來西門撤防營壘廢地售民間祇駐江南一營

警備隊　爲陸師巡防隊所改編（清宣統二年綠營裁撤陸師改編爲陸師巡防隊至民國又改爲警備隊）分駐南北兩鄉北鄉東管慈濟橋駐一哨　駐一哨南鄉大碶頭駐一哨穿山駐一哨

礮臺職官　今制沿海各礮臺設司令官一員教練官一員司令部副官一員宏遠威遠安遠平遠綏遠五礮臺均設臺長教習各一員南欄江機器所設教習一員火藥庫設庫官一員兵額未詳

附礮臺建設地點及礮座

威遠　設於北岸招寶山之北麓計礮洞九座

安遠　設於北岸招寶山之南麓計礮洞四座

定遠　設於北岸招寶山之東麓計明礮臺五座

平遠　設於南岸大金雞山之腰部計礮洞一座

綏遠　設於南岸小金雞山計礮洞一座

宏遠　設於南岸笠山前麓計礮洞三座明礮臺一座

鎮遠　設於南岸小浹江口計礮洞五座明礮臺三座

靖遠　設於南岸沙灣計礮洞五座

南攔江　設於南岸之泥灣民國三年三月改爲機器所

旗燈臺一所　設於南岸笠山之巔民國六年八月建造

警察之設置　縣警察所宣統元年八月設立各鄉分警察所民國元年及二

年一月先後設立所長由警務處委警佐任之

縣警察所　設所長一員一等級月支官俸六十元公費四十元書記員一員月薪二十四元巡官一員月薪十六元巡長六名每名月餉九元巡士原額四十名今增二十名每名月餉七元伙夫五名每名月餉四元

柴橋警察分所　設所長一員三等級月支官俸三十四元公費十四元巡長二名巡士原額二十名今增四名伙夫二名月餉與總所同

莊市警察分所　設所長一員四等級月支官俸二十四元公費十元巡長一名巡士十名今增四名伙夫一名月餉與總所同

大碶頭警察分所　設所長一員五等級月支官俸二十四元公費十元巡長一名巡士十名今增二名伙夫一名月餉與總所同

澥浦警察分所　設所長一員五等級月支官俸二十四元公費十元巡長二名巡士原額二十名今增二名伙夫二名月餉與總所同

以上每月共支餉項銀一千三百七十元全年支一萬六千四百四十元

外海水上警察　由浙江外海水師巡防隊改編原設有統領官光復時馮英華任斯職民國元年興武將軍朱瑞任王燮陽爲統領二年改編爲外海水上警察隊十二月改編爲外海水上警察廳三年省委王蓴爲廳長內設三科科長各一科員一惟第一科事務較繁設科員二又設祕書一督察長一督察員三內勤巡官一巡長二會計兼庶務一雇員十外設總署長三第一總署由廳長兼任之又設署長十一五年部頒全國水警統一制遂將總署長改稱爲區長署長改爲隊長巡官改爲分隊長先是浙江水警單行制各署有巡官七每一巡官駕巡船一並有一派出所自是各隊遂無巡官之名稱六年廳長王蓴因丁憂辭職省委浙江陸軍第一師第一旅旅長陸軍少將來偉良調任斯職全浙分三區設區長三第一區長以廳長兼之隊長十一分隊長六十七游巡隊長五爲今編定新制

一駐鎭水警第一隊共分防地七處屬於鎭地者惟本港一處第二隊亦分防地七處屬於鎭地者惟峙頭穿山港二處又超武新寶順永定三輪游巡隊亦駐防於鎭

一漁汛之期本屬春冬二汛要以春汛爲最旺然捕魚地點均非鎭邑洋界

一全廳所屬共計巡艦五艘（超武新寶順永靖永定永安）巡船九十艘

一廳轄水巡共一千二百六十九名其他各種護船勇額不在其列

禮俗

改歷　南京臨時政府成立令改用陽歷以元年一月一日爲始各衙署各機關多遵用之吾邑亦然惟商民習慣深感不便農事尤以節氣爲主故仍沿用陰歷今則國慶日（十月十日爲武昌起義）紀念日（一月一日爲南京政府成立二月十二日爲南北統一四月八日爲國會開幕七月三日爲馬廠誓師十二月二十五日爲雲南起義）均以陽歷爲準而祭天（陰歷冬至）祀孔（陰歷仲春仲秋之上丁）祀關岳（陰歷仲春仲秋之上戊）及孔子聖誕（陰歷八月二十七日）植樹節（陰歷清明）仍準陰歷舉行

典禮至春節陰歷元旦夏節陰歷端午秋節陰歷中秋冬節陰歷冬至又悉惟陰歷是從矣

易冠服　民國改元前清冠服之制廢除惟便衣仍得沿用厥後政府迭議服制卒定大禮服用西裝常禮服用藍袍元褂禮帽黑色高頂平邊橢圓形以呢爲之吾邑士紳多著常禮服惟遊學外洋者則著西裝

廢拜跪　民國以來拜跪叩首之禮俱廢以鞠躬代之三鞠躬爲最致敬常禮一鞠躬吾邑民間習慣仍有不廢跪拜者

剪辮　清制薙髮留辮辛亥光復則相率去之吾邑士紳有先剪以爲人作則者間亦有強迫剪辮之事久之乃成習慣今則留辮者寥寥矣

放足　漢俗女子向尚纏足而放足之論至清季已有之吾邑遵從者尚寡自民國後天足之風盛行未纏者固不復纏即已纏者亦多解放雖山陬僻壤風氣未盡開通而小女子之纏足蓋亦僅見矣

婚禮　吾邑結婚典禮具詳前志今則問名納采親迎廟見諸儀節仍循舊禮

至自由結婚雖尚少見惟離婚之案自民國以來數見不鮮此則禮教之衰風俗之大害也

鎮海縣新志備稿

營建志

公署

縣署　詳見前志正廳前甬道中舊有戒石亭民國元年拆除六年知事盛鴻讓重築頭門東首舊三班公處改爲監獄署西則自舊外監門起直至儀門改建監獄一所前爲獄門門內總衙一間左右看守室各一間又左病監二間前爲天井左爲看守所門前爲甲乙監總門總門內南首西監五間北首大監五間前後俱有天井有看守室有病監有浴室廁所四周衛以內牆牆外爲巡更衕看守所門內有看守所五間有浴室廁所前爲天井右爲工場門門內南爲天井北爲屋十間東首廚房二間餘八間爲罪犯工作所女監工猶未竟後任知事洪錫範以原定之地迫近儀門不甚相宜因在宅門西

旁改建女監一所看守室四間縣冊

監獄署　在縣署頭門內東首民國六年置詳見縣署下

外海水上警察廳署　在縣治西王施衕就舊水師營參將署改設

警察所　在縣署西典史署舊址民國元年改設

莊市警察分所　在莊市鎮崇正書院舊址民國元年設

澥浦警察分所　在澥浦都神殿流芳廳民國元年設

大碶頭警察分所　在大碶頭鎮民國元年設在東嶴頭廟內七年移至舊鹽

課司署

柴橋警察分所　在柴橋鎮財神殿民國元年設

清泉場署　在城外賃屋辦公其分廒於民國八年設立

穿長場署　在大碶頭鹽課司舊署民國七年移至穿山賃屋辦公其分廒於

八年設立

局所

寧鎮船貨捐局　詳見前志民國四年在小港後海頭兩處添設分局

常關　詳見前志

閩捐分局　詳見前志

招寶統捐分局　舊係寧波北門分局民國元年改今名

魚膠捐局　詳見前志

茶捐局　詳見前志

商船特捐徵收處　在南薰門外

第四區鎮海菸酒稽征所　在南薰門外民國四年由酒捐分局改設

慈鎮花捐分局　在南薰門外民國五年由餘姚花捐總局分設

南門外官鹽分所　詳見前志

澥浦官鹽分所　詳見前志

縣議會　民國元年成立在校士館舊址內二年冬停止十一年復成立移至前後學署以明倫堂爲會場

縣參事會　民國元年成立在典史署舊址二年冬停止十一年復成立移至縣署東首土地祠舊址

縣自治辦公處　民國二年冬縣參兩會停止設辦公處於張仙祠內

城區自治公所　東管區自治公所　西管區自治公所

前緒區自治公所　東緒區自治公所　西緒區自治公所

崇邱區自治公所　靈巖區自治公所　泰邱區自治公所

海晏區自治公所　霩衢區自治公所

以上均見前志民國三年一律改稱自治辦公處

教育會　在校士館舊址內

勸學所　在校士館舊址內民國十二年改稱教育局

縣商會　舊稱商務分會見前志在東長營衙地藏殿舊址

柴橋商務分所　在柴橋財神殿內民國元年立

縣農會　民國元年成立無固定會址附於其他機關內辦公

貧民習藝所　第一所在城東北隅梓蔭山下鯤池書院內民國元年十月立基本金由征收宣統三年地丁秋米項下撥入銀三千八百六十七元四角一分二釐益以第二所寄售器具估價銀五百十六元六角九分材料物品估銀七百三十元八角七分合計基本金五千一百十四元九角七分二釐每月由縣抵補金附加項下撥入七年七月以前月領經常費銀三百五元八年七月以前月領經常費銀二百二十元後減爲月領經常費銀一百九十六元五角額設藝徒四十名所長一名辦事一名藝師二名教習金工印刷二科前尙有染織科及食品科後因學鮮成效來者日稀旋即裁撤而第二習藝所（舊縣丞署內）即併入第一所民國十一年六月第一習藝所實行停辦

案撥入基本金原有一萬四千六十元一角七分八釐除習藝所基本金五千一百十四元九角七分二釐外餘均存縣自治會該所停辦後其基本金撥充全縣職業教育之用

園

梓山公園　梓陰山舊有文昌祠魁星閣倉帝祠清光緒三十四年冬燬民國二年邑人陳蕭朱忠煜向道深周世瀛等籌貲建築公園樓房三層計九間亭一座左牆外披屋二間右牆外披屋一間園踞山巔爲遊覽讌會之勝地

李氏耕餘小憩園　在崇郎小浹江口邑紳李嘉字梅塘築園爲晚年怡養之所歿後改稱梅公祠慈谿楊敏曾爲之記嘉冢子雲書作梅公祠紀略

記曰小港李氏世居大小浹江之間笠山之南郎元高士丁鶴年避地處名海巢者也清光緒丁丑李嘉於宅旁構園爲晚年頤養之所名之曰耕餘小憩園門外榜曰古海巢居園之正中曰笠山草堂自題楹聯云朝市潦塵緣且釣月耕煙身世略同盤谷隱園林饒野趣願橫經負耒子孫長作笠山農其志趣可想園中勝景各有標題曰水月秋槎曰聊可居曰小瑯環曰笠亭曰補石山房曰綠雲深處曰海棠香夢軒曰柳隄曰柳磯曰螺山曰獅峯

曰竹園曰梅坡曰杏園曰桃隝曰雙橋曰環池曰豆棚曰菊畦園中景物幽雅遊者皆歎布置之工而登高望遠海天勝景羅致目前又爲他園所不能有嘉既歿諸子即於草堂正中供奉遺像故園又名梅公祠其詳見伯子雲書所撰梅公祠記略紀略 祠本園也地居淡江之間淡江者兩水東西夾出東曰小淡江西曰大淡江也北傍管山南距百餘步即吾家也由吾家而北過石橋折而東左曰即祠之南牆右則沿水之長堤也堤之上柳陰蔥翠環列門外堤即柳堤門有額曰古海巢居元高士丁鶴年嘗避地於此曰古海巢居者舉其海巢居之舊名故以古別之也入門數步折而北有一額曰梅公祠門內一徑徑之東爲淡浦學堂校舍西則祠之東牆也由徑而北折而西又有一門門之內爲遊廊廊之左有翠竹分立由廊而西復有一門額曰耕餘小憩耕餘小憩者先君所題園名也園係先君所築爲晚年怡養之所今吾兄弟奉以爲先君祠堂故名之曰梅公祠也由耕餘小憩之廊迤北而西過一橋樹色鮮妍禽聲上下面南一堂爽塏閎闊中奉先君遺像旁列彝鼎圖書及海內名流題詠屏聯是爲管山草堂即祠之正宇也堂之東廂明牕淨几額曰靜妙倚欄東望叢桂濃密樹外有池池水澄潔隔岸翠竹迎風搖拜者即耕餘小憩遊廊之右側也池作環形環繞草堂故名曰環池也堂之西廂卷帙盆架藏書之處也草堂面池池當環之中其前壘石爲山其中有臺花木貫妍臺之額曰自然成野趣其西南濶有榭如舟三面臨水者水月秋榭也憑榭南眺層榭隔水爽氣迎人下俯清池游魚可數樹之西南間之以牆與南之石山毗連也由榭過橋而南折而東右則巖崖峭壁間凸其間石磴三五錯列其旁遊人到此可以憩坐也左則桃柳間出每當春日翠縷紅英芳鮮耀目也循水而東抵山之麓有磯如盂覆以垂柳者柳磯也磯上有石可以垂釣北對自然成野趣之臺西望水月秋榭呼應可接也由磯之東緣山崖而行面北

一軒補石山房也蓋軒之西北皆疊石為山以軒補其缺故有是名也山房之東另闢一池其形如硯池之東南短廊曲折與山房之後廊相連屬也由山房之面曲徑而東經螺峯南接短廊北即耕餘小憩之左側也由山房後廊西出取道於山曲折登高至於山巔俯視園內正對笠山草堂者獅峯也東望小浹之東青峙沙灣竹嶼金雞諸山如碁布也西望大浹之西招寶虎蹲兩山相對峙也北望笠山之外海水蒼茫波濤起伏即所謂浙海關險蛟門是也甲申中法之役法師來叩關者以巨礮轟之殪其渠法不能軍遂遁去居今思昔感慨繫之也由獅峯西下有一亭小而雅可棋厭形如笠故名笠亭也再西南行折而東下山之腰有龍形翠蓋白皮之松其趾有金粟異香月閒之桂此處徑窄而曲屋小而低對花面石如別有洞天者小琅環也徐步而北奇花林立者西牆也隔水聞談笑之聲者即水月秋槎也再數步有一廎曰聊可居聊以容客之憩息也至此前園之風景已備歷矣其北則後園也既入後園其牆與前園相接循牆而東不十餘步而南一亭石柱四立額曰綠雲深處三面皆水其地適笠山草堂之北也亭之東西隔水皆有低坡坡皆植梅兩峙灣抱是為梅坡北則幽篁森列是為竹園其後即豆棚也有橋二分跨亭之東西北隅是曰雙橋由西橋而趨經西坡過竹園斜徑而出有一軒額曰海棠香夢軒禮佛之所也折而南隙地一區臘梅園繞中有孔雀亭即前園之北向所從入也由東橋走東坡左折為杏圃亦取徑竹園斜而東出有一門門外場圃平曠秋時藝菊即菊畦也折而南西即梅坡東即桃隖再南綠竹猗猗與隖相接也璞池前橫通之以橋橋之西即笠山草堂東廂也是園卜築至今已三十六年泉石無恙而先君之聲音笑貌邈不可追撫念栝棬可感慟也園既繪有圖矣今又紀之者以便按圖循覽也至先君平生行誼別具事略茲不述也辛酉八月鎮海李雲書謹述

亭

廣濟亭　招寶山南第一山浦民國元年李翰邦捐資創建覆屋三間後有餘地一方四年亭壞由河工局永濟公所合修十一年秋圮十二年七月邑人李寶裕周星北等重修

利川亭　在南薰門外大衕頭民國十四年秋七月邑人李寶裕等捐貲創建

攬滄亭　東管二都後施路下萬弓塘上爲由城至澥浦憩息之所有屋六楹民國七年施仁安施炳榮徐光福集貲創建

普安亭　西管五都普安橋南民國六年里人姚朝倫建

永和亭　靈緒一都四啚民國十一年樓其樑樓其熙募建

甘露亭　西緒松浦左近一名大古塘俗呼老塘跟民國十二年癸亥秋僧人希無助地一方本區王振聲建亭屋三間以備往來農牧少憇

東來第一亭　崇邱一都烏嶺山上民國元年謝天錫謝敦和沈天和同建

繼勤亭　崇邱一都烏嶺山下小衕頭西首方施河跟民國六年沈覲舜捐銀一千四百元建亭兩閒工料堅精爲諸亭冠

甘梅亭　崇邱二都高河塘民國十一年里人李寶裕出貲重修

胞與亭　崇邱二都趙家塘民國九年李寶裕出貲新建

胞善亭　崇邱二都隩底陳民國八年李寶裕出貲新建

永安亭　崇邱鄉布陣嶺下白鶴廟前民國七年四月李純芝陳心泉建

涵清亭　泰邱二都詳前志民國六年杜建彥孫廷清改建於街之南首

石瀾橋亭　泰邱三都詳見前志民國四年沃嗣修改建

廻龍亭　泰邱四都泥堰湫橋西民國八年張和鈿妻周氏募建亭屋並助施茶田三畝二分

華安亭　泰邱鄉牌門橋西南民國十年金克勤克麟等募貲建造李乾孟房捐銀二百元爲置產施茶之費

梅江亭　海晏梅山渡旁民國九年里人陳瑛葵募貲建立

五峯亭　海晏謝家橋下民國十一年里人曹如九募貲建立

靈湖閣　在小港義成橋東閣下爲青峙新老靈澤湖壇四境公埠建於民國十年其費卽由青峙四境公出

鎮海縣新志備稿

河渠志

濬河

城河　自清光緒間疏濬後日久復淤民國十一年冬邑人史致容出資重濬董其事者邑人朱忠煜包緒模閱二月工竣共用錢萬二千緡

邑人劉郁記略　惟不沒於利者而後能利於人也上君子有志閭閻不必高談經濟但勿爲習俗所囿節獻酬燕會之資爲地方謀興革則福利所逮自無不謳歌而稱道之若史君晉生以壽資濬河者可以風已夷考吾縣城之河自清光緒丙戌鄉先輩謝公徵洲鄭公琴南綢繆浚治越一十有四載歲序己亥王先生蓉坨盛先生竹書於濬浦之後兼及河工然經費限之績用弗宏近頃郊外三河或抉或導次第通利獨城河罷久淤淺未開疏淪水性就下其涸可立待也君軫念及茲懸焉憂之顧頻年客外未暇以爲今年八月二十五日爲君六十揆辰介子祖培昆季將博舞綵之歡洗腆稱慶君詔之曰費而不惠之舉奚以爲哉城河失修吾嘗耿耿焉懷莫能釋若曹盍從事於此以竟吾志則賢於壽我者遠矣祖培肅恭承命謀所以將事者於是君之朋好聞君高義踴躍贊襄醵集羣彥以營以度而朱君彬繩包君景翰實董其事十月之吉天氣調和鳩工立程發始興作乃畚乃鑱乃疏乃穿

惟其寬深無改故道蓋東始東門浦西迄平水橋長八百三十丈閱時五十五日糜錢萬二千緡憤帖彝宣靡勿開濬訖工之日耋艾壯稚懽欣忭躍思揚其光嘉照無休余嘉君能急水利澤流桑梓誇君者不尚繁縟有弼成之美與夫朱包二君躬親督率事罔不舉皆足書也用忘固陋志其略於石

南水門　清季開濬見前古濠河下民國四年復由河工局集貲開濬

李翰邦報告事略　小南門之右有南水門士人名之曰火門閉自前明迄今數百年自水門以至龍華菴橋積穢日深光緒己亥開浦濬河由邑人嚴君昭明創捐二百金將南水門掏通未及二載淤積如故妄謂此門一開城中恐致火災民國四年河工局董王人鑑李翰邦復請示疏濬嚴君又慨助經費自南水門外城河起至龍華菴橋止一律濬通而朱君逸香復捐貲在城內外橋之兩畔各築牆兩道以阻止拋擲穢物另於城外置石櫃一所俾便堆積違者罰金有差稟縣出示曉諭一面由縣飭警局隨時巡視嗣由葉君炳奎捐助善後經費壹千元除購置東門浦碶板及釘河船外尚仗八百餘元存莊生息

前大河　詳見前志民國七年邑人朱忠煜建議重濬戴運來阮文忠各輸捐數千元幹河支港一律濬深約長二十餘里

中大河　詳見前志河日久淤淺民國十一年春籌款開濬至秋末興工及十二年春告成並修治沿河道路共用銀四萬四千數百元尚餘銀二千元設

立水利善後會以清潔河流去除淤積議訂簡章呈縣備案

劉炎昶濬修中大河述略

中大河自清光緒初濬修垂四十年淤塞日甚里人議濬而中止者屢矣十一年春東西管兩鄉人士會議四辦法先設籌備處募款推周汝彝爲主任而輔以胡元欽劉炎昶張起棟等並組織募捐團會分別擔任捐集除向就地殷富勸募外其在各埠籌備者甬上則爲余絜上海則爲董杏生傅德慷津滬等處亦分頭籌募迨款稍稍集遂於舊歷九月鳩工開濬夫役從事挑掘者千四五百人自東管之白龍洋至西管之駱駝橋凡濬河四千七百二十丈時隆冬沍寒周汝彝劉炎昶張起棟等日躬莅勘視不辭勞瘁至歲終而工程告竣是役也歷時百有旬日糜款四萬金而捐集之數暨田畝所出得四萬六千金有奇明年乃復修治緣河道路其損壞者更新之橋梁之傾圮者改築之長達三十里費銀三千圓更連類而及大市堰堰界於東西管以備旱潦之蓄洩者也歷久滲漏甚農田爲病於是購置材料大加修砌工費銀千五百圓而中大河全功至是告成前後共用銀四萬數千元蓋尚餘二千金上下議決節以爲中大河善後會基金並訂有章程云

縣令盛鴻燾疏濬鎮海東西管中大河記

鎮海爲縣東北屆海而大浹江亘其中轄境遂分南北南鄉多山谿壑所匯渟爲陂池足資灌溉田號肥沃北鄉靈緒三區則有鳳浦洮窖諸湖爲挹注近雖漸涸而旱乾尚可無虞獨東西管兩區無瀦蓄之巨浸所取以潤農田者惟恃中大河抑亦微矣中大河源出慈谿之丈亭由夾田橋過茅州化紙兩閘折而入駱駝橋以達於鎮之中大河迴環殆百里尾閭勢弱非大潮汐則流不及鎮論者謂中大河有流無源其河身復迫狹平坦險於容納積年失濬尤淤塞農先受病交通亦梗舉苦之余於民國九年春再權鎮篆巡視至中大河値晴久河涸兩岸田

稻勢將就萎忽然燹之乃召集兩鄉士紳籌議修治終以需費過鉅未能卽舉至翌年秋而風災作矣海潮冲激數十里塘岸迭迭莫保余急往勸會諸紳毅然以大工呈報荷會稽黃道尹華洋義賑會暨邦人士協助之力集款至十餘萬金於是海塘全部興築後塘河繼之而中大河亦乘時集議從事籌備公推周君如彝爲主任而輔以兩區自治委員胡君元欽劉君炎昶暨士紳之諳練河工者羣起規畫積極進行首議募款自本鄉而推及僑商次訂畝捐舍佃戶而取諸業主次測形勢因地而濬使寬深次估工程計里而詳加核算兼營並進乃諏吉於九月某日鳩工乘農隙也一時夫役雲集涉泥淖者多於通衢之行旅舉鑿鍤者勇於持戟之兵士時嘗隆冬天氣晴明凡百有旬日而自白龍洋至駱駝橋三十里河渠全工告竣以祭以固似天亦若速助其成者嗚呼雖曰人事詎非神祐哉是役也自十一年三月籌備以迄竣工時及一年耗費至四萬金在事諸君捐貲殫力勞怨不辭涓滴歸公款有餘裕羣議進求美備遂續治沿河道路石之損者易之橋之圯者復之計費三千金又明年更以三千金修大市堰堰界兩區間中大河至此分爲上下游所以備旱潦之蓄洩也積久滲漏而東管特受其害爰購美材運亘石築使堅實永資保障附屬之工庶幾告畢焉而周君等猶以爲未也綜核用款尚贏千有餘金卽以是款設立水利善後會復議分年籌募萬數千金爲經常費每歲勤用子金置船僱役日巡河中凡腐穢之物傾聚之泥悉予掃除免成淤積非獨河流清潔有益衛生已也事成周君等具以告余並請爲記余躍然曰善哉善哉斯洵能造福於鄉者歟夫天下事機爲之也遇其機而失之誤矣卽弗失而苟且以圖之抑猶誤矣中大河議修數年不果海塘築而機動諸君卽赴機奮迅士多好義募款踰額竟能事必躬親籌盡周至使茲河利益得以永保於無窮是仍待平素忠誠練行以見信於鄉人成此鉅功原非易事而機特適逢其會也比歲俾鄉禾稻熟舟楫通成效已

著後當益進余故書而爲之記民國十四年二月

西大河　詳見前志民國八年邑人方駿華駿萃舜年積鉦積琳陳蘭生林修華慈人童梧鄰等捐貲復濬共用銀二萬八千餘元

陳穆之堰至蘇家港河　西管鄉東達中大河南接官渝港綿亘六七里爲舟楫往來要道年久失修日形淤塞民國十年冬里人倪傳基獨貲修濬需費二千六百餘元

甸漲港　西管鄉通中大河綿亘數里農田水利胥有賴焉因上年中大河疏通此港更易就涸民國十一年冬旅滬里人顏梅生獨貲修濬需費一千二百餘元

梅湖（案即東錢湖之裏湖）　民國二年邑人陳協中出貲疏濬計用銀四萬餘元

廟河　見前志山川下民國三年李鄭氏出貲修濬

井跟河　見前志山川下民國六年里人重濬加深丈餘今雖旱不涸

瓦河　見前志山川下民國六年里人捐貲重濬

吃水河　見前志山川下民國六年李乾孟房出貲加砌石磡並增石欄公禁洗物

黄家新河　前緒四都民國三年新開

塘

後海塘　詳見前志日久塘受風潮崩潰決裂由邑紳商聯名呈請縣令盛鴻燾轉呈省道派委履勘估工籌款興修自壬戌二月爲始迄癸亥九月塘工告竣其塘東自中子山起西至濟生亭止計長魯尺四百九十三丈用款九萬一千三百六十元有奇同時鈎金塘亦修理完工詳事實册後又於甲子年二月修葺海塘右段東自濟生亭起西至包家路止至七月竣工計長魯尺五百零七丈用款一萬四千五百元有奇是役也其費由華洋義振會振餘項下撥給充用主其任者朱忠煜副之者陳巨綱李厚培江義昌幹事陳修榆

王庚年徐鍾英葛繼炘鄭志適王正康朱欽文金偉康包緒楧金士源周世
瀛李厚禧虞和德盛炳緯史致容周運杓葉炳奎李寶裕陳顯良徐高余鋆
向道深向道衍劉郇鄭昭胡學范嚴昭明金士衍汪顯述陳祖烈葉子衡陳
文鑑李厚祐張彝年王正聿王正常薛煥章嚴昭鑑戴芳達陳愷劉炎昶胡
元欽蔡晟王綱總監工沈顯章王瑞玖駐滬塘工協會主任傅宗耀副主任
盛炳紀名譽主任朱佩珍幹事洪成瑛方積蕃董杏生烏人垚鄞人勵延豫

塘工局
報告

重修鎮海後海塘記　鎮海故名定海清康熙間徙定海於昌國而更舊治
曰鎮海治故有城城北濱海關門東西南北缺焉其下為塘自候濤山迤
邐委宛以抵於伏龍山東西衡亘數十里海水汨渤塘實當其衝城負塘而
築塘不周城亦不立致之方志城之築蓋當唐昭宗乾寧四年塘雖不詳所
始要其治之前於城也斷矣千餘年來歷圮歷復兀然為縣北屏蔽蔭一縣
之境人民安居樂業坦坦焉無復知有墊隘沈溺之苦者繄塘之力是恃民
國十年辛酉之秋颶風自西北來海浪受風衝激齧土擣石塘岌岌將沒父
老咨嗟以為大戚縣知事盛君鴻燾謀所以繕完之苦物力凋敝無以作始
乃合縣人傅宗耀盛炳紀李徵五方積蕃洪成瑛烏人垚董杏生等為塘工
協會牒大吏賦其役迄不得請會是歲被菑廣人民流離蕩析者徧東南中

西人士鑅振上海所募集不嘗傅君奔走呼籲冀分餘澤以佐材我而會稽道尹黃君慶瀾亦以爲請黃君夙著仁聞所言尤取重賓萌於是浙海關稅務司甘福履贊其議卒藉振餘得鏹幣十餘萬版事竣用集經始壬戌二月土木工役窮日夜不息雖六七月間迭遭風災隳其版築而備難補敗衆志益奮式砥式遏狂流卒以帖恬翌歲八月遂告成功丞徒謳歌婦孺呼抃保障生聚之勞非諸君子其孰尸之矣是役也脩石塘一千二百十丈土塘三千四百丈都用銀幣十三萬八千八百餘版盛傳二君倡之盛李二君和之黃甘二君贊之董役者朱忠煜李厚培陳巨網江義昌劉炎昶余黎履勘者陳廷緒濮卓裳錢沐華西人巴顯榮也功既訖並建二亭於塘上一曰慶安取道尹及傅君之名名之一曰鴻福取知事及稅司之名名之以示旌異以諗方來民國十四年乙丑三月慈谿馮幵

邑紳商朱忠煜陳巨網李厚培陳脩榆金士衍王庚年周運杓盛炳紀史致容向道深江義昌徐鏞英朱欽文金土源鄭志適葛繼炘劉郁王正康包緒模金偉廉等呈縣原呈

呈爲塘受風潮崩潰決裂險象環生公懇蒞勘迅賜呈請看估籌款興修事竊查縣治北首自低礪山起迄下嵐山且地臨海濱建築海塘以爲保障自候濤山至俞范路爲石塘自俞范路至下嵐山爲土塘前清道光末年重加修繕工程本極完固無如歷時既久坍壞日多本年秋間猝遇三次狂風驟雨潮流所至齧土擣石崩潰決裂險象環生而拱衞縣城之石塘尤爲岌岌塘如出險城亦隨之城內居民均有其魚之戚是不可不急爲修治者也此外石塘坍壞之處亦復不少衞雖補敗不容稍緩至俞范路迄下嵐山一帶土塘往來行人恃爲要道風潮所經屢見缺陷亦應重加修繕以免他虞惟此次修築海塘工程浩大非精思密慮詳細勘估不足以憑研究非萃策萃力籌集鉅款不足以資進行爲此公懇貴知事親

蒞履勘迅賜呈請省道派委看估工程一面設法籌款從事興修以完要工而安民居不勝迫切待命之至謹呈

鈎金塘　詳見前志自清乾隆間修後日久坍裂民國十一年二月因修葺後海塘同時興工至十二年九月完工計長營尺二十丈零六尺用款三千一百四十元有奇其款亦由華洋義振會振餘項下撥充塘工局報告

東門浦　詳見前志自清光緒間改建以來歷二十餘年滲漏既多底石亦壞邑人史致容於濬濠河舉工後時值癸亥秋冬間興工修葺河底南北兩面闊一丈八尺長二丈八尺底釘松樁內嵌石塊樁面用水泥封固計厚一尺碶橋下砌水泥地閾一條計高三尺橋脚兩傍用水泥砌實上厚一尺下厚二尺石碑拆做碶板換新縻錢一千六百四十餘緡

萬弓塘　詳見前志民國十年秋風水爲災塘自俞范路下起訖下嵐山渚止塘身崩坍計有四十餘處之多東管自治委員劉炎昶同西管自治委員胡元欽前緒自治委員陳巨綱呈請縣令盛鴻燾親履勘驗由縣轉呈省道先

後派員到鎮會同勘估撥款興修是年冬開工至明年冬告成共用銀元二萬九千八百元

劉炎昶修理萬弓塘述略　縣治後海萬弓塘外禦潮汐內衛田廬為東西管前緒三鄉之保障塘自由子山至俞范路下為石砌俞范以西至前緒之下嵐山諸凡長三千三百九十丈皆泥也民國十年秋風雨為災塘河水溢沖刷塘身多崩坍岌岌可危東管自治委員劉炎昶首報縣請履勘議培塘身以禦海潮而費鉅無可為計時塘外塗地受水後種植殆盡災民數千迫飢寒待斃會里人傅德懋自甬函告稱華洋義賑會有以工代賑例盡以是請乃馳函旅滬同鄉會轉商義賑會撥款一面由邑侯盛公請會稽道尹商諸寧波華洋義賑分會經該會派洋員會同地方官蒞勘而省長亦委海寧塘工局長陳廷緒估核款既得請於是三鄉會議以塘河淺狹加以塘身沖刷所落淤塞者挑濬塘河以培塘身計實兩得僉議既定遂推劉炎昶為塘工主任而以西管自治委員胡元鈫前緒自治委員陳巨綱為之輔爰於舊歷十二月招集西工作墾民乃藉以得食明年三月塘工告竣而塘河自俞范折而入海晏閘東南接於中大河者遂三千一百餘丈復為疏濬之塘路自石塘盡處至澥浦逼窄而石多碎行旅苦之至是賜石悉加擴充成坦途焉是役經費前後向華洋義賑會撥支銀二萬九千八百圓而費大功得以告成三鄉實利賴之

善慶塘　詳見前志日久坍塌民國五年邑令洪錫範撥給公費委王廷輔募貲經修自馬嘴匯起至三官築泥塘外編竹木計長九百餘丈築石盤二座

一在李家堰一在張家堰之西然江潮洶湧益以輪船衝激泥塘又漸坍塌八年里人金運才自李家堰南至下衙頭之南就泥塘築亂石塘一百餘丈以期持久

顏家塘　詳見前志民國五年邑令洪錫範撥給公費委里人薛長庚任耀廷募貲經修改建石塘七十丈相傳塘爲宋顏仲頤濬河時所築故鄉人又稱爲顏公塘耀廷等又築亂石塘三十四丈與顏公塘接合

鎭江塘　崇邱鄉見前志民國五年里人李厚培等籌款重修新築亂石塘六丈九尺五寸土塘四百六十四丈七尺拆築條石塘二百八十八丈九尺三寸亂石塘六十三丈四尺用費二萬一千餘元

沙灣塘　崇邱鄉見前志塘闊統計八丈左右年久失修坍塌多處民國十年里人李厚培等集議設局興修全塘拆築用費二千四百餘元不足數由地方人捐集其附塘餘地經塘工局開種收花充作善後經費當呈縣備案給

示保護以資永久

新久豐塘　靈巖二都在久豐西塘之外民國二年里人王榮唐等以西塘外漲塗尙數百丈可墾爲田復請准建築

永安塘　泰邱見前志民國四年壞於風潮俞實春集貲重修

永豐塘　詳見前志是塘跨巖泰兩鄉年久失修塘身日漸傾陷民國十年山洪內發海潮外入坍塌愈甚巖鄉由自治委員董祖羲呈請撥給工賑款銀一千五百餘元遴里紳屠仁政賀師榮王才渭等購石監修泰鄉由自治委員張玉成請撥工賑款銀若干遴里紳某購石監修先後告竣以臻鞏固

堰

堰頭王堰（即古周家斗堰）舊名姚郎堰前緒一都見前志南與慈界地曰堰頭王東西距水南北會流介乎上下河之間昔築堰以壅水阻通航之要道舟行殊感不便民國元年議長周咸釗建議改堰爲壩以利交通具案呈縣四年鄉董

陳巨綱同周咸釗陳廷鈞等揩貲集事壩既成購舍以棲壩夫設橋以濟往來又改建東岸之亭經營數月始獲竣工酌收壩貲以給雇夫薪食有餘儲爲修葺之費焉

沙河頭堰　前緒一都詳見前志民國四年里人募貲修築踰年告竣鞏固如新

永豐堰　靈巖二都詳見前志民國十年風潮爲災罅漏日甚自治委員董祖義請撥公款三百二十餘元交由里人賀師榮購石鳩工重行修築

碶

義成碶　崇邱三都見前志碶傍關帝殿内有祀事碑記祀有產紳耆樂涵胡均等十六人所置碑記之外後又增置田產民國九年其後人樂俊諭等十六家將祀產公共推與碶局爲業歸自治公所管理其每年生息除當辦祀事外餘備碶用所有產業列后

計開灘場

一則一畝五分在塌下樂家舍前一則二畝前三則俱在塌下沿江一則三畝八分六釐在塌東半路楊一則七分八釐一則一畝五分在教場浦墩一則一畝零在鹽房前一則五分在涼亭東畔一則塌東四分貼塌留塌街二丈共計灘場十二畝六分四釐零又東首側屋牆外餘地一鱗以上俱載入碑記

計開增置田產

一則四畝四分在青墩琵琶塊一則四畝在裏樂樓下海塘跟一則一畝三分在裏樂走馬直一則四分在裏樂王家屋外四則七畝五分五釐六毫在裏樂楊家衖一則碶夫工食田四畝四分在教場浦塘路外共計田二十二畝另五釐六毫

義成東碶　崇邱三都黃瓦屋村村人爲蓄淡計集貲建築民國五年告成

新楂浦碶　靈巖二都見前志年久未修日漸損漏民國十一年自治委員董祖義撥公款銀三百元遴里人王才渭購石興工修築完固

備碶　靈巖二都亦名周公碶見前志自清乾隆間周邑令建設以來歷年已久碶傍罅漏日甚淡水易洩鹹潮亦易入民國十二年自治委員董祖義遴

里人賀性春購石興工修築完固計撥用公款銀二百九十餘元

太和碶　即東碶泰邱一都見前志民國八年里人陳嘉樑王學禮等募捐重修

青龍碶　泰邱二都見前志民國四年壞於潮里人翁書卿集貲重修

永安碶　泰邱二都見前志民國七年里人李仁靜盧紹曾等捐貲重修

木碶　泰邱二都見前志民國二年里人虞執中葉厚珠等捐貲改建名廣德橋

鎮東碶　泰邱四都見前志民國七年里人張玉成王克堯捐貲重修

蟒蛄碶　泰邱四都見前志民國五年里人張玉成張景渠捐貲重修外築塘十餘丈

楓成碶　靈巖白峯村見前志民國十二年里人樂秀蒙秀桐金瑞華等按照碶內田畝捐貲重修閱三月告成

閘

福田閘　在前緒區見前志民國四年里人周光珩光盛咸釗咸銘等捐貲重修咸釗復出己貲於閘旁建亭三楹名曰停亭後披屋二間爲閘夫船夫居住

大堰閘　舊名大泥堰在前緒區見前志近因年久失修堰石傾圮民國十四年里人鄭含芳星炎等創議重修其修費出星炎與其昆季達甫出貲慨助縣令劉強夫爲之記（記曰大堰閘爲前緒鄉北區之咽喉灌溉五千餘畝舊名大泥堰清光緒丁亥年由里人鄭傳箴先生獨貲改造易泥堰而爲閘堰計費六千餘金姑更今名迄今數十年鄉人士無不歌功而頌德近以年久失修堰石圮漏前緒鄉農會會長鄭君含芳副會長鄭君星炎以其有礙農業創議重修以水泥奠其基上覆以石較前鞏固而修築之費則由鄭君星炎及其昆季達甫出貲慨助惠及桑梓直堪與鄭傳箴先生後先輝映永垂不朽至於相助爲理則鄭君楚琛逸琴傳法均與有力焉工竣因誌其概略以爲之記民國十五年二月）

羊坡溝閘　在西緒區見前志民國七年里人集議將三閘（東湫 西湫）及此閘與拔

船泓興工重修經年告成其費皆出自畝捐

池

東泉池　在縣東郎一鑑池詳見前志民國二年城自治公濬重築石甃廣周圍二十三丈八尺深一丈二尺池西障以鐵欄

東嶽宮放生池　民國七年里人陳傳善周運鯤等捐貲重濬需費二千三百餘金邑人張德容撰碑記

張德容記略　吾邑東郊東嶽宮西偏有放生池久旱不涸邑人賴以汲飲邑志載放生池三其一即此池畔有石亢立文曰東嶽宮放生池爲淸康熙年間藍總鎭建年久失修淤泥舊積池形如弛弓北角灣入招寶山麓荒塚曆柩纍纍在其上民國七年里人陳君聿筆周君佐甫創議捐貲重濬會李君衞洲董永濟掩埋局事限期遷讓其無主者代爲遷葬其有古墓無可遷移者復爲加土堅築從此放生池畔地既潔淨水自澄淸池之四旁砌以石礪鋪以石版計闊東首一丈九尺南首五丈四尺九寸計長五十丈二尺共需工料計二千三百餘元今池深而礪周岸闊而途平汲飲無不潔之虞大有益於衞生二君熱心善舉嘗與斯碑並不朽焉

井

新濬自流井　星海泉在縣署儀門內西首民國十二年邑人葉炳奎出貲濬　公保泉在城區平浪橋下西南首民國十二年邑人周運杓出貲濬　仁義泉在城區淸川門沿城脚下民國十二年邑人汪顯述出貲濬　憩泉在城區鼓樓下東首民國十三年邑人胡學范出貲濬　鑑泉井在南薰門外財神殿前民國十三年邑人胡立鑑出貲濬此井來源淸潔日可汲千餘擔　田泉井在淸川門外林地園北首民國十三年邑人周天裕出貲濬　胞與井在鑑泉井西民國十四年邑人李寶裕出貲濬　張相公殿內井葉炳奎出貲濬

水柜

太平水柜　一在城區南薰門沿城脚下東首邑人戴季蒓出貲建築　一在城區武寧門沿城脚下邑人嚴昭鑑胡立鑑合貲建築

橋梁

永安橋城嶠詳見前志，舊名通明橋，俗呼借言橋，見樊氏宗譜。民國六年里人重修，易今名。

鎮東橋東管見前志。民國六年重修。

永鎮橋東管見前志。民國七年重修。

鎮興橋東管見前志。民國八年重修。

永源橋東管中大河南岸。民國三年邵東林建。

清家橋東管見前志。民國八年里人重修。

鎮西鎮里橋西管見前志。民國元年遷至蛟河倪里，人倪邦憲記其事。

永年大橋前緒見前志。民國三年里人募貲重修。

秦平橋東緒見前志。民國二年廣和德重建。

衆安橋東緒伏龍山。民國二年廣和德創建。

間津橋東緒伏龍山。民國二年廣和德創建。

虞家世橋東緒見前志。民國二年廣和德重建。

黃家橋西緒四都。民國三年黃發基新建。

載福橋西緒四都。民國九年黃發瑞新建。

雙板橋崇邱見前志。民國七年沈袁氏重添橋欄。

老壩橋崇邱見前志。始爲壩，舟楫不便。民國八年里人徐沛榮出貲開壩築橋，題名老壩，誌其舊也。

匯龍橋崇邱四都，舊係丁港堰。同治七年里人丁朝岳等改爲橋，以便交通。前志未載。宣統元年復堵塞。民國十年秋兩度水災，遂致崩圯。里人丁立成、張際雲、丁星耀等集議捐貲修築，並修橋傍道路五百餘丈。

下車堰橋崇邱見前志。民國十年里人姚邁卿、李守業等集貲興修，用費一千二百餘元。

迎仙橋靈巖林頭村。民國十年被蛟水冲毀，撥工振款重建。十一年又毀，復撥工振款修復。

仙靈橋靈巖仙人溪上。民國十一年被蛟水冲沒，併毀溪隄，撥工振款重建。

護巖橋靈巖舊爲五眼大碶。民國二年王啓楣、俞秉廉等重修，改爲三眼，易今名。

陳師橋靈巖見前志。民國七年重修。

夏家橋靈巖見前志。民國六年里人募貲重修。

行者橋靈巖見前志。民國二年僑商慈北吳曉園獨力捐貲重修，石梁上一面鐫古行者橋，一面鐫安陸橋。

鎮定橋靈巖見前志。民

國九年里人陳瑞厚出貲重修**湯家橋**靈嚴見前志民國三年添設欄杆**太平橋**靈嚴見前志民國七年趙斗祀賀潤祀捐貲重修**金家橋**靈嚴見前志民國六年重修**界牌漕橋**靈嚴見前志民國二年重修**永隆橋**靈嚴見前志民國三年張武烈祠家岳墓貲重修**大安橋**靈嚴見前志民國二年重修**青龍橋**泰邱見前志上下二橋民國二年里人顧維周等重修**三陽橋**泰邱見前志民國七年里人史鵬年贊厚募貲重修**廣德橋**泰邱見前志民國二年里人虞中執業厚珠邱美瀾募貲改建石橋**戴家陝橋**泰邱見前志民國七年傳廷潞重修**後官橋**泰邱見前志民國二年里人陳慶旋慶安出貲重修**下檸橋**泰邱見前志民國三年里人賀師成寶鑑重修**鷓鴣橋**泰邱見前志民國七年里人張竹雲募貲重修**秋子山橋**泰邱見前志民國元年里人張鴻賓募貲重修**橫山橋**泰邱見前志民國三年里人沃嗣秀募貲重修**東石橋**泰邱見前志民國七年里人鮑相珍張訓謙等募貲重修**八柱橋**泰邱見前志民國六年張廣業廣鴻飛張葆裔募貲重修**後橫河橋**泰邱見前志民國六年張廣業募貲重修**福德橋**泰邱見前志民國四年里人朱慶生募貲重修**中興橋**海晏一都民國元年里人康孝甫募貲新建**庚頭洞橋**海晏見前志民國八年王兆蘭募貲重修

鎮海縣新志備稿

賦稅志

戶口

民國七年由各區警察所調查册報戶口數如左

第一區城隅崇邱戶一萬六千七百四十四口六萬三千七百二十六　男三萬四千另九十三　女二萬九千六百三十三　學童八千一十　壯丁一萬一千九百二十四　宗教二百十六

寺廟僧道戶一百　男二百二十五　女一百另六

公共處所一百三十二　男三千九百二十五　女一百九十二

第二區東管西管戶二萬六千五百四十一口九萬六千三百九十八　男四萬九千九百另六　女四萬六千四百九十二　學童一萬一千九百五十三　壯丁一萬七千九百五十六　宗教一百二十四

寺廟僧道戶七十三　男一百九十三　女一百四十

公共處所九十　男二千九百三十八　女一百七十七

第三區前緒東緒西緒戶二萬一千六百五十九口八萬七千八十　男四萬七千五百五十八　女三萬八千五百二十二　學童一萬一千七百十四　壯丁一萬八千四十四　宗教五十二

寺廟僧道八十三　男一百四十一　女五十八

公共處所二十　男四百八十一　女七十一

第四區靈巖泰邱戶一萬九千七百六十七口七萬三千九百六十四　男三萬九千二百六十八　女三萬四千六百九十六　學童七千二百七十八　壯丁二萬八千四百十八　宗教三十二

寺廟僧道戶五十九　男一百三十六　女八十六

第五區海晏鄮霩衢戶一萬五千四百七十六口五萬四千二十四　男二萬九千九百零四　女二萬四千一百二十　學童六千五百六十五　壯丁一萬八百八十四　宗教一百六十三

寺廟僧道戶五十五　男一百十六　女二十二

公共處所十八　男一百五十三　女一

全縣通共戶十萬零一百八十七口三十七萬四千一百九十三學童四萬五千五百二十壯丁八萬七千一百六十六宗教五百八十七僧道在外

民國十二年奉　省令按照省議會議訂戶口登記條例本縣分十一區由各區登記主任查明册報戶口數如左

第一區城廂普通戶五千二百八十七口二萬二千九百六十二

男一萬二千一百二十八口　女一萬零八百三十四口

特種戶九百六十六口三千六百三十一

男三千四百八十三口　女一百四十八口

第二區崇邱普通戶一萬二千五百零三口四萬三千八百二十四

男二萬三千二百八十一口　女二萬零五百四十三口

特種戶一百二十五口一千一百四十五

男一千零八十九口　女五十六口

第三區東管普通戶一萬零六百二十六口三萬五千零九十六

男一萬八千三百四十口　女一萬六千七百十六口

特種戶二百五十六口一千零十二

男八百九十五口　女二百二十六口

第四區西管普通戶九千三百三十五口三萬二千三百七十五

男一萬六千八百六十八口　女一萬五千五百零七口

特種戶二百八十七口一千一百零四

男一千零十三口　女九十一口

第五區前緒普通戶一萬一千二百三十一口四萬四千八百五十八

男二萬三千五百二十七口　女二萬一千三百三十一口

特種戶一百六十二口五百五十三

男五百零五口　女四十八口

第六區東緒普通戶五千零三十四口一萬六千七百八十二

男九千七百八十口　女七千零零二口

特種戶一百三十八口四百五十

男三百六十二口　女八十八口

第七區西緒普通戶五千八百六十七口二萬一千六百八十六

男一萬八千六十二口　女九千八百二十四口

特種戶九十二口三百九十二

男三百八十七口　女五口

第八區靈巖普通戶一萬二千四百九十口四萬三千六百七十一

男二萬三千七百六十三口　女一萬九千九百零八口

特種戶四百四十二口一千四百八十八

男一千四百五十七口　女三十一口

第九區泰邱普通戶一萬四千七百二十三口五萬一千四百五十

男二萬七千四百六十九口　女二萬三千九百八十一口

特種戶二百五十四口六百五十五

男五百九十二口　女六十三口

第十區海晏普通戶一萬零一百二十二口三萬八千八百三十七

男一萬九千八百九十六口　女一萬八千九百四十一口

特種戶二百七十二口一千三百三十六

男一千二百六十七口　女六十九口

第十一區霩衢普通戶四千三百三十四口一萬四千六百五十四

男八千一百五十八口　女六千四百九十六口

特種戶八十口二百三十九
男二百零五口　女三十四口

全縣統計普通戶十萬一千五百五十二戶男口十九萬五千一百七十二女口十七萬一千八十三
男女合計三十六萬六千二百五十五口

特種戶三千零七十四戶男口一萬一千二百六十五女口七百五十九
男女合計一萬二千零二十四口

田賦

全縣田賦自宋迄清止具詳前志至民國以後升科案列於左

七年分校場基地升科案內報升三十七畝六分五釐

八年分變賣官營產升科案內報升一百七十畝三分一釐七毫七絲五忽

以上每畝科銀五分七釐四毫三絲實徵銀一十一兩九錢四分三釐四毫九絲科米九合六勺三秒實徵米一石九斗九升二合七勺

十年分報升官營產計地十四畝二分二釐七毫二絲三忽蕩一百九十五畝四分六釐七毫三絲八忽　共課銀三兩二錢六分四釐四毫米六斗六升九勺

十一年分報升官營產計地一十畝二釐九毫三絲五忽蕩三百畝　共課銀四兩三錢二釐米九斗六勺

十二年分報升官營產計地七十五畝八分五釐四毫九絲九忽蕩七百三十八畝五分　共課銀一十三兩五錢七分六釐二毫米二石六斗八升五合二勺

鹽課

清泉場　場屬丁灘蕩地共計荒熟田畝四萬三千九百四十三畝有奇升課舊額課銀一千十五兩七分七釐自民國四年十二月間經前知事胡樹棠詳奉胡運使核定除去准免之荒丁絕戶銀一百三十五兩一錢七分其餘

銀八百八十兩一錢七釐作爲應征定額據現任場知事秦中行答復書

穿長場　據稱前清報墾升科案卷民國以來俱已散佚無可稽查惟前清糧册征數及民國以來征數查明如下

前淸額征數　銀一千一百三十八兩三錢五分五釐

現在額征數　銀一千三百六十八兩七錢二分四釐

龍頭場　詳見前志今歸併於鳴鶴場

縣署徵收地丁鹽課抵補金正雜各款附後

地丁項下

額征銀三萬二千三百九十二兩五錢二分八釐內除原報荒絕銀一千一百四十三兩六錢九分三釐又攤提鹽課銀三千一百七十二兩九錢四分一釐外加七八十十一十二年官營産升科銀三十三兩六分一釐八毫應徵成熟銀二萬八千一百八兩九錢五分五釐八毫據十二年

分縣冊每兩征收銀元二元九角三分七釐內

一正稅銀元一元五角

一糧捐銀元三角

前兩項均解財政廳

一特捐銀元七角五分除征收費九釐銀元六分七釐五毫外淨銀六角

八分二釐五毫以十成分配如下

一成準備金銀元六分八釐二毫五絲

二成公益費銀元一角三分六釐五毫

前兩項按月由縣參事會具領保管備撥

三成警察費銀元二角四釐七毫五絲

前項由縣按月發給

四成教育費銀元二角七分三釐

前項按月發交教育局保管備撥

一附捐銀元二角二分五釐

前項由縣撥充城鄉自治經費及學務委員津貼之用

一征收費銀元一角六分二釐

地丁罰金項下

一上忙地丁自開征日起經過三個月照正税每兩處二十分之一罰金七分五釐

一開征日起經過四個月照正税每兩處十分之一罰金一角五分

一開征日起經過五個月照正税糧捐每兩處正十分之一糧十分之二罰金共一角六分五釐

一如過下忙糧捐征收期限即開征後扣滿三個月仍未完納者無論正税糧捐統處十分之一罰金共一角八分

一下忙地丁自開征日起經過兩個月照正税每兩處二十分之一罰金七分五釐

一開征日起經過三個月照正税糧捐每兩處十分之一罰金共一角八分

鹽課項下此係由縣攤徵鹽課場關鹽課列後

應征十二年分成熟銀三千一百七十二兩九錢四分一釐每兩征收銀元二元九角三分七釐内

一正税銀元二元六角五分

前項解鹽運使

一糧捐銀元三角

前項解財政廳

一附捐銀元二角二分五釐

前項由縣撥充城鄉自治經費及學務委員津貼之用

一征收費銀元一角六分二釐

鹽課罰金項下

與地丁罰金收法相同

抵補金項下

額征米六千四百九十四石二斗一升七合三勺內除原報荒絕米三百一十一石七斗五升二合八勺外加七八十十一十二年升科米六石一斗九升七合八勺應征成熟米六千一百八十八石六斗六升二合三勺（據十二年分縣冊）每石征收銀元四元六角三分五毫內

一正稅銀元三元

一省稅銀元六角

前兩項均解財政廳

一特捐銀元五角

前項查原案定以四角八分五釐撥充貧民習藝所經費自十一年七月起改歸縣參事會領存又一分五釐作爲征收費用合計前數

一附捐銀元四角

前項按月撥充教育局經費

一征收銀元一角三分五毫

抵補金罰金項下

一下忙抵補金自開征日起經過兩個月照正稅每石處二十分之一罰金一角五分

一開征日起經過三個月照正省稅每石處十分之一罰金共三角六分

各場徵收鹽課正雜各款附後

灶課額征數　每年計銀一千四百餘元

鹽稅額征數　每年計銀八千七百餘元

關稅

民國以來較清季無甚改變八年度常關收入關平銀共計七萬一千八百八十六兩（歲有淡旺不能預定）歲出約一萬二千元

案進口船由他省來者一律須納進口稅其由本省來者照他省例惟他口已經納稅領有紅單爲憑者免稅但須報明多寡數目如有照原數逾額者亦須補足稅額可以放行又案常關向歸海關道管轄自前清光緒十九年前歸併寧波稅務司管理每年關稅收入以一成作開支其餘呈繳總稅務司由總稅務司呈繳財政部

洋關爲浙海關之分關由副理船廳駐關辦事專管寧波上海輪船進出口時預行趕散當江停泊及往來船隻兼管寧波境內各燈塔

契稅　民國三年二月前成立之契爲舊契二月一日後成立之契爲新契舊契均須投驗價在三十元以下者每紙徵註册費二角三十元以上者徵查驗費二元註册費二角新契每元徵洋四分典契每元徵洋二分又每元附徵八分之五爲征收費六年三月改爲買契每元徵洋六分典契每元徵洋三分征收費裁除又舊契未稅者均須補稅其稅率與新契同又新契紙每張徵洋五角十一年契稅加徵二成以充縣參兩會經費

牙帖稅　浙江現行續訂牙帖章程係於民國五年一月一日施行

長期繁盛　上則捐八百元年納稅四十元　中則捐五百元年納稅三十元　下則捐二百五十元年納稅十五元

長期偏僻　上則捐四百元年納稅銀二十元　中則捐二百元年納稅銀一十元　下則捐一百二十元年納稅銀五元　年換帖捐比照長期十分之一加二完繳惟稅銀不加季換照年換捐稅四分之一

當稅　每典年納稅銀七十五元

煙酒牌照稅　凡四種一曰整賣年納稅銀四十元一曰甲種年納稅銀十六元一曰乙種年納稅銀八元一曰丙種年納稅銀四元

牲口稅　本邑未收

屠宰稅　現行修正屠宰稅簡章於六年一月起施行豬每頭徵銀四角羊每頭徵銀三角

印花稅　民國以來始行開辦本縣奉定派額七千元凡一切契約憑單字樣合同等件均須遵章貼用印花其稅法經參政院議決修正奉　令公布施行所有應貼印花之各種契約簿據等件分爲二類

第一類　發貨票　寄存貨物文契之憑據　租賃各種物件之憑據　抵押貨物字樣　承種田畝字樣　延聘或僱用人員之契約（以上六種各貼印花一分）

當票（價值一元以上貼印花一分一元以下免貼）　鋪戶所出各項貨物憑單　租賃及承

項各種鋪底之憑據　預定買賣貨物之單據　租賃土地房屋之字據

各項包單　銀錢收據以上六種價值十元以下貼印花一分十元以上貼印花二分　各種貿易所用

之賬簿　支取銀錢貨物之憑摺以上二種每冊每個每年貼印花二分

第二類　提貨單　各項承攬字據　保險單　各項保單　存欵憑單

公司股票　匯票　期票　遺產及析產字據　借款字據　鋪戶或公司

議定合貲營業之合同以上一種銀數十元以下貼印花一分十元以上未滿百元貼印花二分百元以上未滿五百元

貼印花四分五百元以上未滿千元貼印花一角一千元以上未滿五千元貼印花二角五千元以上未滿一萬元貼印花五角一萬元以上未滿

五萬元貼印花一元五萬元以上貼印花一元五角　出洋護照貼印花二元出洋游學者減半　國內游歷護照

貼印花一元　免稅單照貼印花一元五角　普通官吏試驗合格證書貼印花一元　高

等官吏試驗合格證書貼印花二元　中學校畢業證書貼印花三角　專門學校

以上各學校入學願書貼印花一角　婚書貼印花四角

又續奉部飭知應貼印花之字據

（一）銀行匯票貼水單（二）商用賬單（三）賣買貨物之發票及逢年逢節收取賬款之賬票（四）民間往來酬酢各種禮物之代券以上四種係屬第一類內銀錢收據之一應照十元以下者貼一分十元以上者貼二分　又凡用藥材製成之丹膏丸散照售價二十分之一貼用印花但價值不及二分者以二分計算貼印花一釐　又凡用沈檀降速等香木製成之香枝每股貼印花五釐　香塊及香末每兩貼印花一分　印花稅罰則所有不依本法貼用印花者一律處以罰金

第一類之契約簿據不依法貼用者處以二十元以下十元以上之罰金

貼不足數處以十元以下五元以上之罰金

第二類之契約簿據不依法貼用者處二百元以下二十元以上之罰金

貼不足數者處以一百元以下十元以上之罰金貼用之票揭下再貼者處以一百元以下二十元以上之罰金

至各種契約簿據價值銀元在十元以下無論屬於第一類第二類均貼

用印花一分並經　財政部呈准通行在案其執行罰金事宜得准人民隨時告發及巡官長警糾發每屆六個月並檢查一次一經發覺均即按法處罰

雜捐

船貨捐　詳見前志局設南薰門外民國以來征收所得數年約銀八九萬元四年又設分局於小浹江口及後海頭其細則均未詳

統捐　詳見前志民國元年以北門統捐分局改名爲招寶統捐分局專收滷蛋船出口貨捐年約銀二三千元其細則未詳

闔捐　見前志捐率未詳

茶捐　見前志捐率未詳

棉花捐　民國五年由餘姚總局分出徵收其捐率花每百觔征銀八角籽花每百觔征銀二角五分附捐二成

菸酒捐　民國四年本邑設立菸酒稽征所其捐率菸絲每百觔三元附捐二成煙葉每百觔一元五角附捐二成燒酒每百觔一元七角六分附捐二成燒酒公賣費每百觔一元二角黃酒出口公賣費每百觔六角現征黃酒以缸計算每缸正捐附捐缸捐公賣費共征銀五元一分九釐二毫（每缸二十罈每罈正捐一角八毫附捐二分一毫六絲公賣費一角二分每缸缸捐二角合如上數）

鎮海縣新志備稿

祠祀志

廟宇

武帝廟　城中詳前志民國　年改關岳廟正殿奉關壯繆侯之神位岳忠武王之神位其東序配享張飛王濬韓擒虎李靖蘇定方郭子儀曹彬韓世忠旭烈兀徐達馮勝戚繼光西序配享趙雲謝玄賀若弼尉遲敬德李光弼王彥章狄青劉錡郭侃常遇春周遇吉藍玉

忠義孝悌祠　在文廟東南舊與節孝祠合建民國十年邑人方積鈺出貲於祠前隙地新建正廳三楹門屋三楹專奉忠義孝悌栗主

節孝祠　在文廟東南舊與忠義孝悌祠合建民國十年邑人方積鈺出貲與修改爲正廳五楹門屋五楹專奉節孝栗主

改建忠義孝悌祠節孝祠碑記　學宮左右附設忠義孝悌祠節孝祠此各闢所祠所以端風化資觀感意至善也鎮邑忠義孝悌祠節孝祠創始於雍正四年重修於嘉慶二十年節孝祠在學宮東首南向正屋三楹大門屋三樓祠之東首爲忠義孝悌祠間數式樣如一兩祠相連中以牆隔別之民國十年一月方君式如因公至城過節孝祠見祠宇狹隘梁主零亂祠前蓬蒿沒膝慨然有修葺之意商之陳君星白因同至縣自治辦公處與委員徐君葭海朱君敬夫籌議相約詣祠審度不獨基址逼窄無可展拓而兩祠毘連雖隔以牆而旁門則均由節孝祠出入兩祠雖隔而仍通亦不足以昭嚴肅因勸方君辭兩祠宇爲一中間以牆分隔處改造中廳正中開大門移舊節孝坊於中門外則節孝祠規模式廊日後梁主可無位置難容之慮祠前尚有隙地可新建忠義孝悌祠兩廳廡規制相稱序次不紊方君韙其議願出已貲獨力營建興工於民國十年三月落成於十年十一月凡建造兩祠工料及新製兩祠梁主并雜設計用銀八千一百九十四元由省長給予有功名教扁額一方祠成士紳齊集行禮成歸美方君不置竊惟近歲以來時艱孔亟深識之士懍懍乎有四維不張之懼茲祠之重新世或視爲不急之務而方君獨引爲己任而不辭方君襲先人遺業被服儒素初無聲色輿馬之好惟事關公益力之所能及者率先舉行茲事雖費第自率其必之所安何嘗有好名之見存其中哉惟其無所爲而爲之故足尚也會鎮邑方設局初修志僉謂事關闔邑祀典不可無文以垂久遠屬稿於余誼毋可辭故特記其始末并爲推論之如此民國十二年一月慈谿楊敏曾撰

張仙祠　城中詳前志今改爲自治辦公處

洋山廟　城中詳前志民國八年里人胡學范出資重修

火神廟　城中詳前志民國八年里人陳傳菁募捐重修

廣濟林王廟　城中詳前志民國八年邑人江在田募捐重修

義火祠　城中詳前志民國八年王學斌等募捐重修

宋帝廟　城中詳前志民國八年沙厚滋等重修

助海顯靈侯廟　城中詳前志民國五年里人捐貲重修民國十二年各堡集貲重修

瀾浦廟　城中詳前志民國九年朱傳斌等重修

東嶽行宮　城外詳前志民國四年僧初法捐資重修十二年又重修

財神殿　城外詳前志民國八年傅茂椿楊景春林貞良李載揚等重修

龍王宮　城外詳前志民國五年僧一清重修

晏公廟　城外詳前志民國三年重修

祖豐林廟　東管詳前志民國七年重修

後豐林廟　東管詳前志民國六年王緒亨重修

東梢木廟　東管詳前志民國元年里人徐瑞蘭重修

東漢塘廟　東管詳前志民國六年里人王慶視重修

梅堰廟　西管詳前志民國八年蔡仰青等重修

治水判官黄公祠　前緒詳前志民國八年里人重修

竺山廟　崇邱詳前志民國四年重修

唐將軍廟　靈巖詳前志民國六年重修

嘉溪廟　靈巖詳前志民國三年重修

老行宫　靈巖詳前志民國八年俞輔鎬等募資重修

楊亭廟　泰邱詳前志民國六年重修

羊府廟　泰邱詳前志民國六年重修

雲雩廟　海晏詳前志民國六年里人集資重修

河頭廟　海晏詳前志民國六年里人集資重修

嶺西廟　海晏詳前志民國六年里人集資重修

瑞安宮　後所城內左附吉祥廟右附燮祥廟民國九年里人沈魯璺等募貲

新建

祠堂

陳氏宗祠　在城內金向任衕民國四年族人公建正廳三間門屋三間西首小屋六間

王氏宗祠　在城內鼓樓北邑人王予坊之十二世祖輔周故宅民國二年裔孫予坊改建宗祠

傅氏宗祠　在城內邵衕橋下民國九年嗣孫宗耀出貲創建正廳三間東西兩廊戲臺一座門屋三間

周氏宗祠　在城內八里橋下民國十二年嗣孫運杓運元運鯤出貲創建正

廳三間門屋三間東西餘屋共十間運杓自爲記
阮氏宗祠　東管三都民國八年族人文忠建正寢五間左右廊廡六間門廳五間餘屋九間王榮商撰記
沈氏宗祠　東管三都柴家坂前村民國五年族人一鏊一宋等集資建正廳五間前門兩翼共五間其祠基五畝先由族人一輿捐助一鏊有碑記
汪氏宗祠　東管三都民國三年族人炳生因舊祠改建正廳五間東西明軒各二間
蔣氏宗祠　東管三都民國六年以族人世煊住宅改置正屋五間東西明軒各二間餘屋四間
包氏宗祠　東管三都横河堰村見前志民國八年族人雨塘將舊有寢室廊廡門廳重加修葺並增建後扆
莊氏東祠　西管詳見前志民國四年族人德範元配朱氏復捐建餘屋六間

宗長德立有碑記

陳氏宗祠　西管蛟河陳村民國七年族人郲禾仰京藕舫創議公建正廳三間翼室二間東西廂廡四間門廳五間倪邦憲爲祠記

鍾氏宗祠　西管梅堰村民國七年族人敏生陰溥捐資集衆公建正廳三間夾室二間左右廊廡四間陰溥爲祠記

葉氏宗祠　西緒四都二啚民國三年族人維奎元丙茂春楚珩等集資建中堂五間左右廂樓各三間前晨門屋七間

沈氏宗祠　崇邱一都衙前詳見前志民國五年族人成恂復捐資建東西廂樓各三間門樓五間餘屋十間祠中附設蒙泉學校王榮爵爲祠記

陳氏宗祠　崇邱四都隔河陳村民國五年族人馥卿集資建大廳五間左右廊四間大門五間

虞氏宗祠　靈巖二都白石廟村詳見前志民國六年增建門屋五間東西有

廊餘屋四間

俞氏宗祠　靈巖一都湯家橋村民國八年族人汝昌道原等集資創建正廳三間左右翼室二間前晨大門左右夾室各二間西首小屋三間

陳氏宗祠　泰邱一都城灣村小山下民國七年族人海潮等集資公建前晨五間後晨五間

史氏宗祠　泰邱一都小山下詳見前志民國八年族人積國等增建前晨五間

梅氏宗祠　泰邱三都山門黃山橋民國九年族人國霖助基地集資公建正廳五間

楊氏宗祠　泰邱四都沙口楊村民國二年族人緒耀緒宰捐資建

寺觀

淵德觀　在城中詳前志民國八年道士明昭重修

海雲菴　在城中詳前志民國八年僧法源重修新建後殿大悲閣
水月菴　詳前志民國元年自倉基衕移建
寶陀禪寺　在招寶山上詳見前志民國六年僧妙山重建天王殿又新增白
蓮臺寶光洞觀音閣萬林菴諸勝
紫竹林　在招寶山民國六年僧印自新建前後閣三楹
濤音院　在招寶山本名仙人洞或云卽古潮音洞亦稱觀音洞民國六年僧
瑩戒新建邑人陳脩榆題其額曰洞天小築并爲之跋
雙古菴　詳前志民國八年重修
白龍菴　東管三都詳見前志民國八年里人阮文忠出貲二千金重修
慧濟菴　東管三都詳見前志民國八年重修
善濟菴　東管三都詳見前志民國五年住持麗正授妙添造房舍改稱爲寺
善積菴　東管三都詳見前志民國八年住持復興重修

普度菴　詳見前志民國七年毀住僧慧明重建

法喜菴　西管四都詳見前志民國八年重修

萬松菴　西管四都詳見前志民國六年僧式戒重修

接守菴　崇邱一都鹽司後村民國三年建

淨居禪寺　崇邱三都詳見前志民國八年重修

泗洲教寺　詳見前志民國二年添建平屋數間

普慶菴　崇邱四都詳見前志民國二年僧式堂募貲重建八年添造後殿大門額爲靈芝山

茅洋菴　詳見前志民國　年住僧募建天王殿

靈峯禪寺　靈巖一都詳見前志民國二年僧則洪添建西樓三間六年重建大雄寶殿七間

龍德禪寺　靈巖二都詳見前志民國四年僧一誠建造正殿五間前殿五間

雲陰菴　靈巖二都詳見前志民國八年僧道心於佛殿後建精舍三間增側屋二間

龍興寺　泰邱一都新路隩舊名西來菴民國六年改建易今名

放光菴　泰邱一都龍角山麓舊圮民國八年重建

迎恩寺　舊名飯甑山菴詳見前志民國二年住僧妙楞改建易今名

永慶菴　詳見前志民國七年住僧能信大加修葺改稱永慶禪寺

永華菴　海晏一都詳見前志民國六年住持雪巖苦力改造添建房舍改名涌華禪院

永明禪院　海晏一都詳見前志民國七年住僧華愷添造東樓五間

天龍寺　舊名延聖壽寺在穿山所城西詳見前志今改名天龍寺俗呼西菴民國七年住持妙道重建前殿三楹

寧國菴　在小嶴村詳見前志民國八年住持德善重修

鎮海縣新志備稿

教育志

自清季廢科舉興學堂縣設勸學所爲全縣勸導學務執行機關本縣於宣統元年開辦設總董一人三年秋中止民國六年復設總董改稱所長各區設學務委員一人胥受轄於勸學所凡遇呈縣公文須由所長核轉十二年奉部令勸學所改爲教育局設局長一人添置視學員以分往各區視察而各區學務委員改稱爲教育委員其呈報文件仍由局長核轉十三年奉部令局設董事會董事定額七人由縣參事會選任合格者五人縣知事遴派縣視學一人縣參事會互選參事員一人所長局長董事學務委員教育委員視學員俱見公職表

縣設教育會爲全縣發展學務會議機關本縣於清光緒三十二年成立已詳

前志會長悉由公選自民國紀元後所選任正副會長見公職表

縣立中學校　詳見前志民國元年開辦六年停止至十五年秋季又續辦初級中學

貲產已詳前志

縣立高等小學校　民國元年開辦附設於縣立中學校內自中學停辦始爲獨立之校至十五年秋季其學生併入於縣立第一小學之男生高級部該校卽於是年秋季停辦

貲產已詳前志

縣立女子高等小學校　在縣署西雙司前新倉舊址民國元年春間由縣知事劉崇照等倡議開辦並附設女子初等小學校其校舍係倉屋改造十五年秋季改爲第一小學初級部學生男女兼收高級部仍收女生另設男生高級部附於縣立初級中學之內至十七年秋季高級部學生亦男女兼收

前此附設於中學之男生高級部即於此時取消

附貲產　一存浙路股本銀五千四百三十三元三角三分二釐　一存行鑑莊銀二千七百二十六元六角六分八釐　共計存銀八千一百六十元

縣立幼稚園　民國十二年開辦附設於縣立女子小學校之內

城區

區立第一國民學校　在邑廟西校舍係校士館改充計三十餘間操場兩操場校園廁所畢具原名兩等學堂已詳前志民國五年高小部學生併入於縣立高小學校專辦初等小學遵部令改爲今名烏人垚爲之記

附校產　田二百十一畝八分二釐五毫地三鱗小漕兩口魚漕兩口均由鯤池書院撥入又青龍山全山一座內已開墾者一百二十餘畝亦由鯤池書院撥入歸本校收息

附校貲　有縣公署津貼費渡船捐補助費若干

區立第二國民學校　在鼓樓東首校舍係眞武宮舊址原名性初蒙學堂已

詳前志民國元年移設今地辦兩等小學五年遵部令改今名七年專辦初小唐良相爲之記

區立第三國民學校　在南薰門外原名正蒙學堂旋改名從正已詳前志民國元年由徐開源接辦又改名覺民學堂民國八年歸城區學務委員接辦改今名

附校產校中餘屋十四間市屋兩間

區立第四國民學校　在車梳橋下校舍設於龍華菴關帝殿民國二年邑人徐逢源創辦原名競進國民學校十一年歸城區學務委員接辦改今名

區立第五國民學校　在邵衙衕助海廟東首關帝殿內民國二年八月開辦原名第一單級國民學校十二年八月改今名

私立德馨國民學校　在童李衙衕校舍賃用民房民國四年邑人李翰邦創辦今已停辦

私立樊氏便蒙乙種商業學校　在後大街倉基衕邑人樊棻出貲創辦原名便蒙兩等小學堂已詳前志校址初在童李衕衕後移今地建設校舍二十餘間操場一方共用銀三萬四千二百圓有奇邑紳李濂等呈請給奬會稽馬淳爲之記民國八年改爲乙種商業學校並附設國民學校

私立明善國民學校　在後大街校舍借設育嬰堂內民國四年邑人徐高等集貲開辦不收學費張德容爲之記

私立困勉第一國民學校　在鎭遠門內南屏院舊址初名困勉學堂由邑人倪廷卓謝鈺等集貲創辦已詳前志嗣由邑人史致容盛炳紀胡學范葉炳奎周運杓集貲續辦均不收學費宜興朱銘爲之記民國五年改今名

附校產　傅家碶下河墈田五畝四分園塗田四畝共田九畝四分由南城義學撥入

私立困勉第二國民學校　在白葭浦貸設白氏宗祠內初名困勉學堂由邑人倪廷卓謝鈺等集貲創辦已詳前志嗣由邑人史致容盛炳紀胡學范葉

炳奎周運杓等集貲續辦均不收學費宜興朱銘爲之記民國五年改今名

私立普益國民學校　在向辰門三元殿內民國二年由釋氏集貲創辦不收學費

私立樊氏勤稼女子國民學校　在後大街倉基衖勤稼別墅內原名勤稼女學堂已詳前志王成楠爲之記民國五年改今名

私立斐迪女子國民學校　在一字河頭耶穌堂內原名斐迪女學堂已詳前志民國五年改今名

私立文泰國民學校　在薛家衖校舍係心菴舊址民國十二年二月邑人薛文泰出貲開辦

私立東隅國民學校　在鎮遠門外龍王宮內民國十二年二月邑人戴繩祖出貲開辦

東管區

區立履中國民學校　在萬嘉橋原名履中學堂里人徐棣等創辦已詳前志基本金由本村人捐集金偉廉爲之記後改作區立民國五年遵部令改今名仍附設高小於校內

區立第一單級國民學校　在俞范村范氏宗祠內民國二年里人周如章創辦八年移設廟後王氏宗祠內

區立第二單級國民學校　在中官路後岡向廟內民國二年里人胡宗範創辦經費不足由縣稅項下補助

私立徽蔭國民學校　在虹橋村原名徽蔭學堂里人朱忠煜與宗人定海朱佩珍朱衡齋創辦已詳前志民國五年遵部令改今名

私立養蒙國民學校　在大宗汪村汪姓屋內民國三年里人汪顯述創辦

私立軏初國民學校　在老鷹灣村原名董氏軏初學堂已詳前志創辦人董杏蓀共費銀一萬五千圓民國五年改今名

附校舍　基地四畝建西式樓房一所計教室三間自習室二間臥室二間客堂一間膳室一間事務室一間儲藏室一間閱報室一間休息室一間浴室一間校役室一間門房一間廚房二間廁所具備校園一方操場一方

附校貲　董杏蓀出銀二千兩倪春墅助鐵路股票銀三千圓

私立時中國民學校　在葉家屋衕原名時中學堂本係兩等里人阮文忠創辦已詳前志民國五年改今名仍附設高小於校內

私立忠良國民學校　在朱家橋朱氏宗祠內原名忠良學堂里人朱聲標等創辦已詳前志民國五年改今名

私立啓明國民學校　在萬壽菴內里人周守堂施文虎陳曰珊創辦原係兩等小學堂已詳前志民國六年移設陳氏宗祠內改今名

私立集廣國民學校　在方包村校舍係善濟菴改造平屋七間樓房二間民國元年里人包大昌方名洲董佑栻方愼法烏品端蘇丙薰等出貲創辦

私立葉氏中興國民學校　在中興橋葉氏忠孝堂義莊內校舍由葉氏義塾

改設里人葉成忠倡議葉志銘襄成嗣由葉志淸葉志祥葉成欽葉成宸葉成漳增募經費前後合儲基本金二萬元原名中興學堂係辦兩等小學民國五年遵部令改今名以國民爲主校仍附設高小於校內

私立敬收國民學校　在鰲舟村周氏敬收堂義莊內由義塾改組開辦其常年費由敬收堂擔承原係兩等學校民國五年改今名仍附設高小於校內

私立互助國民學校　在徐家堰校舍賃用民房民國八年里人周光龍等創辦

私立四義國民學校　在慈濟橋北埠民國十年里人傅德慷董杏蓀陳文鑑陳珊泉等捐貲創辦有基本金一萬圓

附校產　基地四畝二分校舍十餘楹教室三操場一方

私立育英國民學校　民國十二年八月里人董世元等出貲開辦

私立崇德國民學校　民國十二年二月里人王思葆等出貲開辦

私立勵志國民學校　民國八年一月里人潘嶧桐等出貲開辦

私立承志國民學校　民國十三年一月里人王善度等出貲開辦

私立東浦單級國民學校　在清水浦街校舍借用民房民國二年里人任耀廷傅兆霖張蓴樓等創辦原係初小今改單級

私立時敏單級國民學校　在後施村民國五年里人劉炎昶劉敏齋募貲創辦

私立鄉畊單級國民學校　在石塘下村校舍借用民房民國元年里人王鄉畊創辦

私立槐蔭初級小學校　在新添廟橋民國十五年三月里人王兆年王雲樵出貲開辦

西管區

區立團橋第一國民學校　在團橋鎮永寧寺舊址原名團橋學堂詳見前志

里人劉崇照方桂賀紹章等創辦撥陳祉揚先代積存創辦義塾款爲經費共儲銀二千圓民國五年改今名

附校舍禮堂一間講堂一間臥室六間儲藏室一間僕役室一間

區立妙勝國民學校　在妙勝寺原係東西管兩等小學堂民國四年里人陳文鑑張起東劉同洲等改組開辦

區立崇正國民學校　在莊市進賢橋崇正書院舊址原名崇正學堂詳見前志係里人莊宸等捐貲創辦民國元年與崇寶學校合併移至莊市廣濟菴計校舍十餘間晴雨操場校園蔬圃各一方廁所具常年費有市房九間田租九畝及崇正書院產息撥充不足由莊鴻豪貼補之民國五年改今名

私立修本國民學校　在莊市莊氏敦本宗祠內民國四年里人莊兆熊等捐貲開辦初名敦本今改修本常年經費悉由族人補助

私立務本國民學校　在莊市湯姓祠內民國元年里人湯懷琛湯國年湯賢

健等創辦當年經費悉由族人補助

私立浹北第一國民學校　在鶯林村水月菴內原名鶯林學堂經費由張春生李順生等捐助民國元年葉祖蔭葉玉華葉懋甫等捐集五年改今名

私立浹北第二國民學校　在老陳家莊陳姓祠內民國二年里人陳元霖創辦捐費不足由陳華甫墊給

私立啓新國民學校　在白沙村慶福菴內餘未詳

私立慎遠國民學校　在陳家莊地方陳元順出貲銀二萬五千圓於民國九年建築西式校舍五間平屋十二間操場兩所合基地五畝暨民田四十三畝基金七千餘圓

私立朗齋國民學校　在白沙村民國八年里人張朗齋出貲創辦

私立烏氏養中國民學校　在烏隘村烏氏宗祠內創始於清宣統元年由烏韻笙開辦嗣由烏人垚續辦經費不足由校董烏顯元烏德照烏人垚負擔

民國五年改今名

私立崇本國民學校　在菱漕頭校舍正屋三間平屋七間民國七年里人陳道域陳性燡陳道綜等創辦

私立古唐國民學校　在畈田唐唐氏宗祠內原係區立第一單級學校民國二年開辦經費由縣稅項下撥充旋即停辦八年校長王品藻邀衆集議另組辦法改今名

私立尙志國民學校　在周家塾村洪氏存德堂義塾內原名尙志學堂見前志由里人洪美樂洪以坊洪以臺洪純觀等創辦其開辦費及常年費均由洪氏義塾撥充民國五年改今名

私立寶善國民學校　在貴駟橋原係兩等小學校名寶善學堂由劉崇照創辦見前志民國五年改今名仍附高小於校內

私立寶善第二國民學校　在貴駟橋原名駟橋學堂見前志旋改今名經費

由劉崇照擔任

私立方氏培玉國民學校　在柏樹方村原名方氏培玉兩等學堂見前志開辦之始由方舜年倡議方積鈺等助之撥其義塾師范堂公款銀八萬餘圓特建西式校舍并充開辦費與常年費山陰湯壽潛紀其事本邑陳祖詔又爲之記民國五年遵部令改今名仍附設高等小學於校內

私立怡恂國民學校　在後倪地方倪黃氏獨出私貲豆規銀一萬兩於民國十年委託族姪孫倪春如剏辦建築校舍其未落成前附設於倪氏宗祠開學

私立競是單級國民學校　在壓賽堰村陳氏宗祠內原名競是學堂見前志里人陳保生陳厚生等創辦旋改單級並改今名

私立競進單級國民學校　在愛登橋余經悌別墅內民國四年里人余道惟沈衞楨創辦

私立振才單級國民學校　在孔浦䀹羊董地方賃用民房五間民國元年里人董承洛創辦

私立梅堰單級國民學校　在白龍鎮普光菴內原名梅堰學堂見前志由里人陳鷃創辦後改單級並改今名

私立惇本單級國民學校　在惇本祠內民國五年里人湯繼生湯意林捐貲創辦

私立斐迪單級國民學校　在前雁宕廟跟民國六年設立

私立培本女子國民學校　在白沙村民國八年里人吳笙琯創辦

前緒區

區立瀨浦國民學校　在瀨浦村雨花菴內原名瀨浦學堂見前志由里人蔡晟金彝等募貲開辦原係兩等學校民國五年遵部令改今名仍附高小於校內

區立啓緒國民學校　在廟基頭村原名啓緒學堂見前志民國五年改今名

私立進化國民學校　在沙河頭村原名進化學堂見前志其經費由積善堂撥充民國五年改今名

附校舍講堂四間寢室二間操裝室一間儲藏室一間會客室一間膳廳一間庖廁畢具

私立灣塘國民學校　在灣塘村周氏宗祠內原名灣塘學堂見前志由周葆康周光盛周明遠周明良周光珩周美甫周師懷洪璋等募貲開辦兩等小學民國五年遵部令改今名仍附高小於校內

私立勵志國民學校　在裏外新屋劉氏宗祠內原名勵志學堂見前志由劉敬禮劉承初劉孝愈劉承本劉進杜募貲創辦民國五年改今名

私立曲塘國民學校　在曲匯塘陳姓屋內民國元年開辦

私立培青國民學校　在十七房鄭氏宗祠內民國九年里人鄭鍾瑩募貲創辦

東緒區

私立雁門國民學校　在邱王村原名雁門學堂見前志民國五年改今名校產有田五十畝

私立啓文國民學校　在邱王村原名啓文學堂由邱氏啓文義塾改辦見前志民國五年改今名

私立演進國民學校　在龍山所西門外原名演進學堂見前志有校舍十五間民國五年改今名

私立龍山國民學校　在伏龍山虞姓屋內原名龍山學堂見前志原辦兩等小學其經費由虞和德虞成愷虞守煌佽助民國五年遵部令改今名仍附設高小於校內

私立求是國民學校　在龍山所東門外餘未詳

私立淸溪國民學校　在金家隩鎮乾菴內民國元年里人王德驥等創辦

私立龍場國民學校　在龍頭場聖壽祠內原名龍場學堂見前志由里人林鼎年開辦民國五年改今名

私立鳳湖國民學校　在鳳浦陝原名鳳湖學堂見前志校舍係鳳湖義塾改充禮堂教室會客室膳堂浴室僕役住屋廚廁俱備民國五年改今名

西緒區

區立第一國民學校　在方馬村馬氏宗祠內民國元年里人馬純甫馬瑾甫集貲開辦

私立施山國民學校　在覺海寺舊址原名施山學堂見前志由里人華錦泉華雲飛等捐貲創辦民國元年華德卿華銓良華國相華實南等合辦五年遵部令改今名

附校舍課室二間客廳三間側廂二間披屋一間操場一方

私立善康國民學校　在楊村原名善康學堂見前志由里人楊善康出貲創

辦民國五年改今名

私立蓬山國民學校　民國九年一月里人黃品圭黃能明等出貲開辦

私立養正國民學校　民國十一年二月里人黃亦信黃肇基等出貲開辦

私立筋竹國民學校　民國十年一月里人黃永和等出貲開辦

私立雨化國民學校　民國十一年八月里人華達凡出貲開辦

私立養蒙國民學校　在王家路民國十一年二月由王姓族人出貲創辦

私立宗文國民學校　在楊范村民國十一年二月由里人范維乾范德裕范立祥集貲創辦

私立施山國民學校　在施公山民國十一年八月由里人葉元丙等七人集貲開辦

私立方興國民學校　民國十三年五月里人方鶴品等十五人出貲開辦

崇邱區

區立浹南國民學校　在江南衙頭謝氏宗祠內原名浹南學堂里人謝覲黻創辦見前志其經費出於渡船捐及縣補助費民國五年遵部令改今名

區立靈傑國民學校　在小港義成碶跟文昌閣內原名靈傑兩等學堂由里人李鏡第李厚培創辦並捐助常年經費見前志後改爲區立民國五年遵部令改今名

私立李氏養正國民學校　在港口村李氏義莊內由李氏義塾改辦經費由李氏義莊撥充原名李氏養正學堂見前志本係兩等民國五年遵部令改今名仍附設高小於校內

私立李氏養正第二國民學校　在小港新堰頭村校舍由李氏族塾改用民國元年開辦經費由李氏義莊撥充

私立樂氏宗善國民學校　在港口村原名樂氏宗善學堂由樂俊鴻創辦詳見前志民國五年改今名

私立筠巖國民學校　在衙前村張氏宗祠內開辦年月未詳

私立蝦山國民學校　在東岡碶村原名蝦山學堂見前志初辦兩等經費由校董徐修誠籌給又有茅洋菴捐助費及泗州寺助田二十畝後僅辦初小民國五年改今名

私立蒙泉國民學校　在衙前沈家村沈氏宗祠內民國八年里人沈覲舜創辦

私立惜陰國民學校　在朱田洋村校舍借用民房民國四年里人劉九皋創辦

私立墅墾國民學校　在雅度隩夏氏宗祠內清宣統三年開辦經費由校董陳文楨籌給民國五年改今名

私立七星延陵國民學校　在青峙村里人吳正閭吳正　創辦原名七星延陵學堂見前志校產有田十九畝又存通久源紗廠股票銀四千元民國五

年改今名

私立求精第二國民學校　在胡家洋村葉姓屋內民國四年開辦經費由校董謝天錫擔任

私立求精第四國民學校　在石賷村太平菴舊址民國六年里人謝天錫出貲開辦有田三十四畝山六畝

私立求精第五國民學校　在顧家橋村校舍係寶鏡菴西廊改設民國七年開辦經費由校董謝天錫擔任

私立求精第七國民學校　在王家漕村校舍設於董姓屋內民國七年開辦經費由校董謝天錫擔任

私立崇邱第一國民學校　在丁家山下校舍租賃民房民國二年開辦經費由校董丁宋偉籌給

私立宜興國民學校　在衙前村民國十三年二月里人張彝年張有年等創

辦經費由雅言堂公款津貼

私立學達初級小學校　在下邵村民國十四年二月里人邵爾康邵光黼邵高翔邵連華邵貞亮邵禹昌邵永鍾邵子賓邵錫九邵人華邵樹華邵亦豐邵達人創辦經費由本校基金存息及老廟會捐款撥充

私立雙峯初級小學校　在丁家山下民國十四年二月里人丁方華張繼萊丁荷生丁方丕丁訓福創辦經費由各校董分擔

靈巖區

公立時敏國民學校　在大碶頭振文書院舊址原名時敏兩等學堂詳前志書院原有田六十畝零市屋十七間以租息撥充經費民國五年改今名

區立靈山高等小學校　在郞隘靈山書院內里人虞湑華等創辦原名靈山小學堂始辦初等旋添辦高等既而因費絀高等停辦已詳前志民國三年由自治辦公處整理靈峯香貲得以撥款續辦今於高小內附設國民學校

區立林頭國民學校　在林頭村校舍設於林頭廟內里人王耒等創辦原名林頭小學堂見前志其經費由靈峯香貲撥給民國五年改今名

區立高塘國民學校　在石高塘林氏義學內原名高塘學堂係林氏私立見前志後改爲區立並改今名

區立沿山國民學校　在瓔珞河頭賃用李姓民房民國二年開辦原係縣立單級旋卽停辦八年由李景初重辦改爲區立並改今名現移校舍於詹氏宗祠內

區立開智國民學校　在石湫村義民祠內原名開智學堂見前志經費由王繼香王浹香捐助民國三年停止八年復辦改今名旋改爲區立

區立算山國民學校　在大漁臺村校舍賃用袁宅民國二年開辦原係縣立單級四年停止七年復辦改爲區立並改今名

區立蘊秀女子國民學校　在大碶頭街里人陳祖烈等賃屋集貲開辦原名

蘊秀女學堂詳前志民國五年改今名旋改爲區立十二年改爲縣立第四模範小學校

區立湖塘國民學校　民國六年由樂俊堂發起開辦現改爲區立

區立柴樓國民學校　民國九年開辦

私立虞氏述志國民學校　在扎馬村虞氏宗祠內里人虞清華等創辦原名虞氏小學堂見前志創始於清光緒三十二年中間曾停民國七年清華子愚出貲重辦改今名

私立求備國民學校　在備碶村原係兩等學堂旋改辦初等見前志校舍賃用民房由胡炳奎賀宗光曆承先王鴻模賀性春支肇元等創辦有田十六畝七分又地場三畝由樂役朋撥入民國五年改今名

私立陳氏思本國民學校　在周隘陳村里人陳祖烈出貲創辦原名陳氏思本學堂見前志校舍新建共費銀七千餘元王榮商爲之記經常費亦均由

陳氏擔任民國五年改今名

私立賀氏養正國民學校　在前宋外村民國六年本村賀氏新祠支下賀雲章等出貲開辦校舍新建

私立李氏敬德國民學校　在橫河村李氏宅內民國七年李氏敬德堂創辦李光墀李光坫李光均李光域李光垣李光墉李光型李名鎔佽助

私立公德國民學校　在橫河村原名橫河公立學堂籌撥里中公私款合李氏敬德堂支捐開辦詳前志民國七年李氏自辦敬德學校遂停止八年重辦於保安水龍局內改今名經費除里中公助外餘由李氏擔任

私立愈愚國民學校　在第三洋村傅氏宗祠內傅家銓等出貲創辦原名愈愚學堂見前志民國四年停止九年秋復辦改今名

私立妙林國民學校　在妙林村顧氏宗祠內民國四年里人顧葆羽顧庭雷顧顯章等創辦

私立育才國民學校　在大樹下村鄔氏宅內民國六年開辦
私立鳳洋國民學校　在八鳳洋村民國三年開辦
私立虞氏繼承國民學校　在白石廟村虞氏宗祠內民國元年里人虞寶昌虞瑞堯虞中烜創辦經費由虞廟祀擔任
私立培本國民學校　在楊家橋王氏宗祠內民國十一年由王宗餘王燕鍇等集貲開辦十五年校舍移至新祠由王顯謨等撥祠內公款以補助之改名爲一本
私立後洋國民學校　民國十一年二月里人張之棟等出貲開辦
私立鷹山國民學校　民國十一年二月里人江紹瑛江義方江禮瑞等出貲開辦
私立鍾靈國民學校　民國九年二月里人干孝本干大淇干大瀚干孝述干思禮等出貲開辦

泰邱區

區立九峯國民學校　在九峯書院內原名九峯養正學堂見前志由董事張蔭喬胡啓瑞周廷珍顧鵬翔等創辦經費由書院生息撥充又有周廷珍所辦木捐補助之民國五年改今名

附校舍　講堂三間教室東西各三間教員住室三間自修室三間會客室一間儲藏室一間浴室一間僕役室三間廚房廁所畢具操場一方

區立崇實國民學校　原名崇實學堂借新碶關帝殿爲校址見前志後另行賃屋辦理民國五年改今名

區立第二國民學校　在三山上凌雲閣內民國八年開辦

私立霞浦國民學校　在霞浦水音頭原名霞浦學堂見前志里人張蔭喬翁輔宸張星耀張兆泰等創辦童浩張宗黻張丙旭等襄成之以四都泰寧會津貼作經費

附校舍　正屋五楹傍屋四間操場一方

私立井溪國民學校　在井溪廟內民國二年里人傅錫恩張秉初等創辦以本莊役田出息爲經費又有田二十五畝
私立時晉國民學校　在楊木堰史家村民國元年里人史麗生史道生史復初創辦
附校產史氏義學助田十六畝三都一啚助役田十五畝
私立泰中國民學校　在大胡河西民國元年開辦童信濟爲之記
附校產永新會新豐會撥助田四十餘畝水嘉寬助銀一千元
私立聲教國民學校　在居子山康姓屋內民國三年開辦
私立𪓟山國民學校　在羊府廟內原名𪓟山學堂見前志里人張蔭喬張顯瑞創辦以四都泰寧會津貼爲經費民國五年改今名
私立𪓟山第二國民學校　在靈𪓟山礁碶龍王宮內民國元年開辦
私立蛟溪國民學校　在雙蛟碶西龍王宮內民國　年由𪓟山第二國民學

校分設於此以四都泰寧會津貼爲經費

私立敦羣國民學校　在霞浦前村醒園内民國元年里人張星燦創辦以四都泰寧會津貼爲經費

私立勵志女子國民學校　在霞浦村里人張景渠創辦以四都泰寧會津貼爲經費

私立遐思國民學校　民國十二年八月里人史梅卿史葦芳史廷藩史紹南史贊厚等出貲創辦

私立洪溪國民學校　民國十年二月里人史光國等出貲開辦

海晏區

區立蘆瀆國民學校　在柴橋公輸殿觀音閣之東原名蘆瀆學堂由里人曹贊宸鍾觀光等創辦已詳前志本係兩等學校旋以費絀專辦初等民國五年改今名

附校舍西式樓房三間側屋六間廚房三間廁所一間操場一方校園一方

區立荊隄國民學校　在穿山關聖殿水陸菴内原名荊隄學堂有田六畝屋二間見前志民國五年改今名

私立嘉逸國民學校　在康頭村王氏祠内民國元年里人王惠霖王兆蘭王寶嵩王守穆王嗣旬王守玉等創辦以嘉逸會產息爲經費

私立後鄭國民學校　在後鄭村民國二年開辦

私立靜德女子國民學校　在柴橋胡姓屋内民國六年由靈巖李光墀李光坫承其母曹氏命開辦有基本金一萬元

雲霧區

區立雲霧國民學校　原名雲霧學堂在所城内千總署舊址已詳前志民國五年改今名

全縣模範小學校　民國十二年開辦共計十一所

縣立第一模範初級小學校　在城區鎮遠門內
縣立第二模範初級小學校　在崇邱區小港
縣立第三模範初級小學校　在東管區張鑑碶
縣立第四模範初級小學校　在靈巖區大碶頭
縣立第五模範初級小學校　在西管區白龍王廟跟
縣立第六模範初級小學校　在泰邱區霞浦張
縣立第七模範初級小學校　在前緒區十七房
縣立第八模範初級小學校　在海晏區柴橋胡姓宅
縣立第九模範初級小學校　在東緒區龍山所
縣立第十模範初級小學校　在覉巋區白峯
縣立第十一模範初級小學校　在西緒區戎姓村
縣設職業學校　分南北兩區各一所

北區

縣立職業準備學校　在前緒區十七房民國十三年八月開辦

南區

縣立職業準備學校　在海晏區柴橋村民國十三年八月開辦

鎮海縣新志備稿

實業志

公益織布廠　城區校場舊址邑人樊棻於民國二年在自置壽安居基地以七旬壽資九千餘金建造廠屋復與同志籌集股本銀二萬圓興辦全廠有新式人工機三百架男女工三百餘人出品銷售本地及外埠其廠章有股本不起年息房產不取賃金之規定以符公益本旨云

明明電燈公司　城區候濤山麓民國十一年邑人傅宗耀等集股銀五萬圓租賃城自治公地內創辦

鎮海縣新志備稿

交通志

輪埠

三北公司輪埠　一城區大衜頭一海晏區穿山一東緒區伏龍山民國三年由邑人虞和德等組織股份有限公司購置輪船行駛本縣大衜頭龍山穿山及甬江定海象山等處其輪埠或租地或購地建築之

永川公司輪埠　在城區縣房衜頭西民國七年租地設立該輪由甬至鎮後往溫州等處

招商局輪埠　城區濟川渡西民國十二年邑人傅宗耀任招商局董事時購地建築滬甬綫航輪進出口停泊片時交通稱便

鐵路

龍山鐵路　東緒區民國五年虞和德等創造由龍山鎮直達三北公司輪埠以便利水陸之交通

滬杭甬鐵路材料機務處　由滬杭甬路局建設以西管區白沙爲鐵路材料處孔浦爲鐵路機務處民國八年秋路局因各路來甬車頭至機務處審機換水加煤隨帶客車一輛初稱貧民車後改爲正式三等客車

郵局

鎮海郵政局　見前志至民國三年定爲二等局今設在大衙頭

電報局

龍山鎮電報局　民國三年虞和德等創辦由龍山鎮直達甬上豎桿四百九十六支計程五十八里

電話

龍山鎮電話處　民國三年虞和德捐資設在龍山鎮三北輪埠公司直達甬

上及大衕頭以前緒區沙河頭爲南北衕接總機關

鎮洋縣新志備稿　卷一　六十四

鎮海縣新志備稿

職官表一

民國	民事長	李善祥	縣人　辛亥九月任十月卸任
		劉崇照	縣人　辛亥十月任元年改任縣知事
	司法	方壯猷	字聘三定海人　辛亥九月任
元年	縣知事	劉崇照	元年五月卸任
		程贊清	
	承審員	張翥	字茀垞餘姚人
	管獄員		

	元年五月任九月卸任 壽維仁 元年九月任二年一月卸任		
二年	錢顯曾 字壽萱紹興人 二年一月任十月卸任 周昌壽 杭縣人 二年十月任三年三月卸任		
三年	沈廷傑 紹縣人 三年三月任八月卸任 費昌祉 三年八月任四年四月卸任	劉崴 三年九月任	張宗嶽 四年十月卸任
四年	洪錫範 字伯言太倉人	汪顯	朱英

	五年	六年	六年	九年	十年
四年四月任五年七月卸任	吳萬里 字紺犖 五年七月任六年三月卸任	盛鴻燾 字蔚堂廣東舉人 六年三月任十一月卸任	洪錫範 六年十一月再任九年五月卸任	盛鴻燾 九年五月再任十四年十月卸任	
四年七月任	謝寶初 五年七月任九月改稱專審員六年三月審檢所取消復稱承審員				王德馨 十年　月任
四年十一月任	邵鴻基 五年十二月任			李鎮坤 九年三月任	陸宗贄 十年七月任

職官表二

龍頭場於元年六月併入鳴鶴場祇二場改大使爲鹽事長四年改稱爲鹽知事

民國	清泉場鹽知事	穿長場鹽知事
元年	參協兆 元年一月任六月卸任	呂樂熙 紹興人元年二月任六月卸任
	蕭鴻章 元年六月任八月出缺	林翽華 壽亭奉化人元年六月任二年四月卸任
二年	方大猷 縣人 元年九月任二年十一月卸任	朱純夫 縣人 二年四月任
		孫佐 仲卿紹興人九月任
		朱純夫

		十一月再任
三年	金承溥 一月任七月卸任 鄭隆驤 八月任四年六月卸任	連祖福 和聲杭州監生五月任四年四月卸任
四年	胡樹棠 七月任十月卸任以上稱鹽事長 吳彰 十一月任五年九月卸任	章球 素民上虞監生四月任十一月卸任以上稱鹽事長 楊灼 嶰庵安慶監生四年十一月任六年十二月卸任
五年	周黼華 十月任六年八月卸任	
六年	黃裒華	

九月任十一月卸任

宗彭年　十二月任七年五月卸任

七年　王康祖　六月任八年十月卸任

八年　王昌熾　十月任

十年　張金鑑　十年五月任

宋祖綬　鶴孫吳興監生一月任

王崇燚　端甫山東福山人十年四月任

王士煒　寅一杭縣人十年八月任

錢燮榮

	理甫嘉興八十年九月任	
十一年	秦中行 十一年四月任	徐琛
	徐兆熊 渭川江蘇江都十一年五月任	朱敘蕃

職官表三

民國	元年	
縣警佐 第一區城廂崇邱	王銳 鏡清仙居	柯秀山
莊市警佐 第二區東管西管	王歐聲 觀甫奉化十二月任二年十月	
澥浦警佐 第三區前緒東緒西緒	樓仰高 惠泉蕭山十一月任四年八月	
大碶頭警佐 第四區靈巖泰邱	趙斌 子奇杭縣十月任四年六月卸任	
柴橋警佐 第五區海晏靈緒	毛蘭亭	王銳

	二年	三年	四年	五年
夏元勳	趙士林　楊麟書	馬錫曾 十一月由所長改委五年十月卸任		李復初
卸任	王銳 十月任十四年九月卸任		樓仰高 惠泉蕭山九月任七年五月卸任	
卸任			方崇儒 克均浦江人八月任七年十二月卸任	
			葉玉如 六月任五年十月卸任	張丙熊
	趙德三	錢智泉	趙斌 六月任七年五月卸任	

	六年	七年
十月接代 鄭承愷 十二月任六年四月卸任	王文田 四月任七年四月卸任	鄒傑 四月任八年八月卸任
		尙琪 琴軒山東五月任十年四月卸任
		胡卓方 鹿南黃巖人十二月任九年四月卸任
十月任六年三月卸任	尙琪 三月任七年五月卸任	夏天植 五月任十二月卸任 胡俊 十二月任八年八月卸任
		樓仰高 五月任

八年	九年	十年
陳紀 八月任九年二月卸任	許寶頤 桑峯杭縣人二月任十年九月奉浙江省令警務處呈准咨部委署所長	
		李麟書 伯岐臨海四月任十一年四月卸任
	楊恩煜 四月任十年五月卸任	李蔭棠 五月
張咸藻 鳳笙浦江人八月任		
		劉旭東

十一年	十二年
王紹榮 字粹象山四月任	周受殷 字厚齋奉化人
符建中	呂榮周 字嘉城縉雲人
方嘉猷 字漢文九月任	袁鴻業 春江諸暨人九月任
陳國麟 字吉夫杭縣人	張文郁 字惟卿諸暨人

職官表四

民國	
水警廳長	前清駐鎮浙洋水師統領民國改編爲浙江外海水上警察廳廳長下設科長科員全廳所屬巡艦五艘巡船九十艘廳轄水巡共一千二百六十九名
礮臺司令官	所轄礮臺九設教練官一司令部副官一臺長五教習六庫官一

元年	王燮陽 煦亭黃巖人	張兆辰 元年六月任
		張伯岐 百期嵊縣人元年十月任
三年	王蕚 醉卿臨海人	陳步棠 三年五月任
四年		金富有 四年三月任
六年	來偉良 醉樵嘉山人十二月任	張伯岐 六年一月回任

選舉表

民國	元年	二年
參衆議院議員		傅家銓 衆議院議員
省議會議員	余名銓	朱燕 曹位康
縣議會議員	朱燕 議長 王予藜 張兆泰 副議長 徐鍾英 丁宋偉	周錫藩 議長 樂以成 朱辭職後補選 王啓楣 顧鵬翔 副議長 張辭職補選 丁惠堂 於樹炯 徐御風 副議長 顧辭職補選 王杏仙 張聿暢 虞清華 周汝磐 虞輝礽 張星耀

七年

賀得霖 參議院議員

余名銓 衆議院議員

李鏡第

盛在珩

方積蕃

周錫勳

李厚埏 上五八參議員

周崇錫

周璇奎

蔡世昂

王鐈

蔡晟

胡振澼

鍾翊恆 以上元年選

樂俊諭

俞秉廉

周英

陳漁史

十年

傳言

王嘉楷

顧景唐

方彭年

陳廷諤

任祖望　以上二年補選

十一年

周汝磐　議長

包緒模　副議長

王綱

於樹炯　上二八縣選參

董佑栻

劉同堉

方逸侯

鄭含芳

金立廷

華達凡

事員	葛繼炘	李光坫 上二八縣委參事員第二屆李改縣選葛加委			鄭含芳 縣選參事員		虞庸 縣委參事員	
徐御風	樂以成	俞友濂	卓世長	顧景唐	周用康	鄭允中	鄭紹安	張聿暢

仕籍表

分特任簡任薦任委任而委任又分二級以部省委爲上級廳道委爲次級勳章比前清銜例不列

李厚礽　辛亥上海閘北民政總長

李厚禧　辛亥光復軍統領　陸軍少將銜

徐建侯　陸軍部諮議官

民國

特任

簡任

陳廷緒　兩浙鹽運使

周啓濂　美國紐約總領事　現任大坎拿總領事

吳晉夔　原任鹽務署參

薦任

賀紹章　山西檢察廳長

胡振禔　司法部僉事

陳居綸　歷署安徽涇縣無爲縣知事

黃祖羲

委任（上級）

余鏡清　溫處鹽稅總局長委湖統捐局長

陳廷紀　財政部造幣廠總稽查

陳廷絜　奉天中國分銀行長

委任（次級）

支起梲　黑龍江財政廳制用科科員

顧鵬翔　初級審判廳學習推事委任紹屬軍政執法處檢察官改任刑

事現充秘書兼總務處處長

虞銘新 山西教育廳長

徐宗彥 農林部僉事湖北荊州藕池關監督

李厚祺 武昌關監督現任寧波關監督交涉員

安徽省任用縣知事

虞和寅 農商部技正

朱丙炎 分發廣東任用縣知事

余名銓 浙江省長公署督軍署秘書財政部候補僉事

虞愚 歷任吉長四鄭四洮

陳仁烺 元年南京裁判員

徐葦舫 農商部技士

夏錫祺 山西教育廳第一科科長

倪承靄 交通部電線工程處文牘員

李光迪 寧屬酒捐局長吉林

庭執法官

戴哀 歷任鄞縣常山象山新昌等縣正巡官桐廬吳興等警察署長

張鴻模 南京陸軍第三師秘書陸軍炮兵團二等軍醫官

吳興黃

胡錫安	大理院推事
李光啓	財政部僉事庫藏司司長幣制局參事
鍾觀光	教育部參事
張際春	農商部僉事特保簡任職升用派充漁牧科司
	鐵路局局長
金體選	前內務部僉事教育部調部任用薦任職
金賢賚	山西任用縣知事
方善源	財政部主事
邵式善	薦任職分發江蘇省任用
吳元曾	
	銀行行長
邵錫燕	浙江溫州樂東收運局長調署雙穗場鹽事長
鄭志逌	浙江第四區菸酒公賣局局長湖北湖南福建等省稅簽徵收局局長山西南路土鹽徵收局局長
林景尹	
	歷任湖北老河口房縣竹溪均縣等處郵務局長
烏傳溱	蕭紹沙地清丈局局長
張鴻誥	南京陸軍第七師軍醫官
金熊飛	北洋警務學堂

長

賀得霖 法部僉事鹽務署秘書財政部次長

夏翊 廣東政務廳廳長

林鴻賓 財政部參事簡任職用

林鴻集

薦任職任用代理浙江黃灣場知事

吳良倬 薦任職分發全國菸酒事務署任用現充秘書上辦事

李祖夔 財政部秘書上行走

徐宗彥 前農林部僉事

王容川 前僑工事務局秘書

象山玉泉場知事

謝尹輔 長蘆鹽運使署興科局科長直隸全省烟酒公賣局科長

方大猷 署理清泉場鹽事長

朱華 兩浙鹽運使署科員署理穿長場鹽事長

張丙旭 財政部泉幣司科員

畢業任吉長鐵路局警務公所總巡官

徐大煊 晉北榷運分局局長

林鴻壽 充吉林財政廳秘書長蘆鹽運使署秘書等職

財政部秘書簡任職用

徐鼎年 浙江政務廳長

李祖年 歷充鹽務署編譯員皖北晉岸鹽務稽核處處長等職鹽務秘書上任事現任財政部平市官錢監督

陳道源 海軍部技正

胡績 京師地方檢察廳檢察官

胡絜 漢口地方檢察廳檢察官

徐緒 文官高等考試以薦任職分陸軍部任用

劉熊

劉邠 幣制局泉幣司科員國務院存記簡任職

陳偉賢 考取縣佐分發安徽任用

顧葆羽 紹興督銷總局局長

謝之鵷 直隸全省菸酒公賣第一區分局駐局紳私員調任第八區分

宋煒臣　參政院參政

王緒清　河南電政監督

以薦任職分教育部任用

林鴻勳　以薦任職分發任用

林鴻賚　以薦任職分發財政部任用

局緝私員

李鏡第　浙江省長公署諮議寧屬鹽警長

袁績　鹽務署科員

吳良濤　鹽務稽核總所一等科員

陳鴻年　鹽務署科員

於越賢

海軍部主事

王商熊　鹽務署辦事員

方積濤　全國經界局技士交通部航律委員會會員

曹位康　幣制局調查員

翁清夏　普通文官考試分財政部任用

戴景槐　普通文官考試分浙江省任用

各項公職表

民國

自治公職

向道衍　縣自治委員元年任三年改爲縣自治辦公處委員

劉郇　縣自治委員元年任二年辭職

葛繼炘　縣自治委員二年任三年改爲縣自治辦公處委員

沈世京　元年城區總董

學務公職

徐騰遠　教育會會長元年正二年

副

曹位康　教育會會長元年副二年

正

李鏡第　教育會會長三年四年

向道衍　教育會副會長三年任

實業公職

朱思義　縣商會總理

江義昌　縣商會總理元年選

胡宋巘　商務分會總理元年七月

選

周璇奎　縣農會會長二年三月選

任期兩年

朱欽文　元年城區議長二年總董
劉名驊　二年城區議長
金士淮　二年城區議長
陳培源　元年東管鄉董
蘇丙薰　二年東管鄉董
王慶槐　元年東管議長
余名章　二年東管議長
方積球　元年西管鄉董
陳雲衢　二年西管鄉董
莊　袞　元年西管議長
方舜年　二年西管議長
蔡　晟　元年前緒鄉董

烏人珪　教育會會長四年副五年
正
劉　郇　教育會會長六年任
王正聿　教育會副會長六年任
朱欽文　教育會會長七年任
傅濟川　教育會會長七年八年副
李光坫　教育會會長八年九年正
包緒楙　教育會會長九年副
朱賢紹　教育會會長十年任
樂書祥　教育會副會長十年任
葛繼炘　勸學所所長六年六月任
童志道　勸學員六年任

於樹烱　縣農會副會長
胡祖安　貧民習藝所所長元年任
年辭職
曹育楷　商務分會總理二年九月
選
馬其康　縣商會總理三年選
周璇奎　縣農會會長四年改選連
任
丁宋偉　縣農會副會長
鄭允中　貧民習藝所所長年任
九年辭職
江義昌　縣商會會長五年選是年

周咸釗 二年前緒鄉董
周咸鎔 二年前緒議長
邱錫圭 元二年西緒鄉董
樂俊諭 元年崇邱鄉董
李厚培 二年崇邱鄉董
邵永捷 元二年崇邱議長
俞汝昌 元二年靈巖鄉董
董祖羲 元年靈巖議長
顧鵬振 二年靈巖議長
顧維周 元二年泰邱鄉董
張玉成 元二年泰邱議長
鄭岱霖 元二年海晏鄉董

包緒模 勸學員六年任
黃華 城區學務委員七年任九年辭職
董佑栻 東管學務委員七年任
莊鴻來 西管學務委員七年任
蔡晟 前緒學務委員七年任
陳達章 東緒學務委員七年任
馬嘉琨 西緒學務委員七年任
沈憲章 崇邱學務委員七年任
李光坫 靈巖學務委員七年任
史直 泰邱學務委員七年任
虞庸 靈巖學務委員七年任

奉部令改總理為會長設副會長
王景星 縣商會副會長
李于漣 縣商會會長七年選
周璇奎 縣農會會長六年改選連任七年二月出缺
丁宋偉 縣農會副會長六年改選連任七年三月遞補正會長
朱昌渙 柴橋鎮商會會長七年選九年一月由部頒發鈐記
胡兆麟 柴橋鎮商會副會長七年選
曹維南 縣商會會長八年選

曹贊宸	元二年海委議長
汪永清	元年靈緒鄉董
鄭學堯	二年靈緒鄉董
孫承志	元年靈緒議長
徐法仁	二年靈緒議長
向道衍	縣自治辦公處委員四年辭職
葛繼炘	縣自治辦公處委員六年六月辭職
劉郇	縣自治辦公處委員五年任七年一月辭職
朱欽文	縣自治辦公處委員六年
鄭允中	海晏學務委員七年任
徐本序	靈緒學務委員七年任
鄔鼎夔	城區學務委員九年任
莊可緝	西管學務委員十一年任
孫耀勳	西緒學務委員年任
葛繼炘	教育局局長十二年由所長改任
周經世	教育局董事會董事十三年六月縣知事派任諸暨人
周錫藩	教育局董事會董事
黃華	教育局董事會董事
鍾觀瀚	教育局董事會董事
謝崇孚	縣商會副會長八年選
沙鴻勳	貧民習藝所所長九年任
鄭旭	前緒鄉農會會長
陳成久	前緒鄉農會副會長九年選
鄭含芳	前緒鄉農會會長
鄭星炎	前緒鄉農會副會長十一年選
張仁模	縣農會會長十年選任
於樹炯	縣農會副會長十年選任

六月任十一年四月止

徐鍾英　縣自治辦公處委員七年一月任十一年四月止

金士淮　城自治辦公處委員三年任十年出缺

金士源　城自治辦公處委員十年繼任

劉炎昶　東管自治辦公處委員三年任

胡元欽　西管自治辦公處委員三年由鄉董改任

陳巨綱　前緒自治辦公處委員三

李光坫　教育局董事會董事

王在田　教育局董事會董事上十三年六月縣參事會選任

年由鄉董改任

鄭繼賢　東緒自治辦公處委員三年任

楊善康　西緒自治辦公處委員三年任

任嘉梧　西緒自治辦公處委員五年任

黃肇基　西緒自治辦公處委員八年任

李厚培　崇邱自治辦公處委員三年由鄉董改任

俞汝昌　靈巖自治辦公處委員三

年由鄉董改任十年四月卸任

董祖義　靈巖自治辦公處委員十年五月任

顧維周　泰邱自治辦公處委員三年由鄉董改任九年出缺

張玉成　泰邱自治辦公處委員九年任

胡仰瀛　海晏自治辦公處委員三年任年辭職十三年續任

胡翼燕　海晏自治辦公處委員　年任

鄭學堯　鄮鄞自治辦公處委員三

年由鄉董改任

戴雲從	縣議自治辦公處委員　年任
樂秀蒙	縣議自治辦公處委員　年任
戴纘三	縣議自治辦公處委員十　年任

各學校畢業生表

表分三級大學爲一級凡中國大學畢業及外國大學畢業者皆入之高等爲一級各專門高等畢業者皆入之中學爲一級凡與中學畢業有同等資格者皆入之

	大學畢業生	高等畢業生	中學畢業生
民國元年	賀得霖 日本法政學校	劉同堉 浙江高等師範學校	林國珪 浙江第四中學

二年

方積璋 日本大學銀行科

三年

樊亞康 上海滬江大學

余名鏘 上海聖約翰大學

顏聖俞 浙江高等鐵路學校

顧景唐 四明專門法政學校

方祖頤 上海郵傳部高等實業學校最優等

顧鵬翔 四明法政學校

烏統遠 浙江法政學校

竺聲鏘 全浙監獄專門學校

王修欽 交通部唐山工業專門學

朱象豐 浙江第四中學

金賢亨 浙江第四中學

陳侯周 浙江第四中學

鄭祖祥 上海交通部實業學校

鄔德耀 上海南洋公學

胡鳳聯 浙江第四中學

樂書祥 浙江第四中學

劉頤年 寧波斐迪中學

朱賢紹 浙江安定中學

顧百揆 浙江第四中學

張魯峯 浙江第四中學

樊正棣 上海滬江大學中院

四年

陳寶勤　英國達倫姆大學分校紐克斯爾地方愛姆斯脫郎學校礦科
陳受昌　英國倫敦皇家大學礦科

校土木工程科
方善培　上海震旦大學工預科
鄭炳　又名合芳四明法政專門學校
朱永　四明法政專門學校
李祖範　北京清華學校
李祖賢　北京清華學校
顏聖介　浙江陸軍測量學校

洪蕙琯　寧波斐迪中學
童信積　旅京浙江中學
方善楚　上海民立中學
林國杰　吳淞船政學校
鄭祖廉　上海交通部實業學校
樂俊忱　寧波工業專門學校
顧賡棠　寧波甲種工業學校
沃北辰　寧波工業學校機械科
倪承肅　寧波斐迪中學
戴長燕　杭州宗文中學
丁祥瑜　浙江第四師範本科
鄭孝春　浙江省立商業學校

費家官 上海南洋公學中院

陳福恆 上海南洋公學中院

王永懋 浙江第四師範本科

金體達 寧波中等工業學校

向學敏 上海務商中學

周家光 江蘇省立第一商業學校

周家祥 江蘇省立第一商業學校

虞庠 浙江第四師範學校

五年

周明玉 英國負及坭大學得醫學博士學位

王商熊 北京大學文科

李熙春 北京國立大學土木科

方善源 上海交通部高等實業學校電機專科

陳福憲 上海南洋商業專門學校

樂嗣鍾 武昌國立高等師範學校

劉同圻 寧波效實中學

董賢遴 寧波斐迪中學

虞定稽 浙江第四師範學校

虞兆陶 浙江第四中學

曹育瀞　北京大學文科授學士位

張文弼　上海聖約翰大學

張蕤祥　浙江第四中學

朱賢佐　浙江甲種工業學校

樊正梓　上海澄衷中學

樂俊信　寧波斐迪中學

樂俊全　寧波斐迪中學

虞文浩　上海青年會中學

朱傳愷　上海聖約翰大學中學畢業

王烈暄　上海聖約翰大學中學畢業

六年

王容川　北京大學法科

胡儒行　北洋大學土木科授工

余名鈺　北京清華學校

賀聖謨　北京大學預科

翁英奇　浙江第四中學

周汝珩　寧波斐迪中學

科學士

沈養厚　北洋大學冶金科授工科學士

劉頤年　滬江大學贈文學士學位

李厚祺　北京高等師範學校

李祖法　北京清華學校

龔志鎮　寧波斐迪中學

胡振煜　浙江第四中學

張榮新　浙江第四中學

胡靜園　浙江第四中學

王泰堪　浙江第四中學

周全瀚　浙江第四中學

胡嘉善　浙江第四中學

胡嘉美　浙江第四中學

賀聖能　浙江第四中學

童信穆　浙江第四中學

劉同坡　寧波效實中學

鄭孝年　浙江省立商業學校

七年

李祖賢	美國倫塞賚實業專門學校土木鋼鐵工程科授有學士學位
李光纛	美國麻塞省立工科大學校
方善堉	上海同濟德文醫工專門學校
林國鎬	北京清華學校高等
李權時	北京清華學校高等
高振雩	國立武昌高等師範
陳兆熊	寧波效實中學
吳啓瑛	上海澄衷中學
山孟芳	上海澄衷中學
陳方明	寧屬縣立甲種工業學校
沃豫遜	上海南洋商業學校
李光線	杭州蕙蘭中學
於桂祥	浙江第四師範正科
莊陳表	浙江第四中學
林兆芇	浙江第四中學
洪紹諗	浙江第四中學
包蘊德	浙江第四中學
胡嘉芬	浙江第四中學

洪紹諭　美國麻塞芝理工大學得化學學士

余名鈺　美國加利福尼亞大學廿科得理學學士學位

李祖範　美國麻省理工科大學校土木鋼鐵工程管理科授有學士學位

曹育夔　保定軍官學校

徐緒　國立醫學校

胡祖坤　浙江第四中學

曹育懌　浙江第四中學

王泰驥　浙江第四中學

張輔新　北京高等師範附屬中學

方智宏　浙江第四師範正科

虞中珍　浙江第四師範

李光玉　浙江第四師範

陳煒良　寧波斐迪中學

李名銓　上海民立中學

梅國榮　寧波中西儲材學校

虞和同　江蘇甲種商業學校

陳祥梓　寧屬縣立甲種工商學校

八年

鄭鍾珪　美國西美合路埠華斯縣大學商科

徐深　北京國立大學文科得稱哲學士

李祖年　美國阜門大學經濟科學士

方積蕃　上海神州法政專門學校

劉邠　上海神州法政專門學校

卓英　上海神州法政專門學校

鄭飛　上海神州法政專門學校

烏人維　上海路礦學校

方善堅　上海同濟德文醫工專門學校中部

童信和　南京高等師範學校

史悠庚　上海南洋商業專門學校

王陶　上海神州法政學校

張玥琛　南京高等師範學校

虞和貴　浙江醫業專門學校

張錦熙　浙江第四中學

賀聖寬　浙江第四中學

王育恩　浙江第四中學

胡益三　浙江第四中學

胡鶴年　浙江第四中學

曹爾澄　浙江第四中學

莊炳綱　寧波甲種商業學校

劉鍾業　寧波中等工業學校

於升峯　南洋公學中院

虞中望　江蘇甲種商業學校

樂俊芬　寧波斐迪中學

吳嵩慶　寧波斐迪中學

李祖寶　南洋公學

李祖徵　日本東京高等師範學校

沈忱甫　日本東京正則英語學校

張補新　北京工業專門學校

焦松泉　江蘇省立第一商校

謝偉輔　浙江第四中學

莊表俊　上海昌世中學

鄭秉權　浙江第四中學

鄭秉衡　浙江第四師範

九年

李祖法　美國耶魯大學校經濟科授有學士學位

於魯峯　南京國立海軍大學校一等畢業以海軍少尉用

周明衡　美國惠斯康聖大學得化學碩士

周明政　美國麻省工業學校得

方善輔　北京交通部郵電學校有線電工程班甲等

莊智煥　上海工業專門學校

劉崇燕　浙江高等師範預科

曹震　北京稅務專門學校

黃秉康　浙江第四中學

陳忠傑　浙江第四中學

曹靜淵　浙江第四中學

李光春　浙江第四中學

江禮綱　寧波效實中學

胡汝諧　寧波甲種商業學校

莊智煥　上海工業專門學校中學

機械學士

虞文雷　上海聖芳濟大學
李祖模　日本大學法科
丁立成　濟南齊魯大學醫學正科

十年

唐性一　漢口明德大學
丁佐成　金陵大學正科

丁繼崙　浙江公立法政專門學校
劉緒權　浙江公立醫藥專門學校得醫士學位
虞繼韶　浙江公立醫藥專門學校得醫學士學位
周全瀚　浙江公立醫藥專門學校醫科
方善堡　上海交通部高等實業學

方善圻　江蘇省立水產學校
支家煐　上海公學校中學

史季康　浙江第四中學
李長庚　浙江第四中學
周有莛　寧波浸會中學
李祖桐　上海復旦大學中學科
李光劍　上海聖約翰附屬中學

	校電機科		
十一年	李權時 美國紐約哥倫比亞大學經濟科畢業授有博士學位	周靜康 浙江公立醫藥專門學校醫科	方積玗 寧波甲種商業學校本科
		王功敷 上海同濟醫工大學校醫科畢業得醫學士位	
十二年	樊正楡 復旦大學預科		
十三年	林國珪 日本帝國大學經濟科授學士位	劉緒榕 上海神州法政專門學校銀行科	戴廷俊 浙江第四中學
	劉緒梓 德國柏林大學得醫學博士學位		

鎮海縣新志備稿

名宦傳目錄

洪錫範

人物傳目錄

劉崇照　賀紹章

鄭鴻壽　從弟鍾麟

戴顯運

李濂

王人鑑

趙學晉　支啓泉　張九皋　王孝烈　孫良燮

樊棻

李承蓮

陳世熙　子廷鏞　莊袞

王榮商

傅昌順

俞汝昌　子往欽　張廉　林鶴年

吳正闓

謝觀紱　張汝蘅

虞清華
方駿華　弟駿孝　從姪紹震
鄭岱雲　陳繼纓
張宗錄　族弟瑛　邵寘生
陳雲衢
陳　薰　弟傳菁
陳協中
金士衍
盛炳紀
柴正衡　陳良楨　劉敬煥
方積球　王嘉榕
虞輝祖　族秉祺　於尹誥

林望九　鄔漢章　倪承烈　胡善錫　沙鴻烓
張寅煇　父惠廉　族兆泰
俞成誥
徐沛祿　胡同鈞　張丙旭
汪顯述
鄭一夔　族姪廷璪
楊寶善
盛炳緯　兄炳經
朱忠煜
傅家銓　戴鴻庥　鄭蕊舫
李厚礽　鍾焜

鎮海縣新志備稿

名宦傳

洪錫範字伯言江蘇太倉縣人清季畢業北洋大學歷任太倉上海縣知事民國四年以免試知事分浙委任三月署鎮海縣知事五年三月實授尋因病辭職六年十一月回任八年三月在省長考核屬吏案內以實政實心民懷吏畏上聞晉給五等嘉禾章是年十二月調署蘭谿士民奔走乞留仍留本任九年五月因病乞假十二年一月卒於滬寓錫範氣度宏遠休休有容平生無疾言遽色遇大事當機立斷初任鎮海鄉人有積怨鹽警集衆死抗者響應徧山谷錫範推誠安撫衆始散去大吏行文嚴捕株連無數錫範具文申辨僅捕爲首劉康二人仍持不解省尋亦得釋鄞鎮柴橋兩鄉民感之入昔颶風爲災奉令放急賑慮有中飽乃按戶爲一簽計口疏銀圓銀角銅元

制錢於其外封以授士紳之公正者按籍給發均親督掾屬爲之六年回任浙甌初定一意撫循所屬柴橋警佐樓仰高績有循良錫範特薦諸省并爲文詠歎以諷其餘教民樂某爭宗祠祭品不勝由某領事照會交涉司責償於族長錫範以祭品實不應得不可以民教而有所輕重往來爭辯數千言卒不爲償在任兼理司法發覺寺僧殺師害鹽巡劫商誣盜等案尤爲時所稱頌後因截獲販米出洋船隻鄰邑某大紳由京密電省長令釋去錫範爭之不得請病假去錫範留心地方掌故嘗延請邑中諸名宿重修縣志其功尤不可沒云

鎭海縣新志備稿

人物傳

劉崇照譜名頤翹字楚薌（居西管貫駟橋）叔愼樞拔貢有文名最奇賞崇照崇照文思淸刻精書法光緒庚寅成進士授翰林院庶吉士散館出爲江蘇鹽城知縣發奸擿伏吏不能欺一時有劉靑天之名嘗建北閘辦淸丈局農民感其惠因建生祠於閘旁甲午丁酉兩爲鄉試同考官所得皆知名士以道員在任候選辛丑丁憂歸歷任鄉約局長府縣教育會長六邑地方自治會董事其辦本鎭寶善學校所費逾萬金又請免倪家堰卡稅商民便之易世時被舉爲本邑民政長旋任爲縣知事卒於民國九年年五十八同里賀紹章字逸仙高才博學爲世所稱光緒壬寅舉人宣統二年考授陸軍部主事入民國位上士歷充法政學校教習任山西檢察廳長卒年四十

鄭鴻壽字珍文城區賢坊長子幼承家學成諸生屢試秋闈不售以附貢生報捐同知分發福建上官知其才歷任浦城水口兩釐局總辦漳州夙號健訟積案纍纍俾會同地方官清理之未滿三月結案數十皆得情理之平丁亥丁憂旋里鎮邑瀕海地不足於耕每值荒歉饑民聚衆索食往往譁譟滋事鴻壽先時籌畫或平糶或施賑不辭勞瘁鄉里賴之甲午日本啓釁海疆震驚佐大吏籌海防不遺餘力庚子拳禍方靖徵餉孔急又爲當道設法勸集款十餘萬金浙撫任道鎔上其勞且贈利濟匡時扁額焉旋陞知府賞戴花翎加三品銜仍分發福建歷充福寧泉州稅釐局總辦全省禁煙局提調發讞局提調兩署福寧府知府勤政愛民創建學堂訂定課程以端士習既又至廈門東沖兩釐局筦辦榷務辛亥武昌舉事辭職旋里不復出平居救濟親友之緩急排解鄰里之糾紛舉同義社以妥羈魂設同善會以埋暴骨善舉甚多故衆論翕然歸之從弟鍾麟字晶甫附貢工書法

戴顯運字運來城區家貧年十四襆被至滬學商業既長習商情精通西國語言文字凡與洋人交易不假通譯之手又以世界大勢注重冶鐵遂創設利昌鐵肆持籌握算冠絕儕輩由此業日盛而名亦遠著性至孝事父母能先意承志既歿則喪葬盡禮好施濟朋友親戚有所貸無不應尤勇於爲義凡甬滬間善舉事踴躍輸資不稍居人後在家則建宗祠創宗譜道路橋梁之待修築者竭力襄其成戊午東管鄉澮西大河慨捐五千金去歲議修邑乘又創捐五千金焉

李濂字廉水崇邱承輔次子生而左足微跛穎悟好讀書同治丁卯舉人光緒丙子進士以主事分發戶部部司員類不習會計外省經常報銷之案率由書吏具稿司員簽名長官畫諾而已濂留心公事鈎稽必謹吏以稿進數有誤必嚴詰皆大讋服補主事遷山西司員外郎生平雖席豐履厚而絕無侈靡豪華之習丁內艱歸不復出卒年七十一夏啓瑜撰傳

王人鑑號蓉垞城區心芳次子優行誼擅才學就館江南謝氏聞父疾中夜披衣起弟子以方大風雪請待天明行終不許母胡卒事父益加謹有以厚幣延課者辭不往邑東門浦王家碶所以宣洩城中諸水明永樂時塞之別開張鑑碶由是旱苦乾而水苦潦清道咸間先正王曰升張錫申謝棣賢等皆稟請復舊制同治時邑令黃公亦力主其說皆以經費支絀止至是人鑑復與諸紳創其議遂塞張鑑碶濬城內諸河而東門浦得復開三年蒇其功先是光緒邑志告成邑人張錫鐘閱其書慨然有補遺訂訛之作人鑑爲履勘輿地水利以佐成其書其留心故鄉掌故又如此宣統元年薦舉孝廉方正卒年八十四人鑑曾祖國治壽百歲旌昇平人瑞額祖中道旌義夫父心芳旌順孫人鑑又被舉爲吾邑僅見之盛事陳祖詔傳

趙學晉字漁仙前緒性孝友母劉氏病危刲肱和藥進愈後數年卒父繼歿廬墓號泣哀毀殊甚伯兄遘疾學晉跪神前禱求醫藥冀其愈家境不甚裕而樂

善不倦年八十卒謝觀撰傳支啓泉靈嚴兄不順於母母恚甚自投於水啓泉急入水救母母遇他救得生而啓泉竟溺死年十九人皆哀之王孝烈東管孫良熒張九皋靈嚴皆以割股見稱鄉里

樊棻字時勳城區懋之後樊氏世襲明武職後子孫多習商棻始賈甬後出滬同邑葉澄衷契其才以重任相畀光緒甲申乙酉間法人擾海疆華商多隱相接濟時議頗牽涉葉氏棻力向當道白其誣事得解劉樹屏記名由是益重數年業大起好義勇爲各省有災荒輒出資爲衆先其建宗祠創便蒙學校及附設勤稼女塾所費尤鉅云家傳

李承蓮字澄濂崇邱所居地曰小港當大小浹入海處環三面皆水其居人皆習海利用鹽筴承蓮生六月而父歿母哭泣喪明家貧就養於叔父年十四泛海貿魚鹽稍稍立計取贏久乃益知其便惡所取棄罔不當於算權鹽者廉其才因以公賣事相屬洪楊亂已袁海之權不復操自上小民竊販穴利往

往與吏伍作難承蓮於鹽鹺利弊析之尤精批治幾三十年而事卒倚以辦性伉俠能勞雖衰年日常事力所能堪者必躬之不以役人蓋自浮海作家至謝業歸盡事而勤不稍解既退居喜排解人紛紜有貧乏者援尤力曰吾少時非依人而食耶故人皆稱其爲厚德人也卒於民國五年年八十有五（陳訓正撰傳虞輝祖撰墓表）

陳世熙字蓮舫（前綹）附貢紹唐兄行誼如紹唐而性情和易以急公好義敘觀察銜世熙子廷鏞字聲甫光緒癸巳舉人有學行工詩詞莊袁字次夔（西管）歲貢生善承先志地方善舉無不熱心舉辦科舉變後曾以崇正書院原址改辦高初兩等小學歷充西管鄉約會長地方自治會議長衆皆信重之

王榮商字友萊（靈巖）永肩孫生而岐嶷溺苦於學制藝詩賦治之尤精光緒八年舉於鄉十二年成進士翰林院庶吉士十五年授編修二十年大考升侍講二十四年轉侍讀嘗充順天鄉試同考官四川鄉試正考官生平留心學務

疏請地方官廣立鄉塾改大學堂總辦提調爲賓官鄉有靈峯寺鄉人移香火之資以充靈山公學費僧夤緣當道幾翻前議榮商言於支提學恆榮得寢其事其有持論過激鄙薄科舉者則又面斥之雖至好者無所假借靈巖二都二啚之河既狹且曲雨則溢旱則涸榮商方省母假歸因集衆議疏濬始事於二十四年孟冬迄於歲除凡濬幹支河共萬有三千餘丈明年大旱闔村咸受灌溉之利宣統紀元預修德宗實錄三年丁母憂歸清祚告終遂不復出民國八年邑設局修志延榮商任總纂發凡起例悉心商榷時已病困猶手訂大事記人物傳兩門餘未及審定而卒年七十

傅昌順字曉春城區先世本閩人有諱光祿者商於浙之鎮海遂著籍焉父以和處境困約潛德弗耀有子五人昌順其季也以和歿數月而昌順始生已不及事父事母劉氏至孝感念恩勤奉養維謹母目微眚調護備至髫年輟學業賈始執業於布肆已而改入木肆時汽船未盛行於中夏木肆皆自置海

船南至閩嶠北達遼海販賤鬻貴藉通材貨船設一人總其事責重事繁非篤誠兼有幹略者勿克任主者重其才一以相委昌順必黽勉從事歲時駕舶出海歷驚濤駭浪不爲苦誠信既孚諸以木材爲業者咸相景附先後二十餘年爲其肆致贏無算性好交遊所至必訪其地賢豪長者而友之俸給所入半供酬酢皆出私財不支公費自奉極約所御縕袍或更十數年不易而急公好義惟恐或後戚友有匱乏者恆不俟告而周濟之鄉里公舉春秋社祭及修治道途橋梁靡不稱量佽助俾底於成而於報本追遠尤慨然引爲己任某歲有族產水田若干畝爲奸人夤緣一二不肖子弟私鬻於里豪某宗人畏其勢知其事弗敢問昌順自海上歸里廉得其實咈然曰是高曾之遺禋祀所賴爲子孫者乃坐視他人篡奪吾傅氏尚爲有人耶乃慷慨具牘訴之邑宰一再集鞫宗人之怯者怠者皆畏避昌順獨侃侃陳辭邑宰爲之動容得盡反所鬻之產凡訟事所費皆一身任之鄉里有爭議不決者就

之評衡曲直得一言無不立解性尤切直嫉惡綦嚴少年子弟言動有踰越軌範者輒面折之不少假論者謂其隱於市廛而以一身繫鄉黨教化之重並世士大夫或不逮也卒年五十有二以子宗耀官贈朝議大夫（盛炳緯撰家傳）

俞汝昌字樹周（鐙巖）乾隆乙酉右榜舉人世盛之五世姪孫三齡失怙母賀氏守節撫養自幼朂學同治壬申補縣學生聲譽日起家貧以館穀養親時同里王友萊侍讀方爲諸生與汝昌志同道合以舉業相切劘鯤池山長陸漁笙太史夙負知人鑑皆以遠大期之逮光緒丙戌侍讀捷南宮而汝昌始以高等食餼癸巳登賢書屢上春官不第以揀選知縣終先是侍讀之贈公錫山等議改鄉之福聚菴爲振文書院汝昌亦與其事其後董院事又最久至光緒甲辰科舉將廢乃首先改辦學堂宣統紀元舉辦鄉約與虞清華王榮唐並董局事辛亥春自治成立被舉爲鄉董其時鄉村搶刼滋甚官廳捕務廢弛即獲盜送案亦不嚴辦閭閻夜難安枕乃密設偵探旋獲劇盜數人徇衆

議投諸河盜風以戢至秋光復井里晏然民國三年改任爲自治委員兼充學董整理靈峯香資不遺餘力而自治公益之需及學堂主辦補助諸費藉以取給焉又嘗經理本鄉酒稅覈比較以定指率無多取以肥私故當時酒稅較他鄉爲獨輕至今人猶稱之生平坦直胸無城府爲人謀必盡心力雖晚年謝事家居凡遇鄉黨要公猶相率諮商往往得一言以決其爲人所推服膺如此卒年七十有五長子往欽縣學生好學能文三子秉廉縣議員明幹能任事皆早卒林鶴年崇嚴慷慨能任事三官堂改書院遷佛像於孔墅菴人多畏縮鶴年往來監督不避風雨

吳正閭字鞠九崇邱以航海起家品端謹然勇於爲義崇嚴河道久淤塞且首尾不貫通衆屢議開濬皆以費絀止正閭獨引爲己任相度形勢大興工作淺者深之梗者鑿之自崇嚴水徑橋至崇邱虎口橋凡長千一百五十餘丈皆通之費白金逾萬他如平道塗給醫藥施棺槨歲尤不可勝數以已早失學

與從兄正鉅創辦七星延陵學校培植族中及近村子弟卒年六十四授同知銜獎樂善好施額

謝覲黻字彤黼崇邱父周訓傳見前志爲邑經師從子覲宸嘗從之學文才卓著不幸早世周訓哭之慟及覲黻誕生之夕其世父夢覲宸復生其家故時以覲黻爲其後身自幼穎悟九歲隨其父讀書寶鏡菴中朗誦漢唐宋之文音與梵鐘相應和戶外聽者踵相接未成童淹貫經史攻制舉藝於庭訓外兼得其伯兄覲宬仲兄錫南之切劘年十六父歿乃從郡邑諸大師遊學業大進出應縣府試屢列前茅光緒乙亥受知於胡學使瑞瀾入郡庠癸未歲試一等二名補增廣生甲申復列一等試拔萃科報罷旋食餼甲午中式本省鄉試第十七名舉人乙未會試堂備癸卯就試汴闈復不第是時清廷勵行新政將廢科舉覲黻乃與其婦弟盛炳紀等興辦邑中各學校家在浹江以南故浹南學校爲其所手創覲黻生平孳孳於學陶淑後進至老不衰自弱冠設

帳授徒諸富室爭相延致從遊者日衆及門多知名士間或掇巍科以去及學堂既興執教鞭者又二十餘稔若蒙養若養正若浹浦皆主其事而長中興至十六年之久覯黻嘗曰余一生學問無踰於人僅以經義詞章爲人師自學堂興而詞章之學替自學堂廢讀經而羣經訓詁之學又替而余猶覥然居教席亦欲寓古訓於新科學之間藉以端蒙養而存國粹非敢苟附時趨也時省視學蒞鎮考核辦學成績以爲闔邑冠由省咨部呈蒙大總統給予七品嘉禾章庚申分纂邑志癸亥輯薛氏宗譜乃搜訪其先世明兵部尚書恭敏公奏疏及詩稿編校成卷皆有關於本邑文獻至他鉅族延修譜牒或於授課之暇爲之若東管王氏蘆江鄭氏虹橋朱氏鶯林葉氏小港楊氏包氏多經其手定其爲人所信重蓋如此最後長慈東龍江學校甫一載而病卒年七十張汝衡字楚生崇邱廩生工詩文書法初學歐繼習顏晚歲則以蘇爲宗

虞清華原名瑞鏗字希曾靈巖自幼具先憂後樂之志甫成諸生即爲族黨所倚任事無大小爲之必盡其心力或有所窒礙旁推曲達不底於成不止也靈山書院本鄔氏所建中有鄔祠肄業者不便之坐是日就頹圮清華與同志謀遷鄔祠於外而捐資修葺書院延名師講授其間生徒日盛及書院改爲學堂經費無出與顧錫蘭等請於邑令撥靈峯香資以充之建議之初僧俗惶駭阻難百端清華毅然不爲動既得請剪榛蕪築寮舍日不暇給又以全年駐山盈虛相抵所得無幾乃改定四月初十及端午兩期入山監收餘歸山僧自管由是學費充裕山寺亦足用其規畫皆清華所創也清華善飲酒喜吟詩嘗爲靈山校長公私出入略無簿籍而一塵不染人皆信之家貧舉債爲生視其囊質券常盈寸親友急難周濟不吝里有爭訟輒出資和解之其好義如此民國四年卒年六十二

林望九字際春號子皋崇邱少有大志喜讀書父母早世家貧乃棄儒習醫學成

挾其術往來大江南北名籍甚以輸粟助賑保縣丞晉秩知縣所居青峙村無河道每遇風雨不時即苦旱潦欲濬河則費鉅工艱無敢任且有惑形家言挾浮議以阻撓之者望九慨然自任多方勸諭又復短衣芒屩躬親巡視費不給且鬻己田二十畝以足之郡守某高其義以公帑相濟提督歐陽利見亦派勇助役得以竟事一鄉利賴人皆歎其始事之艱而造福之宏也由是鄉里有大事一皆委之望九見義勇爲不避勞怨惟非義妄干者則嚴斥之暇則手一編吟諷以自娛卒於民國六年年七十鄔漢章號卓堂（城區）太學生漢章爲醫無時習不乘輿訓兒曹以謙退習勞嘗曰能受苦方爲志士肯喫虧不是愚人聞者以爲名言胡善錫　郡廩生兼精醫理沙鴻燦字靜淵（城區）附貢生知醫倪承烈字丕揚（西管）束髮受書好學不輟既而改習醫畢業於丁福保所辦自新醫院於中西醫書研究甚力年三十卒

方駿華字蓉舟（西管）喬次子光緒癸巳舉人幼有足疾劬學多聞談及古今沿革

及近世時宜滔滔不絕晚患風痺卒年六十五弟駿萃字鼎甫光緒戊子舉人聰穎機警不拘繩尺然深惡近今輕薄習氣戒其子姪無得少染卒年六十二華萃與兄桂善繼親志最相友愛待親戚朋友皆有恩誼多陰德善公益階俱至通奉大夫從姪紹震字我田光緒癸巳舉人歷官江西龍南廣東瓊山樂昌知縣家乘

張寅煇字子驤泰邱父惠廉號曉林剛果有義行寅煇性耿介澹於榮利最嗜詩旣成諸生吟風弄月殆無虛日其詩初尚新清徐造澹遠間爲詞曲亦委婉有致治家嚴肅爲子聘婦采幣簡陋其子私有增益爲寅煇所知迎娶日屏不與相見其子長跪謝罪乃已晚年自署曰慕陶滄桑之感未嘗一日去懷家居授徒不輕出門邑令延修志乘寅煇以家貧勉應之竟未及編纂而卒年六十族人兆泰字晚荷諸生亦能詩

鄭岱雲字漢泉海晏素性孝友弱冠入邑庠劬學不輟嘗肄業省垣有駐防旗員

延爲塾師館課嚴而有法既而返里授徒從遊者益衆壬寅舉於鄉丁未考職以縣丞分發江蘇非其志也易世後與鄉老王榮商故人張寅煇輩詩簡往返互相唱酬會修邑志延爲分纂員其持論之謹去取之嚴殊非苟於從事者卒年六十有二

陳繼穰字芷泉（城區）工書法以廩生發光緒庚子賢書內行敦篤尤留心公益邑中修文廟書院與有力焉又經理育嬰堂感存社諸事始終不少懈卒年六十八（徐鼎康傳）

俞成誥字紫封（東管）在閩營木業秉性好義有鄉人貝姓子爲匪拐至興化後濟逃至閩垣無一相識成誥聞之詢其里居給衣食川資俾附舟還家閩有黃生者欲至南洋華僑學堂不克成行成誥慨助之番禺王某有文集將付梓苦乏貲成誥乃集貲刊行於世其他拯困扶危熱心鄉里公益皆類此豪於飲喜談詩人有佳句諷誦不輟於口性和藹以氣度勝人尤客閩諸同鄉所歎爲不及云卒年七十有一

張宗錄字資生前緒性穎悟好吟詠兼通醫術清季附貢生科舉既廢與族弟瑛倡辦清湖學校籌組商團民國二年被選爲鄉議會議長三年改選鄉佐卒年六十五瑛原名鴻栴字竹鞠能紹家學母劉病篤刲股和藥以進里黨稱其孝光緒甲辰歲貢生科舉既廢與族兄宗錄倡辦清湖學校躬任教務又與宗錄籌組商團以資保衞邵冀生原名錫燕字敏遜域號廩貢生性和厚通經史工詞翰設教授徒從遊者甚衆光復後迭長城鄉學校與同里余民進最契民進先後任溫州鹽局長及菱湖統捐分局長延主文牘絕不肯縈利肥私其操守之廉潔人尤稱之

徐沛祿字洴遜諸衢八歲誦孝經論語詩經聆師講解反覆詰問所發疑義或出師之意外一時有奇童之目既長治經詩外博覽羣書人稱之爲書倉文辭淵雅初不自炫家貧恆館於外敝袍寬袂形狀古拙眞氣所流人咸消其鄙薄之念預修縣志分任列女寓賢方外物產四門以副貢終邑人以沛祿學

問道德足砭末俗由農商部僉事張際春呈請褒揚蒙今大總統頒給里黨觀型扁額胡同鈞字洲蓀（海晏）光緒甲午副貢平居仰屋深思於星相醫卜之學皆有心得尤長於女科山居不輕出門間有診治常應手奏效所撰座右銘皆切於實用詩亦質樸有風趣沛祿再傳弟子張丙旭字璞生（泰邱）自幼穎異年十二九經已成誦甫成童以縣試第一入泮光緒二十八年副貢考職授州判易世後當道爭汲引之官財政部主事在京患病歸歿於金陵旅次年三十五論者惜之

陳雲衢字達夫（西管）父文熙有義行早卒雲衢幼孤貧家又不戒於火幾廢業父執嚴棻竭力培植之登光緒乙酉賢書授秀水教諭教導生徒不以貧富異視篤於鄉誼同鄉某久客嘉興不能歸給以旅費而遣之宣統三年升嚴州教授未赴任以事歸任崇正書院校長卒年六十四性友愛兄弟終身無閒言顏其居及龍曰詠棣

汪顯述字炳生城區由清國子監生候選同知鹽運司運同銜加四級授通奉大夫賞戴花翎先世有諱思顏者於明洪武間從戎鎮海遂世居邑之東管清水浦及顯述始於光緒乙巳遷城中顯述幼失怙家赤貧賴母紡織所入以爲撫養年十一就傳十五罷讀習網業於小洋山以風濤險惡改就他業先後傭貨於莊市乍浦店肆有姻戚陳鉅美知其才薦至滬上義昌爲夥義昌故與西人相貿易者顯述於供職之暇留心洋務久之能通西語爲同鄉葉澄衷觀察所賞識委管老順記棧既而遣赴漢口設順記分莊始充副辦繼升經理旋合貲經營洋貨洋油各業而葉觀察又以帆船十二艘相委託乃分設報關行兼帆船公司商業益以恢張會南皮張文襄總督兩湖創漢陽鐵政局耳顯述名委任爲採辦員顯述旅漢久譽望日隆中外鉅商咸相倚重日商如大阪日清公司三井日信洋行均先後聘任爲經理副辦等職用以拓航業聯商情而敦中日之睦誼迨排日事起未幾辭職歸生平見義勇

爲其任漢商會協理以排難解紛興利除弊爲職志往者法人招募鐵路華工吾鄉苦力往役者無慮千數百人旋遭虐待紛紛逃歸流落宜漢間狀至可慘顯逃設立招待難民所給資令返故里至若設布廠設英文補習所施衣施米施藥施櫬又不一而足其對於宗族也如改造祖祠創修宗譜增置祀款贍讀卹貧其對於本鄉公益也如濬河渠平道路設蒙養學校以教青年子弟濬自流井以充公衆飲料類皆揮斥鉅貲毫無德色而內行之敦篤尤爲不可及卒於民國十四年年七十有三

陳薰號子琴城區行誼敦篤精商業慈人嚴信厚令主閩省匯號事薰雖以商老然留心時事壯年往三韓調查商務韓商舉以爲董事時袁項城爲韓欽使薰上書請立墾務局招游勇屯田外裕軍餉不用歸在閩時値日人擾邊楊督軍岐珍劉總鎭永福皆禮重之薰嘗欲自募一隊以効力和議成乃止任匯號日久家大起慷慨好施助學堂費五千金弟傳菁字聿箆初就貫定海

甲申中法之役總鎮貝錦泉統領成邦幹知其有膽識以民團事相屬究姦詰宄不遺餘力事平論功不欲邀賞理商業如初旋之朝鮮覩我國大河以南人士旅彼土者衆乃聯大會以合團體居韓凡八九年既而在杭州辦平糶在漢口辦官錢局終其事不絲毫苟及辛亥改政乃歸里凡地方義舉靡役不從而以重濬城南新漕需費較鉅赴上海籌款卒於寓邸年六十傳菁居家以孝友聞性慷爽無貴賤貧富傾誠相與無歧視其卒也人尤感歎不置云

鄭一夔字嘯雲前緒楷族姪光緒己卯舉人授永嘉教諭邑號文獻邦學匪後日凌替一夔至修文廟及東嘉栟溪書院勤於課士文風復振大吏重其人他邑學缺出輒令兼攝之大計卓異加內閣中書銜任永久得士心而溫郡鉅商又多寧人故郡中舉辦新政靡不與其役宣統三年升處州教授未往以事歸工詩文精書法卒年六十六含英軒稿族姪廷琛歲貢業課徒以文學行誼

重工詩

陳協中一名濟易城區先世籍廣東之新安父長淮咸同間以武弁來鎮海剿匪遂家焉嫡母海寧夏宜人殉難於杭州母氏陶生協中早失怙舅氏陶長發挈至上海習五金業通英文算術性勤慎爲西人所信任延主天津商務津水苦汙濁協中創設濟安自來水廠並定救火規則津人便之尋與德商俾爾福合資貿易勘視高綫架空鐵路躓而傷其股然治事不少懈以輸餉敘縣丞銜時鄞縣忻錦崖謀浚東錢湖而經費無出協中從其友林際春之言招錦崖往津定議相戒勿洩其名時梅湖淤塞尤甚遂於癸丑八月興工凡役工三千人費白金四萬六千又以二千金爲修湖志之費明年三月梅湖工竣將以次浚全湖協中已於二月初病卒年五十鄉人德之立遺愛祠於湖上以協中附祀焉容膝軒稿

楊寶善字牲甫東緒鴻元次子以附貢捐職至江蘇饒膽略日本犯朝鮮佐湘水

陳公軍務和議成署上海道庫大使兼辦通商洋務局日人欲得蘇州盤門外蚱蜢墳地爲租界寶善以萬骨所葬萬難指劃再三力爭事得寢攝震澤縣篆調署嘉定清積案至二三百件籌辦自治局創設習藝所獎立南翔工藝學堂推行禁煙戒煙諸法得士民心加知府銜宣統初歸里不復出卒年六十合英軒稿

金士衍字允升城區子寧孫金氏爲邑巨族家世業儒士衍早歲成諸生清光緒己卯科舉人歷上春官不遇授徒自給士衍文行爲鄉里所重邑人士爭願出其門制藝而外幷授以經世有用之學凡經指授悉有家法成名以去者甚衆嘗任景寧縣學訓導縣故山僻在任三載士習丕變郡守趙敬禮之延爲子師旋辭職歸里辛亥國體改革邑人咸以自治推士衍士衍謝絕獨走學宮取樂舞祭器收而藏之繕其堂廡而歸晚歲家居不問時事及修邑志以事關文獻取戶賦學校兩門手自屬稿不辭勞瘁自號磷叟名其廬曰瀞

靜以見意著有濟靜廬詩集四卷藏於家辛未卒年八十（袁思亮撰家傳陳三立撰生壙志銘）

盛炳緯字省傳又字養園（區域）植翔次子九歲能屬文十歲試於郡郡守邊公仲思大奇之以父官吏部從至京肄業國子監試輒前列司業錢公桂森稱爲韓歐復生已而歸補縣學生己卯舉於鄉庚辰成進士選庶吉士散館授編修不馳騖聲氣日走海王村求善本書儲藏甚富下帷攻苦如未第時乙酉督學四川嚴考核杜胥濫使習積習吏胥届六年更替必繳納頂參費一人輒數千金一無所受未終任丁父憂去官服除入都辛卯督學江西甲午兼辦江西鄉試監臨官按試所至輒勉諸生以研究經史調各邑高材生百數十人同肄業省城經訓書院又捐藏書二三萬卷置院以供探討經其識拔後皆知名於世既受代以母春秋高乞終養旋浙撫馮公汝騤應詔保薦人才首列炳緯名辭不赴家居奉養計十五年之久及母於己酉棄養炳緯亦遂終老於家目擊時艱首以提倡教育陶成後進爲急務時老師宿儒多不

喜辦學炳緯獨開風氣之先丁酉與郡守程公稻村創辦寧波儲才學堂逮喻公庶三繼任改其名曰寧波中學堂更請炳緯籌款改建新校舍於城南凡數百間拓地至四十畝益以圖籍儀器等一切設備所費不過六萬餘金而規模宏壯爲浙中各校冠校無基金歲費六七千金悉仰官商捐助其得維持至十數年之久非炳緯苦心任事誠信素孚不及此邑故有鯤池書院諸生膏火之資甚薄炳緯謀之邑人募款三萬餘金延名宿爲院長士風丕變後又議建邑中學校親赴滬漢集資數萬金始得觀成並選邑中優秀之士六人遣赴日本留學俾後生得有師資全浙學務公所奏充議長辭不就然數年間贊助實多此外有關公益之事引爲己任不避勞怨且往往出資爲之提倡如戊戌之籌辦接濟米穀浙東數郡不致乏食庚子之創辦巡防仇洋仇教之異說幸得遏抑辛亥之挽救和豐紗廠以私人名義借貸開工俾數千工人不至失業創辦永川外海諸商輪以便行旅首懸國旗以資表

率浙路之在甬境者購地造路居民無一違言衆皆歸功於炳緯生平尤以表揚鄉邦文獻爲己任蛟川耆舊詩繫姚復莊先生所手輯炳緯購得遺稿爲刊行之按試江西廣信點名時見有考生楊宗簡者詢知爲鄉賢慈湖先生後裔因得先生墓於貴溪縣之羅塘後嗣昌盛此爲慈人所未聞知者於無意中訪得之頗以爲一生快事修志議起雖不居總纂名而一切規畫仍與諸鄉老商議行之至於鐲在邑城之故宅爲宗祠求得遠祖君瑞玉音兩世葬所於鄞西爲置祀田此則功在本支者也辛未卒年七十六（袁思亮撰行狀陳三立撰家傳）兄炳經字醉六附貢生踐履篤實熟習三禮及宋五子書宣統元年邑人欲以孝廉方正舉辭不受旋卒

盛炳紀字竹書（城區）植圻子早歲失怙從叔植型讀書京邸力學能文弱冠旋里成諸生從兄炳緯督學四川炳紀從之任署中百務墳委悉資臂助屢試秋闈不利游幕蘇省始隨慈谿胡大令啓檢至金壇主會計釐剔漕糧積弊竭

盡心力胡卒於任繼之者爲同邑鄭大令鍾祥仍以會計任炳紀鄭移常熟復從之任賓主相契如一家骨肉事無不舉幕游歷十五年以是大江以南無不耳其名而引重之中歲以後以其才用之於商業丁未赴漢口被推爲寧波會館總董整理四明公所辦旅漢學校立戒煙會同鄉會與夫浙路之爭回路權寧紹之自闢航路普益公票局之抗議取消皆出熱誠以圖之旅漢之次年即被舉爲漢口總商會議董踰年被舉爲協理改選又被舉爲總理任事之初適丁國變商業損失漢口爲最被難商民無法上訴則議設理債處以清理之炳紀手擬章程爲之料量債務裁抑債權苦心規畫衆商翕服招商漢局貨棧存貨値銀一百二十餘萬兩燬於兵燹無人負責輿論大譁設追賠聯合會與局爲難炳紀時任協理奔走調停歷三年始由局減成墊款先償衆德之因繡像鑄盃幷賸千金以償旅費固辭不獲悉數捐入上海紅十字會嘗創辦漢豐麵粉廠總理其事經辛亥之役悉爲灰燼又任漢

口興業銀行行長未一月又因兵事被燬幸賴先事預防未受損失任事既久營業蒸蒸日上凡在漢商會先後八載始改適滬歷任浙江興業銀行總行交通銀行滬行經理三度任銀行公會會長熱心公益創辦銀行週報以增進金融界之學識他如關於票據法票據交換所徵信所建築銀行公會會所銀行俱樂部等以及造幣廠借款車輛借款通泰五公司借票及代兌中法銀行鈔票等規畫遠大衆望咸孚其事關本邑者一曰學校清季民智未開創辦養蒙志成簡易公立諸校公立一校以孤寒之身墊款至五千餘金補助至十三年之久成績尤爲全邑冠又親赴各鄉勸導不二年而公私校設立多至七十餘所盧瀆公學因捐釁事爲之公平處分而事解一曰水利東門浦爲城廂内外河流蓄洩之要口歲久失修炳紀一再籌集巨款興工濬治并爲歲修之備此外以壽資創辦貧民借錢局又助同邑樊棻辦公益織布局向道深周世瀛辦公善醫院皆其事之衆著者炳紀操守謹嚴處

世和譪慨世變之日亟對衆講演尤以世道人心爲重卒於民國十六年年六十八胡祖同撰事略楊敏曾撰墓表

朱忠煜字彬繩城區朱氏系出考亭先世由閩建陽遷鎮白營再遷虹橋至忠煜始定居邑南門外父孝瑞以商業起家見義勇爲嘗與兩浙木商創設仁濟公所以撫卹柁工水手之中途遭難者事甫就緒而歿忠煜繼述先志進行不輟蓋自少時已以幹練著稱會浙洋多盜與各船商籌集巨貲創設護船以資保衛清光緒季年朝命變法鎮邑設商務分會選任爲總理凡籌畫地方興革事宜以及排難解紛悉爲輿論所嘉許邑緒浹江之口其內河港紛錯旱潦不時實全邑民命之所繫東管鄉有前大河長三千餘丈沿河田數千頃資以灌溉河身淤淺屢議濬治以費鉅不果戊午夏邑人戴運來首出五千金爲衆倡忠煜亦自捐千金復勸募合二萬餘金即招工開濬鉅細躬親不數月告成復濬白龍洋至平水橋城下河護塘河諸河道北鄉水利始

竟全功東門浦爲四鄉出水之總匯復修治之而工程之偉大尤莫如後海塘塘係全城之保障風濤震撼岌岌可危癸亥春衆議修治集費無數邑人傅宗耀復由華洋義賑會撥出鉅款推忠煜任其事晨夕籌維躬親監視功垂成而病又復扶杖蹣跚巡視不輟見者相與感歎不置是歲七八月颶風大作毀物無數塘工屹峙無恙實心任事之效乃益昭著耳目矣此外平糶以濟飢荒借錢以通有無建醫院以利貧病與夫築塘修橋平治道路掩埋撫孤等事咸嘖嘖人口虹橋宗祠歲久失治與宗老等集貲重修殿堂門廡煥然一新禮延通儒纂修家乘又於祠右闢精舍以教族之子弟名曰徽蔭學校此又功在本宗者也鎮邑近歲商業發達類多賢智之士事關公益輒復熱心提倡踴躍輸將顧以經商於外不克躬親其役則舉一邑之事而盡委之忠煜一人之身忠煜亦視公事如私事不以艱鉅煩瑣而有所推委殫竭心力務竟全功卒舉衰老之身而殉之以是聞其溘逝識與不識無不同

聲痛惜而憂繼起者之難其人也卒年六十有六

柴正衡字予平城區光緒二十三年拔貢博學多聞兼工書法詩尤凝鍊後官江西德安知縣卒著舊詩補陳良楨字雁賓前緒以書法取供事而至縣令任安徽太平縣知縣劉敬煥前緒字黼臣任江蘇江陰縣知縣皆以能名

傅家銓字舸塘巖嚴祖崇德傳見前家銓少承先業羣從皆經商於外而家銓獨業儒銳志向學築新居於舊宅之東聚書數萬卷而題其目云家少儲藏一如磬聾購書伊始發憤爲雄以縣學生援例貢成均敘太常寺博士傅氏舊無祠譜亦久曠家銓爲言於羣從而興修之祠中創立愈愚學堂以課子姓歲縻金無算近村浚河畝捐之外需款尚鉅無過問者家銓獨始終其事篤於師門刋顧湖舫先生遺文而造就其後人周玉生茂才卒爲經紀其身後事甚備媚舊之失職者多就之棲止請貸之頻饋贈之厚難一二紀遠近翕然稱之清季被推爲自治所鄉佐民國二年被選爲衆議院議員持論平正

不徇私見旅居京邸惟假詩文自娛國會移南馳書敦迫嘗襆被一至即請假歸不復出卒年六十戴鴻庥字盥香鄒濯增貢鄭蕊舫前緒亦能詩

方積球字彭年西管桂長子家承先業豐於貲財而刻苦如寒素清光緒己亥成諸生旋捐授候選訓導甲辰縣創設鄉約局以積球主西管鄉事兼慈谿駱駝橋鄉約局董事凡平爭息訟教育慈善諸事無不舉慎重公款舟輿諸費悉由己出宣統庚戌籌備本邑城鎮鄉自治對於辦理選舉分畫區域靡不盡心籌備事畢被舉爲西管鄉自治鄉董民國元年肄業上海法律學校次年畢業被舉爲縣議會議員三年卒年四十四王嘉榕字耕畫東管附貢任鄉約會董以公正廉敏稱

李厚礽字薇莊崇邱父嘉傳見前厚礽才氣跅弛不屑屑治舉業援例以知府分發江蘇歷充警察局提調糖捐絲捐局總辦裕蘇官錢局總辦浦江緝私統領以順直振務積勞奏保道員生平勇於任事不避嫌怨中忌罣吏議經紳

商仲理事得解辛亥秋武昌發難厚礽方僑居上海閘北爲民軍任籌餉多至十萬金任閘北北段民政總長地鄰租界措置咸宜次年積勞嘔血辭職疾篤取所有債劵盡焚之語家人曰是區區者足令幾人傾家鬻子留此非福也卒年四十一江瀚撰神誥

鍾烺字舜諧海晏任湖南株洲萍礦轉運局長旋卒

虞輝祖字含章鐙巖生而神解超儁讀書能條貫大義既成諸生目擊時艱時以振興實業爲己任清光緒季年與同邑鍾觀光創立科學儀器館於上海一切規制設施皆經手定閉塞之風氣爲之一大變爲文壹守桐城家法專尚簡潛不爲豐縟繁殺之詞晚居京師與王樹枏馬其昶姚永樸永概吳闓生諸名流時時過從文益進被聘爲山東省長秘書既而不樂罷去復被署爲總統府諮議官會本邑人士以纂修志書見屬卽又引歸不一月遽卒年五十七病亟語諸子曰吾死無所恨獨念生平微尚專在文字天燹之年不克極其所詣爲可悼歎耳馮幵撰行述

同族秉祺字伊保性警敏改肄學徒課藝筆

不停綴皆能曲達其意時稱其善誘以諸生終於尹詰字莘拔靈巖庠生與兄夢奎皆勤學能文恂恂修謹爲鄉里所稱

鎮海縣新志備稿

列女傳

城區

貞女王氏靈巖鄉儒士謀權女幼喪母育於後母而父卒及笄許儒士劉名濬名濬遘疾遽死訃至王家人祕之卒爲女聞輒不食僵臥飲泣家人慰諭再四弗聽已潛起去飾索縞素詰之則曰吾志已決必往守家人尼之不使去且難之曰未成禮而往何名女曰夫從一而終女之分也既許之矣死庸可貳母知不可阻使使告劉其姑方哀子死聞之益痛不能主集戚族議迎拒未決而女已飛輿至奔柩前哭失聲既而斂容見姑姑曰吾兒不幸若何自苦爲女於邑曰此兒之志也遂旦晚柩前不少離既葬自屏一室侍姑之暇長齋禮佛歷三十年卒以名濬弟郇子緒權爲之嗣祔女柩於名濬而葬焉

民國元年旌給有巾幗之光貞節可風諸匾額向道衍撰傳

楊氏恩貢生鄭煦繼妻年十七于歸同治四年十月煦卒楊年二十遺腹生子賢城時邁翁在堂煦前室夏有一女楊苦守事翁教女煦有已析爨姪留養於家授室生子矣楊善待如子迨重析爨割宅之半居之翁歿喪葬盡禮賢城以諸生貢成均孫秉權入中學畢業秉衡入師範畢業楊皆及見之守節五十四年卒民國三年旌

馮氏孝門坊世德長女年十八歸九灣弄沙敦佐事姑李常得懽心敦佐素有肺疾結縭後就職稅局以勞致舊疾發回家休養馮悉心調護既而病劇爲默禱神祇乞以身代終以不效而夫歿馮時年二十慟絕而蘇念老姑在堂家無積儲又乏嗣續典質乞貸營夫喪畢日勤紡績縫紉以供甘旨茹苦含辛歷六載如一日至光緒十一年馮年二十六姑年已七十二矣正月法人犯鎮海馮扶姑避難西莊姑以年高跋涉臥病數日馮竭力奉侍竟致不起

行旅倉皇喪事莫辦亟求夫從兄及母族二弟籌措始得差完送死事夫從兄知馮素有殉夫志恐姑喪畢實踐前言爰即迎致其家百方勸解並爲立嗣以慰其心而馮胞弟輩亦均來迓願任供養以終天年馮以家尙有老母相依遂歸以侍母日仍績紉以佐理乃弟家計隙則誦經於室而已守節數十年民國十一年旌由內務部呈奉大總統褒給竹孝松貞匾額一方並由部頒給黃白綬銀質褒章一座卒於民國十二年年六十有四

鄭氏向嘉鉦妻善事翁姑年二十三而夫故產子方旬日鄭含痛撫孤堅心完節歷四十二年卒

吳氏舉人翰女適金啓恆結縭數載而夫歿吳時年二十八矢志守節卒年六十四

王氏夏晉初妻年二十三夫故家貧有姑在堂王矢志苦守勤紡績以孝養守節三十餘年

劉氏城內稍弓弄劉朝政女適南門外沈璜次子懋鉦爲繼妻于歸四載舉一男未彌月而夫卒劉時年二十四悲慟欲殉以姑在堂嬰在抱忍淚而守家壁立恃女紅以事畜備歷艱劬遺孤四歲又殤劉痛而幾絕已而姑歿念營葬責無旁貸乃典鬻告貸爲成兆域幷葬翁姑以下若先夫若夫之前室周若夫之二弟及弟婦共七棺而已之壙亦祔焉守節三十年卒

謝氏徐嘉智妻年二十三而寡子翊贊幼堂有姑在謝矢志事姑撫子無何翊贊年十六又殤謝痛哭不食從娣姒諭以姑在無得自戕乃勉進饘粥夫弟與妻皆歿遺一女爲教養至長擇配視同己出家日困而守益堅民國七年卒孀居三十載親族憫其冰節以從姪麇生紹源次子世綸爲其子翊贊後亦以酬其一生苦志云

史氏泰邱人年十八適陳尊三尊三家在城中淩夷甚結縭及朞而尊三死史見夫家無可依遂歸於母家長齋禮佛守節五十年而卒其史家姪爲之奉

主歸陳明年又爲卜葬東畦之原而欲求尊三之厝柩鄰里罕知其所祇得

盧其左壙云

謝氏袁守山妻夫故時謝年二十九守節六十年卒

武氏向文薌妻年二十八守節三十六年卒

夏氏鄭三魁妻年二十六守節三十六年卒

董氏黃承濬妻年二十三守節五十年卒已旌未詳旌年

方氏黃祖椿妻年二十九守節六年卒

傅氏國學生黃南鋼側室年二十七夫卒至民國十二年守節四十六年

陳氏黃祖榮妻年二十四守節三十八年

樂氏諸生黃繼香妻年二十九守節三十五年

龐氏謝崇藝妻年二十一守節四十一年

江氏樹標女適朱三林江年二十九守節二十七年

鄭氏王忠贇妻年二十五守節歷三十一年

樂氏王見知妻年二十一守節歷二十九年

莊氏夏慶餘妻年二十六守節歷二十六年

袁氏胡學荃繼妻年二十九守節歷二十一年

鄭氏夏珊潤妻年二十五守節歷三十五年

徐氏嘉槐女適小南門外施文德徐年二十七守節歷三十一年

林氏諸生徐孝煒妻年二十四守節歷四十五年

徐氏丁熾方妻年十七守節歷三十四年

張氏鄭良銚妻年二十四守節歷二十七年

白氏銘岡女適陳天錫之子永康白年二十守節歷三十九年

姚氏諸生吳廷撰妻年二十八守節歷三十年

沈氏謝崇元妻年二十九守節歷三十三年

龐氏謝崇仁妻年二十九守節歷二十五年

鄭氏金士溥妻年二十三守節歷二十八年

戴氏王文齡妻年十九守節歷三十八年

王氏戴應達妻年二十七守節歷三十四年

李氏劉從高妻年二十守節歷三十六年

林氏顧合興妻年二十五守節歷三十四年

徐氏沈琥妻年二十三而夫卒子熊豪生纔三月徐矢志撫養既成立爲娶妻楊氏未有子而熊豪又卒徐乃與楊並持藭苦今徐年七十五守節歷五十二年

李氏徐翊如妻年二十二而夫卒遺一女姑尙在堂李矢志養姑撫女姑歿葬如禮女長爲之遣嫁守節至今已三十三年

黃氏同知銜謝惲德側室年二十六守節歷二十六年

張氏方榮燮妻年二十七守節歷二十二年

王氏龐鎬昌妻年二十九守節歷四十二年民國八年閏月卒

唐氏沙圃生妻年二十守節歷五十三年

邱氏包六成妻年二十八守節歷二十三年

沈氏江禮福妻年二十守節歷三十一年

烏氏蔣守詰妻年二十二守節歷三十年

張氏陶瑞元妻年二十八守節歷二十四年

鄒氏王肇唐妻年二十六守節歷三十一年

鄭氏傅茂榆妻年二十七守節歷三十三年

東管區

周氏陳施險人年十七歸董士福越五年而士福故守節四十九年無子以姪佑章兼祧民國四年旌給有匾曰節勵松筠

而病王質簪珥市藥餌躬侍疾衣不解者四閲月舅德之甚及病篤亟促效浚歸而舅先二日卒彌留時謂王曰苦哉婦也來嬪二年餘無一日寧吾貧且病得不就凍餒者汝之孝也今已矣恨不能面訓汝夫願藉汝賢助興家業天必爾佑言已而殁效浚至喪殯訖仍赴衢王寄居母家年餘母又殁王乃從夫往衢越明年夫復病故王痛絶而蘇投繯者再經救免繼念腹方震幸而男則周氏有後遂守以待産已而果得男才元以無貲運柩不得已葬夫異地抱兒還依父父家不中貲諸弟幼失恃王爲兼撫諸弟執爨服役傭蹠傭婦才元九歲令就傅衣履學費皆苦力籌措不以恩乃父也逮父卒弟亦漸長乃攜才元别居課之嚴每夜歸篝燈催讀執經問義儼若名師嘗泣謂子曰我所以不隨汝父偕死者望汝勤學有成藉慰乃祖乃父之靈耳今才元已成立王守節三十九年民國九年旌

周氏年十八適石塘下王廷榮數年生子永裕而廷榮卒周時年三十邁翁抱

病在堂周事翁撫子備極勤愼家貧以女紅度日翁歿喪之如禮子成立完娶生孫三人而又卒周復撫孫成立計守節五十八年年八十八民國九年旌給有節勵松筠額

王氏年十八適河裏周村周正富越四年無出而正富卒邁姑在堂王矢志守貞日夕紡績以養姑姑歿治喪如禮乃爲傭數十年以所蓄葬姑及夫幷營已壙又以所餘分給繼子民國八年王年八十五卒遺命以生平所儲金四百在張監碶廟橋築亭以憩行旅入夏並爲施茶里人因名之曰節義亭而以六十載苦心守節四百金遺命建亭題於柱云

周氏王繼德妻年二十四而寡事姑撫子女雖貧苦而守節甚堅

陳氏葉志良繼妻年二十四而寡撫前室子成欽若己出今陳年已六十四守節四十年民國九年旌

車氏城中人適石塘下陳賢鉅爲繼妻賢鉅方新起家有弟五人貧乏不能自

存意憐之欲仍合爲一家商於東曰卿能保他日無異言乎東曰君自主之可矣婦從夫者也又何言年二十九而賢鉅卒諸弟星散東食貧守節終身無怨言

彭氏周善餘妻年二十而寡撫養子姪守節四十年

王氏陳曉山妻曉山早歿遺孤立松纔數歲繼姑在堂王奉養甚敬姑病瘋飲食起居事事需人王不離左右覘其所欲而身任之六年如一日姑歿哀毁骨立喪葬盡禮無何立松得心疾出入無恆登高涉險屢蹈危機人皆以爲必死王百計醫禱數年疾竟瘳且頗能得母懽心人皆謂王孝行之報卒年八十歲

范氏王堯耕妻堯耕商於蘇爲粤寇所虜范勤於操作力養翁姑夫從弟早孤撫之成立爲貸於戚阮姓完其婚娶卒年六十

貞女葉氏幼爲王家童養媳夫予九業操舟年長葉十七葉年十五將成婚而

予九病歿葉痛之矢志願守姑以其未婚也議更適夫兄予楠止之乃得如志事姑甚謹操作之勞不以委諸妯娌撫予楠子女如己出姑命立予楠次子烈慶爲嗣年將七十烈慶又歿幸有兩孫而貧甚葉安之初無怨志云謝覲馥撰傳

張氏潘文周妻夫早歿無後又無兄弟事翁姑能色養祭祀必豐腆而已則長齋終身卒年六十二

謝氏王家孝妻家孝業航海冬遭漂沒無蹤跡謝聞欲身殉以姑患瘋痺不能一刻離左右不得已侍其側所需皆身任之三年無怨色姑歿貧不能葬爲貸於戚族而成之終身以紡績償所負苦節四十餘年

徐氏王元茂妻夫早歿無兄弟徐以紡績養姑己年五十姑年七十八相依爲命數十年如一日云

王氏周昌渟妻年二十八而夫歿終身勤紡績以事姑守節二十八年卒

徐氏羅昌熾妻年十八而寡守節六十餘年

羅氏余阿儉妻年二十四而寡守節四十餘年

王氏祚熙女歸徐公明生一子而夫卒時王年二十二事舅姑克盡婦道撫遺孤成立一生言笑不苟勤事紡績足不踰閾守節二十七年卒

湯氏徐公恕妻公恕姿性慧敏銳意科名誦讀晝夜不輟以過勞致不永年二十四歲遽卒子生甫兩月湯毀妝素服撫孤成立以完節終

沈氏良智女適徐元友年二十七而元友卒沈哀慟幾絕姑年邁一心奉侍甚得其懽力勤紡績無子以姪繼昌嗣

姊妹雙節陳氏二女父義啓以長者歸徐萬清次者歸徐義毛蓋姊妹而爲從堂妯娌俱稱賢淑姊年十九而夫卒妹年二十三而夫亦卒二陳氏交誓靡他貞節並著均無子以姪爲嗣

鍾氏徐順妻于歸數年未生育年二十六而夫故家貧甚或勸改適鍾泫然曰

吾夫臨終以目視我兩淚潸潸長歎一聲而絕蓋爲家貧二親無人侍養也今夫骨未寒而棄之如舅姑何於是晝夜操作以奉甘脃而已飫粗糲備歷艱辛歷三十餘載而舅姑歿遂守節以終

周氏徐明順妻平居勤於紡績及明順卒周年二十九尚無嗣號慟幾絕勵志堅貞守節四十餘年以姪正道入繼

張氏蘇光彩妻年十八于歸閱八載而夫歿遺一子二女事遵姑克盡婦道守節四十三年

王氏王家橋村人年十八歸同里朱有賡二十六而夫卒姑性厲日遭呵斥怡然順受家貧傭於戚屬得貲孝養姑爲感悟生二女以不育無子夫弟之子爲嗣苦節三十四年卒年六十

董氏劉夏春妻于歸二載而夏春卒家貧辛苦備嘗矢志不移守節三十二年

趙氏王秉衡妻年二十八而寡勵志守節力於女紅夙夜無懈以所積貲營葬

翁姑并置居屋爲子婚娶艱貞歷二十三年

丁氏錢孝運妻年二十四而寡家貧撫子苦作朝夕勤劬不妄費一錢銖積之以營夫及先人塋墓子長爲之完婚并置產守節二十七年

陳氏生員蘇兆霖繼室知書工鍼黹年十六適蘇而兆霖多病晨夕侍奉嘗脫簪珥佐醫藥資疾革齋禱願以身代卒不起陳年僅十九無子哀毀號哭暈絕數四水漿不入口者數日欲以身殉而姻戚咸相勸勉責以祖姑翁姑在堂夫弟尚未成室當節哀奉侍於是飲泣忍淚上事重堂以孝敬稱歷十餘年祖姑與姑相繼歿又十餘年而翁亦歿其侍疾也必躬親湯藥至喪葬大事尤能盡哀盡禮鄉黨咸稱道之撫姪大義爲嗣卒於宣統元年年四十八至民國（年分未詳）呈請褒揚如例

鄔氏王瑞欽妻係鄔漢章女年二十一適王二十七夫故上有翁姑下有遺孤仰事俯育矢志苦守卒於民國十三年五月年四十八歲守節歷二十二年

待旌

西管區

朱氏方仁照側室仁照營商上海交遊甚廣朱隨侍淑愼稱旨咸豐戊午仁照以疾終於寓舍朱扶柩回里事姑周與嫡張能得其懽心逮周張相繼逝嫡子義章承父業服賈於滬家事一以朱任之賓祭婚嫁秩如也性和而肅生平無疾言遽色而臧獲輩敬服無違旣視嫡子如子嫡子亦事之如母時食珍藥通航寄饋不絕嫡媳多病爲撫育嫡長孫積鈺保抱提攜必躬必親眠起步趨寒燠飢飽顧慮周至弱使之靜坐慧教之識字克盡慈母之道撫諸孫亦類此卒親見積鈺成名朱守節二十九年卒以子孫貴貤贈至夫人民國六年旌給予節勵松筠坊額 張美翊撰傳

湯氏年二十適莊浩電三十歲而寡奉事邁姑維謹初生二子皆殤立猶子增源爲嗣授室未三年而增源又歿湯屆六旬仍勤操作以資養守節五十三

年卒民國六年旌

王氏附貢生洪樹棠副室二十六歲而寡事姑盡心姑歿助夫弟佐喪葬尤如禮守節二十八年

胡氏年十七適洪以田十九歲而寡守節已三十五年

張氏年十八爲洪美澐副室侍夫十一載而寡守節二十七年

沈氏年十九適洪美楓爲繼妻二十七歲而寡勵志清操事姑克稱意旨疾則躬藥餌衣不解歿則哀毁踰禮性溫肅訓戒子婦不倦守節三十三年以上四名民國六年旌

李氏張鑑橋村張茂蘭繼妻于歸六載而夫故家貧資操作爲生事姑能得懽心撫孤成立完娶既而姑歿子又蚤世李已踰六旬撫幼孫持家政守節六十四年卒民國八年旌

姚氏慈谿人年十八歸陳祉炳爲繼室年二十七而夫卒家貧無以殮姚典質

衣飾以殯其夫以己無所出繼姪啓元爲嗣旣而姪亦死姚雖孤苦零丁矢志愈堅日用所需皆仰給於十指孀居六十餘載淸操苦節始終一致年九十而卒

莊氏年十八適陳睦堯結縭甫十月而夫卒莊矢志守節上事邁姑恪盡婦職歷十餘年夫兄欽其操以次子節惠爲之嗣今莊年逾六十冰雪之操里鄰稱焉

董氏適蛟河倪村倪懷新年二十五而寡節勵冰霜歷四十年

毛氏雙節孔氏年二十歸毛錫章閱六歲生一子甫週歲而夫卒娣姚氏年二十歸毛炳章生一子七齡而夫亦卒家極貧姑馮氏年邁二人同心苦守上事下撫日侍姑同食夜則共鐙而作數十年如一日今二孤成立孔守節四十二年姚守節三十六年

包氏年十五歸周肇楨未十稔夫歿於上海包聞耗欲偕死旋念姑老家貧無

人侍養乃忍哀勤紡績以奉姑無子以夫弟肇鈞長子錫藩爲後以撫以教俾得畢業郡學守節四十七年卒

倪氏唐隆增妻年二十九而寡遺孤和順甫三歲家無片隴無以爲養乃寄食母家勤縫紡以度日和順長成營業上海家始漸裕而倪猶蔬布操作不自休息云

莊氏雙節倪氏莊市村莊均儀妻年二十而寡撫子藹潒成立爲娶周氏而藹潒又早卒周時年二十一遺孤秀法方襁褓姑倪已年邁周勤工作以養姑畜孤不辭況瘁姑守節四十年而歿周喪葬如禮爲秀法娶妻甫生子而秀法又卒周復工作撫孫守節四十三年

毛氏白沙毛時行女適虞家堰村周運鈇未數年而夫卒毛時年二十四矢志守節歷二十六年卒年五十於民國（年分未詳）旌表

沈氏東初女適虞家堰周世元于歸數月而夫卒沈時年十八矢志守節歷四

十八年卒年六十六於民國（年分未詳）旌表

葛氏補用知縣維寅女年十八適方義勳爲妻二十三歲夫故茹苦含辛矢志守節卒年六十四歲計守節四十一年於民國（年分未詳）旌表

胡氏杜仁楠妻年十九適杜二十三歲夫故矢志苦守人無閒言卒年五十九計守節三十六年（待旌）

朱氏蛟河村倪承高妻年十九夫歿貧不能自存而日夜紡績又撫夫幼弟承風既成立爲之婚娶守節五十七年卒

莊氏三官塘村蔡楚喬妻夫故時莊年二十七守節四十一年

包氏莊懷楚妻年二十七有子啓盛而夫故守節五十八年

成氏莊啓盛妻年二十七有子瑞榮而夫故守節二十五年

烏氏陳荷雲妻年二十三而寡守節四十四年今年六十七歲

范氏胡長浩妻年二十九而寡守節五十年卒

黃氏吳人年十五適西管爲方繼德側室事嫡室劉小心抑畏閨門之內號稱雍睦劉病歿遺子積楣年十四氏勤加撫育以至成人積楣羸弱嘗一病幾殆氏維持調護幸而獲痊娶林氏生子善長林旋病歿積楣續娶葛氏復病百計療治卒不起時繼德亦患下痢因痛子旋卒氏痛不欲生誓以身殉繼念方氏一綫之遺維善長是賴乃忍痛撫孤勉治大事方氏之先以商起家廛肆林立繼德性喜施與踵門求貸助者幾無虛日氏料檢舊業若網在綱家業隆隆日上親族應矜恤者無不滿意以去自奉儉約凡疏濬河道修治橋梁振貸饑民以及恤嫠育嬰諸善舉無不預也自繼德之歿守節二十四年族人呈請省長有節勵松筠之旌表善長已娶婦生子矣卒於辛酉年五十七遺命助本族培玉學校及鄞城孤女院銀各五千圓盛炳緯撰行狀

前緒區

金氏余志高妻年二十三而寡守節三十四年

王氏鄭開奎妻性貞靜年十五童養於鄭成婚未兩載而寡年纔二十無子家貧舅姑俱在堂王號慟之餘矢志苦守日勤紡績以供菽水守節十九年卒

金氏鄭維炡妻性端謹二十一歲夫遇匪害而死金苦守堅貞或以非禮犯者則正色曰玷辱門風寧死不爲由是爭相敬服家雖艱困卒無怨咨守節五十三年卒

趙氏年十七歸鄭傳恩越三載而寡號慟幾絕念翁姑在堂忍淚勤紡績以供甘毳十餘年如一日鄉鄰賢之

錢氏鄭傳英妻二十一歲而寡家貧子幼乃日夜勤女紅上事舅姑下撫孤雛皆由十指以給後爲舅姑營葬二子成家守節三十餘年卒

鄭氏四節龔氏及筓歸鄭傳炳奉舅姑盡婦道年二十五而寡子芳標甫四歲龔含辛以撫至成立爲娶妻劉氏劉性亦貞淑二十歲生一子未數旬而芳標又卒劉承姑志撫孤十一年姑龔卒爲典簪珥營喪葬哀禮兼至僉稱姑

婦合節又陳氏年未及笄歸鄭傳琛事舅姑甚謹年二十一而寡力操女工以奉高堂歷十年而卒疾革時深以不終事二老爲憾其姒亦陳氏爲鄭傳珍妻年二十四而寡節哀盡禮事奉舅姑以終天年凡守節四十年又僉稱娣姒同節

余氏國子監生鄭傳文繼妻年二十八夫卒矢志撫孤事翁姑尤孝未幾姑棄養夫弟一夔尙幼翁懋遷在外家政恃余主持甚有條理後一夔登賢書孤子基芳亦弱冠游庠守節二十五年卒

劉氏鄭傳秀妻於歸甫二年年二十而寡次年翁姑亦相繼歿劉連當大事家遂壁立於是不得已爲人縫紉浣濯以餬口儲其十餘年之餘貲爲翁姑營葬域而祔夫墓於其旁凡守節三十餘年

戴氏鄭開紹妻年二十三生有子女各一而夫卒家故貧翁姑在堂戴力事紡績不辭勞勩養老撫孤雖極困頓而於舅姑前愉色婉容未嘗偶形怨咨守

節四十二年卒

劉氏鹽城知縣崇照之女兄鄭玿芳妻玿芳經商於外劉侍奉舅姑婉娩承志玿芳卒劉年二十八日夜紡績苦積餘貲復求助於其弟崇照爲翁姑營葬而祔夫墓於旁守節三十餘年

周氏鄭芳麟妻年十八歸芳麟甫二月而夫卒家壁立無以爲生痛欲身殉族人力勸乃起理喪事後以勤於女紅麤得積儲立夫從子鍾炳爲後且爲完婚守節四十餘年

劉氏鄭傳科妻自幼貞靜端淑父母極愛之及笄于歸甫三載而夫卒遺一子舅姑均在堂劉謀所以事畜者舍女工無以給乃專力紡績不分晝夜事翁十餘年事姑三十餘年頗得懽心歿後喪葬如禮戚族靡不稱賢

余氏鄭傳標妻生子二歲而夫卒家貧姑老余號痛營殮矢志守節勤女紅以供滫瀡撫遺孤成立卒年六十餘

胡氏年二十四歸鄭尊源爲繼室未一年而夫卒胡善事舅姑和洽妯娌愛護子姪嫠居三十餘年未嘗一窺門屏人皆欽其貞節

戴氏赫之女年十六適清水湖張宏鉅越八載而宏鉅卒戴矢志守節迄今已二十六年

陳氏年二十三歸鄭有修爲繼室甫一年而寡舅姑咸在陳節哀奉事務得堂上懽心歷久未嘗少懈以舅命撫夫猶子尊清爲後守節二十年

李氏甫及笄歸陳興昌事舅姑得懽心年二十九而寡舅姑亦相繼歿李疊遭大故痛不欲生爲念先夫一脈之延不忍拋棄因竭力撫育雖備嘗辛苦而矢志靡他歷三十餘年如一日云

俞氏年十六歸陳善南結褵甫二載而夫卒家貧舅姑又年邁俞力於女紅得値以奉養堂上復營喪葬完節以老

鄭氏芳溱女年十七歸陳廷鈺甫二載而寡貞操自勵孝事君姑爲夫置嗣二

人延師課讀均得成立廷鈺之祖鑑科嘗修闞潮閘廷鈺力襄之事具宗太守源瀚闞潮閘記鄭能繼夫之志義行稱於世守節四十二年

戴氏年二十歸陳允正越四載而寡家綦貧紡績自贍志操堅定侍奉威姑晨昏無替守節四十三年

劉氏年十八歸陳曰優數載而寡苦節自守事翁姑以盡天年營其窀穸并祔葬其夫卒年六十七守節四十餘年

翁氏俞明炎妻年二十三而寡遺孤僅半月苦守清貧撫養成丁侍奉翁姑尤能曲體其心性仁慈待鄰里恭而有禮人盡賢之

王氏年十六歸樓其貴越二年而寡善事舅姑承懽怡志於諸妯娌又相親愛守節歷四十三年

東緒區

方氏金人元妻年二十九而寡子一教養有道人稱賢母守節二十六年

戴氏國子監生金國楠妻年二十六而寡守志撫孤歷三十三年子人倫被舉爲自治鄉董戴年近六旬松筠之節人爭敬焉

陳氏金人忠妻二十七歲而寡守節四十年

郎氏金立恭妻二十八歲而寡立恭有一兄二弟妯娌相處十餘年和好如一日以夫兄立廷子嗣守節十三年卒

陸氏虞創佐妻年二十四而寡矢志守節歷六十年卒

李氏鄭開權妻年二十三而寡家無恆產紡績度日子師僑讀書成名人咸稱爲賢母之教李年及古稀猶躬操作與寡媳同甘苦云

沈氏許鄭光耀年二十四尚未于歸而光耀卒沈誓不更適他姓即喪服登鄭氏門哀哭如禮守志十餘年壼範肅然事姑張克盡婦職卒年四十一

張氏鄭錦裕妻年二十六而寡守節三十五年

王氏鄭乾妻年二十八而寡有子女各一婚嫁事皆王自理之守節五十年

張氏鄭繼廉妻年二十三而寡貞靜寡言善事舅姑守節三十三年

林氏年二十二適虞明睿踰年而寡矢志苦守歷二十年而卒

林氏李兆武妻年十六而寡守節五十一年鄉里欽之

西緒區

華氏黃維龍妻年二十四而寡撫遺孤成立守節四十四年卒

孫氏黃舜耕妻年二十八而寡教養二子苦守貞節八年卒時民國初

戎氏黃慶養妻年二十九而寡教子有方守節五十七年卒

楊氏任玉堂妻光緒十七年夫卒楊時年二十八守節二十九年民國九年卒

楊氏方慶華妻年二十六而夫卒家室乏苦志矢守撫子成立民國三年卒守節四十年

沈氏戎和豐妻年二十九而寡上有適姑下有幼子沈仰事俯畜守節歷三十六年

鄭氏周鼎和妻生一子而寡時年二十七守節五十八年卒

楊氏黄士揚妻夫卒時楊年三十立志守節歷四十二年而不渝

周氏黄育懋妻年三十夫卒撫二子成立守節三十一年

鄭氏黄德儒妻年二十七夫卒遺一子二女辛勤撫養子又未娶而卒鄭苦志自勵守節四十二年

王氏黄殿玉妻幼失怙恃年十五適黄光緒元年夫卒王年二十遺孤慶生方四月撫育成立守節四十五年

方氏黄以鑰妻光緒三年夫卒氏年二十九苦志堅守歷四十一年

裘氏葉亨鶴妻年十八于歸時亨鶴久病艱於拜跪草草成禮甫帀月亨鶴卽世裘悲痛幾絕翁尙在堂命裘以亨鶴猶子爲嗣裘事翁撫繼子茹苦含辛四十餘年今嗣子已成立矣

王氏任憲章妻夫卒於光緒五年時王年二十九含荼茹蘖迄今四十二年

楊氏范坤祥妻光緒十八年夫卒時楊年二十五有一子撫之成立守節二十九年

葉氏慈邑昌前女同治八年適任嘉泉越四載而嘉泉卒時葉年二十六勵節撫孤備嘗艱苦凡歷五十八年

崇邱區

戴氏泰邱鄉小山人銘朝次女年二十適謝瀛輔爲繼室生子二女一而夫卒時戴年三十矢志固守事姑劉於夫歿後益加謹焉歷十二年弗少替守節二十四年民國九年旌大總統給竹孝松貞額并銀質褒章

葉氏樂寅錚妻住渡頭村年十七于歸二十一歲而夫亡撫遺腹子嗣興成立完娶而嗣興亦生兩男而旋卒葉與媳倍殷撫養今葉守節五十二年里人賢之

貞烈婦楊氏樂蟾薌聘妻蟾薌染秋疫而卒楊聞即請造樂門臨喪守志兩家

聳長皆不之許楊屢絕食覓死不獲旋罹疾不肯服藥遂於是年冬死死時泣請父母乞垂憐以身歸葬樂氏既而父母舅姑皆憐其志即如其請俾與蟾薌合葬焉

趙氏衙前沈堯階童養妻堯階被髮匪擄去存歿莫卜趙時年將及笄悲悼欲絕矢守終身孝事舅姑和處妯娌紡織自給不求助於伯叔久之漸蓄微貲爲繼子完娶克盡母道守節六十七年

陸氏李思槐妻事舅姑能得懽心舅患病醫治罔效陸刲股和藥以進病尋愈鄉里僉稱爲孝婦又夏氏適鄞邑邱維森而夏之母老多病夏嘗乘間歸寧侍養姑難之爲維森遣妻而夏志不變事母先意承志無微不至歷二十餘年無少懈鄉鄰僉稱爲孝女

吳氏嚴啓淸妻年二十三夫卒一子幼家貧吳矢志守節藉女紅以自給撫子成立娶媳賀氏踰數年子媳相繼病歿無出而家世單傳無可爲後者吳遂

鬱鬱成疾卒守節三十六年鄉里憫之

王氏年十八歸嚴永忠結縭未半年而寡矢志固守善事舅姑踰年舅歿家遭火燬王築小舍以居日勤女紅事邁姑益謹撫伯氏子爲嗣爲之授室生一孫而嗣子又歿王與媳戴共持艱苦勵志撫孤守節三十二年遘疾卒卒時異香滿室人咸敬異之

朱氏歸附貢生嚴紹麟之子言忱生一子一女而言忱卒朱時二十八歲子女皆未免懷乃矢志撫孤事舅姑盡孝育子至年十六猝死朱哭之慟得咯血疾尋卒守節十四年

葉氏君安女年二十許龍山前村湯貞純爲妻未迎娶貞純遭瘈狗傷而殞葉聞訃請命父母乘肩輿赴湯宅視含殮哀痛幾絕誓終身堅守貞節歷二十餘年

唐氏年十八歸鄭沛來閱四年生一女而沛來咯血亡時唐年二十六悲慟欲

自絕或告以姑在女須乳乃謹理殯殮畢遂與姑同室姑好誦經唐對治女紅一燈至午夜恆熒熒也終身不出庭戶不輕與男子接言小港俗春賽神會婦女多戶外觀者唐獨不一顧三十年如一日事姑曲盡勞瘁歲丁巳姑病癱半載晝夜不去側時夏暑穢汙不可忍唐必日爲洗濯數次無厭倦色及姑病篤度不起悲泣不食者數日姑死含殮喪葬必極誠敬守節三十三年

徐氏李高炳妻年二十夫卒遺一子一女家貧矢志撫孤艱苦不渝守節二十九年卒

沈氏李高瀾妻年二十六夫卒遺子女各一守志撫育極盡艱辛越七年而卒

林氏小港李光表妻光表業儒以遭伯奇之阨窮無所之投水死時林年二十五方孕冀生男以續夫後旋生女求自盡翁利其嫁救之得不死乃抱女依母家勤鍼黹養女既而女適人林恐終奪其志遂投繯以死

張氏衞前志鏘女年二十歸王家洋沈成德越七年而成德卒張守節歷二十七年而終

平氏林高勉妻夫卒時平年二十四苦志自矢守節三十餘年卒

李氏袁葆麟妻夫卒時李年二十八遺腹得男撫之成立家貧藉傭力以供母李守節歷三十二年

沙氏樂錫範繼妻光緒七年夫卒沙年二十四守節三十二年卒

陳氏丁曉德妻光緒八年夫卒陳年二十二守節三十四年卒

胡氏張楣均妻光緒十八年夫卒胡年十八守節九年卒

沈氏汪祖蓮妻光緒三十年夫卒沈年十九守節十四年卒

王氏沈成銀妻年十七夫卒守節三十年卒

孫氏唐和詮妻年二十八夫亡守節三十一年卒

金氏樂俊榮妻年十九夫亡守節十八年卒

李氏樂嗣羨妻年二十五夫亡守節二十三年卒
王氏樂雙用妻年二十二夫亡守節四十九年卒
趙氏樂嗣具妻年二十八夫亡守節十八年卒
方氏樂嗣忠妻年二十一夫亡守節六十七年卒
鍾氏樂俊濤妻年二十六夫亡守節十八年卒
唐氏樂嗣嶅妻年三十二夫亡守節二十九年
嚴氏樂寅玉妻年二十五夫亡守節四十二年
吳氏李厚宏妻年二十九夫亡守節二十四年卒
王氏丁宋佐妻住丁家山下年十九而寡守節四十八年卒
嚴氏姚祖祥妻住姚家兜年十九而寡守節四十四年卒
謝氏恩貢謝企訓女年二十適王國觀爲妻二十三歲夫故謝守節自誓事姑
十九年曲盡孝道人皆稱之卒於民國十年年六十七計守節四十五年待

旌

唐氏林伯賢妻年二十三夫故遺腹生一女唐撫育之以守節自誓卒於民國十年年四十歲計守節十七年待旌

張氏鄞人父延謙年十八適崇邱李嘉壽舅姑躬親操作曲得歡心李氏爲邑巨族先世以貨殖起家舅姑既歿主持家政一門男女食指千計日出而與督率臧獲分事任職俱有程序略無參差遇婚喪大事賓客叢集從容酬接禮意周至性慈厚臨事有識先是從姑避地上海一夕鄰居災人洶洶歐卒酗酒過其門見門啓挾刃闖門入氏走避旁室闔戶刃已及戶不得闔急滅燭自牖躍下昏暗中醉卒錯愕引去及里居傭婦不戒於火氏從容命兒輩奉先代畫像栗主翼姑出已則齊集家中老少男女無一遺者始率之而出或請治首禍者勿聽引咎自責而已性好施與光緒癸巳邑大饑佐其夫購米萬斛賑之其後戊戌壬寅戊申歲祲或出家粟或命子雲書購外來米賑

之全活無算又用金十餘萬建學校四奸民誘掠良家子四百餘人貨海外爲奴道出鎭海氏聞之遣子徵五商於海關稅務司可贖矣寧紹台道緩之船駛去氏更命雲書徵五走上海集鄉人電告外國紅十字會遣人賫金之南洋贖歸四百餘人其先死者僅十餘人耳又建燈塔於落伽山上以利舟行有以樂善榜其門者辭不獲則以歸於宗祠曰此先人志也卒於戊午年七十六有子八人孫四十四人曾孫十二人女三人孫女三十一人曾孫女九人福履之盛遐邇欽羨氏教其子孫以遊學海外顧謂兵家法家言皆不足學宜學農工商礦理化醫諸科可利國濟人諸孫秉遺訓多有學成回國者王樹枏撰傳略姚永概撰家傳陳三立撰叢志銘

補遺

林氏鄭志謀妻年二十八夫故守節歷四十三年至七十歲卒淸光緒二十五年經紳耆呈請欽旌節孝蒙本省學政文治給予淸標彤管匾額

靈巖區

徐氏監生傅國清妻年二十六而夫故氏矢志守節事姑顧氏甚謹撫二子一女成立民國元年卒年四十八守節二十二年

樂氏王榮寧妻年二十二生子一而夫故家赤貧氏傭工守節主婦方氏優待之二十餘年未嘗易主今年五十已娶子婦矣

張氏大樹下王貽楨之繼室年二十八生一子椿茂而貽楨卒張撫孤守節民國七年卒年八十時已有孫男二曾孫男三矣

顧氏塊頭顧宣保女湖塘樂俊寓之妻年二十四而俊寓溺死無子女時王氏姑在京亦病歿遺言以諸甥女爲托顧感姑意赴京撫諸女恩勤備至未幾挈之南返性嚴毅諸女服從惟謹及諸女相繼出閣而顧氏卒年三十有七凡守節十四年

俞氏士鳳女算山邱人豪妻年二十八夫故遺一子麟昭俞食貧撫孤性剛烈

舅姑以下皆敬憚之民國五年卒年五十五

王氏雙節陳氏倘皆女適石湫國學生贈奉政大夫王炳寅妻及其媳樂氏維鏞女適諸生加同知銜王朝霖妻炳寅歿時陳年三十四翁富盛姑賀均在堂子朝霖尚幼陳上事下撫孝慈兼至且善主內政及翁逝世杭有商鋪又能爲遙制而獲利恆數倍家益饒延師課朝霖脩脯從豐已則蔬練終身朝霖歿時樂年二十九王姑賀姑陳均健在子昌緒昌緯亦並幼樂上事重堂恪盡婦道下撫二孤克勤母教迨二孤成立完娶乃茹素誦經靜居一室而已計陳氏守節三十四年卒年六十八樂氏守節三十年卒年五十九

林氏石高塘王正山妻年二十六而寡家貧傭力以養其姑歷二十餘年姑卒喪葬甫畢而母家亦式微乃迎母至其家林早出晚歸以傭資養其母母年九十餘而終林既篤老依其兼祧孫禩道以居而禩道又卒諸子幼孫婦顧亦出而爲傭舊主人欲周恤之林固辭謂孫婦曰吾不能無功受祿與汝共

食苦可耳其清介如此守節四十九年卒

葉氏白石廟村方兆隆妻年二十一夫歿時姑尚在葉撫孤守志事姑以孝聞守節四十六年卒年六十七子已前卒孫厚德已成立

馬氏年十七適鄔保銀生有一子德孚而保銀卒於外時馬年二十五迎柩歸厝家貧矢志撫孤倩之入塾讀書藉紡績以資脩脯及德孚就商歲俸薄食用不敷馬以女紅佐之至老不倦守節五十三年卒年七十八

顧氏賀聖發妻年二十夫亡家貧生有一子顧自誓守節撫孤其姑亦中年孀居者於是姑婦皆以鍼黹度日及子長爲之授室而子又病歿蓋其家孀居三代矣家在湯家橋西民國五年鄰居失慎周圍村舍同遭灰燼惟顧所居屋三間巋然獨存人以爲苦節之報時顧年六十守節已四十年旋卒

干氏王敏嵩妻二十三歲守節歷四十一年而卒年六十四

顏氏謝培源妻二十七歲守節歷十八年而卒年四十五

董氏安徽候補知縣董祖羲女年二十二適石高塘林國鎣事姑維謹姑病衣不解帶者月餘生一子二女而夫卒董年二十八慟哭常不欲生父由皖寓書告以祖母守節故事乃節哀撫子女家僅薄田數畝節衣食勤鍼黹乃得令子女入校讀書生平茹素不佞佛不出門外惟往來母家而已性素孝民國八年冬父病幾危董偕其母減算以延父壽父病果愈未周一年母曹氏卒踰二月而董亦卒年三十九守節十一年

童氏鄮昌時妻年二十五而夫故矢志不渝卒年六十五

李氏年十二爲横河村於西申童養妻十八歲成婚踰年夫故勵志守節迄今五十三年

周氏泰邱監生周玉生女年二十五適靈巖邑庠生王鼎謨爲繼室生一子一女夫卒周年二十八歲苦志堅守婚嫁事畢氏卒年五十有九計守節三十一年待旌

泰邱區

周氏年十八適大胡村胡沛雲光緒十五年沛雲歿於水周年二十遺一女矢志撫養朝夕哭夫至於喪明民國八年卒年五十

陳氏年十七歸山門江頭村吳隆阜善事君舅祭亡姑加敬結縭未帀歲而隆阜卒陳持家有法兄公隆增夫妻早亡爲經營葬祭兩姪皆幼撫之如己出舅歿治喪盡禮後爲兩姪分炊以次姪承夫後守節四十六年

張氏年十七適胡和棖光緒九年和棖卒張年二十六守節十七年卒

林氏年十八歸李聖傑越一年生子浩昆光緒十三年聖傑卒林時年二十三家貧夫兄聖豪欲奪而嫁之林呼天搶地幾不欲生而姑亦荏弱不得已將赴訴於官有和解之者事乃已然猶詬誶頻聞難安於室乃挈子出而爲傭堰時取値市甘脃奉姑繼爲子完娶今已有孫繞膝矣守節三十二年住楊木

李氏巖鄉瓔珞河頭職員維鏞之四女歸霞浦儒士張惠澍爲繼妻惠澍性沈靜以將冠時嬰疾輟讀二十餘疾愈始發憤從前婦翁黃以周肄業江陰南菁書院學頗有得因用思過忽得心疾促裝歸至家二日遽歿時李年二十八子二敏士敏文俱幼姑樂又逝李伶仃撫孤撐持門戶備極艱苦及二子成立次第完娶長兒婦生子後旋卒又爲之續婚旣又爲先夫成窀穸凡一家婚葬大事皆李一手經營雖甚勞勩而性行淑愼無或失其溫惠之素守節二十七年

張氏雙節邱氏霞浦張浩謙妻徐氏張湜謙妻娣姒也生同庚年十七同時適張後十年而浩謙卒未幾而湜謙亦卒各有一子二女家徒四壁邱及徐交勵清操日夜勤女紅雖嚴寒酷暑不怠也均守節三十餘年二十年中償積逋葬翁姑娶媳嫁女皆二氏手中所出一生苦志鄉里賢之

賀氏年十七歸林仁珠生一子一女而仁珠遽卒賀時二十五歲未幾子又殤

姑在堂憐其年少去留任之賀矢志不變撫夫猶子節崇爲嗣女紅操作不少休姑歿喪葬資皆其一手所出也守節四十年

程氏年十六適下史家史兆縣次年八月而兆縣卒程茹苦守節事祖姑及姑甚謹守節三十三年

林氏年十七適霞浦張敏德生子雲堂而夫卒時林年二十六苦志撫養子旣成立娶媳胡民國六年雲堂又卒林之老境更艱矣守節二十四年

貞婦應氏鄞人字貝家碶村諸生葉佐黻佐黻先娶史氏早卒繼娶顧氏生三子晴齋晴川晴江而顧又卒時佐黻上有老母下有幼子亟須主饋聞應賢乃委禽娶有期矣而佐黻倏遘病故應聞訊輒向父母請臨喪不許乃自負衣袱問途至葉宅見佐黻母跪哭自陳母泣曰我子不幸敢累汝汝年少來而返無傷也應曰兒志已決死不再回言畢即衰絰入幃慟哭是日觀者如堵無不太息泣下嗣後應事姑甚孝教養三子俱有義方今姑已逝世三子

皆娶室成家應守貞已年踰五十矣

鄭氏年十八適霞浦張文榮文榮衣冠楚楚惟喜食洋煙鄭每勸戒之暗割股肉和藥以進果屏絕不食不數月復蹈前轍鄭忿甚遂投水而卒論者謂此婦之烈何異古直臣尸諫云

虞氏年十七適張笑梅閱九載而笑梅卒家貧甚張爲人傭朝出夕歸又時采薪舂米形同丐婦人矜憐之守節至四十四年存年七十歲

鄭氏張宗正繼妻宗正世居樓下張光緒二十四年病歿鄭年二十八適於夫歿之夕產子明倫家人故不與言其夫之歿次日鄭知之乃幾不欲生以姑胡勸慰乃始乳子撫育迄今明倫已成立完娶矣鄭年五十守節歷二十三年

烈婦周氏陳維賢妻周性素貞靜年二十一適陳夫多病善事之甚得翁姑心生一女一子子未彌月而夫亡悲哭不欲生翁遠歸勸之含淚度日不踰年

而子又殤謂無以慰亡人對堂上乃服藥自盡年僅二十七歲臨殮時面色如生鄰里聞之莫不歎其貞烈云待旌

孝婦曹氏淸邑庠生議叙中書科中書五品銜張玉成妻年二十二適張姑已逝世翁年臻古稀曹侍奉衰翁婉順承志翁患病手治湯藥衣不解帶者六十餘日病革謂其子玉成曰汝婦服事周摯十二年如一日足稱賢孝將來必有賢子孫以報其德翁卒哭奠盡哀弔客多有感泣者至相夫有道教子成名以及矜恤孤寡哀憐窮困尤爲鄉里所欽云卒年七十五長子際春任農商部僉事民國十年由同鄉京官呈請褒揚奉徐大總統頒給孝闕流芳匾額

周氏張品仙妻年二十七夫故遺一子未周歲翁姑俱亡家貧甚周守節撫孤年長授室既而子又卒所遺孤孫仍賴周撫養未成人遽夭折周痛哭失明至七十一歲而卒待旌

周氏張茂福妻年二十四夫故遺有孤子尚在襁褓翁早故姑繼夫而亡周茹苦含辛撫子成立卒年五十八待旌

海晏區

戴氏銘朝長女適柴橋國子監生胡振澄爲繼室結縭五十日而寡遺腹子紹先撫前室子仰文賡昭允甫如己出事姑林二十二年侍奉唯謹守節三十年卒民國九年旌大總統給席草流芳額并加褒辭

鄒氏林上鑑妻上鑑少抱沈疴鄒侍奉八年無怨色上鑑亡時鄒年二十四而子又先殤鄒屛容飾愼笑言事翁姑愈謹撫諸季愈恭執內政至老不知其瘁云田洋林氏譜

劉氏林子恆妻年二十二而寡家貧藉女紅以度日人勸之嫁誓死不移同上

曹氏夢林幼女歸黃家雲婚時家雲已臥病曹躬侍湯藥無時或怠未幾家雲卒曹枕尸大慟既而謹治殮殯節哀以事翁姑不復聞啜泣聲及明年寒食

墓祭復大號痛切即染疾而卒乃知向之在家飲泣恐傷堂上心也甘溪橋黄氏譜

竺氏靈巖横河竺振虞女歸蘆江郡廩生胡龍壽龍壽年少好學得咯血疾竺年二十八生一女而夫疾篤竺刲股和薄糜以進夫卒不起其姑性甚嚴竺事之無失禮撫叔聿匡長子振棪爲後振棪成諸生竺猶及見之卒年六十

樂氏胡振鏘繼妻年二十于歸時振鏘已抱病在牀勉力成禮逾月即失所天樂上事舅姑克盡孝道卒年四十四

徐氏下岸外墺曹位智妻年十九而夫卒事翁十餘載事姑二十餘載均謹飭得懽心撫夫弟之子爲嗣亦甚慈愛卒年四十六

沃氏陳定基妻年二十五夫亡子宗煌生才二月家貧姑嫜又年老不能謀衣食時賴沃母家給濟以存活越三年宗煌可免乳沃乃乞姑代育身爲母族富家操女紅謹勑無少失主人甚憐之稍厚其直或以果餌與之沃必轉寄諸家未嘗自食也閲十二年皆如是守志十四年以疾歸家旋卒

袁氏劉讓宏妻自幼病瘖讓宏家貧娶之以爲嗣續計袁目雖無睹而炊爨洗滌無異常人又能縫紉衣服年二十八讓宏卒袁乃爲人擣米磨粉以獲値年至四旬積有餘貲出貸於人不求重息族中貧乏多有受其惠者晚年不戒於火草廬被燬各戶借券化爲烏有間有黠者欲負其款袁亦聽之而已年六十五民國元年卒喪之費無需於人族人哀而敬之爲之立嗣以承其後

王氏開化教諭賡華女年二十一適蘆江胡宋浩踰數月即失所天時方有娠含哀待娩越六月生子翼燕而堂有庶姑年六十餘王上事下撫誠謹無懈後翼燕遊庠食餼克循母教人皆以爲苦節之報

張氏修埈女年二十歸鄭昭之子學栻閱九載而學栻卒張勵志苦守歷久如初卒年六十八

虞氏年十七歸舒全習甫踰朞而全習卒守節三十八年鄉鄰聞其卒也相與

太息而賢之

樂氏年十六適陳世德越二年而寡遺一子至孚撫之成立茹素終身卒年五十

石氏王顯佮妻年二十二而寡撫遺腹子箕造成立守節二十八年而卒年四十九

鄭氏林昌燾妻年二十七夫亡無嗣家貧甚惟藉操作以全節苦守十六載卒年四十三

曹氏年二十歸胡鏡渠越三年而寡苦守七載哀毀積疾而卒

鍾氏雅愚上海愛國女校畢業適省高等學校畢業生徐卓天年二十八而卓天病歿鍾守節八年民國初年卒

鄒氏胡克璉妻年二十八而寡上事君姑無虧婦職遺一女適鄭無子以夫兄子振奎兼承守節三十二年

裘氏曹育琳妻年二十六夫故裘守節自誓歷十七年艱苦卓絕鄉里無閒言卒年四十二歲待旌

霩衢區

賀氏上宅村聖運女年十七歸小屯張世昱生三子一女而世昱以疾卒賀時年二十八慟而欲自絕其父責以大義乃起而理夫喪敬事孀姑四十六年久而彌篤子婚女嫁以及姑喪營葬一切躬自整理守節至今已三十三年

陳氏升螺人年十八歸盛墺張世謙越五年世謙卒家貧甚陳典質嫁資以完夫喪遺腹生一子事姑撫子備極艱劬其姑遣人微導其改志陳誓不從惟日則灌園種植夜則爲人鍼黹以堅守苦節厥後家亦稍裕洽姑喪以禮娶媳生孫家業克振里黨賢之卒年四十六

張氏霩衢荊世校妻未及笄已字世校將婚世校忽病扶之以行禮越六日而卒張矢志靡他勤課縫紉足不越戶人罕見其面撫繼子有瑩如已出里人

僉欽其貞節

姚氏年十八歸戴有珍二年餘而夫卒遺腹生一女有珍農家子生時力於服穡卒後姚負耒擔筐入山種植勤類其夫姑在堂憐之勸以少休姚巽詞以對退則操作如常竟守節以終

鍾氏海晏鄉梅山人年十七適白峯樂俊杏歲餘生一子甫六月而俊杏死時翁年已望六尙能同其小子務穡力田鍾供職甚謹紡績箴紉常至夜分雞血貫指不小休値農忙則饋餉戽水蓬首垢面不妄言笑及夫弟授室娣姒相處和而克讓門庭無詬誶聲已而翁病劇鍾偕叔婦看護周至旣歿哭泣盡哀喪葬畢仍與夫弟同居力作閱數年爲子授室鍾守節四十年徐本彥撰傳

民國九年旌

徐氏份生錫樞女適同村份生鄭其份先緒十六年其份以疾卒時徐年三十三遺一子裕泰方免懷子母相依零丁孤苦母家時顧卹之逮裕泰又殤母

氏亦相繼逝徐於是孑焉一身惟呼村中老婦伴居長齋誦佛守節歷三十年

林氏小齊徐本璇妻年三十守節歷三十二年卒

李氏小齊徐本身妻年二十二于歸數日而夫卒守節歷十五年卒

丁氏小齊沃嗣栻妻年二十八守節歷三十五年卒

趙氏白峯鄭修彬妻年三十守節歷三十年卒

胡氏司前金有鉌妻年十七守節歷五十四年卒

金氏鄭謚棠妻住司前年二十二守節歷四十年卒

鄭氏後所項道怡妻年二十八守節歷十年而卒

鎮海縣新志備稿

列女姓氏錄

城區

吳氏謝輔昇妻　武氏贈修職郎謝佑能妻　范氏山朝正妻
王氏謝權德妻　丁氏金子坍妻　謝氏金子埜妻　劉氏諸生陳奕倫妻
王氏袁冬狗妻　周氏郭元龍妻　李氏國子監生陳沆倫妻
陳氏邵矮榮妻　陳氏郭元善妻　王氏諸生陳丙倫妻　程氏余德才妻
湯氏張端瑜妻　范氏謝棠壇妻　謝氏張寅模妻　張氏陳國欽妻
周氏張炯模妻　張氏竺朗齋妻　嚴氏孫茂豐妻　應氏施武雄妻
陳氏王培源妻　方氏業儒白文星妻　謝氏武生陳思驥妻
王氏周孝田妻　鄭氏王烈承妻　王氏戴應達妻以上吳氏至王氏均憲旌

夏氏劉至驊妻　俞氏劉咸元妻　謝氏朱欽典妻

東管區

王氏葉儒周炳裕妻　葉氏楊文堯妻　周氏陳于斐妻　范氏董朝吉妻
莊氏王家根妻　翁氏沈德康妻　鄭氏湯如霖妻　葉氏王阿森妻
汪氏朱政豫妻　張氏朱大化妻　吳氏朱有貞妻　舒氏朱有華妻
勵氏王在翔妻　王氏韓統傳妻　林氏韓統倫妻　吳氏韓統偉妻
謝氏諸生董振先繼妻　朱氏蘇達聰妻　莊氏蘇達泗妻
王氏蘇光紳妻　鍾氏蘇文道妻　屠氏梁福慶妻　張氏徐本寬妻
張氏徐敦瑛妻　徐氏王嘉珍妻　徐氏朱承林妻　王氏周秉裕妻
葉氏方正萱妻　林氏蘇光治妻　吳氏蘇光湍妻　莊氏蘇大經妻
養媳唐氏俞明春聘妻　夏氏施仁宰妻　車氏俞學孝妻
徐氏施仁材妻　孫氏施仁金繼妻　鄔氏王瑞欽妻　王氏周效澄妻

以上王氏至王氏均憲旌

西管區

彭氏毛宗釗妻（民國七年旌）　張氏莊維城妻　陳氏莊海山妻

孫氏陳元祚妻　孔氏曹嘉吉妻　鮑氏陳光宇妻　余氏龔友海妻

姚氏陳嘉生妻　姚氏夏謌連妻　洪氏觀察胡長漣繼妻

劉氏胡存儒妻　黄氏胡孝懋妻　馮氏職員胡存棐妻　唐氏周行全妻

阮氏周行立妻　葛氏職員胡存梁妻　劉氏翁克振妻　劉氏翁學江妻

姚氏國子監生胡存杲妻　董氏陳人文妻　陳氏烏（失名）妻

馮氏職員胡忠謌妻　洪氏曹增福妻　姚氏吳致中妻

鍾氏包傳益繼妻　李氏洪美琦妻　毛氏呂（失名）妻　張氏洪其濠妻

徐氏洪其周妻　鍾氏洪美珠妻　孔氏盛南朝妻　劉氏唐雲家妻

蔡氏唐承生妻　周氏馬有金妻　陳氏劉奕棠妻　郎氏劉咸芳妻

沈氏劉金玉妻　孫氏郎昌錦妻　陳氏貝祥慶妻　貝氏劉頤均妻
邱氏劉紀林妻　鍾氏龔尙珍妻　徐氏龔尙傑妻　張氏龔尙瀛妻
余氏龔尙清妻　劉氏郎豫康妻　周氏沈啓瀾妻　胡氏沈士道妻
胡氏沈士振妻　葉氏王孝善妻　莊氏徐茂照妻　周氏姚寶生妻
莊氏杜義誠妻　盛氏杜義盛妻　盛氏杜智睒妻　姚氏杜義桓妻
龔氏杜義樹妻　馬氏杜仁錚妻　魯氏杜仁泰妻　胡氏杜仁枬妻
胡氏杜仁恆繼妻　方氏杜聖祥妻　金氏陳祉霞妻　邵氏曹世全妻
盧氏曹謁寶妻　顧氏蔡鴻奎妻　周氏曹餘茂妻　毛氏張宗斌妻
葉氏陳啓祥妻　桂氏烏文成妻　柴氏方義林妻　董氏倪新孚妻
常氏陳雲文妻　洪氏劉上俊妻　鄭氏劉志沛妻　孫氏劉宗允妻
嚴氏劉宗文妻　林氏劉宗秀妻　丁氏劉瑞楨妻　胡氏劉瑞蘭妻
童氏劉元鈺妻　姚氏劉元體妻　蔡氏劉元勳妻　徐氏劉亨佑妻

余氏劉利廷妻　鄭氏劉豐仁妻　蘇氏烏介忠妻　周氏儒士沈仁涵妻
張氏烏統城妻　毛氏烏人淇妻　周氏烏失名妻翁烏人淇　胡氏余信智妻
劉氏方義教妻　曹氏徐敬邦妻　劉氏陳懿仁妻
李氏舉人陳榜年副室　華氏徐小濟妻　翁氏唐人賢妻
陸氏廩貢生陳桐年繼妻　黃氏邵炳芳妻　陳氏邵本梧妻
鄭氏周銘臣妻　翁氏劉同善妻　胡氏杜仁楠妻以上張氏至胡氏均憲旌

前緒區

陸氏劉其洪妻民國四年旌　吳氏俞克錫妻民國六年旌　邵氏鄭傳篡妻
張氏鄭傳籍妻　莊氏鄭傳笥妻　陳氏鄭桂芳妻　張氏鄭調芳妻
倪氏鄭蘊芳妻　余氏鄭芹芳妻　胡氏鄭藝芳妻　李氏鄭茂芳妻
邵氏蔡宏成妻　鄭氏戴宏玉妻　陳氏金傳櫟妻　劉氏蔡合輝妻
陳氏蔡宏華妻　楊氏王國和妻　翁氏王家順妻　徐氏金楚珩妻

周氏金傳懷妻　王氏俞正增妻　王氏俞克鞏妻　王氏俞克黎妻
董氏張宏椒妻　吳氏張宏浩妻　胡氏張成江妻　徐氏劉學增妻
沈氏張愷德妻　朱氏張宏燮妻　李氏趙有常妻　姚氏趙有璋妻
陳氏吳亨揚妻　周氏蔡天祿妻　王氏俞正順妻　戴氏張宏鑑妻
陸氏樓其鴻妻　金氏陳仙鶴妻　章氏陸傳林副室
錢氏諸生董葆昌妻　鄭氏諸生董泰濟妻　朱氏趙有禎妻（以上郜氏至朱氏均憲旌）

西緒區

葉氏黃勺水妻　翁氏黃育軒妻　黃氏儒士方文華妻　馬氏范明初妻
戎氏華逢昌妻（以上葉氏至戎氏均憲旌）

崇邱區

鄭氏樂寅良妻　費氏樂嗣林妻　竺氏樂俊濂妻　吳氏樂俊沛妻
郜氏樂嗣昌妻　樂氏宋良錦妻　姚氏徐曰淵妻　顧氏徐修堅妻

樂氏李金生妻　樂氏李厚蓮妻　孫氏倪雙龍妻　金氏樂甫友妻
李氏唐和平妻　丁氏汪沛國妻　李氏樂失名妻　王氏李仁芬妻
汪氏李高佐妻　胡氏徐光軒妻　胡氏樂俊玉妻　趙氏胡五豪妻
丁氏樂嗣慶妻　汪氏李失名妻　楊氏林筱福妻　謝氏李宗蘭繼妻
李氏樂嗣珠妻　董氏李岳松妻　董氏李光顯妻　李氏沈天序妻
錢氏邵永春妻　李氏朱忠順妻　王氏邵日鑑妻　吳氏王仁涵妻
江氏馬吉魁妻　張氏沈堯名妻　李氏樂寅逑妻　李氏夏名鈿妻
李氏袁守濂妻　倪氏王景瀓妻　李氏邵丹林妻　陳氏邵顯章妻
陳氏袁廷昌妻　朱氏張錫鏵妻　沈氏李厚協妻　張氏樂寅福妻
李氏樂嗣燦妻　李氏樂嗣森妻　李氏林宗坤妻　樂氏孫忠祥妻
鄭氏樂俊發妻　邵氏戚茂林妻　吳氏顧世寬妻　樂氏鄭芝青妻
唐氏李高節妻　樂氏鄭貴亨妻　吳氏董信炳妻　傅氏鮑興琭妻

鮑氏吳皆恕妻　董氏邵永濟妻　唐氏吳正泰妻　張氏袁守瀛妻

陳氏許孝全妻　胡氏樂守貴妻　胡氏張永均妻　嚴氏樂嗣恩妻

林氏嚴永治妻　李氏胡三冬妻　梅氏胡友相妻　王氏姜貴達妻

沈氏朱榮吉妻　陸氏張渭均妻　錢氏沈言勳妻　楊氏沈可忠妻

周氏沈可興妻　余氏沈大輅妻　余氏沈大安妻　俞氏諸生沈邦臣妻

史氏沈言武妻　劉氏沈忠茂妻　嚴氏沈大廷妻　周氏沈賢有妻

俞氏沈成吉妻　王氏沈成耀妻　覃氏沈堯樹妻　鍾氏沈堯津妻

李氏沈堯俊妻　朱氏沈成芳妻　史氏王思興妻　汪氏夏名儁妻

夏氏姚祖祥妻　馮氏沈有銓妻　周氏沈有鐈妻　林氏沈有庚妻

唐氏林伯塤妻　謝氏王國觀妻　孝婦陳氏謝遵訓妻以上鄭氏至陳氏均經旌

靈巖區

朱氏王詔宣妻　賀氏林仁友妻　干氏於晳林妻　鄭氏王本然妻

俞氏王燕能妻　鄭氏李自怡妻　李氏林國榮妻　竺氏諸生林國瑾妻
李氏江義賢妻　鄔氏袁明裕妻　賀氏王貽漸妻　樂氏謝斯蘭妻
馬氏朱其澄妻　董氏江義遵繼妻　賀氏趙緒敬妻　陳氏王燕芬妻
王氏俞本灼妻　謝氏王聲釗妻　王氏職員江仁萃妻
顧氏儒士丁福葆妻　顧氏俞志立妻　金氏賀王信妻　曹氏虞中理妻
王氏朱啓來妻　鄔氏樂俊夏妻　胡氏樂嗣沂妻　陸氏樂俊義妻
徐氏王功令妻　胡氏王榮晉妻　徐氏王榮飛妻　顧氏李賡時妻
俞氏方睿義妻　王氏蔣聖豪妻　王氏朱學淇妻　王氏朱其成妻
於氏王正乾妻　江氏樂嗣唐妻　張氏盛鏞浩妻　張氏王繼大妻
焦氏俞存璟妻　李氏王翊倫妻　張氏鄔保杭妻　鄔氏虞瑞銀妻
賀氏王謀欏妻　王氏竺聲濤妻　潘氏于大溥妻　胡氏魏世浩妻
胡氏儒士虞詠笙妻　董氏賀師裕妻　胡氏賀賢才妻以上朱氏至胡氏均憲旌

泰邱區

趙氏杜宏規妻　陸氏金汝漢妻　于氏金義禮妻　黃氏邵樂模妻
邵氏王翼贊妻　史氏胡世緒妻　水氏傅品賢妻　張氏傅齊訓妻
孫氏賀聖聰妻　竺氏賀聖良妻　王氏陳善揚妻　王氏陳善宰妻
胡氏陳善性妻　齊氏徐良寶妻　王氏賀王相妻　顧氏賀至煊妻
傅氏賀聖植妻　賀氏徐源章妻　徐氏賀至祥妻　徐氏賀師堯妻
陳氏康繼壽妻　胡氏徐武洵妻　張氏鄔宗潘妻　傅氏鄔宗備妻
樂氏賀至佩妻　康氏王光賀妻　賀氏王燕珠妻　張氏賀聖桂妻
史氏陳嘉燦妻　傅氏陳慶霓妻　王氏徐熙寶妻　賀氏顧宣芳妻
唐氏顧書裕妻　賀氏顧書椿妻　李氏顧書岳妻　馬氏胡仁隆妻
史氏胡戒安妻　傅氏胡仁梲妻　俞氏葉厚恆妻　賀氏葉鼎富妻
虞氏蔣錫全妻　姚氏陳厚富妻　葉氏陳厚德妻　孫氏陳厚鈖妻

張氏陳厚倫妻　竺氏周世豪妻　朱氏周守成妻　夏氏趙成棠妻
陸氏胡諧澹妻　於氏周聞臺妻　邵氏蔣錫法妻　杜氏蔣仁木妻
李氏胡宇生妻　胡氏張振愷妻　柯氏張積藹妻　張氏俞志大妻
張氏胡世春妻　林氏水嘉娘妻　張氏胡世來妻　毛氏胡世挺妻
蔣氏胡世法妻　蔣氏胡世尊妻　周氏黃位元妻　李氏張鴻謙妻
李氏王謀棠妻　張氏鄔保康妻　顧氏張壽愷妻　林氏馬孝順妻
石氏柯良狀妻　陳氏柯昭金妻　李氏柯昭雲妻　沈氏柯昭俊妻
林氏俞寶杭妻　胡氏袁智森妻　劉氏傅式型妻　劉氏傅允瀾妻
李氏周汝瑞妻　王氏朱朝琛妻　張氏陳嘉藻妻　蔣氏陳慶章妻
史氏陳慶寧妻　王氏陳慶暄妻　葉氏陳慶寶妻　徐氏陳慶棖妻
陳氏顧宣棖妻　曹氏顧宣問妻　蔣氏顧祐福妻　王氏顧來生妻
虞氏顧孝桂妻　林氏顧鎮生妻　江氏諸生顧蔚春妻　江氏顧珊韓妻

林氏顧宣龢妻　袁氏宋宇泉妻　戴氏宋麗水妻　虞氏陸寧林妻
干氏顧宣厚妻　蔣氏顧宣勻妻　林氏王顯謨妻　張氏王顯富妻
虞氏王仁施妻　鄔氏樂大林妻　王氏儒士胡仁杲妻　王氏胡慊安妻
張氏胡淸安妻　陳氏諸生胡仁樞妻　邱氏胡郡安妻　葉氏吳賢芳妻
張氏吳賢誠妻　賀氏戴聖友妻　戴氏徐傳琛妻　史氏周世土妻
陳氏周聞三妻　施氏陳欽煥妻　徐氏葉年蘭妻　馬氏葉厚賚妻
傅氏葉年林妻　康氏徐煕鼎妻　顧氏賀聖貴妻　於氏王謀學妻
徐氏賀師範妻　徐氏賀師友妻　徐氏賀至茂妻　周氏諸生賀仁壽妻
賀氏陳善政妻　袁氏張金貴妻　鄔氏張源朋妻　張氏康良茂妻
邱氏徐銘孝妻　康氏虞瑞福妻　王氏徐舜堯妻　陳氏賀至有妻
陳氏蔣宏鉅妻　馬氏陳忠鎮妻　張氏蔣仁賢妻　胡氏蔣錫能妻
胡氏張文有妻　賀氏葉大魁妻　周氏沃嗣訓妻　賀氏陳嘉煥妻

顧氏陳慶治妻　江氏陳嘉棟妻　孫氏賀至凡妻　賀氏徐熙績妻
張氏賀至財妻　徐氏王謀焜妻　徐氏賀至渭妻　陳氏賀師麟妻
胡氏周戴畦妻　趙氏周世鎬妻　周氏徐堯坤妻　顧氏徐銘泮妻
周氏徐堯宏妻　竺氏張惠修妻　張氏毛宗桂妻　梅氏水嘉炳繼妻
謝氏瓊州郡守梅尙遠繼妻　烈婦周氏陳維賢妻　馬氏儒士張景陶妻
鄭氏陳慶珍妻　傅氏業儒俞道南妻　傅氏賀聖虎妻　周氏張品仙妻
周氏張茂福妻　王氏張啓漢妻以上趙氏至王氏均憲旌

海晏區

張氏劉法成妻　李氏劉經坤妻　王氏劉經宇妻民國七年旌
曹氏胡聿紋妻　袁氏曹位集妻　曹氏林中純妻　林氏虞中泰妻
梅氏李仁育妻　鍾氏李宏烽妻　鄭氏林宏坤妻　胡氏林宏維妻
梅氏王森年妻　李氏黃運諧妻　張氏黃傳緒妻　鄭氏黃紹芸妻

張氏黃紹業妻　石氏黃同坡妻　梅氏黃同盛妻　胡氏黃運聰妻
胡氏黃亦瓌妻　胡氏劉慈昶妻　傅氏劉懷選妻　胡氏儒士虞宏周妻
胡氏曹位斌妻　胡氏曹位丙妻　胡氏佾生曹位炬妻　康氏曹占鵠妻
嚴氏曹育楷妻　沃氏佾生曹占順妻　梁氏曹中晟妻　樂氏張宗翰妻
柯氏曹位仁繼妻　蔡氏曹占祥妻　張氏曹和律妻　周氏曹起儒妻
黃氏曹占濤妻　曹氏張宗安妻　鄭氏張宗朝妻　曹氏鄭溢淵妻
周氏鄭增鼇妻　張氏鄭增善妻　林氏劉經濟妻　劉氏曹來堅妻
鄭氏曹和遠妻　張氏曹育霖妻　韓氏曹育良妻　樂氏鄭其龍妻
胡氏黃亦成妻　周氏林復元妻　曹氏王守存妻　林氏鄭其榜妻
沃氏鄭增仁妻　李氏鄭溢炳妻　胡氏鄭其琛妻　項氏胡維基妻
徐氏儒士石與奭妻　徐氏石芝礽妻　金氏張任榮妻　丁氏張任本妻
鄭氏張廣瀛妻　周氏張任懋妻　樂氏佾生胡宋昶妻　鄭氏周君衡妻

鄭氏丁象琮妻　傅氏鍾孝養妻　周氏丁振財妻　史氏周顯琨妻
李氏沃良高妻　胡氏王廣惠妻　李氏王寶庚妻　沈氏諸生王善祥妻
周氏孔繼猷妻　杜氏林竹鳩妻　李氏諸生劉熾繼妻　胡氏沈倫州妻
鄭氏莊茂盛妻　洪氏儒士胡振錫妻　周氏韓竹林妻　孫氏王嗣奎妻
傅氏楊惠鍇妻　張氏虞文美妻　胡氏干孝諧妻　沃氏陳孝裕繼妻
賀氏王裘謨妻　謝氏胡忠良妻　賀氏胡宋釗妻　姚氏王顯佃妻
胡氏沃良法妻　陳氏虞中順繼妻　史氏曹古榮妻　胡氏鄭增譜妻
胡氏諸生黃家岱繼妻　沃氏胡克忻妻　王氏胡克紀妻
戴氏張汝鏞妻　姚氏鄭增湜妻　史氏胡聿墀妻　胡氏孫邦楨妻
沈氏胡振耀妻　李氏諸生胡定年妻　李氏林子華妻　鄔氏鄭增寶妻
蔡氏林斯杏妻　王氏胡振啓繼妻　虞氏李昇謀妻　朱氏徐良桐妻
裘氏曹育琳妻　虞氏武舉周顯泰妻　鄭氏李餘焜妻　莊氏胡宋順妻

石氏陳恩潮妻（以上曹氏至石氏均憲旌）

霩衢區

黃氏汪忠球妻　趙氏馮成艭妻　胡氏孫祖寬妻　戴氏汪杏逑妻

周氏樂嗣梁妻　賀氏張成勳妻　張氏樂嗣沛妻　荊氏汪忠墀妻

張氏汪忠坫妻　林氏汪資孝妻　胡氏張世津妻　史氏汪楣孝妻

胡氏姚有慶妻　汪氏張慶科妻　干氏吳良豪妻　張氏賀至鵬妻

荊氏陳繼渭妻　紀氏陳盛銘妻　梅氏陳宣文妻　趙氏姚有松妻

胡氏諸生汪鏡清妻　汪氏鄭增煜妻　馮氏張慶剛妻

胡氏儒士李兆彬妻　賀氏張鳴鶴妻　沈氏汪忠寶妻　沃氏荊有孝妻

荊氏汪連生妻　胡氏汪壽生妻　胡氏林（失名）妻　梅氏張有璜妻

陳氏張有珏妻　曹氏儒士戴恢械妻　洪氏荊世楣妻　曹氏章遂道妻

史氏孫正壤妻　阮氏張正施妻　周氏林英賓妻　周氏孫士達妻

張氏樂嘉盒妻　鍾氏樂俊杏妻　王氏張惠浩妻以上黃氏至王氏均無旌

補遺崇邱區

舒氏沈世貴妻　陳氏沈有壬妻　宋氏諸生沈煊妻　于氏沈洒德妻

樂氏沈成德妻以上沈氏譜云清旌節孝未詳年分

鎮海縣新志備稿　卷下　錄　五十六

鎮海縣新志備稿

善舉

養濟院　詳見前志民國初奉浙江軍政府財政部長高照會一律革除嗣經縣議會建議除裁去浮額外正額六十七名照舊按季給發由準備金項下動支隨缺隨裁不再補充俟全額缺完即行裁撤今尚存孤貧五十二名（縣册）院屋半多傾圮民國七年自治委員與邑人劉郇等勸捐重建平屋五間

感存社　詳見前志田畝房產均附載焉民國後新設財政委員以各項公款歸其職掌八年十二月終止揭存財政委員處銀四千五百七十一元三角二分一厘現由縣參事會經管歲給已故生員之節婦貧而無依者每日卹金十二元

借錢局　詳見前志民國八年向道深為之記（記曰局成立於己酉之冬忽忽十年矣饑洊煙毒蔓滋城市尤

甚歲丙午下禁煙令閱兩載則見夫販夫鬻卒憔悴如故廢時失業良可悲也迺與王君尚堂鄭君贊臣徐君坤久鳩資製藥創戒煙社於城隍廟不踰年凡染沈痼者去其大半明年王君有所感曰流毒漸染生計維艱盍設借錢局籌其後李銘君竹書聞之欣然其時年五十有欲爲君壽者辭之不獲移其投附之儀錢以酬答之資得千金爲之借朱君彬繩沙君志甫有同志踵成之此鎮海借錢局之所由來也初定借額三百人借數自一元至三元不等既寬其還期復免其利息請借以後仍得續借未幾借者踰僅額滿見遺耿耿焉終未慊於心因廣其額爲五百人人各三元不分等差額外有超過者亦量予之借後有死亡者則豁免之年復一年求借益多盛君恐無以持久也復千方百計以增益之人或感其誠節人準浮耗而樂助之借錢局得以維繫至今者盛君之力也邑環海舍漁鹽無所利居於鄉者大率皆販鬻之流終歲勤劬猶慮不給況時事日棘謀生益艱而欲自食其力不求助於人抑亦難已鄉之人夙以好義聞於世必有接踵而起輔之翼之匡之直之俾借錢局歷久不泯而不讓盛君專美於前者是所望於後之君子爰述其緣起如此

己未閏七月

公善醫院　詳見前志民國四年夏燬於火邑人樊棻盛炳紀等勸捐重建鄭孝胥向道深爲之記

鄭孝胥記　人類生存之大端亦因合羣以防害而已不能獨舉者則衆其力以舉之衆力以舉之則疾苦無告者皆得自託於羣以存西方之國莫不重醫蓋非徒以治疾也乃至立法行政必依於醫術以禦患於無形中國民事之弛至今而極民之死亡疾痛熟視而無覩久矣於是傳教所至先立醫院人既而賴之因以推行其教數十年來舉國之貧而謁醫者必詣教會所立之醫院卒未聞有自立醫院以

濟貧困者噫舉學之不興其何以為國耶鎮海有公善堂者其始集貲為施醫施藥施米施衣之舉久之費漸不給乃獨施醫藥乙卯春不戒於火邑人樊君時勸籌遂集好善者議改公善堂為公善醫院詢謀僉同輸將甚盛未幾醫院告成天下之事果切於民用者有其舉之莫敢廢也鎮海之士可謂知所先務矣創始者常難守成者常易吾知後之君子推廣醫術施於有政必不安於守成其有加無已之心轉以創始為簡而亟圖所以日進者將不讓於教會醫院之專美於國中舉學之興以此卜之可也

向道深記

院初名公善堂為前輩顧公在田吾師沈公履儕與復社諸公所創設堂於阜成坊東南隅延邑之精於醫而勇於義者施以醫藥昔之貧病無聊呼籲不聞者至此有更生之慶復以窮苦子弟無力讀書禮聘耆儒以教育之更於無告之民何以卒歲者衣之食之其時深遊學甬上開鄉先生之善願宏達為之景仰者久之不二十年老成凋謝幸張君懋熾繼持其間卒以獨立募助幾乎中輟雖施醫施藥一如恆時而其他闕焉乙卯夏不戒於火悉付一炬周君葆昌語深曰盛君竹書鄉之善士也盍商諸爰語盛君曰困勉東西兩校已成效卓著窮苦子弟不患無讀書處他如借錢局以及年終散米無告之民亦得以稍資存活鄉之人樂善不倦皆君為之導公善堂繼其可緩乎諸君曰諾朗之樊公時勸願以三百金倡之復約戒友量力佽助不數月而集三千餘金商業諸君子年捐月捐仍樂輸不已得於堂之舊址建樓五楹中為堂左右四楹為醫室其外為待診所又其外為掛號處樓則設董事會議室會計室儲藥室別置廚竈於牆以外麤具規模專事醫藥因更名曰公善醫院名副其實也雖然猶未也醫院之設有醫藥研究室有男女養病室有看護侍病作宿處有藏書室閱報所遊戲場凡關於病人調養種種所需闕一不可此特醫院之初基耳抑吾聞之甬上保黎醫院

創辦有年設置完備前事可師借鑑不遠願盛君與諸父老兄弟更進一籌以達完善之義則功德尤無量已深雖無德願隨其後以貢一得之愚諸父老兄弟倘許我乎丁巳仲春月

同義醫院　在莊市鎮橫河堰民國八年開辦陳譽瑞爲之記

記曰自歐化東漸以來通商大埠西人各立醫院成效卓著而我國學子出洋專習醫科學成而歸爲人治病常補中醫所不及其效亦不讓西醫間或有自立醫院或受人聘任生死骨肉於是乎在蓋醫院之設食宿有所看護有人醫者按時診治給以方藥於貧民尤爲稱便甯波爲通商口岸風氣開通亦最早除西人設立醫院外鄞有公立慈有保黎本邑城中亦有公善醫院而鄉鎮獨付闕如病者輒以道途迢遠阻於方隅又或病起一時勢難延緩不及就醫卒至不起慘孰甚焉葉君雨庵包君雨塘莊君雲章有鑒於此數年前商諸葉君子衛發起創辦在滬在鄉歷次會商先行組織同志會友章程就緒稟縣立案就水陸交通之處於莊市鎮橫河堰地方規設醫院名曰同義意在救濟貧病以同盡桑梓之義務發起有人贊成者衆未及期月而捐集至萬餘金購地十五畝咨先建院屋前進九楹左傍五楹以及醫井築砌閱七月而工竣聘慈谿馮季圖君爲院長馮君爲滬上德醫名百得者之入室弟子自去年八月初開辦就醫者日衆理事會亦成立而葉君等又議添造男女病房各九楹計來歲夏秋之間堪以完工而所費亦萬餘金統計購地造屋置辦器具藥物不下四萬金常年費約六千金除酌收醫藥金外每歲由同志會認捐以補不足論者輒謂凡百善舉吾國人士不及泰西之熱心今觀同義醫院之舉將一舉此言矣抑更有進者諸君子既熱心於前尤當堅持於後是則地方之福抑亦邦家之榮爾廖不敏常隨諸君子之後爰記其緣起云

孤兒院　由縣知事盛鴻燾發起合邑紳商組織成立院內收容七歲以上十二歲以下確無依靠之孤兒施以教養俟成材後由院薦入工商各業總以能自立謀生活爲主旨其院舍由孫亮才君將其所手創之良濟醫院房屋撥助充用計樓房九幢平屋七幢餘屋七幢下連基地在鎮遠門外其修葺及開辦經常各費則由各紳商捐募之院於十三年三月成立

孫良才暨其妻張氏合助田地畝分土名列后　民田拾五畝八分五釐鄞縣一都五圖　又拾一畝八分四釐一毫鄞縣一都三圖　塗地一方折計八畝零院舍南首

永裕堂義莊　崇邱鄉四都一啚丁家山下里人丁中昂同姪輩出貲建造民國七年落成莊內置田壹百三十畝備給族內貧戶喪葬廢病讀書等項之用

周氏承德義莊　詳見前志民國八年建造倉屋九間十年建造莊屋中廳五間

方氏歲慶公會義田　東管鄉三都二啚里人方名洲承其父水卿遺志於民國十一年十二月捐田十五畝三分七厘三毫一絲以贍族之鰥寡孤獨廢疾及孤兒學費立有碑石

景陽公會　東管鄉三都二啚里人方景陽於民國十二年六月捐銀一千元以爲基礎即以生息贍族之鰥寡孤獨廢疾及青年失學者立有碑石

留餘積穀義倉　泰邱鄉象頭張清宣統二年由張際良張啓邦張秉初張旭初張儲祥張位廷等公撥四祀名下祀田十四畝入義倉以備祀下子姓遇有歉收平價出售公推張守餘經理其事今增置民田六畝零立有碑石

息影所　崇邱鄉一都一啚衙前東山東廟西所屋四間沈芹瑞沈覲舜各捐基金五百元餘由族人捐集專養沈氏族中無依年老嫠婦得於所中終老並施米施材

城區消防局　民國十年由官紳籌設置有新式水龍大小各一具及各種器

械

裕德祉水龍局　西管鄉畈地唐民國十年十月里人唐嘉生出資創辦

致安救火會　西管鄉梅堰民國十年一月里人蔡世昂出資創辦

西祠救火會　西管鄉莊市民國八年三月里人莊雲章出資創辦

慶安會水龍局　東緒鄉田洋陳民國八年創辦

大碶天一水龍局　靈巖鄉關聖橋旁民國三年里人及各商鋪捐資置備救火器具陳祖烈助新式水龍一具

萬安水龍局　靈巖鄉楊家橋街民國三年里人王燕楣燕式燕鑣宗餘等捐資設置

普安水龍局　靈巖鄉山賀氏新祠支下集捐置龍及救火器具即於祠旁另建局屋

保安水龍局　靈巖鄉橫河街南局屋三楹新式水龍一具各種器具咸備民

國二年由村中募捐建置各捐戶姓名具刻於碑里人董祖義撰碑記常費由吳君廟歲捐三十元六役朋歲捐二十元

天一水龍局　靈巖鄉橫河村趙氏祖堂之左由趙永廣捐助新式水龍一具其族人復集資置備各種器具

林頭村水龍局　靈巖鄉靈峯山下民國十四年里人王　　出資創辦

常安水龍局　靈巖鄉石高塘街民國十二年成立由里人捐資置新式水龍一具各器俱備

霞浦水龍公所　泰邱鄉民國二年里人張春陽張鈴和等募資建屋三楹

永濟公所　在向辰門外詳見前志民國初年汪鄧氏於公所前捐建平屋三間小屋一間

寄殮所　在武寧門外養濟院之右平屋三間邑人金士淮劉郇等勸捐建造凡死後無家可殮者得在所收殮之

安仁局　在東管鄉三都六啚沈葛劉厝村民國元年里人王慶槐王大明沈紀林徐粱舟等勸捐創設施棺以東漢塘廟境內爲限局在廟內

存仁會　設於東管鄉東梢木廟內民國四年三月創辦專以施材

吉祥會　設於東管鄉五里牌王氏宗祠內民國六年一月創辦專以施材

普善會　在前緒鄉民國九年里人鄭德源陳巨綱陳廷鈞蔡晟鄭栻英等集捐一萬一千元設總局於沙河頭村又於澥浦鎭清水湖覺渡寺海田周四處各設分局備棺以施鄉之貧不能殮者

永義局　在崇邱鄉一都一啚民國五年里人沈成忠創辦施捨棺木建屋五間置田四十畝市屋五間以租息充經費不足仍由成忠任之

石湫義冢　在靈巖鄉石湫朱家門前山民國十一年秋風水爲災漂流厝棺無數大半無主認葬里人王顯謨林文紹俞汝昌樂駿顧鵬振董祖義等議合力募捐購山掩埋呈請縣署出示布告由旅滬紳商陳祖烈等本鄉善士

笠景星等共捐助銀六百五十餘元買山二畝零查明各村莊無主災棺除二三莊外計收葬二百四十三具分棺穴土成塚其捐款姓名事畢另刻於石

崇義會義冢　在靈巖鄉二三莊算山鳳步坑民國十一年秋風水爲災漂流厝柩無主認葬由里人林國瑜林國棠顧錫銜顧錫琳等發起募貲掩埋又得鄰鄉管明山協助並由邑紳周運杓葉星海李寶裕汪炳生等捐助銀七百餘元購山地二方掩埋露柩三百餘具呈縣立案給示勒石

烏巖嶺下義冢　在泰邱鄉倪家衕民國十一年秋風水爲災漂流厝棺四十七具無主認識里人邱寶林陳全才張源宏王學禮等募貲購山一方南北七丈八尺東西六丈以葬之

鎮海縣新志備稿

藝文

王榮商漢書注校補七卷本刊

史傳

實錄

星圖便覽

三鄉防勦志

王氏譜二卷

程氏譜四卷

槐窗雜錄本刊

辛卯鄉闈雜記

使蜀紀程紀年錄

奏議

容膝軒筆記

容膝軒文集八卷刊本

容膝軒詩集六卷刊本

蛟川耆舊詩補十二卷刊本

鄭一夔惕若齋詩文集四卷藏本

張汝衡說文易簡錄

虞清華補齋詩草蛟川耆舊詩補

張寅烜醒園詩鈔藏本

傅家銓少有軒詩鈔二卷刊本

結感百詠一卷刊本

柴正衡詩鈔　蛟川耆舊詩補

虞輝祖寒莊文編二卷　刊本新城王樹枏序曰己未之夏余識鎮海虞君寒莊於京都姚叔節座中聽其言觀其貌未之奇也而叔節嘗為余數稱寒莊好學能為古文辭時時心嚮往之久之寒莊持其所為文數首示余余既心維而口誦之且與之聽其言觀其貌寒莊以為互古今曠宇宙事功之盛名物之繁舉皆平平無足異而惟文為獨尊自洪荒開闢以遞於今日自天子以至於庶人其間盛德大業足以信令而傳後者亦惟一二文人為最貴余見棄於世久矣初聞之輒驚怖其言既而思之又類樂聞其言以自壯也寒莊幼從其脊甫芝苑先生受過庭之訓稍長學為科舉心厭薄之以為不足盡文章之能事又使之受業於虞敦甫先生之門教甫好宋學喜言性理寒莊又以語錄之文不可以經世行遠最後從其族兄濟初孝廉受古文義法心悅神解欣然大懽乃由歸方姚曾諸大家之說以上遡六經諸子兩漢八家之文朝擘而夕究心摹而力追孶孶焉勿勿焉日縣一獨尊而最貴者以為之的迹其心之所期與功之所赴有不至乎其的而不止者孔子曰知之者不如好之者好之者不如樂之者吾謂文章之道為之難知之尤難惟知之故能好之能好之故能樂之若寒莊之好而且樂非真知之者能若是耶孟子言奕秋之誨人奕也曰惟奕秋之為聽莊子言痀僂丈人之承蜩也曰惟蜩翼之知志一則神凝思深則靈出天下之事莫不皆然然竊怪寒莊之於文者之如此其篤為之如此其工而每有所為必一一求質於余往往一字之商榷有十數往復而不厭其煩者玄之言曰日幽孃之月冥集之此固見吾人聲氣之同然以此益歎寒莊之虛心善受精益求精其將來之造就正未有既也

桐城吳闓生序曰虞子寒莊將刻所為文而屬闓生為之序虞子之文皆闓生所熟習者三復循誦良無間然已而

歎曰非世人所能識也今世議益狂恣焚坑之禍有逾秦火耳目逮近之文尚欲盡棄之而後快況高談皇古以來乎且當世耆老宿學之士與此道者不過三數人此三數人之於虞子固且或從或違而不能盡合相知之難蓋如此今虞子乃欲質諸不可知之世宙夫孰從而正之吾益以爲虞子悲也雖然古之君子固未嘗有所待也孟子曰雖無文王猶興楊雄待後世之子雲特一時之諧語耳使後世無子雲則玄文其不作乎吾知其必不然矣今人之有文也猶日月之光山澤之氣鳥獸之叫音百穀草木之芳臭也鬱於中泄於外彼自有其不得已者存耳知與不知何判焉是故天下之馨之而不以爲喜天下謗之而不以爲疊舉天下之人歸之而不以自多舉天下之人去之而亦不以之自少千載而下有同其懷抱者取而謳歌尸祝之固作者之所甘心也使無斯人焉而徒以恣夫不相喻之人以爲揶揄調笑之資亦非吾心之所憾也莊生云彼直寄焉以爲不知己者詬厲也蓋深得古人之用心者矣質之虞子其亦以爲然乎辛酉二月

賀紹章詩文遺稿藏本

考察司獄司法見詩補小傳中

河南財政說明書同上

金士衍澹靜廬詩集四卷

鎮海縣新志備稿

古蹟

鼓樓　見前志年久未修民國十年颶風被損十一年又遭風頹壞十二年仲冬城區王庚年命子正津修葺完固芟除草萊見有石額二方南向曰朝宗古蹟北向曰東南屏翰蓋始建時所鐫刻云

慧達大師塔院　在靈巖鄉烏石嶴相傳稱古育王寺師爲育王寺開山之祖舊有塔院塔亭因年久失修坍壞僧宗亮於民國九年春重建去塔半里有月現巖七佛潭袈裟石諸勝

鎮海縣新志備稿

遺聞

西管莊氏本姓章有諱隱之者浦城人宋皇祐中來宰定邑子諱震留居慶元再傳諱允執娶本邑唐氏就居焉清泉之有章氏始此迨明洪武間因避諱始改章爲莊氏（莊可緝節錄莊氏譜系）

張介石先生威遠城望海詩云東南半壁撐突兀瞰滄海山勢自東來度海鼉崔巍上建威遠城千年雄軍壘萬里恣狂濤奔騰到門𨻶先生諱懋建拔貢乾隆甲寅詔舉鴻博任長泰知縣吾邑志乘自明嘉靖間何令纂輯後迄先生時可二百年遂舉前志與新志（即乾隆志）訂其舛譌核其異同補其缺殘爲邑志正訛二卷（見蛟川詩繫）是書今已不傳然就先生是詩觀之則招寶山勢自東度海與張東沙從伏龍西來之說固不同矣

鎮海縣新志備稿

祥異

民國三年甲寅靈巖鄉王弈丹母顧氏年百歲呈奉大總統頒給永錫難老匾額一方由內務部給予青綬銀質褒章一座並由浙江都督朱瑞給予家慶國華匾額是年泰邱鄉張公耀年九十歲五世同堂旌如例

四年乙卯陰曆十二月三十夜流星從北方來大如斗是年夏本邑因風災歲歉由縣呈准蠲免地丁秋米一成

五年丙辰陰曆正月初三日辰刻地震

六年丁巳陰曆正月二十八日泰邱鄉三山人民曹位定楊阿金在喚鴣隩同斃一虎重三百餘斤位定被虎噛傷經數日死鄉人王榮商陳藩聞其事榮商爲記紀之見紀事門

七年戊午二月十三日未刻地震

崇邱鄉故紳李嘉妻張氏是年卒年七十六歲有子七人孫四十二人曾孫九人女三人孫女二十九人曾孫女六人外孫六人外孫女四人外曾孫十三人外曾孫女十二人凡一本所出計有一百三十六人亦吾邑僅見之盛矣

八年己未歲歉收次年夏米價騰貴每石售銀十一元至十二元饑民相屬於道官紳協力籌捐以辦平糶

十年辛酉風水爲災崇邱海晏靈巖泰邱霩衢等鄉塘堤道路橋梁多被冲壞田禾棉花均遭損害由縣知事盛轉請會稽道尹黃頒發急賑銀四千元散給崇邱海晏霩衢三鄉續請撥發工賑銀二萬二千六百五十元修築崇邱海晏靈巖泰邱四鄉塘隄道路橋梁

十一年壬戌又遭風水巨災崇邱海晏靈巖泰邱東緒西緒前緒霩衢等鄉及

城區受災較重由縣知事盛轉請寧波華洋義賑支會暨會稽道尹公署先後撥發銀三萬元辦理工賑及春賑事宜

十二年癸亥邑人傅樹臧以孝子旌由邑紳周運杓金士衍陳脩榆等呈奉大總統頒給至性過人匾額內務部照給黃綬銀質褒章一座並奉會稽道尹黃給予孝思不匱匾額一方

十三年甲子八月靈巖鄉耆紳王顯謨以明年乙丑爲重遊泮水之期由自治辦公處呈請縣署轉呈省署奉省長張載陽題給耆年宿學匾額一方並由縣知事盛鴻燾題給重遊泮水匾額一方

鎭海縣新志備稿

記事

民國紀元之前辛亥十月浙省光復奉都督湯壽潛特令豁免全省下忙地丁銀及秋米其已開徵各縣飭即停徵民間有已完納者令退還之

王友萊侍讀遊三山記　余所居靈巖鄉在萬山之中然岡嶺之重複不逮泰邱海晏遠甚是故靈巖之山一日而可徧泰海兩鄉之山十日而不能盡其地形然也余於泰邱嘗由石湫入新路陝踰太白山以達鄞之天童於海晏嘗一宿瑞巖寺而他處皆未及遊覽常以爲恨歲丁巳十一月友人支季卿約余爲三山之行先是靈緒鄉虞姓約以小輪相迓余以道遠不往也而三山近在泰邱陸行可達明人武愛文有句云三山多虎跡廿里少人家其荒寂有與余心相契遂欣然許之十三日巳刻肩輿冒大風而行遙望西南山

上有積雪即太白山也十里過長山街入泰邱壩頭界十里過牌門橋入小城灣經網隩回視雪峯在西北蓋已至太白山之東矣五里入大城灣山勢逼仄居民多業樵過笑天龍至伏虎將軍廟旁小憩縣志云唐乾寧間樵者干大用入山遇虎勿食他人寧食我虎帖耳而去後人立廟祀之此村廟之最古者所祀即鄉人他廟不爾也望佛巖寺爲山所蔽不可見五里登啓霞嶺俗謂之啓拗嶺嶺砌小石蜿蜒而上不覺其高然蓑草蔽徑裁通行人至山頂風益烈蓬蒿翻舞作波濤洶湧狀亦可怖也下嶺較陡與夫扶曳而行嶺以內即三山隩隩狹而長四圍皆山南有缺處如葫蘆之口三山之海口也嶺下爲球隩縣志謂之西其隩東爲喚鳩隩在獅子嶺下縣志謂之東隩他小隩甚多而居民甚稀十里至中村宿翁光天家光天季卿之子婿同宿者胡邇安顧自申陳蒓舲皆故人也夜有談山中甦虎事者而不甚詳次日詢之光天光天云喚鳩隩與雁潭相近山下瀑布飛流冬夏不絕下注於潭

潭上虬枝連接而潭中無一落葉是爲神龍之居其地有上龍爪下龍爪之名亦謂之青坑巖谷幽深人跡罕至故虎亦窟焉丁巳正月二十七日夜大雪次日村人荷槍出獵有曹位定者素以膽勇自負見雪中蹄跡甚大私語其友楊阿金曰此虎跡也他人知之或恇怯不敢前吾兩人盍自覓之乎楊曰諾乃循跡而往至下龍爪虎匿叢莽中毛色與荊棘相混猝不易辨識曾有小唐負一麂置石上虎躍出欲攫麂曹叱之虎撲曹倒以足踏其股曹仰臥發槍中虎下頦彈自頤出虎創甚欲嚙其頭曹橫槍抵之虎嚙槍折爲兩楊欲救曹而無所計曹呼曰我自分必死汝連發槍無念我楊乃持槍進虎騰起撲楊斷其革帶楊坐於地曹忍痛起而搏虎虎亦撲楊發槍擊虎耳彈貫於腦虎乃殪村人聞槍聲皆趨至乃舁曹及死虎而歸是夜山中聞有虎吼聲甚厲次夜復吼後乃寂然死者牡虎意吼者必牝虎也虎重可三百觔貨諸蘆江藥肆得銀一百六十圓而曹位定爲虎所傷至閏二月竟死已刻

出翁宅五里登獅子嶺嶺較啓霞爲高而寬廣亦過之踰嶺即海晏界十里出瑞巖河頭望瑞巖寺不見蓋在山之南也七里過陣勝橋三里至蘆江食胡丈青原家過霞浦張日已暮至小山而日沒然餘光久之未滅過備碶月漸高風仍不止遂歸是役也往返約百里自蠔頭蘆江以下皆舊遊處也舲云出三山西嶺爲慈隩合隩盤隩等處皆余所願遊者恨不得從而往而海晏各山在蘆江東南相隔尤遠計此生無復涉歷之時矣書之以志吾恨

王榮商記

鄔鼎燮遊東西霍記略　古句章東境距海約八十里有二山焉曰東霍相傳秦徐市元兒萊曾登此曰西霍相傳東漢高士梁伯鸞攜妻孟光避地於此兩山直橫蜿蜒不斷若虹其地爲鎮所轄民國庚申秋重修舊志派員測繪遂偕顔君聖介鄭君超黄君華鼓輪出關海水浩淼風濤澎湃離東霍五里許換小舟以渡攀崖以上未及半皆趦趄不敢前聖介獨鼓勇直上既繪竣

復登輪往西霍島中人駕舟來迎其中茅屋櫛比雞鳴相聞地腴而沃非若東霍之童且瀉矣時方秋孟山薯正熟掘薯敬客味甘且旨其東有東昌宮像設尊嚴衣冠剝蝕土人稱神爲東昌老爺登峯西望七姊妹山星羅棋布土人告予曰若大妹若小妹若四平頭若長横若筆架若大長檀若小長檀又云是山間有人煙惟周圍多明沙暗礁非老於漁者不克近爰循舊徑掛帆送客日將西下予偕同遊者乃鼓輪而返

鎮海縣新志備稿

物產（凡新發明有可利用者入之）

栩　詩唐風集於苞栩草木疏今柞櫟也徐州人謂櫟爲栩其子爲皁斗亦呼橡斗實可食（按本草綱目云橡實爲粉可止洩利）秦風山有苞櫟註引爾雅云櫟其實梂橡也櫟與栩蓋一物而皖人則稱之曰柞魯人又以其葉之青者曰青棡青而兼白者曰白櫟其樹長不踰尋丈土人用作薪料所謂不材之木也孰知有大利在焉蓋葉方嫩時可飼野蠶野蠶成繭於樹上采其繭繅絲織綢今山東之府綢河南之汴綢（本地人呼作取綢）貴州之遵義綢皆是物也行銷中外歲値至數千百萬緡皖人於宣統初年剏辦柞蠶業者已有二十餘縣若吾邑此種柞櫟（土人呼作黏柴樹）徧山皆是祗知刈作燃料而不知可用以養野蠶蓋乏人提倡耳

黃金樹　此樹寒溫熱三帶均能生長而於溫帶尤爲適宜高山低地皆可種植生長極速十餘年間即可成林材直耐久爲各項建築需用佳品原產美國今本邑農場亦有試種者

美國白楊　隨處可植而尤適宜於低濕地生長極速初年可高丈餘每年平均高約六七尺最易成林栞後遺其根不久又發新枝植之隄岸能固結泥土可防崩潰其材可供各種建築及製造火柴桿之用原產美國日本北海道產殖滋多今本邑農場中已有試種者而各鄉卑濕之地亦均堪種植矣

西藏紅花　一名番紅花原產西藏我國本草雖著其名爲婦科要藥然鮮有種植之者此花爲球根植物花瓣六片紫籐色內有黃色短雄蕊紅色長雌蕊各三本香氣甚濃用則取其雌蕊陰乾之或用火烘乾入藥通常每畝收花蕊二斤至四斤每斤價值四十元至五十元今本邑各農場多有蒔種以獲利者

除蟲菊　可製除蟲菊粉花有紅白二種白花者與國種栽培較易收量較多殺蟲力較強紅花者名波斯種花雖美觀其收穫量與殺蟲力較遜春秋二季均可播種俟花開至七八分時即可摘下每畝可產乾花百斤每斤值銀一元莖葉亦可需用每斤值銀二分今本邑農場亦多有種植之者

［民國］定海縣志十六卷首一卷（卷首至卷一）

陳訓正　馬瀛纂修

［民國］《定海縣志》十六卷首一卷，陳訓正、馬瀛纂修。定海當揚子江、杭州灣之衝，懸海而島。此志據清光緒十一年（一八八五）《定海廳志》續纂而成。首有輿地、建築等圖及照片二十四幀，分輿地、營繕、交通、財賦、魚鹽、食貨、物産、教育、選舉、人物、職官、軍警、禮教、藝文、故實、方俗等十六門，其體例，表、紀、傳、目並用，敘次分明。其中列島及鹽場諸項，皆係實地調查所得。據中國國家圖書館藏民國十三年（一九二四）排印本影印。

定海縣志

冊首

定海縣志敘

志乘之作羽翼惇史外史所領司會所掌輶使所采胥於是隸焉開物成務其揆一也革政已還民義昭彰遘會既殊取塗宜廣先正耆彥互立科條大氐統於一尊畸於文勝倫脊雖具袪發蓋尟必執墨守之見以馭紛綸之局斯又通人之蔽也定海懸峙海東山海之氣鬱爲才秀遺文前獻灼然足徵顧自改廳爲縣縣歷星紀風政推暨非復舊貫澄濩拍犖更定阡陌鉤稽往復歸於翔實非夫通方博贍特立獨行之君子其孰能宏斯業乎陳君以異縣之士當屬筆之任不偏人文兼進民治因創損益務循其本舉凡文化之升降治理之消長民生之榮悴風俗之隆汙疆域之沿革財賦之息耗物產之豐嗇部羅州次體用賅備識大識小咸有統緒武功朝邑顓侈高簡以今方昔寧但不媿之而已夫人羣翕闢自簡之鉅孳乳錯綜莫竟畔岸民史有述籀其至賾絜其至渙箸詭化之迹探數治之原斯爲美也每覽曩史於州閭文物動舉概較盈虛之數無徵不信闡往

昭來要惟方志矧在今世時制遷貿蘄嚮日新民彝物曲都闗閎恉造端於變動而立極於光明後有作者其諸亦樂取乎是歟紬繹旣汔服其精能輒述要略用諍並世馮扞

例目

方志之作意在彰往開來已往之利病即未來之興革也昔人有言善言古者合之於今故方志以表箸地方文物嬗進之蹟爲先務道古雖尚合今尤亟理則然已自來作者牽於前志成例往往墨守局界詳其所不必詳而於地理賦稅財產民生教化風俗諸端反無以會其要流寓淸望引爲土著窮山惡水標爲名勝傳會穿鑿難可窮究科條舛雜識者譏焉余自承脩定海縣志廣甄博訪每欲抒渫所見用彌前憾然異縣羈旅之士足跡未親三鄉耳食不飽凡中亦廑逡遁二載始克斷手碎聞膚記悉從刊落體裁節目頗乖舊志（定海光緒志爲縣人黃元同先生所脩）要以質實有用取徵後來依類排比寫定六冊不以卷次者用周濟晉略例也列目如下粗陳指例庶有閎碩理而董之

冊首　列圖

冊一　輿地志

冊二　營繕志　交通志　財賦志

冊三　魚鹽志　食貨志　物產志　教育志　選舉志　人物志

冊四　職官志　軍警志　禮教志　藝文志　故實志

冊五　方俗志

列圖

案舊志縣圖輪廓纔具山高水深礁灘航綫皆未嘗著列分圖較詳山川營建尙具型範而標識陳腐未適時宜署宇祠廟各圖率皆意繪方位距離絕尠準則今總分輿圖參酌海關陸軍水警等圖七種繪成城廂補陀及建築圖則由實測名勝古蹟改用景片敢謂不失毫氂庶無大誤謬云爾

一　輿地圖

縣境總圖　列島分圖一　舟山本島　普陀　朱家尖　大樹　金塘

冊子長白　列島分圖二　秀山等　岱山　魚山等

列島分圖三　朱家尖　登步　桃花　蝦岐　六橫等
列島分圖四　長塗　中街山等
列島分圖五　衢山
列島分圖六　黃龍　泗礁　徐公　白蹟等
城廂圖
普陀山圖

二　建築圖

縣公署平面圖
縣議會及孔廟平面圖
定海中學校平面圖
縣立第一小學校平面圖
縣立第一女學校平面圖

三　景片

定海中學校校舍
定海中學校校舍各部
縣立第一小學校教室
縣立第一女學校教室
縣立第一女學校寄宿舍
公園
成仁祠
東嶽宮及定海醫院
奎光閣
祖印寺

普慈寺　同歸域

繆公衣冠墓　姚公殉難處

普陀名勝

輿地志第一

案舊志輿地紀錄甚略疆域一門僅志山川且多屬於舟山本島中者至如環舟山四海之數百列島則弃其名稱方位面積闕焉未詳殊不合全縣名義又戶口水利舊志皆附田賦門亦屬不倫災異為气候之一徵無須別立專志今皆彙列一門分目十一

一　建置沿革

歷代建置沿革表　各鄉遷徙展復始末表

二　形勢

形勢總論　軍事地理論略

三　疆界

民國元年至七年內務統計表
七年戶口調查表
八年戶口調查表

八　水利　案是目祇列水利大綱他如築塘濬河等工程入營繕門

九　土質　因未及調查故僅存其目

各島土質成分表〔闕〕

十　气候　災異占候附

年中氣溫風雨實測表
舊歷太陽出入時刻表

十一　名勝及古蹟

名勝彙紀
古蹟彙紀

營繕志第二

案此卽舊志之營建因所志因多而創少故改稱營繕凡縣境內之重大建築工程皆應列入惟是門紀錄前人多視爲不甚重要致各項工程如河渠塘隄道路橋梁等舊志多舉名而略實且所載僅十之二三

最近采訪又不爲增補此一憾也今就略可考見者彙爲一門分目十

四

一　城垣

二　學校 學宮 校舍

三　公署 附監獄

四　軍事建築 礮臺 瞭臺 烟墩

五　河渠

六　塘隄

七　街衢

八　橋梁 以上四項以未及調查故祇存其目

九　會所

十　場廠

十一　倉庫

十二　善堂

十三　公園

十四　森林

十五　祠廟　案舊志祠廟與寺觀並列一門非是祠廟者即古之所謂社人羣要約期會之所託者也其興廢實繫民戶盛衰非宗教徒之寺觀比故記之特詳

交通志第三

案此爲舊志所未詳采訪又僅及航渡故茲纂陸道無里程可計分目

三

一　水道

輪船航線表

全縣船步表

燈塔彙紀

二　陸道

舟山本島陸上交通表

案此表僅舉嶺路未及塘路公路又舟山外他島交通舊志未詳采訪又闕故皆略之異日續脩是志應爲增補

路亭彙紀

案此亦僅舉舟山本島

三　郵信

四　電報

五　電話

六　電燈

財賦志第四

案舊志有田賦而不及地方財產今爲增列故改稱財賦志分目五

一　田賦

城鎮鄉成墾田畝槪表

民國元年至十一年額征表

四年各則銀米額征表

六年至十一年新陞各則額征表

魚鹽志第五

案魚鹽爲定海特產縣民生活資焉舊志失載是大缺憾今特闢一門

專紀漁撈版曬法及漁區鹽場各狀況分目二

一　漁業

漁區圖說（闕）

漁船駐泊地與各洋面之路線里距表

漁汛紀略

魚之種類

漁船號數出入及產銷地概表

各幫漁業公所列表

漁花述略

漁具及捕法彙紀

發展漁業計畫彙錄

二　鹽產

全縣鹽產地列表

各產地鹽鹵濃度表

鹽戶鹽版概表

各地產額概表

鹽之成本計算表

各地場價比較表

製鹽程序及方法紀略

副產物述略

鹾政彙紀

歷年鹽觔廒價表

食貨志第六

案是亦舊志所無專紀關于縣民資生事項之統計

全縣丁壯分業比較表
客民旅食人口表
食糧統計表
十年以來食米價格升降表
主要食用品歲輸入總額表
十年以來主要食用品價格比較表
主要服用品歲輸入總額表
十年以來主要服用品價格比較表
十年以來燃料價格比較表
十年以來建築用品價格比較表
十年以來正輔各幣折兌計算表
十年以來各項工價比較表
奢侈品歲額統計表
縣民生活概況述

案關于縣民食貨之主要項目因向無紀錄一時調查頗感困難故未能備列右之所舉者不過十之二三聊存概略而已

物產志第七

案舊志分屬既多舛牾采錄又極雜亂不可從今據實地所產存要汰繁依類次表分目四

一　植物

有用植物列表

凡尋常園藝及野生散木不錄

二　動物

海鱻列表

家畜列表

鳥屬列表

獸害彙紀

益蟲害蟲列表

凡尋常共有之物無大宗產息及利害可言者不錄

三　卝物

四　雜產

教育志第八

案此與舊志學校性質不同蓋教育爲動體自有進行之蹟可言非如舊志學校僅備儒學書院名目已也分目三

一　學校教育

最近學校統計表

歷年學校發展概况表

二　社會教育

歷年學生人數及教育經費比較表

全縣各學區教育盛衰概況表

三　教育機關

勸學所　縣教育會　城教育會

小學教員研究會　私塾改良會

選舉志第九

案舊志選舉專載科貢仕進今以學位公職及褒獎等附列之名義允當分目五

一　科貢

歷代科貢人名表

二　學位

三　仕進

四　公職

五　褒獎

人物志第十

案舊志人物不以類著而人物之外又有列女寓賢仙釋等傳竊謂列女及游寓方外亦人物之一不必別出人物或以事功著或以道德著或以文學著應各就所著者表而出之使庸流凡品不得依附其間今依類次表而系以行誼俾可考見生平列女則祇書姓氏貞孝之德大都從同故不爲立傳分目十

表一凡有功德于鄉者入之

表二凡負學術道義之望者入之

表三凡有至性獨行者入之

表四凡自一命以上而著有功績或气節入之

表五凡有文學之偁者入之

表六凡隱居全道之士入之

表七右諸表所未備錄者各依行誼著其姓氏

表八列女

表九游寓

表十方外

職官志第十一

案舊志職官列表名宦列傳竊謂傳名宦卽所以表職官之治績也應彙爲一門

歷代職官沿革表

歷代職官人名表

治績彙述

軍警志第十二

案舊志軍政備列軍實紀錄極繁而海防尤爲注重然今昔殊勢前人所視爲重要者火器之世勿貴焉故略之僅記兵防沿革而已警察及保衛團亦皆地方治安之保障今彙列一門分目三

一軍防

宋時兵防沿革表
元時州司弓兵額述略
明時兵防沿革表
清時兵防沿革表
民國兵防沿革表

二　警察

創設時代警務紀略
民國以來警務進行紀略

三　保衛團

各鄉保衛團成立年月表

禮教志第十三

記曰禮從宜宜者不反習貫而順其自然之謂也禮法雖制定不能回人心所鄉告朔餼羊此亦時代趨勢使然宗教浸溺人心信崇過于秩祀不可奪矣述禮教志爲舊志所未具分目二

一　祀典

秩祀彙錄

二　宗教

縣屬各教徒人數統計表

僧寺彙錄

道院彙錄

西國教堂彙錄

藝文志第十四

案此仍舊志例而以宋紹熙以來各舊志附於其後金石亦藝文之一亦附列焉分目二

一　書目

二　金石目

故實志第十五

案此卽舊志之大事記

宋高宗避兵航海　宋遺臣張世傑之海外孤軍　元末方國珍之亂　明初湯和經略海上　倭寇擾海始末　明遺臣舟山死事始末

清初曾養性之亂　蔡牽擾海始末　有清一代之對外交涉案　光緒間莊民暴動始末　清亡及改革時之官制

方俗志第十六

自中原多故頻淪戎夷語言參雜非盡華夏之舊而古音古語轉多寄於南荒雖語文變化演而益奇然其起原自可考而得之風俗每因地域時代而異習尚所趨雖不盡如古要亦有自然之傾向進化之跡胥于此繫焉述方俗志亦舊志所無也分目二

一　方言

注音字母表　轉韻表

變音表　俗字考

二　風俗

鄉風彙紀　人事彙紀

職業彙紀　歲時彙紀

右志凡十六門體裁節目大半依據近刊寶山縣錢志十年以來全國新志無慮七十餘種獨寶山志能不爲舊例所拘去取最錄差爲精審故本志略遵其例而參之以馬君瀛之主張物產志方俗志亦馬君手定圖事

則施君臯之力爲多列島及鹽場各項調查得之于沈君椿年審校之事復一委諸馬君蓋沈馬施三君皆縣人云慈谿陳訓正述

定海縣總圖

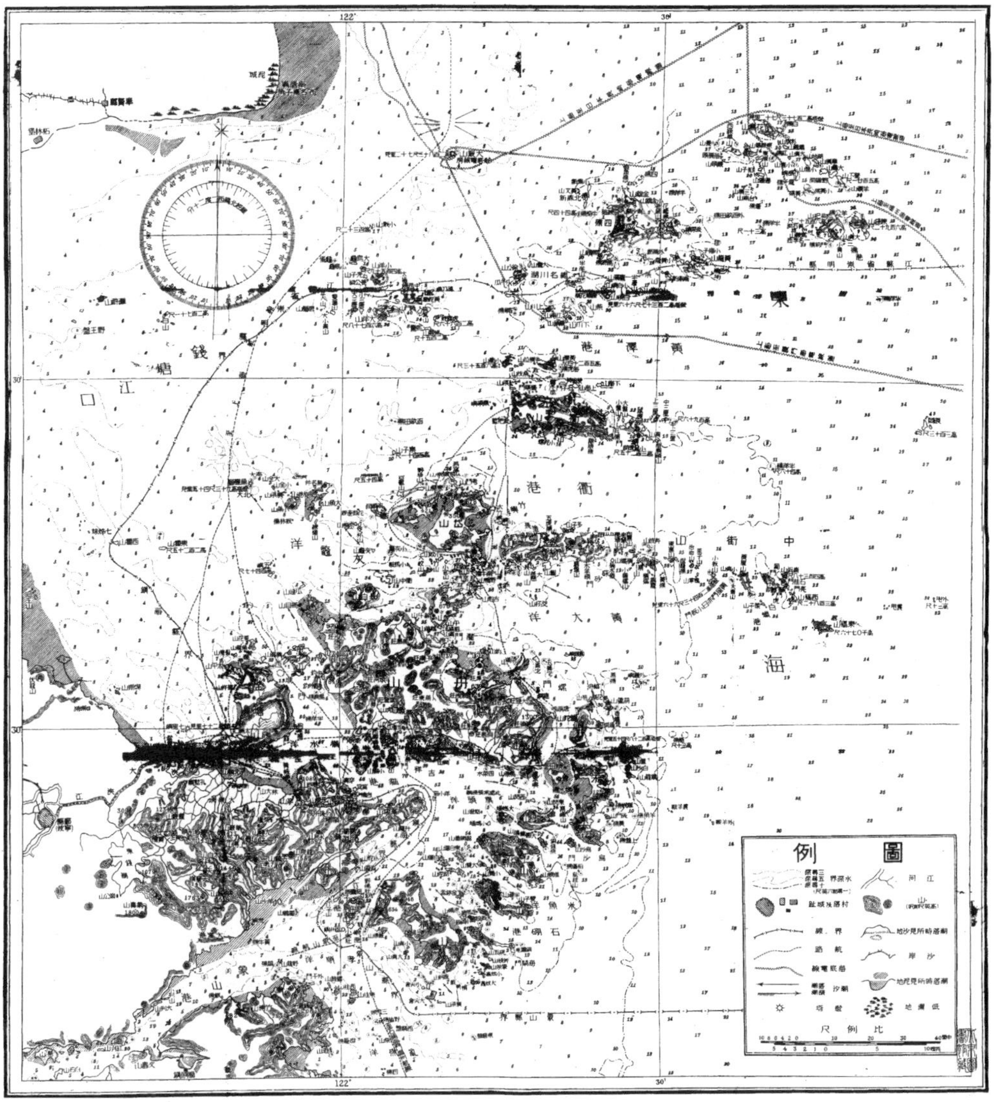

列島分圖一

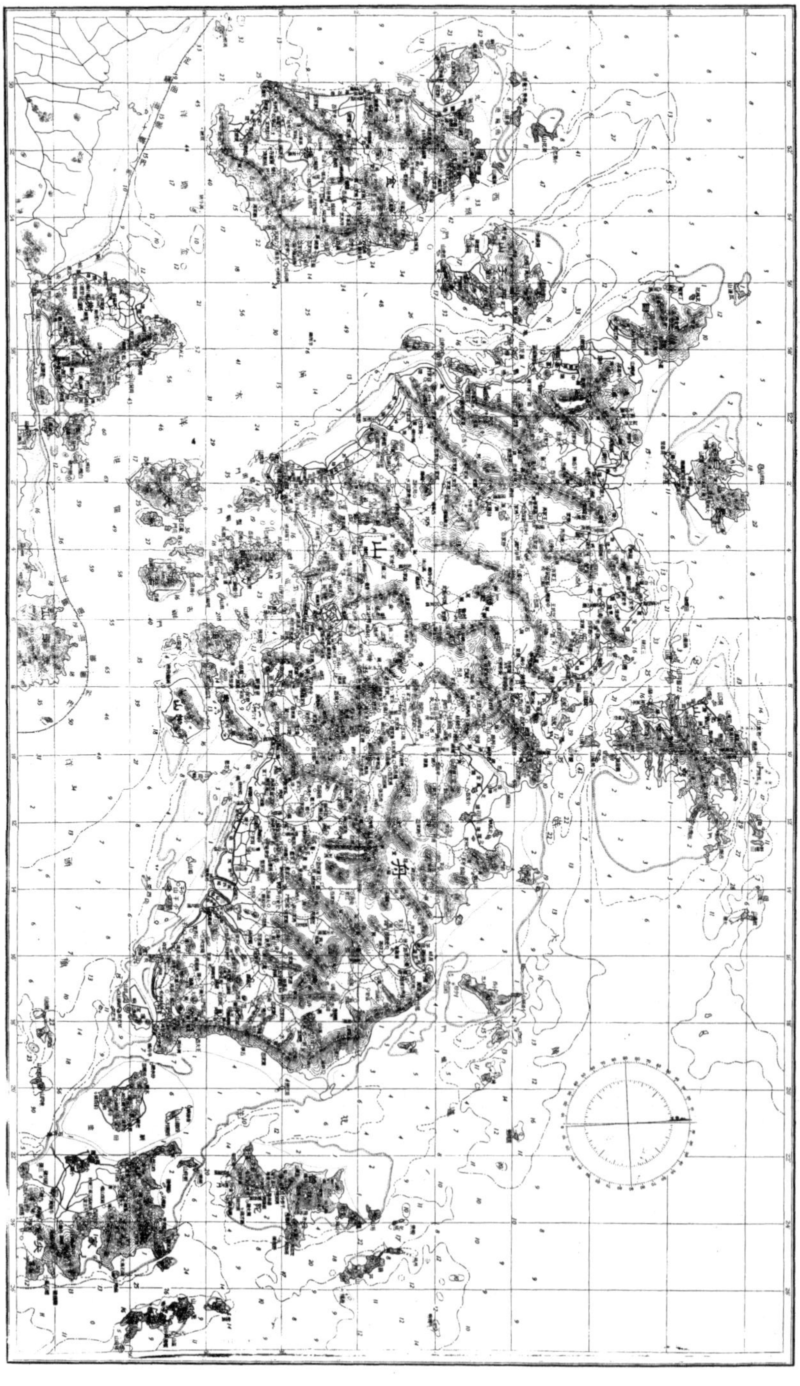

列島分圖二

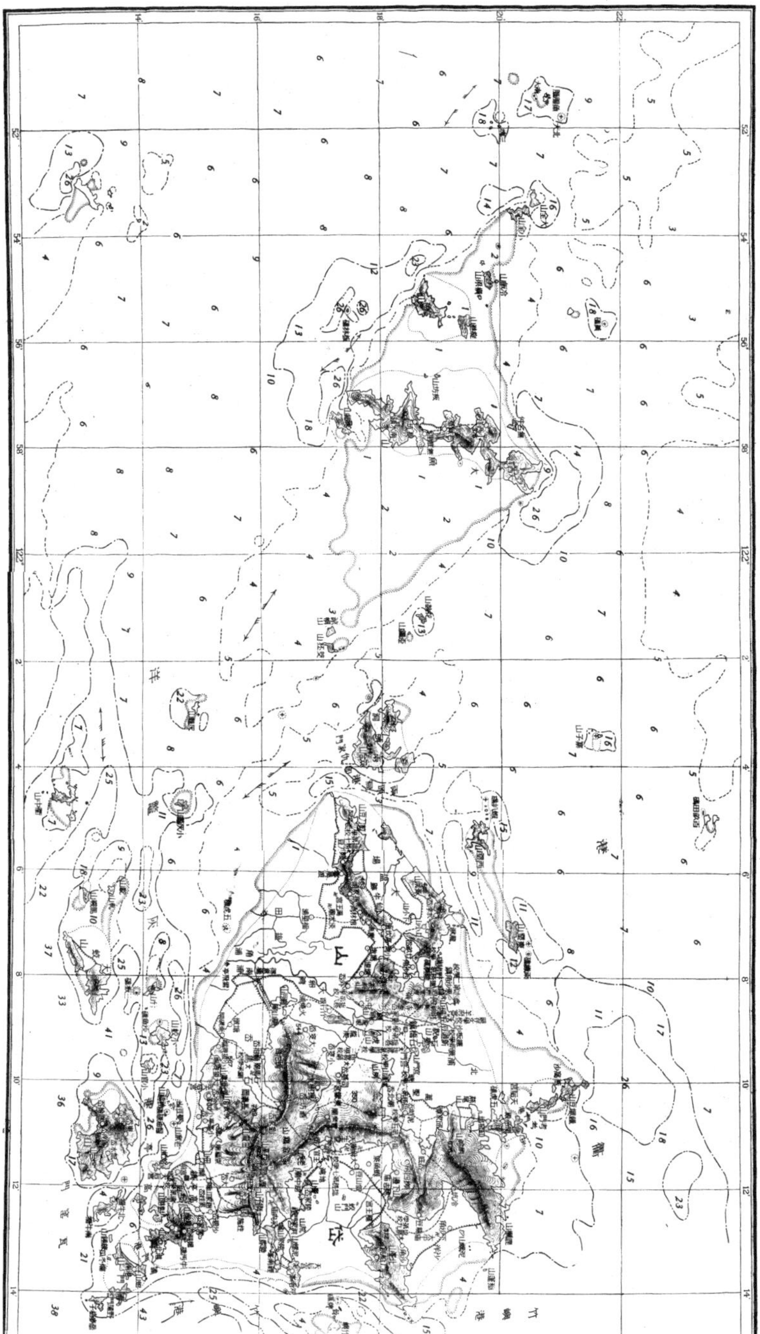

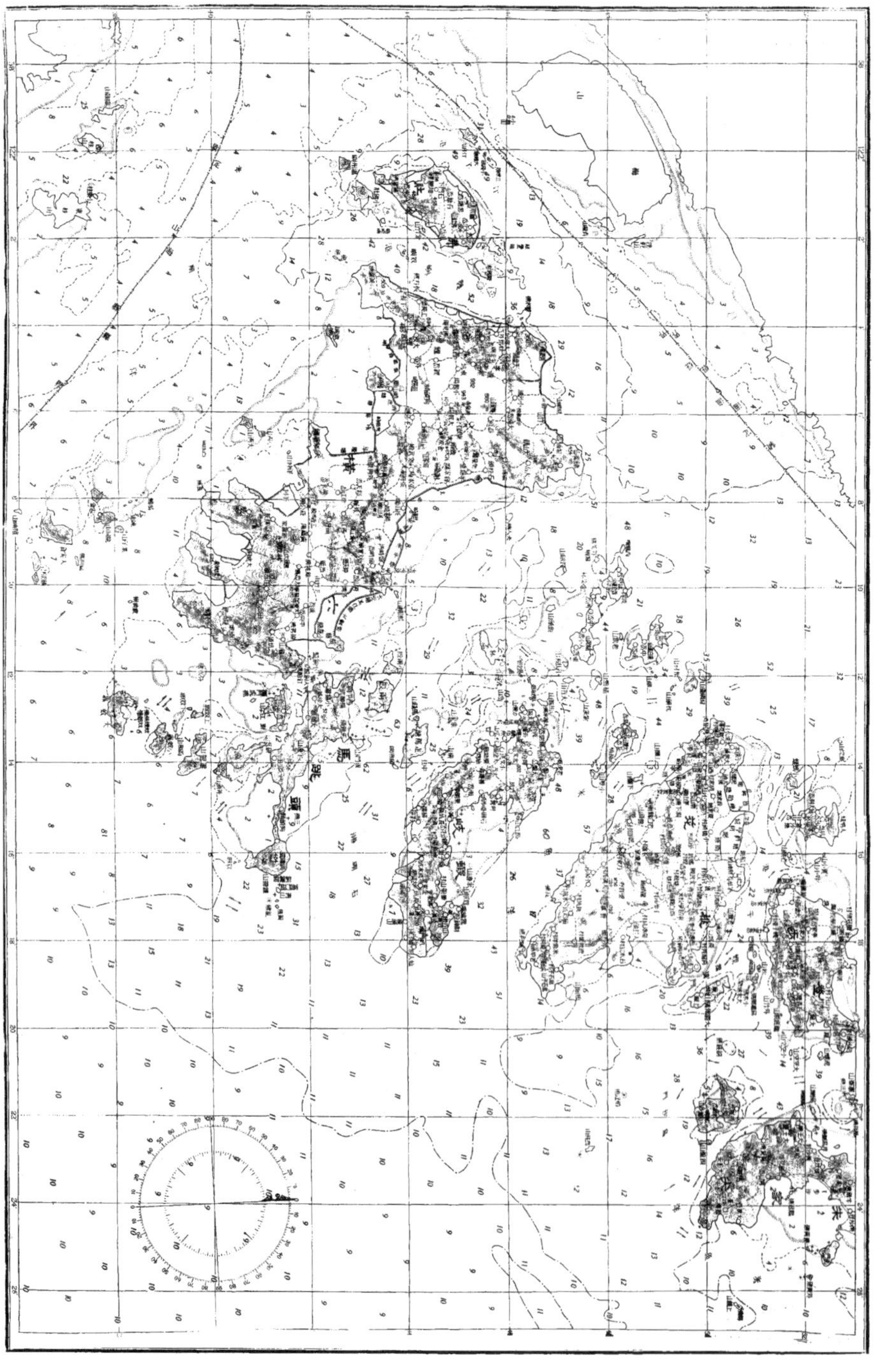

列島分圖三

列島分圖四

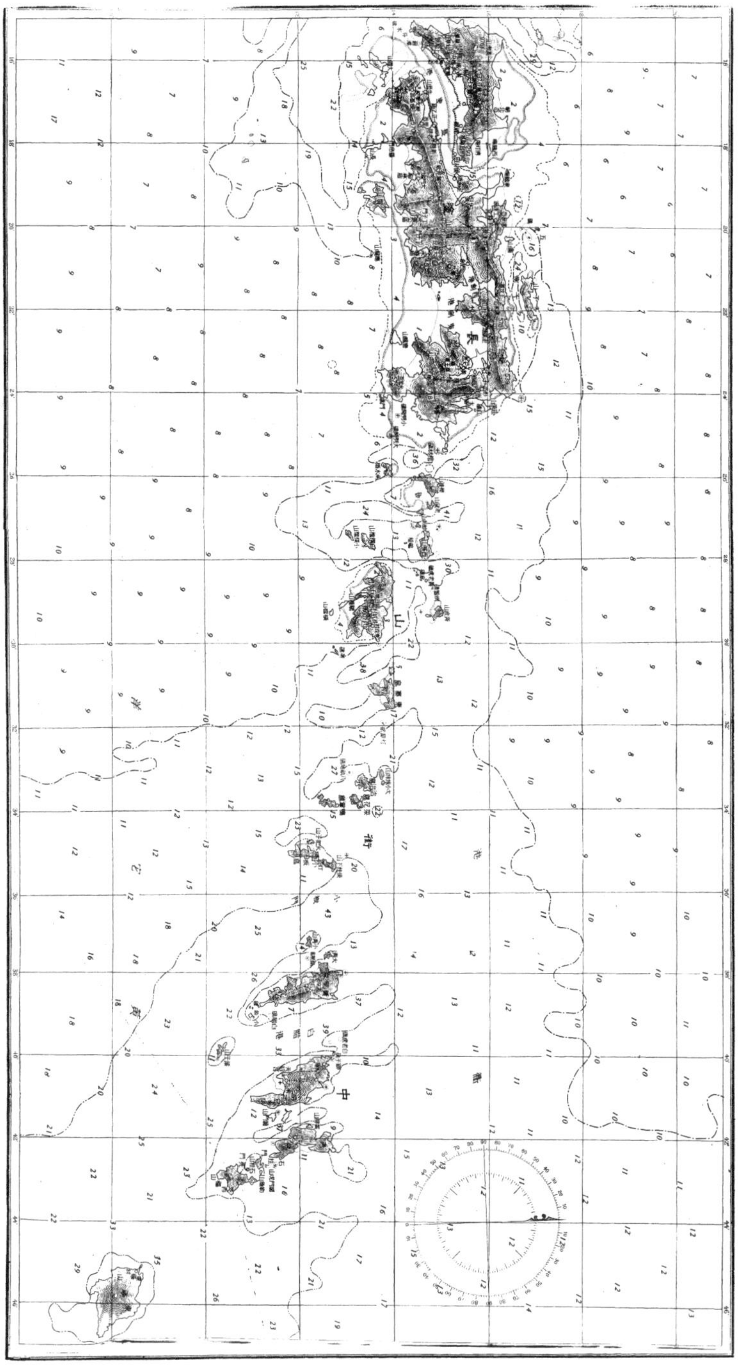

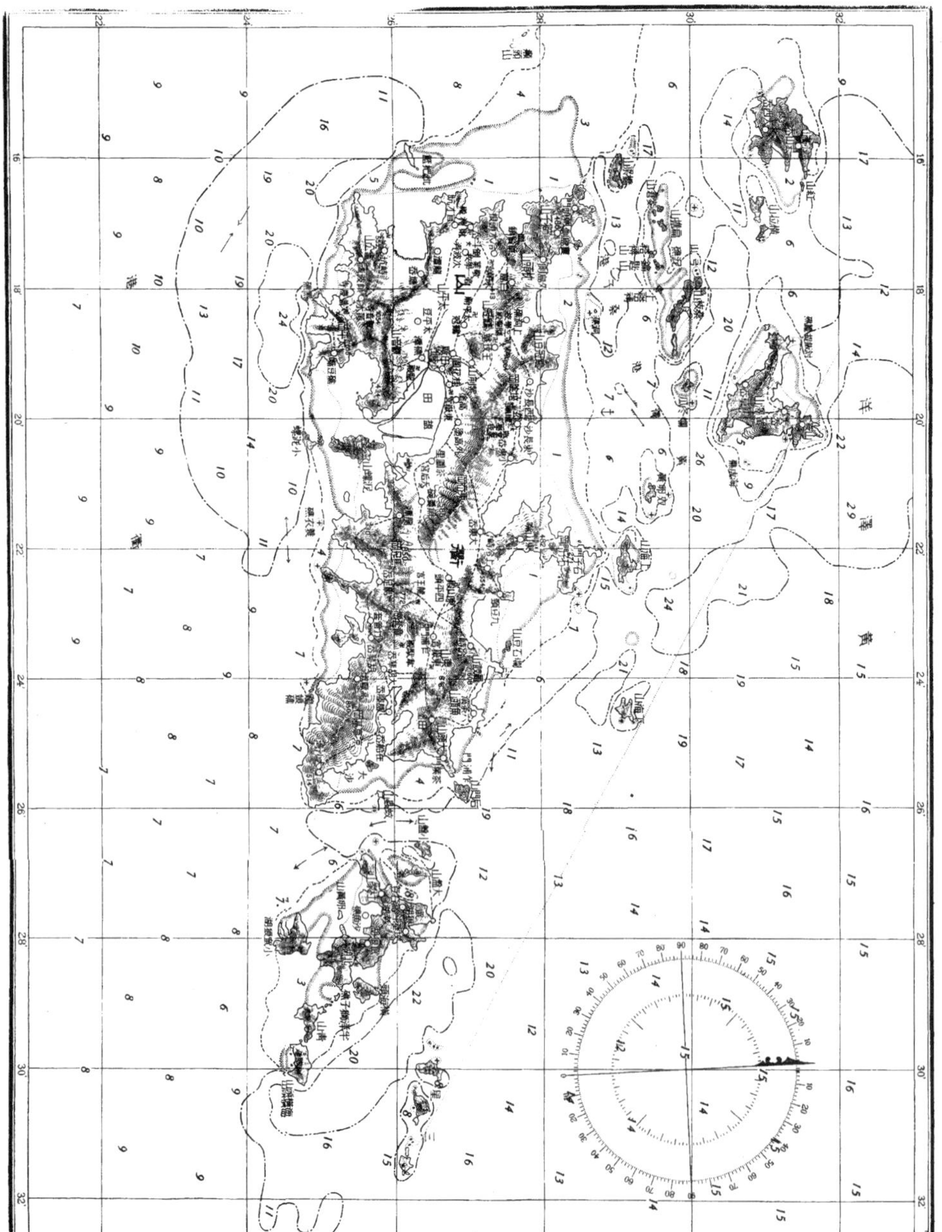

五圖分島列

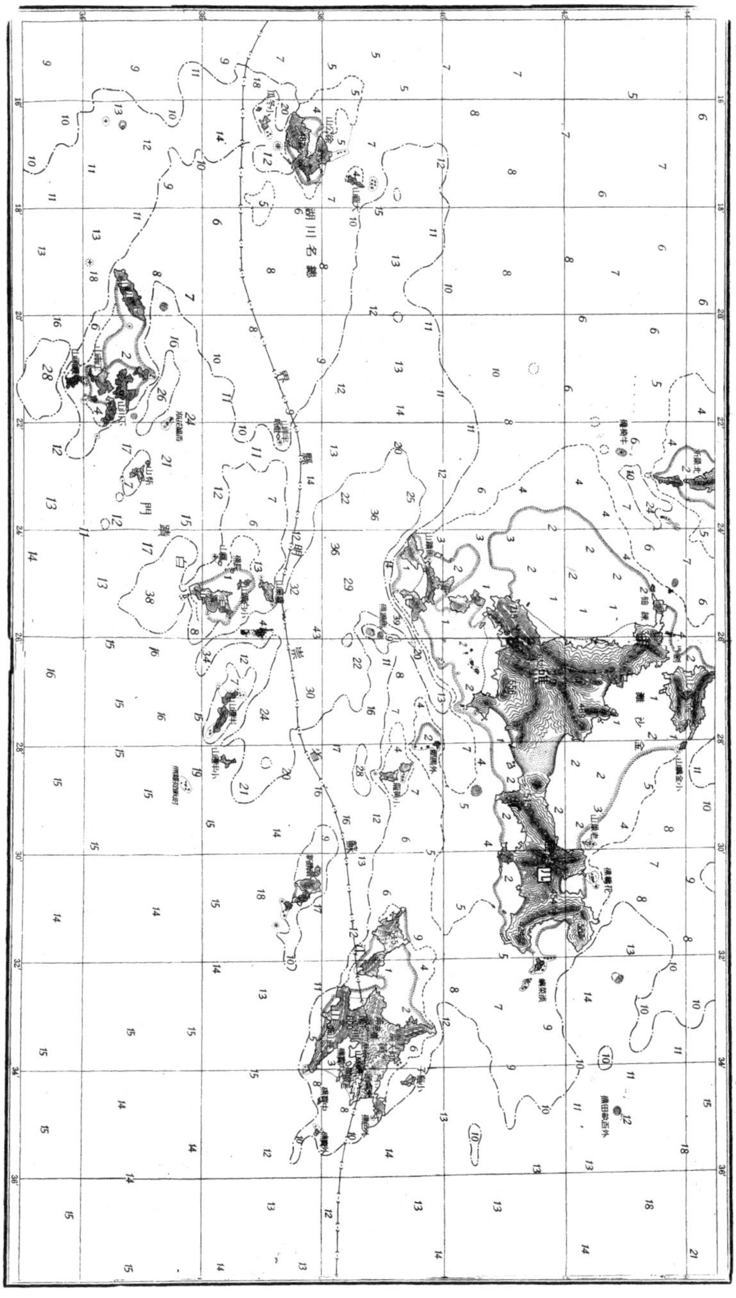

列島分圖六

定海縣城廂全圖

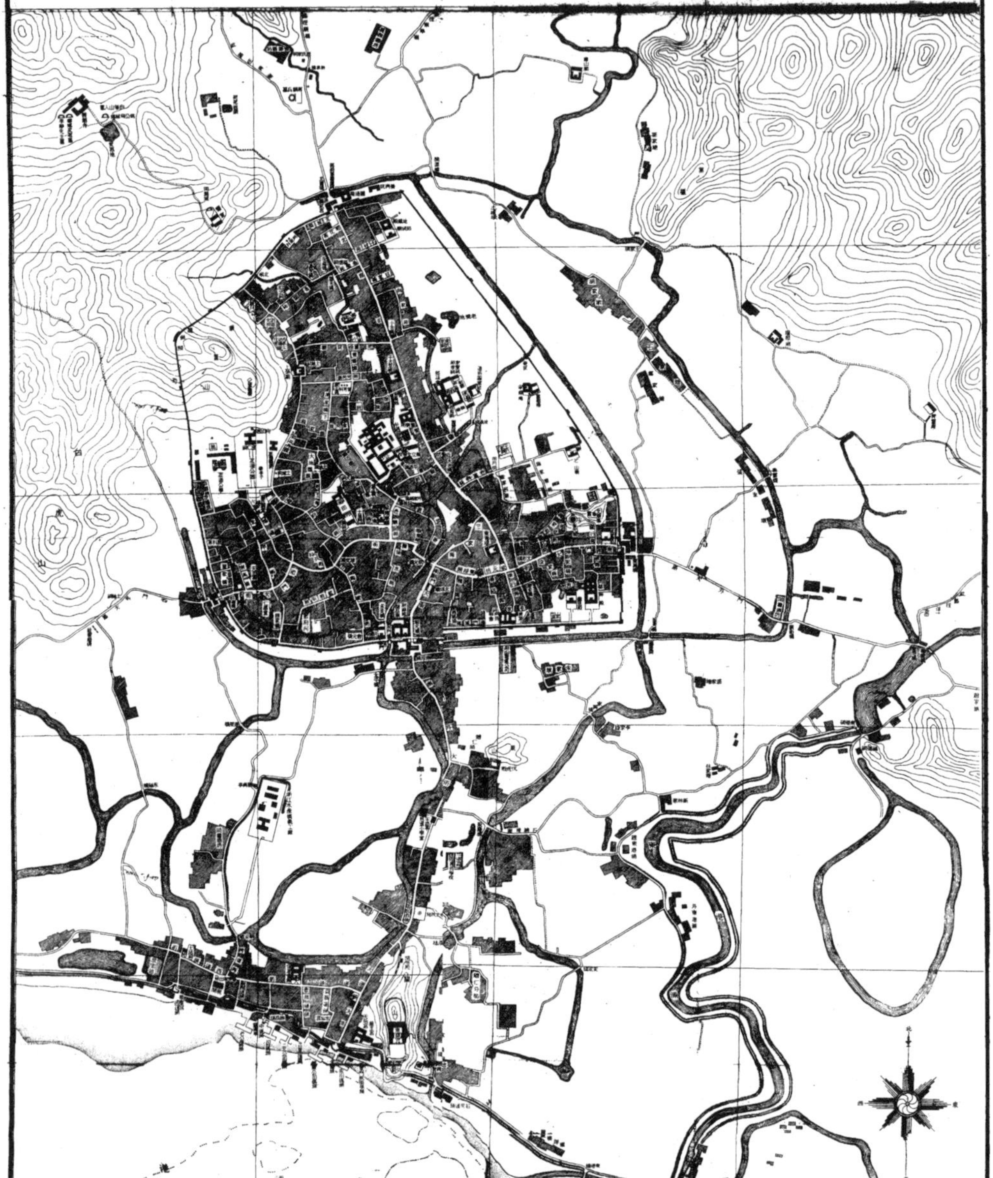

普陀山全圖

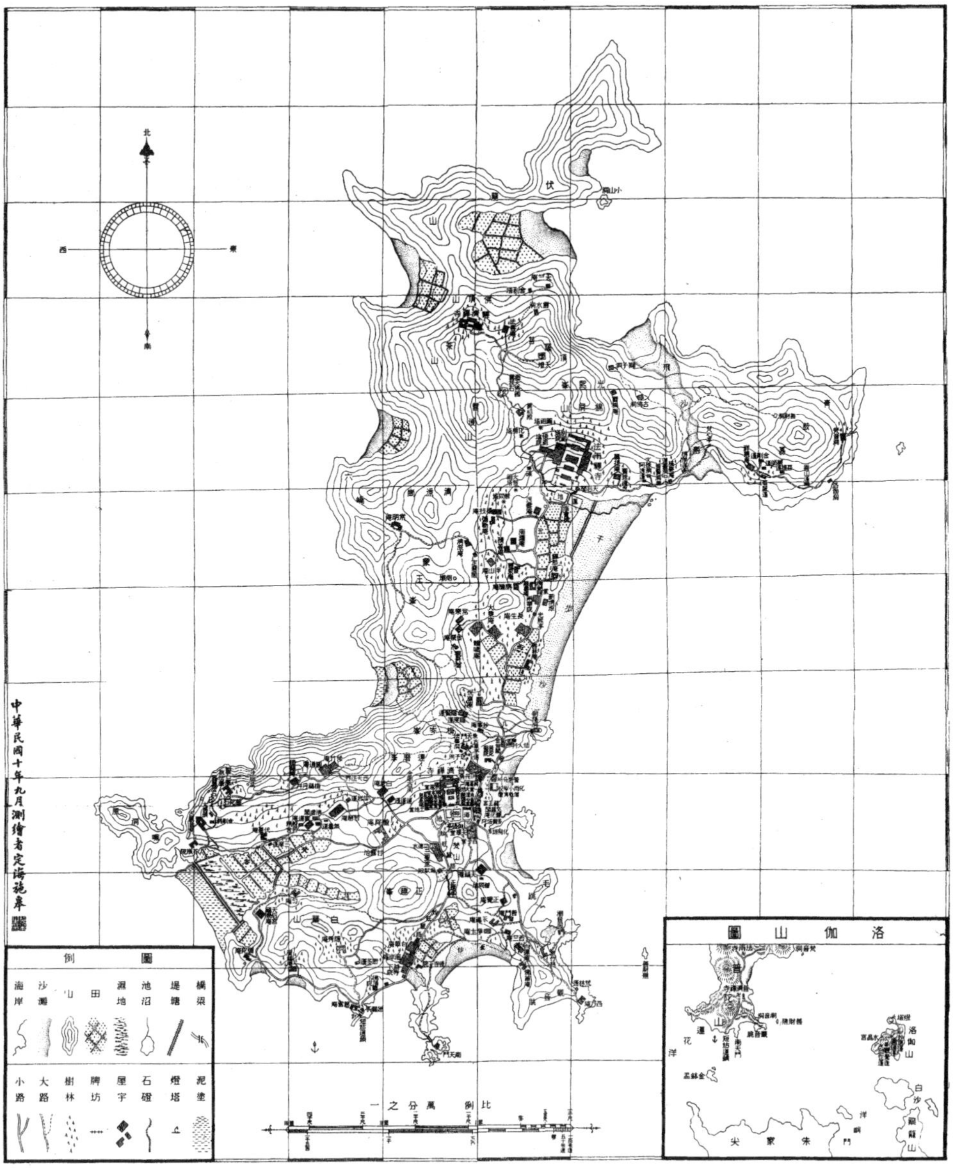
北
南
東
西
中華民國十年九月測繪者定海施寧
圖例
海岸
沙灘
山
田
濕地
池沼
堤塘
橋梁
小路
大路
樹林
牌坊
屋宇
石磴
燈塔
泥塗
比例一萬分之一
洛伽山圖

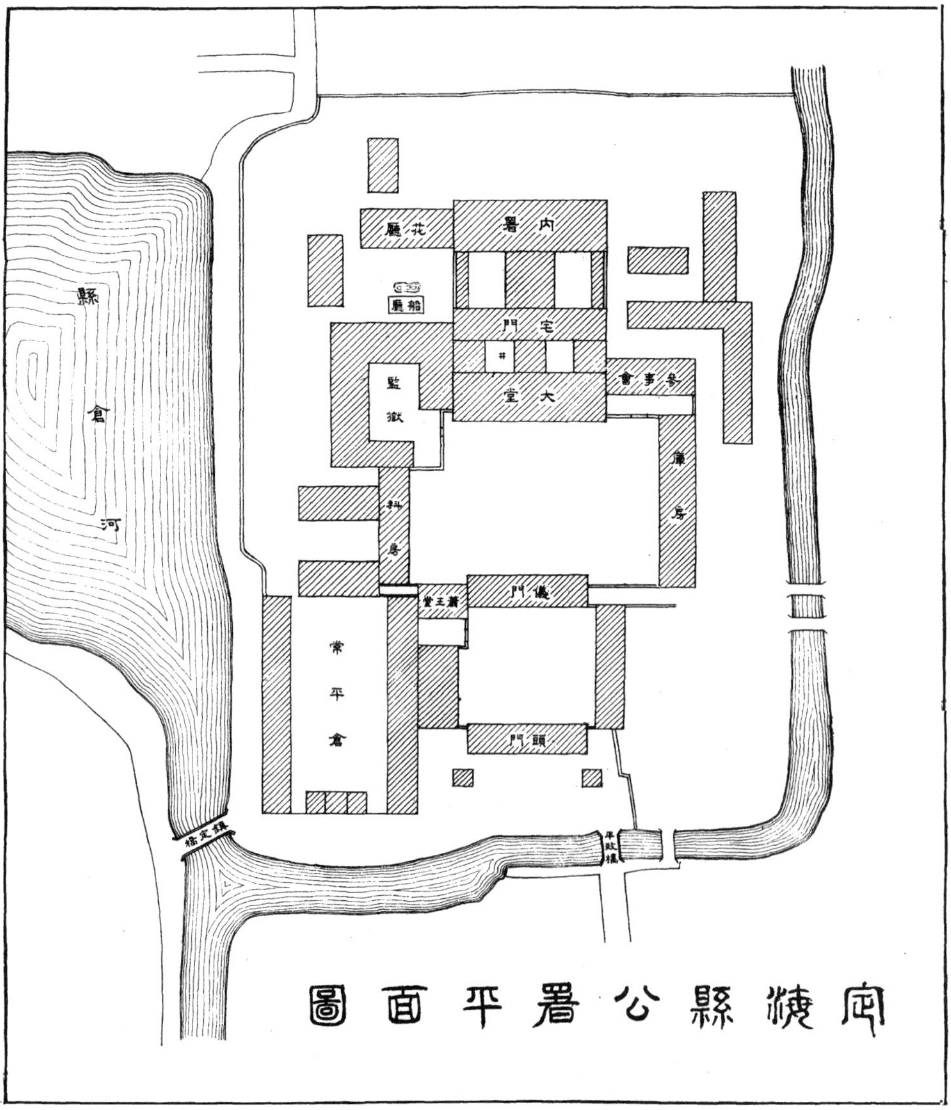

寗德縣公署平面圖

孔廟及縣議會平面圖

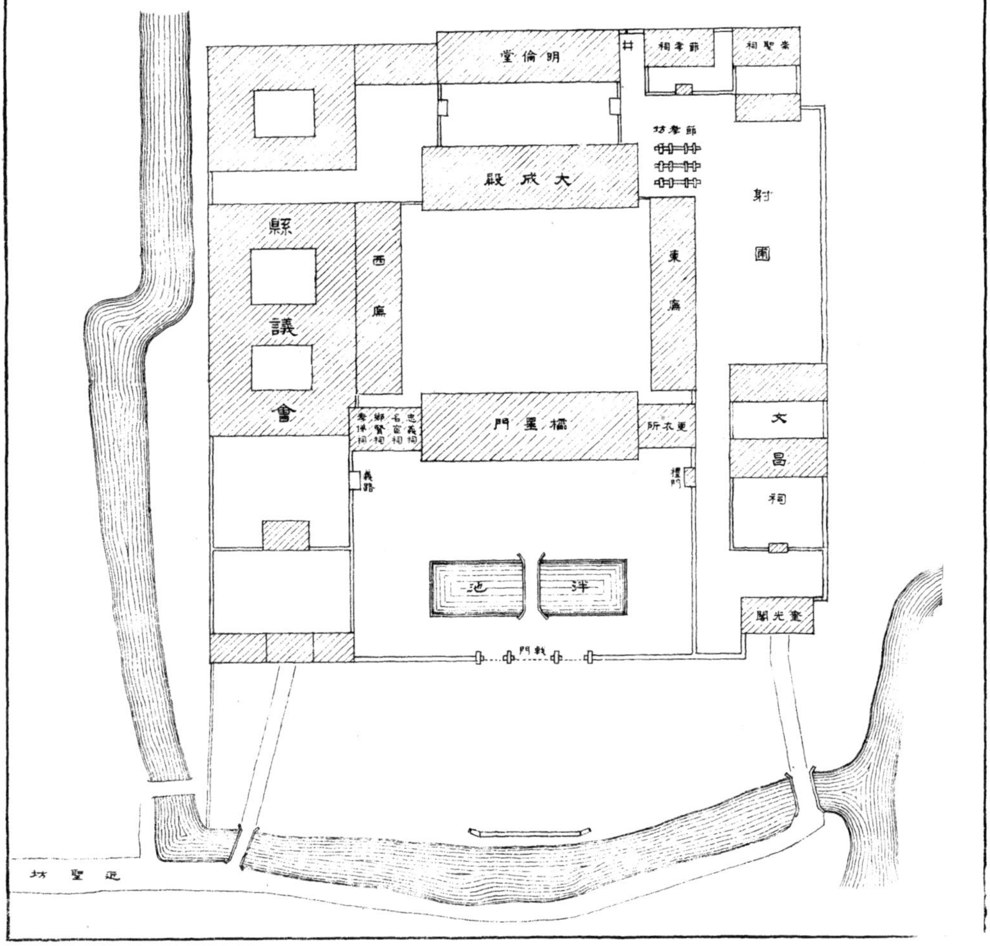
明倫堂
節孝祠
崇聖祠
節孝坊
大成殿
射圃
縣議會
西廡
東廡
忠義祠
名宦祠
鄉賢祠
孝悌祠
欞星門
更衣所
文昌祠
義路
禮門
泮池
戟門
奎光閣
近聖坊

定海中學校校舍平面圖

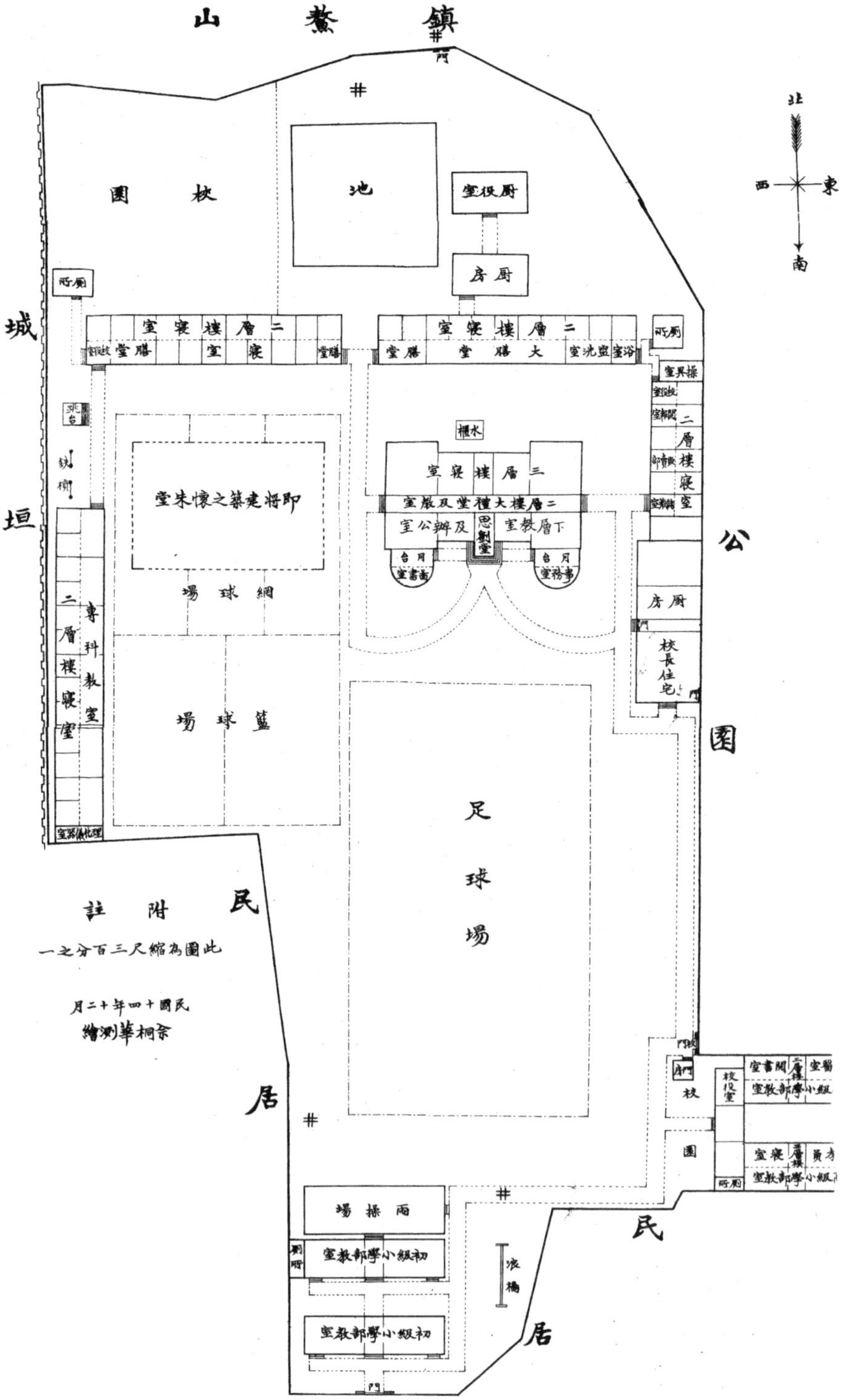
鎮鰲山
北
東
南
西
校園
池
廚役室
廚房
廁所
二層樓寢室
膳堂
寢室
大膳堂
盥洗室
浴室
操具室
水櫃
三層樓寢室
二層樓大禮堂及敞室
下層教室
及辦公室
月台
圖書室
事務室
即將建築之懷朱堂
網球場
籃球場
足球場
廚房
校長住宅
二層樓寢室
專科教室
理化儀器室
城垣
公園
民居
附註
此圖縮為三百分之一
民國十四年十二月
余桐華測繪
雨操場
初級小學部教室
校役室
校園
圖書閱覽室
二層樓
小學部教室
門

定海縣立第一小學校平面圖

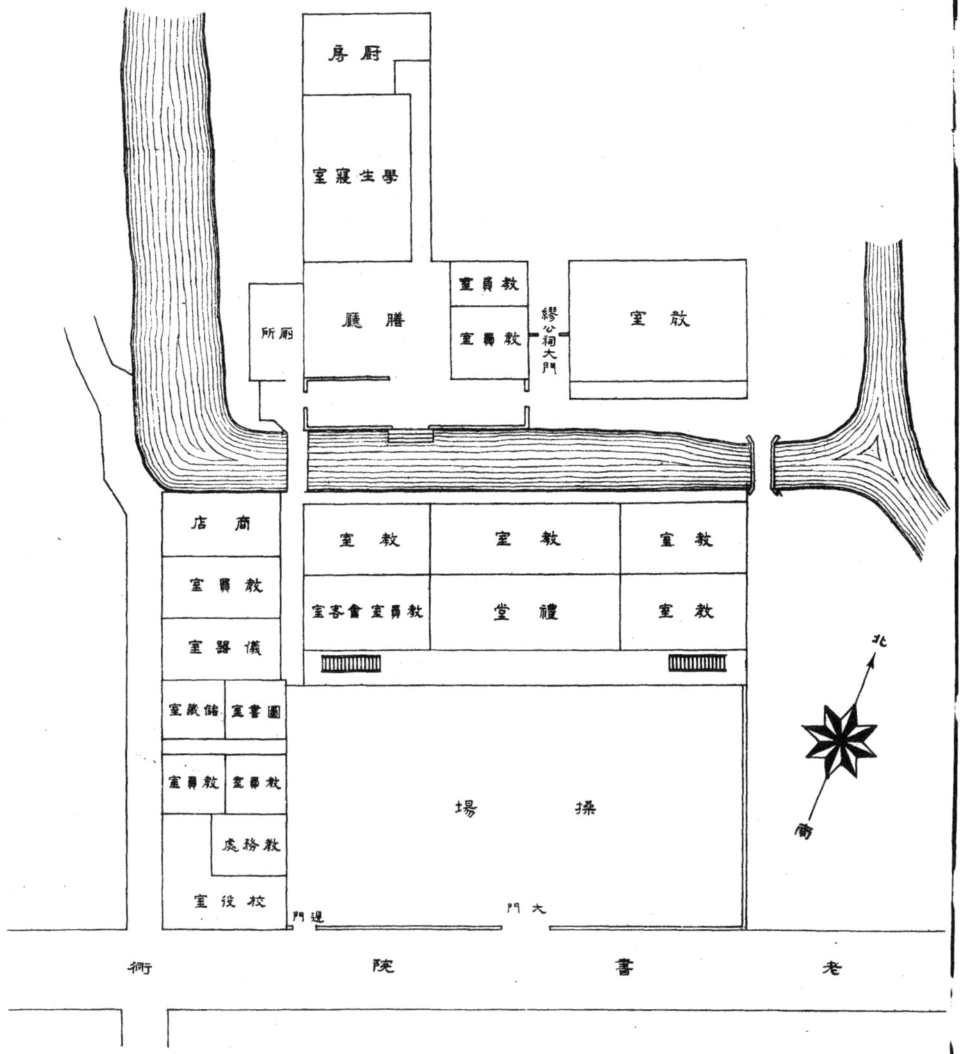

定海縣立女子學校校址全圖

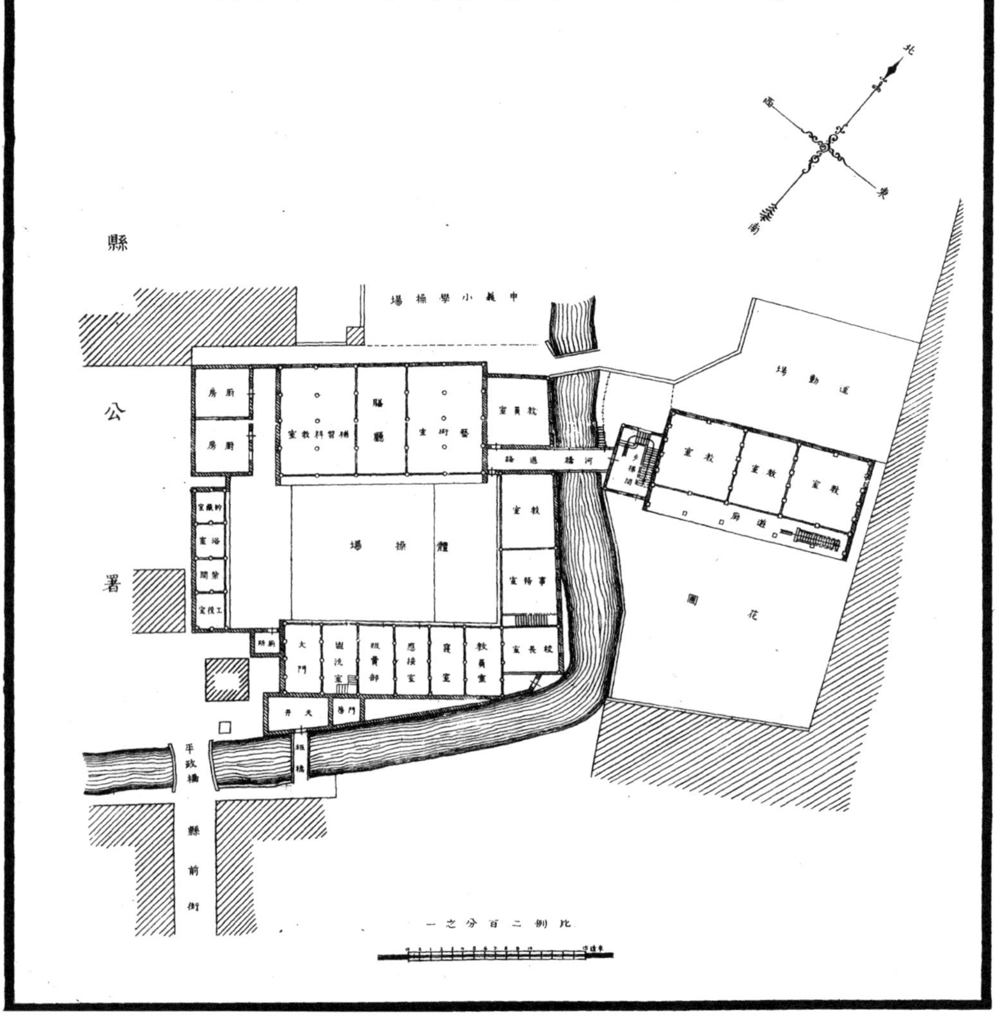

定海中學校校舍

定海盧山居攝

定海中學校校舍各部

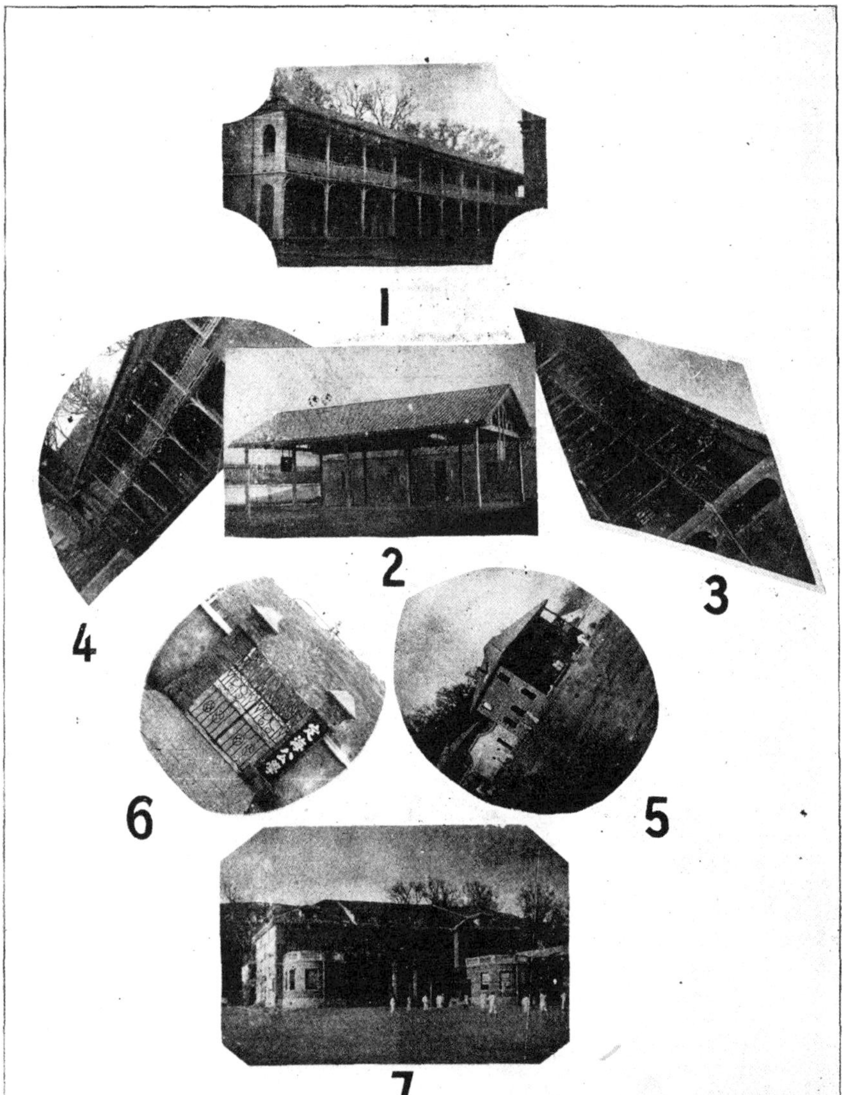

北樓
國民部課堂及雨操場
東樓
西樓
校長住宅
大門
思劉堂

定海盧山居攝

縣立第一小學校教室

定海廬山居攝

縣立第一女學校教室

定海廬山居攝

縣立第一女學校寄宿舍

定海盧山居攝

公園

定海廬山居攝

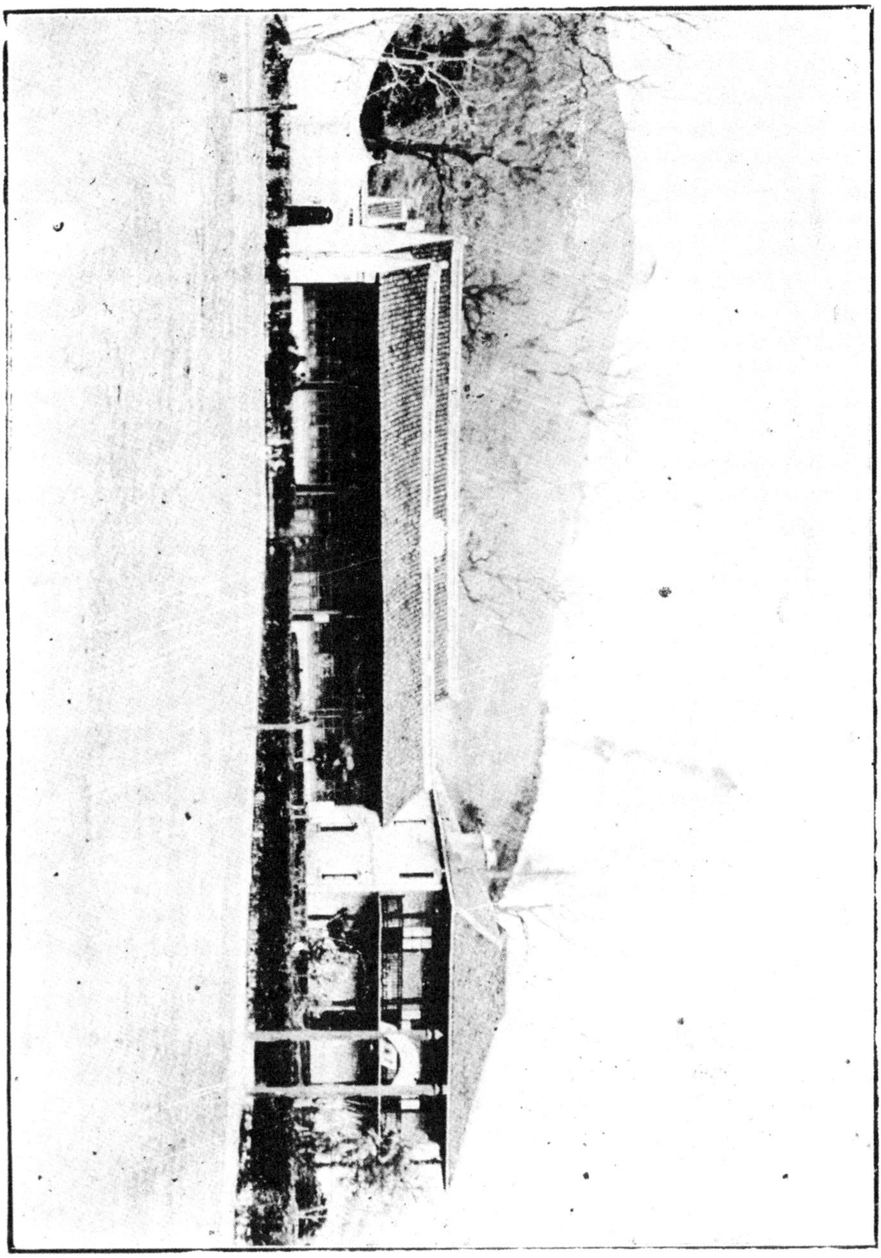

成仁祠及定海醫院

定海廬山居攝

東嶽宮

奎光閣

定海盧山居攝

祖印寺

定海盧山居攝

同歸域

定海盧山居攝

定海盧山居攝

普慈寺

繆公衣冠墓

定海盧山居攝

姚公殉難處

定海盧山居攝

普陀山短姑衜頭之風景

施兆光攝

普陀山普濟寺前之風景

施兆光攝

普陀山多寶塔院

施兆光攝

普陀山二龜聽法石

施兆光攝

題名

纂修

陳訓正 慈谿　馬瀛

調查

沈椿年　程鍾驥　張錫蕃　孫爾性　賀師章　方爾俊　何輔漢

王守鍔　張孝根　盧孝先　嚴佐宸　劉沛霖　許性立　湯銘策

胡振越　費錫齡　徐汝霖　李小卜

測繪

施皐　顏聖介 鎮海　張紀隆 鎮海

繕寫

張劭成 慈谿　姜琖 象山

附記

編纂定海縣志之材料除由調查所得及採諸光緒廳志外多取資於民國十年所修之定海廳志校補定海廳續志定海縣續志定海縣新

志四書原書纂修爲吳興錢崇綺本縣湯濬王昌科孫爾瓚校補爲本縣王亨彥參校爲本縣周錫瓚許堯鄉周安鍌吳修堂採訪爲本縣俞兆熊陸修綆何輔漢陳宗琳樂聲和胡振鑫王紹曾謝立初李哲熙黃審甫黃家棖王用賓盧孝先徐聿昌嚴保宸洪家懋胡振越許性立魏錫章劉沛霖孔昭光沈祖周繕寫爲本縣賀勛戴松年捐款者則知事吳縣馮秉乾三百元本縣方若一千五百四十元本縣吳修堂一千二百元普陀山僧五百八十元因原書未刊行故附記於此以志所本至於本志捐款因付印時尚未結束祇得先將已捐諸君姓氏列於書末

定海廳志修于清光緒八年迄今四十餘載人事變遷已不適用民國十二年春由僑滬邑人沈任夫程慶濤賀寀唐張康甫孫彌卿諸君發起從事續纂當經聘請陳天嬰馬涯民二先生爲編纂員凡編纂調查測繪繕寫等費計支銀幣四千餘圓除由僑滬紳商陸續捐資外其餘概由本會暫行借墊其收支細帳應俟本志銷售後再行造冊報告茲際剞劂竣事用特先將已捐諸君姓氏附刊卷末以志不諠示爾

定海旅滬同鄉會謹啓

朱葆三君　捐洋二百元　　許廷佐君　捐洋二百元

鄭嘉隆君　捐洋二百元　　胡鳴鳳君　捐洋二百元

朱占三君　捐洋二百元　　丁慎庵君　捐洋二百元

萬壽寺　捐洋二百元　　陳箴堂君　捐洋一百元

韓芸根君　捐洋一百元　　王啓宇君　捐洋一百元

徐翔生君　捐洋一百元　　陳二梅君　捐洋一百元

何詠昌君　捐洋一百元　顏舜玉君　捐洋五十元

陳宗緒君　捐洋五十元　陳岐貴君　捐洋五十元

蔣昌林君　捐洋五十元　陸瑞星君　捐洋五十元

傅志鴻君　捐洋五十元　金瀚仙君　捐洋二十元

加　謂

定海縣志

冊一

輿地志第一

定海縣志冊一

輿地志第一

建置沿革　形勢　疆界　列島　洋　港　潮流　分區
戶口　水利　氣候（災異占候附）　名勝　古蹟

建置沿革

舟山列島古稱海中洲往籍荒誕莫可攷信然大都唐以前隸會稽郡鄮境至開元間始置縣故左表斷自唐始

年代	隸	屬	建置沿革	備註
唐開元二十六年	江南東道	明州	翁山縣	
天寶元年	江南東道	餘姚郡	翁山縣	
大歷六年	江南東道	明州	廢	入鄮縣
五代	吳越國	明州望海軍		改鄮爲鄞
宋熙寧六年	浙東道	明州	昌國縣	
元豐三年	兩浙路	明州	昌國縣	
紹興元年	浙東路	明州	昌國縣	
慶元元年	浙東路	慶元府	昌國縣	
元至元十五年	江浙等處行中書省	慶元路	昌國州	

明洪武二年	浙江布政使司	明州府	昌國縣	十二年昌國縣設昌國守禦千戶所
洪武十四年	浙江布政使司	寧波府	昌國縣	十七年改昌國所爲昌國衛
洪武二十年			廢	徙衛于象山縣天門山以昌國故地置中中中左二所
清康熙二十七年	浙江省	寧紹台道寧波府	定海縣	定海本今鎮海縣名自舟山置定海縣乃改舊定海爲鎮海
道光二十一年	浙江省	寧紹台道	定海直隸廳	
民國元年	浙江省		定海縣	
民國三年	浙江省	會稽道	定海縣	

各鄉遣徙展復始末表

鄉名	遣徙	展復
富都鄉	明洪武二十年湯和起遣縣海居民止存內境四里	清康熙二十三年始展復故境
金塘鄉	洪武二十年全鄉居民徙入內地	康熙二十七年始召民開墾
安期鄉	同上	與金塘同時展復墾民未歸至乾隆間始開闢
蓬萊鄉	同上	朐山至光緒四年始展復餘與金塘安期同時召墾

形勢

定海當揚子江錢塘灣之衝懸海而島島大小無慮五六百而礁險隱約猶不在計數之中此非僅蛟門之外蔽已也浙海之形勝孰有先于

是者其地東盡國界與日本海接境海權所系動涉邦交其重尤十倍於內陸往者汪直蔡牽之亂縱横出没爲東南患我軍失于控制勦撫俱窮彼洶洶者一嘯聚之徒耳而披猖至此蓋有恃焉明清以來知兵之士莫不言禦寇于海絶其外援爲上策顧我國人航海非所習海外孤島視同棄地雖生長海鄉者亦少涉歷耳之所食皆魚販鹽卒之吐餘而於列島形勢固瞢如也此不能不有所論列之

舟山本島在定海縣境中區域爲大縣城即建于是附郭曰甬東甬東南岸有船步曰道頭爲列島交通之總匯甬東之西曰鹽倉距鹽倉岸南偏西里餘爲西蟹嶼嶼西爲蟹嶼門北爲螺頭門二門者皆行舟出入之要道也更南爲大貓山山南曰貓港可通大艦西蟹嶼之東約二十里爲東蟹嶼東西兩蟹嶼之間有盤嶼村落繁盛舊有定海右營駐兵自盤嶼迤東而北當縣城之南爲五奎山清光緒二十四年英人曾圖據此駐泊兵艦山南舊有礮台今廢矣盤嶼之南爲摘箬島距摘箬東十里爲拗山拗

山西北爲大小渠山此皆縣南之屏蔽也自拗山而東爲長嶼爲小干山爲馬秦山再東迤北當舵隩之沈家門半里許爲盧家嶼盧家嶼與沈家門間爲沈家門港明成祖嘗立水寨于此以防倭來寇其東南二里爲順母塗順母塗西南北距沈家門十二里爲登步山舊駐左營兵登步山順母塗之東爲朱家尖皆屬掩護舟山東南之要衝朱家尖之北爲普陀山舊左營有駐兵洛伽山與葫蘆山南北對峙在普陀山之東普陀西爲蓮花洋宋元豐中倭人入貢之道距岸六里爲治東蘆蒲地自蘆蒲而北而西北爲大展北壜二莊二莊間東北距岸二里爲梁橫山又六里爲青宅山黄宅山又在青宅之東南其海曰黄宅洋黄宅洋沿北壜白泉而西有秀山秀山西南相連者爲蘭山舊左營兵分駐此更南爲青山青山距干礲海岸二里半其間爲灌門水流湍急不易行舟秀山之北十三里爲岱山官山介其間其西有龜鱉烏牛白馬等山岱山東過竹嶼港爲長塗長塗東三里餘爲櫻連十里餘爲西寨十八里餘爲東寨又東爲治治菜花

鴨掌小板黃星廟子湖諸島而廟子湖最大自長塗以東諸島號稱中街山海深浪激無錨地惟廟子西南澳可避風廟子東爲青浜山爲西福山西福偏南爲東福又東爲四姊妹島爲兩兄弟島更東盡國界止故中街山爲舟山東北外海之屏障而掩護浙海之稱險要者也岱山長塗之北二十五里爲朐山今稱衢山岱朐兩山間曰朐港朐山之極東八十七里爲浪岡山浪岡西北七十里曰盡山盡山譯稱馬鞍羣島爲江浙聯防要地今屬崇明昔蔡牽朱濆入寇進退必趨于是其險要可知已朐山北七里餘爲黃澤山山之北爲黃澤港黃澤山西南大港水深而流緩上海山石子門蔽其東桑子小朐蔽其西風力障四面適爲大輪船之錨地黃澤港之北有馬蹟山大小川山川山與馬蹟山之間爲馬比股港再北爲黃龍四礁亦江蘇境朐山西北四十一里爲大羊山舊駐練軍五十名縣北境至此而止他日議清海盜議兩省聯防則大羊山與盡山間皆兵事之所必先者也距岱山西里餘爲兩頭洞島其間爲仇家門再西爲大小魚

山爲魚腥腦山兩頭洞之南爲長白山距舟山北岸二里有餘長白山迤西而南爲馬目山爲冊子山冊子山之東爲桃夭門爲菰茨三釣諸山又東爲岑港明時汪直導倭擾浙岑港與金塘之瀝港皆爲賊船負阻地瀝港在冊子西十餘里瀝表嵩山之南爲金塘北岸倭酋辛五郎被俘于此故又名平倭港金塘山距鎮海關最近相間秖十有九里清光緒十年法艦五艘聚泊其東大澳口以窺鎮海以舟山列島形勢論譬諸宮室金塘已在堂奧之次禦侮之道首在謹門戶不圖重闔複闥如舟山而任令敵艦之見于金塘也迤金塘而東而南爲大榭山當鎮海穿山岸之東北舊有右營駐兵山之西爲黄岐港東爲穿鼻島自穿鼻島而東越旂頭洋四十餘里曰大馬蟻爲距登步山西岸五里許之一小島大馬蟻之南爲桃花山舊左營駐兵是山南高而北低西有危峯爲設防要地其西南五里爲蝦峙桃花山蝦峙之間爲石棚港爲鮸魚洋蝦峙南十里爲馬跳頭島馬跳頭以東皆大洋也其西南爲六橫山舊中營有駐兵六橫西有佛肚

山山之東爲雙嶼港西爲汀子港而青龍山在其北故汀子港亦曰青龍港青龍之西汀子之北爲梅山梅山屬鎮海其西南爲象山港而定海之南境則以尖倉山横梁山爲界尖倉横梁皆距六横南十里外之小島也更南爲南田縣境爲台州境爲甌海閩海境海道交通惟漁民最廣所至無疆界定海海境内業漁者除土著島民外同舊府屬有鄞象奉鎮四縣之捕戸外幫則台温爲多閩幫次之偶遇魚汛減收箭網競利輒越貨殺人朋而爲盗大海眇邈隱島錯出而不可詰彼有數之巡艦顧安所恃而用之哉夫漁船所至海權隨之勢有然矣今者漁民畏盗多裹貲而業漸不舉此尤關于國防之大者故並及之案篇中所載里距均取島道

疆界

定海最數百島嶼而爲縣境内生產又全恃魚鹽故言界至自應弁海而計况東際大洋縣界即國界領海權之所繫實重也惟是海之界線雖可以經緯度表示其限然羣島方位各縣相錯必欲精密考測其所

至則有所不能茲僅就四境邊島假定爲界至列成一表而以浙海漁區經緯度附之蓋略備海域之標識云

四至邊島表

方向	島名	東經度（中線北京）	北緯度	位置	縣治距離
東界	兩兄弟島（即外甩）	六度 二八分	三〇度 一一分	中街山東三十里	一六〇里
東南	外羊鞍島	六 七	二九 五二	朱家尖東	一一〇
南界	大尖倉山	五 四〇	二九 三七	六橫南	九〇
	佛肚山	五 三三	二九 四三	六橫西	七〇
	大榭山	五 二六	二九 五四	舟山西南	三〇
西南	金塘山	五 二〇	二九 五八	舟山西十五里	三〇
西界	西霍山	五 七	三〇 一六	金塘瀝港西北	九〇
西北	魚腥腦山	五 二二	三〇 二一	岱山西偏北三十三里	八〇
北界	大羊山	五 三三	三〇 三六	朐山西北四十一里	一三〇
	徐公山	五 四七	三〇 四〇	大羊山東北四十里	一四〇
東北	黃龍山	六 六	三〇 四〇	朐山東北六十里	一七〇

浪岡山	六　二八	三〇　二七	朐山東九十里	一八〇

浙海漁區經緯距（據浙海漁團局調查報告）

東至經線東八度三十分與日本海線相交

南至緯線北二十九度與南田縣界

西至經線東四度三十分與乍浦界

北至緯線北三十一度與馬鞍羣島界

列島

舟山列島結根于四明南條陽列之山過峽起伏勢似撒星懸港絕澳不可僂指設縣以來幾經廢復汪洋激盪中官治有所不及故至今猶有隱失之地然諸島之稍稍大者或采自官中實測或取之譯籍其形勝里距固約略可言焉茲舉境內長距一里以上之島嶼次以爲表如左

縣境全海島嶼列表

島名	方位	距離 長	距離 闊	居民	附近小島	別名	備注
舟山	在鎮海關外東北四十里	八十八里又九之八	六十里又九之一	四萬餘戶		古或稱珠山	定海縣治所在
冊子山	在舟山西	九里又三之一	八里半	八九百戶		譯稱黑牆島	
外釣山	在舟山西	二里又六之五	一里又三之一	二三十戶		譯稱華陀	
中釣山	在舟山西外釣山東北	一里又九之一	五分里之三	十餘戶		譯稱林島	
裏釣山	在舟山西中釣山東北	三里半	二里又五之一	二三百戶		譯稱夾梯島	
菰茨山	在舟山西中釣山北	二里又五之四	二里又四之三	九十餘戶		譯稱谿慈島	
瓜連山	在舟山西北	一里又五之二	五分里之三			俗呼花面山譯稱克拉克島	舟山西北瓜連山東南舊有馬目山今沙淤已與舟山連岸
五嶼	在瓜連山西北	一里又九之八	半里			譯稱他司他非島	有五小島攢聚一處故曰五嶼
西蟹嶼	在舟山南偏西	二里又三之一	二里	數十戶	鑊蓋山　枕頭山　鴨蛋山	譯稱鐘島	西蟹嶼南面為蟹嶼門大輪之至定海者必道于此其北面為螺頭門惟中小輪可過
大貓山	在西蟹嶼南偏西	七里	四里又三之二	數百戶		譯稱塔山島	大貓山南曰貓港大輪常行之路其西微偏北有石伸入海俗稱貓脚爪
小貓山	在西蟹嶼南大貓山北	二里	一里又三之一	數戶		譯稱喬島	
盤嶼	在舟山南	五里半	三里又三之二	六七百戶	和尚山　大王脚版		盤嶼西面可泊大輪又大王脚版之西北面亦可泊輪惟遇西風浪甚大
小盤嶼	在舟山南	二里	一里又三之一	六七十戶	竹山　老鼠山　饅頭山	譯稱巴潮覺	
王家山	在舟山南六里強	一里	半里	不滿十戶		譯稱溫岐島	

鬬雞山	在舟山南六里半	一里半	半里		小鬬雞 練槌山 筊杯山	譯稱倍丁	案西人稱小鬬雞曰圓島稱練槌山曰鑾島以形言也
亮門山	在舟山南九里强	一里又三之一	三分里之一		小亮門	譯稱毋奧	
茨山	在舟山南七里强	二里又四之三	一里又六之一	二三十戶			
摘箬山	在盤嶼南偏東	四里	三里又四之一	數十戶			
小摘箬	在摘箬山北	一里半	半里			譯稱曉秒島	
五奎山	在舟山南竹山東	一里又五之一	五分里之一	十餘戶		即大五奎古亦稱龜山	大五奎南面舊有礮台正對火燒門清同治十三年築而新之旋廢將礮位移置青壘台
小五奎	在大五奎南	一里	四分里之三	數戶			
大渠山	在舟山南	一里又七之四	五分里之三	二三十戶			大渠山東西兩山相連中係鹽地
小渠山	在舟山南	四里	二里又四之三	二十餘戶	筆架山 谷山 小谷山 大鳳凰山 小鳳凰山		小渠山中係崇岡民居皆負海錨地在其西筆架山俗呼虎狽山又小鳳凰山南微偏東有鹽地長一里闊三分里之二曰黃田基
嵩山	在東蟹嶼南	三里	一里半	二十餘戶	小嵩山		
東蟹嶼	在舟山南里許	一里又五之二	一里又五之一	七八十戶			東蟹嶼北高南低西有沙灘已成鹽地
十六門	在東蟹嶼東					古或名石弄門	小嶼錯雜故名
長嶼	在舟山南一里	六里	二里又三之一	二三百戶		譯稱長芝	產鹽
外長嶼	在長嶼東南	二里	一里		茶山	譯稱門陀山	
拗山	在長嶼南	五里又三之二	四里	三四百戶	洋小猫	譯稱拗島 洋小猫稱圜島	產鹽

擔嶼	在舟山南	三里	五分里之二				擔嶼兩端皆小山中有鹽地相連形似擔故名北面有礁在水底土人壘石其上以示行舟
小干山	在舟山南偏東一里强	二里又五之四	一里又五之四		獨山　四菜水		產鹽
馬秦山	在小干山東	一里半	一里			亦名馬嶼	產鹽
盧家嶼	在馬嶼東	三里	一里又七之六	二百二三十戶	馬鞍山　旱老鼠　水老鼠　饅頭山	亦稱魯家嶼	盧家嶼與沈家門僅一港之隔港深五六拓爲中小輪船極穩錨地其東面有一深水道便于出入惟稍窄耳　產鹽
長山		一里半	半里			譯稱活而台島又自魯家嶼至長山總名海而斐島	
東閃山	在盧家嶼東南	一里半	一里			譯稱雙坡	
西閃山	在東閃山西	一里半	五分里之三	不滿十戶	蛟泥山	譯稱鴨島	
登步山	在西閃山之南	十一里半	六里	六百餘戶	雙鸞山　泥螺山　空空山		登步南北兩面皆山中係沃野居民耕漁各半西北水深六七拓處常張漁網亦可爲錨地
大圓鵜鶘	在登步山南	三里	一里		小圓鵜鶘　沙山　除尾巴山	譯稱度隱菩薩	
大馬蟻山	在登步西	二里又三之二	二里	三百戶	點燈山	譯稱雪牢之	
小馬蟻山	在大馬蟻南	一里	半里			譯稱星得	
桃花山	在小馬蟻南	二十一里	九里又三之一	三千戶			桃花島南面多高山北面皆低平多禾田西面有一危峯
雞娘山	在大圓鵜鶘南	一里	五分里之三			譯稱凡痕司島	

溜網重	在桃花西	一里	五分里之三		枕頭山　棺材山	譯稱陀彼林	
大雙山	在溜網重南	二里半	一里半	八九十戶		譯稱强彼	
小雙山	在大雙山南	一里又五之二	五分里之二	六七十戶		譯稱雪愛搜	
東白蓮	在大雙山南	三里半	二里	五六十戶	三級山　老鼠山	譯稱羅木營	
西白蓮	在東白蓮南	三里	二里	四五十戶	西鶴嘴　般嶼		
湖泥山	在西白蓮南	五里	二里	百戶	筊杯　雙鸞　饅頭	譯稱胡愛朋	
紫菜山	在東白蓮南	一里	五分里之二		大頭　馬鞍　小馬鞍　銅盤	譯稱居子島	
金鉢盂	在紫菜山南	二里又三之一	一里又四之三		裏外饅頭　應山　鸞山　空殼山　長柄山	譯稱福茄島	
蝦岐山	在桃花山南	十八里	六里	千餘戶	横山　中柱　畚箕　半邊山　雙鸞山		蝦岐山西面有石棚村島民多聚居于此北面有錨地
走馬塘	在蝦岐南	三里又五之二	一里又五之三	三四十戶	馬蹟山　績麻嶼		
後門山	在走馬塘南	一里	三分里之二			譯稱鷲島	
大兩段	在走馬塘南	二里又三之一	一里半			譯稱河門	
小兩段	在走馬塘南	一里又五之三	一里			譯稱偷騰	
馬跳頭	在後門山南	十四里半	三里半	五六百戶	青山	譯稱烏喙島	馬跳頭全島無禾田居民多在西面北面可爲錨地
對江山	在馬跳頭南	二里又三之二	一里半	數戶		譯稱頭鳴山	對江山西與六横山間爲海閘門惟小輪可過其北面泊中小輪最宜可障四面風力云

硯瓦山	在對江山南	二里又五之四				譯稱龍騰山	
筆架山	在硯瓦山南	三里又三之一	一里又六之一		和尚山　雙鸞山　小雙鸞	譯稱彭島	
大蚊蟲	在筆架山南	二里又九之一	一里又三之二			譯稱門騰山	
小蚊蟲	在筆架山南	二里又六之一	一里			譯稱勃司爾島	
六橫山	在舟山南三十九里當蝦岐之西	三十里	二十里	萬餘戶	裏外帽石　夫人嶼　升羅山		六橫地方廣博禾田約居全島之半平原沃野村落相望無異內地東南北三面可暫下錨
紐鸞頭	在六橫西	一里又四之一	三分里之二		棗子心	譯稱涇洛島	
野佛肚	在六橫西	一里又三之一	三分里之二			譯稱希皮島	
佛肚山	在六橫西	八里	四里	三四百戶	金竹山　雙嶼　癩頭嶼		佛肚山介乎六橫山梅山之間遂分水道爲二支東曰雙嶼港西曰汀子港大輪皆可駛行
小佛肚	在佛肚山南	二里	一里又三之一		温州嶼		
汀子山	在佛肚山西	一里又三之一	三分里之二		大小饅頭	亦名汀齒山　譯稱拉倒山	
轂渠山	在六橫南	一里又五之三	半里			譯稱片島	
大青山	在六橫南	一里	五分里之三		小青山　羊伴山　茶伴山	譯稱石行島	
龍洞山	在六橫南	一里半	五分里之二		菓子山　塌鰻山　練槌山		
大尖倉	在六橫南	三里	一里			譯稱米生島	
小尖倉	在六橫南	一里	六分里之五				

橫梁山	在尖倉山南	一里又四之一	半里		戴黃帽山　楦頭山		
大榭山	在鎮海穿山東北一里餘	十一里半	十一里	七八百戶	胥箕山		大榭山民安耕鑿漁戶甚少南面可泊帆船西面黃岐港有土燈塔
穿鼻山	在大榭東	三里又五之四	二里又四之一			譯稱鎮北	
涼帽山	在大榭東	一里又五之一	五分里之四			譯稱代冒	
外神馬	在大榭東南	二里又六之一	一里半	二三十戶		譯稱南星梅	
裏神馬	在外神馬西	一里半	一里半	二三十戶		譯稱裏星梅	
外嶼	在神馬東偏南	三里	一里又三之二	百餘戶		譯稱拉樓	
長腰山	在大榭南	三里半	半里	數戶	攤戶山　老鼠山　泥嶼　案老鼠山亦曰饅頭山		
金塘山	在鎮海招寶山東北十九里	二十四里	十六里	六七千戶	碗盞山　黃狗山　三山　北輪山		金塘四面皆山中係沃土可耕可漁然居民多歲出只供三月之食常賴漁補不足　距南角百餘丈有二礁曰雙尖其南一百二十丈有紅色石柱爲標識又黃狗山之南有狗尾礁　西南可泊大輪瀝港可泊帆船
太平山	在金塘瀝港西	五里又四之二	四里又三之二	五百餘戶	甘嶼		
大髫果	在太平山北	一里又三之一	五分里之二		小髫果	譯稱深汀島	
魚龍山	在金塘北	一里又六之五	一里又六之一			譯稱稠稠島	
菜花山	在魚龍山東北	二里又五之四	一里又六之五		小菜花	譯稱方希	
橫檔山	在魚龍山西北	一里又三之一	半里			譯稱涼島	

搗杵山	在太平山南	一里又三之二	五分里之三			亦稱棗子山譯稱大澳子島	
東霍山	在五嶼西三十餘里	一里半	三分里之一				
西霍山	在東霍西偏北十餘里	一里半	一里				
朱家尖	在舟山東南七里餘	二十五里	十里	數千戶		亦名烏沙懸山	朱家尖禾田居全島三分之一皆普陀僧產西面漲灘甚廣北面月澳可爲錨地
順母塗	在朱家尖西二里	五里又四之三	四里又三之一	七百餘戶		俗呼十畝塗譯稱鳳棲約	
四蘇山	在順母塗北	一里又四之三	五分里之三	十餘戶	金鉢盂	譯稱冰骨	
糯米潭	在朱家尖西	二里又五之二	一里又四之一	十餘戶		譯稱魚曹門	糯米潭與朱家尖間新漲灘地甚廣西面石牛港可泊帆船
塞峯山	在登步山東	一里	三分里之二		烏鯛山	譯稱小屋島	
烏沙山	在朱家尖南偏西	三里半	三里又五之一		銅盤山　烏嶼	銅盤山亦作稻蓬山烏嶼亦作烏柱	
後門山	在朱家尖東	一里又四之三	一里		裏外羊鞍　龜山　癩頭山　上盤山	譯稱掘來生島	
羊嶼	在朱家尖東偏北	一里半	一里	數戶		譯稱羊岐	
白沙山	在羊嶼東	四里半	二里	百餘戶	雞籠山	譯稱拉加	
蜑山	在朱家尖東	一里又四之一	三分里之一			譯稱伊克爾司島	
柴山	在朱家尖東	二里半	二里又三之一	百戶		譯稱白沙	
洛伽山	在白沙山北	二里	一里又三之一		小洛伽		洛伽山燈塔係透鏡紅白二色常明燈光距水面十丈八尺晴時白光能照四十五里紅光二十二里

樹杵山	在朱家尖北	一里又四之三	四分里之三		練槌山		
普陀山	在舟山東六里	十二里	六里半				普陀山南面有道頭曰短姑北面天燈岡爲諸峯之最高者山僧置燈其上以示行舟
箹山	在普陀山北	一里半	一里				
葫蘆山	在普陀山東偏北	三里又四之三	一里又三之二	八九十戶	外鑊嶼　香爐花瓶	譯稱伊司某司	
貓腿山	在普陀山東	一里半	五分里之三			譯稱冰布	
旋嶼	在普陀山西	一里半	三分里之二			譯稱大真島	
梁橫山	在舟山東北二里	四里又五之三	二里	百餘戶		譯稱策島	
小梁橫	在梁橫山北	一里又五之三	一里		牛頭潭	譯稱梅鶯島	
青宅山	在梁橫山東	一里	七分里之四		裏鑊嶼	或云即黃宅譯稱梅汀	
蘭秀山	在舟山北四里半	十三里半	八里半	一千七百餘戶			本稱秀山與西南蘭山相連故名蘭秀山南有青山青山與舟山間爲灌門水流甚急故俗有舟子好做灌門難過之諺
泥螺殼	在秀山北	二里	三分里之二			譯稱哈台島	
釣山	在舟山北偏東	一里又四之三	一里又四之三			譯稱他安登島	
青山	在蘭秀山南	一里半	一里又四之一			譯稱穀島	
平山	在青山東	一里	半里				
稻桶山	在平山南	一里	半里				

上蛇舌	在蘭秀山南	一里又五之三	四分里之二		鶺鴒山	亦名上游	
下蛇舌	在蘭秀山南	一里又三之一	四分里之三			亦名下游	
畚斗山	在舟山北四里	一里	一里				
長山	在舟山北三里半	一里又四之三	四分里之三				
洞口山	在蘭秀山西	一里	半里		涼帽山		
長白山	在舟山西北	八里又六之五	六里	數百戶	烏柱山		長白山四面均可椗泊
岱山	在蘭秀山北	二十七里又九之七	十九里又九之五	萬戶			
兩頭洞	在岱山西	三里又三之一	二里又三之一	數十戶		譯稱協宅唐	兩頭洞西南北三面均可椗泊其東面距岱山之間俗呼仇家門水深四五拓至十餘拓不等
涼帽山	在兩頭洞西	一里	半里		花鼓山　丟鑼山	譯稱皮秋島	
大魚山	在兩頭洞西	十一里半	三里又三之二	三百餘戶		自大魚至魚腥腦譯稱稱福而該奴島	大魚山居民在西澳
小魚山	在大魚山南	二里又三之一	一里又四之一	不滿十戶		譯稱小節山	
練槌山	在大魚山西	一里又三之一	半里		無名件　冷飯山		
旋港山	在大魚山西	一里又三之一	半里				
橫梁山	在大魚山西	一里	半里				
大全山	在大魚山西	一里又五之一	四分里之三		小全山　三塊　北大　南大　板枋山		

魚腥腦	在大金山西微偏北						魚腥腦有燈塔係透鏡白光常明燈光點距水面八丈晴時能照四十五里並有霧礮
衢中山	在岱山西南	一里半	一里又四之一	數十戶		譯稱球島	
大蛟山	在岱山南五里半	五里	一里又三之二	二百戶		譯稱吐哥山	
小蛟山	在岱山南里半	一里又三之一	一里	六七十戶	竹山		
官山	岱秀二山之間	四里又五之四	三里半	二百戶	小官山　蛤蚆山　神福山	譯稱韮山	官山北偏東爲蛤蚆山是山之西有小山三礁一
南牛犢	在岱山南六里	二里又三之一	四分里之三			譯稱忙島	
北牛犢	在岱山南二里半	一里又三之二	六分里之五			譯稱哥林生島	
葡門山	在岱山東南	三里又三之一	一里又五之四	百餘戶	蕎麥格子　三塊　鴨蛋　蚊蟲　爛冬瓜	譯稱大蒲門	
大竹嶼	在岱山東三里	一里半	三分里之二		小竹嶼	譯稱強蘇島	
考門山	在岱山北	一里又三之二	半里				考門山與岱山間卽名考門惟小船可通
燕窩沙	在岱山北	一里半	三分里之二		鐵墩山(卽蓊蓬山)		
東墾山	在岱山西北	一里又四之三	半里			東墾山及西墾山譯總稱吼司島	
西墾山	在東墾山西	一里又三之二	一里半		塞子山		
長塗山	在大竹嶼東	三十里	五里	二千戶			
櫻連山	在長塗山東	二里	一里	數戶	楠木椿	譯稱毛來	

西寨山	在長塗山東十里	五里又三之二	二里又三之一	數十戶		譯稱大堂島	
小西寨	在西寨山西	二里	一里			譯稱活而耳	
東寨山	在西寨山東	二里	一里又六之五			譯稱密春沙島	
奔波山	在西寨山北	一里	三分里之二			譯稱蜜蜂島	
治治山	在東寨山東	一里又三之一	四分里之三			譯稱休惠得島	
菜花山	在東寨山東南	一里又六之一	五分里之三				
鴨掌山	在菜花山東	一里又四之一	半里			譯稱勃來能島	
小板山	在菜花山東	二里又四之一	一里	數戶		俗呼小龜山　譯稱屈立剝特	小板山燈塔係透明漸明漸滅燈光點距水面二十丈晴時能照六十六里並有霧礮
黃星山	在小板山東	六里半	二里半	數十戶	大小青山　葉子山	譯稱西漁人島	
廟子湖	在黃星山東	六里半	二里半	百餘戶	蒲門山	亦名廟子沽　譯稱中漁人島	長塗山以東一帶海島總名中街山海深浪大惟廟子湖西南澳可暫椗泊
青浜山	在廟子湖東	四里又五之四	一里又四之一	百餘戶		亦名青幫山　譯稱東漁人島	
西福山	在青浜山東南	二里又五之四	二里又五之一			譯稱南通人島	
東福山	在西福山東南	五里又三之二	三里又三之一	數十戶	裏甩山(即四姊妹)　外甩山(即兩兄弟)	譯稱菲地由島	
多子山	在長塗山北一里	三里又四之一	一里			譯稱黃蜂島	多子與長塗之間爲多子港其西南爲五虎礁屢壞行船
西鶴山	在長塗山北里許	一里	四分里之一		扁簪山　磨盤山　應龍山		西鶴山在長塗港北口西面有土燈塔
大懸山	在長塗山南里許	二里又三之一	一里又三之一			譯稱草島	

長山	在長塗山南里許	一里半	半里		浮瓢山　殼落山　穿鼻山　筊杯山		
朐山	在岱山東北二十五里許	三十里	十里	三千餘戶	癩頭嶼	亦稱衢山	
小朐山	在衢山西北七里半	三里又三之一	三里	百餘戶	紅山　橫拉山	譯稱白色脫島	
橋梁山	在衢山西北	一里半	三分里之一				
枇杷籃	在衢山西	一里	四分里之一			譯稱伊文島	
泥螺山	在衢山南	二里半	一里又五之一		小泥螺		
黃澤山	在小衢山東	五里半	四里	百餘戶		譯稱皮而島	黃澤山北面爲黃澤港其西南面與衢山間爲停泊大輪極穩錨地可障四面風力
桑枝山	在黃澤山西南	二里半	一里又四之一		扁擔山　麥倉山　弓山　鑰匙山　上褡褳山	譯稱亨利島	
褡褳山	在衢山北	一里	四分里之一		爛冬瓜　雙卵黃	桑枝山至爛冬瓜總譯陶生島	
上海山	在黃澤山東南	二里	六分里之五	數戶	下海山	譯稱新丕生島	
乍浦門	在衢山東	一里	五分里之二		蚊蟲山　蚊蟲翼	譯稱達歐島	
大盤山	在衢山東	一里又四之一	三分里之二		小盤山		
鼠浪湖	在乍浦門東	五里半	五里	二百戶		俗呼慈老塢　譯稱安掘羅	鼠浪湖民居在西南澳地勢近孤時有盜患西南東南兩面可作錨地
小鼠浪湖	在鼠浪湖南偏東	一里又六之五	一里又三之一			譯稱法蘭西島	
青山	在鼠浪湖東	一里又三之二	一里又三之一				

横海頭	在鼠浪湖東	一里又五之四	一里			譯稱裴而福島	
上三星	在鼠浪湖東北	一里又四之一	五分里之三			總名三星譯稱霍勃生島	
中三星	在上三星東偏南	一里	七分里之四		下三星		
浪岡山	在衢山極東	一里又七之六	六分里之五	三四十戶			
大羊山	在衢山西北四十一里	六里半	四里又三之一	三百餘戶		亦作大洋山　譯稱大雄山	大羊山東南仁記澳水深五六拓處泊船最穩惟遇南風須移泊西北面西面有高峯兀然曰雄鶴鼻此山爲江浙兩山之界其北小羊山卽屬崇明

前表所列大小島嶼一百八十有二附見者亦在百以上然當定屬全海有名號之島嶼猶未足盡其半也考海中島嶼構成之初不過一拳石之多如今之所謂海礁者定海地當揚子江南錢塘灣東潮流交會之衝內陸之水挾沙礫俱下一遇礁石渟積沈滯日久漫連結而成陸故知當未成陸之先其爲島嶼尚不止此數海礁者島嶼之最小者也或隱伏波底或雖露矗而不高或今已成爲童山要之皆足爲行舟之患是項礁險前表未及徧載僅于附注中略舉數處茲更訪錄其著者如左

雙礁　鵝礁　小礁在金塘西南　黃牛礁在金塘東南　米洋礁一名碗盞礁　烏屙礁在金塘東橫水洋中　丁寡婦礁在竹山西　道場礁在南衜頭東岳山前　老鼠礁在五奎山東北　野猪礁在五奎山東　鯉魚礁在大渠山東　金盆礁在東蟹嶼南　箬鰨礁在王家墩東　游凫礁在小干山北　四菜水礁在小干山南　分水礁一名香火礁　在馬秦大海中　羊辣礁在田螺嶼港　半升桶礁在盧家嶼東北設有警燈　蛤蚆礁在田螺嶼港礁有二一明一暗俗呼岸蛤蚆水蛤蚆　羊卵袋礁礁有二潮漲落均不見在順母塗東北　裏王礁　外王礁在朱家尖東　雞冠礁在朱家尖千步河南王家礁西　鵝礁　羊角礁在朱家尖上盤山側潮漲落均不見　泥岃礁　三礁在朱家尖西寨風山北　棺材礁　鱟魚礁在朱家尖茅跳山外　紗帽礁　紗帽尖在朱家尖北　小桶盤暗礁在桶盤山外　銅錢礁在西風嶴山外　小烏鯽礁在烏鯽山外　岸烏鯽礁在小烏鯽礁東　九礁以相近之礁有九因名內數礁不見舟易觸犯亦在朱家尖登步之間　暗礁在象鼻嘴山外　和尚礁在洋嶼山外　蝦礁在蛋山南白沙東北　雞娘礁在烏石宕外四跳嘴　野猪礁在第五潭外潮落不見　稻蓬礁一名銅盤礁　在收鮮嶴東南　鷄冠礁　鶉鴣礁

在登步西北　扁擔礁在桃花東南　鯕魚礁在桃花東南　大礁　小礁　銅錢礁在桃花圓鵜鴣山東　烏龜脚礁在西白蓮西南　大小水礁在六横東南桃花東北　大礁在大雙山東　外筊杯礁在西白蓮西南　裏筊杯礁在湖泥山西　捕魚礁　涼帽篷礁在蝦岐西南　雞娘礁在蝦岐西北　羊洞礁在上盤東北　大風水礁在雞娘礁北　黃礁在大涼潭東　嚮水礁在六横上莊潮鳴日夜因名潮漲不見表以石柱　鴉鵲礁　外猫礁在六横東南　白馬礁在六横下莊距白馬山嘴約數丈潮漲則沒昔有輪船經此壞事　黃礁　鼠礁在六横銅鑼甩東　攔門虎礁在海閘門內　大小桶盤礁在海閘門西北　蚊煙絲礁　雙卵礁在大蚊蟲山北　戴黃帽礁在六横南　長礁在小尖倉東　鰯鰻礁在小尖倉北　瓦爿礁在獺山外潮漲礁沒有礙行舟　烏屙礁在野鴨山北七里　娘娘印礁在長白東南珠子山浦下潮漲落均不見　烏牛礁　白馬礁在長白東北　泥礁在平山南設有浮筒上列紅燈以便行舟　金剛礁在干纜營房山外　三江肋礁在馬嶴老岸三江北　田螺礁在馬嶴老岸蔣梅纜北　大風水礁　小風水礁風水亦作分水在長塗港老鼠山西南　大礁在秀山占魁山東北　大筊杯礁　小筊杯礁在竹嶼港相近蚊蟲山東　骨牌

礁（在竹嶼山西） 五虎礁（有二一在岱山南浦灰鱉山北一在岱山缸窰湖西北鐵墩山南） 田螺礁（在岱山山外南） 牛污礁（在岱山小蒲門東北） 醬油堞礁（在岱山南老鼠饅頭二山間） 雞污礁（在岱山西沙角） 沙魚礁 三板礁（在岱山南與小蛟山竹山相近） 野猪礁（在岱山東沙角西沙角間潮漲不見今由五屬公廠立潮標建石于其上） 蝦扒礁（在東壑山外） 百畝田礁（在西壑山西北） 雨繖礁（在東壑山東直立海中） 烏礁 紗帽礁（在朐港東） 雞娘礁（在朐港東北） 蟹礁（在朐港北） 枇杷籃礁（距岸約五百步） 木屐礁 猢猻爪礁（潮退可涉）（在朐山西） 柴礁 泥礁 黃礁 昌國礁 橫勒礁 麥隲礁 洞礁（礁中有洞） 皮子礁（潮漲礁沒光緒間唐華黼等表以石）（在朐山北） 蓑衣礁（在朐山南龍潭嶴前距岸二里許面有山洞口丈餘深不可測颶風起時雖浪花沒岸而洞中之水仍淡龍潭之名本此遇旱農民就此祈雨） 半洋獅子礁（在鼠狼湖東南） 海虎礁（在黃澤東南） 討飯提籮礁（在黃澤山北） 菜花礁（在大展塘頭東北） 燕礁 花轎礁（在葫蘆山外） 外鏤嶼 香爐礁（在燕礁東） 岩礁（在小梁橫東北） 桶礁（在青它東） 仆頭礁（在北馬嶼西） 赤膊礁 墨烏柱礁（潮漲不見） 裏外捴蛋二礁 蛣蛛礁 黃礁 調戲礁 岡礁（在黃大洋東） 小魚礁（在黃星南） 白

腊礁在黄星東南亦名白腊港　攔門虎礁　石柱山礁在鱲魚山西　栗子礁亦名葉子
在黄星山東南　棋盤礁　黄老虎礁　烏礁在奔波山西南小西寨山東　白老虎礁
獅子礁在廟子湖西北　八畝地礁在冶冶山南　五虎礁在長塗北躲拄山外　門礁
大小劈開礁在長塗東南南木椿西　棺材礁在長塗東櫻連山西　大礁即野鴨蛋蚊蟲
山南　蚊蟲翼礁在野鴨蛋礁北　長礁在長塗虎絡山南　萬事礁　稻田平礁潮漲
則沒長塗西北　鷄骨礁在冊子　饅頭礁在冊子西北　雙巒礁在冊子西南
甘嶼礁在平山西北　板林礁在小魚山南　猪娘礁在魚山東　黄礁在魚山北
老大礁　鏤蓋當在小羊山東南　大小烏龜在小羊山西南　二子礁　野猪
礁　瓦爿礁在大羊山南　大塔餅　小塔餅　金地盤　黄礁在大羊山西北
蝦魚礁在大三唐西北　水底礁在大雙連山西　聖姑礁在大羊山北上有姑娘宮　馬
蹄礁　外馬蹄礁在大羊山東南馬蹟西南　大羊角礁　小羊角礁　水桶礁大潮
汛時始出現　邊礁　淡菜礁　不知名礁　碗盞礁　牛污礁在馬跡山馬屁股港
東　大冬瓜礁　小冬瓜礁在徐公山西南　半洋礁在馬屁股港西南

洋港　潮流

航行險夷全視海線椗泊穩否尤賴港汊叢島複嶼之鄉魚龍所窟死生須臾不可以忽因備記洋港形勢利害而附以潮流

洋

凡稱洋者皆爲近海航行之孔道而其險夷所關則在洋面障礙物之有無漲沙伏礁皆是也故志洋必並志其環境

洋名	形勢	障礙處	航路
橫水洋	橫水洋在金塘大榭舟山間潮漲出西堠桃夭退出旂頭水勢衝激不順故曰橫水	西南有黃牛礁西北有半洋礁鳥膈礁	橫水洋東南曰大貓山南有港曰貓港可通大艦爲南駛之航路其北有瀝表嶴山桃夭西堠門在焉爲北駛必經之航路
埼頭洋亦稱旂頭洋	在貓港東南以鎮屬埼頭山得名東境至馬秦南境至六橫以埼頭山突出故水勢旋回不平	埼頭山東北五里許有洋小貓島鳥島之東南有沙險	埼頭洋西南汀子港爲大輪船通行之路再南爲棋盤洋卽亂礁洋屬象山
蓮花洋	在普陀西蘆蒲東過北卽爲黃宅洋	水不甚深古有鐵蓮花阻渡之神話	自沈家門往普陀輪船常行之路
黃宅洋亦稱黃大洋	在長塗中街山以南普陀山以北洋面谽寬波濤洶湧西至蘭秀山水流急勁	中有青宅黃宅裏鑊嶼大小梁橫等山近山處多暗礁	巨艦可駛但非過往要衝且西南蘭秀峙立不得直抵乍浦洋面
朐山洋面	朐山四周之海無專名統稱朐山洋面土人稱東南面內海爲南洋漢洋其實一漁泊所耳	無甚險處惟黃澤山下海山間多暗礁	巨艦可駛亦非常行路綫

港　汊港紛繁不勝最錄茲錄其著者港之在舟山南面者曰定海關港（卽南道頭）曰貓港（在大貓山南）曰螺頭港（在西蟹嶼北亦曰螺頭門）曰蟹嶼港（在西蟹嶼西亦曰蟹嶼門）曰盤嶼港（在盤東）曰拗山港（在拗山北）曰長嶼港（在長嶼東北嶼亦作峙）曰沈家門港（在盧家嶼北）在舟山西面者曰馬目港（在馬目山與舟山之間今已塞）曰岑港（在岑椗西釣山東）在舟山北面者曰長白港（在大小沙嶼長白之間）在舟山東面者曰石牛港（在順母塗東北）在岱山境者曰竹嶼港（在岱山東長塗港南）曰長塗港（在岱山東北）曰蒲門港（在岱東南里許）曰考門港（在岱北燕窩沙窰缸湖之間）在朐山境者曰朐港（在岱朐之間）曰黃澤港（在朐與黃澤兩山之間）曰桑枝港（在朐與桑枝兩山之間）曰馬比股港（在上下川馬蹟山之間）在金塘者曰瀝港（在金塘太平山之間）在大榭者曰黃岐港（在鎮屬穿山與大榭之間）曰穿鼻港（在穿鼻山西）在六橫山者曰雙嶼港（在佛肚山東）曰汀子港（在佛肚山西）在蝦岐者曰石棚港（在桃花山與蝦岐之間）在登步者曰蜻子港（在大馬蟻山之東）凡曰港者多爲船舶湊泊之所又案兩山相峙曰門門亦港之類也其著者縣西有桃天門西堠門（在岑椗西）爲駛赴北洋必由之路東南有沈家門（在盧家嶼對港）爲漁船匯泊之所蝦岐南有條帚門六橫東有海閘門

皆稱險惡不易行舟又有灌門在蘭秀島青山之南舟山干礪之北水湍激漩湧若沸屢覆行舟舟人有老大（舟子之稱）好做灌門難過之謠乍浦門在朐東鼠浪湖西爲漁船出入要道十六門在縣南長嶼側爲南船來定要道此外如竹山螺頭馬嶼盤嶼長勒鶉鴣鷓鴣楊嶼烏沙石子考門弔門蒲門灰螺瓦窰潮尖釘嵩硃砂等分布于各大島者變遷日久形勢已非昔比茲不備述

潮流

潮流方向來自東南每日漲汛各有一定時刻朔望以次相伴新月滿月時爲大潮（卽高漲度）上弦下弦時爲小潮（卽低漲度）此通例也然同邑之中各地之潮汛因經度與地形之差別而異其時同地之內港口與深灣又異其時甚至一日之間因風力之大小與風向之正背而遲早又各微殊故非逐地逐日實測頗難得其精確之均數也今列表式一以待異日之實測而舊傳漲落時刻表附焉

日期（陰歷）	漲汛時刻			
	冬	季春	秋	季夏 秋

舊傳大小潮漲落時刻表

初八二十三爲小潮　初二十六爲大潮

初一	十六	點　分		點　分		點　分
初二	十七	點　分		點　分		點　分
初三	十八	點　分		點　分		點　分
初四	十九	點　分		點　分		點　分
初五	二十	點　分		點　分		點　分
初六	廿一	點　分		點　分		點　分
初七	廿二	點　分		點　分		點　分
初八	廿三	點　分		點　分		點　分
初九	廿四	點　分		點　分		點　分
初十	廿五	點　分		點　分		點　分
十一	廿六	點　分		點　分		點　分
十二	廿七	點　分		點　分		點　分
十三	廿八	點　分		點　分		點　分
十四	廿九	點　分		點　分		點　分
十五	三十	點　分		點　分		點　分

日	時刻 漲	時刻 落	日	時刻 漲	時刻 落	備注
初一十六 初二十七 初三十八	辰 戌	丑 未	初四十九 初五二十	巳 亥	寅 申	此表係故老相傳一種經驗談並非實測且四季不變時刻差誤必多但所差尚不至過遠故漁人至今据爲口訣
初六廿一 初七廿二 初八廿三	子 午	卯 酉	初九廿四 初十廿五	丑 未	辰 戌	
十一廿六 十二廿七 十三廿八	寅 申	巳 亥	十四廿九 十五三十	卯 酉	子 午	

縣境及鄰近各地高潮時刻與高度表　縣境及鄰近各地其高潮之時刻與最高之漲度有經西士實測而得者列表於左

地名	朔望高潮時刻	最高漲度
舟山東岸	一〇點二〇分	一三尺·六至一三·二
大榭山	一〇　二〇	一三·〇
長塗山	一〇　一四	八·二
八格羣島	一〇　三八	一〇·〇
甬江	一〇　一四	八·〇
象山港	一〇點〇三分至一〇　三〇	一三尺·〇至二〇·〇
三門灣	一〇　二〇	一五·〇
杭州灣	一　二七	一五·〇至三四·〇
南韭山	八　三〇	一三·六
台州羣島	九　〇〇	一四·〇

岱山年中潮之漲度高低表　年中潮之漲度高低相傳以初春爲最低仲秋爲最高茲據岱山鹽務機關實測報告錄其高低度限如左（以尺爲單位）

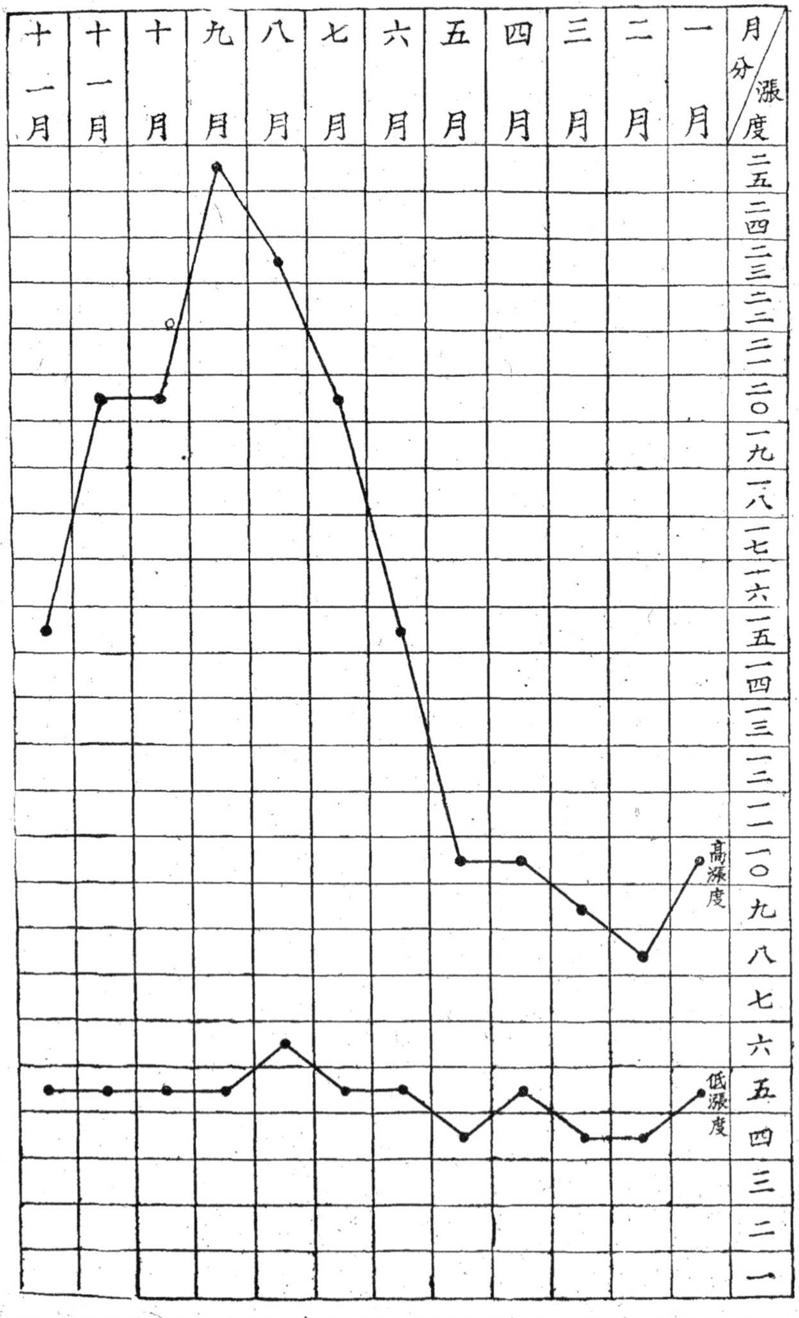
月分 漲度
一月
二月
三月
四月
五月
六月
七月
八月
九月
十月
十一月
十二月
二五
二四
二三
二二
二一
二〇
一九
一八
一七
一六
一五
一四
一三
一二
一一
一〇
九
八
七
六
五
四
三
二
一
高漲度
低漲度

分區

區一縣之境而爲鄉各島或聯或分大都皆因于地勢及民俗之自然雖轄境廣狹遠近不同要非强爲結合也因取歷來鄉莊沿革及自治區變更各著之以表

鄉莊名稱區域沿革表

鄉名	轄地	沿革：宋	沿革：元	沿革：明	沿革：清	附記
富都鄉	舟山本島附蘭秀山拗山盤嶼	總九都里二村二	總九都里二村二嶴八十三	初議遣徙以鄉民王國祚兄弟詣闕畫陳不可徙之狀得存城分二里鄉分四里	初分十三圖後改爲十九莊曰在城甬東吳榭洞嶴蘆蒲舵嶴大展北墠白泉臯洩干礦馬嶴小沙大沙岑椗紫微滃河鹽倉蘭秀	清初蘭秀附富都九圖馬嶴改莊後因係懸山別爲一莊惟一圖中之盤嶼以面積小仍附甬東莊
安期鄉	自六橫至普陀一帶羣島馬秦亦包括在內	總三都里一村三	總三都里一村三嶴四十七	徙民入內地鄉廢	初分普陀六嶴六橫三嶴後改定爲六莊曰六橫上下蝦岐桃花登步洛伽	

金塘鄉	金塘 冊子 大樹	總四都里一村二	總四都里一村二嶴四十三	徙民入內地鄉廢	初分金塘十嶴冊子二嶴大樹六嶴後改爲金一金二金三冊子樹南樹北六莊
蓬萊鄉	岱山 長塗 秀山 長白 胸山 大羊	總五都里一村三	總五都里一村三嶴六十九	徙民入內地鄉廢	初併五都爲三都分十六嶴後改五莊曰岱一岱二長塗秀山長白光緒間增胸山共六莊
					蘭秀清初本附富都後移隸蓬萊曰秀山莊
					案元時是鄉管有洛華壁下大盤等地方即今馬鞍羣島也改隸江蘇

清光緒三十四年畫分選舉區域表

區稱	區域
第一區	在城　甬東
第二區	吳榭　洞澳　舵澳　蘆蒲　大展
第三區	臯泄　北蟬　白泉　干𩋾　馬嶴
第四區	小沙　長白　大沙　岑碇　紫微　鹽倉　潢河
第五區	金塘
第六區	大榭
第七區	六橫　蝦岐
第八區	桃花　登步
第九區	長塗　秀山　岱一
第十區	岱二　胸山

宣統二年畫分城鎮鄉自治區域表

民國八年改編城鎮鄉自治區域表

區別	區稱	區域
城	城甬	在城　甬東
鄉一	吳洞	吳榭　洞嶴
鄉二	蘆蒲	蘆花　蒲嶴
鄉三	洛舵	洛伽　舵嶴　朱家尖包洛伽內
鄉四	展茅	大展　茅洋　茅洋卽大展北境山名
鄉五	三安	皋洩　白泉　北墠
鄉六	干礼	干礼
鄉七	景陶	馬嶴改　馬嶴當宋元時爲陶進士所居故名
鄉八	三益	小沙　大沙　長白
鄉九	岑碇	岑港　碇齒
鄉十	紫微	紫微
鄉十一	人和	顃河　鹽倉
鄉十二	金一	金塘中部
鄉十三	金二	金塘南部
鄉十四	金三	金塘北部
鄉十五	冊子	冊子
鄉十六	榭南	大榭南部
鄉十七	榭北	大榭北部
鄉十八	東靖	六横改
鄉十九	靈和	蝦峙改
鄉二十	協和	桃花
又	登步	登步　查登步在調查時獨立一鄉旋卽併入協和
鄉二十一	長塗	長塗
鄉二十二	蘭秀	秀山改　合蘭山秀山故稱蘭秀
鄉二十三	朐山	朐山附大羊山
鎮	岱山	岱山全島

案是年新頒自治試行條例一縣之自治區域得設四區至六區定海原畫二十五區與條例不合因重行改編惟海外懸島聯合匪易呈准

省長例外變通定爲十區

區別	區域
第一	在城　甬東
第二	吳洞　蘆蒲　洛舵　展茅
第三	三安　干𡼭　景陶
第四	三益　人和　紫微　岑椗
第五	金一　金二　金三　冊子　樹南　樹北
第六	東靖　靈和
第七	協和　附登步
第八	長塗　蘭秀
第九	岱山
第十	朐山　附大羊山
附注	第一區爲城第九區爲鎮餘俱爲鄉

戸口

案前志戸口未詳檔冊亦漫無稽考惟光緒二十六年間署廳同知郭鍾岳舉辦民團編排保甲令各莊莊胥分區調查於是始有細數雖未必精確然大致近是嗣後劃分自治區域及編查戸口等迭次調查屢有變更就檔冊之可稽者録之

清光緒二十六年編查戸口表　案是年春編查冊報凡全屬居民六萬七千六百九戸三十四萬七千二百七十二丁口夏間覆查全屬居民七萬五千四百八十九戸三十五萬九千四百三十五丁口比較春季增戸七千八百八十

增丁口一萬二千一百六十三其區別如左

區別	戶數	丁口
在城	三、二一〇	一四、三六四
衙頭	一、四七一	六、三六二
甬東	三、三九〇	一五、九一三
吳榭	一、三〇二	六、二〇〇
洞嶴	一、九七一	九、〇四五
蘆蒲	二、六八六	九、五八二
舵嶴	二、七五六	一三、一六〇
大展	二、七五〇	一一、九九二
北蟬	一、五〇〇	六、六五六
白泉	二、四二〇	一〇、七四四
皋洩	一、五六一	七、二三七
干礦	一、七八〇	七、六五〇
馬嶴	一、八一六	八、二八〇
小沙	一、六二五	七、〇三三

區別	戶數	丁口
紫微	一、九七八	八、八六三
顒河	七二一	三、三一九
鹽倉	二、一〇〇	九、四一二
以上為舟山本島分十九區以下為舟山環海中十二大島島自為區		
六橫	五、八七一	二六、四六六
蝦岐	一、三九五	七、三八〇
桃花	一、七七五	七、八七一
登步	六二〇	三、〇一〇
金塘	七、二一六	二九、一三一
冊子	七四七	三、〇四〇
大榭	二、七〇三	一〇、一三七
岱山	一〇、八一五	四五、二七七
長塗	一、九五六	九、二四六
秀山	一、八〇〇	八、一九〇

大沙	一、四九八	九、四四二	長白	七二〇	三、五五一
岑椗	二、七三三	一二、四二〇	朐山	三、三九五	一三、八八八

案各小島之有居民者附入相近大島中如大羊山屬朐山中街山屬長塗餘可類推惟普陀以僧區不列調查

宣統元年畫分自治區域時人口調查表

區名	人口	區名	人口	區名	人口
城甬	三四、七二四	岑椗	八、六六二	金三	七、九四一
岱山	五〇、八一二	干欖	六、三五五	樹南	四、七八七
吳洞	一七、七四四	景陶	八、五八七	樹北	六、五七二
蘆蒲	一四、三四七	三益	一八、九八二	冊子	二、五四七
洛舵	一三、五九六	協和	八、九九六	蘭秀	八、六一九
展茅	一一、五九一	靈和	八、三二一	長塗	九、四四〇
三安	二六、六五一	東靖	二九、八〇四	朐山	一八、九二九
人和	一三、〇七一	金一	一〇、七七一	登步	五、七四七
紫微	八、六六二	金二	一三、九八九	共二十六區	人口三七〇、二四七

民國元年至七年內務統計調查戶口比較表

年度	戶數	人口 男	人口 女	人口總數	比較
元年	七七、九七〇	二二四、四八八	一四九、五〇四	三七三、九九二	比宣元增 三、七四五
二年	同元年	二二四、四九七	一四九、五二〇	三七四、〇一七	比民元增 二五
三年	七七、九九〇	二二五、九四四	一五一、二〇八	三七七、一五二	比二年增 三、一三五
四年	七八、一五五	二二六、三六〇	一五一、六一〇	三七七、九七〇	比三年增 八一八
五年	七七、六〇四	二二六、六〇七	一五二、一二六	三七八、七三三	比四年增 七六三
六年	八三、七〇七	一九三、八四二	一五八、一〇七	三五一、九四九	比五年減 二六、七八四
七年	同六年	同六年	同六年	同六年	無增減

七年戶口分區調查表

區別	戶數	口數	區別	戶數	口數
城衜	七、四五五	三三、九九三	協和	一、五四八	四、五四八
岱山	一〇、三三五	四七、〇九三	靈和	一、七三七	七、四〇五

區域	戶數	口數
吳洞	三、三九八	一五、八五三
蘆蒲	二、六一七	一〇、九四〇
洛舵	五、〇一〇	二二、〇三八
展茅	三、〇二九	一三、四九八
三安	六、〇一八	二四、七八二
人和	二、七五六	一二、三八七
紫微	一、七五六	八、〇〇三
岑椗	二、九二六	一二、一五三
干𩣑	二、〇一三	八、〇六九
景陶	一、八五四	七、六七二
三益	三、八四五	一五、七三七
登步	七二八	三、六〇二
東靖	七、〇三〇	二一、八八四
冊子	七〇九	二、四五三
金一	二、三九八	九、四五二
金二	二、八八四	一二、三三九
金三	一、八八四	七、六二六
榭南	一、七二四	五、七〇一
榭北	一、一三五	五、三〇三
蘭秀	二、〇三〇	八、一九五
長塗	二、二一三	一〇、四七二
衢山	四、一八五	一七、八一二
大羊山（新設）	四九一	二、九三九
共二十七區	計戶八三、七〇七	口三五一、九四九

八年改編自治區域時戶口調查表

自治區	區域	戶數	人口數	總數
第一	在城　衛頭　甬東	七、五四二	三五、六七三	七萬五千五百六十一戶三十五萬三千二百八十人
第二	吳洞　蘆蒲　洛舵　展茅	一四、二三九	六四、二一三	

第三	三安 干䌫 景陶	九、九三七	四〇、六一六	
第四	三益 人和 紫微 岑碇	二、三二六	五一、〇〇七	
第五	金一 金二 金三 冊子 樹南 樹北	一〇、八一九	四三、一二三	
第六	東靖 靈和	八、八一一	二九、五二七	
第七	協和 登步附	二、三八四	八、一七八	
第八	長塗 蘭秀	四、二九〇	一八、七九二	
第九	岱山	一〇、四〇五	四七、七七一	
第十	朐山 大羊附	四、八〇八	一四、三八〇	

據右表總戶數七五五六一比七年減八一四六戶一年之中未經大喪亂而民戶減至八千有餘此必無之事也然以光緒間調查數核之相去不遠似較實在疑歷年內務統計由官署造報未經確查不若自治各區編查精確爲可據也

水利

案海鄉水利不外捍鹵畜淡二事蓋以海近山淺河流短非外有隄防內多瀦畜則不可以備旱潦邑人黄式穎論定海水利謂定海之地瀕

海而多山瀕海則土性近鹵一遇旱暵驕陽下偪鹹脣上浮田禾幾何而不槁也懸海小嶴無論矣以富都言之祇有洞嶴蘆花吳榭三莊之河聯爲一派約有二十餘里許其餘或三四百丈或五六百丈間以山嶺而不相通舟楫之利固無所施而潦則易盈旱則易涸所恃以灌溉者安在哉舊志載有茅嶺湖中新湖皋嶺湖白泉湖東湖久已淤漲成田人各據爲己有至泯其形迹而莫可指其不能再議疏濬以復舊觀亦已明矣顧湖之湮者不可復而河之存者獨不可濬乎濬深一寸則獲一寸之利濬深一尺則獲一尺之利救就槁之禾得多一二日霑潤其爲利諒非淺尠且河不濬則日淺桀黠之徒必有侵河爲田如茅嶺等湖之同歸湮沒者積久愈難爲濬曷若及時濬之之易爲力也抑吾聞湖州安吉孝豐等縣山坳盤深溪流交匯之處必有水蕩築堰其外務使堅固不滲有堰夫守視之而其內廓平有容春雨綿下積爲巨浸以備夏秋開泄之用濟河之窮紓旱之迫計無有便于此者案黃君所

指安吉等縣水蕩實爲緩衝池不僅畜水濟旱而已並以備山洪暴發時殺其衝激之勢其關係于農利者匪淺黄君又謂爲定海計水利河之濬誠爲急務而所恃以界截河海使河水不至外滲海水不至內侵者其關係全在塘碶尤不可不以時修補也在昔展復之初塘碶久廢河與海通朝潮夕汐靡日不浸田疇禾黍不登民無所賴厥有江陰繆燧受任於新闢之時焦心殫思以爲民捍患或領帑以興工或招墾以集費瀕海塘碶百廢具興迄今過大展訪遺跡尚有以繆公名其塘者遺愛之稱歷久未艾涖是土者豈可不觀感而興起乎今之塘碶增築幾倍于前誠恐歲久不脩土崩石泐流鏬露綻水不得瀦潮不得禦斥鹵爲患禾日就槁而民生病矣夫定海土狹民稠勢不能不築塗爲田然而塘愈加多則去海愈近而潮力愈健故最外一塘必須堅固牢實或加樁焉或疊石焉庶塘身固而田可無患河既不能多畜水則碶之啓閉豈得不慎人情各爲其私種低田者欲其水小而利於泄種高田

者欲其水大而利於畜爲碶夫者啓閉兩難不無偏徇之弊故必立之水則以昭均平而開放乃以有準案此言捍鹵之事縣島水源有限置則立閘宜先測知其地山嶺高下面積及雨量多寡汲灌需要如何乃始克有準亦談鄉政者之先務也茲錄列島水利舊蹟而以碶塘附焉

舟山本島　定海各島惟舟山未經遣徙內務諸政稍爲完備至論水利則舟山墾地較多居民尤衆汲灌之需時形不及　境內水脈在甬東者約分三條西北條自城北普慈寺南流入城東南折逕繆公祠又東南分二支一支南過登龍橋逕景行書院西折逕廳署歷平政橋而西會龍首橋下水北瀦於縣倉西爲縣倉河　一支東過小余橋迤南逕學宮又東折歷置雲橋登瀛橋與東喉水會更南分二支南支經帶月橋西折至解元橋與狀元橋下水會西支經大余橋西南行復分西南二流西流過龍首橋而北與平政橋下水會亦瀦於縣倉河南流過狀元橋直南與解元橋下水會又會西北花園底諸水南出水門入濠河濠河北起北教場迤東

而南逕東教場復迤南分一支入東喉與城中諸水通更迤而南又合振秀橋水西逕城南會水門南出水又西北至鎮鰲山麓止計長一千七十餘丈案明梅岑城河流派紀略云昌國城內緣平水閘會源橋潮水直通內河折爲四派中一派入狀元橋至常盈倉右青龍橋而止東一派由南門內解元橋至聯輝橋而止西一派由會源橋入圖南橋至鎮鰲山而止北一派由小余橋入北星橋旋繞而西以至中樂橋而止隆慶元年巡海道蔡公看得舟山山海奇勝水文秀朗惜河防未固無源之水恆無以捍衛城垣乃命守禦指揮王承恩引城外東北河上流水入於濠河遂先通城內河渠之派使內外相灤可灌漑最爲便益王公去任工弗克竟聊紀其流派之略云北條自須河嶺屈曲東南流東會疊石東皐二嶺水出黃家碶青雲橋分東南二支東一支南折過東港橋合大小楊隩諸水又南出東港碶注於浦南一支歷廣裕橋折西過振秀橋與濠河合至此又南分一支歷衆與永隆道濟諸橋逕震遠城東出平水碶入海一支與濠河合西流逕城南北會水門水又自濠河別出南流雙引環大教場左右既合復西折逕顧家橋新橋南出竹山碶注於浦東條自唐鑑嶺西南流過玉蘭橋有水自沈公嶺西流來會又南歷甬東橋出江口碶注於浦其啓閉節水之總關舊有而今廢者曰張家閘

案康熙志張家闇在南城內宋居民張氏引東北上流以資灌溉後縣令王阮建城大內橋于其上即今狀元橋也

曰平水閘 案康熙志平水閘在南城外半里成化五年建歲久湮廢萬曆四十六年副總戎張可大因故址增設巨石甃砌以時蓄洩民甚德之又陶積重建平水閘新砌記翁城去海里許外內之濠河皆通潮汐南穴城爲水門以疏導之濠隄缺閘雨連日則潦水浸淫其內潮汐至則波流衝激其外且時當水涸潮枯溢成化間總督張公勇患之乃爲石隄而閘于濠之南口啓閉以時內外無患名曰平水歲久利漸非昔總督劉公翱把總顧公邦重以茲閘值離方不宜見兌于坎議別築其右咸弗果行近大尹宋公繼祖胥厥風水地宜亦欲塞舊閘引東北山水上流注諸濠而西爲新閘允符前議且於地方形勝民田灌溉兩利仍慮事弗易集則僉軍民善事者六人治之量括佔田家以助工食仍許田隄外隙塗償衆勞費經畫將行去任弗就嘉靖壬戌都督盧公鏜究心邊務謂茲舉切要茲地移文有司請行命前六人共備銀若干給在官羨餘銀若干量收佔田人銀若干仍令量移舊閘石爲新閘之需行東北水注之濠而以時蓄洩橋其舊址填其外浦之南口由是塹水常盈獲嚴行勢利一也水抱城域無礙離方增其形勝利二也浚治內溝俾無盈縮之患利三也蓄淡滋禾並濟占田者利四也修治海塘可田二百餘畝公私獲益利五也云云案此張可大所修乃因盧鏜新址已非成化之舊矣

碶塘之著者曰竹山碶曰平水碶曰東港碶 三門 曰衛頭塘 西起　碶東至關山麓計長　丈 曰東港浦西塘 自關山東麓至東港碶計長　丈 曰東港浦東塘 自東港碶至青壘頭山麓計長　丈 曰甬東大塘 自青壘頭山東麓至廟山西計長　丈 曰廟山塘 自廟山西麓至　山東計長　丈 曰尖山下塘 自廟山東麓至小碾山計長　丈 曰青山塘 在青山一段長二百四十七丈一段長七百六

十一丈均康熙三十二年修曰拗山塘（在拗山長四百九十七丈康熙五十年知縣繆燧建）曰盤嶼塘（在盤嶼長一百十丈繆燧建）曰定海塘（在長八十丈繆燧建）其在吳樹者水脈分四條西條自陳家隩西南流北會軍廷廟水歷惠民橋出碶門入海中二條一自孫家隩南流折西過渡津橋韓衙橋又南折逕厥山東出碶門注厥山浦一自萬石嶺東南流歷小橋大橋又東南入半浦河東條自陳隩西南流逕郎溪橋至郎家洋廟折而東入新碶頭河（新碶頭河即半浦河上流俱發源洞隩黃楊尖山）其碶塘著者曰惠民塘（計長一百八十丈近西有碶內有橋即惠民橋也）曰涼水塘（計長三百四十八丈康熙五十二年知縣繆燧修築）曰厥山碶曰厥山塘（計長六百十五丈）曰田螺嶼西塘（東至田螺嶼西至鸞尾靶計長三百十三丈旁有旱碶）曰樹浦塘（長二千三百十三丈康熙四十二年知縣繆燧修築）又築而復廢者曰萬安塘（在樹浦南乾隆間武舉夏鳴雷生員袁（佚其名）陳步雲築兩頭各建碶塘長八百八十六丈內蕩田千數畝以浦作河通大小兩隩之水灌溉望海灣雙鴉田隩等處禾田千餘畝旋由大隩戴亨發挾嫌煽惑率衆强毀浦口一段之塘由是海潮出入積久彌深至今仍爲大浦云）其在洞隩者自黃楊尖山東南流折西逕董家隩至六板橋西岸與吳樹界又西南會陳隩水歷三星橋爲新碶頭河屈曲西南注爲半浦河會黃石嶺水

又西南出老碶頭更南分二支一支東流歷三閘西南注支渠交錯而會于塘下河一支西南流出田螺嶼碶爲翁浦入海田螺嶼碶東有萬丈塘塘下河西通翁浦迤東爲直址河受三閘諸水又東二里北納官山衖何衙山諸水更迤而東則有水自五桂橋出兩眼碶分數支來會同南出九眼碶注平洋浦其碶塘之已廢者曰卓家碶卓家塘（長三百八十五丈康熙五十年知縣繆燧修築）曰曹山碶曹山塘（長三百六十二丈康熙五十一年知縣繆燧脩築）今存者曰晉棚碶（今名兩眼碶）曰何衙塘（長五百八十三丈康熙四十四年知縣繆燧修築）曰陸家碶陸家塘（長三百五十九丈康熙五十三年知縣繆燧脩築）曰九眼碶（在萬丈塘東道光三年改七眼）曰田螺嶼碶（在萬丈塘西）曰萬丈塘（長一千四百七十丈乾隆三十二年民人金蒼孚孔全忠創建）曰上半塘（在萬丈塘外長一百二十丈）中半塘（在萬丈塘外長二百八十一丈民人何家良築）曰月西塘（在平洋浦西長一千二百八十一丈近西有陰洞）其在蘆蒲者水脈分二條西條自大蒲隩大山灣南流過中和橋泥橋又南而東出顔家碶會小蒲隩水支渠交錯灌溉及鸛嶼西塘内田其正流則出西南五眼碶注於浦東條自蘆花隩裏石門注東龍潭西南流歷太平橋萬安橋高橋西出蘆

花碶會施家隩下流水更西南出鸛嶼碶注蘆蒲其碶塘曰大蒲隩塘今大蒲隩口有塘名中塘即此塘也長五百三十一丈康熙四十四年知縣繆燧脩築曰夾嶼塘今大蒲隩口有塘名鳳塘即此塘也長六百三十七丈康熙四十九年知縣繆燧修築曰顏家碶在大蒲隩塘東曰西允碶在施家隩曰蘆花碶乾隆二十六年內八柱重建曰蘆花塘長三百九十七丈康熙三十一年士民公修曰鸛嶼碶鸛嶼塘東塘二百九十三丈西塘七百丈旁有小碶康熙三十八年知縣繆燧修築曰五眼碶在月東塘東今改四眼曰月東塘自狗山至月台山麓長三百二十六丈曰蘆東塘長七百六十二丈近東有陰洞曰蘆西塘長七百七十一丈曰蒲東塘計長七百七十二丈曰三益碶今爲旱碶三益塘長六百二十三丈曰蒲西碶蒲西塘長一千四百四十四丈道光四年里人吳久常王啓榮築曰墩頭大塘長　丈曰外塘長八百九十四丈康熙五十一年知縣繆燧修築其在舵隩者水脈自路口嶺西南流出顏家碶又西而南而更西出史家碶復西分二支一支南出折而西至點燈塘止一支西南過點燈碶分數流並導南出蘆嶼碶注蘆花浦其碶塘著者曰顏家碶在廣濟廟西曰史家碶史家塘長三百六十三丈康熙三十二年士民公修曰料繳碶今圮料繳塘長二百二十四丈康熙四十九年知縣繆燧修築曰點燈碶點燈塘長二百二十九丈康熙三十八年知縣繆燧修築曰永豐碶永豐塘長四百九十丈曰蘆

花浦東塘（計長七百十六丈）曰蘆嶼塘（長九十四丈）曰翟隩塘（長二百七十四丈）曰石龍塘（長一百三十一丈旁有小碶）曰中沙潭塘（長一百六十九丈旁有小碶）曰大茶灣塘（長九十丈旁有小碶）曰小茶灣塘（長一百八十三丈旁有小碶）曰墩頭塘（東至伏虎山西至天打巖長七百八十三丈旁有小碶）曰西橫塘（計長一百九十一丈）曰司灣碶司灣塘（即東橫塘長二百五十五丈康熙四十八年知縣繆燧修築）曰荷葉灣塘（長二百四十丈） 其在大展者水脈分二條東條自鄭家山龍潭西流會田公隩水又西會干施隩水折而北受上洋孫東北流同北出半碶復折西北流分二支灌大展塘下其正流仍北出白礁碶大展新碶至螺門入海西條自茅洋黃楊尖北麓東北流歷洞橋更一里有卧龍橋路下徐諸水自南合流來會復東流逕洪家山東出茅洋碶入海其碶塘已廢者曰老塘（今廢改爲路） 今存者曰半碶（在老塘東半碶廟側）曰白礁碶（在大展塘東）曰大展塘今名繆公塘（長八百二十一丈康熙三十年公修）曰陸家塘（西起茅洋碶東至大展新碶）曰大展新碶（在陸家塘東爲大展莊出水之路）曰茅洋碶（在赤門山嘴）茅洋塘（長二百六十九丈康熙四十二年知縣繆燧修築） 其在北墠者水脈分二條南條自楊梅嶺東北流過龍首橋歷永安永成二橋逕新坵廟分

二支一支東北流二里許止一支北達龍鎖橋出碶門入海西南條自竺家尖山北流歷護雲橋高橋會都總管廟西水合而逕西北出碶門入海其碶塘曰北墠碶北墠塘（長二百三十三丈康熙二十八年公修）曰小展塘（長二百有五丈康熙二十七年士民公修）　其在皐洩者出皐洩東北界西龍潭自西南下流至福明橋又西逕大橫橋北受龍堂孫水又西南南會深坑嶺寺隩分水窔諸水曲曲西北流逕東湖過廣心積善念母諸橋受唐鑑東皐二嶺北麓下流水又北過董公橋入白泉界爲九曲河其境不傍海無塘有一平水碶（乾隆十八年重修）在唐鑑東皐二水匯合北流處　其在白泉者出九曲河九曲河自皐洩界入逕木橋西受前後二隩水又北逕王家橋爲朱家河東受炭山水更北逕竺橋出計工塘碶注白泉浦白泉浦口竹橋內之河有紗帽石水則孤峙水中形如紗帽居民以此作水準相傳水及石之半爲無憂過石則潦石盡出則大旱云其碶塘曰寶金塘（卽廟下塘在圓山後旁有小碶長一百六十七丈今改寶金橋）曰大柯梅塘（旁有小碶長二百十七丈康熙二十七年士民公修今改保邮橋）曰小柯梅塘（旁有小碶長三百十三丈康熙

二十八年士民公修曰竹橋裏塘長一千三十一丈康熙二十八年士民公修曰大支碶大支塘長二百三十二丈康熙二十八年士民公修曰大支外塘長一百五十四丈曰小支塘長四百七丈康熙四十七年知縣繆燧修築曰竹插塘長二百六丈曰唐家隩塘旁有小碶長二百四十九丈康熙四十五年知縣繆燧修築曰黃金塘長一百六十六丈中有旱碶近西有竹橋曰東作碶今名三眼碶在計工塘東三門爲白泉小支出水曰西成碶今名白泉碶在計工塘西四門爲白泉皋洩兩莊出水曰計工塘長三百十丈乾隆四十七年士民公修曰保安塘在計工塘外浦邊旁有小碶長五百四十八丈嘉慶十一年諸生劉望威等墾築昔有而今已圯者曰店下塘朱家河塘中塘釣馬塘　其在干礷者水自干礷西南界馬隩入東流至隆興橋會南洞隩水是水始東流至宅山廟折而北而西至此與馬隩水合又北里許至虹橋復東折逕郭公碶分二支一支東流出削白山嘴入海一支北流出金鉢盂碶入海其碶塘則有小蘆碶小蘆塘長二百七十三丈康熙三十四年知縣繆燧修築樸樹碶樸樹塘長四百有二丈錫杖碶錫杖塘長四百七十六丈戚家廟前塘長一百五十四丈近西有小碶戚家塘長三百三十四丈近北有小碶金鉢碶在塘東者三門塘西者二門金鉢塘長四百五十二丈康熙三十七年知縣繆燧修築灌門塘長二百四十一丈旁有小碶　其在馬隩者水脈分二條東條

三源出單奇洞三台山平石嶺單奇三台二水北流逕中峯廟入大河河闊四丈餘長七百九十餘丈平石嶺水亦北流逕石芝坑入拖秧河迤西過新橋與大河會出三江碶注于浦按拖秧河續濬于光緒十八年里人王亨彥有記云厚生莫大夫農事農人事莫急于水利芍陂經渠後世豔稱由其能所務以溉農田也馬嶼界縣之北山不甚高水利不逮鱗莊遠甚所恃蓄瀦谷之水以利灌溉者西則爲大河東則爲拖秧河二河並枕南河身之脩拖秧河又不逮大河四分之一以大河受單奇洞三台山諸水而北注浦拖秧河僅受平石嶺石芝坑之水而不與浦通也故旱則東隅禾稼較西隅先浹旬而槁潦則遲浹旬而洩農人病之非一日矣吾王氏世居石芝坑當拖秧河之南先明經佩韋公嘗欲由河尾購田續開西穿大河之隄以引水事不果行光緒壬辰秋大旱先明經見背已五年矣父老因迫于旱患促余昆仲以成先人未竟之緒乃集伯氏亦瑞仲氏紹業暨諸父老謀所以續開之者約估購田爲河若干金駕石爲橋若干金富者捐資若干貧者派工若干名謀既定遂置田二畝有奇略基址稱畚插不二月而畢功計河身長二百九十丈面闊二丈五尺前後需錢以貫計者百二十餘緡除捐輸外不足悉由余與仲兄紹業補益之由是兩河互相灌輸旱有所資潦有所洩稱慶者不一人然而猶有慮河之基窪下易淤也橋址沒水易傾也不善其後難保厥始倘籌有公款爲日後修浚之資則利之所在雖不得與芍陂涇渠媲美亦庶足垂久遠於不替用作是記備載河之所方向脩短以及河面之闊狹俾後之濬修者有所攷稽云時光緒十八年壬辰冬月西條自古德嶺東流歷耿家橋折而北出李家碶又東北至萬安橋分三支一支西南至龜西塘止一支東北至萬

安塘止一支北過永清橋出大塗西碶入海其碶塘則有小塘長一百十三丈今爲路　三江碶三江老塘長四十二丈　三江口塘長二百九十八丈　蝦鬚隩塘長六十八丈近東有小碶　龜東塘長一百四十七丈　李家碶在龜西塘西　龜西塘長一百五十三丈　孫姓塘長二百七十二丈今爲路　髫柯碶髫柯塘長二百二十二丈　萬安碶即大塗面碶　萬安塘即大塗面塘長四百八十丈康熙二十八年士民公修　小舟塘長一百九十丈旁有小碶　後灣塘長六十五丈　後灣新塘長一百十八丈　其在小沙者自大寺嶺西北流歷洞橋而北西南會寺坑水又北逕霓橋南會茶嶺水又西北歷長賡橋大嶺岑港鮑家嶺三水俱自鮑家橋而北來會又北過太平橋王家橋至港橋出丁家碶而東隩衕水自陳家橋北轉水碶西北折來會又北出中塘碶西偏逕大塘入小沙浦其碶塘則有丁家碶在裏塘西　裏塘長四百四十三丈　中橋門碶在中塘西　中塘長四百三十八丈　大塘碶二門在大塘西　大塘長四百四十八丈　萬興塘長七十三丈　小江沛碶一門在小江沛塘西　小江沛塘長一百十八丈　其在大沙者爲青隩南隩二流青隩水導自岑港嶺北麓北流歷永安寶藏唯鄉慶元迴水大興諸橋折而西又折而北而東北出青隩碶注於浦南隩水

有跋涉坑摩鼻嶺二源北流過大和橋東南會東隩水又東北西會西隩水逕龍水廟出大沙碶注於浦其碶塘有大江浰塘（長二百六十四丈康熙四十六年知縣繆燧修築）江浰外塘（長六十四丈旁有小碶）青隩碶青隩塘（長二百七十丈康熙三十三年知縣繆燧修築）方塘（長五百有六丈）太沙碶大沙塘（長三百四十二丈康熙三十四年知縣繆燧修築）岐隩裏塘（長一百四十五丈）岐隩外塘（長一百六十五丈）陷塘（長一百十二丈）紫窟塘（長一百有七丈）長料塘（長四十丈）後沙塘（長四十六丈）烏坵塘（長二百丈康熙四十六年知縣繆燧修築）其在岑碇者有小沙青隩二嶺水南流七八里折而西逕三官堂出司前大碶注於浦又有小隩龍潭久旱不涸其流出永安橋注於浦其碶塘曰雙鵶塘（長一百三十三丈）裏塘（長二百三十五丈）岑港中塘（長四百丈）西隩塘（長一百三十丈）礮台塘（南九十六丈北一百八十六丈）司前大碶萬安塘（長八百七十丈）（按塘下有河長與之埒現已淤淺有被佔爲田者又有腰河新河亦因淤被佔其基址則尚可循是在修治之者）句和塘（長二百五十六丈）宮前塘（長三百二十五丈）漲起塘（長七百十五丈）岐下塘（長二百五十二丈）隩前塘（長六十四丈）碇齒中塘（長五百丈）永綏塘（長四百十三丈）花池塘（長二百六十七丈）其在紫微者自茶嶺西南流逕狹門徐公橋爲黃馬溪遂分二支西南支歷木碶橋鮑家山入董

家碶更西南出天童碶注於浦南支過南墠橋逕青龍山西折而東南受溪口西南流出大碶注於浦其碶塘有道士塘紫微大碶紫微大塘樣萬塘裏塘五福塘百歲塘柳家塘毛灣塘董家碶董家塘長百六十三丈康熙三十二年士民公修天童碶天童塘長四百十七丈康熙三十二年士民公修萬賴塘有小碶裏隩塘長七十七丈康熙三十二年知縣周化修大灣濂溪塘長約數百餘丈高五尺東有石碶三眼宣統年僑民周氏築斜版灣塘高五尺長丈東有石碶民國元年居民黃姓築　其在須河者有烏峯山水西南流長春嶺水南流芝窩嶺水東南流合而俱南過永鎮橋又西南西北受一水與之東南行逕謝家橋又西南西納一水更東南行歷永安橋定三橋入鹽倉界須河無碶塘以其非瀕海也　其在鹽倉者分二條東條自須河定三橋入界南流至虹橋又西南折而東流過壩橋復南流分二支西南支歷林家橋板橋新橋五世橋出平巖碶入海東南支東會林家灣水歷老碶過曉峯橋出新永豐碶入海西條則出自西臯嶺福善山二水俱南流逕忠莊廟東折復西歷沙嘴頭橋又西出鹿頸碶入海其碶塘曰趙家塘犁頭塘長五十餘

丈新塘(長五百十二丈)曰永豐碶(在曉峯浦犁頭塘西咸豐六年莊民王登岳勸捐創建按是碶未建以前有東豐碶建後東豐碶遂廢祇存碶橋土人呼爲老碶橋自東豐碶至永豐碶浦淤漲約有四百畝凡公衆修築碶塘均得取土於此)曰平巖碶(在大塘西)曰大塘(長六百九十六丈)曰虎山下塘(長四十六丈)曰許家塘(長四十三丈)曰司前塘(長二百五十一丈)曰洋螺塘曰小洋螺塘曰螺頭碶螺頭塘(長一百四十丈康熙四十年知縣繆燧修築)曰光輝塘(長二百三十二丈)曰陳家塘(長二百有九丈)曰六十畝塘(長三百丈)曰鹿頸碶鹿頸塘(南二百六十一丈北一百七十五丈康熙四十年知縣繆燧修築)

案舟山本島十七莊地之肥瘠不同茲舉其大略表而出之土厚水深利于農事者首推洞嶴次爲蘆蒲又次之爲紫微爲鹽倉若大沙則四嶴之河修濬以時尚稱腴壤馬嶴則河渠失修高者常患旱下者常患潦幾與北墠同北墠之患以其地勢東高而西下故水之灌注不均而馬嶴則反是四周皆山而中平衍苟能盡力于溝洫固非瘠土也小沙爲沙磧塗蕩之鄉干礦有溪廣田蹙之嘆均宜行改良土壤策至皋洩須河地窄土實遇雨則溝壑皆盈少旱則涓滴亦絕故五穀之利遠遜

他莊也

金塘山　金塘三面阻山無須隄防惟西面獨受潮故多塘境內水脈較舟山各莊爲長俗有舟山田裏山金塘山裏田之謠可知其水利之遠勝舟山也明初遣徙荒閉三百餘年至清康熙二十七年始開復召墾水利雖久失脩至今隄防猶完亦地勢然也水脈分東西二條東條發自三仙山自三仙山西南流折東南復折西南逕金井廟受千金嶴圍屏嶴二水自西北來會又西南受擂鼓嶴東南流又西南受梓樹嶴西北流過老碶橋曲曲西南注會井頭嶴雙流西出大浦碶入海西條自穆嶴起西南流逕檀樹廟北會福田菴水更西南水分數流未二里復合沿穆嶴塘北引出穆嶴碶而入海其碶塘之著者有大浦塘（長六百五十七丈）三百念畝塘（長四百九十二丈）中塘（長一百十四丈）盛家塘（長二百四十二丈）蛤蜊塘（長二百五十九丈）穆嶴碶（在穆嶴塘北三門）穆嶴塘（長五百八十丈）烈港大塘（長四百有六丈）烈港新塘（長二百二十丈）烈港觀前塘（長二百十五丈）天打叢塘（長七十七丈）小嶴塘（長四百五十五丈）西堠碶（在西堠塘南二門）西堠塘（長九十九丈）東堠

塘長二百有三丈旁有小碶大平山塘長一千一百零二丈光緒季年里人捐資重修名曰太平永豐塘太平塘舊名謝家塘長一百十七丈永豐塘舊名大塗面塘長五百五十五丈永安塘在蛤蜊隩長二百四十二丈民國二年居民修築西安塘在西堠長三百六十八丈民國二年居民因西堠舊塘址建築

冊子山　冊子占地不廣本附屬金塘之金二莊全境面積不滿百方里水流短僅有南隩北隩二水其源出桃夭嶺大沙灣嶺

大樹山　全境面積雖較大于冊子然廣袤皆不上十四里有二流一出橫嶼嶺一出將軍山北從華封鹹河二碶入海其塘在樹北者曰大樹塘在華封鹹河二碶之間李姓塘在關外雍乾間居民李姓築永豐塘長一百五十二丈小田灣塘長一百三十七丈張西隩塘長一百有四丈光緒間築萬豐塘長五百八十六丈內外塘脚留餘地二丈康熙間公築礁美塘長九十三丈道光間公築鹹河塘長九十五丈康熙間公築案樹北睦嫻任愛四段田藉是畜水惜易滲漏光緒間由居民胡克穎等捐資購沿塘田地建築護塘闊一丈二尺長九十四丈水賴以畜外石塘長七十六丈內外護塘地各一丈大峙塘長一百十五丈塘內護塘地一丈小峙塘長九十丈馬家塘長一百十八丈雍正間馬姓築永安北塘長一百三十七丈塘外護塘地一丈乾隆間公築永安南塘長四百二十五丈塘外護塘地一丈嘉慶間公築在樹南者曰樟隩塘長一百四十一

丈小樟嶴塘長十四丈積金塘長二百有二丈雍正間公築雙美塘長二百二十五丈有碶亦曰雙美乾嘉間公築

寨山頭塘長一百三十五丈大有塘長五百四十二丈有碶亦曰大有雍正間公築廣西礁塘長三百二十八丈嘉慶間公築花家塘長一百有四丈同治間花姓建築下嶴塘長八十四丈馬蹄塘長九十丈

桃花山　全境岡嶺複疊禾田不多隨地引水以灌無流脈可舉其塘碶在韭山笑峯間有學耕塘長六百五十餘丈間里人胡以鏡等築止水碶在學耕塘西留耕塘在韭山南有東西二塘在洞下浦有裕寧塘永寧塘在裕寧塘北太平塘在永寧塘東北

六橫山　山密水淺與桃花島同惟沙漲較廣故塘工亦多其著者有萬年塘長二百有三丈在黃巖潭咸豐九年里人張爲賢等築天助塘長三百有二丈道光十六年李承先築保安塘長一百四十八丈道光二十二年李敬豪築漲起港塘外嶴口七十五丈上嶴口四十八丈乾隆間宋永家築竹灣塘長六十丈棕梠灣塘長一百有九丈乾隆間羅天佑築大麥坑塘長八十三丈沙嶴塘咸豐六年周仁來築永豐塘長二百九十丈道光十六年陳大璋築永亭塘一名養育長二百二十丈咸豐五年邵建標等築永安塘長三百有七丈道光八年樂容寶築五寶嶴塘長一百二十五丈聚源塘長三百八十四丈咸豐八年邵建標築阜安塘長三百七十三丈道光八年周邦儀等築千丈塘長六百七十三丈永遠塘在雙塘嶴長三百七十五丈咸豐六年應士良築永源塘

在平突嶴長三百十五丈咸豐六年劉家滿築上塘長二百三十六丈咸豐十二年劉經槐築中塘長二百四十二丈咸豐十年劉美宰築太豐塘東一百丈西四百丈咸豐六年劉美晉築永全塘長一百九十一丈兆餘塘長一百九十丈嘉慶二十五年邵志正築杜莊塘長一百二十丈嘉慶二十五年劉齊貴築嘉源塘長二百有四丈道光七年劉經龢築豐餘塘長一百五十六丈道光十年陳元佐築慶元塘長一百十七丈道光二十一年陳元佐等築阜慶塘長四百八十九丈咸豐八年俞存性等築永清塘長三百六十丈中有隔照嶼道光六年許擎邦築濟庶塘長三百六十一丈道光十七年葉峻等築振緒塘中有韭菜嶼南一百二十丈嶼北二百四十丈道光十七年林祥開等築大支塘長一百七十八丈道光十六年沃正艮等築小嶴塘長一百十九丈道光元年沃正艮築慶餘塘在小沙頭長一百八十丈光緒甲申王居艮等築慶全塘在臺門長三百丈光緒壬辰劉綸積等築耕餘塘在塗莊長三百丈光緒辛丑俞兆熊等築慶豐塘在塗莊長一百二十丈光緒癸卯劉起蟠等築安豐塘在後長礁長一百五十丈光緒壬寅賀鈽龍等築萬利塘在橫鞍長一百丈光緒壬寅樂俊豪等築靖餘塘在滾龍嶴長六百丈民國三年俞兆熊等築

朱家尖登步蝦岐　諸山不過懸島之較大者無水利可言朱家尖禾田占三分之二皆屬僧產其西面新漲灘地甚廣今已成蘆蕩蝦岐及附近各小島有塘曰靖遠塘在蛤巴山嶺長一百餘丈永清塘在廟灣長一百五十餘丈三徑塘在謝家嶴長九

十餘丈裕金塘（在金北圍長二百六十餘丈）靖遠塘（在沙蛟昄長一百餘丈）大沙塘（在大嶴長一百餘丈）小沙塘（在大嶴長二十餘丈）老太塘（在小蝦岐長七十餘丈）泰字塘（在小蝦岐長一百餘丈）中嶴塘（在東白蓮長九十餘丈）上嶴塘（在東白蓮長二十餘丈）下嶴塘（在東白蓮長三十餘丈）東灣塘（在湖泥長九十餘丈）大昄塘（在湖泥長三百餘丈）後嶴塘（在湖泥長七十餘丈）

蘭秀山　水流甚短其塘有南浦大塘（乾隆間袁文奎築）北浦肥土塘（乾隆間袁文奎等築）海晏塘（乾隆間袁文奎築）碶有霖雨碶（在海晏塘南）

岱山　岱山山不裹田雖有隄防難禦潮汐故多斥地其水脈分四條一條自摩心嶺北流歷萬年橋東折過永鎮橋又東北歷永豐橋太平橋又東南出兜源碶入海一條自泥嶼嶴永豐河西流出永豐碶入海一條自長坑嶴西南流歷賢山碶西逕楓樹墩過永福橋王橋折北逕太平橋又西北出龍眼碶注於浦漑田數千畝一條自石馬嶴西南流又折西過河清漣漪海晏諸橋出東碶入海其碶塘之著者曰永豐碶永豐塘（自碶口至宮前鎮長一百六十丈）曰蓬字老塘（長四百九十六弓底廣三弓零）曰石字塘（長一千四百十弓底廣六弓零雍正間築）馬

字塘長一千四百弓底廣六弓乾隆間築曰兩橫塘東首長一百五十八弓西首長四百六十弓曰東碶浦廣四丈餘雍正間築曰石碶浦廣三丈在獺頭山距東碶五里許雍正間築曰澥兜塘兜源碶嘉慶九年築澥兜一嶴田畝資其蓄洩曰板井碶板井塘自碶口至蟹臍嶺麓長二百五十六丈曰王官人嶴碶王官人嶴塘自碶口至裏南峯山天后宮側長一百四十五丈曰總吉碶總吉嶴塘自上船跳起至馬家橋止長一千三百弓同治六年里人方彭年許恭鎮捐修曰萬榿柳塘自五虎礁起至嶠波嶴止長一千八百丈居民公築地臨岱山北界海潮衝激較甚光緒元年士民分段編栽榿柳萬餘樹以捍潮衝因以名塘曰永豐碶跨萬榿塘之半宮門嶴田千餘頭資其蓄洩居民公築五虎礁碶在朗吟山麓爲萬榿塘首居民公築曰橫塘自宮門山至一虎山嘴長三百六十丈自虎山嘴至龍眼碶長一百二十丈居民公築按宮門本有出水溝其水東與黟墩南與虎山之水會西至石橋鎮北至橫石路年久失修間有被居民佔填者今其基址猶存曰龍眼碶在龍山嘴居民公築楓墩司基二嶴民田資其蓄洩曰南浦大塘自浦口至宮前橫塘長二千丈道光二十九年居民公修曰二龍碶在獺頭山曰茶前山塘自外茶前山嘴起至卯山下計長七百丈曰念母嶴大塘長三百五十丈乾隆間公築光緒二年居民張永泰等募修沿塘有運河廣三丈許水流衝激每患坍塌居民培栽塘樹禁止樵牧曰通泉碶在大塘西乾隆間築流通栲網山運河曰東塘東界茶前山西接大塘長四百丈沿塘有運河以資蓄洩東碶嘉慶間築東塘運河自碶流出通百丈浦西塘東界通泉碶西抵竹山浦長九百餘丈嘉慶間築沿塘有運河西碶在剪刀頭嶴曰石道頭塘在狼尖嘴長五百餘步光

緒閒居民戎姓築

長塗山　水流亦甚短其碶塘曰江北碶江北塘自上船跳西山嘴起至倭井潭東山嘴止約長九百丈居民公築大嶴直塘約長百餘丈近聖村直塘約長百餘丈東小嶴直塘約長九十丈碶

草田塘約長百餘丈居民修築旁有小碶一門娘宮基塘自西山嘴起至牛頭山止約長百餘丈居民公築旁有小碶一門

老巷碶二門老巷塘西自牛頭山起至老巷山嘴止約長二百餘丈居民公築向家嶴塘約長九十丈居民公築旁有小碶一門小嶴塘自元寶山起至小嶴山嘴止約長五十餘丈居民公築黃泥墈塘西自小嶴山嘴起至黃泥墈止長五十餘丈大沙何姓築旁有小碶一門定海灣塘自南山嘴起至北山嘴止計長七十五丈岱山虞姓築旁有小碶一門浪通灣塘自西山嘴起至沙墐山嘴止約長五十餘丈居民公築旁有小碶一門沙墐塘有內塘外塘長七八十丈無塗地達滾碶達

滾塘有內塘外塘內塘長八十丈外塘一百三十丈又有直塘五十丈俱居民公築西劍塘橫塘一條從南山嘴起至北山嘴止長一百十丈居民公築橫塘東南畔角尺塘一條長九十六丈橫塘東北畔角尺塘一條長一百十丈俱王姓築東劍塘有內塘外塘俱從鳳凰山起至劍山止內塘名老塘長一百六十丈外塘名擁泥塘長一百三十二丈外有助塘其形甚低備海潮衝入

朐山　全境重山複嶺雖溪澗錯出而流不甚長僅供汲飲有河二一爲長清河自老鼠山至蛟潭約長八里與聚豐河會一爲聚豐河起培蔭嶴

訖田廠流域較長淸更狹其塘曰沙塘（在高塗蛟潭間長九百丈）曰大塘（在中柱山錢坑間長三百丈）小塘（在南陀衖堂嶴間長一百五十丈）曰外閘塘（在養元嶴銅鑼山間長一百二十丈）

右所列舉諸島乃島之較大者其他各島舊漲新淤沙灘相望農利大可經營惟地本漁區漁民占籍雖稍成村落而浮居者多不知爲久長計闢而新之是在鄉政至各大島之最著水利大都多興于康熙間歷時既久地勢不無改變似當有具體規畫以圖榮殖村落之效此尤所望于其鄉之行政者矣

氣候（災異占候附）

年中氣溫風雨實測表　定海屬境皆係懸島海面遼闊空氣流通各島氣候大抵從同冬夏相差不過六十餘度一日之間亦無驟冷驟熱之弊較浙江腹地略爲平勻茲將民國三年中測得氣溫及風雨概况列表如左

月分	氣溫（華氏）		最多風向	陰雨日數		
	最高度	最底度		雨	曇	雪

一月	四六度	三〇度	西北	四日	九日	二日
二月	六六	四三	西北	一三	一〇	
三月	七五	五〇	東北	一四	八	
四月	七九	四八	東北	一〇	七	
五月	八三	七〇	東	六	八	
六月	九七	七五	東南	一二	六	
七月	九八	八七	南	四	三	
八月	八九	八三	南	一〇	一一	
九月	九〇	七五	北	九	九	
十月	八六	六八	西	一一	一二	
十一月	七五	五二	西	一一	一五	
十二月	五七	三一	西北	一二	一四	一

舊曆年中太陽出入時刻表　案定海縣城北極出地二十九度五十九分二十秒在北京東五度五十八分黃赤大距二十三度二十七分推得太陽出入時刻及晝夜昏旦如左表

節氣	宮度	日出時	日出刻分秒	日入時	日入刻分秒	晝長	夜長	朦影
冬至	初丑	卯正	三、一二、五九	酉初	○、二、一	四○刻、四分、二秒	五五刻、一○分、五八秒	五刻、一四分、五一秒
同	五丑	同	三、一二、四三	同	○、二、一七	四○、四、三四	五五、一○、二六	五、一四、四七
同	十丑	同	三、一一、五五	同	○、三、五	四○、六、一○	五五、八、五○	五、一四、三四
小寒	十五丑	同	三、一○、三七	同	○、四、二三	四○、八、四六	五五、六、一四	五、一四、一三
同	二十丑	同	三、八、四九	同	○、六、一一	四○、一二、二二	五五、二、三八	五、一三、四七
同	二五丑	同	三、六、三五	同	○、八、二五	四一、一、五○	五四、一三、一○	五、一三、一六
大寒	初子	同	三、三、五六	同	○、一一、四	四一、七、八	五四、七、五○	五、一二、二三
同	五子	同	三、○、五五	同	○、一四、五	四一、一三、一○	五四、一、五○	五、一二、一
同	十子	同	二、一二、三五	同	一、二、二五	四二、四、五○	五三、一○、一○	五、一一、二三
立春	一五子	同	二、八、五八	同	一、六、二	四二、一二、四	五三、二、五六	五、一○、四三
同	二○子	同	二、五、八	同	一、九、五二	四三、四、四四	五二、一○、一六	五、一○、七
同	二五子	同	二、一、六	同	一、一三、五四	四三、一二、四八	五二、二、一二	五、九、三四
雨水	初亥	同	一、一一、五五	同	二、三、五	四四、六、一○	五一、八、五○	五、九、五
同	五亥	同	一、七、三六	同	二、七、二四	四四、一四、四八	五一、○、一二	五、八、四二
同	十亥	同	一、三、一一	同	二、一一、四九	四五、八、三八	五○、六、二二	五、八、二六
驚蟄	一五亥	同	○、一三、四二	同	三、一、一八	四六、二、三六	四九、一二、二四	五、八、一六

驚蟄	二〇亥	卯正	〇、九、一〇	酉初	三、五、五〇	四六、一一、四〇	四九、三、二〇	五、八、一五
同	二五亥	同	〇、四、三五	同	三、一〇、二五	四七、五、五〇	四八、九、一〇	五、八、二一
春分	初戌	同	〇、〇、〇	同	〇、〇、〇	四八、〇、〇	四八、〇、〇	五、九、〇
同	五戌	卯初	三、一〇、二五	酉正	〇、四、三五	四八、九、一〇	四七、五、五〇	五、九、一
同	十戌	同	三、五、五〇	同	〇、九、一〇	四九、三、二〇	四六、一一、四〇	五、九、三四
清明	一五戌	同	三、一、一八	同	〇、一三、四二	四九、一二、二四	四六、二、三六	五、一〇、一五
同	二〇戌	同	二、一一、四九	同	一、三、一一	五〇、六、二二	四五、八、三八	五、一一、五
同	二五戌	同	二、七、二四	同	一、七、三六	五一、〇、一二	四四、一四、四八	五、一二、三
穀雨	初酉	同	二、三、五	同	一、一一、五五	五一、八、五〇	四四、六、一〇	五、一三、九
同	五酉	同	一、一三、五四	同	二、一、六	五二、二、一二	四三、一二、四八	五、一四、二三
同	一〇酉	同	一、九、五二	同	二、五、八	五二、一〇、一六	四三、四、四四	六、〇、四〇
立夏	一五酉	同	一、六、二	同	二、八、五八	五三、二、五六	四二、一二、四	六、二、三
同	二〇酉	同	一、二、二五	同	二、一二、三五	五三、一〇、一〇	四二、四、五〇	六、三、二七
同	二五酉	同	〇、一四、五	同	三、〇、五五	五四、〇、五〇	四一、一四、一〇	六、四、五三
小滿	初申	同	〇、一一、四	同	三、三、五六	五四、七、五二	四一、七、八	六、六、一五
同	五申	同	〇、八、二五	同	三、六、三五	五四、一三、一〇	四一、一、五〇	六、七、三三
同	一〇申	同	〇、六、一一	同	三、八、四九	五五、二、三八	四〇、一二、二三	六、八、四一

芒種	一五申	同	〇、四、二三	同	三、一〇、三七	五五、六、一四	四〇、八、四六	六、九、三八
同	二〇申	同	〇、三、五	同	三、一一、五五	五五、八、五〇	四〇、六、一〇	六、一〇、二一
同	二五申	同	〇、二、一七	同	三、一二、四三	五五、一〇、二六	四〇、四、三四	六、一〇、四八
夏至	初未	同	〇、二、一	同	三、一二、五九	五五、一〇、五八	四〇、四、二	六、一一、一
同	五未	同	〇、二、一七	同	三、一二、四三	五五、一〇、二六	四〇、四、三四	六、一〇、四八
同	一〇未	同	〇、三、五	同	三、一一、五五	五五、八、五〇	四〇、六、一〇	六、一〇、二一
小暑	一五未	同	〇、四、三三	同	三、一〇、三七	五五、六、一四	四〇、八、四六	六、九、三八
同	二〇未	同	〇、六、一一	同	三、八、四九	五五、二、三八	四〇、一二、二二	六、八、四一
同	二五未	同	〇、八、二五	同	三、六、三五	五四、一三、一〇	四一、一、五〇	六、七、三三
大暑	初午	同	〇、一一、四	同	三、三、五六	五四、七、五二	四一、七、八	六、六、一五
同	五午	同	〇、一四、五	同	三、〇、五五	五四、一、五〇	四一、一三、一〇	六、四、五二
同	一〇午	同	一、二、二五	同	二、一二、三五	五三、一〇、一〇	四二、四、五〇	六、三、二七
立秋	一五午	同	一、六、二	同	二、八、五八	五三、二、五六	四二、一二、四	六、二、三
同	二〇午	同	一、九、五二	同	二、五、八	五二、一〇、一六	四三、四、四四	六、〇、四〇
同	二五午	同	一、一三、五四	同	二、一、六	五二、二、一二	四三、一二、四八	五、一四、二三
處暑	初巳	同	二、三、五	同	一、一一、五五	五一、八、五〇	四四、六、一〇	五、一三、九
同	五巳	同	二、七、二四	同	一、七、三六	五一、〇、一二	四四、一四、四八	五、一二、三

處暑	一〇巳	卯初	二、一一、四九	酉正	一、三、一二	五〇、六、二三	四五、八、三八	五、一一、五
白露	一五巳	同	三、一、一八	同	〇、一三、四二	四九、一二、二四	四六、二、三六	五、一〇、一五
同	二〇巳	同	三、五、五〇	同	〇、九、一〇	四九、三、二〇	四六、一一、四〇	五、九、三四
同	二五巳	同	三、一〇、二五	同	〇、四、三五	四八、九、一〇	四七、五、五〇	五、九、一
秋分	初辰	同	〇、〇、〇	同	〇、〇、〇	四八、〇、〇	四八、〇、〇	五、九、〇
同	五辰	卯正	〇、四、三五	酉初	三、一〇、二五	四七、五、五〇	四八、九、一〇	五、八、二一
同	一〇辰	同	〇、九、一〇	同	三、五、五〇	四六、一一、四〇	四九、三、二〇	五、八、一五
寒露	一五辰	同	〇、一三、四二	同	三、一、一八	四六、二、三六	四九、一二、二四	五、八、一六
同	二〇辰	同	一、三、一一	同	二、一一、四九	四五、八、三八	五〇、六、二三	五、八、四二
同	二五辰	同	一、七、二四	同	二、七、二四	四四、一四、四八	五一、〇、一二	五、九、五
霜降	初卯	同	一、一一、五五	同	二、三、五	四四、六、一〇	五一、八、五〇	五、九、三四
同	五卯	同	二、一、六	同	一、一三、五四	四三、一二、四八	五二、二、一二	五、一〇、七
同	一〇卯	同	二、五、八	同	一、九、五二	四三、四、四四	五二、一〇、一六	五、一〇、七
立冬	一五卯	同	二、八、五八	同	一、六、二	四二、一二、四	五三、二、五六	五、一〇、四三
同	二〇卯	同	二、一二、三五	同	一、二、二五	四二、四、五〇	五三、一〇、一〇	五、一一、二三
同	二五卯	同	三、〇、五五	同	〇、一四、五	四一、一三、一〇	五四、一、五〇	五、一二、一
小雪	初寅	同	三、三、五六	同	〇、一一、四	四一、七、八	五四、七、五二	五、一二、二三

同	寅五	同	三、六、三五	同	〇、八、二五	四一、一、五〇	五四、一三、一〇	五、一三、一六
同	寅一〇	同	三、八、四九	同	〇、六、二一	四〇、一二、二二	五五、二、三八	五、一三、四七
大雪	寅一五	同	三、一〇、三七	同	〇、四、二三	四〇、八、四六	五五、六、一四	五、一四、一三
同	寅二〇	同	三、一一、五五	同	〇、三、五	四〇、六、一〇	五五、八、五〇	五、一四、三四
同	寅二五	同	三、一二、四三	同	〇、二、一七	四〇、四、三四	五五、一〇、二六	五、一四、四七

災異　亦氣候之一徵雖非其常要不同荒誕難憑之記述至如前志荼樹生瓜牡雞產卵雨氂鍋漲之類則盡屬愚民傳合兹俱從刪

宋元祐八年海風駕潮害民田　紹興二十八年沿海大風　淳熙四年顛風挾潮淹沒民居　紹熙五年大饑人食草木　嘉定二年秋大風潮漂沒廬舍

元至正四年海嘯

明宏治八年大旱殣殍載道　十七年大饑　正德三年旱六月不雨至十月民間食盡草木　四年大饑　嘉靖二十四年大饑道殣相望　三十一年城吟　三十二年城復吟終夕如四五處吹角聲　隆慶十七年

定海縣志　輿地氣候（災異占候附）

六月海沸碎民船及戰舸溺人　十九年七月海溢傷稼渰人　萬歷三年五月三十日大風雨壞各關兵船數十溺死兵民萬餘禾稼盡淹　十五年七月二十日風潮傷禾居民至鬻男女以食　十六年大饑流離徧野瘟疫繼之道殣相望　三十二年十一月初九夜地震　崇禎十三年大旱　十五年大旱饑

清順治十二年二月初三日城吟五日聲若風箏而咽雞犬上屋日夕號　康熙四十八年八月大風雨　雍正元年不雨五月禾黍一空　二年七月十九夜大風雨海潮傾塘漂沒田廬　乾隆五十五年五月海潮爲患　嘉慶七年五月十三日大水田成巨浸禾盡傷　道光十三年大雨水禾黍一空癘疫繼之道殣相望　十四年大旱饑　十九年己亥除夕大雷電　二十三年閏七月初八夜風雨大作二十五日大水平地數尺八月初八日復水勢更大洞嶴蘆蒲等莊漂沒百餘人　二十六年六月十三日戌時地震　二十七年二月五日雨冰　二十八年二月二十八

日大雨雹　咸豐二年大旱饑　三年三月七日戌時地震　六年八月蝗　八年秋饑　十一年八月六横山鳴十二月黄楊尖山鳴　同治三年六月十日暴風雨壞舟溺死兵民無數　光緒十八年壬辰自六月不雨至十月晚禾大無十一月大雪酷寒菜麥萎焉　二十五年己亥六月十四日大水舟入城市　二十六年庚子三月初八日巳刻晝晦如夜至未刻始復十一月十四日雷震

民國四年六月颶風雨甚潮沸壞海塘稻棉摧殘殆盡　六年一月三日午刻地震　十一年八月颶風自東北來驟雨海溢數日少間又作凡七次最後益甚田廬人畜被災爲百年來所未有

占侯　占侯由于積驗物理感應有時而信兹錄野諺之可據者如左

上燈遇雨雹稻花風吹落　言正月十三日雨雹主風摧稻花

春甲子雨撑船入市夏甲子雨赤地千里秋甲子雨禾頭生耳冬甲子雨雪弗著地　言春秋甲子雨主潦夏冬主旱

日打洞明朝曬得背肘痛　日打洞言日落時雲無脚也主明日晴

日沒臙脂紅明朝雨夾風　言日落時半天現紫紅色主明日風雨

丙不藏日　言丙日多晴也

春己卯風秧苗空夏己卯風田稻空秋己卯風人口空冬己卯風牲畜空

言四時遇己卯有風主不吉

三月三日午前青蛙叫田稻好三月三日午後青蛙叫漁汛好　言三月三日蛙鳴主吉

三月三落雨落到繭頭白　言三月三日有雨主久雨

端陽逢天晴稻草爛田塍端陽逢天雨赤日割稻去　言五月五日晴主秋雨雨主秋晴

烏雲蓋日頭當夜雨颼颼　言日晡時有烏雲主夜雨

明星照爛地天亮落勿及（及讀如忌）　言雨天入夜忽霽主不晴

逢庚作變　言久旱逢庚日必雨久雨逢庚日必晴

壬戌癸亥平定作海　言日建壬戌癸亥又逢平定主大風雨

朝晚半天紅曬殺河底老蝦公　言朝晚有霞主久晴

春霧霧日夏霧霧熱秋霧霧風冬霧霧雪　言春霧主晴夏霧主熱秋霧主風冬霧主雪也

今朝霧明朝霧一連三朝霧西風隨屁股　言三朝霧主即有西風

日暈漲江水夜暈百草枯　言日有暈主潦月有暈主旱

東鱟日頭西鱟雨　言虹出東主晴西出主雨

春雨甲申米貴如金　言春甲申雨主歲饑

雷響驚蟄前四十九日不見天　言驚蟄前聞雷主久雨

未蟄先蟄人喫狗食　言驚蟄前聞雷主歲凶

田雞叫勿響快快去分秧　言蛙聲低主將旱宜及時插秧也

黃梅雨未過冬青花不破冬青花已開黃梅雨弗來　霉時雨稱黃梅雨

言冬青花之遲早可以驗雨量

小暑天雨少收成處暑天晴必豐登二月若逢三卯日豆麥田蠶處處稔

言小暑雨主凶處暑晴主吉二月有三卯日主農蠶俱吉

夏至西南風連日雨濛濛　言夏至日西南風主多雨

二十分龍廿一雨水車勿用放當路二十分龍廿一黨拔起稻空種黃豆

五月二十日謂之分龍分龍後一日雨主久雨見虹則主久旱

小暑一聲雷接連做重霉　言小暑聞雷主多陰雨

六月十四雷轟轟一把豆餅一把蟲六月二十雨颸颸買個蒲包蓋牆頭

言六月十四日聞雷主蟲二十日雨主潦禾棉均害也

六月蓋棉被八月無炊米　言三伏不熱主歲歉

南閃火門開北閃有雨來　閃電閃也伏中恆西北風將雨時風必反其向電隨風轉故北閃主暴雨南閃謂之空陣欲雨不成主熱

海和尚嚮丁當　立秋後海上見雲陡起似僧趺形主風潮

立秋晴一秋晴立秋雨一秋雨　言立秋日晴主旱雨主潦

八月廿四雨打瓦前荒竈上後竈下　言是日午前雨主米貴午後雨主薪貴

重陽大雨一冬冰重陽無雨一冬晴　言九月九日大雨主冬寒晴主冬旱

霜降見霜米爛陳倉未霜先霜米販象霸王　言霜降見霜主米賤未及期主貴

十月五風凍殺老農　言入冬逢五有風主暴寒

風吹彌勒面有米勿肯賤風吹彌勒背無米勿肯貴　十一月十七日爲彌勒佛誕期言是日東南風主米貴西北風主賤

若要麥見三白　三白三次雪也言冬月得雪三次主來年麥大熟

臘雪似被春雪如鬼　冬至後第三戊日入臘言臘內得雪主歲稔過臘主歉

兩春夾一冬無被煖烘烘　歲底交春謂兩頭春主冬煖

冬至和暖五色天來年豐收好種田冬至天冷雨不斷來年收成無一半

言冬至晴暖主來年歲豐寒雨主來年歉收

春己卯日雨兼風春夏兩汛洋花空夏己卯日風兼雨秋冬兩汛洋花苦

言春己卯日風雨主三四月漁汛歉收秋己卯日風雨主八九月漁汛歉收按秋冬己卯所占亦然

十月廿三天氣晴一冬洋花好收成　言十月二十三日晴主冬季漁汛大佳

風打正月半春夏七水網不滿風打七月半秋冬七水網多漏　言正月半大風主春夏七水魚汛不佳七月半大風主秋冬七水短收按水潮水也一月二水

正月十四夜亮烏鯽擺個樣五月十四夜暗烏鯽爬上磡　言是夜月明則墨魚歉收月暗則豐收

冬至後九九歌　一九二九棒打不走三九四九滴水不流五九四十五

窮漢街頭舞六九五十四笆頭抽嫩枝七九六十三破衣兩頭擔八九七十二貓狗尋陰地九九八十一飛爬一齊出

夏至後九九歌　一九至二九扇子不離手三九二十七冰水甜如蜜四九三十六出汗如洗浴五九四十五樹頭秋葉舞六九五十四乘涼不入寺七九六十三上床尋被單八九七十二被單添夾被九九八十一家家打炭墼

名勝　古蹟

舟山列島在昔所謂海中洲漂渺而不可即者也內陸之人好談怪異稱爲神仙之都至今猶有以安期蓬萊名其鄉者若夫山巒之秀波瀾之壯其在定海固隨地而有矣而普陀獨以名勝聞蓋有崇飾之者雖荒遠而不沒非以其地勝而然也普陀之見名徒以佛氏言自在菩薩曾往來游舍于此求福田利益者遂羣趨而向之昌率既衆而上都士女亦以時至游子蕩客因豔其事航海消夏之會歲輒踵行昔之所稱

清淨之域寂莫之鄉者今乃反是然其地開闢既早特多古蹟故首記之以次及他島

普陀山　在蓮花洋東相傳漢梅福煉丹于此故一名梅岑全山東迤而西蹙南深而北淺環山之周屈曲不過四十里鄉爲方外占地不起糧寺刹之建始自梁代歷宋而明殿宇益弘至明季燬于寇清康熙二十八年奉旨建復于是普濟法雨等寺始還舊觀至今名刹八十餘精舍百三十餘稱福地云至其本境風景則普陀自有山志今略

蓬萊鄉　岱朐諸山統稱蓬萊鄉相傳有蓬萊十景曰蒲門曉日曰石壁殘照曰南浦歸帆曰石橋春漲曰魚山蜃樓曰橫街魚市曰朐港漁火曰竹嶼怒濤曰白峯積雪曰鹿闌晴沙

清劉夢蘭有蓬萊十景詩蒲門曉日云啼斷朝雞曙色明早潮生處日俱生不須遠駕秦皇石來看扶桑萬里程石壁殘照云石壁孱顏影倒橫夕陽閃閃十分明若教移入天台郡霞彩何曾讓赤城南浦歸帆云南浦灣環水一汀野航多在此間停歸來穩泊蘆花處舵尾茶煙逗月青石橋春漲云一字街頭古石橋橋邊春水泊輕橈浪花泛處桃花落點點飛紅送暮潮魚山蜃樓云大小魚山氣吐銀慣看樓閣起鱗鱗島

閒時有乘槎客未許憑欄一問津横街魚市云丁沽港口海船回小市横街趁晚開狂脱蓑衣尋野店挈魚換酒醉翁來朐港漁火云無數魚市船一港收漁燈點點漾中流九天星斗三更落照徧珊瑚海上洲竹嶼怒濤云不關風起亦生濤夕汐朝潮勢怒號十八浪中帆側過回頭猶見雪山高白峯積雪云水村話盡話山村別有三冬積雪痕行到玉山東朗朗衆峯還讓一峯尊鹿欄晴沙云一帶平沙繞海隅鹿欄山小亦名區好將白地光明錦寫出瀟湘落雁圖

觀山　城東南半里宋建道隆觀於其下故名建炎中金人襲高宗遊兵入觀斫其柱柱濺血金人懼引兵去明嘉靖間燬於倭寇萬曆三十年重建相傳舟山向無虎患忽有二虎白晝傷人衆禱於神夜聞吼聲震地詰旦見觀門外散有血迹虎患遂除嗣後偶有虎患禱之即應今名伏虎殿以此

宋史彌遠游道隆觀題臨江仙云試凭闌干春欲暮桃花點點胭脂故鄉凝望水雲遲數堆青玉髻千頃碧琉璃　我本清都閬散客蓬萊未是幽奇明朝歸去鶴齊飛三山乘縹緲海運到天池

雙髻峯　城北十里一名鎖山有二峯如髻矗立天表諸山環繞爲縣治之主山相傳葛稚川煉丹處有棋秤石磴山麓有普慈寺同歸域成仁祠

鼓吹峯　在洞隩巔平如掌可容數百人晦冥時隱隱有鼓吹聲故名

黄楊尖山　在洞隩山有兩尖大尖巔廣可畝許旁有巖壁立萬仞兩尖巔閒横亘一大石長二丈闊一丈餘方平如几相傳仙人奕處

鳳尖山　在蘆花隩有三峯居中最高者曰鳳尖東曰東翼西曰西翼怪石崎嶇莫可名狀

桃花山　相傳爲安期生修道處嘗醉灑墨山石上成桃花紋故名清全祖望詩始皇東遊鄮縣三十有六日驅山塞海真忽忽豈知此中大有避秦人醉灑桃花滿石室祖龍勞攘空弗聞到頭亦與朱弓赤矢同滅歿何如道人墨痕長明瑟八千子弟起江東翻然一出說重瞳匹夫之勇不足用吾其歸遂冥飛鴻黃石赤松紛詭怪斯人殆亦留侯輩一出一處蹤蹟分誰識其中耿耿同節概一笑殺一燕齊方士愚如瓜之棗同津逮

單奇洞　在馬隩中峯山閒相傳昔有單奇修道於此知者挾之操炬入洞不知所往

安期洞　在馬秦山世傳安期生隱此故名

古蹟　古蹟以人而傳無取夸誕塚墓亦古蹟之一附見于後

徐城　縣東三十里城隍頭山一名城灣相傳周時徐偃王建城於此寶慶志云十道四番志徐偃王城翁洲以居其址今存按史載偃王之敗北走彭城武原東山下以死疑非此海中而韓文公爲衢州廟碑乃記或者之言曰偃王之逃戰不之彭城而之越城之隅棄玉几硯于會稽之水則十道四番志或可信矣

偃王祠　在鼓吹峯今已失相傳孫恩之竄在此康熙志云恩自其叔泰以罪誅卽竄海島史雖不載島名以地考之其寇浹口攻句章及滬瀆海鹽之敗又從浹口竄于海跡其出沒由于是則巢穴容有在此者矣

元吳萊詩著篙迴我舟沙澳晚煙起蒼茫魚鹽場寂歷鼓吹里人民悲舊王歲月祀遺址終捐玉几硯不捄朱弓矢東西八駿馬今古萬螻蟻此事如或然須淌會稽水

安期生隱處　馬秦山有安期生洞相傳安期生得道隱於此因以名鄉

元吳萊望馬秦桃花諸山問安期生隱處詩此去何可極中心忽有思亂山插滄海千層壯且奇信哉神仙宅而養雲霞姿雕鎪鬼斧鈌刲濯龍湫移坎窞森立劍槎牙劃靈旂微涵赤岸水暗產瓊田芝老生今安在方士不我欺經過燕齊亂出沒楚漢危挾山作畫鎮分海爲硯池殘花錦石爛淡墨珠巖披東溟地涵畜北極天翰維玉烏投已遠桑田變難期誓追淩波步行折拂日枝羽卭杳如夢元圃深更疑豈無抱朴子去我乃若遺空餘煉藥鼎尚有樵人知

梅子真煉藥處　在梅岑山卽普陀

刑馬礶　在岱東北相傳隋將軍陳稜伐流求國領兵至此刑馬祭神今刑地猶有廟祀陳

書字巖　在秀山寺鐘山下一名桂竹嶼相傳唐羅隱留題故名

須河古城　去縣七八里舊傳唐世築城於此後以土輕移就鎮鼇山旁縣治故址　在鎮鼇山下宋熙甯六年八月十九日建明改中中中左二所清改總鎮府今改成仁祠

芙蓉洲　治東三百武洲之上皆芙蓉故名有冰壺亭舊名清遠宋乾道六年主簿趙善譽易之淳熙十六年令王阮徙學宮于此後又改建營署即衙山左營今廢

虹橋書院　在城西七里宋太師余天錫建延師教閭閈之來學者今遺址尚存

翁洲書院　在治北宋參政應繇讀書之所淳祐閒理宗賜書翁洲二字因以爲名

全祖望記應參政葺芷由昌國遷鄞其貴也建翁州書院于故居以興起後進穆陵賜御書以榜之元時以昌國爲州書院置山長于參政之孫全軒領之因祀葺芷于中而令其子蘭坡附焉其後增祀全軒詳見應奎翁碑記中明時以倭難廢昌國隸定海書院亦圮今昌國復置縣改定海曰鎮海而以昌國稱定海於是復立翁洲書院嘗考穆陵之時甬東書院曰實與翁洲並置甬東出於安晚其與葺芷皆迂齋之徒也故二甬公皆以文章名全軒亦熟于典故原夫書院之立將使學者從事于其本先立德而後立言則昌國之先師當更自葺芷而上之吾聞宋開禧中徐都曹恭先者昌國人也其任福建提舉勘定黃勇之難所至蒞事精勤而操守介潔出其餘緒爲文詞亦超出流輩蓋都曹受業袁正獻公之門爲高弟蒙齋昆弟俱推服之故其學爲有本而同里有許布衣止齋受業楊文元公終身不仕以孝義倡鄉閭累徵不赴然則昌國之先師其當推二公也審矣諸生幸生文明之世誠能從事其本如二公之得統于儒林而又以應氏多聞多見之功潤色之有德有言且將升聖人之堂豈僅爲海外之倡而已哉都曹名愿布衣名孚其時昌國儒者尚有朱進士介魏布衣桀皆爲楊袁之學者亦應得附祀

岱山書院　在岱山宋咸淳癸酉里人魏桀等請於郡以岱山廢酒坊空官地建元至元三十年本處鹽場官徐應舉朱許芳買民屋二間遷於市

宋黃震記四明枕大海爲郡居天下極東而中於海爲昌國縣又其東而中於海爲岱山山尤遠在鯨波浩渺間去三韓幾一航而士生其間往往多俊拔置鄉書登上庠而擢高第躋膴仕者踵相接非山海碩大之氣之所鍾而能爾耶余固聞而風而爲之興起久矣一日士有家於岱者忽航海過余而言曰朱文公嘗歎佛老之區遍天下至於學校乃一郡一縣而僅一置蓋謂講學之地不可以不廣也況岱山阻大海士雖

欲擔簦負笈一至郡邑而不可得士果何以麗澤之也古者五百家為黨黨有庠今岱山可三千家而反古者一黨之不若咸淳九年魏榘等
因請於郡太守劉公黻即酒坊基創岱山書院以祠先聖而講其說劉公既捐公帑又歲減酒息錢乃得請鄉先生定席以皐比與鄉之人士曰
藏修游息其中距今五年而書院大概成矣願為記以發其意余聞之益敬而歎曰岱山多士地之偏而學之正也我宋三百年崇尚正學所
以涵養成就配天其澤於是不可尚矣請因以學之正者而言之夫所謂學之正者何也理有自然而不然歷萬世不可變者正也天高地下萬
物散殊莫不具此自然之理人生其間秀于萬物莫不明此自然之理大為之三綱五常細為之起居服食莫非自然而然有不容不然者堯
舜禹湯文武以是而見之行事吾先聖孔子以是而見之垂訓皆未嘗加毫末於是是所謂正而已風氣日開世變日下楊子為我墨子兼愛
非正也孟子闢之復于正老子清淨佛氏寂滅非正也韓子闢之復于正談空者過高功利者過卑非正也濂溪周子河南程子又闢之而復
于正每一異論興必得一正論以救其後天右斯文若是信乎此理之正出於自然者終不可得而磨而世乃又有借周程之說售佛老之私
者謂愛非仁直欲掃除作見孺子入井之心謂心即道直欲用大舜人心道心對立之論以為證謂六經為註腳謂孝悌為支離謂講學為邪
說幾於前聖所未有之論時則有若文公出乎其間又辭而闢之天地為之重開日月為之重明有人心者宜知所向方矣奈何好高之士書
慣其說猶或卑正學為不足道而必求其說之勝不知此非文公之言也吾先聖孔子以來相傳之言也非吾孔子自為之言也天地間自然
而然自堯舜禹湯文武以來斷斷乎不可易之正理也夫豈加毫末于其間而必欲外立一說以求勝耶岱山之講文公之學正矣然世之攻
其學者多也其幸精思而實得篤信而力行使正論日興異論日消海隅蒼生日出之地聖朝崇正之化洋洋流動端於此占之矣敢敬書以

勉

紫陽書院　在城中明隆慶年間參將梅魁創建廢址今已無攷

義學　在縣署後半里清康熙間知縣繆燧建道光二十年燬于兵咸豐七年繆燧五世孫步瀛來爲廳同知次第興復之今改爲縣立第一小學校

景行書院　在城中大余橋北小余橋南清嘉慶初知縣宋如林借義學課士曰景行書院至道光四年知縣惲敷始建院舍其地爲太學生錢鏡捐助今借爲警察局

蓉浦書院　在義學後河之北畔明大學士張肯堂雪交亭故址清康熙年間諸生黄灝等建以爲知縣繆燧之功德祠燧謙讓命奉學宫文昌像祀正廳以爲書院今仍爲繆公祠

延陵書院　在舊鎮署東清康熙年間兵弁所創建本總鎮吳陞生祠也陞謙讓不肯受乃改書院爲兵弁子弟肄業之所名曰延陵其郡望也今

廢

蓬山書院　在東岱仙壇嶴一房山麓清同治元年士民募建今改爲區立蓬山小學校

曉峯鹽場　在治西十一里宋屯田郎官柳永耆卿嘗爲監場

宋柳永留客住詞偶登眺憑小樓艷陽時節乍晴天氣是處閑花芳草遥山萬疊雲散漲海千里潮平波浩渺烟村院落是誰家綠樹數聲啼鳥旅情悄遠信沈沈離魂杳杳對景傷懷度日無言誰表惆悵舊歡何處後約難憑看看春又老盈盈淚眼望仙鄉隱隱斷霞殘照

譙樓　在故治南百步元天歷間知州趙雍建新製刻漏明萬歷初燬

元鄧文元記古者挈壺氏凡軍事懸壺以聚欜司寤氏掌夜時以星分夜以詔夜士夜禁鼓人凡軍旅夜鼜鼓掌司夜三更以號令皆命士重其職後世鼓角特成卒之事挈壺則有司令陰陽者流番直之異古制矣昌國隸慶元在海東南古翁山地唐曰翁山縣宋元豐間改爲昌國登高而望鯨海波瀾極天無岸若高麗琉球之屬綿亘海外諸番所經日本市易則選兵戍守以領海道近至元中陞州凡官署符移圭田俸賜悉易其舊而麗譙未建非所以重侯藩而威遠裔也泰定丙辰吳興趙侯仲穆至諭諸州之僚佐等僉言惟允於是詳文告庸工庀材乃幹乃址以構以臒敞爲飛樓匪事觀游惟軍容是肅測度有規警嚴有節樓成大飲酒合樂以落之鼓角初奏如蟄之雷如江之春奮揚敷舒羣情暢達檣帆下上瞻望斯樓薄乎雲漢咸大息曰前是未之有也有父老言曰官於是者以是邦邈居海陬率鄙夷吾民懦者弛慢貪者鷙暴

徵斂狎至，期會星火，我民用不得安息。今侯一以廉平致民於理，桴鼓不驚，不識吏卒。田有上腴，隰有渟鹵，鉦艾既登，權賦羨入。始制銅漏以節晨夜，嚴鼓角以戒昏曉。八風既至，四時既序，以新民聽，以導民和。願侯無去，以重我邦民之思。余曰：鼓角者，號令也，而挈壺則號令所由本也。今夫陰陽寒暑，化機不停，而几席之內，銅壺漏箭，實司其權。古創物者，範金必精，挹玉必清，必待時日之運行，是以誠信旁浹，而敷教宣明。辰入酉退，官有法守，出作入息，民有課程。虛以受其成，靜以持其平，寓智于物而不有其智，取明于水而水無縮盈，雖風雨晦冥，萬變莫測，而不失常經。為政之道，何以異是。夫侯其益加惠於是邦之民，有興除者無不與為也。後之登斯樓而亦曰制作之勤，繕修必時，以勿替前規云。致和元年四月記

碧雲庵　在馬秦山，宋馬耆禪師、黃給事龜年、承事鶴年、張處士光隱居賦詩處。光緒志：黃龜年，字德劭，其先福州人，父葬于鄞，因家焉。崇甯五年進士，歷官殿中侍御史。會邊報王倫來歸，龜年言秦檜狥私欺君，合正典刑。章三上，遂褫檜職，又請暴檜惡于天下，從之。龜年由太常少卿還給事中。檜復相，落職，寓居湖州，後與兄鶴年隱居昌國之馬秦山，辟禍絕人事，與僧馬耆、處士張光賦詩于碧雲庵。

平石山房　在治西四十五里平石嶺山中，宋陶回孫父子藏脩處

陳公臺　在岱山，元陳麟習禮之所

光緒志陳麟字文昭温州永嘉人以進士爲慈溪縣尹慈有趙寶峯者私淑楊慈湖簡之學講道山中麟從之學北面問難尤邃于易其爲吏善通下情政績懋著爲慈溪第一循吏會方國珍破昌國奉化入鄞使人要麟相見麟欲拒之又慮寡不敵衆歎曰吾不忍危其民單騎入謁勸以勤王國珍意欲臣之脅以兵麟正色曰吾不欲以兩虎相鬭使民塗炭故隻身來殺我非勇也國珍媿謝過然終忌之置昌國之岱山麟即自稱足疾扶杖著道士冠服治田葺園種牧自給國珍時時遣人偵之以爲真廢乃不復加害昌國故有岱山書院麟重與之與山中子弟講學行鄉飲酒禮父老因名其臺曰陳公臺時海盜起刼獨相戒曰勿登此山恐驚陳公朝廷屢遷秩自承事至中順大夫祕書監丞國珍留之不遣寓居岱山十年卒

丁高士海巢　在翁州高士名鶴年性至孝自以家世仕元匿翁州不出名其居曰海巢

翁復堂　在治西二十五里明王國祚故居復翁事蹟見人物志

明陶恭記余端居之暇鄉人王某持狀來謁余曰先曾大父國祚憫斯地之民被遣而窘于二所之禁不容出城稼穡故特具奏面太祖高皇帝于南畿蒙聖諭俞允賞勞遣之部檄未降鄉人皆悦輒出城營產以居仍被巡司申以妄託擒送之京幸獲聖明再蒙賞勞放還之鄉人德之而以復翁顏之余堂取復翁洲之地之義也願得一言以記之垂不朽爾余曰予知其略未得其詳也太祖高皇帝登極之二年念吾海東之民代有寇患以無兵守禦故耳乃設衛所巡司四以守之改州爲縣與衛並處誠帝王萬世不易之圖二十年遣信國公湯和處置東南之

地覘地圖爲海外一彈丸遂遷其民而革衞縣止留兵二所民兵四司民四里吁惜哉聖天子謂彼有好田地任民散處但無容寇擾之旨可謂明見萬里而湯信國和不體經國大略輕于播遷其民與太祖之意大不相侔矣是以當時被遷之民方有信國公之怨而留止者復有軍旅之禁流離困苦之際如解倒懸宜乎人心感德爾祖而有復翁之說也王氏子孫當思所以有今日之感由爾祖有復翁之德則夫修身理家其可以忝厥祖乎雖然前日之翁非今日之翁復前日之翁復其耕稼之利而已矣而人心之悅已如此使後之人能繩爾祖而復今日之翁與治與教以復前日風化人才之盛則人心之感悅又當何如是爲復翁堂記

老人亭　在城北十餘里疊石嶺之下相傳明代居民爲復翁老人王國祚建今圮改建土地祠

施印泉先生讀書處　明施邦彥讀書普慈山房題其齋曰占易秣陵張可大爲立石表之曰明高士施印泉先生讀書處

受降亭　在觀山明嘉靖時受汪直降建

明總制胡宗憲詩十年海浪噴長鯨萬里潮聲雜鼓聲聖主拊髀思猛士元戎詎意屬書生身經百戰心猶在田獲三狐志幸成報國好圖治安策舟山今作受降城都督盧鏜和詩手提長劍斬妖鯨八面威風四海聲白髮尚能酬壯志丹心應不負平生羣蠻俯伏歸王化萬姓歡歌慶有成禍本已除環海靜此城端擬漢三城

平倭碑　在烈港有平倭港三大字明俞大猷得功所建平倭碑文倭賊數千突至金塘海洋□犯□□□□總督南直隸浙江福建軍務兵部左侍郎兼都察院左都御史胡宗憲浙直副總兵盧鏜親統舟師率□盧相同把總張四維中軍官黃應徵廣東領船部指揮李涇指揮伍惟統千百戶葉椿毛鉞等官兵擊之遂大捷溺死者過半餘黨逃奔上山□斬五百餘級盧相生擒辛五郎解京誅海道肅清地方安堵士民歡騰共為立石改烈港為平倭港以昭功烈于萬世嘉靖丙辰秋八月初四□□日□楚黃岡李文玉重脩天啓五年乙丑五月初七日知縣何愈立

文筆塔　舊在觀山後移置於州衙山明嘉靖間都督盧鏜知縣何愈都指揮李興建又岱山蓬萊書院前亦有文筆峯清光緒三年里人費宗惠建

木城　治西二十里雙鵶山有木城舊址

演武亭　在南門外明嘉靖三十七年燬于倭隆慶元年指揮王承恩重建

樂凱亭　在鎮鼇山西明萬歷間參將徐正建

童氏義門　在狀元橋東

郭氏尙義門　在狀元橋東

舟山宮井　井在鎭鼇山下總鎭府後上有榴樹父老相傳卽所謂宮井清全祖望記舟山何以有宮蓋明亡以後監國魯王一旅居焉故自稱日宮也宮之井何以傳志監國元妃陳氏死節地也予考甲申北都之難熹廟烈廟二妃死之其時文武殉難諸家新樂侯劉公眷屬最多而劉文正公馬文忠公汪文烈公陳忠愍公成金兩忠毅公其母若妻若妾皆有死者其居家聞訃自裁則王節愍公妻說者皆以爲中宮陰教之隆致之也然是猶淵槃逵葛之所聚舟山彈丸一區耳辛卯之役元妃死之其文武殉難諸家亦有若定西侯張公眷屬最多而閣部張公尚書李公朱公兵曹李公都閫吳公之家死者不一其家居聞訃自裁則給事董公妻夫孰非笄珈大節所感召與元妃爲吾甯之鄞縣人居鄭丞相府大池之北其女兄歸于吾家僉事府君監國次于會稽張妃主宮政而妃以丙戌春入宮會西陵失守監國自江入海保定伯毛有倫扈宮眷自蛟關出期會于舟山道逢張國柱亂兵殺掠擁張妃去妃在副舟中急令舟人鼓棹突前追兵不及伏荒島數日飄泊至舟山監國已入閩旁皇無所歸吏部尚書張肯堂遣人護之得達長垣監國見之流涕始進冊爲元妃在海上者三年己丑黄斌卿伏誅始復入舟山辛卯大兵三道入海監國以蛟關未能卒渡親帥師擣松江以牽其勢蕩胡伯阮進居守敗死大兵直抵城下安洋將軍劉世勳議分兵先送宮眷然後背城一戰元妃傳諭詞曰將軍意良厚然懼爲奸人所賣則張妃之續也願得死此淨土乃止城陷元妃整簪服北向拜謝投井而死義陽王妃杜氏宮娥張氏從焉錦衣衞指揮王相內臣劉朝共掌宮事歎曰眞國母也豈可使其遺骸爲亂兵所窺相舁巨石塡井平之卽共刎其旁而死董戸部守諭爲作宮井篇哭之乙未英義伯阮駿再下

舟山訪得妃死狀即其井封之立碑致祭而表言于監國加謚貞妃丙申舟山又陷其碑被仆嗚呼天下之善惡一也表景陽之辱高頴正法於青谿不可以爲暴則舟山之烈女雖經易代而表章不可以爲嫌當妃未死嘗遣間使至中土寄書訊其女兄歷叙蛟關之掠長垣之困琅琦之潰健跳之圍操尺組而待命者不知凡幾然到頭終擬一死以完皎然之軀其節之素定如此向使當時史局諸臣達之興王之前豈有不動色然驚歎附之二后傳中者奈何并此不食之泥湮沒恐後是皆不知聖朝旌勵幽冥之盛者也嗚呼翁洲即前宋之厓山也況元妃爲鄞產是尤吾鄉所最有光者宮可亡井不可沒矣乃議爲勒石而附董戶部之詩以當些詞

雪交亭　在鎮鼇山麓明大學士張肯堂盡節處按結埼亭集張公肯堂以丙戌入翁洲黃斌卿館公于參將故署王入翁洲公虛所居邸以爲王宮別築雪交亭于邸中夾以一梅一梨開花則兩頭相接嘗曰此吾止水也辛卯城陷公投繯亭中下則雪交亭在參將署中可知也考參將府在鎮鼇山麓即古昌國縣基初明爲中中所隆慶三年改爲參將府康熙二十三年總兵黃大來即其地建總鎮府今蓉浦書院前有雪交亭故址碑乃道光戊戌年總鎮莊芳紀子中正所立不知何據又寓生居亦張故物張公臨絕題雪交亭詩虛名廿載著人間晚節空勞學圃閑漫賦歸來歎靖節聊存正氣續文山君恩未報徒憂瘁臣道無虧在克艱寄語千秋青史筆衣冠二字莫輕刪又寓生居記張子以視師之役航海就黃侯虎癡于翁侯館余參戎之署中有舊池臺焉張子葺治之踰兩春秋稍成緒忽自咎曰余何人也茲何時也不養運甓之神而反躬灌園之事余豈有狂疾哉偶讀本草寓生之木一名續斷則又憮然歎曰有是哉木之類余也夫是木之植本也不土而滋有似於丈夫之志四方其附物也匪膠而固有似于君子之交有是哉是木之類余也雖然是木

之自託其生也甚微而利天下之生也甚薄余安能比于斯木哉余也生世寡諧而姓名時爲人指以故不能爲有用之用如梗楠栝柏之大顯於時而又不能爲無用之用如臃腫拳曲之詭覆其短以至戴鼇三傾擎曦再昃疆孤撐而羣撼之螯先登而下射之浸假而朝宁之上荆棘生焉余因爲溝斷浸假而棄置之餘風波作焉余因爲梗飄浸假而御旅之命湯火蹈焉余因爲槎泛斯時身萍世絮命葉愁山直委此七尺以幾幸於死之得所而吾事畢矣寧討海上有島島中有廬廬傍有圖又有地主如黃侯舍蓋公堂下孺子榻乎夫既適然遇之則亦適然寓之而已聞之三宿桑下竺乾氏所訶而郭林宗逆旅一宿無間焚掃予嘗校其意趣以爲竺先生似伯夷蓋視天下無寓非累而是處欲祛之者也郭先生似柳下惠蓋視天下無寓非適而是處欲安之者也今余將空無生之累以就有道之安則文山之牽舟住岸其視易京鄙塢將孰險孰夷耶彼其榮悴於同臭之根而保貞萎於特生之幹亦若是則已矣若夫死不徒死必有補于綱常生不徒生必有裨于名教如茲木之佐俞扁而起膏肓則余方以此自期世亦以此相責非茲言所能槩也然而感慨係之矣

御書樓　在城內孔廟左清康熙二十六年御書定海山額賜知縣繆燧燧因建是樓奉之今改爲通俗圖書館

東南第一關　有坊在關山上明隆慶元年把總李成題建

望海樓　在鎮鼇山清太保黃大來建

宋郭先生維墓　在縣西西湖隩

蔣公墓　宋徽猷閣直學士蔣猷初葬蓬萊鄉紹興三年遷葬鄞縣隱學山今沙莊有蔣公廟

徐司農墓　在紫薇隩東山或曰即徐愿

孫枝墓　在縣北小溪

余天錫墓　在小展隩

應繇墓　在縣西二十五里浦東

陶椿卿墓　在縣北平石嶺東　舟山志陶回孫子椿卿字君壽方弱冠父暴卒於杭奉母護喪東歸至蛟門颶風大作幾至覆舟伏棺號天得免于難人以爲孝感所致咸淳癸酉以戴氏經兩膺解首入元遂廬墓不仕自號平石不忘先也延祐七年十月卒于家

明張信墓　在縣北淡水坑又信父墓在白泉太平山

傅烈女墓　在縣東四十五里石墻墩　康熙志傳烈女邑人傅梓女年十七美姿色未字明嘉靖間倭寇至女家瀕海遂爲所獲女取石破面血塗地賊怒磔之時知縣宋繼祖上其事建祠于文明門之東

開夫人墓　在縣東北三里深水坑夫人郭氏明洪武中刑部尚書開濟妻濟坐贜置編管于此郭氏殁因葬焉子忠性至孝

康熙志開忠字學古河南柘城人刑部尚書濟之子以父故安置昌國家徙壁立痛不及廬父之墓朝夕悲號刻木以祀養母氏郭極謹慎時稱貸于人以資滫瀡如期而償未嘗有纖毫負及郭終哀毀骨立廬墓三年居常念父受國厚恩日思報稱不能得草衣蔬食年九十卒

定西侯張名振墓　在蘆花隩胡家園山麓

按張名振字侯服應天江甯人母范夢張世傑而生稍長精韜略騎射擊刺之術與弟名遠名揚名甲從弟名繼榮號張氏五俊登崇禎右科進士授台州石浦同知丙戌魯王奔舟山守將黄斌卿不納名振迎之加富平將軍名振思海外惟翁州稍大必得之爲監國地會叛將張國柱以軍攻舟山斌卿求救名振援破之以女妻斌卿子誓共守舟山日夕勸迎王斌卿疑不決丁亥松江吳兆勝求援斌卿不敢往名振請赴聯䊸二千餘號兵五萬舟次黄連港惡其名令移白米沙會颶風大作全軍覆名遠死之名振浮篷上得不死易其僧服遁還舟山斌卿聞事敗頭觸庭柱大罵曰吾圖此舉所費數十萬嘔血數斗今爲鼠輩所壞東南不可圖矣大將殺名振名振避居南田斌卿子歸舟山道經南田名振留十日飲斌卿疑名振殺其子益怒欲攻之十月名振破昌國衞迎王次健跳加大將軍定西侯清兵來圍使人告糴于舟山斌卿不應己丑八月諸將奏斌卿罪狀王命水陸並討名振泣諫曰臣與斌卿聯姻路人皆知今特加兵問罪如物議何請赦斌卿迎王自贖迺遣王朝先致温旨斌卿部下背約出洋朝先等疑其逸遂殺斌卿沈之水十月王入翁州加名振太師與太傅張肯堂共執朝政名揚左都督名甲副總兵初

繼榮先從王入閩固守仙霞關力戰死至是與名遠同贈左都督辛卯夏清兵三路並進名振與諸將會議謂蛟關天險敵兵必不能猝渡命阮進拒橫水洋劉世勳守舟山城名揚名甲佐之自奉王搗吳淞拒北來之師以相牽制八月二十二日天大霧清兵出蛟門阮進不及覺觸舟急以火器拒戰天反風自燔投水死二十四日破螺頭門直抵城下九月初二日城陷名揚名甲巷戰死名振母范氏妻馬氏妾某及名遠名甲名揚繼榮妻皆自焚死親屬僕從等二十餘人俱赴火死壬辰春名振扈王至廈門鄭成功欲害之初名振嘗刺赤心報國四字于背字長徑寸深入肌膚名振袒示之背成功愧且拜癸巳三月名振掠金塘獲降將金允彥磔之遂由北洋入崇明截長江甲午正月登金山遙祭孝陵乙未十一月成功遣英毅伯阮駿攻舟山陷之名振徒步入城祭母及辛卯戰士將士哭聲震天二十八日夜大星隕海光芒如電有聲名振坐起擊牀連呼先帝嘔血卒

大學士張肯堂墓　在普陀茶山旁有寶稱庵張部將汝應元所築以守墓今廢

案張肯堂字載寧號鯢淵松江華亭人天啓五年進士擢御史尋任福建巡撫擁戴唐王王不能用迺由閩入浙蹤蹟入舟山舟山總兵官黃斌卿雖外致隆禮館之于參將故署而其言亦不能用迺栽花種竹于圃中作寓生居以見志既而張名振等奉魯王駐蹕舟山加肯堂太子太保吏部尚書兼東閣大學士與沈宸荃並相國事盡歸名振肯堂不得有所豫咄咄終日築雪交亭于邸中夾以一梅一梨嘗謂其門人蘇兆人曰此吾止水也又撫其孫茂滋而顧謂汝應元曰一綫之遺其在君乎應元曰諾于是應元披緇赴補陀而兆人始終從肯堂居六年城陷

集家屬曰毋爲人辱及晨諸姬方氏周氏姜氏畢氏璧姐孫女茂漪子婦沈氏皆爭先裂帛縣肯堂題絕命辭整衣冠北向叩首就縊中梁時九月初二日也孫茂滋既出門被執命荷囊隨行暮至道隆觀卒指觀後曰伏此吾縱汝茂滋遂得踰牆遁匿故交張遴白家旋以搜捕械禁甯波獄賴汝應元鄞諸生陸宇㸌等救之得歸

工部尚書朱永佑墓　在□山麓

案朱永佑字爰啓號聞元上海人崇禎七年進士授刑部主事旋罷官魯王起授太常寺少卿出監平海將軍周鶴芝軍勸鄭芝龍毋降不聽將遣力士趙牧刺之亦不果丁亥偕張肯堂徐孚遠至翁州永佑好獎借人上下咸得歡心雖以黃斌卿之猜忌與相善也及斌卿遇害魯王駐舟山授吏部侍郎進工部尚書城將破冠帶拜辭魯王又遙望拜辭太祖高皇帝詭坐中堂兵入被執責之曰宋之文丞相尚有黃冠歸故鄉之語先生何不剃髮回籍永佑曰吾髮可剃何待今日口占一詩有縱使文山仍在日也應留髮戴黃冠之句趺坐受刃死僕負屍出城流血沾衣僕哭曰主生前好潔今乃爾耶血遂止

贈太保孫嘉績墓　初葬蘆花嶴張信墓道內清康熙時其孫詡遷歸改葬餘姚燭溪湖

按孫嘉績字碩膚餘姚人崇禎十年進士仕至兵部職方司郎中清兵東下餘姚知縣王曰俞棄城走教諭王元如迎降遂署知縣嘉績入署斬元如邀熊汝霖出治軍分兩營各將其一浙東響應乃迎魯王于天台加嘉績都察院右僉都御史阮大鋮嫉方國安疏糾東林餘孽嘉績

與焉遂乞休不許尋加兵部尚書兼東閣大學士師潰浮海至舟山以觀時變背疽發至道隆觀數日吾聞建炎時宋高宗至此金人以刃斫柱血流如雨金人驚仆而宋提領張公裕以大船擊之今五百年矣因唏噓泣下賦絕命辭時錢肅樂在翁州來視疾和其詩相向哭遂卒子延齡以遺言奏贈太保諡忠襄

郎中郭定墓　在須河墳山案郭定亦明季殉難于舟山者

同歸大域　在縣治北二里鎮鼇山腰案辛卯九月初二日舟山城陷死事張肯堂等各眷屬皆隨殉都人士女之守義死者又數百人郡幕僚奮君鉢不忍其暴露火而瘞之題曰同歸大域域前建有成仁祠三楹民國十二年鎮鼇山麓新祠落成舊祠改爲饗堂

清知縣繆燧衣冠墓　在北郊普慈寺側燧子名民垣字紫宿燧既歿所輯縣志未成民垣欲竟父志留任校讐一夕暴卒邑人德之私諡曰孝靜先生祔葬衣冠墓側

夏先生時暘墓　在縣西圍屏山麓

郭孝子璘墓　在甬東老鷹灣

夏孝女墓　在縣西十六里西皋嶺范家隩光緒志夏孝女紫微莊人父禮和因訟負冤服滷死女痛極日夜悲號誓必雪冤疊控府道以達于省上官廉得其父冤將提案訊讞仇家懼

貨其逆旅使陰酖之女卒以寃死此乾隆四十年事也邑人陳慶槐燾作孝女歌曰南山下夏氏女年十八以孝著父禮和老無子與人訟事涉賭詞多誣縣官怒官如狼吏如虎索千緡父不與與五百吏不許死于吏死于官死于滷女哭之摧肺腑女有母有庶母有從兄兄也魯父尸寒父尸腐官來驗吏作仵錢通神傷哉父婿范生來焚楮女伏苦淚如兩不報讎忍歸汝身未入范家戶足未踏范家土生死別此一舉朝出門暮擊鼓訟諸道訟諸府訟弗克訴巡撫撫不飭道道飭府訟弗克女髮豎女入都控刑部母曰嘻女太苦謂庶母母不語謂從兄兄色沮女曰嘻天與祖錢通神傷哉父是月也天大暑女往返都城七省城五至是病力猶努重東裝具舟艤日風餐夜露處交西與病不愈賚志歿于逆旅歿之夕目瞪視口血吐吁嗟乎女誰伍西與潮南山石共千古

劉孝子炳燦墓　在白泉炭山

厲志詩天報善人每以福天試善人獨以禍風雷井廩厄古聖厄及今人復有火白泉劉氏子庸行聞鄉里家人薰其德相率奉甘旨丙戌仲春火其屋夜半登樓抱父哭負父突出煙焰烈下屋妻兒救不得妻兒死豈不憐保厥父在所先妻兒雖死亦諒我事在倉卒無兩可嗚呼炭山之巔樹蒙密父及妻兒森墓碣妻兒當日無完膚乃父千載有全骨

厲秉衡墓　在秀山畚斗山

李巽占墓　在東門外孝順山觜頭

劉運坊墓　在城東裏浦灣

国家出版基金项目
NATIONAL PUBLICATION FOUNDATION

海上絲綢之路文獻集成

總主編　陳支平　陳春聲

歷代史籍編 135

主編　范金民

海峽出版發行集團
THE STRAITS PUBLISHING & DISTRIBUTING GROUP
福建人民出版社

本册目次

觀海衛志四卷

〔明〕周粟等纂

《觀海衛志》四卷，明周粟等纂。觀海衛乃浙東要衛，爲明洪武二十年（一三八七）湯和所設。嘉靖四十一年（一五六二）總兵臨觀海戎政周粟等考諸記載，訪之耆碩，證諸見聞而成此志。按卷前目録，分爲數門，卷一建置、星土、城池、疆域、形勝、山川、風俗、公署、職官、吏胥、職事、軍額、軍儲、軍需、臺堠、印信、銅牌、制書，卷二關守、軍器、戰船、禮儀、潮候、水利、馬路、地壟、濠塹，卷三物産、義塚、庵廟、文臣、武臣、治行、武功、順孫、孝子、孝女、貞烈、文學、儒行、忠臣、義行、武舉、例宦，卷四藝文。原書各門順序與目録略異，當以目録爲準。據中國國家圖書館藏清抄本影印。

觀海衛志

觀海衛誌序

洪惟我
國家建置沿海衛所以衛郡縣也故凡武衛之事俱各附於郡縣之中然亦不過紀其大畧而已至於形勢沿革關津險要與夫前修議論皆漫焉而無所稽此衛志之所由修也況今倭番交亂惟日多事司邊計者如治亂絲而棼之初不知其緒之所在也不有以志之孰從而知之此又衛志之不容於不修也觀海寔東浙要衛自信國湯公開設之後迨今垂二百年畧無紀述以昭海跡誠為鈌典乃者
欽
授臨觀把總周粟發身武科雅重儒術援枹之餘輒留心於衛之志迺欲延訪修之因預請於余以定可否余曰嘉哉詩書禮樂此卻穀之所以為賢也子其勉焉粟乃再拜受命歸而告諸叅

戎謀諸鄉之士大夫撿閱緊贖聯屬編年不朞月而成帙復呈其草以匃余序余惟邊衛有志倣於甘肅諸鎮東南則金山海寧定海而已餘多闕焉余叨承

寵命三持節鉞沿海地方無所不至每苦於寡陋不足以盡機宜嘗有志於沿海統志而匆匆未就予之舉也亦其助云嗟予考索者備禦之先圖文章者不朽之盛事予之有補於邊隅亦豈小哉栗再拜而謝余因書以為序　旹

嘉靖壬戌冬月之日

欽差鎮守浙直等處地方總兵官右軍都督府都督同知北山盧鏜書

觀海衛誌跋

嘉靖壬戌秋把總司既落成未幾衛誌亦竣有過余者曰公署不可無也誌書若可已也衛顛末附見於郡邑志久矣今復爾不亦勞且費乎余應之曰不然志以載事猶車以載物也予嘗有二人者遠大都之市而居貨於其廬其一人獨操一車駕驂服牽輓為力甚艱為費甚大然而家之所需如珠玉珍寶器用貨物靡不襍然備具其一人附載於隣人之車雖為力較易然其所載則有限矣郡邑記衛事附貨于鄰車者也衛人成一誌獨駕一車者也雖記事則均而多寡詳畧弗若之矣吾非好勞惡逸性與人殊也衛古諸侯之國而今用武之地典章制度土風俗產所宜載者甚多也不如是將掛一漏萬是非得失于何考焉而邊備弛矣官守壞矣是志之宜急有甚於公署者而子亦云不亦異乎吾所聞耶昔

朱子守下車首問郡志識者謂其通達治體愚非其人也而竊有志焉耳客憮然曰微公無以命我矣遂書諸末簡俾後之為政者知操車以輸貨而毋徒附貨於鄰車也

嘉靖壬戌秋望日總兵臨觀戎政前進士桂林周粟謹書

此頁共計叁百九十八字　洞……

觀海衛誌目録

關守　軍器
戰舡　禮儀
潮候　水利
馬路 牧馬地教場地附
地壠　濠塹
卷之三
物産　義塚
菴廟　文臣
武臣　治行
武功　順孫
孝子　孝女
貞烈　文學

此頁共計乙百十字

此頁共計　百　十五字

觀海衛誌凡例

一觀海舊無誌今惟考諸記載訪之耆碩證諸見聞取其灼然可信者書之並不敢妄以己意輕入但記載不厭其詳俟後之君子可據此以加筆削也

一疆域星土形勝山川與夫城池廟社之類例所必書者皆分類書之一一不遺

一、文武官員統轄軍職者不論今古具書姓名而其中有功德及民者另為立傳彰其賢也但其人見存或未經去任者人多避嫌不書愚獨據事直書者恐地瀕海隅文獻莫考或久而湮其實也

一男女懿行舊多總為一類愚獨分門析類各以小序題端庶指掌可見不至混而無別也

一關隘險要雖不在衛地而有關于衛者不得不書

一文章詩賦取其有補於世教者録之餘皆削去不存恐其泛濫而無益也

一方技災祥無考不書

觀海衛誌卷之一

建置

自秦廢封建裂天下而郡縣之故雖間有府兵軍寨之設而文武殊途邊患從茲始矣

聖帝龍興斟酌損益於凡郡縣要害各置衛所以相掎角而總會之處復設都指揮使司以統之文武並用彼此相維所以奠民生復古制而綿延我

國朝億萬斯年無疆之祚者寔在於此建置大畧用載編首

按觀海衛初本吳越地吳滅遂為越東都隸勾章衛未有也至宋始瀕海置向頭鳴鶴兩水軍寨城之（向頭今改巡檢司　鳴鶴今改鹽場）

國朝洪武二十年信國公湯和遂築慈谿縣三十都定水寺塗田為觀海衛置指揮使司內列左右中前後五千戶所外轄龍山千戶

所隸浙江都指揮使司初以餘姚縣居民戍守其地縣去衛不遠戍者多私歸

廷命江夏侯更調福建寧衛旗軍戍之衆心始定

龍山千戶所

龍山距觀海衛五十里

國朝洪武二十年信國公湯和以定海龍頭場石塘團之址築為所隸觀海衛仍五年一次考選本衛指揮一員守禦之

此頁共計三百一十七字

星土

天地之氣未嘗不相為流通而其機亦未嘗不相為感應周禮保章氏所以祖重黎甘之經而審星土之辨者亦以國之休戚理亂於是關焉而設官分職以重省驗不可已也後世辨之弗精而星犯之應或不相值則諉之曰天道甚遠變不足畏豈不謬哉著分星以為合天人贊化育者之助云

衛地坐慈谿縣之西北夏少康以後屬越漢唐間改會稽郡是越與會稽之分野即衛之星土也後漢志云自斗十一度至婺女七度星紀之次於辰為丑於分野為吳越是吳越之星土一也及觀前漢地理志則曰吳斗分野越牽牛婺女之分野又似有不同者大抵合言吳越互有不同則當時布筭紀吳屬斗而越屬牛女明矣若諸家度數互有不同則當時布筭之術各有傳授不因此而

有所異同也知此則衛之星土盡在目中而觀乎天文以察時變者當不遠於斯而得之矣

此頁共計四百廿一字　明　田　抄

城池

周禮掌故掌城郭溝池樹渠之固而城邢之役春秋大之蓋有國者將據險設要以阜安齊民防禦外患城池之建不可已也衛當郡邑之衝距海不滿十里使城池不固則倉卒有警雖尊君親上之民將安守之志城池著設衛之大端也

城週圍四里三十步高二丈四尺濶三丈初制止東南二門永樂十六年都指揮谷祥增濶四門門之外羅以月城置吊橋各一城之上敵樓二十八巡警鋪三十六雉堞一千三百七十水關二嘉靖三十五年倭奴入寇總兵官盧鏜建議增置木柵於城上列比視雉堞而高倍之防禦甚便軍民賴焉（城內沿城週圍馬路原額濶二丈四尺）

城週圍九百一十四丈濶六丈深六尺嘉靖三十五年指揮孫榮重濬之加深五尺

龍山所

城週圍三里十五步高二丈四尺濶二丈初制止開北門永樂十六年谷祥塞北門闢東西南三門門之外月城三釣橋三水關一城之上敵樓一十五巡警舖十雉堞五百六十八嘉靖三十五年盧鏜羅木柵如衛池正濠週圍五百二十二丈廣一丈四尺深二丈二尺倫濠週圍五百一十丈廣一丈三尺深一丈五尺

此頁共計三百九十字　明　日　抄

國

疆域

稽古者邦國之設必為限山界川以專官守定民志所以杜侵軼稽程期而正賦稅也建治立國莫先於此是故古者越國有禁去國有刑以疆域有定制也周官凡建邦鄙必以土圭度其地而制其域以疆域有定分也我

國初畫野分州以定封域以昀道里而又使封人掌之意蓋如此雖然域民不以封疆之界有邦國之寄者當有得於言外之意而後可

東至龍山所五十里

西至臨山衛三山所吴山烽堠二十里

南至慈谿縣六十里

北至海七里

東到舟山定海衛中中中左二所海程約三百里

西到紹興府二百六十里省城三百八十里
南到甯波府一百里
北到浙西海寧衛乍浦所海程約二百里
東南到定海縣一百二十里
東北到烈港海程約二百里馬墓長塗海程約四百里（西北南到餘姚縣八十里）
西南到浙西杭州府海寧縣程約三百里
龍山所
東至定海縣管界巡檢司二十里
西至施公山烽堠二十里
南至甯波府六十里
北至海二里
東到舟山中中中左二所海程約二百五十里

此頁共計三百二十五字　月　日

西到觀海衛五十里
南到奉化縣一百二十里
北到南直隸金山海程約三百里
東南到定海縣六十里
東北到長塗海程約三百里餘里
西南到慈谿縣六十里
西北到海甯縣海程約三百五十里

存齋題記　卷一

此頁共計　百七十六字　羽　相　[illegible]　抄

形勝

龟蒙凫繹為魯之瞻方城漢池為楚之望是故設險據要王公藉以為固而金城千里戰守之利生焉觀海内輔郡邑外控番夷乃東南用武之地而山川雄麗甲於諸鎮真有以壯中國之威靈重一方之保障不徒取觀視之美為遊玩之具而已也

衛名觀海海之大觀在衛也昔始皇東巡刻石會稽留師勾鄮觀海於其地因名焉山由會稽翔舞而東綿亙數百里有山蜒蜿如游龍者二里許日浪港山而海寔出其後衛建於山之陽負鄮峰以為固阻巨浸以為深龍頭龍尾耦峙於西北杜湖白湖並麗於東南天霽則晴烔吐翠浮光耀金風行則萬壑松聲千層雪色熙熙乎有達人逸士見之而心曠神怡身遊物外者矣至於龍虎晝騰而雷轟電掣鯨蛟夜吼而地轉天廻凛凛乎有海怪山妖見之

而膽落心驚舉手天日者矣他若旗山鼓山合郡峰而拱北淹浦松浦會萬派以朝宗姚江若帶明山若礪渤渤乎有志士仁人見之而裂肝碎首竭忠王室者矣虞翻日負湨渤控扶桑倚巨浸呑長江真東南之要會信哉言乎天造地設之區非記載之所能悉也

龍山所

有二山山二里勢若奔龍踴躍而北盡海而止與石塘山對峙於所之左右所名龍山從山名也南面鳳浦湖湖光山色懸碧献青增麗日月而東南則雁門嶺之迤邐徐行若生蛇之勢西南則達蓬山之倚天壁立顯佛蹟之奇大齒紆繯金墩後擁至於巨海洪濤數千萬里鉄山氷柱迎風而生而又金塘東霍遥屹海外若中流砥石者然真天下之奇觀也

此頁共計五百一十字

山川

衛所山川具載形勝志茲復及之何蓋天地陰陽之氣峙而為山瀦而為川區城之内各有定屬概言形勝表山川之瑰奇枚舉山川恐形勝之不及合而觀之始了然矣

浪港山在衛城北一里中有礦人初不知正統間處州人竊取于此始報官奏聞公同看守嘉靖十七年致仕通判趙璧建議開取巡按御史王紳奏寢之

龜山衛城北三里浪港山之後形肖于龜故名

磨石山衛東北城内嘉靖初年指揮王祚建鼓樓于上今名鼓樓山其東北隅有洞洞高三丈有奇澗一丈二尺深二丈五尺巖石甚奇景若仙界因名仙霞洞僧人蔣道闢之建菴于其外遊玩者多歸焉

下寶山與伏龍山相向又名向頭山其上設向頭烽堠下建向頭巡檢司成化年間遷巡檢司于洋浦西遺址尚存山之西有石名平石倭奴登岸為寇率由此

爪誓山衛城東北五里瀕海湯信國置烽堠于其巔以時瞭望海之南一帶皆塘塘之東皆漲塗有浦曰祝家浦

杯原背

□□崇志　卷一

甑簞山形圓如甑簞故名在城東北四里

黃山衛南三里洪武二十年信國公築城採石于此今山之麓石有石潭即採石處也

澤山衛東南三里山有二東曰上澤西曰下澤宋吏部郎黃震棄官歸隱于此築室以居名曰湖山行館德澤布諸鄉因名焉

舊名櫟山

福山衛城南三里

大忌山衛城東一十五里俗名岐山今山下有暗石為舟航往來所忌

小忌山衛城東一十五里與大忌山相峙

泥橫山一名掘泥山舊在海中今沙漲漸與岸相逼

桑嶼山　**笑杯山**以形似名　**黃牛山**　**廟山**　**箕槃山**以上諸山皆在衛東北海中

小山去衛西半里又名金鷄山為慈谿縣三十都界

祝家浦去衛東北五里春夏淫雨潦水汎漲決浦以洩之餘時堅築浦恐閘恐鹹潮循浦流入內地以妨種植也

淹浦衛東南一十五里為一鄉之關近日典守之人為鹽丁載滷者啟閉不常內不能障杜白之水外無以杜海潮之湧民甚

此頁共計六百四十三字　月　日

病之

古窪浦 去淹浦五里宋慶曆間置水利元至元間改修之嘉靖三十二年設兵舡軍舡哨守然水漲則舡浮潮退則舡閣緩急不能濟事三十六年改宋烈港

松浦 去古窪浦五里永樂二年知縣余瑨建閘以上三浦去衛不遠北對乍浦東接伏龍西連平石乃觀海之上遊慈谿之咽喉也

國初信國公於淹浦古窪設烽堠以瞭望于松浦設巡檢司以稽察誠為有見嘉靖三十五年賊舡盤據古窪突犯慈谿流害不可言今撥鷹舡繫泊于古窪港往來巡哨不輟

洋浦 衛西南六七里舊為塘以限界河海之水後易閘于海塘係宣德年後所指揮陳觀人以督造新建天妃宮於浦東成化年向頭司遷於洋浦司設烟墩

杜湖 衛南二十里衛之田資以灌溉古有湖址唐刺史任侗重加浚築號第十二重天宋慶曆初主簿周常募眾築堤修閘為利甚溥著作郎倪思為記歲久碑不存今近湖奸民窃石破堤水洩不留民甚病之嘉靖四十年知縣霍與瑕復高制之

白洋湖 與杜湖相連西界餘姚縣衛資其利今湖為豪家豪家于淺者淤塞殆半

聖井潭 即龍潭也衛城北三里許在浪港山之北歲時祈禱有應俗傳曰白龍神居之龍見必雨嘉靖初年人觸以穢瞬息間

原豫字

滃雲四佈疾風暴雨觸之人竟不知所向其靈異如此

銅井 琅港山之東麓泉清而氣如銅可飲後有異人覆以巨石長七八尺許至今遂不能移

東井 衛城東北三里甘泉而冽羅隱題曰東南第一泉

西井 衛西二里在義塚山泉色如葱白而瑩

柴井 浪港之陽宋隱賢所鑿井之底以羅木為之遂名

發艷井 去衛北里許泉清而色濃雖極旱不竭

皮河 軍器局之西洪武十八年所鑿洗皮以造軍器故名

此頁共計五百六十九字

風俗

昔王制陳詩觀風而易之巽曰先王以省方觀民設教夫風俗下所為也而上之人急於欲觀者何蓋上行下流效以成風漸濡習染以成俗先王所以觀民者亦將以自觀而寓轉移化導之機也書曰爾惟風下民惟草風俗之志其可緩乎

本衛原籍福建

國初調戍觀海故雖地坐慈谿而民情土俗尚與閩類音聲至今不改好義尚氣居家務從儉約雖婚娶亦然故民易為生計且不憚勞勤耕織之事男女皆自親之雖殷富之籍鮮御童僕喪葬循禮親隣競為赴吊至則盡哀而歸俗初尚武不事詩書近年以來

聖化廣被加以地界慈谿漸染成俗絃誦之聲達乎四境而賢哲之士亦彬彬輩出矣

元旦

五鼓興盥沐陳香火布几席以祀其先至於平旦男女序拜祭恭畢則男子出拜宗族次親戚次鄉里女子與同居長幼各設茶菓遞相敬勸閱二三日始歸拜其父母焉

元宵

户列綵燈喧以金鼓謂之鬧元宵祠廟中及通衢皆懸燈結綵陳樂放炮自十三至十八日晚遊觀者達曙近用各色綵繡結為獅子龍形極其工巧各所輪流迎戲

清明

侵晨則楊柳插之屋簷及祠灶等處家備牲醴以青蒿和糯米為糍祭墓封土插竹掛紙錢于墳嶺各拉親朋遊郊野名曰踏青

端午

此頁共計の百一十九字　明　日　抄

取艾及菖蒲插門户間以辟邪氣仍包角黍祀其先及餽親戚細切蒲根褋以雄黄和酒飲之小兒手足備五色絨線為索繫之至七夕始解

中秋

不分貧富家各具酒夜酣飲至更深候觀月華乃止為之賞中秋

重陽

家裹角黍互相餽送及祀其先神

冬至

家具酒殽以祀先屑米為丸曰冬節團職官家遞相慶賀

臘月二十四日

家各拂塵夜以屑米為團及糖荳菓酒以祀灶灶停火達曙謂之送灶

除夕

設牲醴祀神祀先召親族聚而飲之謂之分歲長幼坐以待旦謂之守歲家各易桃符門神及夕喧以金鼓放炮燒炮（爆）竹以為樂後祀灶謂之接灶儀與送同

此頁共計二百一十九字　月　日　抄

公署

昔叔孫莫居舍房繕繕廨宇至今有聲蓋公署之設以敷官政以肅民瞻以列重門之防以嚴昏夜之警不可已也本衛前後所建規制有定奢儉得宜固不尚侈麗以傷民力亦不甘苟且以事虛文真經久之宏規也志公署以示享成業者繹思前人之意而不忘夫然後可

袁翁鼎元 [illegible]

此頁共計壹百卅七字　明 [illegible] 閱

衛署

洪武二十年信國公湯和建立址廣二十四丈五尺深五十四丈
五尺止至廳事儀門而已成化十年指揮王英重修之年久復圮
廢正德十年指揮梁山王祚索公帑得總督奏玉紙價銀四百遂大
其制嘉靖六年王祚復增建門樓廊序未竟指揮梁鳳督成之廳
五間　穿堂三間　後堂五間穿堂後俱採磚太監崔成造名日月西池
儀門五間鼓樓五門　東西廊各五間　土地祠一間附西廊舊在廳事東
經歷司衛廳事東嘉靖四十年經歷章時試重修
廳三間經歷周正建　堂三間經歷喻松建　堂西側廊二間　廳東側廊
四間經歷尚必爵建　外門一間　知事廳衛廳事西廊　堂三間知事
葉茂建　衛鎮撫司儀門東　廳三間　外門一間濶六丈三尺深九丈三尺東至水利西至
儀門小路南至左所署中在儀門外東右前後儀門外西
所廳北至吏舍　大約濶七丈有奇深十丈有奇　廳

各五間　門各一間

按察分司（西門大街東西濶一十四丈南北深丈三十三丈慈谿縣每年徭編門子一名）　廳五間　穿堂

三間（採礦錦衣衛千戶蕭鎔造）　後堂五間　內廂房東西各三間　外廂房

東西各三間　儀門三間　外門三間　廳五間

把總司（在衛治東北東西濶一十一丈七尺南北深二十五丈五尺東至器局墻西至官路南至池池北至鼓樓山嘉靖四十一年把總周粟新建因前此無司徃來借寓衛署遂捐俸銀買林原合地四畝自行創造建立牌文頓衛所）

後堂五間穿堂三間　臺門三間

軍器局（衛治東北洪武十六年建督軍習學近藝嘉靖十六年指揮僉事王祚重修東西濶一十四丈五尺南北深五十四丈五尺凡所造軍器悉藏于內濶近年解貯浙江都司局遂廢地把總周粟改為社學延明師于中解衛之子弟而教之以文學俾知覦工死長之義為武教之助云）　廳五間　臺廠三間　後堂三間　穿堂一間

東西廊各三間　門一間　鼓樓（衛治東北磨石山下）　屋三間（今圮壞址存）

演武（西門外去城里許因地廣軍少除東西南召軍開墾起稅外令週圍止留[illegible]百弓）

廳五間兩庫　將臺一座　金鼓臺二座

倉廒衛治東北磨石山之麓名常豐四倉貯紹興府糧印信豐字六百一十二号正統二年十月禮部造降大使一員攢典一名斗級四名餘姚縣編發

廳五間　後堂三間　廂屋東西各二間

衙宇三間　廒四各三間天地元黃字号東至水利南至指揮王科田西至山墈并庵北至水利

五聖祠一間廳北　外門三門兵馬司四座半間列于四門之左軍入守宿

蒼梧縣志 [illegible]

此頁共計壹百伍十壹字 [illegible] 抄

職官

我

國家

太祖開基

成祖再造掀揭日月而一時多士克成厥功者以次封賞雖指揮而下爵有崇卑而子孫世襲之榮與天地並所以報之者隆則所以望之者亦甚重矣詩時周之命於繹思叙職官使凡與帶礪之盟者繹思先德而不忘則所以修職立功以對揚休命自有所不容已矣

指揮二員

孫得旺　河南安陽縣人生勝

王儀　遼陽省人無子弟惠嗣

同知四員

梁海　山東濟南府濱州人生玉

劉答出　遼陽女真人生海

揚敬　浙江安吉州人生瑛

火旺　河南祥符縣人生誠

僉事一十一員

秦（楙）懋　直隸和州人無子弟懋嗣

吳源　直隸泗州盱眙縣人生敏

陳智　順天府通州人無子姪廣嗣

鄭興　北直平鄉縣人生旺

丁仕剛　北直獲鹿縣人生貴

栗四　北直昌黎人生廣

此頁核計弍百伍十八字

梁英 直隷巢縣人生鑑

王亮 江西德興人生斌

潘貴 山東聊城人生敬

李成 北直清宛縣人生實

張羽 直隷合肥人生溥

衛鎮撫

汪成 四川華陽人生聚

李二 山後小興人生拜住

左所正千戶

尹實實 直隷和州人生泯

傅興 山東泗水人生彬

副千戶

[illegible]

劉　成　南直上元人生聚

李　議　直隸開州人無姪姪剛嗣

所鎮撫

右所正千戶許　冬　湖廣衡陽人生衛

右所副千戶黃　俊　山東沂州人生榮

莫第三　廣東南海人生寧

右所安　貴　山東諸城人生寧

百戶

李均美　順天密雲人生英

王　成　直隸真定人生觀音保

汪得富　直隸全椒人生福

孫九思　直隸江都人生成

此頁共計壹百九十九字

家勝五　湖廣黄岡人生成
孫勝　浙江長興人生誠
徐通　浙江烏程人弟諒嗣
甯忠　直隸定遠人生斌
伍名遠　湖廣咸寧人生志得
中正正千户
齊名遠　直隸樂亭人生得
又大　山東陽信人生京驢
張林　惠州漢兒人生榮
副千户
馬龍　直隸儀真人生俊
楊禮　直隸邳州人生瑄

王山　河南汝陽人
所鎮撫
刁遇春　直隸定遠人生旺
尤祖本　廣東歸善人生通
百戶
王信　直隸儀真人生義
胡應海　應天句容人生讓
李斌　山東揚信人生宗
屈台保　湖廣蘄州人生得
鄭留　直隸鳳陽人生得
張富　直隸無為州人生喜
唐理　直隸和州人生忠

此頁共計[illegible]百廿乙字

周　三　直隸巢縣人生敬
李宗源　湖廣巴陵人生受
李　廣　直隸泗州人生濟
前所正千戶
姜雄　雄　直隸滁州人生誠
副千戶
范谷保　山東武定州人生谷興
所鎮撫
陳記僧　浙江昌國人生福
百戶
汪　清　湖廣蒲圻人無子弟旭嗣
陳亮　亮　直隸全椒人俊
周　全　直隸潁州人無子弟誠嗣
秦　六　直隸當塗人生勝保

林ノ信浙江黄岩人生敏　苗張湖廣京人生蛮兒
馮祖一直隸溧水人生政　陳中直隸樂亭人生興
屈誠山西高平人生勝　陶勝直隸江都人無子弟興嗣
後所正千户
胡得玉山東金鄉人生海
副千户
張福北直昌黎人生彬　王宗直隸合肥人生貴
張榮山東諸城人生斌
所鎮撫
谷成山西天城人生旺
百户
童馮保直隸含山人無子弟華一　唐得北直大興人生福

此頁共計弍百七十七字

一本作勸後

許寧　直隸定遠人生壽　劉得全　順天武清人生俊
吳興達　浙江青田人生仲威　楊能　直隸合肥人
宋得興　直隸定遠人生奴兒　完載　河南郏縣人生閏
谷文旺　直隸全椒人生田孫　王遇潮　直隸和州人生閔兒

經歷知事

國制工自藩臬都司下及郡縣衛所衛門設為堂官以總其政必設首領以分其職蓋上下相承協恭王事不可廢也衛之世官既列其姓氏則經歷知事例得其書名及傳其政績之顯者以垂世勸但世遠年湮遺逸過半姑舉耳目所覩記者條列於在餘俟博聞君子續而詳之

經歷

原誠　成化十二年任

趙正
周正　正德十二年任
張元中　嘉靖七年任
張垢　江西新塗縣人嘉靖十一年任
俞松　江西新建縣人嘉靖二十一年任
向必爵　湖廣松滋縣人嘉靖三十年任
知事
章時試　直隸青湯縣人嘉靖三十九年任
陳純　成化七年任
仲仲賢　正德十六年任
馬表　嘉靖元年任
葉茂　嘉靖八年任

此頁共計三百十の字

方爍　嘉靖十四年任

黄鉞　嘉靖十七年任

高鐊　嘉靖廿七年任

南軒　嘉靖卅二年任

李時中　嘉靖四十二年任

吏胥胥

有官必有吏，官以處分於工，吏以承行於下，則事集而政不廢；否則案如山積，雖敏精勞神，亦何益矣。故知職官之不可缺，當知吏胥之不可無也。

令吏二名

一總吏戶禮三房事　一總兵刑工三房事

吏禮房共一名，掌起送官員進賀表箋、養孤老及祭祀、文武科舉

等事
房一名掌　支月粮及一應軍需等項
兵房一名掌　補軍役動調軍兵　養馬匹飛報聲息等事
刑工房共一房掌督造戰舡軍器修理烽堠城垣濠塹刑獄等事
架閣庫一名承發一應公文　掌文卷
衛鎮撫司吏一名掌獄集刑名
五千户所各一名掌一應該辦事件

此頁共計弍百四十八字

准

職事

昔昌黎有云人各有能有不能其所不能不強使爲蓋事有難易才有優劣任非其人僨事多矣

舊制衛所職事指揮一員與掌印同知爲左軍政僉事一員爲右軍政但遇員缺以次叅補而不問其能弘治間巡按御史奏

勅令越五年御史考核各官第其等次因能而授之任不相推諉庶有以考其成功而戎政不悞邊防稱職矣

指揮

軍政掌印一員統理衛事

左右軍政各一員佐理衛事　以上員缺不拘衛次選補

管操一員領千戶五員軍餘六百名　近不拘成數

同掌印官月操九次遇警統軍接戰

慈谿縣志

陸路一員領千戶或百戶一名軍二百名近無定數

巡邏海儒並督烽堠南至定海西至吳山界

曾局一員束軍匠一百名督造歲解軍器後赴省類造軍匠止四十名近停止

巡捕一員束應捕餘軍二十名巡緝本衛地方盜賊

巡鹽一員束應捕軍餘二十名巡緝本衛地方私鹽按月解報、

出海一員領戰船旗軍巡哨南洋以防番夷出沒

督造一員遇有戰船損壞支領官銀督令官旗柱頭成造清出海官兼領

清軍一員清理解到軍役併應繼軍丁

守禦龍山千戶所一員提督該所官軍守備

衛鎮撫一員掌印理刑

千戶職事

每所掌印各一員

此頁共計〇百四十八字　月　日

管操各一員或掌印者兼領

出海官左所坐船一員右中所領哨各一員今無船係空名

中所陸路一員

百戶職事

每伍掌印各一員

每所出海各二員

軍額

國初設立衛所選天下武勇之士抽丁朶集以充戍守自後有犯罪而謫戍其地者亦有缺數而召募頂補者制一定而不易數有常而不變宜乎武備修飭長治久安而無虞也乃頻年倭寇相仍莫之能禦者良以承平日久奸弊日生逃亡者差調頻繁月粮減少為虛文不着衣意查解而日益迷失見在者差調頻繁月粮減

少而日益流散是以軍額缺少戰守無備而軍政日弛職此故也
語曰足食足兵然則練甲兵備武備以復先生王之舊矩非今之
急務乎洪武二十七年提調福寧衛原額旗軍五千六百三十名
見在八百一十五名　事故四千八百一十五名
見在四十五名　事故三十九名
弘治十一年奏裨益治体伸理民情事例改正軍人七十五名
見在五十名　事故二十五名
嘉靖四年奏陳情乞恩等事例名募軍人二百六十九名
見在一百九十三名　事故七十六名
帶操軍人三百名
見在六十八名　事故二百三十六名
歷年問充軍人四百五十六名

此頁共計三百九十七字　月　日　抄

見在一百五十九名　事故二百九十七名

各項實在差操旗軍一千三百三十九名除新收在外

龍山所舊以觀海衛軍一百名貼守更番迭往衛寔不堪嘉靖初年前所百户陳湜奏止之至今稱便

軍儲附折鈔

國家養兵於平時所以待用於一旦非以承平而設非以警急而隆有所改移於其間者也

國初全伍官軍數幾六千而粮之所需額當六萬于時倉無缺運軍無空籍誠得足食足兵之良法也近今軍逸半而料籌粮餉不過一萬八千視往時三分之一且不及矣嗚呼貔貅萬灶皆懸釜以待炊蝸細千章乃移時而請食一旦有警何以足以敵愾之資而為堅守之備也志軍儲當事者宜知所先務矣

本衛官軍俸粮每年一萬八千有奇坐派紹興府餘姚上虞新昌諸暨軍納

常豐四倉按月支官給散
指揮使正三品二員每員月俸三十五石支本色七石折鈔二十
八石指揮同知從三品四員每員月俸二十六石支本色五石折鈔
二十石八斗指揮僉事正四品一十一員每員月俸二十四石支本
色四石八斗折鈔一十九石二斗
經歷從七品一員月俸七石支本色二石二鈔五石
知事一員正八品月俸六石五斗支本色二石折鈔四石五斗
衛鎮撫二員從五品每員月俸一十四石支本色二石八斗折鈔
一十一石二斗
正千戶二十一戶正五品每員月俸一十六石支本色三石二斗
折鈔一十二石八斗
副千戶一十一員從五品月俸與衛鎮撫同

此頁共計の百八十七字　月　日

卅

令史二名每月月糧二石支本色三斗折鈔一石七斗

典吏五名每名月糧一石支本色三斗折鈔七斗

司吏六名月糧與典吏同

安插舍人二名每名月糧支本色米一石

旗軍一千三百五十名舊制每名月支一石寔支八斗折鈔二斗隻身者支四斗五升紀疾者支三斗近以沿海多事費用浩繁截之六斗五升人甚苦之然不形怨讟者莫他日復其舊也又以差之輕重為粮之多寡任意出入朝今夕改莫可為准

以工軍儲目今之大數也視額設之數懸絶殊甚愚嘗訪求其故於父老咸曰粮額之缺始於軍額之缺軍額既缺則粮額之缺遂不及查補而軍額之缺也日甚矣粮之漸縮而軍之漸寡職此故也然則欲復

祖

宗舊設之軍額亦惟先復

祖
宗舊設之粮額而後可

軍需

經國有需州縣則取之民衛所則取之軍此通例也但上有不得已之仁斯下有不可廣之義奈費出無經征求不已而民始告病矣所以然者數無定額而豪猾之徒又因而縱恣其奸故也邇來一應軍需俱酌量中制定為程額又造冊以備查考官不得苛取軍可以應用而吏又不得相緣為奸庶乎上下相安公私兩利矣噫制而行之存乎法信哉言乎

一清勾冊紙劄工食銀一兩五錢

一官員脚色冊紙劄工食銀三兩六錢四分八厘

一歲支冊紙劄工食銀二兩六錢二分四厘

一歲造軍器冊紙劄工食錢八錢

此頁共計四百六十三字　月　日

一官軍折銀糧鈔冊紙劄工食銀五錢六分

一軍務冊紙劄工食銀八錢

一歲用冊紙劄工食銀弍錢八分四厘

一伸鳴吏役冊紙劄工食銀一錢一分二厘

一行移勘合冊紙劄工食銀一錢七分二厘

一旗役併鎗冊紙劄工食銀叁兩

以工一年一造共銀一十三兩五錢八分八厘

一清理軍職貼黄冊紙劄工食銀一兩三錢二分（每年征銀四銀四分）

一地理圖本工料銀四兩五錢（每年征銀一兩一錢）

一申明舊制以復職掌冊紙劄工食銀一兩二錢（每年征銀三錢四錢）

一照刷文卷紙劄工食銀六兩三錢（每年征銀二兩一錢）

以工三年一造共銀一十三兩一錢四分

一南京官軍戶口冊紙劄工食銀十兩三錢二分每年征銀二兩另六分四厘
一北官官軍戶口冊紙劄工食銀一十兩另三錢二分每年征銀二兩六分四厘
一陳言冊紙劄工食銀五錢六分九厘每年征銀一錢一分三厘八毛
一南京官軍騾馬冊紙劄工食銀二兩六錢二分四厘每年征銀五錢二分四厘八毛
一北京官軍騾馬冊紙劄工食銀二兩六分二分每年征銀五錢二分四厘八毛
以工五年一造共銀二十六兩四錢五分七厘
每年稟用銀三百一十三兩五錢一分六厘六毛六絲七忽
解都司進表水路費祭旗等銀一十八兩另八分
解都司預備官舍賫本赴京路費銀一十兩
解都司武舉官生筵宴銀六兩六錢六分六厘六毛六絲七忽
差官進表都司路費銀一兩八錢
給經歷司遞行移紙劄銀四兩二錢

此頁共計四百九十九字　月　日

以上二十四項本衛五所與龍山所旗軍均派嘉靖二十五年經歷喻崧呈詳院道議增

解總兵都督府進表路費併奏軍務等銀一十六兩嘉靖三十六年奉本鎮議增

解把總衙門紙劄銀四銀嘉靖三十五年把總朝恩呈祥司道議增

解紹興府城垣料銀三十兩

本衛進表紙劄襖匣銀三兩

本衛日逐行移紙劄銀一十九兩六錢

本衛祭旗銀一十兩

本衛供應公差使客飯食路費銀八兩近革去

給左右等五所并衛鎮撫日逐行移紙劄銀每所三兩六錢

歲造軍器料銀一百二十兩

車腳路費銀三十五兩

·臺堠

昔李牧謹烽火敵人不敢窺趙者十數年蓋諸侯之國星羅碁布於天下道里之遠不啻數千百里卒然有警豈能朝發而夕知我

國家於沿邊要害各設臺堠以時瞭望臺以百戶一員軍十名守之而每臺堠俱設以柴樓望墩卒遇有警煙火齊發頃刻可以立至真應變之至計備邊之良策也孫武子云兵事尚神密其臺堠之謂歟

總臺衛城北一里西至西龍尾二里東至向頭堠三里五所撥軍十名守之

向頭堠衛東北五里西至總臺三里東至爪薯寨堠二里左所撥軍五名守之

西龍尾堠衛西二里西至吳山堠一十五里東至總臺二里右所

此頁共計の百一十一字　月　日

撥軍五名守之

瓜誓寨堠衛東北四里逼大海西至向頭二里南至新浦堠十里中所撥軍五名守之

古窖堠衛東南一十五里北至新浦堠八里南至施公堠二十里前所撥軍五名守之

新浦堠衛東南八里北至瓜誓寨堠十里南至古窖堠八里後所撥軍五名守之

印信 銅牌附

國家設官分職不拘大小崇卑咸給以印掌以正官而獨於武職衙門加給銅牌數面隨印掌之俾夜巡者執以狥道所以示徵驗而昭國威者寔在於此孔子曰無徵不信不信民弗從印信尚矣銅文移往來非符瑞何以示信巡警奸偽非銅牌何以示威我

牌其可已乎
衛印一顆嘉字一百四號嘉靖元年十二月禮部造降
衛鎮撫印一顆流字七十號洪武二十年四月礼部造降
經歷司印一顆嘉字七百六十四號嘉靖六年二月礼部造降
左千戶所印一顆嘉字一千七百六十號嘉靖造降十二年八月礼部
百戶所印十顆觀字二号至觀字十一號俱洪武部造降二十年四月礼
右千戶所印一顆嘉字一千七百六十四號嘉靖造降十五年八月礼部
百戶所印十顆嘉(觀)字十三号至二十二号俱弘治礼部造降二十四年四月
中千戶所印一顆嘉字一千七百六十五号嘉靖降十五年八月造
百戶所印十顆觀字二十四號三(至)十三號俱洪武部造降二十年四月礼
前千戶所一(印)顆嘉字一千七百六十六号嘉靖造降十五年八月礼部
百戶所印十顆觀字三十五号至四十四號俱洪武礼部造降二十年四月

此頁共計五百[illegible]字　月　日　抄

後千户所印一顆嘉字一千七百六十七號嘉靖十五年八月礼部造降

百户所印十顆觀字四十六号至五十五號俱洪武二十年四月礼部造降

龍山千户所印一顆嘉字一千七百六十二號嘉靖十五年八月礼部造降

百户所印十顆觀字五十七号至六十六號俱洪武二十年四月礼部造降

銅牌

衛十面肅字一百二十七號至三十六號

龍山所五面肅字一百八十二號至八十六號

制書誥命附龍山所同

我

祖

宗之治天下官箴固嚴於文職而訓戒尤切於武臣故其建置衛所固嘗

欽

降制書以便觀覽矣而襲爵之初猶必錫

誥命以教戒之蓋其望之也深故其教之也豫其責之也備故其詔之也詳愚嘗反覆莊誦制書及誥命所載而仰窺我聖祖重武備責邊臣之意其淵遠矣

洪武禮制　宣諭武臣　軍人獲身勅　戒諭武臣鉄牓
大誥武臣　祖訓條章　表式表牋式　勅諭武臣武士
大明律　禮儀定式　為善陰隲　列女傳　訓戒録
繁文鑑戒　減繁體式　勸善書　御制申明五常
誥　指揮鎮撫千百户各一道

奉
天承運

此頁共計三百五十の字　月　日　抄

皇
帝制曰昔者聖王之治天下也必資威武以安黔黎未嘗專修文而不演武朕特倣古制設武職以衛治功受斯者必忠以立身仁以撫衆智以察微防奸禦侮幾無暇時能此則榮及前人福延後嗣而身家永昌矣敬勿怠

此頁共計　百八十六字　月　日　抄

觀海衛志卷之二

關守

易曰先王以至日閉關商旅不行后不省方言養静以制動也慈有三關去觀海衛不遠乃倭奴奔突郡邑必由此路古以旗軍戍守其地近境頗寧今湮廢已遠至於丙辰之變慘不可道嗚呼鷄鳴狗盗之流尚足為秦患況觀海匝地邊陲倭變不測若非恢復古制而慎選武士以守之海患何時而已予志三關司邊防者不容因廢而不講也

杜湖關去衛西南二十里

丈亭關去衛西南六十里

長溪關去衛南三十五里今皆廢

此頁共計一百七十九字　明……鈔

軍器

昔晁錯有云器械不利其卒予敵也故詩云修爾車馬弓矢戎兵夫應敵遇變器械為先有國者孰不知早見而預圖之也本衛用武之地而觀海又當寇盗之衝其器械之宜預有甚於郡邑者

國朝於衛所衛門各設軍器局以成造之凡城樓窩鋪戰船所以思械及每歲解京器械各有定額其大小輕重多寡各有制所以思患預防修其弓矢戎兵之變而不欲以其卒予敵者信在是矣古人云有備無患又曰國雖安忘戰必危然則惟懷永圖者非今日之急務歟本衛歲造解京支領布政司料銀一百八十一两三錢六厘衛軍需銀一百二十五两二錢七分另營局官督匠成造

明盔一百七頂　青布靴鉄甲一甲百二副　腰刀八十把

角弓八十張　長箭三千四百枝　弦正副一百六十條

弓袋八十個　箭插袋八十個　纓纓花一百七十個

盔銜二百一十四條　護項一百另七个　刀綰手八十條

白馬皮帶二百四十根

門樓備禦器械每門如之

鐵將軍銃一座　鉄佛狠械二架　手掔八把　鉛弾數不拘

石子數子拘　越斧六把　鉄碗口銃二架　摭竿一根　鉤鎗六根

大旗一面并弓帶　薄刀鎗六把　木梡十把　鉄錠一个

花梛頭十个　花扒十把　弓廾十二張并弦　箭二百枝

木扒八把　隊旗八面并桿　神械箭四架　更魚一个　燈籠一个

窩鋪備禦器械每窩鋪如之

鉄碗口二架　鉤鎗四根　鴛鴦銃二架　火藥十斤　摭一根

越斧四把今改鳥銃　旗一面并架　薄刀鎗四把今改鳥銃　神機箭二架

此葉共計四百九十七字　[illegible]

弓二張并弦　箭一百枝　更魚一個　嗶嘌一个　隊旗二面
鎁頭六个　木扒六把　挨牌二十五面　火鎗四根
花鎁頭八个　花扒八把
左右中前後五所備禦軍器
左所額設
銅手銃七十三把　鉄鎚七十三个　鉄鋌四十六根　小旗五十三面　旗鎗七十七根　總旗號帶一十四条　鉄帽二十頂
鉄盔一百頂
添設
佛狼機二座　銅手挐六把　腰刀七把　長鎗二十五根
手弩十二張　邊箭一百枝　標鎗一百根牛都司取五十根
邊銃十把　木噴筒十六把　銅噴筒二十把　弩箭二百枝

角弓二十四張　鉄箭三百枝　大鉛弾五十个　中鉛弾一百个

小鉛弾一十七觔半　見存中弾七十四个小弾十觔餘敵倭用去

右所額設

銅手銃一百另九把　箭挿袋一百二十五个　火藥袋十二个

小旗二十七面　號帶三十三条　鉄盔六十三頂　鉄帽一百二十个

鉄鋋七十六把　鉄送二十八把　鉄鎗四十九根

旗鎗四十五根　腰刀三百四十七把

添設

佛狼機二座　銅手挈六把　邊箭一百枝　邊銃十把

竹弩十二張　弩箭一百枝　鉄噴筒二十把　木桿噴筒十六把

標鎗一百根敵擄損失五根　腰刀七肥　角弓二十四張損失七張

長鎗二十五根　鉄箭三百枝敵倭用去見存二十九枝　大鉛弾六十四个

中鉛彈一百五十个　小鉛彈二十一觔見存中彈四十五觔小彈二觔四兩餘敵倭用

中所額設

銅手銃五十五把　黃絹旗四十二面　號帶二十三条　鉄弓三十八把

鉄鎚二十二把　長鎗頭七个

添設

噴筒三把　角弓四張　鉄箭一百枝敵倭用去無存　大鉛彈十个

小鉛彈一百个　敵倭用去無存

前所額設

小旗五十面　號帶二十五根　銅手銃四十五把　鉄鋌四十九根

鉄斧六十三把　鉄帽八十九頂　鉄盔七十三頂

腰刀一百七十八把　箭插袋六十三个

添設

佛狼機二座　銅手掔六把　飛鎗一百根　弩一十二張
弩箭二百枝　邊箭一百枝　長鎗二十五根　角弓二十張
腰刀七把　邊銃十把　鐵噴筒二十五把敵倭失去三把　鐵箭三百枝
中鉛彈一百五十個　小鉛彈二十五觔半
後所額設
銅手銃一百十一把　鐵鋋四十八根　黃絹旗十四面
鐵鎚四十五把　號帶十三条　鐵盔六十七頂　鐵帽一百五十七頂
添設
佛狼機六座　銅手掔一十四把　長鎗二十五根　飛鎗二百根
竹弩十四張倭失七張　弩箭四百枝敵倭損失二百六十枝　邊箭二百枝
角弓二十四張　鐵箭一千六百枝　鐵噴筒三十五把　腰刀九把
邊銃十把　一木桿噴筒十七把　大鉛彈五十个　中鉛彈一百个

此頁樣計三百九十九字　月　日

小鉛彈七十七觔八兩

以上器械之大約也遇警費用勢增減難執以為常

戰船

初制沿邊軍衛每所船五隻每船軍一百名額載會典自一所推之則槩衛之數可知矣自後軍船雖設虛飾美觀少遇逆風駕使不便海防若此已非經國之猷也而時巡海者至議盡革之則愛禮存羊之意不遂泯乎邇來議將前項料價改造福蒼等船福船高大而易於衝壓蒼船輕便而易於追奔又有鷹船哨船為之瞭探真東南之長故防海之良圖也故詳叙其制於此而復載事例於後真可以行之永遠而不廢矣

二百料官船一隻　八櫓哨快船十隻　十槳飛船十隻駕船旗軍俱每月支粮五斗紹興府給海支粮三斗寧波府給嘉靖十一

年本衛指揮丁乾隆奏請風汛二月起至九月止家六海四十月至正月止家五海三支給如前會出海軍每月一石糧數雖仍其議給則船與府常豐四倉軍火器除各軍隨身盔甲傍牌鎗刀弓箭外其餘器械官為制備并成造價銀駕船旗軍數目俱與各衛所同詳見于後戰船則例之內

造船則例

一五百料船舊額船身自覆獅起至聖堂上交板止淨長官尺一十二丈二尺五寸濶三丈深一丈一尺五寸下厰梁頭長二丈六尺二寸上厰梁頭二丈底厚方一尺三寸大小官倉二所軍旗安歇倉一十九連篾繳刻船頁具火器工食等項用白銀一千六百五十二兩九錢五分後定海衛掌印指揮李釜議呈裁減止一千兩

四百料船長九丈四尺深九尺四寸梁頭闊一丈九尺五寸上面梁頭一丈六尺五寸底厚一尺二寸內一十八倉連篾傢等項用白銀四百八十兩李僉議裁減止四百二十兩

二百料船長八丈六尺深八尺梁頭闊二丈三尺四寸底厚一尺內一十六倉連篾傢等項用白銀四佰兩

八櫓哨船長七尺三寸深五尺梁頭闊一丈四尺五寸底厚八寸內一十四倉連篾傢等項用銀一百四十兩

風快尖船長四丈二尺深三尺二寸闊八尺底厚五寸連貢具等項用銀二十五兩

一衛所掌印官奉有把總官估計明文即與從寔估計先盡舊船賣值銀若干堪用貢具火器值銀若干次派經手損壞旗軍出銀若干并完船出水日期備開文書一行合干上司一行該船旗軍

依數照例辦料一造冊本衛廳所候查

修船則例

一凡船隻責具造完經二年以上至五年者除完固外若有損動例該輕修者官船軍官呈報把總官驗寔着令見駕旗軍辦料令出海指揮官督於八九十月就在本港靠塗修驗完輪交付下班官若修未完不許督回至六年損壞例該重修者報明把總把官同出海官驗寔準于本港修理照造船事例一行合干上司知會該官掌印官擇委官員從公估計回報衛所用印信文書照依造船事例施行

一造船廠工使人役俱是興工日起免其辦料五百料船三十八名計二十个月造完四百料船一十二名十个月完二百料船一十定名八个月完八櫓哨船八名五个月造船地方

一定海昌國臨山觀海四衛并屬所船與衛三江所船照舊於定海
港次委官監督造成

編撥軍數

一衛所掌印官將食粮旗軍通行照看除老弱殘疾紀録派當別
用其餘精壯者照伍挨次二十五名編成一隊編剩零者接編下人而
隊

五百料船合用旗軍一百五十名定與六隊

四百料船合用旗軍一百名定與四隊

二百料船合用旗軍七十五名定與三隊

八櫓哨船合用旗軍五十名定與二隊

風快火船合用旗軍二十名

一上班旗軍每年俱限二月初一日到船應役若有違限者把總

官量其日少情輕者就彼嚴刑責治日多情重者稟呈合干上司
提問

一下班旗軍務要新軍到船交割船隻頁具明白方許回還若有
預先處回者把總官查究行移原衛所問究處罪

沿海各衛所寔在戰船五百八十四隻

本衛

二百料官船一隻　八櫓哨船十隻　十槳飛船十隻

禮儀

易之履曰君子以辨上下定民志而記禮者亦云君子觀會通以
行典禮夫上下之辨民志之定自有乾坤以來莫之或先若非典
禮之行則亦無由以辨而定之耳世衰道降視爲靡文至使君臣
之間樂簡便而憚檢束不知地天之交莫先於申命而華封之祝

此頁共計四百九十字　月　日抄

亦臣子至情之不容已者志開讀慶賀儀示天王紀法之宗而昭臣之職守也

開讀儀

𠃌朝使齎捧

詔書至本處開讀本處官員具龍亭綵輿儀仗鼓吹出郭迎接

朝使既至下馬捧

詔書置龍亭中南向　朝使立於龍亭東本處官具服北向五拜三叩頭禮訖衆官及鼓樂前導　朝使上馬隨龍亭後行至衙門衆官先入分文武東西照品序立候龍亭至公廳中　朝使立於龍亭之東西向如有出使官員贊者先贊曰出使官行禮引贊引出使官於公廳前露臺上行五拜三叩頭禮畢退於露臺之東西向立贊者唱衆官排班文武官分左右排班班齊樂作贊四拜禮

朝使捧

詔書授展讀官展讀官跪受詣案宣讀出使官於露臺之東北向跪

官皆跪宣讀訖執事者捧

詔書授　朝使朝使捧

詔書復置龍亭中衆官俯伏興四拜平身指笏鞠躬三舞蹈跪山呼

萬歲者三出笏俯伏興四拜平身礼畢本處班首官詣龍亭前跪

問　聖躬萬福衆官乃退易服與使者相見平行兩拜礼畢本處

官復興鼓樂送詔於官亭

告祀儀

凡遇正旦冬至

天壽聖節前期一日具儀仗迎龍亭置於総持寺衆官習儀畢復

迎龍亭陳設於本衙門内正廳中本日衆官俱于本衙門内齋宿

此頁共計　百　十四字　月　日　抄

至次日五鼓設儀仗於露臺東西設鼓樂於露臺南具服行告
天祝壽礼衆官各照品級文東武西列班行四拜礼後引礼引班首詣
香案前跪衆官皆跪班首致祝云某處某官某臣等尊
國厚恩叨享祿位皆賴
天生我
君保民致治今茲正旦長旦聖旦
聖壽益增臣某等下情無任欣躍感戴之至祝畢俯伏興平身復位
再行四拜礼唱搢笏鞠躬三舞蹈跪山呼萬歲者三唱出笏俯伏
興四拜平身礼畢如有出使者照開儀行礼

進賀表牋儀輿

慶賀表牋式諸衙門相同不載

合用儀仗貯衛庫

令旗一對　梧伏一對　立瓜一對　儀刀一對　戟一對

班劍一對　響節一對　鐙伏一對　月斧一對　骨朶一對

香亭一座　龍亭一座　金盆一面　黃傘一把　紅傘一把

金氣一个　金交椅一把

祀典

周禮春官以吉礼事邦國之鬼神示以歲時序其祭祀及其礼彌地官掌施十二教其一曰以祀礼教敬則民不苟是祭典固不可已而不可輕舉也本衛旗纛有壇城隍其廟俱立於衛之城中每歲霜降掌印官迎旗纛于壇率屬官祀之城隍則掌印官春秋祀之朔望行香再拜皆所以報其功而教人以敬也礼云有其廢之莫可舉也有其舉之莫可廢也旗纛城隍之祀其諸可舉而不可廢者歟

旗纛廟　每歲霜降日掌印官操官陳旗纛于廟設祭率屬官武服行三獻礼

此頁共計四百四十二字

祭器

祝板一　香案　酌酒杓一　籩豆各四　牲匣三　簠簋各二

銅一以瓦盆代之　酒罇三　香爐二　戳燈十二　燭臺六

洗滌牲桶四　盥洗卓一　罇一　酌水杓一　帨布一

鉄鍋三

祭物

羊一　豕一　帛一　棗栗盐魚寔籩　韭葅菁葅醓醢鹿醢寔豆

黍稷寔簠　稻粱寔簋

祭文

維神正直無私指揮軍士助揚威武皆伏神功某等

欽承

上命守禦蔡土惟蔡季秋謹以牲醴庶品用伸常祭　尚饗

瀚海之中艨艟相挐帆櫓相蕩舟之於海待潮而行者也衛地濱
海出没島嶼使潮候不明則賊瞰其汎乘勢而長驅我失其候則

此頁共計壹百九十壹字　月　日　抄

潮而巡哨甚非萬全之計也志潮候示消息之機為用武者告焉

每月逐日晝夜相對潮漲潮平潮涸

初一十六日	辰戌中長	子午中平	寅申中涸
初二十七日	辰戌末	子午末	寅申末
初三十八日	巳亥初	丑未初	卯酉初
初四十九日	巳亥末	丑未末	卯酉末
初五二十日	子午初	寅申初	辰戌初
初六廿一日	子午中	寅申中	辰戌中
初七廿二日	子午末	寅申末	辰戌末
初八廿三日	丑未初	卯酉初	巳亥初
初九廿四日	丑未末	卯酉末	巳亥末
初十廿五日	寅申初	辰戌初	子午初

十一廿六日	寅申中	辰戌中	子午中
十二廿七日	寅申末	辰戌末	子午末
十三廿八日	卯酉初	巳亥初	丑未初
十四廿九日	卯酉末	巳亥末	丑未末
十五三十日	辰戌初	子午初	寅申初

潮汐論　附

潮汐之論多矣紛紛異同無從適予嘗求之刻漏究之消息而得其準的矣大率元氣噓吸隨氣而漲歛溟渤往來順天而進退日者衆陽之母陰生於陽故潮附之於日月者太陰之精水者陰類故潮依之於月是故隨日而應月依陰而附陽盈於盈望消於朏魄虧於上下弦息於朏朒故潮有大小焉今潮起月朔夜半子時平於地之子位四刻一十六分半月離於日夜之晨次日移三刻

此頁共計四百廿五字

七十二分對月到之時以日臨之次潮必應之遇月望復東行潮附日而又西應之至後朔之時四刻一十六分半日月潮水亦復會於子位於是知潮常附日而又旋以臨子午潮必平矣月在卯酉汐必盡矣或遲速消息有小異而進退盈虛終不失於時期也

或問曰四時潮平來皆有漸惟浙江濤至則亘如山岳奮如雷霆水岸橫飛雷崖傍射澎騰奔吁可畏也其舊說之理可得聞乎或云夾岸有山南龕北赭二山相對謂之海門岸狹勢迫湧而為濤耳若狹逼則東溟自定海吞餘姚奉化二江侔之浙江甚狹逼潮來不問有聲也今觀浙江之口起自纂風亭北望加興大小水闊二百餘里後海商船怖於上彈惟泛餘姚三江易舟而浮運何達於杭越蓋以下有沙灘南北橫亘隔礙洪波蹙遏潮勢夫月離震兑他潮已生惟浙江水未長泊月維乾潮未已半竭浪擁滯後水

益來於是溢於沙潭猛怒頓湧聲勢激射坟起而為濤耳非江山淺迫使之然也又春夏間天將雨海中有蜃氣倏變幻千態萬狀殊為奇觀秋冬值風雨之候又時有海氛彌望

此頁共計三百六十八字　月　日　抄

水利

成周之于水利曲盡[illegible]其制職之匠人以事浚導領之稻人以專蓄洩利斯溥矣若夫以隣國為壑者彼烏知之衛城之水本非為灌溉而設而蓄洩失宜不免乾涸泛濫之患究其所以則豪强狡猾之家侵占淤塞以致然耳今查明始末筆之於志後之欲知水利之詳者夫亦求其故而已矣

本衛水利河原額濶一丈二尺深六尺溝濶四尺深二尺

左所

東門邊起由舍人倪天佑屋邊往西至田百戶屋邊分二派徑去西由田一舍鄭輝起至陳受四等屋後出關王殿堦口橋往北水溝至周百戶官祠邊通中所水利田百戶屋邊一派往南由倪橋口小橋直抵東城脚止孫四舍屋邊河又分為二派南向陳貴屋

邊起由劉福溝口小橋直抵東城脚止孫四舍屋邊河往西過橋
果衙河從王五舍屋邊出大街水溝由馮百戶姜千戶門首出大
街東簷下南門橋通前所水利

右所

本所百戶孫應龍屋後起由傅七舍等屋後出第九街分二派直
上南前所水利往西第三巷由張府墻邊安鎮撫河豆彭成一葉
茂九葉森一王七舍屋後園内王四舍屋邊出第一指至二王百
戶門前由城隍廟西過小橋分為二派往西由林明十地至右二
伍敵樓城下上大河往南由范千戶田邊往潘十貴屋後出南城
下至新菴前所水利
本所百戶徐山門前水溝由姜文華門前連正屋後至吳衙西邊
河第七巷小橋起由連左樓下過至前河合流往三义港通後所

此頁共計四百八十三字　明　月

由疑田之误

水利

中所

河塍上潘三仔橋邊園頭起至王宗門首街角往南水溝由及三屋邊直上梁府西小橋通前所河往北完百戶橋同後所水至大河向東張添生起至潘貴四屋後三叉港向北至葉十五等屋邊至吳百戶河止三叉港向東王衛前陳亮六屋邊大橋陳明七門前李百戶屋園邊出街後河旗纛廟基角東通周百戶宮邊橋河左所并衛前水合流北至馬千百橋由第三巷東連觀門首橋楊千戶墻角後門至東城本所城下水關止衛前水溝左李千戶屋邊起東墻角過街由北簷下轉角西簷溝至鄭士元屋止衛廳丹墀水由鎮撫廳北出八周屋墻南到鄭士元屋邊同前流至晏公祠橋往後河

前所

右所第九街水至梁泰府西南小橋由本府河岸直至南新菴前

河内一派西由范千户門前陳恭一園轉往城隍廟河至南城脚

到新菴河二處合流往王五哥屋後至謝受第屋邊轉出水關

梁泰府東起由娘娘宮前解四門前陳家屋後出火衙街口橋至

高拂縁郭士宗等屋邊同大街橋下左所水由簷南下溝併流往

南門水關

後所

北菴河起至歐二舍屋後三叉港向東至百户唐清屋邊橋又分

二派一派向北至百户吴玉城下鋪馬路一派向東北至百户許

震城屋下馬路歐二舍屋後向南一脉至東北秦指揮屋後十字

港一脉向西由吴四舍吴子華張完張欽林禄進等地至潘衙由

此頁共計四百六十六字　月　日　抄

山又一脈向南至吳衙屋邊通右所水利又一脈向東至完百戶

橋本衛火巷原額闊一丈二尺

左所

衙前一條東至河西至毛三屋

東又一條東至林太一屋西至林富三李千戶園屋

長巷一條出大街東至鄭尚四墻西至林勝保墻

後巷一條出長巷南至張貴四墻北至陳灼六楊宗志屋

十陳巷一條出中所第八街南至薛成林五四一帶墻北李秀暮墻

天妃宮一條出大街東至仁五墻西至劉彥平墻

倉前城邊一條出城邊南至姜貴墻北至石墻往西北鼓樓山上止

六劉巷一條出大街南至唐月李劉家奴陳名王慶等墻北至洪

必興屋

七馮巷一條出大街南至林芝墻北至翁營地

右所

西門南城下一條東至水利西至城下官路南至張伯安屋北至林受寧房屋

西門北城邊一條東出濇衙前街西至城邊官路南至向付七屋北至婁進生屋

中所

西門大街坐南一條東至陳渭屋西至林慶屋南梁恭府田北出大街第五巷一條坐西大街東至鄭祥端屋西至濇貴十店屋北至河塍南出大街

前所

第二巷東一條東至魏淮屋西至林文達屋直透南城下

此頁共計三百五十七字　月　日　抄

淘疑陶之誤

西又一條東至苗六舍屋西至歐六屋南城下直透浪港廟前
大街坐西一條直衝第二巷透西街南至陳大倫屋北至林鑑四
屋東至林子榮　西至高華屋
城隍廟前一條東至秦百户園西至淘百户屋直透第四巷
後所
北門兵馬司後一條東至林伯長西至兵馬司墻

慈谿縣志　卷

此頁共計一百〇五字　月　日

馬路牧馬地教場地附

馬路者戎馬出入必由之路也先是四門之外俱留馬路以便馳驟以草場相連軍民爭訟弘治三年巡按御史使彭丈量弓數以給軍都御使彭刋定則例以給灶掘河為界彼此輯寧正德十五年間灶丁復清分蕩牧巡按御使劉再四勘查申明定法各門馬路之留悉從舊制教場牧馬之地併附官軍不惟馳驟自如而不艱於往來抑亦芻牧有地而不苦於無養一時馬政之修將復有如秦非汧渭之風衛文騋牝之富者何意近年以來豪強兼併而古制又漸以隳矣詳究而克復之不有待於上之人乎

東南二門馬路三處西北馬路三處奉憲定例馬路計闊十二弓一直至海如有天漲草場听歸馬路外任憑報陞無異

小鷹山一百弓今止量得七十畝九厘每畝歲徵銀三分一厘并教場稅俱解都司廳用

東至海　西至塘　南至方玥山　北至葉德成地

千家塔五十弓　今量得四十八畝二釐

東至海　西至塘　南至翁文中地（今至半路）　北至郭堊十地（今至灶戶）

方議九丁地

小鷹山蹟跂五十弓

東至海　西至山　南至方十官地　北至陳興地

南門橫塘五十弓　今量得二十五畝六分六釐

東至海　西至塘（今至灶戶方三十田）　南至邵廣田　北至鄭家嶴水鄉（灶地）

西門一百弓　今量得二百八畝三分六釐

東至塘直南三义路口界河　西至海　南至石埠嶴　北至牧馬地

北門一百弓　今量得二百八五十八畝五分五釐

東至山路（併馬）　西至鄭家嶴水鄉地　南至山　北至海

此頁共計四百九十九字

西門牧馬地七十弓今量得一百五十五畝四分

東至教塲地　西至馬路　南至馬路　北至教塲

教塲地今量得一百五十五畝二分五厘每歲征銀四分

東至塘　西至馬路　南至馬路　北至教塲

慈谿縣志　卷

此頁共計　百七十八字　月　日　抄

給

原误俗

地壠

地壠者本附城荒地也初以衛人無蔬種地裂以給之亦便民之權宜耳嘉靖四年海道副使傅鑰定議每壠起税三分地薄而税重民不堪至十一年總督都指揮喬基減前數之半而量徵之貯衛公用雖不能盡捐其數視前所定猶為稍輕奈近年以來改解都司收貯而軍人告乏雖減半之數亦徵收艱難反貽當事者之憂甚可慨也

東門二百五十一壠內有半壠二十三

西門一百八十七壠內有半壠七

南門二百二十七壠

北門一百九十一壠內有半壠四

以上半壠亦作全筭共壠八百三十九歲徵銀一十二兩五

錢八分五厘先貯庫廳總督取用今觧都司

濠塹

濠之有塹濬濠之積土也軍若無蔬塹而成圃嘉靖四年海道副使傅鑰行委把總震丈量其畝數每畝徵銀四分

共計二十九畝二厘九毛徵銀一兩一錢六分九厘貯衛以候公用今亦併觧都司歲以為常

東門一十二畝二分八厘六毛

西門二畝八分二厘八毛

南門一十一畝四分四厘六毛

北門三畝七厘二毛

共二十九畝六分三厘二毛

此頁共計三百七十二字

觀海衛志卷之三

義塚

君子之惠政多端而義塚居其一蓋義塚者因人之無葬地而官為給之有惠澤及人故謂之義塚雖然仁人之所發於生者易而死者難仁政之所施於生者切而於死者緩是故梁橋溝洫君子多究心焉而枯骨暴露則漫不加之言矣此買山給民所以見文公之功于是為至也但今近例出辦粮稅則稅宜有歸葬者既多則争端必起筆據本衛與慈谿縣議處成規志其大畧庶後之人有所考焉

本衛額無屯地官山死者多暴露洪治間海道副使文公貴官措銀一十二兩置買附近三十都民人家方義民山一帶即南半邊計九十六畝坐落城北矮嶺東至嚮礁西至龍尾上至山峯下連

需　原後稿

地磡作為義塚迄今七十餘年埋經萬骨近奉軍門明文課稅山蕩原賣主方義方興仁稟縣追征間本衛府學生員胡鉞亦行帖稟各家召認等因俱送到衛衆議本山石多土少葬昔比肩至有絕嗣迷失者難以稽查若止今見在之家代納又起爭端續據耆民胡瓚等告要議處完官為此查照本衛一應軍儲通於食粮旗軍内照粮派征義塚出宜傚此例通計每畝不過一分每軍不過數毛今并征三年則已前年分難入見年軍需令將本年山稅派入見年軍需之内依期征派已前二年本衛掌印官於尚義之加從機勸借庶為兩便議定之後其前二年山稅是張叅將代為出辦外其餘係衛軍辦納自後永為定例嗚呼偶議者胡鉞父子也定議者知縣霍與瑕指揮王心也代納山稅者叅將張四維也可謂得仁人君子之心用心而公功不在文公之下矣

五百二十四字　月　日

皇清順治十一年先徵君玉涵公將已置西門外第二馬路牧字三
佰一十三號民地二畝五分捐為義塚粮經題豁迄今五十餘年
葬者有千報其人心及物蓋亦不亞於前之數君子云謹將各憲
詳看附錄於後以備稽考
本衛掌印守備謝看得本衛義塚久湮枯骸載道茲奉文推廣
皇仁錄無一起而應之者為惻然者久之茲查生以憲綱孝子仰
體　皇仁能為錫類之舉捐地瘞體誠為希覯相應允勒立石垂
永仍請憲旌以勵好修者也海兵道李批掩骸埋胔奉　旨首重
本生能捐己產而為義塚乃好仁尚義之士也准立石永垂仍候
旌賞徼巡撫都察院奉批潘起元遵　旨捐地掩埋暴骸尚義可
嘉如無別情准立石垂永徼總督部院劉批仰海巡道查議報本
衛掌印守府謝覆看得憲綱孝子太學生潘起元海國蚆虬鸞儒

林竹箭昔膺薦辟堅却蒲輪鄉黨月旦聲稱久著茲覩　皇仁遐布慨然捐己產為掩骸埋胔之舉上作下應誠有風草之徵永錫爾類良為僅見勸結既確相應立石垂永以杜湮設以廣　皇仁仍請照　部　題旌獎之例破格表揚以勵敦仁尚義之風者也紹興府施覆看得監生潘起元捐己產而層骸胔尚義敦仁良可嘉也謹奉　皇仁布化仰道憲臺得教相應勒石旌獎以勵善行者也海兵道李覆看得掩骸埋胔事屬敦仁尚義潘起元捐己地以為義塚可稱體皇仁而永錫類矣勒石誌之旌獎勵之洵維世揚善之一端也總督部院終　批潘起元捐地掩瘞可謂義舉准如詳行繳隨蒙　題旌奉　旨該部知道

康熙　年又有本衛林翹楚捐己地　畝亦作義塚其地與潘起元所捐之地相去不遠至今尚未查清

此頁共計五百五十六字　月　日

庵廟

昔昌黎韓子嘗闢佛老而欲廬其居菴固君子所不齒也而廟有那有正志何以概書之蓋廟有旗纛城隍固祀典所不廢若關公之盡忠於漢晏公之有功於民之雖不載諸祀典而地方之人廟而祀之亦禮以死勤王捍災禦患則祀之之意也他如菴院佛擇亦有地據名勝境擅清幽為高人達士之所祭覲而祝釐持教又當代之所不廢者志之以存衛之所有義不容以盡廢也

旗纛廟　衛治東北五十步壇週一十一丈址廣四丈六尺深一十丈東至水利西至百戶周太田南至河北至百戶李芳田今湮塞牌位安北庵內

城隍廟　衛治西前所百戶陶宗伍地方闊八丈三尺深八丈三尺東至卓道郎徐進輕地西至戴恭一田南至官街北至戴恭一園地嘉靖二十七年重修

廟五間二庫

閻王廟衛治東深八丈四尺闊六丈八尺東至官街西至大世彩屋南至火世彩屋北至官街
廟三間　東廂廊一帶　山門一間　化紙屋一座
東嶽殿衛治西南深一十四丈闊一十丈東至官街西至水利南至河北至百戶陳力屋地歲時習儀於此
殿三間二庫　廚舍二門殿西北　書院三間殿西南　側屋一間殿東
外門一間
真武殿衛治西一十丈闊三丈二尺東至衛壇西至官街南至仰德祠北至軍人林貴屋
殿三間　後堂三間　南北廂廊各一間
張老相公殿在南門月城內嘉靖三十五年十二月新建
三官殿衛治北深四丈闊四丈東至舍人王九屋西至官街南至官街北至舍人王十一屋
殿三間　後側屋東西各一間
三清殿衛治東深四丈六尺闊二丈四尺東至俞遂伍宮西至周五倫屋南街北至殿
殿三間

此頁共計五百六十一字　月　日　抄

浪港菴　衛治南前所第一伍地深九丈闊五丈東至百戶周潮屋地西至廖三才屋地南至菴北至百戶周潮園

庵五間　山門三間

天妃宮　衛治東深一十四丈闊九丈東至樊順二屋西至磨石山南至周宗八園北至百戶王佐屋

宮三間三厙　東西廊各三間

新菴　衛治西南與東嶽並深二十三丈闊一十二丈東至水利西至水利南至池北至園嘉靖二十年修

正庵三間　穿堂一間　後堂三間二厙

東廂房二間　山門二間

草庵　衛治東深四丈闊五丈東至指揮五科田西至磨石山南至廖富園北至指揮五科田

庵三間二厙

北菴　衛治西北深八丈闊三丈八尺東至敖均平屋西至劉拳屋南至官街北至城脚馬路嘉靖三十五年將旗纛神位安置在內

庵三間　後堂三間　東西廂廊各一間

倉後庵衛治東北深一十二丈濶九丈東至倉西至張起九園南至磨石山北至水利

庵三間二庫　南北廂廊各三間　東遊廊三間

大慈菴衛治東北深四丈濶五丈東至草園菴西至磨石山南至磨石山北至倉

庵三間　北禪堂二間　東側軒一間　西傍遊廊二座　山門二座

土地祠衛治西深四丈濶五丈六尺東至巷西至兵馬司南至官街北至百戶王九屋

祠三間　門一間

娘娘宮衛治西深三丈濶三丈東至解文河西至林欽八園南至官街北至水利

宮一間二庫

神州娘娘廟晏公廟附衛治西北深八丈濶三丈四尺嘉靖三十九年以指揮王祚田敉建東至水利西至城脚南至馬路北至城

廟三間

晏公祠基

此頁共計四百九十二字

左千戶所

第一伍　坐南城邊濶一丈二尺深三丈東至劉錦地西至劉福地至城北至劉錦屋今屋址尚存

第二伍　坐本伍巷內濶一丈深五丈東至孫三舍田西至劉二舍園南至官巷北至劉錢地屋無址存

第三伍　坐長巷濶八丈深三丈東至官山西至官巷南至徐六仔屋北至盧乙郎屋宇見存

第四伍　坐東城邊濶一丈深三丈東至倪橋屋南至官巷北至倪橋屋屋宇見存

第五伍　坐東南大街起至三清濶一丈二尺深四丈東至邵福屋西至林岩宗屋南至官街北至官山屋無地存

第六伍　坐百戶劉鉞屋前濶一丈二尺深三丈東至劉二舍地西至歐迪園南至橋北至官街屋宇見存

第七伍　坐東門大街濶一丈二尺深二丈東至何佛第地屋西至潘節甫屋南至潘節甫屋北至官街屋宇見存

第八伍　坐鼓樓山下　濶一丈二尺深四丈東至官山西至官街南至張起九屋北至官路屋無址存

第九伍　坐鼓樓山下濶八丈深四丈東至官山西至官街南至張起九屋北至陳三官屋屋宇見存

第十伍　坐百戶陳椿屋邊濶一丈二尺深三丈東至千戶陳策地西至官巷南至陳策屋陳策田址存

右千戶所

藍

第一伍　坐第一街濶一丈八尺深四丈東至李九屋西至王九舍　屋南至官街北至王三舍園屋無址存

第二伍　坐西城衛濶一丈八尺深四丈東至官路西至

第三伍　坐西城街濶一丈二尺深二丈東至百户徐三墻西至

第四伍　坐西城邊濶一丈八尺深三丈五尺東至葉寶屋西至官地　南至葉茂九屋北至張伯安屋屋無址存

第五伍　坐公館後濶一丈二尺深長三丈東至藍丸才屋河西至吳　指揮家南至路北至顧良兒田屋無址存

第六伍　坐西門大街濶一丈二尺深二丈東至藍九才屋西至林　茂屋南至大街北至監九才屋屋宇見存

第七伍　坐第七巷口濶一丈二尺深三丈五尺東至路西至路南　至大街北至彭學於園屋無址存

第八伍　坐第八巷濶一丈二尺深四丈東至巷西至林鳴臺園南　至王三舍屋北至林鳴臺屋屋無址存

第九伍　坐第九街濶一丈二尺深三丈五尺東至街西至蘇得法　地南至蘇得法屋北至高福屋屋宇見存

第十伍　坐公館街濶一丈二尺深四丈東至白成屋西至林官住　屋南至街北至公館墻屋宇見存

中千户所

第十伍　坐西門左所街濶一丈二尺長三尺丈六尺東至林茂[illegible]　西至梁府園南至林茂屋北至官街屋無址有

此頁共計七百七十一字

前千户所

第一伍　坐浪塔庵西闊一丈二尺深三丈東至庵西至巷南至巷北至寥三才門首屋無址存

第二伍　坐本伍地坊闊一丈二尺深三丈東至笆西至本户地南至河北至行路屋無址見存

第三伍　坐南門大街闊一丈二尺深四丈八尺東至屋西至官地街南至朱永屋北至何貴三屋屋宇見存

第四伍　坐西南城角闊一丈三尺深一丈七尺東至范千户溝西至潘十舍田南至馬路北至潘十舍園

第五伍　坐本伍西街地坊闊一丈七尺深三丈五尺東至周名輕屋西至王世茂屋南至周名輕地北至街屋宇見存

第六伍　坐本所西背闊一丈長四丈東至林佛保屋西至吴孔成屋南至官街北至菜園屋宇見存

第七伍　坐東岳廟闊一丈二尺長三丈五尺東至溝西至林原住營屋基地南至溝北至河屋無址存

第八伍　坐東岳廟前闊一丈二尺深三尺東至林勝保園西至陳街園南至　北至林勝保屋屋無址見存

第九伍　坐本所街頭闊一丈三尺深三丈東至何英屋西至陳十四屋南至陳十四屋北至官街屋宇見存

第十伍　坐城隍廟前闊一丈二尺深四丈二尺東至陳嚴屋西至秦四屋南至官街北至陳嚴園屋宇見存

後千户所

第一伍 坐本伍地坊濶一丈深二丈東坐官河一丈二尺西至潮街八尺南至官街路北至胡八舍菜園墻屋無址存

第二伍 坐本伍地坊濶一丈二尺深三丈東至葉顯七屋西至大街南至秦衙地北至陳保屋屋宇見存

第三伍 坐本伍地坊濶一丈三尺深四丈東至吳週三屋西至林局七屋南至街北至吳週三屋屋宇見存

第四伍 坐本伍城邊濶一丈五尺深三丈東至張玘九地西至楊福谷福墻南至河北至河屋無址存

第五伍 坐本伍北城邊濶一丈四尺深五丈東至鄭釗園西至路南至宋伯善屋北至劉子拳園屋無址存

第六伍 坐本伍濶一丈二尺深三丈東至陳伯玉地西至路南至路北至王千戶地屋無址見存

第七伍 坐本伍濶一丈二尺深三丈東至葉　明地西至張四才地北至路南至張地屋無址存

第八伍 坐本伍濶一丈二尺深三丈東至　盛地西至謝文茂地南至路北至田屋無址存

第九伍 坐本伍濶一丈三尺深四丈東至蕭咎詹地西至張完地南至路北至路屋無基址見存

第十伍 坐本伍濶一丈二尺深三丈東至河西至鄭璁八園南至渚受園北至屋無基址見存

龍山所

城隍廟 所治東深六丈九尺濶六丈六尺東至邵繼曾地西至所廳南至董廉地北至旗纛廟基

此頁共計八百二十六字 明[illegible]

廟三間二廡

旗纛廟無屋止存祭壇一所週共一十一丈東至郡五地西至所治南至城隍廟北至邵五圍所治之東北甯波府誌可証

永樂庵所治南深一十八丈闊一十五丈東至城西至路南至城北至路歲時於此習儀

殿三間二廡　後堂五間　東西廂房各一間

三官堂所治北深四丈闊四丈一尺東至所廳河西至大街南至董盛五地北至邵忠田

堂三間二廡

晏公廟坐十字街深三丈六尺闊五丈四尺東至大街西至官路南至汪名十屋北至柯十七屋

廟四間　行路屋一間

祠基

第一伍坐西門半街闊一丈三尺深三丈六尺東至余亞祥屋西至崔龍墻南至河北至黃繼武地

第二伍坐五鋪下城脚闊一丈三尺深三丈六尺東至城西至郭小二地南至永樂庵地北至潘榮地

第三伍坐南門闊一丈三尺深四丈六尺東至大街西至張惟深屋南至張惟深屋北至張銘地

第四伍坐北門城下濶一丈三尺深三丈東至邵繼基業地西至邵忠田南至廿一地北至城脚

第五伍坐東南城下濶一丈三尺深三丈六尺東至馬路西至李就六地南至李就六地北至錢自二地

第六伍坐東南城脚濶一丈三尺深三丈三尺東至馬路西至王順三屋南至大街北至王順三地

第七伍坐北城角濶一丈三尺深三丈六尺東至張仁園西至馬路南至張仁園北至馬路

第八伍坐

第九伍坐南門城下濶一丈三尺深三丈六尺東至城鈳屋西至城下馬路南至鄭均大屋北至官巷

第十伍坐西門半街濶一丈三尺深三丈六尺東至黃繼勳地西至李付二屋南至仁屋北至李良朋墻

[illegible]共計五百七十九字　[illegible]　日

統轄流官

國初遣臺省出任天順四年後奏改按察副使一員奉
勅巡視沿海諸衛所協同備倭總督整理邊務近復設兵備道以參
轄之掌經畧海防簡練水陸官兵處備粮餉及整治墩臺關堡船
隻器械之類如有怠玩佛虔及作姦犯科者糾以憲令若夷寇犯
邊及器境內有警或督兵勦之或遣官捕之一應戰守時宜悉與
總兵議處而行

監察御史

童　永樂十六年任

韓　永樂十七年任

劉　永樂十八年任

揚　永樂十九年任

江　永樂二十年任

廉　永樂二十一年任

王璉　正統元年任

陳琮　正統二年任

楊璉　正統三年任

李魁　正統四年任

趙忠　正統五年任已上俱監察御史

焦宏　正統六年任持差戶部侍郎河南人

高峻　正統八年任江西人

秦錠　正統十二年任

韓洪　景泰四年任

曹鎧　景泰五年任

此頁共計弍百柒十壹字　月　日

馬靖　天順四年任徽州人以後奏改巡海副使

巡海副使

朱紳　成化元年任陝西人

劉潔　成化九年任山西路州人

楊瑄　成化十年任江西豐城人

吳文元　成化十一年任福建長樂縣人

曹時中　弘治三年任直華亭人

文貴　弘治五年任遼東左屯衛人

張鸞　弘治十二年任陝西人

洪遠　弘治十八年任

閻璿　正德四年任山西人

羅欽德　正德九年任江西太和人以副官使畏擾之無淹滯積獄

許瓚　正德十三年任河南靈寶人

李崑　正德十五年以都御謫任士類至今誦之　人沉毅有謀作興

趙中道　嘉靖元年任石首人

張芹　嘉靖二年任江西人

李熙　嘉靖三年任南直隸人

傅錀　嘉靖四年任遼東左衛人

張鉞　嘉靖十一年任江西人

及宦　嘉靖十二年任交河人

戴金　嘉靖十三年任湖廣漢陽人

王繼禮　嘉靖十五年任陝西岐山人

蕭一中　嘉靖十八年任湖廣華容人

張一厚　嘉靖二十年任

周南　嘉靖二十三年任

沈瀚　嘉靖二十六年任吳江縣人

丁湛　嘉靖二十七年任江西彭澤縣人

李文進　嘉靖三十一年任四川巴縣人

孫宏軾　嘉靖三十三年任四川資縣人

劉啟宗　嘉靖三十四年任四川巴縣人

曹金　嘉靖三十五年任河南開封人

王詢　嘉靖三十六年任四川成都人

譚綸　嘉靖三十七年任江西宜黃縣人經畧海防整備粮餉簡練官兵名赫著以母憂去任詔起復之令陞都御史

宋守志　嘉靖四十一年任四川人

兵備副使

欽依

許東望　嘉靖三十三年任山東人
陳元珂　嘉靖三十六年任福建人
李萬實　嘉靖三十八年任江西人
李僑　嘉靖三十九年任山東人
羅一鶚　嘉靖四十一年任福建人

武臣

國初以公侯出任洪武三十三年改都指揮一員奉
勅會同海道副使提督沿海衛所近以倭亂更置總兵副兵（總）叅將
把總其總兵都督一員鎮守直（浙）地方備禦倭寇保安軍民開府定
海縣凡浙直之事一皆總之俱得便宜從事水陸有警督其屬
調度各省沿海軍馬逐捕事其重大者會同撫按及副總兵計
議而行文職知府而下武職自叅將而下得施其節制總兵叅

此頁共計三百九十の字　明　日　抄

將職掌一視總兵但地方各有專屬不得亙侵文自同知而下武自把總而下聽其節制把總官初制總臨觀定三衛以軍政考選令改臨觀為一總定海為一總出自
欽依
以都指揮體統行事凡一總軍政利病大者白于上司以為進止小者專之僚屬之賢否歲時填註上下監司部院以憑廢置已工各官有事蹟顯著者另為立傳如年久不及詳口傳一二者止註于名氏之下

總督

湯　和　信國公進封東甌襄武王洪武二十一年奉勅巡行邊徼建置衛所巡司關隘寨堡臺堠

孫　用　都指揮使洪武三十二年奉勅為倫倭總督以後皆用之至嘉靖三十五年革其職改立叅將兵

程　鵬　都指揮使永樂二年任

胡　倫　都指揮使永樂三年任

王　璡　内官永樂四年任

李　　豐城侯永樂五年任

王　友　靖遠伯永樂六年任

李　敬　副總兵永樂七年任

谷　祥　都指揮僉事永樂十六年任

張　翥　都指揮僉事永樂十九年任

吳　凱　都指揮僉事正統四年任

陳　暹　都指揮僉事正統六年任

李　信　都指揮使正統六年任陞署都督鎮守浙江

金　玉　都指揮僉事正統七年任

脫　剛　署都指揮僉事正統七年任

王　謙　都指揮僉事景泰三年任

此頁共計三百九十弍字　月　日　抄

牛　循　都指揮僉事正統八年任

馬　良　都指揮僉事景泰三年任

徐　寧　都指揮僉事景泰四年任

金　能　都指揮同知天順元年任

王　宇　都指揮同知天順八年任

張　勇　都指揮僉事成化三年任

黄　琮　署都指揮僉事成化二十一年任

王　佐　署都指揮僉事弘治十年任

黄　華　署都指揮僉事弘治十二年任

白　弘　都指揮同知弘治十四年任

魏文禮　署都指揮僉事正德二年任

牛　桓　署都指揮僉事正德八年任

秦　玉　署都指揮僉事正德十年任

劉　錦　以都指揮行事嘉靖元年任

張　浩　署都指揮僉事嘉靖二年任

西　靖　署都指揮僉事嘉靖四年任

李　節　都指揮僉事嘉靖二年任撫恤軍士整飭邊防

劉　翔　署都指揮僉事嘉靖七年任醇厚廉能修葺城堡出官錢置定海衛義塚

王　佐　署都指揮僉事嘉靖十年任

劉永昌　署都指揮僉事嘉靖十一年任

喬　基　署都指揮僉事嘉靖十二年任

湯　慶　署都指揮僉事嘉靖十二年任

白　文　署都指揮僉事嘉靖十五年任弘之子

張大本　署都指揮僉事嘉靖十六年任浩之子

此頁共計三百四十八字

李　俊　署都指揮僉事嘉靖十九年任
李　釜　都指揮僉事嘉靖十九年任緝拿刁軍禁革包粮宿弊
劉　昇　署都指揮僉事嘉靖二十三年任
朱　恩　署都指揮僉事嘉靖二十八年任
錢　鏜　署都指揮僉事嘉靖二十八年任
沈一元　署都指揮僉事嘉靖二十九年任
王　欽　署都指揮僉事嘉靖三十一年任
張　鉄　都指揮僉事嘉靖三十四年任
夏　光　署指揮僉事嘉靖三十三年任
王　沛　署指揮僉事嘉靖三十四年任

鎮守總兵

劉　遠　都指揮僉事嘉靖三十五年任

俞大猷　都督僉事尋陞同知嘉靖三十六年任

盧鏜　都督僉事嘉靖三十八年任陞同知

楊尚英　都督僉事嘉靖四十二年任

協守副總兵

楊克寬

俞大猷

盧鏜

劉顯

楊尚英

王應麟　嘉靖四十二年任

叅將

湯克寬　嘉靖三十一年任

此頁共計弍百七十字　月　日　抄

朱光　昌國衛指揮僉事弘治三年任

陳道　温州衛指揮僉事弘治六年任

毛錦　處州衛指揮使弘治七年任

葛奎　松門衛指揮使弘治八年任

胡清　紹興衛指揮同知弘治九年任

賈豫　臨山衛指揮僉事弘治十年任

翟輔　杭州右衛指揮同知成化十二年任

吳謹　杭州右衛指揮同知成化十四年

李韶　處州衛指揮同知成化十五年任

黎端　杭州前衛指揮僉事成化十七年任興廢舉墜扶弱抑強得軍士心

李怡　瑄之子正德九年任

白文　杭州右衛指揮僉事正德十二年任皆任文雅政尚寬平陞得軍士心

梁　山　觀海衛指揮同知正德十三年任

馮　恩　紹興衛指揮同知正德十六年任嚴厲端方政有綱紀

王輝　杭州前衛指揮僉事嘉靖三十六年任

嚴　震　寧海衛指揮僉事嘉靖五年任操守清廉政尚寬厚建立公署得軍士心

白太　紹興衛指揮使嘉靖十一年任滋之子

黎　秀　端之子嘉靖十三年任

顧邦重　寧波衛指揮僉事嘉靖十四年任陞廣西都司

李　釜　怡之子嘉靖十五年任

梁　鳳　山之子嘉靖十七年任見列傳

劉　文　寧波衛指揮同知嘉靖二十年任

黎　秀　嘉靖二十二年再任

沈　忱　台州衛指揮同知嘉靖二十五年任

此頁共計の百の十乙字　明　日　抄

俞大猷　嘉靖三十二年任
盧鏜　嘉靖三十二年任隨陞都督
戚繼光　嘉靖三十六年任
婁宇　嘉靖三十八年任
呂圻　嘉靖四十年任
倫倭把總
林賢　指揮洪武十年年任
脱　指揮永樂二年任
樊遠　定海衛指揮僉事正統三年任
沈貴　紹興衛指揮正統七年任
王鉞　杭州右衛指揮僉事
臧寧　定海衛指揮同知

劉	凱	定海衛指揮同知天順四年任
韓		
王		
岳		
龔		
朱	英	寧波衛指揮僉事成化六年任
李	達	定海衛指揮僉事成化八年任
張	凱	盤石盤衛指揮僉事成化十一年任
李	瑄	定海衛指揮使弘治十二年任
傅	銘	溫州衛指揮僉事弘治十三年任
劉	昇	定海衛指揮僉事弘治十四年任士有恩練兵有法陞 浙江都司
白	滋	紹興衛指揮使正德元年任

此頁共計□百四十八字

潘　鼎　觀海衛指揮僉事嘉靖二十六年任

張　瓚　紹興衛指揮僉事嘉靖二十七年任

吳懋宣　杭州右衛指揮同知嘉靖三十年任

張四維　觀海衛指揮僉事嘉靖三十一年任

劉朝恩　紹興衛指揮僉事嘉靖三十二年任

刑　鎮　杭州衛指揮使嘉靖三十五年任

馬自進　臨山衛指揮同知　欽依以都指揮體統行事嘉靖三十六年任

周　栗　臨山衛百戶由武進士陞都指揮僉事　欽依以都指揮體統行事嘉靖三十八年任

治行

書曰官不必備惟其人

朝廷設官分職非備員之為貴而以有治功之為難本衛世襲職官與統轄文武官員

國朝以來更代不一其間治行超卓者固有而素餐苟祿受直怠
事者尤多概而之玉石無別矣故于班列姓名之外凡有政
者惠愛及人者不分文武崇卑另書其名列傳于左使後之觀
政者指掌可知嗚呼舉其所可稱者而其所不稱者意自見於
言外矣

湯和鳳陽人吳元年以御史大夫率師拓地東南方國珍聞風竄
伏遂平慶元路今改寧波府以功高賜爵中山侯加封信國公
洪武二十年命廵行邊徼相度要衝憑據形勝建置衛所及廵
檢司以防不測萬民永賴焉追封東甌襄武王斌原系紹與衛
百戶者有才幹膂力不畏強禦洪武三十五年與本府官爭守
衛池門禁府不肯與斌擒其知府李慶赴
京廷辯

聖祖嘉其能

欽陞觀海衛正千户世襲之至今陞稱風力武弁以斌為首

谷祥都指揮僉事永樂十六年奉

勅總督衛所軍務明敏有才不屑屑於細務把度沿邊衛所城隍因

湯信國所建置者而隨時斟酌或增崇或增闢創為月城通以

釣橋凡樓櫓器械纖悉完備眞不世之利也

朱紳陝西河州人成化元年以副 巡視海道廉明果斷事干

邉備者靡不究心時四倉斗級豪猾勒指運納粮户而軍亦不

蒙實惠紳緝訪禁革軍民感仰其在定海惠政尤多茲不備載

曹時中潁華亭人弘治三年巡視海道庶民犯法者必繩以律

未嘗假借一時貪横屛跡至於治軍則多撫以恩粮餉不過朝

約究抑獲伸使民畏悅至今賢之

文貴登東左屯衛人弘治五年任海道副使修飭邊備督造戰船先是造舡法制未密侵尅料價者不堪駕使貴酙酌利病著為則例上下遵行至今賴之又憫衛之死無葬者出公帑銀一十二兩捐俸貲四兩買山一所為義塚及立碑之貴自今民有葬地皆公之力也

張勇都指揮僉事廉明果恪留心邊務本衛聽事建自信國公至成化間日就圮壞　按部顧視嘆曰邊衛若此何以備警急而肅體　命指揮王英亟治之指畫規制咸出於勇

秦玉署都指揮僉事剛斷有膽畧與巡海副使許讚協心邊備修城隍建公署設立水戰法、戰船則列至今賴之

此頁共計の百五十六字　月　日　抄

王英字廷彦本衛指揮使自幼倜儻有經濟才成化二年巡撫侍郎曾翬巡按御史王𢀿臣考校衆職以英掌衛事軍政修明百廢俱舉凡城堞戰船烽堠軍器及衛之前後廳堂門臺廊宇以至演亭公館等署或修或造各中其則下則街衢巷道甃砌之官軍署悅繼任金盤把總衆為立去思碑

王祚字天與號梅庄自幼倜儻有大志長而英敏果决有為孝友天至居父喪哀痛瘠骨事母盡温定礼無違朝夕宗族鄉黨譽無間言弘治十六年襲本衛指揮僉事屢考軍政衛廳久廢公座設荒地中與掌印指揮梁山議請總督奏贓罰起造之十六年巡按考選臨山衛掌印案無積牘獄無宿囚自建衛以來斷事未有若此之敏捷者也彼若多遊僧惑衆軍人舉附如之祚聖賢大道人心始曉然大學士謝文正公書闢邪崇正四字

以旌嘉之一時士大夫咸詩歌以贈謂武弁之昌黎也嘉靖四年倭夷來來貢艤舟定海關一應事宜詳府知者道傳鑰舉詐詢之答明悉深器任之隨委督造把總嗣後鎮守巡案推委松海昌備倭把總捐俸資助孝子之養絕苞苴振庶士之風任事七稘軍士懾服聲自此赫奕矣二十年考選本衛掌印旌考行飭武備修橋梁及衛倉利弊興革無遺軍器局圮壞助資修葺焉時太監崔錦衣肖督開礦山費不償失軍士且不勝夫役之勞詐宓謀閉之崔肖不能禁也

傳鑰遂左衛人貌狀英偉威嚴可畏然存心近恕事關邊備者二為之整飭城垣戰船預備軍器修葺學宮近年政績顯著者以公為稱首

梁山本衛指揮同知英明果決卓犖不羣幼業儒潛心經史當

此頁共計〇百三十五字

道試以舉業大器之以父喪襲職值衛者圮壞衆官蒞事或開讀進表禮儀至張傘設簟終事而退山請於當道者捐資起造至今賴之正德間秦潘劉艮亂當事者檄徃征之山戒行例該餘姚縣餉兵兵時縣丞王飯逾期不至山以軍法棄之衆皆懾服歷任金盤臨觀把總盜賊屏息焉

戴金湖廣漢陽縣人先是戰船料價緩無定則軍民出辦者苦之爭論不息金定爲則例軍門民六至今稱便

許讚河南靈寶人沉重有謀寡於言咲時總督秦玉有風幹讚協同創造公署整飭邊防事無大小有關軍民者悉以身任至今思之任終吏部尚書東閣大學士

李文進四川巴縣人英明有治才先是丁湛議革戰船海洋無偹進蒞相度可否多方飭勵時便於蒼福等船進即以舊料充造

駕禦海寇民甚便之衛所近多勾頑進察其尤者緝治之軍始
帖席
火成字用中本衛指揮同知旺之子弘治間廷遣駙馬崔開濬
運河成以督運至淮崔勤部軍濬之以威脅成成曰吾軍萬里
飛輓勞苦極矣今復爾是填溝壑也身當之
奏問獲寢人多其能又精於紋調海內知名
周正字　四川人正德十六年以例貢選本衛經歷遇事敢為
屢建成績當道重之先是公廨傾圮居官者每僦民居正窒嘆
曰此豈所以敷官政肅民瞻者哉遂捐資鼎建不費公帑不煩
民財而屹然就緒後至者咸賴之九載考績陞湖廣蘄州同分
知。
喻松字子喬南昌府新建縣人本衛經歷幼業儒善文能謙抑

此頁共計四百八十八字　羽　日　抄

下人而所挾持者不安於小屢舉不利嘆曰已矣委吏乘田不可以盡吾職乎遂就椽嘉靖二十一年授職茲土凡所建明必樹長策

本衛之利病肅然一新如議足糧餉禁革刁風皆卓卓異政在人耳目者歷署象山蕾暨嵊縣惠政尤多

汪輪本衛右所百户廉慎小心奉公守法三十四五年間倭夷逼衛城輪督軍巡警雨不張傘由是軍士益用奮不敢告勞視篆指揮使孫勞嘉其慎凡所出納必委托焉嘗命收料銀數拾誤多拾兩次日覆充兑乃覺持以還官孫益敬禮之

陳湜字本清前所百户猾稽多智先是成化間龍山千户所軍數缺少抽取本衛軍人蕭狗等一百二十名往彼帖守嘉靖元年

本衛差湜往京請換印信乘便具

奏陳情處補缺軍以保地方事

欽准將蕭狗等發回本衛操守衛人德之

武功

周禮凡有功者必銘於太常祭於大蒸司勳詔之亦以兵出戰

危功者難成而易敗故播之聲歌書之方册以表見之不容泯

也我

國家振揚武教歷數百年元勳武士忠勇兼著雖厥勳所就大小不

同均之以寧謐邦家以奠安社稷若非紀載顛末何以昭勸懲

而示法守也故凡職官流官有德業聞望名於一世者悉冠之

前列而中間摧鋒陷陣遺烈可紀者亦備載不遺庶後之君子

循名而責其實則淺深優劣自下然於心目矣

此頁共計四百四十一字　月　日　抄

俞大猷字志輔號虛江世襲泉州衛百戶器度宏敞好施予故舊貧乏者周數百金無難色以府學弟子員中乙未武舉會試進千戶視師金門地方大治戊戌秋臬司徵公討賊擒其首楊志新等三十二人癸卯秋以尚書毛伯溫薦禦敵大蓮港斬獲甚衆進指揮僉事隨陞廣東都指揮僉事逾年進右參將守瓊州所在克立奇勛斬首級萬餘是時鄞歙亡命入海搆倭為害官兵亟戰不利將士逡巡不敢進侍郎張時徹薦移鎮浙江以禦之或請勿亟猷誓不與賊俱生遺書都御史力排群議督水陸兵擊烈港募善伏者潛從背逼其巢火夜起賊錙重盡燬大潰次于馬蹟颶風晝晦郡蛟盪舟猷恬不為動俄而賊攻昌國師舟師赴之戰於石浦偏礁佛頭玉屏海門松門十有八合擒斬四千溺者萬計餘者百餘人循擴落迦山或言勿擊便猷復持

不可泱月發兵追圍之令舉火賊殲之是月謀言温州賊熾仍往邊之前軍邀功失利賊走紹興抵柯橋四面皆水典史吳成器拒之賊持器急鬭手戈踣一人賊衆駭亂急擊殪之丙辰進副總兵提督金山時賊將趙留都鬭督永順等兵於乙卯之夏五戰於平望王江涇盖墓亭六金堰英德湖斬首數百秋七戰于大赤海洋柘林陶宅青村周浦斬首千餘冬三斬于川沙洼吳松寶山斬首七十盡沉其舟總督尚書張曰倭夷畏公如神忍忘浙耶丙辰徐海圍桐鄉百計諭海解圍而授朱旗俾出海預以舟師伏海中遂擒海餘賊數千揚朱旗無一得脫又自夏及五戰於寶山高家嘴平沙洋劉家河返及于洋山茶山斬首賊據其中且越歲謀于副使授畧於指揮張四維帥麻兵冒雪登山夜使人持死豚投其壁賊驚縱兵擊且焚擒獲賊衆百四

此頁共計五百七十六字

閱

日

抄

十以獻舟山之民得歸田里完妻孥晏復於無事者至今頌猷之德不衰也事聞
詔都督同知開府定海縣令改廣東惠潮總兵浙人立生祠祀之
盧鏜字子鳴號北山由處州衛指揮僉事陞福建都指揮僉事勇畧人而器度嚴整常曰大丈夫廓清海宇勒名鼎彝豈願憑籍武隨世以就功名為至足哉嘉靖十九年賊首李光頭許棟等勾引倭奴聚雙嶼港侵犯內地海需自此多警又軍無紀律賊得肆志者彌年歲戊申都御史朱公紈巡視浙直以鏜熟諳海事即以委之鏜與副使魏一恭指揮劉恩張四維等部署兵船集港口挑之賊堅壁不敢出夜風雨晦冥海霧迷目乃巢而去鏜督官兵奮勇夾攻俘斬溺死者數百賊首李光頭許六顧良玉祝良貴劉奇等授首鏜入港毀賊所建天妃宮及營房戰

艦餘黨遁福建之浯嶼公復大敗之餘奔下八山積年巨寇自此蕩平矣三十三年賊復入境據普陀山分艐流劫鏜邀擊於石墩洋大破之斬首二百餘級四月由金山張堰來至平湖公迎擊之遂奔走先賊據海寧者雖爲官兵所挫尚倚石墩爲巢穴至是始知不利出洋而去鏜返敗之俘斬二百有奇他如三十四五年閒鳴鶴鄉場馬鞍山丈亭馬跡金塘三沙等捷斬獲莫計至於辛五郎者宿寇徐海之隅俾志呑全浙諸將莫敢誰何總督胡知非鏜不可乃密令前俞大猷等分布要衝截諸寇而以五郎專責之鏜鏜自坐福船而令子相督卒哨船爲前驅次日集金塘山下見五郎登憩山上令哨船叢射之繼以炕炮賊勢窮促乃計令五郎登舟打語餘賊分載各船以殺其勢從容延疑五郎罷則留宿五郎見蓬外惟海洋極目絕無船隻度

勢不得免浩嘆就卧隨械縛以歸次年十一月間王直擁衆稱降志在互市衆莫知所處軍門檄往問計鏜乃紿其假子毛烈輸疑軍門以重利啗烈俾歸報直以堅其歸志直尚猶豫鏜乃與把總劉朝恩指揮夏正等議令朝恩夜至賊所反覆曉譬直笑曰公等皆督親信輕身臨辱直小人也敢不惟命遂去戎服見鏜於城中誘至定海而執之夫自二十年以前寇莫大於李七許棟而鏜既有以擒之於其始二十年以後寇莫大於辛五郎王直而鏜又有以靖之於其終議者謂捍海功在本

朝為首列信哉言乎

梁鳳字鳴陽別號清溪指揮同知山之子自幼穎異不凡狀貌魁偉見者無器重之父早喪太夫人在堂甘旨之養朝夕惟謹太夫人鍾愛少弟於父所遺產悉以歸之毛髮不染撫恤軍士

同於骨肉有所差遣必察其飢困者親賜飲食慰勞之若從征操闗時猶加意焉居官三十年砥礪名節畧不少變征勦所獲夷器贓賄一登崖即委閲登籍輸之軍門絶不經目卒之日同官者撿其笈笥止遺衣數件兵書數冊而已平居好讀陸宣公奏議每終卷輙掩而嘆曰使當時為臣者當以宣公之心為心唐雖至今存可也其憂君愛國類如此弱冠襲父職撫巡差委嘗操巡捕及執事科場者迭至鳳隨在稱職咸被獎勞甲午甲午中武舉第四人巡按御史推松門把總次年勦捕海寇有功巡按御史傳更調定海十二月崇明賊揮體秦璠等作亂鳳統兵平之調金鄉把總巡按御王奏陞以都指揮體統行事奉勅守備江西鄱陽湖是年捉獲江洋劫賊高辰三等江西巡撫都御史虞巡按御史魏交獎之推陞浙江都指揮僉事帶管總

此頁共計五百八十七字

督備倭二十八年台温福寧等海島為番夷海寇巢巡視都御史朱以鳳熟職海防檄兵巢之遂親下海洋督卒官兵交戰大至克捷而三冬巨寇至是盡搗其巢穴矣三十三年改哨温州海防斬獲有功都御史王奏黜福興漳泉叅將隨以南沙賊遁湯克寬失事連坐革職聽用軍門當於寧海崑山地方擒斬賊衆奪夷器署直隸副總兵事二十四年正月賊又盤據埰蘭港統兵勦之擒獲夷船三隻斬首五十三顆燒死落水者無算總督胡公及撫按交舉之

欽陞杭嚴叅將隨改温處叅將而隨以勞苦致疾不可作矣說者謂天假之年當不止此有頌德碑及胡軍門盧總督祭文見藝文志

戚繼光字　號南塘山東登州衛指揮累陞寧紹叅將平居輕裘器帶恂恂如儒生至料敵出奇如鞭風駕霆不可測識訓齊

部伍務粲紀律稍不入約束雖素所親信亦流涕斬之以狥衆至買棺設祭以歛然於法終不少貸也又分財讓食不居其有雖負烈丈夫之氣而綽有廉士之風自入浙中身輕百戰斬馘幾萬級舟山之役與賊並壘凡可挑戰者靡不曲盡其計而賊竟逸去臺諫論之先直任不辭改台温參將歲辛酉賊衆大至由象山奉化登陸夜至寧海光督兵親趨赴之而分兵劄守海門賊知遂竄入桃渚登岸從週洋港登岸又從健跳折頭登岸共計二千有奇諸將駭愕莫措公曰犯桃渚健跳者尚緩週洋逼近新河賊又前後繼至宜急擊之遂部署諸兵疾趨新河廣集諸將授以方畧奮勇夾攻賊潰亂奔原巢死於烏銃者六十餘哨首級三十餘顆賊冒雨夜至復流台州城外花街地方光從桐岩馳至城下時各尚未炊光以大義諭之勇氣百倍乃分

屬諸將各置監督奇正衝伏各有指犄角應援各有屬齊陣而前直趨花街約二里許前鋒銳死者數十人各兵乘勢擁殺追至爪凌江下奔水死者二百有其奇斬首者三百賊燒船隻突府城光分兵留守新河隘度可戰者千五百人慮賊衆我寡流犯內地急速之乃懸金衝鋒者賞又盡出笥中銀酒具散之軍士振奮無不一當百遠卒部兵至大田會天雨不戰賊出大石往仙居光策馬鼓行至上風嶺伏兵五日下令令人各砍松木一株執而坐賊望之爲林不介意行過半我衆仆松吶喊齊出賊驚怖迎敵令人以鴛鴦陣衝鋒疾若風雨賊大敗遁一小山我兵四面仰攻仍樹白高招一竿于此山下令人大呼脅從者從招走數百人賊復上大山我兵又仰攻之戮力大戰賊敗投落坑塹林谷間死者不計走者奔白水洋朱家光乘勢追圍大四面

起隨以鳥銃擊之又折墻投石銃諸物如雨巢內火烈賊嘵無
算餘孽胆怖䰟褫

張四維字昌國號王泉自幼天性孝友處家廷無疾言遽色初
總昌國松門等衛號令嚴肅百度具舉嘉靖二十五年副都御
史朱巡視两浙委勦雙嶼港橫大洋等寇克捷三十六年勦穿
山海寇陳用正等斬首八十有三歸被虜男婦五十有二明年
海道李文進委守定海關擣破金塘雙嶕等巢敵燒倭船六隻
溺死夷賊不可勝計被虜男婦夷器賍物悉載以歸巡撫都御
史王巡按御史林並委臨觀把總隨於觀海衛平石地方擒斬
通番強盜余十八等及賍銀器械甚衆改委昌國統兵時建跳
所圍危甚金齒門賊寇勢亦猖獗諸將望風奔潰維督兵征之
建跳圍解又焚舟溺死賊衆金齒門就平次年韮山積谷洋告

提三岳山海洋又提總督都御史楊巡按御史胡大奇之委定海把總仍統兵要擊石林逋寇維奮身前往奇兵四出斬獲首級不可勝計而石林諸寇自此漸滅於太倉洋矣

事聞

朝廷廷給表裏銀兩賜之然多其功不以顯擢者則江南末平亭觧船褒而不與使相之意也攷通統昌國兵會劉大陳山寇本年十月間生擒八十四名斬首二十八顆次年五月間攻劫慈谿巨寇由爪連洋舟逋歸維闌其往要擊擒斬者過半至如辛五郎者為宿寇徐海之偏裨與陳東葉宗蒲麻葉同巢拓林其勢甚盛人莫敢攖時三人既擒五郎尚在海島公同叅將俞大猷等往金塘山計令登舟遂械繫之生擒餘衆二百一十九名斬獲百三顆歸被虜勇男婦百餘又擄謝浦賊衆逋往舟山邵嶴盤據

山嶺至于再歲適桑麻土兵新至公與當事者謀曰使土兵久
住探知虜情氣亦阻矣今新至方銳正可使也時夜大雪彌空
路深三尺賊鼾睡營中不為備公卒麻兵啣枚肅靜以次而登
直逼賊營始大聲齊喊賊驚怖不知所為逆不敵斬獲四十四
顆餘悉平總督都御史胡提督都御史阮會推題奉
欽依陞授都指揮體統行事仍把總定海等處本月十九日督兵於沈
家門生擒倭賊五十二名
欽依銀拾兩隨陞浙江軍政僉書署都指揮僉事本年十一月又陞杭
嘉湖地方叅將總督軍門胡嘆曰郡賊雖破王直尚存奈何維
日易與也同叅將戚繼光往擒之諸健將埋伏數匝以夏正等
為死間設策曉譬三十六年十一月直詣
軍門就降維之方居多也次年餘黨見官軍水陸並進死守以

此頁共計五百二十五字

抄

待應援未幾果有新來賊衆泊於小姑道頭者繼進奇兵且戰且逐至烏沙門外洋賊遂潰俘斬四十餘級餘走朱家尖山隨奔沈家門與岑港賊合䑸往來監督官兵四面追逐賊衆大潰又於夜分縱火焚其舟死也者無算復奔柯梅嶺又命舉火焚其巢賊勢窮甚遁火焚直之黨至是無噍類矣四十年擬往廣東平定惠潮巨冦張璉授首豊坊有凱旋詩四絶見藝文志

呂圻字邦止號惠江直隸宿州衛鎮撫累陞都指揮同知轉浙江叅將奉

勅分守寧紹地方惟資渾厚不露圭角而權度精明錐銖兩尺寸無少愆又善撫軍士動貴未然之防故臨事不眩若把總周橋守備泗州屢建勛績比至浙適王直徐海就擒我兵告罷者二載公嘆曰國家雖安忘戰必危吾不恃倭之不來恃吾待倭之來

者何如耳日夜東望以廓清妖氛保安宗社為己任乃繕甲治艦選將練兵為戰守備策畫萬全兵氣振厲人人樂為効死歲辛酉夏四月忽韮海郡果有報賊艘從外洋來者日數至而合象山奉化寧海樂清瑞安諸邑及桃渚霩霸新河楚門健跳諸所所報船隻不下數百隻賊衆不下二三萬登犯地至十數處人情洶洶計無所出總督胡公以公部兵素練為諸路首調發為先鋒直衝賊所凡數十戰所向無不摧破越數日梅日梅山港賊突入天童小白東湖圻追至東湖手斬賊首一人夜追石橋湖頭黃溪斧入山徑追至白杜賊屯余家又用火攻之斬首二十一燒死者不計自此賊氛漸平邊疆寧謐旬日之內三郡賴以安全蓋其能籌畫於無事之時故能極難於危迫之日脫遺黎於鋒鏑而之席交之隨時應敵臨變思拯者孰得孰失

此頁共計五百五十六字

真不啻天淵矣

梁守愚字汝德號海襟台温叅將鳳之子自幼聰警過人諳習韜畧嘗曰將門之子世受
國恩宜樹立功勛增光前烈可也徒讀父書何為者哉弱冠名聞當道巡視都御史朱以海賊陳仕濟等倡亂騷動海隅檄愚往台温福閩征巢愚統兵下海捉獲賊船數隻生擒仕濟等以歸又大戮番夷盤據鹿海島愚焚溺千餘斬首數百餘總老就擒朱以靖海屬功親行獻勞以聞三十一年都御史王委勦梁灣海寇鄧老等俘斬四十二人梁灣平王奏以功當首論
欽賜銀以旌之仍委守禦三十三年隨父備禦昌國總督尚書張委勦大陳山賊夷林碧川等有功本部及撫按御史趙奉聞
欽賞銀拾兩三十六年提督鳳陽都御史李以禮取赴

軍門委練中軍兵馬隨以狼山地方爲由海入江第一門戶此
處有守則長江一帶方保無虞委愚賫旗牌前往两山及長山
水陸兵營提調操練方地賴以安堵者李之謀而愚之績也未
幾以疾歸總督都御史胡授冠帶把總統練鋭兵勇三十八年
倭寇逼犯台州者五千餘衆允海門漳安桃渚太平南盤等處
所在充斥諸將揺手閉目噤不道征字愚督兵直前死力接戰
斬者千餘被虜男婦五百餘口悉獲以歸部院奏聞旋將陞授
而適以父喪田籍時督察通政唐云梁恭將生前忠勇累立奇
功伊子克繼克志益思底績觀此則公幼時所謂樹立功勛增
光前烈者不爲虚語矣本年十月間總督兵直前死力接次年
二月襲授祖職六月應天巡撫都御史翁題奏調呉淞把總以
都指揮體統行事八鳳陽巡都御史劉保舉再陞南京振武營

坐營都指揮自後總督侍郎方奏調吳淞守備總督尚書胡奏補浙西參將未果而江西軍政僉事書廣饒參將之

命相繼下矣蓋愚之忠勇謀畧隨在立功宜乎奏陛保留者同聲響應者此獨江浙濱海隅近之事而愚以

王命王宋字桑梓邦人殆有攀轅而無請者矣今陛參將

王宋字志廣號屏山本衛副千戶生有異相見者知其非凡貌且沉靜雅重蒞官處家皆有成法雖盛暑不去巾帽景泰間温處山寇作亂兵部侍郎撽往征之屢得首功生擒魁首章存六等一十七名奪下器械五十餘件奏陞本衛指揮僉事天順間又調龍所守禦時軍士頗強捍近境居民宻痛為禁革拾餘年間百姓安堵早孤事母至孝扁其奉母之所曰春暉一時士大夫咸作詩歌之至于盈笥蓋人服其孝也

孫榮字廷華號陸峯本衛指揮使嘉靖十七年廷遣太監錦督採銀礦官私苦之榮董其事痛爲裁抑附和者中傷之械繫逮

京廷辨獲伸遂寢其事民至于今賴之壬子春倭寇逼衛城衆毛豎股栗思潰榮奮然躍馬卒僚屬躬冒矢石迎敵斬獲無數賊退而去當道者知其能檄指揮王心總統水兵駐古窰港以相策應寇知不利不敢近者二年三十五年倭寇復蝟集矢必斂成榮增陴浚隍繕甲實庚申明禁約以待之賊未及城被矢石銳砲者無算遂遁去又以城之艮隅賊勢易達遂以身任鎻鑰督守者五六月不怠雖昏夜旁風上雨亦跣足簑笠警察督促未嘗懈弛故雖彈丸孤城屢危而就安句餘居民遇報者即荷擔操舟避居城内所全活者甚衆衆皆榮之力也隨以功勛陞授浙江都指揮僉事

命下而公已致仕矣

潘鼎字國器號磨山本衛指揮僉事嘉靖五年巡按御史潘考
本衛掌印歲丙午巡按御史裴鄗委定臨觀把總卒領兵船
擒賊犯許其秀等二十七年巡撫都御史朱委同總兵盧鏜除
雙嶼海寇擒賊首李光頭等隨以巡按御史李委臨觀把總在
於澉乍浦海口屯劄禦寇擒斬有功軍門賞銀花表裏各一對
委統鱉子門兵船巡歷海洋年老遵例與男潘渠代職渠先充
寧波府學生員隨中丙午武舉人鄉試又中乙榜卯武舉繼委
錢倉所督備軍人立去思碑記今考龍山所守禦
質任自然而中持雄斷綽有二祖之風早歲襲職副使丁湛委
陸路巡捕繼以巡按御史王考選出海時倭寇猖獗逼臨衛城
巡撫都御史王擇統兵者難其人以心領古窰港兵船與指揮

孫榮策應三十三年四月賊突臨本港衆震慴失措心督兵迎戰斬獲甚多傳首海道記録三十四年十一月内帶領兵哨征三姑山洋敵沉夷船一隻生擒倭賊二名而溺死者莫可勝計

事聞

欽

賜銀拾兩旌之三十五年兵道許呈委把總臨觀五港兵船所在克提軍門胡多其功委視衛篆區畫有功操行廉潔上下咸服

張四總字國光號淵泉參將張四維之季弟嘉靖三十二年賊犯普陀山隨參將俞統領福蒼捕兵對敵親斬首級二船主首級者一三十四年七月拓林大艘夷賊逼至太倉海洋領親兵張壽等同經歷向必爵千戶吳憲領福倉捕兵邀擊大敗之八月追金山大洋領倉山捕兵擊斬賊首者一九月初追衢山大洋領定海軍船擊斬賊首者二十二月終犯定海舟山又領親兵張

此一頁共計五百四十二字

興對敵斬獲首級者一當道者欲勞賞之固辭不受總督胡公建報公祠於杭城肖功臣之像以為世勸而總與焉嗚呼此非偶然而之者矣

火天禎字維周號及泉本衛指揮同知自幼總察有風幹應襲時總兵俞委領下八山捕盜兵船哨守松江工部侍郎趙賞銀六兩隨委選帶精勇往金山勦賊兵部侍郎賞銀拾兩又同指揮陳聰前往王江涇截殺克捷紀巡按御史直隸周委往閔行與同知都文奎策應時倭賊四百餘由跨塘奔突斜塘同把總孫敖奮勇堵截橋不得度賊衆二百遂由洙涇直衝斜塘禎督兵覇塞敵門鋭殺賊衆餘復追洙涇獲奪夷器五千餘件仍饒兵追征洙涇敵退地居民始得獲業松江知府方廉備禮迎勞之今襲職叅府聽用人稱其能

胡守仁字子安號近塘中所百户世有功勳仁益倜儻思振前烈嘉靖三十五年屬叅將戚公部征丘洋劇賊衆知賊勢張大逡巡思避仁奮勇先往覘其虛實以告揮兵進擊殲滅無遺仁親斬首級一十五顆三十七年賊據岑港險要衆莫敢攖仁同叅將戚往征之斬獲二十餘顆未幾賊據温州梁灣軍門胡選將迎擊撥叅將戚公往征仁與俱列陣前鋭死者十數賊勢遁散擁殺者無算所獲夷器一百餘件佛狼機三架並載以歸二十八年敗敵於台州之松門親斬倭首數級戚狀申部院加以把總銜三十二年親斬倭首於新河者二四十年斬首於新河者三時江西土兵猖獗本省官軍無與爲敵者仁爲戚先鋒往擊之斬首百餘平其黨而歸兵憲徐扁題西征敵愾四字以旗其門四十一年擊台州大水洋賊魁大敗之斬首千餘守仁

此頁[illegible]五百[illegible]字　月　日

親斬首級三十有奇隨又同叅將戚勦賊於閩之延郡大致克捷撫按交奏以聞
欽陞以都指揮行事把總福建地方

刁富字國重自幼大有志慷慨倜儻遇事敢為考選出海領船守古窰港三十四年倭賊由三江海塗突至古窰搶船歸因富泒軍力戰自夜達旦賊知勢不能支遁往龍山至定海契橋力潰被官軍追獲大敗之向非古之戰力挫其威則契橋官軍又不能如是之易且速也三十五年大戮倭賊復由平石至古窰結寨為寇富軍止三十餘力戰不屈亦致克捷

張應選字汝賢號繼泉叅將四維之子幼習鞍馬弓箭年十五歲總督胡公廷試之連中三矢胡公大喜賞銀二十兩又嘗謂曰汝將種也不習知戰陣何以報倭夷犯邑携以俱往三十五年

乍浦賊衆流據清港馬墓等洋四維令選統兵分擊斬獲首級一十二顆又追擄邵嶴積匙至於再歲四維卒桑麻土兵襲剿之選冒雪俱往親斬倭首者三前後追斬共十顆雖其指授方畧不無有得於父而料敵制勝選固有獨得之者軍門頒賞力辭不受但傳首紀録而已

此頁共計五百六十四字

忠臣

昔晉獻公使荀息傅奚齊對曰臣竭股肱之力加之以忠貞其濟君之靈也不濟則以死繼之夫臣子策勳委質知以身許國而已事之濟與不濟則有無可奈何者若世祿之胄身任安危之青將與敵不共戴天不幸犯大難之衝而偷生免死其何以自立於天地耶志忠節表身後之幽光為後世不忠者之戒也火

斌字德光號雞山指揮同知昂之子幼通儒術倜儻有大志嘗以母病嘗糞轉甜哭泣告天願以身代及壯中武舉鄉試者二偶客遊吳下有富人館之者一日斌就寢主有愛妾扣其門斌嚴詞卻去次日不以告其主易館鄰家妾不知夜復扣其門為主所獲始覺其故主心甚敬於斌終不以告也三十二年憤倭寇毒民慨然曰吾將種也誓不與戴天遂詣軍門請軍報効時賊

巢馬蹟斌卒舟入營賊灼火毬拋斌斌手接毬還擲火焚賊舟溺死者無數都御史王扁忠勇二字以旌之三十三年與武舉黎俊民應龔魏本康阜督水兵追賊於普陀山陣陷斌奮勇先登力潰不支遂遇害賊肢解其體投之海中夫斌忠孝得於天性而又素行光明故臨難而不少挫如此古之人云求忠臣必於孝子之門又曰觀大節必於其細嗚呼斌亦衛之人傑也哉

李會龍字子雲右所正千户中嘉靖癸卯科武舉狀貌魁梧氣量弘敞三十六年卒兵勦倭寇卒遇于樟村之七里衆潰叔李七促之行會答曰我將也奔而不以殿衆將柰何叔疾去不必顧我遂以身當戰連發數矢賊稍却衆得完歸龍遇害斷其臂而死

張鍠字德聲中所副千户嘉靖二年考選出哨與倭船遇于霍

總頁數計五百卌

寇下當有退字
一下當有寇字

山外洋哨船皆揚帆而去鏜獨與接戰良久賊潰卒遇大風浪湧舟溺足不可亭鏜死之當道者聞于
朝加陞正千户仍世襲焉

陳椿字良材左所百户性醇謹嘉靖三十六年叅將戚授以兵部椿訓練嚴明賞罰惟允軍士素驕悍者見之無不懾服與賊接戰屢立奇功三十七年六月賊據梅(柯)兵不克椿(能)協其兵事前往賊營賊攢發船弾以擊之椿中而死事聞
陞授正千户世襲也

魏鏡有過人力嘉靖丙辰閒倭(寇)至海濵曰誰無死者死而能衛桑梓庶為義鬼寇至鳴鶴鄉邑令曹本率兵禦之兵敗鏡負令走寇之蹄杜湖嶺而南殺數寇一砍傷鏡額死寇退縣令哭鏡墓下

杜槐字茂卿倜儻任俠直倭犯内地縣令僉其父文明為部長令結鄉勇槐父年老以身任之倭薄觀海衛槐曰衛破印無縣兵一呼而羣勇聚集直前砍倭倭走走衛得全及犯鳴鶴槐又卒衆迎擊倭走餘姚之東副使劉起宗檄守定海遇倭于白沙一戰十三合斬三十餘人馘一酋刀刃缺猶提廢刀當之但已至酋不已竟以飢疲墮馬死文明擊倭鳴鶴鄉冒死出曹令于重圍之中斬酋一人倭驚追稱為杜將軍無何返至奉化楓樹嶺戰殁父子俱抗倭死贈官文明府經槐光祿丞建祠並祀㢘槐子國子生

吳德六德四弟凡二人海濱農夫冦上平石經其廬驅其豢豕德四持鋤自田歸遇冦于路揮鋤中其冦之額仆地而死德六取賊刃追殺一魁遂以壯勇有聲繇杜槐部每遇敵即衝鋒奪

旗以為常備兵使者知其名擬往攻險寨德四直前砍賊渠於轅門寨內驚擾操出恡卒皆返旆走賊砍德四蹶殺德六呼曰凡死矣獨前殺其凡者後兵不繼德六亦死賊渠被戕寨卒破焉

此頁共計　百七十三字　月　日　抄

孝子

禮記曾子曰大孝尊親其次弗辱其下能養似以養非孝之所先也及韓詩外傳又云往而不可還者親也故孝子欲養而親不待是推牛之葬（不如）雞豚之待親存也是又不以養為可廢也世衰道降大孝吾不得而見之矣得見能養者斯可矣雖然記之意謂夫徒養者發也傳所云謂夫善養者之貴及時也能養與敬（推而）大之未有不可以尊親者況辱親乎夫勢有所恨有所恨君子亦惟隨分以盡其心焉耳必求尊親以隆大孝天下微全人矣

把明中所人以派丁繫戎籍家貧為人製衣供甘旨終父母之世未嘗溫色疾言衛重之

梁鸞字鳴和叅將鳳之弟餘杭縣生員天性至孝孩提時以臂

以枕其首輒啼莫得其故問之則曰恐勞母臂也自幼至成童
从未嘗登高臨深及爭鬬未貽母憂出入動靜悉遵母命父早
喪太夫人鍾愛姊妹所餘財帛欲有所遺鸞先意承志不待母
言平居不爲私藏出納槖必歸太夫人收貯不入閨闥太夫人晚得
瘋疾扶抱不觧衣帯医禱外凡可以悅母心者無所不用其至
太夫人年逾八十人謂鸞孝養所致信哉

此頁共計三百七十一字　月　日抄

貞烈

共姜之詩曰髧彼兩毛實惟我儀之死矢靡他莊姜亦云我心匪石不可轉也千載而下誦二詩者凜凜乎與氷霜俱厲與日月爭光蓋婦人從一而終誓無他適而清風高節猶人所喜談而樂道者但所遇不同事體亦異雖其難易不能一律齊要皆有得乎天理人心之正而無　於共莊二姜之所爲者敬條列于左以樹風聲於既往以厲女行於將來

國家綱常治道之大未必無小補也

林氏役所軍餘程廣妻適廣七年不亂而廣死二有有五死而復甦者數四奉舅姑惟謹家貧織紝以爲甘旨計絕無慍色內寢非幼小婢僕不得入宗親分稍疏者終歲不得一面姑病焚香祝曰吾不能爲夫傳嗣夫死吾可以死矣姑垂暮有叔二人

不慮無憂顧以身代人就賢之提學副使雷申其狀巡按御史
林聞于
朝
詔旌其門
張氏指揮僉事秦昶之妻參將張四維之姊性柔婉不妄言笑
嘉靖初年昶病故氏年二十有三無子又家極貧氏勞苦雖至
親不輕相見　　年十尚未奏
閩
葉氏中所儒士周相妻相少讀書氏歸之勉以勤學不怠嘉靖
十一年相病故氏年二十有一即造墳於旁誓無他志
王氏指揮梁正妻自幼婉孌克閑女訓既配梁待夫子恭而有
禮年二十七歲夫失水死氏誓不出閨國有柏舟之風兄指揮
王英妻死不娶而君子之道彭侍郎以義夫節婦萃於一門奏

聞旌之

龍山所

董氏軍人懷德妻年二十九夫故姑與族人憐其窮欲嫁之氏持刀將自刎族人救解之踰墻而出鳴諸官乃止生一子幼而瞽氏紡織甘旨不避勞艱

昔吳恒性至孝母死設九飯祭之每臨一祭輒號慟斷絕七祭吐血而死蓋人子迫切之情有不自知其至此在男子猶難況可責之婦人女子乎今有念鞠子哀至忘其生死而不顧者非植其性特與人殊能若是耶志孝女愧天下之為人子而不孝者也

梁氏台溫參將鳳之長女自幼天性醇謹事父母至孝長歸適上虞生員陳達嘉靖三十八年七月廿一日父卒於官訃至悲號

哭泣屏去饘嘉靖飯不食或強之不應三日遂絕灌湯藥不得年二十有七衛人傷之視篆者將上其事未果令年五月十二日母王氏染虛氣症甚危次女適于餘姚生員鄒杰聞報即冒雨夜歸徒步入室哭泣拜天願以身代見家人治指嘆曰母病能無可為矣遂潛入密室割股寸計仆地踰時家人見鮮血滿衣始覺扶起亟畏傷處仍禁勿令母知切肉入藥煎之進母股之夫出嫁之女於愛親之情多殺而梁長女以哭父傷生次女救母割股非天性特與人殊能至是耶且二女萃於一門猶人情所樂道者愚故表而出之以為世

此頁共計[illegible]百廿字　月　日

邵瑷字世美幼有大志百户應襲不願就以詩經入慈谿縣學科舉七次不偶傳授後進至户不容履所積束修禮銀不入私房所入咸敬之有詩集藏於家壽九十而終

李膺字執中自幼孝友習舉業而尤長於詩賦期有大就與庠士邵瑷爲文字交屢舉不得志於有司遂絶意任進不出户獲居鄉嚴重不妄言笑若徒跣不冠雖親厚泄見者罕覩其面鄉有不平者詣公折衷言一言即止其爲人所敬服類如此子四人庠士良明長於星曆三式之學籌知海變毛髮不差連年倭冠之變賛書居多當道者欲官之民不肯就所著性理註解

文學

武重戰功何以文爲蓋綏猷宣化莫重於文戡定禍莫先於武二者固不可一缺而又必先以文爲之主講明義理親上死長

之風行焉否則撫劍疾視血氣之勇而已何貴於武哉志文學
見用武之有資而武而能文猶世之所甚難也
秦曠字　前所人少顯異絕倫長益博洽端方嚴正俗呼為
秦先生而不名工虞尹鄭重之躬詣求見與遊向皋一日聯詩
百首　尹嘖嘖曰珠吐璣含幽蘭著如公也絕少矣因請判律
條三百六十不假數日完帙以示尹上其名于朝徵賢良方正
未就而卒
王晟字文輝本衛指揮僉事斌之孫宏之仲子也幼習舉業穎
悟絕倫詩章援筆不成不假磨琢見者謂奮翮青雲不足言也
素鐘愛其姪福赴京襲職晟伴之行至沛縣福病卒晟罄路費
斂葬之因薦解官冊告所在衙門代解之京就試于大司馬紹
職回籍中途缺費適湖廣太學生同舟晟以詩遺之生敬服之

此頁共計五百十五字

資舟令人送至蘇州而別成化甲辰鎮巡官推委巡盐管操屢著功績弘治間浮梁孫公僉憲江浙晟以四世不及展墓賦近體詩謁於行臺詩曰歷官四世海東頭先隴惟餘土一抔人子有心思邑里紙錢無計掛松楸江上觸目家何在雨露傷心志未休當道肯容酬寸草幽明交感復何求孫嘆賞之命馳驛江西公事便道歸祭先隴鄉人作詩贈別晟古古絕句云雪月交輝庭漏長殘登寂寂照泒舫夜眠細聽居民語廢井于今已種桑人服其孝歸里海道文公差委出海守岑港道經定海縣相知者追送江滸詩以辭別云戒虛衛之戍斥洋師紛紛車馬滿江湄如何天上團圓月畨作人間離別時流水去來空有限浮雲聚散總無期明朝回音參商隔相樹雲山不盡思後歸掌衛印軍人悅服議者謂文章韜畧冠絕一時非虛語也

慈谿縣志　卷

此頁共計弍百八十の字

月　日　抄

義行

子曰君子喻於義小人喻於利夫義利之間而君子小人之所由分則其所關亦甚大矣而卒莫之能辨者物我相形而已私之不能克茲義行之所以少見於天下也雖然跬步之間必有豐州十室之邑必有忠信衛雖僻隅其間豈無輕利尚義表見於人者乎志之以彰其德抑以崇本而風後也

陳明字德明號種雲天性孝友事父母務得其歡心處兄弟絕無忤色衛人初來自閩俗用火葬君於父母之喪衣衾棺槨必誠必信今之知厚葬者自明始

張四端字國賓指揮僉事恩之子自幼坦夷醇厚與人無忤衛人有爭競者端一言決之無不悅服見人貧乏失所者委曲周之各得其濟又天性至孝友伯兄以靖海遠出太夫人懷念不

妾端每與偕行以慰母心也與凡平潮劇寇張璉奮勇先驅璉受首端與有功焉當道者欲官之力辭不受授冠帶把總同凡歸省

王貴右所百戶起於孤貧克勤克儉頗立家資凡僚屬貧乏以得濟之城工敵樓倒塌例應各軍賠造貴憐其難處遂捐俸代修至今完固時衛之軍需悉付貴收貯雖積至十數年畧無分毫沾染人重其行

此頁共計三百九十二字　月　日　抄

武舉

興道致治莫先乎文戡禍定亂莫先乎武文武並用長久之術也是故我

國家既設科以賓興天下之文士復設科以賓興天下之武人卒三歲一舉行馬羣其省之文武者而三試之首馬箭次步箭次策論所以昭盛典而作天下之武也衛自洪武以來貴有登其選者自連顯以後浸浸乎而今年壬戌科遂有會試魁天下如王尚文者矣嗚呼文教漸興武藝亦振

聖祖作興之效可誣也哉

鄉試

連顯　字仕進中嘉靖壬午科鄉第二

陳相　字堯卿中嘉靖乙酉鄉試第三辛卯鄉試第七

梁鳳　字鳴陽中嘉靖甲午鄉試第四

李會龍　字子雲嘉靖癸卯鄉試第十

火斌　字德光中嘉靖丙午鄉試第十五己酉鄉試第八

王忠　字汝舟中嘉靖壬子鄉試第八

王尚文　字從周中嘉靖乙卯鄉試第十一辛酉鄉試第六

會試

王尚文　中壬戌科第二名觀海衛自設科無中會試者文其始也欽授遮洋把總以都指揮體統行事署指揮僉事

例宦

國朝用人惟其賢不惟其途是故助義士錫以郎中刀筆之椽位至宰相有自來矣蕫宦雖有崇卑途雖有正異而効勞王事則同王臣不容以為卑而忽之耳書例宦見名器之不易抑以俻後人之參考也

此頁總計三百九十又字　月　日

林鴻本衛後所人弘治四年遊京師遇考禮部儒士例鴻與焉役尋授廣東韶州府檢校擒賊有功陞錦衣衛千戶奉
敕差往南直隸江西給鈔禁革科取所在有聲嘗以衛之大患莫過水利之淤塞請於
朝差往濬外豪建水門以便運道署衛事者以私撼阨之不果

朱鈺字廷璽本衛左所人嘉靖二十九年爲岷府典膳

朱鎬字京鈺之弟嘉靖二十五年奉例納粟以衛椽入京三十年冠帶今選直隸大名府滑縣縣丞

此頁共計壹百六十四字　月　日　抄

觀海衛誌卷之四

藝文

今世之論文者曰文必顯韓歐詩必類李杜前後工愚以為非知文者蓋文之善莫過於六經如典謨以載道風雅以宣化外此而言工者皆虛車也近世之文未得四家之體況六經乎今之志取其文之有關於書世教者録之關於沿革記載録之而詩則弔古咏事品題唱和有裨風化者亦録之餘皆删去不存蓋雖去六經遠甚而亦不敢不據為去取也左丘明曰言之無文行之不遠若此類者其可行遠也夫

此頁共計弍百卅六字　月　日　抄

重修觀海衛廳堂記

觀海衛在慈谿縣界去寧波府治西北百十五里地臨大海實要害之處洪武二十年

朝廷命信國公相度經營保養元元城始以置焉至於今八十餘年故其垣墉廳治日就圮壓為之守者卒因循弗究心成化三年都指揮僉事張公勇奉

璽書總督備倭部至是顧視嘆曰邊衛若茲何以備警急亟命修治之未果適

欽差侍郎曾公翬巡撫浙江暨巡按御史考察軍政遂相推選指揮使王候英掌衛印事比及暮月兵政修舉軍士悅服候以總督公前之所令實設險守國之所繫不可以泛常視乃日夜殫力相承措置有事於興作總督公復來指畫不疾不徐功克以濟

由是城之雉堞戰船烽堠器械或造或修各當其可至於衛之
前後亭堂臺門廊序演武之亭公館之屬莫不營葺畢具他如
街衢港道亦皆甃砌咸為一所匯徙壯觀於海邦而聽治守禦
之有所實足以威遠夷子安黎庶用為
國家萬萬年之保障也此皆總督公體
國愛民忠誠之發所致不有紀述曷示後人於是僉來屬予以書其
事予聞大易有曰天險不可升也地險山川丘陵也
王公設險以守其國險之時用大哉矣蓋有國家者不可不用險
誠能因時以設險國家可守而與天地相為悠久其不大哉我
太祖高皇帝奄有天下乃命大臣相厥宜以置衛擇武師而為守可
謂深得大易用險之旨也若總督公文謨武畧出人意表而奉
拳以是為心誠不[illegible]

此頁共計五百十字

王上倚任之重者也王侯又能奉行惟謹以成厥功其亦賢乎哉皆

可書也故為之記

[illegible]

此頁共計　百　卅三字　月　日　抄

重建觀海衛治記

王交　慈人給事中

觀海衛治剏置于洪武之丁卯，更修成化之戊子，誌諸碑石，述作畧備。惟地瀕海，多旁摩工，雨歲既久，榱桷朽蠹，軒户傾阤，斷折委階，椽落棟折，莫可蒞政。相沿十餘年，未有以為意者。正德庚午，指揮同知渠侯山、指揮僉事王侯祚持理柄，相顧憮然曰：昔賢以道茀卜亡，以郵亭不修讓子之失職，矧茲所係又有大焉者哉。始謀拓而新之。于時旁午百費，又郡邑無資蓄。適總督秦公王按部至衛，二侯乃請發贓罰銀若干兩，文計用度未敷，捐奉為倡，從義者亦數輩。爰命百户劉永市材木，卜日庀工，迺廠中廳，迺莪莪前軒，怒桷吽吽，層櫨牙牙，氣象偉然矣。未幾，渠侯推總軍政，王侯承憲檄督造戰艦，復爾侵尋，未底大成。嘉靖紀元之六年，王侯復得督造餘銀，請于巡視海道傳公鑰，由治廳南出外為譙樓樓中為儀門其吏舍獄室亦以旁附而　王侯又推總政控守松海諸險要矣嗣後正廳右右之偏治東西幕廳廨宇儀門左右治鎮撫司廳一千户所廳五則經歷周正呈請當道指揮同知陞叅將　梁鳳卒作告成若夫繚以修垣甃石治道則指揮使　孫榮也適者崔内侍奉
勑督礦茲土館于中廳又以晏麻無所出礦課竒羸即治廳後為川堂三楹川堂為便堂五楹廣袤臺殺一稱心力斬斬然益改觀矣夫是役也不弛不亟旋作旋止中更三十餘年始訖工焉無擾廛閭無煩卒伍無後冗費無崇虛責君子謂可以知當時而芳百祀矣然而終始經畫綜理精審門王侯之功居多暨猶子心繩武專爰將及紀時葺頹毀文黝堊期永綏厥成者也屬予記其事予攬筆直書興復始末俾後來繼今者知改作艱庶幾守以弗墜

觀海衛新建把總司記

聖天子念海波之弗寧痛邊民之未艾慎修武備凡越之東環水而衛者則既設指揮千百户以分理於下敕府部大臣以督理於上而又合二三衛所間置把總以統之上以承督府之節制下以司衛所之總領則是職也當盤錯之任居上下之衝非忠勇兼資謀望蓋也世者不足以與此嗚呼亦難甚矣先是臨觀定三衛總隸一兼兼領九所為事無不集逾年分而為二所統半於舊制而鮮克稱焉者毀頗而兵不息也桂林周公以丙辰武進士陞授茲職年冨而老其謀猷身癯而剛其膂力莅任未幾毅然以除倭奴安百姓為已任練兵選將紀律嚴明一遇有警即不告於妻子不謀於俺友戎服弓矢先登以為多士倡用能克就厥勳蕩平海孽首而授者若干人馘而獻者若干人械繫其頸降軻道傍者若干人夷大

難於荒陬樹風聲於焉島外海波翕寧我越人於是有更生之望公乃作而嘆曰以威遠而屬者也露居僑寓其何能宦又瘡痍初起費將焉出遂請於兵臬憲副　李公捐資拓地鳩工鬻材不數月而竣廳事三楹寢室內外門各三楹大小廣狹有差黝堊丹漆如其制環而顧之將將肅肅公於是登斯堂也左六韜右三畧鞭風霆山閭海驚有牧野鷹揚之勢焉入斯室也趨采齊行肆夏陳籩設俎雅歌投壺有虞廷干羽之風焉因修詞走幣來屬予記予辭不獲乃言曰凡為棟宇之制於通都大衢者若無所前襲創而作之非勞民侭費以妨民居自生民以來未有能濟者也是役也捐祿秩數十市民間成舍而更之不為厚棟大樑夷庭高門以大其制戒費民也隨民所願鬻地估其值償而闢之不毁一椽不侵寸土以拓其基恐妨民也子來之外價而募之不煩一夫旗軍至

此頁共計五百九十五字　月　日　抄

張目拱手以視其恐勞力也君子曰公之初蒞政也奉國之靈振揚威武不數月倭奴遠遁國用以寧民忘其苦勇孰大焉不不逾年而棟宇肇建君子攸寧民忘其勞仁孰大焉方今海内鼎沸聖天子側席求賢明將相薦賢為國公仁且勇將專征閫外紀績旗常以與古穆公吉甫者齊名其去此而不久居是司也必矣予樂公之初有是知而又知公之居此不能久也遂為之記

此頁共計　乙百四十五字　月　日

都指揮孫公六峯善政碑

陳茂義慈人參政

昔予官司馬正郎鄉人有建言開礦者

廷遣錦衣内侍各一員與俱爲督採使予曰衛茲其敝矣明年以參藩桂嶺則見夫衛之人熙熙而樂怡怡而莫（安）知有礦之爲害者嵗壬子倭夷犯順由東山登陸直逼衛城予曰衛茲其殆矣又明年見衛之人飢者得食勞者獲息若莫知有夷之害（爲）者予心竊疑之而未得其所以今年秋予友南崗張子過予而道衛人之言曰今

陛任都指揮六峯孫公諱榮字廷華視衛篆四十年二十年而有礦事之擾凡供意之煩侵漁之弊公痛抑之爲當事者所陷械繫

逮

京

廷辨獲伸卒之礦閉而民用之以安又二十年而來倭奴之變公

高城深池強兵勇士守堅而攻銳卒之倭奴靖而民賴以生當道
者奏陞今職
命
下而公以年老致政矣衛之人號泣阻之不得於是悲己之無所
恃而又慮公之久而泯其傳也謀立石以志而以文請予聞之乃
撫而嘆曰始疑其做而終逸者公之去塗炭而就薰風始慮其死
而得生者公之脫兵革而登衽席也夫公二十年之前非無善政
也而閉曠為大二十年之非無最績也而攘夷為閉曠者恤夷民
洪役之勞而力為裁抑寧以身當其禍而不避仁且勇者歟攘夷
決勝海島之中奠安社稷之重忠而智者歟忠勇仁智將優於天
下傳於後世況一衛之人蒙其澤而又奚俟貞珉者乎昔何武居
官無赫赫名去後常見思羊祜握兵現山二十年民為立碑至有
之而流於衛夫名不顯於在位之日者猶繫人思慕而不思況公

此頁共計　五百　十九字　月　日　抄

之居官又炳郎若是哉若四十年之恩澤浹洽一衛之人心則又宜予碑未立而淚先零也予嘉功政之績而重違衆請遂書以復張子碑勒之于石以垂不朽云

[illegible]縣志　卷

此頁共計　百　字　月　日　對

義塚記

陳錦　衛人

我觀海設衛百二十餘年，俗沿閩粵，親死則用火焚，厝隅隙處，久而暴其遺骸，甚可傷也。弘治五年，海道副使
文公按部巡城，見東隅有火其親者，問之，則以實對。文驚嘆曰：人死而火其尸，非仁也；親之尸而忍火，忍之非孝也。風俗之薄一至是哉！原其由，則起於無地可葬耳。遂捐秩十數，置買方義山九十六畝，坐城北矮嶺，作為義塚，以給民。又官為立碑，俾傳永久。迄今數十年來，埋經千數，斯民得勉炮烙之刑者，誰之賜也？衛人屬予執筆以紀公績。予曰：凡人仁心之所發，於生者易而於死者難；仁政之所施，於生者切而於死者緩。今公能難難且緩者矣，則於易且切者當何如哉？公之仁政難以枚舉，觀於義塚之設，而公之所以合天地、通神明、賛化育者，盡在於是，非真有得於仁人君子之

心者能若是耶昔夫子稱子產君子之道四而惠居其一若惠政不及於生民則其不建於枯骨也又可知矣而謂之君子吾不信也文公名遺遼東左屯衛人弘治十五年壬戌三月吉日後學陳錦記

此頁梓計三百五十一字

又義塚表記　衛人政畧

本衛額無屯地官山死者多暴露弘治間海道副使文公貴官措銀一十二兩置買附近三十都民人方義民山一帶即南半邊計九十六畝坐落城北矮嶺東至嚮礁西至龍尾工至山峯下至山墈作為義塚迄今七十餘年埋經萬骨近奉軍門明文課稅山蕩原主方義男方興仁稟縣追征間本衛府學生員胡鉞亦行帖稟各家呂認等因俱送到衛眾議本山石多土少葬者比肩至有絕嗣迷失者難以稽查若止令現在之家代納又起爭端續者民胡瓚等告要議處完官為此查照本衛一應軍需通於食粮旗軍內照粮派征義塚出宜傚此例通計每畝不過一分每軍不過數毫今併政三年則以前年分難入見年軍需今將本年山稅派入現年軍需之內依期征派已前二年本衛掌印官於尚

義之加權勸借庶為兩便議定之後其前二年山稅是張參將代為出辦外其餘係衛軍辦納自後永為定例嗚呼偶議者胡鉞文子也定議者知縣霍與瑕指揮王心也代納山稅者參將張四維也題奏者都督北山盧鏜也可謂得仁人君之用心而功不在文公之下矣

三百八十有四字

陞任鎮守浙福總兵中軍都督同知南塘戚公

去思碑記

沈一定　慈人　叅政

南塘戚公去觀海之數年，衛屬僚頌猶昨，父老聞之至為流涕。於是以都指揮周君栗、指揮僉事王君心、陞任守備胡君守仁、庠生陳子原中等卒衆介予友張子訓，請予為文以識遐思。予嘗沐公之餘澤，全軀保妻子者十年於茲矣，微有懇，將不樂廢揄言乎？昔南塘以叅戎秉節鉞來鎮茲土，觀海其屬衛之一也。值倭奴犯順，攻刦海壖，兵洋鴈門，連絡騷動，而龍山幾於不保。公授畧諸將卒水陸兵征之，格鬬者斬馘，奔逸者不追，以次蕩平，龍山賴以無虞，觀海因而安堵。諸君子其以此為公之不可忘者歟？愚竊似安而未盡然也。夫大將之功德及人於一時者易，而及人於久遠者難。人然大然將之功德昭受於耳目所聞見者淺，而潛被於聞見所不及者深何者台温於寧紹為鄰郡甌閩於江浙為隣省台温不靖則殃及於寧紹甌閩不寧則毒流于江浙昏墊之地休戚與俱理固然也公自丙辰以後經畧海島者十數年如盤石新河海門南灣白水洋等處老將無不縮頸公挺身數十戰斬獲數萬級餘衆逭卒之台温安而寧紹以安又逾年流于福建八閩士庶駢首就戮自古兵發之禍莫慘於此公提頸卒四面征剿一歲之中殄滅殆盡卒之閩土寧而江浙以寧是功在甌閩者所以波及於江浙也功在台温者所以波及於寧紹也而衛人數歲之中安享太平之慶如解倒懸而就衽席去烈焰生薰風誰之賜也向使公能解龍山之圍而不能拯盤石新河之難能弭乒洋鴈門之變而不能蕩福興平海之妖氛則奔逸四潰處八閩者將由此而江浙處台温者將由此寧紹狂瀾一倒莫之能迴觀海軍人不葬魚鱉之腹者幾

而倒

此頁共計五百八十乙字　用　鈔

布兵議者不知而徒以龍山鴈門之役耳目所視記者為足以繫衛人之思呼呼亦淺之乎知者哉雖然南塘齊魯差也生長聖邦涵濡夫子之化久矣夫子論三軍曰必也臨事而懼好謀而成者也謂為將者之徒勇也而孫武亦云善用兵者修道保法謂為將者之不貴徒嚴也而唐號精明賞罰信行百戰而百勝其嚴與勇方古張韓劉岳而道道以和民法令以戢下莫謀以集事蓋藏常遵夫子之教而精武子之法者此其奇偉卓犖而貽天下以久遠之安者也愚久沐南塘之德而重違張子之請敢用諸君子之意書此以見不忘若夫經論天地之業幹旋造化之功當有旗常青史者在而非愚言之所能悉也

此頁共計三百三十七字　月　日

陞任浙西叅將張公生祠碑記

范欽　鄞人侍郎

玉泉張公由衛指揮使累陞浙西叅戎衛父老若干人相與立生祠祀之謂東明范子嘗辱公知愛宜為記東明子辭不獲而為之言曰今之能享大名太立大功垂澤於天下後世者豈偶然哉必其有高世之志有蓋世之才而又加之以絕俗之操始足以與此不然雖勉焉矣求濟弗能也諸君子其知所以不忘公矣亦知公之所以致此者乎公少有大志慷慨激昂在鄉校時遂以天下為己任嘗嘆曰世祿之冑當建立不朽以報國恩區區小補不足言也自幼練習海務凡島嶼險要戰守機宜與夫官軍利病灼見纖悉始襲職遂選出海時官軍久羈粮餉待哺嗷然公力請於當道以時給之人服其初政繼考軍政陸路掌衛事首言衛所之害起於刁悪成於積書擇其尤者二三人懲以法衆遂斂手屏跡衛城東

卒

北隅山有礦近境人爭之盜傷甚衆公設法禁之軍民帖然未幾平石地方有通番強盜余秉十八等騷亂海洋公卒兵擒斬之所獲夷器賍物悉以頒軍士毛髮不染人多其功而重其節曰海患更有大於茲者主將稍為身謀其誰與我不一二年倭奴大至諸老將莫措手足居民被害不可數計公挺身誓曰觀海者我東南雄鎮而西浙之咽喉也若賊越此以入杭禍滋蔓矣吾輩但當憑藉

國威布昭

聖武湯平醜虜俾不得越平石寸步為西浙憂不而與共戴天者非夫也時漁戶吳宗廿四等有船十餘艘出入海島以樵採為生慮邊患者每抑之公建議給牌令其便船打採以故海寇消息毛髮預知所向遂

冰蘗

無敵三四年間如平雙嶼港平擴擣金塘樵破邵嶴等寨身經數百戰手斬數千級以至降王直擒辛五郎而積年逋寇一旦殄滅衛人藉以更生浙省亦因以安枕矣公才足以副其素志者如此乃若冰蘗之操歷二十餘年而不變身如寒士家無資則又公之所以公爾忘私國爾忘家而成其亹亹於天下者也故曰微有高世之志無以任天下之重微有蓋世之才無當天下之難微有絶俗之操無以公天下之大豈非不能奠安衛人而浙生靈不獲於魚鱉之腹者幾希矣今公之去衛雖久而唇齒之地安危相倚公知所以更施經畫措西浙於衽席者又所以遥庇衛人於今日者也是則公在我衛則公之澤自東而徂西公在嘉湖則公之功由吳以及越而廟祀無疆夫固人心之自然而不可遏者昔韓昌黎在潮州祛鱷魚之暴潮人至于今祀之况今之海鱷殆萬萬餘輩

者予頃者張璉首亂幾覆惠潮江右閩至衛騷動檄公往征之公甫入境賊爭殺其魁以獻潮人之祀公也又豈特與昌黎並傳於世也哉雲臺著姓麟閣畫形衛人之廟祀茲其階矣愚不佞拭目以俟

此頁共計三百八十一字　明

恭將渠公仰德祠記

予嘗登浪峯之巔，矚磨石之麓，而觀於其市，見衛治之西有翼翼有貌堂堂，正襟而危坐。頃之，一人而肅恭凜乎其容，再拜而揖；疾趨而東一人入而怡愉，俛而蹐蹐，再拜而泣，如不忍離。予怪而問之，不知其為誰也。泣者曰：此先恭將渠公祠也。公由揮指同知歷把總、都指揮，再陞恭將，多在我江浙，節操之堅同於金石，愛人如愛子弟，有所差遣，必擇其勞苦者飲食慰勞之，如從征操閱時猶加意存恤焉，故人亦愛之如父母。不幸而公早世，吾思公而不及見，見公之像如見公焉，吾是以泣。趨者曰：公居官二十餘年，本在海島對敵，設奇如雷電鬼神之不可測識，賊人聞公名驚怖落胆，故所向無敵，而人畏其威仰公而不敢見，見公之像如見公焉，吾是以趨。予聞而嘆曰：其所泣公者，其愛公者也；其所畏公者，其

犖　原缺牢

卓犖一本作卓卓

公　原缺同四

所敬公者也公之感人卓犖如是必有為之本者也顧聞所以二人相與揖而言曰公自幼天性至孝父早喪太夫人在堂甘旨之養必親必敬太夫人鍾愛少弟公心友之畧無間言平居好讀陸宣聞奏議反覆再四輒掩卷嘆曰使當時司國柄者皆以宣公之心為心唐雖至今存可也予聞之憮然曰順親心而愛及其弟者孝也覽奏議而太息當時者忠也有事親之孝然後有愛人之仁語曰親親而後仁民是也有事君之忠然後有赴敵之勇詩曰王于出征以佐天子是也而要之忠勇仁孝皆公之所以樹立非常而子惠元元者衛人入廟而泣者胥此也過廟而趨者亦胥此也予嘉公之績而慮泯其傳遂書其顛末俾勒諸石以見衛人仰德之意而因以為有官守者法也公諱鳳字鳴陽別號清溪父浪峯威德並著有良將之風母栗氏姆教夙閑有共姜之操君子謂公

此頁共計五百八十五字　閱　日　抄

詎不信夫一本作二人曰信斯本言公可以不朽矣相與語畢復為之歌曰

成之者遠子守愚相繼為江參將以勳業顯於時君子謂天報之隆詎不信夫語畢復為之歌歌曰

凜凜清操兮凌霜日芬芳兮名兮同金石居官廿載兮所施罔極山川有相兮新廟奕奕春秋匪懈兮享祀不忒英靈不泯兮除兇報國

慈谿縣志

此頁共計ノ百九十五字　明[illegible]抄

屬

欽依臨觀把總周侯德政碑記

顧琳　慈人副使

龍山父老爲令把總桂林周侯諱栗者立石於所之南外嘗屬予題其額未幾觀海衛侯王慕松等又以文請且曰先龍山而碑者三山也後龍山而碑者瀝海也吾衛人獨無人心者乎予聞之嘖嘖嘆曰猗歟何可愛哉天將軍之功德感人於一所者有之至於衛感人於諸所者有之至於一衛則難矣侯何以得此於人也哉先是丙辰丁巳之變倭奴大舉入寇所在充斥謀臣猛將雲集海上竭忠盡以拒之殫天下之財賦不能平血天下之甲兵不能屈萬姓騈首於干戈將士殞身於鋒鏑或稍却而復振或暫退而復來數歲之中迄無寧日

聖天子廑南顧之憂分閫拜將爰

命侯以武舉進士行都指揮事把總臨觀聞

命躬秉鐵鉞渡江而東見江樓特起雄鎮兩浙遂慷慨挽弓射矢其
上曰所不靖海妖而西者有如此樓一矢所以志也時賊尚據海
島倭亟卒水兵征之衛陣親斬三十有六溺水死者無算衆縮頸
駭曰慈地有名將相與遁至他境誓不敢復入今閩之福興廣之
惠潮衣冠辱於塗炭宮室壞為丘墟而浙東數郡享有耕鑿之養
嬉而遊者餘五六年誰之賜也向微倭之先聲有以寒賊人之心
而褫之魄浙之民其魚矣曲視糜費百萬而斬首纔數級興師彌
年而僅獲旦夕之安者孰得孰失奚啻黑白而倭之心方以天下
為己任一夫不獲為予辜嘗曰大丈夫當廓清宇內不以寸土之
變貽君父憂邑區保境內之塞責是奚足也夫倭有平天下之志
又有平天下之才而傲睨當世忠憤激烈不以一隅之安自多他
日握樞要以殫厥施將口碑天下銘勒旗常而況衛所部內之人

[illegible]共計五百五十八字

親被覆冒之澤有不興起而欲永傳其耶且侯自蒞政以來凡分所當為者皆身任而力為之不以難怯不以費阻如憫敷政之無所則捐已秩以創把總司廩故典之湮淪則延明士以纂臨觀志憤軍士之獷狎則興義學以教弟子員他如號令之嚴明賞罰之信及科斂之不行慈仁之廣被皆我侯餘事而未足多者蓋其所挾持者甚大故其所設施者不凡人知侯之惠政多端為不可幾及而不知侯固有所本也衛人慮侯陞任而遠且湮也欲廟祀侯侯痛抑之不果而以壽諸石吾嘗觀古之頌德者莫善於詩詩曰蔽芾甘棠勿翦勿伐召伯所茇南人思伯於既去而相戒也又曰是以有袞衣兮無以我公歸兮毋使我心悲兮東人慮公之將去而悲歌也夫惟有將去之悲然後有去後之思愛而咨嗟咏嘆夫固固天無人心之所不容已者非人之所能使亦非人之所能止也

令侯有衮之之悲於衛人矣得無甘棠之愛於天下乎甚矣侯之
媲美於二公也衛人之情周人之情也

此頁共計三百の十一字　月　日　抄

欽依臨觀把總周侯善政碑記

昔郤縠佐晉中軍也説詩書敦禮樂而晉霸夫詩書禮樂非佐軍之方也而郤子以之經術所以經軍政也方叔伐蠻荆也蒂斯皇珮葱珩夫蒂皇葱珩非擐甲之畧也而方叔以之文事所以裕武備也秦漢以降此風漸微介冑之士詬誣生爲刀筆縉紳之輩鄙武弁爲噲伍由是文武岐爲一途而儒不復覩矣乃今推林周公則文以緯武之經猶以大勇之壯第進士決策於軍門考最庸總戎於東浙觀其癯然若不勝衣類趙文子狀貌恂恂若婦人女子類張万戶侯身不滿七尺而心雄万夫容貌不逾中人而有胆畧又類魏文貞李供奉丙辰倭奴寇我臨安公率水兵遡錢塘巡哨擊刁斗嚴斥堠當如對陣賊驚見旌旗自相奔潰數歲不敢近我是以有鱉子之烈辛酉又寇我慶元公挺身先登闕如虎然意思

安閑如不欲鬬及酣披摩手斬三十四級我是有烈港之勝而又

言為軍志動為吏師律身堅冰蘖之操任事革因循之弊慮攸芋

無所也而創把總司則万姓不知勞慮文獻莫徵也而成臨觀志

則三軍知所嚮迹其規畫類許鄺卓偉非俗吏所能為者公亦何

修而得此哉蓋公鐘海嶽之英靈稟扶輿之清淑出經入史邃問

學於淵泓周情孔思炳文章於漢表故賦退虜之才而無敵臨齊

之愼譬之玉水璿流方員自瑩春華秋實起結有因公之所以奮

庸底績致有今日者匪徒然矣將不與晉郤縠周方叔異代伯仲

也哉且武臣慮多忽遠文教久矣失宣公戰守暇獨垂情墳典厘

廢署為義學軫心樂育化胄子為儒生道干櫓閑於閫外禮學甲

胄富諸胸中則公不獨儒其身又將儒其後人而文治武功俞久

愈著者端自今始矣公遷遍龍山父老懼無所依相與立石以圖

與頁共計五百八十九字　月　日　抄

不朽而庠士李良民輩猥以幣來徵文於予宜曰公聞於侯者功也所未聞於侯者德也自署事以至

欽授

蒞政六年不科一紙凡遇春汛更番戍守不盡力以妨東作每歲撥差務均勞逸不縱富以困貧軍侯不惟有功於

朝

廷甚大抑有德於吾軍甚厚願有言以志遐思予聞予而嘆曰功在

朝

廷則由令職而忝戎而總師其理然也德在於人則自口碑而心銘而勒石其情然也夫法烏得而拘之侯烏得而禁之哉遂不鄙書其顛末以授李生而以謝於諸父老曰明主帥在上可以文而傳矣

此頁共計一百九十一字　月　日　抄

祝家浦記

孫東仁　衛人學生

大雅公劉之詩曰相其陰陽觀其流泉夫水泉細事也而公劉之遷豳顧以此為首務何哉夫民之命農農之利存乎水或旱而無瀦思而莫洩皆非所以資灌溉而利農人也昔子産為政於鄭凡橋梁道路無不究心以惠人也而利泉之利尤有大焉者乎祝家浦逼近平石外則為海而水鹹内則為河而水淡先是有浦而閘未建或内水外流則乾涸而無養苗或外水内入則斥鹵而足以害苗關係於民誠非細故

聖天子軫念生靈凡幽隱之地無不畢照乃憫然下令遣大臣湯信國巡行南土是度經之營之于河之湄累土甃石大近郊其功程閘夫司其啟閉旱則河水瀦積於内地不得溢潦則海水隔絕於外地而不得入苗足滋生農則有濟為天下萬世計至深遠

水　原誤思

海　疑水字誤

校　原誤郊

矣昔禹平水土
稷教稼穡蓋平水土者教稼穡之基也我
信國公置閘之至不有以仰體
聖命惠民之心而符合於二代之所為乎君子為茲閘之建可以觀仁
矣

此頁核計三百卅乙字　月　日　抄

所

觀海衛附立里甲成規　　　陳鯨　尚寶司卿

衛坐慈谿縣三十都地方舊規軍舍餘丁置買民灶田産就於民灶戶內納粮當差不行過割舍餘雖曰輸官灶戶優免入已非良策也故前届造冊將買之家附籍三十都里長名下充正甲首凡十三戶丁田均徭一體與民科差似亦可矣而軍民不免告爭者民則曰役出田疇富粟米者合應軍輸之苦軍則曰身居行伍執干戈者難兼催辦之司議論紛紛莫知不定嘉靖四十一年本縣知縣　霍侯與瑕大造黃冊務求兩全與觀海衛舍人充府學生員胡鉞商確定議於三十都七啚里甲之中除逃亡外併為六里將舊民田那勾充補而舊届軍甲一十三戶及今届買田舍餘之家自立一里輳成七里之中通自撥甲首每年止令一人自行催辦除丁田均徭與民一體科差之外一應有司力役卯酉差與

催

除免至於徭年止辦銀差不應力役舊有一兩三錢送縣公用之例就與曾年之人作擺辦之費不復送縣議定申請合干上司咸可其說奈事未及行而霍侯被論去任今兩蜀劉侯繼之遇編三十都差役初意亦將輕撥力役優恤貧軍及聞胡鉞等稟明前議慨然嘆曰善哉有利於人何必功自己出即日查照施行改換前役另編銀差而凡立甲擺粮悉如霍侯議軍民痛快彼此息爭君子曰非霍侯議道自己則此法莫立而何以善其始非劉侯公心體國則此法莫行而何以善其終自今觀之可以見仁人君子之用心而胡子贊成德政樂與人為善之功要亦不可誣焉者矣

此頁共計五百十字　明日抄

經歷喻同峯碑記

章時試　青陽人衛經歷

前贊政觀海喻侯諱松字子喬別號同峯古豫州人以
嘉靖辛丑歲奉
命來蒞茲土時衛百務俱廢侯惻不自安銳然以興復故典革弊政
爲己任如議備外患修内治懲刁悪之風革包攬之弊調停出海
官軍凡有裨於時政者悉建白當道釐然一出於正且決獄剖斷
如流輕重出入咸中肯綮雖法老(家)虔吏咸縮頸退步卅讓頭地轉
運有餘羨二百餘金請入内帑鹽稅分毫不取不數年間恵澤浸
軍士名聞當道委署紹之諸嵊定之象山所在有善政人皆攀轅
卧轍有父母孔邇之歌自辛丑冬蒞任至庚戌春落職侯之位不
滿德時勢則固然也侯何尤焉去千(若)年代侯者皆莫之及觀人咸
思慕之父老陳鈺等恐其久而遂淪也屬予爲文以記之或曰侯

職卑實以文父老曰昔周濂溪監稅宣風朱考亭主簿南康政績在人至今思之者未泯侯獨非其儔也耶德在人心均焉而已余曰果若人言侯誠可以文矣遂執筆書之碑勒之石以誌侯德於不朽云

與一頁接計叁百四十七字

桂林賦

覓昵高縣兮森隱隱其桂林僊娥窈窕兮邈乎其不可親迺閬闔之名豪兮修姱以練真結錦繡以為腸兮琢金石以為章裁韜畧以為衣兮弧韣申申其垂裳駕鸞鷖於咸池攬脩草乎扶桑羾天門而探月窟窟兮帝閽尊余以光路析一枝與之贈言兮豈望舒蔽美而疾妬僊娥剡其揚靈兮齊風雪而倩御鼂音朝迴蜺於炅津兮夕弭節於瀛海想桂液之餘馨兮撫金驖山名生桂者而永喟羌襲號以勉旃兮曰及吾年齡之未艾樹之以天常物則兮何值根之固也暢之以六藝七書兮枝扶踈其交橫也慫倚天於招搖兮倉龍白虎為之左右也揮駐日於皐塗兮朱雀龜蛇為之先後也丹心齊丹惢以奮發兮秋愈高而復愈烈也游蜂紛總總其上下兮畏而不敢迫以採也草木之皆兵兮臨山則山龍伏也桂櫂以沂

流兮觀海而海波寧也（公總臨山觀海）嗟蒙恬開跡於桂林兮視此爲徧

也羌姬旦放牛於桃林兮則而訓之楷也（起偃武修文之意）競武烈而懿

文德兮悼載籍之無稽詢黄髮而攷圖書兮聘小子以修詞蘇（取也）

艾搬（二物不香之草）以克佩幃兮恐芳與澤之異齊和百草以衆芳兮幸

昭質其猶未虧枝頭之甘靈兮願乘風以揚萎蕤閶河（地名生桂木）有

賫兮餐而與此終古（祝壽）移五於燕山兮天香播越浦

此頁共計四百三十六字　明　日　抄

瘠　背熟　地　遠　谷

浪港山賦

馮柯　慈人學生

出閶闔以西征涉長溪以歸崇念僕馬之瘠㾼指雲天之縹緲復鞭策而長驅抵桿邉之城堡覩培塿之一山曰浪港兮非小峙坤艮之方隅應斗牛於天表肩雉堞於左環谷瀴溟於北遠訊厥名之奚自雖故老其未曉欲得象而得名遂登岡以熱眺蓋夫鴻濤所鼓巨浸所瀕洄瀠瀁迷東圍西浮垔墜兮若塊分圜天而畔之方潮之作怒也澎湃流澌潡然噴噀於蛟螭逮勢之將極也淩轢薄激呀然露齦齶於熊羆既騰千而壓萬將排崖而倒嵋維此山蹲蹯作波海之樊籬返駭瀾於外擊碎颶浪以旁飛控艤艎於紼綷驚泡沫於隈陂閶夷洒而若涽屹砥柱而不移倚坤輿以立極城海水而為池吾徵此其魚矣意山名之在斯然而非其蘊也爾迺孕精英於平沙興寶藏於空谷草莽尊而不[illegible]舒木飀而若刺

沐

無蒼蔚之朝隮鬲羽毛之暮宿如焚如濯如禿如禿羅也者見之
生嗟近石過而不目豈其文不外襮而精自内足維不襮故足而
愈足維愈足故不襮而襮衹見夫丹砂雜沓以章章破石繽紛而
碌碌祥光刺海兮逞蠍螺於焦沃白虹吒兮伏罔象於裔域昔章
掌火人今亦衞屬森柵戟以時邏禁覬覦於必劉王副於璞珠盈
於穢維彼礦兮埋山之腹守臣瀝肝叩墀

天子

霽威俞曰哂勅貂璫錦衣與俱巡其禁令物其地圖鳩良冶於閩
越取鑞鍛而涉吳虔蟠紫以告昊旻探穴而揮鋤篝火携糈負氈
荷鏟斲之磨之若混沌於不起沙之太乙之後瓦礫而無熾陰陽之
炭紅造物之爐火正吒吒以陳力風師閱怒而長噓爗爗熡熡嫐
嫐曦曦曣㩝日道氣儆天維金畏火以流血波決竇而注霓烟烟
虖鎮鈿表色劃劃虖鋈鑑成絲皮楮爲其徂僕佈泉哂其朋徒象

此頁共計五百七十八字　月　日

中三品歿別六齊夷山炕谷鬼哭神吁切垠生兮實踰拱璧禪國用兮祟比玄珠於是天使觧顔有司歲輸不入外府於儲内帑或酧

宗廟或飾乘輿或文瑚簋或間珠璣或禄百官或犒九夷或養永册或賜畝租或判蠱毒或刻印符司會不得計其出入太宰無由察其錙銖蓋天不得愛地不得閟人不得攫鬼不得私而我

皇取之如攜推之如秖無偏無黨用之咸宜此實至秉時而出今日適逢其期是故語山之崔巍於嵂虖以家大方也則不若泰華嵩霍崑崙於岷之爲喬語山之秀媚迤邐虖以資賞翫也則不若三山五峰四明九華之爲幽語山之隘險然嶫虖以固疆圉也則不若巫峽羊腸劔閣霞門之爲阻語山之僊風道氣虖以通神明也則不若天台鴈蕩齊雲蓬島之爲奇而拳然海聲潄帝都豈非以其所

存也神所積者腴耶既而
天子凝道心於沖虛友恬澹於齒鈌感蒙叟之遺意動宸衷之喜悅維
昔之寶藏於山國不匱兮財不竭維令之寶在於官風不清兮弊
不絕固自管山海以自殖兮始覇理之偏專坑治以是奪兮非王
猷之高潔於是渙德音於楓陛兮詔於江浙完元符於既剖封混
沌而不洩不言有不言無鍾投璧珠之芳轍申其厲申其禁竄發宣
饒之遺孽工則無玉為寶兮等黃金於土芳下亦不貪為富兮擲
華金於由暇維草維風賞不竊禮云樂云刑斯撤至穌薰蒸大朴
屑越山不產難得之珍以作僨起爭維葱蘢虖茵孽海不出無益之
物以害益儆尤第輻輳虖魚鱉萬彙同春九圍有截人不浪驚恩
從港泄睪
皇國於此山富黎元於金穴俾宏辭慱物之臣頌耿光敭大烈吐契

此頁共計五百の十九字　羽　抄

掾之舌

壽寧縣志　卷一

此頁共計　百　廿三字　月　日　抄

指揮僉事張公墓誌銘

鄭曉 海盐人刑部尚書

公姓張諱氏諱思字克成別號伏山先世合肥人也始祖永富生二子長羽仲銘德元末羽為長鎗百戶

高皇起和陽渡江從太平羽率衆歸附從征累授淮安衛指揮僉事洪武末川藏功授陝西臨洮衛世指揮僉事羽子濤雄勇善馳射早沒著神異

勑建廟祀之生時常乘白馬因號白馬先鋒羽之子有女

仁廟貞靜順妃其季女也生

荊憲王於是銘德之子翔嗣職公高祖也沉勇善謀從羽戰身先士卒永樂七年

仁廟監國驛召赴京改府軍後衛尋陞前軍都督乞免族隸尺籍三戶曾

祖璥宣德四年護衛

之圖建昌正統四年從王徙國于蘄祖遵道嗣父之父輔嗣弘治

五年坐累調浙江觀海衛母王恭人在蘄時年四十生六女未有子

忽有異人着僧迦黎進揖而言曰夫人好善樂施來歲月在畢當

生貴子頭長身頎左肩有黑痣可名長兒必昌厥後言已而出

憲王

恭人異之令人踵其後忽不見遂有娠明年壬寅八月十五日果誕

公狀貌悉如異人言即以長兒名之甫如童俊偉如老成人

荊王

見而奇之欲處公甥館父母以一子且應嗣職辭比至觀海人公

若明珠出海咸異之曰此將種也衛帥

梁紀妻之以女弱冠讀書力行每以古人自期而庭訓又嚴事益

明習比授官王恭人以六女處戰深念之欲至蘄公奉以廟之時

王恭人橐裝萬金公悉分六娣其舊田庫產推與諸從父及旋觀

與貢採許　四百八十一字　月　日

海而父先以病沒公痛之感毁幾滅末幾又遭母喪葬祭一依於禮公有膂力又善射每都試輒冠諸僚從征湖賊湯毛九所將兵士盡識其才鄙勇怯軍令分明進止如一故公獨有功其巡哨海上斥堠嚴明在濤瀧中雖風雨晦暝不怠故寇盜遠迸方隅宴然每守衛章軍政修舉無逋事上官知之雖年至猶令領職踰六望七始得遂間日與舊故遊徒宴飲角巾芒屩彷徉𡡉猶人莫知其爲故將軍也及伯子叅戎著功名益勵以忠義十年于外不敢其歸子始呱呱至齊戶而後見之逮公病革叅戎時在昌國公念不得與訣叅戎忍心動即馳騎歸省將及門公謂滁應選曰汝父來矣家人以爲寐語應選亟出候之而叅戎果至公見之喜忘其爲病曰死真可忍吾忍死以待汝汝能效官吾長笑入地矣時諸子女孫曾及諸族戚咸見而於子孫之孝友尤諄諄焉語至夜分執

三子手而瞑時嘉靖辛亥月日也恭戎謀勇兼濟水陸之戰皆提
吳越倚之崇於三遷遂建節開府分守浙西皆公義方之澤以日
月有時尚免奚恭戎又以嶺東之寇奉
命徂征奏凱歸來始卜嘉靖癸亥十二月十七日辛酉塟於浪港山
惟公內行修整自少撿繩老而愈謹疾病彌留欲攄虎子猶逆內
人嚴蹌次而後起殆篤行君子也仁厚簡默未嘗有遽色疾言鄉
曲部伍咸安懷之傳稱李將軍恂恂口不能言至其沒也人無不
悲諺曰桃李無言下自成蹊信哉公享年七十配即
梁氏封恭人生子伯曰四維即恭戎文武忠孝為國干城娶梁氏
封恭人次曰四端學行有名閥閱子弟多師之歷從凡征討擒逆
賊璉授把總指揮娶姜氏次曰四德孝友尤篤業儒而善騎射屢
立奇功為全浙攸賴部院強以官力辭之乃勤名報功而將來之

與前頁共計五百九十一字　月　日

殊勳大拜尚未可量也孫男七女七銘曰蟜蟜臨洮才且武仗劍江干識

真主篤生賢淑佐坤維有子分茅大啟宇人忝督府出護藩奕世忠貞荅天祐將軍神降豈偶然

丰儀高朗人爭覩吏事修明戎事閑孝友因心畧求賢水涯雲岫混漁樵不復田頭顧纓組徜子承心仁勇嚴海寇山夷魚在釜爾公爾侯酬爾庸山峩峩兮原膴膴

此頁共計壹百二十九字　月　日　抄

本衛節婦

孫氏千戶李會龍妻美姿色歸會龍相敬如賓有古柏鸞之風

舅姑甚謹內外無間言平居每戒其夫曰將官無他能惟竭

王事而已三十六年會龍卒兵勦賊鏖戰樟村七里店力屈而

死報知氏號泣籲天哀毁骨立不出閨閫二年亦死視篆者扁

以旌之曰忠節

儒行

子夏曰汝為君子儒無為小人儒無儒一也而有君子小人之

異者為己為人之分焉耳是故韓昌黎有墨名儒行儒名墨行

之說蓋儒不在名而行儒其行而不儒其名謂之儒可也儒其

名而其行謂之曰儒則吾不能知之矣志儒行見名之必有其

實而士君子之自處與天下後世之觀人不容以為在下位者

而遂忍之也

陳錦字日章號素齋義士明之孫性聰警年五歲能熟誦神童詩師大奇之十七補邑庠生弟子員每嘆曰文事武備一而已矣吾儕專事干櫓獨無胄中甲兵乎遂專志問學期於大就與指揮梁山遠就外傅雖寒暑不辭屢舉不售於有司復嘆曰吾已矣後來繼今者豈終無陳設俎豆增輝軍旅者乎因嚴立教條啟迪後進如參將梁鳳張四維俱為時名將公之功居多也又請名師訓誨子弟衛之後進由是彬彬多文學之士矣天性至孝祭祀一本於家禮父早喪事其繼母高氏色養備至高每焚香祝曰氏於錦無養育之恩而享其養願天生孝子順孫以報之其感動人心一至於此

龍山所

順孫

蓼莪之詩曰父兮生我母兮鞠我爲子於父母親承恩極之恩尚不能報況孫之於祖視父母猶有間焉求其能順承之者不又難哉志順孫教天下之爲孝子也

張莊字時芳府庠生父早喪育有祖父母自幼篤學居常出入雖跬步必以告祖父母鄉人有延飲者命之往則往然整飭衣冠肅揖而去歸亦如之凡座中與燕賓客及陳設餚饌悉以告其祖父母所設菓品遇有佳者必懷袖數枚餘方自食蓋將歸以獻亦不敢先嘗也其能養其能敬類如此

慈谿縣志　[illegible]

此頁共計壹百七十四字　月　日　抄

乍浦志六卷首一卷末一卷

〔清〕宋景關纂

《乍浦志》六卷首一卷末一卷，清宋景關纂。景關字今鄘，號話桑，浙江平湖人。貢生。乍浦地處今浙江平湖東南，瀕臨杭州灣。元置市舶司，明置千户所，清爲浙江海關分口，海外貿易頻繁。卷首列圖譜，分城市、山川、武備、職官、人物、外紀、題詠七門，尤詳於建制沿革。其外紀則專記明嘉靖間倭寇襲擾之情形，末附《乍川題詠》。據中國國家圖書館藏清乾隆五十七年（一七九二）刻本影印。

乍浦志

昔里中高士李潛夫先生作九山志山以外盡闕如葢志山非志乍浦也既歿及門王君寅旭輩爲釀金鏤版更稱乍浦九山補志雕本今不得見未識所補何事補之者何人顧浙江通志列有補志之目則知補信不虛爾余所見鈔本仍祗題九山志而先生猶子蕪邨復作九山續志未成余兄雙頫踵成乍浦九山續補志既曰山而及城市矣第考据多踈至武備職官縣未遑及也余本通志府縣志參以海鹽圖經并博攷諸家雜説元明事蹟稍稍獲詳仍引錄原文

示立言有本我　朝設官遣戍規模尤遠今具纂入
疆域則南竟海東西俱山爲限北通邑城北僅志附
郭不敢逾咫尺侵邑掌故體例視舊少變凡古蹟宦
績公署寺觀祠墓土產各以類附見職官由建設之
先後爲次序不區文武人物則重加核定與余曩附
刋龍湫集内諸小傳間有異同其千百户殉倭難者
緣係守土之臣已詳著職官不更列人物藝文則擇
其資叅攷者分載各門下而一切題詠之辭別爲編
輯備志林之外篇焉溯乍浦自東漢稱故邑見於史

書歷今幾二千年其中文獻豈無可更僕數者而乃世逺言湮荒残實甚有志之士即欲網羅放失舊聞通古今之變成一家之言将孰從求之而孰從信之聞潛夫先生向有山房日錄一編紀我里軼事頗具惜其稿為人藏弆屢索不獲余懼自今而後更閱數十寒暑所見所聞愈就湮沒爰不揣固陋竭數年心力草創是編稿經六易寧詳毋略以昭示来玆舊志偶有舛譌亦多所刊正雖未足與扵著作之林然藉以留維桑故實或亦稽古者所樂取云爾乾隆二十

有二年歲在彊圉赤奮若孟夏上澣醒軒宋景關今

鄙甫自題於洗心堂

乍浦志總目

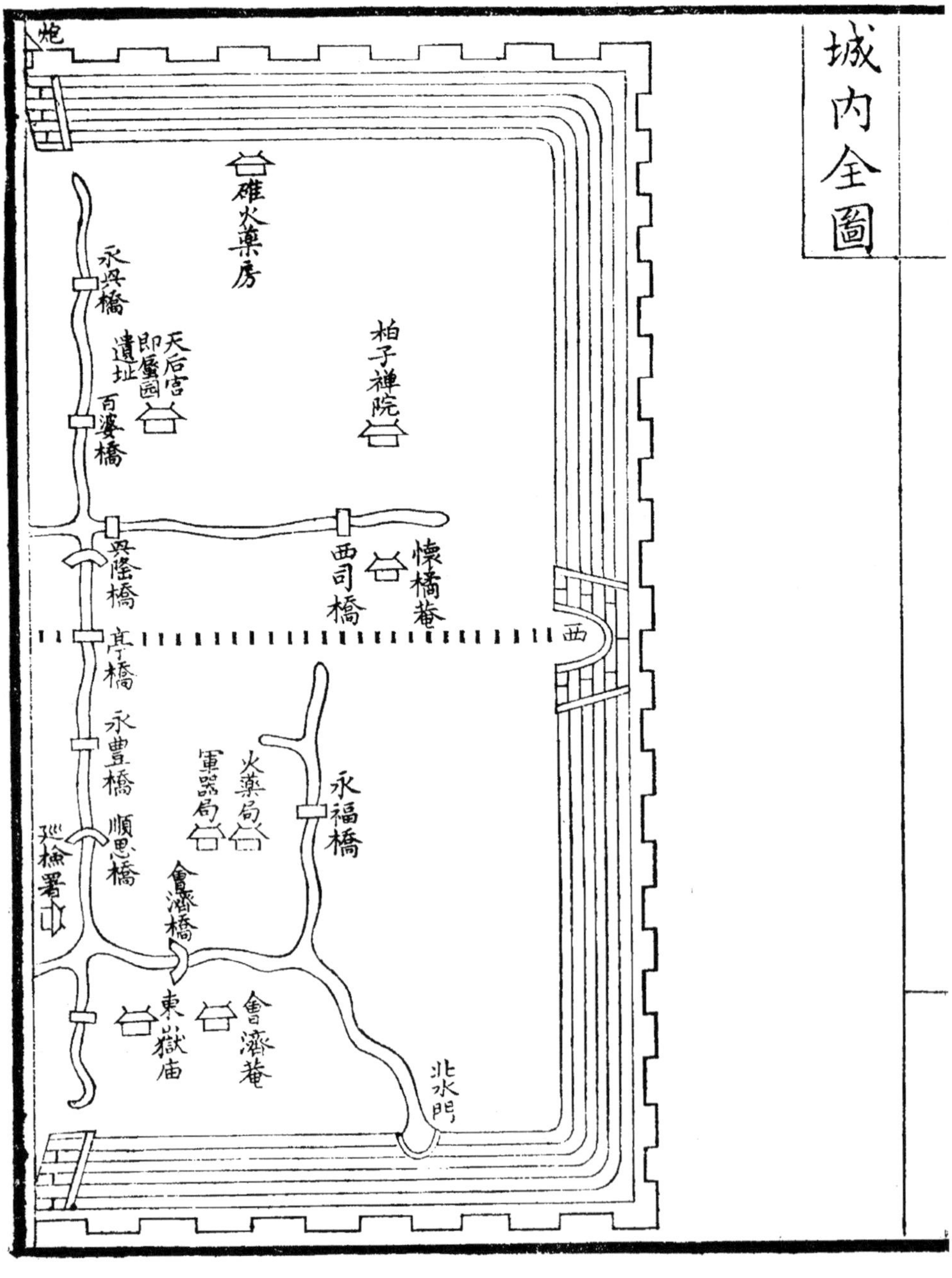
炮
碓火藥房
永興橋
天后宮
遺址
百婆橋
柏子禪院
興隆橋
西司橋
懷橋菴
西
亭橋
永豊橋
順思橋
巡檢署
軍器局
火藥局
永福橋
會濟橋
東嶽庙
會濟菴
北水門
城内全圖

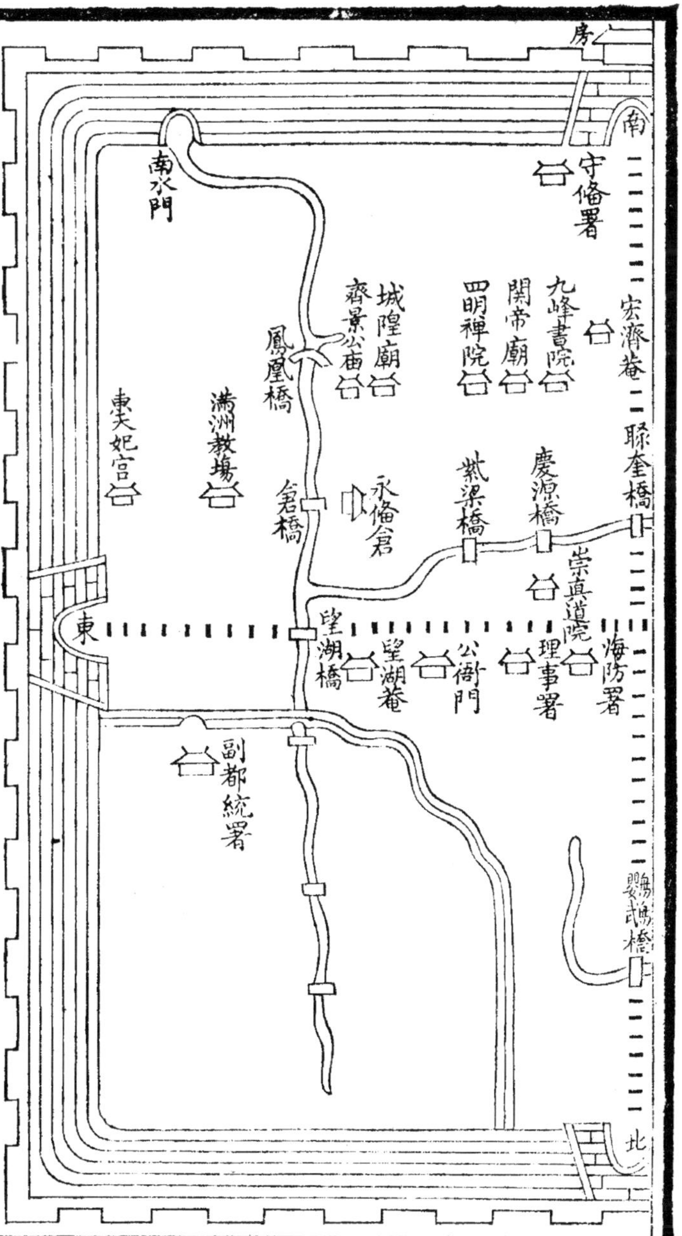

房
南
南水門
守備署
宏濟菴
九峰書院
關帝廟
四明禪院
城隍廟
齊景公廟
鳳凰橋
滿洲教場
東天妃宮
聚奎橋
慶源橋
紫渠橋
永備倉
倉橋
崇真道院
東
望湖橋
望湖菴
公衙門
理事署
海防署
副都統署
鸚鵡橋
北

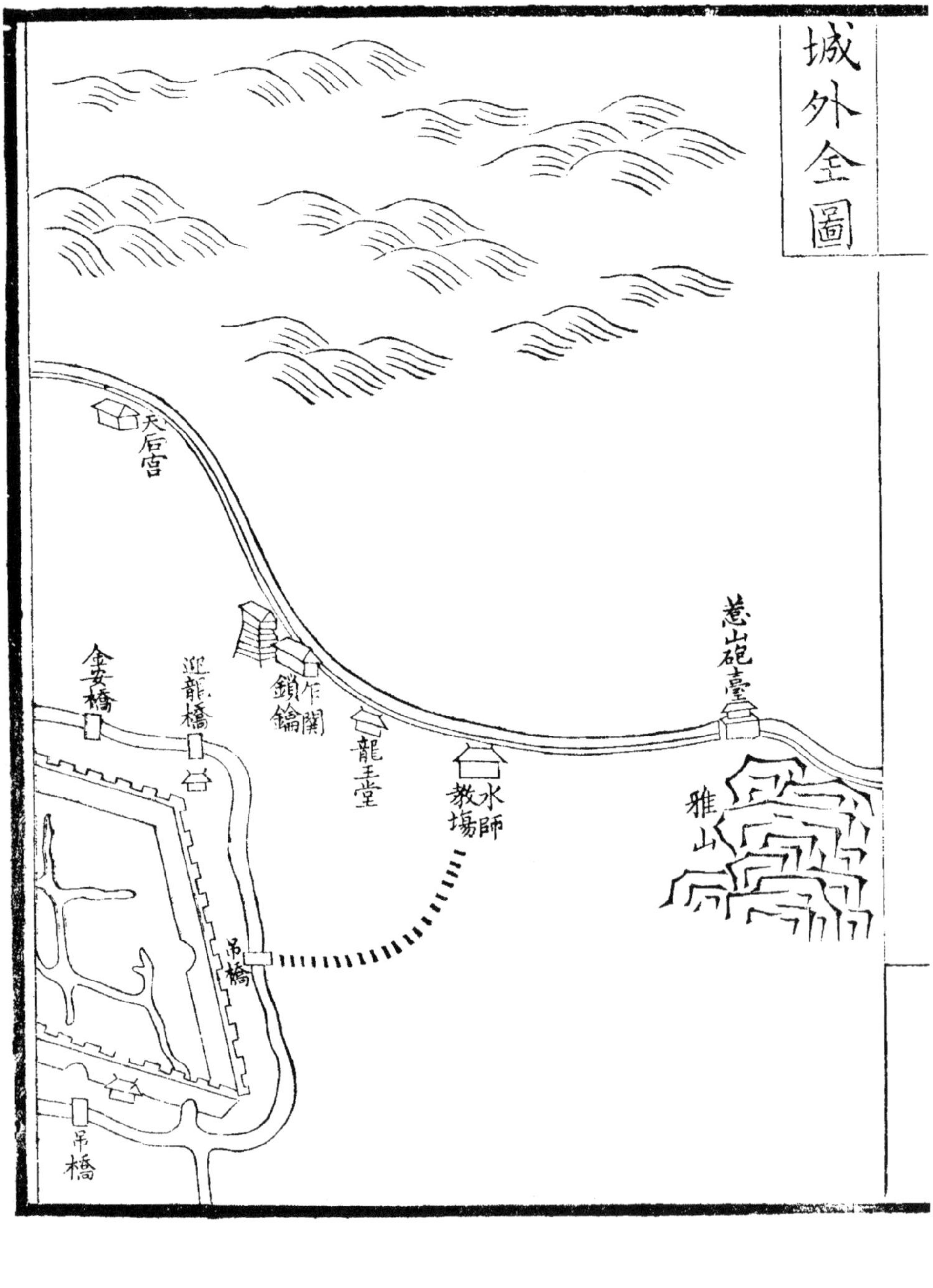
城外全圖
天后宫
金安橋
迎龍橋
鎖鑰
作關
龍王堂
水師教場
惹山砲臺
雅山
吊橋
吊橋

乍浦志圖譜

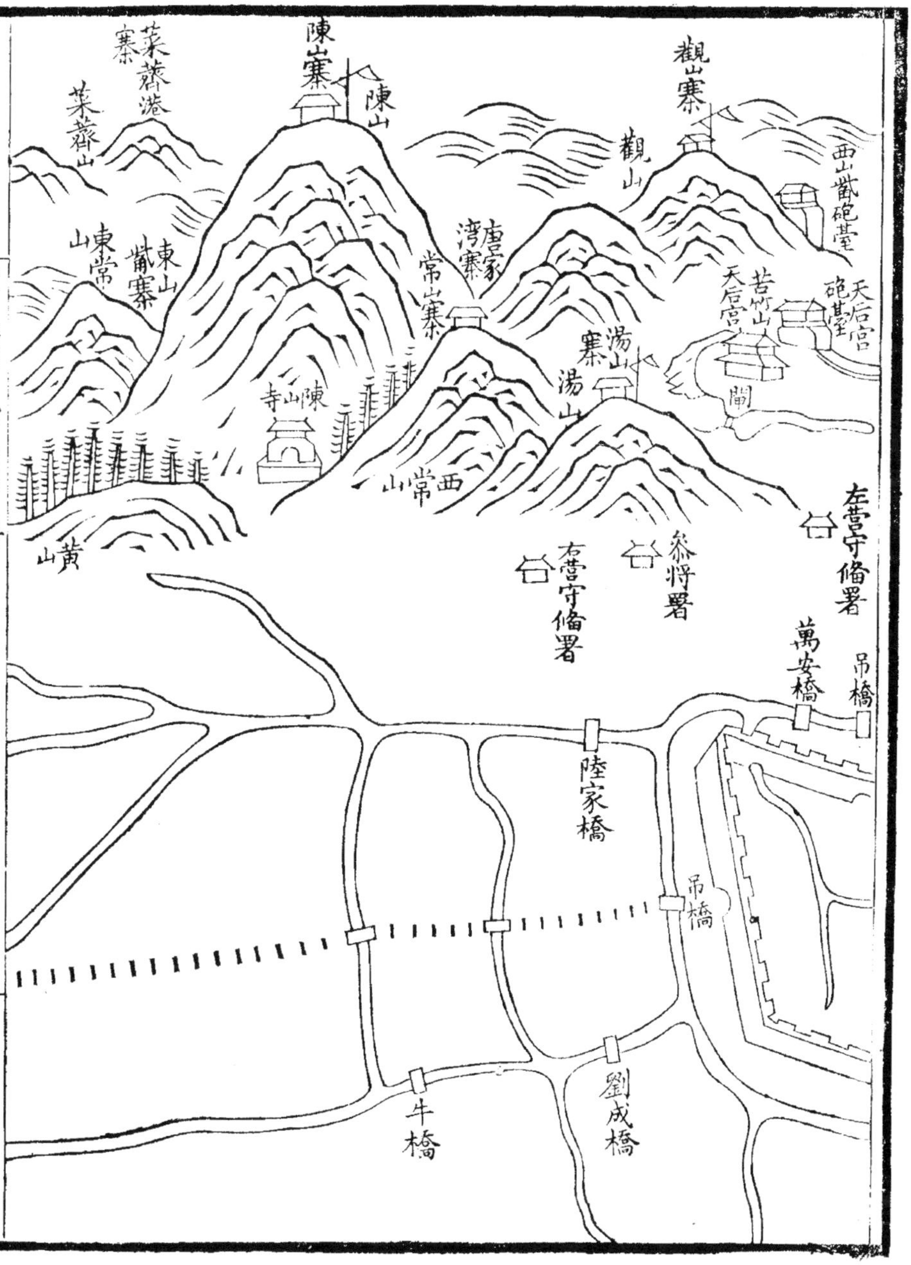
菜蓀港寨
菜蓀山
陳山寨
陳山
觀山寨
觀山
西山嘴砲臺
東山嘴寨
東常山
唐家灣寨
常山寨
天后宮砲臺
苦竹山天后宮
湯山寨
湯山
閘
陳山寺
西常山
黃山
左營守備署
參將署
右營守備署
萬安橋
吊橋
陸家橋
吊橋
劉成橋
牛橋

二

外蒲山
蒲山寨
蒲山
高公寨
高公山
暈頂寨
暈頂山
金家湾寨
澉浦寨

鬪牛山
黃盤山
宋景康尭夫氏寫
馬鞍山俗呼馬腰山或云即大山
益山寨
珠冠寨
益山
尖山
龍尾山
梁庄寨
獨山寨
砲臺
獨山
茅竹寨
梁庄
司城

乍浦志圖譜

三

乍浦志卷一

里人宋景關纂修

城市

乍浦故海鹽東偏自錢氏王吴越置鎮遏使宋季設水軍統制名稍稍著然考諸紀載未得其詳也元通海道番舶駢集明興湯信國經略防倭築城遣戍宣德間析邑遂屬平湖我　朝受命海氛歛息康熙甲子臺灣既入版圖大弛洋禁嗣是五方輻輳千騎雲屯積今七十餘年極

熾而豐儼然東南一雄鎮焉昔人謂齊景遵海爰屆斯土故鄉曰齊景鄉逮秦皇帝遊會稽渡淛江復留試劍暈頂之蹟在漢晉之間厥維鹽故邑治噫荒遠之談存而弗論闕疑訂信載筆者之職也今譜其實跡用著一時風景之勝云

志城市

舊平湖縣志 明洪武十九年信國公湯和居守累土列亭障 海鹽縣圖經 初張氏據江淛築城崇德甚雄壯信國議欲墮之移築乍浦城城垛一千七百有一窩鋪二十七 永樂十二年都指揮

使谷祥始用石甃正統八年久雨頹塌杭嘉湖三府葺治海鹽縣圖經僉士悅長洲人浙江左叅政正統七年倭寇乍浦城圯不可守奏令兵民合作百日而成景泰二年都指揮使王謙設城樓四欄楯杆櫓俱備嘉靖三十三年知縣劉存義增築併建敵樓十以眺海帆謹烽火市舶出沒皆得指數東夷事略敵樓凸出城外三面可施砲箭最為守城之利愚按城樓敵樓久廢海鹽縣圖經張鉄台州衛指揮嘉靖丙辰攝叅将事築澉乍海寧三所外墉防禦有賴城寬九里十有三步嘉興府志八里三百三十二步高二丈廣一丈五尺陸門四東曰迎暉西曰惹秀南曰朝宗北曰拱極北水門

一濠周一千六百三十丈深八尺濶十丈平湖縣志乾隆十年濬濠費二千餘金弔橋四愚按北吊橋乾隆十一年重修東弔橋十四年重修西弔橋二十一年重修崇禎十一年署縣事李懷玉開設南水門一新開水門記乍懸海上為浙西形勝大海以南則島衣披髮不毛之地也宋元時並邮落通互市以是召隙高皇帝十九年命信國公湯和練兵海上築七十餘城乍其一然猶擁土為墻埠而望之郭外人見城中人面麋鹿可越不顛至文皇帝時始甃外石視昔有加正統間建言有稱崇德城孔固為偽吴士誠所築從築於乍而縈杭嘉湖三府之廩以餼之凡數仞環以流水虓俿之士戍其中遂成天塹而猶恨昔人經畫之踈也為門五水僅北關居一城中人如在甕中一遇稱警出者不入入者不出決而灌之則沉竈火即魚鼈死壅而塞之則又竭城中人不舉火又其甚者乍之

城凡四面南郭而外即古戰場稍出又大海蛟龍鱗介之所居不火食其西則民以鹽生牢盆赦達数十里稍有餘土一望葦茅不耕北雖原田通湖邑民有米咸走湖射奇利間来乍亦罕惟東南数十百頃獨近乍田腴歳獲畝一鍾貿易相通乍命咸係而其坎不鑿太平猶可一旦有警米在山中門懸天北至則盜糧不至則民且枵腹是莫大之憂也是以世廟時倭夷偵知内寇擁據上流城中之水東南之粒又遭堵截城中兵軍掘塵而食溲溺而飲不戰自潰誅夷係虜引頸貫索士女縣麀腥聞於天長老言之猶為流涕至於軍丁凋瘵火變時胡與夫地脉底滯雖有淵雲之才莫不抱瑟王門奏輪主第猶其害之小者神廟時豫章太室趙公備兵延海指示方畧欲東建水門以裨守禦而於觀山之頂建浮屠七級其留意於地方甚厚後因必需公帑邑侯杲庵陳公無筞事遂寢今皇帝十有一年二月里中孝廉衿耆世胄之官千夫長百夫長凡数十百人合辭上請並得俞其説而

署縣宰吉陽謙菴李公適至郡侯鴻逵鄭公業首屬之兵憲香城葉公又視師臨鎮登城而觀喜動顏色遂以建築之事一委李公李公仁心爲質兼精形家親臨卜視酌定方隅於巽巳之方建水門一座爾時操築未幾入地丈許於坎處得椿木一不朽腐小方石一上著卜吉二字深入石膚拭之不去二物並當卜向處不失豪黍同嘆公目過於曾廖即昔人籌畫若信國公厥有深意未可思議李公復首助贖鍰四十金爲地方捐助之倡撰文鼓舞繼以良諭開愚懲阻雖厥祖考之衛孫子無以過者事方半新任元萼吳公至一如李公不有李公孰創厥始不有吳公孰終厥事而因歎二公之志則何其似我趙公也客從豫章來聞趙公物故十九年而二公克成其事神而有知當爲加額惟浮屠未舉始於崇禎十一年之四月成於明年之十月凡爲水關一平地鑿開新河七十餘丈舊河狹者如溝淺者如盎增鑿三百餘丈時董其事者則有地方耆賢八人除戴萬鍾以事去外餘耆

日則視工夜則策畫勸輸之苦尤難為狀望菜傭而霽顏接素封而折節止祈集事何論卑躬又若嚴炎夏月大火流鑠揮汗如雨周行不絕悶頓迷卧遇地欲倒不顧溲惡當是之時妻孥指之曰愚庸夫笑之曰拙斯亦憊已而猶幸厥功告成戩戩湯湯重門鐵固飛鳶不渡民之生斯土者將富貴壽考子孫千億百年而後荒碑苔沒亦念有昔年二公之德與諸執事之勤勞哉謹按耆賢七人英敏真摯以其身殉則陳堯中張文燁劉士鼇稱最邈焉寡儔坐策末路則丁文鶮劉應朝次之時建奇畫則吳彭次之王建章又次之將與此門並不朽因思客冬讀書一葦禪舍周子斌起過而訪之相與抵掌論文已而擊案談[illegible]事歎時無人相視而笑恨二人賤不足論事即論亦不信近語吾里則無如東南水門一事者因慷慨稱天下事在吾輩豈復得效圖豕所為徒飲餡遂附里人李孝廉壓圍之末合地方而請之然書生年少且懦五步內暗牛馬復請王君景儀同白君啓元而圖之王

君方嚴德既可欽白君勇邁才亦不讓監策諸者細大畢舉指畫經營形同鳩鵲功成咸二君力若丕祚與周子幸免罪戾何功之有馬浦上許丕祚芝裘記愚按本朝乾隆十三年二水門内並築石牐舊縣志均平項下作浦修城銀歲二十八兩城形正方中建鎮邊樓登高一望諸島在目今惟石址存焉鎮邊樓俗呼四牌樓燬於火興廢年月無考通衢四達市廛櫛比自南門直抵海口為尤盛未開海以前則荒涼殊甚街各有巷由巷庋小街又有子巷巷無主名隨俗所呼名之城中大街舊用碎石填甃乾隆五年澂浦僧大磯募白金數千兩自四牌樓南抵海口諸街俱改甃巨石石之下濬暗溝以洩水雨止地乾行者稱便旋因工費不繼東西北三門未獲一例

改甃十八年署同知李星曜以贖鍰補甃東門至都統署止

津梁之在城者東則望湖橋大街俗名東菴橋舊又有路家橋今廢倉橋淌洲永倫倉前鳳凰橋齊景公廟東俗名長生橋又廟西有鷺鷥橋今廢太平橋望湖庵後紫梁橋城隍廟後俗名王褚郎橋慶源橋崇真道院前俗名道觀橋西則亭橋大街俗名平橋興隆橋西司衙口俗名竹行橋其旁又有小石橋自亭橋至此數丈淤淺特甚居民後爭架版閣以侵佔之河面愈窄舟楫不通雍正三年里中衿士王之澄陸之椿等倡議開濬潘正宏力肩遂獲利濟并疏通各河道知縣楊克慧為勒碑申禁焉碑在城隍廟西司橋懷橋菴前南則縣奎橋大街俗名湯朱橋百漊橋南河下俗名楊衙橋永興橋南河下俗名攤石橋北則方家橋大街今河已淤鸚鵡橋大街俗名童家橋

順思橋北河下俗名韋馱橋永豐橋北河下今為木橋永福橋西門倉街
內俗名倉橋會濟橋會濟菴前在城外者東則麗家橋陸家
橋徐家橋王千戶橋楊家橋周家橋洗馬堰橋衆
安橋莊家涇橋烏程橋义路橋長安橋俱沿山南馬路
則萬安橋乾隆八年建金安橋舊為長木橋乾隆二十年改石甃迎龍
橋乾隆二十二年建俱跨濠北則三里橋毛家滙橋自此以北通平湖又
北水門外舊有長豐橋今廢其講舍則有九峰書院在東門內乾隆四年
海防同知林緒光建計八間（劉錫勇作浦九峰書院記）浙江沿海諸堡至乍浦而盡比年增修邊防
設文武官吏以鎮壓之山川清淑之氣蜿蜒盤礴欝之久而必彰將於是乎蔚人傑以顯地靈也而

我林使君乃於是時建九峰書院以教子弟焉原夫書院之設在宋為白鹿洞彝倫示訓不啻日月經天矣元代亦設山長以誨諸生而前明顧端文公東林講學宸善誘人我　朝重道崇儒人才輩出鄉賢陸清獻公應昌期而挺生其松陽講義一書深切著明足為後學規則令當世師以是傳弟以是習行見理學昌明治道日古茲使君之設書院也其非徒肄舉業之謂其謂修己治人明體達用之道胥在乎是而望此土之化行而俗美也抑昔之善造士者莫若胡安定公經義治事兩齋倫內聖外王之學頗是時公本教授蘇湖職有攸司使君乃以憲邦重望防邊治海之殷繁勤勤於此舉職思其外洵非尋常俗吏之所能及矣使君名緒光字鳳溪號餘齋福建閩縣人初以舉人宰平湖改任海寧遷乍浦海防同知今攝兵備道篆書院落成於乾隆四年夏四月是役也里人宋炳率諸同志協力贊襄厥功甚偉例得附書

其公廨則東為水師副都統

署頭門三間印房五間大堂三間耳房四間後堂三間花廳三間內室五間廂房六間小屋六間馬房四間左右兩營協領署五署各頭門三間正廳三間內室三間小屋六間佐領署十有一同協領署惟小屋少三間防禦署八署各頭門三間堂屋五間驍騎校署十有六署各頭門三間堂屋三間左司署一三間右司署一前三間後三間筆帖式署二各三間胥附列焉俱雍正七年建稍西為公衙門頭門三間儀門三間大堂三間廊房六間馬房四間亦雍正七年建凡萬壽冬至元旦節五更初各官齊赴公衙門拜賀謂之坐朝拜賀訖副都統以下分兩行席地坐不交語移時散每月朔望黎明時各官咸集謂之上衙門筆帖式宣講聖諭畢副都統狀坐協領同知以下各分位坐講論公事然後散其他進五進十惟滿洲營官弁及理事同知赴公

衙門海防同知叅将守備不與焉

再西為理事同知署舊為海防同知署康熙六十一年同知曹秉仁建雍正七年設滿洲營改為理事同知署頭門三間儀門三間大堂三間花廳三間書吏房一間班房二間内室六間書房六間小屋十二間又獄十間在署後之西偏

海防同知署明兵巡道行署基即所謂大司也雍正二年設乍浦水師營遊擊黃天寅建為署七年移駐南門外改為海防同知署八年同知張若震更新之頭門三間儀門三間大堂三間廊房八間班房十間後堂三間花廳三間書房六間内室六間小屋十五間〔九山續志〕舊有乍浦所千百户署在大司東後所千百户署在大司西遺愛亭為明兵巡道張子仁立在大司前今俱廢〔舊平湖縣志〕萬曆辛丑乍浦城中啓土有鐵甲數萬天啟乙丑啟土復見鐵盔數萬叅将疑而揜之〔乍浦九山續補志〕雍正庚戌海防同知張若震改建公署掘得鐵砲二十四具今貯庫

北為巡

檢署宋制沿海濶遠處置廵檢一人掌廵邏譏察事元制州縣設廵檢司廵檢一人乍浦鎮廵檢司宋元俱名故邑廵檢司明洪武十四年改今名十九年廵檢張觀音奴築屯堡於獨山南居焉嘉靖四十年移駐梁莊城今在北門内應是國初移入初假寓僧寮康熙五十三年里人宋炳等捐資買民房十二間改為署廵檢胡文博始居之〈析酲湯録〉東坡志林云貞元五年李白子伯禽為嘉興作浦下塲鹽官侮慢廟神以死及考曾子固序太白於寶應元年卒去貞元五年幾三十載伯禽年甚高矣李華撰太白墓誌云有子伯禽天然長能持幼能辨数梯公之德范傳正太白墓碑云訪公女孫二人云父伯禽以貞元八年不祿俱無服官之説然則慢神之伯禽非太白子甚明瀫水胡元瑞讀書呫畢有兩李伯禽一太白子一嘉興監與神婚者此確証也

南為嘉協右營守備署即明倫倭把總署嘉靖九年把總杭州右衛指揮楊和建四十四年欽依把總

章延廨重修頭門三間儀門三間大堂三間廊房六間班房二間穿堂三間花廳三間箭廳三間書房三間內室五間小屋五間馬房二間乍浦新建欽總司記武原三闕乍浦衝要故有帥司臨且檄癸亥北川章公奉命以都指揮視師四衛所欲新之謀於憲副肖溪王公遂白少司馬劍門趙公報可乃檄平湖尹直齋頤侯主之庀工須材卜基於南門之內為廳事五楹穿堂三楹後堂五室十有六門二前左有祠以奉土神前右有庫以貯旗幟東北隙地别為書舍者三以便休憩馬廄庖湢井溷各得其所雖其費出有司而經營量度綜理周密則皆公心思之所在也公為會稽簪纓望族海上自夷變以來挺身赴難水陸鏖戰如柯橋馬嶼龕山龍山南田南灣石塘烏牛等處所向克捷於是劍門趙公疏聞乃授今職蒞任選驍騎葺城堡修戰艦簡士卒飭烽堠凡旗幟戈矛劍戟弦弩煥然一新精銳堅緻興義學使人知方以故東南賴有重鎮焉而公頃以餘力營作官廨為悠久之計

如家事者可多得哉予述其事而系之詩以紀不朽之績詩曰武原之北當湖東中有千堞蟠如龍山環水遶巨海衝是為乍水屯兵戍島夷窺伺来艨艟鎮以大将摧厥鋒偉哉元戎武且忠謀新幕府當元冬落成於春規制雄将非人力其神功君子居之安以榮一洗簡陋加尊崇蛟鱷遠避朝貢通永奠溟渤銷邊烽我作歌詩貽無窮嘉靖甲子夏孟澉水董穀撰　南門外為水師叅将署　在湯山麓雍正七年建頭門三間儀門三間大堂三間耳房二間廊房十間賓館三間箭廳三間後堂三間書房三間內室五間小屋二十間馬房三間　左右兩營守備署　左營守備署在南門外教場雍正二年建頭門三間儀門三間大堂三間廊房六間後堂三間內室六間小屋四間馬房三間千總署在東門內綠旗水兵營雍正八年建左司把總署在北門內右司把總署在守備署西並雍正二年建右營守備署在南門外陸家橋乾隆二十年建頭門三間

儀門三間大堂三間後堂三間書房三間內室五間小屋五間千總署一把總署二附列左右又有亭三間在北門外為官吏送迎處俗名接官廳及海關稅口在吊橋南賃民房為之順治十二年奉

旨禁海十六年海寇馬龍來降乍浦登岸督撫令本身及兵丁器械俱送至省候

旨定奪十八年差兵部尚書蘇某會同督提親臨遷界以乍浦非衝要只立界海塘外禁民捕魚康熙八年奉

旨撤去前立邊界許民照舊居住十一年少弛海禁准令沿海漁民乘筏採捕十三年閩省變亂禁海二十二年復禁乘筏捕扦二十三年臺灣既入版圖海氛盡殄乃遣巡海大人弛各處海禁通市貿易二十四年部議覆准浙江照福建廣東例許用五百石以下船隻出海貿易地方官登記人数船頭烙號給發印票令防守海口官員驗票放行建海關於寧波府鎮海縣之南薰門外凡為口址十五乍浦其一也離關署七百二十里海關監督不分滿漢自二十五年後俱差部員

六十一年始　命巡撫兼理雍正元年以後題委道府監收乍浦舊係海關遥領近以本處海防同知兼攝海關初設稅無定額嗣因洋船日增樑頭貨稅歲額定三萬二千餘兩觧貯藩庫每年贏餘無多内乍浦口歲額定一萬三千餘兩康熙六十年尚書孫渣齊等議定浙海關除正額外歲增銀一萬兩雍正二年户部議裁歲增銀兩所有額外贏餘另據實奏報六年護理關務台州府知府江承玠於額徵外報收贏餘銀五萬四千餘兩七年至八年寧紹台道孫詔監收實徵贏餘銀五萬七千六百餘兩自此乍浦稅額亦遞增現在每年額徵三萬九千兩有奇凡商船進口牙行具報單將縣照赴海防同知署呈驗照上開明船户舵工水手各姓名年貌籍貫次日領出赴嘉協右營守備署登簿註續報明水陸二口址然後運貨過塘將部牌并紅單赴海關稅口報驗紅單載明某商某貨在某關某口報稅若干有各關口鈐記自閩廣来者隔省道遠雖已向各關口納稅到乍仍遵則

例額徵其自浙東来者止驗票不更徵稅及内地
貨出口於稅口納稅領部牌紅單訖牙行仍具報
單先赴守備署次赴同知署將縣照各呈驗用印
領出又赴水陸二口址掛號放行貨自日本琉球
安南暹羅爪哇吕宋文郎馬神等處来者則有金
銀銅錫鉛珠珊瑚瑪瑙琥珀水晶玻璃龍涎伽㑲
沉檀速降安息黃熟丁香紫檀花梨鐵力烏木蘇
木黃白藤象牙犀角虎骨羚羊角牛黃熊膽玳瑁
螺殼孔雀翡翠倒掛鳥紅白鸚鵡哆囉呢羽毛紗
猩猩氈嗶嘰緞嘉文席燕窩海參鯊魚翅黃蠟胡
椒荳蔻檳榔自閩廣来者則有松杉楠靛青蘭茉
莉橘柚佛手柑龍眼荔支橄欖糖自浙東来者則
有竹木炭鐵魚鹽又舊時閩省歲飢率運漕米自
乍浦出口賑濟乾隆二十年江浙歲飢米價翔踊
每石值白金四兩幸閩廣米麥陸續販運至乍流
通内地穀價漸平時販運窵遠者厥有暹羅米云
又鹽廒二十五間在南門外教塲口乾隆元年建
以貯浙東所運帑鹽轉運内地分調和[illegible][illegible]四廒

〔海鹽縣圖經〕宋紹興時澉浦乍浦二鎮並有監鎮稅兼烟火公事官元乍浦務明初改為乍浦鎮稅課局大使一人司吏一人攢典二人巡攔每季十人乍浦河泊所即元市舶司洪武十四年改建所官一人攢典一人網首二人海洋網甲十二人裏河網甲十二人舡一百八十六隻內海舡十三裏河舡一百七十三宣德間並革至於秩祀之典則有顯濟廟在陳山寺內祀白龍君宋光宗封廣惠淵靈威祐侯明去侯爵稱陳山之神洪武初載祀典每歲三月十八日致祭〔龔頤正陳山顯濟廟碑記〕秀州海鹽縣乍浦之陳山有靈湫居山之半水旱不涸不溢山椒有大石盤陁歲三月朔後十有八日吳之陽山及此山多雲霧晦冥雷雨之變俗傳為白龍君以是日生於陽山而歸葬其母於是焉故有祠事甚嚴州邑旱潦致禱酹酒石上有物蜿蜒即見崇寧三年部使者以聞詔以顯濟名其廟宣和五年又以昭蘇旱雹始封龍君為淵靈侯紹熙元年四月不雨

至於六月睢陽李直養攝邑華亭部使者以才薦畀令事還入境漕河已斷流亟走祠下俄有蜿蜒舉體金色見神座上直養迎拖即循其左臂而上至巾幞回請歸醮祠復循而上如初奩中出四龍子如粟闔境驚異見所未有閱三日大雨霑洽溝澮畢通苗槁而興誕置蜿蜒及奩子於石頂之俱無所見七月又旱申禱旋應適如其時日是歲進封龍君為廣惠淵靈威祐侯而龍母為慶善薦福夫人命綍繼下神報益章明年三月直養以祠宇敗撓弗稱夫上命與神施遂裒衆力為建二大殿易新像設且列四神像於後以表四龍子之異廼四月龍見於龍母殿自空而下其大如柱光彩奪目觀者震悸不敢仰視五月廟僧夢神人告將迎龍淮上有曰計海邑之雨可支兩旬耳自是開霽復雨之日果再浹也又明年三月直養遣工繪於壁至則壁尚濕不可為也念且歸其夕夢金冠白衣神人曰令俾爾畫龍龍實難畫工曰畫非難壁濕爾應曰乾矣東作行雨自西而歸仍有珠乃成

龍更語爾令他日謁雨當誦華嚴紬出經一卷頎其後四神人云此亦而令所致也工起視壁果已乾如戒而成有蜿蜒正白復見神座睨視壁間久之躍而入於花壺四月郡守趙不迹以梅雨愆期親作文以禱其應立至六月直養請於郡徙興福院創廟之右以廣僧居而嚴香火直養狀如此以屬楚國龔頤正紀於麗牲之石夫龍之為神變化無方與天為徒孰能測識上古之世為人豢擾有道之時遊其宮沼迨及後来雖渺馬弗覿而乘雲御氣開闔化樞呼吸風雷主持暘雨司民大命克配君德有不可誣者今茲龍君之神應暴著一時聳動觀聽春秋祈報斯民是怙閱千萬禩宜無斁頤正不敢沒其實姑隱括比次如右而系之以迎神送神云海波奫淪兮海山巃嵷其下潛通兮君之宮時思其母兮来春容菖葉生兮杏帶融君之来兮雷隆隆雨我田兮秋芃芃我之懷兮無初終君稅駕兮芬苾斯陳鼓鐘廟享兮列鼎重茵君之宮兮屯雲蕙肴蒸兮芬芬我黍我稌兮抑亦薦其

蘋芹君明其衷兮無吐芳新吹洞簫兮望極浦君之歸兮雲在下十風兮五雨祐我海邦兮汙萊斥鹵君不来兮使我心苦千秋萬歲兮為民所怙〔九〕山志廟建於宋者歲久而圮合龍君母子為一祠規制甚狹明崇禎五年夏旱邑孝廉馮洪業親步禱雨有奇應復建前後二大殿頂還舊觀又龍王堂在苦竹雅山之間石塘之北不知所自始

天后宮　在苦竹山[illegible]建未詳歲月應在明[illegible]正閩天后莆田湄洲嶼林氏女也父名愿字維慤五代時官閩都巡撿母王氏於晉主重貴天福八年三月二十三日降生彌月不啼因名曰默少與羣女照井有神捧銅符出授之自是屢著神異嘗乘斥席渡海雲游島嶼人呼為龍女一日方織忽據機瞑坐顏色變異母蹴起問之寤而泣曰父無恙兄殞矣有頃信至父與兄渡海舟覆若有挾之者父得不溺兄以柁摧墮海死宋太宗雍熙四年二月二十九日昇化厥後嘗衣朱衣飛翻海上父老相率祠之徽宗朝給事中路允迪使高麗中流

遇風八舟溺其七獨允迪舟神降於檣無恙使還奏於朝特賜廟號曰順濟高宗朝始封靈惠夫人賜額靈應尋以海寇入江神駕風一掃而遯進昭應孝宗朝以霧迷海寇就擒加封崇福又以助勦温台寇進善利光宗朝以救疫旱封靈惠妃寧宗朝以救潦加封助順又以淮甸退敵及錢塘纍潮屢加顯衛嘉應英烈理宗朝以濟興泉飢加封協正進慈濟尋以錢塘堤成加善慶既以顯靈焚寇進顯濟又封妃父積慶侯母顯慶夫人女兄及神佐皆有錫命元世祖封護國明著天妃進顯佑成宗加封輔聖庇民仁宗加封廣濟文宗加封靈感助順福惠徽烈賜額靈慈皆以漕運危險立見顯應故也明太祖封昭孝純正孚濟感應聖妃成祖封護國庇民妙靈昭應弘仁普濟天妃莊烈帝封天仙聖母青靈普化碧霞元君已又加靜賢慈應國朝康熙十九年封號如明永樂時二十年收復臺灣神靈顯應進封天后五十九年冊封琉球事竣賜春秋祭雍正十一年載祀典祭用二仲上

辛日乾隆二年以海洋庇舟加封福佑羣生二十二年又以册封琉球得神佑加封誠感咸孚（九山志）天妃像乃海中浮来香木所塑初建廟時道士夢天妃告以海中有木次日木果至春秋時天妃夜常出遊燈火煇煌雙行引道或至龍王堂或至白馬廟而歸戍卒漁人往往見之又聖妃宫在陳山西南麓海艦戍泊處即唐家灣是以廢（九山續志）東天妃宫在東門内明嘉靖時建尼居之（愚按自海禁既弛以後閩人之商於乍者各建會館祀天后用酬航海安瀾之庇亦稱天后宫在南門内者為三山會館即李確蜃園遺址基廣八畝九分九釐康熙四十五年福州諸商江聮公張明敬鄭錫侯等建置田延僧永香火焉在南門外者蕭山街為莆陽會館乾隆十三年興化諸商陳文芹林大岳吳雲裕等建基廣一畝迴管衖為鄞江會館乾隆十四年汀州諸商何元山等建旁有小衖亦會館内地今捐作行路基共廣九分二釐）其祀於邑而分建茲土者則

有城隍廟在東門內（海鹽縣圖經）嘉靖中倭賊乍城神率鬼兵從廟門出倭遇而追之入廟看竟無有羣倭曰羅拜神前止殺有民匿池葦中親得其狀云　關帝廟一在城隍廟西明嘉靖時建一在西門大街萬曆時建一在南門外大街一在苦竹山即觀濤閣遺址俱　國朝康熙時建　東嶽廟在北門內雍正四年建　大王廟在城外西南隅祀漢大將軍博陸侯霍光雍正十三年建前殿近祀天后　其他琳宮梵宇若城中之望湖菴在東門大街亦名東菴剏建未詳所始故老傳為古剎有銀杏樹高十餘丈大五六圍挺枝俱向西北結果無心蓋數百年物菴前有望湖亭宋元時為士女遊觀之所以廢　懷橘菴在西門小街本名陸績菴俗稱西菴祀吳鬱林太守陸績近易名懷橘以乍浦舊傳有績故宅號懷橘里故也又海鹽圖經載有張相公廟在陸績菴西以毀今神像遷奉懷橘菴前殿　齊景公

廟在東門内俗名齊王廟尼居之　崇真道院在南門内俗名道觀元至正時建　宏濟菴在東門内祀平浪侯晏戌仔俗名晏公堂〈浙江通志〉晏戌仔江西清江鎮人元初輸文錦於上都因而尸解人以為神立祠祀之後顯靈江湖間洪武初封平浪侯　會濟菴在北門内俗名齊觀廟明洪武二年建〈栢上遺詩〉大遂字梵印號筠隱萬曆間乍浦會濟菴僧覺承讀主之法子有出林草　四明禪院在東門内明嘉靖時建　柏子禪院在西門内明萬曆時建又六度菴在東門内觀音菴在西門内倉街俗名宋菴西來菴在南門内明崇禎時建梵音菴在北門大街俗名茶亭古峰庵在北門内俗名草菴俱康熙末年建又南門外有總管廟財神廟火神廟　山中之興福院在陳山俗名陳山寺宋紹熙時重建基宸廣山門在牛橋殿凡十八相接至山頂明洪武初以寺僧不法籍沒頓失舊觀寺後萬松臺為王路宋咸著書處或

云即毘盧殿遺址今廢陸公祠建於嘉靖庚戌祀後軍都督府都督僉事陸松尋改為方丈室祠後有積翠軒李確入山後築蓋即栖隱所也大殿前銀杏樹高二丈餘蔚然深秀係確手植（閩窗括異志）陳山觀音殿曩年忽有兩石從半山鬪隊而下一從殿後壁滚入大士座下一墜殿之西屋瓦無損不知從何而入（愚按此即所謂飛星石也其說似誕）

瑞祥寺 舊在湯山巔火於倭移築稍下聽松室在山後未幾廢

三將軍廟（九山志）在益山下祀田闢疆古治子公孫捷明崇禎中衆將江之清出汎梁莊謁三將軍廟見神像祀問僧曰需金幾何僧曰十金足矣後歸海鹽署忘之一夕夢金甲三神來拜且曰公忘前盟耶覺憶昔所許乃遣胥持金至廟立命塑之

海會菴（九山志）在高公山南麓萬曆末年遊僧攜一大士像結茆居此有草一枝土人病來卜者僧卜草與服之即愈後草絕卜以大士前香爐灰九與服無不愈者遠近施捨不日成庵邑令羅尚

忠闡之疑其感衆還其像於德藏寺凡三十年順治辛丑移歸香火復盛不減疇昔云　沙井菴在獨山之陰又烈士大王廟在獨山東北不知何神為一方香火　獅子菴在雅山西麓順治初建東麓有頃相公廟相傳神上海人舾伏虎廟外兩檏樹大數抱不知何年物　普照菴在觀山頂俗名燈光廟廟前立桅杆夜懸燈以照海舶康熙時建天尊廟水仙廟俱在觀山又山麓舊有青龍觀久廢潮音寺在演武埸西海塘口為宋元古刹火於倭竹林菴在苦竹山天妃宮西今俱廢又騎龍庵在龍尾山黃山廟在黃山下行素菴在雅山西潮聖廟在海口閘乾隆二十年潮州人建以祀韓文公　皆足以潤色林巒映暉廛市者

平湖縣志有八景曰瑞祥曉鐘（九山志）飛来鐘在湯山瑞祥寺鐘不志年月相傳浮海来聲聞百里明嘉靖壬子倭犯乍浦登山燬寺鐘被火稍失聲移置城中鎮邊樓後楼火墮

地失穀章不損　梁莊古治（九山游草）梁家口西浙今在望湖菴　稱要衝舊故有城今漸圮（九山志）梁莊城西地名古治塲有齊三士墓（吴地記）海鹽縣東三十五里有公孫捷陳開疆古冶子三墳俱事齊景公勇烈有功晏子欲去之以桃二顆令言功三人同日死葬於此今乍浦齊景鄉地也（海鹽縣圖經）按諸葛亮梁父吟步出齊城門遥望蕩陰里里中有三墳纍纍正相似問是誰家墓田疆古冶子攘此三士墓在齊地矣然搜神記載古冶子拔劍斬黿在蜀與長沙水經注以為並齊景所不至疑而存之則此地之有三士墓亦不必深辨其真偽耳

唐灣魚市（九山志）舊傳乍浦沿海有七十二灣至黄盤山今俱淪没無考所可約略指名者唐金數灣而已（九山續志）唐家灣在陳山西金家灣棠舩灣在陳山東大蠣灣小蠣灣在高公山外胡家灣在高公山西桃花灣姚家灣在高公山東（海鹽縣圖經）黄魚産羊山去鹽邑海洋遠國初乍浦河泊所管領此貢在縣城

南閘口出海每年小淌風汛原編漁户内輪七名採捕官選如式者三百三十尾用氷置硃紅桶驛舟上供前途遇有氷窨衙門取氷添換隆慶元年邑致仕永州知府錢芹奏請免貢中格尋以撫按言罷勿進（天啟平湖縣志）本縣例進黄魚三百尾每年僉後解貢嘉靖三十年糧長過熙與蘇州氷廠相爭至京擊登聞鼓申訴不便狀上准奏下諸司議本府守令力為主持得免（九山志）湖之免先臨十餘年後改太倉州歲以為常今氷窨五六處在觀山陳山間人猶能識其蹟

苦竹嶴林（九山志）山產苦竹細而緜

雅山仙洞（臺園遺文）聞之故老洞昔出邃探之莫測中有石枰石棊歲久湮沒

孟姜擣石（弘治海鹽縣志）乍浦有孟姜故居擣衣石尚存（九山志）石在苦竹山下即磐石當潮之衝者

陳峋龍湫平沙演武

乍浦志卷一

乍浦志卷二

里人宋景關纂修

山川

龍湫山人有言乍浦諸山之脉皆自西来雅山首接鹽官至龍湫而隆起至獨山而始盡自此而東金山査山乃屬華亭青烏家往往謂諸山少峰多頑石於法無取不知連岡列峙天作其防我鄉之不與九塗十八灘三十六沙岸同沒於㶁瀣洪濤之中者繄維山是賴異時築海寧

塘奸民夤緣開鑿浹辰之間湯山左峰疑為夸娥移去旋奉制府嚴檄勒示貞珉所以為捍潮庇民計至深且遠比聞沿海奸徒猶間有私採牟利者堅氷之至始自履霜破巢之餘決無完卵所冀賢司牧防微杜漸時申厲禁焉志山川

陳山〔閩總括異志〕高八十一丈周二十五里山頂有龍穴深不數尺春夏不涸遇旱禱於穴雨即滂沱每歲七月多風雨人謂龍洗墓焉〔九山志〕府志稱龍湫山山身廣頂平故覺其卑然實高於諸山不止八十丈也又望萊蕪兩門甚卑相去無幾縣志云在萊蕪

山東一里誤（明一統志）山有龍母塚相傳白龍以三月十八日生於吳之陽山歸葬其母於此故每歲是日陽山及此山皆有雲霧晦冥之異（舊平湖縣志）有八景曰平林烟逕天際雲帆南海秋濤西峰曉月翠微石掌赤峽龍湫孤城暮靄萬壑松聲（九山志）翠微石掌在陳山之半数大石拔起望之如指矗天歷歷可數龍湫泉水清洌從石罅出聽之泓洞有聲暗流至山半始見烹茗者遠近取之去龍湫四十餘步大石危峙形如仰盂石眼泉出涓涓不絕俗呼曰洗兒盆亦名洗心泉又鳳眼泉在龍母祠後盤陁石二大石相矗高皆踰二尋意為龍母瘞蜕之所涵空臺在絕頂今為烽堠所一覽閣建臺上亦廢瑞泉亭在龍湫前明成化時猶存後廢止華表二石柱卧草中崇禎癸未縣令陳台孫重建今又廢翠微松徑今築石磴直上至泉所山之有松者皆産松花蕈惟陳山東麓

尤多三月間松花入土至四五月經雨後即生八九月又生鮮肥滑嫩素品之上味也他如玉蕈松蕈雷蕈胭脂蕈味皆不及又笑蕈牛矢蕈不可食土人能辨之（蠶園遺文）十月朔陳山觀合璧五鼓起飲酒數行循石磴上至巔天無纖雲海鮮昏霧上下一碧浩乎萬里久之有銀光映於海面則一丸躍起如盤初疑為日也漸升漸細始知是太白世人所稱曉星是已又久之見紅光曈曈然忽蒸如霞氣忽散為波光方瀲灩蒼茫間則兩丸並升日南月北間不容髮斯時也日輪未曜月晄微現儼若雙鏡之出於匣而海潮尚未平勢不無掀翻起伏之狀則兩丸亦時隱時見相摩相盪於銀濤碧落間莫可方物也乜何而月合於日矣但日輪大月輪小月借日而白影存中日含月而晶輝四射鹽官志所稱雪裏丹邊者其斯之謂與少焉日輪洞明不可正視而月之上下東西無從復辨矣愚聞合璧月月皆然但春夏氣昏莫辨隆冬寒盛難登惟此時則天朗氣清傳所稱十月之朔會於

龍魏者良有見於此也然合於子丑過於早合於辰巳嫌巳遲惟卯末辰初正此朔日出之時乃可見耳（名勝志）陳山有頤安饒墓高一丈三尺周七十步安饒野王子仕陳至鴻臚卿（至元嘉禾志）天女墓在乍浦郝人有侵犯者輒有土蜂黑氣逼人皇象墓在海鹽縣東北二十里高一丈周四十五步象字休明吳廣陵江都人善隸書（愚按）二墓未詳何處

暈頂山（九山志）高三十丈頂甚平

高公山（天啓平湖縣志）高八十丈周八里（九山志）一作高宮有始皇試劍石山在陳山東北過暈頂山即是低於陳山今志云八十丈則與陳山等然登頂平望較諸山則迥較陳山則低或陳山不止八十丈耳志又云在觀山南一里尤悞林翁忘其名字人呼林三老年八十七結茅於高公山偠不瓦不椽僅足容膝坐卧其中望之如鳥巢蓋老而好靜能

與俗遠者胡震亨字孝轅一字赤城海鹽人明萬曆丁酉舉人宰合肥陞定州知州歸卒葬高公山之陽著有海鹽縣圖經唐音統籤（王士正分甘餘話）震亨輯唐音統籤自甲迄癸凡千餘卷帙浩汗久未版行余僅見其癸籤一部耳康熙四十四年　上命購其全書令織造府兼理鹽課通政使曹寅鳩工刻於廣陵胡氏遺書幸不湮沒然版藏內府人間亦無從見之也（愚按）贈奉直大夫陝西延安府葭州知州匋範徵墓在高公山之陽有丙舍數楹今圯（陶贈君墓表）　賜進士出身光祿大夫文淵閣大學士兼吏部尚書陳廷敬撰文　進士及第光祿大夫經筵講官工部尚書王鴻緒書丹　賜進士出身光祿大夫經筵講官戶部尚書李振裕篆額康熙三十年辛未余祖役南宮松郡得雋者五人陶子爾毯名宸著起家上虞令俄遷葭州牧治行卓然　天子奇其才召令賦詩稱旨入直禁苑者累月文學侍從之職僉謂爾毯才足堪此也乃一日請假南歸謁余就道眡其色愀

然以悲卬其故則泫然以泣曰繸讓劣無足數惟先子與先妣辛勤教督以有今日而今痛不及見也茲將南歸負土以藏慮先人生平懿行遂致湮沒願夫子賜一言以垂不泯敢摶顙以請嗚呼爾繸年富有儁才承其家學不憊憊於榮名而先人之即土是急且懼先德之弗彰於後余安能固違其意而無以慰人子之心乎廼泚筆為詮次其大畧俾劖諸墓門之石君姓陶氏諱龍徵字秉六世籍浙之會稽有淞南居士行之者元末徙居華亭洪涇五傳至樞樞生禎禎生經三世皆以儒業顯經生良良以恩貢仕至順慶守稱循吏得贈父中順大夫如其官良生子大受而儒業益大顯食餼嘗拔薦省元兩娶孫氏有子六人君第三子也君生有異質成童即善屬文為郡守穀城方公學使成都李公所知拔置上庠屢試高等而嶽嶽自負不肯附麗人以梯榖譽於名勢泊如也東南以文事主槃敦者爭引致後進樹榖援君奉庭訓偕兄若弟相鏃礪文行拍之弗徃數試鎩院不第中年

即擲青衫著書自樂上下古今多所撰述有以文字請乞者謝弗應晚遇博學宏詞之選少司寇崑山葉公亟薦之謂江南人士無出其右君亦力辭不赴此君之學問出處大節可書者也性篤孝友奉養兩尊人適其懽心束脩羊脡僅足以供腆洗執親之喪先後哀盡盡禮粥田廬營窀穸至不能舉爨炯君與莊宜人安之諸兄弟竹馬肩隨至白首合并而炊家人化之無幾微迕色家酷貧有以急難告者不敢以匱乏辭人或負恩反噬置不校樂易近物而莫敢干以私危峻褆身而未嘗咈於俗此君之篤行介操風流雅尚可書者也少而博綜經世之業晚而芟華返真歸極性命發揮詩文與古大家相上下不為鞶帨小技貫穿二十一史國勢離合政事得失人物衰正臚若數計闡道以後一切皆屏除研究心性期於神解實證躬行而力踐之不排擯異同不樹立門戶為通儒為正學而君不屑屑居此名也沒世論定要以為惇樸立誠之君子也已配莊宜人生於富厚而安貧守約

麗糲自甘孝尊婢和娣姒相夫以德而教子以克肖爾孫舉進士歷官有聲　聖天子綸用方殷而汲汲引退遠於世趨謂非漸摩於君與宜人之夙教而能然哉君生萬曆壬子卒康熙甲子年七十有三莊宜人生萬曆丁巳卒康熙甲子年六十有八子一人爾孫也女二人孫二人婚適皆名族其詳在誌傳不具述云康熙四十三年歲次甲申孟冬穀旦立

益山（天啟平湖縣志）高二十丈周四里（永樂海鹽縣志）高二十五丈周五里（九山志）鹽志近之然較雅山之五十丈或相等耳山下有俞天宅高三尺餘廣畝餘昔人於此掘得金佛意古寺址今為樵牧地

獨山（天啟平湖縣志）高五十丈周六里舊置鹽場於此（九山志）麓有白沙泉色甚白每越一夕泉面白沙一層沙虎小蟹也殼輭薄穴沙中掘深

数尺始得産高公山南獨山塘側

觀山（天啟平湖縣志）高四十丈周四里（愚按一作官山今俗稱燈光山（九山志）有兩頂故名内觀山外觀山一山而起兩峯也（乍浦九山續補志）山嵴横踞海外三面距潮日聞噌吰鞺鞳鼓左毗金山右睇秦駐蒼翠環拱觀濤勝地也今潏洲水師海捺在此山下（九山游草）青龍觀在觀山西麓松江僧湛之圖改作稍拓其址畚鍤咸舉鏗然有聲窮之得古墓焉方下圓上磚長尺餘首作虎豹形側有晉咸和元年八月十五宜侯王作数字中有石板長数尺有鏡二瓷鉢一又小似鉢者数枚時崇禎五年五月二十八日距晉已千三百餘年宜侯王者史莫可考（愚按洪适隸釋云永平八年甎一建初三年汝伯寧甎一七年曹叔文甎一元和三年謝君墓甎一永初元年景師甎一其文皆隸書也或云萬歲舍大利善或云千萬歲署舍子孫貴昌未央大

吉或云大吉陽宜侯王虞荔鼎録云蜀章武二年先主作二鼎一與魯王文曰富貴昌宜侯王一與梁王文曰大吉祥宜公王並古隸書高二尺然則宜侯王者乃古人頌禱之辭非姓名封爵也咸和成帝年號

湯山（天啓平湖縣志）高七十丈周五里（九山志）俗名龜山有無欲泉在聽松室左吴僧無欲發地得之清冷不絶放生池在瑞祥寺下山産茶僅數株（愚按）今無存者（九山續志）乍浦諸山頂平少峰康熙戊辰僧戒律擬建墖湯山之巔啟土築基有珠細而脆頗多曰名普珠墖會守備柴京澤阻之不果立塔基尋亦毁坼（海鹽縣圖經）宋紹熙二年海鹽縣令李直養置叢塚（湯山叢塚碑記）邑東陼鉅海每當濤風暴怒多有溺者之屍乘潮而上潮退暴露沙際須臾犬鳥啄齧以盡遺骸蕩析隨亦滅没久矣余聞而哀之也時歲六月人有以所見言於縣縣尹

為之惻然曰：噫！人孰無死，死而不幸至於是，予職統一邑，其獨忍聞此而不為之所可乎？乃亟按官籍，得縣治之東北三十六里曰湯山，置塚塋焉，收瘞之。浮圖氏師俊實顓董斯役，遂因山勢高下，夷為三級，廣踰五畝，周以垣墻，深其窾穴，俾安以固。首以其事上屬部常平使者張公，且請所為瘞埋之費，期久行之，不以累縣計。張公慨然從之，帖縣之常平庫，凡一屍給錢千，置曆以稽其付受。其他報發文移、號集里伍等事，悉據條令以行，就命師俊專司之。自始逮今，未朞年，凡瘞一百四十六人矣。念無以告後來者，不可屬余書而刻之石。嗟夫！仁人君子之用心，隨所寓而見。顧今為邑者，往往困於牒訴之紛委，且瘁心於斂積，以應大府之廹須，為急務，日夕常不給，其屬意於斯者幾何人哉？然則縣尹之賢於人遠矣。縣尹姓李氏，名直養，字無害，維揚人，始為丞吾邑，當路薦，特改命焉。奉議郎、新知建康府江寧縣事陸峻記。〔九〕山續志 湯山有何槀山墓。槀山字元暉，江西德化人，明洪武初積軍功官乍浦所試百戶〔禁採山石公案〕雍正八年江南塘工移咨開採湯山九年二月平湖縣知縣方以恭具詳畢職遵諭詣乍查訪居民僉稱當日海寧塘工採石原在湯山之北小湯山今江南又來採石石匠因小湯山無石可採遂採湯山採之不已必致石去土鬆山平潮潰內地將受大害等語當同柳遊擊前赴湯山勘得湯山離乍城半里逼近大海海潮自東南奔流直衝賴有湯山之阻以殺其勢始得迴環向西而注是以歷來建置南設汛寨西築閘口防衛甚密是湯山實中流之砥柱海疆之屏障也再查湯山土石相兼並非徧山石體其犬牙錯雜有土之處居民祖墳纍纍前因石匠將四圍之石採去塚土無所憑藉棺骸暴露嗣經杭嘉湖道至乍以風水攸關嚴行禁止今江省行文開採民情憂惶確如憲訪據畢職管見湯山採石實於海疆民情均有妨碍謹將海圖一冊呈候察奪奉浙江總督李衛批據詳湯山逼近乍城南築汛砦西建閘口恃以捍禦潮流障蔽海

岸琢進不已則石盡土鬆難免海潮潰入内地之患與本部院臨勘情形相同乍浦現駐滿營水師重兵又屬各洋船出入要口若就採石相較輕重懸殊況别山各處現在開採亦地所出無多仰候移咨停止嗣後仍行勒石永禁繳圖存乾隆二年海寧塘工漫移咨開採觀陳等山四月監生王昌言等具呈乍城東南當菜蕪門黄盤大洋有九峰山海並峙潮水衝齧直薄山麓自湯山至益山不另築塘即以山為塘誠天生保障衛此一方者也雍正八年奸匠採鑿小湯山蒙官保李督院勘驗禁止本年二月海寧復移文採鑿觀陳諸山伏念寧邑築塘　聖主憂深民隱不恤億萬帑金若乍山一採轉瞬立盡海潮衝入内地何以捍禦將來之平邑殆即今日之海寧況小觀山後周家堰地勢畁削逼近城濠雍正二年七月海嘯衝決周家堰滷水内灌田禾受害曽經前撫憲具題夫有山為捍尚被潮患今鑿去諸山則是導潮直達愈速其禍修塘本以衛民若鑿乍浦之山以修海寧之

塘不猶毀乍浦之塘以成海寧之塘乎倘不豫施曲突徙薪之計恐他日焦頭爛額無補於事伏乞照案永禁奉總理浙江塘務大學士嵇曾筠檄據乍浦理事同知富紳稟報觀陳等九山准東防同知移請出示開採隨據士民王昌言等以乍浦九山保障海患且於雍正九年間經前督院李批准勒碑永禁今仍請禁止理合稟報等情前來當經飭令前署兵備道查明詳究在案爲查乍浦現駐滿兵係海洋門户重地觀陳等九山蜿蜒護衛攸關緊要仰兵備道即飛飭平湖縣將觀陳等山照舊封禁毋許奸宄藉辭開採致干參究十八年江南塘工復移咨開採湯山十二月海防兵備道陳樹著具稟據平湖縣翟令稟稱江南承辦高家堰石料委員熊縣丞到浙有石匠車殿廷包開乍浦湯山運用并聲明該山與海塘相爲表裏將來石去山平海潮洶湧恐有後患等情本道以事關塘工當經親往會同乍浦顧參將理事同知靈丞詢勘湯山在乍浦閘河之東係土襍磊石切近城東

南如手左臂塘工自乍閘鎖鑰至此而止以山脚綿亘聯絡故不復建塘是即以山為塘也雍正九年江南海塘需石赴湯山採辦蒙前督憲李咨明停辦乾隆二年海寧築塘又奉前閣憲嵇檄飭乍浦觀陳等山永遠封禁在案查是山産石無多不濟工用且係要害處所未便開採鑿傷應請照案封禁其江南委員熊縣丞聽其於産石無碍山場開採以濟工需庶為兩便擬合繪圖并詣勘情形禀候示遵奉浙江巡撫覺羅雅爾哈善批據禀親勘湯山形勢及披閱繪圖均屬必不可開昨江省委員来轅面禀已將應禁情由逐一指示令其赴别處採購矣該道仍將親勘情形會同藩司詳明備案以杜後来覬覦至引誘包採之匠頭必係不肖奸徒該道等查實責懲以示儆戒圖存此繳

苦竹山〈九山志〉高丈餘廣數畝〈海鹽縣圖經〉山高七十丈周五里在海上防汛船泊其下每歲備兵使者登此閱武千帆飽風萬檣掉雪衝波噉浪之士聲振空谷矣〈九

山志〉苦竹山高丈餘耳廣數畝耳志云七十丈周五里何也殆傳寫之誤耶抑滄桑有變更耶〈九山續志〉籌海堂在苦竹山天妃宮左明萬曆時叅將董汝梅建備兵使者春時發汛祭海於此天風海濤軒在籌海堂東備兵使者閱水操處今俱廢觀濤閣在天妃宮右天啟時邑人過庭訓建以祀文昌華亭董其昌題曰躍鯉觀濤旋圮文昌像移祀城內遺址改建關帝廟山後有竹道人墓〈九山志〉天妃宮道士竹兵老持齋素死之日見夢於清溪林思岩曰我天妃宮竹道人也今生汝家林覺而異之使問曰方屬纊耳旋生子名中芳字佩蘭登天啟甲子賢書官太倉州學正歸塑道人像於殿東廡時掃墓增築焉〈九山遊草〉海上天妃宮即志所稱苦竹山也時颶風大作潮沒殿階無何風止潮退去宮前里許有遺址出焉延袤里餘竹圍根尚森立蹋之俱朽古窑及金銀銅器遊人俱有拾得者五銖錢不可勝數余僕得一錢文有大錢五十四字新莽時物也不數日隨沒考鹽志山外有

顧邑城没海中此豈其遺址耶時順治丁亥六月望日（愚按）縣志紀此事直云余僕得一大錢有五十四字誤（乍浦九山續補志）雍正八年六月既望潮退天妃宮前見石路三四里凡瓷椀古鏡井磚五銖錢拾得甚多沙平且堅舊有鐵版沙之說信然至二十日始没

雅山（天啓平湖縣志）高五十丈周六里俗呼慈山又爲瓦山地中得瓴記知是雅山云山多怪石本產鐵烹治者以不當鑪鞴費幸免傷鑿童無草木而遠望蒼翠意金氣故然有十景曰天馬峰梁石峽遊仙洞頭陁石一脉泉南極峯望仙嶺萬歲巖龜石端石（九山志）天馬峯自下仰視宛肖山石俱黑獨此具騂騮之色頭陁石萬歷末邑

侍御郭紹儀以築園鑿去今止存丈餘一脉泉在山東麓大旱不竭其溢水可溉田十畝今甃以磚遠近汲之雅山之北有柴蕩皆黄茅白草秋間黄雀不知從何来飛集於此至夜深土人以網張四圍遂得之有二種一名蘆雀味少劣〔吴地記〕黄雀海邊小魚所化〔唐故陳府君墓誌銘〕府君諱環頡川人也祖與父道清不求官達君即清公之第二子也幼著才識長嫻規矩克言理行鄉閭所欽何圖天不祐善以會昌二年正月二十一日終於私第享年六十有三以當年八月十八日窆於蘇州海鹽縣東二十八里齊景鄉雅山南二里祖墳南舊塋禮也君娶吴郡顧氏有子三人長曰遂次曰師損三曰公甫並至謙至讓忠乎孝乎泣血主喪絶漿逾制後恐日月久邁陵谷遷移刊石為誌永傳不朽銘曰山作田兮田作海萬古存兮誰不改青松新壠曉無年千載維留名記在〔海鹽縣圖經〕不著撰人姓名〔愚按〕乾隆二十一年臘月雅山下居民營壙穿土得古墓取二磚以出仍掩之磚長

尺餘色黃側有太康七年七月七日造九字太康晉武帝紀年也〈李確九山志自序〉余聞之故老吾地葢有九峯云考之志乘其說不同府志略載八山縣志詳載十五山如故邑山之去縣三十里也今不知何屬矣苦竹山之高七十丈也今僅一卷矣他如黃盤鬬牛遠不可即蒲山菜薺卑不足數奚當九峯之數哉余參兩志而裒之諸山以龍湫為尊自龍湫而西則觀山湯山為西之盡自龍湫而東則暈頂高宫至益山為東之盡然而未盡也自湯山而西則雅山為西之西自益山而東則獨山為東之東葢雅與獨為門戶湯與益為左右支而龍湫則堂皇也今以龍湫為主峰東則暈頂高宫益山獨山四峯西則觀山湯山雅山三峯共八峰尚未足乎九之數也則請以苦竹山當之苦竹雖一卷乎大既不及馬鞍小亦不及龍尾然天妃靈蹟自宋迄今且國典重祀海每春汛屆期偹兵使者奉牲帛必至此山所從來遠矣似不得以卑而置之也故以之足九峯之數焉至於故邑山今

無可考愚謂鹽邑舊治在此旋從而西廻視諸山縣稱之為故邑云爾非另有一山名故邑也又志曰顧邑者吳時顧歡封此得名今山果誰屬耶大抵載筆者未必親履其地而憑故紙陳言宜乎盡信書不如無書也茲集非敢臆創準之以嘉興府志本之以平湖縣志而參之以海鹽志首圖譜以象形也次山水以存名也又次古蹟以徵往也而釋道兩教之域廢興於山賢達諸公之藏顯晦於山故次寺觀次坵墓至於山與海之生物不少也古與今之遺事非乏也故又次土產次碑碣至於烽寨以備寇石塘以捍潮而怪異以紀變屬乎山者皆不得畧也雖然山之所重者莫如人而人之能重山者莫如文人之屬乎山者少則不嫌其略而人之能以文重山者多則不厭其詳故又以人物題詠終焉若不佞確畀畀無足數者故不敢附驥而別集九山游草以供山靈之一噱

東常山（九山志在陳山東又名一字山）

西常山

〔九山志〕在陳山西又名鄂陽山〔九山志〕秋烏非山産八月中乘西北風起迎風而来此烏成羣飛每下土人網取之凡山林園圃樹木茂盛處百十為羣兩隻一觔者名畫鷳雄名青鳩雌名雌搏四隻一觔者名花雞八隻一觔者名鑽籬至春時回至山聞復網之名回春味頗劣惟秋鳥價貴餽遺者以為珍品〔海鹽縣圖經〕初来時剗其腹有青胡椒因驗是日本来也〔愚按〕俗稱屠墳秋鳥者明屠康僖公葬鄂陽山樹木叢密秋鳥飛集最多今松柏已摧為薪落日牛羊西風禾黍無復飛鳴之族矣〔天啟平湖縣志〕屠勳墓在鄂陽山仲子應坤亦葬山之陰〔楊一清屠康僖公墓誌銘〕公姓屠氏勳名元勳其字也別號東湖生於正統丙寅正月十日卒於正德丙子十月四日壽七十一在憲廟朝舉成化乙酉鄉薦己丑第進士授工部主事改刑部歷員外郎郎中遷南京大理丞在孝廟朝拜大理寺少卿擢都察院右副都御史按順天永平整飭薊

州諸路邊備遷刑部右侍郎歸守内艱服闋改左副都御史復刑部左侍郎滿九載擢右都御史今上嗣位改元特拜刑部尚書階資政大夫賜玉帶麒麟服屢引疾求退慰留至再請益堅乃加太子太保致仕賜勅給驛以歸月給官廪四石歲給輿吏数如之至是訃聞朝廷追録舊績贈太保諭祭五壇凡葬事則命工部官餙有司治之始終恩禮可謂備矣公為工部分司清江浦督漕運舟才譽巳著三原王端毅公方總河事與督漕憲臣交章薦之謂可重用為刑部敏於聽斷無滞案留獄尚書林公季聰甚傾信焉每獄有疑及事干涉貴近莫適為處者以属之公無不協服京城無賴子李滕誘其主之子福為私鑄而陰結詷事者發之將利其産獄成福坐戍邊衆知其寃噤莫敢問公為直其事以福之罪罪滕而歸其産又有林都事者素有依附挾以搆訟蟠引不可破公廉得其實論如法雖為所誣訐然卒從公議他如勘事吉安辨獄大同皆犁然當人心執法名益起在大理上十

事若暑月決罪囚兩京一體五歲一遣官審錄州郡刑獄多見採納漳寇煽亂敕公撫處至則申嚴禁令諭以禍福梟其首惡脅從釋不究一方帖然其為巡撫以畿輔役重民貧京邑尤甚疏請裁省夫役昌平密迩山陵供億浩繁疏停牧馬以示優恤寶坻白龍港薦銀魚歲取供薦中使因之橫索民不能堪公疏言其狀詔戒約取魚者麻峪山有銀礦守臣以中官索之公又上疏極言其不可事止不行其經畧邊備奏分薊州三路屯兵緩急相援於潮河川築城設險居守及增置黃花鎮營堡戍兵聲勢聯絡敵不敢輕犯至今賴焉又奏徙熊兒峪馬營於便地就水泉人免病暍猪圈頭關沮洳多水患歲苦修築亦奏徙南北水峪歲省役卒數百人其為刑侍會戚畹與河間民搆田訟公奏自戚勳卒歸其田於民且言食祿之家不言利況母后誕毓之鄉而與鄉民爭尺寸之利尤非所宜孝廟嘉納為刑書首上郊祀藉田幸學三事援據經傳傅以時事而歸其本於正心講學謂切服新

政莫急於此宜求實意勿徒循故事為美觀又以宋儒真西山大學衍義為正心講學之要乞常以進講中外傳誦之時望方隆屬逆瑾用事諸司奏事多先諷閣白公以為難始浩然有歸志矣瑾內銜之而莫之加害僅聽其去去閣三載瑾敗伏誅向之蟻附而干進者多不免公獨不為所汙識身名俱榮又閱八年而卒公少穎慧記誦絕人比成童已學貫經史搦筆為文多警語屢更劇曹恒手不釋卷詞章之名播中外然志存用世餘若不屑意者行義著於鄉評若辨家廟昭穆嚴祠塋之分置義田義塾以厚宗黨皆敦本善俗事屠先世出嘉興海鹽後析平湖子孫遂為平湖人高祖亨一曾祖澤民有令德不仕祖湘考機俱以公貴贈資政大夫刑部尚書祖妣楊氏妣陸氏俱贈夫人配陳氏贈夫人以子應塤官加贈一品夫人繼林氏贈淑人牛氏封夫人亦以子加封一品夫人次室楊氏男六人長即應塤正德辛未進士授禮部主事改兵部清謹奉職考滿得推恩進公階榮祿大

夫次應坤舉丙子順天鄉試次應圻應坊應埈皆
國子生季曰應埏女三長適嘉興所千户項鏞次
許適國子生黄鳳儀次百户鄧欽男孫一女孫三
應塤聞訃解官歸將以卒之明年閏十二月二日
偕諸子葬公邑鄂陽山之原道鎮江持少詹頤公
所著狀謁余請銘余曩官外制與公為文字交議
論多合居常過從必有唱和後雖拘於官守而歲
時寒暄未始不相通公謝政余亦養痾歸江南過
余道舊故慰藉拳拳比余再起再歸方欲候公而
九原不作矣言念疇昔誌銘之請烏可辭銘曰窮
經學古士則宜然或滯於用匪才之全公少有志
無書不讀視天下事皆在我腹既奮厥奇周旋曺
司析紛舉劇無試不宜引經折獄以儒飾吏發為
文章乃其餘事昔在孝宗賢俊彙征公名日起與
位俱升建節東巡方畧圖上翼翼重閑屹成巨障
億萬蚩民賴公底綏問其疾苦卹其寒飢入掌邦
禁刑暴詰慝何必不宣何滯不達初服三事皇覽
曰俞致君堯舜惟爾嘉謨祈天我志祥刑爾職慎

爾三尺長吾王國大奸竊柄毒流九圍公有先見不蹈危機少行老歸公不待老其身雖隱其德彌劭彼進而顛公退而安絜短較長公何憾焉公惠在人公名在史公澤在子其流無涘

馬鞍山（九山志）在高公山東龍尾山南（平湖縣志）山有兩頂似馬鞍（愚按）俗名馬腰山或稱大山

龍尾山（浙江通志）在高公山東馬鞍山北（九山志）此山首不甚高而尾頗長諸山之結尾也明初盛姓者居龍尾山下宅後高阜平之得一碑曰白馬將軍之墓棺已毀惟朱漆僅存觸之即為灰燼鏡一枚純綠蝕痕似新月形

黄山（九山志）在陳山東北（乍浦九山續補志）山有沈肆沈煉墓並邑清溪人肆景泰辛未進士歷官監察御史煉治己未進士歷官布政使司叅議

尖山〈九山志〉與益山相連〈愚按〉尖山瀕于海為羣峰所蔽自內望之不可猝見

萊蕪山〈天啓平湖縣志〉瀕於海〈九山志〉萊蕪兩山如門中名萊蕪港海舟出入於此嶮險作浦三關此其一也俗呼其大者為大莽山然兩山甚卑舊志云高二十五丈周四里誤

蒲山〈天啟平湖縣志〉瀕於海〈九山志〉有外蒲裏蒲二山此指裏蒲言〈愚按〉前志所載更有車山計寧山車山不知何屬計寧僅見縣方冊山圖未足據又祐山在城北七里或云即戴墓墩高丈餘周五六十步土山在城北三里高三丈餘周里許平原稍突人謂諸山之迤麓云〈至元嘉禾志〉故邑山在海鹽縣東北三十六里高八十丈周二十里漢順帝永建二年縣陷為

湖移置此山下晉成帝咸康七年復海鹽處故馬嗥城廢後爲故邑廵撿司（海鹽縣圖經）故邑山新唐書所載故縣山是也山下有海鹽城所以名故縣者後人追名之（永樂海鹽縣志）故邑城縣東北三十五里高一丈周三里又縣東二里有橫浦闊十二丈東北通故邑西通貫湖今並淪於海（天啟平湖縣志）故邑一作頤邑頤榮之先勾踐支庶封於此子孫遂以爲姓漢海鹽縣治也晉惠帝光熙元年有毛民三人爲風汎集於縣安帝隆安三年會稽賊孫恩寇海鹽參軍劉裕復築城於此恩來攻城裕慮衆寡不敵使羸疾數人登城若已遁者復乘其懈大破之有驍將虞邱進被重創居城養創事具宋書

今淪於海

外蒲山（九山續志）在海中（愚按）山根有礁船攖之立碎溺人無算乾隆十四年署同知葉爾建屋三楹於山巔顏曰中普陀植木懸燈以照夜行賈舶士女往往渡海遊焉

黃盤山〔天啓平湖縣志〕在海中〔澉水志〕舊傳沿海有三十六沙岍九塗十八灘至此山上岸去紹興三十六里風清月白叫賣聲相聞秦始皇欲作橋渡海後海變洗蕩沙岸僅存其一此山邈在海中而橋柱猶存宋淳祐十年有於旁灘潮裏得古井及石橋樹根之類驗井磚上字知是東晉時屯兵處山巔有石砦今廢相傳昔人藏兵伏其下有發之者輒錚鎗作聲

鬬牛山〔天啓平湖縣志〕在海中〔海鹽縣圖經〕對獨山洋水甚深水族所聚漁船日乘潮一往時見蜃氣多可怪狀〔愚按〕朱維熊縣志於黃盤鬬牛外更考方孔昭神勢圖海寧衛海洋圖增列海外諸山以為海鹽海口巡司至吾邑白沙廵司自西徂東塘止六十里而外洋所對幾五百里三關之兵東會於吳淞參將西會於南洋遊擊會哨有籌下針有經是何可不紀然愚謂諸山洋汛係前明規制蓋統海寧全衛而言要宜附入武備不得竟列山川今刪置不錄

水〔九山續志〕沿山諸水名曰乳溪亦稱乳水〔九山諸山之水一自屠家橋陸家橋遶城河從長豐橋出一自衆安橋過牛橋王千户橋至城東濠自北而西亦從長豐橋出一自衆安橋東至八字橋北從魚衢滙出又一支自八字橋過東從新開河至金山一自衆安橋出稍西即轉九曲浜而北從染店橋出一自雅山塘過西從十字港出〔舊平湖縣志〕

乍浦亦曰乍川其水舊自官河出達於海歲久浦湮每以朝溢為患〔九山續志〕或云今周家堰即浦之故跡〔海鹽縣五志〕海上沿塘北自乍浦南至澉浦舊有白洋河七十里今多淤為草蕩〔吳徐開濬白洋北河議〕本縣與海寧衛同一城池南四十里有澉浦所設立鮑郎鹽場北四十里有乍浦所設立海砂鹽場衙門俱在海濱脉絡共相聯貫所恃通行其間使防汛無虞鹽貨不阻者專藉沿海舊有白洋河一帶為之來往也祇因陵谷屢更以致涓派盡断地方受病非止一端幸於萬歷初撫院

徐公栻修築海塘奏准水利道駐劄海鹽深燭利病將南路至澉浦鹽司四十里地開濬白洋上下河一帶南行水路盡得流通其北路白洋河正擬興工值水利道陞任而止因循至今未終前局南北有偏枯之澤商竈含匪民之悲非一日矣愚謂前開南路河道種種利便偹載本縣新修海塘録中可援若今北路之河為便亦可校舉土塘捍海在北㝡低每當潮溢之時鹽塲竈蕩民田盡被其衝所損不少若開河取土築塘令之高厚內河可以分洩其流外塘可以捍禦其患縱有非常民不受害此為一便乍浦所至海寧衛城俱是陸路不但彼中糧餉器械搬運為難抑且官兵分番調守往来不便今開此河則舡隻通行聲息易達以之守望防汛更為得策此為二便海砂塲司正處河之中途兩頭鹽運頗費搬移河開則舟載不難逕河遞相灌注脚價既省商賈因而樂趋不藉招徠鹽課自益此為三便土塘外為鹽塲內即竈蕩今開河築塘攔阻潮頭則塘外零星灰埂盡可曲引

鹹流開滕漉鹵塘內荒蕪草蕩亦得蓄積淡水墾作田疇四十里之內所增鹽課又不知幾何此爲四便先此澉浦河道未通之時民病匪腫士鮮文學今開河後不但民無疾病亦又科第聯綿今乍浦一城何止萬家乃發科從無一人皆云氣脉之不通致使天荒之難破若得開濬河道將見風氣默回人文日盛不獨毓秀秖在鹽城行見興文徧於二所此爲五便惟茲五便衆所咸知秖因錢糧之難辦姑俟時勢之可爲竊計興萬年之永利者不吝小費成天下之大事者不阻旁撓苟有利於生民又何難於工役查得南路白洋河四十里上河費銀三千六百十九兩下河費銀五千有奇俱有卷案可考今比照銀數亦應相同本府海塘銀每歲徵貯七千兩在庫專衛捍海之用屈指十年之內萬歷三十九年支銀四千八百兩天啓二年支銀二千九百兩築塘外其餘存積尚多此河開濬原取土造塘備海似應於此項錢糧支用或謂河通有裨鹽課則傍河竈佃皆可照田派工鹺司

羨銀不難破例設處總之出自民力大工終屬畫餅措之官帑何事不可立臻邑之商竈軍民望此舉已久在大有為者立斷而行之爾矣

海〔九山續志〕在乍浦城南二里〔嘉禾志考證〕與明越二州相對深夜籟寂雞犬相聞天日晴朗則東岸之山歷歷可指〔海鹽縣圖經〕若夫天雲忽垂一海盡黑若有漚泡在釜沸泣土人以為海唑唑萬喙殺言海發洪囂如萬喙齊喧也唑發時多在晚夜恒有海鷗千百羣鳴助其愀慯便若崩濤已從空半瀉來元監州至欲登屋脊避無怪爾南唑風多北唑雨多土謠云其暴溢謂之海嘯戲口出殺曰嘯戲海水出之使溢亦應曰嘯也又雨後初霽海色氤氳如炊有海市為樓臺人物車馬狀俗呼曰海現矣夜亦常有火光飛出海數丈許分為碎小火忽又合併作一此則元虛賦中陰火潛燃者是也凡海色晝如空夜如合春如進冬如歸夏秋如驕日海平雪海

深雨海悲風海怒月海樂致不一也（天啟平湖縣志）海塘舊名太平塘又名捍海塘獨山東至金山衛界周家涇西至海鹽縣界長二千二十丈平湖未分明永樂三年左通政趙居任等官按治募蘇州等九府人夫增築海鹽石塘而周家涇獨山一帶仍為土塘至宣德五年始分平湖為縣成化五年縣令李翥比例海鹽石塘牢固奏聞命下三司督同府同知楊冠通判張永等相視經度計條石椿木等料價銀二萬五千九十三兩募工甃砌七年七月初三日颶風大作潮溢自雅山東至楊樹林衛圮五百十丈縣令郝文傑修築九月初一日風濤復作內塘已修者自周家涇東至獨山復圮主簿陳善奉府檄重修八百十九丈其未完者方治二年買石甃砌萬曆三年海溢塘壞自海鹽教場迤北至乍浦一帶皆開河取土築塘以錢糧不給中止（嘉興府志）自此歲徵塘夫銀六百二十五兩有奇以備工作時知縣黃燄議塘石外平內欹潮衝易壞合將欹石橫攔平石縱砌計可久遠然

回仍補葺其議卒未行（浙江通志）國朝康熙五十九年總督覺羅滿保題准海鹽平湖二縣石土塘專交嘉興府同知管理衙内添入海防字樣小有損壞即時修砌其屬轄之巡撿塲員聽其調委分任（乍浦九山續補志）一自金山縣界至獨山石塘長五百二十二丈二尺極衝雍正七年以後至乾隆二年歷修一百三十一丈一自天后宫至海鹽縣界石塘長一千四百八十七丈六尺次衝一自金山縣界至獨山附石土塘長五百二十二丈二尺一自天后宫至乍関鎖鑰附石土塘長三百九十九丈四尺一自乍関鎖鑰至海鹽縣界附石土塘長一千九十七丈三尺一自獨山司城至益山土塘長七百八十九丈一自湯山至楊衙墳土塘長十九丈一自乍関鎖鑰至海鹽縣界土塘長一千五十九丈俱雍正十一年添築（見只編）海上業捕魚者名魚戶戶納魚課始得捕捕之法有罾有閔網有石斷有退簄及鈎𦊟等法遠捕用船近捕用箄並櫓摇櫓亦能破浪行也箄以大

竹貫疊以篾絞草札縛成之罾亦網類口濶二丈淺三丈口周方緣著四竹先以大木穿竹索搥入海底二丈許索浮海面必長八丈方足繫罾與潮極滿之勢等潮至口東向退又西向隨潮迎物受魚家多張罾近者得魚少必遠置鬬牛山東大海中山洋水至深水族所聚魚船日乘潮一往謂之撈罾鬬牛之罾以十月始張六月乃撤海物着網即死夏秋道遠多臭腐不可市耳惟近海罾所得魚鮮好足䟽人口四時不撤矣又有草罾但以草繩結罾張近處用捕海月閑網以竹綴網簽着淺水處高四尺餘長百丈空其一面潮至網沒潮退截水得魚也石斷疊石如城高丈許為費頗多大小惟人力是視所謂扈也得魚曰淴猶之閑網退簄用竹織成口大底尖長二三尺千百連帶以竹插置塗泥上惟鯔魚嗜泥自入簄中尤多鉤用雙鬚者長三尺許以鉤蟶墾用鐵鎝沙虎穴最深須田家大四齒鐵鎝蜆與蛤蜊黃蛤用小四齒鐵鎝大較海物亦按時見美如正月則貴河鲀往時

人罕食者漁人得此棄不顧今則珍爲名饌價亦增貴蜆生沙塗中殼如蛤而薄惟春月肉圓肥無沙梅魚長不過五寸類小黄魚然别是一種也二月鱭魚長尺餘有子者佳稍不及江産鮮蛤一云黄蛤形小味鮮入土甚深壓得捷捉遲即縮入泥中至六月便不可食三月板魚匾薄類板一名箬鰈四月鯧魚馬皋魚二魚皆無鱗鮮而易潰馬皋多烘以爲腊貯罌餉遠此時白蝦以朱腦菊花心見稱蓋子在腹間如黄粟然用椒酒烹口咋肉脱名酒發鰕五月黄魚從洋山網捕鯊魚犁頭燕尾有翅無鱗周身畏沙齒鋒利得魚必向空戲擲而後食常有噬人一髀一足去者土人罵箄户曰鯊魚殘宼所啣恨此魚入石断乃爲人所捕又有虎頭鯊身黑尾尖得之惟堪炙油不中食蓋即江豚類矣鱘魚圓大如箕腥而骨嫩尾長端有銛刺人以手捉能運尾擊之中刺毒腐至骨乃已至鯆魚最稱上品但一二見不能與江産爭多六月黄甲即蝤蛑兩螯極大得即緊縛蒸食美緩縱則介畏

腥水較讓明州殼中黃實也鰳魚䱥雄白殊勝腹子者鱘魚鼻與身等帶甲愈佳而脆美黃賦不減婁東踠城七月白蟹形似蝤蛑稍白食泥而肥海蟄即海月一名水母身圓白頭戴壘塊而赤浮水蠕動得之易而且多質成於水乾之正復無幾八月青蝦隻有重三四兩者漁者腊之曰對蝦凡蝦自四月至此為盛人家烘貯以飣盤案有銀魚細短不若產於河者九月土蚨自八月至此月不復食泥吐白脂晶瑩塗上比他月稍佳貧兒手拾盈桶不過三四錢十月沙虎即蟳蝴一類獨深居沙土約一二尺故殼輭而肥然壑得不易至貿錢隻四五也惟蟳蝴雖穴處而散出聽人攫拾十一月蛤蜊亦壑沙而取肥大少遜通州蟶處深穴故必鈎取以大者為美十二月鱸魚狀與鰲相似味不大佳若四時皆有莫若鯔魚蛇頭鯶身味甘骨鬆俗稱海蘇子最細美熏制薄切明如琥珀片比明海雜着他子散細腥黃美惡自判也他如鰵魚亦時時有大者與鯊鱟二種有重百觔者又比目與

箬鰈彷彿不見貴重惟海鰻肥者可角河鰻其他若孱魚之軟爛瑟蟹之細碎封皮魚之瘠薄蝦塗之作醬鱟之多殼皆下品不足言也大都蟹蛤蟶蜆月滿漸瘦月黑乃肥介屬陰類隨月之暗體為消長耳又水族雖逐時見珎然春夏秋三時種種各具但冬春之際多食泥率皆色黑映減不中盤餐也

乍浦志卷二

乍浦志卷三

里人宋景關纂修

武備

曩披岳元聲籌海圖編暨謝廷傑兩浙海防類考皆稱乍浦爲沿海極衝及讀程楷縣志自正統以來倭警迭告未嘗不歎牖户綢繆端在未雨時也明太祖以馬上定天下廟算經綸洞燭萬里特設守禦千百户英宗又移海鹽後所官軍協力防戍頋其後將家子弟恥以戎伍顯尺

籍久虛團練乏策城遂不守今　國家既弛海禁珠香象犀瑇瑁之屬賈胡囊載而至南關外燈火喧闐衆虞人滿近復建牙開閫分虎旅習昆明水戰關門斥堠嚴譏察詳偵伺誠萬年之勝算一統之鴻規也謹疏其顛末具綴於篇志武備

愚按武備之可稽者始自吳越設乍浦鎮遏使（至元嘉禾志吳越王錢鏐於海鹽之東境乍浦西境澉浦皆置鎮遏使以土之豪傑領之）宋德祐間以元人南下置乍浦水軍拘閫船籍蛋丁設統制

領之（元史）至元十三年正月董文炳師次乍浦統制劉英以水軍降明洪武十九年築乍浦城置守禦千户所正千户一人副千户二人鎮撫一人管軍百户二十人（海鹽縣圖經）正千户正五品副千户從五品所鎮撫從六品百户正六品人轄總旗二人小旗十人軍百人（永樂海鹽縣志）乍浦所調錦衣衛官軍湯成等守禦隸海寧衛（海鹽縣圖經）海寧衛指揮使司在海鹽城內所隸衛衛隸浙江都指揮使司以内隸於左軍都督府有屯田有烽堠有寨（平湖縣志）軍屯二處俱在齊景鄉以二百户領之計旗軍二百二十四名泒種田地二十六頃五十二畝歲收子粒不等（海寧衛志）乍浦所烽堠五座獨山高公山陳山觀山惹山山寨十四座獨樹東寨獨樹西寨蒲山外寨蒲山東寨蒲山西寨蒲山大寨東山寨東山觜寨

益山寨唐家灣寨聖妃宮寨
周涇寨金家灣寨西海口寨有戰船有常積二倉
有演武塲（海鹽縣圖經）沿海衛所每千戶所設備
倭船十隻船為大青為風尖為八槳大
汛二三四五月小汛九十月此五月風多從東北
来倭入犯易也潮牐於海岸鑿之通潮以收海舶
潮至則開潮平則閉在乍浦城南洪武二十七年
乍浦千戶所置常積二倉在乍浦北水關内洪武
二十九年千戶許貞增置四十四間凡十六廒儲
麥米一萬一千五百九十五石八斗四升七合三
勺内嘉善縣徵鮮米一千九百三石一斗二升四
合七勺桐鄉縣徵鮮麦米二千三百五十石六斗
四合二勺俱本折中半杭州府餘杭縣協濟米一
千四百三十二石七斗九升三合一勺湖州府武
康縣協濟米二百五十五石一斗孝豐縣協濟米
三百石七斗紹興府蕭山縣協濟米五千三百五
十三石五斗二升五合三勺俱全折坐給乍後二
千戶所官軍倉初隸衛所帶管正統二年始隸縣

設大使一人演武塲在城南門外周圍二百五十大正廳四間將臺一座〈愚按〉基廣六十三畝八分明嘉靖間倭變死者甚衆署平湖縣事殷廷蘭置義塜於此瘞之　本朝雍正二年設水師營劃一隅為教塲餘蓋造營房五百間〈平湖縣志〉獨山廵檢司城在獨山南明洪武十九年廵撿張觀音奴築周一百二十丈高一丈五尺乍浦白沙灣二廵撿司各設弓兵百人與正軍同操有事聽調隨伍倭變後裁汰每司各存三十四名隨操亦廢僅司廵鹽捕盜之事　國朝額設乍浦鎮廵撿司弓兵三十一名白沙灣廵撿司弓兵三十一名　有軍器局有職基有營房〈海鹽縣圖經〉千戶給地四畝建正廳五間二舍後房五間百戶給地二畝建正廳三間後房三間每軍營房一間軍器局在所署內乍浦旗纛廟在所廳東祀軍牙六纛之神守禦長官武服行禮明初春祭用驚蟄日秋祭用霜降日尋省春祭止於霜降日祭先期集軍士演武塲盛陳軍容奉纛迎入廟中

安置次日致祭若出師則取其纛正統二年撤回以祭班師仍置於廟（愚按）廟久廢

沈家門戍備乍浦西海口（海寧衛志）正統中倭寇屢犯乍浦回軍少奏革出海五百料金字號戰船七十二隻改立寨堡止留小尖哨船二十隻見存西海口聞諸故老云正統以前衛指揮千百户率軍乘戰船哨往沈家門防倭半年始更番或遇颶風全溺或病歿每更番哭聲震地海口居民劉鳳奏云海東遼遠防彼失此枉喪生靈請罷之增沿海堡戍復下議責居民可保無虞否鳳遂自保之乃罷沈家門之役停革戰船增置馬軍馬（海鹽縣圖經）沈家門在定海洋外舟山普陁間信國經理時立水寨防禦永樂七年調衛所戰艦協哨然非本衛衝要必守之地洪熙元年巡撫周幹請撤歸宣德初行在兵部又以為言皆未果撤至正統間撤回增設騎操馬一百五十四匹傳遞塘報在海岸設防而戰艦則減為小尖哨船二十備乍之西海口不復遠汛至嘉靖

中海舩廢盡馬額亦減本衛止四十疋十九年議
存二十匹潊乍二所各十匹武備衰耗極而倭變
適大作八年以乍浦新中倭患奏調海寧衛後所移
署乍浦城貼守〔九山續志〕署在東門大衛乍浦所之西官制同惟百户止十人其
東十里梁莊堡地尤衛增拓為城以指揮一人統
官軍戍焉〔海鹽縣圖經〕正統十二年巡按御史李奎奏建城周八百丈高一丈五尺城樓
二角樓四廳事儀門庖廩共十六楹演武塲在堡
外之西南周二百三十丈演武亭及將臺制如乍
城云〔舊平湖縣志〕嘉靖四十年知縣顧廷對申請
移乍浦廵檢司居之青莎斤鹵已無牧馬塲矣
嘉靖三十二年倭陷乍浦城衛所軍不堪用乃募
民為兵用之設陸兵二營水兵一關改備倭把總

為欽依以都指揮體統行事駐乍浦（嘉興府志遺稿）海鹽陸兵五營分為左右中前後五總左右守海鹽前守澉浦中後守乍浦每營把總一員隊長十五名什長四十五名正兵四百五十名火兵四十五名雜流五十五名（兩浙海防類考）各區戰船先年俱於衛所食糧旗軍內選駕海寧總計二十隻後損者不修缺者不補嘉靖三十一年倭寇船無可用海寧總改募福蒼等船七十七隻官為給稅（海鹽縣近志）嘉靖三十六年設海鹽澉浦乍浦三關水寨兵船七十八隻立把總三員哨官十員正副捕舵繚椗梢手散兵共二千餘名船有福蒼小哨叭喇唬八槳等項名色在乍浦者泊西海口謂之下關在海鹽者泊白塔港謂之中關在澉浦者泊黃道廟謂之上關遇汛月備倭把總率之輪番出哨羊許山等處與浙東臨定直隸吳淞兵船會哨如遇有警合䑸截殺兵備參將則並駐乍浦督發汛畢各船回守本關（天啓平湖縣志）中後二營把總統領

掾練春汛更撥杭州兵五百名協守至五月方撤去〔兩浙海防類考〕兩浙原有考選把總四員分為定臨觀一總松海昌一總金盤一總海寧一總嘉靖二十八年分定海臨觀為二總松海昌國為二總共六總三十六年以六把總事權不重題奉欽依以都指揮體統行事始由朝授焉〔海寧衛志〕浙東西四總自正統間倭夷數犯始設以故衛曰備倭把總嘉靖三十六年因倭夷内擾加欽依自樂堉始加以都指揮體統行事自祁雲龍始　尋以警息議銷兵隆慶四年巡撫谷中虛定嘉興區兵制陸兵一營五總前總守乍浦水兵一關四哨泊乍浦西海口萬曆二十五年巡撫劉元霖選軍餘更立左營資捍禦〔海鹽縣圖經〕隆慶三年汰諸營郡城及衛所三城合留兵五營又汰海鹽澉浦二關水兵留乍浦一關居平泊

守臨汛出哨且有抽選軍丁補兵之議四年巡撫谷中虛定嘉興區兵制曰陸兵凡一營五總中總守嘉興左後總守海鹽右總守澉浦前總守乍浦曰水兵一關凡四哨一哨羊山一哨許山一哨乍浦西海口一哨白墖港其哨守之規則每遇汛月各總遞移屯就遠以資防禦中總屯海鹽左總屯鹽之龍王塘前總屯梁莊後總屯乍浦城右總屯澉之南海口水哨兵遠出海洋各哨所占山嶴南與臨觀海哨會北與金山吳淞海哨會哨陸有籌哨水有符稽驗各有法而陸兵募兵一總軍兵與民壯各二總水兵者舵募兵貼駕用軍兵時當事者以軍與民壯並元在食糧之額用以充抵民兵則兵數不虧餉數自減萬歷初水兵貼駕者復改用民兵僅存軍兵之半時以倭警久息始裁五總中哨又裁白塔港哨船之半不數年釜山見告舊所裁者多補又以乍浦地尤衝兵止一營為弱增設軍兵一總名左營而稱舊左總為中左營舊中總為標營汛時左營屯乍後營改屯龍王塘南標

營自守郡城聽調發移屯之規稍變〔天啟平湖縣志〕其黃道廟舊置澉浦閘處亦增設哨船爲中游右哨而以白塔港爲中游左哨每遇汛期督撫軍門檄嘉湖兵巡道同分守參將躬至乍浦督發兵船出戍海洋乍浦所城左營軍兵一總於該所軍餘内挑選計四哨名色把總一員哨官四員隊長十二名什長三十六名兵三百二十四名戰馬一匹雜流吹鼓旗手二十四名前營民兵一總計五哨名色把總一員哨官五員隊長十五名什長四十五名兵四百五十名戰馬一匹雜流吹鼓旗手二十五名二營防守城池汛期前營出守梁庄東至大營盤與直隸金山營西至乍浦教場與本區左營各官兵會哨左營出守西海口東至梁庄大寨與前營南至白馬廟與後營各官兵會哨中游左哨即白塔港哨本參中軍官統領沙船五隻小哨船七隻唬船十隻捕舵兵四百十名平時沙船收泊乍浦併艅合腙小哨船泊秦駐山唬船分汛内河巡緝鹽盜汛期俱泊白塔港遇警策應游守

各哨仍輪撥兵船與羊許乍浦三關官兵會哨中游右哨即黄道關哨本泰中軍官無攝小哨船三隻唬船六隻捕舵兵一百五十六名平時泊守與左哨同汛期專汎黄道廟哨守羊山哨備倭把總統領總哨官一員福蒼沙哨唬等船共二十隻捕舵兵薪三百四十六名平時泊乍浦西海口汛期出守羊山聖姑礁許山哨總哨官一員福蒼沙哨唬等船共十九隻捕舵兵薪三百六十六名平時泊乍浦西海口汛期出守許山守關哨總哨官一員統領蒼沙哨唬等船共十八隻捕盗兵薪三百六十名平時泊乍浦西海口汛期出守唐家灣三哨各輪撥兵船前往浙東沙塘衢東等礬與直隷吴淞金山官兵會哨參將於各哨撥福蒼等船一隻綱船六隻居中往来調度汛畢收泊乍浦關訓練仍撥叭喇唬船輪出外洋哨探（東大任出汛篇

乍浦在平湖廿里外大海客迹賊船得風瞬息可達嘉靖乙卯之事可鑒哉余濫竽偹兵春汛偕馬參戎及文武將吏誓師而返紀事六章材官分水

陸大將善防倭月酌吳山上花吟越海阿潮聲喧鼓吹檣影綴干戈銅柱千秋績還歸馬伏波鸞鳳彌花縣貔貅肅柳營繭絲敷惠政韜畧重邊城海汛因潮見山行與石爭人和天更險夜柝盡銷烽祲臨風靖天戈耀日暉書生慙俎豆亦欲試戎衣蛟室渾難辨蜃樓淡若飛陽回凍未鮮庶或助兵威石潤潮侵岸雲蒸花溢堦短衣堪射虎當道莫容豺越國雄風舊秦山瑞氣佳乍猜翻積雨天為掃陰霾問道嚴招撫先聲好豫防昔年殷鑒在今日帝圖昌雲漲于郊麥春穠萬樹桑勝兵良吏具仁義是金湯歡聲傾海甸喜色動茅茨為有舞干化同欣納款時四夷長自守六月詎興師擊節賡帷罷停盃再賦詩萬曆甲辰仲春（愚按此詩石刻在苦竹山天后宮殿側

國初並除順治十三年移嘉協右營駐防乍浦守備一員馬步兵三百三十五名續撥防各縣汛今存一百

五十三名

順治七年嘉郡額設副將一員兩營都司二員中軍守備二員千總四員把総八員十一年裁副将改設遊擊一員移駐海鹽標下兩營守備左營駐防郡城右營駐防乍浦其千把各員分防七邑市鎮十八年修復乍浦砲臺山寨撥兵瞭望康熙四年分左右兩營各歸管轄右營專轄嘉善平湖王江涇斜塘天寧庄等汛馬步兵丁本營原額九百名四年調兵八十五名赴太湖營七年題准乍浦帶兵三百三十五名分防沿海臺寨九年裁兵九十名本營實存馬步兵七百二十五名除沿防各縣汛外隨防乍浦兵一百八十三名五十年改遊擊為副将駐郡城移左營守備於海鹽五十七年撤調斜塘汛千總一員兵三十名歸入乍浦防西山嘴砲臺合前兵數共二百十三名未幾設水師千總及兵仍撤去嗣又陸續撥兵存郡現在守備駐防乍浦者實帶兵一百五十三名内馬兵九名戰兵三十四名守兵一百十名教場在守備署之東雍正二年設

乍浦水師營總督覺羅滿保題設乍浦原屬定海鎮右營汛地既設水師歸提標管轄

遊擊一員守備一員千總一員把總二員五年添設外委千總一員外委把總二員水兵五百名內戰兵二百二十四名守兵二百七十六名戰船十隻內水艍船二隻南艚船四隻哨船四隻編時字號紅衣砲八位百子砲四十位旁山砲二位俱配戰船營房五百間在南門外教場

六年設滿洲水師營因滿洲蒙古兵駐防杭州者不習水操特命將軍鄂彌達總督李衛會議遂分營於乍浦習之仍屬杭州將軍兼轄

副都統一員係杭州右翼滿洲副都統移駐

協領五員內滿洲四員蒙古一員俱兼本旗佐領事又左營協領一員掌左司關防管理錢糧刑名右營協領一員掌右司關防管理軍馬器械

佐領十一員內滿洲八員蒙古三員又

兩營各一員委署前鋒翼長防禦八員內滿洲六員蒙古二員俱委署前鋒章京驍騎校十六員內滿洲十二員蒙古四員以上各員左營自杭州移駐右營自江寧移駐滿洲稱副都統曰校倫章京協領曰固山大佐領曰牛彔章京其委署前鋒翼長曰噶喇大防禦曰蘇喇章京驍騎校曰分得撥什庫自協領以下俱就本營推陞理事同知一員理旗民爭訟事兼管倉糧筆帖式二員主繙譯清字舊從部發乾隆十一年始聽本營考授本文衙亦推陞驍騎校按品秩副都統正二品協領參將並正三品遊擊從三品佐領正四品同知防禦守備並正五品驍騎校正六品千總從六品把總正七品筆帖式巡檢並從九品甲兵一千六百名左營八百名自杭州移駐內左翼鑲黃鑲白正藍係滿洲正白係蒙古右翼正黃鑲紅鑲藍係滿洲正紅係蒙古右營八百名自江寧移駐左翼正白鑲白正藍係滿洲鑲黃

係蒙古右翼正黄正紅鑲藍係滿洲鑲紅係蒙古每旗兵一百名内領催委署前鋒校一名領催五名委署前鋒十一十二名不等滿洲稱前鋒校曰專大領催曰撥什庫前鋒曰噶百什顎披甲曰鄔克伸以披甲派作親軍曰戈什哈閑散壯丁曰蘇喇領外弓匠箭匠鐵匠各十六名共四十八名派入各佐領下係雍正十一年添設又舊制滿營官兵病殁即焚化函其骨運送至京埋葬乾隆二十一年始聽於本地埋葬官為置塋域今滿營塚地在西門外官馬一百三十五匹甲兵馬三百匹乾隆二十年部議裁甲兵馬二百五十匹

綠旗水兵四百名

因滿洲未諳水操特撥水兵教演之内定海鎮抽兵一百五十四名黄巖鎮抽兵六十六名温州鎮抽兵五十名瑞安營抽兵二十八名鎮海營抽兵四十二名乍浦營抽兵六十名雍正九年添設外委千總一員外委把總二員乾隆十一年巡撫常安題准綠旗水兵酌留二百名仍歸叅將管轄其餘二百名俟有缺出

停其募補即將滿洲餘丁陸續挑補嗣經部議於酌留二百名內止留六十名其餘裁汰十二年杭州將軍薩爾哈岱以部議所留六十名不敷戰船之用題留一百十五名十五年乍浦副都統覺羅額爾登題裁南繒船四隻額外再留水兵二名現在捕盜正副舵工繚椗斗手額存一百十七名其餘八十三名俟滿洲餘丁補足二百名時再行裁汰

戰船十八隻原設二十二隻內大趕繒船九隻小趕繒船九隻南繒船四隻編寧謚字號後汰南繒船平時收泊海口閘閘在天后宮後元時番船由此乘潮過塘經聖塘閘至廣陳鎮明代春秋二汛戍海船亦收泊於此後漸淤塞雍正七年設滿洲營復將閘開濬水操在西山嘴有臺一座為副都統閱武處杭州將軍歲亦再涖焉

營房三千二百間在城東北隅初繚以竹籬乾隆六年改甃以磚內十六旗各設堆子房一所

又綠旗水兵營房四百間在城東南隅

有盤詰

廳陸門四各三間水門二各二間滿洲呼為堆子房每門佐領驍騎校率兵十名更番值宿掌門之管鑰以時啟閉焉

有永備倉在滿洲教場西乾隆六年建頭門五間正廳三間厫三十二間每月俸糧二百石兵餉一千六百石係本府七縣循環解貯

有教場滿洲教場在東門內計七十五畝演武廳三間耳房二間後房三間旗桿一根照墻一座乍浦水師營教場在西門外龍王塘計二十一畝二分官廳三間圍柵旗臺照墻各一座並雍正八年建

有軍器局

有火藥局並在北門內舊倉基各六間雍正八年建又火藥房在南門內城脚下計六間係水師所轄火藥先在此房碓碎然後運貯局內

有礮房舊有大砲四小砲六散布城巔並崇禎季年南京鑄造乾隆二十一年建屋五間於南門城上貯之係陸營所轄

其烽堠臺寨自西徂東則有蒞山礮臺陸營所轄撥兵十名乍關鎖

鑰水師所轄撥兵六名天后宮礮臺水師所轄撥外委一員兵二十四名西山嘴礮臺水師所轄撥兵二十五名滿洲汎防禦一員前鋒校及前鋒等二十名輪守內有屋六間湯山寨觀山寨陸營所轄各撥兵三名唐家灣寨水陸各撥兵三名稽查舩隻陳山寨常山寨高公寨陸營所轄各撥兵三名萊蕪港寨水陸各撥兵五名稽查舩隻金家灣寨陸營所轄撥兵十名東山嘴寨暈頂寨蒲山寨澉浦寨珠冠寨陸營所轄各撥兵三名梁莊寨益山寨陸營所轄各撥兵五名獨山寨礮臺平湖城守所轄撥兵十名茅竹寨平湖城守所轄撥兵五名迤東至獨樹林接江南金山衛汎地潮長俱可泊船其海汎外洋則有大羊山小羊山大小羊山相倚中隔一港三四

里許大羊山稍東南小羊山稍近西北與江南灘交界東南屬定標北屬崇明鎮西南屬乍浦營山滸山屬乍浦營魚腥腦南屬定標北屬乍浦營黃盤四嶼山東南屬定標西北屬乍浦營野黃盤山屬乍浦營內洋則有金山與江南交界西北屬乍浦營菜薺門乍浦境白塔山巫子山並澉浦境與嘉協左營交界舜山南屬鎮海營西屬錢塘水師營東北屬乍浦營筊杯山逼近塗面無停泊船隻凡乍浦海口一帶塘以上屬嘉協右營管轄塘以下海面屬乍浦水師營管轄官兵船隻兩月一輪更換出洋滿洲不與焉九年改遊擊衛為叅將雍正七年總督李衛題准嘉協右營守備屬乍浦營遊擊就近兼轄遊擊仍聽嘉協副將節制九年改遊擊衛為叅將不受副將節制其右營守備就近兼轄如故今則乾守備止隸副將官馬原額十六匹後增二匹

隆十九年調海寧兵備道標下守備一員千總一員把總二員塘兵一百名隸乍浦水師營（時海寧塘工久竣兵備道裁汰將兵歸入乍浦營房一百間在陸家橋及塘口乾隆二十年建）營分左右以舊守備領左營新守備領右營云（兩營兵匀派各三百名）

乍浦志卷三

乍浦志卷四

里人宋景關纂修

職官

乍浦之始設官也其詳不可得聞矣唐宋以降稍見傳紀然姓氏弗傳前明特重防海備倭把總暨千百户建闔城中而巡檢居獨山梁莊為犄角勢　國初命官祗守備廵檢兩職開海後民居漸密移駐嘉興同知用資彈壓既而練水師置恊将戍八旗官校設理事同知節制以副

都統控馭之方益加密焉蓋昔之善形勢者謂沿海堡戍乍浦為首蒲圭為尾實西浙之咽喉東吳之門戶今之星羅碁布繩貫絲牽豈非所以奠乂我蒸黎彌縫其災害乎慎斯術也以往於萬年清晏乎何有志職官

明

乍浦所正千户王林客雲人洪武二年募隸大寧前衛靖難累功陞平陽衛正千户永樂三年至傳端政景泰元年征金華受賞雄綬璽鏜嘉靖三十二年倭自臨寇乍夜圍城會大雨城陷鏜時已致仕率其子分軍巷戰力盡被執不屈罵賊死瘞湯山邦

振有年建忠（愚按乍浦所正千户洪武間有許貞旋陞海寧衛指揮僉事去天順間有黎勝後絶功次無考）

乍浦所副千户王禮（淌帖木兒小河人洪武二十年歸隸永平衛靖難戰歿弟永平永樂二年陞副千户子王禮襲十七年至）傳節鉞淮縱隆（嘉靖三十二年倭冠八大王擁衆踰梁莊繼隆率百户楊臣康綏追之賊設伏於古廟中突出俱被害祀海鹽英烈祠葬觀山）國昌（陞正千户葬尖山）世勳

乍浦所副千户李貴（李華崇明人安豐趙丞相千户至正已亥渡江降取南昌克岳州克蘇州陞鷹揚衛百户克潼關征鞏昌定西甘肅洪武九年子貴調羽林左衛充參將侍舍人征金山赤迷河陞海寧衛副千户三十三年至永樂六年征交趾）傳俊（宣德二年征交趾戰傷

智正統十四年征金華受賞叡錦繡師中師正應芳復春

乍浦所副千户褚倫褚隆五宜興人丁酉歸子貴洪武十一年補調燕山右護衛靖難累功陞邳州衛副千户傳倫永樂十六年至傳禎貞能廉俊文通應麒

天祿

乍浦所副千户楊榮先歷城人洪武九年歸隸濟南衛征雲南三營寨箭傷陞總旗十七年至海運守龍灣高資鎮渡靖難師陞副千户傳興剛華瑄珩奎鰲

絶

乍浦所鎮撫張性張盟太湖人偽漢鎮撫至正辛丑江州降陞英武衛所鎮撫征福建傳子林從東川侯戰歿傳姪性洪武二十七年至傳瑛仁恍恩惠應乾國

治鵬舉

乍浦所百户王闢巢縣人至正丙申歸魏國公徐達取鎮江征蘇州攻胥門箭傷取延平接應大同攻札興脫里別營鎗傷征雲南攻蠻子寨陞百户洪武二十四年至　傳恭諒資鉞明應勳國卿家棟

乍浦所百户芮成来安人至正甲午歸曹總管克和州陳也先營授小旗克蘇州福州陞平陽衛總旗征甘肅陞虎賁右衛百户洪武二十七年至　傳卣讓英雄官綬琛經繼芳

乍浦所百户苗文貴苗買兒和州人至正巳未歸隷留守衛征浙江戰殁子仲誠補征中原戰殁子應春補征雲南授小旗征北平陞總旗征金山赤迷河陞錦衣衛百户調永寧所傳

文貴二十七年至傳正坪得霖濟民

乍浦所百户季成蕭縣人吳元年歸隸驍騎右衛取鳳翔臨洮陞總旗征哈喇卜魚兒海子陞紹興衛百户洪武二十八年至傳禮忠海椿霆鏜武昌紹斌

乍浦所百户錢騄錢興盱眙人至正乙未歸克和州綵水軍衛征雲南殁子聚補征迤北累功陞百户洪武二十九年至征安南受賞傳貴鋪正統十四年征處州金公巖戰傷殁

鎮洪浩淮良臣良宰

乍浦所百户戴廣戴禮大冶人丙申歸廖總管收苗軍水寨攻蘇州齊門中砲殁子廣補併鎗勝授總旗以出海年深陞百户洪武二十九年至傳英正統三年征處州受賞玉

恩魯大實勦倭累功陞海寧衛指揮僉事承勳舜華

乍浦所百户葉壽葉福華亭人吴元年歸隷和陽衛授小旗征汴梁克潼關征定西迤北征雲南陞鷹陽衛總旗弟壽代海運累功陞百户洪武三十年至傳俊英景泰元年征僉華受賞茂松勛繼塤萬叢有光

乍浦所百户張通張玉住江都人至正乙未歸隷潭州衛攻何萬户寨克保慶授小旗征梁陝太原陞總旗征蜀建昌戰歿子通洪武三十年陞百户至傳文正能旺忠洪深勳潮大成雲鵬閎達

乍浦所百户徐勝徐福巢縣人至正丁酉歸桑院判征江西及蘇湖選授總旗四川戰歿子勝補征迤北雲南陞百户洪武三十年至傳榮正統八年倭寇登岈榮與官軍路德等奮勇力戰死之奠湯山政鋭洪乾學孔一麒

乍浦所百户朱潑朱大太和人至正乙未歸張萬户中丞水寨戰歿子潑養補攻陳也
先營戰歿子二補克南臺鎮江丹陽取宣州
廣德子玉補傳潑陞百户洪武三十一年至傳真
銘縉永雲山世勳萬里夢熊

乍浦所百户康泳嵩縣人洪武四年募授虎賁左衛小旗征北平雲南鄧州陞府軍衛
總旗三十一年陞百户至傳弼榮正統十四年征金華受賞寧輔綬嘉靖三十二年
禦倭於白馬廟戰歿葬湯山　汝暘汝昇

乍浦所百户李得李遇真定遠人至正乙未歸隸和州克太平陳也先營攻鄱陽湖戰
歿子遇春補攻蘇州戰傷子保代洪武二十年征
金山赤迷河征火焰山受賞陞錦衣衛百户傳得
三十三年至傳政景泰元年征處州受賞勛明鼇加相大經助國

乍浦所百户陳景諒陳驟蒙城人至正丙申歸宋總
管克鎮江洪武三年征定西克
四川克諸洞蠻夷十年陞總旗征西番追兀冠至
連雲棧二十四年陞虎賁左衛百户子景諒三十
五年傳子英朴綬嘉靖三十二年倭倫嘉言彦文
至陷乍浦城死之
乍浦所百户王真王傑武進人至正丙午歸隷蘇州
衛征蘭秀山擒倭寇受賞子福陞
龍江右衛百户傳真永樂元年傳惠玘經贇瀚孔
至正統十三年征福建受賞
道

乍浦所百户陶九陶小乙滁州人至正丙申歸攻豐
城五子門洪武元年征江西戰歿
子九補十九年至永樂十二年下西洋傳義暹景
白沙岸戰捷陞總旗十四年陞試百户泰
元年征金裕英鸞子良堯仁
華受賞

乍浦所百户胡拜住胡阿三江陰人至正丁酉歸廖守忠甲辰隸横海衛洪武七年調澉浦所總旗子拜住補二十五年海運高資港渡靖難師陞本衛千户至傳斌英寧浹樑武宣以罪戍寧弟美之孫坤降襲本所百户坤勝宗

乍浦所百户朱敬朱祥三永嘉人至正丁未歸隸水軍衛子亞文補永樂中征西洋瓜哇國十八年授試百户子敬正統八年至傳文保壐嘉靖三十三年卒兵追倭於嘉興戰殁臣榮天芳繼光

乍浦所百户楊名楊僧兒東河人洪武元年募隸永清右衛十四年征灰山殁子正補靖難累功陞鳳陽衛百户永樂七年征交趾殁傳名正統八年至傳暉恩臣嘉靖三十二年禦倭於白馬廟力戰死奐演武塲後絶

乍浦所百户劉勝劉莊昌邑人洪武四年募編燕山衛子添兒補靖難累功陞揚州衛百户子勝正統八年至傳鏞溥權應隆納級海寧衛指揮僉事學斌學顏之傑

乍浦所百户劉政劉大儀真人至正丙申歸隸江陰衛子斌補永樂三年下西洋陞小旗九年西洋錫蘭山谷擒王陞百户子政正統八年至傳福俊洪彦才嘉靖三十三年禦倭累功陞本衛指揮僉事子國英襲百户國英纓武紹邦

乍浦所百户劉鏜劉思辰洪洞人洪武十四年歸隸江陰衛陞總旗調杭州右衛景泰三年孫買奴陞百户傳至鏜嘉靖五年至後無考

乍浦所百户周元起周翼明本所人由會試武舉任昌國把總萬曆四十六年領浙

兵為都督劉綎先鋒從寬甸路深入五百里破牛毛馬家深河古火狐狸等十五寨至橫壤兵潰戰歿賜祠子元起

實授百户世襲

後所正千户李榮李忠蕭縣人至正丙午歸隸徐州衛克梁陝攻上都征迤北子淮代洪武二十年征金山陞總旗靖難白溝河戰歿子榮陞百户夾河大戰陞副千户靈壁大戰陞正千户永樂十五年至傳亨通調守乍浦珪奎欽德椿國勳正芳

後所副千户趙敏趙真亳縣人至正乙亥歸隸滁州衛攻杭州克福州南昌陞宜興衛百户洪武元年征太原克陝西子敏襲征遼東抵金山赤迷河二十七年陞副千户至傳信義廣琮振子龍邦濟元輔

後所副千户王威王文清流人至正乙未歸張萬户得才克和州渡江克太平丁酉湯

大夫和舉授武信將軍克湖廣陞撫州所百户吴元年克福建没子禮襲征雲貴克麓川羅臺莽臻等寨十八年陞濟寧左衛副千户子威三十四年至傳翼良欽正綱國臣三聘德化

後所鎮撫沈忠沈貴麻城人至正癸卯歸隸水軍衛没子瘦兒補永樂七年征西洋陞小旗又征西洋陞試百户子忠宣德二年陞所鎮撫至傳安榮鑾禎光裕上元

後所百户杜貴杜斌亳縣人至正甲辰渡江歸授興武衛小旗克蘇州陞總旗征中原策應大同征沙漠二十二年陞應天衛百户子貴襲二十六年至傳勇忠禎英綬君邦憲懋功繼美

後所百户郭斌郭著固始人洪武八年募隸武德衛征伯顏平章追虜至連雲棧遂充錦

衣衛長随二十六年授府軍左衛百户傳安榮方
子斌襲是年至永樂四年征廣西受賞
正元臣

後所百户岳玉高郵人吴元年歸授龍驤衛小旗攻
魯汴陝薊陞總旗征赤迷河陞豹韜
衛試百户洪武傳安嵩岫洪恩忠世宰
二十七年至

後所百户李復李三金華人至正戊戌歸征紹興攻
蘇州克咸平捕蘭秀山冦授興武衛
小旗征灰山陞總旗洪武二十八年傳林本宗檽
海運沒子復補三十年陞百户至
釗春先

後所百户汪淵汪隆民望江人洪武四年收隸龍驤
衛調燕山前二十三年子民歌補二
十八年弟轉兒補靖難夾河戰沒弟傳貴濟恩仁
淵永樂七年陞試百户十六年至

元明鏜

後所百户仲義仲文泰州人吴元年歸隸豹韜衛子閏僧補靖難累功陞莊浪衛百户傳義正統八年至傳昇春鎮鰲世勲

後所百户劉斌劉仲寶應人洪武十年募隸虎賁左衛子成補征雲南子忠補靖難累功陞莊浪衛百户永樂六年征迤北歿姪斌襲正統八年至傳英廣宣震

後所百户吴乾吴信南城人至正辛丑歸隸建昌衛吴元年伲福建子成代陞豹韜衛百户征金山赤迷河子毅調海寧所宣德二年征交趾戰歿傳浩濬銓乾正德十一年至傳鳳

歧國勳正仁中俊

後所百户袁金袁全蒙城人至正戊戌随劉元帥降守宣州征江西陞千户攻邵武南門

箭傷歿傳友調碣石衛傳通降調紹興衛所鎮撫征交趾歿傳福祕延平陞正千户傳恩金降百户嘉靖十六年至其子仍襲紹興衛千户去愚按後所千百户自正統八年移守乍城子孫遂世官於乍終明之世無所改與守梁莊之指揮久暫攸殊例應詳列職官平湖縣志失載今採海鹽圖經纂入海鹽縣圖經徐玠海寧衛指揮使為人言論侃侃好與賢士大夫交晚守乍浦鋤强植善弊規汰革一新乍人好訟畏之帖服

備倭把總樂塤處州衛指揮嘉靖三十四年任楊憲海門衛指揮嘉靖三十六年任祁雲龍温州衛指揮嘉靖三十九年任章延廩會稽人嘉靖四十二年任潘吉徽州人嘉靖四十五年任季金松門人武進士隆慶二年任韓沛三江所人武進士隆慶六年任王三錫臨山衛指揮萬曆四年任陳良玭義烏人萬曆八年任文棟

濟寧衛指揮萬曆九年任陳洪範龍江衛人武進士萬曆十年任梁文元旗手衛人武進士萬曆十四年任戴敏忠台州衛指揮萬曆十七年任張景房常熟人武進士萬曆十九年任陳祿義烏人萬曆二十一年任郭大忠海寧衛百戶武進士萬曆二十一年任陳夢斗昌國衛指揮萬曆二十二年任趙文憲涇縣人武進士萬曆二十六年任王逢源杭州前衛指揮萬曆二十九年任崔天賜海寧衛指揮武進士萬曆二十四年任范涵湖州守禦所千戶萬曆三十九年任胡廷相處州衛指揮萬曆四十三年任湯鉞興化衛人武進士天啟元年任趙應科臨山衛指揮天啓三年任翁偉仁和人武進士崇禎十三年任

乍浦鎮巡檢司巡檢祁僧伽奴張觀音奴褚貞李紀

雷騰吳鏜張良王之民陸泰高紳吳繼曾李金劉

文耀宗樞年代俱無考

國朝

嘉協右營守備談宗道武進人武進士順治十三年任（愚按）守備駐乍自談宗道始先是防乍者有張時雨陝西人係右營都司劉英天津人係右營守備又國初乍浦有部推千總呂國定大興人由鑾儀衛治儀順治十二年任賈虎宣府人由將材順治十五年任十七年裁缺

羅士成陝西人順治十七年任李禎奇徐州人康熙元年任李奉雲固原人康熙二年任孫篤[illegible]韓城人武舉康熙十二年任林一春樂亭人康熙十五年任朱秉正京衛人武進士康熙十六年任柴京澤太平人武進士康熙二十五年

任李應祥順天人康熙二十九年任黃謙濟陽人武舉康熙三十五年任王珍漳浦人康熙四十三年任孫世雄錢塘人康熙四十八年任馬天喜江夏人康熙五十三年任姜光祖建德人雍正二年任林正達連平人雍正三年任孫宏士奉天人驍騎校雍正六年任王廷祥建德人雍正九年任黃耀晋江人乾隆三年任徐熙銅山人武舉乾隆四年任鄭宁河間人乾隆七年任董世昌鄞縣人乾隆十五年任

乍浦鎮巡檢司

巡檢陳景星兖平人康熙四年任何俊公閩縣人康熙十三年任張萬里華州人康熙十六年任黃阮真定人康熙十八年任臧洪福萊蕪人康熙二十四年任丁起鯉平陰人康熙三十三年任胡文博兖平

人康熙五十年任李琰大興人康熙五十五年任范國鑑宛平人雍正二年任王之瑾宛平人雍正五年任開靜世太平人雍正九年任任鋕海漂陽人雍正十三年任徐坦天長人乾隆十二年任

嘉興府海防總捕同知李天植山東人監生康熙五十六年署任王沛聞睢州人監生康熙五十七年任黄肇南奉天人監生康熙五十九年任王以和奉天人監生康熙六十年署任曹秉仁富平人監生康熙六十一年任雍正五年入覲廖坤署坤汀州人由監生白環平定人監生雍正六年任趙德望大興人貢生雍正七年署任張若震桐城人副榜雍正乙年任盧承綸奉天人監生雍正九年任張昌國奉天人監生雍正十二年署任林緒光閩縣人舉人乾隆三年任七年赴江

西辦米宋雲會署雲會膠州人由進士工制義有須江近藝數十篇梓行八年赴福建辦木陳同善署同善三原人由舉人至十年始回任林為閩望族公父文英以五經成進士康熙己卯公年二十舉於鄉初任蘄水令憂去服闋補平湖多惠政擢員外郎出為冀州知州尋以宰湖時錢糧詿誤下獄浙江總督李公衛重其才疏薦署海寧縣築尖山塘功最陞東塘同知移乍浦海防甫下車即建九峰書院延邑進士陸培為山長日有程月有課士風蒸蒸日上嘗謂安民之本在於戢吏涖任八載胥隸無敢因緣為奸者遷雲南永北府知府九峯子弟歌詩以送之名棠外集耆老更為樹去思碑初艱於嗣在永北二載生一子以內艱歸家徒四壁立其操守可知已乾隆十六年赴京補職行次衢州暴病卒年七十有二生平喜為詩有獄中吟藁闈中雜咏餘齋存稿

高國楹奉天人監生乾隆十一年任十二年入覲鮑鈔署鈔奉天人由貢生工詩有道腴堂詩編三十卷梓行

葉齊馬平人貢生乾隆十三年署任宗紹彝漢陽人進士乾隆十四年任李星曜銅山人貢生乾隆十八年署任宫去吝高密人貢生乾隆十九年任二十一年赴湖廣辦米傳栻署栻奉天人由監生

乍浦水師營遊擊黃天寅澄海人武進士雍正二年任廉介有守時論高之栁進忠晋江人雍正六年任時奸民奉檄鑿湯山勢張甚公密揭督院李公衛請勒石永禁乍賴以寧

乍浦水師營叅將栁進忠雍正九年題改裴鉽武陵人雍正十年任董方同安人乾隆二年任黃壽饒平人乾隆六年任張燦惠來人乾隆九年任洪龍同安人乾隆十二年任魏宗聖永嘉人乾隆十三年任顧金策崇明人乾隆十

七年任江起蛟鎮海人乾隆二十年任

乍浦水師營守備祝陞同安人雍正二年任李敬鎮海人雍正三年任凃彬建寧人雍正六年任韓國榮同安人雍正十年任魏川連江人乾隆二年任江起蛟鎮海人乾隆十一年任陸鯨鎮海人乾隆十七年任

乍浦水師左營守備時調兵備道標下守備千把總等官歸入乍浦水師營營分左右以舊守備領左營新守備領右營郁士貴鎮海人乾隆十九年任金彪金華人乾隆二十二年任

乍浦水師右營守備鮑濬山陽人乾隆十九年任

乍浦水師營千總王天麒黃巖人雍正二年任余定國潮州人雍正五

年任　吳得功福昌人雍正九年任　鄭謝天詔安人乾隆二年任　余啟賢定海人乾隆八年任　李芝茂漳浦人乾隆十四年任

乍浦水師左營千總　李芝茂乾隆十九年分隸　林彪鎮海人乾隆二十一年任

乍浦水師右營千總　朱山嘉定人乾隆十九年任　張鵬飛海寧人乾隆二十二年任

乍浦滿洲水師營副都統　傅森係滿洲雍正六年任公初鎮乍時兵有怙勢虐民者輒痛懲之境內以安尋擢杭州將軍民遮道送以千計　薩爾哈岱雍正十二年任公由本營佐領當遷秩受　世廟特達之知不數月即膺閫外寄代傅公益以法懲暴戢奸溢

任十年民戴之如慈父母亦擢杭州將軍覺羅額爾登乾隆八年任卓鄂乾隆十六年任德馨乾隆二十年任

乍浦理事同知係滿洲鄂善雍正七年任成貴舉人雍正九年任富紳乾隆元年任二年春海寧築塘需石移文採乍浦觀陳諸山民情洶懼公指陳利害咨揭閣院稽公曾筋得奉檄永禁尋擢嚴州府知府衆為勒碑誌去思焉蘇彰阿乾隆五年任同德乾隆十三年任博周乾隆十四年任松柏乾隆十七年署任靈保乾隆十八年任舒瞻進士乾隆十九年署任工詩有蘭滋堂集十卷梓行明祿乾隆二十一年署任圖善乾隆二十二年任

乍浦滿洲水師左營左翼協領轄鑲黃鑲白正藍三旗係滿洲阿爾

法雍正七年任　拴柱雍正七年任　鄂林阿雍正十三年任　鄂金乾隆十七年任

乍浦滿洲水師左營右翼協領轄正黃鑲紅鑲藍三旗係滿洲　拉什泰雍正七年任　善泰乾隆九年任　佛紹乾隆十一年任　媽善乾隆十七年任

乍浦滿洲水師右營左翼協領轄正白鑲白正藍三旗係滿洲　也楞泰雍正八年任　塔岱乾隆六年任　查楞泰乾隆十七年任

乍浦滿洲水師右營右翼協領轄正黃正紅鑲藍三旗係滿洲　北京雍正年任八　薩爾哈岱雍正十二年任　色克圖雍正十三年任　滿色乾隆十七年任

乍浦滿洲水師營蒙古協領轄左營正白正紅右營鑲黃鑲紅四旗係蒙古

明亮雍正九年任　常奎乾隆十七年任　石保柱乾隆二十年任

乍浦滿洲水師左營鑲黃旗佐領係滿洲

阿爾法以協領兼管雍正七年任　黑子雍正八年任　佛紹乾隆五年任　査蘭泰乾隆十一年任

海霖阿乾隆十三年任

乍浦滿洲水師左營正黃旗佐領係滿洲

蘇巴里雍正七年任　鄔林阿雍正十一年任　虎什泰雍正十三年任　善泰乾隆三年任　佛紹以協領兼管乾隆十一年任　嫣善以協領兼管乾隆十七年任

乍浦滿洲水師左營正白旗佐領係蒙古

寧柱雍正七年任

納黑圖乾隆十七年任

乍浦滿洲水師左營正紅旗佐領係蒙古明亮以協領兼管雍正七年任　納禮滾乾隆十七年任

乍浦滿洲水師左營鑲白旗佐領係滿洲鑾色雍正七年任　傅德乾隆三年任　富爾賽乾隆八年任　媽善乾隆十四年任　三格乾隆十七年任

乍浦滿洲水師左營鑲紅旗佐領係滿洲拉什泰以協領兼管雍正七年任　賽堪乾隆九年任　哈善乾隆十五年任

乍浦滿洲水師左營正藍旗佐領係滿洲拴柱以協領兼管雍

正七年任鄔林阿以協領兼管雍正十三年任鄂金以協領兼管乾隆十七年任

乍浦滿洲水師左營鑲藍旗佐領係滿洲伊勒圖雍正七年任張鎖乾隆十四年任

乍浦滿洲水師右營鑲黃旗佐領係蒙古妞妞雍正八年任石保柱雍正十一年任

乍浦滿洲水師右營正黃旗佐領係滿洲北京以協領兼管雍正八年任薩爾哈岱以協領兼管雍正十二年任色克圖以協領兼管雍正十二年任滿色以協領兼管乾隆十七年任

乍浦滿洲水師右營正白旗佐領係滿洲也楞泰以協領兼

管雍正八年任　塔岱以協領兼管乾隆六年任　查楞泰以協領兼管乾隆十七年任

乍浦滿洲水師右營正紅旗佐領係滿洲

咸什保雍正八年任　石壽雍正十年任　富山泰乾隆二年任　有舒乾隆十六年任　佈爾納乾隆二十年任

乍浦滿洲水師右營鑲白旗佐領係滿洲

色克圖雍正八年任　巴金泰雍正十三年任　戳渾泰乾隆十五年任　德柱乾隆二十年任

乍浦滿洲水師右營鑲紅旗佐領係蒙古

常奎雍正八年任　三保乾隆二十一年任

乍浦滿洲水師右營正藍旗佐領係滿洲

薩爾哈岱雍正

八年任　查楞泰雍正十二年任　依什泰乾隆十七年任

乍浦滿洲水師右營鑲藍旗佐領係滿洲　塔岱雍正八年任

破臉乾隆七年任

乍浦滿洲水師左營正白旗防禦兼轄正紅係蒙古　常保雍正

七年任　納禮滚雍正十三年任　達蘭泰乾隆十八年任

乍浦滿洲水師左營鑲白旗防禦兼轄鑲黄係滿洲　黑子雍正

七年任　色楞泰雍正八年任　富德雍正十二年任　常林乾隆三年任　賽

堪乾隆四年任　鄔藍泰乾隆九年任　海霖阿乾隆十二年任　常明乾隆

十三年任

乍浦滿洲水師左營鑲紅旗防禦兼轄正黃係滿洲薩爾泰雍正七年任富爾賽雍正十三年任張鎖乾隆九年任哈善乾隆十三年任霍林乾隆十六年任媽生泰乾隆二十年任

乍浦滿洲水師左營鑲藍旗防禦兼轄正藍係滿洲鄔林阿雍正七年任虎什泰雍正十二年任善泰乾隆元年任佛紹乾隆三年任富龍乾隆五年任查蘭泰乾隆六年任媽善乾隆十二年任三格乾隆十四年任關福乾隆十八年任薩奔泰乾隆二十二年任

乍浦滿洲水師右營正紅旗防禦兼轄正黃係滿洲石壽雍正八年任巴金泰雍正十一年任有舒乾隆元年任德桂乾隆十六年任蘇

楞厄乾隆二十一年任

乍浦滿洲水師右營鑲白旗防禦兼轄正白係滿洲

查楞泰雍正八年任　破臉雍正十三年任　鄂楞泰乾隆七年任　依什泰乾隆十五年任　八十乾隆十八年任　彭格乾隆十九年任

乍浦滿洲水師右營鑲紅旗防禦兼轄鑲黃係蒙古

石保柱雍正八年任　雅柱雍正十三年任　成楊乾隆三年任　納黑圖乾隆十三年任　三保乾隆十八年任　夫成阿乾隆二十一年任

乍浦滿洲水師右營鑲藍旗防禦兼轄正藍係滿洲

富山泰雍正八年任　黑達子乾隆三年任　戳渾泰乾隆十四年任　佈爾納乾隆

十六年任依成厄乾隆二十年任吉柱乾隆二十二年任

乍浦滿洲水師左營鑲黃旗驍騎校係滿洲富德雍正七年任賽堪雍正十三年任海霖阿乾隆四年任霍林乾隆十二年任霍爾德納乾隆十六年任色任乾隆二十年任夫明阿乾隆二十一年任

乍浦滿洲水師左營正黃旗驍騎校係滿洲虎什泰雍正七年任常林雍正十三年任鄔藍泰乾隆三年任三格乾隆九年任薩奔泰乾隆十四年任白森泰乾隆二十二年任

乍浦滿洲水師左營正白旗驍騎校係蒙古雅柱雍正七年任納黑圖雍正十三年任固楞泰乾隆十四年任

乍浦滿洲水師左營正紅旗驍騎校係蒙古　拜思呼浪雍正七年任　三保乾隆二年任　巴格乾隆十八年任

乍浦滿洲水師左營鑲白旗驍騎校係滿洲　佛紹雍正七年任　張鎖乾隆四年任　常明乾隆九年任　關福乾隆十三年任　蘇奔泰乾隆十八年任　碩明阿乾隆二十二年任

乍浦滿洲水師左營鑲紅旗驍騎校係滿洲　富爾賽雍正七年任　查蘭泰雍正十三年任　依哈納乾隆六年任　隆奎乾隆十五年任

乍浦滿洲水師左營正藍旗驍騎校係滿洲　色楞泰雍正七年任　善泰雍正九年任　富龍乾隆元年任　嫣善乾隆六年任　嫣生

泰乾隆十三年任　哈蘭泰乾隆二十一年任

乍浦滿洲水師左營鑲藍旗驍騎校係滿洲　西楞泰雍正七年任　有壽乾隆四年任　哈善乾隆十年任　黑子乾隆十四年任　夫蘭泰乾隆十四年任

乍浦滿洲水師右營鑲黃旗驍騎校係蒙古　彭壽雍正八年任　達蘭泰乾隆三年任　薩斌阿乾隆十八年任

乍浦滿洲水師右營正黃旗驍騎校係滿洲　巴圖雍正八年任　依什泰雍正十三年任　德柱乾隆十五年任　圖郎阿乾隆十七年任

乍浦滿洲水師右營正白旗驍騎校係滿洲　黑達子雍正

八年任佈爾納乾隆三年任敦達利乾隆十六年任

乍浦滿洲水師右營正紅旗驍騎校係滿洲巴金泰雍正八年任哈楞泰雍正十二年任巴楞泰乾隆九年任蘇楞厄乾隆十六年任色廉乾隆二十一年任

乍浦滿洲水師右營鑲白旗驍騎校係滿洲破臉雍正八年任戳渾泰雍正十三年任夫拉塔乾隆十五年任依成厄乾隆十五年任黑楞厄乾隆二十年任

乍浦滿洲水師右營鑲紅旗驍騎校係蒙古納禮滾雍正八年任成楞雍正十三年任夫成阿乾隆三年任班達爾什乾隆二十

一年任

乍浦滿洲水師右營正藍旗驍騎校係滿洲　鄔楞泰雍正八年任　厄爾忒乾隆七年任　彭格乾隆十六年任　納生泰乾隆二十年任

乍浦滿洲水師右營鑲藍旗驍騎校係滿洲　有舒雍正八年任　赫忒赫乾隆元年任　八十五乾隆十五年任　吉柱乾隆十八年任

乍浦滿洲水師營筆帖式滿洲蒙古無用　色爾圖雍正八年任　永泰雍正八年任　來寶乾隆五年任　齊斌乾隆六年任　六十八乾隆十一年任　查爾哈布乾隆十二年任　保柱乾隆十四年任

乍浦志卷四

謡豈鄰鸲鵒吟堪匹鶺鴒食單窮絶異饌法造虛無錫漬難經宿糟酣可待晡只愁身作客張翰動思吴

宋景濂雙頫里人

登觀山

兩峰三面倚狂瀾遅日危峰縱大觀千點檣烏来日本一重山翠落鹽官蛟宫隐現層臺幻鴈背髙低晚照寒宸好昇平懷遠慮戈舩啣尾出沙灘

程光昱旭初邑人

秋日遊乍川

壚頭秫酒正新香路距東湖卅里長遥指板橋流水處半籬秋色一村莊

危欄徙倚足怡情風撼山松作瀑聲一種大癡描未得海天晴障亂雲生

張望齡槐譇 邑人

登湯山

羣峰俱峙海惟此逼城隅叢塚荒無穴浮圖廢有珠 宋時叢塚基久湮普珠廢墖今尚有珠 樹將秋寺繞鐘逐曉雲徂 謂瑞祥寺飛来鐘 懷古重登覽潮掀萬舳艫

方元臣廷標　里人

陳山觀合朔

海底躍雙丸銅鉦合玉槃珠圓輊赱盌雪冷薄凝丹

龍豗有常候鷹窠符舊觀何人凌絶頂曾此一盟桓

（〈平湖縣志〉十月朔相傳日月同度人從陳山上觀如玉盌走珠〈海鹽縣圖經〉鷹窠頂山又名雲岫〈陳梁雲岫觀合朔記略〉十月一日之辰國語會于龍豗是也二輪合體雪裏丹邊）

戚壽生同仁　德清

陳山寺懷古

神虬隱處碧嶙峋多少亭臺委棘榛尚有香林閑夕

照可憐壞衲憶先民咼湖淚灑鵑啼夜彭澤詩工菊
瘦辰宸是山靈解呵護手栽阜脚巳龍鱗

宋景關今鄮　里人

雅山天馬峰

差免鹽車阸年年伏斷茅形疑周騄耳名借漢蒲梢
夾鏡青峌潤連錢碧蘚交王良將下榮星月淵寒郊

懷橘菴

舊里空懷橘清風尚鬱林鐘魚雲表庋殿廡水涯深
應訝同龕祀難將廢址尋蝸廬纔咫尺興到便登臨

三月十八日白龍誕辰

碧鐔神龍伏荒碑紀未湮春風傳誕降典禮肅明禋蘇旱千邨祝酬庸四代因沙灣踰十八暮雨定思親

舊傳有十八望娘灣

苦竹山天后宮

濤白掀檣索燈紅上海塘共知鸞馭出恍有珮聲長廟占空山脊春燒遠客香靈旗風不淌還迹落花颺

梁莊城

地險梁家口經營自李奎居然雄壁壘曾此戮鯨鯢

陣鮮沙蟲沒城荒草木齊猶餘女墻在夜夜引烏栖

萬松臺

萬翠冷飛来高高石築臺如何隨變滅長見委蒿萊月憶談經客花憐作史才毘盧應有刼無處辨沉灰

蜃園

隙地園初築胡然以蜃稱一空觀萬有半世竟孤僧餓死事良小嗟来呼可憎堂前深省處今賸佛龕燈

積翠軒

何處尋幽築峰攢紫翠間著書餘日錄遯跡掩禪關

嘉樹猶封植高風孰跂攀下山回首望煙際遡螺鬟

鄂陽山屠康僖公墓

為營高敞割山陬想見當初賜葬時一代冠裳司寇貴百年荊棘老農悲春融往往來遊屐草長蕭蕭沒斷碑古樹龍鱗摧已盡秋風無鳥宿空枝

鈔李潛夫先生蜃園集付梓

居近還憐世未遥遺文零落等烟銷蜃園有恨留残照鷗夢何心趂早潮一領袈裟清磬晚萬株梅樹凍雲凋只今叙傳應誰屬好與編摩當楚招先生作九山志為家

爾恒立傳因題其後曰嗟嗟後爾恒而死者不知叙傳之誰屬矣今余撰作浦志列先生于隱逸并梓其遺稿名龍湫集行世用慰九原云

水仙廟觀海

秋泉新薦菊花寒晚上雲梯縱大觀一抹光連天宇澹千層瀾涌海門寬羊頭捲處形偏怒鷺羽廻時勢總安咫尺平沙沉鐵版蒼茫故邑指鯨端灘塗幾許淪都盡井囟胡回久尚完遠樹當初辨於越遥岑此際識黄盥帆檣隱隱來闖廣兵甲重重鎮范韓浦裡迎潮常放艣峰顛閲武慣登壇熬波利擅牢盆用撤

網鮮烹蜃蛤餐得月平添佳景濶躅隄鼓鼙治情歡東瀛有路乘風到北斗何人入夢看懷古思今發長嘯賓鴻吹落數聲殘明崇禎癸酉兵巡道蔡公懋德設七星燈于觀山以防海寇劉香李孝廉潛夫即于是科膺鄉薦蓋嘗祈夢于墳有北斗見南方之兆至是果應云餘詳前志中

闌城上螺吹

隔窓漸覺早行聲繞繞譙樓正殺更一片紅螺城上起柳營風景近清明

夜眺湯山

葉蔵秋寺遠微微月轉高城漏點稀一簇紅燈穿樹

出僧從下界躡雲歸

乍川題詠

乍浦志卷五

里人宋景關纂修

人物

稽之志乘乍浦為漢晉間故邑地故邑者海鹽縣舊治也夫淑氣所鍾莫如城郭雖滄桑陵谷代有變更然積今數千餘年豈無高人傑士落落挺生乃自宋元以往百不一見焉意其時荒陬僻壤絃誦寂寥與抑彈丸之區附列版圖載筆者未遑覼縷析與明初創始版築別為一城

土壤既分而民居亦漸稠密其克自樹立卓然負異於衆者忠孝若而人文學若而人肥遯林泉若而人而且高風漸被化及裙釵截耳磨笄往往而有噫之數者縱未能震曜暴著揚名於宇宙之間然使後之人聞而興起於以扶植綱常維持名教安在非鄉先生餘韻流風實導其源也哉志人物

忠烈

明

周翼明〈舊平湖縣志〉字季醇萬歷庚戌武進士授鎮撫昌國倫倭貫舶飄洋至貪弁欲借為功翼明持不可遂被讒歸歸二年幕府檄署金盤復署臨觀倭犯温州翼明提兵由大洋抵莫山逐之撫順失守徵兵浙江諸弁縮朒莫敢往翼明慨然請於撫軍偕總兵喬一琦將八營以行抵遼充大將軍劉綎部右翼先鋒時翼明到才二日四千里重趼兵不得休息隨綎出寬奠入横壤力戰破羊毛馬家董右深河諸寨會有偽張杜松旗幟聲言合兵

者開營入之四面被圍千總死者三人士卒死者千五百人翼明突圍出尚二千餘人上青石嶺列營爲死戰計或勸之逸厲聲曰汝止吾不死非壯士也復殺傷數十人面中流矢卒年四十有三賜祭葬廕子乍浦所百户世襲建特祠（嘉興府志）翼明字廷璋贈都督僉事建慰忠祠予春秋祭（九山志）翼明墓在黄山

康承爵（嘉興府志）字德徵家世勳籍萬歷庚戌武進士授衛鎮撫累陞神機營遊擊扈從郊祀幸學賞賚有加清勾羽林軍時魏璫用事承爵力求外

補出守廣東破惠州山寇葉文林海寇劉香等轉
廣西右叅平龍山賊崇禎初分守台金嚴破海寇
於大陳山又破之於韭山捷聞晉秩副總兵鎮守
貴州未任遇國變憤泣揞師至丹陽知難以立功
遂歸冒鋒刃死〔九山志〕承爵以平許都亂晉階後
以死殉適邑中邀議城守事遂冒鋒刃戰死於平
湖西関外常平倉前時年六十有三初營石槨於
陳山已葬夫人戴氏矣而承
爵以殉難故不克收葬哀哉

孝義

明

陸俶孟（舊平湖縣志）字泗臣邑諸生嘗父宦歿於馬鞍山爲豪所殺孟薙髮毀形誓不俱生獄具後讞駁漸減孟伏闕抗疏詔下法司案驗得實置重辟人稱陸孝子（愚按）存巖祠在湯山瑞祥寺左偏祀冲夷處士陸泰巖即俶孟父也李確題曰陟岵永思今圯俶孟墓在龍尾山其子雲林字次飛邑諸生康熙庚午鄉試擬元塲中火發焚其卷竟不售云

國朝

李慶乙（乍浦九山續補志）字秋水少孤貧勤學入海鹽庠甲申後捉劾罷諸生尋名杜字龍門種菊

数百本仿月令考工記著菊經友人郭襄圖誣誤為仇家所持墨吏入間言檄下獄中以危法慶乙經紀其家或中夜扁舟出入盜境數瀕殊死急郭難庋終不可解以計脫郭生郭亡命出走吏急督慶乙榜掠之下慶乙獄戒獄卒偵所與勞苦人主名禍且延及慶乙纍創僵臥獄中不為動會有謀釋慶乙者得歸歸三日竟卒

宋炳（餘齋存稿）字腹珊國子生少孤事母錢以色養兄秀早世嫂馮守志撫孤貧無所依炳迎養之

已為諸孤受室視如已子性慷慨急病讓夷有古俠士風戚族交遊以困乏告即傾囊周䘏不少吝晚歲多病杜門課子以為娛樂年六十七而卒（恭按此餘齋林太守所撰先君子小傳也今節畧其文謹錄入）

隱逸

國朝

李天植（愚按字因仲明崇禎癸酉舉人自為諸生時工詩歌古文辭既登賢書公車歸屏迹不一干有司築蜃園與海內名流嘯咏其間（九山續志蜃園在城内西

南隅園中多植花果竹木搆嶙鷗軒深省堂曲欄幽榭小徑疎籬頗稱佳勝今廢癸未應會試抵鎮江登金焦北固諸山惝然有感遂易名確字潛初遽返甲申聞變後髡髮入龍湫山中自署龍湫山人糧絕不給好事者多載酒米以周之非其人雖飢不受也〔舊平湖縣志〕閒績屨鞋侯天目僧至償其直易去又劈竹為器鬻於人〔嘉興府志〕山中有鄭嬰垣者窮老無妻孥孤介絕俗至凍死雪中為其至交長吏守帥聞其名車騎過之踰垣避終不見每歲必賦三月十九日詩讀者高其風而哀其志也年八十二豫知死日賦詩偃卧乃卒鄉人私謚介節先生

崇祀鄉賢著有蜃園集九山志九山游草忘機社
月令詩送秋詩梅花百詠諸剡子觀字我生弱冠
遊庠蚤歿（九山續志墓在牛橋西當湖沈季友題碣曰明孝廉李潛夫先生之墓王漣銘
曰甲申之後高隐山中杜門吟嘯以挽頹風八十
二年不屑不潔安飽無求謚曰介節魏禧與周青
士書（禧白青士足下僕前同沈進之往乍浦觀海
中日出遂因周雲球交李潛夫先生潛夫名天植
崇禎癸酉登賢書今年八十一矣甲申乙酉以来
禿頂披緇衣二十七年不見人家奇貧無子又病
疝氣不能二三百步行久坐下墜當日仰卧讀書
門無三尺之童廚無爨婢獨老妻在室頹然相對
無所得食亦已明矣方僕往見自盤跚執盃茗不
能具飯飯客雲球移酒一壺四簋一盂飯来就得
竟兩三時坐潛夫耳聵於粉版作教使客以墨筆
書所言相酬荅語僕云身僻處海濱無知識天下

賢豪因問比交遊得幾何人僕乃跽先後諸君子姓氏版上及自道出處潛夫輙視予而泣又出所著作令僕觀覽嗟乎古書傳所稱高士以苦節為可貞吾黨讀書恨不生與同時得鮮推衣食為榮幸今親見斯人飢餓瀕死亾無以相救恤則亦傷已家居常應人索書僅有筆二枝墨寸餘皆苦惡不堪用僕撿篋中得二枝筆已磨墨一片貽之奉銀五錢暫具十日食潛夫五反僕曰是非盜蹠樹也然後受臨別相拜洒涕潛夫尤哀曰予還山吾終古不復見子也矣僕出門惆悵頻頻回首望之門闔然後去既念潛夫老病死旦暮事耳決不得殯葬僕隔四千里今又無能贈乃以屬倦圃曹先生先生曰諾而屬進之於雲球處候平安抑古人有言椎牛而祭不如雞豚之逮親存此豈獨人子情然哉戚屬朋友皆然謀其死不若先謀其生也頃酒間語及曾先生暨足下慨然作悲歎欲聯數同志為扶月供使高士夫婦不轉溝壑僕直下感激如餓得飽明日僕之靈巖候繼公病便往造徐

昭法恖恖判舟未竟斯緒伏念貧士中覓古誼不憚勞苦求請以益於人者非足下誰屬僕重足下非特以能詩古文已顧足下力肩曺先生首倡率必多應者費度每月米五斗銀五錢人占一月周乃一復始力不贍者或月二三人占之俟其考終則應一月者出銀一兩斲木壘土便足供殯瘞自古高人志士人之所仰天心所愛惜而彼方困躓飢寒不能自聊非必命數適然又非才力拙不足自養彼盖有所不為擇而蹈之以至是然必欲護惜安全之者則又天之心人情之所不可解也悲夫潛夫先生身為孝廉三十九年使肯挾其才干當世何必不富貴肯妄求取豈無故舊仕宦足給其欲亦何至貧困如此老且死而不悔也雲球與潛夫望衡而居乍浦去平湖不三十里士君子必知潛夫當有同斯謀者足下幸鈔此書一通託進之寄雲球僕不及更作潛夫古之難衣食者然吾輩設誠將以禮敬亦有可受之道辛亥九月日太湖舟中禧拜白（自注）余訪徐昭法山中索示近作見

此書昭法曰君意良厚恐李先生不食他食君子愛人以德君力所不及聽其餓死可也頃沈進之来云周雲球致予此意李先生堅謝之而先生亦於今二月棄人間矣予且痛且愧真淺之為丈夫也壬子七月自記〈宋景濂李潛夫先生龍湫集序〉

潛夫李先生我鄉高行士也生平著述甚富其詩始稱放言集繼稱就正草洎陸亦樵為之鋟版羊城更名曰蠒園前後集而暮年所著別為續集一卷附焉專集而外又有乍浦九山補志九山遊草忘機社月令詩送秋詩梅花百詠俱已付梓其未經開雕者蠒園文集十卷古今觴咏集八卷山房日錄四十卷隱林列傳十卷明隱林忠清合傳四卷表忠錄灌園錄紀夢集山居雜志山居雜咏清修八則呼天外史大東飽蝨篇深省堂詩話各若干卷想見當年手披口吟提要鈎元之槩惜繼嗣凋喪遺稿放佚殆盡今竟罕有存者景濂束髮受書即深嚮往殘編斷簡手自鈔撮嘗欲薈萃諸集成一家言夫先生高行自足千古固非以言見重

者然使後之人誦其詩讀其書想見其為人孰謂空言無補可聽其泯沒弗傳也草創未就曾先君子疾作不果比服闋而景瀌又以失明頹廢矣嗟乎何天既戹先生於生前乃并景仰先生者而亦戹之俾不得遂其志耶今春因命弟景闢重為編次擇其尤雅者得詩四卷文一卷復合乍川諸前輩餂言者零星掇拾為一卷人系以傳俾附先生以不朽集既成名之曰龍湫遂醵金而授之剞劂氏

愚按李燿字明也原名震字子省號果菴自稱晚香園主人潛夫先生嗣子也性愛山水有偏遊五嶽之志晚年于燕于楚于江都歸卒年七十有五李為光字宛星號蕪邨增廣生龍湫山人從子也山人既歿嗣子燿相繼殂謝遺稿往往散軼賴為光搜輯成編得不廢墜性喜吟咏兼善駢體晚歲潦倒益甚鬱鬱以死年六十有七著有九山續志

文苑

元

屠曾〔海鹽縣圖經〕字體乾母樂夢王曾而生故名曾受書於臨川吳草廬澄延祐中江浙行省薦爲學教諭至治癸亥中浙江東榜第一有虞廷慶雲賦爲藝林稱重授建康學正不就隱於家〔檇李詩繫〕曾世居乍浦北里許土家山永福巷〔屠氏家乘〕舊傳乍浦演武場廣袤二三里爲屠氏故居遺址自宋迄元子姓千餘人聯居豪里中明高帝吳元年窮治籍没因遷虹霓堰〔海鹽縣圖經〕姚士粦曰曾世居乍浦鎮北里許宣慰楊耐翁壻也吳元年籍没楊氏其家遷避齊景鄉廿一都虹霓堰〔愚按〕楊宣慰澉浦人平湖縣志并以曾爲澉浦人列僑寓誤

明

李璧〈舊平湖縣志〉字少白邑庠生有文名與茅見滄瓚輩為雲居十才子之一後以事下獄瓚屬提學孔文谷出之惜無遺文可傳〈愚按〉明代乍浦秀民入庠者自璧始璧有姊嫁海鹽劉東靈東靈死貧無依璧迎養終其身

李蕚〈栢上遺詩〉字剛甫少無朋徒自以意續學毘陵薛學使應旂見其文重之以為有道氣蕚遂自命必為聖人作克念圖從龍谿王先生遊終日正容默坐時出城市默自數步而行或時迴步從前

路趑再慗步期不失尺寸人以是迂之環堵蕭然一意好道自稱也醒居士年五十餘卒（愚按蓴即李確之伯祖也博聞多識應試頣廚俊及三十二人不書名而書字無予遺稿悉散軼嗣子惟涇亦蚤世司成沈懋孝為作兩介士傳一蓴一潘鵾也事載邑志蓴墓在牛橋西）

許丕祚（愚按字芝裘）號孝拙廩膳生少孤事母以孝聞績學工文敦重名節乙酉秋為亂兵所害及門李慶乙裒集所作名拙菴遺稿今散佚

宋咸（檇李詩繫）初名斌字二完後字爾恒覺非其別號也工舉子業好詩讀書於陳山潛心易學著

易説性倜儻不拘小節工臨池筆力遒勁又善奕家貧薄遊金陵上湖湘有卜居半山之志難作不果年四十九卒有覺非草金陵遊草忘機社詩選

（蜃園遺文）余與社中交也以朱九先為畏友宋二完為勝友倪惺孩時聖傳陸中黃周雲虬為益友而王長鱗昆季則千里友也元徹禪師則方外友也大都與道近而與俗遠者故一日定交終身以之

（檇李詩繫）圖映字元徹號雪溪嘉善西林菴僧鋭志教理作詩清新崇禎間居乍浦與李潛夫唱和有西林焚餘草

（愚按）時一中字聖傳其族明宰字襄之並明季諸生李天植倡忘機社一中與焉所著今散佚明宰弱齡負異才清狂簡忽乙酉秋為仇家所戕王長鱗名六龍鄞人朱九先名萬齡里居未詳

國朝

許丕猷〔乍浦九山續補志〕字元震博聞强識與兄丕祚齊名著有九邊四夷考稽古類言續集子質字初白亦能文

陸錫禮〔嘉興府志〕字中黄崇禎時諸生偕李天植陸欽明結忘機社文名藉甚晚年絶意仕進著有讀易徵言子羲河工詞賦

周宏起〔愚按〕字雲斟號道腴又自稱寓庸與許丕祚齊名有海上二亂之目幼不甚穎異潛心力學

遂於書無所不讀下筆為古文縱橫排奡為寧都魏禧曾畹所賞著易經集義甬東仇兆鼇見而稱之已鏤版行世又有四書集義回貢入都門就正於北平孫承澤當湖陸清獻公為作序謂其排斥姚江有功於考亭也康熙壬子　勅修通志進呈脩一朝文獻縣各具藁申省時宰湖者為陳孚宸聘宏起纂修詳贍有體晚任青田學訓導數載投牒歸卒年八十三遺著望古堂詩文集若干卷未刻藏於家〔九山續志〕宏起墓在高宮山〔愚按〕平湖縣志及當湖人文逸序次宏起生平事

多舛誤今特考望古堂集訂正之我鄉科第致爲寥寥宋以前弗可考已自宋而後舉於鄉者在元則至治癸亥屠曾在明則崇禎癸酉李天植俱未成進士副榜則崇禎己卯許錫蕃歲貢生則萬歷丁亥許徵 國朝康熙辛亥周宏起如是而已徵字大章號霖江後所人任歸安學訓導墓在湯山錫蕃字稚脩墓在西常山其以諸生入南國子監者則有曾宏毅宏毅字士宗一字士完明崇禎時任四川嘉定州州判改署威遠縣事墓在陳山武進士明萬歷庚戌周翼明官昌國備倭把總康承爵官台金嚴參將天啟壬戌許岳允官福建小埕備倭把總 國朝雍正丁未葛元官山西大同參將癸丑許元官江南滁州衛守備武舉明萬歷丙子甲午二科周文叙庚子癸卯丙午三科陶堯臣官温區把總癸卯己酉壬子三科周區明官嘉區後營把總丙午己酉二科周翼明康承爵壬子乙卯辛酉三科白于廷官欽依把總壬子許岳允乙卯盛躬際王景儀張邦遠 國朝雍正丙午葛元

黄大乾己酉葛豐壬子許元葛琪曾三奇乾隆甲子王子超庚午黄本孝方鉦孫煕壬申李雄萬癸酉方燦丙子唐鋅

朱之鑑〈作浦九山續補志〉字孟昭號平齋年十五始讀書旋入學性高傲物自謂狂生人亦狂之遭亂避跡雙徑虞山之間者數年歸里後不復應試禿頂披緇衣教授生徒與馮秉恭周宏起最善所著多散佚止遺北悤存稿一卷〈愚按〉時有戴本者字仁生亦能詩

方技

明

朱端（海鹽縣圖經）字克正，後所人。正德間以善畫直仁智殿，授指揮，俸賜一樵圖書，遂號一樵。畫宗馬遠，山石水口效呂紀。（名山藏）朱端畫竹得夏昶法。（畫史會要）朱端人物學盛子昭，評者以為可仿輞川，亦善花卉翎毛。時有曾和者，乍浦所人，亦以善畫直仁智殿，筆法甚高，蚤歿。（九山志）二人貧賤時，業樵漁，時天妃宮未建，名一片石，端嘗於沙石上作白描勢。一日遇異人問曰：「汝欲作畫耶？我授汝筆。」和跪乞，亦出一筆，嚙其顛以授，忽不見。嗣後二人用筆隨意皆殊絶。又有張復陽，里人，亦善畫，得仙尸解去。（天啟平湖縣志）張復陽，齊景鄉人，宋時棄家為羽客，明周易姤復之旨，作復陽圖，善詩畫書法，遒美。年八十餘，步履輕捷，自謂張果後身。有直指按嘉禾，慕其名，移檄請見，檄未出院，而張已抵門曰：臺使者延我也嘗憩坐松牕扃闢累日然或有遇諸塗者後尸解去（檇李詩繫）復陽名復以字行號南小宣德中為朝天宫道士又主餘杭洞霄宫正統中居郡城南宫一枝堂郡邑志誤入宋人（六研齋筆記）道士張複陽初業儒棄去從朱艮菴學道善詩工画仿吴仲圭蒼欝淋漓

僑寓

元

陸正（天啟平湖縣志）字行正本名唐輔端毅寡言精律吕象數之學以家世宋臣絕意仕進自號率齋居士元世祖遣治書侍御史程文海至江南訪求賢士正稱疾不見文海還以正與張伯淳薦正

獨不赴後復與劉因同徵不赴隱居陳山教授生徒所著有七經補注樂律考正學編克已雜言凡八十餘卷卒年六十七學者謚為靖獻先生（九山志）靖獻書院在陳山祀宋徵士陸正久廢（愚按）正即本朝陸清獻公之遠祖世居廣陳墓亦在廣陳

明

王路（愚按）字仲遵號澹雲其先松江之鳳皇山人後徙邑虹霓堰七世生路幼嗜學多所綜覽集古安貧之士為書曰冰蘗薈又著客窻留三十詠性喜蒔花居龍湫萬松臺輯花史左編二十四卷雲

閩陳繼儒為作前後序行世惜右編未就而卒（花史）

陳山上有龍湫山花爛熳不可枚舉邇来馮墓植紫荊數本妖艷特異近寺茆簷草舍皆繞植桃柳春遊士女輻輳盃盤狼籍無不手撚花枝醉呼潦倒者寺後有臺萬松擁護予花史左右編實成於此時是萬翠飛来元名萬松臺予補作萬松臺記

（愚按）路卜傳嘉興府志及檇李詩繫互異余合參之花史左編久付開雕其書甚博雅篇首有天啟元年白苧散人李日華序每卷路自題綴今附錄

卷一花之品凡立言無所關切雖充棟何益是卷成於草草然統紀悉寓漸微必杜敢曰花經用懲孟浪卷二花之寄通計一百餘目卷三花之名目詳卷中可無再置卷四花之辨如一花數名一名數色諸凡異辨異實異味異產培灌異法種種不一不妨剖晰其微卷五花之候寒暑朝暮春秋年月日時各有紀律卷六花之瑞禎祥之事彙為美觀卷七花之妖是卷大抵皆妖艷怪異事蹟讀之

亦可袪睡魔爾卷八花之宜栽培澆灌護持珍惜之事已備卷九花之情男女尊卑長幼凡與花事相關者悉萃焉卷十花之味夫花以供人清翫欲餐之飲之羹之茗之不幾花乎然食與色性也味之深正翫之至則謂花事中百尺竿頭亦可卷十一花之榮大約出於古蹟而花有榮施者靡不彚錄卷十二花之辱穢濁褻狎凡爲花屈辱者皆是卷十三花之忌大略於花非所宜而有妨碍者悉羅之卷十四花之運久暫盛衰興亡之故卷十五花之夢花屬空相幻矣綴之以夢是謂以幻益幻卷十六花之事凡經古人歷涉議論點綴者悉錄焉卷十七花之人種花接花護花賞花有其花不可無其人卷十八花之證花辨以剖晰幾微至考證則援其實又尋其源矣與辨小異卷十九花之妬凡忌尅不相容處儘見其着怭卷二十花之凡風雨摧殘浮惡揉碎猶其淺耳凡已逮及根株矣應爲花太息併告護花君子當於此用恩焉卷二十一花之藥取其材味偶撿花事及之不爲傳

方計也卷二十二花之毒能傷人者亦宜查驗記憶卷二十三花之似此卷取其似花非花別是一畨景色或庭前籬下或寓物顯形均造物之巧卷二十四花之變此卷全非花之本質但亦托花之名冐花之實故殿之

倪端〈九山志〉初名涵元字惺孩世居清溪鄉父名醇號鍾白著有白雪談柄父歿端家貧教授於陳山之陰遂奉母遷居焉閒治農圃有古隱者風年五十四卒著有效蛩集

王端〈栢上遺詩〉字正始別號雲外又稱雲王居士〈九山志〉路之弟也嘗讀書於曉鐘山堂澆花種中竹多有別致〈愚按〉曉鐘山堂在湯山瑞祥寺內

年棄舉子業學劍好兵家言時方多事乃撰車戰圖等書走南都干當事卒不見用翻然東歸閉圃種菊喜為詩尤工繪事甲申之歲痛憤成疾且死屬其子以明處士表墓焉〔蜃園遺文〕子漣字蘭為號寅旭邑諸生能詩〔愚按〕陸正居廣陳倪端居清溪鄉王路昆弟居虹霓堰皆於乍稍遠九山志分列隱逸文苑并自注云陸正教授於山者倪端耕讀於山者王路著述於山者王端讀書於山者蓋取其與山附麗也愚志乍浦則一以地為限諸君子縣移入僑寓

國朝

曾畹〔舊平湖縣志〕字廷聞江西寧都人客秦之寧

夏衛舉甲午賢書性亢爽負奇氣足跡幾遍天下初入浙與秀水陳英交㝡善康熙甲寅閩關中孫元伯守備乍浦挈家口依之一日入郡偕英訪沈椒衍於東郵椒衍素以俠聞而隱者也入見張目問漢書數則椒衍哂且條荅之睨顧謂英曰此豈特魯朱家耶即點鬼簿爾我弗若也其誕率類如此居二載從寓通州卒旅次

黃厚燧　愚按字復光號千頃居士松江府學增廣生祖籍同安自其父徙華亭兄又徙乍浦厚燧遂

依兄居爲性嗜學竟日不釋卷以工書擅名於時波礫古雅奄有魏晉人風格著書貫書權書彀数篇發明六書精蘊無子年六十一暴疾卒

列女

明

七烈女（海鹽縣圖經）並嘉靖中倭陷乍城時義不受辱而死者也曰童氏後所郭臣妻投池死曰栁氏軍人暉之女曰一女二女軍人陳赳女投井死曰李氏生員金之女（平湖縣志）李斷女居乍浦嘉靖間倭入寇女赴水死阮學

使勒石海濱曰李斷女死節處（九山曰沈氏軍人
續志）烈女渡在北門外三里橋北
表之女曰周氏舍餘戴鑑妻俱投河死又有俞姓
者匿承塵上避倭見數倭驅婦人在其家恣污有
一女亦掠在旁乘間觸門門破頭亦破而死後賊
退俞義此女不忍易其門嘗指向人稱之（愚按平
湖縣志先紀李斷女死節次紀烈女童氏等六人又於李
璧傳中注明死節李斷女即璧之姪女鹽志則云
李氏生員金之女金璧二名似雁行疑李斷女即
生員金之女鹽志合載稱七烈女湖志分載則曰
烈女六
人也
馬氏（愚按千戸王璽妻璽沒子鏜幼尚未襲職氏

守志撫孤以養以教俾至成立後鏜卒以忠義顯
氏與舍餘劉環妻李氏並以貞節受旌

國朝

李氏〈愚按〉年十八歸武生張晃子棊夫亡事翁如
父菽水資悉出十指力撫一孤方婚復夭冰操五
十餘年壽七十二卒

周氏〈愚按〉年二十一適沈生甫一歲遽嫠無子姑
嫜憐之探其意凛不可易乃歲飭釜鍾為膳歸依
父兄姑嫜歿廪粟不繼茹荼坎坷不顧也年逾七

十紡績食力如故守節五十餘年

曾貞女〔愚按〕曾洪功女許聘海鹽劉氏子夫弱冠以羸疾卒聞訃不食者累日請於父母欲送葬憑棺一哭因乞身廬墓爲尼不許父之纏奇疾卒以上馬氏李氏周氏曾貞女四人俱載縣志特其文甚略今更參考周宏起望古堂集及王氏族譜纂入

徐氏〔嘉興府志〕林文傑妻林乃農家子氏十六結褵越二載而文傑病篤囑氏曰我母三十而寡撫我自三歲至今艱苦備嘗我死後家貧無嗣汝能代我養母我瞑目矣既卒氏苦節自矢歷三十餘

年身居圭竇中笑語不聞户外勤十指以奉姑厥
後姑年八十目瞽無患癱瘓氏扶持調護不少懈
姑歿復獨力營葬無失禮鄉里稱其節孝

盛氏（平湖縣志）許贊玉妻贊玉歿氏年二十有二
閉居一室足跡不入中庭雖至戚罕有睹其面者
撫遺腹子源以養以教俾至成立邑令呂猶龍旌
之額曰貞持足表王瑋額曰柏節霜凝苦節五十
五年年七十七卒

顧氏（平湖縣志）劉孔嘉妻孔嘉卒氏年二十有七

遺孤在襁褓翁令改嫁不從抱孤歸母家備嘗諸苦及孤巽三年十八始返舊廬署郡守王以和表其門曰節孝流芳守志五十七年年八十四卒

梅氏〔平湖縣志〕李煜妻煜卒氏年二十有三寡姑在堂幼孤在襁褓中氏事姑撫孤靡不從十指出不給以糠粃自食有老嫗以他婦改嫁事聞於氏變色斥之苦節四十五年卒年六十有八

金氏〔平湖縣志〕丁尚卿妻年二十七而寡子甫一歲以糠粃充腹撫藐孤稍長為黃冠得膳以老卒

年六十有七

馮氏（平湖縣志）宋秀妻年二十七而寡遺孤二擔不改適貧無所依賴夫弟炳迎養俾至成立海防同知林緒光旌之額曰霜節餘徽同時名國泰者秀從姪也早卒妻富氏年甫三十生二子長八歲次則遺腹也富食貧苦節依夫兄國楨以居時號雙節

陳氏（平湖縣志）蔡永仲妻夫歿氏年二十八生子甫三齡氏立志撫孤以門祚衰薄迎母同居會有

妾人犯以非禮之言氏聞憤甚曰我不即相從地下者以藐孤在耳今受侮若此何生爲泣一日夜以子托其母自經死

邱氏〈平湖縣志〉吳紹武妻年二十五夫歿無子矢志不渝依其弟敏公敏公卜者也事之如母寧已飢而不飢其姊寧已寒而不寒其姊鄉黨兩重之

劉氏〈平湖縣志〉許廷鋐妻廷鋐歿氏年二十有一姑以其年少無子令改適氏號泣求自盡嘗三次服滷不死族議始爲立後守節已三十餘年

顧氏〈平湖縣志〉葛武揚妻武揚歿氏年二十有七翁姑以氏少且無子遣他適誓死不從未幾翁姑相繼辭世氏蓬首鵠面歷三十餘年其貧苦之狀親戚見之每為流涕

潘貞女〈愚按〉潘泰之女許字平湖馮汝錫俄而汝錫夭女時年十八未結褵也聞訃去飾服縞素作未亡人狀家人慰之曰我向讀書知從一而終耳屏居密室跡罕至中庭父歿依兄正宏兄歿依姪世澄馮氏義之為汝錫立嗣延之歸慨然請行遂

歸馮守節冰操已三十餘年

王烈女（愚按）監生王永銓女許字邱尚懋未婚而尚懋卒聞訃屏膏沐請於父乞適邱守節不許父歿哭盡哀服除從容投繯而逝年甫十九乾隆十三年巡撫方觀承題旌

乍浦志卷五

乍浦志卷六

里人宋景關纂修

外紀

嘗考澉浦市舶之設始於宋淳祐六年元仍宋制令福建安撫使楊發督之尋併入慶元提舉司直隸中書省斯時乍浦蓋亦設有市舶司焉明初罷不復設豪商大賈散去二鎮城民居為之蕭條然海上得免通番禍既而番舩往來不能盡如禁率泊近嶴私與內豪市內豪狡積賒

負弗償諸奸商讐憤起為賊勾倭入寇浙東西大擾乍亦被残破及練兵糜餉数載始殲之於沈莊剿鉅痛深覽古者每有餘慨我　朝雖弛洋禁而稽驗控制之法不懈益嚴立昇平而談兵燹沙蟲猿鶴斷簡残編固當世得失之林也用備述之志外紀

天啓平湖縣志倭為湖患自正統七年七月寇乍浦始八年六月又来寇百户徐榮戰歿并殺官軍路德等大掠而去成化十五年復寇乍浦嘉靖二十

四年倭賊四十餘突至包家埭二十五年五月潭寇及崇明寇犯乍浦金家灣軍士陳馬兒等死之〔海鹽縣圖經〕陳馬兒乍浦軍也嘉靖丙午倭犯金家灣指揮方泰射中一倭追之墜馬而傷馬兒扶泰上馬與敖鎮護從一倭刺馬兒不中一倭刺鎮仆之馬兒救鎮起復有二倭至同刺馬兒鎗及身馬兒以脅夾其一以足拉去其一以一人敵四倭戰甚力援絶走至山半自擲下足陷石竅中被殺泰為文祭而瘞之哭之甚哀敖中所人後死於矮婆橋之戰彭端海寧衛指揮同知嘉靖丙午倭犯唐家灣端戍守兵弱子大年散財募死士助父戰斬倭七級倭遁不上首功歸二十七年十月又掠包家埭此皆海寇入犯之小者〔海鹽縣圖經〕都督萬表云向来海上漁舩出近洋打魚樵柴無敢過海通番近因海禁漸弛勾引番舩紛然往来海

上各認所主承攬貨物裝載或五十艘或百餘艘成羣合黨分泊各港又各用三板草撇脚船不可勝計在於沿海兼行劫掠亂斯生矣自後日本遲羅諸國無處不到又誘帶日本島倭奴借其强悍以為護翼嶶州許二住雙嶼港㝡稱强後被朱都御史遣將官領福兵破其巢穴焚其舟艦擒殺殆半就雙嶼港築截許二逸去王直亦嶶州人原在許二部下管櫃素有沉機勇畧人多服之乃領其餘黨改住烈港漸次併殺同賊陳思盼祟德美等船伍遂致富强以所部船多乃令毛海峯徐碧溪徐元亮分領之因而海上番船出入關無盤阻而興販之徒紛錯於蘇杭近地之民自有餽時鮮餽酒米獻子女者自陷黄巖屠霸衢而其志益驕其後四散刼掠各通番之家則不相犯人皆競趨之杭城歇客之家貪其厚利任其堆貨且為之打點護送如銅錢用以鑄銃鉛以為彈硝以為火藥鐵以製刀鎗皮以製甲及布帛絲綿油麻酒米等物無不賫送接濟而內地之人無非倭黨矣（外國傳

市舶罷利孔爲奸商所竊每番貨至以虛詞餂取絕不償直番人坐索動以危言撼當路驅逐又先期漏語使逸以示德陰握全利番人飲恨踞海洋必刼有其貲乃已而亡命不逞者復入海聚衆爲舶主爲倭向導如王直徐海皆華人僭稱王號至三十二年而禍始劇矣是年四月二日首犯海鹽自竹林廟經平湖典史喬登父子率兵壯邀擊遇害生員張洽請兵於府知府劉慤募水兵沈應奇等應援賊遁去二十一日復寇縣東南境嘉興所千户曾勇率兵拒卻賊轉至乍浦匽天妃宮把總王應麟率兵圍之賊以神前長旛編帆絞索紿我師退衝出掠哨船脫去

二十三日賊数百薄南城口索糧食守禦指揮姚洪度湯帥克寛必來援佯刻日以待回先剽掠附近邨落湯帥至賊即遁有遠掠回者数十取民居門屏寢高公山負固獨留湯率所部邳兵三百合鹽兵約千餘登山督戰殺賊四十餘以鹹貫長矛凱旋入鹽（海鹽縣近志）嘉靖三十二年四月二十六日叅將湯克寛率師禦倭至湯山閘地名喜曰此我家山也我得地矣列營殺賊遂大勝（海鹽縣圖經）湯克寛邳州衛指揮器宇雄壯臨敵果毅先爲福建叅將嘉靖癸丑倭擾海上都憲王公忬奏調克寛守鹽時湯帥鎮鹽賊圍鹽三夕以城有備遂揚帆往乍浦會大雨守

将王應麟下令曰毋擊柝試靜聽之有頃賊㵐湯
四入城陷千户王鏜率其子罵賊死指揮陳善道
百户陳綬冠帶總旗張儒皆死之時五月九日也
屠戮婬刼極慘賊禱於神卜住不許盡殺又不許
掠一日去是時平湖無城推官殷廷蘭署縣事二
十日倭船泊獨山登岸直抵東湖金家莊廷蘭戎
服登舟督勇夫捍禦居民皆執木為戈聲震如雷
賊駭指曰人城也會松陽令羅拱宸率兵来賊夜
遯盡棄擄掠諸物二十六日訛言賊至男女驚走

遇疾風大雨陷水死甚多金山衛流賊札梁莊民胡璧家湯帥率兵勦之斬首三十餘〔海鹽縣圖經〕潘朝海寧衛指揮僉事丰儀甚偉有節氣嘉靖癸丑守梁莊寨倭酋八大王以賊四十二人由金山潛踰梁莊而南朝所統兵甚少奮勇率千户王繼隆百户楊臣康緩追及砂腰村賊據民家登屋揮旗朝射之殪復有賊從白馬廟突出朝力鬭不支死繼隆等亦死祀兵烈祠　九月十二日起土築城是日賊船十餘隻泊乍浦天妃宫湯帥會參將盧鏜欒之分兵布觀山等處大戰斬賊首四十松陽葉千户嘉興沈隊長死之〔海鹽縣圖經〕盧鏜處州衛指揮嘉靖三十二年擢叅將分守海鹽追勦倭寇多所斬獲乍浦沈家莊等大捷皆鏜統率兵船圍海口截寇

歸路也十一月城成三十三年三月知縣劉存義涖任初八日流賊二百餘經乍教塲適處州兵四百新調至飢憊應敵捐其半四月四日松江賊陸路冦乍舟泊東湖存義親立堞間一矢殲其巨魁賊度不克掠焚廬舍而去五月二十日賊過城西陽墩原調守本縣百户朱璽率兵追及於嘉興戰歿二十一日有三十六賊自松江来張系戎樂把總與戰皆敗總兵丁僅来援賊遁去匿小營盤延撿司司有石城賊先積石城上丁總兵命作木梯可

並登十人者凡五具次日攻城飛石如雨又命射火藥筒百矢齊發賊不能支城遂下賊入巡司後堂自分必死總兵張鈇部下四漳兵私與賊約縱之出丁縛四漳兵斬之賊多漳人是時客兵數千守海鹽每日給餉五分平湖乍浦守兵費亦如之額外增稅每畝出餉至一分三釐沿海之民膏血罄盡（海鹽縣圖經）坑兵處州守銀坑之兵劉大仲嘗統五百人守鹽屢有戰功後敗歿邳兵叅將湯克寬家丁也守城郤敵甚得其力時凡三百人漳兵叅將盧鏜張鈇部下皆有之倭中多漳人戰時兵有與賊通敗事者廣兵三十五年調至守鹽一千二百人山東兵故老言三十四年嘗調至

宿城外掠姦索食不減於賊廣西田州狼兵亦三十四年調至土婦瓦氏率之過鹽進搗金山賊失利而歸廣東烏尾横江船較福船尤大三十五年調一百八十艘分撥浙直海洋未詳鹽派若干此外又有湖州水兵指揮徐行健所統有四百人然用之陸戰不可曉（東夷事略）倭警初發時海上僅有本衛驍兵六百本縣勇壯四百澉乍各驍兵三百餘而已後本衛又選驍兵四百第用之守城則又其次者矣其他客兵常有數千人在鹽大抵客兵每日餉銀五分邳兵多至八分云

三十四年正旦賊船犯乍浦二月二十日賊首徐海自柘林犯平湖置長梯攻城城上郵大石擊殺數賊因散去二十六日賊首葉麻衆六七千自柘林突至東湖攻東門勢甚猖獗劉令統率鄉兵民壯闔

城士庶竭力守禦生員陸萬鍾張洽叅畫鼓勇人無懈意賊不得閒擄掠而歸四月二十日倭犯乍浦五月十五日賊過東湖巢於彭于梁家遠近悉被焚刼二十八日由廣陳巢於姚梓家盧帥統兵勦之斬首七十餘餘皆逃至海壖陷於塗沙而獲（徐文長集）彭應時山陰人中武科為鎮撫以亢被黜都御史王忬鎮浙檄使練士會叅將盧鏜自松江擊走蕭顯應時截諸海塘乍浦為賊所掩乃奮鬪被鎗墮馬死　三十五年二月總督胡宗憲廵歷海鹽海寧平湖澉乍沿海諸地練將卒閱城壕稽糧餉踰月乃還三月二十六日

賊首徐海陳東率衆沿海而来欲取乍浦為巢劉令疾馳應援大勝斬首五十有五翼日賊自金山下復萬餘圍乍壞民室為臺高於城積薪臺上覆以青麥縱火焚之烟噴入城守卒不能立城幾陷兵備道劉燾躬督男婦運石擲下賊稍不敢近旬日外援不至用健卒善水者伏水從間道馳赴軍門請援四月三日新提督阮鶚兵至初七日圍解燾尾追之斬首一百三十（舊平湖縣志）帶川祠在乍浦城嘉靖三十七年為禦倭兵備劉燾立今廢（海鹽縣圖經）劉燾天津人浙西兵備性闊達善射知兵旁通奇門風角之

術所著有浙西海防議稿賊復由乍浦巢於隣境之呂港日肆刼掠未幾復攻平湖指揮翟文擊之賊退走指揮劉岱預伏潘港後追至瓦山皆勝之是月總督遣生員蔣洲等説賊首王直内附直遣養子毛海峰與蔣偕至諸酋所蔣諭以禍福誘之降奏請官職六月二日賊遣使報如約（海鹽縣圖經）初直於嘉靖十九年走廣東通番致富後投許棟於雙嶼領哨舡隨貢使至日本交易棟破敗乇列表叩關求開市不得三十一年始挾羣倭分䑸寇浙東明年都御史王忬遣參將俞大猷破列表走泊馬蹟潭已分掠浙東南直其攻海鹽陷乍浦皆直黨所為也尋還日本造巨艦聯舫大可容二千人上為城樓櫓四門馳馬往来也

薩摩洲之松浦津自稱徽王自此坐遣徒黨入寇不自來矣總督胡公用生員蔣洲陳可願使倭說而招之先是直母妻及子繫獄金華胡公釋而厚待之而直故貪商以市舶不通激為盜至是復以開市請洲等佯許焉三十六年遂聽撫來投詔斬於省城市曹而倭寇之患始絕　十七日促各縣船限二十五日泊乍浦於是海親請平湖城下納款劉燾欲令賊入城士宦慮賊入為變與燾議左咸以鐵鍊自鎖其頸走索燾同赴京奏辨謂其與賊交通也城中士大夫亂督提及趙侍御孔昭在郡聞報急趣平湖解之二十五日賊期乍浦看船設浮鋪南北相連十餘里二十九日徐海

行出海口見兵船如蜂聯火礮之聲震海島懼固劉梁莊七月二十九日還巢乍浦城總督遣劉兵道等運奇設伏合衆齊進大破之斬首八百餘級死於海者甚衆（海鹽縣圖經）徐海徽人初為僧後書記陳東薩摩洲王弟書記也嘉靖三十四年海與東各糾諸島倭入寇海屯柘林東屯川沙明年正月葉亦率羣倭來屯老鸛嘴四出攻掠嘗由海鹽沿塘揚兵進偪省城其衆萬餘鹽四郊村落為所焚掠甚慘又嘗攻乍城困兵備劉燾城中幾破後掠飽思歸胡公遣諜招撫欲降予官爵欲歸具舟送之海正坐窘併諾投降實私營歸計胡公諜知海與葉以爭一婦女成嫌因說海縛葉自効海令葉為書勸東殺海而偽遺書海海遂并縛東道我兵掩殺二人之部黨於乍浦（諸大圭乍浦紀捷

嘉靖丙辰秋七月賊徐海陳東之解桐鄉圍而東也陽為聽撫心實狐疑自呂港新場移屯乍浦城南營廠絡繹改修舊船以圖出海且窺伺我兵强弱為其進止總督侍郎胡宗憲策知其計因外示羈縻而密檄副使劉燾圖之會尚書趙文華再命督察至乃與定議以乍浦西南海塘可通杭州咨浙福提督都御史阮鶚偕郎中郭仁副使徐洛總兵徐珏等壁海鹽以遏犯杭之路東北金山可通松江浦東咨直隸提督都御史張景賢駐松江而參政任環僉事董邦政留守王倫同知熊桴容美土官田九霄等扼青村黃浦及出海之路胡公親督大兵與參政汪栢參議王詢等駐平湖與賊偪壘而陣總兵俞大猷盧鏜等則以舟師設伏洋山馬蹟邀其歸路分布既定候間而發適上海之賊由吳淞而西南出復萬餘人公恐海或中變與之連衡急諭海使東出擊賊可得舟還島海以為然果逆斬數百賊夜走海不及取其舟而返其他酋長脫出海者公已別遣大猷伏飛艦邀擊之溺且

盡公又計海書記葉麻不死無以堅其內附之心
而陳東者與葉麻相倚桐鄉之役與海相睚眦者
也於是又計令海縛葉東以獻海併有其衆諸酋
長疑且怨矣海自度進退無所而公故與趙公薄
責海益急因遣諜私海令其誘衆俘斬之以謝可
無罪海不得已從之遂與定約公乃令副使劉燾
引遊擊尹秉衡兵夜伏乍浦城中而徐珏等兵分
為三哨進壁白馬廟左灝等兵由平湖間道而出
主簿曾廷慧參將丁僅等壁乍浦城以為內援至
期珏等移營瓦山海果挈妻走海上艘羣倭爭逐
之大亂城上舉火我兵四合競進大敗之燒賊巢
廠二十餘里時海執稱歸順投梁莊去諸遁出海
洋者大猷兵邀擊之前後俘斬七百有
奇焚溺死者無算乍浦之賊無孑遺矣　惟徐海一
支尚在總督擇便地得沈參政屋處之猶慮其生
變日遣通事三四輩慰藉備至於是海始心安自

剪其黨葉麻陳東等以異輸罪八月朔海入平湖城投款先是限以月之二日而海故示强梗違期先一日率其黨屯於外自與部佐数十入城諸官兵聯屬盛陳軍器令賊縱觀咸有畏色及進款海頓首呼死罪死罪時視師趙尚書文華及督提咸慰遣之緣海欲識總督通事指之海復款如初總督手摩其頂曰毋更作孽獨趙侍御震怒不為禮謂汝害我無数百姓當服何罪海俛首伏地久之若有退避狀因開關放出初八日海自沈莊遣使

持書詆軍門復乞降且曰願買此宅及田三千畝爲贍永願投降不渝前盟是時海既讐諸黨縱得歸必爲髡髻欲寓兹土見沈荘高敞遂注意焉十一日海見水陸兵各處戒嚴始悟連和爲僞又悔散黨勢孤乃設酒會隣以年高者先是日合四十餘人人設一席餚核豐腆各贈席金而散次日亦如之壯夫赴席者至二三百人酒半出刀剪髮髡其首咸劫爲用十六日乍城使使至海巢海拘留之十七日軍門遣使至并斬之連和之路自此塞

矣〔籌海圖編〕陳東黨既為官兵所破海內不自安陰修戰艪為死鬬之計胡公知之復令羅龍文童華等往慰之且諷使入見海猶豫未决龍文宿其營安寢如家海以足蹋之覺曰此虎狼之穴何酣睡若此龍文曰我為爾百口且不顧况此身耶今爾乃心持兩端何也海曰聞趙必欲殺我恐公不能救龍文曰趙公初意如此今則否海曰焉知非誘我而執之耶華曰胡趙二公欲為爾題請封爵使爾專提一旅之師捍海上寇若不入見彼何所據以請海曰蹈不測之險奈何龍文曰我京官也且胡公姻戚爾弟入見我質爾營中萬無一失矣海始首肯華馳報軍門軍門許之為之期日諜使復數四紿既定海猶慮中變先期而至入見胡趙阮三公及巡按趙公孔昭於平湖城中受犒而出謂龍文曰鑒諸軍門之貌吾禍終不免嘆息者久之時官兵四集軍威甚盛海偵知之陰収陳東葉明餘黨謀拒自全胡公復遣華往觧之海迎謂曰吾以爾言結怨諸倭今軍門既受吾降而復徵

兵漸逼非為我而誰叱左右縛華將殺之華大笑海曰爾尚何言華曰陳葉二黨尚多且心跡不一今陽附爾實為豫讓之計軍門恐爾入其彀中故遣我相聞官兵壁近郊者防其變也爾何不悟耶海曰然則如之何華曰今沈莊有東西二所爾曷不分其黨各自為巢而密約官兵殺之爾後患絕矣海深然之卒用其策由是二黨互相猜疑胡公知之遂部署大兵進搗其巢是時賊壁甚堅據敵樓以拒四面皆挂白布覘我我不得覘賊也諸將以佛郎機攻之畏矢石不敢近七日弗克胡公怒命都指揮戴沖霄攻之沖霄率兵士逼賊壘立於矢石之下殲其西南正西敵樓各一座賊失據沖霄及把總楊永昌等督永保等兵大進搗十九日巢於半日之間實沖霄毀敵樓之功也

漏二鼓海遣送二愛姬出巢遁葉麻黨深銜海伺於巢側不得出（馮汝弼當湖勦寇紀事海所據沈莊有新舊二宅海居舊宅是為東

巢陳東葉麻之黨居新宅是為西巢胡公遣人間海使攻西巢以自効海猶豫未決公復使人遺金珠美飾於海愛妓翠翹紫雲者翠翹紫雲日夜勸海攻西巢以自効也海尚遲疑洩其謀於西巢西巢之賊始疑懼離心於海矣適永保兵至公遂大舉為擣巢之計　二十日永保等兵進薄賊巢擒四賊俘軍門二十三日誘斬賊二十餘人二十四日軍門督諸路主客兵二十餘枝圍海数重賊發熕以銀塞熕口火發銀如星飛中人中土中水如雨嗚衆不能進二十五日軍門令取民家犬数百為羣被以戎服以當熕擊復使数人持火雜羣中驅之以入賊但擊前犬不知火已

四發焚溺無算斬獲二千餘人是日海為讎黨偪殺獲尸水中渠魁既除孽黨無不就擒矣（見只編）

嘉靖三十五年七月二十九日徐海敗走梁庄遂於八月初一日率倭一百五十餘人詣平湖城乞降軍門納其降而厚賚以歸不數日提督趙公總督胡公下令郭郎中會劉兵備熹議處適聞永保之兵將至遂上進兵之議賊覘知之於十六日舉旗放火分據沈家庄新宅以為西巢徐海據舊宅以為東巢相去約三里周圍水遶數重拆取民舍板片沿墻起蓋敵臺十八日永保之兵始至平湖十九日軍門下令曰二十日子時放砲三个起火三枝催督各兵一齊進戰二十日西路永順之兵止達黃泥堰去巢尚數里東路保靖之兵止至廣陳去巢尚二十里南路直隸之兵止下梁庄且隔水數層二十一日以永順彭翼南之兵分三哨攻其西北保靖彭蓋臣之兵分三哨攻其東北容美司田九

霄山東叅將唐玉直隸總兵徐珏叅將左灝之兵攻其東南山東遊擊尹秉衡河間守備朱旜河南守備夏時本地叅將丁僅把總樂墳之兵攻其西南各路期舉火為號過水搭橋而進午時輕兵哨近西巢不及一里賊四百餘人執旗揚兵劉發房觀望尚隔水港二道至晚回營諸兵在五七里之外屯住二十二日劉同延撫阮公復至前地察賊虛實永順等兵見延撫親臨亦至屯劄劉秉馬率家丁五千餘人又越一水去巢不及一箭地尚隔一水賊五七十人出巢迎敵當被箭砲射打退入墻内劉督水兵王三三先浮水放火巢外草房盡延燒將大發熕十三座排列水邊或打敵臺或打門墻聲勢振天賊沿墻探頭而望至晚永順兵至山安營二十三日督兵搭橋過水以搗西巢永順兵過水踏路賊百餘人一擁將兵衝為三股分路追趕去巢約三百餘步劉率箭砲官兵同尹遊擊從旁衝擊賊退敗迴巢各兵追斬賊首三顆劉見官兵單弱恐賊再出即督土兵策應無一人肯渡水

者天已近晚将前兵據水屯劉二更時哨者報各賊下船出巢時昏暗且係各處襍集之兵難遣惟靜以應之及至哨者報曰賊奔東巢矣方敢發輕兵五七十人尾後斬首十二顆而各營尚未知也二十四日将西巢焚燒去東巢尚隔二水復督前兵搭橋過水而東巢賊火器猶多南門安駕發熕諸兵莫敢近劉同尹遊擊率輕兵五七十人親詣南門賊向劉放一發熕鉛子去劉尺餘入土尚滚三五尺劉向賊三箭賊棄熕追入門内各兵挨次進天将暮復喚永順把總田有年等曰此地去賊止隔一水夜晚切不可搭橋恐我之所入即彼之所出且依水為險二十五日容約直隷山東之兵鼓譟而前南面之兵炮火連天而進永順北哨恐南軍先進即争先而至墻下矣一哨之兵既進則西北各路之兵一擁俱至墻下賊奔入巢時賊不敢出兵不敢入惟隔墻抛打磚石劉下令攻敵臺賊棄臺西面三臺盡為我兵所得遂由臺登墻由墻登房墻下之兵由墻孔〻入即時斬首數十将

猝煩奪獲并擒徐海之妻賊東潰衝東北保靖兵却郭郎中催唐參將徐總兵等率箭炮攻打賊復入巢保靖亦至墻下時東南風急縱火燒房煙焰蔽天自辰至未西面斬首七百有餘東面斬首三百有餘日將晚不見徐海巡撫阮公至陣前劉請過水賊由墻東衝南門南門係船搭浮橋兵過船即脫賊不能渡劉催永順兵二千從後追之賊懼下水兩岸夾擊斬首二百餘級此時徐海亦為水中之鬼收兵天已昏黑明晨查驗左哨土兵海底鬼已得海首矣次日遍搜賊巢斬首一千四百有餘焚死者一千二百餘人附記進兵沈庄調到客兵數京營神鎗手三千名涿州鐵棍手六千名保定箭手三千名遼東義勇衛虎頭鎗手三千名河間府義尖兒手三千名德州兵備道民兵三千名臨清曹濮二道團操快手兵三千名河南毛葫蘆兵三千名河南睢陳兵備道團操馬軍三千名漢州府礦徒三千名永保二司土兵三萬容美等司土兵一萬籌海圖編時賊巢甚堅難於進攻義勇

劉進首艳火器渡河焚賊巢火熾賊亂官兵乘之遂大捷進重傷升屋以死惜無父母妻子故其功莫酬焉

九月朔設宴百席奏凱論功行賞加秩恤賚有差〔天啓平湖縣志〕沈維錡字震躬邑諸生少有大志嘉靖丁巳倭警總督胡宗憲設計降倭厚禮聘錡往錡慨然曰此我見奇時也時倭巢沈庄衆莫敢入錡獨往說倭欣然請降已大兵四集盡殲之錡實首功督府欲跡請大用錡志在一第不欲以軍功顯固辭但奏免沈氏十年田稅〔海鹽縣圖經〕徐藻字子潔本諸生以父繙避倭病歿具奏集鄉兵滅賊雪父恨得旨名曰忠孝軍乍浦沈庄之戰藻在行間功成不受賞歸〔九山志〕崇禎六年秋海寇劉香連艅數百將犯乍浦時兵巡道蔡懋德海防同知楊起鳳按乍督兵戍守申嚴斥堠晝則升旗夜則燃七星燈於觀山之巔以示有備賊舟及岸火砲不絶失利而退

凡志中譌漏者補正於後

永興橋在卷一津梁内

愚按乾隆三十三年十月改建柱間得石刻云檀越周茂卿提舉同妻劉氏孺人暨闔境士民發心施財重建永興橋所兾福報有歸者歲次癸未至正三年十一月吉日謹題按元順帝癸未至　國朝乾隆戊子閲四百二十六年其時尚屬重建則初建又不知何代也

張相公廟在卷一懷橋菴注内木主題曰宋封英濟侯張六五相公係水神故海口祀之

毛奇齡西河集張十一郎官者宋護堤侯張六五老相公也名夏邑之鳴里人初以父亮為吴越王時刑部尚書入宋歸命遂由故任子起家授工部郎中稱郎官既而海溢颶風發錢塘蕭山隄總壞相公充護隄使者統捍江五指揮使護海隄有功封護隄侯乃以護漕當决河覆舟旗丁繞河覔相

公不得翼日有大黿負相公尸浮於沙巫者狂言相公已為神其尸歸葬於蕭山之長山牐而立祠牐傍負山壁為楹面海滔滔每雨歇見神燈數隊沿山而歸宋景祐間禮部請於朝封英濟王蕭俗呼十一為六五呼官為相公以侯王故呼老相公至是呼老相公廟邑人來祠者呼老相公會每歲三月六日係老相公生日各鄉賽會總在三月間鄉集若干人殺牲設酒醴樹神旗張蓋坐屋子船吹銅擊鼓到廟聞有神巫導念迎神還船歌侑之飲食終日以為樂及入城則燈火滿街矣〈紹興府志〉張靜安公廟在蕭山縣東北十里之長山神諱夏宋景祐中浙江塘壞神時為工部郎中受命護隄置捍江五指揮各率兵士四百人採石修塘隨損隨築人賴以安郡人為之立祠朝廷嘉其功封寧江侯俗謂之長山廟　國朝雍正三年　勑封靜安公春秋致祭

李慶乙在卷五孝義門

〔柘上遺詩〕給諫馬培原銘其碣曰義友李君之墓

陸谷應補入僑寓

〔愚按〕陸谷初名樵字懶漁又字亦樵後稱樵道人邑人也順治己丑卜居乍浦者二年登龍湫與李潛夫訂忘年交既而遊粵梓潛夫九山游草蜃園詩集歸贈之遍遊名山水以終有夜鴻鳴集

朱之鑑在卷五文苑門應改列僑寓

〔乍川耆舊遺稿〕朱之鑑字孟昭號平齋居邑之華家部年十五始讀書旋入學性高傲物自謂狂生人亦狂之獨善馮秉恭狂相似也遭亂避跡雙徑虞山之間者數年歸里後不復應試禿頂披緇衣教授生徒晚寓乍浦與周宏起為文字交稱莫逆焉所著多散佚止遺北牕存稿一卷

張復陽在卷五方技門朱端注内

〔劉璋皇明書畫史〕張復陽善畫山水人物可入能品〔汪珂玉珊瑚網〕余弄鳩車時見先荆翁齋閣懸山水二幅云以墨灑之而成為張復陽筆復陽當湖人業儒棄去從朱艮菴學道妻亦為尼善詩攻畫仿吳仲圭蒼欝淋漓喜作雲水遊止金陵朝天宮與尹蓬頭為侶復擔書住餘杭洞霄宮凡廿年丹就還里南宮有司建一枝堂栖予樓以居之宏治三年復陽八十有八矣竟尸解去仙樂滿空香氣經月不散舉棺甚輕至今以鐵索懸後堂如空器焉思白董老嘗見此畫曰仙真遺蹟不可不珎秘也

力氏陸倣孟之母應補入列女

〔舊平湖縣志〕力氏陸鐵妻二十四而寡鐵遭焚尸氏令其子復讐讐得雪女適金十九喪夫並以節終

乍浦志卷六

乍川題詠

里人宋景關編輯

宋

卜祖仁 未詳

陳山龍湫

陳山蒼蒼東海頭石壁裂鈘藏靈湫老龥出水歘萬丈青山倒挂黃金虯神光上騰接炯靄挾子攖珠浴滄海雨公載雨推雷車閶闔門開叩真宰今年亢旱民罹殃我侯憫憫心若傷精誠披露動寥廓沛然甘

澤来滂滂俟今官轉吳興去回首神峰隔天宇願言變化從雲龍大爲蒼生作霖雨

魯應龍子譙邑人

題陳山飛星石

錦石雙星下翠微忽看移入小巖扉靈光夜靜歸山逕翠影秋寒上佛衣滇海始知鯨欲動零陵不獨燕能飛只今五色曾何補自採奇峰築釣磯

元

過宗一貫之邑人

顧邑城

寄奴王者亦英雄更愛風流老顧榮叶 今日孤城滄海畔一天紅浪晚来風

明

魏驥仲房 蕭山

陳山

清溪南面是陳山列嶂舒屏紫翠間幾度搼簾成晚對白雲時共鶴飛還

沈琮公禮 邑人

九日登陳山

凉燠互遷易大化斯往還少壯能幾時華髮颯已斑猗彼泉石人如脫紅塵寰佳節值良友邱壑同躋攀有酒相持飲有詩互評刪慮靜水不波心與雲俱閒炎炎憑勢徒棄德方崇奸所以五代子自題作癡頑何如侶松菊不為世厚顏俛仰今古事一笑空秋山

沈熑南夫 邑人

春遊

花鬚柳眼滿平疇春鳥無情鎮日啼泛盡小溪迷野

霧不知何處雅山西

趙伊子衡邑人

登湯山

烟花山際傍孤城憶昨旌旗照眼明海氣似團魚鳥陣江潮猶帶鼓鼙聲鼓幾家村落依荒戍連歲艨艟集募兵此日登臨成感慨倚天長嘯暮雲橫

王梅時魁邑人

遊獨山

何處宜長往言尋獨有山浮雲將水逝幽鳥與人間

一徑通深谷經年掩舊關春風吹蕙帳高卧君為攀

沈懋嘉會真邑人

秋舟

陳山西麓海東頭細網長竿帶綠韝買得山禽如粉

脆屠墳十里稻花秋

黄某天台

冬日遊陳山

乘興凭高日未曛蒼苔屐齒自紛紛林深出澗有流

水雪霽滿山多白雲一榻琴敧憑鶴聽半床松影與

僧分慙予未脱塵凡跡欲寄鄉思到鴈羣

倪端惺孩 邑人

登陳山

扶筇盤山磴悠然望不窮海濤斜捲白秋葉遠含紅

西北瘡痍痛東南賦税空滂言天地大何處老微躬

王端正始 邑人

遊陳山寺

曲折花谿宛轉橋參天石筍絡藤條人間仙境無塵

到世上浮名此地消畫棟香泥巢白燕碧闌曉露滴

紅蕉涵空臺畔堪吟眺千點蒼山萬里潮

宋咸爾恒里人

湯山存巖祠

步出城南門山隈白雲曙故人掩淚看孝子思親處

過銘盤伯新邑人

宿望海樓（檇李詩繫望海樓在苦竹山愚按此汛兵戍守處疊石為之今已毀）

月高長嘯醉樓中徼掠朱闌海面風夜半天妃鸞馭去射波千點小燈紅

釋圓映元徹嘉善

初冬同社過陳山寺

出郭見山瘦翻思春獨来雲開過水淨楓老學花開人影夕陽裏松陰古殿隈龍泉堪煮茗分坐石為臺

國朝

李確潛夫里人

曉鐘山堂與正公夜話

山夜殘燈剔更明逢師寧惜坐深更身如野鶴何妨瘦詩似寒梅不但清窻竹已辭新月影庭松猶帶落潮聲人生良晤知能幾況復關河尚甲兵

陳山八詠

平林煙逕

林上空蒼若可攀遥村出没野雲間晴明遠�青千樹炯雨重溪碧幾灣每傍秋陰渾似畫未開曉色亦疑山平原欲豁無窮目怪我憑高未忍還

天際雲帆

孤帆天外御風遊萬里滄溟去未休我意雲翰来遠道誰能雪浪當安流三神似許通舟楫一葉遥看泛斗牛知爾遐征更無恙不須長劍斬陽侯

南海秋濤

碣石扶桑一望中波臣意氣動遥空如鯨怒吼千山雪似馬長馳萬里風紅捲夕陽吞欝島白翻眀月墮蛟宫涵空臺外雲濤壯木落秋高更不同

西峰曉月

鐘聲歷歷動西堂斜月真堪勝夕陽松磴白疑殘夜雪石門寒共五更霜光辭嶺樹虚烟積影落僧窓曉夢凉此是山中清絶景冷猶孤鶴好相將

翠微石掌

靈壁千尋削未殘松門雲散見高寒盛来曉露誰當
吸攬得晴霞正可餐盡日排空叩閶闔何年拍隐到
劉安東溟有月當峰頂擬作明珠掌上看

赤峡龍湫

石碣千秋蹟未磨空潭如鑑淨無波尋源脉脉来滄
海出澗陰陰覆碧蘿野老嗽雲秋色暮山僧吸月夜
凉多瑞泉亭畔閒凝眺時有清聲荅嘯歌

孤城暮靄

荒屯高柳夕陽邊閭井蒼茫晚色偏城角冷催漁市

火酒旗深傍戍樓烔千家樹影昏初沒萬枕濤聲夜未眠倦鳥不歸人已靜祗憑寒漏打霜天

萬壑松聲

蒼虬鱗鬣老山椒日有清音滿壑飄時共野絃来細細更無寒磬到蕭蕭荒臺返照鷺踈雨短欄孤燈怯夜潮多恐卧龍聽不得也乘明月嘯中宵

移植羅漢松銀杏樹於陳山寺 余自壬子歲讀書山房堺中尚有老松古杉數章婆娑可愛不三十年遂爾濯濯今移余蛋園羅漢松銀杏樹二株植於山作詩二首付之住持庶幾愛而護之所謂雖無老成人尚有典刑者此也己丑臘日記

羅漢松

自託禪林我亦安白雲常與護蒼寒曾因佛記超三果肯為秦封愛一官小影堦前朝擁衲清聲杖底夜臨湍高枝漫折當談塵留作空山面壁觀

銀杏樹

移来不惜故園春長與蒼松作比隣鴨脚依稀形總似銀花開合見誰真分甘何日方貽我取醉他年莫誤人寂是霜黄無限好秋深應共往還頻一名鴨脚樹花開如銀光一閃人罕見者結子生食多醉死

暈頂山相傳秦始皇試劍暈其頂於海故名

千古令人笑祖龍巖前空有白雲封茲山頭角今何處飛作東瀛第一峰

秋日遊益山

扶屐幽尋磴幾盤因過龍尾識青巒西連岡阜形偏秀東望滄溟眼始寬絕壁我堪題姓字荒林誰與問栴檀下有基名俞天宅疑古寺址閑聽牧笛斜陽裡贏得松風兩袖寒

登獨山同楊長公

扶筇登顛我亦勞喜從楊許坐林臯群峰西去成孤嶼半壁東来砥怒濤山南面潮蝕石者半下望凛然海日正晴朝氣爽嶺雲初散暮天高禪房松竹堪留賞便擬無歸貫濁醪愚按先生題詠甚多已刻入龍湫集茲不備錄

陸啓浤叔度邑人

夜宿陳山寺同諸子贈友

苾芻薜荔倚龍城蚤向移文共勒盟處士未忘秋菊意大夫仍愛古松名数聞鼓角摇邊戍往日山川定月明遊客自諳滄海汎詰朝即聽午潮聲

曹溶潔躬 秀水

當湖懷古

乍浦孤城泣遠烽島夷曾此駐艨艟兵威閩粵開專閫廟算神明仰世宗驟馬沙平吹萬柳射魚波靜立千峰即今荒服圖王會戰士無勞甲數重

陳山龍潭

力湧高厓海勢寬捫蘿鳥道歷千盤山銜冰雹鮫宮闊地爇炎雲馬鬣寒山有龍母塚涵碧夜聞陰火入濺珠光作毒湫看徹范莫測神靈意窟宅何由絕頂蟠

沈中琛獻臣 邑人

冬初訪龍湫李潛夫

一别雲山又幾秋情深還續雪堂遊松濤不減樵夫聽石枕多因處士留身歷飄搖同患難路經僻絶轉清幽相逢未盡相知語乘興歸來月满舟

沈堯咨山臞 桐鄉

乍浦觀潮

一望天無際潮頭隐隐来忽翻千丈雪疑下六丁雷毛骨驚還聳胸襟曠欲開成連何處訪寂寞自崖回

彭孫貽仲謀 海鹽

閱李潛夫九山志憶雅山舊遊有作

九山十五峰不及雅山雅山意不在高壘石巧相亞黝潤草木蒼伏泉出其下如沾雲一片帶濕落平野當年疑雲林水墨不可寫一自兹山遊乃識非苟且倪迂及坡老尚有未工者公真斲山手雕畫无氣冶令我形神馳攀石枕梧檟沉冥久始寤山書坐来把

鮑連魯仲 歙縣

次韻陳豫公遊乍浦

沙崇初上日三竿扣枻高吟烔水寒遥望碧天雲路
近須知人世海門寬
趙洄天来邑人
遊龍湫
陳山頂倚白雲深大海潮迴紫氣沉萬壑松濤孤寺
暝渾疑風雨起龍吟
陸埜我謀邑人
苦竹山觀海
海水迷東望登山且縱觀波濤何處險殿閣自相安

越嶺遥帆外，秦峰遠樹端。樓臺分蜃氣，井邑識鯨湍。湯欲看朝日，無辭冒夜寒。白龍雲作塚，神女玉為餐。絶島烽猶在，孤城角未殘。蓬萊如可到，徐市幾盤桓。

朱之鑑孟貽　里人

九日登湯觀諸山值古笠禪師話舊次韻

追攀不厭入山深，歷遍蒼苔似夢尋。咫尺故人逢杖履是日與諸子行海塘上望見湯山之頂杖履飄然劉士可指之曰此人似李潜夫即之乃古笠也古笠亦心知是我輩于是相見大笑忘歸焉，百年蝕字訪碑陰天妃宮後相對青龍觀山脚下巨石巍然舊傳有倭寇題詩其上是日摹之止一君字筆法端勁其餘字畫多不全。泥紅破塚憐枯骨寒食踏青山下見破塚中棺和朱書明故福建福州府庠生顏平千之墓盖客死者也枯骸暴露士可首先抔土諸子同力瘗之是日往候則紅泥蠟結碧草芊綿矣潮白鷺濤

寫壯心記取登高今一度扶桑旭影半長林

朱彝尊錫鬯　秀水

乍浦

乍浦逼瀛壖孤城小於甕居民八九家僅足逭飢凍

邇來弛海禁伐木運堂棟排空駕橧巢近水壓茭葑

陶旊器本窳橘柚包匪貢偶然資懋遷是豈足民用

囙而估舶多僻地乃喧鬨增竈遂成郛葺墻巧羃空

囯隨郎罷載行歌雜囉嗩我行湯山栟比邱治蔬供爲言宏正閒紺塩翔鐵鳳苦海迷津人遠望得毋恐願乞長者文勝蹟復營綜我口默不言我心有餘痛昔者嘉靖中狡倭肆狂縱實瞻寶相輪一針亂帆送幾曾弓仗放但操兵刃弄離亂凡幾年室家始同夢坐起謝上人吾文未足重於時櫂舟還特爲令長諷謂知縣事王君瑋也此事不果行吾機偶先洞（愚按）篇中紺塩云云蓋係寺僧詭詞考之前朝實未嘗建有塩也

陸菉義山 邑人

下浦春遊

買得魚鰕出水腥。折来山卉自青青。歸舟共讀九山志。即是潛夫山海經。

愛坐沙頭瘦石稜。山坳古佛界金繩。何人直入驪龍窟。擷取珊瑚下鐵罾。

斗上翻愁石磴添枯暍一掬冷澌澌此時若要分泉品諫果真輸剥棗甜

滴翠難醫俗眼饞晚涼山月半規銜陶然借我山牕宿簡點松花褁汗衫

高士奇澹人 錢塘

乍浦觀海

孤城斗大枕海隅兩山遥峙如覆盂斷紅墻角何年廟歲時香火兒童趨揭來曳杖正春杪天風泠泠吹我鬢岍旁古石犬牙錯老苔繡澁皴皮膚輕濤徐觸噌吰響恍然天籟聞笙竽無端搼作羊頭白騰擲蛟蜃翔天吳麃渾蒲類莫可辨混茫萬象游虛無發鳩精衛不自量西山木石真區區憶昔東巡陪羽蓋登樓曠望心神娱海水瀯瀯漾澄碧潛蟉恠鰐遥可呼

抽毫作歌詞慷慨風塵九載成斯須壬戌夏四月扈從過山海關登望海樓觀海水甚清碧作歌紀事屈指今九年矣驚猿出檻馬脫羈茲遊轉喜無牽拘危檣大艑來何處潮心蕩漾疑翻烏巨魚張口方攫食可憐性命拋錙銖廟中道士聞我語拍手大笑君何愚狂瀾反覆在指掌盈盈方寸流江湖波濤但憑忠信涉不爾人世無通塗請看徐衍欲負石魯叟亦復思乘桴開頭捩柁弗復問呼童速暖松花觚

宋犖牧仲 商邱

高江邨餽乍浦秋鳥

吳越食品風味饞當筵往往羅珍錯歲晏齋廚有餽遺園官菜把嬿澹泊江邨先生真好事方物遠貽資大嚼乍浦秋鳥信一奇盎鮓泥封鷺劍獲書言此鳥産海外朔風吹向屠墳落黏竿巧取送飲流腹腴項臠皆可卻薦而後嘗羨無度鬭箸小兒来霍霍欲證注疏失羽毛但憐觜爪同鋒鍔輪囷不數截毛鷹吳中名産肥澤殊勝披綿雀深杯屢倒慰老饕燈下盤空賸糟粕新詩昨始賦了哥近同竹垞子湘賦秦吉了險句今還續鐵

鄉向于京邸有鐵脚聯句毋煩使者火急催此際枯腸幾回索

沈季友客子邑人

乍浦竹枝詞

盤鴉髻子翠蛾愁裙帶春寒盡石榴何處宸堪遊樂地城灣南下教場頭

潮来海面紅波動潮去塘頭白石泥欲知郎意和儂意潮去潮来是淺深

三重碧殿兩層堦小拜天妃蹴錦鞵曾向海塘塘上坐何人拾我雀頭釵

女伴渾忘金釧墮郎君迴顧玉鞭遲海東日出海西
落日日來遊無了期
李爲光宛星里人
高公山觀海
高公斗絶枕鼇宫疊巘層巖翠不窮望去老沙渾接
岈海外有九塗十八灘土人謂之老沙行來危石摠排空呑山雪捲潮
頭白射海雲穿日脚紅安得成連聯袂坐秋嵐影裡
拂絲桐
陸奎勳縣繹邑人

題李潛夫先生遺像

海上行歌作隱淪從渠淺水幾揚塵九山卓立青如
舊苦憶風流折角巾
老妻白髮能偕隱太息無兒慰暮年不是故交王寅旭
陸亦樵在蜃園遺草散秋煙

朱昆田西畯秀水

李潛夫先生抱高節邑人請祀鄉校和沈客子
韻
絃歌無意學陶潛結屋龍湫占翠尖換米有時治竹

簀畏人終日下蘆簾一張㴸塍遶東管百箇錢唔蜀郡嚴𢇍日祠堂增栗主昌菹芳辣酒漿甜

徐琎子長無錫

乍浦觀海

鉅觀滄海上獨倚寺中樓萬里潮平脚千山翠湧眸烽臺盤石砦戰艦列沙洲卜淂金甌固邊防策㝡優

林緒光鳳溪閩縣

九日同馬守戎湯山觀海

跨馬東塘藉緑苔元戎攜酒上空臺千檣烏燕飛爭

疾萬點芙蓉削未開裛草半隨山徑没清風徐報海濤来菊花肥瘦都休問消受秋光帯月回

于東昜湯谷　邑人

乍浦雜詩

細柳新開大將營時清軍令自分明春城二月東風裡鸚鵡螺吹出塞聲

八旗子弟誇身手破敵弓刀捷有神一自軍容移海上使船如馬似南人

雷動千椎未肯休湯山蒼翠是誰留就中若有能言

石應解逢人說柳侯謂柳遊擊進忠

義熙以後少全人惟有陶家漉酒巾聞道吟魂遊故國情多還欲苦留春乍浦王鳳池嘗請乩仙作詩時立夏前一日詩曰青梅如彈筍如標芍藥迎風舞太嬌借得酒籌三百枉爲留春思到明朝後羅龍湫山人知爲潛夫先生也

劉錫勇研芬邑人

陳山請龍謠爲林邑侯鳳溪作

拊我鼓兮絙我瑟椒漿桂漿蒸瑤席願託巫陽爲蹇脩靈連蜷兮窺瀨石谷嶄巖山崒嵂風馥花馡中雲氣龍從出貝宮鱗屋心飛揚龍湫蜿蜒兆蜥蜴即今

旱魃方憑陵圭璧用禱龍之靈神君至誠感来格吸川向若騄蟜行下山薄暮猨啾鳴雷填填兮雨冥冥

陸培翼風 邑人

東湖望九山歌

東湖之水清且漣佳時往往招遊船環堤三面盛梵宇珠臺獨占湖中間擁衣乘興一登涉萬象分明在咫尺排闥青從乍浦来如鬟如髻烟光拭九山舊有名圖經悉形像海波憑鎮壓作勢屹雄壯尋遊苦乏濟勝具暇日聊堪一騁望陰晴黛色各呈姸朝暮巑

姿撼殊狀就中突兀推龍湫山人結屋當高頭清風
亮節夙所仰極目蒼翠生閒愁我思蜃樓出没恣變
幻鬟亂帆片片隨風轉祖龍曾此駐鑾旂採藥童男往
不返又聞成連携琴一再鼓波濤驟湧魚龍舞瀛海
何濛濛日出扶桑東憑虛如可見矯首馮夷宮翻嫌
叠嶂阻遐矚使我不得開心胷老夫哦詩多任臆山
靈莫訝輕唐突若使巉巖盡鏟平須洞潮來障誰及
我作九山歌其如腕弱何直須喚起大癡叟烘染一
圖垂不朽

王之泮厲池里人

三將軍廟

老樹支離豁殿門邨翁曾此賽雞豚城隅舊有齊侯廟應為相依託毅魂

舒贍雲亭淵洲

雨中望九峰

凉陰疊斷岍曉色迷孤鴻倚楼望九山海氣連遥峰颯沓雨不止蒼茫秋幾重題詩憶潛夫飄然希高蹤

乍浦

海門咫尺乍川東萬頃鯨波浴日紅雲氣蒼茫迷島嶼水光摇蕩上虚空魚鰕入市名難識舟楫何人路可通笑我十年重過此驄裘烏帽倚霜風

朱元愷儔 里人

孟姜擣衣石

孟姜聞說杞梁妻善哭崩城合在齊秦塞寄衣良已誤按左傳檀弓紀齊莊公襲莒事止稱杞梁妻不稱孟姜即善哭崩城見說苑列女傳亦並不指長城不知何時訛傳秦築長城孟姜送寒衣至城下聞夫死一哭而長城爲之崩今山海衛有孟姜石云是孟姜尋夫處吳鄉搗石更無稽月明風颭歷碪杵日落潮迴

駭鼓鞞猶憶傳疑隣邑乘海嶼曾借一枝栖

秋日遊獨山

沿堤緩步小遊遨取徑梁荘不憚勞駭浪平時千網集連岡断處一峰高山容黯淡秋將盡我輩登臨興自豪試酌沙泉烹活火也應風味勝持螯

周昌庠懷中 里人

海塘晚眺

縱步修堤上海天望不窮雲穿山嶺白日射桅牙紅門户三吳壯梯航萬國通清遊忘晼晚歸路月當空

城南聽潮

適來庭砌立駭甚郭南隅地軸摇疑覆天吴𧑅可呼松翻千樹落霆仗六丁驅只爲波瀾濶飛聲爾許殊

張雲錦龍威邑人

飛來鐘

古鐘知何年周遭無款識湯加飛來名傳自浮海至蒲牢斷聲聞空翠閟蕭寺

耐軒席上食秋鳥

八月乘潮信羣飛向海隅齊聲依夕照接翅集高株

應候来原準遥山産遂殊稻花明十里湖水繞千區
網取多漁户火攻到獺徒梆香初剖腹粉脆未離雛
異種同黄雀佳名别畫鵝興先葦岍蟹矜並沕濵鱸
憶昔留官舍頻煩出宰厨芼羹還點醢燔炙或調酥
鄉味當筵重酒人此夜俱迢迢忘永漏默默領芳腴
今驟緣非淺重憐歲易徂擘柔仍弱羽咀臓究凝膚
長至尤難遘回春信不誣得教充飡腹反使愧飢劬
老我餐停筯年時霜染鬚記曾繙邑乘閒亦考輿圖
乍浦樓船集尚書墓木枯翻曰斯細鳥閙話及當壚

謡豈鄰鵃鵅吟堪匹鷓鴣食單窮絶異饌法造虛無錫漬難經宿糟酣可待晡只愁身作客張翰動思吳

宋景濂雙頫 里人

登觀山

两峰三面倚狂瀾遅日危崕縱大觀千點檣烏来日本一重山翠落鹽官蚊宮隱現層臺幻鴈背高低晩照寒宸好昇平懷遠慮戈船啣尾出沙灘

程光昱旭初 邑人

秋日遊乍川

壚頭秫酒正新香路距東湖卅里長遥指板橋流水處半籬秋色一村莊

危欄徙倚足怡情風撼山松作瀑聲一種大癡描未得海天晴障亂雲生

張望齡槐諱邑人

登湯山

羣峰俱峙海惟此逼城隅叢塚荒無穴浮圖廢有珠宋時叢塚基久湮普珠廢塔今尚有珠 樹將秋寺繞鐘逐曉雲徂謂瑞祥寺飛来鐘 懷古重登覽潮掀萬舳艫

方元臣廷標　里人

陳山觀合朔

海底躍雙丸銅鉦合玉槃珠圓軖走盌雪冷薄凝丹龍豵有常候鷹窠符舊觀何人凌絕頂曾此一盤桓（平湖縣志十月朔相傳日月同度人從陳山上觀如玉盌走珠（海鹽縣圖經鷹窠頂山又名雲岫（陳梁雲岫觀合朔記略）十月一日之辰國語會于龍豵是也二輪合體雪裏丹邊

戚壽生同仁　德清

陳山寺懷古

神虬隱處碧嶙峋多少亭臺委棘榛尚有香林閑夕

照可憐壞衲憶先民昂湖淚灑鷓啼夜彭澤詩工菊瘦辰宸是山靈鮮呵護手栽阜脚巳龍鱗

宋景爛今鄙里人

雅山天馬峰

差免鹽車阸年年伏斷茅形疑周驟耳名借漢蒲梢夾鏡青嵯潤連錢碧蘚交王良將下榮星月淵寒郊

懷橘菴

舊里空懷橘清風尚鬱林鐘魚雲表庋殿廡水涯深應訝同龕祀難將廢址尋蝸廬纔咫尺興到便登臨

三月十八日白龍誕辰

碧鐔神龍伏荒碑紀未湮春風傳誕降典禮肅明禋
蘇旱千邨祝酬庸四代曰沙灣踰十八暮雨定思親
舊傳有十八望娘灣

苦竹山天后宫

濤白掀檣索燈紅上海塘共知鸞馭出恍有珮聲長
廟占空山脊春燒遠客香靈旗風不滿還趂落花颶

梁莊城

地險梁家口經營自李奎居然雄辟壘曾此戮鯨鯢

陣鮮沙蟲没城荒草木齊猶餘女墻在夜夜引烏栖

萬松臺

萬翠冷飛來高高石築臺如何隨變滅長見委蒿萊

月憶談經客花憐作史才毘盧應有刼無處辨沉灰

蜃園

隙地園初築胡然以蜃稱一空觀萬有半世竟孤僧

餓死事良小嗟来呼可憎堂前深省處今賸佛龕燈

積翠軒

何處尋幽築峰攢紫翠間著書餘日錄遯跡掩禪關

嘉樹猶封植高風孰跂攀下山回首望煙際邈螺鬟

鄂陽山屠康僖公墓

為營高敞割山陲想見當初賜葬時一代冠裳司寇貴百年荆棘老農悲春融往往来遊屐草長蕭蕭沒斷碑古樹龍鱗摧已盡秋風無鳥宿空枝

鈔李潛夫先生蜃園集付梓

居近還憐世未遥遺文零落苦烟銷蜃園有恨留殘照鷗夢何心趂早潮一領袈裟清磬晚萬株梅樹凍雲凋只今叙傳應誰屬好與編摩當楚招先生作九山志為家

爾恒立傳因題其後曰嗟嗟後爾恒而死者不知叙傳之誰屬矣今余撰作浦志列先生于隱逸并梓其遺稿名龍湫集行世用慰九原云

水仙廟觀海

秋泉新薦菊花寒晚上雲梯縱大觀一抹光連天宇濶千層瀾涌海門寬羊頭捲處形偏怒鷺羽廻時勢總安咫尺平沙沉鐵版蒼茫故邑指鯨湍灘塗幾許淪都盡井回胡曰久尚完遠樹當初辨於越遥岑此際識黄鹽帆檣隱隱来閩廣兵甲重重鎮范韓浦裡迎潮常放艦峰顛閲武慣登壇熬波利擅牢盆用撒

網鮮烹蜃蛤餐淂月平添佳景濶躅隄𣪊罄冶情歡

東瀛有路乘風到北斗何人入夢看懷古思今發長

嘯賓鴻吹落數聲殘明崇禎癸酉兵巡道蔡公懋德設七星燈于觀山以防海冦劉香李孝廉潛夫即于是科膺鄉薦蓋嘗祈夢于墳有北斗見南方之兆至是果應云餘詳前志中

聞城上螺吹

隔窓漸覺早行聲絶絶譙樓正殺更一片紅螺城上起柳營風景近清明

夜眺湯山

葉蔵秋寺遠微微月轉高城漏點稀一簇紅燈穿樹

出僧從下界躅雲歸

乍川題詠

国家出版基金项目
NATIONAL PUBLICATION FOUNDATION

海上絲綢之路文獻集成

總主編　陳支平　陳春聲

歷代史籍編

137

主編　范金民

海峽出版發行集團
THE STRAITS PUBLISHING & DISTRIBUTING GROUP
福建人民出版社

本册目次

［民國］定海縣志十六卷首一卷（卷二至卷一六）

陳訓正　馬瀛纂修

定海縣志

冊二

營繕志第二
交通志第三
財賦志第四

定海縣志冊二上

營繕志第二 城垣 學校 公署 礮臺 會所 場廠 倉庫 善堂 公園 祠廟

地上建築物爲人羣進化之蹟之表示紀錄不可不詳而舊志略焉最近採訪又不錄河渠塘隄街巷道路諸工程故茲纂不能備列名目訂漏補缺竢諸異日

城垣

唐開元間析鄮爲翁山縣築城於湏河後以土輕移鎮鼇山旁周廣五里

宋熙寧六年改翁山曰昌國始增築城高二丈四尺地廣一丈延袤九里自東南及西一千二百六十丈北際山建炎中毀於金人

元至元五年陞昌國爲州增設城門六所東曰東江門西曰西門南曰南門北曰上榮門西南隅曰舟山門東北曰艮門

明洪武十二年增葺昌國城改州爲縣旋復設立衞所指揮慕成立城址五百丈未就越明年指揮許友展跨鼇山恢舊制闢門四東曰豐阜南曰

文明西曰太和北曰永安十七年信國公湯和經理東南徙昌國三鄉止存在城四里立二所曰中中中左巡檢守之而徙衛於象山縣之東二十七年改隸定海衛仍故城命總師居守永樂十五年都指揮谷祥加脩正統八年戶部侍郎焦宏以城大兵少裁東北隅二里存七里三十步濠隨城廣城門凡四南文明門濠橋外木柵曰迎恩東豐阜門外木柵曰賓暘西太和門外曰西安北永安門外曰北固西北跨鎮鼇山東抱霞山餘皆平陸成化間指揮張勇葺之嘉靖三十三年倭入據城及寇平總兵梁鳳加崇焉後都督盧鏜海道譚綸又增築敵臺二十處歲久傾圮萬歷十三年副總鎮張可大增築之徐時進修舟山城記舟山故鄭地秦漢之際鄭頗最廣唐開元中始析鄭地爲慈奉諸邑而舟山爲翁山縣大歷六年袁晁以其地叛則棄不治其復治之爲昌國縣則宋熙寧六年間也明興罷昌國縣爲衛士何又徙衛于象山留中中中左二所爲守禦改屬定海衛志云洪武十二年指揮慕成立城五百丈未成明年指揮許友跨鼇山增版築卒成之豈前此唐宋邑之爲翁山爲昌國無城堞爲防禦計耶其云恢宏舊制則有城當自開元始而而入明則又式擴增之耳爲日久承平綢繆計鮮戎乃生心焉至嘉靖壬子而島夷蹂內地幾遍江以南舟山之於海著面黑子耳倭入舟山之蘆花岙港特其逋士之餘官軍以嚴飾遏倭竊議胥遁無暇叩城闉然已岌岌矣方事之急壘

滿四郊勢所急不在繕城事已解嚴人人快得平定安集又不及繕城以故迄今六十餘年傾圮灌莽牧羝豎得而狎之勢不容不有肩事議且經始則虞費鉅虞用民虞召譏終以囁嚅罷矣萬歷癸丑秣陵張君可大奉節書以守帥視寧紹餙駐軍舟山至則睹而咨嗟夫言堂奧安也奚其得置門戶勿問地越在海外特宿一軍為捍內藉而荒落頹唐一至此令此二千人坐視自銷懦奚以軍於是請於觀軍之憲府轉請督府咸慨然謂及時修備固當乃首議增埤議濬隍議修樓鋪以次受功焉修完城身九十八丈九尺女牆一千四百十丈三尺四門大城樓四座兵馬司房四座箭樓五座敵樓八座鐵水門共十八扇一弔橋二座石隄四十一丈皆因其舊而葺舉之使不廢者也又南門月城一座二十丈水門一座九丈兵馬司房二座總台鋪一座箭樓四座敵樓五座窩鋪三十八座此則刱自今而補曩所不備者也程材鳩工較初所請計增數倍而請於郡帑之軍需修倉仍八百七十有奇他無分毫益自為陶冶甓砌灰墁皆於燧人取給新運之海嶠石鑿之山稜力則資之團練之尺伍忻而子來旬再一犒劄自軍府公餼比於市租牛酒無敢望而意自投醪亦足以鼓而忘其勞矣事半功倍豈不存乎其人哉役始丁巳十月畢於戊午二月（下略）

清順治間北師平舟山未設鎮未幾城隳康熙二十六年設定海縣二十八年建造城治循舊址築之周圍一千二百十六丈城高一丈址廣一丈五尺羅月城四城身四十八丈四尺雉堞一千二百八十高四尺仍東南西北四門不立門名門上飛樓四座每座三間闊一丈六尺深三丈六尺高一丈二尺窩鋪三十八座每座一間闊九尺深一丈四尺高一丈一尺

其南設水門一座外爲濠動支正項錢糧三萬一千二百八十七兩零鳩工於二十九年二月告竣於三十年八月督造官本府同知錢爲青承造官定海知縣周聖化管工官鎮海縣縣丞盧永甯慈溪縣典史王耀先定海縣典史王隆遇象山縣石浦司巡檢金之彪中營千總徐虎山嘉慶十八年知縣沈泰因城垣年久未修詳請修理估銀一萬有奇適開工連朝風雨大作城身頹壞益甚續詳估銀計四千餘二十一年奉准部覆始事於二十二年二月至八月告竣道光二十年間兩遭兵燹二十七年欽差大臣裕謙奏修舊城內外分段拆收砌築葺補東南北三門並新建西門城樓及窩鋪七座同治十年廳同知左徵具詳紳民捐修城身二百一十餘丈城垛一千二百六個左右石梯二處加高北城三尺及窩鋪盤詰廳瞭望樓并開北喉估需工料費一萬四千有零是年四月初一日興工至十一月十五日完竣

城南衜頭土城　清道光二十一年欽差大臣裕謙就舊有海塘奏准築

砌東自青壘山西迄竹山長一千四百三十六丈有奇高一丈及丈餘不等設二門東曰久安西曰長治沿城上設土牛礮位二十六年巡撫梁寶常奏稱土城年久失修且被夷人剷掘城身蹲矬單薄土牛亦多廢壞請照舊加高培寬並易土牛作土垜七十二堵中留垜口七十一安設礮位爲定海鎮標右營官兵汛守自綠營撤廢土城亦漸陵夷至民國十一年縣人朱福昌向官產處出資朦領圖拆塘基轉賣居奇經本籍衆議院議員沈椿年出而力爭凡三上書省長沈金鑑始獲保存然已拆毀數丈矣會是年海溢鹵潮果由缺口倒灌幾沒民居知事陶鏞呈報省長令行清理官產處剋日撤銷原案並將原繳產價發縣罰充急振又令知事飭令朱福昌修復被掘缺口

附省長訓令清理官產處文案查定海縣衙頭塘土城標賣一案前經令處飭查旋據該縣知事呈以地方士紳情詞各執抄具考證文件呈請核示到署復經指令親往查勘明確呈奪去後茲據該知事呈稱奉鈞牌示兩造繪具圖說送縣以憑履勘去後本年八月六七及十一十二等日颶風挾雨海潮大漲平灌土城情形業於報災案內以齊電陳明全城紳民僉謂此次風潮

幸有土城爲保障否則城內沈災不堪設想此項城塘斷不可去卽據原具呈人沈椿年周筱嵐何輔漢等聲請前慮海嘯今己實現請卽據實呈復毋須再勘等情知事復核無異理合備文呈復伏祈核示等情前來除指令定海縣外合亟令仰該處迅將朱福昌承買衙頭泥城原案剋日撤銷並將原繳產價發由該縣罰充急振以示懲儆仰卽遵辦具報此令民國十一年九月日

又省長指令定海縣知事呈悉該縣衙頭泥城既爲此次風潮保障衆議僉同其于捍禦海潮農田水利有關已屬毫無疑義前項官產自應照舊保存所有朱福昌承買原案應予撤銷由縣吊照繳銷泥城被掘處所飭令朱福昌限期修復並將原繳產價由清理官產處發縣罰充急振以爲賸領官產者戒除訓令清理官產處遵照外仰卽查照辦理具報此令中華民國十一年九月日

學校

學宮　唐開元間始置縣治剏建於霞山之麓尋廢宋熙寧八年令張懿文建學於縣東百步中爲大成殿元豐八年令張節記於石元祐七年簿尉顧復經又徙而東四十步崇甯中廢士附於鄰邑政和六年令張如晦重建主簿詹之綱有記淳熙十六年令王阮徙於縣南之芙蓉洲役未竟去官後令錢棣成之又建文筆峯於櫺星門之東嘉泰開禧間令葛洪建

講堂曰申義其置田養士自紹興五年令韓晦始嘉定間令鄭伯謙聞詔繼之趙大忠更增益之十六年又重修學宮淳祐六年令沈壡重建大成殿元時陞縣爲州學亦隨之至元十七年各道設提學司實五品官遂借擬教授董學事二十九年省府例以下州不設教授止存正錄元貞元年州判官馮福京至任首勉學中士協力修理由內及外爲之一新時學正馮庚荀世英也小學舊名親仁齋歲久不治福京重行修葺扁曰育德堂爲訓蒙之所其大學舊有四齋造道進德存心成性至元壬午年本學申請於提舉司添置兩齋曰明善曰立禮其實析四齋之屋而爲之泰定間知州韓摶又重修學宮明洪武二十年學與縣俱革先聖殿惟存銀杏一株清康熙二十六年巡撫張鵬翮題請設縣建學知縣周聖化以宋時學基在芙蓉洲已先建營署難於移易迺卜地於縣治之東請項建造始事於三十年四月至八月告竣時百舉草創規模粗具大成殿時葺時圮殆無虛歲啓聖祠兩廡亦並湫隘櫺星門泮池等亦多闕略知縣繆燧急欲

改建為費鉅不敢輕舉至四十三年乃從諸生黃灝等請藉認墾之貲次第落成規制較閎敞焉四十八年八月大風雨殿宇又圮詳明各憲以通省俸工修葺五十五年知縣曹秉仁復捐俸修之乾隆十四年颶風又壞殿宇兩廡及尊經閣十九年知縣莊綸渭重修三十七年知縣陳□□又重修五十九年知縣張玉田復重修道光五年六月間疊遭颶風大雨殿廡戟門俱傾頹知縣陳從嘉詳請興修大吏令撙節減估不得逾五百金迺雇工興作捐廉佽助其明年六月知縣李景韓涖任又勸諭紳士修葺嘉興縣學訓導金士奎獨任葺兩廡十六年知縣王丕顯又重修大成殿崇聖祠庚子辛丑間兩遭兵燹學舍半就傾蕪收復後善後局重修咸豐間署廳事王承楷偕教諭許延潤又修治之設更衣所改土地祠奉文昌以復舊貫別營土地祠於更衣所之東同治五年殿宇墻垣復坍塌署廳事史致馴與教諭張慶璜諭歲貢生周振銓嘉興縣學訓導沈有瀾試用訓導錢學棻監生武賡堂沈皆協力捐修泮池四圍易砌條石加石闌焉

光緒十八年廳同知徐承禮捐俸創脩未竣去職後任趙惟瑜踵成之三十二年詔升大祀因費絀未更制民國三年九月改稱文廟爲孔子廟大成殿仍舊名

校舍　左表所列以自行建造或撥用公産及私人捐助者爲限凡借用而非固定者不錄

校名	所在地及歷史	建築或改設	占地
縣立第一小學校	城中義學及蓉浦書院院即清知縣繆燧之功德祠明大學士張肯堂雪交亭故址	清光緒三十一年撥用義學爲講堂蓉浦書院爲寄宿舍並在河北建造講堂二所民國十年義學正廳改造洋房七幢撤除東首學舍十三年以蓉浦書院西廡及西庫爲寄宿所及庖室	新建洋樓七幢（教室及辦事室）西廂房七間（教員室及僕役室）河北廳房一座（兩操場及膳廳）講堂一所（今改教員寢室）洋樓前操場一所河北廁所一間學校林一座計地十三畝七分七釐（在鎮鼇山東北部民國七年農商部核准）
縣立第一女學校	縣署東偏土地祠舊址	民國二年呈准撥用三年建築	經過事略附後
私立申義小學校	縣署內關帝殿舊址	清光緒二十七年呈准撥用民國五年十月又准撥縣署內廢地改作體操場	
私立繆公小學校	盤嶼曹公廟即舊繆公義塾	民國二年改設	

私立慈雲小學校	西郊半路亭西側吉祥庵餘地	清宣統元年普陀僧捐資創建	現有教室等五間
私立延武小學校	裏句山東	邑人李拙捐建計建築費四千五百圓民國十年立案	現有校舍十間
私立集成小學校	舵嶴劉家灣	民國七年邑人劉章潤募建	現有校舍七間
第三區立第一小學校	馬嶴舊崇文義塾	清光緒三十二年改設	
私立啓蒙小學校	臯洩莊高嶺下	民國十三年自購基地建築校舍	
覺斯小學校	干𥔲舊覺斯義塾	清光緒三十二年改設	
私立尊經小學校	大樹舊胡氏尊經義塾	清光緒三十二年改設	
第六區立第一小學校	六橫舊東靖義塾		
第八區立第一小學校	蘭秀鄉北浦舊禦侮會義塾		

揆文小學校	長塗娘宮基舊揆文義塾	
蓬山小學校	岱山舊同文義塾	民國元年改設
私立顯承小學校	岱山石馬嶼舊於氏義塾	清宣統元年改設

縣立女校經過事略

民國元年九月由知事金國書暨邑紳沈椿年籌劃經費撥縣署土地祠充作校址祇設初等四級民國二年繼任校長沈毅添辦高等小學縣會議決撥六邑公款項下浙路債券洋三千元爲沈毅建築教室之資民國三年始建隔河洋樓三幢民國六年附辦女子半日學校一所女生發達校舍不敷由校長沈毅向各界徵募得旅津同鄉方藥雨助洋一千二百五十元復由方君徵募得張岱杉洋二百元周道生洋五十元本邑紳商則李拙助洋一千元沈椿年助洋二百元又助木料洋三百元元顧芳榮助洋五十元民國十年馮知事毋助洋一百元普陀僧維善助洋一百元顏舜玉助洋一百元縣教育會撥試館息金洋二百元於民國九年將縣土地祠前面側屋改建洋樓五幢十年於東廊改建洋樓四幢不足之數奉知事令以芙蓉洲學田十餘畝撥爲校產變價補充之

通俗圖書館　在學宮東偏民國九年就舊御書樓改設樓凡三楹門左

右又各三楹清康熙二十七年知縣繆燧建道光間燬于兵火光緒八年廳同知陳恩受募資重建

公署

縣治　唐宋時建于城西北隅鎮鼇山之麓元代因之明洪武二十年爲中中所又改參將府清康熙二十三年總兵黃大來卽其地建立總鎮府二十六年設定海縣迺建堂於明常盈倉故址爲縣署知縣李㑘到任後以次興建又建內署五間東西翼室五間正屋二座各五間知縣周聖化又支正項錢糧建治定堂三間阜成堂三間儀門三間大門三間庫房三間監獄三間羈候所三間土地祠三間康熙五十年知縣繆燧又建客座六間宅門三間堂東廊屋十四間乾隆十八年知縣莊綸渭又次第修治之四十六年知縣王廷勳因內宅向在署東傾圮出廉俸移建大堂之後額曰今有堂道光二十年間海氛疊警堂宇盡燬欽差大臣裕謙奏設善後局鳩工興造中爲大堂其進爲宅門又進爲二堂二堂之東有翼室三

間西有花廳三間花廳之南有船廳三間翼室之東有餘屋五間花廳之西有餘屋四間二堂之後有耳房東西各二間再進爲內署五間內署之西有翼室三間大堂之東有庫房三間其南爲科房九間大堂外之西有監獄爲門兩道南北屋共七間披屋及更房共七間其南亦爲科房五間外建儀門三間儀門外之西爲姚公祠三間爲西翼房一間儀門外之東亦有翼房三間東翼房之南有土地祠大門三間大殿五間土地祠大殿之東垂下有三郎廟四間其南爲收納糧科處四間外有大門三間置鼓亭焉署三面皆環河惟北與民宅相比連其東河有板橋由板橋而北有關帝殿前門三間中廳三間後殿三間其南橫河有平政橋越橋數武有古翁洲坊入民國爲縣知事公署列屋變更不盡如舊

舊有各署改變始末表

署別	地址	沿革	占地	改設或變賣
司獄司署	在縣署東	即舊典史署清康熙間建	大門儀門各三間東土地祠西全公祠大堂二堂各五間內宅九間	前清末年由清理官產處標賣

道頭巡檢司署	在衜頭	初寶陀巡檢司在普陀山明時建清康熙五十四年間駐南間外知縣繆燧偕巡檢張三[illegible]捐建公署寶陀與沈嶴隣近爲扼要地雍正八年移寶陀巡檢司駐其地是爲沈嶴司巡檢道光二十六年欽差大臣裕謙奏沈嶴司巡檢應移駐道頭地方以資稽察二十七年善後局建	大門三間土地祠一大堂五間二堂三間東西廳各三間內宅十二間東首官廳三間西首書房三間	今爲警備隊第七營營署
岱山巡檢司署	在岱山	岑港巡檢司署廢後暫住在城清雍正八年移駐岱山		今廢
總鎮府署	在鎮鼇山麓	卽宋元州縣治明參府基清康熙二十二年總兵黃大來卽建總鎮府道光二十七年裕謙奏建營官衙署總鎮鄭宗凱督造	大堂五間左門一內爲東樓堂下東廊爲科房九間堂右門一內有正廳七間東軒三間西軒三間軒後近南有樓一間堂下西廊巡捕房弁官廳共七間其後爲西口址爲馬房大堂後爲二堂五間東有軒六間西花廳弁廚房七間再進爲內堂三間堂下東西方池各一大堂下有儀門五間其東南隅爲土地祠外爲大門三間東耳房官廳三間西耳房守候所三間大門外有東西轅門東轅門外有齋奏廳小官廳號房各一間大門外西南百餘步爲小校場其上建觀德堂三間從進又三間總兵官校射於此西有蓬廠八間土地祠其鎮鼇山巔有望海台五間爲晝夜瞭巡之所	民國七年改建成仁祠及公園
中營遊擊公署	在鎮署北	清遊擊樂廷柯建		清末由清理官營產處標賣
左營遊擊公署	在土城內	舊在衜山麓清遊擊石子固建道光二年移建土城內東港浦		同上
右營遊擊公署	在南門外大教場右	舊在西門內清道光二十一年移建		同上
城守都司公署	在衜山之麓	卽舊左營遊擊公署		同上

中營守備公署	在中營游府署側	清守備韓煊建		同上
左營守備公署	在土城內東港浦	舊在三關地清守備柳生芳建道光二十一年移建于左營游府署側		同上
右營守備公署	在道頭巡檢司署右	舊在芙蓉洲清守備易之炯建道光二十一年移		同上
權關公署	在道頭西洋樓	清康熙二十七年海關監督張聖詔題請捐建		仍爲關署附設道頭警察分所
總堂口	在南道頭	稽查漁商航渡船隻清總兵吳郡建		
中營軍械局	在中營游府前			清末標賣
左營軍械局	在東門文彩橋南			同上
右營軍械局	在西門芙蓉洲北			同上
城守軍械局	在三關地	舊爲左營守備公署		同上
四營火藥局	在學宮北	舊在縣治側宋嘉熙三年令余桂建不知何時改移		同上
大教場演武台		明永樂初於城外西南二里置演武亭以時簡閱隆慶改元指揮王承恩重建萬歷初參將徐正又增新堂宇築壘圍三百八十餘丈門曰振揚威武清康熙二十七年總兵黃大來卽舊基重建自道光二十年兵燹毀壞後善後局重建	正廳五間左右廊屋六間鼓亭兩座旗台一座屏牆長六丈五尺	今爲模範水產工廠

監獄　在縣署西南首迤北分建中東西監房各八間以處已决人犯每間高一丈五闊一丈一深二丈中間之東爲運動場炊場儲藏室西爲浴

室炊場更夫室并留天井掘有井泉南爲教誨室高一丈七尺九闊深各三丈教誨室之兩旁建屋九間每間高一丈二深八尺分男女看守所以處未决人犯暨受有嫌疑者餘爲暗室病房屏禁室四圍繚以牆垣高一丈七尺五東西闊十一丈南北闊十三丈四牆之南爲第二監門其外爲第一監門門之南爲訊問處材料儲藏室管獄員室其東爲女監三間西爲教養局再南爲頭門門之東爲成品發行處西爲書記室又東西爲工場工始於民國六年知縣事張寅繼任馮秉乾又設法改建以臻完善至八年始告竣計費銀幣五千七百餘元除支扣俸儲款縣稅準備金等一千八百餘元外餘悉出自募捐

礟臺

定海舊設礟台三所東沈家門西岑港南道頭各建營房十三間安設紅彜礟八位配兵各五十名清乾隆五十八年外夷貢船五隻泊於五奎山之外五奎山係南北商漁舟楫經由要道奉諭在該處建設礟台輪派千

總守之其配兵營房礮位如各礮台之數加意防禦道光十八年署縣陳殿階領項修理五奎山礮台營房二十年遭兵燹二十一年又奉諭於衙頭東嶽山續建震遠礮城一座礮台一座曉峯嶺上圍城一座二十六年巡撫梁寶常奏請定海各礮台或被礮擊或被剷毀均應一併修復又稱定海雖孤懸海中而東西北三面俱有重山環抱惟南面濱臨大海左山名青壘頭右山名曉峯嶺嶺下爲小竹山相並者爲莫家山小竹山之東南曰吉祥門西曰螺頭實爲扼要之所急應設守所有小竹山嘴礮台應添設礮台使敵舟不能駛入同治十三年臺灣告警沿海戒嚴廳同知陳乃瀚奉憲劄飭修造礮台五奎山因舊址移向南海口名保定城莫家山建礮台名克敵城土城外之東港浦從青壘頭山下舊礮台移建名德威城近螺頭門之獺山新建礮台名奮武城各礮台位均相度各處口門開準有營房有藥房蓄水有池洩水有溝以爲弁兵住宿計始事於同治十三年七月告成於光緒元年七月其工費由寧鼇局支領核銷巡撫楊昌

濬又咨定海總鎮派近巡防不時打磨礮身演習試放由是定標中左右共三營派官兵守保定城中營派官兵守克敵城左營派官兵守德威城右營派官兵守奮武城其東嶽山震遠城礮台歷久多壞亦於是年修葺焉

會所

縣議會　在學宮西民國元年就舊學署及尊經閣改建

勸學所　清光緒三十二年開辦原借蓉浦書院爲辦公處民國五年浙江都督令舊有府縣學署一律撥改爲勸學所六年二月始遷入舊教諭署辦事

教育會　清光緒三十四年創議民國二年成立公議以城隍廟西瘟神殿爲會場由會長馬瀛等呈准省行政公署立案

場廠

製造水產品模範工廠　在南郊大教場民國五年創建

倉庫

常平倉　宋初沿唐舊制令州縣各置常平義倉嘉定三年昌國令趙大忠又建濟民倉淳祐十二年縣令費詡又建社倉二十楹於龍峯山門之左卽今北門外普慈寺也後倉燬於火遂廢明洪武初置常盈一倉常盈二倉正統閒幷爲一倉清康熙三十年始建倉廒於縣治之西五十步仍其名曰常盈有正廳三間每間闊一丈六尺深三丈六尺高一丈八尺後廳三間闊同正廳深二丈六尺高一丈六尺倉廒共十四間規制同後廳倉大門三間深二丈高闊同又有玉環倉九間雍正六年知縣李灼奉文建貯本地秋米俟憲撥給鎮標兵糧嗣後額設倉廒有原建續建之別原建倉廒三十七間道光二年知縣惲敷請項修理續建倉廒五十二間四年知縣陳從嘉請項修理二十七年設善後局新建倉大門三間倉神殿三間天字廒三間地字廒三間東前倉十四間東後倉十五間西前倉十四間西中倉六間西後倉十六間後廒屋七間廚房二間同治十四年廳

同知陳乃瀚修理倉廒費由寧釐局支銷

善堂

體仁局　在道隆山麓清同治十三年紳士助建正廳三間左右廂各二間軒屋及義園厝屋七間爲仕商停櫬之所定邑人多營商上海有老死不得歸者歲屆冬至悉載其柩回籍葬之四郊又各置義山有暴棺露尸相與掩埋之司事等隸其事實繕立成規稟詳各大憲批准立案

同善堂　在岱山東沙角駐防廳右清道光十二年士商助建堂屋八間爲捨施棺木之舉司事者更番輪值

誠求堂　初名育嬰堂清道光六年署縣事李景韓捐廉爲倡職員沈有慶佽助白金一千基地三畝有奇錢鏡佽助白金三千建大廳左右廊屋共十九間其故址在城北至道光十五年適有僧俗互爭朱家尖順母塗兩處接漲塗田經知縣事王鼎勳詳准撥入育嬰堂報升輸糧將租息作爲育嬰經費後因朱家尖塗田千餘畝塘碶盡壞租息無出又遭外患堂

屋被燬事遂中止同治十一年廳同知陳乃瀚刻意興復清查朱家尖田產修塘築碶因田高下定額出租參酌舊規分寄養自養兩項惟舊堂一時不能興建暫賃城內祖印寺屋改名誠求以示區别洎光緒十七年知定海廳事黄樹藩向紳商勸募由富紳何瑞堂李肅銘等捐資興復擇城南偏東地方新建大廳三間臺門一座東首廂房三間廚房一間西首廂房九間公舉正副董事各一人司事一人管理堂務每送嬰孩一名到堂給送資錢四百文嬰孩覔乳婦在家寄養月給養育費銀壹圓又給嬰孩棉夾襖各一小衫二襁褓六事又夏給單衣袴一襲冬給棉襖袴一襲育至十歲男就業女擇配嬰孩病則由養者報堂看驗派醫診治死則備棺以瘞之著爲例至堂名仍爲誠求未改從舊稱云

養濟院　在縣東北宋崇寧二年建政和二年移置縣北清康熙三十年知縣繆燧重建

公園

民國三年二月縣知事金國書呈請民政長將舊鎮署西首箭道基地一方改建公園經行政公署批駁事遂中止後經旅滬商人劉鴻生捐資一萬二千圓由邑紳數人籌備建設其地在新建成仁祠旁云

森林

農會森林試驗場　民國四年由農會呈縣撥給鎮鼇山官荒地爲森林試驗場

縣立第一小學學校林　在城北鎮鼇山東北部占地十三畝七分七釐民國五年由該校呈請承領官荒山地開闢七年奉農商部令核准

祠廟

社稷壇　宋時在縣治西南百步清康熙間知縣繆燧遷壇于西門外半里

先農壇　在東門外清制高二尺一寸廣二丈五尺

名宦祠　在學宮大成門西

鄉賢祠　在名宦祠左

忠義祠　在名宦祠右

節孝祠　在崇聖祠西

孝悌祠　附鄉賢祠內

成仁祠　舊祠在北城外同歸域前清康熙四十二年知縣事繆燧捐建以祀明季殉國大學士張肯堂諸人祠僅三楹民國二年省議會議決就鎮鰲山麓前清舊鎮兵署改建新祠七年復由省會議決撥給省稅三千元並由邑人及滬漢等處僑商捐資及縣教育會撥給定海試館餘款以資補助十二年新祠落成十三年縣會議決改舊祠爲同歸域饗堂云

附錄省議會與民政長往來公文

浙江省議會咨民政長文（民國二年四月　日）

案照明末魯王監國以後胡馬南來義師屢蹶東南郡縣淪陷殆盡而魯王從難諸臣尚思以定海彈丸之地抵抗清師冀復明社卒之勢孤力弱與國同亡同時慷慨就義者有元妃陳氏貴嬪張氏義陽王妃杜氏大學士張肯堂定西侯張名振參謀顧明楫文武諸臣及義士民婦女約一萬八千餘人其死事之烈殉國之忠實爲有史以來所未之前聞前清參軍火其遺骸瘞之北郊曰同歸域康熙時知縣繆燧上其事就

域前建祠三楹以祀之顏曰成仁雖廟貌尚存馨香未替然祠宇狹隘僅蔽風雨終不足以妥毅魄而式觀瞻況祖國光復吾浙先烈或列專祠或營青塚而義烈孤忠如魯王時從難諸臣茲典獨付缺如亦非所以崇功德而儀後世業經大會公決卽就定海舊鎮署改建成仁祠藉揚偉烈而存勝跡相應備文咨行貴民政長請煩查照令飭該縣知事遵照改建至鎮署房屋及署前後左右空地究有若干應否全數撥充卽由該知事斟酌辦理此咨

浙江行政公署公布第七號（民國二年五月　日）

省議會議決定海縣舊鎮署改建成仁祠一案本民政長依省議會暫行法第三十七條公布之

浙江省議會咨本省長文（民國七年五月二十六日）

爲咨行事案照本會查定海成仁祠爲奉祀明魯王妃嬪暨臣民男女一萬八千餘人殉國忠魂之所原有祠宇建於清初規模簡陋地址荒涼殊不足以妥毅魄而式觀瞻民國二年經本會議決就定海鎮署廢址改建成仁祠咨請前民政長朱令飭定海縣知事遵照改建在案迄今六閱寒暑仁率未舉辦本會以當時死事之烈爲有史以來所罕聞實爲我漢族所最痛心之事而今日不得不特別崇奉者亟應查照原案改建後殿五楹奉祀魯王妃嬪宮人前殿五楹奉祀文武諸臣兩廡各三楹附祀士民男女餘屋五楹門房兩楹備春秋祀事之需外築圍牆八十丈估計工料約需銀八千元應由省稅項下撥給三千元以資補助餘由定海紳商募集事關全國瞻仰募集足數當不甚難一俟省款撥下卽可次第施工至鎮署地基屬於官產計地十畝零應由省長咨部核准全數撥給以崇先烈而發幽光業由大會公決認可相應咨行省長請煩查照民國二年公布原案咨行內務部暨陸軍部將定海舊鎮署基地十畝零全數撥作成仁祠基地俟撥定後卽由省稅項下撥給補助費銀三千元俾得從事改建此咨

省長咨覆文（民國七年五月二十九日）爲咨覆事案准貴議會咨以民國二年經本會議決就定海鎮署廢址改建成仁祠咨請前民政長朱令飭定海縣知事遵照改建在案乃迄今六閱寒暑卒未舉辦咨請查照民國二年公布原案咨行內務部及陸軍部將定海舊鎮署基地十畝零全數撥作成仁祠基地俟撥定後即由省稅項下撥給補助費銀三千元俾得從事改建等由准此查此案自民國二年五月經朱前兼民政長准貴會咨行公布後旋於三年二月據前定海縣知事金國書呈稱當即邀同就地紳民籌議以舊鎮署年久失修不無霉爛約略估計修理經費非六千元不可現擬一分向勸募以期集腋成裘俾要工得以興築惟查鎮署西首箭道基地一方改建公園甚爲合宜應請一併劃入以便布置是地前已列入官有財產土地表內如蒙撥用請將前項表內註銷等情當經前行政公署以箭道地改建公園本爲議建成仁祠原案外另一事件此項基地既已列作官產自未便遽行註銷所請應毋庸議等語指令在案六年九月復據該前知事張寅呈以舊鎮署改爲成仁祠一案曾否咨部核准請令遵等情到署據經以此案自民國二年准仁咨公布後並未咨部核准有案事關移轉官產自應錄案補咨除舊鎮署箭道地一方應仍遵行政公署指令原案劃除外令將所有該署基址面積及房屋間數並遵現有狀況切實查明繪具詳細圖說呈候核奪去後迄未據遵覆前來准咨前由除令催該縣知事提緊查繪圖說尅日呈送咨部核撥外相應咨復貴議會查照

關岳廟　在縣治南舊稱關聖廟專祀漢關壯繆民國四年政府頒定祀典增祀宋岳忠武改稱關岳廟正殿稱武成殿

縣屬關廟一覽表

在舟山甬東莊者一	城東衙山麓　稱關聖行宮
在舟山吳榭莊者二	渡津橋側　老碶頭　均稱關帝廟
在舟山大展莊者一	洞門山嶴　稱關聖廟
在舟山白泉莊者一	白泉碶計工塘西　稱關帝廟
在舟山頌河莊者二	三江碶頭　千林橋　均稱關帝廟
在舟山小沙莊者一	石佛庵右　稱關聖廟
在舟山紫薇莊者一	溪口嶴　稱關帝廟
在金塘山者二	平山　烈港　稱關聖廟
在六橫山者一	上莊橫被塘　稱關聖廟
在蘭秀山者一	礅台山下近聖村　稱關聖殿
在岱山者一	缸簭湖嶴
在朐山者二	烏勃　竹廠基　均稱關聖殿

天后宮　在南門外東山麓清康熙間總兵藍理創建旁爲八閩會館同治間商民又別建福興街亦稱保定會館

案神姓林興化莆田都巡君之季女生而神異能力拯人患難室居未三十而卒宋元祐間邑人祀之水旱癘疫舟航危急有禱輒應元大德三年以漕運效靈封護國庇民明著天妃延祐元年封護國庇民廣濟明著天妃天歷二年加封福惠清康熙二十三年詔封天后五十九年奉旨春秋致祭編入祀典

縣屬天后宮一覽表

在舟山舵嶴莊者一	沈家門　舊稱聖母廟
在桃花山者一	老埠頭

在舟山大展莊者二	塘頭嶴清光緒二年重建　梁橫山
在舟山千覽莊者一	金鉢盂山
在舟山小沙莊者一	小江沸清康熙三十八年建
在舟山岑椗莊者二	老岩司前　馬目山
在舟山鹽倉莊者一	文公廟東
在冊子山者一	大沙灣嶺
在大榭山者一	外灣張西嶴前清光緒二十九年自太平庵右遷建
在六橫山者三	下莊龍跳頭俗稱娘娘宮　東窖　戲文山
在岱山者十	虎山麓　泥峙朗吟支山麓　外南峯山　裏南峯山　新道頭山麓　栲門燕窩山　冷坑嶴　大高亭　蛇山麓　蒲門江北　蒲門江南
在長塗者六	東小嶴清乾隆間建　娘宮基　老港後　東劍　倭井潭　達濠清光緒間建
在金塘山者一	瀝港
在蘭秀山者一	大蚶嶴有內外二宮
在朐山者六	小嶴　冷水潭　狗頭頸　魚龔宛　冷沚　馬足輿

龍王祠　在南門外天后宮東並合祀灌門桃花岑港龍神

火神廟　在城南水門橋西清康熙二十六年總鎮黃大來建旋圮五十一年知縣繆燧等重建

道隆觀　在觀山之麓爲東嶽行宮宋宣和二年建燬于倭寇明萬歷三十年重建

城甬區祠廟一覽表

祠廟名稱	所在地	所祀之神	建修年月	備注
土地祠 凡七	儒學東　鈔關街　甕山下　半路亭　還城下　白虎山　十字街		無攷	鈔關衙土地祠俗稱開關土地祠

葛參政祠	學署前	宋嘉泰二年令葛洪有德政士民爲立祠于學	今圮	
劉邑侯祠	學署前	祀宋昌國令劉谿	今圮	
財神殿	凡二 鈔關前 南門街		在南門街者清康熙間建餘無攷	
施公祠	南門街	奉清總鎮施世驃	清時已改盤詰局	
太保廟	凡二 南門大街 觀山麓	在南門街者祀清總鎮黃大來在觀山者相傳爲伏虎太保	伏虎太保廟清同治三年重修	舟山無虎相傳昔時突有二虎白晝傷人衆禱于神患遂除故祀之
都神殿	城東隅		舊在曉峯嶺清嘉慶間遷建	
東管廟	城東隅		清光緒二年修	
宅山廟	城東	祀唐鄮令王元暐	清道光二十九年重修	王治鄮有功水利歷朝有封號禱祈甚靈
雷祖殿	城東		無攷	
干大聖廟	城北大街	祀元昌國州同知干文傳	明永樂初建	干有惠政及去民航海相送至金塘爲立廟祀之
文昌祠	城北義學後	本清知縣繆燧生祠燧謙讓不敢受令改祠文昌今仍改爲繆公祠	清康熙間	學側舊有文昌祠宋咸淳間建後廢清道光二十六年復新之
傳烈女祠	城北隅		無攷	
茹侯廟	城北隅	無攷	無攷	宋時爲惠應廟即奉爲城隍又城北扶歸橋東一里有老茹侯廟
真武宮	城北甕城		清光緒三年重修	
上榮廟	鎮鼇山麓	無攷	清中營游擊樂廷柯建	上榮舊稱上營西室有三公祠即石子固廖程及樂皆中營游擊也
王公祠	上榮廟西	祀清中營游擊王騰超	今圮石碑猶存	
義火祠	城西祖印寺後		清道光二年建	

張壯節公祠	祖印寺後殿	祀明參將張可大	無攷	沈家門聖母廟後亦有祠合祀張可大戚繼光李應詔劉草堂今俱圮
徐公祠	張壯節公祠左	祀明參將徐一鳴	明萬歷間建	
三皇廟	舊州治前	元立醫學以祀三皇	元至元二十八年建今圮	
馬王廟	總鎮府署南		清康熙初建今廢	
原公祠	城中西街	祀清定鎮右營游擊原爾懷	無攷	廟額曰原將軍廟
三官堂	西門甕城內		清咸豐元年建	
聯恩祠	城中	祀明俞大猷盧鏜	無攷	
劉烈愍公祠	無攷	祀明安洋將軍劉世勳	無攷	
東嶽宮	南門外關山頂		宋元符三年建	
張相公祠	關山西北	無攷	無攷	又東山北首有張老相公殿
禹王殿	關山麓		民國初年閩商公建	
水仙宮	東山下	祀水神	無攷	
蔣侯殿	西道頭	無攷	無攷	
西管廟	西城外半里許	無攷	清康熙間建	
壽山廟	城北扶歸橋南	無攷	無攷	
壇聚廟	東城外二里	無攷	無攷	
福德廟	東港碶頭	無攷	無攷	

江口廟	青山下	無攷	清康熙間建道光十九年增建前殿咸豐十年又增建後殿	
西浦廟	舊在畢家灣山坳後移建山嶺	無攷	清咸豐十一年	
潘府廟	沈公嶺西偏	無攷	清嘉慶二十一年重建光緒三年又鼎新之	

吳洞區祠廟一覽表

名稱	所在地	所祀之神	建修年月	備注
大青廟	陳嶴家	無攷	無攷	
陳司廟	石家嶺下	無攷	無攷	或稱陳家廟
軍廷廟	大青嶴東	無攷	明萬歷三年建	有二廟此爲新廟老廟在小青嶴或作君亭廟
章家廟	梅花墩	無攷	清道光九年建	
錢王廟	桃灣	祀錢吳越王	清道光十五年建	
小青廟	小青灣	無攷	清嘉慶十三年建	土人呼爲青灣廟
萬石廟	長河頭	無攷	清乾隆四年建	
郎家洋廟	城橫頭山西	無攷	無攷	
三官堂	裏洞嶴		無攷	
澤普廟	何衙山東	無攷	清嘉慶間修	

名稱	所在地	所祀之神	建修年月	備注
新城廟	董家隩	無攷	無攷	
保寧廟	董家隩	無攷	清光緒四年建	
尚古廟	裏洞隩	無攷	無攷	
文昌閣	江姚嶺西		無攷	
芮家廟	鳳凰山東	無攷	無攷	
高廟	老䙌頭	無攷	無攷	
徐偃王廟	翁浦（俗呼城隍頭）		久圮舊址無攷	

蘆蒲區祠廟一覽表

名稱	所在地	所祀之神	建修年月	備注
中和廟	蒲隩	無攷	清康熙間建	舊名蒲隩廟清乾隆十九年改今名
上和廟	新橋東	無攷	清咸豐十年建	舊址在狗山西
平和廟	泉水隩山之東	無攷	無攷	
三和廟	姚家灣後	無攷	無攷	
茹家廟	搖笆門後	無攷	無攷	
普濟廟	潘家隩	無攷	無攷	
南保廟	蘆花䙌中段	無攷	無攷	

名稱	所在地	所祀之神	建修年月	備注
三官殿	蘆花碶		清道光八年建	
都總廟	三官殿右		清嘉慶二十二年重建	舊名七場都總廟廟後有義火祠
施家嶴廟	施家嶴	無攷	無攷	
東雍廟		無攷	清乾隆三年修建	有石屋前後二座或作東永廟
趙家嶴廟	趙家嶴	無攷	無攷	
南嶴廟	南嶴作庵後	無攷	無攷	
孟嘉廟	萬安橋西	無攷	清康熙三年建	本稱孟家廟雍正間改

洛舵區祠廟一覽表

名稱	所在地	所祀之神	建修年月	備注
楊地章廟	點燈塘北	無攷	無攷	
財神殿	點燈塘北		無攷	
富孫廟	桂家嶺東	無攷	無攷	
永興廟	胡家嶴	無攷	無攷	
邱監廟	邱家礱前	無攷	清道光二十七年建	
大蒲灣廟	大蒲灣	無攷	無攷	
廣濟廟		無攷	清康熙間建	

名稱	所在地	所祀之神	建修年月	備注
長安廟	應家灣南	無攷	無攷	
來春廟	化樹隩	無攷	無攷	
馬鳴王廟	司灣	無攷	無攷	
東嶽宮	沈家門東山麓		清宣統元年建	
羊府廟	沈家門荷葉灣龍眼山東	無攷	清光緒間建	
真武宮	海口	無攷	無攷	
廣澤廟	朱家尖竹頭浦			
中和廟	朱家尖中段			

展茅區祠廟一覽表

名稱	所在地	所祀之神	建修年月	備注
都神殿	洪家山上		清嘉慶十六年建	
浮來廟	洪家山下	相傳有石板一方浮香爐隨風潮而至故名	清乾隆五十四年重建	
廣惠廟		無攷	清乾隆間建	
西莊廟	繞墩沙埂	無攷	無攷	
都管廟	與茅洋廟併爲一	無攷	清道光九年重建	
干施廟	干施隩	無攷	無攷	

田公廟	田公嶴法雲寺右	無攷	無攷	
大舜廟	長沙		無攷	
後塘廟	長壽庵前	無攷	清咸豐間重建	
龍王宮凡二	鄭家山龍潭下　翁家嶴		清光緒二年重建	
東莊廟	大使嶴	無攷	清光緒五年修	
燒灰廟	燒灰嶴	無攷	無攷	
龍門廟		無攷	清光緒三年重建	舊稱螺門廟
半碶廟		無攷	清同治十一年脩	

三安區祠廟一覽表

名稱	所在地	所祀之神	建修年月	備注
張相公廟	釣門	無攷	無攷	
蒲灣廟	松子嶺下	無攷	無攷	
都總管廟	新橋南	無攷	清康熙二十九年建	
洋山廟凡二	黃沙南　井灣山	無攷	無攷	
嶽帝廟	小展嶺上		清康熙十八年建	
甘溪廟	梓樹灣北	無攷	無攷	

新邱廟	龍鎖橋前	無攷	無攷	
萬金湖廟	疊石嶺東十字街側	無攷	無攷	廟西萬金湖故名
崇聖宮	白泉中界	宋初本祀關帝寶元元年僧神照改奉佛像名崇聖庵清展復後八莊人民更祀東嶽改名崇聖宮	清同治十年拓建	老東嶽殿在疊石嶺東
下橫洋廟	下橫洋嶴	無攷	本明代舊址清乾隆間建同治八年拓修之	
聚靈廟	翠螺山下	無攷	今圮惟存茅屋數椽	
大支廟	大支嶴	無攷	無攷	
小支廟	小支嶴	無攷	清嘉慶十六年修	
大龕廟	墩山林家嶴	無攷	無攷	
小龕廟	唐家嶴	無攷	無攷	
安鄉廟	小柯梅山	無攷	無攷	
文昌閣	大柯梅山		無攷	
大柯梅廟	大柯梅山	無攷	清乾隆四十一年修	
義火祠凡二	十字路鎮竹橋頭塘		十字路義火祠無考在竹橋者清光緒間建	
土地祠	總障山下	無攷	無攷	
財神殿凡二	白泉太平山皋洩龍王宮北		無攷	
鎮泉宮	浪洗山嘴		清光緒三十年建	

名稱	所在地	所祀之神	建修年月	備註
藥師財神土地祠	白泉前嶴三祝亭側		民國三年建	
玄壇廟	前洞嶺下		無攷	
白鶴廟	太平橋東南	無攷	無攷	
唐梓廟	營山下		清乾隆間建	
老唐梓廟	距新廟百餘步		明萬曆間建	或作唐子廟
高廟	廟山	無攷	無攷	或作臯廟
大菜廟	龍舌嶴	無攷	無攷	
上中廟	福明橋上	無攷	清道光十三年建	
龍王宮	浅潭上	無攷	清咸豐五年建	

干覽區祠廟一覽表

名稱	所在地	所祀之神	建修年月	備註
李家廟	浅仙橋	無攷	無攷	
永障廟	小路山凹中	無攷	無攷	一名大候障廟亦稱小路廟
戚家廟	戚家塘	無攷	無攷	
郭公廟	郭公嶴	無攷	無攷	
宅山廟	鳳鳴橋上		清道光二十六年建	

龍王宮凡三	上沈頭嶴龍潭 下斗門龍潭		無攷	
大盧廟	木杓山嶴盧甯橋	無攷	無攷	
洋汎廟	營房山南	無攷	無攷	舊作洋山廟
跳頭廟	營房山南	無攷	無攷	
晏家廟	陸家庵東首	無攷	無攷	
太平宮	華峯山		無攷	
金陳二相公廟	金鉢盂	無攷	今圮	

景陶區祠廟一覽表

名稱	所在地	所祀之神	建修年月	備註
白鶴廟	三江嶺下	無攷	清道光七年遷建	舊在三江碶土名西鶴廟遷建時改今名
中峯廟	上嶴林家山下	無攷	清光緒元年修	
保舟廟	將母礁	無攷	清雍正元年建	舊稱小舟山廟
凌公廟	龜山下	無攷	清道光十八年修	舊稱靈功廟
靈官廟	龜山下		清道光二十六年修	

人和區祠廟一覽表

名稱	所在地	所祀之神	建修年月	備註
烏峯廟	須河嶺下	無攷	無考	
柱門廟	虞橋頭	無攷	清乾隆間建	
白鶴廟凡二	永福庵右老廟鮑家堰爲新廟	無攷	老廟無考新者清道光三十年建	
中管廟凡二		無攷	老廟無攷新者清道光二十六年建	
謝龍王廟		神謝姓大青嶴鄉人事跡無攷	無攷	
聚盆廟	獺洞嶺下	無攷	無攷	
真君廟	善濟庵前	無攷	無攷	
忠莊廟	石鏡山西	無攷	無攷	
福賜廟	牛臥嶺側	無攷	無攷	舊稱福四廟
螺頭廟	螺頭嶴	無攷	無攷	
太陽殿	王家嶺上		清康熙間建	殿前有茶亭三間
烏石廟	雉子嶺下	無攷	無攷	
埠頭廟凡二	虹橋（有老新二廟）	無攷	無攷	俗呼虹橋廟
新城廟	赤土嶺西南	無攷	清嘉慶十八年修	

風郎廟	黃沙山西	無攷	無攷	
林家灣廟	鉛錫山下	無攷	無攷	
石礁廟	田嶴	無攷	無攷	
文公廟	天后宮西		無攷	
鹿頸廟	鹿頸台下	無攷	無攷	
老都神殿	曉峯嶺上		無攷	

三益區祠廟一覽表

名稱	所在地	所祀之神	建修年月	備注
陳郎廟	五百嶴南首	無考	無考	
東廟	岩觜頭山側	無考	無考	
西廟	港橋	無考	無考	
土地堂凡二	小沙港橋 大沙寨嶺山下		無考	
行宮廟		即東西廟之神	清康熙四十五年建	今稱二境行祠
三官堂凡二	小沙利市巖下 大沙聚福庵		小沙無考 大沙清光緒五年修	
萬興廟	小江沛左	無考	清道光二年建	
五福廟	小江沛右	無考	清道光間建	

蔣學士廟	塘礇下	祀宋徽猷閣直學士蔣猷	無攷	相傳塘礇爲蔣學士所建故祀之
南離廟	南隩	無考	清道光二年重建	
東震廟	東隩	無考	清咸豐十一年重建	
西兌廟	西隩	無考	無攷	
天皇廟	海口		清嘉慶十八年修	
浮來廟	楓樹灣	無考	清光緒四年修	
伽藍廟	蟹山下		清道光五年建	
遊母廟	紫窟塘下	無考	清嘉慶二十二年修	
烏巖廟	烏巖	無考	無攷	
下隩廟	下隩嶺	無考	無攷	
青隩廟	青隩	無考	無攷	
玄壇廟	珠子山	無考	無攷	
來德廟	大江沛	無考	無攷	
龍王宮	龍王山	無考	無攷	
龍水廟	礇口	無考	無攷	
財神殿	白馬廟前	無考	無攷	
天醫殿	五峯庵後	無考	無攷	

雲龍廟	長白山	無考	清乾隆五年建	
莎塘廟	長白山	無攷	無攷	

岑㨖區祠廟一覽表

名稱	所在地	所祀之神	建修年月	備注
紅鶴廟	大嶺下南隩	無攷	無攷	
白鶴廟	石版塘橋	無攷	無攷	
黃鶴廟	下隩	無攷	無攷	
大廟	趙家灣	無攷	清乾隆二十一年建道光三十年修	
小隩廟	天后宮東南	無攷	無攷	
龍王堂	龍潭下		無攷	
太平廟	摩鼻嶺東	無攷	無攷	
沙黃塘廟	岩頭王左首	無攷	無攷	
洋嘉廟	雙鴉山隩	無攷	清同治三年拓建	舊名雙鴉廟
三官堂凡二	司前、㨖齒		無攷	
田隩廟	岑港外隩	無攷	無攷	
漲茨廟	漲茨橋下	無攷	無攷	亦稱漲溪廟

金塘廟	椗齒	無攷	清道光十九年建	
后沙廟	丁家山	無攷	無攷	
鐵墻廟	三壘山下	無攷	無攷	
花岩廟	雙獅山下	無攷	無攷	
保安廟	馬目長坑	無攷	無攷	俗呼長坑廟
安瀾廟	裏釣山	無攷	無攷	
山神廟	外釣山		清光緒二年建	

紫薇區祠廟一覽表

名稱	所在地	所祀之神	建修年月	備注
東嶽宮	南墠橋東		無攷	
沙府廟	東嶽宮右	無攷	無攷	
樣萬邱廟	桃樹嶺脚	無攷	無攷	
溪口廟	溪口隩	無攷	無攷	
干大聖廟	天童隩	祀元昌國州同知干文傳	無攷	又白石山下有干老相公廟
南墠廟	周家隩	無攷	無攷	
白龍王廟	狹門		無攷	

名稱	所在地	所祀之神	建修年月	備注
三官堂	井潭灣		無攷	
東山廟	墩頭	無攷	無攷	
澤頭廟	南山	無攷	無攷	
新嶼廟凡二	汪家山頭裏　嶴裏步峧	無攷	無攷	
蘇仲廟	鳳凰山下	無攷	無攷	
西山廟	西山下	無攷	無攷	

金塘區祠廟一覽表

名稱	所在地	所祀之神	建修年月	備注
干大聖廟	大場地	祀元昌國州同知干文傳	明季重建清道光十五年拓新之	
金井廟	金井橋南	祀唐汾陽王郭子儀	清嘉慶七年鄺大之道光六年重修	始建望仙橋東移建年月無攷
秤錘廟	金一莊	無攷	無攷	
永安廟	大李嶴	無攷	無攷	
檀樹廟	穆嶴	無攷	清道光二十九年重修	
元壇殿	穆嶴		無攷	
廣惠君廟	金三莊		無攷	
廣成廟	金三莊		無攷	

名稱	所在地	所祀之神	建修年月	備注
餘慶廟	金三莊	無攷	無攷	
都神殿	西佛嶺上		清道光十年重修	
三官殿			清道光二十九年修	
烈港廟	東北海中	祀廣惠君	宋紹興二十年建	
義火祠	烈港街左首		無攷	
正乙殿	大浦口		無攷	
東嶽宮	西佛嶺		民國九年建	

冊子區祠廟一覽表

名稱	所在地	所祀之神	建修年月	備注
妙灣廟	妙灣	無攷	無攷	
龍王宮	北嶴		無攷	

大榭區祠廟一覽表

名稱	所在地	所祀之神	建修年月	備注
松止關廟	松止關嶺上	無攷	清光緒十八年重建	東嶴又有新松止關廟
文武殿	松止關嶺上	祀文昌武聖	無攷	

大德廟	橫峙嶺右	無攷	無攷	
妙山廟	西隩	無攷	無攷	
東嶽宮	黃舍關前		清光緒二十九遷建	舊址在太平庵右
神馬裏廟	神馬	無攷	無攷	
三聖廟	東隩		無攷	
北隩廟	龍山礁	無攷	清光緒間建	
靈石廟凡二	北渡裏廠 穿鼻門下	無攷	在北渡者清光緒十六年改建	
穿鼻上廟	穿鼻山	無攷	無攷	
靈山廟	穿鼻門上	無攷	無攷	

協和區祠廟一覽表

名稱	所在地	所祀之神	建修年月	備注
白鶴廟凡二	老廟在箸嶺西 新廟在西嶺東	無攷	新廟清乾隆五十二年建	
茅山廟	洞下浦	無攷	清道光十年建	
文武廟	宮前隩	祀文昌武聖	無攷	
龍王宮	龍潭下		明萬歷間建	
財神殿	大棗隩		清道光十年建	

義火祠	馬蝗坑上		清道光五年建	
青山廟	仰天塢	無攷	無攷	

東靖區祠廟一覽表

名稱	所在地	所祀之神	建修年月	備注
太平廟	上莊嵩山北	祀晉鮑蓋宋王在	清乾隆六十年建	王曾爲鄞宰鎮海海晏鄉本有廟曰紫石此其分廟
平安廟	上莊棕櫚灣	無攷	清道光八年建同治九年修	
魁星閣	太平廟前		無攷	
岐山廟	上莊積岐山之陽	祀本境土地	後殿清道光二十七年建前殿光緒三年建	
張府廟	上莊張家窔		無攷	
文武殿	張家窔	中祀文昌左關壯繆右保安神	無攷	係古保安廟址
東嶽宮	上莊		清嘉慶十八年建民國十年修	
龍王宮	上莊壇嶴		無攷	
正乙廟	裹邵嶴山嵴		無攷	
樹棚廟	下莊中央嶴	無攷	無攷	
馬跳頭廟	馬跳頭	無攷	民國九年改建	
青山廟	清江嶴	祀晉鮑蓋廟西附祀謝龍王	無攷	鮑所居地在鄞曰青山故名

天醫殿	雙塘嶴		無攷	
雙塘廟	雙塘嶴	無攷	民國八年改建	
靈丹廟	太豐塘內	無攷	無攷	
後興殿	雙塘嶴	無攷	清光緒元年建	
林府廟	平突	祀林杰	清乾隆間建	
凝波廟	礁潭	祀伍子胥	無攷	
紫石廟	小塢	祀晉鮑蓋	民國八年改建	
永亨廟	中央嶴	無攷西廊附祀清道光二十二年禦盜陣亡義勇朱詔邦陳祖康陳思孝曹位育劉經官劉經緒六人	清乾隆五十七年建民國十年改建	
田嶴廟	田嶴	祀楊柏起西廊附祀任元麟張大發曹忠友陳忠孝胡嘉友皆先後禦盜被害者	清乾隆十四年建	
滄洞廟	滄洞	無攷	無攷	
小湖廟		祀宋王安石	無攷	
莊公廟	杜莊		清咸豐四年建宣統二年修	
朝聖廟	笋簝嶺	無攷	清光緒三十年改建	
義火祠	將軍山下		清同治五年建	

岱山區祠廟一覽表

名稱	所在地	所祀之神	建修年月	備注
東嶽宮	蛛蜘墩		宋宣和間建清道光十九年燬二十七重建光緒間又改修之	
淡水廟	栲網山	無攷	清咸豐十一年徙建	舊在土地潭側亦稱淡水灣廟
財神殿（凡二嶴）	東沙角　念母		東沙角清乾隆間重建光緒間改建念母嶴嘉慶六年建	
太平廟	東沙洋	無攷	清光緒二年脩	
聚英廟	朗吟山下	神高姓	明洪武間建清康熙十三年徙建	舊在童家山嶴亦稱小跳廟
石馬廟	石馬嶴	清康熙間居民于石人塗掘獲石將軍因祀之	清康熙間	相傳石人係宋袁甫墓前翁仲疑袁墓在是
鎮英廟	楓樹墩	祀脩陳稜	宋端拱二年建後圮清雍正十年重建	陳爲右禦衞將軍嘗提師航海擊流求威震海上故祀之岬亦有陳將軍廟
豐樂廟	滸兜嶴鳳皇山下	無攷	清咸豐九年重建	
大舜廟	孝順嶴	祀虞帝舜	清道光二十六年重建	舊稱孝順廟
總吉廟	總結嶴		清咸豐八年脩	
羊府宮	鉄版沙嶴		清乾隆二十五年建	
文昌宮（凡二）	宮門　司基		宮門清光緒元年拓脩司基無攷	宮門文昌宮初爲鄉里公舍清嘉慶間始奉神象

龍王宮凡三	司基龍山下　北峯山　倭井頭		司基清咸豐間建北峯山光緒元年建倭井頭光緒五年建	
吉慶宮	楓樹墩假山頭		清咸豐間建光緒六年重建	
海晏宮	狠麂嶴		清嘉慶間建	
澤萊宮	水浡洨嶴		無攷	
泗洲殿	泗洲岡	無攷	清嘉慶二十年建道光二十三年修	
張公廟	小嶴		清嘉慶間建	
海曙廟	板井頭嶴口	無攷	無攷	
湖中廟	板井頭嶴	無攷	無攷	
宋使者廟	冷坑嶴岡上	無攷	清咸豐間重建燬于火光緒季年重建	
永興廟	黃官人嶴	無攷	無攷	舊名黃官人廟
高顯廟	大高亭護龍山下	無攷	清康熙間建同治十三年修	
陳君廟	大高亭嶴	清咸豐二年居民掘河得敕封英感靈濟侯陳君木主幷瓦鉢一遂建廟祀之	清咸豐間建	
崇福廟	小高亭嶴	無攷	無攷	
龍山廟	石馬嶴捍門	無攷	清同治間重建旋又燬光緒二十年重建	
司社廟	天岐嶴	無攷	無攷	

運司廟	司基嶴象山下	無攷	清雍正間	俗傳雍正間有虎爲患蒙神佑擊斃至今虎皮猶在神座云
正一廟	念母嶴		清嘉慶間重建	
馬王廟	剪刀頭嶴	無攷	清嘉慶二十四年建	
張老相公廟	鐵板沙小嶴		清同治間建	
將軍廟	外南峯山	無攷	無攷	
陳聖廟	官山		無攷	
奎星閣	房山麓		清同治三年建	
義火祠	高亭掘洞嶴		清光緒二十九年建	

長塗區祠廟一覽表

名稱	所在地	所祀之神	建脩年月	備注
參府廟	倭井頭	無攷	清咸豐間徙建下山麓	舊在半山
朝宗廟	上船跳	無攷	無攷	
石安廟	南小嶴東山嶺	無攷	無攷	
財神殿九爿	老巷南障門 東山嶺黃 泥墈中段 黃沙潭中柱 山劍西岸 楊梅坑		在老巷者清康熙間建光緒間修餘俱無攷	

梅林廟	新巷前	無攷	無攷	鎮海網簫人所立
永春廟	西劍	無攷	清雍正時建	
太平廟	東劍	無攷	後殿清道光五年建前殿同治七年建	
張公祠凡三	元寶山 大沙河 釘子門		無攷	
土地祠凡十一	蒹草田 南小浦 定海灣 娘宮基 浪通灣 小龍潭 大龍潭 黃泥灣 前黃沙 鬃坑 七家嶴		無攷	又駙馬宮道頭有土地宮清光緒十七年爲渡者庇風雨而設
羊府宮	定海灣		無攷	甌人所建
龍王宮	倭井頭		清光緒五年建	

蘭秀區祠廟一覽表

名稱	所在地	所祀之神	建脩年月	備注
四旋廟	北浦	無攷	舊爲北浦廟清乾隆二十九年改建	
蓮花廟	西山嶨	無攷	無攷	或稱南浦廟
英峙廟	箬跳西南	無攷	無攷	

朐山區祠廟一覽表

名稱	所在地	所祀之神	建修年月	備注
宋朝宮	南陀澳	無攷	清光緒間重建	相傳宋時始建
東嶽宮凡二	桂花園　乍浦門		桂花園宮清嘉慶間建乍浦門宮光緒間重建	
二聖宮	礁潭		清咸豐間建	
聚豐廟	紫金山	無攷	無攷	
太平廟	環坟基			
財神殿凡四	島斗澳　島側下　洞礁　竹管套		無攷	
土地堂凡六	潮頭門　西風樓　石柱灣　小東澳　黃沙澳　莊前竹		無攷	黃沙澳莊前竹二處稱土地祠
羊府宮	打水坑		無攷	
東山殿	四平頭	無攷	無攷	
龍王宮	涼帽山		無攷	
三聖殿	大東澳		無攷	
三間宮	莊前竹	無攷	無攷	

白廟	中洞礁	無攷	無攷	
玄壇廟	長沙		無攷	
王府宮	中柱山峽	無攷	無攷	俗稱王老爺宮後有墓華表尚存相傳宋元遺跡
李沈二公祠	烏斗嶼財神殿內	祀清提督李長庚知縣沈泰	無攷	

定海縣志冊二中

交通志第三 水道 陸道 郵信 電報 電話 電燈

水道

定海縣島交通專恃航渡其開行之早晚到達之遲速全視潮汎風色之順利與否故俗有無米過舟山石米過舟山之說自光緒中葉創設輪渡以後交通漸見便利然近島水淺沙深非輪船所可駛行仍惟航渡是資云

輪船　現有商輪航綫及駛行班期一覽表

船名	航線	班期	里數
永寧 永川 平陽	甯波鎮海定海石浦海門坎門温州	每星期來回一次	甯波至鎮海三〇里 鎮海至定海九〇里 定海至石浦一七八里 石浦至海門一七六里 海門至坎門一八〇里 坎門至温州一三〇里
定海 慈北	甯波鎮海定海沈家門普陀逢星期兼至岱山	間日來回一次	定海至沈家門三〇里 沈家門至普陀一五里 普陀至岱山九〇里

甬清	寗波鎮海定海六横石浦台州金清港湖廣不轉六横	每五日來回一次	定海至六横一七八里 六横至石浦一〇〇里 石浦至金清港二〇〇里
湖廣			
海甯	寗波鎮海定海象山寗海 新寗海兼轉六横	每三日來回一次	定海至象山一二〇里 象山至寗海八〇里
新甯海			
舟山	上海定海石浦海門舟山 新寶華兼轉穿山	每星期來回一次	上海至定海四二〇里 穿山至上海四一五里 穿山至定海六〇里
新寶華			
永利			
永安			
三江			
姚北	寗波鎮海穿山定海	每日來回一次	鎮海至穿山六〇里

航渡　全境船埠一覽表

埠名	椗泊地	到達地	駛行期	備注
道頭埠	南門大道頭	詳見附表	詳附表	
山港埠	馬陝山港	秀山　南浦　高亭　長塗	每日往來一次	山港亦作三港爲縣屬北方諸島交通之要道秀山一艘南浦高亭長塗各二艘
干\[石覽\]埠	干\[石覽\]莊西溪頭	高亭　南浦	每日往來一次	高亭南浦各二艘民國元年邑人王祖安稟縣設立

岑港埠	岑椗莊短礁頭	釣山　冊子　金塘　鎮海	每日往來一次	四艘
	椗齒對礁頭	鎮海	每日往來一次	七艘更番行駛
沈家門埠	沈家門	舟山道頭	每三日往來一次更番駛行	二艘
		普陀山	每日往來一次	一艘
		順母塗	每日往來一次	一艘
		盧家嶼	每日往來一次	一艘
		朱家尖之白山頭及糯米團	每日一往一來	二艘
		登步山	每日一往一來	二艘
		螞蟻山	每日往來一次	一艘
		桃花山之茅草屋九菜	每日一往一來	二艘
		白沙岡	每日一往一來	二艘
		鎮海屬穿山	逢五日十日開往	一艘
螺門埠	螺門	橫梁山	每日往來無定次	
陳家後埠	舵嶼	普陀	無定次	
墩頭埠	同上	對江馬秦山	無定次	
平陽浦埠	盧浦洞澳交界之浦西	對江小干山	無定次	
鰲頭浦埠	吳榭莊	舟山		

小嚴埠	同上	對江王家墩	無定次	
金塘埠	瀝港	鎮海　寧波		
	大浦口	同上		
六橫埠	漲起港	佛肚	每日往來一次	二艘
	石柱頭　戲文山	穿山	逢五日十日往穿山 逢二日七日返六橫	四艘
	翁家渚	蝦岐　柵棚	每日往來一次	二艘
	漲起江	崑亭	每日一往一來	二艘
	臺門	馬跳頭		
佛肚埠	佛肚	鎮海屬梅山畈耜門	每日往來一次	一艘
大樹埠	大樹山	穿山		大樹至舟山皆由穿山搭輪
冊子埠	冊子山	對港金塘山東喉	每日往來一次	清宣統二年邑人嚴世高等公議設立
長白埠	老埠頭	對港茅峙	每日往來一次	
	珠子山	對港岐隩塘	每日往來一次	
登塗埠	鷄冠礁	沈家門	每日往來一次	由該鄉勵志學校管收船資作爲該校經費
	螞蟻山長沙塘	同上	每日往來一次	
	螞蟻山後隩	同上	每日往來一次	
	蜻子港	桃花山茅草隩	每日往來數次	

埠	起點	訖點	往來	船數
秀山埠	蘭山	山港	每日往來	
秀山埠	小歡喜隩	高亭	每日往來	
岱山埠	高亭	長塗	每日往來一次	共四艘分航長塗之娘宮基上船跳中段定海灣四埠
岱山埠	高亭	秀山	每日往來一次	共四艘分航秀山之烏巖頭小歡喜嶴雙卵逆跳四埠
岱山埠	高亭	官山東嶴	每日往來一次	
岱山埠	高亭	小蛟山	每日往來一次	一艘
岱山埠	高亭	大蛟山	每日往來一次	一艘
岱山埠	高亭	舟山三港	每日一往一來	二艘
岱山埠	高亭	舟山干䂓	每日一往一來	二艘
岱山埠	南浦	舟山三港	每日一往一來	二艘
岱山埠	南浦	茅峙	不常有	
岱山埠	南浦	舟山干䂓	每日一往一來	二艘
岱山埠	東沙角	朐山倒斗嶴		三艘
岱山埠	東沙角	大羊山	隔日往來	一艘
岱山埠	東沙角	兩頭洞	每日往來一次	一艘
岱山埠	新道頭	泗礁	每日往來一次	二艘
岱山埠	新道頭	黃龍	隔日往來	一艘

按岱山埠又有所謂中路船者承裝貨物兼搭行客其船無定數亦無定期往來鎮海寧波者曰寧波中路船東沙角高亭均有之往來小衢黃澤黃龍泗礁洛華花腦陳錢等處者曰下山中路船多在新道頭東沙角間亦有之

長塗埠	娘宮基　上船跳　中段　定海灣　高亭	每日往來	共計四艘
朐山埠亦稱衢山	倒斗嶴　岱山	間日往來	岱山埠往來朐山向有航船二艘均岱人組織民國八年朐山區董等呈准添設一艘
普陀山埠	短姑道頭　陳家後門　悅嶴　路下沙　白山嶺　沈家	每日往來	陳家後三艘路下沙一艘沈家門一艘悅嶴二艘白山頭一艘
青濱山埠	是山向無航渡漁船自由來往光緒初年陳文炳創設中路船一艘專載魚鮝兼以搭客往來沈家門寧波等處民國五年陳聖甫增設一艘每月約行二三次		

舟山道頭埠各航船一覽表附

名目	到達地	艘數	駛行班次	備注
府航船	鎮海寗波	五或六	每日往來一次	輪船未通以前此項航船多至二十餘艘專載食用各物兼搭行客
大浦口航船	金塘大浦口	一	間日往來一次	光緒十四年創設
大李嶴航船	金塘大李嶴	一	每日往來一次	光緒二十八年創設
瀝港航船	金塘瀝港	二	每日一往一來	民國元年創設
穿山航船	鎮海穿山	二	每日一往一來	民國七年創設
六橫航船	上莊石柱頭	一	每四日往來一次	光緒十一年創設
	下莊戲文山	三	每四日往來一次更番駛行	光緒十一年創設一艘二十八年增設一艘民國八年又增一艘

桃花航船	洞下瀟	二	每四日往來一次更番駛行	光緒二十九年創設宣統二年民國八年增設
	九莱	二		
蝦岐航船	冊棚	一	每四日往來一次	宣統二年創設
	大墨	二		
冊子航船	冊子山	二	每三日往來一次更番駛行	民國七年創設八年增設
盤嶼航船	盤嶼山	四	每日往來	光緒七年創設一艘三十二年宣統二年民國七年各增設一艘
拗山航船	拗山	二	每日各往來一次	
小渠航船	大渠　小渠	二	每日各往來一次	
大貓航船	大貓山	二	每日往來一次	
蟹嶼航船	東蟹嶼	一	每日往來一次	
	西蟹嶼	一	每日往來一次	
螺頭航船	螺頭	一	每日往來一次	
沈家門航船	沈家門	二	每三日往來一次更番駛行	光緒十二年創設十七年增設
岑港航船	岑港	二	每三日往來一次更番駛行	民國四年創設九年增設
洞𡷪航船	洞𡷪	一	每日往來一次	民國八年創設
蘆花航船	蘆花𣴓	一	每日往來一次	宣統元年創設
平陽浦航船	平陽浦	一	每日往來一次	光緒二十年創設

田螺嶼航船	田螺嶼	一	每日往來一次	宣統二年創設
普陀山航船	普陀山	四	每日往來一次更番駛行	光緒十九年創設三艘二十五年增設一艘

燈塔　近海礁石錯出航行危險昏夜駛駕全恃燈塔爲嚮導凡有礁險之處均應建塔然燈俾知趨避今定海各島已成燈塔祇有六座此實航路之缺憾也據習海事者言除下列已成燈塔六處外應行增設燈塔或表桿者尚有二十餘處並附記于後以備將來之籌設

金塘瀝表嶴燈塔　清光緒二十八年商人楊希棟等募建

長塗西鶴嶴燈塔　清同治十年邑人金品三創建山下有傳燈庵經管燈塔然燈事光緒二十四年品三子霖募建

附廳同知趙惟崳示　據乍浦明州公所董事陳巨綱謝輿德鎮海維豐公司董事劉崇憲廳屬長塗漁業公所董事金霖等呈稱長塗北港口形勢凶險向于西鶴嘴創立天燈俾行舟預知趨避然燈費無出逐年籌措殊非經久之計查乍浦明州公所董事承辦各幫善舉凡鎮海定海漁船進乍售賣鹹魚于四明義園每口（即每部）抽錢四文于蘭盆會與義柵每口抽錢二文歲以爲常相沿已久伊等通盤籌畫彼此同是善舉而天燈尤爲往來商漁各船切要之舉爰議於向抽義園四文內酌分一文蘭義兩文內亦分一文每口共計錢二文撥充長塗燈

費歲由長塗天燈董事會同明州公所董事向代抽各行算歸庶幾截長補短燈費有着公叩給示勸石以垂久遠等情到府據此除批示外合行給示勸石曉諭為此示仰董事柱首漁民人等知悉爾等須知西鶴嘴天燈為方便行舟而設該董事等恐經久無費擬于明州公所向抽義園蘭義兩項鹹魚捐內各提一文以資燈費係屬挹彼注茲免致善舉中廢況衆議僉同而於義園義柵蘭盆等善舉自不致十分竭蹶自示之後務各永遠遵行以資經久其各凜遵毋違特示

沈家門外馬嶼燈塔　民國七年閩商曾川流募建

沈家門半升桶燈塔　民國六年邑人劉德裕等捐建塔名東靖有餘屋三間以棲司燈者

普陀佛頂山燈塔　清光緒二十九年山僧募建舊然油燭民國三年鎮海李氏助貲改用打汽燈

普陀短姑道頭燈塔　清光緒二年山僧募建

(附)應設燈標各處

舟山衜頭下面大渠東北首鯉魚礁　淡水門欄門虎礁　大貓山南首貓脚爪　虎肖尾巴蛇蛋礁　大貓山東首樑門欄門虎礁　羊脚爪礁十六門下田螺峙外水蛤蚆礁　徐公山南首樸頭礁南北兩首名曰紗帽翼翅　秀山與官山瓦窰門欄門虎礁　岱山南浦外五

虎礁　山距下橋樑墩倉各礁　灰鼇山西首　灰鼇蛋礁　下洞礁面皮子礁　南峯山面野猪礁　枇杷下舢板礁　北峯山面閣排礁　乍浦門故虫翼翅礁　北峯山面骨牌礁　黃澤西北首稻桶礁　北峯山面鴉鵲礁　北釘星牛屎礁　小纜尾巴山西北首小纜尾巴礁　胸山潮梁門鴉雀礁　東塈交北首百畝田礁　岱山老門逬老岸娘娘礁　西塈與山堂相對百畝礁　胸山石子門對開上海山西北　首金地伏　東沙角面野猪礁　兩頭洞南首鷄糞礁　東塈東首兩傘礁一名蓑衣礁　聖府面泥礁　兩頭洞西南風水礁　羊山人見　岙面野猪礁　桑枝西首絲螺礁黃澤東首買眼礁　花鳥南首缸礁

陸道

定海羣島陸上交通皆爲山徑重巒複嶺記述有所不盡茲僅舉其嶺之著者列以爲表

舟山本島陸上交通表

嶺路	所自	所至	里程
黃土嶺	甬東	洞嶴	
唐鑑嶺	甬東	皋洩	
沈公嶺	甬東	皋洩	
前嶺	白泉	甬東	
太平嶺	白泉	大支柯梅	
白泉嶺	白泉	干礷	

東皋嶺	甬東	東皋洩
壘石嶺	甬東	
西稧嶺	甬東	
洩嶺	吳榭	皋洩
五步嶺	吳榭	甬東
萬嶺	吳榭	皋洩
油嶺	吳榭	
沙岡嶺	洞嶴	大展
洞嶺	洞嶴	蘆花
張家嶺	洞嶴	蘆花
塔嶺	蘆花	大展
西嶴嶺	蘆花	舭嶴
蘆花嶺	蘆花	舭嶴
小嶺	舭嶴	大干洋
路口嶺	舭嶴	黄大洋
大嶺	舭嶴	沈家門
摩鼻嶺	大展	小北墠展
柯梅嶺	白泉	干覽
灌門嶺	白泉	干覽
方嶺	皋洩	白泉
苦竹嶺	皋洩	白泉
深坑嶺	皋洩	吳榭
寺路嶺	皋洩	甬東
前洞嶺	皋洩	
三岡嶺	干覽	馬嶴
平石嶺	干覽	馬嶴
長青嶺	干覽	浹河
煙墩嶺	干覽	
沙嶼嶺	干覽	浹河
大週嶺	馬嶴	小沙
古德嶺	馬嶴	小沙
小蘆嶺	馬嶴	干覽
鮑家嶺	小沙	大沙
岑港嶺	小沙	岑港

分水嶺	大展	蘆花	
龍堂嶺	北墠	皋渱	
販鮮嶺	北墠	白泉	
小展嶺	北墠		
黃沙嶺	北墠	黃大洋	
小嶺	岑港	紫微	
大嶺	岑港	紫微	
鄭思嶺	岑港	紫微	
小沙嶺	岑港	小沙	
烏邱嶺	岑港	馬目港口	
青坑嶺	岑港	大沙	
裏嶺	岑港	漲齒司前	
西皋嶺	紫微	鹽倉	
黃家嶺	紫微	鹽倉	
內獺洞嶺	紫微	澒河	
茶嶺	小沙	紫微	
大嶺	小沙	紫微	
馬腰嶺	大沙	椗齒	
黃泥嶺	大沙		
茶嶺	大沙	椗齒	
芝窩嶺	澒河	小沙	
澒河嶺	澒河	甬東	
黃家嶺	鹽倉	紫微	
小嶺	鹽倉	野隩	
野隩嶺	鹽倉	城	
金家嶺	鹽倉	城	
曉浦嶺	鹽倉	城	
曉峯嶺	鹽倉	甬東	
茅嶺	鹽倉	甬東	
說明	表中里程未及測量故僅注標目以俟續脩時補填		

路亭　行旅之繁稀可於路亭多寡覘之蓋路亭俗稱息脚亭其建設之

本意爲恤行人憩息也故亭之建設必當孔道定海境內路政未脩尋常往來半屬樵徑無確定道路可志惟路亭多寡可以當行旅繁稀之表示因附記于此

亭名	所在地	建脩年月
半路亭	南門外距城半里許	清光緒四年
久安亭	泥城久安門外	清同治四年
鎮濤亭	中道埠頭	清光緒十九年
慕貞亭	南郊大校場旁	民國八年
三祝亭	城北壘石嶺下	清宣統二年
東皋亭	北門外東皋嶺下	清光緒十年
泉濟亭	白泉嶺上	未詳
孝順亭	甬東孝順山嵴	民國十年
茅嶺亭	西門外茅嶺下	清光緒年間
憩安亭	皋洩毛竹山頭	清光緒二十八年
萬壽亭	皋洩小茅洋	清宣統年間
大王橋亭	皋洩	清光緒年間
亭名	所在地	建脩年月
朝陽亭	紫微南畲橋左	清光緒年間
鄭思嶺亭	紫微	清光緒年間
全福寺亭	紫微大嶺上	民國元年
永豐亭	紫微茶嶺上	民國九年
長壽亭	鹽倉西皋嶺上	未詳
二橋涼亭	北門外二橋旁	清光緒年間
泉香亭	順河嶺下	未詳
止善亭	干礷長青嶺上	清光緒年間
松鶴亭	馬嶴長青橋側	清光緒年間
留蔭亭	馬嶴大周嶺上	清光緒年間
二善亭	干礷甘溪橋側	民國九年
彼美亭	山港埠	未詳
亭名	所在地	建脩年月
安瀾亭	金塘大浦口	清乾隆年間
酌意亭	金塘穆嶴	清光緒三十年
平圓亭	金塘東佛嶺上	未詳
鎮安亭	金塘烈港老道頭	清咸豐二年
息影亭	烈港西岸平山	民國十年
綠野亭	金三鄉雙根橋	民國五年
獅子亭	六橫上莊獅子山	清光緒十八年
海宴亭	六橫下莊戲文山埠頭	清光緒三十一年
適中亭	六橫上下莊間	清光緒三十三年
海天一覽亭	岱山東沙角	清光緒二十四年
候潮亭	岱山南浦大塘中	清道光年間
飛雲亭	南浦天燈下	清光緒三十年

集賢亭	白泉王家橋側	清光緒季年
積善亭	白泉疊石嶺上	清光緒季年
永福亭	白泉皋洩界路中	民國二年
永祿亭	集賢亭左近	清宣統年間
永壽亭	白泉木橋側	民國二年
永喜亭	白泉東作碶側	民國二年
竹橋頭亭	白泉竹橋頭	未詳
前隩亭	白泉前隩	民國　年
候潮亭	山港埠	清光緒年間
東西悅亭	岑港渡口	未詳
惠民亭	吳榭惠民橋旁	未詳
百福亭	吳榭三星橋側	未詳
田螺嶼亭	洞隩萬丈塘	清光緒三十年
木碶塘亭	洞隩	清光緒三十年
福全山亭	洞隩	清光緒二十八年
鄭家山龍亭	大展	清光緒二十六年
聚封亭	岱山大嶺頂	清道光末
輔逸亭	朐山魚虁碗	清光緒十五年
漢洋亭	朐山小隩	民國六年
斯美亭	蘭山埠	未詳
棠蔭亭	長塗西劍嶺	民國四年
大道頭涼亭	沈家門	民國八年
齊雲亭	沈家門大嶺上	民國六年

郵信

書信傳遞嚮歸信局信客信局之組織遞送不限于地發收不限于時信客則以個人爲受托機關每月往還一次或二次又各有地段不能廣遠上二項本屬民間自由營業自光緒二十七年間仿行郵政以來傳遞書信皆須帖用郵票信局信客亦應受郵局之檢查依書信重量納費不得私有挾帶故信局一項之營業逐漸衰落惟信客以遞送家常食用各物爲主便利于旅客至今尚稱發達云

郵政支局　查初立時附設于商店內民國二年始設支局八年改爲二等郵政局屬寧波郵政局管轄局址在城中狀元橋下

郵政代辦所　定海郵局管轄之代辦所共有六處其三處在象山境內其在定海者爲沈家門岱山普陀三處皆附設商店內

信櫃　城道六處　鄉區三處大展白泉句山　海山三處朐山高亭橋頭皆屬岱山代辦所

電報

邑中未設水電往來電報向轉鎮海電局送費頗鉅後省來官電雖改由寧波電局交與郵局轉遞而商民電報不便如故邑中人士常思設立無綫電臺以通消息民國八年縣知事馮呈請建設電臺經交通部覆請早經籌設惟迄今尚未成立而海盜披倡愈甚懸海各島莫由電請迅遣水警兜捕受害甚烈現今提議速行建設以便通信云

馮秉乾呈爲海疆防務緊要擬設無綫電臺請予據情轉呈事竊維防止事變全恃消息之靈通應赴機宜尤賴交通之便利定邑積島成縣

孤懸海外平時雖有輪渡上自甯波下至海門設有風潮卽不能准期開駛乃陸路既無電桿之可接水程亦無海綫之可通文報往來非舟莫渡設遇緩急呼應不靈往往坐誤事機有籌莫展屬縣爲浙江第一門戶向來視爲重鎮東望日本西自歐美來赴江蘇吳淞者縣轄衢岱洋面爲必由之航路前清英法開釁舟山屢遭蹂躪值此強鄰環視虎視眈眈設有兵艦游弋突如其來地方官急足難遣卽或快郵報告而事過境遷情隨事變矣以言國防消息之不可不靈通者一近來溫台海盜異常猖獗往往勾結大幫挾持利器或游行洋面肆刼行強或盤踞島中擄人勒贖迨官廳得報文書輾轉卽使立派師船前往逮捕而若輩已飽掠遠颺莫知所之訪拿躡追疲于奔命輒咎軍警緝捕之不力而不知通信機關之阻滯實爲一大原因以言海防消息之不可不靈通者二知事早夜以思若擬創設海底電綫費大工鉅難以實行不如建設無綫電臺事半功倍較易着手查江蘇之崇明縣亦係江海間重要門戶自設無綫電臺與上海吳淞相聯絡不獨軍界交稱其便而平時並打商電商民亦都利賴定海事同一律自可援案辦理現在鎮海縣原設有電報局若于定海鎮海間添設無綫電臺以相接應則沿海防務如身使臂如臂使指頭頭是道節節可通於防敵防匪均有莫大之便利聞此項電臺開辦經費所需不過五六千金經常費用大半可取償于商電在公家所費有限在地方獲益良多鈞尹保障一方洞悉利害此舉裨益防務當亦樂觀厥成所有擬設無綫電臺以期靈通消息緣由是否有當理合具文呈請仰祈轉呈督軍省長鑒核轉咨大部核議施行實爲公便謹呈會稽道道尹張　八年八月十八日

十年二月二十七日奉督軍省長公署訓令案查八年八月據道尹轉據定海縣知事馮秉乾呈請于定海鎮海之間擬建無綫電臺以利交通本年一月復據定海縣知事呈同前由業經本署先後咨部查核在案茲准交通部咨開准咨據定海縣知事呈請于定海鎮海間設立無綫

電臺以便通信咨請查核見復等因准此查該兩處無綫電臺早經本部籌畫建設現正設法向外國購辦機器一俟機器購到即當派員前往裝設相應咨請轉知等因到署合亟令仰該道尹轉令定海縣知照此令等因奉此合行轉令該知事知照此令中華民國十年三月一日

道尹黃慶瀾

電話

電話公司　民國十四年由商人創辦公司在南郊電燈廠內置有百門接綫總機一座城廂裝戶七十餘家桿木東北經臯洩而至白泉東南經甬東吳榭洞嶴蘆蒲而至沈家門白泉設公共電話一處沈家門設十五門轉接機一架用戶計十四家

電燈

舟山電燈公司　民國九年由商人創辦公司在南郊置有五十匹及百匹馬力黑油機各一座計可然十六枝光燈四千五百盞今城廂商民裝燈共一千四百二十盞路燈共四百四十盞桿木迤邐經臯洩而至白泉其商民裝燈四十二盞路燈三盞

沈家門電燈公司　民國十三年由商人創辦置有電機一座商民裝燈四五百盞云

定海縣志冊二下

財賦志第四 田賦 關稅 雜稅 地方稅及雜捐 公款及公產

田賦

全境所轄皆爲懸島窮山惡水民尠農利建治以來海寇侵擾據爲巢穴清初起遣人民內徙幾成廢地開復後雖迭經報陞而民疲吏玩隱失尚多清丈不行田賦無可整理官中檔冊久失魚鱗前志所載又少統系茲就其概略而有可依據者存之

城鎮鄉已墾田地總數　案田地總數前志載至光緒三年止嗣後檔冊散失無可查考今據民國七年內務統計表所列田地畝數分區列表如左

分區	已墾田畝數	分區	已墾田畝數	分區	已墾田畝數
城區	二五、七七〇	協和鄉	九、九五五	金二鄉	一二、〇〇三
岱山鎮	三七、四六五	靈和鄉	四、八七七	金三鄉	一二、四七九
洛舵鄉	三、七九七	東靖鄉	二七、一四七	榭南鄉	五、五九六

展茅鄉	八、九二五
吴洞鄉	二三、五四七
蘆浦鄉	一一、八六五
紫薇鄉	一五、九五四
岑椗鄉	八、〇〇九
三安鄉	二九、〇七六
人和鄉	一二、六五三
冊子鄉	三、二三八
蘭秀鄉	五、四五八
長塗鄉	四、二八〇
朐山鄉	一、二二四
金一鄉	一二、五五四
榭北鄉	八、九七五
干礬鄉	八、九八五
景陶鄉	八、六八七
三益鄉	一五、四六〇
登步鄉	一、四七三
共二十六區 計田地	三一九、四五二

額征 案邑署各宗檔冊經辛亥改革散失無存今唯錄民國以來歷年徵收實數如左表

額征	地丁銀	抵補金	鹽課	說明
元年	一二、二三一•九八〇兩	一、九三六•八七三三石	一、五二〇•七四四兩	據本年各莊書造送徵糧清冊
二年	一二、二三一•九八〇	一、九三六•八七三三	同上	
三年	一二、二三一•九八〇	一、九三六•八七三三	同上	
四年	一二、三六三•八八八	一、九六八•四六五六	同上	據浙江國稅廳編審田賦清冊

五年	一二、三六三•八八八	一、九六八•四六五六	同	上	
六年	一二、四四八•五九八	一、九九六•一〇四二	同	上	本年新陞地丁銀八四•七一〇兩米二七•六三八六石
七年	一二、四四八•五九八	一、九九六•一〇四二	同	上	
八年	一二、四五二•〇六六	一、九九六•六〇九二	同	上	本年新陞地丁銀三•四六八米〇•五〇五〇
九年	一二、四九五•二七三	二、〇〇六•九六二一	同	上	本年新陞地丁銀四一•二一九又以散合總積零銀一•九八八米一〇•二一六九又以散合總積零米〇•一三六〇
十年	一二、六二一•五六三	二、〇〇七•四〇五七	同	上	本年新陞地丁銀一二六•二九〇米〇•四四二六
十一年	一二、六四二•一七四	二、〇〇七•五四九七	同	上	本年新陞地丁銀二〇•六一一米〇•一四四〇

民國四年各則銀米額征表

科則	畝數	每畝應征銀	每畝應征米	地丁銀附鹽課	米卽抵補金
民田	一一五、六六一•二八四五八	〇•〇五四八六六	〇•〇〇九二九	六、三四五•八七二兩	一〇七四•四九三四石
塗田	七二、六八〇•一二四四一	〇•〇一七一七五	〇•〇〇五七四	一、二四八•二八一	四一七•一八三九

則別	畝數				
民地	八〇、三一〇•九四九七〇	〇•〇四三七八二	〇•〇〇五九〇	三、五一六•一七五	四七三•八三四六
民山	五五、四一〇•〇〇六一〇	〇•〇〇一五三四	無	八四•九九九	無
丁蕩	六五、〇五八•〇五一七〇	〇•〇一七一七五	無	一、一一七•三七三	無
田河	二、九四六•七〇〇〇〇	〇•〇一七三〇〇	〇•〇〇一二四	五〇•九七八	二、九五三七
蓄草蕩	一二•一二〇〇〇	〇•〇一七三〇〇	無	〇•二一〇	無
水鄉蕩田	八七、九〇四•二二四七〇	〇•〇一七三〇〇	無	一五二〇•七四四	無
共徵銀	地丁 一二、三六三•八八八兩 鹽課 一、五二〇•七四四兩	米 一、九六八•四六五六石			

民國六年至十一年新陞各則額征表

年分	新陞田地畝數		新加額征	連原額共征
六年	塗田 四、七七九•四四八三八	民地 三二一•六八七〇〇	地丁 八四•七一〇兩銀	一二、四四八•五九八兩

年份	田地類別	數	賦目	數	賦目	數
	民山	三七・〇五一〇〇	抵補金	二七・六三八六石	米	一、九九六・一〇四二石
	丁蕩	二五・一〇〇〇〇				
七年		無		無		同六年
八年	民地	七三・五七八八七	地丁	三・四六八	銀	一二、四五二・〇六六
			抵補金	〇・五〇六〇	米	一、九九六・六〇九二
九年	塗田	一、七五六・八六五三〇	地丁	四一・二一九又加以散合總數一・九八八	銀	一二、四九五・二七三
	民地	二五・六二二八三				
	丁蕩	五七七・〇二〇〇〇	抵補金	一〇・二一六九又加以散合總數〇・一三六〇	米	二、〇〇六・九六二一
十年	塗田	四五・五四七〇〇	地丁	一二六・二九〇	銀	一二、六二一・五六三
	民地	三〇・七四八六五				
	丁蕩	七二二八・四一八〇〇	抵補金	〇・四四二六	米	二、〇〇七・四〇五七
十一年	民地	二四・三七〇八七	地丁	二〇・六一一	銀	一二、六四二・一七四

丁	蕩	一一三五•九七〇〇〇		
抵補金		〇•一四四〇		
米		二、〇〇七•五四九七		

銀米折價及帶征各項捐費之規定　案定海地丁銀價前清每兩折收銀圓二元三角五分惟岱朐兩山以二元一角三分折收自光緒二十八年和議賠款於地丁鹽課項下每兩加徵三角由是每兩折收銀圓二元六角五分岱朐山則收二元四角三分除每兩以一元八角解省外其羨餘爲地方官辦公等費入民國後每兩以一元五角爲正稅以加征三角爲糧捐以羨餘六角三分爲特捐糧捐與正稅同解省庫爲國稅特捐爲縣稅此項縣稅以四成爲縣教育費三成爲縣警察費二成爲縣公益費一成爲縣準備金費民國元年實行地方自治制縣議會議加自治附捐一成於地丁項內經縣參議會議員王亨彥提議糧價折徵各鄉異於岱朐兩山同縣異制殊爲非法應照岱朐兩山例全縣折收銀圓二元四角三分以歸劃一另加自治附捐一成合計每兩折收銀幣二元六角七分三釐照舊只增二分三釐人民尚易負担旋經議決呈請縣知事金國書

核准施行後又每兩加徵收費一角六分二厘故現完地丁銀者每兩須出銀二元八角三分五釐　又案秋米每石向例折收制錢四千九百文入民國後改秋米爲抵補金初每石折收銀五元五角以四元爲正稅一元五角爲省稅又加五角爲附捐充縣立平民習藝所經費民國五年省議會議決每石折收銀圓四元以三元爲正稅一元爲省稅咨請省長核准施行外加附捐五角徵收費一角四分二釐五毫故現完抵補金者每米一石須出銀圓四元六角四分二釐五毫　又案清世有所謂串費者每串一張取制錢二十文惟岱山每串祗取十一文入民國後此費革除惟有罰金一項名爲滯納處分上忙以五月一日爲開征日期下忙以十一月一日爲開征日期民國三年由國稅廳籌備處指定非有特別事故不得率請變更上忙自開征日起三月爲徵收期間一月爲催傳期間經過催傳期間照省稅一元八角數以二十分之一處罰與下忙併完者以十分之一處罰下忙自開征日起催收期又縮短一月經過一月催傳期

與延至次年併完者照上忙處罰民國七年上忙以三月爲催收催傳期間下忙又縮短一月經過後照省稅一圓五角之數處罰糧捐三角免罰

現行銀米折價及帶征各捐費定則表

課別	國幣折價	帶徵				共徵
		糧捐	特捐	自治附加捐	徵收費	
地丁銀	每兩一元五角	三角	六角二分	二角四分三厘	一角六分二厘	二圓八角三分五厘
抵補金(米)	每石四元	無	無	五角	一角四分二厘五毫	四圓六角四分二厘五毫
鹽課	每兩二元二角	三角	無	無	一角五分	二圓六角五分

關稅

定海分關　在舟山隸屬浙海關爲通商口岸五十里外之常關民國二年設立

沈家門分卡　隸屬定海分關民國四年增設

岱山分卡

衢山分卡

螺釣門分卡　以上三分卡均隸屬定海分關民國五年增設

案定海出產不多民間日用之需皆向寧波鎮海等處民船轉運故定海進出口各貨清世概免抽稅惟有浙海關派役查稽出入略收驗費而已近年由上海直放定海之輪船漸多不免有繞越漏私之弊此分關分卡所由設立云

雜稅

契稅　案清制每買產銀一百兩征稅三兩後改產價本位爲銀圓每買產銀圓一百圓稅九圓入民國後初稅六圓後減稅四圓現復稅六圓典押契半之契紙費每分五角查七年度統計實徵賣契及典契稅七五一五·八四三契紙費八二五·五○○共徵銀八三四一·三四三圓歷年增減比較相差無多

典稅　舊制每典歲征稅銀連耗五十二兩五錢入民國後折征銀七十五元後又加徵正陪捐銀六十圓徵收費六圓七角五分合計徵銀一百

四十一圓七角五分又前時開設典鋪領帖並無年限自民國三年起國稅廳新章舊帖一律倒換新證以二十年爲有效期間規定帖稅分三等架本在八萬元以上者爲一等稅銀五百圓四萬元以上者爲二等稅銀三百元不及四萬元者爲三等稅銀二百圓查現時定海全邑止有二典且架本均不及上則故是項稅每年收入極微

牙稅　清制牙帖初無期限後規定爲十五年入民國始有長短期之分定海爲海外懸島商業未發達故均以偏僻論且所領牙帖大都皆中下則現時長期三十餘部短期每年四五十部至六七十部不等以岱山一鎮請領爲最多沈家門縣道頭次之各鄉又次之

印花稅　是項稅始于民國四年實行定海係二等縣例應派銷七千圓縣署向印花稅分處領票發交商會轉分發於代發行所惟地屬海外孤島百業未興每年派銷之數至多不及二成查五年度祇銷二十九圓零六年度七百餘圓七年度八百餘圓八年度始至千圓以外亦可見定海

商況之衰落云

屠宰稅　是項稅自清季開始征收充爲禁煙公所經費每年收數無定額民國五年始歲額宰豬六千七百頭每頭稅銀圓四角分城道鎮鄉及岱秀長二區各設徵收員一人認繳

煙酒公賣稅　寧屬經征機關稱浙江第四區煙酒公賣局酒稅在定海爲第十八十九二十二十一支棧由本商公推經理每缸征公賣費銀二圓四角正指銀二圓零一分六釐附加稅銀四角零三釐二毫缸照捐銀二角征收費銀一角一分二釐八毫共計每缸征收銀五圓一角三分二釐其缸量以二十罈計罈量以二十斤計煙稅則按照運銷內地捐率起捐查舊寧屬各縣向未產製菸類所銷運者概自他區或他省輸入大別爲菸絲菸葉菸筋三類其捐稅自前清時規定有進口捐及運銷內地捐兩種徵收進口捐之機關三而管轄權之誰屬則以裝儎之船舶爲標準凡由輪船裝儎進口者歸寧波洋廣貨捐局管轄由福建船裝儎進口者

歸寧波關貨捐局管轄由其他海船裝儎進口者歸寧鎮船貨捐局管轄徵收運銷內地捐之機關一曰甯北門釐捐局凡菸類進口後運銷本局範圍內而僅經過一卡者徵起捐一道經過二卡者徵起捐驗捐各一道運銷鄰境者徵二起一驗若自甲處運經乙處而銷於丙處者徵起驗捐各二道民國之初進口捐一項悉仍其舊而寧北門釐捐局改爲鄞縣統捐局對於已納進口捐之菸類運銷本局轄境內者徵捐半道如須經過第二局則徵捐一道到達指銷地點而再改運他處者另給分運單不再徵捐其捐率民國元年釐定菸絲每百觔壹元菸葉每百觔伍角民國二年始附加省地方稅二成隨正帶徵民國四年修正捐率菸絲每百觔叁元菸葉每百觔一元五角菸筋每百觔五角是年冬創行菸酒公賣在省城及各舊府屬設立省分各公賣局徵收公賣費菸絲每百觔三元六角菸葉則以產地之不同分爲五等每百觔自二元二角遞減爲一元八角一元五角一元二角以至八角而寧屬向以一元五角爲例不復分等嗣

又將財政廳主管之菸類捐稅劃歸省公賣局管理而寧屬菸捐仍委托前列原辦菸捐之各捐局代徵民國九年三月間政府特設全國菸酒事務署令各省分公賣局一律改名稱爲事務局是年四月准商民之請求將寧屬菸捐一併收歸浙江第四區菸酒事務分局主管免除進口捐按照原有運銷內地捐率則徵捐一道卽可通行全省無論遠近概不重徵其分運辦法亦仍照舊辦理

醬園稅　帖稅每缸准用陪缸二徵稅銀五兩海防捐二兩常年每缸徵鹽稅銀一圓

漁船牌照費　牌照費分三等大船二圓中船一圓五角小船一圓此外惟鄮籃船每隻徵四圓又浙海漁團局驗費清時有定海稽查處沈家門稽查處徵收光復後由本邑官紳截作地方公益費其歲收總額未詳

漁鹽稅　漁船所用之鹽清時由武廒收稅規定漁船每號一引魚廠小者半引大者二三引以一年爲度綠營裁撤後改歸商辦名曰漁引公所

仍照舊章收稅民國八年復有漁蜇鹽廒之設所謂漁鹽者仍令漁民向板戶自買並非存廒之鹽但報領准單按擔取稅辦法與漁引公所無異原定每擔課稅二角後因漁民反對改收一角至十年十一月浙江外海漁業總局局長費錫齡以前項條例太嚴呈請省長暨鹽運使咨部脩正漁船配鹽暫行辦法十一年十二月奉令核准施行茲錄費局長原呈及脩正暫行辦法條例于後

外海漁業總局局長費錫齡呈請據情分別呈咨刪除漁鹽苛例由呈爲漁鹽條例太嚴漁民生計日蹙請求俯賜察核據情分別呈咨轉乞核轉請准予刪除苛例體恤漁艱以保漁業事竊舊甯台溫三屬沿海一帶小民大半捕魚營生近來漁業之不能發展雖由漁民狃于習慣不知改良所致而鹽法對于漁鹽取締太嚴重重束縛實亦一大原因使漁民動輒獲咎而救死猶恐不贍更何暇研究新法改良進化與世界各國爭優勝耶查魚類與鹽互相爲用實有密切關繫魚不得鹽則立致腐敗漁獲雖多亦無所用鹽若無魚則供過於求私鹽充斥必至衝銷引地擾及鹽綱故前清之世凡整理鹽政之主旨必以杜絕私販爲目的而於漁鹽運銷並不斤斤較量誠以沿海捕魚之民即在沿海產鹽之地以本地之鹽供本地之用並不在禁例也清季苛政暴斂可謂無微不至而漁船所配鹽稅大者不過一二元小者祗有三四角而已且每船每年祗徵一次以後並不過問迨民國肇興設立鹽務稽核所以後法令周章日嚴一日而漁民之生計亦日艱一日其因而肇事

者亦日多一日局長目擊心傷謹將其中困難之點為鈞長縷晰陳之新章每擔徵洋壹角名曰輕稅然在官廳視為甚輕而在漁民較之向例一年祇徵一次已甚重矣且漁船購配鹽觔必由秤放局按擔秤放發給准單方可開行查現在各處官廠並未遍設漁民購鹽仍與鹽民直接交易常有漁民資本竭蹶貸自鹽民俟捕獲魚類以償鹽價者況漁船放洋必候潮汛有一定之時間每準漁船多至數千艘少亦數百艘一遇汛期同時並舉若一一秤放徵特數千百艘漁船不能相率坐待即秤放局人員每局不過數人亦將疲於奔命矣至於准單之捺擱留難猶為餘事此其困難者一也又新例准單以十日為限似乎寬厚然近來漁船出洋因輪船暢行漁綫遠徙就近海岸捕無所獲必須遠涉重洋北至蘇魯南達閩粵往返非經旬累月不可又或颶風猝起潮況失時屢有十日半月船不能開而所配鹽觔業已逾期一遇查驗即作私論其實際上已稅之鹽實並未用過此其困難者又一也又新例漁船如有用剩餘鹽不准帶回必令拋棄入海方可進口售貨按漁民資本微薄居多如其所配鹽觔不能用完則其漁獲物之缺可知利既無獲而又令將鹽拋棄無論暴殄天物於心不忍乃使其血本亦同歸於盡誰實甘心且近來緝私鹽警捉私不分漁船私鹽船每蔣船貨一併充公往往有漁船剩餘鹽觔所值無幾而船與其他貨物有值至數百元或數千元者亦概作私論一例沒收實出情理之外不知真正漁船必不販私販私之船決非漁民人船最易辦別緝私理宜曲原乃玉石不分概作私論苛罰已極漁民無所措手足矣此其困難者又一也以上種種情形局長耳熟能詳久已引為隱痛近年各處鬧鹽之案層見疊出雖由海濱風氣強悍而揆厥原因實亦法令太嚴於事實上類多窒礙鋌而走險非甚無因長此以往漁業將日就衰落而沿海數百萬島黎更從何處謀生局長負保護振興職責明知法令所定未容輕議然下情困難亦何敢壅於上聞用敢不揣冒昧為民請命為此具文

呈請仰祈鈞長俯賜察核據情分別呈咨云云

漁船配鹽暫行辦法

第一條　本辦法關於浙江外海甯屬漁船適用之

第二條　各幫漁船備具保結分別種類編號註冊請領外海漁業總局旗幟以資識別

第三條　前條各幫漁船請領旗幟每年更換一次除聽償工料外不取分文保結由公所公會或殷實魚行取具之

第四條　各幫漁船配鹽完稅定岱等處每担納稅一角五分鄞鎮象南等處每担納稅二角

第五條　漁船配用鹽觔照章須向秤放局完稅在場署領票方能配鹽惟離場局較遠于未設分機關處一面先由蓬長秤鹽一面到場局完稅領票使不致妨誤潮汛俟場局分機關普設一後再照章領票配鹽以符定制

第六條　各幫漁船配鹽期限以清明起至大暑止秋後改捕魚為捕蟹其期限以白露起至次年清明止

第七條　各幫大捕船配鹽其期限以大暑起至立冬止

第八條　配鹽收鮮自醃者曰鹹鮮惟鹹鮮船臨時發生船隻多寡不能預定其完稅應與漁船一律辦理

第九條　漁船在各口岸配鹽及進各口岸售貨時如遇緝私巡船及場署鹽警查驗鹽票相符應即放行不得留難以免延誤潮汛

第十條　漁船在洋面捕魚及行駛時間緝私巡船免予查驗以免爭執

第十一條　漁船如在各口岸違法販私輕則由場知事處分重則送請司法官廳懲治之

第十二條　本辦法未盡事宜由漁業總局隨時呈請更正

地方稅及雜捐

錢糧附加稅及特捐　案是項稅捐已詳田賦門

房捐　案是項房捐自光緒二十八年開辦其初僅及于城鎮繁盛之區每店租金滿四十千以上者抽一成起捐房主租主各半分擔每年由廳署派人收取入民國後範圍漸廣歸警察所代收卽以此款充警察經費至六年十一月更委城自治委員經辦年收約二千一百圓

稽查費　案定海稽查所凡設六處一城衜二沈家門三岱山四大小沙五金塘六衢山其始係武營汛地由營官派弁駐守稽查船隻出入以防盜匪每船收取規例視船之大小定費之多寡小者自數十文至百餘文大者自二三百文至五六百文不等名曰號金實係一種陋規迨綠營裁撤此費仍未革除改名曰稽查公所稱爲驗費將此款提充警察經費每所由殷商認繳計城衜年繳四百八十圓沈家門年繳一千五百圓岱山年繳三百圓大小沙年繳五十圓金塘年繳五十圓衢山年繳八十圓

屠宰附加捐　每頭正捐四角外附加特捐二角案撥補助縣立女子高等小學校經費年約銀一千三百餘圓

黃沙捐　黃沙爲朐山特產每年運銷上海甚多額定特捐歲銀三千圓分撥朐山警察經費二千五百六十八元徵收費一百五十元縣立女子高等小學校經費二百元本鄉區立敬業三校八十二元案上海黃沙公司認捐不在此數內

石宕捐　朱家尖石宕捐除柱子山外計三十餘宕每宕石工四五名五六名不等每名徵收捐銀四圓計歲繳特捐二百十六元五角撥充第二區區立國民學校經費

其他各捐　如沈家門之漁商捐公所捐展茅之漁戶駁費捐貨物捐洛舵之樂戶捐紫薇之穀韯落河捐金塘之渡捐登步之航捐客貨捐網戶捐塗田捐漁行及漁船捐岱山之米釐捐航埠捐等名目繁多近于苛細故不詳載

公款及公產

倉儲公款　案本邑縣屬常平倉存穀早經變價存典生息其城鄉各莊積穀或存穀或存銀或銀穀並存由本莊殷董保管年久弊生無從清理清光緒間歷任廳同知曾先後續行勸募取結備卷稍事整頓旋遭辛亥革命之變各鄉舉辦民團往後自由動用積穀存款致縣署檔案難稽實在民國二年縣知事金國書准縣議會咨查始將闔縣倉儲項下銀穀查明確數雖未詳備然其倉額略可考稽云

倉儲存穀存銀概表

各倉	存穀	存銀	生息	二年查得本息共銀	備注
縣倉即常平倉	無			一二、九八二．〇〇〇元	
城衛社倉	無			八、二七五．七六〇	
甬東	二八五．〇〇〇〇石	無			
吳洞	三〇六．八七〇九	無			
蘆蒲	五三三．八五六三	一六九．六〇〇元			

洛舵	二九九•一〇〇三	五八三•〇〇〇
展茅	八三六•九六七〇	無
干礷	九七•一八五〇	無
景陶	無	六八七•八八八
北墠	二九五•五五六〇	無
白泉	無	一、二一九•〇〇〇
皋洩	三一五•三四五八	無
人和	三六二•三七四一	無
紫薇	六八三•三九三九	無
岑椗	二六六•四三二二	無
樹南	六〇•九二〇〇	無
樹北	二二〇•六五九六	無
金一	二三•〇〇〇〇	無
金二	九四•四四八一	無
金三	一三八•八七二一	無
冊子	三〇•〇九二五	無
靈和	二五•〇〇〇〇	無

東靖	六九二・五四四三	無			
協和	三九九・一三〇〇	無			
登步	一〇〇・〇三四七	無			
蘭秀	無	二一〇・八〇〇			
長塗	無	八九五・三九七			
岱一	四七一・九五三〇	無			
岱二	四六二・二八九一	無			
朐山	三六五・六八〇五	無			

教育款產概表

教育機關	現存款項	現存產業	歲息	來歷	備注
縣教育會	銀五〇〇・〇〇〇元		存莊	由省垣定在試館屋價中提撥	省垣定海試館係邑人李肅銘等捌建當時試館落成李氏除自認捐款外尚有墊款民國八年由教育會議決變價當據李氏後裔赴會聲明願將前項墊款一律捐充全縣教育基金存本用息永著爲例
又(保管)	銀一三、五〇〇・〇〇〇		存上海興業銀行年息八厘	省垣定海試館屋價銀一萬四千圓除撥教育會基金五百圓外餘數由教育會保管	
公衆運動場		舊教諭署前地二畝三四八			

縣立第一小學校		校舍		撥用義學及磬浦書院全屋後經改建	
		田三五一•〇九六四八畝 地一五六•五六五〇〇畝 又一方　山三畝	銀一、二四二•六四五圓 錢六〇〇文 穀六、六二〇斤		
		地　二七•六九八六〇(岱山)	銀一五八•六五九圓		
		官田　二、二一六畝(大塗面)	錢六六四•八〇〇文	舊景行書院產移轉	田地細則另見附表
		房屋二三間(衜頭) 地　二六方 又　一畝零(觀東)	銀一七一•二〇〇圓		
		學校林　一三•七七〇〇〇畝		係鎮鰲山官荒民國七年農商部批准撥給	
縣立第一女子小學校		校舍二十餘間 學校園一畝零		係縣署東偏土地祠舊址民國元年撥歸三年建築	舊學田芙蓉洲甬字五垢計六畝五一三七五又節孝田四畝一〇二八三于民國七年變賣抵償建築費
		峧山	銀六〇•〇〇〇圓	舊土地祠產移轉	
		學宮旁民田一•三〇〇〇〇 又　民地〇•八〇〇〇〇 學田七•三五一〇〇(在城)		舊學署公產移轉	
私立申義小學校	銀三、〇〇〇•〇〇〇			旅滬同鄉捐存基本金	常年經費由滬商朱佩珍等捐助
		校舍 學校園		係縣署內關帝殿舊址及撥用縣署廢地	
私立繆公小學校		校舍　間(在盤嶼曹公廟)		由繆公義塾改設歲費亦由繆公祠產內撥用	

私立慈雲小學校		校舍五間（在南郊半路亭西偏）		撥用吉祥庵餘地	
私立啓蒙學校	銀一〇〇〇•〇〇〇	校舍一所連基地		邑人王海利朱寶崟王苻生等發起購地建屋並募集基本金一千圓存放白鶴廟生息再由廟歲撥一百二十圓充作常年經費	校在皋洩莊高嶺下民國十三年成立
私立集成小學校		校舍七間		邑人劉章潤募建	民國七年立案校在舵陜莊
私立延武小學校並李氏宗族小學校		校舍十間計基地三畝零		在裏句山東邑人李拙獨力捐建計建築費四千五百金	民國十年立案
	阜泰典股本銀五千餘圓	阜泰典屋全部五分之二	股息房租	邑人李拙捐助每年租息二項充作常年經費	
第三區區立第一小學校		校舍		舊馬陜崇文義塾改設	光緒三十二年由邑人王亨彥等呈准廳署立案
		中峯廟產鹽場租			
區立覺斯小學校		校舍		舊千礦覺斯義塾改設	光緒三十二年立案
		民田三十餘畝	銀七十餘圓	由覺斯義塾產移轉	
第五區區立第一成小學校		塗田二十畝			校在金一鄉柳巷金井廟

區立三益小學校		塗田二十畝值銀千圓			校在金三鄉
區立涵養小學校		民田十畝三分		金二鄉吉祥會公產	
私立尊經小學校		校舍		舊大榭胡氏尊經義塾改設	光緒三十二年邑人胡克顗呈准立案
		民田一二二•三九〇〇三畝	銀一百三十餘圓	係尊經義塾原產	
		市房九間(柴橋)	銀四十餘圓		
第六區區立第一小學校		校舍		舊六橫東靖義塾改設	
		塾產	銀六二•二四〇圓	塾產外並撥洪泉寺田六畝後與里人林光輝兌得振緒塘田八畝	
		振緒塘田八畝	銀二二•四〇〇圓		
第七區區立勗志小學校		民田二十畝	銀三十餘圓		校在登步民國二年邑人許濟川創立
第八區區立第一小學校		校舍		舊禦侮會義塾改設	在蘭秀鄉北浦
區立揆文小學校		校舍		舊揆文義塾改設	在長塗娘宮基
		蕩田二十餘畝		原有塾產已賣出三畝四分爲修葺校舍費用餘合如上數	
	銀二〇〇圓		存孔昭泗處生息		
第九區區立蓬山小學校		校舍八間操場一方		舊同文義塾改設	民國元年邑人湯濬呈准立案

		民田五十三畝 市房八間		舊蓬山書院產移轉	
私立顯承小學校		校舍		舊舩氏義塾改設	在岱山石馬嶴宣統元年立案
		塾田	銀二百圓		
私立單級小學校第一至第十共十所				經費由舊同文義塾移轉每年規定一千六百圓向五屬公廒領取運司有案爲培養鹽民子弟	

縣立高等小學校各項田地房產列表

地址及土名	產別及數量	租價
馬嶴　大塗面 細則繁多不及詳載	官田　二、二一六畝 有景行書院租課串根備查	錢六六四、八〇〇文 合每畝錢三〇〇
鹽倉　八邱隴	民田　五畝〇〇〇〇〇	銀二〇元〇〇〇
又　又	民田　二・五〇〇〇〇	銀九・〇〇〇
盤峙　盤峙陀岙裏五則	民田　一二・〇〇〇〇〇	銀三〇・〇〇〇
鹽倉　灣邱	民田　一・二六四一七	銀四・〇〇〇
又　長滾二畝	民田　〇・六三七五〇	銀二・八〇〇

地址及土名	產別及數量	租價
南門外沿河	民田　五畝八九六〇〇	銀二六元・〇〇〇
鹽倉瘦塾	民田　一・三〇〇〇〇	銀四・〇〇〇
又　又	民田　一・八〇〇〇〇	銀六・〇〇〇
又　廟前	民田　〇・七四九一六	銀一二・〇〇〇
又　又	民田　〇・七一〇四一	
又　又	民田　〇・八七八三三	
又　又	民田　一・〇三一二五	
又　長滾三畝	民田　〇・七七一八七	銀三・〇〇〇

又	長滾門口	民田	○•九四五○○	銀 三•○○○
又	路下四邱屠家門口	民田	五•四○○○○	銀 二一•六○○
又	大井頭	民田	四•八九○○○	銀 一八•○○○
臯洩	窑下	民田	○•八○○○○	銀 七•二○○
又	石柱頭	民田	一•一○○○○	
又	茶灣	民田	二•一○○○○	銀 一二•○○○
又	路下爿	民田	一•○○○○○	
又	泊刀	民田	一•二七○○○	銀 一一•六○○
又	鉋坪	民田	一•六八○○○	
又	窑下	民田	一•五○○○○	銀 六•五○○
又	劉家門口	民田	○•六○○○○	銀 二•四○○
又	黃蛤山	民田	一•五○○○○	銀 八•○○○
又	又	民田	○•六○○○○	
又	柳樹爿	民田	○•六一○○○	銀 一二•○○○
又	鰲爿	民田	○•五○○○○	
又	方爿	民田	○•六○○○○	
又	秧田	民田	○•七○○○○	

又	茶邱路下四邱	民田	三•○○○○○	銀 一二•○○○
又	潮面山下	民田	四•六○○○○	銀 一七•二○○
吳洞	路下	民田	五•二七五九二	銀 一五•○○○
臯洩	挓刀	民田	一•三○○○○	銀 一○•四○○
又	又	民田	一•三○○○○	
又	劉家門口	民田	○•三○○○○	銀 八•八○○
又	又	民田	○•六○○○○	
又	又	民田	○•八○○○○	
又	窑下	民田	○•五○○○○	
又	路下爿	民田	一•二○○○○	銀 五•六○○
又	笆椿	民田	○•六五○○○	銀 一一•四○○
又	方小爿	民田	○•九五○○○	
又	路下灣井	民田	一•四○○○○	
又	坟下爿	民田	○•七○○○○	銀 二•四○○
又	大方爿	民田	一•一○○○○	銀 四•○○○
又	烏賊山	民田	○•七五○○○	銀 二•八二○
又	闌靴	民田	一•○五○○○	銀 四•○○○

又	地下爿	民田	○•八六○○○	
又	山下基地	民田	一•二○○○○	銀　五•○○○
又	山下爿	民田	○•二○○○○	
又	大片	民田	二•八○○○○	銀　一一•二○○
北門外二橋	茅山下	民田	三畝零	租　六○○斤
馬岙	太塗面	地	四畝	銀　四•○○○
又		地	六畝	銀　六•○○○
吳洞	高墩	民田	三•一五一○四	租　七二○斤
又	墩街	民田	四畝零	租　八四○
又	展子墊	民田	一•六○○○○	租　三○○
又	鰲頭浦半塘	民田	二畝七零	租　五四○
又	南塘墩灣	民田	○•七七五三三	租　一五○
皋洩	大麻地	民田	一•○○○○○	銀　二•四○○
又	稻桶	民田	○•七○○○○	銀　七•六○○
又	方爿	民田	一•三○○○○	
又	路兇	民田	二•四○○○○	銀　一○•○○○
又	黃母山	民田	二•四○○○○	銀　二一•○○○

又	八分	民田	一•○○○○○	銀　三•六○○
又	闊軛	民田	○•五五○○○	銀　九•○○○
又	沙爿	民田	一•七○○○○	
又	浦東	地	一○•○七二○○	銀　一六•○○○
鹽倉	沿路	民田	三•三八○○○	租　七○○斤
馬岙	碶西	地	九•一○○○○	銀　九•○九○
吳洞	八畝潭原名上七公	民田	八•一八四三七	租　一•六○○斤
又	塗墩	民田	一•八六一○○	租　三八○
又	枕坵	民田	一•六零	租　三二○
又	河嘴	民田	一畝零	租　二二○
又	南塘墩灣	民田	一•一○七八三	租　二五○
皋洩	窑下	民田	二•六○○○○	銀　一○•四○○
皋洩	沙墊	民田	一•一○○○○	銀　八•八○○
又	又	民田	○•五○○○○	
又	蝦抓坵	民田	○•六○○○○	
又	和尚三畝	民田	三•二六三○○	銀　一○•八○○
又	烏鯛山	民田	○•三一五五○	

又	又	民田	二•五〇〇〇〇	
又	長爿	民田	〇•三〇〇〇〇	銀　一•〇〇〇
馬岙	大塗面	地	一•三〇〇〇〇	銀　二•〇〇〇
東靖鄉	河東	民田	二•二二〇〇〇	銀　五•九四三
又	大墩邊	民田	一•八六〇〇〇	銀　六•三〇〇
又	溝中	民田	三•五一〇〇〇	銀　九•三八七
又	河東	民田	二•四〇〇〇〇	銀　六•四〇五
又	又	民田	四•六一〇〇〇	銀　一二•三〇六
又	大路邊	民田	一•五八〇〇〇	銀　四•二〇〇
又	上長爿溝中	民田	六•一五〇〇〇	銀　一六•八〇〇
又	河西溝中	民田	七•四三〇〇〇	銀　二一•〇四二
又	溝西墩田	民田	三•七五〇〇〇	銀　一〇•三七四
又	溝東	民田	三•〇八〇〇〇	銀　七•四九七
又	河西	民田	七•三六〇〇〇	銀　一八•二二八
又	又	民田	二•九二〇〇〇	銀　八•四〇〇
又	溝東	民田	四•一六〇〇〇	銀　一〇•〇八〇
又	河東	民田	四•七六〇〇〇	銀　一二•七二六
又	小沙塾	民田	〇•四〇〇〇〇	
又	又	民田	〇•四〇〇〇〇	銀　七•〇〇〇
又	又	民田	一•一〇〇〇〇	
東靖鄉	河西	民田	二•〇〇〇〇〇	銀　五•三五五
又	溝中	民田	五•一二〇〇〇	銀　一二•二六四
又	河東	民田	二•二四〇〇〇	銀　五•九八五
又	阮家門口	民田	二•二三〇〇〇	銀　七•五六〇
又	下長爿	民田	二•三〇〇〇〇	銀　七•〇九八
又	溝中	民田	一•九八〇〇〇	銀　五•二七一
又	三江	民田	二•六五〇〇〇	銀　九•九三三
又	溝東	民田	五•六七〇〇〇	銀　一三•五二四
又	溝西	民田	三•〇八〇〇〇	銀　八•四〇〇
又	溝東	民田	三•〇八〇〇〇	銀　七•四九七
又	河西	民田	二•七五〇〇〇	銀　七•三二九
又	溝中	民田	四•一五〇〇〇	銀　一一•七六〇
又	河東	民田	四•七四〇〇〇	銀　一二•六四二
又	溝西	民田	八•一九〇〇〇	銀　二三•五四五

又	又	民田	二•五四〇〇〇	銀 五•八一七
又	河西	民田	二•畝正	銀 五•三五五
又	河東西月亮邊	民田	九•二九〇〇〇	銀 二〇•〇九七
紫微	下洋地	地	二•五零	銀 三•〇〇〇
又	又	地	二•五零	銀 二•〇〇〇
鹽倉	大纏地	地	壹方	錢 六〇〇
又	平巖	地	〇•二七五〇〇	銀 一六•〇〇〇
又	平巖山	山	三•〇〇〇〇〇	
白泉	龍舌沙塘灣	地	二•一〇〇〇〇	銀 二•八〇〇
馬嶴	大塗面	地	一九•五〇〇〇〇	銀 三〇•八三七
又	刀尖	地	五•六五〇〇〇	銀 八•八〇七
又	又	地	七•〇〇〇〇〇	銀 九•〇〇〇
又	又	地	九•〇〇〇〇〇	銀 一四•〇二五
又	浦西	地	五•〇〇〇〇〇	銀 六•五〇〇
又	刀尖	地	一•五〇〇〇〇	銀 二•二三三
又	大塗面	地	七•〇〇〇〇〇	銀 一〇•二〇〇
又	刁柯	地	四•五〇〇〇〇	銀 六•〇九四
又	河東西月亮邊	民田	六•一八〇〇〇	銀 一六•五二七
又	河東西	民田	八•六四〇〇〇	銀 二一•〇〇〇
又	塘地	地	一〇•五〇〇〇〇	銀 一八•四一〇
鹽倉	八邱隴	民田	二•五零	銀 一一•〇〇〇
紫微	下洋地	地	二•五零	銀 二•〇〇〇
白泉	龍舌	地	〇•五〇〇〇〇	銀 三•四〇〇
又	沙塘灣	地	一•五〇〇〇〇	
又	又	地	一•畝正	
馬嶴	大塗面	地	一七•七〇〇〇〇	銀 二四•〇六三
又	刀尖	地	一〇畝	銀 一五•一六八
又	又	地	二•三四〇〇〇	銀 三•六五〇
又	大塗面	地	一•七〇〇〇〇	銀 二•四八〇
又	浦東	地	一一•三〇〇〇〇	銀 一七•五〇〇
又	刀尖	地	六•三四〇〇〇	銀 九•〇四八
又	又	地	一•一六〇〇〇	銀 一•九〇〇
又	大塗面	地	三•一〇〇〇〇	銀 二•五八三
又	虫邱	民田	三•三零	銀 一三•六〇〇

又	長灣	民田	二•○○○○○	銀　八•○○○
又	又	民田	二•二零	銀　八•四○○
鹽倉	大爿	民田	二•八○○○○	銀　一一•二○○
又	又	民田	二•八○○○○	銀　一一•二○○
西門外	坟前	民田	四•五零	銀　一九•○○○
鹽倉	車後二闇	民田	三•九○○○○	銀　一二•○○○
又	墩頭	民田	二•八○○○○	銀　一○•六○○
又		民田	三•八○○○○	銀　一三•二○○
臯洩	兎橋頭	民田	○•八六八八○	銀　三•八○○
又	山頭七畝	民田	一•八○○○○	銀　五•二○○
又	又	民田	一•八○○○○	銀　五•二○○
岱山鎮	東沙角	地	○•二三二○○	合下
又	又	地	○•五○○○○	
又	又	地	○•一○○○○	銀　一八•○○○
又	又	地	○•四一一○○	
又	又	地	○•一六九六○	
又	又	地	○•○五七○○	銀　一○•○○○

又	長灣	民田	一•四零	銀　五•六四○
又	城北河邊	民田	○•七零	銀　三•○○○
鹽倉	大爿	民田	二•八○○○○	銀　一一•二○○
又	小娘潭	民田	一•六三○○○	銀　四•○○○
又	牛車豆	民田	二•八○○○○	銀　一○•八○○
又	車後	民田	四•一零	銀　一三•○○○
又	周家墩	民田	三•三零	銀　一三•○○○
又	葛篠灣	民田	三畝零	銀　一二•八○○
又	山頭七畝	民田	一•八○○○○	銀　五•二○○
又	又	民田	一•八○○○○	銀　五•二○○
岱山鎮	東沙角	地	○•一五○○○	銀　○•九○○
又	又	地	○•一○二○○	銀共合上四則　三•四六七
又	又	地	○•○五七○○	
又	又	地	○•二○○○○	銀　二•二○○
又	又	地	○•一八七○○	
又	又	地	○•一五七○○	銀　○•九○○
又	又	地	○•四九○○○	銀　二•四○○

又	又	地　一•七一〇〇	
又	又	地　〇•〇四五〇〇	銀　〇•二〇〇
又	又	地　〇•一三二〇〇	銀　〇•四〇〇
又	又	地　〇•一五〇〇	
又	又	地　〇•二〇〇〇〇	銀　一•五〇〇
又	又	地　〇•三九〇〇	銀　一六•六八〇
又	又	地　二•二〇〇〇〇	
又	又	地　〇•三三〇〇〇	
又	又	地　〇•四四〇〇〇	銀　二•六〇〇
又	又	地　〇•四〇〇〇〇	銀　二•〇〇〇
又	又	地　〇•四九〇〇〇	銀　二•五六六
又	又	地　〇•五九一〇〇	銀　三•五四六
又	又	地　〇•〇七〇〇〇	銀　〇•三〇〇
又	又	地　〇•七〇〇〇〇	銀　四•二〇〇
又	又	地　〇•七五〇〇〇	銀　一五•九〇〇
又	又	地　〇•一九一〇〇	
又	又	地　〇•五九一〇〇	

又	又	地　〇•一四〇〇〇	銀　〇•四〇〇
又	又	地　〇•一九〇〇〇	銀　一•〇〇〇
又	又	地　〇•〇八一〇〇	銀　〇•四〇〇
又	又	地　〇•一二四〇〇	銀　〇•四〇〇
又	又	地　〇•八二〇〇〇	銀　三•五〇〇
又	又	地　〇•二〇〇〇〇	銀　一•二〇〇
又	又	地　〇•〇八〇〇〇	銀　三•〇〇〇
又	又	地　〇•三一〇〇〇	
又	又	地　〇•六五〇〇〇	銀　二•六〇〇
又	又	地　〇•八〇〇〇〇	銀　四•三〇〇
又	又	地　〇•四二〇〇〇	銀　二•五〇〇
又	又	地　〇•〇九五〇〇	銀　〇•四〇〇
又	又	地　〇•六七〇〇〇	銀　五•〇〇〇
又	又	地　〇•五二四〇〇	銀　二•〇〇〇
又	又	地　一•一二〇〇〇	
又	又	地　〇•六九〇〇〇	銀　二•七〇〇
又	又	地　〇•七二五〇〇	銀　四•三五〇

又	又	地	〇•〇九二〇〇	銀　〇•五〇〇
又	又	地	一•五三〇〇〇	銀　九•〇〇〇
又	又	地	〇•二七一〇〇	銀　一•六〇〇
又	又	地	〇•五三一〇〇	銀　一•二〇〇
又	又	地	〇•四七二〇〇	銀　二•四五〇
又	又	地	一•三五〇〇〇	銀　七•八〇〇
又	又	地	〇•七四〇〇〇	銀　四•四〇〇
道頭建輿街	第二號	七架樓屋	一間	銀　二六•〇〇〇
	又	屋後平瓦屋	一間	
	又	見天	一方	
又	第四號	七架樓屋	一全間	銀　一八•二〇〇
	又	披屋	一博	
又	第六號	七架樓屋	一全間	銀　一四•〇〇〇
	又	後面小屋	一間	
又	第八號	七架樓屋	一全間	銀　一八•〇〇〇
	又	見天	一方	
又	第十一號	五架平屋	一全間	銀　二四•〇〇〇

又	又	地	〇•七八〇〇〇	銀　四•〇〇〇
又	又山嘴頭	地	〇•四六〇〇〇	銀　一•〇〇〇
又	又	地	〇•六四〇〇〇	
又	又	地	〇•二四一〇〇	銀　一•三〇〇
又	又	地	〇•四二〇〇〇	銀　二•四〇〇
又	又	地	〇•三四〇〇〇	銀　一•五〇〇
道頭建輿街	第一號	七架樓屋	壹全間	銀　一•七〇〇
又	第三號	七架樓屋	壹全間	銀　一九•〇〇〇
	又	見天在樓屋後面	壹方	
又	第五號	七架樓屋	一全間	銀　四四•〇〇〇
	又	見天	一方	
又	第七號	五架平瓦屋	一間	銀　一七•〇〇〇
	又	見天	一方	
又	第九號	五架樓屋	一全間	銀　五•〇〇〇
	又	園地	一方	
又	第十號	地	一方	銀　四•〇〇〇
又	第十三號	七架平瓦屋	一間	銀　八•〇〇〇

又	第十二號	五架平屋	一全間	
	又	小屋後餘地	一方	銀二•〇〇〇
又	第十四號	七架平瓦屋	一間	銀七•二〇〇
	又	拖屋	一博	
	又	餘地	一方	銀一•〇〇〇
又	第十七號	七架樓屋	一全間	銀一三•二〇〇
	又	餘地	一方	銀一•五〇〇
又	第十九號	七架樓屋	一全間	銀一一•〇〇〇
	又	餘地	一方	銀一•〇〇〇
又	第二十一號	七架樓屋	一全間	銀一六•〇〇〇
	又	餘地	一方	
又	第二十三號	七架樓屋	一全間	銀一二•〇〇〇
	又	餘地	一方	
又	第二十五號	七架樓屋	一間	銀三二•〇〇〇
又	又	後面五架平瓦屋	一間	
	又	見天	一方	
	又	又牆門	一座	

	又	餘地	一方	銀一•〇〇〇
又	第十五號	七架平瓦屋	一間	銀七•二〇〇
	又	餘地	一方	銀一•〇〇〇
又	第十六號	七架平瓦屋	一間	銀八•〇〇〇
	又	餘地	一方	銀一•五〇〇
又	第十八號	七架樓屋	一全間	銀一一•〇〇〇
	又	餘地	一方	銀一•〇〇〇
又	第二十號	七架樓屋	一全間	銀一四•〇〇〇
	又	餘地	一方	銀一•五〇〇
又	第二十二號	七架樓屋	一全間	銀一四•〇〇〇
	又	餘地	一方	銀一•五〇〇
又	第二十四號	七架樓屋	一間	合第二十五號
	又	後面五架平瓦屋	一間	
又	第一號	後面空地	一方	銀三•八〇〇
	又	後面空地	一方	銀一•五〇〇
又	第四號	後面五架平瓦屋	一全間	銀五•〇〇〇
又	第五號	屋後五架平瓦屋	一全間	銀五•〇〇〇

又	第六號	屋後五架小屋	一全間	銀　五•〇〇〇
又	第八號	屋後五架平瓦屋	一全間	銀　五•〇〇〇
又	第九號	屋後五架平瓦屋	一全間	銀　五•〇〇〇
又		園地	一方	
又	第十號	邱姓屋後地	一方	銀　一•〇〇〇
又	第七號	屋後五架平瓦屋	一全間	銀　五•〇〇〇
又	第十號	餘地	一方	銀　四•〇〇〇
又		衛頭司衙門後河邊地	一方	銀　一•二〇〇
又		邱姓屋後土名觀東地	一畝零	銀　四•〇〇〇
又		邱姓屋後地	一方	銀　〇•四〇〇

育嬰公產　舊名育嬰堂今名誠求堂在城南有正副董事各一管理人財政其房屋田地總數如左表

產別	細則及數量	歲息	備注
房屋	大廳三間　臺門一座　東廂房三間　西廂房九間　廚房一間	自用	同治十一年邑人何瑞堂李肅銘等捐資建造
田地	朱家尖塗田地除河道塘脚外丈計實田一、四四三•七〇一五八畝 甬東莊田二五•二〇〇〇〇畝　洋嶴田一二•一〇〇〇〇畝　壩橋田一二•〇〇〇〇〇畝 鹽倉莊田三四•八五〇〇〇畝　吳樹莊田七五•〇〇〇〇〇畝		朱家尖塗田道光間因僧俗互爭案由官斷歸育嬰堂查碑記原田爲二千一百二十二畝與今存數不同
	朱家尖山一方東至山下路南至山嘴周姓笆脚西至山下路北至後山小岡路	義葬地	普陀秀隱庵助

恤嫠公款　恤嫠會附設誠求堂內其基金由誠求堂董事保管如左表

款項	存放處	歲息	支取方法	備注
銀一、〇五九．五六七元	城中阜泰當	按年八厘起息	本金不准動支利息由誠求堂董按月散給	光緒間邑人周汝翊高振鑣孫玉瑞等集合錢會存當生息其給發額每名每月一圓以士衿之妻爲限如不敷以誠求堂款補助之
銀一、〇五九．五六七	城中成泰當	同上	同上	

振貧款產概表

名稱	地方款或產	歲息	用途	備注
尚義田	金塘民田一〇〇畝		振給貧民	雍正八年金塘人金爐捐田七十畝陸元一捐田三十畝
胡氏餘三塾	樹北基本金		補助學費以助主子孫爲限施捨助婚助葬不限胡氏一族	光緒間樹北人胡克艱克頤章煥克端克翊克謨克選彬瑞三房己產集合故名餘三
王氏義田	白泉原助田二〇畝增置田畝		振恤合族孤寒	乾隆間王楷撥助

衛生款產概表

名稱	存產	收款	發起人及年月	備注
城南濟生公所	正屋兩㡳計六間餘屋四間	常費由定海商會注冊店鋪照會費加收二成	光緒三十四年旅滬邑人韓之鵬朱佩珍等捐資創建	備僑商養病歸老之所設醫生司事各一人
長春醫局	附設濟生公所內	常費由旅滬邑人捐助一百元		設醫生一人逐日施診
沈家門存濟醫院	正廳五間餘屋十二間		民國六年邑人劉德裕陳永灤曾川流王春生和生陳獻臣郭家株等捐建	設中西醫士四名看護人等六名

其他各善舉款產概表

名稱	地址	目的	存產	備注
長庚會	城區	施棺	先後共置田一百餘畝	乾隆六十年邑人楊文榮等四十人捐資置田嗣後續有增助者
存仁善局	沈家門	施棺木藥物及救濟難民等	天后宮前正屋五間東西廂房各五間	道光間邑人捐建常年經費由沈家門米行及閩商認捐公舉司事司年管理
同仁會	岱山東沙角	收葬無主棺櫬	民塗田五十餘畝義地三則共十一畝七分零市屋一間骨塔一座厝屋五間	光緒十六年蘇五屬公廒司事等發起捐募
同善會	岱山高亭	同上	摩心嶺義地一方	光緒三十年邑人沈景峯發起
仁濟公所	岱山高亭	專管船夥傷亡撫恤事		民國三年邑人沈祖周等發起附設高亭港天后宮內
合義施材所	岑港	施棺	田二十四畝三分	光緒八年商民公設
體仁局	城南觀山麓分廠在東山後楊家塘	專備寄頓旅櫬	總廠民田四三畝九八二九一間分廠東門外民田一三畝八九二九二間洞澳拗山田十餘畝局側田七畝葬地若干	總廠同治末年創立分廠民國九年旅滬邑人朱佩珍丁梅生朱祺祥等捐建
無利借錢局	附設城區學宮內	借給苦力貧民使作小本經紀免利還本	共五百圓由公益費項下撥用三百圓餘二百圓係前借錢處用存	始於民國二年由城區紳富籌款創辦名無利借錢處旋停辦十年四月重立改今名

參事會縣地方財產概表

類別	金額及不動產數量	現金存放處及不動產所在地	年息	來歷	管理	備注
各鄉田地	四百八十三畝二分七釐三毛七絲七忽	鹽倉皋洩六橫等處	一三四一•二八〇元	由書院撥入縣高小學校	遵照部令暫由勸學所管理	
大塗面租課	二千二百十五畝二釐七毛八絲六忽	馬岙	六〇六•一九五	同上	同上	

觀東房屋	樓屋二十間平屋十五間披屋二博	西衕頭	三四五•二〇〇	同上	同上	查該租每年收入本係四百十九元六角因民國十年間建築縣立第一高小學校校舍時經費不敷將該屋出抵于縣教育會計抵價洋一千二百元年息六厘二算計七十四元四角即向租金扣除餘如上數
洞岙鹽田租	三十四畝二分三厘	洞岙鹽倉北郊等處	一八五•〇〇〇	同上	同上	歲收租穀六千六百二十斤以二元八計算合如上數
歲收地租	十九畝一分	馬岙	二二•一二〇	同上	同上	
塗稅	無畝分可稽	散在縣屬沿海	二六〇•七七〇	同上	同上	
岱東地租	二十七畝六分九厘八絲六忽	岱東沙角	一三九•九八一	前中學堂購置停辦後撥入縣高小學校產	同上	
浙路公債券	一千一百六十元			由縣自治委員移交給縣高小學校產	參事會	鐵路公債券實二千一百六十元內應給高小學校一千一百六十元縣倉息一千元
學田	一畝三分	學宮旁	三•二〇〇	由學宮撥入女高小學校	女高小學校	
學地	八分另	御書樓後	五〇〇	同上	同上	
模範小學基金	一萬二千五百元	存上海興業銀行	一〇八〇•〇〇〇	由試館售價撥入	參事會	年息八厘計算合如上數
模範小學基金積息	一千二百四十六元	存上海中華銀行	一〇七•六八〇	試館售價積息	同上	同上
	一千二百元	借與縣高小學校	七四•四〇〇	試館售價息金	同上	以觀東房屋抵押
學款	四百七十八元			同上	同上	

教育會基金	五百元	存上海中華銀行	四〇·〇〇〇	由試館售價撥入	同上	
公益費餘款	一千四百四十九元九角八分四厘	存縣署		縣稅二成公益費十年度以前拮存	同上	內洋三百元借與城區無利借錢局公益費餘款應爲一千四百五十元三角八分四
教育費餘款	三千六百三十五元二角一分八厘	同上		縣稅四成教育費十年以前拮存	同上	該款共五千二百七十七元三角六分經第一次臨時會議決除支女高小學校借洋一千一百五十六元六角四分六厘集成國民學校二百六十元修志局二百二十五元四角九分六厘餘如上數教育費餘款應爲三千七百二十一元八角八分五厘說明內女高小學校應爲借洋一千六十九元九角七分九厘
自治附捐	六百零五元五角一分一厘	同上		一成自治附捐十年度以前拮存	同上	該款共二千四百八十三元四角三分九厘經第一次臨時會議決除支縣參二會經費一千八百七十七元九角二分八厘餘如上數自治附捐餘款應爲五百二十元九角六分一厘說明內縣參二會經費一千九百六十二元四角七分八厘
六厘公債票	一千四百八十元	同上			同上	六厘公債票一千四百八十元已移交參事會
						縣倉穀積息六千二百六十二元四角九分縣會來文執

縣倉穀積息	七千二百二十六元四角九分	同上		縣倉穀息自民國三年起至十年止結存	同上	行謂已由會函縣移交本表列七千二百二十六元四角九分先後不符但縣來清冊係七千二百二十六元四角九分四厘與後數相對多四厘實係七千二百二十六元四角九分四厘
縣倉穀售款	四千一百十八元九角七分一厘	存成泰當	四〇二•二一〇	由倉穀變賣存放生息	同上	上款係一月一日期二千三百四十九元七月一日期一千七百六十九元九角七分一厘
	四千一百十八元九角七分一厘	存阜泰當	同上	同上	同上	同上
縣倉穀息金	三百三十九元八角三分四厘	存恆源		由倉穀售價息金存放生息	同上	上款係七月一日期息兩當照繳合如上數
大峧山產	田九畝八分另地十二畝一分另山二十畝	岱山	六〇•〇〇〇	由縣署土地祠撥入女高小校	女高小校	
奎光閣屋產	平屋大小五間	城衙山硯池旁		地方公建	參事會	查該屋由前司事孫雪湖出典與傅四寶計典價洋一百四十五元傅四寶轉典與王金福王金福轉典與石墨林石墨林轉典與鮑裕坤
學節田	五畝七分另	白泉玄山	一六•〇〇〇	陳姓捐助	同上	
學節地	四分三厘四毫	學宮西南土名縣河北		陳瑞李時相等六人捐助	同上	查該地學宮有碑可稽現被丁八房侵佔經第一次臨時會議決勒令拆屋返還
城隍廟產	市屋前樓十八間後樓十九間小屋一間	城區	五七四•〇〇〇		同上	查該屋尚賸租四百十九元
	田七十畝另五分一厘五毫	楊岙北門外等處	二八八•〇〇〇		同上	

	地十三畝八分五厘七毫六絲二忽	城北門外			同上	
關岳廟產	市屋一間	城區		係舊書廟產	同上	
	山六畝地三十九畝一分二厘三毫三絲七忽田三十二畝五分五厘九毫三絲四忽蕩塗七十畝另六分八厘二毫一絲一忽	散在甬東頌河盤峙等處	八〇•〇〇〇	同上	同上	市屋山地三項年約租金合如上數
			四一四•六五二		同上	田塗蕩三項歲收租穀一萬四千八百另九斤以二元八角計算合如上數
					同上	
成仁祠產	田三十四畝三分四厘	東西北門外	一八七•六〇〇		同上	歲收租穀六千七百斤以二元八角計算合如上數
	地十則均無畝分可稽	成仁祠側南門外	一一•五三九文		同上	查該二則一計租錢七千九百三十文一計租錢三千六百〇九文合如上數
	屋基地十四間半	念畝墩	一四•四七〇文		同上	上款亦以錢計
同歸域產	田三十六畝	西門外	一九七•〇〇〇	清藍總兵助入	同上	歲收租穀七千另五十斤以二元八角計算合如上數
	現洋三百五十八元一角八分	存孫爾瓚處			同上	
誠求堂產	田一千四百餘畝	朱家尖		因僧俗互控官斷撥充	同上	該項田產前屆清查公款公產卷內查來歲收租息尚待催報
	田一百八十餘畝	洞岙		陸續增置	同上	
	田一百十餘畝	東西兩鄉			同上	
	地				同上	

體仁局	田一百二十六畝另四釐二毫一絲二忽山十九畝三分一釐五毫地六畝四分五釐七毫四絲八忽	甬東漬河吳洞白泉拗山等處		沈有瀾等捐助	同上	同上
繆公祠產		城北		祠係黃灝等五十九家捐產建設並非縣有　巡按使批	同上	繆祠產業簿冊由縣保存業由本會議決固屬縣有其產業歲息應函催造報
忠烈祠產	山一則	馬岙	七·〇〇〇		同上	
景行書院房屋	大小屋二十八間	城北街				查該書院產業已撥入高小學校現由警所借住經第一次臨時會議決收回
三忠祠	祠屋十間別無產業	南門外				
學田產	地二分二釐另蕩六畝六分另					上列二則田地查庄冊並未開除究係何人侵佔待查

關于各項公產之碑記

義塚山碑記　在北郊成仁祠門首嘉慶七年邑人陳慶槐記其文曰

天下有大功德于民而使生者蒙其庥死者被其澤則可謂仁人矣人之大事在送死富貴之家力有餘裕今日卜佳城明日徙吉地雖窮極山川疲極人工耗極資財亦所不惜而窶人或營營焉至求一席之地以安其父母兄弟妻子而不可得幸得之矣歲久輒不免暴露此月令所以有掩骼埋胔之典也陳君江洲兩浙提督軍門西巖李公壻也公先為吾定總兵官江洲之以至戚入掌記室辛酉春偶與友人步北郊過成仁祠見敗棺傾圮

骸骨照白日惻然者久之歸而請諸公遂捐俸銀三百兩于東門外購買得孫姓眠狗山一畝九分於北門外購得陳姓劍靶山五分又恐年遠人繁不敷埋葬於眠狗山更造衆塔二座聞成仁祠有收骨歸藏之條卽將山畝塔事統交收管鳴呼此甚盛德事公一身力任之誠令人沒世不能忘者乎方公蒞定之日正洋匪猖獗之時島嶼居民疊遭焚刼閩粵商賈屢受傷殘而公統領舟師督兵勦捕終年無倦色人第見其身先將士遠冒風濤以為我公雄略過人能使羣盜望風膽落而抑知其去莠扶良仁愛之深心奮焉勃焉不得已出之以威武今觀其設立義冢一事益知公平日不辭勞瘁不避險阻不畏强禦所以一往直前毫無顧忌者保赤之念摯而捍患急也孔子曰仁者必有勇信哉吾定民蒙公之庥被公之澤於其去也勒石以垂久遠而江洲贊成義舉亦可以並傳不朽矣是為記

又嘉慶八年邑人黃敏續記其文曰

兩浙軍門西巖李公以名進士受上知任專閫蓋今之儒將也前為定海總兵官凡五年緝捕不遺餘力民賴以安公于閫民間事尤加意經理如捐資修學校置眠狗劍靶兩山為義冢此類不可一一殫述旋以功擢授今職定民于其去也勒碑記德感不能忘顧公亦未嘗一日忘定民也其視定如故鄉視定之父老子弟如故鄉人每因督捕過此輒惓惓問疾苦相慰勞定民聞公來亦相率迓於道有喜色慮弗獲留公此者然歲壬戌公之晋陳君江洲訪友來定時值大旱五穀皆歉收又所置義冢山甫年餘纍纍無隙地蓋向之浮厝者至是悉就埋焉江洲以白于公公曰此豈異人任哉會閩洋盜匪有北來之信公親率舟師南下殲獲無算歸途于台州糴米四百石裝載來定悉以振饑民并于城北相地得黃花灣凡一畝五分重其值購之為義冢繼其始終加惠于定民者如此夫古者寓兵于農維時兵卽民也自三代而降兵與民分治兵者不復以民為己任凡兵所以養民生恤民死者專責諸治民之人治民之人甚或聽之民矣況身不蒞斯土又誰為念斯民者而我公之深仁厚澤乃有加無已庶幾力行古道而兵

與民胥受其治者乎觀其於民如此則兵可知於定民如此則全浙可知被公之澤而頌公之仁者又豈特在一鄉一邑哉是不可以不誌

城隍廟田產碑　在邑廟西廡清嘉慶十三年戊辰三月立碑中記原助姓氏基地田畝細則曰一都順鄉原助前後大殿基地一方以及西首餘地并東首店屋基地一十四間又甬字七百九十五號土名下田舍田一畝三分五厘九毫八絲又甬字七百九十七號土名同田二畝二厘一毫二絲五忽又甬字七百九十九號土名同田一畝四分五厘三毫五絲（此則係歸住僧辦三官會用）一龐玉芝原助東字三百四十一號土名廟西田五畝一分八厘七毫五絲又東字七百十九號土名塘下田一畝四分一厘六毫六絲七忽又東字七百四十五號土名小稧頭田八分三厘三毫三絲三忽又東字七百四十六號土名塘下田一畝二分五厘又東字七百七十四號土名小稧頭田一畝四分（此五則歸住僧每年夏施涼茶冬施薑茶）一呂奇生原助甬字七百八十八號土名下田舍地五分七厘三毫七絲五忽又甬字七百九十二號土名同地八分四毫三絲七忽又甬字七百九十三號土名同地五分八厘一絲二忽又甬字七百九十四號土名同地一畝六毫八絲七忽又甬字七百九十八號土名同地一畝九分二厘七毫二絲九忽又甬字八百號土名同地七分二厘二毫五絲又甬字八百一號土名同地一畝三分六厘二毫五絲又甬字八百二號土名同地六畝八分八厘六絲七忽　一沈益芝原助鹽字一千三百二十七號土名中畈田一畝四分七厘七毫六絲七忽又鹽字一千四百七十一號土名胡山頭田一畝九分七厘三毫一絲二忽又鹽字一千四百九十九號土名砂嘴頭田四畝八分三厘一毫一絲七忽又鹽字一千五百二十三號土名壺瓶坵田一畝九分一厘二毫五絲又鹽字一千五百二十八號土名同田一畝三分七厘五毫一洪世昌原助甬字一千三百六十二號土名六畝田田三畝一厘又廟

僧自置甬字四千六百八十六號土名斗坵田二畝六分一釐二毫五絲又甬字四千六百十七號土名小坵田三分二釐五毫八絲三忽又甬字四千六百八十八號土名下方坵田一畝七分五毫又甬字四千六百八十九號土名火拍田一畝八分四釐五毫八絲三忽又甬字四千六百九十號土名連方坵田二畝八分一釐六毫六絲七忽

長庚會碑記

在邑廟東廡是會爲施捨棺木而設碑凡四方其文曰是會始於乾隆乙卯歲孟春諸同人捐貲買田收其利置棺木凡城鄉有窘于葬者咸得取給使不至有暴骨草露用心爲至厚矣爰立碑于邑廟之西廡下以垂久遠至嘉慶九年七月間邑廟不戒於火而是碑亦與之俱焚竊思諸同人有此盛舉其名姓不可磨滅而不彰也況乎後賢繼起又能增置田畝擴其規模尤不可終聽其磨滅以致久遠之無稽因更立斯名敘其緣起而列諸同人姓名于左　前置田畝紫字號民田共七畝八分一釐零鹽字號民田八分八釐零蕩田十一畝一分七釐零增置民田三畝六分四釐零助祖卯寺錢八十千棺木穀廚永遠貯存　創興先人武照臨謝士明曹德璣陳武華倪國彝徐日干袁永瑞李才宏孫天榮吳蘭洲張士秀吳定忠張巨川蘇大斌楊宏芳張聖德金永清武斯來姚旭輝李仁瑛厲天貴李萬昌陳顯達金永德徐定國徐維芳楊文榮應賢輔邱文輔程孔懷畢元豐楊德福范吉先陳光裕徐仲厚王國興陳紹貴陳天緒施英胡成瑞嘉慶二十一年四月長庚會重立又仁莫大乎以仁爲民率乾隆乙卯春我同人捐資置田勸諸碑石施捨棺木會名長庚亦欲人人庚續其事以垂諸長久而要莫大乎仁民者之以仁爲率也邑侯沈公仁政之入人深矣會道憲府憲因公按臨與邑侯有同心會同各憲捐廉增田歸入會中凡以爲民率也由是率以仁而仁興義士朱雲翼等遂有續捐之舉爰立斯碑以頌各憲之厚澤深仁爲民倡率而誌其所捐銀兩與

所增田畝并附列朱雲翼等續捐于后庶後之考績者得以觀感興起相與庚續其事以垂諸長久云　署浙江甯紹台道温州府正堂蔣廷瓚捐紋銀一百兩浙江甯波府正堂軍功加一級姚令俞捐紋銀四十兩甯波府定海縣正堂候陞分府沈泰捐紋銀四十兩署浙江定海鎮標中軍副總府陳運泰捐紋銀四十兩署浙江定海鎮標左營副總府官印方捐紋銀二十兩署浙江定海水師營中軍副府余雲龍捐紋銀一十兩定海稅關捐紋銀五十兩　以上共捐銀三百兩置得鹽倉莊民田三則條鹽字六百九十二號土名念畝墩田三畝四分二毫五絲八忽又六百九十三號土名同田三畝二分八釐一毫二絲五忽又六百九十四號土名同田三畝四分四釐一絲七忽朱雲翼捐錢五十千文錢桂芳捐錢十千文許應芳捐錢十千文　以上共捐錢文存放生息俟再有續捐者廣置田產另豎碑記　嘉慶二十三年戊寅孟夏月望日長庚會首事公建

又會之設也有創與者不可無續與者有創捐者不可無續捐者故會名長庚亦欲人之長遠庚續也長庚會何以設為施捨棺木而設也會創與于乾隆乙卯名之勤于碑者我同人之先人也續與者誰會友徐新茂孫紹元程廣輪武節臨陳運昂也蓋自前係經管總桂竟至收花自用後于嘉慶癸亥歲會友徐新茂抄錄舊碑協同四會友追復舊業會是以有舉莫廢也會繼與于嘉慶戊寅名之勤于碑者前道憲與各憲也續捐者誰義士朱雲翼錢桂芳許應芳種德堂仁餘堂馬沛泉也蓋自前為各憲豎碑時業已附列其名後于道光壬午歲義士錢式欽捐錢二百貫包心齋捐錢十貫會是以有加無已也爰復鐫石以誌續捐之功因並誌夫續與者亦欲人賡續而與賡續而捐以要諸長遠也謹將續置田畝載后　又定標左營百隊捕舵公同捐銀二十兩鹽字五百二十四號土名上四畝民田二畝六分六釐六絲二忽鹽字八百八十九號土名鰲肚皮蕩田叁畝六分二釐五毫鹽字九百二十四號土名大墩下蕩田二畝六分二釐五毫又甬字活契民田四則共二十畝七分零　又嘉慶丁丑年加助祖印寺

錢二十五千文永裝穀廚存放捨材道光四年甲申南呂月上澣穀旦長庚會首事公建

又龔公諱鎮海字秋舫江南人為定標總戎名將也亦仁人也自癸未蒞任後捐廉銀以置買義冢助育嬰堂暨景行書院等處種種美不勝收復出銀二百元助入長庚會內為施捨計是會也創立多年迄自壬辰癸巳連遭凶歉所入不敷所出幾有停捨之議幸蒙鎮憲資助而義舉又振此大人之厚澤無既非特死者沾其恩即生者均感其澤也厥後會內積有餘金湊成助數置田產以表公之盛德鐫碑記以誌公之深仁庶後考績者觀感興起相與賡續其事以要諸長遠云爾　今將所置田畝土名字號列後　甬字八百五十七號土名長七畝計四則連塊共計田七畝七分四毫二釐四絲五忽　道光二十七年歲次丁未仲冬吉旦長庚會首事公建

金塘尚義田碑記　在金塘鄉乾隆四十二年二月立

文曰特授甯波定海縣正堂加三級紀錄五次王為父捐子盜等事乾隆四十一年八月二十六日蒙特授甯波府正堂加三級記錄五次徐憲牌奉特授浙江分巡甯紹台兼管水利海防兵備道加一級紀錄七次梁批本府呈詳核議得定海縣民夏元仁呈告金管書金漢一書之祖父金爐樂善好施雍正四年將己戶七拾畝田租指出每年底散給窮民雍正八年奉文勸捐社穀金爐之子金惟璜呈縣將此田停賑三年可得租穀三百石歸于社倉並請于三年後即將此田另立戶名永為義田贍濟窮民陸子才之父陸元一亦呈請捐田叁拾畝附入金惟璜捐為田合成壹百畝共勷善舉經前縣黃令詳奉督撫二憲批飭給匾獎勵並勒碑永為義田在案田仍金陸二家分管收租賑貧嗣金惟璜與弟金惟瑾分居惟璜惟瑾相繼亡故其義田遺伊子及陸子才等承管至乾隆三十二年金康侯貧乏借欠官穀無還請賣田十畝前縣令批出售金康侯兄弟藉有縣批即將義田七十畝賣于徐振華鍾朝

宗顧錫三張茂華楊行先顧加正徐魏氏吳有倫王學易等爲業共得價銀二百一十兩九錢錢三百一十七千三百五十文陞子才效尤亦呈縣將父捐義田叄拾畝賣于方隆與薛艮才蔣與文管業徐振華欲起田自種夏元仁不甘奔控憲轅蒙前道憲潘批飭該縣錄案詳覆批府核議卑府提案察核有供無斷批飭議詳據前縣段廷瓚訊明盜賣情由各買主情願退田歸義學以爲師生膏火之資卑府查此詳奉各憲批飭永爲義田贍濟貧戶未便擅撥義學批飭妥議經前縣孫發槐改議仍歸義田並請將徐振華等歸還義田勒石以彰善舉等情正在核轉間又據金管書金漢書以金康侯賣于徐魏氏四十六畝七分零已於三十八年贖回收租賑散窮民又被薛廷章謀買等情赴府呈告復飭查覆茲據孫令查明金管書等聞前縣詳請田歸義學因金康侯賣于徐魏氏之田原非絕賣田價甚輕希冀贖回仍歸金捐義戶以爲己業官不能概充義學隨於三十八年向徐魏氏贖回收租散給窮民金康侯因賣於徐魏氏之田價輕不知已經金管書金漢書贖回復賣于薛廷章得價銀一百五十兩錢八十千文收租管業嗣經金管書等赴縣呈告薛廷章情願讓價退田歸義因租未追還金管書等赴府呈控等情詳覆前來查律載盜賣公田一畝笞五十每五畝加一等罪止杖八十徒二年官田加二等又例載子孫盜賣義田照盜賣官田律治罪各等語今金康侯與弟金與參金濟川各賣父置義田係呈明該縣批准售賣與盜賣有間除賣義田之陸子才已經身故不議外金康侯賣田雖因家貧欠糧呈縣變賣究屬不合照不應重律杖八十金與參金濟川因兄賣田亦各賣數畝均有不合俱照不應輕律笞四十買田之徐振華鍾朝宗顧錫三楊行先薛廷章吳有倫王學易方與隆薛艮才蔣與文等雖明知不應承買但因金康侯陸子才呈縣批准售賣隨各承買多寡不一今已讓價退田歸還義戶情尚可原均請免議金康侯事犯在乾隆四十一年五月初一日欽奉恩詔以前所擬金康侯等杖笞罪名應請寬免金康侯等現在赤貧陸子才久已身故所得田價

均請免追充公金管書金漢書贖田歸義尚有不沒祖父好善之志徐振華等退還共計田壹百畝仍歸義戶飭縣選擇殷實端方之人協同金管書金漢書經理收租完糧之外將租息照舊散給窮民仍將徐振華等退田歸義情事勤石立碑以垂永久陸元一指田叄拾畝經伊子陸子才全數售賣已與陸姓無涉毋許陸元一子孫干預其事薛廷章所收三十九年並四十年租穀應如縣議給還金管書金漢書收貯賑貧夏元仁已經退田應毋庸議各契飭縣塗銷何莊二令擅將義田批准變賣甚屬不合但已久去任請免揭參無干省釋是否允協理合粘連原奉詳批核復伏候憲台核示以結，歷案奉批查陸二姓指田濟貧經前縣詳奉各憲惠飭獎勵並請勤石永遠爲義田與金公產無異該子孫擅自變賣徐振華等均各承賣本應按律重懲既據訊明各業主並非知情故買業已退田歸義情尚可原且事在恩赦以前從寬免究仰即飭縣選擇殷實之人協同金管書金漢書經理收租除完糧外餘息照舊散給窮民毋許外人干預其事並將金漢陸二姓指田濟貧以及買主情願退田歸義緣由豎石刊碑以杜謀盜取具碑摹送查餘已悉此繳原詳并發並飭將薛廷章所收三十九年並四十年租穀給還金管書金漢書收貯濟貧一面選擇殷實之人協同金管書金漢書經理收租濟貧外所有金康侯等盜賣各戶田畝已據各買主情願退田歸入義田戶內輸賦其字號土名畝分開列于后合行發刊以杜謀盜爲此仰原指金管書漢書董事戎佩蘭陳上昇遵照刊刻並憲批事宜務須實心經理毋得始勤終惰致蹈前轍俾成事得以昭垂永久因泐諸石乾隆四十二年二月日立

育嬰堂撥田碑記　清道光十七年巡道周彥記文曰

普陀山東南有山曰朱家尖西曰順母塗兩山之間共田六千畝零一分叄厘中除寺僧免糧田四千六百六十三畝外計餘田一千三百三十二畝一分經前任陳李兩提督捐築成

田皆僧業也此外有附近朱家尖竹頭浦等處築成田一千八百三十一畝順毋塗余家塘等處築成田三百九十畝六分二釐共新築田二千一百二十二畝三分此佃戶胡潔齋等與一寺僧茂松相爭之新漲沙塗地也道光二十六年余奉檄委勘親至其地逐一履勘并飭委席紹疇繪圖丈量劃清界畝因思互爭之竹頭浦余家塘田共二千一百二十二畝三分僧俗各逞私見且均係沿海新漲沙塗未經完納糧稅前縣既曾斷令以一千畝歸僧以一千畝撥入育嬰堂何妨並將竹頭浦余家塘沙田二千一百二十二畝三分一概撥入定海縣育嬰堂以資經費既免僧俗互爭又可懷保嬰赤即令育嬰堂首事按畝報升收穀乳哺毋庸官為主張與例相符申請督撫藩臬定案允准咨部余將去任該首事金士奎等請泐石以垂永久繼自今確守堂業慎擇良田俾赤子懷煦育之恩休養生息數十百年且以不墜息虞芮之爭廣福田之種所以推暨皇仁者亦在是歟

道光十七年十一月賜進士出身分巡甯紹台海防兵備道周士彥記

誠求堂朱家尖義山碑示　在朱家尖廣澤廟內清光緒十三年立

欽加同知銜署定海直隸理民府候補府正堂加三級紀錄十二次陳為出示曉諭事案據誠求堂董事舉人曾廷熾廩生朱鴻年呈請朱家尖一山半屬僧產奉飭辦理嬰堂田務見是處赤棺暴露掏掘埋葬有礙塘堤請飭普陀寺僧公尊一山作為義塚等情當經飭據普陀寺僧真源法雨寺僧滿圓隱秀庵僧寶樹等以所管之廟後小山地勢平坦泥土深厚共有五十三畝堪以助作義塚並據堂董曾廷熾朱鴻年等帶同文書親赴該山丈計畝數與該僧等呈報相符業已釘定界址聲明每年租息向係隱秀庵收花茲經前後寺方丈隱秀庵住僧寶樹等寫立助書永作義塚若照給租錢日久恐有未便當由堂內提錢一百千文歸寺生息事已允洽理合檢呈助書請核明蓋印發堂存執並求給示曉諭以便勒石而垂久遠各等

情到府據此除批示並將助書核明蓋印發堂存執外合行出示曉諭爲此示仰該處居民人等知悉爾等須知隱秀庵廟後小山已由寺僧真源爲等助入誠求堂內永作義冢自示之後所有附近土客居民無地埋葬各棺木聽其抬赴該山在于釘定界內妥爲安葬毋須仍前掏掘塘堤及越界紊亂該寺僧衆并先前各租戶以後亦不得藉詞阻撓紛爭佔種其各凜遵毋違特示

誠求堂碑　清光緒十七年邑人孫玉瑞記其文曰

誠求堂舊名育嬰堂事詳廳志前鎮憲龔公鎮海邑侯李公景韓創始于道光初年城北有故址今改爲北喉河界者是也海堂毀于兵燹片瓦寸椽殘碑斷碣尠有存者育嬰之舉廢久不治前邑侯陳公淀生乃瀚查堂產尚留朱家尖田千數百畝乃集董事等條議章程重興善舉賃租卯等廟樓權爲收嬰給養之所始改今名而於建復堂宇尚遲遲未行也前邑惠黃公海珊樹藩蒞定七載屢向董事商議僉以堂舊址狹隘且荒廢不堪營建而資斧復苦無出黃公志在必行毅然以籌捐爲己任遂馳函申江勸定人士之在申爲洋商者量力分派得二千金加捐本堂餘長存于一千四百金旋即購地丁城東龔姓地諏吉鳩工經始于辛卯秋凡三越月而事竣耆老觀者咸謂較舊日規模有過之無不及也計費工程洋三千八百數十元襄厥成功者爲邑人林君感亭正咸高君柳堂振鑣錢君珪卿方亨錢君乃安履亨沈君眉八光黼沈君一揆臣堯禧茲勸樂捐姓氏于石并書其緣起以垂不朽云光緒十七年十月

定海縣志

冊三

定海縣志冊三甲

魚鹽志第五　漁業　鹽產

海鄉物產除魚鹽外幾無其他品類可述民生所繫不厭詳盡因就漁業鹽產兩項搜訪所聞專志之

漁業

漁區　海爲天生利域無界限可言惟漁船出入捕魚其路綫所經里數猶可迹求自鎮海關起計東盡國界與日本海綫相交約一百九十六海里南至象山南田與台州海綫相交約五十八海里西至乍浦洋面約四十四海里北至馬鞍羣島約六十二海里綜計漁區方里二萬八千八百海里

漁船駐泊地與各洋面之路綫里距表

各洋面／駐泊地／時間
大木洋
黃大洋
浪岡
朐港
黃澤港
黃龍港
羊山
大戢洋
漣泗洋

爵谿	春汛	九海里							
石浦	春汛冬汛	十八海里							
東沙角	春汛				二十四海里			十八海里	三十四海里	
長塗	春汛		八海里		十二海里					
中街山	春汛夏汛		八海里	二十一海里						
朐山	春汛				八海里	二十海里		二十二海里	二十九海里	
馬蹟山	春汛秋汛				二十八海里			二十六海里	十六海里	
陳錢山	春汛秋汛夏汛			二十海里			十六海里			三百七十海里
沈家門	冬汛	四十五海里	十八海里			四十二海里	五十二海里			

案漁船出入路綫不盡屬縣境是表所載係據外海漁業總局調查報告兼涉鄰界不少要之定海占其面積多數云

漁汛　約分四汛第一汛一月至四月爲將旺未旺時期第二汛五六兩

月爲最旺時期第三汛七八兩月爲最衰時期第四汛九月至十二月爲次旺時期

魚之種類　見物產志

漁船號數出入及產銷地概表

船之名稱	漁幫及船數	出洋	回洋	魚品	產地	銷地	附識
墨魚船	鄞縣張黃村約一千二百號姜山三百六十號東湖百六十號本幫約五六百號盡山各島五百號	立夏前後	小暑後	墨魚　螟蜅　墨棗	盡山　黃龍　泗礁　青浜　黃星　小板　廟子湖　花鳥　洛華	墨魚墨棗由中路釣船進甬銷售螟蜅由閩商銷售者多進甬者少	容量一二千斤不等每船三人
張網船（又名打樁船小者曰拋釘）	鎮北幫約三百號本幫在各島者約七百七十號在平湖一帶者約五十餘號在崇明各島者約一百五十餘號	清明前本幫或秋冬張網	夏至後	大小黃魚　墨魚　鰻　虎魚　鯧魚　帶魚　雜魚　蝦　蟹　本幫秋捕海蜇冬捕雜魚	南至白沙胡盧月嶴蝦岐等處北至朐岱大小羊黃龍四礁盡山等處	鮮者隨時由冰鮮船運甬其在島中曬鯗後由中路船運甬消售	有大小二種大者容量萬餘斤每船四人小者容量六七千斤每船三人
大莆船	鄞幫約一百三十號象幫約二百餘號鎮幫約三十餘號奉幫約五六百號本幫約六百號	清明節或霜降前仍出洋	立秋其霜降前出者回洋遲早不定	同張網船	南至奉象洋面北至朐岱大小羊盡山等洋面	同上	容量二三萬斤每船五人
溜網船	台幫約七百五十號本幫約一千一百八十號鎮幫約一百五十號	清明前居多	隨時進出無一定時期	鰳魚　鮸魚　鯊魚　箬鰨　銅盆魚　蝦　蟹	南至溫州洋面東至琉球洋面北至大小羊馬鞍羣島洋面	由本船自備冰鹽或進乍浦或甬江銷售	有大小二種大者容量三四萬斤每船八人小者容量萬餘斤每船六人

高釣船	奉化大溪堰幫約百餘號	清明或白露後仍出洋	大暑白露後出者冬至回洋	鰳魚　虎魚　鰻	南至象山北至大小羊盡山等洋面	鰳魚售與閩商魚翅運甬銷售餘曬鮝運甬	形同小釣冬船
淡菜船 其船常年在海山	鄞東南鄉約千餘人進出俱乘中路釣船	夏至後	霜降後亦有長年不回者並采取紫菜	淡菜大者曰貢乾小者曰乾肉鹹者曰鹵菜	同墨魚	由中路船裝運進甬或至滬	
海鮝船	即采淡菜者	小暑後	秋分後		同上	同上	
元蟹船 其船長年在沙	鎮海新碶頭幫約六十餘號	大暑	週年回洋	蟚圓蟹 由本船備鹽自醃	崇明奉賢南匯等沙	亦有自運進甬者	
小對船 亦名紅頭對	台幫約二千餘對本幫多寡不定	夏至	秋分後	大黃魚　桂花黃魚　雜魚	馬蹟大小羊胸港等處不往南洋	由冰鮮船售運進甬或進滬不定	容量五六千斤每船四人
大對船	鄞東湖幫約三百二十餘對本幫約四百對	霜降	穀雨後	帶魚　小黃魚　墨魚　鰻	霜降時在盡山洋面冬至後在朐岱及沈家門等處	由冰鮮船轉運至甬或乍浦杭州上海長江等處銷售	容量三四萬斤

海山對	本幫與鎮海幫約六七百對	同上	同上	同上	同上	同上	
大小對以一大一小爲對	台幫約二百對	同上	同上	同上	同上	同上	
釣冬船又稱閩漁船	閩幫約五六百號	同上	同上	帶魚	盡山	由鹹鮮船轉運甬滬或杭州長江等處	有大釣小釣之別大釣容量約十萬斤小釣容量七八千斤

各幫漁業公所列表

名稱	組織漁幫	創立年分	駐在地點	漁船類別及所轄船數	附識
明州公所	定海岱山長塗秀山梁橫各幫		平湖乍浦	鹹鮮船	
四明漁商公所	寧屬各幫		平湖乍浦	冰鮮船	現暫停所有商船分屬於永豐鎮安定沈等各公所
永安公所	鄞縣湖幫	清光緒二十八年	沈家門	大對船冬二百九十餘對春四十餘對	
協和公所	鄞縣大嵩鹽場幫	清同治初年	岱山	大箭船一百二十隻	
永泰公所	鄞縣姜山幫	清光緒三十二年	青浜	墨魚船約三百六十餘隻	

永慶公所	鄞縣姜山佽飛廟幫	清光緒三十二年	蟲山	墨魚船約一千二百隻	
永寗公所	鄞縣湖幫	民國五年	鄞縣東錢湖	墨魚船約一百五十八隻	漁場在定海大西寨
永豐公所	鄞縣湖幫	民國二年	鄞縣江東	冰鮮船約六十隻	
南莆公所	鎮海定海各幫	清雍正二年	鄞縣雙街	爲各漲網公所之總機關	
北莆公所	鎮海北鄉幫	清雍正二年	鄞縣雙街	爲各漲網公所之總機關	
鎮安公所	鎮海江南江北幫	民國二年	鎮海大衜頭	冰鮮船三十隻	今改鎮海漁會
永靖公所	鎮海新碶頭幫	清嘉慶二年	鎮海大衜頭	冰鮮船六十餘隻	
共安公所	鎮海新碶頭幫	民國八年	鎮海新碶頭	元蠏船四十餘隻	
維豐南公所	鎮海沙河頭幫	清光緒十八年	鎮海沙河頭	溜網船八十餘隻	
維豐北公所	鎮海蠏浦幫	清光緒十八年	鎮海蠏浦	溜網船約七十餘隻	
老漁商公所	鎮海北鄉幫	清嘉慶初年	岱山	廠家	
慶安公所	定海螺門幫	清同治二年	岱山　螺門	大莆船約一百九十餘隻	民國十年改螺門漁會分會四月漁汛駐岱山常駐螺門
靖安公所	定海釣門幫	清光緒三十一年	岱山　釣門	大莆船約四十餘隻	
南定公所	定海高亭幫	清光緒二十八年	高亭	溜網船約六十餘隻	
人和公所	定海各島	清光緒三年	沈家門	大對船冬四百餘對春二百餘對	
定沈漁商公所	定海沈家門幫	民國二年	平湖乍浦	冰鮮船	
定岱漁商公所	定海岱山幫	清光緒二十八年	岱山	廠家	

新漁商公所	定海岱山幫	清光緒十三年	岱山	廠家
南平公所	定海螞蟻幫	清光緒二十六年	舟山	張網船約一百五十隻
長慶公所	定海長塗幫	民國十一年	長塗	溜網船約七十餘隻
定朐漁商公所	定海朐山幫		朐山	廠家
永豐公所	定海梁橫幫	清宣統元年	梁橫	溜網船約四十餘隻
興安公所	定海瀝港幫	清光緒二十四年	瀝港	溜網船約七十餘隻
瀝港漁業公所	定海大平山幫	清宣統二年	鄞縣	溜網船約九十餘隻
品亨公所	定海各島	清光緒二十六年	舟山	張網船約一百二十餘隻
指南公所	定海南峯山幫	民國十三年	南峯山	張網船約五十餘隻
長濟公所	定海長塗幫	民國七年	長塗	溜網船約六十餘隻
元和公所	定海長塗東劍西劍幫	民國七年	長塗西劍	溜網船約一百七十餘隻
仁和公所	定海六橫佛肚幫	清光緒二十四年	朐山	大莆船約一百四十隻
保和公所	定海湖泥幫	清光緒二十五年	朐山	大莆船約一百十隻
鎮定公所	定海高亭幫	清光緒二十一年	高亭	溜網張網船約二百餘隻
保定公所	定海高亭幫	民國十三年	高亭	溜網船約四十餘隻
信遠公所	定海釣山幫	清光緒二十二年	釣山	溜網船約七十隻
靖海公所	定海廟子湖幫	清光緒三十二年	廟子湖	墨魚船約一百餘隻

維豐公所	定海岱山幫	民國八年	岱山	大䈬船約五十隻	
魚信公所	定海岱山幫	民國十四年	岱山	大䈬船約四十餘隻	
永順公所	定海沈家門幫	民國十年	沈家門	大對船之陸上理事機關	
普益公所	定海秀山幫	民國七年	秀山	溜網船約四十餘隻	
閩定公所	定海沈家門幫	民國五年	沈家門	漁商約七十隻	
魚販公所	定海沈家門幫		沈家門	漁棧四十七棧	
魚豐公所	定海岱山幫	民國十三年	岱山	鹹鮮	
長塗漁商公所	定海長塗幫	民國十二年	吳淞	冰鮮船約五十餘隻	
恆安公所	定海沈家門幫	民國九年	沈家門	大䈬船約六十隻	
公廉公所	定海岱山幫	民國十三年	岱山	廠家	
同和公所	定海朐山岱山幫	民國十四年	朐山	溜網船約八十隻	
元一公所	定海魚山幫	清宣統元年	魚山	小溜船九十八隻	
棲鳳公所	奉化棲鳳幫	清乾隆十年	朐山	大䈬船約二百餘隻	前駐岱山近因漁船移泊朐山公所亦隨往
義和公所	奉化洞礁幫	清嘉慶初年	岱山	大䈬船約一百八十餘隻	
義安公所	奉化洞礁幫	清嘉慶十八年	岱山	大䈬船約九十隻	
䈬釣公所	奉化大碶堰幫	清光緒十九年	盡山	高釣船約四十餘隻冰鮮船十隻	
奉化漁商公所	奉化幫	民國四年	朐山	廠家	

太和公所	象山東門幫	清乾隆初年	岱山	大箭船約八十餘隻	
爵溪公所	象山爵溪幫	清光緒二年	鄞縣	漁商	
安瀾公所	象山幫	清光緒二十二年	朐山	大箭船一百二十隻	
普安公所	象山幫	民國十年	象山石浦	漁商漁船	
南安公所	南田幫	清咸豐初年	象山石浦	張網船約四十餘隻	
三門灣漁業公所	寧海臨海象南各幫	民國　年	象山三門灣		今改漁會總會
寧海漁業公所	寧海幫	清宣統二年	象山石浦		今改漁會總會
禮安公所	寧海東鄉幫	同治十二年	岱山	花頭對船約二百五十餘對	
新寧公所	寧海合山幫	民國四年	魚山	溜網船約二百四十餘隻	
温嶺漁業公所	温嶺松門等幫	民國六年	岱山	白底對船約三百五十餘對	今改温嶺漁會分會
箬裏漁業公所	温嶺石塘幫	民國四年	温嶺石塘		今改石塘漁會分會
臨海漁業公所	臨海北岸幫	咸豐初年	岱山	紅頭對船約一千一百餘對	今改臨海漁會分會
海葭漁業公所	臨海幫	民國十二年	臨海海門		今改臨海漁會總會
黃巖漁業公所	黃巖幫	民國二年	象山石浦		
甌東漁業公所	永嘉幫	民國元年	舟山衜頭		
樂清漁業公所	樂清幫		象山爵溪		
瑞安漁業公所	瑞安幫		瑞安		

平陽漁業公所	平陽幫		平陽		
坎門漁業公所	玉環坎門幫	民國十四年	坎門　沈家門		上半年公所設於坎門下半年因漁船變換漁場公所亦移設
玉環南公所	玉環江南幫		象山爵溪		
玉環北公所	玉環江北幫		象山爵溪		
越州公所	紹屬各幫	清宣統三年	吳淞	滷彃船	
振遠公所	江蘇松江金山奉賢川沙各幫	民國八年	松江金山嘴	張網船約五十餘隻	
昇平公所	江蘇崇明南匯各幫	清光緒二十三年	崇明枸杞南匯	張網船	
八閩漁業公所	閩屬各幫	清同治初年	沈家門	釣冬船四百八十餘隻	
閩浙公所	閩浙各幫	民國二年	沈家門		
崇武漁業公所	福建惠安崇武	民國二年	象山石浦		
恆孚公所	臨海東鄉幫	民國十四年	魚山	溜網船約五百隻	
鴻安公所	崇明黄龍四礁各幫	民國十四年	上海	冰鮮船六十隻	
桶業公所	定海沈家門幫	民國十二年	沈家門	冰鮮之裝木桶者	
北平公所	平湖白沙灣灘墟各幫	清光緒二十二年	灘墟	張網船約四十餘隻	
南匯漁業公所	南匯白龍港幫	清光緒二十八年	朐山	冰鮮船約四十餘隻	
久安公所	大小羊山幫	民國二年	羊山	張網船約一百六十餘隻	
同豐公所	定海岱山幫	民國七年	岱山	魚行	

右表所列各公所有漁幫不屬定海而地點則在定海者有漁幫雖屬定海而地點則在他縣者亦有定海與外縣各幫合組者參伍綜錯故彙列之其間有漁幫地點概非定海而亦列入者因漁船所至原無界畔漁民往往發生關係故擇要列入以備參稽

漁之歲息　案每年漁船放洋大船約四千號中船約五千號小船約三千餘號共計大中小漁船一萬二千餘號除客漁外本幫漁船約四千餘號每號船豐收時可獲魚數萬斤至數十萬斤不等歉收時則數百斤至數千斤不等平均以八千斤計之約可得魚三千餘萬斤查各船所得魚以黃魚爲最多鰳魚墨魚鯗魚帶魚次之鮸魚虎魚鰻鰨鯧魚青鱣馬鮫等又次之通常價每斤自二分至二角不等以平均七分計之歲收亦在二百萬元以上

國外海產輸入概況

東洋蚶產日本神戶輸入中國已二十餘年其蚶大而且腥清光緒間每擔價祇七角五分漸增至一元三角一係在神戶交易近年則移在上海交易每擔價約三元許每年入口約一萬二三千擔共額在四萬元以上又花旗青鱣俗稱東洋魚其實北美產每年輸入約十萬箱每箱三百斤價十五元共額一百五十萬元又海鱧由日本輸入每年約一千箱每箱價十八元共額一萬八千元案以上三種皆足奪浙海之漁利而青鱣之輸入尤多查青鱣在定海歸雜魚一類無專捕之者所產

亦不旺此緣青鱣多在深水中非舊法捕撈所能多獲不得謂浙海少是產也又案定海無蚶田市上所售本蚶皆奉化產

漁具及捕法　案尋常捕魚用物如乂如斷適用于內港漁船者多外海只近岸灘塗間有設斷於淺水處闌魚入內俟潮退而捕之者乂則絕無用處其常用之具惟鉤網兩種而已鉤之用分勒釣掣釣二種勒釣每船用長繩一爲總綱短繩較細者千餘支繫於總綱上每支距離三尺許其端施鉤又于支節間施浮子俾隨潮漲落一魚著鉤牽動他鉤亦隨而附集令不得脫逃此捕大魚之法也掣釣每船備釣線五十闌每闌配鉤八十枚放釣時先用大椗抛入海底將船扣定然後將鉤餌依次施放每間三闌用小椗扣住總綫又用八斤重之沈石繫于椗尾使之壓沈海底五十闌總綫連接爲一各總綫有無數施鉤之短綫以誘魚吞噬此又一法也網之用有四一曰溜網繫網船首隨潮而溜分輕重二法輕者捕黃魚鰳魚重者捕鯊魚鮸魚及蝌一曰張網種根海底迎潮張網分固定流動二法固定者爲杙樁船流動者爲跳捕船抛杙船大箭船串網船又有依

山拖網以捕墨魚傍岸推網以捕小雜魚此外如扳罾掤罾亦皆網類而因捕法不同以殊其用凡此皆船之單獨取魚者也其合併取魚者曰大小對法用二船各帶網之下網所施長索之一端網如仰笠網口周圍極大約十分之七爲上網繫浮子浮于水面十分之三爲下網繫沈石沈于水中兩船分向前行約數里同時收索起下網至兩船相遇然後再收上網而魚乃收入網中矣

關於發展漁業之計畫　一省立浙江水產模範工廠二農商部漁業技術傳習所三浙江外海漁業總局以上三機關設立之本意專爲發展漁業改良漁撈保護漁民起見然事經官辦往往有其名而無其實或因經費未充不易措手主從數十人但朋食閑俸絕少成績可言或因職權太廣主辦未專苟不得人反致侵擾此皆無可諱飾之事實也

省立浙江水產模範工廠之略史　民國四年浙江巡按使提交省議會議決至五年八月省委曹文淵爲廠長六年一月開辦擇定海縣西門外舊大校場營地建設計地址五十三畝零四釐以河爲界其已造成者計辦公室十二間工場十六間

鍋鑪房二間棧房三間烘房三間鹽魚室二十四間工人宿舍十八間庵溜二處門房一間又六丈高磚結烟囱一支二丈高儲水塔一座四面繚以圍牆外有大曬場一方照牆一堵加以購置機械器具等類共計費銀圓二萬六千元均由省庫撥給此爲臨時費又有臨時資本金年定三萬元至常年辦事之需月約一千元惟以上各費每年多寡不等先期由省長提交議會議決照數支撥內部組織廠長兼技術員一人專任技術員二人助理技術員三人庶務一人會計一人文牘書記一人營業員五人監工一人機匠一人工頭一人工役五人工人多寡不等廠中分六大部一事務部二罐儲部三原動力部四鹽乾醃藏部五骨壳部六化製部辦法先辦食用罐工用兩種出品亦分六項一鹽乾品二醃藏品三乾製品四罐儲品五介壳品六化製品現時營業情形以製造鹽乾魚鯗爲大宗罐頭食物螺扣等次之化製物品則無一定隨時試驗又於岱山東沙角設立分廠製造鹽乾魚鯗等類本廠除春季添製魚鯗外長年以做螺扣及罐頭食物爲主此外如沈家門石浦等處則視水性洋花之盛旺臨時設立鮮乾魚鯗製造派出所各一所冬季則租海船一二艘往來於江浙洋面收買魚鮮每年僱用工人以春季爲最多約可百餘人冬季次之秋夏則僅長工四五十人其銷貨地點如罐頭食物螺扣等以滬杭甬爲主鹽乾魚鯗以滬杭寧紹溫爲多螟蜅則由本地銷售亦有運往香港等處者

農南部漁業技術傳習所之略史

民國七年一月間由北京農商部派員到定海暫借學宮內縣議會地方爲所址所內設所長一人技術員二人事務員三人以傳授捕魚技術改良漁具漁法爲宗旨傳習方法分所內漁場漁港三種所內傳習於每年一月至三月由所招集漁民授以漁具製造及各種機械試用方法漁場傳習於每年四月至七月及十一二兩月由所分派技術員乘實習船攜帶漁具駛赴漁場實地練習漁港傳習於每年九十兩月

由所分派技術員前往漁船聚集之港灣內實行講演傳習之漁民暫以二十人爲限學膳宿費一概不收

浙江外海漁業總局之略史
漁業總局設在舟山衙頭民國九年十二月成立以整理外海漁業行政發展漁業爲宗旨由實業廳呈請省長委任前省議會議員費錫齡爲總局局長又設分局於臨海永嘉二縣其分局長由總局長薦任總局設文牘一人會計兼庶務一人調查四人又組織評議會延聘評議員十二人每年開常會一次遇有緊要事件得隨時召集臨時會其職權分爲六項一關於漁業調查事項二關於漁業公所公會等之整理事項三關於保護漁業事項四關於振興漁業事項五關於徵收漁業船舶牌照費事項六關於漁業範圍以內之其他事項其經費均由省稅支出之

鹽產

產地　定海產鹽區域共二十九島以岱山爲最廣且爲鹽事長署所在地故各島所產鹽均稱岱鹽此二十九島之產地如舟山岱山大胸山大羊山長塗秀山長白冊子金塘大榭六横桃花計十二處爲大島餘如盤嶼摘箬東西蟹峙大小渠拗山長嶼擔嶼小干盧家嶼蒲門官山穿鼻外神馬外嶼佛肚計十七處爲小島茲據全國場產調查報告書摘錄各島產地四至距離面積各項立表如左

地名及產地		四至 東	四至 南	四至 西	四至 北	距離 東西	距離 南北	鹽地面積
岱山島	宮門　橋頭鎮	宮門山下石壁	石橋	大嶺　小嶺	海	九〇〇公尺	一、五〇〇公尺	六二五、〇〇〇方公尺
	泥峙	泥峙嶴	塘	宮門山石壁下	海	一、八〇〇	一、四〇〇	一、四二五、〇〇〇
	北峯山南	海	老虎頭山	塘	滸兜嶴	二、八五〇	三、六五〇	三、五〇〇、〇〇〇
	大小高亭嶴　冷嶴　石馬	海	海	南浦	塘	五、五〇〇	一、五〇〇	二、二五〇、〇〇〇
	茶前山　南浦	塘	海	搖星浦	石橋	三、二五〇	五、〇〇〇	七、〇〇〇、〇〇〇
	念母嶴　尖刀頭　搖星浦	南浦	海	海	塘	四、二五〇	二、六五〇	四、〇〇〇、〇〇〇
	大鹽場	塘	仙牛跡嶺	海	青黑山	三、〇〇〇	二、二五〇	二、七五〇、〇〇〇
長塗島		倭井	長塗港	塘	塘	二、三〇〇	一五〇	三一〇、二七二
蒲門島		山	海	山	山	六三〇	一四〇	八三、五五八
官山島		山	海	山	山	四五〇	一四〇	五九、五九七

秀山島							
箬帽山	山	塗	海	塗	一〇〇	一五〇	二二、〇五〇
烏岩頭	山	塗	海	山	一〇〇	四五〇	五一、六六〇
舟							
東港浦　青壘台	土城	海	東港浦	土城	四〇	一、一五〇	一四一、四三五
甬東浦	浦	海	山	塘	八六〇	八〇	九八、二八〇
小嚴	浦	海	浦	塘	七五〇	八〇	六六、四六五
惠民橋	塗	海	浦	塘	六五〇	一〇〇	五七、六四五
廠頭浦	廠山塘	海	塗	深水塘	八〇〇	一四〇	五四、八一〇
鬣尾巴後山　毛墩	田螺峙	海	廠山塘	塘	一、〇〇〇	二二〇	一七七、七八六
田螺峙	半塘	海	後山	塘	四五〇	二四〇	一六六、一三一
半塘　曹山浦	曹山浦	海	田螺峙	萬丈塘	一、二〇〇	二四〇	二四六、〇七八
雙洋　平洋浦	平洋浦	海	曹山浦	萬丈塘	一、〇〇〇	九〇	二八八、四一四
中弄　蘆花浦	蘆花浦	海	平洋浦	外塘	一、六〇〇	一〇〇	二六五、六〇八

山							
盧嶼碶 中沙潭 大干	茶灣	海	蘆花浦	塘	一、一〇〇	一〇〇	三三、五六八
沈家門 墩頭	蒲灣	海	茶灣	塘	一〇〇	一〇〇	七、五六〇
茅洋	螺門	陸家塘	茅洋碶	海	八五〇	二五〇	五六、三八五
北馬秦 大小支	松子嶺	塘	白泉莊	海	一、七〇〇	三〇〇	二六四、六〇〇
三江浦	海	山	塗	海	八〇	五〇〇	二五二〇
蔣海磯	山	塘	山	海	五〇〇	四〇〇	四六、九三五
小丹塗	山	塘	山	海	三〇〇	二〇〇	一二、六〇〇
青嶴浦	塗	塘	塗	海	二〇〇	八〇	四、〇九五
商會廠	山	塘	山	海	六〇〇	一二〇	三九、〇六〇
煙墩下	山	塘	山	海	一〇〇	八〇	一、二六〇
狗頭頸	山	山	浦	海	一〇〇	一〇〇	二、五二〇
古茨							二、五二〇

島	平岩潭	山	海	山	塘	二〇〇	八〇	五、〇四〇
	中港 獺山 竹山門	山	海	山	塘	八五〇	八〇	二五、八三〇
西蟹嶼島	猫頭 中嶴 小嶴 大嶴	海	海	山	海	二〇〇	二、五〇〇	一〇一、六八二
盤峙島	東山頭 大龍岡 小南嶴 長坑 小盤峙 石塘嶴	山	海	山	海	六〇〇	二、八〇〇	一二五、六八五
摘箬島		包菼山大王脚爿二島						一八、九〇〇
大渠島								二八、三五〇
小渠島								三六、八五五
東蟹峙島	東蟹峙 鳳皇山	山	山	海	海	六〇〇	一、〇〇〇	二二四、二八〇
拗山島		海	海	海	海	六〇〇	二、〇〇〇	七八、七五〇
長峙島	長峙 王家墩 馬鞍山 老墩 外長峙	山	海	山	海	三、五〇〇	一、八〇〇	一、〇七四、四六五
擔嶼島		海	海	山	海	一、五〇〇	四〇〇	七九、五〇〇
小干島	小山 大山 東嶴	海	海	海	海	五、二〇〇	一、四〇〇	二三、〇一三

盧家嶼島		海	海	海	海	四、五〇〇	八〇〇	一七八、五四二
大羊山島								五九、八五〇
大朐山島	沙塘	茶園　石柱灣	海	北筲箕	沙塘	三、〇〇〇	九〇〇	一、二四七、〇二三
	塘嶴	錢杭山	錢杭山	海	中柱山	一、二〇〇	九〇〇	四八九、一九五
	東嶴	沙嶺咬	鷄冠礁	鷄冠礁	海	一、二〇〇	三〇〇	一四五、五九三
長白島	大灣　小龍山							一六、三八〇
冊子島	雙巒	塘	山	海	山	三〇〇	一、五〇〇	二二五、五四〇
金塘島	南山	山	海	山	塘	二、五〇〇	五〇〇	二五七、〇四〇
	西堠	海	山	塘	海	六〇〇	一、〇〇〇	五三、五五〇
大榭島	北嶴	華封嶴	大榭塘	鹹河嶴	海	二、〇〇〇	六〇〇	七〇、一一九
	鑱頭	海	山	山	山	四〇〇	一、二〇〇	五三、五五〇
穿鼻島		山	海	海	海	四〇〇	八〇〇	二二、〇五〇

外神馬島	海	山	海	海	七〇〇	四〇〇	一七、九五五
外峙島	海	海	海	海	四、〇〇〇	五〇〇	九八、二八〇
六橫島 翁家嶴	海	山	山	海	四、五〇〇	一、〇〇〇	四一四、五四〇
佛肚島							一七八、二九〇
桃花島							七、八七五

各產地海水鹽滷之濃度　案海水爲製滷之原料而滷又爲製鹽之原料出產品之良否成本之高低無不與海水及滷之濃度相關茲據全國場產調查報告書彙錄其各項比重表如左

地名	海水產地	海水種類	海水溫度	海水比重最高	海水比重最低	鹽滷產地	鹽滷種類	鹽滷溫度	鹽滷比重最高	鹽滷比重最低	備注
岱	橋頭鎮	浦水	三•五度	二•〇	二•〇	橋頭鎮	桶滷	二•五	一六•五	一五•〇	民國三年二月十日測得

山

宮門	海水	四•〇	最高二•〇 最低二•〇
新道頭	同	一一•〇	最高二•〇 最低二•〇
北峯山	同	一五•〇	最高二•〇 最低二•〇
高亭	同	一五•〇	最高二•〇 最低二•〇
南浦	同	一〇•〇	最高二•〇 最低二•〇
南浦	浦水	一五•〇	最高二•五 最低一•五
南浦	溝水	一五•〇	最高三•〇 最低二•五
大鹽場	同	四〇	最高二•五 最低二•〇

宮門	同	二•〇	最高一八•五 最低一七•五	同
新道頭	同	八•〇	最高一九•〇 最低一八•五	民國二年二月二十一日測得
新道頭	同	三•〇	最高一六•〇 最低一五•〇	同
泥峙	同	四•〇	最高一七•五 最低一六•五	同
北峯山	同	一〇•〇	最高一七•〇 最低一六•五	民國三年二月二十六日測得
高亭	同	九•〇	最高一六•五 最低一五•五	同
南浦	同	九•〇	最高一七•〇 最低一六•五	民國三年二月十二日測得
大鹽場	漏滷	六•五	最高一七•〇 最低一六•〇	民國三年二月十日測得
大鹽場	桶滷	二•〇	最高二〇•〇	同

島										最低一九•○	
舟山	東港浦	海水	三○•○	最高二•五	最低二•五	東港浦	桶滷	三二•○	最高二五•○	最低二○•五	民國三年七月九日測得
	又	浦水	三二•○	最高三•○	最低三•○	惠民橋	缸滷	三二•○	最高二○•○	最低一七•○	同
	惠民橋	海水	三○•○	最高二•五	最低二•○	田螺峙	又	三二•○	最高二一•○	最低一九•○	同
	又	浦水	三二•○	最高一•五	最低一•五	平洋浦	又	三○•○	最高二三•○	最低一六•○	同
	田螺峙	海水	三○•○	最高三•○	最低二•五	蘆花浦	桶滷	三一•○	最高二一•○	最低二○•○	民國三年七月十日測得
	又	浦水	三二•○	最高二•○	最低二•○						
	平洋浦	海水	二八•○	最高三•○	最低三•○						
	又	浦水	三○•○	最高四•○	最低三•○						

島	蘆花浦	海水	二九・〇	最高 三・〇	最低 三・〇						
	又	浦水	三〇・〇	最高 三・〇	最低 三・〇						
大朐山島	沙塘	海水	三二・〇	最高 二・三	最低 二・三	沙塘	桶滷	三二・〇	最高 二二・〇	最低 一七・〇	民國三年七月四日測得
金塘島	南山	海水	二二・〇	最高 二・五	最低 二・〇	南山	缸滷	二二・〇	最高 二一・〇	最低 一九・五	民國三年五月十八日測得
大榭島	北𡽪	海水	二四・〇	最高 二・〇	最低 一・八	北𡽪	缸滷	二五・〇	最高 一八・〇	最低 一七・〇	民國三年五月十九日測得

鹽戶及鹽板　鹽戶有專業兼業之別鹽板有官板私板之分茲就其大略立表如左

地名	鹽戶 專業	鹽戶 兼業	鹽戶 合計	鹽板 官板	鹽板 私板	鹽板 合計	備注
岱山全島	四、二二一人	五五二、六人	九七四、二人	一八四、三〇四塊	二〇二塊	一八四、五〇六塊	據鹽務署報告岱山全島中惟大高亭有私板二百零二塊然經實地調查私板額實占官板額五分之四官署報
長塗島	一三六	四〇〇	五三六	五、〇四七		五、〇四七	

蒲門島	二九	五九	八八	九四	一、二六四	一、三五八	告未可爲憑也
官山島	二三	四三	六六		九六五	九六五	
秀山全島	一七	一九	三六		一、一七〇	一、一七〇	
舟山全島	三五三	九九八	一三五一		三七、四一五	三七、四一五	
舟山南面附近之小島共十處	二〇〇	九一〇	一、一一〇		三三、二九四	三三、二九四	
大胸山全島	六二九	五〇〇	一、一二九		二九、八七〇	二九、八七〇	
大羊山島		四七	四七		九五〇	九五〇	
長白島	一	一一	一二		二六〇	二六〇	
冊子島	三三	六五	九八		三、五八〇	三、五八〇	
金塘全島	三〇	一四五	一七五		四、九三〇	四、九三〇	
大榭全島		七八	七八		一、九六三	一、九六三	
穿鼻島		一八	一八		三五〇	三五〇	
外神馬島		一七	一七		二八五	二八五	
外峙島	七	五一	五八		一、五六〇	一、五六〇	
六横島	五六	二三九	二九五		六、五八〇	六、五八〇	
佛肚島	二六	七八	一〇四		二、八三〇	二、八三〇	
桃花島		四	四		一二五	一二五	

產額　各島標準產額頗有參差查岱山豐收約每板三百五六十觔歉收約每板二百觔以上不等大朐山舟山及舟山南面附近各小島豐收約每板三百二三十斤歉收約每板一百五十斤以上不等其餘各島多係兼業卽豐收亦在三百觔以下今合各產地豐歉而平均之每年每板約產鹽三百斤以此爲標準產額核以各島產地之鹽板得各島總產額如左

地名	鹽板	產額
岱山全島	一八四、五〇六	五五、三五一、八〇〇斤
長塗島	五、〇四七	一、五一四、一〇〇
蒲門島	一、三五八	四〇七、四〇〇
官山島	九六五	二八九、五〇〇
秀山全島	一、一七〇	三五一、〇〇〇
大朐山全島	二九、八七〇	八、九六一、〇〇〇
大羊山島	九五〇	二八五、〇〇〇

地名	鹽板	產額
長白島	二六〇	七八、〇〇〇斤
冊子島	三、五八〇	一、〇七四、〇〇〇
舟山全島	三七、四一五	一一、二二四、五〇〇
舟山南面附近諸小島	三三、二九四	九、九八八、二〇〇
金塘全島	四、九三〇	一、四七九、〇〇〇
大榭全島	一、九六三	五八八、九〇〇
穿鼻島	三五〇	一〇五、〇〇〇

外神馬島	二八五	八五、五〇〇
外峙島	一、五六〇	四六五、〇〇〇
六橫島	六、五八〇	一、九七四、〇〇〇
佛肚島	二、八三〇	八四九、〇〇〇
桃花島	一二五	三七、五〇〇
合計	三一七、〇三八	九五、一〇八、四〇〇

鹽之成本　鹽之成本岱山較其餘各島爲大詳後表

地名	鹽田租費	器具耗息費	器具修繕費	人工	牛工	每百板經費	每百板歲額	每百斤成本
岱山	三〇元	三〇元	二元	九五元	一〇元	一六七・〇元	三〇〇〇〇斤	〇・五五七元
其他	二〇	二五	一・五	九五	一〇	一五一・五	三〇〇〇〇	〇・五〇五

場價　舟山列島各處之鹽價不同大都與產額多寡需用緩急收成豐歉相爲比例茲就調查所得立表如左

地段	夏秋旺產時民價	漁汛時民價	年中平均價	備注
岱山長塗	〇・六〇元……〇・七〇元	〇・七〇元……〇・七五元	〇・七〇元	表中所列價均以每百觔計
舟山舟山南諸小島大朐山	〇・五五……〇・六〇	〇・九〇……一・〇〇	〇・六〇	舟山售鹽私秤猶用十八兩八錢之黨山秤故價較大

其他	〇•七〇……一•二〇	〇•七〇……一•二〇	〇•八〇

製鹽之程序及其方法　就鹽之製作程序方法及避忌次第述之如左表

製作之順序	方法 岱山	方法 舟山山及其他	避忌	備注
引潮或潑水	岱山地勢高鹽田不沒於海潮故須導入溝內再用水車戽灌田面經日炙四五天可發鹽花謂之引潮	以出溜淡泥平鋪土墩面汲海水徧灑泥上略乾再灑如是者七八次俟水分被日光蒸發其鹽分卽留泥面而起鹽花是曰潑水	驟遇大雨則泥被淋淡不能起花又須重灌矣	
爬泥或刮泥	田面之泥既起鹽花卽用鐵製之耙爬之耙制以木條作四方架下聯鐵釘甚密人立架上駕牛拖行使鹽泥勻細是曰爬泥	舟山各島中有因地高土乾起泥較易之處則用刮泥法刮泥之器亦用耙耙制相同惟架下聯刀而不聯釘	忌大雨	
劖泥	遇天陰泥溼時須行劖泥法用劖刀上綴二竹竿刀背加以重物一人挾竿而行使泥碎為細粉	上法外亦有用曬耙抄之者耙制以竹為之下編竹如爪方法不同用意則一也	凡泥細質實者不能用竹耙抄之	餘姚場用抄泥略如舟山各島因含沙質多故抄之卽鬆不必用刀也
推泥運泥	泥經爬刮後須用翻板或晾耙推集之謂之推泥既推則挑運于溜中或土墩上謂之運泥	同		

堆	泥		舟山各島因曬泥在三伏故須堆積土墩上以備一年之需	泥堆外須蓋草苫恐雨水侵入鹽泥變淡也	
造	溜	積土為圓墩中挖圓孔周圍墳起擊使堅實底開一孔埋竹管通于溜旁下承以缸溜底鋪以稻稾	同		定海溜碗口徑與底徑相等成圓筒形餘姚場則口大而底小又岱山溜碗較大于餘姚而舟山各島則較小也
淋	溜	造溜既畢乃以鹽泥實其中擊之使堅並以海水灌之俾泥中之鹽分盡溶解于水水由泥沁至漏底過稾濾清通入竹管滴于滷缸即鹽滷也	同		餘姚鹽泥含沙多故滴速一晝夜即有滷舟山列島泥細膩少沙故滴遲有經三四日或五六日而始滴者
運	滷	岱山採滷地與曬場不連屬有遠至六七里者故須運滷若他島出滷缸即灌曬板可省此手續			
攤板 瀝滷	推鹽	灌滷于板俾水氣蒸發鹽分漸次結晶謂之攤板晨攤板至午即已成鹽用耙推之兜入箕中侵于鹽籮謂之推鹽初成之鹽含有苦滷用鹽籮度架缸上瀝乾之始可出賣謂之瀝滷	同	非天氣清明不可攤板	
掘溜	攤泥	溜中泥瀝滷後宜掘出另以鹽泥換入掘出之淡泥即挑開勻鋪田面再行引潮之法	掘出之泥仍推溜旁俟明年伏時再行攤開潑水		

副產物　案他場產煎鹽有一種副產物曰鹺冰舟山列島所產之鹽皆係板曬本無是種副產查鹺冰亦稱滷晶乃苦滷之結晶體而舟山曬鹽時瀝出之苦滷實屬不少鹽戶惟知以苦滷攙入鹽滷中曬鹽致鹽質滷耗極重而色味亦隨之俱減殊爲可惜宜講究提製炭酸鎂之法使鹽質可以改良况炭酸鎂需應化學工業上用甚廣茍提製得法舟山列島之鹽民每年當可得價值五六萬元以上之新產物豈不兩收其益是雖未來之希望然以其有關于鹽民生計及改良出品故特附著于此

鹺政　舟山列島自立縣以來至宋端拱二年始立鹽場曰昌國場曰東江場曰蘆花場皆在舟山本島曰岱山場曰南高亭場皆在岱山島共徵鹽四萬一千三百十二袋餘袋合三百觔元大德中改爲三司曰正鹽司曰蘆花司曰岱山司共歲辦鹽一萬八千二百六十一引弱引合四百觔延祐中又改爲正鹽場岱山場蘆花場昌國州共歲額鹽二萬二千三百零四引餘至正時增爲二萬六千零七十一引餘明正統二年裁革鹽場

歸併鹽課于大嵩場而舟山鹽場遂廢至清康熙二十年始議開煎食鹽計課授引知縣周聖化力陳利弊援崇明縣計丁包課例額征銀共四十二兩五錢六分五厘統歸一條鞭項下解徵民間食鹽止准食鍋煎熬自煎自食所謂瀝滷調羹也永不許設廠砌盤煎燒私販直至雍正九年乃發帑收買岱山秀山之鹽十三年復于岱山額設公盛豐濟四廒旋又添設板北剪水四廒專收岱鹽運至乍浦分銷撥靖江江陰引地六千四百六十二引長洲元和吳縣引地五千引共計一萬一千四百六十二引引四百觔每百觔官給帑銀五錢二分乾隆三十六年更設文武廒發帑收賣民食餘鹽沿海內港十五嶴額設風調雨順四廒由定海知縣管轄收運名曰文廒懸山內洋二十二隩額設河清海晏四廒由定海中營游擊統轄收運名曰武廒配銷松江提標額定四千三百引每收鹽百觔加耗二十觔定價制錢三百文于是舟山各島盡隸官廒之下矣惟是時製鹽之法盡用灶煎至嘉慶年間始行板曬之法而所產乃漸多咸豐初庫款

支絀文武各廒奉文停收三年立票運法在岱山者爲給票局在吳淞者爲驗票局每觔先繳官價十一文然後給票旋即罷廢四年改爲官運於吳淞立報運局酌添蘇淞常鎮泰四府一州引地鹽至引棧俟賣出後始行給價同治十一年又改商運由甲商許慶曾廒商陳寶康查實曬板十九萬有奇按板盡數秤收每觔價錢四文月定四千引綑運江蘇張家庫與鹽場分成搭銷不二年商本短絀廠乃閉歇光緒初年五屬廒商稟請收買岱鹽設立商廒由鹽運使委員到岱請查板數加蓋烙印共得曬板十九萬有奇額定每板每年由廒商收鹽一百五十觔（至民國十六年改爲一百六十二斤）其餘歸民間食用及漁船收買宣統元年浙鹽廒商復設廒于岱山由五屬廒分給四萬四千板每年收數約在千萬觔上下運赴上海租界銷售民國四年浙鹽廒因虧欠停業前所分給鹽板仍歸五屬廒收賣八年設漁蜇鹽廒其辦法係承襲前清漁引公所之獘並非實收實賣不過如牙行然但按鹽觔索取稅耗而已至其辦理鹽務機關在岱山有岱山場民

國元年設立在舟山有定海場八年設立惟徵解鹽課仍歸縣知事辦理云

歷年鹽觔㕓價

年月	每斤價	附注
光緒七年	四•一〇文	燥鹽不加耗
十一年	三•八〇	
二十六年	四•三〇	
二十九年正月	四•〇〇	
同年五月	四•一〇	
三十一年一月	五•一〇	因八月海溢爲災
同年十一月	四•一〇	
三十二年六月	四•六〇	因上年歉收
三十三年正月	五•六〇	同
同年八月	四•六〇	
同年十一月	五•六〇	產艱故加價
三十四年二月	七•〇〇	
民國六年六月	六•五〇	以前每銀圓作錢一千文今始加爲一千九十文又秤易黨山碼爲司碼每斤可出二兩
同年十一月	七•〇〇	
七年五月	六•五〇	
同年十一月	七•〇〇	
八年	六•七五	

食貨志第六

食貨者蓋包舉資生之具而言如飲食衣服居室皆是也飲食衣服居室三者爲人生生活之原而農與工各資其半他邑以土地人力之適于農工自贍養外足以其所餘贏轉輸之他境故商業特盛至如舟山列島其土地則沿海平壤類多斥鹵腹境處叢山中又磽瘠少水俱不適種植以故禾稼所出歲不足以自贍而其人力則一邑之內凡稍習風沙知航行術及略諳各業手技之徒往往受雇于外其留而未出者率皆麤鹵椎朴僅知爭魚鹽之利商固不競農工亦衰窳不比于他邑故他邑之志地方必有實業可紀而定海除魚鹽外具不足采兹唯錄其關于資生事項之有統計者成食貨志至農工商概況多無甚特殊處故不載

全縣丁壯分業比較表是表略據近年內務統計表

全縣男丁人數	占全丁百分之幾					
	專業鹽者	專業漁者	業農者	業工者	業商者	其他執業及在外埠者
除老弱外約十三萬人	七%	一八%	二六%	九%	合行販一五%	二五%

客民旅食人口表

客民類別		人口略數
外籍僑商		一千二百人
客漁	常駐	二千人
	漁汛時往來者	二萬三千人
其他行旅及僧侶		三千人
綜計略數		二萬九千二百人

食糧統計表

總食數	約九十五萬石
本地食米總產額	約四十萬石
自他埠輸入食米	約二十萬石
補充糧食產額	未詳
備注	境內現住縣民客民合計約三十八萬人每人每年食米二石五斗計算

十年以來食米價格升降表

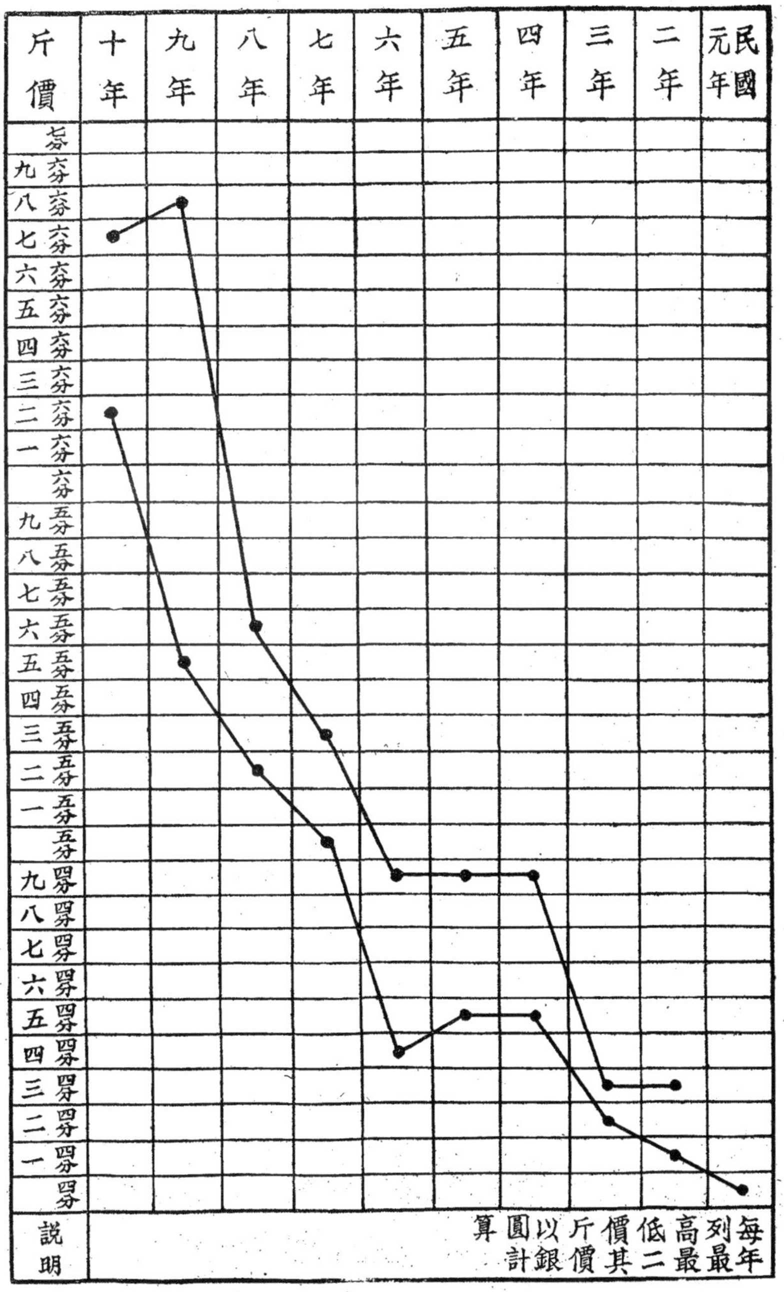

斤價
十年
九年
八年
七年
六年
五年
四年
三年
二年
民國元年
七分
九 六分
八 六分
七 六分
六 六分
五 六分
四 六分
三 六分
二 六分
一 六分
六分
九 五分
八 五分
七 五分
六 五分
五 五分
四 五分
三 五分
二 五分
一 五分
五分
九 四分
八 四分
七 四分
六 四分
五 四分
四 四分
三 四分
二 四分
一 四分
四分
說明
每年列最高最低二價其斤價以銀圓計算

主要食用品歲輸入總額表

食用品	歲輸入額
油類	一、五〇〇擔
糖類	一八、〇〇〇觔
豆類	五〇〇擔
麥粉	三〇〇包
豕	二、〇〇〇頭
其他肉類	未詳

十年以來主要食用品價格比較表

年分＼斤價＼食用品	油類（菜油）	油類（生油）	醬油	鹽	糖類	豆類
民國元年	〇、一五六元	〇、一六四	〇、〇三四	〇、〇〇八	〇、〇六四	〇、〇二九
二年	〇、一五六	〇、一六〇	〇、〇三四	〇、〇〇八	〇、〇六四	〇、〇二九
三年	〇、一五六	〇、一五六	〇、〇三四	〇、〇〇八	〇、〇七〇	〇、〇二九
四年	〇、一四八	〇、一六八	〇、〇三四	〇、〇〇六	〇、〇八〇	〇、〇三三
五年	〇、一六四	〇、一六八	〇、〇三四	〇、〇〇六	〇、〇八八	〇、〇四二
六年	〇、一六四	〇、一七六	〇、〇三六	〇、〇〇六	〇、〇九六	〇、〇四二
七年	〇、一六八	〇、一八八	〇、〇三六	〇、〇〇八	〇、〇九六	〇、〇四五
八年	〇、一六八	〇、一七六	〇、〇三六	〇、〇〇八	〇、〇九六	〇、〇四四
九年	〇、一七六	〇、一九二	〇、〇三六	〇、〇〇八	〇、一〇四	〇、〇四五
十年	〇、一八八	〇、一九六	〇、〇三八	〇、〇〇八	〇、一〇四	〇、〇五四

麥粉	薯絲	蔬類	家肉	雞、鵝、鴨	卵類	酒	茶葉
每包 二、〇〇〇	〇、〇二〇	〇、〇〇八至〇、〇一二	〇、一六八	〇、一八〇至〇、二七〇	每枚 〇、〇一一	〇、〇六五	細〇、三二〇 粗〇、一三〇
二、一〇〇			〇、一七六		〇、〇一二	〇、〇六五	〇、二九六 〇、一二八
二、一〇〇			〇、一七六		〇、〇一二	〇、〇六七	〇、二六〇 〇、一二四
二、二〇〇			〇、一七六		〇、〇一三	〇、〇六八	〇、三〇八 〇、一三二
二、五〇〇			〇、一八八		〇、〇一三	〇、〇六七	〇、四八〇 〇、一八八
二、五〇〇			〇、一九六		〇、〇一四	〇、〇六七	〇、四〇〇 〇、一六四
二、五〇〇			〇、二〇八		〇、〇一四	〇、〇六八	〇、三二〇 〇、一六八
二、六〇〇			〇、二二四		〇、〇一五	〇、〇七一	〇、二九六 〇、一五六
二、七〇〇	〇、〇二六		〇、二二四		〇、〇一六	〇、〇七六	〇、三六〇 〇、一四八
二、七〇〇			〇、二四八		〇、〇一七	〇、〇八五	〇、二八四 〇、一二四

主要服用品歲輸入總額表

服用品	歲輸入額
棉絮	未詳
棉織物	
棉紗	
絲織物	
皮毛	
毛織物	
麻織物	

十年以來主要服用品價格比較表

服用品／單價／年分	單位	民國元年	二年	三年	四年	五年	六年	七年	八年	九年	十年
棉絮	每斤										
上等棉布	每尺	〇、〇九六	〇、〇九四	〇、〇九八	〇、〇九二	〇、一〇八	〇、一一六	〇、一二八	〇、一三六	〇、一三六	〇、一四八
尋常棉布	每尺	〇、〇四四	〇、〇四四	〇、〇五〇	〇、〇五〇	〇、〇五〇	〇、〇五二	〇、〇六〇	〇、〇六〇	〇、〇六四	〇、〇六四
棉紗	每包										
上等綢緞	每尺										
尋常絲織物	每尺										
毛織物	每尺										
夏布	每尺										

十年以來建築用品價格比較表

年分　單價　材料	杉木	松版	竹	石版（普通）	磚（方六）	瓦	蠣灰	釘	漆	桐油
民國元年	……	……	每百斤 〇、五〇〇	每塊 一、〇〇〇	每百塊 〇、七〇〇	每千爿 三、〇〇〇	每百斤 〇、八〇〇	……	……	……
二年	……	……	〇、五〇〇		〇、七〇〇	三、五〇〇	〇、八四〇	……	……	……
三年	……	……	〇、五〇〇	一、二〇〇	〇、七五〇	四、四〇〇	〇、八四〇	……	……	……
四年	……	……	〇、五五〇		〇、八〇〇	四、四〇〇	〇、九八〇	……	……	……
五年	……	……	〇、六〇〇		〇、八〇〇	四、〇〇〇	〇、九八〇	……	……	……
六年	……	……	〇、六〇〇		〇、八〇〇	四、〇〇〇	〇、九八〇	……	……	……
七年	……	……	〇、六五〇		〇、八五〇	四、〇〇〇	〇、九八〇	……	……	……
八年	……	……	〇、六五〇	一、四〇〇	〇、九〇〇	四、五〇〇	〇、九八〇	……	……	……
九年	……	……	〇、六五〇		一、一〇〇	四、五〇〇	一、二〇〇	……	……	……
十年	……	……	〇、七〇〇	一、四五〇	一、四〇〇	四、五〇〇	一、二〇〇	……	……	……

塞門土	……
	……
	……
	……
	……
	……
	……
	……
	……
	……

十年以來各項工價比較表 以舟山舉例

年分 日值 各項工人	農作	裁縫匠	木匠	漆匠	石匠	泥水匠	雜傭
民國元年	……	○、一八○	○、一八○	○、一五○	○、二五○	○、一八○	○、一五○至○、二○○
二年	……	○、一八○	○、一八○	○、一五○	○、二五○	○、一八○	
三年	……	○、一八○	○、二二○	○、一五○	○、二五○	○、二二○	
四年	……	○、一八○	○、二二○	○、一八○	○、二五○	○、二二○	
五年	……	○、一八○	○、二二○	○、一八○	○、二五○	○、二二○	
六年	……	○、一八○	○、二四○	○、一八○	○、三○○	○、二四○	
七年	……	○、二二○	○、二四○	○、二○○	○、三○○	○、二四○	
八年	……	○、二二○	○、二四○	○、二○○	○、三○○	○、二四○	
九年	……	○、二二○	○、二四○	○、二○○	○、三五○	○、二四○	
十年	……	○、二二○	○、二四○	○、二二○	○、三八○	○、二四○	

奢侈品歲額統計表

種類		歲額	說明
菸類	旱菸		
	水菸		
	菸卷		
其他			

縣民生活之概況　舟山列島除有數繁盛處外大都皆苦瘠異常懸海島戶以產米不敷所食每飯必雜以補充糧食如薯絲包粟等而薯絲爲最多通常一飯米僅居十之三四而薯絲且占其六七其交通稍利便之地雖有運米商店然居民習于艱食亦多雜飯薯絲此食事之概況也民生纖嗇果腹且不能何論飾身尋常島戶僅取足禦寒已爲大幸故於衣服一項尚守樸儉之風惟城道甬及沈家門等繁盛地稍染侈習耳此服裝之概況也至房屋一項因近海風大樓房絕少列島漁民板戶止有草蓋廠屋除大島及市集外蓋未見有瓦屋此居室之概況也

右表據調查報告項目未備且所舉殊非詳確凡心所疑者僅存其目以待異日補纂

定海縣志冊三丙

物產志第七　植物之部　動物之部　礦物之部　雜產

植物之部

前志植物以穀蔬蓏果花藥竹木分類品彙繁多漫無簡擇本艸羣芳譜等書幾盡之矣有其名而無其產或卽有其產而無其主用各志皆然匪獨一邑盲收淚求何貴有此登錄茲痛加節刪非縣產不錄非有効用者不錄關係于主要食用材用者雖微必錄有利于農作者無論已著未著俱錄有害者絕其將來故亦附錄錄如左表

有用植物列表

品名	種別	主用	產地	備注
稻 禾本科稻屬	有早晚中稴之別早稻秔性其品有六十日頭黃大蓮細稃白白尖等早稻行列疏兼種晚稻晚稻亦秔性其品曰晚青野白早稻收成在九月謂之雙季稻中稴皆係單季秔性者其品有湖白湖尖柳秈尖廣秈黃秈花貢等黏性者其品有紅嵛糯虎	（實）食用黏者釀酒用（稭）燃料飼料編物蓋屋等用（稭灰）肥料	舟山 金塘 太平山 大樹 穿鼻山 長腰山 冊子 裏鈞山 蟹嶼 小貓山 盤嶼 茨山 摘箬山 嵩山	海山嶴平原多鹵地故適于禾田者少全境統計宜禾之土不過二十萬畝以平均歲收四百斤計共產穀八千萬斤查縣屬居民三十五萬口以每口每年需穀五百斤

		皮糯金壇糯桂花糯羊須糯鐵桿糯烏脚尖糯等收成在秋分前後黏性者較秔性遲五日至十日又一種似糯非糯之品曰梁湖晚稻亦單季種收成同晚青	(米糠)飼料 (稃)俗名礱糠亦曰大糠	拗山　登步　大馬蟻　桃花 六横　蝦峙　佛肚　朱家尖　順母塗　蘭秀山　長白	計全年應有食穀一萬七千五百萬斤供求相差不足九千五百萬斤客漁食糧尚不在此數內除薯芋補充外餘皆仰給外埠
稗	禾本科 穇屬	形甚似稻俗呼叛艸	(實)亦可供食用釀酒用	野生禾田中	稗水旱無不熟易戕害禾在交通未便時以此爲救荒植物之一種今則無所利用矣因故書多載之特爲辨正
蘆穄	禾本科 蜀黍屬	黍之不黏者	(實)磨粉製餅餌供食用 (稈)燃料	各山偶有種之者	
黃黍	禾本科 粟屬	俗呼粟米	(實)製餅或煮粥食之 (稈)燃料	各山皆有	因不畏旱收獲又早故近日山民種之漸廣
玉蜀黍	禾本科 玉蜀黍屬	卽包粟俗呼陸穀	(實)食用 (稈)燃料	宜鹵地近日種猶未廣	包粟爲補充糧食之一又適土宜可廣植之
麥	禾本科 大麥屬 小麥屬	大麥小麥	(實)食用 (稈)編物用	爲禾田春作物然種者不多	種麥能令土味變瘠得不償失甚非計也
莜	蓼科 蕎麥屬	卽蕎麥	(實)食用		非常產
黃豆	豆科	俗呼毛豆有七月豆八月豆九	(實)食用及榨油造醬製來其等用 (莖)燃料	蓬萊鄉種者較多	種植易効用多又舟山醬油最著名銷運廣若原料供給出之本土

	黃豆屬	月豆之別	（灰）肥料（豆粕）肥料（根）鬚根有瘤珠能肥土今人不知利用多棄之者		則營業更易發展
倭豆	豆科 蠶豆屬	卽蠶豆之本種以倭寇至時成熟故俗呼倭豆除寧波各舊屬外皆稱蠶豆	（實）食用造醬用（莖莢）燃料及肥料用（灰）含鹼質甚富可造鹼	爲禾田之春作物	
扁豆	豆科 扁豆屬	亦作藊豆蔓生有赤白二種莢扁平如鎌	（實）嫩時連莢作饌種子熟時可炊作糊和糖食之白者味美赤者不易爛味較遜	種之籬邊故有沿籬豆之名	
梅豆	豆科 菉豆屬	黃梅時結實故得此名莖低莢嫩綠色	（實）連莢作饌	平地種之	
綠豆	豆科 菉豆屬	亦作菉豆種子綠色故得此名	（實）種子可發芽作饌或和米煮粥或磨粉製糕食之其粉含有鹼質故亦爲洗濯之用	平地種之	
蠶豆	豆科 豌豆屬	卽豌豆之本種寧俗誤認爲蠶豆他府無此稱者有紅白二種白者良	（實）食用（蔓）飼料肥料（葉）初生時摘取其嫩者曰豆苗供食味甚美	爲禾田之春作物	
豇豆	豆科 豇豆屬	有赤紫二種	（實）嫩時連莢摘取供食成熟後去莢殼作豆泥供糕粢等用豆泥亦稱豆沙	山地多有種者	此豆在塘畔磽地間種之最宜
帶豆	豆科 豇豆屬	亦名蘘豆其莢甚長略如帶形故名有青紅二種	（實）嫩時可供食用土人以帶豆瓠茄爲饌之粗者	蔓延籬笆之上或植竹竿以供攀援	
茄	茄科	一名落蘇果實圓筒形紫色今有別種作卵圓形者及老而黃	（果實）可煮食或醃之謂之茄糊風乾而醃之則謂之茄鯗	亦栽培園圃中	

茄屬	俗謂之黃胖茄	有糟漬之者		
黃瓜 葫蘆科 胡瓜屬	原名胡瓜蔓生葉爲心臟形淺裂如掌狀花黃色果實細長有刺甚多初生翠綠色漸老而白而黃	(果實)可生食或漬鹽醋爲菹或出其瓤藏肉屑煮之	栽培園圃中植竹竿爲棚以共攀援	按胡瓜因避石勒諱改爲黃瓜因色黃而得名與禮記月令之王瓜異王瓜一名土瓜果實大如鴨卵紅色可爲藥用
絲瓜 葫蘆科 胡瓜屬	俗名天蘿果實細長綠色	(果實)嫩時可作羹老則瓤內生強韌網狀之纖維可以滌器物俗謂之天蘿絮醫家謂之絲瓜絡	栽培園圃中往往蔓延牆壁而及屋頂	按葫蘆科各屬之花皆有雌雄之別生於同株雌花結實俗名真花雄花俗名野花
梢瓜 葫蘆科 絲瓜屬	本作稍瓜亦名越瓜俗名菜瓜就地引蔓青葉黃花果實橢圓形長自七八寸至尺許皮作淡綠色	(果實)可生食以醬漬之謂之醬瓜	栽培園圃中	
水晶瓜 葫蘆科 胡瓜屬	蔓生果實橢圓形有縱溝八九條熟則皮白肉如水晶	(果實)生食味極甘芳	同前	
黃金瓜 葫蘆科 胡瓜屬	蔓生果實類水晶瓜而稍長皮作黃色	(果實)富於漿液味極甘芳可生食	同前	產洞嶴者良
瓠 葫蘆科 葫蘆屬	俗名長瓠亦名夜開花蔓生葉短心臟形花白色果實呈細長之橢圓形長尺餘幼時外生白毛	(果實)可作羹或去其瓤實以肉臊子煮食之謂之藏瓠	同前	栽培極廣邑人以爲常蔬
匏 葫蘆科 葫蘆屬	即瓢也與壺盧同種而微變果實巨大扁圓	(果實)老時乾之剖而爲二可以舀水俗謂之瓠瓢	同前	
壺盧 葫蘆科 葫蘆屬	亦作葫蘆一名蒲蘆蔓生葉圓心臟形而尖花白色果長形兩端膨大中有細腰	(果實)老時乾之可爲酒器或於嫩時雕刻種種花紋以爲美觀	植籬落間	按葫蘆屬之習見者有三種果實兩端大而中細者曰壺蘆細長者曰瓠即詩所謂幡幡瓠葉及齒如瓠犀也扁圓者曰匏即詩所謂匏有苦葉也

二

冬瓜　葫蘆科　冬瓜屬	蔓生葉心臟形五裂如掌花黃色果實極大楕圓形徑尺許外皮有毛密生成熟後則其外泌白蠟	（果實）可供饌或用鹽漬糖浸而貯藏之（子）可作藥用	栽培園圃中	
南瓜　葫蘆科　南瓜屬	蔓生葉圓心臟形五淺裂花黃色果實嫩時綠色漸老而黃赤色皮外有稜成數縱溝纍時僅扁圓形者一種近自他處傳入有楕圓形者俗謂之湖裏南瓜	（果實）嫩綠時煑羹作蔬黃熟時和豇豆煑食之或去瓤皮蒸熟之擣爛和麪作餅餌（子）乾之炒熟可食	同前	按南瓜鄉人以代糧故一名飯瓜其瓜蒂正方形有柄甚似印璽俗因稱官印曰飯瓜蒂頭
西瓜　葫蘆科　西瓜屬	蔓生葉三裂至七裂花黃色果實圓形大如人頭變種甚多皮或青或綠或白或綠白條紋相間瓤或紅或黃或白子或白或赤或黃	（果實）可生食（果皮）風乾之可煑肉（子）炒之供食用	同前	按西瓜赤子白瓤者名雪瓜味極甘嫩產于洞嶴惟留子他年種之多變劣種蓋開花時已爲蜂蝶亂入他種花粉故變劣也
苜蓿　豆科　苜蓿屬	三葉攢生開黃花俗呼艸芝	肥料飼料葉亦可食	禾田春作物	用爲禾田綠肥宜及花時刈取之因此時養料最富也
紫雲英　豆科　紫雲屬	形如苜蓿開紫花	肥料飼料	同前	亦用爲綠肥養料稍遜
蒲　香蒲科　香蒲屬	水草之一種亦稱香蒲	（葉）材用	凡新築蕩田俱植之	北墠民有以蒲結褁物之具曰蒲包一邑取用焉
大蔴　桑科　大麻屬	俗稱綠麻	（莖之皮）材用	農家間有種之用以打索	
苧麻　蕁麻科　苧麻屬		（莖之皮）材用（葉）煑成糜糅米屑作炊餅	野生隨在有之極戚宿根不拔歲可三刈	苧線結漁網可爲農家副業今無有務此者

脂麻 胡麻科 胡麻屬	即胡麻也有黑白二種黑者良	(實)食用榨油用		
向日葵 菊科 向日葵屬	俗呼向日蓮	(實)食用 (莖灰)含鹼質最富	瘠土廢地均可種	蓮灰製鹼利益極大
落花生 豆科 落花生屬	俗省稱花生亦曰長生果有本花生洋花生二種	(實)食用榨油用	宜沙土種之者少	
蕓薹 十字花科 蕓薹屬	俗呼油菜	(葉)食用 (蕻)亦可食 (實)榨油用	農田副作物	初次之蕻摘取供食二次所發乃可留子供榨油用
菘 十字花科 蕓薹屬	有白菜青菜二種俗亦呼青菜為小白菜	(葉)食用	農田副作物	醃漬作虀亦農家常食
雪裏蕻 十字花科 蕓薹屬		(葉根)食用作虀最佳	同前	
芥菜 十字花科 蕓薹屬	有青芥黃冬芥皺葉芥等種	(葉)食用兼作虀 (蕻)亦可食 (子)研末調和食品用	同前	
黃矮菜 十字花科 蕓薹屬	亦稱黃芽菜係菘之一種	(葉)食用	同前	

薤菜　十字花科　蕓薹屬	似菘皺葉深綠色稱鳳尾者最佳	(葉)食用	園作物	既壯逐次薙葉供食生育期最長
薺菜　十字花科　薺屬	俗呼花地菜因多掘自植棉之地故名	(葉根)食用	野生隨在有之棉地間播之最宜	
蕪菁　十字花科　蕓薹屬	大根之一種俗稱大頭菜	(根葉)食用醃藏亦佳	沙壤可種	
蘆菔　十字花科　萊菔屬	即蘿蔔亦曰萊菔大根之一種也	(根)食用生食醃藏皆佳 (葉)飼料	同前	
旱芋　天南星科　芋屬	有紅丁芋烏脚尖芋等種	(根)食用 (莖葉)飼料	各島俱有爲山民佐饌常品	芋有水旱之分定以鹵地故無種水芋者
甘藷　旋花科　牽牛子屬 馬鈴薯　茄科　茄屬	甘薯即番薯有紅白二種各島所產白者居多又有洋種曰馬鈴薯俗呼紅毛番薯其實馬鈴薯非同科除地下莖供蔬用外未有作糧食者	(根)食用 (蔓)飼料 (薯絲)切薯成絲乾之可雜入米中炊飯 (薯粉)亦曰山粉碎薯濾取澱粉爲調羹要品銷運甚廣又杭州特產藕粉下品者即以此代之 (番薯燒酒)用薯絲釀成	除前列稻之產地兼產薯外又有大髻果魚龍菜花橫檔搗杆黃貓外裏神馬外嶼外釣大小貓小盤嶼王家山大小五奎大小渠大小馬蟻大小雙山東西白蓮沍泥走馬塘後門大小兩段馬跳頭四蘇烏沙羊嶼白沙柴山葫蘆梁橫兩頭洞大小魚山衢中大小蛟官山南北牛轄蘭門櫻連西寨黃星廟子湖青浜東福小衢	馬鈴薯年中可栽二次近漸廣種皆運輸外埠者本薯爲補充糧食之大宗尋常山戶多以薯絲作飯

			黃澤　鼠浪湖　大羊山等處產薯極多	
莧菜　莧科　莧屬	有紅白二種	(葉)嫩時可作羹(莖)醃漬之供食用俗名莧菜股	園地種之甚廣	
著蓮　藜科　菾菜屬	俗名女菜亦名菾菜	(葉)作羹食之用	同前	
菠薐　藜科　菠薐屬		(葉)供食用	同前	
蒿菜　菊科　茼蒿屬	一名茼蒿葉有香氣開黃花如菊	(葉)煮熟與黃豆芽及茶乾絲等拌和冷食之	同前	
青蒿　菊科　艾屬	俗名臭蒿葉極細秋開細淡黃花結子如粟米	(葉莖)乾之夏日當茶飲謂可祛暑	野生	
蓼　蓼科　蓼屬	俗呼辣蓼	(葉)乾之研末和米粉團成四方形曰白藥又和麵麩曰麴皆以釀酒	野生池塘旁	
紫蘇　脣形科　紫蘇屬	葉有鋸齒對生常呈紫色亦有面綠背紫者	(葉)漬以梅汁乾之與嫩薑片拌和加糖則薑片呈鮮紅色俗謂之紅薑爲鄉人供客送禮之品頗有名(莖葉)乾之藥用	栽培園圃中	
薑　蘘荷科　蘘荷屬	俗謂之生薑	嫩時切片和紫蘇謂之紅薑老薑則調羹及藥用	同前	

薤 百合科 葱屬	一名藠子藠讀如叫俗因訛作藠頭葉如葱地下莖亦似之	(根)鄉人間有責食之者普通皆用鹽漬藏甕中數旬可以作饌	栽培園圃中	薤之地下莖卽俗所稱爲藠頭也
蔣 禾本科 菰屬	一名菰俗謂之茭白葉如蒲葦中心生白薹如小兒臂故有茭白之名薹中間有黑點者曰灰茭白實卽菰米	(薹)可作饌	栽培池蕩中	
苔菜 真正綠藻類 乾苔屬	色綠似練麻者良	食用	海山之特產	
紫菜 紅藻類 紫菜屬	紫葉無莖又有綠葉者乾之製成薄圜之餅其雜亂而間砂石者謂之掃菜其價較廉	食用	普陀及蘭秀等山海旁巖石上產之	
茶 山茶科 山茶屬	穀雨前者曰雨茶雨後者曰春茶立夏後者曰夏茶五月時重牙者曰二烏	(葉)飲料	分東鄉西鄉二種東鄉較勝然采製均不合法惟洞嶴黃楊尖岱山石馬嶴二處乃雨前所采製法又稍精人爭購之惜產額不多	民國四年美國巴拿馬賽會徵集各國出品黃楊尖芽茶曾得三等獎憑舊志稱茶產桃花山者佳普陀山者可愈肺癰血痢今不能多得
白艾 菊科 艾屬	苗葉類蒿而短葉肥大背有白毛	(葉)藥用	峷嵾山特產	峷嵾今作摘箬
除蟲菊 菊科 菊屬		藥用	近自日本流入栽培未廣	此菊能殺蟲有益于農作物且可製驅蚊香等農業副產之有利者宜提倡之
藍 蓼科 蓼屬	俗呼靛青葉似蓼而大故亦名蓼藍	(葉)製靛用	向不種藍近時傳播漸廣	

棉	錦葵科 草棉屬	草棉	（花絮）材用 （實）榨油用 （花殼灰）含鹼質甚富可製鹼	塗地之再熟者可種	
雪桃	薔薇科 櫻桃屬	似桃而小味淡大雪後方熟	（實）食用	北墠嶴特產	今已不能得
梅	薔薇科 櫻桃屬	落葉喬木花有紅淡紅白之別	（果實）生食或鹽漬蜜浸	各鄉山谷中多植之其花重瓣者植于園圃爲觀賞之用	
花紅李	薔薇科 櫻桃屬	皮青肉赤與常李異	（實）食用	金塘最盛每戶種之成林	
金塘梨	薔薇科 梨屬	似登州產而甘脆過之	（實）食用 （幹）材用	金塘特產	佳者爲西國人爭購每實值銀圓一枚產少無登市者
楊梅	蕘萸科 楊梅屬	有紅白二種白者佳	（實）食用	皋洩產有名	
金柑	芸香科 柑屬	有牛嬭金柑金彈二種	（實）食用	馬嶴沙岐最良	今已衰
桑	桑科 桑屬	有野桑家桑之別	（葉）飼蠶用	光緒乙巳楊令購秧勸種迄無良効	案海風多處不宜育蠶定海懸島四面受海風蠶桑之利非其所圖

楮	桑科 楮屬	卽穀樹叢生灌木	（纖維）造紙用	野生極多隨在皆有	
樟	樟科 樟屬	古稱豫章	蒸取其液可煉樟冰樟油	僅有墓道蔭木無培植之使成林者	造樟林利甚厚栽培亦甚易
油桐	大戟科 罌子桐屬	似梧桐一名罌子桐	（實）可榨油	在試種期內尚未有成林者	
柏	大戟科 烏柏屬	未接曰烏柏已接曰釵柏柏亦作桕	（實）可煉蠟及榨油	野生極多未知收利	此樹宜造林若散種則爲患多收成不豐
松	松柏科 松屬	常綠喬木有赤松黑松二種本邑所植多屬赤松	（枝葉）供薪樵（幹）建築及製造什物（花粉）餅餌用及藥用	各鄉多植于山頂或墳側	
柏	松柏科 側柏屬	卽側柏也俗名扁柏常綠灌木	（枝葉）紮成種種形式以爲觀玩舊時行聘必用之今則學校機關等開會裝飾門額多用之（幹）製器	園庭中常植之	
銀杏	松柏科 公孫樹屬	一名公孫樹葉似鴨掌故亦名鴨掌子俗曰白果以其實得名也	（果實）炒熟可食幹材質緻密略帶黃色常製招牌及上等器具	古寺中尚多植之	
木犀	木犀科 木犀屬	常綠喬木亦作木樨一名巖桂通俗逕呼爲桂花有黃白二種黃色者曰金桂白色者曰銀桂	（花）和茶葉用或以糖漬之作餅餌之餡及調羹用	多植于園庭	按古書及醫書之所謂桂係樟科樟屬非此種

楝	楝科 楝屬	落葉喬木葉爲二回羽狀複葉花爲穗形淡紅色果實楕圓形黄色名金鈴子	(果實)藥用 (幹)製器	野生頗多	楝花開時適值子蟹上市俗以楝花之盛衰占子蟹收獲之豐歉
㯶櫚	㯶櫚科 㯶櫚屬	常緑喬木莖圓柱形無枝葉生頂端花雌雄異株葉之基部有毛包莖俗謂之棕毛㯶櫚亦作棕櫚一名栟櫚	(葉)作帚驅蚊用 (毛)作繩及蓑衣	野生頗多	諺有萬株㯶千箉蜂之語謂十㯶所產之毛其值足抵一箉之蜂蜜也
竹	禾本科 苦竹屬	種類甚多有貓竹爲竹淡竹龍鬚竹桃枝竹方竹等貓竹亦作毛竹其竿最粗爲竹皮色紫黑桃枝竹竿頗細方竹竿細略成方形	(竿)貓竹析篾製器或用全竿建築房屋爲竹則用全竿製器桃枝竹篾甚强韌可代籐用方竹作杖及烟管等 (筍)貓竹曰毛筍爲竹曰爲筍淡竹曰淡筍龍鬚竹曰龍鬚筍皆供食用 (地下莖)俗曰行鞭筍供食用	貓竹爲竹淡竹龍鬚竹多植于山麓沙地桃枝竹通常編爲籬落方竹惟庭園植之以供玩賞	
蘭	蘭科 建蘭屬	有草蘭建蘭九蘭等種草蘭一幹一花建蘭一幹數花九蘭則建蘭之一幹九花者也其素心者名素心蘭頗爲名貴	(花)供觀賞用	草蘭須河等鄉山中滋生頗多建蘭來自福建故得此名本地不產惟盆景有之	按蘭與古之所謂蘭草迥異蘭草俗名省頭草
蕺	三白草科 蕺菜屬	草本莖高七八寸其形細長葉互生卵形穗狀花序花序下有總苞四瓣白色如花瓣狀花小淡緑色無花被莖葉有異臭如魚腥故俗名魚腥草	俗于五月五日采魚腥草及菖蒲煎湯飲謂可袚除瘡毒及疫癘	野生極繁	
罌粟	罌粟科 罌粟屬	以果實形似罌其子如粟故得此名	果實未熟時刮取其乳白色之汁液熬之即成鴉片	未禁煙時蘆浦吳榭洞嶴等鄉栽種頗廣後禁絶民國二三年間奸民偷植于廟子湖一帶荒僻小島後爲歐人航輪所見報告萬國禁煙會行文至縣始遣兵輪往剗除之	

卷柏 卷柏科 卷柏屬	隱花植物常綠不凋莖高至尺餘生枝甚多葉呈鱗狀逢乾燥枝卷于內遇潮溼則舒展雖甚枯槁得水卽葱翠故俗名還魂草	藥用及供觀賞用	生巖石上普陀街市間有出售者	

右表外如庭園蒔藝徒供觀賞山谷旅生惟問樵采雖曰縣產而非民用所系皆略而不載

動物之部

志海國動物宜先鱗介民利所在不厭詳重其次則爲家畜主實用也若夫尋常飛走之生偶然蹏迒之集或存或亡無關統計惟茲豸豸同爲天賦資生物害各有其用要於人身相繫綦切亦不盡可忽也最錄諸表類而附焉

海鮮列表

品名	形狀	主用	產地	魚汛	備注
鱘鰉魚 硬鱗類 鱣魚科	鱘亦作鱏又名鱣大者長三丈餘色青腹下白鼻長背有骨甲脂如黃蠟與肉層層相間脊骨及鼻皆柔脆	鰾可作膠柔骨入饌卽鱘骨也	產近海深水中	無定時	鄞屠本畯海味索隱云嘉靖末年網者得鱘鰉魚以爲怪物棄於海中可知鱘鰉魚向來非定海洋面所常見者

鯊魚 板鰓類 鮫魚科	古稱鮫魚大者長一二丈皮厚粗而黑無鱗鼻突出口在頷下眼後有二噴水孔胸腹兩鰭闊大如翅尾鰭下片較短俗稱其鰭曰魚翅	魚翅爲入饌之珍品近鰭部之皮曰肉脊亦佳饌也肉有奇腥亦入饌	東至極遠南至甌海北至盡山等洋面	清明至大暑白露至冬至	種別甚多有白蒲鯊黃頭鯊白眼鯊白蕩鯊青頰鯊烏鯊斑鯊牛皮鯊狗鯊鹿文鯊鮍鯊澀鯊燕尾鯊虎鯊犂鐃鯊香鯊熨斗鯊丫髻鯊劍鯊刺鯊鋸鯊等名目
石首魚 硬鰭類 石首魚科	卽黃魚一名鯼鱗鬣皆黃色首有二骨在腦戶中其堅如石故名有大小二種小者曰小鮮黃色較淡	海魚之入饌者黃魚爲大宗鰾亦可食俗稱魚肚醃者曰白鮝其子蒸熟炙之俗曰薰魚子味頗美	南至奉象北至大小羊盡山等洋面	三月至五月曰洋生魚汛最長八月曰桂花汛十一二月曰報春	黃魚出水卽死必用冰保護之故市上呼爲冰鮮又案小黃魚亦名春魚以其魚汛多在三月間也
梅魚 硬鰭類 石首魚科	俗呼梅大頭亦曰梅拱魚頭首大朱口金鱗長二三寸形味酷似黃魚其別種鱗色灰白俗曰壯壯魚頭	鮮食又醃而暴乾之曰梅子鮝	梅山洋崎頭洋蓮花洋皆有之	黃梅時節	案小魚生醃曰鮝俗作考亦作鮚熟乾曰鱐俗作脣亦作腊鱐脣一聲之轉
鱸魚 硬鰭類 鱸魚科	巨口細鱗鰭棘堅硬色白而有黑斑	鮮食	常棲息鹹水淡水之間	春末入江至秋入海	海鱸肉脆故亦曰脆鱸又鱸分四腮二腮疑是老幼之別故海鱸多四腮
鰵魚 硬鰭類 鱸魚科	一名鮸魚俗作米魚似鱸而肉粗有三腮四腮二種四腮者稱茅鮸一種小者曰鰵魚姑又一種極大者名茅鱠俗亦呼大魚	鮮食	南至溫台東至流球境界北至大小羊盡山洋面	清明出洋	諺云寧可棄我三畝稻不可棄我鰵魚腦蓋言其美在腦也邑人祭祖敬神時必用此魚
茶脂魚 硬鰭類 鱸魚科	體長圓形肉粗厚鱗爲大片顎有齒	作鮝能發生一種油質香味極似茶油和豚肉煮食之頗佳	近海皆產	冬季	
鯧魚 硬鰭類 鯧魚科	似鯿身圓肉厚止一脊骨鰾俗亦曰叉魚以其尾似叉形也	鮮食腊之亦佳	同黃魚	四時俱有	其小者亦曰鯧扁最小者稱楓樹葉皆醃之爲鮝
比目魚 軟鰭類 比目魚科	形扁平而闊如半身頭小口尖一側細鱗作泥沙色一側常平帖水底白色平滑無鱗一目在左側者曰鰜在右側者曰鰈二目並在一側(左或右)者曰鰨或稱版魚	鮮食又暴乾爲鱐可致遠	同前	同前	吳都賦曰雙則比目片則王餘案言雙者指鰨片者指鰜鰈又名箬魚俗統稱之曰箬鰨

箭魚 喉鰾類 鰛魚科	即海中鰣魚以其腹下細骨如箭鏃故名魚體較江鰣爲大甘肥亦勝之	鮮食	前志言產燕窩山拷網山搖星浦案此魚今已不可多得	夏至前後	或云即鰳魚
鰳魚 喉鰾類 鰛魚科	亦作肋魚狀似鰣魚小首細鱗腹下有硬刺其小者曰黃鯽	醃腊爲鯗鮮食亦佳	同鰵魚	同鰵魚	以秋冬捕得者味佳
鮆魚 喉鰾類 鰛魚科	字亦作鱭體狹長而薄細鱗白色如銀形似七首故亦曰刀魚多子而肥細骨毛起	鮮食又腊乾曰鱭魚鯗可致遠	近海淺水中皆有之	三月桃花水發時最佳	案鮆音薺爾雅鮤鱴刀即今之鮆魚也其子暴乾名寸金鱭子
魟魚 板鰓類 魟魚科	亦名虎魚一曰荷魚形圓似扇無鱗色黑紫口在腹下尾長于身如狸鼠有刺能毒人其小者名猫猫魟魚黃色者名黃魟	鮮食幷作鯗	同黃魚	同鯊魚	魟字亦作𩶘讀如烘今俗呼騣魚音轉也
鯔魚 硬鰭類 鯔魚科	似鯉色緇黑故名鯔	鮮食	近海淺水中鯔性慧不入網罟漁人以長網困之潮退陷塗中始得	四時俱有	海中魚多以大噬小惟鯔魚不食其類
馬鮫魚 青箭魚 硬鰭類 青花魚科	似鰱而黑頭尖骨爽無鱗	鮮食少鹽醃致遠	盡山等洋面	小滿至夏至	青箭亦曰青鱸馬鮫之小者盡山洋面所捕多青箭
帶魚 硬鰭類 帶魚科	形似帶無鱗身白而薄有網帶釣帶之別	鮮食醃者多小者亦可作鯗	盡山及沈家門等洋面	冬春二季常時亦有之不佳	
綬魚 硬鰭類 鮟鱇科	一名鮟鱇即華臍魚如科斗而大無鱗口闊頂有三輭刺第一刺有小膜瓣如綬常動搖以誘小魚小魚羣隨之急張口而吞	鮮食	燕窩山拷網山大洋中	冬初最佳至春則味減矣	亦稱壽魚琵琶魚俗誤其輭刺爲腹帶以誘集之小魚爲即其子故舊志有腹帶如綬子生多附其上之語俗因又稱老婆魚

銀魚 喉鰾類 銀魚科	亦名麪條魚口小身銳如銀條定海所產瑩潔爽美稱珍品	鮮食	鹽倉筲箕灣平岩頭螺頭甬東十六門等港	春末夏初最佳	
鰻 喉鰾類 鰻鱺科	圓箭形尾稍扁多黏液鱗微口闊脊部蒼黑色腹部黃白色	鮮食少醃者曰鮑鰻冬時鱐之稱風鰻	近海皆有之	冬汛最佳	河中所產曰河鰻鮮食海中所產則混稱曰鰻
鱘魚	俗呼蝦孱身如膏髓骨柔無鱗	鮮食又醃者曰龍頭鯗	近海皆有之	秋末冬初最旺	鱘字亦作鱵
鮭魚 固顎類 河豚科	即河豚腹白背青黑有黃文眼能開閉觸物腹脹似鞠浮水面有毒質在子囊及肝海生尤毒	鮮食亦作鯗	近海淺水中	四月	鮭亦作鯢土人呼爲鱓魚鱓鮭雙聲也　解毒方橄欖汁或用黑豆槐花搗汁進之使嘔吐得解
海豨 齒鯨類 海豚科	一名海豚即江豚俗名拜江豬爲哺乳類體長紡錘狀口吻尖爲嘴狀上下顎皆有錐形之齒耳小而善聽鼻孔有瓣狀膜背面及體皆黑藍色腹部白背有脊鰭前肢變爲狹尖之鰭無後肢尾爲半月形好羣遊狂風將起時避入內海或溯江而上遊時一俯一仰以吸氣故有拜江之名	熬取膏油可爲洋燭肥皂等原料皮可制革	產大洋中無捕之者行海者常藉此以占風		按海豨與江豚二而一者也在海時名爲海豨溯江而上則名之爲江豚耳自郭璞江賦有魚則江豚海豨較江之語西陽雜俎遂附會謂海豨江豚而大舊志亦踵其誤分爲二條不知鯨類固不產於淡水之江河也
鯛 硬鰭類 鯛魚科	即銅盆魚頭類鱖肉微紅好食蚶蚌	鮮食	同鱖魚	同鱖魚	俗亦呼過臘以臘來春去故名
鰷魚 喉鰾類 鰷科即	即青脊魚如鯽而小身扁色白背上有一青脊肥美在諸魚上	鮮食	同前	清明以前	過清明腦中生一種寄生蟲名魚蝨蝨漸大魚漸瘦便不堪食俗語云霜打鰷魚一斤晚稻米飯一升喻其價昂也

彈塗魚 硬鰭類 彈塗魚科	似鰍而小頭有斑點潮退常跳擲塗泥中故名	鮮食	海塗隨在而有		是魚有異徵用盂覆活者數百于地旦發視之皆駢首拱北無一參差者
箴魚 輭鰭類 箴魚科	亦作鱵魚針魚俗名撇嘴魚體狹長鱗細小腹部裸出眼大下顎延長約占體長七分之一兩顎有尖細之齒脊鰭位于近尾處體背面淡黑旁有深蒼色直紋腹白能飛躍	鮮食味淡	產近海偶與他種魚類同捕得之不多見也		
海鱧	亦作海鹽類麪條魚	腊之為輔佐饌品之用	產淺海中用燈照之卽集	小暑至秋分	有粗細二種粗者稱頭水細者稱桂花
人魚 海牛類 儒艮科	一名儒艮卽學名Dugong之譯音俗名海和尚頭圓左右扁頸部尚明顯口小吻端呈截斷形脣厚有柔輭之鬚鼻孔左右並列鼻端有瓣眼甚小無耳殼顎有齒軀部長圓肩向左右開張後漸收削前肢為鰭狀無後肢亦無脊鰭尾扁平成鰭狀皮膚滑疏生短毛背面蒼黑或灰色腹部白牝之胸部有圓膨之乳房一對三四月間常見牝者以前肢抱兒露出水面遠望之宛如抱兒之婦聲如兒啼為哺乳類非魚類也	毛及油皆有用齒供彫刻	本產熱帶下之海洋常游于海灣及河口漁舟經過時間或竄入舟中性魯鈍見人以為哀鳴不去漁人以為神不敢捕之		按人魚卽爾雅之所謂鯢史記謂秦始皇以人魚膏為燭燃于壙穴中卽此也
沙噀 沙噀類	亦名海參為棘皮動物之一種長五六寸擁腫蠕動涎甚腥	常用腊乾少鮮食			案昌國典詠謂出順毋塗今無此物矣
烏鰂 頭足類 烏鰂科	亦作烏賊又名墨魚亦耎體動物之一形如囊能吐黑汁似墨有觸手十中二獨長背有甲白而脆入藥名海鰾鮹	鮮食并作鯗	馬鞍羣島洋面	立夏至小暑霜降至穀雨	烏鰂鯗曰螟脯未出臓雜者曰墨棗曰渾子其臓雜曰鰾腸螟脯鮹行各省極廣

蜛公 頭足類 烏鰂科	俗亦名蜛孫形絕類烏鰂惟體長不過二寸耳其背甲亦與烏鰂異非石灰質乃一柔嫩極薄之筋頗似蜻蜓之翅	鮮食亦作鮝	產近海常與蝦銀魚鰟魚等同捕得之	夏秋間	
章巨 頭足類 章魚科	亦稱章舉小者曰望潮亦耎體動物類似烏鰂八觸手其端有無數肉粒突出如釘	鮮食	近洋皆有	同前	大者曰石拒長二三尺出南方舉土音讀爲干
海蜇 水母類	一名水母又名鮀腔腸動物形如覆笠質柔輭邊緣及下面有觸手甚多	用礬鹽漬之可致遠	同黃魚	秋季	案俗稱蜇之白體曰皮子赤者曰蜇頭
蝤蛑 甲殼類 蠘科	俗呼黃甲蟹又曰青蟹節足動物兩螯八足亦蟹之一種頭胸部橫長前廣後狹體暗綠色後足端扁闊	鮮食	海塗中隨在而有	八月最肥壯	諺云八月蝤蛑如虎
蠞 亦作蠘 甲殼類 蠘科	名文蟹亦曰梭子蟹鹽醃之稱槍蟹形無異黃甲惟殼之兩側有尖棘突出甲顯斑文腹中尙未生黃者曰白蟹臍有子者曰子蟹	鹽醃爲常亦有爲醢者鮮食少	馬鞍羣島最多子蟹以釣門爲佳	秋末冬初最旺	其子暴乾爲海鮮珍品
蟚蜞 甲殼類 四角蟹科	亦稱蟚圓海生小蟹之一種	鹽漬多鮮食尤美	海沙中隨在而有	四時常有	彭越彭蜞皆一種其別一種雄者兩螯左大右小而赤者名擁劍俗呼紅鉗蟹土人常醢之爲醬
沙蟹 甲殼類 四角蟹科	同前	鹽漬	海塘間極多	九月前後	
鬼蟹 甲殼類	胸甲前端尖狹後端頗闊背面多凹凸恰似人面第一對之鉗脚甚小第二三對之步脚頗發達第四五對之步脚短小位於	可鮮食俗多棄之不食	產近海偶與蝦蠘等同捕得之		按鬼蟹在海灘遊行時常以後二對步脚負一平扁之貝殼以蔽其

鬼蟹科	背面後端宛如人鬚俗名關爺蟹以其背面絕類所畫關公之像也				體亦奇異之習性也
結　甲殼類　寄居蟲科	頭胸部堅硬被剛毛有肢腹部柔輭無肢第一對脚爲鉗狀右大左小全體赤色或蒼黑長約四寸拾螺類之遺殼而寄居其中其右鉗用以步行及採食又爲蟄居時掩蔽螺殼口用腹部最後爲鈎狀以鈎附螺殼	炒食味頗鮮美俗罕食之僅爲小兒之玩具而已	產近海		按結一名巢螺又名蝟蠌即郭璞江賦所謂璅結腹蟹也其螺殼係寄居者非固有也體漸長大舊殼不適用乃徘徊海濱求適當者而徙之如人之遷居然亦有佔奪同類之殼而居之者
蝦　甲殼類	種類甚多有赤白青黃斑數色白而小者曰米蝦赤者曰紅蝦白而大者曰大白蝦甲殼堅硬雙螯長大者曰强盜蝦最大長尺餘者曰王蝦亦以時節而分如梅熟時捕者曰梅蝦蠶時捕者曰蠶蝦	鮮食或作鮝亦有去甲殼而乾之者謂之蝦米	近海各處皆產之	四時皆有	
蝦結　甲殼類　蝦蛄科	形類蜈蚣腹部闊第一對顋脚爲鐮狀體色灰蒼尾節紅肢黃體長約四五寸亦作蝦蛄蝦姑	鮮食俗以其形可惡多不食之亦可和鹽擣醬食之	近海產之	同前	按一名管蝦亦名琴蝦皆以其形似也俗謂之蝦爺藍蟲因常與蝦同捕得之混雜于蝦筐中也俗謂小兒食之可愈遺溺
蛤蜊　瓣鰓類　蛤蜊科	即圓蛤輭體動物圓殼外黃褐色內白色又一種殼略成心藏形曰文蛤	鮮食	海塗可殖	四時常有	殼緣有暈依年而增按蛤蜊一名馬珂小兒取其殼實以蠶屑搖之發聲俗名馬珂殼
黃蛤　瓣鰓類	似文蛤而小梅雨時最肥故亦稱梅蛤俗謂之海瓜子	鮮食		四五月最佳	
蜼　瓣鰓類	似蛤而長殼有毛故又名毛蛤			產順母塗	
蟶　瓣鰓類　竹蟶科	殼狹長相合如竹管色淡黑長二寸許大如指肉似蠣色白	鮮食幷可暴乾	人工所殖產順母塗	四五月最肥八月亦可采	有荔支蟶女兒蟶二種荔支蟶亦名麥桿蟶

蠣黃　瓣鰓類　牡蠣科	南方人呼爲蠔右殼小而扁左殼大而隆凸外面磈礧不平以左殼附岩石而生或互相黏結大者如山俗謂之蠔山	肉鮮食殼燒灰其用與石灰同謂之蠣粉又入藥	海中岩礁間多有之	冬月	
淡菜　瓣鰓類　淡菜科	軟體動物形似珠母	鹽漬者多乾者名貢乾	同鯛	夏至至霜降	
螺　腹足類					
香螺　馬蹄螺科 辣螺　馬蹄螺科 海螄　海螄科	軟體動物厴白而香者曰香螺味辛者曰辣螺海螄則較香螺尖細味最甘肥	香螺醃藏亦可鮮食海螄鮮食辣螺醢之爲醬	海塗中常產	冬末春初	
土鐵　腹足類　土鐵科	螺屬殼薄體耎多涎	鹽漬之曰泥螺	朱家尖桃花所產最有名		
鐵關門螺　腹足類　蠑螺科	此爲蠑螺之一種殼蒼黑色質頗厚螺層膨起殼頂低口大唇薄內面呈真珠光大小略與螺螄等其厴爲石灰質所構成俗曰醋鼈厴之上面爲半球形下面平滑有螺旋紋本蒼灰色以砂礫磨擦之則爲白色	肉可鮮食厴卽醋鼈置醋中能旋動蓋因所含石灰質爲醋酸所蝕沿螺紋而及中央部失其平衡力故漸移動	產桃花登步朱家尖等處普陀市中常出售醋鼈僧侶用饋香客	春夏間	按醋鼈一名郎君子亦名相思子俗傳婦女難產服之可以催生故又名催生子世人多不知爲一種螺厴常誤以爲古代螺類之遺蛻又醋鼈之小者可塞入眼角任其移動逾時自落而目不眯且更清爽亦一奇也
蔟　甲殼類　藤壺科	節足動物叢生海岩間之耎體動物以其形似稱老婆牙一名藤壺	掊取其肉			

龜脚 甲殼類茗荷兒科	即石蜐也形似龜脚體被大小多數石灰質之殼片黄白色下有堅韌赤黑色之柄類革囊固着于岩礁上胸部有蔓脚六對時時伸出撥動水流以攫食殼連柄約長一寸	柄中有潔白透明之筋肉煑熟剝去殼柄食之味極鮮美	朱家尖桃花登步各島皆產之		按石蜐亦作石蛣郭璞江賦云石蛣應節而揚葩揚葩者即謂其撥動蔓脚也
鱟 甲殼類鱟科	節足動物形似覆斗足十二生口側尾細長末銳	醢爲醬	岱山所出最有名今罕見		

家畜列表

品名	形狀	主用	飼育概況	備注
雞 鶉雞類雉科	無特殊之徵	肉卵	每戶皆飼之無專業者	農家副業凡鳥屬之糞皆含燐質用爲肥料最適
海門雞	形小善產卵	卵	飼者專爲售卵起見近時卵價日昂漸見推廣	
火雞	雄大雌小五色羽豐冠頷下有懸肉似綬	肉	每歲終運銷上海約三萬羽爲出口貨之一宗	
鴨 游禽類鴨科		肉卵	大宗飼育多主售卵卵衰始供食用	同前
鵝 游禽類鴨科		肉	春初飼者最多有專業之者	同前
牛 有蹄類牛科	販自台州	耕作	凡大宗田作始自飼育或專飼以賃耕	其糞能起土質使鬆

豕 有蹄類 野豬科	象山種居多	肉	農家利用其糞因飼之無專業者	同前　山田最宜
羊 有蹄類 羊科		肉	飼者不多海鄉山谷多枯蔓落葉飼羊實最適	糞可飼塘魚
狗 食肉類 犬科	有家狗獵狗二種	守夜逐物害	海山獸害少故飼獵犬不多獵犬以仙居種最良	
貓 食肉類 貓科		捕鼠		

鳥屬列表

品名	形狀	特徵	備注
鸛 涉禽類 鸛科	似鶴而頂不丹頸脊皆長全身灰白色翼尾黑色巢于喬木	將陰雨則鳴	凡水鳥皆喜食海濱小魚而不傷禾稼果實
鷸 游禽類 鷗科	似鵠長脊黑羽巢于喬木遺矢常滿地作白色俗曰夜往	初夏來深秋去	
鵜鶘 游禽類 鵜鶘科	灰白色如蒼鷺老則漸帶紅色頭小脊長頷下有囊脚短	好羣飛得魚則藏于頷囊	內陸漁人畜之以代捕俗名淘河又名洄澤
鴻 游禽類 鴨科	即天鵞喜棲息水泊背與頸灰色翅黑腹白	其飛成行秋來春去與雁同稱候鳥	鴻之小者曰雁脊長微黃背褐色翼青灰色胸部有黑斑
鳧 游禽類 鴨科	即野鴨凡水泊皆有之似家鶩雄者赤頭有距		嗉下毳製衣能禦寒曰野鴨毧極珍貴

鷺鷥	涉禽類 鷺科	似鶴而小羽純白色頭脚及嘴皆長頂有長羽十數莖毿毿然如絲	步于淺水好自低昂	頂毛用爲冠飾
江貓	游禽類 鷗科	亦曰海貓短頸體小善羣日處海濱鳴聲如貓	江貓飛鳴于山次日必有大風	漁家以其飛鳴占候翌日風色
鶻	猛禽類 鷹科	一名隼俗謂之打鳥鷹背面青黑色有濃暗橫斑尾尖白色腹面黃白	俯擊小鳥捷于鷹隼	案猛禽善食蛇虺及害鳥而不傷禾稼果實亦可稱益鳥
鳶	猛禽類 鷹科	嘴鉤曲而強兩翼張度至二尺五寸背褐腹白有灰黃橫文脚四趾各有鉤爪	眼銳敏盤旋空中無微不矚常攫雞雛蛇鼠食之	羽可爲扇謂之鷹毛扇按鳶俗曰老鷹亦省曰鷹古所謂鷹則爲蒼鷹與此異
鷹鷂	猛禽類 鷹科	鷹上嘴鉤曲頭扁黑色體上面暗褐下面白色捕食小鳥松鼠野兎等鷂體似鷹惟體之上面帶青黑色下面白帶赤色	夏季棲于深林至秋末爲逐食始來平原古人謂鷹化爲鳩蓋夏日見鳩而不見鷹故誤會	按此鷹即古之所謂鷹亦即蒼鷹與俗之老鷹異蓋鷹食生物鳶兼食腐物鷹搏小鳥鳶不搏鳥也
鶚	猛禽類 鶚科	嘴短頭頂中央暗褐他處及頸白色體上面暗色腹白脚頗長飛翔海面捕食魚類巢海岸高樹	摯而有別卽詩之雎鳩也	
角鴟	猛禽類 鴞科	頭部類貓故亦名貓頭鷹耳生長毛眼巨而圓	晝伏夜出俗呼逐魂	一名鵂鶹休留象其聲也其一種小者名曰訓狐俗音轉如很呼韓愈有射訓狐詩卽指此
羣小鳥		如雉雀燕鵯鴉鶺百舌稻雞等類		此類小鳥性好食昆蟲可稱有益于作物然其傷禾稼果實殊甚終不免爲害鳥耳

獸害彙紀

虎	食肉類 貓科	前志云舟山從無虎患明萬歷間偶有之亦隨斃
貉	食肉類 貓科	延祐志賦役考有貉皮至正志言至正時二州四縣以皮賦案今無是物

名	類科	說明
麞麂	有蹄類 麚麝科	麞似鹿而小，麂又小于麞，無角，毛褐色，足短力勁，善跳越，喜食植物之芽，有害于農作物。惟其肉味美，皮柔韌，可製衣物。農人至冬常圍獵之
貍	食肉類 貓科	野貓也，喜攫食鷄鶩及塊根作物。又一種曰果子貍，且能緣樹上食果，故亦稱上樹貍
野豕	有蹄類 野豬科	形似常豕，牙長而銛，常突出口外，所過處禾蔬無遺類，性猛力能傷人，畜獸害中之最甚者
鼠	齧齒類 鼠科	穴處人之家屋，生殖力甚大，生百日卽能產子，每年四產，每產五頭至十頭，侵蝕穀米，毀損器皿，擾害殊甚，且爲黑死病傳染之媒介，宜設法撲滅之。其别種曰田鼠，常棲於場圃間，竊食農作物。又一種曰水老鼠，棲於沿澤附近川河沿岸，食禾稼，皆爲農業之害。又松鼠棲息松林中，喜食松子及果實，普陀山最多，大者曰松狗，常害禾
鼬	食肉類 鼬鼠科	俗呼黄鼠狼，體長尺許，黄色，四肢短小，其行屈曲自由，善捕鼠，惟其性喜食家羽，故亦爲獸害之一
鼹鼠	食蟲類 鼹鼠科	棲于地中，鼻端如錐，善掘土，往往洞穿牆基，常居暗處，故視覺遲鈍，眼隱于毛皮中，俗謂之瞎眼地豬
獺	食肉類 鼬鼠科	穴居河濱，捕魚，有時盜入農場，掠食家禽稚羊。昔年川河中滋生頗繁，近來捕取殆盡
猢猻	猿類 獼猴科	前志曾載此物，且云海山多有之。案明遺臣張煌言由舟山入南田，曾畜一猴，今訪土人，皆云海山中無是產

案前志言翁州周環五百里，多麞鹿。明嘉靖間胡宗憲治軍海上，曾獵得大白鹿二山陰。徐渭前後代艸表進之。王亨彥云：案徐渭前表言地當寧波、定海之間，定海爲故鎮海，非邑境，且至正志亦止有麂無鹿，志載獲鹿事恐非事實。

益蟲害蟲列表

蟲名	與他物界之關係：有益	與他物界之關係：有害	形狀	保護與驅除

蛙(水雞)(田雞) 兩棲類 蛙科	能捕食害蟲		兩棲類之脊椎動物體短闊上銳下廣色淡綠	警條禁人民捕食 凡蛙之屬如蝦蟇等皆宜保護
蜥蜴(四脚蛇) 爬蟲類 石龍子科	能捕蟲		爬蟲類長五六寸有四足雌褐色雄青綠色	
蝘蜓(守宮)(壁虎) 爬蟲類 守宮科	同前		體似蜥蜴而扁平灰褐色	以上二種人認爲有毒見必殺之其實此物並不螫人
斑蝥 以下皆昆蟲類 鞘翅類 斑蝥科	常捕食害蟲	體含毒極烈	長五六分至寸餘頭黃腹黑背甲有赤黃黑等色之斑	能毒人不可留
螳螂 直翅類 螳螂科	同前		頭扁平眼高突前胸延長如頸前肢似鐮後肢長	其卵有房長寸許黏着桑枝上曰桑螵蛸勿輕殺
蜂 蟻 膜翅類	植物之媒介	蜂螫人蟻善蝕		蜜蜂能造蜜及蠟爲工業要品可以人工飼之
白蟻 擬脈翅類 白蟻科		食材木使腐爲害甚烈	蜉蝣之類色灰白翅長逾體	常依樹根而窟宜尋搜之
蚜蟲(竹蝨) 有吻類 蚜蟲科		生于草木之嫩葉上吸收其汁液		石油可殺
螟 鱗翅類 螟蛾科		在稻莖內或鞘之間食其髓汁	一種蛾之幼蟲	
螟蛉(青蟲) 鱗翅類 螟蛉科		常在菜菔蕪菁蕓薹等葉上據食成長	一種蛾之幼蟲色綠	
螣 鱗翅類 螟蛾科		食苗葉又吐絲縛餘葉令穗不得展	色綠長寸許	
蝥(根白蛆)字亦作蟊 鱗翅類 螟蛾科		食稻根秋間爲害尤烈	長約二三分體大頭小	
蠋 鱗翅類		食桑橘等樹葉之害蟲	蛾蝶類之幼蟲長二三寸一似蠶體色種種各擬其所據之葉	
尺蠖 鱗翅類 尺蠖蛾科		食桑梅等芽葉	蛾之幼蟲長二三寸首尾相就屈伸而行有灰綠褐色數種	以上六種皆宜殺其成蟲不使遺卵
蠶 鱗翅類 蠶蛾科	能吐絲作繭	(野蠶)食桑葉不作繭	環節蠕動自胸及尾有足六對	海鄉不宜蠶
蚱蜢 直翅類 飛蝗科		自幼食稻葉	長寸許色綠或褐後肢大善跳首圓眼大	宜撲滅成蟲勿使遺卵
蝗 直翅類 飛蝗科		飛行成羣食禾立盡	前翅黃褐色有黑文後翅半透明而闊前胸有脊線甚高	晚秋遺卵于地翌春孵化名曰蝻宜搜除之

花蝱　雙翅類　蝱科		好吸花木之汁液	長五六分形似蜜蜂色黃無刺	
食蟲蝱　雙翅類　蝱科	常止于樹葉上捕食昆蟲		似花蝱而體有硬毛	花蝱宜除此宜保護鑑别在毛體
牛蝱　雙翅類　蝱科		寄生牛體上	翅褐色	產卵亦在牛之皮膚中宜時行清潔法勿使化蛹
蠹（蛀蟲）（蟫魚）　彈尾類　蟫魚科		有二種蛀木及蛀書服	蛀木者狀類小蠶蛀書服者略似魚形有銀色細鱗	畏樟冰
蠐螬　鞘翅類　金龜子科		蝕樹木果實	金龜子之幼蟲長寸許首赤尾黑以背行甚速	
蝤蠐（蝎）　鞘翅類　天牛科		木中蠹即天牛之幼蟲	白色而豐潔	上二種察得樹體有細孔處即用鐵絲穿殺之并彌其傷口
螢　鞘翅類　螢科		喜食黃豆苗	體蒼色尾有光	初發時捉之宜勤
蝶　蛾　鱗翅類		遺卵化害蟲	即螟螣蠋蠖之成蟲	夜張燈網撲殺之
螻蛄　直翅類　蟋蟀科		小麥葡萄等之害蟲	穴土中能鳴形似蟋蟀	同前
天牛　鞘翅類　天牛科		喜嚙桑枝皮遺卵其中	即蝤蠐之成蟲鞘翅甲體觸角二甚長觜銛如鋸金黑色背有白點	桑枝受嚙處在離地二尺以上故天牛繁殖之處倘剪桑枝不可過二尺姚北之地桑即避是害故
蠅　蚋　蚊　雙翅類		致不潔媒病菌	即蛆及孑孓之成蟲	穢惡處多灑石炭酸或撒石灰可減殺其繁殖力
蚯蚓（曲蟺）（地龍）　蟲環類　蚯蚓科	穿穴地中流通空氣能使植物成長		蠕形動物之一體圓而細長有探節甚多紫黑色	作物之纖根者亦常爲所害宜分别驅除之
蛭（馬蟥）　環蟲類　水蛭科		好附人畜肌膚而吮其血	蠕形動物之一種黃褐色有輪文口腔有緣如鋸齒此外又有二種曰田鑽曰牛蛭	見鹵即殭
蜈蚣　多足類　蜈蚣科	入藥	螫人有毒	多足蟲之一種體細長頭足赤色背暗黑腹黃	岱胸山所產最多土人于清明後立夏前掘取乾之銷運極廣年約百餘萬條

右表外蟲屬如虺蝮蜩蟯蚿蚰等類甚多不勝記載要無利害可言今

概從略

丱物之部

懸島無丱物本屬天然現象前志載及銀鉛錫磁石等產今皆無之既非事實不敢傅合概從闕略云

石　海山產石極多率質粗不中斧鑿岑港西南三鈞山有石宕每年所出頗資于用運至他處銷售者均係砌路用之版俗呼鈞山版又朱家尖及兩頭洞島等處亦有石宕　產普陀山者剖之多白質黑章作花竹草木等狀濃淡工細如畫又桃花山亦有桃花文石人多取之以爲珍玩

炭酸鎂　無機化合物爲牙粉原料可自苦滷中提取之近年東郊土城墩有設廠製造者

雜產

鹽　詳魚鹽志

冰　衜頭居民間以藏冰爲業隔冬窨田收冰用稻草搭蓋冰廠上鋭下

方以間阻熱力之侵入次年夏初開廠售與漁人近時鹽倉操冰業者亦廣每屆冬令自小竹山至平巖頭沿海一帶盡爲冰田歲收頗豐云

蠣灰　用蠣蚶等殼燒成以代石灰爲塗飾牆壁之用

蒲包　用蒲草編成裹物用之囊曰蒲包北墠人有業是者

醬油　用豆製豉灌鹵作醬曬取其油有伏油秋油之别市上稱佳者爲六四油當時物價低賤是油每觔須六十四錢故名今幾三倍之矣運銷寧波推爲上品

螺鈿鈕　蚌殼產乍浦運至定海以小機製成前有私立廠數家後皆閉歇今惟水產模範廠製之

罐藏物品　在試製中

黃沙　爲朐山特產每年運售上海產額在十萬元以上

海松　按此即珊瑚蟲之骨架色灰白有種種花紋普陀市中有出售者然此爲熱帶產物由賈客販來者非土產也

定海縣志冊三丁

教育志第八

昔之教育無統一機關人人各師其師所業又僅在讀書識字雖有書院亦不過爲士子臨時考試之集合地故前志學校一門不能紀其教育進化之迹自清光緒二十九年欽定學堂章程頒布後教育事業始漸見敷展三十一年科舉停止舊有書院一時改爲學校然定海聯列島而爲縣交通阻隔地瘠民僿教育普及豈易言哉官署于是項統計調製多未完密且不能盡合全縣教育最近實在狀況茲所纂述惟得其髣髴而已

學校教育

學校統計表

名稱	公立或私立	成立年月	學生人數	學生級數	校員教員數	校員職員數	支出經費	備注

定海公學中學部	私立	民國十年二月	未詳		一二	九	未詳	校舍在鎮鰲山麓民國八年邑人劉鴻生捐資創建十一年二月開校
又附屬小學部	私立	民國十年二月	未詳		一七		未詳	
縣立第一小學校高級部	縣立	清光緒三十二年正月	九〇	三	七	一	二、八七七•九四三	義學及蓉浦書院改設
女子第一小學校高級部	同	民國元年九月	三一	三	一〇	一	二、八九二•〇九三	在縣署土地祠舊址建設
縣立第一小學校初級部	同	元年八月	一三七	四				縣立第一小學附設教員均係兼職經費亦由縣立小學撥給
縣立第二小學校	同	五年八月	三四	四	一		一七四•〇〇〇	在東門武聖殿內
女子第一小學校初級部	同	元年九月	一五四	四				女子第一小學附設教員均係兼職經費亦由女小撥給
女子第二小學校	同	八年三月	四六	三	二	一	三一九•〇〇〇	在南郊體仁局內舊競存女學改設
女子半日學校	同	六年二月	三四	三				女高小附設不另支經費
區立第一小學校	區立	二年十一月	二四	四	一		一一二•五〇〇	在南城誠求堂內
申義小學校	私立	清光緒二十八年正月	一〇二	四	三	一	一、〇二六•五四〇	在縣署關帝殿舊名蒙學堂係官立民國元年改申義私立
慈雲小學校	同	清宣統元年正月	一二四	四	三		七九四、〇〇〇	在南郊半路亭西偏普陀山僧捐貲創立

義務小學校	同	民國四年三月	八五	四	三		三九〇·〇〇〇	在舊鎮署旁土地祠內今停辦
繆公小學校	同	二年四月	二八	四	一		九二·二〇〇	在盤嶼曹公廟舊繆公義塾改設
義成小學校	同	九年一月	四八	四	一		二一九·〇〇〇	在東城下前陸家廟（以上第一區）
洛舵鄉銳進小學校	同	四年五月	七三	四	二	一	八二二·六〇〇	在沈家門存仁局內
又化雨小學校	同	二年九月	三五	四	一		二〇七·〇〇〇	在普陀山龍灣舊僧學改設
又鳴新小學校	同	七年九月	三一	四	二		二七六·〇〇〇	在司灣馬鳴王廟內
又任重小學校	同	七年九月	四三	四	一		二五六·〇〇〇	荷葉灣賃屋開辦
又集成小學校	同	八年二月	四三	三	一		一八三·九一〇	在劉家灣
又文行小學校	同	九年二月	三二	四	一	一	二〇六·〇〇〇	在墩頭邱藍廟內
又區立第二小學校	同	二年二月	二四	三	一	一	四七〇·〇〇〇	在朱家尖香和廟內
又區立第三小學校	同	八年三月	二八	四	一		一三一·〇〇〇	在大洞隩借用天主堂餘屋開辦
蘆蒲鄉競明小學校	同	七年八月	一四	三	一		一〇六·〇〇〇	在蘆蒲莊塔嶺下孟嘉廟內

又延武小學校	私立	十年一月	六〇	五	二		六〇〇·〇〇〇	在盧蒲鄉勾山由邑人李拙出資創辦並捐助常年經費
展茅鄉孟晉小學校	區立	八年二月	六五	四	二	一	七九九·五八〇	在展茅螺頭龍門廟內其經費收取漁戶駁費及貨捐（以上第二區）
三安鄉區立第一小學校	區立	清光緒三十二年正月	一八	四	一		一〇八、〇〇〇	在皋洩萬壽寺內
三安鄉區立第三小學校	區立	民國九年三月	二七	四	一		二一五·〇〇〇	在白泉十字路積善庵內
景陶鄉區立第一小學校	同	清光緒三十二年二月	二〇	四	一		八〇·〇〇〇	在馬嶴中峯廟崇文義塾舊址
千欖鄉覺斯小學校	同	清光緒三十二年正月	二一	四	一		一五〇·五〇〇	在隆教寺由覺斯義塾改設
又啓明小學校	私立	民國六年二月	二八	四	一		一四五·〇〇〇	在黃沙村（以上第三區）
三益鄉區立第一小學校	區立	清宣統元年正月	二四	四	一		一三四·〇〇〇	在小沙二境行祠內
又區立第二小學校	同	民國九年一月	二二	三	一		二〇一·五三〇	在長白山雲龍廟內
紫微鄉區立第一小學校	同	八年二月	二〇	四	一	一	一六〇·〇〇〇	在墩頭村賃屋開辦
人和鄉槐芳小學校	私立	三年一月	二三	四	一	一	二七〇·一〇〇	在鹽倉莊（以上第四區）
金一鄉一成小學校	區立	清光緒三十二年正月	二七	四	一		一九四·三五〇	在柳巷金井廟內

金二鄉涵養小學校	同	民國元年正月	五五	四	三	一	九一五•〇〇〇	本在化成寺內後因地太偏僻移至瀝港
又鵬山小學校	私立	五年一月	二四	四	一	一	二六四•八六九	在鵬山賃民房開辦
金三鄉三益小學校	區立	清光緒三十二年正月	五四	四	三	一	四八五•五〇〇	在大象地包宅
榭北鄉尊經小學校	私立	同	四四	四	三	一	六〇四•五〇〇	由胡氏尊經義塾改設（以上第五區）
東靖鄉區立第一小學校	區立	民國二年二月	二五	四	一		二四〇•〇〇〇	在蛟頭義火祠舊東靖義塾改設
又區立第二小學校	同	四年九月	三〇	四	一		一三六•〇〇〇	在青港岙青山廟內
又又第三小學校	同	八年四月	二五	四	一		一五〇•〇〇〇	在平峧林府廟內
又又第四小學校	同	九年三月	二〇	三	一		一三〇•〇〇〇	在中央村借用民房開辦
又正新小學校	同	九年二月	一八	三	一	二	未詳	在大浦村借用民房開辦
又三近小學校	同	九年二月	三三	四	一		未詳	在杜莊村莊公廟內
靈和鄉東明小學校	同	二年一月	二四	四	一		二一〇•〇〇〇	在南岙借用民房開辦
又東成小學校	同	二年一月	三九	四	一		二五七•〇〇〇	在柵棚玄壇廟內（以上第六區）

登步鄉勗志小學校	同	元年七月	一三	四	一		一五〇•〇〇〇	在大地升借用民房開辦
又勵志小學校	同	二年八月	二六	四	一		一八二•〇〇〇	在鷄冠礁財神殿內
又成志小學校	同	七年四月	二〇	三	一		二三八•〇〇〇	在長沙塘賃用民房開辦
協和鄉區立第一小學校	同	清光緒三十一年二月	二〇	四	一		一四四•〇〇〇	在闢浦嶴
又又第二小學校	同	民國二年二月	二三	三	一		一四四•〇〇〇	在千步沙白雀寺內（以上第七區）
蘭秀鄉區立第一小學校	區立	民國二年二月	五四	四	一		二二〇•〇〇〇	在北浦四旋廟就禦侮會義塾改設
長塗鄉揆文小學校	同	清光緒三十二年二月	一七	三	一		一〇九•〇〇〇	在娘基宮就揆文義塾改設（以上第八區）
岱山蓬山小學校高級部	同	民國元年三月	一〇	三	一			在朝北嶴由同文義塾改設二校同設一處以初級小學校爲主校
又蓬山小學校初級部	同	同	二一	四	二	一	四五二•〇〇〇	
又掄志第一小學校	同	清光緒三十三年二月	二八	四	一	一	一六〇•〇〇〇	在高亭天后宮內
又掄志第二小學校	同	民國三年二月	四三	四	一	一	三八五•〇〇〇	在東沙角租用民房開辦
又競新小學校	同	七年八月	五二	四	二	一	六三七•九九〇	在東沙角鉄板沙借用民房開辦

又競存女子小學校	同	七年九月	一五	四				由競新校附設不另支費
又顯承小學校	私立	清宣統元年三月	四二	四	一	二	二三〇·〇〇〇	在石馬嶴就於氏義塾改設
又鹽務第一小學校	同	民國六年八月	二六	四	一		一〇八·〇〇〇	在石橋頭借用民房開辦
又又第二小學校	同	同	二八	四	一		一〇八·〇〇〇	在東沙角借用民房開辦
又又第三小學校	同	同	三〇	四	一		一〇八·〇〇〇	在司基借用民房開辦
又又第四小學校	同	同	三三	四	一		一〇八·〇〇〇	在宮門借用民房開辦
又又第五小學校	同	同	二五	四	一		一〇八·〇〇〇	在泥峙借用民房開辦
又又第六小學校	同	同	二〇	四	一		一〇八·〇〇〇	在火盤借用民房開辦
又又第七小學校	同	同	三二	四	一		一〇八·〇〇〇	在嶺兜借用民房開辦
又又第八小學校	同	同	二〇	四	一		一〇八·〇〇〇	在茶前山借用民房開辦
又又第九小學校	同	同	二〇	四	一		一〇八·〇〇〇	在北峯山借用民房開辦
又又第十小學校	同	同	二〇	四	一		一〇八·〇〇〇	在剪刀頭借用民房開辦（上列十校係由同文義塾改設經費亦由五嚳公廒捐助）

又正脩小學校	同	民國十年二月	三三	四	二		未詳	（以上第九區）
朐山鄉敬業第一小學校	區立	清光緒三十四年正月	二七	四	一		一八七•六六〇	在倒斗嶴財神殿
又又第二小學校	同	民國七年八月	二四	三	一	一	一七八•〇〇〇	在鄉下洞礁渤關聖殿
又又第三小學校	同	同	二一	三	一		一四三•五六〇	在鄉東長沙玄壇廟內（以上第十區）

歷年學校發展概況表

年分	清 光緒間	清 宣統間	民國 元年	二年	三年	四年	五年	六年	七年	八年	九年
學校總數	失考	失考	二二	四四	四三	四八	四九	五四	六八	七三	七二
比較				增二三	減一	增五	增一	增五	增一四	增五	減一
九年分學校之歷年成立數	二	三	七	八	三	二	二	一二	九	七	八

歷年學生人數及教育經費比較表

年分	學生人數	比較 增	比較 減	教育經費	比較 增	比較 減	每學生平均教育費
民國元年	六八八			九、〇四九·〇八二			一三·一强
二年	一、四四三	七五五		一五、四〇三·七二九	六、三五四·六四七		一〇·六强
三年	一、二二七		二一六	一二、〇〇〇·三九五		三、四〇三·三三四	九·八弱
四年	二、六一〇	三八三		一六、〇〇二·四〇九	四、〇〇二·〇一四		九·八强
五年	一、六九〇	八〇		一六、〇七九·四〇九	七七·〇〇〇		九·六强
六年	二、〇七六	三八六		一六、八五三·三八六	七七三·九七七		八·一弱
七年	二、七三六	六六〇		二一、六五七·七八七	四、八〇四·四〇一		七·八强
八年	二、七〇八		二八	二二、五一六·八七八	八五九·〇九一		八·三强
九年	二、八二七	一一九		二三、一八八·五二五	六七一·六四七		八·二强

案編是表時十年十一年教育統計調製尚未齊無從取材故略之

全縣各學區教育盛衰概況表

學區	學校總數	學生總數	人口總數	人口比較	學生比較	備注
第一區 城衛	一三	九五七	三五、六七三	一〇%	三三%	人口居第六教育居第一

第二區 蘆蒲 展茅 洛舭	一一	四一一	六四、二一三	一八%	一四%	人口居第一教育居第三
第三區 三安 景陶 干欖	六	一六八	四〇、六一六	一二%	六%	人口居第四教育居第六
第四區 人和 三益	二	五〇	五一、〇〇七	一五%	二%	人口居第二教育居第十按紫微岑椗二鄉均無學校
第五區 金一 金二 金三 樹北	五	二二〇	四三、一二三	一二%	八%	人口居第五教育居第四按冊子樹南二鄉均無學校
第六區 靈和 東靖	七	一八八	二九、五二七	八%	七%	人口居第七教育居第五
第七區 協和 登步	五	一〇二	八、一七八	二%	四%	人口居第十教育居第七
第八區 蘭秀 長塗	二	七三	一八、七九二	五%	二·五%	人口居第八教育居第八
第九區 岱山	一八	五八六	四七、七七一	一四%	二·一%	人口居第三教育居第二
第十區 朐山	三	七二	一四、三八〇	四%	二·五%	人口居第九教育居第九
合計	七二	二、八二七	三五三、二八〇	一〇〇	一〇〇	表中人口數據八年戶口調查學生數據九年學校調查

西國教會設立各學校

浸會高等小學校　校舍在城北舊守府署清光緒年間寧波浸禮會總牧師高錫三創立原名浸會初等小學堂民國五年美國教士郝培德改今名並附設國民部現有學生高小三班國民四班人數及經費未詳

增德學校　在北郊天主堂內係國民小學民國七年德教士董增福創立學生四班人數及經費未詳

脩道院　同上

浸會初等女子小學校　在城西真神堂民國六年美國葛女教士創立學生三班人數與經費未詳

社會教育

社會教育概表

名稱	地址	開辦年月	組織	收入經費來源	收入經費總數	支出經費用途	支出經費總數	備注
公立第一通俗教育講演所	借用各廟宇	民國五年二月	所長一人演講員一人	縣公益費項下動支	二〇六	講員薪水及辦公費	二〇六	分往城東城南及人和展茅岑椗紫微三安三益景陶干覽岱山蘭秀長塗朐山等處巡講
公立第二通俗教育講演所	同	同	同	同	同	同	同	分往城西城北及金塘大榭冊子協和東靖靈和登步洛舵蘆蒲吳洞甬東等處巡講
城區閱報社	舊鎮署前	民國六年八月	所長一人社員二十二人	社員捐助	六〇	購置各報及雜費	六〇	

岱山鎮閱報社	東沙角	民國二年一月	同	同	同	同	同	
公衆運動場	在舊教諭署前	民國八年	由勸學所籌辦	縣公益費項下動支	三二	機械繕補等用	三二	場內設秋千鐵槓蕩木足球等項開辦費一五二圓亦由縣稅動支

教育機關

勸學所　清光緒三十二年十月遵章開辦原借蓉浦書院餘屋爲辦公處廳同知楊志濂委丁中立爲總董戴駿烈爲副董分東南西北四大學區設勸學員四人詳准提撥定海倉穀糶價存當息計銀四千零五十餘圓暨截漕平糶餘剩存庫銀三百五十餘圓兩共息銀四千四百餘圓另儲生息充作勸學所經費三十三年奉文開辦師範講習所並附設私塾改良會稟准將在城甬東二莊積穀計四年息銀八百餘圓作爲改良私塾購置各科用書由勸學員分赴各鄉調查分給各塾師參攷以期實行改良並由副董戴駿烈馳赴各鄉勸設學堂二十餘所嗣鑒于經費困難復由勸學所稟准立案將稅契每價銀一兩加捐制錢十文毀學後充勸學所經費至

（宣統三年停止）串票每張加錢十文（毀學後停止）二項年計銀一千餘串補助各鄉興辦學堂之用時民智未開鄉民誤會致成毀學之禍由是各鄉學堂暨勸學所相繼停辦三十四年正月勸學所重行開辦宣統元年三月丁中立辭職戴駿烈因病出缺奉文改董爲勸學員長委任周允斌充之四月奉文開辦宣講所設宣講員二人八月奉文設立社學二所二年四月奉文將社學改辦簡易識字學塾專爲貧寒子弟識字起見就城衙東西南北四隅設立四所經費均由勸學所開支六月稟准實行取締私塾將各塾師一律試驗合格者給予證書不合格者令其停閉一面竭力勸辦學堂學務漸有起色三年八月武昌起義各縣響應九月定海組織民政署內設教育科主辦全縣學務勸學所因之停止至民國五年奉部令設立勸學所並由浙江都督令開規定舊有府縣教諭訓導署一律撥改爲各縣勸學所六年二月定海勸學所復在舊教諭署設立並詳准省長委任周允斌爲勸學所所長旋因浙江增設教育廳改由教育廳委任並呈准由

縣稅教育費項下年撥銀六百六十圓充作常年經費全縣分爲十學區每區設學務委員一人由縣知事委任規畫本學區內教育設施事項縣稅教育費之規定查民國八年檔案全年地丁實徵約銀一萬二千二百七十餘兩每兩帶徵銀六角三分內除一成徵收費餘作十成均分提四成爲教育費約銀二千七百餘圓內除補助縣立女子高小學校一成約銀二百七十餘圓縣立第二女子國民學校銀一百二十圓縣立第二國民學校銀一百二十圓寧屬縣立商校補助銀一百圓勸學所經費銀六百六十圓縣視學薪資銀四百零八圓學務委員公費銀二百圓以上合銀一千八百七十八圓尚餘銀八百二十餘圓由勸學所補助區教育費暨私立各校經費

縣教育會　光緒三十四年成立會所原借學宮尊經閣丁中立爲正會長藍開勛爲副會長嗣因事中止民國二年公民沈椿年等發起改借城隍廟西首痘神殿爲會場選舉馬瀛爲正會長湯銘策爲副會長呈准浙江省行政公署立案並在縣公款項下給予補助金五十圓四年十月改選周安鋆爲正會長許濟川爲副會長八年三月又改選何輔漢爲正會長陳宗琳爲副會長會員無定額籌辦教育改良事宜其常年經費除歲

撥縣稅補助外又公議將變賣杭州定海試館項下撥銀五百圓存莊生息支用

城教育會　會所附設義務國民學校內民國四年十一月邑人戴成祥等呈報立案舉胡壽頤爲正會長戴成祥爲副會長會員無定額經費由會員繳納年計銀三十餘圓五年十二月改選胡寶儒爲正會長朱福昌爲副會長會員三十八人籌議城區教育進行事宜

僧教育會　會所在普陀山龍灣宣統元年法雨寺退居僧開如普濟寺退居僧通達等組設公舉開如爲會長稟請定海廳詳准撫學兩憲立案是年設立小學二所一在定海城外半路亭一在普陀龍灣民國元年十月改選僧文蓮爲正會長了一爲副會長二年仍由開如等呈請取銷僧教育會改爲佛教分會小學二所仍舊經費由佛教分會擔任

小學教員研究會　會所附設勸學所內民國七年十一月成立其辦法各教員先自通函研究俟年暑二假由勸學所指定日期通告各會員集

會研究學術

私塾改良會　會所附設縣教育會内先是民國元年奉教育司令限制私塾不准在小學附近一里半以内開設二年復將城鎮鄉私塾教師由知事分期試驗其不堪師資者實行淘汰八年四月教育會長何輔漢發起擬具私塾改良會規章呈准縣署備案會長卽由教育會長兼任會員卽以私塾師入會者充之其宗旨爲地方謀教育普及因勢利導將私塾切實改良以輔助學校之不足

定海縣志冊三戊

選舉志第九

前志選舉專載科貢而以例仕蔭襲附次其後國體既改選舉盡廢前制民選公職允當厥稱宜備列焉至如學位勳章亦出民國重典例應附入

歷代科貢人名表

朝代	徵辟	進士	舉人	武科	貢生	備注
宋		三十三人人名見前志				人名繁多凡已見前志者概不贅列下同
元	二人見前志	一人見前志	二人見前志		二人見前志	
明	四人見前志	三人見前志	八人見前志	舉人三人見前志	三十二人見前志	
清	嘉慶間三人見前志	雍正間一人 乾隆間二人 光緒九年一人 以上均見前志 光緒十六年王脩植	康熙間四人 雍正間四人 乾隆間十一人 嘉慶間四人 道光間五人 咸豐間五人 同治間九人 光緒元年至五年五人 以上均見前志 光緒十一年王脩植	進士二人 舉人三十一人 以上均見前志	康熙間十八人 雍正間十人 乾隆間四十一人 嘉慶間二十人 道光間二十九人 咸豐間十一人 同治間十二人 光緒元年至七年九人 以上均見前志 光緒八年韓誠明(恩)	

年	姓名
十四年	藍開勳
	胡以銘
	丁中立
十五年	陳一貫
	周光寅
十七年	朱衍煥
二十年	龐孝脩
二十三年	邵立熊
二十九年	孫爾瓚

年	姓名	類	附註
	柯錫圭	（歲）	
十年	倪九和	（歲）	
十一年	王脩植	（優）	
	李肅銘	（拔）	
十二年	谷鳳年	（歲）	
十四年	夏賓賢	（歲）	
十六年	葉麟祥	（恩）	
	胡章煥	（歲）	
十七年	趙玉堂	（副）	
	胡振棣	（歲）	
二十年	錢方亨	（歲）	
廿二年	孫良楨	（歲）	是年鄉會試奉諭停止歲貢照額倍取
廿三年	厲玉夔	（拔）	
廿四年	會詠人	（歲）	
廿六年	繆昌祚	（恩）	
	周安鋆	（歲）	
廿八年	許堯卿	（歲）	
三十年	王亨彥	（歲）	
卅二年	俞兆熊	（歲）	
	湯銘策	（歲）	
卅四年	魏錫章	（歲）	
	李鷴年	（歲）	
宣統元年	湯濬	（拔）	是年拔貢照額倍取
	方壯猷	（拔）	
二年	黃德駿	（恩）	
	李蟠	（恩）	

案清光緒二十七年七月詔嗣後武童考試永遠停止三十一年詔停止歲科考試並由政務處奏准其廩生應出歲貢准照原定額數倍取均於壬子年考優後一律停止

學位　以得學位先後爲次

胡以魯　法學士　清某年日本帝國大學畢業

蔣守柏　農碩士　清光緒三十三年上海約翰大學畢業三十四年留學美國伊利諾大學習農科兼教育科畢業後轉入同國魯齊愛那省大學農學特科得碩士位

王　鏞　文學士　清某年上海約翰大學畢業

徐　然　理工碩士　民國二年美國威斯康新大學畢業後轉入同國芝加哥大學得碩士位

徐　尚　理工碩士　民國三年美國伊利諾大學畢業後轉入麻省理工大學得碩士位

周象賢　工學士　民國三年美國麻省理工大學衛生及水利工程科畢業

陳漢清　文學士　民國九年上海聖約翰大學畢業

厲始學　學士　民國九年上海交通部工業專門學校畢業

費鈞　商學士　民國十年上海復旦大學商業專科畢業

武書常　碩士　民國十二年美國本薛文尼大學實業管理科畢業

武書尚　文學士　民國十二年上海聖約翰大學文科畢業

仕進　前志以例仕行伍蔭襲分列茲概以文武職次之如左表

時代	文職	武職
明	嘉靖間二人凡已見前志者不復詳列名氏	
清	康熙間二十五人 乾隆間八人 道光間十人 咸豐間五人 同治間六人 以上見前志 光緒間 藍開藻　署湖南鳳凰廳同知 林際康　歷署直隸天津府同知天津府知府 沈熙廷　江蘇震澤昭文等知縣 丁中立　雲南恩安縣知縣 黃以周　歷署遂昌海鹽於潛等學訓導旋任分水學訓導處州府學教授 沈震　歷任諸暨嘉善等學教諭 孫詒謀　署建德學訓導東陽學教諭 柯錫圭　麗水學訓導 韓兆蕃　法部郎中	康熙間（行伍）四人 雍正間（行伍）二人 乾隆間（行伍）三十三人 嘉慶間（行伍）三十二人（蔭襲）二十九人 道光間（行伍）六十三人（蔭襲）七人 咸豐間（行伍）八人（蔭襲）十二人 同治間（行伍）九人（蔭襲）七人 光緒間（行伍）三十二人 以上見前志 又 陳友定　乍浦副將 王得勝　閩粵南澳鎮總兵 劉維駿　江南第九鎮礮隊第九標統帶 徐九成　崇明中營游擊 劉賢斌　海標中營游擊 洪得意　定標右營游擊 朱威貴　定標中營守備護理右營游擊 龐輔相　黃巖中營守備 方智仁　署石浦都司 邱世榮　乍浦協左營守備 方炳章　陳子敬俱定標中營守備 張榮麟　吳信智　方鎬俱定標中營千總 鄔文星　定標左營千總 龔震雷　陳元吉俱定標城守營千總 包科威　金傳芳　王桂生　王佐才　蔣生華　張榮

丁崇吉　上海江海關副稅務司
劉采亮　鄞縣警務長
宣統間
李哲濬　戶部主事授江寧勸業道

民國
李哲濬　民國四年吉林財政廳長
胡以魯　司法部參事
劉采亮　四川高等審判廳民庭長甘肅福建廣東高等審判廳推事福建思明閩侯地方審判廳長浙江高等審判廳長
方壯猷　吳興地方審判廳廳長浙江高等審判廳推事浙江第一高等審判分廳(溫州)推事廣東高等審判廳民事第三庭庭長杭縣地方審判廳推事永嘉地方審判廳推事
盧孝先　浙江第四地方審判廳代理推事浙江奉化縣專審員
王文蔚　交通部郵政總局會辦
王　鏞　浙海關監督山東石島區收稅官
藍宗麟　交通部主事
胡賡舜　山西太原福建思明地方審判廳書記官
武維周　署理鮑郎場知事民國四年保送赴京應二期考詢場知事合格奉令分發兩廣以場知事任用
水瑞元　交通部郵政官
戴成祥　福建思明地方審判廳推事閩侯地方審判廳推事
　　　　高等審判分廳推事高等審判分廳監督
徐　安　福建高等審判分廳推事
孫新猷　福建思明地方審判廳推事福建高等審判分廳推事
邵家墉　福建思明地方審判廳推事

宗俱定標中營把總　徐紹基　吳福星俱定標左營把總
王元福提標右營把總　方瑞祥　芮嘉芳　高振彩　呂達
卿俱定標右營把總　鮑朝富　林寶康　李伊棠俱定標城
守營把總　王瑞喜石浦營把總
宣統間
蔡忠敏　太倉州守備
王瑩瑜　藍新恩俱雲騎尉世職

厲汝燕　陸軍上校航空署機械廳長
沈亞雲　京畿警備總司令部少校副官
楊紹震　海軍上尉海軍部科員
邵廷標　陸軍少校嘉興第五營游擊隊管帶
呂達卿　外海水上警察第二區第八隊隊長

公職　凡由公民選舉之當選者皆屬之

清季豫備立憲時期之民選公職
資政院議員　定屬未應選
諮議局議員　丁中立　沈椿年
城鎮鄉自治公所議員二十八人　因國變故未經召集
民國以來之民選公職
衆議院議員　沈椿年七年當選
省議會議員　王　廉　厲支石　費錫齡　張錫蕃俱二年當選
王　廉　厲支石　費錫齡俱七年當選
縣議會議員　藍開勛　陳邇音　陳鴻年　湯銘策　費錫祜
黃鍾琦　鄔康瑞　孫廷彥　劉奉璋　邵家墉　翁百頤
戎際廷　孔廣懷　姚承綸　樂銘堂　李英泮　黃審甫
李哲穎　張孝根　王昌科　王士璡　吳啓楣　胡振籛
鍾信和　童道元　唐宗昭　謝立初　賀正黼俱元年當選

張孝根　韓襄周　何輔漢　樂　天　李小卜　李士林

唐宗昭　鄔康瑞　厲富善　李冰夫　費　傑　徐脩編

王行鍊　盧孝先　王守鍔　徐　安俱十一年當選

褒獎　凡由中央政府頒給之匾額褒辭入之

朱佩珍　民國九年四月大總統獎給敬教勸學匾額爲創辦定海公學事

鄭嘉隆母胡氏　民國九年十二月大總統獎給里黨觀型匾額

王守鍔母賀氏　民國九年十二月大總統獎給志潔行芳匾額

王松堂　民國十年三月大總統獎給義問宣昭匾額　四月獎給黻佩宜年匾額　又三月獎給褒辭文曰孔奮茹菜州閭冠篤行之名子產乘輿溱洧著惠人之譽兼而有之不可及也爾定海紳士王松堂秉性過人於鄉修德田氏榮紫荊之樹析爨堪嗤李家輝花萼之樓聯歡彌篤人歌續命舍青州千畝艮田士庇懽顏築杜陵萬間廣廈當仁不讓見義必爲行誼如斯褒揚宜及於戲司馬君實垂老恭兄爲天倫之樂事令尹子文毀家紓難開義行之先聲畀以楔題光乃矩範

王趙氏　民國十年三月大總統獎給鄉里矜式匾額

王文蔚　民國十年八月大總統獎給宣力飛芻匾額

劉鴻生　民國十一年三月大總統獎給樂育菁莪匾額為創辦定海公學事

沈椿年母夏氏　民國十四年十二月大總統獎給璇閨令範匾額

按邑人士之受褒揚者倍蓰此數因調查未及祇得從略

人物志第十

人物非盡人可志也必其人有功德于其鄉沒而可祭于社者乃足志其次必其學術道義踔然有可以自見而爲後士矜式者又其次必其至性獨行超越尋常者至如節槩聞達之士材武勇略之倫風雅之林隱逸之侶則又其次焉此皆地方志之所取亟欲傳而表章之者所謂人文是已前志傳人物取善善從長之義著錄者漢一人三國一人唐一人宋二十三人元五人明三十二人清六十二人都得百二十有五人定海雖窮島自漢以來二千餘年矣人物之可傳者寧止此數與其失入失出紀載未得其公不若律以謹嚴之義法而加去取于其間茲爲甄錄遺聞類而列之微長必錄庸德從刪蓋皆本之史法非敢稍徇好惡之私云

表一　凡有功德于鄉者入之

朝代	姓名里居	事蹟	備注
明	王國祚　紫微人子孫居小沙	湯和經略東南因葉希戴王子賢之亂奏請起遣縣海四十六山居民于內地兵火慘毒無所控告國祚傷之以爲遣徙非朝廷本意必可復乃赴金陵力陳翁州不可徙之狀及民兵與官兵交足之法太祖以爲然勞而歸之既歸傳諭鄉人之已徙者遠近皆復舊里巡檢官以部檄未降禽國祚詰金陵太祖復勞而歸之復翁州事遂定州人感其德顏其堂曰復翁稱之曰復翁先生	
	施邦彥　字伯玉號印泉	嘗上書宰相請復置昌國縣後人議開復舟山皆根據此書	邦彥事親孝色養兼至與弟端彥友愛終身不析居讀書普慈山房至耄益篤既沒秣陵張可大立石于普慈山門之右曰明高士施印泉先生讀書處
清	夏時棟　字隆吉紫微人	展復初嘗繪圖上呈身爲嚮導凡百創脩棟力居多又以塗租攤累病民呈請得免人至今稱之	時棟留心時務爲上官所敬禮知縣周聖化榜其閭曰翁州遺獻
	吳　澐　字幼文蘆花人	展復後食鹽有課塗稅攤賠民甚苦之澐力請得免居鄉又與生員繆檉吳世揚舉考亭社倉之制鄉人頌其德焉	
	黃　灝　初名正位紫微人	灝有幹才知縣繆燧知之稔凡有興建必與商計時士著不敷學額燧剏認墾入籍之法俾他縣士子咸來占籍而瀕海之地墾田必先築堤以工役估計之而有傭直灝與楊漢昭等議以各家子弟就役移其直爲興學之資燧從其言于是定海始有學云	
	黃　敏　字有功鹽倉人	敏性肫摯尤好務義家近野鴨浦時慮海潮泛溢爲患民田乃倡衆築五福塘凡二次始成化斥鹵爲沃壤者千有餘畝繼又築百歲塘成田又數百畝鄉人德之	敏以諸生膺乾隆己酉欽賜舉人癸丑欽賜翰林院檢討亦賞其築塘功也

邱培林 岱山人	培林業農爲人誠樸遇事敢爲嚮例岱山民完課須航海至城投納胥役欺其東僻島民多方留難之乾隆時岱民齎錢航渡投甌中途遭颶風覆沒斃多命培林憫之投狀縣官請設分甌岱山卹民艱不准賡之再三官怒繫培林于獄將以鬧糧罪聞于上邑人大恐籲救之得提省重讞省大吏直培林狀准其所請岱人至今稱便皆培林力也	
王時亮 字績熙白泉人	初制常平倉積穀浙西三府赴外省買運浙東均由本地采買縣官因而牟利每當春夏出糶不糶于民而糶于商勒商以重價米市因之大貴秋成後買回則以短價勒民富戶賂胥役得免中戶力不能賂限令出穀浮收之餘繼以津帖受代至前官以利之所在弁采買下年遂有一年兩買者鄉民重困時亮憫焉遂毀產控之大吏事聞于朝得旨依浙西例其弊始除	時亮父煜嘗讓遺田百畝于其兄楷楷不受因仿范文正法置義田曰師范祀
王顯英 時亮從兄	嘗呈請大吏免徵海寧塘柴既得准勒碑永禁鄉人德之	
王金邦 岱山人	岱民製鹽向用鍋煎故法成本既重出產亦微金邦思創新法製鹽使產多而本輕一日偶見挑鹽擔上有滷見日結晶大喜因創板曬法用力少成功速遠近利焉	相傳中國曬鹽法皆自岱山流傳則金邦創造之功所及遠矣
錢學懋 城人	咸豐末粵匪擾浙寧波郡縣皆陷定海僅隔一水倉卒間無以爲守禦計學懋慮賊旦夕且至急詣官自承軍需設籌防局于家一時聞風者不少興起資稍稍集戰備遂具賊來攻殲焉粵匪靡爛東南而定海乃屹然獨完蓋其力也	前志稱學懋平日居鄉不著聲譽而臨難獨慷慨毀家如此其保全鄉邑之功益可敬已
丁純增 字祥綬	性慷慨家雖不富而好赴人急難告乏者踵門必百方轉貸貸之及其子商于滬大獲歸純增益輕殖好義每貸人錢必與之要約某日當歸償日至勿應純增輒親過其家叱責之果窮乏者緩其責且益貸之嘗謂人曰緩急吾分當爲但稍苦之使知求人不易也歲暮就市市俗所急者量取各物綜之纍纍數十綜懸之壁有來請者輒揮令自取壁上所懸計純增歲所貲金不貲年八十八卒卒之夕集諸負者所貸券火之盡及葬白衣冠來會者數千百人皆哭失聲	純增生八子其第四子曰駿照字欽齋爲人亢爽婞直如其父嘗董上海商務總會每與同列論事爭是非不苟必直而後已頗著義聲

表二　凡負學術道義之望者入之

朝代	姓名里居	學行	備注
宋	余滌　字元發居甬東	滌力學篤行爲鄉里所推敬紹興二十二年縣令韓晝與學造士用王安石聘杜醇故事具禮延滌爲諸生楷式受汲艾者甚衆	以孫天錫貴贈少傅嘉熙間縣令余桂爲建祠于申義堂東序應𢘿爲之記
	魏榘　字方直岱山布衣	榘讀書尚義爲鄉里師表咸淳七年請建岱山書院郡守劉黻爲給舊酒坊址助緡數千成之	
	許孚　字止齋居蓬萊鄉	孚隱德勿曜力行孝弟引翼後進知縣趙與沐稱其文行孝義爲鄉里倡蓋不誣云	孚性愛山水之勝每登臨輒旬日忘返
	徐愿　字恭先居岱山	愿受業于袁燮爲高弟子學行政事卓絶一時	愿嘗官福建提舉會黃勇之亂羣帥皆束手退避愿獨躬赴敵温辭開諭亂卒羅拜曰提舉活佛也
	朱介　字　居蓬萊鄉	介與徐愿齊名亦爲袁楊之學者	
明	夏炳　字子文號南岡紫微人	炳生平勿樂仕進惟以師道自任稱昌國鉅儒遠近爭延致之名士多出其門下	嘉靖間炳上倭夷進退官軍戰守二策甚見納用
清	夏時暘　字履祥號北峯紫微人	博學篤行有長者風里人敬畏之歿後入祀鄉賢祠	

黃式三 字微香紫微人

式三事親以孝聞道光十四年赴鄉試會母喪以暴疾卒于家馳歸慟絶誓不再應試生平於學無所不窺並包六藝斟酌諸儒不域于門戶四十後考求先王禮制及後世沿革爲經濟之學六十後治易以易之陰陽消息內驗身心謂事之吉凶不待卜筮而後知晚年益好言禮門弟子有請業者曰治禮禮可以怡情可以淑性可以定命其篤信如此歿入祀鄉賢祠

周振銓 字瘦石甬東人

振銓有文行爲時推重生平喜獎善類與後進接未嘗疾言遽色規人過往往寓介于和因温見厲人無不愧感尤善藻鑒時人經其品題後無不成名

性好急義咸豐末有江西難民數百人來乞食振銓安之于祖印寺中爲募邑富戶傳食次年復躬買舟送之歸其風義如此

黃式潁 字穭生紫微人

式潁自少從其兄式三學通經史心體力行不苟爲隨俗趨時之習教弟子先治經明訓詁自奉極節約布衣蔬食數十年如一日而於鄉里之窘乏者必周之無吝色遇事侃侃正言雖强悍見之讋服

咸豐初天主教徒强占民產鄉民畏偪羣起與爭法領事要挾地方官索償鄉民益怒將激變式潁出爲開陳利害事乃定

黃以恭 字質庭式潁子

以恭幼從伯父式三學治經通大義長益博覽專精尚書毛詩考訂古今義訓務求合于本經不拘拘于一師飭行立品寡言笑負儒望于時

黃以周 字元同號儆季式三子

以周治父書時有訂正其父至目爲諍子性至孝非禮不動爲學一空漢宋門戶詩書春秋皆條貫大義說易綜舉辭變象占不偏取鄭王尤邃三禮嘗曰挽漢宋之末流者其唯禮學乎著禮書通故百卷大江以南之學者咸宗焉生平篤守顧亭林經學卽禮學之說而以執一端立宗旨爲賊道蓋四明之學自萬斯同全祖望以來獨以周爲最醇云

王元恆 字佩韋馬嶴人

元恆少從黃式三游得其傳後又治宋儒學說成朱呂問答一書生平嚴恪廉介喜爲人排解紛難人多畏敬之無敢以不義干者居家稱有無以給衣食儲有餘以備不虞儉素之風聞于遠近嘗曰奢儉爲善惡之判儉則廉奢則貪貪斯下矣

粵匪擾浙時有族人自鎮海祖籍來依髮茸茸然爲官軍所得以爲匪徒將誅之元恆聞其事急出以家口保始免其赴義類如此

表三　凡有至性獨行者入之

朝代	姓名里居	行誼	備注
宋	張超 居城中狀元橋東 子義 義子華祖	超年十九父榮患氣疾寢篤醫藥無效超乃對佛炷香刲脅取肝煑粥以進不踰日父病愈時乾道二年十二月二十六日也守趙伯圭舉楊慶例命縣厚加優䘏嘉泰四年令葛洪援赦令與免一切科賦徭役並封殖其父母墓禁樵採者嘉定四年超病子義割乳以奉之淳祐六年義病其子華祖復繼之三代孝行出天性官表其巷曰旌孝元州同知干文傳改曰興行	
	朱日新 居狀元橋西	淳祐七年日新母年七十病革刲股進殰而復生官題其門曰教愛	
元	蔣員外 逸其名	蔣仗義矜節不纖嗇于財有粥田產者如其直市之久之度其人無以自給舉以還之不責償已而又賣則又受而歸其直踰時又還之至再四無怨色後泛海入郡爲迴風所擊入水舟人挽之不可得已去溺所十里許遙見一人冉冉立水上隨風赴舟視之乃蔣也亟引之問所以曰方溺時覺有物如蓬藉吾足適順風吹至此耳人以爲積善所致	
明	周介 字士廉	介少孤家貧事母盡孝戚人韓璉爲德州同知贈田二十餘畝助菽水介曰如何吾母而煩公養不受傭書供母七箸常饒一日母往女家介躬負輿喜曰母覺微重養未已也其孝行如此	
	繆廉	廉兄弟七人至老同居聚族百餘口自祖保章父永宗至孫闌凡五世耕讀各務其業斂散賓祀各有條理鄉人義之	

金子深 居城西浦東

倭寇內犯子深挈母入城過南墠橋遇賊欲掠之子深挺槍以待呼聲振林木賊委去或曰賊果迫汝奈何深曰所憂者母賊之去來不足計也衆服其孝行

劉　晉

嘉靖三十二年倭入城晉之祖老病不能行家人各挈子女走惟晉負其祖而逃祖曰我老甘死汝宜速去無同死于此晉不忍俱被殺

鄭十三孝子 東山里人

孝子爲東山世族倭犯其境族人各避去孝子請其父偕行父猶顧慮不急去遂爲倭所及執其父刃之孝子抱父屍大哭倭憐其年少欲生之孝子伏地不肯去倭怒并殺之越數日族人收其屍孝子身首異處而右手猶抱其父牢不可釋縣尹宋繼祖聞而哀之爲文以祭

清

劉貞升 字泰階

貞升父在仁明指揮順治八年北師下舟山在仁舉家殉難家人以貞升幼匿之以存劉氏後母吳鄞產也方歸省聞變亦削髮爲尼十三年浙江提督田雄奉命徙舟山見貞升狀貌英偉留之寧波署中貞升踰垣走夜至一山有寺名普光入門求假宿一老嫗問所從來貞升備述之嫗聞大哭貞升知爲母也欲奉之歸母不願去貞升遂賃寺後屋以居傭販供母有閩商某見貞升孝深愛重之商故無子悉以所積財貨委焉商病貞升事之甚謹并使人入閩告其家屬使未返而商亡殮殯如禮封其簿書貨貝俟其家屬至歸之

郭　璘 字文玉

父定明諸生死舟山辛卯之難璘年十六奉母避居慈谿痛父之死恆嗚咽不已母性嚴少不如意即投案不食璘率妻匍匐請罪必俟色霽然後起母年高損足璘遂日夜伴母室食息起居事之彌謹母歿營葬畢居外寢三年後乾隆八年以孝子題旌大學士海寧陳世琯額其堂曰世德

史節文 字霞山舵隩人

父某充里保以公事愆期被杖責節文痛之遂發憤讀書兼習武技寒暑不輟康熙四十四年中武科解元明年成進士

李巽占 字申三號絜齋甬東人

巽占家貧有孝行嘗授徒于某姓不食晚膳卽歸以其母飯薯絲不忍獨御稻肉也性又介嘗受富家聘友人涎其館縠較豐謀奪之巽占卽辭去寧就其嗇者其立行率類此

巽占嘗以優行舉浙江督學使者阮元察知其實因贈以金江都焦循爲作番薯吟曰母食米兒食薯母心不豫母食薯兒食米兒能不泣涕海水洶洶浪拍天中有斯人行獨賢使君與金謝不受無名得此身之咎使君曰汝勿卻姑買市中珍歸爲賢母樂李生叩首納金去兩眼紛紛淚如雨

劉炳燦 白泉人

家不戒于火父時獨寢樓上炳燦冒焰上梯以被裹父負之出梯已焚急繞簷循短垣下毛髮盡焦而父得無恙妻及子女三人俱焚死後父歿廬墓三年知縣惲敷旌其門

厲秉衡 居蘭秀山

秉衡生有至性持兄喪五十日不出帷事父妾如母沒身不衰好施與於人之疾病恤之尤力臨歿出債券悉焚之人稱其義

蔡牽之擾沿海震動而蘭秀地絕人稀爲勢益危秉衡乃教山人晝則伐松枝曳之而走使沙塵雜起夜用竹竿綴燈每一竿十餘燈二人舉之繞隄行往還不絕盜見有備不敢逼一山獲安

陳瑞芝

瑞芝入行伍隸鎭標左營父病危刲臂肉和藥進病果霍然其妻偵知之覓得餘肉不忍委棄裹而藏之後瑞芝調防杭州卒于防所城陷不能歸骨家人卽以所藏肉殮而葬之鄉里哀其孝焉

周和尚 甬東人

和尚生五歲而孤隨母邱行乞至十餘歲則自乞以養母母病刲股療之鄉人嘉其孝語之曰盍傭于人以供母和尚曰乞猶得旦夕依母一爲人傭則母子異居俱不得安矣鄉人益重之厚其傭直許每夕歸伴如是數年母將爲擇配和尚曰父尚在淺土當先營葬既葬娶妻母子相依如初後和尚入城市時物歸中途聞母病驚怛成疾至死而母卒無恙

盧長賡 名起賡以字行

長賡生有至性事後母色養無衰家貧常稱貸于人以供甘旨一日母思雞殺之以進會鄰有失雞者疑其攘竊也詰之長賡曰我不能奉母而攘鄰之雞母若聞之必不豫願勿言如其直償之鄰以其自承益晨夕笑罵之越日雞自外來鄰愕然感其長厚然長賡卒無一言知縣王正悅額其堂曰一鄉善士

	王源匯 一名顯源白泉人	源匯農家子幼失怙特其父母遺櫬厝於族之公山曰石園者以是山多石名也源匯貧不能營葬常往守厝所防不虞一日其族人往採枯柴拔動山石石重數五百斤自山巔而下源匯見之恐損父母厝力奔當之身糜爛而石卒不墮此咸豐某年事也
	洪承淮 字巨川城人	承淮有二弟承範承周淮與範皆業梓工家綦貧養親必以甘旨自知傭工不克顯親命承周讀書而已與範刻苦度日光緒初其父忽劇病七晝夜不通溲溺痛難忍醫藥無效承淮每日破曉出禱于神歸跪父前以口吸溺頻吸頻禱凡二日溺通痛亦止病遂起父年老脾弱常洩瀉污及衣被承淮與範必躬自洗濯不肯假手婦媳人以爲難後承周學成游蘇幕得保舉家業漸隆曰此兩兄之力也敢背焉終身同居無異言

右表所錄自張超至洪承淮十有九人雖行非中道要之皆至性所流露非徇名要譽者之比用以厲薄俗起衰世繫人倫之重示風教之歸實有賴焉因亟表章之

表四　凡自一命以上而著有功績或氣節者入之

朝代	姓名里居	事略	備注
宋	蔣猷 字仲遠自金壇避	猷元豐八年進士累遷至中書舍人政和四年拜御史中丞兼侍讀有直聲嘗論內侍省不隸臺諫紊元豐官制舉內侍省數事以聞于是內侍劉友端等皆降官因命揭書猷疏于內侍省其徒皆側目楊戩建節猷言祖宗朝未嘗有此上曰誠如卿言但戩之命已行當爲卿杜來者他如平李釜獄劾范之才諫能一切進奉常直言不顧利害欽	蓬萊鄉有蔣公墓大沙莊有蔣公廟

亂徙昌國

宗受內禪上皇東巡童貫總兵扈從欽宗貶貫環衛竄池州上皇不懌猷持詔泣言上皇貫得罪天下願黜遠之上皇悟亟命宣詔趣赴貶所上皇還京猷引疾歸卒贈少師謚莊簡

范應發 字純甫

應發咸淳四年進士嘗授崇德縣尉縣當孔道吏饕民嚚號難治應發以清苦之操達以明敏當路才之間抱牘立臺府下相可否仡仡不少動憲使李庚行部訪問縣事應發敷答無遺庚嘆曰此非神明尉乎後卒以忤時歸老昌國

應發性剛直于其所知不以世故還見善稱道不離口有過雖夙所敬愛必面折不以情鄞陳著銘其墓以節幹許之

明

陶垕仲 名鑄以字行

垕仲少孤貧負氣節以貢生任青田教諭洪武十六年徵授監察御史糾彈不避權貴劾刑部尚書開濟太師韓國公李善長二人奸直聲動天下擢福建按察使誅贓吏千餘人興學勸士撫恤軍民帝下詔褒異布政使薛大方貪暴垕仲奏之大方辭相連并逮至京民爲之誦曰陶使再來天有眼薛公不去地無皮已而事白坐大方罪詔垕仲還官垕仲清介自持祿入悉以贍賓客未幾卒于官

垕仲元處士椿卿之孫椿卿方弱冠父回孫暴卒于杭奉母護喪歸至蛟門颶風大作幾至覆舟椿卿伏棺號天得免于難以爲孝感所致

徐潭 字維靜號東洲

潭登正德三年進士授上海令明敏果斷人不敢干以私區長里魁歲例輸官悉卻勿受歲祲設法賙濟多所全活性惡異端凡僧尼淫祠無名之祀一切毀罷之先是詞訟拘質隸以需索苦民潭斲木人于庭有陳訴者即令持往所訴之家使彼抱木人自詣無敢後者縣有豪率逋官租累區長潭嚴懲其弊豪銜之會督儲憲臣索常例不與乃以事中傷改令湘潭釐巡司攉稅之病懲親藩校卒之橫境內肅然後遷知崖州擢山西僉事卒于官

或云鎮海人

陳表

表官舟山衛所百戶嘉靖三十二年倭寇入城表曰吾力無如何有死而已但置所署印何地遂送母出城納印于千戶金鏊乃追賊奮鬬而死

邢國泰

國泰官舟山衛所百戶當倭薄城時力戰而死參戎戚繼光閔其忠設主于敵樓祭之妻李氏撫遺孤繼勳截髮矢志躬紡績以給口食繼勳長襲父職痛父死敵母嫠守奉事極誠敬邢氏一門父忠母節子孝盧鏜嘉其事旌表之

清

楊思繩 字亦糾號鏡山始居鹽倉後遷紫微

思繩以副拔貢舉鄉試歷任分水開化教職有以事請求解于縣官者力能出重賂時夜殮適不繼絶之而已卒于開化任所士民哀之立祠以祀

葉機 字宗藩號萊山居岱山

機年十九補諸生時海盜蔡牽附鳳尾賊撲岸焚掠長塗被害尤數機聞之輒憤激嘉慶八年機請散材募團勇爲鄉里雪仇許之并給礮械授令箭得便宜行事機乃與弟槐分領船艘督義勇習水戰往來南北洋尾追兜勦自四月至八月獲盜艘四擒盜五十餘人斬首多級事聞陞補雲和教諭請仍在洋緝匪又連獲巨寇先後保舉授山東金鄉縣知縣蒞任五月卽告病歸仍留本籍攻盜機以爲盜蟠結已久非設計招撫無以離其黨而殺其勢當道從其請閩浙之盜遂星散十八年補江蘇上海縣道光元年大計以卓異薦升高郵州知州治水有功三年大府以幹練加考擢海州將去士民攀留不得建生祠以繫去思四年入覲還未抵海州道卒

藍嘉瑛 字佩霞

嘉瑛由行伍補定海右營把總洊升黃巖游擊歷署玉環營參將瑞安協副將當閩盜蔡牽之初入浙洋也李長庚爲定海總兵閱軍見嘉瑛勇幹可大任命隨征先後攻盜斬獲以千計嘉慶十二年隨長庚追牽于黑水洋盜已遠颺嘉瑛患痔困甚長庚命且回內洋調養一夕舟泊懸島遙見盜舟在前軍士以衆寡不敵且避之嘉瑛曰爲追賊而來豈遇賊而避乎諸君幸努力敢言避者斬遂起椗直追賊稔其孤船無後繼因僞遁以數船繞出其後乘風縱火器嘉瑛見軍士被火射多落水顧謂外委王國泰曰事去矣不速戰必取辱乃手刃數賊躍入海中死國泰及軍士數十人皆殉焉有善泅者登岸以死事聞奉旨照總兵陣亡例賜卹入祀昭忠祠

嘉瑛微時侍上官見其封識銀自十兩至三四十兩不等男女棉衣大小又不等問諸舊役曰以分給宗族貧乏者慨然曰吾他日得志當法此後卒踐其言

藍嘉言

嘉言初任山東蘭山陽穀沂水等縣縣丞以幹練著嘉慶十八年由武城河工縣丞升補單縣知縣時林清李文成倡亂曹縣定陶相繼陷單與兩縣接壤攻撲者數四嘉言親督兵防禦城獨完寇退流民載道出倉穀振之民困以紓又善斷獄某縣有生員素狡黠以私怨造匿帖徧揭通衢曰某稱某職某月舉事爲叛逆末曰猶有五人焉歷敘

字小詹

其名大府按名逮問無逆狀查揭帖僉疑生所為拘至極口稱寃大府檄嘉言鞫之居三日不論案但與縱談文藝間摘經史句與屬對曰論語告夫三子者余思之未得其偶生應聲曰猶有五人焉嘉言遂拍案叱曰匿名帖乃汝所為耶生無以辯獄遂具其明敏率類此

藍蔚雯

字子青嘉言子

蔚雯初以知縣需次江蘇其父嘉言誨之曰三代後循吏獨稱漢非漢以後無循吏也尚權術任機械於風俗人情全無裨益斯吏治卑耳以故蔚雯每涖任設木甌于庭令人投訴至夜啓視有可以興利除弊者輒隨時舉行江蘇大吏嘗欲開武進孟瀆河害民墳墓實亦無益水利蔚雯繪圖具說剴切力爭事得寢其任吳縣也前令賀某以艱去因官累羈省城蔚雯立推全漕羨餘代完之賀得歸葬其慷慨好義類如此後以勞擢保知府歷任松江揚州皆有懋績

葉培元

字守初機之孫

培元喜談經濟立論伉爽有祖父風由諸生援例以訓導用咸豐二年赴任淳安淳安俗悍好鬬士林搆訟必先投詞學師理之不服然後移縣培元至一訊即釋于是有廉明稱而齊民之訟者亦不之縣而之學知縣許瑤光服其才不之忌而反以屈于冷曹為惜踰年淳安民聚衆抗糧其勢洶湧知縣集紳士議僉曰葉廣文素得民心且多能當濟其難培元以越俎辭強而後出遂周歷村鎮召父老諭以禍福平其胥役之苛索民大悅願遵約束輸糧如額知縣欲上其功培元以非分內事不宜上聞力辭乃已

培元父熊機長子性慷慨好施與嘗歲暮有舊戚柴某來曰我將死來與相訣問其故曰負人五千金受逼傾家無以為償何生為熊愍然曰比來吾亦困甚不然當汝貸也柴泣欲去熊曰少待入內室挾四千金出曰吾亦以償負者計可稍緩姑先付汝然盡于此奈何更與諸弟謀足其數遺之

烏賢奎

甬東人

賢奎在鎮標左營守軍庫數十年出入惟謹道光二十年英吉利陷定海中右營軍庫皆為所燬獨左營因賢奎死守獨完子二一病故一當調守省城子以父年老不忍離賢奎叱之去戰歿有來唁者賢奎曰吾家食糧久此分耳無戚容遂無嗣同治元年粵匪犯定海倉卒索軍械卒藉左營軍庫城不失賢奎有功焉

孫榮

字芳洲

榮以恩貢生任某縣訓導經明行脩庠序奉為模楷縣故多寒儒入學後以冊費為累榮悉免之同官不可榮曰君但自取我固不名一錢也及解任無以歸羣士贐之始克成行

姓名里居	學歷	備注
王脩植 字菀生號儼盦居臯洩	脩植以優行第一舉于鄉光緒庚寅成進士由翰林院庶吉士授編修後改官直隸以道員需次爲直督所器重委辦水師學堂時上銳意圖治脩植乃草擬變法條議開鐵路設郵便裁綠營立學堂改科舉開經濟特科等十二事請大府上之上可其奏不旬日即降旨實行一時名宿咸以識時俊傑相許逾年改委北洋大學總辦兼定武軍營務處幫辦丁酉創國聞報並請提關款設北洋西學官書局灌輸新智識于全國不遺餘力戊戌康有爲用事謀變政脩植曰操急謀疏脫有失如聖上何康不聽果敗直督榮祿令捕康以搜查無蹤復命庚子義和拳起事裕祿承西太后旨與各國開釁脩植力諫不從及戰脩植繼母以驚死由是悲憤成疾賫志以歿	脩植博學強識精科學著有行軍工程測繪一書

表五　凡有文學之儁者入之

朝代	姓名里居	學歷	備注
宋	俞勉 字勉道	政和間入太學年才十八學於東京夏晭爲博士鄉之游上庠者昉于此	
	郭維	建炎間由河南府徙居昌國以北學教授于是學者始知中原學統	富都鄉西湖嶴有郭先生墓
	薛寘 字持志	慶元間以聖人執權賦領鄉薦登進士授衡陽簿嘗奉命撫黑風寇或道其姓名酋曰非四明作聖人執權賦薛寘耶遂援戈而退	
	應傃 字自得	傃幼慧六歲能詩登紹興四年進士官至湖南撫使歸鄉後縣令葛洪館之縣西筠坡師縣之子弟從焉多所成就	嘗爲烏程尉議毀淫祠獨存徐孺子廟德清有沈氏兄弟訟財郡守檄傃按之適沈有子魁鄉薦傃賦詩諷曰嘉木灌叢生意好可憐不種紫荊花兄弟感悟爭遂息

孫枝	字吉甫	枝與樓鑰沈煥袁爕游邃于文嘗撰普慈寺羅漢閣記大參張篤志見之曰不謂海角有此奇士以兄之子妻之子起予願質孫璹傳其家學
應傜	字之道	以進士爲臨江軍教授鄭清之見其文奇之雅器重焉及清之相傜遂大用官至參知政事封海郡侯
王文貫	字貫道	文貫治詩以輔氏說爲宗弱冠薦于鄉登寶慶二年進士弟宗道亦以文名
陶回孫	字元愈	嘗讀書城北平石山房五載足不越邱樊爲文落筆輒千餘言意趣精到
明		
張信	字誠甫	博極羣書尤精尚書毛詩中洪武二十六年應天解元明年進士第一授翰林院脩撰陞侍講未幾以劉三吾案觸上怒棄市
陶恭	字肅之	少嗜學長益淬厲盡讀先世所遺書文辭精贍工楷篆七試不第以貢授訓導遷甯藩王府教授王嘉其學行禮敬殊渥留九載一日作歸田賦以見志遂還山自號翁山樵隱年九十卒
章珍	字文重	珍爲文法胡平仲書法宋克而少變詩法漢魏盛唐以布衣宿望爲里中師不愧真隱
薛俊	字梓山	自少刻意問學經史百家靡不博綜官梁溪教諭以文行董率諸生

清

姓名	事略	附
楊際清　字銳鋒	喜讀經爲文摹西漢與弟際和並著名乾隆四十四年舉人授湖北京山縣知縣	際和字感庭爲文章宗法劉子政能得其神
李枝芳　字孟仁一字兩莊	爲諸生內行脩飭以孝友聞性樂貧不以饔飧爲念與厲志程紹銘交清苦相等時人比之歲寒三友	
厲志　字心甫號駭谷	幼失怙恃家貧甚刻苦讀書成諸生原名允懷自以海鄉見聞孤陋思橐筆作四方游嘗與粵士陳在謙友陳故在邑侯陳從嘉幕者會自定海調溫州永嘉任遂邀偕往得曠覽天台雁宕諸勝生平耽吟詠自甌游歸兼肆力爲寄甬上與慈谿葉元墀鎮海姚燮倡和詩益進著有白華山人詩集又工書畫晚年失明每吮毫濡墨盲揮具見神品有浙東三海之稱三海者鎮海姚燮臨海傅濂皆一時名士也	
袁行泰　字少枚	幼貧力學習左氏春秋爲里中師一時稱爲宿學咸豐元年舉人	
章育瑜　字芝玉白泉人	篤志力學於羣經多所研究著有周易釋義同治戊午舉人	
陳慶槐　字應三	乾隆五十五年進士授中書歷充順天鄉試禮部會試同考官嘉慶五年以川陝楚教匪之亂餉放兵差隨長齡至楚復赴陝會中秋登硤石最高峯玩月感疾乞還于途聞父訃僱舁歸遂絕意仕進著有借樹山房詩鈔	
胡祖芳　字勺香桃花山人	生平手不釋卷不屑事章句一時名流如鄞董沛郭傳璞鎮海陳聿昌謝輔濂等皆與之游性豪俠喜賓客在鄉嘗督護船平閩廣海盜與六橫兪存性齊名晚年耽易理著有學易隨筆未成而卒	兪存性字葆初事母盡色養咸同間嘗練民團創賊敘功不就性急義爲人排解不避艱阻一鄉稱重

	高振鑣 字子衡號柳堂	同治癸酉拔貢有文行從游者以百計	
	李肅銘 字徵齋蘆蒲人	光緒乙酉拔貢善詞章兼工繪事自號黃雉山樵性好務義于鄉里多所周濟有黃雉山樵山水遺蹟	

表六　凡隱居全道之士入之

朝代	姓名里居	志趣	備注
宋	張光	居馬秦山不仕給事黃龜年忤秦檜落職亦構山房于此絕人事獨與光友共賦詩于碧雲庵時庵僧馬者亦能詩	
明	劉漢章 城人	精數學嘗爲明昭信校尉尋棄官歸築別墅于臯洩水倉一日豎歸召子婦曰吾將死葬某地二十年後當有大變勿徙也至順治辛卯其言果驗	

右表僅二人何以立爲風將來也天下擾擾無已徒以人競巧利不知恬退炎風方烈倚此冰山足以澹人慮辟塵念微意所寄匪直尊隱已爾

表七　右諸表所未備錄者各依行誼著其姓氏

行誼	賢達	孝友	德義	忠烈	文學	武功
宋	余天錫　余天任　余晦				趙時恪　趙時慥	
元		陶椿卿　蔣汝礪			郭薦　王曾	
明	王和	韓鼎　李澤	宋樞　薛通　李能白　郭鎬　張正模	張安國　姚思敬　葉七	王永隆　張學　王永頤　脫翔	
清	藍應襲　孫玉瑞　藍應桂　葉[illegible]	江奎緒　何承祿　王謀濟　李祖瑛　朱康迎　劉運坊　武賓渭　沈光黼　童仁元　魏遠岫　王行柄	夏惟灼　侯家度　傅夢占　葉熊　沈有瀾　劉孝諧　孫爕業　鄭祥瑞　傅敬緒　張光瑞　孫繼光　俞存性　嚴殿諤　夏洪遴　厲常春　胡宋旦　金士奎　王榮滋	徐得寶　孫大棟　唐其昂　王廷鰲　李昌達　王嘉會　嚴祖槐　樂寅芝	周昌祚　王脩允　周家棟　孫貽謀　黃以愚　張紹戴　曹偉皆　陳炳　沈熙廷　藍運森　鍾勳　錢學煥　胡賁	藍明　胡維榮　陳奎　郭繼青　胡德耀　陳友定
民國		張明寬			胡以魯	

表八　列女

時代	節	孝貞	烈	孝女	孝婦

明

劉氏陶善慶妻
湯氏徐潭妻
張氏詹恩妻
黃氏張和妻

謝氏王廷玉妻
盧氏朱燧妻
張氏林景昭妻
陶氏王克誠妻

阮氏韓克相妻
施氏朱和妻
周氏金玫妻
傅氏黃江妻

傅烈女傅梓女
李氏張棟妻
嚴氏葉小七妻

清

金氏
王氏葉世英妻
孔氏葛正表妻
沈氏鮑維揚妻
章氏徐維南妻
王氏戴利和妻
林氏劉顯東妻
陳氏劉聲烈妻
施氏陳元佐妻
周氏王顯利妻
袁氏陳寶祖妻
朱氏胡麟祥妻
何氏陳永譽妻
錢氏朱懋功妻
王氏姚邦昌妻
謝氏王光發妻
張氏何日高妻
周氏郭康山妻
鍾氏戎學洋妻
張氏劉忠勤妻
余氏張志新妻
陳氏汪大柱妻
張氏周士良妻
鄔氏於嘉芰妻
劉氏朱懋官妻
朱氏張大巽妻
夏氏鄭繼承妻
柴氏周兆明妻
費氏顧錦芳妻
張氏胡勝千妻
呂氏陳清標妻
沈氏劉孝增妻

王氏黃守剛妻
鄭氏陳　光妻
舒氏虞玉能妻
張氏方茂德妻
顧氏傅廷玫妻
袁氏黃士立妻
袁氏沈　某妻
劉氏賀王英妻
周氏錢維熊妻
周氏王峻德妻
錢氏張順五妻
徐氏張守訓妻
裘氏李震占妻
俞氏徐宗華妻
鍾氏何學龍妻
周氏陳慶梧妻
周氏傅奕國妻
屠氏顧武慶妻
朱氏王名佩妻
呂氏夏德邁妻
吳氏周廷弼妻
王氏呂萬青妻
顏氏章錫清妻
李氏王順則妻
陳氏金有濬妻
包氏董儒宗妻
傅氏孫朝柱妻
胡氏張榮貴妻
林氏羅廣聞妻
陳氏趙良才妻
王氏傅與才妻
林氏嚴配剛妻

盧氏夏子洪妻
邢氏王成章妻
黃氏張國賢妻
金氏蘇大棟妻
何氏章廷麒妻
徐氏林正春妻
周氏王周臣妻
翁氏陳宗裕妻
翁氏舒永逵妻
南氏林　安妻
傅氏王才美妻
徐氏趙友鶴妻
薄氏鄭殿揚妻
錢氏陸景琪妻
苗氏張畢泉妻
劉氏黃紹俊妻
錢氏袁仁安妻
夏氏王忠烈妻
洪氏舒體榮妻
郭氏周振聲妻
謝氏武咸臨妻
王氏李永芳妻
周氏包傳豫妻
吳氏孔繼瑞妻
朱氏李監槐妻
陳氏王譽賢妻
張氏胡嘉賓妻
舒氏朱士鳳妻
汪氏陳廷良妻
季氏方鼎亨妻
章氏黃京依妻
吳氏蔣智發妻

李氏陳士良妻
朱氏顧依仁妻
錢氏朱祖堯妻
周氏女
李氏陳承玉妻
史氏洪爾文妻
朱貞女朱增茂女
徐氏包松齡妻
魏氏徐振文妻
楊氏陸宏耀妻
戎氏孔玉成妻
黃氏錢啓監妻
武氏李實顯妻
鮑氏陳廷標妻
王氏林文運妻
樂氏王國相妻
胡氏張立賢妻
王氏余祖模妻
陳氏劉　某妻
蔡氏沈光黼妻
王氏孫玉聯妻
邵氏張芳梅妻

夏孝女夏禮和女
藍孝女藍應龔女
劉氏王正全妻
劉賢真劉炳美女
干瑤英干舜階女
曾氏王昌桂妻
傅冬香傅寶楨女
林壽香林某女
林紹元林某女
徐孝女徐長順女

孔氏陸文凝妻　陳氏李書田妻　柴氏藍蔚雯妾　洪氏舒泰妻　王氏唐啓皞妻　周氏繆天炳妻　張氏翁立顯妻　薛氏王變之妻　高氏張鑣妻　林氏李嵩之妻　干氏唐忠璜妻　柴氏樂永德妻　朱氏賀君能妻　葉氏周景珩妻　曹氏周信友妻　沈氏劉忠謨妻　陳氏王榮魁妻　方氏韓國勳妻　韓氏張順壽妻　張氏胡佐邦妻　徐氏李智臨妻　鍾氏鄭雷鳴妻　顧氏許永利妻　劉氏周學海妻　李氏茅瑞龍妻　戴氏蔡興福妻　張氏陸文鉉妻　盧氏傅永煦妻　鄭氏張寶鳳妻　樂氏俞良元妻　張氏柯永迎妻　沈氏張慶全妻　徐氏胡夢齡妻　鄭氏何隆珠妻　趙氏鄭志賢妻　李氏甯海雲妻

王氏翁朝奎妻　蔡氏武書孝妻　沈氏藍沂華妻　劉氏舒世榮妻　龔氏何啓文妻　何氏孫宏恩妻　朱氏劉之機妻　戴氏陳毓秀妻　曹氏葉文濬妻　陳氏包存錦妻　胡氏錢廷魁妻　王氏姚邦昌妻　劉氏林宏賢妻　李氏柳文炳妻　陸氏陳接三妻　金氏徐殿揚妻　徐氏王榮佩妻　干氏張光智妻　舒氏王應彪妻　范氏丁士雲妻　郭氏劉運剛妻　婁氏楊永清妻　夏氏邵飛鶴妻　干氏李其賁妻　舒氏孫光明妻　夏氏李武澄妻　林氏傅永照妻　王氏胡烱妻　林氏李賢芳妻　曾氏李廷桂妻　紀氏蔡子升妻　曹氏陸文鈿妻　趙氏藍新銘妻　周氏劉大銃妻　蔣氏許景時妻　王氏錢潤藝妻

周氏葉鑑妻　袁氏王濟良妻　周氏舒象舜妻　張氏唐啓祿妻　劉氏舒象昊妻　王氏包禮和妻　陳氏劉成熉妻　周氏劉成燿妻　王氏周肇高妻　袁氏胡昌岳妻　張氏樂永清妻　張氏費懋新妻　林氏錢學海妻　殷氏陳詩繼妻　陳氏施嘉誠妻　包氏周正學妻　陳氏周模妻　王氏張順效妻　張氏錢鎔妻　李氏干太瞻妻　王氏李永譽妻　朱氏傅家千妻　翁氏藍天保妻　張氏孫大賁妻　張氏金有益妻　李氏陳慶榆妻　武氏李嗣毅妻　胡氏孫榮佩妻　秦氏陳廷鳳妻　汪氏趙有富妻　許氏顧鏡清妻　嚴氏俞智慧妻　武氏陳得勝妻　曹氏邱慧林妻　周氏楊昌游妻　許氏曾之義妻

盛氏吳廷秀妻
龐氏郭永定妻
張氏陳開增妻
余氏張立成妻
夏氏戎學成妾
鍾氏戎國章妻
俞氏周志勳妻
樂氏舒體友妻
夏氏張起峻妻
夏氏黃式銘妻
何氏夏清和妻
何氏舒體聰妻
方氏傅元祚妻
陳氏金炳英妻
葉氏邱思能妻
鄭氏胡宋灃妻
王氏張德森母
錢氏王慧德妻
李氏王才厚妻
林氏劉顯朗妻
沈氏陳汝槐妻
曾氏丁世恩妻
翁氏李恭琪妻
王氏張守羅妻
沈氏魏昌有妻
徐氏莊賢謨妻
俞氏張啓運妻
李氏方　杞妻
姜氏於式箒妻
朱氏柴萬金妻
周氏顏偉定妻
呂氏李以霖妻
劉氏王鎮高妻
武氏周正揆妻
沈氏胡嘉炳妻
舒氏陳立功妻

李氏盧廷愷妻
陳氏沈　淮妻
徐氏倪承穆妻
蔣氏余正亨妻
江氏陳世清妻
俞氏劉美祿妻
賀氏俞智勇妻
袁氏汪忠佩妻
劉氏夏必增妻
周氏夏文蔚妻
應氏錢學海妻
葉氏謝方迎妻
李氏王成名妻
張氏王理芳妻
賀氏殷欽蘭妻
張氏陳聖陞妻
孫氏徐維興妻
朱氏王慶成妻
盧氏姜慎旂妻
馮氏王慶月妻
趙氏劉師明妻
袁氏朱祥安妻
張氏李恭位妻
翁氏張尚科妻
徐氏陳名浍妻
俞氏劉家穆妻
胡氏李統鎛妻
葉氏任天民妻
孫氏方　楨妻
劉氏王楙烱妻
應氏林志鼐妻
陳氏何平章妻
余氏朱　澄妻
黃氏許永瑞妻
鄔氏石光遠妻
錢氏孫榮春妻

張氏曾光榮妻
錢氏郭在寅妻
丁氏夏志明妻
舒氏姚邦祥妻
包氏金百智妻
周氏俞復元妻
張氏李啓洪妻
張氏方明倫妻
夏氏趙宏學妻
董氏夏必鳳妻
鄭氏王文順妻
夏氏曹亦良妻
孫氏史義通妻
劉氏邱肇豐妻
孫氏王盈科妻
武氏孫雲錦妻
俞氏王懋德妻
張氏金學才妻
賀氏支貽爵妻
羅氏丁克慧妻
陳氏張成功妻
繆氏張守阡妻
張氏翁朝望妻
韓氏張志霄妻
姚氏楊敬躋妻
樂氏俞復炤妻
胡氏李啓澄妻
姜氏夏明瑤妻
韓氏葉　熧妻
章氏周汝江妻
林氏傅志華妻
黃氏夏才和妻
徐氏林瑞泰妻
石氏何永鈖妻
孫氏胡懷仁妻
周氏張紹岳妻

包氏孫榮標妻
李氏楊偉成妻
吳氏張尚寶妻
繆氏朱咸標妻
虞氏劉經天妻
王氏劉美芳妻
桂氏李君揚妻
謝氏任秀林妻
楊氏俞芝琴妻
趙氏王嘉謨妻
杜氏李斯善妻
俞氏張有權妻
夏氏陸文潮妻
戎氏徐廷爵妻
孫氏劉美泰妻
舒氏袁必文妻
王氏張智發妻
陳氏王思稷妻
朱氏傅鳳福妻
胡氏周子鎔妻
蔣氏厲得鵬妻
劉氏周盛武妻
俞氏張元昇妻
林氏何承祿妻
王氏張茂鍾妻
葉氏顏起清妻
韓氏胡善繼妻
沈氏陳忠富妻
李氏孫永純妻
傅氏李聲揚妻
葉氏李必範妻
鄭氏周企殷妻
戎氏趙傳甯妻
夏氏韓宇安妻
徐氏胡家亨妻
胡氏翁廷紳妻

武氏邵上觀妻
翁氏吳天學妻
周氏李傳芳妻
繆氏洪明榮妻
陳氏劉經緒妻
周氏劉家楨妻
楊氏趙全升妻
王氏方萃文妻
施氏倪長賁妻
王氏鍾廷楷妻
張氏程晉瑄妻
莊氏王仁孝妻
林氏鍾清湘妻
俞氏舒順標妻
樂氏唐與松妻
陸氏姚興惠妻
王氏鍾清勤妻
陳氏樂寅芳妻
袁氏王貽名妻
錢氏莊茂德妻
柴氏周盛年妻
王氏殷慶林妻
林氏周兆桐妻
王氏張久蓮妻
周氏顏起鳳妻
俞氏孫本栻妻
王氏夏必賢妻
盧氏孫明鑑妻
葉氏陳足敬妻
陳氏李廷泰妻
王氏李承燮妻
童氏唐元林妻
許氏周正度妻
張氏盧則茂妻
王氏楊學明妻
趙氏吳天恩妻

周氏顧茂福妻
王氏吳天渚妻
袁氏沈銘珍妻
何氏余德祿妻
陸氏謝士高妻
江氏劉美璠妻
潘氏董允紹妻
石氏樊佩蓮妻
沙氏周賢法妻
夏氏劉帝善妻
陳氏程憲瑄妻
韓氏郭應蘭妻
楊氏李啓泮妻
周氏武帝文妻
劉氏任禮春妻
周氏胡宋英妻
王氏丁得勝妻
方氏劉太高妻
胡氏花芳暄妻
鄭氏周光淮妻
夏氏楊錦標妻
唐氏周譽楷妻
胡氏張榮賁妻
劉氏包佩芳妻
錢氏劉大銛妻
王氏顏偉可妻
王氏夏家成妻
張氏陳隆恩妻
張氏俞應鳳妻
張氏朱泰迎妻
張氏劉大剛妻
林氏周景炤妻
胡氏甘調鼎妻
夏氏楊學昇妻
厲氏張斯樂妻
湯氏翁全美妻

夏氏方浩妻
諸葛氏錢炳煥妻
馮氏王富春妻
林氏王宏昌妻
沈氏賀鑑三妻
余氏張志峨妻
胡氏陳安榮妻
邱氏傅仁肅妻
沈氏傅孝欽妻
劉氏王榮定妻
董氏王思顯妻
何氏吳家道妻
吳氏周繼時妻
項氏林士杰妻
陳氏周茂桂妻
趙氏方明有妻
柴氏郭在廷妻
李氏樂瀛賢妻
錢氏傅志明妻
王氏戴利和妻
張氏鄔宗財妻
王氏李承元妻
嚴氏劉大鈿妻
施氏劉成燾妻
武氏劉成烺妻
劉氏王慶澍妻
錢氏韓懷松妻
陳氏張文選妻
郭氏林華封妻
蕭氏張金寶妻
余氏倪九綱妻
孫氏曾在春妻
許氏俞復銓妻
李氏劉大鏇妻
陳氏武彙泉妻
潘氏鍾崇鈺妻

葉氏譚步安妻
趙氏葉培義妻
趙氏王思昂妻
王氏沈發蒙妻
范氏胡大賢妻
孫氏傅英美妻
馮氏韓相元妻
董氏傅炳緒妻
劉氏王耀倫妻
李氏王榮槐妻
林氏吳忠模妻
周氏包誼集妻
張氏錢式照妻
韓氏李仁至妻
姜氏丁行脩妻
吳氏郭在翰妻
陳氏邱鵬高妻
李氏童慈順妻
李氏郭祚昌妻
包氏方明悅妻
顧氏劉讓斗妻
俞氏方廷開妻
張氏王慶琳妻
陳氏錢式均妻
高氏林廷榮妻
嚴氏傅士元妻
陸氏曹維椿妻
翁氏李成表妻
費氏盛在水妻
錢氏邱慶浩妻
蔣氏陳天通妻
王氏張文佩妻
黃氏劉成熤妻
周氏陳茂材妻
楊氏林心發妻
鍾氏李乃昌妻

王氏許大全妻
朱氏葉鍾秀妻
朱氏張和鳴妻
張氏劉美濬妻
王氏顏兆清妻
嚴氏丁金安妻
張氏胡宋揚妻
林氏胡維榮妻
吳氏方瑞處妻
翁氏王景春妻
張氏孫成美妻
蔣氏石永清妻
胡氏戴兆麒妻
莊氏張五奎妻
藍氏周衡元妻
王氏阮大孝妻
蔣氏陳明友妻
王氏胡宋銀妻
夏氏傅英列妻
孫氏周有塤妻
費氏陸文炳妻
戴氏劉經藏妻
周氏劉成煥妻
李氏武炳照妻
費氏劉大銓妻
賀氏劉讓稱妻
王氏章錫元妻
黃氏張懋哉妻
王氏張開南氏
虞氏陳卓賢妻
王氏李學孝妻
樂氏胡明奎妻
應氏丁述賢妻
陳氏劉運佳妻
范氏邵厚賚妻
洪氏蔣兆昌賢

貝氏胡元浩妻
金氏蔡丕新妻
王氏裘振升妻
樂氏范汝祭妻
樂氏蔣　知妻
賀氏劉經國妻
包氏曹維榕妻
夏氏馮學方妻
洪氏董朝欽妻
包氏鍾廉懿妻
樂氏唐與水妻
胡氏林正孚妻
房氏孫明經妻
陳氏周承高妻
孫氏陳登熙妻
龔氏陳士傑妻
毛氏沈世芳妻
任氏孫文英妻
戎氏陳士賢妻
任氏徐宏華妻
葉氏鄔嘉謨妻
劉氏毛際運妻
柴氏潘星福妻
張氏趙定準妻
任氏祝以標妻
鄔氏任天琛妻
任氏孔繼定妻
童氏周文茂妻
張氏周企韓妻
陳氏徐敬貴妻
王氏何慶芳妻
潘氏戎尚忠妻
盧氏戴棨齡妻
趙氏祝宗達妻
徐氏倪承穆妻
王氏周肇高妻

王氏朱德耀妻
殷氏張俊三妻
胡氏方睿豐妻
龔氏林正達妻
費氏支詒潔妻
陳氏應樹均妻
傅氏王榮浦妻
武氏王思瀛妻
邵氏任貞如妻
胡氏許景象妻
陳氏胡汝琛妻
房氏許有章妻
房氏許大寬妻
翁氏張文煇妻
俞氏黃聲耀妻
趙氏韓行銓妻
張氏趙曰範妻
祝氏王寅恭妻
范氏趙傳賢妻
張氏徐宏大妻
費氏於式衡妻
何氏趙定前妻
沈氏姚明詩妻
韓氏姜與寅妻
祝氏於鳳棲妻
陳氏孔繼清妻
邱氏費經裕妻
邱氏吳忠杰妻
周氏房拱辰妻
謝氏劉品善妻
戎氏趙傳寗妻
趙氏楊文瀾妻
周氏邵應時妻
王氏張聖忠妻
陳氏盧慶餘妻
武氏邵上觀妻

黃氏王思益妻
章氏蔣行濂妻
劉氏王方增妻
趙氏賀宗坤妻
殷氏丁迎賢妻
陳氏胡肇恩妻
倪氏鍾巽告妻
邵氏李世春妻
王氏賀與安妻
劉氏胡肇意妻
李氏胡懷慶妻
房氏許大國妻
蔣氏孫明慈妻
沃氏黃聲順妻
曹氏孫順軌妻
潘氏祝松來妻
孫氏高名佐妻
沈氏於景煥妻
施氏於維權妻
金氏任天恩妻
劉氏蘇寶成妻
俞氏張祖訓妻
鄔氏姜與琛妻
孔氏孫文運妻
樊氏馬　雲妻
姜氏任遐程妻
江氏白純資妻
於氏虞創際妻
陳氏袁聲揚妻
胡氏姚大舟妻
孫氏丁國法妻
林氏張捷三妻
陳氏曾良緣妻
陳氏余炳華妻
彭氏史家棟妻
王氏周益寬妻

張氏裘紹渶妻
殷氏武燕翼妻
樂氏芮成龍妻
樂氏俞艮元妻
嚴氏唐守剛妻
夏氏黃廷烈妻
潘氏林世全妻
張氏傅志堂妻
樂氏傅代忠妻
童氏劉品鏞妻
李氏虞全壽妻
賀氏胡武英妻
虞氏胡如松妻
孫氏朱瑞圭妻
何氏孫玉瑚妻
劉氏胡兆熊妻
袁氏李必溱妻
賀氏張紹坤妻
張氏賀夢與妻
干氏董昌其妻
陳氏馮國壽妻
許氏金有裕妻
周氏汪述文妻
葉氏包永太妻
夏氏洪秀基妻
徐氏汪鶴年妻
費氏顧賢孝妻
林氏陳祥壽妻
翁氏李成表妻
林氏黃福家妻
張氏夏定遠妻
何氏夏繼增妻
江氏袁賢釗妻
林氏鍾惠豐妻
胡氏包崇高妻
徐氏陳國顯妻

鮑氏蔡卿一妻
柴氏王際昌妻
金氏徐邦翰妻
韓氏顧文才妻
夏氏董守華妻
柴氏安汝茂妻
傅氏黃國祥妻
夏氏傅相緒妻
郭氏劉運剛妻
林氏陳燮朝妻
王氏黃家燕妻
胡氏王立興妻
袁氏孫七賢妻
錢氏朱允彥妻
羅氏吳晉昌妻
夏氏繆永清妻
陳氏盛炳綸妻
殷氏樂鴻章妻
周氏鄭金安妻
董氏厲玉麟妻
錢氏陳元才妻
徐氏韓學鎏妻
韓氏武銘鏡妻
武氏陸學瀚妻
周氏曹坤元妻
陳氏洪光耀妻
李氏張開元妻
查氏陳松齡妻
張氏郭榮和妻
丁氏黃以璋妻
傅氏夏賢秀妻
張氏王進仁妻
唐氏袁德華妻
徐氏鍾廉紹妻
趙氏劉豐元妻
包氏戎原彩妻

孫氏胡懷仁妻
韓氏吳廷標妻
沈氏徐永高妻
余氏宋景行妻
戴氏林清光妻
顧氏黃京第妻
袁氏傅正緒妻
周氏楊昌沅妻
沈氏鮑光佑妻
胡氏甘調鼎妻
韓氏王昌邇妻
莊氏胡維賚妻
曹氏張承恩妻
朱氏金彬光妻
劉氏李學金妻
楊氏邱昌善妻
錢氏盛植坊妻
林氏蔣士秀妻
王氏武銘紳妻
夏氏邱萬選妻
蔣氏龔文瑯妻
沈氏孫步青妻
陳氏陸家灑妻
王氏俞信鑑妻
朱氏包振聲妻
李氏張維福妻
邱氏鄭顯揚妻
應氏忻成全妻
夏氏黃順家妻
周氏夏家型妻
葉氏楊子和妻
陳氏王君章妻
樂氏袁德盛妻
陳氏王思瀚妻
張氏陳公保妻
陳氏薛祉通妻

柯氏周瑞森妻
柴氏安汝茂妻
張氏方良能妻
蔣氏張文瑜妻
王氏包光廷妻
沈氏陳錦妻
周氏宋天生妻
嚴氏劉光富妻
曹氏童振剛妻
任氏趙曰堂妻
李氏樂寅信妻
林氏袁德琦妻
應氏俞思才妻
陸氏鄭師舜妻
俞氏謝維根妻
虞氏李統廉妻室
唐氏劉美忠妻
陳氏王燕裕妻
陳氏吳隆阜妻
張氏胡宋揚妻
劉氏徐夢吉妻
賀氏馮玉田妻
汪氏胡茂榆妻
施氏王萬榮妻
藍氏馬廷黼妻
王氏許庭輝妻
龔氏屠福順妻
朱氏楊盛蓮妻
張氏徐紹麟妻
鮑氏沈賢仁妻
張氏盧金懷妻
周氏劉逸元妻
張氏吳正恆妻
袁氏俞謁喜妻
孔氏沈福善妻
童氏趙遠功妻

韓氏袁禮庸妻
唐氏袁春傳妻
張氏方瑞品妻
史氏張大良妻
王氏傅福生妻
陳氏王榮琮妻
徐氏陳宗裕妻
韓氏趙榛山妻
俞氏童祥麟妻
鄭氏厲齊型妻
陳氏蘇寶全妻
鮑氏周繼梅妻
陳氏周成培妻
王氏樂嗣昭妻
夏氏劉慈恩妻
陸氏劉綸紀妻
陳氏俞思耿妻
陳氏劉綸獻妻
曹氏胡克增妻
姚氏何家賓妻
湯氏翁全美妻
洪氏蔡定洲妻
阮氏林世盛妻
丁氏李桂芬妻
盧氏金萬均妻
盧氏金廣生妻
楊氏周光宏妻
陳氏許庭槐妻
錢氏吳顯焜妻
虞氏朱徵宋妻
趙氏蔣三陽妻
王氏江正衡妻
周氏王定國妻
顧氏陳家和妻
韓氏沈大華妻
黃氏朱開茂妻

顏氏唐其嘉妻
林氏干孝瑞妻
周氏張文蔚妻
傅氏包立墀妻
張氏王行楨妻
劉氏朱以勤妻
任氏趙春律妻
任氏趙舜山妻
虞氏邵美榮妻
童氏厲齊一妻
孫氏顏爾正妻
李氏吳善明妻
周氏邵代興妻
邵氏劉德揆妻
虞氏張亨惠妻
胡氏俞毓川副
俞氏唐節亮妻
劉氏陳賢思妻
項氏林士杰妻
吳氏沈國華妻
陳氏施家誠妻
俞氏王賢臣妻
紀氏蔡志聖妻
石氏周大富妻
周氏施德騂妻
陳氏許增全妻
薄氏陳學溶妻
王氏許昌運妻
袁氏鄭德懋妻
沈氏王其心妻
張氏李定選妻
邵氏陳仁闓妻
林氏陳長壽妻
徐氏林豪雄妻
來氏趙其昌妻
於氏任遐聲妻

林氏張晉紳妻
趙氏劉敬利妻
葉氏毛炳文妻
張氏劉光熊妻
方氏鄭賜聰妻
徐氏鄭慶雲妻
賀氏劉綸勳妻
周氏劉慈彰妻
劉氏王文裕妻
姚氏周繼照妻
唐氏顏正項妻
張氏李尚禧妻
方氏黃安止妻
鄭氏翁世芳妻
徐氏王諒友妻
李氏田正柜妻
徐氏朱正華妻
楊氏王彝生妻
繆氏芮紀來妻
王氏張瑞珠妻
安氏傅才塤妻
姜氏任遐成妻
陳氏徐成乾妻
韓氏孔繼璜妻
顧氏戴登賡妻
林氏阮來賢妻
蔣氏張萬川妻
李氏張萬章妻
張氏李名文妻
費氏賀艮才妻
周氏邵立湧妻
梅氏傅齊榮妻
周氏邵厚樞妻
鄔氏胡福湗妻
周氏林世法妻
陳氏胡克選妻

魯氏包振炎妻
翁氏鄭傳金妻
沈氏徐翰鴻妻
陳氏徐成訓妻
陳氏孫鳳章妻
鄭氏徐艮芬妻
劉氏唐義涵妻
劉氏鄔烈芳妻
沈氏陳億貴妻
葉氏周坎緒妻
朱氏周五昌妻
侯氏黃和家妻
鄭氏黃倫次妻
王氏翁廷熙妻
翁氏王友敬妻
傅氏劉宗伉妻
徐氏朱正通妻
何氏劉雲堯妻
卓氏沈堯緒妻
鄭氏翁景彥妻
包氏張家順妻
徐氏張文智妻
方氏劉頤楷妻
邱氏趙繼隆妻
劉氏顧在榮妻
劉氏殷正法妻
張氏陳啓林妻
莊氏蔣公定妻
周氏李光孚妻
沈氏楊希彬妻
張氏邵立富妻
邵氏張繼周妻
嚴氏胡福清妻
樓氏方明岳妻
胡氏周寗枝妻
胡氏李士梁妻

夏氏任遐奎妻
周氏王春標妻
陳氏方彭齡副室
鄭氏費琢章妻
俞氏鄭佐慶妻
劉氏王燕樟妻
劉氏李聖龍妻
王氏俞定寬妻
楊氏劉連照妻
周氏袁必銀妻
陳氏黃詩家妻
胡氏黃家岱妻
王氏黃錢次妻
章氏王言鰲妻
陳氏王行筐妻
陳氏章育耐妻
應氏張明達妻
陳氏周英裕妻
陳氏王祖銘妻
陳氏張炳生妻
高氏夏繼道妻
夏氏韓立才妻
趙氏沈文榮妻
莊氏邱在康妻
陸氏胡佑斌妻
李氏王宋元副室
袁氏蔣友魁妻
鄭氏蔣信乾妻
劉氏賀至泉妻
包氏俞信林妻
夏氏周萬峯妻
邵氏張貴熹妻
張氏胡以銑妻
胡氏林士煒妻
吳氏李國燦妻
余氏胡克全妻

	民國
鄭氏王立兩妻 李氏王順則妻 梅氏胡振萊妻 夏氏孫鴻增妻 張氏王治才妻 周氏胡振業妻 吳氏胡振順妻 鍾氏沈松威妻 李氏王立德妻 鍾氏徐曰冠妻 黃氏費相全妻 馮氏謝正湖妻	夏氏盧尚鈺妻 林氏洪良興妻 樊氏張啓能妻 張氏何金榜妻 何氏吳世威妻 陳氏胡振文妻 王氏李承燮妻 唐氏俞光明妻 李氏王其岳妻 翁氏張啓楨妻 徐氏嚴肇善妻 賀氏王錫侯妻 林氏虞增定妻 吳氏張景桓妻 俞氏張丹庭妻 鄭氏胡祥桂妻 張氏孫相富妻 方氏陸大堃妻 陳氏吳永紹妻 王氏沃良濤妻 譚氏樂嗣昌妻
	張采娟張億中女

右表僅舉姓氏而不著行誼非輕之也蓋婦人之德守節盡孝大都從同舊志備列行傳累楮疊墨有類版定文章摹寫過當反以啓閱者之疑故茲纂略之至傳烈女夏孝女等殊行特性爲世欽重其墓道至今奉爲古蹟是又當別論行述附見各墓下

表九　游寓

朝代	姓名籍貫	游寓始末	略歷
宋	黃龜年	詳古蹟碧雲庵	
	袁甫 字廣微鄞人	與父燮嘗往來昌國故並祀昌國鄉賢甫居岱山久學者宗之或曰甫墓在岱山今無攷	燮官至顯謨閣學士甫兵部尚書皆以道學名

	趙珏	字士良宋之宗裔	賓于州從事范應發一年徧游境中名山水圖畫品題成帙而歸	
元	陳麟		詳古蹟陳公臺	
	丁鶴年	字永庚回回人	依從兄吉雅謨丁來昌國時方國珍據四明招之不應名所居曰海巢著有海巢集	性至孝自以家世仕元不忘故國晚年返武昌父墓所守以終身
	吳萊	字立夫金華人	性好游嘗浮海東尋梅岑山觀曉日出海由是文章益雄宕作甬東山水古蹟記高嶅岩峇到處留題	
明	單仲友	鄞人	元末避居昌國萬壽寺洪武六年徵至京師	
	開忠	字學古河南柘城人	詳古蹟開夫人墓	
	梁良玉		嘗居舟山靖難兵起易姓名踰嶺鬻書海南或云建文出亡之明年良玉鬱鬱以死	建文時爲中書舍人
	孫嘉績	字碩膚餘姚人	詳古蹟孫嘉績墓	

錢肅樂	字希聲鄞人	清兵下浙江肅樂與董志寧等舉義魯王令往海上同黃斌卿張名振共取道崇明以復三吳師既潰遂海道入閩	崇禎十年進士魯王時加吏部尚書兼理戶部
董志寧	字幼安鄞人	江上師衂志寧與華夏王家勤等連結山寨以圖恢復事洩華王遇害志寧逃之舟山奉使入內地聯絡山寨諸軍以爲策應及舟山失自刎死	魯王授志寧兵科都給事中
華　夏	字吉甫鄞人	與董志寧等同舉義兵江上師潰夏二次度海乞師翁州黃斌卿卒不應及馮京第密謀圖浙夏爲致大蘭山寨帛書事覺被收死	諸生死後贈檢討
沈廷揚	字季明崇明人	清兵下江南廷揚航海入浙魯王加以侍郎兼右僉都御史令由海道窺三吳時田仰爲相忌之廷揚乃之翁州說黃斌卿爲定履畝勸輸之法及張名振援吳勝兆邀廷揚爲導遇颶風師覆廷揚乃歎曰風波如此其天意耶我當以一死報國遂就縛解南京不屈死之親兵六百人無一人降者	由諸生入太學崇禎時應詔上書論海運擢戶部主事
張肯堂		詳古蹟張肯堂墓	
吳鍾巒	字峻伯武進人	嘗扈從魯王至舟山尋寓普陀白華庵辛卯聞警歎曰吾從亡之臣當死行在急渡海入昌國城別大學士張肯堂設高座于文廟左廡積薪其下城陷奉孔聖神位命僕人環坐焚死	崇禎七年進士累遷至禮部主事魯王時加禮部尚書兼右都御史
李向中	字豹韋鍾祥人	扈從魯王至舟山城陷就捕拘留八月終不屈慷慨死	崇禎十三年進士知長興縣調秀水並有政聲魯王以爲兵部尚書加太子太傅
朱永祐		詳古蹟朱永祐墓	
劉世勳	字允之上元人	阮進戰歿世勳守城嚴清兵屢攻屢卻辛卯八月二十六日開門詐降內伏大礮及受降者入伏發擊殺數千人清兵益怒鑿地道入九月初二日城陷身貫兩矢自刎死子炳從死	以右榜進士歷官都督僉事魯王時進安洋將軍生平好讀史吟詠有儒將風

周容	字茂三鄞人	嘗往來海上張肯堂諸人爭客之著有翁州志翁州死事諸公傳等書	
宋龍	字子猶崇明人	嘗汎海至翁州爲張肯堂客課其孫茂滋	張采之高弟子
阮進	里居未詳	初爲定西侯柁工善水戰拔爲水營將魯王封進蕩湖伯屢破清舟師辛卯八月二十二日大霧清兵偷抵螺頭門遇進自海門還風不利遂戰歿	
阮駿	字季友進之從子	魯王時官左軍都督府左都督封英毅伯丙申清兵再下舟山血戰敗績投水死	
張名振		詳古蹟張名振墓	
戴仲明	鄞人	與楊思任從亡至舟山城陷投繯死思任以兵死	
戴爾惠	字少峯鄞人	同錢肅樂舉義有膽略善戰魯王以爲義武將軍辛卯之役戰死螺頭門	
王朝相		舟山破魯王元妃陳氏及義陽王妃杜氏宮娥張氏投井死朝相恐其遺屍爲亂兵所窺舁巨石覆之與內臣劉朝貴刎其旁以殉	官錦衣衛指揮
汝應元		肯堂撫閩時應元爲中軍官及退師翁州應元隨行肯堂知事不可爲自誓必死以孫茂滋屬應元應元諾之遂別肯堂赴洛伽祝髮號無凡辛卯之難肯堂闔門殉節獨茂滋逃生清帥追亡至普陀應元長揖請曰某張閣部舊將也爲僧已六年向與閣部約知其必死請葬閣部尸帥怒	

華亭人	命俛縛之加以刃不動曰某不敢求活但俟葬畢引頸何怒爲帥義之聽應元往葬後帥疑應元居海外恐不靖移置天童茂滋困郡獄應元百計謀脫之卒踐前諾其始終行義如此	
張煌言　字元箸鄞人	錢肅樂舉義遣煌言之天台迎魯王江上師潰煌言泛海入翁州勸張名振扈王入閩從之行鄭成功不奉命乃同名振扈王還石浦庚寅王入居舟山名振當國召煌言以所部入衛辛卯城陷扈王再入閩名振卒遺言以部下歸煌言戊戌監成功軍北伐抵羊山遇颶舟壞回舟山脩葺己亥以所部二千人隨成功規復江寧連下徽州等處四府三州二十四縣及成功敗撤師去煌言歸路中梗乃變服潛行二千餘里出天台以達海壖壬寅魯王薨煌言遂散軍居南田懸嶴清帥懼煌言爲患偵得禽之不屈死	
邱子章　字含三鄞人	魯王時從亡入翁州	由諸生薦授中書舍人
陳六御　字雪之武進人	丙申駐舟山代張名振統諸軍八月阮駿被攻六御援之戰于岑港軍敗被創自刎死	父謙魯王時封鎮威伯奉使之閩被讒死乃授六御兵部尚書
清		
陳在謙　字雪漁廣東人	好古學善書兼工畫爲知縣陳從嘉幕賓主景行書院二年	舉人
朱緒曾　字述之上元人	道光二十六年襄辦定海善後事因搜集昌國志舟山志及乾道四明圖經寶慶延祐至正諸志鉤稽考證系之以詩成昌國典詠十卷	道光二年舉人由知縣遷至台州同知候補知府
柯汝霖　字春塘平湖人	粵變時避亂寓舟山青嶴顏所居曰延青山館吟詠無虛日廳同知聞其賢聘主景行書院	道光元年舉人

孫詒經 字子授錢塘人	咸豐十一年奉其父人鳳避亂桃花山主胡祖芳家同治元年六橫鄉兵創賊詒經遂至六橫說倡義諸豪傑俞性存等出援寧鎮自任船𥫔備事宜性存等恐賊旦夕報復相顧有難色詒經知不能強乃手書浙東第一功五字刻平巖石上而去	由翰林院編脩累遷至戶部左侍郎卒謚文慤
姚燮 字梅伯鎮海人	遊定海主北門錢氏錢故世家時方營別墅于北郊燮爲著北墅十詠詩敘	道光甲午舉人工詩詞駢文又善畫所著有復莊文權復莊詩問等行世復莊燮之號也
盛植型 字磬洲鎮海人	粵變時避地舟山旋主景行書院	咸豐丙辰進士官吏部主事出任湖北安襄鄖荆道
俞樾 字蔭甫德清人	嘗避洪楊亂攜眷來定海	道光庚戌進士授編脩咸豐乙卯督學河南精攷據擅詞章著作極富
洪自含 字子泉遂安人	咸豐末浙東被寇惟定海獨完自含率其邑人數千分居岱山等島亂平爲資遣歸鄉全活甚多在岱時就宋岱山書院故址募建學舍即今所稱蓬山書院是也	增貢生同治間撫臣以守正好善奏聞奉旨特加光祿寺署正銜歿祀鄉賢

表十　方外

朝代	仙
秦	安期生 馬秦山有安期洞相傳安期生得道隱此又嘗煉丹于桃花山詳古蹟
秦	徐市 嘗爲始皇侍直得請以童男女五百人入海求長生藥即今岱山云
漢	黃公 四皓之一會稽典錄稱人材則有黃公潔己暴秦之世今六橫山亦曰黃公山即指此

朝代	釋	
晉	韶師 東晉高僧居龍峯山觀音庵	
唐	惠超 開元時高僧居九峯山香柏岩	真大悲 惠超第十三代弟子善持神咒
宋	密庵傑禪師 有道行	馬耆禪師 居馬秦山碧雲庵修道

梅福 嘗鍊丹補陀洛伽山故補陀亦號梅岑今補陀海灣有梅福庵卽其鍊丹處

葛洪 嘗鍊丹翁山宋乾道間耕者得一鼎銅質無足有耳不穿中可容斗餘鼎底埃墨猶在相傳爲葛洪遺器

元

王天助 蓬萊鄉人學於袁松溪嘗入侍內殿後主鄞之元妙觀賜號太虛元靜明妙真人

單奇 元季脩道于馬嶴中峯洞知者訪之操炬入不知所往

神照禪師 名本如慶歷二年賜號神照

黑山明禪師 慶元間重建普慈寺

惠詢 字謀道昌國陳氏子八歲出家傳有飛螢聽經故事

岫禪師 字雲外昌國人究明曹洞宗旨說法

董禪師 名延助甬東人晚居田嶴興善院有遺蒸螂者傾岩穴間逾時咸活

元

一山 大德三年曾奉詔出使日本道行極高補陀僧也

明

別古崖 洛伽山僧善相法後以其術授鄞袁珙今所傳柳莊相法是也

定海縣志

冊四

定海縣志冊四甲

職官志第十一 治績附

歷代職官沿革表

時代	文職	武職	備注
唐	縣令		開元二十六年置翁山縣
宋	縣令（尉）（丞簿）（鹽監）		
元	達魯花赤（知州）（同知）（判官）（儒學）（吏目）		泰定間增吏目一人
明	知縣（儒學）	參將	參將隆慶間設
清	知縣（儒學）（巡檢）（典史）	總兵（遊擊）（都司）（守備）	儒學設教諭訓導二人
	直隸同知（儒學）（巡檢）（司獄）	同	道光二十一年改直隸廳
民國	知事（承審員）（管獄員）（警佐）（縣視學）（佐治員）	警備隊管帶	改革初稱民政長旋改民事長二年始稱知事

歷代職官人名表

時代	文職	武職	職
唐	（縣令）王叔通		

宋

(縣令)張如晦　張前　王存之　韋能問　應振　江煇　趙汝浥　陳廣生　(縣尉)劉佖　趙崇賀　(鹽監)

張懿文　陳遠　胡喆　白仲賙　趙善訓　富珹　鄭伯謙　方暉　趙與沭　(丞簿)　史浩　王子亨　鮑渭

張節　韓晦　王稽中　霍軿　盧勝非　葛洪　聞韶　余桂　姚濂　丁漸　李全　趙希魯　柳永

陳戩　宋清卿　韓晝　李璟　王阮　芮德言　趙大忠　沈巒　王與善　顧後經　衞閎中　馮口　楊大芳

章邦獻　孫通　葉邦翰　張鈞　錢棣　王正卿　沈剛孫　費詡　李恕　趙善譽　陳應壁　邵叔豹

趙君竑　徐嘉言　朱恩　詹嗣慶　楊涓　錢聞遠　詹仁澤　劉綵　詹之綱　楊正臣

元

(達魯花赤)速魯蠻　黑黑黑漢　(知州)陳皋　呂天倪　兒不花　(同知)趙暘　(判官)劉勝和兒　鄭恕　(儒學)柳貫　(吏目)

阿魯答失蠻　撒都丁　卜顏　劉思義　萬宗澤　謝磐　吉雅謨丁　張世榮　黃棟孫　馮福京　劉樸　許廣大　胡逢辰　史其昌　陳益

卜顏同瓦　高昌帖木兒　趙伯元　燕赤不花　文朶兒八歹　兀沙惹震　侯世傑　蘇志　張信　陳楫　馮庚　孫恕

阿合馬　阿哈馬　李稷　霍元　徐敬　梅遇春　阿里哈迷丁　蕭玉　趙宣浩　趙覿光　荀世英　孔正瀛

亦連真　小六失海牙　郝德輿　韓摶　谷若水　管怪祖　哈散　林韶　盛象翁　盧景德　郭薦　史叔纇

阿密魯丁　張德珪　趙雍　帖木　干文傳　張基　劉瑀　高世賢　應季挺　聞人夢吉

明

(知縣)無攷

(儒學)黃夢熊　鄭恕

(參將)隆慶間梅魁　孫鸞　萬曆間艾升　徐正　歐繼宗　盧述　龐溟　吳允中　王文元　楊文　葉歡　梁守愚　董永遂　陳九思　袁世中　劉炳文　徐一鳴　張可大　天啓間陳文煬　何汝賓　崇禎間邵繼康　王麟　張夢徵　裘兆錦　黃斌卿

清

（知縣）康熙間李侗周聖化繆燧于文煒曹秉仁胡功成　雍正間李灼楊大綸黃應熊　乾隆間黃紹泰李徵熊詹口包自厚莊綸渭雷口趙宏信何口莊綸渭（復任）劉臻李青蔣元復王廷勳嚴承夏秦珂朱泰增嚴承夏（復任）王正悅張玉田宋如林　嘉慶間趙擢彤宋如林（復任）殷起瀛王正悅（復任）葉萬楷沈泰惲敷　道光間陳從嘉張光煦李景韓王鼎勳張華選王鼎勳（復任）何煦綸王丕顯陳殿階音德布陳殿階（復任）宋德潤姚懷祥舒恭受

（直隸同知）道光二十一年改王丕顯林朝聘王丕顯（復任）傅延纛畢承昭黃維同　咸豐間王承楷王有齡徐徵繆步瀛蔣斯彥陳繩武甘炳鄭壽南李檀劉國觀　同治間葉寶田許嘉德阮恩元史致馴汪勳張致高左徵虞慶瀾劉定國陳乃瀚　光緒間史致馴（復任）顏鍾儁陳恩受劉頌年黃樹藩徐承禮趙惟崳朱啓鳳趙惟崳（復任）郭鍾岳呂耀弼楊志濂翁長芬蕭治煇錢增勳高莊凱龔泰對　宣統間史悠揚陳蕃誥楊世瑚

（儒學）康熙間陳昌言徐悅　錢廷楨葛中綺程世楷張玲潘孟瀾　雍正間吳光烈汪錦生　乾隆間王鳴珂傅殿侯周震朱學周蕭凱　嘉慶間虞衡王學增湯以治陳基昌戴作霖　道光間張馨張德成曹應轂諸葛璋葉洽童雩陸衡董恪馬炳書莫炳垣　咸豐間許延潤童鳳翽周茂梧宋遠黃際春趙槐堂　同治間張錦雲張慶璜魏仰孟袁大濬金炳光何徵李宗蓮黃紹勳周丙炎陳鈺湯慶元　光緒間王葆初費學夔吳懋祺沈祖榮徐士駢王壽杞林和章浩陸鍾夔吳炳文陳根培陸鍾夔（復任）王壽杞（復任）葉守銓馮瑩陶方瑄洪敘乾蔡世欽沈廉

（巡檢）康熙間李淳孟作舟朱爾抃郭汝明金裕國蔡鑑張三友　道光間顏正紳鄭堂徐貴福王熙瑩王維世張登瀛季應舉王啓灃杜之前蕭貢琅周維楨張衍祚趙廷詔趙玉麟喬重祁　咸豐間葛家達袁錦廣陳夫增白蘊華朱鼎元劉仰東高煥文鄧元錦陳繼高歸顯　同治間俞鍾麒劉洪恩陳熙顧於義馮瑞元　光緒間劉洪恩（復任）劉榮盛朝彥單立勳姚維鎮李敦熙祝廷嘏徐德沆張樹培王師曾郭家瑞毛三錫周傳義蔣廷模蔡承訓吳望雲包臨培葛文璿程彝葛文濬（復任）傅文江陳文份吳毓年　宣統間吳望雲（復任）吳毓年（復任）

（總兵）康熙間吳英黃大來藍理施世驃吳郡吳陞張國金宏聲　雍正間張溥林亮林君陞趙國盛　乾隆間陳名夏張世英林雲藍國庭王君陞談口張錦江吳元　嘉慶間李長庚黃象新羅江泰王得祿何定江邱艮功朱天奇李光顯吳定邦陳光求陳夢熊顏正剛馬裕王凱沈添華　道光間龔鎮海王國華莊方機陳步雲賴鷹揚程尙蛟張朝發葛雲飛周士法鄭宗凱周士法（復任）　咸豐間羅建猷沈鴻憲李德麟袁君榮　同治間喻俊民倭什洪額唐學發張其光謝永佑張其光（復任）黃中理郭定猷　光緒間貝錦泉林耀光彭大光劉與邦陳永春劉長勝陳永春（復任）余朝貴吳杰余朝貴（復任）王書選曾清遠余朝貴（復任）姚期珍徐文慶吳杰（復任）　宣統間邱開浩馮英華

（遊擊）康熙間樂庭柯石子固阮守福葉紀原爾懷廖程許天祚陳謨王騰超臧起龍陳昂王天貴王珍楊龍宗仁傑康才　雍正間薛陳朝施世澤黃有才曾嘉猷張文耀　乾隆間殷鼐臣周文元洪元朱山徐國景李獻龍　嘉慶間李朝青朱天奇沈添華陳馬成黃飛鵬古賢王國艮　道光間汪際青林鎮江丁鍾傑葛雲飛符國華孫漢章王建功官印方吳萬青鄭宗凱張紹定吳必耀王國渠羅建勳羅建猷羅建功王萬年張玉衡葉炳忠林亮光葉舞墀王廷揚王廷鰲　咸豐間金國泰林台三程登鰲章飛熊張夢熊羅鎮南孫殿光程登鰲（復任）張國珍陳傳曾　同治間王維鏞任顯章胡煜青盧依忠盧士煦羅熊傳世周陳旭劉召棠瞿先仲張連登王維鏞鄔文郁何培蘭　光緒間葉榮慶張連登（復任）吳鉦葉肇封吳鉦（復任）王易高鄧福黎林郁文勝張希順張連登（復任）趙立鰲彭芝蘭郁文勝（復任）馮斌元張連登（復任）李培元鄭碧山洪得意張連陞張益昌

（都司守備）人名煩冗今略

（典史）康熙間鄭與宗王運隆項之瑞張韶光朱秉彝鄭師聖黃昱　嘉慶間程惠昭　道光間鄧均熊兆文王熙璧全福張煇拓洪業葉堃　（司獄）程光費長吉王奉璋　咸豐間周鵬□程渭　同治間蔣育淦傅霖翟景祚陸中胡家珣彭祖培　光緒間單立勳彭祖培（復任）邱景汾彭祖培（復任）涂宗梁彭祖培（復任）涂宗梁（復任）周秉崧何樹藩錢堃莫踰制　宣統間汪家齊

民國

（知事）丁中立金國書元年童祝華（參事）魏大名三年張寅五年馮秉乾六年陶鏞十年　（承審員）藍開勛張丙旭王廷傑葉大徵（元年時稱執法員二年改）忻壹沈寶豪三年徐祖燕四年潘上瑩羅韻珂五年梁震六年金緘三陶斌十年　（管獄員）張其鍇汪溥元年俞廷猷六年楊位鴻賀益潛七年王用予翁啓渭九年李毅十年　（警佐縣視學佐治員）略

（警備隊管帶）樂駿元年傅映庚四年王文凱七年

治績　親民之官貴能興革虛榮浮譽概從刪削

宋趙善譽字延之宋宗室信安人以進士調明州昌國縣主簿乾道八年攝縣事時值歲儉譴課殿於他縣善譽泣謂民曰吾弗能承奉官司由爾屬瘠也暇輒誦讀於署後冰壺亭攝縣事兩載聽民訟無寃者嘗捕得海盜郡守趙伯圭欲奏聞善譽曰攝令捕盜不足爲功吾不欲以人命希賞典其恬退如此　韓晝紹興二十一年任縣事鋭意作興學校仿鄞令王安石聘杜先生醇故事具禮延余滌爲師聚縣子弟教育之　趙大忠三

衢人清獻公抃之裔孫甯宗朝進士所至有善政嘉定十五年任昌國令甫到官喟然曰昌國地隘民貧終歲資浙右舟運以濟艱食一或不至遂爲溝中瘠矣乃累積得券千緡立濟民倉儲粟平糶以備凶荒民不苦饑又平谿嶺治海埠以便漁牧詳覈戶籍以窒奸僞凡有裨於民社罔不殫圖袁燮撰文紀其績謂無忝厥祖云　葛洪字容甫東陽人進士嘉泰二年爲昌國令遇事明敏吏莫能欺民以訟至庭曲直立判無毫髮枉歲賦不以胥役擾民民亦如期而輸無肯負者山崖海濱俱安其政居三年民有餘蓄而不輕犯法新學宮以申義堂題其額樓鑰楊簡皆有記聘進士應傃以教縣子弟公退至其地課勤惰有小善輒奬之其不能者亦循循誘之學道愛人洪無愧焉去之日民立生祠於學　劉緐字謙孫元祐賢臣忠肅公摯之後寶祐三年宰昌國以廉平聞期年之中興廢舉墜尤加意育士修學宮疏泮池築燕居堂奉先聖舊像每月考校諸生嘗縮費增廩斯文振起將遷去士民立生祠祀之鄞王應鳳稱其慈良肫實裏褸如

一治民不棘於期會而以善俗爲先人以爲實錄

元馮福京自號學泉居士潼川人元貞元年以登仕郎爲昌國州判官後兼巡捕司時詔江浙行省括隱漏官田明年府以其事下昌國增塗田租福京謂塗田者海濱之隄岸也細民築之成田秋潮至岸崩復爲塗耳其稍遠于海者又連山麓久雨則渰久旱則槁兩澤均得收熟然後及他州縣下等之數今增租焉官入至微而民害無窮府達魯花赤月列主其議額如舊是年九月增鹽價鈔大德元年福京方被府檄在行省復力爭謂海島無蔬菜食鹽水魚鮮雖無鹽亦可況以口計舊額月應買食鹽十餘兩邇年逃亡事故口日加少里正莊首及見在戶代買之若復增鹽價是驅之使爲盜賊也省爲之減十分之二云　干文傳字壽道平江人延祐進士授同知昌國州事時鹽場官方倚轉運司勢虐使州民家業破蕩文傳語同列曰吾屬受天子命以牧此民可坐視而弗之救乎乃亟爲陳理上官莫能奪民賴以安及去民遮道攀車如失父母至今城中與紫微莊

天童金塘鄉柳巷俱有千大聖廟　燕赤白花五柞人延祐間由進士知昌國州事始下車即籃輿遍行村落洞悉民隱移文監司述海壤荒瘠㷀黎疾苦故軍需國計不與他州縣同例責輸民甚賴之

清李侗大冶縣人康熙間以恩蔭補浙江嘉善縣丞有能聲會定海新展擇令難其人巡撫王國安疏薦侗才來知縣事下車闢草萊建衙署招徠開墾請復金塘蓬萊安期三鄉窮民之顛連無告者斥己貲散與之會營弁廝卒奪民利自便繩以法遂與總鎮黃大來牴牾年餘乞終養去　繆燧字雯曜號蓉浦江陰人由貢生選授山東沂水縣康熙三十四年任定海縣事縣當新展百度未興燧殫精竭慮靡事不為繕城濬濠築塘碶百餘處增田數萬畝葺學宮搆正副學署役雖繁而民不擾其籌畫善也徵賦舊例十月完半稅四月全完定海田地荒瘠不能依時徵納為行一條鞭法令民截數分完其踰限無完者先為通融填解至開徵印票諸陋規革除務盡舊賦有塗稅一項本為網捕而設後漁塗為鄰豪侵佔民苦賠

累燧申請上吏罷之居民日用之物必航海至府城購買關胥不遵稅限任意勒索民不堪苦燧申請上吏得免其稅地故產鹽而縣民向無竈戶鹽使視爲利藪屢檄設廠砌盤官爲收買燧力持不可卒依江南崇明縣例計丁銷引每歲祗完鹽稅銀四十二兩有奇立石縣庭著爲永例在任二十二年民感其德爲立生祠燧不受改祀文昌名曰蓉浦書院五十五年三月卒縣民留葬衣冠於普慈寺側祀名宦祠　黃應熊字飛渭廣東歸善人雍正十年以孝廉方正權知縣事在任四年道洽政治百廢具興於水利首濬城濠次及各鄉塘堰碶閘百二十四處開墾山地塗田得六十二頃七十八畝有奇遇旱潦親履勘災給貧民百日糧病者施之藥死則給以棺去之日民有欷歔泣下者　宋如林字仁圃漢軍鑲黃旗人乾隆五十九年知定海縣事性廉介明於吏治坐堂皇讞獄不事敲撲而剖決如神民呼宋青天嘉慶初海盜爲患總鎮李長庚任勦捕於外如林籌捍禦於內募鄉勇築礮台查漁戶偷漏絕奸民接濟措置周詳盜不敢犯

先是常盈倉穀不足采買民間胥役緣以爲奸遂有抑價浮取諸弊如林以定海山多田少戶匙蓋藏請就隣縣采買著爲永例民得不擾　王承楷字石琴吳縣人咸豐元年任廳事時天主教徒橫甚侵奪廟寺屋宇田產魚肉鄉鄰無所不爲鄉民共憤起而攻燬其物法國領事暨主教者脅承楷追償勢洶洶甚承楷力言教徒强橫不法狀且責以義西人屈服于是盡復所奪田宇改教堂在干磯者曰覺斯義學在鹽倉者曰崇正義學在岑梴者曰獅山義學曰碧峯義學以教養貧寒子弟　甘炳□□人咸豐九年權定海廳事時英法二國兵船以天津之敗退泊定海港尋據總鎮署分兵守城以巡街爲名月索番銀八百圓民苦其擾有譯者美里登入廳署索徵糧册炳執不可脅以兵亦不屈西人憚之八月炳改調去士民攀留不能得其代者爲鄭壽南遂被逐

定海縣志冊四乙

軍警志第十二（軍防　保衛團　警察）

軍制以省爲區縣境內所駐水陸兵隊不能作有統系之記載外海水警亦然茲所錄者惟以轄境爲斷

軍防

宋時兵防沿革表

沿革	治地	兵額	附記
熙寧六年置尉	蓬萊　安期　富都		主鬬訟盜賊之事
建炎立砦兵（慶元府十砦內）	三姑寨都巡檢	土軍六百三十八人	所屬有岑港洌港兩指使子寨
	岱山寨巡檢	土軍一百二十人	

元時州司弓兵額

昌國州弓兵一百六十名捕盜司弓兵三十名巡檢司五在金塘鄉三都曰岑江巡檢司弓兵二十名在蓬萊鄉一二都曰岱山巡檢同弓兵三十

名在州西七里曰螺頭巡檢司弓兵三十名在蓬萊鄉五都曰北界巡檢司弓兵三十名在金塘鄉洌港曰三姑巡檢司弓兵二十名

明時兵防沿革表

年代	沿革	兵額
洪武十一年	調明州衛中右所守昌國	一千一百二十八人
同十三年	設舟山守禦千戶所	同上
同十七年	改衛	
同二十年	徙衛于象山改置中中中左二所	二千二百四十人
同二十六年	設螺峯寶陀岑江岱山四巡檢司	螺峯七百名寶陀岑江岱山名一百名
嘉靖三十八年	設寧紹參將移駐舟山所屬在舟山者有昌國水陸二營	正哨五百十名正遊左哨五百七十二名正遊右哨五百四十四名

清時兵防沿革表

年代	沿革	兵額	備注
順治八年	設舟山協鎮副總兵一員轄中左右三營	陸師中營水師左右營兵各一千名	
康熙廿三年	移定海鎮總兵駐舟山爲舟山鎮	同	此定海即今之鎮海
同廿六年	改舟山鎮爲定海鎮	同	因是年置定海縣
雍正九年	改設匀戰兵	步戰兵內撥二百八名爲步匀戰兵水守兵內撥二百八名爲水匀戰兵除前陸續裁改外核存各兵總數二千八百四十一名	
乾隆四十七年	裁除公糧改爲公費隨糧募補實兵二百名	是時實兵二千七百八名	舊例公糧七十七名隨糧二百五十六名皆虛立名目無關兵額至是始裁革

同五十八年	裁汰馬兵六十七名	二千六百四十一名	
嘉慶廿二年	奉裁水兵四十一名撥入天津水師		
道光廿二年	增設陸路都司專司城守	兵六百名	
同治七年	奉文裁兵加餉裁三存七以重海防	實在步水匀戰守兵一千八百十九名	
光緒廿五年	奉文各標協營匀戰守兵停補三成		
宣統二年	奉文裁撤綠營僅留中營艇船一配兵四十二名左營釣横船一配兵十八名右營釣横船一配兵十八名歸海門水師第二營管轄四砲台留兵一百名另委一人管帶		宣統三年七月改編浙江左路陸師巡防駐定海者爲第三營八月民軍起義

民國兵防沿革表

年別	陸防	海防	備注
改革以前之舊制	浙江左路陸師巡防第三營設管帶一員中左右哨官三員司書五員哨長三員護目二名號兵六名護兵十六名什長廿四名正兵二百十六名伙夫廿四名	浙江外海水師北路第二營第三營改稱水上巡防隊第二隊第三隊每隊設管帶一員管駕八員艇船八艘巡洋艦歸水師統領直轄每艦設管駕一員	水師北路第二營兼帶紅船護商巡洋艦七曰超武永安永福永靖永定新寶順威遠
民國元年	營制仍舊增會計長一員槍匠一名裁司書一員	改爲浙江外海水上警察第二署第三署其巡洋兵艦爲遊巡隊設隊長五員各帶一艦	

民國三年	民國五年	民國七年	民國九年
二月改編爲寧防第二營營制仍舊七月改編爲浙江警備隊第六隊設隊長一員哨官四員會計兼書記一員司書一員副官一員哨長四員什長十六名伍長十六名正兵六十四名副兵九十六名號兵八名伙夫十六名分紮西道頭常平倉沈家門岱山各二棚餘爲鎮屬沿海四處至九月又改爲浙江警備隊第二區第七營八制仍舊	八月改爲警備隊第三區第七營	營制改設管帶一員會計兼書記一員司書一員哨官哨長各四員什長十六名正兵六十四名副兵一百十二名護兵二名伙夫十十七名	
	復改署爲隊	第三隊所轄防地東至東福山南至烏沙門西至竹嶼港北至江蘇交界其金塘岱山大榭冊子岑港螺頭洋大羊山大小魚山等防地則歸第一隊管轄	外海水上警察廳表列定屬各汛防地 岑港汛……第一隊之第二分隊 高亭汛……第三分隊 瀝港汛……第四分隊 定海港汛……第二隊之第一分隊 崎頭汛……第二分隊 東西柱汛……第三分隊 桃花汛……第四分隊 六橫汛……第七分隊 沈家門汛……第三隊之第一分隊 衢山汛……第二分隊 長塗汛……第三分隊 朱家尖汛……第四分隊 普陀汛……第五分隊 黄澤汛……第六分隊 螺釣汛……第七分隊
		水警第一隊駐鎮海	

警察

創設時代之警務

定海警察創始于清宣統元年城中設巡警總局以廳同知爲總辦照會城紳二人爲正副巡董共同籌備其正副巡官由浙江警務處札委同時設教練所教練長警凡三月卒業更兩期始派出服務經費除奉撥酒捐項下三千圓外餘皆出之于鋪捐輪船捐同年冬設巡警分駐所于道頭二年沈家門岱山衢山相繼成立三年奉民政部頒行警察官制各縣設警務長一人總理全縣警務鎮設區官鄉設巡官定屬縣海重地如沈家門岱山衢山等處均以鎮論設區官

民國以來縣屬警務之進行

元年　改警察局爲警察署由臨時省議會制定警察官制

- 岱山警察分署（分署長）
  - 西鄉派出所（警官）……瀝港
  - 東鄉派出所（警官）……沈家門

定海警察署（署長）
- 城區派出所（區官）……衢頭
- 南鄉派出所（警官）……六橫
- 北鄉派出所（警官）……衢山

二年　中央頒布地方警察組織令各縣改設警察事務所署長分署長稱所長分所長警官稱所員

三年　六月浙江民政長屈通令各縣裁改警額于是定屬瀝港六橫衢山三處同時裁撤　七月中央頒布縣警察所官制縣設警察所以縣知事兼任所長警察所及各分所均改置警佐

六年　縣知事張以衢山普陀地當險要不可無警備呈報省署增設分所經費由地方捐集（案縣屬警費省令以房捐及縣稅十分之三補充之衢山由地方呈請設立其警費取之黄沙捐普陀則由原有保衛團經費撥充）

十年　奉省令警察所所長以警佐專任之縣知事負監督之責

保衛團

民國三年五月中央公布制定地方保衛團條例十月縣知事奉到大總統電傳申令分函城鎮鄉紳耆共同籌辦擬具地方保衛團條例施行細則並籌辦情形呈轉立案自三年至十年計成立保衛團二十二處如左表

成立年月	團名	設立地點
三年十二月	岱山東沙角	高廠墩
四年十二月	金二莊平山	天后宮
同同	衢二莊	天后宮
五年一月	大榭鄉	東嶽宮
同八月	廟子湖	娘娘宮
六年二月	東靖鄉下莊	林府廟
同八月	同上莊	東嶽宮
七年二月	大羊山	天后宮
同四月	鼠狼湖	三聖殿
同五月	桃花莊	潤浦村
七年十一月	大展莊中段	都官廟
同十二月	衢一莊	漢洋亭
八年一月	雙合山	天后宮
同八月	葫蘆山	天后宮
同九月	青浜山	
九年一月	白泉莊	萬金湖廟
同四月	黃星山	
同七月	黃龍山	張老相公宮
十年二月	魚山	湖田龍王宮
同同	同	西洋天后宮

同十月　高亭鎮　天后宮

同五月　小衢山　關聖廟

定海縣志冊四丙

禮教志第十三　祀典　宗教

祀典

國家大典祭祀特重政體雖更明禋不闕今茲所述範圍秩祀凡涉不經不敢列入事雖告朔餼羊要之猶存禮意云

社稷壇　神祇壇　先農壇　雩壇

案以上四壇前清時已不臨祀每屆春秋二仲設神位于邑廟行禮民國後其典廢止今仍錄之亦藉見報本反始之意也

文廟　清光緒三十二年詔升大祀祭器改籩十二豆十二樂舞改文武各八佾神牌改製金地青書民國四年三月令改製孔子廟木主一律用紅地金字其龕位排列如左

大成殿　正位　至聖先師孔子神位　東配　復聖顏子一配　述聖孔子配三大清通禮大清會典皆題子思子應從祀孔典禮改題孔子　西配　宗聖曾子二配　亞聖孟子

配四　東序　先賢閔子一哲　冉子三哲　端木子五哲　仲子七哲　卜子九哲　有子一一哲

西序　先賢冉子二哲　宰子四哲　冉子六哲　言子八哲　顓孫子一〇哲　朱子一二哲

東廡　先賢公孫僑一通禮無公孫僑位應從會典及祀孔典禮加入　林放三通禮林放位在西應從會

典及祀孔典禮東移　原憲五　南宮适七　商瞿九　漆雕開一一　司馬耕一三　梁鱣一

五　冉孺一七　伯虔一九　冉季二一　漆雕徒父二三　漆雕哆二五　公西赤

二七　任不齊二九　公良孺三一　公肩定三三　鄡單三五　罕父黑三七　榮

旂三九　左人郢四一　鄭國四三　原亢四五　廉潔四七　叔仲會四九　公西

輿如五一　邽巽五三　陳亢五五　琴張五七　步叔乘五九　秦非六一　顏噲

六三　顏何六五　縣亶六七　牧皮六九通禮牧皮位在西應從會典及祀孔典禮東移　樂正克七

一　萬章七三　周敦頤七五　程顥七七　邵雍七九　西廡　先賢蘧瑗二

通禮蘧瑗位在東應從會典及祀孔典禮西移　澹臺滅明四通禮澹臺滅明位在東應從會典及祀孔典禮西移　宓不

齊六　公冶長八　公晳哀十　高柴一二　樊須一四　商澤一六　巫馬施一八

顏辛二〇　曹卹二二　公孫龍二四　秦商二六　顏高二八　壤駟赤三〇　石

作蜀三二公夏首三四后處三六奚容蒧三八顏祖四〇句井疆四二秦祖四四縣成四六公祖句茲四八燕伋五〇樂欬五二狄黑五四孔忠五六公西蒧五八顏之僕六〇施之常六二申棖六四左丘明六六舊題左邱明應從祀孔典禮改題邱明爲丘秦冉六八公明儀七〇通禮無公明儀位應從會典及祀孔典禮加入公都子七二公孫丑七四張載七六程頤七八

東廡

先儒公羊高八一伏勝八三毛亨八五京師廟題魯毛亨應刪魯字以歸一律又通禮無毛亨位應從會典及祀孔典禮加入孔安國八七通禮以此處爲董仲舒位而孔安國位在西應從會典及祀孔典禮東移毛萇八九通禮會典皆以此處爲后倉位而毛萇位在西應從會典及祀孔典禮校正杜子春九一會典以此處爲許慎位而杜子春位在西應從祀孔典禮校正鄭玄九三通禮會典皆題鄭康成應從祀孔典禮改題鄭玄又通禮鄭玄位在西應從會典及祀孔典禮東移諸葛亮九五會典以此處爲范甯位而諸葛亮位在西應從通禮及祀孔典禮校正王通九七會典以此處爲陸贄位而王通位在西應從通禮及祀孔典禮校正韓愈九九通禮會典皆以此處爲范仲淹位而韓愈位在西應從祀孔典禮改正胡瑗一〇一通禮會典皆以此處爲歐陽修位而胡瑗位在西應從祀孔典禮校正韓琦一〇三會典以此處爲司馬光位而韓琦位在西通禮則無韓琦位應從祀孔典禮校正楊時一〇五會典以此處爲謝良佐位而楊時位在西應從通禮及祀孔典禮東移謝良佐一〇七

會典以此處爲呂大臨位而通禮無謝良佐應從祀孔典禮校正

尹焞 一〇九會典以此處爲羅從彥位而會典通禮皆以尹焞位在西應從祀孔典禮東移

胡安國 一一一會典以此處爲李綱位而會典通禮皆以胡安國位在此西應從祀孔典禮東移

李侗 一一三會典以此處爲張栻位而李侗位在西應從通禮及祀孔典禮校正

呂祖謙 一一五會典以此處爲陸九淵位而呂祖謙位在西應從通禮及祀孔典禮校正

袁燮 一一七會典以此處爲陳淳位而袁燮位在西通禮則無袁燮位應從祀孔典禮校正

黃幹 一一九會典以此處爲真德秀位而黃幹位在西通禮則無黃幹位應從祀孔典禮校正

輔廣 一二一會典以輔廣位在西而通禮無輔廣位應從祀孔典禮校正

何基 一二三通禮何基位在西應從會典及祀孔典禮校正

文天祥 一二五通典無文天祥位應從會典及祀孔典禮加入

王柏 一二七會典以此處爲趙復位而王柏位在西應從通禮及祀孔典禮東移

劉因 一二九會典以此處爲金履祥位而通禮會典皆無劉因位應從宣統三年三月旨及祀孔典禮加入

陳澔 一三一通禮陳澔位在西應從會典及祀孔典禮東移

方孝孺 一三三京師廟題明儒應改先儒以歸一律又通禮無方孝孺位應從會典及祀孔典禮加入

薛瑄 一三五通禮薛瑄位在西應從會典及祀孔典禮東移

胡居仁 一三七

羅欽順 一三九

呂柟 一四一京師廟題明儒應改先儒以歸一律又通禮無呂柟位應從會典及祀孔典禮加入

劉宗周 一四三通禮劉宗周位在西應從會典及祀孔典禮東移

孫奇逢 一四五通禮無孫奇逢位應從會典及祀孔典禮加入

黃宗羲 一四七通禮會典皆無黃宗羲位應從光緒三十四年九月旨及祀孔典禮加入

張履祥 一四九通禮無張履祥位應從會典及祀孔典禮加入

陸隴其一五一通禮陸隴其位在西應從會典及祀孔典禮東移張伯行一五三通禮無張伯行位應從會典及祀孔
典禮加入湯斌一五五會典湯斌位在西應從通禮及祀孔典禮東移李塨一五七

西廡

先儒穀
梁赤八二高堂生八四董仲舒八六通禮董仲舒位在東應從會典及祀孔典禮西移劉德八八通
禮無劉德位應從會典及祀孔典禮加入后倉九十會典以此處爲毛萇位而通禮會典皆以后倉位在東應從祀孔典禮西移許
慎九二會典以此處爲杜子春位而許慎位在東通禮則無許慎位應從祀孔典禮校正趙岐九四通禮會典皆無趙岐位應從
宣統三年三月旨及祀孔典禮加入范甯九六會典以此處爲諸葛亮位而范甯位在東應從通禮及祀孔典禮西移陸贄九八
會典以此處爲王通位而陸贄位在東通禮則無陸贄位應從祀孔典禮校正范仲淹一〇〇會典以此處爲韓愈位而通禮
會典皆以范仲淹位在東應從祀孔典禮西移歐陽修一〇二司馬光一〇四會典以此處爲韓琦位而司馬光位
在東應從通禮及祀孔典禮西移游酢一〇六通禮無游酢位應從會典及祀孔典禮加入又游酢位之前會典有楊時位應從通
禮及祀孔典禮東移呂大臨一〇八會典以此處爲尹焞位而呂大臨位在東通禮則無呂大臨位應從祀孔典禮校正羅從
彥一一〇會典以此處爲胡安國位而通禮會典皆以羅從彥位在東應從祀孔典禮西移李綱一一二會典以此處爲李侗
位而李綱位在東通禮則無李綱位應從祀孔典禮校正張栻一一四會典以此處爲呂祖謙位而張栻位在東應從會典及祀孔典
禮西移陸九淵一一六會典以此處爲袁燮位而陸九淵位在東應從通禮及祀孔典禮西移陳淳一一八會典以此

處為黃幹位而通禮會典皆以陳淳位在東應從祀孔典禮校正　真德秀一二〇會典以此處為輔廣位而真德秀位在東應從
通禮及祀孔典禮西移　蔡沈一二二通禮以蔡沈位在東應從會典及祀孔典禮西移　魏了翁一二四通禮以魏了翁
位在東應從會典及祀孔典禮西移　趙復一二六會典以此處為王柏位而通禮會典皆以趙復位在東應從祀孔典禮西移　金
履祥一二八會典以金履祥位在東應從通禮及祀孔典禮西移　陸秀夫一三〇通禮無陸秀夫位應從會典及祀孔典禮
加入　許衡一三二　吳澄一三四通禮吳澄位在東應從會典及祀孔典禮西移　許謙一三六通禮許謙位在東應
從會典及祀孔典禮西移　曹端一三八通禮無曹端位應從會典及祀孔典禮加入　陳獻章一四〇　蔡清一
四二　王守仁一四四通禮王守仁位在東應從會典及祀孔典禮西移　呂坤一四六　黃道周一四八
通禮黃道周位在東應從會典及祀孔典禮西移　王夫之一五〇通禮會典皆無王夫之位應從光緒三十四年九月旨及祀孔
典禮加入　陸世儀一五二通禮無陸世儀位應從會典及祀孔典禮加入　顧炎武一五四通禮會典皆無顧炎武位應從
光緒三十四年九月旨及祀孔典禮加入　顏元一五六　崇聖祠　殿內中位　肇聖王木金
父公　中　裕聖王祈父公　左　詒聖王防叔公　右　昌聖王伯夏公　次左　啓聖王
叔梁公　次右　東配　先賢孔氏　配一京師廟題孔孟皮應改題孔氏以歸一律又通禮無孔孟皮位應從會
典及祀孔典禮加入　曾氏　配三通禮會典皆以此處為顏無繇位而曾點位在西應從祀孔典禮東移　孟孫氏　配五通禮會

典皆以此處爲孔鯉位而孟孫氏位在西應依祀孔典禮東移　西配　先賢顏氏配三通禮會典皆以此處爲曾點位而顏無繇位在東應從祀孔典禮西移　孔氏配四通禮會典皆以此處爲孟孫氏位而孔鯉位在東應從祀孔典禮西移　東

廡　先儒周氏一　程氏三　蔡氏五　西廡　先儒張氏二　朱氏四

案兩廡從祀先儒凡清光緒三年以前增祀者已詳前志此外如輔廣光緒五年從祀游酢十八年從祀呂大臨二十年從祀黃宗羲王夫之顧炎武三十四年從祀劉因趙岐宣統三年從祀顏元李塨民國八年從祀

祭儀　縣知事每歲夏時春秋兩丁日于其所駐地方生孔子廟之祀有故則各以其屬代分獻以屬官或公立學校校長在城文武委任以上亦咸與祭書祝版眡割戒具陳設省齋各以其屬官爲之糾儀則以掾屬祀日屆時正獻以下皆具祭服集致齋所正獻盥手閱祝版署名訖司祝進奉于祝案俟鼓三嚴引贊引正獻入大成門右門分贊引分獻傳贊引陪祀員隨入典儀贊樂舞生就位執事員各司其事贊獻官就位正獻分獻及陪祀員各就拜位北嚮立贊闢戶有司闢戶訖贊迎神司樂贊舉迎神樂奏昭和之章起柷鎛鐘鳴擊編鐘樂作贊引贊四拜傳贊贊衆官皆拜正獻分獻及陪祀員皆行四拜禮跪拜再拜三拜四拜興贊樂止擊特磬戛敔贊奠帛爵行初獻禮司帛爵各捧帛爵就前向上立司樂贊舉初獻樂奏雝和之章起柷司帛爵各進神位前立鎛鐘鳴擊編鐘樂作樂工舉節舞干戚之舞贊引贊詣奠帛位引正獻

入殿右門詣帛案前立贊獻帛正獻受帛拱舉仍授司帛奠于案正中退贊詣獻爵位引正獻詣爵案前立贊獻爵正獻受爵拱舉仍授司爵
奠於爵墊正中退贊復位引正獻仍由殿右門出復拜位立分贊引分獻入殿左右門分就配位哲位前引兩廡分獻分就兩廡先賢先儒位
前立受帛爵拱舉仍授司帛爵獻于案上退司祝就祝案前捧祝版至案左先立樂暫止贊引贊詣讀祝位引正獻進殿右門詣讀祝位正立
典儀贊讀祝司祝讀祝畢正獻受祝版拱舉仍授司祝司祝奉祝版至至聖先師孔子位前安于篚內退樂復作贊引贊復位引正獻出殿右
門復拜位立贊四拜傳贊贊衆官皆拜正獻分獻及陪祀員皆行四拜禮跪拜再拜三拜四拜興樂止擊特磬戛敔武功之舞退文舞執羽籥
進贊行亞獻禮司爵捧爵就前向上立司樂贊舉亞獻樂奏熙和之章起祝司爵各進神位前立鎛鐘鳴擊編鐘樂作舞羽籥之舞贊引贊詣
獻爵位引正獻進殿右門詣爵案前立贊獻爵正獻受爵拱舉仍授司爵奠于爵墊左退贊復位引正獻出殿右門復拜位立分贊引分獻各
就案前獻爵如初奠于左退樂止擊特磬戛敔典儀贊行終獻禮司爵奉爵就前向上立司樂贊舉終獻樂奏淵和之章起祝司爵各進神位
前立鎛鐘鳴擊編鐘樂作贊引贊詣獻爵位引正獻進殿右門詣爵案前立贊獻爵正獻受爵拱舉仍授司爵奠于爵墊右退贊復位引正獻
出殿右門復拜位立分贊引分獻各就案前獻爵如亞獻儀奠于右退樂止擊特磬戛敔文德之舞退典儀進至殿東西向立贊賜福胙退贊
引贊詣飲福受胙位引正獻進殿右門詣飲福受胙位正立捧福胙二員捧福胙至神位前拱舉退立正獻之右接福胙二員進立正獻之左
贊引贊飲福酒正獻受爵拱舉授于左贊受胙正獻受胙拱舉授于左贊復位引正獻出殿右門復拜位立贊四拜傳贊贊衆官皆拜正獻分
獻及陪祀員謝福胙皆行四拜禮跪拜再拜三拜四拜興贊徹饌司樂贊舉徹饌樂奏昌和之章起柷鎛鐘鳴擊編鐘樂作司爵各進神位前

徹籩豆各一少移故處退樂止擊特磬戛敔典儀贊送神司樂贊舉送神樂奏德和之章起柷鎛鐘鳴擊編鐘樂作贊引贊四拜傳贊贊衆官皆拜正獻分獻及陪祀員皆行四拜禮跪拜再拜三拜四拜興樂止擊特磬戛敔典儀贊奉祝帛送燎司祝帛爵各進神位前恭捧祝帛酒饌依次送往燎爐時贊引引正獻轉立西旁俟祝帛過畢仍引復位立司燎數帛典儀贊闔戶有司闔戶訖贊禮成贊引引正獻出大成右門分獻以下隨出至致齋所更衣各退學校教員或地方員紳祭日届時贊引

祭崇聖祠正獻以屬官分獻以引正獻入祠垣右門詣階下盥手分贊引分獻隨入典儀獻執事員各司其事贊獻官就位引正獻分獻各就拜位北嚮立典儀贊闢戶有司闢戶訖贊迎神四拜正獻分獻皆行四拜禮跪拜再拜三拜四拜興贊奠帛爵行初獻禮司帛爵各捧帛爵進神位前立贊引贊就奠帛位引正獻入殿右門就肇聖王帛案前立贊獻帛正獻受帛拱舉仍授司帛奠于案正中退贊引贊就獻爵位引正獻就肇聖王爵案前立贊授獻爵正獻受爵拱舉仍授司爵奠于爵墊正中退以次就左裕聖王右詒聖王次左昌聖王次右啓聖王位前奠帛獻爵儀同贊引贊復位引正獻仍由殿左右門出復拜位立分贊引分獻入殿左右門分就配位前引兩廡分獻至分就兩廡從位前奠帛獻爵復位均如正獻儀司祝就祝案前捧祝版至案左先立贊引引正獻進殿右門就讀祝位正立典儀贊讀祝讀祝畢正獻受祝版拱舉仍授司祝司祝奉祝版至正位前安于祝篚內退贊引贊復位引正獻出殿右門復拜位立典儀贊四拜正獻分獻皆行四拜禮跪拜再拜三拜四拜興典儀贊行亞獻禮司爵各捧爵進神位前立贊引贊就獻爵位引正獻進殿右門就肇聖王爵案立贊獻爵正獻受爵拱舉仍授司爵奠于爵墊左退以次就左裕聖王右詒聖王次左昌聖王次右啓聖王位前獻爵儀同贊引贊復位引正獻仍由殿右門出復拜位立分贊引分獻就配位從位前獻爵復位均如儀典儀贊行終獻禮司爵各捧

爵進神位前立贊引贊就獻爵位引正獻進殿右門就肇聖王爵案前立贊獻爵正獻受爵拱舉仍授司爵奠于爵墊右以次就左裕聖王右詣聖王次左昌聖王次右啓聖王位前獻爵儀同贊引贊復位引正獻仍由殿右門出復拜位立分贊引分獻分就配位從位前獻爵仍均如儀典儀贊徹饌司爵各進神位前徹籩豆各一少移故處退贊送神四拜正獻分獻皆行四拜禮跪拜再拜三拜四拜興典儀贊奉祝帛送燎司祝帛爵各進神位前恭捧祝帛酒饌依次送往燎爐時正獻避立西旁俟祝帛過畢仍復拜位立司燎數帛典儀贊闔戶有司闔戶訖贊禮成贊引引正獻仍由祠垣右門出分獻隨出各退

祝辭

清光緒三十二年奉升大祀部頒祝文

辭曰維某年月日某官某致祭于至聖先師孔子曰聖由天縱緬萬世師表之尊道協時中繼三代明倫之治學校遍乎鄉國秩祀著在彝章仰維先師孔子教範古今德彌宇宙達天盡性淵源集羣聖之成守道遵經文軌協大同之盛稽崇儒之鉅典先朝久重明禋擴興學之鴻規懿訓特升上祀風聲所樹承矩矱于三雍教澤無垠廣甄陶于百氏大義炳如日月馨香永以春秋於戲玉振金聲億代猶存夫懍慕麟祥鳳德八方莫外于尊親文治恢昭茲芬歆格以復聖顏子宗聖曾子述聖子思子亞聖孟子配尚饗

民國三年部頒祝文

辭曰維某年月日某官某致祀于至聖先師孔子曰維先師德參化育道貫古今集羣聖之大成炳前知以垂憲天下為公中國一人之量生民未有六經千載之心循宮牆而瞻富美入室升堂陞俎豆而奉馨香光明後法茲當上丁之祇率彝章肅展微忱聿將祀典以復聖顏子宗聖曾子述聖孔子亞聖孟子配嗚呼聲名所屆血氣莫不尊親光景常新禮樂明其禋祀尚饗

崇聖祠祝文

辭曰維某年月日某官某致祭于肇聖王木金父公裕聖王祈父公詒聖王防叔公昌聖王伯夏公啓聖王叔梁公曰維王垂裕後昆光開聖

緒爲層冰之積水作大輅之椎輪既祖功而宗德必有達人亦木本而水源不忘數典茲屆上丁聿修祀事配以先賢孔氏先賢顏氏先賢曾氏先賢孔氏先賢孟孫氏尚饗

樂章　見前志民國仍清舊惟清樂以平爲名今悉改爲和如迎神爲昭和奠帛初獻爲雝和亞獻爲熙和終獻爲淵和徹饌爲昌和送神爲德和

名宦祠　鄉賢祠　忠義祠　節孝祠　孝悌祠　均詳前志清光緒以來無增祀者

關岳廟　民國四年政府頒定祀典就原有武廟即關廟增祀宋岳忠武王稱關岳廟正殿曰武成殿以張飛趙雲王濬謝玄韓擒虎賀若弼李靖尉遲敬德郭子儀李光弼蘇定方王彥章曹彬狄青韓世忠劉錡旭烈兀郭侃徐達常遇春藍玉戚繼光馮勝周遇吉等二十四人配享祭期以歲春秋分節後第一戊日舉行由駐在地方各文武官職較高者一人主祭屬官與祭祭器用籩十豆十牲用太牢東西序四籩四豆羊豕各一樂舞舊制文武八佾今改武舞六佾

樂章　迎神奏建和章　辭曰懿鑠兮神功震華夏兮英風義勇兮河東惟湯陰兮與同修祀典兮方州佇降歆兮閟宮　初獻奏安和章

明辭曰神來兮格思威儀如在兮軒墀馬下兮靈旂量幣兮亞獻奏靖和章初陳薦芳馨兮玉卮瞻仰兮辭曰萬舞兮洋洋禮再舉兮

陳蠲靈昭昭兮既留庶鑒誠兮降康鍾靈炳河嶽兮日星祀事兮三成肅駿三獻奏康和章奔兮廟庭辭曰名世兮徹饌奏蹈和章

辭曰告徹兮禮成福其受兮苾芬明德兮維馨播聲威兮八紘送神奏揚和章辭曰雲駕兮高翔神將歸兮九閶受福兮烝民導我武兮維揚

祝辭惟神武功彪炳偉烈昭垂建大節于千秋振英風于六合忠誠正直麗河嶽而長留智仁勇功與日星而並耀潔馨香而合祀德量同符肅俎豆以明禋心源如接惟祈歆享克鑒精誠尚饗

成仁祠　祀明監國魯王時死難諸臣張肯堂等二百六十餘人

大學士張肯堂　大學士兵部尚書張煌言　太傅定西侯張名振　蕩湖伯阮進　肅鹵伯黃斌卿　英毅伯阮駿　定甯伯張鴻德　戶部尚書陳君平　禮部尚書吳鍾巒　兵部尚書李向中　陳六御　沈宸荃　吏部侍郎朱永祐　兵部侍郎沈猶龍　安洋將軍劉世甯　平康將軍姚志卓　屯田左都督張名揚　屯田左都督張名甲　都督焦文玉　都督應元　右都督陳謙同　總督軍務沈大成　屯

田總兵呂金聲　馬泰　杜芳　夏霖　解龍　沈雲　朱起光　任則治　曾維則　張聖治　副總兵張晉爵　單登雲　副使俞師範　太常寺卿陸九徵　通政使參議鄭遵儉　湖南道御史朱養時　御史李長祥　兵科給事中董志甯　定西監軍御史宋隆吉　兵部郎中李國楨　吏部主事楊思任　楊鼎臣　戶部主事林瑛　江用楫　劉朝　李貴榮　兵部主事王璽　朱萬斗　顧珍　李開復　戴劉午陽　劉炳　禮部主事董元　蔣先宸　工部主事顧宗堯　戴仲謀　中書蘇兆人　顧玢　周在德　陳駒　韓允祥　陳所學　江中汜　顧芬　顧健　曹威鳳　沈之泰　領水軍劉永錫　監軍副使馬世昌　高世昌　參將張名遠　張繼榮　李錫貢　李錫祚　中軍將林志燦　林桂　裨將顧名瑞　錦衣衛指揮王朝相　錦衣衛掌衛事李向榮　錦衣衛經歷戴爾惠　守備吳士俊　呂鳴綸　國子監學錄曹鼒　曾應選　太常寺典簿劉孟賢　鴻臚寺主簿

張鵬翼　工部營繕所所正戴仲明　定西侯參謀顧明楫　太醫院院判章有期　御醫董廣生（南疆繹史作童廣　海上紀作童廣生）　戶部司務郭定中　中所千戶王天培　中中所百戶周之篕　中左所百戶陳起蛟　陳黃蛟　百戶王世安　武弁韓紹琦　童自齡　薛之胄　沈知義　曾鼐　張仲孚　朱思浩　丁洪業（以上五人官未詳）　太監劉朝貴　貢生黃希范　趙孟遴　洪復僑　范佩璠　范錦綬　婁文煥　諸生顧心復　陳瑞芝　杜伯起　張瑞初　林世英　武生馬呈圖　馬貢圖　布衣林遠民　范洪倍　范洪鄭　范洪爵　范洪正　范洪譽　范洪瑞　范佩璘　張相國僕張俊彭歡（以上百三十人均清乾隆間初祀及同治九年增祀）

東閣大學士孫嘉績　總督水師兵部侍郎沈廷揚　副使荆本徹　兵部侍郎馮京第　太僕寺少卿馮元颺　兵部主事李開國　朱萬年　安洋將軍劉世勳　太常寺卿陳久徵　禮部儀則司主事張家璧　監記推官錢肅典　中書顧玉蟠　中書舍人翁健　顧行

總兵張宏謨　王長樹　毛光祚　沈爾序　副將曹維周　楊復葵

錦衣衛經歷戴爾忠　李昇　李善毓　孫位卿（以上三人官未詳）　諸生

朱錫齡　范贊樞　范爾堯　沈相玉　徐觀國　陳有瑞　周景文

周元魁　顧天如　呂悅恆　顧德初　王布凡　江勝水　周文

翰　徐文諭　黃泰貞　徐玉斌　劉興宇　陳九榮　孫惟完　金

近如　張元魁　顧斗文　葉招符　朱爾玉　徐民則　陸尊來

劉養保　方日新　方維新（以上二十九人出身未詳）　民人郭聖叔　郭滿叔

郭任叔　郭景文　郭景武　郭士瑚　郭士珏　郭斗　郭魁　劉

在仁　劉在義　劉在寬　劉大升　劉允升　劉時升　劉雙　朱

錢妹（以上三十一人光緒十七年增祀）　又隨殉婦女　魯王貞妃陳氏　貴嬪張氏

義陽王妃杜氏　張肯堂妾畢氏姜氏方氏周氏子婦沈氏孫女茂

漪　張名振母范氏妻馬氏妾某氏　張名揚妻某氏　張名甲妻某

氏　張名遠妻某氏　張繼榮妻某氏　劉世勳妻某氏　焦文玉妻

張氏　呂金聲妻林氏　林瑛妻某氏　顧宗堯母童氏　沈之泰妻景氏　范佩璠妻吳氏　陳瑞芝母李氏　李開國母某氏　顧明楫妻某氏　黄斌卿二女　張俊妻彭氏（以上乾隆及同治間從祀）　李向中妻某氏妾某氏　吳鍾巒妻某氏　馬世昌全家婦女　梁吉隆全家婦女　顧珍妻某氏　陳所學妻某氏　張肯堂子婦某氏　朱永祐妻某氏妾某氏　沈大成妻某氏妾某氏　楊思任妻某氏　汪用楫妻某氏

董志甯妻羅氏　陳君平妻某氏子婦某氏　朱祖堯妻錢氏　陳承玉妻李氏　顧依仁妻朱氏子婦張氏　郭任叔妻張氏　郭士珏妻王氏　某妻某氏　烈女某氏（以上光緒三十一年增祀）

三忠祠　祀清道光間英吉利陷定海時殉難三鎮（民國九年省長指令三忠祠春秋二祭，祭費由縣稅準備金項下支撥）

正祀　定海鎮葛壯節公雲飛　壽春鎮王剛節公錫朋　處州鎮鄭忠節公國鴻

祔祀　親兵王連陞　把總謝福魁以上二人皆王剛節部下　哨官余忠元鄭忠節部

下

宗教

縣屬各教徒人數統計表

地方	佛教	道教	西教 天主教	西教 耶穌教	合計	備注
城區	六七	一九	六四四	五五	七八五	
岱山	八九	二四		四九	一六二	
吳洞	二一	三八	三三九	二一	四一九	
蘆蒲	一五	二五	三六四	一三	四一七	
洛舵	一、八七八	三七	五〇八	四八六	二、九〇九	每年普陀往來遊僧亦在千外
展茅	三三	二九			六一	
三安	一八	二六	八五		一二九	
協和	二四	三三		一三	六九	
靈和	三一	四五			七六	

東靖	八八	七六			一六四	
人和	一二	八	一七三	二一	二一四	
紫微	九	一四			二三	
岑楨	一一	二〇			三一	
冊子	七	一五			二二	
金一	四四	三六	五六	九	一四五	
金二	三五	一八			五三	
金三	一九	二一	八五		一二五	
樹南	二一	二六	二		四九	
樹北	二一	二六			四七	
干瀆	一七	二八	三		四八	
景陶	三五	四二	五		八二	
三益	四二	三一	一七		九〇	
蘭秀	九	一四			二三	
長塗	一三	二二			三五	
朐山	五七	四八			一〇五	
登步	三四	二九			六三	

總計	二、六四九	七四九	二、二八一	六六七	六三四六	與總人口數比較約占千分之五十五

僧寺　在城區者凡十五所曰祖印寺治西南偏寧靜庵治東偏地藏殿北門石柱街圓通庵北門月城外伴雲庵城東二里永壽庵城東小洋嶴善法庵城東西溪嶺上福壽庵玉蘭橋，萬福庵城南半路亭爲普陀下院無量庵半路亭北今燬清涼庵西門外一里吉慶庵西門外茅嶺普慈寺北門外一里寺統諸刹萬峯庵普慈寺後山嶺月庵俗名下庵城北須河嶺南麓　在岱山者凡二十三所曰超果寺在磨心嶺下資福寺岱西寺嶺下護國寺舊名天生堂在虎斗嶴普明院即古泗洲堂在太平庵岱北小嶺上報恩寺岱北大嶺上本聚封亭舊址慈雲庵磨心嶺巔石佛庵孝順嶴慶餘庵大高亭護龍山麓觀海庵大旂桿岡觀音堂楓樹墩嶴賢山下地藏殿司基嶴象山下圓明堂東沙角法雲庵北峯山青蓮庵念母嶴寶筏庵王官人嶴觀音庵酒坊嶴善法庵泥峙小陳家嶴清光緒間傳貞女冬鄭痛父無子守貞不字捨宅爲庵原名孝感堂圓慶庵石橋鎮崇聖庵泥峙山前守清庵同上蓮淨庵外茶山前寶法庵小高亭嶺上　在吳洞者凡十六所曰善來庵吳樹近郎溪橋仙跡庵高廟右清泰庵萬石嶺伏龍庵　天福庵孫家嶴高雲寺高大山腰善住庵洞嶴沙岡嶺金粟庵官山南金積庵官山西善成庵茨灣仙臺寺黃楊尖山西純陽寺黃楊尖山

迴雲寺同上金剛寺同上延慶寺寺基嶺西延福寺　在蘆蒲者凡十三所曰龍德庵亦名十方庵在蘆莊作庵烏柏樹嶺西南秀竹庵分水嶺西乘蘆庵洪洞嶴慧隆寺南嶴四畝墩興福庵黃泥岡下天開庵天打岩下普慶庵雄鵝蛟下雷峯寺洞嶺慧隆庵張家嶺東接待寺塔嶺間善福庵蘆花嶴善慶庵同上今圮　在洛陀者凡六十七所曰普濟禪寺普陀白華頂南靈鷲峯下俗稱前寺法雨禪寺白華頂左光熙峯下俗稱後寺慧濟禪寺白華頂右俗稱佛頂山聽潮庵即潮音洞紫竹林舊稱觀音寶陀寺梵音洞庵千步沙正東面法華洞庵　朝陽洞庵　觀音洞庵　古佛洞庵踞獅峯右祥慧庵青石灣逸雲庵雪浪山麓楊枝庵雪浪山西南積善庵摩尼洞左伴山庵清涼岡煙墪峯下雙泉庵同上常明庵清涼岡麓彌勒庵雪浪山西南清涼庵清涼岡東小茶山禪那庵千步沙上下清涼庵同上長生庵同上旃檀庵象王峯下龍壽庵同上大乘庵同上鶴鳴庵同上妙智庵鶴鳴庵右悅嶺庵几寶嶺下圓通庵西天門上脩竹庵同上海澄庵澄靈瀾靈石庵盤陀石下洪筏堂　積善堂　報本堂西天門獻祖祠承恩堂晏坐堂　藥師殿　海曙庵摩尼洞前西方庵即觀音跳錫麟堂　曇華庵勺庵　海岸庵短姑道頭淨土庵吉祥嶴白華庵南華峯下隱秀庵洛伽山西南息

耒庵（即方丈塔）　三聖堂　大觀庵（即南天門庵）　梅岑庵（梅岑山中）　盤陀庵　百子堂（即柏子庵在塔前獅子岩下）　文殊院（巫山石玲瓏岩之間）　永福庵　普門庵　佛首庵　普慧庵　法如庵　寶蓮庵　天華堂（原名百子庵）　慈雲庵（短姑道頭）　海印庵（蓮花洋畔以上均普陀名剎詳見普陀山志）　楊枝岡庵（舥澳楊枝岡上）　天豐寺（透火尖山下）　接待寺（沈家門深澳）　福泉庵（大嶺）　接待庵（墩頭山）　在展茅者凡五所曰長壽庵（大展澳後塘廟後）　迴龍庵（更鼓樓）　壩頭庵（田公澳）　法雲寺（同上）　積善庵（干施澳）　在三安者凡三十三所曰興福庵（北墿澳）　興善庵（同上）　瑞松庵（同上）　小展嶺庵（小展嶺上）　翠蘿寺（翠蘿山下即白泉炭山）　積善庵（疊石山萬金湖廟後）　藏經寺（疊石嶺山頂）　隆昌庵（後澳）　永壽庵（同上）　曹家寺（小支澳黃泥嶺）　海雲庵（小支嶺）　磊石庵（柯梅澳）　復喜庵（大柯梅山下王）　梅山庵（小柯梅山）　白雲庵（白泉澳）　報本堂（龍古村）　永濟庵（尼太灣）　永福庵（泉南紫竹嶺）　太平庵（太平嶺）　增福庵（層棚岩）　日照庵（東皋嶺）　菁莪庵（黃虎岡）　普濟庵（萬壁山）　定香庵（茅洋周）　地藏庵（同上）　萬壽寺（舊名永福寺在皋洩莊其產業昔年爲人變賣十七畝另後經十甲居民墊款贖回民國十三年由該寺董事王清夫等訂立管理章程十二條凡該寺產業永遠不得變賣抵押亦不得藉端侵占沒收或提充罰款備文存縣立案由縣給示勒石示禁並立有萬年簿二本將章程及產業細則詳細載入一本送縣備案一本加蓋

縣印存寺備查又該寺附設萬壽學校其經常費概由寺中支撥臯洩全莊子弟肄業者一律免費萬壽庵唐鑑嶺上伏虎庵龍堂

孫定光庵龜山廣福庵賣柴嶺上金龍寺洩潭下萬福庵沈公嶺靜心堂小茅洋竺靈寺

竺家尖岡　在干䂩者凡四所曰隆教寺覺斯義塾右西來庵小蘆嶺陸家庵晏家廟後五

雷寺五雷山上　在景陶者凡八所曰經庵近單奇洞化成庵烏巖岡下地藏殿長青橋側明

珠庵中峯廟西寂照庵土人亦呼爲經庵淨土庵沙突山永福庵王衙山裏土人稱爲王衙庵福勝庵

在三益者凡七所曰竹隱庵前名塔院庵側有廣仁寺吉祥寺錦沙石佛庵大周嶺西

永清庵青嶴新庵東嶴五峯庵桐山大悲庵　在岑碇者凡三所曰回峯寺

漲齒梅神寺嶴底陳古峯庵梅園前　在紫微者凡六所曰回峯寺白龍王廟北側有塔院

蓮花庵茹坑嶴天福寺沙府廟左永福庵周家嶴泰甯庵鄭思嶺麓延慶寺螞蝗山　在人

和者凡十一所曰明覺禪院西臯嶺上茶亭後興善寺福善山下東照庵曉峯嶺下善濟庵

真君廟後天福寺曉峯嶺清涼庵曉峯山下吉慶庵茅嶺義成庵芝窩嶺下永福庵銀子坑右太平

庵長春嶺下寶雲庵永安橋西今圮　在金塘者凡十二所曰普濟庵柳巷寶藏寺鯉魚山下

無量寺大浦口永壽庵同上化成寺吉祥嶺下舊名羅漢院金山寺西堠又名彌陀院上方庵千金

嶴西雲庵西佛嶺增壽庵三仙山北福田庵穆嶴老鷹山下淨土庵瀝港山頂慶福庵大嶺上在冊子者一所曰廣福院今圮在榭南北者凡四所曰太平庵黃沙關隱脩庵牛頭山北報恩庵東嶴本覺寺寨頭在東靖者凡五所曰洪泉寺上莊嵩山下佛靈庵漲起港積泉庵長塗嶴資福庵下莊杜莊金山寺荷花池後山頂在協和者凡八所曰封崇院舊名資福又名資國在桃花潭石廣福院舊名崇壽今圮保甯院舊名保安在馬秦山茶庵茶山今圮白雀寺宮前嶺東今圮聖巖寺對棋山清脩庵白雀寺前建甯禪院今圮在長塗者一所曰韋馱殿大嶴東首在蘭秀者一所曰長壽庵磡台山東在朐山者凡六所曰華雲寺舊名香蘭洪福寺觀音山頂普慶寺觀音山陽普濟寺宋朝宮後觀音閣在大屏壇觀音殿在沙嶺蛟

道院　道隆觀南門外觀山麓伏虎太保廟側蓬萊集仙道院朐山福星觀金塘平山

西國教堂　天主教堂二所一在城西隅一在北郊　耶穌教堂　所

定海縣志冊四丁

藝文志第十四 金石附

書目 舊志附

任子十卷　漢任奕撰 唐馬總意林稱任奕有任子十卷淳熙昌國志以奕爲昌國人大德志據之

廣孝經十卷　書譜一卷　古蹟記一卷　唐徐浩撰 浩自稱四明山人乾元二年進孝經授校書郎徐刻本大德志以爲昌國人然他本大德志作沈洽明陶恭形勝賦述昌國人物亦云沈洽進孝經十卷而校書是授未審孰是

書解十三篇　海上稿若干卷　宋孫枝撰 見人物志

顯爵淵源世系錄一卷　建章集若干卷　宋應僊撰 見人物志

春秋傳如干卷　詩文集五十卷　宋王文貫撰 見人物志

易說指圖十卷　書說六卷　詩臆十卷　二禮說七卷　切音指元三卷　四聲等第圖一卷　淮鹽論一卷　觀頤悟言一卷　雜錄二卷　見聞因筆一卷　詩文集如干卷　宋王宗道撰 宗道字與文文貫弟寶祐元年進士終婺水學官

經傳蒙求如干卷　元應翔孫撰　翔孫字子翔應傃孫嘉熙初試神童科第一尋授博士

易注如干卷　孤舟夜讀一卷　句章小家言二十卷　明章珍撰　見人物志

觀光集　歸來集　形勝賦　明陶恭撰　見人物志

韻雅錄　明張學撰　見人物志

點易齋文集如干卷　明施邦彥撰　見人物志

日本考略一卷　明薛俊撰　見人物志

海東逸史十八卷　清翁洲老民撰　此書不著作者姓名自署翁洲老民殆明之遺老所作書凡十八卷首監國紀次家人傳次列傳次忠義次遺民凡所敘述大都身所親見非嚮壁虛造者名曰逸史實與正史相表裏也其書刻本有二一爲慈谿楊檢討泰亨所刻卷首有會稽孫德祖序一爲浙江官書本邵武徐幹所刻爲徐氏叢書十四種之一卷首無序

借樹山房詩鈔八卷　清陳慶槐撰　見人物志

借樹山房詩鈔附刻十卷　清陳福熙撰　福熙字爾詒號餘仙慶槐子官內閣中書是集爲其門人鄞陳邁所編

三甕老人詩集二卷　清曹偉皆撰　偉皆字莪圮博涉文史終不遇援例官盩厔縣尉生平廉隅自飾爲世推重卒于官路閏生德收其遺稿梓行之三甕者蹋甕吟舞甕吟抱甕吟皆其所自名也

章安愁吟集　甌江游草　清嚴殿諤撰　殿諤字一士號納庵乾隆舉人任新城錢塘教諭生平敦氣節友有旅病者百計救藥之死則返其喪時人以爲難

東嘯集　吳詠集　近光集　且留集　蓮府東游集　清藍嘉言撰　見人物志

邁庵集　翁山擬古集　訓蒙日記　清藍運森撰　運森字碩喬號拙庵性至孝博學不售以歲貢生終

海天吟　藤花集　珠湖詩草　清葉機撰　見人物志

詩舫吟草二卷　清劉運坊撰　運坊字左春郡諸生事親善養志友于兄弟絕意仕進爲里中師嘉慶間以孝廉方正徵年六十一卒鎮海姚燮銘其墓

白華山人詩集十八卷　清厲志撰　見人物志

翁洲逸志四卷　鴛鴦藤舍詩鈔二卷　景陽華鄂集一卷　景陽詩逸

一卷　雜志一卷　抱甕堂隨筆四卷　代鬟類鈔三卷　噱錄六卷

食破硯齋雜錄十卷　一瓢泉譜一卷　古今體辨一卷　閒雜錄三卷

清厲得鵬撰

擁綠山房詩鈔十二卷　羣經粹語如干卷　左傳事緯補如干卷　答朱述之問翁洲遺事一卷　家訓如干卷　清陳炳撰（炳字奐若號寅齋道光間舉人主景行書院二十年門下多成名者）

十三經補訓如干卷　茹古軒詩草如干卷　清鍾勳撰（勳字銘常家貧以教授自給門下士多先後得科第以去而勳以恩貢生終性廉正不茍取邑有大役必羣推勳主其事其爲人所信仰如此）

鄂華吟館詩鈔十卷　清陳絢撰（絢字合如號魏堂炳子咸豐間歲貢生）

易釋四卷　尚書啓幪四卷　詩序說通一卷　詩傳箋攷二卷　春秋釋二卷　論語後案二十卷　儆居經說內十卷外一卷　三音均部略四卷　周季編略九卷　儆居史說內一卷外一卷　儆居讀通攷二卷

儆居讀子集三卷　鄭君粹言一卷　朱呂問答一卷　炳燭錄二卷

儆居雜著內四卷外四卷　黃氏塾課三卷原名經外緒言後改　古體詩一卷

清黃式三撰見人物志

蓉洲詩鈔如干卷　清葉熊撰熊字呂亭號小山機長子官直隸保定縣知縣改授新澤未抵任後謁選京都聞弟勳病故即束裝歸撫棺慟絕遂不起性慷慨有舊戚柴某歲莫窘急來告別曰吾將死矣熊問故柴慟言負人五千金當償傾家貲不足十一身無立錐地徒累老母何生爲熊曰比來吾亦困甚躊躇久急趨入內室挾四千金出曰吾亦以償負而畜此計可稍緩姑先予然盡于此奈何更謀諸弟足而遺之其好義類如此

惜陰草堂詩文稿如干卷　清葉炯撰炯原名煒字香谷機三子以經濟自負所交多名士道光間以海防善後功敘知州謁選得雲南寧州適有尋甸苗馬爾花之亂總督吳振棫聞炯才檄入營參與軍謀事平移署威遠撫夷府咸豐間改官四川補崇慶州同治初署資陽所至以幹練聞

明堂考一卷　論語集解義疏二十卷　初音啓幪一卷　大衍集一卷

清胡賁撰賁字伯寅號止三從黃式三學得其傳晚年瞽目重明因自號明明子遂發憤著書于黃氏學多所發明以歲貢生

終

定海農時錄佚　告蒙集一卷　清王榮滋撰榮滋字子陔號余蘭生平務脩內行以孝友稱

弟子被其教者相率勉爲善良所謂能立德于鄉者以廪貢生終

聲訓緯纂十五卷　雜著二卷　清黄以愚撰 以愚字深詩式三子道光二十九年副貢

成仁祠彙考一卷　清沈有瀾撰 有瀾字慶安一字梓堂嘉興縣學訓導

尙書啓幪疏證二十卷　詩學管見三十卷　愛經居雜著四卷　愛經居日記如干卷　清黄以恭撰 見人物志

十翼後錄八十卷　禮書通故一百卷　經訓比義三卷　子思子輯解七卷　司馬法考徵二卷　黄帝內經集注九卷　儆季雜著二十一卷續一卷　清黄以周撰 見人物志

娛藝軒雜著三卷　清黄家岱撰 家岱字鎮青以周子劬學前卒是編附刊其父集後

珍硯齋詞四卷　硯農齋詩鈔如干卷　梅邊琴趣四卷　清錢學懋撰 見人物志　案珍硯齋詞爲鎮海姚燮所點定有刊本餘俱未刊

周易釋義如干卷　清章育瑜撰 見人物志

行軍工程測繪書一卷　清王脩植撰 見人物志

論語經證四卷　遂人匠人溝洫考一卷　東齋經義四卷　數典一卷

說囯一卷　述古存草六卷　成仁祠備錄三卷　清孫貽謀撰貽謀字燕庭號囯香光緒元年副貢歷署東陽建德等縣教諭

周易後述二十卷　清王亨兆撰亨兆字亦瑞廩貢生

讀史紀要八卷　近人王昌科撰昌科字兆登號簡庵清光緒間恩貢生

日俄戰記二卷　校碑隨筆如干卷　校碑續筆如干卷　墓誌類聚如干卷　談畫四卷　古化今說一卷　印萃一卷　陶文萃一卷　藥雨叢刻如干卷　續古玉圖考一卷　近人方若撰若字藥雨原名城字楚卿諸生僑居天津能詩善畫性好金石收藏頗富鑒別尤精其所著校碑隨筆海內賞鑒家推崇稱爲空前之作

國語學草創一卷　近人胡以魯撰以魯字仰曾嘗游學日本卒業于東京帝國大學得法學士學位在東時並受業于餘杭章炳麟學究國故歸國後任北京大學教師勖學益苦遂以勞卒儒林惜之

舊志附

紹熙昌國志　宋紹熙元年縣令王阮撰案王阮志已佚莫詳其卷數寶慶志引阮志惟敘人敘祠注中

兩見而已

寶慶昌國志一卷　宋寶慶三年尚書廬陵胡榘知府事命贛州錄事參軍羅濬撰

案張津乾道圖經袁桷延祐志王元恭至正續志黃潤玉簡要志楊寶成化志張時徹嘉靖志皆記一郡之事而昌國事附見焉以非昌國專志故不列于舊志中寶慶志亦統記郡事而其書前十一卷爲郡志第十二卷以下爲各縣志每縣俱自爲門目不與郡志相混故一特出之昌國志一卷敘縣有沿革論境土風俗縣令社稷城隍學校城郭坊巷倉庫務場公宇官僚驛鋪諸目敘水附橋梁津渡敘賦有鄉村鎮市戶口夏稅秋稅酒商稅襍賦職田鹽諸目敘兵分弓手士軍敘祠分神廟宮觀寺院敘遺分車駕巡幸紀變存古其附見郡志者惟敘人一門暨敘遺之車駕巡幸而已

大德昌國州圖志七卷　元大德二年州判馮福京鄉貢進士郭薦等撰

案是書凡分八門曰敘州有沿革境土風俗公宇城郭城門坊巷社稷城隍倉局學校貢士莊翁州書院岱山書院醫學義莊社倉囚糧鄉村諸目曰敘賦有戶口田糧食鹽漁鹽酒課茶課歷本錢沙魚皮狸皮魚鰾稅課諸目曰敘水分水橋梁津渡井碶堰曰敘物產分五穀布帛禽類海族河塘魚畜類獸類花類果實竹類藥類蔬菜木類曰敘官分州官巡捕司僧正司鹽司巡檢司稅使司醫提領所曰敘人分進士題名名賢名宦曰敘祠分寺院宮觀廟宇四庫書目提要稱其大旨在于刊削浮詞故其書簡而有要不在康海武功志韓邦靖朝邑志下　又案郭薦昌國人以其鄉貢進士官鄞縣教諭州舊有小學名親仁齋在學東廡之南至元貞元年改名育德堂判官馮福京聘薦與應季挺任教導薦又與福京同修大德志

馮福京序曰史有三長曰學曰識曰才所以傳信傳而不信不如無史故作史者必擅三者之長曰學曰識曰才而後能傳信于天下蓋非亡學無以通古今之世變非識無以明事理之精微非才無以措褒貶之筆削三者闕一不敢登此職焉然而有天子之史有諸侯之史晉之乘楚之檮杌魯之春秋是諸侯之史也後世因之郡各有志所以備天子史官之採擇亦豈可易為哉若昔素王刑賞二百四十二年列國之君臣游夏且不能贊一辭司馬氏以良史才而作史記議者猶謂十二諸侯年表為殺亂于聖經然則侯邦之志亦以記事纂言也而可易為哉往宋末運人主好諛宰相導諛士大夫習諛以內外遂以成風操史筆者多患得患失之夫希合顧望不惟泯其實以誣公朝之是非抑且駕其虛以騁私意之向背故光甯理三朝之史皆權臣黨與之蕪辭而郡縣間一時之志亦侯牧誇張之誕筆今宋史既與國偕亡惟志書之見于郡縣間者版籍所計或以寡為多風土所宜或以亡為有形勢所在或以險為夷貢賦所出或以儉為奢評人物則多過情之譽陳民風則少退抑之辭粧飾富麗競為美觀詳覈其實百無一二苟上之人按其圖數其貢流毒貽害可勝言哉昔蕭何入關收秦圖籍文書具知虛實險要用以相漢厥功茂焉藉使今世或有踵蕭何之習信往宋所存之記載責其實于天下郡國豈不敗乃公事余益以悲世變之至宋獨圖書史籍一事鑿空駕為顧不如秦之猶為務實而且貽禍于來世之蒼生也昌國中海而處由縣陞州而州志不作此固僕斷吏不稽知古之務而為士者亦有臯焉余來首訪圖經徒起文獻不足之歎越歲餘始于里民購得其籍大率浮誇如前所云議欲刊削且書混一以來之沿革既以授州之文學士屬余往吳中此事遂廢今瓜戍已踰滯留卧疾豈其機乎及趣學官据撫舊載芟其蕪黜其不實定為傳信之書使州之闕文著于所補以俟掌建邦之六典者采焉故序作史之大略與異時文勝其質之流弊俾二三子知所決擇而復有以告之孔子曰吾猶及史之闕文也嗚呼史闕則紀

綱將板蕩而無稽矣是豈斯民之幸聖人猶幸闕文之及見者蓋逆知他日諸侯惡其籍之害己而去之也今余于舊志得之既難本復無二二三子不亟圖之余幸而受代則是籍之存于有司者幾矣嗚呼猶欲及于闕文得乎大德戊戌七月朔日潼川馮福京序

正德昌國縣志　明石城王府教授陶恭撰 案是書已佚

陶恭序曰古者一國必有史邑乃百里之國也史必有本志乃國史之本也愚嘗觀昌國一志紀于宋元當是之時倭夷微弱海宇晏然而帶山濱海無非耕漁之民以故戶口繁庶詔陞上縣未幾而州矣至我太祖高皇帝龍飛二年改州爲縣十七年增立衛所以共守之作新之典視宋元爲尤盛奈何氣運有否泰至二十年而有信國公改遷之役此地之民所謂秉久宅之田里剪新徙之蓬藋極勞苦興怨讟而施所惡于民者也此愚所以重脩此志而拳拳以思興復于盛隆之世蓋亦仲尼作春秋而言宋人遷宿其失不待貶而後可知之意歟然遷國重事也興復非重事乎我朝聖聖相承百有餘年遐邦僻壤無不建國興學以施教化于其間豈東南山明水秀之地爲浙直防夷之要衝忍棄其民于荒虛之境而慢不加之意乎雖然天運循環無往不復仁人君子奉王命以撫吾民將必有思及于此者則吾深有望焉此志分類有五曰建置曰學制曰輿地曰食貨曰文苑五者姑存其舊而新者有未究吾耄尚俟夫知者時正德改元春正月既望石城王府教授翁山陶恭識

隆慶昌國志　明全州別駕陶積撰 積號梅岑恭之孫是書作于隆慶三年今佚

天啓舟山志四卷　明昌國參將何汝賓撰 汝賓字寅之又字仲升直隸蘇州衛世襲指揮爲廣陵守

備天啓二年調昌國參將先是昌國營伍糧多隱佔兵苦陋規汝賓至一切革除之故士心感奮用命所至無不奏績平居喜文墨有輕裘緩帶風

後遷廣東都督僉事去兵民爲立祠梅岑山

昌國縣遺志稿　清鄞聞性道纂今佚

翁州志一卷　翁州死事諸公傳一卷　清鄞周容撰

康熙定海縣志八卷　清康熙三十三年知縣周聖化刱稿五十四年知縣繆燧重修光緒志案康熙三十三年知縣周聖化纂輯縣志不數月卽遷秩去其書未成江陰繆燧嗣任更重脩之歷十九年始成聖化所纂卷數門類不可知燧所脩者分類二十有八宸翰居首次以星野沿革輿圖山川形勝城池田賦而戶口倉儲關市水利並附于田賦次以學校祀典軍制官署職官名宦選舉而將材職員附于選舉次以閭里風俗人物而寓賢烈女附于人物次以物產古蹟災祥寺觀仙釋歷朝藝文國朝藝文歷朝詩國朝詩而以遺事終焉其書大略以何氏舟山志爲藍本參以寶慶大德延祐嘉靖諸志

乾隆定海續志　清乾隆二十一年知縣莊綸渭撰

昌國典詠十卷　清道光二十八年上元朱緒曾撰緒曾字述之道光壬午舉人丙午夏奉檄辦理定海善後事宜時博採宋元以來志乘撰成是書標舉本邑山川形勝古蹟建築等爲目每目系以七言絕句歷稽故實附於詩後嘗有一詩列說至數千言者博洽精覈尤稱名著全書自定海山至張忠穆墓凡標目二百有三都十五萬言閒附邑人胡蚕校語亦頗精審書未付刊有傳鈔本

光緒定海廳志三十卷　清光緒八年武進陳重威邑人黃以恭黃以周等撰　案是志刱稾于光緒三年史致馴知廳事時閱五年始成後任知廳事陳恩受刊行之志分皇言圖表傳志略六門圖列爲三表列爲四傳列爲五志分爲十有二略分爲二體裁雖較前志爲備然多未覈要且外紀錯出如記縣境稱東至朝鮮記英法之役但詳入佔而不及退出此類甚多至物產一志盡載本艸羣芳譜等書而不問其物之有無則又爲各縣志之通病更無責焉惟附刊總圖尚精確意其時必求得實測善本惜圖自圖志自志不相應云

定海廳志校補三卷　民國九年邑人王亨彥撰　亨彥字雅三邑人精攷據之學爲黃氏再傳弟子預于九年脩志之役以志例主張不同遂謝歸別撰是書校光緒志之譌脫而補其遺漏間有涉及清季及民國時代者則加按語或附錄以別之凡所增訂似較精覈未刊

定海廳續志　定海縣新志　定海縣續志　民國九年近人吳縣錢煥綺邑人湯濬王昌科孫爾瓚等撰　未刊

岱山鎮志二十卷　近人湯濬撰　濬原名銘箴字爾規號遯葊邑人清宣統元年拔貢

金石

唐程夫人墓誌銘　程夫人墓在朐山清光緒三十四年三月出土藏觀

音山洪福寺磚質厚二寸許高廣各尺二寸許文十七行行十四字至十八字不等凡二百四十餘字中有數字剝落其文曰

大唐故程夫人墓誌銘并序夫人廣平程氏笄年嬪于吳郡顧氏母儀肅肅班氏可傳擇鄰之譽早聞舉案之聲深著噫乎天不錫壽綿綿篤疾藥石無瘳以開成三年九月二十八日而終乎私第春秋三十八男子一人師政三日不食泣血絕□育女二人長定瑯瑯王氏次女居室皆哀號擗踊訴天不聞以其年□□□月二十五日窆于明州鄮縣蓬萊鄉峋山號于郭瑞堧壙乙向後□峨峨之山前臨淼淼之水東南三里有陳將軍靈廟焉正南二里道場俗號東亭之寺今恐江山改變陵谷有移勒石于誌用記千秋而于銘積善之門莫保遐存何神不祐天命俄奔藍田玉折巫山絕雲刻石題名永沒泉坰千秋不朽萬古存形

宋劉居士墓誌銘　在舟山白泉區清光緒十七年出土石長二尺餘闊半之字跡完好額題宋故劉居士墓誌銘篆書八字其文曰

右迪功郎前改差監明州昌國西監虞仲瑜譔并書右從仕郎祕書省正字王璧篆蓋

居士姓劉氏諱仲翔字子翔世爲明州昌國人以孝弟力田稱鄉里居士幼好學超然有物表志長與世方外士遊飲酒至五斗不醉善吹笛稍通音律所居臨清溪有古松偃蹇若龍蛇半出溪岸每天高氣澄風清月白撫松盤珊作一再弄遠山與之同聲其放達類此晚閱金光明經有開悟自號光明居士夫婦異室家事了不關心施食戒殺悉如經旨祀不用牲遇漁獵輒贖以縱之魚鹽之俗爲少變閱經甚多惟大華嚴

經至於再諸經動計十餘藏稱念佛名不可勝紀又書淨土經畫西方象咸施人家居屋室牆壁舉揭佛祖偈頌無遺地率終身行之一夕夢梵僧與祝髮授鬱多羅作苾芻相覺語家人曰吾將往矣梵僧其導我乎紹興九年十月十七日微感疾持鉢塞莫誦智者讚彌陀偈卧右脅而逝諸根不漏神色如平時享年七十有七娶同郡鄭氏先居士三年卒男四人志彬惠敦德球志顏次三子歸浮圖惠敦習禪德球明律皆嶷嶷爲叢林所推居士嘗問二子經云十方諸佛以廣長舌遍覆三千大千果以舌遍以心遍乎艮久自云非心非舌不離心舌蓋非開悟不能及是也嗚呼居士不出家而能行其道不仕宦而能□其俗嗚呼居士真隱君子歟明年九月五日丙午葬于本縣白泉村前隩龍澤之原德球來請銘予嘗識球海上且樂聞人之善故書石以誌之銘曰幼而志學長而放達晚悟佛乘爲善最樂龜潭之原白泉之阡藏玆善人餘慶綿綿郡人陳景中摹刻

佛號巖石刻　在朐山宋朝宮南三百步石廣周圍約五丈弱高一丈强側面有字三行曰南無觀世音菩薩曰南無阿彌陀佛曰南無大勢至菩薩無題人姓名髣髴天然蓋其由來舊矣

忠勇之碑　在城北二十五里皇天嶺側明代倭寇由海口攻入村民出而抵禦血戰肉薄齊聲呼皇天捐軀死難者不計其數嶺之得名以此事平立碑紀事今其碑已殘斷僅留忠勇之碑四大字旁刻浙江巡撫兼兵

部侍郎胡數字尚可辨認餘皆剝落

張定西侯墓碑　在蘆蒲鄉南隩胡家園山麓民國六年鄉民掘地所得橫碑石質長方式文曰皇明特進光祿大夫柱國太傅兼太子太師定西侯侯服張公之墓每行二字十三行計二十六字隸書字大四寸見方陽文兩旁題永歷丙申正月吉旦八小字按永歷丙申係順治十三年郡人全祖望爲作神道碑今其墓已平神道碑亦無可考

姚公殉難處碑　在北郊梵宮池旁道光庚子英吉利陷定海城知縣事姚懷祥死節於此題曰姚公殉難處碑陰有前知廳事王丕顯記其文曰姚公諱懷祥字履堂閩之侯官人也由戊寅科舉人挑選來浙以知縣用其平日品行俱堪師法至定海盡節一事已奉旨立傳彪炳人寰弗贅述惟憶庚子四月余權篆繡州因公至省適公奉檄委署定海縣事知余前蒞茲土者兩載來詢地方一切利弊寓次接談幾徹夜握別而去不意蒞任甫匝月而公與城俱亡矣後壬寅至今余二次攝廳篆又將三年於茲公餘之暇因追溯往事過城北郊至普慈寺僧人指之曰其左故明某某先生之同歸域也其右前邑侯繆公衣冠墓在焉梵宮池公之殉難處也不禁唏噓流涕憶及前言更惘惘若有所失嗚呼公之遇雖奇患歟公之死實正命爰誌數語用泐片石以垂不朽云

義士李昌達碑　在城內留方井側此處舊有一池名曰方河道光庚子英人入城義士投河死越日其妻亦殉同治七年邑人谷蘭亭濬河爲立碑表之題曰義士李先生殉難處昌達號熗春充營書記其妻姓房氏

三忠祠碑　在南郊三忠祠內清光緒十二年寧紹台兵備道薛福成記其文曰

國家褒禮忠節邁越前古千百其有效命疆埸蹈大難而不慄者未嘗不贈秩賜謚並于死事所建專祠所以發揚其光昭示無窮微特以妥幽靈順民志也道光辛丑英吉利再陷定海時則山陰葛壯節公雲飛爲總兵與壽春鎮王剛節公錫朋處州鎮鄭忠節公國鴻同守力戰六晝夜死之今海內所稱定海同日殉難三總兵者也既得詔優卹如禮有司以費不具附祀于關帝廟之啓忠祠厥制湫隘不稱日月既遠棟宇傾頹盲風淫雨既瀸且屚丹青黦昧金石缺如祈吒來庭用萌戮思越四十年於茲矣光緒十年屬又有法蘭西之釁湘鄉成君邦幹以台州府知府統兵駐定海至之日謁于祠下慨然顧諸將士曰男兒出身勤國事生當封萬戶侯死當廟食百世如三公庶幾不負者茲爲其授命所俎豆他寄神用弗歆甚不足以稱朝廷褒忠之典吾當率先鈁而新之衆皆曰願盡力于是度地裒費庀材鳩庸地方官紳捐俸集貲繳紳士武銘盤等董其事閱四越月工竣成君率所屬將佐親拜堂下無不感奮動容人人誓以死禦敵明年春法艦薄鎮海口門我礮台先後擊中其兩艘相持數日敵計益窮是時民間譁言夜見海濱神燈無數有葛將軍朱將軍效靈助戰以故浙東郡縣二十餘城晏然不驚若寇

未至者葛將軍蓋謂葛壯節公朱將軍謂故金華協副將朱公貴亦以禦英吉利戰死慈谿大寶山者也鎮海守備既堅定海尤危甚海道中阻軍書糧皆取閒道夜渡去法艦密邇卒幸無事成君亦晝夜督勵所部設備維謹法艦終不犯定海會和議成乃退去自海上多故浙洋有事則定海常爲之衝形勢孤懸四無險阻故凡守定海者皆視爲絕地嚴兵待寇而終未與寇遇自成君始雖由善守亦若有天意焉夫人力不至而聽神必此敗之道神固不祐也若人事至而神應之蓋積誠相通之理况以前賢忠義之風激發軍民萬衆一心氣勢益壯雖猾悍之寇有不聞而卻避者耶福成既以定海三忠祠與慈谿朱將軍祠且事達于大府請爲奏聞于朝加封號列祀典又嘉成君固守定海之功得鼓舞將士之妙用因甄敘其大凡如此并系以樂章俾定海之民歌以祀焉若三公忠勇大節已焯然在史氏記茲不具辭曰

海思兮雲愁溯迢遞兮碧流結夫容兮延企渺神山兮不可求望九州兮暗如霧吾叱蒼龍吹笳兮白鼉擊鼓乘飛虹兮神歘上征吾將叩紫閽兮窮神靈之所處紫闥兮四開吳戈犀甲兮光裴回靈爲輦兮風爲御羽旄紛兮靈之下忽被髮兮叫大荒挾猿鶴兮往翱翔朝丹山兮暮赤水白楊蕭蕭兮見昔日之戰壘戰壘高兮古骨橫西風起兮凋冬青身雖殄兮靈不滅炯丹心兮炤白日揮長劍兮屠蛟鯨一掃海宇鏡再清天吳歌兮海若舞駕文螭兮來復去肅我民兮受天祜

錢氏家傳寶塔　即吳越王舍利塔亦稱金塗塔塔高六寸四方重三十五兩每方之陰有文云吳越國王錢弘俶敬造八萬四千寶塔乙卯歲記凡十九字一方銘文下有保字餘無錢學煥所藏學煥爲吳越王後裔清

咸同間人此塔乃得自杭州靈隱寺僧其形象與金石契所拓者同惟銘文下有保字無人字此稍異耳

唐刻楊枝觀音石象　唐閻立本所繪中經火燬明萬歷三十六年寧紹參將劉炳文求得閻寫搨本重刻于石其石今在普陀山楊枝禪院壁間故老相傳石象從海潮中浮出舊志及普陀志均失載鄞人張原煒嘗游其地訪得茲石爲文以記之文曰

今年六月廿又八日原煒偕湯生閭韓生襄周張生蟄泛舟蓮花洋登普陀山宿楊枝禪院凡六日楊枝禪院者以舊有楊枝大士石象得名世所傳謂從海潮涌出者也予既至其地亟訪求其遺蹟果有石刻在寺壁間年久矣從塵翳中拂拭之乃稍稍能辨識大士像刻工精絕寶蓋瓔珞手執楊枝高一丈三尺寬八尺左右兩旁皆有刻文詳記刻石者姓名及年月蓋是院舊有唐閻立本所繪石像繼乃燬于火及萬歷三十六年寧紹參將劉炳文與造之又重刻是象其大較具見劉君所撰象贊中惟不知初刻是象者何人先時所置何處其時代相距若何普陀山志記載弗詳〔山志稱楊枝菴明萬歷年間劉炳文建今据象贊有重刻字樣是楊枝菴不自明始有劉君特重建之耳〕叩之寺僧茫不能道其顛末自來文人墨客游展所至大率以耳爲目後陳景光言普陀名勝者見於志十有二而茲石不與焉凡物之顯晦詎非有幸不幸歟自劉君刻石後更歷三朝清初黃毛之變諸寺觀無一存者茲石之遷變不知凡幾既命寺僧根心摹拓若干本以廣其傳又錄其贊文於

後後有游者庶覽觀焉鄞張原煒附劉君象贊原文都九行每行十二字

重刻普陀大士像

普陀聖像摹自閻公一時妙墨百代欽崇迄今寺燬石付祖龍廟貌鼎建瞻對無從旁搜遺迹鐫以新工嗟嗟無色無相佛性本空色色相相佛教斯弘用期世世奉茲靡窮

明萬歷戊申寧紹參將劉炳文立石于普陀山之一楊枝菴

按此贊在象右端其中部有唐閻立本書五字另一行刻武林孫艮鐫五字在碑下端

又張原煒普陀山楊枝觀音刻象神龕記

予既與夏君石橋月珊從楊枝禪院壁間訪得石刻觀音大士象以古物之重見搜求之不易易將設為神龕以示後之人蓋是刻石象舊傳從海潮中得之或又神其說謂有諸佛菩薩擁護以出云云其語荒怪多不經大抵潮汐遷徙靡有定所茲石文理光緻殆非人工其為海水齧而成中經沈薶而復出無疑又普陀山志載楊枝庵明萬歷間造予攷寧紹參將劉炳文所撰象贊亦以萬歷戊申記年而標題則稱重刻大士象云云曰重刻楊枝則斯院之造非始自萬歷間審矣且是院以楊枝名以大士象手執楊枝故也普陀山志顧不及此其陋可知佛象舊出唐閻立本手筆當時初刻者何人所設置何處亦既湮軼無徵矣自劉君重刻以後中經兵燹之災不知凡幾茲石顯而復晦晦而復顯幸尚能流落人間謂非神靈之所呵護諸山僧衆之所宜葆守者耶自予與夏君謀設神龕越二月夏君遽即世人事卒卒逡巡未果一日語慈谿裘昌如光纖裘君曰斯不可以緩予既喜前諾之獲踐與舊物之得所馮依因命院僧根心拓地為龕為此記付之俟它日龕成勒石其左是龕也裘君昌如輸獨多贊其役者杭州方佩紳敬輿定海湯說倩閻韓湘舟裏周張曉畊澹人劉寄亭德裕黃遂方毅費夢周侃張靜

盦蟄厲雪帆林承業也乙丑正月鄞張原煒

定海縣志冊四戊

故實志第十五

宋高宗避兵航海

宋高宗建炎三年十二月己丑帝自明州避金兵航海癸巳次昌國縣庚子發昌國移避溫州

建炎三年十一月癸酉帝如明州十二月駐蹕餘姚旋幸明州壬午定議航海避兵禁卒張寶等憚行謀亂命呂頤浩等伏兵執寶等十七人斬之上以明州不可居決幸海道把隘張公裕進海船二十隻己丑帝自州治出東渡門登船扈從汎海者宰執外惟御史中丞趙鼎右諫議大夫富直柔權戶部侍郎葉份中書舍人李正民綦崇禮太常少卿陳戩御營都督統辛企宗兄弟而已辛卯御舟次定海縣留范宗尹趙鼎于明州以候金使癸巳帝次昌國縣范宗尹聞臨安陷復還見上於舟中丙申浙東制置使張俊自越州引兵至明州金人陷越州己亥奏至

行在乃議移舟至温台避之庚子御舟發昌國縣辛丑止白峯寺癸卯金人寇明州張俊迎戰于高橋敗之四年正月己未金人陷明州夜大雨震電金人乘勝破定海汎海至昌國帝如温州阿里蒲盧渾由海路追三百餘里弗及至碕頭洋風雨大作和州防禦使樞密院提領海舟張公裕引大船擊散之金人乃去

宋遺臣張世傑之海外孤軍

元世祖至元十三年宋將張世傑舟師據朐山沿海招討使哈剌䚟屢追擊勝之

至元十三年宋遺臣張世傑舟師至朐山東門海界沿海招討副使哈剌䚟追之獲船四艘上其功行省增發軍七百𦨭舊所領士卒守定海港口七月宋舟師千餘艘來攻哈剌䚟迎擊虜其裨將𦨭海船三艘八月宋兵復攻港口哈剌䚟擊退之

元末方國珍之亂

順帝至正十五年春方國珍寇慶元路陷昌國州

至正八年十一月台州方國珍兵起十二年十一月命江浙左丞帖里帖木兒統兵討方國珍帝以浙東道肅政廉訪使納麟哈剌爲浙東都元帥十五年春方國珍奄至慶元納麟不能禦開門納之慈谿令陳文昭不附執文昭欲沈之海已乃囚之岱山又攻昌國州達魯花赤高昌帖木兒屢擊破之方氏兵來益衆或勸之遯帖木兒曰是我效死之日也城破力戰而死自是國珍據慶元十餘年始降于明

明初湯和經略海上

明太祖洪武十九年命湯和經略海上起遣昌國民盡入內地二十年昌國廢置中中中左二所

先是洪武元年二月征閩師還次昌國島民葉陳二姓聚劫蘭秀山湯和爲所襲失二指揮初蘭秀山賊葉希戴王子賢等相忿鬬旣而合力拒官軍三月希戴等駕船二百餘艘突入府港攻城駙馬都尉王恭力

戰獲其巨魁賊潰走昌國副使吳禎勦平之十九年湯和經略海上時秀岱蘭劍金塘五山頑民爭利內相仇殺外連倭人歲爲邊患和遂奏請起遣其民盡入內地二十年六月廢昌國縣徙衛于象山縣南天門山以此地置中中中左二所隸象山二十五年改隸定海

倭寇擾海始末

明世宗嘉靖十九年海賊李光頭許棟汪直等始引倭寇登陸剽劫

洪武初倭寇雖時見內侵然出沒洋島來去不時猶未登據地方其患尚淺自嘉靖十九年海賊李光頭許棟汪直徐惟學葉宗滿謝和方廷助等與倭合乃始結巢於霩衢雙嶼港分䑸剽劫勢遂蔓延二十七年都御史朱紈巡視浙閩以福建都指揮盧鏜諳海上事卽以委之與海道副使魏一恭備倭指揮劉恩至張四維張漢等部署兵船入港奮擊賊酋李光頭許六姚大窩主顧艮玉祝艮貴劉奇十四等皆就擒朱紈親率官兵聚木石築寨雙嶼港口俾賊不得復入燬其所建營房戰艦

雙嶼賊巢始平六月金鄉衛指揮吳川擒獲許棟杜武等惟汪直率徐惟學葉宗滿謝和方廷助毛烈葉明陳東徐海汪澂汪汝賢等遁入海收其餘黨復肆猖獗時廣東賊首陳思盼者自爲一䑸直惡其不附己掩殺之由是海上之寇非受直節制者不得自存而直之名大振直自以殺思盼功叩關獻捷求通互市弗許

三十一年二月賊首汪直復引倭寇內犯據金塘烈港明年閏三月參將俞大猷湯克寬進攻之汪直敗走日本其黨在岑港者殲焉

直求互市不得怨之三十一年春復引倭犯定海關不能入乃移泊金塘烈港烈港地形曲折猝難進剿明年都御史王忬審閱地圖察形勢授意參將俞大猷由烈表門進以當其前參將湯克寬由西堠門進以防其逸時俞大猷麾下有兵侯得等罪當死知其熟識金塘路徑特赦之令入賊營舉火以自贖而自移營木嶴别遣張四維屯龍山黎秀屯霩霩遥爲聲援至期四鼓縱火燒賊營烟燄蔽天官兵乘之賊驚走爭

舟溺死者無算汪直獨率精銳潰圍出泊馬蹟潭官兵追躡之適颶風起船多覆直遂遁去時有依直者攻松門勿克移舟至舟山岑港把總劉恩至追殺之無遺直既敗走歸日本據薩摩州之松浦津號召三十六島浪人自造巨艦聯舫方一百二十步容二千人以徐海葉宗滿徐惟學毛烈爲將陳東謝和方廷助葉明爲謀士倭浪人多郎次郎四助四郎率屬以從僭號曰京自稱徽王時遣偏裨入寇

三十三年四月賊黨蕭顯等據普陀山參將俞大猷攻之不克

先是直黨蕭顯等敗歸崇明南沙脩船爲遁歸計都御史王忬度其勢必入浙境豫令劉恩至張四維暨百戶鄧城等分爲二哨一自觀海臨山趨乍浦遏賊來路一自長塗沈家門設伏邀擊至是賊果南遁官兵與遇於普陀洛伽山洋面連戰皆捷賊舍舟登普陀山俞大猷等復進攻之夜自石牛港進張設疑兵不與交戰潛遣奇兵由西北巡檢澳直入百戶鄧城武舉火斌黎俊民陷陣先登賊敗走茶山絶頂翌日鄧城

由東北千步沙進火斌由鸚哥巖進黎俊民由中路進劉恩至統大兵居後嶴四面俱進大勝仍環守之浹旬值他島賊至精悍異常鼓噪四合官兵腹背受敵火斌黎俊民死焉參將盧鏜於石墩洋邀擊斬首二百餘賊始退

三十四年八月參將盧鏜擊賊于金塘敗之九月賊據舟山謝浦

三十四年總制胡宗憲謂直越在海外潛形匿跡難以成擒乃使甯波生員蔣洲陳可願充市舶提舉指授方略誘而出之直集謀士計謝和等曰遣我親信先往宣力待彼不疑而後以全兵繼進江浙可圖也直喜託宣諭別島爲名稽留蔣洲先遣徐海陳東葉明等入寇是年六月指揮王霈把總周濬擊賊于霍山洋參將盧鏜敗賊于馬鞍山追至龜鼈洋八月復敗之于金塘九月倭寇聚集餘賊據舟山謝浦爲巢十二月指揮閔濬義士吳德四德六攻之弗克死焉

三十五年三月官兵擊謝浦賊勝之賊移屯邵嶴八月已降賊酋辛五郎

奉總制命出洋招直至金塘總兵盧鏜錢而縛之解京伏誅十二月謝浦賊平

三十五年三月參將盧鏜知縣宋繼祖生員李良民武生婁楠等會兵進攻謝浦賊稍卻移屯邵嶴會直遣汪澂汪汝賢葉宗滿及通事童華夏正朱尚禮邵岳輔等同陳可願抵闕効力胡總制卽遣汪澂等同盧鏜勦之盡殲焉總制重加犒賞澂笑曰此何足賞若吾父來當取金印如斗大耳總制遂與謀取徐海以觀其意澂曰此非吾所能辦吾父來乃可遂留夏正童華邵岳輔汪汝賢于軍門而澂與葉宗滿歸嶴招直初徐海由乍浦口入寇蘇松嘉湖官兵不能禦胡總制以計誘降遣中書羅龍文與童華往說之俾自擒其黨陳東葉明等送軍門羽翼既除復遣其親愛勇將辛五郎招直八月舟過金塘密令盧鏜錢而殺之恐海乞降之信洩於直也九月賊復據舟山副使王詢總兵俞大猷擊之俘斬百五十級賊退巢于謝浦吳家山十二月除夕張四維以麻陽兵

襲破之斬殺無遺
三十六年汪直款定海關胡宗憲誘擒之餘黨據舟山岑港官軍攻之弗克三十七年七月賊毀岑港故巢遁柯梅山官軍擊敗之遂南竄四十年九月總制胡宗憲奏言賊悉蕩平
三十六年四月賊舟漂至沈家門俞大猷誘降五十三人尋斬之直與汪滶葉宗滿謝和等釃酒誓師十一月統諸島倭泊舟山岑港志在互市胡總制檄總兵盧鏜守中中所授以成算復遣生員方大忠往諭之與把總劉朝恩陳光祖指揮夏正通判吳成器偕行鏜以城外倭刃森列慮變堅壁以待不肯啓鑰朝恩曰若是是益疑賊也不如以禮諭之以誠詔之有禍吾自當不相累也鏜從之朝恩等馳至直所直伏迎道左大忠反覆開諭直曰公等皆督府親信輕身辱臨推誠相與直小人也敢不惟命遂單騎入城見鏜遣滶宗滿入關見總制然直惟日礪兵刃伐木竹爲開市計相持者已五旬矣總制密調戚繼光張四維俞大

猷盧鏜等督諸健將埋伏水陸要害數匝開關揚帆示欲進兵而復遣夏正諭曰汝欲保全家屬開市求官可不降而得乎帶甲陳兵而請降其誰信之汝有衆於此即往見軍門敢留汝耶直拂然曰昔漢高祖見項羽於鴻門當生者不死縱胡公誘我其奈我何特部兵無統得滶攝之可耳時海上諸賊惟直多智習兵得人心爲難制諸將皆曰以犬易虎不可失也遣滶往直乃入關詣軍門初猶以禮遇之尋偕葉宗滿汪汝賢送至杭州執付之獄明年二月汪滶竄外洋爲颶風所覆毛烈據岑港欲爲直報讐總制率師攻之命把總任錦指揮甘述等進泊港南都指揮李涇張天杰等泊港北總兵俞大猷等往來策應指揮周官土官彭志顯領大剌土兵由中路小河嶺入指揮楊伯喬唐鎣土官張某領鎮溪麻寮兵由左路碇齒入參將戚繼光率部兵由左路小嶺入而指揮楊永昌盧錡鮑尚瑾方昇通判吳成器等分道策應參政王詢劉燾副使陳元珂監督之約期水陸並進直抵賊巢時都指揮戴冲霄先

用火攻殺傷頗多馳令能獲全捷俱準首功禁取級以妨前進我兵蹂屍而戰賊大敗奔舟忽港側礟聲大震復擁衆登陸斂營固守總制令成器遣諜持信票數百入巢散其脅從由是賊勢日孤總制又檄諸將曰賊所以負固死鬥者蓋春汛已及計有新倭可爲應援若哨擊稍踈必流突與合矣此非小利害也其督舟師預爲哨探之計無何果有倭船泊普陀小道頭參將張四維推官查光述等督兵且戰且逐至烏沙門外洋賊遂潰登烏沙懸山已而竄沈家門與岑港賊合總制親涖定海分遣將領剋期大舉時賊依山阻水列柵自衛火器頗多我兵陷陣先登者間多被害總制復檄諸將從中逼壘而陳且示以哨伏應援之規更番迭戰以耗其火藥折其銳氣又令夷僧輩招之私語賊遂互相猜疑至持刀自擊我兵乘隙進攻賊衆大亂夜分縱火焚其舟死者無算餘各奔巢我兵躡之斫柵直入斬馘百餘級復奔柯梅嶺我兵追之火其巢廠賊勢窘甚遁出浦口四維與指揮朱尚禮等舟師追之俞山

外洋見賊連艘而行遂以兵船潛伏山下而以小艇嘗之賊果逐利來追伏兵大起夾擊之犁沈四舟擒其渠魁汪印山陳禮等斬首九十餘級溺死者不勝計三十八年斬汪直傳首京師東南二十餘年積寇至是乃殲

明遺臣舟山死事始末

清世祖順治二年六月貝勒博洛等率兵趨杭州閏六月壬辰明故刑部員外郎錢肅樂起兵甯波定海總兵王之仁石浦遊擊張名振以海上兵應之八月唐王以黃斌卿鎮舟山三年六月丙子朔浙江兵潰魯王自紹興入海清軍下甯波府四年十二月庚午黃斌卿攻甯波不克六年八月丁酉張名振與阮進王朝先共殺黃斌卿十月乙巳魯王駐舟山八年九月浙閩總督陳錦等攻舟山舟山平錦奏設陸兵千水師二千於舟山十二年十一月鄭成功遣兵圍舟山副將巴成興降十三年八月甯海大將軍伊爾總取舟山奏請起遣人民徙入內地

順治二年乙酉六月江南既平貝勒博洛等遂迫杭州潞王常淓以城降并降淮王常清其時張國維朱大典陳函輝陳遵謙熊汝霖孫嘉績迎魯王以海於台州監國紹興鄭鴻逵張肯堂吳春枝黃道周鄭芝龍奉唐王聿鍵於福州改元隆武丁魁楚瞿式耜呂大器王化澄奉桂王由榔於肇慶改元永歷三年六月丙子朔清兵渡錢塘江紹興列戍驟潰馬士英阮大鋮嗾方國安使執監國以獻監國脫走富平將軍張名振棄石浦以舟師護王出海保定伯毛有倫扈元妃世子魯王至舟山守將黃斌卿不納飄泊外洋會永勝伯鄭彩至王乃入閩定海總兵王之仁知不可禦載妻子沈於蛟門下而自歸死江甯甯波遂下獨斌卿守舟山招之不服初斌卿爲舟山參將甚得遠近民心福王稱制升江北總兵南都亡遁歸退保舟山隆武卽位附勸進上言舟山爲海外巨鎮地饒魚鹽可以進取唐王嘉之封肅鹵伯賜劍印便宜行事加周鶴芝水軍都督副之尋晉斌卿威鹵侯斌卿爲人多猜忌而鶴芝慷慨下

士來者多歸之由是與斌卿不合定海裨將王朝先歸斌卿爲衆所讒斌卿使其將朱玫圖朝先朝先泅水得脫既復以三書招之而陰遣陸偉迎劫朝先又泅水免副使荆本徹因崇明兵敗至舟山屯小沙嶴斌卿率鄉民殺之之仁子鎮倭將軍鳴謙至舟山又爲所誘殺盡并其衆于是叛將張國柱乃悉定海舟師攻斌卿斌卿知陸戰不能勝使百姓乘城自率舟師出洋力戰三晝夜不能當乃求救于張名振名振營將阮進精水戰以四舟衝國柱營秋濤方漲乘之發礮無不糜碎國柱僅以身免斌卿得其樓船百號聲勢益震四年松江提督吴勝兆謀反正以蠟書求援海上斌卿不敢應張煌言馮京第勸名振以其兵就約既渡海至崇明遇海嘯樓船喪失八九踉蹌歸十二月甬諸生華夏屠獻宸楊文琦董德欽楊文瓚王家勳等謀起兵内應使人走舟山約斌卿斌卿遂入攻不克既返甚悔之刻意爲保聚計限民年十五以上者充鄉兵男子死妻不得守制田即入官年六十無子者收其田別給口食

初舟山田大半屬內地大戶至是不敢渡海盡籍于官名振故與斌卿爲兒女姻兵勢相倚藉自淞江喪師歸斌卿每事侮之遂去舟山別屯南田王朝先屯奉化鹿頸兩人皆恨斌卿第妻孥在舟山未得間也六年七月閩地陷監國在沙埕名振往迎之與阮進同扈至南田旋規復建跳以處監國建跳乏食阮進恃昔日保全舟山功以百艘至舟山告急斌卿不應於是名振等合謀攻舟山斌卿與二女赴水死十月乙巳監國駐蹕舟山以參將府爲行宮十一月監國使阮美乞師日本初周鶴芝微時往來日本與撒斯瑪王結爲父子乙酉冬鶴芝以水軍都督駐舟山遣人至撒斯瑪訴中國喪亂願假一旅如齊之存衛秦之存楚故事將軍慨然許之約明年四月發兵三萬戰艦軍資器械自取諸其國自長埼島至東京三千餘里馳道橋梁驛遞公館修葺以待中國使臣之至鶴芝大喜益備珠璣玩好之物以悅之參謀林籥舞爲使期以四月十一日東行而斌卿止之以爲此吳三桂乞師之續也鶴芝怒遂

去舟山御史馮京第謂斌卿曰北都之變並東南而失之者是則借兵之害今我無地可失比之前者爲不倫矣斌卿於是使弟孝卿偕京第往至長埼島其王不聽登埼京第卽於舟中朝陸拜哭不已會東京遣官行部京第因致血書撒斯瑪王聞長埼王之拒中國也曰中國喪亂我不遑恤而使其使臣哭於我國我之恥也與大將軍言議發各島臯人京第還弁致洪武錢數十萬孝卿假商船留長埼長埼多官妓皆居大宅無壁落界以綾幔月夜懸各色瑠璃燈諸妓賽琵琶孝卿樂之忘其爲乞師來者日本輕之遂無出師意是年冬有僧湛微自日本來爲蕩湖伯阮進述請師不允之故且言金帛不足以動之誠得普陀山慈聖李太后所賜藏經爲贄兵必發進與張名振上疏監國以澄波將軍阮美爲使出普陀至五島山長埼王初聞以梵筴乞師大喜已知船中有湛微則大駭蓋湛微在日本狡獪多變嘗爲其國所逐也阮美知爲所賣遂載經返七年總督陳錦奏言舟山海寇及各山寨之寇皆以故

國爲名狼狽相倚海寇登岸則山寇爲之接應山寇被剿則入海以避兵鋒臣廣訪進兵道路由定海關出海距舟山百餘里乘風潮半日可到攻其不備決可克復八年定南將軍劉之源與陳錦會師出定海關張天祿出崇明馬進寶出台州舟山聞警名振奉王擣吳淞牽制清兵張肯堂以兵六千留守八月提督田雄都統金礪乘潮出海副都統吳汝玠揚帆先發阮進集戰艦以拒敗之於橫水洋丙寅天大霧清兵遂抵螺頭門阮進以火舟邀戰風反自焚人舟俱燬汝玠乃率衆登岸參領鄧長春爲前部直抵城下安洋將軍劉世勳都督張名揚背城力戰殺傷千餘人已復開門詐降伏大礮於城闉敵中伏死者甚衆已而火藥盡總兵金允彥縋城出降巡城主事邱元吉繼之導清兵入九月丙子城陷世勳巷戰死張肯堂闔門盡節元妃陳氏投井死錦衣衛指揮王相內宮監太監劉朝舁巨石塡之共刎其旁一時同死者尚書吳鍾巒李向中侍郎朱永祐通政使鄭遵儉兵科給事中董志甯御史梁隆

吉兵部郎中朱養時吏部主事楊思任楊鼎臣戶部主事林瑛江用楫禮部主事董元王璽兵部主事李開國朱萬年顧珍工部主事顧宗堯中書舍人蘇兆人顧玢江中汜陳所學顧行太醫院副章有期醫御童廣生副使馬世昌左都督張名揚工部所正戴仲明定西參謀顧明楫總兵張宏謨閣部中軍將林志燦林桂守備吳士俊諸生張名甲林世英居民死者萬餘家井中屍皆滿火竟日夜不息其受招撫者尚書孫延齡侍郎李長祥太僕卿李師密將軍章之飛尹文舉蔡應選等俱發回內地安插凡八千五百五十戶云初名振恃海島之險謂清兵必不能渡至是由吳淞回救城已破乃奉魯王赴廈門陳錦奏設陸兵千水兵二千于舟山以巴成興守之十年春名振掠金塘山獲降將金允彥磔之遙祭辛卯死事諸臣十二年十一月鄭成功以名振爲元帥統二十四鎮至舟山由岑港登岸守兵棄壘遁英義伯阮駿總制陳六御圍舟山協標中軍陳虎戰死成興遂降名振徒步傴僂哭入城祭其母禮

佛七晝夜哀動三軍未幾寢疾有大星隕海光芒如雷有聲遂卒遺言以所部歸監軍張煌言十三年八月舟山總兵王長樹毛光祚沈爾序等登岸肆掠大蘭山大將軍伊爾德遣副都統碩祿古總兵張承恩連擊敗之斬長樹等三人提督田雄會大軍誓師登舟由定海大洋進烈港總兵張杰率温州水師出海二十六日伊爾德揮衆進遂取舟山阮駿陳六御俱赴海死前鋒總兵張洪德往救不及自刎死總兵張晉爵乘大艦戰兩日夜孤軍無援亦焚死太常卿陳久徵副使俞師範被執不屈死明年正月伊爾德凱旋以舟山不可守遷其民内渡自是海外遺民盡矣

清初曾養性之亂

清康熙十四年耿精忠遣其將曾養性窺寧波水師提督常進功總兵朱萬化自定海出洋追擊至沈家門破之十六年賊復踞舟山常進功與戰大破于螺頭門椗齒朱家尖

蔡牽擾海始末

清嘉慶三年夏定海總兵李長庚擊盜于衢港窮追至山東界擒其魁林蘇秋與盜戰普陀四年秋復戰于潭頭五年夏各幫匪益集横行海中巡撫阮元捐官商金十餘萬付長庚督造大艇六年新艇成以長庚爲浙江提督總統水師夏長庚擊蔡牽于崎頭東霍等洋七年春與戰潭頭洋獲盜張如茂八年正月敗蔡牽于漁山洋九年長庚總統閩浙水師追勦牽于馬蹟盡山間屢敗之十二年十二月復率部追牽入粤至黑水洋中礮死十四年八月提督邱良功王得祿合勦牽于漁山外洋大創之牽裂船自沈至是海寇悉平

自康熙二十四年開海禁東南各省近百年無寇患至乾嘉間始有艇匪之擾艇匪者來自安南當安南阮光平父子竊國招集瀕海亡命資以兵船誘以官職令刦内洋商船以濟兵餉夏至冬歸踪跡飄忽繼而内地土盜有鳳尾幫水澳幫紅梅幫簌嘴幫小貓幫補網幫賣油幫而

漳盜蔡牽最猖獗忽分忽合遊弈閩浙十餘年方艇匪之初入閩也李長庚爲海壇遊擊兼署銅山參將擊退之未幾閩賊李發枝引艇匪深入而浙賊附之海氛益惡定海四面環海被患尤劇賊登岸輒劫擄婦女索貨贖不能贖則剖心臠肉慘不忍言民甚苦之嘉慶二年上命長庚爲定海總兵三年夏擊盜于衢港窮追入山東界擒其魁林蘇秋戰于普陀二年秋又戰於潭頭皆斬獲無算五年夏各幫匪益集浙境蔡牽柳阿全等大小百數船橫行海中巡撫阮元至鄞檄沿海村岸立保甲給以費使之互糾通賊者獲之有賞檄埠頭旂長查漁戶小船晨出者暮必返檄汛口私漏者執之執私漏者賞以所漏之物檄海濱冶者遷入城私造鐵器出城者有誅檄兵船漏硝磺以濟賊者斬檄商船毋獨行賊來則禁毋出海檄營汛察奸民有以酒米易賊貨爲之消者吏稽之檄村隩莊丁團練相守望立耆老紳士之賢者爲長村有警鳴鑼相召有不應者梏其頸檄府縣營汛實力同心賢能者擢之遴教職佐

雜官數十人分巡海口微服步行率鄉勇隨時禦捕雕木印令其事無鉅細直達毋少隱以故千里海澨事皆如目覩又其時議者皆以造巨艦鑄巨礮爲首務迺捐官商金十餘萬付長庚自造大艇奏以長庚總統水師得旨三鎮會剿自應以一人總其號令李長庚素有威望聽其關會温黄兩鎮協同策應六月賊逼台州進踞松門山下計將撲岸長庚會黄巖鎮岳璽泊海門與賊隔港相持颶風雷雨大作賊船覆溺殆盡其泅岸及附敗舟者皆爲官兵所俘太平參將李成隆率兵涉水得油衣包安南敕文及四總兵印勅稱大統兵進祿侯倫貴利定海教諭獲三人一即倫貴利倫貴利者廣東澄海人投附安南耐戰有功封侯以巡海私結閩盜劫掠閩浙間巡撫磔之以敕印擲還安南安南王以爲不知情上表謝罪自後安南艇匪不復入浙其餘黨在閩者皆爲蔡牽所并牽同安人奸猾善捭闔能使其衆既得夷艇夷礮勢益横凡商船出洋者勒税番銀四百圓回船倍之乃免劫是年冬長庚擢福建水

師提督以迴避調浙江提督時諸盜自松門覆後已去太半鳳尾賊首莊有美其母李氏縛以獻水澳賊首林亞孫亦斃於東臼惟牽遁于閩六年新艇成名曰霆船鑄巨礮四百餘配之夏長庚以霆艇擊蔡牽于崎頭東霍等洋擒獲甚衆有侯齊天者牽之黨也不睦于牽收水澳鳳尾餘孽自爲一幫牽誘殺之而其黨張阿治復魁其衆號簑嘴幫又名肥餅阿治又有爛脚陳黃葵者亦侯之黨也自爲新興幫又稱再興幫與張阿治並爲浙賊訓導葉機嘗以鄉勇破之于小羊山七年春長庚剿賊于潭頭洋獲盜張如茂八年正月牽進香普陀長庚率水師掩至牽僅以身免晝夜窮追至閩洋賊船食盡篷壞不得脩乃遣黨詣總督玉德乞降玉德不虞其詐也招撫之檄浙師收港勿出牽得以其間脩艇竟揚帆去是役也功垂成而中廢天下惜焉是年長庚兼攝定海鎮復與牽戰錢倉所外自午至申礮聲不絕賊畏霆船厚賂閩商更造船之大於霆船者先後載貨出洋僞報被劫牽得大船遂能渡橫洋台灣

九年夏劫台灣米數千石會閩粵間盜朱濆斷糧牽分濟之牽濆合大船八十餘艘猝入閩閩師不敢擊上以長庚總統閩浙水師率温州海壇二鎮爲左右翼專剿蔡牽其金門黄巖定海諸鎮各守汛地俟總統追賊至境出師策應秋八月牽濆共犯浙長庚率海壇鎮孫大剛温州鎮李景曾黄巖鎮張成定海鎮羅江泰出普陀東擊賊至盡山大敗之會風作所部船多損羅江泰死牽責濆不用命濆怒遂與牽分十年冬牽聚百餘艘犯台灣沈舟鹿耳門以阻官兵又結土匪萬餘攻府城自號鎮海王時南北汕安平大港門三處尚通小船長庚扼之别以小澎船五十令金門鎮許松年澎湖副將王得禄進攻之焚獲三十餘船俘賊千餘十一年正月又令許松年進柴頭港自領兵截港外水陸並進五戰皆捷賊困守北汕會風潮驟漲北汕所沈舟爲風浪漂去賊奪門出官兵追截卒以閩師不助而逸賊長庚奏言蔡逆未能殲禽者實由兵船不得力接濟未斷絶所致上褫玉德職逮問治罪以阿林保代之

時閩文武吏以不協剿不斷岸奸懼獲罪交譖長庚於阿林保阿林保即三疏密劾之上以問浙撫時浙撫阮元以憂去繼任者爲清安泰清安泰奏言李長庚熟悉海島形勢風雲沙線每戰自持柁老于操舟者不能及且身先士卒屢冒危險八月中剿賊漁山圍攻蔡逆火器瓦石雨下身受多創鏖戰不退故賊中有不畏千萬兵秖畏李長庚之語惟海艘越兩三旬不燂洗苔粘螯結駕駛不靈其收港並非逗留疏入上切責阿林保湓任旬月即以去長庚爲事殊屬冒昧嗣後剿賊事責成長庚一人阿林保倘忌功掣肘則王德即其前車之鑒十月長庚追牽粵洋殲其姪蔡天來十二月春戰于大星嶼冬復戰于浮鷹島十二月率福建水師提督張見陞等追牽入粵至黑水洋牽僅餘三船將就擒賊忽發艄尾一礮中長庚喉遂隕牽遁入安南事聞上震悼以王得祿邱良功嗣其任勉以同心敵愾爲長庚復讐十三年牽自安南回棹朱濆資助之復合幫入浙并與土盜張阿治相應阮元復湓浙撫任五月

親駐鄞縣肅軍政嚴防禦增器械配礮船募義勇杜岸奸剋期會剿一月之内定海總兵朱天奇獲董清秀二十一人于鼠狼湖提督舟師禽陳丁五十六人于佛肚山禽陳雄二十四人于羊山葉機在岱山獲盜十一人機從弟樞追盜至江南崇明獲一船生禽李葛十一人皆阿治黨阿治南竄阮元患朱濆助牽間離之濆遂舍牽竄閩俄爲許松年擊斃牽亦爲浙師擊敗竄閩因幷力剿張阿治阿治窮乃降是時浙洋土盜惟亞盧號小差幫者存十四年夏四月温州鎮李景曾定海鎮朱天奇參將印章主簿朱錦城同知陳大宗候補知縣葉機共剿之亞盧僅餘數船提督邱良功初到任追之至温州秋七月颶風覆亞盧船亞盧死亞盧溺之日牽舟亦壞八月牽由衢港南竄邱良功會福建提督王得禄合剿之戰于漁山我船俱占上風轉戰至黑水洋良功懼其逸也大呼己船駢於賊船東閩船駢於浙船東決死戰賊以矛刺良功貫髀流血牽船僅餘二三十人鉛丸盡猶以死拒王得禄亦受傷揮千總吳

興邦以火攻牽牽自知無救乃首尾舉礮裂其船沈之海上積寇至是悉平

有清一代之對外交涉案

宣宗道光二十年六月英吉利陷定海城知縣姚懷祥死之二十一年二月英吉利歸定海城八月英吉利復來犯城陷總兵葛雲飛王錫朋鄭國鴻力戰死之二十五年英吉利歸定海城

道光十八年冬上命林則徐以欽差大臣涖廣東查禁鴉片事務踰年補兩廣總督其時通商諸國咸受約束惟英吉利持兩端迺檄告各國焚其所藏鴉片二萬餘箱英人失厚利以索償爲名二十年五月大舉來侵粵中防守嚴不得逞遂窺浙洋六月八日乙丑犯定海總兵張朝發出城禦之時承平久兵不習戰倉卒應變聞礮聲多畏縮朝發傷股署中軍游擊羅建功護左營游擊錢炳煥右營游擊王萬年署中軍守備龔配道皆棄城走知縣姚懷祥投水死典史全福自經英人遂據縣

治四出騷擾居民之受害者岑港爲甚岑港巡檢趙廷昭練村民守岱山馳請救援郡兵無一至者英將伯麥布耳利屢遣輪船窺內洋浙西乍浦尖山等處俱告警列戍驟潰七月丙申詔以劉韻珂爲浙江巡撫江督伊里布爲欽差大臣兼程赴浙並諭福建提督余步雲帶兵會剿甲寅伊里布至甯波議造船徵調閩粵水師來會英官義律爲緩敵計詣天津乞和直隸總督琦善爲之奏聞八月詔琦善赴廣東籌辦西務檄伊里布嚴守要害暫緩進兵改余步雲浙江提督定海民包祖才兄弟執英官安突德喇打里等二十餘人獻諸甯波伯麥移文索諸俘伊里布曰必退還定海乃放伯麥紿言十月中起椗赴粵伊里布信之散鄉勇撤防兵三千餘名劉韻珂力言西人叵測請飭伊里布嚴密防範疏入報聞時英船泊浙海者四十餘艘十一月伯麥率其半回澳留其將胞祖駐守壽春朋總兵王錫定海總兵葛雲飛各請以所部乘機復定海不許是年冬琦善赴粵與義律議和撤戍兵大半義律乘其懈以

十二月辛未奪取沙角大角礮臺琦善無計乃割香港予之義律願還定海既成約琦善函告伊里布並附義律英字書轉給英將胞祖令歸澳上以粵東債事屢諭伊里布進兵伊里布奏言船礮未備飾詞觀望二十一年正月伊里布接琦善書乃遣使赴定海與胞祖約期交割二月戊午定海鎮葛雲飛爲頭隊壽春鎮王錫朋爲二隊處州鎮鄭國鴻爲三隊統兵三千分艅渡海翼日入城宣恩諭釋安突德等俘胞祖遂率所部船起碇南駛上責伊里布庸懦以江蘇巡撫裕謙代之裕謙既受事銳意立功留王鄭二鎮同守定海徵兵四集力主戰議戍定海者四千八百餘人閏三月前廣督林則徐奉旨以四品卿銜馳驛赴浙屢言定海孤懸先朝棄地重兵戻將守此絕島非策請移三鎮于內地用固門戶裕謙不從四月裕謙奏陞定海廳以同知蒞之增陸路城守營額兵千建鎮遠城于東嶽山周百三十一丈自青壘頭至竹山門橫築土城千四百餘丈設久安長治二門又築鎮海金雞山礮台移提標左

營遊擊駐守山兼資策應部議皆從之葛雲飛請塞竹山門海口添築西路曉峯嶺南路五奎山暨毛港虎頭頸諸礮臺裕謙不從六月義律回國代者璞鼎查復議和索香港地及五口通商五口者廣州廈門福州甯波上海也不允璞鼎查率艦入閩七月破廈門八月甲申犯甯波之石浦入銅瓦門癸巳犯定海以四艘入竹山門葛雲飛親自開礮斷其大桅英船退轉入大渠門左營遊擊張紹廷擊卻之乙未大隊登曉峯嶺嶺無礮台左營遊擊胡德耀麾衆力戰尋被鎗丸中右手心骨碎脈斷一時昏倒王錫朋督標兵迎拒四日殺傷相當戊戌錫朋力戰死英兵奪間道下攻竹山門鄭國鴻亦中礮死葛雲飛在土城分段嚴守礮中英船火藥燬其舟英兵駕舢板船蟻附登岸與竹山門一隊合雲飛率親兵搏戰英將安突德執大綠旗麾兵進雲飛手斬數十人俄中鎗左眼出英兵又以刀劈其面血淋漓墜崖下死城遂陷先是英船在廣東大吏以爲和議成可無事令王鄭二鎮撤防回本營行有日矣雲

飛錢之於北墅未卒飲忽報廈門失守三鎮咸奮袂起各整部伍爲守禦計雲飛又以曉峯嶺當衝要飛書大營請增礮益兵助防守裕謙營司文案者嫉雲飛耿直無饋問遂批云定海一島本大臣布置周密而復屢乞兵礮張皇要挾預爲失守卸責之地是何肺腸所請不允至是英人果由嶺入雲飛等苦戰六晝夜天甚雨官兵立泥淖中無暇爨同知舒恭受親督員役齎糗餌分給之抬鎗鳥鎗紅透不能裝藥猶持短兵格鬥而裕謙余步雲坐守鎮海絕不一援以是及敗二十二年七月和議成英人退師惟留兵守定海二十三年十一月庚辰甯波開埠設領事府又二年英船之泊定海者始遵約而去

文宗咸豐二年鄉民攻天主教堂執入教者掠其家法國教士遂以爲言寧波自開埠以後天主教傳佈益廣定海甬東干礸紫微岑�康鹽倉等處皆有教堂奸民輒藉其勢爲侵奪計咸豐初教徒横行官吏莫敢問鄉民大憤聚衆攻之縛其人毁其家牲畜器皿法教士庇護教徒索償

甚力鄉民亦持不肯下同知王承楷屬邑人之有鄉望者調處得平事乃解自是教堂惟存甬東二所餘悉改爲義學

十年五月英吉利法蘭西二國人入踞定海城九月和議成始退

十年英法二國復連兵犯天津修九年大沽口受挫之怨先分艦南擾五月進泊定海港尋踞總鎮署以巡街爲名月索番銀八百圓民苦其擾有譯者美里登入廳署索徵糧冊權廳事甘炳執不可西人脅以威亦不屈是年八月炳改調去士民攀留不能得其代者爲鄭壽南西人逐之九月天津和約成二國兵始退出定海

德宗光緒十年夏法蘭西爲圖占越南與我搆兵沿海各要地戒嚴浙江巡撫劉秉璋委前台州府知府成邦幹率楚軍一營至定海防堵明年和議成始撤

越南本爲中國藩屬同治間法人强占西貢六省爲其屬埠復攻奪河內海防等處逼脅越南國主與其立約保護光緒七年又窺越東境中

國始派兵分駐越境然猶未失和至十年法人乃大舉來犯一戰于台灣之澎湖再戰于福建之馬江沿海各省戒嚴時浙江巡撫劉秉璋檄委前台州府知府成邦幹統領楚軍貞字全營至定海辦理防務先是邦幹曾至定海辦防修築震遠城五奎山青壘頭竹山門小獺山等處礮台又添築莫家山東長堤等處礮台至是再至乃益加嚴海口自東港浦至竹山門一帶舊有土城一律加高又于各處山嶺要溢疊石為垣防守出入並令各鄉舉辦民團至次年和議成始撤防

二十一年法天主教徒與普陀山僧爭執朱家尖田畝浙江巡撫廖壽豐札飭廳同知趙惟崳劃田二千餘畝畀之

朱家尖一島半為普陀僧產光緒十九年間僧人集資築康衆香塘內有塗田四千餘畝二十一年春有其地天主教民擅在僧產內立標據為己有僧人不服起與抗議會教堂不戒于火即嫁禍僧人聳動主教向官廳交涉時浙江巡撫廖壽豐飭廳同知趙惟崳勸令僧人讓田一

半與之其事始寢
二十八年法教士以台州教案議結指定杭州定海兩教堂增拓地址在
定海者由廳同知遷民居讓之
城内西門一帶民房與天主教堂毗連均係貧民居住會是年台州甯
海縣民王錫同鬧教案起法教士向政府交涉事平議結除撫卹賠款
外開放教堂基地指定杭州定海兩教堂毗連居民地址由地方官給
價遷讓于是在定海者以天主堂西偏一帶舊有民房六十餘間改建
女堂經大吏札飭廳同知楊志濂遵辦當諭令該居户限期拆讓將舊
屋移建于城東舊鈔關隙地及霞山下等處於是讓出地二畝有奇悉
歸該堂管轄

莊民暴動始末

三十三年夏五月二十四日西鄉岑椗等八莊人民聚衆入城請願釋放
徐仁依因公被逮廳同知錢增勳走避鄉民憤四出尋仇越四日浙江巡

撫電檄鎮海礮台統領吳杰撫定之

先是邑武生徐仁依急公喜事惡莊書吏浮收陋規與廳同知楊志濂反抗楊誣仁依挾衆罪稟省通緝有案及舉行新政以教育經費未充小學堂擬收取山岡渡船捐仁依疑辦學者假托名義苛捐小民率控高等小學堂長戴駿烈等于省奉文以仁依阻撓學務併緝懲治至是仁依又赴省申訴遂被獲遞解歸案行至鎮海鄉民訛傳仁依將解歸定海正法于是岑椗紫微鹽倉湏河大沙小沙馬嶴干䃤八莊人民不期而集者數萬人擁至廳署請願立釋仁依時仁依實未解至定海同知錢增勳新蒞任未審民意倉猝懼而走避民無所申訴遂憤激挾增勳二子以去哨官張榮麟出阻亦被拘又以仁依因控莊書浮收被逮欲得莊書甘心四出搜尋不獲毀其家殆盡並仇及學堂與辦學者于是城內外各學堂同時俱遭拆毀中學堂監督丁中立高等小學堂長戴駿烈兩家被毀尤甚駿烈先走中立不及避爲所得擁去同羈于紫

徼東嶽宮聲言必放還仁依乃釋囂囂者且五六晝夜二十八日鎮海南北岸礮台統領吳杰奉省檄坐超武兵艦帶徐仁依至先易質後捕爲首者三人一人斬決二人絞餘從監禁者數十人事遂平吳杰前曾署定海鎮總兵得民心故能定衆云

清亡及改革時之官制

宣統三年九月二十一日定海光復改廳爲縣設軍政支部臨時公推巡防營管帶樂駿爲支部長在籍前雲南恩安縣知縣丁中立爲民政長

是年八月民國軍起於武昌稱黃帝紀元四千六百九年未幾各省響應九月十八日浙江宣告獨立設軍政府推湯壽潛爲都督十九日甯波設軍政分府各縣爲軍政支部二十一日改定海廳爲縣知廳事楊世瑚解職臨時公推左路陸師巡防第三營管帶樂駿爲支部長在籍前雲南恩安縣知縣丁中立爲民政部長以下設官有次

定海縣志

冊五

方俗志第十六

定海縣志冊五

方俗志第十六 方言 風俗

方言

舊志不列方言一門他邑志乘雖間有列者然或廣搜僻字以衒博該或略採謠歌以充門類絕無系統足言比年以來感國內方言歧出有室文化統一國語之研究頗頗風行矣顧欲國語統一當先整飭方言此本篇之所以述也

注音字母表

注音字母凡三十有九民國二年由讀音統一會製成經教育部公布者也國音之標準雖定而各地之方音未具焉七年之春舊寧波府屬七邑教育聯合會審定句東土音爲國音所未有者計聲母十有四就原有字母加之標識以爲區別左拂者謂之濁音右曳者謂之反濁音而韻母所補者八其七別製新母其一則加標識以爲區別焉總之吾甬方音應有

聲母三十有五韻母十有九由此五十有四音綜錯參伍始能將鄉人之口吻一一描摹而出爰先列此表以定俗音之原下列之漢字則以定邑之讀音爲準云

聲母

ㄅ	伯	ㄆ	潑	ㄅ́	白	ㄇ	末	ㄇ̀	末之反濁音	ㄈ	弗	万	佛
ㄉ	得	ㄊ	脫	ㄉ́	特	ㄋ	納	ㄋ̀	納之反濁音	ㄌ	勒	ㄌ̀	勒之反濁音
ㄍ	格	ㄎ	克	ㄍ́	掰	ㄫ	額	ㄫ̀	額之反濁音	ㄏ	黑	ㄏ́	合
ㄐ	基	ㄑ	欺	ㄐ́	其	ㄬ	尼	ㄬ̀	尼之反濁音	ㄒ	希	ㄒ́	徐
ㄗ	茲	ㄘ	雌	ㄗ́	慈	ㄙ	私	ㄙ̀	是	ㄦ	而	ㄦ̀	而之反濁音

韻母

ㄧ	衣	ㄨ	烏	ㄩ	迂	ㄚ	挨	ㄛ	啞	禾	嬰		
ㄝ	哀	ㄝ̣	謁者連讀	ㄟ	謁追連讀	ㄠ	奧	ㄡ	歐	ㄢ	唵		
彡	安	干	謁穿連讀	ㄣ	煙	ㄤ	謁杏連讀	亠	盎	廾	翁	ㄥ	謁因連讀

轉韻表

定海讀音略與鎮海近似然一邑之中又各徵殊邑之西北金塘大樹等

島與鎮之城市及穿山近似邑之東北岱衢長塗等島與鎮之北鄉近似邑之西南桃花六横等島又與鎮之西南鄉近似蓋海禁開放以後大陸居民各就鄰地而徙殖隨帶土俗之音以入新疆而自成音系焉至若舟山本島於真文二韻之字多轉成東韻此又明明雜有奉化之土音矣總之寧屬七邑鄞慈鎮自成一音系奉象南又自成一音系定海則得鄞系十之八九而得奉系十之一二也茲以城廂學子之讀音爲主列成一表與廣韻分韻全合者則書某韻全部其轉入他韻母者則注某韻某某數字轉入其一韻之中有轉入甲韻者或有轉入乙韻丙韻者則書某韻一部分並舉數字以爲例俾考方俗讀音者得依據焉

韻母一第一部

支韻一部分移糜皮羆宜奇離麗脾漪等字	紙韻一部分抵靡彼妓髓倚蟻徙璽婢等字	寘韻一部分避詈荔寄臂芰易誼戲義等字
脂韻一部分夷彝比齎飢尼伊黎惟遺等字	旨韻一部分鄙几姊比履圮否等字	至韻一部分秘費利膩棄冀悸器地遺等字
之韻一部分怡頤姬其鰲貍嬉醫欺旗等字	止韻一部分時喜己擬以里李枲矣你等字	志韻一部分吏餌異蒔忌意記等字

微韻一部分微非妃飛肥祈幾希衣沂等字	尾韻一部分尾娓扆豈幾斐菲匪篚等字	未韻一部分未味沸既氣毅餼衣等字
齊韻全部除圭閨奎數字	薺韻全部除陛字	霽韻全部除惠蕙慧桂嘒唳捩數字
		祭韻一部分祭敝曳裔藝例厲憩罽偈等字
		廢韻一部分肺吠刈等字
魚韻據徐閭櫚數字轉入	語韻呂侶旅膂數字轉入	御韻慮覷數字轉入
	麌韻縷褸數字轉入	
	獮韻遣字轉入	線韻彥諺譴卞忭數字轉入

獨用聲母ㄗㄘ′ㄗ′ㄙ′ㄙㄦ`ㄦ兀`兀ㄇ`ㄇ第二部

支韻一部分支巵兒貲觿雌梔施斯差等字	紙韻一部分紙只是氏此弛豕爾紫跐等字	寘韻一部分觶刺寘漬翅等字
脂韻一部分脂師咨私尸蓍資姿瓷茨等字	旨韻一部分旨視兕矢死黹指厎等字	至韻一部分至摯嗜二貳次四肆示自等字
之韻一部分之芝思司絲輜詩而慈辭等字	止韻一部分止市恃徵似祀史耜士齒等字	志韻一部分志字廁寺食熾駛伺試事等字
魚韻梳字轉入		
		祭韻逝誓筮噬數字轉入

韻母ㄨ第三部

魚韻初疏蔬狙鋤蘆盧臚驢屠數字轉入	語韻齟齬楚礎阻俎數字轉入	御韻助疏數字轉入

虞韻一部分芻無毋巫夫符孚鋪鳧敷等字	麌韻一部分甫斧府父武數侮舞輔撫等字	遇韻一部分附賻赴訃仆務婺霧騖等字
模韻全部除模謨數字	姥韻全部除擄牡母畝否數字	暮韻全部除暮慕募墓負數字
		過韻臥字轉入
	有韻婦字轉入	

韻母ㄩ第四部

支韻知馳沘觽褫摛數字轉入	紙韻觜字轉入	寘韻智字轉入
脂韻鴟坻墀遲絺郗黹數字轉入	旨韻雉字轉入	至韻致緻稚數字轉入
之韻癡治持嗤數字轉入	止韻恥祉數字轉入	志韻置字轉入
		祭韻制製滯彘世貰勢數字轉入
魚韻全部除據徐閭櫚梳初疏蔬狙鋤廬蘆臚驢屠數字	語韻全部除呂侶旅膂齟齬楚礎阻俎所數字	御韻全部除慮覷助疏數字
虞韻一部分虞愚于瞿朱俞需須劬臾等字	麌韻一部分麌羽禹雨字聚矩主樹取等字	遇韻一部分遇嫗句戍住屨裕具趣喻等字
戈韻鞾字轉入		

韻母ㄚ第五部附複韻母ㄧㄚ及ㄨㄚ

		泰韻大蔡數字轉入
佳韻一部分街鞵牌柴釵等字	蟹韻一部分買廌奶矮擺等字	卦韻一部分賣稗派債曬等字

皆韻排揩數字轉入
駭韻楷字轉入
怪韻瘵字轉入
夬韻一部分蠆寨砦等字
麻韻一部分邪斜嘉家加遐鴉涯他茄霞等字
馬韻一部分雅賈假下夏寫斝嘏廈瀉等字
禡韻一部分駕稼架價亞迓卸借謝暇等字

韻母ㄛ第六部附複韻母ㄨㄛ及ㄩㄛ

佳韻一部分查娃哇等字
蟹韻一部分罷字
卦韻一部分挂畫衩等字
夬韻一部分話字
麻韻一部分麻奢賒遮蛇瓜花茶誇拏等字
馬韻一部分馬罵把寡剮瓦惹撦鮓等字
禡韻一部分禡啞柘舍赦廚霸怕化跨等字

韻母禾第七部

模韻模謨數字轉入
姥韻攎字轉入
暮韻暮募慕墓數字轉入
歌韻全部
哿韻全部
箇韻全部
戈韻全部除韡字
果韻全部
過韻全部除卧字
麻韻蟆媧數字轉入
厚韻某字轉入

韻母廿第八部附複韻母一廿及ㄨ廿

韻母ㄝ第九部

		泰韻一部分太汰蓋丐艾藹奈害帶外等字
佳韻一部分厓涯崖等字	蟹韻一部分解蠏等字	卦韻一部分懈隘等字
皆韻全部除排埋揩數字	駭韻全部除楷字	怪韻全部除壞瘵憊數字
灰韻佪字轉入		
		夬韻一部分快敗等字
咍韻全部除纔字	海韻全部除愷凱塏鎧數字	代韻全部
	馬韻野也冶且數字轉入	禡韻藉夜射數字轉入

麻韻嗟蛇數字轉入	馬韻者赭社舍捨數字轉入	

韻母ㄟ第十部附複韻母ㄨㄟ

支韻一部分爲麾萎隨垂吹虧窺碑危等字	紙韻一部分被毀委詭累蕊箠揣等字	寘韻一部分帔累爲縋僞恚睡瑞吹被等字
脂韻一部分葵追龜綏纍夔眉悲誰推等字	旨韻一部分軌簋晷洧水唯耒癸揆壘等字	至韻一部分位媚遂醉祟類淚匱備喟寐等字
微韻一部分揮違歸巍暈威徽輝闈圍等字	尾韻一部分偉鬼卉等字	未韻一部分貴胃謂緯彙尉畏蔚諱魏等字
齊韻圭閨奎數字轉入	薺韻陛字轉入	霽韻惠蕙慧桂嘒唳捩數字轉入

		祭韻一部分歲衛贅脆帨銳稅綴蜕蜹彗鱖袂等字
		泰韻一部分貝沛會兑最噦酹旆繪儈等字
灰韻全部除佪字	賄韻全部	隊韻全部除內字
		廢韻一部分穢喙等字

韻母ㄠ第十一部 附複韻母一ㄠ

蕭韻全部	篠韻全部	嘯韻全部
宵韻全部	小韻全部	笑韻全部
肴韻全部	巧韻全部	效韻全部
豪韻全部	皓韻全部	號韻全部
		幼韻謬繆數字轉入

韻母ㄡ第十二部 附複韻母一ㄡ

尤韻全部	有韻全部除婦字	宥韻全部
侯韻全部	厚韻全部	候韻全部
幽韻全韻	黝韻全部	幼韻全部除謬繆數字

韻母ㄢ第十三部附複韻母ㄨㄢ

		泰韻賴籟瀨數字轉入
皆韻埋字轉入		怪韻壞字轉入
		夬韻邁字轉入
咍韻纔字轉入	海韻愷凱塏鎧數字轉入	
元韻一部分煩番蕃繁樊礬旛翻繙反等字	阮韻一部分晚挽反阪飯返等字	願韻一部分萬曼蔓販等字
寒韻一部分單丹難嘆餐珊壇殘彈闌等字	旱韻一部分坦但散繖誕瓚嬾侃衎等字	翰韻一部分炭憚爛粲贊難散等字
桓韻謾墁數字轉入		換韻慢漫數字轉入
刪韻全部	潸韻全部除撰饌數字	諫韻全部除諫澗鴈贗數字
山韻全部	產韻全部除簡揀眼數字	襉韻全部除閑字
仙韻鉛字轉入		
覃韻嵐耽龕堪數字轉入	感韻坎頷撼壈數字轉入	勘韻勘憾數字轉入
談韻全部	敢韻全部除敢拚數字	闞韻全部
		豔韻塹字轉入
咸韻一部分鹹讒等字		
銜韻全部	豏韻全部	陷韻全部除陷字

凡韻全部

檻韻一部分檻艦等字

范韻全部

鑑韻一部分懺字

梵韻全部

韻母彡第十四部

寒韻一部分寒韓安鞍等字

旱韻一部分旱罕等字

翰韻一部分翰汗悍按漢等字

隊韻內字轉入

覃韻全部除函涵嵐耽龕堪數字

感韻全部除感贛坎頷撼壈數字

勘韻全部除勘憾紺數字

談韻酣憨數字轉入

韻母干第十五部附複韻母ㄩ干及ㄨ干

元韻一部分元原袁垣援萱寃怨眢園等字

阮韻一部分阮遠圈婉卷宛苑綣琬等字

願韻一部分願愿券勸怨遠等字

桓韻全部除謾墁數字

緩韻全部

換韻全部除幔漫數字

潸韻撰饌數字轉入

先韻淵涓鵑圓蠲懸數字轉入

銑韻泫鉉犬畎數字轉入

霰韻絢縣衒䍐數字轉入

仙韻一部分然全泉宣穿川專遄權拳椽等字

獮韻一部分闡善墠轉捲輭舛喘篆選等字

線韻一部分戰擅膳絹媛扇羨倦囀等字

鹽韻髯字轉入

琰韻苒染數字轉入

豔韻贍字轉入

韻母宀第十六部

元韻一部分言軒掀騫犍等字	阮韻一部分偃蹇揵巘等字	願韻一部分建堰獻憲健等字
寒韻干竿玕乾數字轉入		翰韻晏幹岸看數字轉入
先韻全部除淵涓鵑圓蠲懸數字	銑韻全部除泫鉉犬畎數字	霰韻全部除絢縣衒罥數字
仙韻一部分仙鮮錢遷煎延氈連篇沿等字	獮韻一部分演衍踐展淺免獮蘚蕆辨等字	線韻一部分線唁面箭賤便偏等字
覃韻函涵數字轉入	感韻感贛數字轉入	勘韻紺字轉入
談韻甘柑數字轉入	敢韻敢揜數字轉入	
鹽韻全部除髯字	琰韻全部除苒染數字	豔韻全部除塹贍數字
添韻全部	忝韻全部	㮇韻全部
咸韻一部分咸諴緘等字	儼韻一部分儼字	釅韻一部分釅字
		陷韻陷字轉入
嚴韻一部分嚴杴醃等字		鑑韻一部分監鑑等字

韻母ㄤ第十七部 附複韻母一ㄤ

江韻一部分江腔等字	講韻一部分講港蚌等字	絳韻一部分絳降等字
陽韻一部分陽羊良涼香羌牆槍央強等字	養韻一部分養象獎兩仰想響丈壤長等字	漾韻一部分漾亮讓餉帳匠將相兩恙等字
庚韻橫字轉入	梗韻打杏猛艋等字轉入	映韻孟字轉入
		諍韻硬字轉入

韻母⊥第十八部 附複韻母㐅⊥

江韻一部分扛龐窗邦降雙撞椿釭龙等字	講韻一部分項字	絳韻一部分巷戇等字
陽韻一部分傷商方章昌亡牀莊常霜等字	養韻一部分掌爽上賞紡網倣枉往惘等字	漾韻一部分狀暢障尚壯唱創訪妄況等字
唐韻全部	蕩韻全部	宕韻全部
庚韻傖字轉入	梗韻礦字轉入	

韻母廾第十九部 附複韻母ㄩ廾

東韻全部	董韻全部	送韻全部
冬韻全部		宋韻全部
鍾韻全部	腫韻全部	用韻全部
真韻一部分真辰人申身珍鈞麕紉神等字	軫韻一部分軫腎蚓忍窘菌殞縝眕隕等字	震韻一部分震振賑刃認軔慎晉鎮仞等字
諄韻一部分諄春旬巡均脣純肫尊循等字	準韻一部分準允尹筍隼蠢等字	稕韻一部分稕峻儁濬舜瞬閏潤順等字
文韻云芸雲耘紜氳君羣裙薰勳曛軍數字轉入	吻韻韞醞數字轉入	問韻運暈韻訓慍郡數字轉入
庚韻榮嶸兄數字轉入	梗韻永字轉入	映韻泳詠數字轉入
耕韻轟字轉入		
清韻瓊煢數字轉入		

青韻熒螢扃坰數字轉入	迥韻迥炯數字轉入	徑韻瑩字轉入
	寢韻袵字轉入	沁韻任紝妊賃數字轉入

韻母ㄥ第二十部 複韻母ㄧㄥ及ㄚㄑ及ㄨㄚㄑ

真韻一部分因新辛賓鄰陳塵津民貧等字	軫韻一部分哂緊盡牝黽引閔敏泯矧等字	震韻一部分信訊軔吝擯進覲印趁櫬等字
諄韻一部分倫輪論遵等字	準韻一部分盾字	稕韻一部分迅字
臻韻全部		
文韻全部除云芸雲耘紜君羣裙薰勳曛軍數字	吻韻全部	問韻全部除運暈韻訓慍郡數字
欣韻全部	隱韻全部	焮韻全部
魂韻全部	混韻全部	慁韻全部
痕韻全部	很韻全部	恨韻全部
庚韻全部除橫傖榮嶸兄數字	梗韻全部除打杏猛艋礦永數字	映韻全部
耕韻全部除轟字	耿韻全部	諍韻全部
清韻全部除瓊煢數字	靜韻全部	勁韻全部
青韻全部除熒螢坰扃數字	迥韻全部除迥炯數字	徑韻全部除瑩字
蒸韻全部	拯韻全部	證韻全部
登韻全部	等韻全部	嶝韻全部

侵韻全部

寢韻全部除袵字

沁韻全部除任紝妊賃數字

入聲韻母一第二十一部

質韻全部除質鑕日實窒失茁數字

術韻朮恤律等字轉入

櫛韻一部分櫛字

迄韻全部

陌韻戟隙逆翟數字轉入

昔韻全部除石隻役數字

錫韻全部

職韻全部除寔測惻側仄色嗇濇穡域罭閾數字

緝韻全部除十什拾入廿數字

月韻歇羯揭竭蠍訐數字轉入

黠韻一部分黠頡戞軋等字

屑韻一部分屑楔切竊結絜潔節垤耊迭跌絰咥鐵餮纈襭頁纈茶涅截齧臬闑噎咽撇瞥等字

薛韻一部分薛泄列烈冽裂桀傑榤熱舌孽滅躠絕爇劣別子等字

葉韻一部分葉妾接楫聶攝歙涉睫慴摺笈數字

帖韻燮屧二字轉入

業韻全部除怯字

入聲韻母ㄩ˙第二十二部

屋韻竹竺筑築軸柚菊鞠掬孰熟塾粥祝叔畜蓄滀數字轉入

燭韻燭屬矚囑旭勗局數字轉入

覺韻朔槊斲琢啄卓數字轉入

質韻質鑕日實窒失茁數字轉入

術韻全部除朮恤律卒數字

物韻屈詘掘數字轉入

職韻寔字轉入

緝韻七什拾入廿數字轉入

月韻全部除歇羯揭竭蠍訐伐筏罰拔髮發韤謁暍數字

鎋韻刷字轉入

屑韻一部分血決缺抉訣鴂抉穴闋等字

薛韻一部分折哲浙雪悅說閱設拙啜輟轍徹撤澈等字

入聲韻母丫第二十三部附複韻母一丫及ㄨ丫

屋韻禿字轉入

覺韻一部分學覺樂角榷埆搉権確等字

藥韻全部除若綽彠縛數字

鐸韻魄恪穫數字轉入

質韻率蟀數字轉入

術韻卒字轉入

櫛韻一部分瑟蝨數字

物韻一部分勿紱祓弗拂佛紼髴綍不等字

陌韻全部除戟隙逆翟索數字

麥韻全部除蟈幗數字

昔韻石隻數字轉入

職韻測惻側仄色嗇濇穡數字轉入

德韻全部除墨北或惑國數字

月部一部分伐筏罰拔髮發韈謁暍等字

沒韻全部除咄字

曷韻全部
末韻全部除斡字
黠韻一部分札猾八察殺等字
鎋韻全部除刷字
屑韻揑字轉入
薛韻揲掇捋掣數字轉入
合韻全部
盍韻全部
葉韻一部分饁箑歃霎黶靨獵躐鬣等字
帖韻全部除燮屧數字
洽韻全部
狎韻全部
業韻怯字轉入
乏韻全部

入聲韻母ㄛ˙第二十四部附複韻母ㄨㄛ˙及ㄩㄛ˙

屋韻全部除竹竺筑築逐軸柚菊鞠掬孰熟塾粥祝叔畜蓄滀禿數字

沃韻全部

燭韻全部除燭屬矚囑旭勗局數字

覺韻一部分岳犖數鷽捉齪剝駁邈雹璞樸濁擢濯渥握幄喔等字

藥韻若綽矍縛數字轉入

鐸韻全部除魄恪穫數字

物韻一部分鬱字

陌韻索字轉入

麥韻蟈幗數字轉入

昔韻役字轉入

德韻墨北或惑國數字轉入

月韻曰字轉入

沒韻咄字轉入

末韻斡字轉入

變音表

讀音轉韻詳前表矣然一邑之中甲地讀音異於乙地一地之內讀音語音往往互異一字之音又隨辭語而作異呼是諸變遷根於慣習所謂變

音也變音多者如鴉午太等各有五音媽蝦芋等各有四音其他二三其音者更數見不鮮焉因作左表

字	音	訓釋
伯	(ㄅㄚ˙)(ㄅㄤ)	讀音爲「ㄅㄚ˙」語音有二如從子呼喚伯父爲伯伯上一伯字呼「ㄅㄚ˙」音下一伯字呼「ㄅㄤ」音又如西北各島多稱父爲阿伯亦呼「ㄅㄚ˙」音至婦人稱夫兄爲阿伯則呼「ㄅㄤ」音
叔	(ㄙㄛ˙)(ㄙㄩ˙)(ㄙ廾)	讀音「ㄙㄛ˙」或「ㄙㄩ˙」隨城鄉而異語音則婦人稱夫弟爲阿叔呼「ㄙ廾」音至從子稱叔父則爲阿大
哥	(ㄍ禾)(ㄍㄨ干)	讀音爲「ㄍ禾」語音或爲「ㄍㄨ干」如連言兄弟爲阿哥(ㄍㄨ干)阿弟(ˊㄉ亠)
弟	(ˊㄉㄧ)(ˊㄉ亠)	讀音爲「ˊㄉㄧ」語音或爲「ˊㄉ亠」如呼喚其弟爲阿弟(ˊㄉ亠)
姊	(ㄗㄧ)(ㄗ亠)	讀音爲「ㄗㄧ」語音有二一呼「ㄗㄧ」音如姊妹大姊等一呼「ㄗ亠」音如泛言人之女兒曰阿姊(ㄗ亠)
妹	(ㄇㄟ)(ㄇ彡)(ˋㄇ彡)	讀音爲「ㄇㄟ」語音有二一呼「ㄇ彡」音如姊妹(ㄇ彡)阿妹一呼(ˋㄇ彡)音如妹妹(ˋㄇ彡)
母	(ㄇㄊ)(ㄇㄨ)	讀音爲「ㄇㄊ」語音或爲「ㄇㄨ」如舅母
媽	(ㄇㄨ)(ˋㄇㄛ)(ㄇㄛ˙)(ㄇ禾)	讀音爲「ˋㄇㄛ」語音有四從子稱伯母爲媽媽呼「ˋㄇㄛ」音子女呼喚其母爲阿媽城中呼「ㄇㄨ」音孩童呼「ㄇ禾」音鄉間呼「ˋㄇㄛ」音或「ㄇㄛ˙」音
婆	(ˊㄅ禾)(ˊㄅㄨ干)	讀音土音皆爲「ˊㄅ禾」惟稱年老婦人曰老太婆(習慣以爲不尊敬之稱呼)太呼爲「ㄊㄠ」音婆呼「ˊㄅㄨ干」音
姑	(ㄍㄨ)(ㄍㄨㄟ)	讀音爲「ㄍㄨ」語音或呼「ㄍㄨㄟ」如東鄉婦人呼喚其少姑爲阿姑「ㄍㄨㄟ」
人	(ˊㄙ廾)(ㄬㄧㄥ)	讀音爲「ˊㄙ廾」語音有二其與別字聯結爲名詞者多呼爲「ˊㄙ廾」如人參人格獨用者多呼爲「ㄬㄧㄥ」如一個人(ㄬㄧㄥ)
鬼	(ㄍㄨㄟ)(ㄐㄩ)	讀音爲「ㄍㄨㄟ」語音爲「ㄐㄩ」
賊	(ˊㄗㄚ˙)(ˊㄙㄚ˙)	讀音爲「ˊㄗㄚ˙」語音爲「ˊㄙㄚ˙」

顏	(ㄧ˙亣)(ㄫㄢ)	讀音爲「ㄧ˙亣」語音爲「ㄫㄢ」如顏色顏姓等
盛	(ˊㄙㄧㄥ)(ˊㄗㄤ)	讀音爲「ˊㄙㄧㄥ」語音有二通常皆呼「ˊㄙㄧㄥ」惟盛姓呼「ˊㄗㄤ」
吳	(ㄪㄨ)(ㄫ)	讀音爲「ㄪㄨ」語音有二通常皆呼「ㄪㄨ」惟吳姓呼「ㄫ」
秦	(ˊㄗㄧㄥ)(ˊㄙ廾)	讀音爲「ˊㄗㄧㄥ」語音有二通常皆呼「ˊㄗㄧㄥ」惟秦姓呼「ˊㄙ廾」
樂	(ㄧ˙ㄚ˙)(ㄧ˙ㄠ)(ㄌㄛ˙)(ㄫㄛ˙)	樂字有四音讀音語音皆同音樂讀「ㄧ˙ㄚ˙」樂好讀「ㄧ˙ㄠ」歡樂讀「ㄌㄛ˙」樂姓讀「ㄫㄛ˙」
戎	(˙ㄗ廾)(ㄬㄩ廾)	讀音爲「ˊㄗ廾」語音有二通常皆呼「ˊㄗ廾」惟戎姓呼「ㄬㄩ廾」
魏	(ㄫㄨㄟ)(ㄨ˙ㄟ)	讀音爲「ㄫㄨㄟ」語音有二通常皆呼「ㄫㄨㄟ」惟魏姓呼「ㄨ˙ㄟ」
眉	(ㄇㄟ)(ㄇ亣)(ㄇㄧ)	讀音爲「ㄇㄟ」語音有三通常皆爲「ㄇㄟ」如壽眉八字眉等惟眉毛二字連言則變爲「ㄇ亣音」又蟿螽曰綉眉頭則變爲「ㄇㄧ」音
眼	(ㄧ˙亣)(ㄫㄢ)	讀音爲「ㄧ˙亣」語音爲「ㄫㄢ」
耳	(ㄦ)(ˋㄦ)(ㄬㄧ)	讀音爲「ㄦ」「ˋㄦ」二音語音爲「ㄬㄧ」如耳朵
鼻	(ˊㄅㄧ)(ˊㄅㄧ˙)(ˊㄅㄚ˙)	讀音有「ˊㄅㄧ」「ˊㄅㄧ˙」二音語音有「ˊㄅㄧ˙」「ˊㄅㄚ˙」二音如呼鼻爲鼻頭官
口	(ㄎ九)(ㄎㄧ九)	讀音及語音城廂多爲「ㄎ九」鄉間多爲「ㄎㄧ九」
頭	(ˊㄉ九)(ˊㄉ彡)	讀音爲「ˊㄉ九」語音有二普通皆呼「ˊㄉ九」音如剃頭河頭柴頭等其名詞之人格化者如老頭癩頭歪頭等及用爲詞尾者如魚頭井頭河埠頭等多呼「ˊㄉ彡」音
手	(ㄙㄧ九)(ㄙ亣)	讀音爲「ㄙㄧ九」語音有二通常皆呼「ㄙㄧ九」惟名詞之人格化者則呼「ㄙ亣」如「瘋手」
脚	(ㄐㄧㄚ˙)(ㄐㄧ˙)(ㄐㄧㄤ)	讀音爲「ㄐㄧㄚ˙」語音有三通常皆呼「ㄐㄧㄚ˙」鄉間或呼「ㄐㄧ˙」惟名詞之人格化者則呼「ㄐㄧㄤ」如拐脚爛脚等
背	(ㄅㄟ)(ㄅ彡)	讀音爲「ㄅㄟ」語音有二通常皆呼「ㄅㄟ」惟名詞之人格化者則呼「ㄅ彡」如駝背
肚	(ˊㄅㄨ)(ˊㄉ禾)	讀音爲「ˊㄉㄨ」語音有二通常皆呼「ˊㄉㄨ」惟肚皮二字連言則變爲「ˊㄉ禾」音

奶	(ㄋㄚ)(、ㄋㄢ)	讀音爲「ㄋㄚ」語音有二如乳母稱奶娘及有身分之婦人稱奶奶皆呼「ㄋㄚ」音而乳房乳汁及乳母亦皆稱爲奶奶惟音變爲「、ㄋㄢ」
淚	(ㄌㄟ)(ㄌ六)	讀音爲「ㄌㄟ」語音爲「ㄌ六」如眼淚
牙	(ㄧㄚ)(ㄫㄛ)	讀音爲「ㄧㄚ」語音爲「ㄫㄛ」
角	(ㄐㄧㄚ˙)(ㄐㄩㄛ˙)(ㄍㄛ˙)	讀音城廂爲「ㄐㄧㄚ˙」鄉間多爲「ㄐㄩㄛ˙」語音爲「ㄍㄛ˙」
魄	(ㄆㄚ˙)(ㄆㄛ˙)	讀音爲「ㄆㄚ˙」語音通常皆呼「ㄆㄚ˙」惟魄尸二字連言則變爲「ㄆㄛ˙」音
瞎	(ㄏㄚ˙)(ㄏㄢ)	讀音爲「ㄏㄚ˙」語音通常皆爲「ㄏㄚ˙」惟名詞之人格化者鄉間呼爲「ㄏㄢ」音如推星命之瞽者曰算命瞎(ㄏㄢ)
疥	(ㄐㄧㄝ)(ㄍㄚ)	讀音爲「ㄐㄧㄝ」語音爲「ㄍㄚ」
鷄	(ㄐㄧ)(ㄐ六)	讀音爲「ㄐㄧ」語音有二在名詞之首者如鷄蛋鷄籠等爲「ㄐㄧ」在名詞之末者則爲「ㄐ六」如雌鷄呼爲草鷄(ㄐ六)
鵝	(ㄫ禾)(ㄫㄨ干)	讀音爲「ㄫ禾」語音有二在名詞之首者爲「ㄫ禾」如鵝蛋在名詞之末者或獨用者皆呼爲「ㄫㄨ干」如小鵝一隻鵝
鴨	(ㄚ˙)(ㄢ)	讀音爲「ㄚ˙」語音有二在名詞之首者爲「ㄚ˙」如鴨蛋鴨背在名詞之末或獨用者爲「ㄢ」如雌鴨一隻鴨
鴉	(ㄧㄚ)(ㄩㄛ)(亠)(ㄛ)(ㄚ)	讀音有二城廂爲「ㄧㄚ」鄉間爲「ㄩㄛ」語音有三老鴉之鴉爲「亠」鴉鵲之鴉爲「ㄛ」鴉片之鴉爲「ㄚ」
鵲	(ㄑㄧㄚ˙)(ㄑㄧㄤ)	讀音及城廂語音皆爲「ㄑㄧㄚ˙」鄉間語音則爲「ㄑㄧㄤ」如鴉鵲呼爲(ㄛㄑㄧㄤ)
雀	(ㄗㄧㄚ˙)(ㄗㄧㄤ)	讀音爲「ㄗㄧㄚ˙」語音有二凡在名詞之首者多呼「ㄗㄧㄚ」如雀斑在名詞之末者多呼「ㄗㄧㄤ」如麻雀
狗	(ㄍㄡ)(ㄍㄧㄡ)(ㄍ六)	讀音爲「ㄍㄡ」語音有三城廂爲「ㄍㄡ」鄉間爲「ㄍㄧㄡ」惟黃狗二字連言則呼「ㄍ六」音
貓	(ㄇㄠ)(ㄇㄢ)	讀音爲「ㄇㄠ」語音有二在名詞之首者爲「ㄇㄠ」如貓頭貓飯在名詞之末或獨用者爲「ㄇㄢ」如小貓一隻貓
牛	(ㄬㄧㄡ)(ㄫㄡ)	讀音爲「ㄬㄧㄡ」語音爲「ㄫㄡ」
龜	(ㄍㄨㄟ)(ㄐㄩ)	讀音爲「ㄍㄨㄟ」語音有二通常皆爲「ㄍㄨㄟ」惟烏龜二字連言則呼「ㄐㄩ」音

蛇	(ˊㄙㄝ)(ˊㄗㄛ)	讀音爲「ˊㄙㄝ」語音爲「ˊㄗㄛ」
蟹	(ㄒㄧㄝ)(ㄏㄚ)	讀音爲「ㄒㄧㄝ」語音爲「ㄏㄚ」
蝦	(ㄒㄧㄚ)(ㄏㄛ)(ㄏ亠)(ㄏㄝ)	讀音爲「ㄒㄧㄚ」或爲「ㄏㄛ」語音有三在名詞之首者爲「ㄏㄛ」如蝦仁蝦米在名詞之末或獨用者如大蝦一隻蝦等城廂呼「ㄏ亠」鄉間呼「ㄏㄝ」
畜	(ㄒㄩ·)(ㄒㄩㄛ·)(ㄑㄩㄛ·)	讀音城廂爲「ㄒㄩ·」鄉間爲「ㄒㄩㄛ·」語音有二通常皆爲「ㄒㄩ·」或「ㄒㄩㄛ·」如六畜惟畜生二字連言則呼「ㄑㄩㄛ·」音
鳥	(ㄬㄧㄠ)(ㄉㄧㄠ)	讀音爲「ㄬㄧㄠ」語音爲「ㄉㄧㄠ」
魚	(ㄩ·)(ㄫ)	讀音爲「ㄩ·」語音爲「ㄫ」
梅	(ㄇㄟ)(ㄇ彡)	讀音及城廂語音爲「ㄇㄟ」鄉語梅子常單呼一梅字音爲「ㄇ彡」
橘	(ㄐㄩ·)(ㄐㄩㄛ·)	讀音語音城廂皆爲「ㄐㄩ·」鄉間或爲「ㄐㄩㄛ·」
菊	同	同
竹	(ㄗㄩ·)(ㄗㄛ·)	讀音語音城廂皆爲「ㄗㄩ·」鄉間或爲「ㄗㄛ·」
芥	(ㄐㄧㄝ)(ㄍㄚ)	讀音爲「ㄐㄧㄝ」語音爲「ㄍㄚ」
芋	(ㄩ·)(ㄬㄩ)(ㄬㄩ干)(ㄋ)	讀音爲「ㄩ·」語音呼芋爲芋奶城廂作「ㄬㄩ」音或轉爲「ㄬㄩ干」音鄉間變爲「ㄋ」音
茄	(ˊㄐㄧㄚ)(ˊㄐㄢ)	讀音爲「ˊㄐㄧㄚ」語音爲「ˊㄐㄢ」
粥	(ㄗㄩ·)(ㄗㄛ·)	讀音語音城廂皆爲「ㄗㄩ·」鄉間或爲「ㄗㄛ·」
羹	(ㄍㄚㄥ)(ㄍㄤ)	讀音爲「ㄍㄚㄥ」語音爲「ㄍㄤ」
丸	(ㄨ·干)(ㄩ·干)	讀音爲「ㄨ·干」語音則有二凡丸字在一名詞之首者多呼爲「ㄨ·干」如丸藥在一名詞之末者多呼爲「ㄩ·干」如藿香丸安神丸等亦有呼爲「ㄨ·干」者
藥	(ㄧ·ㄚ·)(ㄧ·)	讀音語音城廂皆爲「ㄧ·ㄚ·」鄉間或爲「ㄧ·」

仁	(ˊㄙ廾)(ㄬ一ㄥ)	讀者爲「ˊㄙ廾」語音通常皆呼「ˊㄙ廾」惟果仁之仁或呼「ㄬ一ㄥ」如杏仁蝦仁或呼「ˊㄙ廾」如生仁
瓦	(ㄨㄛ)(ㄫㄛ)	讀音爲「ㄨㄛ」語音爲「ㄫㄛ」
架	(ㄐ一ㄚ)(ㄍㄛ)	讀音爲「ㄐ一ㄚ」語音爲「ㄍㄛ」
椅	(一)(ㄩ)	讀音爲「一」語音爲「ㄩ」如椅子搖椅
桌	(ㄗㄩ˙)(ㄩㄛ˙)	讀音語音城廂爲「ㄗㄩ˙」鄉間或爲「ㄗㄛ˙」
燭	同	同
櫃	(ˊㄍㄨㄟ)(ˊㄐㄩ)	讀音爲「ˊㄍㄨㄟ」語音爲「ˊㄐㄩ」
鑊	(ˊㄏㄛ˙)(ˊㄏ廾)	讀音語音皆爲「ㄏㄛ˙」惟語音尺四鑊之鑊變爲「ˊㄏ廾」
尺	(ㄘ一˙)(ㄘㄚ˙)	讀音爲「ㄘ一˙」語音爲「ㄘㄚ˙」
錢	(ˊㄗㄤ)(ˊㄉㄤ)	讀音爲「ㄗㄤ」語音多爲「ˊㄉㄤ」惟錢姓之錢仍呼「ˊㄗㄤ」
衣	(一)(ㄩ)	讀音爲「一」語音通常皆呼「一」音如衣服衣箱等惟衣廚之衣則變爲「ㄩ」音
帶	(ㄉㄝ)(ㄉㄚ)	讀音爲「ㄉㄝ」語音爲「ㄉㄚ」
屐	(ˊㄐ一ㄚ˙)(ㄐ一˙)	讀音爲「ˊㄐ一ㄚ˙」語音爲「ㄐ一˙」
褥	(ˊㄙㄛ˙)(ㄬㄩㄛ˙)	讀音爲「ˊㄙㄛ˙」語音爲「ㄬㄩㄛ˙」
被	(ˊㄅㄟ)(ˊㄅ一)	讀音皆爲「ˊㄅㄟ」語音被害之被呼「ˊㄅㄟ」被褥之被呼「ˊㄅ一」
水	(ㄙㄟ)(ㄙㄩ)	讀音爲「ㄙㄟ」語音爲「ㄙㄩ」
石	(ˊㄒ一˙)(ˊㄒㄚ˙)	讀音爲「ˊㄒ一˙」語音爲「ˊㄒㄚ˙」

河	(ˊㄏ禾)(ㄪㄨ)	讀音語音皆為「ˊㄏ禾」惟展茅鄉語音為「ㄪㄨ」
港	(ㄐㄧㄤ)(ㄍ亠)	讀音為「ㄐㄧㄤ」語音為「ㄍ亠」
江	同	同
池	(ˊㄗㄩ)(ˊㄗㄧ)	讀音為「ˊㄗㄩ」語音為「ˊㄗㄧ」
舍	(ㄙㄝ)(ㄙㄛ)	讀音為「ㄙㄝ」語音為「ㄙㄛ」
社	(ˊㄙㄝ)(ˊㄙㄛ)	讀音為「ˊㄙㄝ」語音為「ˊㄙㄛ」
家	(ㄐㄧㄚ)(ㄐㄩㄛ)(ㄍㄛ)	讀音城廂為「ㄐㄧㄚ」鄉間為「ㄐㄩㄛ」語音為「ㄍㄛ」
駕	同	同
齋	(ㄗㄝ)(ㄗㄚ)	讀音為「ㄗㄝ」語音多為「ㄗㄚ」
界	(ㄐㄧㄝ)(ㄍㄚ)	讀音為「ㄐㄧㄝ」語音為「ㄍㄚ」
個	(ㄍ禾)(ˊㄍ禾)(ㄍㄛ·)	讀音為「ㄍ禾」或為「ˊㄍ禾」語音為「ㄍㄛ·」
間	(ㄐ宀)(ㄍㄢ)	讀音為「ㄐ宀」語音為「ㄍㄢ」
畝	(ㄇㄤ)(ㄇㄨ)	讀音為「ㄇㄤ」語音為「ㄇㄨ」
屆	(ㄐㄧ)(ㄝㄍㄚ)	讀音為「ㄐㄧㄝ」語音為「ㄍㄚ」
價	(ㄐㄧㄚ)(ㄍㄛ)	讀音為「ㄐㄧㄚ」語音為「ㄍㄛ」
日	(ˊㄙㄩ·)(ㄬㄧ·)(ㄬㄧ)	讀音為「ˊㄙㄩ·」語音通常為「ㄬㄧ·」如日光三百六十日惟昨天稱為上日前天稱為前日則呼「ㄬㄧ」
夜	(ㄧ·ㄝ)(ㄧ·ㄚ)	讀音為「ㄧ·ㄝ」語音為「ㄧ·ㄚ」

晚	(ㄪㄨ.ㄢ)(ㄇㄢ)(ㄇㄧ)	讀音爲「ㄪㄨㄢ」語音通常爲「ㄇㄢ」如晚上晚頭惟郎晚二字則音變爲(ㄐㄧㄇㄧ)
朝	(ㄗㄧㄠ)(ㄗㄠ)	讀音爲「ㄗㄧㄠ」語音爲「ㄗㄠ」如今朝明朝
夏	(ㄧ.ㄚ)(ㄧ.ㄛ)(ㄏㄛ)	讀音爲「ㄧ.ㄚ」鄉間或爲「ㄧ.ㄛ」語音爲「ㄏㄛ」
世	(ㄙㄩ)(ㄙㄧ)	讀音爲「ㄙㄩ」語音則有二稍高尙之名詞爲「ㄙㄩ」如世界時世皆讀爲「ㄙㄩ」通行之名詞則呼爲「ㄙㄧ」如半生曰半世
歲	(ㄙㄟ)(ㄙㄩ)	讀音爲「ㄙㄟ」語音則爲「ㄙㄩ」如廿歲拜歲之歲皆呼「ㄙㄩ」音
甲	(ㄐㄧㄚ˙)(ㄍㄚ˙)	讀音爲「ㄐㄧㄚ˙」語音則有二凡在一名詞之首者多呼爲「ㄐㄧㄚ˙」如六十甲子甲魚等在一名詞之末者多呼爲「ㄍㄚ」如花甲盔甲鼈甲等
庚	(ㄍㄚㄥ)(ㄍㄤ)	讀音爲「ㄍㄚㄥ」語音爲「ㄍㄤ」如年庚同庚等
午	(ㄨ)(ㄪㄨ)(ㄫㄨ)(ㄫ)(ˊㄏ廾)	讀音「ㄨ」或「ㄪㄨ」語音則有三如年庚之「甲午」午字呼爲「ㄫㄨ」端午之午呼爲「ㄫ」或逕呼端午爲「ㄉ廾ˊㄏ廾」
二	(ㄦ)(ˋㄦ)(ㄬㄧ)	讀音爲「ㄦ」亦爲「ˋㄦ」語音則呼爲「ㄬㄧ」
五	(ㄪㄨ)(ㄨ)(ㄫ)	讀音有二一爲「ㄪㄨ」一爲「ㄨ」隨地隨時而異語音則呼爲「ㄫ」
六	(ㄌㄛ˙)(ㄌ廾)	讀音語音皆爲「ㄌㄛ˙」惟俗語謂望日前後曰十五六則五呼爲「ㄫ」六呼爲「ㄌ廾」
萬	(ㄪㄢ)(ㄇㄢ)	讀音語音皆爲「ㄪㄢ」惟在馬將牌上之一万二万等則呼「ㄇㄢ」蓋馬將牌從他方流入故有此音
大	(ˊㄉㄚ)(ˊㄉ禾)	讀音爲「ˊㄉㄚ」語音爲「ˊㄉ禾」
下	(ㄧ.ㄚ)(ㄩ.ㄛ)(ㄏㄛ)	城廂讀音爲「ㄧ.ㄚ」鄉間讀音爲「ㄩ.ㄛ」語音則皆呼爲「ˊㄏㄛ」
外	(ㄨ.ㄝ)(ㄫㄚ)	讀音爲「ㄨ.ㄝ」語音爲「ㄫㄚ」
前	(ˊㄗ宀)(ˊㄙ宀)	讀音爲「ˊㄗ宀」語音爲「ˊㄙ宀」
左	(ㄗ禾)(ㄗㄧㄚ)	讀音爲「ㄗ禾」語音爲「ㄗㄧㄚ」

賤	（ˊㄗ亠）（ˊㄙ亠）	讀音爲「ˊㄗ亠」語音爲「ˊㄙ亠」
貴	（ㄍㄨㄟ）（ㄐㄩ）	讀音爲「ㄍㄨㄟ」語音富貴之貴爲「ㄍㄨㄟ」昂貴之貴爲「ㄐㄩ」
快	（ㄎㄨㄝ）（ㄎㄨㄚ）	讀音爲「ㄎㄨㄝ」語音爲「ㄎㄨㄚ」
慢	（ㄇㄢ）（ˋㄇㄢ）	讀音語音皆爲「ㄇㄢ」惟慢慢二字連言婦孺多變爲「ˋㄇㄢ」
遲	（ˊㄗㄩ）（ˊㄗㄧ）	讀音爲「ˊㄗㄩ」語音爲「ˊㄗㄧ」
狹	（ㄧ·ㄚ）（ˊㄏㄚ·）	讀音爲「ㄧ·ㄚ」語音爲「ˊㄏㄚ·」
冷	（ㄌㄚㄥ）（ㄌㄤ）	讀音爲「ㄌㄚㄥ」語音爲「ㄌㄤ」
懓	（ㄋ干）（ㄋ彡）	讀音語音皆爲「ㄋ干」惟懓鍋之懓語音變爲「ㄋ彡」
生	（ㄙㄚㄥ）（ㄙㄤ）	讀音爲「ㄙㄚㄥ」語音爲「ㄙㄤ」
熟	（ˊㄙㄩ·）（ˊㄙㄛ·）	讀音語音皆爲「ˊㄙㄩ·」鄉間語音或爲「ˊㄙㄛ·」
閑	（ㄧ·亠）（ˊㄏㄢ）	讀音爲「ㄧ·亠」語音爲「ˊㄏㄢ」
假	（ㄐㄧㄚ）（ㄐㄩㄛ）（ㄍㄛ）	讀音城廂爲「ㄐㄧㄚ」鄉間多爲「ㄐㄩㄛ」語音爲「ㄍㄛ」
嘉	同	同
臭	（ㄒㄧㄉ）（ㄘㄧㄉ）	讀音爲「ㄒㄧㄉ」語音爲「ㄘㄧㄉ」
絳	（ㄐㄧㄤ）（ㄍ亠）	讀音爲「ㄐㄧㄤ」語音爲「ㄍ亠」
黃	（ㄨ·亠）（ㄨ亠）	讀音語音皆爲「ㄨ·亠」惟黃梅及蛋黃之黃語音變爲「ㄨ亠」
太	（ㄊㄝ）（ㄊㄚ）（ㄊㄚ·）（ㄊ禾）（ㄊㄠ）	讀音爲「ㄊㄝ」語音通常皆爲「ㄊㄚ」如太平太公等惟老太婆之太音變爲「ㄊㄠ」又太過之太變爲「ㄊㄚ·」音鄉間或同鄞人變爲「ㄊ禾」音

去	（ㄑㄩ）（ㄑㄧ）	讀音爲「ㄑㄚ」語音爲「ㄑㄧ」
歸	（ㄍㄨㄟ）（ㄐㄩ）	讀音爲「ㄍㄨㄟ」語音爲「ㄐㄩ」
虧	（ㄎㄨㄟ）（ㄑㄩ）	讀音爲「ㄎㄨㄟ」語音有時變爲「ㄑㄩ」如吃虧
吹	（ㄘㄟ）（ㄘㄩ）	讀音爲「ㄘㄟ」語音爲「ㄘㄩ」
吃	（ㄑㄧ·）（ㄑㄩㄛ·）	讀音爲「ㄑㄧ·」語音爲「ㄑㄩㄛ·」
交	（ㄍㄧㄠ）（ㄍㄠ）	讀音爲「ㄐㄧㄠ」語音稍高尚之名詞如交易交通等呼爲「ㄐㄧㄠ」通行之名詞如交手交代等呼爲「ㄍㄠ」
埋	（ㄇㄢ）（ㄇㄚ）	讀音爲「ㄇㄢ」語音作「ㄇㄚ」
解	（ㄐㄧㄝ）（ㄍㄚ）	讀音爲「ㄐㄧㄝ」語音爲「ㄍㄚ」
戒	同	同
教	（ㄐㄧㄠ）（ㄍㄠ）	讀音爲「ㄐㄧㄠ」語音爲「ㄍㄠ」
賴	（ㄌㄢ）（ㄌㄚ）	讀音爲「ㄌㄢ」語音如依賴靠賴等皆呼「ㄌㄢ」音惟無賴子之賴呼「ㄐㄚ」
祝	（ㄗㄩ·）（ㄗㄛ·）	讀音語音皆爲「ㄗㄩ·」鄉間語音或爲「ㄗㄛ·」
築	同	同
囑	同	同
學	（ㄧ·ㄚ·）（ㄩ·ㄛ·）（ˊㄏㄛ·）	讀音城廂爲「ㄧ·ㄚ·）鄉間爲「ㄩ·ㄛ·」語音爲「ˊㄏㄛ·」
覺	（ㄐㄧㄚ·）（ㄐㄩㄛ·）（ㄍㄛ·）	讀音爲「ㄐㄧㄚ·」鄉間或爲「ㄐㄩㄛ·」語音多變爲「ㄍㄛ·」
逐	（ˊㄗㄩ·）（ˊㄗㄛ·）	讀音爲「ˊㄗㄩ·」語音或轉爲「ˊㄗㄛ·」

孝	(ㄒㄧㄠ)(ㄏㄠ)	讀音爲「ㄒㄧㄠ」語音有二孝敬之孝爲「ㄒㄧㄠ」孝服之孝爲「ㄏㄠ」
降	(ㄐㄧㄤ)(ㄍㄤ)	讀音爲「ㄐㄧㄤ」語音爲「ㄍㄤ」
講	同	同
伏	(ㄪㄛ˙)(ˊㄅㄛ˙)	讀音爲「ㄪㄛ˙」語音有二用爲降伏及三伏之伏呼爲「ㄪㄛ˙」偃臥之伏則呼「ˊㄅㄛ˙」
加	(ㄐㄧㄚ)(ㄐㄩㄛ)(ㄍㄐ)	讀音城廂爲「ㄐㄧㄚ」鄉間爲「ㄐㄩㄛ」語音爲「ㄍㄛ」
浮	(ㄪㄊ)(ㄏㄨ)(ˊㄏ禾)	讀音爲「ㄪㄊ」語音通常皆爲「ㄪㄨ」惟展茅鄉人呼「ˊㄏ禾」
嫁	同	同
死	(ㄙ)(ㄙㄧ)	讀音爲「ㄙ」語音爲「ㄙㄧ」
染	(ˊㄙㄩ干)(ㄏ六)	讀音爲「ˊㄙㄩ干」語音爲「ㄏ六」
行	(ㄧ˙ㄥ)(ˊㄏㄤ)	讀音爲「ㄧ˙ㄥ」語音爲「ˊㄏㄤ」
繞	(ˊㄙㄧㄠ)(ㄏㄧㄠ)	讀音爲「ˊㄙㄧㄠ」語音爲「ㄏㄧㄠ」
饒	同	同
屈	(ㄑㄩ˙)(ㄑㄩㄛ˙)	讀音爲「ㄑㄩ˙」語音有時變爲「ㄑㄩㄛ˙」
習	(ˊㄗㄧ˙)(ˊㄙㄧ˙)	讀音爲「ˊㄗㄧ˙」語音爲「ˊㄙㄧ˙」
鑑	(ㄐ六)(ㄍㄢ)	讀音爲「ㄐ六」語音爲「ㄍㄢ」
監	同	同
我	(兀禾)(ˋ兀禾)(兀ㄛ)	讀音爲「兀禾」或「ˋ兀禾」語音爲「兀ㄛ」

孰	（ˊㄙㄩ˙）（ˊㄙㄛ˙）	讀音爲「ˊㄙㄩ˙」語音或變爲「ˊㄙㄛ˙」
阿	（禾）（ㄚ˙）（ㄤ）	讀音有「禾」「ㄚ˙」二音語音用爲發語聲呼「ㄚ˙」音如阿哥阿弟等惟呼母爲阿媽則變爲「ㄤ」音
也	（一ㄝ）（一˙ㄝ）（一˙ㄚ）	讀音爲「一ㄝ」或爲「一˙ㄝ」語音用爲亦義者呼「一˙ㄚ」如也好
了	（ㄌ一ㄠ）（ㄌㄟ）	讀音爲「ㄌ一ㄠ」語音用爲完事之義者呼「ㄌ一ㄠ」如了事用爲助字者呼「ㄌㄟ」如吃飯了
什麼	（ㄙ禾）	什麼二字合爲「ㄙ禾」音如什麼事體呼「ㄙ禾」事體
怎麼	（ˊㄗ禾）（ˊㄗㄚ）	怎麼二字合爲「ˊㄗ禾」音如詰問人「怎麼會這樣辦」則曰「ˊㄗ禾」會介做又怎麼二字亦合爲「ˊㄗㄚ」音如「怎麼做」則曰「ˊㄗㄚ」弄
無庸	（ㄪ廾）（ㄪㄚㄥ）	無庸二字合爲「ㄪ廾」音或爲「ㄪㄚㄥ」音如「無庸再說」則曰「ㄪ廾」話或曰「ㄪㄚㄥ」話
無好	（ˋㄇㄠ）	無好卽不可之意合爲「ˋㄇㄠ」音如禁人不可做則曰「ˋㄇㄠ」弄

俗字考

山陬海澨言語岐異驟聆於耳似覺徒存其音聲必無其文字逮細察之或爲秦漢遺音班列爾雅說文方言古籍之中或具見六朝以後玉篇廣韻集韻等書間有尋常文字偶因聲韻轉變遂至不可究詰其實十之七八可考見焉爰紬繹音韻文字諸籍旁洎通俗編新方言諸書彙成三表或形屬僻見或音乖通讀或糾正俗謬或援據典古略具於茲若夫俗有

其音古無其字未敢嚮壁虛造至於通俗習見之字人所備知亦擯不與

列云

表一　名物字類　凡名代等詞屬焉

字附詞語	本音	俗音	音訓釋
胡嚨			俗稱咽喉曰胡嚨按釋名胡互也在咽下垂能斂互物也說文嚨喉也連言嚨胡後漢書請爲諸君鼓嚨胡今俗顛倒言之曰胡嚨胡字俗音亦變爲烏
肩克（肩胛）（肩甲）	胛音甲	胛讀ㄍㄚ˙	俗稱肩曰肩克亦曰肩胛一作肩甲按說文克肩也是肩克之稱頗古胛字見後漢書張宗傳中矛貫胛注謂背上兩髆間也正字通作肩甲
手肱（手梗）	肱古弘切	肱讀ㄍㄨㄤ	俗稱手曰手肱肱字廣韻隸登韻今讀古橫切則轉入庚韻古音庚登本合也俗亦作手梗一曰手骨
腳脛（腳梗）	脛胡定切	脛讀ㄍㄨㄤ	俗稱腳曰腳脛脛字廣韻隸徑韻今讀古孟切則轉入映韻古音徑映本合也俗亦作腳梗一曰腳骨
胃脘（胃腕）	脘音換	脘讀ㄨㄢ	俗稱胃曰胃脘譌作胃腕按說文脘胃府也
胸脘頭	脘音管	脘讀ㄍㄨㄢ	俗稱胸腔曰胸脘頭按脘字集韻本有二音一音胡玩切卽胃脘之脘一音古緩切卽胸脘頭之脘也
嬭嬭脯	脯音蒲	讀ˋㄋㄢˋㄋㄢˊㄅㄨ	按集韻脯雉膺肉也通俗編云俗亦謂人之胸部曰胸脯今邑人謂乳房曰嬭嬭脯亦此意也
肋路肢下	路音格		俗稱腋下曰肋路肢下按說文胳腋下也
手掙撽	掙音諍撽音致		俗稱肘曰手掙撽蓋謂肘爲掙札及支撽之用也撽亦作拄或曰肱音轉爲張手肱椎指肘之椎骨言其形似椎也
腳髁頭	髁音課		俗稱膝蓋曰腳髁頭廣韻髁膝骨
腳腸肚	腸音陽	腸讀ㄏㄧㄤ	易咸其腓疏腓足之腓腸也按醫經稱下股內側之筋曰腓腸筋腸讀如陽故俗謂之腳腸肚惟腸音轉如仰耳

髀股(屁股)	髀音俾	髀讀ㄆ一	俗稱臀曰髀股說文髀股也通作屁股
腡(螺)	音騾		廣韻腡手指紋也按俗謂指紋之作螺旋形者曰腡亦作螺即斗也
箵			按俗謂指紋之作波浪形者曰箵箵即箵箕之簡稱蓋本謂之箕也
朘(朘)	祖回切	讀ㄐ凵	朘赤子陰也老子未知牝牡之合而朘作精之至也說文作朘按俗謂男孩之陰曰波羅朘
溲(尿)	音搜	讀ㄕ凵	俗謂小便曰尿讀如書然尿即溺字音奴弔切不音書也今按當作溲溲屬尤韻古音尤魚本屬同部如鉤狗苟耇等皆從句聲故溲可轉爲書音也
眠鼾	鼾音頇	讀ㄏㄢ	俗謂熟寐時之鼾聲曰眠鼾
胴肛	音洞江	讀ˊㄉㄤㄍㄤ	胴玉篇大腸也肛六書故大腸端肛門也按俗謂大腸端曰胴肛
嘴酺	酺音腐	酺音ˊㄅㄨ	俗謂獸畜之喙曰嘴酺按酺亦作䩉通作輔說文頰也淮南子靨酺在頰則好在顙則醜
賺頭			俗謂豬舌曰賺頭舌音近蝕商家忌諱故改爲賺
準(𧰲鼻)	音拙		俗謂雄鵝頭上肉瘤曰鵝鼻按鼻俗字不見字書蓋省鼻字之中而爲之本當作準史記高祖隆準準音拙鼻尖也鵝之肉瘤似人之鼻準故以爲名或謂當作𧰲說文𧰲中寒腫核也因沿稱雄鵝頭上腫核爲𧰲云
脬(胞泡)	音拋		說文脬膀胱也按俗謂豬之膀胱曰豬尿脬今作泡亦通作胞
近睩眼	睩音砌		睩說文察也廣雅視也俗謂目之近視者曰近睩眼睩亦作𥈠通作覷
乜睩眼	乜母也切	乜讀ㄇ一	集韻乜眼乜斜也按俗謂目之細狹而長者曰乜睩眼
罅睩眼	罅呼訝切	罅讀ㄏㄛ	俗謂蹙眥而視物者曰罅睩眼謂目縫微啓如罅也
鬭雞眼			俗謂目瞳之逼近內眥者曰鬭雞眼謂如雞爭鬭時兩眼定向前也或曰當作鬭睩眼兩目視線相輳曰鬭
瞜眼	瞜音漏	瞜讀ㄌㄡ	俗謂深目者曰瞜眼謂目眶如瞜穴也或曰當是凹字凹有婁音

覞睛	覞音兒	覞讀ㄊㄤ	說文覞目蔽垢也按今俗謂目疾之因淚管腫塞者曰覞睛譌作偷鍼
宣髮（蒜髮）			髮早白者俗曰宣髮此稱頗古易說卦巽爲宣髮是也亦作蒜髮見北齊書慕容紹宗傳
獠牙			俗謂齒之特長露於脣外者曰獠牙
𩫕（𩫕掩）	音婘		集韻𩫕瘍痂也按通作𩫕掩
趼（繭皵）	音繭	讀ㄐㄧ	胼胝也即手足之厚皮莊子百舍重趼而不敢息亦作皵通作繭
皰（泡）	音砲		凡皮膚因傷暴起如水泡者皆謂之皰今通作泡
血癊	癊音印		皮膚因傷有血痕者俗曰血癊或謂血痕之隱約者當是隱字
㾨子	㾨音由	㾨讀ㄒㄧㄤ	廣韻㾨息惡肉也按俗謂皮膚上所生贅肉曰㾨子亦作疣子
凍瘃	瘃音燭		說文瘃中寒腫核按俗謂之凍瘃因皮膚驟受劇寒而起生於手足及耳
開皸（開龜）	皸音君		說文皸足坼也按俗謂皮膚因寒坼裂曰開皸本當作龜莊子宋人有善爲不龜手之藥者釋文龜舉倫反注不龜謂凍不皸瘃按坼裂如龜背故云
瘥風	瘥音查		瘥亦作皻皶紅暈似瘡浮起面鼻者也俗曰𤼵瘥風
㾊㾟	音杲老	讀ㄍㄚ˙ㄌㄠ	集韻㾊㾟疥瘡按今俗猶名疥瘡曰㾊㾟實即疥癩之轉音
臀皽	皽音展		廣韻皽皮肉之上魄膜也內則濯手以摩之去其皽按俗謂兩股坐處生瘡曰臀皽諺云快活似神仙髀股生臀皽
疢	音趁	ㄘㄣ	說文疢熱病也俗謂患病曰生疢面有不豫之色曰生疢氣罵人之疲弱無力者曰疢鬼
瘽病	音皇		瘽病也聊齋志異有牛瘽篇今鄉村鄙人罵詈輒曰生瘽病即此字
虛㾓病	㾓呼合切	ㄒㄧ˙	說文㾓病劣也繫傳引本草苟杞療虛㾓病謂㾓㾓無氣力也按今謂人心有所疚曰生虛㾓病
有娠	音申	娠讀ㄙㄣ	一婦女有孕曰有娠當作此字亦作㚰俗讀娠如辰亦讀如震遂別作身

有孕	音媵	ㄩ·廾	有娠亦曰有孕孕俗讀如運
阿嬷、阿姆	嬷音麽姆音姥	阿嬷讀ㄤˋㄇㄛ阿姆讀ㄤㄇㄨ	俗呼母曰阿嬷亦曰阿姆按嬷蓋媽麽之轉音姆蓋母之轉音也
奼（姹）	音妒		俗稱姑母曰阿奼亦曰奼奼按說文奼少女也亦作姹
阿大、大大		大讀ˊㄉㄚ	俗稱叔父曰阿大亦曰大大按此蓋本之晉書謝道蘊之言一門叔父則有阿大中郎是也
囝子		囝讀ㄫ	俗呼男子子曰囝子亦作娓子
囡（媛）		囡讀ㄋ干	俗呼女子子曰囡亦作媛
嬭歡		嬭讀ㄋㄚ	俗呼食乳之嬰兒曰嬭歡或作嬭花謂乳汁培養若花也花音轉爲歡
㹎玡	音鴉牙	讀ˋㄫˋㄫㄚ	方言吳人謂赤子曰㹎玡按今俗音略變實皆嬰孩之轉音蓋其啼聲似之也
塡房		塡讀ㄇ	俗稱繼室曰塡房謂房既空而塡之也塡堙疊均故俗又讀爲ㄊ
老伻	伻補耕切	ㄅㄤ	俗稱僕役曰老伻按爾雅伻使也從也書伻來以圖及獻卜
綷縩阿姆	綷縩音翠蔡	讀ㄘㄧㄘㄛㄤㄇㄨ	俗謂不修邊幅之人曰綷縩阿姆按類篇綷縩紈素聲蓋謂其行動無儀故衣服作聲也
惰貧		讀ˊㄉㄜˊㄅㄊ	即惰民也祝明允猥談奉化有丐戶俗謂之惰貧按吾邑謂之惰便便即貧之轉音
耍貨（傻貨）		耍讀ㄙㄛ	集韻傻輕慧貌按俗謂婦女之輕佻淫濫者曰傻貨亦作耍貨猶言玩物也
孱頭	孱音潺	孱讀ㄘㄢ	俗謂人之庸懦無能者曰孱頭按廣韻孱劣也玉篇孱弱也
魄尸	魄音拍	魄讀ㄆㄛ·	俗謂人之軀幹曰魄尸然含輕蔑之意蓋謂其人有魄而無魂如已死之尸也
襱	音籠		說文襱袴踦也急就篇注袴之兩股曰襱按今謂袴之兩股曰袴腳襱衣之兩袖曰袖子襱
衩	差去聲	ㄘㄛ	亦作衩玉篇衣衩也按衣兩衹離而未縫之處俗謂之衩子亦曰開衩

襠			漢書外戚傳注窮袴卽今緄襠袴也按緄襠袴今謂之滿襠袴袴當兩股之中謂之襠
下襬	襬音陂	襬讀ㄅㄚ	方言裙自關而東或謂之襬按今引申之謂衣之底邊曰下襬亦作擺
帽綖	綖音延		玉篇綖冕前後垂覆也左傳桓公二年衡紞紘綖通作延禮記玉藻前後邃延按今亦謂冠邊曰帽綖亦作帽沿
鈕襻	襻普患切	襻讀ㄆㄢ	類篇衣系曰襻按今謂衣系之牡者曰鈕牝者曰襻亦曰鈕襻
帵子	帵烏丸切	帵讀ㄨㄢ	廣韻帵子裁餘也按今謂袖下裁餘之布帛曰帵子
裁敷			俗謂衣服裁餘之布帛曰裁敷
補靪	靪音丁		說文靪補履下也按今謂衣服補處曰補靪
布綾帔	帔部鄙切	綾讀ㄌㄚㄥ 帔讀ˊㄅㄧ	急就篇帔幓囊橐不值錢按帔卽布帛之殘餘者俗謂之布綾帔亦作紕
彯帶(飄帶)	票平聲		廣韻彯彯長組之貌按俗謂帶之長者曰彯帶通作飄
襞(粨)	音璧	ㄅㄚ˙	襞摺疊也按俗謂摺疊數層之布或紙裱褙之使成一片曰襞音轉如迫俗作粨
綿綉(綿黈綿兜)	綉音透	ㄉㄌ	集韻吳俗謂綿一片爲綉按卽今之絲綿可以絮衣者今俗亦曰綿綉綉音轉如兜亦作綿黈廣韻黈冕前纊也今俗因綉假借爲刺繡之繡故徑書作綿兜或曰當作綿斗綿斗乃敗繭所恢成形如斗也與綿一片爲綉者不同
帽幗	幗音貴	幗讀ㄎㄨㄟ	幗亦作槶說文筐當也釋名幗恢也恢廓覆髮上也按今謂製帽之型曰帽幗
鞵楥(鞵楦)	暄去聲		說文楥履法也徐曰織履中模按俗謂之鞵楥亦曰楥頭字又作楦
釧臂(串臂)	釧尺絹切	釧讀ㄘㄝ	說文釧臂環也墨莊漫錄條脫卽今臂釧也按今倒言釧臂亦作串臂釧音轉如采
墜	垂去聲	ˊㄗㄩ	繫挂之飾物曰墜如言扇墜玉墜頭等
杴	虛儼切	ㄒㄧ	玉篇鍬臿按俗稱掘地之鍬曰吭杴出灰之鍬曰火杴

號頭		號讀ˊㄏㄚ 頭讀ㄉㄤ	喇叭軍中吹器俗曰號頭見正字通引戚繼光新書號令篇按俗號讀如鞋上聲頭讀如斗
瓦瓪(瓦爿)	瓪音版	瓪讀ˊㄅㄢ	說文瓪敗瓦也按俗曰瓦爿爿當作瓪
甗(船)	淳緣切	ˊㄙㄩ干	甬俗呼盆之大而長者曰甗如盛全鴨之盆曰鴨甗亦作船
甏(鼈甏)			盛物陶器底口同大而外飾綠油者謂之綠甏甏亦作鼈
斺廚(椕廚)	斺音介	斺讀ㄍㄚ	甬呼食廚曰斺廚斺字見集韻亦作椕廚
鋬	普患切	ㄆㄢ	五音集韻器系也按今器具之柄紐皆呼爲鋬亦曰鋬頭
甩		ˊㄍㄨㄢ	凡物之襻以便手提者俗多曰甩如水桶之襻曰水桶甩銅鑼之襻曰銅鑼甩或曰卽是鋬之轉音讀ˊㄍㄨㄢ者
笐		ㄑㄧㄤ	甑盂桶盆等之篾束曰笐案卽擎之俗字
屜	他計切		集韻履中薦也俗謂筐篋之附於棹几者曰抽屜亦曰抽斗又謂閒於器具之中或藉于底者曰屜層又謂襲于衷服外衣之中者曰屜襖
斫頭(榔頭)			椎有柄可擊者也通作榔頭說文斫柯擊也
頭和(脉頭)(栎頭)			棺之前端也廣雅作脉頭類篇作栎頭
手梏			手械也梏今讀如靠
高蹻(高蹺)	去遙切		縛木棒於足下而行也
木柹	柹音費		木屑也
弶	其兩切		廣韻弶張取獸也今謂捕鼠機曰老鼠弶捕虎機曰老虎弶
圈	其卷切	ˊㄐㄩ	說文養畜之閑也按俗謂豕牢曰豬圈音變如儉今俗多書作楗閉之楗亦通
油銚(油刁)	銚音調	銚讀雕	藏醯醢等小甕也俗作刁

詞目	音切	注音	釋義
淘箕（潑箕）（筲箕）			淘米之具也亦作潑箕
搖呼串（搖虎撐）		串讀ㄘㄤ	江湖醫士所持之串鈴俗曰搖呼串因行路時一方搖鈴一方口中呼叫故得此名俗作搖虎撐
甈（远）	於阮切		說文量物之甈按俗稱物之時須除盛物之器重量名之曰甈音義與說文並合俗借用遠之省文远字爲之
櫏（栓）（拴）（閂）	數還切	ㄙㄩㄢ	集韻關門機也按俗謂之門櫏亦省作㦧又借拴爲之亦作閂
儎		ˊㄙㄝ	俗謂貨物之載於舟者曰儎子亦曰儎頭
榫（筍）	音筍		集韻剡木入竅也按俗謂之榫頭又謂脱卯曰脱榫接卯曰鬬榫亦作筍
鑿（槽）	漕去聲	ˊㄙㄠ	集韻穿孔也考工記凡輻量其鑿深按俗凡孔隙皆謂之鑿讀如槽亦作槽
欛柄（把柄）	欛音霸		廣韻刀柄名丹鉛錄得此欛柄按俗謂凡物可執持之處曰欛柄因又謂事之可以挾持者曰欛柄通作把柄
鑊鏶	鏶音貢	鏶讀ˊㄍㄤ	集韻格木也按俗謂飯鍋上蒸物之竹格曰鑊鏶音變如ˊㄍㄤ
鑊䥉	䥉音感		增韻䥉器蓋也按俗謂鍋蓋曰鑊䥉亦作㰹
鍬	千遙切		起土之具俗亦謂起飯之銅鏟曰飯鍬
橛頭	橛音掘		列子黃帝篇注斷木也按俗謂凡物之斷片曰橛頭如言墨橛頭香煙橛頭之類又謂一段曰一橛如言一橛樹一橛魚之類
梃（鋌）	徒鼎切		說文一枝也按俗謂墨一枚曰一梃亦通作鋌
幀	猪孟切	ˊㄗㄧㄤ	畫一幅曰一幀俗亦謂紙一幅曰一幀通作張音變如丈
幢	宅江切	ˊㄗㄤ	說文旌旗之屬釋名幢童也其貌童童也按謂旌旗羽葆重疊也故俗謂器物重疊相架曰幢又器物多數積累者曰一幢樓房亦曰一幢
匵	藏上聲	ˊㄗㄤ	此字不見字書俗讀如藏上聲俗謂疊架曰匵如支閣箱籠之櫥曰匵櫥亦曰匵箱櫥按當作幢
涎	音慫	ㄕㄧㄥ	爾雅澱謂之涎俗謂齒污曰齒涎

炭墼（炭結）	墼音激		說文土墼未燒𡒊坯也按今𡒊炭屑爲塊曰炭墼亦作炭結
㵟布（抹布）	㵟音末		說文㵟拭滅貌一曰塗也方言淨巾謂之㵟布按俗作抹布
筅帚（洗帚）	筅音銑		集韻筅帚也按亦作銑帚通作洗帚
亮			俗謂燈曰亮
篾子	篾力協切	篾讀ㄌㄧˊㄚ˙	集韻篾竹笭所以乾物按以竹篾織成長方形所以曬物者也俗謂之篾子
鏩刀（鏩刀）	鏩槎轄切	鏩讀ㄗˊㄚ˙	鏩亦作鏩集韻斷草刀也按俗謂斷草之刀曰鏩刀
鑷子鉗	鑷音聶亦音捻	鑷讀ㄏㄧㄚ˙	鑷亦作鈳鑈籋乾俗謂攝取毛髮之鉗曰鑷子鉗按釋名鑷攝也攝取物也雲仙雜記王僧虔晚年惡白髮一日對客左右進銅鑷僧虔曰却老先生至矣
珓（筊）	古孝切	ㄍㄠ	杯珓所以占吉凶者演繁露云珓用貝殼或用竹根按後世皆以竹根爲之故字從竹以二者皆俯爲陽筊皆仰爲陰筊一俯一仰爲勝筊亦作聖筊石林燕語云高辛廟有竹桮筊以一俯一仰爲聖筊是也
鷂子			即紙鳶也
眠床橫	橫音廣		集韻橫俎跗橫木也按俗謂牀前橫木曰眠床橫亦作橫桄
消息子			洗刷耳垢之具頂有絨毛者俗謂之消息子即耳聽消息之意
碇（矴）（碽）（椗）	丁定切		集韻錘舟石也亦作椗矴碽俗謂事之費周折者曰起碇拔錨以開船之手續煩瑣爲喻也
廁脚屋	廁音辣		廁亦作㾃廣雅庵也按俗謂小屋曰㾃脚屋
厙頭	厙音舍	厙讀ㄙㄛ	正屋與軒房交接處之室俗曰厙頭亦作舍頭
斢	天口切	ㄊㄌ	集韻斢斢兵奪人物也按俗讀平聲謂屋一所曰一斢
石堪（石墈）		堪讀ㄎㄩ	石堪築石如臺也亦曰堪墩說文堪地突也俗亦作墈

簷楯	楯音盾	楯讀ˊㄙ廾	俗謂簷下階除間曰簷楯亦作簷巡簷唇按以簷楯爲正楯乳允切音盾橫曰楯縱曰欄階除前木欄也史記滑稽列傳秦始皇時有陛楯郎陛楯即階除前欄也惟今民間雖不施欄而亦沿稱簷楯耳
槅（牖）（籄）		ˊㄅㄩ	左傳昭二十五年槅柎所以藉幹注棺中笭牀也又謂屋上短椽曰槅何晏景福殿賦爰有禁槅是也按今俗借稱椽上所以藉瓦者曰槅以磚者曰磚槅以竹者曰篾槅俗作籄亦作牖集韻牖屋簀也
篼子	篼音兜		正字通竹輿也籄之別名俗謂之篼子
甿（坑）（埂）	音岡	ˊㄍㄤ	趙魏謂陌曰甿見說文今俗謂蔬畦間人行之道曰地甿讀如岡之濁音亦作坑埂
淖泥茇頭			土塊曰淖泥茇頭說文茇草根也
埄塵（埄塵）（蓬塵）	埄蒲蠓切		集韻埄塵起貌按俗謂塵埃曰埄塵亦作埄塵通作蓬塵
攋揸（垃圾）			集韻攋揸和糞也今作垃圾讀ㄉㄚ・ㄕㄚ・亦讀ㄉㄚㄕㄩ
豁罅（豁裂縫）			器物之裂縫曰豁罅罅讀若好惡之惡亦謂之豁裂縫
窞	音沓	ˊㄉ彡	說文坎中小坎也按俗通稱坎曰窞
船港	港胡貢切		按港本謂水中行舟之道今稱造船時所開之水道曰船港港字正讀紅去聲
庭澤（庭糖）	澤音鐸		簷冰曰庭澤俗音變爲庭糖
行當			事由曰當書言故事宋丁晉公倅饒判官白稹以片紙假錢五鐶公笑書簡尾曰欹天行當吾何有立地機關子太乖按行當與機關對文蓋宋時俗語謂所行之事也今甬俗尚謂緣由曰行當行讀如杭又謂因事受愚曰上當
家豁		豁讀ㄉㄤ	家豁家財也豁讀如當通作家當亦曰家計
麻餈（麻糍）	餈才資切	餈讀ˊㄙ	釋名餈漬也烝燥屑使相潤漬餅之也按俗以糯米粉和青蒿製成斜方形之餅外糝以松花於清明時食之謂之麻餈餈亦作糍

詞條	音	注音	釋
油饊子	饊音散	饊讀ㄗㄢ	饊子古謂之粔籹說文粔籹膏環也齊民要術粔籹名環餅象環釧形廣雅謂之粰𥻗今通名饊子按亦曰寒具劉禹錫寒具詩纖手搓成玉數尋碧油煎出嫩黃深夜來春睡無輕重壓扁佳人纏臂金即此也今俗謂油饊子饊讀如盞亦作糤
餛飩(䏲肫)(棍粑)(混沌)			餛飩廣雅作䏲肫集韻亦作棍粑玉篇作餛飩按實皆混沌之變
粞糠	粞音細		類篇米碎曰粞按舂米所餘之稃及米屑俗謂之粞糠
盲湯		盲讀ㄇㄤ	表異錄煎茶初滾曰蟹眼漸大曰魚眼故俗以未滾曰盲湯按今俗尚有此語
糝(糁)	桑感切	ㄙㄢ	說文糝粒也按今謂飯屑曰飯糝亦作糁
梢瓜(䠷瓜)(𤬪瓜)(䠷瓜)			梢瓜之梢亦作䠷𤬪䠷即菜瓜也
倒瓤(倒瓤)	瓤音練		廣韻瓤瓜中瓤也按俗謂瓜腐敗曰瓜倒瓤瓤亦作瓤
瓤子	瓤音穰	瓤讀ㄋㄤ	甬俗稱人之家財曰瓤子謂猶瓜心也瓤讀如曩蓋一聲之轉
藠頭			即薤也本草薤一名藠子或作蕎非按俗謂之藠頭藠讀如橋上聲亦作蕎頭
稗草	傍卦切	稗讀ㄅㄛ	廣韻草似穀而實細按俗謂之稗草讀如罷亦作粄草
懵	烏猛切	ㄤ	集韻吳人謂懵曰懵按俗亦有此語
羯	音許		急就篇注羖之犗者爲羯按此專稱雄羊去勢者爲羯今則凡畜類之去勢者多曰羯如羯狗羯羊等
羖猪(牯猪)			羖夏羊之牡者見說文今湖北牡羊曰羊羖子牡牛曰牛羖而定人則惟牡豕曰羖猪亦作牯豬餘不名羖
𩿨雞(鮮雞)	𩿨音線		簪齋瑣綴錄雄雞去勢謂之𩿨按今誤作鮮雞又䅲農書多稱閹雞閹鮮音變也
𠫓蔘(禿蔘)			海蔘亦名沙噀棘皮動物產於海中其幼者俗謂之禿蔘按當作𠫓蔘說文𠫓子不順忽出也从倒子幼蔘係母蔘初產之子故云𠫓蔘𠫓音他骨切
蛷螋(蠼螋)(蠷螋)		ㄐㄧㄡ ㄒㄧㄡ	俗誤名蚰蜒曰蠼螋亦曰蠷螋定語更轉爲蛷螋

蛍蟧（知了）	音札勞	讀ㄗㄛㄌㄠ	方言蟬其大者謂之蟧其小者謂之麥蛍按亦連言蛍蟧或轉爲知了今俗音變爲詐斂
牛蟲			米中小黑蟲也爾雅蛄䗐強蛘郝懿行疏此蟲大如黍米赤黑色呼爲牛子音如甌子登萊人語也廣東人呼米牛紹興人呼米象按定人呼牛蟲
蟑螂（樟螂）			蟑螂亦作樟螂廚竈中紫褐色之臭蟲也
蛆蟲		蛆讀ㄑㄧ	俗謂孑孓曰蛆蟲
埣	音搨亦讀如榻	ㄊㄚ˙	集韻地之區處也按俗謂此處曰當（讀如唐）埣彼處曰該（讀如ㄍㄧ˙）埣鄞縣西鄉地名有姚黃埣

表二　形狀字類

凡形容詞副詞屬焉感歎詞亦附於是

字	本音	俗音	音訓釋
殟（瘟）	音温		說文暴無知也今罵人昏昧無知而又好作聰明曰瘟生當作殟生
儇（譞）（豯）	許緣切	讀ㄏㄨㄢ	說文譞慧也按亦作儇豯甬語謂小兒聰穎曰譞亦謂小兒健全曰譞或曰是頑之音轉
俏			婦女美好曰俏亦曰俏麗
婠（滑）	音活		方言建平郡人呼狡爲婠按今作狡滑
燴（壞歹孬）	烏外切	讀ㄨㄚ	方言燴可憎也按俗謂不好曰燴蓋卽壞之轉音俗作歹范成大桂海虞衡志作孬
懛（獃）	音臺	ㄉㄝ	說文遲鈍也長箋浙江方言曰阿帶愚戇貌阿入聲帶平聲按俗謂書痴曰書懛子懛正讀帶平聲當作此字今作書獃子然獃音皚實不讀帶平聲也
嬇	音鑽		說文白好也按俗謂美麗曰嬇
慳	苦閑切	ㄎㄢ	廣韻吝也按俗亦謂吝嗇曰慳
怢	他骨切	ㄊㄚ˙	集韻忽忘也按俗謂悠忽度日曰怢如言怢落怢怢動等當卽此字

戇	陟降切	ㄍㄤ	說文愚也按俗謂愚直曰戇如言戇大
憨	音蚶		玉篇愚也癡也按俗謂癡愚者曰憨頭
攱	博蓋切	讀ㄅㄚ	集韻物衺㚘也按俗音轉如擺凡人行步不正或物攲斜不正皆曰馬攱
痿(痿萎)	音委	·	說文病也按俗謂人多病體弱曰痿亦作痿通作萎
痷(痷瘟)	音浥	ㄧ·	瘦病也見五音集韻俗謂收縮曰痷亦作瘟痷如拷痷
黣(黴)	音妹		集韻禾傷雨則生黑斑也按亦作黴
笡(趄)	遷謝切	ㄑㄧㄚ	廣韻斜逆也按俗亦謂斜曰笡如日西斛曰太陽打笡亦作趄集韻趄趄脚立也按俗謂肩一聳一側者曰趄肩克
殠(臭)	尺救切		說文腐氣也漢書楊惲傳單于得漢美食好物以爲殠惡按此卽香殠本字古通作臭左傳疏云臭是氣總名元非善惡之稱旣謂善惡則專以惡氣爲臭
溏	音唐		廣雅淖也按俗謂不凝結曰溏如便溼曰溏薄食物中心未凝結曰溏心
侏		ㄗㄩ	侏儒短人也梁上短柱亦曰侏儒按俗凡草木及毛髮等短者皆謂之侏
與		ㄒㄧㄥ	俗謂草木及毛髮等長者曰與
鉛	音異		五音韻譜磨礱漸消曰鉛
爂	匹妙切	ㄆㄧㄠ	周禮草人輕爂用犬注輕爂輕脆者按俗謂脆薄曰輕爂爂讀平聲通作輕飄又謂物之脆嫩者曰爂讀去聲
舞			漢書張湯傳注舞變弄也按俗謂小兒好弄曰舞
腩	南上聲	ㄋㄢ	廣韻煑肉曰腩齊民要術有腩炙法按煑肉使柔曰腩故俗謂柔曰腩如輭糕亦曰腩糕
驏(剗)	棧上聲	ㄔㄢ	馬不施鞍轡謂之驏明史乃乘驏馬按今俗凡物之不附加他物者皆謂之驏卽淨意亦作剗古詩剗襪下香堦
顇(奤)	音粕	ㄆㄛ·	廣韻面大貌按俗凡漲大皆謂之奤如言發奤又鼓腮曰嘴巴奤起亦作顇

蹁	便平聲	ˊㄅ亠	說文足不正也按俗謂足乖戾不正者曰蹁脚
嗄(沙)			聲破曰沙胡嚨沙字見周禮天官亦作嗄見老子
暴			猝也見廣雅釋詁故驟富曰暴富驟貴曰暴貴引申之因謂初次曰暴甬人方言多用之如言初次作事曰暴出弄又諺謂暴喫饅頭三口生喻人初習技生也又新花暴熱意謂新著之棉絮能驟發熱花即甬語之棉絮以譏人對於新交密切也
驃	音票	ㄅㄧㄠ	玉篇驍勇也俗謂馬勇健曰驃因又謂人驕傲曰驃皆讀若ㄅㄧㄠ
狃			說文犬性驕也爾雅復也注云狃忕復為按俗謂人固執不化曰狃亦曰狃拙即狃忕之義也
閬(朗)	音浪		空曠也俗亦謂稀曰閬如言閬脚毛蟹亦作朗
體忕			定人謂身心優暇者曰體忕按張衡賦有憑虛公子者心奓體忕語蓋本此
尲尬(尷尬)			說文尲尬行不正也俗謂事多生枝節曰尲尬通作尷尬
褦襶(累墜)	音耐戴	ˋㄌㄟㄉㄟ	褦襶當暑戚服請身不曉事也今謂人之不明理者曰褦襶讀若乃對變若耒對小說中常作累墜
㝩康	音郎康	ㄌ亠ˊㄍ亠	㝩康說文屋閬也玉篇空也虛也今謂器物徒佔地位曰㝩康讀若朗抗
覶縷(覼縷)	覶音羅	覶讀ˋㄌ禾	覶縷委曲也俗謂瑣屑曰覶縛覶通作覼
嚕囌(囉嗻囉嗊囉唣落索)		ˋㄌ禾ㄙ禾	俗謂瑣屑不曉事曰嚕囌嚕囌即落索之轉音顏氏家訓治家篇引諺曰落索阿姑餐亦作囉嗻囉唣囉嗊
嘈囋(嘈雜)	囋才曷切	ˊㄗㄠˊㄗㄚ˙	聲繁也通作嘈雜
邋遢(皺皴)	邋音獵	ㄌㄚㄊㄚ	廣韻不謹事也按俗謂不潔曰邋遢亦作皺皴篇海類編皺皴腥膻也
婄臟(腌臢)	婄音諳	ㄠㄗㄠ	俗用雜字婄臟女志不淨也按俗通稱汙穢曰婄臟音轉為奧糟或作腌臢亦作鏖糟漢書霍去病傳注云今謂糜爛為鏖糟
齷齪			不潔也

膩腥			亦不潔之意
蔭涼（洞涼）			涼曰蔭涼、新方言謂蔭當作洞似非
倭妥			俗謂婉順曰倭妥倭讀如婀按即委佗婀娜之轉音
腯豬	腯土忽切	腯讀ㄊㄚ·	俗譏人肥曰腯豬謂肥如豬也左傳犧牲肥腯
休健頭	休健音末闥	休健讀ㄇㄚ·ㄊㄚ·	俗謂身體凝肥或盛物充滿曰休健頭廣韻休健肥貌
燥熽	熽音速		集韻熽燥也按俗亦謂乾燥曰燥熽
殷青	殷么閑切	殷讀ㄧ	韻會殷赤黑色也按俗謂紫而略帶青色者曰殷青或作燕青非
㶳煖	㶳烏臥切	㶳讀禾	集韻㶳猶言煖也俗讀倭上聲如温煖曰㶳煖或謂即和煖之轉音亦作㷀煖
藐然	藐音眇		孟子說大人則藐之注藐輕視也按俗謂輕視曰看得藐然
歊翹	歊音耗	歊讀ㄏ禾	物乾燥暴起曰歊考工記輪人則轂雖敝不歊按俗音變如呵如竹木因乾燥而橈曲曰歊翹
炄皺（炄熠）	炄音紐		集韻𤇃炄欲乾一曰半乾按俗謂日中曝物表面已皺縮而中心尚未乾者曰炄皺皺音變如炙亦作炄熠集韻熠丈流切燥也
菲薄			俗謂極薄曰菲薄亦作飛薄
白㬥㬥　灰㬥㬥	㬥音撲		集韻㬥物氣蒸白也俗謂灰白色曰灰㬥㬥或曰白㬥㬥
紅彤彤		彤讀ㄉㄥ	狀赤也彤讀如東
紅㲉㲉	㲉呼木切	㲉讀ㄒㄩ·	狀暗赤色也㲉讀如血
紫糖糖			狀紫赤色也
黄蒼蒼			狀青黄色也

白黴黴			狀灰白色也
綠黝黝			狀暗綠色也
白殕殕	殕音撫		集韻物敗生白曰殕按俗謂物生白黴曰白殕殕
涇落落	落音答		集韻落涇也按俗形容器物潮涇曰涇落落又曰落塔滯
水汪汪　眼淚汪汪			汪汪水深廣之貌後漢書黃憲傳叔度汪汪若千頃陂按俗謂目光晶熒曰水汪汪又謂目中含淚曰眼淚汪汪
燠焞焞	焞音孛		焞亦作㶿正韻烝熱也按俗謂天氣蒸熱曰燠焞焞
熓焞焞	熓音鄔	ㄨㄉㄚㄥㄉㄚㄥ	字彙補熓火息也焞音屯俗轉音爲敦玉篇焞焞無光耀也今俗謂燈光不明曰熓焞焞又事之停頓家之漸落皆曰熓焞焞以火爲喻也
渾沌沌			俗凡言水之不清事之不明及家庭之不清白者皆曰渾沌沌沌讀頓平聲
渾淘淘			與渾沌沌同
燥燩燩	燩音殼		廣雅火乾物也俗謂物乾燥曰燥燩燩
冷清清	清七正切		寒也
寒凚凚	凚渠飲切	凚讀ˊㄐㄧㄥ	俗謂冷曰寒凚凚又謂寒儉曰寒凚凚凚亦作噤
寬庋庋	庋音答	庋讀ㄊㄚ˙	玉篇庋皮寬也按今俗尚有寬庋庋之語
甄甄響	甄力協切	甄讀ㄌㄚ˙	甄甄蹈瓦聲見玉篇
睒睒動	睒音琰	睒讀ㄧ˙ㄩ	甬俗謂食物太甜胃如欲嘔曰睒睒動集韻睒甘也
噱噱笑		噱讀ㄍㄚ˙	今俗形容笑聲曰噱噱笑噱讀如格音
忕忕動		忕音弋	集韻忕心動也按俗謂恐懼心動曰心忕忕動

㤔㤔動	㤔音答		集韻㤔心恐也按俗謂心不安曰心㤔㤔動
欪欪笑（咍咍笑）	欪海平聲	欪讀ㄏㄟ	集韻笑不壞顏也按俗形容小笑曰欪欪笑欪亦書作咍
咥咥笑（嘻嘻笑）	咥音僖		詩衛風咥其笑矣按俗形容微笑曰咥咥笑亦作㰻說文㰻㰻戲笑皃俗亦作嘻
欯欯笑（咭咭笑）	欯許吉切	欯讀ㄏㄧ˙	廣雅欯欯笑也按俗形容冷笑曰欯欯笑亦作咭
呵呵笑（歌歌笑）	呵許我切		俗形容大笑曰呵呵笑又謂演劇時丑角化裝所飾之假鬚曰呵呵笑按本作歌廣雅歌歌笑也
欱欱哭	欱呼甲切	欱讀ㄒㄧ˙	集韻欱欱鼻息按俗形容人嗚咽而泣曰欱欱哭
歌歌響	歌枯架切	歌讀ㄎㄛ	集韻歌張口息也關中謂權臥曰歌按俗形容人熟寐張口而發鼾聲曰歌歌響又嬰兒學語時亦呼睡曰歌歌亦作欲
㰤㰤㗻	㰤音鏗	㰤讀ㄎㄥ	玉篇㰤欬也按俗形容人之劇嗽曰㰤㰤㗻
欨欨吹	欨音詡		說文欨吹也六書故欨温吹也欲煖者欨之通作煦按俗形容蹙口吹氣曰欨欨吹亦作呴俗用吁字
㲉㲉響	㲉音彤		說文㲉擊空聲按俗形容敲擊空器之聲曰㲉㲉響
溚溚滾	溚徒合切	溚讀ㄉㄚ˙	說文溚涫溢也今河朔方言謂沸溢曰溚按俗形容水沸曰溚溚滾涫即滾之本字
躃躃動		躃讀ㄅㄧ˙	足不能行也亦作躄
䰰䰰叫	䰰音吁		鬼叫也
䶒䶒嚌	䶒音夾	䶒讀ㄐㄧㄚ	廣韻䶒噍聲
嚺噡講	嚺噡音臺忥	嚺噡讀ㄉㄚ ㄉㄢ	玉篇嚺噡言不止也今俗亦有此語
䆟䆷響	䆟䆷音悉捽	䆟䆷讀ㄙㄧ˙ㄙㄚ˙	䆟䆷聲也杜甫詩枝撐聲䆟䆷
毗劉暴樂（必栗剝落）			俗謂器物零星散落地上曰「必栗剝落」「必栗剝落」當作「毗劉暴樂」見爾雅釋詁郭注謂樹木葉缺落影疏也

老木㑝倲	㑝倲音弄凍		俗謂老年昏耄曰老木㑝倲按集韻㑝倲愚貌或曰當作老耄龍東耄木一聲之轉
尐尐一點	尐姊列切	尐讀ㄗ一・	說文少也按俗極言其少曰尐尐一點
因	音和		玉篇牽船聲按宋儒語錄有因聲落地之語今俗用力時亦發此聲
攟（拍）	匹麥切	ㄆㄚ・	集韻射中物聲按近人小說皆書作拍
吡	篇夷切	ㄆㄧ	集韻氣出聲按俗蔑視他人發聲曰吡
欦	音欽	ㄎㄧㄥ	玉篇噓也按形容噴噓之聲
欸（唉）	音哀		歎聲芸窗私志今人暴見事之不然者必出聲曰欸按俗歎息時亦發此聲亦作唉
敨（呸）	音剖	ㄆㄟ	集韻語而不受也按俗聞人拂意之詞激切反對之亦發聲曰敨音轉如坯字亦作呸
歛歐	歛音侯歐何加切	ㄏㄡ，ㄏㄛ	集韻歛歐咽病又出氣也按俗形容人歐吐時咽中氣逆發聲曰歛歐
唯			鄉村人譍聲
咉	烏郎切	ㄤ	廣韻譍聲
諉（喂）	音隈	ㄨㄟ	俗呼喚他人之際動輒言喂按喂恐也非此義蓋當作諉集韻諉呼人也又呼聲
⿰氵董	音董		集韻物墜水聲按俗亦有此語

表三　動作字類凡動詞屬焉

字	本音	俗音	音訓釋
扻	音坎	ㄎㄤ	擊也見集韻俗音轉如坑謂擲去曰扻掉

挼(挼攤挪)	奴禾切	ㄋ禾	兩手相切磨也亦作挼攤挪
亢(抗囥)			亢蔽也見左傳昭元年不能亢宗杜解按蔽有藏匿義故藏物曰亢亦作囥抗
撮	倉括切	ㄔㄚ˙	甬語謂拾曰撮撮採取也如謂拾遺曰撮白粟白卽不出代價而得之謂撮白粟卽寡婦遺穗之風也
摑	古獲切	ㄍㄨㄚ˙	批也打也俗謂掌頰曰摑巴掌
摜	古患切	ˊㄍㄨㄢ	俗謂仆倒曰摜跌亦曰摜交
撦(扯)	車上聲	ㄑㄛ	裂開也撦紙撦布俗作扯
撬	音蹺	ˊㄐㄧㄠ	俗讀如橋上聲謂以物揹起之也如言賊撬門
攙(孱)	產平聲	ㄔㄢ	俗謂以物相雜曰攙如言酒攙水亦作孱
攛撬		ㄑㄩ干ˊㄐㄧㄠ	誘人爲非曰攛掇又俗謂譖人曰撬謂如以物揹之也如言攛禍撬非
擄	胡刀切	ㄠ	集韻較多少曰擄按俗讀如拗角腕力曰擄手勁
掗	衣鴐切	ㄛ	强與人物也按俗謂强賣曰硬掗
擤	亨上聲	ㄒㄧㄥ	篇海手捻鼻膿曰擤按俗亦有擤鼻涕之語
㮇(桰㮇)	添去聲		說文炊竈木廣韻火杖也按俗謂剔燈之杖曰燈㮇棒因又謂以細棒撥之曰㮇如言㮇油㮇眼藥本作桰亦作㮇容齋隨筆今挑剔燈火之杖曰㮇是也
緄(掍滾)	音袞		衣服緣邊曰緄邊通作滾亦作掍
佛(别)		ㄅㄧ˙	回首曰佛轉頭佛讀若弼見禮記獻其鳥者佛其首亦作别杜牧詩别臉小底頭
迾	音列	ㄌㄚ˙	廣韻遮也後漢書輿服志遮迾出入按俗亦謂欄截曰遮迾讀若勒或曰當作闌迾卽闌之轉爲入聲者也
簒(簒趲)	音饌	ˊㄐㄩ干	方言凡取物而逆曰簒郭璞音饌按簒亦可作簒今謂爲人使用錢物而陰有侵盗曰簒錢俗借作趲

落			乾沒人物曰落所沒之物曰落頭
討			索取財物曰討此語漢末已有之見藝文類聚八十五引秦子
辱			罵詈曰辱
担（攄揸扯）	音渣		說文担挹也今謂人手持曰一把担牢亦作攄揸扯
旻	讀若蓄	ㄒㄩ˙	說文旻舉目使人也讀若颫繫傳音隳悅反今謂嗾使人行事曰旻音近義同
攢	音鑽		俗謂蟄居家中曰攢攢聚也
攮	音囊		字彙推也按俗謂推諉曰推來攮去
攍	音鬱	ㄩ˙	集韻拗戾也按俗謂摺疊紙帛曰攍亦作捥
拎	音零	ㄌㄧㄥ	玉篇手懸捻物也按俗亦謂手高舉器物曰拎
抿	眉貧切	ㄇㄧㄥ	拭也摩也婦女所用拭括鬢髮之刷曰抿刷
戛（揢軋）	古黠切	ㄍㄚ˙	廣韻戛擊也如書戛擊鳴球又齟齬貌韓愈文戛戛乎其難哉按俗變為濁音讀如ㄍㄚ˙用為擊義者如擊碎核桃曰戛胡桃用為齟齬義者如二人相傾軋曰戛五戛六俗或用軋字然軋音於黠切不能轉為ㄍㄚ˙音也今亦别造揢字
戽	音虎		俗謂田閒用龍骨車汲水曰戽田水亦謂掬水而洒之曰戽水
戳	音綽		俗謂以尖銳之物刺之曰戳又謂圖章曰戳記用印曰蓋戳
拌	音潘	ㄅㄨ干	棄也捐也故俗謂輕生曰拌命亦譌作拚拵又讀盤上聲俗謂調和曰拌又讀半平聲與攦同俗謂攦掇曰拌嘴
捽	昨沒切	ㄗㄚ˙	說文持頭髮也按俗謂以手牽扯曰捽如言捽頭髮捽前胸
挖	音駝		引取也俗謂取物曰挖東西

揹(擶擶)	音背		俗謂帶物曰揹如以箱篋等附帶於肩輿上者曰揹頭亦作擶擶
挭	音梗	ㄍㄚㄥ	集韻攪也擾也按俗謂腹中積食腸胃擾動曰挭又謂蛇蟲攻穴曰挭
啄		ㄉㄚ·ㄉㄛ·	鳥食曰啄俗讀如得按啄字集韻亦音都木切讀如得者卽都木切之轉音也俗亦讀爲都木切如啄木鳥曰啄木樹鳥正讀此音又敲門之聲曰剝啄啄亦讀都木切
揵(掮勮摟)	音乾	ˊㄐㄩ	俗謂代人買賣貨物者曰掮客按代人買賣有負責之意所謂仔肩也其字本當作揵集韻揵渠焉切以肩舉物也亦作勮集韻勮負物也亦作摟通雅以身肩物曰摟
捱	宜佳切	ˊㄫㄚ	字典俗謂延緩曰捱按今謂稽遲晷刻曰捱時辰
掂(敁)	店平聲	ˊ	本作敁俗謂量物輕重曰掂斤兩
捻	音念		俗謂以指搓成之紙繩曰紙捻
㧻(𣀠豛)	都木切	ㄉㄛ·	集韻擊聲俗謂敲去旱煙斗中之餘灰曰㧻煙管卽此字亦作𣀠豛
㧾	音忽		廣雅擊也按俗謂搏擊而擲去之曰㧾脫又謂擺脫責任曰㧾開
拚	蒲悶切	ˊㄅㄚㄥ	集韻手亂也按俗謂手持棍棒撥動雜物而檢出之曰拚如言拚灰拚垃圾
捾(穵挖)	烏括切	ㄨㄚ·	集韻抉也俗謂以指抉取曰捾如抉目曰捾眼烏珠亦作穵挖
掀	音欣		說文舉起也俗謂以手舉物曰掀如掀帽子掀蓋頭
掏	徒刀切		集韻擇也按俗謂檢取曰掏讀如桃去聲如檢取抽屜中之物件曰掏抽斗又謂掘土曰掏則讀平聲如掘墓曰掏壙
努	音弩		勉也用力也按俗謂屏息用力曰努如言努氣
掽(碰)	蒲孟切	ˊㄅㄚㄥ	字彙撞也按俗謂撞擊曰掽亦作碰

字	音	注音	釋
搕（磕）	克盍切	ㄎㄚ˙	集韻擊也字彙撞也按俗謂行路不穩東顛西仆曰搕搕𢭏𢭏亦作磕如叩首曰磕頭
搲	音蛙		集韻手捉物也類篇吳俗謂手爬物曰搲按俗亦謂以耙鉤取之曰搲如言搲垃圾
揞	於陷切	ㄤ	集韻吳人云抛也六書故擲棄也按俗亦謂抛棄曰揞了唯小兒言之成人罕言也
揢	音客又丘駕切	ㄎㄚ˙ ㄎㄛ	集韻持也手把著也按俗謂以手扼人咽喉曰揢胡嚨啈管讀爲客又謂以手把著器物曰揢則讀丘駕切如把筆曰揢筆拈筋曰揢筷因又謂捕捉之曰揢如捕魚蟹曰揢魚揢蟹
擿	音致		說文刺也揚雄甘泉賦洪臺握其獨出擿北極之嶟嶟按俗謂物將傾頹以棒支之曰擿
揿（撳）（欽）	欽去聲		集韻按也按俗謂用力按之使不動移曰揿亦作撳本祗作欽李㖃俗呼小錄按謂之欽欽去聲
搥	直追切	ˊㄗㄩ	正韻擊也按俗音轉如除如言搥鑼鼓
搨	音塔	ㄊㄚ˙	集韻冒也摹也按俗謂面貌相似曰活搨過
搭	音答		附也挂也白居易詩熏籠亂搭舊衣裳按凡附加其上俗皆曰搭如附舟曰搭船引申之二物連類而及皆曰搭如烏與魚曰烏搭魚又引申之謂女子有私曰搭老公情人曰搭頭
揭（擽擖）	巨列切	ˊㄐㄧ˙	亦作擽擖集韻擔也負也戰國策馮諼揭其劍史記東方朔傳數賜縑帛擔揭而去按俗謂以脅挾物曰揭正讀傑音意義與國策及朔傳並近如揭書包又代人負責曰揭如召債曰揭債
舂（樁）	書容切	ㄙㄨ	集韻衝也撞也擣也亦作樁按俗音轉如桑擣爲齏粉曰舂醬
摐	音窗		廣雅撞也按俗謂撞擊什物曰摐家私
攏（聾）	音聾	ㄌㄩ	集韻負擔也埤雅果蠃攏泥作房按俗謂抱衾曰攏被亦通作聾
撩	音聊	ㄌㄧㄠ	取物也按俗謂水中取物曰撩如言撩金魚

撈	音勞	ㄌㄠ	方言取也注謂鉤取也按俗凡以指撮取之皆曰撈或曰撩撈之聲轉
擀	干上聲	ㄍㄢ	集韻以手伸物也按俗謂𣘻麪使展成薄片之器曰擀槌
擂	雷上聲	ㄌㄟ	玉篇研物也按俗謂研粉曰擂末又韻會推石自高而下也按俗亦謂器物自斜面墮落曰擂落
擋	當去聲	ㄉㄤ	俗謂扶曰擋如相督曰擋瞎子俗亦用爲攩篤之攩
撬		ㄒㄧㄠ	俗讀如梟謂揭去之也如掀去缸蓋曰撬缸蓋
擉（𢰸）	音齪		刺取魚鼈曰擉莊子冬則擉鼈於江按俗亦謂取鼈曰擉鼈如言按洞擉鼈亦作𢰸
撣	旦上聲		俗謂拂去塵埃曰撣如拂塵曰撣帚驅蚊曰撣蚊蟲
攩（擋）			集韻今俗用爲抵攩字遮遏也按此卽阻擋之擋本字
攏	聾上聲		合也郭璞賦攏萬川乎巴梁按俗凡言二物連合皆以攏爲語助如言合攏幷攏連攏
敹（繚）	音聊		書費誓善敹乃甲冑疏敹謂穿徹之謂甲繩有斷絶當使敹理穿治之按俗亦謂粗略治衣曰敹一針亦作繚又引伸之謂背誦經書時脫落詞句曰敹過
敨	他口切	ㄊㄡ	集韻展也按俗謂舒展曰敨開
旇（𨋢）	音厭		篇海比長短也按俗謂量物長短之棒曰旇棒量頭製帽曰旇頭寸亦作𨋢
搡	桑去聲		距也俗亦謂推而遠擲之曰搡如言隔窗搡出去
弄			俗謂戲侮曰弄如侮人曰弄送猶言斷送葬送也又謂作事曰弄如作饌曰弄飯竣事曰弄好
掙	初耕切	ㄘㄤ	俗謂力疾曰硬掙猶北人言掙扎也
枓	渠尤切	ㄍㄡ	說文木下曲也按俗凡物彎曲皆謂之枓如腓腸抽搐曰枓脚筋
棰	音朵	ㄉㄛ	說文以杖擊也周禮天官注薄腊曰腒棰之而施薑桂曰鍛按今𣘻麪使成薄片曰棰麪又謂製餛飩衣曰棰餛飩皮子亦作揣說文揣箠也或曰卽打字

縋	馳僞切	ˊㄗㄩ	說文以繩有所懸也按俗讀如佳以重物繫繩懸之曰縋如言縋落縋倒之類
𥨊(㛾)	音倭	禾	集韻藏也藏於懷中亦曰𥨊俗因謂抱於懷中曰𥨊亦作㛾
揨(朾揨棖撜敦𣀔敽𣫜)	除耕切	ˊㄗㄤ	集韻觸也撞也按俗謂衝撞而入曰揨如蛇入穴曰蛇揨洞亦作朾揨棖撜敦𣀔敽𣫜覺俗亦讀上聲謂觸動之曰揨如腹因食而脹滿曰肚皮揨開
𨀱	五來切	ㄫㄝ	方言企立也俗謂植立不動曰𨀱如言東𨀱西立
踞		ˊㄍㄨ	俗讀古之濁音謂蹲於地曰踞如言踞倒
跽		ˊㄍㄩ	俗讀其据切謂跪曰跽如言磕頭下跽
困(睏)			困有居處義有疲乏義故俗謂眠曰困亦作睏
𨘋(旋)		ˊㄙㄩㄢ	俗呼周繞曰𨘋讀若船上聲亦作旋
蹂		ㄋㄠ	俗謂足踏地曰蹂地蹂讀如腦
甩		ㄏㄨㄚˋ　ㄏㄨㄤㄍ　ㄨㄢ	讀若ㄏㄨㄚˋ謂往返動搖也如謂牛馬搖尾曰甩尾巴亦讀若ˊㄍㄨㄢ如撲去衣裳之塵埃曰甩灰故撲被之籐器曰被甩亦讀如ㄏㄨㄤ如謂器物懸挂而搖動曰甩來甩去
戤		ˊㄍㄝ	影射曰戤如冒人商標曰戤牌俗因又謂站立他人之旁曰戤
㪷(兌)			兌換之兌本當作㪷說文㪷市也
𢈢	音銃	ㄘㄥ	篇海斜𢈢俗謂屋斜曰𢈢又謂人斜倒而未仆曰𢈢如言七𢈢八跌
𩍹(躲)	典可切	ㄉㄛ	本爲垂下貌俗謂隱避曰𩍹亦作躲
刌(扦)	七見切	ㄘㄧ	玉篇切也俗謂𦼮薺之去皮者曰刌光地栗又謂修足趾之甲及堅皮曰刌脚皆當作此俗通作扦刊刻之刊從干與此異
𠠧(𠜾劃)		ㄌㄧ	俗謂以刀劃之曰𠠧本亦作𠜾劃

片			俗謂切片曰片如白切肉曰白片肉
剫(披批)	音披	ㄆㄧ	集韻刀析也俗謂薄切魚肉等曰剫通作披亦作批
剩	音果	ㄎ禾	集韻割也按唐文粹有劉寬夫剩竹論俗謂割截竹木等之剩枝曰剩讀如ㄎ禾
蹩(蹳跋)	白銜切	ˊㄅㄢ	廣韻步渡水也按俗謂跨越曰蹩如蹩地栿蹩階沿之類亦作蹳一作跋集韻跋行潳中也
謇	巨偃切	ˊㄍㄩ	爾雅徒鼓磬謂之謇按俗謂擊鈸曰謇大鈸當即此字讀如ˊㄍㄩ與巨偃切甚近
窹	呼骨切	ㄏㄨㄚ˙	說文臥驚也按俗謂乍臥即醒曰窹一窹
尥	音料	ㄌㄧㄠ	解文尥行脛相交也方言以足鉤之爲尥按俗謂先屈足而後伸之曰尥如涉水曰尥大水因又沿稱伸手取遠處之物曰尥
舀(抭)	以沼切	ㄧㄠ	挹彼注茲謂之舀如言舀水亦作抭
砑	魚駕切	ㄫㄛ	玉篇光石也正韻碾砑也按俗謂以石磨物使發光澤曰砑又謂堅物軋轢曰砑
竄	音爨		說文匿也逃也凡俗言禽獸奔逃皆曰竄正讀爨音或讀如鼠非
鉍(別)	薄必切	ˊㄅㄧ˙	集韻次也按俗謂依次排列曰鉍如言鉍緊鉍牢之類又定物之鍼曰鉍鍼通作別鍼亦作鼻鍼定物之釦曰鉍釦通作別釦
纏		ˊㄗㄩ干	言語重沓曰纏如言纏過又纏
攎	音祿	ˋㄌㄛ˙	振也搖也周禮大司馬三鼓攎鐸注掩上振之爲攎按俗謂凡能發聲之物搖動之令發聲皆謂之攎又形容振動之聲亦曰攎攎如言攎攎拖來攎攎響等
跕	讀如店	ㄉㄩ	以足趾抵地使足踵懸起俗謂之跕此字字書未收
逼			俗謂追曰逼音同弼
張覓	音帽	ˋㄇㄠ	說文覓突前也按今小兒捉迷藏爲戲突出曰張覓讀若耗之反濁音
趏	音陌	ㄇㄚ˙	集韻越也按今亦言轉灣趏角

瞌盹		ㄍㄚ·ㄔ廾	打瞌盹假寐也瞌讀如克欲睡貌盹目鈍也讀如春
鐲	音蜀	ㄗㄩ·	荀子曰所謂以狐父之戈鐲牛矢也今謂以小鉏拾狗糞曰鐲狗屙本此鐲讀若燭
必(繹)			俗謂物以組約之而佩於身曰必按周禮考工記玉人天子圭中必注讀如鹿車繹之繹謂以組約其中央爲執之以備失墜因謂可約之組曰必故引伸爲約物而佩之之稱如言必玉必劍必亦可作繹
疺(噼泛)	方萬切	ㄈㄢ	吐疺也見玉篇俗謂吐曰疺亦作噼通作泛
瘪氣(瘪氣)	音别	ㄅㄧ·	集韻腫瘪也按俗謂賭氣曰瘪氣亦作瘪
讕(賴)	音蘭	ㄌㄚ	說文詆讕也廣韻逸言也唐書張亮傳因等畏死見讕耳音義逸言也逸言猶遁辭謂不自承其前言也本音蘭今讀若癩引伸之謂小兒逃學曰讕學不還人欠曰讕銅錢通作賴
謾(瞞)		ㄇㄨ干	說文欺也今謂欺隱曰謾俗作瞞古或作満漢書谷永傳満讕誣天
恚惡		ㄨㄟㄨ	因差愧而發怒曰恚惡讀若畏武此語婦人多言之
作梗			甬人謂從中播弄曰作梗按文選張衡東京賦度朔作梗守以鬱壘神荼副焉對執以葦索注梗音哽東海中度朔山有二神一曰神荼一曰鬱壘領衆鬼之惡害者操葦索而用食虎毛詩傳曰梗病也謂爲人作梗病者按本謂鬼祟人使病曰作梗今以喻小人之播弄
叩	音口	ㄎㄤ	商訂明確曰叩實說文叩扣也如求婦先叩聂之
轉噍	噍音醮	噍讀ˊㄙㄧㄠ	俗謂牛反芻曰轉噍
穿棞(穿局)	音君		棞椒也杙也按俗謂牛鼻貫以短木曰穿棞亦作穿局
咂(咂㗔咹)	音帀	ㄗㄚ·	魚食也唼也俗謂嘗味曰咂味謂嘗味時開闔其上下脣如魚之食也亦作嚃淮南子嚃味含甘集韻嚃作答切
哆答	哆音兜		說文譇哆多言也廣韻輕出言也今俗謂儳言曰兜搭當作哆答

嗑	古盍切	ˊㄍㄚ˙	廣韻多言也今俗謂磨動齒牙曰嗑如人多言無實曰廿八牙齒空嗑即此字讀如ˊㄍㄚ˙
啐	七內切	ㄔㄟ	說文驚也按俗小兒受驚父母提其耳呼其名而嫗煦之曰啐啐即此字因謂壓驚曰啐魂靈
嗆		ㄔㄧㄤ	俗謂咳嗽曰嗆
呵	許箇切	ㄏㄛ	集韻許箇切噓氣也俗亦謂噓氣曰呵氣音轉如ㄏㄛ亦作欱字彙虛加切息也
嚵	音饞	ˊㄙㄢ	說文小啐也俗謂犬貓等咬人曰嚵一口即此字
囮	音訛		以鳥媒誘鳥曰囮俗謂欺詐他人曰囮人亦謂捉囮頭
嫌貶			謂憎惡而批評也
縷數		數讀ㄕㄩ	縷數謂縷覼述人之過惡也
擾業		擾讀ˊㄙㄠ	謂相罵也相罵必因事而擾故云
燂（惔燖）	徒南切	ˊㄉㄢ	說文火爇也禮記五日則燂湯請浴按俗讀如談如烹茶曰燂茶古亦作惔詩憂心如惔鄭箋惔燔也憂心如火灼爛之矣又作燖
乜（睸瞇）		ˋㄇㄧ	讀如米之反濁音閉目也亦作睸瞇
怏	於亮切	ㄤ	說文不服懟也按甬人謂怨懟曰怏音轉如盎平聲怏從央而轉爲於郎切猶盎從央而轉爲於浪切也或謂當作肰廣韻肰握江切肰肛不伏人也
𣝗	音繭	ㄐㄩ	說文小束也汜勝之書藝麻之法𣝗欲小縛欲薄俗謂理麻曰𣝗麻麻之自績者曰自𣝗麻
打諢	諢五困切	諢讀ˊㄏㄨㄥ	諢弄言也遼史伶官傳打諢得不是黃旛綽按俗謂人言談或作事時在旁擾亂曰打諢諢讀若渾
鞝	諸兩切	ˊㄙㄤ	玉篇扇安皮也按俗讀若尙謂靴鞵配皮底曰鞝
欶	子聿切	ㄗㄩ˙	玉篇吮也一曰口飲謂之欶按俗亦謂以口吸之曰欶如吸乳曰欶嬭亦借用嗍歈

歊	火酷切	ㄏㄛ·	說文氣出貌班固詩吐金景兮歊浮雲按讀如霍謂呼吸曰歊如言口氣歊進歊出
欶	音速		說文吮也通俗文含吸也按俗亦謂小兒吸乳曰欶嬭又謂吮骨中之脂膏曰欶骨髓
蹳(癶)	音撥	ㄆㄚ·	俗音轉如潑兩股展開曰蹳脚說文本作癶從兩止相對謂足剌癶也
風			俗謂婦女放蕩曰風讀去聲按書費誓馬牛其風疏云風放也牝牡相誘謂之風按賤視之故以獸爲喻
瞟	飄上聲		邪視也如俗言瞟一眼
皴	七倫切	ㄗㄥ	說文皮細起也按俗讀如俊謂蹙眉曰皴眉頭蹙鼻曰皴鼻頭
皵	音鵲		集韻皮皵也按表皮或指甲等破損未斷俗謂之皵又竹木等外皮斜起未斷亦謂之皵
貣	音忒	ㄊㄚ·	俗謂用原價由人轉售得曰貣來亦作脫來
蔑			俗謂欺人曰蔑如言蔑了人做
蘸	斬上聲		以物沾水也按俗謂以醬醋等調和食物曰蘸
⿰米芻	初尤切	ㄔㄧㄤ	濾取粉也按俗製年糕時以米和水磨粉盛於坦筐中上鋪以布再用灰吸取其水使燥謂之⿰米芻年糕粉
糳(毇)(糳)(粹)(鑿)	音作又音鏃	ㄔㄚ·	亦作毇糳粹通作鑿廣雅糳舂也說文米一斛舂爲九斗曰糳按俗亦謂舂米曰糳音轉如拆
酘(逗)	音豆		集韻酒再釀也俗謂以冷茶攙和熱茶曰酘亦謂以物由原盛之器轉入他器曰酘通作逗
⿰耒叟	楚絳切	ㄔㄥ	廣韻不耕而種也俗謂襍投曰⿰耒叟襍和之羹曰⿰耒叟羹
敆	音洽		玉篇相及也集韻相著也按俗謂摺合曰敆攏
合		ㄍㄚ·	俗讀如蛤弁也如言同船合一命又如上算曰合算不上算曰不合算眨目曰合眼睛
膯	他登切	ㄉㄚㄥ	類篇吳人謂飽曰膯按俗讀如登去聲凡過飽積食曰膯

熏			俗謂嗅曰熏讀若訓按熏本有平去二音讀平聲者物臭觸人也如言煙熏火燀讀去聲者人嗅物氣也如言熏嘴熏面孔
譅	他合切	ㄊㄚ˙	正字通方俗以言探人曰譅按今亦有此語如言譅出來
⿰革致（⿰角致緻）	音緻		廣韻履⿰革致底也按俗謂縫合鞋幫與鞋底曰⿰革致鞋讀若致亦作⿰角致緻
擦繩			俗謂僞譽人善曰擦繩按此語蓋有本左傳蔡侯繩息僞以語楚注繩之譽之也
⿸疒賣	讀如閬	ㄏˊ	方書⿸疒賣爪亦曰代指瘡名生於手指甲內初起腫熱後漸潰爛成膿甚至指甲脫落今俗凡瘡瘍潰爛成孔皆謂之⿸疒賣
窨	音蔭		說文地室也按今俗以物窨藏地窟使涼曰窨亦謂以物座於冰或冷水中使涼亦曰窨
潷（㴇泌）	音筆		去汁也如藥在罐中覆以罐蓋使汁瀝出曰潷藥亦作㴇泌
涒（氽）	他昆切	ㄊㄚㄥ	俗謂水傾瀉曰涒如言大水涒過由說文食已而復吐之義引伸也俗作氽
滰	其兩切	ㄐˊㄧㄤ	說文滰浚乾漬米也今謂洗物曰滰正作此音
湛（浸）	子鴆切	ㄗㄧㄥ	與浸同字林投物水中也內則湛諸美酒漬於水中俗皆曰湛亦作浸
浞（濯）	士角切	ㄗˊㄩ˙	說文濡也按俗讀如濯以物濡於水漿之中曰浞作濯亦通
滮（泡）	音泡	ㄆㄠ	集韻漬也按俗謂以沸水漬之曰滮亦作泡
渧	音帝		埤蒼滴水也地藏經一毛一渧一沙一塵按俗謂水一滴曰一渧因又謂雨水落下曰渧
泥			蜀人謂糊窗曰泥窗花蕊夫人宮詞紅錦泥窗遶四廊凡以糊或泥土蠣灰等塗抹之俗皆曰泥
漂	匹妙切	ㄆㄧㄠ	水中擊絮也史記淮陰侯列傳竟漂數十日是也俗凡久浸水中使之白淨皆謂之漂
瀝			本謂飲酒將盡時之餘瀝也史記滑稽列傳時賜餘瀝今俗則謂去汁曰瀝如言瀝乾
滉	胡廣切	ㄨ˙ㄤ	滉瀁水搖動貌今謂搖動不安曰滉如言船滉

熄	音鄔		字彙補火息也按俗謂火息曰火熄息燈曰吹熄
燉	敦去聲		俗謂緩火漸煮使熟曰燉如言燉茶燉胖蹄
煬	音陽		集韻爍金也或作烊按俗謂金類鎔化曰烊亦謂食物煮爛曰烊
煺(㷟)(撨)	音推		集韻以湯除毛或作撨字彙亦作㷟按俗凡殺牲畜沃以沸湯撏去其毛皆曰煺如言煺豬煺雞
煠(炸)	讀如閘	ㄙㄚˊ·	俗謂油煎食物曰炸如言油炸膾亦謂以沸湯煮之曰炸如言炸雞炸蟹
烤	考去聲		俗謂以緩火煑之使汁液漸乾曰烤如言烤肉
爆	包去聲		俗謂以油熬之曰爆
熓		ㄗㄠ	本與炒同俗讀如縐謂以油熬之也
炰(熰)	音缶	ㄨ	玉篇火熟也陸游詩自愛雲堂炰粥香自注僧雜菜餌之屬作粥名炰粥按俗讀如鄔凡粥飯之屬盛甕盂中埋於炭中而熟之皆謂之炰俗作熰
埋		ㄇㄚ	俗謂食餌等盛罐盂中置於炭上而温之曰埋
晅	音浪		集韻曝也按俗謂曝衣曰晅曝衣之竹竿曰晅竿
焊(熯)	罕上聲		廣韻火乾也按俗謂飯鍋中蒸物曰焊亦作熯
灼	職略切	ㄗㄧㄚˊ·	廣韻燒也按俗謂火燒曰火灼
焓	音洽		集韻火貌按俗讀若哈銀樓謂金經精鍊絶無渣滓者曰焓金
煏(㷶)(𤓬)	音愎	ㄅㄧˊ·	玉篇火乾也說文作㷶謂以火乾肉也按凡以火烘之使乾俗皆謂之煏如言煏茶葉亦作𤓬
煲	保去聲		此爲粵人所製俗字謂以火煑物也今甬俗亦謂煖酒曰煲酒
爊(㶏)	音鏖		亦作㶏玉篇温也集韻煨也按今謂煑飯曰爊飯

熚(𤆬)	必結切	ㄅㄧ·	集韻灼物焦也亦作𤆬按俗謂炙之使乾曰熚如諺言熱熚火炙
火熏	之隴切	ㄗ廾	俗謂火災曰火熏熏讀如種按玉篇已有熏字讀之隴切五音集韻云火燒起也
燙	音宕	ㄊ亠	與盪同俗讀如湯去聲謂火灼肌膚曰燙又謂熨衣曰燙衣煖酒曰燙酒
煝	音媚		玉篇𤌣也按𤌣即火光故今俗謂火灼曰煝
瞠(瞪)	除更切	ˊㄗㄤ	按俗讀如ˊㄗㄤ張目曰瞠又稱雲中漏露日光曰瞠開亦作瞪
傴	委羽切	巾	說文僂也左傳昭公七年再命而傴按俗謂曲脊曰傴讀如歐去聲因傴從區得聲歐亦從區得聲故傴可讀歐也

風俗

定海經明清兩次遣徙康熙中葉始行展復先民篳路藍縷墾闢草萊謀生之道堅苦卓絕故海通以前敦尚樸素漁鹽耕讀各安其業道咸之間城陷於英軍者再陷於英法聯軍者一民與之習迨商埠既闢遂相率而趨滬若鶩且地狹人稠生活維艱而冒險之性又島民所特具飢驅寒襲迫而之外航海梯山視若戶庭光宣以來商於外者尤衆邇年僑外人數幾達十萬家資累巨萬者亦既有人均平計之人歲贍家二百金十萬僑民歲得金二千萬故風習於焉丕變編戶婦女珠翠盈

顛城市郊野第宅雲連婚喪燕會之費輒以千計雖曰奢靡已甚然必有所入者而後得以出要亦進化之公例也因述是篇

鄉風　以地言也

城道　自南面濱海輪埠起迤邐經半路亭入南門歷狀元橋迤西屈東至龍首橋西至匯源橋市肆駢列號稱繁盛光緒辛卯橫街一帶悉遭回祿廛舍重建公牆矗立盛逾曩昔比年輪船往來北達滬江南達象台西至鎮鄞交通頻煩商業愈盛自電燈廠與路燈燦如白晝人力車行行道始感便利且道路橋梁多經滬商捐資修建步履如砥將來發達未可限也城之西北多屬民居邇年新建巨宅頗多個人捐資建立之校亦數所焉昔年城道居民上中之家大抵習儒營商間有兼充莊書者下流社會則多以勞工小販爲本業兼充兵卒及隸役自有清季世廢科舉裁武營民國初年革莊書禁吏役居民失業多遠出服賈云

東鄉　東鄉一帶河道深廣土地膏腴道路平坦民居繁盛爲諸鄉冠附

郭者爲甬東居民聚處多在東灣大小楊隩素稱沃壤甬東之西爲吴樹西極黄土嶺東至田螺嶼廒山涼水諸塘足以捍潮十六門旁網罟林列裏外長嶼曬板鱗次坐收魚鹽之利而自甬東東港浦至吴樹田螺嶼儲冰草廠絡繹不絶冬藏夏啓獲利常豐越吴樹而東則爲洞隩隩分裏外裏隩岡陵盤紆阡陌交通農牧以外兼擅茶利外隩土地平衍禾黍穰穰萬丈塘卽其捍潮之金隄也洞隩之東爲蘆蒲北方層巒疊嶂勢極崔巍南方平疇綠野陂陀而下裏塘之内多爲稻田裏塘之外昔年多植罌粟邇來毒卉已鋤若棉若豆一望無際外塘之外則皆鹽田螺蛤蝦蟹俯拾卽是蘆蒲之北則爲大展大展山嶺高峻溪澗縈迴樵採樹藝各得其便北岸螺門對港梁橫又漁船麕集之所焉舟山東南極於舵隩得名由此極南則沈家門鎮在焉冬季值漁汛帆檣如林街衢廛舍鱗次櫛比學校銀行次第設立近將自立電燈廠以利商民惟東南限於海西北窘於山推擴維艱故有地蹙人稠之慼矣總之東鄉既獲樹藝之豐又擅魚鹽之

利除大展張家墩略帶强悍之風餘率淳良勤樸各安其業故昔有富鄉稱也惟邇年沾染賭風爲害滋烈農嬉於野商廢於市殊可慨歎至沈家門鎮爲各地漁民會集之區湖台温閩各殊其幫風俗澆漓習尚侈靡娼寮博場觸目皆是尤其例外也

西鄉　甬東之西爲莊者六鄰城而西爲鹽倉北而偏西爲須河環須河鹽倉由北而西迤南者爲小沙大沙岑椗紫微統名之曰西鄉鹽倉自古産鹽宋時設鹽場曰正監得名以此今則時異勢殊塗蕩成熟河流緜遠與洞嶴相頡頏田疇平廣土壤膏腴稼穡之利勝於他莊而産鹽轉不逮焉鹽倉東北爲須河唐時建城於是旋以土輕而廢四境褊狹田少地多土質磽确溪流淺短雨則易盈旱則易涸雖鄰鹽倉而農利遠遜惟竹木樵蘇茶荈果實因山而饒常售鄰境鄉民藉此資生云須河鹽倉之西地形狹長者曰紫微東北峯巒羅列溪流足資灌漑西南塗蕩廣延棉秫之利乃饒西鄉富源鹽倉而外當推此莊紫微西北曰岑椗西面濱海冊子

菰茨裏外釣山屏列於外自古爲寄椗艮港故爲軍事所必爭而貿易亦稱盛至農牧之利轉不數焉岑椗之正北曰大沙東北曰小沙山嶺峻絕土多砂磧農田之利大沙較勝小沙則在西鄉爲最下此地利之概要也至於民風質樸勝於東鄉而强悍則過之清季毀學之禍卽肇自西鄉也然義士文人亦多產是如王國祚夏炳夏時棟時暘黃灝及黃式三父子叔姪皆著籍紫微黃敏黃思繩皆著籍鹽倉尤其佼佼者也至居民生活耕樵以外則事漁鹽近年服務於江海之輪船日多故經濟較昔爲紓其各莊特有之業如岑椗之石宕瀕河之弋獵小沙之傭販又各自成風云爾

北鄉　舟山全島農田之利以北鄉爲最下東南西侵於山北則蹙於海膏腴蓋無幾焉東北離城最近者爲皋洩山多地狹田處山麓山洪驟發農功盡廢皋洩之北爲白泉壤地較廣河流亦長北鄉農利當推巨擘白泉皋洩之東爲北墠形勢如梯水難蓄積低田攘水高田憂旱白泉西北

曰干礷地高水急河渠失修淫潦泛濫田疇漂沒干礷之西曰馬隩四隅高聳中窪若盂高常苦旱低常苦潦此農業之大較也副產則白泉皋洩以楊梅桃李柑橘山芋著稱馬隩多植草棉番藷北墠兼業曬鹽網捕干礷亦間產茶云至於民風北墠毗於大展小展一村強悍宿著白泉昔多素封習於奢惰馬隩皋洩干礷土壤瘠楛生活較低猶未盡變昔年淳樸之風也

東南各島　各島之中以六橫爲最大關山爲地截海爲田已成熟者幾三萬畝稼穡之利爲一邑冠供給居民以外尚足銷售他鄉故戶多小康俗亦敦樸近且輪船往來交通亦稱利便六橫東北爲蝦歧地形曲折山巖玲瓏利於漁而不利於農故民多業漁蝦歧之北爲桃花亦東南一大島也而亞於六橫俗有全桃花半六橫之諺山多田少民率恃漁而生而塗之土鐵山之茶荈要爲副產間有世家大族故文風冠於各島云桃花之北爲登步疆域雖半於桃花而墾闢之田幾與相埒蓋比鄰本島且東

南環以桃花西北蔽以朱家尖隄防易成往墾者多也故沿海漲灘悉成稻田而居民食鹽反購自異鄉登步之東普陀之南有大島焉曰朱家尖全島隴畝除育嬰堂公產千餘畝外多屬普陀寺僧而居民轉爲田傭其島中山巖多可采石而西北之順母塗則以螺蛤海鮮著稱朱家尖越海而北則所謂海天佛國之普陀在焉環海三十里少數商賈而外有宅皆寺有人皆僧清季以來輪船交通佛會漸盛而士女游覽西人避暑亦麕集焉雖不耕不漁而終歲飽暖勝於各島凡此皆大島也其餘若螞蟻馬秦盧家嶼長嶼小干等諸小島幾無農利之可言惟植薯於山以爲之糧漁鹽於海以爲之業居民多具小舟與舟山本島互相往來以交易有無而已要之東南各島離城較遥普陀習染梵風以外餘多俗儉民醇洵爲世外桃源惟邇年海盜披猖掠人於陸攫舟於海佛肚一帶已陷巢窟民不聊生素封之家紛遷城市非佳象也

西南各島　舟山之西島之最大者爲金塘周百餘里三面環山西捍以

塘田居腹地故俗有舟山田裏山金塘山裏田之諺土肥流長素稱沃壤墾闢之田幾四萬畝全境人口號稱三萬禾黍登場足資民食且網捕航海不亞他島而烈港外有大平山之屏蔽漁舟多避風於是故貿易寖盛蔚成鎮市至梨李著名於全國茶荈銷售於外鄉猶其餘利也金塘越海而東南則爲大榭與鎮海之穿山不過一衣帶水塗田盡闢人口亦稠茶荈柑橘運銷他邑魚鹽之利則較遜焉金塘之東北離舟山最近者爲冊子地既狹隘人口亦鮮農漁以外鹽爲兼業此所謂西南三大島也餘若大貓蟹峙多事漁業盤嶼一島略有墾田然地小人稀不足數也要之西南各島之中以金塘大榭爲大亦以二島爲殷庶展復以來文風寖盛惟較諸東南及北方各島則習尚似稍浮靡耳蓋其地雖屬本縣而交通則以鎮海爲便邇年鎮海金塘日通輪船大榭則由穿山間接通航商賈趨市士子就學多之鎮而不之定故語言服飾婚喪宴會之習皆駸駸有大陸風焉比來匪盜縱橫海上二島得以罹禍較輕者要亦瀕大陸故也

北方各島　舟山北方距陸最近者有二島焉西曰長白東曰蘭秀長白周不過二十里人烟寥落田疇亦稀漁捕以外兼事板曬自治分區隸於三益不甚著稱也蘭秀較巨然周亦不過四十餘里山脈東西横亙由是浦分南北北浦地廣水長勝於南浦居民農牧以外兼業網捕南浦則多經商全島人口達於八千村落尚稱繁盛鹽板之數約計千餘食用以外足供醃漬而海塗所產之辣螺及巖礁所產之紫菜亦足輸售於他方蘭秀踰海而北則舟山羣島中最著名之岱山在焉岱山著名以鹽浦水溝通南北分爲東西二岱沿浦漲灘潮流灌注兩岸居民得以瀝滷而曬鹽鹽板之數達二十萬㕓商收取販運他方居民之事畜恃此公益之興辦亦恃此其鹽民且有遠涉重洋至乍浦下沙一帶鹽墾者餘岱並稱㝵有以也邇年人口已逾五萬横浦之橋頭鎮爲市肆民居簇聚之區東南之高亭西北之東沙角則漁市也每值汛期帆檣如林娼寮博場應運而生坐賈行販藉覓蠅頭近則輪船常通往來稱便其繁盛亞於沈家門漁鹽

以外兼事農織昔年之岱山布亦爲出境之大宗蓋蕩田利棉足供原料婦女習勤多事杼柚也今則洋布侵入機杼之聲已難聞矣畎畝無多粒食維艱終歲常糧仰給於外云岱山越海而東則爲長塗長塗縱貫以港山多田少居民之數約達萬口服穡者鮮漁鹽者多鹽板五千爲岱廠所採收亦利源之所在也長塗越海而北則爲朐山亦北方之一大島也李唐已通人煙宋元亦稱沃壤明代雖列禁山然濱海人民冒禁東殖以生以聚漸成村落迄光緒初年展復升糧田畝之數已達千餘今則人口稠密幾二萬矣居民多業漁鹽曬板之數約三萬餘供給食用以外銷售漁船醃漬是島塗廣滷鹹鹽業猶可發展且近通輪船運銷頗便異日或當與岱山齊驅至懸崖之風藤號稱名産山麓之黄沙遠銷滬濱亦出口之一大宗也凡此五者皆北方之大島也餘若岱山西方之魚山朐山西北之羊山面積雖未爲小然民居寥落僅爲輪船漁船避風之所岱山南方之蒲門官山產鹽二千餘板岱山西方之兩頭洞以産石而著名長塗東

方之廟子湖爲捕撈墨魚之場然壤地窄而煙竈稀不足稱焉至於民風似較南方各島爲強蘭秀古以勇悍善鬬著今則民性馴服迥異疇昔且地鄰本島往往締結婚姻漸染城鄉風習朐山民性獷野當爲各島之冠清季抗絶升糧殺人盈野至今父老言之猶爲變色岱山鹽民團結頗堅外幫漁戶各樹黨援械鬭仇殺數見不鮮而東沙角則稍習奢靡又自成風氣矣長塗長白尚稱質樸云爾文化則首數岱山培植人才昔有書院今有學校次爲蘭秀更次爲長塗至朐山則展復未久長白則人口無多猶待賢者啓牖其他小島赤足短衣槪隸漁鹽版籍邑之官紳亦幾視同化外甚有東到廟子湖菩薩穿襬袴之諺亦趣聞也有清之季防禦海氛尚稱嚴密邇年巡艇數艘顧東失西鯨波鼉窟中一任盜艘縱横甚至如昔之羊山近之長塗姦淫擄掠延及全島哀哀小民呼籲無門自衛無策亦可傷已

人事　以事言也

婚嫁　婚禮媒氏通兩姓言既成約男家仿古納采問名禮具果品遣人偕媒氏往請女氏生年月日謂之請庚帖女家送帖謂之過帖男家用日者配婚例合格乃置其帖於竈神前三日卜之不吉還其帖吉媒氏往告婚事定女家使人請壻母及尊長之女者履式預成之壻家仿古納吉禮具簪珥及牲酒之屬送女氏媒氏衣冠奉婚書往女氏回書答禮物以前所成之履加錦膝蔽又具筆墨硯書及繡袋置回篚中謂之過書壻家又仿古納徵禮具首飾錢幣酒餅稱其家首飾少或四種多至十餘種多以珠翠金銀幣謂之樣紅八事或六事不等錢謂之聘禮少四五十金多至百餘金媒氏衣冠奉禮帖往女氏答禮物視納吉有加謂之發聘亦謂之發送壻家娶婦有吉日又仿古請期禮媒氏往告女氏許諾先期數日壻家使人以鳳冠巾帔襖帬各一如女氏謂之迓婦女氏送匳物陳於壻宅謂之搬嫁資迺爲女脩容加笄燕親友謂之開面酒届期五鼓壻家祀神祇謂之享先壻不親迎用墮民爲使者齎名帖導綵輿至女家女家閉門

使者以錢饋門者三迺啓謂之開門錢輿入使者催妝三女戴巾衣帔其兄弟抱以登輿謂之抱上轎或持女袂導行扶而登輿謂之領上轎母若姊妹若諸女姻哭而送不下堂其兄弟送至半途輿至壻家升堂輿前設馬鞍幼女一人綵服詣輿前三揖曳婦出謂之請出轎婦跨鞍出立於拜位贊者請壻出立於婦右又請主婚者出立於其上贊拜贊祝謂之拜堂主婚者退婦與壻對立贊拜行合巹禮謂之交杯用墮民婦爲女侍者布袋於地二客捧燭導壻及婦入房由袋上行壻及婦經過一袋女侍者又易於前接之謂之傳代壻入房旋出尊屬婦一人盛服入與婦相揖祝婦用稱桿揭其巾於牀上謂之挑巾婦迺理妝加飾戴鳳冠服繡衣謂之換妝出至廚親劏廟見肉以護身布與廚司請代庖謂之出廚遂廟見用祭禮壻與婦竝拜於初位又行見舅姑禮拜如初以次見族屬戚黨之尊者迺仿古醴婦禮燕之於堂擇女子四人侑食謂之待筵筵徹客散留四人導壻入房壻乃徧拜尊長揖諸執事者客遂引以入謂之送房客酳以酒

侑以果品誦吉祥語謂之賀郎客出壻送之戶不復出遂寢明日使人往饋女氏謂之望娘盤彌月女氏使人來饋謂之滿月盤此舊制也　近年流行一種新婚禮即所謂文明結婚也士族多倣行之問名納吉納徵略如舊制惟行結褵禮稍與昔異禮堂多借公共場所爲之壻婦各服禮服立於下位證婚者立於上位媒氏謂之介紹人立於旁男女主婚人戚屬賓客分坐左右先由證婚者致箴詞畢壻婦交換飾物各蓋章於婚書上復由男女兩方主婚人介紹人及證婚者加以章畢壻婦行相見禮更向執事者及親屬賓客作謝乃散行禮時或佐以樂歌　男子續娶禮與前同惟行廟見禮時別於牀前設筵一以祭前妻由新婦一人拜之　城市婦女罕有夫死再醮者鄉村則此風盛行甚有三醮四醮者醮時多以夕孀婦足著紅舄外襲喪履登輿時擲喪履而去之鄉村雖通行再醮然亦以爲不譽事故自好者不特不欲娶再醮婦且不願爲執柯其主婚則舅姑爲之婦之父母惟分潤聘金而已　孀婦亦有不出醮惟在夫家別招

一壻以養舅姑兒女或服外務者謂之坐門招夫　鄉僻陋俗更有兄弟故後以嫂妻叔或以弟婦妻兄者謂之兄終弟及　男子未亡而婦女生離者謂之活出離其不饜與再醮等故自好者罕與爲婚邇來則離婚之風漸流行大抵離婚出自男子者須予婦贍養費用出自女子者女家須償還聘金女子則由父兄收領云　贅壻鄉村多有之大抵父母無子故招壻以爲之子俗謂之進舍夫　男子妻亡無力續娶或妻久不育常在外別謀一妻訂立契約限以歲月時期久者謂之典妻暫者謂之租妻期至各離所生子女則歸男子其見典見租之婦大抵爲孀亦有因家貧雖夫存而出典出租者誠陋俗也然亦惟鄉村間行之　娶妾蓄婢之風至今未泯然邑中婦女雖極貧寒罕有願爲人婢妾者故多購自溫台及蘇滬　吉期瀕臨壻或壻之父母病往往商通女氏改近吉期迫女登輿至壻家行禮謂之沖喜或壻病劇不幸而故則終身寡矣亦有壻之父母已故暫不發喪先行婚禮者謂之悶喪行婚禮畢新婦乃反吉服爲斬衰謂

之孝新婦　子女夭殤父母傷痛心切常爲覓一已去世之男女爲壻或婦以便合葬謂之陰配陰配之風邇年盛行行禮之時令人抱木主以交拜亦別設洞房陳牀席箱籠供以茗果朝夕撤換與生日無異女氏贈嫁采紙所製之奩具其值有逾中家奩資者亦陋俗也　贈嫁之具昔頗節樸中人以下之家不過略備衣服箱籠用具約值二三百金而已邇年習尙奢靡富家倡始於前一女出嫁動輒數千金中家相率效尤大抵以千金爲律甚至割產舉債而不惜亦可異也城鄉一帶贈女奩具以細軟衣飾及零星用具爲多不備牀廚几案等類西北各島則反是中家以上皆贈牀廚几案等木器而衣飾等不過點綴而已

生育　女子嫁而有孕先知母家母家乃製備嬰兒衣物襁褓纖微畢具俟產期瀕近令人送至壻家謂之催生洎嬰兒落蓐母家以食物饋女謂之生母羹亦曰生母信三朝設祭牀前穩婆爲洗兒謂之洗床誕彌厥月母家更以嬰兒衣飾銀錢食物等相贈戚友亦賀以飾物彩綫或銀錢乃

設祭享神祀先並具盛筵以餉親友謂之滿月嬰兒生及一歲外家更以衣飾鞵韈相贈多者至數十事親友亦間有贈送飾物銀錢者謂之週歲故女子之初產也使生而男外家疊次所費富者數百金中家亦數十金生而爲女則稍殺二產以後則漸減有差　嬰兒病多不延醫服藥往往招女巫爲針灸不服乳則染末藥於指按兒喉雜以符咒不愈女巫曰是野鬼爲祟也或曰受驚而離魂也乃設野祭擊古銅鏡以招魂以草或紙製船實以冥鋌送鬼出戶燒化船鋌東西南北及遠近各有定所更不愈而死曰是命也無可奈何嬰兒怯弱多疾則招卜者推算卜者曰是有關也關之名孔多曰閻王曰羅成等信口揑造且歲逢九必曰有關卜者爲定供神之品物及方法謂之開帳乃延巫覡鳴鑼鼓陳祭品以享神以白羽雞一往復傳遞木製蒸籠中謂之度關雞謂之關雞寺廟多蓄之可貰而得嬰兒及歲未行則令植立於門限以一繩橫置足下操刀中斷之謂之劃脚繃生產多不延產醫而用穩婆穩婆常以碎甆或未消毒之剪截

兒臍菌侵入腹及於內臟往往越五日痙攣作而殤謂之六日五更瘋屢產屢殤曰是妖鬼之轉生也父母憾甚或有以刀斬其屍而焚之者殘忍愚拙莫此爲甚

喪葬　喪禮疾病處適寢寢東首御者坐持體屬纊以俟氣絶加新衣書遺言男女啼哭踊焚香燭於竈陘祖廟拜求來復楔齒綴足主人散髮徒跣交手哭遣僕赴親戚謂之報訃音設幃沐浴襲衣飯含櫛髮揃爪設餘閣之奠當腢謂之俠尸羹飯厥明奠小斂加朝服主人馮尸哭擗奉尸俠於堂（世俗拘陰陽家言或當日徙尸或三日徙尸大斂入棺亦多拘陰陽家言不能盡如禮制）奠爲位哭賓客來問者用吉服謂之問音主人暨有服之親寢苫尸側謂之陪尸厥明奠大斂加絞衾主人服喪服斬衰苴絰帶三梁草冠蒲屨謂之成服（子三梁冠孫二梁冠）有服之親白布衣冠疏者亦白冠謂之破白賓客來問者用素服謂之送斂棺入升堂主人皆哭奉尸斂於棺哭踊無算蓋棺設魂帛於座銘旌於柩主人杖厥明行朝夕奠逢七日加中食奠謂之做七七七日謂之滿七七十旬

中食又奠謂之百日（世俗于七七百日作佛事）主人以下咸薙髮（世俗亦有于七七日薙髮者）將葬前一日行題主禮主人設祖奠姻黨亦以親疏先後奠厥明設大遣奠苞其牲醴靈車入主人奉主與魂帛升車役者納大轝於庭引柩升轝乃飾棺陳明器遣人祭轝（世人遣夯夫祭謂之醮槓）排儀仗（先魌頭次旛次鑼次青衣皂次桐棍次牌次苞次明器次靈車次銘旌次功布次翣次柩車）乃鳴金喊堂衆扶柩車行主人號慕攀轅出大門諸子從諸孫從諸婦諸孫婦從族屬戚屬朋友門徒亦以次隨從送葬謂之送喪行數十武主人拜謝賓謂之謝孝（俗語稱喪爲孝音如好故服喪謂之穿孝問喪謂之問孝謝送喪者亦謂之謝孝）親友或祭於中道謂之路祭魌頭至於壙以戈擊四隅謂之逐厲鬼明器等至陳於壙東南靈車至次於壙南苞車陳其前柩車至主人趨前跪迎次於壙左少頃升柩入壙鋪銘旌奉魂帛入置旌上主人哭踊無算左右三還（世俗左右還多在柩車次壙之時）蓋壙焚明器主人拜謝賓靈車還主人反哭歸靈車入主人奉主升座行虞祭禮擇日祔主用吉祭（世俗於祖奠發引日用樂近更有用軍樂者）此舊制也近年以來踵事增華富商倡於前里民效於後儀仗延及數

里佛事動經數日鐘磬鐃鈸軍樂清音間雜而作甚有廁以高蹻擡閣連燈鼓亭無殊迎神賽會一喪之費常踰千金此街富也非哀死也　邑人皆行合葬制或有客死他鄉無骨可歸則留空穴以薶衣冠鄉村有母再醮無可合葬者或與繼父之子爭母尸甚有購貧婦之骨以配死父者往往涉訟可嗤鄙也　死而子孫因堪輿家言未曾擇定墓穴或因家貧無力營葬者則暫厝柩於隙地上覆以瓦下閣以石旁砌以磚謂之殯墳貧家則以禾藁蔽之謂之草夾墳以俟異日安葬若堂室中久頓棺柩之風邑中則無之此較愈於他邑者也　墓有生而自營者謂之壽墳卽生壙也中家以上墓多崇閎碑碣墠壇皆選堅石爲之費逾千金次亦數百金且族葬之風不行漫山徧野纍纍者皆墓也循此不改百年以後將無生人立足地矣

祭祀　官祀廟祭已見祀典及祠廟此所述者特民間家祭而已　喜慶等事各家皆於先夕祀神或用五牲或用三牲醴於壺觴豕羊於架果餌

於盤謂之享先歲終祀神謂之送年亦曰謝年禮如享先惟不架豕羊耳元旦以果餌祀神祇謂之拜天地　祖先於生誕死忌祭祀以外大抵逢佳節祭之如除夕正月五日十三日十八日清明立夏端午七月半中秋重陽是也歲終送年及逢婚喪亦𢍁祭之常祭皆用十簋或十二簋盂以飯壺以酒杯筯各有數先人之壽每逢成數則設盛享或召僧徒禮懺戚族敬以禮物謂之陰壽世家多有祀田同族依支派輪流值祭邑人皆從內地遷徙而來故除世族富室別立宗祠外餘多無祠惟祀於堂祖先亦多不設木主以紙主餘燼盛於盂謂之香火　民家雜祭首在竈神誕日祀之（八月初三）升天日（十二月廿三）回地日（除夕）祀之朔望祀之歲時節日祀之一月之間幾無不再祀者耶教以外亦幾無不奉竈神者蓋俗以爲司命之神也竈神以外婦女最信牀神謂之牀公牀婆時節祀之嬰兒生三日及彌月祀之兒童寢不安亦祀之農家於歲終在田畔祭田公亦曰田頭伴在豬圈祭豬欄神在牛牢祭黃老相公以祝稼穡之豐登牲畜之肥腯商

家多祀財神甚至夥伴進退以拜神與不拜爲驗　工場則各有所祀如酒坊奉杜康染坊奉葛洪冶坊奉尉遲恭木作奉魯班等是也　甚至鼠蛇亦祭之歲終在牀下設酒食祭鼠也倉庫供奉青龍祭蛇也要之五千年來拜物教之遺風猶未泯滅云

賽會　城鄉皆有賽會之舉迎東嶽神者曰東嶽會俗謂之三月半間數歲行之先於初十日預賽謂之迎袍至十三十四十五三日則爲正賽兩則延至十六日或十七日始行竣事會以鄉而區別曰老紅會紫微鹽倉岑椗大沙小沙馬嶴干礮等莊主之曰白會馬嶴干礮白泉皋洩甬東洞嶴諸莊主之曰小展紅會大展北墠諸莊主之曰新紅會在城莊主之而各會之下又各以區域或以行業而分爲社　賽會之時舁東嶽及王靈官木像出外遊行導以儀仗彩亭擡閣龍燈高蹺爭奇鬭勝迷信者或沿途僕僕禮拜或飾爲囚犯著紅衣者曰紅犯著青衣者曰青犯或裸露上體陷鈎於肩下懸香爐曰肉身燈以媚神邀福奇形怪狀不可僂指通宵

達旦燈燭輝煌觀者途塞一次之賽多至萬金少亦千金而居民之所耗費猶未計焉鄉間賽會常有恃衆以報私仇械鬬爭毆釀成命案者迎都神者曰都神會俗曰二月半歲歲行之會期自二月十三至十五其儀仗等較東嶽會略簡此惟城區賽之　迎城隍神者曰城隍會惟城中賽之歲凡三次曰清明曰七月半曰十月朝迎必以夜出北門至鎮鼇山之義塚間曰審判鬼事也夜深而始返城其鋪張則遠遜東嶽會　在七月間沈家門則賽紙會桃花島則賽稻花會各鄉往觀者頗衆　綠營未裁之時軍弁於霜降日執械出賽按隊緩行謂之迎霜降今廢　正月初旬鄉間又有戲羅漢燈及馬燈之舉除彩亭連燈等外羅漢燈則數人戴鬼面口不言表演種種惡態馬燈則雇小兒以紙燈作馬口中唱俚曲沿門遍賽各予以資亦賽會之流亞也　又有所謂鬧龍燈者數人執龍燈一敲鑼擊鈸沿門索錢以備他日賽會之用謂之抄化

演劇　邑中無戲班皆來自甬郡先由人向戲業包賃謂之包班亦曰包

頭再由包頭轉賃於各廟會從中可以獲利故俗數末業之得厚利者曰一包班二看鴨（讀如唵）戲班有崑班徽班紹興班台州班之別其實優伶皆紹台兩幫及甬之墮民爲之惟以其所唱之曲調爲別耳　商店酬神之戲多在春間演之沿街用木板搭臺上蓋蘆席點綴燈彩在上演唱謂之街戲　民間所立之各廟會則在各廟中演之謂之廟戲城區多在仲夏間有在秋間演之者一廟之戲如都神殿等往往多至十餘日各鄉境廟報賽之戲則自夏徂冬依地之遠近次第演之漁人報賽之戲多在各海山演之謂之謝洋其時期多在季夏民間因禱疾免災等而酬神之戲謂之願戲多在境廟演之演劇多在下午及晚間自午晌至日落作爲一臺自起燈至夜分亦作一臺鄉間多有在午前演之者謂之早戲亦作一臺每臺之費少者四五金多至二十餘金而燈燭供神之費不與焉全邑終歲演劇之費當不下數萬金近年倡辦戲捐聞每歲可得千金云演劇之時合境老稚男女多往觀之各家多自備高椅或庋板爲臺以便婦

女坐觀擁擠之時往往毀臺倒椅婦女有至墮釵遺舄者無業游民多在廟側擺設賭具誘人往博抽取頭錢而商販亦皆設攤陳列食品玩具等以逐利喧嚷之聲常聞數里　傀儡戲有二種俗皆稱之曰小戲文一種傀儡較巨者謂之下弄上皆邑中墮民爲之圍幕作場大敲鑼鼓由人在下挑撥機關則傀儡自舞動矣其唱白亦皆在下之人爲之一種小者其舞臺如一方匣以一人立於矮足几上演之謂之獨脚戲亦曰凳頭戲爲之者皆外來游民傀儡戲大者多民間許願酬神演之小者則多在街市演之演畢向觀者索錢亦有以此許願酬神者　鄉間多有在僻靜之處唱演淫戲者謂之花鼓戲演者多甬中游民近則多演紹興之的篤班演者常雜有嵊匪往往爲搶劫之媒誨盜誨淫莫此爲甚　新劇及影戲間有向他處賃得在城中公共場所演之者然因取戲資故觀者殊鮮

服飾　五十年前敦尚質樸雖殷富之家男女皆衣布素非作客喜事罕被文繡者海通以後商於滬上者日多奢靡之習由輪船運輸而來鄉風

爲之丕變私居燕服亦被綺羅窮鄉僻島通行舶品近年雖小家碧玉亦無不佩戴金珠者矣往往時式服裝甫流行於滬上不數日鄉里之人卽仿效之較鄞鎮等邑有過之無不及　衣服之制五十年來迭經三變凡衣襟袖袂袴踦裙幅其初皆小而長三十年來漸變爲大而長二十年來再變爲小而短八年以前更變爲大而短今則婦女之袖袂袴踦大幾盈尺而上則見肘下則露膝矣衣領亦經數變其初婦女皆不施領後施低領漸次以高至於沒頰邇年則不特去領並袒胸矣　婦女髮髻其變更多其初被髮如蟬翼曳於腦後謂之假後鬠今鄉村結褵時新婦尚有飾之者後卽以己髮爲之其蟬翼縮而短而小謂之眞後鬠洎蘇滬之風侵入改爲蟠髻謂之上海頭亦曰大頭清季或效日婦之粧倒挽前額之髮作半環形而蟠髻於頂及辛亥革命則加髻於前額謂之興漢頭旋廢而爲雙鬟垂於腦後旋又改爲一髻先以髮編作辮而蟠之於後腦不施簪謂之懶頭最近流行之髻則蟠髮作西文字母愛司形狹而稍長謂之愛

絲頭前髮覆額謂之劉海亦曰看髮初則短而稀如方生之春草後則漸稠而長及於眉際辮髮未除之時卽青年男子亦有爲之者後則近兩頰長而中漸短作人字形旋逕廢除今則效西粧截前髮長二三寸許捲縮之或烙以熱鐵使皺蓬鬆於前額眞所謂首如飛蓬也幼女古皆垂髫或梳偏髻於一旁今則最幼者編二辮稍長則垂一辮於後洎將出嫁始梳髮髻古惟梳髻之女始裙今則女校生徒多垂辮而裙矣辛亥以後城市男子率皆除辮今惟鄉村農民尚或蓄辮而女校生徒轉有截髮者　穿耳之風至今未革女校生徒雖不戴環然率預穿耳孔以備嫁日上環束胸之風盛行然其害甚大往往乳頭被束縮入產兒以後潰成膿瘡嬰兒無母乳可吸　放足之風光緒中葉已漸萌芽光復以後城市中年以下婦女率皆放足幼女則多天足惟鄉僻仍有纏足者

習慣　商店收取帳款大抵分爲端午中秋歲終三節端午中秋爲小節或有欠宕者歲終則多清償矣　民間借錢之利息略分四種一爲錢業

之利息依據甬郡錢莊之息而增之均以日計每千圓日取息一二角至四五角隨時變遷俗曰莊息二爲民間通借之利息多以年計曰一分利卽每圓每歲取利一角也最低之利率爲八九釐昂者至二分餘三爲當業質物之利息均以月計曰二分利卽每圓每月取利二分也利率皆一律每月爲二分俗曰當息四爲貧民小販借貸之利息此種放債營業大抵由地儣棍徒爲之息以月計每圓每月息金至二三角甚至四五角均須先付息金卽在借本中扣除俗曰印子錢　民間一時窘急或舉辦婚喪等事費用不足則集親友而爲會名曰糾會糾會者謂之首會被糾者謂之會脚會脚大抵十人亦有二三人而合成一脚者收付會款之法分爲二種一曰搖會每人每年付款之數同大抵百金之會人年付十金惟已收歸者須加付息金若干第一年爲首會所得第二年以後則臨時擲骰以點多者爲應得之人二曰坐會亦曰十賢會由會脚認定次第而付款多寡不等大抵百金之會第一位每年所付爲十六元二角第二爲十

四元五角第三爲十三元第四爲十二元五角第五爲九元八角第六爲八元八角第七爲七元八角第八爲七元第九爲六元二角第十爲五元二角多則依此倍之首會所付之數則逐年而異各如每位應付之數得款辦法則第一年爲首會第二年以後則依所認定之位次而得貧民及婦女等亦有作月會者按月付款其數不過一二金謂之月月紅以搖會爲多會之期限則有延至二十餘月者人數各如月數無論年會月會搖會坐會必公舉會中一人主持其事謂之會證其未得款者謂之輕保已得款者謂之重保重保必須會中之人爲作保證云　通行之度約分三種曰裁尺曰魯尺曰弓裁尺綢緞布疋業成衣及民間用之營造尺一尺約抵裁尺九寸魯尺則竹木土石工匠用之魯尺一尺約抵營造尺九寸測量田畝則用弓弓抵營造尺五尺云量則民間升斗大小頗不一律其制升皆圓而斂口小底斛則民間通行五斗者方形口小底大米業通用之斛則有府斛海斛二種海斛每石合小斗一石二斗二升米商量與米

鋪用之府斛每石合小斗一石二斗米鋪量與食戸用之衡之種類較多有十七兩之廣司碼秤秤螟脯鮝用之有十六兩之千四宅秤秤南北貨用之有十五兩三錢之合山秤秤合山穀用之有十六兩八錢之温台秤秤温台穀用之有十四兩八錢之平秤秤本地穀米雜糧及薪柴用之有十三兩八錢之拆秤各店鋪拆售零貨用之有十五兩三錢之平秤藥鋪用之有十六兩之平秤銀鋪用之至民間所用之秤則大小相去更多云幣則海通以前通用制錢銀鋌海通以後由滬甬流入本洋及鷹洋後本洋漸廢專用鷹洋中國自鑄銀幣以後始行龍圓民國以後則兼行袁總統像之銀圓小銀圓則清光緒中葉始行初僅通行湖北江南二種後兼用廣東二毫之銀角他省所鑄之銀角則減水多寡不等沈家門則不甚限制之銅圓則光緒季年始通行其初限定浙江自鑄者民國以來各省皆收不加限制矣銀圓之值初僅抵制錢八九百文後漸增至千文謂之千當塊自銅圓通行以後制錢漸歸消失銀圓之值驟增每圓兌換銅圓

一百十餘枚至一百二三十枚不等民國十一年後各省濫鑄銅幣輸入不絕一躍而增至一百五十餘枚近且至二百數十餘枚矣小銀圓之值其初僅抵制錢八九十文銅圓通行以後增至百十餘文近則增至二百餘文矣且因鄰地劣質雙角輸入致舊有者與新鑄者其值亦互歧異銅圓名雖值制錢十文購物零找制錢雖仍作一文然欲以銅圓兑換制錢每枚不過得六七文蓋制錢一物市上已將絶跡矣紙幣僅通行滬甬各銀行所發者若出自他省者輪船以外多不收受云以錢莊支票換取銀錢所貼之費謂之現申市上以銀錢購物亦加現申所以别於欠帳也通常銀幣百圓得申一二圓至四五圓不等民國初元竟有申至十餘元者此亦奸商圖利貽害民生之一端　鄉村農民田皆自種富戶暨城市居民則不自耕而雇農民代佃執業者謂之業主代佃者謂之佃戶收租之法約分三種隨年歲之豐歉業主佃戶各得其半者謂之分租分租之時由業主倩人或躬親監察之不問收成多寡預定業主應得之穀觔者謂

之包租包租每畝多至三百觔少則百數十觔隨田之腴瘠而定於新穀登場時業主至佃家稱取又有不計穀觔於一年之前向佃戶預收銀錢者謂之便田便田所出之值上田六七圓下田三四圓不等此法創自清季其初公共機關之產業因租穀逢凶年往往蒂欠故創行此法免致減收不附預算厥後民間均踵行之佃戶雖包定租穀斤數然歲一不登往往不能照數全繳謂之陳租陳租遇豐稔隨時償還清季以來佃戶常有將業主之田轉歸他人耕種者讓渡之際向後種者索取費用謂之田脚亦曰小租往往輾轉讓渡業主有不知田歸何人耕種者矣海通以後人口繁殖而田有定數故田價驟貴昔年斥鹵之蕩田今且每畝值七八十金矣至負郭之田市廛侵之閭閻侵之園圃侵之塚墓侵之田愈少而價愈昂每畝有值百數十金者　鄉村室廬多由自建罕有向人僦賃者城鎮則異是無居宅者向人賃屋期以五年十年或至二十年出一巨價幾與屋值等異日他徙則由屋主照數歸還謂之典屋或歲出若干金以賃

屋他徙不復歸還者謂之租屋亦有出租金而別予屋主一巨款者租金不還巨款他徙則還謂之贌租亦作探租清季以來城中房舍雲連幾無隙地可以營建且邇年海寇披倡鄉村及各島居民多遷徙至城以爲護符屋少人多故租典之價驟漲一楹之屋典價有至二三百金者租費歲亦二三十金道頭沈家門及岱山之東沙角地限於海而交通便利漁業發達人煙輻輳一椽樓房有月租十餘金者幾與滬甬埒惟鄉村則反是不特租典之價無異二十年前且有屋出租而不得租主者矣　商艘擱淺遇礁島嶼之民不行救護反敢拆搶名曰海熟迫事主具呈到縣無不分別治罪知縣陳從嘉飭繪圖十劇剴切勸示第一劇商漁船隻在籍開行家人送別順風飄駛滿望獲利之像第二劇在洋遇颶叩求神護人力莫展之像第三劇水道不熟擱淺遇礁船戸水手號哭求救之像第四劇沿海居民舢板圍繞持械斬截拆取貨物之像第五劇呈報到縣會營飭差查拏之像第六劇獲解到案問官坐堂擺列刑具責打認供之像第七

劇訊明分別首從脚鐐手銬進監之像第八劇訊擬流徒遣解身穿赭衣乘坐木籠家屬哭送之像第九劇未獲之犯東逃西逸之像第十劇定案之後發配起解時有願帶家屬者有不願帶者臨別之日悽楚號哭之像自輪船通行以後此風漸熸矣

迷信　迷信有全國從同者有事同而習異者亦有一地特異之迷信如求籤問卜算命測字求神許願建醮禁屠等類太抵從同者也不述今述其稍殊異者農民遇久旱則請龍縛草爲龍舁置龍潭側龍潭各處多有之實爲不竭之源泉禱告焚燒見水中有蛇蛙或小蟲浮出曰請得矣舁而歸要求邑之長官跪拜之供奉如神俟雨下乃送回　遇日月蝕則曰日月爲天狗所食也民間放爆竹敲鑼或擊銅盆以驚天狗謂之護日護月　寺廟中神佛塑像初成僧人以紅紙糊像目發招帖請善男信女開光開光者揭去像目所糊紅紙之謂也揭者須助巨資謂可邀福僧人因此獲利有既開而旋糊至十餘次者以欺檀越　佛教之别支而略帶神

祕性質者謂之社教深夜於靜僻處燃巨燭如椽引誘男女往點蠟信者多服大斂之服以燭淚濺衣謂身後至冥間當化爲珠璣　孩童多疾痛則向鄰近各家乞得米少許須滿百家責飯令孩童食之謂之兜百家米孩童膽怯易驚常製佩囊置犂鐵少許佩之或結以隔年之曆本孩童受驚謂靈魂出竅則啐魂靈以一人抱兒以鐵杓融鑞驟淬於水使發聲隨鑞所成之形而想像之以驗受驚之地及事物或一人立於竈前一人坐於竈後一人遞呼兒名曰某某來一人遞應之曰唯呼至四十九聲曰魂來矣孩童患痘避忌極多常以燭代燈停止鍼刀並忌油煎食物非至親不得看視近年牛痘盛行此風稍殺　婦女之誕日遇陽神流月等謂生產時將罹不吉惟可以術魘之或於產日徧身著紅或須至彌月後足方履地信者奉爲金科玉律牢不可破婦女因產而亡謂身後將淪於血污池常於死時預截其髮一縷懸於寺鐘並延僧爲建佛事　商人最忌人立戶限之上謂將虧本　舟子忌食畢置匙椀中或閣筯碗上以形似沈

舟折檣也　其餘日常一般之迷信如烏糞汚衣將罹不吉耳癢有人背詈眼瞤將罹禍哉燈燭燄上結花將有喜事爐竈燒時發聲將有客到杯筷偶誤多置亦將有客到雞犬上屋將罹火災夜聞犬嗥如哭或九頭鳥鳴謂附近有鬼（按九頭鳥相傳一身十頭一頭爲犬所嚙故餘九頭滴血屋上則罹不吉其實並無此物通常所稱九頭鳥者實一種海鳥俗所謂鈎蟹者因天將大風雨徙至岸上而悲鳴耳）晨出遇棺則吉遇新人喜輿則凶路中爲瞽者行杖所觸不吉

神話　安期生嘗鍊丹於桃花山曾以醉墨洒於山石上遂成桃花奇形異狀宛若天然故山號桃花而以安期名鄉焉　洞隩之黃楊尖山上有葛仙翁廟祀三國時之葛元每歲正月初十日四月初十日及十月初十日老幼男女迤邐登山燒香請牒相傳廟中之牒可以除邪人臨終時焚之值冥鏹千金故諺曰有人拜我生送銀一千兩　謝龍王居須河毋顏氏無嗣禱於神一日治枲苧牖下見老人鬚眉皓然詣前乞化光彩逼人

顏起覓錢倏不見遂產謝謝嘗夢紫衣偉人挈其身於大石上滌腸天旱與羣兒縛草龍禱雨雨卽至投草龍於洞卽躍然去頭上常有雲氣烈日仰天喊雲卽掩雨隨至泰定六年六月大旱於巖上斧石火星熠熠雷電四起雨如注歸謂母曰適路間有紫衣巨人促我赴東海龍王會卽端坐而逝鄉人祠於東山歲以遺蛻日祀之楊梅熟時常有驟風急雨土人曰謝龍王來食楊梅矣　梁瑋干礦山人遇賣卜老人出書付之遂得其術嘉靖初旱取犂鐵鍛紅投水缸中雲合雨如注又能使人撒米成小蜂擲土成大鳥　蓮花洋在普陀山之西命名之意相傳異說有四（一）宋元豐中倭夷入貢見大士靈異欲載至本國海生鐵蓮花舟不能行倭懼而還之（二）元至元十三年伯顏部將哈喇歹來謁洞下杳無所見乃張弓引矢射洞而回登海舟蓮花滿洋遂驚悔謝（三）宋中官王貴等詣山禮佛心未敬信辭歸滿海阻鐵蓮花貴望山叩謝有白牛浮至盡食其花舟始移白牛還立水次乃一白石如牛（四）明太祖命湯和往普陀山有意

毁滅其寺忽海中有鐵蓮花擁出水面爍然作煉金色光燭上下魚龍交沸湯舟不及渡而返奏聞帝異之卽命官修葺殿宇敕命到日共見大青牛浮海而至吞嚙蓮花葉其聲如雷舟始獲濟故今有蓮花洋石牛港諸地　盤陀石在普陀山石陡起三十尺兩石相壘如盤下銳上廣縫中可以引綫稍遠有二龜聽法石石壁立懸附小石二皆如龜形一蹲伏巖上一蹴蹤而登作巢蓮狀甚肖相傳觀音大士昔年說法於盤陀石上二龜由海出竊聽天明不得回乃化爲石　梵音洞在普陀山東境面大洋山名青鼓磊洞口峭壁危峻色青黝高三四十丈陡壁兩厓如門洞深廣百餘丈海潮入洞激宕有聲凡謁洞者先至石頂紆迴隨頂而下相傳虔誠頂禮陡壁石罅中當有大士示現或現各種化身云常有迷信者捨身於此　惠詢俗姓陳氏年十四爲僧後移住靜居前田後江詢曰此處可與鬼神說法夜則炷香暗坐講法華經信宿間有飛螢二遶於前後尋有十百乃至千萬明於燃燈講罷輒去嘗夜出螢往來江上不入講室夜分既

歸螢忽來迎如繁星然詢笑曰是待吾講耶自爾每見之云　董公禪師名延助甬東里人宋元間師事回峯院竺洪洪性雅淡於經典罔不參究因請質其要晚歸田畢之與善院居乏水乃於巖壁間杖卓二穴水湧出一日居人瞰助入定貽蒸螄二小盂一盂螄尾中空者一盂實而完者悉傾左右穴中他日居人訊所貽指其投處則螄咸活而有尾無尾咸熠熠然今尚有遺跡云　別古厓補怛洛伽山僧善相其法俟夜將二鼓或五鼓燃兩炬坐對占者數以其炬左右視形狀氣色既得參以所生年月而吉凶之徵有若節契然鄞縣袁珙嘗遊東海至其山古厓見而奇之謂曰子眼光如電法當以術顯因給令仰視赤日待兩目盡眩瞀布黑赤豆於暗處俾辨之又夜懸五綵絨綫窗紙外使映月光辨其色所試皆中然後悉以相家之術授焉且曰子後當出我右珙果以相成祖於藩邸顯名今所傳柳莊相術是也

職業　以人言也

儒士　本邑素不重儒有清之時文童科試學額二十二名最盛之時應試者不過爲學額二三十倍清季知科舉將廢學者多改就商故應試者少至百餘人二百六十年間乙榜不過五十七人甲榜僅五人而恩賜者居其一武童學額十三名清季應試者或不滿額有以梓匠圬人濫竽其間者光緒末年科舉廢而學校興肄業者雖漸盛間有留學歐美日本者然其志則多在通曉英算爲他日可得商界高尚之位置其望入仕途者固千人中無一二即願擁皐皮者亦百之一二故高小畢業以後有力者大抵入教會設立或偏重英文之中學無力者皆改而就商入師範學校者寥若晨星甚有畢業師範嫌薪資微薄中途改業者故邑中各學校其教員多借異地材此實環境使然也

商業　營業本邑之商人與他縣從同不贅述今述旅外之僑商僑商以上海漢口二處爲最多當不下二萬人充任各洋行之買辦所謂康白度者當以邑人爲首屈一指其餘各洋行及西人機關中之充任大寫小寫

翻譯(昔曰通事)跑街(曰煞老夫)亦實繁有徒曩年充任諸職者薪資既豐獲利亦厚故常有赤手起家至數百數十萬金者今則人既擁擠利亦菲薄然猶彈冠相慶趨之若鶩　經理煤油亦邑人特擅之業也美孚亞細亞二大公司其各埠分銷處幾十之六七由邑人承辦經營煤業者雖無多人然間有致富者郵電路關等處近年以來亦多服務者國內北至蒙古南至粵桂西至巴蜀國外日本南洋以及歐美幾無不有邑商足跡其冒險之性亦云富矣邑人經商非如他邑之人攜資立業率皆空拳赤手爲人作嫁贏則俱利虧則不損於已故多滿載而歸島民敏捷其性然也

農業　舟山本島各鄉暨金塘六橫朱家尖等處人民多服農歲率二穫且土瘠水艱故用力頗勤邇年則多趨滬漢或習於奢惰賭博故滬漢等埠人浮於事而鄉村反事浮於人農忙之時一金二工尚難覓傭農家之長年終歲勞值加至六七十金非佳象也歸農之運動不可以已

漁業　鹽業　其狀況見魚鹽志不贅述

工業　甬人古以工業著海通以後服務洋商薪資較豐故多改習西式工作若成衣若土木若銅鐵若機械若造船若繪圖(俗曰打樣)等邑人業之者孔多皆名之紅幫各幫自立會社訂約共守其替人承攬工程者曰大包作頭次則爲小包大包小包獲利頗厚有積資至數十萬者

航業　航業爲島民所特長南北運客載貨之海船邑人多營之管理舵工之人曰老大曰耆民管理貨客之人則曰出海輪船辦理各事約分三部主駕駛者曰船主曰領港曰大副曰二副曰水手等司汽機者曰老鬼曰二鬼曰三鬼曰火夫蓋火夫俗名鐵鬼故其首領有老鬼二鬼三鬼之稱主營業者曰買辦曰帳房曰泰利曰茶房邑人以此各職爲業者計二萬人小輪多有職至船主領港者長江沿海大輪則爲買辦以下各職居多歐美公司輪中則多充水手火夫間充西崽其著籍則以舟山本島海濱及各島爲多云

傭作· 傭於西人住宅旅館公司機關及輪船者男曰西崽亦作侍者女曰大媽其首領曰管事下於西崽一等專服夯重之事者曰出店實卽苦力邑人任此各職者計數千人滬上立有公會訂約共遵是業昔頗獲利今漸遜矣各鄉男子多有在滬上輪埠充當苦力者謂之碼頭小工婦女則多傭於滬上住宅其月薪三四金不等印刷絲紗各廠服務之男女近來亦多有之

小販　在滬上者多在菜場擺設魚鮮蔬果等攤亦有在輪船或沿途叫賣食品雜物者約數千人設攤者獲利頗豐每月或有至數十百金者叫賣者不過蠅頭微利而已

雜業　末業小技概曰雜業如醫卜星相中牙娼優堪輿測字穩婆肚仙等各地從同無庸贅述茲述其特殊者自莊書地方至催客計得五種

民間產業開糧過戶等事本由庫吏戶胥爲之惟浙東一帶多由莊書承辦蓋因塗蕩報墾陞糧入册手續繁重故庫吏戶書多委其親戚故友代

辦丈量造冊等事謂之莊書者以各鄉皆分莊也其初僅於推收之時略取紙張飯食之費嘉慶六年八月二十九日定海縣宋禁莊書推收取索費端示爲嚴禁多索推收費錢以順民情事照得莊書承管田地山蕩冊籍不無紙張飯食之費是以從前定有常例推田一畝許給制錢拾文地及山蕩許給制錢五文收亦如之莊書有此例費錢盡可從容辦公此外不容再有多索本年八月十三日奉司府各憲札飭今聞各屬推收過戶書役每多需索行令查禁等因查本邑莊書向來推收各費有無多收雖未據業戶告發但鄉民何知定例日久難免弊生惟是欲求莊書之需索必先傳訊業戶方能得其虛實則推收之弊未除而業戶反有廢時之患所以寬其既往不即深求今奉憲飭前因合亟出示嚴禁爲此示仰闔邑士民及莊書知悉嗣後凡遇推收遵照定數每田一畝准給錢十文地及山蕩每畝准給錢五文此外多取分文即爲需索毋庸給付倘該莊書敢于數外增索或不遂其欲措不推收者許業戶赴縣具控以憑提案嚴究其各懍遵毋違特示後則每值開除之際造戶管冊一本索費銀一圓每開除田一畝索費銀二角而所取紙張飯食之費每歲每畝取穀至二三斤不等謂之規例亦曰工食其狡橫者更於此外窮取濫索甚至包攬訟事魚肉鄉民其承管田地山蕩多者所入可比素封冊籍移藏私家公務傳諸子孫紳衿殷富爭充此役頂賣轉移視爲家業極盛之時多至四百餘家雖庫吏戶胥亦因冊籍存於莊書造報徵收皆仰賴焉光緒三十三年

鄉民毁學風潮即由莊書浮收陋規而起民國以來雖立驗契機關禁革莊書然各莊書所藏冊籍揩不繳官且鄉民濡染日久關於開割產業仍經莊書之手惟規費則較昔廉每畝歲不過斤轂而已　有清之時國家錢糧人民不自投納初責成各莊殷戶代完後不勝煩擾乃公推一人向民間憑串收取充是役者謂之地方每歲更換每畝約取工食轂斤餘

鄉間有一種不俗不道之巫祝謂之念伴俗稱之曰念先生凡民間建醮放燄禱神驅鬼之事皆預之而不齋戒不蟠髮則與道士異　沈家門僑寓之閩人別有一種巫覡名曰巫童子謂神鬼附於其身常裸體以刀棒紛擊不致傷人家疾病多延致之　城市民間婚喪等事常有一種暫雇之僕役供給茶水催請賓客謂之催客首戴纓帽稱呼賓客則曰老爺相公與墮民無異（民間雖僕役對於主人無此稱呼）而其人概爲良民

墮民　四民之外又有墮民謂之匄戶相傳爲宋將焦光瓚部落以叛宋投金故被斥或云明太祖惡宋將之投元者擯斥之及定戶籍扁其門曰

匄卹有產禁充吏員糧里長乘車馬令其自相配偶男子則捕蛙賣錫鍛鑪鐵編機扣塑土牛土偶正旦元宵執響器以鬧人堂立春持土牛芒神以鬧人室立冬胡花帽鬼臉沿門打鬼謂之調竈王其婦人則著青衣藍裙鬟如蟬翼耳不飾環出恆持纖弁包裹一事爲人家薙婦面毛良家嫁女令送之身纏紅布爲嫁女扶拜換妝梳髮俗稱送娘亦曰送嫂光緒中葉以後婦人猶循舊職男子則賣錫鍛鐵等事久廢不爲惟爲民間舁肩輿而已光緒季年雖諭令解放脫籍然齊民無與爲婚且彼輩以生計攸關仍服務如故云墮民稱其服事之主曰主顧主顧家之長者男稱老爺女稱太太少者則曰少爺相公奶奶等最幼者呼之爲某官主顧之爲農工者亦多稱之曰某官不許直呼人名主顧有定墮民恃爲產業傳之子孫或因他故而讓諸他人者則互相賣買其價以主顧之貧富爲率蓋婚嫁節日墮民之婦無不至者至必要索錢米不已終歲所入頗豐故其口諺云一個姑娘一畝田

攢簇　昏喪之家無賴者借慶弔爲名婪索不已人稱之爲攢簇自稱爲患難黨按太倉州亦有此俗志載在喪名喪蟲嫁娶名喜蟲攢簇之意蓋謂如蟲蟻之聚食或曰蚓庵瑣語云明萬曆中天寧寺富僧物故凡往弔者厚有贈遺名曰程儀同時鄉紳鍾姓者效之有諸生邱某者形體侏儒人稱之爲邱的篤利其贈金備禮往弔自後民家婚喪必往賀弔邱死後傳其衣鉢者皆故家子弟潦到無聊之徒民間遇此輩輒稱之爲邱的篤攢簇卽邱的篤三字之轉音邱攢聲近的篤急讀音近爲簇也

歲時　以時言也

元旦　先夕洒掃庭室五鼓而興設香燭陳果餌服禮服拜神祇俗謂之拜天地清晨家中幼者序拜尊長謂之拜歲長者賜以銀錢謂之謁歲錢男子或出拜祖墓及境廟邇年此風漸替　是日相習不汲水不洒掃不乞火不用刀剪未昏而眠不點燈傳言夏日可免蚊害　元旦以後至上元男子出拜宗族親戚鄰里謂之賀歲邇年相見多不拜惟口道吉語各

家多具酒食互相延款謂之歲飯　元旦至初五日商民皆休業敲鑼擊鼓以爲娛樂謂之打正月鑼鼓兒童至街市購紙燈風箏玩具等嬉戲邇年則男女長幼多狎於摴蒱矣至初五日商家祭財神開始營業謂之開假　元旦先一夕各家懸歷代祖先畫像於中堂享之酒饌既徹設香茗果餌朝夕然香燭禮拜俗謂之供幀子至初五日中輟十三日復懸祖像享之禮拜如初至十八日止

正月十四夜　婦女在家邀廁姑卜豐歉吉凶及雜事以筯一插溲箕前圍綌帕於箕緣二童舁之至廁口中祝告稍候而返案上設香燭果餌布米於上二童左右各以指懸掀之隨箕自動動則曰姑至矣卜竣送神回

婦女年長者多入廟拜神謂之燒十廟香或至橋側僕僕拜謂之拜十橋農人提燈遍燭園圃謂可驅蟲害　十三日謂之上燈各祠廟即懸彩燈陳器玩以供神謂之燈祭亦曰擺祭至上元而極盛十八日而燈事散謂之落燈

立春　摶泥爲牛曰春牛束芻爲神曰芒神雇丐兒飾以官服謂之春官乘露頂肩輿至郊外迎春國體改後此風乃息

三月三日　婦女至河旁激水濺衣謂之揮油漬蓋上巳祓禊故事也邇年無此風矣

清明　各家爲青糍黑飯牲醴祭墓封土插竹掛紙錢於顛俗曰上墳門壁皆插柳婦女或簪於首

三月十九日　各寺廟設醮誦經相傳爲明朝國難日諱之曰太陽生日俗傳太陽經太陽明明朱光佛三月十九午時生家家戶戶點紅燈等語朱卽明之國姓也

立夏　以豇豆合糯米煑飯用櫻筍子蟹鯧魚等薦先祖筍截三四寸許謂之脚骨筍享畢家人團聚而餕祭餘食後稱體重輕以驗肥弱

端午　取菖蒲及艾插門戶或繫以綵縢佩於身以絹帛製香囊置筍篋或以紙繪一童跨虎貼諸牀壁雜菖蒲雄黃和酒飲之謂可辟邪禳毒以

雄黃酒噀屋角燒蒼朮白芷以祛害蟲爲角黍團子及烏饅頭以祀先親戚亦互饋送小兒約五色線於臂男左女右謂之纏手繩或曰長壽繩嬰兒以雄黃書王字於額謂可辟祟

六月初一日　黎明各家擔水貯之謂之六月初一日水以作漿水不壞此風今息

六月六日　燂湯爲兒童浴謂可免癰瘍俗有六月六黃狗貓澆浴之諺寺僧於是日曬經婦女爭趨之謂之念曬經佛

立秋　以萊菔子蓼麯和窨糕炒米粉等擣碎之以餌兒童謂可去積滯

六月二十四日　相傳爲雷神生日婦女多蔬食或斷炊以瓜果爲糧謂之熬清齋亦有終月不食葷腥者謂之雷齋

三伏　曝衣服書畫於庭謂之曬霉

七月七日　婦女以槿葉水濯髮　是夕婦女陳瓜果向牛女乞巧於眉月明星下以綫穿鍼度過者爲得巧或以盂盛水映星光觀之以辨目力

之强弱

中元　前後數日居民醵資延僧道建醮羅酒食於地謂施野鬼食也懸冥鏹紙衣於道旁而焚之謂施野鬼衣也邇年此事盛行自朔至晦幾無間日　新穀既登各家皆先薦祖先謂之嘗新亦曰七月半羹飯薦畢邀戚族會食之

七月晦夕　各家兒童植香於地謂之插地香或叢簇瓜果上謂之香球然燭設茗於地謂祀地藏王

八月初三日　是日爲竈神誕辰民間各以麵與素食祀之間有用葷者

中秋　陰曆八月十五日爲中秋甬俗則易以十六日相傳南宋宗藩所更今仍其舊爲月餅設酒饌以祀先或置酒翫月爲樂謂之賞月

九月二日　相傳清順治八年九月二日破定海闔城被難故俗呼爲難日闔縣鳴鉦鼓逐厲延僧放燄口施食設野祭以祀遊魂今不舉惟被難諸家於是日設祭謂之屠城羹飯

重陽　製角黍及團子設酒饌祀先分餕祭餘親戚亦互饋送登高今無復行之者

冬至　糯米粉作湯團以脂麻豕油等餡其中祀祖先并餉客

十二月二十三日　各家掃除塵土謂之撣塵今不限於此日　夜設果餌祀竈神附設芻豆於竈突謂飼神馬

除夕　通宵達旦高燒明燭婦女多坐以待明或逕至寺廟守歲俗曰修豢娘完全　換桃符寫春帖易門神謂之從新燒爆竹謂可辟邪　夜祀竈神謂之接竈因俗相傳竈神於二十三夜升天稟白一家善惡至除日復回也　十二月中自朔至晦各家擇日製年糕具牲醴祀神謂之送歲以酒饌祀先邀親鄰或集家人而食飲之謂之分歲以牲羞果餌饋送親友謂之饋歲

跋

吾國方志導源周官晉唐以降條流滋盛文士秉筆矜言景物叔世澆訛迺崇官閥其于地方利病生民休戚洪纖之迹語焉弗詳瑣聞卮詞充溢簡牒徒資談助無埤國政識者病焉章氏實齋揚搉文史標舉義例號稱圭槷道咸而還郡邑志乘根据厥說稍改舊觀然亦未能盡袪宿癥一衷典實也陳君無邪馬君涯民淹綜墳史貫以新知近纂定海縣志示以例目列志十六分目七十表紀傳錄若網在綱大氐襲故者十之二刱制者十之八縱極天人衡浹海陸社閭之會米鹽之產釁序之政教宗之樞郵置走集邸閣息耗生齒盈朒主客辜較計吏所上瞽史所諭罔不甄綜明其消息蓋雖區區一地之志馭以龍門夾漈之識且究極其所未備詒徵讀之歎觀止矣世運相嬗一文一質君子兼之則彬彬焉吾國古史大宇所罕第毗于文務在審美歐墨治史每近質家日用飲食臚舉惟謹兩者相衡各有極詣簿錄枯燥傳狀浮誇非夫折衷難語體要斯志特崇民質

旁行斜上義据通深攄詞述事兼以篤雅蓋所謂損益得中質文交勝者也世有君子當就是求史裁矣甲子夏六月丹徒柳詒徵

国家出版基金项目
NATIONAL PUBLICATION FOUNDATION

海上絲綢之路文獻集成

總主編　陳支平　陳春聲

歷代史籍編 138

主編　范金民

海峽出版發行集團
THE STRAITS PUBLISHING & DISTRIBUTING GROUP
福建人民出版社

本册目次

〔雍正〕特開玉環志

〔清〕張坦熊纂修

［雍正］《特開玉環志》四卷，清張坦熊纂修。坦熊字男祥，號郎湖，湖北漢陽人。玉環爲浙江海濱一島，橫亘海中，爲温、台之門户。雍正五年，浙江總督李衛奏請展復玉環，張坦熊爲首任同知，諸凡創置，皆出擘畫。是志首載題奏。次爲地理城邑，並親繪輿圖，詳其山川形勢及鄉都、風俗。次爲課税，詳其水利、公署、職官、物産等。又次軍制，詳火器海船之形制、潮汐風雨之占候。末載藝文。蓋因玉環初闢，地處海會，故體例頗具特色。又無往籍可憑，所有風土人物、海島險要，與夫經營區畫，皆身所歷經，翔實可信。是志纂成於雍正十年（一七三二）。據上海圖書館藏清雍正間刻本影印。

玉環志

玉環志　卷一

特開玉環志序

普天之下莫非王土率土之濱莫非王
臣故一夫不獲方隅未化亦必加之意
焉非徒以廣土衆民已也
宫保尚書李公總制兩浙痌瘝民瘼情
殷
國事凡省會都邑之地雖已治已安罔弗
思深而慮遠至山陬海澨猶殷殷注意

盖我
國家聲教訖于海外郡臺灣而邑定海幅
幀既長鯨鯢靖影尤必防微杜漸以圖
海疆永固之謀覘知玉環横亘海中為
温台之門户察其形勢深邃遼濶易于
藏垢納汙矍然曰其田地肥饒可耕其

山海要害宜守夫孰非
聖天子之疆索豈忍以草萊而輕棄之也
爰請展復于
朝題然以董其事如建官設汛招徠開墾
諸大務一一預定其規模復區畫指示
面命耳提詳明周匝能于雍正五年三
月委丞茲土率由奉行宣布
皇仁遍張

憲示首事招徠先民之急相度川原林
麓之區卜宅授田開河濬溝除道成梁
築塘建陡為上錯為中錯為下錯分三
壤以定厥賦正經界以晝地利貧而無
力者請為之借種助耕家有餘粟者又
為之通商惠工斯民所以相生相養之

道罔弗曲晝而靡遺于環山之中青地
勢平衍卜築而城焉而官舍而倉廒而
營房而神祠次第具備東西朔南為臺
寨為汛防為塘鋪為快哨星羅碁布式
則陸路以固其內水師以蔽其外又則
團練遊巡于各口保長稽查于嶴中斯
墾民之大集而有以永奠厥居也至不
耕之民則刮土煎鹽足資衣食或以漁
為業則禁革陋規止徵塗稅其閩浙洵
海船隻千帆叢集遍遊洋面奸良混淆
查明進出口址收其牌照驗其年貌俾
嶴外之奸匪無由而入即嶴有奸匪亦
無從而出以故數年來海宇敉寧商漁
樂業莫不曰此玉環扼要據衝之所致

也今日者城垣廛舍翼翼鱗鱗禾黍桑
麻離離彧彧而又河道天開舟帆咸利
回憶入山之始滿目荆榛新附之民鶉
衣藿食一旦出作入息鼓腹含哺商賈
雲集行旅載途共游于光天化日之下
不誠于環海之民有厚幸乎此皆我
上仁恩普被上膺天眷以故川嶽効靈並

物各得其所而
制府李公體
國經野之碩畫足以光天壤而昭來許然
而山川風土之宜小民樂利之源凡夫
風氣初開新疆景象不一一為之編輯
將後之觀風者亦何所藉以考焉爰是
首刊

題奏議詳圖其星野險要紀其田賦典制
箋其風物事宜而以人文附綴于後為
志四卷則誠有不容已於纂述者也是
為序
時
雍正十年歲次壬子應鐘月温台玉環
清軍餉捕同知加二級紀錄三次張

坦熊書

特開玉環志

凡例

一凡纂紀志乘每多臚列裒綴不過取裒於藍本攷信於傳聞稍爲之增益近事附會流傳皆非由於克知灼見故其言多未能親切而有味今玉環初闢既無往籍可憑然其間風土人物海島險要與夫一切經營區畫事無巨細不惟知之見之而且身親其事數履其境因爲縷析彙輯以備後人之蒐采云爾

一凡條議有關
國計民生者志乘亦多載入然第取其一二事之興利除弊而已故或附各條之後或載藝文之中若
宮保制府李公屢復玉環
奏摺
題稿盈篇溢幅百度維新大小兼括展卷周閱條理井然因知經理所自始并以識治具所由出也因備錄全稿冠諸簡首

一玉環地當海會淡山巨洋水陸衝要既有汛守駐防遊巡坐哨則凡水口之深淺島嶼之險易洋面之遠近設兵之多寡位置防範之聯絡照應自宜一一蒐羅詳載令披閱了然武員職司巡緝雖熟諳海洋不妨備爲參攷而文員之守茲土者亦可以不出戶庭周知形勢瞭若指掌於海疆重地未爲無補焉

一守土之道理財爲先田土戶口清丈定則編造魚鱗申明保甲撙節愛養其大端也他如魚鹽稅課皆以資今日之經費作他日之正供使徵

收有法稽查綦嚴數年來身親經理夙夜殫心故紀其原委析其毫釐不憚紀述之煩也

一玉環初闢名宦人物向無表見即先哲鴻文流傳絕少求之古傳僅有一二章句搜閱得之欣爲備錄以考曩時之事實惟是新疆乍啟民安物阜鼓舞太平咏歌名勝牙籤玉軸絡繹攜來足誌休風用歌大雅無收並攬亦可以備輶軒之採擇云爾

漢陽張坦熊男祥氏識

特開玉環志

目録

特開玉環志卷之一

溫台玉環清軍餉捕同知加二級紀錄三次張坦熊恭錄

題奏

從來都邑建設代[illegible]一[illegible]平程玉環初闢經營締造悉臻

題奏幾經

宸慮上達

聖聰釐定規模以成海隅永固之治惟以

皇上憂民如子之至意與

國經野之深心備著於行間字裏可不詳載以垂不朽志　題奏

宮保制府李公體

巡撫浙江等處地方提督軍務都察院右副都御史兼理兩浙鹽務加四級紀錄六次臣李衛

奏爲查復浙洋玉環山情形敬陳末議恭請

聖訓遵行事切臣李衛前因台州府屬太平縣及溫州府屬樂清縣之間海濱不遠之處有一玉環山地

方遼濶自從前遷界棄置海外無籍遊民多潛其中私墾田畝刮土煎鹽及網船漁人搭蓋住居漸次混雜久必不寧雖經禁逐仍恐朝驅暮回致釀後患卽有撥兵遊巡亦恐通同容隱會委大員查勘如果設兵增戍可以防禦開墾地土足供經費另行奏
聞否則公商派撥兵船常川巡查等情先經奏明在案茲據溫處道王斂福鎭海營參將呂瑞麟勘覆畫圖前來臣等細查玉環雖孤懸海面然由彼而之

內地各有港口西則繇烏洋進蒲岐所可至樂清縣地方西南則亦繇烏洋直過黃花關進盤石口可至溫州府惟西北則由楚門橫渡水面僅里許卽登岸踰嶺直至太平縣地方岸路六十里可到縣城其東南有黃坎二門出此則爲外洋矣蓋此山週圍約計七百餘里其中有洋嶴瑶嶴三峽潭漁嶴塘洋墩等處皆寬平如砥約田三萬餘畝乃現在成田卽可耕種者若聚族開墾尚可擴充五六萬畝總計墾田約可得十萬餘畝而土性肥饒

又各嶴口有潮水浸灌成灘者尚可煎鹽且此地外臨大海內近溫台太平等處實爲海疆諸郡之屛障洋面往來之要區况有山可以瞭遠海盜不能掩其形有口可以防查洋匪難以潛其踪查各處水師聞有洋盜而不能卽至救護者多緣海潮退時船不能出及等潮漲賊已遠颺總繇內地口岸遙遠賊艘風帆迅速追獲維艱職此故耳若設兵此山由其黃坎二門出哨追賊則無遠莫及之慮矣此玉環山之內外情形也從前督撫諸臣非

不見及於此而究未議作何保安者一則恐外來認墾之徒奸良莫辨一則恐墾熟之日私米下海一則恐添設官員所費不貲故也今臣等愚見以爲認墾若聽其四方紛雜而來實難稽查方今生齒日繁卽以浙地而觀良有人多地少之勢莫若就本省近地之民或有室家而願往者或雖無室家而有親族的保者皆由該本處地方官名募取結給照方准往墾到彼仍嚴行保甲連環編牌稽查窩隱其他閩廣無籍之人槩不收錄則奸良不

難分晰矣至其所收米穀若慮其出洋私賣亦有變通之法賦役不徵條銀止令輸納租米所餘留爲食用之需然田非民間價買又無業主糧租較內地不妨稍加即稍有餘米亦令由口岸汛地稟明給照止許往溫郡樂清太平地方運賣並將黃坎二門隘口設汛嚴防顆粒不許入海則私賣之弊可除矣至於添設文武經費之處臣等亦爲熟籌查守禦之要應先守門戶而後防堂奧玉環山實海口門戶也此處一設官兵則內地亦可以資

藩籬其次不甚衝要處所原額官兵不妨通融稍減就近酌量抽撥即有不足添亦無須過多文職須撥同知一員管理詞訟徵比糧租給散兵米省出內地米價亦可添餉再設巡檢一員以聽巡查差遣武職則酌調遊擊一員守備水陸各一員千總四員把總八員兵丁八百名內將一半分防玉環山陸路隘口其餘一半分汛水師巡哨洋面除出汛大船於溫黃二鎮量爲移撥外其哨船惟擇靈便式樣毋徒濶大費奢所需俸餉無甚增設再

於山口開濬船路便於出入至其官署營房查取臨近溪山樹木可以備用惟工匠人夫飯食哨船等項俟果定添設之議確估所需若干或於關稅羸餘銀兩內動支應用諒不致有糜費之處此雖設官添兵不過調遣料理稍費人力原非大爲更張臣等又查前寧波所屬之舟山即現在之定海縣是也前亦遷徙空虛後爲賊人潛踞用兵勦復之後招民聚墾今成中邑確有明驗臣等誠爲籌畫地方起見未識有當與否如蒙

俞允另當分晰確估具

題請

旨謹此會同督臣高其倬署提臣張溥合詞具摺先行

奏

聞伏乞

皇上睿鑒施行

題疏

兵部右侍郎兼都察院右副都御史總督浙江等處地方軍務兼理糧餉管理巡撫事加六級紀錄

四次又軍功紀錄一次臣李衛
題爲敬陳查復浙洋玉環山情形事宜等事該臣等
會看得普天率土莫非王民因時制宜始爲中道
從前因海氛未靖畫疆遷界將向入版圖之地方
盡棄海外自
聖祖仁皇帝德威遠播海宇蕩平臺灣舟山盡入疆域昔
時遷界土田陸續招徠墾復我
皇上纘承鴻業文德武功超邁千古遠裔絕域莫不重
譯來朝欣忻向化復頒

諭旨招墾荒田以爲窮民謀生之計至深且遠臣等忝
任封疆宣布
德教未有於近在疆域之中而聽其獨抱向隅不爲籌
畫者也先經臣等查得台州府屬太平縣及温州
府屬樂清縣之間海濱不遠處所有玉環山地方
遼濶自遷徙之後未曾展復無籍遊民多潛其中
私墾田畝刮土煎鹽及網船漁人搭寮居住漸次
混雜雖經禁逐仍恐朝驅暮回卽有巡兵亦恐通
同容隱先曾會委温處道僉事王欽福陞任鎮海

營叅將呂瑞麟前往會同查勘詳覆前來臣卽會
同福建督臣高其倬駐劄寧波原署提臣張溥查
議得玉環山雖孤懸海面然縣彼而之內地各有
港口西則由烏洋進蒲岐所可至樂清縣地方西
南則亦由烏洋直過黃華關進盤石口可至温州
府郡西北則由楚門所橫渡水面僅有里許卽登
岍踰嶺直至太平縣城五十餘里東南則由黃坎
二門温黃二鎮水師巡防出此則爲大洋矣此山
週圍約計七百餘里其中山嶴多有寬平如砥土

性肥饒可耕又各嶴口有潮水浸灌成灘者尚可
煎鹽且此地外臨大海內近温台實爲海疆諸郡
之屏障洋面往來之要區況有山可以瞭遠海盜
不能掩其形有口可以防查洋匪難以潛其踪查
各處水師間有洋盜而不能卽至救護者多緣海
潮退時船不能出及等潮漲賊已遠颺總緣內地
口岸遥遠賊艘風帆迅速追獲維艱職此故耳若
設官兵此山縣黃坎二門出哨追賊則無遠莫能
及之虞矣從前督撫諸臣非不見及於此而究未

議作何係安者一則恐外來認墾之徒奸良難辨
一則恐墾熟之日私賣下海一則恐添設官兵所
費不貲故也臣等愚見以爲墾户若聽其四方紛
雜而來實難稽查方今生齒日繁即以浙地温台
而觀良有人多地少之勢莫若就本處近地之人
查明根底由地方官取結給照往墾其他閩廣無
籍之人槩不收錄則奸良不難分晰矣至所收米
穀若慮出洋私賣莫若將所墾之田酌定陞科糧
則輸納本色米穀所有餘米除留日用之需外止

許往温郡樂清太平地方運賣必由口岸汛地稟
明給照查驗放行並於黄坎二門隘口設汛嚴防
顆粒不許入海則私賣之弊可除矣至於添設文
武之處臣等亦爲熟籌查守禦之要先門户而後
堂奧玉環山實海口門户此處、設官兵則內地
亦可以資藩籬其次不甚衝要處所官兵可以通
融稍減就近酌量抽撥即有不足添亦無多文職
則設同知巡檢一員武職則酌調遊擊一員併守
備千把等官水陸分防船隻於温黄二鎮量爲移

撥所需俸餉無甚增設且賦稅所入及彼地深山
樹木亦可以抵俸工官署等用不致有糜費之處
此雖設官添兵不過調遣料理稍費人力原非大
爲更張等因於雍正四年十一月二十日定議未
敢冒昧具
題今年新任提臣石雲倬到任復加商酌意見相同
臣等誠恐地聯兩邑墾户紛紜若無耑管之員則
彼此推諉牽制料理未周且新經開復必查本處
地土出息以抵經費未可輕動

國家帑項再因前既有墾户則巡查既不可少而將
來營伍防汛尤須勘明山海形勢以扼要衝正在
選擇調委間適有保送引
見之桐廬縣知縣張坦熊奉
旨回任以緊要員缺補用臣等隨會委該員前往經管
清查即令署太平縣印就近料理咨明吏部在案
一面檄調樂清營副將王瑾就近協同查勘撥兵
巡查往來彈壓今已初定規模臣等又復會同詳
細商確併於原請斟酌損益謹將所擬各條臚列

陳明恭請

聖鑒

一議得疆域正而後規制可定玉環地方週圍約有七百餘里峙立海中非內地土田相錯者可比從前分屬台州之太平縣溫州之樂清縣各轄其半夫以隔洋之地而使兩縣遥制且有兩縣分屬殊失其宜今雖志乘尚存兩縣都圖名色而遷棄既久界址亦難劃分應耑設一玉環同知管理毋庸再爲分縣庶責成耑而事權一至玉環既請展復准墾而附近玉環之山嶴尚多若不一併墾復徒爲奸民私墾之資倘仍零星分轄難杜影射牽混之弊查楚門南塘北塘以及芳杜東嶴窑溪洞林地方誌載太平縣二十四五六都之畍又盤石蒲岐等處誌載樂清縣地畍又三盤黃大嶴狀元嶴茅埏等處地方向年悉在玉環轄內與樂清六七都相近俱同玉環一時遷遣現有人民在內偷墾田地今請一併展復開墾盡歸玉環同知管轄則疆域不

致瓜分而艸萊亦得盡闢矣

一議得職掌定而後法令可行設官分職原當因地制宜臣等伏見雲南蒙化景東及新設之中甸威遠等處皆由同知管轄與內地耑設知縣之處不同者蓋就其地方大勢而授以節制之權也玉環雖近內地而隔一海渡其地在台溫兩界之間又須設立營制知縣位卑權輕與㕘遊體統不敵於隔屬呼應不靈故前條議以同知耑管但此地新請展復必須耑員駐劄經理數年而後一切規制始定查溫台二府海防同知俱係緊要且又輪流押運及通省公事差委不能耑一料理應另設溫台玉環清軍餉捕同知一員專管查給墾田督修塘壩徵收錢糧審理詞訟給放糧餉彈壓地方其通省別項公務免其差遣仍照雲南等處之例凡命盜事件即令該同知審理解詳臬司錢糧事件聽藩司攷核本管道員盤查其地與溫州郡城相近相應隸於溫屬有關涉玉環山事務者溫台二府

縣俱聽該同知專行管理所有玉環屆住墾民
田地人戶俟安插既定之後將田地分立都圖
照造鱗册人戶編查保甲一體稽查再俟盈寧
既慶教養並興若數年之後人文漸盛另請酌
定令該同知考取童生送學臣考試量取數名
附入溫州府學以示鼓勵在玉環則地處山海
之中稽查防範更宜嚴密除衙役照各府同知
衙役數目設立外仍照州縣例設民壯五十名
置備器械習練技藝看守倉庫監獄巡查緊要

隘口再設巡檢一員弓兵三十五名以聽該同
知差遣巡緝查樂清縣之嶺店驛地處僻壤實
屬閒員請將嶺店驛丞裁改又遞送公文之舖
兵必不可少應於太平樂清二縣各舖中每縣
各酌量抽撥二名共設四名再該地應建倉厫
又須設倉夫四名斗級四名以司其事則防範
可以不疎而職掌亦有耑責矣
一議得給墾清而後奸匪不襍查展復玉環原爲
扼要據衝可捍邊海之門戶曠土閒田可資窮

民之衣食耳若使外來閩廣無籍之人一例冒
墾將來奸良襍處即生事端況耕田必須居住
於此則安土重遷庶可久而成聚彼富豪勢力
之家本土有田可耕有廬可居斷不肯挾妻子
親戚舍舊圖新反事曠閒之地不過假立墾戶
招僱工人代爲力作若輩往來無常既不同於
土著之墾戶兼併營私反令無業窮人不得藉
力耕以自給殊非廣土利民之計今臣等行令
管墾之桐廬縣必查明實係太平樂清兩邑籍

貫無過之人取具本縣族隣保結移送該令給
與印照計口授田一切閩廣遊惰及曾有過犯
者概不准其保送又恐田多人少若限定二縣
之民或致招徠不廣現在酌量如本省各府屬
縣相近之處有願入籍開墾者照例於本地方
官取結移送必須居住玉環編入保甲毋許往
來不常其外省遠處之人仍行禁止則戶口得
實而藏奸無所矣
一議得私米嚴而後接濟可絕米穀出洋臣等現

在嚴行禁止實力堵禦玉環新墾海岸可通且黄坎二門逼臨大洋雖有官兵駐巡尤當加意防範查墾民終歲勤動糧稅衣食無非取給於米穀豈能禁其不賣莫若將所墾田糧照臺灣之例徵收本色完倉惟海濱潮溼米難久貯應照所定米額每米一斗折穀二斗交倉收貯其餘多之米欲糶賣爲日用之需者止許運往太平樂清二縣及溫州府城仍繇口岍汛地稟明給照沿途出入汛口照例掛號查驗並於黄坎

二門嚴行巡查如有無照米船偷運出口者立即嚴拿照接濟賊盜之罪從重究治再查浙江尚有買補還漕米石每年俱委員領銀前赴鄰省買回又有備貯各縣之穀出陳易新秋收仍須買補今玉環既有餘米應於買補款內每年酌動銀兩給與該同知領回於秋收米穀廣出之時照依時價收買貯倉酌量由海撥運逐年推移循環不絕則可濟本省積貯之需更可與閩省緩急相通甚便而米穀既輸於官自無私販之弊矣

一議得水利修而後開闢可廣玉環山海交錯其中如洋嶴正嶴瑶嶴三峽潭漁嶴塘洋墩東靑西靑下灣沙嶴蘆嶴等處皆寬平如砥約可耕之田地三萬餘畝其餘琛浦靑塘塘峽後塽大小普竺大小麥嶼大小古順等處塗田及附近之楚門老岍玉環鄉地方約田四萬餘畝蒲岐盤石大荆等處亦約田三萬餘畝合之三盤黄大嶴等處共約田地十萬餘畝但其地或近山

磧或在海塗向來原有堤塘以爲捍護因同時還棄傾圮已久草萊荒蕪全資人力尤必仍建堤塘以捍其衝激則鹹潮不能入設陡閘以時其啟閉則霪雨不爲災若能逐漸興修皆可成田以濟民食但採木購石飯食人工爲費不貲赴墾之民率皆無田窮人缺乏工本難以責其盡出己貲而臣等現在飭令設法招徠賔科則以抒其力籌經費以助其工俱於後條詳議聲明外其[illegible]墾戶缺少牛種籽粒及築塘建閘工

本情愿領帑承墾者酌量動支買穀銀兩借給
秋收將所得米穀照價繳還統歸買穀數內銷
算則灌溉有資而田疇可廣矣
一議得地利盡而後經費可充舉事建功先籌經
費必於
國家有益無損方爲便官便民若因未墾之田土
而先動有用之錢糧未爲計之善也臣等以爲
玉環展復設汛置官則俸工役食衙署營房與
夫城寨倉庫之建造塘壩堤岍之興修在在不

能無費即同知一官俸銀無多糧既徵收本色
又無火耗可收即議有每石官耗三升尚不足
以抵存倉折耗之需應照雲南新設威遠同知
之例今酌給每年養廉公費銀二千兩心紅紙
劄賞賚等項銀六百兩此等經費豈能盡出公
帑而墾例初開即有十餘萬田畝亦非一時可
以墾完者出入相較目前自多不敷查本地出
息向有可充公用者玉環各嶴向年雖名爲奉
禁不開而利之所在羣趨如鶩多有潛至彼地

搭蓋棚廠掛網採捕刮土煎鹽私相買賣偷漏
課稅者每遇巡船往查或行賄買脫通同容隱
或一時驅逐漸復聚集弁兵既難保其盡不營
私巡船亦勢難於周流不息今既設官耑管則
此等盡當查出充公應請將漁户逐廠挨查取
具保結許其採捕循照定海計廠徵收塗稅之
例均分上中下三則每處設立官牙廠頭以司
稽察所收稅銀查明數目造册申報以備玉環
各項公費之需仍通飭閩浙沿海州縣採捕漁

船照例取結刊號塡給牌照連䑸彚帮赴玉環
文武衙門查驗牌照塡註採捕處所停泊汛口
俟漁汛一畢合帮同返毋許逗遛遠者照例治
罪至玉環既有墾民併文武官兵駐劄則食鹽
爲必需之物查煎鹽雖當配引行銷而温台兩
府各縣票鹽久有成額玉環係新開之地與舊
日引額無關且孤懸海外斥鹵之區變幻靡常
煎停不一所出僅供一隅之用不能遠資隣封
肩販非同內地場竈可以添廠添盤招商配引

者可比應將煎鹽之户取具親隣族保甘結一體編入保甲著令併竈聚煎官收官賣止在本山賣與漁户居民毋許販賣出境其鹽本外所餘者亦查明數目造册申報暫時留充公用除官兵原議抽調餉銀自有原數抵補併糧米即以所收田糧穀石給發毋庸另議外此數年中凡有前項所指玉環應用公務悉以玉環所收額銀及魚鹽等項出息儘數抵用漸次整頓逐年將出入之數造册送部銷筭俟一切完備後

另照內地之例米糧魚稅編造全書歸入藩司項下充爲本省兵餉題銷鹽課亦歸鹽政項下充餉則以地方自有之利爲
國家經費之助目前不須公帑而日後咸爲正供矣

一議得科則平而後課額無虧查墾復荒蕪原與熟田有間故有認墾之後分别三年六年方始陞科之例所以抒民力而示招徠也至玉環等處遷棄已久近山者沙石壅積近海者堤壩傾圮卸居中平坦之地葉萊滿徑闢除需工與內地荒田不同但玉環既在設官分汛需用經費若照舊例遲至數年後陞科則目前數年費用從何而出臣等再四籌畫惟有將玉環地方田地詳加勘丈别其土性之肥磽墾工之難易分爲上中下三則仍照前徵收本色之議上則田每畝徵條丁米一斗六升中則田每畝徵條丁米一斗二升下則田每畝徵條丁米七升地每畝徵條丁米三升山每畝徵條丁米一升以二

穀折爲一米交納每石另收官耗三升以備存倉蒸折鼠耗之費其附近開墾之地除三盤黄大嶴等處與玉環地土不遠應仍照玉環例分上中下三則徵收外其楚門老岸及盤石蒲岐之地方土皆瘠薄且修壩疏河歲歲皆需人力稍有愆期則鹽潮往來便難耕種若與玉環一例定則勢難急公完清止可照依玉環所議之下則輸納庶能竭蹶完辦至於陞科完糧之期則槩以本年起科庶可濟玉環經費之需除今

年已開田地飭令丈明秋收照則繳收造冊彙報變價辦公外其餘隨墾隨報逐年造冊送部則民力易於輸將而經費有所從出矣

一議得營制周而後廵防無悮設立營汛原以建威銷萌亦在據險扼要温州水陸地方與閩省接壤故設鎮標三營又城守營之外又有瑞安樂清盤石大荆四大營以爲犄角之勢雍正元年前任福建督臣滿保又　題請將瑞安改爲水師副將盤石改爲叅將部議准行在案查樂清大荆盤石俱在内地而玉環包乎其外屹峙海中從前棄而不守故不得不以内地三營爲門户今玉環既請展復實爲三營之外障當温郡之藩籬應請設立玉環叅將一員守備一員千總二員把總四員兵九百名分爲左右二營以左營爲陸路右營爲水師水陸兼防庶捍禦有賴但玉環與盤石最近且盤石雖改水師所轄而洋汛東南西北僅及百里今已應歸玉環則盤石一營不但無水師之責即陸路既有外

蔽亦居次衝若仍循舊制復設重兵實爲虚糜糧餉請將盤石水師叅將一員裁去同守備一員千總一員把總四員兵四百五十名移調玉環營再於内地之樂清營抽兵一百名歸於玉環外尚少兵一百五十名查太平營之東嶴現分撥有千總一員兵一百一十九名駐劄防守但東嶴原係玉環鄉之二十五都向日玉環遷遣楚門一帶地方同時廢棄所以爲東嶴地方設立弁兵防守今玉環鄉之二十四五六都與原轄之楚門老岓一帶地畝業經一體展復其東嶴即在玉環鄉之内既有楚門以爲外捍請將東嶴千總一員兵一百一十九名移調玉環營酌量派撥分防又温州城守營與鎮標同駐郡城尚可抽出兵三十一名歸入玉環以足九百名之數玉環既設專營其從前分隸黄盤兩營防守之陸路今應盡歸玉環管轄其水汛除盤石原管之洋面仍歸玉環外再有附近玉環舊隸黄標右營廵防之女兒洞乾江衝擔嶼沙

頭長嶼洋嶼及外洋之披山大鹿小鹿前山等
洋汛俱應就近歸玉環營管轄以沙頭長嶼洋
嶼東北洋面爲黃鎮右營汛地其外洋則以洞
正屬之黃標披山屬之玉環爲畍尚少守備一
員通省無可抽調應請添設再玉環雖分水陸
與鎮海盤石瑞安等營之水陸兼管者事同一
例但地方週圍七百餘里與定海相等應查照
定海標之例於左營量設馬三十五匹卽以樂
清太平溫州城守四營所抽三百五十名步兵

內照依馬一步九之例抽馬三十五匹歸於玉
環毋庸另請添設仍將額兵分別馬一步九戰
三守七抽調以符通省兵制其所需戰船卽將
盤石營原管船八隻盡數撥歸玉環照例將備
輪巡內唬船一隻平底布帆不能涉歷大洋俟
畱造年分另行
題明改造沿邊巡哨小船十二隻將原給部價以
爲所需工費倘有不敷令承辦之溫處道在於
玉環糧稅出息銀兩內支取添補開銷[illegible]盤石

營仍改爲陸路但外有玉環障蔽毋庸再設叅
遊人員兵數亦當酌減請設都司一員千總一
員把總二員兵三百名防守但該營守備千把
兵丁已請移調玉環止留千總一員兵二百七
名在營尚缺都司一員把總二員兵九十三名
今查有台協撥防太平之金清洋嶼二汛兵丁
現議歸太湖營此二汛有撤回千把二員內將
把總一員撥入盤石其餘官兵在近地者俱係
水陸要衝難以抽撥惟衢協三營除分防外其

在郡城者副將之下尚有都司二員守備二員
千總二員把總八員兵八百五十七名原係陸
路應將該協石營都司裁去改爲盤石都司併
於右營存城之內抽調把總一員兵九十三名
撥入盤石合之原兵二百七名共三百名駐防
盤石黃花關岐頭以內港水陸汛地責歸駐防
都司防範照舊日營制歸樂清營管轄其有新
設玉環營應附近亦歸溫鎮統轄再盤石原係
陸路設有馬匹自改爲水師裁馬七十三匹今

仍爲陸路所有留兵三百名應於原裁馬數內
復額三十四匹以資驅馳則內外之形勝皆有扼
要而水陸之巡防亦無疎誤矣抑臣更有請者
玉環爲新復地方必須文武得人方於海疆有
裨況現在招徠墾戶查報出息非才識明敏秉
公實心之員不克勝任查桐廬縣知縣張坦熊
奏
旨以緊要州縣補用浙省雖尚有要缺但較之玉環
新復之處猶爲稍次張坦熊現經委任玉環辦

理諸務頗能不辭勞苦遍歷山海島嶼勘丈經
度悉心籌畫井井有條且將各項陋弊盡行查
出不存一毫私心實爲可用之員仰請
皇上天恩准將張坦熊補授玉環同知該員感戴
聖主格外隆恩諒必矢心圖報似於海疆或有裨益
其添設巡檢一員臣等已請將嶺店驛丞裁改
查該驛丞盛端辦事頗勤併請將盛端以驛丞
暫管巡檢事仍照原銜陞轉亦可稍收臂指之
用至玉環參將員缺目前正在清查墾戶釐剔

弊端之時其原盤石營遊擊暫管參將事之方
璞即係溫州本籍人氏親戚故舊近而且多用
之新設地方人地甚不相宜且參將一官一時
未得其人查寧波營副將王璉久任浙江老成
歷練現委於玉環查勘協巡諸務皆爲熟悉請
暫以署理容臣等於通省參將遊擊內詳加選
擇人地相宜之員另疏
題請再玉環孤懸海外其嵒設之文武較之各海
防同知沿海縣營等缺尤爲緊要且新設之後

規模初定必須廉明之員辦理方克有益如三
年內兵民相安招徠日甚開墾漸增一應事宜
實能著有成效臣等會同保
題聽部議敘即爲分別陞用如不盡心整頓嚴加
參處仍請各頒給關防印信以專責守嗣後同
知參將守備等官揀選
題補其巡檢千把咨部選調以上各條臣等知識
淺陋未能有當是否可行伏祈
聖明鑒察指示施行奉

旨該部議奏

部議

户部爲敬陳查復浙洋玉環山情形等事浙江清吏司案呈户科抄出浙督李衛題前事雍正五年十月初八日題十一月初五日奉旨該部議奏欽此欽遵抄出到部該臣等會議得浙江總督管巡撫事李衛疏稱台州府屬太平縣温州府屬樂清縣之間海濱不遠有一玉環山地方遼濶自遷棄之後未曾展復無籍遊民多潛其中私

墾田畝刮土煎鹽及網船漁人搭寮居住雖經禁逐仍恐朝驅暮回即有巡兵亦恐通同容隱此山週圍約七百餘里其山嶴多有寬平土性肥饒可耕有各嶴口潮水浸灌成灘者尚可煎鹽外臨大海內近温台實爲海疆諸郡之屏障洋面往來之要區其中共約田地十萬餘畝山磧海塗逐漸興修皆可成田請設文武官弁兵丁水陸分防招徠太平樂清二縣幷本省各屬民人入籍編甲授田開墾分別科則輸納本色米穀等因會同福建總督高其倬浙江提督石雲焯護理浙江觀風整俗使杭嘉湖叅議道徐鼎合詞具題前來一疏稱疆域正而後規制可定玉環地方週圍約有七百餘里從前分屬太平樂清兩縣各轄其半而遷棄既久界址亦難劃分應設一玉環同知管理無庸再爲分縣庶責成專而事權一附近玉環之山嶴查楚門老岸南塘北塘以及芳杜東嶴密溪洞林地方誌載太平縣玉環鄉二十四五六都之畍又盤石蒲岐等處誌載樂清縣地畍

又三盤黃大嶴狀元嶴茅埏等處與樂清相近俱同玉環一時遷遣現有人民在內偷墾田地今請一併展復開墾盡歸玉環同知管轄等語應如該督等所請設玉環同知一員管理其太平縣界之楚門老岸南塘北塘芳杜東嶴密溪等處樂清縣界之盤石蒲岐三盤黃大嶴狀元嶴茅埏等處悉歸併於玉環境內令該同知管轄一疏稱職掌定而後法令可行玉環雖近內地而隔一海渡且地在台温兩界之間又須設立營制故前議以同

知專管但此地新設展復必須常川駐劄經理數年而後一切規制始定應另設温台玉環清軍餉捕同知一員專管查給墾田督修塘壩徵收錢糧審理詞訟給放餉糈彈壓地方其通省別項公務免其差遣凡命盗事件即令該同知審解臬司錢糧事件聽藩司考核本管道員盤查其地與温州郡城相近相應隸於温屬有關涉玉環山事務者台温二府屬員俱聽該同知管理所有玉環居住墾民田地人户俟安插既定之後將田地分立都

圖照造鱗冊人户查編保甲數年之後人文漸盛另請酌定攷取童生送學臣考試量取數名附入温州府學稽巡防範更宜嚴密除衙役照各府同知衙門設立外仍照州縣例設民壯五十名看守倉庫監獄巡查緊要隘口再設巡檢一員弓兵三十五名聽該同知差遣巡緝查樂清縣之嶺店驛地處僻壤實屬閒員請將嶺店驛驛丞裁改又遞送公文之舖兵應于太平樂清二縣各舖内每縣各酌量抽撥二名共設四名再該地應建倉廒又須設倉夫四名斗級四名等語應如該督等所請即以玉環新設同知加以温台玉環清軍餉捕同知職銜禮部鑄給關防該督於本省官内揀選賢能之員題補凡玉環山及附近山嶴并台温二府屬縣有關玉環山錢糧命盗事務俱令該同知耑理詳報藩臬二司倉庫錢糧令温處道員盤查至該同知所需衙役并民壯舖司倉夫斗級均應如該督等所議照例抽設其每歲所需工食銀兩即於玉環山徵輸錢糧内支給年終造册報銷數年

之後人文漸盛該督將考試生童之處另行具奏其添設巡檢弓兵及裁改嶺店驛驛丞亦准其將樂清縣之嶺店驛驛丞裁去改爲巡檢聽同知差遣巡緝一疏稱給墾清而後奸良不雜展復玉環原爲扼要據衝可捍邊海之門户曠土閒田可資窮民之衣食若使外來閩廣無籍之人一例冒墾若輩往來無常既不同於土著之墾户兼併營私反令無業窮人不得藉力以自給殊非廣土利民之計今臣等行令管墾之桐廬縣必查明實係太

平樂清兩邑籍貫無過之人取具本縣族隣保結移送該令給與印照計口授田一切閒廣游惰及曾有過犯者槩不准其保送又恐田多人少若限定二縣之民招徠不廣現在酌量如本省各府屬縣相近之處有願入籍開墾者照例于本地方官取結移送必須住居玉環編入保甲毋許往來不常其外省遠處之人仍行禁止等語應如該督等所請將玉環山中并附近玉環山磐楚門等處山田地畝行令該督李衛逐一丈明界址并將現今

實在已墾過田地若干未墾田地若干造具細冊報明戶部卽招徠太樂人民入籍玉環計口授田但恐無籍之徒冒名入籍致使奸良襍處應取二縣印甘各結移送管墾之員編入保甲以便稽查倘二縣之民不敷開墾之用則於本省相近玉環之郡邑有愿入玉環耕種者亦令各該地方出具印結保送編入保甲倘有閒廣之人假籍捏名并曾有過犯者地方官不行詳查混行移送以致戶口無稽課稅缺欠及妄生事端卽將原送并驗收

各官查參交部嚴加議處至從前潛入玉環居住偷墾私煎之人現今作何禁逐或分別安插之處仍令該督李衛詳加查察妥議具奏一疏稱私米嚴而後接濟可絕墾民終歲勤動糧稅衣食無非取給於米穀豈能禁其不賣莫若將所墾田糧照臺灣之例徵收本色完倉惟濱海潮溼米難久貯應照所定米額每米一斗折穀二斗交倉收貯其餘多之米欲糶賣爲日用之需者止許運往太平樂清二縣及溫州府城仍由口岸汛地稟明給照

沿途出入汛口照例掛號查驗並於黃坎二門嚴行巡查如有無照米船偷運出口者立卽嚴拿照接濟盜賊之罪從重究治再查浙江尚有買補還漕米石每年俱委員領銀前赴隣省買回又有備貯各縣之穀出陳易新秋收仍須買補今玉環既有餘米應於買米款內每年酌動銀兩給與該同知領回於秋收米穀廣出之時照依時價收買貯倉酌量從海撥運逐年推移循環不絕則可濟本省積貯之需更可與閩省緩急相通而米穀旣輸

於官自無私販之弊等語應如該督等所請玉環
地方所存米穀小民欲糶賣者許其運往温郡并
樂太二縣照例給照掛號查驗毋許私運出洋倘
有並無照票偷運出口販賣者一經捕獲照接濟
盜賊律治罪如米船出入口岸官弁不細加巡查
或通同徇隱者該督無即行參究照律治罪其每
年酌動買補還漕米價及備貯各縣出陳易新之
穀價給與該同知於秋收廣出之時收買米穀由
海運浙之處查玉環雖有閒田十餘萬畝但歷年

之初一時未必盡能開墾所餘米穀未必贏餘況
浙省還漕米石係題明速補之項經該督委員購
買數年以來尚未買足完補若專於玉環餘穀收
買恐致擔延應令該督李衛酌量或仍於鄰省米
多之處分買若干於玉環贏餘米穀收買若干二
者並行庶還漕之項不致遲悞至各屬備貯出陳
易新之穀應令該督李衛將糶得銀兩酌動若干
給與該同知於玉環秋收廣出之時照依時價收
買由海撥運交各縣貯倉補還原項仍每年將動

撥[illegible]祛如
閩省有[illegible]一疏
[illegible]其中如
洋嶴近嶴瑶嶴三峽潭流[illegible]東青西青下
灣沙嶴蘆嶴等處皆寬平如砥約可耕之田地三
萬餘畝其餘琛浦青塘墉峽後墩大小普竺大小
麥嶼大小古順等處塗田及附近之楚門老岸玉
環鄉地方約田四萬餘畝蒲岐盤石大荊等處亦
約田三萬餘畝合之三盤黃大嶴等處共約田地

十萬餘畝但其中或近山磧或在海塗向來原有
堤塘以為捍護傾圮已久必仍建塘堤以捍其衝
激則鹹潮不能入設陡閘以時其啟閉則霪雨不
為災但採木購石飯食人工為費不貲赴墾之民
難以責其盡出己貲臣等現在飭令設法招徠寬
科則而籌經費俱于後條詳議聲明外其有墾戶
缺少牛種籽粒及築塘建閘工本情愿領帑承墾
者酌量動支買穀銀兩借給秋收將所得米穀照
價繳還統歸買穀數內銷算等語應令該督將洋

嶴等處地畝設法招徠悉行開墾其塘閘應修應
建之處委員詳悉相度承墾之民或有殷實之户
聽其自行修建外其情愿領帑承墾者該管同知
於買穀銀内按户按田約計所收米穀除額糧及
本户食用之外可餘幾何酌量借給如有缺少耕
牛籽粒者亦准借給總於秋成後照米穀時價按
數徵收由海撥運分發各倉歸補原項一踈稱地
利盡而後經費可充若因未墾之田土而先動現
在之錢糧未為計善臣等以玉環展復設汛置官

則俸工役食衙署營房與夫城寨倉庫塘壩堤岍
在在不能無費卽同知一官俸銀無多糧既徵收
本色又無火耗可收卽議有每石官耗三升尚不
足以抵存倉折耗之需應照雲南新設威遠同知
之例酌給每年養廉公費銀二千兩心紅紙劄賞
賚等項銀六百兩此等經費豈能盡出公帑查本
地出息尚有可充公用者玉環各嶴向年雖名為
奉禁不開而多有潛至彼地搭蓋棚厰掛網採捕
刮土煎鹽私相買賣偷漏課税者今既設官嵩嘗

則此等盡當查出充公將漁户逐厰挨查取具保
結許其採捕循照定海計厰徵收塗税之例酌分
上中下三則每處設立官牙厰頭以司稽察所收
税銀查明数目造册申報以備玉環各項公費之
需仍通飭閩浙沿海州縣採捕漁船照例取結刋
號塡給牌照連䑸彙帮赴玉環文武衙門查驗牌
照塡註採捕處所停泊汛口候漁汛一畢合帮同
返毋許逗遛遙者照例治罪至食鹽為必需之物
玉環為新開之地且孤懸海外斥鹵之區所出僅

供一隅之用不能遠資鄰封肩販非同内地場竈
可以添厰添盤招商配引者可比應將煎鹽之户
取具親鄰族保甘結一體編入保甲着令并竈聚
煎官收官賣止在本山賣與漁户居民毋許販賣
出境其鹽本外所餘者查明数目造册申報暫時
留充公用除官兵原議抽調餉銀自有原数抵補
糧米卽以所收田糧穀石給發毋庸另議外此数
年中凡有玉環應用公務悉以玉環所收額糧及
漁鹽等項出息抵用逐年將出入之数造册送部

銷算俟一切完備後另照內地之例糧米漁稅編造全書歸入藩司項下充餉鹽課亦歸鹽政項下充餉等語應如該督等所請將漁户逐廠挨查計廠分則徵收塗稅設立官牙廠頭以司稽察仍造具細冊報明户部再嚴飭閩浙沿海州縣將採捕漁船照例刊號給牌赴玉環查驗如有隱匿踈縱情弊卽行叅拏分別究治其煎鹽之户亦取親鄰甘結一例編入保甲并竈聚煎官收管賣毋許私販出境此項所收魚鹽課稅并應輸額糧均抵玉

玉環志卷一　部議　三十六

環現今應用公務并建造城寨倉衙庫獄營房與修塘壩堤岍之費每於年終將出入細數造冊報明一俟規模已定之後則編造全書將糧米課稅歸於藩司項下另造清冊附於本省地丁題銷鹽課歸於兩浙鹽政項下奏銷其入籍民丁照例五年編審至其官兵馬匹該督旣議於本省各營內抽調所應需俸餉馬乾俱應於原額餉銀內支放所需兵米則在於玉環徵收米內給發均造入該年兵馬錢糧冊內分晰報銷再查該同知一年養

廉及心紅等項所需不過二千六百兩其餘公費約不過千金而玉環糧米課稅所出自有盈餘應令該督李衛將一年應存若干之處一併分晰報部查核其建造城寨倉衙庫獄營房與修塘壩堤岍之費亦應如該督等所請卽於玉環粮稅出息銀內支用仍將工料銀兩逐一分晰造冊報部一疏稱科則平而後賦額無虧查墾荒原有分別三年六年後方始陞科之例但玉環旣在設官分汛需用經費若照舊例遲之數年後陞科則目前數

玉環志卷一　部議　三十七

年費用從何而出惟有將玉環地方田地詳加勘丈別其土性之肥磽墾工之難易分爲上中下三則上則田每畝徵條丁米一斗六升中則田每畝徵條丁米一斗二升下則田每畝徵條丁米七升地每畝徵條丁米三升山每畝徵條丁米一升以二斛折爲一米交納每石另收官耗二升其附近開墾之地除三盤黃大嶴等處與玉環地土不遠應仍照玉環例分上中下一則徵收其楚門老岍及盤石蒲岐等地方土皆瘠薄且修壩跪河歲

皆需人力止可照依玉環所議之下則輸納至陞科完糧之期則縣以本年開墾本年起科除今年已墾田地飭令丈明秋收照則繳收造册彙報變價辦公外其餘隨墾隨報逐年造册送部等語應如該督等所請將開墾田畝山地詳加勘丈分別上中下三則輸納本色米折穀石均以本年開墾即於本年起科隨墾隨報除現今查出已墾田畝於本年秋收時照例徵收造報戶部嗣後每年將墾過田畝數目分別科則并將應輸米穀細數及收過墾戶花名分立都畨逐一分晰造册題報一疏稱營制周而後巡防無悞温州水陸地方與閩省接壤故設鎮標三營及城守營之外又有瑞安樂清盤石大荆四大營以為犄角雍正元年前任福建督臣滿保題請將瑞安改為水師副將盤石改為水師叅將查樂清大荆盤石俱在内地而玉環包乎其外屹峙海中從前棄而不守故不得不以内地三營為門戶今玉環既請展復實為三營之外障應請設立玉環叅將一員守備二員千總

二員把總四員兵九百名分為左右二營以左營為陸路右營為水師但玉環與盤石密近所轄洋汛僅及百里今已應歸玉環則盤石一營不但無水師之責即陸路亦居次衝請將盤石水師叅將一員裁去同守備一員千總一員把總四員兵五百五十名移調玉環營再於内地之樂清營抽兵一百大荆營抽兵一百歸於玉環尚少兵一百五十名查太平營之東嶴有千總一員兵一百十九名駐劄但東嶴即在玉環之内請將東嶴千總一員兵一百一十九名移調玉環營酌量派撥分防又温州城守營與鎮標同駐郡城尚可抽兵三十一名歸入玉環以足九百名之數玉環既設專營其從前分隷黄盤兩營防守之陸路今應盡歸玉環管轄其水汛除盤石原管洋面仍歸玉環外再有附近玉環舊隷黄標右營巡防之女兒洞乾江衝擔嶼沙頭長嶼洋嶼及外洋之披山大鹿小鹿前山等洋汛俱應就近歸玉環營管轄以沙頭長嶼洋嶼東北洋面為黄鎮右營汛地西南洋面為

玉環營汛地其外洋則以洞正屬之黃標披山屬之玉環爲畍尚少守備一員通省無可抽撥應請添設再玉環營水陸兼司應於左營量設馬三十五匹卽以樂清大荆太平温州城守四營所抽三百五十名之兵內照馬一步九之例抽馬三十五匹歸於玉環毋庸另請添設仍將額兵分別馬一步九戰三守七抽調以符通省兵制其所需戰船卽將盤石營原管船八隻盡數撥赴玉環照例將備輪巡內唬船一隻平底布帆不能涉歷大洋俟

屆造年分另行

題明改造沿邊哨巡小船十二隻將原給部價以爲所需工費倘有不敷令于玉環糧税出息銀兩內支取添補其盤石營應仍改爲陸路毋庸再設叅遊大員兵數亦當酌減請設都司一員千總一員把總二員兵三百名防守但該營守備千總兵丁已請移調玉環止留千總一員兵二百七名在營尚缺都司一員把總二員兵九十三名查有台協撥防太平之金清洋嶼二汛兵丁現議撥歸太湖

營此二汛有撤回千把二員內將把總一員撥入盤石屬協城守副將之下有都司二員守備二員千總二員把總八員兵八百五十七名應將該協右營都司裁去爲盤石都司并于右營存城之內抽調把總一員兵九十三名撥入盤石合原兵二百七名駐防盤石黃華關岐頭以內港水陸汛地責歸駐防都司防範照舊日營制仍歸樂清營管轄其新設玉環營應附近亦歸温鎮統轄再盤石原係陸路設有馬匹自改爲水師裁馬七十三匹

今仍爲陸路所有留兵三百名應於原裁馬數復額三十匹以資馳驅等語應如該督等所請將盤石營叅將一員裁去同守備一員千總一員把總四員兵五百五十名准其移調玉環營駐劄尚少千總一員兵三百五十名准其於內撥太平營之東嶴千總一員兵一百一十九名并樂清營抽兵一百名大荆營抽兵一百名温州城守營抽兵三十一名俱歸玉環營以足九百名之數其從前分隸黃巖盤石兩營防守之陸路併盤石營所[illegible]

而附近玉環舊隸黃巖鎮標右營巡防之女兒洞等洋汛俱准其就近歸于玉環營管轄以沙頭等洋面爲黃巖鎮右營汛地西南洋面爲玉環營汛地其外洋則以洞正屬之黃巖鎮標披山屬之玉環爲界仍令該督將黃巖鎮標及玉環營所轄之洋面分晰交界詳註洋名另行造册報部存案尚少守備一員行令該督揀選熟悉水性人地相宜之員具題補授玉環營既分水陸自應添設馬匹戰船亦應如該督等所請將樂清等四營所抽三

百五十名兵內照依馬一步九之例抽馬三十五匹歸于玉環左營其盤石原管戰船八隻盡數撥歸玉環右營令其將備輪巡至盤石營該督等既稱應仍改爲陸路毋庸再設遊叅大員兵數亦當酌減請設都司一員千總一員把總二員兵三百名防守但該營守備千把兵丁已請移調玉環止畱千總一員兵二百七名尚缺都司一員把總二員兵九十三名查有台協撥防金清洋嶼二汛有撤回千把二員將把總一員撥入盤石併請裁去

衢協右營都司改爲盤石營都司再於該營抽把總一員兵九十三名合盤石原兵二百七名駐防盤石以內港水陸汛地責歸都司防範仍歸樂清營管轄新設玉環營附近歸于温州鎮統轄再盤石仍改陸路應復額馬三十匹以資馳驅等語亦應如該督等所請准其抽撥調度仍令該督將台衢二協抽撥官兵併盤石營分防畍址備造清册送部查核抑臣更有請者玉環爲新復地方必須文武得人方於海疆有益查桐廬縣知縣張坦熊

現經委往玉環辦理諸務頗能悉心籌畫井井有緒實爲可用之員仰請

皇上天恩准將張坦熊補授玉環同知其添設巡檢一員已請將嶺店驛丞裁改查該驛丞盛端辦事頗勤請卽將盛端以驛丞暫管巡檢事仍照原銜陞轉至玉環叅將員缺其原盤石營遊擊暫管叅將事之方璞係温州本籍人氏親戚故舊近而且多用之甚不相宜查樂清營副將王璉久任浙江老成歷練現委於玉環查勘協巡請暫以王璉署理

容臣等於通省叅將遊擊內選擇人地相宜之員
另疏
題請再玉環專設文武如三年內兵民相安招徠日
盛開墾漸增一應事宜實有成效臣等會同保
題聽部議叙即爲分别陞用如不盡心整頓嚴加叅
處仍請各頒給關防印信以崇職守嗣後同知叅
將守備等官缺出於通省同知通判州縣叅遊等
官內揀選題補其巡檢千把咨部擇調等語查桐
廬縣張坦熊先經該督保舉到部于雍正四年十

二月內引
見奉
旨張坦熊着回原任交與巡撫李衛遇有緊要州縣缺出
題補欽遵在案今應如該督題請張坦熊准其補
授玉環同知其裁缺之嶺店驛驛丞盛端亦准其
以驛丞管玉環巡檢事陞轉時仍照原銜陞轉原
盤石營遊擊暫管叅將事之方璞已經奉
旨將二等侍衛苗國琮補授各欽遵在案應將該督等
所請遊擊方璞不宜補用玉環樂清營副將王璉

暫署玉環叅將之處均毋庸議其玉環文武各官
三年內果能安輯兵民將經管事宜著有成效應
令該督等保題請
旨議叙分别陞用其不能稱職貽悮地方者即行叅革
至巡檢叅將都司印信俟該督擬定字樣咨送禮
部鑄給再查海洋重地須常得廉幹之員方克勝
任嗣後同知叅將守備等缺出應准其於通省屬
員內揀選題補其巡檢千把亦准其於通省內選
擇咨部調補可也於雍正六年三月二十日

題本月二十四日奉
旨依議王璉從前來京引見時朕看其人才具甚是中
平亦不甚明白苗國琮由狀元侍衛出身才具可用
但少年或於外任事情尚未諳練今新設玉環營伍
甚爲緊要着將王璉苗國琮二員俱交與李衛就近
酌量若苗國琮可用即遵前旨以苗國琮補授玉環
叅將若王璉久任浙江且奉委查勘恊巡於地方情
形熟練即着王璉以副將銜管玉環叅將事苗國琮
以叅將銜署樂清副將事欽此雍正六年四月二十

七日准咨到浙
兵部爲遵
旨酌議等事該臣 等議得浙江總督李衛疏稱新設叅
將一缺奉
旨於玉環苗國琮二人內酌用仰見我
皇上聖明洞鑒愼重海疆因材器使之至意遵查玉環
新經開復內則墾户雲集外則商漁往來稽察巡
防皆須水師諳練之員方克有濟先因樂淸副將
王璉勤謹小心可以就近辦事故請暫行兼管第

玉環兼統水陸而王璉原係陸路恐於水師非其
所長玉環營叅將苗國琮漢仗弓馬俱優而水師
巡洋一時難以驟習樂淸營又係陸路山海交錯
重地苗國琮少年驟任大營恐致勉强玉環營叅
將一缺通省選擇實難其人惟温州鎮標中營遊
擊顧元亮辦事有才水師諳練請以該員陞補玉
環新設叅將似于營伍海疆有益再查寧海營叅
將袁漢巳經陞任别省所遺員缺雖屬近海係屬
陸路若以苗國琮補授實爲人地相宜等因具

題前來查先經户部會同臣 部議覆浙江總督李衛
條
奏玉環山開墾并添設官兵一疏奉
旨依議王璉從前來京引見時朕看其人才具甚是中
平亦不甚明白苗國琮由狀元侍衛出身才具可用
但少年或於外任事情尚未諳練今新設玉環營伍
甚爲緊要着將王璉苗國琮二員俱交與李衛就近
酌量若苗國琮可用卽遵前旨苗國琮補授玉環營
參將事若王璉久在浙江且奉委查勘協巡於地方
情形熟練卽着王璉以副將銜管玉環叅將事苗國

琮以叅將銜署樂淸副將事欽此欽遵行文在案今
該督旣稱新設玉環營內則墾户雲集外則商漁
往來稽察巡防皆須水師諳練之員方克有濟王
璉原係陸路水師非其所長苗國琮漢仗弓馬俱
優而水師巡洋一時難以驟習通省揀選惟温州
鎭標中營遊擊顧元亮辦事有才水師諳練請以
該員陞補玉環新設叅將似於營伍海疆有益等
語應如該督所請顧元亮准其補授玉環營叅將

其樂清副將王璉既不長於水師應令仍回原任寧海參將袁漢該督既稱巳經陞任别省所遺員缺係屬陸路請以苗國琮調補等語查雍正元年九月内原任湖廣總督楊宗仁接閱邸抄題請將岳州營參將李登雲等以陞銜留任 臣部以李登雲並未調陞嗣後陞補官員具題之後奉有

諭旨行文知照各省方可爲據督撫提鎮俱毋得以接閱邸抄即行奏請議准通行在案今寧海參將袁漢並未陞任别省該督未及接見部文遽將苗國

琮題請調補苗國琮無缺可補應交與該督俟有陸路參將缺出題補又疏稱樂清副將王璉前任寧波營遊擊任内於康熙四十七年奉文革職留任至今並無參罰援引四年無過准其開復之例題復原職等語查雍正四年十月内奉

旨向來革職留任官員從無開復之例但年久奉職無愆亦應開復以示鼓勵嗣後革職留任之員如四年無過該督撫等題明准其開復著爲定例欽遵在案王璉因失察海洋盜賊張念一等革職留任所以歷年雖久未曾開復今該督既援例題請相應准其開復可也雍正六年六月初二日

題本月初五日奉

旨顧元亮依議補授苗國琮補授山東德州營參將餘依議雍正六年七月初一日准咨到浙

憲牌

巡撫浙江等處地方提督軍務都察院右副都御史兼理兩浙鹽務加四級紀錄六次李 爲曉諭事照得玉環山孤懸海外界連太平樂清二縣海

氛未靖遷畍巳久且地近黄坎二門逼臨外洋恐有奸匪窩藏偷運米穀接濟是以從前督撫部院嚴禁私墾驅逐遊民原爲防微杜患之計本都院蒞任以來檢查原案幷據溫台二府具詳隨經咨商 督部院會委溫處道暨鎮海營呂參將勘明會覆前來查此內有太樂二縣都啚地土肥饒可耕二縣民人生齒日繁頗有田多人少之患且雖隔海面相去尚近若民人能謹守法度地方官能實力稽查則此中曠土閒田開墾成熟亦足爲窮

民資生之助正在會同督部院提督具
奏請
旨欽遵間乃有無知愚民不候示諭輒往私墾本都院
念其已費工本不忍卽行驅逐於上年秋成後飭
令地方官聽其收割所種禾稻逐回內地在案但
海疆關係重大開墾之舉止爲本地無田可耕之
窮民開一衣食生路斷不容勢力土豪藉稱舊日
田地包攬壟斷招集外來無籍遊民三五成羣去
來無定以貽地方隱憂況此地遷界已久舊時錢

糧俱經豁除卽去年開耕之人亦係違禁私墾不
加以罪卽爲厚倖豈得認爲已物妄生事端除將
糧額租穀經費專設文武官員添立汛防弁兵各
事宜飭行司道議詳并委揀選賢能之員桐廬縣
前赴該地方清查田畝墾户外合行示諭爲此示
仰太平樂清二縣軍民人等知悉凡原係土著人
民現在住居內地編入保甲册籍者如[illegible]無田可
耕願往玉環山開墾卽赴本縣及委查之桐廬縣
呈報查明果有家室並無爲賊作匪過犯[illegible]

家室而向住在內地有親族甲隣及無前項過犯
者取具鄰里親族保結家口人數各册存案准至
該地方入籍居住仍照兩縣原盼編入本縣保甲
册內一體查點有認墾田畝若干者開明地之段
落呈報桐廬縣照例覆丈明白編列字號移知本
縣給與印帖聽其墾種完糧管業入籍之後不許
私自搬回頂與他人承種其閩廣外來之人一槩
不准容留入籍居住開墾若紳衿大户勢力土豪
身居內地而招集佃人詭名立籍影射開墾及藉

從前已經認墾冒爲己業不許他人承耕者俱卽
指名具詳嚴拏重究各墾户所收米穀除本地納
糧食用外如有餘剩開明數目赴所設口岸汛地
官弁稟明塡照查驗出口止許往太平樂清地方
運賣如私往別地卽以偷運嚴拏敢有于黃坎二
門海口私運顆粒者卽以通賊接濟立拿從重治
罪以上各條事宜俱經本都院會同督部院高署提督軍門張具
奏在案爾等須各自恪守法紀漸圖生聚教訓以
成樂土毋得懷私挾詐糾黨聚衆抗違阻撓一經

本都院訪聞及被害告發不論紳衿豪棍地方文
武官先行查拿通詳分別
題叅咨革俱以光棍例究擬重罪惟時身命不保後
悔何及各宜凜遵等因除經出示曉諭并行司道
府各官通飭遵照外合行飭委爲此牌仰該縣官
吏遵照來檄委辦事理即赴該地會同二該縣逐
一確查料理妥協詳報毋違速速 雍正五年二月十一日
太子少傅兵部尚書兼都察院右副都御史總督
福建浙江等處地方軍務兼理糧餉世襲拜他喇

布勒哈番加七級高　爲曉諭事照得玉環山地
方先因民人私行搭蓋聚集開墾奸良莫辨本部
院會委溫處道暨鎮海營呂叅將勘明會奪在案
今准
撫都院咨會名募認墾一應糧額租穀經費耑設
文武官員添立汎防弁兵各事宜已經會同具
奏請
旨欽遵一面飭行司道議詳并委揀選賢能之員桐廬
縣前赴該地方清查等因移咨會飭前來并經本

部院耑檄委令樂清營副將王璡遵照會同[illegible]
料理外合行出示曉諭示仰太平樂清二縣軍民
人等知悉即便遵照凡係土著人民現在住居內
地編入保甲冊籍者如果無田可耕願往玉環山
開墾即赴本縣及委查之桐廬縣呈報會同樂清
營副將查明並無爲賊作匪過犯取具隣里親族
保結家口人数名冊存案准其該地方入籍居住
仍照兩縣原界編入保甲冊內查照有認墾田畝
若干開明地址段落呈報桐廬縣覆丈明白編列

字號移知本縣給帖聽其墾種完糧管業入籍之
後不許私自搬回頂與他人承種其閩廣外來之
人一概不准容留入籍居住開墾若紳衿勢豪招
集佃戶詭名立籍影射開墾及稱從前已經認墾
冒爲已業不許他人承耕者俱即查實指名具詳
拏究各墾户所收米穀除本地納糧食用外如有
餘剩開明數目赴所設口岸汎地官弁稟明填照
查驗出口止許往樂清太平地方運賣如私往別
地即以偷運嚴拏敎有于黃坎一門海口私運顯

粒者即以通賊接濟立拏從重治罪以上各條事
宜俱經會
奏在案該文武務各實力稽查撫綏勸令謹守法度
漸圖生聚教訓以成樂土如有懷私挾詐糾黨聚
衆抗違阻撓不論紳衿豪棍即行查拏通詳參究
各宜凜慎毋得違忽等因除經給示曉諭外合并
飭行爲此牌仰該縣照依事理即便遵照毋違須
牌　雍正五年三月初九日

條議

新疆既復規模大定
宮保制府李公之碩畫豐功疇能仰窺萬一然而
山中形勢海上機宜亦復博采羣議以資商確於
是文武各憲同寅和衷共抒抄策以仰副廣土阜
民之至意而條議見焉今自
奏摺題疏而外於藩臬道府鎮協之議無不備載志
中以見
聖明之世上下同心其所籌畫俱有當於創始守成之
實用而不敢忽略遺漏云志條議

司道會議

浙江等處承宣布政使司布政使孔　提刑按察
使司按察使董　都轉運鹽使司鹽驛道副使王
爲查復浙洋等事該本司會查得開墾玉環設立
文武官兵船隻駐防一案實因地方起見爲我
皇上鞏固疆圉之至計奉　檄行司集議移行提鎮司
道府縣確議今准據各議覆前因大略相同因取
玉環就近水陸名營圖冊通盤核算必使不事增
添而彼此足用方可省經費而垂永久查玉環山

圖內近溫台外臨大海實爲海疆門户之屏障今
既開墾地方廣遠洋汛繁多必須設立參將一員
左右營守備各一員千總各二員把總各四員兵
共九百名以左營爲陸路右營爲水師使水陸兼
防庶能捍禦有賴其最近玉環之營莫如盤石當
日盤石原係陸營前督院滿以玉環山久棄海外
盤石爲近海要衝是以　題改水師而該營所轄
之洋汛已盡歸玉環管轄不但無水師之責即陸
路亦可資玉環保護而居然成一內地矣向所設

重兵似可抽調應否將叅將之缺請裁改爲都司
其守備一員千總一員把總四員兵五百五十名
移置玉環再請於內地之樂清營抽兵一百名大
荊營抽兵一百名又太平營之東磡現在分撥有
千總一員兵一百一十九名又温州城守營與鎮
標同駐郡城尚可抽兵三十一名以足九百之數
尚少守備一員通省無可抽調應請添設所需戰
船即將盤石營原管船八隻盡数撥付玉環內有
唬船一隻係屬平底不能出洋請行改造沿邊哨

巡小船八隻三盤等汛哨船四隻共一十二隻將
原給部價動給以爲工費不足者另行設法添補
其左營既係陸路應量設馬三十五匹仍將額兵
分別馬一步九戰三守七抽調以符通省兵制至
盤石營改爲陸路旣有玉環障蔽毋庸再設叅將
兵数亦當酌減請改設都司一員千總一員把總
二員兵三百名以資防守但該營守備千把兵丁
既請移調玉環所留止千總一員兵二百七名在
營尚缺把總二員兵九十三名今查有台協撥防

太平之金清洋嶼二汛兵丁現議撥歸太湖營此
二汛有撤回千把二員內將把總一員撥入盤石
其餘官兵之在近地者皆係水陸要衝難議抽撥
惟衢協三營除分防外在𦉪者尚有都司二員守
備二員千總二員把總八員兵八百五十七名原
係陸路應將該協右營都司裁去改爲盤石都司
并于右營存城之內抽撥把總一員兵九十三名
撥入盤石合之原兵二百七名湊足三百名之数
俾令駐防盤石仍將前裁盤石營馬數內復額二

十匹以資巡防至於水汛除盤石舊管洋面盡歸
玉環外再有附近玉環舊隷黃標右營巡防之女
兒洞乾江衝擔嶼沙頭長嶼洋嶼及外洋之披山
大鹿小鹿前山等洋汛亦應歸之玉環以沙頭長
嶼洋嶼東北洋面爲黃鎮右營汛地西南洋面爲
玉環汛地其外洋則以洞𤧚屬之黃標披山屬之
玉環爲界至叅將一員用資彈壓最爲緊要若聽
部推恐不能熟諳彼地情形應請於就近武職中
擇其人地之相宜者　題明調往則營伍大有裨

益矣再玉環地方惟温州為近道府歷議當以該營屬之温鎮管轄應從其請營制既定當急設立文員按圖玉環廣袤七百餘里又孤懸海面若另作一縣則事權在府事事必須稟命文移往來海渡難于刻日而新墾之衆以位卑權輕之知縣主持其間不無岐視且與叅將體統不敵隔屬呼應不靈種種皆成掣肘今請特設玉環同知一員經制胥役而外民壯五十名以資團練再移巡檢一員照例撥弓兵三十五名聽該同知差防遣調查

就近各府屬皆只一丞倅無可兼攝之員應請酌裁於所屬能員內採擇一員　題補其巡檢查有樂清縣之嶺店驛丞僻處閒地似可裁改至遞送公文之鋪兵應於太平樂清二縣各鋪中每縣各酌量抽撥二名共設四名再該地應建倉厫又須設倉夫四名斗級四名以司其事在營汛既歸温鎮管轄則文職亦應歸之温屬以昭畫一至于玉環版籍向隸太平樂清之處棄置日久其都畐舊址率已湮没若仍歸兩府分屬使兩縣遥制不但

鞭長莫及而錢糧之徵收詞訟之審理勢必疲於奔走殊失其宜今既設玉環同知管理應無庸再為分縣凡命盜事件即令該同知審解臬司錢糧事件聽藩司攷核本管道員盤查將來生齒日繁人文漸盛之後所有應設童生另請酌定數目亦令該同知考取送學臣考試量取數名附入温州府學均沾作人雅化此雖有待而行然在創制之始亦當預為籌及者也其次在稽查墾户欲固海疆須實玉環之地欲興農業須清給墾之源今日

題明開墾復還舊址原為扼要據衝致民富庶起見若使外來閩廣無籍之人一例冒墾將來勢必奸良雜處易生事端應行曉諭玉環附近都邑之民有願入籍耕種者呈明地方官出具印甘各結向該同知衙門投驗聽候撥給田畝編入保甲造報藩司其一切閩廣游惰及曾有過犯者一槩不准保送即入籍授田之人亦不許詭揑姓氏往來無常若地方官混行出結該同知不行確查以致户口無稽輸稅或缺者察出從重處分其次在酌

定科則據詳玉環山其中如洋嶴正嶴等處皆寬平如砥約可耕之田地三萬餘畝琛浦青塘等處塗田及附近之楚門老岓玉環鄉地方約田四萬餘畝蒲岐盤石大荆等處亦約田三萬餘畝合之三盤黄大嶴等處共約田地十萬餘畝應請徵輸本色甚爲民便但其間田畝有生熟之不同肥饒之各異科則輕重不可不分應請分爲上中下三則上則田每畝徵條丁米一斗六升中則田一斗二升下則田七升地每畝三升山每畝一升所恐

海濱潮溼米難久貯應請輸米一斗者折穀二斗交納時每石另收官耗三升以爲存倉黴折鼠耗之費再附近玉環之地如楚門老岓南塘北塘以及東嶴芳杜嵍溪洞林地方誌載太平地界盤石蒲岐等處誌載樂清地界又三盤黄大嶴狀元嶴茅埏等處向在玉環轄内與樂清六七都相近亦應一體招墾陞科庶草萊無不盡闢而倉庾得以常盈矣其次在建造倉廒除收條丁折穀外計民間穀石尚多贏餘如欲糶賣止許運往太平樂清

二縣及温州府城仍縣口岓掛號查驗其出洋之處應於黄坎二門嚴行巡查一面飭令在官酌價買貯既可防本境不虞兼可供内地撥用是倉廒必須多設即一時難于猝辦亦當逐年漸增亦令該同知確估工料每間若干開册詳造其次設立官署營房玉環新闢不但文武各官未有衙署并無廬舍可以棲息兵丁其在今日當首定衙署需用工料即令逐細確估請照乍浦營例應在何汛即令文武會勘明白漸次酌造給兵棲址其次在

理鹽法玉環既設文武官兵招徠農民開墾則食鹽在所必需據查該地塘洋後坆等處向有民人私自煎燒在新開之地與向來引額無關莫若將現在煎舍各竈户取具親隣族保甘結塡牌給照一體編入保甲所産鹽觔即于該地在官收買發賣本山兵民漁户人等文武衙門仍差兵役嚴巡私販除鹽本外所有贏餘即查明数目造報暫充公用其次在查棚廠據詳黄坎梁灣等地搭有棚廠百餘採捕魚蝦杉板船隻市買貿易其間恐易

護奸請逐廠挨查取具原籍隣保甘結照定海計廠徵收塗稅之法設立上中下三則每處設立官伢廠頭各一名以司稽察令按季冊報仍一面通飭閩浙沿海州縣凡遇出洋採捕魚蝦船户照例取結刋號塡給牌照赴玉環文武衙門查驗其牌照即塡註採捕處所停泊汎口俟漁汎一畢即合幇同返毋許逗遛違者照例治罪此亦防匪之要義也一在請設民壯玉環島嶼層叠防範宜嚴其在武職雖有官兵控扼而文職之倉庫獄囚均須

防守按經制但設門子二名皁隷十二名快手八名燈夫二名轎傘夫七名倉夫斗級各四名民壯五十名再合巡檢弓兵三十五名共一百四十二人以足文職衙門之用其民壯五十名令該同知時加操演習以技藝派巡更於外圍練衞之於內則跨島盜竊之輩知是處有備而自能畏足不前矣其次在定俸餉役食武職官兵既于各營抽調則所需月餉自有通省額設可支毋庸再議至文職官役係屬新設每年需用俸工銀兩當爲預

籌請於漁鹽等稅項內支給年終彙冊　題銷至於城池臺寨煙墩塘壩之屬宜次第舉行該地既有官兵駐防復設同知徵收賦稅又廣招墾種民人目下户口已衆將來生育日多非建置城池無以資捍守非創立臺寨烟墩無以藉瞭望非建築塘閘壩堤無以禦鹹潮而備蓄洩數者缺一不可而並行則又斷斷不能今酌於文武各員入境之後令會同相度擇其亟者先治凡需用木石飯食人工一一確估皆就本地所入辦給二四年中亦

可次第舉行全備矣以上各項本司道等就上下文移輿圖汎防冊籍所及再四參酌敬陳末議是否允協擬合詳請　憲臺核奪會

題

鎮協條議　官兵船隻洋面界址

台州府楊　爲查覆浙洋玉環山情形等事本年閏三月二十三日奉　布政使司許　憲牌雍正五年三月二十三日奉

巡撫都察院李　憲牌三月二十日准温州總鎮

遼咨前事等因到院准此合行查議備牌行司即
將咨議玉環山添設官兵一案及分管洋面界址
并抽撥官兵船隻各數迅即會同臬司移行查明
確議通詳會奪毋違等因奉此爲查玉環界聯温
台地方遼濶不無游民潛入私墾漸至爲匪是以
本年二月間　撫憲會
奏設立遊擊一員水陸守備各一員千把總一十二
員兵共七百名出洋大船於温黄二鎮量爲撥用
等因奉即轉行該府確查議覆在案兹准温州鎮

行據盤石營方叅將議覆前情奉
撫憲飭行分管洋面界址抽撥官兵船隻各數迅
即會議通詳等因除移温州鎮外合即粘抄飭查
爲此行府查照來牌事理即將玉環山設立官兵
一案今温州鎮所議抽撥官兵船隻各数及分管
洋面之處是否因地制宜斟酌妥協與　撫憲會
奏允合或尚需酌改庶爲萬全星飛妥議馳詳來司
立等轉詳　院憲察奪毋再遲滞火速飛速等因
計粘抄又奉各憲行同前由各到府奉此合就粘

抄飭議爲此仰縣官吏查照來文事理即將玉環
山設立官兵一案今温州鎮所議抽撥官兵船隻
各數及分管洋面之處是否因地制宜斟酌盡善
與　撫憲會
奏允合或尚需酌改庶爲萬全星即妥議具詳立等
核詳各憲察奪計粘抄爲前事本年三月十一日
據盤石營叅將方詳稱雍正五年三月初五日奉
本總鎮憲牌准布政司咨奉
巡撫都察院李　憲牌内開前事等緣由行司咨

移到憲備牌仰職照牌事理即將玉環山開墾摺
内陳奏應行添設事宜會同黄標右營暨樂太二
縣逐一確議詳覆以凭會核毋得遺漏遲延計粘
单等因到職奉此該卑職當即會同桐廬縣知縣
張坦熊會勘得玉環山爲温台兩府之屏藩太樂
二縣之門户週圍七百餘里四面環海港汊最多
潮水所至處處可以抵岸登山今設立玉環營須
分列八汛每汛設塘四處千把一員帶兵五十名
分撥各塘汛防守共需千把八員兵四百名須撥

戰船七隻令將備千把輪流管駕出洋戰船除留
修之外每出汛巡防例應兵船四隻約需兵二百
名但各處港汊淺淺不一戰船止可遊巡外洋涉
歷洋島而沿山淺水之處則非戰艦所能深入更
須另設快哨八隻令分防墩臺之千把總管駕該
汛設遇洋面即令週遍游巡不惟可以查緝奸匪
之出沒而米穀偷運之弊亦可以杜絕矣每快哨
一隻應撥兵一十五名操駕需兵一百二十名至
於每一汛衙署之處惟洋嶴一汛適中之地文武官吏

三環志卷一　鎮協條議　六十八

同堡駐劄除分汛出洋共一百二十名外其土
堡倉庫似乎不可無兵應再添設一百八十名以
資防禦以為水陸各汛更換輪流之用但海外營
汛水師為重出洋巡哨即為本兵輪替回營即為
陸路所以均勞逸而共甘苦亦蒙各憲俯允所
議盡設水師即於盤石營抽兵五百五十名參將
一員守備一員千總二員把總四員移調玉環其
盤石仍留兵二百名將溫州鎮標右營調守備一
員把總二員帶兵一百名共三百名駐劄盤石黃

華閘岐頭以內港水陸之汛地責歸駐防守備防
範仍隸右營管轄至於兵丁除繆抽撥盤石營五
百五十名外其不敷者請於樂清營抽兵一百名
大荊營抽兵五十名黃標抽兵二百名以足九百
名之數再查憲行於玉環設守備二員千總四員
把總八員原為分司水陸起見今既請水陸兼司
則守備與參將輪流出巡參將在洋守備即可防
禦陸路守備在洋參將即可專守堡城則守備一
員已足敷用似可無庸添設惟千把一官水陸分

三環志卷一　鎮協條議　六十

防現在止有六員不敷調遣請於黃標內再抽調
千總二員把總四員以足十二員之數至于戰船
查盤石原管戰船八隻內唬船一隻原係平底屆
應拆造今玉環營止用戰船七隻其拆造唬船之
費請即改為快哨再請於黃標戰船內抽撥屆應
拆造之船一隻亦改為快哨以足八汛八船之數
再查玉環原係溫黃兩鎮分巡而與溫之盤石營
為尤近今既將盤石營官兵抽撥應將玉環將備
盡歸溫鎮管轄以專責成但黃鎮各營亦經抽有

官兵船隻應將黃鎮所屬玉環山之分水塘額楚門下灣沙頭礁頭後坟塘洋暨黃鎮所屬洋汛之女兒洞乾江衝擔嶼沙頭長嶼洋嶼及外洋之披山大鹿小鹿前山俱應歸玉環營管轄其沙頭洋嶼東北洋面爲黃鎮右營汛地西南洋面歸溫鎮玉環營管轄其外洋洞正屬黃披山屬溫爲界所有召募開墾事宜桐廬縣次第舉行詳報毋庸會議外是否有當伏候裁奪等情到本鎮據此除飭令該將造具官署營房堡寨各臺墩處所及分管

洋面畛址并抽撥官名員名清冊另文咨送外擬合咨覆爲此合咨　貴都院請煩察照裁奪仍希賜覆施行又爲前事雍正五年閏三月初九日奉督部院高　批溫州鎮詳同前縣等因奉批仰布政司會同按察司確議通詳核奪繳奉此俱經移行查議在案又爲前事雍正五年閏三月二十日奉

巡撫都察院李　憲牌本年閏三月十七日准署黃巖鎮李咨開前事等因到院查此案前准溫鎮咨行司查議在案今准前因合即飭知爲此牌仰該司官吏查照來文粘抄事理即將咨開添設玉環營官兵另議抽撥添設戰船緣由會同臬司查明確議通詳以憑會奪毋違計粘抄署黃鎮杭協副將李爲前事准溫州鎮遵咨開前由等因到本署鎮准此隨經轉行中軍官確查去後今據本標右營守備裴鉽詳稱奉此該卑職查得玉環一山逼臨大海畧嶼繁多汊港錯襍安營設防事非淺易今奉准溫鎮憲來咨檄行酌議細繹來文如應

分八汛設塘四處帶兵若干添哨操巡之處盤石營既已議詳又經溫鎮憲核咨自是調度得宜毋庸置議外所議水師一營守備止設一員兼防陸路恐山環七百餘里勢難兼顧似應仍遵各憲原奏分設兩員各司水陸庶有耑責俱歸溫鎮憲標管轄呼應易周兩路稽察偷越可除其水路營房應設下灣地方船隻出入便捷而陸路營房以及文武衙舍自應悉如來議建造洋畧地處適中至玉環汊港雜出處處可以入岍登山設立戰哨配兵

分巡所議甚善但沿山皆屬淺塗既改盤石之戰船七隻唬船一隻則洋面已有巡查內港自可無患即或慮有涉塗偷越之事只須最小扁舟亦可足用似亦不必再設八哨之多也至欲抽黃標戰船一隻千把六員兵丁二百名之處亦見設法持籌之心但黃標水陸營汛洋面遼濶今三營共戰船二十四隻每營止有八隻官兵兩月輪巡每營專汛一隻扼守一隻隨綜一隻總巡一隻本鎮憲親巡坐駕輪流燂洗即使八船齊足僅足供巡況屆應大修小修拆造之期在汛常未及半每遇出洋僱募商船以供配駕若兵丁水陸分防僅敷調遣千把輪流巡洋更難缺人此皆　上憲之所洞悉者至所議女兒洞披山箬㵐分歸玉環營管轄俱屬周匝但止議及外洋未論及老岓今應以林門老岓爲界門南屬溫鎮玉環營管轄北屬黃標右營管轄而外洋以披山爲界披山東北則屬黃汎地其餘抽兵調撥在溫鎮憲標移易變通之處諒溫鎮憲自有鴻裁更不敢妄置末議也[illegible]

覆等情據此敝署鎮查得玉環山情形事宜溫鎮行據盤石營議詳自是周匝惟廻環山面七百餘里官兵應分水陸守備是宜分設均歸貴鎮統轄庶有責成而兩路互相稽查不但偷越之弊可杜而亦誠無兵單勢孤之慮應如各憲原

奏之議甚善也其抽撥分汛在貴標營中就近調撥更見曲爲籌畫之苦心尚有議撥黃標兵丁千把戰船之處實難舍此顧彼殊非該備之擇飾者查金清汎洋嶼汎原屬台協所轄相隔百有餘里稽察不便今議歸太平營就近管轄即以太平營管轄之干嶼汎弁兵分防金清洋嶼則原防金清洋嶼之兵共一百四十五名可以調撥玉環餘少無多不難即於通省各營抽撥其千把應向何營抽調快船應否添設之處應候貴鎮另賜鴻裁以成定議至溫黃分轄所議之女兒洞乾江衕擔嶼沙頭長嶼洋嶼及外洋之披山大鹿小鹿前山俱歸玉環營管轄其沙頭長嶼洋嶼東北爲黃巖鎮標右營汎地而披山屬溫轄也查止議及內外洋而

未定盼老岸今以太平縣林門老岓爲界似爲至當以上諸山俱在林門之南盤石所議甚屬妥協其添設官兵若干應於何營抽撥應候各憲定奪等因咨覆溫鎮去後准溫州鎮咨開准黃巖總鎮咨開前由等因到本鎮准此當卽轉行盤石營暫管參將事遊擊方璞查議去後今據該將覆稱奉此該卑職切查玉環一山坐臨大海設防安兵原非淺易因奉憲行飭議卑職管見淺短敢不直陳末議是否允協惟候本總鎮察奪咨覆今奉憲檄

行准署黃巖總鎮李咨據守備裴鉽詳稱所議水陸一營守備止設一員兼防水陸恐山環七百餘里勢難兼顧似應仍遵各憲原　奏分設兩員各司水陸庶有耑責等因伏思卑職前議玉環山新設營分請定爲水師而兼陸路不必分立水陸者誠以玉環四面皆海而陸路處其中所嘐緊者在外洋巡防之周密則外固而內自安且水陸輪流換汎水兵卽陸兵設一旦水汎警息需撥陸汎官兵添用則無不諳水汎之患若陸自陸水自水萬

能收兼用之功今黃標裴守備慮水師不能兼顧陸路是亦未知有兼用之義也且欲以水路營房另設下灣非獨隔地呼應不便而且多費帑金又謂戰船既有八隻不必再設八哨等語夫以盤石營原屬之汎船兵尚不敷用若今將黃鎮右營所屬玉環之分水塘額楚門下灣沙嶴礁頭後坟塘洋暨女兒洞梅嶴乾江衝擔嶼沙頭長嶼及外洋之披山大鹿小鹿前山等處俱隸玉環洋汎倍廣若不添設快哨其何以資巡防且稱應以林門老

岓爲界門南悉歸玉環管轄不思前議黃汎所屬玉環之梅嶴女兒洞等汎俱係太平老岓黃巖右營之洋汎已去其半玉環管轄已屬鞭長莫及若欲歸林門老岸爲界則黃鎮右營所管洋汎大半盡歸玉環則右營似屬虛設矣至議抽黃鎮應屆拆造戰船一隻改爲快哨四隻今稱洋汎遼濶不敷巡察豈知洋汎旣半歸玉環船兵俱屬有餘何皆以不足爲詞然船之抽與不抽兵之調與不調自有上憲鴻裁卑職原可不必置喙第細繹來文

以船爲必不可抽兵爲必不可調獨洋汛則當
歸玉環辭勞就逸居簡卸繁竊恐有碍公論殊非
仰體上憲籌畫海疆彼此一體之至意推裴守備
之意卑職前議俱屬末議應否玉環止設一陸營
各𨺚巡船八隻其外海盤石營之洋汛仍歸盤石
營黄鎮右營之洋汛仍歸黄鎮右營共守玉環門
户以免推卸此亦一議也至于奉繪玉環山官兵
駐防處所以及建臺置汛之處俯俟會查明白繪
列呈送合併聲明縁奉前因理合具文呈覆等情

到本鎮據此爲查議設玉環營官兵船隻一案先
據該叅將方璞會同桐盧縣勘明議詳前來業經
轉請
督撫兩院示奪並咨貴司在案今准署黄巖總鎮咨
覆復行據盤石營詳覆前情除再轉咨
督撫二院外合併移知

司詳　條議玉環事宜

浙江等處承宣布政使司布政使加一級高　爲
敬陳查復等事該本司會查得玉環山開墾田地

一案奉　憲　題明准
部咨覆奉
旨依議欽遵在案復奉　憲檄单開一切應行事宜逐
一妥議次第舉行遵經移行查議去後今據温台
玉環同知張坦熊造送上年墾過田地收過租穀
漁鹽税課及支用存貯各數目簡明清冊並據將
各欵逐一登荅前來一楚門老岸及茅埏等處曠
土開田并玉環界内應墾之處招徠開墾據該丞
申稱查楚門老岸向有内外兩塘堵禦潮水因年

久傾圮田地荒蕪卑職召募人夫購備物料於上
年七月二十一日起工築建内塘於十二月初十
日告竣現在同芳杜東嶴客溪洞林等處分别設
法招徠陸續開墾其樂清縣界之盤石蒲岐等處
于上年會同唐令招徠墾種田二萬四千畝應請
歸縣徵收租穀解充玉環經費至三盤黄大嶴茅
埏等處亦經招徠民人陸續報墾等因應飭該丞
招徠陸續報陞詳報咨　部一墾户民人入籍查
編保甲借給牛種據該丞申稱現在查編容俟農

隙挨編告竣造冊申報至於牛種凡墾民力有不
足者量行借給等因查入籍查編保甲應准于農
隙查編告竣冊報其借給牛種應飭於秋收速催
還項一已墾田地編立都啚開造魚鱗等冊咨達
據該丞申稱現在編立都村造冊詳送至魚鱗冊
恐難刻期應請俟墾民招齊田地墾畢之日統爲
挨號造冊等因查此魚鱗號冊原難先期查造應
如所請俟墾畢統爲造報一每年租穀動給官俸
役食各數目本年經費於何日起支據該丞申稱

租穀動給官俸似應於　部文到日起支役食請
於申報着役日起支等因查該丞議以官俸於
部文到日起支役食請於着役日支給似屬允協
一建造倉厫作何辦理委員興工據該丞申稱上
年已經建造倉厫四十間並前後倉廳大門共九
間等因應飭俟工竣年終造冊報銷一玉環官兵
現應赴防所需衙署營房興建據該丞申稱衙署
營房甚爲緊要所有陸續收貯稅銀業經差齎溫
郡瑞安縣購買木植除申請溫處道給發所收八

關稅銀外緣需費甚繁已備文詳明等因查營房
甚多一時難以猝辦是以詳明官兵分爲三次赴
防請於十月初一日彼此收除俟移駐派定之日
飭令造冊詳報咨明　戶兵二部科展限一查官兵
應給俸餉乾米於何日起支據該丞申稱俟抽調
到山齊集統於十月初一日畫一收除起支等因
查俸餉乾米因營房尚未建齊已據該營具詳統
於十月初一日彼此收除詳請咨　部一玉環照
州縣例設民壯五十名應行募足分給器械演習

護防造具冊結詳報據該丞申稱現在召募備給
器械演習訓練俟容造冊詳送等因現在飭令速
行召募足數造具冊結詳報彙送一應設舖兵四
名於樂太二縣何舖內抽撥據該丞申稱已經轉
行樂太二縣抽撥取結容於解送到省申報等因
現在嚴催結報彙送一玉環同知照各府同知設
立吏役名數召募造具冊結詳送據該丞申稱玉
環地方過於簡小州縣管理錢糧命盜一切詞訟
需役辦理除門役皂快各役照各府同知設立外

吏胥一項不敷供辦已經具文詳請照中縣例分
別房科經制典吏十一名書辦十一名并設庫子
四名獄卒八名皂隸除原設十二名外應添四名
等因查玉環地方既稱過於簡小州縣所有吏書
以及庫子獄卒皂隸照中縣之例增設再巡檢員
下設攢典一名皂隸二名今改設玉環巡檢衙門
循例一并添設至吏攢應于每年終造冊報　部
五年役滿起送考職其庫子獄卒皂隸人等照例
支給工食年終造冊報銷已經詳請咨　部在案

應飭募足取具冊結詳送再該同知衙門亦有錢
糧倉庫之責應照州縣例於吏書內揀選殷實老
成之人二名充當總吏使其稽察錢糧五年役滿
照例起送考職一玉環山開墾應修塘閘堤壩以
資水利勘估造冊詳議據該丞申稱除楚門內塘
已經建造其外塘并東西青內塘已於本年二月
二十七日興工建築一切工料統容造冊申報其
餘應築處所並容逐一勘估造冊詳送等因現在
嚴催逐一勘估同用過工料於年終造冊報銷一

玉環沿邊快哨巡船一十二隻用過工料銀兩確
核具詳據該丞申稱哨船一十二隻係卑職所收
玉環糧稅項內動支銀一千三百九十五兩六錢
四分九釐解赴溫處道監造已獲批廻現在申請
本道開明工料銀兩數目造冊具報等因查前項
快哨船一十二隻已准溫處道造完現在移營補
結所有用過工料俟造冊到日年終一併詳請
題銷一建造城垣並同知巡檢衙署以及庫獄確估
工料分別造冊妥議具詳據該丞申稱除衙署業

經勘定基址喚匠估計工料現在造冊具報外其
城垣一項雖屬疆圉要務工程甚鉅不得不暫請
寬期俟來歲議估舉行至庫獄二項現在估定造
冊申報等因查城垣一項原　題內已經聲明俟
將緊要先爲興建料理則是城垣一項工料繁多
一時難以並舉應陸續議估詳請舉行至於巡檢
衙署以及庫獄等項應俟營房趲造完竣後將巡
檢衙署庫獄再行催建一玉環同知叅將巡檢都
司印信議明具詳請給據該丞申稱同知印信已

奉准　部咨現在鑄給奉飭請咨赴領毋庸再議
外其㕘將都司巡檢各印信亦經議定字樣詳請
咨　部鑄給俟　部行到日分別給咨請領一玉
環新設營制抽調官兵水陸汛防及巡洋戰船造
册詳報據該丞申稱抽調汛巡戰船現今分别移
詢俟移覆具報等因查抽調官兵水陸汛戰船
文册因營房衙署一時不能攢竣請於十月初一
日彼此收除詳請咨明　户兵二部科一玉環武職
衙署確估工料造册詳報據該丞申稱業經會同
樂清協酌定基址面同喚匠估計工料現在造册
具報等因查武職衙署工料文册現在催造完工
造册詳報俟送到一并會送查核一玉環詞訟命
盜飭令該同知照例依限審詳據該丞申稱遵照
部覆原題奉
旨事理詞訟命盜依限審詳具詳核轉一設民壯弓兵
看守倉庫監獄巡查要隘據該丞申稱遵奉飭行
不致違悞等因一巡檢弓兵聽該同知差遣巡緝
據該丞申稱遵行不敢有違等因以上三欵嚴飭

該丞實力遵行一從前潛入玉環台溫偷墾私煎
之人作何禁逐安插據該丞申稱卑職上年奉飭
到山查偷墾私煎之人内有閩省民人五十四名
當時驅逐出境不許容留在山内有溫台兩府屬
縣民人俱經移關各地方官查明並無假冒取有
親隣族保甘結准其入籍等因現在嚴飭該丞悉
力稽察倘有此等閩廣民人潛入玉環偷墾私煎
即時禁逐安插仍招徠台溫二府屬縣民人報墾
取具地方官並無假冒印甘名結詳送查編入籍
如閩廣之人冒籍揑名并曾有過犯者地方官不
行詳查混行移送以致户口無稽課稅缺欠及妄
生事端照依原　題將原送并驗收各官詳參議
處一玉環米穀毋許私運出洋據該丞申稱現今
飭令巡檢盛端協同樂協遊巡汛弁晝夜稽查卑
職仍不時申飭等因應嚴飭該丞不時稽察如有
所存米穀小民欲糶賣者仍照原　題許往溫郡
并樂太二縣照例給照掛號查驗毋許私運出洋
倘有並無照票偷運出口販賣者一經捕獲炤擬

濟盜賊律治罪如米船出入口岈官弁不細加巡查或通同徇隱者即行詳參照律治罪一查禁各嶴搭蓋棚廠私煎偷漏設立廠頭稽查造報據該丞申稱查玉環附近各嶴採捕魚鮮各有其時亦各有其地四季俱有漁汛起汛之時按嶴僉點廠頭令司稽查漁汛一畢即搬移回籍難以一定等因現在飭令該丞造明官併廠頭竈户各姓名另造清冊呈送應俟送到轉呈查核一經繇玉環閩浙沿海漁船照例取結刊號給牌查驗據該丞申

稱現在移會水師協力稽查并擬會詳嚴飭本省各府州縣並咨明福建　督撫二院轉飭各府州縣凡沿海漁船各責令刊號仍照例取結給與船户照內開明凡經由玉環洋面須赴玉環文武衙門將牌照送驗掛號填明採捕處所不許私越庶各船户知所遵守而汛防不難稽察等因查沿海漁船刊號給牌已經據情詳請　憲臺飭行各府州縣並咨明福建　督撫二院會飭在案以上奉准部覆應議各欵除添設吏役并文武官員印信俱

經分案詳請咨　部又建造武職衙署營房一時難以猝辦相應詳明咨　部科展限外其修造倉廒塘閘堤壩巡哨戰船各欵俱應催令陸續告竣同用過工料細册年終彙冊詳請咨　部核銷又查編保甲都啚開造魚鱗並陸續收除開墾建造城垣並同知巡檢衙署庫獄等項緣一時難以剋期並應飭次第舉行再玉環詞訟命盜添設民壯防護倉庫監獄巡查要隘巡檢弓兵聽該同知差遣巡緝及稽察運米出洋漁船刊號驗照并煎鹽設令廠頭稽察其抽調舖兵應飭樂太二縣解送到日同召募民壯吏役一併結報各欵現在飭

令實力遵行會營嚴查至於漁鹽二稅係無額之項恐有收多報少應設立四柱收支簿籍送司蓋印飭發將每季收除數目隨填簿內於季終送核仍會同巡檢等官拆併開摺通報庶杜侵漁情弊合將雍正五年墾過田地收過租穀及漁鹽二稅各數目轉造簡明司冊現在一併詳送伏候憲臺察核咨明　戶兵二部科至此案扣至八月二

十六日限滿除扣玉環山程途逾限未及一月合
併聲明雍正六年九月二十七日奉
總督部院管巡撫事李　批本司呈詳玉環條議
事宜緣繇奉批據覆各欵俱已明晰仰即轉飭該
丞移會營員一體遵照并候咨明
福建督撫二院會飭仍催未送各冊察核通詳繳冊
存奉此合亟抄看飭知

議詳

玉環展復一應規模皆

制府悉心經畫罔不咸周　熊亦奚容多贅顧自任
職以來墾闢招徠纖悉躬親又承
制府爲
國阜民博采末議敢不事事縷請于是
大憲之鴻猷既列於前而　熊之管見亦間附焉雖
先後議詳職銜或異然始任桐廬繼之兩攝太篆
隨掌
題授玉環同知覽者亦可開卷而瞭然矣志議詳
台州府太平縣爲查復浙洋等事竊照玉環山孤
懸海中鼎深而澗附近之島嶼繁雜遷棄之田地
甚多今奉
題請展復伏讀原
奏仰見
憲臺經
國子民防微杜漸籌畫精詳無微不徹卑職以樗櫟
庸材荷蒙
憲檄指示包括靡遺卑職惟有遵循
憲飭竭盡駑駘以期仰副

皇仁憲德業經設法招徠墾民雲集但地處海[illegible]
創始務在因地制宜隨時變通所有一切應行事
宜謹縷晰爲
憲臺陳之
一兩邑之經界宜定也查玉環舊有都啚緣遷遣
多年無案可攷今太樂民人取結賣照到山者隨
即各分山嶴撥田墾種南以洋嶴桃花嶼下之溪
河爲界河北爲太河南爲樂北以西青之山嶺爲
界嶺東爲太嶺西爲樂疆界井然間有本省附近

民人取結賫叚來山認墾者就伊居止分隸太樂二邑俟田疇盡開比戶安居編造鱗册分定都啚設立保甲一體稽察盈寧既慶繼以教育將來人文漸起既非州縣不便另設學校且應考儒童即係兩府民人或仍赴兩邑考試或請照商童之例令同知就近攷試徑送

學憲取入府學應俟另議具詳外至於玉環同知專司管理詞訟徵比糧租給放兵米督修塘壩等事倘有命盜案件則丞倅無成招之例亦應歸兩邑印官審擬是否妥恊伏候

憲裁

一田地之科則宜定也玉環田畝已蒙

各憲

奏請徵輸本色甚爲便民查太樂兩邑田地一則起科太邑一畝徵銀五分二釐六毫米一升九合七勺地一畝徵銀二分三釐樂邑每田一畝徵銀五分三釐米一升六合四勺地一畝徵銀三分五厘七毫山每畝徵銀四釐至玉環山土有肥磽不一

開墾工力懸殊卑職再三酌議分爲上中下三則上則田計徵條丁米一斗五升中則田徵米一斗下則田徵米六升地每畝徵米三升山每畝徵米一升但海濱地方潮溼米難久貯應請每米一斗折收穀二斗庶不致有黴爛之虞是否妥恊伏候

憲裁

一倉廒之建造宜急也墾民輸將租穀之外尚有多餘不拘何項銀兩照時價平買以杜偷運之弊是建造倉廒誠爲首先之要務卑職現在雇估工料擇日興工俟估定確數另行造册具詳外其穀石出入必得斗級專司其事應請設立倉夫六名斗級六名所需工食於本山糧租內給發合併詳

明伏祈

憲臺察奪

一海口之塘壩宜築也玉環瀕海地多斥鹵如東青西青璟浦青塘下灣沙嶴後坟塘洋大普竺小普竺大麥嶼小麥嶼大古順小古順等處塗田數萬而楚門蒲岐等處老岈亦有塗田數萬向來原

有堤塘以資其捍護因同時遷遣傾圮已久以致
盡成荒蕪卑職遍歷查勘必須仍建堤塘以捍其
衝激則鹹潮不能入設陡閘以時其啟閉則霪雨
不爲災皆可成田以濟民食但採木購石飯食人
工爲費不貲新集窮民不能自備工本卑職再四
籌畫如貧民自願出力築塘者給其食米酌借工
本倘本省殷實之家情愿自備工料准其一體建
築俟工完之日許其墾種廢塘工易爲告成而田
地可無荒蕪之虞理合詳明伏乞

憲奪
一團練之民壯宜設也玉環襟山環海嶴深島雜
奉　憲
奏請移調將弁駐劄同知
憲臺之經畫精詳既周且至但內地州縣城守駐
防之外文職衙門復設團練五十名所以嚴巡緝
而資捍禦法誠甚善今玉環處山海之中稽巡防
範更宜嚴密除吏書各役照各府同知衙門設立
外應請照州縣團練之例添設民壯五十名置備

器械習練武藝與陸路兵丁一體稽巡要隘看守
倉庫庶防範嚴而疆圉鞏固矣合并詳明仰祈
鑒奪
一文武之衙署宜建也卑職奉委來山惟以開田
播種爲先務始則棲身布帳繼則搭蓋茅篷今則
田疇漸廣居民雲集其文武衙門觀瞻所係且移
置營兵俱需居室其間數應請循照乍浦之例建
造所有應需工料俟逐細確估造冊具詳外合先
詳明仰請

憲示
一僻處之員役宜撥也伏讀原
奏玉環添設巡檢一員以聽巡查差遣今查樂清縣
之嶺店驛地處僻壤並無錢糧夫馬實屬閒員可
以裁改再玉環上下公文往來必須舖遞今太邑
各舖之中已經抽撥舖兵二名在山遞送其由溫
州往來之公文應請於樂邑各舖亦酌量抽撥二
名廢俸工役食無事加增而公事得以克全矣
一各島之棚廠宜稽也查黃坎門梁灣大麥嶼東

臼三盤鷄冠衝擔石塘蝦蟇等處搭有棚厰百餘
採捕魚蝦做鮝曬皮杉板船隻市賣貿易者不下
千餘人因念若輩在毋謀生已久不便遽絕其業
若漫無稽查聽其多人混雜又恐易藏奸匪應請
逐廠挨查取具原籍隣保甘結仍許採捕循照定
海計廠徵收塗稅之例酌分上中下三則每處設
立官伢一名廠頭一名以司稽察所收稅糧可充
文武員役俸工之需倘有盈餘又可收買米穀以
助築塘建壩之費不特奸匪易於稽查而玉環經

費亦藉以少佐矣理合詳明統候
憲奪
一漁船之稽察宜嚴也查黃坎門梁灣烏洋鷄冠
石塘東臼三盤等處閩浙兩省之人船隻數百往
來錯雜春夏網魚打鰍秋冬捉蛇鈎帶其初不過
挾網罟微貲冀其厚利一遇風潮吹散魚汛遂有
不可問者海洋不靖多繇於此而閩省之釣艚船
爲尤甚但閩人以漁爲生玉環周匝洋面船隻甚
多似難槩爲禁絕總以防範密而稽察嚴可保無

虞特爲仰請
憲臺通飭閩省沿海州縣凡漁船來浙採捕者將
船户水手住址年貌報明本縣該地方官嚴加查
察取具里隣親族保結并同行互結某縣某號姓
名刊刻船傍塡給牌照再將一邑之船彙成一幫
赴玉環文武衙門查驗牌照塡註採捕處所停泊
汛口晝則四散捕捉夜必傍汛歇宿漁汛一畢合
幫同返毋許逗遛或有別事耽遲即禀明所在官
司查明塡註統單鈐蓋印信回籍查銷一船有犯

同幫並究其本省台温各邑船隻亦行編號聯䑸
給照掛號倘地方官查驗不實混給單照以及沿
途營汛借稽查名色需索掯勒者應請嚴立章程
以示懲創使海澨奠安而無業窮民仍得收自然
之利矣可否允行伏候
憲飭
一兵民之食鹽宜籌也查玉環山塘洋後坟地方
向有民人在地私煎本欲即爲詳禁但恩旣奉募
民開墾添兵保障則食鹽爲必需之物隨經移會

太樂兩縣取具各户親隣族保甘結塡牌給照一
體編入保甲着令併竈聚煎卑職暫爲權宜之計
令其煎燒官收官賣止在本山賣與漁民墾户毋
許販賣隣境陸路每鹽一觔給本二釐五毫賣銀
五釐伏思鹺法雖當配引行銷而温台兩府各縣
票鹽久有成額今玉環係新開之地自應另增課
餉且孤懸海外斥鹵之區變幻靡常燒停不一惟
時當亢旱滴滷可煮亦止用食鍋濾土澄水所出
僅供一方之用不能遠資隣封肩挑非比內地場

灶可以添竈添盤招商配引請俟丁有成數比照
崇明定海計丁派引句課徵收以爲永遠之例目
下所得餘利暫爲建築塘壩開濬河渠之用工完
造册報銷俟計丁派引之後將包課銀兩歸入正
項庶上不動支公帑下有利於民生公務克全私
梟永杜裨益實非淺鮮是否妥恊伏候
憲裁　以上十條卑職不揣芻蕘謬陳管見但剏
制務垂永久立法必期盡善使上有裨於
國計下有利於民生出自

玉環志　一部　全冊　實　三元

憲臺碩畫弘裁電核批示以便遵循

特開玉環志卷一

特開玉環志卷之二

星野

地輿上應列宿雖山陬海澨經緯各有定位徵驗見於上氣機應乎下星之麗乎天猶民之麗乎土辨其躔次之合離即可以見有位者之得失古人察星土以辨災祥占豐祲蓋理有一定非高談經緯侈言術數而已志星野

玉環地境古禹貢揚州之域浙地江以西屬吳江以東屬越所謂到江吳地盡隔岸越山多是也溫台均隸揚州玉環界在溫台之間故亦隸於揚天文應牛女分野之區天宮北宮光武其宿

南斗牽牛婺女初斗九度終女四度爲星紀爲丑其分野吳越揚州又云斗在雲漢間當淮海下流爲吳分牛去南河浸遠爲越分占斗主吳越饑災暈損持彗孛兵起歲星有福水上吉爲天梁星龍尾南斗天漢之津梁也爲權星北斗七星四爲權亦曰魁第四星爲權主徐揚州爲司命下星此下六星兩兩相比者名曰三台下星主荊揚色青爲宵顯爲變異黃潤爲德白爲喪罷爲憂爲天市第六星宋志爲熒惑位南方主揚荊交州爲璣衡第六星緯書志主揚州候以五巳日丁巳日爲吳郡會稽月食南斗吳越災歲星犯南斗吳越福彗孛犯斗吳越災變水土犯斗福月暈斗損饋天梁星不明廣宮室鑿山陵出宋史月入南斗宋至道値此兩浙大祲歲星犯南斗春秋時吳伐越史墨曰越得歲而吳伐之必受其凶已而果然苻堅議伐晉苻融曰歲鎮斗牛吳越之福不聽敗還太白犯北斗晉惠帝永興値此陳敏犯吳越牛斗間旺氣唐咸通中豫章人有善術者望斗牛有旺氣因遊錢塘占之在臨安至乾符二年臨安錢鏐封吳越王

附農占

國以民爲本民以食爲天民事不可緩也雖云人事有天時焉志之取乎星野所以占徵應之休咎卜雨暘之時若然則農家之課晴問雨豈曰野老之俚言田間之諺語而可忽諸志農占

四季占風諺云行得春風必有夏雨春南夏北風必雨冬天南風三日雪六月西南天皎潔臘月西南天落雪八節風候元旦日風東來年豐南來主旱西來米貴豆熟北來水災春分日風東來年豐南來五月先水後旱西來麥貴北來米貴一倍立夏日風東來雷電多南來年豐米賤西來蝗蟲人不安北來泉湧地動立秋日風東來人疫南來秋旱西來有雨北來冬多雪秋分日風東來萬物不實南來凶西來人民安歲豐稔北來冬酷寒立冬日風東來冬凶南

來次年五月大疫西來凶北來冬雪寒死走獸冬至日風東來人疫南來穀熟西來民少病素問候氣按素問曰冬至日太乙立於叶蟄之宮其候也天必應之以風雨蒸日風從南來者風邪傷人其夜至者民皆臥而弗犯故其歲民少病晝至者萬民懈而多病以其虛邪入客於骨故有疾焉立春之日風西來兩邪相搏經氣結成逢其風而遇其雨名曰遇歲夏至日風東來八月人多病南來名順風大熟西來秋大雨北來山水出占日日若生暈者主有雨日抱耳不晴紅雲日出生勸君莫遠行烏雲接日次日有雨晝則日色赤夜則月色白皆雨之候晝則日色白夜則月色赤乃將旱之兆占月月生暈主風更看何方缺風從缺方來月如仰瓦不求自下月仰船雨綿綿月掛弓曉夜風占雷凡雷聲切發和雅主歲內吉聲擊烈驚異者又值甲子日尤吉占星銀光閃爍不定次日主風夏夜星密主大熱明星照爛地次日雨不住占流星東向西移來日有雨西向東移二日內主風南向北移來日主霧北向南移來日主陰而無雨占天河凡天河中星繁則多雨星少則多旱若火星入河則旱雹與水星入河則大雨作占北斗夜觀北斗魁星之間有黑潤色雲在畔則當夜有雨如北斗前有黃氣者明日有風四下無雲溟濛偶藏北斗或上下有覆者五日內必雨如有黑雲濃潤者當夜必雨論風日暈風和明日

兩多風夜半起者必狂自息者不和又曰東風急備簑笠冬天南風二日主霜秋天西風主雨夏南風主晴夏天不風不雨熱多凡風单日起单日止雙日起雙日止春巳卯風樹頭空夏巳卯風禾頭空秋巳卯風水裏空冬巳卯風欄裏空

論雲 雲行東馬頭通雲行西馬濺泥雲行南水漲潭雲行北好行客雲

論雷 正月初一日雷主一方不寧初發聲微和者一年吉未雨先雷船去步回無雨雷如炮車形主大風起鳴主有雨凡雷聲響烈者雨雖大易過雷中有雷主百日陰雨

論雨 雨打五更中必晴雨停午下無數雨住晚來日晴凡驟雨易晴晏雨不晴快雨快晴雨併雪無休歇春寒主雨夏寒晴戊午庚申甲子期但將此日定天機此日有雨終須有此日無雨兩月餘雨打五更頭行人不須愁日若當晝見三日不見面春甲子雨赤地千里夏甲子雨撐船入市秋甲子雨禾頭生耳冬甲子雨牛羊凍死

論虹 虹掛東一場空虹掛西水瀰瀰大潮雨七日小潮雨三日

論電 正月初一日有電主人有殃夏秋之間夜晴而見遠電俗云熱閃在南主晴在北主雨又南閃千年北閃眼前大暑前後有電早禾薄收

論霞 朝霞不出門晚霞行千里

論露 正月初一日有露主人有疾桑麻賤地氣上曰露凡露三日主有東風北風九日春霧露不收卽日雨春露雨淋淋夏露曬行人

論霜 初下霜一朝謂之孤霜主來年歉連下十日以上主熟上有鋒芒者吉微平者凶主來年旱春霜主雨俗云春霜不過三日雨三朝主雨九日晴

論雪 正月初一日雪主夏旱再下主來年多水

論冰 冰後水漲主來年水災多米後水退主來年必有大旱

論海沙 海沙叫本日有大風大雨卽名海衛

輿圖

玉環山圖　玉環治圖　衙署倉廒圖

環山勝境圖　三盤山圖　黃大嶴圖

石塘山圖　靈崑山圖　附全浙海圖

古者有籍卽有圖所以登民數繪地形其間人物風土之宜山川險易之區以及城池田畝之經畫而位置禽魚種植之蕃蓄而滋生莫不瞭然[illegible]列象成經俾守土者得以按圖稽攷誠要務也玉環繞山環海地極險要雖規模之麤立乃制度之維新凡百經營悉皆繇於躬詣其地親睹其形於以目擊手披繪無遺義若乃南極閩廣北達青齊右控江藩左聯寧紹海道所馳尤爲四通而八達故全海舊圖亦兼收而並繪庶披閱了然瞭若指掌不惟於經界之道有以因地制宜抑且於防範之法得以綢繆永固也志輿圖

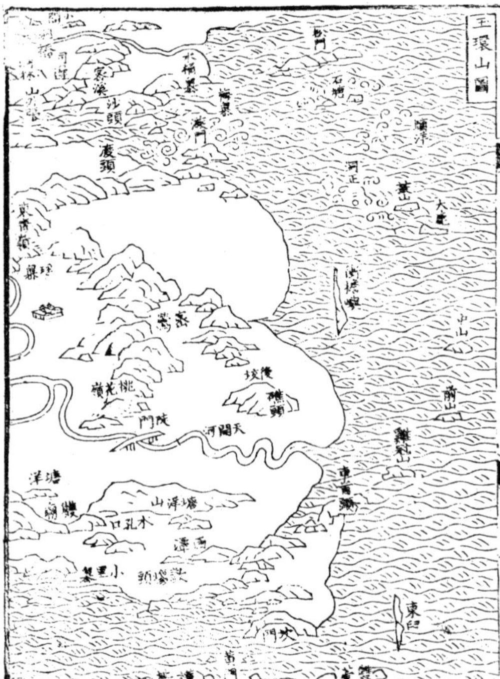

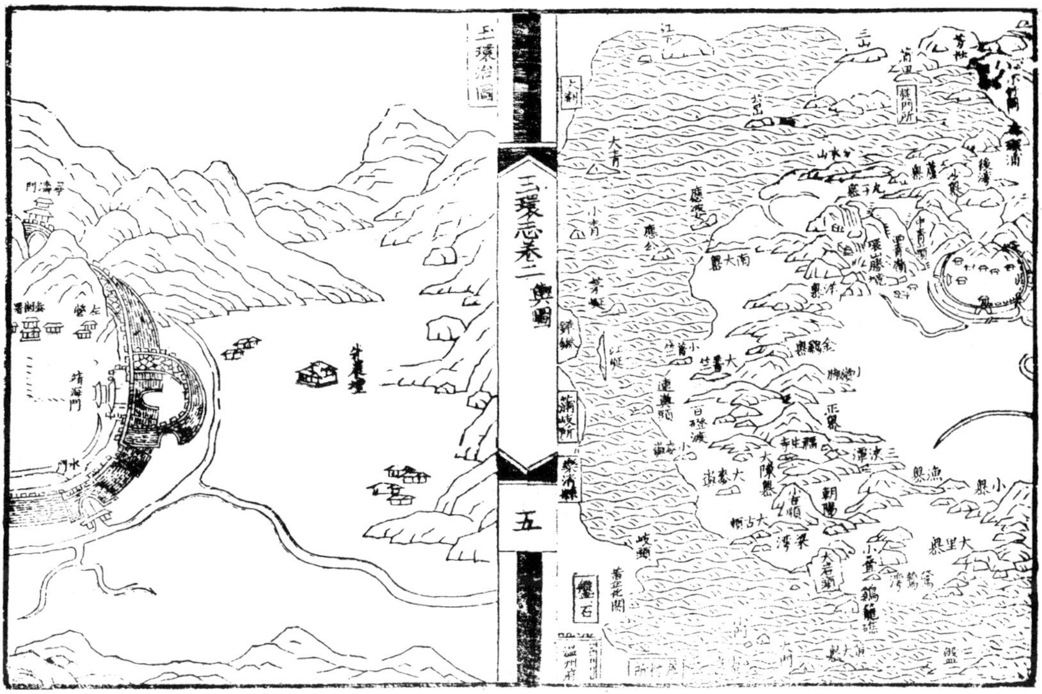
玉環志卷二　輿圖
五

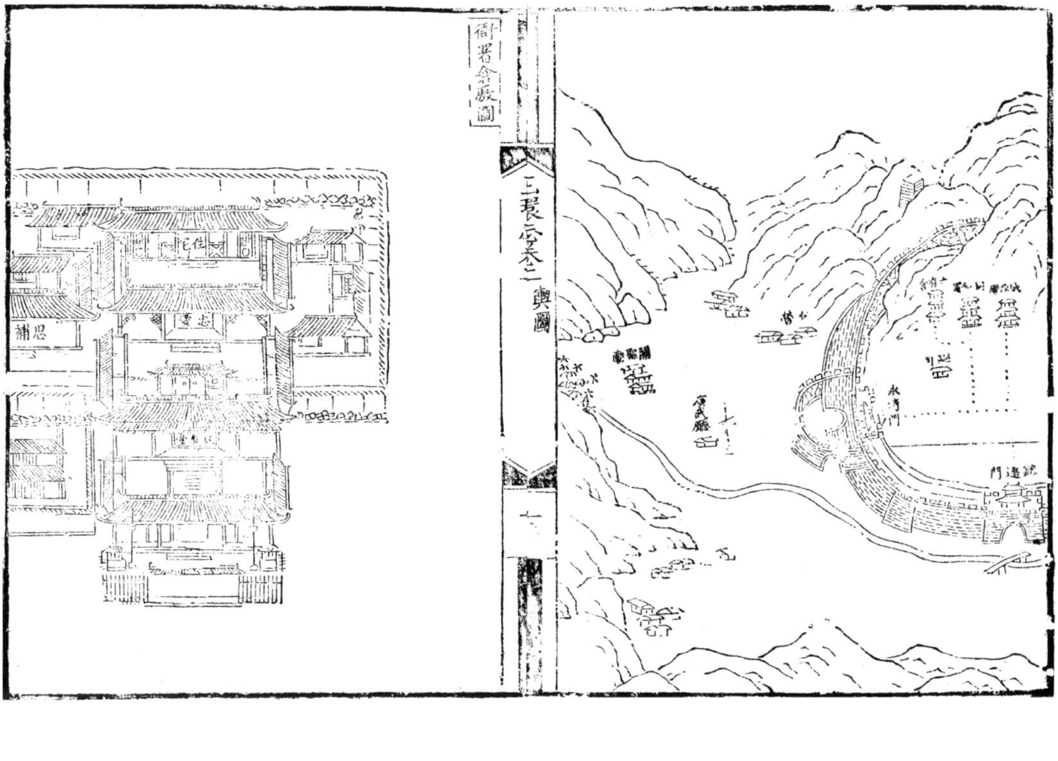
衙署倉廒圖
玉環志卷二　輿圖

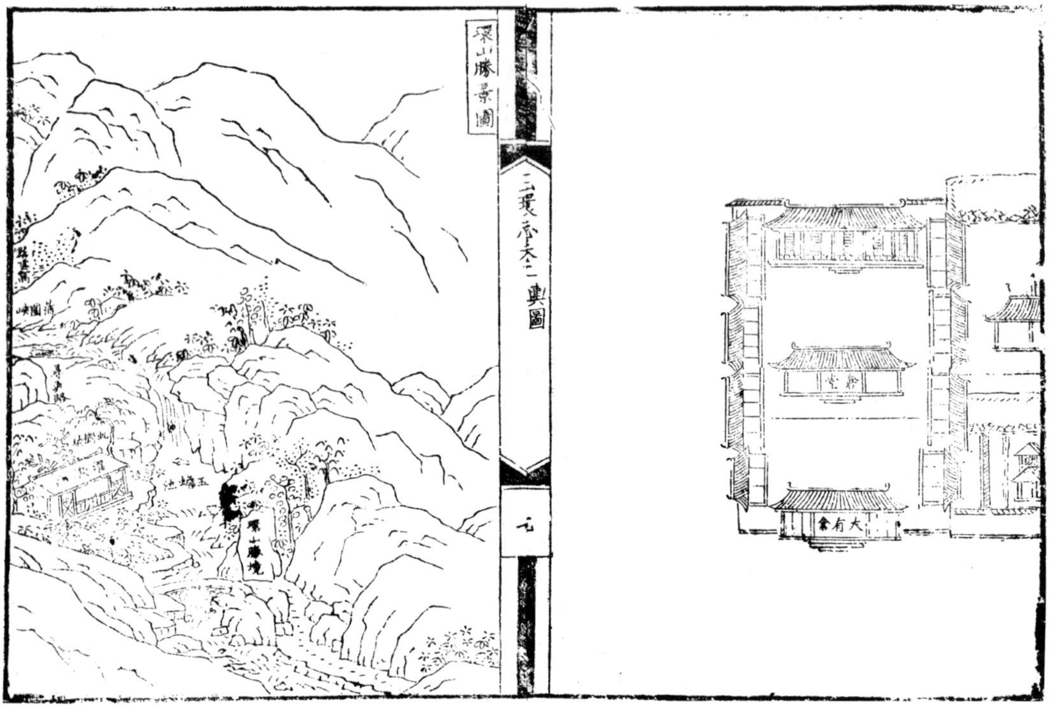
環山勝景圖
三灋志卷二　輿圖
七
環山勝境
玉蟾池
清園峽
大有倉

三盤山圖
三灋志卷二　輿圖
八
白膃門
中瞿
小瞿
大瞿
東廊
洞頭門
田
千仞岡
文昌閣
白龍湫
琅玕峽
芝藥圃

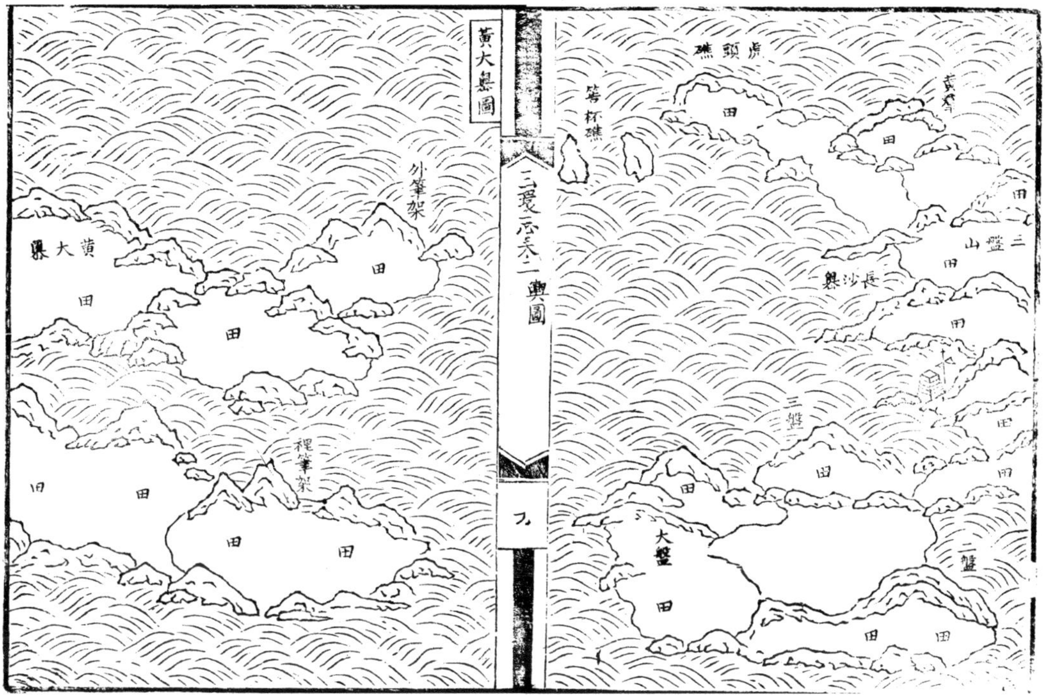
黃大嶴圖
玉環志卷二　輿圖
九
黃大嶴
外筆架
裡筆架
虎頭礁
筲杯礁
長沙嶴
三盤山
三盤
大盤
二盤

石塘山圖
玉環志卷二　輿圖
十
倉山門
沙角
松門所
下門
楊府廟
重山
娘娘宮
南潭頭
黃上山
黃裡山
大高城
西廊

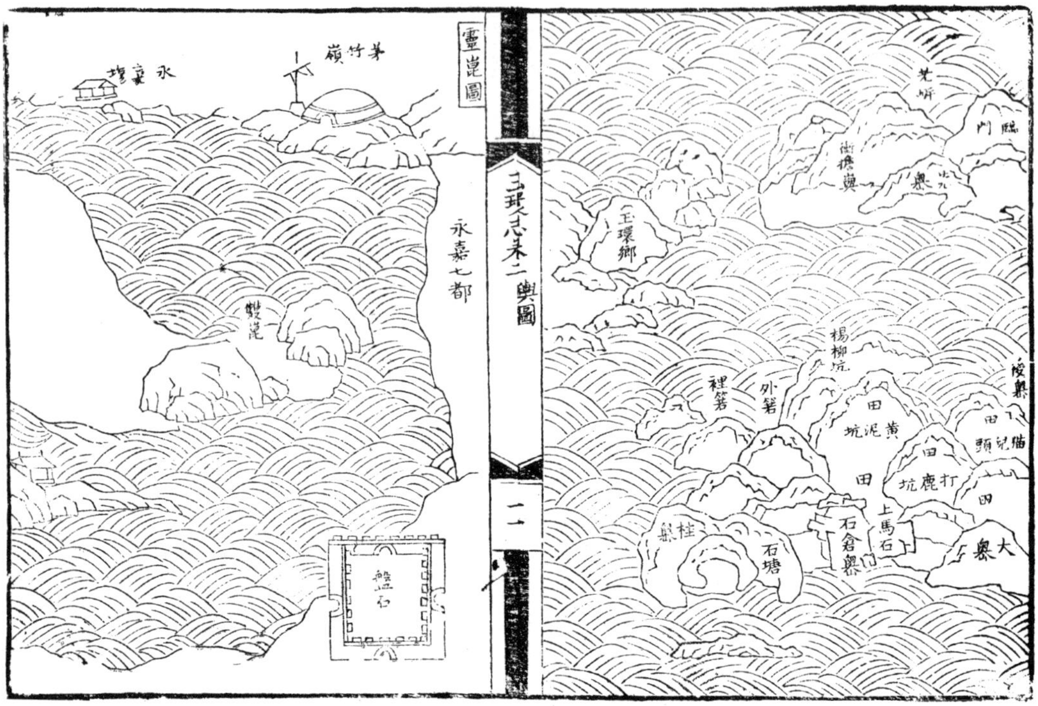
靈崑圖
三瑗志卷二　輿圖
永嘉七都
茅竹嶺
盤石
玉環鄉
楊柳坑
裡箬
外箬
黃泥坑
打鹿坑
石塘
石倉嶴
上馬石
大嶴

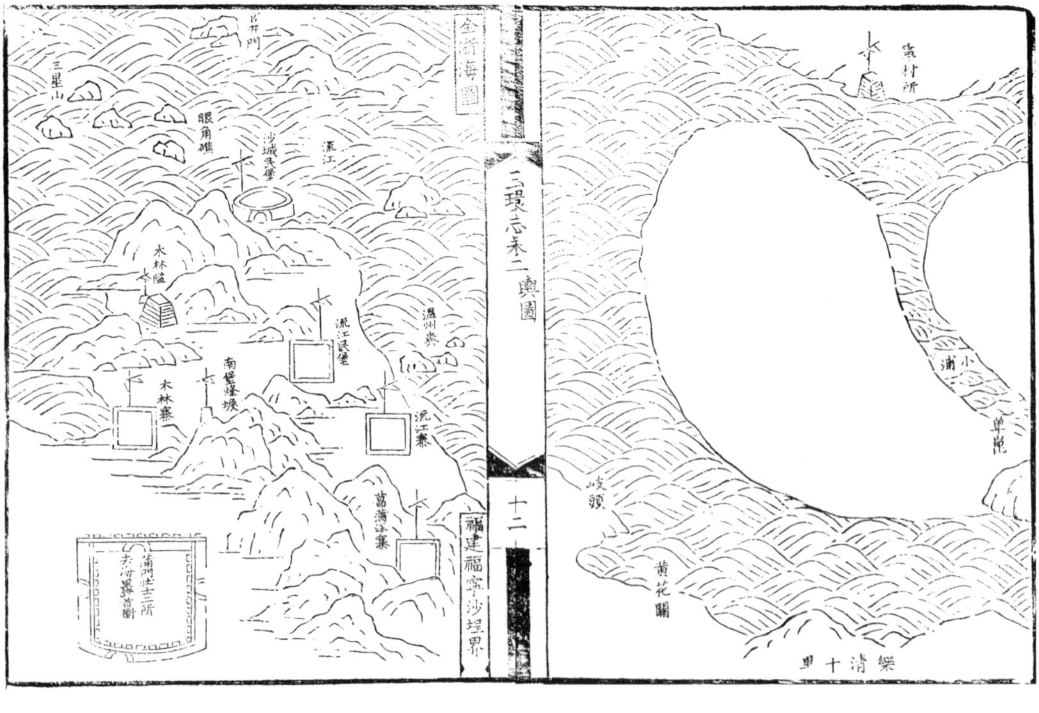
全浙海圖
三瑗志卷二　輿圖
十二
三星山
眼角礁
流江
木林隘
流江民堡
木林寨
流江寨
蒲門壯士所
福建福寧沙埕界
岐頭
黃花關

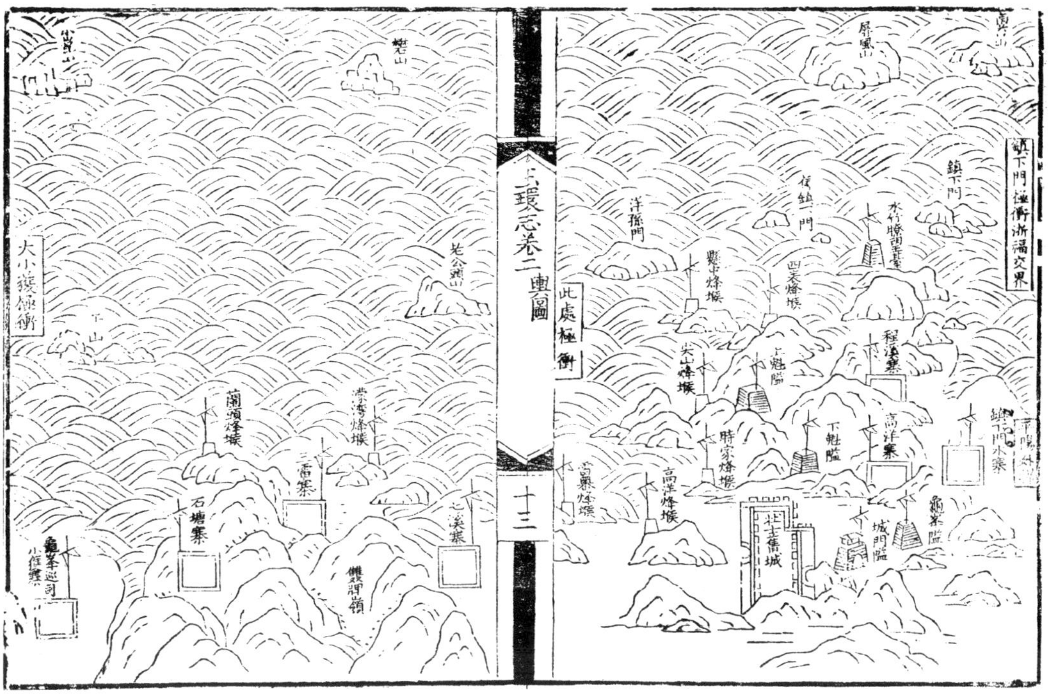
玉環志卷二輿圖
十三
此處極衛
屏風山
鎮下門極衛浙福交界
鎮下門
洋孫門
縣中烽堠
尖山烽堠
上魁隘
下魁隘
程溪寨
高洋寨
時家烽堠
高洋烽堠
城門隘
北古舊城
蘭頭烽堠
三盤寨
石塘寨
老公頭山

玉環志卷二輿圖
十四
馬鞍山
大鹿山
鳳凰烽堠
石坪寨
上岸烽堠
珠明隘
金鄉衛
嶺門隘
東岡烽堠
東山烽堠

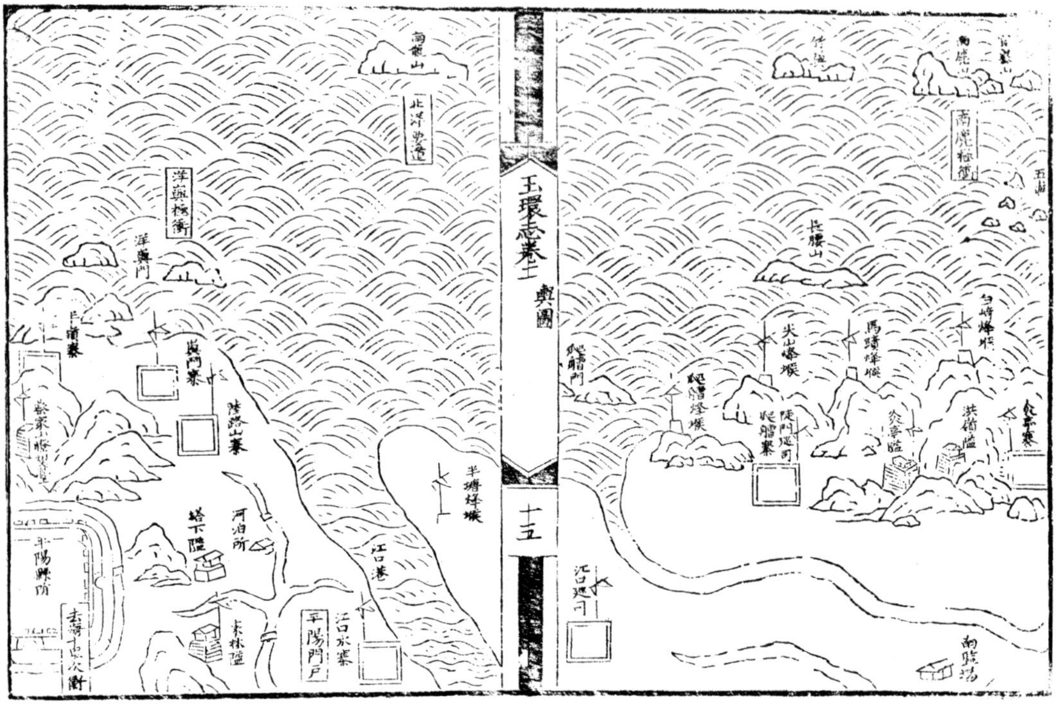
玉環志卷十二
輿圖
十五
南龍山
洋嶼極衝
洋嶼門
塔下隘
河泊所
東林隘
江口港
江口水寨
平陽門戶
半塘烽堠
平陽縣所
南麂極衝
長腰山
馬踏烽堠
尖山烽堠
陡門巡司
炎亭隘
江口巡司

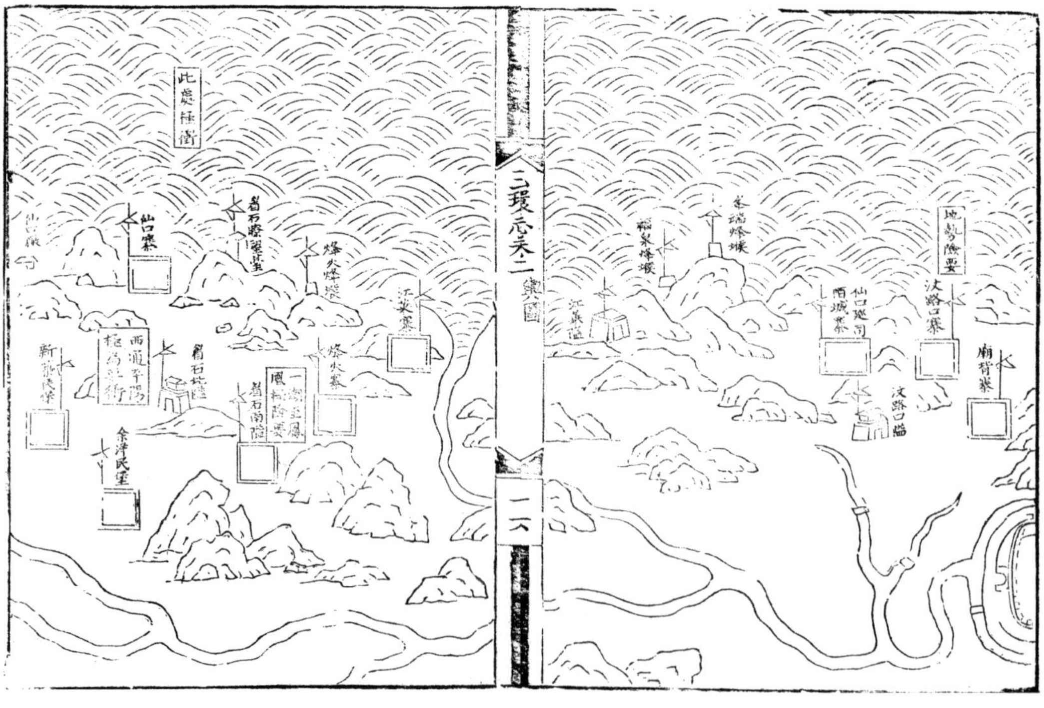
玉環志卷十二
輿圖
十六
北關極衝
仙口寨
烽火烽堠
烽火寨
地勢險要
汶路口寨
仙口巡司
廟背寨
汶路口隘

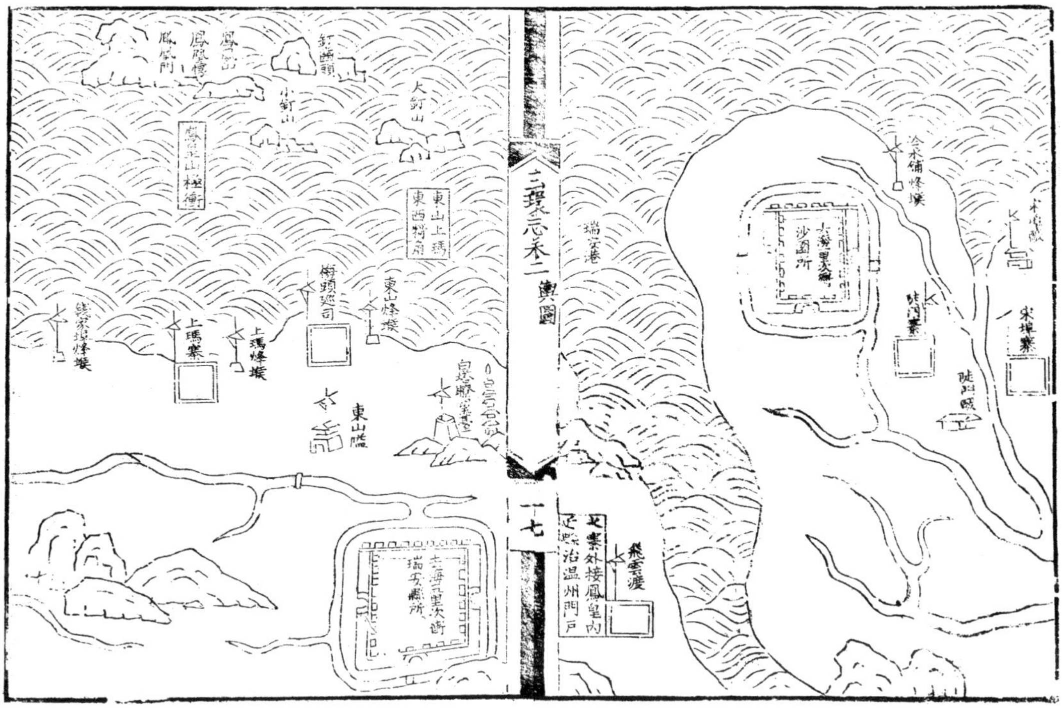
玉環志卷二 輿圖
一十七
大釘山
小釘山
東山烽堠
上碼寨
上碼烽堠
東山隘
瑞安港
沙園所
飛雲渡
此寨外接鳳凰內
近縣治溫州門戶

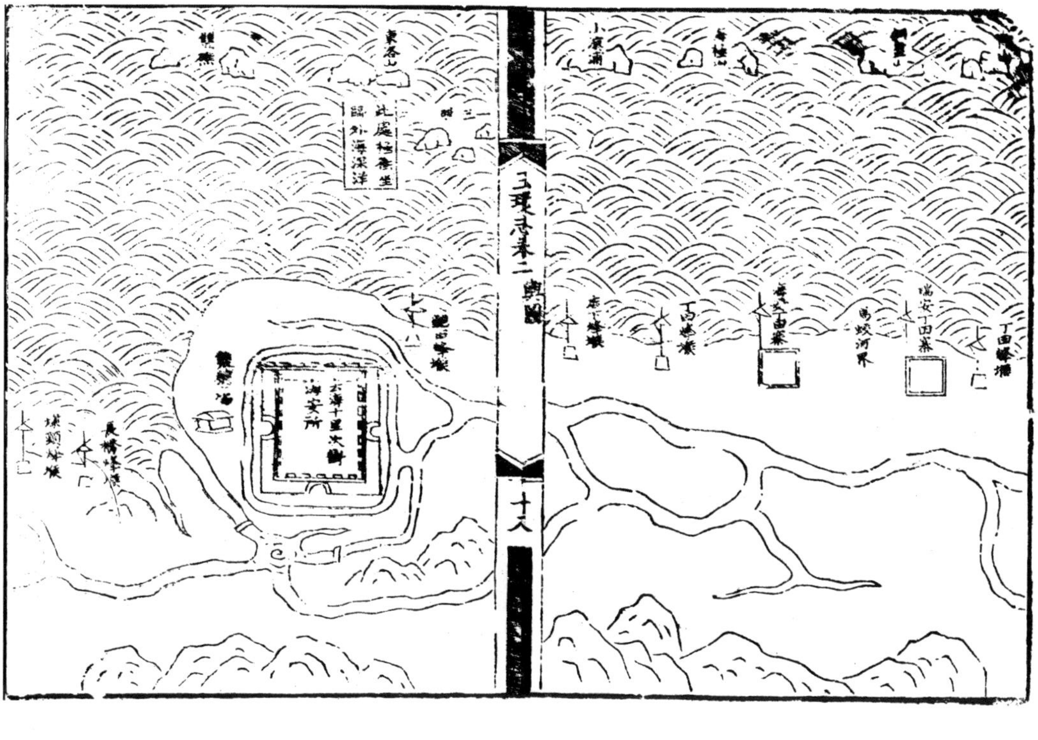
玉環志卷二 輿圖
十八
海安所
長橋烽堠
丁田烽堠

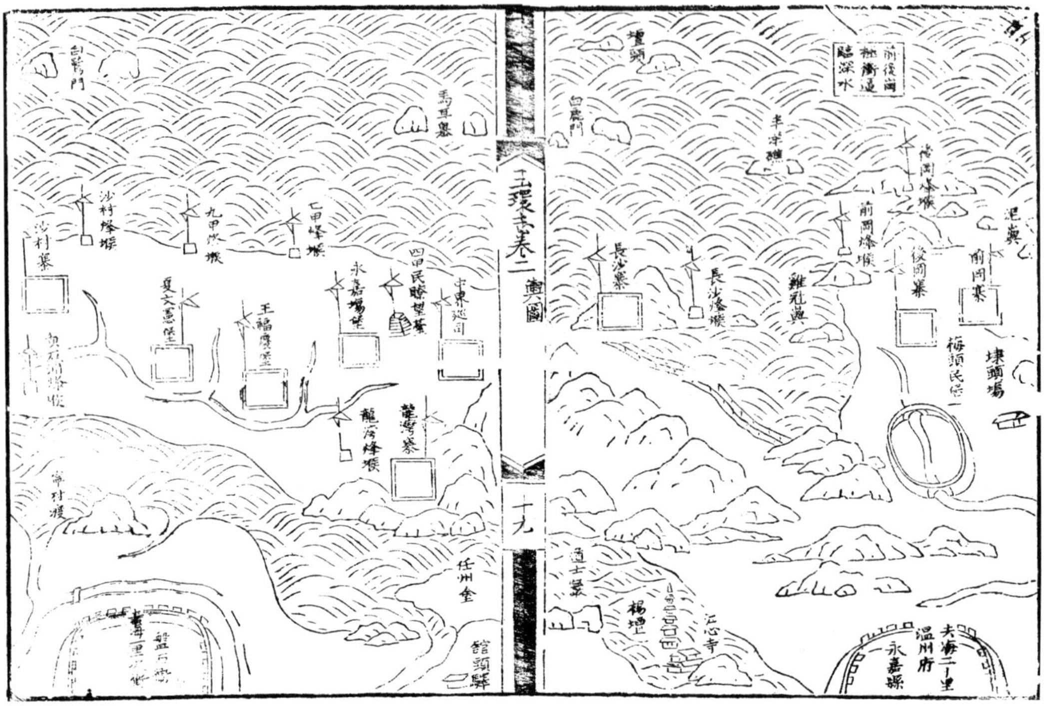
玉環志卷二
輿圖
十九
溫州府
永嘉縣
江心寺
長沙寨
長沙烽堠
前岡烽堠
後岡寨
前岡寨
埭頭場
龍灣寨
龍灣烽堠
永嘉場堡
沙村寨
沙村烽堠
馬耳嶴
雞冠嶼
館頭驛

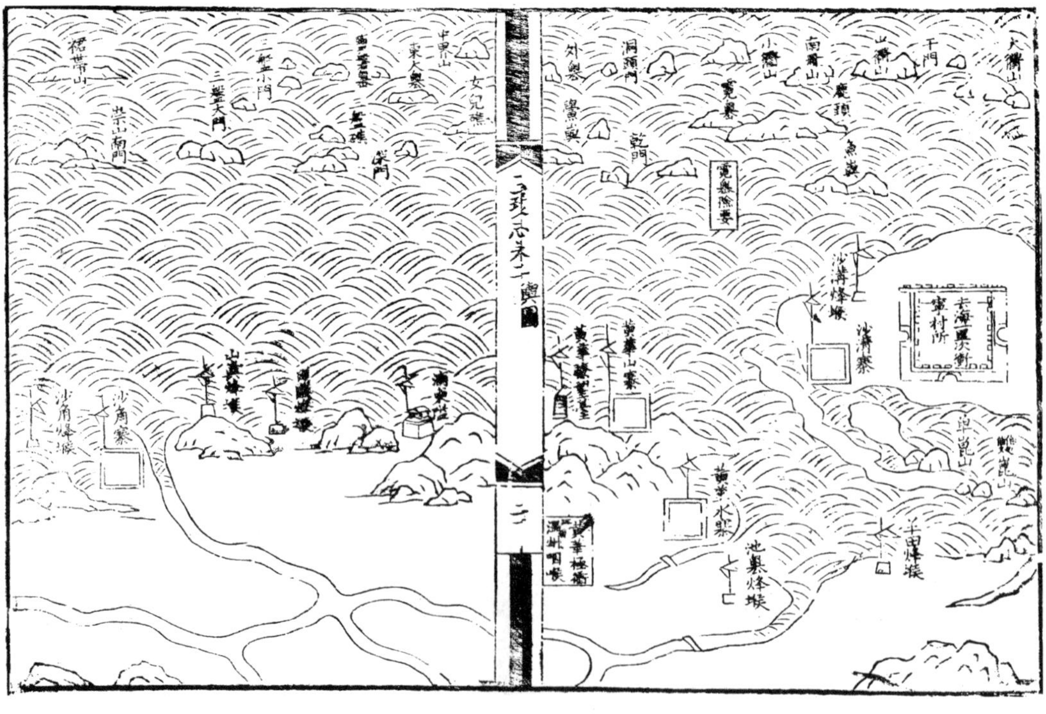
玉環志卷二
輿圖
沙角寨
沙角烽堠
黃華山寨
黃華水寨
池嶴烽堠
沙港寨
寧村所
女兒礁
洞頭門
鹿頭
魚嶼

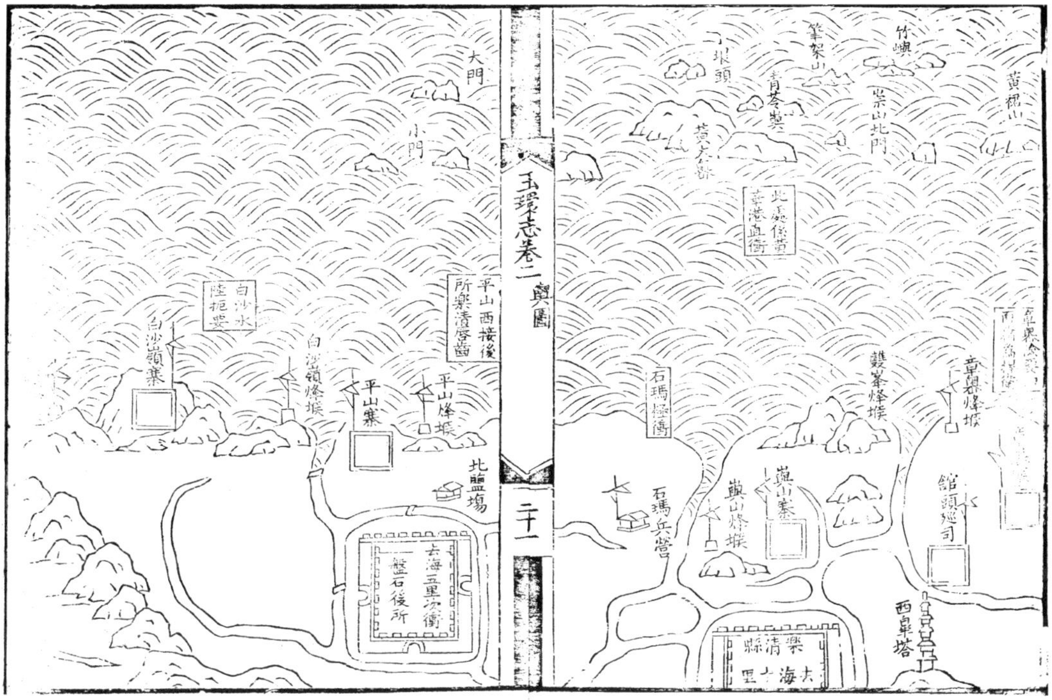
玉環志卷二　輿圖
二十一
大門
小門
白沙水陸把總
白沙嶺寨
白沙嶺烽堠
平山寨
平山烽堠
平山西接後所樂清營汛
北鹽場
去海五里沙衛盤石後所
石馬烽堠
石馬兵營
嶴山寨
嶴山烽堠
樂清縣去海七里
雙峯烽堠
筆架山
竹嶼
崇山北門
館頭巡司
西阜塔

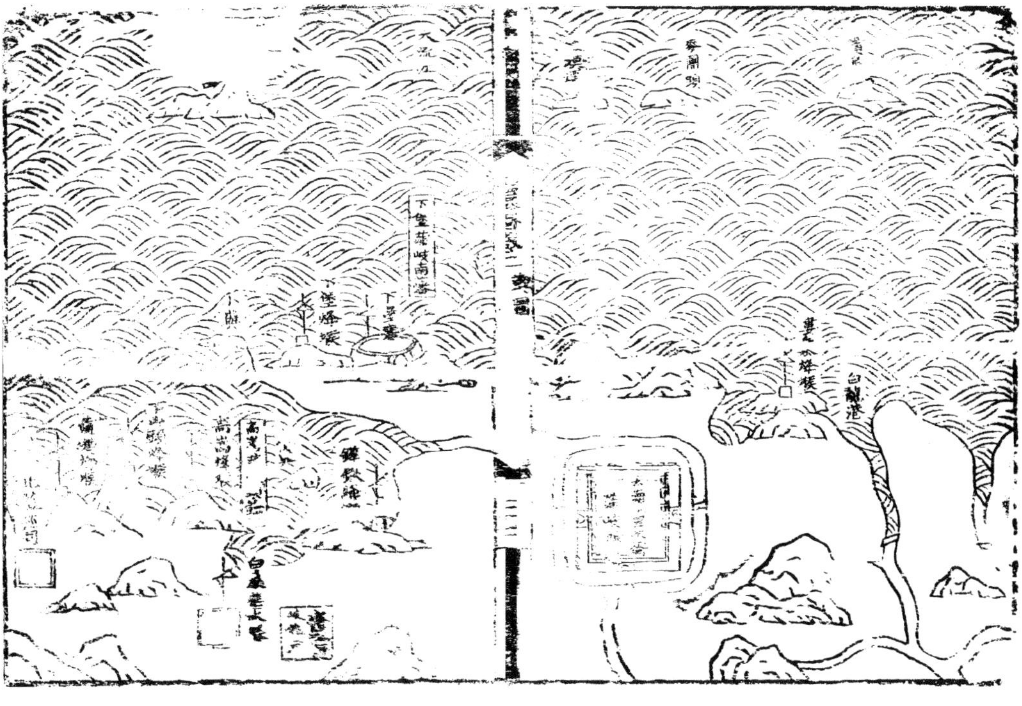
白龍港

玉環志卷二
輿圖
二十三
玉環城
分水烽堠
光采嶼
大巖頭
連嶼
小烏山
大烏山
烏洋礁
茅硯山
大擔山
小青山
大青山
東門烽堠
南浦烽堠
西門烽堠
雙陡門烽堠

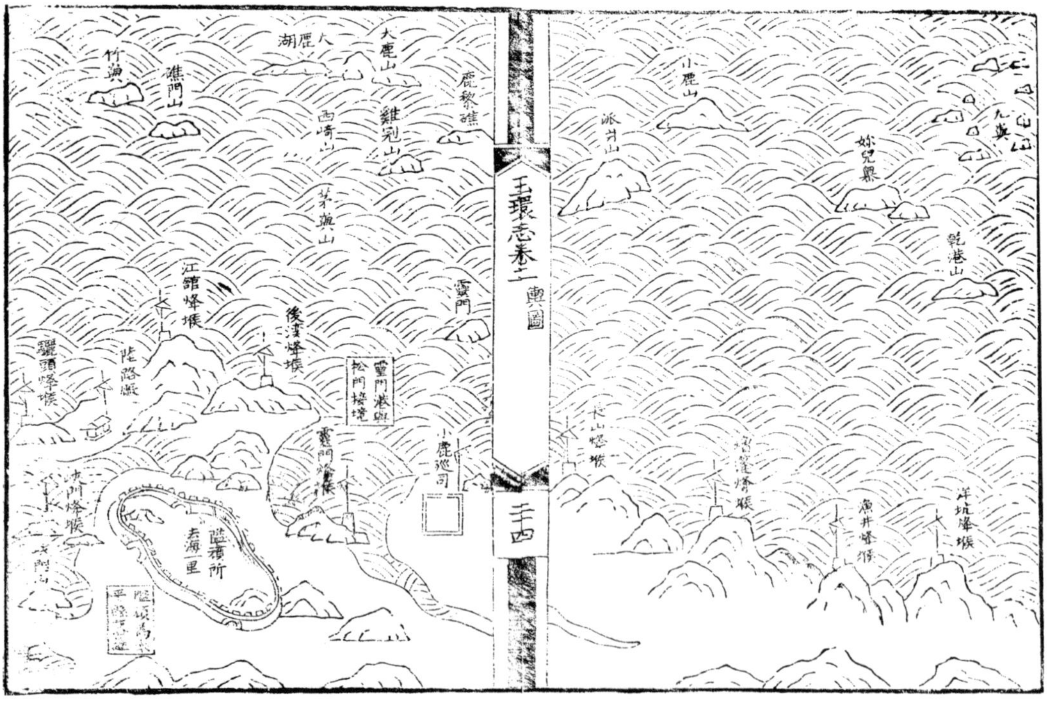
玉環志卷二
輿圖
二十四
大鹿山
雞冠山
茅旗山
江嘴烽堠
小鹿山
小鹿巡司
乾港山
漁井烽堠
洋坑烽堠

玉環志卷二　輿圖
二十五
青嶼山
深竹山
鵝嘴山
鹿頸山
沙角巡司

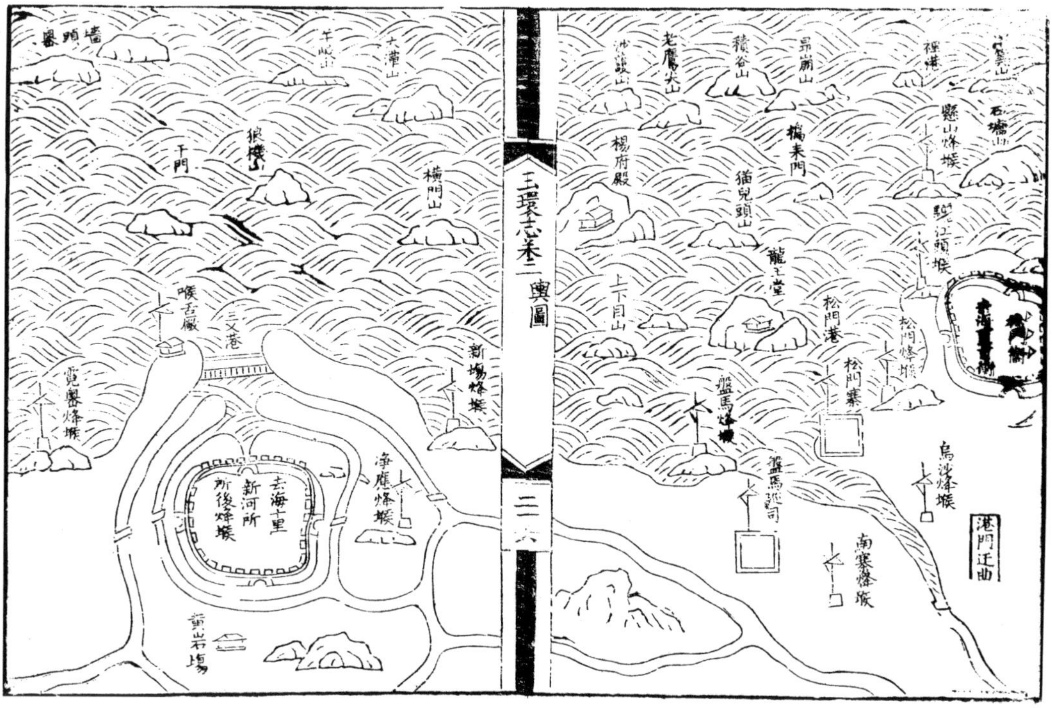

玉環志卷二　輿圖
二十六
干門
横門山
三叉港
新場烽堠
淨庵烽堠
新河所
楊府殿
猫兒頭山
龍王堂
上下目山
積谷山
老鷹尖山
懸山烽堠
松門港
松門寨
松門烽堠
盤馬烽堠
盤馬巡司
烏沙烽堠
南塞烽堠
港門迂曲

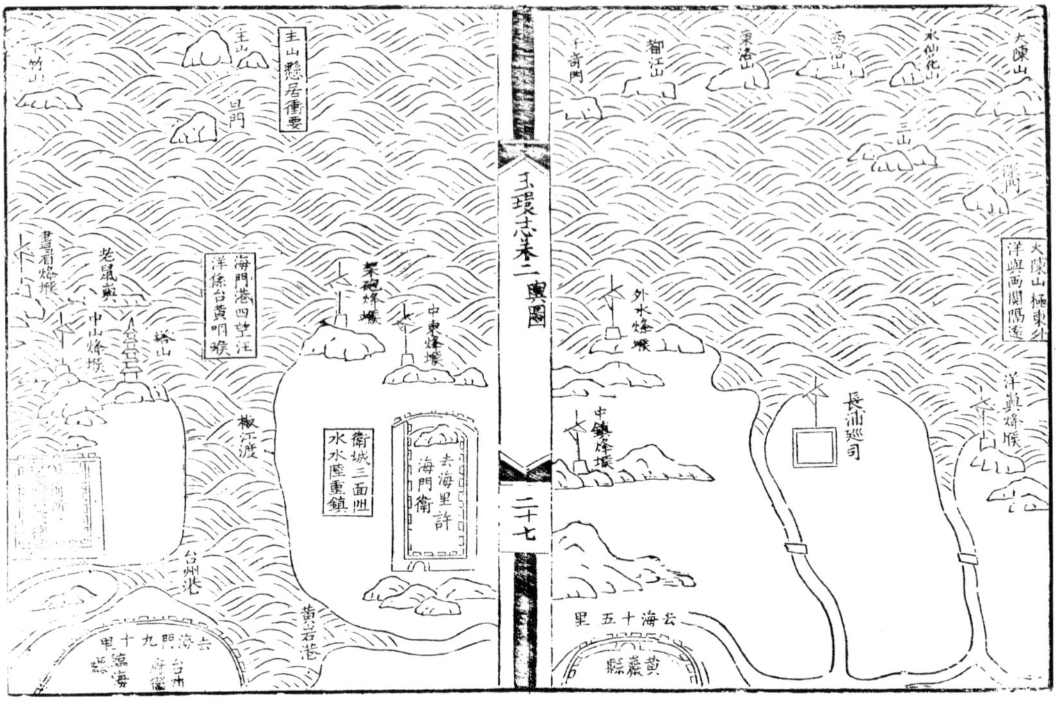
主山懸居衝要
海門港四望汪洋係台黄門喉
衛城三面皆水水陸重鎮
去海里許
海門衛
椒江渡
台州港
黄岩港
老鼠嶼
中山烽堠
架砲烽堠
中東烽堠
玉環志卷二　輿圖
二十七
外水烽堠
中鎮烽堠
長浦巡司
去海十五里
黄巖縣
大陳山
水仙花山
東洛山
都江山

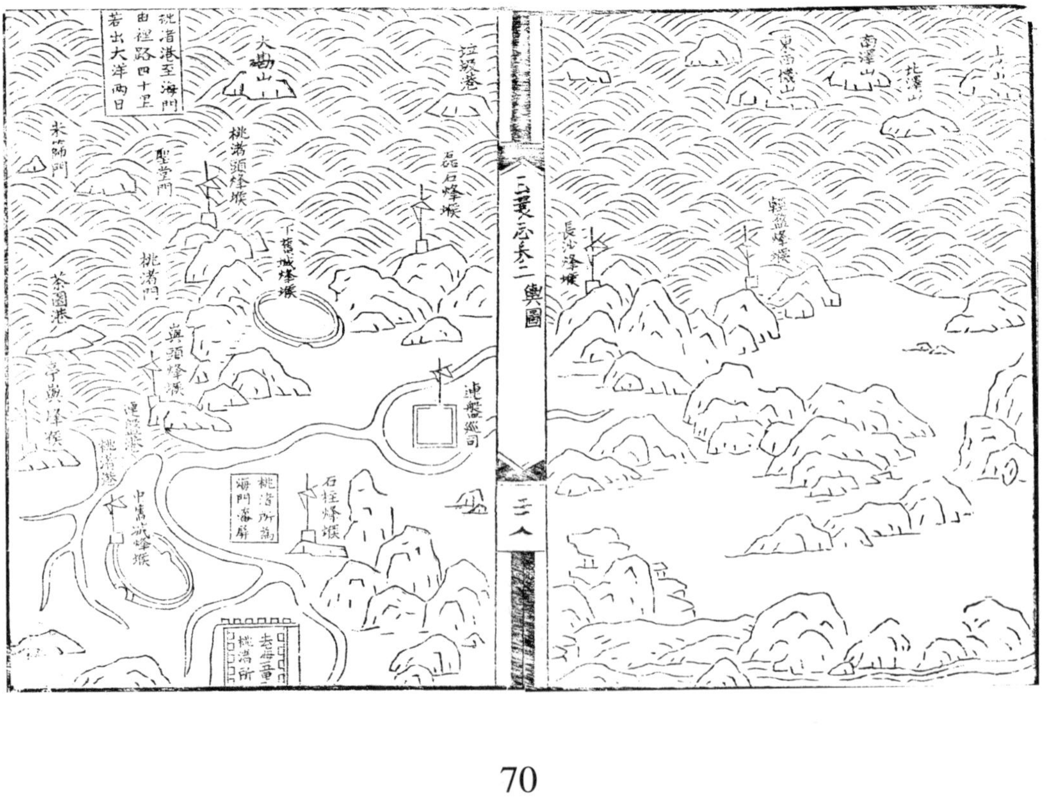
桃渚港至海門由徑路四十里若出大洋兩日
聖堂門
桃渚頭烽堠
磊石烽堠
桃渚門
茶園港
連盤巡司
桃渚所爲海門藩屏
石柱烽堠
長沙烽堠
南澤山
北澤山
輿圖

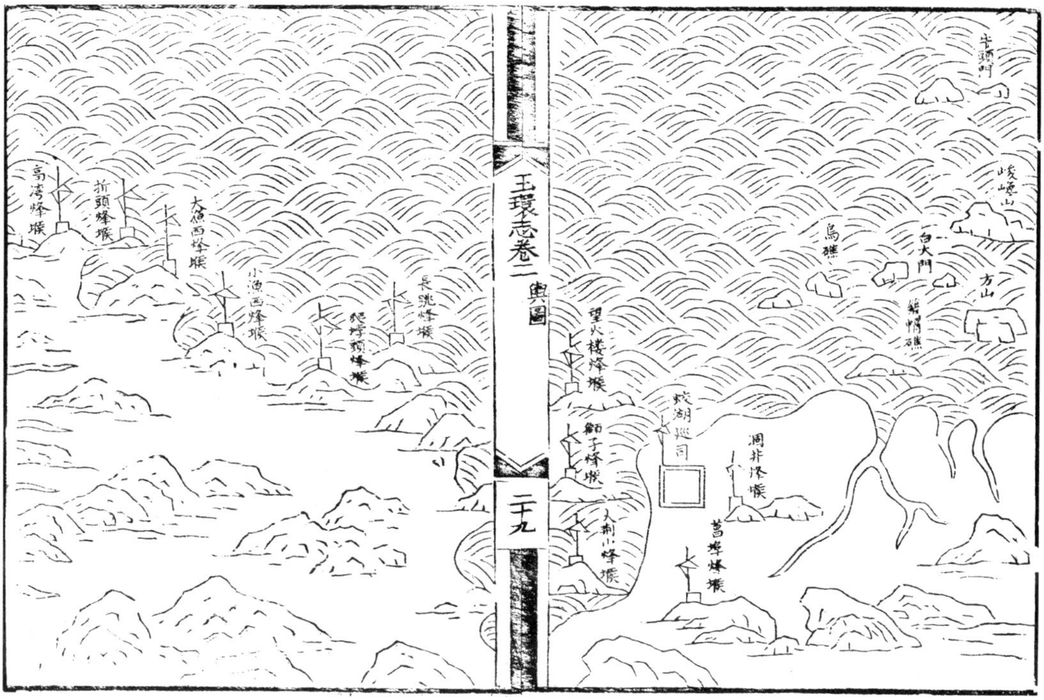
玉環志卷二
輿圖
二十九
高湾烽堠
折頭烽堠
大渔西烽堠
小渔西烽堠
長跳烽堠
望火樓烽堠
蛟湖巡司
洞井烽堠
牛頭門
烏礁
白大門
方山
箬帽礁

玉環志卷二
輿圖
三十
青門
横山
海游務

玉環志卷二　輿圖
三十一
北積谷山
岳山
西臼山
東臼山
日門首
高泉烽堠
黃沙烽堠
南壁寨
玉泉場
馬頭渡
後山烽堠
前山烽堠
長山伏兵
利市門
洞下門
馬石烽堠

玉環志卷二　輿圖
三十二
盧茯山
百畝田
東門烽堠
錢倉澄海衛
錢倉所去海一里
青門
道人山
青雷烽堠
杉木烽堠
大嵩
大目山
四礁
半路烽堠
赤坎烽堠
沙嶺烽堠
遊仙寨
公嶼烽堠
屏風烽堠
陳山巡司
湖頭渡
趙嶴巡司

玉環志卷二　輿圖
三十三
尖倉山
五色湖
白馬礁
南海山
鯽魚港首衛
鯽魚港
茶花山
蝦崎門
海關門
東白蓮山
夫人嶼
金鉢盂
清水瀧
陸橫山
雙嶴港
大苍坑
雙墻山
青龍港
鵝雀礁
連洛嶼
著帽礁
黄巖烽堠
慈巖烽堠
大平巡司
亂礁洋
淡水門
東砂山
西砂山
聯鼓山
洋生山
黄牛礁
港口烽堠
大嵩港
所後烽堠
大嵩所

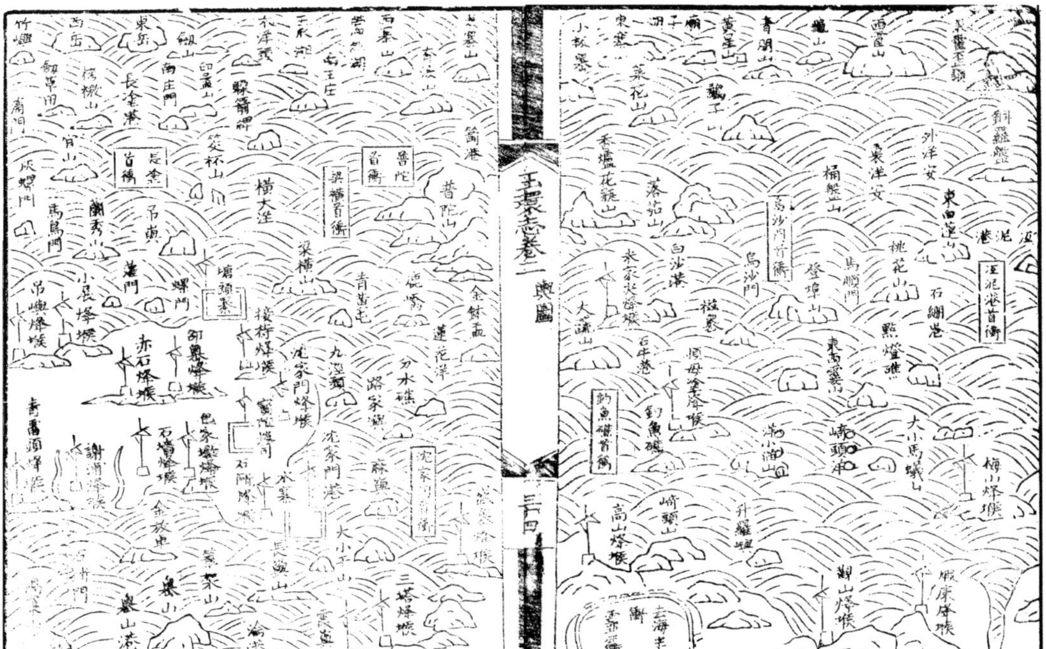
玉環志卷二　輿圖
三十四
長塗港
長塗首衛
普陀首衛
普陀山
橫大洋
梁橫山
青龍港
赤石烽堠
小長烽堠
吊嶼烽堠
分水礁
九溪嶼
沈家門烽堠
沈家門港
沈家門首衛
大小平山
三塔烽堠
桃花山
石衕港
東白蓮山
泥港
梅山烽堠
高山烽堠
升羅嶼
蝦康烽堠
落茄山
白沙港
烏沙門
登埠山
小湖山
大謝山

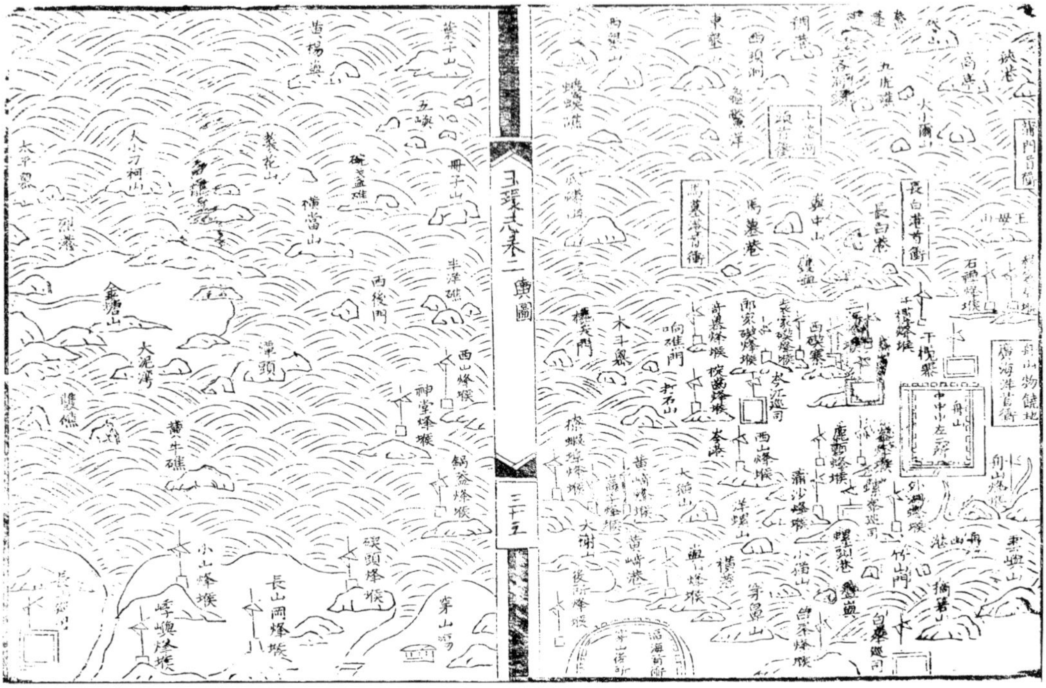
玉環志卷二 輿圖
三十五
紫子山
金塘山
大泥灣
横當山
册子山
西堠門
西山烽堠
神堂烽堠
鍋盔烽堠
小山烽堠
長山岡烽堠
崒嵬烽堠
碶頭烽堠
岑江巡司
舟山
中中中左所
竹山門
鹿頸烽堠
長白港
長白港哨衛
馬墓港
馬墓港哨衛
浦門哨衛
芋章山
岱山

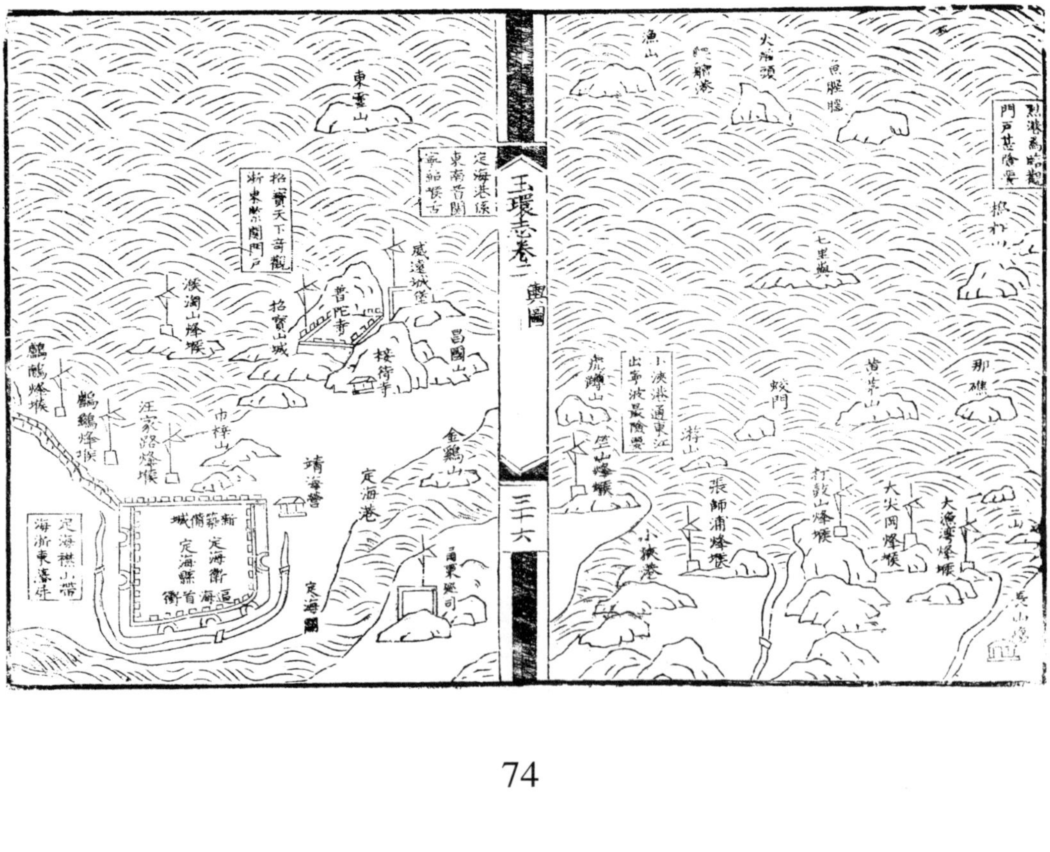
玉環志卷二 輿圖
三十六
東霍山
定海港係東南晉關寧船候泊
招寶天下奇觀浙東鎖鑰門戶
普陀寺
招寶山城
昌國山
威遠城堡
接待寺
淡澗山烽堠
鴉鶴烽堠
鵝鶴烽堠
汪家路烽堠
巾梓山
靖海營
定海港
金鷄山
寧波衛
定海衛
定海縣
海浙東藩籬
虎蹲山
笠山烽堠
小浹港通東江出寧波最險要
張師浦烽堠
打鼓山烽堠
大火岡烽堠
七里嶼
黄牛山
那礁
漁山
火爐頭
蛟門
三山

玉環志卷二 輿圖
三十七
西霍山
高山烽堠
白沙湖
清溪烽堠
寧波府
鄞縣
石塘烽堠
郎家洋
金家嶴
係要衝

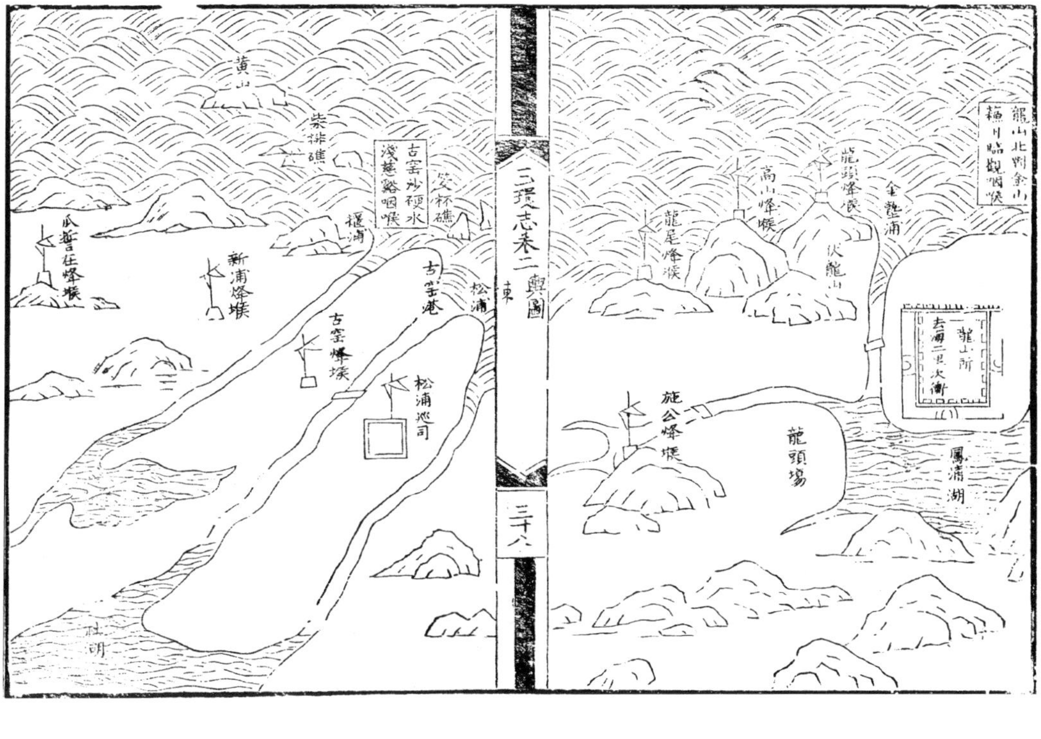
玉環志卷二 輿圖
三十八
黃山
柴排礁
新浦烽堠
古窯港
古窯烽堠
松浦巡司
松浦
東
高山烽堠
龍尾烽堠
伏龍山
龍山所
龍頭場
鳳浦湖

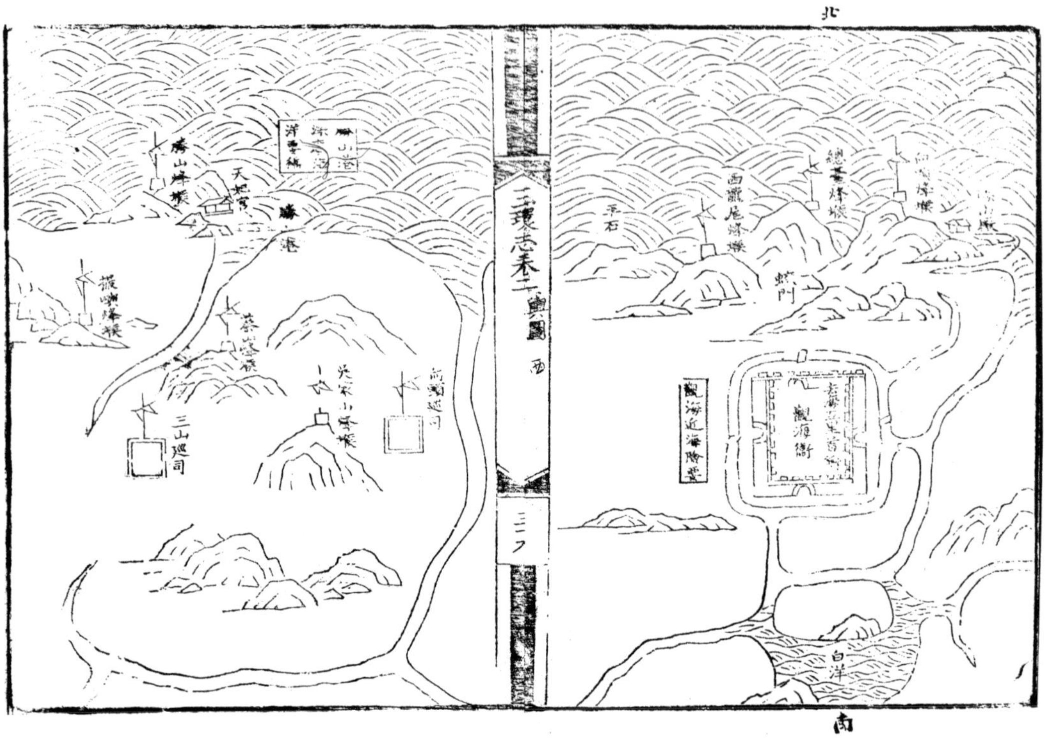
北
玉環志卷二輿圖
西
三山巡司
天妃宮
觀海衛
白洋
南

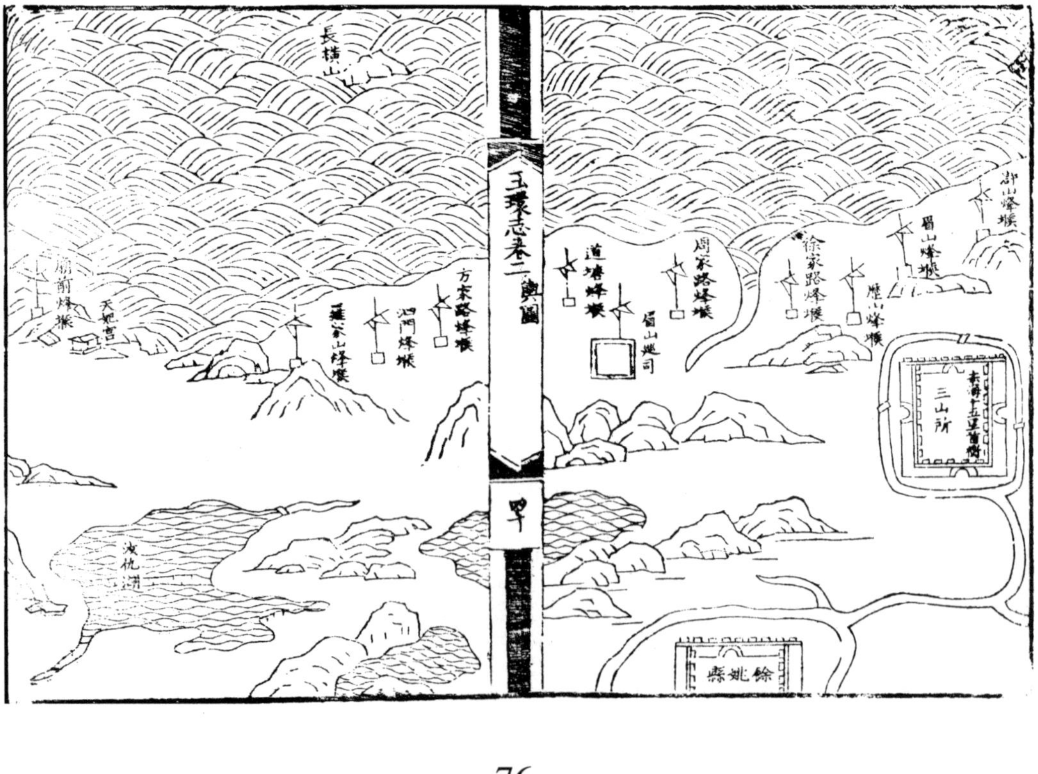
玉環志卷二輿圖
廟前烽堠
天妃宮
方家路烽堠
泗門烽堠
羅家山烽堠
道塘烽堠
周家路烽堠
徐家路烽堠
眉山烽堠
眉山巡司
三山所
餘姚縣

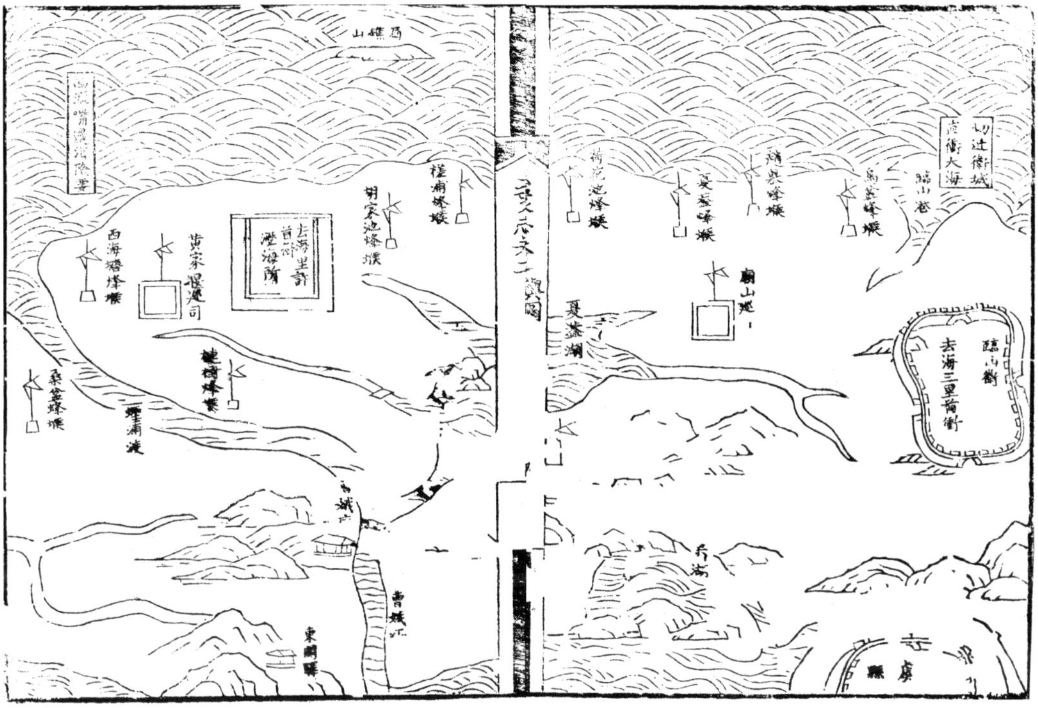

西海塘烽堠
胡家池烽堠
夏蓋湖
臨山衛
去海三里臨山衛
烏盆烽堠
東關驛

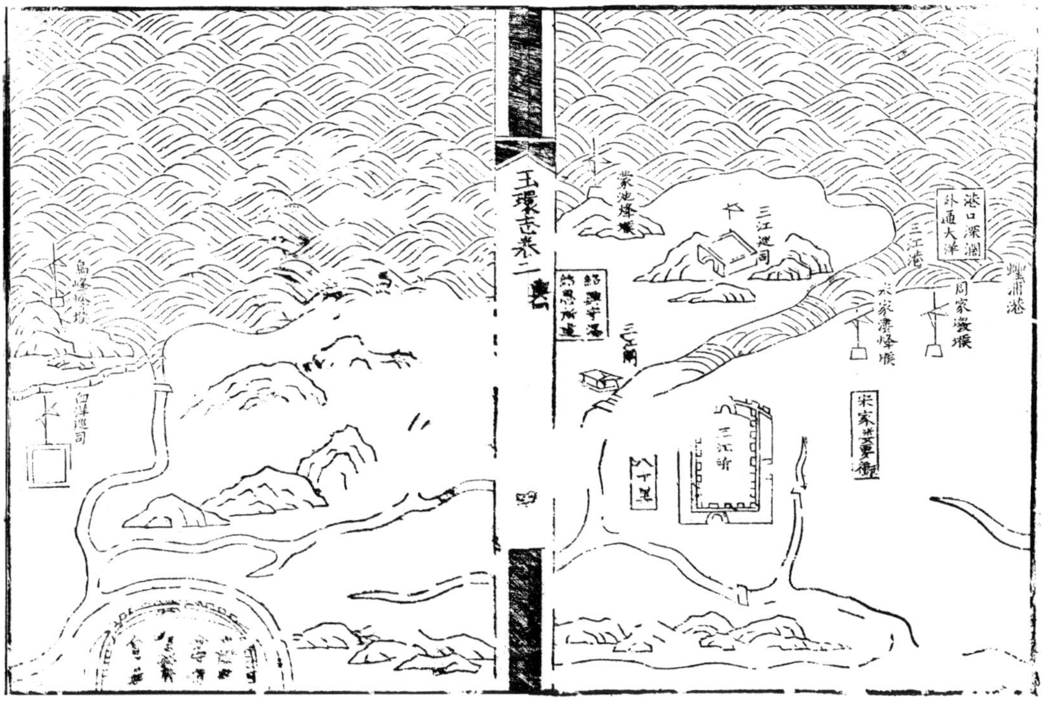

玉環志卷二
蒙池烽堠
三江巡司
港口深闊
外通大洋
三江港
周家墩堠
三江所
八十里
三江閘
白洋巡司

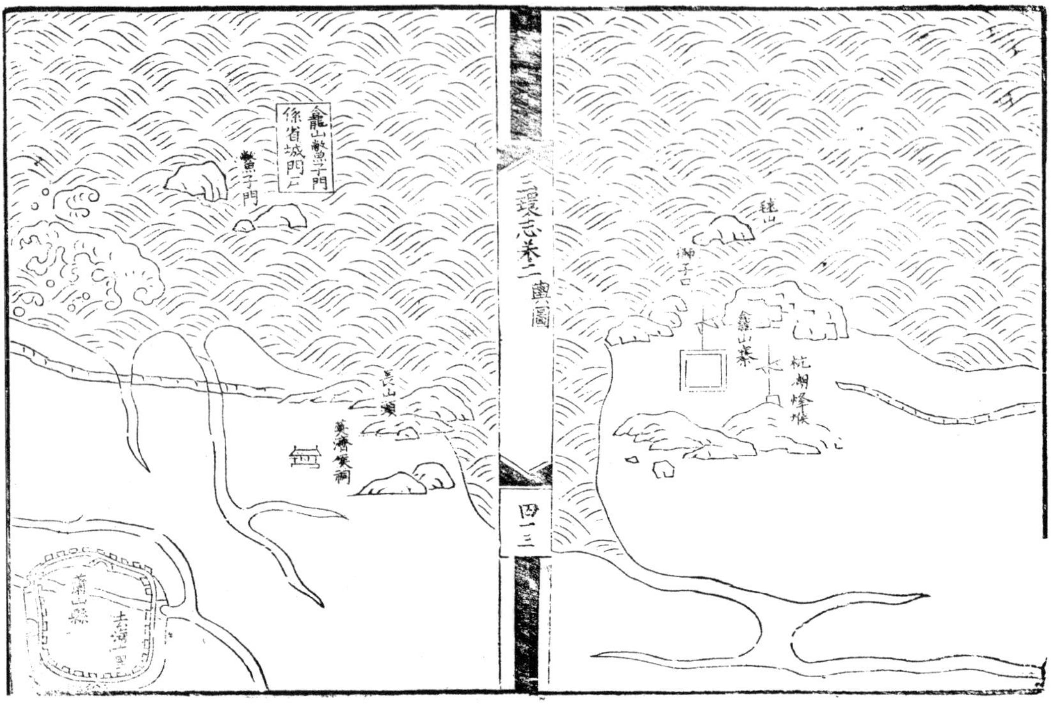
龕山𩾲魚子門
係省城門戶
𩾲魚子門
長山嶼
黃濟寨祠
蕭山縣
玉環志卷一輿圖
四十三
赭山
獅子口
龕山寨
杭湖烽堠

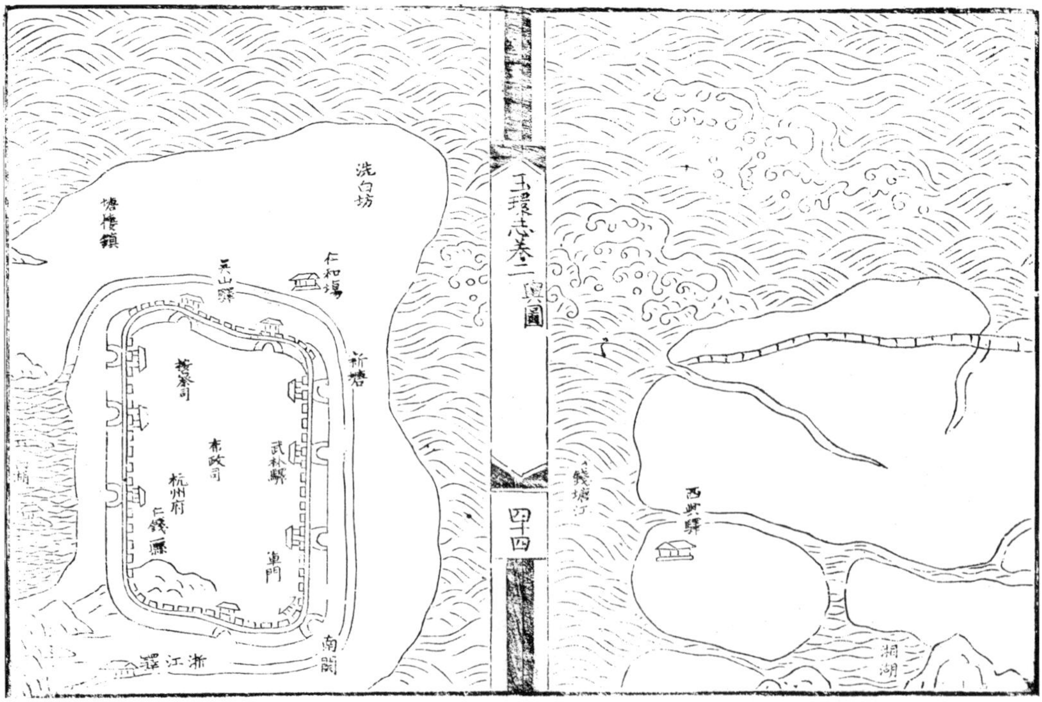
洗白坊
塘棲鎮
仁和場
新塘
按察司
布政司
武林驛
杭州府
仁錢縣
東門
南關
浙江驛
玉環志卷一輿圖
四十四
錢塘江
西興驛

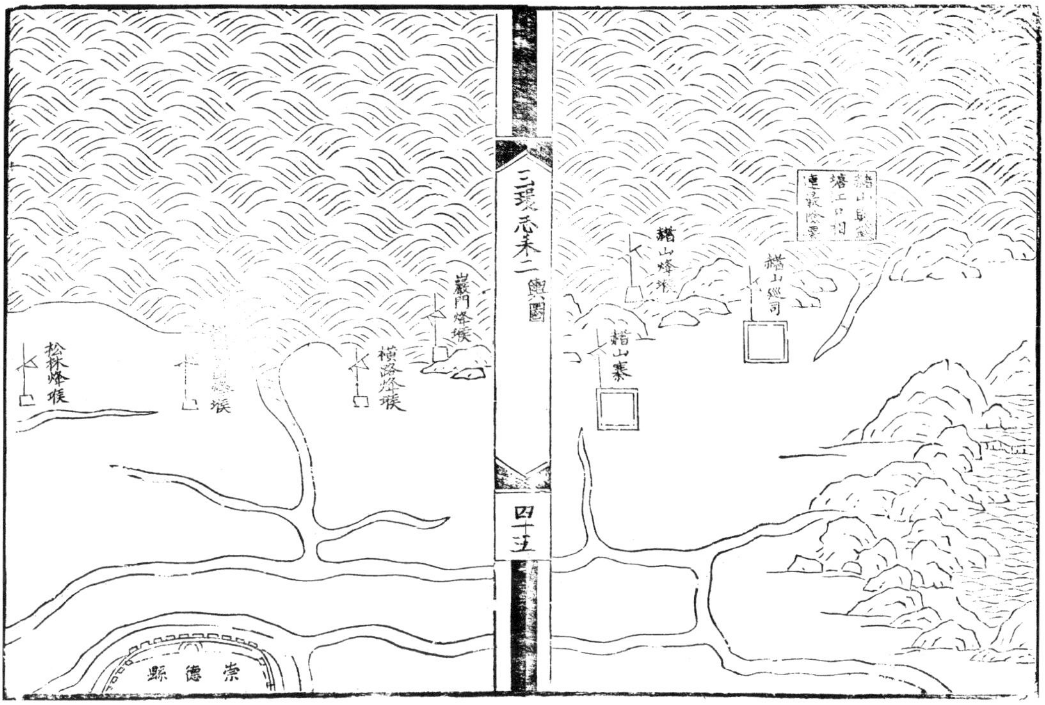

玉環志卷二　輿圖
四十五
巖門烽堠
橫路烽堠
松林烽堠
崇德縣
赭山烽堠
赭山巡司
赭山寨

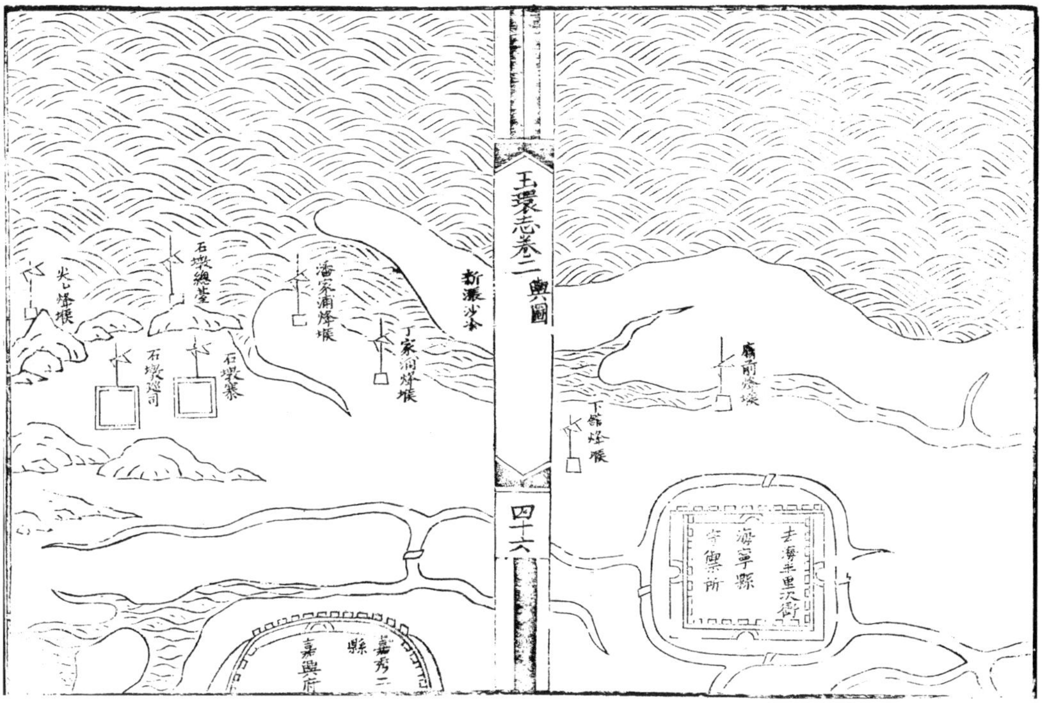

玉環志卷二　輿圖
四十六
尖山烽堠
石墩總臺
石墩巡司
石墩寨
潘家涌烽堠
丁家涌烽堠
新漲沙塗
廟前烽堠
下舘烽堠
去海半里汎衙
海寧縣
守禦所
嘉興府
嘉秀二縣

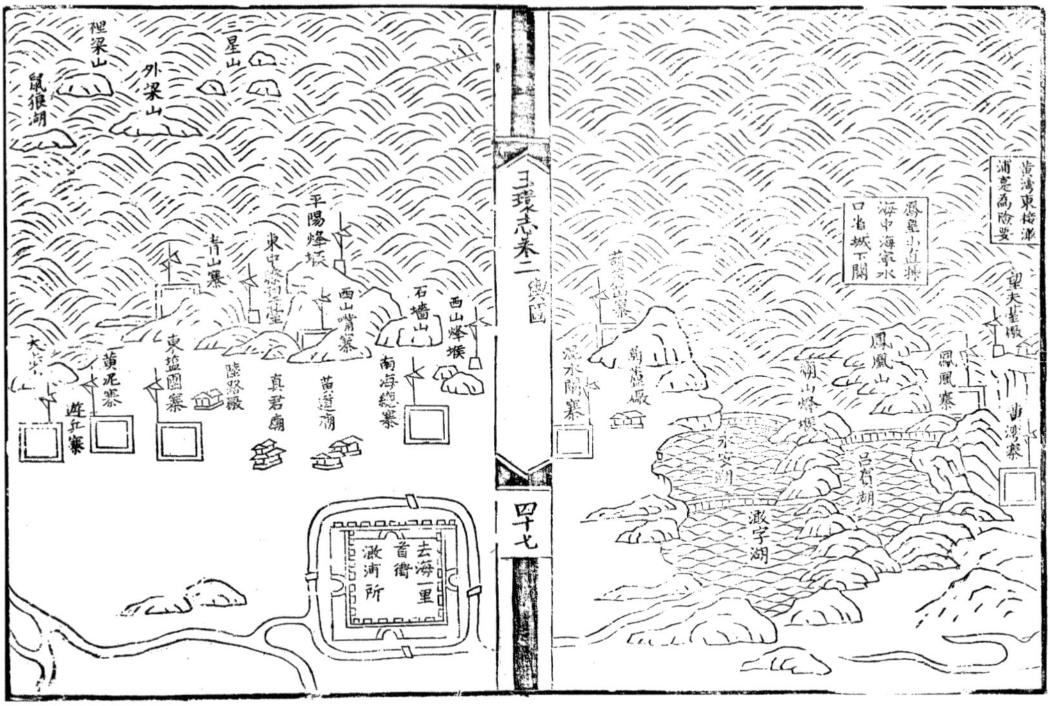
玉環志卷二　輿圖
四十七
狸梁山
三星山
鼠狼湖
外梁山
平陽烽堠
青山寨
西山嘴寨
石墻山
西山烽堠
南海總寨
真君廟
黄泥寨
去海一里
首衛
澉浦所
黄灣東接澉浦虎爲險要
鳳凰山
鳳凰寨
黄灣寨
永安湖
呂賓湖

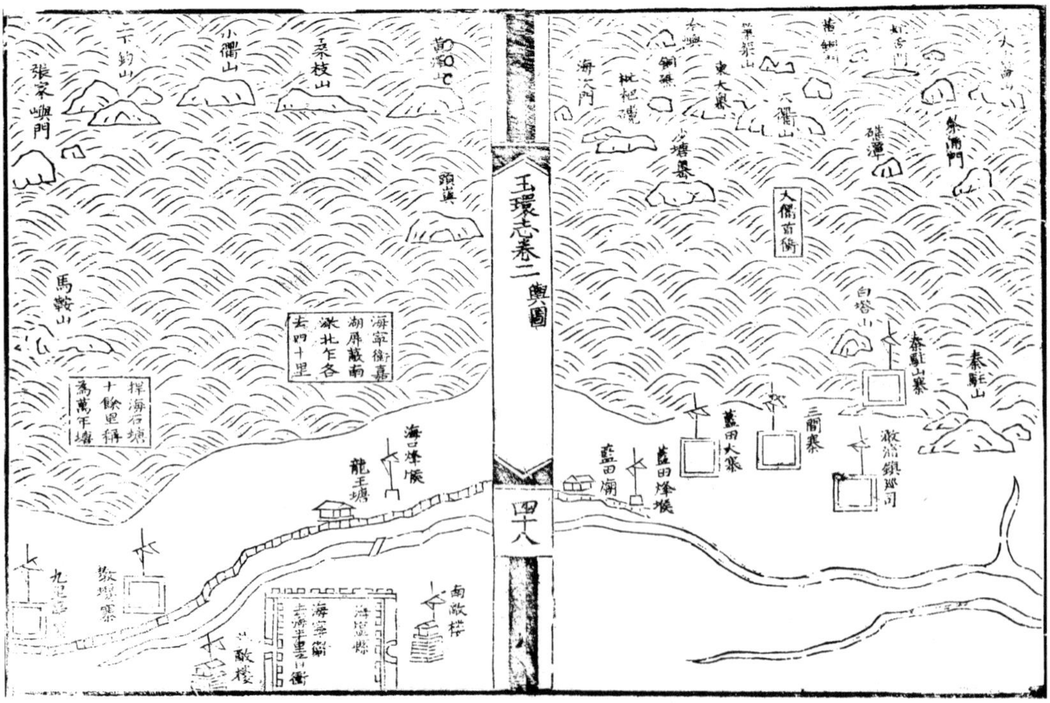
玉環志卷二　輿圖
四十八
下釣山
小衢山
張家嶼門
桑枝山
馬鞍山
海寧衛嘉湖屏蔽南北各去四十里
捍海石塘十餘里稱爲萬年塘
海口烽堠
龍王塘
南敵樓
敵樓
東大寨
少塘寨
白塔山
秦駐山寨
秦駐山
藍田大寨
藍田廟
藍田烽堠

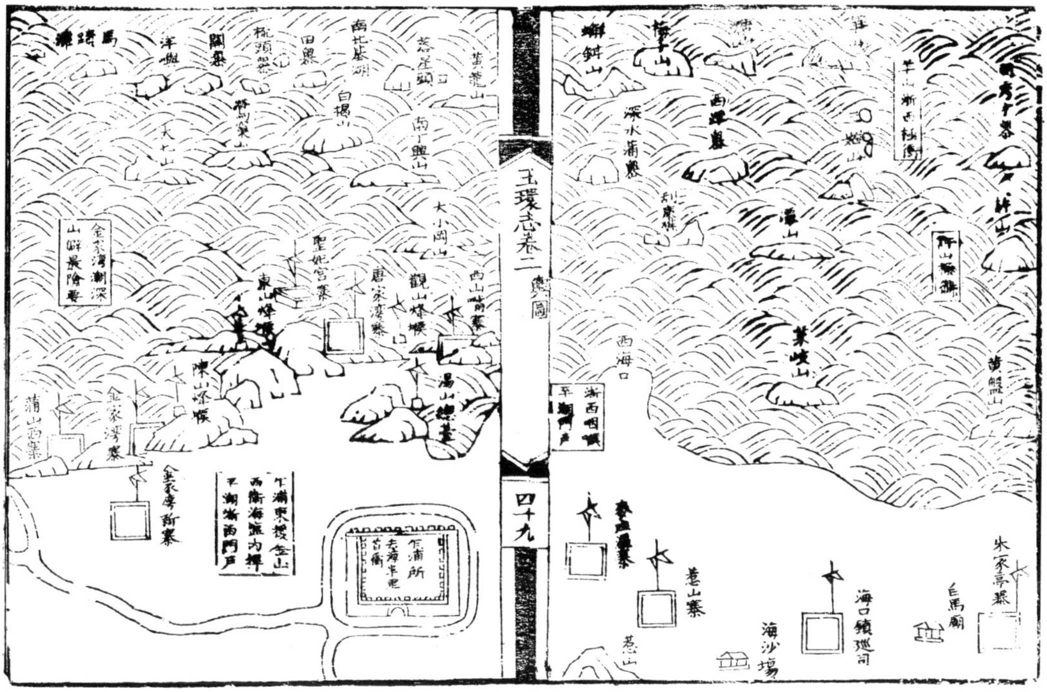
玉環志卷二　輿圖
四十九
乍浦所
西海口
海沙場
海口鎮巡司
朱家亭寨
觀山烽堠
湯山總臺
陳山烽堠
金家灣寨
聖姑宮寨
大小岡山
白揚山
深水蒲寨
黃盤山

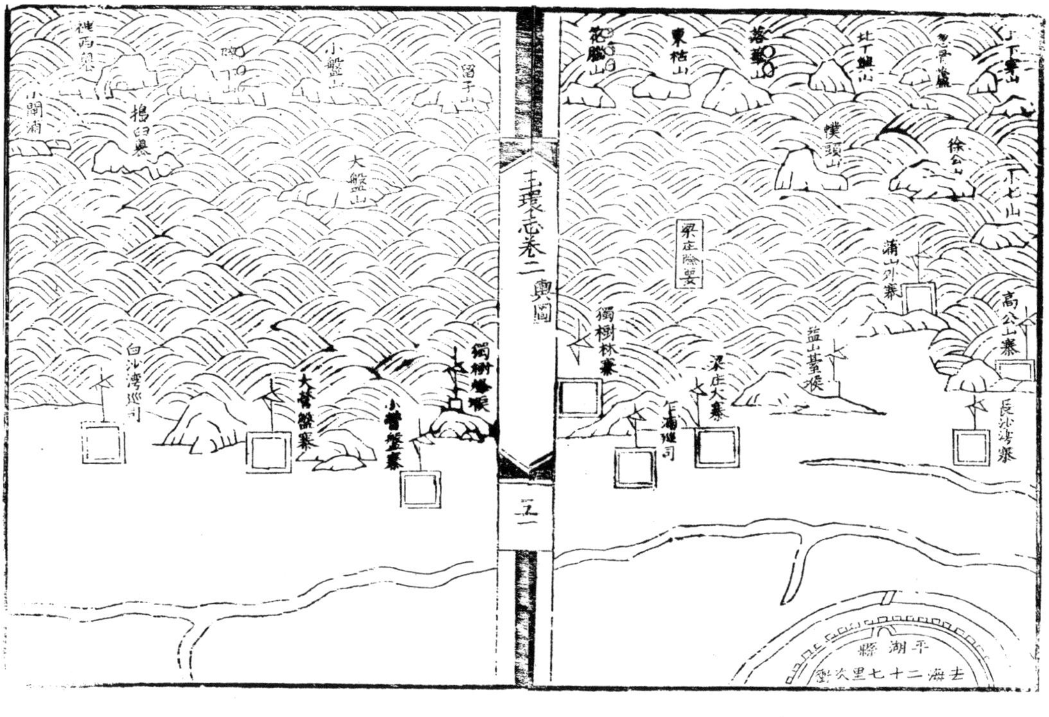
玉環志卷二　輿圖
五十
平湖縣
白沙灣巡司
大營盤寨
小營盤寨
獨樹烽堠
獨樹林寨
梁庄大寨
乍浦巡司
梁庄險要
蒲山寨
高公山寨
長沙灣寨
大盤山
小盤山
留子山
徐公山
小松山

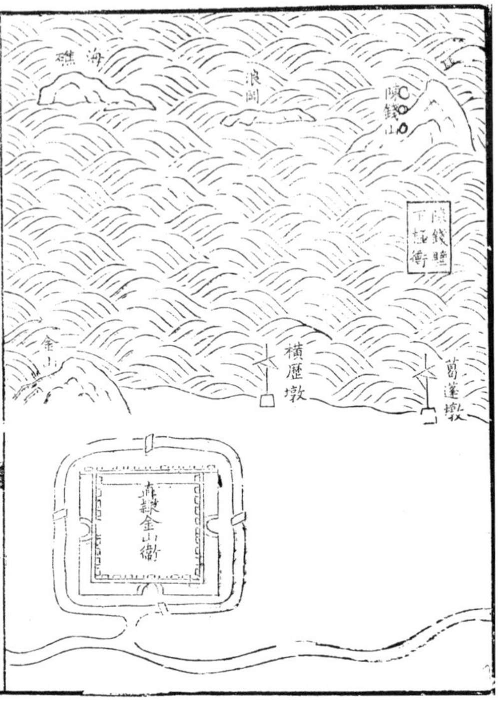

疆域

郡縣既設疆域各殊所以分土分民明治有專職也玉環初復陸則山圍嶺峇水則海遶沙縈足跡罕到稽查難周今爲編立鄉都嚴行保甲各添營寨俾山川原隰道里險易無不了然瀹晰則奸匪一無所容而撫綏控馭之下
國家之保障在是矣志疆域

玉環在溫州府城東南陸路一百八十里水路兩潮四境盼於溫台之間東西相距五十五里南北相距九十五里是爲分方之境　東五里桃花嶺五里蜜鶯十五里樵頭塗西二十里蘆嶴十里分水山南十里三峽潭十里禪生寺五里大陳嶴一十里梁灣北十里沙嶴五里後灣十里琛浦五里楚門渡十里田嶴五里洞林五里白于是爲四正之境　東南四十里坎門西南三十五里普竺東北四十五里梅嶴西北五十五里芳杜是爲四至之境北四十五里白于入太平二十三都界此陸路也縣西青過港約五十里兩潮至江下太平盼約五十里兩潮至白沙溪約三十里一潮至鏵鍬約四十里一潮至蒲岐約七十里兩潮至石馬等處樂清界此水路也至省城九百二十里至京師六千二十里此驛路也是爲至於省城達于
京師之境

山川

天下有天下之山川一境有一境之山川五嶽四瀆此名山大川爲天下之望者也若夫建都設邑[illegible]之內必有山原林麓溪澗河流山勃其[illegible]

川資其潤乃足以壯一境之觀贍爲生民之利用
玉環面山濱海其中巉巖邃島巨澗深溪不一而
足地經初闢莫可指名惟就其可訪而知者用登
志乘以備參考志山川
玉環山 宋高宗南渡遺玉環於此故名見太平志○一名木嶼見王梅溪詩集○一名木榴○又名地肺山見顧野王輿地志
中青山 半在城內 東青山 半在城內 西青山 城外 象山
獅子山 繡屏山 俱環縣 後垓山 搴鶯山 山下
舊有張相公廟址存今重建 大坑口山 塘洋山 舊有廟名雙廟公主址存今重建
礁頭山 雙峰山 有石臺二座 飛鳳山 上有石鳳冠相傳方谷珍祖墓在此誠意伯毀破之鳳頭有碑

鳳凰山 山下舊有西廟東張相公廟西梁老爺廟今廢俱雙廟 筆架山 在灣舊有陡門城磡 烏沙頭山
佳造山 南排山 俱坎門 馬鞍山 鈎結逞山
白巖山 俱金雞鄉 金高椅山 釘螺山 俱正縣 五官山
燈亭山 上舊有潮縣署有三級潭 月鏡山 仙人山 即老城頭舊有寨城週圍五里今廢城腳猶有存者
龍尾山 縣內有巖方八尺週圍三丈餘凡號印巖 錦屏山 山頂有巖方如巾又名方巾山
福生山 舊有福生寺寺前有古塔三座今址存 鳳尾山 郎箕山
青嶼山 俱青塘 南山 南宋時一知縣卜塟於此名縣主墳西南瀕海有古塘閘今址存 蛇嶼山 舊有
砲臺西瓶海舊有古塘陡閘今修 蝤蛑山 分水山 昔樂太分界處潮從蛇門長進故分水山口水
出西青浦泉進西青浦口水退分水山口泉進 棋盤山 在沙鰲 琛浦山 舊有砲臺二座 靈山 在楚門港

牛山 大溪山 虎山 牛頭山 在海
十餘里前有溪即名大密溪溪口舊有黃九相公廟 塔山 高椅山 據三里前有溪名小密溪二溪口舊有平水大王廟在外山頭
紗頭嶺山 尖巖山 據海五里前有溪名小溪俱出海裏舊有平水大王廟今址存 紗帽山 嶺頭舊有
臺寨今址存俱楊坑舊有娘娘祖廟 殿後山 考功山 嶺腳舊有臺寨今址存抵海二里俱水桶嶴
石龜山 舊有塘磡陡門今修南陡門天啟年分有築坑石碑今字跡不明碑石存西陡門上有平水王廟今址存 南陽山 即殿後灣舊有
酋相公廟結步沙頭舊有臺寨今址存 小沙山 舊有臺寨今址尚存陡門今修俱梅嶴 黃嶺山 在鄭嶴
木崗山 山上有濟發堂堂上有龍潭能興雲雨堂下亦有龍潭門前有溪坑石巖寬平長十數丈 鶴峙山
殿山 馬鞍山 虎叉山 基址內有鐵樹二株每過四五年發長一次今數百年不改
瓜山 金字山 虎山 有古廟今址尚存俱田嶴

琴山 大陡山 在芳杜 金鈿山 十六都有筆架峰西南有小山巖石突起方五
尺許如硯分珠墨跡 將山 連珠山 積谷山
天馬山 鼓山 金竹山 俗呼爲小竹岡
了髻山 俱北鄉 大盤山 小盤山 三盤山 水中
產海瑚樹與珊珠樹相似可辟火 大瞿山 小瞿山 俱三盤山 石塘山 大烏山 山有
平水大王廟香火甚盛係海山 小烏山 應公山 應婆山
橫址山 大鹿山 小鹿山 申山
披山 俱海山 鷄冠山 一名長嶼山係海山 苔山 江埏山
茅峴山 俱海山 東青嶺 中青嶺 西青嶺

沙嶴嶺　後灣嶺　琛浦嶺　田嶴嶺
邢田嶺　都頓嶺　朝陽嶺　古順嶺
長嶼　方江嶼　連嶼　衝襟嶼
大小麥嶼　大小風嶼　花巖嶼在白沙屏　沙嶴有元摶廟
九子嶴　南大嶴　普竺嶴　蝤蛑嶴山似蝤蛑
黄大嶴　狀元嶴在三盤山　百丈巖在蘆嶴　獅子巖
黄泥墈高三丈餘　塘洋山臺離城十五里　車首頭山臺離城三十五里
琛浦山臺離城二十五里　小叠山臺即薛疊離城二十五里
雙峰山臺五里抵海　田嶴山臺在十五都南二里抵海西五里至山對山臺

山對山臺在十五都南十里海塗西五里至東嶴寨　徐都山臺在十四都南十里抵海西三十至三山司臺
三山司臺在十四都南半里抵海西二十里至石橋山臺　坎門
漩門　後坟門　風門　大門
小門在烏洋　洞頭門在三盤　女兒洞在漩門　塔鰻洞在玉環鄉
流沙洞在沙嶴　少霞洞　龍潭大里嶴東北叢山絕嶺中有大谿溪水入潭深邃莫測
涼水潭　三浹潭　凝碧潭　西青渡
楚門渡　白燈渡係古渡頭深水埠由福生山西南抵海舊名不竺渡西北至樂西南至温尚有土神廟址
小閩溪　靈山溪　大窑溪　小窑溪
雙鳳溪　仰天窩　鷺鷥灣　梁灣

險要

固國不以山谿之險險不可恃而可恃也蓋無險不足以守亦非有險而即可守之謂凡夫外洋内港何處可以避風繫碇何處可以樵汲伏匿平昔熟諳情形而險乃於是乎可守而險乃於是乎可恃玉環四面濱海深山大洋島嶴榛莽均屬要害今為羅列備載守斯土者其加意焉志險要

論曰玉環横亘海中島嶴交錯實温台之門户為閩浙所必經武員習水如陸則固外即以寧

内文職履安思危將民壯亦寄干城故本山險要均宜熟悉於平日籌畫於未然者也按本山海汛以岐頭汛起可以泊船汲水可避東北風潮出岐頭東北至小門可以泊船避風可以樵柴汲水惟半洋有泥礁小門山之南即大門係温鎮中營管轄出小門有嶼土名光采嶼至烏星難以泊船無可樵汲烏星之東南至横址山南係温鎮中營洋汛北係本山洋汛難以泊船無可樵汲横址之北至大巖頭雖係緊要難以

泊船無可樵汲大嶴頭之北係梁灣汎最緊要可以泊船樵汲可避東北風潮梁灣之北即桃枝嘴下有無名暗礁暫可寄椗避東北風無可樵汲桃枝嘴之北即大麥嶼口有一絹機礁可以泊船可避東北風潮大麥嶼之北即小麥嶼口有無名暗礁小麥嶼之西北係連嶼頭可以泊船可避南風無可樵汲連嶼頭之西即小烏大烏又有扁鰻礁俱難以泊船樵汲連嶼頭之北土名稻幹堂嶼過灣即普竺港港口有西青

嶼可以泊船樵汲可避東北風潮西青嶼之西即江埏山可以泊船可避北風巖口有金礁汀埏之北有牛糞礁担兒山難以泊船無可樵汲西青嶼之西北至鱔魚頭烏嶴巖口有蝦眅礁難以泊船無可樵汲烏巖東北角至分水與黃巖鎮右營爲界分水之東即黃嶴右營洋汎分水之西係本山洋汎分水之北有苔山分水之東有鷺鷥礁塗頭嶼楚門俱係本山洋汎楚門北岸有麥城麥城之東有花巖浦六兒洞梅嶴

等山俱連太平縣界分水之東北有應公應婆山俱難以泊船應公應婆之北係大青小青可以泊船汲水可避東北風潮分水之西即茅峴山可以泊船汲水茅峴山後之北有箬笠礁難以泊船茅峴山後之東北壇兒山可以寄椗汲水可避東北風潮茅峴山之西北有方江嶼難以泊船方江嶼之西北有横址可以寄椗避東北風由大巖頭之東至薛疊嶴鷺鷥灣俱難以泊船鷺鷥灣之東至黃門係緊要灣内可以寄

椗無可樵汲黃門之南有雙排東臼係温鎮中營洋汎黃門之東係坎門汎最緊要可以泊船樵汲可避東北風潮黃坎門外山之中有暗礁土名黃牛礁坎門南首有金礁出坎門之東北東首頭汎緊要坎門之東南外洋大鹿小鹿前山車首頭之正東長嶼虎义嶼鷄冠與羊嶼車首頭之北礁頭衝擔嶼沙頭乾江坎門外洋之正東披山洞正等山所有避風之處只可避東北風若遇西南大颶俱無可避之處識者審之

鄉都

古者鄉遂都鄙其治詳於周官大約什伍稽查卽寓後世保甲之法玉環雖新隸版籍亦有都村但其地皆重崗疊嶺沙嶼海壖非若内地之平衍一瞭卽知也今於各鄉邨要害處既設營兵汛防又有保長民壯以時巡查每月朔望於宣講
上諭暨大義覺迷錄諄諄提示使知玉環展復乃
皇上休養生息爲窮氓謀衣食之計爾其世世子孫忠孝相承耕桑自守勵敦厚之俗戒遊惰之行庶山陬海澨之民亦國家干城之寄矣志鄉都

玉環鄉都 分水山以北原隸太平者爲北鄉管都八分水山以南原隸樂清者爲南鄉管都十四

東隅

瑤嶴　東嶴　中嶴　西嶴

西隅

洋嶴　裏嶴　外嶴

第一都

金鷄嶴　正嶴　小嶺脚

第二都

三峽潭　仰天窩 由三峽潭西南嶴碧澗嶺上山土地平坦象窩又名仰天河澗水環繞出大脊竺

第三都

漁嶴　小嶴

第四都

塘洋

第五都

蜜鶯　後岐

第六都

雙廟　水孔口

第七都

西潭　白沙坪　教場頭

第八都

大里嶴 東東山南南山西西潭北七炮山　小里嶴 由大里嶴東北山溪而出山谿深邃數丈

上下朝陽 東白沙山西大嶼山舊有晏公揚府陳府三神廟址　老城頭 東南有七炮山北山脚卽漁嶴

第九鄉

福生寺　大小陳嶴　大小麥嶼 海邊小山名小麥嶼

蟶蠓嶴

第十都

大古順南南臺山北蛇嶼山山頂舊有炮臺　小古順南蛇嶼山

雙條坑　鷺鷥礁　小疊即薛疊南鷺鷥礁北石峯山舊有楊府廟址

南大嶴　大普竺　小普竺　西灘　小額

第十一都

東青　九子嶴　涼水潭　西青

第十二都

沙嶴　後灣

第十三都

琛浦　蛇嶼　蘆嶴　塘額

第十四都

芳杜

第十五都

田嶴　白干　小閭

第十六都

洞林　密溪　綰山

第十七都

蒲岐　大松　小松　芙蓉俱寄莊

第十八都

大荊寄莊

第十九都

盤石　黃華　岐頭寄莊

第二十都

黃大嶴　當舖基　靈崑　鐵爐頭

第二十一都

上馬石　大嶴　後沙　田灣

打鹿坑

第二十二都

苔山　茅峴山

風俗

古者列國陳詩以觀風太史輶軒而問俗故化民成俗之道君子所亟講也然而四方之好尚異宜人情之厚薄不一爲都爲邑俗各殊焉玉環始以太樂永平四邑之民召集開墾繼而隣近之民貿遷有無闤闠化居者絡繹雲集遠方之人俗又不同雖人各異其地户各異其風幸而習俗人情猶存樸茂他日者漸摩相效習以成風不幾忘其所

自始用是循載之起後人由今思昔之意云爾志

風俗

氣候

夏夜常凉三伏時亦少酷暑冬日常温嚴寒時不積冰雪稀少環周大海四時多風夏秋間有颶風作走石拔木吹飄瓦屋船隻多損花信風起春日多寒四月黃霉其蒸溼不似内土之久每歲穀兩佈種立秋早稻可登晚禾十月穫稻

歲時

元旦各户設香燭男女禮服拜天地神祇設香燈酒菓祀先世遺像前序拜尊長及宗戚里隣各賀新年半月之内各村落民人入城市各執香燭入城隍廟關帝廟禮拜每日晴明絡繹不絕有喪者之家於元旦至初八日親友羣集雖踈遠者亦至名曰拜座置酒食相待貧者恒有賣産借貸以供酒食以至新歲凶服接踵於道惡習相沿今已嚴行禁止太邑是夜祀竈謂之迎竈平陽於初四日迎竈永清二邑於五日迎竈其俗不同

立春前一日迎春於東郊結綵亭迎臺閣四方來觀設土牛祀芒神次早鞭春

元宵城内城外人家門首懸掛花燈或掛燈籠於街市每間數家門面搭架懸燈二三盞各畧迎龍燈鳴鑼擊鼓唱歌爲樂惟太平十六爲元宵

清明節子孫至墓陳奠拜掃封土插竹懸紙錢門插嫩柳或取以簪頭上太平是日率取青艾爲餅餌食

五月五日競龍舟舟上裝臺閣懸菖艾於門切蒲

和雄置酒飲之以辟邪又爲角黍節糕相餽送

七月十五日家家户户鳴鑼擊鼓燈燭輝煌或誦三元經以爲保安之意喪家或用浮屠設醮永清等邑請僧作蘭盆大會三日乃止貧者附薦祖先於寺觀

八月十五日各家祀月於庭爲月餅置酒玩月爲樂太平易於十六日相傳以市日係三六九便於備物

九月九日製重陽糕飲茱萸酒或登山燕賞

長至日人家各具酒餚屑米爲丸以祀其先

臘月二十四日各家拭塵至夜陳糜菓祀竈神太平有不祀竈者清邑祀竈二十三四五日不等

除夕製桃符寫春帖具牲醴祀神及祖先爆竹燃炭長幼相集守歲

禮節

冠擇吉日謁家廟設筵席請字於長者女笄則於將嫁前數日父母設筵席會諸姑姆嬸爲之加笄平民禮從簡

婚擇配姓氏相當者卜吉納幣届期用彩輿迎娶行合巹禮不奠鴈不親迎鄉愚貧民從簡或有年齒不相當者亦有孩提時過門親爲鞠保至長大而成婚者名曰養媳永清平等民平户嫁娶禮金以十二兩爲率惟迎娶吉日設酒宴會則費倍之至新婚三日内新房飲酒謔浪尊幼不避嫌疑名曰鬧新今亦禁止

喪舊尚浮屠治喪尚作佛事本日家不舉火戚屬以糜粥相餽遺或開弔或免弔率視其家爲豐

永平之民將白布纏縛其身入殮者不作佛事以一月之初一爲一七歷七月而七終每月初一子孫親戚各致祭奠

祭元旦除夕大家小户必祀其先其餘祖考生辰忌日清明及逢時節則舉廢不等

特開玉環志卷之二終

玉環志　卷三

特開玉環志卷之三

田賦

爲治之道莫先於理財而原夫財之所由出則必先爲之授田即不耕之民亦必使之各執其業游惰無聞蒸民乃粒斯生息蕃庶下足而上無不足矣玉環乍啟在朝尚無惟正之供在野尚多不毛之地於以經界招徠則壤定賦稽查户口編明保甲爲鹽爲漁各有定則閱五年而後規模粗就因一一爲之編輯以見

宮保制府李公所以推廣

皇仁爲民謀衣食之源者足裕於無窮爾志田賦

科則

上則田每畝徵穀叁斗貳升

中則田每畝徵穀貳斗肆升

下則田每畝徵穀壹斗肆升

地每畝徵穀陸升

山每畝徵穀貳升

塘每畝徵穀壹斗肆升

雍正伍年陞科田地共叁萬柒千陸百陸拾貳畝

熟田叁百陸拾捌畝

因不費工本當年議收租穀每畝壹石伍斗共徵穀伍百伍拾貳石次年每畝仍徵叁斗貳升歸入上則田內一則徵輸

上則田壹萬貳百伍拾肆畝

應徵陞科租穀叁千貳百捌拾壹石貳斗捌升

中則田貳千肆百畝

應徵陞科租穀伍百柒拾陸石

下則田貳萬肆千畝

應徵陞科租穀叁千叁百陸拾石

地陸百肆拾畝

應徵陞科租穀叁拾捌石肆斗

雍正陸年陞科田地山塘共壹萬壹百肆拾壹畝肆分柒釐壹毫

下則田肆千叁百叁畝壹分肆釐貳毫

應徵陞科租穀陸百貳石肆斗叁升玖合

地伍千伍百陸畝壹分肆釐陸毫

應徵陞科租穀叁百叁拾石叁斗陸升捌合

山叁百貳拾玖畝伍分捌釐叁毫

應徵陞科租穀陸石伍斗玖升壹合

塘貳畝陸分

應徵陞科租穀叁斗陸升肆合

熟田改則叁百陸拾捌畝

應徵穀壹百壹拾柒石柒斗陸升

雍正柒年陞科田地山塘共貳萬叁千貳百叁拾壹畝壹分玖釐陸毫

上則田壹千叁拾陸畝壹分玖毫

應徵穀叁百叁拾壹石伍斗伍升肆合捌勺捌抄

中則田叁拾叁畝陸分玖毫

應徵穀捌石陸升陸合壹勺陸抄

下則田壹萬壹千壹百捌拾伍畝玖分捌釐肆毫

應徵穀壹千伍百陸拾陸石叁升柒合柒勺陸抄

地壹萬伍百壹拾捌畝壹分伍釐柒毫

應徵穀陸百叁拾壹石捌升玖合肆勺貳抄

山肆百伍拾貳畝柒分壹釐貳毫

應徵穀玖石伍升肆合貳勺肆抄

塘肆畝陸分貳釐伍毫
應徵穀陸斗肆升柒合伍勺
雍正捌年分報陞田地共伍百壹拾壹畝陸分陸釐捌毫內
中則田壹百肆拾壹畝捌分壹釐捌毫
應徵穀叁拾肆石叁升陸合叁勺貳抄
下則田肆拾柒畝叁分肆釐伍毫
應徵穀陸石陸斗貳升捌合叁勺
地叁百貳拾貳畝伍分伍毫

應徵穀壹拾玖石叁斗伍升叁勺
通共田地山塘共柒百壹拾伍頃肆拾陸畝叁分叁釐伍毫內
上則田壹萬壹千陸百伍拾捌畝壹分玖毫
共應徵穀叁千柒百叁拾石伍斗玖升肆合捌勺捌抄
中則田貳千伍百柒拾伍畝肆分貳釐柒毫
共應徵穀陸百壹拾捌石壹斗貳合伍勺陸抄
下則田叁萬玖千伍百叁拾陸畝肆分柒釐壹毫
共應徵穀伍千伍百叁拾伍石壹斗伍合玖勺肆抄

塘肆畝陸分貳釐伍毫
應徵穀陸斗肆升柒合伍勺
雍正捌年分報陞田地共伍百壹拾壹畝陸分陸釐捌毫內
中則田壹百肆拾壹畝捌分壹釐捌毫
應徵穀叁拾肆石叁升陸合叁勺貳抄
下則田肆拾柒畝叁分肆釐伍毫
應徵穀陸石陸斗貳升捌合叁勺
地叁百貳拾貳畝伍分伍毫

應徵穀壹拾玖石叁斗伍升叁勺
雍正玖年分報陞田地山塘共叁拾柒頃貳拾壹畝柒分肆釐壹毫內
上則田伍拾叁畝貳分肆釐陸毫
共應徵穀壹拾柒石叁升捌合柒勺貳抄
中則田貳頃伍拾貳畝捌分捌釐伍毫
共應徵穀陸拾石陸斗玖升貳合肆抄

下則田貳拾壹頃陸拾貳畝陸分壹釐壹毫
共應徵穀叁百貳石柒斗柒升壹合壹勺肆抄
地壹拾貳頃叁拾柒畝壹分壹毫
共應徵穀肆拾肆石貳斗貳升陸合陸抄
山壹拾伍畝壹分伍釐
共應徵穀叁斗叁合
塘柒分八毫
共應徵穀玖升玖合壹勺貳抄
雍正拾年分報陞田地山塘共壹萬柒千叁百貳拾捌畝伍分伍釐肆毫內
上則田四頃伍畝陸釐柒毫
共應徵穀壹百貳拾玖石陸斗貳升壹合肆勺肆抄
中則田捌頃肆拾伍畝陸分伍釐貳毫
共應徵穀貳百貳石玖斗伍升陸合肆勺捌抄
下則田玖拾柒頃伍拾捌畝陸分柒釐陸毫
共應徵穀壹千叁百陸拾陸石貳斗壹升肆合陸勺肆抄

地陸拾貳頃伍拾貳畝肆分肆釐玖毫
共應徵穀叁百柒拾伍石壹斗肆升陸合玖勺肆抄
山貳畝
共應徵穀肆升
塘陸拾肆畝柒分壹釐
共應徵穀玖石伍升玖合肆勺
通共田地山塘共玖萬貳千伍百玖拾陸畝陸分叁釐內
上則田壹萬貳千壹百壹拾陸畝肆分貳釐貳毫
共應徵穀叁千捌百柒拾柒石貳斗伍升伍合肆抄
中則田叁千陸百柒拾叁畝玖分陸釐肆毫
共應徵穀捌百捌拾壹石柒斗伍升壹合捌抄
下則田伍萬壹千肆百伍拾柒畝柒分玖釐捌毫
共應徵穀柒千貳百肆石玖升壹合柒勺貳抄
地肆千肆百柒拾陸畝叁分伍釐捌毫
共應徵穀壹千肆百陸拾捌石伍斗捌升壹合肆勺捌抄

山柒百玖拾玖畝肆分肆釐伍毫

共應徵穀壹拾伍石玖斗捌升捌合玖勺

塘柒拾貳畝陸分肆釐叁毫

共應徵穀壹拾石壹斗柒升貳抄

通共應徵穀壹萬叁千肆百伍拾柒石捌斗叁升捌合貳勺陸抄

經費

朝廷經費咸有定制祭祀兵戎以及輿臺隸圉莫不動支帑項至官員俸薪之外又有養廉之給其典甚渥此又

皇上之特恩爲亘古所未有居官者苟念庶人同祿不敢存侵尅之見官方凜凜不敢謀簠簋之私夙夜冰兢靖共爾位則

國家之度支無縻費無虛設矣志經費

存留項下

拜賀習儀香燭銀肆錢捌分

地壹萬陸千玖百捌拾陸畝捌分捌毫

共應徵穀壹千壹拾玖石貳斗捌合肆勺捌抄

山柒百捌拾貳畝貳分玖釐伍毫

共應徵穀壹拾伍石陸斗肆升伍合玖勺

塘柒畝貳分貳釐伍毫

共應徵穀壹石壹升壹合伍勺

通共應徵穀壹萬玖百壹拾玖石陸斗陸升玖合壹勺捌抄

經費

朝廷經費咸有定制祭祀兵戎以及輿臺隸圉莫不動支帑項至官員俸薪之外又有養廉之給其典甚渥此又

皇上之特恩爲亘古所未有居官者苟念庶人同祿不敢存侵尅之見官方凜凜不敢謀簠簋之私夙夜冰兢靖共爾位則

國家之度支無縻費無虛設矣志經費

存留項下

拜賀習儀香燭銀肆錢捌分

迎春芒神土牛酒禮銀貳兩

祭祀 社稷山川各二祭共銀叁拾貳兩○厲壇三祭共銀貳拾肆兩齋米玖石○關帝三祭共銀陸拾兩

同知 俸銀捌拾兩○養廉銀貳千兩○心紅紙劄銀陸百兩○門子貳名工食銀壹拾貳兩閏月加銀壹兩○民壯五十名工食銀叁百兩閏月加銀貳拾伍兩○皂隸壹拾貳名工食銀柒拾貳兩閏月加銀陸兩○馬快八名工食銀肆拾捌兩閏月加銀肆兩備馬製械銀捌拾陸兩肆錢閏月加銀柒兩貳錢○巡鹽應捕六名工食銀肆拾叁兩貳錢閏月加銀叁兩陸錢○庫役四名工食銀貳拾肆兩閏月加銀貳兩○斗級四名工食銀貳拾肆兩閏月加銀貳兩○倉夫四名工食銀貳拾肆兩閏月加銀貳兩○禁卒八名工食銀肆拾捌兩閏月加銀肆兩○轎傘扇夫七名工食銀肆拾貳兩閏月加銀叁兩伍錢○衝要鋪司兵四名工食銀貳拾肆兩閏月加銀貳兩每年於太樂二縣支領每縣二名

巡檢 俸銀叁拾壹兩○皂隸貳名工食銀壹拾貳兩閏月加銀壹兩○弓兵三十五名工食銀壹百叁拾陸兩閏月加銀壹拾兩伍錢

渡閘 南塘閘夫貳名工食銀壹拾貳兩閏月加銀壹兩○塘洋閘夫貳名工食銀壹拾貳兩閏月加銀壹兩○楚門渡夫貳名工食銀壹拾貳兩閏月加銀壹兩○西青渡渡夫貳名工食銀壹拾貳兩○修理渡船銀貳拾肆兩俱本山支給

玉環營兵米 每月大建貳百陸拾捌石捌斗○小建貳百伍拾玖石捌斗肆升俱本山給放

叅將俸銀 月支貳拾貳兩貳錢柒分捌釐叁毫坐馬捌匹月支乾銀捌兩

左營守備俸銀 月支捌兩貳錢貳分伍釐伍毫坐馬肆匹月支乾銀肆兩

右營守備俸銀 月支捌兩貳錢貳分伍釐伍毫坐馬肆匹月支乾銀肆兩

千總貳員 月支俸銀肆兩坐馬貳匹月支乾銀貳兩

把總肆員 月支俸銀叁兩坐馬貳匹月支乾銀貳兩

有馬戰兵叁拾伍名 每名月支餉銀叁兩米叁斗

無馬戰兵捌拾玖名 每名月支餉銀壹兩伍錢米叁斗

水戰兵壹百肆拾伍名 每名月支餉銀壹兩伍錢米叁斗

守兵叁百柒拾叁名 每名月支餉銀壹兩米叁斗

水守兵貳百伍拾肆名 每名月支餉銀壹兩米叁斗

戰船捌隻內

晏字壹號貳號船 每隻支篷索銀肆拾陸兩玖分貳釐

晏字叁號船 支篷索銀叁拾貳兩伍錢壹分伍釐

晏字四伍陸柒捌號船 每隻支篷索銀貳拾叁兩壹錢陸分捌釐

快哨船肆隻

晏字玖拾拾壹拾貳號船 每隻支篷索銀壹拾壹兩肆錢伍分

八槳船肆隻

晏字拾叁拾肆拾伍拾陸號船 每隻支篷索銀陸兩陸錢

各船三年小修六年大修九年拆造俱庫支給

戶口

古者稽戶口所以重民數也今玉環新復之地惟本省淳謹農民素無過犯者始得計口授田而閩廣無籍之徒不與焉則

制憲慎重居民之意可知矣居此土者尚其宅爾宅畋爾田孝悌婣睦各敦禮讓以無負

皇上愛養之至意哉志戶口

戶口共貳千柒百捌拾貳戶

男壹萬肆千貳百貳拾陸丁

女伍千叁百玖拾口

男女共壹萬玖千陸百壹拾陸丁口

定則起科　盤石蒲岐等處

嚴州府桐廬縣張坦熊溫州府樂清縣唐傳鉎為曉諭招徠開墾等事　卑職張坦熊於雍正五年二月二十六日奉

巡撫都察院加三級紀錄六次李　憲牌內開案據樂清縣詳稱樂邑盤石蒲岐等處開墾田畝定則起科詳請批示等情前來隨經批令藩司速查詳奪去後迄今日久未據議詳今該縣現在委勘玉環山一案合飭併勘為此仰縣官吏遵照來文事理於料理玉環山事務得暇之時即便會同樂清縣前往該地方勘明地勢情形將作何招徠開墾定則徵輸之處勘酌妥議具詳以憑察奪毋違等因奉此　卑職隨即會同前赴該地方查勘閒　卑職唐傳鉎　案於雍正四年九月內奉　撫都院檄查沿海荒田隨勘查本縣濱海之盤石蒲岐芙蓉大荊等處有塗坦可阡荒棄可墾者零星約計三萬餘畝據民情咸稱築塘捍壩工力浩大且斥鹵秋成不同內地膏腴若照本縣田額一例科徵恐為後累是以卑縣援照永邑下則每畝徵銀四分之例備由詳請　憲本府批該縣議與開墾荒地具見留心民務第恐沿海拋棄餘地不無洪潮淹沒山溪僻壤荒敗類多缺水滋蔭據詳減免科則似屬便民之舉若無堤圩塘岍預為禦滷蓄淡絲難保守無廢仰再因地制宜作何置興水利使得灌溉無虞逐細確勘妥議以憑核奪仍候　撫　藩二憲批

示錄報繳等因又蒙檄抄　布政司佟批等因又
蒙抄飭奉　撫都院李　批仰布政司查議繳等
因奉批在案又於雍正四年十二月初六日援照
本縣地則每畝徵銀叄分伍厘米陸合伍勺之額
覆議詳請招墾現在候示茲於本年三月初十日
奉
巡撫都察院加三級紀錄六次李　憲牌內開曉
諭招徠開墾等事案據該縣詳請樂邑蒲岐盤石
等處開墾田畝定則起科詳請批示等情前來隨

經批令藩司逮查詳奪去後迄今日久未據議詳
今桐令現在委勘玉環山一案合飭併勘爲此牌
仰該縣官吏遵照來文事理於料理玉環山事務
得暇之時卽便會同桐廬縣前往該地方勘明地
勢情形作何招徠開墾定則徵輸之處斟酌妥議
由司核詳以憑察奪毋違等因樂清縣知縣唐傳
鉎會同桐廬縣知縣張坦熊查勘得沿海之盤石
蒲岐芙蓉大荆等處雖屬樂邑老岓實係玉環山
相接之區田地約近三萬畝俱屬可墾之土因玉

環遷遣一併拋棄遂使一帶塘壩傾圮河道淤塞
卑職等上承　憲令招墾玉環凡玉環附近山嶴
無不逐細查勘務期荒疇悉闢舊畝盡開況盤石
蒲岐等處勢與玉環相接更宜悉心籌畫設法招徠
以仰副　憲臺廣土育民之至意隨經酌議一面
出示遍行曉諭着令悉力墾種卑職等一面設法
酌借工本令其堵築塘壩開濬河道去後今據該
地居民稟稱身等濱海田地荒蕪多年必須築塘
設壩開河濬溝費用實繁今玉環山已奉招墾身

等一帶俱係玉環毗連之民業蒙借給工本築設
塘壩使身等永爲衣食之資實皆賴
皇仁憲德展復玉環所致但海濱田地瘠薄收花不比
內地膏腴且時修塘壩河道歲有耗費若必照內
地起科恐將來力有不敷必致有辜　憲德今聞
玉環現分等則徵輸本色懇祈轉詳
上憲照依下則以米起科如蒙俯准身等情愿當
年陞科以充玉環餉糈以報
皇恩等情該卑職等伏查蒲岐盤石芙蓉大荆等處委

係海濱瘠區非同內地成熟亦不似玉環之上則膏壤且塘壩時需修理河道歲需開濬若照本邑田則起科固非　憲臺愛育羣黎之意卽照縣詳永邑下則并照本邑地則兩議起科亦恐與例不符查樂清縣誌玉環原屬版圖可否俯如所請分別等則在縣輸納本色當年陞科隨墾隨報以充玉環餉糈統候　憲臺核奪批示以便會同清丈造具冊結申送不特濱海窮黎得以勉力急公卽現在墾民亦皆知所鼓勵頂戴鴻慈於不朽矣

雍正五年四月

府詳

温州府芮　爲曉諭招徠等事雍正五年七月十五日奉　總督福浙部院高　批桐廬縣樂清縣會詳樂邑沿海盤石蒲岐芙蓉大荆等處係玉環相接之區約近三萬餘畝俱屬可墾之土請照原議額銀四分改徵本色勸民開墾卽以報墾之年在該地徵輸糧米以充玉環餉糈統候批示以便會同清丈等緣由奉批仰布政司一併會同確議通詳速報仍候　撫都院批示繳奉此合再飭查爲此仰府文到立將盤石蒲岐等處地畝應照何則科徵及作何起科招徠開墾之處該府卽日一併確議詳司以憑核詳　院奪毋再遲延干咎等因到府奉此爲查是案先據二該縣會詳前來據卽轉詳　藩憲核轉在案今奉前因合行抄看飭知爲此行縣該吏查照　憲批事理一體遵照毋违計粘抄看查得樂邑境內有盤石蒲岐等處前因玉環遷遣一并棄廢兹據桐廬樂清二縣以玉

環已經奉文展復隨將盤石蒲岐詳請一例招墾奉　憲批議續奉　撫憲批縣前詳㨿　憲檄飭到府遵卽轉行去後兹據桐廬樂清二邑議覆前來卑府覆加察核查科則之高下惟視田土之肥磽盤石蒲岐雖係樂地但屬在沿海田土磽瘠與內地之沃壤不同加之初有築濬之工纔有歲修之費是定則起科不特難比內地卽玉環之上中二則亦難一例徵輸蓋事在創始籌畫貴乎妥協而則壤成賦輕重務得其平今蒲岐等處與玉環

地方同時開墾原無異視應如二該縣所請臨依
玉環下則准其槩輸本色每畝丁條共徵米六升
隨墾隨報當年陞課在縣徵收統濟玉環經費之
需庶事可經久而民無後累至作何招徠開墾之
處據二該縣詳稱已經出示曉諭令民盡力墾耕
併酌借工本俾其建築塘壩開濬河渠等情夫科
既酌乎其中而復借本以資經營將人皆踴躍急
公恐後從此久蕪瘠區一變而成樂郊樂土濱海
窮民得沾實惠米穀充盈偷運可杜是皆

憲德之所及也緣蒙飭議事理擬合詳候
憲臺察核轉詳

楚門三盤定則

署太平縣張坦熊樂清縣唐傳鉎爲查復浙洋玉
環等事雍正五年五月二十一日奉台州府楊
憲牌本年五月十二日奉　布政使司許　憲牌
本年四月二十五日奉
巡撫都察院李　批樂清副將王桐盧縣張令會
詳楚門老岍地方有田數萬畝因玉環遷遣南北
兩塘傾圮田地一併荒廢多年若將兩塘建築俱
可漸成膏壤又有三盤黄大嶴等處有田數千俱
肥饒可耕況楚門老岍原屬玉環所屬都分而三
盤黄大嶴等處俱屬玉環鄰近之區豈可聽其荒
蕪詳請一例招墾等緣繇奉批沿海荒蕪田地久
奉
旨招徠墾復據詳楚門即玉環界址而三盤等處又
皆附近地方現今玉環設官添汛稽察既周自應
體招墾歸入玉環彙冊　題報但海塗坍漲不

常且有建築塘岍工費其作何定則起科尚須酌
議妥協庶可圖經久而無後累仰布政司速飭該
會同唐令確勘各處田畝數目即召本省佃民
給墾一面將科則事宜轉飭温台二府會同酌量
定議由司覆核通詳會奪繳行府仰縣立將楚門
三盤等處田畝該縣速即會同樂清縣確勘數目
即召本省佃民給墾歸入玉環彙冊造報但海塗坍
漲不常且有建築塘岍工費今應作何定則起科
事宜該縣先行會同樂清縣酌妥定議詳府以憑

會溫府�詳　各憲毋得玩延致干未便等因奉
此該署太平縣張坦熊樂清縣唐傳鉎會看得楚
門老�與三盤黃大嶴并盤石蒲岐等處俱有田
地可墾前經會同王副將具詳　蒙　撫憲批飭一
體招墾歸入玉環彙册　題報復以海塗坍漲不
常且有建築塘岍工費作何定則起科酌議妥協
並令確勘田畝數目召本省佃民給墾批行藩憲
轉送　憲案檄飭會議仰見　上憲軫恤民瘼碩
畫周詳無微不徹卑職等查楚門老岍地方田疇

廢棄多年塘壩傾圮河渠淤塞今開創之始建築
固費工貲即成熟以後歲歲皆須人力修濬其三
盤黃大嶴等處亦多山地塗田肥磽不一非內地
田畝可比職等再四籌畫昔年玉環遷遣楚門等
處亦並棄置今與玉環同時展復查玉環新墾田
地業蒙各憲　奏明議徵本色惟以地有高下應
分上中下三則徵收職等現在酌議上則田丁條
共徵米一斗五升中則徵米一斗下則徵米六升
而盤石蒲岐等處亦經詳奉　撫藩各憲批飭酌

議陞科卑職等議照玉環下則徵收本色現在另
文會詳　憲奪今楚門老岍不惟歲需工費而且
地土稍瘠不比玉環之上則膏腴沃潤應照玉環下則
其三盤黃大嶴應分上中下等則一例徵收本色
統濟玉環經費之需庶使小民易於輸將米穀充
盈而偷販杜絕可無後累實為經久之計除田畝
確數容俟築塘之後隨墾隨報文明造册另詳外
伏祈　憲臺俯念楚門三盤等處與玉環一視同
仁恩賜轉詳俾海澨窮民永沾實惠叨沐

皇仁憲德於無旣矣

查出隱漏　改徵本色

原署台州府太平縣張坦熊台州府太平縣戴世
�為查復浙洋等事切照玉環山奉　憲
題請展復九附近島嶴俱經一例招墾所有楚門老
岍暨太平之二十四五六都原屬玉環鄉舊日都
分向時同為遷遣近年以來民間不無私自墾種
即有報陞亦皆報一漏十且有閩省民人潛地私
墾恐有奸良混雜卑職奉委辦理玉環又蒙委署

太篆履勘情形清查皆隱查出各都啚隱漏自昔
田地山塘七千三百四十二畝二分五釐共應徵
條銀二百九十六兩二錢三分一釐五毫糧米四
十六石九斗七升八合復量度形勢因地制宜伏
查玉環鄉附近楚門之東嶴芳杜田嶴客溪等處
與玉環僅隔一港實玉環山緊接後路爲墾民往
來之要道所係綦重其民間始而私墾繼而逐年
報陞之條丁糧米與查出隱漏之課餉数目適相
符合請將附近之数處仍歸復玉環舊日之都分

庶便就近稽查改徵本色以濟餉糈將查出隱漏
之課餉歸補太平以符原額總之玉環半壁本屬
太平原無彼此之别今所有現在閩省人民六十
餘口除撤有家室住居十年以外者准其入籍一
體編入保甲不時嚴行稽察其無籍之徒概行驅
逐俾玉環山之後路爲之一清且東嶴地方汛守
官兵業同樂清協詳請移駐楚門所城與玉環相
爲犄角之勢蓋玉環實太平之屏障而太平爲玉
環之後路倘門户不密則堂奥何由安堵鄰山不

清則本山亦屬可虞卑職　公同酌議惟於楚門
布置周詳則不特玉環之聲援最近而太平之障
護益嚴輔車相依海疆鞏固庶使濱海蒸黎永登
衽席矣擬合會同詳請　憲臺俯賜察核批示遵
行
浙江等處承宣布政使司布政使加一級又軍功
加三級紀錄一次許　爲查復浙洋玉環等事雍
正五年六月初四日奉
總督福浙部院高　批樂清縣副將王桐廬縣張

令會詳楚門老岍地方有田數萬畝因玉環遷遣
南北兩塘傾圮田地一并荒廢多年若將兩塘建
築俱可漸成膏壤又有三盤黃大嶴等處有田數
千俱肥饒可耕況楚門老岍原屬玉環所屬都分
而三盤黃大嶴等處俱屬玉環隣近之區豈可聽
其荒蕪詳請一例招墾等緣由奉批仰布政司查
明確核詳報仍候　撫都院批示繳奉此爲照此
案先奉　撫憲批示就經轉飭該縣會同確勘去
後今奉前因合再飭查爲此仰縣官吏查照先今

來檄奉　院批飭查理立將楚門三盤等各處畀
郎會同營令確勘田畝数目召募本省佃民給墾
歸入玉環彙册具詳以凴轉請　題報一面先將
科則事宜會同酌量定議由府覆核詳司核轉速
速

飭覆汛缺

協鎮樂清兼轄盤石營副府王　爲咨商事准
溫處道王移開准布政司照會奉
總督部院高　憲牌前事咨開到協准此爲查此
案先奉溫州總鎮邊　令牌行協將三盤一帶作
何巡哨稽查之處迅即妥議具覆等因業經會同
桐盧縣詳覆在案查三盤黃大嶴等處原係溫州
鎮標中左二營所轄前經會勘情形既屬玉環附
近島嶴且係温郡要隘是以會詳一并招墾而墾
户俱邊海居民一潮可至將來秋收之後即令搬
回不必遷移家眷仍令編定保甲稽查其巡哨之
處應仍令中左二營水師就近管轄巡緝至楚門
老岕花巖浦等處即屬玉環鄉原轄都啚楚門水

汛自應玉環新設兵船巡哨理合具文申覆

請禁沿海搭厰

鎮守浙江温州等處地方總兵官都督同知世襲
拖沙喇哈番帶紀錄一次加一級邊　爲詳明玉
環等事雍正六年正月初八日准按察司咨開雍
正五年十二月十七日奉
總督部院李　批原任桐盧縣張令申詳石塘密
邇玉環堪以開墾并請革禁沿海搭厰並究不法
閩人率黨搬搶乾茅大桅各緣由奉批據詳石塘
密邇玉環堪以開墾應如議行至沿海搭寮久經
禁革今如許棚厰船隻聚集該地方且又生事搶
奪飄泊無常而石塘坎門巡船并松門汛防全無
稽察明係弁兵賄縱懈弛仰按察司會同布政司
速移行黃温二鎮及台州府確查具覆並將不法
船户嚴拿究審招報嗣後作何稽察防範一併妥
議詳奪其石塘開墾事宜即羽飭太邑協同張令
照玉環例會勘舉行仍候　督部院暨觀風院衙
門批示繳奉此除行台州府拿究外擬合咨查爲

照來咨祈卽嚴查沿海搭寮久經禁革今如許棚厰船隻聚集該地方且又生事搶奪飄泊無常而石塘坎門巡船并松門汛防全無稽察明係弁兵賄縱懈弛星卽查明覆司並嚴拿不法船户移發台府究解嗣後作何稽察防範一并妥議移覆均勿遲緩等因到本鎮准此合行飭查爲此牌仰該署將照牌事理卽便嚴查沿海搭寮久經禁革今如許棚厰船隻聚集該地方生事搶奪飄泊無常而該營坎門巡船全無稽查卽速查明詳覆並嚴

拿不法船户移交台府究解嗣後作何稽察防範一併妥議詳覆以憑咨覆計粘抄原任桐廬縣知縣張坦熊爲詳明玉環附近島嶴情形仰請　憲鑒事竊照　卑職奉　憲委墾玉環七月間有太平民人呈稱開墾石塘隨查石塘與松門所城相去十里中隔一浦潮大小艇可渡潮小塗上可行且密邇玉環一潮可至爲稽察必嚴之地　卑職　署太篆特差役稽查奸匪偵察情形歷今四月查得石塘地方有田地二千餘畝盡屬沃壤水則有黄巖

石營哨船巡查陸則有松門汛防瞭望甚近無事另設營汛應請一體開墾以資窮民衣食惟是石塘嶴內閩人搭蓋棚厰一十四所每年自八九月起至正二月止漁汛方畢各船始散各厰亦因其中停泊船隻查有三項內有湘船係挾貲商船俱有身家頗能守法又有舴艋借名換魚其實偷運酒米猪鹽以致近海產穀之區歲登豐稔市價反行騰貴且今玉環官鹽堆積二十餘萬觔壅阻不行又有釣艚悉屬閩民船係租用水手亦係頂替

人照而貌俱不相符倏泊坎門倏泊石塘往來無定並不遵奉　憲行船傍實刋字號止用小板浮釘且閩人性多强悍現今墾民王子爵砍存搭厰乾茅數十担公然率黨搶奪又海塗風飄水孔口商船一隻上有大桅亦恃其人衆斫去及至根查字號浮板已起無從識辨其兇悍已見一班若復羣居縱酒恣遊洋而愈肆兇横剏網魚捕蝦何必糜費肥豚是食米之需固必計口授食而猪酒之類更宜嚴行禁絶者也種種弊竇　卑職　廉得其情

應請立法稽查不揣謬陳末議為我　憲臺陳之
夫閩人搭厰海嶴無非窩頓販鮝酒米豕畜且無
牌照一經有事無從根拿則閩人棚厰應行盡逐
其商船到嶴止須查驗人數相符隨驗隨還以杜
勒索之弊其販鮝則汛兵協同巡役嚴查偷運酒
米豬鹽倘有違禁私販一面詳報一面行文移回
原籍船隻入官永不許出洋貿易如無私販者亦
即隨驗隨還至於釣艚船隻甚多分泊各嶴易於
查察若聽其任意停泊倏分倏合則奸良愈滋混

淆惟于船照不符者即時詳究其船照相符者亦
存留哨船使彼在石塘者不能倏來坎門在坎門
者不能倏來石塘不特可杜人衆紛擾抑且泊有
定所查察甚便并按船照字號着落實刋不許浮
釘小板桅篷亦大書縣分字號一望瞭然便於物
色漁汛一畢給還原照聯䑸並返仍將釣艚若干
隻何日到嶴何日返棹汛防照進口出口之例按
季造册并具不致容留船照不符甘結申送　憲
核再請檄行沿海地方官凡釣艚船照務必塡明

停泊處所或石塘或坎門或三盤字樣彙册移交
玉環文武衙門遇有到嶴釣船以便按册查驗有
不來嶴者即知越駛他處卑職可以移明原籍根
究去來既清則匪類無從而匿停泊有常則奸宄
無自而入文武互相覺察海疆似有裨益是否可
行伏候　憲臺電察批示遵行

議禁沿海事宜

溫台玉環清軍餉捕同知張坦熊為敬籌查追之
員等事雍正七年十月十六日奉　署理浙江等

處承宣布政使司詹事府少詹事加二級程　憲
牌雍正七年八月初二日奉
總漕部院性　批署司會詳議禁沿海偷運米石
事宜緣由奉批據詳各道府所議該司核定數條
均屬剔弊良籌但沿海各口岸隱弊無窮在沿海
各營汛必另有親知熟識情形之處速即轉移各
鎮協營各抒所見作何杜弊防奸務期明晰限文
到日據實指陳聽該司確核議詳以憑會核
題請定為海疆永遠成規勿得稍延仍候　署督撫院

觀風院批示錄報繳奉此就卽轉移催議今准黃
巖鎮咨覆并聲明玉環新開墾石塘等山嶴俱係
孤懸海外並無文武稽查更非玉環可比島嶴四
面通洋查石塘山上馬石打鹿坑等十餘處居民
巳開田地約有千餘畝之多陞科越則現在玉環
徵收其中米石偷賣非比內地有口岍可守貪利
售賣隨其所往奸民任意偷運卽巡船周流梭織
時有顧此失彼之虞立法杜絕之處應飭玉環同
知作何稽查以免私售等因到司准此合就插羽

飛飭查議爲此牌仰該同知文到立將玉環新墾
石塘等山作何立法稽查杜絕偷運米石出洋之
處備晰確議卽日詳司此案各恊鎮巳經議覆立
待會核詳　題毋得刻遲等因蒙此該卑職遵查
石塘與太邑松門所城相隔一浦潮長小艇可渡
潮落塗上可行田地沃壤向來異地奸民潛居私
墾卑職於雍正六年正月間詳奉
總督部院李　批據詳石塘寮邇玉環堪以開墾
憑如議行等因在案當卽會同太平縣履勘情形

稽查奸匪驅逐私墾之民詳請照依玉環之例許
無過窮民有妻子者丈明田地若干取具族鄰保
結編入保甲在案今查石塘上馬石打鹿坑墾民
皆係太邑松門淋頭之民伊雖在地開墾而家室
仍在淋頭松門等處東作則聚集耕種搭廠而居
秋穫則米穀運回內地折廠而歸每於收穫之候
廠頭挨廠稽查米穀俱令搬回內地不許存廠并
取具廠頭同廠甘結存案兼以水則有黃巖右營
哨船巡查陸則有松門汛防瞭望甚近則偷運米

石出洋之處可以杜絕而無虞　雍正七年十一月初二日

詳開靈崑

温台玉環清軍餉捕同知張坦熊爲報明開墾翹
賜批照以廣　國課以厚民生事據永嘉縣七都
民陳蘭玉等呈前事詞稱切玉環附近之靈崑塗
坐砥江流中分兩段係永清兩邑海塗曾經闢墾
遺廢康熈三十八年復經墾種現在熟田約有三
千餘畝俱係紳衿吏役所踞如土名四百五百单
千九百者卽是內有河上段棋盤田沙塘邊雙嵒

山左右約有七八千畝皆未開墾若能脩葺塘埭
禦鹹蓄淡俱可耕種 玉係農民曾於去年五月將
未墾之塗與同居民黄佑明繆錦如潘浩若陳宗
理葉允啟黄河王繼文等報明永邑縣主羅陞鞭
墾種被遭樂邑十七都陳吳葉葛四姓覇踞樣草
柴薪不容開種僉明 府憲芮蒙批永清兩邑會
勘在案今蒙 憲恩通行開墾合情呈明伏乞賜
准批照開墾之日另行呈報勘丈當年陞鞭上廣
國課下厚民生功垂永久等情據此又據士民劉元

長朱綸若等呈爲報明開墾賜批給照以裕課業
事呈稱切因奉 憲招徠開墾 長等今於靈崑塗
田内有土名棋盤垟并左右約計三百餘畝 長等
情愿捐資倩工開築地塘墾爲田畝功成當年輸
課不致抛棄理合報明伏乞恩准給照等情各在
案據此該 卑職 竊照開墾田畝上關 國計下利
民生 卑職 凛遵 憲飭凡附近玉環島嶴與夫濱
海一帶悉心查察曉諭首報以期概無曠土並清
慝佔今據永邑民人陳蘭玉等暨士民劉元長等

具呈認墾前來查靈崑塗距盤石二十餘里中隔
小港一道既係玉環附近海塗且屬曩時同爲遷
遺今據稱于康熙三十八年復行開墾現有熟田
三千畝久爲永清兩邑紳衿衙蠹隱佔獲利此外
尚有未墾塗田約七八千畝若將塘埭修築禦鹹
蓄淡悉爲開墾統計得田萬有餘畝於 國計民
生均有裨益理合據呈詳請 憲臺裁奪批示以
便逐加查勘設法招徠築塘開墾則海濱廢土皆
成阡陌

皇恩憲德永昭天壤矣其陳蘭玉劉元長等可否先爲
取結給照開墾俟成田之日丈明陞科永給爲業
並候 憲裁遵行
浙江等處布政使司布政使加一級高 爲報明
開墾等事雍正六年八月初六日奉
總督浙江部院管巡撫事李 批該同知申詳永
嘉縣靈崑距盤石二十餘里係玉環附近海塗現
有開墾熟田三千畝爲永清兩邑紳衿衙蠹隱佔
此外尚有未墾塗田七八千畝詳請批示設法招

徠開墾其陳蘭玉等可否先爲取結給照開墾並候飭行等緣繇奉批據詳靈崑去盤石止二十餘里係玉環附近海塗現有熟田可開仰布政司速飭逐加確勘的數相度地形築塘給墾其陳蘭玉等所認田畝先行取結給照造冊具報至此地應否分立塘汎稽察并飭會營議詳核奪繳奉此合亟飛飭查勘爲此仰廳官吏查照來檄　院批事理立將永嘉縣靈崑處所刻即會同温府逐加確勘現有熟田可開的數相度地形築塘給墾其陳

蘭玉等所認田畝先行取結給照造冊具報至此地應否分立塘汎稽察亦即會營議詳以凴轉詳院奪均毋違延速速

靈崑定汎

玉環右營黄　爲議設廵船等事本年十月二十九日蒙本協鎮顧令牌行奉本總鎮冉憲牌行准温處道王咨開准布政司照會雍正六年九月十四日奉

總督部院李　批本司會同臬司呈詳靈崑處於中流非泊船移汎稽察之地温港出入船隻如在北港經由即赴衛汎掛驗失察事件悉歸新設之玉環營樂清縣耑責或由南港出入着赴左營藍田汎掛驗所有失察事件歸鎮標左營併永嘉縣耑責等緣由奉批據議靈崑塗難於泊船以北港歸衛衛南港歸藍田二汎盤查掛號各分營縣責成已爲妥協但今盤石已改陸營未設船隻且兵額甚少所有衛衛及黄花關一帶水汎應否就近歸鎮標水師派防抑或於盤石營內添設廵船

仍舊管轄之處仰再移鎮營確議覆奪其官併廠頭應令温處道遴充勿庸另立嶴長及赴司領帖以省紛繁可也另冊候移　撫部院衙門備案繳奉此合即抄看移查煩照來文事理希即遵照院批轉飭會同地方官飛查盤石已改陸營未設船隻且兵額減少所有衛衛黄華關一帶水汎應否就近歸鎮標水師派防抑或於盤石添設廵船仍舊管轄之處即日妥議併飭營於敬陳查覆等事案內更正造具汎防文冊着令賫司一面妥議

會覆以憑核詳　院奪幸勿遲延施行等因到本鎮准此合就飭查爲此牌仰該將照牌事理卽便會同地方官飛查盤石巳改陸營未設船隻且兵額減少所有衙衕黃華一帶水汛應否就近歸鎮標水師派防抑或於盤石添設巡船仍舊管轄之處卽日妥議詳覆以憑察核併於敬陳查復等事案內更正造具汛防文册着令賫司核詳毋得刻遲火速等因到協行府蒙此合就轉移爲此合用手本前詣貴府請煩察照來移事理迅查盤石巳

改陸營未設船隻且兵額減少所有衙衕黃華關一帶水汛應否就近歸鎮標水師派防抑或於盤石添設巡船仍舊管轄之處卽日妥議移覆立待轉覆計粘詳會查得盤石營所轄靈崑塗汛爲温郡商漁大小船隻必由出入之處向緣南北不分一有失察往往藉口推諉以致温鎮請將衙衕汛核駐靈崑居中扼要分別船隻設簿查驗撥兵配船巡緝并議黃華藍田等汛亦係採捕出入之口均應設船派撥兵役協力嚴查仍着嶴長給簿稽

考每於月終出結送核等因移咨　憲臺行司前司奉卽移行確查議覆去後今准據各覆前來備查靈崑塗汛原屬孤峙江中其南北兩港均可由船出入從前設兵稽察止於靈崑之北盤石營衙衕汛立簿掛驗往來船隻其靈崑之南未有稽查以致遇有失察南北不分互相推諉若不定以畫一耑司營船無所適從但靈崑處于中流非泊船移汛稽察之地今温鎮議以左營藍田汛請照盤石營衙衕汛一例設船掛號並委千把派撥文武

衙門兵役隨潮查驗稽察凡温港出入船隻如在北港經由卽赴衙衕汛掛驗其失察事件悉歸新設之玉環營樂清縣耑責或由南港出入着赴左營藍田汛掛驗所有失察事件歸鎮標左營并永嘉縣耑責等語查温鎮所議巳屬明晰南北既分彼此均無可諉似應如所議其黃華關汛既在衙衕之下相隔不遠兹復添船派撥兵役巡查可以兼顧令其嚴察亦應如所議至於設立嶴長同屬稽別奸良之要務但今温處道議設官伢嚴頭業

經詳奉飭行若於此案再行另立嶴長恐多滋擾似可毋庸重複另設況海疆乃該道監司今應一併統歸飭令殷實官伢厰頭實力稽查仍各赴司請領印帖以别奸良而杜漏稅之弊可也緣奉
憲批會議擬合詳覆

塗稅

國家惟正之供而外則有稅課計其所入徵其所出民有生業賦有餘貲益上益下之道也玉環界在温台洋面遼濶魚蝦生息蕃滋漁民爭趨捕捉沙

塗之利莫盛於此因爲定則徵輸復有巡船防範宵小其所取之於民者不過革前此之陋規而漁民之得以樂業急公者則自今日始也志塗稅

論曰温台洋面閩浙漁民利藪也每年網魚捕蝦打鰍釣鰷各以其時亦各以其地而船又各異其名島嶴繁雜千帆叢集利固易生而奸亦易匿也向例船傍刋刻字號蓬上大書白字以别宵小法良意美無如營哨遊巡往往陽奉陰違需索羮魚規例泊船內港開遊雍正五年

總督部院李　查革陋規量徵塗稅温黄二鎮遴選弁目委員協辦稽查汛至則收牌存官汛畢則給照同返不但嶴外之奸匪無從而入即嶴內之奸匪亦無從而出用是奸宄潛消商漁樂業誠海洋之善政不易之良規若恐收照有勒索之弊是猶防噎而廢食也前此有黄士蕃梁廷賢金素先朱遺業葉環如鄭漢文者佔踞海洋各嶴橫充私伢需索商漁爲害匪淺於是嚴加驅逐屏斥羣小設立官伢行之一年細爲

訪察伢人之急公者無幾不便於民者良多仍行禁革蓋有裨於
國無利不興有害於民無弊不除始得以無纖毫之遺憾云爾

台州縣埠營汛島嶴

臨海縣八埠

江下埠　柵浦埠　湧泉埠　家子埠
泗林埠　海門埠　東路埠　連山埠

中營汛島嶴土名

大陳　澄頭　主山　下梁
連江　田嶴　一江　雀兒
東巀　捎脚　竹嶼　烏磨礁
左營汛島嶴土名
石浦　長樂　汲水　二門
鄔山　鵓鴣　林門　朱門
右營汛島嶴土名
外箬　北港　裏箬　楊柳坑
零門　吊邦　松門　石橋

温州縣埠營汛島嶴
永嘉縣八埠
二都埠　三都埠　六都埠　七都埠
八都埠　九都埠　三十三都埠　三十六都埠
樂清縣五埠
石馬埠　南岈埠　沙岐埠　蒲岐埠
巉頭埠
瑞安縣三埠
飛雲埠　東山埠　梅頭埠

平陽縣二埠
江口埠　舥艚埠
中營汛島嶴
長沙　洞頭　鐵爐頭　霓嶴
北郭嶼　天臈嶴　狀元嶴　烏浹嘴
荳腐巖　峉嶴　三盤　觀音礁
漁嶴　鹿西　鯧魚嶴　口筐
東臼　大門　松山　黄大嶴
左營汛島嶴
南北麂　北策　南策　小南龍
大南龍　白腦門　銅盤山　大瞿山

藍田　蒲洲
右營汛島嶴
坎門　洋嶼　火义　長石山
冲擔　大青　茅壇　光饟
小烏　大烏　大麥嶼　梁灣
烏洋　烏星　小門　河田
華鍬　蒲岐　巉頭　岐頭

七里

瑞安營洋汛島嶴

北關　銅墩　綿嶴　王孫汛

官山　小䕶　大䕶　大漁

小漁　炎亭　石砰　舥艚

琵琶　鳳凰山

春季採捕船名

線網鷹捕船　[illegible]　扈艚船　綵艚船

[illegible]　[illegible]　長網船

蛀鯮船　[illegible]　冰鮮船

商船　小捕

夏季

漁船俱[illegible]不[illegible]

秋季採捕船名

扈艚船　鮮魚船　霜秋船　販艚船

商船

冬季採捕船名

鷹捕船　篾捕船　綵艚船　釣艚船

七里

瑞安營洋汛島嶴

北關　銅墩　綿嶴　王孫汛

官山　小䕶　大䕶　大漁

小漁　炎亭　石砰　舥艚

琵琶　鳳凰山

溫洋塗稅則例

釣艚船　照杉板多寡定則每年冬一季上則杉板肆隻陸两中則杉板叁隻肆两杉

板貳隻叁两

商船　照樑頭定則樑頭壹丈以內每尺貳錢壹丈以外每多壹尺加增壹錢

線網鷹捕船　每年春冬两季上則肆两捌錢中則貳两肆錢下則壹两陸錢

篾捕船　每年春冬两季上則肆两捌錢中則貳两肆錢下則壹两陸錢

鮓魚船　每年止收秋汛一季上則叁两貳錢中則貳两肆錢下則壹两陸錢下下則

捌錢
扈艚船　每年春秋兩季海山搭厰者肆両
捌錢就船採捕減半貳両肆錢
緝艚船　每年春冬兩季上則貳兩肆錢中
則壹两陸錢下則壹两貳錢
雷秋船　每年止收秋汛壹季上則貳兩肆
錢中則壹两貳錢下則捌錢
单桅船　五尺以上者每年春秋兩季
打春船　照樑頭定則每尺貳錢

打秋船　照雷秋船之例
健艚船　牽鼻船　長綱船
蛛綱船　小艇
以上各船如有出洋者按季每船收塗稅
銀捌錢
綱龍船　每年春壹季係兩船連絡者每對
輸稅捌錢
樂清各埠漁船每年春秋兩季凡與綱龍相
上下者每隻輸銀肆錢

小門蜻蜓螟殼船塗稅每年共銀壹百陸拾兩
台洋塗稅則例
閩浙釣艚　照杉板多寡定則
杉板肆隻陸兩　杉板叁隻肆兩　杉板
貳隻叁兩
閩浙商船　照樑頭定則　樑頭壹丈以內
每尺貳錢壹丈以外每多壹尺加增壹錢
內埠鱙艚　春夏貳季照船定則　上則壹
兩陸錢　中則壹兩貳錢　下則捌錢

川礁蝦船小艇　照船定則每年
兩　中則捌錢　下則陸錢
扞塗船　上則每季貳兩　中則每季壹兩
肆錢
家子埠漁船　每年每隻捌錢
主山蝦船　每季叁兩
小艇　春夏壹兩　秋冬捌錢
田嶴東機蝦船　春夏貳季照船定則　上
則肆兩伍錢　中則肆兩

一江蝦船　照船定則　春夏每隻肆兩伍
錢　秋冬每隻叁兩
閩省杉板春夏壹兩貳錢
大陳竹嶼烏磨礁蝦船下梁埠　照船定則
秋冬貳季　上則伍兩　中則肆兩伍錢
閩省黃魚船每隻壹兩貳錢
溫州網龍船每對捌錢
南潭頭　龍拖　東洛　西洛蝦船
春夏貳季每隻肆兩陸錢　秋冬無

馬蹄岙　黃礁門蝦船　春夏貳季每隻伍
兩　秋冬無
松門黃魚船　每年春夏秋叁季　每隻每
季捌錢
吊幫漁船　每年夏秋貳季　每隻每季壹
兩陸錢
柏脚岙蝦船　每年春壹季每隻貳兩貳錢
楊梆坑　裏箬　外箬　北港各蝦船　每
年夏秋貳季　每隻每季貳兩肆錢

分柒釐
温汛收塗稅銀貳千陸百叁兩柒錢玖分伍釐
台汛收塗稅銀叁千肆拾捌兩柒錢貳厘
雍正七年分收塗稅銀陸千貳百伍拾叁兩壹錢壹
分柒釐
温汛收塗稅銀叁千伍百陸拾陸兩柒錢伍分
台汛收塗稅銀貳千陸百捌拾陸兩叁錢陸分肆釐
雍正八年分收塗稅銀[illegible]伍百叁拾兩玖分柒釐
温汛收塗稅銀玖百壹拾伍兩玖錢

台汛收塗稅銀叁千[illegible]百壹[illegible]肆兩壹[illegible]玖分柒釐
共收塗稅銀壹萬[illegible]千肆百伍拾肆兩貳錢伍分陸
釐

石浦歸黃

温台玉環清軍餉捕同知張坦熊爲敬陳查復浙
洋等事案奉　按察使司覺羅白　憲牌奉
總督浙江部院官巡撫事李　憲牌照得玉環開
墾展復一案業經本部院具　題奉
旨俞允准有部咨案行該司轉飭遵照外所有議覆等

鮓魚船秋壹季　每隻壹兩陸錢
石橋埠漁船　每年夏壹季每隻壹兩陸錢
靈門漁船　每年夏秋貳季　每隻每季壹
兩陸錢
桃渚　雀兒岙蝦船　春夏貳季每隻肆兩伍錢
汲水門蝦船　每隻每季捌錢
三門戶山鶘胡頭　每隻每季柒錢伍分
閩省敲艚每隻每年拾兩
林門　每隻每季柒錢伍分

東門蝦船　杉板春夏貳季每隻伍兩肆錢
雍正伍年分冬季收塗稅銀壹千壹拾捌兩伍錢肆
分伍釐內
溫汛收塗稅銀陸百壹拾玖兩伍錢肆分伍釐
台汛收塗稅銀叁百玖拾玖兩
雍正陸年分收塗稅銀伍千陸百伍拾貳兩肆錢玖
分柒釐內
溫汛收塗稅銀貳千陸百叁兩柒錢玖分伍釐
台汛收塗稅銀叁千肆拾捌兩柒錢貳釐

雍正柒年分收塗稅銀陸千貳百伍拾叁兩壹錢壹
分柒釐內
溫汛收塗稅銀叁千伍百陸拾陸兩柒錢伍分
台汛收塗稅銀貳千陸百捌拾陸兩叁錢陸分肆釐
雍正捌年分收塗稅銀肆千伍百叁拾兩玖分柒釐
溫汛收塗稅銀玖百壹拾伍兩玖錢
台汛收塗稅銀叁千陸百壹拾肆兩壹錢玖分柒釐
雍正玖年分收塗稅銀
溫汛

台汛
共收塗稅銀
詳請石浦歸黃
溫台玉環清軍餉捕同知張　為敬陳查復浙洋
等事案奉　按察使司覺羅白　憲牌奉
總督浙江部院管巡撫事李　憲牌照得玉環開
墾展復一案業經本部院具　題奉
旨俞允准有部咨案行該司轉飭遵照外所有議覆專

設玉環山同知專管事宜合再摘欵飭知仰司即將玉環詞訟命盜事件飭令該同知照例依限審解該司轉解仍照州縣例一體設民壯五十名看守倉庫監獄巡查緊要隘口并添設巡檢一員弓兵三十五名聽候同知差遣巡緝其招徠太樂及相近玉環郡邑人民入籍玉環耕種者應取二縣印甘結移送管墾之員編入保甲至從前潛入玉環居住偷墾私煎之人作何禁逐安插之處立速查察議詳再玉環地方所存米穀糶賣許運温台

樂太二縣給照掛號查驗毋許私運出洋倘無照票偷運出口販賣者一經捕獲照接濟盜賊例治罪如米出入口岈官弁不細巡查或通同徇隱者叅究治罪玉環各𡺸搭蓋棚廠掛網採捕刮土煎鹽私相買賣偷税漏課者嚴加稽巡將漁户逐廠挨查計廠分則徵收塗税設立官伢廠頭以司稽察仍造具細冊報明咨　部一面曉諭經由玉環閩浙沿海採捕漁船照例取結刋號給牌聯艅赴玉環查驗如有隱匿踈縱情弊即行查拿分别究

治其煎鹽之户亦取親隣甘結一例編入保甲并竈聚煎官收官賣毋許私販出境所收漁鹽課税均抵玉環現今應用公務年終分晰造冊報　部逐一轉飭遵照分别查明核議通詳并飭該文武務各加意稽查勿得踈縱懈弛貽悮地方致干叅處均毋違忽等因奉此該卑職查玉環命盜案件遵當依限審解照例奉行應設民壯弓兵亦經照例設立嚴飭巡查所有招徠之墾户愿來入籍者仍取該縣印結備送存查以凴稽察至查編保甲

誠屬杜奸安民之良法而玉環尤爲切要保甲行而後偷墾私煎之人並難容隱其竈户聚煎仍照例取結編入甲冊使潛行私販者無從踈縱滋弊再查玉環所存米穀令其運至温台附近郡邑糶賣變價務行嚴加稽察給照驗放回日繳照查銷則偷運接濟之弊可除卑職恪遵憲飭敢不實力奉行以副　憲臺愼重海疆至意惟是掛網採捕一事原奉　部行未嘗通飭無知漁户隱漏課税習以爲常以致並不赴玉環坎門驗照掛號塡

註採捕處所海洋遼濶人踪不無影射若不預為
防範非特稅課難以徵收抑且奸匪無從稽察仰
懇　憲臺恩賜轉請　總督部院咨會閩省　督
撫二憲飭令沿海各州縣凡漁船請照如係玉環
洋汛採捕者務令赴玉環中途要口坎門驗照掛
號填註採捕處所汛畢囘籍仍責令繳照查驗即
於船照內載明赴玉環掛號查驗如編玉環字號
囘籍投驗如無玉環字號嚴加究擬庶各船不敢
任意潛越奸匪不致難稽至温台沿海各縣并請

嚴飭將出入漁船户籍一體造册備送玉環查核
再有請者石浦釣艚查係定黃兩鎮交界之所非
預定專屬恐致奸匪混淆偷漏之弊
現今奉
飭會同兩鎮標下官弁稽察一切漁船徵收稅銀
則凡至石浦採捕漁船自應盡屬黃鎮以專責成
并請　憲臺轉請　督憲照會黃鎮以便畫一遵
循庶海洋課稅均有裨益矣

徵收漁稅　科則

黃鎮左中右營為敬陳查復浙洋等事准貴府移

開前事備移届當冬季漁汛之期希即遴選弁目
駕駛快哨恊同丁役廵查漁鹽各廠偷漏按則徵
收稅課面同丁役估筭登記數目册報併稽隱匿
縱漏情弊嚴拿究治奉　憲嚴飭幸勿遲緩等因
准此隨即轉行三營守備遵照外為查此案奉本
總鎮李批本府等詳稱本年九月初九日奉本總
鎮憲牌前事備仰照依事理率領守備即保結各
本營誠實千把一員著守備帶同前往主山大陳
石塘等處汛地先將在汛漁船牌照盡行收起即

將船户姓名造册一面移知玉環廳張併交在汛
收稅丁役一體飭令該丁役即赴玉環請給小票
分給各船户以便收稅至應收稅數難以懸定該
將仍遵舊例按以船之大中小分稅之上中下先
行議覆一面飭知據實徵收不許刁勒苛求亦不
得以多報少串通隱漏該備收照明白造册移廳
併交廳委家人之後先行囘營惟留千把在汛如
再有船到者該千把儘數收照五日一次造册移
廳併知會所委收稅家人仍報本鎮察奪該弁止

許協同稽查不許經手錢糧如將船照縱漏不收以及需索滋弊察出重究該弁外原係將備弁干失察悞公之愆仍將船隻稅銀確数按月造冊具報本鎮查考毋違等因奉此隨即轉行三營守備遵照去後今據本營守備夏承恩左營守備施揚文護右營守備事千總王敬覆稱遵即選派中營把總一員左營把總一員俱各勤慎誠實即按營備具保結現在卑職等帶同前往主山大陳石塘汛地俟到汛日凛遵　憲檄所指一一遵行不違

外至應收稅銀難以懸定奉飭仍遵舊例按以船之大中小分稅之上中下先行議覆之處伏查從前主山大陳石塘等處收釣船規例不論船之大中小俱以每隻收銀四兩後又以船之杉板多少為定如大船有杉板四隻者收銀六兩六錢中船有杉板三隻者收銀四兩四錢小船有杉板二隻者收銀三兩三錢此舊例也至雍正二年概行禁止今將從前舊有規例改入正項新設玉環徵收抵充經費荷蒙本鎮憲念切稅務攸關誠恐營弁丁役胡行勒措刁難需索偷漏故特選委幹弁誠實之員協同稽查此愼重經費之至意也檄行遵照舊例議覆今職等謬議按船之大中小杉板之多寡每隻照依續後舊例上中下舉行大船有杉板四隻者收稅銀六兩六錢中船有杉板三隻者收稅銀四兩四錢小船有杉板二隻者收稅銀三兩三錢再有販鯗客商船隻有大小之分別裝貨有多寡之不等其向來規例每隻一次或八錢或一二兩不等難以議定併為聲明抑更有請者分

給各船户小票若俟牌照收齊方令收稅丁役赴玉環請給恐延時日各釣船未有凴據碍難採捕可否先移玉環預為請給庶得收牌一張即給小票一張俾漁民便為採捕不致愆期裕課便民不無小補理合同保結呈覆等情又據左營守備施揚文覆稱遵查本營洋汛上府石浦一汛原係釣船聚集之區緣係定黄交界之所所有稅務業蒙本營張副府賜詳前任總鎮方轉詳　督憲批示屬定屬黄未奉批示今蒙檄飭撥員協收釣船稅

發請俟批示屬黃之日出具保結撥員協收一一
祗遵　急行事理不違外合先呈覆等情前來據
此覆查無異隨轉具保結現在合先議覆爲此備
由同保結具呈等緣由奉批已據詳照會玉環廳
矣今奉前因擬合移知爲此備移貴府希將小票
預給丁役賫帶來黃飭令給發漁户徵收稅課幸
勿遲緩

收稅平色

温台玉環清軍餉捕同知張　爲飭委事本月初

八日承准黃巖總鎮李照會内開查時際新秋正
屆漁期辦公全課之候本鎮蒞黃之日卽行三營
飭查舊例選撥誠實幹弁赴汛查船收照協同稽
察去後今據該遊擊議詳前因除左營石浦屬定
屬黃俟　督憲批示日另撥飭遵外所有主山石
塘大陳委弁稽查緣繇及應否預行給單隨時收
照給捕并按船之大小杉板之多寡董販鯗船隻
之貨裝收稅各數目合併照議爲此照會玉環廳
查照來文事理應否照行早飛確覆以便遽飭遵

照施行等因承准此等因呈覆在案隨承准賜覆
内開銀色平水向來平戥低潮有名無實若今定
以庫平足色似非所以招徠鼓舞之意惟平以天
平水以九六七如六兩六錢者以六兩爲正賦以
六錢作火耗等因承准在案理合備錄照會咨呈
各緣由咨呈鎮臺伏祈俯賜察核　咨呈温鎮

塘洋後坟　印屬本山

原任嚴州府桐廬縣正堂加二級張　爲詳請
憲示等事准貴縣關文蒙本府憲牌轉奉　布按二

司憲牌奉　督撫二院准黃巖鎮咨詳各嶴設伺招
民搭廠輸稅歸公并玉環塘洋後坟等處毋庸取
結原由會同確議詳覆一案到縣准此爲查玉環
附近各嶴向有商漁大小船隻千餘往來洋面聚
集各嶴多則數百人少則百餘人匪朝伊夕習以
爲常地棍冒充私伺潛地兜收塗稅坐享無稅之
利現在所住棚廠俱係搭蓋多年私伺引類呼朋
亦非一姓奸良莫辨敝縣委墾玉環因各嶴禀送
陋規敝縣嚴加禁止復念若輩謀生已久不忍遽

絶其業兼之新復之地公務浩繁詳令照定海徵收塗稅之例輸納稅銀以充經費設立官倂兼司稽查其水師哨船有巡查之嵩責往日按季具結盡屬虛文今玉環既奉展復墾民雲集文武衙門駐劄玉環與墾民休戚相關原轄各汎更當嚴加防範查驗船照務必面貌人數相符填明採捕停泊處所俾晝則出洋捕捉夜必傍汎歇宿田棹之日聯腙並返一船有犯同䑸並究仍照進口船隻之例某縣某號船照船户某人何日到嶴何日出

口並不致容隱無照之船與船照不符之人在汎如此具結則外來奸匪既無自而入縱内有奸宄亦無從而匿海洋愈加寧謐商民胥慶安堵矣所有塘洋後坟二處原屬本山既今設立文武衙門已成内地似此二處毋庸取結擬合移覆

詳稽查網龍　定額徵稅

温台玉環清軍餉捕同知張坦熊爲敬陳查復浙洋等事雍正七年十一月二十二日㨿　署布政使司程　憲牌本年十月二十四日奉

總督浙江部院管巡撫事李　批本署司呈詳網龍船隻在玉環採捕不許遠涉外洋樑頭以五尺以下爲準止許舟梢水手不得過十人幷送永邑漁户清册等由奉批玉環未經展復之前洋面禁止採捕是以各船止輸樑頭關稅今新已墾闢漁户聽往彼處獲利較前數倍故酌議網龍船隻每對僅收塗稅八錢並將從前給照陋規每船至五錢一兩者盡行革除於漁民有益無損其不往玉環採捕者原未强之使去至各處船名雖有不同

而往玉環收採捕之例則一亦難任其借名推諉仰再確查核議另詳繳册併發奉此合亟粘抄飭議爲此牌仰該同知遵照　院批事理立將各船聽往玉環採捕獲利較前數倍酌議網龍船隻每對僅收塗稅八錢並將從前給照陋規盡行革除各處船名雖有不同而往玉環收採捕之例則一仰速確查妥議詳司立等轉詳　院奪毋得遲延致干催提等因㨿此該卑職遵查網龍船隻每年一四五等月採捕冰鮮七八九等月打鯮各嶴徐

月販貨往來聯艅逼行洋面向年海山禁止採捕此項船隻本縣給照則胥吏徵其規例私出外洋則汛口索其羨魚漁民非無所出究之無補正供從前營船多泊內港何曾各嶴稽查今　總督部院李　題請展復玉環革除陋規以充經費汛發則捕魚收網則歸嶴總鎮遊守嚴飭營汛有坐汛遊巡大哨不時防範復有協收稅務快哨常川稽查俾嶴內之奸匪無自而出嶴外之奸匪無自而入現今海宇共慶敉寧漁民樂業已久惟有網龍

船隻溫郡永邑最多每船水手共六七人獨駕則便捷如飛並駛則橫行莫禦玉環艱於查察收稅十不及一　卑職所以詳請歸縣徵收實緣各船籍隸本邑可以按冊稽数族保隣佑連環互結則稽查最為嚴密況每對稅銀八錢較各船為更減漁民免貢陋規亦樂從而非苛也蒙　總督部院批准在案惟是政善則益國而兼以利民弊除則歸公而難以便巳自來胥役旗長每船索取二三兩不等今則量給紙筆三分焉能飽其私槖是以詭

捏漁民張幼卓等名誑呈而永邑偏聽蠹胥蒐羅憲批慢不徵收朦朧混詳反覆　憲案夫以盈千累百對之網龍遍歷海洋各嶴凡船皆服稽查而網龍不得遁問衆漁盡樂輸公而網龍偏遺化外是網龍等船不反為藏垢納污之藪乎總之溫台洋面自北極南千有餘里島嶴遼繁漁艇叢集本易藏奸前此陳尾諸案經年始決近日溫台沿海肅清寧謐緣　總督部院沽冒海隅衆漁樂業約束森嚴而奸匪潛消也仰祈　憲臺俯賜轉詳飭

着溫之永清台之臨寧等邑凡有網龍船隻照例輸稅其餘各處船名雖有不同而洋面採捕則一一體冊報徵收毋許借名推諉則委員不致掣肘漁船難以偷越旗長胥役無所施其伎倆城工可竣海疆益固仰沐　憲德於無疆矣

溫台玉環清軍餉捕同知為敬陳查復等事案蒙署布政使司糧儲道副使朱　十一月二十六日

奉

總督部院管巡撫事李　批本署司呈詳台溫二

府漁船往玉環採捕每對輸稅八錢再分則徵收
應如江守所請往玉環採捕各船樑頭小者完銀
八錢中則者完銀一兩二錢大者完銀一兩六錢
詳候示行等緣由奉批網龍漁船以及前往玉環
採捕之小船凡係兩船連絡者俱如詳飭令每對
輸稅八錢赴縣請照印戳徑往委員投納如不往
玉環洋面者聽其自便私自偷越者即以漏稅論
其餘单行漁船查該同知前詳原曾分別大小船
名議定稅則每季上納一次伊等俱在海山搭厰

採捕一季之久漁息甚溥斷無空船而回之理台
府所議止云大中小三等不曾開定樑頭丈尺殊
未確切允當仰再查明另行分晰妥議詳奪以凴
出示曉諭遵照繳奉此合就粘抄飭知爲此仰廳
官吏查照　憲批抄詳事理立即移行經收漁稅
文武各員并沿海各縣遵照嗣後網龍船隻以及
前往玉環採捕之小船凡係兩船連絡者飭令每
對輸稅八錢赴縣請照印戳徑往委員投納如不
往玉環洋面者聽其自便私自偷越者即以漏稅

論其餘单行漁船台府所議不曾開定樑頭丈尺
殊未確切即速再行查明分晰妥議另詳以凴察
核轉詳　院奪等因計粘抄奉此該卑職查得玉
環徵收塗稅一案荷蒙黃嚴總鎮李飭行各營查
出弁兵之陋規減半定則以充玉環之經費文武
協同按則查征漁船以杉板爲則有杉板四隻者
收塗稅銀六兩六錢杉板三隻者收塗稅銀四兩
四錢杉板二隻者收塗稅銀三兩三錢以兩爲正
以錢爲耗商船以樑頭爲則一丈以内每尺收稅

二錢一丈之外每尺加稅一錢上無碍關稅下不
爲重科照則樂輸已經四載商漁安業海宇敉寧
每年造冊咨　部似可無庸另議致滋紛更惟是
温之永清瑞平台之臨寧黃太八縣無杉板之網
龍採捕各船盈千累萬肆遊洋面慣行夾帶若不
藉收稅以爲稽查恐奸良不一難免藏垢納污是
以玉環文武亦同一例稽查徵收单行者輸稅四
錢成對者輸稅八錢今台温兩府議稱如台温二
府屬漁船在内港採捕應請循照舊例止令輸納

樑頭關稅若往玉環採捕雖船名不同獲利数倍
且將從前給照陋規盡行革除於民有益無損是
應遵奉　憲批每對輸稅八錢等語甲職伏查玉
環同知所管之洋面與玉環叅將所管之洋面不
同武員職司巡哨故叅將所管之洋面東分樂清
縣洋面三分之一西分太平縣洋面三分之一文
員職司稅務故同知所管之洋面東以温之永清
瑞平爲界西以台之臨黃寧太爲界若以台温二
府所屬八縣之洋面爲内港必以玉環叅將所管

之洋面爲玉環則所分樂太二縣三分之一洋面
原無船隻稅從何出總之玉環一山與永清黃太
等八縣公同海面船隻相通原無塘壩爲界故無
所爲内港之别一旦強分爲内港盡爲免徵是外
省之商漁船隻前來八縣採捕者玉環文武得以
稽查徵收而本地網龍等船恣遊八縣洋面者偏
遺化外且外省之商漁查除弁兵之陋規歸公一
半按則樂輸而本地網龍等船亦爲查除該管衙
門以暨胥役旗長之陋規定則四錢妥思免賦未

准無以服外省商漁之心且恐將來商漁各船俱
以八縣洋面非爲玉環所轄勢必羣起效尤不服
稽查合無仰請　憲臺檄飭温之永清瑞平台之
臨寧黃太等八縣查明何塘何壩爲該縣之内港
該縣所管洋面之内何處爲玉環之洋面每年換
照之船若干無照之船若干不愿往玉環之船若
干願往玉環之船若干據實造冊呈送　憲核轉
發㢘温台收稅之委員得以按冊稽查徵收不致
彼洋爭競滋釁而奸民亦不敢藉口内港盡行遺

漏且令本省八縣之船隻有所稽查而玉環相通
之洋面永無意外之虞矣爲此備由另繕書冊具
申伏乞照詳施行

總督部院李　批玉環同知之銜冠以温台凡兩
府八縣洋面漁稅皆其統轄較該營之僅與隣汛
分界者不同前批不往玉環採捕之處乃指不係
温台屬縣洋面而言非於此中又煩劃分疆界也
況從前原因營汛弁兵勒索陋規過重是以大加
減革定爲輸稅輕費此外不許分紋需索閩省採

捕各船無不歡欣樂從何獨本屬網龍小艇每對
止輸稅八錢者抗違成法紛紛瀆詳致煩案牘仰
布政司查照原行秉公定議詳覆以清釐案毋任
偷狗沽譽滋擾繳

詳開霓嶴　銅盤等八嶴

温處道王　為詳請海山各嶴一例開採等事案
照温州內洋霓嶴等八處業經本道會同總鎮邊
具詳　院憲請一例開採查此內霓嶴係永嘉縣
所管大瞿白臘門二嶴係樂清縣所管銅盤南龍
二嶴係瑞安縣所管北關官山琵琶三嶴係平陽
縣所管地方已經檄行各該縣遵照速即於所管
嶴口各選擇嶴長一名官伢一名限文到三日內
報覆

温處道王　為詳請海山各嶴一體開採等事雍
正六年八月十一日奉
總督浙江部院李　批本道呈詳霓嶴等處先經
本道詳明充作玉環經費隨分撥单書會同汛弁
前往徵收當據各漁户情愿按照玉環之例分別

認稅據該单書陸續呈繳前來通計每船認納漁
稅至今止共徵收銀二百七十四兩一面遵奉
憲批盡數發交玉環同知收庫以充公務應用至
各船現在各嶴採捕統聽營汛稽查其餘並無續
到之船本道已將前撥单書撤回本口此後應歸
玉環一體徵收以臻畫一祈　憲檄行該同知遵
照會營查察徵收等緣由奉　批據册存核餘如
詳併歸玉環一體徵收飭令該同知會營查察遵
照另册轉送　撫都院衙門備案繳奉此合就飭
知為此仰廳官吏查照來文　憲批事理即將霓
嶴等處併歸玉環一體徵收該廳會營查察緣由
知照毋違

鹽課

海濱之民刮土私煎遍行洋面妨引病商玉環展
復兵民交集食鹽在所必需且率土皆民不便遽
絶其業暫時官收官賣搬移家口以安其身請色
竈役以撫其心則又
皇仁憲德之施恩於無外而益得悠然聚處以衣以食

相生相養於無事之天也志鹽課

塘洋八竈每竈四鍋

後坟十竈每竈四鍋

雍正五年分收鹽叁拾柒萬柒千柒百叁拾玖觔

六年分收鹽陸拾叁萬貳千叁百捌拾伍觔

七年分收鹽玖拾萬玖千柒拾貳觔

八年分久雨收鹽肆拾柒萬肆千柒百貳拾壹觔

九年分收鹽

共收鹽貳百叁拾玖萬叁千玖百壹拾柒觔

每鹽壹百觔價銀伍錢貳錢伍分歸竈户以爲人工飯食之資貳錢伍分作經費以爲官役俸工之需雍正七年正月詳請歸商議歸樂邑長林場而商人屢催不至仍暫行官收官賣

詳禁私煎 改設官灶

溫台玉環清軍餉捕同知張坦熊爲查覆浙洋等事奉 布政司憲牌本年二月十三日案奉巡撫都察院李 憲牌飭委即赴玉環山會同太樂二縣逐一確查料理妥協詳報等因奉此該卑職遵查奉 憲委辦玉環所有一應事宜除經陸續詳報外查玉環山塘洋後坟地方向有民人在地私煎梟徒偷販本欲即爲詳禁但思既當募民開墾添兵保障則食鹽爲必需之物隨經移會太樂兩縣取具各户親隣族保甘結填牌給照一體編入保甲着令并竈聚煎 卑職隨時通變因地制宜暫爲權宜之計官給本於竈令其煎燒官收官賣止在本山賣與漁户居民毋許販賣隣境陸路每鹽一觔給本貳釐伍毫每觔賣銀五釐伏思鹺法雖

當配引行銷溫台兩府各縣引票久有成額今玉環係新開之地自應另補課餉但孤懸海外斥鹵之區變幻靡常燒停不一惟時當亢旱滴滷可煮亦止用食鍋爐土澄水所出僅供一方之用不能遠資鄰封商販非比內地場竈可以設廠添盤招商配引請俟開墾完畢丁有定數比照崇明定海計丁派引充課徵收以爲永遠之例再查玉環新開田畝必須經營水利 卑職逐細查勘有東青西青環涌青塘後灣沙嶴後坟塘洋大普竺小普

大麥嶼小麥嶼大古順小古順等處俱須建堤塘以捍其衝激則鹹潮不能入設陡閘以時其啟閉則霪雨不爲災各浦口大小深淺不一採木購石人工飯食爲費不貲請將鹽觔餘利暫爲河渠塘閘之需工完造册報銷俟計丁派引之後將充課銀兩歸入正項庶上不動支庫項下有利於民生公務克全私梟永杜裨益實非淺鮮矣卑職管窺末議是否妥協仰祈　憲臺俯賜批示以便遵行

詳漁鹽餘息　應歸玉環協濟

溫台玉環清軍餉捕同知張坦熊爲敬陳查復浙洋等事竊照玉環塘洋後坟兩厰所產鹽觔前奉憲檄賣給漁戶其各邑厰竈出鹽雖多各商銷引甚少故內地之鹽止行於陸路不行於洋面今玉環少船運給而漁戶出口必經汛哨盤查現在溫黃兩鎮郡協將樂太黃永等邑鹽觔按船派銷永鹽直運於北麂太鹽坐銷於石塘黃鹽遍行於石浦樂鹽發賣於坎門三盤不留一處爲玉環行鹽之地　卑職　伏念各邑固屬歸　公而玉環亦充經費現在玉環建設城垣費用浩繁賴有沙水漁鹽出息幇公一旦海鹽盡歸各邑玉鹽不行陸路城垣大工何以克竣欲令二者並行不悖查各邑厰鹽賣於陸路價止三錢賣於海洋價值五錢除歸還本息銀三錢外餘息二錢協濟玉環仰祈

憲臺察核俯賜恩准飭行樂太黃永均撥協濟庶城工得以速竣而海疆之防範益加嚴密文武軍民均沾　憲德之高深矣

兵部右侍郎兼都察院右副都御史總督浙江等

處地方軍務兼理糧餉又兼理兩浙鹽務加六級紀錄二次又軍功紀錄一次李　爲知照事本年七月十二日據該同知申詳敬陳查復等事一案緣繇到院據此除詳批發外所有批語合行知照爲此牌仰該同知官吏照牌事理即便遵照施行

批協濟玉環城工亦屬海疆要務但漁鹽餘利除歸還課本息銀外實有盈餘若干黃巖鎮會同台州府速行查議詳奪一面速行辦理其樂永二縣漁鹽所餘利息亦迅即移知溫屬鎮府一體議詳

勿得遲悞仍候
撫督部院批行繳
兵部右侍郎兼都察院右副都御史總督浙江等
處地方軍務兼理糧餉又兼理兩浙鹽務加六級
紀錄二次又軍功紀錄一次李　爲查議事照得
台温二所鹽務廢弛引目壅墮本都院設法整頓
發帑收鹽撥商銷賣專交鎮府督同辦理在案今
查沿海各島嶼漁户所買鹽觔有赴温台二處支
領者亦有赴玉環地方運買者更有用船裝載送
往者彼此交發俱無一定章程不但漁户無所適

從亦且難以稽考且恐致有影射夾帶諸凡未便
合行查議爲此牌仰該廳官吏照牌事理會同台
温二鎮府并樂清營副將立將各處盐販并漁户
等某處之人應赴某縣某場支配發賣抑或持照
指定地方運送其玉環之鹽應否就近歸併長林
場一同賣銷之處逐一開列地方計道里之遠近
產鹽之多寡分明疆界公同妥議何者爲便畫一
詳覆聽候批飭遵守庶無混淆便於稽察勿刻遲
延速速

查議竈丁

温台玉環清軍餉捕同知張　爲查議事准台州
府江　爲前事准温州府關内開本年九月初六
日蒙　鹽驛道王　憲牌據該府申詳塘洋後坟
等處丁課一案緣由到道據此爲照玉環開闢事
宜久經　督部院詳細籌畫列欵條奏　部覆奉
旨遵行内中鹽稅一欵奉准　部覆開食鹽爲必需之
物玉環爲新開之地且孤懸海外斥鹵之區所出
僅供一隅之用不能遠資鄰封肩販非同内地場

竈添盤招商配引者可比着令併竈聚煎官賣止
在本山賣與船户居民毋許販賣出境其鹽本外
所餘者暫時留充公用一俟規模已定之後即編
全書將鹽課歸於兩浙鹽政項下
奏銷等因轉行該府遵照在案是玉環煎鹽竈丁應
輸課銀目下則留充公用將來則應入　奏銷久
蒙　督憲條議甚明初無遺漏且兩浙各場向來
竈丁應完課銀因光丁賠累不堪已於雍正四年
欽奉

飭查清查改歸蕩地徵收以甦苦累在案夫通省向有
之丁銀尚蒙
恩旨歸地徵收豈有玉環新闢之土又應獨徵丁課困
此窮丁乎夫爲政當知大體玉環新闢之區自應
留心撫字寛恤民力豈宜錙銖必較以失招徠之
道若云既無丁册可核則將不辨官私不分民竈
查玉環孤懸海外所煎鹽斤止能在於本山賣與
船户居民不能販賣出境非比内地田地有官私
之别况煎鹽自有竈舍有舍便是竈丁則是民是

竈判然甚明何云不能分别又查雍正六年十月
内　藩臬兩司會詳　督憲文内一款開一查禁
各嶴搭蓋棚厰私竈偷漏設立厰頭稽察造報據
玉環同知申稱查玉環附近各嶴採捕魚鮮各有
其時亦各有其地四季俱有魚汛之時按嶴僉點
厰頭令司稽察漁汛一畢卽搬移回籍難以一定
等因現在飭令該丞造明官伢并鹽厰頭竈户各
姓名清册按季呈送應俟送到轉呈查核等因詳
奉　督憲咨　部在案則彼地久經設立官伢厰

頭專司稽察而竈户姓名又令按季造册呈送業
已稽查詳密井井有條而該府尚云無册可核不
辨官私不分民竈豈非背謬凡此皆因玉環地居
海外該府等相距既遥不能灼知情勢又未細查
原案而惟懸空揣摩所以如此舛錯本道前此行
令該府等會同玉環同知查議蓋因該丞身在地
方則一切情事知之既正言之自確耳今該府等
既不公同定議而惟凭臆見宜乎舛錯之甚矣除
詳批發外合再飭議爲此仰府查照來文卽將此

案會同台州府暨玉環同知確加查議務期上符
定例下協民情并移該同知將現在設立厰竈户
若干及官伢厰頭竈丁姓名逐一開造印册三本
一并具文議詳切實詳覆本道以凭轉詳　憲奪
事關久遠章程慎勿草率從事干咎未便等因到
府蒙此合就移知等因到廳准此爲查玉環塘洋
後坟二厰計一十八竈每竈用小鍋四口濾滷煎
燒塗面淺窄出滷有限非若内地場竈可以用盤
添竈者比又多屬本山農民煎鹽交官之外仍完

本户丁糧再若計丁加課則新招窮民必致歇業本山兵民食鹽何出且原議每煎鹽一觔賣銀五釐一半作課一半作煎燒人工飯食柴薪之本一加以丁則工本内又須按丁加扣所有計丁加課伏希恩免至所賣鹽銀俟經費滿日歸於鹽政項下今准前因合將二廠廠頭官价煎丁花名清冊移送　堂臺核轉

温台玉環清軍餉捕廳加二級紀錄二次張　爲查議事案奉　鹽驛道王　憲牌據温州府申稱

塘洋後坟丁課一案移准台府玉環同知覆稱玉環新闢之地塘洋後坟二處煎丁俱係别縣窮民甫集煎燒半完丁課半作柴本若又按丁加課恐星散歇業祈請恩免賣鹽銀兩俟經費滿日歸於鹽政項下合將送到丁冊轉送再台府玉環離温各有四百餘里會銜詳覆往返需時等情到道據此查此案自應會議加看具詳以便核轉合亟飭行爲此仰該同知遵照即便會同台府立將此案丁課逮即定議加具切看聯銜詳覆本道以凴轉詳院奪等因奉此爲查玉環新展之區兵民食鹽爲必需之物塘洋後坟二處煎丁俱係别縣窮民甫集煎燒半完丁課半作柴本若按丁加課勢必星散歇業兵民均有食淡之虞况查　總督部院原　題部議内開玉環孤懸海外斥鹵之區所出僅供一隅之用不能遠資鄰封商販非同内地場竈可以添廠添盤招商配引者可比應將煎鹽之户取結弁竈聚煎官收官賣除鹽本外所餘者造冊申報以充公用是玉環煎丁難以比照内地一

例按丁起課之處已經詳悉聲明似無庸悖違原題而另行置議者也前經具文申覆緣奉　道憲飭行會同　堂臺定議聯銜詳覆擬合牒知

水利

從來養民首重農田而農田必先水利謂夫蓄洩有資即可以備旱潦而無虞玉環負山瀕海水利視他處爲尤急幸陂塘閘壩舊有故址余爲次第疏濬修築水旱已可無慮今届城工伊始雷雨大作於塘洋後坟之間衝成河道以便舟航斯又求

利之開自天者第恐民情好逸惡勞守初創之規
模而不時加修濬未可爲有備無患之道也因詳
書於此志水利
天開河（有賦載藝文）　塘洋河　瑶嶴河　金箕河
正嶴河　能仁河（章嶴）　壽昌河（十四都）　江心河
三峽潭（嶴口有三溪之水合流）　楚門南塘　塘洋塘
蘆嶴塘　西青塘　陳嶴塘　里嶴塘
古順塘　普竺塘　後灣塘　南塘陡門
塘洋陡門

温台玉環清軍餉捕同知張坦熊爲　德厚民生
天開河道事據墾民華天如陳士祥姚以忠殷必
貴陳哲賢郭士榮林君表張凝睿高顯章張志敔
陳宇近陳秋水張文田林文益蔣秉振徐子賓楊
以昆吴克明李文質董陳政等呈前事切如等居
住海濱生齒日繁常慮田少人多衣食罔出伏蒙
皇上恩准
督院大老爺
設玉環俾如等窮民無田者有田無衣者有衣栽

等小民婦子無不歌頌
皇上至聖至仁從古未有惟是玉環東則海塗淤陷西
則峻嶺崎嶇不獨城垣巨石轉運爲艱卽商賈小
民亦多未便不意今年七月初一日暨二十一日
兩次雷雨滂沛於塘洋陡門之外衝開河道一條
直通後坟浦口城工甚便商賈甚便兵民甚便因
思
皇上乃萬古未有之
聖人故　上天亦開萬古未有之奇瑞凡我兵民商賈

人等莫不歡忻鼓舞共祝
聖壽無疆矣爲此連名具禀等情據此（卑職）　隨卽親往
勘驗果見昔年海塗頓成今茲河廣見者鼓舞稱
異聞者踴躍趨觀計河長一千三百二十丈濶二
丈三四尺至三丈一二尺不等小汛約深六七尺
大汛約深一丈三四尺不等當此城工伊始帶水
有崇山之隔官民値束手之時乃于七月初一日
壁午未申酉戌五時暨二十一日歷午未申酉戌
亥六時雷雨時行河源忽啟截石巨舟從天開河

道從達陡門另換小艇直抵環城甚便於城工者
甚鉅商民往來嶺高塗陷跋涉維艱今舟楫可通
具便於商民者甚鉅至若八槳快哨改泊後垵浦
內出哨巡緝追擒尤易其便於巡防者甚鉅是豈
人力所能為意想所得到者此皆我
皇上敬　天勤民宵衣旰食
帝德廣運祥開千數百丈之長河
天心協應顯著億萬斯年之奇瑞倘早開於數百年
之前或遲開於數十年之後滄桑或有乃正開於

旨開墾之日且正開於城工將興之始今古罕聞更當
奉
雷雨滂沱之際正值官民兢惕之時不謂於民無
損而且於民有益其為
盛世嘉徵誠亘古所未有而
聖德感天亦極亘古所未見也澤被兆姓慶由
一人　卑職　率同文武兵民商賈人等望河抑賀無任踴
躍歡忭現在僱覓畫工繪圖另送
憲電伏乞　照詳施行

總督部院李批　據詳雷雨沖成河道利益城工
民生商賈咸可慶幸仰署布政司飭令繪圖查明
詳核另冊候移　督鹽　二部院衙門備案仍候　觀
風院批示繳
藩憲朱批　天開千尺長河便民舟楫亘古之所
未有仰見
聖朝德盛化神祥徵瑞應官民胥慶遠近蒙庥速即敬
謹繪圖詳送以憑核轉仍候　各憲暨　臬司批
示繳

臬憲劉批
聖德弘敷　天心感應以故山川效靈於塘洋陡門之
外忽開河道不費民力而兵民永便誠萬古未有
之祥徵仰速繪圖詳送仍候　各憲暨　藩司批
示錄報繳
溫處道憲批　新墾之地城工將興忽爾河道天
開殊為嘉瑞仰候據情轉報仍候　各院憲暨
藩臬司寧紹道批示繳
撫憲署藩憲朱批　據詳玉環新開地方雷雨

開河道城工商民均叨利益誠亘古未有之嘉詳
仰候　藩司會核詳　題仍候　各院憲暨　司
道批示繳

杭嘉湖道憲王批　據詳城工將興河源忽啟誠
聖德感孚　天心協應仰候　各部院暨　兩司糧道
批示繳

鹽驛道憲王批　據詳城工將興河源忽啟此誠
聖德感孚　天心協應仰候　各院憲暨　兩司糧道
批示繳

新楚門南塘說

楚門太平之屏障亦玉環之要津昔人於此築城以禦寇更於此築南塘以防潮水之內衝計甚周也查建議之始支正供錢糧役六邑民夫其利害之所關至大而功之不易成可知自沿海一帶皆奉遷徙南塘因以隳壞今玉環既奉展復則楚門急宜經理奈何任鹹潮衝決使沃衍肥饒之區竟成斥鹵沮洳之地哉爰以築塘之議上請
宮保制府李公幸蒙報可於是集貧民[illegible]

給以口糧使竭力修築而本省殷實之家有自備口糧以襄事者許完功之日聽其入籍墾種仰荷
天子之聲靈　憲德之遠蔭於八月潮生之候潮汛半月不至由是墾民踴躍鼓舞揞揭齊舉凡閱六月而工竣然而新築之塘體猶单弱驟焉臨以海潮之全力勢不足以相禦此功粗成而終圮也余乃復募民夫培塹數尺其工視向有加以爲此可以當其衝矣然歷時未幾而潮水奔激湍悍塘外又間多坍缺豈事之難成而功之不可卒圖固如是

耶余爲反覆計處知數百年久廢之塘一旦欲重建以禦至險不測之潮洵非浮土衰草之力所能勝也因知石塘爲上草塘次之土塘最下爲之甃石砌於其外使實而堅適值春來霖雨如注內塘亦多坍塌星卽培草增寬使內無罅隙之可乘凡長五里堤面橫濶一丈有奇自此南塘之形勢亘如長虹舉洪潮巨浪不能損其毫末使楚門萬頃之田轉成膏腴翳塘之力雍正八年五月初九日蛟水陡發六月初五日颶風大作邊海之陂塘陡

閘俱經毀壞而楚門南塘屹然無恙此以見成事
雖在天而防患終在人也使待其潰決而始加功
勢已晚矣何如計患於未然而早爲之所庶用力
少爲費廉而其收功乃更鉅乎大抵陡閘雖建夏
雨秋潮皆足爲意外之患而海中蛸鰻又往往穿
嚙於塘脚使不得常固向令習知水性之人每年
兩次潛探見有洞隙即以狼機草和蜊灰泥土塡
實其中又擇勤謹之塘夫輪年防守水有大小而
閘之啟閉隨以淺深則雖有驟至之雨條來之潮

亦必不爲患而蛸鰻侵蝕之弊亦自此絕矣予故
備述塘之所由成與夫害之所當捍者于此以見
成之固難防之正不易也後之君子於春秋農隙
時勤加之意則南塘之爲利當益溥矣
温台玉環清軍餉捕同知爲敬陳查復浙洋等事
竊照楚門南塘卑職于雍正五年奉　憲循照古
蹟動支經費督築告成已蒙　憲臺核請　題銷
在案其塘内腴田萬畝亦陸續報墾各柱墾民靡
不鼓腹含哺詠歌

皇仁憲澤卑職自告竣以來每歲於秋汛之前捐資興
修一次於塘身之外增砌石磡一層以防衝激而
又分派塘夫輪流防守請設閘夫以時啟閉保固
已逾三載即上年六月初五日颶風洪潮陡閘亦
獲全安浦面堤身較原報冊内加寬三尺加高二
尺惟是創始維艱守成宜慎籌畫貴乎周詳定制
期垂經久伏查河工海塘均有歲修之例今楚門
南塘内蓄山水外禦洪濤利害攸關更非淺鮮若
不隨時修葺安能歷久無虞合無詳請　憲臺俯

允自本年爲始每歲興修一次統於　奏期造冊
報銷庶有備無患爲費廉而收功實鉅將膏澤與
環山並峙恩波偕浙水同流矣奉　署理浙江布
政使劉　憲牌雍正九年五月十六日奉
總督部院李　批該同知申詳楚門南塘請自本
年爲始每歲興修一次統於　奏期造冊報銷等
緣由奉批各屬沿海塘浦閘壩甚繁多無歲修之
例未便
奏報如有坍損即當詳明隨時撥動漁稅公項估修

仰布政司轉飭遵照另冊候移　撫部院衙門備
案繳奉此合就飭遵爲此仰該同知官吏查照
憲批事理如有塘浦等項坍損即行勘估詳明以
憑轉請撥動漁稅公項修築毋得違悮

建置

古者設都分邑首事營建如城垣倉庫官廨營房
其最大者而先農壇宇則奉
旨特建聿彰重農之鉅典關廟祀典方隆城隍
功令攸繫皆宜締造以弘規制者也余奉　委督

理版築與疏濬並興樸斲偕塗茨齊舉今幸以次
告成雉堞聳峙廟宇巍煥署房壯麗新疆之景象
如是則萬年之鞏固可卜矣志建置

玉環城

城樓肆座

東曰靖海　南曰鎮遠　西曰永清
北曰寧濤

盤詰廳叁所每所叁間

水門壹座　炮臺肆座

城垛陸百柒拾伍個每垛　捌寸
城垣週身壹千伍百叁拾柒弓肆尺伍寸積算
玖百貳拾貳丈陸尺伍寸共壹千捌百肆拾
伍步叁分古法伍尺爲壹步計伍里零肆拾
伍步叁分

東西月城叁拾捌丈玖尺

玉環古城在仙人山今名老城頭明洪武二十年徙居民於腹裏今城腳尚存

楚門所城明洪武二十年信國公湯和築今圮

東嶴寨城舊有廣盈二倉計十五間今廢

治前鋪　琛浦鋪

金錮鋪　隘山鋪工食俱太樂二縣支領

公署

朝廷設官分職予之以祿復授之以居非徒以燕息
懷安而已處斯室當思
天威咫尺也登斯堂當思民嵒可畏也憂愈大而心益
小志雖適而身日勤職思其居之意豈曰身爲人
上遂可忽諸志公署

同知公署肆拾玖間

中青嶺下楚門過峽金水行龍癸山丁向兼子
午三分內堂亥卯未局外堂申子辰局前對天
馬後坐華蓋左榜右旗正合圖經因卜吉於此
大門叁間　大堂五間　二門叁間
庫房壹間　冊房壹間　土地祠叁間
六房陸間　捲篷叁間　二堂伍間
耳房陸間　宅門壹間　住宅伍間
廂房陸間　廚房叁間　柵欄鼓亭
旗杆照墻

倉厫肆拾玖間
大門叁間　倉堂叁間　平房叁間
倉厫肆拾間
禁獄拾陸間
內監拾間　覊候叁間　看守叁間
巡檢公署拾陸間
叅將公署肆拾叁間 東青山下
大門伍間　二門叁間　大堂伍間
兩廊陸間　二堂叁間　住房伍間

廂房陸間　廚房叁間　柵欄鼓亭
旗杆照墻　捲篷叁間　耳房肆間
左營守備公署貳拾間 東青山下
大門叁間　大堂叁間　兩廊陸間
住宅叁間　廂房肆間　廚房壹間
右營守備公署貳拾間 中青山下
大門叁間　大堂叁間　兩廊陸間
住宅叁間　廂房肆間　廚房壹間
千總貳員公署各捌間

把總肆員公署各捌間
火藥局陸間 東青山下
演武廳叁間 西門外　將臺旗杆照墻
營房柒百捌拾伍間 內
左營營房貳百捌拾捌間 存城
右營營房貳百伍拾陸間 中青山下
後坟營房叁拾間　塘洋營房柒間
天開河營房叁間　塘洋臺房叁間
水孔口營房叁間　西潭營房叁拾肆間

車首頭臺房叁間　坎門營房貳拾間
里㟃營房伍間　鷺鷥灣營房伍間
小䃭營房伍間　小䃭臺房叁間
大古順營房叁間　大陳㟃營房叁拾間
大麥嶼營房叁間　百蹬渡營房叁間
連嶼營房叁間　普竺營房伍間
南大㟃營房伍間　西青營房拾間
東青營房叁間　沙㟃營房叁間
後灣營房叁間　蘆㟃營房叁間

琛浦臺房叁間　琛浦營房伍間
楚門渡營房伍間　楚門所營房貳拾伍間
梅㟃營房伍間　洞林營房叁間

祠宇亭閣附

關帝廟
大門叁間　正殿叁間　啟聖殿叁間
區額天地正氣　聯題聖敬新疆崇俎豆　神遊滄海樹綱常

城隍廟中青嶺下
大門叁間　正殿叁間　兩廊陸間
寢宮叁間

先農壇祠東門外
區額鑒觀在上　聯題豳禴無門人自召　隱微難伏我先知
正殿叁間　大門叁間　配房貳間

玄壇閣壹間東青山下　張老相公廟叁間後坟

陳實四相公廟叁間

天后宮坎門西青
正殿叁間　兩廊貳間　頭門壹間

楊府廟西青　莊六相公廟壹間塘洋相傳獵神

夫人廟壹間求子者其應如響廟址基存今新建塘洋

土穀祠掛榜山　三官堂叁間㟃洋　元𢉞廟沙㟃

張老相公廟在三峽潭雍正五年有神托夢廟祝告以將歸玉環玉環既復邨民見神燈往來不定於是建宇塑像額曰勅封護國惠民靈應玉環聖帝神燈遂熄

楊府廟梁灣　靈山寺在十四都　梵音堂在十八都

靈佑廟在十五都童㟃　文昌閣珠簾島下

船亭環山勝境溪北　護國寺　靜觀亭
區額濯漱舫　聯題泛虛心鑑水　茂對德如山

職官

朝廷建官分職所望於臣下者綦重矣玉環初復民
固新附之民兵亦新集之兵職斯任者將何以稱
厥職乎書言同寅和衷詩言靖共爾位其尚各體
此意使桑麻咸遂刁斗不驚務令遠至邇安庶無
慚國家之保障云爾志職官

同知

張坦熊字男祥號郎湖湖廣漢陽府漢陽縣人
康熙辛卯科舉人初任浙江嚴州府桐
盧縣於雍正五年三月初一日委辦玉
環墾務於雍正六年六月初九日陞任

收稅官

綦紋試用知縣雍正七年七月委收
溫汎塗稅十月調署武義縣

王良穀太倉州廩貢生由保舉委署試用雍
正七年十一月奉委接收溫汎塗稅

湯大用常州府武進縣人由監生保舉委署試
用雍正八年十二月接收溫汎塗稅

吳廷澐試用縣丞雍正七年七月委收
台汎塗稅十一月調赴楚省

潘重庚山東濟寧州人試用州同雍正七
年十二月奉委接收台汎塗稅

李琰保定府人監生台州府臨海縣縣
丞雍正九年四月接收台汎塗稅

協辦城工試用官

傅珏奉天府開原縣人雍正六年選拔考驗
委署差遣試用於雍正八年五月初十
日委辦城工兼理塘洋鹽場雍
正九年三月委署東陽縣事

總督部院管巡撫事李　憲牌案照本部院
題請展復玉環山一案經　部覆奉
旨俞允除經行該司欽遵外所有添設同知一員管玉
環事務至應需一切吏役人等應照各府同知之
例設立以供辦事差遣合行飭議等因奉此該卑
職遵查各府同知人役定例止設典吏二名門子
二名捕快八名皂隸一十二名燈夫二名轎傘扇
夫七名而玉環同知衙門奉　督憲題定錢糧命
盜一切詞訟以及考試俱令管理況將來民人繁

衍耕讀之中必有貢監吏員起送考職等事貯穀
倉廒各島舉稽查收稅運載鹽米船隻又不無修
造等事且建造土堡尤屬大工無一不需胥役承
辦論名不過玉環一山按實過於簡小州縣吏役
人等若悉照各府同知之例恐案牘供辦不敷設
立吏書似應請照州縣之例庶案件可以分任而
承辦亦有責專查太平縣乃中縣也全書額載吏房吏
二名書二名户房吏二名書二名糧房吏二名書
一名禮房吏一名書一名兵房吏一名書一名刑

房吏一名書一名工房吏一名書一名鋪長房吏一名書一名承發房吏一名書一名架攔房吏一名書一名又庫子四名獄卒八名皂隸除原設十二名外應添四名其餘民壯奉文設立門快轎傘扇夫遵照　督憲原題各府同知例設立所需吏書與庫子獄卒皂隸等役可否循照縣額仰祈

憲臺俯賜核轉庶創始在於一時定制永垂奕禩而卑職之現沐恩施已非淺鮮矣

浙江等處承宣布政使司布政使加一級高　爲

敬陳查復等事雍正六年八月初七日奉

總督浙江部院李　批本司呈詳温台玉環同知衙門應需吏役請照中縣之例增設等緣繇奉批玉環孤懸海外非鄰傳孔道其鋪長房吏書二名似可不設餘如詳行另冊候送　督部院衙門備案繳奉此合行抄詳知照爲此牌仰該同知即便遵照將鋪長房吏書似可不設其餘典吏一項查按房科名數召募良農照例取結送司以憑詳充其胥役人等開造花名年貌着役同該地方官印結申送核轉計粘抄該本司查得新設玉環同知衙門應需吏役人等應照各府同知之例設立行據該同知張坦熊詳稱玉環地方過於簡小州縣該同知管理錢糧命盜一切詞訟需役辦理若照各府同知例止設典吏二名不敷承辦援照太邑中縣之例分別房科經制吏房吏二名書二名户房吏一名書二名糧房吏一名書一名兵房吏一名書一名刑房吏一名書一名工房吏一名書一名鋪長房吏一名書一名承發房吏一名書一名

架攔房吏一名書一名并設庫子四名獄卒八名皂隸除原設十二名外應添四名具請前來本司查雍正□年八月内奉　前署院案准　部咨州縣各役名數宜照部額或衝繁難措辦詳明量增等因在案今該同知管理玉環地方據稱過於簡小州縣所有吏書以及庫子獄卒皂隸人等似應照中縣之例增設詳請核示

祀典

祀典詳於祭法肇於虞書古人日星水旱嶽瀆山

川以時享祀所以邀神庥而庇民社也玉環初闢祀典闕如因爲請建祠宇靈爽是依黍稷馨香春秋昭報悉遵定制備物告虔罔敢私派屠沽取索舖家希圖扣剋以干民怨而重神怒庶幾廟貌維新一方之保障攸賴饗祀不忒神明之呵護式憑云爾志祀典

社稷壇

西門外雙鳳谿西歲以春秋仲月上戊日致祭用羊二豕二帛二爵三登一鉶二籩四豆四簠二簋

二樂用鼓吹

西門外雙鳳谿東歲以春秋仲月上巳日致祭用帛七羊三豕三爵三登一鉶二籩四豆四簠二簋二樂用鼓吹

厲祭壇

城外中青之北歲以清明中元十月朔致祭先期導迎城隍神位於壇正中設無祀鬼神位於壇下其祭用羊二豕三菓四羹飯冥衣樂用鼓吹

關帝廟

雍正三年三月内九卿議覆給事中李蘭條奏

勅封正神之先世事一案

關帝三代俱封爲公爵於

關帝廟後殿安設神牌照

文廟崇聖祠之例每年春秋致祭二次

關帝廟特加爵號每年除五月十三日前殿照牛一豕一羊一帛一菓品五盤後殿係公爵不用牛隻餘悉照前殿其春秋二祭照

文廟之例前殿犧牲用牛一豕一羊一籩豆各十帛一後殿犧牲用豕各一羊各一籩豆各八帛各一

先農壇祝文

維　雍正某年歲次某甲某月某某朔越某日某

某等敢昭告於

先農炎帝神農氏之神

先農厲山氏之神

先農后稷氏之神伏惟

尊神創修嗇事奠厥世宇播時百穀垂法萬古俾堯

顯揚式勤來耜功同覆載澤遍黍稷今茲仲春謹
以牲帛醴齊粢盛庶品敬陳明薦尚
饗

先農儀注

是日穿朝服至
先農炎帝農壇鳴贊稟鼓初嚴鼓再嚴鼓三嚴執事
者各司其事陪祭官各就位主祭官就位瘞毛血
迎神行三跪九叩頭禮奠帛行初獻禮詣盥洗所
洗畢詣酒罇所司罇者舉冪酌酒詣

先農炎帝神農氏
先農厲山氏
先農后稷氏神位跪奠帛再奠帛三奠帛獻爵再獻
爵三獻爵叩頭興詣讀祝位跪衆官皆跪讀祝文
畢叩頭興復位行亞獻禮詣酒罇所司罇者舉冪
酌酒詣
先農炎帝神農氏
先農厲山氏
先農后稷氏神位前跪獻爵再獻爵三獻爵叩頭興

復位行終獻禮詣酒罇所司罇者舉冪酌酒詣
先農炎帝神農氏
先農厲山氏
先農后稷氏神位前跪獻爵再獻爵三獻爵叩頭興
詣飲福受胙位跪飲福酒受胙叩頭興復位行三
跪九叩頭禮徹饌送神讀祝者捧祝司帛者捧帛
各詣瘞所望瘞焚祝帛復位禮畢

耕耤儀注

詣耕耤所排班班齊

中憲官監事農正官正器詣耕引贊引往東上行
初推禮躬耕者恭行初推之一躬耕者恭行初推
之二躬耕者恭行初推之三復位行亞推禮躬耕
者恭行亞推之一躬耕者恭行亞推之二躬耕者
恭行亞推之三復位行終推禮躬耕者恭行終推
之一躬耕者恭行終推之二躬耕者恭行終推之
三復位農正官受耒禮畢

物產

古者治民先教樹畜禹貢一書方物咸登雖地土

各有其宜産息各以其候而無不關於生民之日
用者也玉環初啟栽植較他郡爲稍減而地氣旺
相滋生比別區爲易茂所有水陸草木之華鳥獸
魚鱉昆蟲藥餌之屬不能備載秖據所見所聞悉
志之以供採擇云爾志物産

穀之屬

稻 有早紅晚紅水紅縮頸早老䅳赤洛陽青湖廣白金裹銀諸種 麥 有大小蕎三種 荳 有油帯扁綠蠶諸種 黍 有秫有稉 稷 有稉有稬 芝蔴 生用瀉火熟用潤腸

蔬之屬

莧 茄 瓜 有冬王甜西稍香諸種 白菜 薑 蒿 苔 如髮而生海涯隨潮浮來潮退拾之 油菜 筍 蕨 其菜爲蕨根可屑粉 薯蕷 蘿蔔
葱 韮 蒜

藥之屬

紫蘇 百合 山藥 薄荷 菖蒲 生石罅者曰石菖蒲葉細生波澤者曰水菖蒲葉大 薏苡仁 苦參 春生夏凋花黃結子作莢根味至苦 卷柏 叢生石上以葉似柏卷故名 半夏 獨莖生皮黃肉白一名守田 細辛 白者良土名馬蹄香 天南星 苗似荷一月生莖兩頭相花五月間開花黃色七月結子穗似石榴子根似子而圓 天門冬 杜詩作天棘其藤柔弱輕盈冬夏生白花秋結黑子俗呼貫藤其葉似剪芥 車前子 叢生大葉長穗俗呼蝦蟇皮 益母草 俗呼野天麻 土薑

連 芝 木芝生樹旁 茵陳 葉似香薷而頭尖方梗烹茶最凉有山茵陳家茵陳二種 鹿啣草 葉……二三片形似波菜有毛無莖高二寸許 猴薑 亦名毛薑入藥

花之屬

牡丹 一名玉樓春 芍藥 蘭蕙 一花而香濃者爲蘭花多而香清者爲蕙 千日紅
金錢 迎春 瑞香 一名睡香 鳳仙 亦名金鳳 玉簪 菊
紫荊 薔薇 紅紫黃三色枝有刺 鷄冠 各色俱有歷夏秋三季 杜鵑 有紅紫黃白各種四季俱開千葉者名杜鵑單葉者名映山紅 梔子 桂 有木樨有丹桂 茉莉 水仙 遍縣叢生清芬襲人 丁冬 木本夏秋紅子遍樹 芙蓉 荼蘼 [illegible]粟
芭蕉

竹之屬

鳳尾竹 直幹多節如蘆長葉似蕉有刺結子黃形色垂如栗 楛竹 紫竹

草之屬

茅 用以織壁堅硬勝竹 蒲 生陂澤中似莞扁而有脊可食 茜 生山谷中三稜可染絳色 候潮草 葉闊有莢如榆潮至則開潮退則合 茗 可爲帚 鳳尾草 棉花

木之屬

梅 有紅白二種又一種名綠萼梅 桃 有千葉單葉碧桃絳桃各種 楊梅 有紅白二種 杏 葡萄
櫻桃 荸薺 甘蔗 春種冬成其汁煮之成糖 茶 松 樟 四[illegible]不凋夏開細花結子質理堅緻嘗爲樟腦 釣樟 本名豫樟豫樟與樟二木也生至七年乃可分別其葉搗汁用熱水沖[illegible]

冬年不可破　楓　厚葉弱枝善搖其葉經霜即紅所謂霜葉紅於二月花也其脂爲芸香合香入藥其皮可作香料　冬青
號萬年枝　柏　實爲鷄頭子液如猪脂壓油爲燭秋時紅葉可觀土人呼爲烏柏　柳　其葉下垂細者名西河柳　黃楊
椶櫚　亭亭直上節節生椶　石楠　四時不凋臘月抽葉如木筆花如綉毬樹老則冬結紅子　烏江栗　不凋
亦生栗房而無實　靑栗　又有白栗紅栗二種靑栗心帶靑色白栗心白紅栗心紅靑栗葉大而有刺白栗葉差小紅栗葉又小皆
無實靑栗材最良白栗次之紅栗又次之皆不凋　山機烏　不凋又名林子葉如茶匙結黑子如蘡薁又如烏那飯而有核
亦可食　烏那飯　不凋可燒白炭銀匠必用之其子如胡椒黑色亦可食　錦漆　不凋多節又一種多刺者名揀漆可燒白
炭　虎豆　葉如荳莢內有小荳入藥　山桃　葉長有毛花如毬紫色不結實　檜岩紅　葉尖　花
蕭　六月開花粉紅色結黑子可染網網入鹹水不數日即腐者染之可用經久　樊　葉可拌塩淹蛇魚皮葉搗汁可染網　萬年
青　不凋結子如鷄心黑色　墨桅　不凋花似茶花葉如冬青皮似杉紅心作桌匡其皮可毒魚出在小陳嶴　水荊　樹似

棃結黑子如荳不可食煎其枝可以接棃　山黃荊　葉似楓而有杈結黑子如胡椒而尖可屑粉煮食入藥消食下氣　山查
不凋多刺結紅子可食亦入藥其根亦入藥并治杖傷　生櫳杠　可作櫳　山椒　大合抱而高不過六七尺不花而實如山
查不可食　土漆　皮如桃樹皮粘着人手即發腫若刀瘡見血搗此皮敷之即止　牙皂

鳥之屬

雞　鴨　即爾雅所謂舒鳧　鵝　禮所謂舒雁也　鵲　俯鳴則陰仰鳴則晴　雉　即書華蟲　鳩　斑色方言曰鵴
又一種色不狂人以其鳴爲耕候布穀　黃鸝　詩所謂倉庚也俗呼黃鶯　鵪鶉　列子云蛙變爲鶉又云鼠亦爲鶉善鬭人以網
取之　鴝鵒　畜其雛剔其舌可使能言　翠碧　毛可爲飾呼爲紅翠　畫眉　眉白如畫善鳴好鬭　鸕
鷀　口中吐雛畜以捕魚　鷗　腹白翅青隨潮上下　百舌　一名孟桑春初作百鳥鳴　潮頭鷄　隨潮
食魚白色似鷄而□□□不過八兩

獸之屬

牛　太牢　羊　少牢　豬　豹　野豬　一名毛猪即封豕也　箭豬　亦名刺猪其毛能射
人中間黑色兩端皆白怒則俯身放箭獵狗過之滿面被傷其箭可作簪錐之用　鹿　麂　似鹿而小無角　狸　有
狸九節狸二種香狸形似羊而小有力食菓穀尤善食蠏皮如白狐九節狸毛斑作九節色　猴　獺　山獺大如猫其毛如
灰鼠　黃鼠　毛可作筆皮可爲帽又有松鼠不適其用

魚之屬

鱸　黃花魚　一名春來亦名鮸魚又名余鱗春月生子聲如羣蛙聒耳漁人聽聲收網郭璞江賦所謂鮸魚
順時而往還也聽聲之法以竹筒測之知其頭向上即用網如疋布兩頭收合無不就擒若頭向下即皆從水底逸去然四時皆有春夏用網
秋冬用釣以松門伏艚爲佳驗艚之法伏艚兩翅相交過頭出伏則不過頭至秋冬則散開而不相交矣　石首魚　以首有二枕骨

如石故名冬月名報春三月名鮸八月名桂花石首四五月名黃魚出在北洋烏洋淤市凡二汛　鱂　身扁而短色金無鱗無鯁以其
首銳腹廣尾細有似鏢鎗故呼鱂魚本名鯧魚　馬鮫　身圓而狹長色斑無鱗諺云山食鷓鴣獐海食馬鮫鱂言其美也　鯊
胎生無鱗以沙爲鱗取其皮可以礪木器亦可以飾刀鞘有十八種曰白浦曰黃頭曰白眼曰白蕩曰青頓曰烏曰斑曰牛皮曰狗曰鹿皮曰鯱曰
鱸曰燕曰虎曰犁頭曰昌曰丫髻曰刺　鯔　身圓長而鱗鯔黑　鱘　身如膏髓骨柔無鱗俗名鼻涕魚乾之即名龍頭薨以其
頭大眼口似龍故魚止數寸而得龍頭之名用竹網逆潮張取潮長潮落可張兩次以礬塩漬乾　帶魚　無鱗身長而薄扁長似帶故名
首尾相啣而行釣得一尾即可兼得數尾釣法用大繩一根套竹筒作浮子順浮洋面綴小繩一百二十根每小繩頭上拴銅絲一尺銅絲頭
拴鐵釣長三寸即以鯗魚爲餌未得帶魚之先則以鼻涕魚代之凡釣海魚皆如此釣期自九月起至二月止謂之魚汛漁利甚薄　鰻
無鱗多涎腹白嘴青有雄無雌以影漫鱧而生子故名大者重五六十觔其齒甚毒釣者伺之先殺而後取之冬月帶多鰻少春月鰻多帶少
又一種形似箴名獺鰻　章巨　正名蛸蛣俗訛呼章魚小者名望潮郭璞江賦蛸蛣森衰而垂翅是也形如算袋足如飄帶長二三尺故

俗又呼八帶魚圓前如剝殼雞蛋無鱗土人呼塗蟢目在腰腹在頭口在足之總每於潮退時張口向日雀往啄之即合住帶纏雀羽不能飛動又呼海和尚性最寒又一種曰鎖管腳短無釘　烏鰂　狀如水囊無鱗口傍兩鬚若帶風波少急以鬚粘石爲纜其腹有黑奸人以此書券踰年則銷皮中有骨名海鰾蛸可治金瘡性嗜烏常仰浮水面以餌烏烏啄之其帶粘烏翅不能飛因吮其血故名之曰烏賊　寄蜛　似烏賊而小無口目背有粉紅色有綠點　魟魚　胎生圓如簸箕尾長五六尺如皮鞭無鱗無鯁止脊骨一條亦可煮食尾根有刺一條甚毒取揷樹上雖大木一年即枯身滑多涎貼塗而行漁人以繩繫木綴釣數枚向塗擺畫一鈎着魚即衆鈎攢聚拽而得之重三六十觔其肝可熬油點燈甚亮且不礙目惟滅燈時有腥氣機匠用之取其着紬不浸開也有錦黃黑白數種黃者尤佳　鯗　味美多脂有烏鰽黃刀鯗之別二月者曰桃花鯗最佳郭景純江賦云鮻鯗順時而往復蓋謂石首與此也　箬魚　其形似箬又名鞋底魚海中極大者名曰鯿鰻　鯆魚　形圓似團扇無鱗色紫黑口在腹下尾長於身有刺能毒人胎生數十隨母而遊遇大風浪俱伏藏於母腹息則復出其名不一曰鮫曰錦曰黃鯆曰班鯆曰虎鯆曰牛鯆去其皮之沙煮爛與鱉裙同　鸛嘴魚　無鱗而小嘴長如鸛　彈塗　常在泥塗中跳躍故又名跳魚

味甚鮮美　紅魚　與金魚相似大者長二三尺

介之屬

鱉　龜　蟶　蚶　江搖柱　蛤蜊　蜼　候風雨能以殼飛

似蛤而長有毛　螺　其類甚多有一種白殼斑如火炙僧家吹以召鬼　蝦　其類亦多大者重半觔號對蝦又蠶蝦去殼如蠶扁蝦形扁最小純皮無肉曝乾名蝦皮純肉無皮者名曰蝦米　石蜐　形如龜腳故土人直以龜腳呼之于海中山巖附石攢生如花叢半截帶殼微青肉紅色軟毛南越志稱得春雨則生花郭璞江賦所謂石蜐應節而揚葩也　牡蠣　一名蠔亦附石生蝦其殼即礪灰也　蝤蛑　八足四螯隨潮退殼一退一長肉亦隨潮而生潮大則虛小則滿重一二觔　滾塘　似鮎而身圓有齒好入蟳穴中任其螯鉅滑軟無傷俟其退殼而食之故又名蝤蛑虎　蟹　其類甚多一種名橫甲其螯一大一小重一二觔又一種俗呼霸王蟹殼如人面紅色兩顴微聳背有長眉一種帶毛者名螃蟹東坡所謂蟹微生而帶糟即此蟹也又小者名彭越爾雅所謂彭蜎也又一種名彭蜞性極寒最小者俗名青蜅亦呼蜅其螯亦一大一小　䖳　一名水母又名蝦助水沫結成圓扁如盤黑色盤上正中生頭稜缺如雞冠重與盤等頭生八足又生八小雞冠無口鼻腹臟以小紅蝦爲眼蝦驚跳去即不能動漁人刮去黑皮并去其頭即如粉皮之狀以礬水漂兩次再用鹽拌礬淹之不能得礬即以礬樹葉代之又名鮓魚俗呼海蜇又江蟹入海喜食䖳一螫即死故漁人所得䖳多則蟹少蟹多則䖳少　鱟　背如覆釜腹紫紅色骨眼在背口在腹下八足血色如靛子嵌肉中大如椒醬之可藏長尺許類椶櫚梗雌常負雄而行故謂之鱟媚隨潮覓食潮退即伏塗中漁人覘其尾蹤掘得其一則其偶亦相去不遠　蛤　每一潮生一暈海濱人以苗栽泥中俟其長然後取謂之蛤田　淡菜　蛤類一名夾殼附石而生殼黑色肉黃帶毛生細珠煮去其殼不着鹽而乾之故以淡名之　沙蒜　似土蠶無頭大如光參多角醋製方能去腥味亦鮮美　鰲魚　似鯉而微帶赤色　鯽　海鯽魚十餘觔一名橄欖魚閩人以是爲敬神之物　人鬼眼　殼硬如鐵綠色肉如蛤蜊

蟲之屬

海馬　形如馬出水即死從小蝦中揀出之可入藥　螳螂　綠色長臂　蜩　詩五月鳴蜩本生土中夏則登木而蛻秋鳴爲蟬

螢　腐草所化　蝦蟇　大者名石鱗　蛙

特開玉環志卷之三

外委把總伍員
教習外委把總壹員
百總捌名
營隊貳拾名
什長拾壹名
有馬戰兵叁拾伍名內
太平營壹拾貳名　樂清營壹拾名
大荆營壹拾名　温協營叁名
無馬戰兵捌拾玖名內

太平營貳拾叁名　樂清營貳拾名
大荆營貳拾名　温協營陸名
盤石營貳拾名
水戰兵壹百肆拾伍名俱盤石營水兵抽調
守兵叁百柒拾六名內
太平營捌拾肆名　樂清營柒拾名
大荆營柒拾名　温協貳拾貳名
盤石營壹百叁拾名
水守兵貳百伍拾肆名俱盤石營水兵抽調

戰船八槳船共貳拾隻
右營分管戰船捌隻
快哨貳隻
左營分管八槳肆隻　沿邊巡哨
温鎮分管快哨肆隻巡查三盤東臼黃大嶴靈崑等處并收稅之用
黃鎮分管快哨貳隻以為巡哨收稅之用
晏字壹號貳號係水艍船船身捌丈玖尺樑頭
壹丈捌尺每船配兵捌拾名
晏字叁號係趕繒船船身陸丈樑頭壹丈伍尺

伍寸配兵陸拾名
晏字肆伍陸柒捌號係雙篷船船身肆丈伍
尺樑頭壹丈壹尺每船配兵叁拾名
晏字玖拾拾壹拾貳號係快哨船船身肆丈柒
尺樑頭壹丈叁尺伍寸每船配兵拾餘名
八槳船肆隻內黃巖分管貳隻
晏字拾叁號拾肆號拾伍號拾陸號船身肆丈
樑頭柒尺每船配兵陸柒捌人不等
大汛陸汛

筱岙汎　西潭汎　坎門汎

楚門汎　大陳汎

大汎水汎

坎門汎　長嶼汎以上二汎千把總輪防兩月一換

小汎陸汎

塘洋汎　塘洋臺　水孔口

車首頭　里嶴汎　東青汎

西青汎　洞林汎　梅嶴汎

楚門汎　琛浦汎　蘆嶴汎

下灣汎　沙嶴汎　南大嶴

普竺汎　連嶼汎　白磴渡

大麥嶼　大古順　小碟汎

鷺鷥灣

小汎水汎

大巖頭　梁灣汎　黃門汎

烏洋港　大青山　小青山

茅峴山　方江嶼　小門山北本營汎南温中營

車首頭　分水山　横址山北本營汎南温中營

女兒洞　乾江　衝擔嶼

沙頭　洋嶼　大鹿

小鹿　披山以上俱題定本營水汎止

左營額設大小砲共肆拾陸位内

紅衣砲捌位　發貢砲捌位

劈山砲捌位　百子砲壹拾陸位

行營砲伍位　子母砲壹位

右營額設大小砲共捌拾捌位内

發貢砲貳拾位　劈山砲貳拾位

百子砲肆拾位　行營砲伍位

過山鳥貳位　子母砲壹位

左右營額設備存火藥捌千觔

團練

團練之設自古有之惜乎其法未備而其後亦寢弛今者

聖天子海隅一統規模宏遠加意復古遍設團練

俞訓諄諄務收實用玉環深山大洋水陸紛錯允所宜

亟

總督部院李　題請設立民壯五十名又弓兵三十五名守斯土者循名思義實圖實效當不徒備差徭供驅策虛糜餉粟而已也志團練

論曰文員之有團練猶武員之有兵伍也假令奉行故事召募齊全而於步伐止齊戰勝防守諸法置焉不講則原　題營兵以固其外團練以固其內其謂之何然而其道有三一在乎用器械也器械有弓箭有長鎗有鳥鎗三者之中鳥鎗爲最除經制派撥弓箭二十名長鎗十名

尚有鳥鎗五十五名火藥須法製而無悞器具以常用而愈工手法以時練而益慣扼要制勝莫善於此一在乎習陣法也古人陣法如太極如八卦如梅花長蛇如雙龍出水天圓地方陣名不一無非於整齊嚴肅之中極變化敏捷之妙而已一在乎識水性也地近海濱港汊交雜能陸而不能水其氣必怯則夫浦口之深淺潮汛之長落風候之時宜以及泊船戧駛之法島嶼險夷之區一一諳習於平時則我順而彼[illegible]我熟而彼疎不又可以萬全而無患乎三者備而後可以言團練矣間嘗考諸傳記自古名將於水陸防範各事宜深切著明彰彰具在因是採擇編錄其於團練軍制不無小補云爾

海船說　附

戚繼光云艟艑比蒼船稍大比海滄更小而無立壁最爲得其中制但水兵人技皆次於陸設使將水兵教練遴選亦如陸兵而後登之舟中則比陸戰加一舟險其功倍於陸必矣

司寄者何憚而不爲哉

蒼山船首尾皆濶帆櫓兼用風順則揚帆風息則盪櫓其櫓設於船之兩傍腰半以後每傍五枝每枝二跳每跳二人方櫓之未用也以板閘於跳上常露跳頭於外其制以板隔爲二層下層鎮之以石上一層爲戰場中一層穴梯而下臥榻在焉其張帆下椗皆在戰場之處船之兩傍俱飾以粉蓋卑隘於廣福船而濶於沙船者也用之衝敵頗便而捷溫州

人呼爲箬山鐵箬船最小舊時太平縣地方
捕魚者多用之水面上高不過五尺加以木
打棚架亦不過五尺裏海必用箬船以此船
吃水六七尺海潮中可以摇駛而快便
八槳船止可供哨探之用
艚艚船製自台温民人運裝米穀到關船身寬
大行使穩重外洋往來巨浪不畏但不能如
鳥船之疾速耳
漁船於諸船中制至小材至簡工至約而其用
爲至重何也以之出海每載三人一人執布
帆一人執槳一人執鳥嘴銃布帆輕捷無墊
没之虞易進易退隨波上下爲瞭望所不及
沙船能調戧使鬭風然惟便於北洋而不便於
南洋北洋淺南洋深沙船底平不能破深水
之大浪也北洋有滚塗浪福船蒼山船底尖
最畏此浪沙船却不畏此北洋可拋鐵貓南
洋水深惟可下木椗
唬船頭尖艄銳艙濶槳多風順揚帆風息盪槳

吃水惟止三尺尤慣走遠洋體式低小雖無
衝犁之勢進退殊捷
叭喇唬船底尖面濶首尾一樣底用龍骨直透
前後濶約一丈長約四丈末有小官艙艙面
兩傍各置長板一條人坐向後而掉槳每邊
用槳十枝或八枝其疾如飛有風竪桅用布
帆槳斜向後准作偏柁亦能破浪甚便追逐
哨擫
哨船頭高艄濶篷大櫓多甌海漁人慣用遠赴
深洋捕釣戧駕便利追逐疾速網梭船定臨
象山一帶沿海地方俱有之其形如梭猫竹
桅布帆僅可容二人衝風冒浪專入大洋抵
下八山取殼菜紫菜打魚之利舟至山麓二
三人將舟舁置灘塗以避風潮若欲西歸仍
舁舟下水但可爲哨探之用乃魚船之至小
者也
網船形似織梭勺容二人前後用二人以鼻鼻
之風浪大可拖至塗上且不能覆吃水七八

寸此可走報或用之裏港窄河動以百數每
隻內用鳥銃二三人蜂集蟻附沿海沿塗而
打之甚妙一舟不過一金之費耳
三板船凡福建艟鐵沙船各有一隻附繫艄後
日逐山島取水及送椗渡人上下之用
唐順之云衝突小船之說灘淺處多釘暗樁薄
皮船遇之必碎此一說也先發制人一箭惟
有望斗上做工夫然必須以利使人惜不得
銀子每夜船一隻望斗人一夜給與銀一兩

使一夜常有人坐在斗上看其動靜雖月黑
之夜若撞船撐船未必無一把兩把火光我
船便可做手腳不患於大船趕人不上也且
月明之夜望斗上纖悉必見正與彼四層望
樓是對手至於小船叭喇唬八槳船宜多置
銃手即不戰亦宜量與給賞多布之八槳叭
喇唬中火器既多來便死打又有望斗內人
先報其動靜不患於小船制人不下也一隻
船望斗人每夜與銀一兩毫釐不可少就是

[illegible]
[illegible]稍寧[illegible]
[illegible]時尚冬夏自春徂夏是[illegible]
多南風而[illegible]北行自秋徂冬則時多[illegible]
[illegible]較其時[illegible]連雲以出洋
[illegible]邀擊未必其勢之
[illegible]乎北風必於北道
[illegible]舟曳於後而追之其
[illegible]從傍遥出而擊之時

北風[illegible]如前法或遏於前或躡於後或
[illegible]此亦[illegible]之法長蛇之勢
一[illegible]或問兵船官造與私募孰便曰造易
而修難督造之官用之海上衝風激浪不
旋踵必議修矣脩船之弊奚啻萬端議修之
後擱𣳾日多[illegible]少以之守港則可以之
出洋追[illegible]全不足恃矣在官府不能立無
[illegible]在民間不能究不可制之情天下古
[illegible]有硯官物[illegible]比[illegible]

者自知之烏得而盡言或曰民間安有許多私船可募乎曰厚之以稅使逐利之民爭造新船以應募何患其不多責府縣以及時給稅責船户以及時修整則經年累月皆有堅船可用然則用官造之船以守港用私募之船以追捕則如何曰必若是然後攻守各適其用也

閩廣浙直船制各異而不知其所以異者由於海勢之不同也廣東船制兩旁設架便於揺

櫓福建船制其旁如垣其蓬用捲便於使風浙直船制平底布帆便於盪槳此船制之異也所由然者福建海水寬深各汛地俱近外洋一望無際縱有海島如浮漚之着水耳故有風時多無風時少順則使風逆則戧風此福船之所由製也廣東自出五虎門上及大鵬下及北津以西俱有海嶼或斷或續聯絡於外商船往來多從裏海且風氣和柔全恃揺櫓此廣船所由製也浙直海水深處少

淺處時有近岸平沙綿數十里潮長水深數丈潮退僅可尺許故叭喇唬沙船專事盪槳此浙直之船所由製也若易地則風水不同其制亦當少異推此而山東以北危礬暗沙往往有之船制又不可執此例彼矣

海洋長技不過以大船勝小船大銃勝小銃多船勝寡船多銃勝寡銃故論戰則陸難水易論兵則陸易水難而海將尤難者風濤難狎舍舟楫之難其人也

前人深嚴雙桅船隻私自下海之禁承平既久法度浸弛雙桅習以爲常甚至有三桅者長江大帆一日千里故沙船入港頭桅多寄海口或倩人遊說官府航海非雙桅不可冀便其私蓋單桅雙桅無不可行但有大小遲速耳定制沙民止許户船一隻巡船宜快便多桅櫓如糧船有一定之式以便江海識別沙船買補實单桅仍禁雙桅限責令本州縣及各汛官通行曉示諭令改正一年之外遍查

重懲首告即以充賞惟有副舡副梳以備拒
壞而俛眼此一者聽庶幾我常强而彼常弱
我常速而彼常遲此造船之良法也

火器說

海防類考火器最稱長技人反漫視之火器中的者既不與弓矢同賞不中者亦不與弓矢同罰平日操演每至舉火器手置而不試諸火器手亦自惜其鉛子火藥之費賞薄而罰輕也平居鮮肯肄習的之高下遠近茫然不

知夠相交之地氣奪色變何望其濟於用乎夫人所長在騎射所畏在火器我所長在火器所短在騎射舍人所畏而就人所長棄我所長而用我所短挾短就長用寡敵衆其正正堂堂與人相抗也難矣如火器既精必當盡法教演置堅厚木牌一座高五尺濶一尺油黑色中懸小紅圓牌一面徑五寸初放打由五六十步漸至百步及百餘步外以次漸加中牌者破格厚賞放打必精

人不能徇志於我或誘以利或廹於險此則狡敵故智全在行伍分明平日演練必使進退開闔走數十人如揮一臂雖十人五人必使環立向外藝高膽壯脚跟站定器無虛發用寡敵衆轉弱爲强在平日教演之熟習與夫將令之嚴明已耳

一製砲須用閩鐵晋鐵次之煉鐵炭火爲上煤次之鐵在爐用稻草戳細雜黃土擲灑火中令鐵屎自出煉至五六火用黃土和作漿入

稻草浸一二宿將鐵放在漿内半日取出再煉須煉至十火外生鐵五七斤煉至一斤方熟入爐時仍用黃土封合一以防灰塵一以取土能生金不致煉枯鐵之精氣製砲不離爐方成一片如威遠砲將鐵分作八塊打如瓦樣長一尺四寸濶一尺一寸中厚邊薄將瓦四塊用胎竿打成一筒八塊共成二筒湊齊用鐵釘數個將二筒接作一處再用前餘鐵三十斤分作二塊亦打如瓦圍於砲腹中

裝藥發火處加厚合縫時稍有灰渣日後必
至損傷須剉磨極淨戕筒孔欲小止用鑽磨
之沙砲既成然後上架用墨線吊準不失分
釐用鋼鑽洗錫可光可圓藥去即到看過極
淨方可安底火門近底點放不致倒坐照門
及護門俱就砲本身剉成務堅緻各砲大約
倣此

一提硝用泉水或河水池水如無以上三水或
甜井水用大鍋添七分水下硝百斤燒二煎

然後下小灰水一斤再量鍋之大小或下硝
五十斤止用小灰水半斤其硝內有鹽城亦
得小灰水一點自然分開鹽城化爲赤水不
坐再燒一煎出在磁甕內泥沫沉底淨硝在
中放一二日澄去鹽城水刮去泥底用天日
曬乾宜在二三八九月餘月炎寒不宜或欲
急用夏天入井冬天放於暖處可也

一提磺每鍋用水五七碗燒滾然後下磺三四
十斤煎開出在磁盆內澄一日去磺底坐用

磺梢將底坐加水入鍋再煎澄通用磺梢

一造火藥方每料用硝五斤磺一斤茄桿灰一
斤以上硝磺灰共七斤分作三槽定碾五千
八百遭出槽每藥三斤用好燒酒一斤成泥
仍下槽內再碾百遭出槽拌成粒如黃米大
或菉荳大須入手心撚之不覺熱方可尋常
藥用一斤此藥止用半斤因藥力大迅不可
多用如無茄灰柳條亦可去皮去節南方如
無柳茄杉槁俱可

一鉛彈全要合砲口用模鑄滾極圓方可用

一放砲切不宜托生踈人裝打多寡一不如式
兩傍人及自己性命關係不小

一火線藥淨硝一斤磺三兩六錢柳灰四兩三
錢茄灰五錢白砒五錢朝腦三錢如前合或
止用前藥走線扁線皆用之但不作粒若作
炸砲藥方硝磺如前灰減去五錢加白砒五
錢朝腦一錢好燒酒和勻曬乾若作起火磺
減去一兩二錢硝灰白砒朝腦如前班毛三

錢爲極細末重羅合一處用好燒酒拌溼曬乾再研一次仍用燒酒拌潤晒乾研羅即起火若作箭藥磺減去一兩一錢柳灰四兩硝白砒朝腦如前茄灰五錢

一製扁線用細布裁成條以稀麪糊刷過乘溼敷火藥雙摺成線黏壁上陰乾用生桐油油過聽用以防雨水

一相交之際所恃以取勝者勢也勢之所加如摵山決海人不能當故善兵者務在得勢或

遇奸狡之徒往往詐負或以老弱當先餌我我衆不知稍或放縱怠慢未免少却行伍參差甚至自相戕害彼即乘之其勢在彼我多失利今陣既以威遠各砲衝前勢在我矣即當乘勢直前

一遇相交預先出令各執火器以小銅鑼爲號各器俱要裝完令藍旗手引布于外四面哨探從某方來即令某方先放爲正某方爲奇務要有條勿致臨時紊亂手足無措

一見血封喉藥方止伏時取新鮮草烏自然汁勤攪九曬成稀膏盛磁碗内取用即射虎藥也

一佛狼機國名也人皆高鼻深目以白布纏頭如回回打扮因在廣日久其銃以鐵爲之長五六尺巨腹長頸腹有長孔以小銃五個輪流貯藥安入腹中放之銃外又以木包鐵箍以防决裂海船舷下每邊置四五個於船艙内暗放之他船相近經其一彈則船板打碎

水進船漏曾於教塲中試之止可百步海船中之利器也守城亦可其一種有木架可低可昂可左可右

一造鉛錫銃者須知鍊鐵蓋鐵中原有渣滓夾襍須鍛鍊不已融盡渣滓底於精純方免脆折爆碎之患故十斤而煉用一斤者爲上十斤而鍊五斤者次之其管欲圓而淨其臬欲端而直司銃者須擇手足便捷之人臨敵裝藥入彈覘臬發火庶不遲悞若但見臬而不

見管則失之仰但見管而不見臬則失之俯皆不能中也此器今人類並立而用之遠攻非也須近敵乃用長短兵相夾乘勢速往使彼避銃目睫閃眩之間而我衆已入其隊中矣鉛錫銃之妙全在此也

戚繼光云鳥銃之準在於腹長而直火藥之不奪手在於前手拿在銃腹照放之直在於兩手俱托執銃身而無點火之誤鉛子之利在於合藥之方其神機銃用木馬繁而多誤勢

難再發邊銃手執後尾其重在前一手點火眼不能照皆不及此銃之妙而遠也鳥銃傳自西番未得其妙惟盧鏜獲善銃者授其首縈命馬憲製器李槐製藥始精絶云

一窩蜂其狀如鳥銃之鐵幹而短其管口比鳥銃口稍寬容彈百枚燃藥則彈齊出遠去四五里鳥銃所發止於一彈所中止於一人中則傷人不中則無所傷矣一窩蜂一發百彈漫空散去豈無中傷者乎其力量正可以爲佛狼機之亞但佛狼機器重難帶一窩蜂輕於鳥銃以皮條綴之一人可佩而行交時以小鐵足駕地昂其首三四寸蜂尾另用一小木樁釘地止之誠隨營之利器也若欲爲坐營之用則以木床載於營門床身左右各置二輪以便進退可以爲守營之寶

郘守德云天墜砲其大如斗用法昇至半天墜於伊巢震響如雷黑夜令伊自亂內有火塊數十萬不能救

神機箭造法礬紙爲筒內入火藥築令滿實另置火塊油紙封之以防天雨後鑽一孔裝藥線用箭竹爲幹鐵矢簇如燕尾形末裝翎毛大竹筒入箭二矢或三矢望敵燃火能射百步利順風不利逆風水陸戰皆可用用之水戰能燔舟蓬用之陸戰能爇巢穴中毒必死

戚繼光云火藥傾於舟中此固長策然叉別用火藥或炭火再傾擲使之發藥每每連桶擲入水中或被人乘藥桶及伊舟以水沃溼亦

嘗未中肯綮可以必發不如遠則用飛天噴筒近則用埋火藥桶至易至便萬用無差除此之外所謂火箭神機火磚噴筒之類皆遠不及此苟用此二種則他種又皆不必用也

海中攻船爲上若以大船犁小船觸之無不壞者其次則恃火器火器之中火箭銃礮之類亦多無用惟火毬火藥桶二者投入舟中即時焚爕爲至妙也或問我以火攻彼亦以火攻我如之何曰以火攻人全靠柁工得人持

柁得法我常據上風則人之火攻將爲風所驅而反攻之矣大抵火攻之法須先自爲水備假如一舟五十人只用十人持火器其四十人俱執水斗水桶遇敵火攻羣手傾水滅之烏能焚我耶或又曰設使我用火攻而人知水備何道以焚之曰人若知避則雖不能焚人亦必以救火而亂矣我乘其亂而擊之豈有不勝者乎

羅拱辰云牌有二式有手牌卽燕尾牌也有挨牌用繩索用木橄欖者用手牌便於用力先以標鎗飛擊然後用力則前後左右隔人技器施我刀法此手牌之利也用挨牌則以牌上長繩上木橄欖扣入繩圈中掛於項上以左手中指縫中夾牌下短繩上木橄欖仍以五指挽鎗前半節右手執鎗後半節或伸或縮或出長出短或左或右旋刺非惟護自身且護從牌之兵

又云各兵衛進必列牌於隊前以蔽矢石牌乃陣前第一器所不可少者所謂公侯干城所謂干戈戚揚當時子路初見孔子亦執干以爲問夫干者質也卽今之牌也所以捍外而衛內者也有手牌有挨牌用各不同其利一也

茅坤云粤中燕尾牌以桐木柁木爲之其長如人之身其廣不滿尺其背如鯽魚然故側身蔽遍雖當利刃而不能斷其體輕故運如[illegible]

翼而一切矢石皆可蔽廣中狼柳之兵善[illegible]
牌者其臨陣如鷙鳥而進不必盔甲而賊皆
墻立不能敗此廣中所最尚者欲訪置在浙
中惟温州桐木柁木爲多可辨也
戚繼光云以藤爲牌近出福建銃子雖不能隔
而矢石鎗刀皆可蔽所以代甲冑之用在南
方田塍泥路中頗稱極便其體須輕堅密務
使遮蔽一身上下四旁無所不備用牌之間
復有所謂標者所以奪人之目而爲我之疑

無所賴以勝人者也牌無標能禦而不能殺
將欲進步然後起標勿輕發以敗其事腰刀
用於發標之後以殺敵非長利輕泛則不能
接遠其習牌之人須膽勇氣力輕足便捷少
年然後可授之以此置於行伍之先爲衆人
之藩蔽衛以長短之器爲彼之應援以之臨
敵其衆可合而不可離可用而不可疲進退
左右無所不宜此藤牌之功也
試牌跳牌舊法聽鑼聲爲度覽牌如壁閃牌如

竄起伏得宜翻身不露身滾牌不露足惟牌
能制人能蔽身
鄭守德云其工價甚簡其功用甚大其用有三
若伏於營寨要道可以禦偷營刼寨若伏於
山野僻路可使寇不能逃若伏於富家門户
可使賊不能入造法以檀木柘木爲身猫竹
爲担弩後置一木人上弦或連發二矢或三
矢量賊往來必由之路設之以木架架弩任
意高下或竹徑或稻麥叢茂翳密處置設百

餘把止用一條線作機關不須人守動其機
百弩齊發一人不能逃
俞大猷云長鎗後手要粗可盈把庶有力若細
則掌把不壯鎗腰要從根漸漸細至頭而止
如腰粗則硬強不可拿如腰細則軟而無力
雖手法之妙不能拏打他鎗開去也鎗梢不
可輒細要自後漸細方有力最忌太重重則
頭沉不可舉動是自棄鎗也鎗頭重不可過
兩其桿椆木第一合木輕而稍軟次之要[illegible]

開者佳鋸開者紋斜易折攢竹腰軟不可用筤筅必獵户能使製筅之法用毛竹長而多節者末鋭包鐵如小鎗兩傍多留長刺其刺每雙用火熨之一直一鉤其直者如戟鈎者如矛然後以熟桐油灌之敷以毒藥鋒利難犯

戚繼光云筤筅之爲器也形體重滯轉移艱難非若他技之出入便捷似非利器也殊不知乃行伍之藩籬一軍之門户如人之居室未有門户扃鍵而盜賊能入者故凡用筤筅須

要節密枝堅杪加利刃要擇力大之人能以勝此者勿爲物之所使夫然後以牌盾蔽其前以長鎗夾其左右舉動疾齊必須鈒鈀大刀接翼然筅能禦而不能殺非有諸色利器相資鮮克有濟兵中所以必於用此者緣士心臨敵動怯他器单薄人膽摇奪雖平日十分精習便多張皇失錯忘其故態惟筅則枝梢繁盛遮蔽一身眼前可恃足以壯膽助氣庶人敢站定若精兵風雨之勢則此器爲重贅之物矣

操練說

史繼辰云干將鏌鋣稱利器於天下者爲其鍊之有素也若鍊而成之復棄而置之則銹翳易生精光埋没而不可用矣兵以烏合其容以弗練練之其容以弗恒乎故將不知兵兵不知戰徒爲棄之耳蓋兵之爲用外以技勝人内以技自衛然必自衛而後力足以勝人船兵視彼船爲例彼船大小用人若干則我

船用兵稱之以求勝於彼不計錢糧盈縮而裕於養兵是以在船兵士恒有餘力泊船之所創立教場以便操演鄰境有警即製船兵以爲應援而兩利俱得也時漸底寧遂量地險要而留船量船大小而留兵至如鉛彈火藥等物但使備禦而不容花銷是以守船之議起而操練之法廢矣若不及時教練雖衆亦奚以爲且在船長技軍火互用如彼船雖遠則以鳥銃百子銃發貢爲先彼船逼近則

以長鎗鏢箭藤牌爲便除舵工繚手上桅等役不可更易外散役兵夫各派器械泊守本境遇擊則與陸兵齊操誠爲至計其陸兵練習每總以中哨三隊俱習鳥銃每什以二人習刀牌二人習籐筅四人習長鎗二人習鈎鐮短鎗暇時俱習弓弩如鳥銃衝陣則刀牌手護之刀牌手衝陣則長鎗手護之弓弩鎗鐮手衝陣則籐筅手護之所謂長以衛短短以禦長兵制之常經也但器具欠精餉額漸

減月廢火繩鉛彈例不開銷今之病也近蒙明文切責器具之脩置日精餉額均平水陸之月支一例且於火藥等物量與開豁矣柰何遊手游食之民以兵爲生而使貪使詐之徒馭兵爲利利其苞苴長其驕悍稍嚴驅策動輒脫巾此於操練之實何如也爲今之計尤在練將耳誠使爲將者廉明公勇不以私自營不以法自撓不以勢畏不以難自阻不以逸自安不以分自廢將之所以自練者爲有道矣以此練兵則言無不聽法無不行事無不立名無不正驅之白刃而可蹈率之深溪而可赴矣兵將一心遐邇一體以之養於平時則爲有制之良兵用於有事則爲出匣之利器驅之無不利矣故曰練兵者先練將

海防重地兵貴精勇不可坐銷時日隨汛隨處擇地操演將技藝精拔者嘉賞以鼓士氣

水戰之法與陸戰異操舟施技各有機宜聚三

軍之衆投於風濤之洶險不教而戰制勝未聞法曰治衆如治寡寡之不治而動欲多增即多適爲累耳相應立法操演大小船隻軍火器技作何演比進退分別攻擊衝犁作何布置以至衣甲號旗各按方位編定動則行駛辦明止則部分嚴肅務令操水若陸習險若夷古人以少却衆變弱爲強率多由此

莊以莅云水戰之法行陣固當操而器械尤宜習各器械先必精治又必精擇能用各器械

者以教之先演之於陸次習之於風濤播蕩之中運用若一然後謂之習各藝既熟合成一陣然後謂之操前營色尚紅後營色尚黑左營色尚藍右營色尚白以象四時中營色尚黃爲寄旺之土前營當敵後營繼之左右兩營分兩翼夾攻後營當敵前營亦如之左營當敵右營繼之而前後兩翼以夾攻右營當敵亦如之以此操即以此戰行則成列止則成陣此亦常山之勢也且海中不惟以人

鬬人尤復以船鬬船我以五十人駕一船而衝犁百人之船是我以五十人勝百人矣顧在訓練教習之何如耳船之大者如福滄艟鐵等船勢甚雄壯便於衝犁利於深水大洋而淺塗無風不能運動大端風動勢順則滄不如福艟不如滄鐵不如艟小不如大若風小勢逆福不如滄滄不如艟艟不如鐵大不如小哨船多櫓能戧唬船多槳能划旋轉輕捷不拘風水順逆亦可槳楫便於攻戰而不

能衝犁划船一葉形似織梭駕以兩人或三四人以槔槔之往返無聲晝以傳宣號令夜以縱火斷紲至於廻旋轉戧八風可使莫若沙船大小皆備用惟其宜火器如百子銃佛狼機火箭神機箭一窩蜂噴筒火磚火毬火桶煙礶遠則用百子銃佛狼機以擊之諸火器以焚之諸火器之中而飛砂百子銃尤能及遠洞堅若於平時演習臨時不至手顫目瞪驚惶無措必能取準矣

操練之法演於平日使之服習以爲克敵之用非以尚美觀如操一法而戰又一法則徒有虛文無裨實用即演之平日何益臨事哉將船隻分爲左右兩行三三相間衝爲疊陣以應故事殊不知水戰之法與陸戰異陸地平實不動進退由已不致參差錯亂水戰取必風潮三疊進退不能如意密布則損擊船隻疎遠則猝難策應且無正無奇大非兵制請以五十五隻分爲五哨每哨各十隻左右兩

雙龍盤龍等名卽八陣龍虎鳥蛇之意以別陣名乎其名卽出其船使易於相應耳以此操卽以此戰演之平時用之臨事正遊策應奇正相生練熟臨戎可稱全勝技矣

潮汐占候附

夫潮汐之說其論靡一蓋消息盈虛自本乎陰陽之理而兵家趨避又關乎人事之宜他如錢塘江之鳴潮楊子江之暗潮欽廉日止一潮瓊海之潮半月東流半月西流乃隨星之長短不係月之盛衰桂林聖水巖之潮子時潮上午時潮落東南一海之潮平於東者常先平於南者常後北水南來則爲長南水北來則爲落是故氣有翕張則潮有長落方其氣之始張於地則水爲氣所擁而南奔是爲長張之極則水益南而潮平張極則翕翕則水北還而潮落矣且夫天地之有水猶人之有血也水由氣以往來於地猶血之以氣往來於脉皆一氣之所致也故水有潮而不潮者如人身之血有行脈不行脈

者時刻之不爽者卽一息四至之期也大小之不同者卽春弦夏洪之道也日止於一潮或半月東流半月西流者亦猶兩蹻之與兩手遲速大小所見之不同也是脉雖皆由於一身而經絡所屬自異耳至於潮必東起者東乃生氣之方陰陽之氣始於此也百川之盡赴於東反本之義焉如人身之氣血必歸源於中焦亦起於寅時生氣之際也是以每月初一初二十五十六日潮長於寅時半於卯平於辰落於巳平半於午盡於未長於申半於酉平於戌落於亥平於子盡於丑初三初四十七十八日長於卯落於午長於酉落於子餘倣此此東海之潮汐也至於浙江楊子江去東海萬有餘里水之長落止差一二時辰並不外此況寅時又當以月分定之方準如五月日高三丈地十月十二四更二點是也是以每月初五二十謂之小水漸小至初八二十三大虧而不長爲極小水二十五初十謂之起水漸長至初三十八大盈是爲大湖

淺諸港浦無不充滿塗礁無不平没水脉無不流通凡水陸官兵當此時日必須隄備春夏之潮晝小而夜大九秋之潮晝夜俱大八月十八謂之潮生三冬之潮晝大而夜小凡此潮候人習知之多忽而不介意有行走沙灘儼若陸地須臾潮至遂成巨浸趨避莫及者矣有船泊淺塗始覺平穩須臾潮退船側見底無可挽回者矣

風雨占候 附

海洋巡哨占候風雨爲急載諸洪範之庶徵本於太陰之躔度自然推步可驗初非元奥難知至如日月之薄蝕霾霧之鬱蒸星辰之流伏雲霞之變遷觀乎天文以察人事而吉凶禍福如桴鼓影響然此兵家之所宜究心者也況江海操舟衝風觸浪順之則安逆之則危雖天時不如地利而孤虛旺相向背趨避不可不知考之孫子曰發火有時起火有日時者天之燥也日者月在箕壁翼軫也凡此四宿風起之日也如正月太陽在子初一日太陰孕於子謂子朔五日過兩宮即戌位此三日内決有風者月在壁宿是也初十日太陰過申三日内主雨者離於畢是也十五日太陰過午謂之望十七十八十九太陰過巳及辰三四日内有風者月在翼軫是也廿五太陰過寅二三日内有風者月在箕宿是也廿九三十日太陰復於子謂之晦二月太陽在亥太陰隨之三月太陽在戌太陰隨之其餘各月倣此大率節候不同弦望亦異節候

不同者如立春或在月前月後弦望不同者弦有初七初八初九望有十四十五十六十七是以月之過宫亦有三四日之差其風亦應在三四日之内質以曆之所推無不驗矣○諺云月兒仰水漸長月兒仄水無滴盖月有九行青白赤黑各二道皆出入於黄道之中故曰九行道不中而過南則爲陽道道不中而過北則爲陰道行陽道則旱行陰道則潦月借日爲光月生時如仰瓦是行陰道矣如弓弦仄樣是行陽道

矣故知旱潦者以此○春夏兩季若過天氣滋
熱其日午後或雲起或雷聲所起之處必有暴
風○秋冬兩季之間若四方天色明淨自五更
至辰初無變雖有微風不問順與不順可必無
妨○雲頭從東方起必有東風從西方起必有
西風南北亦然如前面雲頭已過後面雲脚未
盡風亦未止必天色明淨後更無雲然後風止
若行雲片片相逐聚散不常其潔白圍繞日光
又雲脚黃日色赤雲行急天色顯淡日月昏暈

太白晝見衆星動摇並主大風○日暈則
暈生風看何方有缺則此方風來○夏秋
熱極生風及有海沙雲起謂之風潮名曰
此乃四方之風有此風必有霖霪大雨日
防南風尾北風頭南風愈吹愈急北風[illegible]
大○雲若砲車形起主大風○雲起下[illegible]
滿日如烟如霧名風花主風起○夜間[illegible]
鳥叫卜風雨一聲風二聲雨三聲四聲[illegible]
○水蛇蟠在蘆青高處主水高漲若干[illegible]

下水即至望上稍慢至於螻蟻之遷[illegible][illegible]之
江豚之見淵魚之躍礎石生潤山川出雲[illegible]
占風雨○月盡無風無雨則來初有大風
云二十五二十六若無雨初三初四莫行
有二十四番花信風梅花風打頭楝花風
○諺云壬子癸丑甲寅晴四十五日滿下[illegible]
申巳酉連庚戌天上無雲地下溼○每逢[illegible]
執破多風雨又云執破無雨危承當○[illegible][illegible]
二時風雨不久午子一時者頗久若雨至午時

偶然日出謂之雨候其雨通宵大抵東北風多
雨西南風多晴惟長安則西風而雨○易曰密
雲不雨自我西郊蓋陰來求陽而陽不應之故
不成雨風雲際會而相從者也凡雲走東北者
乃係西南之風必無雨○嘗攷李筌作日月合
宿大約之法以周天三百六十五度四分度之
一二十八宿四方分之東北七宿共七十五度
南方七宿一百一十二度西方七宿八十度北
方七宿九十八度月二十八日一周天一日一

夜行一十三度少強皆以月中氣起例雨水正月中日月合宿在室八度春分二月中日月合宿在奎十四度穀雨三月中日月合宿在昴二度小滿四月中日月合宿在參四度夏至五月中日月合宿在井二十三度大暑六月中日月合宿在星四度處暑七月中日月合宿在翼十二度秋分八月中日月合宿在角六度霜降九月中日月合宿在氐十四度小雪十月中日月合宿在箕二度冬至十一月中日月合宿在斗二十一度大寒十二月中日月合宿在虛五度每月朔日以夜半推之無不驗也此占風起之例也○大抵清明之後巡哨宜嚴前乎此風候不常屆期有東北風作且多日而不變也故防春日以二三四五月爲大汛九十月爲小汛冬夏之交南北風息未定七九月風濤洶湧尤可畏也故舟行者往西以仲春往北以仲夏往東以仲秋往南以仲冬則利涉大川不疾而自遠矣

海中潮汐圖

如初一初二寅時潮長卯時長半辰時長平巳時落午時落半未時落盡申時復長酉時長半戌時長平亥時落子時落半丑時落盡餘倣此

太陽出入圖

正九出乙入庚方
二八出兎入鷄塲
三七發甲入辛地
四六出寅入犬藏
五月生艮歸乾上
仲冬出巽入坤方
惟有十月與十二
出寅入申仔細詳

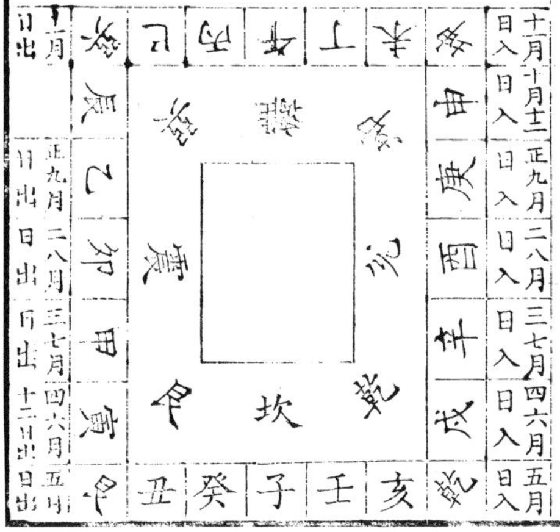

太陰出入圖

定寅時歌

正九五更二點歇，二八五更四點徹，三七平光起寅時，四六日出寅無別，五月日高三丈地，十與十二四更二，仲冬纔到四更初，便是寅時爲君記。

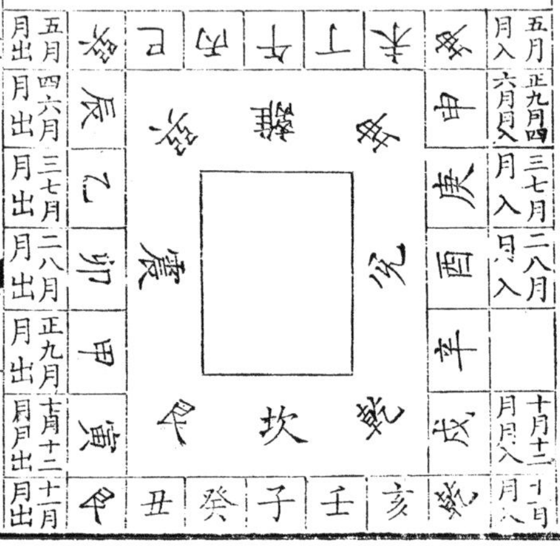

二十八宿總圖

孫子云月在箕壁翼軫風起之日

詩云月離於畢俾滂沱矣

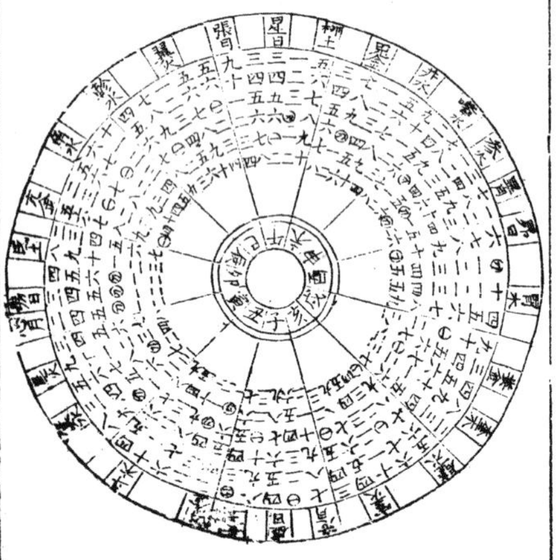

藝文

天台鴈蕩名勝甲天下故昔人題詠如林今玉環山水聳秀標奇而紀勝寥寥豈旋門渡險騷人之遊屐有未到耶抑名章雋句荒山之搜羅有未遍耶公餘之暇留心采摭僅得古詩數篇冠之於首而近時文人咏歌亦并附焉以見山水之好古今同情自是以後有探奇而至者慶新疆之盡復幸勝地之常遊從容登眺悉寄謳吟將清詞麗藻不獨輝映巖阿亦足鼓吹休明益彰

聖世之川原無美不宣爾志藝文

賦

天開河賦有序　　張坦熊

皇帝御極之九年玉環既復疆宇益恢山峙水流俯仰俱成形勝禾稠桑茂人民共享膏腴薄海之謳歌孰不念

皇仁之浩蕩窮簷之鼓舞亦還頌　制府之謨猷一德一心有年有慶屬以城垣之初築不無土石之增高搖揭之方興更資閭閻之宣力然而東塗西嶺

轉運維艱涉海踰山程工匪易詎意八年七月初
一日雷輥電砉突加摧陷之功雨驟風猋倏成騫
崩之勢於塘洋後坟之間衝開河道以便舟行衆
咸利焉敷天震啟闢之竒人思航海率土戴懷柔
之效功邁翕河 臣張坦熊恭逢
盛世獲覩竒祥不揣固陋乃作賦曰玉環山連台鴈
水界甌靈渡海發學士之詠涉川揚帝子之舲知
監之所臨莅少霞之所飛昇巨浪倏來銀濤四映
朝曦初上金鏡全呈圂巳島嶼縈洄極丹青之巧

繪烟波浩渺儼圖畫之天成者矣然而東瞰海塗
則坎傺以下陷也漫漫乎若荆州之土泥西瞻峯
嶺則巀嶪以上凌也峩峩然似岱嶽之山高駕鵠
舟而將進兮徒咨嗟於泥濘望鳥道而欲登兮苐
躑躅於林坳況夫城工伊始版築方延運甓石於
波閭汪洋際險輦花磚於嶺畔峭崿參天精衛不
來兮疇堙海以成路巨靈巳往兮誰劈山而滙淵
縱時少皥司晨蓐收佐令阿香車發忽驚玉虎之
奔謝仙火流還閃金蛇之影元雲容其靉靆兮氣

濃霧之冥冥秋雨恣其淋漓兮先疾風之凜凜則
有蛟蜃成羣魚黿結陣乘風破浪代蹴淪以効靈
礐石影沙喜決排以助順百丈波光動搖匹練滿
渠霽色掩映長虹錦纜牙檣萬舸徑通夫城闕風
帆浪舶一篙直達於山中爾其變斥鹵爲清川如
經夏王之濬澮利舟航於滄海不假鄭國之穿渠
雉堞連雲俄收功於歲晚譙樓聳日將奏績於冬
餘凡以河源之既道自致工役之俱紓香粳紅稻
東南之米粟畢來毳服織皮西北之旃裘咸至無

須越嶺而登自可臨河以濟若夫八槳巡遊全軍
馳騁泊樓船于浦口易伸楊僕之威振飛翰于師
中壹禀南仲之令舳艫徑進兮風雲比勁狐蜮潛
藏兮鯨鯢誰逞此蓋
聖世之休徵太和之瑞應豈獨川無竭澤物有咸若之
歡海不揚波人荷安瀾之慶也哉曲終乃爲之辭
曰
聖主當陽海宇奠兮地闢人和湛恩遍矣長河載啟波
灧灧兮一葦可航百度建矣明良交泰彰厥驗兮

小臣拜手願芻蕘以爲獻兮

記

玉環城記　張坦熊

玉環四面濵海形勢孤懸仰荷
國家威德遐暨展復招徠
宮保制府李公以其地爲温台之門户高其城垣以資屏障其制高貳丈肆尺濶貳丈肆尺盡用石條叠砌費亦鉅矣蓋　國家營建惟欲工程之垂久不計度支之殷繁况玉環新復之地扼要據衝

則城郭溝池尤我
皇上之所孜孜加意者惟　制府李公仰承德意於環城規式既經指畫而凡有所需亦有請即發未嘗少稽留焉獨是規制既大石必取之他所而玉環居深山大海之中東塗西嶺不無苦於運輦之艱維時節屆秋初雷雨時行於塘洋後坟之閘衝成河道於是運土輦石人樂便易工始於八年之秋至十年三月而城已告竣週圍長玖百陸拾壹丈伍尺伍寸城垜陸百柒拾伍個開四門東曰靖海西曰永清南曰鎮遠北曰寧濤其名皆　制府之所定余因鑿石以顏於城門之上夫當開創之始事鉅工煩非我
皇上至德深仁上動　天鑒亦安望際版築之期獲神靈之助闢河載石成功若斯之易易哉迄今凴高四望則烟火萬家既足以綏民人之安輯垣墉百雉尤足以表形勝之軒翔其屹然巍然駕青山而臨滄海者豈獨爲温台之屏蔽哉抑將爲全浙之藩籬矣坦熊　備員於兹快逢　國家開疆復土而

築城伊始山海即爲効靈又承　制府李公公忠體國指授精詳敢不恪恭厥職與文武各僚屬保境安民俾此城永爲金湯之固哉尤望後之官斯城者同寅和衷各體　制府所以命名之意而爲保障無爲繭絲長使烽煙不作波濤胥靜則雖海外孤城竟爲萬年磐石之基可也是爲記

玉環新建關廟記　張坦熊

漢關侯之廟遍於天下所從來舊矣雍正六年
詔封其三代以上公爵廠殿之後宮而祀之於侯則具

太牢加籩豆春秋令有司齋沐以將事祀典之隆幾與文廟等嗚呼盛矣玉環展復二年官署民居以次營建爰遵功令卜地於府治之西建廟以祀正殿後寢悉如規制其外則繚以垣墻用材木瓦石若干僱工匠民夫若干創始於六年之春暨冬十二月而廟以告成予乃為之記曰自古忠誠義勇之士歿而為神莫不功捍宗社澤潤生民然未有若斯之赫濯者侯之靈爽無不昭臨而國家封典加隆又復踰於往代則宜侯之大有造於國家矣況玉環新復之疆庠序猶未建而有侯之正氣凜然先作之肅則凡此新集之民以及閩商海賈風帆浪舶出入輻輳於茲地者孰不瞻廟貌而生其畏敬戢其回邪也哉此海上編氓所由以資默佑者也若夫狼烟鯨浪荷天子之聲教海外久已肅清而侯之威靈又永足以鎮之則侯之有庇於玉環者又豈小若哉

玉環新建城隍廟記

張坦熊

玉環展復於今上御極之五年賴國家聲教四訖薄海內外悉歸版圖即以玉環久壙之地一旦得胥宇以居豈非邊圉臣民之慶哉乃於官廨營舍告成後議建城隍廟於府治之東工役材物悉出於公不以擾民凡閱九月而工竣余謂郡縣之有城隍猶其有守令也職雖贊幽而實以佐明於一方吉凶災祥皆得專主之其所司不與他神等而民之俎豆尸祝亦於神為最親如父母焉苟有欣戚未有不走相告也而神以聰明正直之德能燭其隱而愜其情固理之必然無足異者獨念玉環為新復之地川原初奠戶口方歸其有待於經理而撫綏者甚詳且亟余奉命來治是邦墾闢甸宣亦既稍稍就緒然時和年豐與夫水旱癘疫之為民病者何以願無不遂憾無弗消此則維神之職而有司之不能無待於默相者也今殿宇鼎新牲酒豐潔神必能降鑒焉上為天子理陰陽之化俾風雨寒暑以時下以奠新集之民

相生相養而無辛苦愁歎之聲皆於是乎在而豈土木廟食無益於民者所可比哉

驅虎記　王璉 樂清協

蓋聞山林藪澤不逢不若猗歟盛哉非夫休明之世曷克有此玉環山孤懸海外重巒複嶺綿亘七百餘里前此荆棘蒙茸草木繁緊狼貐豺虎倚爲窟穴登玆山者往往不寒而慄歲丁未四月十有八日予以協理玉環再抵西青忽見猛虎負嵎白額黧斑厥狀猙獰凌風咆嘯余撫髀厲聲曰猛獸

不速殲民何以堪命麾下擧圖鎗擊之始猶奮鬣格鬭不勝鬭怒余鼓衆併力搏刺旋即中鎗而斃更賴
聖天子洪福翔洽惠愛元元
制憲李公軫念海疆膏腴盡闢以故深林叢箐中有伏匿不出者亦皆渡淼遠徙人盡見之自是山中晏如田歌樵唱遥應崖谷俾榛莽磽确之區皆成稌黍桑麻之地余之書此亦聊以紀一時之蹟耳

環山勝境記　張坦熊

裨海四環輿區中立星躔牛女地劈温台翠島孤懸比瓊州之綴粤芳洲兀峙等臺郡之控閩自昔仙靈邀軸之鄉亦爲禮樂漸濡之境附庸兩浙屏翰三江自元末之陸梁見告由明初而遷徙迄今漢棄珠崖難諱安邊之失策晉亡儋耳益知柔遠之無能惟我
皇上德叶乾符
道涵坤軸

湛恩汪濊遠被寰中
闓澤覃敷遐暨海外
宮保制府李公弘宣
聖化式闡
皇猷進恢廓之嘉謀陳綏懷之妙畧
明良一德言聽計從
朝陛交懽功成事立聚千里無依之赤子
仁洽於開天闢地之先收累朝虛棄之江山
義昭於拓土啟疆之内爾乃設官置吏冠蓋如雲列

戍屯兵旌旗蔽日鑿山而通道爰畫井而分田柞棫拔而險阻平榛莽芟而畦町錯官舍建而千夤立民居廣而萬户盈枝頭鳴鳥雜登登築室之聲嶺脚晴嵐發澤澤推耬之氣兆姓聞風而踵至四方望影以知歸商鵾毛攢氓編鱗次登崕則擔簦躡屩逆逢負襁之兒投郵而挈榼提筐時遇餉農之婦鷺鷥灣裏亦有漁竿機絹礁邊儘多紅女閨曲咿嚶而難聽要是謳吟

帝力之情吳歈款乃而多姿無非咏嘆

皇風之意坦熊任忝司牧職在勸農揆日景而立屋廬祖土原而疏甽畛波恬浪靜不煩弩射錢鏐日麗風和恰好堤成蘇軾文慚賦海敢著神皐紀事之書志切觀瀾願編新域傳正之記是用升高遐矚涉磵冥搜討木石之幽情領山水之佳趣爾其爲山也倚天矗長嘯之臺入谷孕趺跏之穴聳形似脊爰字爲岡坎處如窊聿名曰凹或傍滄溟而棲鳥濕噴珍珠或衣巇嶫而削崖險驚星宿或盤桓而積翠似先生安樂之窩或虛敞而通幽比仙子娑婆之洞舒嶂則屏風面面若染丹霞峭渡則石級層層如穿漲霧其爲水也洺曲如鈎淺能立鶴池圓似帶深足藏蟾或則亭遶碧波浸衣冠其楚楚或則湫含湨淢影鱗甲而龗龗溪則洄瀨以紆趨潭則滐泓而淵住靈根天表是流星太乙之源液瀉山阿乃蜕殼神龗之澗其爲石也凌空蟠贔屭之碑向日敞棋枰之碣或橫亘而成梁望如虹偃或巖巉而肖窟疑有蛟潛其爲木也或鬱葱而形如翔鳳或譎詭而貌若蒼虬青藤與綠樹交糾芍藥共靈芝比秀兩幹杈枒而復合洵是名林雙枝桂柾以相連斯稱瑞木甚而飛來怪磧亦倫度索之梔乃至滿磩清陰均類琅玕之竹徘徊數載氣象萬端四明競麗於天台未足窮其彷彿五洩爭奇於鴈蕩庸能擬此形容吏名山勝水之間襟情皆爽處化日光天之下心志都開撮其大槪聊爲輿志之緒餘附以巵詞庶備輶軒之下採

環山勝景記

張　蕓　漢陽孝廉

宇宙怪奇偉麗之境非搜討所能窮而其暫開復

蔽蕪没於荒榛叢莽之間者遲之又久必待
聖明之世地闢壤開而其奇乃因以復顯玉環地懸海
外爲前代之所遺棄幾四百年矣歲丙午
制府李公　題請展復墾藝招徠不遺餘力然後
其地始可耕桑因得仙人張少霞洞於西青嶺側
其峭壁幽崖奇峰絶壑與夫古藤異木之盤繞轇
轕於山中者一經剪闢無不軒豁呈露極瓌奇絶
特之觀予於辛亥夏因省覲往遊焉甫至山麓見
碑石聳立突起直逼霄漢距碑而上抵少霞洞怪

石森列瓏瓏虛敞清風自生翠烟若畱徘徊久之
升千仞岡川原萬里如在目前指顧間其視長嘯
臺不啻泰山之俯培塿矣循臺以北側聞水聲潺
潺若鳴佩玉卽凝碧潭也近岍趺坐巖左爲丹霞
嶂青壁斗絶復踰潭觀仙人牀可枕可臥豈少霞
之所嘗偃息歟踞談元壓凝神片時旋上梯雲渡
獨立瞻眺幾忘鳥道之峻而高也繇渡而下至雙
鳳谿見萬年藤輪囷離奇姿態橫溢過谿有池巉
流倒瀉噴薄驚人由池北入琅玕峽夾道嶄然旋

至虬樹坡觀其昂首上生猙獰夭矯之狀毅然若
壯夫離立相持不相下自坡達石脊梁峰廻路轉
遂至龍骨澗坐蒲團磢溯屈曲溪石色蒼古溪瓦
宛轉絶可愛玩踰溪有翠雲窩蘿陰四合蒼翠蒙
密憩息其中可以竟日窩上瀑雨紛飛每風廻日
映其狀難名彷彿珠簾十二常垂蒼崕白石之間
以名珠簾島洵非虛語及遊白龍湫石島宛然龍
形下卽一泓清冽如涵天鏡亦奇觀也由湫前見
碁枰石寬平如砥可恣少憩復尋芝藥圃其地奧

美多產靈芝芳草傍有搗藥臼雖煉丹人遠而鉛
汞朮苓之氣猶似狼籍於臼傍者更循畫卦川窮
太乙源清流浩浩蜿蜒曲折歷珠簾島下白龍湫
往復奔注直達天開河而後止凡山中之田畝皆
由以利賴焉余所見仙洞之奇勝有如此獨念東
南山水之美鍾於天台鴈蕩下此窮鄉僻邑雖間
有勝致可游然皆不足與之相抗玉環仙洞其名
勝寧讓台鴈乎何爲湮棄埋没經數百年而始出
也乃知宇宙怪奇偉麗之境不遺荒遠惟必有待

而後彰今
皇上德合高滾　制府公鴻猷輝映固宜山呈其秀水
効其靈雖以海外棄置之地爲靈運屐齒所不到
者亦若踴躍奮迅爭獻其奇以昭
聖世開復之華迄今遊覽之餘而仰其峰巒足以凭眺
望俯其流水足以資灌溉舉仙洞之山川林麓皆
可利濟民生則夫珥筆紀勝適以顯
皇靈之振爍而豈徒侈一日之遊觀已哉是爲記

移祀張公記　湯大賓

玉環山處海外當溫台之間爲前明所廢置我
朝聖聖相承休養生息厥土效靈石田多成沃壤雍正
五年制府李公　題請展復其時來治茲土者張公坦
熊也披荆斬草闢地十萬畝招徠之民以數萬計則壤
成賦建營設汛俯仰有藉捍衛有資凡所以爲民計安
全者罔弗盡迄今二十餘年生聚長養既庶且富非張
公之力曷克臻此余慨慕其人常以無由親炙爲平生
憾事乾隆癸酉秋今司馬豫章曾公膺薦入　覲予權
其官獲覩張公舊治適天旱竭力撫綏朝不遑暮又以
五日京兆匆匆欲去無所措施於張公殊有愧焉山之
地自開創後得曾公文定息無版冊可稽余爲校訂魚
鱗以副張公未竟之志先是士民奉張公祿位於城隍
廟後庶余見其地湫隘移祀環山書院以昭誠敬嗚呼
事不難於觀成而難於創始今張公往矣而馨香尸祝
有如一日張公之立心行政不與斯山同不朽耶張公
漢陽人官至滇南觀察使爲之贊勳及爲予治冊者山
陰太學生平文燦是爲記

詩

次韻寶印叔觀海三絕之一　宋王十朋　古詩
榴嶼何年改玉環（木榴嶼一名玉環嶼俗傳避錢王諱故改名玉環）望中猶是舊青
山遺民不記當年事惟有潮聲日往還

送林知監赴任玉環
晨興趣行裝秋色滿離席悲風苦送聲短晷頻移刻
蘭舟薄暮發去去轉邅僻極目望官所沉沉烟露積
清有濯纓水白有漱齒石悠然水石間官情聊自適
朝焉遊其南暮焉戲其北（玉環舊有南監北監）彼微山中鳥亦將
識公德公勿賦歸去田園付人役

玉環山　　宋　曾　覿　古詩

天寶風塵暗兩京禍從妃子笑中生玉環兩字正堪恨好與青山改別名

靈山　　元　潘伯修　古詩

玉環諸山靈山深環以大海根太陰空青水碧淡相映散爲風露來蕭森嗟予賦命落台鴈調笑魚鳥成滯淫奄游華蓋動連月勝地在近徒歆歆風帆經渡不再宿綬裊長劍携青琴種榆墁田中吹笙玉山岑吾將於兹養年命岐路四斷誰能尋

丫髻山　　方　鐙　古詩

奇峰高聳嵂秀出白雲端氣擁青鬟溼香凝翠黛寒氤氲春沐後縹緲晚粧殘幾夜凴欄際微吟拄頰看

環山勝景

萬年藤　扶疎蒼古根盤谿北幹繞南枝　　張坦熊

古藤盤繞錦溪邊巧作游龍狀宛然看取綠陰長覆地潤風山月自年年

雙鳳谿　水清石白林密花叢

樹影雙翔碧水潰丹山猶見舊時羣最憐月淡風經夜逸翩翩欲翥雲

上蟾池　巉崖巇嶫飛泉分瀑倒瀉池中有石如蟾

半巖飛瀑瀉池灣恰置蟾蜍一水間不信桂宮遺月彩清光長照綠波閒

石脊梁　其形似脊綿亘數丈上鎖深澗下截危崖

石梁如脊曼莫扳層級迢迢跨絕澗仰視飛空一綫斜却疑天半橫雲棧

天鵞浴　石類天鵞張尾伏翼延頸浴中

雙翼天然下素汀當年曾伴寫黃庭山陰事往無人

愛似向秋風獨展翎

翠雲窩　林木蓊翳堆雲積翠

侵晨曳杖入雲溪翠色嵐光掩竹林坐臥卻忘歸去晚夕陽猶戀薜蘿陰

珠簾島　巉巖壁立奔流噴薄繽紛拂人儼如雨珠傾瀉霄漢垂簾

繽紛寒瀑雨纖纖巖畔風迴勢乍添散落珠璣光映目秖疑霄漢畫垂簾

白龍湫　石島龍形鱗甲宛然一泓寒碧深不可測

夭矯蒼巖儼素虬噴成飛瀑下長流經年寒碧深如

許直作空潭六月秋

棋枰石 石枰如丸位置天然

不須飛雹落碁聲流水高山對石枰憶想柴桑陶處
士無絃琴得函中情

芝藥圃 山巖崒嵂佳木菁葱多產芝藥圃側搗藥凹浴丹泉

仙山瓊圃倚雲開紅藥青芝滿石臺坐久欲迷香遠
近幾聲鳴鹿隔林來

搗藥凹

鶯杵聲敲碧落秋丹成人去凹空留不知靈藥春來

秀滿壑烟梢翠欲流

浴丹泉

一泓如鏡足盈抔化鶴丹成就此漚猶見向晨巖下
水白雲散盡異香浮

少霞洞 虛敞通明塵封不染

洞天虛寂絕塵埃跨鶴人歸竟不回欲向峰高尋舊
跡石門惟見白雲來

千仞岡 平石如臺俯視一切

岸林踰洞陟崇岡雲氣空濛繞客裳晴日凌虛遂遠

泚海天萬里色蒼蒼

凝碧潭 居石鼓巖南川滙流爲深潭

川流成滙水停滀一色澄鮮似蔚藍添取草堂崖石
畔淲欄寒擬百花潭

太乙源 源本天河出巖溪流曲原朝宗于海

逝川經瀨幾回遷惛淡無言潤物多會看朝宗滄海
去不知源遠自天河

雙鳳谿　周長發 山陰詞林

灝灝晴波瀲曉粧出藤瀨畔歷風霜當年老鳳兼雛

鳳丹穴猶含五色光

玉蟾池

好作胎珠老蚌看一奩玉鏡自清寒分明秋水初生
魄月影波痕任蟄蟠

琅玕峽

玉蟾池北兩峰孤金鳳溪南十日娛清影劈開雙玉
筍一聲長嘯有狂夫

蒲團峽

何處能留葛稚川藥爐經卷寄寒烟貝多葉上鑿愁

鉢虜箇林中湧瀉泉

珠簾島

三疊泉來淸且妍水晶細箔挂西偏羨簪削出靑於髻逗入蝦鬚碎不全

白龍湫

幽壑銀濤物外情秋風鱗甲撼山楹著非道子丹靑手欲畫雙睛點不成

搗藥臼

曾聞采藥守僊風百里天台路未窮檮瀉肉芝三萬杵勸人辟穀住山中

芝藥圃

異香原不產科蓬芝作人形樹作龍九節菖蒲正可覓引年長老玉環中

少霞洞

閒身行藥把鵶鋤一綫諸天十笏居張少霞留丹竈在半巖指點化人廬

千仞崗

振衣天半望夫君若與蓬萊帝子親準擬梳流還

石坐邀嵇阮一流人

萬年藤　　王鶴齡溫郡司訓

蒼藤生太古蟠曲西靑谿風霜不能蝕千尺碧玻瓈

雙鳳谿

古木何夭矯繚繞寒藤垂彷彿丹山鳳雙淩鬭羽儀

虬樹坡

老樹化蒼虬頭目宛然具伏地忽昂霄瀟瀟挾風雨

蒲團硤

天竺古先生每於水石住此間瀏瀏泉儼有跏趺具

珠簾島

峭壁飛晴瀑隨風瀉更添人間炎不到天女下珠簾

棋枰石

石几天然局誰歟置此間方知仙客跡不獨爛柯山

芝藥圃

芝藥擢紫莖朮芳過玉液深林人跡稀秖應供仙客

少霞洞

洞口飛白雲雲中翔白鶴驂鶴張先生時時來碧落

環山勝境即事絕句十首　　王良穀試用知縣

玉青高嶺峙東西嶺上風光一望齊千頃綠疇平似
掌濛濛春雨動春犂

勝境初開别有天碑傳碧落字淡鐫化工不惜宣靈
秘山水清遊本自然

曲折泉聲一徑斜綠蘿掩映杜鵑花停車觸景吟霜
葉樹樹紅雲鎖洞霞

谿鳴雙鳳老龍蟠百丈懸崖路蜿蜒流水小橋深樹
裏杖藜先上泛虛船

三峽驚濤倒影流灑瓊散雪注龍湫那知盤折層層

上别有珠簾掛上頭

何年峭壁五丁開瀑布千尋拂面來結構小亭終日
坐不知風雨不驚雷

千仞岡頭好振衣猿猱攀附鳥隨飛浴丹搗藥嫌多
事一枕松風卧翠微

楸枰片石嵌遥空每見僊翁憩碧峰對局不須論勝
負千年常有白雲封

早歲芳蘭與紫芝依巖傍圃總幽奇暗香坐久沾衣
袂花草逢迎客未知

漁歌樵唱靜中聞迥隔塵凡一塢雲自古洞天三十
六至今都屬少霞君

珠簾島　　張　蕓 漢陽孝廉

西青嶺畔仙山巔瀑水奔流鳴濺濺白日陰翳忽改
色廻風旋舞成雲煙冷氣侵人砭肌骨長夏如坐冰
雪天練光隱隱垂白虹林木照耀皆新鮮小亭臨玩
欲忘歸繽紛歷亂空中妍珠璣璀璨何人拾萬斛自
傾銀河邊分明閬苑飛仙人臨流自織珍珠簾一朝
騎鯨跨鶴去猶懸萬丈蒼崖前

虬樹坡 根盤崖側横出伏地復昂首上生猙獰天矯頭目畢具狀若蒼虬雄踞池傍見者心悸

何年蟠鬱連理樹託體山阿垂烟霧輪囷離奇不可
狀縱横曲折如有度劃然裂石穿霞出别幹稜稜赤
筋露昂藏欲起仍復伏蜿蜒入谷似奔赴凌空直上
勢攫雲倏忽幻作蒼虬怒只愁晦暝雷雨交陰森奇
突驚人顧

少霞洞

古洞隱崇崗傳是少霞宅虛明藏日月幽邃秘金冊
闔闢自廣大坐卧未云窄羽化人已遠洞口孤雲白

仰止在千秋渺渺仙蹤隔

芝藥圃

登陟幸餘暇晨興入幽谷遠林多菁葱夾路盡篁竹
香氣忽襲人猗猗藥苗綠僊山無凡艸芝苓信馥郁
睇言尋藥人携杖欣往復採摘有餘歡松下任蟠腹
何當步高蹤相期山中宿

屈曲溪

蜿蜒蒼古石百轉勢奇絕流水行其上縱橫隨曲折
瀠抱饒遠趣琤琮多音節乃知天地文紆回還直截

溪流有變態一泓自澄澈濯纓兼漱齒依依何能別

蒲團硤　硤西澗流渡石如闕正襟危坐塵凡盡滌

硤瘦形色古錯落呈蒼素雙巖峙如闕泠泠玉泉度
泉下隱圓石儼若蒲團布雲水自周遭烟巒亦回互
誠假片時憩風泉生靜悟

珠簾島　張任蓮　漢陽國學

銀河派下碧山巔滿目奇光焰耀邊映翠垂青烟裊
裊凌空飛白雪濺濺水晶帷幔朝暾裏雲母屏風皓
月前更似寶珠傾不盡卻成簾箔倍清妍

白龍湫

巉巖天矯傍溪濆雪染龍鱗渾不分鱗甲張時疑帶
雨水煙飛處似噓雲一泓寒碧涵天鏡萬頃波瀾起
縠文鴈蕩靈奇猶在望半空素彩結氤氳

翠雲窩

一路高低過碧岑別開幽徑玉山陰緣香有意凝花
塢翠色何心映竹林雲木似帷堪對榻薜蘿如蓋任
橫琴洛中風景悠然遠誰和當年自在吟

屈曲溪

清泉一道出龍湫層疊潺湲寫素秋溪面有巘隨勢
曲水陰無雨帶聲流不知湍急橫仍縱惟見波停去
似留盡日泝洄還漱濯更於何處覓芳洲

千仞岡

舒嘯登臨不憚勞秋風亦助客情豪去天尺五星辰
接拔地尋千泰華高是處烟青山岌業無邊影白水
波濤片時覽盡東南秀孤鶴斜飛唳九皋

珠簾島　葉向榮　黃岡國學

山遶行行轉數峰別成天地敞心胸屏開錦繡三千

界水滴珠簾十二重風片捲來留紫燕月鉤掛處纖青松野人疑是蛟人泣萬斛無端滿壑銜

碁枰石

昨夜仙翁對奕過一枰位置在山阿遊人列坐如開橘樵子相看欲爛柯黑白風摇山果落縱横月影樹枝多手談代以清談好倚石酬他金叵羅

少霞洞

捫蘿跨木入山深石室虛明絕點塵曉景常留雲作客夜清只許月爲隣洞天六六應如是世界千千那

足論此即少霞古洞府老樵指點與遊人

千仞岡

游人拾級白雲關高岫嵯峨次第攀峻極於天惟鳥道平鋪如砥隔塵寰升沉日月襟懷裏指摘星辰掌握間健足獨能凌絕頂疾呼聲應萬重山

玉蟾池　　孫景

雲繞層巒樹覆巘飛泉遥掛水晶簾空山長夜光如月應是清池有玉蟾

釣鰲磯

峩峨磯石俯清泠樹色山光映面青獨有任公能把釣綸竿垂處即滄溟

虬樹坡

奇樹盤空勢蜿蜒半垂風雨半垂烟仙人去後虬龍在矯首青冥不記年

少霞洞　　蘇岱瞻

昔有仙人張少霞曾經洞裏飯胡麻而今白石蒼松古桃樹春田幾度花

玉蟾池　　平文燦 山陰州同

池面瀉珠璣崖間空翠飛玉蟾逃月窟長此飲朝暉

石脊梁

石脊峌閒聳横鎖澗流來飛仙常過此迤邐入天台

龍骨澗

磷磷澗中石皚如龍蛻骨瀠洄千尺波天風起寥寂

長嘯臺

高臺天際頭呼吸通帝座長嘯叶鸞凰我唱蘇門和

翠雲窩

竹樹巘窩窓陰陰簇翠雲杖從所甜清暉澹夕曛

搗藥臼

山古石崚嶒胎仙時下掠我愛張少霞休糧杵靈藥

浴丹泉

清淺浴丹泉丹砂尚可掬凌晨汲水華冣宜苓术粥

千仞岡

穿洞陟高岡天近星可摘俯視白雲流掣電如裂帛

棋枰石　黃文顯

塵寰變態總如棋瞭裏閒敲不礙癡留着一枰蒼石在方圓動靜可隨時

蒲團硤　吳夢卜 貴州孝廉

高寄巖阿別一天去來曾見少霞仙跏趺未許凡人到留與清溪共萬年

飛泉分瀑　何錦 試用知縣

瀑布奔騰響似雷公餘憇此暫徘徊千條玉浪凴空下萬顆明珠絕頂來

峰廻路轉

古洞幽深次第攀扶笻直到半山間紆廻屈曲疑無路峭壁飛泉又一灣

飛泉分瀑　吳夢卜

想是銀河下碧天因留瀑布掛山巔寒光澹遠如明月白練橫空似暮烟不待風高常作浪豈因雨集始成泉農人莫説川流小不息能滋萬頃田

遊玉環山　曠士譽 湖南國學

欲知滄海濶理楫渡江關天地浮沉内風雲杳靄間古碑垂碧落飛瀑下青山差喜塵襟滌川原欵客顏

雙鳳谿　徐逢吉 錢塘庠生

水作白玉色花開青桐香不逢吹簫客但見雙鳳凰

萬年藤

藤花覆水香藤根穿石裂炎風吹不來常帶堯時雪

琅玕峽

堂石何嶙峋其色宛如玉我行兩山間頓覺鬚眉綠

翠雲窩

臨流多好山四面盡嘉樹願招雲中君來此共朝暮

白龍湫

山中白龍湫照之毛髮見午炊綠雲茶曉滌紅絲硯

棋枰石

岡嶺仙人去年深子路荒獨留殘刼在誰與論黄芽

少霞洞

四壁何空曠青苔間紫苔素書纔讀罷山月忽飛來

玉蟾池　　王炳弘 樂清知縣

白練横空不肯收銀河夜靜滿天流神龍抛却明珠去抱此凉蟾過九秋

萬年藤

絶似神龍貼水眠金燈常共翠旗懸空山不少鴻濛氣飽盡風霜一萬年

雙鳳谿

一谿流水百花香花下如棲兩鳳凰常有簫韶響雲外問誰先酌帝臺漿

碁枰石

未必樵人便爛柯盤中黑白兩如何英謀妙算誰能曉海上神仙國手多

珠簾島

玉女明妃在此中珠光日色兩玲瓏我來簾底從容坐不怕山南起颶風

白龍湫

雲氣朝朝有似無白龍鱗甲未應枯何當今夕燃犀照看取寒潭五色珠

少霞洞

少霞仙去知何日洞壑玲瓏玉不如今日秋光清似水正須高坐讀吾書

雙鳳谿　　張元觀 永嘉廩庠

曾傳雙鳳此谿遊鳳去來儀溪自流天不肯違奇水石人因得到古林卯千章喬木縱横甚迪路新花爛熳拙不信此方爲繡壤一區已是厭人眸

琅玕峽

何年鬼斧鑿山開綠水堆中任往來吞吐雲煙疑蜀道合離風雨小天台珍禽爾雅難收盡香草離騷未博該知是山靈愛清淨雙排屏障隔塵埃

虬樹坡

冷落荒山四百春蒼虬形狀古精神如生苑囿應稱寶若近村庄定作薪乘月歸栖維鶴影和雲排駕有神人他時倘逐飛龍化爲雨還先渥海濱

龍骨澗

生驚窮谷旱難耕𠃓作流泉一澗行風簇細鱗猶有影夜深陰吼尚聞聲專車首尾遺骸在戰野元黃化血清我却有心肉白骨廣施霖雨遍蒼生

白龍湫

石龍臥此自何年上不飛天下不田怕作風波于世上獨澄寒碧在山前海濱遠邇凭誰識雲路無緣秪自潾是地重開需雨露一聲喚醒萬年眠

太乙源

問水窮源只等常相傳太乙獨源長河流遠瀉疑天上銀漢支分到海疆不泛一溪桃李艷能滋萬井稻粱香汪波徧潤玉環土從此朝宗百谷王

登玉環山　吳　卓 庚戌進士

採訪名區遍十洲玉環風景望中收峯巒直上冲霄漢秀色蒼蒼萬古留

遊仙人洞

曲徑峯廻別有天霞光照耀小亭邊山巔瀑布珠璣落不讓人間第一泉

環山勝境　路　覲 庚戌進士

海外神山數千百相傳一一仙人宅蓬萊方丈有無間欲往從之雲氣隔百雉龍蹤闢玉環靈山榴嶼探荒僻蠶叢漸次呈天巧冠蓋過從恣遊屐崚峋拔地鬼斧削中界飛泉一道白沫激渦旋噴復咽玉盤拋落還珍惜須臾天風洒然來斜綴輕颸潤巾幘細磨成屑撚成絲縷縷迴文隨手繹忽然雨過泉源瀦倒瀉天河砯厓隙宮商迭奏金鐵鳴素羽銀鎧耀霜戟攝衣更上百折盤壓面騰身度山脊攀援亂樹憇雲窩藥苗丹顆尋仙跡蒲團寂寞棋枰閒洞府烟霞封下冊直上千仞意蕭爽極目滄溟入胸膈安知我輩非真仙羨門安期肩可拍

天開河

玉環諸峯高插天面面屏障紛鉤連環以大海一磬圓鹿蹊鳥道怪石騈控險扼要開城壖揆度日景觀流泉爲籌雉堞萬古堅斷山鏟障北濱邊萬夫掘載踰嶺巔羣呼踴躍爭向前海塗濘滑雙足胼危磴百級峭壁懸一綫逼仄難盤旋長繩舁石石壓肩頂踵

踮蹐柜扒羣邪滸雜和皷塡塡一日寧得幾往還只
恐虛縻少府錢月及申酉水司權項寅卯閣達表箋
呼星名鬼駕雲軿五龍九鯤夾後先期箕伯掃塵
烟飛廉搖旗鼓雯扇靈霽振威聲怒喧香車亟轉謝
火燃列缺奔掣忙旋鞭鐵騎衝突揮霜鋋魚鱗客布
青髮湔決開三峽瀉九淵華夫萍翳矜輕儇倏忽平
地成長川是時百靈咸翔搴刷沙鞭石斥鹵穿長鯨
巨鰲亦蜿蜒楊鬐奮角刳豕埏居民屏伏心熬煎徹
夜惕息不得眠侵晨起視驚相傳一灣西注清且漣

數里屈折通市廛豈徒運石省輿箯木蘭小艇歡扣
舷揚帆啣尾鬬捷便秋風盪槳通阡陌夜月歸來繫
釣船閭閻童叟誇神仙稻熟釀酒鳴神絃君不見楚
門塘捍萬頃田翻盆兩過仍晏然此地欲使城工竣
一夜風濤陵谷遷誰歟作賦筆如椽金石磨治為鐫
鐫置之崇墉垂萬年

仙人洞　王獻猷 拔貢試用

百尺流泉瀑布垂天源毓秀擬蓬萊小橋風送溪聲
急曲路峯迴石徑開地闢玉環留舊號品題仙洞有
鴻才撥雲我亦尋靈窟轉轉層崕滿綠苔

再遊仙人洞

更得遊仙趣尋眞興漸濃水花飛絕壁潭影落高峯
洞拓曾誰闢蒙開自景從臨川今有象戀戀白雲封

詞

仙人洞 謁金門

憑空激白水懸崕挂壁少霞洞裏鶯啼濕仙人何處
覓　穿樹連雲坐石閒却繁華消息烟鎖尋眞路上
蹟泉聲長滴瀝

署篆玉環滾漩門得句 癸酉八月 湯大賓

風清八月桂初花奉使來登海上槎　盛世版圖滄
溟外環山千里遍桑麻

西青禱雨

躡足盤旋上凌虛四望中心驚炎氣赤目駭燄陽紅
禾稼憂秋旱黔黎望雨空關心民事急低首拜高穹

訪少霞洞

仙島恣幽訪公餘半日閒窅邃懸海上岑寂豈人間
徑入崩崖險泉流峭壁潺洞門不見鶴惟有白雲關

題白龍湫

白龍卧高蜓何年別海若雨過鱗甲張風送珠璣落

詠萬年籐

根蟠太古山花發洪荒蒞美哉萬年名允爲昭代瑞

過雙鳳谿

石挺青雲芝泉分玉乳液蕭史久飛仙雙鳳谿邊集

遊翠雲窩

雙潭澄碧波四山開翠壁嘉禾繞葱龍映落青天色

坐碁枰石

僊嶠石棋枰對局眞仙也星子移寒光誰是爛柯者

千仞岡

長岡百折入崇阿怪石嵯峨帶薜蘿星斗望來天已近烟雲踏去路偏多青山萬點皆如指白水千迴盡若渦似隔紅塵清趣遠桑麻四野聽田歌

萬年籐

蒼翠盤空勢若龍綠陰長繞錦溪東當年種已忘時代此日生惟浥露震歷盡雪霜顏未改幾經風雨徑猶封蜿蜒千尺根蟠古擬並南山不老松

珠簾島

水簾高掛碧峯頭滴滴如珠韻自幽晴日燕穿滋細雨微風花拂點清流欲依青嶂雲爲幔時借銀河月作鈎島内鮫人偏不見傾來萬斛倩誰收

了髻山

雙峯結就綠雲如春色平分任卷舒青綰一窩憑露洗藍堆兩角待風梳琪花開處簪常滿皓月臨時鏡不虛疑是麻姑妝始就朝天獨駕五雲車

登玉環山有懷家兄大用

畧裝趣玉環振衣登靈山大海周其外奇巒聳雲端吾兄先來此水石任盤桓溫洋無虐政漁艇悉聲歡我來兄已去獨眺思漫漫天風洒然起濛濛秋雨寒長空鶴唳遠海水生微瀾人生宦無定彼此各殊觀徘徊不得靚翻羨飛羽翰

郊巡

子月巡農了不寒菱苗齊秀海田寬偶於潭水臨清影却怪山僧認長官人事不因懸海異山光却似[illegible]秋香郊亍喜有年詩興題過幽篁韻未闌

由甌海還山渡管頭聞青蓮寺鐘聲口占一截
晨雞纔唱數聲過曉寺香鐘韻更和萬里一航清夢
穩太平滄海不揚波

登北門山得句　劉　權 陝西永壽少尹
春明纔一日即上北城山海水依天濶岡巒匝地盤
千村雞犬靜萬頃麥麰閒大德推張守功成海國歡

贈玉華平子　鈕敬思 蘭陵國學生
環海經年共客身須知飲啄是前因性天爽豁良非
俗心地光明不惹塵玉嶺松姿饒素質官齋梅朶發

先春同懷景物多生意得喜相看作比鄰

題似調亭　王　凱 內閣三禮館校錄
翠壁長鳴水石琴泠泠清響發高岑半崖細鼓冰霜
操一澗晴調雨雪吟太古韻含天地秘中和曲奏海
山深悠陽時與琴聲襍縹緲常隨松吹沉歡石靜聞
殊見性倚亭潛聽覺明心何期解脫塵緣事好向名
泉聆至音

重遊玉環勝境　平文炳 山東萊州備司
覽勝重來訪玉環山靈更與逞清顏窈窕猶若素相

識松陰小憩而盤桓峭壁直下瀑溪水練拋千尺聽
潺湲捫蘿躡足踰嶺脊窮登更上碧雲端石洞巋然
復窅邃遠眺峯高字不刊獨立懸崖舒極目海光漾
漾浮羣山絕景游觀日欲昃上界仙踪未躋攀造物
予人佳山水願酬好句詩心頑平生久抱巖壑性一
椽何日居其間

九日游仙洞留壁　平文燦 山陰國學生
今歲茱萸節游登到玉環瀑泉垂練白石室長苔斑
曲帶清瀠水重圍翠碧山名仙居海島此已去人間

重遊仙洞有感　平立鑑
不到神仙洞於今忽二年窮幽探石磴濯齒愛飛泉
名利心已淡丹鉛性素躭少霞仙去久何處覓眞傳

環山觀稼 壬申秋日調寄望江南
秋日好秋野看秋成千頃稻粱開島嶼萬家烟火接
山城擊壤聽歌聲　嬉笑處稚子逐翁行綠樹藂中
青犬吠黃茅屋外碧雞鳴海上慶昇平

總論

按玉環乃温台兩府之錙鑰樂太二縣之門户外截海洋内資保障崇崗峻嶺周匝繯流依山築壁險足以守四面泥塗捍禦亦易此玉環之内勢然也山外有南麂北麂横截對峙又爲玉環之屏塞此玉環之外勢然也兹山向爲沃壤民人聚處商典貿易自洪武二十年控海乏兵遂徙沿海居民於腹裏玉環之廢於前代者如此再稽疆域玉環古隸樂清今分隸太平現在有桃花嶺脚之溪河

樂南太北玉環之分疆於二縣者又如此當未開墾以前閩廣温台各處匪類私搭棚廠聚居各嶴或沿塗刮土公行私販之鹽或羣聚墾種坐收無税之産網魚捕蝦捉蛇釣鱗船艘千餘藏垢納污今流民盡行驅去而所招徠開墾者樂清太平平陽永嘉四縣良民非有籍之土著勿用非地方官之保結勿留俾奸宄無所潛形此匪爲之掃影查玉環原有十八都並分支附近各嶴現在可以插種成爲膏腴者約田三四萬畝其各嶴口塗地玉

環鄉老岍須築塘壩漸次成田者約六七萬畝以天地自然之利養生齒日繁之民此玉環山一定之出息也至煎鹽配引棚廠輸稅可絶私梟可充公費是又玉環山之餘息也有水師游巡海上則洋匪無從而入有陸路密佈要隘則私販無從而出有戰艦屯泊海口則詭秘之船隻易於追擒有快哨遊巡内港則奸匪之出没無可潛踪碁布星羅稽查森嚴使商艘漁船於洪濤巨浪之中如履康莊誠利益於民生不小非第爲玉環一方籌邊

固圉之計而已然則兹玉環也有田可耕有地可種煎鹽者共樂其生網魚者各安其業以衣以食引養引恬熙皞之風不再見於兹乎獨是地極海隅防閑宜密今文員保甲團練武員水陸汛防區置籌畫固詳且悉而安不自安治益求治所貴乎有民社之責者重念危疆日切綢繆毋縱慾以恣饕毋優柔以長奸毋恃清操而輒云優裕毋務安静而罔事稽查當思官非傳舍莫謂自畢已事而貽悮於地方須知文武一體莫謂職有分司而不

關夫欣戚古人一物不知深以爲耻况禮樂不廢兵戎文事兼有武備折衝樽俎儒者亦足干城智勇兼該文臣非無廟算當此海疆重任其所以内安外攘防守捍禦之道時惕憂勤不忘寢食庶幾哉思深慮遠經畫萬全既足以消釁於未萌亦可以有備於臨事而爲久安長治之謨也歟

漢陽張坦熊男祥氏又識

特開玉環志卷四

〔道光〕長樂梅花志不分卷

〔清〕佚名纂

〔道光〕《長樂梅花志》不分卷，纂者不詳。梅花地處閩江口南岸，宋元設巡檢司，明改千户所，清改汛署。是志凡五記：一記疆域，記其地氣候、形勝、風俗、山、湖、洞、潭、井。二記建置，記城、汛署、兵衛、第宅、街市、坊、古蹟、新建、監制。三記地利，記泥埕、白水、田土、物産。四記人物，記孝行、節概、鄉行、烈女、節婦、内行。五記藝文，輯録歌謡、詩文、賦、記、碑文等。如古蹟載蔡夫人宫，記琉球女蔡氏在梅花事迹，蓋梅花乃古琉球入貢途經之地。全書敘述雖稍簡略，然體例得法，條理亦較明晰。據福建省圖書館藏抄本影印。

長樂梅花志

記疆域　氣候　形勝　風俗　山　湖　洞　潭　井

梅花星分牛女地屬長樂北鄉古稱梅花坊屬新開里都名廿四都統六圖嘉靖四十一年併五圖今併四圖西南離縣治四十里梅花與仙富磨下爲廿四都四圖梅花東抵寨下西抵浪台南抵碁山北抵立庄洋面江之西抵石鼓潭白猴巽江之東抵東鄉磁澳南交西自浪台沿江岸至磁灣廿五里西南與后山赤沙梅庄前後董石井諸鄉交界東南與碁山赤岐前岐交界往福省至大橋水洋二百五十里往縣治水洋一百里舟山通江浙下通廣東古琉球入貢由梅江入口雖長邑之邊疆實閩省之咽喉也

氣候

梅地負山臨海北風七月至四月南風惟五六月始盛凡穀菓草木較縣治遲一氣自春至秋晴和則早爲西風暮爲東風當天氣清明幻成海市蜃楼夏秋多暴風將起時先有海洞即縣誌所謂海嘯是也海中周圍十餘畝無風湧起白濤声騰遠近南至御國山止海洞作時天現破蓬不出三日則颶風大作漁者謂之天門「榜掛」凡魚蝦鯨鱷無不遁跡將息則自北而南仍至御國山止古傳東岩寺有止沙石在海濱里隋唐間有神僧以錫卓驅之入海故海洞一作則揚沙塞岍天寶間南交沙合海塹成田益長邑陸地皆此石之所造也（邑人陳永書作海嘯賛（讚）別見藝文）

一

形勝

梅花背負碁山前臨巨海寮嶺翼其左馬籌拱其右偪江則琅琦北交疊接前伏東獅上下塘遠迎右障近來立庄洋內水長沙洲西自白猴巽起東至南交七磐止潮回如帶誠濱海一巨區矣

風俗

梅之江由延建溪湍而下泉與潮漲而上每春雨溪肥淡蕩至立庄洋夏秋則扑網於內詳田園皆買內鄉海利饒時日進千金人無慳吝之態男子七八歲即有生計供家鮮習工藝道光丁亥十六甲衿士耆老建鄉約所講聖諭設鄉規朔望教訓自是以後俗鮮爭訟人知廉恥雖未能盡存古道而躬率有人亦庶云（邑人高樸王恭有梅江唱答之謠別見文藝）

山

碁山在梅城之南山上有塞設烽火台一山頂有石台平廣可坐相傳昔有二仙在此奕基故名（里人董紹安詩別見）

龜山

龜山在城內山頂有石巍然高出數丈周圍畝許上鎸龍東石三字里人王自閑有龍東石詩別見

龍東石南數十歩有二潭秀拔峙立一勒霧隱一勒蓬島四字（里人池春雷有蓬島仙蹤詩別見）

光峰山在東門外爲八百餘家保障樹木葱蔚山上有二十四都

二

六國祠壇

馬蕣山即馬鞍山距尖峯里許原碁山之别支山下有湖如飛斗山建斗湖寺王自閭有馬蕣飛雪詩别見

馬蕣山　迤西北百餘步有穴深十餘大古號虎穴王自閭有虎穴號風詩别見

北嶺山在南門外迤西半里山勢雄峻山下有湖雖旱不竭係十甲内林克富巳業里人池春當有嶺屬歌詩别見

羅漢山在東門外三里山無草木故名

筆架山在東門外五里鷄㟁磕之東南漁人在内洋沉石掛網䇿視山之三峯定上下方問

寨下山在鷄㟁磕之北濱海與斗湖寺之寨對峙故名

三

洞

田螺洞在馬蕣山下高三丈有奇周圍四丈層級旋環到頂洞口可容三四十人旁有小石儼如螺子潮漲環之流球貢妃蔡氏舟檥梅花病扶柩登葬棺舁至八宝坑田螺口忽風雷大作人皆走避越次日失柩所在但見土邱環水而巳里人池春當有螺洞䜋詩别見

八仙洞　號鬼谷在東門外北龟項下上爲觀音堂石壁下有洞相傳八仙過海聚於洞中

藏蚊洞在三磕面東濶丈餘深二丈餘冬夏獨有蚊聚梅花合鄉無蚊相傳以此收藏之也

潭

鰲峯潭在舊城水門之西與白猴巔對峙潭上舊造宝塔旁有石皷潮水澎湃有鏜鎝之聲王自閭有石皷潮声詩别見

石皷潭在白猴巔之北海中有潭丈餘中有一井水独淡鹹潮不混謂之龍井久旱邑侯自梅駕船到彼祷雨祷畢下井取泉或見小魚則雨立至如見蝌蛤之類則雨尚有待然祷則輙应其潭空洞以小石投之声如大鼓故名

立庄潭在江中離梅灣五里本長邑之鄉元至正二年如沉爲巨浸今立庄以南洋面屬長邑梅花採補海界北屬閩邑琅琦等灣探捕

三磕在東門外東北二里磕旁有泥埕可種蟶苗南爲烏磕中爲中磕北爲外磕三磕相連外磕又名金斗磕産嘉魚上建五顕灵官廟

七磐在三磕東二里周圍里許潮漲則掩其半磕生蚜黄蜒蛤上有土神庙

石壁在七磐東里許當春夏之交漁人常於此網鰣鯲里人池春當有石壁垂綸詩别見

鰛魚潭在烏磕之傾朝東而立相傳能爲怪多壞客舟昔有客商以鉄鎚擊之流出血水今無其患

布洲潭在塞下山東北洋邊古號南交

猫巔與青巔相連在布洲潭之南一帶沙壅成園

四

青鴨潭在三礁邊礁旁泥埕種蟶苗別見肥大
紗帽潭在三礁東兒若紗帽故名
鷄姆礁有二一在潭前一在七磐南岸里人王自閒有鷄嶼晴霞詩別見
七星潭在南炎之北海中有潭七塊上下星列潮退時則露頂有碍行舟宜爲立標誌俾商船知所避
紫崎潭在田螺洞之東北旁有泥塢可灣泊船隻

井

寶光井在街上宝光堂前
吳翰井在上後泉水極藍清冽
龜泉在龜山麓泉達城外夏則冷沁詩脾冬則温可濯心香甘異常
八角井在新城朝宗門內深四丈餘
東門井在東門甕城內深五丈餘大旱不竭泉甘美沙下八百餘家大半取給焉
清泉井在沙下東隅初爲水竇後以沙壅砌之以石嘉慶二十年水忽濁澄之不清延道建醮莫解道光丁亥正月十九日僉議舉鄉約立規是日水色澄清味轉甘渼人以爲易俗之驗名之曰清泉井
七星源在沙下海邊七處上下相連潮漲則鹹水掩蓋潮退則源頭滾滾味獨甘渼鄉人時取給焉里人劉敖臯有七星詩源詩別見

五

記建置　城　汛署　兵衛　第宅　街市　坊　古蹟　新建
監制

城

梅之有城始於明洪武十年江夏侯周德興奉命造立委福州右衛指揮李榮督造三面跨海南建沙岡據碁山過脈環龜山於內延袤三里高一丈八尺周六百八十四丈女墻一千二百二十戰樓二十有四窩舖二十東西南三面闢三門東門至海南門面山西則水門潮至舟航抵城下內則梯岩架屋櫛比鱗次皆兵民之居最稱雄峙城外歲患飛沙漸積平地每以所軍挑之司空董應舉議築牆於海以禦沙因山足以置基事不果行明萬曆之季倭寇各處剽害梅城拒守獨全　國初里人王自閒議每月分朔望兵民輪挑時海氛正熾丙申遭屠朝議行清野之計康熙辛酉將居民盡遷內地已未詔復故土城以年久沙壓五十八年知縣衛良佐領帑重修詳改爲寨東門仍舊址西日朝宗門計長二百二十四丈第復回後東門外人烟輻輳嘉慶丙辰海盜林發枝沿江剽刼居民以竹筐箕箭之屬實沙其中沿江岸疊布排壯防備始得無恙明御史莆田人朱渤有咏梅花城詩知縣詹家督餉梅花

汛署

宋元時有巡簡司公署在上街明改爲千户所派衛指揮一員副千户一員鎮撫一員百户一員又調世襲鉄印官十三員駐防梅花

六

與閩安協相犄角迨明季遭屠　國初調還兵燹頻仍址屋灰墟
雖鉄印駐防有孫子複回者莫能備稽惟上街所衙門基址尚存
明萬曆間有關姓指揮民爲立仁愛碑在焉
梅花所今改汛署在東門内春秋雨汛千把輪防　國初屬閩安
鎮轄康熙五十六年撥歸本營

兵衛

明梅花所屯軍一千五百四十名國初奉裁今実額五十名長樂
倉在東門内汛署至明正德十四年増築晒塲及墻垣
崇禎十三年知縣夏公允彞因縣民輸納於梅往復不便定議分
近梅花所者納所倉近縣者納縣倉今址存

七

烟墩一在魁洞一在碁山一在斗湖明洪武二十年設各周圍十
丈高一丈五尺
炮位梅城共八位今廢

第宅

孝子宅唐林巨卿住居縣誌載在梅坊今莫辯其處
坊　第明鉄印官今莫詳其處其姓名從孫氏族譜録入
吳興滁州人洪武間陞膠州衛
李敬禋州人永樂間鎮南衛男李陽襲官
陳清南靖人永樂間鎮海衛以上三名俱調梅花所世襲正千户
張擧泗州人洪武間鎮海衛男張顯襲官

孫全定遠人永樂間翁韜衛男孫寧襲官
孫瑛新城人永樂間錦衣衛男孫能襲官
陳得六安人洪武間永寧衛
黄恵清江人洪武間錦衣衛男黄聚襲官
李真汝陽人永樂間會州衛男李源襲官
邢和賓州人洪武間會州衛男邢原襲官
龔玉福寧人洪武間百户男龔富襲官
彭希道南陵人洪武間福全所百户男彭壽襲官
以上十名俱調梅花所世襲正百户

街市

梅花城市在舊城水門聚魚塩貨物處
南門街在舊城南門今廢南門基址存
上街今宝光堂至泗洲亭處今一帶民居
下街今泗洲亭至朝宗門處今一帶民居
關爺巷在下街西北

八

坊

鎮秀坊在梅花所前今圮
人瑞坊在上街宝光堂前乾隆五年知縣殷鳳梧爲里人王復聚立族甘谷長年壽百有五歲
貞烈坊在上街乾隆四十三年胡而彩妻魏氏立

古蹟

宝光堂在上街乾隆庚戌年建匾曰大雄宝殿
登龍境廟奉梅花所通津城隍康熙癸未年建在上街
侍中境廟奉通濟尊王康熙甲午年建在舊城水門內
天后宮一在舊城水門內乾隆辛丑年建一在東門內乾隆五十
年建丙午年知縣王廷昌匾曰德水長清又聯云神化韓鴻鈞七百户蒼生咸賞利濟
聖功崇海嶠萬千年巨鎮永慶安瀾
鵬程境在舊城南門內今圮
調羹境廟在東門新城內奉金吾尊王神姓林諱位國初調遷居民奉移於閩邑蔣宅地
方復回後另立神像詞向蔣宅卜移回舊像吉啟又奉舊像於中
殿之左康熙庚寅年重建嘉慶八年重修關建
前座聯云於螢信鎮調羹十字褒封光唐室翊神兵馳海寇千秋
亭祀攝梅城

九

水仙宮在舊城水門外
畢元帥宮在新城朝京門前
蔡夫人宮在沙下西偶舊廟嘉慶十年癸十一年重建蔡夫人者
琉球入貢之女也生時有文在掌云東溟起風沙得道在梅花羅
白與全舍相逢總一家萬曆間織女充入貢巧奪天孫冊封精巧
妙明歡德夫人旋召入京舟次梅花遇風停擱因登岸遊寓宋直
家適朝命至免進京忽抱病數日旋卒遺命將生平挑繡玩好隨
殉卜葬於馬鞍山柩至田螺洞忽飛沙走石風雷大作人咸走避
越次日但土邱巋然失棺所在時顯英靈宋家私匿夫人物者咸
遭譴責竟有改姓為黃以避之康熙間鄉人立廟祀焉

益做古儺之禮也每年四月間擇吉日延道士設四日醮禮
頌盡度云
新建
鄉約所道光戊子年七月既望興建於東門新城內十甲衿
士池春雷孫雲錦劉占梅吳蘊王蔡光治劉敦宴館耆老孫
文霖暨黃胡吳張周等姓族長遴選董事孫文昭吳成泰溥
甲洪志蔚等合煙户百餘家鳩金一千六百兩有奇購地三
座建鄉約所濶五丈深六丈周築土墻中建講臺兩廊樹屋各五
間每月朔望整肅衣冠集諸子弟侍立聽講
聖諭并鄉規條約

王舍人宮在新城內
高牛石三舍人宮在沙下西隅
楊舍人宮在沙下東隅馬筹山之麓
斗湖寺在馬筹山上奉溫康二都統
朱子祠在龜山之陽嘉慶十八年建
舊朱子祠地係與文社捐貲買於賽牲之山場濶九丈深九丈
觀音堂在東門外西北　號龜項乾隆十九年甲戌建
廿四都六啚社稷壇在東門外尖峰山之西
石船在北嶺湖口長二丈餘濶半之生成如小舟故名
清醮埕在沙下澳中周圍十餘丈梅之清醮自康熙間有之

鄉約二十二條

序云古者五族爲党五州爲鄉睦婣任卹之休由來尚矣降至後
世生齒日繁箕畢情好各異大家巨族作福作威小姓寒門畏首
畏尾遂使正道不行競凌日起求
其相保相愛敦親遜之風表仁里之譽者蓋亦罕矣吾
梅一鄉列姓數十間有奸頑好利之徒或詭計挑唆或撗
行嚇詐或覥爲洽比以焆詩或托爲公言以把持有一於此里閈
靡寧爰同各姓尊長朔望集諸子弟於鄉約所宣講
聖諭廣訓中明鄉規條約藹然怡然父與父言慈子與子言
孝兄與兄言友弟與弟言恭毋恃富以欺貧毋倚貴以
凌賤毋飾智以驚愚毋藉強以欺弱十甲數百家家家
可喻一族數十户户户可風則家室和平風俗淳厚古
道豈不可復哉倘以侮慢而違仁厚之風以偷薄而虧
協和之理古道之不存即公理之不恕也爰有規條開
列於左
一吾梅列姓浩繁秀良不等前編爲十甲每甲舉齒德兼
優一人爲長舉曉事秉公一人爲董事才幹者二人副
之十甲之中互相勸勉倘有不肖匪徒公同綑送究治
或無辜被陷公呈僉保其有蹤跡不明新遷居住者立
即驅逐出境所以靖鄉閭而免株連
一孝弟爲人倫之首推之事君治民交友皆於孝弟肇其
基各甲長董事朔望整肅衣冠集諸子弟赴鄉約所聽
講以期感格愚頑退縮者記次議罰
一鄉党序齒尊長人所當有而老吾之老並以及人之老
傳言之矣但尊長輩非藉端欺壓若卑幼敢不遜弟公
罰不遵定即呈究
一錢糧課稅爲　國家維正之供吾梅錢糧之外厥有塩
課海餉完繳原有定期而遷延亦復不少以後各甲下
所有應完之欵務宜按期繳納以免追呼
一不孝不弟　國有常刑惟是家庭内反唇相稽游手
賭博不遵父兄訓誨者一經投訴理責不悛亦必呈究
一睚眦小忿細故微嫌自不能情恕理遣者先投本甲董理
論如尚不決宜俟朔望講約畢申明剖斷若竟即恃強撗毆呈
身控制者即將首釁人罰戲一臺後論所爭曲直不遵者究
行稟究以息刁撗之風
一設士田以振文風吾梅業儒者少夫士興不隆則士風不振
而禮義之率誰歸茲先議酌貼科試之費俟公項充足再設
士田定等第分給以振文風
一公議事體雖有衿耆董事商確子弟靜聽其間如有處置不

當之處不防抒其所見辨論但不粗鄙無狀面斥是
非及退有後言以乖體統
一鄉內小可事体業經甲董公斷或賞或罰各宜遵依
其有崛強不服複致爭訟則公稟直決不徇情
一奸究不法之徒陰謀肆毒平地生波甚至買命服毒希
啚傾陷此種惡習貽禍甚鉅以後如遇此等情事即公
呈僉究以保無辜不許私自買休以長惡習違者並究
一吾梅前臨大海舟商出入或遇暴風多虞傾覆而一二
澳民只知撈拾貨物鮮有拯救顛危於是有奸梢盜賣
客貨棄船登岸遂指所拾船板稱為斛搶卸罪於地方
以致涇渭不分無辜破累以後子姪如遇遭難之商宜
先救人種德且免奸梢肆毒倘再仍故習定即指名稟究
一花會牌九等項賭博大為風俗之患毋論破人家產而
令男女顛狂流毒何堪勝道以後鄉內如有棍徒仍前開設地
澳保不即具稟者定即僉呈併究其賭窩之罪至於澳民越境
猜壓者察出併稟
一火患宜防梅澳居民稠密烟火毗連前街後巷每植籓籬竹户
蓬寮並稀土壁雖小心火燭比户咸知而有備無患預宜設處以
後如遇失火甲董帶各弟姪持具赴救一要折斷火路其能出
力者另論獎賞或以利害無關以袖手以及乘危擄搶立即呈

十三

究至於所折火路之屋大小屋宇公估價銀以五分之一貼修
理倘阻撓以致延燒者呈究不徇
一吾梅春冬之季盜竊甚多每有善人強出其故蓋由從前失盜
者喊呼鄰居並無應援以致恣橫蔓後澳內人等如逢喊盜各
要分頭追捕獲盜一名賞錢五千盜憑公辦究如以後有喊盜
者鄰居故為不聞不援失主報知定即公罰
一鄉內田園屋址各憑契據管業如涉他地不得蒙混欺佔至於
風水山場通衢古蹟地方尤不許影射侵佔違者呈究
一吾梅之龜山馬籌尖峰等山均係鄉之屏障所有樹木宜滋茂
盛向於前任盧邑主請示嚴禁在案以後有擅砍盜割各山場
樹木者查明稟究
一鄉內有賣食鴉片游手賭博　酒門狠等習之人以後務名自
新倘勸諭不悛者僉究
一吾梅以海為田割綱之患往往有之前陞邑侯楊公清端任內
按律究辦募謠至今弟維踵匪徒遊此適被其所割之綱或有
利其便宜私買之者以後宜物傷其類倘仍故習密察出立即
呈究不徇
一田土婚姻細故差役奉票到鄉者肩輿相望苛索酒食高勒工
價情形實覺堪以後差役到鄉其夫價工食事主不必給與攪
擾者公稟

十四

一董事之選原藉其秉公理事凡朔望講約及甲内事體宜齊集
商議不得緘默退縮於事知無不言言無不公庶克安靖鄉閭
倘有朋比徇私躲避不前經衆論摘發則立即會議亦革另選
充補
一士為四民之首務宜正身率物諸凡宜進前整理但須盾並反
求免荒其本務茲除細微小故聽甲長董事自行料理其有不
決疑難者集同理論亦不得退後
一崇德報功之典宜隆茲所舉之甲長董事與衿士人等果有始
終秉正為鄉閭興利除害忠孝特立者另於忠賢祠西畔建立
報功祠立祿位以垂不朽

以上敕約二十二條略舉切近利弊其餘隨時興革者莫能備列
時道光七年歲次丁亥公議定規
附記鄉衿池春雷
耆蔡文崇等具呈為乞叠印衙給示振飭久遠風俗事
竊以廿四都四畨籍隸吳航古稱梅花萬户蒼生舊
本海邦巨鎮廿四編氓尚存鄒魯遺風迨至聖朝攺初界外均霑
遷徙之條迄乎
聖
祖開恩普天復荷怙懷之德覆載所及盡被仁風日月所臨咸
沾化雨向者荒遠之地今復庶盛之鄉頗生齒業以日繁其畢
緣而名異大族巨姓勢豪日肆其憑陵單室寒门宵小亦踵其
技倘故豕突狼奔時見跳梁之氣鼠牙雀角日疲明鏡之臺爰
思古聖言云十室之邑必有忠信欲去稂莠以植嘉禾首推循

良以餘庶理不有專責之任莫弭刁頑之習因同四十四姓衿
耆族老計之百餘家户口編氓於忠賢祠前面建立鄉約所舉
齒德兼十人為長精壯端方十人為董勤慎敬事二十人副
之同甲每逢朔望集諸子弟在鄉約所聽講
聖
諭鄉規所有稽察防閑之任惟甲董嚴請是問於士躬率是行
已於上年十月朔舉行今已暮年雖未能家喻户曉亦頗凜
國
法王章弟恐日久事弛未克始終實踐合情造具各姓烟户冊
臚列鄉規繳懇　仁臺福曜並臨共體愷惻慈祥再布摩沐鴻
恩乞將鄉規烟户冊蓋用印　衙給示飭頒以為鼓勵以垂不
朽鄉族均感切呈

邑候非公嚴諭批查長邑適來俗染囂凌民多頑梗孝友睦婣
之風不講暴戾奸詐之事滋生本縣同任以來訪悉地方情形
深為憫惻當今懍切曉諭在案據呈建設鄉約所舉鄉族長董
事係議明約束規條每於月之朔望群集公所講究開導使子
弟族人有所遵循法守克期善復初洵為美舉實堪嘉尚茲
將鄉規烟户冊本蓋印發領該鄉都衿士等務宜躬率力行
始終實踐毋致日久懈弛必令鄉族中家喻户曉咸知孝弟為
先禮讓是務行見和氣致祥頹風力挽化頑淳矣本縣深有厚
望焉勉之（道光八年十二月廿九日發蓋給鄉規烟户冊給示勸勉）邑司鐸陳公元機十一月朔親
臨宣講為區於其所曰淑氣重蒸

忠賢祠在鄉約所後十甲公建四圍墻垣内四偏三櫚一座濶四
丈六尺深六丈五尺列姓名進所自出之祖立
一總牌左列高曾鳴儒自曾子輿以下二十一位視德行右
列精忠名宦自傅公說以下二十有一位照朝代每逢朔望祫
耆甲董輪流司香春秋享祭凡族長及年六十以上者與祭七
十至期頤者須胙視年有差文武生童至科甲鼎宦頒胙各有
等級烟户七百餘家每灶給胙肉半觔

和美書院道光戊子年十甲公建梅邑於忠賢祠側深六丈濶如之
每月初三十八二課凡舉姓士子咸集以一日之長課文藝一
題律詩一首公供午飯設立賞格撥蟶埕公租充用出入賬目
總理泥水康載之現泄劉孫生員三名每科歲考貼費銀晉一錢五分共徵課費銀五
百七十七兩二分一厘四毛八絲年請一萬三千一十一引三
三十觔徵課費銀一千九百五十一兩六錢九分九厘五毫二
絲定為常數梅花館縣主派人辦理官僱民船代運澳内漁商
船隻照牌模大小春冬兩配塩觔為時價民間醃貨物到館領
買塩觔執票過關以繳驗

十七

記地利　泥埕　白水　田土　物產

泥埕

梅花埕在舊城西北自城邊起至浪頭鼻山鼻尖取正直下與白
猴嶼對正其西為后山仔沙澳蟶埕自城西至浪鼻山止計濶壹
千零五十弓南自文章洲至北海水潮退處止計深一百五十五
弓嘉慶二十三年后山澳民以侵佔滋事歷控各衙門勘結立碑
二面一在浪頭山一在縣署儀門是埕之為利溥而遭侵佔者屢矣乾隆間鄰鄉董薛孫陳等姓影射飄佔經邑侯賀公世駿勘詳斷結將明季廢照扶鎮勒碑永禁薛董孫陳等俯不得覬覦侵佔歸澳管業嗣邑主王公運昌復為開種蟶苗事不果行而浪頭山一帶民居仍復偏斜侵佔案控累年牘積如山至嘉慶二十三年如復判結附錄署邑主周公珩立梅花埕碑文

署長樂縣正堂加五級紀錄十次周　為抗官阻勘等事道光元
年三月初四日蒙　福建布政使司孫憲札據縣民林則和胡而
呈等與后山民人陳時斗互控梅花澳蟶埕一案經　督糧道濤
奉前　總督憲董批司核詳當經前司移提名卷詳委　前福糧
分府孝會同前陞縣楊勘丈以浪頭鼻山鼻尖取正直下至北海
水潮退為止立碑為界東屬梅花澳界内自北至南悉屬梅花泥
埕應聽澳民照舊採捕輸稅西屬后山澳泥場應歸陳茂士等管
業毋許偏斜侵佔滋事其仔沙港既在梅花澳界内嘉慶三年所
立碑文現經該廳縣查訊係前縣丞周元梓原勘不實及已故之
陳茂谷朦混請給亦應如所請即行拆毀以杜影射爭佔之端等

十八

由詳奉兼署總督部堂韓巡撫部院韓批如詳飭遵轉飭立碑定界等因蒙此
合飭勒石明示以浪頭鼻山鼻夾取正直下至北海退潮水為
止立碑爲界東屬梅花澳界内自南至北悉屬梅花灣泥埕應聽
梅花灣民照舊採捕輸稅西屬后山澳泥埕應聽陳茂士等管業
毋許偏斜侵佔滋事各宜遵守以垂永遠毋違須碑道光元年九
月　日給

紫崎三礁兩處泥埕周圍共計二十一萬步有奇
七盤泥埕周圍共計一萬步零
青鴨渣泥埕周圍共計五千步零
鹽倉下泥埕周圍共計八千步零
水仙宮鼻大礁邊八仙洞下三處泥場共計周圍一萬六千步有奇
泊船灣俗名三十六丈至城邊梅花埕界止周圍共計十萬步有奇

以上各泥埕每年均輸課額五兩其埕公同管業召佃種所得租錢除完課外畱存總理所有修建廟宇各祭典和羹書院課費及士子春秋科歲鄉試贐費之用咸取給於是焉

七盤泥埕納課五兩今壅成園控爭即在此處

白水

梅花江採捕之界北至立庄洋西至白猴嶼東至七星礁洋南至

廿九

磁澳南交洋每年本澳漁船户匀輸課額二十五兩四錢零三厘
總計梅花灣採海界泥埕每年應納課稅三十兩四錢三厘
上年洋船夾板引港遭風失水即在赤盤沙淅之上經何前縣斷賠光洋一千四百元何邑主賠貼四百員合共一千八百員設該處與前董果有辰葛理應利累相隨何無派貼足見該處與董姓無涉也

附田土

上下北嶴兩處在北寮山之麓有田十餘畝零
嶺下窩在籌山麓有田八畝零
油行裡在舊城之西自城邊至石井頭止本海塘田嗣被飛沙填塞今爲園受薯種五十萬根零
沙下園在沙下東偏古江潮能漲入今沙壅可爲園

卅

物產

穀之屬早稻　晚稻　秫稻　大麥　小麥　荳　番薯
蔬之屬芥辣　芋　蔥　白菜　姜　芙蓣　蒜　冬瓜　紫菜　黄瓜　西瓜　絲瓜
果之屬龍眼　荔枝　葡萄　黄彈　枇杷　番石榴　橘
草木之屬榕　松　柏　檜　柳　竹　萍　蘆　鹹草
藥之屬石決明　金銀花　桑螵蛸　陳皮　牛膝　半夏　益母草　蔓荊子　牡蠣　薄荷　艾　枸杞　土人生
花之屬梅　水芙蓉　山茶　水仙　海棠　鷄冠　長春　雪球　杖葵　罌粟　錦葵　菊　蘭　石榴

畜之屬 牛 羊 猪 犬 鵝 鴨 鷄 貓

毛羽之屬 兔 白鴿 獺 畫眉 土犬 鷓鴣 土旅 鶴 烏鳩 白鷺 雁 瓦雀 鴝鵒 鶯

鱗之屬 鯉 帶魚 鱸 鰱 銀被 江豚 鰻 白力 鯰 鯧 黃山 畫府 鰍 土甲 鯷 鯧 鯀 香子 鮘 鰐 鰛 黃瓜 鰣 鯀 馬鮫 赤鯁 鯽 白雀 青鱗 豆青

介之屬 螺 蚌 虎 蟳 蠘 青蟹 蟛 蚶 沙蟲 蝦 蠔 黃螺 白螺二種 墨魚 蟳 烏螺 蟢 石蠣 蟶 蟻 蟶 竹蟶 車螯 寄生 黃螺 蛤 香螺 蛤 黃蛤 螺 蟶 鵝螺 蟶 石蟶 螺 絲蚶 江瑤柱 莎馬 土蟲 蝦皮 水母

記人物孝行　節槩　鄉　烈女　節婦　内行

孝行

唐林巨鄉父諱周以壽終巨鄉廬墓三年天降甘露於地人以爲孝感所致後應文行科出仕

節槩

國朝王曆旗字哲鳴號亨五順治元年鄭元勳個儻有大志明崇禎末見海氛肆熾作平海論侍郎重其舉奇之年十九補弟子員適巡撫熊文舉征海失利下令禁海棋抗之舉欲倡以大辟棋奔入京將擊登聞鼓值明亡　國朝龍興順治元年棋上懲貪疏旨嘉予之任晉州知州平滹沱河水患民立碑曰王公提東里村有數十年積草内窟妖狐爲民患棋發之以資公用狐妖頓息民繪像祀之擢湖廣岳常道因忤權貴遂解組時年四十五嘗自謂四十年以前爲人所不敢爲始知天下事惟有志竟成四十年以後止人所不能止始知下事當見機而作後家江西安樂縣三子廷廣歸守墳墓卒年八十餘著太平新書三十章集太平清譜十六條反愛天金矢天籟寄集父諱景周贈奉政大夫

王穎如字哲闇曆棋弟資性穎異氣度宏遠年十三隨董應舉游鎮海樓做王勃滕王閣序詩立就數千言語極壯麗與兄弟相友愛鼎革後自甘肥遯著有日記天籟集三十卷及孝經頌贊三樓紀勝諸篇

賽連原籍政和康熙庚申年魁武榜

鄉行

王德勳號我山邑諸生性聰敏學問淵博夙負大志時飛沙漸積平城勳議以在所軍民擔之役者有碑我山適時海寇攻城月餘不下全城閭懌又有著有梅花詩賦别見

吳國榮字學文邑諸生爲人孝友忠厚存心世道嘉恩在怨者集鄉父老於洞㒲境廟講説

聖諭勸教愚頑時和之者寡舉行數次而止初梅人掛綱爲業咸夏時漁人在江岸往往赤體榮集父老嚴爲禁止沙下人烟稠密

比户竹籬多火患榮倡設水檯每巷皆設三四集朔望巡派挑水
截滿以備鄉賴以無災平生不入公門家受生徒嚴整有法常書
一聯云不敢忘爲些子事只因曾讀數行書
吳士英字成芳群绪生幼孤刻苦好學倡建　朱子祠於舊城之
龜山朱告竣抱病卒時三十四
池子秀字芝可號青田一生忠厚幼貧父良述中年得目疾芝奉
養惟謹老年目轉明母林氏病篤醫藥罔效芝對天祝壽割股爲
糜以進母病遂痊弟子魁字斗可有經紀才性稍剛而克恭其兄
芝有病數旬未愈斗躬侍湯藥朝夕不怠經理家務不畜私囊兄
弟二人相友愛至老不衰爲鄉里所推服兄弟二人教訓子侄悉
西有法芝男春雷入群庠
孫永成字文家天性仁厚有　弟四人相敦友愛知禮士延師教
訓子侄不計束脩一家共爨三十餘口咸遵約束及壽終弟文昭
文政捐貲助其子雲錦得以成學
劉克述幼貧未讀書頗知孝道母楊氏年六十餘抱病醫藥不痊
述禱天割股爲羹母病以愈

烈女

國朝未旌

陳春姐本處人許聘鄭輝官輝漁於連邑東鼓浮面失足溺死
凶信至母家匿不以聞春姐晨粧對鏡忽見背立一人驚詰
其母家人遂以實告女悲慟誓不獨生婉勸莫解遂擇日過
门見翁姑行子婦禮定正月廿五日殉烈初輝官屍無見覓
處女烈之日其屍浮出逆風泝流入連邑赤灣岸同伴載屍
回家時女屍尚未入棺也於是得以同堂治殓合葬時
雍正六年事

烈婦

已旌

胡魏氏爾彬之妻客於外鄉無賴子賽毋　姦氏忿羞自縊聞
於官旌之時乾隆四十年

待旌

林固姐本處人年二十三適夫劉輝生過門時生已抱重病氏
躬侍湯藥四十日而生殁母家欲奪其志氏矢志殉夫擇日
自縊事在雍正八年
鄭玉釵姐鄭店人幼育於劉家配夫劉克顯皆死訃至氏請撞
棺入室治殓俗忌不利固難之曰爾能爲烈婦撞入可也氏
忻然曰是不難耳乃擇日自經事在乾隆五十七年
吳梅姐本處人張家定之妻生二男氏年二十八定故舅姑欲
奪其志氏貞節自矢嘉慶二十五年長男殤慟哭不食者數
日或勸之曰尚有幼子非張家血脉耶何便自苦乃爾於是
轉念撫孤紡績度日道光四年幼男病篤旋殤氏曰吾所隱

忍偷生者欲爲七人延一線耳今何望哉擇閏七月廿五日
殉烈先期定嗣别舅姑母族搭台沙下園是夏至秋末雨觀
者如堵咸求烈婦爲祷甘霖氏登台祷祝忽黑雲四合大雨
傾盆氏從容含笑自經而逝
吴金鳳姐京灘人年十七棣傅極長甫二載長卒妯娌諷其改
適時遺腹未娩及産女子於是決意殉烈擇閏五月十八日
登台從容完節時道光七年事

節婦

蔣張氏閩邑蔣宅人年十六棣孫世儀雍正壬子氏年十七儀
卒撫孤男唐学甫二歲備嘗艱若生平言談不苟雖俾輩不
敢入其卧室壽七十終男長成生五孫曾孫雲錦入邑庠
張月嬌姐本處人年十七適吴學淸二十三歲而寡矢志不渝
撫遺腹孤成謀年六十八終
吴雙金姐國棠妹年十九適謝守魁後魁抱病六年氏奉湯藥
飼饘粥不怠年二十五歲魁卒撫遺腹孤書朝事翁姑克尽
婦道終年六十五
林巧雲姐本處人年十七適蔡世純十九歲夫歿撫孤事舅事
後姑無間言今年五十七歲
張桃音姐潮頭人十九適孫厚傚二十四歲夫溺水死撫男世
安成立今年七十一歲

卌五

王雲閙姐林學芳妻年二十四寡撫男友凌成立今年六十八
歲
黄細姐劉敎燦妻年二十四歲寡撫孤孝興今年五十九
林雙鳳姐王良建妻年二十九寡撫孤杏童今年六十二
劉得金姐池大亨妻年二十四寡母家欲奪其志矢守不渝只
有一女撫天保兆飛爲嗣卒於嘉慶二十年
池全姐舊池人幼育於謝姓配夫謝奶送家貧未成婚礼氏年
二十六夫卒貧無生計有花林人欲娶續絃托氏之兄求婚
氏以死辭兄念其無依以肩輿給之棣寧徑擡於花林其家
氏大呼號哭婉勸不從卒聽其回饔飧不繼竟餓死

卌六

徐閑姐赤岐人鄭道望妻二十歲夫故撫遺腹孤尚智舅姑在
堂事之尽道孤三歲母家欲奪其志難於啟齒一日僱肩輿
至紿云祖母病篤氏棣見祖母無恙其故母無以應氏不俟
一飯奔回孀守六年人無間言卒二十六

内行

陳氏彭君銳妻銳病篤百藥罔效對天祈禱願以身代割股肉
切切爲十八片和物以進夫病頓愈藉以延殘喘十八年人以
爲神感之應
劉藕姐本處人故諸生吴士英之妻性貞静英卒時有姑刘氏
病目疾氏奉事惟謹撫三男一女皆幼稚以女流肩子道父

道孀守至今年四十五歲人皆聞言焉

記藝文

梅江謡　高棣

大月登玉京迯蒸欺人不可行側聞梅江水寒氷玉壺只如此梅江之水千丈深人言海水值千金未必稱人意我獨愛之清塵襟冒山樵人造我語相傳桑幽指可許塵心飛渡象刴雲水瀾天長末言苦青眼故人如白鷗招邀待我黄沙頭採秀深奇入靈境上龍峰最高頂龍峰絕頂窺蓬瀛登高望遠形神清大江茫茫瀉

花

溟漲元氣浩浩無虛盈飛濤一髮雪花白遥山數點琉球青欹帆倒航凌空瀾歷乱中流棹歌發居人雲水弄生涯撒網施綸到窮髮君不見龍峰山陽五百家龍峰市上半魚蝦儒生不學老農稼青竹多種故侯瓜三尺兒童誦詩礼向予亦指長風沙一嚴兵備限荒服百雉孤城鎮海涯孤城獨戍揚威武島夷蠻胡竄如鼠清秋幕府偃旌旗白日棘门卧貔虎如此承平百事無江山秋水待吾徒請賢顛倒平生意瓊林綺席来相娱我愛江山對君酌江山笑我醉猿鶴從來心事戀烟霞漸老誰知愧林壑今日向君傾綠尊千觴不斷别離魂臨岐揮手謝知己飛心騁目瞻天门與爲梅江謡醉别梅江去他年此地躡塵纓憶得西城别君處

答梅江謡　王恭

梅江水流浩浩居人盡説梅江好自從梅江築城池使車絡繹無昏早梅江水深復深行人一見懷千金父老平生愛江水日飲一石無貪心青龍盤々數峰色悪登望見扶桑白蜃氣朝凝鮫女宫珠光夜照天吴越居人生少依江皋架屋梯岩結構牢沙鷗不肯逢機事江叟何嘗識縣署峩峩百雉連山郭島夷清寧無剽掠將门子弟解逢迎大姓兒郎談礼樂有時江上漁歌發掠舵抽帆向空澗蹁蹮竹篓咨蟹肥撲刺金盤素鱗活龍门子何處來向予西指鳳凰台京行此别三千里揚揚应須數百杯謝公好爲蒼生起山中猿鶴徒爲爾到日江淮鯉魚天書先寄梅江水

六八

咏碁山詩　宋　董　淵本縣令

風際有雲多壯態海中無底是人心可堪更向碁山話一局閑爭古到今

前題　董紹安前董人

碁峰聳峙勢崢嶸俯瞰江濤入眼青天際雲光浮錦肆山间紫氣繞梅城仙盤曽托仙人跡梵刹時聞梵貝聲名勝猶来傳此地好將佳景擬蓬瀛

海嘯讃　陳永春邑人

覽何物在陸則止沙在水則揚沙豈開元以前東海無塵皆爾爲之捍禦抑天宝以後南交忽合悉爾之所增加嗟嗟有異焉南從御

國北至梅花一區震動百里喧嘩排雲日蕩烟霞翻蠣帖走魚蝦
驅長鯨於島外放巨鰲於天涯蘇千村錦鏽培萬頃桑麻永作吳
航之保障用以凝川嶽之精華

梅花城詩　朱　澍　明莆田人官御史

吳航盡處是梅花嵽嵲孤城帶水涯萬里樓臺通海氣半空笑語
落人家月移峰影侵宵柝風送潮聲答暮笳閒倚凭欄開眼望高
低斥鹵半桑麻

前題　詹　采　明知縣

凌險山城逼遠高海望際寒水凝細柳微雨暗梅花鯨鰲吞千里
饒鯑列萬家運籌儲脫帽折俎嘆量沙喬木經霜秀輕舟逐浪斜

花

戍樓通島嶼雉堞點林鴉岩谷從何達書空祇自嗟誰如王子晉
吹笛弄烟霞

雁陣　王　顯　如里人

早趁西風攪海隅天然步伐薄孫吳旗殘泬野三千稍吹散雄兵
一夜蘆漢表忽行司馬法沙邊重演臥龍圖經過烏啄功成地莫
問台前問鷓鴣

其二

遙望繩池奮翼輕逶迤鳥道向天平曉霜霞起猶舟去秋逐烟蹤
滅灶行豈作長亭傳黃石略來肯憶黑山程霧中莫討築無蹤遁
甲依稀效孔明

魚陣

功銜背水孰居優海屋驚看巧運籌甲楯入行非講綱心圖寸鐵
懼吞鉤河旋如帶圍仍合滄變為桑戰始休溟瀆迷庭飛不到景
仿敵國在漁舟

其二

火攻斯借一川霞鼓進全憑兩岸蛙銜入蘆花同挾鏃抛來玉尺
似量沙樊城合伍湖泉漲肥水圍營夜不譁更訪臥龍傳妙略渡
瀘五月豈須嗟

水花

豈待東風片片吹麥田江筆望偏疑雖然有影魚難啖畢竟無香

律

蝶不知波面能開何必葉磯頭銜出那須枝越姬若個羞裳來坐
吐輕盈在水湄

其二

洗盡鉛華不計秋名園千頃讓風流已無並蒂凌川鉞惟有添根
凝雪舟羯鼓何曾催水曲金盤誰解護江頭幾回醉眼朦朧裡認
作蘆花白滿洲

筆花

何處花椎五色裁江郎肯取管城來萼垂蠶露　春住枝漢聯珠
趁曉開燭畔題詩連並吐馬前草檄鼓頻催墨香獨挾風霜氣阿
凍宮姬不用猜

其二

每盡春魁莫占先花開如錦幹如椽光搖渚雲看飛白影裊松煙任草去投去忽疑天女散開來堪賽月娥戀名山今古供同賞不數蟠桃百能年

梅花八景

龍東旭日　王自開

龍台吹角五更甚喚醒千家夜色闌翠爾燭龍升海上東方杲杲透長安

雞嶼晴嵐

滄浪渺渺海門寬獨障中流既倒瀾最好彤雲迎返照時逢仙子擷來餐

廿

斗壺遠泊

台隍迢遞枕華夷一望天高海日卑雖直畝珠成歲事莫教樓櫓懈舟師

碁盤巖樵

一枰碁局看山隈漫說爛柯古事奇慈得朝朝樵子採擔頭挑盡白雲縣

浪台月影

鯨海無塵四野閒狼烽火冷百年久夜深月侵寒潭裡倒影共精作鏡台

石鼓鬧聲

生成石鼓卧山阿萬頃長江别有沱夜半秋濤衝作響詩人錯起賦鐃歌

馬鞍飛雪

白石透迤拱翠微爪田方發更芳菲馬蹄一踏西風冷滿地吹沙作雪飛

虎穴號風

紫崎片片插芙蓉面對晴山爽氣濃五虎浮江留穴在時疑風起會雲龍

梅城弄笛　吳航十二景之一　賀世駿縣令

廿一

梅花叢裡斗城懸

梅花弄笛　吳航十二景之一　賀世駿縣令

梅花叢裡斗城懸傍水依山四面妍長笛一聲傳畫閣清音幾曲入雲天吳東掩柳情何極吹刹悠揚怨亦捐最喜月明風靜候樓中有白憶青蓮

梅花山水賦　王自閒

閩海之濱吳航以北石瓏平原碁山别麓阜即崎嶇而岩嶙陳瀝盡港而濊濔沼渲泐滂而蟄衍文石嵯牙而岩嶺盱筹岩之龍旋眺浪台之磧錯摘上林之春花納下村之秋穀九龍蜿蟮五虎馴伏琅琦蔚然朝擬壺江瑩爾夜月石鼓喧騰金雞呼塭與砥中

流沈兮鼎足南墅南汶之交流上塘下塘之邊騰金斗淘沙而纏黄石牛沈鏑而鳴綠横梅礆江直蹬御國泛則淼茫外洋泊則沖瀜内濮潮至則崖隰漬灧汐廻則天泉汩涵涛贙坑而艳斗壺鑿紫崂而留丹竈前裝之琴高　神棲後草之真人尸祝至於三門水郭百雉金城實明太祖之創設而江夏侯之経營傳巘恍斗階之巇级疊𧊒栖掛之遊燈檠轅門外所蓬瑟塞是屏元武挺其傑閫宝光贊其華樓臨水玉麟衍瑞湄洲鉄馬竑靈武安需於振翟文昌揭於中興樂鷹儲救倉餘粟麗樵銷蜃島氛祲列十二台隍於澤路叩竹伍簡教於閱亭協戍師千粻弓捌矢待潮樓櫓鳴甬坡旌木船通天朝之歲事衮衣馳中山之王庭春秋兩汛尤宜

廿三

水蹺先時則運沙爵草分吏則擎柝提鈴龍東日桓鬼谷雲蒸東調羹鼎南㞐鵰程侍中艶麗登隆崢嶸四境之内既庶且富有明農而疆以有學圖而駢胝有層階而什一有粲人而奇蕨有茅饋艅艎而鬻販有石杠罣罟而鮮腥細而揭縎杵手麗百袋大而石揵堅鐮辰網圍罾泡海爲業壹是治生業之家眈文之勝户播絃誦之声楚楚冠蓋彬彬青衿厥木惟喬梅花是名首丹桂玉蘭而馥郁膚桷翠竹而蔥青倘顧名而思義其合人物而向榮也耶時夫和風鼓暢也山紅與江離同芳鴝鴒鶩鶬雜並轉戾居依渚而棲遲春鉏隨波而下上遊人踏沙而行歌舟子鳴榔而盪漾融融景明神怡心曠翠鬣飄風震蕩也鶬鴒潛形鬼蠶遁穿捲走石之

之飛沙撼排空之濁浪擊大磯而翻軋砯㴋漲嵌塢而潰漫潾沆行旅吹帽而束衣漁父罷綸而繫舫霽哉風色令人悲壯若夫水陸之産孔有孔嘉断葱剪韭拔薤食瓜雖東西之各本均青門之足誇玉質滋土膏而盤結黄精衍胡種以蘩華垂玉筋割青錢中原采而弥影叙胡芦懸脊杆樗木嬲而尤芳川芎園荽花椒山奈絳薯白芋紫薑形葱茲含珠於原野芭蕉分綠於窗紗野核則黏乳刺珠荆棘狗嬰桃粉鹹瑚華芎酒嘗藥材則山藥金櫻南星香附葛根商陸薄荷山査疏茹而蔚芥蓰蘋赤根青芥杓匙苦賣蔓青蓋藍則資生於馬齊北廣塘埁負郭菓實而桃李梨柿楊梅枇杷橄欖則取給於金墩洋裡肩負力家岑巔有紫茉蹬上有石

廿四

花苔枸地蕨鋪於荒隴桂㮋木耳苗於孤槎宅如鈎繩鹿角鵝腸鶏肢無脛而至輻輳交加戴有𧋍蟟藏瑶柱立距石頭收墨賊花卮而螺蛸青鎖而管鐍蠣則洸淵窟而成房蠔則附瀾灘以着粒蝦帽裂裳而垂延傍眼珠胎而碧血時見淡菜丁香亦聞蟹筆龜脚螺有頭聲黄亦尾滑或花在背或米在穴或薄膚而嚼泥或寄生於别蛍烏者爲蜍白者爲蛤浮斑斕而車沉璀璨而游蝲蜺而深窩蛤蜊而扁挾居瓦壠而蜂冰鈿函花封而表黄甲利漁人之夜光喜施妹之織舌彼数公子擁劍無腸兩螯斫雪滿殻含黄醃則入何　糟礶鮮則佐畢卓酒觴花而銜鋒末鋭紅而撥掉高揚是皆蝤蛑郭之族實惟元冬金甲最良噉罏駿而矯其虎敫金錢

而毛其芒芬馬蟧蜞並臨蘆畬鴛步斯張其其曰蝦蒲藍磚敢玻璩白胭脂紫黃朗珠稱盧其並侶嗔目躍於沙泥巨擘溺於江渚大者合歡小者浸滷曾聞痛珠已獻於陶唐誰為長鬚亦信於刺史水母藉以鯆行蝣蛣猶然多子更喜蟳實芬香之醬蚶為蚝潔之鈎蝦枯鵝循水殿龍頭投泥而跳跳蹙而鰍田虱與石鱗相為攬攖土筍而金扁各適浮沈俱侑鵝豚鵝鳴不時燕會網繆爰有嘉魚洵美且都寄素書之鯉和羹膾之鱸銀梭夾啄而鰣鰻尺乎昏而鰱鰨則鱗文縱綿綸則星點聯珠清潤者鰍肥甘者鯰松有青黃而色可辨竹白銀抹而義自吞黃梅與黃瓜不類白帶與浮帶亦殊鱗有異形其大者為鮀為牛為水為缸身其小為黃為花

為鼻為鴛為鐵腸可析而銀鏤蒸有多種其大者為青為糊為帽為桐為烏翼為長䰇為犁頭為蜞蝗為龍鳳為貓頭而小為双髻為夫尾翅皆蔓而金絲白力黃山掩豆而足土甲春冰每食無餘鞋底比趁鮑其口鈌其膚旅小子號丈姑準身似蜆味旨狀頭臨凍膏腹青鰻風之作脯螢龍炮之為酥土膾金膾体黔稍敵黃蠟斗底囘骨相符曰馬曰豚曰猪鯿魚重雞鈎石海鰍大越舶鱷刺鰣畫臍祇充貽腭蛾松赤鯆詎入膳貲毋論鮎鰐䲓鰷之雜遝鰻鱸鯷鰛之參差即白雀青鱗以及蕘鼓豆青蝼蝠與小娘龍女而至卑錢海濠沙校皆蠡群醜類難以悉數矣追夫春暮其至以時彤髻巨口腯尾豐腹鱗比次而熠燿皮潤澤而凝脂雖多骨之足

恨惟烹飪之適宜蓋風信美亦山海稱奇也歟哉亂曰有異人兮探奇蹟望蓬萊兮叩石室指扶桑兮嗜嗜鳳鳴鷺溟渤兮砼砼鰲極燃犀兮水怪愁書草兮山妖泣馮夷屏息兮江姬婆娑靈胥懷柔兮陽侯辟辟易採神芝於峭壁兮掇異草於懸崖渺六合於一杯兮等滄桑於噓吸願言海不揚波兮越裳重譯光嶽凝醇兮文明洞闢鼓鯤化以挾秋濤兮聳春桃以鼓鬣騎箕尾而沛甘霖兮利濟川之舟楫

梅花雪洞賦

余夏日晝捲攜梧而溟夢遊一大宇闢户履庭扱撼入室有榜其額曰雪洞閒白駒絕隙遊蒙輕盈清涼幽敞虛白精晶瑩光蒸日

皓色凝神以為雪耶火烏燄熾雪奚宜並謂非雪也耶珪輝玉碎可意觸氣少進而前見一道人倚倚然巾華洋之巾衣鶴氅之衣正襟默坐顧予而嬉余揖而進曰未雪何雪不山何洞曰雪曰洞曷取而云道人曰非雪之雪其為雪也溫融不洞之洞其為洞也深通此上帝之所以與我會衆理之宅宰萬物之君故精一湛寂毋染塵氛非子之清真韻宇飄然不群未能探斯門而窺此乾坤肆茲雪洞維子之宮雪洞之趣維子之同曷不謝世事之紛綸恬與我而相從洞空中之扃鑰玩八方之鴻濛樂夾壚以漫衍寄太宇而長終余遽然而寤亦未卜其占之何居也越伏日苦暑徙其讀書處於梅倉之前所適見地位微涼窗壁清穆神遊觀遇宛然

在目是日之寢假寐間忽見昨之道人顧予曰疇昔之入室而揖予者非子也耶予所謂維子同者非茲所也耶予今於茲也不徒怡形神杜塵俗且寥廓大觀鑪錘渣滓植節義於歲寒漫遊於氣母推擢磨之靈光俾共刮乎舊污無間玄同曠然物與則程門雪白鹿洞不必問在何處也余俄而覺遂以雪洞名茲所因起吹藜索筆而賦

復梅花埕記

王運昌 縣令

距縣東北五十里有梅花漙福唐之一大巨鎮也三面濱海惟南則爲山舊有城明洪武間江夏侯周德興奉命所造名曰梅花城中少耕種居民六百餘户資海利爲生者十居八九焉乾隆甲辰之春余來蒞茲土越明年廢墜漸舉獄訟稍息獨梅花蟶埕訐訟積數十年弗得理究厥所由毋以小民爭利而已余心憫之曰是無以歸斷之不可因畧地往觀焉總其西南延袤一帶地盡泥埕水衝沙壓荒廢若已久者父老指以告予曰此即所謂梅花埕也潮湧則成巨浸潮退吾梅之民共於此爭蛤蝦螺蚌之屬以給衣食今五百餘年矣厥後外鄉之豪强者因利而奪之夫以天地自然之美利私爲己有幾使數百年千萬人托命之原一旦頓絶嗚呼此何怪民之紛紛而籲諸官也且夫民之所以得安土者不至失所者賴有業以世守之也今梅民既無恒所産藉以謀朝夕保室家者惟此而已若并無之其何以堪況復頻年雀角訇訇公庭飽

廿七

蠹胥而未有已也不亦重可哀哉昔人有云縣猶一家今則家之長弗能爲之所令滋愧矣於是訊其地得隸梅花然久廢棄民民資重整衆請諸官余爲詳憲俾官捐資以修復民出身以力作種蟶苗蒔課蕪行編户之法令十户立甲長一人照甲分段給種其或有逃亡遷徙者互相舉報更名接種如此則梅民各有常業外強不得侵佔利無所爭訟得以息而天地自然之美千萬人托命之原皆可以一旦而復豈非一舉而衆善備耶詳上 列憲各如請迺於是歲十二月水涸殆盡興工築堤閘港以固埕基歷三閱月蕆事所復埕東自梅花城起至西浪頭嶼山止積埕地一千五十丈南自文草洲北至海水潮汐之處丈數如橫得十之一有奇造小舟二以資往來防護者至所費全未動官帑故不書

廿八

復梅花埕詩四十韻

前人

福唐地濱海民俗志爭饒逐末射蠅利動輒喧呶呶況復關性命利賴安民巢豈可不賦一損使相混淆一閧市得平吏亦解其嘲我聞梅花漙江水清且膠在昔周侯日奉旨築城坳居民七百户户户撈魚鮫衝潮網競撒駕浪艙爭拋蜃蛤雜鯤鱗介族分充庖民生日以厚悍族無咆虓何來倔强者罔利張長罺視地之赤子輕若同浮泡我來蒞赤土鋤梗重嘆咻天地有一体物與民吾胞梅民少恒産惟資以溪毛所惜歲月遠崩沙走風濤障堤湮復没潰敗非一遭水勢轉更急土性而已磽大官不省督小民敢辭勞

不日登彼岸復賜鼓我鼙埕基屹若立量地東南多編户設良法保甲存斯鈔庶無松牙角而有利桴樸篤棃感我德蝟頌將馬逃鞭右大海側勒珉平江嵺男女别進立迎我梅之郊扶輪盡蒼赤跨竹逮聿蠏梅城何戴業遵兀哭函崝登高憑眺遠眼眶壺輿嶠琉球青一髮指顧滄溟遥下視浪頭鼻西控塞其窮文艸洲近杷沙陂高不敷蟶埕亘若塊下種量斗筲秋成比禾黍墉櫛亦非鼓任負蹤沙堵蓮戴紛舟艘方慶安瀾日溟渤潛龍蛟物產既於物土風殊可教振衣一長嘯海天風飃飃願共梅花道相安勿即慆

初夏至梅花灣即事四首　前人

萬山重疊鎖蒼烟一片孤城鎮海堧碧浪揚帆晴户户錦鱗收釣

艽

夜船船居人已與風濤狎儺壤惟應雨露偏寄語吾民安本業氣和容易得豐年

幾回攬轡此行行撫景關心百感生山芋江鮮充晚食竹籬蓬户發書声染人遠愧丹青手臨水長懷保障情敢視一鄉同斗大嘐咻何討答昇平

浩浩春原漠漠沙斜陽深處是民家堪嗟風急雲成絮鏇窟潮來浪作花土瘠有人敦孝弟田塢何地種桑麻蕭條正恐哀鴻集撫字心勞不敢誇

蒼茫獨立嘆無樢墮奚從教此日收千頃烟波搜舊蹟百年心事莫荒洲貞珉欲並山川永長策還為父老籌元氣初培須珍惜非

閱覽勝久淹留

詠梅花城詩　王元麟拔貢

海濱保障列千家地接長江物色華日掛馬籌山似畫風梳螺髻浪生花漁村一帶全臨水雉堞三方半掩沙想是太平為日久不教鞏固到天涯

梅花八景　池春雷里人增生

黃潭鼓浪

蛟龍得志共騰騫百尺曾驚浪接天比日空潭尚飛舞直翻瀛海浪三千

螺洞聽濤

罕

金梭玉杵妝鯤宮雷電招呼入洞中一自湘妃作螺女千秋波浪吼長空

石壁垂綸

如刃就削島千尋俯視空潭百尺深莫訝奥龍眠未醒持竿有客到孫峚

水門肆棹

千秋萬艇盡茫然薄暮棲遲共一川到處生涯到處客一篙還厭起炊煙

嵩嶺農歌

數族人家數頃田犁雲鋤雨亦耕烟閑情吹徹無腔笛一抹斜陽

声滿天

沙邸流火

山形隐隐水悠悠月自横空水自流最爱昧燈明几点長隨星月伴沙洲

草洲人跡

蘆花蓼葉影迷離群雁高飛太乙池剩有晚霜深淺地数行展齒印沙陂

蓬島仙踪

三神山上客乘風此地何緣界與通自是仙家無浪跡得經遊處景能工

卌

咏七星源　　劉敦宴

蒼茫巨海不揚波中有甘泉一勺多活潑源頭流滾滾夜疑星斗落天河

前題　　孫雲錦邑庠生

北斗珠連列九天于今相聚水之巔潮手屈指觀瀾處点点渾如斗宿纏

前題　　吳韞玉

江涯几處水盈科不作濤兮不作波此地儼同星宿海源頭本是出天河

梅花鄉約所忠賢祠碑記

凡物之成有数存焉雖曰人事豈非天命哉梅地舊隸吳航遊濱保障前明洪武十年江夏侯周德興造城今尚千把輪守民居稠密户口日增何其庶也然大族凌凌而小姓未属無以督率之難免衆暴强欺弱旁觀者敢怒而不敢言澆風伊於胡底前鄉衿吳國棨思挽頹風欲講鄉約弗果豈勢未可為歟抑時將有待也於是豪右恃蠻間有流延吞噬不盡於鄉竟無顧忌鄉党自好者鄙之爰集衿耆定議遂將澳内四十餘姓編成十甲户計七百有餘選举甲董因造煙冊僉呈在案捐壯鳩金共壹陸百兩有奇在新城内購地前建鄉約所後建忠賢祠中祀四十二姓元祖神位左奉高　鴻儒首曾公諱参以下東列二十有一位依德行右奉精

卌一

忠名宦首傅公諱　說以下西列二十有一位依朝代镌其額曰忠賢祠前顏之曰鄉約所戊子七月望後興工閱五個月告竣凡土木石工費但取堅樸期久遠非敢謂壯觀瞻也每月朔望齊集衿耆甲董講解

聖諭廣訓兼説鄉規及雜書因果之報明白曉暢令甲内子弟從旁觀聽知敬老尊賢恪守憲典型仁講讓里者淳風則向之敢怒不敢言者今皆得辨是非剖曲直據理折服而不復論衆寡强弱矣邑侯王公諱履謙印冊示勉教諭陳公諱元機給扁昭其果義舉之可嘉手越来秋宰猪羊備酒醴開祭忠賢元祖告厥成功户給胙肉凡衿耆甲董併各族長及年七十者分胙有差六十以上

者亦得與宴其鄉長即一族之族長也其甲長即一族之房長也另舉澚甲今其不時稽查事皆有所統率誰非異姓而可聯爲一体歟當時倡其事者余同衿士孫雲錦劉占梅吳樞玉蔡光治劉敦宴鄉甲長孫丈霖胡而星黄其國張道華董事孫文昭吳成泰沚大康等備勒諸石餘不具贅所賴士爲四民之首有以感之而應之自速由是甲董欣欣然供膏火備賞格一月兩課俾先進後輩互相觀摩他日者吾梅中有登賢書宴瓊林咸相慶曰此調鼎奇才也天荒可破天必不以是肇其基和羹書院之名所由昉也斯固人之所爲實則天之所造猗歟盛哉後之君子入祠講約踵而行之毋怠毋荒永遵可久期共凜王陳二公之盛德並無負於耆

於鄉也久矣嘉慶間鄉衿吳國榮吳士英欲講其約後不果行至道光七年鄉衿土池春雷等見末俗之諭在巨族尤甚爰集耆老遴選董事議於城内構鄉約所立忠賢祠七月既望與鄉人落成之每朔望肅整衣冠齊集其所敬奉

聖諭講說以教鄉閭爰立規條其條目井然父老畢集昭其孝也長幼有序昭其悌也租稅早完昭其忠也小忿不爭昭其讓也士田有立昭其文也總計二十二条無非体制

聖天子廣訓之至意以切其提撕而凡鄰鄉人家莫不起敬者於堂廡之下由是四十餘姓祖宗各有忠賢共享千秋俎豆千餘家子弟咸知礼讓不見其譸張尔時教諭陳君勸立鄉約所特立匾額縣主王君履謙嘉尚其志爲給印冊於是都人士咸稱上之人與下之人果能相與有成也古聖王教鄉之法設以鄉老鄉吏鄉師鄉大夫鄉三物鄉八刑且鄉射以觀民志鄉飲酒以興民行其法載在周官而不意梅花鄉約所尚体其遺意以留示於比閭族党閭也此識海濱鄒魯而隣里之人爭訟相尚聞梅花斯舉其示可取爲法後之人士亦將有感於斯文甲董之初心庶可俾鄉約所忠賢祠之長留不朽也夫

鄉約所碑文

粤自虞廷設教特明九族之親周禮建官爰重大鄉之制古帝王化民成俗未有不於鄉立其法度而天下後世所當奉以爲法者也梅花在長邑居廿四都之末有千户所之雄地逼海濱人多雜處前明洪武十年令江夏侯周德興造成保障嗣後莆田朱御史淛公作梅花詩詹縣令萊公作梅花詩邑人高棟與王恭作梅花謠王穎如王自闓作梅花八景及梅花賦前人名作如林叙風景之幽風俗之茂猗歟休哉何道之隆歟越至於今大凌小衆欺寡强侵弱爭競不休積風日甚故老鮮有能導之者蓋約法之不講

〔康熙〕安海志九卷

〔清〕佚名纂

〔康熙〕《安海志》九卷，纂者不詳。安海在福建晋江八都濱海，古名灣海，唐安金藏之後安連濟徙居於此，因易「灣」爲「安」。宋爲安海市，明爲安平鎮，係宋元時期重要貿易港口。是志九卷，首記地理、沿革及山川潮汐。次地里志，記城池。次封域志，記士風民俗、都里、鎮市、水利、橋渡、渡、園池。次户籍志。次物類志，羅列菓品、園蔬、山茹、嘉樹、叢竹、鳥獸、獵具、蟲魚、漁具、鹽、酒、醋、糖、蜜、茶、綿布、苧、瓷器、草席、藍澱、油、燒火柴等。次公署志，記駐鎮館、巡檢司、公館、預備倉、石井書院。次選舉志，記歲貢、鄉舉、進士、武舉人、武進士、封廕、學校。次人物志，記名宦政績、鄉賢、文苑、德行、孝友、隱逸、同胞三人瑞、烈節。次詩文。凡所記述，皆詳爲臚舉，務求盡備。。據福建省圖書館藏抄本影印。

安海誌卷之一

安平城註①②

縣誌載在八都瀕海人煙輳集古名灣海唐安金藏之後連濟徙居於此因易灣為安宋為安海市（東曰舊市西曰新市）客舟自海到者州遣吏榷稅於此號石井津建炎四年創石井鎮以廸功郎任之紹興二十六年海寇奄至鎮官方壐築土城壘石為門備之註③

明為安平鎮嘉禎三十七年倭入寇知府熊汝達檄知縣盧仲佃築城及半賊猝至燔掠而去邑紳柯實卿拆東安橋石築成之周一千二十七丈高一丈三尺為門四各有楼列窩舍設水閘八每歲遣千户一員或縣佐一員與民防守仍撥民兵二十名協守註④

註①：安海舊城

安海舊城一名盧侯城宋紹興二十六年鎮官方壐築土城壘石為五門明嘉三十六年丁巳倭寇知縣盧仲佃議築城及半賊至民不能守燔掠而去鎮人知府柯實卿自築石城一百丈又拆東

橋石築之城乃完周圍一千二十七丈二尺厚如之垛三千有奇門楼四窩鋪二十八水閘八城濠濶三尺深一丈五尺分為四門東在后庫山西在靖西境城上宮北在拱北亭前南在西塔前四十五年郡守熊北潭大修之乃固隆慶元年郡守萬慶增建敌楼二大清順治十一年鄭芝龍弟鄭鴻逵拆安海城築白沙東石寨計安海城經始於嘉靖三十六年丁巳十月十六日卯時毀于順治十二年乙未四月二十六日丑時始終計九十有九年高元賓有盧侯城記

註②：盧侯城

按安海為都會之地而每有興廢者以衆民聚居而無城郭溝池為捍衛也故自土城廢後山海之寇頻肆刼掠民雖富庶世罕寧居嘉靖間幸東陽盧公仲佃來尹是邦行部到都詢故事因知宿捆惕然傷之乃留心造福為吾鄉圖永賴之計請築石城以安全之但興作重役不能無生得失君門萬里當日且以聞飛語譴公者公竟為吾鄉造福故去寬哉去後百姓思公洪恩罔極共圖報公陳其德政有錄矣謂不足以揚其休寄其祝尸有詞矣謂不

足以償其德士民僉議乃以其城扁曰盧侯城使後人顧而思之曰安海之永有安平皆公之賜也又祝曰公之厚膺福報當與此城相為无窮哉

公既陞任去後鄉人共奉碑文册葉詣而頌之公詠詩以别云有客来海上贈我瓊瑤篇徂道往年事未了淚潸然當此九九月餞别秦溪前慇懃問父老兩載隔壓烟山空雲自斷酒盡意綿綿分手憶此際再面知何緣問説城守足遠地改愁顏勉旗晶子弟同樂太平年安平城八字丁巳辛亥乙未己卯築於嘉靖丁巳年

安海志　卷之一　三

十月十六日卯時至順治乙未年四月廿八日丑時折

註㈢：鎮旁有亭巍然臨流對洋群峰秀麗環繞于前扁曰雙明亭

註㈣：林希元記

山川潮汐

安海山脉自南安三十五都臺光山分支北行四里許而為楮公山稍轉東為六都馬鞍山由馬鞍山東行三里為內坑山由內坑稍南為熊嶺頂有庵直南四里為七都錢坡循錢坡而南二里為曹店迤邐而行三里許則為安海然山有護從由熊嶺而東有靈源華表高州從靈源東行為傳林山青石山獅子山妙峰山岱山桂林為安海之左拱其西有五峰一片瓦臺光山雄山覆鼎白鶴鴻漸象陷山而入於海為安海之右臂又有象遠照所及如紫

安海志　卷之一　四

帽朋山皆晋南所屬其前后左右相為照映若一家然亦安平之奇觀也水則由東而下自甘坂內市浦邊趨東埭而下西自古田曹庄西安趨西埭灌田數千畝外作二陡門以洩水勢并今安海港朝宗於海此安海之內局也其西南諸水則自九溪由大盈橋而出溪尾水陸注于海與晋江諸水會於海門此則安海外局之形勢也南石井江由海門轉曲而入安海以通南北之商船此則安海之要樞也地之正脉由曹店至龍山寺南行一里為今城之北門外入安平則起山頭于高家祖祠後名曰鷓哥山嗣後裔孫

祠後座而盡于山至鰲尾塔十字街是稱貴戚者高惠連之族稱長者黃護之居稱祖居者安連濟與李為承務郎李欽第及葉家者俱是正派後連濟移居西安

雙陽山在泉郡北山之右員淨卓立上凌雲霄仍晉江南安交界之山堪輿家以為二邑文一生之峯亦安海西北遠照之所及

紫帽山在晉江三十三都去府城西五里許舊傳常有紫雲覆其顛其秀靈載在郡誌此特為北維之秀故記之

眉註 ①②

靈源山在五都去安海東北八里山頂大而平曰太平山形如

安海志　卷之一　五

飛鵬又曰大鵬山西北之麓有吳明宮舊傳國初里人吳夢舍讀書於此夢舍有妹曰明者居此有奇靈故里人奉之為神嘉禎三年督學邵銳以淫祠毀之山高出于東北諸山上有石曰望江石登眺其上北盡郡境內諸山歷歷可數南望大海浯江海門如在目下絕頂有靈源室旁有讀書室宋林知舊阬林知築烟浦埭及六斗門者十二都馬棚人也絕頂之上有紫雲室相傳有紫雲覆其上其地四時花木陰映註③

眉註 ③

華表山在靈源山東北峯角立如華表然其勢高絕秀聳山麓嘗產芝亦有芝瑞

高州山在靈源華表之間尖秀聳拔與府城相對故曰高州山

青石山在縣九都距靈源三里許

獅山在赤石之南二山形相似相逐而行一名傳林山

妙峯山在　都傳林山之南

岱山在妙峰山南山徽轉東上有大石夜發毫光有高僧鐫石佛三身高三丈餘門逕幽邃寺屋儼然主事高僧同一人上樑時與江東橋同日上樑曰石佛寺今寺毀而石佛依然與天地同倚

安海志　卷之一　六

藉既鐫此佛然西北有大盤又發毫光有宋王梅溪為泉州守乃鐫泉南佛國四大字於上而毫光遂息每字高六尺以上四山為安海左臂之山山上寺廢於癸卯年重建註⑦

五峰山在南安三十五都上有石室蓋頂之石方廣十余丈號一片瓦其北有覺海岩更幽邃亦石室山泉引行而至獅子岩靈岩俱有大石高嵌西南半里許有白雲岩盤石中虛如室又半里有小身岩石室天成室之內外石佛八九身以上數岩俱有勝概然皆廢惟覺海在一片瓦近有僧再建

雄山在南安三十八都其山高大雄峙上有飛瓦岩相傳昔有高僧来遊於此因山伐木但患山高運瓦之難積瓦山下誑欲作法可以成屋不用工師卜日已定遠近往觀者數千人僧偽倩人將瓦運上俾吾速作法爭為挑運頃刻而盡僧笑曰吾飛瓦只如此

記載事涉怪異者類此也又聞之將泥屋之時諸工雲集其僧以兩手運瓦飛投足應數人之接亦奇矣哉

覆鼎山在南安四十一都以形似名堪輿家為泉州之財帛星也曰覆釜　八十里天下財帛玉又名鶴頂山山近同安之界

白鶴山在南安四十一都大門内即鶴嶺山是也

壺公山在南安三十六都形似倒壺故名亦曰毫光山乃安海之祖宗山也上有天竺寺門徑最妙先祿少卿伍鏜讀書其上⑧註

雞著山在南安三十九都相傳昔有金雞飛止其上至暮飛去故名又其山不甚高聳四面貞淨如鷄籠又名雞籠山在安海對山備十景之一曰雞峰聳翠

鴻漸山在南安四十五都為同安南安兩縣之界其麓多産黄菊花又名黄菊山如弘農之有菊水也宋時有泊泉菴泉出石罅

安海志　卷之一　七

祈雨多應山腰有石窟深六尺廣二丈又三尖列聳如筆架山安海南面案山也高聳秀麗蒼翠可挹又如鴻欲飛之勢故又名鴻漸山亦是安海之外重案

⑨眉註

楊子山在南安四十三都樟門大圭二鄉在其麓頭𣪠向海為安海貴山之旗山堪輿家以黄漸山為貴山左有覆鼎為鼓右有楊子為旗乃為安海之貴山楊山亦為　馬山在南方

⑩⑪眉註

象陷山在南安四十三都勢奔入海如伏象又名伏象山南奔至海者以上諸山皆安海之右臂山也

安海志　卷之一　八

安海之水隨山而行其西水自南安柏峰山委折而為九溪滙於龍潭迤東至大盈橋又東達安平橋出東石灣以歸於海此安海之外局水也安海之東西内外水俱從九溪来惟海水從大海入東石灣潮汐而至于安海港詳見形勝

大海浸于東南達東石灣入海門至於安海港其潮候則泉之諸港灣去流有遠近納潮有緩急其納潮之處洛陽江安海港緩海潮三刻浯江筍江東西溪又緩三刻金溪又緩一刻雙溪又緩一刻此諸潮先後之大略也近接居民以指掌匝十二時仍以長

半滿汐半竭六字順推亦準若潮有尖候因　而遲速尚當按刻為正

初一十六辰戌中　初二十七巳亥初
初三十八巳亥中　初四十九巳亥尾
初五二十子午初　初六廿一子午末
初七廿二丑未初　初八廿三丑未中
初九廿四丑未末　初十廿五寅申初
十一廿六寅申中　十二廿七卯酉初
十三廿八卯酉中　十四廿九卯酉末
十五卅日辰戌初

諺推

初二十六半年寅鏶　初三十八午
初九廿三賠水没人担　初十廿五早滿暗滿
初三廿八雞啼拔

初一辰中　初二巳初　初三巳中　初四巳末

初五午初　初六午末　初七丑初　初八丑中
初九丑末　初十寅初　十一寅中　十二卯初
十三卯中　十四卯末　十五辰初
十六戌中　十七亥初　十八亥中　十九亥末
二十午初　廿一午末　廿二未初　廿三未中
廿四未末　廿五申初　廿六申中　廿七酉初
廿八酉中　廿九卯末　三十辰初

眉註①：靈源唐時道士蔡明濬居之一名吴山又名吴明山雄跨四里許高出東南諸山

眉註②：王翰詠詩云旭日照高嶺天風震遠林不因滄海色那識白雲心瑶樹吞香满珠林積翠深坐来明月上何處起潮音

眉註③：蘇濬詠詩云丹崖兀室倚雲孤一徑迂迴萬壑殊有客入門苔不掃無僧説法鳥相呼胸吞渤海栖三島手拍浮邱倒百壺夜静鐘聲醒客梦天花渺渺出仙都

眉註④：華表山在五都距城南四十里山頂巨石聳立如劍

戟然故名又云雙峰角立如華表然麓有草菴元時建祀摩尼佛菴后有萬石峰有玉泉有雲梯百級諸題刻

眉註⑤：岱山在妙峰山之南上有大石常發毫光有聖僧鐫石佛三身高三丈餘左右二身鐫不成建大殿以祀之上樑時與漳州江東橋同時架橋樑相去二百余里主事僧同一人架樑同一時故云聖僧既建石佛寺寺之西北又有大石屢發毫光宋王梅溪先生為郡守大書泉南佛國四字每字高六尺鐫其上又上圓石一硃中書寶藏二字鐫工自是毫光不復發按華表高州獅

安海志　卷之一　十一

山岱山此四山實為安海緣東之右臂岱山石佛寺嘉靖間燬於兵至萬曆卅一年重建寺內石壁有僧鐫心字一點放在下題云放下全無事提起千萬端此語不惟佛門警偈亦可書之座右

黃菊山題石佛寺聯：寂寞空門不貪金色相
慈悲菩薩原是石肝腸

眉註⑥：康熙間邑人吳英建寺近地為青石山上有塔宋淳祐府誌云青石山巨石峙平野廣袤數里高十數丈民遇抗旱即其頂禱雨

註⑦：清光緒間泉州府李增霨亦書嵩嶽降神四字於石上

註⑧：山陰有虎岡是曾魯公祖塚名曰翻天馬蹄名塚也有張方平神道碑

眉註⑨：楊子山結源清圳常流有寺名清水岩舊傳楊進士讀書處呂大圭亦讀書其中又云楊肅常登是山楊子峰亦名款髻山迤石峰石矗立東有石室西有龍泉下為峰口庙祀神失姓名相傳避亂官人居此有二仙度之有溜馬石界一白痕遊者藉坐松楸為戲溜意直則得雄偏則得雌每以是驗在南安四十三

安海志　卷之一　十二

都山巔稍款故名款髻山上有石泉流下又名眼淚山與安海相對故安海人多久客于外妻常款髻流淚皆因此山之所向也

眉註⑩：象陷山縣誌載在華表山北數里其勢雄大舊傳有象害人唐末南安陳姓者坎地陷之故名山有靈泉菴一作龍泉岩石資岩蔡如金尊師書藏符印于山頂

眉註⑪：天豐山與雞幕山相近下臨大溪又名太湖山清朝有歐陽秋者詹后也居山下作獨善山房蔡文莊為記稱秋孝友善教推餘貧乏大為士論所歸出西為朴鄉村寂侍郎呂大圭居

焉以呂公又名東山萬歷中其裔孫宗瑞築七級浮屠于山巔

安海志卷之二

地里誌

城池註①

漢初内附唐尚荒遠文事未修紀籍無考但安海舊名灣海以其有九曲湾也開寶間安金藏之孫連濟徙居於此改名安海今自宋元言之先世相傳民居俱在市中高惠連祠后尚起一山名鷓哥山族在山下而今玄壇宮邊係古墟墓故人家尚有山頭基前之稱市東溪頭陳厝屋基下猶餘古墳市西菅叢下坂坑舊名

尚存則四面皆野壙土壟一海漄村落耳無城郭之固故海盜時至其鄉刦掠紹興間有鎮官註②萬姓者糾民循東邊築土城累石為門五以備之南為石泉門在西橋頭塔前内有超然亭我明嘉靖丁巳歲以築今廢為城墻北門在拱北亭外後豪家蓋店廢之東門在后廟口今尚呼為東門内西門舊在城上宮直下龔家故有西門内龔家之稱又有一門在古東岳西今尚在城瀕海南望海門十里許通天下商船賈胡與居民互市鎮曰石井鎮其分都則里則里名修仁鄉曰開建統圖有四漸為佳麗勝地矣其后屬李

宋之乱景炎之末奸民挾漳賊而入其鄉殺掠大盛城因圮廢迨
元入職朝治屬晋江因依舊都名八班四十廢鎮官而有老人掌
勸懲之政其后生齒繁而文物盛產籍多而賦稅足為晋江之上
都也鄉邑視為富饒官府賴其急辦而盜賊亦緣此而流涎故廣
賊入者二海寇涎望者屢但阻於港汊之險難於兵艦之用耳然
而居民或一歲而春秋汛或一日而四五驚者有矣嘉靖之末乃
眉注③東陽盧公以本縣父母垂慈憐而發政閭里貴官以膦鄉狡官生
伎求以成謀父母有愛子之真心而彼以愛兄之道來誠信而喜

之不虞有他計也乃于三十六年丁巳卜日運五十之工驅海東
之石以成建功未及半而柯官因取栢木為基被鄉惡頻欽毆死
戊午四月宦僕挾倭以来報宦仇焚其屍火其廬禍延居民其歲
城亦卒成之己未年兩大城圮倭奴大至自是六七年間漳賊倭
賊流禍不已城隨圮隨修四十五年丙寅知府熊北潭而大修之
城始完固鄉人建二公祠以祀之立二公石以紀之城長一千三
百六十丈堞三千有奇門樓四窩鋪連城樓若干注④是城也始謀雖
生枝求人多恨之今蒙護衛之安人又思之恨去愈遠而思來愈

長也噫公其無憾矣
西河溝在文公祠前直巷廣深不知通海水小舟得至院前西
旁餘地今為富民侵佔盖屋填溝塞將平自寺前直南至後山土
地宮前西折出柯厝巷南經潭頭橋繳轉東南注相公宮西流未
至西宮而入于海今名尚云西河溝
壕旋繞周輔於城濶二丈深一丈五尺壕未兩旁俱通埭地高
無水居民守兵以為菜園南城西海目窮處海門也潮一日夜兩
次起落港底水盡如船入必乘潮頭初動時即隨潮而入至波平

方得到岸去必潮大平時即轉船頭亦隨汐漸出汐盡得到海門
若稍緩則兩頭俱不得到必須停流盖港汊九曲灣繳不由道必
閣淺敗船此海寇不得到岸一也石井東石安海之二巨鰲兩邊
到海如此内寬外窄春秋二汛則海上汛船如麻收汛則捕盜船
亦多如寇一入則兵船把汊口一盗不能脫此海寇不能到城二
也自古海寇何止百千至傑黠勢大如温文進豈曾不垂涎安海
亦不敢窺其門墻者以此二險也此固天塹百二之險不能過也
東西二埭水澤泥淖東埭到東門以上接皇恩坑西埭到西門

以上接坳埔坑是皆易防守所可慮者東北一隅耳守城者須用
力於此自古有賊至安海者按高譜宋景炎之世天下大亂奸民
挾漳賊二　而入獲進士高大章以去自后至我朝正德二年丁
卯十月十三廣賊遠襲摽掠甚慘五年庚午十月廿四廣賊又一
至皆山寇也直至嘉靖三十七年戊午四月初三倭寇由海而来
然皆從他處棄船登陸行有十里而后至安海非直抵也故不棄
船望岸徒步之慮

東埭未堰海潮可至后庫坑故名下河乾后瀕海築埭内墾為
田遂有后庫田乾之稱今陳家居於后庫鄭家居於田乾因地名
稱其家今田腴禾秋乃廢田為園種菜殖利倍於收租下滙為高
家洗馬河今填塞将平而舊迹猶在下坂坑昔馬咸賴未堰埭也
海水入下坂坑后築埭海水不入遂灌為田而東畔有一山名曰
後頭山其山有大松三株草木甚茂今鄭家居於其間稱其家為
石頭舍因宋有榜眼石起宗居是地也今仍舊下有一井名曰龍
泉井帶山氣水甚清洌雖旱不乾能以灌園之餘力供鄉人萬家旱

眉註④⑤

時之給柯氏亦族居於此故曰西柯下坂坑

註①：城池者以居公署衛民因地方存犄角故作城池誌

註②：洪少祿先生註：萬字應係方字

眉註③：明盧仲佃字汝田東陽人嘉靖丙辰進士知晉江縣
安平舊無城與鄉紳柯實卿経营新築深淈鳥導二巡司城垣墻
剝埭悉為繕完時倭寇猖獗軍興乏餉上司議弓兵加征洛橋置
官榷税再三申諮民甚德之調福安令去陳牒挽留者數千人立
祠三在縣東郭一在安平城又祀名宦今其祠已廢惟熊公於我
朝道光時與高馬周伍諸公並祀奎光閣東崇德祠

註④：二十八個及稍廣之立甲長副以居民配上中下户家
産有千者為工户出銀卅兩中下出銀廿兩柯官署肇自担一百
丈柯功頗不大哉官之死莫之記者何也後鄉紳御史蘇琰誌其
墓深為太息柯官死于嘉靖丁巳至崇禎甲戌八十有餘其孫胤
賢乃葬之

眉註⑤：嶺兜廟山自玄壇宫西直至廟内起嶺頭築庵於其
上曰嶺頭庙副使黄鑄請産蓋屋榜曰憲臺鑄之祖托居於庙子
孫因之族呼曰庙内今廢

眉註㊀：永高山自玄壇宮后直下至尚書高惠連祠后高築
祠於山下将山削平以為屋後今是處高其名猶存

封域誌

郡有郡之封域具於郡誌縣有縣之封域具於縣譜至於市鎮
都里亦有分都別里之職制安海隸晋江八都市鎮之大郡屬首
稱巨鄉作安海誌而特誌封域

東隣附城之皇恩至于内市浦邊塔兜頭巾舍丙舍西畲而接
九都

西隣附城之西安曾府跨曾埭洋而接乎曾埭七都

西北隣附城之坵埔顏家而接于七都之曹店坑邊侯厝古田

北隣附城之坑㘵註①過柑坂洋而之庵前柑坂西門吳山湖池頭
許安林尾蓮山美接于靈源之靈水五都

南壼于海過海則為南安之三十九都眉註㊁

註①：音岬

眉註㊁：安平鋪明江夏侯於洪武二十年整理海域設立遞
鋪在西塔東北至郡六十里南至金門隔海八十里東至永寧衛
七十里西至康店驛十里今廢

士風民俗

士風民俗有淳漓於其間　漓以還淳亦觀風布治之大致故
誌之以為觀風者從違激勸之机焉

安海統治於縣為晋之八都縣附於府風氣禮俗大都與晋南
等按淳祐誌曰吾泉舊俗愛身畏法崇遜恥爭儒者篤於自修士
者安于逾轍亦所以言安海也安海瀕海山水之區土田稀少民
業儒商又経二朱先生過化是以科第之盛宋元于今商則襟帶
江湖足迹遍天下南海明珠越裳翡翠無所不有文身之地雕題

之國無所不到至於冠婚喪祭之事衣服器用之物悉從省儉惟其柔順不爭故稱佛國惟其文物之盛故稱海濱鄒魯惟其事從省約故圖經稱其俗尚儉朴迨我朝以來漸變野俗疾病尚鬼今易之以醫藥喪用浮屠今并之以祭大抵皆士大夫游宦中州觀尚使然

歲時伏臘之禮如元日之謁廟虔拜冬至之拜冬正月之入學清明之上墳定日之結婚姻大寒之啟攢開塚此人事之至大且重者富貴貧賤咸用都邑村落皆然若端午之送節除夕之送年誕日之致客親故兒女之上壽諱日之献帛酬酒時物之薦新此皆親故兒女思慕追切致殷勤不能已之情又若端午之結粽以懷古浴蘭湯飲蒲酒以却疾七夕之献巧菓以乞巧冬至之作粉圓以象陽度歲之寧康以祈祝除夕之守歲以致不忘舊功之情俱各有意義若元夕之張灯端午之競渡重九之登高中秋之賞月春令之禳災亦感時覽景騁目遣興即風雲之意至於里社賽神會則正月之上帝関公粧像遶境二月之觀音三月之帝君玄壇天妃五月之閻王八月之諸坊土地凡此誕辰演戲動至十余

台四月之浴佛中元之盂蘭盆會皆尤不經雖所當禁然假一端以頤養僧道亦世俗之所甚便者時未能變俗亦臘較之意也

都里

宋分鄉統里曰開建鄉修仁里元改為都國朝因之八都統四圖城內有十八境城外有十八村境曰鰲頭境朝真境市心境咸德境安平境仁壽境鰲山境鎮安境平易境桂林境皇恩境賢佐坊員通坊朗星坊聚奎坊水陸坊畫錦坊明義坊叢桂坊進德坊積慶坊拱北坊應奎坊新立則有雲山境源泉境陽明境靖西境西河境超然境東宮新進德境閔王廟前崇德境草堂池下新境西塔日昇皇恩石庭東境皇恩埭頭東境東石境西安一甲巷境

三甲巷太濟境西安尾境西安後境

村四畔附城東起皇恩西盡西安北有顏家垵埔南抵于海由皇恩而東通內市橋為內市橋兜浦邊頭巾厝西陸丙舍接九都由垵埔而北聯於七都轉東北為坑垵前山林柄後北過柑坂洋為庵前柑坂西門湖池頭許安蓮山美吳山而隣於五都共十八村屬八都修仁里而統乎開建鄉

鎮市

石井鎮在晉江東南六十里修仁里安海市安海本名灣海唐安金藏封代國公子孫襲封其孫連濟開寶中徙居此土易灣海為安海東曰舊市西曰新市南瀕海初客舟自海到官遣吏榷税於民號曰石井津建炎四年因新舊市競利相戕州請於朝乞差官監臨始於市寘石井鎮以廸功郎任良臣監兼烟火市民黃護捐己地建一廨紹興二十六年海盜淹至鎮官方始至鎮南備循北築土城疊石為門以備之鎮旁有亭巍然臨流群峯秀麗環繞

於前扁曰雙明里人高倬記至正間東西兩海灣築為埭田客舟不通監鎮遂廢乃移南安縣四十三都石井門巡檢司于鎮廨洪武二十年蒙江夏侯整理邊海城池因見本地不係衝要奏將本司徙移同安浯洲嶼改立陳坑巡檢司各在彼守禦本處

安海於宋全盛時東有新市西有舊市因競利而復設鎮市曰安海市鎮曰安海鎮今市徵處直街曲巷無往非貿易之店肆約有千餘座蓋四方射利者所必趨隨處成交惟直街為最盛鰲尾塔以上為魚肆肉机市下多錦綉棉布通年北門外山島野菽五

穀薯芋水蟲羽族凡百物皆朝萃於此迨午而去日日為墟也

安海誌卷之三

水利註①

東埭舊誌元至元間麥使築海為之上接舊內市承天寺埭水灌注後歸縣崇福寺報屬十都

舊海水入東洋至內市柑板商船至其鄉與居民互市後元至元間麥使堰海為埭築長堤以貳鹹淡周五里潤長不知抵九都宋埭蔡內以至內市庵前內分二埭一高處為內埭依山陽鹵為上腴田低處為外埭近斥鹵或久雨泛濫或狂濤嚙岸入而淹沒

遂廢不收故為下田此十年三收者收田者值年无崩潰水調自大獲全胜一或不造岸鹵入不惟田不粒而修岸之費累及前修人故避之水源短淺自古陵而下旁及山磯坑磵之流交會于古陵溪西流洪塘溪出水浸橋流甘棠橋而之柑坂溪由柑坂溪而入于埭又自洪塘分小支由西門坑循柑坂後小圳入于埭灌田四百石今在城魯旗陳家管安海俗競渡舊多在此埭設三斗門以洩水勢一在今南門外東畔過東岸頭今廢一在九都宋埭宮口一在九都庄頭宮前

眉註①

西埭舊海水亦入至七都橫晨橋抵南安界舊傳宋御史白承休築此埭謂之白使埭後廢有姓曾者修之因名曾埭宋紹興間洪水流潰郡檄晉江尉王悅同鄉人曾韋二家修築又名曾韋埭北有廟祀王悅今存在七都嗣而知府馬咸賴堰海為田於兩岸是為西埭在八都與曾韋埭合而為一水自柏峰山發源而来分為九派名曰九溪自九溪分支出黄口店聚龍潭達南瀛橋自南瀛橋分一小支流韋厝後圳出橫晨橋至曾埭而入于西埭備安海十景之一曰西疇春曉云周圍一千餘丈廣三丈深二丈灌田六百餘石斗門一在西橋西以洩水勢縣均役派陂首一名防守埭岸夏秋間山海暴漲者有陂首田二十石以為陂首工食舊誌曾韋埭古有之其岸周一千餘丈紹興年間洪水漂流晉江尉王悅修築灌田六百餘石根屬七都安海西埭至元間馬哈秣築海為之工接南安縣清化里陂人汪其岸與曾韋埭相接計二千一百餘丈後没官田一十頃零北有安田庙三靈店今各見存根屬八都註②

眉註①：西埭　明嘉靖乙丑年堤決知縣錢立誠修築之後

二十餘年崩塌又甚知縣譚啟所縣丞張泉斗重修（見伍鏜碑記）請順治丙申海勢遷界廢康熙廿三年甲子復界提督藍理於四十六年佔築後藍官罷雍正八年清丈藍業溢產內埭共產七頃五十畝餘乾隆五十九年山海交漲崩決知縣袁廷鰲勘詳此內埭興廢之大略也至於外埭一名外圍永豐埭與西埭隔岸雍正元年黄永豐築十三年黄伯啟韋長使給墾計田四百八十餘畝乾隆五十一年先內埭沖塌此外埭之大略也（進士伍鏜有修築海埭堤岸碑記）道光八年復築內埭不數年旋圮

註①：民生所係國賦所供最重事也可不誌乎

註②：邑侯啟所譚公修築海埭堤岸碑　　伍鏜

安海鎮南面大海西入南安九溪之流自宋以前海潮泛濫巨浸滔天潮退則為鹹鹵之區田畝未有也至曾韋氏始築海為埭而墾田其旁今七都曾埭是也嗣而郡守馬咸賴築外埭堤岸而田于兩堐今八都西埭是也於時田畝初墾三農力勤每值夏秋之交禾稻垂畝而香蘋玉荷泛渠浮水而綠民利賴之堤岸未有潰決之患也歲月既久洪水奔激海潮衝蕩岸上削薄雖有斗門

以洩其漲溢之勢然終不能捍其洶湧汨突而保其不崩頹也嘉
靖己丑堤決邑侯錢立齋修築之今綫二十餘年崩壞尤甚二鄉
之民播種既無輸納艱窘邑侯敬所公惻惻之蓋侯之志欲霖雨
蒼生欲陂塘有停瀦欲田疇有灌溉欲田間水道源委流濬而不
乾枯欲稼穡之民菌堆倉積而不稱貸惱惱然方以兩埭之堤岸
為憂既而承修築之命仍偕二尹斗泉張君遠臨吾堡率千水涯
閱歷斷岸計其高深廣濶度其工程難易詳其土名需費舒徐盻
睇之間兩岸之修築其无遺算矣乃以意授之斗泉君公忠愛有

素處置有方因田以會其財擇人以監其役温欵以呼號其民經
營之初郡工雲集填塹甃築窒塞杵捷衆皆争先以輸力其窪深
缺陷之處既已修補而七都之　八都之藏水閘工亦後先而
就岸長三千餘尺其高廣牢固能禦湍流能洩水勢可無砰湃衝
激之患矣侯之憫民賦納在心之仁也不辞遠勞而閱視長堤務
民之義也指顧之間而修築已無遺算識見之敏也故事不疑滯
而工無遲緩經始於仲春之初畢工於孟夏之終由是田畝復舊
不徒今日利及三農而惠澤之遠及三農之子孫不徒農得耕穫

而魚蝦之利及于網罟之利不徒近年免崩潰之憂而土石堅牢
數百載可無敗壞大矣哉侯之功乎其視東里之封域西門之鄴
郡同有功於生民當垂名於不朽矣然侯之在吾邑其可誦之政
豈特水利之一端耳吾觀其破俗吏格調追循吏風韻宣暢惠問
播揚休聲聽訟而寬於罪贖裕民而別議兵餉坊里無奉費之供
徵納有刋刻之條犴陛無顲天之囚案牘無刀筆之蠹工之人知
之稔矣以故陳海山公廵道何风野公因民以修築堤岸上請乃
以是属之從民意欲也侯承命能宣上意而協下情用民之財而

民不以為費民知其所費者有而所利者大也勞民之力而民不
以為疲民知其勞於今日而逸於後来也蠲逋負之財與役而民
不以為不均民知其煢獨之哀矜恤之慈也侯念財用不敷而助
以四十金見侯之視家處民事如處家事及西畢工乃補築東埭
堤岸又有四十金之助東西之田既無水患而安平堡垣亦免波
濤衝激侯之加惠洪功與斗泉君勞焦督役民無以為報因属余
文勒石以紀之欲後世人盻睇而知侯今日之功德也
潭侯名啟四川太甯人由壬戌進士任晋江知縣

張斗泉君名㦝江西南城人由監生任晋江縣丞
主簿李生芳麻城縣人

許塘庄田庄地
許塘在柑坂乃八都一圖七甲里班黄亨户下甲首張治仔户
灌注塘之上屋即治仔居屋塘四畔是其田也今户絶田被人占
没而塘荒廢無主竟為里班有力者上管占養魚
承天庄田在内市埭田界内市庵前之中在城顧家管
太平庄由亦承天寺田在庵前鄉林柄鄉後洋内陳蔡二家管
今文作民田
甘棠庄地在柑板西北臨溪一帶皆沙地搾蔗種蘿茯菜最胜
今庄内黄家管

橋渡 註①

安平橋

清源舊誌曰安平橋在修仁里石井鎮安海渡界晋江南安溪
相望六七里往來先以舟渡宋紹興八年僧祖派始為石橋鎮人
黄護與僧智淵各施錢萬緡為之倡功将半派與護没越十四載
未竟二十一年太守趙公令衿卒成之其長八百十有一丈一千
三百四步廣一丈六尺三步有奇疏為水道三百六十有二自為

記榜曰安平橋為亭五明年復有鎮人請于公曰鎮東南隅渡名
東洋其港深潤願復得橋公許之不半載而成長八百六十五步
分二百四十二間較安海橋分三之二有二亭趙公常至是橋有
詩云為問安平道驅車夜已分人家無犬吠門巷有爐薰月照新
耕地山收不断雲梅花迎我笑為報小東君
安平橋之東西中半凡為亭五後廢其二惟東西中三亭存耳
東為超然亭以祀觀音後火焚今以築城廢中為泗洲亭祀泗洲
佛於其中西在南安三十九都雞藉山下水陸坊國朝永樂甲申

里人黃韋重修天順三年梁圯蔡陽生修陳弘撰記成化己酉復圯里人蔡守輝劉耿等重修嘉靖辛卯壬辰間水囓埭岸知縣山陰錢梗命里人黃文器文鼎元景蔡克振等重修中亭作水汊萬曆二十九年間中亭歲久風雨壞圯二十九年辛丑西安里人顏嘉梧募緣重建人言天下之橋梁粧飾華美者多矣未有如是之長者註②③④

註①：子產以乘輿濟人於溱洧君子以為惠而不知為政故歲十一月徒杠成十二月輿梁成則橋渡亦為政之大務也故誌之

斗泉濟人利物之功甚博亦附於此

眉註①清康熙二十二年邑人施琅修五十一年施韜倡修雍正四年知府張無咎修乾隆　等又修舉人黃仕蔡有記嘉慶十三年丁卯郡守徐汝瀾倡修里人黃元濬倡捐二千兩舉人施繼源州同黃元禮重修縻金一萬有奇

眉註②：清順治十八年辛丑遷都水心亭又燬矣康熙二十二年施琅修二十三年甲子展界水心亭復建四十六年提督藍理築西埭以海土填水心亭兩旁濶有十丈長一里許築屋百餘間為市復折橋頭十餘坎以斷西塔路別於橋旁築土岸接三陡門以通新街市五十一年施韜募修里紳黃廷璧有記

註②：石井鎮安平橋記　趙令衿

瀕海之境海道以十數其最大者曰石井次曰萬安皆距　數十里而遠近南北官道所從出也皇祐中蒲陽蔡公始橋萬安碑其事而請於朝惟石井地居其中西溪尤大方舟而濟者曰千萬計颶風潮波無時不至船交水中進退不可失勢下顛漂墊相係自古以然大為民患爰有僧祖派始作新橋會派死不克竟余至

郡之初父老來謁曰新橋之不成蓋有所待今歲太和閭里無事而公實來事與時協且有前緒不可中廢請相與終之而不敢以煩吏使君幸德於我是得邦之賢士新吳化令黃逸為倡率僧惠勝謹潔而力實后先之經始之日八歲勸趨即石於山依村於麓費緡錢二萬有奇而公私無擾自紹興之辛未十一月越明年壬申十一月而畢榜曰安平橋其長八百十有一丈其廣一丈有六尺疏為水道者三百六十有二以欄楯為周防繩直砥平左右若一阬然玉路峌然金堤雄麗堅密工侔鬼神又因其餘材為東西

中五亭以休賓古今之殊勝東南所未有也涓是良辰屬賓落祭其上老壯會观眩駭呼舞車者徒者戴者負者往者来者祈ゝ舒ゝ無所濡壅日出霧除海風不揚島嶼瀠灣寂寞無聲空水蒼ゝ千里一色神怪靈幽波濤弭伏凫雁之群魚龍之族遡廻影隈翔翔上下眇視南山通望扶桑貝闕珠宮鴻濛可想恍如仙遊忽若羽化雖驅石東來游魚渡水不能絶也斯橋之作因衆志之和資樂輸之費一舉工集貽利千載是豈偶然也哉且乘輿濟人君子以為惠政郵梁不修古人訊其曠職守令之責固未有先於此者

也今國家安静文明武戢嶺海之陬仁皆無外令衿誤膺寄委假守是邦早夜以思惟懼弗稱其敢以此自為功乎亦因民之利而勉其所當為耳既而邦人又請鐫於石以示永久且作詩以係之其詩曰維泉大海瀕厥封餘波匯浸千里同石并兩間道所從坐令往來剜西東怒濤工潮續天風舟航下顛一瞬中孰鋭為力捄厥功偉哉能事有南公伐石為梁柳下扛工成若鬼麗且雄玉梁千尺天投虹直檻横欄翔虛空馬輿安行商旅通千秋控帶海若宮震驚蛟鼉駭魚龍圖　其事竟有終我今時成則图功刻詩涯涘紹無窮

宋朝散大夫權知泉州軍主管學事兼管内勸農事趙令衿撰并書

註③：重修安平橋記

安平橋者乃宋紹興宗室趙令衿攝郡作成之其南北兩涯及中間蓋五亭以便休息事悉前碑逮傾圮而當南涯溪潮之處毀斷尤甚鄉人以木版代跨以渡然勢危涯之一累經重建僅存餘皆倒滅過者病焉乃天順改元北涯耆民安國廣募緣人咸樂輸

遊先新水心亭次及橋道自北涯起傾者砌斷者續因復建亭于上是歲十月興工越三年己卯八月而訖橋亭次第一新成之日咸以為非斯耆德曷能復濟人之功如是哉謂宜記之以示永遠耆勸鄉人陳弘道遂記　耆民蔡陽生蔡遜諭伍嗣悅蔡四鄭勃治

註④：水心亭碑記

水心亭之勝由西橋已成旋而建之以便休息蓋宋紹興間郡大夫趙令衿實倡其事而黄逸黄護洎僧惠勝為之先后也嗣而

歲久傾頹迨天順三年陳弘嬀𢁁重修亭始絫然復新綿綿至一百二十六年有奇而日毁月損者五十餘年時有鄉先生柯實卿築城以捍其西黄伯善修橋以壯其趾蓋皆動念于茲俱以未逹而先即世凡東西肩者步者竭蹙而不獲一憩有目耆慈悲咸欲得首事之人而資之以修梧不揣躬執募緣之役先新水心亭次及橋道自是歲十一月興工越明年十一月工竣下宇前亭後厦庶几就緒梧因𢁁所欲為而為何敢自以為力但𢁁德難揚爰鐫於石至于丹艧而華麗焉則有望于後之君子云

募緣人顔嘉梧銀六十二兩　助緣人陳思遠銀三十兩　黄大紀塋　顔廷机柯奇選各銀五兩　共用銀二百二十兩并修橋九間

萬曆庚子年十一月十六日　募緣人顔嘉梧立

眉注 ③②①

東洋橋

安平橋成之明年衆人復請於郡守趙令衿建之不半載而成長六百六十餘丈廣一丈二尺餘東西二亭令衿自為記嘉靖丁巳歲邑侯盧公仲佃築安海里有柯宦以技求拆橋作東城基而橋始廢

舊志安平東橋紹興壬申十一月因安平橋成父老復請郡守趙令衿曰鎮東之隅渡名東洋其港深濶願復得橋趙公許之明年癸酉三月而成長八百六十五步分為二百四十二間東西二

亭趙公親至其橋題詠又宋漕西轉運使高惠連造磚塔於橋頭曰龍興塔左昭惠庙右慈濟宫昭惠大殿條祀翁鴦内左傍有東宫祀仁福王嘉靖間蔡宦之兄請產廢折晋江縣盧公督折歇在東宫適有東塔兇居民失一男一女連索三月不得涕哭来告之公公曰此乃無頭公案怎断得出祝之仁福王曰果有踪跡得知何人指示不爽當存寶宫奉祀不替至暮有東塔脚做餅者直来跪在佛前自招此女云九歲賈其弟三四歲在我店櫃中作檓餅卷一打立死恐女回報從而俱毆死仝裹之草包中付流水去

公即依律正罪立申詳存留東宮有審語是以仁福王得至今奉
祀皆賴之力也而慈濟宮四畔皆陳家人居而宮尚存有香花僧
奉祀註①

眉註①：東洋橋

縣誌載宋紹興間建長六百六十餘丈廣一丈二尺餘釃水二
百四十二道明嘉靖三十七年知縣盧仲佃折橋石造安平城後
廢國朝康熙五十一年施轎重建

眉註②：東橋名曰東洋橋宋紹興二十二年安平橋成二十

三年權泉州軍趙令衿偕進士臨漳戶椽史進建之不半載而成
長六百十餘丈廣一丈二尺分為二百四十二間東西二亭趙令
衿撰碑記明嘉靖三十六年倭冠頻擾急議築城保障里人知府
柯實卿乃折東橋石築城而橋廢焉

眉註③：清康熙五十一年施轎重建又發道光元年里人蔡
時紹周益共始合建而橋復與西橋同為八景之一曰雙橋跨
海

註①：東橋碑記　趙令衿

紹興二十二年冬十一月安平橋成十二月泉之父老復告于
曰東洋之渡海港深袤濟涉斷續凡三絕水方抵岸滸南北所從
衝：靡：不可勝計天或暴風怒濤震作行者病焉揆之形勢與
夫修潤空曠視安平洛陽固有增損而利害實相侔焉邦人覩前
橋之利不無責望倘使君一注意罔不就功毋使安平之人獨受
其惠予嘉其意而願為之倡未見尸之者有里人前進士新臨漳
戶椽史君清修之外慨然有請願以身任用工取材響合而雲應
人皆樂趨有不期而然者鑿石橫空架梁為陸水光清明山勢宵

宛朝日東升暮雲煥發使龍蛇之窟宅肆蚶蠣之栖托一日肇興
千古用壯坦然砥平四民帖泰伺之臨深履危者今則濶步徐行
無復留碍往來慰悅老稚呼舞觀者山立嘆未曾有能事既終又
請予記其始末欲侈大於將來嗚呼河梁之事郡政之先也遵依
詔旨有司之職也予雖固陋尚何辞乎又為之銘曰大哉東海渺
雲翻天瀚海溯湃渤海淪漣蕩折餘波斷缺坤壖人不敢越焉不
敢旋嗟尔黔黎遊涉良病高風架潮輕委性命鼉怒鯨嘆鰐狂蛟
銜豈無一石為彼作填歲月滋遠艱險是防徒御相顧胡越相當

粤有使君志大而剛展樵心俯化為川梁財以悦輸功無勞瘁勇
於為山起乎一簣不日成之萬靈斯會纍趾淵中懸車烟外截如
縞帶阬若明虹百年斯阻一旦而通無思無慮自西自東安平洛
陽鼎立爭雄我願斯橋與天同固不騫不墜高視終古又願斯橋
導水不注無潦無墊永清同路太歲癸酉維天王春三月初吉歲
功告成岩岩蒼蒼石堅水清温陵太守趙令衿銘

內市橋

內市橋不知起于何代成于何人在城外東北方橋低無溪海
之衝流跨平田而東之長里許廣七尺餘少崩圮省重修通東路
九十三二都等處及永甯

柑坂橋在石城墓下到溪長四間跨溪而過達于池店新店吳店
市陳埭至海東洋之水皆從此橋而入于埭若大雨洶滂或至摧
壞

甘棠橋在曾店山後到田盡處跨溪橫過入甘棠庄至柑坂頭長
三間濶四石東洋水亦從此過

渡

東洋小渡東橋既圮人病於徒涉里人乃於深港處立小橋於潮退時由以往来若潮漲時路由宋埭岸上来往萬歷間十都桂林曾安射利者用小舟二隻以渡人錢一文其小橋長四間濶二尺

石井義渡乃宋時尚書楊烔捐俸造舟以濟鄉人之来往安海者亦捷徑云

園池註①

洗馬池在下河墘之東今新店口後填塞将満舊跡猶存舊是高家洗馬池

草堂池在城東北下河墘高處池深水冷種魚不長黄衢州得之蔡家者池内有魚房池畔有黎枣竹奈池工有草堂菊山詩偶最多庭植佳花異草堂外為園林茘枝龍眼桔柚奈栢森然可賞暇則此老携賓舊弟侄唱遊於中花間樹下烹魚煮酒不減蘭亭之景也

東園池在草堂池之下黄慶遠象江官歸築此以頤者中一堂為東園精舍延師邀友子弟與親故之子讀書其中時浮白給紙筆堂前有亭曰日昇亭旁列奇花異草假山方池珍禽金魚日有親舊社友與叔姪之能吟者賡歌互答繼以酒肴盃斝時出不廢酒罷咏罷雜而棋壺并陳陶曰自適曰諸君吾之益友所敬而愛者園之内外禽鳥花木日相與不去者吾之狎客所觀而玩者為之主東園公慶遠二守也亭外臨池沿池而南轉南而東涉級而升曰鵬来亭以其對大鵬山也亭後有山最高處榕樹森然旁植

乗竹曰萊竹曰釣竹曰班竹池南繞以垣外又列赤竹水柳桔柚

𥶇翠櫏相加不知夏之有暑為諸池之勝

伯春池在下河墘宅内里人黄伯春開築四畔植荔枝花果令

其族人居之

溪頭池乃溪頭知縣陳堯道官歸營别墅開築在東塔東臨埭

種魚植花

監生池后庫監生陳國錄築嘉靖丁巳歲築安海城截海港汊

之餘入城到人居者堰岸濬深遂成方池上蓋書堂房間水閘前

植花木

・許志遠池在城外皇恩堰埭引水砌石為池種花木於内繞東

埭水前對蔡内山，水小聚之處亦足奇也

東門内池在東門内城邊監生池東畔

柯厝池在西門内下坂坑有書斋在其上池墘有欄杆植花木

於其内池小亦可觀

石厝頭池里人鄭福祥魚池上有小屋一座在下坂坑田中

龔厝池里人龔元祉所作在西埭墘斗門上有書房植花柳有

罾網駕小舟由西埭以取魚歸泊柳下亦是奇觀

埭上池里人柯主德於西埭中築室高阜處因埭之灣砌築為

池

寅居池武举顏道斐於西埭灣處因勢截以為池浮水駕閣后

列書房前拱西山騁望時綠田千頃溪水逶迤如練南山當户似

屋履之是為西景奇觀

上顏池在北門外上吳真君宫上顏家庙下有監生顏希仲築

書房於其上瀕池用石砌築今呼為銀人仔池

註①：園池及士大夫樂池非関風化何以為誌蓋池園有花

木鳥獸之畜有者德賓客之接有所畜故能慈愛之仁有所接則

能引礼讓之施而善以生善以生自然忘勢利感福之發亦士大

夫澡德之一助也

安海誌卷之四

户籍誌 註①

安海屬晋江八都之統圖四圖各統甲十甲各統十花户今多
少不一四圖各十甲共四十班排年應辦錢粮之役上供國賦中
應差役其户籍丁力差役各包在府縣册籍茲不復贅

註①：户籍丁口之盛衰

安海志　　卷之四　　一

物類誌 註①

安海無田地民不習耕種惟業儒商田業置於晋江諸郡及南
安隣近諸村落歲收二季佃辦納早稻糯者大秫荔枝朮鱉卵朮
大冬朮俱可為酒惟荔枝朮作粿最勝白艮珠番艮朱青晚赤杭
師姑早安南早一月而成又有佘稲宜山種〻早收暹占城稲五
十日可熟瀕海備旱之地多種之晚秀秔秫寄種無芒秔即瘠田
倒又自高州廣東福州建寧蘇杭温台而至者品類甚多不可盡
記蓋安海無山林田土故論土產品物俱自外來而非土生也

麥有三種大麥可作飯作酒小麥作麵作醋功用亦大又有米
麥亦名蕎麥宜飯粥附城北路人多種之
豆品類多黑豆白豆可作醬醞油黄豆綠豆騎箕豆九月豆亦
可家用佐飯用豆腐豆可作豆腐又秋豆藤生俟齊熟帶枝梔晒
乾脆如打麥篩豆粒〻如菉豆而小殼厚如菉豆乳豆亦名雪豆
花有紅紫有白亦名扁豆花白者蔬食莢可補胃花可愈痢葯中
扁豆大類此但生少實稍粗粒稍圓又有花正紅者實與乳豆同
莢窄長刀豆菜豆皆蔬用虎爪豆生極多只堪用炒食味誠嘉美

安海志　　卷之三　　二

但有毒多食能令人發熱作痒手足皮紅
稷黍梁粟苗葉多相似稠結而上疏者為稷餘俱下垂梁大於
粟黍又大於梁稷黍有杭糯

菓品

荔校品類甚多按譜古之名家者今已無之近時最早出者曰
火山蚕紅先出而小福州早濤瘖早光皮早桂林金鍾濶肩向齊
丁香相次而出其最大而佳者惟桂林又狀元紅松柏樆牛心粗
糠水桶鴨卵鱉卵晚出時尚多如青蝍麻餅吳山棗香桐林十八、

娘華峰主簿此晚出之最勝者
龍眼之品最大者曰虎服最小者曰鬼眼居其中曰龍眼俗槩
以龍眼之背石井書院后一株曰百歲婆其最大者大如　早紅
又熟在荔枝後故曰荔奴鄉人以荔枝龍眼焙作乾往温台蘇杭
南京等處發賣取利
桃之早出者曰早紅苦桃繼而有白桃㐌貫其晚出者為鵰哥
桃最大而色鮮帶微酸又有疊葉紅桃栽之園圃庭除百葉矮桃
種之盆台以為清玩多來自漳州

李四月早出而小紅者紅李子紅蚶李一名夫人李紅徹肉茸
蚶清滑可口難比福州人焙乾作嘉慶子媒利去遠者王戎之鑽
核者此也物以與荔枝同出故珍重少減耳蜡李出自蜡國故名
員大如夫人李色黄肉多核小爛熟清蚶可愛次於夫人李五月
出近時同安來有一種亦曰夫人李皮紅黄相雜肉紅不深不爛
茸不及夫人李遠甚又有一種㮕胸李肉白皮不純紅如同安者
謂其味澁食難下咽故名
梨如消梨出同安脆甘爽口小類香水又有早白清消水消多

汴未熟可食甘稍淡又如南安硐埕舟載出晉江浦内依散諸販
故鄉人以為浦内梨蘊爛亦可充飢今南安晉江處々山坳多種
之又有茱梨深蒂梨錦消可最下者
枣有蜜枣大小俱蚶肥胖多肉有紫頭枣多青奈粘實不蚶俱
七月出枣千自山東北路来者多非本土出有肉枣稍大多肉味
蚶紅枣紅而小
柿有数品膜餅柿大而扁蘊之紅爛甘冷可佳雨傘頭一種此
二品俱可去皮晒干作餅而雨傘頭最盛似重色多柿黄而長臺

柿似多柿而有座有稜牛心柿小可去皮晒干作枣而牛心柿與
鹿心柿可蘊為燈籠最宜人古詞云神鼎十分大枣龍盤二寸紅
珠又曰色胜金衣美味逾玉露
柑品最多洸柑同柑其尤勝者先柑以其先諸柑八月而熟色
黄皮厚肉有膜大徑四寸同柑大紅類橘色黄皮厚於橘稍高味
更甘美二柑俱出晋江六都内坑諸鄉同柑今無種又有皮薄而
光潤体扁者為橘比仙橘差小者為朱榴味酸又有风柑皮厚大
皺味大酸仙橘以下皆非食品人家園林種之以備菓子最可耐

久橘類黄柑而稍扁皮薄鮮紅出漳州者稍胖大肉脆而多漿味甘色潤黄但易壞不耐久藏搬動盖漳州人種在沙洲地力浮嫩皮帶水氣故耳至二三月時漿乾肉縠不可入口出自六都者小小肉漿酸皮粗觕觀美食甘俱不及漳然耐搬動可久藏鄉人遠商蘇杭臨清兩京或異域番國必置此為貨多獲厚利至三四五月偏漿甘肉脆可口比漳尤勝興化之桐庭橘九十月間霜落時候園林花紅真滿樹黄金可玩可愛所謂香霧尚含雲夢雨寒霜猶帶洞庭秋

金橘如大棗皮帶肉實亦連皮亦名金棗一名金豆德化山多出熟時數石舟載到州城貴人蜜作茶品絶佳人家種磁盆清玩又一種淺山去大於榕樹亦名金橘蜜作茶品

柚有廣東柚皮厚色黄肉紅曰紅柚廣人剥肉作菓品供客本土亦有種者一二耳潮州有時附船來貨利本土種者同廣柚只肉白帶微酸又一種体大如瓜俱入食品有曰芘柑者体如先柑皮帶微青味酸不堪食橘柑之來久矣唐虞時以之工供禹貢曰厥包橘柚錫貢

黄淡子實結如鵝眼大時曰枳實稍大肉有瓣曰枳殻陳橘皮俱入藥及冬月皮厚色黄如金大者如先柑小者如同柑可備菓子耐久不入食品人病食服用一个剖作四塊水三四碗其驗如神

香櫞亦名鈎櫞手味極芳馥可蜜可食又有一種形如人手名曰佛手香櫞作菓子耐久而雅觀

羊桃味酸澁五瓣實綠柯生可酢可蜜

枇杷備四季之氣得天地之和秋冬作蕋春開百花先曰百花

魁

梅三四月黄熟故四月雨曰紅梅雨熟梅雨腮紅味酸可酢佐飯佐酒泡水解暑蜜作梅青佐茶醃作梅醬亦解暑大者晒作梅餅時入糖蜜煮用又有李梅稍肥大如李桃梅狀如桃鵝梅長大俱灰水浸出酸氣用糖煮熟又有孫梅野出者實小叢低紅熟樹如綴珠入磁盆作庭玩

蕉葉味甘如飴生食性暴晒乾入茶品正德間乾入貢品後罷叢有高者至尋又實長大然味難比牙蕉低者三四尺實小而少

名曰牙蕉又一種無實將葉柄織縷為布嘗葛作暑衣美人蕉心紅無實種在庭院台榭者

蒲陶蔓生折枝插活結棚引蔓分枝生穗葩子纍纍下垂色微青黑熟則深闇纍漿如燈籠乾作茶品

蒲提樹葉如荔枝但葉稍長嫩花開散漫實如鶯粟殼肉微甘東園有一株

聞香亦在東園有皆非奇品無甚功用

橄欖有二種小者名為丁香丁香冽清爽大者俗呼紫頭香馥次

安海志　卷之四　七

之生吮味滋復轉甘昔人以比諫君忠言逆耳而有餘味又能清酒化氣搗碎作末晒乾藏之味极爽

西瓜漢使張騫得之西域者蔓生二月種六月熟甘如蜜冷若水一藤只留一二大可如斗一摘後便縱生小瓜

棗子來自永春德化者古人以為女贄左氏曰女贄不過榛栗棗脩石榴種出安石國者處處有之惟同安出者勝他出者微帶酸皮為玳瑁殼子為紅玉水晶粒大小有數種不等又有白者曰花白子可入痢藥

樹梅出海南諸山似楊梅而小味酸近南安傅會元種有大者是楊梅終酸五月出可用糖煮作糖梅暑月泡水解渴

柯子俗作堆子出南安山如榛榧之類可生食瀹熟食亦粉作粿

菱角市上間或有之不常見也

園蔬

蔬菜日用之資養生之物人所不能缺者故城市村落間往往種於樊籬園塍之處早蔬則有莧菜王瓜絲瓜苦瓜匏茄西瓜冬

安海志　卷之四　八

瓜白沙瓜白蒲瓜香瓜長通瓜晚蔬有有芥菜蘆菔菜菠薐菜蒼蓬菜甘藍菜白菜葱韭薤葷蒜筍最爽口者莫如瓜筍蘆菔菜菠薐菜甘藍菜最起味者莫如葷葱韭薤功用溥且久者莫如長通瓜西瓜芦菔芥菜又有一種饅頭瓜大如　黃熟可充飢北人以為窮漢瓜小者醃菹以供飲饌

山茹

甘蔗荻蔗多汁味極爽解熱開胃煎烏糖有砂可入藥管汁如水飲最清利南安溪尾出者堅勁少漿甘極而鹹漳州出者清甘

晩薄最爽口近南安四一都趙厝寨出者又勝于漳荻蔗則白糖烏糖氷糖礵砂牛皮丸諸甘所從出者功用最大

金櫻子山谷間多出蔓生有莿枝葉類麗春夏花秋實如小石榴有微芒元時金櫻子煎膏入貢孫真人製法經霜後摘取納大臼中杵去芒莿勿損之仍劈去其内子以水淘淨爛搗換鍋中入煎至一半取去澄濾又重煎如稀糖每服取一匙用煖酒一盞調功難俱述金櫻子亦春花夏實

山藥一名玉涎入藥品本草云主傷中補虛羸除寒熱補中益

氣及長肌肉久服耳目聰明輕身不飢延年益壽生山中佳人多種之園中

香蕈木草云木生為蕈土生為菌土生者多有毒菌多種柔美皆無香獨蕈香與味稱

浮留藤蔓生味辛香土人取其藤葉合檳榔食之温中破痰其實如桑椹尤辛洌治為醫名蒟醬漢武帝通牂牁郡所得即其物也

天門冬蔓生藤細長為絲所謂天棘蔓青絲者根各結聚為頭一株多至二三十顆狀如蘆菔苿而小取来去皮用竹刀剖去心入水淺浸浥露搗汁將汁秤斤落蜜漫火熬至稀糖一般然后裝入磁礶用時或熱湯或茶調服

芋一名蹲鴟處處田種之南安出多可充飢大補血氣多食亦能發瘡用時去皮封紙煨食好

田薯多出南安亦可充飢去皮切塊煮爛更清爽

朱薯萬曆間庚午年人從呂宋来帶種来種之田地腴瘦皆能有收人可長短多種一收可供八個月粮功用大於大麥又凡禽

獸皆喜食之以至藤葉無可棄之薯隨意烹調皆宜或至臭爛亦有用粉當麥粉酒當大麥酒此物自番而来故曰番薯時有興泉道僉事楊澄會曰我朱能滋人豈番能滋人令易其名為朱薯且其色類朱葛剪藤壓土皆可活蔓生延長又以鬆沙土壓蔓即生根聚頭為葛大如瓜食爽口

瓜蔞將頭切片移種於冬至春即生蔓或引之樹或登之墻或作高架其子纍纍然生霜降後節次摘取蘊玉黄熟後括肉煮酒一種凸高者為蜜蔞自然甘不須糖一種稍扁者必加糖然后可

食子作瓜蒌仁能去痰潤肺根切片晒干栝蒌根亦擣洗作粉名
天花粉皆入葯品清熱痰入糖煮如西国朮食佳
香附即莎草根山村皆有之入藥理氣之勝葯婦人最宜用
枸杞子即地骨皮朱實處處有之泉州出者佳紅熟時取來晒
干泉有種此以射利者將地掘下以破稿薦埋之用肥土壓其上
枸杞栽其中春月茂發摘心貨之能清心明目
山梔子山間處處有之九月黄熟採來晒干去殼炒黑獨味謂
之開欝湯能伸屈曲火熱

枳實枳殼即黄淡子人多種之小如鵞眼者為枳實大而有稜
者為枳殼本草云清痰降氣枳殼緩而枳實速須藏久㪅好
陳皮即桔皮而歲久者本草云留白則養胃和中去白則消痰
降氣新不可用

嘉樹

槐花樹在舊蔡仔山下西墖後街今蔡傍曾家三叉路中其樹
枯老宋時物也曾起屋傍蔡仔山故曰蔡榜厝多侵公地砍去樹
以滅其迹於嘉靖末年以討盗去之然其名猶存耳

榕樹有二種一種矮而盤桓其鬚着地復生成樹一種名赤松
上聳高大凡蔭皆廣暑月乘涼東洋橋頭四株嘉靖間忽清晨生
烟滿樹白如綿絮至晏方消丁巳歲以築城榕與橋俱廢佑聖宫
前四株已未歲矮冦臨城遂徙宫而虚其地樹因以除西安鄉里
后二株猶存菩現寺後二株其尚存后庫山三株在其園林又有
東園精舍一株在鵬來亭後
檜栢植庭院門逕間東坡咏檜詩云体備松栢姿氣含芝林薫
松栢經霜尤茂

椰池塘溝渠之畔人多植之有「弄月黄金色傷春翠黛眉」之趣

叢竹

竹之品類最多切於世用筀竹取之深山赤竹植於園林綠竹
班竹種之庭除慈竹觀音竹子母竹在於盆石之間以為清玩筀
竹在深山中萬竿如雲若依根乎原反小細不可用諺云筀竹賣
土赤竹買土凡種諸竹皆去其故土取新土擁之則威惟筀不然
鋤去故土微見根只以腐草覆之根節間即生茅笋

花草註回

桂花有丹桂叢桂如樹昔惟后山伍際祥后巷宅有一株今无矣今人於庭除栽者色有黄白逐月開花名日月桂可為酢為葅或作餅以入茶與浮留葉同食香味酷冽又有岩桂亦曰木樨曰七里香七八月開花俗稱花味染人能使人瘧若然則江西地方多有此花而人不瘧豈花味能瘧福建而不瘧江西乎蓋閩中嵐氣惟下四府最重泉安永德則又為嵐氣中而瘧生適遇花開之時故以花為瘧人耳

蘭花種名不同又有大青細青金鎗布袋口清香時遞一棸七蕋多至十三四蕋又有献歲蘭葉大至三十花遇歲旦時開有四季蘭花隨季開又有嫻蘭葉長嫩花少五六蕋蕋仔色紫南安三峰一片瓦覺海山澗多有幽香更烈孔子作蘭操即此又有吊蘭不用土以篾竺吊之樹下而生碎米蘭枝嫋娜蔓長葉有毒能殺人名斷腸草叢生有節〻開枝生花〻朶杈枒碎綴如碎米其香更烈有二種有蔓長七八尺者有蔓短者又有木蘭花如樹枝工綴花〻開暗香遠聞遍樹齊開三五日即過花開歲兩交

山茶有數種花開單葉而極大者曰單葉單而小者曰錢茶有

類錢茶而粉色者曰溪圃又有百葉而攢簇者曰寶珠有類寶珠而白者曰蕉萼當歲暮百花搖落之後此花始開或至二三月方盡故人爭重之

瑞香花有二種紫者香濃白者香淡南安五峰山覺海山多有之山出者多白又有纏枝最多軃纏枝幹色紫蕋差小簇錦只枝末一簇正紅蕋稍大者俱於霜中香愈烈但易死須於枝幹奪根移栽勿使太盛〻則必死又有枝末三四葉綴花者名曰半枝花

茉莉花即佛經末麗花是也亦曰木麗花低叢綠葉四月始開花白而小五月以後花稍大芬郁出自西域傳播南州鄉人家家種之夏日晚時紉一線清香雅飭又一種叢低花小色味微帶青花似狗蠅名曰狗蠅

素香花叢小枝蔓葉小花長亦曰素馨花夏月開花潔白清香挹露味愈烈舊傳南漢王女始得之種於廣州都人種此得利甚溥鄉村種於園林宅角或庭壼間自成木引蔓作架郡城人種於園池城壕數百株於秋後芟刈其枝蔓留頭十月時用牛兩傍犁壕晒日壅糞至春發枝蔓長生花茂盛

薔薇花按譜有數品有黄有白有紅有紫有鵝黄有醉楊妃倚欄嬌紅木香今鄉人所種只有紫者莖青葉細身多莿三四月開花香馥可人古人詠之曰高處紅鬚欲就手低裡綠莿已牽衣昔大食國以薔薇露入貢今西洋尚有至者

海棠花葉似麗春身有莿花艷穠可貴東坡曰自然富貴出天資只待金盤荐华屋鄭谷曰穠艷最宜秋着雨妖嬌全在半開時

麗春花俗呼謂長春花以其一歲長開然花秋冬時開如小牡丹春夏開者花小淺薄本有正紅淺紅名粉孩兒欲開未開時折

枝插於净瓶中佳得三十餘日按譜曰幹柔葉冗不逮驚衆出乘

下帳花有殊相姿狀奢夸色澤鮮明逈出範鵲精华之上

含笑花亦佳晋人謂滿堂和氣

葵花有數種蜀葵色黄結子子能令人滑胎滿葵戎葵高幹大葉亦名一丈紅有黄白紫紅什色錦葵叢低花小亦有五色

石榴花成樹實葉大小高低不等夏秋冬開花花片疊葉滿樹浸紅鮮紅照眼一種草葉者結子載前篇

萱草花花長大紅黄如錦有單葉百葉可菹而食孕婦佩之還女為男故曰宜男草花壯士服之能使忘憂故曰忘憂萱

蓮花種之池塘其莖茹其葉荷其花菡萏其實蓮子其根藕其中菂花中有鬚曰蓮鬚入葯澁精子曰蓮肉入藥止瀉痢人於驚蟄前取藕種之瓦盆中開花自如亦曰白蓮雙頭蓮即并蒂蓮亦有秋蓮

紫薇花花滿枝柯紫色

玉簪花葉如著蓬萊而小花白種盆臺中所謂五色瓷盆

菊花品類多黄白紅紫未盡其色按譜黄有御袍黄金絲黄剪

絨黄萬金鈴勝金黄佛血黄僧家褐大金錢小金錢白則有太師白白鶴毛白茯苓白剪絨什色則有醉西施銀荔枝火鍊金黄錦江真珠紅海棠紅狀元紅瑪瑙盤惟白者入葯白甘菊可以上酒

雞冠花高者七八尺種庭階幹末生花色紅狀如雞冠大如葵扇白者子可入痢葯矮者只五寸名曰五寸錦

梅花有矮梅在盆臺中千葉白梅千葉紅梅有枯梅紅梅蜡梅來自真蜡國故名叢樹葉大花蜡色又有萼綠萼梅

金鳳花即仙鳳花亦曰白菊婢子名急性子能軟骨

木槿花秋開朝榮暮落故比之小人朝有夕不存

鳥獸

諸鳥人家之所畜者花鴿鵓鴿山胡畫眉鸚鵡鷺鷥白鷴錦雉或取其聲音清轉或取其能言能鬬或取其羽毛鮮潔性馴易畜徒充娛玩耳均無益于人事者也如人家孝養飲食祭祀賓客之需家畜則有雞鵝鴨之生者山禽則有雉鵰鷓鴣雁鸛青倮鼠雀之脯者皆四方所至也

馬牛羊雞犬豕家所畜飼者至於皮骨齒角為人所用如鹿獐

麂麂之中靴材狐獅獺鼠之作裘領材虎豹之作裀褥材以至象牙犀角之中用者尤多或轉貨江湖射利者凡此出自廣東四川湖廣以及異國至者皮革雖土有然鬻熱不中用又如山猪豪猪河鼠穿山甲鰭鰻或生或脯山林人取之來貨也

猎具

取禽獸者本土之有羅網鸞箭藤針筒彈又有取獸之具如庚弩藥箭鈎叉机檻陷穽皆深山所設非本土所有者

蟲魚

安海襟帶溪海商賈之夷庚也故其海錯多聚焉兼之類之佳者則有紫菜石花赤菜龍鬚菜海菜鱗類之佳者則有胡鯊魚石首魚鱆魚鰢鮫魚鰯魚烏魚子魚鱸魚鯖魚魡魚敏魚棘列鼻烏鮫帶鼻貝沙鮡魚蝦龙蝦鰻鱺鮮魚介類之佳者則有蟳蠘螢蚶蚌蛤蟶竹蟶蛤蜊牡蠣車螯紅栗仙人掌西施舌香螺石巨章巨鱆魚鎖管墨魚泥蚕沙蚕凡海物得四時之氣不同各乘氣候而至漁人及時設收有無多寡歲各不同亦如五谷之有豐歉云淡水鯽魚為最亦有鹹淡兩有者如烏鰻之類二月春水生逆流而

上長僅寸許一月長一寸至于冬順流入海孕育明年復上又人家瓮池中所養者金鯉丁班嘉靖末傳養金魚蝦尾者已足奇矣更有蝦尾而金匿者有棠金獨著者愈出愈奇

漁具

土人取魚之具溪海中有牽罾板罾池塘間有手網撒網捧絲縺網杵楸網鈎蟳蝦用　蝦有把溪澗溝渠則有大小罟笱

土貨 註①

盐

鹽之所出同安之浯州晋江之丙洲潯尾浯州鹽白而味稍輕潯尾鹽黑而味加重鄉人隨遇取用或歲旱日多則鹽出多而價賤或淋滂日少則鹽出少而價貴〻至斗錢二十文賤至斗錢三四文耳

酒

酒品色不同大率只香醪二味香酒雜諸香料為之今時之七香酒庫酒是也七香酒用燒酒投諸香其中和之以竇庫酒碎米極精雜菉豆香料熱草搗為麹越二宿成酒然論香酒多熱雖有竇及菉豆合之然熱終多鮮有常飲者常飲惟醇酒最美乃今之老醞是也製用米麯一斗糯米五斗釀一罈之外以稻穅火蔚熟冬釀經霉後發視之色晶瑩如琥珀者工品也其厚薄美惡係米多寡糀謬精純市肆多有之昔安平純用老酒近時多用燒酒如祭祀賓客及諸大礼方用老酒或以燒酒浸紅麯作重釀酒或以燒酒浸黃柏為黃柏酒近又有廣東豆肉酒良姜酒來者人家又以菊花入米麯釀為菊花酒其味最香郁純甘

醋

醋之為用不次於酒泉郡有燻醋安平以米為之或小麥為之五谷多可製作惟米與小麥為佳藏之年久能用開脾散鬱雖華扁妙劑莫以逾比

糖

糖櫗笮汁入釜烹煉火候已足挹起凝結為黑沙糖入釜烹鍊挹糖漿入糖漏中攪之及冷凝定上用爛泥封之瀝者為糖水封泥約半月而易封伏月剖封出糖是為白沙糖由而冰糖縮砂牛皮糖皆煮白糖成之

蜜

蜜出自晋江南同三縣之山村多荔枝龍眼樹處者最勝大約荔枝花露清甘蜂以之釀蜜故其味純餘如深山叢莽之處蜂得之雜木花露不免有木味或淡或腥又如廣東交趾而至者則又下矣

茶

茶昔惟清源有之郡人未之重也後安海游於外習用之於是飲者知求賣者知植清源多出惟上洞最佳是絕頂常有雲霧氣

也凡茶初春發芽摘之為雀舌茶至谷雨摘芽稍長為谷雨茶自後鄉人爭慕之不特富貴之家為然即村夫下輩亦竊效輩雀舌一斤價酬三錢自是而四方山寺爭致種之而買者爭趨安海矣五都是源茶味尤稍加清源若一片瓦飛瓦岩味尤厚微帶苦耳細品清香靈源勝清源厚濃則覺海飛瓦過之飛瓦稍芽其餘山則不可用

綿布

綿布之為類極多出於晋江之南鄉及南安同安多有之長四

丈二尺為一疋時布五百縷上布七八百縷細密堅緻如青花布斜文布直經斜緯織方文斗工皆出同安

吉貝

吉貝本土附近村落園地多種之晋南二縣山村家家皆種但所出者少安海襟帶江湖商賈市屢水陸之貨畢集四方利市咸趨是以同安之棉花日來數十担鄉人收買以賣四方有可射利者又從而之河南太倉温台等州有棉之處歲買數千包方足一年之出入至冬月人閑則收買入安溪永春德化換米細葛布水沙布等物安海人買數千尺往高州海南及交趾呂宋等異國貨利

苧

苧自永春德化而來績綫成布富家收買千萬疋北上臨清貨賣名曰家机自福全出者名曰福全棚又有浇嶼布俱貨臨清然其織水色不及家机故其獲價亦減又有北鎮布青山布皆出惠安北鎮青山葛布出安溪漳州長泰湖陽高州等處

紵絲錦綺

俗尚遊商富家挾財本置綿葛等布胡椒木香牙明珠翡翠等貨以往兩京蘇杭臨清川陝江廣等處發賣仍置其地所出如絲棉錦綺氈布靴袜等物凡人間之所有者無所不有是以一入市俄頃皆備矣

磁器

磁器自饒州來福州鄉人由福州販而之安海或福州轉入月港由月港而入安海近年月港窑做饒州而為之稍相似而不及其雅白瓷出德化元時工供

草席

灯心草為之晋江石龟下浯出其編織密緻不下蘇州

藍澱

藍澱来自漳州福州往大田德化各地頭散之染家

油

麻油自晋江南安附近山村所出不多年間多賴同安千百担而来茶油出自德化漳州来亦少用亦少桐油来自漳州畀化惠安利用亦溥菜油出自畀化用少樁真油旁近山村有之其用亦

少至於柑桷粘灼家用多来自廣信延建汀郡等府

燒火柴

昔安海俗敦朴厮養多從主翁遠商餘自給役外或取於水而供海錯採於山而給爨薪

註①：五谷土產見時物之豐歉

註②：蔬為養生之具日用之實所不可缺者功次五谷至於樹樾廣遮工抗天日下麻暑喝此乃不切之切皆所宜蒔若花草雖無大関於世然花之麗色絢煉清味馥郁皆宜人之庭院清玩者也草或供食品或入葯品亦為一誌

註③：土貨之所出権之可充國賦不権可垂仁慈在上加意何如耳加意於國賦則権為是加意於仁慈則不権為是

安海誌卷之五

公署誌

朝庭設官雖有大小之殊然皆各有公署以前無考宋於安海有巡檢司又有石井鎮是公署所當誌者我　朝嘉靖末始築安海城院道委官守鎮僅居公館至萬歷間　欽設駐鎮館是所宜誌

駐鎮館

駐鎮館自築城来未有衙門專官其所委官皆寄居公館至萬

歷三十五年七月　欽設駐鎮安海館而衙門遂置於石井書院西東抵学墻折去號房西出学墻抵民家北抵城墻南抵西門街官則本府通判督捕帶管安海而駐鎮者也又有欽降關防勒晋南同近都皆得聽其詞訟而積穀焉

巡檢司

宋在石泉門往来三百步許為今水南門内井安海瀕海客商自海可到與居民互市故建炎間始翻石井鎮至正間東西海濤築為埭田客舟不通稅無從出監鎮遂廢乃移石泉門巡檢司於鎮廨追于洪武二十年江夏侯整理邊海城池不閑衙要要將本司移於同安縣浯州嶼司在鎮廨不知何由何年移於水南門内官地内

石井鎮廨

安海瀕海客舟可至與民為市故東曰舊市西曰新市官遣吏榷稅於民號曰石井津建炎四年因二市競利相戕州請於朝差官監臨始置石井鎮市民黄護捐地建廨在石井書院東郡誌謂書院在鎮西及觀之可知為居民陳氏占

公館

舊在北山佑聖宮東以為官府往来駐宿之地嘉靖己未年倭冦攻城縱火焚燬乃移入書院東鰲頭境西為安平公館以居官府之往来守鎮之委官

預備倉

昔官府設有社庄以為積穀之所即預備倉也亦名義倉又有義廪積穀以防飢愛民意也藏在西安今富民曾念石新厝是也歲久弊滋奸民用財搆結欺官找買盖厝萬歷間巡撫軍門金學

曾漁猎入民骨髓誘復此法勸借富家領艮糴粟議無收貯之處曾家因財寖過里老受托以玄武臺下李師宮滕朧暫報作義廩已而學曾又從而將廩資吊取補庫欺君漁民如此

石井書院

院在府城西南安平鎮舊名鰲頭精舍宋紹興初吏部郎朱松嘗為鎮官公餘進民之秀者廸以義理之學後二十餘年其子文公來官同安至鎮訪父時事與父客者士論經義鎮人益勸于學嘉定四年鎮官游絳因士民之請撥四書院故事白郡守鄒應龍

出帑錢委游君集申力相地於鎮西為書院如州郡學之制命通判朱在董其事建大成殿尊德堂四齋曰富文敏行移忠立信陳君讀書其偏留元剛為之記繪二朱先生像于尊德堂同堂異室而祀焉傅伯成記寶慶初郡守游九功撥五廢寺田以廩士涤倅掌其租入分季給之迨宋亡元無考以至我　朝歲久傾頹成化十二年知府徐源推官柯漢重建殿座塑文公像祀之齋仍舊殿之東北為小山叢竹亭西北為杏壇弘治十年中知縣羅懔重修門外立石華表匾曰石井書院然其中故地已半為民居所踞矣嘉靖庚寅間晋江縣知縣山陰錢楩循都民之請出公帑及鄉之富民醵金重修大殿祀文公像後堂祀韋齋亭壇如故壇前殿西架精舍殿外兩旁號房十餘間昔為書房今賃人民收稅錢及賣荔枝龍眼以供祀費舊本都四冊里長收祀今秀才每年推四人以作直年收稅辦祀嘉靖庚子中有鄉之僕兒莊姓者衒鬻於省城時杭人田汝成督學於閩見而暱之即以文公祠給與奴兒以為博淫之資鄉之廩生黄仰仗義上書田即大怒責黜夫僕人何人品負巴何事功書院何所在提學何管勾生員何罪責博淫何

政事今為市中之賣菜傭比類事為觀之則田汝成有通天之罪當舍蓋入地而不可為人矣故書之以愧後世近於萬曆間有監生於祠前蓋屋侵街廹祠鄉士黄廷元訴于官知府竇子偁到郡折卸其屋罰使修理鄉士大傅黄汝良以竇公之功勒於石以誦以戒註①

石井書院記　　留元剛記

古者家有塾黨有庠鄉有序國有學若遠而近所寓皆教故士君子行人〻有之世〻有之世入春秋魯泮鄭校不絕如絲一經

贏暴掃地無几漢室開學迨今百世然豈必曰京師郡邑而已哉
凄惟崇廢起墜猶幸不泯嗟夫吾先聖之道與天地并立處之赫
赫巍巍天下用之天下之功一國用之一國之功一家用之一家
之功可祠而嶶於地何擇後之所以日不逮古者教化之略治效
之虧也昔龍江有書院寢久弗葺惟廟像僅存開禧甲子余始議
復故或者難之余唯然曰教化之地不病其詳而病其略今之所
病在略之故聚廬萬里徼福緇黄重堂奕廈經營恐後設一儒館
遂駭視聽寧有是哉繕修以來于茲十年建安游君絳貽書曰石

安海志　　卷之五　　五

井居郡之南亦號多士距郡学二舍負笈者告病日聞余漸倣為
肄業之所太守邵武鄒公應龍然其請捐公帑四十萬以倡漕舶
二使者及郡之二車鄉之秀民咸以資助爰相茲土面三峰會平
流厥基崇敷付圖規制殿於中堂於後為齋者四杏壇築於西序
之前祭器藏於東序之左又即堂為別室以祀二朱先生三門列
嶼繚垣環周簷楹層複凡三百楹公私經費合兩百萬贍養有田
肄習有舍釋菜之儀考士之式大略可觀矣經始庚午之冬圮土
壬申之秋慨若時司存期會如一東溫鄒方郡國不急是圖不惟

不敢亦且不暇徼賢太守執主張是溆人之功遠矣願文以記余
思既事未免違俗故之猶非敢自是乎雖然是役也請之者不憚
從之者不疑卓然有見實獲我心矣天下如石井有几使請之者
不憚從者不疑卓然有見實獲我心天下如石井者几几使請之
若而人則學校如林庠序盈門將使是民為三代之民矣書之何
辞

重建石井書院記　　傅凱記

鰲頭石井書院為宋韋齋朱先生與文公先生而建也紹興初

安海志　　卷之五　　六

韋齋嘗為鎮官乃公事外進民之秀者教以義理之學士向慕之
後文公來簿同安屢過此見其老幼義理詳悉遂與論說士因益
勸於學嘉定四年間鎮官游君絳因士民之請白于郡守鄒公應
龍相地於鎮廨之西為書院如州府縣学之制建大成殿及尊德
堂及富文敏行移忠立信四齋繪二朱先生像而祀焉乃給五廢
寺田以廩士之肄業於斯者當時家禮樂而人詩書由宋於今田
既迷失莫究書院為風雨所震壞地基為豪黠所侵併而貴塍盖
屋築墳於基内郡庠生莊楷等白諸撫院張公行繳未復而去後

國子生莊槩奏行郡邑繳賓折屋并屏墳復建中殿及門樓而四齋猶未克舉弘治十七年冬十月二守桐廬羅侯憓出按海濱慕二先生遺跡有感於夢寐而拜焉見齋地鞠為草莽內仍被侵以蓋屋門樓傾基而旁出入中殿黝堊亦泥毀漫漶咨嗟良久而遂有興復之念歸謀諸同寅郡守四明李公哲等咸壯之因立折其屋捐俸金十兩以倡致仕江陰縣丞伍君璟偕諸耆民黃隆海等各勸捐貲助有差遂委伍君而下九人董其役重建四齋如舊制改建門樓三間而高大之修葺中殿而塑文公之像於中東小山

叢竹亭西杏壇外仍樹以石華表而扁之曰石井書院興工於丁巳十一月十一日畢工於正月二十六日躬行釋菜禮而告成焉仍欲建後堂而塑韋齋之像於中以九載秩滿當行乃計工民許未入之資令耆民陳世忠促入之政日韓申鳩工以完其事伍君偕諸耆民以俟之功不可泯也囑郡庠生伍超黃瓊來請記嗚呼周室既衰教化不行堯舜禹湯文武周公之道几晦孔子出而集群聖之大成刪述六經垂憲萬世群聖之道於是乎大明劫燼於嬴秦駁雜乎唐漢孔子之道几晦文公出而集諸儒之大成研極精微解釋經傳孔子之道於是乎大明然則孔子有功於群聖文公有功于孔子而淵源所自則出於韋齋與仲素討論之日不可掩也故皆得從祀於孔子之廟宜矣而此石井乃先生父子教化之地教澤之及人者深至今如親炙之又安得不軒昂其棟宇巍峩其貌像而致尊崇於無窮哉然世之俗吏以是為法令所不及不加之意侯以鄉進士而官於泉清白是守政務之餘一以崇儒重道為心能為人之所不能為亦可謂有功於吾道不可以不言也後之士如相率而肄業於斯者能以先生教人之法而從事焉進

以是道而行于國家退以是道而善於風俗則是院之重建寧不謂有光耶因書以并勗之

註①：請修石井書院：國朝以來辛丑遷都書院廢為坵墟迨康熙卅九年邑侯陳奕捐俸倡修鄉士始建中堂三間夾室二間柯良塑朱子像黃為憲延龕以祀之而前明所塑文公像因遷都寄逃在泉城承天寺尚未迎歸乾隆七年太守王廷諍乃建啟賢祠於後制與前配十四年通判馮鎔敘臺門及兩廡乾隆廿七年壬午通判靳起柏偕進士王世濬鄉紳施士膺施士齡舉人楊

樂桂曾朝陽及諸紳衿等重修肅然大觀嘉慶十九年甲戌舉人黃仕葵施繼源柯琮璜州同黃元禮偕紳衿等復大修之乃請明所塑文公像之在承天寺北者而歸之與文公大像同祀一龕

按文公生於建炎四年庚戌九月十五日終于宋慶元六年庚申三月初九日享年七十有一

倉官黃懋中　指揮魏宗翰　千户張振宗

鎮武張嘉策　張　指揮丘宗器

檢校吳　爵　衛經歷陳功

駐鎮館

郡志作三十五年

萬曆三十二年新設駐鎮安海館以本　府捕廳駐鎮安海欽陸防泉官晉江同安近都詞訟積穀館　書院西亦書院地

秩官

汪　岷廣西平樂府富川縣舉人萬曆三十二年任

學浙江蘭谿縣人庚午舉人萬曆三十　年任

閻人

直隸鳳陽縣　萬曆

浙江湖州

選學誌

自宋以來安海世為甚都文物興盛也仕進之途隨例皆有歲首

舉進士辟舉皆人才登庸之科　也故類　選舉

高元廣曰仕進之途亦多矣起學林登科甲出賢士之関
門現光上國猗歟休哉至若辟舉出於譽評用特典以風
第其年歷　耆舊以式名士武科試弓馬展韜畧出智勇
凡此皆正途也自是而外則有胄監乃世官遺意而又有
納
漢鬻爵而後始有之盖士君子有才懷一得既不得以
儒術致青雲又不能究首祿　自人才也乃效輸邊之盡耳國家
有蔑逸之途人才有表見之氣惟在識一所致使有可觀無曰枳
棘不栖鸞而苦賞末於會也乃知印承差吏員視　雖不及格亦
做此意

歲貢

莊　概　信豐縣知縣有風概　　伍　亮　安慶經歷
鄭　福　號席甫　廣州經歷　中歲貢　　伍　環　號誠甫　縣丞　天順間歲
宋　仰　正德間歲貢　徽州訓導　　伍　起　訓導　經歷
黃　倫　號伯者　兄號金谿　三府教　　蔡　紳
黃應　訓導　　蔡　陽城　天府長

蔡　洋　號紹崖　績之長　貢士　廷元
蔡一新　號振石　洋第四　川重慶府通判
蔡光甲　號　萬曆乙卯　貢元
龔一濂　時應東四川教諭
黃聯春　清流縣教諭
田翼明　號甬光　平和訓導
董任卿　漳浦訓導
史志御　萬曆戊申貢士
黃吉士　順治戊子恩貢
黃毓瑜　康熙甲子科歲貢

號毓束倉　縣知縣洋
蔡雲增　號　庚午貢士一新
蔡家駿　字莆安　崇禎間貢士　林州州判　以國變未任
陳光道　號貢　大庚知縣　珪之孫　嘉靖間
黃人雅　正所　同梁縣知縣
黃廷彝　號景玄　崇禎辛未貢士　訓導連江縣舉正教任古田縣
黃廷元　平和教諭
伍盧昇　恩貢　順治己亥進士
伍培元　康熙壬子選貢
顏元說　乙酉科恩貢生
顏元誠　恩貢　元說弟

鄉舉

明景泰元年庚午科
陳　彝　晉江書　江西瑞州府通判
弘治五年壬子科
陳　珪　泉州昂户部司務未仕

弘治十四年辛酉科

黄　璲晋江易乙巳進士三甲　張　翾晋江易壬戌進士三甲

弘治十七年甲子科

黄　寬晋江易廣東肇慶陽春縣知縣

正德二年丁卯科

伍　隆晋江易廣州　後同知　曾　魁泉州縣嘉靖癸未進士三甲

正德八年癸酉科

陳　泫晋江易興孫荔埔知縣

正德十四年己卯科

伍　鏜晋江易嘉靖丙戌進士三甲

嘉靖四年乙酉科

王慎中泉州易丙戌進士三甲

嘉靖十年辛卯科

柯實卿晋江易壬辰進士三甲　林大佐泉州易

黄國龍晋江易廣東同知

嘉靖十六年丁酉科

黄　鑄晋江易丁未進士浙江衢州同知　黄崇慶泉州易鹽井提舉

嘉靖十九年庚子科

黄伯善晋江禮記衢州同知　王惟中泉州易辛丑進士三甲慎中弟

嘉靖二十八年己酉科

蘇　民泉州春秋廣東惠州長樂縣知縣第五名

嘉靖三十一年壬子科

龔時應晋江易　李伯遇晋江易癸丑進士三甲惠州知府　王　巖泉州易乙未進士三甲江西僉事第八名

嘉靖三十四年乙卯科

陳載熙泉州縣隆慶進士第六名知縣　紀　正泉州詩河南汝州學正當撫

嘉靖三十七年戊午科

顏　容泉州易隆慶進士任禮科都給事中五十七名　敏榜　鄭大紀泉州詩汝州學正

王同讃泉州禮壬戌進士二甲柳州知府　蔡存省泉州書江西臨江府通判

嘉靖四十年辛酉科

李華春晋江易壬戌進士三甲是科中第二名　蘇　忠晋江書任吳山氏之弟

嘉靖四十三年甲子科

王同任永春禮廣東同知　黄憲清泉州禮廣東廉州同知伯善子

黃錫晉江易淮府長史河南鄧州知州
隆慶元年丁卯科
黃履初晉江易廣東瓊州推官資州知州
隆慶四年庚午科
蔡文相晉江書秋廣東肇慶新興縣知縣　李任春晉江書中廣西榜春芽以局籍革
萬曆四年丙子科
顏魁槐晉江書楚雄府同知襄州左長史七十一名
萬曆七年己卯科
王同休泉州易丙戌進士二甲惟中子吏部員外　黃大賓晉江易廣東韶州翁源知縣鑄之子
伍鳳章晉江易潮州大埔縣知縣立碑祠德署程鄉縣　蔡彭泉州禮記癸未進士三甲工部主事
萬曆十年壬午科
龔雲致泉州易癸未進士二甲將應子副使　伍文秀中雲南榜
萬曆十三年乙酉科
黃居中晉江禮記黃平州知州　越府黃陳　晉江易
黃汝良晉江禮記丙戌進士第二名二甲憲清子
萬曆十六年戊子科

陳亮采泉州易己未進士二甲佐孫
萬曆十九年辛卯科
黃志清泉州易解元乙未進士二甲錫之子
萬曆二十八年庚子科
陳文輝泉州易知縣
萬曆三十一年癸卯科
陳應春晉江易庚戌進士三甲　王士晉晉江易河南開封同知改名元衡
萬曆三十四年丙午科
李拯泉州易崇禎戊辰進士三甲
萬曆三十七年己酉科
蘇琰泉州春秋癸丑進士二甲民子
萬曆四十三年乙卯科
陳大對晉江書丙辰進士二甲　蘇元起晉江易惠州博羅知孫
王應聘泉州礼記同任孫
萬曆四十六年戊午科
顏魁登閩縣書蘇州崇明知縣姓許　榜黃汝為晉江礼記監中順天榜憲清子

龔　燿 晉江易監中南京榜江西撫州樂安縣知縣

天啟元年辛酉科

陳鍾彥 監中順天榜南安縣　李國祥 泉州易桜之子

天啟四年甲子科

黃慶愔 晉江禮記監中順天榜憲清孫

崇禎六年癸酉科

黃慶華 晉江禮記監中順天榜汝良子憲清孫　陳兆 晉江易庚辰特賜進士曾孫亮采姪

陳葳倩 南安易癸未進士二甲改名顧貞

崇禎九年丙子科

蔡高櫟 晉江書解元存肯曾孫

崇禎十二年己卯科

蔡嗣襄 泉州易存肯孫　柯拂雲 晉江中廣東榜西江孫兩江中廣東榜周籍草江

崇禎十五年壬午科

蘇國瓓 晉江易中貴州榜癸未進士二甲武進士夢儀子

隆武乙酉科

顏養氣 中廣東榜番禺縣易考選推官不仕中第三名

隆武丙戌科

陳定一 晉江禮記中廣東榜

國朝順治五年戊子科

王命贋 晉江易惟中曾孫　陳憲孟 泉州易

順治八年辛卯科

王胤符 晉江易慎中孫　黃　騄 泉州易順治改止縣鑄玄孫

鄭偕昌 晉江易

順治十五年甲午科

顏鳳姿 泉州詩陝西臨洮府推官改廣寧知縣中二十一名　曾夢斗 泉州易第二十二名仲魁孫

黃熙纘 晉江禮記中六十三名禮科右給事　伍岳杓 泉州易第一百八名四川成都府德陽知縣

伍　昇 晉江易思貢中順天榜己亥進士三甲榜姓盧復姓伍

康熙五年丙午科

史　晟 中廣東榜

康熙十九年庚申科補戊午

黃光祉 長泰易附學汝良孫清流教諭

康熙二十年辛酉科

顏建勲廣州府學易中廣東榜三十二名榜姓許寧遠知縣

康熙二十六年丁卯科

黄洽選中廣東榜十五名嘉定縣知縣

康熙三十八年己卯科

黄世茂泉州府學礼記中第五名榜姓李永定學教諭

康熙四十四年乙酉科

顏儀鳳永春縣學書經中式第五十二名榜姓林

康熙五十年辛卯科副榜

顏洪書泉州府學書經中式第八名何國裔易經中式廣東榜第五十七名

康熙五十三年甲午科

許履坦晋江學附生士徙居郡城習易中式第三十六名郡人雍正甲辰進

康熙五十六年丁酉科

史如璋南安易中式　名

雍正二年甲辰恩科

伍遵憲安易中式　名榜姓張

黄士裕府學礼記中式　名

雍正四年丙午科

張其言府學易中式　名榜姓蘇史道賓晋江易中式　名

副榜　龔錄名　安溪學易中式十一名

進士

唐五代荒遠近家時盛名則有高安黄洪葉李諸家人士登庸然

紀籍無考姑闕之今自其聞見之詳者誌之

宋雍熙乙酉科梁灝進士

高　鑌正議大夫高墊子　高　鐵高墊子　高　淳鑌子

咸淳壬寅科王曾榜進士

高　涵鑌子　高思連鐵子

咸平己亥科孫暨榜進士

高　滋鑌子　高惠連鐵子兵部尚書開國侯

大中祥符己酉科梁故榜進士

高　搆

祥符壬子科徐奭榜進士

高　柱

天禧戊午科王整榜進士

高　拱思連子　高　棣

元符三年庚辰科李釜榜進士

高文義　高　臨龍圖閣贈待制高公廣式知紹興

元豐壬戌科黄裳榜進士

高　偁宣教郎　高文義忠連孫

紹興八年戊午科彭　度榜進士

高　偉　葉　什　高　濼

李若虛

紹興十五年乙丑科劉章榜進士

高僕王五河尉　高　進

紹興二十七年丁丑科王十明榜進士

高　似忠連曾孫　高　沆漳州通判

大觀己丑科庐八行擧

高　倫

乾道二年丙戌科蕭國樑榜進士

高尚惠　高　葭偉子刑部郎官

乾道八年壬辰科黄定榜進士

高煥章　高安世

政和二年莫儔榜
高適
高若昇　靖江通判
紹興元年庚戌科余復榜進士
高繪
高惟月　中奉大夫
高約
葉廷祐　冉孫
淳熙四年丁酉姚穎榜時奏舉駕幸太學上舍釋褐
高熹
高儔
高棨
高嶽
淳熙二年乙酉科詹騤榜特奏
高鍔　忠遵五世孫
淳熙八年辛丑科黃由榜進士
高稼
高夢卿
高亦　沆子
高介卿
淳熙十一年甲辰科衛涇榜進士
高君世
高尚卿
高時佐
淳熙十四年丁未科王容榜進士

高癸
嘉定元年戊辰科鄭自誠榜進士
高洙
嘉定四年辛未科趙建大榜進士
高沐
嘉定七年甲戌科袁甫榜進士
高行義　倬孫
嘉定十年丁丑科吳潛榜進士
高灣　鑄子　迪功郎
嘉定十三年庚辰科劉渭榜進士
高瀧　禾子　兵部郎官
重和元年戊戌科王昂榜進士
高掾
慶元二年丙辰科鄒應龍榜進士
葉明
高騆
開禧元年乙丑科毛自知榜進士

萬廷源 中憲大夫
定熙二年戊戌科周坦榜進士
高大章 潮州司法
明弘治十五年壬戌科康海榜進士
張 綱 刑科給事中
弘治十八年乙丑科顧鼎臣榜進士
黃 璣 廣東肇慶知府
嘉靖二年癸未科姚淶榜進士
曾仲魁 給事中南京池州知府
嘉靖五年丙戌科龔用卿榜進士
伍 鍾 青州參議光祿寺少卿 王慎中 河南參政
嘉靖十一年壬辰科林大欽榜進士
柯賢卿 勤陽知府池州知府
嘉靖二十年辛丑科沈坤榜進士
王椎 中太僕寺少卿
嘉靖二十六年丁未科李春芳榜進士
黃 鑄 江西副使
嘉靖三十二年癸丑科 李伯遇
嘉靖三十八年己未科丁士美榜進士
王徽猷 浙江僉事 武作江西
嘉靖四十一年壬戌科申時行榜進士
李華春 江西建昌府南城縣知縣 王同讃 廣東郴州知府
隆慶二年戊辰科羅萬化榜進士
顏容舒 廣東博羅縣知縣 陞禮科都給事中
萬曆十一年癸未科朱國祚榜進士
徐 彭 嘉善知縣工科主事 龔雲致 副使
萬曆十四年丙戌科唐文獻榜進士
黃汝良 宮傅禮部尚書 王同休 吏部員外
萬曆三十三年乙未科朱之蕃榜進士
黃志清 翰林院編修 陳懋采 潮州知府 江西按察使
萬曆三十八年庚戌科韓敬榜進士
陳應春 戶部主事嶺南副使

萬曆四十一年癸丑科周延儒榜進士
蘇琰　行人、貴州御史
萬曆四十四年丙辰科錢士升榜進士
陳大對　主事、饒州知府、浙江提學副使、參政
崇禎十六年癸未科陳名夏榜進士
陳廢貞　蘇國璣
國朝順治十六年己亥科徐元文榜進士
伍昇　曾任廣東選推官未任　旨復姓
康熙五十二年癸巳萬壽恩科
顏瀾　鳳榜姓林，奉旨復姓。以書經中式第二十三名，殿試第二甲第四十七名，官貴州正安汲

武舉人
所中多在異省，所聞因有先後，科分不足，隨時錯錄
陳有光　壬午科，癸未進士　黄鐘毓　己卯科，中廣東榜，官鎮
陳濟　丙子科中廣西榜　陳東榜　丙子科中廣西榜，戊子二科，俱中廣東榜，己卯蔡隆
顏一鶯　三科中廣西榜，官至指揮使，字德清，一洪之兄　黄思益　丙辰二科，甲辛科中廣東二榜
顏啟光　丙子、己卯、壬午三科，俱中廣東乙酉二科，中解元廣西榜　陳懋邦
黄守炎　丁酉科　伍世昌　號玉思
顏一洪　壬午科中南京榜，字德亮，一鶯之弟，人稱鶯之兄　進士，原姓蔡
黄灝選　壬午科中廣東榜　黄經國　丙午科
蔡良謨　萬曆丙午科加例，顏振蔡肇節　丙午科
許起龍　客氏人　蔡彥　丙午科
陳金榜　天啟元年辛酉科，解元　陳肇澈
陳耀東　辛酉科　蔡　甲子科
顏鴻翰　庚午科舉人，魁元子　蔡　科中京榜，榜姓陳
蘇勇儀　壬戌科進士　顏安邦
鄭春　丁卯科　鄭昌英　壬戌科進士
陳潤瞞　崇禎丙子科，官副總兵

鄭鴻逵 崇禎丙子科庚辰科進士芝龍弟
黃基揚 康熙壬子科
伍靖邦 康熙庚申科岳驄子
伍增英 康熙甲子科岳驄子
曲 武 康熙甲子科
曾應聯 康熙己丑科進士癸巳年綠旗革
龔淑永 康熙癸巳萬壽恩科

伍岳驄 順治庚子科
王廷佐 康熙庚申科
陳揚烈 康熙庚申科
鄭建功 康熙甲子科丁丑科進士
謝夢斗 康熙乙酉科
王廷彪 康熙壬子科營總兵

國朝康熙三十六年丁丑科
鄭建功 榜姓李
康熙四十八年己丑科
曾應聯 癸巳年綠旗革 寄籍

武進士
明崇泰
明萬曆十一年癸未科
陳有光 福建都司
天啟二年壬戌科
燕夢熊 安慶副總兵
崇禎十三年庚辰科
鄭鴻逵 定國公
鄭鴻英

辟舉
高鼎宗 萬鎔永樂初以明經行修舉為教諭
高允元 二人俱宗尚書高惠建達世孫也潛心經述隱居好遯國 初時士多不由科第當進以圖事業彼獨恬處山園不取世資
高允賓 永樂初招致遺上有司以允元允賓兄弟應詔授訓導作士有 方任滿歸隱
高允英 二人素行修潔與允元兄弟篤志經術日以著作為事不 以闡達國初以明經行修俱舉為教諭以式多士
高允賢
黃堂斌 諸生天啟二年有司以文行兼優起送赴京考選授觀寧初 授楚府審理遷鄭府長史除武攸元時進戶部侍郎後入 海與鄭成功 相晉軍札

封廕

黄　仰　庠生嘉靖戊午間討從有功死　王事封同知

黄田青　生員嘉靖間以父仰功廕冠帶生

　曾駿　礼部儒士附

莊　楷　德慶州判　　蔡允禧　布政司經歷　　黄伯謙　武功縣丞

顏一泳　字道資由礼部儒士授廣東肇慶府檢校　　黄以時　湖廣副理問伯喜子　　蔡國熙

蔡國儉　光祿寺署丞　　蔡仲虎　由礼部儒士授府檢校　　黄廷當　礼部儒士

顏一澄　字道甫號伯一孫先泳弟武舉人授衛指揮　　柯　馥　　陳　舜居　寬宏衛經歷

許家周　都司都事　　陳舜臣　礼部儒士　　陳國祿

顏益澗　縣丞陞光祿寺丞號登伯泳孫一洪先　　黄洪恩　　丘廷璋

陳國瑞　　許仲昇　鴻臚寺鳴贊陞杭州織造　　黄志清

顏希仲　　黄汝為　　江繼光

許其升　　陳良之　　龔廷章

林士選　　黄廷雷　　吳可儀

高鳳鳴　　陳任之　　黄渭陽　宗人府丞

顏容彬　益澗子襄州經歷正前金州同知　　柯燦桂　　葛廷棨

伍

顏容華　衛州衛經歷　　蔡思鍾　由礼部儒士任閩縣丞署知縣事　　顏向昇　號若爽容彬子

知印承差吏員
楊　嫩府經歷吏　蔡　振典史吏　蔡志貞府經歷知印
史德宗驛丞承差　史　楊　楊　睿縣丞吏
鄭道元紀綱司吏翻郡　鄭　常千戶所經歷吏　鄭　清廣西凌山驛丞吏
陳伯儀府知事知印　吳爾和典史吏　張　進典史吏
徐三錫倉官吏　楊遇春吏目吏　龔邦選典史吏
許　紳經歷　蔡　美典史吏　龔正蒙典史吏　巡檢
吳奇秀倉官吏　吳文謨獄官　高必謙典史布政司吏　巡檢
史世泉獄官　高鳳起主簿　黃若典史府吏　陞宗閎南典史吏
黃　總檢校

學校
古人謂學校爲賢士之關，用以充宗，用以華國，用以撥揭天地，用以黼黻邦家，是故人咸望之。脩之家者，必用於天子之朝；荒于已者，雖廁于賓筵之階。是故宜以勉之，使其學脩于己，而蔡奇不遇而人之所興者恆在也；使其名通于籍，而曲學阿世，然而人之所不興者恆在也。是故尤宜慎之。是則學校爲君子立身行己之地，人士用世有爲之由，是可以不誌乎。
書院建自宋，迄元及明，朔戚久年多，院舍爲風雨震壞，地基爲豪黠侵併，築室以居，闢墳以葬，而郡庠生莊璟奇白諸巡撫，行檄未復而去。國子藍莊措奇復奏行郡邑，檄實於是，乃析其屋，發其墳，復建書院如故。
吾鄉有一奴，呪曰莊正奇者，作弊邑（而文成鄉邑），浙人因汝成督學於閩，不知何由得見而賂之，遂以書院給帖與之。是奴年十四五，非讀書者，偃然文院地。庠生黃仰抱義而爭之，因怒責不輟，復上其事於撫院，道察其廉而不顧，書院乃得復存。
萬曆間有豪右吳廣卑欲其地，既築室而居，角衛射爲形家大忌諸生黃汝澂藉珙等爲言争占其縣奴復役侮諸生于是閩于大守實子俯會行部即單車詣鎮勒仮所役把實奴于法使尊校以贍復有功於斯文者諸子也學校於是乎誌

仕宦輔世如黃璞之廉能循良垂之郡譜而不泯黃公稱璞仁政與世同存七伍鍵黃鑄居官無獎敗居鄉务厚情誠一爲恭有古丈夫之風黃德清廉與廣州相論淡大地不避亂賊不辭險戲黃痒至齊黃志清金玉君子見稱於三丈老志行純篤見推於翰林黃士又如黃携中黃伯善讀物倫襲時應之文章詩賦與夫伍鳳章之楷法精美卓列於時此學校有光於仕進者也萬曆己卯總裁得伍卷題云文如秋水芙蓉字如美女簪花甚器重之

嘉靖戊午間倭賊登岸黃松青父母逃避之際適遇賊弟欲走松青曰汝逵走吾不敢棄父弟亦因而不去遂父子俱死雖張孝先弟不是過也然張幸而黃不幸耳哀哉

黃裳早喪父其母孝節陳氏賢而能教曰以孝經論語教之以孝讓相從事及長爲郡弟子員遂成孝子多於宗族鄉里信之郡有司上之當道文宗獎之不一而止又如王官之兄弟合食不留私財有義門之風此皆學校有光於孝友者也

黃仰於嘉靖戊午間統家兵守洛陽橋獲賊腳當至五月又賊從北來不敢渡洛陽江循橋北抵而出磁灶欲從山路下潯洲等船以去詎意鄉導者以賊畏黃仰父子二秀才而欲期以自脫遂由磁灶而下循城西出西橋時把方寧齊兵皆歸家作端午節忽報賊到避賊者搶奔皆從南門而之西橋殊不知賊正在此一係直橋爲里此時俱海而潮水正滿無兵攔截避賊者二萬餘人在橋仰見事急揚兔一時無兵乃率其家僮五六人扼橋之險射殺數賊是以勢稍緩而避賊者得消然虞後非仰則皆擠於海無遺矣此禦災捍患祀典所得祀者實學校之有功也

安海誌卷之七

人物誌

名宦政蹟

宦蹟小敘曰士大夫官蹟皆脩家廷文獻在舊最所當稽前代如高宗遷延建濟外世遠人湮多不可考矣近耳目所睹記有清雅韻洛忠誠體國赫然聲朝野之望者有正直自持不避權貴若然寡阿依之胆者有仕一官業一郡興利除害澤世惠民燦然有可紀之功者是皆鄉之偉人也因誌之

高彥廷祥符四年自朝奉郎起居舍人轉兵部員外郎至五年十二月受工部郎中差充廣西嶺轉運使累遷兵部尚書墓在本里朋山坊居住其祖高薨唐季來知泉州卓有功德於民卸任遂籍焉葬於晉之陶岩山其父尚鎰同兄鏞始居安平以守墳墓遂亦知泉州擇務學子有材行下是歲罕多登科止後之六子俱不仕至孫依似始科第不絕

安連濟其祖安金藏唐武后時為太常工人武后既廢中宗為廬陵王立相王為太子后欲以唐為周改殺子孫有人譖相王欲反后信之羣臣誣㕛不聽金藏剖心直諫以明皇嗣之不反始得保全無害未幾即位立為睿宗以功封金藏為代國公子孫襲封遷避入宋為御幹閩頭中從居此土初名灣海今改爲安海其居在本里西安聚奎等坊

宋時朱松字喬年監石井鎮苑貢經齊而恥於自售援習世將撫摘東南見松奇之薦于朝調試館職婺源人

游絳建安人宋嘉定間為鎮官士民請建石井書院絳白之太守邵武鄒應龍如州縣學之制繪二朱先生像而祀之仍給五廢寺田以廩肄業之士於是時家禮樂而人詩書

鄉賢

天地生人賦之才德士宦非有餘詠庶非不足德性之純矣學力之精粹文詞之高古勲業之掀揭政績之顯著卷友足經行是可救義當得書之於幽閒為聖世之逸民亦皆附見

宋高禾字頴叔晉江熙寧辛丑進士知儋遊縣慨僧寺有泛科禁下浦樓人免滴涉知惠州創橋橋大衆二業具命鄉遣化保伍以待監客之暴仍奏免下諸郡為漁政提舶政提舉常平倉召除將作

陞即遷兵部郎中都誥傳宮臣
皇明貢狀作為文章於劉雉徵異歲多所發明弘治辛酉年領鄉
薦乙丑進士出為山東長山令時山東旱蝗民多莩于路公急方
賑貸民賴以生鄰境饑民就食者亦不下前計有老嫗只一子京商販
以貨害于淄淵以告公察慮其為賊為伏辜青齊之人言疑獄械
于官久未直號于朝下獻司臨司下長令記之途得伯閱淄有未
白者曰何不下長山質公那得冤天之論篤數十章送部號為能
取天下第一乃入為戶部主事奉勅督江南賦人皆足公松江弗
害商值有剝務守使臨九峰多所結決不幾出守廣之肇慶其患
歐一如長山時至於陣巨洪以與民利破巨賊以謀于公首先事
東方其赫然者為領上其績陞三品秩仍其官俾複無而化為既
而復征廣西道病歸歸府卿逮卒囊無餘積家人問後討曰吾欲
遺汝以宦耳後途呼曰賜乎否賜乎否家人曰無始瞑目其生平
志節類如此郡誌傳備之
伍餘字文衡歷官至光祿寺少卿居官無赫名而民戴其惠居鄉
恬靜威福不作和衆不闘巷翕如也年八十生平四遇於鄉之奇

黃慧清字以慧為陽春令陽春固嚴邑盜區公以身為率絕饋送
省詞訟經贖鐵節既美禁進呼之擾持三大綱賞之理民用警伏
民苦於貸繭則故畝勻積至逃膺吏研不為痺雖多羨餘亦取潤
足賦足而止遷陽均惠於民為廣州司馬大夫康古之合浦號珠
池為盜藪宵卒兵避至與為奸公乃約令曰緝莠乃出捕越不容
而號為與越不知不可捕者咸罷之令具而千夫者以衣為公立
救其雖猾猾奸與論為恩薪將救髮其寬慶琛琛而蒙無一粒之
采廉州之所以為廉者十載而下不如公者莫可謂廉州矣州行
純倫孝友甚循勿對人必以崖灣凌陵江州為官家政殷於兄而
慈聞於書教育其兄子使成進士無異己子
黃志清字以度發辛卯解元癸巳未進士選吉士授編脩遷中旬
身恭敬接人自閣下而下諸大老皆愛而敬之以為金玉君子饗
脩之暇尚讀書其志願欲以希聖希賢為事功以掀天揭地為無
業而從已每書歸必叮嚀母縱恐母欲家聲母踰門軒母為好人
未嘗酒作詩告潤果劉家南木經惹病而死大材不竟惜之
文苑

小叙曰藝林作者無慮數十家大都以根究義理不詭於六經者為是吾鄉風猶鄒魯文學之士蔚彬彬焉其椽飆登壇者睥睨千古者遠世無論已其見聞所及諸先生言之有所著述追琢乎班馬者有所吟咏伯仲乎李杜者有據正理設議論覺世教風俗無愧周程張朱義理之學者是皆能成一家而為羽翼聖經之後秀也安得不標表之而使　湮無聞哉

貢物惰学伯周於書無所不讀作為文章人競傳之以為秦漢佳章尤善白六駢麗典雅消出晉唐之上者以選貢應教官科分教江西興國學所學以造興國士彬如也掌章學教導識荊於吏部李聞光親愛之如先生焉為澧州學正時過太學士趙貞吉尉薦波時大喜其博識精深以為天下士也留憩不忍別者三日歷官三時皆得鄉試而登俱中式主裁者多推之自吾鄉蔡虛齋偶明道學之後易學大明而公獨造其蘊是以所至之士執經問難如蒙方覺居家純篤禮義為教皇祖宗整齊綱紀藹然仁讓之風至於作文以應人之求雖老不衰

王慎中字道思公少生於歐陽四門之後雄跨藝林初步秦漢之設流乃斟酌歐曾而拟據義理為藝林之英華南豈即廣曰三子所為文不屑於一世所好尚而獨復乎禮樂名教之原不安於一人所私由而獨抉去古今天地之蘊故其詞似淡實腴似平實奇似淺實深似疏實密似豐實約雖其論衍而或激思精而或苦然已足專門而成總家惜乎董家一亨其為累德多矣

陸宏字道遠與理學張廷芳為友偶明道學不仕自傳著作亂后無傳惟有謝鄉者黃廷秀祈雨文記叙至今猶存年八十餘卒

黃貞字士守當遊梁彥成門論者以為蒙引與有力歟今湮然不嘗利達厭棄科舉為當世逸士所著不傳惟有寺鄉膾炙人口其贈友人黃君得子詩云至寶滄海珠至寶藍田玉持以贈黃君黃君俱不欲黃君之欲又何如欲得佳兒繼芳躅無於長夜問楚香對天祝天遣玉麒麟來在君家露頭角黃君從此百不憂兒子然有子萬事足可以長　贈我將酒一壺詩一曲歡君莫把此子等閒看異日衣被須周十二幅洪還西塔殿側句曰佛入中國來大治洪爐過鐵都堪鑄倘遊十方去白雲孤雁何天不可飛又曰青山長不老任白雲飛去飛來綠水本無根到黃河分清分濁

黄伯善字遠叢天資粹美學力高邁文章繼芳躅於秦漢詩淵學擅一時之宗淡精金美玉隨物而皆有光其在庠序也篤學以造得其卷四海內豪士也金聲錢世曉曰不惟學識文章之美可爲魁傑擬其節概孤高氣守方正自非閩士可幾而詩學一家又當於磨大曆以上求之初領鄉薦不第卒業成均祭酒歐陽公曰非今世之士也其令昌化也公明敏決斷於獄無枉撫按有难平之事檄使平之有所獻議無不采當啟擬則與諸生講論經義粹然一出于正凡有名山川岩石奇花異卉及所之郵驛亭榭各有詩歌以寄興文集詩集行於世而偶聯如李杜爲詩之聖人也

黃觀字文選博極群書尤長於詞章縉紳先生如陳紫峰史箭江曾漸溪諸君子極雅重之一日同遊西橋遇驟雨史出一偶左曰暴雨驟傾萬斛珍珠浮水面公即信口对曰長虹高掛一條金帶束天腰史擊節嘆賞謂曾曰子固有賢人而君不知　之惜哉漸溪遂與締兒女之　愿居常以梅自况時見諸吟咏曰繁華花木遂風塵玉樹江南獨道神金鼎調羹知有日莫教折與　隣人是可以純德知公矣至於被捉亂而不愠指遺金與老嫗雖　絜仁恕出自天性亦自涵養中　也

陳良器蔡光復皆老儒抱才有雖無大建明　行亦謹處頤

李伯遐晉江二十八都青陽市人父以貴学爲生寓居安海新店口伯遐生於斯學於斯下筆即有奇語　八爲弟子員二十領鄉薦連登進士歷官惠州知府不畜私囊俸餘俱與其兄

陳載熙郡城人其先世業賈遊街居安海進德境世業魏舉故曰泗厚內從學陳　淵嘉靖乙卯以從師光場李領鄉薦數科不第釋褐授潮陽縣知縣居官清謹竟以縣令終歸居府城

顏氏本都吳山人習春秋領己酉鄉薦不第授廣東長樂知縣歸卜居安海后山鄭厝巷子球登癸丑進士官至察院

蔡存省九都新店鄉人母出安海蔡家故居安海存省少聰敏有能名戊午領鄉薦歷官至同知歸居泉城

陳有光晉之二十九都下吳嶼頭人父祖開紙店於安海有光少習舉子業數奇就武登武進士爲鎮撫累官至都司僉事卜居安海後庫山閣王　前

陳文輝晉之二十九都下吳嶼頭鄉人父祖鬻紙居於定海文輝早遊庠有　譽萬曆庚子科發科知縣事

與時應時及兄弟晉之二十五都塘市鄉人父方田公移居安海將應於嘉靖壬子科舉鄉薦擢

鄭鴻逵南安四十三都石井鄉人崇禎戊辰春兄芝龍自海上招撫入居于安海橋西舖石厝頭柯厝巷等處鴻逵習學武業登武進士累官至隆武　定國公

德行

小叙曰六德六行備哉周官盡其重哉季世人才雖讓於古而以學之所勉性之所近每每足以當人心而登與評者如孝如友固為德行之首稱乃若義烈之放於國貞烈之表於家彝彝烈烈又弱植宗德者能窺其端緒哉宜其孝友並稱也而醒世之逸民習隱者之高尚清風其為德行絕潔不可無誌

孝友

伍氏憲嘉靖戊午倭至挾父際奮逃及遇賊氏憲長跪曰勿驚吾父餘任若欲賊不聽及其父氏憲挺身殺二賊又傷數賊後被至落其右手臥草中一手荷戈一口嘶嚼呼父三日乃絕至今烟雨中見道旁有男子荷戈立者人輒合掌呼伍孝子而過　何子曰匹夫脩之家而著於世其必有合君子之道出乎天禀者耶人之秉彝好是懿德性無有不善也予雖得諸人也或其附立言之及借頤子孫乃見至其理決深山窮谷之中雄名驛然可勝道哉可勝道哉贊曰編戶閭閻剌草盈襟我躬不閱未計幾何輸餘疾力忠信靡他以矣七尺若切若磋掌節廿眾宗門可繩我誌其人執柯伐柯　右孝子伍氏憲傳贊何匪莪作載隱當

黃耕字伯升號惜公平志行純篤居閒有文行雖幼在襁褓亦必拱立作一敬已而兄弟長負逸偶率無不感化居鄉言足服人信義之聲籍甚王烈曾論天地之生大聖大賢不踰三代而後孔孟而已其後如理學之儒由學問中來下而如斯人亦不可多得自漢以來有四長公其四長之儔乎

黃堪字騰與孝友天性父痼疾聯綿湯藥皆親嘗飲食皆代留黃夜不離側不出門者歷寒暑喪嫂孤姪撫之無間生平為著作嘉靖間倭焚僅存守恩集獬翁文明倫文海患是皆不刊之典

孫志字德佐與弟德嘉同居合食和氣雍熙卒無間言兄遊邑庠家小子一付之弟弟遊商江湖弟婦身勞其勞真陳江洲之風也兄弟散歃餘叔得篤學既而弟進士必珠叔父歷官俸餘遂入私囊而間言生隙矣

黃衆字伯任孝節陳氏之子也自孩提陳教即知禮當遵果旌其孝謹晉江錢尹公事止里中衆錄其母節孝狀合諸生耆老與論白之尹嘉其行起文而爲之祠自是衆歲時必竭餒食以祭輒潸涕而歸鄉人乃知有節孝之門卒之日弟子請以由學易名

黃松青字國石與弟栢青貞之孫也少穎異未冠入郡庠嘉靖戊午倭報仇之日殃及城氏松青父子兄弟避亂間道遇賊栢曰若父生我如何可舍弟遂同扶不去父子兄弟相抱而死事定鄉之人事君子有欲舉孝於官而論者或有伍尚伍員狀孝張禮之說以爲國名斯時宜令弟走以傳救已扶父以盡孝乎殺雖然扶父不舍外難不計松青終不得爲孝子乎哉

黃錢字伯亨錀字伯啟錡字伯戴父早喪母蔡氏頤淑自撡智質而令其子讀書孝友禮讓日提撕不覺鍛天資純美繼從成母命之曰父死子幼資有千我姑習智質之術以待汝今汝長當令儒就商有二弟胎世德亦足爲孝我一未亡人而兼男子事難也將也不可常也乃承命掌家政遊江湖習雍紫之術每歲一歸而春邑長蒙家殿則課二弟規矩日就不數年而蔡殁營喪葬至二弟居常之間淳風穆又年三十四一子尚幼而夫喪繼頭錀一如兄時篤愛其姪無間己子撫兄子成立爲郡弟子員而錀死子幼兄子亦能文發奮待其長而家業付之相繼淳風藹然三代也至錡有其從弟則又難矣叔死無嗣留一女及五歲兒錫伶仃無依錡撫養之嫁其女育其子延師待友不計所費後錫領鄉薦官知州兄自食其業不干俸養歸仍挾其業遜其柄紀其嗣嗚呼悲哉世之淳風漸滅盡矣

史徵麟字紱甫賦性廉潔事父母至孝父母在不遠遊順治丙申王師駐劄焚燬安平貨財散紱甫家破身病訪親於鷺島病益加重延醫調劑留數日忽聞母終紱甫痛哭絕蘇三日而終

義烈

太史公曰人固有一死死或重於泰山或輕於鴻毛輕於鴻毛者

以植綱常也雖貴亦休論矣重於泰山者以道義死也雖微賤
蓋　夫義関君父方所擔荷者利害變於前而操守易於中者何
限也翔夫當詔爵祿于朝而獨以區區之儒士捐其軀抗賊之鋒
活人之命於必死不可得生之際此其為輕重何如也是以　聖
天子欽而贈之撫按府縣又而祭之夫礼為民衛災捍患者必祀
則凡若此在必祀之列可不傳乎
黃仰字伯推金谿之次東翁山之仲兄也少穎異總角以儒士應
鄉試馳聲郡庠閣屢歷九科不捷其人剛強不屈見義必為於族
貧戚然貴者姤之府戚者疏之固其有持諒挾姤求爭者亦寧于
祖宗義均族疏則必曹族人平資怨而與之較必勝而後已鄉之
義舉士夫公論必自任之所不計其禍吾鄉石井書院乃　宋朱
子過化之地至今杏壇小山叢竹舊址猶存嘉靖庚戌縣尹錢
公請撥重新建之翊以兩廊號房前後二堂相承外植華表旁列
精舍即於祠中祀朱韋齋晦翁二先生神像學校凡有大舉動鄉
於此相會官司或時來往必於此請歌鄉飲之礼大礼鄉約必遵
聖訓鬪者之肄學業俱聚於此誠吾鄉士君子人文大觀之地者

鄉之狂奴兒殊不知學惡燒書大字嘗以是仗干犯學山洪成田
以兒少而能害因奇而寵愛之乃欲以書院為買辦之資私以許
奴兒時士大夫學校無有建言以復之者公乃振袂而起曰朱子
道學之源提撕風化之官也　朱子博通道學掃地盡矣士
君子熟視奴兒之肆害據佔而出氣是士氣不如奴隸之衰也為
親甚焉撓而復之義莫大焉去　即義身親加焉吾當以死爭之
乃上書言狀不聽復言之巡按　怒而杖之竟以此辭學不入
蓋善與不義者比也今書院不動如山而奴兒作賊矣不知過錢
增指曾語曰以是奴蹤跡否也有鄉太守柯賓卿者傑驁狡猾凌
駕寒門吞漁大姓又欲聚以制吾宗御其僕濟水者之數類令其
弟誘五澳之海賊三道入攻意在殘赫擄掠公乃率我族衆禦我
家僮敗其山海之賊而擒其首柯知力不敵乃復以賄以賄而構
之於官兩下俱傷獄久未決既而賓卿嘉害於人無遠不被其虐
其所以自斃也鄉衆被剝而不殊意家族中其一姪弟姝謀殺之
而不就欽夫殺之如粗朽縻之戊午之年令僮之被殺秋五者與
柯僕遊仔童仔又從而挾讒以恐嚇以　其仇亦未知賓卿之已

死也至則梢其室焚其棺停其人纖餘毒而後去嗚呼人之報滲
人亦猶是矣時公在獄俟冠狼藉御邪矣之能禦公素有用武之志
而籌略亦素聞於人閩郡咸推郡守豫章熊公汝達出之于獄札
而遣之公聽不與賊俱生發家僮為兵守洛陽橋當賊北來之衝
賊前有日跋脚翁翁最驍傑用事公以計獲之於是不敢渡別沿
山而去南山之後住潘山直抵磁灶與其鄉千長吳君鏡戰殺之
公策其必至安海乃率衆追及磁灶破之遂疾趋至堡時堡新築
未就以四月初三之敗幾役公星夜發家兵子弟捐撤乎禦賊闖
之不敢　者數日公意其山路已　境矣因為之安且值端午
遂各解嚴　家有為賊嚮導者以賊　虛公兵猶在堡
又以西橋為　可抵隙而破也乃誘賊沿堡城邊停掠人民出
西橋南趋意欲　以自脫也既而鄉之避賊者二萬餘人亦欲
出西橋以奔賊從後追逐甚急西橋一條難渡時海潮又滿而公
兵求集望殺者轉切公按劍督回捍賊救民吾之分也見賊犯人
於險而舍之將焉用我為即率其現在之兵二十人據險以拒賊
殺賊十餘徒而二萬避生之衆乃得不擠於險焉既而人渡盡賊
大至以二十人抗二千勢不可復支矣而潮水又以滿人勸之曰
衆寡不敵尚可逃也盍避之以圖後功公曰逃匹夫事也匹夫身
人也逃適賊行也以一身治二萬人之命丈夫之貴也余膺職也食
君之祿矣搆於柯有　已當我以死矣縱不敵而死亦從王事以
忠也忠素志也死不以　而以功得死所也夫復何恨哉悲夫繼
毒而死於匹夫之手者何嘗祥鸞之於　鼠也遂奮戰以盡與其
從弟廷英死之嘉靖戊午歲之五月初五日也事聞官給葬巡按
御史斗山范獻移上其功而祭之以文　欽贈州同知賜一子冠
帶云

鄭鏞字純可別號石岫性篤實曉大義嘉靖辛酉倭來攻城鄉有
陳大經鄭舜爵者欲內應而鏞居大街家與舜爵隣月夜同守城見
爵等辦凶器有會疑之其妻密報云今夜賊將至攻城吾隣人欲
內應當速避出城鏞回內庭何等人也吾必行陰隱以撥亂領人
命遂闢　方千戶發其奸遣兵圍　法得其所藏內應之器當堪
供語同謀　應恭等即擒殺除是　城乃机呼大經舜
爵等城上將　應賊前投城外賊知事覺遂遁去則是闔鎮之命

嵤公歸也時　鄉進士蔡春圃先生諱民望避居城中此事欲
闖府縣紿冠帶公辭之曰當今盜賊蜂起恐以賈禍乃止

隱逸

黄乾初事親孝居家嚴賦性好逸恬淡寡慾清脩雅飭不染俗塵
衣裳有校不鞋春夏避暑紫雲宮好談三昧之語況味蕭然恍如
山寺高僧寺僧亦從而樂之長逝之日如喪父師寺僧號哭已四
方僧釋尤之天作佛事云

高寧字用韜元順公其先世於泳最盛自入國以來惟允元允英
以明經脩竹蒙辟舉　商是少青雲之士凌貴至　之世乃作而
歎曰更高家業關於國則非其國廢於家則非其家業我家儒彦
隨官述焯聯世德今日前人畜者叙弊無聞哉乃發憤修業既
而嘆曰古人學究天人道通今古徒青紫乎哉必有所藉以不朽
者乃博稽墳典潛意研理足跡不下樓者三年俯而讀仰而思意
有獨到即起而書之於壁者有以定錄若干卷亦以窮究天人之
理多發前人所未發者其體段大抵類呂氏春秋而理每勝之錄
成進有司行政不使寧目擊斯民之塗炭憤當道之志行乃詣闕
上書以陳時事若干條與達當行焉此一方民也時銘鎬擴柄正
直道塞鄉紳先生見之　疏抵酷忌諱惧以其言　法得其
群聚憩論奪其章疏而歸之　杜門不出老於牖下焉

伍榮叔字載齋正直不阿好面折人過遇不平事輒義形於色人
敬服之王戍子鳳章雖貧自常加痛楚登門告假猶日夜譔以
呷唔益嚴毅剛方天性然也少攻舉子業數奇始輟業為江湖封
上平伏義慷慨有與公實藉誤遺百金於公處後數日公檢得還
之其人以為意外之得願割半以謝公公笑曰使我欲得其半亦
不從其全矣是人感激而去由是江湖益重公居粵多年鳳章登
闖樓始歸復廣置圖書凡經史文籍目覽手抄黄墨精謹至今手
澤猶存所謂老而好學者也家居優遊迨二十年而卒

黄伯瑞少習舉子業而文根抵于理洞無勢利態不識不知直道
無隱葛天無懷之民也好作偶聯駢儷奇特嘗遊一片瓦覺海寺
聯句多警語如曰咫尺容身萬里溪山寬眼界絕巔奇見九天星
斗近頭顱又曰片石憐朦不覺晨風夜雨數峰排闥如見伏虎蟠
龍又有曰怪石自成窩真熱小巧老僧可與語但是大觀望遠處

府峰野樹休遊千里眼臨流開心窺源泉直造九迴腸矣七言曰
撫石坐中聞佛閣龍泉濯足淨禪心如此佳句皆可與傳者也
伍金祚字明胤幼有奇姿長而倜儻豪邁慷慨有大節不屑屑於
家人產業故舉子業漁獵經史旁及歌曲餘竹無不兼通數奇偃
蹇屢躓不遇居恆鬱鬱又不得志遂劍經因而學劍精於劍術然以
終非世業久而去之素好臨池　法得其妙又精於行草後粵遊
遊於粵猶能並遊於市其自詩有　愁魂對對哭無声此氣何日
得歸鄉先生之精神可謂壯矣其文章筆性亦足具見於藝
黃以才胸次豪邁不趨勢利不枉是非日以詩酒自樂不廢晨夕
風雨好遊山每值歲時佳節則相邀携酒躋嶺披韻將筆嘯吟終
日卜築於城外水南橋西臨當列袱即環池為圃植菊種蔬或適
高情或邀高客則淪茗英以養靈摘蔬葉以當饌泛舟而下學網
得魚不廢日夕竊天取酒於邱柯分清聖濁賢陶陶然樂而已以
其繞池為堂號曰寒江釣叟以其趣寓焉　鄉人稱為酒洞賓云
黃應辰少習舉子業蜚聲黌宮數科不捷遂厭棄不就隱居討野
於南安四十都東泉鄉處然種花娛目怡神之餘樂採山釣水自

佚賓客之咸宜或携觴於茹陰之下或舒嘯於泉石之間有山中
習靜看朝槿松下清齋折露葵之風味
黃以載少不為承族世不作風波中年即以商業付諸子樂遊笙
衛結東陽書舊之社遊心詩字得古學瀟洒之情韻鮮岐黃與亭[?]
昔心游斯民無伐吾家法承乃祖父之風敦孝友尊行之約
黃石澗亦鄉之闇人好蘭靜厭紛華居小肆自營所事二筆跡能
大書求者日至有來則應欲見則否年八十餘筆力遒勁有前朝
泣姓之閣[?]
黃子京不逐繁華自適儉齋結社詠歌樂心漁釣嚴灘於長虹淺
灘不廢風雨如張志和之　江湖散人頗知儒文多識奇字六書
九數皆精方術伎　軀貌魁雅望之咸謂古成之人
黃世雄好簡靜誠信無偽平易接物習師襄之業得天下之中音
而極精於是陸西則有陳生尚義山東則有孔生亦島皆不遠千
里而來學之吏部周良寅未第時亦來學既貴欲致之京師介榮[?]
數四致請竟以事先人田不各一行千金可得渦亦以是辭答曰
吾之琴無吾性情寄此終其身足矣何必屈膝貴門下此必不可

必得之千金哉。吾嘗聞之古矣：韓伯休之隱於藥，梅福之隱於市，
光之隱於釣，君平之隱於卜，孫登之隱於嘯，皆一才藝終身者
何多。吾亦始終隱於琴而已

同胞三人瑞

壽之爲物，天地人所推重者。天爰壽而有南極星之久呈祥；地爰
壽而有山川之久流峙；人爰壽而乃列於五福之一。然必得天地
之純嘏者，斯足以致之。故上世氣厚而多壽人，其後如明於熊經
鳥伸之導引者，則非自然矣。如甘谷潭人家壽多百餘歲，少亦不
下八九十，以山有大菊花落潭水中，人飲之多壽，是亦太樂道所引
之類也。吾獨有取錢希白所著《洞微誌》載：太平興國間，虔州界有
翁曰楊遐舉，年八十一；父叔遵，年百二十二；祖宗卿，年百五十五。
巢上鷄窠中小兒不語不食，不知其年歲，時取下，子孫列拜之，而
已乃其九代祖也。父子祖孫年登百歲餘，古今一人耳，豈非南極
之照臨、山川之胤毓，而爲人中之瑞　宋前輩亦有三
九十者，貴不與之共代而同神者乎。蓋　萃於一家，則
斯萃於一家，則尚而少於同胞爲尤鮮矣。科第，世之盛美也，同胞

命而三弘者，尚多若人瑞而至於同胞三人，古今可再得乎？前元
父璞，古淳未變，和厚舒態，年登九十；仲兄文翼，少業舉子，年登八
十九；季文樸，氣質堅定，威儀儼雅，年登九十七。伯之子伯孚八
十二，仲之子伯守九十，季之子伯翔八十。未艾，庶幾楊遐舉哉

烈節

高元霽節烈叙曰：　嘗學問，知義理，古今人物臧否之甚啖可
美可刺者，皮裡春秋。俱素業衰而斧鉞之固宜，擬常慈之下從功
立業，一不幸爲節爲義，可生可殺，而志不可奪也。乃鏡古今人士
安常處順，旅進旅退，亦有可觀。一旦遭時變遇利害，成仁取義間
或有之，而失節喪志之夫，前仆後繼者不可勝紀。阻于勢則錯愕
愴惶，莫知所措；怵於威則驚駭恐怖，不能自持；甜于利則貪勝陀
忘還；從觀千金在前，猛虎在後，平生所舉揚，地盡勇節義若
斯之難。　乎婦人女子生深宮之中，長阿保之手，身不親師友
切磋之功，目不睹古今得失之林，一旦遭也遇患失偶，喪夫祈慕
署而獨任怨咨，賭宜抓燈獨坐，窮愁饑寒，疾苦訖問吣　父號．啼
飢呼寒，熟知其紛華靡麗之衣，雖爾蕩心唱隨燕笑之娛，感而傷

懷甚至有奪　之親耶　之趨四方入焉彼其恬焉自恬介然自
挺出入越居不移尺寸至正氣所激折之必伸挫之愈　寧守義
而死不背義而通寧全節而死不毀節而生於霜雪苦寒之秋厲
金玉不染之操自少至老　姑一心誠疾風之勁草烈火之真金
者乎推此志也雖與日月爭光可也余閱貞烈傳所記諸人成仁
取義愈出愈奇此非婦人女子之不幸以歲寒見松柏而內不愧
心外不愧影近可表當世遠可風後代古之節烈聞者耶嗟嗟猶
未也婦人守志趨操不同或激交變之情誼而義不背移或憐兒
女之常引而情不忍離或沐舅姑之愛而報恩圖其稱或席富貴
之資而甘得消其苦或父母兄弟每以　相勸勉而廉由之遺
其勢自直者趨操不同大都如此矣乃有上未得舅姑即與之遇
下不係兒女牽絡之情夫妻未交一面非素有情誼可激家產餘
無措而非素有富貴可席且有其父其母懇懇推明利害以
摧折其心諸姑姊妹歸寧以陰陽其說稍非堅白資性厚于天植
者而洞徹綱常大道理者能不緇磷於磨涅者哉况若此屬矢志
自完極心不二者安得不詳考其始終以表其心未可槩以諸節
間類而共視之也

府縣學送陳吳二節婦祠呈

泉州府晉江儒學生員伍趙陳守仁等籍貫俱係本縣八都呈為
旌表節義以勵風化事嘗聞易稱從一詩詠匪他孟顏說每推於
婦人而美行獎光　烈節茲有本都故民黃禧妻陳氏繼有本都
故民黃緞妻吳氏妻夫均在少年矢志不衰於未限一則從容而
全功以燕翼一則慷慨而經　於烏　苦節而道不易　死而情
足節　民嗟異遐近稱贊伏　望大人高敬像一致凡孝子順
孫義夫　婦呈達奏聞近蒙　父母大人將為節婦之祠以富激
勸理合粘連陳吳二婦實錄呈　中達一例旌獎庶使九泉無憾
二氏有光須至呈者

孝節陳氏璞珪南安白石陳家器之女晉江黃楷之妻性嚴毅和
閨門不戒而孚績紡之餘力熟讀小學孝經烈女傳姑史氏久疾
日夜忘食以供湯藥終史氏之故不怠子字其小弱弟詹三繼母
陳氏復以事史者事之陳卒為恩母年二十四生一子家始貧而夫
于潮州贈琯閩閩以歸旅櫬塋葬於夫父之墳側痛哭撫夫

柩誓曰所不一與死同心遺孤而興而夢　不復為人父母廢強叚
之不能奪也卒之三孝皆底於成業稍知學問即出就外傅長補
郡庠生晋江縣錢尹嘉陳之孝節憐榮之真誠命立祠以祀之
吳氏南安江崎人黄綬之妻年少喪夫哀慟幾至傷生既而謂所
親曰婦人以夫為天夫喪則天隕母以子為命子絕則命顛天隕
命顛何以生為遂死則少於急迫故從容待期而義至期乃從容
上吊之間錢尹憫乃與陳孝節同祠而祀
黄荷玉　柯積妻　汪新娘　鄭聯桂妻　蔡瑞金　林光貞
陳妙楠　伍繼妻　陳妙姬　王爵妻　柯梅　伍瑞妻
陳淑款　高　妻　黄四娘　蔡世望妻
前誌云汪新娘晋江人年十八于歸弘治十三年鄭桂繼溺于
水訃至氏撫胸大慟既而曰喪夫之人豈宜獨生即投于東廊之
井而死時年二十二至嘉靖辛卯晋江縣錢掖為之申請旌表建
祠立坊在拱北亭
貞潔陳氏伍熊妻也伍族譜云性貞潔雅端不苟言笑歸熊祈公
三年而公卒氏二十六朝夕哭奠如禮越數月熊公畢謂親戚曰吾
事尽矣當與先君子相從於地下遂擇日滑沐更衣從容雉經于
中堂鄉縉紳學校舉其事於有司建祠立坊以旌表焉今祠已廢
其坊尚在安平之拱北亭
已上皆錢公祠于祀時同送九人故曰九節祠後公增一人送
于祠後不由官有力者以意私入尚多
貞烈林氏南安溪尾人余汝礪未婚妻也汝礪習舉二游學江浙
母欲為之娶卜日尚未歸姑乘吉日先娶以待幾半年汝礪乃歸
在途病死林氏哭泣盡哀以卒哭日縊死事上　詔旌表其門
貞女陳三娘蔡遐謨未婚妻陳成器之女也遐謨客死於外聞訃
即自登門哭臨不歸却食撤服水漿不入口者數日人勸之
勉然強食水粥期延命以見夫柩猶盡夫婦之禮及夫柩將至即
出郭遠迎哀毀瘠立已即素衣見舅姑成礼後即守柩絕粒哀
慟無已積四十日而死兩家不能為之表揚惜哉
貞烈陳氏　揩未婚妻進士陳大對之姊也家　朝廷旌表樹
在晋江古陵廟曰女中夷齊
貞烈陳氏周二娘之妻陳偃元之女也

貞烈陳氏陳綸之女綸即史家溉興國也受聘於雷姚君献子司
虎之男樹婦也樹讀書早死陳氏哭臨却食以死為殉一烏乎
常之重於有　澤又少聞是而能舍生取義亦自然之天性也
貞烈陳英娘陳典箴之女為黄崇楠未婚妻也工刺繡閑詩史安平
多尚遠隱不仕華衷吕宋數諸衷足迹取利捷便人多趨之萬曆
癸卯之變崇及其婦翁兄俱受禍計至痛哭仆地絶甦者屢屢以
死殉之之心如鐵鑄心腸與嫂氏共訂盟矣第以父靈在欲盡其
父期三決自而後歸黄以全其義於夫則孝義兩舉父夫而
無憾矣自是母兄每寬慰之曰何忍於母乎曰母有兄在子事父
婦殉夫天之分也母何患無多女幸有汝可朝夕相依汝言吾無
依吾命盡矣曰兒　之熟矣臣死忠子死孝婦死烈皆義也母以
兒為人妻而使兒勿義死非義方之訓也是不敢從又哭其族之
長老及薦紳之士委曲諭之則曰老伯叔如有行者淨則吾何讃
之親之也婢子欲往就義則又多方阻之母乃教導不公而疎外
婢子也叔兄讀書之家一顧之義亦聞之熟矣何靳不使余志言
能而哭於是知志不可回矣乃群衣冠而送於黄之門謁翁拜姑

盡婦之礼然後易衣衣執喪朝夕哭奠不離苫次母時往省之冀心
持而哭則慰之曰母勿哭死吾分也不死非吾　也兒得吾分而
死甘如飴矣何以哭為乃謂兄曰後勿使母來來則難於勝情妹
又悪其慟而傷母之心也家乃厚其殮具則固辭不可曰父夫附
於身者若何能必誠必信乎否也而吾忍獨安之是重吾不孝不
義之罪也登門期哭奠二十日越　月七日午時沐浴自縊殮衣
戒母使男子近吾身自題懸帛詩曰抱恨結褵婿折分珠淚萬古
斷殘魂此念貞心酬夙願玉樓和瑟會夫君是文山之儔人高致
也晨起沐浴更衣拜天地祖宗以及族黨姻戚礼畢而午矣手自
結帛作圈將懸姑母哭殺慎謂姑母曰勿哭兒去得見父夫鄉事
也乃整襟端拱引頸入帛纔而絶母兄解帛扶下就殮是日也晴
明畢日及午忽天昏雨注殮罷復霽天亦終始無頹　嗟嗟乎
異哉烈也栢舟矢死於夫婿齊眉之後君子尚置之於節烈傳之前
而況面目未交如貞烈者而能以一帛繫綱常之重乎關雎沐周
南之化而知匹鳥之有贊則詩列之於國風之首茲是世以六籍
之年而有季芊之識其有得於關雎之化者多矣推其知季芊之

贊是以有今日之貞也至於從容慷慨則又留於文山識之而非
當世尋常節烈者比也　余年老久疏筆研特以一族之長思此戚
事哀而偽慵而嘉之故勉強詮次為傳並諸族譜並諸安海誌以
為觀風者　焉
貞烈陳氏為元近之妻也元近父國棟邑庠生近弱冠以父業儒
家計窘迫乃棄儒入商往而南是以年利歷外不歸陳父希潛亦
邑庠生以元近久遠不歸欲令其女改圖女矢志自誓曰女婿不
歸乃我不幸命也　我他日有死而已自是蓬頭獨處飲縑辭諸
姑姊妹多方曲譬女惟涕泗以自絕之語以拒之不下樓者凡幾
年及元近自夷返歸婦年二十五矣非貞烈天性其能然乎逆為
夫婦順事父母不六七年相繼以病絶噫天可必乎天可必乎
蔡氏喬魁之女未笄北總二年丁卯廣賊入城被擄將汚之死罵
不從驅之去不行殺于西橋之東鋪子前
烈婦黃氏宗輝之女陳章悉妻也安海以商為業雖之身赤發之
國亦到呂宋比諸長較近但此番獸被獵無常性而崇癸卯間無
故殺華人又在其國者二萬餘人而章悉父子與其妹夫及僕四
人僕皆被害黃氏哭絶方避逆朝夕盡禮仍辭姑嬸與小姑識
約　死士秋義其節烈為作傳並詩記以榮之又為上於有司以
期旌表焉自是當死節小姑死其僕婦亦死貞又節共聚一家
陳氏西橋樹下黃　之妻庠生陳元珪元璧之妹夫死即以死自
誓哀毀骨立思即死無子以繼付他人豈若身自為之乃以紡績
餘資營葬事期大祥日死而既果然士類多詩文悼而弔之
柯氏龍達受之妻達受死氏方二十二以一撫自楚孤苦自甘飲
苦冰霜居獨室不與人近有夫從弟富千金而無禮義欺彼汙之縱
已狗竹夜分穿入卧房匿于床下氏孤居既久男氣已絕入房將
睡覺有豚喫嗾然而駭即呼婢取燈狗乃自床出是某也擒我莫
號氏即號呼動也哭罵大喧適告族衆曰以吾孤苦之人而狗辱
得入房門吾辱甚矣　以生為逆遂死將訟之官狗已逃之杭州
溺死於江天之討罪亦可謂彰著矣夫
柯氏蔡達　之妻即庠生柯國梓之妹孀居孤潔以礼自衛有媵
婢姿色適歸于柯家族同居惡少以計誘而犯之氏知之曰我何
人也孀居孤苦人也惟一婢相依余依之而人得犯之其辱甚矣

何可使我近無近則我孤吾守死也遂經而死鄉人祀之九節祠
懿節柯氏翔台之女伍金祚姚泰宇之妻也泰宇慷慨豪邁貧而
好施氏出粧奩以佐不時之需泰宇周遊歷覽交識天下名士至
廣爲亂兵所侵逃客死焉訃聞氏慟哭不欲生已復撫孤汝白此
貌瑞甫未免有立未亡人其何以報先君子地下乎因諸語瘁痛
多方教誨茹蘗飡霜之操即多歷年所未嘗一日渝也後其子以
單仰膺誥節鉞褒及所生有綸綍之榮其亦足追補吾不負乎
純節吳氏陳自享之妻傅回氏天性儉約不事繁飾善事二親侍
養之饔飧務精潔得親之意處祭之滌器躬饌怡親之顏雖陵之
家訓也焚膏佐讀勉使從父師之有雞鳴戒旦之風焉奈何福善
之爽伉儷甫八載而夫卒哀痛之極幾從亡人於地下既而思曰
死節以殉名非不休慷慨耳矣吾道則夫所天遺我以大我棄去
是負所天仰事之責也所天遺我以幼我棄去是負所天俯育之
責也仰事俯育既失綱常之理已虧豈一死足以塞之哉此從容
之所以難也吾從其難者而已於是上事二親生事死葬各盡其
禮下有三孤教養慈嚴卒有裁今其子果能成立是爲鐵中之錚々
錚人中之彝々孝思其母厥節之純厥功之大欲思所以光耀之
士民咸録詞以永傳之詩歌以詠之至於受綸綍之褒光泉壤
之寵則有　聖天子在覘風者之責也
吳氏黃民望之妻邑庠生吳希文之妹也民望早喪元子吳氏
事伯姒甚恭姒利其嫁多方窘迫之吳操志愈堅竟以死從究哉
其伯姒晚年一夕忽然自倒隅痛方醒語其家曰吾被人白捐至
大官府之処見一緋衣官人欲問吾罪舅氏訴曰吳二娘乃某都
人氏今前矣二娘係晉江八都人是誤捐也正在放還閩迺我小
姒之兄希文欲赴告我迫死乃妹竟在不放我逆極戚小姒一時
力勸其兄真情迫切曰吾死有數與嫂何與吾夫既殺吾嗣不續
忍死至數年既已後矣得死是其職也而欲賠禍吾嫂重吾罪也
二柩在堂吾二人者吾去以死不孝罪大矣嫂代余任重者也何
其可以死諸姪尚幼斟觧消遣其離事之吾二人遺屍且以累吾
姒另何不念及此也況兄爲吾舅之姪女婿伯氏之從妹夫也嫂
氏尚在况子猶當往來何不留此情以與嫂姪作顏面乎嗚呼噫
神幻異之事固不足傳而此亦甚奇矣亦甚足以警世矣亦甚足

以見吳氏之賢雖死亦靈矣哉
完節呂氏大率人之性皆得之天稟得之清者衆善畢集得之濁
者卽惡皆聚學固足以涵養人之情性然能涵養者亦必其得之
清者也使其不清雖詩書日講學問日深亦且莫奈之何矣故有
村夫傖婦目不識一字耳不聞教言能自然孝敬動合倫理非得
之清者能爾乎又有書讀五車文拾青紫是學問有餘涵養有素
矣而乃無父無君滅絕天理罪浮東海之波惡壓南山之竹豈非
混濁同禽獸之氣哉余讀呂氏節義傳因書此以發一慨也嘉呂
一女流耳雖吾鄉川洋翊翊之家然詩書教澤少有觀感之無資
一入陳門習見卿唐業儒卽能循循婦道苑陽女紅以佐讀唱隨
如賓動效古人未幾而夫歿以二十二之少婦煢煢哭奠動中禮
度以不忘夫婦之義而堅冰蘖之操身紡遺資以撥弱息攻淡茹
素以光徽德比其子之長則又教以義方不使煦煦之慈及良宦
孫枝逸勝無幾于此十五年之約未何孫纔六歲天又奪其子乃
撫膺大慟曰夫死吾分卽當死豈忍爲未亡人時以一點血肉在
吾又當撫而存之以續先祀也豈可含其大者難者而就慷慨一
死以塞責哉今而子又死則吾忍死之心不白續後之功不終嗚
呼天既而又以六歲之孤累吾奈之何哉結腸不解病不逾月而
終噫不讀書而能中禮不涵養而能善道非得之天植者而能然
乎今六歲之孤果能成立而有孝思欲有以光揚其祖母之功冀
若假宗工之筆以永其傳而吾鄉之人士多嘉其孝魏爲詩文以
顯葉之余倚誌得是篇誌之以待觀風者採焉
純節伍氏邑庠生黄昇妻也勤紅佐讀卓然有聲年二十二而寡
撫一子甚襁節操凛於冰霜蓋其天性也順事舅姑和處妯娌愛
諸姪如子未幾而家事日落子又夭死伍氏大慟不輟已而謂其
婦曰吾二十二汝舅死今五十一而汝夫亦我死已後矣所以忍
死者正以一點血肉在今汝夫雖死幸而有孫卽汝舅之血肉也
年少難撐孤苦吝從汝志伍攻女紅治紡績撫孫㷀仃相依爲命
危而艱備嘗已矣既而孫也不才有從祖叔以七百餘金爲之
夢教漸盡繼之　死伍大慟伍內逆發一病而終嗚呼忍死之心
不白延後之功無成天乎命也哀哉
純節許氏沈久仕之母夫蚤喪子少遇而能任事俯仰供無缺職

純一節以終老子孫又能表揚之亦榮矣

莊節婦龔氏黄伯燮之妻順事舅姑恭敬其夫和睦妯娌義教其子至於臧獲輒善待之舅死姑李猶諄嘉靖壬戌間姑夫相繼淪沒喪葬隨分稱禮時年三十抱冰霜之志又稱純惪

孝節龔氏黄伯深妻年二十三　寡撫其二孤以有成立事舅姑孝葬祭合冰蘗自持不踰閫不歸寧終始不移嘉表貞也

貞志陳氏舉人陳瑤孫女黄世偉之妻十九于歸二十三而夫歿五年之間夫婦愛篤舅姑亦宜之　後舅姑耄陳勤女紅以供給事上接下藹和不以無子餒頽志年二十八完節抱病而終

賴氏舉人林大任之妻舜生應試之母大任死之日賴年三十三有二子教育各有成丩七十而終應試遊學閩帑撲緣之餘時求雖工文章彰其母節歸即撫其父求即入九節祠

蔡氏黄希仁之妻二十喪夫遺腹一子家雖清貧教子有方使之就師友業無間寒暑不為姬煦之仁後學成補弟子員

蔡氏黄思明妻年二十五而寡以死自誓無子一女無依女紅育女冰蘗自持有年日秋霜之操凜群鷺之中而有九皋之清唳蓁莽之中而有千丈之紫桂以斯地立斯節其所謂難而又難者矣

完節蔡氏龔弘舉之妻夫早死僅遺一子家事頗可維持抱節撫孤以終其貞守勤儉享年八十二見子成立鄉人送入九節祠

王氏黄以行之妻性寬適行續絃早寡無子只有一女哀傷之過至於病狂亦不廢禮一節以老餒若霜日

王氏黄伯高妻同安禾頭人生三女而夫歿盛奩飾而不驕敬伯姒而不忘撫三女以有成抱一節以居貞噫亦足多矣哉

守貞王氏黄科哲之妻早寡無子抱節甚峻承繼螟蛉各有一子感其慈愛家中和順並無間言

蘇氏貞伯斷妻太守蘇輔姪女夫歿子幼勤儉孝行有子成立

貞烈蘇法觀　士機妻本都吳山人脫弟士聚妻黄安縣泉郡庠生

黄　女順治十一年丙申四月十一日王兵屯劉吾鎮被兵擄二女是日午閉門自縊二尸出城同出婦人十餘一門俱節

正烈陳氏高維新妻溪頭陳　女丙申四月二十一日闖　王師至走脫無地遂赴三官廟邊大潭而死是日諸親烈死者多人

純節林氏瑠霞王元官之妻林齊賢之女王贊　之媳也元娟夭
殁於浙江訃至林氏悲號動地死而復生迨櫬至喪葬盡礼欲死
者數次而思曰吾舅年老惟恃此一子今子死將誰適歸姑阮悲
爭勢以免不孝之愆遂以其舅入侍為妻舅有傳嗣之地朝夕
菽水承歡勝於夫在之日嗣而氏遺腹生一男舅妻亦生一男越
年而舅卒舅姑貧之時舅以吾無是婦無以至今日今將以是
孤及　怙汝撫養婦之責亦大矣婦之節亦苦矣婦之志亦堅矣
瞑目而去居舅喪必盡誠敬卒哭而卜地安塟仍有夫祖父母諸
柩棄葬皆氏一一仔肩不問諸叔舅所供給兄弟并倒寂寞舅離
卒氏榮膺年久不怠其夫弟及子教育有方從師受業今遺腹
已成立生男而夫弟亦成立生男此天之所以報孝婦之志而益
以成孝婦之名所謂不死更難於死也

南安石井鄉有女許氏嫁與王家未幾而王夫死女絕飲數日決
容縊死有石坊鐫聯在上林次崖題曰烈節峻陽山自信吾身無
他許冰心寒石井　教夫婿有二王

安海誌卷之八

安平皇恩里鄉約序

孔子曰睦於父母之黨者可謂孝矣黨也者聚也聚一鄉而處之
閭門同閈朝斯夕斯歲時祈穰讙聚之會出入有友助相恤之誼
疾厄死生冠婚喪祭有吊問慶賀訊賻往來交錯之禮其關節脉
理相為聯屬是不啻可以鄉人疑視之也鄉黨有宗道為於鄉
者為老宗之父祖也黎於鄉者為壯宗之同儕兄弟也卑懸於鄉
者為童稚宗之子姓弟姪也宗以宗子統族人每事必告善不善
皆得詰廟而懲戒之鄉以耆老統鄉人每事必告善不善皆得鳴
社而賞罰之同黨鄉人雖有降殺而用意周浹互相表裏此皆所
以維持人道而重民儀也安海鎮據塹源之衝翁而辟排而素處
皇恩而海貢城與　倘矣峙為鎮左掖齒聚而附居者無慮數千
家伊唔者商者販者耕者漁者人各專其習而以業相半雖文行
寡聞而閭黔素敦雖格法多駭而照好世講兵燹以來間有跳出
自為不善以自干刑憲者鄉人相與嫉之若浼也憂其終變乃復
鳩衆申盟於鄉慨不作轄止甫寧之後予撮其要而讀之以忿有

近於聖人教人以孝之意夫宗族稱孝者鄉黨必稱弟而鄉評所
不韙者必皆宗盟之所斥逐故夫試倫于紀從逆爲兇與夫逞狠
貪吝蒲擲鬭鷄蹴踘憑陵淩睢者皆以父母之遺體行烈者也故
君子敦睦以合族而宗法行焉因孝以錫類而鄉盟諧　法行於
宗孝也而亦睦也與諧於鄉睦也而亦孝也由己之父祖以及人
之老由己之兄弟以及人之壯由己之子弟以及人之童雖無有
不得其所者　壓皆可封矣況知方之民可使有勇而親上死長
制挺足撻利兵茲會也其於安　尚亦有利乎

建紫雲室序　黄元

鵬山爲泉以南之時山山之寺紫雲洒如也僧徒凡幾人脫俗味
飲薦衣礼無貴賤遠近遊山者盡人而礼之嘻鵬山沒紫雲徒山
也紫雲沒僧徒紫雲也然則山之時以紫雲名紫雲之洒亦見以
僧重也歲已丑吾儕假以藏脩吸山之青醉僧之禮時時同志二
三僧徒一兩穿雲共坐寥廓放情與僧相忘於形骸之外僕知非
書其書不覺而人其人也僧法靜者起引梯子從而進曰乞詩以
誌也及第而登樞要自忘　此冲淡求詩以誌微因誌以道而懸既
眼作青資而　着不盡也余應之曰子但知山居將以利山之居
而不知吾儕之利非若僧家利山之利也昔宋以前武夷一山耳
子朱子寄之而天下後世遂知武夷武夷因翁而顯翁豈有心欲
利武夷哉吾儕能無一鵬山可武夷也佛子若孫喫不盡鵬山
清氣吾儕不喜及第而登樞要利之者利靜爾爾也法靜拍掌笑
曰吾山將作武夷矣乞書之以爲左驗濟濟焉命毛子記之

紫雲室募緣功德碑　菊山黄伯善

大士開山古斷　雲一塢巨靈　蟠盤廻滄海萬家室也一北斗之
高星分牛度地跨南州之勝峰若鵬搏豈惟叢向叢林亦作梵丘
精舍以其郊於大國常有採樵聞有寺在名山屢來遊客況近天
風雨門户不免推敲饑　風烟窗楹豈無朽壞僧本持再掃一衆
散地重開四大禪床長奉佛從心上做成若皈依自然安　無盡
財乃身外物取要受用施捨不慳當助善緣愧無屏營敢題短疏
僉引熱鐵

諸天佛界疏

佛道非正前賢闢之嚴矣而宮廟奉祀自昔已然況安平亦晉江

之大都會山川之秀鍾靈文物之美淵藪則必有車馬之往來遊
客之怡曠且更有祀德祀功以懲惡勸善爲人世不可無者但公
地因世遠多爲豪家所設古蹟失者甚多矣舊無誌可考今自其
新建及古僅存者有跡者爲之記耳
舊誌安平市北山佑聖宮肇跡不知其年宋初太祖開寶中御幹
安建增建玄天大殿驅蛇内院三　殿神霄殿及東嶽行宮西南
有拱北亭元燬于火至正二十五年道士魏文淵募緣修建因舊
碑不存降神筆而作有云五代之際天福之初疫氣流行邦民無
辜法自玄天功昭雲水符斷群魔冰消萬病爐香頸迎喜信勸趨
虛陳越蔭黃香葉展高代有功應傳難述
古佑聖宮記曰晉江南下有開元鄉修仁里其地瀕海之北曰安
平人烟輻輳萃爲市井當其山之北有祠奉祀玄　之神靈星烜
赫遐邇瞻依當代天　眞人書其額曰江南第一靈壇鄉人求祀
願加其始於後因燬者、相傳故老舊誌謂五代晉天福之初閩
王之子有疾遣使行禱即召住山雲水道人奉香火赴治果痊遂
「粧力士以晝塑狀送四表謝鄉人效之每至上元粧迓行香遶境

祈安以爲故事迄今猶盛蓋人心所尊稱靈顯應也然當雲水
小之時未有祠宇惟錦蕞而已及見元學士趙公叙啟聖錄以爲
玄武之神顯乎眞宗時眞宗御筆改玄爲眞又允屬北方皆禽二
象意爲龜蛇也因考宋史眞宗以厭兵故欲天下觀聽扭醒人神
道設教之言信方士林靈素務爲禱詞而有天師不時降臨詔天
下立天慶觀作玉清昭應宮于京民間所在靡然起興此山宮觀
想亦始於此時然不可槩記欽惟　聖朝敬天事神卓然前代永
樂間詔脩理武當山諸宮觀道選高道優以祿秩俾專一奉祀其
時欽奉智工大臣盡心力一又堅徵完美至今金碧相輝照灼雲
雲漢且灼知神之所自大書絕頂曰太和復大書元亨利　于別
室以示　人知神之所以神也又不停於前乎吾鄉人素荷神恩
遵奉聖化祠之宮宇而次第新之人心信奉益加誠敬本山今當
中之宮扁曰玄天正奉玄武神之所前有石砌月臺臺前石砌甬
道接櫺星三門前有石琢香炉旋木陰森轉而上有三清殿當殿
北向有麒麟奮化　天尊其南有五帝大殿乃鄉士蔡芳拜建西畔
有廊列衛護神東西有鐘鼓樓當殿前直抵山門而出面海復轉

東南而有神霄宮六參普化天尊徙為雲堂；之後祀神之所自
出沒變度之　以是之衆道教徒不能悉記至于祠宇所建之處
歲月亦皆闕焉然欲記之詳不可有所略也嗚呼天象地道是皆
關神之微顯神之幽以示人信不可誣也然而太史公敘道家前
其來有自蓋嘗參摹天下學士托於神仙黃冠之歸非一人而已
故其時所當豈得不叙黃老於先而後六經乎故流與　於唐唐
又以老子為祖追封為混元上德皇帝以至開元崇觀天下自非
今日誰知神之所以先乎先王周公曰元亨者誠之通散萬物之
出機而為春為夏利貞者誠之復斂萬物之入機而為秋為冬惟
神也出入於機流行於通復之間而不可測哉非元則無以為貞
非貞則無以為元惟元則萬物各正性命於有生之初惟貞則保
合於有生之後由是觀之則神何物而　有何事而不　何時而
不着元塞昭布於天地間而豈有一時之或間乎是可他為而褻
之哉是可他信而誣之哉
玄武殿舊志　璽宮在城北門外迤東北三百步許嘉靖己亥歲
城初起倭奴寇，鄉人知賊將至　時請上帝入城，果賊至而焚

其殿陛廣闊士大夫耆老糾衆醵金化募象地為檀樾砌三層臺
結玄武金殿而錦繡之旁列四法師座前列專銅爲事悉小龕而
旁道房第二進踞為路周繞石欄干第三層石路欄干而不遮路
臺下又為聖母祠廟曰武當行宮右為雲堂祠前臺為鐘鼓樓前
臺為鼓樓前中為山門扁曰齊雲別界西為李帥宮門臨石街北
倚城垣家懸之家宅西連樓店登臺西望十二景在目儼然一帝
之大觀也再考玄天上帝之來歷始於晉天福時有雲水道人者
畫像以祀歲時亦遠境迎承繁時海上一片浮槎隨潮汐來止不
忝里人異之取以雕帝像而金其身甚靈應淨人遠請以去乃以
香木代之故老相傳如此未知是否
玄武臺前東西有鐘鼓樓舊鐘重千餘觔兵亂鐘毀鄉人梁公秉
扞蔽歲久則起沒歷之心遂賢士打破欲貸其銅時鄉宦黃菊山
同鄉人知而冤索之於萬曆間重建鐘樓依舊懸之然已鐘功聲
更矣至萬曆三十一年十月募衆添銅重鑄週圍不書將及千觔
重建玄武殿碑記　楊琉
屋垣列宿王帝應玄天之玄壬癸奠維金界藏北山之北枕羅源

而襟江帶巖鎮安　而分野連郊　橡不吊乎舊宮悲先炎燕麥
之感地祇望啟乎新　鄭僧李豐樹之觀鑿石鋟三去天尺　負
郭起輪奐之龍鳳翥臺聯綿旗　之龜蛇閱闠興惡出浮蹈太空
之上市廛川陸在空堞徼渺之間三十六洞　再增式廓數千百
月　斧斤碧玉初架雖樓臺半空之勢向金光滿少浮屠合尖
之分明錄上添花有時五陵之客若要竿頭進步還須高鑄之錢
天雨飛輸無乎有爾也取材代石何處得來乎衛呂洞賓之照鐵
成金神仙亦捨如願長康之開門見面男女不懈懇無量之福田
祈多方之施主應怨巧婦難作無麪餅顧言孔方兄不斷絕交書
大撒花有好而成莫笑視火居道士早結果有這段功德直須念
普化天尊拈起話頭齊開笑口須至疏者

齊雲碑記

上界是呂府好作樓居平地有神仙不嫌市塵廊姑作讚頌經之
宅玉臺依然永滕王之亭蓋天造以人謀為資而藥攤與陳區相
值洞霄紫極祠職典司羅浮赤城羽流棲止結長生之緣於香火
托度世之迹于人家與其崇之空空徒想像于雕輪日毆親瓷納

諸城郭文兼得乎水市山村建陽之九曲鄰桃源瑯琊之兩崎似
盤谷崆崱安海副彼臍雲玄帝之行宮不知起自何代緣救之多
壘無幸延於近郊楚炬無肆燃張秦時化作烏有燕摧掃地當此
赫以天誅宮室光芒屋野正其方位龜靈段十瓴重翻昨日之焦
頭攔額不可言一旦之彩翠珠樓而復　珠簾綉柱碧　金莖桃
北斗之長城地當壬癸挽南溟之巨浸　合坎離自首幻成烏鵲
稽蟲豸蟲鳥盡　崑崙之圖及今收為鐘鼓洞柳梅花結架小試
當山之勝層巒複道嶽石驅東海之神丁精舍　園亭錫郡四
之佛子霄外舭綾双扉搭甲第摩乎其間城中烟火萬人家神極
臨之在上象嗚鷄蒼列岫來於簷牙蚊室昏樓高棟飛于海角鷲
首而半空亭榭指掌而千里帆檣乃若瞰乎林曲諸峰潭潮汐聲
且霧雨陰晴遞使江津海邏之壯轉為福地洞天之所共張旨以
敬發勃澥數十喝即洗頭之盆應雲龍而儲精因果四十年成磨
杵之針九蓮燈照煌煌金碧之廟氣閑幽七星劍曜燁燁北斗之
神二燭耀宵紀及風滅火而倫俾逃遁不違堪怪絕機斷渠即頌
究疾痛同書鐘幾鐵而復阻蓋已破而遂完薦芹藻之儀莫不竟

胥淨滌蕩烟霞之武周敢邪思滌心撾鼓張灯卿有賣會參珠落
鈿道不拾遺司天上之冥權聰明正直而一行民間之陰騭雨暘
寒燠咸若通天觀女隸過而不窺禮斗壇男兒望而遠拜從来塵
馬跡之點汙與秋天海色而鮮新廟令老人屑代神言無不應者
山國道士載藏歲事如將見之柳𠐍佩之陸離朝罷香烟携滿袖
紛旌旗之繚繞日高黃繖下而清金色婷客玉靈真相非人非鬼
如在如亡 詢故宇之傾欹緣地靈之還換雖新邑之興已適鬱歷
之改元蒼生咸帝之外臣雄竹施舍向前為臣之色予猶歌樂成
斯役也經始於甲子之冬而歷乙丑丙寅歲丁卯歲代辰歲無一
歲而不尤徒勾会揔乎於擅那之　中少溪君梧岡君北泉君樂
菴君蘇數君屯獨埜掌捂据衆之所推祈以為報神之所勞謙弗
自留伏願無庚癸之呼無戊己之應火水及盜賊不災有野齋之
貢有稻穀之禾白雲與黃雲俱穰誰復登室而挖瘡聞歌叩關而
乞靈祝聖壽長眉極星明冝發祥於萬曆破天荒我符金鎖斷以
來輔乎九重陰福無疆安民不朽紀之劖石撰歲崇祀
普現寺即觀音殿城北門直北里許奉千手佛於中堂吞象衛於
後堂前山門繞以土垣東僧房厨舍前菜園西堂奉註生夫人古
有大榕樹數株今僅存一株在空角大道旁浩來之維摩也里人
以為迎送之所昔人建此亦有意哉盖此乃安海北之來龍處堪
輿家曰背後若興廉作祖為官定不到三公嫌其來脈之龍平坦
故作此以為鎮莫也今又作亭坊華表更見大觀天啟間里人御
史蘇琰鳩衆重脩於大殿東畔搆一堂為萬法道場公子蘇峽書
四大字龍山寶地勒石于山門邊順治丙申安平塵寺燒燬
无涎此殿首憂又生心賴有顯赫而焚者不敢焚折者亦不敢折
有一營將折數椽而貨之忽有天威霹靂而竟惧怕亦刻以原料
架於原所跪叩伏罪而後敢歸是以兩处迁界經毁焚燬而此殿
獨存大為千古之奇靈也
天妃宮舊在水南門對門店三間及迤東溪頭店三間及店後厝
祇後街嘉靖辛卯壬辰間黃陳於錢見根處請產給帖作民居而
天妃祀在人家及築城乃祀於南門城樓萬曆癸酉甲戌之歲士
夫黃菊山作疏合緣化衆驅陽侯之名役五丁之士因浮海之洲
砌三層之臺結蘂珠之宮以祀尊神扁曰神山觀謂如海上三神

山也西旁翼堂初耗末　所其地来山頭分支至廟内起一嶺頭
結一廟曰嶺頭廟迤東李厝及溫厝南下古槐花樹街曰蔡仔山
直南結凝土如龟背作塔上穿脉過海結凝堤為倒地関砂〻末
尾以丸地如廣之海球寺隨潮上下此天造地設非有苟首

改築南城天妃廟功德疏　黄菊山

天妃庙托海市数世悠長土著人旁神居庇麻浩瀚倘為吃衆多
所欺奪久無儼遷安能再興香火聊寄南城旌旌不見上界安流
祈祷燈燭之步復實唯實賢嬉遊畔晚之替緣無埤於少時曾入
我要在今日當為神谍鷄鳴隷應桃都金家舊物龍卧橋跨石塔
王洞别天隔一水駕客約以通之做三山築方丈斯可矣自慚無
戽擋家施有蚨錢擇廟令以募緣共指呼鷗島侍意宫妃必备報
願把逸麒麟曾跳不詭言之勸之喜捨

观音堂尊身有在赵然亭在西塔前橋頭後唐人失火焚燬而神
像歸然獨存異矣哉里人結於門楼上以祀之及築城廢里人又
奉之氏居迨起神山觀乃别築堂向北對城臨海迎神居之尊身
造橋時塑者

東宫氏宋紹興間造橋後里人高仕罵地七畝建寺與塔今寺廢
作民居僅存西畔僧房三四間與僧住持事見高家族譜

関王境人募緣建之以遮卯風巍〻廟宇煌〻金碧翬〻鴻鵠翔
翔廊無規模氣象儘是壯觀但南向民居壅塞眼界不覺関王貴
其時祀列以張趙是岂時也築時在萬曆初閒

西関王祺関王義勇貫徹古今廟有東西之分而崇祀之心一也
西境人亦募緣建立乃跨通衢東西南三大路築高楼宏敞壯麗
以妥王神山水前朝眼界頗見從容建時與東廟相次

玄壇宫舊在拱北亭西内對聖殿路三間店是嘉靖間為當民詰
虔今在直南而下山頭東西分水夹上金墓前之水逆水向北方
不滿二十尺頗有靈異玄壇公秦始皇時青城高士趙光明

相公宫在西河溝尾近陡門故曰陡門頭相公宫方大餘傍曰揚
震降祉

昭惠廟記即東宫也

夫有功於民則祀之常制時之報功者必新之明宮齋廬必旌
之以美號顯爵陳其俎豆而薦獻之蓋所以示不忘崇思公功烈

在民尤難忘者唐武廟中延福殿基方興斤斧公降神于桃源驅之嶽山陰沿村植沿遊而下人不勞動故殿宇飛翬雲叢而成屹然輪奐者實公之力公有廟于寺之東隅為州民乞靈市福之所吾泉以是德公為多凡家無貧富貴賤爭像而祀之惟恐其後以至海舟商舶益用嚴恪公嘗浩求於烈風怒濤閃鑠之際客於雲表舟或有臨於艱阻者公易危而安之風息濤平舟人賴之以寧者十常八九時丁天旱大澤焚如守令憂之為民勤禱迎用虔于公之祠下未終祀禮而雨澤滂沛其秋士民有禱於公事無巨細莫不昭格吾泉以是僉議公之威靈公嘗以陰光相國曆明天子之寵眷既封錫爵可謂崇遂比頻賜惠之額為廟之榮然誠一時盛舉公之神明竟其如泉　井隨汲留尺如斛之在谷道衝皆鴻故安海市沐公之庇時為其孚市雖瀕於洪濤而未嘗有泯溺海濤之恐者以公之廟端居于右市之風雨以時而文物井井山會水集家肥人富潛潛然為向禮義之方者亦公有以致之也故市之民德公而愈不忘初以公廟卑濕邇遶高燦之地經營就緒未愜輿情又即其舊貫而廣大之百用具備像圖孔肖視之儼然有可畏之威故祈穀禳謝奔頂踵相繼廟之造以政和四年八月癸酉經始而政和五年十二月己丑訖功僧某等而致謝然力者某某僧陽負陽從人吳宗俊陳鼎楊高等計百五十餘人共施金財廟已落成遂來乞文以紀作時國珍教學于府之左亦荷公之賜故為之銘曰岩岩群山閑雲屏滂沛大江長繞縱橫公宅斯邑赫厥聖一山之秀兮江之清　郡翁首事後總會稽謝成續書　鄉貢進士王國珍撰　通政郎權興化軍興化縣管勾學事兼管勾勸農黃　篆　奉議郎太醫學博士充編類政和聖濟宮郎校閱官

劉推立石

長樂林猷可昭惠獻馬文

伏覩神無所適感之斯應神無不在求之斯來公之肇迹其原有自庇祿之力泉尤篤人各各以歸仰方在在以奉祀而公無不適也無不在也未嘗有遺所願此海濱之民所以猥建行宮焉然廟貌　完聖像尚美雖部曲稍備而文物未全如之何其仰福即此二人同心所以興造神馬論公之神不疾而速不行而至何假神像以為之哉然其德重者其物備位高者其禮崇不如是不足以

表其德　是不足以稱其位斯焉也非驊騮騄駬之良其筋力
精神不知其若何也以像儀而已斯段也非王良造父之善而左
右調馭不知其若何也以倫負而已雖未足以表其德稱其位而
至誠之意惟公知之如將以神賜之而不尤其不倫以神化之而
不病其不能則下馬行地無疆上馬翔天有路庶幾乎有降福之
由也仲敬既畢非敢務言姑用記其歲月云
濮陽吳處厚列文於石題曰紹興戊戌歲高汝賢何與能施造神
馬而長樂林公猷可時爲之文用記歲月面標于廟之西廊下日
月浸久文字毀滅幾至剝壞厚嘉其人之串於是命之刊于石庶
不泯焉　嘉熙庚子中秋後一日謹題

重建昭惠廟叙

安平之東有廟曰昭惠世祀崇應善利廣福顯濟君東北福祠宇
祀忠濟仁福之神蓋昭惠本在南安九日山延福寺之東以崇之是
山爲諾以爲靈感通嶽山降雪有功於朝因立祠祀之逮宋嘉祐
五年春郡守蔡襄以旱甚禱于祠輒應熙寧八年聞于朝勅封
崇應公政和四年立廟賜今額建炎南渡以後侯立陰功勤王助
順累贈至今八字之封其從忠濟仁福之神姓陳諱爲其先
泉海太守陳肅之後五代閩有官徙于泉首是爲神之曾祖泉閩
寶閩以勸淨眾等州節度觀察制置使陳洪進納款于朝功克出
神爲異蹟熙寧間有西夏擊語求敢雪以神爲迷猾寇役以總元
豐間從守禱于是廟則神已立化矣遂別祀之自是之後衛氏翊
國昭嘶于後時淳祐六年郡守劉克遜殘神前後功績上聞十
一年時詔封加忠濟侯未幾加仁福焉自政和仁延福有廟叙之
村落多立行廟安平之廟亦于是始而從祀亦始於淳祐間也有
鄉貢進士國琛之記在可考廟之靈蹟前者述之記文今當具在
人心況日見士女奔于向靈祈濟無時少休且從祀之賢尤稱焉
有疾疫癰疽奇症怪瘡世醫不瘳者誠心叩告求以爐煙盂水傳
之服者無不痊愈是使鄉人以之爲久四簡行則頂以香火紛稱
多以贄物餂仁福乎躬自佩奉額以保身以至吉凶禍福豫示前
知其應不爽由是遐邇瞻依非特此鄉而已其殿廡承絫并重新
正殿亦頹壞永樂癸卯士民李思賢捐貲精木至其更撤舊而鼎
新其東從祠以隨亦風雨損壞遂從神像于殿以便祈禱經數十

年當成化六年秋鄉耆張乾生伍嗣陳毛生陳之棨高季爵陳璽鄭鼎宗鄭勤洛張信裕蔣燦緣以闡重建蓋神之惠澤在人者深不命而獻功不求而惠質焉故得回舊址之荒蕪為翬飛之輪奐既落成來求予記惟先王之制法也德施於民則祀之以死勤事則祀之以勞定國則祀之能禦大災則祀之能捍大患則祀之凡是數者苟有一焉則為祀典之神是故嚴廟崇祀將璦芳以仲祭報者宜也況是二神捍禦之功在不能忘且民間五祀禮廢誠心所萃於是宇在檮杌記事又不容已所以不可無苟非士民新寢正殿於先鄉耆諧公與從祠宇於後抑亦何以竭敬安靈而慰輿情哉是皆宜書以告將來既而作歌俾歌以祀事其辭曰翳神之功兮蓋世我民服事萬不一二言香火兮美長佑我福我兮無疆千秋萬歲兮物無疵癘敬而事之兮綿綿　有繼李里老儒七十六翁陳適遠撰

七姑娘樓七姑娘國朝永樂間張天師朝見永樂欲試其法先於會處地下作窖置宮女七〻人於窖中作樂殺聞謂天師曰何處怪物而有樂敲儼而殺此天師奏曰有妖女七人在地下調弄居已今神將盡撲殺之矣上憐之令宮中作宮以祀里舉人黃國寵會試京師聞此異回搆樓於下河東園池亭門首跨路巷奉之白衣滿州樓以祀觀音先里人塑此身祀此關王廟後與關王抵背而坐人以為神佛兩不便故別搆六角層樓於關王廟西城隍東留古無祀壇地

東門內相公宮今新店口往洗馬河邊亦方丈頗著奇靈

新建觀音在西塔城邊萬曆三十三年建祀觀音附神百歲翁有直年事例水仙王萬曆年間設在南門邊東城邊溪頭巷口境內人祈禱賽祀

古蹟

佑聖宮今移玄武堂宮地須隨入玄武公用溪頭不應占買以杜尚宜公論

西塔寺地西臨水閣石路東抵黃家水井庄南抵今城墻北抵槐花樹後對塔後輪藏殿〻西小殿子藏東為摩尼塔東為六殿。後為後軒僧房軒後為菜園今廢作民居僅存一塔〻旁一井在焉

東嶽相傳爲參從戎在市東北門下河乾北石門外長巷東前臨
街路、北一列店皆其地背附城來有土城石門舊城門也嘉靖
間瑤霞王家請建內廟江南書館爲以當時進士王慎中别號江
南也其屋宇俱如舊時去其群像耳
天妃宫今移神山觀鎮海爲之亦一勝槩有天然者增八景爲十
二景此其一也
後廟宫在舊東門外新店口當街對衙鰲山境後以祀五顯者人
廢爲人家
積慶堂在後廟左近居民許家故稱許内庵兜
道場在明義境土地宫西龔家請建爲店三間約深四丈有奇
嶺兜廟山自玄壇宫西直南至廟内起嶺頭而結庵於上故曰嶺
頭廟黄副使鍾請建蓋屋牓曰崇基今賣與嶼頭蔡家鍾之先祖
不知何許人來托居爲廟祝居廟内子孫因之故族呼爲廟内後
鍾貴顯廟廢以廟神置之崇基壁坎中後方滅迹
城上宫與嶺頭隔巷左右在路下厝下嶼頭厝上昔蔡徽山秀才
居屋是先前巷路由廟内路横透後山巷後爲居民路塞
西宫昔壽帝君即翁氏公是也在西城邊牛磨兜今瑤霞王家我
作民居去神像屋仍舊
舊玄壇宫在拱北亭下
菜堂相傳在賣魚東店後今無考
千佛堂相傳亦在此亦無考即宫兜黄族號曰宫兜則亦説信然
官地東石井巡檢司地在今水南門大井北東勝菜脯巷西在路
北後街官賣爲民居
安平鋪我朝江夏侯經略海城時置此以爲急遞鋪也北有小巷
南至路東黄居墻西黄店深濶四方在西塔東官賣作民居别賣
嶼頭境西今公館是
六亭拱北　中明　天尊　泗洲　水心　超然
拱北亭在北門街舊玄壇宫前今玄武臺路對衙三叉路口東安
連濟建元綏子火至正二十五年道士魏友端重修今被火焚
國初沿鄉有里長以供賦役又設耆老人以平曲直所以安置
老人昔中明亭也亭在市中大街潮迴鋪後及陳佐貴起青雲接
武以來陳彝陳佐祖孫舉人後火焚地賣作店今孫陳亮采賣與

官贖田天尊亭北堂奉天尊後天尊為人盜請者當後宅伍鴻山鎔請產僅存方丈路亭耳在伍柯三路口

泗洲亭在天尊亭路直西對衢盡處跨西河溝奉泗洲佛今佛廢而亭猶存

水心亭即西橋中亭附在西橋末

超然亭舊在西塔前橋頭以奉觀音後居人失火燬矣

重建超然亭碑記

智周乎萬物而道濟天下聖人之濟也若濟大川用汝作舟楫贖人之濟也雖其為濟之道不侔是亦同於事濟也且以大川喻天下則其所以為濟事亦大矣而況不為舟楫者乎夫然後知濟之為義有所在焉自舟楫之利以濟不通天下思濟之心滔滔皆是吾不知其孰為脩實濟之利即與其虛濟於一時曷若實濟於後世與其未濟於天下曷若既濟於一川此君子所以思居德而貴成功也傳載子產以其乘輿濟人於溱洧而尹思天下有一夫之溺猶己溺之觀於二子之濟虛實從可知矣方今六合一家四夷來王無事相濟相與討求實濟之利粟至于今有與橋梁道焉而江湖傳播夫利涉之勝於吾家有五里之橋益其功侔造化謀鬼神前誌備矣聞者駭異莫不思歷而目睹之猶且不及而況身蒙巨濟天下無一夫不得其所即是則徒聞五里乎步波心如履平地之勝又焉知夫海闊天清列嶋如繪水色波光空碧千里明星播波輕烟籠水錦鱗游泳沙鷗翔集邀影隨光各得其所悠然與懷俯仰與天地萬物上下同流無不樂其樂而生其生焉有他哉亦各得其本心之所同然而已耳非賢者而後樂此不賢者雖有此不樂之謂乎予於是非獨私羡有是勝尤難於有是人有是人尤難於有是會也雖然江山朝暮變態固多廢興今古不一又焉可舉而集之咸萃於前則又在人之一感耳然則勝而超然必有得此　山形勝之外者則予蓋有意集諸前脩景行若太守趙公常齋父子樸鄉林蘿華數君子之諷詠題吟生平心事之寄脈於其上以待來者庶幾即斯橋之勝以求濟川之心推濟川之心以待濟時之會推是以往又何啻一川之大而已哉適斯亭重構黃子聞而成之遂感其事落成於永樂己亥之秋既復其舊益廣其濟並石設欄請予一言以紀歲月吁予既無文其可無畧以復起

予者繼之以詩曰范范堪輿齊裹海滾滾巨浸渺無外其中一撮
上礙波大禹導之東南會維絃坤軸鎮巨鰲似為四象作拱撐坐
令百川滂東流引使過表生百態伊誰驅石到長虹攝取乾坤如
斗火雨曜升沉轉眼間十洲迷來同一塊從容平步踏青雲銀漢
天津何足奇遊蓬柵搖珠宮遙島瀛洲果安在達人高視等於空
況抱須彌納一芥欲寫山河壯奇觀自嬉趣怒不在內不知此老
幾時田為　蔣者述厚載號芳古陵張廷芳書

三塔

按黃庭煥舊誌宋高宗紹興二十四年癸酉太守趙令衿造東洋
橋成鄉人淵由轉運使磚塔於橋頭白龍興塔去昭惠廟右慈濟
宮今廟後堂及仁福尚在宮入民家仁福之存詳誌在前按高族
譜高仕捨地七畝造塔與寺後塔歷年既久風雨震暴下民又從
而賊壞磚石剝落已甚及我明萬曆三十四年丙午東塔塔尾飛
去里人黃陳二氏醵市東人之半金脩理鑄葫蘆尖以貫其頂按
黃庭煥舊誌西塔名瑞光塔宋高宗紹興閩里人以造橋之餘貲
造此塔不知主何信善如何日時迨萬曆三十四年丙午里人太
學生黃汝爲上應順天府鄉試與其兄北京礼部右侍郎掌詹事
府事兼侍讀學士黃汝良道及廢墮脩理之事而發善心作募緣
勸出疏併己資遠寄與弟歸會募緣某某醵市西之半金脩理至
萬曆三十五年丁未五月十三日去尖出心乃見燕龍上所書曾
生與李廿二娘祈求子孫安寧紹興廿二年辛未九月十一日立
於葫蘆尖内粘勒金小銅觀音一身尺許長劍一柄古小花錯一
枝銀鉤耳三枚古搬錯一枚想曾夫婦所捨又葫蘆尖一層耳塔
非所與也七月之朔群信齋戒沐浴文信祝告於塔神請天安置
塔心木及燕龍層俱新鑄椎葫蘆尖是舊物　一之吉兔頭易
名曰文明塔其鎮塔物件舊物仍為其新者太淑人陳相金玉小
觀音一座太學生黃汝惠鍍金達磨一身室　氏琥珀戒指一对
太學生黃汝爲鍍金彌陀一身三仙論道一座观音经一掘琥珀
念珠一串室周氏大銀錢一文王鈕一枚郡庠生黃美元銀鍍金
帙一面銀耳幹一枝金錢一文銀　一文幹緣黃幼瑞玉頭釵劍
一对東塔古來奉祀高丞相像在塔内以其有功于安海至天啟
初方請入高家祠堂

重脩安海西塔募緣疏

寶剎凌霄長閱人天三世金操滄地昳蔭海市萬家撐其日於上
市播法雲於界瞻巍西塔建自宋朝舍利藏秘之區如來光　之
中遺塔毀　神力以護持出自毗荼幸靈光之猶峙巍然首
開緣覺之觀發業五層觀莊嚴妙明之相衆生於焉仰　六
道由以皈依剎以影對漸寄信是形家文筆抑且脈連曲海底領
甲榜題名頗遥經乎歲時漸剝蝕於風雨陵谷遷變堪稱離之變
遷殿落盤　驚衆教之將隳匪藉檀越孰爲拯援雖曰化工亦由
心捨昔阿育王廣浮圖於震旦蛃銷八萬報身之災名謝鎮卑
像剎於杖頭猶解西南殄氛之厄願吾知識同發慈悲效祇園之
播金花　白業造眉山捐壁何嘗肯缺清淨土歸然一新種種福
田由心造寧堵坡咸正無缺歸歸智果應書因各隨机緣共成勝
事謹疏萬曆丙午九月　日募　道人黃明起書

西塔　瑞光塔宋紹興閭里人以造橋之餘貲而造此塔五層六
旁門中空一井中架大木一柱上頂塔尖燕籠層層有級高八
丈周圍四丈八尺座有石欄干經闊三丈餘在市南蔡仔山下西
橋頭嘉靖庚寅年點灯辛酉科中三人後萬曆庚寅又點辛卯科
中解元此塔有關於文明之象

東塔在東洋橋頭宋紹興里人高仕捨地七畝餘以造其高準西
塔大倍之腹大丈餘下層無級不知緣何無夫舊塔向望南門北
及大坪紫帽双陽雒西北而照映

燕尾塔在大街巷龍分水之處燕尾之星峰也

祥異誌　以前無考今自共所知者記之

嘉靖十四年乙未大旱　無穗來年丙申春無麥民大饑饑斗
五月高州米到價漸平
嘉靖十七年戊戌九月地震自辰時至夜半館牆屋有震倒者
嘉靖二十三年甲辰九月地又震白毛生
嘉靖二十四年乙巳旱飢斗米百二十文四月海寇欲攻安海舟
入水陸澳被捕船戰獲
嘉靖三十五年丙辰九月初二馬流流精入市犯人犯即　用桃柳
枝迴身鞭撲方醒每日晡婦人衣男子衣冠圍聚公所然　用男子
圍繞鳴鑼擊鼓如見大星流飛止宿使是其星去則化為獸類

嘉靖四十五年丙寅月中有
隆慶元年丁卯虎來北郊入顏家祠堂撲死 於樹間 有
也明年戊辰龍也虎在水旁龍虎榜也其家舉人末科必登進
士 已而顏容針果中
萬曆元年癸酉九月夜有星孛于西南方其氣散漫高約十丈餘
上銳下濶經三月方滅應張江陵之變
萬曆年間日食既星晝現又日中黑子相磨
萬曆七年己卯伍鳳章爾頭六月瑞荷盛開八月領鄉 故號瑞
閩
萬曆二十年壬辰八月初四夜一更時分雨中驟發大風聲咸甚
于霹靂之雷擊門聲于戶過天流火小者如升大者如斗無數從東
過 歷屋而飛人見者以為火燒屋雨大火不知其所止息風
罷船上人見之船多破
萬曆二十七年己亥安平第一境人家有精祟甚異前三四年
在家餘食未有發覺人亦未之疑至本年三月初四適家有喜
事花粉在堂家之十四歲女子入房忽見一婦人頭帶堂上 花
手提箱中細褶及布一疋投之地下而不走舉家驚惶從此後女
子每入房異見之然不作醜人亦習而玩之因教女子見 近
之及扯之此物亦知退步愈迫則愈退而上樑上床上閣以去矣
又 使問之曰汝何人來何事云何時從此有聲應曰我與頭婢
春 來護娘子蓋此女頭與頭聯也我此十五要去領為我刺
七双鞋樣只長二 十伍請道士來唱曲我聽至是夜供儀粿餅
饅頭之類 餘分 家人及鄰家人怪物既 而仍不去
後見者 小小後先見而討者可七人人家中凡所食
物如糖蜜饅頭 麵下飯之屬無所不食又如緞絹錢銀首飾
衣服之屬推 還唱曲亦能應鼓拍使之摩撫手溫軟如
柔荑招之睡 都其後漸肆潑惡汙穢不可恁矣乃投
諸法師 三官曰送我出南門上船其後果亦
復見猢所謂香梅 打之即走罵之即應招之睡則不
肯曰我合兩椅於廳邊 女傍其睡而剪其衣裙果是真
布傍摸其頭髮是真髮外人來此能知其姓名俗號及是人之婦
表罵之應答不諱又令人塑其身蜜 房門內則自能轉自轉頭

行出房廳又能登屋看戲家乃惡　身投之於　其後只聞
其聲雖女亦不見其形矣其后以家　閫碎其器具衣廉惡
其祖之善詛則殘其盤魚花石奪其食而食　投其頭而爆亮之
席席而飲器之衣服而溷圊之倫糌而醜　敢家睡及將去時先
期告女曰我十三將嫁後山沈須送　斯喚，曰起來送我：
將去矣女起果見是怪頭搏崇嶽簪金圈身穿梅衣披褸從一老
嫗悠然而去竟不知是何物若以　則能食物而有二便若以
為人則無利於人亦無害於人自古搜神齊諧之語精怪滑多矣
未有如此之妖而精可者也亦閱世運之一　詳敘其始末於
此以續齊諧也
萬曆二十八年庚子連日地震年　短者四五分長者
價毛隨地以風吹之留有毛
萬曆二十九年辛丑大旱麥稷黍豆麻凡地中所出者皆無
將熟西北風大發數日稻被棉將盡纏之東南又大發稻仍被
廻風飄拂無餘
萬曆三十年壬寅五月廿八夜一更時雨從西北來雷電交作閃
爍霹靂聯絡不絕嗚嗚之聲連震十六七次一更次間滿天地皆
雷電發屋折旗俱在角通贊佐安平境九月廿三夜北方有　如
鷄蛋大青白色尾跡有光一起自下台星東北行至近西南方有
星如碗大尾跡作散光照爍地起自參宿西北方入天苑星後有
二小星隨之後有大小流星數百千枚四面紛紛交錯而行見數
帖
萬曆三十一年癸卯五月朔日蝕十分之大八月初五日東南
作海水暴漲城外水深六七尺高橋四五尺船橋横入城漂沒
人家各港灣謀船破壞殆盡淹沒人口不可勝計十月南安三十
五都白石小斗岩有荔枝紅熟多少不等路人市之為異
萬曆三十二年甲辰二月黑光磨盪十一月閏自初二地震至初
九夜戌時大震聲如雷震動如下急灘之舟如登顛風之樹人俱
霰墜未敢必其命泉城開元塔石墜一邊清源山及南安地裂湧
出沙水氣若硫磺地裂沙湧缺處尚多振古未有半年方息
萬曆三十四年丙午二月十六夜月食既及復有四分有一星墜
入月中新光處黃紅氣混良久乃復九月月又食既是年

低田地俱無種

萬曆三十五年丁未彗星見西南方有星晝見

萬曆三十六年戊申四月間有二星鬬良久一星墜

安海誌卷之九

舊誌題八景詩

三山陳玖

誰將金壺一泓水寫作安平八景圖不知何年始闢　仁見峰巒倒影蘸平湖想當大禹迨鑿際鑿々二五鍾靈氣石脈春回雲母凝泉流香暖玻瓈碎觀君八景圖重賦八景詩清風助我清興發白雲繞筆窓前飛跨海雙橋水中起凌雲二塔青雲裡棹歌時遡鵝花香風聲半在松影底倚節吟八景吟來從未工□海晴光秋浩々西崎春曉色融々色融々思無限問尋石井覓書香又逞天竺聞鐘梵閑來歸興遙鶴茶膏翠何遠迤銀屏積翠淨如拭又見拖藍鰲頭光陸離圖八景歌八景此時全人發深省會丹瑤竹如可期便挾飛仙凌絕頂

有若人兮刺桐之彥安平之英得五行之秀為萬物之靈手持八景圖函來尋一個書生披圖載覽萬象俱呈雖峰在其南猶貝寺其北景嵐久翠兮互浩來瑞靄祥烟兮氣馳遝既翠　僉如胥如沐好峰擁海上之螺佳樹羅天邊之玉至名凌霄二塔寧觀斗牛之墟跨海雙橋俯瞰鼇黿之窟秋光浩々而上下之天水凝碧春

晥聃又西東西之畝畆揆綠重道石井又向天竺聞鐘梵之声静
逐乎雲水荒茁草之脊坐臨乎灌木嗟君人兮雖寓意於物而不
留意物此其所以為賢也歟

菊山增二景為十景

城壓滄溟

海山新城擬受降蚊龍截石出壽隴三千土著誇雄鎮百二金湯
殿太邦北引龍蛇增堞堙南來家周火春撞戟鹹溪子落喪胆矢
晝張拳破礁矼

臺瞻玄極

新築層臺拱北纏舳艫五色繞祥烟雨暘寒暑百神戒黍稷稻粱
大有年帝座近、玄作極道家種、福為田微臣下　遙稽首願
祝壽星歲千

東海晴光

東方川右肅陽侯周家天吳百怪收日出不知暘谷遠潮來真覺
扶桑浮水村鷄犬連鮫室賈船帆檣壓蜃樓嵗、魚鹽千萬戶馮
夷擊鼓海童謳

西疇春曉

清明甘雨洗春蕪斥鹵從茲作異區千頃瀧田歸犁耙滿波新水
躍娵媚獨橋小艇牛羊渡紅蓼白蘋鵞鴨湖穰祜豚蹄將斗酒願
幸不少公家租

雙橋跨海

王孫驅石築天津烏鵲鼋鼍語不真潮落潮生皆蓬旅古亡石柱
等微慶縱然題柱非吾事豈必齊川留古人天意欲教金鎖斷為
歃松柏訴江神

二塔凌霄

半空樓閣翠重、萬井烟花眺望中突兀奇觀相伯仲飛騰遠勢
雄雄天高雲暗獨憑久潮怒風號一嘯同謾說巡之非贖士太
華威慨泣途窮

鷄峰聳翠

雪山曾記天雞鳴浮出城池舊不青聖世於今多雨露海隅到處
被春榮老松蒼鬱網綠幹細草離被玄圃葉江山數峰能見梦芳
菲此際為誰生

象壁拖藍

歙江老象化爲山掀鼻拄地石井灣逼撓欲奔芳草燧拖藍似洗
越鉤獻西御當路不敢近魑魅出水亦應還率舞驚車馴伏從帝
教來守海門關

石井書香

史隱當年聚講堂至今草樹亦文章傳經已作松榆社省蹟遂成
宗梓鄉雲影天光新棟宇小山叢竹舊宮牆青衫脫卻出門去莫
黨鬱湖改紫陽

天竺鐘梵

天竺迢迢佛祖來何年卓錫龍山限空留千眼觀塵界摧撫孤松
問劫灰信有維摩西法喜更無支遁覓宗雷拆花載酒尋春到廖
隴風和鳩喚媒

城壓滄溟

萬頃風烟闔睥睨百年滄海散鯨鯢潮窺粉堞東西拆樓倚扶桑
日月低泊岸人烟通釣艇芝城風浪入詩題請看天外青藍水漢
土衣冠眼盡迷

臺瞻方極

百尺層臺紫霧間遊人何處欲躋攀烟霞縹緲蓬萊迥羽翮通霄
鶴鶴閒來紋有身能萬里玉京無路入三山窓扉四面長林豁勾
列神仙駕鳳還

東海晴光

寒烟萬頃襟長空海上樓高興自濃天落芙蓉開島嶼金搖鱗甲
浴魚龍二儀高下孤輪渺雙眼江湖一葉從似此方壺應不遠紅
塵仙髮未從容

西疇春曉

平疇水草翠朦朧十里山人載酒中樹色鶯聲還動又簑衣蔡杖
武夷杜遊英問章臺路淑景直追社曲風雨地華光應想像無
由清嘯白雲東

雙橋跨海

野畔雙橋古草廷東西形勢鎖長川乾坤路接青紅背潮海人行
白浪邊天上銀河須一線雲間烏鵲亦多年山翁慣是瀟陵客日
著橋頭醉欲顛

二塔凌霄
滄海何年崇二塔古名家守上穹蒼風烟暗觸蛟龍舞星月晴分
玉翠凉似有仙人來掌上遙憐行客認家鄉衣冠大地他時賦錯
落天花人鏡長

鵝山聳翠
嵩嶤高文真奇觀錦翎峩冠入太清古木春深淹日月浮雲霄
過江城面常危閣看來濕影落平波寫不成信有蓬萊在人世倚
葵高咏獨分明

象壁施藍
天際遙望象壁凿宛結高藍古江頭晚來元氣傷心碧巧染天工
接地浮春霄不妨帶雨月明長是半含秋百年留得形容淨芒便
芰衣合上遊

石井書香
誰是當年鬬草來僧軒高棟傍崔嵬山河文物青雲上南北串書
赤日來伏枕泉声清客夢偷春花色上增苔應出閒地栽桃李萬
里風光向此開

天竺鐘梵、
一百八声五漏遲悠揚高閣落茅茨浮生未悟西來意真覺空懷
夜起時漢又寒山浮月淡遲、蘭若白雲深千年欲識如來語靜
聽鯨音有所思

新增二景作十二景

城壓滄溟
樓閣層、氣象清萬家烟火倚孤城海門九曲天為塹貫納千艘
市有聲形勢覺如銅柱界虜前驚見順風旌鯨鯢從此無波蕩鐵
甕不施強弩横

臺瞻玄極
驅石陽侯海上來地瞻北斗築玄臺威靈赫奕千年蹟金碧熒煌
萬井開香燧經營迴旭日神風清海接蓬萊禳災錫福諧人願大
有年・帝作媒

東海晴光
海門滾滾浴清漣波靜隨陽鏡裡飛萬頃結光澄碧練双浮日月
運璇璣晴光東海青山霽烟斂南洲紫鰍肥分付天吳休鼓浪二

風莫動鉾石磯

西疇春曉

大江西畔碧湖澄清漠長空寒氣升水出栖峰入分派入山從亂亂
起層又三月烟霏春雞綠一川農事曉波凝息　飄颻混浪淡魚
呑玉露育鱗騰

雙橋跨海

路出平江九曲川双橋橫截海城邊盤空宛轉金鰲壯絶島異驅
玉蝀懸水分樹色東西憚人在波心上下天論古論功艱苦淡讃
家白骨鎖村烟

二塔凌霄

觚稜百尺兩相連峭級危欄俯碧淵瑞靄　浮侵漢遠祥氛輕護
施燈懸晴開海國範方仰取為嵩墻一柱先脚踏層々隨步上却
疑人在九重天

鵝峰聳翠

圓淨上方映上台南洲此老卜生才為誰翠黛空中青何處桃源
水際來光唱鷄音應海日南維鰲極築詩臺望中起尺雲霄近旬
隔塵囂半點埃

鰲海挹藍

潮水南榮石井曲鰲山北遶晉人封翠嵐櫻卷裹中樹蒼靄半浮
天外峰巒頃寒光挹碧繚衆川潋艷既黄龍海門翊孤城壯
況秦中百二重

石井書香

紫陽振鐸満江壖朝、儀型君子居閭閻四達千閭屋天地中華
六卷書何處歷香浮蝶蝶自家九子弄鳶魚春風拂樹綠擁牖燈
火明、似石渠

天竺鐘梵

此來地勢金鰲壯天竺高居最上方明月樓中敲八百齊聲夜半
咏清光鶴翻松露天初曉雲鎖洞門曙正莊未必攖忽傳佛戒可
能喚醒利名忙

海吐珠宮

須彌勝地罨鰲頭巧綴珠宮海上丘高井風烟簾幙靜一江日月
又章浮翠飛水陸雲山色目極滄溟遠近舟信步雙城登神觀更

何好景上方遊

天闊金界

天憐義勇巧為心一地獨存待至今威抗東方連萬井臺臨北極
作鎮金翠飛鴻漸山為壘勢帶石頭屏作襟簾幙難專環下界賓
祈問叩日如林

安海各處詩

憶安海舊居　黃伯喜

老年情思濤懷居最愛滄洲有弊廬再熟渚田雲水稻晚收津市
石江魚登臺長嘯指山外出戶閑行夕照初三五隣翁時往返荒
蕪舊逕白芟鋤

熙北潭太守築安海城

五丁驅石築夷虞一嘯功高驟騎榮威約雲沙天決滸江收霧露
月分明縱觀鯨島一丸小撫碑屋樓百丈橫信有文章堪用世君
虞原是舊儒生

贈鎮帥方十戶

新城連北斗古鎮帶波瀾四將山西氣萬家海上安風馳羽檄動
月照鐵衣寒舊日雲中守為君亦據鞍

秋日登城

我家南郭下永日徙登臨蒼海扶搖急鵝山積翠深浪花翻夕照
雲葉捲秋林萬里憶遊子來鴻托好音

題北山真武廟

玉臺高並水南峰雲裡飄稜勢似龍香燒烟消晴海出劍花光射
暮山重萬家市影飛簾幙百里潮聲帶鼓鐘長嘯荊州今白首攬
衣獨上最從容

與伯義登玄武臺

十月新寒細雨來萬家雲樹眺孤臺浪花滾又烟中出蒼藹又
水上閑葛履同登青島界茅堂獨倚碧雲隈無邊光景歸吟詠今
古消磨一斗才

玄武臺漫興

層臺枕北郭芳樹倚南江樹隱春船市山窺晚照窗席邊疑度漢
雲外聽流淙若論五天竺爭奇未肯降
午朝雲爽色更助玉臺幽雲過易成雨江多早攬秋家烟霏雜堞

鐘鼓出岳樓擁塞寰區裡又尋天際遊
島嶼天相近雲依石更閒墟烟搖白水野渡載蒼山秋聲景偏好
夕陽人未還旃遊堪秉燭入夜有深濤

與群徒登玄武臺　　黃伯義

玄武臺高依北極西風撩我思如何日窮海外蒼茫遠身近天心
霧胸多八景指揮供拱揖高家談笑入色羅無邊胸次悠然豁又
喜明時屬太和

玄武臺試茶

維北有帝座四山傍海起維東有玉居香土誠較美秋來併遊之
天地亦一指其人盡如龍雄詞留可綺清源雲中芽玄武臺下水
活生竹爐火玉液真堪比飲之盡其量廣仝安足擬不特喉吻潤
可以消吝鄙

玄武臺九日用杜韻　　黃應辰

爭攀碧空四望寬最高臺上恣歌歡王郎皆欣重過杜老今朝正
舊冠白雁聲初霜信近紫萸香晚江楓寒為喇作吝非吾分向笑
酒囊掛腹看

浮來碧玉玄真界佳節攀登百尺臺簷下井甘新湧到郊坰樓熱
短檻閒橫分白浪樓船壯極目遠天風雨來坐對陽山遙引滿橫
河依舊任年催

彭城九日黃樓上僕被十年錦衣濱中側不辭落英重步虛自帶
月華新藝蘭獨嘆楚通客持菊應慚飫上人特洗肝腸疏曾淨清
虛界上剩更塵

悠然身世轉堪哀怪我迂踈老不迴蹤蹟却於佛地碍塵蟬猶攀
叔塵來亦知戲馬古誰氏獨羨狎鷗人倚臺重九留題詩百首兒
多一醉古銀壺

過龍山觀音寺　　黃伯善

寺對滄溟海外峰紫門當畫閣重又風跡梯榻長明火月冷江船
半夜鐘小塊巢居分八景上方臺閣落孤松袈裟著盡如秋葉佛
國自生亂離容

天竺寺

野泉度竹消不流木落天高世界幽宿鳥護巢孤寺少島蝶花葉
一林秋道心共眺雲邊潤吟思遙飛海上洲趺坐無言契翔生老

僧端是石獅房

松下高僧一個身山中遊客幾何人寺舍雲水空為界路入烟蘿
翠作塵秋澗龍流煩惡倍晚峰應闘步詩新遠逸岸情登臨貴老
衲知余懶是真

遊天竺寺次蓟山韻　　黄伯義

道環海外逢奇峰寺隱深林翠影重雲去雲來千手佛花開花落
幾番鐘倚廊半足題詩壁襍道獨存偃蓋松安得上人般若、與
之禪話脫塵容

春日遊龍山寺　　黄騰興

望寺隱疎林夜雲餘鳥音傍岩無磊落入眼盡嶙峋石砌蒼苔古
蘚山幽氣深坐僧談教語物外已無心

龍山寺紀遊　○　　黄居中

會心不在遠出郭便尋真儘可供清眺無妨問別津三生僧佛約
半日色閑身說法天花墜餘翻葉見親莫錫書帶草為惜錦紋茵
選勝狂飛屐酣歌倒着巾殘紅催去鳥摘翠巧留人饒却來山興
夢魂遶幾巡

寺舍天竺古景入輞川真塵劫俱成幻西方信有津獻花參王女
化草礼金身竹林諸院集蓮社遠公親齋分剛雀供坐占牛眠茵
爽氣生涼袂微風拂醉巾春思饒與我樂事更同人囊裡青蚨滿
何須訴酒巡

七賢宿神仙觀　　黄鳳翔尚書

天餐蓬萊傍海濱垂虹跨水出風塵共來譚麈樽前客恍似乘槎
漢上人萬頃烟波當綺席滿空月色聽花茵憑誰為訪魚磯石試
學仕公把釣緡

金鰲排浪駕神仙玉女來從鏡裡看水殿夜閑啼鳥暝石梁潮滿
臥龍寒芳樽莫待滄洲渚明月何妨白露溥聽醉波声蔭谷改海
天一笑獨憑欄　　詹仰庇侍郎

水殿凌空接遠烟湖中神觀獨依然鰲頭碧浪開美鏡轉影搖波
入綺筵極目扶桑應萬里細詢滄苑幾千年邀遊允愜垂綸志醉
伴閒鷗海上眠　　林喬相副都

神山原自水中浮結搆從今勝更幽咫尺寰間芳草地分明海上
一丹丘潮隨月滿天同色人御風來醉自謳幸逸明公臨照賞中

宵劇飲興難收　歐陽模
水閣臨洲爛綺霞仙宮玉女醮仙家嵗時伏臘奔湊史帷帳丹青
繡辟邪四望翰虹簷際落數声鐘磬海中華採玄更有丹砂訣金
谷平泉未足誇　黄思近吟
官閒澤國面峰嵐一望青天水氣涵手席遥飛波處所長橋横鎖
海東南鷗浪駭浪衆風汲山欽々晦討客酬銀漢秋宵揚月彩群
公登眺恣幽探　林雲程桷知

天妃廟　黄伯羲
野派泛漢八月潮出城眺望水門遥港通海外毘　舶印倚天南
萬里橋边自一初名别洞鼎漾萬曆紀神堯烟光雲氣相涵映决
皆十分景色饒
半舩方基海上洲漁人無数在洲頭声々留倚江城曉遠々雁依
石塔秋橋店初投南北客港　未断往来舟晴明満月千山景雅
稱高人作泳遊

関王廟　陳良準
一自桃園落帥肝同時僇力濟艱難奮身傑抗支三郡足馬崎嶇度
五関白日青天長夜燭兵風浩氣満心丹為臣為友俱無憾事既
亦成義已完

前韻　黄伯羲
嗟公異姓作心肝共濟當時蜀道難志在貞忠扶漢室仍成義勇
誓阿瞞燭能建忠心能白物感至誠馬亦丹今古丈夫何限者声
名蟠際有誰完

題西橋　古陵張逸若
五里江橋澹暮涛濘揮羽扇望江臯平沙水退魚鱗露遠浦天晴
雁影高何處酒帘看更遠幾艘漁艇謾相招平生浩氣衝牛斗一
逐江湖興益驕長空雁落傍行下岍憤江頭看潜潮乾坤浩氣扶
秋嬌恍歸一葉飄何處孤飛華表鶴幾人共話灞陵橋五湖范蠡
歸何晚誰肯中流輒見招　此詩多誤

南崇子李欽術正月二十日與藩頭諸益來遊于此快覩古陵
遺墨有感偶題以賡餘韻
適情拉友望江潮烏帽欹斜醉興驕波底天涵空碧映湖頭風蹴
雪花飄摩阿九斥空盈座行旅繽紛日満橋椎根古陵話不覩諸

君明日頼相招

題西橋　　陳周氏

竹蓬海國落寒朝一望悵然發興驕海水無情長浩浩扁舟何處
去飄〻隨波野鳥泊沙渚迴影遊魚戲石橋到此登臨幽意愜五
湖風景自相招
水心亭下望春潮出入襟懷興自驕極目那堪滄水濶知心惟有
白鷗飄悵思范蠡歸何處肯學相如過此橋來興欲尋蓬島去鰲
頭風雅更相招

題西橋　　陳漢氏

閒步石梁看遠潮水晶景界絶塵飄月生海角蓬萊近風到亭心
興趣遙是處鷗盟應共適誰家漁曲若相招何當了却塵中債可
逐江湖遊衍撓

題西橋　　陳健齊

五里橋頭一斛艘偶因詩興自盤標數樹桑柘斜陽外兩葉扁舟
杳靄間稚子拾螺過海汐老翁扶杖入天壇那堪吟罷長延竚海
面東風似雪寒

欲去不去又徘徊詩景楷人喜似堆海水遙光鷗棲散石梁倒影
舵頭回誰家亭高長亭下何處人烟曲港隈多柔乾坤真樂事
一時收拾在詩懷

題西橋　　沙堤　龔照

鵝蕃山前古渡橫東西南北盡通程潮來風猶願難渡　迟涯深
崖易行欲得地除千種苦直饒心運一般平世人要問輪蹟路曾
看紅魏水上生
杖節扶我過江干五里橋西一倚欄拍石声、清浪急峽波危、
白雲間数行雁彩〻夕陽外幾葉漁舟烟靄間始覺乾坤靜裡大無
端詩興澈狂瀾

和曾敦厚西橋春望　　黄曦與

洲渚春風百草菲石橋散步不知歸藍浮東海千峰嶺青破南山
一鷺飛舟子潮生迴古渡牧童沙暖卧簑衣回頭萬井輕烟碧長
嘯一声月色輝

與以載姪遊西橋

四望青山帶晚霞寒流碧練一溪分輕搖過櫓声卯嘎打動魚竿

水亂紋飛鳥影從天外沒夕陽已向亂中曛徜閒半日上方坐心
曠神怡判與君　　黄逵眘

豳王廟

觀公義氣迫人寒何況老臣當日有萬姓同輸心炷炳十年不書
口碑乾可嗤　討失江左猶辛春秋在筆端何處將軍神不在
平作鎮　子盤

題玄武堂雲堂　望雲閣調　　黄伯善

雲裡樓臺江邊城人家襟帶洞天青　長空練鋪芳野蒼然遐

孤村漁舍

十友主人傳

白叙曰十友主人少習舉子業為郡庠生經書　餘之暇好軒輊
古今人物而斷案其事跡即所觀之帝王事實採前賢論荊或參
以己意而去袖列之所輯有歷代帝王名賢論抄文轉有歷代帝
王名物論辨著述多有異載別錄至於山水之樂烟霞之趣自少
至老嘗與從事　年相若者相與業同方遊同地共結山水之盟
先人有別業在南邑之宋園弟之先殯在南邑之蕭厝相望隔一
段可四五里許約欲各居之旁一僕助耕以自食其力來一驢代
任以助勞其田暇則載家遂跨蹇驢相過從于宋園蕭厝之間
茂樹以　日臨清流而賦詩此則其素志然也未幾余以中杉出
銅其旨　不可迄別業亦為舊主之所復弟之野併廢於倭兩者
具不遂矣旋而時遭倭亂年際四十烟霞之癖益沉痼不可解
金馬之想不復介蒂于胸中於是廢棄科舉遍走山川月　去青衫
甘心草堂學古文于秦漢之上習聲律于唐魏之間披岩剔藪披
月　風遇緣而遊有感則咏遂成詩癖每春秋景明物熙之候與
會心者多在岩石之間所著詩篇文集有數十卷可存之以為子

孫霞認具耳然此不過隨遇隨感游之咏之非有如輞川莊何氏山林龐德公之鹿門可生于斯死于斯以樂以養於斯者也是以招隱徒勤寄無魏野之地即山雖　又久交遊之錢姑即其所居之罅隙　朝之大隱訂其詩社之華蹕潯陽之三笑院開其驥黑壞之區剗削蓬蒿翠野之地披礫礫合埏埴斷礎砥緣址兆基繚而埋之累而甃之手為承福之圻於是煙堵既就商工度材取撥誡之餘植以為築界三間為後堂蘭照之極正中軒為外余藏息之所東西大室為子姪之居深磚十潤楯十七為門二前後相承前當絲圃得天獨多後揖槐堂藏春不少前開後閉後啟前閉闔闢得陰陽之義後寄列牖弛之屏簾通明於幽障內蔽外客靜有常明之體延十友於其內因以此所長而使斗盡焉相與侯陳子志因景感興能使余怡情石渠公李戴道舍章甫精能使余廣識可卿侯焦伯操毅宣烟鬱能使余養虔推龍泉侯陰伯陽發揚蹈能使余　為而好時侯楮知白管城子毛穎松滋侯陳玄石鄉泓此四　者名懷才抱質能不負余用又有逆安伯木恒用保余神居潛于余虔和又能平安諸子而守正以効力者是十人皆余益友日與之共處無間寒暑不廢朝夕結莫逆之交於十尺之舍期至相終身而後已十友者又能知余為高蹈知道之士才飾貧可親高韻薄雲乃不厭余貧而樂與余處披肝瀝膽而非市明面交然者　之三友歐陽之六一亦指是而已他如曾端伯之取友於花米元章之取友於石李昉之以禽為客景脩之以花為客不過流連光景而已非有益於身心之助也遂倘為十友軒余為十友之主人而為之説云

菊山十友主人傳

黄子伯義居於寂寞之濱積土為室十尺一區蓬蒿不剪瓦礫不除蕭然僅蔽風雨出無高陽之徒入無裘仲之蹤寄偶步徒晨留踽旅方有常居拓落之諸顧有謂十友主人何容坐而問之黄子曰友也者取其會心也即會心矣花可友不謂泥盂石可友不謂頑礦麋鹿可友不謂禽荒苟不會心則離陶陶於永久歟・於下泉泉亦面朋市友而已矣余所友者二南之賦客四庫之儒流茹二氏者同出於孔刪之后懷幽叢曠載妙抱宗與之處能使人博識玄思鍼績不倦通天地鬼神之奧以及於鳥獸草木之微有潭

揚桐君其聲清以越如寒木幽泉龍吟猿聽之心閒而休靜恬淡
可棄尋　歐冶子之餘裔楚產之良也奇器純粹精神四達
可以無　心銳之可以哭兒母而儼然君子之衛又有弘農石
虛宣城毛元銳燕人易玄光華陰褚知白其先之管城子松滋石
鄉褚國四侯同日而封其出處功業相近自秦漢以來子孫世講
故同志自儒林與余相欢不去凡有著作詩賦輒為宣其鬱而發其
撒淨洒潤色之俾成章乃已其緒餘又能作鋤束於柯園以助吾
耕余甚賴藉之此外則木氏二子居齊魯江淮之間其一謂之案
或謂之棧其一謂之扆或謂之閣扆則居安隱伏不離於為人下
獨水藉諸友而讓之出其上雖曰與親暱而不廢方正至於流火
之晝講窮之夜諸君且休矣余獨怡情含精葆光偃息游於何有
之鄉直到羲皇以上而後及方於此時有誰在側棧也其莫逆乎
此十友者嵇康所不能絶鄰生所不敢責朋徒愛習以外者也茲
厭余貧日相聚於十升之舍各出其所長而使余受益焉余友亦
既多矣聊謂席居拓落乎客含唉而退毛友元銳氏脫帽而前與
磚而論次之以為十友主人傳

儒林文學張梓十友主人傳序

序　安平戍帝黄先生者文學秦漢而厭日擬詩殉唐魏所下季
世心樂閑適山林性恬華紛軒冕中年棄舉子業謂所家聚而族
處者貴勢之相吞而性情不可娛也謂所耳濡而目染者美厭之
相爭而心志不可怡也謂所追隨而過從者非富貴大商之籌計
歌童唱　之紛沓而幽閒之緒不可得也乃假於上方而寄焉
茲何以　長者不以為陋而樂居之也殆以其地有山水之趣
有林泉之適歟其信有淳樸之雅其士而學者志貧賤而輕軒冕
珠玉乎其畏而拜者能均撒而俗風詠歸乎其先世之之出者有
清芬之文獻休風有並濂公之理學懿範二蘇鵬四高戍　之遠
踏　先生因是而樂於居梓遊謁宗祠留兼志同道刺之焉擲上
之披列床頭之掛懸詩書也紙墨筆硯琹劍也諭余曰此吾十友
也子知吾為十友主人乎如名公傳二軸示余命為序梓不文且
不獲辭世作而請曰十友之名義既傳之詳矣請序十友之所以
可乎夫士君子之與友有以逆者有不以逆者有以逆則物而論
象而備形氣而鮮得一而遺十而得十一而　千謝著　張

談文事鄴侯揮翠家三萬杜老汗爲讀五車　信教知　教
鍾於我又何加
琴雅友　桐鄉侯焦伯操
獨擁孤桐譜韻鈞　軒幽致絕囂塵一庭花竹風初靜萬籟襟懷
月共新玉柱、巴巫聲出綠滾、沅湘春子期一去無消息千
載知音有幾人
劍豪友　龍泉侯陰伯陽
平生浩氣橫高秋郢客之章說劍儀紫霧紅光龍出匣星芒寒冽
鬼潛愁袖懷三尺任南北身向五湖挾縱遊四十五年未一試就
君除　不平流
紙素友　好畤侯楮知
論交已結陳陶友　毛穎書文好畤侯皎、冰綃冤素蕭媚、玉練
烟清秋漫題光閃龍蛇動揮灑露閒鋒鏑浮有客不談天下事山
川雲日共賡酬
鏡友　管城子毛　穎
卓世三岑靜處高主人當日共紛賡山川有待描摹盡風月因之

弄兔毫銀管秋光江夢水玉屏寒峭古頑豪懶余不因裁尺詔就
汝錄夫註楚騷
墨玄友　松滋侯陳　玄
萬松大業結輕大巧製都藏儒者　家落紙冷霜帶月臨池滌
石生霞紫勛多子亭玄力處已不如鸟墨嘉　作磨人痴石子靜
軒漫興吐天葩
硯端友　石鄉侯陶　泓
世出端溪譜最高土堂新様伴攀髭寒松露滴生香霧瑤海錄翻
起翠濤助我小軒幽興遠承君詒後尊田膏馬肝鴝眼俱無用孫
翰起然識見高
臥床閒友　遂安伯木恒用
嫻淡世路競紛華奇徼苟安戢月賒勝負未論殷氏噗公私都付
晉人娃半簷輕霧風飄散百尺游絲罥日斜獨愛山翁情思好北
窗臥看槃沾紗
坐榻靜友　居潛子余茂知
世路閑渠孰吾與小窗靜對等義英清風明月箇中度幽几方床

坐處淹冥地罕安双脚板煩愁不到兩肩尖恐君終日觸困意不
用佩僂入短簷

題伯義弟十友軒四景　蕙山

小軒春事動中友梅竹藏對雨琴書潤近花筆硯香塵侵拂侶劍
土側自友床几榻留佳紙都成翰墨堂
小軒夏晝永隱几对南薰筆研俱偃臥琴書莫策勛劍床橫日晷
紙張動屏蚊一榻午夢熟羊欣墨在
小軒秋色好几榻靜氛埃琴奏覇方入琳瑯野翠來墨花光
硯活湧蓄毫出戶無名紙獨拈看劍杯
小軒冬日靜書戶閉層層孤榻倚寒亭跋床求古藤護琴几有籍
燕筆紙生殘磨劍刮硯塵王忍忍總絕

次蘜山韻

小築堪顧老十友共行藏樹薜圖書綠花薰紙帳香筆硯供吾榻
琴樽倚劍床詩成酒墨色檢束一草堂
十友避河朔相親和氣薰琴書都不御牀榻却成勛硯玉難詩筆
墨花動紋紙引杯仍看劍豈敢醉紅裙

秋軒十友聚雍氣淨氛埃硯墨相磨礪琴書共往來紙閒春白月
劍歎晉陽薰筆倦床安穩詩成獨有杯

無定主所友特麗蹟耳會于泉石是也友不以迹則木物寓象識以假借形器名周之蓮陶之菊有道豈遯。此哉而與之以友自有馳域外遠昭曠者在也是故天地大也日月明也心之包羅森察足以友而主之泰山高也河海深也心之卓立有容足以友而主之聖人之聖也賢人之賢也鄉國天下之善士也或與稽與居焉其所主所友徒迹焉已哉坐有客問焉若是則成齋之主有遺友乎曰不然十一首始終之詠也物象形氣舉會於其中矣此之謂成齋之成也公之吟咏主之詩矣公之經畧主之書矣公之文章主之紙筆墨硯矣公之量和能斷又主於琴劍矣坐獨不徒安身其得心齋坐忘之學乎今臥床不徒取逸也其順鄉晦息之時乎余上考歐陽文忠不直為六一居士則先生友主人哉言未已先生啞然笑曰淵哉子之立言也心予忖度之夫子之謂也子不敘吾迹而敘吾心淵哉

十友詩・附名號封爵

詩壽友　柏梁侯陳子志

百篇以後豈無時奇興書懷各有宜三體遺音唐鼓吹四言獨步漢威儀平章花柳無私話細數江山費苦思吟罷茅簷清趣遠烟波名利一時移

書儒友　石渠公李載道

詩書當日經秦火千古于今道不磨初得好奇問怪字悉堪空移

據廈門市圖書館生抄本傳抄

〔嘉靖〕崇武所城志不分卷

〔明〕朱彤纂　〔明〕陳敬法增補

［嘉靖］《崇武所城志》不分卷，明朱彤纂，明陳敬法增補。宋太平興國六年（九八一）置惠安縣，設崇武鄉守節里，續置小兜巡檢寨。明洪武二十年（一三八七），江夏侯周德興置崇武千户所。是志自城池至捍寨，皆出朱彤纂録，崇禎七年（一六三四）陳敬法因而增補，而後又迭加增補續述，爰成是書。分城池、門樓、月城、城門、窩鋪、敵臺、水涵、城濠、公署、鋪舍、館驛、鐵局、兵馬司、中軍臺、倉厫、迎思亭、軍營房、偃武廳、邊園墩臺、捍寨、汛地、官制、軍伍、屯種、戰船、軍器、廟祀、居民、山水、歲時、習尚、漁課、生業、忠臣、孝子、孝婦、節婦、烈婦、烈女、苦婦、義士、文科、武科、掾辟、封贈、名人、良善、耆良、隱逸、碑記等五十門，末附詩文若干，所載綦詳。據福建省圖書館藏抄本影印。

崇武所誌序

按斯誌自城池起至捍寨止，始于賓海朱公彤纂錄於明嘉靖弍十一年壬寅秋九月之吉，題曰蒞官總要。其編帙殘缺無從紀述第紀其男紫徵有記云右志十四卷先大人纂成，檃括未授剞劂，溘然謝世。無何倭陷城，燹予宅，此書已失，幸舊綠鰛有舊本不倭。從而復膳，敢因其志自先大人捐筆以後時事摭摭而錄之以附于後，以成先大人之志云。嗣後不知續于何人，迨崇禎七年甲戌陳君敬法因而增補之。自是而後，歷明季至國朝，又不知誰續。康熙三十二年癸酉騎不揣固陋，略為序述，非敢言續也，特存其概以俟直道之君子耳。陳敬法曰：此志之作，不著其姓氏而討論甚悉，亦吾崇有心人也。李君毓茂袖其本謁予曰：開之天下國家在在而有，武城雖小，乃泉惠藩屏，與區城郭宮室陸海軍民甲兵錢穀於焉咸具，亦君子小人所必稽也。假令志滅而不存，闕而不備，將何以述往事詔後人。某謹因通國父老之請，重以不朽累予。予惟志以紀事，必有識有胆方可撥。不倖予六十孟浪，精神無補於世，且識無十分，內貯一胆又小，以彤蟲效吐鳳，毋諭壯夫不為。一過床頭，真英雄得無氣奪。謝不敏久之。今崇禎七年甲戌夏，從署中避暑，推窗而清風徐來，捲簾則明月在抱，雨色迎聮，花魂入夢，卧而起，起而行，油然不減陶宏景洵可樂也。然壯圖不成，獵心未灰，時取蠹魚聊供過眼，以破岑寂。李君咲曰：君於夙業未克無情，則於潤色大業，奈何獨靳此腕？復慫恿予了此一重公案，毋令國人有巾幗之遺。予重違其請，因謂李君：志貴詳而核，簡而不煩，斌斌乎質有其文，潤色哉！不敏，顧學焉未能也。第義不得辞，當勉旃續貂，用加雌黄，而登諸白可閱月，卒業什襲篋笥中，未敢露拙。一日李君請携去，復諸父老，姑出之以應命。異日懸之國門，知我罪我，任之矣。

按舊誌自此誌之作以後係陳敬法原序何家騎惟序至以俟直道之君子止

清康熙三十二年癸酉仲夏何家騎續述

崇武所城誌目次

明嘉靖二十一年歲次壬寅季秋之月朱　彤賓海甫纂集

男　紫微　紀錄

崇禎七年歲次甲戌夏　陳敬法心孜甫增補

三

崇武所城誌

明嘉靖二十一年歲次壬寅季秋朱　彤賓海甫纂集

男　紫微　紀錄

明崇禎七年歲次甲戌夏月　陳敬法心孜甫增補

城池

宋太平興國六年置惠安縣分析此地名曰崇武鄉守節里續置小兜巡檢寨爲自海入州界首設有巡檢一員監税務一員元豊二年撥禁軍一百名置寨彈壓後抽還禁軍改移土軍增十人爲額乾道七年增二百人淳祐間嘗合前額三百一十人立巡警界限小兜南至岱嶼北至擊蓼而止小兜原名小斗也音訛小兜元初改爲巡檢司明初倭夷入寇沿海患之洪武二十年丁卯江夏侯周德興奉命經略海碁置衛所以備防禦遂將小兜巡檢司移于小岞廼置崇武千户所因地爲崇武鄉故名城其地週圍七百八十三丈計四里零六步考之永寧志崇武坐惠安縣東南五十里即小兜巡司移設縣東南三十都小岞地改爲小岞巡司小兜築所城週圍七百三十七丈城基一丈五尺連女墻高二丈一尺

一

垜子一千三百单四個窩鋪二十六座四方設門各置樓于上明永樂十五年都司谷公祥臨視城增高四尺並築東西二月城正統八年都指揮劉公亮同千户冦公禎增築敵臺一座在城之東門外又惠安考政書宋以小兜爲衛要之處造軍房三十六間以土軍三百一十人守之大明設崇武城週圍七百三十七丈軍房九百八十七間設軍以守之其城厚一丈五尺城面即馬路也先是城墻外甃以石内坌土而已嘉靖三十七年曾三引賊攻城六晝夜城爲大壞朱公紫貴揭呈興泉道戴公唐委惠安縣典史陸公輔勘佑（估）城上馬路狭窄内邊無墻呈詳都御史王依例扣取各官軍粮錢二百三十两五錢三十四年軍鈔銀二十一两六錢六分三十五年官軍鈔銀四十八两八錢二分三厘分給所中上中下富户楊若愚等四十人領之募匠築内邊墻高六尺馬路修濶一丈二尺窩鋪二十五座工力不敷勸上中户帮助石料不足折廢大岞捍寨成之時徐公鸞共督修理三十九年四月初一日倭冦襲陷所城駐四十餘日屠掠慘甚賴興泉道萬公克復之崇禎十七年甲申北京爲賊所陷旋而大清定鼎丙戌九月清兵入閩

二

而衛所官軍之制遂廢順治八年辛卯四月二十五日所城復爲海藩鄭成功所破竟日擄掠其慘尤甚十八年辛丑九月間即康熙嗣位之初旨下南浙閩粤沿海地方遷棄城堆屋燬盡化爲坵墟迨康熙十九年庚申金厦兩島蕩平總督姚公啟聖巡撫吴公興祚水師提督萬公正色具疏入京奉旨復回然人民散失城郭崩頹由今遡昔烏能無介然於懷也里人雲居士有詩趂後城池再修宫室重建固依然如昔之可觀也但歷久遠而城又漸圮至道光二十一年邑侯雷公蒞到崇觀風傷其殘缺勸衆共修時黄坑鋪鹽提舉許煒炘來崇閑艰税典捐白金叁百元崇富户監生何瓊玖捐白金三百陸拾元監生林懷芳捐白金叁百大員生員陳中黄捐白金　　其餘上中下户捐金多少難以勝計共捐白金　千　百　拾　元使陳中黄何瓊玖林懷芳等總之共後費用不敷就崇中生息之物抽取厘金成之並無費用皇銀共心協力衆志成城邑侯雷公不時督到崇共督修理噫城之復固雖崇人之有志亦雷公之倡首也

邑人雲居士詠崇武居民復回詩曰

登高一望暗傷情湖水號吁似不平鶴化九天城尚古鶯啼三月柳仍青風嘶澗野紅花老日照空山禾黍鳴海底魚龍爭變幻依稀鮮説廢興形

門樓

樓同城建歲久傾壞嘉靖四年八月掌印徐公洪同朱公彤祖公鏡錢公鼎會議以西門路當往來之衝無樓不成邊防勸捐重建規模視昔尤壯近里中鳩衆修整並加華麗上祀關帝神像下豎朱侯燮氏禦冦石碑嘉靖二十四年八月吏部郎李公愷來崇登樓題曰舉酒泛南溟誰將鳴琴歌舞日登臺瞻北斗我當縉笏拜堯天東門樓至嘉靖二十二年十二月錢公鼎呈請軍鈔及勸捐起蓋萬曆十四年掌印祖公爃請公帑重修吴公煒募衆塑玄天

上帝于上郡司空何公喬遠題云玄嶽借名山勝鎮邊城屹大小
光天先出日輝明望縣錦田豁崇禎五年朱公康憲重修並築城
下二準頭南北二樓嘉靖二十五年九月胡公思敬朱公彤會申
巡按趙公應祥批泉州府程公秀氏發歇役弓兵銀並本所兩年
地租共九十六兩委惠安縣典史李公昭同朱公彤督蓋嗣後隨
壞隨修南門樓天啟四年徐公贊垣胡公埏勸捐重修塑觀音佛
祖像于上惠安令繆公伯昇匾曰寧海慈帆崇禎五年朱公康憲
徐公贊垣捐修西房疊屋並築城下二準頭北門樓祀趙元帥于
上隆慶六年丁公一中防海到所與張文德文靜等八生重登是
樓賦詩曰　崇城一別四經秋海上搓迴復此遊舊句尚留岸石
畔故知重聚月中樓南溟時見鯤鵬運北闕常懷鴛鷺儔萍跡天
涯空潦倒愧將華髮對蒼鷗自書匾額于樓有修建城樓碑記豎
在所堂東庫房口

月城

本城東西北三面月城惠安志載永樂十五年都司谷公祥砌築
東西二月城其北必原有也南無月城只設亭一座在城門內倒
廢已久四旁石礫尚存門外照墻為屏蔽西月城員門外起向西
一偏萬曆二十八年七月風雨異常推倒基址至二十九年三月
掌印錢公際昌巡捕祖公熑呈文海防館扣罰不到鄉軍粮銀九
兩五錢及旗甲史榮鄭希性等挹借銀柒兩伍錢給工匠買料修
築時值警急石料不敷推折門外通津橋石補完

城門

四內門每扇高九尺五寸濶三尺八寸用鐵板包釘該鐵板並釘
重壹百四十六斤以生鐵二斤煉熟一斤敝用厚難壞濶大者釘
必擦桐油方耐海霧前有附板函如警急則下板重閉堅壁而守
可固外門每扇高七尺七寸濶二尺六寸俱包鐵釘擦油

窩鋪

環城二十六座西南一鋪地勢高峻風雨易於飄搖舟楫輳泊奸宄難以側識設有不戒乘夜依淺擣虛薄城可將奈何故此鋪極為要害嘉靖二十四年朱公彤張公旌勸捐純用石砌築為堅久備禦之計嘉靖三十七年八月興泉道戚公發帑金給富户領蓋而南東一隅萬曆十八年遂改建鎮樓于巔干霄浴日稱壯觀矣是役也錢公際昌倡其議劉生僎朱生絃勸其成通府陸公鰲來鄉紳戴公一俊陳公文選各有撰記顏其樓曰朝陽林公廷雲留題云畫棟雲開萬里浮光鯨息浪扶桑日近千年際會鳳和聲樓方建於己丑秋而庚寅辛卯年彙進七生未幾戴君亮機郭君長發洪君元卿黃君伯羽黃君滋曾戴君時舉武闈孫君其賢陳君三策張君孫孝祖君朝基翩翩競出地靈人傑蓋未艾矣

敵臺

東城原設敵臺一座防賊舟隨潮内訌便於觀察萬曆二年興泉道喬　諮所籌度險要出帑金令胡公熊於南北西三面卜建四座名曰虛臺其制上下四旁俱有大小穴孔可以安銃臺内可容數十人遇賊群至城下臺内銃炮一時齊發攻擊我軍無虞彼賊立斃此臨急退敵之上策最宜預備以待切不可廢弛不修

水涵

通城水涵四口一在東門樓兜一在第四鋪敵臺邊一在下田庵前一在西謝井邊又水關一道亦在下田水涵之北地尤低下海潮直抵城脚暴雨不住易致水患萬曆元年九月初一日霾雨異常漲滿至城堞城被衝倒水關一帶崩陷後胡公熊徐公鸞請餉督修仍舊重新砌築至道光二十一年十一月重修城池以水關一道奸賊可以通往故築塞以恃無恐

城濠

濠週圍不相通因城有高下今見存南門外一濠而西城濠與鎮
撫潭濠俱耕為園地矣北城原無濠濇每遇秋冬之交飛沙填宿
至與城齊五尺之童可附而窺緣而登也當道檄嚴下畚鍤搘移
之役無時不勞苦我士兵蓋因後胡赤塗墩赤山東三庭開荒插
薯使然耳貪小利而忘大害萬曆四十五年惠安令陳公淙申詳
兩院竪碑禁草不許耕種留為荒埔產米除豁數年幸無沙患近
有忘害之人不遵憲示營鑽再墾致沙壓又半至城蒙本縣楊公
詳道再給示禁草

九

公署

所建於洪武二十年中為正堂後為燕堂又後面為旗纛廟正堂
前左右列為廊廡共十間又前為儀門外為大門上蓋譙樓觀音
堂即其地也正堂歲久傾圮至隆慶二十一年壬寅秋七月徐公
鑑捐資俸重建弘治間錢公貴移建儀門于內庭改儀門為大門
上建譙樓正德十四年六月掌印錢公鼎重修儀門嘉靖四十年
朱公繁責重修譙樓後譙樓傾壞萬曆六年徐公鶚以財用不敷
姑行拆卸惟修大門所內兩廊蕩然無存至萬曆　年徐公鶚捐
貲於東西蓋二廳正堂之東弘治間建鎮撫司後東祀福德牌
西為吏書抄謄文移卷房所後東隅設監二間羈繫人犯今已廢
墜所堂東房為軍器庫貯盔甲火藥器械等物門外竪修建所城
樓石碑西房為龍亭庫收藏龍亭儀仗等物門外懸鐘一口正堂東
邊井一口泉甘儀門外西邊井一口宋建巡司時蓋已有之

十

鋪舍

鋪在觀音堂之左惠安縣年編撥鋪司一名兵一名遞送公文嘉靖十一年秋縣丞邱公亮重修年久倒廢司兵家居聽差里中父老子弟念卓峰戴先生為德於鄉邦甚厚謀致尸祝因其地墟相率上其事臺使者得報遂建祠焉

館驛

驛在所前觀音堂之右舊址已為人居但館驛之地名猶存焉舊傳左至軍人王均祿劉伯元房屋相連一通譙樓晏公侯廟後止右至軍人高惟玄陳子敬房止其路即古館驛門路也

鐵局

局設在倉後洪武間打造軍器鎮庫今已廢壞矣

十一

兵馬司

所城四門皆有其地原建一廳二房年久倒廢東在嶽前殿大門左邊今蓋庵前面空地是遺址也係胡思明請產開厕北在城上塒前王公佩請產蓋屋西在井對面係胡助請稅蓋店各納在所惟南門原經張公文輔修葺今亦倒廢已成平地矣

中軍臺

隆慶元年四月總兵戚公繼光號南塘建于城中倉兜山頂頭撥三名軍守之瞭望東南北海上往來舟楫及伏路墩堠去處有警時掌印官在臺中指揮通城軍民人等盡照派定垛口各執器械防守晝則火炮三聲豎起大旗一面暮則火炮三聲掛起大燈二盞城上發擂點更俱依中軍之令如一更盡臺上吹長聲喇叭城上各轉更天明落燈各軍方許下城後被風雨推壞胡公熊捐貲修葺又廢天啟四年邑大尹繆公伯昇謂諸生此臺登高望遠不

十二

可無設捐勸重修落成之日顔其扁曰中天臺有感於形象言未幾廢但此臺在城中之巔遥望四方如海洋有奸歹船隻不待墩報而先知故不可不設也

倉厫

倉在所治之西洪武二十三年建永樂二年增建官廳一座後公廨一座原設厫六座後廢其四只存東西二厫歲貯秋屯粮米八千七百六十五石正德十四年廵按御史沈公泰録派折遞年徵

十三

收秋屯米三千六百三十石天啟二年復改折秋米一千石每石徵銀七錢收惠安縣庫今遞年只收秋屯米二千六百三十石其公廨東西两旁乃是倉官劉澗新蓋也　百二十石係歸所中屯官收放屬府糧徵比至清朝廢置歸惠安縣收貯今歸府廣平倉收貯發給馬步官兵支領矣

迎恩亭

亭原建于西門外三官廟之左乃迎接詔書所在倒廢今監列女林氏石坊並監林公連德欽賜祭葬坊于此

軍營房

洪武中建城設軍守禦置軍營共九百八十七間每間一廳二房按以後厨舍一落總旗二間小旗一間或二軍共居一間俱是官建後因每伍各撥軍往該地方屯種及逃移故被附居者混冒占住更易起蓋册籍蔑存無稽今畧考其故處於左

一伍營房在東門兜其土地祠在菴山下寮

二伍營房及土地祠俱在菴山上寮

三伍營房在南門其土地祠在汪厝巷對面

十四

四伍營房在南門街其土地祠在巷頭巷口

五伍營房在南中街及南城角其土地祠在焉

六伍營房在西門街及西城麥埕處土地祠在焉

七伍營房在西街並第七巷廢其土地祠在西街北邊山頂頭下巷口

八伍營房在門西大街等處土地祠在西街南邊巷口

九伍營房在北門街並所後右畔土地祠在井兜今重建

十伍營房在東門街南北二邊畔其土地祠在東街南邊前面巷

口

十五

演武場

教場原設在西門外離城三里名曰西埔後改在東門外嘉靖十年朱公彤官操鏊石為記左監十二隊右監十二隊分為界限以杜侵犯造册畫圖中詳都司胡公印鈐發所存照自是軍民遵守嘉靖二十五年九月朱公彤重建官廳一座並築露臺居中操時總旗在此大旗下駐劄官廳兩旁另蓋小厰二間上司按臨閱操則下各官俱在此中居處便於伺候明末已被豪強一占耕作及刻拆葬墳至清朝官軍已廢迨遷移而官廳傾倒無存矣

十六

邊圍墩臺

洪武初倭寇叵測擾害鄉落制惠安縣疆里設有墩臺二十三座皆用民夫守瞭中建望樓以便起居飲食置烟墩夜遇寇至則舉火晝遇寇至則豎旗使數十里之地頃刻見知而為之備正統十二年五月奉都察院卯字二百二號勘合委官會勘定崇武所嘗轄地方上至惠安縣廿七都捜海宮為界下至廿六都青山宮炉內為界內設墩臺四座大岞赤山古雷青山是也撥軍守之隆慶元年總兵戚公南塘以烽堠為邊防第一要務撥軍五名遞報有

無警息于各衙門五日一報定于子午卯酉之年更代後以告差一年一更其餘若下朱炉前肖山後黄峯尾高山大山下頸海頭后任黄崎馬頭尖山小岞埕埭獺窟柯山白崎白沙等處諸墩俱廢只以峰尾小岞黄崎獺窟設為巡司可以擁衛内地聲息相聞不事墩臺可也至清朝邊防不設而墩臺廢矣

捍寨

寨在大岞地方距所城三里許舊傳此地有光員石一大塊形似人首向于城之東門有窺伺狀加之東安一煞直射故築小城以

十七

寘之内為官厰罩其石於中週圍四十餘丈啓西闢一門先年所中撥軍守之承平事廢嘉靖三十七年八月興泉道盛唐因築本本所城邊墻缺石令人折毀將石搬運添築三十九年倭陷城人皆謂毀寨有傷風水所致四十年正月掌印朱公紫貢申請各軍月粮及垣城粗銀重建仍舊址也有碑記監在西街通衢今廢

汎地

本所北門外有青嶼南日寨後哨兵船分泊二使在此南有前與浯嶼寨前哨兵船分泊八使在此東有墓窟三嶼浯與前哨分二使泊此又有湄洲遊兵船不時上下分泊協守但前嶼三嶼不利南風立夏後南颱盛發當急移於石湖及青嶼二處可保無虞此定法也此法設不惟奸民不敢肆其毒即倭奴無所乘其隙總兵戚公南塘太山四維之功所謂世〻賴之也至清朝而水寨汎防之法遂棄焉

十八

官制

明朝所設正千户一員副千户二員百户十員鎮撫二員續有陞調及故絶不得如制

正千户授任錢公忠直隸盧州府合肥縣人洪武二十八年十月到任世襲

正千户調任胡宗仁北京順天府通州武清縣人原任北京武功左衛後所正德十四年蒙巡按沈　題為急缺邊衛官員事調任本所正德十六年十二月到任世襲

副千户授任張亮直隸山後宜興州坊市社人永樂十五年九月
到任傳于張義征沙冦功陞正千户至張鎮襲職正德三年為空
紙用印事謫戍廣東陽江所正德五年遇赦與子欽回至廣東城
繼歿孫張寅紡至嘉靖六年起送赴京查駁以人文十年不到部
不準承襲及寅男輔京隆慶三年跟署指揮歐陽公樞大岞海洋
擒斬真倭一名蒙巡按驗功題奉福字二千三號勘合功陞小
旗子孫繼承迨國朝播遷而後譜籍不存餘無所考副總兵官浩
亭張公是其後裔也及今絕絕未艾

十九

副千户授任李誠山東濟南府肥城縣人洪武二十七年十月到
任故絕
副千户調任徐洪河南開封府許州襄城縣人原任北京忠義後
衛左所正德十四年蒙巡按洗　題為急缺衛邊官員事調任本
所正德十四年十二月到任
副千户調任楊瑛直隸安慶府懷寧縣人原任北京濟陽衛正德
十四年為急缺邊衛官員事調任本所正德十五年三月到任嘉
靖元年七月故絕

正千户遇例復任冦禎直隸鳳陽府人原任鎮東衛左所．緣事問
擬本所立功滿日隨往該所官事成化間奉例調回原衛
正千户調尚任　原任廣東潮州衛遂洲所改任本所緣繇無稽後
又調任鎮海衛玄鐘所有墓二首交外甥張鎮看顧墓一在西門
外船埸下一在峯山仔邊
副千户復任李贇直隸鎮江府滁州粮澤嶺人原任浙江杭州府
右衛後所緣事改任本所天順元年三月奉例調後原任有墓在
青山烟墩北大山頭墓前有石亭亭左監墓道碑

二十

朱絃襲千户職萬曆十五年十月到任朱康爵萬曆十七年襲本
所千户十二月初六日到任朱孔陽康爵子萬曆三十九年襲本
所千户職四十年三月到任朱康憲襲千户朱際盛崇禎朝方保
襲本所千户職
　嘗伍官百户十員
第一伍白籍貫無稽傳至白乾天順八年故絕
第二伍經勝直隸鳳陽府臨淮縣人洪武二十八年九月內授職
十二月十六日到任傳至經鐘隆慶三年四月跟指揮歐陽樞大

岞擒斬倭功陞副千户又至鳴樞崇禎年間承襲恩授正千户十七年十月內回所到任

第三伍朱福壽直隸常州府武進縣人洪武二十七年十月到任傳至朱寧征沙冦有功陞副千户

第四伍張榮直隸廬州府六安縣人洪武二十二年到任陞玄鍾衛所千户二十七年調任本所十月到任署本所千户事

第五伍祖顕北京永平府灤州樂亭縣人永樂十五年九月到任傳至祖旺征沙冦有功陞副千户及孫繼芳隆慶三年四月跟指

二十一

揮歐陽樞大岞擒斬倭功陞正千户

第六伍吳清直隸廬州府合肥縣人洪武二十九年十二月到任至吳承圭於崇禎十五年承襲恩授副千户九月回所到任

第七伍徐真山東兗州府濟寧州鄆城縣人傳至徐通正德九年十月故絕僅遺一女名妃姐奉上司優養月給粮米一石

第八伍汪文直隸廬州府六安州人永樂十年六月到任傳至汪毓鯉於天啟年間承襲恩陞加授副千户

第九伍申大河南彰德府磁州涉縣人永樂十五年十月到任

第十伍王仁山后雲州東鄉人傳至王勝征沙冦有功陞副千户子王寬襲職弘治十一年為侵欺軍器粮銀調戍廣東潮州衛未發卒于獄子繼殁

鎮撫二員

王敬直隸廬州府舒城縣人正統八年十一月到任

黃剛福建福州府閩清縣人正統九年三月到任傳至孫中城應崇禎　年間武闈鄉試中式第八名任湖廣鄖陽府守備後於弘光年間南京襲祖職回所到任降草百户

二十二

史和直隸鳳陽府定遠縣東城鄉人永樂二年二月到任七年三月調任安南病故子通幼小弟史榮赴京借職降襲總旗

江良江西撫州府金谿縣人洪武末到所官屯子和襲職永樂二年二月為聲息船隻事調去永平拿賊陣亡子孫年久不見承襲

草黃

軍伍

明朝未建所城時倭冦登岸就於惠安縣民三丁抽一以防倭及建城池民丁編入尺籍遂為定例繼有言軍士恋土不便防守乃

令各衛所免調洪武二十七年為調撥官軍事將玄鍾所軍調移崇武十人為隊隊一小旗五隊則一總旗共一千一百二十名後逃亡無補者多現在不等

出海軍

明制十百戶設官船十隻快哨二隻官船一隻坐駕軍一百名快哨一隻坐駕軍五十五名俱在本處如遇倭至駕船出海備禦故曰備倭及設有水寨本所屬南日山水寨汛地令軍出海守把岱至正德十四年海賊陳萬寧嚴啟盛康噠哪猖獗都司田公正桂公福錢公賂吊取官船二隻快船二隻去浯嶼內分一半軍駕船去玄鍾事寧留彼不回軍士病於路逃困苦適巡海道陸　巡臨銅山寨本所海軍張貴仔等以浯嶼水寨在中左所城外寨既有船有兵而中左所軍駕船無用彼逸我勞之情上訴將中左所軍駕船去玄鍾而吾所軍掣回浯嶼並原在浯嶼者謂備倭一年一更

征操軍

隆慶元年總兵戚公親詣本所將在城在鄉旗軍餘丁抽選精壯

二十三

出汛坐駕哨船立哨長一名隊長二名兵十名火兵一名每年以三四五月為春汛十十一月為冬汛及期駕船出海備禦餘月休息厥後更改遂無定制

城操軍

隆慶元年四月總兵戚　親詣本所將食粮旗軍屯粮餘丁及不食粮軍丁盡數閱選精壯者月造支粮米六斗立哨長一名隊長二名軍十名有警則守城無事則操練每年春分開操端午止操冬則霜降開操冬至止操故曰城操

陸路軍

隆慶元年四月都督戚　詣所編立陸路軍蓋以衛所城池失事往往皆非攻陷率由掩襲而入此無伏路之兵故也今比照原在浙江設立陸路事例每所設正軍十名付官撤官提調各去三里許衛要路口每夜輪出各路伏哨每路給起火六枝銃三把遇警則放火銃為號使城內中軍壹知情擊鼓傳通城登陴守備捍禦若伏路失悮坐以軍法示衆

守城

二十四

城內人丁除征操墩陸巡捕直堂把門跟官看所等役並屯軍紀錄老疾不差外餘各有差遇有警息不論官軍民户人等及鄉紳舉監生員子弟當依埰子編號之處協齊固守蓋緩急存亡關係之秋無貴賤一也

貼守軍

成化中撥延平衛軍七十五名泉州衛軍五十名共一百二十五名委官一員領之每年二月初一日到所協守城池十月初一日回衛正德十五年奉勘合革除萬曆二十八年為倭寇閧臼又撥泉州新營兵二哨以哨官二員統之駐劄西門外及古雷大岞人家等處協同防禦把總巡劄半汎蓋崇武為泉患咽喉與區增兵協守誠為至要後設置兵營房於西門外至清倒廢矣

二十五

鄉丁

軍之支派移居鄉村隆慶間總兵戚　查點給由每丁令每年納銀三錢收貯官庫此民丁法也後因料及在城人丁方行告罷

寄操軍

明洪武九年抽軍或全户或三户或二户共合充南京留守中衛及雲南四川兩廣福建湖廣等衛所年久不勾宣德二年三月奉宣宗皇帝准兵部奏該勾軍丁除逃軍正身及已觧軍丁外其餘留本衛所帶官食粮偹操宣德三年奉臼字二百四十號勘合清發附近衛所寄操宣德六年奉例發下新屯或留操出海正統二年奉臼字一百八十九號勘合清收入伍

屯種軍及田賦

屯田之制始於明洪武二十九年奉户部及前軍都督府貫字一千八百十七號勘合為屯種事度民間荒田摘撥軍士屯種永樂二年奉户部湖字八百三十號勘合除遠年為事充軍故絶人户遺下抛荒田地撥與本所無田旗軍領種故在洪武年間者為舊屯在永樂年間者為新屯永樂二年奉紅牌事例撥本所旗軍一百二十名委百户一員領去下庄屯種宣德六年為改撥事例又將本所寄操軍並撥金門所寄操軍共一百三十一名撥去大中屯種通共屯軍二百四十三名共種下庄大中田地七十二頃九十畝每名種田三十畝納米六石共納米一千四百五十八石貯于城倉正統十四年延平府沙縣冦作調征操軍征捕屯軍發回

二十六

守城兵亂日久田荒愈多成化八年督屯道康　清查大中下庄二屯田地只寔四十六頃五十畝清撥餘丁一百五十五名補種每丁田三十畝納米六石共米九百三十石即今謂本色屯軍又清查一頃二十畝撥餘丁四名補種每丁三十畝納銀一兩六錢零八厘即今謂舊額折色屯軍尚田二十五頃二十畝清作逃亡抛荒除豁弘治十七年奉勘合為災異陳言事差禮部給事中倪

會官清查仍撥餘丁八十四名補種前田每名納銀一兩五錢三分三厘今謂之新增折色屯軍為法要湊原額二百四十三户

二十七

之數但初置屯時田皆肥美及後新增名田多係駕空湊補指誣坵段餘丁賠輸難堪至某年巡按　饒始令停徵然未開豁間有田地被奸猾佔耕入已或有指作本色田畝不敷告請貼種亦未盡數嘉靖年間督屯道姜　出示令人首請增納今謂之續增折色屯軍是也

屯田坐坵

下庄屯在晋江縣四十等都田地三十六頃六十畝屯軍旗軍舍餘一百十二名每名種田三十畝本色旗軍七十四名共種田地二十二頃二十畝舊額折色餘丁二名共種田地六十畝新增折色餘丁三十六名共種田地一十頃八十畝

大中屯在惠安縣十七等都田地三十九頃三十畝屯種旗軍舍餘一百三十一名每名種田三十畝本色旗軍八十一名共種田地二十四頃三十畝舊額折色餘丁二名共種田地六十畝新增折色餘丁四十八名共種田地十四頃四十畝

按稽屯田之制原係本軍耕歷明二百八十載年久改更本軍多有轉兑於勢豪富宦之手迨大清定鼎以來歷年戰征兵馬繹

二十八

給人民奔竄田地抛荒而米價騰湧有輪及應當屯甲者輙傾家賠累甚有　棄妻子折宇屋之慘遂有將田送人管掌者或有加貼餘兩與人者此皆屯田之累也今康熙二十二年癸亥總督部院姚公啟聖題革閩省催粮見年之害並革去屯甲之弊隨户納粮始見輕逸當事者若加意元元垂為永制洵樂利之休風歟

戰船

舊為倭寇之害十百户所設官船十隻快船二隻各編字號在西門外西港邊打造令人呼其地為船場下官船一隻派坐駕軍一

百十名快船一隻坐駕軍五十五名只在本處備倭及置水寨前
船改移存没今不能復矣今將各百户掌其號船開後
百户白　掌勝字二號八百料官船一隻
百户張　掌勇字六十一號四百料官船一隻
百户祖　掌勇字六十二號四百料官船一隻
百户申　掌勇字六十五號四百料官船一隻
以上四船閣嶋蝵蛀損壞不堪修理申請蒙右侍郎焦公宏詳允
折卸永寧志載永樂八年五月户部侍郎焦公宏革去石湖把截
二十九
改祥芝巡檢司可知公有事吾關故申詳折卸
百户王　掌勇字六十六號四百料官船一隻此船遭風打碎未奉
　　勘合補造
百户經　掌勇字五十九號四百料官船一隻此船後送琉球國
　　中山王差長史鄭祖尾去國
百户徐　掌哇字十一號四百料官船一隻此船永寧衛吊去出
　　海係本衛左所百户阮責坐駕
百户朱　掌勇字六十號四百料官船一隻
百户吳　掌勇字六十三號四百料官船一隻
　　福字一百二號八艣快船一隻
　　福字一百三號八艣快船一隻
以上官船快船四隻俱在浯嶼寨備倭續調去玄鍾所後依舊
改来本所防禦明初造船時合各衛所編號也今浯嶼寨將此
船四隻編二十號至二十三號止通永漳二衛福全高浦金門
三所流編也

軍器

明製軍器所有貯庫成化八年奉例造起九年停止先是本所官
三十
局官於府城造完送府驗明即寄泉州廣平倉嘉靖十六年掌印
朱公彤以軍器乃鎮所庫而委之府城倉中非國家立法本意即
搬回收貯城隍廟嘉靖二十六年三月胡公思敬方移收貯于所
庫中嘉靖三十九年四月倭陷所城燒燬殆盡
額造貯庫軍器二千八十件副額造解京軍器七百七十五件副
以上共用銀二百九十兩七錢八分三毫六絲六忽俱係軍三民
七出辦

廟祀

旗纛廟在所治之偏祀軍牙六纛之神廟廢年久莫修後各神區附祀于城隍廟

城隍廟在所興賢境員通鋪宋時為誠應廟其神姓張名栶建炎間海寇作有陰禦功初封靈惠侯景炎元年進封靈安王妻辛氏初封昭順夫人進封顯慶妃後改為城隍廟祀王妃於後殿祀城隍於前廳賓海朱公彤金書城隍之神四字鼎山祖公繼芳塑其像而以風雲雷雨軍牙六纛諸神並立牌附焉至萬曆二十八年

三十一

庚子靖川胡公熊勸首張文威等募衆重建其廟內旁祀田元帥嘉應侯諸神廟外東旁安置龍舟西旁原為民房廟前照墻內外可通東西徑路至天啟辛酉歲實吾何君夫恪移居廟之右捐貲鋪設前徑石庭迨清康熙辛丑遷移而後民居雖燬廟貌猶存但日久其中前落傾倒矣庚申復界陸路設防遊駐劄斯廟為署毀折四鄰附近墻垣庭石壘架類寨以為防守營房之地夫城隍乃通城民社所關朔望禱祈咸在於是若永為屯劄不獨慢神而且妨民此極告之當事而預為設廢也

所東嶽廟在城東門內各官員拜賀　聖壽及元旦冬節先一日則迎龍亭于此殿庭中習儀中殿祀青帝殿后祀地藏大士殿左為地祇司祀前代忠臣殿右祀靈安王妃建城時四公侯前殿左祀福祿壽星右祀主胎夫人前牌坊大門已倒壞勸首卓明達倡義重新並脩中前二殿至崇禎　年正月間大門前殿被火焚燬僅存中殿辛丑年遷移後汛兵出界遺火焚燬無存今留其故址耳

三十二

地祇司前崇禎年間復建一菴吳公煒募衆創立也名恒淡菴祀三世尊府志里人張萃崑建侍郎何喬遠有詩紀勝

三官廟在所城西門外迎恩亭右地弘治十三年緣首蔣欽育陳漢瑄王洞淵等募衆鼎建廟貌莊嚴神功赫奕嘉靖三十九年倭陷城日放火焚燒拜亭火起東面石柱大水迸出得熄至萬歷十七年何彥用連應禎汪有漸等重新盡制外門顏曰海滄奇觀內有修廟石記外有餘地蓋店三間年修稅銀貯充修廟之費崇禎九年丙子春都勸首何夫恪捐金募衆更新增其舊制煥然加於

昔時顏於門曰一德庇民又曰江城福地廟貌如故至順治辛丑遷徙後緣汛兵出界放火焚燎片瓦無存良可悲夫迨康熙丁卯春勸首周士俊昆弟募衆重建副戎曾公眷先出白金五十兩倡其事遊擊林公瑞出白金三十兩成之凡崇中諸紳衿各捨助其殿堂石砛一仍係何同渭喜捨東畔置火房三間殿廡稍易舊規但未完美耳

崇山宮在西門外近城兜神姓辛偽閩時為張相部將宋封相為王並封辛將為英烈侯後因海寇起掠小兜顯有陰護功蹟土人立廟祀之嘉靖三十七年被倭燒燬復葺復圮近因沙壓只就前廊再葺一宮並祀仙姑媽其舊宮已被人請產為園地矣

天妃宮在城外西南江口山之下其神姓林世居興化府莆陽之湄洲嶼傳曰黃泥港父林愿天妃其第六女也彼地男女長幼通

三十三

稱謂曰姑娘降生時有祥光異香長能乘席渡海常乘雲游島嶼人呼曰龍女宋雍熙四年九月二十九日昇化後人見朱衣飛行海上天聖間立廟于莆之西山賜額曰順濟九天元天曆二年加封為護國庇民廣濟福惠明著天妃賜廟額曰靈慈明永樂七年中官奉　命航海通西南夷過湄洲有保護功歸上其事于朝勅封海神宋靈惠夫人林氏為護國庇民妙靈昭應弘仁普濟天妃建祠京師之儀鳳門崇瀕海舟楫出入賴其神功塑像而祀焉但規制狭小嘉靖間汪光甫張瑞有張君聘等拓而大之邑鄉紳吏部郎李公愷題云浪打石為門古廟靈神扶極海潮平波似練中州聖主駕飛龍後風雨傾圮萬曆三十一年癸卯緣首張陽春連澄魏師軻董儒儼等募衆重新叅府施公德政額其額曰海國耀靈又匾曰滄海永鎮何大舉向黃姓祖地所製宮左蓋店三間戲收其息為公費又蓋小屋一座付漁家收拾船棋至清順治乙未年何家瑞捐貲修整並鋪門外石庭石欄播遷以來惟此宮完固如舊是亦神靈之有赫也但所附海地方靡不崇祀此神是亦赫奕之徵矣稽之泉州宮自宋慶元間里人徐世昌始時羅城尚

三十四

在鎮南橋内而是宫適臨浦之上當筍江巽水二流之滙有禱輙應今德濟門當其陽矣明朝永樂間命太監鄭公和使西洋奏令福建鎮守官重新拓之而宫宇益崇

關帝廟在城南門内嘉靖四十六甲子南臺徐公鷟倡建遂師堂靈聖公祀于旁萬曆三十三年乙巳靖江胡公熊運封君澄勸首祖焯張翌軫等募衆拓舊址重建門對大海更爲偉觀今雖損壞而故宇猶存焉

三十五

觀音堂原在所治譙樓地樓下左右祀關趙二神像及改建譙樓於所儀門始移關聖像于西門樓玄壇趙元帥像于北門樓特建一堂奉祀觀音及十八羅漢諸佛近塑有九龍太子佛像乃廣西李黄鶴任本所倉官事而造今倒廢

晏公廟在譙樓西始建未廢不知何年只傳神像移祀于東嶽即今觀音堂右何姓所居之屋是其地也

水潮庵在本城内下田祀釋迦世尊諸佛舊傳未建城時先有此庵潮水直到庵前時居民崇祀香火當境神明名曰海潮保至國初建城軍民什處附建各事同集此庵又名曰樂善保所造龍舟故有二隻嘉靖甲子歲鄉衆重建萬曆元年九月初一日霪雨異常水漲滿至城堞庵淹不廢前佃龍舟浮出墻外流泊高岸天啟四年丙寅經公洪源劃庵西產地二尺以廣之募衆重新前廊安置龍舟天井增一拜亭大門向井前後左右方正儼然可觀至清順治丙申年本境林奇熊鄭玉賓等募衆將前照再求經家產地

三十六

廣出一丈二尺重新起蓋以爲拜亭下之天井更加寬綽雅觀于是源姪應泰喜助製便埕右二十餘丘共成其美麗以壯神居今前廊被撫院吳督水師攻取厦門被兵毁折倒廢僅存大堂然亦破損也同治年間王追淑張文明林志文等募衆重新共靡金錢叁百仟有関十月而告竣

護龍宫在所口東邊近建祀英烈侯其地原蓋有亭豎戚南塘公破賊功蹟碑記萬曆間風雨推倒亭廢碑碎方建是宫

雲峰庵在城東南隅，舊傳為宋時所建，不知何年倒壞，遺址尚有存焉，今猶呼其地為庵山。所堂懸楼懸一銅鐘，乃是此庵故物，其鐘上鐫有字，記府志為里人黃吾野、張得山同建，其字曰孫城三面魚龍窟，大岞雙峰虎豹關之句，或曰黃與張對句，或曰張瑞圖之句

崇報祠乃是崇中軍人民等以千戶錢公儲死賊之難，告諸道府批允建祠在于所治之東偏內，有碑記瓊泉莊先生撰之

三十七

后營宮在所治西北偏，祀一王二妃，旁有大使甚靈，後落付廟祝居住，今因遷移燒燬，只存遺址，後再脩再廢不知凡幾，至道光二十二年監生何瓊玖出白金三百餘員倡脩之，廟貌燦然，稱壯觀焉，共靡白金七百餘員，即何君瓊玖功居半焉

思德祠在觀音堂之北，崇中父老子弟念卓峯戴先生為德於崇甚厚，謀致尸祝，因鋪舍墟地相率上其事於兩臺，得報可，遂建祠焉，是歲戊申萬曆三十六年

三教祠在城內近下田水潮巷之左，祀莆陽夏午尼林龍江先生，明萬曆三十一年間崇人李正崑、董儒[illegible]等鼎建，贊成者則李嵩、李岱功居多焉，萬曆甲寅秋司空何匪莪拜堂下賦詩，里人陳敬法、劉蒼為之記，堂凡二進，康熙間遊擊林公瑞脩葺之，越後隨壞隨脩，不知凡幾，迨清嘉慶間復壞，勸首林懷慶、懷芳、昆李偕盧佛官等靡白金百餘兩補葺之，得以如舊，至道光年間下進傾壞蕩然無存，基址漸圮，迨近中堂諸道友嘗欲修葺之，而苦於工費無資，欲進不能，林君懷芳目覩情傷，謂其子維金曰：吾若非鼎力倡捐募衆重修此祠，終歸蕩然泯然，於是自出白金五十兩倡首，與里中耆老並諸道友募衆重建，共靡白金一百五十兩有奇，閱數月而告成，庠士戴君諱章為之記，是歲乃道光癸卯二十三年也。越同治間下進復圮，懷芳之孫林志文讀書其間，復倡捐募衆同修，煥然一新，並新鑿一水井，泉頗湧，亦稍甘，名其井曰醴香，光緒癸酉歲貢生王賡颺慕其花葉繽紛，蘭桂森立，因賦詩以紀盛，並留題曰：三鼎峙儒道釋一轍教，益參天地人並尊

三十八

民居

一户張姓祖居在城隍廟下土名山前其屋傳係宋末建至良瀚始納吏出身任山東濟寧州稅課司局分派縣内

一户在山前之陽亦張姓土名吳厝庭生齒漸繁錯列而居以漁為業嘉靖間張時春始以明經發軔至清康熙甲子科張永滋鄉荐分派本縣城内

一户王姓居山前西南世為道士家至王撫民始納吏授廣東潮陽縣典史子鳴申授南京安慶府宿松縣典史分派縣内

三十九

一户王姓原居北門外湖邊後建城始移居城内之北而城外原地定為牧馬場其孝子王定民乃此姓之後也縣内

一户姓江在東門鋪土名大房有一二家分居在倉邊

一户曾姓原居土名城兜至曾鳳始以明經發軔分派本縣内

一户陳姓係泉郡人陳西郭族分派青山又分派本縣内崇武亦一二家

一户曾姓乃山兜曾龍山族人分一派于此有呼其土名曰染厝即是也

一户張姓原居土名西房在所城西門外北偏亦一二家分居在城内又分派本縣城内

一户姓鄭

以上俱民籍姓氏

四十

山水

本所東南北襟大海西跨山埔距惠安縣四十里則鋪曰鳳翔曰安國曰新亭曰錦田距泉州城六十里則鋪曰青山曰黃田曰前埔即曾墓鋪曰洛陽曰古棲曰府前山龍脉地勢以縣大帽山為祖直至盤龍嶺頭始蜿蜒來至青山一傾而大山頭折兩支分古雷三峯三峯山由北入為崇武餘一支為東赤山大岞則古雷大岞皆崇武護衛城祭如荷花穴山頂頭如蒂然大海環繞下一水捙入洛陽江直至陳三垻而止上一水捙入輞川而止中央一大

支起伏至崇武而盡堪輿家謂是金水行龍其勢甚微而脉甚旺昔有閩帥視師到崇登陴四望勉謂諸生曰即日出金帶文士矣此後尚未艾也未幾卓峯戴先生首應之但碍東安門一煞尚宜處置城壕海石當嚴禁勿致鑿傷

旗山即陳卓山城邊北里許舊陳卓二姓居于此故名於山與峯前後中地相聯國初建城之後城中軍民多歸骨于此猶泉之東嶽山貴賤同卯無得而爭不用購買也第二百年來所葬之墓既

四十一

多後此可卜之地絶少其平坦等處村民墾種已盡欲圖尺寸便執為己業群然爭之孝子慈孫曲順其意而予之直為覩屈也彼民何知國法我軍士生而戍此土死則當埋此卯況孤城三面臨海僅一面通陸必欲驅之水葬火葬而後可乎一有司治之足耳

大岞山屬惠安縣二十七都在治之東隅距城三四里許舊有庵鋪設石路將及半旁有石壁刻云楚人蕭繼美來遊大岞盤旋石間望大海一咲而還其山勢聯而中斷到海已盡高揷天外上有奇勝曰龍喉狀宛然如龍渴飲大海府二守少鶴丁公卓峯戴公吾野黄君大尹肯公蘇公縉紳抑齋李公匪莪何公偕子孝廉舅悌題刻甚多又有獅石臺其石如砥上可容數十人浮白坐卧醉聽漁唱牧歌尤趣夕陽卓峯戴公鐫人間蓬島四大字歸路過有石鐘如抑丸扣之聲若金可聞十餘里匪莪何公刻石磬二大字轉而西有軍馬洞夾石為門僅一人側身而入内廓然有容水清可掬昔海寇突至土人逃難者多藏於此獲免可稱玉門天險矣其地張姓居多食指千餘俱以出海為業諸生若張馥張興龍等

四十二

俱有文明顯于時

青山在所治城十里許僞閩時將軍張榈嘗立寨于此以禦海寇有功既没鄉人立廟祀之宋封為靈安王妻辛氏封顯慶妃每年十月二十三日有司官到本宮致祭傳今為例

海在東南北城外南門外海門深處鐫有四大字不知何年何人筆或云吾野先生潮退時同輩優遊其中亦人間蓬瀛也載有海

蕩漁課船有倘供紬惠安縣軍民有傍岸取者曰拖網有駕船出洋取者曰旋網浮繩綸繒魚蝦之利得以贍家又海邊石礁潮水淹沒處出有螺蜆海菜諸物小廝皆步取之其海路上通福州興化二府過省可通南京浙江等處下通泉州及安溪永春二縣又至漳州過省可通廣東等府所城孤懸海上碁置區外東西南北僅一面通陸凡四方商舶之往來無不停泊于此可資有無與惠邑陸用車馬者不同遇歲歉不至米珠薪桂者此海之利商也邇來人心不古奸偽日萌遇米薪之船到澳官有抽分牙有税此應得也乃有勢豪之家嘗見嗜利將海蕩立名請產使生民無所措手足無恥之子弟窺伺停泊各商販船隻橫征澳泊之例殊足醜夫甚有一二不良將商銀借用濟急商船臨行無可抵還留難經月甚從而雜之以低假銀兩致其虧本相戒不敢復來一人饋利禍入萬家則牙行之害商也豈淺淺哉若令主澳得人處置有法商船必接踵而至軍民庶有薪米之資矣

與有龜嶼在所城南門外俗呼為前嶼之海州形如龜故名浯與寨前哨兵船出汛泊此

四十三

三嶼在所東門外東澳兜一呼為內員此地無米乃國初建城時漁人所得與守官平分供其日需莫賞浯與寨前哨兵船出汛分泊二三隻于此

磨石嶼在大岞山之東嶼多出礪石故名一呼為尖峯

青嶼在所城北門外距城里許乃海中嶼多出草長青湄洲遊出哨兵船泊此嶼出紫菜

岱墜山在西南海中近獺窟圓峥峭立乃泉州水口羅山本所界限至此

四十四

井泉

宋時置小兜寨已鑿有井若所內井山前井下庵井庵山井南門外井是也其山前井尚刻有嘉定己亥林元功作名字猶存其餘在東嶽前者下寮街者西街墻下者東埕巷者西城邊者後營宫後者天妃井者乃江夏侯築城後新鑿獨天心井在朱街門前泉脉迸湧大旱不竭與下巷井並稱第一福井而西門內一井係嘉靖年間居民所鑿倉井設倉時有之諸家不必具論三教井光緒戊寅林志文重修三教祠新鑿名曰醴香

橋梁

出西門外二十武小橋一座回通泮橋萬曆二十九年正月西門月城崩倒適值警報祖公嫌日夜督率軍夫修築石料不敷權折橋石添築今飛沙填滿與官路平不復用此橋故無事修整矣

西安橋在城西水関外海潮來時則人病涉明初建城時則築此橋至萬曆元年九月初一日大雨淋漓山海水交集西南城最汙下城被漲崩城石與橋石直奔漬至天妃宮前工力浩大萬曆三十年勸首何彥用汪有漸募衆重修只得苟完

四十五

三官宮前一帶官路初無石砌遇雨泥滌行人病之嘉靖三十一年汪光甫劉浩然何欽厚連瑞夫陳子久甘如霖陳邦興捐金買灰石版甃築長三十四丈闊一丈堅固難壞往來甚便之

歲時

每歲元旦雞初鳴男女大小咸起盥櫛放火炮三聲開門撞鐘鼓唱米洒掃焚香燃火燭懸高燈具茶菓酒饌以獻祖先獻畢四拜厥明上觴壽尊長各以少長先後納拜少者致詞長者示以訓言是日家俱素食早飲後出拜外家及里中尊長彼此交拜次日祭祖先方設葷三日亦然四日俗云本家神明朝天回駕當迎神五日勞神致謝謂其為我祈帝消災而降福也初六以後城中各保善信擇吉日拈香遇是日該保清齋設熙大小俱于本廟駿奔靡

四十六

敢婦褻失禮午後迎神道士偕首人旗鼓沿門焚香安符是夜沿途朝拜荅謝天恩望日為上元節各家內外張灯老少作樂或慶大有之年則官民同樂大結鰲山星橋火樹達呼四境題詩聯者半雅半俗呼夜醉者東倒西顛隨生意窮伎倆以取歡謔通宵達旦而後止但有一二輩用亂炮對壘延燒則惡道矣又六保中人衆於月終為會塗面作鬼蜮之狀結巾穿紅綠之衣鑼鼓喧天烟火沸地本是以神為戲寔乃以逐疫為名獵較猶可從衆不妨亦遵古禮也三月節屆清明為人子孫孰無祖父之思風木之感故

墓者慕也塋者藏也義取諸此則培土掛楮示人有後用固魂魄於無厭最切緊事五月五日乃天中節懸桃柳簷前男女競插花艾飲雄黃菖蒲酒製麵食束角黍三日出城於江口山看競鬪有親叔姪胞兄弟各分一舟互爭勝負七月望日中元節家盛饌祭祀祖先八月望中秋節人人浮樽賞月掛點高灯為樂十一月冬至節食米丸仍粘丸于門及家中各器具之上以陽象丸蓋五月陰氣始生則為角黍以象陰角方也冬至陽氣始生則為米丸以象陽丸圓也夏至不以為節抑陰也冬至必為節扶陽也野人有

四十七

於立夏之日偷聲漿蒸麥飯和各種豆而祭先人者以其春耕竣事麰麥收成正農務之稍暇亦各有取於薦其時食之義十二月廿四日相傳家神事于上帝用黃白紙印幢幡車馬儀從具茶菓牲醴焚而送之至新歲正月朔四日方迎復之於祀灶祀土地之禮尤謹廿五日俗傳天帝將家神所疏人間之善惡令神官覆勘以聞是謂天神下降是日人家各焚香燃灼素食致敬除夕門首燔柴火放炮擊鼓男女互相嫁娶不用擇吉堂上設酒饌焚楮行餞歲迎新歲禮此崇武週一糾行儀也此風曾問之四海內在在皆然以積之既有歲月舉之亦有節文轉相沿習漸以成俗矣按稽此風行於明季之世未免過侈汾搽既遠醇變為澆習俗使然毋足為怪及清定鼎之初數年間仍舊遵行孰意順治八年辛卯四月廿五日不測禍災突至一本注遭叔鄭逆闔所財帛終日頻銷人窘財乏不復如初矣即今哀鴻甫集百室雖寧猶慮衣食不給焉能如昔時衣冠文物之盛哉禮樂百年而後興是所望於後日耳

四十八

習尚

明初新脫兵革之禍瘡痍甫起生聚未蓄能自奮於科目者絕少承平日久文教漸被自是人始知學師傅見重世博徒遊俠不容于時長幼卑尊有序親疏貴賤有倫即嗇於財者或以買而趨利艱於食者或以農而逢年本業耕作而山無盜賊家給人足而民鮮怨咨激仁讓絕去囂爭事悃愊不為文飾綵紵鮮服於官家性叙竟行於賓席婚配必求相稱慮非其偶裝送不敢相高羞其不哀生事塟祭動遵禮法有太古遺風熙朝雅意焉近數十年來土

習民心漸失其初雖家詩書而户礼樂然趍富貴而厭貧賤喜告訐則藉勢以逞曲直至於不分侈繁華則曳縞而遊良賤幾于莫辨礼踰于僭皆無芒刺服恣不衷身忘哭遠反昏反目不念夫姑之親同胞同乳敢割兄弟之好多女則溺所生女母無難色富室喪服召賓務快生者之醉飽貧兄借貸依様寧薄死者之棺衾病不服葯而一聽于神謂神道勝於醫道塟不以期而停柩卜地謂天理不如地理甚有猖狂自恣明言礼不為我輩設卑污向人藉口執鞭亦可為波流萎靡恬不為怪夫凡民有待而興禮樂以俟

四十九

君子謂其有父兄之親學士之尊彼其仁義道德之所陶鑄精神力量之所轉持直令天可回日可揮山可排水可融龍可下馬可角況於血氣心知而謂人類者乎志顏子之志任伊尹之任在士大夫加之意耳

漁課

五代閩時凡江湖河海產魚之處皆徵其課許人採取宋至道年間除之然州縣尚有舟船採取之税至明朝始立河泊所以榷沿海之利凡舟楫網罟不以色藝自定者官没之惠安縣東南海地分為八澚週歲課米九百二十七石閏月加米七十七石有奇崇武一澚大小船網籍報惠安徵米其後民窮力盡船網破壞逃絕者多而額課未皆責報册人户辦納不敷乃有折徵之令每米一石半納本色米折價二錢五分人尚以為病弘治七年御史吳始奏准不分本折每石通徵銀三錢五分民乃得蘇息嗣後舟船日增課米日浮縣差催督日煩竭澤而漁人甚苦之多有借庇於勢宦以紓目前毋致兵快追呼之擾然官之收不加多宦之收不

五十

減少其出息則一也況官有兵宦亦有幹兵幹之擾擾無殊也夫輸課等耳不之官則之宦小民以漁為生不得不聽其剥取雖欲少退避焉不得也迨清康熙間吏有難言者船有税網有課有給由之令有稽查之役汛防索其羹頓鎮營竊其澚例此又漁家之受困而莫可奈何也阮忍吞聲顑安得良當道者解網以甦瀕海之漁命乎

生業

崇武濱海軍民人等以漁為生冬春則綸帶魚至夏初則浮大縺取鰢鮫鯊鯧竹魚之類夏中則撒鯊縺鰮縺秋中則旋網取金鱗鮀鰇毒等凡魚依四時之氣而生其至亦乘四時之氣而至漁者隨時設網以待之誠哉近水知魚性然船有大小艞艚艦艚艦近綸帶魚人純用之以船輕便而易動且堅緻可駕遠而耐風波其山前吳產二宗居民則另設竂網於春冬之季專取白蝦每人置數張用杉木作筐栢木作杙安置海中半浮半沉隨潮轉移名曰

五十一

風鼓網蝦隨潮群入其中得利甚多而為費不少但網苦於奸人乘夜盜取及惡風飄蕩有得不償失者東西澚後海澚人各沿海步拖大網施罟網取小魚烏魚鱸鱠鰆鯽白丁蝦鎖管衛螺香螺之屬雜以名舉海邊有嶼南曰龜嶼西曰洋嶼東曰磨石嶼北曰青嶼石罅泉出洌甚潮進則水沒潮退則水出而淡如故此四嶼大小男婦於潮退時用鐵鉤取礪房仙掌螺蠣石乳紫菜赤菜青苔之屬又沙中步取車螯蛤蚌西施舌王螺白蟑魚石巨之屬大要邊海捕魚之鮮者可販而走惠安晉江二處其腊者可舟載而之三山興漳等處俱可殖焉惜地無崇山峻嶺果實竹木薪炭之物往〻取給他郡地斥鹵無田可耕惟宜麥菽豆瓜麻黍之屬必風調雨順糞多力勤可望有秋地不加廣而生齒頗煩近幸得一種朱薯利所甚溥昔也海利在浮縺今也利在綸帶昔也陸利在麰麥今也利在朱薯故乘天時因地利審物宜而用人力變而通之鼓舞不倦以生其業民富而礼義附礼樂興者此間有不漁耕者挾貲齎貨西賈荊襄北走燕趙或水行廣之高瓊浙之温台處等郡裝載茹榔米穀苧麻雜物富商巨賈幾遍崇中此大買賣比

五十二

前得息大不相侔

忠臣

張榮本所百户生而驍勇忠義自許襲職鎮海玄鐘千户領水軍泊粤海澚中遇賊鏖戰擒二巨魁並殲餘賊事聞賜寶鈔調崇武署本所千户事時永樂二十年冬倭寇千餘艘大作登岸焚掠民居人情洶〻咸以斗城孤絶惟堅壁自守可冀苟全公登城望見男婦老幼逃竄奮然曰國家建衛所官軍正為土地人民計奈何任倭蹂躪不為驅除遂闢門以納逃竄之男婦老幼而指戈躍馬

引所部軍出城接戰衆寡不敵力戰死焉賊亦登岸下舟過去崇武安堵無恙沿海居民寔受其庇云 詳府志名宦

千户錢儲百户王鐵嘉靖已未年内三月漳奸民率倭奴大衆薄城儲督北門鐵督南門有倫不能克相持十餘日至次年庚申四月初一早四更時倭乘烟雨蒙濛守陴軍士躲宿窩舖遂梯城而上分布巷陌黎明方發儲戮力拒戰不支遂遇害擁衆至南門鐵袒臂大呼率軍擊鬪被賊一刀揮爲兩叚時猶有戮力巷戰者槩被殺戮住城中四十餘日擄掠一空而去城復之後附民張來祥

五十三

親覩鐵當日被殺情形縷述其事如此

陳敬法曰張公之率軍討賊力竭而死無復遺憾矣錢王二公所云國亡與亡亦臣義之正也夫國君之國也君以國授之我爲臣子者至亡而不能保其存則臣罪當誅此時正合一死庶可以贖已責謝當時而辞後世敢偷生苟免以負吾君乎宋臣有言國破家亡吾雖不在其位當與國爲存亡夫不在其位者猶知此義則在位者可知公等之死所謂拼一時之死立千秋之名又何必以軒輕論作君臣志

府志明朝孝友

王定民號則吾性至孝年十三時父爲賊所掠赤身入壘懇以身代賊哀而拼釋之家貧以鬻金楮爲業日度贏得錢幾何半給家半市酒肉供父母饌父病足痹定民早入視寢安否旋背父出坐對客談笑父喜奕定民時懷錢授里中父老狎與父奕者語之曰庶幾當父驩耳斈無竟所長困吾父里社會致父〻謝病定民勸父往先之識所數父坐席設帷布以御風暮客散俟諸門外備一役共與其歸父忘其病母病三年侍湯葯久而不懈嘗危篤禱天

五十四

求代竟瘳受其弟定民爲婚娶俾成立尺布斗粟不自私至老不分畢嘗道拾劉氏遺金守以待還過海澄遇醉卧者将廹濤扶以歸醉者醒而覺失錢疑所取曰失汝錢耶償之翌日錢在姊家娩還曰不失汝錢耶受之甲寅水災漂柩無算倡義收埋之壘成大塚葉令春及聞之曰此一飲食跬步不忘親者真孝也子造其廬揖奬厚餽之又旌之曰孝廣受餘

清朝孝友

蔡士謌天性純孝母曹氏久病百方求藥不效焚香祝天割股和
藥以進母病立愈耆民王以桂等呈縣申報按院匾旌其門曰天
倫克篤
周郎天性孝友父常瘋病手足不能舉郎日夜嘗湯藥奉起居浣
溺器不忍少離一弟同父症卧床二十餘年矣事之如事父母少
（拂）又慮遺母及弟婦憂六時中頻見笑言喜色及父沒水漿三日
不入口哭泣不欲聞聲哀毀骨立求葬地以厝父魄罄貲本至
三遷馬鬣而不悔眼淚與鉏鍤並下見者為之酸鼻其他如行已
五十五
之恕與人之忠月旦有評不具論陳令尹聞之旌其孝友予以冠
帶
康汝承本所征操軍遇汛期當行戍久始得歸即涕泣依依不忍
去婦曰有我在毋重以為慮也嘗值母病服藥弗效與婦謀遂籲
天刲股以進母飲而甘之病遂愈諸户候上其事閫師沈公為閫
中名將與士卒同甘苦聞而難其孝遂匾其家蠲其身征役歲歲
無所與
洪士顕承當祖户洪義甫軍役家貧以漁為生父病服藥而屢不
效人告之曰汝父之病非藥石所能愈惟子肉可療之耳亦將試
其真心也顯聞之遂刲其股調羹以進而父病果減固詰之曰昨
夜汝以何肉嘗我顯告之故父嘆曰子一點血誠孝心必通于天
吾生矣笑而體如初人謂孝感之報云本所各户候亦上其事於
當道旌匾其孝於門頻適海寇登岸西關外上下民居被焚顯居
其中兩頭火烈乃至於是而自滅孝誠通天之一驗夫
外史氏曰我明太祖高皇帝開天之初亟欲風勵郡國凡臣子有
忠孝節義者朝聞奏而夕旌予誠重之也一日御便殿有民家殺
五十六
子為父病延命者大驚異其事立杖其人而遣之仍著為令子不
得以傷生滅性事其親有犯者罪之此大聖人仁孝教民之用心
而為天下後世慮至深遠也葢道惟中庸為至而太過之行即賢
者以為難令孝子必以難能為事是未必延親之命而反以傷親
之心萬一增劇而因以不起是誰為之也故事親若王子周子者
可也康子洪子只可節取焉

孝婦

戴氏明詩人黄克晦之妻也庚申倭陷所城時方四鼓男女老幼俱在圍中計無復之或與子同盡或棄姑自逃者數矣氏夫客遊永春僅遺一姑一子在家姑驚仆在床子啼號之聲徹于户外賊治門搜索氏慮難以兩全乃置其子於墻外碓磑之中展轉頭皮俱壞而護姑匿于乾草中至夜負抱兒乳哺晝棄置如故凡七日人無知者而夢寐中頻有神告之無恐孔昭得鄉紳助金始募壯士附城抵其家引之而出後其子伯羽魁于鄉人能知孔昭之賢

五十七

不知孔昭之婦孝故表而出之焉 府志戴名媞篇

節婦

惠安縣崇武所千户錢忠之母何氏忠父實世為廬江人明國初從軍有戰功授鳳翔衛百户後陣亡何氏年始二十四歲長子礼尚幼次子忠遺腹後三月始生乃携二子歸鄉里撫育成立及洪武十一年追論實功授礼龍驤衛百户未幾礼復夭歿何氏泣謂忠曰爾父兄一綫之脉在汝爾其勉之後以父蔭陞本所千户何氏就養以節封太宜人壽八十餘而終 戴府志

莊氏者惠安二都人也千户祖宗源之妻二十一而寡一子繼芳甫五歲撫育無他志壽七十餘終惠尹上其事于督學旌之後子繼芳以平倭有功陞千户其母封太宜人

駱氏者貢生廷煒之女進士日昇之妹而為庠生張楠之妻也發歲歸于張張為崇之世胄家頗饒氏以舅夫家世讀書不能生産作業衣粗食糲自主中饋朝夕紡績佐之及夫歿存二子其一在腹即令二子就外傅以繼父志夜來篝青灯以侍機聲書聲達旦方休雖不廢勞有和丸畫荻之風後次子亦進惠泮迨氏齒廿七

五十八

歆法倡諸友上其事于守令議已定氏聞之莊語其子曰未亡人所以閉閥至今日欲子輩取顯名以揚父母故忍而需此豈願以節成吾名乎非我志也其幽貞如此

甘氏者惠庠士鄉賓甘崇之妹也為黄氏婦夫早歿氏三月懷孕方亦以未可知之形且家無宿舂又奪之以所難繼之志氏窮而益堅至舉男名遺撫養成人守而益壯誠亦女士也諸庠友及父老上其事於當道額曰完名全節

惠安縣崇武所張應岳妻經氏 散見閩書通志及雍正年間未成志稿節烈之未經立傳者姑存之以待考
有本義係張太華之妻與所考証不敢混淆

烈婦

經氏百户經洪源之女庠士經應魁之妹年十七歸于張〻為崇巨族且以貲豪于鄉經氏于歸之後奉尊嫜和妯娌善執婦道以孝稱丈夫子張太華青年力學早挑泮芹科第猶掇之也竟以梁股搗摩積勞而卒經氏遂決意殉夫兩頭父母苦勸不休終不出一言以三日雉經于夫柩之旁庠友等上其事於縣令陳公嘆息

五十九

者久之親顏其扁曰貞烈

蘇純娘則明之女幼不讀書而有志操獨居一室事紡績父母憐之其年十六而歸于吳能執婦道尤得姑娰心夫以捕魚被賊擄去懼自投于海訃聞女哭絕復甦遂以是日諡縊于吳氏之家吳家故貧非克辦喪具越二日始就木顏色如生賊聞義之遂釋所係之衆並賻以金

烈女

林細娘奄邊林毓之少女庠生奇材之妹也女警慧端謹寡言笑家居閨闥里媪罕見面許聘于李正崑之子長及笄將娶以端午日競鬪于江口之港長溺于水訃傳其家烈女之父母泣女亦泣即脱簪珥于地飱寢俱廢如不欲生媪有見者諷之曰子憂若是可往哭乎女曰未稟父母焉安可適舅姑所適值祖伯父喪女與母造哭道經李家寄令人呼李妹來泣謂之曰汝兄既沒吾死且有日幸為語而父母善自愛出衣帶間錢囑買楮幣焚靈前痛哭

六十

而歸自是獨居一室晡時登小樓望夫溺處父母廹之嫁其罵詈非一女度不得行其志遂入室更衣履取帛自縊時萬曆七年十一月十一日女年方十九遠近聞者咸悲之搢紳士大夫皆有傳後十餘年羅封人來知是邦歸烈女于李氏之卯而合窆焉上其事于兩臺而旌之現有碑記豎在三官廟門首 載入府志

坊聯 推將一死繫綱常，惟決水霜節烈；若逼孤城詢故事，滿天風雨淒涼 華表註聯郭龍胡選 淒涼二字原書係西接

陳敬洪曰吾崇以節烈稱者若林氏未覩夫面而為夫死其烈尚矣乃經氏女歸于張以夫三日焉而死蘇氏女歸于吳以夫次日

焉而死何其死之遲耶則其烈皆足述之昔華周杞良之妻當良人死日謂婦人女子少倚其父長倚其夫老倚其子無所倚有死而已嗟乎死生亦大矣可易視之而責人以必能惟道既靡于三從則分秖應于一死、而有知得從其夫于地下吾目瞑矣吾事畢矣假令稍越佚無死蹉跎歲月茍全性命而父母奪之舅姑厄之戚娃里媪慫恿寬解之既我有不可回之志而人或加以未必有之情異日或以病死餓死鬱抑悔恨死終歸一死顧孰與死生遲速之際勘破得定而可已不已欲為即為擧朝聞夕死之大道

六十一

理十萬人必往之氣力以不思不勉獨斷獨行決焉是天授烈性人具靈心雖曰未學君必謂之學矣故謂三氏之死尺組可以繫萬鈞一日可以當千古可也予快談而樂道之俾觀風者採焉

清節烈婦

張若觀廣田張鑄之女侍御荊璧陳公孫儒士思　之妻性端重習女史善執婦道舅姑沒小姑尚幼撫授尤篤旋而夫亡無子欲身殉夫允許以子立嗣勸其苦守甲寅騷動闔家出城避冦率之同往婦伴令妯娌先行已即後至賓以擾攘之秋抗節于萬劍不若預決于一繯於是忽取佩帨鍼管囑老婢還之小姑是夜更衣束灼作絕命詞云自守冰霜十二秋忍將嗣繼把身留乾坤到此應自決莫使貞魂作斷頭遂自縊婢覺赴救日已早瞑顏色如生可謂節而烈矣

陳拙娘年二十二歲係庠生陳中黃次女魏維哲之妻也性端莊執婦道年十八于歸所生男不育及夫病篤氏典賣粧奩以求醫葯不幸夫身故氏哀痛慘怛勺飲不入口七日翌晨取帛自縊而

六十二

死　邑侯鄭公鎣旌其門曰節烈流芳搢紳先生皆以詩志

清朝節孝

儒士張煉妻魏氏年十八于歸張門成婚九月夫赴院試得疾舁歸氏晝夜侍湯葯目不交睫夫殁吁搶哭絕家人救甦勺飲不入口時有六月遺腹舅姑以存嗣勸始勉進杯粥越四月擧男瑚矢志鞠育愛不忘教至於成人奉舅姑盡誠舅與疾弗起氏旦夕虔禱乞以身代舅殁後寢處與姑俱凡晨昏盥膳以及衣裙廁腧浣滌悉躬親其事三十餘年如一日氏足罕踰閫每力疾操作晚歲

得瘵病男瑚懇請醫治氏堅拒曰吾苟活至今為育爾計耳今爾既已長成吾從爾父于地下晚矣迄不用醫葯其明於義命如此時五十二歲乾隆二十八年族隣遵例呈學通詳列憲彙題奉
旨旌表給銀三十両建坊于本城南門內街頂

劉氏儒士詹方星之妻也夫窘家計遠渡平海舌耕於外一子緃四歲一子遺腹閱月始生氏矢志栢舟奉事老姑鞠育二子至於成人乾隆二十九年當道以節孝獎全具聞奉
旨旌表給銀三十両建坊于本城西関外三官廟前

六十三

千户祖宗源妻莊氏夫溺死矢志撫子女事舅孝舅負官絡治女工拮据代還值歲荒蓄精米奉養自食秕糠及野菜舅卻食與孫氏泣曰孫少尚能耐舅老矣食弗甘誰代亡兒成此孫耶舅卒殯殮如礼後子繼芳長襲職邑令劉弘道旌其門女嫁黃舍人殉夫見貞烈傳 詳府志

李氏林懷驪之妻李　覲之女也年　歸于林

林氏張照观之妻林懷驪之女也

林氏張洄世之妻 監生林維金之女也年　于歸廿七守節五十歲一子遺腹

苦婦

陳氏父祥恭生二男七女氏居第七年十六歸于林次年生一男夫揭本賈廣東十年全無還意度男稍長挈去養成意欲孤其望而示之嫁而卒不嫁閱五年而男夭歿遂別娶一妾意欲絶其望而決之嫁而卒不嫁氏朝縫暮績重以傷夫憶子淚沾成血遂瞎兩目及夫凶聞至氏父又作泣語其兄曰妹偷生忍死以至今日今無倚望我計決矣歸而扃户絶粒七日不死其家人強之食日惟進一盂且體素薄弱積四十餘日困憊卒里中謂氏以苦死其

六十四

家必甘心焉兄曰夫誠負婦餘人何與待之如初兄即敬法大父倫述其事如此

大抵家生育女子嫁為商人婦其一去不返者滔滔皆是蓋商人重財利而輕夫婦其本性也但當為之計衣食俾始終無失者而後可豈宜有子而不復念其母更娶妾而遂忘其妻使之離恨窮愁飲泣歿身則不情甚矣嗚呼但願在家相對貧不顧天涯金遶身此是婦人常態況歲月蹉過貧病相尋欲望之没齒而無怨言得乎予故表而出之蓋五倫列序夫婦人類伊始風化所関未可

附之弁髦而不議也
吾崇三百年來生成女子獨盧家有八子家有七皆出自一母餘
無聞焉詰其故則曰昔以儉今以奢儉則荊釵竹笥皆可嫁奢必
以珠玉錦繡方可出門所以人家溺女多出此嗟呼夫子謂礼與
奢也寧儉註云奢儉俱失中而奢之害大夫人只為奢之一字至
忍殺其女則所謂奢之害大信有味乎其言之也

明朝義士

張以向為人誠慤以醫度世一日縣簿在倉追徵粮米甚急有里
班携金八兩來崇糴米上倉遺于道向拾得知此銀是欲買米完
官者倘不還其銀必受箠楚之苦遂操金候于道左時亡金郎奔
彔訊得其實還之毫無所取令尹聞之高其義遂大物色深加獎
勵謂可以風頒其匾曰還金高義

文甲科　明朝

戴一俊字惟宅號卓峰軍籍未冠進邑泮旋丁父憂嘉靖壬子科
以詩經中式第六十名聯登癸丑進士三入試闈文無虛發初授
南京刑部主事歷員外郎中出知浙江温州府陞廣東按察司副
使聽車時未滿三十歲先生性孝友操履端方事母盡歡既通籍
迎母就養奉慈訓以著循聲質聰敏異常雖極煩劇一經耳目即
洞悉顛末其守温郡時值兵燹民多流移一意寬仁撫綏漸次復
業倭寇劉浙江大師壓境上下洶洶措辦糧餉外辦倚而內安戢
民不知兵及擢憲副百姓如失所怙建生祠祀之至五嶺拊摩民
黎靡不安帖時方逾壯以母思家即請告終養奉萱堂南歸婆娑
燕喜改葬父墳及母歿居喪毀瘠雪芝現瑞終制構廬石室山下
以望先塋吟咏其中自號石室主人家食三十餘年杜門卻掃不
入城市然公正未嘗不奮袂所居崇澚稱利藪戒下人避之如浼
浼萬曆間徵兵救朝鮮邑多震驚先生獨為里中祈免故甌有生
祠鄉有思德碑邑祀鄉賢性恬澹無它嗜終日圖書匡坐隆冬盛

無倦容人謂燕居端肅似宋儒所著有石室藏稿行于世子亮采邑庠生入太学授徵士郎中書舍人亮機萬歷癸卯科鄉試中式第八十五名舉人亮策邑庠生入太學孫時舉應崇禎庚午科領南畿鄉試中式第四十二名舉人文章代振科甲聯登称世家文物開先云

陳敬法曰戴先生吾鄉人也弱冠舉于鄉登進士第可称遇矣其歷中外所至著聲世方望其大用卒以忤權貴掛冠而歸不得竟其志山林之日多於游仕天之未欲平治也歟吾鄉

二

為先生湯沐之地潤澤於先生者六十餘年迨歿世而人益思之立祠誦德以識不忘敬法少時亦受知於先生也今耄矣竟負所舉先生其以敬法為非人也聊效蛩鳴漫誌数語思先生也尤以附先生也

何家騎曰戴先生吾家宅相也去今百有餘年吾鄉父老猶嘖嘖誦之不衰信乎恩德入人之深也仰止高山何能已〻

何家駒字如飛號咋海軍籍讀書鏤心研理為文堅凝淵異寶光陸離未壯進恩泮丁內艱哀毀欲绝服闋遂無意科名父以鄉期促之上道總過二場感夢奔歸父病果亟湯藥含飯得親仍抱終天之憾崇禎己卯科以詩經中式第九十四名舉人癸未登進士授江南常州府推官平反冤獄全活三百七十二人寒士孫承恩以非罪罹獄力為辯給以廩餼勉其力學後孫以順治戊戌狀元及第當明季群盜蠭起公計擒劇賊西白兔陳相甫等江左以寧剔奸懲蠹政肅風清守己知人氷寒鏡徹任未期月撫按祁彪佳

三

等交薦內召監察御史銓司索貨不應改調浙江溫州府推官遂拂袖而還歷任未週而德澤覃敷治刑不濫吏民咸戴唐王入閩復以侍御召終歸隱明亡黃冠草履寄意醉鄉親朋相餉問者輒謝之曰主辱臣死吾以方外寄餘生耳國朝屢徵不就群邑半刺不通縉社論文誘進後生邑士子為其物色者無不脫穎以出惟至生靈所關不得已向當道一陳八澚不至剿滅者皆其賜也篝燈垂老眈書不倦著有四書史叅有司及當道咸敬重焉歿後祀鄉賢子中龍順治戊子拔貢任平和教諭平海學正以賢能称中

岳郡庠生孫五人雲翼漢洛澧澤並遊邑泮俱有文名洛康熙庚申科中式副榜第一名授正黃旗教習候選知縣崇之繼戴先生而起者其斯人乎文章代振世澤未易量矣府志載入循績

王過客曰岾海先生司理晉陵春風扉影至今歌濂溪誦清献使得大用於朝未迄明命焉筌棘寺大展其長勲名事業當何如彪炳也哉　朝龍興徵書載道先生貴然來思台鼎旦可立躋何高蹈不出耶嗚呼銜碑不盡猶切從龍　先生八月司理再召侍御兩袖清風歸來則為彭澤之酒郤聘則為疊山之書

四

氣節文章真足千古余辱先生為忘年交釋褐後執法溫陵見先生杜門著書居鄉樹德益信先生去就出處皆有不苟焉真學守之君子矣余叢在溫陵曾為先生立傳欲于郡志續成序而列之以光紀載旋因北行不獲卒事今閩粵各天直道之公竊于當代有後望焉

王過客先生諱仕雲順治壬辰進士以文章名世為吾郡司理緣會訊周櫟園事被逮左遷粵東程鄉令是篇作于立傳之後敢撴載焉

先生有德于鄉莫如救八澚之事生靈存活其麗不億人欲以誦戴先生者誦先生而播遷不果　驌敬載　王過客先生所稱述者以倫鄉評不敢贅也弟家驌謹誌

明鄉科

鄭長發軍籍移居文筆山之麓以惠安縣學增廣生領萬曆甲午科鄉試中式第九名累官至南京戶部主事陞員外郎

五

戴亮機卓峰男軍籍以惠安縣學　生領萬曆癸卯科鄉試中式第八十五名建陽教諭

洪元卿軍籍祖于永樂年間撥下庄屯種遂居於斯地以晉江縣學增廣生領萬曆己酉科鄉試中式第　名授廣東省知縣

黃佰羽詩人孔昭男治麟經軍籍以泉州府學生領天啟辛酉科鄉試中式第六名授太順縣學教諭

黃泓曾正色男軍籍以惠安縣學附生撥入府學領天啟甲子科鄉試中式第　名授南京宿松縣知縣

戴時舉太學生亮策男軍籍以縣學生領崇禎庚午科南京鄉試中式第四十二名

祖謙詩人娗男治詩經官籍以惠安縣學附生領崇禎己卯科鄉試中式七十二名

清朝鄉科

張永滋治 經民籍以同安縣學附生領康熙甲子科，鄉試中式第十三名授廣西柳州府懷遠縣知縣

六

戴雲起以惠安縣學廪生領乾隆己卯科鄉試中式第二十六名授福清縣教諭

龔廷耀以惠安縣學附生領乾隆乙酉科鄉試中式第十八名辛丑歲 欽賜國子監典簿

張鵷總兵勇之男太學生以歷科鄉試無缺年七十 欽賜副榜貢生七十三又遇 皇恩欽賜舉人

張繩武字孫貽號 以惠安縣學廪膳生應咸豐辛亥科鄉試中式第五十七名

明 貢士

逕桂治書經軍籍以惠安縣學應正德間歲貢入太學謁選授南京盧州府六安州霍山縣訓導陞浙江嘉興府海鹽縣教諭崇中進惠泮自公始故称謂崇儒開先

劉儆治詩經軍籍以惠安縣學 生應萬曆間歲貢入太學未授

張首登治詩經崇禎年間歲貢生

何中龍字見若岈海男治詩經軍籍以惠安縣學附生應順治戊子科恩拔貢授漳州府平和縣學教諭才猷警敏遇事隨機應變

七

然分理解靡不咸宜 功令方新諸生未諳卧碑力為講解仍躬詣村落宣講遠近向風邑有十九寨負抗多年單車馳諭悉皆效順調平海衛學正益著賢聲方膺荐剡未用卒府志入仕蹟

清 貢士

經應魁治詩經官籍以惠安縣學附生應順治癸巳科歲貢生第三名未授

何洛字義開號嬰齋家駒之孫父中岳為諸生工詩文為理刑王仕雲王過客推重康熙庚申科副榜元 恩貢第一名廷試第三

名鑲正黃旗教習起等第一名應銓縣令以母老康熙三十九年吏部題請改授福州永福縣學教諭提斯諄謹秉鐸端方以老告歸永福紳士呈請上官給匾旌奬至家桑梓奉爲楷模卒年八十三祀鄉賢著有經史會通先正論文史集經傳四書解寡過諸篇府志入仕蹟

張其標治詩經軍籍以惠安縣學附生應康熙丁卯科歲貢訓書理解妙處不能爲畫者則拈一作發之字斟句酌藝林稱勝郡人士多請業焉以上科目

八

林志爵字振秩副將麒之 子以附生應乾隆間江西興國縣歲貢生科目

詹其芸字汝脩乾隆間例貢生授匾

林志遴字振 志爵弟象山副戎麒之子以附生應乾隆間江西興國縣歲貢生科目

魏維藩以惠安縣學廩生應道光庚子科歲貢生授旗匾爲人性格端厚寬恕待人雖孩提之童亦待之如禮年八十四無病而終子清華咸豐朝入泮

何良謀例貢授旗教習科目

詹開泰以太學生咸豐八年授例貢加按照察磨銜

清 光緒鄉科

陳殿宇彝甫號岮汀以惠安縣學附生光緒丁酉科中式優貢

張時覺字惕如號魯盦惠安縣學廩生優貢領癸卯科鄉試中式第十六名朝考一等欽點知縣廣東候補兩年緣清代鼎革致仕

張爲棟字蔚廷號浦雲以優廩生領光緒癸卯科鄉試中式第十名副榜

九

明 部儒監生

何鈉禮部儒士將授任卒

連文卿以禮部儒士授鴻臚寺序班轉京城兵馬陞昭陵衛經歷轉廣西桂林府全州同知

連棟治詩經軍籍邑庠生入太學授廣東布政司照磨未復任卒

連文庚治詩經軍籍以邑庠生入太學後授浙江衢州府常山縣主簿

戴亮來治 經軍籍以邑庠生入太學授徵仕郎中書舍人

龔亮策字子嘉一俊次子治詩經軍籍博覽羣書一洗膏粱紈綺之習未冠補弟子員性恪端方和易不與人較雖齊民亦待之如禮旋遊太學著有中庸〻言老氏驪珠南華知〻解金剛如義又取四書詩經註綱目大全各删繁付梓俾人易曉崇禎八年詔舉賢良時知府孫朝讓知縣李沾咸推薦授順天教授策以不由科目竟不就光亮乘五經子史性理綱鑑今古典要靡不熟習著有緯武叢譚螢吟集以優典授光禄寺少卿晋父階弟亮機萬曆癸卯舉人深於天文地理兵法樂律以及稗官野史黄廷外典明季

十

山海蠡動中丞南居益借箸焉天啟乙丑科會試中三百七十名格於顴裁去授建陽教諭 府志載入文苑補編

戴炳志治　經軍籍邑庠生入太學

王文達治　經軍籍邑庠生入太學

連繼善治　經軍籍邑庠生入太學

清　國學生

林楧鳳軍籍字　象山副將麒之兄入太學候選州同

連鳴球軍籍入太學候選州同

林機字衡若山東兗州营參戎瑞之子能詩

林楨　左都督同知琦之子山東兗州营參戎瑞之胞侄

林淑世　林宣世　林棟 象山副將麒之兄　曾起鵬　何如蕙 部考授州同

何鱗光　何文輝　汪昂發　盧世煥　汪昂青

劉琦觀　張文明　張帝簡　魏肇芳　張廷理

十一

張鵬　張鵾 依鵬副榜又鵬舉人　張長垣　張長垌　張長坡

張長堤　陳必錫　詹其芳　張殿棟　詹其華

陳必銘　汪志昇

道光年間太學生

何席珍　汪志良　張思裕　何瓊玖　詹慕宗

張家善　何東均　何士蓴　盧允提　何繼昌 瓊玖子字甚永

何際昌 瓊玖子字君盛　張魁 字台候　林懷芳 授脩職郎年九十歲　林維金 懷芳子字南仲　詹開泰 例貢

陳對詔 生員中黄之子　張仰清　陳兆和　陳對時　王大謨

張有容
　咸豐八年外太學生
鄧克家子啟瑞武生員　趙一聲　鄧真邦　林志彰　林敬中
林近仁懷芳之孫維金之子

十二

明　庠生正德間
連　桂歲貢生　呂學端旦之父　錢布鶚　呂　旻
嘉靖朝生員
戴一俊甲科　曾　鳳　莊勉敬　張時春　林　藩
呂　旦聯登狀元及第　何　沂　汪有泮　張文德　張文靜
申　昂　劉　儼貢生　連其煇　何　鈉　何師表
何師典江西樂平學庠生　黃伯豪
萬曆年間生員

黃正色　詹一邁　戴亮楨　朱　紘　劉　英
戴亮來入太學　戴亮檝鄉科　戴亮策入太學　黃伯羽鄉科　申　果
卓應繩　張　楠　陳敬法　劉　葵　陳鹿明
祖　嫌　戴亮植　戴亮權庠生　羅子芳　張安民
劉　蒼　劉夢塊　賈有聲　甘　棠　林奇材
林士龍　黃滋曾鄉科正巳子　錢士恂　王崇裔　張世祿
連　楷　陳于舜　張師良　張奇然　劉應埠
經應魁歲貢生　何家駒甲科　鄭鳴時　劉夢麟　史應昇

十三

天啟年間生員
戴時舉京舉　劉昌琦癸亥年　劉呈輝　賈一瑜庠生　張　灝丙寅年
林　璞丁卯年　連　鼎　王宗進　劉仰吏　劉聖錫
戴　槐
崇禎年間生員
祖　嫌鄉科　何文泰　張受鑄　張子度辛未年　連時光癸酉年
劉應高鄉科　劉廷煌鄉科　孫雲翌乙亥年　汪鼎臣　朱子拔
連時達　陳欽聞庠生　史纘前　張首登歲貢生　卓人龍府學附生

史書年　張錫逵晉江學附生　何士弘晉江學附生　張天樞府學附生　王　恕
王楝高　王　恩　王錫禄　哈鴻章　何中龍
何中岳　戴昌宗　哈承駒
清　順治年間邑庠生
戴加培　戴加垣　戴胤龍辛卯年　卓雲章　何家騤甲午年
卓天章　何雲翼　何漢翼　張其標歲貢生　汪瓚標
連聖揆　祖　誼南安學附生
康熙年間生員

十四

何　洛戊午恩副榜元　張永滋鄉科同安縣附生仕懷遠縣知縣　何　澤　周箕春
莊廷樞　戴仲祥　覃翼輪　何　灃　陳邦彥
連斐鴻府學生員　張育龍　戴元騏　汪　藻　周爾達
戴維舒廩生　蔡元綬　張榮登增廣生　戴　迎　陳江夢
陳揚祖　何借宜　黃天寶　戴中開　劉琦觀
陳中立　林得地江西興國縣廩膳生係乾隆朝
雍正年間生員
何廷俊　張子儀晉江學附生　何高仁　張　煌　戴　綾

龔廷耀鄉科授飲賜國子監典簿　林一策江西興國縣廩膳生
乾隆年間生員
林弘士廣東監籍庠生　林志爵江西興國歲貢　林志遷江西興國歲貢　林日相江西興國縣庠生　錢興邦
陳元提　經　張　周維獄　戴雲起鄉科
劉邦彥廩生　林殿元增廣生　劉麟應　張魯士　張以位榮登子
何士鏻　王日昌廩生　連國瑞廩生　何屐櫬　黃心一
魏之原增廣生　張清福　汪志標溫台玉環學　詹其菁　張　壎
戴　星　戴春試　詹其蘭　蔡朝崑溫台玉環學　戴　贅

十五

魏維藩廩生道光庚子科歲貢生其子清華咸豐年間遊泮　張錦江　張攀丹
嘉慶年間生員
詹克寬　何　脩　陳中黃　張光澤　黃志清
詹維時溫台玉環學　甘必登溫台玉環學　曾兆青溫台玉環學　何偕行　戴鼎新
戴鼎爵係道光年間生員　張學傅
道光年間生員
何文遇　張一麟　張繩武廩生咸豐年間舉人　戴　章癸未共進四人　張觀光廩生
張仰高　陳對墀　黃逢聘心一孫　張清標廩光緒丙戌出貢　張　拱

佘如嵩　何道東　陳大機（中黃孫 對拜任）

咸豐年間生員

魏清華（縣庠生）　龔維瓊　林國樑　劉拱辰

同治年間生員

趙台光

光緒年間生員

戴蓮溪（丁丑）　陳兆祺（廩庚辰）　張幹蓮（庚辰）　蔡逢春（增生）　王藩藻

王藩德　張為霖（廩生）　張時覺（鄉科）　鄧兆薰　陳丹詔

汪育才　張國香　陳殷（丁酉優貢）　張為棟（癸卯副榜）　張昌祺

林棟材（丙申）　黃庭經（丙申）　張澄　鄧國　張登庸

張振華（甲辰）　陳啟明　魏鴻　陳祖梅（晋江縣學附生）

十六

明朝武甲科

孫其賢字起元號拱璧軍籍少有大志開口以科甲自許人目為狂以屢困文壇遂投筆而學封侯之業吾崇稱武人然未有以武立名者公有志竟成一出而領萬曆朝己酉解元鄉舉第一名丙辰登進士以文武全才授浙江漕運轉廣西都司使閩崇惠未有之天荒馳封祖父二代之賜命當世榮之

十七

明朝武闈鄉試中式總録

孫其賢字起元軍籍以屢困文壇棄文就武應萬曆己酉科武圍（闈）鄉試中式第一名武解元

陳三策應天啟甲子科山東鄉試中式武舉人第二名任福州府洪厥營守備弘光元年陞南京戎旗遊擊

張孫孝應天啟甲子科武圍（闈）鄉試中式舉人第一十二名係霞田人

祖朝基官籍應崇禎庚午科武闈鄉試中式舉人第七名

戴祖良軍籍應崇禎丙子科武闈鄉試中式舉人第九名

黄中城應崇禎　科武闈鄉試中式舉人第　名往京會試選

湖廣　府守備

十八

明　武庠生

孫其賢鮮元登進士　陳三策鄉科　張孫孝鄉科　祖朝基鄉科　戴祖良鄉科

黄中城鄉科

清　武庠生

張斛元乾隆鄉試以弓馬取鮮元因策卷違例落名　鄭夢玠文庠生去文就武　鄭國寶

張勲世　劉有成順治朝　林靖遠雍正朝　鄧啟瑞同治朝　鄧兆蘭光緒朝

陳福祥　陳兆勲光緒丁酉鮮元　陳超　陳祖德晋江

明　武蹟

祖裔芳少孤年十六襲千户職居官溫恭廉平大得人譽屢立功行間陞本所正千户璽書賜金褒獎署所篆二十年出府志採何鏡山文集

胡能號靖山壯貌魁偉精騎射有胆略為當道所器以千户陞銅山烽火寨欽依把總以都指揮體統行事

十九

陳濱號南涯家貧落魄不事詩書嘉靖庚申閩城陷家破濱度不能自存聞浙江帥募兵禦倭遂與里少議應募行有日矣而病甚同行者慮後期捨之而去積數日逆旅主人趣之遂强起登途復迷失道遇老人携之去飲食之與別示之曰從此半日可抵浙省及至果先同行者衆大驚異濱身長八尺膂力過人閩師帥懸令有敢衝前鋒者予金牌一面遂大呼應命是日三戰三捷嘉湖道陳公周賓上其功授以千總後領福建兵往朝鮮征剿秀吉功陞儀真守備又累功陞北京神機營遊擊將軍夫以徒步匹夫著名光鎧立功矢石之間一旦而称冠軍位上將取金印斗大係之肘後此其才必有大過人者可謂絳灌無文而少之哉使其尚在·則今日北討南征安知聖朝無拊髀之思推轂之舉也明神機遊擊及

欽依把總為秩甚顯與今之遊擊把總不同
胡延熊之子雄才勇略有纘（贈）緒之志崇禎壬午年海氛騷動奸宄嘯聚下海劫掠延鼐於趙縣令々詳舉其練給允團練鄉勇遂督駕船隻登時擒獲報捷献其俘馘趙令上其事以聞兩臺旌奬賜顏其額曰世蹟圖麟
黃中城未襲職時領崇禎　科武闈鄉試中式第　名往京會試選湖廣鄖陽府守備後赴南都襲祖職加授副千戶回崇武所到任

清　武蹟

曾春字泰垣號化公少任俠擊劍不事毛錐而攻堅陷陣有古雄將風為勍敵梟帥所畏避同時諸將所不及康熙癸卯授都督僉書劄隨征金廈尋駐山東功加署遊擊迨康熙丁巳吳逆倡乱寇湖湘總督蔡公題赴援勳充總鎮萬公正色前鋒克復岳州十八戰皆以捷聞敘功居首署水師鎮右營遊擊後隨萬公提師入閩從征崇武戰走賊衆剿平諸島亦以前鋒奏績特授任銅山營遊擊鎮泰溪辛酉靖海將軍施公琅率師征臺澎復領前鋒之任當其舟者無不披靡事定論功以血戰破敵功加十九等援左都督兼拖沙喇哈番陞廣西河池參將設法擒水道巨魁父子覺狀下池人感之累功陞四川夔州副總兵官以眼疾致仕光前之榮贈及祖考垂後之隆恩准世襲崇武三官廟亦嘗捐金募衆重建將帥如公勇略不可多得者也子起鳳字漢翔嫻熟弓馬兼通文墨有文武全才世襲嘗從水陸提軍為總統者二軍士德之為勒石一在郡東郭外七里庵一在廈渡口　錄府志補編
經鐘狀貌清雅武而文倫警敏不羈善騎射尤精神機經兩臺區

樊旌薦仕浯洞遊把總
林琦字景世康熙間平逆有功累陞至三十六年授都督同知署江西水師遊擊胞弟諱瑞勇略兼優德政卓敷授山東兖州營參將署廣東虎頭門副總兵官事
林瑞號康菴字蓮峯少倜儻有大志長攻舉子業博涉羣書值播遷遂投筆從戎康熙二年授部劄守禦千總隨大師克復金廈兩島功加守備補漳鎮標千總員缺防禦平和縣旋奉裁補七年奉旨與其兄左都督諱琦屯駐江西興國十三年耿吳二逆交乱

擢署楚越州縣江西巡撫佟公題授江西南昌水師鎮標右營遊擊轉南昌營遊擊俾績大著旋轉四川永寧左營遊擊未抵任更轉廣東新安新會二營遊擊事所蒞地方悉皆蕩平奏績兩粵總督吳公感器重之委署虎頭門副總兵官事廣東偶有警息必借前籌請諸將曰凡有事水陸地方之職當以公為師三十八年以山東兗州參將石公佟公為粵東之長城故留任不遷其見重于世也如此己卯春解組而歸馳封二代當世榮之生平慷慨好施投刺踵門無不傾囊持贈鰥者置室絕者置嗣資親友之燈窗寬

二十二

梓里之征役盛事難以枚舉雅歌投壺特其餘甘耳夫吾鄉之官於吳越閩蜀兩粵之間蓋不乏人然未有如公之難進而易退者而樊黃于祖考祖考享其榮施澤於梓里梓里蒙其恩俾鄉閭子弟無力役之征免科索之擾者伊誰之賜耶其視富之歸故鄉而漠然於父母之邦者相去幾何哉故特表而著之以勸後之為仕宦者鄉人有為之碑更塑其像于三官廟以祀之然事近於諛不足為公重也子機太學生能詩

劉瑄字舜玉知書能武初以功領部劄都司僉書屯駐山東後隨萬公正色平諸島功加都督授任水師提標前營守備康熙二十二年復隨施公琅平臺澎例加左都督晉都督銜榮封世襲四代陞四川遵義協標左營遊擊後題提督卒于任

吳聚本姓魏領部劄遊擊治軍嚴肅總督李公率泰最器之令其統領諸部旋屯駐四川吳逆僭號署以偽職終不屈

林連得少卓落不群有俠烈風慷慨好施不事家產時際紛乱從事戎行每為軍帥所拔擢康熙庚申領部劄副將身不滿六尺而膽力過人居恒常語人曰丈夫子驅馳疆埸若以偷生為幸焉用

二十三

此為癸亥大師攻澎湖得督偽領前鋒奮不顧身鈎敵船踴躍而過衝突擊殺敵不能支縱火自焚身被火傷仍冒烟躍回本舟而逝總鎮吳公英上其功贈都督僉事蔭一子衛千總錄用　欽賜祭葬遣官致祭建坊于三官廟左夫以一介之夫不恤性命能捐軀以報國殆所謂殺身成仁者非歟天語之褒豈過當哉其坊與烈女並在一處

陳元字易生號乾庵志于詩書嫻于詞令始授都司僉書職同父增都督僉事俱屯駐山東因隨萬公正色平島之功加右都督惠

水師提標左營守備事從施公琅破臺澎加左都督拜他喇哈番
封誥世襲與劉公弊玉之子等陞福建建寧府城守右營遊擊
黃二本姓張為人朴直忠厚隨征臺澎例加都督銜任温州盤石
遊擊
呂明興劉公諱瑄隨征臺澎蒙劉公瑄啟大將軍施公琅加督銜
任安徽撫標營右遊擊轉任山東德州府叅將累陞至廣東肇慶
府副將
羅瑞洛偽姓鄭字範侯號　善騎射劉公瑄玉成造就之隨征
二十四
金廈臺澎例加左都督番銜世襲任廣西提標右營遊擊
王酉任福建平湖把總轉任提標後營千總
張時本姓蔣授劄銜功加左都督降補江南漕標右營左部今現
任江南淮安府漕標守備
何中俊字二為從漢軍鄭克塽歸誠授都督僉事劄總督姚公啟
聖覩其彪形八尺快而呼之曰何大僕旋陳臺灣事宜萬言更蒙
賞識將表之於朝大加擢用而姚公不幸病殁遂身沉淪放浪行
遊足迹幾遍天下有勸其屈就偏裨以進者終不答晚歲居家食
貧不肯向人作寒乞聲枵腹吟詩有野花亭詩集沉雄悲壯惜身
沒而集無存猶傳楓葉之作中有云不關霜奪緑偏與日爭紅映
水燒寒浪飛天弄錦風亦足窺見一斑矣
劉鴻志瑄之姪任銅山千總喜謳吟雖未盡工自足破俗亦介胄
中之矯傑者也偽姓陳
張勝任澎湖水師千總
林麒字能甫號愧木瑞之姪初任廣東新會營把總陞千總又陞
新安營守備現任江西興國南贛鎮標左營遊擊雍正五年陞浙
二十五
江寧波提督中營叅將轉陞象山副將世宗憲皇帝朝賜御詩朋
黨論錫予甚厚所至擒賊有功子十四歲多讀書能文年七十致
仕歸家共生十五子八子顯名於世志爵志遷歲貢生逢春飛虎
千總一策得地廩膳生弘士文庠生靖遠武庠生蟬聯鵲起未易
量也後一子志威又任把總
林南山東兖州營叅將諱瑞公之第十子任江西把總
林志盛象山副將諱麒公之第十一子任把總
林起龍任新會營把總

林宗建字遠甫僞名金陞象山副將諱麒公胞弟初任廣東順德
營把總轉任大鵬營千總榮陞大鵬營守俻雍正元年恭逢
覃恩授榮封階宣武將軍
林飛虎字振度象山副將諱麒公第十二子以　營把總功加
授杳山縣千總
林逢初字振餘廣東大鵬守俻諱宗建之子任廣東虎門協左營
頭司把總
林安字　山東兖州營叅將諱瑞公之第十一子任江南把總

二十六

林逢春字振功象山副將諱麒公之子初任興化協把總有平番
軍功調任臺灣北路協把總陞臺灣北路協千總
張勇字企大號浩亭明世襲千户亮裔孫少倜儻有才略年踰冠
從戎為當道所器由行伍拔授金門鎮標千總雍正己酉以諳練
水務挑往天津教習旂營水師乾隆丁巳年授南澳守俻調澎湖
厦門前營守俻所至部伍整肅營壘改觀上憲保舉赴部引見奉
諭旨以遊擊鈌補用即擢閩安左營遊擊歷署銅山營烽火門叅
將晋授督標水師營叅將提督張天駿與總督會疏題調厦門提
標中營叅將釐奸剔弊恩威並敷向例臺灣士子海渡赴鄉試有
驗照陋規悉除去之臺士詣署樹旗誌德辛未厦饑與巡道白瀛
會請上憲給借兵米開倉平糶兵民賴以安厦人德之於去後立
石追思遇誕辰輒於碑前演劇慶祝總督喀爾吉善屢疏薦之檄
委署理南澳總兵官旋題授臺灣水師副將時南北洋多匪船出
沒為賈舶害躬統舟師巡緝假儎民船藏兵械偵捕由是宵小遁
跡海疆獲寧臺人士為德政歌以頌之甲戌特　旨召見旋授江

二十七

南江北狼山總兵官奏請陛見面陳海洋情形稱旨賜鹿魚野鷄
等物又賜克食肯回任即奉　旨調蘇松沿海水師總兵官忌者
以事中之左遷京口水師副將辛巳　聖駕幸江南隨班跪接特
蒙顧問有旨授直隸正定鎮總兵官為閣臣所阻　旨遂不下會
蘇松總兵官缺總督尹繼善檄委攝理鎮篆行將疏薦以母老力
請終養歸即丁母艱遂終制不出公性孝友素奉慈訓扁額然公
不樂此也生平雅慕儒學里中有朝陽樓遺址倡義捐脩以振文
風鄉紳黄士鰲為之記年六十九以疾卒于家

張士提字　官籍總兵勇功侄任金門鎮標左營外委把總
林報生字　任銅山營把總

明　掾辟

詹東越軍籍授江西袁州府萬載縣〻丞擊斷不避豪右後晋邑令引疾歸
曾一誠民籍授南京復成倉大使
王撫民〻籍授廣東潮州府潮陽縣典史
謝俊秀軍籍授廣東肇慶府新興縣主簿
謝復芳軍籍秀之弟　欽賜郎官授北京刑部司獄事陞山東萊州府平度州吏目護印半載

二十八

王鳴申民籍撫民之子授南京安慶府宿松縣典史
黃應龍軍籍授浙江杭州府富陽縣典史
黃憲卿軍籍授湖廣永州府祁陽縣典史
張良藩民籍授山東兖州府濟寧州稅課司局

清朝

黃道垣任廣東廣州府清遠縣典史
董献授江南　府丹徒縣典史有傳其子在粵東為千總曾否未得其詳
陳必銓授登仕郎直隸州候選
張鵷字元禮號守軒總鎮浩亭勇之次子授登仕郎
林懷芳字汝潔號潡亭鄉飲大賓元春三子以國學生享高年咸豐元年恭逢覃恩授修職郎享年九十大齡

二十九

封贈總錄

明朝

戴于崑號素窓一俊父　贈刑部主事何氏　封夫人
陳　濱之父　贈鎮國將軍楊氏　贈都夫人
連澄號心源文卿父萬曆　年　封昭陵衛經歷徵仕郎
氏　贈孺人
孫志寬其賢父　贈昭勇將軍連氏　贈淑人
何夢慶號振明家駒父　贈文林郎曾氏　贈孺人

三十

朱紫貴康憲之祖　贈昭毅將軍祖母陳氏　贈淑人
朱紘康憲之父　贈昭毅將軍母江氏

清朝

林濱泉瑞之祖　贈懷遠將軍李氏　贈淑人
林奇烈瑞之父康熙二十七年　覃恩贈懷遠將軍汪氏
贈淑人
曾　春之曾祖　贈榮祿大夫　氏　贈夫人其祖及父
皆　贈榮祿大夫祖母　氏並母　氏皆　贈夫人（名氏舊誌本未詳）
劉宗山璀之父　贈榮祿大夫何氏　封夫人其曾祖及祖
皆　贈榮祿大夫曾祖母　氏祖母　氏皆　贈夫人（名氏舊誌本亦未詳）
羅瑞洛之父　贈榮祿大夫李氏　贈夫人其曾祖及祖皆
贈榮祿大夫曾祖母　氏祖母　氏皆　贈夫人（名氏未詳）
陳增元之父　封榮祿大夫李氏　贈夫人其曾祖及祖恩
皆同　贈榮祿大夫曾祖妣　氏祖母　氏皆　贈夫人（名
氏舊誌本未詳載）

三十一

呂　明之曾祖　贈榮祿大夫　氏　贈夫人其祖
及父　皆　贈榮祿大夫祖母　氏及母　氏皆　贈夫
人（名氏舊誌失詳）
林奇熊字國是號泗濱麒之祖懷遠將軍濱泉四子康熙六十一
年十一月　誥贈懷遠將軍　例贈榮祿大夫莊氏　贈
淑人　例贈夫人
林兆科字啟登號景雲麒之父康熙五十二年　誥贈宣武將
軍雍正元年三月加　贈懷遠將軍　例贈榮祿大夫母祖

氏生母蘇氏康熙五十二年　誥贈恭人雍正元年　誥贈
淑人　例贈夫人
陳氏麒之庶母宗建生母也雍正元年十一月以子宗建貴榮及
其身　贈恭人
何中岳洛之父　贈脩職郎李氏　贈孺人
張光斗勇曾祖　贈武功大夫陸氏　贈夫人
張聯輝勇之祖　贈武功大夫陳氏　贈夫人
張舜卿勇之父　贈武功大夫曾氏　贈夫人俱乾隆朝

三十二

應襲生

明制以來自兩京及各直省衛所凡世職官員家子自幼報冊讀書至壯長時精習騎射　例許直送　提學道考取發就近府縣學教養至本職官告老替職方得起送承襲曰應襲生如有志舉業不赴襲者將祖職寄與別房借襲者聽之亦因此而登甲科者固多是以恩例歷世俱有其姓名故不備載又至崇禎辛巳壬午年間　恩例凡武職家中諸子弟俱要讀書送考赴　道取進取有名送學教養依文庠一例時本所入泮者至清尚與考

三十三

朱康功　錢衍
汪道烈至清順治間再進安溪學第　名改名瓊樑

崇武所名人　明朝

黃克晦字孔昭號吾野少從父客永春出語輙成韻長益嗜吟詠從積書家借其鼈揣摩古今摹鍾王書法倣顧陸墨跡閉户十年詩遂大工與遵岩王公儀廷黃公忍亭詹公桃陵顏公結社分韻庚申崇遭倭難徙居晋江遂出武夷泛彭蠡登嵩衡泰岱歷齊晋吳楚燕趙縱觀黃河大江時焦倚園馮共區李于鱗徐子輿吳明卿楚黃二耿瑯瑘二王皆以詩文名世一見其詩輙讀輙擊節曰山有武夷人有孔昭自是孔昭詩名聞于天下而不識者世群鄙

三十四

之綏寧王仲佛益王潢南玄纁禮聘以詩章贈答奚囊句滿矣終無心圭組念萱堂日暮歸故里尋舊社因廣大社于紫雲寺未幾母卒適羅浮葉烔齋來令惠邑以詩見重為卜葬地于洛陽蘇山下改名曰高風山鐫之石復銘其墓仕閩者若都憲藩臬而下皆促膝問奇泛舟唱和忘其為子民也戊子斗野李公為郡節推日與公有詩文至是為衡岳主馳書邀公重遊適鍾梅黃公北上偕之行中道為林九江留遊匡山盧阜閒歲暮方歸後同紫溪蘇公重遊泰岱二豎作苦奔回兩月餘遂謝世平生所著有匡廬唱和遊西山唱和金陵北平遊槁楚槁齊錄觀風迭唱諸編評者謂其詩如入幽林長薄皆世所有而蔚然蓊翳遂覺老蒼歷下瑯琊所稱盧于明謝茂秦未能或先所寫山水筆力遒勁蒼然不俗題跋書字並稱三絕脩史者傳公于一統志八閩通志清源文献泉州府志嵗壬辰回祿為災詩草燒焚幾盡黃太傅恐其久益散失收其存者刻之于山東公署今藏于家閩紳士景慕不已相與祀公于省會之烏石山題曰高賢　春秋享祀

林樟字國任號釣海為人高亢偃蹇自負其才不可一世有閩帥視師到所威嚴尊重公持半幅所圖山水題詩弁其首上謁曳裾入門旁若無人帥閱其書畫大奇之待以賓禮遂知名後諸郡太守朱公奇其才舉進晋江泮無嗣族子際春亦以畫史名尤精絕紳士愛之侍御荆璧陳公有贊

三十五

鄭佑號半春為人狷介孤蹇超然勢利不淪流俗性好琴以未盡其術挈數百金遨遊四方以求絕響所至偕貴人韻士講道德談星命言言可聽後遂以琴名天下師事日衆雛家三十餘秋浮萍斷梗全無還意子　賢而且孝念其老也重繭萬里強迎之抵

家杜門不出親友寒温而外絶無謾言精黄白之術有叩之者俛而不答即子孫窘甚終不傳其術天生畸人可以類莘中求之呼

祖烶字熙寅千户継芳之子孤高自守少篆王岑律詩喜詠雖吟雖躬耕鋤袖未嘗釋卷嘗過錦田求正於江肖臺先生惝然有悟又師事晋江何匪莪先生每多評許讀書庠士劉華青蘂館二十餘年搜括文經子史奥旨遂得大肆其力于詩文遊粤適楚俱有著作縉紳先生若太傅鐘梅黄公相國二水張公吏部哲初丁公咸物色之稱其議論確有獨詣鄭開府原宇公贈言有曰論詩推

三十六

漢魏唐宋陋糟粕又曰山人黄孔昭與君同鄉郭其為名家景慕大率類此所刻鵝肋集藏于家是其一班矣子謙崇禎己卯科鄉試中式舉人第　名其名藍者

張文燁字復彬魏古言徐行方道嚴蕭然四壁義不苟取慕梁伯鸞高行壯不苟娶好讀書工臨池善諸體書耿介絶俗往往人訝我睚人睚我歌寄意樵漁在里中號逸漁子自為傳遯田船號得山予因有漁樵山人之稱吾野先生素高其趣為作海山漁樵圖並歌以贈之遠近縉紳詞客歌咏揄揚盈帙絢爛珍藏于家遭乱更沒賊手侍御岈海何公為序其後稱其為有道君子可與吾野先生合傳焉

何借宜曰吾野先生詩雄海内論者謂布衣中如沈嘉則謝茂秦皆不及其精詣則在吾鄉中可謂極盛難為継矣林釣海詩画俱不傳然觀所志稱閩帥侍以上賓郡守舉邑泮首其才學必有大過人者當不徒以一画成名遂足與吾野先生並美也鄭半春能琴而不能詩不過一藝若以為精黄白之術應列仙釋不必並此也然猶以傳奇也連滄豚之星命更屬術數而亦列

三十七

焉則載筆之過也兹將滄豚削之而與家北涯祖叔並列如志中所稱與北涯相頡頏不亦可乎祖熙寅詩多見惠風志中僅載龍喉一作恬雅完容誠足後先輝映張得山為吾野先生所重舊誌何以獨遺豈有之而兵燹後偶失乎特補入焉日千祖叔亦開風興起之士在國朝中尤吾鄉所不多得也

何家駿字日千父懷遠以琴名世元侯張公雲翼提閫嘗師事焉人有継鄭半春惟何涯海若之之稱其信然也公得乃父遺響而少耽吟咏虚懷博訪遂以能詩著為方伯天馭黄公稱七言長城

而公與之對壘幾數載自江右至山左宦遊所至風雨不忘晚歲
詩益工時趙尊容先生主海內騷壇公嘗遠寄所作咸為擊節卒
之日遠近輓之以詩有曰遺名應落祖黃門益指熙寅與吾野先
生也吾野先生原不易匹熙寅庶可並驅乎有集曰桐隱力自揣
摩部分卷軸藏于家竟落匪人之手剿竊殆盡 宜搜求抄錄有數
十首然其娍美多不傳矣惜哉公又善奕蘆鴈亦善寫世多珍之

府志明朝藝術

鄭祐字半村善鼓琴聞粵東寡婦善孤舟操重繭至粵任屋比隣 (三十八)
月餘得聞其按節譜之以歸後遊金陵嘗於月夜樓頭揮絃再鼓
、名妓馬湘蘭素解律竊諳聽之忽止不彈曰有鄭衛聲何也湘
蘭再拜乞授操祐終以教坊人為嫌不傳也既歸家居晨起撫琴
一曲未終推絃遽起曰吾將覺矣日中果卒卓吾以半村與吾野
並稱雙絕云

林石湖以寫真名於時莊而楚贈以詩云世人寫真徒似形石湖
寫像更逼真傳神疑在阿堵上化工巧奪肖貌鈎點睛恍惚聞輕
聲翩〻羽扇帶綸巾又益二毛生頰上嫣然一笑坐生春點染生
綃縑半幅開練未竟訛入神錦里豪家多好事招致一一擇良辰
石湖揮描只倏忽依稀含笑又含嗔古今誰是稱名手長康韓昉
斯其倫石湖卜室東海上嗟君無乃是前身君能貌我酷相似我
亦貌君古之淳更有描畫奇絕處非空非色妙無垠興來招君騎
黃鶴與君同遊汗漫津

清朝藝術

何涯海小名會觀擅歌曲工洞簫時或寄興翰墨相國張瑞圖家
有善琴者原延來患從之三年一日於葡萄架上採花聞操高山 (三十九)
流水心曠神怡即欲飛下晚移居縣城設藥室掛一琴於壁上安
一局於榻客到或與對奕或與彈弦隨興所至家之有無不計也
郡紳黃志美聘居於家提督侯張雲翼方伯黃元驥數請為鼓一
曲悶以塞上鴻曰志過半矣雲翼厚贈之歸卒九十餘子欲駿次
子家駿府志載能詩善寫蘆鴈尤精於棋從方伯黃元驥之山東
日相唱和剝啄不厭

黃朝龍字爾雲書畫兼善世多珍之嘗遊溫州廈門等處遍覽山
水終歸隱與里中諸士相唱和亦當世所不易得者也惜未遇尊

顯故芳名不傳特表而出之以俟後人參校

良善

天啟四年甲子秋縣大尹繆公伯昇奉二臺之命親臨村落宣講六諭禮高年尊有德登姓名于簿上其事而旌扁之當時城所中東有陳雅量西有陳學謨北有王孚貢通鋪（即今之崇聖境）有史韜張自常恬謐朴茂粥粥然無所能而與人言必忠信為里排難解紛至自供具務致歡洽歡而後已有橫逆之加輒百口引過終不與較里人稱曰張善人郡邑屢加獎匾以風世焉

四十

南有丁志鼎安靜撝謙悃愊無華事兄如父待侄猶兒安出作入息之常毫非不染推責己恕人之度有犯皆容鄉約評舉邑加扁奬

若干人皆潛德弗耀逃名匪居為月旦所公評當道所開知例得並書以昭式勸

崇武所耆良

林　生平敦厚朴寔年近八十顛毛種種如銀而面常如嬰兒之色飲食起居康強無恙里中呼為㕔邊公約所遵功令旌高年有德予冠帶亦以年行部劉下旌其子姓為諸生多賢而有時名烈女其後胤也

連鏌號南橋慷慨方直為士庶所推服守令交辟兩登賓席而人無間言有子澄躭古嗜奇而襟懷洒落踈財重義而風標不欺椅梓斐美不愧黃耇云

四十一

劉僑號斐峯為人規矩方員操履端正行賈時僅中人之產奔走四方奉伯兄在家讀書合食四十餘年士庶稱順其翁因顏其堂垂老伯仲分貲公不顧私年九十餘郡邑敦請賓席不赴一味謙退恬淡始終如一焉

戴一嶔號慎齋功兄一俊以名進士起家終鮮兄弟公不藉聲勢為烜赫獨折節好禮平生率物醇醇一書生也寧令來是邦聞其名賓之予以冠帶自言吾以儒冠終其身亦不賤矣白髮烏紗於我寧有加乎其恬退可風也

王鍾號濱湖爲人謙細敬慎視人如己縣令劉公一陽請爲賓予以冠帶

賈道譽號賓江居心恬夷操行端慤爲州里祭酒事無巨細必咨焉中年行單歸即皆兜儒業邑延賓加冠帶行年九十面如嬰兒之色行近不將節遠出不騎乘祁寒暑雨中猶見其從一溪牽黄牯耕耘隴上也有古貌邳風借乎未及爲之作賦耳一子一孫各以文學世其家

黄嵩號鎮吾爲人真心質行僅一弟而極友于稍知書初行賈荆

四十二

襄齊魯之間迨二子漸長遂葺小齋于舍傍延師課業併延里中子弟居焉年高德邵賓請予冠帶次子應龍任浙江杭州府富陽縣典史

何權號榕圃爲人悃朴無文推誠好義與人寡交言笑尤重取予崇中廟祠橋梁皆倡首建脩有功於神人甚大年九十九以無疾辛于家正寢人稱曰百歲翁既壽而康又考終命三不可及惟翁一人而已

何樆宇大舉號北崖爲人骯髒正直義所當爲不恤愛惜有氣節子沂雖甚暱教之嚴而有法遂成名儒善星命與滄陬旗鼓中原並稱雙美

連堪號滄陬性敏而慤貌古心淳精星命嘗遊京師王公大人皆過而問焉名冠一時與何北涯相頡頏後人莫及也舊志列于名人殊覺不類何借宜將削而並此

何津號遵崖弟遊術江湖兄鼓篋黌序而勞身僇力獨兼家政歲時伏臘動遵古禮毋敢失墜脩睦四鄰宗族鄉黨共稱之邑有旌匾曰善行可風

四十三

何淮號舒泉敦本好義少時以家用不足遂挈家于惠留山之麓築室治生所貿易無他腸不二價久而人信愛之遂以餘貲北遊而返鄉里以年行著賓飲加冠帶邑有旌表曰壽祺恩褒有子夫恪以孝友聞孫文泰以文學名竟遊泮宮

何夫恪號寔吾天性孝友事父母而三養必親友兄弟而千金可共未遑棲身之居先爲祠先之舉置業祭祀闔族親疎高其義捐財營建十方善信頌其功信富而好行其德品而超乎彝倫者也

二水匪莪天池衣一諸先生各有傳縣大尹繆公伯昇上其事於

當道而奬其扁曰孝友可風加以冠帶焉
張維號遯齋世居霞田人呼為霞田公未嘗讀書為儒而誠心質
行多儒者所不逮事父隱德日淺事母江氏飲食多寡衣服寒燠
俱節適病則侍膝下不離每伺動息為憂喜溺器之操下衣之浣
朝夕必躬親以為欲得母病體之詳且或所嫌婢恐以假手傷其
心及卒孺子泣至嘔血每遇二人忌辰哭竟日隣里為之流涕其
尊祖敬宗平旦盥洗衣冠詣祠堂終身一日交際姻朋發蒙子弟
皆極真摯享年九十有五合手而瞑人皆曰霞田公仙蜕純嘏遐
齡與彦用何公稱海濱二老
張文盛號方田恬和端肅生平無疾言遽色醫以濟人為念不論
貧富必應州里倚以為重本所城隍廟壞父老推公董其事祁寒
暑雨率先拮据至貲用出入之數分文不私亦今世之所難也胞
弟文衡號麓野立心操行肖其兄之為人里中稱為二良盛子良
翰道從三教術宗見坦恒心濟世綽有儒風
陳敬法曰何與張於吾崇者為著姓非必盡以貲豪以勢顯也
惟是合族之中其子姓兄弟恂恂然孝敬仁讓克世其家教不

四十四

為流俗之行錯寸趾而蒙恶聲斯足多耳彼江州之陳曲江之
張千古同此流芳亦豈真有異行為天下難行而可貴乎哉故
均此人家有以相劘而成相劘而敗其近者在數年之間而遠
者在累世之後雖云家運自關人事其所由來者漸矣益信二
氏之所以興也
王用權號我豈為人豁達豪爽少時家無中人之産代伯兄而綜
家事撫二弟俾其成立北天南地累畜為贏三分其貲出所籍簿
券矢天日以示不私當道鄉紳顔其門曰孝友之家延以賓加冠
帶一子天達入太學
王宗良弟宗尹兄弟孝友里隣和睦相經營四十餘年不以寸縑
尺帛自私家中衣無常主子無常父門内雍雍如也舅氏寓居山
東濟寧州父子相繼淪沒惟存一孤萬里間關提拮而歸致其成
立猶人所難云縣大尹陳公顔其門曰孝友之家侍御陳荆璧有
聯贈焉
陳敬法曰予謂孝友二字最難得之富豪益其父兄擁財殖貨
平日每貪吝焉未能遽割為子弟從旁覬覦一旦垂涎焉必欲

四十五

急操放利動則智昏慾多則情蹶有當喘息尚存私探囊而發
櫃屬纊方已顯挾劍而投戈豈不親兄弟同父母乃至親視若
仇讎護笑轉為呌號皆患生於多藏不早散之為禍夫古往今
來同胞惟夷齊能讓國父命重於泰山異姓惟管鮑為能分利
千金等於鴻毛其餘皆持籌金穴握算奇貨真如逐羶之蠅撲
火之蛾嗟乎百年一瞬歡樂幾何這阿堵走遍民間直通帝座
不用氏力求自有天公造君不見朝上明光宮夜宿陰平道石
氏金谷今猶存否姜氏布被至今未破算來惟有兄弟好孝友
四十六
高兒孫自有兒孫福勿作牛馬虧不過作兄弟志

廖通號崇山家貧幼喪父母史氏改適永春通焭焭孑立族叔其
未有息奇通貌引養焉愛如己出後叔母生有二子遂失愛通竭
力祇事終不以愛弛而有異念及二子稍長通繼父又亡潛告叔
父曰叔父幸有子可代養不可使侄母無兒食貧叔父憐其言許
之臨別叔父與二子送之江之滸將登舟通指水泣曰永春不在
天之上隔此只百餘里而遂再經此行若負義絕跡有如此水自
是歲時再往來及叔父卒聞訃號回經營其喪而去時疫兵之後
通僑寓永春日惟持商人金從素封家糴穀肩挑驅一衛子馱穀
而歸與商歲以為常商人高其義爭任使焉授至二三百金弗慮
也以故十年間累鐵為鉅而三致千金持止足肯施于九緩急告
者不以無為辭重念叔父觧推之恩時時給二弟資本以治生年
強半居其家待之不衰客有稱其好行仁義廣積陰德者笑曰陰
德猶耳鳴我所獨知令子知我何謂陰德與大司寇鐘梅黃公有
夙契一日自郡來其家縣令聞之郊迎惟僅笑謂曰老夫此行非
求田問舍肴桃源一故人耳令始聞其名益加恭敬已而具刺以
四十七
賓敦請不赴授以冠帶固辭遂次年六月廿六日正八衰初度之
辰父老擬稱觴上壽於夢寢中呼其子而可趣具酒食犒吾從者
天帝召我矣跏趺而逝

陳甥敬法曰昔予挈子入桃源讀書石鼓館中見山翁聹耿耿
而腹便便天性自適世味俱忘每嘆山翁真神仙中人也聞或
道其少年事菽水無甘牛衣對泣壯夫羞與為伍富人過而弗
問為人欷歔者久之夫富貴貧賤人所常有今廢困而得亨此
正天心玉成至意余觀山翁未嘗學問而所為卒執于理道他

勿論至施予一節在素封者尚以簞食見色山翁從酸儉起家族戚有所求輙應勸之留贏餘以貽後則曰吾先人未嘗以斗粟尺帛付我蓋踈財仗義其天性也然卒以沒齒無可加遺至子孫欲襲祖父之所為而不善自營未久而一庄遂荒嗟呼孫叔敖三相楚國其子不免饑寒房杜一生勤苦至子孫覆蕩無餘益信人生世上財名真同蕉鹿盛衰捷如過駒或富而貧或貴而賤不可為常亦安足恃試看王侯將相猶如此又何疑於山翁

四十八

崇武所隱逸

謝法　號　　耽書好禮居恬守娉市隱不求聞達授徒勿問脯脩法十歲時從先生授詩嘗謂法可教因授所作葉烱齋埋鬢塚詞有曰先生本是羅浮仙身在廟廊心在田終日著書不出户有時醉何白日眠棠牘勞形驅不去兩造庭折用片言門如市兮心如水寧為鸑鳳不為鶤俱膾炙人口家庭之内雍睦無閒花之朝月之夕微歌度曲頻聞絲竹之音有東山遺風不愧賓樹云有本

注：係謝法未知果否無可稽考

四十九

林偉號西郭為人胸懷洒落動作無競自搆一小齋匾曰槐圃晚年隱居不仕日惟與老友琴棋尊酒過從為樂娛尤善楷書郡邑石刻其遺筆亦一絕也峠山海門四字足徵其概

張純堅號鷗波少讀書阨於奇數尤善賦詩與里中吾野先生相唱和然好自韜晦常自言詩以適志非以求名故篇章不曾傳于其世

陳洪謨號　　家貧好學少治壁經不遂壯閫子稍長遂負笈挈子遊于晉惠之間以從名師刻苦茹辛佐以西史卒成其學而繼

其志清脩樂道自匾其居曰樂窩
鄭仕偉號慰吾以授徒為業其貌恂恂其腹便便手不停披口不
輟言於洒掃應對之為必謹於句讀音切之為必辯住世三萬日
橫經四十年抽其関而啟其鑰畸于人而在乎天乃始而甘旨弗
給晚而肥脆食前何貧窮之有命竟𡺸嵫而變遷是蓋吾道之不
幸抑亦造物之有偏法昔在門墻從事研思先生而不見烏能已
夫淚漣
鄭承家號我所家居四壁蕭然自得謂世不可無人而人不可無
五十
已於巍科上第直掇之也然自信太篤自置太高以此技癢竟以
此齟齬終其身不得一遇直至死而後已孔氏之所謂狂也亦能
詩與甘介竹徐從雲林雪居連心田諸君唱和一時
陳敬脩敬法之弟少從兄讀書不成去學𦘔其𦘔倣沈石田文衡
山其字倣蘇東坡蔡端明後會其筆意自成一家壯年不娶自言
命薄奇促不欲以妻子累兄弟卒不娶所得饋遺即以分給或獨
居一室或遨遊四方飲無量酒作不韻詩後溺於海七日得其屍
顏色如生兄為之埋骨江邊名人康于襄張郁各有傳贊此畸人

畸行可憐而可傳者故志于後
李正崑號眉山為人謙恭謹厚時林龍江倡教于莆崑閩重繭往
師事之廹歿與其友董儒儀龔一倫等數十人建祠宇奉香火以
示不忘雖於道未能盡聞而專門服教化被鄉人掩骼埋胔澤及
枯骨皆一時尚義之事士志亦可嘉縣大尹楊公　　錫匾獎之
徐夢龍號從雲少有志操父兄襲職獨負笈遠遊從師梁服淬勵
以教奇屢困衰然弗恤也所居僅蔽風雨而布衣蔬食教授生徒
以自給無矜容無媚骨善喜得師惡忌見短評者謂其不愧原寧
五十一
知言哉

崇武所誌　碑記

建崇武城樓記

崇武所隸永寧衛去泉州郡治百里居民數千室城郭甚完蓋濵海要害之區也歲遠城垣日浸崩塌所司屢申白不報嘉靖二十五年千戶胡思敬朱彤白之郡守程公秀民慨然曰吾責也即白之巡按御史趙公應祥故事凡此建設必取諸軍民軍民無敢異議公曰將以安之而先以擾之可乎於是下惠安知縣陳良法議以官帑百金擇才能千戶朱彤董工修築北城墻約長六百餘丈重建南北城樓工始是年九月初六日越明年五月十三日訖工朱彤請記夫崇武者武人之所有事也非牧民之亟也牧伯馭其民興文化誨猶不給而暇崇武乎方今禮樂會同海宇寧謐聖天子崇儒明道四方冠裳之倫靡不忻然以文章道術自獻其知而程公博學閎識遠守海濵顧於武備汲汲焉崇武處海濵尤遠樓城之事微矣為史者耳目所及尚不欲新剏新其微者於所尤遠哉蓋聞王者制治地有遠近無非願治之民君子臨斯民之上事有巨細固其畢舉兼施不使一物不得其所興文崇武為道不同要以保釐安全之而安不忘危崇武者所謂興文之地蓋今之所好在文其所先務不在文也昔者周單子聘楚過陳道穢不治嘆曰其將亡乎夫道之穢尤甚微而可與於存亡之數無巨無微無遠無邇無武無文一事治則事事舉治一心存則心心舉存凡文武宜翕因革張置無非為政者之文章也觀崇武城樓而程公為政可知是故不得不記又聞城樓傾百餘年海寇猖獗出沒風濤之閒肆贖而直陳民無保障而介胄之夫窮年日夕司斥堠負矢石屢守禦將安所憑麗乎萬一斯所不虞諸州城邑帖席乎哉然則斯所固諸州唇齒其地非遠其事不得謂之微也程公不毫髮有損乎下而官帑之費不奢廢墜振興盜賊屏息士卒歸依閭閻樂利吾知德教脩明而道術有所施是作也蓋有裨聖天子禮樂文儒之化又不得箋箋謂之崇武而已斯所可記樓城云乎哉公光明介潔博厚寬洪民有杜父召母之歌斯邦也金城湯池之固其不在城樓也夫

嘉靖二十六年丁未八月之朔賜進士出身中憲大夫廣東按察司副使奉　勑提督學校前二奉　勑提督江西貴州等處學校

晉江蔡克廉撰

碑竪在所堂東偏

三

崇武所朱侯愛民禦寇碑記　竪在西門樓下

嘉靖丙午春二月癸卯海賊犯小兆海門掠魚商船崇武朱千户彤率兵入海捕獲之獻俘于府夏七月戊申海巨賊李大用大寇我大岞三峯溪底赤湖鳳洋諸村彤進捕之是暮賊退忿不大肆庚戌復合艅大舉勢甚鋭彤先與諸村約曰村父老子弟懼賊而逃潰乱東西見我兵不顧而合爾命危矣今須依我兵為命是日彤步走沙中執鎗偕卒赴敵力援諸村〻少長來歸戀朱侯如父母然賊窺朱氏兵捐器械登舟以去是年寇不為禍民咸德色於朱彤由是上其事於程太守公請立保甲倫家置兵衛發教師教之藝約遇賊警吾所城旗樹村之旗亦樹石砲交下死拒之吾即救汝彤由是巡閲各村或饋之鷄酧一無所受民益喜悦數百人不鳩而集共扶巨石為碑填城西門扁眉十輩造愷請曰數年以來沿海土著奸宄時作飢饉荐臻加之科擾宄有不居之室野多廢作之圃吾三峯諸鄉海涯為族離縣則遠距所孔邇崇武千籍賴以戍邊寔以保民由來武職氏兵異視閉関謝寇輙以容附之民而子之賊惠戢幾輸餉竟何所裨朱侯者軍之師帥我民之怙

四

幪也夫海寇三獅老鄧老剪毛老十八種為患於交廣閩浙之間二十餘年壬寅七月掠我諸村甲辰復掠我張坑不有朱侯海厲者無噍類矣且侯出謀以制變者四收繫宄寇之軍以絶媒也烟海獄之井以去利也築石亭而瞭以謹烽也脩治垣堞以聚衆也而身先士卒志在救民法皆可書吾諸鄉不忍忘於中公得無言乎兵法曰有必勝之將無必勝之兵言將之繫大矣惠倚一朱千户猶足為沿海之輕重國家能得如侯數輩布列瀕海寇必衰熄而民或少緩侯撫兵之長而民曰父母父母云碑在武臣惠之長

民者保赤子之心不油然生乎方今北虜鳴鏑湖方繹騷朱侯局於地未有能荐之者而仰之畫究其用余為之叙而為吾民感慨者至深侯名彤字嘉豫精騎射讀書知大義

嘉靖丙午秋七月賜進士出身中憲大夫湖廣按察司兵備副使前吏部稽勳司郎中邑人李愷撰

克復崇武城記

碑在通衢亭中

崇武距惠安縣東南四十里初築小兆巡檢司洪武二十年始城其地為崇武東門之外復建捍寨置戍兵與城聯絡屹然為海上巨鎮蓋周江夏德興之遺烈也云城控大海々外諸夷雜國錯落島嶼間惟日本最横黠常候風潮以犯内地高皇帝時命將率沿海諸軍討之破之琉球献于京師詔斥其貢而江夏還城之功適成於此時遂貽閩海之安者垂二百載説者謂興泉二郡實係閩中安危惠安攝興泉閒孤城屹立賊斷惠安則興泉之要害塞然不得崇武則惠安未易窺也故保一隅以安全郡寔安邊至計未可輕以戍堡視之其果然與嘉靖戊午倭大冦吾閩陷福清長驅至惠安城下興泉振動廷議以興泉重鎮宜改福寧專置一道擇文武臣忠勇有才畧者蒞之維特育吾萬公以才御史擢僉閩憲持節鎮興泉至則肅紀度飭戎政相度形便曰惠安興泉咽喉也宜急備之已未冬賊擾楓亭犯惠安北鄙公率精騎挫其鋭氣惠人安堵又明年夏四月朔賊結巨艘從海道乘夜襲崇武戍人不戒賊入其郛蹂焉千户錢儲百户王鉄死之公曰崇武惠之藩

籬也賊入藩籬且窺庭户不一芟夷捕艾之何以固吾圉遂選鋒厲甲親操矢石當士卒前行召千户朱紫貴計曰賊狂黠甚宜以計殲之可間入賊營毒其汲炊且引兵駐山前以張犄角賊餌晨炊者輒死公揣賊窮蹙兵進勑諸軍鼓噪從之賊且困且懼夜棄城入海上以去時五月十一日也公檄舟師伏海島要害夾擊之賊死者不可勝計而崇武城復公既休甲兵勞將士撫瘡痍憫死恤孤復出帑金二百餘令復舊寨築舊城之圯者命紫貴畢其役于是崇墉屹々捍我海東而内地晏然無事嗚呼公可謂知大計

矣自倭夷作難垂十餘年吳浙為墟甲胄武夫環視覘覰誰敢向賊巢峒發一矢者而公以詩書俎豆之業身履戎行棰腥夷於指顧豈不鑠然稱奇功哉於是崇之將校吏士來請記於承芳以圖公德於不朽承芳與公昔同臺僚時聞公慷慨談東南邊事皆可謂知大體今措置一方功課又已驗句果竟其志蹟郊未可一二數也故樂為之書立石於城通衢使海邦之人永有述焉公易州人諱民英嘉靖庚戌進士涿易間古多名將相公具文武材他日屬天下大事者果然必公也

賜進士出身文林郎江西道監察御史惠安曾承芳撰

重建捍寨記　碑豎在西街頭

崇江在惠之南嶠自洪武中築城以備倭夷置守禦千戶所召軍士隸于屯營其間居民廬舍雜處崇墉短堞枕聆洪濤蓋天塹百二之勝也倭緣是不敢窺邊者垂二百餘年承平既久釁孽漸萌頃歲漳潮之玩悪不逞者辟易竄倭島中誘致其國之人浮舟揖入寇方庚申夏署篆者失備倭乘雨夜夤緣攀堞城為之一陷說者謂大岞捍寨昔人屯兵之所於地理有關寔崇武之藩籬也藩籬撤去庭戶勢能不潰危乎於是千戶侯朱紫貴圖修復之計上

其議於兵備道萬公既獲允遂捐已俸不足者軍民斂餘緡助之迺尋厥舊址審厥面勢增厥式廓鳩工貞度椅土壘石登登陾陾版肺具舉衆不告勞以辛酉歲正月初三日甲子經始越五月十八日乃竣事內為官廳軍所謂賊石於其中周垣四十丈雉堞凡若干堵登瑩遠眺則風帆上下了然在目入崇武城而東望之隱然荷葉之狀以察賊艘以鎮風聲而崇江百二之勝於是乎復完矣先是城之未破也賊舟出沒於張坑小岞之港所在患之侯乘兵艄一鼓而獲三十餘俘以獻海道邵公戌午守獺窟澳賊由背

陽攻惠安侯領兵入援登城督戰斬賊首擲于城下賊解圍而去士大夫製綵繒贈之題曰保障奇勳比陷崇武之日侯躬冒死戰右臂創甚而氣弗衰也赴兵備道請兵克復置毒井中賊多中藥以斃用間諜得其機密賊謀夜襲惠安數次俱被馳報不果發及克復崇武軍士逃亡山谷中侯爲之請給月粮還定安集甚加意焉又爲之請官帑百金修葺雉堞之圮毀者不費軍士一錢兵荒之後厲氣暴作令之設齋醮秉虔露禱爲之請命於帝病者起絶者甦死者得瞑目矣至是捍寨落成人益感之謀勒石以遺不朽屬予轉粤藩歸自京師崇江之父老來謁予求記因具述侯之功閥以告予聞之天險不可升地險山川邱陵是也夫人才爲干城保障其障其險非特山川邱陵比也地理之説堪輿家言儒者不道也王命南仲城彼朔方夫宣王之禦朔方豈專恃城文武吉甫之憲顯允方叔之猷布列於屏翰所以壯干城者深矣方今寇賊姦宄國家思得良將以討平之迹所聞侯入援惠安有體國之忠焉斬俘獻馘有敵愾之勇焉置毒設間有沉機之智焉撫定給粮有恤士之惠焉修齋禳厲有保民之誠焉循此五物而勉修不怠

九

可以投鞭斷流標柱紀烈盪滌海外之妖氛而子孫帶礪之盟與國無極即吉甫方叔不多讓矣茲所謂人險者而區區大峰寨之勝足多乎哉侯名紫貴字思讓余早歲之同邑庠友也嘗繙儒業尤精於武經將傳諸書寧不樂余之説而思自激昂張大乎是爲記

嘉靖四十一年壬戌八月　賜進士第朝議大夫廣東布政使司右參議前尚寶司丞邑人莊應禎撰

崇武所靖江錢侯廟祀記

錢千户靖江君之死于賊也廿載于茲所共請廟君而祀之者則君鄉人也鄉人曷爲而祀君也哀君之死而莫能明其所以死者以昭於當日也謂何録功者微之也微之可但已乎曰公道在人心百年如一日也先嘉靖戊午倭夷擁衆入寇閩中陷郡邑聲勢籍甚仍由海道窺崇武崇武孤懸海上倭倅抵城下城無宿儲人情震讋時君綰所篆冒矢石爲士卒先窮七晝夜賊攻愈亟君懼兵力少懈捐俸金及貰當民粟以餽氏益激奮死守賊多折傷勢

十

屈潛去城賴以完御史樊公適按部至泉發帑金三百賞勞溢常
數論功於是爲最矣迨庚申四月朔自大岞出不意襲陷城時君
已觧紱不及出尺符召兵顧家世食禄養歷守茲土乃挺身率弟
男等戮力拒賊死戰不支一門死者十餘人父子兄弟同日而及
也使當時城守如前在君則城必不陷而不力戰以拒賊則不至
於殺其身貫傳有言守禦扞敵之臣誠死城郛封疆君其得之哀
君之死而録其所由死以廟君而血食焉者當不在今日而今日
乃得之里中父老與麾下士倡義而請之於上督屯僉憲文公别
十一
傷然公又皆以表揚風化爲先者也寔允其請以戊寅冬臘月營
建至是落成塑像其中歲時祀焉君之英魂憤懣而不能明者茲
其少慰哉噫公道之在人心不容泯事久論定百年猶一日也類
如此君諱儲字叔厚嘗肄業邑庠忠義之氣豈其素所蓄積耶子
際昌性資樸雅耽學好士痛父早世刻意継述忠義之報行且有
待矣
萬曆七年歲己卯八月　賜進士第廣西布政使司左參政致仕
進堦中奉大夫邑人瓊泉莊朝賓撰

崇武所烈女林氏碑記　竪在三官庙門首西畔

林烈女者惠安崇武人林毓女也少聘于李正崑子長萬曆十八
年李氏子競渡而溺女年十九哀傷悲惋顏色憔悴以死自誓居
数日值其家伯父喪隨母往哭道經李召李氏妹泣語之曰若兄
既亡我死有日若其代兄善事父母因出衣帶間錢令市楮幣代
告渠兄泣别而歸朝夕欷歔杜門不出父母不曉其志謀欲嫁之
娣姒至女正色拒叱如是者再父母疑女欲擇婚復遣媒來益慚
恨拒叱如前父母詬罵甚厲女乃入室盥櫛更衣履室户不扃以
十二
示無疑倐然自縊母呼不應入視之暝矣隣里駭悲冠綬弔拜有
司君子有表有誄至於是歲　天子下詔書搜揚幽躅惠人以聞
其邑令羅侯〻令邑人捐銀改瘞歸骨于李氏子之邱而將上其
事於朝惠人乃合而銎之詞曰於維烈女窮泯下姓靡窺書史静
閑植性辟彼女貞獨清也正古有高行用刀引鏡亦曰既雕於義
無更顧茲委禽栢舟自命之死靡他從一而竟萬里相見如及親
迎雪霜爭厲氷玉同清師心合節女中之孟幽魂未揚湮矣不稱
天子制詔邑侯奉令乃合宛穸具以名請表貞訓俗厥典甚盛於

萬斯年聲施無競
賜進士及第通義大夫北京礼部右侍郎兼翰林院侍讀學士前
南京吏部右侍郎詹事府少詹事國子監祭酒經筵講官東宮侍
班官郡人李廷機撰
嘉靖三十年歲次辰壬

十三

觀察卓峯戴先生思德碑記

碑亭在三官宮右

卓峯戴先生都人士碑之邑矣玆復碑之于崇〻先生梓里也崇之戍人若小兆土著無慮數千家中具四民焉士什一商二農三至乃獻子則十之五矣介其士來言王者官山海留不盡以貽之民昔時為生易今則否何者豪右為政也先生時來省封樹問所疾苦為請而蠲之第供官賦　歲所省千餘金它一毫無所有與曰獻子為生苦何舟呑網決盡取而蝦蛆之為也于時艇者罟者釣者搽捕蠃蜃者咸得以其不盡之利受之王者歟乃滄浪於先生咏濯清焉而海船夏秋間颶風素為虐豪狙喜而來之估貸禦於海訟織侵於戍廿人贊〻寃特天吳數患苦也先生戒下人痛絕禁之朝鮮事棘它淳獻子率舟師崇獨得無一人度遼牽衣頓足攔道悕者緊誰之賜耶它所為睦族恤党暨諸武弁儒紳無不頌德者事蹟詳具鄉賢祀議中不贅述先生於我弘矣盍碑以記諸永於是所司篆祉君暨朱君等上其事於郡侯姜公郡司馬張公邑侯甯公咸報可徵言於余〻唯〻里語不云乎美不美故鄉水乃仁人之盛也維桑與梓必恭敬矣反是者猶如饕餮像食未

十四

畢而殃其身又如磔蚩兇其人死而民不思其於卸木廟栢何乎先生以是為不可忘而德之鄉〻人亦以是為不可忘而德之石有孚惠以心有孚惠以德以此賦彼千得孰多矧也官祠有尸賢祠有俎彼都人士業已于邑碑之矣則斯碑也豈其有媿於蔡中郎哉遂為次其事紀勒石崇武之西先生諱一俊字維宅嘉靖壬子舉人癸丑進士歷官比部尚書郎雷溫二府太守以攝海東粵憲使致仕崇之科第自先生始其孝廉亮機輩若諸人士且繩於未艾先生值天荒初闢顯固淳龐宜為德於鄉人如此也

萬曆戊申三十六年冬月　賜進士第中憲大夫奉　旨加秩按察司副使准致仕前南直隸鎮江府知府許國誠撰

十五

惠安仁侯靖予陳公禁墾護城碑記

载入府志城池欄内 亦载縣志

國家東南邊戍碁置海上崇武所惠安縣戍地也地郭聚民冠入可内保守而外備禦不但完海上之室家亦可壯内地之樓櫓斥鹵廣漠飛沙所奄國初留近城地禁民耕墾使其莎莽叢生綴帶盤根則土膏用堅風塵不動而比者開其埔闌入近城地插薯取煨煤沙鬆易飛風勁易吹東北一帶壅而成卯高且齊城則樸牵無難跛跸可越墻不貴女堞無用雉矣　令君陳公靖予奏牘大府中厲舊禁視舊所城稍畫出之起自旗尾任盡大岞港所有墾荒料產為之融派除谿由是濱海垣墉不增自高不障自堅崇武所諸生卓應縄甘崇等詣何喬遠曰公計海上慮遠而周夫一夫之衣食幾何全城之人民寔重公保我城不特一時及我子孫維先生為我記之予曰斯地也吾所常遊也陳公此舉信可徵來請書而砰之使全戍之人世拜公賜公名淙别號靖予浙江會稽人

萬曆四十五年丁巳秋八月晉江何喬遠撰

十六

後湖埔即赤土墩禁示碑

泉州府惠安縣為海氛警急城壅平地乞除沙患以固邊防事蒙分巡興泉道詹　　批據本縣申詳崇武所後湖埔等處禁止居民不許開鑿荒埔插薯掘煤等緣由蒙批崇武孤懸海澨匪直一惠之保障寔全郡之藩籬也後湖埔一帶荒地不許剗土揚沙壅塞城垣致防守衛自開國以來已懸厲禁矣何物奸民假名給帖違禁墾種貪小利而忘大害于一己得矣其如全城之隱憂何既經該縣清查立定界址建豎石碑世代永永不許開墾原帖追塗

産米除豁歷年逋粒亦姑免追如仍前故違從重究罪更通諭軍
民人等知悉此檄

十七

奉憲禁示腥魚渡船塩洺一概免其貼課

署惠安縣正堂加三級紀錄五次雷　為除弊興利等事本年閏
三月初四日據歲貢生魏維藩生員陳中黄陳對揮黄逢聘張觀
光監生林懷芳何瓊玖張思裕張家善鄉耆陳壯淑鄧秋淑等僉
懇示禁以垂久遠事竊維惠民莫大乎興利興利必先於除弊崇
武三面環海大利歸魚商人皆販魚營生渡船亦儎魚糊口歷來
所有魚貨或鮮炊或醃酸塩炊為脯應用塩者自應赴館照配繳
課至販買生魚無用塩者自不應配課近因哨捕多奸作弊凡欲
販腥進郡發售小船渡儎哨捕屢欲逆加私例索錢擔延以致倏
敗商人不堪其催儎渡船僅是按遞渡儎舴艋凡過儎腥自崇至
郡不過一二時刻得其些少工資度口而已哨捕又欲勒其私例
雪上添霜不依則均哄嚇架以私塩陷害凡此二端自前本無計
索不過一時之小利萌蘖寔開萬世之弊端幸遇照臨崇民如見
青天仰望革除二弊出示嚴禁以垂久遠則弊除利興民之受恩
不少生等雖各舌耕商漁非父兄即其子弟澤亦均沾爰是僉懇
恩准示禁等情到縣據此除禁示外合行示禁為此示仰崇武澚

十八

哨捕商漁行户人等知悉嗣後凡有篜行鋪户炊脯醃酸魚蝦應
用塩飭着照舊章按額配課如係生鮮魚蝦一概毋許該哨捕私
索陋規其渡船倆腥赴郡界屬按遞運倆之船亦毋許該哨捕逆
加私例擔延魚腥致害商本自示之後倘敢故違立即嚴拏究革
決不姑寬該商漁亦不得藉詞漏課察出併究各宜凜遵毋違特
示

道光二十一年閏三月廿四日示　至二十二年雷縣主高陞課
換辦哨捕又欲逆索維藩等再行呈請蒙

袁縣主批准照定舊章腥魚渡船俱免貼課再行禁示其於樝沼
魚船經課館主與閩鋪衿耆議定每年各對出錢二百文奉祀厲
亭壇註册定明哨捕亦不得索其貼課謹示
道光二十二年六月　　日　崇武公立

十九

募修崇武所城序

竊惟惠邑崇武一城雄峙海上所以制險禦侮非常也凡沿海列
戍不啻星羅碁布而全城居民之多濱海扼要之重無過于崇武
本署縣蒞任後即親巡各澳以慎防守至崇徧歷四門查内外城
墻坍塌段落甚多急應修葺嗣後朱濆帮匪船近逼澳口停泊本
縣恐其登岸滋擾漏夜星馳堵禦匝月以來隨同本府憲王會營
晝夜廵防擊沉大號匪船始行開竄查崇武澳為商船渡臺捷徑
往〻洋盜伺刦在近澳一帶游奕俱多乘間登岸滋事本縣不惜

二十

多費不憚勞瘁現在建築砲壁設立窩鋪為善後計凡一工一料
總為保護斯民起見指日即可竣工惟城墻坍卸廢所逼多若此
時一律興修需費甚鉅然捍衛所關豈容稍置現擬將最緊要之
南門城外墻三段計二十一丈又南門内墻左右各先修二十丈
茲蒙本府憲捐廉首倡本縣保赤心殷急公恐後謹已循照捐輸
但所需工料約計千元非藉協力勷襄不能成事合行給簿在城
紳士鄉耆一體勸捐庶覩成較易務須踴躍樂輸期于旬日内集
有成數覆縣并義舉老成公正之人凡一切庀材鳩工責成經理

無令胥役干與以杜浮冒俾得迅速完竣匪特該紳士等有家室晏安之樂將見濱海垣墉規模鞏固禦外侮而奠生民本署縣延跂以待

嘉慶乙丑年嘉平月署惠安縣正堂錢塘吳　忠序

崇武週圍七百三十七丈城巷一丈五尺連女墻高二丈一尺垛子一千三百零四個馬路闊一丈二尺

二十一

大岞山記

曾龍山撰

崇武距縣治東南四十餘里城之東有岞山〻距其城五里許瀕海聳翠壁立千尺其石偃蹇突怒負土上出龍喉牛角石室石磐爭怪献奇磊落萬狀東北拒海不知其幾千萬里海靜山空則渾涵太虛呼吸溟壑泛影浮光躍金沉璧肅氣時臨則狂瀾驚波陰風怒號滂〻湃〻逆走橫擊其上則岩樹毵毵林花攢簇松徑紆廻山雲不礙其下則野船穿渡村舍隔林江空石露蜃樓忽成朝散渝霧暮潮献茲春粧如濃秋飾如淡靡漫勺約幽冥遼夐郁〻紛〻態度無定斯亦海崖之窮覽極觀也已予友人楊子素齋居炙焉常偕其同志扶杖携壺往來其間相與玩物寄傲登崖谷發岩扃激匏絃飛羽觴醉頹玉山枕藉天壤行歌互答逸興轉濃時孰於釣遊則臨磯垂竿綜鰲千尋洋〻澌〻惟意所如視向之所如可言無負矣遂命圖之有所往則挾以自隨若將以江山為侶一日出其圖示予〻披閱者久之乃縱言曰玄宇奇勝堪壤分區遥覽浮觀寄情則殊夫達人寓樂於山水豈徒云山水之足樂哉試觀夫桃源雲谷巴陵洞庭渺忽仙島依稀蓬瀛使吟嘯覽顧之

二十二

徒居焉將能樂乎未遽為樂也又觀夫甕牖繩樞蓽門圭竇凝塵滿目環堵蕭然使慷慨風雅之士居焉將能樂乎未遽為樂也故踽踽之夫雖明區不寄其趣捐務之流雖考盤不弛其懷古之人或倚夷門而笑或行江潭而漁豈必就衆澗樂草林哉亦云介性所至而已楊子語予曰予性僻厭逐市道交商山皓老栖心化元竊景行焉常修治垣屋植花灌魚以足吾志善夫此其所以能寄情於岞山也與哉吾聞山以仙名水以龍名岞山不托於中原名都大邑之區而屹峙於荒陬一隅詩人墨客時盤桓而托足雖不名且靈也亦未為不遇矣楊子以岞山為外囿以雲物為卷舒恣情托詠日與之娛則志宜益浚樂宜益融其交相贊者與予居去崇城且三十里不能朝夕岞山然思楊子則思及楊子之遊因玄覽古物追慨爽賢聞岞山之濱有古名宰沙堤之舊躔不知當時功成身退曾寄跡於茲否耶夫北海之濱古以養潛東海之濱古以發跡自古賢豪或寄此以待天下之清或寄此以後天下之樂素齋于其掃石室清海宇辟俗駕謝道容將必有功成身退之士從予以老也是為序

後湖埔權議

靖予陳公為我所城保障至深遠也第愚民貪一時之小利忘異日之大害至誑縣主犯憲禁以營其私令其事已成姑因其勢而利為之渠計竊謂天下事只是利害兩端然而利中有害害中有利不可不知夫城外沙之所以飛者為秋冬之際天風每至高揚而北來一帶空地茫無畔岸揭而起之易耳今宜盡令耕民於分下所墾之埔畫地作捍就捍樹茅計千百其捍則萬億其茅不三年而茅之生環而若邱是太山羅列之勢不過是雖時有烈風雨而地藉有藩蔽且風之氣能上而不能下亦何足為深患譬之人家垣墻不設必有盜窺何若使藩籬已設門户已固雖有大奸賊敢乘吾墉入吾闉盤旋於中而探吾龍中物豈易易也哉此通變之道救時之策昔司馬公盡罷新法蘇氏子諍之且行一路以觀究竟王半山聞公罷其新法不以為意至語及僱役法則喟然曰此法終不可罷大抵天下事非一家私議況此彈丸黑子之地又何艱議難廢之與有

朝陽樓記

郡治循海灘而來為崇武環海為城蓋防海島夷之奧區泉患藩屏也自嘉靖戊午被倭患庚申失守寇流突四境郡邑阽危崇雖泒隍故稱重鎮云當道屢加申飭遠斥堠增樓櫓為邉計至亟也城東南隅因山為勢頗高起俯瞰溟渤凭高縣遠天外飛鵝至縹渺若浮芥咸在目睫寔城中阽守要地舊有亭郭庫且圮萬曆庚寅文學諸士偕耆老若干人議白當道鼎新而高大之以時詘絀匱乃各捐貲庀材鳩工為垣墻層樓基畫既具工費稍夥議楚停

二十五

壬辰春警息復開諸生劉君等曰士有不出蓬户而干城居闉者我輩生長海陬為桑梓計茲樓業垂成而中尼可乎爰倡居人量貲協力衆高巽壘苞固甓密不浹旬而竣工樓為二層各六面中天屹立如筆如蓋忽自有之蓋諸儒生早暮董度而佳勝倍增亦曠代盛事哉余時一登眺則見夫天地浛瀁斯夕献奇四時異狀怳若御風驂虬而遨遊十洲之上方其萬里澄練瀲漪如縠鮫室浮青蜃樓絢綵則舩槳杆其藻思烟波上下鳬鷗出沒鼓枻歌滄垂綸門月則高遡濯其清流意氣震蕩海若怒號盪雲沃日鼉吼鯨翻則鶡冠買其虓銳戈幢驅氛磤車燿電帆檣馳織亘暝一睇則豪俠增其感慨蓋時對户牖坐遊埏垓斯固極海之鉅觀東陲之最勝也寧獨壯地形以固吾圉焉已哉劉君等請予名并徵記予崇産也有先人敝廬在嘉觀厥成因名之曰朝陽以樓當巽維屬三陽之秀為文明兆詩曰鳳凰鳴矣于彼高岡梧桐生矣于彼朝陽夫崇自國初拓基二百年所弘正以前人文何寥〻也嘉隆之際文運肇開則户誦詩書今多士濟〻而三陽犇秀若適與之符耳是樓也始於衆謀而成於諸士氣機感召有開必先行將有

二十六

翶翔千仞蜚嗜盛世者踵芳趾美而出為斯樓徵應亦尚有光於斯樓乎哉

里人戴卓峰　撰

重建朝陽樓碑記

崇武東南隅有朝陽樓遺址蓋明萬曆間文學諸士白當道而募建焉以祀文昌君者也樓凡兩層各六面俯瞰溟渤迴抱崗峦極山海偉觀其成也鄉先生卓峰戴公為之記且名曰朝陽夫非以

樓當巽維鍾三陽之秀為文明兆乎明季以來樓圮風雨幾百餘年有心者群以樓記　文昌閣文運甚鉅亟議修建而阻於工費無資乾隆辛巳春鄉紳浩亭張公特捐重貲興工重建命子鵬董其役因舊規裁併一層下累臺基外環石欄期於苞固堅久而諸儒士亦相與醵貲鳩助協力課工凡閱三月而成工竣屬余為記余思夫人文之興關乎世運而山川之靈秀神之赫奕寔相與苞孕黙佑於其間當夫崇之未建斯樓也嘉隆之際蜚鳴藝苑聯擬巍科者已不乏人豈於是乎肇之然攷前誌自己丑年建樓庚申

辛卯入泮者七人未幾而登賢書成進士者聯翩繼起則又不可謂文運之隆果於樓無與也今　國朝重熙累洽文教覃敷崇固濵海名區其人士沐浴涵濡於德化之盛橫經積學彬彬秀出人文雅有蔚起之象而斯樓重建適應昌期多士以時登陟瞻對一思夫朝陽所由名益相與勵志學問潛心道德文必原本經術行必取法聖賢譬如朝陽之地有萋萋之梧桐而後高岡之上有雝喈之鳴鳳鼓吹休明羽儀王國猗歟盛哉然則斯樓之煥然一新豈徒以供登臨之勝槩表東海之大觀蓋所以崇祀司祿之神潛移風氣黙相人士而進於文明之域俾海濵鄒魯濟美溫陵匪獨崇武之慶亦螺邑之光也浩亭公倡議重建之功豈不偉哉初浩亭公受業於鄉先劉君毛伯毛伯余同年友也癸丑偕余需次銓曹適浩亭公赴部引　見相聚燕邸觀其尊師敬賢心竊契之越數載歷遷要職晉陟總戎為　九重所倚重而公以太夫人春秋高陳情歸養忠孝兩全洵足風諸有位今讀礼家居力敦善行又興崇之文學諸士重建斯樓是出則為國家建殊勛處則為鄉党倡義舉可不為賢乎余既夙仰張公之高義又喜斯樓之建有以

嘉惠學人也於是乎記

鄉進士勅授文林郎特簡知江南廬州府舒城縣事江南鄉試辛酉科同考試官甲子科對讀所官兼攝合肥縣無為州篆護理廬江桐城霍山縣事加一級錄十三次年家眷弟黄瑞蕃頓首拜撰

乾隆二十六年七月朔旦立

重脩朝陽樓記

崇武古螺陽海濵地也舊有樓名朝陽建於明季紀於卓峰先生

所以祀文昌帝君啟文明也年久傾圮至乾隆辛巳春元戎浩亭張公予告歸里倡脩之壘堞築臺翼以欄而恢其勢為之記者舒城黃前輩也越辛丑樓遭颶復圮令嗣鵬君昆季承先志慨然倡舉諸生義助制由舊易木以石經始於乾隆己酉年五月糜金錢三十萬六閱月而工成而肩其任者鵬君之弟鶚君為多既告竣邑賢父母鼇浦袁公復加之額曰學海重光樓於是煥然復舊觀矣憶丙子余教胄京師　元戎公入　覲暇日道故每欲脩斯樓而未逮茲予自楚宦假歸得與嗣君游登其樓攬其勝而悉其由信乎斯樓之有造于崇而為嗣君與諸士幸也若夫山川之蜿結規模之壯偉與夫人文之蒸蒸益上可以雄峙螺之東南前碑已詳之不復敍時

二十九

乾隆甲寅秋九月朔日　誥授奉政大夫浙江紹興清軍府前任湖北咸寧縣訓潜江縣歷充辛卯甲子丁酉己亥庚子丙午文武闈內同考官卓異加一級弟陳煥世拜題并書

崇武文廟序

崇武居鯉城之東有負海之險當南北之咽喉為舟行之鎖鑰誠重鎮也明初始築城設水陸二汛以鎮之地所由以武名歟明中葉而人文始盛前輩之孝子忠臣仕宦隱逸載於誌者可法可傳茲則讀書之聲閭巷相聞有海濱鄒魯風焉　卓峰戴先生始建文昌閣於附城東南而高出城外負海面山風高而棟宇易壞雖屢廢復興而規模狹焉有志者以振興斯文為己任乃集諸文人而謀之曰夫　文昌宮關人文之盛衰地靈故人傑盍改卜吉地

三十

以壯觀瞻安在其不復興乎哉僉曰善於是求籤於　關夫子廟得蓮花峰之左蓮花峰者崇之鎮山也高俯全城四望周達乾端坤倪軒豁呈露其左地寬數畝背則負五峰也襟則環大海也屹嶼封其東而蓮峰峙其右山川之靈氣鍾焉堪輿者曰吉乃踴躍勸捐土木並興百堵皆作閱數月而功成　宮坐乾向巽厥土既剛厥位面陽仰而瞻焉聲靈赫濯廟貌輝煌舉凡八方之名山大川上而雲鳥之飛翔下而魚龍之出沒以及風帆火船之迅駛海市蜃樓之瑋奇洋洋乎莫不獻技呈祥於茲宮之下美哉大觀在

上吾道之寖昌其在斯歟抑又思之士居四民之首登斯堂而習礼者非徒博科名以炫俗也處則為孝為悌出則為國為民使人有所賴且有所法是惟國家養士之至意　帝君之靈爽寔式憑焉鄉先賢如　卓峰　吾野　岞海諸公其流風餘韻藹然被於後世皆足以不朽後生踵而行之相與敦詩書而崇寔行從此掇芹桂捷南宮聯翩而羽儀於　天朝也不遠矣則斯宮也四方之所瞻仰豈特為崇武之名勝而已哉

張士林謹誌

謹將倡捐董事諸君子並好善樂捐之姓名以及捐項兩數開列勒石於左

三十一

朱夫子祀落成記

崇舊有朱子祀在西關外三元宮西偏湫隘囂塵同輩咸以不得其所為憾歲辛丑海氛為患令修城垣而陳君中黄寔經理其事城東南一隅勢特高聳上有朝陽樓祀文昌帝君歲久風雨漂搖勢將傾圮因謀諸里人醵金而重脩之樓修告竣堪輿家以斯樓位當巽維屬三陽之秀為文明兆樓下環山挹水氣象萬千前議別建夫子祠而未得其所斯得之矣里人群韙其言遂相與鳩工庀材凡　閱月而工成適余奉　諭家居偶至斯里偕陳君往謁夫子祠嘉諸君之為此盛舉也抑余更為諸君進一説曰崇為吾邑一都會偉人奇士代有可傳延來山川猶是風氣固殊焉何古今人之不相及耶今諸君既知崇夫子之祀則當學　夫子之學主敬存誠向道之心勃然而起則人文之興蒸其未艾也陳君曰旨哉請持此語為學者勸爰搦管而為之記是役也司其事者陳君中黄張君觀光黄君名揚等十餘人首倡捐貲者林君懷芳何君瓚玖也而在其功者則黄君名揚張君思鍛林君錫三之力為多

三十二

賜進士出身　誥授中憲大夫　賞戴花翎　記名御史　欽加四品銜兵部員外郎加二級隨帶加一級邑人莊志謙謹記

道光二十四年歲在閼逢執徐桂月穀旦立

南門關夫子廟序

崇於濱海昔為一都會也及今雉堞圮毀民居未集而所謂盛
時之　神栖佛像遭變傾頹者已久次第就理矣初春奉憲調堵
禦汛斯土到署越日即瞻拜諸宮宇見有廟貌巍峩煥然一新者
有仍前規制稍施補葺豎額姓字代有傳人惟於地之南有祀
關夫子廟者地僻人遐鮮有過而問焉相其薪木計其年所有由
來矣彼昔日之黝堊丹漆輝映城郭者如今廢時不治值風雨漂
搖棟撓榱崩可立而待也余心甚慼然自度其職卑祿薄且貲當
三十三
不貲雖一時覩像驚心而無可奈何徒托立喟耳嘗有里人張君
亦慨然把臂謂祖斯地而聚族外方者不減五陵衣馬適而干之
未必無捐金市義庶嗣而葺焉以冀斯廟於不朽也余然其言冀
吾志之或得遂也是為序
康熙庚辰年梅月轂旦　霞漳陳燦題

重脩武廟碑記

乾隆三年冬提憲蘇公巡視海疆神人胥慶越明年四月念崇武
關帝廟年久破損特命前營中軍許公賚金到廟囑鄉耆召工脩
葺人皆曰廟之廢興有數存焉榮登以為非數也神之靈也神在
天為星辰在地為河嶽自王畿郡邑以逮山陬海澨無不崇奉武
城　關帝廟建於明初越今幾數百載明季海氛兵燹屆民遷移
內地昔日之高堂大廈碧桶朱楹皆化為荒烟蔓草獨斯廟巋然
無恙以是知　關夫子之靈非可以尋常擬議也康熙庚申年間
三十四
奉旨展復故地鄉人鳩衆補葺略蔽風雨今又數十年棟朽榱崩
廟門剝落向非提憲發金修葺則將聽其腐黑撓折而莫之省治
矣茲幸叨神靈得邀憲惠嚮風慕義者亦不惜貲力趨事赴功由
是斲木攻石修其堂宇建其亭壇數月之間鳥革翬飛厥功告成
後此入廟禱拜者瞻神靈而沐鴻庥千秋奕世正未有艾也廟興
工於乾隆四年四月廿一日告成于六月十五日相助董事者鄉
老張喬遷陳錫彬余鼎贊劉元祐及劉昌美也
乾隆五年庚申元正上吉里中弟子張榮登薰沐拜記

天后廟序

粤自此廟之由來已久神林女也世居湄島生有祥光長能乘席
渡海駕雲出遊雍熙間昇化後人每見朱衣海上呼為龍女宋頻
順濟元封明著明勑靈惠閱世皆有護國庇民之功故天后之廟
流傳不朽迨奉　聖朝沐浴清化前此者鯨鯢噴浪瀛海不寧琢
公施侯膺簡命大師變伐神又揚靈助戰歸于朝特勑天后夫神
有功人爭祀之固也况崇溥為沿海名區而斯廟控青山而吞平
潮廟側佳城吾野先生所從出焉地既靈而人尤傑詮部李公題
三十五
云浪打石為門古廟靈神扶極海潮平波似練中州聖主駕飛龍
迨今推尊絕唱自滄桑後人移內地以漁為業者不忍忘后之德
相與建后之廟於法江矣每凡歲時伏臘比崇尤稱極盛然狐卯
惟舊誰無是心第廹於時而漁於眾重建維新之嘆所以寥寥於
今也茲幸獺江大總戎副府曾以軍功都督鉄鉞而鎮浯江蓮城
是其轄地舟師至此登后堂而詢故老慨然有振興之思爰是命
之再汎陳謀諸里老張君鳴麟衆議捐袖佽資共舉漁人樂利舉
凡舟商之過客環海之居民食后德而服先疇者有求輙輸穀然
樂助則斯廟之興可不日成之矣時維元春囑序於生生後生也
且髮未燥焉知后廟之始興夫后廟之終因諸公請而烹蠹魚爰
提筆而紀其事云爾
康熙乙酉年端月　蓮芳主人劉有成廷光盥手拜題

重修　明著天后廟記

蓮城為瀕海之區襟江帶河一名勝也其西南之奇峰怪石踰海
門而來者尤瑰麗焉蓋惟地靈故人傑而其神亦出没隱見于其
間凡四方商旅舟車梯航之所至有求必禱以為恬風靜浪晏海
清河之慶其報德崇功設壇立宇而祀之也宜哉今有天后行宮
不知肪代於何稽之所志是廟初特一彈丸耳至嘉靖甲子拓而
大之者自汪光甫張瑞有張君聘萬曆癸卯因而脩之者自張陽
春連澄董儒儀廟左隙地建鋪蓋屋佽廟費有所出魚棋有所貯
三十六

者何大舉亦與有力焉厥後海湖街階山門外砌基大殿拜亭無不傾圮直欄橫檻以及大庭尚未偉觀迨順治己未綢繆而脩葺之草故而鼎新之則又有何家瑞之功力居多也迨辛丑播遷居民星散雖新廟法石終非故土至康熙庚申復回哀鴻甫集民未得勞來還安廟何從堅淡丹雘歲在丙申幸副元戎曾維勳按廵崇疆乃仝標員守府謀之鄉賓劉騰文僉舉張鳴麟鳩工而督理閱數月而土水告成計費制錢一百八十七貫有奇不惜重貲以新后廟豬非竭力幫助何以成瀕海巨觀哉夫魚鹽蜃蛤掌自舟

三十七

鮫而沿海一帶均為水德之司維神也而附于人故舉之擎力成之積毛而為光於俎豆者且千秋而萬歲則豈特崇德報功而已哉爰是書石而鏡之來壁助功芳名并列于左

康熙四十七年戊子二月吉立

本所屬壇序

崇去北關外數武有四柱石亭一座豎以石碑上鐫四字曰崇疆厲壇蓋明代　都指揮公始建也公姓氏失傳其作壇何初洪武二十年築所城抽漳州十縣壯丁一千三百零四名戍此防倭爪期不代遂家焉孫曾各襲祖職數傳至嘉靖三十九年四月初二日倭寇犯所衆從千户侯鏜公諱儲　百户王公諱鉄禦倭千衆北陣俾老弱西走血戰累日力盡矢竭城陷身亡填屍遍野迨寇退民復就北關外後湖路石盤下開築灰壙十一窀盡收骷髏而

三十八

埋之但忠魂鬱積義魄無依往往天陰為厲　都指揮公哀而憐之故設此壇焉且旌其功德詳於　列憲將本所城垣倒影三丈園地房店等業例諸綿田每春秋儆粮備物率千百户暨紳耆臨壇致祭　神得所依無復為厲矣孰意我　朝順治十八年倭再犯所人民播迁荒亭而圮殘碣風摧　神呼餒而十餘載至康熙十九年復回累住近三百餘烟百廢將舉三十年又值　邑侯徐諱嗣旦清丈將城垣地童入正供幸里中　恩進士何諱洛公岸生何諱滭公率仝父老以遵典存祀呈留古亭既壞公等易為小

院堅造壁瓦以故斯壇得再興祀然向非　指揮公設之于前何
公成之于後曷克致此今流傳既久祭式失時品物豐涼不一因
集公議簿正祭器祭期及城垣粮册俾得永遠相傳無替厥祀庶
英靈時享而士女蒙庥靡既矣是為序
原任江西南昌營遊擊轉任廣東新會營遊擊陞山東兖州府叅
將里中林瑞撰
康熙四十七年歲次戊子　月穀旦

三十九

所城東門楼嘉靖二十二年錢諱非起盤遷移以後焚燬無存後
來不知何人重建只見廟為風雨漂搖不足觀耳迨康熙甲午九
月重修嗟ゝ崇亦何人而能重脩斯楼乎楼亦何幸而為斯人之
一新也後世有過而問其募脩人姓氏者曰張君鳴麟也

四十

重脩建菴山宮誌

菴山宮在城東南隅一名雲峰菴舊傳為宋時所建不知倒壞於
何年而僅存其故址至康熙癸巳年里人張鳴麟募衆重建夫以
數百年之故址僅存而重新於一旦不惟斯宫之巍然可觀而且
慶張君之子孫將於是乎獲福無疆也

重脩東岳誌

東岳廟在東門內遷移俻汛兵出界遺火焚燬無存、令流其故址耳是岳也各官員拜賀　聖壽及元旦冬至則迎龍亭于殿中習儀中殿祀青帝後殿祀地藏王左祀地祇司祀前代忠臣右祀靈惠王妃建城時四公侯前殿左祀福祿壽星君右祀主胎夫人庙之昔日壯觀如是安可聽其焚燬無存而不重建更新也是故張公鳴麟覩其故址慨然興嘆以為若不重建不惟千秋之俎豆廢墜且大帝之神靈何恃以憑依乎於是倡首募建於崇城崇之

四十一

人喜張君之竭誠靡不發善根心隨緣樂助焉歲康熙四十八年二月興工不數月而土水告竣是役也若非張君倡首則留其址者不幾禾黍興思乎而後之履斯庙者鳥有棟宇軒翔鳥革翬飛洋洋東土巨觀也哉

重脩東庵紀

東庵之建始於何代曰崇禎年間也其所以建東庵者復始於何人曰吳公煒募衆緻立也名恒淡庵祀三世尊佛焉是庵也計自崇禎以來蓋百餘歲矣雖不遽燬而棟宇凋敝大失所觀焉康熙甲子年里人副總官曾公春亦曾捐俸脩葺不數歲風雨漂搖又見其凋敝崇有張鳴麟覩其庙貌敗壞欲起而修之屈於力無可如何徒托之一嘆耳至七月廿九地藏王降誕之辰衆善畢集而數椽忽然墜落衆大驚異曰此無他乃三寶世尊不得宣於言而

四十二

假數椽以默喻修葺之微意也爰是募緣於曾門命婦李氏李氏捐金八兩其餘皆張君募建衆擎而舉也歲康熙辛卯年桂月動工閱數月而庵告成是東庵之重建微夫人之力不及此

重修城隍　廟序

古建廟祀神爲光於俎豆者重福國澤民也崇自明建築所城以
來城竣之日安集民居爰擇中土興賢鋪建庙一座前殿祀顯佑
伯城隍爺尊神後殿祀靈安王安慶妃寶像庙貌壯觀神光赫奕
晋廟祈禱有叩必應且荷神庥萬户老少享安懷之福肄業士子
登書升之慶至于梯帆出入商旅往來獲豐利而安旋者全頼神
光之怙幪而保護則斯城隍一庙真邊庭寶剎崇疆之福神也然
地址海濱暴風不時爲患稍有傾壞隨即修葺按所志萬曆乙巳

四十三

里人遊擊將軍陳公諱濱暨闔所武毅侯捐俸重新壯觀永固迨
本朝順治十八年奉　旨播遷人民移散通城房屋焚卸殆盡僅
存斯廟計近二十餘載乏人顧守兩廊及前殿俱已荒蕪中後二
殿故址雖存未幾倒壞及康熙十九年奉　文復回里人遵義副
府劉諱琯捐俸整葺頓安神居計今又越三十餘載矣瓦桷朽壞
不堪若不修葺異日必難收拾兹逢　聖世熙皡萬民樂業正百
廢俱興之會安可置境主一廟而不重葺更新哉於是爰集公議
擇本年三月十四日動土興工并就神前祈祝僉舉張鳴麟等董
工完竣用是普告當道紳衿暨我里碩德君子及諸淑女賢媛喜
結芳緣樂助金錢積毛成裘重新斯廟庶神居華殿人植嘉址凡
我同人永受神庇於無窮矣是爲序
康熙五十五年丙申端月穀旦敬誌

城隍庭濶四丈三尺二寸直二丈八尺五寸二分
寸白爵財字

四十四

重修城隍廟序

國家大典所重在祀功德及民廟食無替者國之制也崇有城隍廟去惠安縣四十里昔盛時人烟稠密濱海而處自官司官家以至士庶莫不具瞻而崇祀之是大有功德及民之所爲也迫滄桑忽變棟宇將頹父老過斯廟愍然覩廢而思興焉今幸張君鳴麟當道倡義于上所在廟宇百廢俱興還念城隍廟通城所係甚重雖數椽亦大觀屢經 宰信鳩衆募緣卒難遽成遂謀於總鎮豐呂公諱明公曰赫赫奕奕穀我士女而忍聽廟宇傾圮甚非所以

四十五

崇典答 神庥也於是呂公乃醵金鼎新猶懼工費浩繁非假衆擎難勝重任尤賴諸善宰發捨笠投錢爲因善果或以財物或以工力共成盛舉不特廟貌維麗其爲斯土固金湯爲斯城壯屏翰功德寧有涯哉

康熙六十一年歲次壬寅蒲月穀旦 陳學蘇拜題

復修城隍廟序

崇之有城隍廟也蓋數百年于茲矣粤稽宋時有神張姓諱相明聰正直能爲人禦災捍患建炎間海寇蜂作 神顯其靈陰討除之 詔封靈惠侯景炎元年晉封靈安王夫人辛氏初封招順夫人晉封顯慶妃廟號誠應廟明國初改爲城隍廟閤所千户侯塑神像祀于後殿前殿祀城隍顯佑伯而以風雲雷雨軍牙六纛之神並附祀此廟焉萬曆二十八年庚子都指揮晴川胡公諱熊捐俸募衆重建廟旁祀田元帥嘉應侯諸神乙巳歲里人遊擊將軍

四十六

陳公諱濱署祈陽縣黄公諱憲卿丹雘雕飾天啟辛酉寔吾何公環砌蓋石廟庭整肅逮本朝順治十八年辛丑瀕海播迁居民紛紛各鳥獸散室廬蕩然無有存者獨斯廟賴神靈以不墜則神之廻瀾砥柱有非盛衰之氣運所得而轉移者蓋其剛大之正氣浩乎與天地同際矣第荒烟寂落遍野哀鴻鼓網鐘塵廟祀乏主二十年來故宮禾黍 神亦恫乎有餘悲矣至康熙十九年庚申底定人民復業里人副總兵劉公諱瑄捐俸修葺神居聊蔽風雨越今又三十載矣遺跡僅存堂宇凋敝異時棟折榱崩千秋靈爽其

何揩以式憑崇自父老憂之爰萃同志者共發菩提鳩工以庀㧊
集而成經始自康熙五十五年丙申三月十四日迄今五十六年
丁酉五月几十有五月而廟成董其事張君鳴麟呂君世德劉君
士忠等七人首先倡義捐俸樂助者里人現任肇慶協鎮呂公諱
明廣東虎頭門右營都司林公諱麒也夫礼有功德于民者則祀
之神之豐功峻德彪炳史書燹乎與日月爭光華嶽並峙千百世
下莫不聞風向德慕義無窮是役也上自邑中諸縉紳先生下逮
野夫遊女咸各宣力效誠竭蹷輸將急公恐後焉則神之感激于

四十七

志氣者深也今者松棟雲牖輪煥巍然廟貌聿新河山壯色顧斯
廟者俳徊四顧洋洋巨觀也哉自茲以往福國庇民卜世卜年奠
皇國於鞏固其自畿輔以及鄉國遠近山澤之所尸而祝之寧特
崇人之春秋俎豆百世不祧已哉廟成里人世胄經君廷勲千里
徵言于余予祖居螺陽　先塋叨庇巨蔭幸喜諸君之共襄盛事
而慶崇之人將於是乎獲福無疆也不敢以不文辞為叙始末使
後之人興廢舉墜者悠然生觀感之思而倫採風之便得有所考
証以誌千古垂不朽云爾是序

賜進士第出身文林郎知廣東鎮平縣知縣加一級前湖州府同
知通判事辛卯科廣東省文武兩闈鄉試同考試官前庚午科經
元　里人梁國寶盥手拜題
康熙五十六年歲次丁酉陽月穀旦　立

四十八

重修崇武天后宫序

宮坐巳向亥兼丙壬辛巳分金

恭維　天后宫蹟顯湄洲祀典屢累朝之寵錫靈揚水德慈忱慶濟海之安瀾凡在海邦名區具見古殿窮碑崇奉靈祇以報利濟之功崇武天后宫地臨濱海山拱水朝環抱周密勝概獨擅昔人度地建宫允合形勢　乾隆丁未歲公中堂　福禱神默佑平定東寧舟師穩渡凱音立至　神有翼贊殊勲奉　旨發帑金建新鼎建更舊制而廣廓中懸　御書匾聯金碧輝煌洵海疆一鉅觀矣越十餘年斗椽棟柱蠹蟻齧蝕漸朽　嘉慶壬申歲延建邵道

四十九

李　渡臺催穀捐奉重建堪輿謂地狭廣風水不宜是此之前建再修縮興新料工程未竣木蠹復生形不解僉議改作遵循古址瓊玖等籌在瀕民深荷福佑爰出領倡鳩金重建從此金湯永固廟食崇海者億世亦舟楫蒙庥報賽神祇者萬家矣是爲序

嘉慶二十四年歲次己卯閏四月穀旦　董事何瓊玖　張興祖　總董劉輝　黄文秀

重修三教祠記

三教祠者合儒道釋於一人之身而崇而祀之也莆陽　教主夏尼林龍江先生習儒業而兼道釋學者宗之明嘉靖間崇人眉山李正崑及董儒儼龔一倫等數十人從而學道及歸建祠塑像恭奉香火以示不忘其左則　盧先生配焉其右則　李先生自爲配焉而贊其成者則李嵩李岱功居多焉祠在西関内下田巷前先萬曆甲寅秋司空何匪莪先生瞻拜　堂下賦詩以見意里人陳敬法劉蒼爲之記焉我朝康熙辛丑歲有僧佛滿住持堂上

五十

朝夕供奉書極帖曰道若大行男子畝女子桑虞夏商周如一日心原有主老氏玄釋氏空顔曾思孟不二門並顔其門額曰三教祠迨嘉慶年間雷火起自堂柱瓦木崩頽垣墻傾塌時林懷慶林懷芳昆仲倡議偕盧佛觀鼎力修葺糜白金佰餘两閲數月而工成肩其任者則懷芳之允懷慶爲多祠於是焕然一新越後下進爲風雨飄揺棟折椽傾土崩瓦解歷二十餘載諸道友嘗以　先生爲其教主亟議修舉而阻於工費無資以致基址日圮廸近中堂道光癸卯春國學林懷芳目擊情傷捐白金五十餘两倡首興

修僧子維金躬親督率規從由舊而易土以木為久遠計襄其事者鄉耆御秋淑詹秦觀等募衆鳩金計費金錢一百四十千文有奇凡十閱月而告竣廟貌燦然視前較勝後有作者倫閒顛末隨時補葺有舉莫廢庶斯祠之建得與蓮山並垂不朽云是為記

咸豐丙辰冬　　里中增廣生戴　章撰

五十一

咏醴香井　（井在三教祠內道光甲午僕倩林志文重修三教祠新鑿）　王賡颺

古人論茶先論水，水不精好茶亦累。石泉為上江次之，井泉水亦難得矣。武城后東（后東井也，其泉甚甘）推第一，二三里許稱莫匹。不如三教有甘泉，醴香一井鑿今日。問誰提挈苦且勞，林君志文躬親率。一花一石俱韻事，吚唔歎永快繞膝。我今小住匝月餘，也得晨昏甜於蜜。腸枯不堪來索詩，愧乏如椽之大筆。共羨斯堂踵武成，付與兒孫供呫嗶。

斯堂道光年間志文之祖懷芳重修，今能繩其祖武，又與子孫讀書其間，亦生平一大快事也。

五十二

山人黃兌梅宅在崇武鄉內有觀魚亭自爲詩云 載府志古蹟

遠極觀魚舊洗還　幽亭新築綠池開
移花郤帶巢中鳥　驅石因成海上山
市隱共知深更好　日長暫覺醉爲閑
水風淡蕩荷初長　只爲詩人一啟關

萬曆甲寅秋十户侯黃懋絢　徐夢陽　祖煉　朱孔陽　胡埏
偕予喬遠門生陳敬法　祖埏兜九雲遊龍喉賦此 五十三

雕龍自古推騶奭　天下善函名此翁
岞崅如何有此石　掀張直擬排高空
神姿全具唇喉吻　生態久飽雲雷風
便傾海水浄洗滌　就中澆酒開吾胸
行年八部此來遊　露齶掀髯鎮海頭
似吸滄波求果腹　敬依水調引吟喉
永無玄血腥餘戰　雅許明珠睡裡收
日暮徘徊新月上　一天涼色滿瀛州 九雲

神物何年躍海陬　荒唐蜿角岞山頭
吐珠浴水晶光動　噓氣成雲宿霧收
苔色沒痕疑點画　潮聲捲沫尚吹喉
坐中半是攀龍客　更喜攖鱗共狎遊 祖埏

卓峰先生題本所朝陽樓 五十四

朱欄幾級曉來登　萬里鯨波素練澄
俯仰二儀襟自豁　迥遭千雉勢逾增
星分東壁圖書近　地入瀛洲島嶼層
極目羲輪朝映處　彩霞五色咸池升

遊岞山　八首　詠龍喉

萬頃波濤百仞山　苔封靈蹟絕躋攀
洞深疑有蛟龍在　笙鶴時聞駐此間

詠獅石臺

獨上獅臺俯碧洲　翛然鶴氅挾飛仙
波聲吼怒偏搖地　石勢獰狰欲擘天

詠軍馬洞

古洞谽谺峙海門　昔人曾此駐雲屯
年來指點迷蹤跡　但共昇平酒一尊

詠石磬石鼓

瀛島西來異跡多　雲根韻徹應鸞和　五十五
泗濱自昔還克貢　岐畋他年擬作歌

極望

重溟列漳水雲開　鼉吼鯨翻動地來
俯仰乾坤成獨嘯　採芝何日到蓬萊

曉曙

羲輪初馭浴咸池　萬里霞光動曉颸
岬髮蒼涼欣獨往　猶將弓掛扶桑枝

暝坐

六月潮生暑氣消　惠風吹送紫霞觥
跏趺暝坐還清夢　海若山靈會此情

暮天

乍看孤嶼月生濤　穆々金波一葉舠
何當龍伯浮槎去　一撒竿綸引六鰲

和少鶴丁二太守遊岝山

航幽適性靈　滄嶼忽孤征　躋磴雲縈岫　看泉洞窅明
江流翻翠碧　巖險壯重城　薄暮漁歌發　凭高無限情　五十六
寄跡滄浪上　看雲到岝門　數家還隴畝　一壑自乾坤
拊石浮金韵　觀潮落水痕　興來思嘯傲　真意誰共言

部都閫歐陽新田先生登龍崠岩步舊韻　黃吾野先生

海天南望戰塵收　漠々平沙罷唱籌
漁艇已鳴烟外櫓　農人又住水邊洲
登臨好盡千岩勝　潦倒寧知百歲憂
况是將軍今郤縠　一時文藻忝名遊

又

十年避乱别江湾　不道清遊更此山
野寺長風吹古瓦　海門驚浪破重關
石間龍氣過腥雨　天外禽言絶島蠻
鄉國昇平歸思切　釣磯應伴白鷗閒

形勝

擺岩似蜻蜓　走入平湖一脉穿
閟跡難 仄裡綠　五十七　脱胎化出水中蓮
雲開西北千層岫　海淨東南一色天
別有樓屋餘蜃氣　隣居恍惚隔晴川

又

津臨晉水終朝路　海接東南一夜舟

封建

代有倭氛侵寇是　小兆名鄉宋元時
城垣卜築周江夏　廟貌聿新福少師

不用屯田歸武德　但徵鹹稅送官司
從遷以後觀風日　採盡謳歌一部詩

人物

秀氣偏多産水鄉　百家姓盡宅連房
甲科莫論平民籍　霜雪猶存節烈坊
鬻紙市人因孝祀　販魚海客以詩狂
尚多未盡搜羅及　須看圖書載一方

風土

五十八

不須問俗看方輿　燈火千家睦屐居
擊楫日通彰化米　敲針冬釣坎門魚
訟庭草綠人稀到　沃野瓜甘食有餘
恒見玉沙飛作雪　可堪留月夜觀書

教場

曾說教民不棄民　至今衰草滅生春
土埋黑鐵皆遺鏃　夜兒青燈未覺輝
咋路行來猶暴骨　烟墩望去欲沾巾

豈知百有餘年日，細柳平沙鳥下頻。

崇報祀懷古

掃去蒼苔讀碣文，前明武德襲功勳。
祠邊苗裔初官籍，海上居民舊所軍。
隔水殘霜猶血色，壓墻落木只鴉羣。
今朝禾黍秋風裡，識得盛州一使君。

何裔遠詠崇武　先生號鏡山

五十九

鼓角殷殷碧海灣，旌旗飛渡萬重山。
孤城三面魚龍窟，大岞雙峯虎豹關。
地脉西來盤勝槩，天聲東迄控諸蠻。
振衣俯首滄波渺，又共諸君色笑閒。

秦鐘震先生詠崇武

一派孤城似駕鰲，萬家烟火擬風濤。
青山走勢小兜盡，滄海支標大岞高。
蛟發塔前光咫尺，帆檣島外影纖毫。
壓襟獅石泉堪沁，海濶天高白髮搔。

丁肖鶴詠岞山　二首　先生諱一中郡少尹

海宇新逢瘴霧收，餘氛猶事運前籌。
長風直破鯨鯢浪，逸興閑過鷗鷺洲。
細柳已能閒遠略，羣英亦解抱先憂。
滄溟萬里平如掌，蓬島相携駕鶴遊。

秋日集諸彥同登龍帳岩作用丁二守韻　新田歐陽樞

六十

怒濤乍落而初收，阡平新傳五夜籌。
雲擁蛇陳來海徼，風吹皋鶴過滄洲。
為憐民命紆神略，還借山行緩國憂。
露冕逍遥文士滿，抽毫立馬喜同遊。

又

旌旗移駐海東灣，結駟來登郭外山。
絕島此時應盡歎，孤城終夜可無關。
石客劈地分雙嶠，海色橫天限百蠻。

江上龍岩閙卽曲　夕陽春酒意閒閒

三教祠懷古　何喬遠

西廓雲深草似茵　誰修梀宇此供神
先生本是儒為主　古廟如何佛作隣
活水通湖源派遠　青山拱户景行親
於今輪奐重新日　猶憶當初鼎立人

海山漁樵歌

張君復彬甫少與余同井里頗耿介無俗韻稍壯益自奮好學善諸體書而慕梁伯鸞氏高誼粗布不厭宴如也己卯春余歸自北持素綃索漁樵圖益亦余未避乱時故迹也因為揮灑並歌以贈之

我昔雲卧蒼山巔大海蒼蒼山之下扶桑夜半赤日生東湾銀濤色如赭有時獨持一竿竹龍喉峽岩石結屋石罅挂釣鱗鬣翻短鋏落磓艙寒玉沽酒不得錢脫衣酒罏邊東薪出谷濕不燃野灶

六十一

當空暝烟須臾酒熟月復出窗閒素練生虛室與酣兩手不得逸醒即揮杯醉鼓瑟那知避乱此城中礼法糾纏勞憧憧君來語我漁樵事飄然欲御東南風嗟哉故山别已久山中之樂君獨有耿介常懷出世姿樵唱漁歌長在口君不見龍伯國人工釣鰲千載三山無内首曲木成陰直木殘松摧挂壺空自朽請君進我烟波之上老漁舠真堪隣家會稽婦

分封崇武朱氏族譜序

文士之家端在世登雲路武臣之族長為世受國恩文尚其德武尚其功武與文並也外史傳之内譜志之譜與史等也夫文武並矣論其守祖宗遺徽開子孫耳目則譜之書又較重於史之書者也美侯朱君係吾家宅相歲丙午諸族張延為西賓是日余廷試回謁大宗於故里竟侯朱君於譜堂言談之下囊授新成族譜本于余余乃静心披閱為之讀自序文按世官圖方知祖自武進福壽公佐　明太祖定鼎金陵而即受封于崇也嗣後閱郡邑志

六十二

又始知其祖之榮名多在掀策是受國恩於罔替較登雲路以聯芳不猶赫然相著美稽非閱君譜安能識君之世郡邑志系是祖來亦非僅以武績榮名也考其書之譜牒則以榮名著聲者抑又多矣間有獲選青衿而宗匠推為冠闕者有從泮水遊而名登鳳閣者（登鳳閣狀中書舍人職也）有從泮水遊而繼襲祖職者或受贈而誥曰文學名儒或受封而誥曰儒將登壇至晋惠之賢士大夫題贈序記亦莫不羨其能文學也而余弟嘆其無以科文掇之耳夫無以掇其科名則無由彰其德業故聲称猶足稽之亦惟譜牒所書而為郡邑所不及志者也余讀譜至文學諸公又寧不為文學諸公惜哉然武盛而文衰武替而文興貴顯之家從古如斯雖致惜乎先世而未嘗不為來世幸也茲當我朝班爵立官更新法制而美侯潛修涵養無怠氾將直以灯窓之苦敬承汗馬之勞巍巍甲第必啟自君寧若前人徒歌泮水哉由是史與譜並聪其文德而益顯其武功矣第史畧而譜詳史又為國所司譜乃家之襲承先傳後惟譜是從故曰譜重于史也余嘉作其譜之功而為之序

六十三

孱夜黄特遠拜題

餘藍僕續引

崇武僻處海隅耳目甚陋文明諸君倡組圖書館購置甚夥以廣人之見聞惟籌畫周全獨缺本所一誌居梓桑者引以為憾爰蒐羅故老之珍秘者得書三本略具端緒而篇怏陳處非新紙重抄無由知其錯誤適從姪山予在館中服職諸友迴勸山撥冗抄錄勉為其難山既承囑托義不容辭因不揣胃昧按圖索驥塗鴉累日沿訛襲謬貽笑方家異日鳩貲集會重訂增修付剞劂以垂諸永久藏諸名山傳諸其人通都大邑皆諸君提倡之功也山不過効其綿力焉耳

六十四

中華民國廿七年　春　　　鄉紳　張為棟　撰

題卓峰先生思德祠七律二首　同里張時覺

遺愛于今四百年　都人士庶拜爭先
文無虛發真才子　鄉有大功是古賢
尸祝不居桑梓後　口碑如對峴山前
吾生雖晚同仁里　儻見齊嬰願執鞭
當時先祖號漁樵　大筆蒙公把隱招
甌粤崇陰周繼召　田疇揄杜鄭思僑
豈堂馬養隆三鼎　石室鴻編奏九韶
立德功言胥不朽　伊誰嗣響望迢迢

卓峰先生思德祠步張魯盦孝廉原韵　同里蔡逢春

鄉國滄桑莫計年　曲江預宴破荒先
穹碑紀筆都鴻澤　蕋榜傳家有象賢
奚止文章名不朽　能兼忠孝世無前
迄今尸祝公如在　後輩應加祖逖鞭
庇孔高蹤剩株樵　歸田歲早謝弓招
經綸甌粤留膏雨　嘯傲乾坤等寓僑
廟貌千年新畏壘　詩編一代奏虞韶
昌黎山斗何人繼　魁首龍門歎邈迢

海上絲綢之路文獻集成

總主編　陳支平　陳春聲

歷代史籍編

140

主編　范金民

國家出版基金項目
NATIONAL PUBLICATION FOUNDATION

海峽出版發行集團
THE STRAITS PUBLISHING & DISTRIBUTING GROUP
福建人民出版社

本册目次

新刻全像三寶太監西洋記通俗演義二十卷（卷七至卷二〇）

〔明〕羅懋登撰

新刻全像三寶太監西洋記通俗演義卷之七

二南里人　編次

三山道人　繡梓

第三十一回

姜金定三施妙計　張天師净掃妖兵

詩曰

傈人手角碧霄中　紫氣真人獨長雄　丹洞朱簾搖斗極
翠華玉輅駕洪濛　凌虚慣掠鈞天樂　舒嘯長披閶闔風
為惜門徒姜氏女　錦囊三計妙無窮

却說元帥請問國師這個水牛出陣是甚麽緣故。國師道貧僧有所不知。但問天師便知端的。元帥轉身就来拜問天師。天師道這

西將倔僵絞兎營成三窟巧

南兵變化遊龍平展一天神

水牛不為大害。元帥道怎見得不為大害。天師道是貧道袖占一課。占得是個風天小畜。所畜者小。何大害之有。元帥道昨日狼牙棒張千戶小將軍王應襲兩個出馬。偏傷的是狼牙棒。這是個甚麽緣故。天師道這是偶尔有個甚麽緣故。元帥道天師不棄肯出一陣麽。天師道萬里遠来。豈憑閑散。既承元帥嚴命。貧道卽行。好一個天師。說一聲行。卽時左右擺列着兩桿飛龍旗。兩邊旗下擺列着神樂觀樂舞生朝天宮道士。中間擺列着一桿皂纛。纛之上寫着一行金字。皂纛之下。坐着一個天師。一口七星劍。一疋青鬃馬。竟出陣来。只見荒草坡前真個是擺列着千百頭有頭有角有皮有毛有蹄有尾黑婁婁的水牛。一頭牛背上一個小娃娃。一個娃娃手裏一条絲鞭。姜金定坐在馬上。兜夷夷喝聲走。牛就走

唱一聲快牛就快天師見之心裏總要想個主意只見姜金定口裏
連吆唬喝那些牛就連跑連跑一直跑過陣来天師看見這些牛
只要奔他連忙的把個七星劍望空一撇那一口劍吊下来只傷
得一頭牛此險些傷了一員大將衆將驚潰敗陣這一頭牛傷與
不傷其餘的牛那裏得知一性兒只是奔着旱轟之下姜金定又
喝得狠這些牛又跑得狠正叫做個氷前刮雲火上澆油把個張
天師奈沒何只得撇了青鬃馬跨上草龍騰空而起天師心裏想
道這等一個陣頭却就輸着于他何以復命元帥即時劍頭上燒
了一道飛符々々未盡天上早已吊將一位天神下来你看他
鉄作幞頭連霧長　烏油袍袖峭寒生　噴花玉帶腰間滿
竹節鋼鞭手内擎　坐着一隻班斕虎　還有四個鬼子左右
相親

天師問道来者何神其神道小神是龍虎玄壇趙元帥不知天師
呼喚有何道令天師道女将姜金定撮弄妖邪裝成牛陣不知是
真是假相煩天神與我看来天神起眼一瞧回復道牛是真的牛
背上娃子是假的天師道就煩天神與我破来趙元帥按落雲頭
唱一聲善喏何敢無礼舉起鞭就是一鞭若是每常間趙元帥這
一鞭饒你是個人打得你無情妻嫂笑蘇秦饒你是個鬼打得你
落花有意隨流水饒你是個怪打得你鬼頭欠下閻王債饒你是
個精打得你楊花落地聽無聲若是今日趙元帥這一鞭打得就
是個飛蛾撲火無頭面惹火燒身反受灾怎麽叫做惹火燒身反
受灾却說趙元帥狠這一鞭那些牛那裏怕個鞭一齊奔着趙元

帥就是個衆犬攢羊的一個樣子趙元帥攢得沒柰何跨了班斕
猛虎騰雲而起回復天師道小神告退天師道怎麽連天神天將
也不怕哩趙元帥說得好他一杭是個牛那裏曉得個甚麽輕甚
麽重終不然我們也和他一般天師道多劳尊神後會有請趙元
帥飄然而去天師心裏想道牛有千斤之力人有倒牛之方豈可
坐視其猖獗就沒有個贏手好天師眉頭一蹙計上心来即時回
陣恭謁元帥々々道今日天師功展何如天師却把個趙元帥的
始末說了一遍元帥道似此天神也不怕我和你將如之何不如
還去拜求国師罷天師道不要慌張貧道還有一事奉禀元師元
帥道但說不妨天師道兵法有云知己知彼百戰百勝這個牛我
和你還不知他的根脚故此不得其妙元帥道却怎麽得他的根

脚天師道須煩元帥傳下將令差出五十名夜不收潛過彼陣細
訪一番得他的根脚貧道纔有個設施元帥道這個不難即時傳
下將令差出五十名夜不收前往金蓮寶象國体探這水牛陣上
的根脚許星夜回報毋帶夜不收去了一夜直到次日天明時候
纔到帳前回話天師道這牛可是真的麽夜不收說道牛是真的
只有牛背上的娃子却是姜金定撮弄得是假的天師道這牛是
那裏来的夜不收道這牛是個道地耕牛天師道既是道地耕牛
怎麽有如許高大夜不收道原種是人家的耕牛其後走入沿海
山上自生自長一傳十十傳百百傳千千傳萬年深日久種類既
繁形勢肥大約有一丈二三尺高頭上兩角有合抱之圍身強力
健雖是水牛却叫做個野水牛天師道怎麽遣得他動夜不收道

都是羊角道德真君錦囊計姜金定依計而行故有此陣天師道
這牛遭番攩住一個人是個甚麽術法使的夜不收說道不干術
法使的原来這個野水牛本性見不得穿青的若還見了一個穿
青的他畢竟要追趕他他畢竟要抵觸他不是你便是我直至死
而後已三寶老爺聽了大笑兩聲說道原来有此等縁故昨日狠
牙棒哭虧狠牙棒是青今日天師受虧天師皂纛是青趙元帥受
虧趙元帥又是青哎原来穿青的悞皂馬公在傍邊說道只聞得
穿青的護皂那有個穿青的悞皂三寶老爺道為了穿青受了虧
却不是穿青的悞皂天師道不消取笑待貧道出去贏他来今番
天師不用飛龍旗不用皂纛不用青鬃馬只是自家一個披髮跣
足仗劍步罡如真武之狀高叫道潑賤婢敢駕得畜牲裝你的門

面姜金定看見天師隻身獨自他就起個不良之意口裏念念聒
聒喝一聲走那些牛就走喝一聲快那些牛就快連喝快遞喝快
那水牛連跑遞跑又奔着天師面前来天師拿定了主意收定了
元神竟往海邊上走姜金定只說天師又要敗陣急忙的喝着牛
来天師到了海邊上跨上草龍早已轉在水牛後面令牌一擊猛
空裏耀眼爭光一個大閃電轟天劃地一個响雷公那些水牛打
急了只得下水就把些野水牛一并在海裏面去了水面上無萬
紙剪的小娃娃天師令牌又擊了兩擊那雷公又在海水面上撲
簌簌的又响了兇响直响半日天師收了令牌却纔住了可憐
這些野水牛活活的水葬皮骨却說姜金定看見雷公電母地覆
天番纔曉得不是對頭一道火光入地而走天師劒頭上燒了飛

符早已有個天將趕向前去活捉將来一直解上中軍寳帳元帥
老爺罵道潑賤奴敢如此倔強費我們精力叫聲旗牌官推轉轅
門外梟首示衆旗牌官禀說道前番是他刀下走了今番須得天
師與他一個緊箍子呪小的們纔方下手得他天師道也不消緊
箍子呪只問他肯死不肯死就是馬公道天師差矣天下人豈有
個自家肯死之理天師道王者之師順天應人須得他肯死纔是
個道理三寶老爺心上就明了問說道你那潑賤奴可肯死麽姜
金定說道國王之恩未報殺父兄之仇未伸怎麽肯死天師道我
曉得你還有兩個錦囊計不曾行得故此不肯心死姜金定說道
是是天師道你再行了那兩個錦囊計心可死麽姜金定說道到
了計窮力盡心自是死的天師道既然如此且放他回去罷元帥

說道放他去罷姜金定得命而去馬公道這都是些匹夫之勇婦
人之仁怎麽下得海取得番天師說道老公豈不聞七擒七縱之
事乎馬公道七縱還不打緊七擒却也有些難處天師道都在貧
道身上道猶未了藍旗官報說道姜金定又擺了有千百頭水牛
在荒草坡前又来討戰只是今番的水牛比前番不同些元帥道
怎見得不同些藍旗官說道前番的水牛小今番的水牛大前番
的水牛矮今番的水牛高前番的水牛兩隻角今番的水牛一隻
角生在鼻梁中間前番的水牛有毛今番的水牛有鱗前番的水
牛走今番的水牛飛前番的水牛是旱路今番的水牛上山如虎
入海如龍却有這些不同處馬公道這就是舊時的水牛悶在水
裏改变了些天師道那裏有個再生之理馬公道若不再生怎麽

又来出陣天師道這不是水牛元師道怎見得不是水牛天師道老大的不一樣這决又是個甚麽野牛馬公道不論家牛野牛都在天師身上天師道貧道即時收服他来元帥道多劳了天師道說那裏話即時披髮伏劍步行而出只見荒草坡前果真有千百頭野物姜金定坐在馬上又是這等撮〻美〻天師心裏想道我雖是龍虎山中第一家的人品却不曾到這個海外却不能办這些野獸心裏又想道也罷全憑我這隻霹靂雷公手那怕他頭角崢嶸異樣人心裏想定了却叫道那潑賤婢又美個甚麽喧来姜金定道這不是美喧這都是俺本國道地兵天造地設的怎麽就服輸哉你天師道你叫他過来就是姜金定說道今番却不讓你你那時休悔天師道我祖代天師的人說個甚麽反悔字面你只

出像西洋記　卷之七　七

道力宏施為問何如司馬法

張天師净掃妖兵

蠻烟爭掃應知不羡水犀軍

出像西洋記　卷之七　八

管叫他過来天師站定了姜金定手裏拿着一条絲帶兒掣一掣叫一聲長那絲帶兒就長有三五丈長猛地裏一聲鞭响只見那一群牛平地如飛竟攛着天師的而來天師就還他一個雷公劃喇一聲响那些牛竟回本陣而去姜金定又是一鞭一聲响那些牛又奔過陣来天師又還他一個雷公劃喇一聲响那些牛又奔回陣去天師心裏想道這還不是個結果竟望海邊沿上走那些牛又飛趕将来天師跨上草龍轉在牛背後猛地裏一個雷公劃喇一聲响那些牛竟奔下海而去天師只道還是前番的故事水面上又還他一個雷公劃喇一聲响那些牛反在水裏奔上崖来崖上一個雷公他就在水裏水裏一個雷公他就在崖上天師看見沒有個攏手只得跨上草龍而去姜金定高叫道天師你今番

[illegible]輸於我也天師大怒罵說道今後拿住你若不碎尸萬段誓不
為人姜金定說道你拿得我住你不碎尸張天師恨了兩聲竟歸
中軍寶帳三寶老爺道今日出馬何如天師道今番不是個牛故
此不好下手老爺道怎見得不是個牛天師道他真是個上山如
虎入海如龍那東有這等個牛来老爺道却怎麽處他天師道要
處置得他須還是夜不收過去打探一個詳細纔好老爺道既要
打探不可遲疑即時差了五十名夜不收五十名夜不收即時回
話天師道這陣上可還是個牛麽夜不收說道前番野水牛滚沒
已盡今番却不是他了天師道是個甚麽夜不收說道就是本國
地方上所出的形如水牛約有千斤之重渾身上不長牛毛俱是
鱗甲紋斕蹄有三路快捷如飛頭有一角生于鼻梁之上天師道

似此說来却不是個犀牛夜不收道便是犀牛天師道那妖婦怎
麽遣得他動夜不收說道了是羊角道德真君第二個錦囊討姜
金定只是依計而行天師道只是這個犀牛也不至緊三寶老爺
道天師你也曾認得他麽天師道但不曾看見書上却有他老爺
道書上說他好麽天師道其角最好大抵此為奇異之獸狀如水
牛豬之頭人之腹一頭三角一孔二毛行江海中其水自開故此
昔日桓溫燃其角立見水中之怪其角有粟文者貴有通天文者
益貴古詩有云犀因望月紋生角象被驚雷花入牙即此之謂也
老爺道此今的只是一角却是何如天師道或云一角為雄又名
兕上野牛也老爺道天師既如此稔熟怎麽又要人去體探天師
道耳聞不如目見兕兼為將之道三軍耳目所關敢強不如以為

[illegible]若所言不當惑亂軍情貽禍不小老爺道天師慎重如此不
枉了與天地同休只有一件這如今怎麽贏他天師道貧道自有
個贏他之法道猶未了藍旗官又来報道牛陣擺圓夷女討戰天
師即時起身轉到玉皇閣上收拾了一盪也還是披髮也還是跣
足也還是仗劍也還是步行姜金定見了天師便高聲叫道好天
師你枉了那披髮跣足不如早上投降免受刀兵之苦天師大怒
罵說道潑賤婢敢開大口敢說大話你再叫你那些畜牲来姜金
定一鞭那些犀牛一湧而来天師一雷那些犀牛一湧而去姜金
定又一鞭那些犀牛又一湧而来天師趂着他的来勢照舊的佯
輸詐敗望海邊上走那些犀牛照舊的趕將来天師照舊的跨上
草龍却轉在犀牛之後一個雷响一陣大風一天都是朱頭黃尾

百足扶身的蜈蚣虫竟奔那些犀牛身上而去那些犀牛見了蜈
蚣虫就是指頭兒捺上了雙鍠鎖不是知音不得開一個上都鑽
到犀牛的鼻頭裏面去了犀牛鑽不過望海裏一跑望崖上一跑
跑了幾跑把個絡生迸却潮頭上那管得角上通天錦繡紛張天
師跨在草龍之上只是好笑姜金定還不解其意還指望犀牛陣
来取勝直至半晌半晌不見起来心裏却纔有些慌張奮身就走
天師高叫道番奴那裏走劒頭上一道飛符早已把個姜金定又
捉將来了解上中軍寶帳三寶老爺說道多謝天師道力成此大
功馬公道這蜈蚣可是真的麽天師道是真的馬公道那裏有這
些真的天師道這是安南國地方所出其長有一尺六寸其潤有
三寸五分其皮輓鼓其肉白如葫蘆又人製為肉脯其味最佳馬

公還陳在安南國怎麽得他過来天師道是貧道燒了飛符遣下
天神天將看落當方土地之神驅他過来的老爺道管甚麽蜈蚣
叫旗牌官過来旗牌官即時跪着老爺道把這潑妖婦押出轅門
外即時梟首天師道你今番却心死也姜金定道心還不死天師
道我再放你去罷姜金定說道再放我去再拿我来那時心却死
也三寶老爺大怒說道這等一個小夷女敢如此展轉費我南軍
咬得牙齒只是鞫叮〻〻响張天師念動了緊箍子呪旗牌官動
手細縛起来姜金定還說道我今日死也眼不閉我就做鬼也還
要和你做一場一時間押赴轅門之外一刀兩段砍得一個美女
頭来三寶老爺分付仔細看他的尸首不要又學前番走了人旗
牌官禀說道今番再無差錯明〻的細着明〻的砍頭明〻的兩

段再無異法老爺道既如此把他的頭掛在哈密西關之上令其
國人好看把他的尸骨放火燒了他軍令已出誰敢有違即時掛
起他的頭放在哈密西關高竿之上即時把他的尸骸放起火来
燒化只見火焰之中端〻正〻坐着一個姜金定只是沒頭只是
不會講話三寶老爺心上儘有些犯疑馬公道這賤婢到底死得
有些心不服王爺道到依天師說再放他去再拿他来他心就死
老爺道事至于此悔之無及任從他来天師道疑心生暗鬼再不
可講他各自散罷果真的各人散帳夜至三更只見這裏也吆喝
那裏也吆喝船上也吆喝營裏也吆喝明日天早二位元帥老爺
坐了中軍帳上問說道夜来為着甚麽事各處裏吆喝船上軍人
都說道夜至三更滿船上都是火光火光之中有許多的婦人頭

進到船上来滾出滾進〻〻裏說道冤枉鬼要些甚麽咽作營裏軍
人說道夜至三更滿營裏都是火光火光之中有許多的婦人頭
進到營裏来滾上滾下〻〻裏說道冤枉鬼要些甚麽咽作老爺心
裏想道這事却有因不好〻難為這些隊伍只分付〻道今後不許吆
喝如違軍令施行衆軍退去馬公說道偏軍伍中有鬼偏我們這
裏沒鬼這都是妄言禍福搖動軍情依律該斬王爺道怎麽這等
說冤魂怨鬼於理有之只是各人謹慎些就是到了第二夜那些
一個頭的鬼单在馬公營裏出的出進的進上的上下的下約有
数百之多馬公〻拿起一張刀来砍過左右邊的頭又来了砍向
前後邊的頭又来了把個馬公諕得魂飛魄散諸天外一夜無眠到
五史巴不得到天明竟到中軍帳上赴訴二位元帥老爺〻〻太

怒說道敢有此等妖魔即時分付旗牌官取下姜金定的頭来把
火燒了一會兒取過頭来一會兒起火燒了只見火焰之中端〻
正〻站着一個姜金定的頭只是沒有身子口〻聲〻說道我死
也不甘心我夜間還要来尋你也二位元帥聞之心上有些不悅
請教國師國師道善哉〻〻這個殺人的事貧僧不敢聞命二位
元帥又去請教天師天師沉思了半晌不開言王爺道天師不肯
開言還有些甚麽見教天師道這個来踪去跡都有些蹺蹊莫不
然還是姜金定不曾死撮弄得些甚麽鬼精王爺道兩次焚燒也皆
俱有怨魂結象豈有不曾死之理三寶老爺道死之一字再不消
疑只說這個单頭鬼把怎麽處他天師道不得其根從何處下手
老爺道今日之事譬如醫者緩則治其本急則治其標天師道貧

道送過符来各人貼在各人舡上且看他何如老爺道這個有理天師送了符用了印各官接了各官貼着各營接了各營貼着各船接了各船貼着都說是天師的符水豈有個不靈驗都說是甚麼鬼再敢来侵欺那曉得夜至三更仍舊是這些婦人的頭滚出滚進滚上滚下莫說是衆軍士的船上就是天師的船上也有就是國師的船上也有莫說是衆軍人的營裏就是都督營裏也有就是先鋒營裏也有就是元帥營裏也有把個天師的符一口一張百口百張只當個耳過風相似這一夜有五更天就喫這個婦人頭炒了四更半到了明日天早你也說道鬼我也說道鬼國師老爺說道怎麼只要殺人致使得這個怨鬼来炒人王爺道分明是個心不死以致作祟生災馬公道莫說是西番人利害就是西

番的鬼也利害三寶老爺說道這個閑話不要講他只說是這如今把個甚麼法兒治他就是天師道我心上終久有些犯疑老爺道但憑天師就是天師道貧道自有個處置劍頭上一道飛符天上即時吊下一位天將天師道来者何神其神應聲道小神是龍虎玄壇趙元帥適承天師呼喚不知有何道令天師道此中有一個婦人頭到我南軍營裏作炒已經三日不知是何妖術相煩天將看来趙元帥騰雲而起即時回復道這個婦人頭原是本國有這等一個婦人面貌身體俱與人無異只是眼無瞳人到夜来撇了身體其頭會飛飛到那裏就要害人專一要喫小娃々的穢物小娃々受了他的妖氣命不能存到了五更鼓其頭又飛將回来合在身子上又是個婦人天師道這叫做個甚麼名字趙元帥道

這叫做個屍致魚天師道豈有這等的異事趙元帥道天師是漢朝真人豈不聞漢武朝有個因墀國使者說道南方有屍解之民能使其頭飛在南海能使其左手飛在東海能使其右手飛在西海到晚来頭還歸頭手還歸手人還是一個人雖迅雷烈風不能壞他即此就是這屍致魚天師道他怎麼飛到我這營裏来趙元帥道這又是羊角道德真君第三個錦囊計姜金定依計而行天師道原来姜金定不曾死趙元帥道現在那裏念呪燒符今夜又要把這屍致魚来相害原来姜金定有五囤三出之法死而不死那些冤魂結象都是假的天師道何以破之趙元帥道這個頭只是不見了原身不得相合即時就死破此何難天師道多勞了天將請便罷趙元帥去了把個三寶老爺嚇得口裏只是打嚏々說

道天師如此神見果真還是姜金定撮弄的鬼情這場是非還在天師身上天師道貧道謹領只是今夜都不要吆喝待貧道處置他商議已定夜至三更果真的那些婦人頭又来了只見四下裏喞々喂々雖是不敢吆喝天師早已知其情即時劍頭上燒了五道桃符即時五個黃巾力士跪着面前聽使天師道吋耐此中有一班屍致魚飛頭侵害我們軍士你們五個人按五方向坐把他的原身都移過了他的遠則高山大海近則隘巷幽巖務令他不得相合方纔除去得這個妖魔之害五個黃巾力士得了道令即時飛去各按各人的方位各移各人的屍骸復命已畢天師運起掌心上的雷来劃喇々一聲响半夜三更就如天崩地塌一般相似饒你就是個大膽姜維也要喫了一嚇莫說是這些婦人頭豈

有個不惧怯之理一時間盡情飛去盡情[illegible]不至緊那裏去尋個身子来相合天師早知其情叫聲黄巾力士何在即時五個力士跪在壇前天師道你們五個人還按五方尚坐把那些婦人頭穿做一家兒来見我到了明日天早天師請過二位元帥三位先鋒各营大都督各省副都督會集帳下叫黄巾力士提過頭来只見一個力士提了一串五個力士共提了五串每串約有百十多個果真是一個婦人頭只是眼珠兒上沒有瞳人中軍帳外堆了幾百個頭好怕人也老爺道此中出這等一個怪物好利害哩王爺道多虧天師道力謝不能盡馬公道還有姜金定相煩天師處置他一番天師道貧道自有分曉不知天師是個甚麽分曉且看下回分解

徼外稱臣掬海有波堪洗甲

金蓮宝象国服降

軍前納貢跨江無地可投鞭

第三十二回

金蓮寶象國服降　宵童龍國王納款

詩曰

洞門無鎖月娟娟　流水桃花去杳然　低帶湖峯烟数點

高攢蓬島界三千　雲中雞犬飛丹灶　天上龍蛇護法筵

為問西洋多道力　笑收妖婦脫風前

却説馬公道還有姜金定是個禍根相煩天師一總結果了他也罷天師道這都在貧道身上三宝老爺說道既先把這些頭安頓在那裏纔好天師叫聲黄巾力士何在只見五個力士跪在面前天師道你們把那些頭送到長流水裏去罷五個力士齊齊的答應道一聲是即時把這五串頭一人一串拽將出去遠遠的送到

大海中央五個力士又来復命。天師道還有一樁事。相煩你五位
衆力士説道悉遵道令怎敢有違天師道此中有一個女將姜金
定善能五囬三出善駕三才滕雲我今日要拿他你們與我出這
一力五個力士説道但憑分付天師道你們五個人伏在五方随
他囬在那方那方力士即時活拿他来各要用心有功之日明書
上清分付已畢只見藍旗官報説道所有姜金定单刀疋馬在于
沿海邊上追着那些婦人頭天師道這妖婢今日自送其死好天
師跨上青鬃馬馳驟而出望見姜金定喝聲道潑賤婢那走姜金
定未及回言天師劍頭上早已燒了一道飛符早已有個天將揲
將姜金定過来觧上中軍寶帳三寶老爺説道這等一個小丫頭
原来一肚子都是些金鍾朧羗天師道今番是個枯樹盤根動不

得了王爺道還是個推車上嶺走不得了馬公道還是個隔山取
火討不得了姜金定自家説道我今日還是個倒澆蠟燭由不得
了三寶老爺罵道油嘴有這些講的叫旗牌官来把他就細在我
這面前一刀々的細々剮来一根々的骨頭細々拆来看他走到
那裏去姜金定説道縱然萬剮我此心不死也難天師道你既然
此心不死再放你囬去何如姜金定説道你若再放我去再捉我
来我却心死天師道只捉你一轉不見我的手段昔日諸葛亮七
縱七擒纔是個漢子我今日也放你七轉你心下何如姜金定説
道若能七縱七擒我却死心踏地天師道元帥且放他看他走到
那裏去老爺道現鍾不打又去煉銅拿過来剮了他罷天師道但
放他去不妨他走到那裏去老爺道既然天師高見悉憑尊裁天

師道姜金定你去罷姜金定纔方去了。不及半晌只見一個紅臉
力士一手揪着頭一手拎着脚一拽々到中軍帳上来天師喝聲
道快走姜金定轉身就走々將去了。不及半晌只見一個青臉力
士一手揪着頭一手拎着脚一拽々到中軍帳上来天師又喝聲
道快走姜金定轉身又走々將去了。不及半晌只見一個黒臉力
士一手拏着頭一手拎着脚一拽々到中軍帳上来天師又喝聲
道快走姜金定扒起来又走々將去了。不及半晌只見一個白臉
力士一手拏着頭一手拎着脚一拽々到中軍帳上来天師又喝
聲道快走姜金定扒起来又走々將去了。不及半晌只見一個黄
臉力士一手拏着頭一手拎着脚着實的一拽々將来這一拽不
至緊把個姜金定跌得兩腿風麻觔力倦渾身酸軟骨頭酥天師

又喝聲道快走姜金定慢々的扒將起来説道我今番不走了。天
師道先説了七縱七擒這纔走得五轉怎見得我的手段姜金定
説道今番我已心死了。管你甚麼七縱不七縱天師道你既心死
可將去梟首罷姜金定説道我如今是個几上肉任君剮怕甚麼
梟首哩天師道我這裏不殺你々與我立一頭功来你心下何如
姜金定道但分付就是天師道你囬去報典你的國王你可肯麼
姜金定説道既蒙不殺之　自當前去夫復何辭但不知天師意
下何如天師道我這裏別無他意只要你國王一封降書投于俺
元帥一封降表奏上我南朝大王倒换通關牒文前往別國專問
有我南朝傳國玉璽没有有則作急献来没有便罷再次之前日
沙彥章失陷在你國好々的送上来此外再無他意姜金定説道

許筆可依只是甚麽傳國玉璽俺們並不曾聽見這是沒有的天
師道沒有的便罷你快去快来回話姜金定抱頭鼠竄而去見了
國王國王道姜將軍你連日之戰何如姜金定說道非干小臣之
罪怎柰南朝来的將勇兵強我們不是他的對手况兼那個天師
果真的駕霧騰雲驅神遣將十分利害還有那個國師懷揣日月
袖頓乾坤斬將搴旗不動聲色事至于此臣力竭矣無可柰何番
王道只是多負了愛卿姜金定說道臣之父兄死在南朝臣之師
父敗在南朝臣之力量盡于今日惟願我王早賜一刀臣死瞑目
番王道怎麽說個死字俺的江山社稷全頼愛卿扶持姜金定說
道臣無力可施怎麽扶持得社稷番王道天下事不武則文不強
則弱為今之計何以退解南兵姜金定說道還有左右丞相小臣

怎敢擅專番王道是我不合監禁了左右丞相今番却怎麽轉灣
姜金定說道事勢至此不得不然急宣丞相進朝遲則不及番王
即時傳一道飛詔急宣左右丞相進朝所有總兵官一體什放咄
舊供職左右丞相見了番王番王道是俺不聽忠言及悔之無及
今日要降書降表送上南朝又要倒換通關牒文前往別國須在
二位丞相身上左右丞相說道這繞是個道理只還有一件來番
王道還有那一件丞相道献上降書須要粮草侑織献上降表須
要些寶貝進貢番王道這個不難但有的都奉上去就是姜金定
說道前日陷陣的千户沙彥章先要送去番王道便先送去即時
姜金定送過千户沙彥章就在中軍帳下磕頭謝罪三寶老爺道
辱國之夫何顔相見待你以不死此後立功自贖道猶未了藍旗

官報道金蓮寶象國左右丞相見左丞相字鎮龍帳前相見手裏
捧着一封金字降表口裏說道小臣國王多多拜上元帥所有金
字降表一封相煩進上天朝朱皇帝駕下外土産不腆之儀共成
拾扛聊充進貢另具草单奉覽畢老爺分付中軍官安奉表章分
付内貯官收下土産分付旗牌官接上草单来看只見单上開載
的都是些道地寶貝

計開

寶母一枚　海鏡一雙　大火珠四枚　澄水珠十枚　劈寒
犀二根　象牙簟二床　吉貝布十疋　奇南香一箱　白鶴
香一箱　千步草一箱　雞舌香一盤　海棗一盤　如何一
盤

三寶老爺看了草单滿心歡喜問說道這些寶貝可都是你本國
所出的麽左丞相字鎮龍說道俱是本國土産老爺道這些寶貝
你都識得麽丞相道都是識得的老爺道寶母是個甚麽丞相道
寶母就像一塊美石每月十五日晚上置之海邊上諸寶畢集故
此叫做寶母老爺道海鏡是個甚麽丞相道海鏡如中國蚌蛤一
般相似腹中有一個小小的紅蟹子假如海鏡飢則蟹子出外拾
食蟹子飽歸到腹中則海鏡亦飽其殻光可射日故此叫做海鏡
老爺道大火珠是怎麽丞相道這珠徑寸之大渾身上是火日午
當天珠上可燎香爇紙暮夜持之前後照車千乘故此叫做大火
珠老爺道澄水珠是怎麽丞相道此珠亦有徑寸之大光瑩無瑕
投之清水中杳無形影投之濁水中其水立地澄清澄徹可愛故

此叫做個澄水珠老爺道辟寒犀是甚麽丞相道辟寒犀是本國所産的犀牛角但此角色黄如金子之狀用金盤盛之貯于殿上煖氣烘人可爱故此叫做辟寒犀老爺道象牙簟是甚麽丞相道象牙簟就是象牙掐成細絲織之成簟睡在上面百病俱除上名象牙簟老爺道吉貝布是甚麽丞相道吉貝是柯樹其花成時如鵞毛之細抽其緒紡之成布染以五色文采爗然土名吉貝布老爺道奇南香是認得他白鶴香是甚麽丞相道白鶴香是長成的一柯樹劈開来片片是香烧在爐中之時其烟直上結成一對一對的白鶴冲天故此叫做白鶴香老爺道千步草是甚麽丞相道千步草也是生成的其性本香用之佩在身上香聞千步之遠故此叫做千步草老爺道雞舌香是甚麽丞相道雞舌是個樹名其華傷禽獸俱不敢近至四五月間開花花熟之時隨水出香盖花而成者总含之毛髮俱是香的故此叫做雞舌香老爺道海棗是甚麽丞相道海棗之樹如中國栟櫚之狀其樹五年一度開花五年一度結實實如爪大味最甘美土名海棗老爺道如何是甚麽丞相道如何亦是海棗之類其形似棗其大有五尺長三尺圍其樹九百年一結實人生一世不曾看見他開花如何結實如何故此叫做個如何老爺道我大明朱皇帝駕下原有個傳國玉璽卻被元順帝白象馱之入于西洋不知可在汝國麽丞相道並不曾聞見有甚麽南朝玉璽有則即當奉還不敢隱匿自取罪戾未便老爺道請坐轅門外再當轉敬左丞相已出右丞相田補龍相見帳下手裏捧着一封降書説道俺國王多多拜上元帥具有

降書一封奉覽三寶老爺分付旗牌官接過書来折開讀之書曰

金蓮寶象国國王占巴的賴董再拜奉書于

大明國統兵招討大元帥麾下竊聞天子者受天之命為天之子内主中國外撫四夷天之所覆地之所載日月所照霜露所墜莫不尊親ム僻處西戎罔瞻冠服致干天怒爰示旗履天載地識生成之有自沐霜櫛雪知收斂之無遺倖具犬馬之知敢肆蝮蛇之毒敬將書幣用展精忱水作外藩時輸内貢矢心惟一誓無二三伏乞高明俯垂憐鑒ム不任戰慄惶懼之至年

月日占巴的賴再頓首書

元帥覽書已畢説道知道了右丞相説道俺國國王别具荒儀聊搞元帥麾下列位軍長伏乞一併收下元帥道是甚麽物件右丞相道具有小单奉覽元帥分付旗牌官接上来看着只見单上計開

黄金一千兩　白金一萬兩　活猪三百口　活羊五百牽
活雞一千隻　鮮魚五十担　醃魚一百担　稻米五百担
柴草一千担　椰子十担　西瓜甘蔗各五十担　波羅蜜
蕉子各十担　黄瓜葫蘆各五十担　葱蒜各十担　檳榔
蔞葉十担　哂嚨酒二百罈

元帥看了单説道太多了些右丞相道俺国國小民貧毫無所出此不足為敬聊具軍中一餉而已伏乞笑留元帥道多謝了我且問你這裏有雞可有鵞鴨麽丞相道小国不出鵞鴨就是雞至大者不過二斤脚高寸半或二寸為止但雄雞則耳白冠紅腰矮尾

竅人拿在手裏他亦啼最是可愛老爺道這果子蔬菜可都是本國出的丞相道是本國出的果品還有梅子味酸不敢献上小菜還有冬瓜還有芥菜非其時不得献上老爺道稻米可是本國出的丞相道是本國出的。此米粒細而長色多紅少白。大小麥俱不出老爺道這酒怎麽叫做咂瓮酒丞相道此酒初然以飯拌藥封于甕中俟其自熟欲飲則以長節小竹筒長三四尺者插于酒甕中賓客圍坐照人数入水輪次咂飲吸之及乾再入水而飲直至無酒味而止元帥道你國中文字何如。丞相道椎魯之徒何文字之有書寫等間沒有紙筆用羊皮搥之使薄用樹皮薰之使黑摺成經摺兒以白粉寫字為記元帥道你國中歲月何如丞相道我國中無閏月以十二月為一年晝夜各分五十刻用打更鼓者記

日麗風和酋首未須懸大纛

窅童龍國王納疑

天高地厚蠻腰應自舞窮廬

之元帥道你國中刑罰何如丞相道我國中刑罰其罪輕者用四個人拽伏于地藤杖鞭之其罪當死者以繩係于樹用梭鎗齊喉而誅其首若故殺劫殺者以象踏之或以鼻捲撲于地犯姦者男女各入一牛以贖罪負國王物者以繩枸于荒塘物充卽出之若爭訟有難明之事官不能决者則令爭訟二人騎水牛過鱷魚潭理屈者鱷魚出而食之理直者雖過十数次魚亦不食元帥道国中婚娶之禮何如丞相道俺國中婚事男子先入女家成其親事過到十日半月之後男家父母及諸親友用鼓迎之歸家飲酒作樂元帥道國中吊賀之禮何如丞相道百姓家不行吊賀惟有國王當賀之日用人膽汁沐浴將領以下俱献人膽為賀弟不用中國人膽相傳往年有用華人一膽者是日一甕之膽盡皆朽腐王

郎病死故後来切戒之元帥道國王在位何如丞相道俺國〻王大九在位三十年者。即退位出家令弟兄子姪權國王往東山持齋受戒茹素獨居呼天誓曰我先在位不道當為狼虎食之或病死之若一年滿不死則再登王位復理國事國人稱呼為昔黎馬哈剌托蓋至尊至大之稱也。元帥道承教一番。三生有幸一邊分自紀錄司登禮物簿。一邊分付軍政司收下禮物一邊分付授飧司安排筵席。大宴左右丞相及南船上將士是日裏歌聲動地鼓宗喧天正是

將軍出使擁樓船　江上旌旗拂紫烟　萬里横戈探虎穴
三杯灑酒舞龍泉　莫道詞人無膽氣　應知尺伍有神仙
火旗雲馬生光彩　露布飛傳到御前

宴罷之時元帥傳下將令即將南朝帶去的青磁碗盞一百面青磁荷碗三十筒紵絲共二十疋綾絹各二十疋回敬國王又將燒緑珎珠二十掛真金川扇二十柄回敬二位丞相盡歡而散左右丞相回復番王番王大喜明日侵早左右丞相又来叅謁元帥説道番王多謝元帥活命之恩再差小臣特来相請敢請元帥進城遊玩西番景致元帥道多〻拜上你的國王軍務在身不得相見只是年〻進貢歲〻稱臣足知相愛之至左右丞相已去元帥請過國師請過天師論功行賞頒賞諸將有差一連住了三日國師道不可久住恐費此國錢粮元帥即時傳令收營拔寨盡歸宝船又令絞動刻車。拽起鉄猫擔満風蓬開船望西而走只見一人一騎飛報而来藍旗官問道来者何人所報何事。其人道俺本金蓮宝象國總兵官占的里便是今有本國三太子怨父王降順南朝私自領兵逃去國王怛怕前途有変罪坐不明故此先来稟過藍旗官報上中軍帳元帥道天下之父歸之其子焉往免坐其罪占的里策馬而去宝船仍舊分為中左右前後四營左右前後四哨正行之時只見沿海岸上一人一騎又是飛跑而来高叫道宝船上聽禀藍旗官高聲問道你是甚麼人有甚麼事来禀其人高叫道俺本金蓮宝象國巡邏徤卒海弟寧是也領俺國王欽旨奉稟元帥得知此去不遠就有一個小國叫做賓童龍國俺國王已差總兵官占的里領兵前去通知但遇宝船到彼之日即便進上降書降表不必倒換通関牒文不勞元帥費心費力。也見得俺國王内附之微誠藍旗官報上中軍宝帳元帥分付藍旗官回復他知

近了總兵官驟馬而去宝船正行之時天色已晚中軍傳下將令落蓬下猫權且安歇明早看風再行約至半夜左哨上人馬嘈〻雜〻就像有個喊殺之聲。及至天明元帥未及查問只見左哨征西副都督黄全彦擐甲全装宣花銅斧解上一班偷船刼哨的賊来元帥審問了一番。原来為首的就是金蓮宝象國國王的三太子。為從的有三十多名俱是些海賊馬公道這些賊既是情真罪當推他出去一人一刀。了結他罷三宝老爺道三太子你還怨死你還怨生。三太子説道事至于此有死無二老爺道你見差矣自古道。死有重於泰山。死有輕於鴻毛。你今日之死為着那一件来你若説道。為臣死忠我今日天兵西下只受得你父王一紙降書你社稷如故你江山如故這豈是為臣死忠你若説道為子死孝

你父王安然為王安然理國既無戮辱又無呵斥這豈是為子儘孝你既不為忠你又不為孝此死何益原來是非之心人皆有之三寶老爺這一席話把個三太子說得啞口無言滿面惶愧老爺早知其意又說道我這裏看你父王之面怎麽殺戮干你吽軍政司取過麒麟胸背花補子員領一套來賞與三太子遮羞而回三太子說道既蒙不殺之恩不勝感激怎麽又勞重賜此何敢當老爺道你受了去今後穿此員領之時你須名思義只可習文不可習武又吽軍政司取過青布海青三十餘件過來賞與這些為從的自今以後只許穿衣喫飯不許海上為非這一干人磕頭謝賞而去王爺道老公今日之舉恩威並至王者制馭夷狄之道無以踰此消酒未了藍旗官道上面有一座山頗多薪草稟過元帥老

爺放軍人上山樵採以備前面不急之需元帥許他樵採已畢元帥問道上面是個甚麽山藍旗官道這個山與金蓮寶象國山地相連山陡而頂方頂上有一股飛泉倒垂而下如千丈瀑布之狀頂上還有一塊石。如佛菩薩的頭石上有四句詩說道

浪作彌陀石作身　因貪海上避紅塵　有人問我西來事
默默無言總是真

詩後面又有一行字。寫着凌洋子書于灵山僧石以此觀之是個靈山元帥道上面可有民居藍旗官道民居稀少結網為業元帥道上面可有土產藍旗官道上面有一樣藤杖粗大而紋踈者可愛次有桹榔蔞葉餘無所出元帥分付樵採已畢一齊開船船行之際每日順風一連行了五六日元帥問道前面又到那一個國土藍旗官道不見有個甚麽国土元帥道那報事的說前面不遠有一個國怎麽還不見到哩藍旗官道行了這五六日只在一個山脚底下還不曾走得脫元帥道這是個甚麽山有如許的長大哩又行了一日纔離了這個山早已到了一個國未及收船之時只見占的里領了一枝軍馬遠遠迎住禀道小將領了國王之命先來賓童龍國報他說道南膳部洲大明國朱皇帝駕下欽差二位元帥一位天師一位國師前來撫夷取寶所過之國俱要降書降表通關牒文倘有負固不服稱兵南嚮者誅其君滅其國毋赦現今賓童龍國國王已經親賫降書降表迎接天兵不勞元帥費心費力量此禀知道猶未了只見賓童龍國國王騎着一疋紅馬張着一柄紅傘前呼後擁約有百十餘人逶迤而來藍旗官引上

寶船相見元帥二位元帥待以賓禮國王不勝之喜先遞上降表元帥接下交付中軍官安奉次遞上降書元帥接下拆封而讀書曰

賓童龍國國王的晋哇拿牙再拜奉書于

大明國統兵招討大元帥麾下側聞天無二日民無二王明明

天子既以一人而撫萬邦。湫湫夷封敢不以萬邦而戴一主矧

玆蕞尒敢肆倡狂敬勤函章用旌效順望雲闕以翔魂叩轅門

而頓顙仰祈朗鑒俯賜矜憐厶無任戰慄恐懼之至

元帥看書已畢說道書不盡言足徵國王盛德國王道多謝天兵遠來小國民窮財盡無物可將重以土儀進上天朝不明皇帝元帥道領了降表足矣不必進貢國王拿出一個珠紅匣兒來匣兒

上面有把小金鎖ㄑ着。隻手遞與元帥。元帥接下。交付內貯官收訖。國王又遞上一張草單。元帥展開看着。只見單上計開

龍眼杯一付　鳳尾扇二柄　珊瑚枕一對　奇南香帶一条

元帥道。太厚了。國王道。禮物雖微。却有一段是取處。畢竟不知是個甚麽是取處。且聽下回分解。

○○

第三十三回

寶船經過羅斛國　寶船計破謝文彬

詩曰

翹首西洋去路賒　遠人爭覩迓皇華　一朝榮捧相如璧

萬里遙傳博望槎　玉節光搖驚海怪　繡衣分彩照紅花

電閃旌旗草木盡知希雨露

宝船經過羅斛国

雷轟鞞鼓江山爭願借風雲

還朝公子如相問　為說車書混一家

却說賓童龍國ㄑ王說道。禮物雖微。其中幸有一段妙處。元帥道請教。這一段妙處。國王道。這龍眼杯原是驪龍的眼眶子。將来廂筱成杯。斟滿酒之時。就起一段烏雲。儼如眼裏的烏珠子一般。隱隱約ㄑ最可人情。這鳳尾扇本是丹山上取来的鳳尾巴。緝之成扇。看時五色成文。搖動清風滿面。永無頭疼眼熱之疾。這珊瑚枕與衆不同。用之枕頭。夜夢靈驗。隨意禱告吉凶禍福。問無不知。這奇南香帶與衆又是不同。帶中間的小龍都是活的。如遇風雷。紛然有奮激之狀。這却不是禮物雖微。幸有些妙處。元帥口口稱謝。國王又叫聲小番再擡上土儀来。元帥道。怎麽又有土儀。國王道。還有些不腆。奉充元帥麾下。元帥道。人臣無境外之交。已蒙進貢

厚禮足矣我們豈復有所私交國王道若無厚禮不過是小國土
産奇南香各色花布而已元帥道足領盛情我們自公禮之外一
絲一線不敢私受國王敬的意思雖堅元帥却之至再至三畢竟
不受反叫軍政司取過帶来的鳥獸胷背花補子員領一套回敬
國王國王也不肯受元帥道這是相答進貢厚礼你既不受我們
連進貢的礼物也不受國王没柰何只得受下又將番官番吏須
賞有差衆人拜受而去國王又叫小番兵擡上犒賞軍士的粮草
来元帥道也不消昨日在金蓮宝象國已領多了此中再不受畢
竟不曾受國王感恩泣謝王爺道老公今日何為不受三宝老爺
說道老總兵豈不聞厚往薄来之說乎王爺道深得柔遠人之禮
老爺一面陪着國王一面分付筵席欵待國王飲酒中間老爺問

說道大國相去金蓮宝象國有幾日路程國王道旱路不過三日
水路要行七八日老爺道怎麽水路反又遠些國王道中間隔着
一個山叫做個崑崙山俺這裏有個俗語說道上怕七洲下怕崑
崙針迷舵失人船莫存老爺道好險也國王道到了小國就是佛
國老爺道怎麽大國就是佛國國王道小國原是舍衛城祇陀太
子施樹給孤長者施園世尊乞食俱是小国且有目蓮舊基址尚
存故此至今多設佛事念經把素弱懦而已元帥心裏想道他只
把個柔懦的話来講敢是個軟交椅坐我敢是個軟索兒套我待
我賣弄一番與他看着適逢國王辭酒元帥道軍中無以為樂叫
舞劍左右的成雙作對舞劍叫舞刀左右的成雙作對舞刀又叫舞
鎗左右的成雙作對舞鎗叫舞把左右的成雙作對舞把叫滚鞭

左右的成雙作對滚鞭叫滚叉左右的成雙作對滚叉叫白打左
右的成雙作對白打正是強兵門下無羸卒養虎山中有大蟲國
王看見這個南兵人物精健武秇熟嫻口裏只是叫不敢〻〻連
辭酒力不勝拜謝而去且說道此去十日之後可到一國其國慣
習水戰元帥須要隄防他一番元帥道謹承指教了寶船開去沿
海而行每日風順行了一向日上看太陽所行夜来觀星觀斗不
見星斗又有紅紗燈指路因此上晝夜不曾下篷大約去了有十
晝夜多些果是到了一國停舟罷櫓三寶老爺走出船外打一瞧
只見這一個處所山形如白石峭嶇一望無涯大約有千里之遠
外山崎嶇內嶺深邃頗稱奇絶有詩為証

詩曰

芙蓉寒隱雪中姿　紫氣晴當馬首垂　虎嘯石林無晝夜
雲封岩洞有熊羆　硤深仰面窺天細　路險行吟得句奇
回首北辰應咫尺　天威獨仗地靈知

凝眸又視隱〻有城廓楼臺模樣老爺心裏想道今番又有些費
心思也即時傳下將令照前兵分水陸兩營五營大都督照舊移
兵上崖扎做一個大營中軍坐着是二位元帥左右先鋒照舊分
營在兩邊為犄角之勢四哨副都督仍舊扎住一個水寨分前後
左右中軍坐着是國師天師水陸兩營晝則大張旗幟擂鼓搖鈴
夜則掛起高燈數籌定點早有一個巡哨小番報知番国国王国
王即時陞殿聚衆文武百官番王道巡哨的報甚麽事小番道是
小的戰掌巡邏只見沿海一帶有宝船千號每船上搭起一桿黃

纛旗上寫着上国天兵。撫夷取宝八個大字。（中間有幾號帥字旗的船）一個船上有幾面粉牌。一個牌上寫着大明国統兵招討大元帥。一個牌上寫着大明国統兵招討副元帥。一個牌上寫着天師行臺。一個牌上寫着國師行臺。好利害也。番王道似此說来是南膳部洲大明國朱皇帝駕下差来的。道猶未了。又有一個小番報說道来的宝船千號。戰將千員。雄兵百萬。說道是甚麼南膳部洲大明國朱皇帝駕下差来撫夷取宝正元帥叫做個甚麼三宝老爺。副元帥叫做個甚麼王尚書。這兩個人運籌帷幄之中。决勝千里之外。果然是一正一副。道猶未了。又有一個小番報說道来的宝船上有一個道士。說是甚麼引化真人。號為天師。有一個和尚。說是南朝朱皇帝親下龍床拜他八拜。拜為國師。天師船上有兩面大言牌。一面牌寫着天下諸神免見。一面牌寫着四海龍王免朝。中間又有一面牌寫着值日神將關元帥壇前聽令。那國師又有好些古怪。是個和尚頭。又是個道士嘴。番王道怎麼是個和尚頭。又是個道士嘴。小番道頭上光々乍。却不是個和尚頭。嘴上鬚蓬々。却不又是個道士嘴。說道這國師有折天補地之才。有推山塞海之手。懷揣日月。袖頓乾坤。天上地下。今来古往。就只是他一個。再也尋不出一雙来。番王道你也不消說這許多閑話。你只說是南朝朱皇帝駕下差来的。我自有處。左班閃出一個番官。来名字叫做個刺麻兒。說道我國水兵天下無敵。怕甚麼南朝元帥。怕甚麼和尚道士。道猶未了。右班閃出一個番官。来名字叫做個刺失兒。說道古語有云来者不善。荅之有餘。既是南朝無故加兵於我。我国

豈可束手待斃。伏乞我王作速傳令。總兵官令其練兵集眾。水陸嚴守。免致踈虞。番王道二卿之言俱不當。刺麻兒說道怎麼小臣之言俱不當。番王道二卿有所不知。我國與南朝本和好之國。我父王存日。曾受他白馬金鞍。曾受他蟒衣金縷。寡人嗣位之時。雖不曾得他的白馬。却得他金縷龍衣。且莫說別的来。只說寡人的金章玉印。是那裏来的。只說國中斗斛丈尺。是那裏来的。還有一件。寡人的大行人出使琉球。遭風失事。他不利我的貨財。他不貪我的宝貝。尚且船壞了。得他補緝。食缺了。得他週濟。路迷了。得他指示。南朝何等有負于我。我今日敢忘恩將仇報。自絕于天朝。刺失兒說道既是大王與他有舊。知恩報恩也是個道理。但不知他的来意何如。番王道来說是非者。便是々非人。你道不知他的来意。寡人就差你去體探一番。刺失兒道既承明旨。小臣敢違。即時起身就走。番王道且来。我還有話和你講。刺失兒道正走得好。又叫回来。番王道我教你今番體探。不比每番。每番要私行細密。今番你去竟上他的宝船。見他的元帥。問他的来歷。你就道我國王千推萬推。沒有一推。千順萬順。只是一順。刺失兒說道小臣董領。番王道你快去快回。刺失兒只說得一聲是。早已走出朝門外来了。竟上宝船相見元帥。左右的道元帥坐在崖上營裏。竟到營裏相見元帥。三宝老爺道你是甚麼人。刺失兒說道小臣是本國右丞相刺失兒的便是。老爺道你這是個甚麼國。刺失兒道小國是囉斛國。老爺道你國王叫甚麼名字。刺失兒說道俺國王叫做個參烈昭昆牙。老爺道你國王差你来有何高見。刺失兒道俺國王說

道小國受天朝厚恩不敢忘將仇報千推萬推沒有一推千順萬順只是一順但不知元帥的来意若何故此特差小臣前来相問草率不恭望乞恕罪。老爺道我們的来意其實無他只因太祖高皇帝奉天承運汛掃胡元所有中朝歷代傳國璽切被元順帝白象馱之入于西番我等奉當今萬歲爺詔旨。提兵遠来一則安撫夷邦。二則探問玉璽消息如有玉璽作速献来。如無玉璽倒換通関牒文。又往他國刺失兒道元帥既無他意愈見天恩容小臣回朝報道脩土貢上降書降表倒換通関牒文還要奉些禮物進貢老爺道既承厚意彼此有緣刺失兒回来奏知番王〻〻大喜即時撰下書表俻辦礼物先差下一名小番報上中軍宝帳說道小國〻王親賫書表礼物来献元帥心裏想道来意未必是真不可

賊破指麾笑彼失機羣鹿豕

功成俄頃羨儂仗策畫麒麟

墮了他的說計即時傳示水陸各營。俱要弓上弦刀出鞘。以戒不虞傳示未已。只見羅斛國東門外塵頭起處早有一枝軍馬蜂湧而来當先一員大將。只見他

鏵鍬兒出隊了　香羅帯皂羅袍　錦纏頭上月兒高　普[illegible]
蠻紅納襖　啄木兒侥〻令　風帖兒步〻嬌　踏沙行過[illegible]
遷喬　鬧黑麻霜天曉

却說番陣上一員大將當先統領着一班番軍番馬蜂湧而来當將高叫道吾乃羅斛國王麾盖下官拜普剌佃因大元帥謝文彬的便是你是那裏来的軍馬無故侵凌我的封疆你敢小覷於我國無大將軍乎。你早〻的收兵拔寨。投奔他國我和你萬事皆休若有半個不字。我教你這些無名末將。一個一鎗我教你這些大

小四軍盡為虀粉。道猶未了。只見南陣上三通鼓响。左角上閃出
一員大將。身長九尺。膀闊三停。黒面拳鬚。虎頭環眼。原来是威武
大將軍左先鋒張計。你看他騎一疋銀鬃馬。跨一口大桿豹頭刀。
高叫道你這番狗奴。敢如此無禮。一口刀直取番將。銅刀繞起。南
陣上三通鼓响。右角上又閃出一員大將。長漢身大肐膊田子臭
銅鈴眼。原来是威武副將軍右先鋒劉蔭。你看他騎一疋五明馬
使一桿繡鳳鴈翎刀。高叫道留這一功與我罷。道猶未了只見南
陣上三通鼓响。前營裏閃出一員大將。束髮冠。兠羅袖。獅蛮帶。練
光拖原来是征西前営大都督的應襲王良。騎一疋流金騧千里
馬。使一桿丈八神鎗。高叫道留這一功與我罷。道猶未了。宝船上
跑出一員大將。鉄幞頭。紅抹額。皂羅袍。牛角帶。原来是征西前哨

右都督張柏。騎一疋烏錐馬。使一桿狼牙棒。重八十四斤。高叫道
道這功還是我的。道猶未了。早已一棒打將去。把個番將謝文彬
打做個楊花落地听無聲。一路滾將来。去一會兒解上中軍帳来
三寶老爺大怒。罵說道。番王敢如此詭詐。陽順陰逆。傳令諸將誰
敢領兵前去。攻破他的城池。搶進他的宮殿。捉將番王来。和這個
番將一同梟首。道猶未了。藍旗官報道番王親自賞到降書降表
通関牒文。還有許多的進貢礼物。老爺道這决是個紀信誑楚之
計。我和你不免將計就計。即時叫過傳箭官来。交與他一枝令箭
輕々的分付他幾聲。如此々々。只見番王親自進營。一聲梆响。早
已把個番王捉將過来。把些番官番吏一個々的綑將起来。番王
心裏想道。怎麽今日好意番成惡意。口裏只是叫不敢々々。三寶

老爺大怒。罵說道。也枉了你做羅斛國王。原来你是個人面獸心
可惡。番王道怎麽我是個人面獸心。老爺道你適来差個甚麽右
丞相說道。千順萬順。只是一順。佳會兒又差個甚麽小番說道。撰
下書表。備辦礼物。恰好都是些啜賺之法。啜賺得我這裏不相准
備。你却遣將調兵。殺將過来。陽順陰逆。却不是個人面獸心。番王
道俺國自父祖以来。屡蒙天朝厚賜。俺今日怎麽敢悬將仇報。自
絕於天朝。適聞元帥降臨。正在撰下書表。備辦礼物。却並不曾遣
甚麽將。調甚麽兵。老爺道你還說是沒有。叫聲觧上番將来。只見
立地時刻。四個勇士。押着一個番將。觧進營来。番王見之。早已認
得他了。心中大怒。罵說道。你這個悮國反賊。誰教你統兵前来。陷
我以不信不義。番將怒目直視。說道虧你也為一國之主。奴顏婢

膝。受制於人。反道我陷你以不信不義。番王道這賊臣悮國。望乞
元帥速斬其首。明正其罪。纔見得區々效順之心。番將道主憂臣
辱。主辱臣死。願早賜一死足矣。番王道你這賊臣之死。何足深惜
但俺心事不明。無由自表。走向前去。照着番將的頭撲地裏掐一
個大巴掌。三寶老爺心裏想道。這番王還是真意。適逢得王尚書
又說道。老公在上。這番王果無異心。老爺即時省悟。忙下席来。請
上番王。賓主相見。番王道非二位元帥高臺明鏡。朗照四方。俺區
區效順之忱。幾於不白。老爺道事有可疑。非你國王之罪。王尚書
道謝文彬亦忠於國事。擅兵之罪。宜特赦之。老爺分付放回番將
去。番王看見二位元帥加礼於他。又且放回番將。不曾殺他。心下
大喜。即將金葉降表一道。雙手遞與元帥。元帥受下。着中軍官安

奉番王又將進貢禮物草单。雙手遞與元帥。元帥道但有降表足矣。這個禮物不消罷。番王道礼物不周。望乞恕罪。元帥只是不受。番王强之至再至三。元帥方纔受下。展单視之。单上計開

白象一對　白獅子猫二十隻　白鼠二十個　白亀二十個

羅斛香二箱　沉速香各二十箱　大風子油十瓶　薔薇露二瓶　蘇木二十扛

老爺接了单。一邊分付養牲所。收養白象等類。一邊分付内貯官收下羅斛香等類。老爺起頭看来。只見白象的門牙長有八九尺。中間都廂嵌的是寶貝。只見白猫白鼠之白。其潔如雪。白亀之白。還不至緊。又有六隻脚。最是可愛。其餘的想應都也精細。心中大悦。却又分付軍政司。取過段絹補子之類。回敬番王。番王已拜謝而受。又將番官番將。一一賞賜有差。衆人拜謝而去。番王却又捧上降書来。元帥拆封讀之。書曰

羅斛國王參烈昭昆牙亞再拜奉書于

大明國統兵招討大元帥麾下。竊聞天無言而四時成。聖有作而萬物覩。矧在天朝皇恩似海。維兹我國戴德如山。兄戎事于金鐘。望天顏之王潤。罔知帝力。敢自安於僻壤之民。各抒下情。顒達致夫仰天之祝。伏希電督。俯賜優容。某無任激切屏营之至

至年月日參烈昭昆牙亞再拜

老爺看畢說道過辱撝謙。足占厚德。番王道具有不腆之儀奉充軍餉。伏乞鑒存。老爺道自貢献之外。毫不敢受。番王遞上禮单。老爺只是不接。至再至三。只是一個不接。一邊銷設筵宴欵待番王。

番王盡懽而飲。酒闌盤藉。落日西歸。番王告謝。剛剛的出得營門。只見謝文彬一人一騎飛跑而来。番王喫了一驚。連麾問道。還是個甚麼緊急軍情哩。謝文彬道小將回退本國。本國城楼上已自是南来的一個大將。守了城門。不容小將進去。是小將掣身回来。裝做個打柴草的小軍。哄門而入。只見朝裏面也是一個過来的大將。守了宮門。不容百官進去。小將沒柰何。只得在城墻上吊將下来。特来報與我王知道。番王聽知謝文彬這一塲兒報。嚇得他心旌搖拽。拿難定。章樹顛番。沒處栽。却又暗想道。似此把守了城門。又把守了宮門。俺的江山社稷。却不一旦成空了。連忙的雙膝跪下。告說道這個把守城門。把守宮門。請問是何緣故。三寶老爺即時請起。陪着笑臉兒說道國王不須慌亂。是我學生一時之錯。

番王道怎見得元帥一時之錯。老爺道適承下顧。是我學生錯認做個紀信誑楚。故此先傳軍令。埋伏了四十名刀斧手在帳前。一聲掷响。却就肙化了國王。又差下了兩員大將。掷响之後。一聲砲响。武狀元唐英搶了城門。狼牙棒張柏搶了宮門。我這裏雖是將計就計。却不是無因而至。前番王道都是俺的俁國賊臣。不是老爺道。也不須國王費心。請少待。便是即時又傳出兩枝令箭。一會兒武狀元唐英交箭歸營。一會兒狼牙棒張柏交箭歸營。番王心裏想道。南人用兵細密如此。老大的驚服。即時辭謝而去。元帥請過天師國師。寬叙了一會。明日早上收營拔寨。寶船望前而進。仍舊的前後左右。成羣逐隊。正行之際。猛聽得後面喊殺連天。藍旗官報道後面有百十號戰船。出沒水上。矯馬若龍。船頭上貼着一

員八將々就是昨日謝文彬高叫道前船休走早々投降於我萬事皆休若說半個不字我教你人船兩空。那時悔之無及中軍帳傳下將令各船上許落蓬不許下錨無分前後左右但遇賊船來處便為前哨相迎務在用心不許疎虞取罪。一會兒那些賊船飛奔寶船相近前後左右百計攻擊不能取勝原來寶船高大易於下視賊船矮小難於仰攻故此賊船不能取勝却又有一件寶船高大進退不便賊船矮小。出入疾徐。各得其妙況且賊船上都是生牛皮做的團牌任你鳥銃藥箭俱不能入賊船上都是削尖的桄榔木為標鎗最長最利若賊船上藥箭火器等項俱全故此寶船也不能取勝于彼一連纏了三日。不分勝負洪公道似此纖芥之賊勝之如此其難怎麽下得這許多番取得個傳國寶馬公道這

個賊船置之不問而已那裏費這許多的心机王尚書道來不能禦去不能追何示人以不武也老爺道諸將各不用心姑恕今日自今日以後限三日之內成功違者軍法從事軍令一出各將官喫驚只見五營大都督商議已定同去請教天師天師道諸公意下何如眾將官道因無妙計特來請教天師天師沉吟了一會說道昔日赤壁之事可乎眾將官道赤壁之事末將俱有成議只是赤壁裏面還有一件喫緊的沒奈何天師笑一笑說道敢是個七星壇麽眾將官齊々的打一恭說道是天師道七星之壇貧道一例包管是誰做個黃蓋痛傷嗟眾將官道痛傷嗟今番在賊船上天師道是誰做個鳳雛先進連環策眾將官道連環策今番在我們船上天師道諸公高見苦肉計原本在我今反在彼連環策原本在彼今反在我眾將官道豈不聞顛之倒之無不宜之大家取笑了一會。天師道今日怎麽左右先鋒不曾下顧唐狀元道又在華容道上坐着。天師大笑而散。到了明日。天師坐在玉皇閣上分付了朝天宮的道官。外面看賊船。分一個東西南北東一。西二南三。北四以木魚响聲做號頭五營大都督各守一方把些寶船分東西南北各方連環各方。安排已定這一日又不見個賊船來眾將官道時日有限賊船似此不來却不遲悞了元帥軍令張狼牙道想應他逃竄去了。唐狀元說道他怎麽擅自肯去。只在今日晚上好歹有個消息來也。連張天師也坐在玉皇閣上眼睜々的望了一日。到了半夜三更只見後營船上拿住了一隻賊船々上有十二個賊人解上中軍帳來都說道受刑不過特來投生元帥道

怎麽叫做受刑不過特來投生其人道是我本国將軍謝文彬看見連日不能取勝心思一計。來燒你們的寶船今日責令我們每人名下要火藥一百斤。乾桄榔片一十担。一名不完重責一百棍割耳示眾。是我十二個人不完俱喫他一百藤棍俱被他割了一隻耳朵老爺道你到我這裏做甚麽其人道是我們計議已定與其坐而待斃不若投降而得生。故此特來投生。老爺道這個話兒難以准信。其人道元帥爺不肯准信可驗小的們的傷痕老爺道苦肉計豈不是傷痕其人道既元帥不信。小的們情愿監禁在這裏候破賊之日什放未遲老爺道這個通得一面分付旗牌官監禁了這十二個來人徃後發落。一面傳令各營。賊情如此。如此准備斷殺天師聽知這一段消息大笑了三聲。說道果真的苦肉計

在賊船上衆將官好神見哩唐狀元又把隻賊船領囬来安排了一會明日未牌時分賊船蜂湧而来先從西上来起一片的火銃火砲火箭火弾前營大都督應襲王良備禦只見天師船上木魚兒連响了兩下颼地裏一陣東風無大不大把些火器一會兒都刮將囬去了賊船看見不利於西却又轉到南上来一片的火銃火砲火箭火弾左營大都督黄棟良備禦只見天師船上木魚兒連响了三下。颼地裏一陣北風無大不大把些火器一會兒都刮將囬去了賊船看見不利於南却又轉到東上来。一片的火銃火砲火箭火弾。後営大都督唐英備禦只見天師船上木魚兒很是响了一下。颼地裏一陣西風無大不大把些火器一會兒都刮將囬去賊船看見不利於東却又轉到北上来一片的火銃火砲火

前火弾右営大都督金天雷備禦只見天師船上木魚兒連响了四下颼地裏一陣南風無大不大把些火器一會兒又刮將囬去賊船四顧無門看看的申牌時分宝船上三聲砲响畢竟不知這個砲响有個甚麽軍情且聽下囬分解

○○

第三十四囬

爪哇國負固不賓　咬海干恃強出陣

詩曰

翠微殘角共鍾鳴　陣勢真如不夜城　郊壘忽驚熒惑墮

海門遥望燭龍行　中天日避千峰色　列帳風傳萬柝聲

羅斛只今傳五火　天光飛度祭州营

却說賊船四顧無門自知不利望海中間竟走這宝船肯放他走望前走前營的宝船帶了連環。一字兒擺着個長蛇陣望後走後營的寶船帶了連環一字兒擺着個長蛇陣望左走左营的寶船帶了連環一字兒擺着個長蛇陣望右走右營的寶船帶了連環一字兒擺着個長蛇陣。天師聽知這一段消息又笑了三聲說道果真的連環計在我船上衆將官好妙計哩却說寶船高大這環將起来就是一座鉄城相似。些些的賊兵走到那裏去。天色又晚寶船又圍得緊。風又望崖上刮崖上又是喊殺連聲。賊船沒柰何。只得傍崖兒慢慢的盪。只見寶船上三聲砲响。後营裏走出一隻小船兒来竟奔到賊船的幫裏去。那小船上的人都是全裝環甲拿鎗的拿鎗拿刀的拿刀舞棍的舞棍舞杷的舞杷。賊船看定了他等他来到百歩之内。一齊火箭很射將去只見那些人渾身上

是火怎么渾身上是火原来那船上的人却都是些假的外而有盔甲内裹了都是些火藥鉛弾子。賊船上的火箭。只可做他的引子上風頭起火下風頭是賊船故此這等的一天大星火一逕飛上賊船上来火又大風又大寶船上湘陽砲又大把些賊船燒得就是個曲突徙薪燋頭爛額為上客也有燒死了的也有跑下水的也有跑上崖的明日二位元帥高陞寶帳須賞有差請過天師国師特申謝敬只見左右先鋒觧將夜来拿的番兵上帳紀功元帥道你們都是些甚麽人番兵說道小的們都是謝文彬麾下的小卒。元帥道謝文彬在那裏去了。番兵道他下水去了。元帥道可是淹死了麽番兵道淹他不死元師道怎麽淹他不死番兵道

他原是老爺南朝的甚麽汀州人為因販盐下海海上遭風把他掀在水裏他本性善水他就在水上飄了一七不曾死竟飄到小的們羅斛國来他兼通文武善用机謀我王愛他官居美亜之職他自逞其才。専能水戰每常帶領小的們侵伐隣国百戰百勝故此今日冒犯老爺却是湊他不死元帥道他今日之事還是他自已的主意還是你國王的主意番兵道不干國王之事。都是他的奶奶教他的元帥道夫為妻綱怎麽妻能教其夫番兵道。小的那國風俗原是如此大凡有事夫央於妻婦人智量果勝男子。元帥道今日這個智量却不見高番兵道他夫少妻多三則襍而亂故此不高元帥道怎麽他的妻多番兵道小的本國風俗有婦人與中國人通好者盛酒筵待之且贈以金寶即與其夫同飲食同寢

僻處蛙宮照夜不知天使節

敢撐螳臂怒濤偏雜海潮聲

卧其夫恬不為怪反説道我妻色美得中國人愛藉以寵光矣謝文彬是中國人故此他的妻多。元帥道你們怎麽不下水番兵道小的們不甚善水故此從陸路奔歸元帥道可有走過了的麽番兵道並沒有個走了的元帥道豈可就沒有一個走了的番兵道小的們有些號頭走不脫只是不敢告訴老爺元帥道是個甚麽號頭説来我聽着番兵道號頭在不便之處故此不好説得元帥道怎麽在不便之處只管説来不妨番兵道小的國俗大凡男子二十餘歲則將莖物周圍之皮用細刀兒挑開嵌入錫珠數十顆用藥封護俟瘡口好日。方纔出門就如顆葡萄的形狀富貴者金銀貧賤者銅錫行路有聲。故此夜来一個上被擒就都是這些號頭在不便之處元帥道。謝文彬昨日責令你們要火藥可是真的

將兵道是真的。元帥道可齊備麽番兵道內中有不齊的杖一百割耳。元帥道我這裏有幾個割耳的。不知可是你們夥子裏麽番兵道走回兵的有走上寶船的却無。元帥叫取過那十二個人来一會兒取將十二個人跪在階下。衆番兵口裏一片的吱吱嗟嗟。原来認得是同夥。元帥道你衆人可認得這十二個人麽番兵道這十二個人都是我們同夥却不曉得他走上老爺的寶船来也元帥道你們今日內違王命外犯天兵于罪當死。衆人道三軍行止聽令于將非干小的們事。望乞老爺恕罪。國師道殺人的事貧僧不敢耳聞貧僧先告退罷。元帥道看我國師老爺的金面饒了你們的狗命罷。叫軍政司船頭上每人賞他一瓶酒教他回去。多多拜上國王衆番兵一湧而去。國師道元帥恩威兼濟。恩愛並施

阿彌陀佛好個元帥哩。元帥道今日虧了天師的風。天師道諸將多謀足智就是諸葛赤壁之風不過如此大張筵宴。慶賞功勞。筵宴已畢。各自歸營寶船望西而進波恬浪靜。舵後生風順行之際約有十晝夜忽一日國師坐在千葉蓮臺之上。只見一陣信風所過國師也喫一驚竟到中軍寶帳。二位元帥不勝之喜。說道國師下顧有何見諭國師道寶船上今夜三更上下當主一驚故此特来先報三寶老爺自從下海虧了許多惧怕。心胆都有些碎裂聽知國師道要主一驚。他好不慌張也連忙問道當主何驚國師道是我貧僧在打坐猛然間一陣信風所過貧僧放了風頭抓住風尾嗅了一嗅信風上當主一物。其形如狗其大如斗。其絲萬縷其足善走主在三更時分。從中軍大桅上吊下来。雖主一驚却風過

霎還[illegible]些喜信收也只是個虚驚老爺道全仗佛力。逢凶化吉不致大驚就好王爺道慎之則吉。衆人都曉得國師是個不打誑話的一個個提心挈膽戰戰兢兢守至三更時分果然的一個物件自天而下大又大亮又亮慢騰騰地從帥字船中桅上吊將下来衆人近前打一看原来是南朝一個蜘蛛却不止只是斗大有詩為証

来往巡簷不憚劬　經營何異緝吾廬　曉風倒掛蜻蜓尾
暮雨雙粘蛺蝶鬚　屋角儘教長掩護　杖頭不用苦驅除
夜來露重春烟暝　綴得纍纍萬斛珠

三寶老爺聽知是個蜘蛛心上略定些。叫請過天師来問這個蜘蛛怎麽說。天師道天下之物。大以成大。小以成小蜘蛛之大

風上不同何必驚疑老爺道。怎見得不必驚疑天師道是貧道袖占一課課上驚中大喜。日後還有些喜事相臨。老爺道國師也說是風尾上帶些喜信。天師道智謀之士所見略同。元帥一邊分付旗牌官收養這個蜘蛛。一邊分付請過國師来國師道雖主日後有喜却這是個草虫。前面這一國必定生些草妖草怪。草神草仙草寇之類道猶未了。藍旗官報道前面到了一國元帥傳令照前兵分水陸兩營五營大都督。照舊移兵上岸扎做一個大營四哨副都督仍舊在船上。扎做一個水寨兩個先鋒仍舊分做左右各遊擊總兵仍舊水陸策應。安營未已藍旗官報道這一國已自先有軍馬在城外接應了元帥道叫夜不收来。只見五十名夜不收一字兒跕着。元帥道你們上崖去仔細體探一番。回来重重有賞。到

了明日夜不收回話老爺道這是個甚麼國夜不收道這是個爪哇國王爺道若是爪哇國却也是個有名的國老爺道怎見得他有名王爺道這個國漢晉以前不曾聞名。唐朝始通中國叫做個訶陵宋朝叫做閣婆。元朝纔叫做爪哇。佛書却又叫做鬼子國老爺道怎麼叫做鬼子國王爺道昔日有一個鬼子魔天與一象罔紅頭髮青面孔。相合于此地生子百餘專一吸人血喫人肉把這一國的人喫得將次爭盡。忽一日雷聲大震々破了一塊石頭那石頭裏面端々正々坐着一個漢子。衆人看見喫了一驚都說道是個活佛爺々現世尊為國王。這國王果然有些作用。領了那喫不了的衆人驅逐罔象纔除了這一害却又漸々的生漸々的長致有今日。故此佛書上叫做鬼子國夜不收道這如今上語還叫

是國老爺道地方有多大哩。夜不收道國有四處第一處叫做杜板番名賭班。此處約有千餘家。有兩個頭目為主。其間多有我南朝廣東人。及漳洲人流落在此居住成家。第二處叫做新村。原係沙灘之地因中國人来此居住。遂成村落有一個頭目。民甚殷富各國番船到此貨賣。從村往南。船行半日。却到蘇魯馬益港口。其港沙浅止用小船行二十多里。纔是蘇魯馬益。番名蘇兒把牙。這是第三處。大約有千餘家有一個頭目其港口有一大洲林木森茂有長尾猢猻數萬。中有一老雄為主。却一老番婦隨之。風俗婦人求嗣者備酒肉餅果等物。禱于老猴々々喜。則先食其物衆小猴隨而分食之。隨有雌雄二猴前来交感為驗此婦歸家便即有孕否則沒有。且又能作禍人多備食物祭之。自蘇兒把牙。小船行

八十里到一個埠頭番名漳沽登岸望西南陸行半日。到淄者白夷這是第四處。大約有二三百家有七八個頭目老爺道國王位在那一處夜不收道王無定在。往来四處之間老爺道國王叫做甚麼名字。夜不收道原有東西二王。東王叫做孛人之達哈西王叫做都馬板。這如今都馬板強盛。併吞了孛人之達哈。止是西王一人老爺道民風善惡何如。夜不收道民俗最兇惡。大凡生子一歲便以匕首佩之名曰不剌頭國中無老少無貧富無貴賤俱有此刀其刀俱是上等雪花氷鉄打的。其柄或用金銀或用犀角或用象牙。雕刻人形鬼臉之狀。至極精巧國中無日不杀人最兇之國也老爺道這如今領兵拒我者是個甚麼人夜不收道其人係賭班頭目的。名字叫做個魚眼將軍老爺道怎麼叫做個魚眼將

軍夜不收道他的眼睛兒溜煞專利于水站在崖上直看見水底下的水精水怪魚蝦之類不在話下。比着梁山泊浪裏白跳張順還高十分。他混名又叫做個咬海干。老爺道怎麼又叫做個咬海干夜不收道因他手下有五百名水軍名喚入海咬善能伏水就在水底下七日七夜可能不死。他領着這五百名軍士。伏在水裏咬得牙齒一响。海水要乾三分故此混名號做咬海乾。老爺道他的本領何如。夜不收道他在海裏出入波濤。如履平地他在陸路上騎一疋紅鬃馬使一桿三股叉。還有三枝飛標百步内取人首級百發百中。有千合死戰之能有萬夫不當之勇。老爺道他怎麼曉得我們来勒兵相待夜不收道就是羅斛國謝文彬敗陣而逃先前報了一個軍信老爺道我和你来了有十晝夜多工程他却

也不這等快夜不收道是咬海干在蘇吉丹國回來路上相遇故此快捷老爺道謝文彬怎麽道夜不收道謝文彬誑言我們寶船一千餘號戰將一千餘員大兵百十餘萬沿途上貪人財貨利人妻女弱懦者十室九空强硬者十存八九故此他的國王說道南兵不仁不義不可輕放過他又且昔日南朝有一個天使前往三佛齊國被他要而殺之近日南朝有一個天使賫印賜與東國王又是他殺其從者一百七十餘人他怕的老爺們來想也不是個好相識故此傳令四處頭目抵死相迎却利害也老爺道謝文彬這如今到那裏去了夜不收道謝文彬使了個蟜蚌相持之計他自家做漁翁去了老爺道番兵現在何處夜不收道現在賭班第一處老爺道你們還散襍在他四處但有机密事即便來報回朝

出像西洋記　卷之七　五十

海賊持強播夷風波江上色

咬海干持強出陣

天兵仗義縱橫星斗匣中文

出像西洋記　卷之七　五二

之日重上有賞這五十名夜不收一湧而去老爺請過王爺天師國師來把個夜不收的話細說了一遍天師道兵難遙度將貴知幾看他怎麽來我們怎麽荅應他去若只是平手相交在諸將效力若有鬼怪妖魔在貧道國師兩個身上老爺道但不知諸將何如即時信砲一個大吹打一番掌起號箭上上已畢諸將一齊擺列帳前禀道中軍元帥老爺有何分付老爺把夜不收說的始末緣由細說了一遍衆將官道兵行至此有進無退元帥不必深慮老爺道非我深慮但此國王敢於要殺我天使又敢要殺我天使的從人却又併吞東王合二為一此亦倔强之甚者我和你倘有疎失何以復命回朝道猶未了只見諸將中有一員遊擊將軍高聲應道元帥太過了些昔日到支樸蘭漢諸夷中大國也邀殺漢

使陳湯傅介子猶擊斬之今日爪哇乃小蛮敢望郅支樓蘭萬一我們雄兵百萬戰將千員其視陳傅二子何如豈肯任其横行猖獗而莫之底止乎仰仗朝廷爺洪福二位元帥虎威天師國師神筭諸將士效勞管教個金鞭起處蛮烟静不斬樓蘭誓不歸二位元帥聞知這一席英勇的話兒滿心歡喜三宝老爺起頭一看只見其人身長八尺膀濶三停圓眼豎眉聲如雷吼就是夫子車前子路也須讓他三分任你梵王殿上金剛他豈輸于半着問他現任何官原来是神机營的坐營現任征西遊擊將軍之職姓馬名如龍這個馬遊擊原也是個田田出身頗有些膽畧儘有些智量故此說出𢧐句話来甚是中聽老爺道千陣萬陣難買頭陣今日這一陣就是馬將軍出去馬將軍道大丈夫馬革裹尸正在今日

何惧于此應聲就走搭上一疋忽雷駁的千里馬跨着一口合扇快如風的雙刀三通戰鼓領了一枝人馬竟上賭班平濶處所擺下一個行陣早已有個巡哨的小番報上牛皮番帳叫一聲吹哩只聽得一聲牛角喇叭响只見一員番將領着一枝番兵蜂湧而来直奔南軍陣前馬將軍勒住馬當先大喝一聲道来者何人這馬將軍本等眉眼兒生得有些不打當聲氣兒又来得兇番將到也喫了一力半會兒荅應道俺是爪哇國鎮國都招討入海擒龍咬海干馬將軍起頭看来只見他

番卜筭的蛮令　胡搗練的蛮形　遮身蘇幕踏沙行　恁的是解三醒　油葫蘆吹的勝　沺核桃敲的輕　曉角霜天咬海清　怎能勾四邊靜

番將道你是何人馬將軍道我是南膳部洲大明國朱皇帝駕下征西遊擊大將軍馬如龍的便是番將起頭看来只見他

黑婁婁下山虎　活潑潑混江龍　金鞭敲响玉籠怱　鑼皷令兒熱鬧　飢飡的六么令　渴飲的滿江紅　直殺得他玉山頹倒風入松　唱凱聲聲慢送

咬海干說道你既是南朝我是西土我和你各守一方各居一國你無故侵犯我的疆界是何道理馬將軍道我無事不到你西洋夷地一則是我大明皇帝新登大宝傳示你們夷邦二則是探問我南朝的傳國玉璽有無消息三則是你最爾小蛮敢無故要殺我南朝的天使又一次敢無故要殺我南朝的随行從者百七十人我今日宝船千號戰將千員雄兵百萬問罪弔民勢如破竹你

快快的回去和你番王計議献上玉璽如無玉璽填還我的人命萬事皆休若說半個不字我教你螻蟻微命断送在我這個合扇雙刀咬海干聽知大怒叫一聲道好氣殺我也道猶未了左手下閃出一員番將来高叫道你說大話的好漢敢来和我蘇剌龍比個手麽道猶未了右手下閃出一員番將来高叫道你說大話的好漢敢和我蘇剌虎比個手麽兩員番將兩騎番馬兩般番兵器竟奔過南陣而来南陣上馬將軍雙刀疋馬急架相迎一上一下一往一来三個人絞紐做一團三疋馬嘈踏做一堆三般兵器混殺做一處好個馬將軍抖擻精神施逞武執左来左戰右来右戰单来单戰雙来雙戰約有三四十合不分勝負馬將軍眉頭一蹙計上心来一邊的舞刀厮殺一邊的偷空兒掣過銅鎚来看得真

去得快。照着蘇刺龍的頭撲的一聲响蘇刺龍躲閃不及早被這一鎚打得就三魂飛上天門外七魄沉淪地府中打死這個蘇刺龍兒還不至緊却把那個蘇刺虎兒嚇得意亂心慌手酥脚軟鎗法亂了支架不来。只得撥回馬便走馬將軍看見他敗陣而走趁着他的勢兒把馬一夾那忽雷駁的千里馬是甚麽貨兒只走得一条線就是蘇刺虎拚命而走那曉得馬將軍就在背後照着一刀那咬海干看見馬將軍的刀起他急忙的飛跑將来及至他的三股鋼叉擎得起這一刀已自把個蘇刺虎兒連肩帶背的卸將下来咬海干看見傷了他兩員番將氣滿胸膛咬牙恨齒挺着那三股鋼叉单戰南將馬將軍合扇雙刀急迎急架一上手就是二三十合不分勝負只見番陣上吹得牛角喇叭响咬海干左手下

閃出一員番將来高叫道南朝的好漢你過来我哈喇察和你見個高低道猶未了。只見南陣上鼓响三通馬將軍左手下也閃出一員南將来馬將軍擎刀高叫道来將快回待我单戰他兩個番狗奴道猶未了。只見番陣上又吹得牛角喇叭一聲响咬海干右手下閃出一員番將来高叫道南朝的好漢你過来我哈刺婆和你見個高低道猶未了。只見南陣上鼓响三通馬將軍右手下也閃出一員南將来馬將軍高叫道来將快回待我单戰他三個番狗奴兩員南將只得回還那兩員番將儘着他狗本領懸着他的氣力。咬海干本等是隻虎加了這兩員番將如虎生翼好一個馬將軍。一人一騎兩口飛刀单戰他三員番將直殺得盔頂上火氣噴噴甲縫裏霞光閃閃刀尖上雷聲隱隱箭壺内殺氣騰騰自古道好漢難敵雙手。馬將軍一以敵三自從辰牌時分殺起直殺到這早晚已是申末酉初還不曾歇息還不曾飲食從軍之難如此有一曲從軍行為証

行曰

少年不曉事　服習隨章句　運掌矜封侯　曳襦談閔吏
募牒昨夜下　聊睨無當世　父母泣難留　况乃子與婦
抽身鳴寶刀　持纓邁關路　厲志取右賢　定策輕五餌
事業徒一心　特運值乖阻　空名壯士籍　青冪竟誰顧
龍勢填孤柬　落脱窘天步　殺氣連九邊　白骨相撑拄
歸来見鄉邑　哀哉淚如霔

馬將軍自朝至暮一人一騎。单戰三將。心裏想道將在謀而不在

勇只是這等歹殺。豈是個贏家。心生一計。把個合扇雙刀。虛幌了一幌咬海干就趁着個空裏進来。馬將軍撥回馬便走咬海干便趕下陣来馬將軍帶住馬又殺了兩會看見那兩員番將去了。心裏想道便饒了他走的撥轉馬又走咬海干又趕来馬將軍說道趕人不過百步。你忒趕過了些。罷咬海干道你做好漢一個殺三個怎麽只是走哩。馬將軍口裏講話手裏却不講話悄悄的掣過那一柄銅鎚来颼地裏一聲响。照着咬海干的頭就是一鎚那咬海干也是個眼快的。看見個鎚来。把馬望左邊一夾那鎚却落在右邊下来他把個右手輕輕的接將去了接將去了還不至緊他覆手就是一鎚馬將軍却又熟滑閃一個鷂子番身。的勢。一手就順帶得他的三股鋼叉過来兩軍齊喝一聲采一個得了鎚一個

得了乂一個失了乂。一個失了鏈兩家子還拽一個直。天色已晚各自收兵南陣上二位元帥陞帳紀功。大喜老爺說道斬將奪乂全是得勝。失鏈之小。不足言也到了明日早上藍旗官報道昨日的番將咬海干又來討戰馬將軍聽知。即時綽刀上馬。適逢得天師到中軍帳來。看見馬將軍去得英勇說道旗牌官快請將軍回來。馬將軍問道天師有何見諭天師道將軍且讓這一陣絕好。馬將軍道。自古說得好。公子臨陣不醉便飽壯士臨陣。不死即傷何讓陣之有天師道將軍差矣為將之道見可而進。知難而退撫劍疾視匹夫之勇豈將軍所宜有乎。馬將軍却緫省悟問道天師是何高見。天師道尊諱如龍。貧道看見那番將的旗號上寫着是入海擒龍咬海干。此本不利于將軍。又且今日是個遊龍失水的日

神此尤不利于將軍。我和你這如今涉海渡洋提師萬里一呼一吸不可不慎況此一陣。三軍之死生朝廷之威望皆係于此貧道不得不直言。唐突之罪望將軍照察。馬如龍再拜而謝元師道另選一員將官出去就是畢竟不知還是那一員將官出去且聽下回分解

〇〇

第三十五回　大將軍連聲三捷　咬海干連敗而逃

詩曰

潮頭日掛扶桑樹　渤澥驚濤起烟霧　委輸折木鵬風高
翻雲擊地無朝暮　碣石誰臨望北溟　君侯千載開精灵
氣吞沆瀣三山碣　目撼朱崖萬島青　君不見　爰居近
日東門翔　鯨鯢鼓鬣天吳怅　看君早投佽飛劒　一嘯
長令波不揚

元帥道令番另選一員將官出去。道猶未了。天師道莫若請唐狀元出去罷唐狀元聽知天師推薦于他々十分歡喜。即時披掛上馬。你看他爛銀盔。金鎖甲花玉帶。剪絨裙騎。一疋照夜白的標致馬。使一桿朱纓閃々滚龍鎗鼓响三通門旗一閃。推出一員將官來喝聲道你是何人。番將道俺是爪哇國鎮國都招討入海擒龍咬海干。唐狀元起頭一看。只見他兕軀鼠眼掃帚眉。高鼻子。捲毛鬍騎一疋紅鬃烈馬。使一桿三股托天乂。唐狀元心裏想道這番將却不是個善主兒須要用心與他相處那番將問道來將何人唐

狀元道我是大明國朱皇帝駕下。欽差征西後營大都督。武狀元浪子唐英。咬海干起頭一看只見唐狀元清眉秀目。杏臉桃腮三綹髭髯。一堂笑色心裏想道這分明是個文官只好去金門獻上平胡表怎麼做得個武將。鉄甲將軍夜度關不免把兩句話兒耍他一耍問說道唐狀元。你白馬紫金鞍騎出萬人看問道誰家子讀書人做官。你敢是棄文就武而來麼唐狀元聽知大怒罵說道你這番蠻狗焉敢小覷于吾。挺出那一桿滚龍鎗直取番將々々的托天乂劈面相架一的一鎗。一的一乂這正是棋逢敵手。各逞机謀一個是南山猛虎。一個是東海巨鰲一個是飛天的蜈蚣一個是穿山的鉄甲。一個是上山打虎獻牙將一個是入海擒龍剎爪人兩家子戰了三四十合。不分勝負咬海干心裏想道都裏看

人誰曉得唐英鎗法如此精妙。須用一個計策，纔得取勝于他。這
個咬海干撥轉馬来敗陣而走。唐狀元明知其計，罵說道：你這番
狗奴，你詐敗佯輸，閃我下陣。我唐狀元何懼於汝。我偏要趕你下
去。一任你甚麼拖刀計、匁身鎗、回手箭、側有鈍，我唐狀元都受得
你的。起咬海干一邊走，一邊心裏想道：他說這等大話，我不免先
幌他一幌，然後着實的纔下手。他咬海干紐轉身子来，撲地的一
個飛抓，上將来。唐狀元看見，笑了一笑，喝聲道：好抓。把個馬望後
一座，那飛抓可上的就落在他馬前，大約只爭分數之遠，不多半
分，不少半分。唐狀元道：好抓也。道猶未了，咬海干連忙的飛過一
枝紫金標来。唐狀元要上的大笑，說道：好標。嘿，那枝標其實来得
准，竟奔唐狀元的面門。唐狀元要賣弄一個機，把個頭望右邊一

耳聽凱聲鎬宴巳知歌六月

入將軍連声二捷

眼觀捷節鬼方何用克三年

側一盔，就打得那枝標往左邊一跌。咬海干大驚失色，連忙的又
飛過一枝標来。唐狀元把個頭望左邊一側一盔，又打得那枝標
往右邊一跌。咬海干愈加慌了，說道：唐狀元，你果真有些手段吧。
唐狀元又笑了一笑，說道：我袖手而觀，怎叫做手段？我還有個妙
處你沒有看見。咬海干說道：我也沒有了標，你也沒有甚麼妙處。
唐狀元道：一任你有，一任你無，我只是一個無懼為主。道猶未了，
咬海干又飛將一枝紫金標来。唐狀元急忙的張開個大口，接了
那一枝標，接出一個飛鴈投湖的牌譜来。唐狀元口裏帶着標，還
說道：今番妙不妙？咬海干慌了，撥馬便走。唐狀元放開馬趕去，高
叫道：番蠻狗往那裏走？咬海干心裏想道：似此狀元，天下有一無
二，不敢比手。只說道：午後交兵，上法所忌。今日天晚，各自收兵。等

待明日天早再决雌雄唐狀元也自腹中飢餓不如將計就計說道今日饒你的残生你明日早上送上首級来咬海干捨命而跑唐狀元鞭敲金鐙响人唱凱歌旋二位元帥大喜紀功受賞不在話下老爺請問天師怎麽曉得今日唐狀元得勝天師道那番將的名魚眼將軍狀元諱英魚為鷹所食此必勝之机也二位元帥嘆服王爺道明日用那一員將官出陣煩天師指教天師道明日番將不来須是我們去誘他的戰王爺道明日羸在那家天師道還羸在我家王爺道還是唐狀元出陣麽天師道若是唐狀元出陣他决不来須得一個誘敵之法王爺道用那一員將官是個誘敵之法天師道以貧道愚見須煩右营金都督走一遭王爺說道這個有理番將看見他矮看見他不披掛他便易視于他這個誘

敵之法最妙老爺道未審勝負若何天師道必勝之机但一件臨事而懼好謀而成不免再謹慎一番就是老爺道怎麽謹慎天師道明日金都督出陣左壁廂埋伏下唐狀元一枝兵右壁廂埋伏下馬遊擊一枝兵以砲响為號信砲三聲兩枝兵一齊殺出他見了這兩員舊將他自然心虛可不戰而勝此必勝之道也老爺道足徵高見到了明日果真的番將不来元帥傳下一道將令着征西右管大都督金天雷出陣討戰又傳出一道將令着唐狀元如此如此又傳出一道將令着馬遊擊如此如此却說金天雷騎了一疋紫叱撥的追風馬帶了一根神見哭的任君鏜三通皷後湧出一枝軍馬去早已有個小番報上牛皮番帳咬海干問道可是昨日的唐狀元麽小番道不是咬海干聽知不是唐狀元早有三

分喜色問聲道是個甚麽樣人小番道不認得他是個甚麽人只看見他三分不像人七分不像鬼咬海干道怎麽三分不像人七分不像鬼小番道好說他是個善財童子他又多了些頭髪好說他是個土地菩薩他又沒有些髭髯這却不是三分不像人七分不像鬼咬海干聽知這個話他越加放心即時叫一聲快吹哩只聽得牛角喇叭一聲响只見一員番將領着一枝番兵蜂湧而出起頭一看只見南陣上這個將軍身不滿三尺之長却有二尺五寸濶的膀子又不頂盔又不穿甲不過是些隨身的便服而已手裏一桿的兵器又不在十八般武秇之內老大的不聞名他心裏想道都似前日的馬遊擊昨日的唐狀元到是有些費手若只是這等一個將軍我何懼於彼高叫道来將何人金都督道你不認

得我南朝大明國朱皇帝駕下欽差征西右營大都督金天雷咬海干道右營大都督你和那個合着的金天雷大怒罵說道番狗奴焉敢把言話戲我舉起那一根神見哭的任君鏜劈面打將去把個咬海干打得東倒西歪安身不住番陣上慌了左邊閃出一個哈剌密来高叫道南朝好土地怎麽走到我們西番来也右邊又閃出一個哈剌婆来高叫道南朝好土地怎麽走到我們西番来也金天雷也不言語只是一任雪片的鏜鏜將去三個番將儘力相迎哈剌婆一時支架不住頂陽骨上喫了一鏜即時間送却了残生命哈剌密看見不好風頭抽身便走脊梁心裏喫了一鏜即時間送却了命残生咬海干也撥馬便走金天雷赶下陣去咬海干紐轉身子一個飛抓那飛抓撞遇着任君鏜打得個粉碎子

湔天散作雪花飛咬海干連忙的一枝紫金標一鏢一枝兩叚咬海干連忙的又是一枝紫金標一鏢一枝兩叚咬海干連忙的又是一枝紫金標一鏢一枝兩叚咬海干看見一連折了三枝紫金標沒命的望下而跑金天雷得了全勝一任他去勒馬而回正是眼覩旌捷起耳聽好消息唐狀元馬遊擊却又趕殺他一陣各自收兵而回見了元帥紀功受賞元帥大喜天師道貧道之言可驗麽元帥道其驗如神但不知天師何以能此神驗天師道豈有他能揆之一理而已元帥道怎麽一理天師道金都督膂力絕倫他的兵器有一百五十斤多重又且他行兵之時不按部曲不繫刀斗令人接應不及雖欲取勝道無繇也元帥道似此取勝可以長驅天師道一將之力有餘吾寧鬪智不鬪力則不敢許元帥道天

出像西洋記　卷之七　六三

棄甲曳兵勝事頓隨天地改

捫心喪氣空山長傍古今愁

出像西洋記　卷之七　六四

師捨言道猶未了藍旗官報道咬海干領了無限的海鰍船順風而下聲聲討戰老爺道既如此即時傳令即時傳令水軍大都督手光大都督即時傳令四哨四哨即時會議請計都督道且移出水寨來看他是個甚麽陣勢四哨得令即時把個水寨另移一湾以便攻擊只見咬海干領了一班小船飛上飛下以示其威于都督看了說道破此何難即時傳下將令每哨點齊一百名弓弩手伺候如遇賊船冲激許各哨總兵官督率齊射不得令不許擅放火銃鳥銃火箭之類張柏道殺此小賊正宜乘風縱火都督不禁止之此何高見黄全彥說道都督一定有個妙用我和你何必多疑道猶未了正東上一陣海鰍船一湧而来正冲着我們後哨後哨上吳成督率一百名弓弩手一齊箭响那海鰍船攩抵不住反一

湧而去只見正南上又是一班海鰍船一湧而来正中着我們左
哨左哨黄全彦督率一百名弓弩手。一齐箭响那海鰍船攩抵不
住又一湧而去正北上又是一班海鰍船一湧而来正中着右哨
右哨許以誠督率一百名弓弩手。一齐箭响那海鰍船攩抵不住
又一湧而去正西上一班海鰍船一湧而来正中着我們前哨前
哨張柏看見是個咬海干站在船上他心裏想道連日我們諸將
雖然得勝却不曾拿住得咬海干待我今日拿了他却不搶他一
個頭功高叫道来將何人早通名姓咬海干說道厮殺了這兩三
日你還不認得俺是個入海擒龍咬海干張柏道你就是個咬海
干了咬海干道俺就是你是何人張柏道我乃狼牙棒張柏的便
是咬海干道你的棒只好在崖上去使怎麽也到水面上来歪事

纏張柏道番狗奴你敢欺我不會射麽咬海干道口說無憑做出
来便見張柏道我射一個你看着咬海干道你射来張柏拈弓搭
箭對照着番將的面門撲䔲的一箭去好番官袍袖一展早已接
了一枝張柏又是一箭番官又接了一枝張柏心裏想道這番奴
一連接了我两枝箭今番還他一個辣手他繞曉得又是撲䔲的
一响去番官只說又是照舊的腔兒還把個袍袖一展那曉得袍
袖兒裏止展得一枝早有一枝中在他的額腦上其餘的中在牛
皮盔上中在牛皮甲上不曾傷人的還不筭數這一射⺀得個咬
海干忍疼不過撇番在船艙裏面滚上滚下衆番兵唬慌了放開
船望小河裏只是一跑原来狼牙棒張柏有張神弩一發十矢齐
中故此咬海干喫了這一𠴁于都督鑼响收兵元帥大喜紀功受

賞元帥道番將雖然受此一𠴁禍根還在將何計以除之于都道
海鰍船一節只在明日末將有一計可以破得他的但番將之搶
與否末將不敢擔當元帥道破了海鰍也是一着于都督轉到水
寨裏面叫過五十名夏得海来分付他如此⺀⺀。又申一角公文
到中軍帳上關會如此⺀⺀。備辦已畢只等賊来動手那曉得一
等就等了三日不曾看見個賊面于都心裏想道敢是張狼牙射
死了也去問天師天師道不曾死于都道怎見得不曾死天師道
賊星未滅于都知道天師不是打誑話的愈加收拾只見三日之
外擂鼓搖旗殺聲動地傳報官報道咬海干領了一班海鰍又来
討戰于都道果真不死即時傳令四哨各哨齐備火銃火砲及鳥
銃之類如遇竹筒响後許一齐放去各哨仍備佛狼机頂大者各

五架如遇喇叭响後許一齐放去傳令已畢只見那些海鰍船蜂
湧而来左衝右突前殺後攻也不分個東西南北也不認個前後
左右混殺做一駄兒雖有些火銃火箭之類我們的藤牌團牌遮
架得周⺀密⺀又且我船高大急忙的還不得上来于都站在中
軍臺上看見他銳氣少挫人心不齐一聲竹筒响四哨上火銃火
砲鳥銃飛銃雨點的過去那些小的海鰍怎麽上得這個大席面
只得搭轉篷来退後而走及至海鰍轉得身来一聲喇叭响四哨
上佛狼机一片打將去打得那個石點心望外奔就是獅子滚繡
毬你教那些小的海鰍怎麽禁當得起只得望着小河裏面搶命
而跑進港未及一里遠近兩邊崖⺀鼓聲震天喊殺動地咬海干
起頭看来只見南岸上勒馬揚鞭是個唐狀元高叫道番狗奴那

早々走早々投降敢說半個不字我教你喫我一鎗。只見北岸上勒馬揚鞭是個馬遊擊。高叫道番狗奴那裏走早々投降敢說半個不字我教你喫我一刀。咬海干慌了。心裏想道我今日出口去不得退後歸不得做了個羝羊觸藩。兩無所據。只得且住着在這一段小河兒看他怎麼來再作道理想猶未了。只聽得一聲砲響連天這一段小河兒。水底下有無萬的雷公。水面上是一天的炮火可憐這些海鰍船盡為灰燼。這一陣也不亞赤壁之慘只是大小不同于都督收兵回寨。元帥大喜。紀功散賞。四哨總兵官併唐狀元馬遊擊各々有差元帥道今日水底下怎麼有火于都道是末將差下五十名夏得海預先安在裏面。以砲响為號。夏得海再用火藥觸動其秖這叫做一念靜中有動元帥道有此妙計。怎麼先

一日不行于都道先一日不曾曉得他的路徑遍用火藥驚諕了他々反得以隄防于我故此直至今日纔下手他這叫做番其實搗其虛出其不意攻其無備。元帥道却又闗會于我要兩員大將何也于都道火藥盡頭在彼處則用兩員大將截其歸路。這叫做立之標示之準令其尺寸不踰。衆將官無不心服却說道于都爺曲盡水戰之妙元帥道今日海鰍船有多少號數哩。于都道總只有二十隻船每船上有二十五名水兵元帥道這五百名水兵俱已火葬了。天師道俱不曾死。元帥道船已無餘怎麼水兵不死天師道這五百名水軍俱善能伏水號為入海咬他豈肯坐在船上受死元帥道番將存亡何如。天師道番將愈加不在心上。元帥道怎麼番將愈加不在心上天師道那番將的名叫做魚眼將軍他

本等是水裏的家數元帥道火從水底下上来他怎麼下得水去天師道火性上藥性直雖自下而起却燎上邊。怎麼下不得水道猶未了。只見國師到来問說道二位總兵在上連日交兵勝負若何三寶老爺道連日小捷只有番將未擒禍根還在國師道連日小勝還不至緊明日午時三刻我們的大小寶船俱該沉于海底只這一句話兒把個二位元帥諕得魂飛魄散志餒氣消衆將官聽知此話將欲不信國師不是個打誑語的將欲深信。一人之命尚且闗天何况千萬人之命况且還有朝廷的洪福齊天豈有個隻輪不返之理過了半會兒老爺却問道國師是何高見國師道是貧僧在千葉蓮臺之上打坐却又有一陣信風所過是貧僧不敢怠慢搭住了他從頭徹尾嗅他一嗅只見這信風上當主我

們寶船一灾其灾自下而上釘鑽之厄老爺道不知這一灾可有所解國師道今番信風也是憂中帶喜禍有福根道猶未了只見夜不收報上元帥机密軍情事。元帥叫上帳来問道你們報甚麼事夜不收說道連日番將輸陣而回哭訴番王。々々道勝負兵家之常我這裏不督過于你只是自今以後還要用心破敵與寡人分憂寡人自有重賞于你番將道臣有一計禀過了我王方纔施行番王道既有妙計任你所行番將道。小臣部下原有五百名水軍名字叫做入海咬其性善能伏水可以七日七夜不死小臣一計責令他們各備錐鑽一付伏于南船之下以牛角喇叭响為號一齊動手錐通了他的船其船一沉着底番王道妙哉々々。好個破釜沉船之計快行就是因此上這兩日咬海干不來討戰專一

在牛皮帳裏責令各軍錐鑽有此一段軍情故此特来飛報老爺
道他錐鑽在彼時完得夜不收道只在一二日之間老爺道原来
那些水軍果然不曾燒死夜不收道這些人平素以漁為業以水為
生他前日遭船失火他們都躱在泥裏一直火過了。却繞起来老
爺道喒將咬海干何如。夜不收道別人到還是個泅鱉他就是個
猪婆龍兒只在泥裏面討飯喫老爺道似此說来寶船一灾果中
了風信上爺道國師之言。夫豈偶然老爺道當此灾厄何以解之
馬公道来說是非者便是是非人風信是國師說的寶船一灾也
在國師身上國師道阿彌陀佛貧僧有些不好處得老爺道怎麽
不好處得國師道下不得無情手。觧不得眼前危下得無情手来
又不像我出家人幹的勾當故此不好處得老爺道敵加于已不

得已而應之非我們立心要害人也國師道豈不聞火燒藤甲軍
諸葛武侯自知促壽。老爺道今日之事上為朝廷出力下救千百
萬生靈正是無量功德怎麽說個不好處得的話國師道阿彌陀
佛殺人的事到底不是我出家人幹的馬公道此討莫非在天師
身上羅天師道貧道亦無奇計不敢違悮軍情王尚書道學生有
一愚見不知列位何如。老爺道王老先兒一定有個高見快請見
教王爺道可將我們帶来的鉄匠精選三百名来學生有個處置
不知用這個鉄匠是個甚麽處置且聽下回分解

七卷終

新刻全像三寶太監西洋記通俗演義卷之八

二南里人　編次

三山道人　繡梓

第三十六回

咬海干隣國借兵　王神姑途中相遇

詩曰

為擁貔貅百萬兵　崎嶇海嶠鑿空行　舉頭日與長安近
指掌圖披左輔明　萬叠芙蓉青入幕　千行楊柳細成營
蛮炮爭掃歸朝日　满眼山河帶礪盟

却說王爺道要救寶船這一塲災厄。可將南朝帶来的鉄匠精選
三百名来學生做個處置罷。元帥即時傳令。點齊三百名鉄匠聽

夷德無厭弗悔社金之禍

咬海干隣國借兵

妖氛甚悪輙興裏甲之謀

侯王爺發落王爺吽過鉄匠来畫一個圖様兒與他說幾句話兒
與他鉄匠各人散去星夜打造不敢有違老爺道還有甚麽見教
王爺道到了明日再處到了明日早上王爺傳下將令吽過每船
上捕盗二名来交付他夜来鉄匠新製的許多鉄器分付他要多
少選鋒分付他用多少火薬用多少器械俱聽喇叭单擺開為號
以二次為度分付已畢這正是安排吊線防魚至准備窩弓打大
虫却說咬海干安排了這個沉船之計也自謂周瑜妙筭高天下
决不做個陪了夫人又折兵你看他歡天喜地高坐在牛皮帳上
吽過那五十名入海蛟来分付他各備錐鑽預先埋伏寶船之下
只聽吹的牛角响為號頭却又安排水陸両枝兵馬點齊番兵一
千名在船上各執短刀預備南船沉底倘有漂泊的軍將来以便

截殺又點番兵三千名在岸上各執番刀番鎗番繩番索預備南
船沉底倘有逃竄上崖的以便擒拿安排已畢自家全裝披掛手拿
着一桿三股托天叉吽一聲開船那些番兵番船一齊蜂湧而来
只見南船上鴉悄不鳴風吹不動咬海干心裏想道南船全然不
曾儆覺這莫非是天助我成此一功連忙的吽一聲快吹哩只聽
得一聲牛角喇叭响那五百名入海蛟一齊奔至南船之下只見
南船上喇叭吹上一聲单擺開南船上的人蜂湧而出喇叭吹上
第二聲单擺開南船上的火薬雨點的望水底下飛喇叭吹上第
三聲单擺開只見水面上鮮紅的腥血滚將起来咬海干實指望
鑿通了船底成一大功那曉得畫虎不成反類狗一場快活一場
空只看見水面上通紅他心裏就明白了即時撥轉番船就走只

聽得南船上鼓响三通早已都是些火銃火砲鳥銃飛銃之類盡
數的打將去咬海干打慌了棄船就岸而走只聽得南船上信砲
一聲左壁廂閃出一員大將身長八尺膀闊三停圓眼竪眉聲如
雷吼騎一疋忽雷駁的千里馬使両口合扇雙飛的偃月刀原来
是遊擊大將軍馬如龍高吽道番狗奴那裏走両口飛刀直取番
將咬海干那裏敢来灪陣抱頭鼠竄只是一跑馬遊擊分付左右
不要趕他把這些大小番兵一個個的綑將起来觧他到中軍帳
上去咬海干正走之間右壁廂又閃出一員大將束髮冠兠羅
袖獅蠻帶練光拖騎一疋流金駆千里馬使一桿丈八長的紫金
鎗原来是應襲公子王良高吽道番狗奴那裏走挺起那桿鎗来
直取番將番將只是跑那裏敢回轉頭来那裏敢開個口王應襲

分付左右不要趕他把這些大小番兵一個々的和我細將起來
觧上中軍帳去咬海干正在人困馬乏之時擱頭跕着一員大將
老虎頭雙環眼捲毛髮絡腮鬍騎一疋銀鬃抓雪馬使一張大桿
豹頭刀原来是征西左先鋒張計高叫道番狗奴今番死在這裏
也把個咬海干諕得魂離魄散一掀々在馬下折做一個倒栽葱
張先鋒叫左右的細起他来左右的只細得一個三般托天叉早
已走了一個番將張先鋒起頭之時只見一簇番兵擁了一個番
將一道沙烟而去張先鋒道走了番將也罷只把這些殘卒收拾
起来去回元帥鈞令只見二位元帥高坐中軍各官報功各官紀
録三寶老爺說道王老先的大功筭無遺策果真的文武全才王
爺道此偶尔何足為功老爺道鉄匠打得是個甚麽兵器王爺道

名字叫做伏虎降龍八爪抓老爺道怎麽叫做服虎降龍八爪抓
王爺道這個抓有八個爪每一個爪有八個節每一節有二寸長
能收能放能屈能伸抓着虎々遭殃抓着龍々受害故此叫做個
服虎降龍八爪抓老爺道適来安在那裏王爺道是我傳令每隻
船上周々圍々安了八九七十二個按地煞之数老爺道那火藥
是甚麽王爺道那火藥即是我和你南朝水老鼠的模樣能在水
底下左衝右突周旋不舍老爺道用他下去做甚麽王爺道抓雖
設而彼不犯没柰他何全得這個水老鼠兒下去繞驚得他動老
爺道假如他不動則將如之何王爺道他都是前日嚇怕了的正
叫做傷弓之鳥見曲木以高飛豈有不動之理老爺道怎麽就死
在水裏王爺道是我傳令每船用二十名選鋒各跨一口風快的

腰刀伺候着大九抓起一個来就在剹出水之時還他一刀老爺
道不知於中也走了幾個麽王爺道抓多人少半個不遺五百個
水軍盡葬江魚之腹道猶未了只見馬遊擊王應奉劉先鋒三員
大將觧上活捉的番兵来老爺道共有多少名数旗牌官道共有
三千名老爺道於中豈可不走透了兩名旗牌官道原是三千名
出陣這如今還是三千名觧上中軍来老爺道却不是一網打盡
王爺道雖是觧開三面豈容漏網之魚老爺道只覺得太慘了些
王爺道這爪哇國王敢於無故要殺我南朝天使又敢於無故要
殺我從者百七十人此桀驁之甚目中無中國我和你今日若不
重示之以威則褻天朝之闘望動遠人之覬覦伏望元帥詳察三
寶老爺沉思了半晌說道承教的極是却這些人怎麽處治于他

王爺道切其頭剥其皮剮其肉烹而食之老爺應聲道是即時傳
令旗牌官將三千名番兵押赴轅門外盡行砍頭盡行剥皮盡行
剮肉多支鍋灶盡行煮来即時報完即時報熟三宝老爺喫了一
雙眼珠兒起依次分食其肉至今爪哇國傳說南朝會喫人就是
這個緣故這一日中軍帳上大宴百官中軍內外　大饗軍士鼓獻
得勝人唱凱歌有詩為証

詩曰

高臺天際界華夷　指點穹廬万馬嘶　休說和親卑漢室
由来上策待明時　雖呼牛酒頻相向　歌舞龍荒了不疑
譯得烟兒新誓語　頻因世々托藩籬

却說咬海干逃命而歸朝見番王々々道今日勝負若何咬海干

道今日小臣大敗折了五百名魚眼軍又折了三千名步軍
大驚失色說道怎麼就折了這些不知往後去還救轉得幾百名
麼咬海干道再不要說個救轉二字番王道豈可盡行投降于他
咬海干仰天大哭捶胸頓脚兩泪雙流番王道且不須啼哭你說
個緣故與我聽着咬海干道那五百名魚眼軍被他抓在水裏一
人一刀砍做兩段只今是一千個了番王道若得他轉世到還是
對合子利錢咬海干說道這三千名步軍被他砍了頭剥了皮剮
了肉一鍋兒煑喫了番王聽說道一鍋兒煑喫了三千步軍就諕
得他喉嚨哽咽如磚砌眼淚汪洋似水流一毂轆跌番在胡床之
下番官番吏一齊上前救醒回来過了半日還不會說話咬海干
說道我王保重不消喫驚小臣還有一条妙計足可大破南軍洗

雪今日之耻番王道是個甚麼妙計咬海干道小臣前往各隣国
去借取救兵兄破南朝人馬番王道到那一個隣国去咬海干道
或是重迦羅國或是吉里地悶國或是蘇吉丹國或是渤淋國不
論那一国但借取的救兵小臣即便回来番王道都是些小国怎
麼濟事除是渤淋国還略可些咬海干道小臣就到渤淋國去羅
番王道多因我和你平日不曾施德於人只怕人不肯来相救咬
海干道小臣把個唇以齒寒的話和他講他不得不来番王道卿
言雖当務要小心好個咬海干即時收拾出門一人一騎一片三
寸不爛舌一桿三股托天乂夜住曉行飢飡渴飲登山涉水戴月
披星大約去了有三個多日頭走過一所深山山脚下一面石碑
碑上一行大字寫着兩狼山天險洞咬海干起頭一看只見

一山峙千仞　蔽日且嵯峩　紫盖陰雲遠　香爐烟氣多
石梁高鳥道　瀑水近天河　欲知来處路　别自有仙歌
咬海干心裏想道這等一個重山複嶺若只是撞遇着強梁惡少
還不至緊若有甚麼鬼怪妖精就費周揣想猶未了只見山凹裏
面一声馱皮皷响兩桿繡旗々々開處閃出一個山賊来攔着去
路喝声道来者何人快通名姓咬海干心裏想道我帶着一肚子
氣前去借取救兵又撞着這等一個不知事的鄉裏道官来攔我
去路也罷不免拿他過来還他一乂權且嘆一嘆我這一口氣起
頭一看原来是個女將喝聲道殺不盡的潑賤婢你是甚麼人焉
敢攔吾去路那女將道俺是通天達地有一無二帶管本山山寨
頭名寨主女將軍你是那國来的好々的送下買路錢我這裏好

兩地鳩從敢任九頭貽毒蠱

王神姑途中相遇

一呼蟻聚豈知三面沐恩波

出像西洋　卷之八

放你去哩海干道俺是爪哇國鎮國都招討入海擒龍咬海干的使是你怎麽敢要我的買路銭女將軍道莫說你只是爪哇國都招討鏡你就是爪哇國的國王也要他三千兩黄金買路咬海干說道你可是當真麽女將軍道管山喫山管水喫水怎麽不是真的咬海干道你若是真的我這裏只有一桿三股托天叉就教你喫我一苦夆起叉来照頭就是一戳那女將軍心裏想道我本是一員女將在此糾集強徒落草為業眼前雖好日後却難俺看此人一貌堂堂雙眸炯炯俺若得這等一個漢子帶綰同心枝頭連理豈不為美然雖此人他說是個總兵都招討却不知他的本領何如待我試他一試就見明白唱声道你說甚麽三股托天叉你可認得俺的日月雙飛劍急很的雙劍相迎你一叉我一劍你叉来我劍去兩家子混殺在山凹之中那些小嘍囉搖旗吶喊大戰二十餘合不分勝負咬海干心裏想道枉了我們做個男子漢大丈夫反不如這等一個女將三綹梳頭兩截穿衣有此一等精熟武執身如舞鳳劍似流星有歌為証

歌曰

昔有佳人落草荒　一舞劍起動四方　觀者如山色沮喪
天地為之久低昂　勇如羿射九日落　矯如羣帝驂龍翔
来如雷霆收震怒　罷如江海凝清光　絳唇朱袖今何在
令人十載傳芬芳

女將軍心裏想道此人人物出衆叉法甚精果是西洋名將且待我困住他一沓再作道理好個女將軍把雙劍幌了一幌撥轉馬就走咬海干心忙意急高叫道那落草的賤人那裏走一人一騎一逕追下山来那女將紐轉頭来看見他追趕的將近口裏念動真言宣動客語把個指頭兒指天卽時間天昏把個指頭兒指地卽時間地黑天昏地黑日色無光咬海干伸手不見掌起頭不見人那曉得個東西那辨得個南北勒住了馬停住了叉沒奈何只得束手聽命而已那女將軍眼看得清手来得重喝一聲那裏走早已把個咬海干掀下馬来咬海干也只得憑他掀下馬来一會兒把個咬海干掀他在自家的馬上咬海干也只得憑他掀在馬上女將軍活活的捉得一個總兵官来咬海干只剩得一騎空馬回去正是猿臂生擒金甲將龍駒空帶戰鞍回那女將軍到了山寨之中把個咬海干又是撲鼕的掀在地上衆嘍囉一湧而来把

個咬海干一条索兒綁縛得定ㄣ兒的。解上牛皮寶帳那女將看見解了総兵官来連忙的走下帳前。親手解開了他的繩索。請陞皮帳之上深ㄣ的拜上両三拜。説道適来不知好歹冐犯虎威望乞將軍恕罪。自古道禮無不荅。况兼咬海干既在矮簷下。怎敢不低頭也連忙的唱上両三個偌。説道不才是個被虜之夫敢劳女將軍大禮。女將説道將軍請坐。敢問縁由。咬海干道末將不才忝是瓜哇国鎮國都招討入海擒龍咬海干。女將道將軍既是上国一個総兵官。為何獨行到此。咬海干道國家有難不得不行。女將道是個甚麽難。咬海干道為因南朝大明國朱皇帝駕下。差遣両個大元帥統領了寶船千號。戰將千員。無故侵害俺國王的国土。女將道將軍既有大才。焉得不為國家出力。咬海干説道非干末將

不肯出力争柰出一陣輸一陣。出両陣輸両陣。一連戰了五七日就一連輸了五七陣。輸了陣还不至緊。害了俺五百名魚眼軍俱是一刀両段。又害了俺三千名歩卒。俱是一鍋煮下了。恁般羨女將道如此利害哩。咬海干道為因這個利害。沒有個分解。故此末將一人一騎投往隣国借取救兵。全仗唇歯之邦。救此燃眉之急女將道原来有此一段軍情。賎妾何幸如之。得逢顔面。咬海干道女將軍高姓大名。在此貴幹。女將道妾身姓王。不幸父母早喪。從小兒愛習武秇。流落軍卿。曾遇異人傳授我一班神。術。飛騰变化出幽入明無不通曉。故此人人號我做個王神姑。咬海干道女將軍既有這等神術。何故在此山凹之中。招亡納叛落草為強。王神姑道妾身雖在此處落草為強。却不是賎妾終身之計。咬海干道

女將軍終身之計。還要何如。王神姑道須得一個天下英才。人物出衆武秇高強。纔是我的終身之計。咬海干道邂逅相遇。感蒙不殺之恩。請女將軍坐上。容末將再拜稽首。辭謝而行。女將道怎麽説個行字。是我適来分付小嘍囉下山去備辦筵席。頃刻就完。請將軍寛坐一會。咬海干道荷蒙不殺。萬感不盡。怎麽又要俯賜筵席。這個决不敢領。王神姑道賎妾還有一事相禀。咬海干道請教是個甚麽事。王神姑道將軍英才出衆。武秇高強。妾身屬望在將軍身上。將軍倘不棄嫌妾身醜陋。得薦枕蓆之歡。妾願足矣。不識將軍心下何如。咬海干心裏想道本待借兵隣國解脫灾危。怎麽又撞遇着這等一個婦人好歪事纏也。這正叫做自家心裏急。他人未知。忙沉思了一會。不曾開口。王神姑説道將軍不必沉思。我

和你両個量材求配。不叫做匹配不均。我和你両個覿面相逢。不叫做淫奔月下。若説是非媒不娶。豈不聞槐陰樹老媒人之故事乎。咬海干道非干這些閑話。只因國家有難。臣子不遑寢食之時何敢貪戀女將軍。在此躭閣。王神姑道這如今我和你結為婚姻凡事俱在賎妾身上。咬海干道怎麽凡事都在你身上。王神姑道夫妻是我。隣國也是我。救兵也是我。這却不是個都在我身上。咬海干道怎麽隣國也是你。救兵也是你。王神姑道你還小覷干我只説我是個剪徑的強徒。我的本領非我誇口所説。憑着我坐下的閃電追風馬。憑着我手裏的雙飛日月刀。饒他就是西洋大海我也要盪開他一条大路。饒他就是鉄果銀山。我也要戳透他一個通津。若只説甚麽南朝寶船千號。戰將千員。雄兵百萬。那裏在我

的心上你就投奔隣國借取救兵未必那國就發下一員大將来未必發来的大將就有賤妾如此的本領將軍你細思一番看是何如咬海干眼見他烏天黑地的術法又聽知他這一段英勇的話兒心裏想道似此女將軍果是退得南朝人馬厮強如投奔他國就是投奔他國尚且未知何如不如將計就計說道既承女將軍錯愛未將怎敢有違但只還朝不知國王心下怎麽王神姑道不過與國王分得憂就是好的國王有何話說咬海干唯唯諾諾王神姑卽時殺牛宰馬大設一席筵宴大小嘍羅都来磕一個頭只見

吹的是齊天樂　擺的是萃地錨　六么七煞賀新郎　水調歌頭齊唱　我愛你銷金帳　你愛我桂枝香　看看月上海棠春　恁耍孩兒齊撞

咬海干終是要救國家大難那裏有個心腸貪戀着美少紅粧苦苦告辭王神姑分付小嘍囉放起火来把個牛皮寶帳盡行燒了把個山洞裏所有的金銀盡行散與衆嘍囉去了一夫一婦兩人兩騎竟奔爪哇國而来却說爪哇國王自從咬海干出門之後度日如年一會兒一個報報說道南兵圍了新村旗旛蔽日鼓角喧天聲聲叫道要拿住國王要把國王来煮喫哩一會兒又一個報報說道南兵圍了蘇魯馬益旗旛蔽日鼓用喧天聲聲叫道要拿住國王要把國王來煮喫哩國王嚇得魂不附體魄不歸身今日望明日望只指望咬海干借得救兵來解此一難那曉得去了三日到四日上猛地裏小番報道總兵官的紅䯲劣馬跑回来也

番王道怎麽只是馬来叫左右的再看左右的回復道止是一騎馬背上掛了那一桿三股托天叉空跑回来並不曾見有個總兵官在那裏番王聽罷一心欲折兩泪雙流說道這個總兵官一定是蛇咬了一定虎傷了莫不是南兵截死了莫不是鄰國仇害了此是天意亡我致使我總兵官不見了事至于此無可奈何只得全家兒走下海去罷免得受他的熬煎之苦左頭目蘇黎乞道我王不必如此驚恐只消撰下一封降書降表備辦些進貢土物親自賫着去見他的元帥訴一段苦情說前日的天使是舊港國殺的駕禍于我百七十從者是東國王殺的駕禍于我人来恢降殺之不祥彼必亮于我國國王道我親自去見他到不是羊入虎群自送其死右頭目蘇黎益說道我王不肯親往容小臣二人代賫

書表礼物去見元帥看他何如再作區處道猶未了只見小番報說道總兵官領了一個總兵奶奶一同見駕未敢擅便特在門外聽宣番王聽知道總兵官来了如夢初覺似醉初醒連聲道宣進来宣進来宣進總兵官来番王道你去借取救兵為何空馬先回險些兒嚇死我也咬海干道小臣奏過我王赦臣死罪臣方敢言若不赦臣死罪臣不敢言番王道赦卿死罪從直說来咬海干把個王神姑的始末緣由數說了一遍番王道這王神姑現今何在咬海干道現在門外番王道帶他進来與俺相見宣進王神姑来王神姑朝着番王拜了二十四拜連呼萬歲三聲番王道賢卿既有大才何故落草為寇王神姑道路逢劍客須呈劍不是才人莫獻詩未得其人故此權且落草番王道今日配與總兵官可謂得人只是

寡人國中多難卿家怎麽和我分解。王神姑道任有甚麽天大的事小臣一力擔當。番王道現有南朝的人馬無故相加累戰累敗沒奈他何。王神道憑着小臣坐下一騎閃電追風馬。憑着小臣手裏一口雙飛日月刀。憑着小臣滿腔子出幽入明的本領把這些南朝的人馬手到擒来取之。如拾芥何難之有。番王道前日謝文彬来說這寶船上有一個道士是個甚麽江西龍虎山引化真人張天師。能呼風喚雨役鬼驅神寶船上還有一個僧家叫做甚麽金碧峰長老能懷揣日月。袖頓乾坤。有此二人。故此繞下得西洋繞旗開得勝。馬到成功。卿不可小覷于彼王神姑道我王差矣自古到今。文臣武將拜相封侯那裏有個道士。那裏有個和尚。料他出家之人搖唇鼓舌寡嘴吞喧豈真有個甚麽實在本領小臣出

陣若不生擒和尚活捉道士。火燒宝船虀粉元帥誓不回兵番王聽知這一席強梁之話滿心歡喜說道但得功成之日同享富貴與國同休親自遞酒三杯以壯行色王神姑領了三杯酒同了咬海干同到教塲之中。坐了牛皮番帳。點齊了番兵齊奔蘇魯馬敢而来。高叫道南將何人敢来出馬畢竟不知南朝是那員名將出陣勝負何如。且聽下回分解。

〇〇

第三十七回

王神姑生擒護衛　張狼牙戟斬神姑

詩曰

客有新磨劍　玉峰堪截雲　西溋王神女　意氣自生春

朝嬉劍花淨　暮嬉劍花泠　能技劍何人　不解持照身

報道王神姑帶領了一枝番兵竟奔蘇魯馬益而来早已有個藍旗官報上中軍寶帳。三寶老爺道西番多有女將亦是奇事。王爺道未必個個出奇。馬公道若又是個姜金定却不費盡了神思老爺道誰敢出馬。擒此夷女。道猶未了。帳前閃出一員大將来。三寶老爺舉目視之。只見其人羅頭神的頭千里眼的眼。李淳風的耳朶顯道人的文身。騎一疋虎刺五花吼。使一条画桿方天戟原来是中軍帳下。親兵頭目左護衛姓鄭名堂。說道末將不才。願擒夷女。元帥老爺分付旗牌官撥出一枝軍馬跟隨鄭護衛出陣成功。鄭堂一涌而去。只見番陣上繡旗開處閃出一員女將来。只見

直恁的蛮姑兒　有甚的念奴嬌　到不去風雲際會遇秦楼

綽約僊人勝大娘空中劍戟

驍騰猛士類兒童俎上菹塩

趐好姐上年少　點絳唇也渺上　紅繡鞋也蹺上　二郎假扮蟒青驂　水底魚兒厮鬧

鄭堂喝聲道来者何將快通姓名女將道吾乃爪哇國國王駕下總兵官咬海干長房夫人王神姑是也王神姑起頭看来只見南陣上這員將軍是好一個將軍

聞馬郎先一着　江神子後二毛　香羅帶束皂羅袍　十八臨潼獻寶　破齊陣偏刀趐　聞黒麻越手高　直殺得三仙橋上恁腥臊　㬠泣顔回喪早

王神姑道来將何人早通名姓南將道吾乃南朝大明國征西元帥中軍帳下親兵頭目左護衛鄭堂是也王神姑道你無故侵人國土是何道理鄭堂道你國王無道無故要殺我南朝天使又無故要殺我從者百七十人我們今日興師問罪豈是無名王神姑道你說興師問罪四個字故把這等一個大題目降人麽鄭堂道你咬海干連日戰敗而走僅免一死五百名魚眼軍一刀兩段三千名步卒一煑一鍋量你這等一個潑婦人有多大的本領要甚麽大題目降你王神姑道你敢口出大言定你看刀劈頭就是一刀鄭堂道你看我戟劈頭也還他一戟戰不上三合鄭堂抖擻精神威風十倍王神姑心裏想道此人盡戟頗精不當容易須要把個狠手與他即時念動真言宣動咒兒只見王神姑頭上一道黒烟冲天那黒雲裏面早有一位金甲天神手執降魔鉏杵照着鄭護衛的頭上狠是還他一杵把個鄭護衛猛地裏打下馬来番兵番將一齊上前拿動番鈎番把番繩番索把個鄭護衛捞番去了

却說鄭護衛披掛上馬之後三寶老爺說道鄭堂勇有餘而智不足此行未必成功王爺道再差一員將官出去隄防他一個不虞老爺道有理即時傳下將令取到中軍帳下親軍頭目右護衛鐵楞須臾之間一員大將立于帳下鼻鈎鷹嘴鬚戳鋼鎚脚走流星形駄鶴立騎一疋栗色捲毛騘使一件八十二楞方面簡說道未將是中軍帳下右護衛鐵楞稟上元帥適承呼召指使何方元帥道適来鄭堂出陣有勇無謀恐有疎失特命你前去策應于他務在小心不可鹵莽鐵楞應声而去跑至陣前鄭堂早已敗陣被擒去了鐵楞心裏想道元帥神見果有疎虞我此行多應也有些不巧打起精神很着喝上一聲道蛮潑狗敢唐突我南將麽王神姑起頭一瞧只見

一枝花兒的臉　一剪梅兒的頭　王堆的蝴蝶鮮輕腰　鴈
過泓頭厮轃　刀起處銀落索　刀落處金葉焦　風雲會處
四元朝　太師引　時非小
王神姑看見鐵楞来意不善更不通問名姓。一力的舉刀厮殺鐵
護衛心中奥怪。手底無情那一方簡打得就是流星趕月花蟒纏
身。王神姑看見不是對頭連忙的口裏念動真言宣動咨呪立地
時刻頭上一道黑雲冲天黑雲之内早有一位金甲天神手執降
魔釘杵照着鐵護衛的頭上狠是一杵。把個鐵護衛打番在馬下
番兵番將一湧而来舉起番鈎番鈀番繩番索把個鐵護衛又捞
番去了。王神姑一連兩勝。活捉南朝二將洋洋得志笑口微開同
着咬海干進見番王。番王道神姑功展何如王神姑道仗着我王

齐天的洪福憑着賤妾的本領高強連羸兩陣。生擒南朝兩員大
將。番王開言大喜說道南朝兩員大將在那裏王神姑道現在門
外番王道帶他進来。即時間一聲番兵簇着兩員南將蜂湧而入
南朝兩將面見番王。立而不跪。番王大怒說道尔乃敗兵之將焉
得不跪於我二將高叫道上邦為父為祖下邦為子為孫吾乃上
邦大將怎肯屈膝于下邦之君番王道你今日見執于我生殺惟
我焉敢出言無狀。二將高叫道大丈夫視死如歸要殺就殺何惧
之有番王大怒即時叫過番兵押赴宫門外斬取首級說一声斬
取首級早已把兩個南將推出去一聲開刀。一聲斬首王神姑說
道臣啟大王。殺此二將未足為奇待臣捉了道士拿了和尚一同
取斬。一同献功。纔見得全勝之道番王看見個王神姑立地取功

唯言是聽即時息怒回嗔說道依卿所奏權且寄監俟大功成日
另行處斬此時天色已晚王神姑陪着咬海干秉得勝之威聆不
到天明要来厮殺剛剛的東方發白領了一枝番兵又来討戰藍
旗官報上中軍。三宝老爺道鄭堂有勇無謀理當取敗怎麽鐵楞
也不仔細同被牢籠即時傳下將令。誰敢領兵前去擒此夷女洗
雪前仇道猶未了只見狼牙棒張柏應聲而出朝着帳上打一個
恭說道末將不才願先出陣擒此夷女。王爺道須得張將軍纔有
個羸手老爺道那女將善能役鬼驅神。你去不可造次張狼牙應
聲道理會得攀鞍上馬而去望見個番將。也不管他是男是女也
不管他姓張姓李。當先就狠着喝上一聲道咃你是甚麽人敢生
擒我南將王神姑起頭看来只見這員南將有好些怕人也怎麽

有好些怕人他面如黑鐵。鬚似烏錐又帶一個鐵幞頭紅抹額又
穿一領皂羅袍牛角帶手裏又不是個甚麽兵器一桿的鐵釘頭
兒跪牙露齒騎的又不是個甚麽好馬一塊的紫炭坯兒七烏八
黑王神姑心上先有幾分俱怯。却抖起精神問說道那来的黑賊
早早通名張狼牙喝一聲道咃你沒眼睛有耳朶豈不聞我狼牙
棒張爺的大名王神姑道好個張爺只好自稱羅說得張狼牙怒
從心上起悪向膽邊生。雙手舉起那八十四斤重的狼牙釘照着
那神姑的頂陽骨上分頂就是一釘王神姑連忙的舉起日月雙
刀来相架張狼牙的人又利害氣力又大兵器又重兩家子交手
纔只一合。不及兩合那王神姑殺得渾身是汗力軟觔酥自知道
戰不過了口兒裏纔哼兩哼張狼牙早知其意照頭就是一釘王

神姑還不曾哼得出嘴張狼牙的釘先巳打了頭上任你是個甚麽天神怎麽就會曉得怎麽就會下来恰好的把個王神姑打得滿口金牙搖碧落腦漿裂出片花飛張狼牙抓了首級竟上中軍見了元帥把個首級一拽々在帳前元帥道那是甚麽張狼牙說道適来出馬仗着元帥虎威立誅西洋女將這就是女將的首級特来献上紀功元帥大喜一面分付紀録司録上軍功一面分付軍政司將首級號令諸將一面分付授飡所安排筵席即時間筵席排完元帥道張狼牙先飲一盃作慶張狼牙朝着元帥打一個恭說道承元帥尊賜末將不敢辭告禀元帥恕僭了剅々的舉起杯来酒還不曾到口藍旗官報道禀元帥爺得知軍前又是張狼牙打死的女將口々聲々叫那黒賊出来比手激得個張狼牙心

如裂火聲若巨雷喝聲道咗死者不能復生豈有死魂會来討戰之理此係妄言禍福煽惑軍情乞元帥梟其首級以安人心元帥道煽惑軍心軍法處斬元帥分付一聲斬只見羣刀手簇擁而来就是滿陣皂鵰追紫燕一羣猛虎咬羊羔藍旗官高叫道寃枉殺人元帥可憐見王爺道怎見得寃枉殺人藍旗官道小的們耽掌軍報以探賊為生有事不敢不報無事不敢亂言番陣上明々白白就是那員女將一則是他自巳通名道姓二則是面貌一樣無差怎敎我們隱而不報王爺道老元帥且寛他這一會兒這其中事有可疑老爺道怎見得事有可疑王爺道番陣上縱不是那員女將或者是他姐々報仇未可知也或者是他妹々報仇未可知也藍旗官怎麽敢妄言禍福煽惑軍情自取罪戾張狼牙又激將

起来說道二位元帥寛坐片時容末將再去出陣不管他甚麽々々不管他甚麽妹々元帥這裏要死的敎他就喫我一釘元帥這裏要活的敎他就受我一索王爺道張將軍果是天下英雄張將軍一手抓過狼牙釘一手抓過烏騅馬飛陣而出仔細看来番陣上果真還是那一員女將張將軍大喝一聲說道咗你這賤妖奴怎敢軍前戲弄于我雙手舉起那桿狼牙釘来分頂就打王神姑看見張狼牙打的来撥轉馬只是一跑張將軍肯放手于他一疋馬竟自追下陣去王神姑聽知張將軍的馬响口裏念動真言宣動密語只見他頭上一道黒氣冲天喜得張將軍的馬快早巳粘着王神姑的背後張將軍看見他的頭上黒氣冲天曉得是他美巧分頂就是一釘這一釘打得王神姑的神不曾得上天去天上

殲虜當年萬骨枯　誅殘神女

張狼牙輒斬神姑

的天神不曾得下地来只是一陣黑氣不得自伸。化作一陣大風飛沙走石拔木捲茅。飛沙走石拔木捲茅不至緊。把個張狼牙的两隻眼睛。刮做了一隻一隻眼睛刮做了半隻。半隻眼睛刮做了全然沒有怎麽全然沒有。两隻眼都睜不開来。却不是個全然沒有張狼牙心裏想道這分明是些妖術。拿定了元神。勒住了馬帶定了狼牙釘住會兒睜開了两隻眼。只見坐下的馬一頭兒撞在一夥大桺樹上。張將軍心裏狠起来。就要把個狼牙釘還他一釘心裏又想一想。說道樹又大。兵器又重我的力氣又大。萬一一釘釘在樹上。倘遇妖婦趕来。我的狼牙釘。却又抽捹不出。豈不送却了我的殘生性也却又一件来。若不下手于他怎麽得這柯樹脫去。又想一想說道。總莫若射他一箭。看是何如正是粘弓在手搭

箭當弦。要射他一箭恰好的颼地裏响一聲。早已不見了這一柯大桺樹原来王神姑善能騰雲駕霧善能千变萬化。他因為喫了狼牙棒不曾造得金甲天神。故此变做了這一柯桺樹實指望狼牙棒打来他就招吊了他幾個釘齒誰想張將軍的心又灵計又妙不用棒打只把箭来。這一箭不至緊却不射着了王神姑的真身王神姑怎麽得脫故此颼地裏响了一聲化作一道青烟而去張將軍笑了一笑說道年成不好了連楊樹也會跑了風平塵靜張狼牙仔細看来。只見王神姑就在前面他就氣滿胸膛。怒從心起喝一聲道賤潑妖那裏走你快過来我和你定一個輸贏我今番若不生擒于你誓不回還一手搯出一枝箭来折為兩段對天說道天你在上。我張柏今日若不生擒妖婦罪與此箭同科王神姑

看見張狼牙心如裂火爆跳如雷他暗笑了一笑心裏說道此人是個一勇之夫待我激他一激即時舉起刀来高叫道那黑臉的賊叫甚麽天你既是有些手段你過来我和你大戰三百回不戰三百回的不為男子。張狼牙道你若走了便是你輸王神姑道走的不為好漢張狼牙喝上一聲破陣而去王神姑未及交手。把個湊刀虛幌了一幌敗下陣来就把張狼牙激得爆跳如雷叫聲罵道好賤婢你那口是個甚麽做的怎的這等不准。你走到那裏去也放馬追下陣去王神姑看見張柏追下陣来。連忙的把個舌尖兒咬破一口血水望西一噴喝聲道此時不到等待何時道猶未了。只見正西上一朶黑雲上上所過一陣怪風上上所過一班狼虫虎豹猛毒悪蛇捲毛青獅張牙白象豹全螭嘴犀角牛頭有一

班豺狼狗彘烏兎狐狸貔貅大馬蟻蝨蟲蟲竟奔張狼牙上々々低頭一想說道人與鳥獸不同羣豈有這許多的惡獸助他出陣之理莫非是些々妖邪術法我一生不信鬼神。豈可今日臨陣自怯橫着膓兒竪着肚略一疋烏錐馬一拎狼牙釘左衝右撞前捷後鞭不管甚麽好與歹。大凡絆着的就是一釘儘着平生的膂力大殺這一塲張將軍大殺這一塲還不至緊可怜部下這些々官軍一個々提心挈膽一個々拚命挨生你也說道你悔氣跟這等一個本官他有烏騅馬騎的不怕死我沒有烏騅馬騎的也不怕死麽我也說道我悔氣跟這等一個本官他有狼牙釘的不怕死我沒有狼牙釘的也不怕死麽一個說道我不去。一個說道你不去輕則割耳重則四十鋼鞭你怕不怕一個說道我去一個說道你去

狼虫虎豹猛毒惡蛇你怕不怕一個說道到不如狼虫虎豹一口一個到得個乾爭一個說道只是一個狼虫虎豹會你到也乾淨只怕有兩個狼虫虎豹都要會你反還不得乾淨大家商議了一會。沒奈何只得跟定了本官。東西南北。儘力而施。張狼牙殺得氣起猛地裏喝上一聲。䂤喇々就如平地一聲雷。只見天清氣朗霧散雲收。滿地飛的都是些々紙人紙馬。那裏有個狼虫虎豹。猛毒惡蛇。原來這些々大虫怪物。都是王神姑撮弄來的。撮弄來的邪術止有一時三刻之功。又且張狼牙按上方黑煞神臨凡。諸邪不敢侵害。故此喝上一聲諸怪即時現了本相張狼牙看見這些々怪物。現了本相膽于一發大了。喝一聲潑賤婢。那裏去了。我若還不生擒于你。萬劍剮屍。我誓不回還。只見王神姑騎在馬上。反笑了一笑

說道。張將軍。你千恨萬恨。都是枉然。你莫若早上下馬投降於我萬事皆休。你若不信。現有西員南將。沾上的在我這裏做樣子。張狼牙見了王神姑恨不得一口涼水吞他到肚子裏来。喝一聲道潑賤婢還敢誑口。你再尋些狼虫虎豹。猛毒惡蛇来罷。輪起狼牙釘。一馬如飛。竟取王神姑的首級。王神姑又笑一笑說道。惧怕于汝。不為好漢。手中日月雙刀。急架相迎。張將軍抖起神威施逞武勢。拿定了主意。要捉王神姑。王神姑自知他力量不加。撥回馬又走。張狼牙兜住了馬。心裏想道。他又来賺我下陣。我今番不趕他看是何如。張狼牙総帶轉了馬。王神姑又来驟馬相追。高叫道。黑臉賊那裏走。何不下馬投降於我。直待我一繩一索相牽於你。激得個張柏性急如火。聲吼若雷。罵道。潑賤婢。當塲不展。背後興兵

惱却我也。剗上的恨上一聲。早已一釘上在王神姑的頂陽骨上。打得撲鼕一聲响。仔細看来。那裏是個王神姑。原来是一個上柱天下柱地。無長不長。無大不大。一個天神。一時間天昏地黑。霧障雲迷。對面不相識。聞聲不見人。那天神就會說話。說道。張柏。那裏走。早々的留下首級在此。免受他灾。張狼牙的心偏硬。胆偏大。想一想。說道。打人先下手。我若不下手于他。々必然下手于我。々豈肯反受他虧。連忙的兩隻手。舉起那根狼牙棒。照着那位天神的腰眼骨上儘着兩膀子的神力。喝聲着。狠的是一釘。這一釘不至緊。假饒真是一個天神。也打得他一天霧色萬頃茫然。莫說都是王神姑撮弄得邪術。怎麽熬得狼牙張這一棒。恰好的打得雲收霧捲。紅日當天。原来那一位天神。是撮弄得那個佛寺裡泥塑的

金剛菩薩這些術法。却都被張狼牙打破了。張狼牙的膽子。就有斗来多大。罵說道。好賤婢。快快的出来受我一死。只見王神姑遠遠而来。跨着一疋馬。掿着兩口刀。高叫道。黑臉賊。我今番不拿住你。不為好漢。張狼牙高叫道。潑賤倈。我今番不拿你。不為好漢。劈面就是一釘。王神姑心裏想道。我這些術法通不奈他何了。不如使分身法。耍他一耍。好個王神姑。口裏念動真言。宣動密語。把個指頭望南一指。正南上一員女將。姓王名神姑。騎一疋閃電追風馬。使一桿溲飛日月刀。大叫一聲。黑臉賊。早早下馬受死。張狼牙看見。心裏想道。原来是一胞胎溲生下来的。怎麽模樣兒這等廝像。纔方舉起狼牙棒来。只見正東上一員女將。自稱王神姑。騎一疋閃電追風馬。使一桿溲飛日月刀。大叫一聲。黑臉賊。早早下馬

受死。張狼牙看見。心裏想道。好一場怪事。似我南京城裏。一胞養一個是常事。一胞養兩個是溲生。一胞養三個。就要去禀府厰原来。這三姊妹都是一般。即時抖起精神。去鬬三員女將。只見正北上又是一員女將。自称王神姑。騎一疋閃電追風馬。使一桿溲飛日月刀。大叫一聲。黑臉賊。早早下馬受死。張狼牙看見。心上早已明白了七分。曉得這些女將。却都是王神姑撮弄之法。好個張狼牙。威風凛凛。殺氣騰騰。轉戰轉添精采。只見正西上又是一女将。自稱王神姑。騎一疋閃電追風馬。使一桿溲飛日月刀。大叫一聲。黑臉賊。早上下馬受死。張狼牙看見。心上却有十分明白。拿定了主意。單展他的神威。五員女將。五口溲刀。圍定了張狼牙。張狼牙舉起一桿狼牙釘。單戰五員女將。心裏想道。似我這等一條好漢

何懼怕於五個婆娘。莫說還有四個是假的。假饒五個都是真的。也不在我張柏的心上。一桿狼牙釘。遮前攔後。左架右抵。大戰多時。張狼牙又殺得性起。猛地裏喝上一聲。這一聲喝。如天崩地塌一般。天崩也塌不至緊。把這些王神姑都嚇得不見了。張柏起頭看来。滿地上只見是些紙剪的人兒。原来那四個王神姑。果真是些邪妖鬼術。僅可一時三刻功德。張狼牙大戰多時。却不過了一時三刻。故此唱聲响處。邪術自消。只剩得一個王神姑。一騎馬。自由自在。望本陣而走。張狼牙帶定了馬。輕輕的斜拽而去。照着王神姑的後腦頂門釘上。着實還他一釘。王神姑躲閃不及。一釘釘下馬来。張狼牙割了首級。奏凱而歸。竟上中軍。拜見元帥。元帥道。連戰功展何如。張柏道。未將出馬。遇着妖婦王神姑。這王神姑有

十分的本領。其實的利害。元帥道。怎見得他有十分的本領十分的利害。張柏把個王神姑的始末緣由。細述了一過。元帥道。既如此。首級現在何處。張柏道。現在帳前。元帥道。献上来驗過。方纔傳示各營。張柏連忙的献上首級。元帥親自驗實。驗猶未了。藍旗官報道。國師特来拜謁元帥。二位元帥不敢怠慢。以禮相迎。以禮相見。以禮叙坐。國師道。連日廝殺。勝負何如。三寶老爺愁了個眉。嘬了個嘴。說道。國師在上。我和你離了南朝。已經数載。功不成。實不見何日纔得回朝。國師道。元帥不必憂心。自有前定之数。且只說連日廝殺何如。王爺道。前日仰伏國師佛力。大破番將咬海干。以後休息了十日半月。誰想近時咬海干有個甚麽妻室。叫做個王神姑。曉得甚麽騰雲駕霧。又能用術行邪。初然一陣。被他妖術所

迷。活捉了兩員南將。連日幸得張千戶潑天大戰。晝夜不分。使盡了千斤的勇力。用盡了一世的机謀。方纔斬取得他的首級。在此紀功。國師道阿彌善哉那是甚麽。王爺道就是張千戶斬取得妖婦的首級。國師道枉了張千戶這等不分晝夜的辛勤王爺道請教國師怎見得枉了辛勤。國師道那首級不是真的。却不是枉了這等幾日辛勤畢竟不知怎麽這個首級不是真的且聽下回分解。

〇〇

第三十八回　張天師活捉神姑　王神姑七十二变

詩曰

淨業初中日　浮生大小年　無人本無我　非後亦非前
簫鼓忻喧地　龍蛇直映天　法門摧棟宇　覺海破舟船
書鎮秦王餉　経文宋國傳　聲華周百億　風烈破三千
出沒青園寺　桑滄紫陌田　不須高慧眼　自有一燈燃

却說國師看了首級。說道阿彌陀佛這個首級不是真的王爺道怎見得不是真的國師道要見他一個真假有何難處叫過徒孫雲谷來將我的鉢盂取上一抔兒的無根水。拿来與我雲谷不敢怠慢捧了鉢盂取了無根水。遞與國師上上接過水来把個指甲挑了一指甲水彈在王神姑的首級。上只見那顆首級那裏是個活人生成的原来是柯楊木雕成的。就把這一位元帥。和那一干大小將官唬得抖衣而戰話不出聲。張千戶大驚說道。我一生再

也不信鬼神誰知道今日撞着這等一樁蹊事分〻明〻是我打他下馬来分〻明〻是我割他頭来还打得他血流滿地沾污了他的皂羅袍王爺道你把個皂罗袍的血来看着只見張千戶掀起袍来那裏是血原来都是陽溝裏面爛臭的涅泥張千戶絕心塌地說道果真有此蹊事三寶老爺說道國師怎麽就認得國師道阿彌陀佛貧僧也只是這等猜鬧哩老爺道一定有個妙處雲谷道我師祖是慧眼所觀與衆不同老爺道怎麽是個慧眼雲谷道三教之內各有不同彼此玄門中有個神課八個金錢迴文織錦袖占一課便知天地陰陽吉凶禍福儒門中有個馬前神課天干地支遇物起数便知過去未来吉凶禍福我佛門中就只有這隻慧眼這慧眼一看莫說只是我和你南朝兩京十三省就是

本正以驅邪既已褫其魂而奪其魄

張天師活捉神姑

行仁以除暴必能掮其背而扼其吭

萬國九洲都看見莫說是萬國九洲就是三千大千萬千世界都是看見何况這些小妖魔之事豈有難知之理道猶未了。藍旗官報說王神姑又來討戰二位元帥深加嘆服說道国師神見張千戶說道天下有這等一個妖婦死而不死把個甚麽法兒夫柰何他洪公道來說是非者便是是非人這個妖婦就在國師身上求個妙計国師道阿彌陀佛天下事退歩自然寬以貧僧愚見且擡着免戰牌出去捱他幾日再作道理。三寶老爷道捱了幾日之後還求國師一個妙計總得安寧國師道到了幾日之後貧僧自有個道理國師一面歸到蓮臺之上元帥一面分付擡着免戰牌出去王神姑看見免戰大牌只得收拾回去同着咬海干拜見番王番王喜不自勝說道得此神通何愁南朝人馬寡人江山鞏固社稷以寧。皆賴賢夫婦二卿之力。咬海干說道此乃我王洪福齊天非小臣夫婦之力。番王即時分付安排筵宴欵待咬海干夫婦二人番王道幾時纔得南朝人馬寧靜王神姑道南朝連日敗陣擡將免戰牌出來寬容數日。小臣自有設施。不愁不殺盡他也番王愈加歡喜。一連筵宴幾日。王神姑帶了些酒與拜辭番王說道今既數日矣。臣請出兵和南朝大決勝負。若不生擒道士活捉和尚火燒寶船。誓不回朝拜辭已畢。一人一騎統領着一枝番兵殺奔南陣而來。南陣上早有個藍旗官報上中軍寶帳三宝老爺說道前日多蒙國師允諾。今日少不得還去求討國師。上上道貧僧想了這數日。這個婦人乃是些妖邪術法張天師善能遣將驅神。不如去求天師出馬擒此妖婦。手到功成何必別求妙計

老爺道國師所見甚明即時辭了國師。拜見天師。上上道元帥下顧有何議論元帥道今奉聖旨。兵下西洋。到此一國叫做爪哇國天師道前日大敗咬海干。王元帥之功貧道已得知其事。元帥道誰料咬海干出一個甚麼妻室叫做王神姑本領高強十分利害初然一陣被他妖術所迷活捉我南朝兩員大將。以後得張狼牙施逞雄威大戰累日。刮總一刀斬了他的頭。一會兒他又活了。又來討戰後來又是一狼牙釘。打番了他劄了他的頭。一會兒他又活了。又來討戰今日討戰不要他人坐名只要天師老爺出馬故此我學生不識忌諱。冒犯尊顏未審天師意下何如。天師聞言微上而笑說道元帥不必掛心。似此死而復生。都是些妖邪術法。只好瞞過元帥。煽惑軍心焉能在小道馬前賣弄得去容貧道出馬擒

此妖婦以成其功元帥大喜即時轉過中軍帳上點齊精兵一枝護持天師以為羽翼天師即時下了玉皇閣收拾出馬左右列着兩桿飛龍旗左邊二十四名神樂觀樂舞生細吹細打右邊二十四名朝天宮道士仗劍捧符中間一面坐纛々々之上寫着江西龍虎山引化真人張天師十二個大字一連三個信砲一齊吶喊三聲門旗開處隱々約々現出一個天師騎着一疋青鬃馬仗着一口七星寶劍王神姑起眼一瞧只見南陣上一員大將神清目秀美貌長鬚戴九梁巾披雲鶴氅他心裏想一想說道久聞得南朝有個道士来者莫非就是他了再起眼一瞧只見南陣上有一面皂纛々々之上明々的寫着江西龍虎山引化真人張天師十二個大字他心裏又想道原来果真是那個張天師做道士的他

既是来者不善我荅者有余不如先與他一個下馬威嚇他一嚇即時喝一聲道哇来者何人張天師不慌不忙荅應道吾乃南朝大明国朱皇帝駕下官封引化真人張天師你是何方女子姓甚名誰專一在此陣上鼓美妖邪戲侮我南朝大將是何道理王神姑道俺本爪生國總兵官咬海千長房夫人王神姑是也連日你南朝大將饒他有十尺之軀饒他有千斤之力尚然輸陣而走何況你一個尖頭削頂的道士有何武藝高強敢出陣来厮殺張天師大怒罵說道你這個潑賤婢李得些妖邪小術只好瞞得過那不曉事的煽惑軍情焉敢在我面前詩云子曰舉起那七星寶劍劈臉相加王神姑說道你有寶劍我豈可沒有雙刀終不然你是個犺髆上好推車脊梁上好走馬甚麼好漢把馬一夾刀来相架兩

馬相交兩股兵器齊舉天師心裏想道若只是厮殺却不是我的所長須索是拿出寶貝兒来繞方撈得他倒一面厮殺一面出神出得好一個神把個九龍神帕望上一丟這神帕原是玄門中有名的寶貝他畢将下来任你甚麼天神天將也等閑脫不得一個白莫說是凡胎俗骨焉能做個漏網之魚姜金定曾經喫了一虧今日却是這個王神姑被他一罩連人帶馬跌在荒草坡前天師傳令把個王神姑繩穿索綁々上中軍帳来藍旗官報道稟元帥老爺得知今日張天師活捉的王神姑到于帳下元帥們聽知這一場報一個々歡從額角眉尖出喜向腮邊臉上生連忙的分付中軍官掌起金鼓豎起旗旛迎接天師天師已到元帥道若非天師道力神威焉能擒此妖婦天師道一者朝廷洪福二者元帥虎威

貧道何德何能而有此捷一面分付軍政司擺酒天師道酒到不必賜且把那妖婦解上来聽元帥老爺發落王爺道天師見教的極是三通鼓响一簇羣刀手把個王神姑一擁而来二位元帥道這個妖婦情真罪當死有餘辜推出轅門外斬首回報毋違這正是帳上一聲斬帳下萬聲懽你看大鵬鳥從天飛下白額虎就地撮来饒你有儀秦口舌難分辨饒你有孔孟詩書不濟化即時間把個王外姑砍下一顆頭鮮血淋々的獻将上来老爺叫着牌官即將首級揭于通衢號令共国張狼牙接着他的頭說道你今番也在這裏了再似前番死而不死我便說你是個好漢道猶未了旗牌官慌々張々報說道稟元帥老爺得知適来小的捉了王神姑的頭前去號令累行不過三五十步早已撞遇着一個王神姑

一人一騎一手搶將個頭去了。這如今王神姑又在陣前討戰。王爺道又是個甚麼王神姑討戰哩。旗牌官道就是那一個王神姑。原来砍的王神姑的頭都是假的。洪公道怪不得張狼牙說他死而不死。果真的有此蹊事。天師也大驚失色。說道今日可怪。老爺道怎見得可怪。天師道自来邪不能勝正。妖不能勝德。豈有個旁門邪術反在貧道陣前美出喧去。老爺道失之東隅。收之桑榆。未為不可。天師道今番貧道尋一個對頭與他。看他再走到那裏去也。老爺道怎麼尋個對頭與他。天師道貧道轉到玉皇閣上建立壇場。召請諸位天神天將。四面八方。安排布置。終不然這個妖婦會走上天去。䟨果真的天師轉到玉皇閣上建立一壇。前朱雀。後玄武。左青龍。右白虎。當中一面七星皂旗。右邊一個小道童執着

羽扇。左邊一個小道童捧着令牌。天師披着髮。仗着劍。捻着訣。念着呪。囑着罡。歨着斗。俯伏玄壇。禱告已畢。時至三更。天師燒了幾道飛符。取過令牌来。敲了三敲。喝聲道一擊天門開。二擊地戶裂。三擊天神天將赴壇。令牌响處。只見四面八方。祥雲靄靄。瑞氣騰騰。只見無限的天神天將降臨玄壇。天師逐一細查。原来是三十三天罡。七十二地煞。二十八宿。九曜星君。馬趙温關四大元帥。察察到朝着天師打一恭。說道適承天師道令呼喚。小神一干。不知天師何方使令。伏乞明言。天師道勞煩列位神祇。貧道有一言相告。衆神道悉憑天師道令。天師道貧道承奉大明國朱皇帝聖旨欽差領兵来下西洋。撫夷取宝。已經数載。事每依心。不料今日来到爪哇國。本国出一女將。善行妖術。变化多端。一死十生。千变百

脫。擒之不得。殺之不能。似此延延迄無歸日。故此勞煩列位天神天將。護持貧道。擒此妖婦。明日歸朝。特仰敬謝。不敢私移功德。衆神道既承天師分付。明日天師只請出馬。小神一干。自當效力。天師道王神姑善能变化。变一個。須煩諸神捉一個。变十個。須煩諸神捉十個。变百個。須煩諸神捉百個。急如星火。不得有違。衆神得令。駕雲而去。及至明日平旦之時。王神姑又来討戰。天師出陣。王神姑心裏想道。天師昨日捱了一日。不出陣来。今日必定要和我賭一賭手段。其實的怎麼奈得我何。把個日月雙刀一擺。高叫道那牛鼻子。你又来也。天師大怒。擧起個七星寶劍。指定王神姑。大罵道。我教你殺不盡的賤婢。喫我一斷。你焉敢陣前戲弄于我。王神姑道。八仙過海。各顯神通。你何不也戲弄于我。還我一個席兒

機械屢出屢窮有所变而有所不盡

王神姑七十二变

巧幻愈施愈拙雖可觀而實不可為

天師道潑賤奴你不要走急忙的取出九龍神帕來望空一撇王
神姑是個傷弓之鳥漏網之魚早已看見天師的宝貝出在手外
他即時張開口來呵上一口熱氣只見一朵紅雲接天而起天師
高叫道偏你會騰雲偏我不會騰雲哩。即時撇了青鬃馬跨上草
龍一直趕上天去趕來趕去趕了半會天師落下陣來只見半空
中呼ㄣ的風响四馬攢蹄綁了一個人吊將下來。天師仔細定睛
近前一看原來就是殺不盡的妖婢王神姑天師大喜說道這不
知是那一位天神之力天師正然收拾回馬只見正東上一聲响
亮吊下一個四馬攢蹄的王神姑來天師道好古怪哩怎麽吊下
兩個王神姑來道猶未了。正南上一聲响亮又吊下一個四馬攢
蹄的王神姑來。正西上一聲响亮也吊下一個四馬攢蹄的王神
姑來正北上一声响亮吊下一個四馬攢蹄的王神姑來四面八
方一片的响一片的吊下四馬攢蹄的王神姑來天師見了大驚
失色說道怎麽有這許多的王神姑却又都是一般模樣分付牽
鈎手數一數來看是多少牽鈎手回復道數也不多只得七十二
個天師道你們仔ㄣ細ㄣ盡行觧上中軍帳來藍旗官先报道張
天師一陣活捉了七十二個王神姑來這如今盡行觧上中軍老
爺驗實這一报不至緊把個中軍帳上人ㄣ貼戰個ㄣ心驚二位
元帥高陞宝座牽鈎手把個王神姑兩個一對押上帳來元帥老
爺起頭一看原來真個是三十六對好怕人也元帥道怎麽一個
人就有七十二個王爺道這都是那殺不盡的妖婦撮弄ㄣㄣ撮
出這許多來老爺道雖是撮弄少不得有一個真的王爺道這個

說得是少不得有一個真的在裏面老爺道你們七十二個之中
是真的上前來講話其餘假的俱不許上前衆人一齊答應道元
帥差矣人稟天地命屬陰陽父精母血成其為人怎麽有個假的
老爺道似此說來你七十二個俱是真的衆人道俱是真的老爺
道俱是真的還是一夥合成的還是一胞生下的衆人道我們原
是一胞胎生下来的老爺道怎麽一胞胎生下你們七十二個面
貌都相同年紀都相若恰好就都是女子恰好就都是會厮殺的
會在一䭾兒衆人說道元帥有所不知天地間貞元會合五百年
一聚五百年生出一代好人彼此你中国五百年生出七十二個
賢人我西洋不讀書不知道理五百年就生出我們七十二個女
將比如你中國七十二賢人聚在一人門下我西洋七十二女將

出在一個胞胎彼此俱是一理元帥老爺豈可不知。元帥道你昕
日斷袋却只是一個衆人道可知只是一個日古說得好一個虛
百個虛一個實百個實旣曉得我們一個就曉得我們七十二個
王爺道那管他這些閑話叫旗牌官押出轅門之外一個一刀管
他甚麼真的假的天師道不可依貧道愚見請国師過来高張慧
眼真的自真假的自假就分别得出来庶無玉石俱焚之慘老爺
道也罷去請国師過来分付牽鈞手把這王神姑權且押在帳外
令到施行即時差官去請國師々々正在打坐雲谷道且慢多拜
上元帥老爺待等我師祖下座来即當相拜差官回了話元帥道
把這些王神姑俱押在帳外少待一時就是却說七十二個王神
姑押在帳外這些大小軍士你也唧々噥々我也唧々噥々有的

說道都是假的有的說道都是真的内中有一個軍士是瀋陽衛
的長官姓伍余元卜的上字其人眼似銅鈴心如懸鏡能通貨物
好歹善知價値高低因此上人人都稱他是個卜識貨他說道列
位都有所不知這七十二個王神姑連寧就有七十一個是假的
止得一個是真的衆人說道止得一個是真的還是那一個是真
的卜識貨把手一指說道那第十六個是真的衆人說道怎見他
是真的卜識貨道你們不信待我試一試你們看着卜識貨把個
三股叉照着那第十六個王神姑的腿肚子上一戳那王神姑撲
地的一跳々起來放声大哭說道疼殺我也列位長官們兎死狐
悲物傷其類俺得罪于元帥台下怎麼列位私自用刑于我内中
又有一個軍士是龍驤衛的長官姓甕麴家封的家字其人一生

頂直百行端莊。一句就是一句。兩句就是成雙。因此上人人都稱
他是個家老實他說道七十二個王神姑。内中止有一個真的這
到說得是只一件。却不是第十六個。衆人道。你說是那一個家老
實把手一指說道那第三十二個是真的。衆人道。怎見得他是真
的家老實說道你們不信。我也試一試你們看着。家老實把個方
天戟照着那第三十二個王神姑的腿肚子上一戳那王神姑也
撲地的一跳々將起来放聲大哭說道疼殺我也。列位長官們當
權若不行方便如入寶山空手歸俺今日不幸在此。就沒有一個
慈悲的反加害于我只見蒲腿上鮮血淋漓。一個不止家老実
說道這個血流漂杵。總是真的衆人說道。還是家老實說的更真
里内中又有一個軍士。是三寶老爺朝夕不離。親随的隊伍原是

個囬々出身本家開一鋪古董舖兒專。一買賣古董貨物車渠瑪
瑙問無不知寶貝金珠價無不識因此上人人都稱他是個别寶
的囬々走向前来看。一看。把個頭兒搖了兩搖衆人說道你把個
頭兒搖兩搖有何話說。囬々道卜識貨識的不真家老實說的是
假衆人道你怎麼說囬々道這七十二個王神姑現今就有七十
二副活心腸在肚子裏怎麼叫做是假的。衆人道怎見得有七十
二副活心腸在肚子裏囬々道你們不信。待我拎出来與你們看
着衆人道你拎来囬々道你們都站開些不要吆喝衆人只說是
囬々把個手到他的肚子裏拎将出来那曉得個奸囬々口裏嘌
也嘌先嘌說道
一寶鴨香銷燭影低　一被翻波浪枕邊欹　一團春色融懷抱

口不能言心自知　次二又噥也噥說道　臉脂胭粉暗交加
濃露于今識歲華　春透錦江紅浪湧　流鶯飛上小櫻花
次三又噥也噥說道　葡荷軟上塾酥胸　但覺形銷骨節
鎔　此樂不知何處是　起来攜手倘東風

噥了這三首情詩兒不至緊只見那七十二個王神姑一個上一斂轆扒將起来舒開笑口展起花容大哽上小哽上都說道長官長官遇飲酒時須飲酒得高歌處且高歌你們南朝帶得来的還有好情詞兒再捨福唱一個與我聽着我們一時三刻死也甘心別寶的回上說道你看他稱人心花心動兀的不是付活心腸也只因這一付活心腸引得這些大小軍士吆上喝上閙上閧上你說道王神姑身死心不死我說道王神姑死也做個鬼風流這一

場幺喝却早已驚動了帳上三寶老爺原来二位元帥正纔對着天師國師議論這樁異事却只聽得帳外軍士笑的笑叫的叫跳的跳嚷做了一馱兒老爺分付旗牌官拿過那些喧嚷的軍士来衆軍士只得把個前緣後故細說了一遍老爺道押過那七十二個王神姑来問他還是那個說的是那七十二個衆人一齊細鄉在帳下老爺問他道卜識貨說的可是衆人道不是老爺道他混名叫做個識貨怎麽又說得不是衆人道他原是柴炭行的經紀只識得粗貨不慣皮肉行的事情故此不識貨老爺又問道家老實說的可是衆人說道也不是老爺道他混名叫做個老實怎麽也說的不是衆人說道老實頭兒鼻子偏蹇故此叫做個假老實老爺又問道別寶的回上說的可是衆人說道這個說的是老爺道終不然你們是個寶衆人道我們是個寶老爺道是個甚麽寶衆人道是個獻世寶老爺道你們不像個獻世寶衆人說道若不是個獻世寶怎麽一齊兒四馬攢蹄的綑在帳下國師高張慧眼說道你這個寶却費過天師許多事了天師心裏想道國師說我費了許多事其中必定拿住了一個真的荅應道偶不成耳何費事之有國師又說道費了天師許多心了天師心裏又想道國師又說我費了許多心其中必定是成個功勞了又荅應道分所當然何費心之有國師有要沒緊的又說道天師你事便費了這一場你心便費了這如許莫怪貧僧所言却是王神姑一隻腿也不曾拿得来這兩句話兒不至緊把個二位元帥嚇得啞口無言把個天師嚇得渾身是汗三寶老爺說道國師怎見得王神姑一隻

腿也不曾拿得来國師道口說無憑我取出来你看着畢竟不知國師取出一個甚麽来且聽下回分解

○○

第三十九回

張天師連迷妖術　王神姑悞掐數珠

詩曰

三賢異七聖　青眼纂青蓮　飯食從香積　裁衣學水田
上人飛錫杖　檀越施金錢　趺坐簷前日　焚香竹下烟
寒空法雲地　秋色淨居天　身逐因緣法　心過次第禪
妖魔空費力　慧日界三千

却說國師說道口說無憑取出来你看便見老爺道怎麽取出来

便見國師叫過非幻禅師取出鉢盂討些無根的水来。即時間水到國師把個指甲兒盛了一指甲兒水照着那七十二個王神姑彈了一彈只見七十二個王神姑撲地裏一聲响撲地裏化作滿天飛。天師心裏想道莫不是國師還有些與道斌僧的舊氣故意兒断送了我的功勞。國師早已就知其情又把一指甲水照着天上飛的一彈只見輕輕的飛將下来。漫頭撲面却就是那七十二個王神姑。二位元師分付旗牌官拾起来一看只見都是些甲馬替身。二位元師心下纔明白只有天師心下十分不准信。横眉直眼填胸怒目瞪癡呆不作聲。國師道天師你不准信。即刻子那妖婦又好過来討戰。道猶未了。藍旗官報道番將王神姑又来討戰。元師道這等一個婦人千变萬化就費了這許多的氣力下西洋

法用先天牛鬼蛇神皆歛迹

出像西洋記　卷之八　四十一

張天師連迷妖陣

道崇正統傍蹊曲逕枉劳心

出像西洋記　卷之八　四十二

的怎麽是了。國師道元師寛心。此婦不足為慮。衆將官心裏不服都説道這和尚又来説個空頭大話。只好天師有許大的法力。只好天神天將有許大的神通尚然拿他不住怎麽説得個不足為慮。元師道天師費了這許多心事。又成一空。須得國師設一妙計。不知國師肯麽。國師道要擒西洋女將除非還是張天師去得。天師道貧道請下了這許多天神天將尚然擒他不住怎麽貧道又去得。國師道天師不必多謙。貧僧相贈一件寶貝就可擒拿得他。天師道既蒙國師見教貧道何敢推辭。明日情愿出馬。國師道天師你明日出陣。也不消大小官兵。也不消旗旛執事。也不消令牌草龍。只用貧僧相贈的寶貝。手到擒来。如探囊取物。天師心上大喜。暗想道佛力廣無邊。一定有個妙用在那裏。説道弟子既承

新[illegible]已請出宝貝来罷。國師道我就交付與你。口便說道我就交付與你[illegible]却不慌不忙慢騰騰地到那左邊偏衫袖上取過那一掛念頭来数一数只有一百单八顆原日海龍王送来之時却有三百六十顆佛門中止用一百单八故此只有一百单八顆舉起来遞與天師天師接了。心裏想道這和尚有好些不足之處既是許下我一件宝貝擒取妖婦。怎麽又只與我一掛数珠兒終不然對着那個妖婦去念佛。也沒柰何只得直言相告說道國師見賜這掛数珠還是何處所用國師道這就是擒拏王神姑的宝貝兒天師道這個宝貝只有恁長只有恁大怎麽拏得王神姑的潑婦往哩國師微微的笑一笑。說道你真是個癡人你只管放心前去不必髮疑。三宝老爺又說道天師只管放心國師自有個妙用彼

此三別只是天師回到王皇閣費了好一番尋思怎麽費了好一番的尋思欲待仍舊的帶了官兵執事帶了符水草龍却又遠拗了國師體面上不好看相欲待果真的不帶官兵執事不帶符水草龍却又恐怕有些差錯于自家身上不安詳。尋思了半夜看看天色已明王神姑又来討戰天師只得遵依國師的指教一人一騎单刀出馬臨行之時國師却也在中軍帳上問天師道貧僧與你的宝貝兒帶在那裏天師道帶在左邊臂膊上國師道阿彌善哉你怎麽掛他在臂膊之上你也承受他不起你也難為你的子孫天師心裏想道拿了幾顆数珠兒真才就當個宝貝沒柰何只得上前去問一聲道這宝貝還是帶在那裏纔好國師道須帶在頭項上方纔消受得他起天師連忙的取出来帶在頭項之上天

師已然出陣國師又叫轉回来　囑他說道天師此去但見了王神姑不可與他講話竟自把個宝貝兒望空一撇便就擒拏了他天師道雖是擒他却不合出陣之時又叫我轉了一轉國師道轉了一轉。也只是費些周摺擒拏的事一准無移。天師竟行而去王神姑看見天師单人獨騎前来。他心上就有些犯疑暗想道他每日領兵帶將他今日隻身獨自而来想必是有個甚麽宝貝兒来拏我也他一心只在隄防天師不想天師却又倒運着見個王神姑眼睜睜的再不動手。王神姑道你這牛鼻子道士。又来做甚麽敢是自送其死麽。天師道我今番特来擒你的真身再若饒你誓不回兵王神姑心裏一想此人若沒有宝貝焉敢說此大話自古道先下手為強後下手遭殃。好個王神姑把個隻飛日月刀。虛幌

了一幌竟撥轉馬就走天師却纔想起来說道國師分付我不可與他講話不想我慣了這張嘴多講了幾句話把個王神姑驚走了這如今沒柰何只得趕他下去。王神姑看見天師趕下陣来你看他不慌不忙口裏念了幾聲把個指頭兒照着地上指了一指指一指不至緊那塊地上就变成了三丈四尺闊的一条大澗他自家的馬一躍而過天師大怒罵說道潑賤婢偏你的馬就是馬難道我騎的就是驢兒把個青鬃馬猛地裏加上一鞭實指望小秦王三跳澗那曉得是個觸藩羝羊。進退兩難。連人連馬都失在澗底下去了那条澗却好又是個淤成的稀爛涅泥那個馬陷得泐泐的。方纔拏起前蹄来後面兩個蹄子又陷下去了。方纔跳起後蹄来前面兩個蹄子又陷下去了。天師大驚說道此事怎麽是

好陷在這裡不至緊倘撞遇着那個妖婦一箭射來吾命也難保正然與驚猛聽得劃喇上一聲响原来又不是條澗却又是天連水水連天一望汪洋茫然萬頃天師愈加與驚心裏想道禍無雙至禍不单行明上的陷在一條溝澗之中却又落在海裏想應是個海笑麽天師細看了一番水面雖是寬濶却也不深上上不至緊左傍却還有些邊岸天師只得撇下馬来牽着他沿岸而走走一步報怨一聲說道都是這個和尚害了我也若有個令牌符水却不遣下個天將也得救助于我走兩步報怨兩聲說道這都是這個和尚害了我也若有個草龍却不騎上天去這如今到這險處一面走一面報怨正行之際遠上的望見一所高山心裏想道巴着一個山榷且躲他一會再作道理及至去到那個山身邊原

来是個一刀削成的山四壁陡絕饒你要上去没有個路徑天師站了一會只見山頂上有一個樵夫一手一條尖擔一手一把鐮刀口裡高歌自得歌說道

巧厭多忙拙厭閑　善嫌懦弱悪嫌頑　富遭嫉妬貧遭辱
勤曰貪婪儉曰慳　觸目不分皆笑蔡　見幾而作又言奸
不知那件成生意　自古為人處世難

天師聽了心裏想道這個人原来是個避世君子歌這一篇嘆世情的詩兒儘有些意思這莫非是我命不該絕就有這等一個救命王菩薩来也天師高叫道山上走的君子救人哩山上走的君子救人哩那人只做個不聽見的一面口裏歌一面脚下走天師又想道放過了這個前面怎麽又能勾有個人来答救於我儘着

氣力高声大叫道山上君子救人哩只見那樵夫听見了連忙的丢下尖擔撇下鐮刀弓着背低着頭望下面瞧一瞧問說道那海裏走的是甚麽人天師道吾乃南朝大明国朱皇帝駕下官封引化真人張天師就是那樵夫又問道你可是下西洋取寶的張天師麽天師道不敢便是請問君子今日為何海水連天那樵夫道天師你还不知今日是個海笑之日天師道海笑不至緊我大明国的寶船也不見在那裏那樵夫道你這行道士好癡哩你把個海笑只當耍子今日海笑連我的瓜哇国一国的城池一国的百姓俱已沉沒于海何况你那幾隻寶船天師听了一憂又还一喜何為一憂眼見這的高山不能上去救此殘生這不是一憂何為又还一喜若在寶船時節此時俱為海中之魚鼈這却不又

是一喜却又高叫道君子救人一命勝造七級浮屠救我上山恩當重報樵夫道這個山大約有四五十丈高的壁陡絕無路可尋怎麽能勾救你上来天師又看了一看問說道君子你那尖擔上是甚麽東西樵夫道尖擔上都是些葛藤天師道没奈何你把那葛藤接起来救我上山罷救我上山決不忘恩負義那樵夫到也有些意思連忙的取出葛藤節節的接起頭来一丈一丈放了三十八丈八尺五寸只少得一尺五寸多長却接不着個天師上上道君子你放下尺来多長就接着我了樵夫說道你這個道士不知世事我手裏只有一尺多長都要放將下来與你我却不是個兩手撲空我兩手撲空还不至緊却反不送了你的性命天師道救人要緊快不要說出這等一個不利市的話来樵夫看了一會

反問天師道你腰裏繫的是個甚麽。天師道。我繫的是一条黄絲縧兒樵夫道你把那個縧兒觧下来接着在葛藤上却不就勾了。天師道有理々々。連忙的把自已的縧兒觧將下来接在樵夫的葛藤々接上見接。一連打了四五個死紇縫這也不是接樵夫的葛藤這正叫做是接自家的救命索哩。那樵夫問説道接的可曾完麽。天師道接完了。那樵夫道。我今番拽你上山来你把個眼兒蔽了些。却不要害怕哩。天師道我性命要緊怎麽説個害怕哩只望你快拽些就是矣。那樵夫初然間連拽遞拽一丈十丈儘着氣力。拽了二十餘丈到了半中間忽然間住了不動手。把個天師掛着在半山中間不上不下。天師道君子。相煩你高抬貴手。再拽上一肖樵夫道。我肚子裡餓了。擔拽不来。天師道半途而廢可惜了

前功樵夫道咋。為人在天地之間三父八母有個同居継父有個不同居継父。我和你邂逅相逢。你認得我甚麽前公。還喜的不曾拽上你来。若還拽你上山之時。你跑到我家裏認起我的房下做個後母。一個前公。一個後母。我夫婦兩個却不都被你昌認得去了罷。天師心裏想道龍遊浅水遭蝦戲虎落平洋被犬欺。這個樵夫明々的把個語話来相嘲沒奈何只得陪個小心説道君子你見差了。我説前面的功程俱廢了。不是前公後母的前公樵夫道你這個道士。原来肚裏讀得有書哩天師道。三教同流豈有個不讀書的。那樵夫道你既讀書我這裏考你一考。天師道但憑你説来。那樵夫道也只眼前光景而已。你就把你掛在藤上打一個古人名来天師想了一會説道是我一時想不起来望君子指教一番罷那樵夫笑了一笑説道你這等一個斯文之家掛在山腰上却不是個古人名字叫做滕文公天師道有理々々那樵夫説我還有一句書来考你一考。天師道君子你削性拽我上山来再考罷樵夫道但考得好。我就拽你上山来。天師道既如此就願聞樵夫道且慢考你書。我先把個棗兒你喫着你張開口来。待我丢下来與你天師心裏想道王質观棋也只是一個棗兒洞中方七日。世上幾千年。我今日不幸中之幸。也未可知。連忙的張開個大嘴来那樵夫把個棗兒一丢々下来可々的中着天師的嘴。天師把個嘴兒荅一荅。原来是個爛臭的涅泥團兒。連忙的低着頭張開嘴望下一吐。把個樵夫在山上笑一個不止。説道你這個道士你既讀書這就是兩句書。你可猜得着麽。天師心上二十分不快説道

那裏有這等兩句臭書樵夫又笑一笑説道你總方張開嘴来接我的棗子。是個滕文公張嘴上。上章句你纔方張開嘴来望下去吐。是個滕文公張嘴下。這却不是兩句書。天師道既承尊教你削性拽我上山来罷。那樵夫道。你兩番猜不着我的書謎兒。我不拽你上山来了。天師道救人須救徹殺人須見血。怎麽這等樣兒那樵夫道寧可折本。不可餓損我且家去喫了飯来。再拽你罷。那樵夫説了這幾句話羊腸去了。天師又叫了幾声樵夫只是一個不理天師説道到被這個樵夫悶得我在半山腰裏。上不上下不下。上天無路。入地無門。抬起頭来望着上面只見陡絕的高山又不得上去低着頭来望下面只見海面上的潮頭約有四五丈高風狂浪大又不敢下来。一旦觧下了藤蘿地有二十多丈之遠跌將下

去。却不昳壞了。怎麽是好。低着頭再看了一會。只見那疋青鬃馬已自渰死了在水裏滿口都是些白沫。四隻脚。仰着朝天淌在浪裏。一浪掀將過來。一浪掀將過去。天師心裏又想道。縱說是樵夫坑我。却又得樵夫救我。不然之時我和青鬃馬一般相似了。没柰何。只得掛着在藤上。正然掛得沒柰何。只見無萬的土黃蜂。一陣来。一陣去。你来一針。我去一針。天師道。這正是黄蜂尾上針。叵耐這小蟲兒。也如此無禮。一隻手拽着藤。一隻手撲上撲下。幸喜得一陣大風。烏天黑地而來。把些黄蜂一繳過兒吹將去了。黄蜂便吹了不至緊。又把個天師吹得就是個打鞦韆的一般。這边幌到那边去。那边幌到這边来。正叫做顛狂柳絮隨風舞。輕薄桃花逐水流。風過後。纔然平穩些。恰好的藤上又走下兩個小老鼠兒来

一個白匕如雪。一個黑匕如鉄。白的藤上磨一磨牙。黑的藤上刮一刮齒。天師罵聲道。你敢咬斷了我的藤。我明日遣下天神天將来。把你這些猫類打做一鍋兒熬了。你只見那兩個小老鼠兒恰像省得人講話的。你也咬一口。我也咬一口。把個葛藤三股中咬斷了一股。天師道。屋漏更遭連夜雨。行船又被打頭風。我已自不幸。掛在藤上。誰想這個鼠耗又来相侵。我尋思起来。與其咬斷了藤。昳將下去。莫若自己解開了絲縧。跳將下去。還有個分晓轉過頭来。照下一看。天師心裏連聲叫苦也。連聲叫苦也。怎麽連聲叫苦。原来山脚下水面上有三条大龍。一齐張開口来。一齐的毒氣奔烟而出。兩傍又有四条大蛇。也是一齐張開口来。也是一齐的毒氣奔烟而出。把個天師心裏只是叫苦。却又無奈之柰。只得自

寫箇辭。吟詩一律

詩曰

藤摧墮海命難逃　鮀鼠龍攻手要牢　自巳彌陀期早悟
三途苦趣莫教遭　肥甘酒肉砒中蜜　恩愛夫妻笑裏刀
奉勸世人須猛省　毋令今日又明朝

看匕的日巳平西。天師道。這樵夫多應是不来了。要我吊在這裏怎麽有個結果。正在愁苦處。只聽得峦鈴馬响。馱皮鼓韵。天師道今番却有個過路的君子来也。既有馬聲。想必是個慈悲方寸。我的解手。却在這一番了。道猶未了。只聽見馬响處有個人聲問說道。山下吊的是甚麽人。天師仔細聽來。却是個王神姑的聲口。心裏想道。我先前騎了青鬃馬。跨了七星刀。尚然被他耍了。何况如

菩提大覺啟照心而併忘心

妖魔外道逃異法而歸佛法

今吊在藤上豈能奈何于他吾命休矣不如閉着雙眼憑他怎麽
處置罷了王神姑又問道山下吊的是個甚麽人天師只當一個
不聽見王神姑又說道吊的甚麽人你說個来歷我且救你上山
来天師也只當一個不聽見王神姑又說道你再不開言我把這
条葛藤割斷哩天師也只當一個不聽見王神姑把個雙飛日月
刀放在藤上磨一磨說道我今番割斷哩天師也只當一個不聽
見王神姑果真的把個葛藤割上幾刀大約三股中去了兩股半
那個藤吊的咭咭的响天師心裏想道割斷了藤不過只是一個
死他雖有些妖術不過一個女流之輩我雖暫時困屈到底是個
堂堂六尺歷代天師豈可折節于他正叫做跌死事極小失節事
極大緊緊的閉了雙眼也只當一個不聽見王神姑看見天師左

不聽右不聽無計可施心裏想道這天師名下無虛至死不变強
哉矯哉我豈敢加害于他不免現出了這一段机関看他何如再
做區處口裏念念咕咕念了一會說道你這吊着的人我本待救
你上山来你再也不開口我如今去了看你幾時上山来說一声
去只聽得鑾鈴馬兒漸漸的响得遠馱皮鼓兒漸漸的敲得輕天
師原本是閉了眼的聽知他去了把個眼皮睜開来原来一天兇
險皆成夢萬斛憂愁總偽虛那裏有個山那裏有個海那裏有個
藤只是自己一条黄絲縧兒自己吊在一顆槐樹上天師心上好
惱又好笑說道怎麽就受苦了這一場我自己使罷怎麽青鬃馬
也却古怪明明白白的浸在水裏只見起眼一瞧青鬃馬自由自
在在荒草坡前天師連忙的解下縧来牽過馬来飛身上馬竟奔

寶船而歸正行之際早有一會人一騎馬一口飛刀攔住馬頭高
叫道那裏走你這牛臭子早早下馬投降免受刀兵之苦天師起
頭一瞧只見是個王神姑正是仇人相見分外眼睜大叫一聲道
潑賤奴你奈何得我彀了這如今我和你狹路上相逢不你便我
把青鬃馬一夾把七星劍一撇直取王神姑王神姑大怒罵說道
你這個牛臭子好無禮中人好度人難度寧度中生不度人我方
纔到放了你你如今就变臉無情連忙的拏刀相架你一劍我一
刀你一上我一下你一来我一往兩家子大戰了五六回天師雖
然受了一日悶氣他那一股義勇英風那裏放個王神姑在心上
王神姑看見天師十分英勇劍法又精心裏想道此人道筭兼全
文武具足不是等閑之輩我這裏怎麽奈得他何况兼天色又晚

不是厮戰之時總莫若再把那話兒来會他一會。口裏念了一聲指頭兒照着地上一指。指了一指不至緊那塊地上依舊的变成了三丈四尺濶的一条深澗。依舊的把個天師連人帶馬一轂轆掀番在深澗裏面。天師大笑了三聲。怎麽又大笑了三聲。天師說道我這如今是個唱曲兒的唱到二犯江兒水了。道猶未了。只見座下青鬃馬。口裏就講起話来。大叫道。張天師你不如趂早些下馬投降于我。我還有個好處到你。你若還說半個不字。我教你這個淤泥之中。直沉到底。永世不得翻身。天師大怒說道。勢敗奴欺主。時衰鬼弄人。那裏有個馬弄人之理。也顧不得甚麽青鬃馬舉起七星寶劍来。照着馬頭上撲地一聲响。就是一劍。原来那裏是個馬講話。就是王神姑照在馬頭上粧成的圈套。恰好的這一劍

掀在王神姑的頭上。本是溝又深。天又黑。王神姑膽子又大。略不隄防。可可的就喫了一斵。左邊額角上去了一塊大皮。血流滿面不會開言。連天師也在黑處。只說是砍了馬。及至王神姑甦醒之時。口裏罵道。我把你這個牛鼻子。教你就捞了我這一刀。天師心上纔明白。曉得傷了王神姑。懊悔道。何不再还他幾刀。断送這個禍根。豈不為美。却說王神姑心懷深恨。將欲下手。天師曉得天師是按天上的星宿。下手不得。將欲彼此開交。這一刀的酸氣又不得出。終是要出氣的心多。狠是說道。一不做二不休。這個牛鼻子。或也不奈你何。我且把你的巾帼衣裳還剥了你的。再作道理。天師連人帶馬陷在淤泥之中。憑他鬼弄。果真的一撇撇過一頂九梁巾去了。天師道。你恁的無禮。我明日拿住你之時。碎屍萬段剮

肯熬油。我教你那時悔之晚矣。王神姑道。你還口硬哩。我且把你的衣服剥了去。看你何如。果真的一撇撇起。那領雲鶴氅来。彼時已自黄昏。將盡月色微明。掀起了這件雲鶴氅来。不至紧只見天師頸膊上霞光萬道。瑞氣千条。王神姑看見喫了一驚。心裏想道怪的這個牛鼻子嘴硬。原来有這等一件宝貝在身上。却一件来他既是有這等一件宝貝。怎麽這一日再不動手干戈。事有可疑不免拿他的過来。或好或歹。教他舉手無門。好個王神姑。一面想定了。一面凑手就過来。把個天師頸膊子低下一捞。一捞捞將過去。原来是一掛数珠兒。数一数。只得一百零八顆。拿在手裏。只見他豪光紫氣。愛殺人也。王神姑心裏又想道。這决定是件宝貝。這决是個戰勝攻取的家火。待我且掛將起来。却不落得一個贏家

常在手。他看見天師掛在頸膊子底下。他也把個数珠兒掛在頸膊子底下。那曉那一掛数珠兒是個活的。劃喇一聲响。一個個就長得斗来大。把個王神姑壓倒在地上。七孔流血。滿口只叫道。天師你来救我也。畢竟不知這個数珠兒怎麽會長。又不知天師可曾救他。且聽下回分解

○○

第四十回

金碧峰輕恕神姑　王神姑求師火母

詩曰

燦爛金輿側　玲瓏玉殿隈　昆池明月滿　合浦夜光迴
影逐靈蛇轉　形隨舞鳳来　誰知百零八　壓倒潑裙釵

却說王神姑帶了這一掛数珠兒那珠兒卽時間就長得有斗來大把個王神姑壓倒在地上七孔流血滿口叫道天師你來救我也天師起頭看來那裏有個深澗那裏有個淤泥明明白白在草坡之中。原來先前的高山大海兩次深澗樵夫葛藤龍蛇蜂鼠俱是王神姑撮弄來的今番却被佛爺爺的宝貝拿住了天師心裏纔明白懊恨一個不了怎麼懊恨一個不了早知道這個宝貝有這等的玅用不枉受了他一日的悶氣王神姑又叫道天師你來救我也天師道我救你我還不得工夫哩我欲待殺了你可惜死無對證我欲待綑起你怎奈手無繩索我欲待先報中軍又怕你閗闘去了一個天師看了一個王神姑恰正是個賊見笑原來國師老爺早得了一陣信風說道咦誰想今日天師反受其黖叫一聲

出像西洋記　卷之八　五十六

揭諦神那裏只見金頭揭諦神銀頭揭諦神波羅揭諦神摩訶揭諦神一齊到来遶佛三匝禮佛八拜說道佛爺爺呼喚小神不知那廂使用佛爺道現有爪哇國女將王神姑帶了我的宝貝跌在荒草坡前你們前去擒住他的真身不許他私自脫換亦不許你們損壞其身四個揭諦神得令而去佛爺爺心裏想道揭諦神只好拘住他的真身却不能勾解上中軍来張天師一人一騎却也不能勾解他上中軍来不免我自家去見元帥一遭竟上中軍見了元帥劈頭就說一句恭喜恭喜二位元帥眉頭不展臉帶愁容說道這如今燈殘燭盡天師還不見回来不知國師有甚麼恭喜見教國師道天師盡一日之力擒了女將成了大功因此上特来恭喜老爺道天師既是擒了女將怎麼此時還不見回來國師道

師只是一人一騎沒奈他何元帥道這裏還要發出幾十名軍士前去助他一臂之力纔然綑縛得他来元帥道夜晚間兵微將寡恐有疎虞卽時傳下將令點齊一百名護衛親軍仰各隊長依次而行前去接應天師這一百名親軍帶了高照竟投荒草坡前而去只見一個王神姑跌番在地上一個張天師手裏拿着一根縧縧兒說長又不長說短又不短左綑左不是右綑右不是正在兩難之處只見一百名親軍一湧而至天師大喜說道你們從何而来都說道國師老爺稟過元帥差我們前来與天師助力天師道國師神見真我師也你們快把這個妖婢綑將起来王神姑說道天師老爺可憐見輕綑些罷天師罵說潑賤奴說甚麼輕綑些我今日拿你回去若不碎屍萬段剮骨熬油我誓不為人王神姑

出像西洋記　卷之八　五十七

虜物無爭佛頂寬容斐日月

金碧峯輕恕神姑

宅心惟恕杖頭別是一風烟

兩泪雙流沒柰何只得憑着這一百名軍士細細細縛一逕解上中軍宝帳國師老爺除了他的数珠兒数一数還是一百单八顆國師道天師你怎麽今日成功之難敢是我的寶貝有些不靈驗麽天師朝着國師一連唱了幾個偌一連打了幾個恭說道多承見愛怎柰我自家有些不是處故此成功之難國師道怎麽有些不是處天師却把個前緣後故細說了一遍國師道既如此多虧了天師二位元師看見個王神姑和前番七十二個都是一般模様說道前日七十二個都是假的今日這一個可是真麽國師却把個数珠兒和揭諦神的前来後往細說了一遍二位元師說道既如此又多虧了國師天師道這個妖婢無端詭計百様奸心望乞元師速正其罪細剥他的皮細剮他的肉細析他的骨頭細熬

他的油尚然消不得我胸中之恨洪公道天師怎麽恨得這等狠理天師道此恨為公非為私也元師道天師不必嗔惱我這裏自有個公處即時叫過刀斧手来你即將女將王神姑押出轅門之外先斬其首末後剥皮剮肉拆骨熬油依次而行刀斧手一齊答應上一聲是把個王神姑就嚇得渾身是汗兩腿鄮酥放聲大哭吆喝道列位老爺饒命哩就只砍頭饒了剥皮剮骨熬油也罷就只剥皮饒了剮骨熬油也罷就只剮骨饒了熬油也罷刀斧手喝聲道咗你既是砍了頭便罷却又乞這些饒做甚麽王神姑哭上啼上道得饒人處且饒人只這一句話兒不至緊早已打動了國師老爺的慈悲方寸國師道禀過元師看貧僧薄面饒了他罷元師道這妖婦立心不良我今日什放于他上明日又未反噬于我

這正是養虎自貽患這個不敢奉命國師道善哉上上只一個女人有個甚麽立心不良有個甚麽反噬于我以貧僧觀之擒此女人如探囊取物手到功成饒他再有反背之處貧僧自有個道理天師看見國師苦上的討饒誠恐輕放了這個妖婦連忙的走近前去說道擒此妖婦萬分之難放此妖婦一時之易雖是國師老爺慈悲為本也有個不當慈悲處雖是國師老爺方便為門也有個不當方便處譬如天地以生物為心却也不廢肅殺收藏之令這妖婦都是一段假意虛情誓不可聽國師道螻蟻尚然貪生為人豈不惜命他今日雖然冒犯天師却不曾加以無礼這也是他一叚好處天師怎麽苦上記懷王神姑又在那邊吆喝道饒命哩饒命哩國師道元師在上沒柰何看貧僧薄面饒了他罷元師道

既蒙國師見教敢不遵依即時傳令。分付刀斧手。放他起来國師叫過王神姑跪在帳前問他道你是本國女將歷王神姑道小的是本國女將國師道我元帥承奉我朝大明國朱皇帝欽差寶舡千號戰將千員雄兵百萬来下西洋撫夷取寶到一國探問一國有無我天朝的傳國玉璽如無玉璽不过取得一封降表降書一張通關牒文我元帥又不占人城地。又不滅人社稷你這最尔小國有多少的軍馬敢倔彊無禮你這蠢尔女將有多大的神通敢賣弄妖邪今日拿住你是貧僧再三央說元帥饒你回城你可知道麽王神姑磕了幾個頭說道謝元帥不斬之恩謝國師救命之德小的回到本國見了番王即時獻上降書降表即時換上通關牒文再不敢倔彊無礼抗拒天兵自取罪戾不便國師道萬一致

你回去背却今日之言那一次拿住你碎屍萬段剮骨熬油的事却都是有你的王神姑說道小的知道了國師老爺分付軍政司把他的披掛鞍馬一應交還與他還與他酒飯示之以恩放他回去王神姑得命好似踹碎玉籠飛彩鳳掙開金鎖走蛟龍出了轅門照着本國抱頭鼠竄而去。却說王神姑已去馬公道夷人反覆不常况兼一女流之輩他那裏曉得個信行二字。纔方還是不該放他放他還有後患國師道人非草木豈可今日饒了他的性命他明日又有個反背之理馬公道莫說明日。這如今去叫他回来他就有個退托國師道阿彌善哉若是這如今去叫他回来他就有些退托貧僧誓不為人馬公道国師既不准信稟过元帥。或差下一員官或差下一員將或差下一名兵番趕向前去叫他一聲

你看他回来不回来便見明白國師道這如今夜半三更教他到那裏去叫馬公道叫人也沒用怎麽夜戰成功國師道既如此稟過元帥差下一名兵番去叫他回来罷元帥傳下將令即差藍旗官追轉番將王神姑許即時回話藍旗官得了將令飛也的追向前去高叫道王神姑且慢去我奉國師老爺法旨叫你回来還有話分付于你王神姑正行之際猛聽得後面有人指名叫他喫了一驚帶住馬聽了。一聽只聽得吆喝道我奉國師老爺法旨叫你回来還有話分付于你他心裏想道叫我回去沒有別話這一定是有個小人之言說我反復故此叫我回去看我今日推却不推却可見後日反復不反復我若不去之時便中了小人之計我偏放個堂上一呼堦下百諾應幾他不疑我我明日得以成功進此

的問道果是國師老爺的法旨麽藍旗官道軍中無戲言豈有假傳之理王神姑即時勒馬回来拜于帳下稟說道小的已蒙国師老爺開天地之恩宏父母之德放轉回城適纔又蒙法旨呼喚不知有何分付国師道我適纔思想起来你是西番一個女流之輩我是上國一個國師你明日回去吊領人馬反復無常有誰與你對証故此叫你回来當衆人面前做下一個證明功德纔是個道理王神姑道我要供下一紙狀詞我又不通文墨我要發下一個誓愿却又口說無憑不如將此披掛鞍馬之類但憑老爺留下那一件做個當頭罷国師道不是留下當頭的話只要見你一點直心王神姑道若要見我一點真心不如當天發下一個誓愿罷国師道你就發下一個誓愿罷王神姑轉身對着天磕了幾個頭說

道小的是西洋爪哇国女將軍今日敗陣被擒荷蒙國師老爺放而不殺言定歸國之後稱臣納貢不致反亷相攻如有反復教我上陣不得好死萬馬踏我為泥國師聽知此誓說道阿彌善哉發這等一個誓愿勾了王神姑又磕了幾個頭而去馬公道這個婦人好机深謀重哩國師道他一叫便来你還說他的不是馬公道這纔是他的机深處國師道發下了這等一個誓愿還有個甚麼机深處馬公道近時的人都有二十四個養家咒你那裏信得他哩國師道假饒他信不得貧僧必然萬馬踏他為泥國師回到本船叫過咒神来記了王神姑的咒語二位元帥每日常聽爪哇国的降表降書那曉得王神姑回到本國見了咬海干咬海干道你怎麼被張天師所擒既然擒去怎麼又得回来王神姑意說道我

是虛情假意探實他的軍情見了番王〻〻道你怎麼被張天師所擒既然擒去怎麼又得回来王神姑也故意的答應道我是虛情假意探實他的軍情番王道你既是探實了他的軍情你何不大展神威擒此僧道與朕安鎮諸邦有何不可王神姑道南朝的僧家金碧峰本領其實利害一時難以擒拿番王道既是難擒却怎麼樣處置王神姑道小臣還有一個師父住在甲龍山飛龍洞脩行了有千百多年道行非常成其正果不食人間五谷飢飡鉄丸渴飲銅汁身高三尺頸項就長一尺有餘頭有斗大手似鉄鉗因他頸項子長人人叫他做個鸂頸祖師他頭頂風扇脚踏火車左手提的是火鎗火箭右手提的是火鴉火蛇因他是一團火性人又叫他是個火母禪師番王道他既是修行之人怎麼又肯来

與你厮殺王神姑道我師父是個兩截的人番王道怎麼是個兩截的人王神姑道我師父也在修真養性之時掃地恐傷螻蟻命他若是火性爆烈之時即將攛倒斗牛宮番王道怎麼得他火性爆烈王神姑道大王豈不聞激石乃有火不激原無烟番王道此去多少路程只怕一時不及王神姑道小臣不憚辛苦快去快来還不消六日番王道既然如此有功之日重〻加賞王神姑辭了番王別了咬海干駕起一步滕雲那滕雲一日一夜可行千里不消三日三夜已到了甲龍山飛龍洞王神姑落下雲頭来到洞口只見一個小道童兒坐在門前王神姑走向前去打一個稽首說道師兄請了那道童還一個禮看一看說道你是爪哇國的王師兄拉王神姑道便是道童說道来此何幹王神姑說道有事拜揭

計云盡術云窮甲詞祝融而聽命

力已消氣已沮甘心黎正以請兵

師父道童兒說道師父都不在家了。王神姑道。到那裏去了。道童兒說道在大羅天上火堆宮裏打火醮去了。王神姑說道去了幾日。道童兒說道纔去了三七二十一日。王神姑說道火醮要打幾時道童兒說道要七七四十九日。王神姑道我有些緊事怎麼等得他來也道童說道天上的事。由不得人王神姑道我如今不得見師父天下的事也由不得人王神姑要得師父緊只得守着他一日三七日九直守得過了四七二十八日只見一朶紅雲自空而下王神姑早已知道是師父來了雙脚跪在洞門之外火母落下雲來看見個舊日徒弟可驚可喜說道王弟子你從那裏来的王神姑一劈頭就把兩句狠話兒打動師父一邊做個要哭的聲音一邊說道弟子今年運蹇時乖遭了一年的沉難受了一年的

困苦這如今還不得脫身沒柰何只得逕来拜求師父火母道是個甚麼人敢這等窘辱于你王神姑又哭又說道是個南朝大明國朱皇帝駕下甚麼元帥統領了寶船千號戰將千員雄兵百萬下俺西洋撫甚麼夷取甚麼宝經今在俺爪哇国攪擾了大半多年火母道你怎麼讓着於他王神姑道先是總兵官咬海干出戰被他殺了五百名魚眼軍又被他煮喫了三千名步卒火母道天下有這等的道理縱有不是不該把個人来煮喫你與他交戰何如王神姑道弟子與他交戰本待不輸爭柰他有偏家本領利害弟子那七十二張甲馬替身俱被他所破又把弟子的真身拿上中軍若不是師父所傳的五囬三出弟子也不得囬来見師父火母道你沒有告訴他你是我的徒弟王神姑就捨一個謊說道一發

不好說得火母道怎麼不好說得王神姑道不說師父到還好因為說了師父他愈加又計較我們火母道他要怎麼樣計較于你王神姑道他也要把我們来煮喫哩火母大怒說道天下那裏有這等一個傖家你不看經面也看佛面怎麼要把我的徒弟来煮喫理徒弟你先去我隨後就来定要與你伸這一口氣定要與你報這一塲仇教他認得我的本領哩王神姑萬千之喜歸到本国国王道怎麼去了這夛日子王神姑道因為師父在大羅天上火堆宮裏打火醮去了故此擔遅了這些日子番王道師父何如王神姑道師父即時就到小臣帶領本部兵馬先去伺候番王道凱旋之日一總酬功王神姑辭了番王領了本部軍馬見了咬海干問說道南兵連日何如咬海干道他連日等我們降書降表並無

天氣酷熱前行不便故此不曾来十分催攢你師父在那裏王神姑道即到荒草坡前道猶未了。火母已自落下火雲先在那裏等着徒弟王神姑雙脚跪下說道不知師父早臨有失迎候。火母道徒弟我此来一非為名。二非為利只為你是我的徒弟我特来從此僧家與你伸這一口怨氣只一件来你央不可泄漏我的天机你先出馬看南陣上是甚將領来待我好作道理王神姑出陣早已有個五十名夜不收打探了實信報與中軍說道王神姑回去拜請了他一個甚麼師父住在甚麼甲龍山飛龍洞修行了有千百多年。飢飡鉄丸渴飲銅汁。身長三尺頸膊子就有一尺多長混名叫做鵞頭祖師他頭頂風扇脚踏火車左手提着火鎗火箭右手提着火鴉火蛇故此又叫做個火母禅師這如今現在陣上前声

上要投僧家口上要拿道士三寶老爺道這都是佛門中慈悲為本方便為門王爺道誰想這等一個女人這等反復馬公道須請国師出馬萬馬踏他為泥老爺道這如今說不得那個話快請天師来出馬萬一天師推托就着去請国師道猶未了只見帳下諸將一齊嚷道養軍千日用在一朝未將們不才願先出馬擒此妖賊萬一不能成功再請天師国師未為晩也元帥道非我不遣諸將只因此来的妖賊都是些妖邪術法小鬼旁門非兵家之正脉故此不敢相勞連天師的正一法門且不能奈何于彼連国師的佛力。也不能奈何于彼諸將當悉体此意毋謂我為輕忽也諸將齊聲道怎麽敢說元帥老爺輕忽只說馬革裹屍大丈夫之事未將們不才願出一陣看是何如王爺道既是諸將堅意要戰許先

出一陣止許先鋒及五營都督四哨官防禦寶船不可擅動仍要小心不可輕視諸將得令一湧而出左右先鋒分為两翼五營大都督留中營大都督看營前後左右。按東南西北四方上各自扎住一個行陣。一聲信砲三通鼓响南陣上閃出六員將官只見將陣上站着一員番將。身長三尺頸長一尺有餘臉如鍋底手似鉄鉗南陣上三通鼓响正東上閃出一員大將束髮冠兜羅神獅蛮帶練光拖騎一疋流金騌千里馬使一桿丈八截天鎗原来是前營大都督應襲王良高叫道你站的敢是王神姑的師父麽那番將答應道一聲是把那一張血光的口張開来火光就迸出来有三五尺王良道你敢就是火母麽他又答應道一聲是又把那一張血光的口張開来火光又迸出来有三五尺王良道我聞你的

大名如雷灌耳。原来是這等一個長頸鬼頭你出陣来怎麽你敢欺我南陣上無人麽輪起那一桿丈八的神鎗照着火母身上便戳將去。火母也不作聲。火母也不動手。只是戳一鎗一道火光望外一爆王良左一鎗右一鎗殺得只見他渾身是火起。並不曾見他開口並不曾見他動手。王良呆了。只見正西上閃出一員大將来爛銀盔金鎖甲花玉帶剪絨裙騎一疋照夜白銀鬃馬使一桿朱纓閃々滾龙鎗原来是後營大都督武狀元唐英高叫道王應襲你過来待我奉承他幾箭。一連射了一壺箭無一箭不中。中在頭上々々就是火出来中在眼上。々々就是火出来。中在鼻上鼻上就是火出来中在口上口裏就是火出来中在面上々々就是火出来中在手上々々就是火出来中在脚上。々々就是火出来

並不曾見他開口並不曾見他動手。唐英還要射只見正南上閃出一員大將来。紅巾綠袍袖黄金𩊠帶鉄菱角包跟騎一疋金叱撥絲紅的馬。使一条三丈八尺長的𧈧見愁疾雷鎚原来是左營大都督黄棟良高叫道唐狀元你過来等我奉承他幾鎚一連上手。就是七八十鎚。就打出七八十個火團兒来。並不曾見他開口並不曾見他動手。黄棟良還要打。只見正北上閃出一員大將来身長三尺膀闊二尺五寸。不戴盔不穿甲騎一疋紫叱撥騰雲的馬。使一件重一百五十斤的神見哭任君鑹原来是右營大都督金天雷高叫道黄都督。你過来待我也奉承他幾鑹一上手也就是七八十鑹也只是打出七八十個火毬来金天雷說道好怪也我這一百鑹還是打鉦哩還是煉銅哩道猶未了只見火母颼地裏一道火光。把個金天雷一把扯住金天雷慌了。說道師父師父。你放了我。再去扯別人罷。火母說道我現錘不打。又去煉銅金天雷還不曾開口。只見左右兩個先鋒。一個身長九尺膀闊三停銅鈴眼。一個一疋馬。一個一張刀。一個是左先鋒張計一個是右先鋒劉蔭一個高叫道。金都督你過来仔細我的刀。一個高叫道你兩個不見了開路神沒有甚麼幾多長数的一個左一刀。一個右一刀一會兒左一刀的不見了刀口右一刀的不見了刀尖不見了刀口的唬得啞口無言不見了刀尖的唬出一身尖頭汗来火母方纔張開口来大笑三聲說道多勞你們了。我昨日在途路上感冒了些風寒暑濕多得你們這一場修養。我的感冒好了一

二十六員大將都只是睜開眼来看他一看。火母又說道你們不要看我你們轉去。叫你那牛鼻子道士来叫你那葫蘆頭和尚来畢竟不知他单請天師國師有何道術且聽下回分解

出像西洋記卷之八終

新刻全像三寶太監西洋記通俗演義卷之九

二南里人　編次
三山道人　繡梓

第四十一回

天師連陣勝火母　火母用計借火龍

詩曰

甲龍山上飛蜜沙　甲龍山下人怨嗟　天津流水波赤血
白骨相撐如亂麻　我亦東奔向瀛海　紅雲四塞道路賒
東方日出啼早鴉　城門人開掃落花　梧桐楊柳拂金井
來醉飛龍火母家

却說六員大將回陣而來。元帥道：「今日勝負何如？」左先鋒張計票

連唱凱歌日落鯨波金萬頃

頓褫奸膽烟拖鰲背碧千尋

說道：「其人渾身是火，任是刀砍，任是鎗戳，任是箭射，任是鎚擂，只見火光迸裂，並不曾見他叫疼，並不曾見他回手。」元帥道：「敢是個寄杖之法麼？」張先鋒道：「饒他寄杖，那裏寄得這許多的刀鎗？」元帥道：「他是個甚麼樣兒的人？」張先鋒道：「其人止有三尺長的文身，却就有一尺多長的頸脖子，遠望他就像一隻鸕鷀，近看他就是一個小鬼。」元帥道：「怎麼這等利害？」張先鋒道：「聞說他飢食鐵丸，渴飲銅汁，因此上却就有些不好相交處。」元帥道：「西番多有異人，似此一個番將，何以處之？」張先鋒道：「他坐名要天師，他坐名要國師，今番却少不得驚煩這二位也。」元帥道：「只得去請天師。」請到天師，天師道：「驅神遣將，斬妖縛邪，這是貧道的本等，怎敢辭勞。」即時出馬，左右擺着飛龍旗，飛龍旗下擺着樂舞生道士，中央竪着皂纛，〻〻

之上寫着江西龍虎山引化真人張天師十二個大字皂纛之下。隱隱坐着一個天師。提着七星寶劍。跨着青鬃駿馬。一聲砲响。擂皷三通。天師坐在馬上。單請番將相見。只見番陣上跕着一個人。三尺長的文身。一尺多長的頭膊子。面如鍋底。手似鉄鉗。黑委委的一個矮子。只是紅口。紅眼。紅鼻頭。紅耳朵。紅頭髮。恰好是個炮裏火。天師高叫道。来將何人。早通名姓。番將道。俺甲龍山火龍洞丙丁大羅刹火母元君的便是。你是何人。天師道。南朝大明國朱皇帝駕下。官封引化真人。張天師的便是。火母道。你昨日活活的捉住我的徒弟。怎麽就要煮他来喫哩。天師道。因不曾煮得他。至今猶有餘恨。火母道。你今日出陣。也要煮喫于我麽。天師道。你自家惹火燒身。那個要来煮你。火母道。溺矮人莫説矬話。你怎麽敢

説我惹火燒身。照頭就是一箭。那一箭不至緊。一道烟火直噴到天師的面上来。天師連忙的把個七星寶劍照箭一撇。箭便撇得倒。那一道烟火。却撇不倒。纏繞在天師的身上。險些兒把個鬍子都做了烏焦巴弓。天師心裏想道。他渾身是火。以火成功。火克金。我的七星劍怎麽是個敵手。土克水。水克火。須得一個水。纔是他的對頭。低頭一想。計上心来。把個青鬃馬。帶到坎位上跕着。手裏捻定了一個壬癸訣。口裏念動了一股雪山呪。説道。你那小鬼頭再敢飛過一枝箭来。火母道。你還燒不怕哩。撲地裏就是一箭来。天師收定了神。捻定了訣。把個口兒輕輕的啐一聲。把個劍頭兒輕輕的指一下。那枝箭。斜曳裏插在地上。連火連烟。自消自滅。火母大怒。説道。好牛鼻子道士。取攔我的馬頭麽。飛星又是一箭。天師仍舊的啐一啐。指一指。那枝箭仍舊的插在地上。那些烟火仍舊的自消自滅。火母心裏想道。這個道士儘通得哩。今番不要把箭去會他。看他怕不怕。高叫一聲道。天師照箭哩。口裏説的是箭其實的是一桿火鎗。天師的眼又是快的。看見個勢頭不善。就曉得不是枝箭。着實一啐。着實一指。那桿鎗只當得一枝箭。吊在地上。也不見响。烟消火滅。也不見燒人。火母看見個火鎗不靈驗。心裏老大的喫力。怒從心上起。惡向膽邊生。一連三桿鎗飛過来。如流星趕月之狀。那一天的烟火。好不嚇人也。天師越加心雄膽壯。口兒裏連啐遞啐。劍頭兒連指遞指。那三桿鎗。也只當得一桿。吊在地上。也不見十分响。烟飛火散。也不見十分燒人。火母心裏想道。我這箭一箭射過須彌山。我這鎗一鎗戳透崑崙頂。怎麽今日

籠鎗只在家裏敢是我的運限行得低。敢是今日的日神有些不利也罷。識時務者呼為俊傑。我今日權且收拾。待明日再来下手于他。高叫道。今日天晚。且待明日。我和你再决輸贏。到了明日。天師出馬。高叫道。那矮鬼頭。你昨日把個火箭火鎗射了我。今日也輪該我来射你了。火母道。我何懼于你。你前日六員大將。六般兵器。射的射。戳的戳。打的打。搥的搥。只當替我修養一番。莫説你這等一個牛鼻子道士。任你是甚麽来。我只是還你一個不動手。天師看見他口説大話。愈加打起精神来。口裡着實念。手裡着實捻一手托着一個浄水碗。一手提着一口七星寶劍。一會兒浄水碗裏走下一個小鬼来。也是三尺多長的文身。也有一尺多長的頸脖子。一手拿着一張彈弓。一手捻着一把彈子。天師喝聲道。照。只

見那小鬼撦起彈弓來就是一彈子過去那一彈子不至緊逕中
在火母的頭上撲的一响撲的爆出幾個火星兒來火母只當不
知道天師又喝聲照那小鬼又是一彈子這一彈子却又中得巧
正中在火母的眼上只見眼裏又爆出幾個火星兒來火母也只
當不知道天師連忙的左喝聲照右喝聲照那小鬼連忙的也左
一彈子右一彈子打得個火母只是撲擊々々的一片响火星兒
也一片的爆出來只是火母還當一個不知天師心裏想道這個
矮鬼頭只當一個不知道敢是彈子小了些口裏又念也念手裏
又捻也捻一會兒那個小鬼一手跨着一張弓一手提着一壺箭
天師又喝聲照那小鬼拽開弓來就是一箭一箭就中在火母身
上只看見些火星兒爆出來那裏看見他有些怕怯天師又喝聲

照那小鬼又是一箭々々又中在他身上又只是些火星兒爆出
來他那裏有些怕怯天師連喝照遞喝照小鬼拽滿了弓搭定了
箭連射遞射那一壺箭連中遞中運出火遞出火他也只當不知
天師心裏想道箭也小了些口裏又念幾念手裏又捻幾捻一會
兒那個小鬼手裏換了一桿鎗天師喝聲照那小鬼颼地裏就過
去一鎗天師又一聲照小鬼又一鎗天師一連的喝聲道照々々
小鬼也連的飛過去都是些鎗々々前番的彈子前番的箭到還
有些火星兒出來今番的鎗連火星兒也沒有了且莫說他有個
懼怕天師心上老大喫驚想一想說道我祖代天師之家見了多
少天神天將拿了多少鬼怪妖魔並不曾看見這等一個矮鬼這
都是我自家走了雷無法可治只見火母張開口來叫一聲牛鼻

子道士那口裏就有三五尺長的火光飛爆而出天師道你叫甚
麽火母道你彈弓也打了箭也射了鎗也戳了你的事了了今番
却也輪流到我麽天師又想道看是輪流于他我這裏好難支架
也莫若退他到明日再作道理高叫道矮鬼你聽着昨日是你今
日是我明日纔輪流到你火母道既是明日纔輪流到我今日
散罷天師將計就計說道今日且散罷兩家子散了到了明日天
師曉得這個火母有些利害老大的隄防于他仍舊的踹着坎位
上仍舊的壬癸訣仍舊的雪山呪火母一頭子跑出陣來就叫道
你那牛鼻子道士昨日好狠手也今日也輪流于我我教你上天
無路入地無門你纔曉得我的本領哩天師笑了一笑說道入地
便不敢奉承上天是我的家裏豈可無路火母道你還嘴硬哩撲

地一响就是一箭天師依舊的啐仍舊的指一箭又過了撲地的
一鎗天師又一啐又一指一鎗又過了火母心裏想道他今番不
隄防于我却好下手于他猛地裏一塊火的老鴉飛將過來把個
天師的九梁巾兒一抓々將過去天師心上只在隄防他的箭隄
防他的鎗那曉得有個飛鴉會抓得他的巾子動哩只見抓了巾
去天師老大喫力喜得到底是個天師早先都有個預備接過淨
水碗來把個竹枝兒醮了些水望空一灑恰好的一個雪白的鶻
鷹騰空而起趕在半天上搶過一頂九梁巾來火母看見個鶻鷹
來搶巾子他就放出許多的火鴉一個十十個百百個千千個萬
無萬的火鴉不至緊那一天的火四面八方通紅直上就像天做
了一個火罩々住了天下的人天師拿定了主意只當不知那火

也燒不到天師的身上只是兩邊的樂舞生和那些道士一個個誠惶誠恐稽首頓首天師口裏又念手裏又捻只見那個鷂鷹飛上飛下和那些火鴉相鬪恰如紅爐上一點雪好不愛人也天師想道鷂鷹雖是愛人終是寡不足以敵衆必須怎麽結絕了他的火鴉纔好即時間運起掌心的雷啐一聲把個掌心雷一放只見轟天裂地劃喇喇一聲响就把那些千百萬的火鴉打得無形無影一塲空火滅烟消没點紅有意落花隨水去無情流水枉歸東火母看見個火鴉之計不行却又心生一計颼地裏一条火蛇遠身而出也是一傳十十傳百百傳千千傳萬即時間無萬的火蛇塞滿了地上就是放野火的景象一般一条自東来一条自西而來一条自南而来一条自北而来都奔着天師脚下天師念念

日落遠波計就火龍成玅筴

風吹輕浪番為水府竟徒勞

聒聒接過淨水碗来把個淨水灑了一灑也一會兒一条八尺長的雪白的蜈蚣飛將下地竟趕着那些火蛇自古道蛇見了蜈蚣一會兒把些蛇趕得東逃西竄上跌下爬火母看見個勢頭又不好得来了連忙的張開那一個血光口狠着是一噴即火焰就有幾十丈長又一噴又是幾十丈長他又碾動了火車連走遞走口裏連噴遞噴那火焰連長遞長燭天燭地本是一地的火蛇却又添了這一天的火焰天連火火連天也不論個上下四方也不論個東西南北都只是一片的火光天師却也喫了些慌把個淨水碗盡数的望天上一澆只見一天的大雨傾盆倒鉢而来午牌時分下起直下到申末酉初纔略小些原来天師的淨水碗不亞于長老的鉢盂俱有吞江吸海之量故此一碗水倒了就下了這半

的大雨還流不哩莫說是火焰早已消滅了莫說是火蚍蜉
已不見了連火母也淋得莫處安身抽身竟回本國叫上一聲徒
弟在那裏王神姑連忙的答應道弟子在這裏起頭一看喫了一
驚說道師父你是個積年的火馬如何變做個月雨的寒雞火母
道依你說起來火馬就不把水去潑人罷王神姑道水便是水只
是忒多了此火母道原來這個牛鼻子道士却有好大的本錢哩
王神姑道師父喫他的虧了火母道也不曾喫他的虧王神姑道
你不喫他的虧怎麽晓得他的本錢大哩火母道你胡說只說是
今日輸陣而来連你国王也有些不好看相王神姑道師父你另
設一個計較罷火母道徒弟你把個牛皮帳子帳起我来四外俱
不許個人聲嘈雜你也要在百步之外伺候大凡帳子角上帳子

脚下有些响起你就来掀開帳子見我分付已畢。火母坐在帳子
裏面。王神姑伺候在帳子外面鴉悄不鳴風吹不動却說張天師
歸到中軍二位元帥說道連日多虧天師道力勝此妖怪天師道
莫說個勝字只是扯得平過就是好了二位元帥道這妖怪怎麽
得他降服天師道多了他只是一個不怕射不怕戳不怕打故此
就無法可治元帥道須煩天師廣施道力成其大功歸朝之日自
有天恩天師道好歹只看明日這一陣不是他便是我々也不肯
輕放於他天師磨牙擦齒要拿火母那晓得一上手就有三日不
見個矮鬼頭的面天師說道這矮鬼頭三日不見多應又去請動
甚麽師父来也道猶未了只見藍旗官報道禍事来了天師喝聲
道咗甚麽禍事来了藍旗官道宝船上的禍事天師道怎麽是個

宝船上的禍事藍旗官道每船的些桅上都是一条紅通々的大
蛇盤繞在上面頭上有一雙紅角項下有一道紅鱗背上有一路
紅鬐鬣後面有一条紅尾巴天師道似此說来是一条火龍了怎
麽有個火龍會纏在桅上不消說這一定是那個矮鬼頭美的玄
虛你們去報元帥知道元帥叫問國師々道只問天師就知道
天師分付衆軍人把個箭去射他只見一箭上去一条火噴將出
来連箭桿都燒烏了元帥分付道住了不許射天師又叫衆人把
個鎗去戳他只見一鎗上去一条火噴將下来連船篷都險些兒
燒了天師也叫快住了不要戳他元帥道這個火龍如此究悪怕
船上有些差池怎麽是好天師分付每船桅下置一口大缸每口
缸裏注一缸清水一缸水裏燒了一道飛符燒了飛符之後每口

缸裏俱有一条三五尺長的蜈蚣隱々約々如奮擊之狀天師却
又傳下將令晝則鳴鑼擊鼓夜則多置燈籠寬待他幾日看是何
如一連寬待了六七日並不曾見他動靜天師道我晓得了他原
是個撮弄成的沒有真氣故此不知利害好個天師即時間劍頭
上燒了一道飛符早已有個天將吊下来了原来就是個龍虎玄
壇趙元帥天師大喜說道我宝船上有一等的怪物粧成火龍纏
繞在桅上相煩天將與我打他一鞭趙元帥得了法旨飛身而上
照着那些火龍一個一鞭打得他一會見露了本相你說本相是
些甚麽原來都是些草根樹皮揑合成的天師謝了天將回復元
帥元帥道此一功尤見奇絕但不知此後又有些甚麽怪來天師
道一来趂早二来趂飽趂此一個机會待貧道出陣擒此妖魔即

時出去兩邊舞樂生和那些道士中間皂纛之下馬走如飛原来火母神君坐在牛皮帳裏撮撮美美寶指望這些火龍之火延燒了寶船那曉得趙元帥這一鞭這一鞭不至緊打得個牛皮番帳滿地滚烟王神姑走向前去掀起帳来只見火母神君口裏連聲叫苦也苦也王神姑道師父怎麼這等叫苦火母道我好一個火龍之計却被那牛鼻子道士請下趙元帥一個一鞭打得我的都露了本相王神姑道師父却怎麼處火母道我當初也差来了只見張天師飛馬而来要捉火母火母吃了一驚連忙的取出一件寶貝来望空一撇天師早已看見他的手動曉得是個甚麼不良之物即時跨上草龍騰空而起只可憐這一班樂舞生和那些道士受他一斷是個甚麼寶貝就受他一斷原来是個九天玄

女自小兒烘衣服的烘罩兒九天玄女和那混世魔王大戰于磨竭山上七日七夜不分勝負魔王千变萬化玄女沒奈他何拿了這個籃兒把個魔王一罩罩住了比時節火母神君還在玄女家裏做個燒竈的火頭因見他有靈有神能大能小就被他偷將来了年深日久靈驗無邊念動了真言一下子放他開去遮天遮地憑你是個甚麼天神天將都要拶番過来宣動密語一下子收他合来重于九鼎憑你是個甚麼天神天將都也不得放過沒有名字火母神君就安他做個九天玄女罩天師跨上草龍騰空而起這些樂舞生和那些道士都是個凡胎俗骨故此受他一斷火母只說天師也罩在裏面叫聲徒弟在那裏王神姑說道我在這裏師父呼喚有何指揮火母道天師今番罩住了在九天玄女的罩

裏我越替你做個賣疥瘡藥的一掃光龍王神姑道師父怎麼叫做個一掃光火母道我有六般宝貝放下海去海水焦枯我如今趁天師不在我去把個海来煎乾了他致使他的宝船不能回去凡有走上崖的你和咬海干各領一枝人馬殺的殺拿的拿教他隻輪不返片甲不還却不是個賣疥瘡藥的一掃光早有五十名夜不收打探得這一段情由稟知元帥元帥還不曾看見天師只說是天師果真在罩裏連忙的求救國師國師道元帥尊重貧僧自有主張元帥壓帳國師即時遣下金頭揭諦銀頭揭諦波羅揭諦摩訶揭諦守住了九天玄女罩不許毀壞諸人又即時發下一道牒文通知四海龍王當有龍樹王菩薩接住了燃燈古佛的牒文即時關會四海龍王放開水官雪殿取出一應冷龍千百条各

條把守水面隄防火母煎海情由又即時差下護法伽藍韋駄尊天今夜三更時分雲頭伺候發落却說火母夜至三更分付王神姑領一枝人馬守住旱寨不許南兵救應水寨分付咬海干領一枝人馬守住水寨不許南兵跑入旱寨自家駕起一道紅雲来至海上連忙的把個火箭火鎗火輪火馬火蛇火鴉望半空中一撇寶指望吊下海来即時要煎乾了海水等了一會只見個海水

貝闕寒流徹　水輪秋浪清　圖雲錦色净　寫月練花明

火母吃了一驚心裏想道每常間我的宝貝丢下水去水就滚將起来今日越是宝貝下去越是澄清這却有些古怪哩那曉得半空中有個護法伽藍韋駄尊天輕輕的接將宝貝去了况兼海水面上又有冷龍千百条把守得定定兒的故此越加宝貝下去越

加海水澄清火母大怒說道不得于此則得于彼也罷且去殺了天師殺了那一干道士權且消我這一口氣及至回来莫說是天師不在連那一干道士也不在了莫說是一干道士不在連那個九天玄女罩也不在了把個火母氣了半夜等至天明那些火箭火鎗火輪火馬火蛇火鴉依舊在牛皮帳裏火母見之愈加性起即時頭頂風扇脚踏火車竟奔南陣而来聲聲討戰說道我曉得牛鼻子道士坐在罩裏还不得我的罩来這都是個葫蘆頭的和尚偷盜我的寶貝叫他一步一拜送来還我萬事皆休若說半個不字我一口火吹上船来教你千號宝船盡為灰燼二位元師听見他說道一口火吹上船来心下有些喫驚未見国師天師道這是貧道身上的事夜来多虧國師起了他的罩救了這一干道上

巳自不可勝當今日怎麼又敢驚煩國師待貧道自家出馬去和他决一個雌雄國師道天師你也且慢自古道柔能勝剛弱能勝強火母因為火性不除故此不能結成正果你怎麼也是這等火性也天師道既承分付貧道敢不遵依只是怎麽得這個妖怪退陣国師道他因失了那一件討飯的家火故此喫力這如今差下一員將官送得個九天玄女罩還他便了元師即時傳令諸將中誰敢送將九天玄女罩出陣交還火母老妖道纔未了帳下閃出一員將官面如黑鉄声似巨雷應声道末將不才願将宝貝送還火母元師起頭看来原来是個狼牙棒張柏天師道張將軍委是去得張柏接了宝貝揣在怀裏離了中軍跨鞍上馬竟出陣前口裏不作聲手裏舞着狼牙棒火母那裏曉得是個送宝貝的心裏想道可恨這個葫蘆頭到不送宝貝来還我到反差下個將官来和我厮殺待我嚇他一嚇他纔認得我哩即時間把個火箭火鎗火蛇火鴉四件宝貝一齊的撒將起来只見半空中黑烟萬道平地裏紅焰千層滿耳朵都是呼呼的响滿眼睛都是通通的紅天上地下都烧成了一塊那裏有個東西南北那裏有個上下高低張狼牙渾身是火自古道水火無情那裏認你是一員大将喜得張狼牙還是膽大心雄動轉馬一彎頭还跑到中軍帳下雖然是不曾受傷却也苦了些眉毛鬍子元帥道這宝貝還是国師自家送去把個宝貝交還國師國師笑一笑說道虧了貧僧取他的起来教你們送一送也還不會還要我自家去走一遭把個宝貝也揣在怀裏張狼牙說道國師老爺你把個宝貝拿在手裏好国師道

怎麼拿在手裏好張狼牙道拿在手裏他好看見他便不敢出火来國師道揣在懷裏何如張狼牙說道末將適纔揣在怀裏受他一苦國師笑一笑說道各有不同一手鉢盂一手禪杖大搖大擺而去火母神君看見一個長老步行而来他心裏想道這莫非就是南朝金碧峰長老麼又想道金碧峰是個護國國師豈可步行而出心上有些猜疑叫聲徒弟在那裏王神姑應聲道弟子在這裏火母道那步行的可是南朝金碧峰長老麼畢竟不知這步行的是金碧峰不是金碧峰且聽下回分解

○○

第四十二回

金碧峰神運鉢盂　金鉢盂困住火母

詩曰

蠻天北望接妖氛　談笑臨戎見使君　疆外舊題司馬檄
日南新駐伏波軍　金魚使計須史得　草木風聲遠近聞
不獨金師能奏凱　還看盟府勒高勛

火母問道前面步行的可是南朝金碧峰長老麼王神姑仔細看了看說道正是金碧峰火母道這個葫蘆頭有些利害我也不可輕易于他即時收起那三昧中間的一股真火噴將出来通天徹地萬里齊明国師道這妖怪他把個真火来會貧僧上上也不可輕易于他也收起那丹鼎之中一股真氣微開佛口吹了一吹只見那一天的火不過半會兒都不見了火母看見心上喫了一驚說道這個葫蘆頭果真是個出衆的我這三昧真火等閒人還認

佛力廣無邊一鉢重於山岳

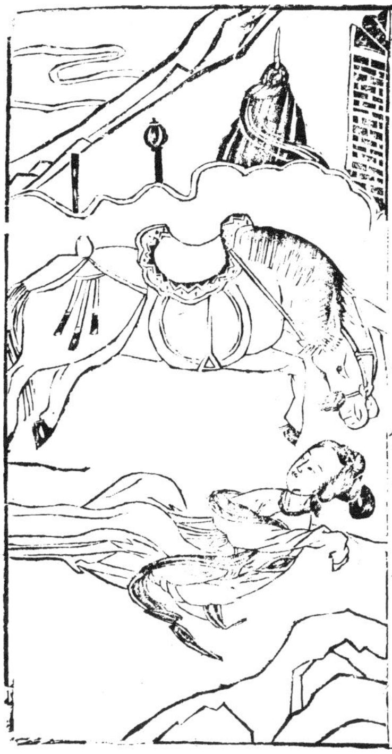

功流不竭片時變以江河

不得他就認得他就把個真氣相迎料應這個僧家神通不小待我叫他一聲看是何如高叫道來者何人莫非是個南朝金碧峯長老麼国師輕上的應聲道貧僧便是火母道你是釋門我是玄教我和你各行其志各事其事你夜来怎麼私自掀起我的九天玄女罩去了國師把個手兒起一起打個問訊說道這是貧僧不是了火母道你掀我的寶貝明上的是欺我玄門国師道善哉善哉救人一命勝造七級浮屠我只救取那一千的道士怎麼說個欺你玄門的話火母道你既不是欺我玄門你把個寶貝還我不還我国師道阿彌善哉我佛門中人自來不妄取一物豈有要你寶貝的道理火母道既是還我寶貝這如今寶貝在那裏国師輕輕的取出寶貝来拿在手裏說道寶貝在這裏表還只是相煩老

[illegible]見国王勸解他一省教他收拾兵戈進上一封降書降表到
換一張通關牒文免得終日厮殺糜爛民肉花費錢粮豈不為美
火母未及開口。國師就把個九天玄女罩望空一丟々在半空中
火母一見了自家宝貝。連忙的把手一招々將下来接在手裏火
母得了他的宝貝就不是先前的火母高叫道金碧峰你不要走
看我的宝貝来取你的首級說一聲不要走就把個九天玄女罩
一撇々在半天之上火母也把個國師當做個天師一下要罩住
他在地上那曉得佛爺々的妙用有好些不同處你看他不慌不
忙把個偏衫的袖口張開来照上一迎那個九天玄女的罩子竟
落在他的偏衫的袖兒裏面去了。火母反又說是佛門中欺負他
他就怒從心上起惡向膽邊生把個火箭火鎗火蛇火鴉四件宝

貝。一齊的撇將起来也指望燒狼牙棒張柏髯濆眉的模樣雖則是
黑烟萬道紅焰千層雖則是上天下地火燒一片這只好燒着凡
夫俗子怎柰何得佛爺々。國師老爺不慌不忙張開口来一口吐
沫朝着正北上一噴只見四面八方。陰雲密布。大雨傾盆把那一
天的火都澆得灰飛烟滅火母看見不柰國師何心中大怒卽時
撇過那一把降魔劒来照着國師的臉上就劈一劒國師道善哉
善哉我出家人怎禁得這一劒哩不慌不忙把個手裏托的鉢盂
望空一撇一撇々上去卽時一個觔斗。𥁞將下来。火母又心大意
大不甚隄防早已把個火母撈𥁞在底下。火母見在鉢盂底下不
得出了。心上慌了高叫道金碧峰饒我罷叫了一會沒人答應又
叫道金碧峰老爺你是個出家人慈悲為本方便為門饒了我這

一次罷國師老爺聽知心下十分不忍說道這拘禁人的事本不
是我出家人幹的只是我見此人還有一百日災難未滿不如趁
這一個机會要他坐一坐纔好滅他的火性纔好收他的野心國
師竟自轉過中軍帳来。火母罩在個鉢盂之下左吆喝右吆喝左
吆喝也不得出来右吆喝也不得出来把一隻手左支右支左支
也不得出来右支也不得出来把兩個肩頭左扛右扛。左扛也不
得出来右扛也不得出来。却說王神姑不見了個師父四下裏去
找再也找不着。只聽見一個聲喚。却像他師父一般聽一會像有
聽一會又像沒有仔細聽了一大會。却聽見說道。金碧老爺饒我
罷。王神姑說道。分明是我的師父討饒却不看見在那裏沒柰何
把個草地下裏排頭兒尋一交。只看見一個黃銅打的盆兒蓋着

在地下那裡面恰像有個人哼也哼的在哭哩。王神姑走近前来
聽上一聽。只見果真有個人在裏頭。一會兒哼々的哭。一會兒又
不哭。一會兒骨美的响。一會兒又不响。王神姑說道終不然我的
師父坐在這個裏面只說得師父兩個字出聲那裏面一聽々見
了。連忙的吆道。徒弟哩々々。王神姑連忙的答應道我在這裏
我在這裏火母道你快来救我也。王神姑道你怎麽在這個裏面
火母道喫了那金碧峰和尚的虧哩王神姑道這是個甚麽東西
會罩住你在裏面火母道我在裏面黑通々的不看見是個甚麽
你外面亮處看一看王神姑仔々細々打一看原来是個黃銅打
成的一個小々鉢盂兒。說道師父不打緊哩火母道怎麽饒得不
打緊哩王神姑道是個和尚家化齋飯的鉢盂哩火母道若只是

個鉢盂果真的不打甚麽緊王神姑道你在裏面發起性来把個頭一頂就頂他過一邊你却不就走出来也火母果真的把個頭来頂一頂一頂只當不知又一頂也只當不知再一頂也只當不知連頂連頂越發只當不知火母道徒弟我頭上就像座泰山一般頂不動哩王神姑道師父不干頂不動事想是你的頸脖子軟哩火母道怎麽我的頸脖子軟哩王神姑道我看見来火母道你看見甚麽来王神姑道我看見你的頸脖子長便有一尺多却四季是個軟叮噹的火母道你只叫我頂你也動下手麽王神姑道你是個師父我做徒弟的等閑不敢動手哩火母說道我在裏面要性命教你還在那裏科牙磕齒的王神姑道你要怎麽樣兒火母道你把個鉢盂撞起来就是王神姑道曉得了即時把隻手去

撞一些兒也撞不動把兩隻手去撞也撞不動王神姑很起来儘着平生的氣力兩隻手一撞也撞不動王神姑說道師父我兩隻手用盡了氣力却撞不動哩火母道你多叫些人来王神姑道曉得了即時間叫過此番兵番將一個撞々不動兩個撞々不動三個撞々不動四個撞々不動王神姑道撞不動哩火母道可多着些人撞王神姑道已自是四個人也撞不動哩火母道四個人撞不動你添做八個人就撞得動了王神姑道只有這等一個小鉢盂兒有處安人却沒有處安手火母道你們外面着力的撞我在裏面着力的頂内外夾攻看他還是怎麽王神姑道師父言之有理你在裏面頂着我們在外面撞着只見裏面頂的頂得渾身是汗外面撞的撞得遍體生津那個鉢盂却不曾動一動兒火母道

你外面沒有撞麽怎麽再頂不動哩王神姑道你裏面沒有頂麽怎麽撞不動哩火母道既是撞不動我還有一個妙計王神姑道是個甚麽妙計火母道你去多叫些番兵来多帶些鍬鋤来穿他一個地洞兒我却不就出来了王神姑說道師父還穿個龍門還穿個狗洞火母道穿個狗洞纔好王神姑道怎麽狗洞好火母道你豈不聞臨難毋苟免王神姑道曉得了即時叫過此番兵来帶了鍬鋤沒有鍬鋤的就是鎗就是刀就是檳榔木削成的標子一聲响你来空一盪我来空一盪一會兒你也丢了去我也丢了去火母在裏面守得急性叫聲徒弟你外面還沒有穿洞哩王神姑道穿不通也火母道怎麽穿不通王神姑道這個鉢盂有好些古怪火母道怎麽古怪王神姑道自鉢盂三尺之外一空一個窟

自鉢盂三尺之内一空一肚氣火母道怎麽一空一肚氣王神姑道自鉢盂三尺之内就是一塊鉄板千空萬空沒有些絲縫十穿萬穿沒有些相干這却不是一肚子氣火母道終不然你就困殺我在裏面罷王神姑道終不然我做徒弟的進来替你罷火母道我原日為着那個来哩王神姑道我這今也無不為師父火母道你既是為我也到那裏去求個神也到那裏去問個卜也到那裏去修個福也到那裏去許個愿王神姑道我做徒弟的沒有到那裏去處但憑師父叫我到那裏去罷火母道打虎不過親兄弟上陣無如父子兵你既是肯去你不如去請下我的師父来罷王神姑道終不然師父還有個師父火母道木本水源豈可我就沒有個師父王神姑道那師父是甚麽人火母道說起我的師父来話兒

又長哩。王神姑道但說来我聽着。火母道當初不曾有天地不曾有日月不曾有陰陽。先有我這一位師父。我這一位師父生下盤古来却纔分天地。分日月。分陰陽。故此他的毗分老大的就是掌教釋伽佛也要和他唱個偌。就是玉皇大天尊也要和他打個恭。王神姑道他叫做甚麽名字。火母道當初還沒有文字沒有名姓因他生下盤古来。却就叫他做個老母。因他住在驪山上却又叫做驪山老母。又叫做治世天尊。王神姑道他如今住在那裏。火母道他如今還住在驪山。王神姑道從這裏到驪山去有多少路程。火母道從此去到驪山大約有一百二十遊巡之路。王神姑道一遊巡是幾里。火母道一遊巡是一千二百里。王神姑道笑起来却不有十四萬里路還多些。火母道是有這些路。王神道弟子一駕

出像西洋記　卷之九　卌二

心下火燒恨不半天騰蛋氣
金鉢盂困住火母

出像西洋記　卷之九　十二

腮邊淚灑愁過中夜落猿聲

腳雲一日只行得一千里。這十四萬里路却不過了半年去半年来半年共是一週年。師父在裏面看守得哩。火母道徒弟我已經笑在心裏。還有一個捷徑的法兒。王神姑道是個甚麽捷徑的法兒。火母道你先到甲龍山。飛龍洞。進到我打坐的內殿上。那殿上供養的就是驪山老祖師的神主牌兒。供案上就有一卷超凡脫體的真經。你可跪着祖師的面前。取過經来。朗誦七遍。誦了之後把經化了。面朝着西。口裏叫着祖師大號。拜二十四拜。取過無根水一鍾。連經連水一轂轆吞他到肚子裏去。吞了經後。可以權借仙體。駕起祥雲。不消一日工夫就到得驪山之上。這却不是個捷徑的法兒。王神姑道既有此法。弟子敢憚劬劳。即時就去。火母道你可憐見我埋在地下。只是不曾死了。王神姑道師父你且寬心

我弟子有此捷法不日就回師父我去也好個王神姑說得一聲去早已駕起祥雲早已到了飛龍洞早已吞了真經早已換了仙體早已到了驪山只見這一個山無高不高無大不大借問山下居民都說道這是有名的萬里驪山大約穿心有萬里之遙直上有千里之高中國四夷有一無二有一篇山賦為証

賦曰

天孫日觀終南太乙　蓬萊九氣崑崙五色　天台赤城龍門積石　訪仙道于崆峒識神人于姑射　江郎之一子還家林慮之隻並不食　節彼南山始于一拳　度懸之祭配林是先故梁為晉望而岷實江源　鎔香爐之秀出抗射的之高懸　至若觸石吐雲含英吐氣　鳴陳倉之寶雞翔滹沱之白雉

既含情于度木亦游衍于[illegible]賁　登宛委而得書出器車而表瑞　黃帝之遊貝洪夏王之登會稽　爾其探禹穴紀泰功　或形標九子或禮重三公　耆艮嘗聞于靈迹杓壤曾詢于伯寄　又若汶為天井岐為地乳　繼應桐柏畢連鳥鼠　嘉無恤之臨代美仲尼之小魯　或形類冠幘或狀同桴鼓　感叱馭之忠臣識擣衣之玉女　縣圃嘗留于穆滿疎屬曾拘于貳負　則有石帆孫出砥柱分流　巨靈之擘太華共工之觸不周　春望則岳牘王書靈秘之所潛隱　羅浮則爰房芝寶神仙之所嬉遊　又聞羸政曾驅愚公欲徙　覩修羊于華陰見王喬于緱氏　指闕違屬于牛頭積甲逸豺于熊耳　至有群玉冊府　崑崙下都　洞童潛霍貝嶠方壺　觸石神者帝臺迎四皓者商車　及夫聽樹鶴之悠揚望盤龍之宛轉　聞蘇門之清嘯訪酉陽之逸典　詠千言之飲宿紀雲亭之封禪　亦有蘭巖吹鶴金華叱羊　再成三襲夕陰朝陽　桂陽話石吳宮採香　渠洌而風門擊吹晶熒而火井揚光　爾其戴石為祖多草為岵　摘天柱之仙桃采句容之雲毋　尋謝敷之紫石訪柏溫之白芋　駭媧宮之臺榭識仇池之樓櫓　亦有烏龍白騎紫蓋青泥　羊腸鳥翮馬鞍牛脾　猿山鎩拔雁塞透迤　仙府種玉烈女磨笄　言聽祭誡約信安期　見祝融之降崇聞鸑鷟之鳴岐　復聞馬援壺頭羊頭峴首　抱少寶之石亭飲洞庭之美酒　又若望朝霞于赤峤視貴石于穀城　雉陽岐之能買豈北邙之可平　陳音以之而立號張嵘因之

而得名　雲氣或成于宮闕風雨曾避于崤陵　與夫少寶登仙之臺句曲華陽之洞　燕然勒銘祁連作塚　或功伐攸彰或靈仙所重　卓哉驪山稱雄禹貢　寧若過之而身熱經之而頭痛　徒為患於蠻貊而無資於財用

王神姑看不盡的景致貪看了一會猛然間想起來。說道我為着師父救命而來豈是杜甫遊春的故事即時手持一炷信香口念祖師尊號三步一拜上上山去日出的時候拜起拜到日西還不曾看見一些下落日西的時候又拜起拜到明日個天亮還不曾看見些動靜一連拜了兩日兩夜還饒着是個仙體你說這個山高也不高直至第三日天早。却纔看見一所紅門兒王神姑心裏想道這却是個仙家的氣象了。起頭一看只見門上直竪着一個小小的牌扁兒扁上寫着碧雲洞三個字王神姑却曉得是個天上無雙府山中第一家跌倒個頭只是拜脚兒跪着口兒叫着頭兒磕着一上手就磕了有千百個頭只聽見一個小娃子走得响口裏說道是那裏一陣生人的氣哩王神姑聽見有個人講話不勝之喜擡起頭来一瞧只見是一個穿青的小道童兒王神姑跕起来朝着他行一個礼說道弟子借問一聲道童道借問甚麽王神姑說道寶山可是個萬里驪山麽道童說道我這個山天下有一無二便是驪山王神姑道洞裏可是個治世的祖師麽道童道自從盤古以後那裏又有兩個治世祖師此中便是你問我的祖師怎麽王神姑道弟子是甲龍山飛龍洞火母元君差下来的道童道来此何幹王神姑道特請你們祖師下山去走一走道童道

他有個甚麽事請我祖師下山去走一走王神姑道他如今受了覆盆之难特請祖師去救拔他一番道童道他是我祖師甚麽人敢請我祖師去救王神姑道他是你祖師位下班頭掌教的弟一位大徒弟道童道你這話講差了我祖師只有兩位徒弟大的叫做金蓮道長小的叫做白蓮道長並不曾曉得有個甚麽徒弟叫做火母又住在甚麽甲龍山飛龍洞你這個話却不講差了王神姑道弟子甲龍山来到寶山有十四五萬里的路豈有個錯来之理道童道你雖不錯来我祖師位下却没有這等的徒弟王神姑道有道童道没有道猶未了只見又走出一個穿紅的道童来王神姑連忙的朝着他行個礼那道童還個礼說道尊處何来王神姑道弟子是甲龍山飛龍洞火母元君差下来的穿青的道童說道

此一位尊處說他火母是我們祖師的大徒弟憑你說可有這個徒弟麽穿紅的道我和你那裏曉得他穿青的道豈可就不曉得些兒穿紅的道我和你来到這裏不過七八百年那曉得他的前緣後故王神姑道這如今只求二位進去通報一聲就是穿青的道我們不曉得你的来歷叫我們怎的去通報穿紅的道既是不曉得他的来歷你怎麽和他調牙𪙊齒惹他跕在這裏倘或他的身上有些不潔淨處明日祖師曉得却歸罪于誰穿青的道童機起来把個兩隻手扠住王神姑連說道你去罷你去罷不要在這裏歪事纏王神姑不肯去穿紅的道我們這裏有個規矩彼此是我的祖師的班輩往来具一個柬帖下一輩的往来具一個禀帖再下一輩的不敢具帖當面口禀你今日又不是具帖又不是口

禀叫我們怎麽通報你不如再去問個詳細来王神姑心裏想道饒我借了一個仙體還来了這幾日教我再去却到幾時再来却不坑死我師父也一會兒心上惱將起来不覺的放聲大哭這一哭不至緊早已驚動了裏面祖師祖師叫過金蓮道長来分付他到洞門外看是個甚麽人哭金蓮道長走出洞門外来問了王神姑一個詳細回復祖師祖師把個頭来點了兩點金蓮道長禀說道火母原是師父幾時的徒弟祖師道是我原日爐鎚天地的時候他在我這裏牽爐叫做個火童兒為因他偷喫了我一粒仙丹是我責罰于他他便逃走了後来有個道長看見他在甲龍山火龍洞裏修真煉性不知今日怎麽樣兒惹下了這等一個空頭禍来金蓮道長道是弟子復他的話打發他回去罷祖師道不可他

這許遠的路来尋我也指望我和他做一個三張兒兼他原日也在我門下。有千百年之久他如今雖不成甚麽大仙却也是個超凡入聖有了中八洞的体段怎麽就着一個和尚的鉢盂蓋住了化我笑他一笑看是何如笑了一笑連祖師也喫了一嚇金蓮道長說道師父為何驚駭祖師道原来這個和尚是三千諸佛的班頭万代禪師的領袖燃燈古佛轉世他怎麽惹着這等一個大對頭也金蓮道長道既是這等一個對頭師父也不要管他的閒事祖師道也是他尋我一次待我分付他幾句言話兒解什了他的寃業罷金蓮道長道既如此弟子叫他進来祖師道叫他進来他是個凡人又恐他身上不潔凈不如我自家出去分付他幾聲罷好個祖師說了一聲自家出去果真的

瑤草迷行徑　丹臺近赤城　山川遙在望　雞犬不聞聲
谷靜飛花落　橋橫澗水鳴　移来隻鶴影　只聽紫雲笙

王神姑看見個祖師老爺来到洞門口他連忙的跪下去磕上幾個頭祖師道你是何方人氏姓甚名誰王神姑道弟子是西牛賀洲爪哇國總兵官。咬海干的妻室王神姑是也。祖師道那火母怎麽差下你来王神姑道弟子曾受業于火母門下。火母是弟子一個師父。故此差下弟子来祖師道你師父怎麽和南朝的和尚爭鬪哩王神姑道。南朝一個和尚呼做甚麽金碧峰領了百萬雄兵特来抄没爪哇國是我師父不忍這一國人民無故遭難就和他比手不想他一個小小的鉢盂兒就把我師父罩着我師父命在須臾。無計可施特差弟子拜求老祖師下山去走一步一則是救

度我師父性命二則是超拔我一國生靈望祖師老爺大發慈悲廣施方便也。是祖師老爺的無量功德祖師老爺道。你那遠来的弟子站起来。我分付你幾句話兒回去罷不知還是分付他幾句甚麽話兒且聽下回分解

第四十三回

火母求驪山老母　老母求太華陳摶

詩曰

驪山一老母　頭戴蓮花巾　霓衣不濕雨　特異陽臺雲
足下起紫霧　凌波生素塵　倦遊向南岳　應見魏夫人

老母說道你那遠来的弟子我分付你幾句話兒回去罷王神姑

垂情老母一輪明月逐波澄

道願聞祖師老爺分付老母道你回去對着你的師父說你既是
一個出家人已超三界外不在五形中到不在山中修心煉性反

去管人間甚麽閒事自古聖人道得好天作孽猶可違自作孽不
可活這是他自取其罪與別人不相干的王神姑道可怜見俺師
父命在須臾望乞祖師老爺救他一救老母道是我適纔與他笑
一笑来他命裏有一百日之災災星過限他自然脫離鉢盂兒兼
那個僧人我也笑他笑来他也不是個等閑的僧人决不害他的
性命王神姑看見祖師是個不肯下山去的意思心裏想道遣將
不如激將待我把幾句話兒来激他一激看他何如說道祖師老
爺不肯下山去不至緊却就中了那和尚的机謀老母道怎麽就
中了那和尚的机謀王神姑道是我師父早在那鉢盂底下央挽

那個和尚放了那和尚不肯放我師父說你不放我我明日請下我
受業的祖師来一起和你筭帳和尚說你受業祖師是那個我師
父說實不相瞞驪山上治世的祖師是我師父那和尚聽見說了
祖師他反嗄上的大笑三聲說道你那個治世祖師也還要讓我
釋門為首饒你請下他来我就和他比一個手你看他敢来不敢
来他决然不敢来惹我也這如今祖師老爺不下山去却不中了
他的机謀老母聽知此言心中大怒說道有了吾黨纔有天地世
界有天地世界纔有他釋門他怎麽敢把言語来欺我也王氏弟
子你先行我隨後就到若不生擒和尚誓不回山這正是一言而
興邦一言而喪邦只因這幾句言語之間就把個治世的祖師都
激動了王神姑不勝之喜磕了幾個頭駕起一朵祥雲下山而去

老母卽時叫過金蓮道長白蓮道長又帶過獨角金精獸又帶過
一千仙兵仙將離了洞府駕起祥雲竟奔爪哇國要與燃燈古佛
賭聖看上的来了一半路程祖師坐在雲裏只見一陣冷風劈面
而過祖師道這如今還是夏月天怎麽這等一陣冷風也金蓮道
長稟道非干冷風之事此處是個寒冰嶺積雪崖冷氣侵入就像
個冷風刮面祖師道且住說聲且住卽時按落雲頭住下寒冰嶺
積雪崖祖師起眼一瞧只見個寒冰嶺上

天入鴻濛銀筍出　山搖鱗甲玉龍高　臺前暖日今何在
冷氣侵人快似刀

又只見積雪崖下

四處平来凸處高　憑誰堆積恁堅牢　横拖粉筆侵詩興

領寒鋒削布袍
祖師老爺呆了一會說道好透心凉也金蓮道長是個會講話的
着道個機會兒說道適来師父火性弟子不敢饒舌這如今師
透心凉弟子有一句話兒相禀祖師道你有句甚麽話来禀我
金蓮道長道師父此行聽了那王弟子的誑言不免要傷你三教
中體面祖師道徒弟你所言有理但只一件火童是我的徒弟
不可不救况兼我已當面許下了王弟子他雖誑話又豈可自食
其言這如今只得往前而去金蓮道長道依弟子所見且把這些
天兵屯在這裏只是我師徒們親自前去看那鉢盂是個甚麽神
若是好掀我們先掀起他来若是不好掀還請他自己掀起庶
哉兩家子体面俱不失了倘或他有言語再作道理還不為遲祖

戴月披星終夜為探黄石畧

騰雲駕霧深秋那計黑山程

師道你所言亦是且把這一干神將俱寄在這裏待我有旨来方
許他前進無旨不許擅動只帶了一個獨角金精獸兩個大小徒
弟一駕祥雲逕到在爪哇国此時已是三更時分老母在雲頭裏
面就叫上一聲火童兒在那裏火母在鉢盂底下聽見是個師父
的聲氣滿心歡喜連忙答應道弟子在這裏老母落下来打一着
只見一個小小黄銅鉢盂盖在地上老母道這是個甚麽東西這
等利害金蓮道長道待弟子掀起他来老母道你掀金蓮道長還
看得容易把隻手抓着就要掀那曉得這個鉢盂有好些古怪處
一掀只當沒有兩隻手又一掀又只當沒有添了白蓮道長兩個
人四隻手着實一掀又只當沒有火母在裏面吆喝道你們外面
掀着我在裏面頂着兩下裏一齊出力便就掀得起来外面答應

一聲是外面兩個裏面一個三個人一齊着力又是一掀又只當
沒有老母道這是佛門中的寶貝豈可輕視金蓮道長道鉢盂不
過是佛門中的寶貝師父乃是玄門中的祖師何不大顯神通掀
他起来以救火童之難老母道徒弟你這言有理連忙的走近前
来把個兩隻手插在泥裏摳着他的那口兒口裏又念上一會喝
聲道大力鬼王你可助我一臂之力那大力鬼王兩臂有十万八
千斤氣力聽見祖師呼喚敢不奉承隨着老母儘力一掀那晓得
那個鉢盂也只當沒有老母心中大怒叫聲獨角獸何在這獨角
獸原是須弥山上一隻獬其形似羊却有十丈多高二十丈多長
一雙眼金幌幌的就是一對紅紗燈籠一隻角生在額頭上就像
一股托天叉專一要喫虎豹獅象白澤麒麟若只是獐麂兎鹿都

只當得他一湌點心曾一日發起威来把個須弥山就戳崩了一
半治世老母生下了盤古分天分地分人誠恐他喫光了世界特
自走到須弥山上收他下来他跟了祖師年深日久收了狠子野
心折了皮袋架子就像一個不長不矮的漢子就成了一個朝元
正果只是那個角還在只不像當初的長那氣力還在只是不像
當初鹵莽祖師還叫他做獨角金精獸跟定了祖師有急事他就
来攩頭陣有患難他就来相扶持故此祖師大怒叫聲獨角獸何
在獨角獸答應一聲有祖師道你與我把這個鉢盂掀将起来獨
角獸道老爺何須發怒生嗔憑着小神的氣力饒他須弥山我也
要戳番他一半何况這些小鉢盂連忙的走近前来喝声道唗你
是個甚麽神通敢如此撒賴怒着鉢盂上掯一巴掌只指望一巴

掌打番了他那晓得這鉢盂這一下直打得金光万道火焰千条
把獨角金精獸的手就是火燒了就是湯溢了動也動不得這叫
做蜻蜓撼石柱越撼越堅牢奚鬆了這一夜恰好的大天亮了王
神姑走将来磕頭如搗蒜口口稱謝老母道我只為着你的師父
故此不遠而来那晓得這個鉢盂這等利害王神姑道是俺番王
設一個計較說道多取些杉条兒找起一個鷹架安上一個天秤
多用繩索多用官兵称他起来不知祖師意下何如老母道我們
是個仙家那晓得你這塵世上的事故悉憑你行就是王神姑果
直的取了杉条兒找了鷹架安了天秤只是拿了繩索沒去用處
拿了俏棍沒去使處怎麽沒去用處沒去使處你想一想只是一
個滑鉢盂到那裏去用繩索到那裏去使俏棍空費了這許多杉

条兒只見火母在裏面吆喝道趁着這些杉条兒我有一個妙計
王神姑道你是個甚麽妙計火母道我本是個火神你外面把杉
条兒打碎了用凡火燒進我裏面把三昧真火放出来燒出裏外
火燒這鉢盂名雖紫金其實是個銅的却不一下子燒化了他王
神姑一心要救師父就依師父所言也不請教老母逕自把個杉
条兒打碎又用上些琉璜焰焇引火之物引起外面的火来燒將
進去火母在裏面把自巳的十萬八千毫毛孔竅盡數放出三昧
真火燒將出来只指望燒化了鉢盂那晓得燒了一會火母在裏
面吆喝起来王神姑說道師父你吆喝甚麽敢燒化了鉢盂麽火
母道鉢盂還不曾化只是我的四大漸漸的要化了王神姑道怎
麽處他火母道你快把火息了罷王神姑連忙的把這些杉条兒

的火散開了。火母又在裏頭吆喝王神姑道你又吆喝甚麽。火母道這鉢盂燒發了火性我裏面一刻也難安身你还求我師父救我哩王神姑又朝着老母只是磕頭老母沒柰何特駕祥雲而起竟到東海之中水晶宮裏叫過龍神来告訴他說道只因燃燈古佛把個鉢盂罩住了我的徒弟我徒孫孟浪把個火来燒化鉢盂這如今鉢盂不曾燒得化到反燒得裏面安身不住是我特来問你借四条冷龍退去鉢盂的火性救我徒弟之命龍王沉吟了一會心裏想道放出冷龍治世佛爺見怪不放出冷龍治世祖師見怪事在兩難不好處得老母早知其意大喝一聲道唗你若說半個不字我教你這水晶宮裏都住不成就就打落你到陰山背後教你永世不得番身龍王沒柰何只得開了冷宮放出四条冷龍

奉承了治世的老母々々一駕祥雲来到鉢盂之處分付冷龍如此如此四条冷龍啣頭啣尾把個鉢盂團得定々的團了這等兩三個時辰却纔退了鉢盂的那些火性老母道徒弟你裏面坐得住麽火母道多謝師父坐得住了只是還有一件老母道那一件火母道師父你就趂着這個冷龍不要放他回去師父你先借下一陣狂風驟雨大個子雷公助了冷龍之勢却教冷龍發起威来把個鉢盂一爪抓起他來抓到半空裏面弟子却不走將出来老母道也是即時分付了冷龍即時借下烏風驟雨即時借下雷公那四条冷龍不曉得佛爺々的利害借了雷公的勢兒趂了一天的威風你看他張牙舞爪各顯神通都要来把個鉢盂抓起那曉得半空中現出一位護法韋馱尊天来喝聲道孽畜焉敢無禮你

敢把佛爺々的寶貝壞了罷那四条冷龍見了個降魔鉄杵慌得個戟々兢々就是四条曲鱔一般各自下海去了老母看見個冷龍去了也只得收了風頭住了雨勢歇了雷公好沒趣也却怒上心来氣冲頂出叫一聲金碧峰你不是把個鉢盂柰何我的徒弟你明々的誇張你的佛門欺滅我玄教却分付火童你耐煩在裏頭再坐一會料然我救得你出来道猶未了一駕祥雲當有金蓮道長攔住雲頭問說道師父你何往老母道我轉寒冰嶺上取動天兵天將来一定要與他見個好歹金蓮道長道師父差矣你又不曾見金碧峰的面金碧峰又不曾見你的面怎麽叫做欺滅我們玄教依弟子愚見先把一道信風報知金碧峰看他怎麽處置若是他見了祖師撤了鉢盂放了火童兩家子一團和氣若是不

肯放手之時再去取兵和他賭聖也還不遲老母道就依你講再看何如即時傳出一道信風報知金碧峰長老却說金碧峰坐在千葉蓮臺之上只見一道信風所過早知其意長老道一個治世的祖師反受了凡夫所激我本待不把個鉢盂揭起来又恐怕傷了老母殺戒之心不知竟自前去取他一個和罷此時已是初更天氣好個金碧峰把他的四大色身離了宝船一道祥光早已站在鉢盂身畔只見驪山老母現出了丈八真身左邊站着一個金蓮道長右邊站着一個白蓮道長後面站有一個獨角金精神獸長老心裏想道他既是現了真身我怎麽好把個假相和他厮見即時間一手掀吊了圓帽一手把個頂心上摸兩摸只見萬道金光一迸而出現出了丈六紫金身左有阿难右有伽釋後有護法

韋馱尊天一個祖師一個古佛兩家相見兩家叙一個禮祖師道小徒火童兒得罪在佛爺爺台下。望乞推念三教分上饒他這一次罷佛爺道阿彌陀佛是貧僧得罪令徒萬望祖師恕罪祖師道小徒是個火性的。故此不知進退佛爺道只因令徒把個九天玄女罩罩住了張天師。是貧僧揭了他的罩。他就嗔恨貧僧僧沒柰何。親自送上個罩與他陪他一個小心他又把個罩来罩着貧僧貧僧却繞收了他的罩把個鉢盂蓋了他却不知道事至于此驚煩祖師師道。總望佛爺爺慈悲方寸揭起了鉢盂罷佛爺道既承尊諭敢有推辭。只是令徒出来還望祖師分付兒聲叫他勸解番王早早献上玉璽兒致爭戰彼此無盖祖師道這個一定奉承佛爺爺走近前去把個鉢盂兒彈一彈。祖師心裏想道我們費

畫舸千層野戍岸邊高佛力

老田求太華陳摶

閒雲半影綠蘿陰下覓僊踪

了這許多力氣還不曾掀得起来。且看他還是怎麽只見佛爺爺不慌不忙彈了一彈把個指頭兒一撥那個鉢盂兒輕輕的仰在佛爺爺的手上。那火母是個悶久了的人。一肚子氣正沒去出處揭開了鉢盂他又只說是師父救出他来不曉得是個佛爺爺郊天大赦他一轂轆跳將起来就張開那一個血光的口。就吹出那十丈長的火来高叫道賊秃奴你把個鉢盂柰何得我勾了佛爺爺因是祖師在面前不好回他話又不好乘得頭只得轉身而去他又起上前来喝聲道那裏走劈頭就是一劍砍將来佛爺爺細轉身子来不慌不忙一手拂開了劍一手掀起鉢盂来一聲响一下子又把個火母罩在底下。佛爺爺一駕祥雲逕歸寶船而来祖師連叫道佛爺爺你来。我陪你個不是罷佛爺爺只作不聽見的

一遲去了。老母心上有些喫力。金蓮道長道。師父休要喫惱。這都是火童兒的不是。老母道。雖然是他不是。其實的連我面上沒有光輝。金蓮道長道。這如今沒柰何。得解鈴須用繫鈴人。不免還去求金碧峰揭了鉢盂罷。老母未及答應。白蓮道長搶着說道。師父你全然沒些志氣。金蓮道長道。怎見得我全然沒些志氣。白蓮道長道。再去求他。把我玄門兩個字放在那裏。你有志氣。說出這等的話來。金蓮道長道。你有志氣的怎麽處。就是白蓮道長道。依我愚見。些不輪這口氣。與他千方百計。偏要揭起他的來。老母道。你這個話其實講的是。只一件來。這如今沒有個良策。白蓮道長道。依弟子的愚見。我也顧不得個甚麽百姓黎民四大部洲。有個水母。不免借過水母來。看他大顯神通。連這個國的地土俱撞崩了。

他的看他鉢盂安在那裏。安不得鉢盂。却不救了火童之難。老母道。水母在南膳部洲泗州地界。徒弟就煩你去走一遭罷。白蓮道長道。水母是個有罪的神祇。須煩師父親自去走一遭纔好。老母道。徒弟你說的是。一駕祥雲。竟到南膳部洲鳳陽府泗州地界上。泗州大聖相見了祖師。祖師道。水母在那裏。大聖道。他是個有罪之神。鎖在龜山脚下。祖師竟到龜山。只見龜山西南上。上有峭壁。下有重淵。山脚下有一条鉄索頭兒。祖師曉得這個便是。伸起手來把個鉄索望上連拽連拽。忽然山凹裏面走出一個牧童來。高叫道。不要拽哩。原來祖師是個凡体。故此不認得。只說是個甚麽人錯拽了這条鉄索。祖師心裏想道。他既是吆喝于我。我且問他一聲。問說道。大哥。怎麽不要拽哩。牧童道。那裏面是我泗州大聖鎖着一個精怪在那裏。祖師反做個不知道的。說道。你怎麽曉得是個精怪。牧童道。我家有一位尊長嘗說。龜山脚下鉄索頭兒鎖得是一個精怪。唐朝永泰年間。有個現任本州的李太爺。不信鬼神。分付一百頭水牛。拽起索來。拽了三日。只見鉄索稍上一個不黑不白。沒頭沒腦。十丈多長一個大東西。呼的一响。反跳下去。連這一百頭水牛。都帶得淹死了。祖師道。這是個甚麽處所。牧童道。這個山叫做龜山。這個寺叫做上龜山寺。這個橋叫做洪澤橋。這個井叫做聖母井。祖師道。有何為証。牧童道。有宋朝周知微一首詩為証。祖師道。詩怎麽說。牧童道。詩云。

潮囬暗浪雪山傾　遠浦漁舟釣月明　橋對寺門松徑小
檻當泉眼石波清　迢迢綠樹江天曉　靄靄紅霞海日晴
遙望四山雲接水　碧峰千點數帆輕

祖師心裏想道。這個果是水母也。借過一片浮雲來。遮住了牧童的俗眼。捻一個訣。喝上一聲。說道。孽畜在那裏。只見水裏頭撲地一聲响。跳將一個青蓁蓁的神道出來。約有十丈多高。神頭鬼臉。撑眉竪眼。祖師道。你可認得我驪山治世祖師麽。水母看見是個祖師。唬得戰兢兢的說道。祖師老爺呼喚。有何使令。祖師道。我勞你到西洋海裏去走一遭。水母道。小的是個帶罪之神。怎麽私離得此地。祖師道。我已有個頭行牌。關會了玉帝。玉帝無不欽依。水母道。我琵琶骨上的鉄索不得離身。祖師道。暫且請他下來。限一七之後再鎖。道猶未了。一条鉄索已自落在石頭上。祖師一駕洋雲。竟轉西洋大海。水母跟定了祖師。你看他怎般施展。他原是個水裏的大黿專一要興妖作怪只因大聖收服了他。他一向困住在深潭裏面叫做是老驥伏櫪志在千里。今日一旦承祖師的號令。他就頃刻間施逞手段。賣弄威風把個九江八河五湖四海的水。一漲漲起来。白浪滔天。紅潮浸日。却說國師老爺坐在千葉蓮臺之上。一陣信風所過。早已知道祖師遣動水母的情由。連忙的差下值日奏事功曹。賫上一道牒文前往靈山勝地雷音寶剎。掌教釋伽牟尼佛位下投遞牟尼佛看見了牒文。即時發出阿難山一座落下爪哇國聽候佛爺爺指揮。却說爪哇国水勢漫天南軍各寨屯札不住。一齊移上寶船。二位元帥親造蓮臺說道似此大水何以處之。國師道怎見得水大。三寶老爺說道国師。你還有所不知。只是這一會兒

海發蠻夷漲　山添雨雪流　大風吹地紫　高浪蹴天浮
魚鱉為人得　蛟龍不自謀　輕帆好去便　吾道付滄洲

國師道水雖大幸喜得海口上那一座山還高其實的抵當得住元帥但自寬心穩坐中軍帳上。二位元帥心裏想道海口上並不曾看見個山國師怎麼說出這一句話来欲待搶白他。又恐他見怪沒柰何。只得敗興而轉轉到中軍船上。恰好的藍旗官報道海口上平地時刻長出一座山来高有千百丈長有千百里任是海水滔天一點也不能透入二位元帥雖不曉得個来歷。也想得是國師的妙用就念了有千萬聲阿彌陀佛却說驪山老母看見個海水不柰佛爺爺何。心中煩惱。白蓮道長又来進上一策說道我和你玄門中還有一位仙長。是可捐得鉢盂老母道是那一位仙

長。白蓮道長說道發憂顛撞倒了少華山那一位仙長何愁一個鉢盂老母道那是陳摶老祖的事他怎麼肯来。白蓮道長道師父親自去請他。他怎麼好不来倘或他堅執不来。師父把幾句言話兒騙他一騙豈可騙他不動老母道徒弟你所言有理須是我自家去也。還要你同去走一遭。一駕祥雲師徒兩個竟到南膳部洲雍州之域先到一個山上。白蓮道長道師父這個山好像我們的山。只是大小不同些老母道徒弟你也儘好眼色這個山原是我們的山嘴兒飛將来的。故此也叫做驪山白蓮道長道師父你怎麼曉得。老母道我曾在這個山上度化一個徒弟名喚達觀子。至今這個山上有我一所祠堂因我獎衣扶杖。人人也叫我做個驪山老母。你若不信。我和你去看一看来白蓮道長道鉢盂的事緊且去尋着陳摶老祖来老母道。也是即時踏動雲頭来到一所大山只見這個山一山如畫四壁削成。上面有許多的景致仙跡畢竟不知這個山是個甚麼山且聽下回分解

○○

第四十四回　老母求國師講和　元帥用奇計取勝

詩曰

西岳峻嶒竦處尊　中峰羅列似兒孫　安得僊人九節杖
拄到玉女洗頭盆　車箱入户無歸路　箭括通天有一門
稍待秋風凉冷後　高尋白帝問真源

白蓮道長道這是個甚麼山老母道這就是個西岳華山白蓮道

長道怎麽叫做華山老母道因是西方太陰用事萬物生華故此叫做個華山白蓮道長道陳摶老祖還在那裏老母道就在這裡我和你且行幾步走過芙蓉峰明月峰玉女峰蒼龍嶺黑龍潭白蓮池日月崖仙掌石得月洞總仙洞白蓮道長道怎麽還不見個老祖老母道前面就是轉一灣抹一角進了一個小小的庵堂白蓮道長道這是那裏老母道這個是希夷庵〻裏不見又轉到一個香噴〻的石洞裏面白蓮道長道這是那裏老母道這是陳希夷睡洞只見陳摶老祖睡在一張石床上鼻子裏頭一片的鼾响老母叫聲道希夷先生好睡哩希夷先生過了半晌纔轉個身纔嘆口氣纔撑開眼來却只見是個治世老母連忙的扒起来整衣肅冠兩家相見希夷道不知老祖師大駕降臨有失迎候老母道

出像西洋記　卷之九　四十

力屈計窮期鬪再生之路

心寒膽落頭寬萬死之誅

出像西洋記　卷之九　四四

輕造仙山特因小徒受些〻厄難。希夷道是那一位令徒有甚麽厄難祖師道莫說起首的小徒叫做火童兒在于西洋爪哇國切被佛爺〻一個鉢盂盖着在地上特請老祖師高擡貴手揭起鉢盂來救他　命希夷道貧道已超三界外。怎麽又好去混擾凡間老母道祖師是個不肯去的意思希夷道非不肯去只因有些不便處。老母道祖師你莫怪我說當初那裏有這等的世界那裏有這等的名山虧了我治世之功你今日既不肯去我把天下的名山都收了他看你睡在那裏陳希夷看見個老母發性只得勉強依從說道老祖師不須急性貧道就去老母道既如此請行。希夷道請先行。貧道就到白蓮道長道請同行罷希夷道此一位是誰老母道也是小徒也只為了他的師兄同行到此希夷道既如此同行能両個祖師、一個徒弟。一駕祥雲竟到西洋爪哇國陳摶老祖把個鉢盂看了一看說道量此些小的鉢盂有何難處老母說道這個鉢盂雖小其實難揭陳摶老祖把個手去摩一摩只見鉢盂上有千〻条瑞氣有萬〻道祥光陳摶心裏想道這個鉢盂果真是個寶貝。我也不管他揭得起揭不起盡我的心塞個責就是連忙的伸起手來。左一揭。〻不動右一揭。〻不開陳摶老祖也不作辭。一駕祥雲而去驪山老母看見個陳摶老祖不辭而去心上愈加興力高叫一聲道燃燈佛金碧峰。你今日把這等一個鉢盂和我賭勝我若不能奈何于你誓不回山。一駕祥雲竟到寒冰嶺積雪崖取過三千諸聖四位天仙一千天兵天將誓與金碧峰賭勝却說碧峰長老坐在千葉蓮臺之上一陣信風所過已知其意心

裏想道驪山老母動了殺戒之心他明日來時豈不驚了我們寶舡上耳目。即時一道牒文関會雷音寺掌教釋迦牟尼佛借取佛兵一枝又一道牒文関會東天門火雲宮元始大天尊。借取仙兵一枝関會已畢。天色漸明、二位元帥親自來見國師說道火母又請下一位師父。口稱是個甚麼治世無當老母又來挑戰坐名要國師老爺出馬故此特來報知國師心裏想道你們只曉得他來討戰却還不曉得我和他賭過多少勝了。慢〻的說道元帥不必費心貧僧自有個區處好國師。一行說有處。一行就走。〻下船來起頭一看。只見正西上一朵祥雲擁護着驪山老母現了丈八真身。左有金蓮道長。右有白蓮道長後有獨角金精神獸手執七星黃旗國師也連忙的現出丈六紫金身。左有阿難右有伽釋後有護

法韋馱尊天。手執降魔寶杵老母道燃燈佛金碧峰。你祗死的貴夫鉢盂今番看吾手段也國師道阿弥陀佛說個甚麼手段道猶未了半空中劃喇一聲响早已現出一座削壁的高山懸着半空中。漸〻的往下來座。連天也不知怎麼高連四面八方。也不知怎麼大連日月三光也不知怎麼形影。連四大部洲也不知怎麼着落。黑霧雙垂。陰雲四合。國師也喫了一驚。說道這三座山雖然不曾落地却也離地不遠倘或他再往下一座却不坑壞了我萬國九州的軍民百姓佛爺〻是個慈悲方寸。連忙的問道那一位神祇和我劈開這個山來。只見一位神將身高三丈八尺。手執開天大斧。脚踏九扇風車。朝着佛爺〻打個問訊說道小將是靈山位下四大部州都元帥句龍神是也領了牟尼佛爺的慈旨特来聽

宣。只見左手下又有一位神將身長三丈四尺左手一座黃金寶塔。右手一桿火尖神鎗朝着佛爺〻打個問訊說道小神托塔李天王是也領了牟尼佛爺慈旨特来聽宣。只見右手下又有一位神將身長三丈六尺三個頭。六隻手。六隻眼六般兵器朝着佛爺爺打個問訊說道小神是哪吒三太子是也領了牟尼佛爺慈旨特來聽宣佛爺道這三座山是驪山老母吊下来的既有三位神將在此你與我劈開来三位神將齊〻的答應一聲是一湧而去這三位神將一則是仗了佛爺〻的佛力。二則要施展他平日的神威分頭兒。一人一座山只指望劈破蓮蓬尋子路樊龍出海笑顔回那曉得這三座山就却是生鉄鑄成的却又是吸鉄石兒長成的怎見得是生鉄鑄成的句龍神的斧子。都砍欽了。李天王塔

頂都磨穿了火鎗都戳卷了三太子的六般兵器都使盡了並不
曾看見有半點班痕並不曾看見有半毫凹凸這却不是個生鉄
鑄成的怎見得是吸鉄石兒長成的句龍神的斧子拔不出李天
王的寶塔移不動火鎗取不来三太子的六般兵器撇不開一件
件像生了根的一般這却不是個吸鉄石兒長成的三位神將不
得成功回見佛爺爺說道這三座山好利害哩佛爺爺辭別了三
位神將又說道那一位神仙和我劈開這個山來道猶未了只見
一陣信風吹下八位神仙來齊齊的朝着佛爺爺行一个礼第一
位漢鍾離第二位呂洞賓第三位李鉄拐第四位風僧壽第五位
藍彩和第六位玄壺子第七位曹國舅第八位韓湘子佛爺爺道
這三座山是驪山老母吊下来的既有列位大仙在此何不與我

劈開他来八位神仙齊齊的答應一聲共一湧而去這八仙各人
用一番仙力各人設一番仙術各人搬出一班仙家宝貝只指望
一戰成功那曉得劳而無用內中有一位神仙高叫道列位都不
濟事不如各人散了罷待我来設出一个妙計撞倒他的三座高
山衆人起頭一看原来是个呂純陽洞賓先生他說了這句大話
即時間取下背上的葫蘆把海裏的水灌滿了一直貼着山頭上
傾將下来就像五六月的淫雨一般傾盆倒鉢晝夜不停好个呂
純陽却又借將海裏的水望上長起来若是等閒的山一撞便倒
老母這个山其實的有些利害哩任你這等的大雨山頂上的石
子兒也不能冲動了半个任你這等的大水山脚下的柴兒草兒
也不能冲動了半毫呂純陽也沒柰何只得回復了佛爺爺佛爺

爺心下十分懊惱猛然間左手下閃出一個阿難来朝着佛爺爺
打個問訊說道若要柰何這個山還是佛門中纔得他倒佛爺道
佛門中只有我大我也不能勾破得這個山終不然道有大似我
的阿難道佛爺豈不知弥勒佛和釋迦佛賭勝的事佛爺道是那
一次賭勝的事阿難道是那一次釋迦佛偷了弥勒佛的鉄樹花
要掌管世界弥勒佛就把個世界上的一槩好人都裝在乾坤叉
袋裏面這乾坤叉袋却不是個巖手佛爺道只怕這個叉袋也不
濟事阿難道世界上萬国九洲其中的好人該多少哩裝在叉袋
裏面還不彀一個角兒何况此三座惡山佛爺道也說得是一聳
金光竟到三十三天之外離摩天上弥勒宮中見了弥勒佛把個
下西洋的事故借叉袋的緣由都細說了一遍弥勒佛不敢怠慢

一竟取出乾坤叉袋来把叉袋裏的好人都抖在偏衫袖子裏却
把個空叉袋遞與佛爺爺這一抖叉袋不至緊纔方偏衫袖子裏
面走出些好人來到如今世界上纔有好人只是少些不然却都
是些乱臣賊子不忠不孝愈加不成個世界却說燃燈佛接了叉
袋一聳金光轉到西洋爪哇国遞與阿難阿難駕起祥雲把個乾
坤叉袋望下一撇撲地一聲响早已不見了三座高山晴天朗朗
紅日當空阿難收起了叉袋来只見叉袋是個空的沒有甚麼山
怎麼沒有了山原來這三座山就是驪山老母法身变的他恐怕
裝在叉袋裏不得出来故此撲地一聲响山就不見了佛爺起頭
一看只見正西上一駕祥雲端坐着一個驪山老母帶領了許多
天神天將半空中高叫道燃燈佛你金碧峰我今日教你認得我来

道猶未了。手裏的金鎗望空一撇。々將下来一変十々変百。百変千。々変萬。就有萬道金鎗往佛爺頂陽骨上䆫戳將下来。佛爺見了金鎗連忙的現出千葉蓮花。千朵的蓮花瓣々托住了老母的萬道金鎗。按此一回。佛受金鎗之難。佛爺即時傳出一陣難香。驚動了靈霄寳殿。玉皇大帝。玉皇大帝叫過千里眼順風耳来。分付他打聽下方何人現受何難。二位菩薩竟出南天門外。打聽一番卓知其意。回復道。是燃燈古佛與驪山治世的老母賭勝。佛爺々受了金鎗之難。故此一陣難香上聞玉皇大帝。喫了一驚。說道。佛受金鎗之難。吾當解釋。即時一駕祥雲。先到普陀落伽山。會了紫竹林中觀世音菩薩。同往西洋。見了佛爺。々佛爺道。貧僧因奉大明國朱皇帝欽差。来此西洋撫夷取寳。不料驪山老母無故把萬

道金鎗加害于我。不知是何道理。二位說道。佛爺寛心。不須怒發大家講和了罷。二位去見驪山老母。々々道。燃燈佛自逞其能。把个鉢盂盖了我的徒弟一百多日。不肯揿開。此何道理。二位道。你既收了金鎗。容我二人去勸佛爺々揿起鉢盂。救你徒弟。老母道既承二位尊命。敢不依從。即時收了金鎗。二位又見佛爺々說道老母收了金鎗。望佛爺々揿起鉢盂。放了火童。免得傷了釋道二家的体面。佛爺道。非干貧僧執拗。只是這个老母輕易動了殺戒之心。不像有這些年紀的。二位道。自是老母理缺。佛爺々于人何所不容。佛爺道。既承二位大教。容貧僧現了四大假相。揭了鉢盂放了他的徒弟就是。二个玉皇大帝一个觀世音菩薩。解釋了釋道二家之爭。一駕祥雲而去。佛爺々收了千葉蓮花。現了四大假

稱。老母也自吊下雲頭来。却說寳船上二位元帥。一位天師。一干將官只見國師出馬。一會兒天昏地黑。一會兒天清氣爽。一會兒天上吊下山来。一會兒海裏湧起水来。又不見个國師在那裏。又不見个番兵番將在那裏。寳船上好憂悶也不覺的過了一七。猛然間一个國師跕在地上。後面跕着一個雲谷徒孫。對面跕着一個驪山老母。衆人無限歡喜。老母道。我已收了金鎗。佛爺々你須把個鉢盂揭起。佛爺道。既和不講理。我怎麽不揭起鉢盂。道猶未了。只見佛爺的偏衫袖兒動了一動。即時跳出一個一尺二寸長的小和尚来。朝着佛爺々打個問訊。說道。呼喚弟子何方使用。佛爺道。你把那地上的鉢盂揭起来與我。小和尚得了號令。不慌不忙走近前去。把個鉢盂的底輕々的敲了一敲。那個鉢盂一個眼

元帥赫斯面帶霜威加草木

蠢夷帖爾膽隨天語碎揩墀

頭就揣在他的手上一手接着雙手遞與國師驪山老母唉了一
驚心裏想道我費了許多心事差了許多的諸天諸聖都不能勾
掀動他半分誰想這等一个小小的和尚到反不費些力掀將起
来可見得佛力廣無邊老大的心裏嘆服連火母今番出来不敢
亂開半個口了老母道你拜謝了佛爺爺陪個不是佛爺道那裏
要陪不是你只勸觧國王殺他早早的獻上我的傳國王璽來萬
事全美老母道我帶得我的徒弟回去那管他甚麼閑事一駕祥
雲而起王神姑看見個師父離了鉢盂䔍公口裏喂喂唧唧只說
他是个𠅘家看見國師老爺隻身獨自又且默默無言只說是个
輸家驟馬而來要見師父不想師父跟着老母去了他心裏想道
師父雖然去了量這等一个和尚豈可不柰他何放開馬就要生

擒和尚國師却又將計就計竟望寶船上跑王神姑逕自趕到寶
船邊来原來國師是個古佛臨凡不比等閑之輩故此王神姑饒
他勒馬加鞭趕他不上他早已見了元師定了計策一聲信砲左
角上閃出左先鋒張計右角上閃出右先鋒劉蔭前營裏閃出應
襲王良後營裏閃出武狀元唐英左營裏閃出疾雷鎚黃棟良右
營裏閃出任君鑲金天雷前哨閃出狼牙棒張柏後哨閃出回回
沙彥章左哨閃出宣花斧黃全彥右哨閃出長鎗許以誠一齊圍
住了王神姑一片吆喝道潑賤婢今番那裏走你一劍我一刀你
一鎗我一棒你一鑲我一鎚王神姑打做個月兩寒雞獐頭鹿耳
分明要念咒喉嚨裏又噥不出個聲氣来分明要出雲頂踢胄上
又沒些炮火氣撲地的一聲响掀在馬下也不知道是那個下手

的一會兒渾身鮮血滿面通紅你也要搶功我也要搶功你也要抓
王神姑抓不起来我也要抓王神姑抓不起来人又多馬又衆正叫
做人頭簇簇馬首相挨可憐一個王神姑就在馬脚底下踹做了
一塊肉泥衆將官看見踹做了一塊肉泥却纔住了手一聲鑼响
各自收兵沒有甚麼回復元師只得擡過了這一塊肉泥来做个
証明功德元師問國師道這个肉泥可是真的國師道他原日有
誓在先今日怎麼假得元師道終不然一個誓應這等准信國師
道彼時節貧僧就叫過呪神来記了他的呪語元師道今日臨陣
之時怎麼就有个呪神在這裏國師道適纔又是貧僧叫過呪神
来還了他這个愿信元師嗄嗄的大笑起来說道怪得你進門之
時口兒裏噥也噥的國師道放得去須還收得来不然養虎貽患

之兆貧僧怎麽當得起哩元帥道這个潑賤儕多謝國師佛力再
得除了咬海干就好總求一個妙計國師何如國師道這個不在
貧僧貧僧告辭了長揖而去此時天色已晚好個三寶老爺眉頭
一蹙計上心来即時叫過五十名夜不收耳根頭告訴他如此如
此叫過左先鋒張計耳根頭告訴他如此如此叫過右先鋒刘蔭
耳跟頭告訴他如此如此叫過左哨黃全彥耳跟頭告訴他如此
如此叫過右哨許以誠耳根頭告訴他如此如此道猶未了藍旗
官報道王神姑又來了三寶老爺吃了一驚說道在那裏藍旗官
道適纔又在營外一人一騎掠陣而去老爺道你可看得真哩藍
旗官道小的看得真一字不差老爺道既在營外掠陣而去快差
左右先鋒領兵追他下去再差左右兩哨領兵一併追他下去分

付已畢嘆一口氣說道有此蹺事怎麽處他王爺道一個人端做
了一塊肉泥怎麽又有个再活之理老爺道雖沒有這个理却有
這个事你教我怎麽處治于他馬公道當初都是國師老爺放他
回去少不得還在國師身上一會見請過天師國師来告訴他這
一番的蹺事天師道貧道適來袖占一課占得是个賊星入墓怎
麽又有個再活的事老爺道既不再活怎麽又在這裏掠陣而去
你爭我爭國師只是一個不開口老爺道請教國師還是何如國
師道這個事貧僧有所不知馬公道當初是國師老爺放了他如
今還求老爺做個長處國師道元帥已經調兵遣將自有成功不
必多慮馬公道似此說来老爺的呪神也不靈了國師道到底是
个靈的馬公道既是呪神會靈王神姑不宜又活國師只是低了

頭閉了眼再不作聲却說左右先鋒左右兩哨得了將令各領一
枝軍馬追趕王神姑只見王神姑先是一人一騎次後遇着咬海
干兩人兩騎更不打話只是往前直跑趕到一個處所地名草兒
拿住一个頭目叫做个那刺打原係我南朝廣東人見了三位先
鋒帶領了一村人也有唐人也有土人磕頭如搗蒜都說道小的
們再無二心悉憑先鋒老爺使令張先鋒說道也沒有甚麽使令
只要你們納貢稱臣不反背我天朝就是衆人一齊說道從今以
後年年納貢歲歲稱臣再不敢反背天朝張先鋒領了一枝軍馬
扎了一个行營守住這个草兒地方右先鋒同了兩哨副都督跟
定了王神姑咬海干又到了一个處所地名蘇兒把牙拿住兩个
頭目叫做蘇班麻蘇刺麻兩個頭目見了天兵帶領着一千西番

胡人磕頭禮拜都說道不干小的們事望乞老爺饒生刘先鋒說
道我這裏饒你們的殘生只是你們都要納貢稱臣不可反背我
們中國衆人一齊說道從今以後年年納貢歲歲稱臣誓不敢反
背中國刘先鋒領了一枝軍馬扎了一个行營把守了這个蘇兒
把牙地方左右兩哨跟定了王神姑咬海干又到一个處所地名
滿者白夷這正是番王居止的去所王神姑看見追兵来得緊他
就同了咬海干竟進到番王殿上拜見番王番王還不曾開口外
面兩員副都督也自趕進殿来番王慌了閃進宮裏面去王神姑
撇下了咬海干也一竟走進宮裏面去長鎗許副都也一竟走進
宮裏面去番王慌了走上百尺高樓第九層頂上王神姑也走到
百尺高樓第九層頂上長鎗許副都也趕到百尺高樓第九層頂

上。王神姑高叫道。我王不要慌張。小臣在此保駕。番王道。南兵来得緊。怎麽處。他王神姑道。小臣會騰雲。駕霧。怕他怎麽。番王道。多謝愛卿保護之力。異日犬馬不忘。道猶未了。一条索把個番王細將起来。番王道。怎麽又細起我来。王神姑道。細得緊。纔好騰雲。細到殿上。只見咬海干也是一条索細在那裏。此時正是雞叫的時候。雖有些燈火。人多口多。也看不真了。咬海干説道。女將軍。我和你一夜夫妻百夜恩。你怎麽下得這等個毒手。王神姑説道。不是下甚麽毒手。細起来。大家。好騰雲的。番王道。既是騰雲。我和你去罷。王神姑一手一個。一掀兩掀。都掀在馬上。又説道。你們都閉了眼。這如今連馬都在騰雲裏。却又催上一鞭。馬走如飛。哄得那兩個緊緊的閉了四隻眼。心裏想道。這等騰雲不知天亮。騰到那裏。

也。及至天亮。王神姑一手掀番他們下来。喝聲道。齊開眼。哩巴自騰。你到了九梁星裏。只怕你們沒去坐處。兩個人睁開個眼。只見是個中軍寶帳。上面坐着兩位元帥。一位僧家。一位道家。番王看見。就心如刀割。肺似猫抓。放声大哭。罵説道。賣國賊。你今番悞我也。元帥道。你罵那個。番王道。罵那賣國的王神姑。元帥分付。解了他兩個的繩索。叫劊子手過来。把一根鉄索鎖在他的琵琶骨上。一個人琵琶骨上一刀。一個人鎖上一根鉄索。跪着在階下。元帥道。那個是都尚板番王。道。我是都馬板。元帥道。你是個甚麽番王。敢無故要殺我天使。敢無故要殺我從者百七十人。又敢無故併吞爪哇並合二為一。叫刀斧手来。把這番王細細剝了他的皮。剮了他的肉。拆了他的骨頭。叫他做鬼也認得我南朝大將。不知果然

的是剝皮剮肉。拆開骨頭。也還是不曾。且聽下回分解

○○

第四十五回

元帥重治爪哇國　元帥厚遇浡淋王

詩曰

北風吹落洞書前　酋首高從大青懸　瀚海此時堪洗甲

瀘江當日亦投鞭　鬼方何用三年克　鎬宴齊歌六月旋

自昔武侯擒縱後　功名復為使君傳

却説元帥分付把番王剝皮剮肉。拆骨頭。國師道。阿彌陀佛。看貧僧的薄面。饒了他罷。元帥道。既是國師分付。不得不遵。也罷。把番他打上四十大藤棍。問他今番敢也不敢。道猶未了。只見左右先

元帥重治爪哇國

元帥赫斯面帶霜　威加草木

蠢夷怗爾膽隨天語碎皆墀

出像西洋記　卷之九　五七

鋒左右兩哨副都督。解上許多的人来第一宗是左護衛鄭堂右護衛鉄楞。元帥道臨陣失機軍法從事國師道這是王神姑的妖術所迷。理當輕恕。元帥道雖然妖術所迷也。不免辱國之罪各人重責二十棍。各人領了二十。謝罪而去。第二宗是那剌打等一千頭目共有十三名。元帥道這些頭目都是助桀為虐的一人剮他一千刀。即時間刀斧手把十三名頭目一個剮上一千刀。剮一刀。叫番王看一看番王跪在那壁廂。到狠似過寒山的第三宗是左頭目蘇黎乞右頭目蘇黎益元帥道這兩個頭目曾經勸解番王早上降書降表。番王不從。却是知事的。叫軍政司每人簪他一枝花掛他一段紅。兩個頭目不肯簪花。不肯掛紅元帥道。你敢嫌我的賞賜輕了麼。兩個頭目說道小的怎麼敢嫌輕。只是主憂臣辱

班不敢受。元帥道還是知事。叫軍政司各人賞他一副紗帽員領角帶皂靴。以表他夷狄之有臣。第四宗是番王宮殿裏的左右近侍后妃媵妾共有五百名。元帥道家人犯法罪坐家主與他們不相干。放他回去。不得加害于他那五百口男男婦婦齊齊的嗑上一個頭。一湧而去。國師道且慢去。藍旗官即時攔住叫你們且慢去。却又一齊轉來。一齊跪着元帥國師。國師叫他轉来有甚麼話兒分付。國師道這五百口人都是假的。元帥喫了一驚說道終不然又有王神姑的事故。國師道王神姑還是撮弄的邪術。這些人却原不是人。元帥道是個甚麼。國師道你看就是。即時叫過徒孫雲谷取過鉢盂水来。輕輕的吸了一口。照着這五百個人頭面上一噀。只見五百個就變了四百九十九個猴子。止有一個老媽媽兒却

出像西洋記　卷之九　五八

是番王的母親。到還不曾变。國師道這一個却是人。天師劍頭上燒了一道飛符。早已有個天將把這些猴子一個一刀。四百九十九個就砍做了九百九十八個。又是一場大蜡事。元帥叫過那個媽媽兒來。賞他一對青布。教他覓路而回第五宗到了咬海干元帥道這畜牲是個禍之根罪之首也。剮他一千刀番王道望元帥老爺饒他一命。姑容小的們這一次。縱小的即時回國獻上降書降表。倒換通關牒文。貢上禮物。再加上儀以贖前罪。萬望元帥老爺寬恩。元帥道我堂堂天朝明明天子。希罕你甚麼降書降表。我天兵西下。拉朽摧枯。希罕你甚麼通關牒文。我中國有聖人萬方作貢。希罕你甚麼禮物土儀。你這釜底游魚。幸寬一時之死足矣何敢多言。第六宗就該到王神姑身上。元帥道取過金花二對銀

花一對綵段二表裏賞與王神姑大小各官心上都有些不服都想道元帥一日精灵這一會兒就糊塗起来了怎麽一個王神姑反受賞只見王神姑受了金花銀花綵緞表裏拜謝而去番王高叫道潑賤你把我賣得好哩我教你天網恢恢疎而不漏咬海干高叫道王神姑我和你也做夫妻一塲你怎麽就閃我到這個田地成也蕭何敗也蕭何馬公道元帥差矣這苹一個潑婦人費了我們多少的事今日反又賞他前日国師已惧元帥今日豈容再惧元帥問王爺道這個還是該賞不該賞王爺道不該賞又問天師道這個該賞不該賞天師道于理本不該賞只怕賞的不是王神姑又問國師道這個該賞不該賞国師只是閉了眼還你一個不開言元帥分付叫過王神姑来王神姑搖搖擺擺而来衆人恨

不得喫了他的肉元帥道你把那副披掛除了罷即時除下了那付披掛那裏是個王神姑原来三寶老爺叫過夜不收来耳根頭告訴他如此如此正是教他假扮個王神姑扮成了王神姑却纔賺得咬海干住有咬海干做了一對人再不疑却纔一村到一村都是這個哄賺之法左右先鋒左右兩哨老爺耳根頭告訴他如此如此都是教他故意的追趕王神姑到一村捉一村頭目一直趕到殿上捉住番王却纔住手都是這個前後相牽之法馬公公看見王神姑是個夜不收假扮的却纔心上明白說道好妙計我說一個王神姑反又受賞天師道我說只怕賞的不是王神姑国師也睜開眼来說道虧你們好猜也一個王神姑已自踹做了一塊肉泥怎麽又會轉世那一個不說道此計妙哉那一個不說道

真好元帥運籌帷幄之中決勝千里之外三寶老爺說道衆人之功亦不可誣叫軍政司過来論功頒賞有差大設一席筵宴着都馬拔傳酒酒罷分付開船道猶未了只見兩人兩騎飛奔而来高叫道寶船慢開哩傳報道来者何人快通名姓来將道我們爪哇國國王親隨護衛官左右頭目蘇黎乞蘇黎益是也傳報道来此何幹二頭目道特賫降書降表土儀禮物贖取國王相煩長官通報一聲傳報官通報元帥元帥分付道不受書表不受礼物左右頭目不許相見左右頭目跪在沙灘之上再三哀告王爺道既是来意懇勤且叫他上船来看是怎麽老爺却纔許他上船遞上降表老爺不受遞上降書老爺不受遞上禮物单老爺不受王爺接過单来看一看只見单上

計開

溫涼床一張　金花帳一付　龍鱗席一牀　鳳毛褥一付
玉髓香二角　瓊霜乳二瓶　頻伽鳥一架　紅鸚鵡四架
白鸚鵡四架　白鹿脯四甕　白猿脂四甕　椰极二匣（狀如枇杷）
（内有肉蜆味最甘美）　蚕吉楠十盤　蝦蟟酒十罈（蝦蟟樹名其中出酒）　桄榔酒
十罈（桄榔樹名其中出酒）　栁花酒十罈（本國栁花取之釀酒）

老爺道禮物也不受左右頭目再三哀告老爺道非干我們不受只因你這國王惡極罪大不容于死我這如今紐械了他送到我天朝明王其罪教他死而無怨王爺道國王之罪雖重左右頭目之情可哀元帥做個活處罷老爺道難以活處這等的惡人當即時梟首但殺之似涉于專故此械送他到京師那時節也殺焉在

萬歲爺處。王爺道。械送到底是個威勢。不加得一段心服。緫是個長策。老爺道。若論心服。就要他親自到我天朝謝罪。書表禮物悉憑在他。左右頭目道。小的們情愿護送國王。親自朝貢。不致踈慢。王爺道。有何所憑。左右頭目道。小的門供下一紙服狀。在元帥處。倘有虛情。甘當受罪。王爺道。這個也通。衙左右頭目即時見了番王。細說前事。番王道。我情愿供招。又敢再違拗。一會兒供上一紙服狀來。元帥讀之。說道。

供狀人爪哇國國王都馬板。同左頭目蘇黎乞。右頭目蘇黎益供為朝貢事。厶僻處一隅。罔識天高地厚。懵生半百。不知日照月臨。一不合無故要殺南朝天使一人。二不合無故要殺南朝從者百七十人。三不合恃強吞滅東國。東王併二為一。四不合

天兵壓境。負固不賓。提師抗拒。有此罪悪。積累如山。荷蒙元帥寬恩。開示愚頑生路。自今以往。舍舊從新。献歲以來。改悪為善。單于之頸。願繫闕門。可汗之頭。不難太白。敢有踈慢。立受天誅

所供是實

元帥接了供狀。叫過番王來說道。你今番却不知死麽。番王道。小的知死。元帥道。饒你一命。你年年納貢。歲歲稱臣。還不在話下。你須即時收拾。親自朝貢天朝。我朱皇帝赦你死罪。你纔得生。你自今以後敢有半點差池。我教你碎尸萬段。剮骨熬油。你纔認得我元帥哩。番王嚇得只是心戰連聲。答應道。小的曉得了。小的曉得了。又叫過左右頭目來。分付他道。你們既做個頭目。須要教你番王為善。自古到今。有中國纔有夷狄。中國為君為父。夷狄為臣為子。是誰敢不置于足。屨雖鮮不加于首。你自今以後敢有故違我令。你這些番狗奴。如泰山壓纍卵。你曉得麽。左右頭目就磕上一千個頭。說道。曉得了。又叫過交海干來。分付他道。你這番狗奴。只曉得持人伏劒。擾亂四隣。却今日也把我天朝大將當個甚麽人看承。敢如此倨僵無禮。你這個禍根苗。就剮一萬刀也還是少的。叫刀斧手來拿他到船頭上去一刀兩段祭了海神。我們開船。番王和左右頭目自家討饒且不及。再敢替他乞饒。只得抱頭鼠竄而去。交海干拿到船頭上。一刀兩段。屍首丟在海裏去了。寳船齊開。一路前行。經過一個地方。叫做重迦羅。這個重迦羅也當不得一国。只當得一個大村落。四面高山。献奇聳絶。其中有一個石洞前後三門。石洞中間可容二三萬人。頗稱奇絶。有一個年高有德

夷虜交孚敢快心于狼望

恩威並至赓舉鼎于鴻毛

的老者頭上一個頭髮髻兒身上穿一件单布長衫。下身圍一条梢布手巾。接着寶船进上

羚羊十隻　鸚鵡一對　木綿百斤　椰子百個　秫酒十尊

海鹽十担

老爺見他風俗淳厚。人物馴良。又且来意懇懃。分付軍政司收下他的禮物。却又取出一頂𢃇巾。一件海青。一付鞋襪回敬於他老者拜謝而去寶船又行。一行数日。経過許多處所。一處叫做阿陀羅一處叫做琵琶拖。一處叫做丹重。一處叫做圓嶠一處叫做彭里這些處所看見宝船経過走出無萬的番人來。一個個蓬頭跣足醜陋不可言。都來獻上礼物却是些豹皮熊皮麂皮羚羊角玳瑁烧珠。五色絹印花布等項老爺道。你這礼物都是從何處得来

的衆人道實不相瞞天使老爺說小的們不幸生于夷狄之國無田地可耕種朝不聊生。只得擄掠些来往商貨權且度日。今日幸見天使如撥雲霧而覩青天故此聊備些薄礼少伸進貢伏乞天使老爺海涵。元帥道智士不飲盜泉之水君子不受嗟来之食你這不義之物。我怎麼受你的只你們這一念歸附之誠却也是好處我這裏總受你一疋布古語有云陽春布德澤萬物生光輝你們今日朝不聊生還是我們德澤之未布。衆人驚服號泣而去宝船又行一行数日。却又経過一個小國名字叫做吉里地悶國夜不收道此國田肥穀盛。氣候朝熱暮寒男女斷髮穿短衫。夜卧不盖其体凡遇番船往来停泊于此多係婦人上船交易被其淫污者十死八九。老爺道如此惡俗。也叫過酋長來杖五条分付他道

男女有別人之大倫。你做個酋長。怎麼縱容婦女上船交易。淫污兩人我這裏杖你五条。你今後要曉得人之大倫有五不可縱他為非酋長磕了幾個頭。說道小的今番曉得了。這都是三宝老爺用夏变夷處宝船又行一行又是数日。却到了一國這個國是個大國宝船收入溝口其水味淡老爺甚喜分付石匠立一座石碑刻淡溝二字于其上至今名字叫做淡溝。夜不收回復說道這一個國水多地少。除了國王。止是將領在峤上有房屋其餘的庶民俱在水牌上盖屋而居任其移徙不劳財力。老爺道叫做甚麼國夜不收道番名浡淋國華言舊港國老爺道土地肥瘠何如夜不收道田土甚肥倍于他壤俗語有云。一季種谷。三季收金這是說米谷豐盛生出金子來老爺道民風善惡何如夜不收道國人鄰

是南朝廣東潮泉洲人慣習水戰侵掠為生道猶未了只見港裏
閃出一隻小船來。船頭上坐着一員番將
臉玄明粉的白　手肉蓯蓉的紅　倒拖巴戟麥門冬　虎骨
威靈三夷　怕甚白荳蔻很　怯甚赤荳蔻兜　殺得他天門
不見夜防風　藿亂滛羊何用
塘報官遠々的吆喝道小船不得近前。先通名姓番將道小的原
籍廣東潮洲府人姓施名進卿。全家移徙在這裏今日幸遇天兵
特来迎接並沒有半點異心敢煩長官和我通報塘報官道你小
船稍遠些。待我和你通報施進卿道我這裏止是一主一僕並無
外人長官你不必多慮塘報官傳言藍旗官報進中軍帳上元帥
分付叫他上船來施進卿見了元帥。行了礼說道。小的原籍是廣

東潮洲府人姓施名進卿洪武年間遭遇海賊剽掠全家移徙在
這裏回首神京不勝瞻仰。今日幸遇天兵下降。三生有幸特來恭
迎老爺道你敢是個陽順陰逆麼施進卿道小的隻身獨自內無
片甲外無寸兵縱欲陰逆。其道無繇。老爺道你雖不是陽順陰逆
也決定是個公報私仇施進卿喫了一驚渾忙的磕一個頭說道
老爺神見老爺道是個甚麼事。施進卿道只因小的有一個同鄉
人姓陳名祖義為因私通外國事發之後逃在這裏來年深日久
充為頭目豪横不可言。而一劫掠客商財物國王也禁他不得有
此一段情由。故此先來報上王爺道這還是個公惡比公報私仇
的還不同些。老爺道這個國叫做甚麼國施進卿道華言舊港國
番名浡淋國老爺道國王叫甚麼名字。施進卿道叫做麻那者巫

里老爺道前日朝廷賜予他一顆印你可知道麼施進卿道小的
知道洪武爺朝裏國王但。麻沙那三次進貢三次得我們南朝大
統曆得我們南朝文字幣帛老爺道是了。你且迴避陳祖義那時
就來我這裏有處施進卿去了老爺叫過左護衛鄭堂來傳出虎
頭牌一面前往浡淋國招安敢有半個抗違大兵攻之掘地三尺
鄭堂領了這面牌逕到浡淋國傳示國王及諸將領國王同各將
領接着這面虎頭牌々上說道
大明國朱皇帝駕下欽差統兵招討大元帥鄭　為撫夷取寶
事照得天朝歷代帝王傳國玉璽從秦漢以來遞相授受歷年
千百未之有改切被元順帝白象馱入西番盛德既膺天眷宗
器豈容久虛為此我今上皇帝。欽差我等統領寶船千號戰將

千員雄兵百萬前下西洋。安撫夷荒鞠問玉璽。特因奉此牌仰
各國々王及諸將領如遇寶船到日許從實呈揭玉璽有無消
息此外别無事端不許各國因緣為奸。另生議論致起爭端敢
有抗違動干天憲一体征勦不恕須至牌者
國王讀了虎頭牌說道我父子受朱皇帝大恩久不能報今日天
使降臨快差那一員將領前去迎接我隨後寫下降書降表備辦
進貢礼物親自拜見元帥。留住他在這裏久住些時候款待他一
番纔是個道理道猶未了。早有一個將領儀貌長身全裝擐甲。應
聲道末將不才願先去迎接天使國王起頭看來只見是個南朝
人姓陳名祖義現任左標沙朗々頭目之職國王道美不美鄉中
水親不親故鄉人正好你去陳祖義辭了番王駕一葉小舟同鄭

護衛前來迎接見了元帥。行了礼元帥道你是甚麽人陳祖義道末將不才。原藉廣東人氏姓陳名祖義見任浡淋國々王位下左標冰胡大頭目之職他看見元帥顏色有些。不善他又奉承兩句說道元帥不必見疑適纔本國々王還有此々二三其志是末將細細的勸解他一番他纔不開口故此末將先來迎接正所以堅我國王之心。元帥道左右在那裏你和我把這個黑心的綑將起來。陳祖義慌了高叫道人来投降殺之不祥。怎麽又綑起小的來元帥道你在我中國私通外國依律該斬你在這外國刧奪營生強盜得財依律該斬你有兩個頭也還是該死莫說只是一個頭陳祖義說道元帥。你屈了我這一片好心腸也元帥道你来接我還是個公報私仇。有個甚麽好心腸唬得陳祖義啞口無言心裏

想道我南朝有這等一個通神的元帥。把我心肝尖兒上的事。都訐實了。元帥分付帶過一邊待等國王相見之後取來梟首道猶未了。藍旗官報道浡淋國々王見元帥分付請進来相見已畢國王遞上降表一封。元帥受下。分付中軍官安奉。又遞上降書一封元帥受下。拆封讀之。書曰

浡淋國々王麻那者巫里董再拜奉書于

大明國欽差統兵招討大元帥麾下。側聞中夏外夷分懸冠履內尊外攘籌屬褰帷。矧我浡淋。每沾眷注。大統有曆文幣生宗在先皇已蚧恩于九地。印篆授輝輿馬增重在單末益借庇于二天捧日月之光寒移雪海沐靈雨之澤春入花門。幸接台光不勝雀躍用伸尺素伏乞海涵。ム無任激切惶惧之至年　某月某日某　再拜謹書

元帥讀完了書。說道書中之言。足徵賢王不背本國王又遞上一張進貢的草单来。元帥受下。開来一看只見草单上

計開

神鹿一對（大如巨猪高三尺許前半截甚黑後半截白花毛純短可愛止食草木不食葷腥）

鶴頂鳥一對（大如鴨毛黑頸長嘴尖其腦骨厚寸餘外紅色內嬌黃可愛甚作腰帶）

火雞一對（頂有軟紅冠如紅絹二片渾身加羊毛青色其爪甚利傷人致死好食火炭故名鉄棍棒不能致死）

琉璃瓶一對　珊瑚樹一對　崑崙奴一對（能蹈曲渔樂）　血結二匣（治傷妙藥）　薔薇水二罈　金銀香二箱（其色如銀匠鈒花銀器黑膠相似中有一白塊好者白多低者黑多氣味甚冽能觸人鼻）　膃肭臍五十（其形如狐走如飛取其臍以浸酒名膃肭臍香）

元帥看了草单說道多謝厚禮。本不當受但蒙國王真心實意不

敢不恭一面分付內貯官照单收拾禮物。一面分付安排筵宴國王又遞上一個禮单。說道外有不腆之儀奉充軍餉元帥道公禮之外。一毫不受國王再四再三哀告不已。元帥接過草单来看見单上有白米一百担受此白米足矣分付軍政司收了他一百担米。白米之外一毫不曾受即時筵宴齊備大宴國王々々不用一毫饌品元帥道賢王怎麽不用此饌有何高見國王道单末不火食大凡火食則本國大荒元帥道豈有此理國王道元帥既不惟信還有一件事也是個大禁元帥道還有個甚麽大禁國王道单末又不水浴大凡水浴則本國大潦元帥道既如此賢王終不然不食不浴。國王道食的止是沙糊浴的止是薔薇露天師在座上把個頭點了兩點元帥分付軍政司取出帶来的菹笏鞍馬各一

付回敬國王〻〻拜謝元帥分付帶過陳祖義来國王看見鎖械
了陳祖義心上喫了一驚又不敢動問不知元帥取過陳祖義来
怎麽處置他且聽下回分解

九卷終

新刻全像三寶太監西洋記通俗演義卷之十

二南里人　編次
三山道人　繡梓

第四十六回

元帥親進女兒國　南軍悞飲子母水

詩曰

征南大將出皇朝　巡海而西去路遥　旗皷坦行無狗盜
蠻烟盡掃有童謡　劍揮白雪除妖獸　箭射青雲下皂鵰
怪底殘餘陳祖義　收撐螳臂漫相招

却說元帥分付帶過陳祖義來國王心下喫了一驚不知是個甚
麽事故元帥道這陳祖義原在我中朝私通外国事露而逃今日

不憚劬勞野鶴巢邊尋苦藥

元帥親進女兒国

敢辭險惡毒龍潛處覓玄珠

在你浡淋国刼奪為生貽禍不小惡極罪大賢王你可知道麼国
王道甲末失之於初這如今有好些不忝他何處元帥道我這裡
明正其罪與你国中除了這一害罷叫刀斧手來把陳祖義押出
轅門外梟首示衆陳祖義吆喝道可憐見小的沒有甚麼罪哩元
帥只是不聽一会兒開刀一會兒獻上首级国王欠身道多謝元
帥虎威除此一害只是甲末国中還有一害敢求元帥何如元帥
道是個甚麼害国王道甲末國中有一土穴每一年一次奔出生
牛数萬頭來撞遇他的一戳兩段喫了他的十死八九甚是為害
国中望乞元帥和我做個處置元帥道此事須得天師天師即時
取出飛符一道遞與国王說道你拿我的符去到明日子時三刻
用火燒在土穴之上其牛自息国王拜謝元帥又叫過施進卿來

取一付冠帶賞他着他作陳祖義為頭目分付他道殷鑒不遠你
在這裡務要用心做個好人哩國王施進卿一齊辭謝而去寶船
前行王爺道施進卿告訴之時元帥還不曾看見陳祖義的面怎
曉得他就來元帥道這等假公濟私的人巴不得尋着我們做個
名目故此我牌上說道此外別無異情他越加放心大膽這却不
是他就來的机括衆人道元帥神見元帥道昝這個不打緊只不
知昨日天師看見番王不火食不水浴他低着頭點了兩點這是
怎麼即時去問天師天師道貧道點頭是我算他一筭元帥道筭
得他是個甚麼天師道筭得他是個龍精元帥道龍性畏火故此
見火則畏龍性又喜水故此見水則游道猶木了只見藍旗官報
道浡淋國國王差人送上柴草蔬菜之類現有十隻小舡在這裡

伺候元帥道各事收他一半其餘的還他藍旗官又道本國新陞
頭目施進卿差人送上豬羊鷄鵝酒米之類現有四隻小舡在這
裡伺候元帥道一毫不可受他的藍旗官傳上來人口說道施進
卿的禮物都是國人情愿獻上的為因得了天師的飛符今月子
時三刻燒在穴上紙灰尚未冷只見穴上一聲响早已撑出無限
的竹木來把個穴口堆塞得死死的國人攞手故此各率所有借
施進卿的名字送上來以表他各人的誠意元帥道既如此各受
一品見意就是小舡各自回去行了数日此時正是三月天回首
京師正在遊賞之處有詩為証

偃子宜春令去遊　風光猶勝小梁州　黃鸎兒唱今朝事
香柳娘牽舊日愁　三棒鼓催花下酒　一江風送渡頭船

醒子沉醉東風裏　笑剔銀燈上小樓
藍旗官報道前面又是一個處所想是一國中軍傳下將令落篷
下碇梢舡稍舡已畢仍舊水陸兩營元帥分付夜不收上岸体探
体探了一番齊來回話老爺道這是個甚麼國夜不收道這個國
有好些異樣處老爺道怎見得異樣夜不收道這去處的人一個
個生得眉兒清目兒秀汪汪秋水淡淡春山老爺道這是各處風
土不同夜不收道這去處的人一個個生得鬟兒黑臉兒白輕勻
粉面細挽油雲老爺道這是各人打扮不同夜不收道這去處的
人一個個光着嘴沒有鬍朱唇劈破皓齒森疎老爺道這是各人
生相不同夜不收道這去處的人一個個小便時蹲着撒潤邊泉
一線堤上草雙垂老爺沉思了半會說道終不然都是個女人家

夜不收道小的也不認得是女人不是女人只是他　汗濕紅妝
花帶露　雲堆綠髮柳拖烟　恍如天上飛瓊侶　疑是蟾宮謫
降仙　王爺道似此講來是個女兒國老爺道女兒國就都是女
人沒有男子哩王爺道沒有男子老爺道既都是女人可有個部
落麼夜不收道照舊有國王照舊有文官照舊有武將照舊有百
姓老爺道既如此也要他一紙降表纔是個道理馬公道男女授
受不親我和你逕過去罷老爺道無敵於天下者天吏也豈可輕
日逕過去把後來人做個口實說道當時某人下西洋遺個女人
國也不曾征服得王爺道雖不可逕自過去也不可造次征他須
得一個舌辯之士曉諭他一番令他進上降書降表倒換通關牒
文纔為兩便老爺想了一想說道嗜斈生去走一遭何如王爺道

老元帥親自前去雖然是好只一件來主帥離營恐有疎失老爺
道不入虎穴焉得虎子身先士卒古之名將皆然又且一切軍務
有王老先兒你在這裡王爺道既是元帥要行斈生不敢十分阻
當好個三寶老爺沉思了一會收拾了一盪王爺道元帥此行有
個甚麼良策老爺道兵不厭詐咱進關之時扮作一個番將見女王之時
却纔露出本行王爺道怎麼進關時要假做番將怎麼相見時反
露本行老爺道進關時恐怕他阻當下情不得上陳故此要假扮
番將相見時咱自有言話到他他見我是個南朝大將他敢不遵
本故此反露本行王爺道妙計妙計老爺頭上挽個頭髮髩髻上
身穿的短布衫兒下身圍着花布手巾腳下精着兩個臁兒骨一
穴一倘行了数里只見果真的有一座關關上有幾個敲駄皮鼓

的關下有幾個拖枆榔鎗的都生得面如傅粉唇似抹硃儘有一
段橋莊處老爺心裡想道世間有此等異事一國女人終身不知
匹配這個苦和我鬮割的一般想猶未了只見一個拖枆榔鎗的
吆喝道來者何人原來三寶老爺是個回回出身曉得八十三種
蠻紇繨的聲口即時間調轉個番舌頭說出幾句番話說道我是
白頭國差來的有事要見你昔儀馬哈剌我自六年不曾到你這
個國來你快與我通報一聲小番只說是真的即府通報原來女
人國也有個總兵官總兵官叫做個王蓮英聽了小番這一報說
道白頭國果是六年不相通問分付看關的放他進來老爺進了
關見了總兵王蓮英仍舊假說了幾句番話王蓮英仍舊說道我
通你六年不相通問老爺心裡想道還是我大明皇帝洪福齊天

咱信口說個謊也說得針穿紙過的總兵官領了老爺同到國王朝門外總兵官先進朝裡去禀說道今有白頭國差下一員將官手裡拿着一封國書要見我王有事面奏小臣未敢擅便謹此奏聞女王道既是白頭國差來的你着他進來那總兵官番身走到朝門之外恰好的不見了那個番官怎麼不見了那個番官上便有一個却不是起先的西番打扮頭上戴一頂嵌金三山帽身上穿一領簇錦蟒龍袍腰裡繫一条玲瓏白玉帶脚下穿一雙文武皂朝靴總兵官左看右看喫了一驚老爺道你不要喫驚這總相究的就是我哩總兵官道你是甚麼人老爺道我實告訴你罷我不是白頭國差來的番官總兵官道既不是白頭國你是那裡差來的老爺道我是南膳部洲大明國朱皇帝駕下欽差統兵招討

大元帥姓鄭名和領了寶舡千號戰將千員雄兵百萬來下西洋撫夷取寶今日經過你的大國我不忍提兵遣將殘害你的國中故此親自面見你的番王取一封降書降表倒換通關牒文前往他國庶幾兩便總兵官道原來你這個人老大的不忠厚你　來就說你是南朝人我便好對國王說你是南朝人你何故又假說你是西番人我已自對國王說你是西番人這如今怎麼又好再奏老爺道你如今不得不再奏總兵官道怎麼不得不再奏老爺道你這如今番官在那裡却不得個欺君之罪莫若再奏到還是此實情總兵官想一想這可再奏怎敢欺君連忙的進朝去復奏道我王赦臣死罪臣有事奏聞女王道卿有何罪有事直奏不妨總兵官道適纔所奏的番官原來是個假意粧成的女王道他本是個甚麼人總兵官道他本是个甚麼南膳部洲大明國朱皇帝駕下欽差統兵大元帥姓鄭名和領了寶舡千號戰將千員雄兵百萬來下西洋取甚麼寶這如今到了我國要甚麼降書降表通關牒文望乞我王赦臣先前妄奏之罪女王聽了這一席話笑添顏角喜上眉峰說道這是來將詐詞于卿何罪他既是上邦天使請他進來總兵官請到老爺老爺還自進去見了女王女王大喜心裡想道我戰掌一国之山河受用不尽只是孤栖無眠這些不足今日何幸天假良緣得見南朝這等一個元帥我若與他做一日夫妻就死在九泉之下此心無怨連忙問道先生仙居何處高姓大名現居何職老爺道學生是南朝大明國人氏姓鄭名和現居征西大元帥之職女王道先生既是上邦元帥何事得到寡人這

個西番老爺道欽奉咱萬歲爺的差遣領了寶舡千號戰將千員雄兵百萬來你西洋探問傳國璽望女王道小國離了南朝有幾萬里之遙又且隔了軟水洋吸鐵嶺先生怎麼能勾到此老爺道咱寶舡上有一個道士能驅神遣將斬妖縛邪又有一個僧家能袖頓乾坤懷揣日月故此過軟洋渡鐵嶺如履平地女王道小國俱是些女流之輩不事詩書怎麼敢勞先生大駕老爺道因為你這一國都是些女身恐怕不習戰鬪故此不曾點將不曾調兵只是我學生隻身独自但求一封降書降表一張通關牒文便就罷了此外再無他意女王道筎容明日一一奉上不敢有違老爺看見他滿口應承不勝之喜起身告辭女王看見老爺人物清奇語言俊朗舉止端詳惹動了他那一點淫心恨不得一碗凉水一口

一轂轆吞他到肚子裡去。連忙攙住老爺說道有緣千里來相會
無緣對面不相逢。今日幸遇先生聊備一杯薄酌少敘衷情幸勿
見拒。一會兒筵席齊備。一會兒酒過數巡兩邊侍立的都是些番
姬番嬙。兩邊歌舞的都是些番腔番調老爺坐了一會心裡想道
這些女人似有些知覺怎麼不生得隣國的男人不免問他一聲
說是怎麼問說道國王在上。大國都是女身原是個甚麼出處女
王道這如今也不得知當初是個甚麼出處只是我們西洋各國
的男人再沾不得身若有一毫苟且男女兩個即時都生毒瘡三
日內肉爛身死故此我女人國一清如水老爺道飲不得酒了告
辭罷女王又舉起杯來勸了一杯又勸一杯老爺道學生無量飲不
得女王道飲個成雙作對的杯兒麽推却老爺是個至誠的那裡

出像西洋記　卷之十　八

得他的意思。老老實實的就飲了兩大杯女王又舉起一對大金
杯來形如女鞋兒的式樣滿斟了兩杯酒。奉到老爺老爺道飲不
得了女王道這是個同諧酒我陪你一杯老爺不解其意老老實
實的又飲了他一鞋杯女王又舉起一對金寶箱成的蓮花杯來
滿斟了兩杯酒。奉到老爺。老爺道委實飲不得了女王道這是個
並頭蓮酒我陪你一杯老爺還不解其意老老實實的又飲了一
蓮杯女王又舉起一對八寶箱嵌的彩[illegible]滿斟了兩杯酒奉
到老爺。老爺道今番却飲不得了女王道這又是個顛鸞杯我還
陪你老爺因他先前說了沾不得身的話故此再不疑惑只是老
實就飲又飲了他一鸞杯女王又舉起一對八寶箱嵌的金鳳杯
來滿斟了兩杯酒奉到老爺老爺委是飲不得堅執不肯接他的

杯女王道這是個倒鳳杯我陪你只飲這一杯罷再不奉了老爺
不好却得又飲了一鳳杯老爺却一團春色兩朵桃花其實的醉
了那女王就趁着他醉做個慢櫓搖船捉醉魚分付左右拿蠟燭
的蠟燭拿香爐的香爐把個老爺推的推搡的搡逕送到五灣六
曲番宮之中七腥八膻胡床之上老爺心裡纔明白纔曉得這一
日的慇懃原來是個淫慾之事心裡雖明却也作做無法可治只
得憑他怎麼樣兒女王叫散了左右親自到床上扶起老爺說道
先生你豈不聞洞房花燭夜勝如金榜掛名時先生你是天朝的
文章魁首我是西洋的士女班頭一雙兩好你何為不從老爺道
你說你女人國一清如水沾不得人身哩女王道那是我西洋各
國的人若是你南朝的人物正好做夫妻老爺道自古到今豈可

出像西洋記　卷之十　九

悮飲貪泉山口斷　雲迷旧路

南軍悮飲子母水

平遭惡毒渡頭芳草憶前身

就沒有一個我南朝人來女王道並沒有一個人來縱有一個兩個我這裡分俵不均你抓一把我抓一把你扯一塊我扯一塊碎碎的分做香片兒掛在香袋裡面能勾得做夫妻麼老爺道既如此明日不扯在我身上來也女王道正是難得你的人多總好哩你做元帥的配了我國王你舡上的將官配我國中的百官你舡上的兵卒配我國中的百姓庶民一個雄的配個雌的一個公的配個母的再有甚麼不勻麼老爺心裡想道這是韭菜包點心好長限哩把我的欽差放在那裡麼那女王原先是個邪的再講上了這半日的邪話邪火越動了也顧不得甚麼礼義㢘恥一把把個老爺摟得定定的老爺到喫了一𢘅說道你還錯認了我我是一個宦官女王不省得宦官是個甚麼只說老爺是謊明說宦官

官小連忙說道我和你做夫妻論個甚麼官大官小也不由老爺分說一把抱住老爺老爺把個臉兒朝着裡首只做一個不得知把老爺的三山帽兒去了也只作不知又把老爺的鞋脫了也只作不知又把老爺的上身衣服脫了也只作不知又把老爺小衣服腿了也只作不知又把個被來蓋着老爺也只作不知你看他歡天喜地除了首飾去了衣裳扒到胡床之上掀起個被角兒瞧一瞧只見老爺的肌膚白如雪潤如玉女王心下好不快活也想一想說道我今日得這等一個標致的丈夫也是我前世燒得香好哩惹動了那一点淫心一把摟着老爺叫上一声親親做上一個箞箞甜甜的嘴恨不得一時間就猥紅倚翠雲雨陽臺却只是不得老爺動手他自巳就把個手來摸上一摸只見庭前难覓擎

天柱門外沓成乳聘池那女王喫了一驚一轂轆扒將起來說道鄭元帥你是個陽人你是個陰人老爺道我們是個体陽而用陰的女王道怎叫做体陽用陰老爺道我原初是個男子漢大丈夫這不是個体陽到後面閹割了沒有那話做不得那話這却不是個用陰女王听着沒有那話做不得那話高叫一声道氣殺我也心裡想道陪了這些羞臉丟出這場醜來也罷斷送了他免得出醜叫左右來押出這個南官到朝門外去砍了他的首級老爺道我南朝戰將千員雄兵百萬你殺了我你卽時禍事臨門女王也怕一面押出老爺去一面叫寄監老爺叫做盤根錯節偏堅志為國忘家不憚劳只得依從了也再作區處女王一面差人去打探南舡上消息却說南舡上王爺升帳聚集大小將宦說道元帥老

爺一去了兩日杳無音信帳下諸將誰敢領兵前去体探一番道
猶未了只見右先鋒刘蔭拱着一個冊子睜着一雙銅鈴眼說
道末將不才願領兵前去体探王爺道點齊五十名選鋒跟着刘
先鋒前去刘先鋒拖一桿鴈翎刀騎一疋五明馬飛身而去正行
之間遠遠望見一座大橋
　隱隱長虹駕碧天　不雲不雨美晴烟　兩边細列杌如柱
　把筆含情又幾年
及至行到橋上果是好一座大橋兩邊闌干上都是細磨的嬰孩
兒劉先鋒勒住了馬看了一會衆軍士也看了一會却又橋底下
有一泓清水
　一帶縈迴一色新　碧琉璃滑淨無塵　個中清徹無窮趣
　孺子應歌周君人

劉先鋒也望橋下看一看衆軍士也望橋下看一看剛剛的看得一
看衆軍士一齊吆喝起來你也吆喝道肚裡疼我也吆喝道絞腸
煞吆喝了一會衆軍士一聲响都跌番在橋上你又滾上我又滾
下衆人滾了一會還不至緊連刘先鋒也肚裡疼起來也滾下馬
來鬧鬧了一會說道我曉得了這是西番瘴氣故此利害這橋下
的水好一則是清一則是長流的內中有個軍士說道水又怕有
毒刘先鋒說道你各人取出椰瓢來有毒就看見衆人說道是一
齊兒步打步的捱下橋去各人喫了一瓢水却又捱上橋來也論
不得個尊卑也敘不得個首從大家坐在地上坐了一會只指望
肚子裡止了疼前去打探消息那曉得坐一會肚子大一會坐一

刻肚子大一刻初然間还是個砂鍋兒漸漸的就有巴斗來大終
要走也走不動了正在沒奈何處只听得鼓响叮鼕人声嘈雜刘
先鋒連一干軍士都只說是女人国有個甚麼將官來了走上橋
來恰好是自家的軍士原來王爺是個細密的先前差下了刘先
鋒即時又差下張狼牙棒前後接應故此走上橋來恰好是自家
軍士張狼牙看見這等一個模樣喫了一驚劉先鋒却把個前緣
後故細說了一遍張狼牙看見不是頭勢只得揆的揆架的架大
家顧不得轉來王爺听見說道這是他自不小心種了毒在肚子
裡叫過夜不收來分付他去把橋上橋下的事故細問土民一番
限即將回話夜不收去了好一會不來張狼牙急性起來一人一
騎跑走如飛早已撞着一個挑野菜的女百姓他伸起手來一

抓個馬就到中軍帳下那女百姓看見個王爺諕得抖衣而戰王
爺說道你不要驚恐我這裡有事問你你那路頭上的大橋叫做
甚麼橋女百姓道叫做影身橋王爺道怎麼叫做影身橋女百姓
道我這国中都是女身不能生長每年到八月十五日上自天子
下至庶人都到這個橋上來照依尊卑大小站在橋上照着橋下
的影兒就都有娠故此叫做影身橋王爺道那橋底下的河叫做
甚麼河女百姓道叫做子母河王爺道怎麼叫做子母河女百姓
道我這国中凡有娠孕的子不得離母就到這橋下來喫一瓢水
不出旬日之間子母兩分故此叫做子母河刘先鋒听見這等的
話喫了一驚心裡想道我今番却是個將男作女了衆軍士听見
這等的話也都喫了一驚都說道我們今番不怕你鐵鑄的漢

了。王爺又問那女百姓說道這水可有毒麼。女百姓道並沒有毒。只是會催生。王爺道可曾有人錯喫了的。女百姓道似孕非孕就錯喫了他。王爺道錯喫了他把甚麼去解。女百姓道此去百里之外。有一座山叫做骷髏山。山上有一個洞叫做頂陽洞。洞裡有一口井。叫做聖母泉。錯喫了水的喫下聖母泉就解了。王爺道這聖母泉可容易取得麼。女百姓道似我本国之人無有取不得的。只怕你遠方人氏还有些難。王爺道怎麼有些難。女百姓道這如今洞裡有三個宮主。娘娘住在裡面。第一個是金頭宮主。第二個是銀頭宮主。第三個是銅頭宮主。你們又是遠方。又是男子。只怕他不肯放你進去。故此有些難。女百姓受了重賞而去。王爺傳下將令。那一員將官敢領兵前去。取將聖母泉來。道猶未了。只見馬公

公說道鄭元帥尚且親入虎穴。咱爷生不才願領一枝人馬前去取將聖母泉來。王爺道既然老公公願去。衆軍人有幸。須还得一員將官護衛着老公公前去。那一員將官肯去。道猶未了。只見武狀元唐英說道。馬公公前去。末將不才願領兵護衛。王爺道那洞裡有三個宮主。須再得一員將官一同護衛。纔為穩便。不知是那一員將官肯去。且听下回分解

第四十七回

第　馬太監征頂陽洞　唐狀元配王鳳仙

詩曰

王母千年跨鶴去　山鷄吞鳴宮中鄉　聖泉泱泱出宮流
宮使年年修王楼　番兵去盡無射獵　日西塵起登城頭
天馬西下水子毋　願借勺餘解救苦

卻說王爺道那洞裡有三個宮主。須再得一員將官同去護衛。纔為穩便。道猶未了。只見遊擊都司胡應鳳說道。末將不才。並不曾有寸功報主。今日馬公公前去。末將願領兵協同唐狀元護衛。郎時間兩員將官一位公公前去。踮護山頂陽洞。雖說有百里之遙。其實女人國腳步兒狹窄。只當得中國的三五十里。一會兒就到了。到了不至察。早已有個巡洞的女兵。報進洞裡去。宮主問道來者是男身。還是女身。女兵道搖旗擂鼓。耀武揚威。都是個男身。宮主道不知是那裡人。女兵道不像我們西洋的人物。宮主道敢是南朝來的。女兵道人物出衆。盔甲鮮明。想是南朝來的。宮主道為首的是幾個。女兵道是三個。宮主道你看得真麼。女兵道看得真

聖母泉邊為道空懸隻日月

項陽洞口應知別是一乾坤

出像西洋記　卷之十　十八

三個宮主頭〻的大笑起來說道若只是一個一龜兩歡少不得碾酸就是兩個也還有一個落空不免要聽些梆响可〻的我們是二個女身來的就是三個漢子這却不是天緣湊巧連忙的披掛起來一齊上馬金頭宮主居中緊迎着馬太監銀頭宮主居左迎着唐狀元銅頭宮主居右迎着胡都司馬太監自不曾上過陣看見金頭宮主人又來得兇馬又來得快劈頭一刀他就措手不及恰好的被他撈番去了唐狀元看見去了馬太監心上喫慌去了銀頭宮主來攢金頭宮主那曉得銀頭宮主閃在腦背後把個九股紅綿的套索兒一下子套倒個唐狀元三個南將同來一上手到去了兩個止剩得胡都司一人一騎好個胡都司抖擻精神單戰銅頭宮主銅頭宮主武藝且是熟鬪胡都司心生一計撥轉馬就走銅頭宮主趕下陣來胡都司想道他今番遣我手也帶出馬往後一抓實指望這一抓一天雷電旌旗閃萬里雲霄日月蔔那曉得是個海底尋針〻不見水中撈月〻誰撈這個銅頭宮主是個能征慣戰的看見抓來他連忙的使個磴裡藏身躲過去了那一抓却不空〻的抓在馬鞍橋上他又將計就計帶轉馬望洞裡飛跑胡都司只說是抓住了宮主放心大膽追下陣去銅頭宮主聽得胡都司的鸞鈴看〻近着他撲地裡兜轉馬來一頭拳正撞着胡都司的臉胡都司喫了一驚連忙的挺上一鎗不想這一鎗又被他一掣〻到二十五里之外連胡都司早已被他夾在馬上進洞而去只聽見金頭宮主洞裡鼓樂喧天歌聲徹地原來他捨了馬太監不勝之喜安排筵宴叫過些歌姬舞女來淺斟低唱

出像西洋記　卷之十　十七

說與與衔把個馬太監勸到小半酣他自家已自大半醉你看他兩隻手摟住了馬太監做上一個嘴叫上一聲滴〻親〻的心肝肉就要軟肉襯香腮雲雨會巫峽那馬太監頭〻的大笑起來宮主道你笑怎麼馬公道我笑你錯上了墳哩宮主道怎叫做錯上了墳馬公道我雖然是個男子漢却沒有男子漢的本錢宮主道你怎麼又沒有本錢馬公道我已經閹割了的故此沒有本錢宮主心上還有些不准信把隻手去掏一掏果真是個犄枚的吊謊兩手都脫空金頭宮主喫了一慌問說道那兩員將官可有本錢馬公心裡想道這個婦人不是好相伙的待我騙他一騙說道若講起他兩個來我就要哭哩宮主道怎麼你就要哭馬公道都是閻羅王注得不勻他兩個忒有餘我一個忒不足宮主道怎麼有

餘不足。馬公道我們沒有半毫本錢。他兩個一個人有兩三付本錢。宮主聽說道有兩三付本錢。心裡就是貓抓一般。一下子撇了馬公。竟自跑到銀頭宮主洞裡去。只見銀頭宮主對着唐狀元一八一杯。正在喫個合巹之酒。他起眼一瞧。果是唐狀元唇紅齒白不比馬太監的。橘皮臉兒。他心裡又想道這人像個有兩三付本錢的。高叫一聲道。你們好快活也。銀頭宮主道你們又不快活哩金頭宮主道。我的對狠已經閹割過了。沒有本錢那裡去討個快活。銀頭宮主就狠將起來。說道你只好怨你的命罷。你告訴那個金頭宮上越發狠起來。說道你這個惡人。豈不記得當初的誓愿有官同做。有馬同騎。今日之下。你有孤老叫我就怨命罷。銀頭宮主道你不怨命。我把孤老分開一半來與你罷。金頭宮主說道你

還講個分開一半的話。家有長子。國有大臣。先儘了我剩下的纔到你。道猶未了。一隻手把個唐狀元就搶將過去。銀頭宮主道我到口的衣食你劈口奪下我的。砍了頭也只有碗大的疤罷了。兩隻手把個唐狀元又搶將過來。搶得金頭宮主性如烈火。膽似斗粗。就照着銀頭宮主的臉上狠是一拳。銀頭宮主來急了。就狠是還他一劍。這一劍不至緊。早已把個金頭宮主連肩帶背的卸將下來。銅頭宮主聽見兩個姐々爭風。說道一八一個就殺了。怎麼又要喫個雙分哩。自家跑過第二個洞裡來。只指望勸解他們一番。那曉得大的姐々已自連肩帶背的砍番在地上。他便怒從心上起。惡向膽邊生。罵說道好賊人。你就只認得孤老。就不認得個姊妹麼。也是一刀。却也就送了二姐々的殘生性命。這張刀是個

戒手刀。苦不長大。苦不利害。怎麼會送了人的殘生性命。原來二姐々正扯着唐狀元上床。通身上下。脫得赤条々的。沒有寸紗。因此一時躲閃不及。却就一命還應填一命。冤々相報不爭差。銅頭宮主殺了二姐々。掀起被來。看見個唐狀元渾身上。白々淨々。滑如玉。細如脂。雙眉閒巧。十指誇纖。好標致也。早已惹動了他那一點淫慾之心。拽下了二姐々的屍首。叫聲左右的拖出去。他就挺上唐狀元的床。摟住唐狀元的腰。親着唐狀元的嘴。叫一聲乖々唐狀元。心軟也軟了。只見宮主腰眼骨上撲地一聲響。一股鮮血滮將出來。唐狀元只說是紅官人到任。安排叫他起來淨一淨。落後仔細看時。只見腰眼骨上一個大窟籠。唐狀元喫了一驚。一轂轆扒將起來。披了衣服。出了洞門。却只見馬太監手裡提着一張

鋼刀。笑嘻々的說道唐狀元你看好刀哩。唐狀元故意的看了一看。說道原來是張刀。我只說是個劈風月的斧子。只見胡都司跑將來說道唐狀元你不是這張劈風月的斧子。險些兒吊落了陷人坑。唐狀元問道。宮主是你殺的。馬公道是咱看見他姊妹們爭風廝殺。趁着這個机會結果了他。唐狀元道你怎麼曉得到這個洞裡來。馬公道是咱看見他女郎兒打掃尸首。咱問他一聲。他告訴咱這等一段緣故。咱就閙將進來。胡都司說道閑話少叙。罷營裡等着聖母泉哩。三個人取了泉。跨上馬。喜孜々鞭敲金鐙響。笑吟々齊唱凱歌聲。見了王爺。王爺萬分之喜。把聖母泉送與劉先鋒。給散五十名軍士。聖母泉果是有靈。不出三日之內。舊病齊愈王爺道劉先鋒的病体幸而痊可。只是鄭元帥還不見個信音。這

如今帳下那一員將官敢領一枝軍馬前去打聽一遭道猶未了帳下閃出一員將官戴一頂二十四氣的太歲盔穿一領密密魚鱗的油渾甲繫一條玲瓏剔透的花金帶使一桿单邊鋒快的林雪鎗騎一疋鳳莊天花的奔電赤朝着帳上打一個恭說道末將不才願領兵前去必效微勞王爺起頭視之原來是征西遊擊將軍黄虎王爺道此處雖是個女人國其實的女柄男權黄將軍去不可看得他容易黄虎打一個恭說道謹依尊命不敢有違辭了元帥跨上征鞍領了軍馬逕投女人國而去行到一個関下早有個女總兵領了一枝女兵女卒騎一疋臙脂馬跨一口綉鸞刀你看他。

臉不搽鍾乳粉　鬢不讓何首烏　不披鱉甲不玄胡　賽過常山貝母　細辛的杜仲女　㲀活的何仙姑　金鈴琥珀漫相呼　单問軍前子路

女總兵擡起頭來只見南陣上的將軍也不是個等閑的。

地下的大腹子　天上的鎮南星　威風震澤瀉豬苓　神曲將軍斷杯　小瓜蔞誰桔梗　浮瞿來敢川荊　神鎗皂角掛三稜　梔子連翹得勝

女總兵心上也有半分兒惧怯提起膽來高叫道來將何人早通名姓黄將軍道俺南朝大明国朱皇帝駕下欽差征西遊擊大將軍黄虎是也你是何人敢來和我比手女總兵道俺西牛賀洲女人國ㄙ王駕下護國總兵官王蓮英是也你還不曉得我老娘的手段你敢在這裡誑嘴麽說得個黄將軍一時怒發勞頭就是一

鎗王蓮英也儘慣熟彼手就是一刀一往一來一上一下大戰二十餘合不分勝負王蓮英心生詭計撥轉馬跑回陣去黄將軍殺得怒髮冲冠大喝一聲道殺不盡的賤人那裡走剛ㄙ的趕上三五十步王蓮英手裡取出一個小ㄙ的鉄桶兒念了幾句只見鉄桶裡一道黑气冲天那黑气吊將下來就纏在黄將軍的身上左纏右纏那裡是個黑气原來是個蚕口裡抽出來的細絲把個黄將軍就像纏弓絃的一般纏將起來饒你就是勇賽関張也只好是束手聽命一夥女兵擡得黄將軍去了南陣上的軍士報上王爺王爺道帳下那一員將官敢領兵再去道猶未了閃出狼牙棒張柏來鋼鬚乱戳虎眼圓睜應聲道末將願領兵再去王爺道務在小心免致疎失張柏道末將敢不小心帶ㄙ烏錐馬來飛身而上跑出陣去迎着王蓮英只是一溜狼牙棒連搗迸搗王蓮英看見張將軍就是烟薰的太歲火燎的金剛好不怕人也又是他的狼牙棒重又重快又快雨點的一般下來他自家曉得遮架不住連忙的撥轉馬連忙的取出鉄桶兒來連忙的念動呪語連忙的纏看張狼牙張狼牙大怒脱又不得脱急又急不得高叫道潑賤人你怎麽這等歪事纏我又是二夥女兵把個張狼牙擡將去了王蓮英一連拿了南朝兩員大將心下要留一員做個佳偶却又想一想說道南朝的人物第一標致若只是這兩個官却不怎的一個臉如鍋底一個面似姜黄却不中我的意不如且送上国王表我的功績看後面何如再作道理送上國王國王也不中意分付寄監王蓮英再來討戰藍旗官報上中軍王爺道似這等一個

女人國一日輸一陣。兩日輸兩陣。一陣輸一員將。兩陣輸兩員將。却怎麽還征得大國。却怎麽還取得國寶。好惱人也。唐狀元看見王爺焦惱。打一個恭。說道末將願領兵出陣。擒此女將兵。王爺道已經輸了兩陣。全在這一陣成功。你却不可造次。唐狀元道仰仗元帥虎威。一戰必克。道猶未了。擂鼓三通。一聲信砲。唐狀元綽鎗上馬。直奔王蓮英。王蓮英看見個唐狀元清眉秀目。杏臉桃腮。三綹髭鬚。一堂笑色。心裡想道。這個將軍總是我的對子。問說道來將高姓大名。願求見教。唐狀元道。你這三綹梳頭兩節穿衣。不識將務的潑賤貨。那裡認得我武狀元浪子唐英。王蓮英聽見說道狀元二字。愈加滿心歡喜。想道五百名中第一先。花如羅綺柳如烟。綠袍着處君恩重。黃榜開時御墨鮮。世上只有狀元是個第一

等的人。我今日拿住了他。儘晚上和他鸞交鳳友。到了明日早上起來。我就是狀元奶奶。好快活也。心裡只在想着快活。也不曉得手裡的刀怎麽在舞。也不曉得座下的馬怎麽在跑。猛然間收轉神來。只見唐狀元的鎗漫頭劈面。雨點般兒。好個王蓮英。連忙的下陣而走。唐狀元心裡想道。這個女人又不曾斷殺。怎麽會敗陣而走。莫非是個詐敗佯輸。賺我下去。只一件來。我若是不敢趕他。便羞了我狀元二字。狠着一鞭。趕將下去。眼見王蓮英手動。眼見王蓮英手裡出烟。唐狀元曉得是個術法。照着黑烟頭上戳他一鎗。試他是個甚麽出處。那曉得那個烟都是扯不斷的。反把個鎗帶將上去。唐狀元去了鎗。連忙的補上一箭。箭還不曾離絃。絃還不曾拽滿。兩隻手恰好是纏做了一隻。一個人恰好是纏做了半

個。怎麽一個人纏做了半個。原來有手動不得。有脚走不得。有本領使不得。這却不是半個。又是一夥女兵擡將去了。王蓮英得了唐狀元。心中大喜。分付女兵逕送到我自己府中來。衆女兵擡進了府門。放在堂下。王蓮英親自下來。解了繩索。請升上座。拜了兩三拜。說道適來不知進退。冒犯了將軍虎威。望乞恕罪。唐狀元道殺便殺。砍便砍。有個甚麽冒犯不冒犯。王蓮英道狀元差矣。二世人身萬劫難。死者不能復生。你何輕生如此。唐狀元道殺身成仁。舍生取義。你這賤人曉得甚麽。王蓮英又陪個笑臉。說道有緣千里來相會。千里姻緣似線牽。賤妾不才。願奉將軍箕箒。將軍意下何如。唐狀元道休胡說。吾乃天朝上將。怎麽和你外邦夷女私婚。王蓮英道狀元你休小覷我夷邦。你若是和我結為姻眷。頭頂的

帶縮同心金縷機中拋錦字

唐狀元配王鳳仙

蓮開並蒂玉清池上舞霓裳

是畫棟雕梁腳踏的是金階玉砌思衣而有綾綃千廂思食而有珍饈百味堂上一呼階下百諾不但只止於此你若是有心對我朝中還有甚麼人你就做得女兒國的皇帝我就做得正宮皇后娘娘唐狀元聽知他說道甚麼穿衣吃飯已自有九分不快却又聽見他說到朝中還有甚麼人他心裡就有十分煩惱想道這個女人是個無父無君之賊青竹蛇兒口黄蜂尾上針兩般猶未毒最毒婦人心站起來照面淬上他一口吐沫喝一声走你這大胆的潑賤奴敢胡言乱道如此烏獸與我不同群你快殺我你不殺我我便殺你這一席唐突把個王蓮英羞得滿臉通紅渾身是汗自巳不好轉得灣只得叫左右的推他出去梟取首級把個唐狀元郎時推在階下早又有一個女將原自也曾早中過狀元只因御

酒三杯吊了金鍾兒在地上女王大怒說他恨君把探花王蓮英陞做狀元把他貶做司獄司一個大獄官姓黄名鳳仙黄鳳仙雖是女流之輩文武兼全才識具足他看見唐狀元人物齊整語言秀爽心裡想道此人器宇不凡終有大位倘不免設一小計放他出來這段姻緣在我身上也不見得遲慌的跪着稟道來將理雖當斬但南朝船上有個道士名喚引化真人有個和尚名喚護國國師我們却不知他的本領不知日後的輸贏依小將愚見留下此人同前番兩個一齊監候倘或南船上大勝有此一干人是個解手若是南船上大輸拿了道士和尚一齊處斬未為遲也黄鳳仙這一席話有頭有尾有收有放怕甚麼人不聽王蓮英即時依允說道你帶去監候着只是不可輕放於他黄鳳仙說道人情似

鐵非為鐵官法如炉却是炉怎麼敢輕放於他還自領了唐狀元送在司獄司監裡唐狀元見了張狼牙黄遊擊各人訴說了一番都說道那妖精不知是個甚麼東西沾在身上如膠似漆一般喫他這許多虧苦唐狀元又問道鄭元帥在那裡張狼牙道說在甚麼南監裡道猶未了黄鳳仙進監來陪着三位叙一番話奉一杯茶唐狀元道這蒙救命之恩謝不能盡又蒙茶惠此何敢當黄鳳仙道說那裡話就是我總兵官也原是好意只因語話不投故此恩將仇變張狼牙道也未必他是真心黄鳳仙道男有室女有家人之大欲豈有個不真心的張狼牙道假如尊處偏不願有家哩黄鳳仙道非媒不嫁耳那有個不願有家之心張狼牙的口快就說道既是尊處願有家我學生做個媒也可得不黄鳳仙道只要

量材求配張狠牙道尊處也曾中狀元就配我唐狀元這個豈不是量材求配黃鳳仙道只怕唐狀元棄嫌我是個夷女羞與為婚唐狀元低了頭不講話黃鳳仙道唐狀元你不要棄嫌賤妾若是賤妾配合於你我總兵官之法立地可破唐狀元心裡想道若是依從於他得個私婚夷女之罪若不依從於他他又說道會破總兵官術法也罷元帥在此不遠竟若請出他來憑他尊裁有何不可却說道既承尊愛非不遵依你只請出我鄭元帥來我自有處黃鳳仙即時開了南監取過鄭元帥來三位將官草率相見大家告訴一番元帥道這如今都陷在這裡怎麼是個了日張狠牙道可恨那總兵官的妖邪術法不知所破元帥道那裡去尋個破頭楔來張狠牙說道此一位獄官姓黃双名鳳仙他曉得那個破陣之

法只是他要配合唐狀元方纔肯說元帥道既如此公私兩利有何不可我這裡主婚張狠牙道有了元帥主婚愈加妙了唐狀元你可拿出聘禮來唐狀元道我腰下有條玉帶解下來權為聘禮即時間兩家相見兩家結納元帥道你二人還轉私衙裡去恐怕監裡別有耳目二人應声是黃鳳仙領了唐狀元歸到私衙裡面此時已是三更天氣兩個歸到洞房

水月精神氷雪膚　連城美璧夜光珠　玉顏偏是書中有
國色應言世上無　翡翠衾深春窈窕　芙蓉褥隱繡糢糊
何當喚起王摩詰　寫作和鳴鸞鳳圖

到了明日早上唐狀元依舊進監黃鳳仙正然梳洗只見總兵官一個飛票仰獄官黃鳳仙火速赴府毋違黃鳳仙接了飛票嚇得魂不附体只恐怕洩漏了昨夜的机關這正是為人莫作虧心事半夜敲門心不驚黃鳳仙跑到總兵官府裡跪在丹墀裡也還戰戰兢兢只見總兵官說道恨小非君子無毒不丈夫你與我備辦下三百担乾柴灌上些硫磺焰硝引火之物到東門外搭起一個柴蓬來把南朝三個將官和前日那一個太監一齊綑縛了丟在蓬上燒化了他纔泄得我心中之恨你用心前去不可有違黃鳳仙道敢不欽遵出了總兵官府來到監中把個乾柴烈火的事說了一遍一個元帥三位將官都喫了一驚都說道事至於此都在黃鳳仙身上黃鳳仙說道但有分付我無不奉承只是倉卒之間你們眾人商議一個良策唐狀元道綑縛之時都用個活叩兒我們好一扯一個脫黃鳳仙道就是個活叩兒張狠牙道扯脫了叩

兒走到那裡去唐狀元道黃夫人你就當先開路黃鳳仙道就是開路張狠牙道赤手空拳走也沒用須得付鞍馬須得付披掛須得付兵器唐狀元道這些事都是一套的只用一個計較張狠牙道甚麼計較唐狀元道黃夫人你見總兵官只說我南朝人不怕死只是不肯遺下這些披掛鞍馬兵器在這裡若是一齊燒了他的他便死心塌地若是留下了他的他就做個魍魎之鬼炒得你晝夜不寧總兵官問你怎麼燒你就說道各人的物件擺在各人面前省得他明日死後又來鬼炒黃鳳仙道此計太妙即時去見總兵報道柴蓬俱已齊備請元帥鈞令取出南朝將官來以便行事總兵官發下軍令取過南朝鄭太監黃遊擊張將軍唐狀元一干將帥嚴加綑綁押赴東門外不得疎虞取罪未便畢竟不知押

出東門怎麼結束。且聽下回分解。

第四十八回

天師擒住王蓮英　女王差下長公主

詩曰

西洋那識綺羅香　未擬良媒自主張　為愛風流高格調
最堪塵世儉梳粧　敢将十指誇纖巧　不把雙眉鬥畫長
此日狀元遭阨難　慇懃全仗硬擔當

總兵官軍令已出黃鳳仙把個南人不怕死的話南人不肯遺下披掛兵器鞍馬的話𩲸魎鬼作怪的話細細的說了一遍總兵官大驚說道喜得你來禀我不然我一家大小不得安寧凡事悉依

曲度凱風皂纛高懸山月曉朗

天師擒住王蓮英

鴈迷寒雨紅衣落盡渚蓮愁

你處就是黃鳳仙大喜心裡想道果中我唐狀元之計三通鼓响黃鳳仙押出南朝四員將帥逕出東門出在東門之外柴蓬左側張狼牙把個眼瞧一瞧果然是四付披掛四付兵器四付鞍馬他就忍不住的心頭怒大喝一聲把個渾身的繩索逐寸逐分的断了那三員将帥都尋着活叩兒一扯一個空各人得了各人的披掛各人拿了各人的兵器各人跨上各人的鞍馬一湧而來竟奔寶舡之上却說總兵官王蓮英聽知道這一塲宽報他就咬牙切齒怒目圓睜罵說道好賊儕你有多大的本領焉敢賣國求榮即時點起精兵一枝取出披掛跨鞍上馬開了東門一逕趕将來高吽道賣國求榮的潑賤儕那裡走唐狀元聽見有人吆喝說道黃夫人倘或有人趕來我和你怎麼處黃鳳仙道一手不敵兩掌我

和你四個人到反怕他一個人麽唐狀元道只因他的術法有些不好處得黃鳳仙道他的術法在我手裡你住會兒看我破來道猶未了王蓮英一人一騎當頭一枝女兵隨後竟直趕近身來唐狀元叫黃遊擊護衛元帥先走他這三個勒轉馬來一字兒擺着黃鳳仙在中唐狀元在左張狼牙在右只見王蓮英擺開陣來高叫道狗爛肉我費心拿的人把你受用你還把我的江山都賣了來黃鳳仙道你還不羞哩你把你父母生來兩塊皮哀兒了一月還沒有人要還說是你拿的人我受用起手就是一刀王蓮英急忙的還一刀你一刀我一刀兩個番將兩騎番馬兩張番刀砍做一駄兒王蓮英恨不得一口涼水把個黃鳳仙一口吞在肚子裡抖擻精神越戰越英勇唐狀元又恐怕黃鳳仙不得勝一騎馬一

捍鎗斜戳而來王蓮英看見唐狀元幫殺他心上越發磞跋提起張刀单戰唐狀元戰了三五合王蓮英又撥轉馬走唐狀元要在黃鳳仙面前賣弄他的手段竟趕他下去黃鳳仙曉得他總兵的毛病也只得跟他下去可々的王蓮英捧出鉄桶來飛出黑烟來看々的黑烟又要往下吊只見黃鳳仙袖兒裡面飛出一個烏雞那烏雞一飛々在天上一個鷂子番身却又落將下來緊々的落在王蓮英的頭上那一股黑烟都不見了王蓮英看見破了術法沒興而去這三位回馬不用鞭逕到寶船上唐狀元道你總兵官那一股黑烟是個甚麽術法黃鳳仙道叫做蜘蛛羅網法鉄桶兒裡面是個蜘蛛掀開了桶蓋那蜘蛛就飛上去飛上去復飛下來抽出的絲就把個人綑縛得定々的故此叫做蜘蛛羅網法唐狀元道黃夫人你袖兒裡飛出來的是個甚麽法黃鳳仙道是個烏鷄法蜘蛛看見了烏鷄自身也難保還肯吐絲哩故此就破得他的唐狀元道妙計妙計到了寶船上拜見元帥元帥甚喜須賞有差相見大小將官大小將官甚喜那個不說道天姿國色蓋世無雙那個不說道唐狀元是個才子黃鳳仙是個佳人才子佳人信有之唐狀元道今日無事休息一番黃鳳仙道我那王總兵昨日敗陣而去不知怎麽氣滿胸膛一會兒就好來厮殺也道猶未了藍旗官報道王總兵在陣前討戰坐名要黃鳳仙元帥道選下精兵一枝跟着黃鳳仙出馬々公道新降的女將未知他心腹何如恐有裏應外合之變元帥道黃鳳仙忠良謹厚不必過疑又且疑人莫用々人莫疑馬公道元帥之言見的最大即時差下黃鳳仙

出陣黃鳳仙出在陣前看見個王蓮英自古道恩人相見分外眼清仇人相見分外眼紅王蓮英高叫道你那敗壞我夷邦風俗賤國的賊人早々下馬受我一刀免得費我手脚黃鳳仙大笑說道我把你這個賊婢你死在頭上還不省得拍馬舞刀直取王蓮英的首級王蓮英大怒說道你是何等的人敢來犯我々輩急架相迎兩家子殺在一處黃鳳仙心生巧計兜轉馬走回來王蓮英殺得氣起竟自趕下來黃鳳仙紐轉身子撲地一响王蓮英眼快看見是枝箭飛過來連忙的撇他一刀撇他一刀不至緊把枝箭撇做了兩段每一段中間就爆出十枝小箭來都射着王蓮英的身上早已一枝中了他的左腿一時間忍不過疼敗陣而去原來這個箭總是一枝大箭々裡面藏着二十枝小箭不用弓不用絃只

在袖兒裡遞將出去對敵的看見箭來少不得把個兵器來竿々撕了那枝大箭却不爆出那些小箭來又多又快少不得會傷人名字叫做個子毋箭這是黃鳳仙遇着神師所授百發百中故此王蓮英受了他這一虧黃鳳仙借了這些兒勢兒趕他下去王蓮英又古怪巡跑到海邊上黃鳳仙也趕到海邊上一趕々急了他王蓮英連人帶馬一轂轆跳進海裡去了黃鳳仙罵道潑賊人我曉得你的死在頭上只是便饒了你得個囫圇尸骸掌起得勝鼓巡迴寶船元帥大喜賞賜甚厚黃鳳仙領了賞賜回來唐狀元道只怕你總兵官是個詐死黃鳳仙道詐死除非是個水囤之法我平生不曾看見他有這個法兒到了明日藍旗官報道昨日女將王蓮英又來討戰唐狀元道我說是個詐死連元帥也喫了一驚

說道可看得真麼藍旗官道一則形像無差二則他自家稱名道姓豈有個不真的馬公道夷人心術不端即此一事就看得他破了王爺道假捏軍功依律該斬元帥叫過黃鳳仙來分付道你昨日這一功却有些々不實哩黃鳳仙道非末將敢欺元帥自認大功委果是他跳下海去衆軍士所共見的元帥道你是夷人不知我南朝法度假捏軍功依律處斬你可曉得麼黃鳳仙道曉得了容末將再去陣前將功贖罪罷元帥道這個也通唐狀元看見元帥說個也通兩個字他就曉得元帥心上還有些々疑惑朝着上打一恭說道末將願同黃鳳仙出陣一則監軍二則助他一臂之力元帥依允兩個人即時披掛上馬王蓮英迎着就叫道爛狗肉你可曉得我的利害麼黃鳳仙道饒你利害我要活捉你來二人大戰

戰到二十餘合不分勝負王蓮英手裡又在撮々弄々撮弄出一個小々的葫蘆不過三寸來長正在朝着太陽來幌几幌唐狀元先前就看見了帶過馬來照着他的葫蘆就是一鎗一鎗不至緊戳得個葫蘆有千萬道的金光々并而出唐狀元的兩隻眼如同兩道閃電一般一隻眼一道閃電又還開得個眼不覺的撲地一聲响滾下馬來王蓮英伸起刀就要動手嚇得個黃鳳仙魂不附体連忙的駕住救起了唐狀元王蓮英又尋着黃鳳仙廝々殺殺了一回也拿出個葫芦朝着太陽幌一幌就爆出千万道的金光來黃鳳仙看見笑了一笑說道這是我老娘多年不用的你敢抄這舊文章來哄我哩輕々的張開口對着西北上嘆一口氣早已不見了那個万道金光王蓮英看見一法不中二法不成連忙

的飛過一口劍來砍着黃鳳仙的肩膊骨上黃鳳仙又笑了一笑把個手指頭兒一指那口劍輕々的插在地上王蓮英看見不能取勝心上有些々慌張只見黃鳳仙手裡又拿出箭來王蓮英越加慌了說道今日天色已晚你不要把那個暗箭傷人明日來我和你明々白々決一個勝負黃鳳仙道你今番曉得我老娘利害麼各自散陣黃鳳仙同着唐狀元得勝歸來元帥大喜又行賞賜明日兩家又是這等對陣王蓮英說道賤人今日若不斬你首級誓不回兵黃鳳仙道我今日不斬你的驢頭也不住手兩個人一行說着話一行就喒過臉來提刀大戰又戰了二三十合王蓮英詐敗佯輸走下陣去黃鳳仙明知其計偏不怕他偏要趕他下去原來王蓮英是個拖刀之計兩馬相近扭轉身子來劈頭就是一口

綉鸞刀黄鳳仙的馬跑發了收不住那一刀可々的照着他的頂陽骨上下来唐狀元看見嚇得渾身扑戰急忙的架起鎗来大喝一声道畜生那裡走原来唐天子有百神相助大将軍有八面威風唐狀元這一声喝々得個黄鳳仙的馬倒退了三五步那一刀緊々的吊在他的馬面前王蓮英收起了刀叫做個单絲不線孤掌難鳴一個人怎禁得他兩個沒奈何又走到海边上又跳在海裡去了唐狀元道這是個脫身之法我和你把軍馬扎住在這裡看他几時上来一日守到日西杳無踪跡方纔收兵罷戰報與元帥得知元帥重賞到了明日早々的藍旗官又來報道番將討戰元帥心上有些懊惱說道西洋地面專一出這等一個女人到有些蹊蹺洪公々道這女人都是些邪術何不去請天師來作一區處

去問天師天師道還是國師又問國師國師道要貧僧擒此女人先要選下一員好漢聽貧僧的號令元帥道要個甚麼好漢國師道要個不怕天地不怕鬼神水裡水去火裡火去這等一個好漢纔去得元帥道帳下諸將那個去得道猶未了只見狼牙棒張柏大叫道末将不才其实去得元帥道怎見是你去得張柏道末将不怕天地不怕鬼神水裡水去火裡火去故此去得國師道這個女總兵善能入水他每遭詐敗佯輸跳到海裡去你明日和他交手之時他在前面跳下海你在後面也要跳下海又要在海裡面和他大殺一塲直要殺得他上來纔筭你去得張狼牙想一想說道跳下海去不至緊却不淹死了我々做個魍魎之鬼怎麼能勾再来斬将立功怎麼能勾再得生還大明国這個事成不得心裡不肯去口裡不作声国師早已知其意笑一笑說道你這個人有勇無謀成不得甚麼大事再有那個好漢去得道猶未了黄鳳仙跪着禀道末将不才勉強去得国師道那女将下海你也要下海須是不怕死纔去得哩黄鳳仙道既然有心為国一死何辞国師看見他英雄慷慨心裡老大的服他即時間袖兒裡取出一件宝貝来交與黄鳳仙黄鳳仙接在手裡看一看只見是個滴溜圓々眼大的一顆珠兒黄鳳仙道国師老爺在上敢問這個宝貝叫做甚麼名字国師道叫做個碧水分魚黄鳳仙道怎麼叫做個碧水分魚国師道拿他在手裡跳下水之時水分兩開中間讓出一條大路凡是蛟龍魚鱉先所不見故此叫做個碧水分魚我南朝筭命的先生都寫他做個招牌正取他這一段好處黄鳳仙道我那

個女總兵還會駕霧騰雲哩国師道我別有調度你只管放心前去黄鳳仙拜謝国師拿了寶貝兒去張狼牙說道我的膽子畧小了些々兒那裡曉得有這等的寶貝這叫做是個當塲不展背後興兵国師又請過天師來相𠒇他駕起草龍專等海裡的妖精騰雲上來擒拿着他不可輕放安排已畢到了明日早晨王蓮英又來討戰黄鳳仙单刀出馬兩個人殺做一馱兒殺了一會王蓮英還是昨日的舊譜子照着個海邊上只是一跑黄鳳仙大笑了三聲說道你今番再走到那裡去也王蓮英連人带馬跳下海裡去了黄鳳仙道潑賤人你會下海偏我不會下海麼連人帶馬也跑下海去王蓮英心裡想道這個賤人今日自送其死勒轉馬來兩家子在海裡面又大殺了二十多合王蓮英看見海裡水每々的

分開去。不滲着個黃鳳仙。黃鳳仙在水裡越戰越精爽他心裡就曉得有些。不停當。念動真言宣動密語。連人帶馬一駕黑雲騰空而起黃鳳仙太怒。說道你會騰雲偏我不會騰雲哩。也是一駕黑雲騰空而起。王蓮英在頭裡張。天師看見他起來。一個九龍神帕撲的一聲响。罩將下來黃鳳仙聽見撲的一聲响。怕有個甚麽睞失急忙的落下雲來。先在地上。只見王蓮英。一罩罩着。吊將下來剛剛的吊將下來。黃鳳仙走近前去照頭一刀。砍下了一顆首級天師落下了草龍來。黃鳳仙已自提着個鮮血滴滴的一顆首級黃鳳仙道不知天師在上。小將僭了。天師收了寶貝說道斬將搴旗。怎麽論得一個僭字。見了元師獻上首級。元師大喜重須賞賜大設筵宴。元師道。今番女人国。再沒有這等一個對頭了。衆將官

出像西洋記　卷之十　三十

道眼覌旌捷起。耳聽好消息。那曉得那個女王聽知道總兵官砍了頭到嚇得兢兢業業。分付女夅士撰下降書降表。分付女尚寶備辦進貢禮物。分付女百姓。安排香爐花瓶。迎接天使猛然間東宮裡閃出一個紅蓮宮主來朝着女王行了一個禮。說道父王有何事煩惱何不說與孩兒得知。女王却把個南朝寶舡。黃鳳仙投降。總兵官被殺各項的事情細說了一遍紅蓮宮主道。些小之事。何足掛懷女王道你怎麽看得這等容易。宮主道不是孩兒誇口所說仗着父王的洪福。憑着孩兒的本領。拿過黃鳳仙來。砍他萬段抓過他寶舡來。碎為齏粉。此有何難。女王道他舡上還有一個道士。官封引化真人能呼風喚雨役鬼驅神。他舡上還有一個僧家拜為護國國師。能懷揣日月。袖頓乾坤。你還在那裡做夢哩宮

主道不要說個做夢。我把那個道士殺得他九梁星裡不見了冠兒。我把那個僧家殺得他南無阿弥不見了員帽。女王道你生長閨門深居庭院。怎曉得個厮殺的事。宮主道孩兒不肖自幼兒幽閒無事。精通三畧六韜長大時曾遇天仙傳授我一千兵法。正是幼而夅壯而行。今番却是該我施展的日子。女王道孩兒你若武藝不精不可自送其死宮主道螻蟻尚且貪生豈可孩兒不忖量自送一個死女王道既如此全仗你這一功。紅蓮宮主辭了父王點辮一枝兵馬竟出白雲關而來。藍旗官報上中軍。元帥道怎麽又有一個甚麽女將。藍旗官道他自稱紅蓮宮主。口出不遜之言王爺道既是口出不遜之言。一定是有些本領老爺道。吽過黃鳳山來問他一個端的就見明白。問到黃鳳仙。他說道有便有個紅

出像西洋記　卷之十　三十一

夷德無厭弗悔衽金之禍

女王刺下長宮主

陰風甚惡輙與椎髻之兵

蓮宮上並不曾曉得他有個甚麼本領。元帥道。帳下那一員將官敢領兵出陣。道猶未了。左先鋒張計應聲道。末將不才。願領兵出陣擒此夷女。元帥道。這又是一個新來的女將。你不可易視於他。張先鋒道。謹依將令。不取昧虞。提起一張大桿豹頭刀。騎一疋銀鬃抓雪馬。領了一枝鐵甲夜叉兵。飛陣而去。擺一擺虎頭。睜一睜環眼。只見番陣上站着一個女將軍。

巧樣佳人髮挽雲　全裝披掛越精神　眉分柳葉一灣翠
臉帶桃花兩朵春　勒馬自知心上事　迎風誰是意中人
西洋絕域偏孤另　雲雨巫山認未真

張先鋒高叫道。來者何人。敢攔吾的去路。那女將道。吾乃西洋女兒國國王位下東宮侍御紅蓮宮主是也。你是何人。張先鋒道。吾乃南朝大明國朱皇帝駕下欽差征西前部左先鋒張計是也。宮主道。你既是南朝大明國欽差官也。該曉得三分道理。怎麼喜上的上門欺負人。張先鋒道。你這蕞爾小國。偏敢抗拒天兵。怎麼說個欺負二字。宮主道。怎見得是個抗拒。張先鋒道。你不抗拒。怎不早早的遞上降書降表。倒換通關牒文。獻上傳國玉璽。紅蓮宮主大怒。說道。你無故侵犯我的國土。還講甚麼降書降表。道猶未了。照頭就是一刀。張先鋒就還他一刀。自古道。容情不舉手。舉手不容情。一往一來。一上一下。大戰三五十合。不分勝負。紅蓮宮主心生巧計。故意的把個刀虛幌幾幌。敗陣而走。張先鋒看見他的刀法錯亂。只說他是真。放心大膽。趕他下去。只見宮主懷裡取出一件東西來。口裡說道。佛爺爺。佛爺爺。你便把個寶貝兒與我。不知

他靈也不靈。連忙的舉起來望空一撇。那寶貝就現出萬道金光。千層瑞氣。呼一聲響。正照着張先鋒的頭上吊將下來。把個張先鋒打的東歪西倒。支架不住。滾在地上。番陣上一聲梆響。一群女將擁走了一個張先鋒。到了明日。紅蓮宮主又來討戰。元帥道。隔了左先鋒。老大的沒趣。只見右先鋒劉蔭朝着元帥打個恭。說道。末將不才。願領兵出陣。報復左先鋒之仇。元帥道。這女將軍都是些術法。你們出陣的。最要隄防他。右先鋒道。末將知道。拽起一桿鳳翅刀。跨着一疋五明馬。領了一枝新選鋒。飛跑出陣。喝聲道。潑賤婢。你可認得我劉爺爺麼。輪起那一口刀。就像雜流星的一般。呼呼的只聽見響。紅蓮宮主擋不得手。不上兩三回。撇一下刀。敗陣而走。劉先鋒道。這又是個賺法。我只是一個不趕他。看他把我怎

麻紅蓮宮主一逕兒去了漸漸的去得遠漸漸的進了關劉先鋒道我也且回轉兵來停鞭緩轡迤邐而行那曉得紅蓮宮主悄悄的在後面趕將來拿起個寶貝吹了一口手裡一撒那一吹不至緊就像轟天劃地的一個响雷公那一撒不至緊早已萬道金光千條瑞氣一個响雷公就吊在劉先鋒的頭上任你就是個孔夫子也迅雷風烈必變番陣上一聲梆响又攤走了一個劉先鋒到了明日紅蓮宮主又來討戰元帥還不曾開口只見狠牙棒張栢高叫道蛙虫小輩何足道哉饒他就是爪哇國的王神姑也不過如此把個鐵幞頭往下捺一捺把個牛角帶往上掇一掇把個狠牙棒手裡擺一擺說道元帥少坐片時容末將擒此妖婢攀鞍上馬抱出陣前劈頭就扯開喉嚨來大喝一聲咦就像半天中一聲

霹靂喝聲未絕兩點的狠牙丁搗將去那張千户人又黑馬又烏力又大勢又宂狠牙下又重搗得個紅蓮宮主上天無路入地無門一個倒栽葱番在馬鞍橋下只聽見他口裡叫道菩薩菩薩你這個可靈驗麼張狠牙只說是搗得他謊了口裡叫菩薩那曉得他手裡還在鬼弄張狠牙看見他滾在地上提起刀來取他的首級只見劃喇一聲响爆出萬道金光千條紫霧一座太山壓在張狠牙頭上番陣上一聲梆响又擄走了一個張狠牙解上女王女王道權且寄監紅蓮宮主怕他監裡作怪分付道殺了罷剛剛的拿出刀來張狠牙昭像前番火燒的故事儘着氣力吆喝一聲吆喝這一聲不至緊渾身上的繩索又是寸寸遂分的斷了掣過狠牙丁來左冲右突前滾後撇恰像個搜山的羅侯那一個敢近他的身罷抓住了烏錐馬只是一走如飛見了元帥把這些些厮殺的

事說了一遍元帥道你還鹵莽了些張狠牙道那時節百得兩個掃手也不遭他的毒害元帥道今番多差幾員大將去到了明日紅蓮宮主又來南陣上三通鼓响擁出兩員大將左邊是征西遊擊大將軍黄彪右邊是征西前營大都督公子王良高叫道你是甚麼樣的潑賤婢有多大的本領敢生擒我上邦的大將麼兩員將兩騎馬兩般兵器殺得他天花乱落如紅雨海水翻騰作雪飛只見紅蓮宮主白白净净面如出水荷花嫋嫋婷婷身似風中細柳座在那馬上雖然有一種風情肚子裡包藏都是些殺人的肝胆他看見南陣上來得兇曉得不是個好相識那裡敢交手撥轉馬只是望本陣而逃這兩個將軍殺得性起也不記得他有甚麼妖術跑着馬趕向前去一心只是要拿住他們竟不知這一趕還是輸還是贏且聽下回分辯。

〇〇

第四十九回　天師大戰女宮主　國師親見觀世音

詩曰

陰風徹徹滿旌竿　白草颼颼劍戟攢　九姓羌渾隨漢節
六州番落從戎鞍　霜中入塞鵰弓响　月下翻營玉帳寒
底事戎衣着紅粉　敢誇大將獨登壇

却說黄遊擊王應襲張着紅蓮宮主只指望活捉他那曉得他扭轉身子來一聲响就有萬道金光千條紫氣一個人照頭一下也不知是個山崩將下來也不知是個地塌將下來番陣上一聲梆响早已斷送了兩固將軍紅蓮宮主得勝而去不勝之青藍旗官

着上中軍元帥大怒說道無端潑婦敢生擒我四將成個甚麼体
面王爺道斬妖縛邪天師還是專門的元帥去請天師天師即時
出馬紅蓮宮主看見南陣上擂鼓三通一聲信砲閃出一枝軍馬
來前後左右旌旗閃閃殺氣騰騰中間一桿皂旗皂旗之下坐着
一員將官眉清目秀美貌修髯頭上戴着一頂九梁冠身上披着
一領雲鶴敞提一口七星寶劍跨一疋青鬃駿騎心裡想道來者
莫非就是甚麼引化真人張天師待我叫他一聲看他怎麼高叫
道來者莫非是個道士麼天師喝聲道唗吾乃大明國朱皇帝駕
下官封引化真人張天師你敢說甚麼道士宮主道我把你這個
誅斬賊你又沒有三個頭你又沒有四個臂何故領兵侵犯我國
照頭就是一刀好天師就還他一劍你一刀我一劍戰到三五合

大道普施鼓角因風飄殺氣

法門宏暢旌旗映水發豪光

天師劍頭上噴出一道火來宮主道天師你手段不加空激得劍
頭上出火道猶未了劍頭上燒了一道飛符天師口裡喝上一聲
到只見正南上吊下一個天神臉如赤炭髮似硃砂渾身上下恰
如火燎的一樣睜眉怒眼手執金鞭朝着天師打個恭說道天師
呼喚小神何方使令天師起眼一瞧原來是個赤膽忠良王元師
天師道這女兒國出一個甚麼紅蓮宮主無限的妖邪拿了我南
朝四員大將阻我的去路相煩天神替我擒他過來纔可以過得
這一國王元師得了道令一駕祥雲騰空而起落下雲來把個紅
蓮宮主照頭一鞭打得紅蓮宮主萬道金光千條紫焰反把王靈
一雙眼如烟搊一般如火燎一般如針刺一般王元帥不得他
駕雲而去天師道行此潑婦連忙的一連燒了幾道飛符天

上一連吊下了一千天將。天師起頭一瞧。原來是龐劉苟畢四位
元帥。𢾦𢾦的打一恭。説道。天師呼喚小神們那裡使用。天師道。相
煩四位天神。擒此夷女。四將得了道令。落下雲來擒拿宮主。只見
宮主身上迸出萬道金光。四邊廂都是些騰騰紫霧。那宮主就脚
踏看金光而起。金光一丈。宮主高一丈。金光十丈。宮主高十丈。金
光百丈。宮主高百丈。金光千丈。宮主高千丈。金光萬丈。宮主高萬
丈。一高就高在半天之上。四位天神囬復道。此女人已成仙体。小
神們未易擒拿。四位天神駕雲而起。天師道。這等一個女人會成
甚麽仙体。却也是個異聞。道猶未了。那宮主的寶口望空一撒。萬
道金光。千條紫霧。劃喇喇的响。將來天師也沒奈何。跨上草龍而
起。轉到中軍。渾身是汗。氣喘做一堆。元帥大驚。説道。天師為何這

等模樣。天師却把個始未縁因。告訴了一遍。元帥道。天師尚然如
此。何况這些將官。馬公公道。似此難征。不如收拾轉去罷。王爺道。
兵至於此。有進無退。怎麽説個轉去的話。縱有甚麽妖邪。還有國
師在那裡。偏你會愁些。元帥只得去請國師。國師道。貧僧也只好
去勸解他一番。到了明日。藍旗官報紅蓮宮主討戰。國師戴一頂
舊舊的毘盧帽。着件舊舊的爛袈裟。一手鉢盂。一手錫杖。一個兒
逐步的捱也捱。捱近前去。紅蓮宮主曉得是個南朝的長老。有若
大的神通。他也不敢怠慢。問説道。來者莫非是金碧峰長老。長老
道。你既是一個出家人。豈不知佛門中三規五戒。怎麽今日跟隨着
這些造孽中生。墮落這多業障。國師道。宮主在上。非是貧僧出家
人肯隨業障。只因我萬歲爺要跟尋玉璽。故此奉命而來。宮主道。

玉璽不在小國。你何故苦苦加兵。國師道。既是玉璽不在。須得一
封降書降表。倒換一張通關牒文。日後絶好囬話。宮主就有些不
快活。説道。長老差矣。小國自來不曾通往你大國。怎麽逼勒我要
降書降表。你莫怪我説。有我在一日。你這些舡難過一日。國師道
阿彌陀佛。我這寶船上。有戰將千員。雄兵百萬。豈可就不得過去。
紅蓮宮主説道。你也把這個大話來謊我。我連日出陣。我連日生
擒你大將。只走得一個黒臉賊。雖然走了這一次。終久是個死裡
鰲魚。舡裡釗走到那裡去。國師道。阿彌陀佛。我南朝的大將。到也有
些。难今哩。紅蓮宮主大怒。喝聲道。唗。莫説是你大將难。今就要拿
你這個和尚何难之有。國師道。也有些。难處。紅蓮宮主把馬一夾。
提起刀來。就要照頭一下。國師不慌不忙。把個九環錫杖到地上

一搕。只見宮主的馬。望後就退走了幾十丈之遠。打死也不上前。
來宮主心裡想道。這和尚是有些本領。連我的馬也怕他。却又取
出那九斤四両重的銅鎚來。照國師頭上一鎚。這一鎚正中在老
爺的頂陽骨上。早已打得金光直上。紫霧奔飛。那金光直上就結
成一朶千葉的寶蓮。把個銅鎚托起在半天雲裡。動也不動。宮主
道。好利害也。連忙的取出一口喪門劍來。望空一撇。直取老爺的
首級。老爺不慌不忙。把個手指頭兒一指。那口劍就化做一個紅
紅綠綠的蛺蝶兒。迎風飛了。宮主道。這和尚好利害。連我的兵器
都夫了。我肯與他干休。取過一壺百發百中的九枝箭。一齊照
着國師的身上。劃喇喇一响。都中在國師身上。國師把個袈裟兒
一抖。那九枝箭都吊將下來。宮主道。那些爛袈裟有些射不進

之功好利害也連忙的取出寶貝來望空一撇只見金光萬道紫霧千條國師慢〻的把個鉢盂也一撇只指望收他的寶貝來原來他的寶貝也利害就把個鉢盂托在半天之上國師收下鉢盂來宮主收下寶貝去國師心裡想道這是個甚麼寶貝却不曉得他的根苗怎麼好處一聲念佛計上心來且把個四大色身閃他一閃〻他家去坐下待我細〻的查他一畨看是怎麼想念猶未了那宮主又把個寶貝飛來國師閃他一個空應聲而倒三魂渺〻歸陰府七魄茫〻入九泉那宮主看見個打死了國師歡天喜地只是不敢過來取他首級擺馬而歸〻見國王告訴道殺敗了南朝道上還不至罷今日又打死了南朝的僧家得了全勝不日之間掃盡了那些寶舡拿盡了那些將帥我國家包管磐石永保無

虞女王道多虧了孩兒這一畨保國之功安排筵宴大賞三軍一連就是三五日却說國師閃了宮主回去慢〻的又收拾起四大色身歸到寶舡之上見了元帥告訴元帥這一段利害。元帥道怎麼處他國師道容貧僧去查他一查再作區處元帥道他明日又來討戰教那個攩他國師道是我閃了他一閃他一連有三五日不來元帥道既如此就是有緣國師老爺歸到千葉蓮臺之上叫過非幻禪師來問他道你如今五國之中還是那一國快此非幻道還是水國快此老爺道你今夜國進女兒國紅蓮宮主的宮裡看他身上是個甚麼寶貝看他寶貝放在那裡得下手處就下手他一畨不得下手你還自回來。非幻道徒弟就去非幻禪師盤着雙膝坐在禪床上老爺分付取過一碗淨水來放在禪床之下非幻禪師早已過了白雲關進了女兒國。滿宮殿裡面。耍了一週却來到紅蓮宮主的宮裡只見紅蓮宮主懷裡金光紫氣五色成文却不看見是個甚麼非幻心裡想道這個寶貝。除非到晚上睡時纔得他的到手。到了日西到了黃昏時候到了一更多天紅蓮宮主净了手燒了香脫下了衣服去上眠床非幻伺〻候〻。只見胷脯前一個紫錦袋兒非幻道這個袋兒却是他了。只是他又不取下來帶着在眠床之上怎麼好。又想道除非是他睡着了。纔下手取得着〻的到了三更上下仔細聽上一聽那宮主睡得着只聽見一。片呼〻的鼾响非幻道正是這時候了輕〻的伸起手來把個袋兒摸一摸。只見那紅蓮宮主撲地一聲响現出三個頭六個臂臉如潑血髮似硃砂。一根降魔杵拿定在手裡擺也擺的嚇得

非幻禪師魂不附体。一個眼頭畨將過來原來那錦袋兒裡面也是個佛門中頭一件的寶貝常有護法諸天守着故此驚動了他就有三頭六臂狠將起來。非幻禪師喫了一嚇歸到千葉蓮臺之上見了國師。國師道是個甚麼寶貝兒非幻禪師却把個錦袋兒的始末緣故細說一遍國師道似此說來是我佛門中寶貝即時間入了定分付徒弟。閉上了門掌上了灯丟了四大假相。一道金光竟到靈山會上見了什迦牟尼佛說道西洋女兒國出一宮主本領利害。敢是甚麼精怪偷了我佛門中寶貝煩你查一查。牟尼佛看見燃灯老祖不敢怠慢細查了一畨佛門中寶貝。一件不少。老祖又離了靈山。一道金光逕到了東天門火雲宮裡見了三清祖師說道西洋女兒國出一宮主。本領利害。敢是甚麼精怪偷了

祖師門下甚麼寶貝。相煩查一查。三清祖師看見是個燃灯老祖不敢怠慢細查了一番。玄門中的寶貝。一件不少。老祖又離了火雲宮。一道金光逕到南天門靈霄殿上見了玉皇大天尊說道西洋女兒國出一宮主本領利害。敢是甚麼妖精偷了天曹中甚麼寶貝相煩查一查。玉皇看見是個燃灯老祖不敢怠慢細查了一番天曹中一件寶貝不少。佛爺道除了這三處有個甚麼寶貝不如再轉去親自看他一看。一道金光轉到千葉蓮臺之上。恰好的元帥差人相請見了元帥。元帥道這女將数日不曾來。今日又來討戰。口出不諱之言國師道他甚麼不諱。敢說是打死了貧僧麼。元帥道果有此話。國師笑了一笑。起身而去。去到路上想了一想叫聲揭諦神何在只見正西上吊下一個金頭揭諦神來跪着說

道佛爺呼喚小神。何處使用。佛爺叫他起來輕輕的對他說道如此如此不可泄漏天機。金頭揭諦神應聲而去國師老爺慢慢的大搖大擺還是那個毘盧帽還是那個袈裟還是那個鉢盂還是那個錫杖紅蓮宮主遠遠的望見喫了一驚說道原來這個和尚还不曾死哩咳。一向錯認了他。也等不得他到身邊劈頭就是一响一個寶貝落將下來。把個國師又打番了跌在地上宮主道前番放了他。故此他還不死。今番綁他回去也一聲梆响一群女兵擁將国師去了。宮主道這個和尚光頭光腦有些美嘴。不要留他分付刀斧手。即時處斬。一會兒把個國師斬了。一會兒把個國師的首級懸掛起來掛在城樓之上。號令諸色人等。女王說道孩兒成此大功宮主道都是父王洪福孩兒纔有此大功那曉得打的

是個揭諦神。綁的也是個揭諦神斬的也是個揭諦神老爺的真性已自先在紅蓮宮主的宮裡宮主滿心歡喜轉回本宮逕進佛堂裡面原來這個宮主好善。另有一所佛堂上上供養的是南無救苦救難觀世音菩薩宮主進了佛堂燒了一炷香拜了四拜說道多謝菩薩的寶貝今日纔能勾斬得和尚明日纔退得南朝的兵馬又拜了兩拜。却解下了紫錦袋兒放在菩薩的桌子上取出寶貝來抹了兩抹。又燒一炷香又拜兩拜却纔收拾起來帶在胸脯骨上轉進臥房之中去了國師張開個慧眼看得真真的你說這個寶貝是甚麼等閑的原來是觀世音菩薩的楊柳淨瓶兒國師道有此寶貝怎麼不利害連忙的走出宮來。一道金光竟到南海普陀落伽山上潮音洞裡見了觀世音問說道菩薩你們不見了

觀盡世人紫竹林中長日月

相逢佛祖潮音洞祖別乾坤

寶貝也不尋哩菩薩道沒有甚麼寶貝不見佛爺道你的淨瓶兒往那裡去了。菩薩看見是個燃灯古佛，不敢隱瞞，說道淨瓶兒有些緣故，不是不見了。佛爺道是甚麼緣故。菩薩道因是西洋女兒國上王生下一個頭胎宮主，他心上是佛，口上是經，甚是敬奉於我。上的意思要轉度他到中華佛國，故此把個淨瓶兒與他，以防夷人侵侮。竟是不見了寶貝兒。佛爺道多謝你轉度他到我中華佛國。這如今我中華佛國已經受了他許多的斵苦。菩薩是個救苦救難的，聽見說是受了許多斵苦，他就放下臉來，說道原來這個弟子不中受化的。佛爺道果然不中度化的，因耐他阻住了我們去路，你教我們幾時得回朝。也菩薩道佛爺饒罪，容弟子明日差下龍女去取他的回來。佛爺謝了菩薩，逕轉蓮臺去，見元帥。元

師喝了一聲，說道國師老爺你是人麼，你是鬼麼，你是天上吊下來麼，你是地上長出來麼。國師道阿彌陀佛。元帥你怎麼講這等的話。元帥道你昨日已自收陣在宮日處，怎麼今日又會生隱國師。道昨日砍頭的，另是一個，不是貧僧，兩個元帥大小將官都不准信。元帥道國師老爺你在那裡去來。國師道是貧僧去女兒國看那四員大將來。元帥道他們受人監禁，你怎麼看得他來。國師道你不信，貧僧一會兒取他回來。元帥道也難講，就取得回來。國師轉上蓮臺，叫過非幻禪師來，分付道你再去女兒國司獄司監裡取出我們四員大將回來，出門之時，你把個淨水滴他三點，要他得知。非幻禪師依命而去。到司獄司見了四員大將，四將都喫一驚，都說道老師你在那裡來。非幻道我承師父的佛言，特

來取你們回船。都說道我們監在牢獄之中，怎麼容易得脫。非幻道你們都跟着我走，只要緊緊的閉了眼，不許擅自睜開。直等我喉嚨裡咳嗽的響，你們纔方睜開眼來。四員大將一齊閉着眼，跟定了個禪師。禪師領出監門口，裡念上聒上，把個淨水碗裡的水滴了他三點，一會兒咳嗽一聲，四員將官一齊睜開眼來，一齊站着在元帥的帳上。元帥大驚說道國師有此神術，何愁那一個女麼宮主。國師道元帥你今番准信貧僧麼。元帥道豈有個不准信之理。國師道貧僧一會兒又要請過宮主來。元帥道國師早肯見愛，免得受了這些煩惱。道猶未了，監旗官報道紅蓮宮主在陣前討戰，激得只是爆跳如雷。怎麼爆跳如雷，原來非幻禪師滴了三點淨水，那監裡就平地水深三尺，那獄官喫了好一驚，及至水退

之後又不見了南朝四員大將跟上宮主宮主叫取過那僧家的頭來看一看只見桶兒裡面又不是個人頭是一個光光的葫蘆頭紅蓮宮主大怒取過一枝令箭折為兩段對天發下誓願說是若不活拿和尚活捉南將與此箭同罪故此跑出陣來激得只是爆跳國師慢慢的措將出去紅蓮宮主恨不得一口一口吞了他到肚子裡高叫道好和尚焉敢如此戲弄於我我今日若不拿住了你砍你做兩段誓不為人國師道阿彌善哉怎麼就砍做兩段宮主恨上一聲更不拿動兵器一隻手就把個寶貝兒望空一撇國師又瞞他騙兒把個鉢盂也望空一撇過了半會國師收了鉢盂宮主眼盼盼的那裡去尋個寶貝那曉得寶才能女在半空中接着他的歸到潮陰洞去了他只說是國師接了他的把個馬

狠行一瓶一手飛過一張刀來一手掣過一柄鎚來這叫做是雙敲不怕能单吊那曉得國師的妙用一着爭差百着空老爺輕輕的把個鉢盂擺一擺一下子就蓋着紅蓮宮主在地上國師轉來不瞅不採元帥看見又吃了一激心裡想道入門休問榮枯事觀看容顏便得知今日國師的臉嘴像個輸了陣來的却又不好問得國師却又半日也再不開言只有馬公公的口決說道今日國師眉頭不展臉帶憂容為着甚麼國師道貧僧蓋着紅蓮宮主坐在鉢盂底下好悶人也這個鉢盂蓋住火母是個有名神道老爺只是這等略略的提破些二位元帥大小將官那一個不歡喜那一個口裡不打嘖嘖元帥道雖然是好却又不得鉢盂起來國師道三日之後他自然起來元帥道既是紅蓮宮主被擒這女兒國

再沒有第二個那一員將官敢領兵前去取下降書降表來國師道不必我們將官三日之後還要紅蓮宮主自家去取將來洪公公道国師老爺你不記得王神姑之事乎若还再有一個火童再有一個老母這西洋就要下到頭白哩國師道今番貧僧另有一個調度衆人也還有些不准信過了三日去問国師國師道教小徒去掀起來羅叫過非幻禪師來逓一條兩指濶的帖兒與他分付道你先把這個帖兒放在鉢盂上轉三轉却纔掀起他來非幻道假如他手裡还有兵器却怎麼處他國師搖一搖頭說道兵器是沒有你只叫他快取降書降表來遲了就有罪國師說便說得這等容易連非幻禪師心上有些疑慮連衆人心上都有些疑慮國師又說聲道你快去快來非幻禪師應聲而去照依師父口裡

的話語拿着帖兒轉了三轉伸手掀起鉢盂來那紅蓮宮主正是悶着不得過的時候一下子開了鉢盂就是鰲魚脫却金鈎擺尾搖頭任所為你看他兩隻脚平白地跳将起來剛跳得一下流水的口裡吆喝道饒命罷饒命罷非幻禪師喝聲道唗快去取過降書降表來遲了半刻工夫就砍你做萬段宮主連聲應道曉得了自家一個兒嘴歪臭倒而歸走在路上心裡想道我秉興而來怎麼今日沒興而返不免說個謊瞞過了父王再作道理走進宮門女王接着道我兒連日在那裡去來宮主扯起謊來說道我連日大戰大捷剛纔得大戰大捷這一句口裡流水的吆喝道饒命罷饒命罷女王不知道甚麼緣故喫了一驚問道這做甚麼他又不作聲過了一會女王又問道你今番拿住了那個宮主又扯

個謊說道拿住了和尚剛纔得拿住了和尚這一句。口裡又流水吆喝道饒命羅饒命羅女王大驚說道這孩兒不知是神收了不知是鬼迷了。口裡只是發狂語。他自家又不作聲過了一會女王又問道今番還要厮殺麽宮主又詐啃說道還去厮殺剛纔了還去厮殺這一句口裡流水又吆喝道饒命羅饒命羅女王沉思了半晌不曉得他是個甚麽緣故宮主轉進自家宮裡佛堂之上指望去央兒菩薩那曉得供養的聖像都不見了。鋪設的香炉花瓶經卷之類也都不見了。宮主看見失了菩薩如鳥失巢如嬰兒失㜷跌在地上號天大哭〻了一會聽見天上一個人說道不要哭不要哭你如今萬事足明年八月中。天堂裡饗福宮主聽了這話又哭了一會女王曉得跑進來問說道孩兒你不要哭你有甚麽

話不如從直告訴我罷宮主看見事已不諧却把個寶貝的事鉢盂的事細說了一遍逐句兒有頭有緒並不曾吆喝女王道你纔方吆喝着饒命羅那是個甚麽緣故宮主道為人莫作虧心事半夜敲門心不驚我只因吊謊就有此顯應女王道顯應可有個甚麽形影來宮主道剛開口嚷將一句。就有一個藍面鬼手裡拿着一根降魔杵照頭就打將來。不說謊他就不來但說謊他就來這王是暗室虧心。神目如電人間私語天聞若雷世上人說謊的多。只因不曾看見這個藍面鬼女王道這如今怎麽處宮主道孩兒今番不敢說謊了女王道你便直說來罷宮主道這如今要降書降表進貢礼物。他纔退兵。不知這女王可肯降書降表可肯進貢礼物且听下回分觧

第五十回

女兒国力盡投降　滿剌伽誠心接待

詩曰

西洋女兒十六七　顏如紅花眼如漆　蘭香滿路馬如飛

窄袖短鞭嬌滴〻　春風淡蕩挽春心　金戈鐵甲草堂深

繡裳不暖錦鴛夢　紫雲紅霧天沉〻　芳華誰識去如水

月戰星征倦梳洗　夜來法雨淵天街　困殺楊花飛不起

却說宮主道如今要降書降表進貢禮物他纔退兵。女王道事至於此怎敢有違即時備辦備辦已畢。女王道孩兒你去麽宮主道我不去罷剛纔得我不去一句。口裡流水又吆喝道饒命羅饒命

守在四夷制勝目中之虜

功成萬里運奇閫外之兵

羅女王道又是那話兒來了。宮主道正然開口。他就打將來女王道你還去嗹宮主道我去我去。女王領着宮主同來寶船之上拜見元帥元帥道中国居内以制外。夷狄居外以事内自古到今。都是如此你這等一個女人国敢如此無禮麽女王磕兩個頭說道都是俺孩兒不知進退冒犯天威望乞恕罪雙手遞上一封降表元帥接着。分付中軍官交政司遞上一封降書。元帥拆封讀之書曰

女兒國國王茶羅沙旦謹再拜致書於

大明國欽差征西統兵招討大元帥麾下。側聞明王大一統率上無二臣。矧茲巾幗之微僻處海隅之陋。敢惟貞順。分敢倔僵緣以總兵官王蓮英。挺忽縱蜂腰虛見辱於齋斧。復以女孩兒紅蓮宮主突梯鼠首濫欲寄於旄頭。致冒天誅。平填蟻穴。茲用投戈頓顙。面縛乞身。伏乞借色霽威。海恩納細。ム無任戢慄恐懼之至ム年ム月ム日ム再拜謹書

元帥讀罷。說道好女學士書頗成文女王又跪着。遞上一個進貢的草单元帥道你這女人国。比他国不同。你但曉得有我天朝不敢違拗便罷。一毫進貢不受我堂堂天朝豈少這些寶貝女王禀告再三元帥再三不受女王又遞上一張禮单犒賞軍士元帥道進貢的禮物。尚且不受。何况於此。反吩軍政司囬敬他女冠女帶女袍女笏女鞋之類分付他道夷狄奉承中國禮所當然不為屈已你今番再不可抗拒我天兵女王磕頭禮謝元帥又道紅蓮宮主。你親為不善積惡不悛於律該斬叫刀斧手過來押出這個宮

主到轅門外去梟首示衆。一群刀斧手蜂湧而來。把個紅蓮宮主即時押出轅門外。宮主滿口吆喝道饒命罷女王又磕頭道饒了小孩兒罷元帥不許只有国師是個慈悲方寸。就聽不過這一盪討饒說道元帥在上看貧僧薄面饒了他罷元帥道這個女人太過分了。難以恕饒国師道饒他罷他明年八月中秋之日就到我南朝元帥道這個也難准信国師道你不准信。你可把坐龍金印。印一顆放在他背上回朝之時便見明白。元帥雖不准信却不敢違拗国師果真的印了一顆印文。放在他的背上。饒了他的死磕頭而去元帥分付頒賞。分付排筵擇日開船。猶尚未起只見前哨官報道前面去不得了元帥道怎麽去不得。前哨道是我們前去打聽去此不過百里多遠就不是我和你這等的世界。元帥道是

麼世界。前哨道。也沒有天地。也沒有日月。也沒有東西。也沒
有南北。只是白茫々一片的水。那水又有些古怪。旋成三五里的
一個大渦。如天崩地塌一般的响。不知是個甚麼出處。王爺道。那
裡委係不是人世上。元帥道王老先生你怎麼曉得。王爺道這都
載在書上。元帥道既是載在書上。是個甚麼去處。王爺道。是個海
眼淺水之處。名字叫做尾閭。元帥道似此去不得。却怎麼處。洪公
公道。就在這裡轉去罷。王爺道不是去不得。寶舡往東來了些這
如今轉身往西走。就去得。元帥道假如又錯走了。却怎麼好。国師
道日上不要走。只到晚上走。就好哩。元帥道饒是日上還走錯了。
路頭。怎麼又說個晚上。国師道。晚上照着天灯所行。萬無一失。元
帥道這個有理。到了晚上。果真的有灯。果真的行船。每到日上就

歇。每到晚上就行舡。行無事。元帥相見国師。問道前日爪哇国一
個女將。昨日女人国一個女將。同是一般放他回去。怎麼那一個
反去請下師父來。這一個就取下降書降表來。国師道。那一個不
曾隄防得他。這一個是貧僧隄防得他緊。故此不同。元帥道怎麼
隄防。国師道這個紅蓮宮主是貧僧着發一個常駄尊天跟着他
走。他說一個謊就打他一杵。他說一個不來也就打他一杵。故此
他不敢不來。元帥又問道国師你說那宮主明年八月中秋之日
到我南朝。這是怎麼說。国師道這個女人生來好善。供養一個觀
世音菩薩。前日廝陣的寶貝。就是菩薩與他的净瓶兒。是貧僧央
浼菩薩。菩薩收了他的去。菩薩又說道辜負了他這一片好心。却
度化他到我中華佛国。限定了是明年八月中秋之日。故此貧僧

與他討饒。元帥道有此奇事。多虧国師。道猶未了。藍旗官報道。前
哨副都督張爺拿住百十號小舡。千數強盜。元帥叫過張柏來問
道這些舡。這些人。都是那裡來的。張柏道舡是賊舡。人是強盜。常
一在這個地方上擄掠為生。他把我們寶舡。也當是番舡。一湧而
來。是末將都拿了他特來禀知元帥。元帥道這是甚麼地方。張柏
道末將借問土民。土民說是龍牙山。因這兩山相對。如龍牙之狀
故得此名。元帥道這都是個要害之地。須要與他肅清一番。張柏
道禀過元帥。把這些強盜一人一刀。令遠人怕懼。今後不敢為非
元帥道張將軍。你有所不知。與其刼之以威。不若懷之以德。你解
上那些人來。我這裡有處。即時間張狼牙解上強賊來。約有千百
多個。元帥道你們都是那裡人。人々多口々多。也有說是本處人的。也

有說是東西竺人的。也有說是彭坑人的。也有說是麻逸凍人的
元帥道你們都在這裡做甚麼。眾人道不敢相瞞天爺々說。在這
裡擄掠是真。元帥道你們把這擄掠做塲生業麼。眾人道也不敢
把做生業。元帥道你說這擄掠。還是好。還是不好。眾人道還是不
好。元帥道既曉得說是不好。怎麼又把他營生。眾人道小的們生
長蠻夷地面。無田可耕。難以度日。故此不得已而為之。元帥道你
們該甚麼罪。眾人道小的們該死了。元帥道強盜得財者斬。你們
今日都該砍頭。眾人道只望天爺々超生。元帥道我這裡饒你死
只是你們今後不可為此。眾人道既蒙天爺々饒命。今後再不敢
胡為。元帥分付軍政司。取過好酒十罈。大到龍牙門上流頭潑在
水面上。分位這些強賊到龍牙門下流頭水面上去飲。一會兒軍

攸司依令而行。衆人依令而飲，飲酒已畢。衆賊人來磕頭，與元帥道：這酒澆在水上可清麼。衆人道：其實清。元帥道：你們飲了可飽麼。衆人道：其實不曾飽。元帥道：你們可曉得。衆人道：還不曉得。元帥道：我叫你們自今以後，只可清餓，不可濁飽。衆人感謝，號泣而去。元帥賞賜張柏，又分付道：這些人目下必不為非，但不能持之久遠。你帶幾個石工去到龍牙門山上，覓塊方正石頭，鑿成一道石碑，勒四句在上面，使後人見之，改行從善。張狼牙帶了石匠，鑿成石碑，請元帥四句。元帥遞一個帖兒與他。張狼牙展開讀之，原來只有十六個字，說道：

維天之西　維海之湄　果有字今　道不拾遺

一會兒報完，王爺道：元帥與人為善之心，天地同大。元帥分付開船。藍旗官道：開不得船。元帥道：怎麼開不得船。藍旗

官道：海中波浪大作，濤聲洶湧，且在這裡停泊幾日。元帥請同王爺、天師、国師、大小將官出船一望，看只見天波島樹，渺無涯際，好兇險也。有宋務光一律海上作為証：

詩曰：

曠哉潮汐池　大矣乾坤力　浩浩去無際　茫茫深不測
崩騰歙衆流　泱漭環中國　鱗介錯殊品　氛霞饒詭色
天波混莫分　島樹遥相識　漢王探靈怪　秦皇恣遊涉
搜奇大壑東　竦望成山北　方術徒相誤　蓬萊安可得
吾君畧仙道　至化孚淳默　驚浪按窮溟　飛航通絶域
馬韓底厥貢　龍伯修其職　粵我遺休明　匪躬期正直
敢輸鷹隼摯　以問豺狼忒　海路行已殫　輶軒未遑息
勞君玄月暮　旅泛滄浪極　魏闕渺雲端　馳心復歸翼

元帥道：寶船停泊在此，着遊擊將軍到附近處看是些甚麼地方。各遊擊得令而去。過了幾日，只見征西遊擊大將軍黃彪領了十數個番人到帳下磕頭，斷髮披布，畧似人形而已。磕了頭，獻上些椰子酒、木綿布、蕉心簞、檳榔、胡椒。元帥道：你是那裡人。番人道：小的地名叫做東西竺，海洋中間兩山對立，一個東，一個西，就像天竺山形，故此叫做東西竺。元帥道：你地方上出些甚麼。番人道：田土磽瘠，不宜耕種，這些土儀就是地方上出的。元帥道：你們幹辦甚麼生業。番人道：煮海為鹽，捕魚度日而已。元帥分付受下他的禮物，每人賞他熟米一担。衆番人謝賞而去。番人纔去，只見征西遊擊大將軍胡應鳳領了十數個番人到帳下，磕頭椎髻，單裙跣

鴻建武功荒服襲中原之禮

滿剌伽誠心接待

宏宣文教邊疆息外户之憂

牙傑齒磕了頭獻上此黄熟香沉香片腦香降香五色絹碎花布銅器鉄器皷板之類元帥道你是那裡人番人道小的地名彭坑住在海洋南岸週圍都是石頭崎嶇嶮峻外高而内低原有一個姓彭的做頭目故此叫做彭坑元帥道你地方上出些甚麽番人道田地肥盛五穀豊登小的們多事農業元帥道風俗何如番人道風俗尚怪刻香木為人殺人取血祭之求禍禳災無不立應元帥道天地以生物為心故此一個人命関三十三天殺人的事怎麽做得我這裡受你的禮物你們只是自今以後不可殺人番人道只為禍福有些嚇人元帥道這個不打緊我晚天師與你一道符去即時求請天師天師立書一道用了印紛了符賞與番人分付他貼在木頭人上他就只是降福再不生災不用人祭番人磕

頭而去至今彭坑的菩薩靈驗相傳後來有一個不省事的用人血祭他祭了後一家人死無噍類自是再沒人敢祭彭坑人去後又有征西遊擊大将軍馬如龍領了两千番人帳下磕頭々一千番人頭上椎髻上身穿短衫下身圍一段花布磕了頭獻上此鶴頂沉香速香降香黄蠟蜂蜜砂糖青花布白花布青花磁器白花磁器元帥道你是那裡人番人道小的地名叫做龍牙迦釋住在海洋東岸父老相傳說是當原日有個釋伽佛留下一個牙齒如龍牙之狀故此地名龍牙伽釋元帥道你地方上出些甚麽番人道小的地方上氣候常熱田禾有收又且煮海為塩釀蔗為酒元帥道風俗何如番人道風俗淳厚敬的是親戚尊長假如一日不見則携酒餚問安元帥大喜說道夷狄中有此風俗可謂厚矣分

付受他的禮物賞賜他巾帽衣裳鞋襪之類番人磕頭而去第二千番人頭上也椎髻上身穿長衫下身圍一段花布磕了頭獻上此玳瑁黄蠟檳榔花布銅鼎鐵塊蔗酒元帥道你是那裡人番人道小的地名麻逸凍父老相傳說是當原日麻衣先生到這裡賣卜番人不曉得甚麽卦賣不得衣不供身食不供口凍得慌故此地名叫做麻逸凍元帥道你地方上出些甚麽番人道田地膏腴五穀倍收於他國又且煮海為塩釀蔗為酒元帥道風俗何如番人道俗尚節義夫死婦人削髮剺面七日不食與死夫同寢多有同死者七日不死親戚勸化飲食候丈夫焚化之日又多有赴火死者萬一不死終身不嫁元帥聽了這一篇嘎々的大笑了三聲說道夷人有此節義奇哉奇哉分付受下他的禮物賞賜他巾帽

衣服鞋襪又取過女冠女衫女裙之類給與他地方上節婦又賞他一面紙牌。牌上寫着節義之鄉四個大字教他鐫刻在石上立在衙繁市中。又叫回龍牙伽釋的番人來兩千頭目。一齊簪花掛紅吹打鼓樂送他回去見得天朝嘉獎之意兩千番人拜舞而去元帥又分付賞賚三員遊擊。又分付馬遊擊倍加賞賚。三員遊擊謝賞衆將官無不心服王爺道勸懲之道。一毫不差用夏變夷天生成這一員元帥。是日安排筵宴大享士卒。到了晚上風恬浪静開船而行行了二三日望見一個番國不上五個大山奇峰並秀藍翠官報道前面又是一國元帥道既有一國着先鋒官領兵前去体探一番有是怎麼王爺道元帥在上學生有一事告禀元帥道願聞王爺道無故加人以兵未有不駭愕者以學生愚見須先着一

員遊擊官傳下虎頭牌去昭示各國。令其自服倘有不服者發兵圍之則我有辭於彼彼亦心服不識元帥以為何如元帥道此見甚高即時差下征西遊擊大將軍馬如龍傳下虎頭牌先去昭示馬遊擊領了虎頭牌。帶了三五個夜不收前路而去果到了一國只見這個國東南是海西北是岸。中有五個大山國有城池馬遊擊進了城夜不收借問土人土人道我這裡土名滿剌伽地方窄小。也不叫做國馬遊擊又行了一會。只見城裡有一個大溪溪上架一座大木橋橋上有一二十個木亭子。一夥番人都在那裡做買做賣馬遊擊逕去拜見番王只見番王住的房屋都是些樓閣重重上面又不鋪板只用椰子木劈成片條兒稀稀的擺着黃藤縛着就像個羊棚一般一層又一層直到上面大凡客來連床就

榻盤膝而坐飲食臥起俱在上面就是廚竈廁屋也在上面馬遊擊站在樓下早有一個小番報上番王番王道問他是那裡來的來此何幹。馬遊擊遞上一面虎頭牌番王讀之牌上說道

大明國朱皇帝駕下欽差總兵招討大元帥鄭王　為撫夷取寶事照得天朝歷代帝王傳國有璽自古到今遞相授受百千萬年未之有改切被元順帝䭾入西番我大明皇帝盛德既膺天眷宗器留容久虛為此欽差我等統兵前來安撫夷荒採問王璽消息今因奉此牌仰各国王及諸將領如遇宝舡到日許從實言說王璽有無此外別無事端不許因而恃頑争鬪敢有故違一体征剿不貸須至牌者。

番王讀了牌連忙的請上馬遊擊賓主相見說道我一二年前曾具

此些薄礼進貢將軍你可知道麼。馬遊擊道為因受你厚禮我大明皇帝欽差我等前來賚着五花官誥雙臺銀印。烏紗帽大紅袍犀角帶皇朝靴勅封你為王。又有一道御製牌。又勅封你国叫做滿剌伽国你做滿剌伽国王番王聞之有萬千之喜連忙的叫過小番來備辦牛羊鷄鴨熟黄米茭蕈酒野荔枝波羅蜜芭蕉子。小菜葱姜蒜芥之類權作下程之礼迎接宝舡宝舡一到馬遊擊先回了話小番進上下程元帥道這都是王爺所賜王爺道朝廷洪福元帥虎威我學生何力道猶未了只見二個番王頭上纏一幅白布身上穿一件細花布就像個道袍兒脚下穿一雙皮鞋轂轂擡着轎跟着小番逕上宝舡來見元帥賓主相待。元帥道我等欽奉大明皇帝差遣賚着詔書銀印勅封上国做滿剌伽国勅封

大王做滿剌伽王番王道多蒙聖恩不勝感戴復辱元帥虎帳何以克當元帥道大王請回明日午時俻辦接詔番王道容卑末白來龍元帥道天威咫尺敢不親賫番王唯唯諾諾而去到了明日大開城門滿城掛綵滿城香花伺候迎接二位元帥擡了八人轎前呼後擁如在中國的儀仗一般更有五百名護衛親兵弓上弦刀出鞘左頭目鄭堂押左班右頭目鉄楞押右班人人精勇個個雄威那滿城的小番那個不張開雙眼那個不吐出舌頭都說道這却是一千天神天將那裡世上有這等的人麼番王迎接叩頭謝恩安奉了詔書領受了銀印冠帶如儀大排筵宴二位元帥盡歡而歸明日番王冠帶乘轎叅見元帥雙手遞上一封謝表元帥接着分付中軍官安奉番王又雙手遞上一封謝書元帥拆封讀

之書曰

滿剌伽國國王西利八兒速剌謹再拜奉書於

大明国征西統兵招討大元帥麾下竊以封疆阻濶覲止無階道義流聞譫言有素使旆及国彩仗臨城逮以詔書中之印篆俾黒子之地列夷封之尊進椎髻之夫與冠裳之盛雖天王之眷存即厚而元帥之左右實深永為国土之珍愧乏瓊琚之報肅此鳴謝幸甭寬恩冀順節宜深綏福履么無任激切屏营之至

么年么月么日么謹再拜

元帥讀罷了書国王又遞上一張進貢的礼单元帥接過单來只見单上

計開

珎珠十顆寸徑　鸂鶒十枚状如眼鏡見書可以助明價值百金　黄速香十箱　花錫一百担本国有一大溪溪中淘沙煎之成錫鑄成斗樣名曰斗錫每塊重一斤八兩每十塊用藤縛為小把四十塊為大把通市交易　黒熊二對　黒猿二對　白麂十隻　白鹿十隻　紅猴二對　火雞二十其色紫赤其子殼厚重一錢有餘或紅或白可為飲盞能食火吐氣故名此焉淋国不同　婆羅蜜二匣果名實生幹上形如冬瓜皮似栗子多刺刺內有肉疊疊味最佳　做打麻二罈樹脂結成者夜點有光塗之船上水不能入　茭章酒十罈茭章子如荔枝釀之成酒　茭蕈簟十床茭蕈草名葉如刀茅織之成簟

元帥看完了单分付内貯官收拾番王又遞上一張礼单都是些牛羊柴米蔬果之類元帥道盡行受下要見他的來意大排筵宴國王盡歡而飲正在綢繆之處旗牌官報道擡礼物來的番卒活活的咬喫了我南朝一名水兵止剩得一個頭在元帥着一驚說

道焉有此事番王即時離了席面跪着討饒說道卑末不知伏乞恕罪王爺道大王請起這都是价怪物豈有番卒喫人之理番王起來再三陪价不是王爺分付旗牌官你出去只作不知不要說來禀我一會兒叫進擡礼物的來領賞一干番卒蜂湧而來王爺分付來人都要一字兒擺着中軍帳下擺列已畢王爺請國師慧眼觀一觀國師不敢怠慢拖個禅杖一指只見番卒中間跳出兩隻老虎來一隻色黄一隻色赤俱有花紋只是比中國的畧矮小些些你看他張牙露爪一個跳一個叫

張牙露爪下荒山　汗血淋漓尚未乾　小小身材心膽壯
班班毛尾肚量寛　未曾行處山先動　不作威風草自寒
倘若進前三兩步　管教群獸骨頭酸

兩隻虎不至緊。把一席的賓主。都唬了一慌。元帥道。這個畜生有些儻憊。还得國師收了他罷。國師道。請天師收他。天師不敢怠慢劍頭上燒了一道飛符。即時天上就吊下一個黑臉的天將來。衆人抬頭一看。只見是個龍虎玄壇趙元帥。朝着天師打一恭。說道天師呼喚小神。那裡使用。天師道。此中有兩隻小虎。恐怕驚了我們坐客。相煩天將擒下他來。趙元帥睁開眼。喝聲道。孽畜那裡走。一個一鞭。打得這兩個老虎滚做一團兒。趙元帥又提將起來一手扯開了他的皮。一手揣碎了他的肉。遞到席上來。說道。諸公下酒不知下酒不曾。且聽下回分解

出像西洋記卷之十終

新刻全像三寶太監西洋記通俗演義卷之十一

二南里人 編次

三山道人 繡梓

第五十一回

張先鋒計擒蘇幹 蘇門答首服南兵

讚曰

猛獸野心 反噬非久 出柙爲害 咎歸典守 上林清風 嗇夫緘口 破樊彤檻 率蹟以是

閑生宊野 猛虎飼之 匪虎飼之 惟神賜之 爲鬼爲魅 又局使之 妖不勝德 正直驅之

却說番王看見國師一杖就指出兩隻虎天師一道飛符就吊下

法師駕出月中桂子落仙衣

道撞着那一員大將來是你的對手姜金定道不是個甚麼將官番王聽知不是個甚麼將官早已有八分焦燥了說道既不是個將官還是個甚麼人姜金定道今日所遇者是南膳部洲大明國朱皇帝駕下一個引化真人張天師番王聽知是個張天師先前只有八分不快今番却有十分懊惱了說道卿父存日曾說此人呼風喚雨駕霧騰雲本領高強十分利害誰想今日你遇着他你今日和他抵手勝負何如姜金定奏道只是兩家對手臣也不懼怯於他但他果然是書符諷呪役鬼驅神小臣正欲把個國法去囮他他的七星寶劍儘利害一剔就是兩半邊小臣正欲把個飛刀去斬他他的天神天將又衆一湧而來不是小臣有五個三出的本領險些兒喪于道士之手了番王道似此何以處之俺的江山有些不穩社稷有些不牢左丞相孛鎮龍說道依臣愚見寫了降書降表送上通関牒文萬事皆休何必磨這等的牙博這等的嘴右丞相田補龍說道左丞相言之有理南陣上有個武狀元他前日高聲說道我天兵西下既不取你的城池又不奪你的世界不過是要你一張通関牒文問你傳國玉璽果有玉璽獻將出来如無玉璽獻上通関牒文萬事皆休這武狀元已自明白說了何必執迷不悟搬弄干戈糜爛小民坐空國計况兼我國所恃者剌儀王父子兵而已今日他父子俱喪於南兵之手料這一女將焉能成其大事堂堂天朝雄兵百萬戰將千員豈下於一女子伏乞我王詳察總兵官占的里又奏道左右丞相言之俱有大理小臣職掌巡哨甚曉得南兵的利害不但是雄兵百萬戰將千員只這

一個天師呼風喚雨役鬼驅神也是十分利害還有一個國師懷揣日月袖囤乾坤更加佛法廣無邊若是女將軍不肯罷兵明日禍來非小伏乞我王詳察番王聽知這一堂和解心上也不願興兵只是姜金定心懷父兄之恨要假公濟私奏說道這都是些賣國之臣違悞我王大事番王道怎叫做是個賣國之臣姜金定說道我王國土受之祖宗傳之萬世本是西番國土的班頭西番國王的領袖今日若寫了降書降表不免拜南朝為君我王為臣君令臣共他叫我王過東我王不得往西叫我王過北我王不得往南萬一遷移我王到南朝而去我王不得不去那時節凌辱由他殺斬由他若依諸臣之見是把我王萬乘之尊賣與南朝去了我王下同帯布之賤這却不都是個賣國之臣道猶未了只見三太

子自外而入。聽知道要寫降書降表，就放聲大哭起來。番王道：我兒何事這等悲傷？三太子道：父王何故把個金甌玉碗輕付於人？這社稷江山終不然是一日鬧得的。番王道：非干我事，所有左丞相說道該降，右丞相說道該降，又有總兵說道南兵利害。三太子罵道：你這些賣國的狗奴，豈不聞主憂臣辱，主辱臣死。你受我們的爵，享我們的祿，賣我們的國，誤我們的事，是何道理？伏乞父王先斬此賣國之賊，容孩兒出馬。若不取勝，誓不回朝。姜金定奏道：三太子言之有理，但只一件來，臣還有一妙計，不消三太子親自出征。番王道：有何妙計，不消三太子出征？姜金定道：臣有一個師父，道號羊角道德真君。番王道：怎麽叫做個羊角道德真君？姜金定奏道：這個師父沒有爹，沒有娘，原是一塊石頭，自從天地未

分之先，頑然為石，後來盤古分天分地，這塊石也自發聖靈，粟一聲响，中間爆出一個人來。這個人出來時，頭上却有一隻羊角。那時節不曾有書契，不曾有姓名。人人叫他做個羊角真君。羊角真君生在這個石頭裏面，長在這個石頭裏面，飢飡這個石頭上的皮，渴飲這個石頭上的水。年深日久，道行精微，德超三界。傳至唐虞夏商周，有了文字，有了書契，人人叫他做個羊角道德真君。那塊石頭有靈有神，能大能小。羊角道德真君帶在身上，做個寶貝。昨日小臣借他的來囤住了武狀元唐英，便是。番王道：他這如今在那裏？姜金定道：他這如今在正西上五百里之外，有一座高山，其山有一所深洞，是他在這個洞裏修真養性。人人就叫這個山羊角山，叫這個洞羊角洞。有詩為証：

羊角稜層靈秀開　西天積翠起仙臺　入關足躡烟霞起
倚闕手招鸞鶴來　怪石摩空撑砥柱　飛泉瀉澗走風雷
先能道德真君侶　一嘯臨凡未忍回

番王道：只消他一個石囤，也自有八分贏手了。姜金定道：俺師父回天補日，吸霧吞雲，慣使天曹飛劍，百步之內，取人首級，如盤中取果，手到功成。騎一隻八叉神鹿，上天下地，無所不能。還有一個水火花藍兒，中間有許多的寶貝，善可梟人首級，任是甚麽天兵，也不能親近，豈止一個石囤而已。番王道：似此說來，却是個超凡入聖、有德有行的。姜金定說道：他號為道德真君，名下無虛。有詩為証：

羊角住羊山　瘠瘦如角立　仙鹿駕長風　世網安能縶

朝隨白雲出　暮採紫芝入　道靈未去來　德氣自呼吸
月明响環珮　時有飛仙集　我欲從之遊　共飲華池汁

番王道：怎麽得他下山來？姜金定道：須得我王草詔一道，小臣不憚劬勞，連夜捧詔上山去，請他來，上扶我王錦繡江山，下救萬民塗炭之苦。番王准奏，即時草詔一道，付與姜金定。姜金定接了詔書，擲下三尺紅羅，一朵紅雲望空而起。須臾之頃，就到了羊角山。姜金定落下雲头，收了紅羅，牽了戰馬，手持信香，口稱祖師大獅。來到羊角洞口，只見一個把門的小道童兒，早已認得是個姜金定，迎着說道：姜師兄，你又來了。姜金定說道：是俺又來看一看哩。小道童說道：前日老爺傳了你五回三出的本領，駕得起千百丈的滕雲，你今日又上山來，有何貴幹？姜金定道：有事求教師父，望

者王夷必省率理屈斯罰維茲阿魯。敢外鈞陶仰中国之聖人
夙有依帰之頤瞻元戎之大纛欽承節制之尊敬以冊誠寓之
湖前濩依巨庇不尽顒延
元帥甚喜番王又有進貢。元帥不受又有礼物。愈加不受反厚賞
賜与他番王感謝而去。元帥道這虎頭牌的功績都是王老先兒
的王爺道但願前去都是如此。舟行無阻彼此有功。又行了四五
昼夜馬遊擊面話說道前面是我朝勅封的蘇門荅剌國。只是這
如今國王有難正在危急之時。聽知道元帥提兵而來不勝之喜
二位元帥道是個甚麽事故。馬遊擊道此国先前的國王名字叫
做行勒。和孤兒國花面王厮殺中藥箭身死子幼不能復仇其妻
出下一道榜文招賢納士。說道有能為我報復大仇得全国土情

出像西洋記　卷之十一　六

愿以身事之。以國共主只見三日之後有一個撒網的漁翁揭了
招賢榜文高叫道我能為国報仇。全復国土国王之妻給與他鞍
馬披掛兵器等項。又與他一枝軍馬果然的鞭敲金凳响人唱凱
歌聲。一刀就殺了個花面王国王的妻不負前約。就與他配合尊
敬他做個老王家室地賦悉憑他掌管。後來年深日久前面国王
的兒子名字叫做宰奴里阿必丁。長大成人。心裏有些不忿得這
個漁翁。嘗背後說道此我父之仇一日帶了些部曲把個漁父也
是一刀復了自家的位管了自家的國尊母為老母老不管事漁
翁的兒子。名字叫做蘇幹剌如今統了軍馬斎了粮食在這個国
中要和父王報仇。每日間厮殺不了。元帥道兩家勝負何如馬遊
擊道敵兵常勝本國的兵常輸元帥道濟弱扶危。在此一舉差左

右先鋒前去接應他寶船不日就到。左右先鋒得了將令。各領一
枝人馬乘小舸而去。去到蘇門荅剌國只見兩家子正在厮殺左
先鋒道此時日尚未西我和你借着他的因頭兒就殺他一陣右
先鋒道言之有理他們正在人困馬乏之時怎禁得加這一楔二
洹鼓响吶喊一聲南陣上湧出兩員大將左一邊將官老虎頭双
環眼捲毛鬚絡腮鬍騎一疋銀鬃馬使一桿豹頭刀。高叫道那個
是蘇幹剌早上下馬受降。右一邊將官長文身。大肚膊田子員銅
鈴眼騎一疋五明馬使一桿鳫翎刀。高叫道那個是蘇幹剌早上
下馬受降蘇幹剌心裏喫了一驚想道這兩員將官又不是本國
又不是我西洋。是那裏來的生主兒怎麽就叫我的名字。還宰奴
里阿必丁一時也不覺的問左右道這兩員大將是那裏来的和

出像西洋記　十一　卷之十一　七

西海庄寧扣轅門而頓顙

蘇門荅首服南兵

南天遥望仰雲關以翔魂

我助陣哩左右道就是南朝元帥差來的國王道何如此神速蓋天助我也越加打起精神來厮殺自古道寡不敵衆弱不敵強三個人殺一個殺甚麼殺況南朝兩員先鋒俱有萬夫不當之勇怎麽叫蘇幹剌不敗這一陣就一敗塗地棄甲曳兵直退到三五十里之外方纔收拾些残兵敗卒歸了舊営國王得左右先鋒之力大勝這一陣感謝不盡即時安排筵宴酧劳二位先鋒張先鋒道出其不意攻其無備还是夜趕去劉先鋒道兵法又云窮寇莫追這是怎麽説張先鋒道蘇幹剌不為窮寇他每日得勝其氣甚驕雖有此敗彼必然説道這是偶然耳豈又防備我們追他正是出其不意攻其無備劉先鋒道既如此願聞尊教張先鋒道只是路徑兒遠不熟些國王道小國路徑極是好認怎麽好認西北兩邊

都是海東南兩邊都是山適纔蘇幹剌的窠巢却在正南上正南上前去又有兩条路一条靠溪上潤屈曲難以走馬一条靠山山路抄直到了羅訶嶺兩邊都是陡崖止容一人一騎張先鋒道此狹處有多少路程國王道有三五里之遠張先鋒對着劉先鋒細細的説道如此如此劉先鋒先去國王道沒有飲得酒劉先鋒道明日再來領愛張先鋒又叫過一個年長的隊長來对他細細的説道如此如此到了一更之後啣枚勒馬逐陣而行行了半夜纔到牛皮帳邊一聲砲响吶喊連天張先鋒領了頭後面都是些雄兵健卒馬壯人強一齊殺進牛皮帳裏去嚇得個蘇幹剌上天無路入地無門沒奈何惜着頭望前跑跑了一會蘇幹剌説道找溪邊的大路而走好上船去起頭一望只見溪邊上有許多的燈火

原來是張先鋒差下的隊長埋伏在那裏虚張燈火嚇他不敢走那条路左右説道溪邊先有追兵去不得哩蘇幹剌就奔山路而行行到羅訶嶺下蘇幹剌勒住了馬左右説道事在危急存亡之項還勒住個馬有何高見蘇幹剌道這個嶺兩邊都是陡崖中間止容得一人一騎萬一有変吾即死也左右道將軍今日何故自怯宰奴兒敢有這等的大擔當那兩個生主兒豈可就曉得這個路徑走一步得一步只管走哩道猶未了後面喊殺連天鼓聲震地蘇幹剌沒奈何麻着個頭只是走剛剛的過了大半心裏道到了這裏想也沒事那曉得一聲砲响前面的火銃火砲火箭火鎗雨點一般來又有一様湘陽大砲就是震天雷搜地虎也不過如此當頭一員大將横刀立馬高叫道蘇幹剌那裏走早早下馬投

降免得受我刀兵之苦原來劉先鋒已自攔住了路口火炮一切
齊倫再走到那裏去罷將欲退後後面又是一員大將横刀立馬
高叫道蘇幹剌那裏走早早下馬投降免受我刀兵之苦這正是
張先鋒的兵馬追趕將來前不得後不得正在兩難之處一聲梆
响两崖上一齊的鉄鈎鉄抓飛將下來把個蘇幹剌任是威風無
處使假饒雙翅不能飛活活的捉將過來到了大完国王接着元
帥說道多勞二位先鋒夜來大戰道猶未了先鋒已自觧上蘇幹
剌來元帥分付国王把蘇幹剌監候在這裡俟寶舡回日另行定
奪国王唯唯奉承逓上降表元帥接着分付中軍官安奉又逓上
降書元帥拆封讀之書曰
蘇門荅剌国国王宰奴阿里必丁謹再拜奉書於

大明国欽差征西統兵招討大元帥麾下竊聞大国天之所設
天子天之所生德風翔乎河源武節燀乎月竁率寧人之有指
先元戎之啓行用廣威光克嚴討罰維玆小国夙荷洪恩彩幣
兼全煥斗文之璀璨欽章紫誥儼天語之叮嚀顧惟何人幸叨
寵渥豺干戎憿復荷生全拜賜俯僂流汗交并仰瞻行在統誓
指揮
降書已畢又獻上進貢草单元帥展開來一看只見单上
計開
金麥三十斛　銀米三十斛　水珠一雙行軍乏水置上中水自出　螺子
黛十顆宝也每顆價千金　琉璃瓶十副　象牙十枝長八九尺　鳥卵一
雙其大如甕　鵁鶄一雙形高七尺能解人語　活褥蛇十条状類鼠色正青能入穴取鼠無

遺
名馬十疋馬與龍交所生者俱龍種也　胡羊五十隻尾大如扇春月剖腹取其膏數十斤以藥線縫合之如故不割即死羊
竹雞二百隻略煑即爛味美　五色番錦百端
紅絲千斤　駝毛褥五十床　花簟五十床　錦襈百幅　薔
金錦壽帶五十条　鈿帶五十条　連環臂鉤五十付
薇水五十瓶用之洒衣香氣經歲不散　棟香　白龍腦　白砂糖　白越
諾　乳香　無名異　膃肭臍　龍涎香龍聞則涎出国人討取之香極奇　乳
香各數十石　尋枝瓜極大八十枚可其啖一　偏桃其形偏故石子味佳　千年棗
石榴重六七斤一個　臭果長八九寸開之甚臭肉有大酥白肉十四五片甜美可食　酸子大如梨其
味香　蒲桃大如雞子味極美　羙菜異種所生長六七尺　以上果品各百擔
列
元帥分付内貯官收拾進貢礼物国王又獻上礼物犒賞三軍元
帥接单視之自蔬果柴米之外一毫不受国王欵待元帥元帥赴

宴只見国王宮殿甚是齊整怎見得宮殿齊整瑪瑙做柱枓緑汁
做四壁水晶做瓦碌石做磚活石做灰錐是帷幕之類都是百花
爛錦五色輝煌两邊列着左右丞相太尉太保階下又擺着驍勇
兵卒壯健軍丁二位元帥盡懽而飲住了數日又有各国來降隣
国有故臨国人黑如漆善戰鬪好為寇盜国王聞寶船在蘇門荅
剌進上
駭雞犀一對即通天犀用以成米畏雞雞啄之至輒驚去　龍腦香二箱状類雪毋色如氷雪香可闢十里
有默伽國其先是個曠野之地因為大食國有個祖師叫做蒲羅
哞徙居其地取妻生一子名字叫做司麻烟生下地來哌哌的哭
了两三日就把隻脚踏地上一頓一頓不至緊就湧出一股清泉

来日日長流流成一個大井。井又有此靈驗甚麼靈驗但凡飄洋的舟船遇着大風把這個井水略洒幾點其風即止。國王聞中國寶船在蘇門答剌進上

金剛指環一對　摩勒金環一對

有孤兒國即花面王國地方不廣人民止千餘家田少不出稻米多以漁為業風俗淳厚男子俱從小時用墨刺面為花獸之狀樣頭亦着身子止用单布圍腰婦女圍花布披手巾推髻腦後却不盗不驕頗知禮義國王聞中國有寶船在蘇門答剌進上

稍割牛一頭（角長四尺十日一割不割則死人飲其血壽五百歲牛壽如之）　龍腦香一箱

其屬國有勿斯里國其地多旱經八九十年纔見天雨一次國中有一江神最靈驗怎麽靈驗每二三年有一老者頭髮盡白從江

中間挺然獨立國中人都來拜問他吉凶禍福老者笑則年歲豐稔百事稱意老者愁則年歲飢疫百事不如意國中有一個塔又靈驗怎見得靈驗塔頂有一面神鏡無論遠近但有刀兵之禍先前照見國王聞中國有寶船在蘇門答剌進上

火蚕綿一百斤（製衣一襲止用一兩稍過度則炎蒸之氣人不可當）

有勿斯離國國最小民以捕漁為業有天生樹其果名曰蒲蘆採食之次年復生名曰麻茶澤三年再生名曰沒石子國人多以為食國王聞中國有寶船在蘇門答剌進上

奄摩勒十盤（其味香酸甘甜）　波羅蜜一五盤（大如斗味佳）

有吉慈尼國其地極寒春雪不消産雪蛆狀如瓠子其味甚美人有熱疾者啖之即愈如神國王聞中國有寶船在蘇門答剌進上

龍涎香五十斤

有麻離板國其國地小富足貴人用金線挑花的錦帕纏頭貧民亦用花帕婦人耳墜羊鬃有中國風國王聞中國有寶船在蘇門答剌進上

兜羅錦十疋（闊四五尺厚五分背面毳絨番名驀黑驀勒）　雜花番錦十疋　細布五十疋（長者五六丈闊四尺多中五六樣貴賤不同）

有黎代國其國亦小國民僅二三千家自推一人做頭目曾附蘇門答剌進貢中國聞寶船在此進上

白砂糖五担　吉貝一箱　賓鐵十担

有白達國國雖小多出珍寶人食酥酪餅肉多以白布纏頭人最獷獰號強兵四隣不敢侵犯國王聞中國有寶船在蘇門答剌進

上

金錢二千　銀錢五千（俱無孔面鑿弥勒佛于其上背鑿国王之名）　五色玉各五端（青黄赤白黑俱有）　夜光璧五片（可照三十餘丈）　白光琉璃鞍一副（鞍在暗室中可照十餘丈）

二位元帥見了這些小国都來進貢萬千之喜國王慇懃留住元帥分遣左右先鋒前往西洋經畧各國約有十日多些右先鋒劉蔭領了南浡里國國王親來迎接獻上降表又獻上降書書曰

南浡里国国王卜失陀納里再拜奉書于

大明国征西統兵招討大元帥麾下側聞天啟聖期會賚良弼必有徵討以致昇平ム僻處夷荒敢行孛亂頓顙雷霆之下潛牙化育之中氛沴盡消仰太陽之普照鯨鯢不作見大海之無

波時恋之深雖百斯福作躍之至倍萬恒情

降書已畢。又献上

後覘一隻（生七日木開目取之則易調習稍長則難矣）

進貢中國。元帥受之。不勝之喜。賞宴國王。極其歡洽。酒猶未散。只見左先鋒張計。有一干親隨左右。披頭撒髮。忙忙的稟元帥道。禍事臨門。怎生是好。不知是個甚麼禍事臨門。且聽下回分解

○○

第五十二回

先鋒出陣吊了魂　王明取得隱身草

詩曰

上將秉神略　至兵無猛威　三軍當嚴冬　一撫勝重衣

邪術欺人鯨鼠晚連風雨暗

姧謀掠敵鰲睛夜沒斗牛寒

霜勁奪衆景　夜星失長輝　蒼鷹獨立時　惡鳥不敢飛

武牢鎖天關　河橋紐地杌　大軍奚以安　守此稱若稀

貪士必顏色　貴門多輕肥　試登山岳高　方見草木撒

山岳息既廣　草木心皆歸

却說先鋒的左右。忙忙的報逢禍事臨門。此來不小。二位元帥吃了一驚。問道怎麼禍事臨門。此來不小。左右的跑慌了。說不出口來。只是把個月脯前捶了幾下。元帥道你將軍喫了甚麼左右的點兩下頭。元帥道是個甚麼國左右的還說不出來。把個頭髮扌撒看擺了幾下。元帥道敢是撒髮国麼。左右的又點兩下頭。王爺道你們且去坐定了。再來回話。左右的定了神。息了喘。却來回話。元帥道是個甚麼国。左右的道。叫做甚麼撒髮国。元帥道你將軍

怎麽哭了苦左右道俺將軍活活的被番官捉將去了元帥道怎
麽去試左右道非俺將軍失些抵只是撞得對頭不巧元帥道怎麽
不巧左右道撒髮国出下一個番官叫做甚麽圓眼帖木兒並不
曾交馬並不曾舉刀只是手裏敲個甚麽東西恰像銅鈴兒的聲
氣响了三下俺將軍就是一個倒栽葱攧下馬來被他活活的捉
了去王爺道這又是個邪術三寶老爺道撒髮國離此多少路程
左右道去了有七八日纔得到那裏王爺道也不論他路程多遠
就要整兵前去不可遲疑開了寶船也行了七八日果是一個国
那個國還是海處有一個關叫做鳳磐關關裏有一座城池城裏城
外都是些居民百姓渾身黑炭頭髮血紅老爺道這也不是人類

出像西洋記　卷之十一　十六

怎麽走到這裏來王爺道這如今只得將錯就錯說得個不來的
話元帥道人不是個人鬼不是個鬼戰又不是個戰你教怎麽樣
兒處他王爺道雖然如此也要殺他一陣看是何如元帥傳令着
諸將領兵出馬　連三日一連輸了三員大將先一日征西游擊
將軍黃懷德出馬只聽得番將馬上敲了三下黃將軍落馬被擒
第二日右先鋒劉蔭出馬也又聽得番將馬上敲了三下劉先鋒
落馬被擒第三日狼牙棒張柏出馬也又聽得番將馬上敲的响
張狼牙曉得他的毛病剗剗的敲得一下叱自跑馬而回饒他跑
的快也吊了一頂盔元帥十分憂悶王爺道這椿事少不得去求
國師老爺道且求天師看他怎麽王爺道連輸了幾陣事在眉毛
上還着要國師出來二位元帥耑請國師國師道善哉善哉這是
扯不吊的事体心裏想道夜來仰觀乾象却是徺頭大掃星出現

在寶船上又該添出一個好漢來成功受賞纔應得這個星去却
不知道是那個沉思了一會不曾開口二位元帥只說國師是這
等存神息氣那曉得他心上老大的費尋思却又催促國師設計
国師道元帥請出一枝令箭來借貧僧一用元帥不敢怠慢即時
取過一枝令箭來奉與国師國師接了叫過藍旗官把個令箭交
與他叫他傳示軍營裏面有能識得百鳥聲音的帶箭來回話去
了不多一會只見一個軍士手裏拿着一枝令箭帳下磕頭国師
道你姓甚麽名字叫做甚麽現當得是那一衛的軍那軍士說道
小的姓王名字叫做王明原是南京龍江左衛巡邏的小軍国師
道你現在那個部下王明道現在前營大都督王應襲部下国師
擡起頭來看一看只見王明生得燕項虎鬚身長九尺面如滿月

出像西洋記　卷之十一　十七

眼似流星國師心下想道此人果好一個漢子高張慧眼果真此
人是個徺頭大掃星下界心上有老大的歡喜過了一會又問道
你可認得百鳥的聲音麽王明道小的認得不是小的在列位老
爺面前誇口自古到今識鳥音的只有兩個元帥道是那兩個王
明道古時節孔夫子門下公冶長一個這如今元帥麾下小的一
個元帥道怎麽公冶長也識鳥音王明道公冶長善識鳥音他有
一場識鳥音的事故是個甚麽事故一日公冶長和南宮适兩姨
夫坐着閒磕牙兒說話只聽得一個鳥兒嘴裏吱吱喳喳公冶長
說道姨夫你坐着我去取過羊來下此羊肉麵你喫了去果真的
一會兒拖了一隻肥羊一會兒下出羊肉麵兩姨夫自由自在喫
了一食姨夫道公姐夫你這羊是那裏來的公冶長道是方纔那

個鳥兒叫我拖來的。姨夫道：怎麼是鳥兒叫你拖來的。公冶長道：那個鳥兒口裏吱吱喳喳叫說是公冶長公冶長，南山脚下一隻羊。你喫肉我喫腸。這却不是鳥兒叫我拖來的。姨夫道：有此奇事。原來你善識鳥音。兩家子又講了一會兒話，繞去只是那個鳥兒不曾討得腸喫，懷恨在心。有一日又來叫道：公冶長公冶長，北山脚下一隻羊。你喫肉我喫腸。公冶長前日甜慣了的嘴，連忙的跑到北山之下。左看右看那裏有個羊。只見一個人被人殺死了在那裏。公冶長轉過身來，地方上人說是公冶長殺死人命，告到官司把公冶長坐了三年多牢。故此孔夫子說道：公冶長雖在縲絏之中，非其罪。孔夫子說個飛字，說是鳥兒要他，是天上飛下來的罪。這公冶長的事故，却不是識鳥音的。元帥道：你比公冶長何如。

王明道：小的識鳥音只在公冶長之上，不在公冶長之下。元帥道：怎見得你在他上。王明道：小的一生喫肉，並不曾受罪，到如今只是談他公冶，却不做個宗政哭羊。王爺道：你說便說得好，只是字義上有些不明。王明道：字義雖不明，聲音却辨得。國師道：口說無憑，做出來便見。你既是善識鳥音，我這裏要鳳凰生下來的兩個卵，又要一個雄一個雌，你若是認得真，取得快，我這裏重重的賞你。王明心裏想道：鳳凰是個百鳥之王，已自是個難尋的，怎麼又要尋他的卵。鳳凰的卵已自是個難尋的，怎麼又要一個雄一個雌。心裏想便是難，口裏只得說着吻說道：鳳凰是小的認得，只是鳳凰的卵怕一時難尋些，望老爺寬限幾日。國師道：我要這卵在緊急之處，怎麼寬限得些些。王明道：只怕這個國不出鳳凰。国師道：你□看見那個関叫做鳳凰關。既是不出鳳凰，焉得有此名字。王明道：只怕一時找尋不出来，悞了老爺的大事。國師道：還有一件，若是鳳凰的卵尋不出來，就是老鸛的卵也罷。王明心裏想道：若只是老鸛的卵，還不打緊。應一聲是，連忙的拜辭而去。掂開臂膊，賣開大步，掂臂似蛟龍出水，賣步似猛虎歸山，相行數里，遠遠望見一座高山。走近前去，只見山脚下有一石碑，碑上刻着鳳凰山三個大字。王明就喜之不盡，心裏想道：朝廷洪福，國師妙用，這山叫做鳳凰山，必定是出鳳凰的。擡頭一望，果好一座山。有詩為証：

鳳去空山歲月深　偶來春色趁登臨　孤根天造分南北
絕壁潮生自古今　便欲振衣凌蜃閣　將因騷士借鰲簪

他須愁見天連水　不盡蒼茫故國心

王明看了一會，只見山頂上有一顆樹，生得就有些古怪。怎麼古怪？圍有二三五尺，高有幾十丈，身子挺挺的直上，就像一桿鎗。頂上婆婆的許多枝葉，就像一把雨蓋當空，也不偏也不邪，端端正正。就有一個窩巢做在上面。王明又看一會，說道：這顆樹生得這等奇異，這個窩巢做得這等方正，想必是個鳳凰窠了。若是鳳凰窠，無寶不成窩，又不但只是有卵，還該有個寶貝。我曉得此行不當小可，一則是國師的口靈，二則是我王明的時運來了。待我扒上去看一看來，就打作不是，也再作道理。連忙的找起草申，脫下了鞘鞋，摟定了樹顆，儘着平生的膂力，一竟扒扒樹去，扒到樹稍上，窠巢便是有一個，那沒有個甚麼鳥雀在那裏，不知是鳳凰巢也不是却又沒有個形在那裏空費了這一番心。王明扒了這一會扒得手酸脚軟權且坐在樹枝上歇息一番這一番歇息不至緊只見那個窠裡有些甚麽閃閃的亮一般看来又不見在那裏王明想說敢是一個寶貝兒發亮麽待我把個兒折了他的看是何如左一理右一理左折一根右折一根左丢一根下去右丢一根下去。理來理去理出一根燈草来只有二尺以些長却是亮淨得可愛王明拿在手裏看一看轉有轉愛人把個手去扯一扯轉扯轉結實王明說道到像我南京的牛舡篾到好把来拴頭盔上的纓子。又放在頭上去拴一拴王明只說是根草拿在手裡顛之倒之那曉得樹下一個樵夫在那裏砍柴猛然間擡起頭来看一看只見樹上坐着一個人一會兒看見一會兒又不看見樵夫低頭一想說道這顆樹光溜溜的怎麽一個人上去得既是個人在上面怎麽一會兒看見一會兒又不看見我曉得了鳳凰山原是神僊出沒之所今日是我的緣分滿了這決是那一位真人下界有机机會肯放過他那樵夫放下鐮刀低着頭只是拜拜了四拜磕了四個頭口裏叫道樹上是那一位大仙望乞指教弟子一個明白王明看見個樵夫磕頭礼拜只說是個風子落後聽見他說道是那一位大仙却纔曉得樵夫錯認了我是個神仙手裏拿着個燈心草兒指他指說道我不是甚麽仙人那樵夫就不看見個王明又吆喝道大仙你怎麽就不見了敢是弟子緣分薄麽王明放下了燈心草兒那樵夫又磕個頭說道大仙你又出来了還是弟子有緣王明也低了頭想一想說道我拿起草来他就吆喝我不

見了。放下了草。他就吆喝我又出来了却不是這根草有些作怪待我再試他一試看是怎麽。却又拿起草来。那樵夫又不看見放下了草樵夫又看見王明心裏明白曉得這根草是個寶貝却沒有個名字。心裏又想道這不是一根草却能藏隱我的身子。不如就叫做隱身草罷道猶未了樹下的樵夫又叫說道你是那一位大仙指教弟子一個明白罷王明心生巧計就認做個神仙衝他一下。高叫道你那中生吆喝甚麽樵夫道我不認得你是那一位神仙王明道你有所不知。我是兜羅天上大樂天仙今日有些小事纔得到你的名山樵夫道你做神仙的人。又有甚麽事哩王明越加將計就計說道我為因要取兩個鳳凰蛋獻上玉皇前赴蟠桃大宴故此來此山中樵夫却又有些轉巧說道我這個山叫做

斬敵無門誰奮霜戈而直進

王明取得隱身草

隱身浔草暗連雲陣以長驅

鳳凰山。我這個山上就是鳳凰的窩窩。若說鳳凰的蛋。要一就有十。要十就有百。要百就有千。要千就有萬。何難之有。王明大喜說道。今日之行。一舉兩得。撲簌々一聲响。一跳々將下來。那樵夫只說真是一個神仙。連忙的磕頭。連忙的礼拜。王明道你起來罷。你今日撞遇着我。也是你的緣分。樵夫聽知說他有緣分。喜之不盡。說道大仙老爺在上。弟子去取過鳳凰蛋來。奉獻聊表微忱。王明道既如此。我和你同行。樵夫領路。王明跟定了他。原來這個鳳凰不在樹上。又不在草裏。王明走了一會。不見個着落。問道那中生你不要吊謊哩。樵夫道弟子今日幸遇大仙。怎麼又敢吊個謊哄大仙的。怪王明道還在那裏。樵夫道就在這裏。這叫做個月穴山這個梧桐樹下就是。王明道你去取來。樵夫忙進前 分神定何兩手到個大石頭的縫兒裏面。左掏右掏々了半日。掏出一個來。又掏了半日。又掏出一個來。王明接着看一看。只見那兩個蛋五色花紋。霞光閃々。愛殺人也。心裏想道鳳凰蛋便有了。只是這個人磕了這許多的頭。費了這許多的力。得了他這一雙蛋。怎麼白々的打發他去。低頭一想。計上心來。說道那中生你過來。我和你講話。樵夫又跪着。說道大仙有何分付。王明道你今日緣分是有了。只是福分還少些。樵夫道怎見得弟子的福分還少些。王明道我今日為了這鳳凰蛋來。得會你。不曾帶得我仙家的寶貝果品之類在身傍。沒有些甚麼謝你。故此說你福分還少些。樵夫低頭一想說是千難萬難。遇着一個神仙。怎麼就叫我空々的回去。起眼一瞧。只見蒲山上有的是七大八小的乱石頭。他就儘着平生的蠻

氣力。做起一塊到有八九十斤多重的青委々的石頭。放在王明的面前。說道大仙。我也不要你甚麼謝禮。我聞得你做神仙的專一會點石為金。你只把這塊石頭點做一塊金子。送了我罷。再不然。就點做七八成的淡金子也能。王明心上到喫了一驚。莫說是這等一塊大石頭。就是一厘一毫也是難的。此事怎麼是好。也只因他福至心靈。隨口就扯出一個謊來。說道那中生你還有所不知。當原先的神仙都肯幹這等的勾當。近日的神仙都收了心。不幹這等的勾當。樵夫道怎麼近日的神仙又不同些。王明道不是不同。只因洞賓老祖在岳陽楼上喫酒。吃下了許多酒錢。看見地上一塊青石頭。他就到葫蘆裏面取出莽荳大的一粒金丹。點在青石之上。一會兒點成一塊黃澄々的金子。還了酒錢。都是三醉

岳陽人不識朗然飛過洞庭湖飛在湖中間洞庭君主邀他喫茶
君主問道適耒祖師的金子日後可変麽老祖道五百年後還是
一塊石頭君主道聳祖師祖師你只圖眼前的富貴豈不悞了五
百年以後的中生洞賓老祖聽見悞了中生的話就喫了一驚説
道多承指教就在洞庭湖上憑了洞庭君主做個証明功德發了
一個大大的誓愿説道今後再不點石為金君主道老祖不要吝
近日的神仙養家兒哩老祖道近日的神仙是我的孫兒再有那
個點石為金教他郎時墮落塵緣永世不得廷轉因是洞賓老祖
發大了誓愿故此以後的神仙都不幹這等個勾當樵夫道大仙
你既不點石為金也須念弟子是相逢一次王明又扯個謊説道
你明日還到這裏来我却帶下一粒長生不老丹来送你罷樵夫

只説是真心裏想道金子是個死寶假饒他點成了送我我若是
分浅緣慳到日後也還消受他不起莫若還是一粒仙丹喫在肚
裏轉老還童髮白轉黑千年不死萬年無休豈不美哉滿心歡喜
説道既蒙慨賜金丹愈加是好只是大仙不要失信于弟子王明
又故意的説道大丈夫一言既出駟馬難追莫説我們上界天仙
豈肯失信下你你豈不知黄石公圯橋之故事乎只是你要早些
来不要要我牢等你樵夫那曉得他是個脫身之法歡天喜地口
裡唱着山歌兒一逕回去王明脫了樵夫得了寶貝取了鳳凰蛋
愈加不勝之喜心裏只在想説道拿了這蛋回復国師国師怎麽
重賞我們怎麽受用拿了這個隱身草去斬將立功功成之日怎
麽做官怎麽維持怎麽封父母怎麽蔭妻子滿心中都是快活那

裡曉得天是多早晚日影是多少高那曉得脚是怎麽動路是怎
麽行起一下頭来只見日色無光陰雲四起王明慌了跕着脅一
會兒天又晚得耒了四下裏又沒個安宿路頭只得往前再捱兩
步捱了幾步却看見遠遠的有一頭店房王明説道喜得還有個
宿處在這裏不免趲行幾步又行了一會睜開眼耒原来那裏是
個店房兩廊裡房前廳後堂週圍側屋恰是一所廟宇廟門前掛
着一面牌上上横寫着義勇武安王五個大字廟堂上坐着一個
丹鳳眼卧蚕眉面如重棗鬚似長髯的関聖賢王明道関老爺你
好顯聖也就是西洋夷狄也曉得祀奉你也真個是眼觀十萬里
日起九千壇我今日不免在老爺的廟裏借宿一宵罷連忙的雙
膝跪下磕上幾個頭説道小人是南朝大明国朱皇帝欽差征西

大元帥麾下一個小軍名字叫做王明為因國師差遣耒此山中
取鳳凰的蛋不覺得天色已晚前去無門只得到老爺廟裡耒借
夜宿恐有番兵番將夜來到此小人獨力難撑望乞老爺大顯
威靈保護一二禱告已畢把塊大石板撑了廟門跌倒個身子就
睡在廟裏睡了之後一更無事二更悄然三更時候王明正在睡
夢中間只見関聖賢喝聲道是那個在這裏穢污我的廟堂周倉
回復道是個猿頭大帰坐在這裏関爺道他為何到此周倉道他
為因取鳳凰的蛋纔得到此関爺道他身上是個甚麽東西發亮
哩周倉道是個隱身草関爺道既是有此宝貝西洋的事功大半
在他身上只是他出身微賤膂力不加刀法不熟周倉你過來周
倉道有老爺有何分付関爺道你把那兩臂之力借與他去你把

我的刀法傳與他去周倉應聲道理會得即時牽起王明来把他兩邊膀子上一邊鎖了他三拳喝聲道照刀把個關老爺的刀遞在他手裏扶着他的手輪了幾廻輪到末後照頭一刀把個王明砍得徃地下一跌恰好在神案上一較躲徃地下裏一跌一跌醒之時原來是南柯一夢睁開眼來巳自東方發白王明說道怎麼說個徺頭大掃星這個夢儘有些古怪扒起来看一看只見關老爺左邊架上有一張鋼鉄打的刀就依着原日的青龍偃月刀之樣刀上又鑿着八十四斤重五個字王明說道關老爺把力氣借我我且把這個刀試一試走近前去一手就綽將起来王明道這等一張刀不是神力怎麼得他起来既是拿得動把夢裏的刀法演一演兒扭轉身子上三下四左五右六撒花盖頂枯樹盤根遶腰

穿項使了一會就比夢裏舞的半點不差王明曉得是關老爺超度他連忙的放下刀来雙膝跪下說道小人蒙聖賢老爺錯愛借我力氣教我刀法徃後若得進前子子孫孫永侍香火收了隱身草拿了鳳凰蛋逕奔寶船上来見了元帥元帥道你怎麼去了兩日王明道為因一時尋不見故此稽遲元帥道可曾取得鳳凰蛋来王明道取得来了元帥道你去交付国師国師分付軍政司收了說道取這一国的功劳都在這個卵上馬太監說道既是功劳在這一個卵上也是王明離鄉背井抛父母别妻子下西洋一塲叫軍政司與他記在功勞簿上軍政司不敢怠慢展開功劳簿来墨磨得濃筆餂得飽寫了南京龍江左衛巡邏軍士王明寫到個卵字上不好寫得跑去稟明元帥說道小的軍政司職掌紀録功

勞比如某將取某國或取某關或斬某人首級小的一一記簿上日王明只取得兩個卵小的不好下筆故此来稟過元帥老爺老爺道這斷没用就寫着某日取鳳凰卵兩個就是軍政司得了元帥軍令纔来下筆王明又走向前一把扯住說道且慢些落筆老来稟明元帥說道小的王明多蒙列位老爺擡愛這個功劳不消記簿罷老爺道怎麼不消記簿王明道又後得了一官半職回京之時不好講話老爺道怎麼不好講話王明道南京人的口不好假如小的們在街上走他就在廊底下罵說道好日的背你下西洋一個卵功就傳到小人的子子孫孫人還罵道好日的背你祖宗下西洋到有一個卵功那知事的還曉得是個取鳳凰的卵那不知事的聽得人說是一個卵功只說是没有些功這個官却不

是冐認得的以此不好講說故此不消記簿也罷王爺笑一笑說道你這蠢儕豈不聞二卵棄干城之將留名青史竹簡騰輝怎麼有個不好記簿的王明不敢違拗軍政司記了簿書国師吽聲王明道你記簿的事还小你過来我問你王明道國師老爺有何分付國師道這個卵在那裏取来的王明道鳳凰是個羽虫之長百鳥之靈王者之瑞出在月穴山上非梧桐不棲非竹實不食小的在月穴山上梧桐之下青石縫裏取將来的国師道你怎麼曉得王明只說國師也是尋常的僧家他就扯個謊說道初去没去尋處後来聽見兩個麻鵲兒喃喃喳喳的說道鳳凰哥上上你的石頭縫裏好做窩呵呵笑呵呵上小的得了這個消息纔知我到那裏取得卵来國師道你還撞嘴道個甚麼人没有王明道是小

人在家獨自並不曾撞遇着甚麽人國師道你還看見個甚麽寶
貝沒有王明道小的曉得鳳凰不在樹上故此不曾去找尋別的
寶貝國師道你還取得有甚麽寶貝沒有王明道路遠心忙那裡
又有閑工夫去尋寶貝國師把個頭點了兩點畢竟不知點兩點
頭有個甚麽緣故且聽下回分解

〇〇

第五十三回

王明計進番總府　王明計取番天書

詩曰

何處名僧到水西　乘舟弄月宿涇溪　平明別我上山去
手携金策踏雲梯　騰身轉覺三天近　舉足回看万國低
謾浪肯居支遁下　風流還與遠公齊　笑殺王明無遠見
迷邦懷寶不堪提

却說國師老爺點兩點頭心裏想道中生好度人難度寧度中生
莫度人王明這厮上山不打緊騙了樵夫得了寶貝見了閑聖賢
借了力氣學了刀法他只是說謊不肯承招不免再問他幾聲看
他怎麽又問道王明你昨夜在那裏安歇來王明道不覺的天色
昏黑就在草地上權歇一宵國師道你睡着草裏做的好夢麽王
明看見國師問得有些古怪半會兒不敢開言國師又趕他一句
說道你今日早上舞的好刀麽王明只見打實了他連忙的跪着
礄上兩個頭幾不敢說謊把昨日一日的實事昨夜一夜的實事
細說了一遍國師道你的草在那裏王明雙手遞上來國師看了

一看說道好着意收了這是你防身的實貝我告訴你罷你成家
立業顯祖榮宗封妻蔭子改換門閭一条金帶都在這根草上王
明聽見國師許他一条金帶他心中暗喜說道若只是条象金帶
是副千戶與他三担八斗米正千戶與他四石二斗米若還是条
光金帶就是指揮僉事與他五石八斗米轉一個指揮同知就與
他六石二斗米若是天地可怜見掙了一条起花金帶在腰裏就
是指揮使就與他八石四斗米若還該我的時運到了指揮有功
就陞一個遊擊遊擊有功就陞一個參將參將有功就陞一個副
總兵副總兵有功就陞一個掛印的正總兵到了正總兵上去就
易了若是福分隻齊一轉就是都督都督一轉就做伯伯一轉就
做侯侯一轉就做國公做了国公擺開頭踏来撐起大傘来撞起

王明計進番總府

舉目無垠枉自山林高萬仞

進身有術　寧愁岩穴列千重

八人轎來好不快活也心下正在歡喜國師老爺又叫軍政司取過酒來賞王明三杯酒還不曾到手只見藍旗官報道番將討戰國師道王明你敢去出陣立功麽王明道小的去得只有一件不敢去國師道怎麽去得又有一件不敢去王明道小人的本領是去得只因沒有披掛這一件不敢去國師請元帥給與他披掛元帥道披掛是將官的威風怎麽少得連忙的取一副披掛與他王明頂盔擐甲披簡懸鞭自古道人是衣裝佛是金裝王明裝束起來出一馬就是九里山前楚霸王喝一聲就是灞陵橋上張翼德那個不說道好一員將官国師道王明你還飲過了那三盃酒王明舉起盃來想了一想說道小人去不得了元帥道軍中無戲言怎麽一會說去得一會又說去不得王明道元帥在上豈不聞自

絲不線獨木不林小的一個人怎麽去得元帥道我這裏少不得撥你一枝人馬放三個大砲吶喊三聲助你的威風要你像個指揮把總行事王明道二位元帥老爺固是擡愛小的只是這一干軍士都是小人的班輩他豈肯聽小人調遣萬一威令不行亂了軍法連小人的性命也難保了反不失了元帥的大机老爺心裏想道此人雖是一名小軍到有幾分机見不可小覷于他說道王明我這裏欲待築壇拜你為將沒有工夫欲待會授你一個官卻猶恐人心不服連忙的把一口寶劍响一聲抽出鞘來真好一口劍

昆吾鐵冶飛炎烱　紅光紫氣俱赫然　良工鍛鍊凡幾年
鑄得寶劍名龍泉　龍泉顏色如霜雪　良工咨嗟嘆奇絕

琉璃玉匣吐蓮花　錯鏤金環生明月

老爺提起個劍來說道這口劍是萬歲爺親賜我先斬後奏的我如今權時交付與你倘有一名軍士不聽你調遣者一劍就撇下他的腦盖骨来自古道朝中天子三宣閫外將軍一令但得一朝權在手等閑便把令來行王明得了寶劍領了一枝人馬一聲信砲吶喊三聲一直殺將前去番官看見南陣上湧出一彪人馬門旗下坐着一員將官就高叫道來將留名王明心裏到好笑只是這來將留名四個字就要殺我也怎麽好自古道時來風送滕王閣運去金鍾撒碎聲王明一會兒福至心靈應聲道吾乃大明國征西統兵招討大元帥鄭爺麾下大將王明說了這一聲不至緊連眾人都服了他都說道莫錯認了王克新儘好拆拽哩都督

也是大將元帥也是大將都司也將也是大將這如今長官也是大將王克新却不是好拆拽哩王明髙𠮟道你是何人番將道吾乃撒髮國國王駕下總兵官圓眼帖木兒的便是王明道生擒我南朝三員大將可是你麽帖木兒道然者就是王明大怒罵說道番狗奴敢如此無禮舉起刀来分頂就砍帖木兒手裏一張大斧急架相迎兩家大戰做一堆砍做一處南陣上軍士那一個不說道王克新果好一段本領那一個不說道王克新不是國師荐他却不埋沒了英雄豪傑帖木兒也看見王克新刀法利害無心恋戰虛幌了一斧了兒敗陣而走王明連忙的趕下陣去左右都說道此人專用妖邪術法我們不要趕他趕他不至緊怕喫了他虧王明一者是個初生兎兒不識虎二者是個乘勝長驅不用鞭不

聽左右勸解一任的趕他下去可可的帖木兒又拿出一個甚麽寶貝来献了三下王明頂陽骨上一會兒就走了真魂番下馬来番陣上一聲梆响一夥番兵番卒蜂湧而来王明看見不是頭勢拿出隱身草就不見了王明帖木兒說道可怪可怪一行看見吊下人來怎麽一行就沒去尋處南朝軍士看見王明落馬看見番兵番卒蜂湧而来只說是拿得王明去了都來報上元帥元帥道原就不該趕他洪公公道王明到不至緊只是去了元帥的寶劍王爺道王明還有些妙處終然拿不住他衆軍士道小的們看得仔細分明是拿了他去道猶未了王明走上帳說道你衆人還不曾看得十分仔細你衆人還不曾看得十分分明這兩句話兒雖是說得輕就把這些軍士𡂖得魂不附体魄不歸身王爺道我

說王明還有些妙處元帥道你果是落下馬来麽王明道非千小的武藝不精不能取勝只因他手裏拿着一個甚麽寶貝献了一响小的頂陽骨上就走了真魂就吊下馬来元帥道既是吊下馬来怎麽又不曾拿得去王明道不敢相瞞二位元帥老爺說小的身上也有一個寶貝故此他拿小的不住元帥道你的寶貝也献三下也吊下他的魂也教他落下馬来却不是好王明道各人的不同小的寶貝只可防得自身不能勾要他人落馬元帥道可恨這一班邪術把我三員將官坑陷得在他國中不知吉凶禍福還是怎麽王明道小的明日還要出陣和他厮殺元帥道你只聽見他献得响你就早上的抽身而回王明道稟過元帥小的明日要他拿得去總好就　中取事只是衆軍人敗陣而回元帥老爺不要喫他

驚嚇元帥道你也須要小心不可悞事王明道不是小的誇口所說料他粘一粘小的也不能勾到了明日圓眼帖木兒又來吆喝王明道一客不犯二主飛身上馬而去一聲砲响南朝人馬一字兒擺開帖木兒看見門旗下還是昨日的王明心中大怒罵說道我把你這個賊你是何邪術敢来煽惑軍心王明道你那番狗奴一團邪術還敢開大口說別人帖木兒更不打話取出那個寶貝就献王明勒住了馬憑他献上了三下王明又是衝下馬来番兵来拿又不見了個王明在那裏帖木兒說道這個賊多半不是人是個甚麽精灵鬼怪竟自領兵回去王明說道這等一個寶貝献三下拿住我一個將官献三十下却不拿住我十員將官献三百下却不拿住我百員將官寶船上去了一百員將官那裏還有来迎我

十年運有病早来醫我也趂着這個寶貝跟他進城看他是何甚麽動靜好下手時須下手得欺人處且欺人却說圓眼帖木兒囬到教塲裏坐着牛皮帳上分付大小番官說道南朝今番出一個鬼將叫做王明再也拿他不住你們大小官員都要堅守城池盤詰奸細怕他驀進城来或有不測你們另撥五十名軍士到我府中看守我的寶貝衆人說道曉得了分付已畢帖木兒囬進府中帖木兒也只好這等仔細那曉得王明就跟定了在他身邊一句々的聽得明々白々說道有了五十名軍士就是我的路頭只見那五十名番兵都到總兵官府裏来進頭門王明也跟進頭門進二門王明也跟進二門進第三門王明也跟進第三門到了寶藏庫前却有一個番官坐在那裏查點花名手本把兩扇庫門閑着

一扇掩着一扇只挨得一個人進去點一個放一個點兩個放兩個你挨我々挨你魚貫而入沒有一個空兒進得身子王明站着在側邊眼睜々沒柰何一會兒就點到四十八名上王明心裏想道再點了這兩名却不枉費了這一番心可々的天假良緣人逢其巧第四十九名番軍是個兒子替老子年貌不同番官和他剥嘴不肯放他進去捱了一會却不是個空缺王明早已閃將進去進到裏面四下裏搜尋一番不見個甚麽寶貝只見那五十名番兵走將進来鬧々閙々看着一池子清水王明心上有些不明到了定更時分却假装一個番兵的聲嘆々一口氣說道這等一池的水怎麽要個人来看他内中就有個口快的說道這一池的水終不然要你看他老爺的寶貝在裏頭王明却曉得是個寶貝在

水裏雖然曉得是個寶貝怎柰這五十名番兵眼也不𥈭他也不打怎麽下得手哩低頭一想計上心来又假装一個番兵的聲嘆說道一夜𨓦趖不得一夜眠我們坐得這一夜過哩内中又有一個說道寶貝兒要緊怕你坐不過麽王明又故意的說道我們衆人也好痴哩五十名軍士分做兩班二十五名看上半夜二十五名看下半夜豈不省些辛苦兩利俱存内中就有一班要睡的番兵都說道言之有理我們分做兩班那一班不要睡的坐在池邊那一班要睡的就走到東邊廊簷底下去放倒個頭就是一覺王明說道中了我的机關看一看只見二十五名都在南柯夢裏他就平添中夜恨頓起殺人心把那二十五名睡着的番兵一個一刀就像砍瓜切菜一樣王明道殺得我好快活也却又來殺那二

未華狠心失天書　心机無用

王明計取番天書

雖懷豕突徒妖術豕蹟末由

十五個坐的。只見那叫更的說道噫這如今已是二更半了。你們睡的好起來替我們也王明就假充一個睡的朦朦朧朧說道我們起來了。你們睡去罷那些人只說是這二十五名軍士起來了。都一個個的走到西邊房簷低下去放到頭也是一覺王明道斬草不除根不如不動手看一看只見這二十五名也是南柯夢裡王明也是一個一刀又結果了這二十五個却不乾淨了五十名看寶貝的番兵王明自由自在撇過一池水來看着只見水底下有一個地窖地窖裏面却有兩件寶貝那兩件寶貝原來一件有三寸闊圓的一個鐘兒一件有一尺闊圓的一個磬兒王明拿起他的來。到燈光低下打一看只見一件寶貝上有一行字鐘兒上鑿着噙魂鐘三個字磬兒上鑿着追魂磬三個字。王明看了。喫了

一驚說道原來是這兩個寶貝取了人的真魂怎叫我南朝將官不受他生擒活捉也罷我明日拿他的宝貝也還他一個席兒心裏又想道這兩番的人最是奸巧這兩件宝貝果是真的便就好哩萬一是個假的又沒柰他何反惹得元帥見怪也罷那裏去尋個人來試驗一試驗起眼又不見個人漸漸的東方發白。王明走出庫門外來只見庫門外又有一班外巡在那裏王明拿出宝貝來獻了三獻那一班外巡一個一個轂轆都跌番在地上王明說道這個是真的了。竟歸宝船上來元帥道王明你昨日出馬。今日方回。這一夜在那裏安身哩。王明道元帥爺在上是小的走進撒髮国總兵官府裏面找尋他的宝貝來元帥道可曾找尋着他的沒有王明道是小的找尋着了元帥道是個甚麼宝貝王明道原來他有

兩件宝貝一個叫做噙魂鍾一個叫做追魂磬獻了三下就把人的真魂取將去了。怕你是甚麼掀天鬨的本領摇地府的神通也要吊下馬來。元帥道怪不得那三員大將都喫了他虧馬公公又沒幣轂說道既是這等宝貝。不得贏他不如回轉南京去罷後來再作道理王明道宝貝雖是利害却被小的騙得他的來了。二位元帥大喜說道妙哉妙哉有此宝貝。又何愁于他。你拿出來我們看一看王明拿出宝貝來。元帥老爺接着都看了一看。都說道這等一件東西怎麼這等利害又問王明這兩件宝貝怎麼獻哩王明道眼看着那個就獻着那個馬公公道王明你獻一個我們看王明也是羨鼻子的。就看着馬公公獻了三下馬公公是個甚麼的那裏曉得把他試驗不知不覺的撇他一交又好喫惱又不好

番將起來說道二位元帥在上好利害寶貝哩元帥道王明也是你費了這一場心机你明日拿出陣去擒下番將見你的功勞那番將看見殺了他五十名軍士偷了他的寶貝惱了一日不曾出門到了第二日咬得牙齒乾叮叮的响跑出陣來高叫道王明你這個賊你殺了我五十名軍士還自可你怎麽偷得我的寶貝來你好好的頂在頭上送來還我你若說半個不字我教你這些大小官軍一個個都死在我這海裏王明禀過元帥竟自出馬又叮囑左右道你們多帶些鈎把繩索來却說帖木兒看見個王明正是仇人相見分外眼紅高叫道你這個賊你怎麽殺了我五十名軍士你怎麽又偷了我的寶貝你敢來生擒我麽王明再不開口衣袖裡就溜出一個陰魂鍾來敲上一下一下也還不曾

响得住帖木兒手裏把個扇子搖一搖就把王明身邊的寶貝當陣响風都招過去了王明看見去了寶貝只氣得眼瞪上的不曉得怎麽個緣故帖木兒得了自家寶貝連敲三下把王明又掀將下來叫聲小卒綁了他却又不見了形影帖木兒雖然不曾拿得王明却得了寶貝躍馬而去王明心裏想道番官又不曾拿得寶貝又去了怎麽好回復元帥老爺也罷一不做二不休我不如跟他進城看他招寶貝的又是個甚麽待我一繳過兒結果了他豈不為美連忙的一手拿了隱身草一手提了一張刀跟定了番官回去却說番官到了府門下了馬卸了盔甲敲了三下雲板竟進内房裏面王明早巳跟到內房裏面只見四個丫頭一個夫人遠遠的迎接接着問道連日厮戰勝負何如帖木兒說道夫人不好

告訴你的夫人道勝敗兵家之常怎麽不好告訴我的帖木兒道南朝出一個甚麽王明來那個賊儘有些利害王明站在背後只好笑哩心裏想說這個番官真懞懂千賊萬賊的罵人哩夫人道怎麽一個王明利害帖木兒道若論他本領還不打緊此只是一行吊下馬來一行就尋他不着夫人道既是尋他不着得放手時須放手罷帖木兒道他却又不放我夫人道怎麽不放你帖木兒道他前日個晚上驀進了我的寶藏庫來殺了我五十名軍士偷了我兩般寶貝並不曾有人看見若不是我的寶貝兒多今日我的性命都不在此人之手夫人道偷了你甚麽寶貝帖木兒道偷了我陰魂鍾追魂磬兩件寶貝夫人道你今日又是個甚麽寶貝招他回來帖木兒道是個寶毋兒夫人道怎叫做個寶毋兒帖

木兒道凡是寶貝見了他一招就來故此叫做個寶毋兒夫人道是個甚麽様子帖木兒道就是一把扇兒王明站在背後心裏想說原来是一把扇兒這個不打緊也好偷他的夫人道我每常看見你這把扇兒也只說是個尋常之扇那曉得有這許多的妙用只是還有一件來是那一件這等的寶貝不可造次萬一有失連那兩件寶貝也不能保他日悔之噬臍無及帖木兒道我也還不怕他我還有一卷天書還有些妙處念動了那此真言宣動了那些密呪憑你寶貝在那裏都要招將他的來莫說只是我西牛賀洲假饒就是東勝神洲南贍部洲北俱蘆洲一霎時就都攝了我的手王明站在背後喫了一驚心裏想說是這番官好利害也虧來還有個甚麽天書却不曉得他的天書放在那裏就有隱身草

沒處[illegible]他的來只見夫人道相公那天書放在那裏帖木兒道昨在小花園之内書房裡面夫人道那裏却誰似這三件寶貝也送到那裏去帖木兒叫過小童們來把這三件寶貝送到後面書房裏去夫人道相公差矣這等幾件寶貝豈可假手於人我陪你[illegible]將進去帖木兒道多謝夫人厚愛一個前一個後竟往後面書房裏跑王明十分之喜心裏想說是多得夫人領路悄上的跟定了他只見左一湾右一角左一穿右一抹直到後面却一個小小的書房兒夫人道天書在那裏帖木兒道就在這個硃紅匣兒裏面夫人道你開來看他一看怕有甚麼蹺蹊帖木兒開了鎖取出來看了一回王明也站在側邊看了一回只是不認得是個甚麼字帖木兒拿起了天書放上那三件寶貝夫人道天書

怎麼又不放在裏面帖木兒道王明那個賊我恨入骨髓我明日不用這三件寶貝單把這個天書去拿他故此不放在裏面夫人道天書只好招寶貝終不然也會拿人帖木兒道夫人你還有所不知這天書我念動他的真言諷動他的咨呪把一条細妖繩望空一撇莫說只是一個王明就是十個王明也走不脫半個王明站在背後心裏想說是你這場公道的明日廝殺今日苦上的笑計千我你那裏曉得我也在笑計你麼帖木兒把個寶貝袖着夫人安排酒來對歌對酌酒至半酣卸了衣服去在一邊喫一會酒要一路拳喫一會酒又舞一會刀喫一會酒又使一會鎗王明看見他衣服丟在一邊早已到袖兒裏面撈將來了竟到寶船元帥道你今日又跌下馬來寶貝在那裏去了王明道小人出[illegible]

拿住個番官那曉得喻魂鍾兒還不曾歁得一下那番官又有個甚麼寶貝母扇兒拿在手裏招一招就把那兩件寶貝都招將去了元帥道可惜去了那兩件寶貝王明道小人不得已却又跟他進城指望偷他的扇來那曉得他還有一本天書念動他的真言宣動他的咨呪那三件寶貝一霎眼却就在面前二位元帥又喫一驚說道此等的天書怎麼得他的到手王明道元帥老爺寬懷小的自有個處置畢竟不知是個甚麼處置且聽下回分解

○○

第五十四回

王明砍番陣總兵　天師戰金毛道長

詩曰

五月濤聲走白沙　沙邊石氣盡雲霞　峰陰寒積何年雪

蘿雨香生古樹花　獨立南荒成絕域　每憑北斗問京華

乾坤不盡英雄膽　萬古爭傳漢使槎

却說二位元帥道王明你有個甚麼處置王明跪着稟說道不瞞二位元帥老爺這個天書小的已自偷得他的來了三寶老爺是個内官性兒一聽見說道偷得來了撲起巴掌來頭上的大笑叫聲王明我兒你就是取西洋的頭一功了這如今在那裡拿手來我衆人看着王明雙手遞上個天書二位元帥你也看我也看看便看了一會只是不認得上面是個甚麼字跡是個甚麼書老爺道這個書不認得他怎麼是好王爺道去請天師或是國師畢竟有個認得的道猶未了可上的國師走過船來老爺迎着就講天

書這一段緣故国師道在那裏見教貧僧一番老爺又隻手遞上來国師從頭徹尾看了一遍說道阿彌善哉王明你好不當家里老爺道怎麽王明好不當家哩国師道拿了這書好不當人子你要他何用你怎麽幹得這等不公不法的事依貧僧所言快些兒送還他去罷王明道老爺在上小的挨虎穴蹇龍門万死一生纔能勾取得他這一本書來小的又肯輕〻的送還他去國師道書上都是些傷公道的話兒王明故意的說道小的夜來也聽着那番官在念哩也不見甚麽苦〻的傷公道国師道你不信待貧僧念來你聽看展開書來從頭兒念了一遍念猶未了只見半空中呼一陣响風來把那翁魂的鍾追魂的磬宝母兒扇三件宝貝一齐的刮將來一齐的吊在中軍帳下就喜得二位元帥杏除挑腮大

小將官那個不喝聲采都說道王克新果是一個神人也馬公〻道王明我兒你是取西洋的頭一功咱要你在咱門下做一個乾兒子你意下何如王明道好便好只是老公〻的尊姓〻得有些不秀氣不敢奉承馬公〻道你怕人罵你做馬日的麽假如那個罵驢日的不着假如那個罵騾子日的不着侯公〻道你在咱門下做個乾兒子罷王明道老公〻的尊姓聲音有些不好不敢奉承侯公公道你怕人罵你做山猴子日的麽洪公〻道你在咱門下做個乾兒子罷王明道不敢奉承洪公〻道你怎麽不肯又是咱的姓〻得有些不好麽王明道非干姓事只是公〻無子教我一個单絲不線孤掌難鳴王公〻道王明咱和你同是一姓你在咱門下做個乾兒子罷王明道也不敢奉承王公〻道你怎麽又不

肯做又是咱沒有兒子咱有七個兒數到你是第八王明道乾兒子好做只是王八難當道猶未了只見圓眼帖木兒不見了天書又招了他三件寶貝却怒從心上起悪向膽邊生披掛整齊攀鞍上馬高叫道王明你這個賊你敢偷我的天書你敢招我的寶貝王明道便是我你敢怎麽咊咻兒於我帖木兒更不打話一手掀了頂上的番盔一手撒開了頭上的捲毛頭髮口兒裏念上兩聲一口氣望西一噴喝一聲疾又喝聲快只見正西上狂風大作走石飛沙那石子兒沙子兒都望我南陣上刮將來亂刮將來還不至緊番陣上又走出二三百隻僊惡象來那些象身如火炭口似血盆鼻似捲簾牙如鋼劒好利害也有賦為証

賦曰

戳彼渠魁碎鑿齒雕題之膽

王明砍番陣總兵

張茲武力褫披襟椎髻之魂

南方之美者南山之犀象焉　周歺上言可洗之而瘵疾　蒼舒竹智亦拜之而刻船　則有東刃於鼻　繫燧於尾　雖賁犬於中　而目不逾豨　初一乳而三年　卒焚身而以齒　若乃放於荆山之陽　養之皐澤之中　雖禀精於瑤光　終見制於越臺　至若出伊水之長洲　生乾陀之異域　膽隨月轉　鼻為口役　遇獅子而必奔　顧脫牙而尚惜　見皮而泣　爭鼻而食　臨刑既悶於泣血　裂雌亦至於漣洏　出九真於日南　耕蒼梧及會稽　入彼夢思　佤見災於能茂　伊之率舞　亦歸功於貨[illegible]

那一羣象趂着這一陣風竟奔過南陣上來把我南陣上的人馬一鼻子捲一個两鼻子捲一雙王明看見不是手一口鄂了隱身草兩隻手麼着一張刀照着個象只是砍千砍萬砍那象只當不知王明看見砍他不動沒柰何又拿起刀來把他的門牙亂打這一打却打得有些力勞怎麼有些功勞原來象的牙長根淺禁不得十分鎚敲一會兒把些牙齒都敲得吊將下來象本性是個愛借門牙的却又敲得他疼他就滿地上亂跑亂捲　喜得天上轉了一陣東風王明叫衆軍七上風頭放起火砲火銃火箭之類風又大火又大那些象那裏又敢向前來倒往本陣上跑這一跑不至緊把自己的番兵都跑倒了一大半帖木兒罍上然如喪家之狗軋上的如漏網之魚大敗去了王明分付衆軍上拾起那些象牙來竟到宝船之上元帥見他有功心中大喜說道番官今日又是甚麼宝貝來王明道番官真乃利害沒有宝貝赤手空拳就呼

出一陣無大不大的風來又趕出一羣二三百隻的象來那些象儘是惡懣把我南陣的人馬一鼻子捲一個兩鼻子捲一雙看看的捲了我人馬一大半元帥道你怎麼處他王明道是小的沒柰何拿起刀來砍他却又砍他不透又沒柰何把他的牙齒來敲總敲了他許多牙齒上風頭又是火砲火銃火箭之類各樣的生法却纔贏得他來元帥道可拾得有象牙來麼王明道有即時獻上象牙侯公上走向前去數了一數說道虧了王明打壞了八十多隻象哩元帥道怎麼就曉得是八十多隻侯公上道這象牙是一百六十根一隻象兩根牙却不打壞了八十多隻元帥道也有一象四根牙的也有全然沒齒的侯公上道那沒齒的全不象了學生的數也只是大畧而已道猶未了藍旗官報道番總兵又來討

戟原來番官大敗而歸先前說硬了話不好去見番王竟自歸到府院裏面低頭不語默默無言番王又着人來相請番官愈加不是個心事夫人道相公你做將官的人何故這等煩惱番官道誰想南朝出下王明這一個賊就是我的冤家前日的寶貝被他騙了今日的象陣被他破了你教我何計可施夫人道相公差矣你胸中有的是真材實料何俱於他你何不拿出那迷魂陣定身法來怕他甚麼王明拿他不住這正是一言而興邦一言而喪邦這兩句言話兒不至緊把個帖木兒就提得醒醒的滿心歡喜頓起精神即時點齊人馬殺出鳳磐關來高叫道王明的賊我今番不拿住了你碎尸萬段誓不回兵王明聽知藍旗官報道番官討戰即時跪着禀元帥道小的今番不用旗鼓不用人馬隻身獨自要

去砍下番將的頭來獻上中軍寶帳元帥應聲道好此去立馬成功王明起身去上馬侯公公又把他肩背上拍一下說道好你就是征西洋的第一功這兩句話就不知長了王明多少威風兩傍將官你也說道你有一條金帶在腰裏到不如一個小軍我也說道我有一條金帶在腰裏到不如一個小軍王明跑出陣去心生一計說道打人先下手後下手遭殃我與他比甚麼手排甚麼陣不如門在他背後取了他的首級万事皆休一手拿着隱身草一手提着一口刀悄悄的跑到帖木兒的背後帖木兒在那裏氣滿胸膛高聲大叫左也王明的賊右也王明的賊左也若不拿住王明誓不回陣右也若不拿住王明碎尸萬段誓不為人那曉得王明已自站在他背後雙手舉起刀來儘着刀氣還他一刀可憐明

鎗易躲暗箭難防這一刀就把個圓眼帖木兒立地時刻劈做了四塊把些番兵番卒嚇得一個個的縮頭鹿耳鼠竄狼嘶都說道又不曾看見個人在那裏提刀來又不曾看見個刀在那裏砍下來怎麼就會劈做了四塊道猶未了只見你頭上一刀我頭上一刀一行走路一行就砍了頭一行說話一行就削了嘴可憐這一班番兵番卒叫苦連天都說是天殺我也天殺我也抱着頭的縮着頭的各自逃生也有奔到皇城裏去的王明也跟進皇城裏去也有奔到午門裏去的王明也跟進午門裏去王明進了午門之內就提起那一片殺人心來就要把個番王來斷送番王那裏曉得其中的就裏只管問道總兵官怎麼會做四塊那些番兵番卒又不曉得個下落一個說道自已殺的一個說道天殺的番王道

都胡說豈有個天就殺人的豈有個人就肯自殺的王明眼睜睜的要下手只是不得一些空隙只見殿東首閃出一個道士來

麗眉皓髮鬢如絲　遣興相忘一局棋　松栢滿林春不老
高風千載付君知

那道士朝着金階五拜三叩頭揚塵舞蹈番王道階下見朝的是誰道士道小臣乃親王駕下護国軍師金毛道長的便是番王道道長有何事見朝道長道現今朝堂之上有一個南朝刺客在這裏要傷我王故此冒死來奏番王大笑三聲說道先生差矣既有刺客在我朝堂之上我豈不看見我一個不看見罷這等滿朝的文武豈可都不看見道長道此人只是貧道看見番王道先生須要着他出來與寡人看見纔好道長道要我王看見也不難這些

句話不至緊把個王明唬得毛骨竦然。心裏想道怎麽這個道士認得我哩敢是這個草今日不靈麽我不如趂早些走了罷又想一想千難万難來到這裏且看他怎麽樣兒又怕他是騙我也未可知只見那道士站將起來站着金階之上懐裏取出一個紅羅袋兒來袋裏取出一個小小的鏡兒來番王道先生那是個甚麽鏡兒道長道世上有三面鏡兒出名第一面叫做軒轅鏡第二面叫做煉魔鏡第三面叫做照妖鏡番王道要他何用道長道取他出來就照見南朝刺客是個甚麽樣子是個甚麽人番王道好好好叫聲站階的力士在那裏兩個力士走近前來答應一聲有隻手接着個鏡兒放在丹墀裏面文武百官仔細定睛果是南朝一個軍士頭戴的碗子盔身披的黄草甲腰繫的皮捉帶脚穿的綁

腿鞋左手一根草右手一張刀王明終是個小軍儘着他的一寵性兒偏說是照妖鏡他偏然不怕照偏然不肯走偏百官都認得他是個南人他偏藏了隱身草偏認做自家是個南人一聲綁响一千番兵一齊湧將上來繩穿索綁把個王明拿住了來見番王他直挺挺站着番王道你為何不跪王明道砍頭就砍頭剮頸就剮頸甚麽人跪你番王大怒罵說道我把你這個大膽的賊你累累的把我邊疆殺我軍卒偷我宝貝害我總兵官你今日焉敢又來擅入我朝堂我想着拿你就是撈水裏取水押沙子要油一般誰想你自送其死你這却不是自作孽不可活叫過刀斧手來梟了他的首級王明想一想一個人的頭既割了怎麽又會長出來不免要做一個脱身之法他那裏一邊拿出刀來我這裏一邊

慢慢的說道殺便殺了我還有許多殺不盡的在那裏他明日一夥兒和你筭帳哩番王聽見說道還有許多殺不盡的在那裏連忙的叫放他轉來說道你一身做事一身當殺了你就是甚麽又還有殺不盡的在那裏王明又慢慢的說道我為人還有共分忠厚我船上還有一千沒癠骨的還有好些的話來和你講哩番王道有些甚麽沒癠骨的王明故意的道我有一班同年同月同日同時同鄉同里同師同門同手段同術法同一樣會殺人同一樣捉不住共是七七四十九名你今日只殺得我一個我那四十八個肯與你干休番王道你這個人還是有共分忠厚你既是這等忠厚你削性說穿了頭罷王明又故意的道我把那四十八個的真名真姓都說來與你你今後須是防他番王道我取紙筆來

已列天師擅掣電驅雷之術

欲擒道長奮拔山超海之雄

你寫着罷王明分明是要騙他寫字好觧繩索偏故意的說道我只口說罷番王道你說的快我這裏那裏記得這些王明又騙他一騙說道徇奴沒有些見識你叫四十八個人過來一個人記一個名字却就記得去了番王只說是真情說道這個人果是有些分忠厚你還把個筆硯兒來寫着罷即時間取過文房四宝來放在丹墀裏王明心裏想道是腔了你想自古以來可有個綁着寫字的連忙的放開了王明手一個番官磨墨一個番官拂紙一個番官奉筆王明伸出手來又把個左手去接筆番官道原來你用個左撇子王明道我是左右手一邊左手沫筆一邊右手取出隱身草來一下子取出隱身草來只是一溜烟再那裏去尋個王明番王嘆了兩口氣說道南朝人說老實還不老實番官道害得是

老實還會走若是不老實還會飛哩金毛道長奏道我王不必憂心貧道看此等人如同蜻蜓螻蟻草芥糞土何足掛齒貧道不才願借番兵一枝出陣前去若不生擒王明剮骨萬段誓不為人番王道先生此言只好說得中聽權特觧朕之憂你不要小覷了王明一行拿住他一行就不見他就是通天達地的遊神出幽入冥的活鬼也不過如此他曾斷送了我五十名軍士他曾陥害了我一員總兵官這等一個人豈是容易拿得的道長道且莫說這一個王明就連他那些宝貝上一千的性命都要提在我手裏番王道先生這句話又講差了總兵官曾奏過寡人來說他船上有一個道士官封引化真人能呼風喚雨役鬼驅神又有一個僧家官封護国上師能懐揣日月袖頓乾坤你看得他們忒容易了些金

毛道長道我王好差矣長他人志氣滅自己威風貧道出馬若不生擒道士活捉和尚貧道情愿把自已的六陽首級獻上我王面前番王看見他威風凛凛鋭気稜稜心上到也有老大的惧怯他連忙的陪他一個禮說道全仗真人大展奇才救寡人社稷奏凱回來奉酧鶴駕不淺却又遞酒三杯壯他行色金毛道長竟到教塲裏面點齊了一枝番兵竟往鳳磐關來心裏想道適纔我王說是南朝道士會呼風喚雨駕霧騰雲我也是個道士我豈可不會騰雲既要如此似這等一班頭踏怎麽騰雲似這等一個脚力怎麽騰雲想了一會就有個道理即時拿起個斬妖劒來照着正東上攪了幾攪口裏念了幾聲喝聲照只見正東上走出一個三丈四尺長的神道光頭光腦藍面藍嘴朝着道長行個礼說道法

師呼喚小神有些甚麽事故道長道你是何神其神道小神按甲
乙寅卯木是個青龍神道長道你既是青龍神你擐着東方青陵
九炁旗幟我打着頭踏應了一聲是又拿起個斬妖劍來照着正
南上攬了幾攬口裏念了幾聲喝聲照只見正南上走出一個三
丈四尺長的神道紅頭紅腦尖面尖嘴朝着道長行個礼說道法
師呼喚小神有何使令道長道你是何神其神道小神按丙丁巳
午火是個朱雀神道長道你既是朱雀神你擐着南方丹陵三炁
旗幟我打着頭踏應了一聲是又拿起個斬妖劍來照着正西上
攬了幾攬口裏念了幾聲喝聲照只見正西上走出一個三丈四
尺長的神道毛頭毛腦白面白嘴朝着道長行個礼說道法師呼
喚小神有何使令道長道你是何神其神道小神按庚辛申酉金

是個白虎神道長道你既是白虎神你擐着西方皓陵五炁旗幟
我打着頭踏應了一聲是又拿起個斬妖劍來照着正北上攬了
幾攬口裏念了幾聲喝聲照只見正北上走出一個三丈四尺長
的神道長頭長腦皂臉皂嘴朝着道長行個礼說道法師呼喚小
神何方使令道長道你是何神其神道小神按壬癸子水是個玄
武神道長道你既是玄武神你擐着北方玄陵七炁旗幟我打着
頭踏應了一聲是又拿個斬妖劍照着山上攬了幾攬口裏念了
幾聲只見山上跑出兩個三丈八尺長的狐狸精來毛手毛脚两
觜凹鼻見了法師雙膝跪着道長道孽畜你過來一個擐着一面
豹尾旗孽畜你可知道麽兵法曰無天于上無地于下將在軍君
命有所不受只此旗之謂你可知道麽兩個狐狸精磕個頭應聲

是只把個斬妖望海裏攬了幾攬口裏念了幾聲只見水底下走
出一個三丈八尺長的一個碧水魚來紅鱗紅甲大頭大尾見了
法師雙膝跪着道長道魚兒你過來我騎你出陣你可曉得麽上
天下地駕霧騰雲都在你身上碧水魚磕個頭應聲是一個金毛
道長領了一枝人馬前面有許多兇神惡煞擺了頭踏座一個碧
水神魚做了脚力這個道士也是少有一路裏擺出鳳磬閃來却
說王明得了總兵官的首級獻上中軍元帥大喜重賞王明元帥
問道你殺了總兵官怎麽又跟進城去王明道是我們進番王的
殿上要斷送番王的首級元帥道可曾取得他的首級麽王明道
一件事兒做得好好的就喫虧了一個甚麽金毛道長看破了若
不是小人本領多端險些兒就矮了一尺元帥道怎麽就矮了一

尺王明道連盔帶頭只有一尺砍了頭却不矮了一尺元帥道既
如此叫軍政司取過一瓶酒來與王明押驚道猶未了只見藍旗
官報道番王又差下一個道士領了一枝人馬前面盡是些兇神
惡鬼打頭踏座下又有一個長長大大的神魚做脚力自稱金毛
道長坐名要戰天師国師王明道小人還願出馬擒此妖道元帥
道驕兵者敗欺敵者亡你還不可去他既坐名要戰天師國師且
待他兩個出一陣看是何如王公公道來的是個道士天師是個
真人兩個道士出馬豈不為美不如去請天師請到天師無不奉
命即時三通鼓响納喊三聲滂出一枝人馬去金毛道長起眼一
瞧原來南陣上兩邊列着都是些道士道童中間一桿皂纛上上
之上寫着江西龍虎山引化真人張天師十二個大字皂纛之下

坐着一個清清秀秀的將官。九梁巾。雲鶴氅。七星劍。青鬃馬。心裏想道來者就是我国王說的騰雲駕霧。役鬼驅神的主兒。且待我叫他一聲。看他怎麽答應。高叫道來者莫非南朝天師乎。天師道吾乃南朝大明国朱皇帝駕下官封引化真人張天師的便是。你是何人。金毛道長笑了笑道。天師你不要小覷于我。我乃撒髮國国王御前官封護国真人金毛道長的便是。天師道。天下的真人惟有我家。是自漢以來。祖代傳流的。麒麟殿上無雙士。龍虎山中第一家。你這金毛道長却不聞名。金毛道長大怒。罵說道我把你這個生事擾民的賊。焉敢無故侵犯我的国土。縱容無名的末將陷害我的總兵官。今番教你喫我苦也。照頭就是一劍來。天師看一看。想一想。說道若論青龍白虎朱雀玄武。此人就是正一玄門

若論他那兩個狐狸精。一個碧水魚。此人是個妖道。拆拽來的。怎敢這等無礼。我祖代天師的人。肯放鬆了他。起手就還他一劍。你一劍我一劍。你一來我一往。你一上我一下。殺做一堆。砍做一處天師想說道。我們出家人。怎麽在刀頭上討勝。何不坐地成功。連忙的收過劍來。照着日光。擺了三擺。劍頭上呼一聲響。爆出一塊火來。燒了一道飛符。金毛道長還不曉得天師的妙用。說道天師你劍頭上出火。不知你心下怎麽樣兒。火燒眉天師道。你可曉得除却心頭火。點起佛前燈。道猶未了。只見劍頭上跳出一個青臉獠牙的鬼來。畢竟不知這個鬼是甚麽鬼。且聽下回分解

○○

第五十五回

金碧峰勸化道長　金碧峰遍查天宮

詩曰

將軍闢轅門　耿介當風立　諸將欲言事　逡巡不敢入
劍氣射雲天　鼓聲振原隰　黃塵塞路起　走馬追兵急
彎弓從此去　飛箭如雨集　截圖一百種　斬首五千級
番馬流血死　番人抱鞍泣　古來養甲兵　萬里當時襲
乘此廟堂筭　坐使干戈戢　佇看獻凱歸　天師何翕習

却說天師劍頭上跳出一個青萎萎的毛頭鬼來。天師起手一指。那毛頭鬼颼地裏一聲響。把個青龍神一扯兩半邊。一會兒一道飛符。一會兒一個紅通通的毛頭鬼。把個朱雀神一扯兩半邊。一會兒一道飛符。一會兒一個白漫漫的毛頭鬼。把個白虎神一扯兩半

倚杖徐行謂大帝有征無戰

金碧峰勸化道長

善言相勸儼明王先德後刑

邊一會兒一道飛符。一會兒一個黑剌剌的毛頭鬼把個玄武神一把兩邊金毛道長慌了。左一劍右一劍左一劍也殺鬼不退右一劍也不奈鬼何一會兒去了四個打頭的正神。天師心裏道只剩得個狐狸精卻就好處颼地裏一聲響。就飛過一張七星劍去把兩個狐狸精就砍做了四個怎麽就砍做了四個。一個兩段卻不還四個金毛道長愈加慌了取出一個寶貝望空一撇上將起去後身下來照天師頭上一下。天師看見他來的不善閃在一邊劈臉就還他一個掌心雷。也照着他的頭上一下兩家子同時鑼響。同時收兵。到了明日。金毛道長又來天師道棋差一着便為輸。今番再不可與他衍文望見金毛道長來就是一個雷。金毛道長措手不及只得轉身而去。一連三日。一連三個雷公天師又想

此儘有此本領哩這等的雷公再打他不着只是虛延歲月卻不是個結果。眉頭一蹙計上心來明日金毛道長又來。天師早上的燒下了四道飛符遣下了四位天將。金毛道長睜開眼來看見四面八方。都是些天神天將。他不曉得是天師的道令。說道這些神將敢是看見我來迎個甚麽腳色。手本麽待我叫他一聲看是何如叫聲道四聖莫非是馬趙溫關麽四位天神大怒說道我這馬趙溫關四個字。有好些難稱哩。除非是玉皇大帝。纔敢這等稱呼。這廝是那個也敢叫我馬趙溫關四個字。馬元帥就一磚。趙元帥就一鞭溫元帥就一棒關元帥就一刀。把個金毛道長唬了一赫說道怎麽今日天神天將都變過臉來連忙的取出寶貝來望空一撇上在半空裏面。一個天將照頭一下子。恰好四大元帥。張

開眼仔細一照都說道原來是那話兒馬元帥收了磚。趙元帥收了鞭。溫元帥收了棒關元帥收了刀。叫一聲天師小神們顧不得你了一駕祥雲而去張天師看見四位天神。不奈他何。心裏着實喫力。眼睜睜的不得個好妙計。正在躊躕之間那曉得金毛道長一下寶貝打將來連天師也措手不及只得撇了青鬃馬。跨上草龍而歸元帥道連日多勞天師。天師道勞而無功。不勝汗顏之至元帥道西洋地面原來如此難征難服。天師道多了他都是甚麽妖魔鬼怪沒名沒姓。手裏都拿個甚麽寶貝。沒頭沒緒急忙的不好下手他候公公道此後怎麽處治他天師道且去請教國師看他怎麽。三位元帥云請國師。告訴他自到撒髮國以來。就喫苦了他甚麽總兵官幸而王明一刀劈了他做四塊不期今日又出個

甚麼道士自稱金毛道長又拿着一個甚麼寶貝一撇撇在半天裏一會兒吊將下來就會打人這都是個沒頭緒的事教人怎麼好處他國師道西洋夷虜之地不比我們中國是這等一個樣兒元帥道天師尊意要請國師出馬不知國師意下何如國師道善哉善哉貧僧是個出家人佛門中弟子怎麼說得個出馬殺人的話元帥道國師不肯見愛這樁事兒就有些毛巴子樣哩國師道且待貧僧出去勸解他一番看是何如元帥道但憑國師尊意勸解得一個和也是好的你看國師把圓帽旋一旋把架衣抖一抖把僧鞋潑一潑把髭鬚抹一抹一手鉢盂一手禪杖大搖大擺而去金毛道長看見說道我西洋地面沒有和尚來者莫非就是南朝金碧峰待我叫他一聲看他怎麼大叫一聲道來者莫非就是

南朝金碧峰長老麼道長這一聲就如轟雷灌耳國師卻低低的答應一聲說道貧僧便是金毛道長又高叫道金碧峰我只說你是個活天神生地鬼橫推八馬倒拽九牛原來你也只是一個人我也是一個人你怎麼敢領兵來下西洋侵我的疆界你今番認得我麼你不要走教你好好的喫我一刀照頭就是一刀國師道善哉善哉貧僧一個光葫蘆頭怎禁得這一刀不分做了兩個瓢哩口便是這等說心裏又想把個禪杖去招架他的又恐怕犯了殺戒又恐怕動了嗔心不把禪杖去招架他的又禁不得這一刀只得把個禪杖望草地下一划這一划不至緊就嚇得那個碧水神魚倒退了三五十步那一刀卻不作了一個空金毛道長道我這腳力怎麼着見他來反倒走了幾步我曉得了敢是他的禪杖上有個甚麼響聲嚇了他卻又把個碧水魚來夾兩夾又是一劍來國師又把個禪杖一划那個魚又倒退了三五十步金毛道長大怒說道好和尚你敢唬嚇我的腳力麼連忙的念動真言宣動呪語唱聲未絕只見正北上狂風大作走石飛沙那石子兒雨點相似霎然間還是個麻鵲兒卵住會子就是雞卵就是鴨卵就是鵞卵就是大鵞卵雨點的打到國師身上來國師看見笑了一笑說道這個石頭兒好來得利害若是個凡夫俗子卻不打做了一塊肉泥不慌不忙除了圓帽露出個光頭來過了一時三刻四面八方堆了無數的亂石頭兒那道長只說是打死了金碧峰看了一會恰好老爺的頭皮兒也不曾紅一紅金毛道長喫了大驚說道這個和尚果真有些本事比那道士老大的不同連忙的

手裏燒了一道符口裏念了一會呪唱聲未絕只見正西上閃出無万的天神地鬼土煞星宗石魍山魈花神木魅一干的魍魎又騎着無万的龍蛇虎豹犀象獅彪一干的孽畜一齊的攢着國師身上來國師看見笑了一笑說道只誇口所說自認仙家原來不是一干邪術這成個甚麼勾當不慌不忙取出一粒黃豆來放在口裏咬做個杳杳兒望正南上一噴南方火德星君看見佛爺上號令不敢怠慢即時發下火鴉火馬火龍火蛇火鎗火箭一湧而來把那一干魍魎一干孽畜一個個燒得披衣落角露出本相來是個甚麼本相原來魍魎都是些紙的孽畜都是些草的金毛道長看見破了他的術法心中大怒說道好和尚你破了我的法我就饒你罷急忙的念上呪語一口法水望正東上一噴頃刻間烏

雲四塞黑霧漫天伸手不見掌起眼不見人老爺看見又笑了一
笑說道你這個掩日法只好去降外央兒怎麽来赫我當家的不
慌不忙袖兒裏面取出銅錢大的一塊紅紙来望西邊一吹用手
一指喝声道浮雲不散等待何時即時間浮雲盡捲一輪紅日斜
西金毛道長看見自家術法節節不通大驚失色將欲收兵回陣
又在番王面前說大了話將欲不收兵回陣急忙裏又沒個甚麽
大顯手段心裏正在尋思老爺早知其意說道午後不交兵你且回
去明日再来罷金毛道長趂着這個空兒說道今日饒你明日再
来叫你認得我哩明日又来只望見國師更不打話連忙的念動
真言當動咒語把個寶劍望海裏頭一攪即時間海水上流平白
地就有幾百丈水一滾一漲一潮起一潮老爺看着又笑了一

笑說道偏你會倒海偏我就不會移山不慌不忙一道信香竟到
靈山會上拿教釋伽牟尼佛處借過阿難山一座来鎮在海邊上
自古道土赶水水来土掩何况又是佛門中一座名山愁個甚麽
水再會上流哩國師心裏想道這個道士鋪設了他許多的手段
賣弄了他許大的神道貧僧豈可只是這等袖手旁觀怎麽得這
一国過去又想一想說道我出家人第一難做狠起心去笑他就
動了嗔嫌伸起手去拿他就犯了五戒沒柰何叫一声韋馱何在
韋馱應声有老爺道這個金毛道長不知他真假何如你可悶在
半天之上把個降魔杵落將下来他若果是一個甚麽祖師真人
他自有神通自然招駕得你的杵住他若是一個甚麽妖邪鬼怪
見了你這個降魔杵下来不怕他不現出本相不怕他不遠走高

飛韋馱道若是個凡夫肉体却不打做了一堆肉泥又傷了佛爺
爺殺戒之心老爺道此人有老大的神通决不是個凡夫肉体你
放心去了来韋馱尊天得了佛旨一駕祥雲縱起撥開雲頭往下
一看只見那個道士頂陽骨上一道金光正冲着北天門韋馱想
道這個道人不是凡夫肉体也還不是鬼怪妖魔却一件来佛爺
有令不敢不遵即時提起那十萬八千斤的降魔杵来照着金毛
道長頂陽骨上狠着一迸打將下来金毛道長的眼有神早先
就看見了心裏說道韋馱尊天今日也变了臉哩連忙的懷裏取
出一件寶貝來一撇上半天裏来韋馱的降魔杵望下来金毛
道長的寶貝望上去一上一下狹路上相逢只聽見撞得轟天劃
地一声响這一响不至緊金光萬道紫霧千条韋馱尊天站在

雲裏也退了七八步魂還慌不住哩韋馱回了佛爺上的話那根
杵還像老君爐裏煉出來的挨也挨不得老爺心上也吃一驚
此時天色已晚明日又來老爺心裏想道這個道士除非是借下
天兵纔擒得他住不慌不忙除了僧帽頂陽骨上露出一道金光
直透南天門裏奏上皇太帝按了信香即時聚神鼓响會集大小天
神左輔右弼左天蓬右黑煞左班三十六天罡右班七十二地煞
還有二十八宿九曜星君還有馬趙溫關鄧辛張陶龐刘苟畢還
有風雷雨電雨森羅萬象還有諸天諸聖清淨彌摩一齊都到玉帝
吩付道今有燃燈佛爺領了大明国寶船人馬征服西洋現今阻
住在撒髮国纔有一道信香來借天兵一枝要擒住甚麽金毛道
長你們那一個敢掛征兵元帥印道猶未了班部中閃出一位天

神身長三丈四尺一手黃金塔一手火尖鎗躬身俯伏奏道小神不才願掛領兵元帥的印王帝看見是個托塔李天王分付交印與他又問道那一個敢掛先鋒印麽道猶未已班部中閃出一位天神來身高三丈六尺三個頭六條臂面如藍靛髮似硃砂一隻手裏一般兵器躬身俯伏奏道小神不才願掛先鋒印王帝看見是個哪吒三太子心中大喜說道上陣無如父子兵今日必然拿住妖道快交印與他一個正印一個先鋒一枝天兵出了南天門金光閃閃紫霧騰騰到了半空中神風大作攪海翻江金毛道長看見四面八方都是天神天將天兵天卒密密層層老大的慌張心裏想道這個和尚儘認得我天上好兩個人哩又想道若不是這一行寶貝今番卻就粧了村連忙的取出寶貝來望空一撇那

個寶貝今番金光萬道紫霧千條一變十十變百百變千千變萬轟天劃地的打將來打得個李天王也顧不得塔哪吒三太子也不見了三個頭一千天兵天卒走得無影無蹤枉費了這一日的功勞全然不曾得用各自散了到了晚上老爺說道只一個道士怎麽這等利害不如我自家出去看他看來怎麽要自家去看原來人有三等好看若是仙家頂陽骨上有一道白氣升空若是妖精頂陽骨上有一道黑氣升空若只是凡夫內体頂陽骨上只有三尺火光故此老爺要自家去看一看老爺撇了色身現了真体一道金光徑在半空之上高張慧眼只見這個金毛道長頂陽骨上有一道白氣正冲着北天門那白氣之內卻又照出一道金光那金光之內卻又現出一個真体怎麽樣的真体原來有三丈四尺多

高闊眼紫鬚身穿皂袍腰繫玉帶髮似蕉膠一般粘住在一處戲頭頂上的束髮金冠老爺道此人不是凡夫不消說了卻又不是妖魔卻又不是甚麽仙家卻又不是甚麽祖師仔細看看還是那一位護法的天神這等一個天神怎麽千難萬難拿他不住我想當年間大鵬金翅鳥餐下了一個狠誓說道要喫盡了中生的腦蓋骨這等兇神也不曾出得我的扣子怎麽今日反不柰一個小神何到了明日金毛道長又來國師老爺又去金毛道長也不管甚麽三七念一就把寶貝撇在半空中照着老爺的頂陽骨上打將下來老爺看見說道阿彌陀佛善哉善哉只念得這一声佛頭頂上就現出一朵千葉蓮花來那千葉蓮花筆聿的直照着寶貝就托在半天雲裏那蓮花瓣兒漸漸的要收拾起來金毛道長

一道金光遊徧天宮三十六

半肩佛力貯来塵界八千雙

恐怕收了他的寳貝。劃喇一声响收回去了。金毛道長說道這和
尚是有些来歷怎麽一個光頭就長出一朶千葉蓮花来不如再
奉承他一下。那寳貝一聲响又望老爺的頂陽骨上打將下来老
爺又看見又說道阿彌陀佛。善哉々々。又只念得這一声佛袖兒
裏就跑出一個白盈々的象来那象一長就長在半天雲裏便撑
着個寳貝。撑了一会象鼻兒漸々的捲起寳貝来金毛道長生怕
捲了他的寳貝劃喇一声响却又收回去了。金毛道長說道這个
和尚越発古怪。怎麽袖兒裏就走出一隻象来不如再奉承他一
下。看是何如。那寳貝一声响又望老爺的頂陽骨上打將下来老
爺又看見又說道阿弥陀佛善哉々々。又只念得這一声佛脚底
下就走出一個青萎々的獅子来那獅子一長。挺長在半天雲裏

便撑着個寳貝撑了一會。獅子又漸々的長將起来。金毛道長怕
帶了他的寳貝去。劃喇一声响却又收回去了。老爺道只是這些
搬鬧却也不是長法兒兼此人不知止足不如也是閃他一個空
閃他家去坐兩日待我自由自在細々的查他一番。怎麽閃他一
個空原来把個色身以生作死閃他一個空快活果然的金毛道
長不知止足那宝貝一声响。又望老爺的頂陽骨上打將下来。老
爺照水一指水囬而去。金毛道長只說是打壞了老爺。不勝之喜
便獻金鐙向人唱凱歌声。囬見番王鋪展他這一段大功番王安
排素宴款待道長一連兩三日。還不出門那曉得国師老爺水囬
而歸見了元帥把前項的寳貝細說了一遍元帥道多劳国師怎
麽得他停帖。国師道元帥可標下幾条封皮把貧僧的佛堂封起

来許明日辰時三刻開封貧僧還有個處治元帥一面奉承老爺
走進佛堂裏面入定坐下外面貼了封皮。一道金光竟到灵山會
上見了釋伽牟尼佛說道撒髮国出下一個真人自稱金毛道長
約長三丈四尺圓眼紫鬚身穿皂罗袍腰横玉帶。頭戴束髮小金
冠不知佛門中走了那一位護法天神牟尼佛唯々喏々細查了
一番佛門中並不曾走了一個甚麽護法天神一道金光竟到東
天門火雲宮裏見三清老祖說道撒髮国出下一個真人自稱金
毛道長約長三丈四尺圓眼紫鬚身穿皂袍腰横玉帶頭戴束髮
小金冠不知玄門中走了那一位護法天神三清老祖唯々諾々。
細查了一番玄門中並不曾走了一個甚麽護法天神一道金光
竟到南天門灵霄殿上見了玉帝大天尊說道撒髮国出下一個

真人自稱金毛道長約長三丈四尺圓眼紫髯身穿皂袍腰横玉帶頭戴束髮小金冠不知天門中走了那一個雜法天神玉皇大帝唯々諾々細查了一番天門中並不曾走了一個甚麼護法天神這三處中間怎見得就都沒有走了一個原來佛爺認定了身材面貌服飾彼此身材相同的面貌不相同面貌相同的身材不相同身材面貌同的却又有服飾不相同服飾相同的却又有身材面貌不相同故此三處中間都曉得沒有走了一個佛爺想道敢是一個甚麼惡鬼麼一道金光竟到幽冥地府森罗殿上見了十帝閻君說道撒髮司出下一個真人自稱金毛道長約長三丈四尺圓眼紫髯身穿皂袍腰横玉帶頭戴束髮小金冠不知是你地府中走了一個甚麼惡鬼十帝閻君唯々諾々細查了一番地

府中並不曾有個甚麼惡鬼臨凡佛爺道敢是甚麼水神麼一道金光竟到四海龍宮海藏裏面見了四海龍王敖家一干兄弟說道撒髮司出下一個真人自稱金毛道長約長三丈四尺圓眼紫髯身穿皂袍腰玉帶頭戴束髮小金冠不知是你海藏中走了一個甚麼水神四海龍王唯々諾々細查了一番海藏中並不曾有個甚麼水神思凡龍王道依了佛爺々的話語還像個天神不是我們地下來的佛爺道還是個甚麼天神想了一想一道金光竟到大羅天上八景宮中見了三官大帝說道撒髮司出下一個真人自称金毛道長約長三丈四尺圓眼紫髯身穿皂袍腰横玉帶頭戴束髮小金冠不知是你大羅天上走了一個甚麼天神三官大帝唯々諾々細查了一番大羅天上並沒有個甚麼天神思凡

佛爺道豈可一個天神就沒處查他只見三官老爺供桌下面一個小小的神祇說道既是天神愁尋他不着佛爺道那供桌之下說話的是個甚麼神祇三官大帝說道是小神護法的神奶兒佛爺道叫他出來我看看神奶兒听見叫他不敢怠慢扒將出來迭佛三匝礼佛八拜佛爺看見神奶兒仞然間只是核桃兒大次二就長得有桃子大次三就長得有癩葡萄大再長一長就有黃瓜大再長一長就有菜瓜大再長一長就只有菜瓜大不滿一尺之長佛爺道你這些小神祇怎麼也來饒舌神奶兒道佛爺在上不是小神誇口所說小神終不然生下地來就是這等矮小只因水府老爺收拾得這等矮小若論當原先的時節夜來不敢長伸脚恐怕蹬番忉利天佛爺道原來你也有幾分利害哩神奶兒道小

神出身還有許多的話說佛爺道是個甚麼話說神奶兒道小神的父是天上一条龍小神的母是山下一隻虎那一日龍虎相交却生下小神來故此小神這如今還是龍的頭虎的身子龍的鬚虎的爪三分像龍其实又不像龍七分像虎其实又不像虎父親看見小神有三分像他和小神取個名字叫做混江郎母親看見小神有七分像他和小神取個名字叫做下山子父母兩下裏相爭起來把小神丟在一条無深不深的溝澗裏面一個歸天去了一個歸山去了小神坐在深澗裏身上又寒肚裏又飢自小兒就不學好岀一的攔住路上要喫人把個來往經商老少客旅就喫得他一不了二不休漸々兒路絕人稀骷髏骨堆得有山般大又打個甚麼人敢來麼沒得喫把地下的走獸也喫一個乾淨又把

[illegible]上的飛禽也要將起來過一個喫一個過兩個喫一隻連天上的鵓鴿鷹身上沒有肉也要拔他幾根毛故此這個澗就號做鷹愁澗又號做骷髏潭這叫做是個老虎不喫人壞了名色再那裏有[illegible]甚麼喫爵罷忽一日有一個老者來此經過鬚鬢皓白皓齒[illegible]疏分明是個好老者小神餓得慌那裏管他甚麼好扯着他就要喫他原來那老者有個五囬三出之法一下子土囬去了畢竟不知這個老者是個甚麼人且聽下囬分解

十一卷終

新刻全像三寶太監西洋記通俗演義卷之十二

二南里人　編次
三山道人　繡梓

第五十六囬

護法神奶兒揚威　和合二仙童發聖

詩曰

濯纓歌咏絶纖塵　渭水泱泱認未真　萬古乾坤盈尺地
一竿風月滿懷春　寒波不動魚綸舊　秋雪寧添鶴髮新
自是飛能驚夢底　磻溪莫道識周臣

却說那老者土囬而去到了明日老者又來小神還不認得他還要喫他那老者就很是一聲喝早已喝下一位馬元帥來把塊金

護法無私萬劫已隨金磬落

張威有赫星芒遙拂劍紋寒

磚夫在鷹愁澗裡你說這老者是那個原來渭河裡釣魚飛熊入夢八十歲遇文王開周家八百年天下的萬神之祖姜子牙是也那一塊金磚即時間煎乾了澗水小神沒處安身只得隨着姜子牙走上天去々了一向他又不封小神一個官爵小神不得已却又走下天曹來還尋我的舊窠巢依然是水這一來不至緊却就遇着水府老爺收了小神做個護法尊神名字叫做神奶兒佛爺道你說道既是天神不愁尋他不着你曉得有此下落麼神奶兒道依小神所見只在北天門上去查就見明白佛爺已經看見他的白氣逕冲北天門上可々的神奶兒又說北天門上去查佛爺心裡有了主意一道金光逕轉北天門上只見北天門上主將離了天門其餘的副將都是懶々散々的佛爺就不曾開口佛爺心

裡想道它樹尋根一道金光又轉到南天門上靈霄寶殿相見玉皇大天尊說道貧僧查遍了天宮地府並不曾查着金毛道長都說道還是天神以此貧僧又來相煩敢煩天尊把東西南北四門上把門的天將查點一番玉皇太天尊不敢怠慢即時查點四門天將獨是北門上的四個天將來得遲佛爺仔細一看只見着低下跪着一個恰是身長三丈四尺圓眼紫鬚恰是身穿皂袍腰橫玉帶頭戴金冠佛爺看得真說道那班後面跪着的却不是下界的金毛道長麼這正叫是做賊的膽下虛他只聽見佛爺叫聲金毛道長他就一朶祥雲一齊兒竟轉北天門上去了佛爺竟趕到北天門上問說道走回來是甚麼天神當有直年直月直日直時四位功曹回奏道走回來的是玄帝位下守把北天門的水火四

神佛爺道那穿皂袍的是那個功曹奏道是玄帝位下捧劍的治世無當大元帥佛爺道擒此小神何足為慮一道金光逕射進北天門裡無當大元帥到有此慌張眾人都說道我和你如今騎在老虎背上怎麼騎在老虎背上不順佛門本然有罪就是順了佛門也是有罪不如興起玄門滅了佛教也得個鬧名天上計議已定各顯神通只一聲响把個北天門就撞倒了大半佛爺道阿彌善哉好四聖却就動了殺戒之心只有一件我在這裡拿他覺得是個上門欺負人明日玄帝回來不好借問不如還到撒發國去拿他收轉金光早已到了寶舡之上去時節已自黃昏戌時回來時纔交子時一刻天堂地府都走了一週這正叫做洞中方七日世上幾千年這都是佛爺々的妙用到了辰時三刻金毛道長又來佛爺

想一想說道我是個佛他是個神若是成道住他却損了我佛門
中德行也罷不如把我丈六紫金身現將出來看他歸順何如若
不歸順又作道里正往前行金毛道長就高聲叫道和尚你不曾
死麽你雖不曾死却也爛了一身皮你可曉得我利害麽何不早
早的退了寶船万事皆休若說半個不字我教你只在眼目下就
要丧了殘生國師老爺慢慢的說道阿彌善哉仙家我豈不知你
的根脚你也須趂早此返本還原求歸正果若只是這等迷了真
心只怕你墮落塵凡空到玄門中走這一次金毛道長大怒罵說
道賊禿奴焉敢在我面前詩云子曰連忙的取出寶貝來照國師
頂陽骨上就是一下這一下就打得佛爺爺金光萬丈現出丈六
紫金身左有阿難右有迦釋前有揭諦後有常駄金毛道長看見

是個古佛現身心上慌了即時傳一道信香上冲北闕只見半空
中雷聲霹靂紫電輝煌一時間吊一位神祇身長三十六丈渾身
上鱗甲崚嶒高叫道佛菩薩不得無禮你豈不認得我冊陵聖火
大元帥麽道猶未了一時間又吊下一位神祇身長一十二丈渾
身上九宮八卦高叫道佛菩薩不得欺人你豈不認得我皎陵聖
水大元帥麽三個天神各顯神通把個佛爺爺圍在中央圍得定
定的佛爺看見他們動了殺戒之心只得收轉金光只見後面又
吊下一位天神來身長三十四丈面如黑漆眼似明星怒髮冲冠
咬牙嚼齒高叫道佛爺你不認得我黑臉鬼鬚大元帥你莫走且
待我換了世界罷怎麽一個世界會換得原來玄天上帝的七星
旗有好些利害磨一磨神將落馬磨兩磨佛爺爺也要陰靈磨三

磨連乾坤日月都要化成黃水國師老爺是個慈悲方寸聽見說
道要換世界他就生怕坑陷了四大部洲的衆生一道金光而起
金毛道長又是一寶貝打將來國師就落下金光本主意落到寶
船上不知不覺就落在西洋大海中去了聖火大元帥一立子就
趕到海裡來口口聲聲說道前范了海罷海裡面大小水神都喫
他一嚇鬧吵了一塲早已驚動了水宫老爺供桌底下的護法神
奶兒只見水晶宮裡劃喇一聲响就如天崩地塌 般佛爺道莫
不是那裡倒了半邊天麽不然怎麽這等响哩起眼一瞧原來是
個神奶兒在那西洋大海現出原身來現出渾身來就把個西洋
海塞一個滿現出春梁骨來就比個鳳凰山差不多高佛爺看見
心上也喫一驚說道怪得他開大口講大話原來有這等大理自

古道雲從龍風從虎他原是龍虎所生只見他現了本身立地時
刻海裡面狂風大作白浪翻天好一陣大風也

無形無影亦無面　冷冷颼颼天地変　鑽窓透户損雕梁
揭瓦掀磚拋格扇　捲簾放出燕飛雙　入樹吹殘花落片
沙迷彭澤柳當門　浪滚河陽紅滿縣　大樹倒栽葱　小樹
針穿線　九江八河徹底渾　五湖四海璎珠濺　南山鳥斷
北山飛　東湖水向西湖漩　稍子失手叫皇天　商人許下
猪羊獻　漁翁不敢開船頭　活魚煑酒生難燕　下方刮倒
水晶宮　上方刮倒靈霄殿　二郎不見灌州城　王母難赴
蟠桃宴　鎮天真武不見了龜和蛇　龍虎天師不見了雷和
電　太上老君推倒了　八卦爐　梓童失却了文昌院　一刮刮倒

了普陀巖　直看見觀音菩薩在那裡　鸚鵡兒哭着紫竹林
龍女兒愁着黃金釧　一刮刮倒了地獄門　直看見閻王
菩薩在勸善　宿娼飲酒的打陰山　喫齋把素的都是僂
一刮刮倒了南天門　直看見玉皇大帝在進膳　三十六天
罡來無踪　七十二地煞也不見　正是漢將曾分銅柱標
唐臣早定天山箭　從來日月也藏神　大抵乾坤都是顫
風過處神奶兒張牙露爪夭六撮烟手裡提着一件兵器是一個沒杓的流星鎚原來是銀錠做成的上秤稱不起曾經找起鷹架來稱上天車約有八萬四千一二百六十五斤四兩三錢重他喊一聲就像雷公菩薩一吽那流星鎚雨點一般打將去那捧劍的無當大元帥高叫道你是何神敢來擦陣神奶兒道吾乃水官大

帝位下護法神奶兒是也奉佛爺牒文特來擒汝原來這水火四聖都曉得水官大帝的神奶兒有此利害未敢擅便急忙裡背後閃出一位聖火大元帥來原是真武老爺面前的赤煉花蛇後來受付為將長有三十六丈渾身上鱗甲崚嶒高叫道哥怕甚麼神奶兒吾神在此道猶未了背後又閃出一位聖水大元帥來原來是真武老爺面前的花脚烏龜後來受封為將長有一十二丈渾身上九宮八卦高叫道哥怕甚麼神奶兒吾神在此一邊是一個鬧三個一邊是三個鬧一個直殺得天昏地慘日色無光鬼哭神號水族都嚇得抖抖的戰一個的越殺越精神三個的到差不多兒要敗下去只見斜曳裡又閃出一位黑臉撒鬚大元帥來身長三十四丈面如黑漆眼似流星　着一面七星旗高叫道你們殺

[illegible]好哩我也不管你三七念一我只是磨旗換了世界就罷道猶未了拿起個七星旗就要磨着佛爺道我做了一世的佛到今日反把個德行來壞微開善口說道阿彌陀佛神奶兒你回去罷神奶兒領了佛旨不敢怠慢只得收拾回來回便回來心上有老大的不服扭轉頭去大喝聲道你們一夥烏龜不是我怕你只因佛爺上有旨不敢有違你今番再來也佛爺道這樁事不好處得不如再去央浼玉皇大天尊一道金光直到靈霄寶殿天尊道佛爺爺一連下顧了三次遭番不得久談佛爺道為因撒髮國那個金毛道長原來是玄天上帝的捧劍天神這如今水火四聖結成一幫適繞神奶兒也擒他不住相煩天尊和貧僧做個處置罷天尊道是我遣來查究他們來原來偷了玄天上帝三件寶貝一時擒

道長恣究未悟覆巢之兆

僊童發聖輒先拒轍之雄

他不住佛爺〻即時起身。只見玉階底下有兩個小〻的仙童一般樣兒長一般樣兒大一般樣兒頭髮披肩。一般樣兒嘻〻的笑佛爺道這兩個仙童叫甚麽名字。天尊道一個姓千。名和。一個姓萬名合佛爺道他兩人怎麽這等笑得好。天尊道他兩人是這等笑慣了的佛爺道言笑各有其時。怎麽笑得慣哩。天尊道你兩個過來叅見佛爺〻。兩位仙童看見是個佛爺〻。不敢怠慢雙〻的走近前來遶佛三匝禮佛八拜。一邊拜。一邊還掩着個嘴兒笑不住哩佛爺道你兩人這等好笑你告訴我一個緣故兩個仙童雙雙的跪着。說道小童兄弟二人自小兒走江湖上做此買賣。一本十利別人折本。我兄弟二人轉錢一轉十。〻轉百。〻轉千〻轉萬但憑着意思買此〻甚麽就是轉錢的。只是我兄弟二人商議道今番

偏要做個折本生意。看是何如却一遭子。六月三伏天買了一舡帽套走到那個地頭可〻的鄒衍繫獄六月降霜。一個人要一個帽套六月間再有第二家賣帽套的。拿定了班賣却不是一本十利又一遭子。臘月数九天買了一舡青陽扇兒。走到那個地頭可可的彌勒爺治世臘月回陽就熱了一個多月。一個人要一把扇子臘月間那有第二家賣扇子的。也拿定了班賣却也是一本十利又一遭子在舡上撞遇着一個朋友他的舡來我的舡去是我叫他声問道你來處有個甚麽貨賣得快哩。舡走得忙。他荅應不及只是伸起一隻手來做個様兒原來伸起手來的意却是取笑我們說是世上只有手快我弟兄二人錯認了。說一隻手是五個指頭敢是五倍子快連忙的買了一舡五倍子。到那地頭可〻的

朝廷有布縷之征排家排户都要青布鮮京正缺了五倍子。我們拿定了班却又是一本十利。又有一遭子。我兄弟二人騎在馬上我們的馬去又有一夥騎馬的來只聽見那邊馬上的人說道糙茶〻糙茶〻原來那些〻人是取笑我們兄弟二人做小夥兒我兄弟二人又錯認了。只說是這裡茶〻賣得快後來買得一舡茶〻來到了地頭只見加之以師旅因之以飢饉絕沒有糧食賣我們拿定了班却又是一本十利不瞞佛爺〻說每番是這等做買賣每番是這等轉錢每番是這等笑却就笑慣了。望乞佛爺〻恕罪佛爺道你兩個人到是個手到功成的。可有此神通麽二仙道不瞞佛爺〻講我兩個也有此神通佛爺道假如玄天上帝門下的水火四聖你可鬧得他過麽二仙道放他在心上。佛爺道他有多

大的神通你不可小視於他二仙道他莫過是偷了玄帝三個寶
便就放貼維持不敢欺嘴說我兄弟二人一手招他一個兩手招
他一雙三手就招他三個招回了他的寶貝教他花子死了蛇沒
甚麽美得佛爺々把個頭點了一點說道踏破鉄鞋無覔處得來
全不費工夫原來這一塲功勞却在這兩個仙童身上又叮囑道
明日早來玉皇大天尊說道佛爺放心明日着他早來一道金光
竟轉到寶船之上到了明日金毛道長抖々的威風看見國師就
高叫道那和尚你還不曉得我的本領利害麽國師道阿彌善哉
你也少說些罷金毛道長把個寶貝照上就是一撇々在半天裡
實指望吊下來就打碎了國師的頂陽骨那曉得和合二聖笑倒了
在雲裡起手一招把個寶貝招在手裡一駕祥雲落將下來遞與

佛爺々佛爺々接過手來看一看喫了一驚說道原來是這個寶
貝諸神焉得不迴避是個甚麽寶貝却是玄天上帝鎮天的金印
印到如同親臨故此諸神都要迴避却說金毛道長看見頭一個
寶貝不下來連忙的把第二個寶貝又是一掀々在半天裡實指
望吊將下來要打碎了國師的頂陽骨那曉得和合二聖笑倒了
在雲裡起手一招把個寶貝招在手裡一駕祥雲落將下來遞與
佛爺々佛爺々接過手來看一看又喫了一驚說道原來又是這
個寶貝怎麽叫諸神做他的對頭這又是個甚麽寶貝却又是玄
天上帝斬妖縛邪的神劍此劍一揮百神退位故此諸神做不得
他的對頭金毛道長看見去了兩件寶貝連忙的一道信香信香
所過早已吊下那個黑臉紫鬚的大元帥來高叫道去了那寶貝

何足為慮只待我換了他的世界我就罷道猶未了就要磨旗剛
剛的拿着個七星旗還不曾磨動恰好的和合二聖就在半天雲
裡把手招這一招々早了些旗到不曾招得上去却被磨旗的看
見了說道咦我說是怎麽寶貝兒會不下來原來是你兩個小諱
精躲在雲裡招我的一駕祥雲竟自趕上去就要拿他和合二聖
看見不是對頭抽身就走這二聖年紀兒小人物兒刎巧駕得雲
快磨旗的有一把年紀人兒又生得痴夯駕得雲慢快的去了慢
的只得轉回來叫做桑樹上射箭谷樹上出膿不柰和合二聖何
只得尋思國師老爺高叫道好和尚你又請下和合二聖來招我
的寶貝我也不替你理論只是換了你的世界看你怎麽佛爺々
慈悲方寸生怕坑陷了大千世界的衆生只得收轉金光回到寶

船來了二位元帥道國師連日多勞了國師道說甚麽多勞只是
這個金毛道長不好處治他元帥道怎麽不好處治他國師道他
原身是玄天上帝面前一個捧劍的治世無當大元帥因為玄帝
思凡他就偷了他的寶貝下來作炒元帥道是個甚麽寶貝國師
道一者是顆金印二者是把神劍三者是桿七星旗元帥道這都
是玄天上帝常用之物怎叫做寶貝國師道元帥有所不知那印
自是鎮北天門的把本兒印到如同玄帝親臨諸神都要迴避天
上有幾顆這等的印却不是個寶貝兒元帥道這個也還可處國
師道那把劍是個斬妖縛邪的神劍此劍一揮百神退位三舍天
上有幾把這等的劍却不是個寶貝兒元帥道這個也還可處國
師道那七星旗越發不好說得磨一磨大凡神將都要落馬磨兩

磨鐃你是佛爺〻也。要麼雲若磨三磨運天地日月山川社稷都
要化成黄水重新又要生出一個盤古來分天分地分陰分陽總
有世界只這幾句話。就嚇得二位元帥。一個也不開口就嚇得衆
將官一個也伸出舌頭來元帥道若是這等利害這個撤髮國終
久是走不過去的。國師道也難說走不過去這如今就是上梯子
的法兒十層梯子。上了九層。也只有一層。不曾上得。元帥道怎麼
只有一層不曾上得國師道三件寶貝已經得了他兩件。只剩得
一件在他處却不是只有一層梯子不曾上得元帥道剩得那一
件不是七星旗麼國師道就是七星旗元帥道若是七星旗却還
是九層梯子不曾上得只好上得一層罷了。國師道不是貧僧打
誑語貧僧有一個計較在這裡元帥道只是一桿七星旗可不叫

黄鳳仙去偷了他的罷國師道元帥你看得世事這等輕哩這一
桿旗不打緊有許多的天兵天卒守護着他等閒就把你偷了元
帥道偷不得他的却沒有甚麼良策國師道還求元帥的封條把
貧僧的佛堂門封起來却要到一七之後總許人開只一件來若
是開早了一日。你們的陽壽都有此損折。元帥道國師一言之下
誰敢有違國師上了千葉蓮臺之上。元帥外面貼了封條非幻雲
谷各人打坐都不曉得國師是個甚麼主意却說國師入了定出
了性叫聲揭諦神何在。只見金頭揭諦銀頭揭諦波羅揭諦摩訶
揭諦四位揭諦一齊兒跪着。說道佛爺〻呼喚小神。那壁廂使用
佛爺道我今要往南朝應天府去。你四將和我看守了這四大色
身倘有疎失取罪不輕四神道既蒙佛旨。敢不遵依佛爺分付已

畢一道金光竟轉南膳部洲金陵應天府地面落下在雨花臺長
入長干寺
秦淮河上長干寺　松栢蕭〻雲日鮮　故堞尚存銅雀瓦
断碑猶載晋朝年　石坛播影風吹動　輦路磚花雨滴穿
惟有長廊舊時月　幾回缺後幾回圓
佛爺〻進了長干寺早有個都城隍接着遶佛三匝禮佚八拜佚
爺道怎麼朱皇帝萬歲爺不在南京城裡坐着城隍道萬歲爺迁
都北平城裡號為北京佛爺心裡想道萬歲爺是真武臨凢到底
是歡喜北上。又問道南京城裡自從萬歲爺迁都以后可曾出幾
個好人麼城隍道這一二年裡出了一個仙家佚爺道那仙家叫
甚麼名字城隍道那仙家的名叫做張守成道號張三峰混名叫

做張邋遢佚爺道這如今仙家在那裡城隍道在楊州府瓊花观
裡佚爺道你怎曉得他在那裡城隍道他昨日在瓊花观裡題詩
說道
瑤枝瓊樹屬仙家　未識人間有此花　清致不沾凢雨露
高標常帶古烟霞　歷年既久何曾老　舉世無雙莫浪誇
幾欲載回天上去　擬從博望惜靈槎
以此題詩便曉得他在楊州城裡佚爺道你去請他來見我都城
隍不敢怠慢一駕祥雲竟到楊州府瓊花观裡請過張三峰來張
三峰听見佚爺〻在長干寺裡一湧而來整頓道袍遶佚三匝礼
佚八拜佚爺高張慧眼看見此人已得了地仙之分。却問他道仙
長高姓大名原籍何處張守成道弟子是句容縣的扳籍良民姓

張名守成佛爺道你是自幼兒出家還是半路上出家張守成道弟子是半路上出家佛爺〻道怎麽樣兒半路上出家張守成道弟子自幼兒習讀經書有心科舉後因五穀不熟不如稊稗。却到我本縣去納一個前程是個甚麽前程是個辦事的農民漸〻的當該漸〻的承行當該承行不至緊就看見公門中有許多不公不法的事。是弟子發下心願棄職而去。〻到朝天宫。西山道院出家這却不是半路上出家的佛爺道你既是個出家人為何身体這等污穢不求潔凈張守成道這臭皮袋子。若丟他不開佛爺道你丟不開皮袋子怎麽去朝元正果張守成道我仙家有五等不知是那五等且聽下回分解

第五十[illegible]回　鍾[illegible]轉南京城　張三峰見萬歲爺

詩曰

以汝真高士　相從意氣温　規中調造化　動處見天根

寓宙為傳舍　乾坤是易門　冊砂授祖炁　仝上謁軒轅

張守成道我仙家有五等。那五等原來是天地人神鬼。惟有天仙最雖彼此道高行全得了正果上方注了仙籍。却又要下方人王帝主金書玉篆勑封過他方纔成得天仙。方纔赴得蟠炁大宴若總然得道沒有人王勑封。終久上不得天只是個地仙而巳佛爺心裡想說此人只說天仙。地仙不說人仙神仙鬼仙可見他只是個地仙却待我來度他一度說道張大仙我如今要邀你同往北京參見萬歲爺人王帝主討過金書玉篆的勑封來送你到天仙會上去你意下何如張守成道若得佛爺〻慈悲方便真乃千載奇逢萬年勝遇連忙的拜了四拜奉謝佛爺〻佛爺〻道我和你起身罷道猶未了。一道金光一個佛爺一個大仙逕到北京城黄金臺舊基上有一篇金臺賦為証

賦曰

春秋之世　戰國之燕　爰自召公　啓上於前　傳世至今已多歷年　慕唐虞之髙風　思揖讓於政權　授子之以倒持　流祸宜之三涎　昭王嗣世發憤求賢　築崇臺于此地　致千金於其巔　以招夫卓犖奇特之士　與之共國而雪冤　于是始至郭隗　終延鄒劇　或盈粮景從于青齊之

鶴馭翩翻重見三山花雨濕

禪機寂靜那知夾岸桺烟濃

陬　或聞命星馳于趙魏之邑　智者獻其謀　勇者效其力
儲積發富　士卒樂俸　結援四國　報仇強敵　談笑取
勝　長驅逐北　寶器轉于臨淄　遺種還于莒墨　汶湟植
于薊丘　故鼎返于歷鄆　內以攄先世之宿憤　外以褫強
齊之戰魄　使常常大燕之勢　重九鼎而安磐石　乃知士
為國之金寶　金乃世之常物　將士重于圭障　視金輕于
沙礫　惟昭王之賢称　重千載猶一日　是宜當時見之而
歆羨　後世聞之而嘆息　居者被其耿光　過者想其遺跡
因酌古而寓情　惜臺平而事熄

此時已自有了二更天氣佛爺道張大仙你這北京城裡五府六部六科十三道大小衙門你可認得那一位麼張守成道相識滿天下知心能幾人佛爺道張大仙你還是有相識的你還是有知心的張守成道相識的不消講他只說知心的到有一位佛爺道是那一位張守成道是礼部的胡尚書老爺佛爺道你怎麼與他知心張守成道是他少年時節弟子曾將金丹一粒度化他来佛爺道既是這等正用着他張守成道佛爺有何事用他何不見教佛爺道是貧僧領了萬歲爺欽旨征取西洋兵至撒髮国遇着一個金毛道長神通廣大变化無窮手裡拿着一桿旗只要磨動来变換世界張守成道豈不是七星旗麼佛爺道張大仙你也曉得這個旗的利害張守成道弟子曾聞師父們說道玄帝爺有一桿七星旗磨一磨任你甚麼天將都要落馬磨兩磨饒你是佛爺爺也要墜雲磨三磨連天地日月山川社稷都要变成黃水改換世

界故此弟子知道他的利害佛爺道正是這個冤家張守成道金毛道長是個甚麼人敢弄動玄天上帝的旗麼佛爺道因是玄天上帝臨凡故此水火四將弄出這個謊来張守成道當今萬歲爺按北極鎮天真武玄天仁威上帝何不到這裡尋個羸手佛爺看見張守成說的話正合他的意思滿心懽喜說道知音說與知音听不是知音不與彈我正是為着這此總相煩大仙到此張守成道但憑佛爺分付弟子無不奉行佛爺道也沒別的緣故只要你去見了萬歲爺取他的真性前去收服四將張守成道弟子自去見萬歲爺就是佛爺怎麼又說道用着礼部尚書老爺佛爺道張大仙差矣你豈不聞古人說得好不因漁父引怎得見波涛張守成心上明白了把個頭連點遍點說道曉得了曉得了好個張大

仙一雲而起竟落到礼部門前來此時正是二更將盡三更鼓初傳張守成掙開兩隻眼瞧一瞧兒只見礼部大門裡共有二十四名巡更的更夫睡的睡坐的坐吆喝的吆喝走的走張守成牙的是一領蓑衣背的是一個斗蓬走到大門外鋪着蓑衣枕著斗蓬鼾鼾的就是一覺那鼾又不是小可的其响如雷自古道卧榻邊豈容鼾睡一個禮部衙門前豈當耍子打更的都說道是那個這等鼾响却不怕驚動了裡面爺爺你說道是我我說道是你你說道不是你我說道不是我大家胡廝賴一塲內中有個知事的說道都不要炒我們逐名的查點一過就曉得是個甚麼人一查一點全全的二十四名那裡有個打鼾的仔細聽一聽原來是大門外一個人打鼾連忪的開了大門只見是個道士一包臭燒酒吐

得滿地渾身支都是此爛瘡爛疥那一股惡氣越發擋不得臭頭衆人都說道這等一個道士喫了這等一包酒睡到這等一個衙門前來你也不想礼部祠祭司連天下的僧道都管得着哩內中有個說道明日禀了爺爺發到城上教他喫套苦楚問他一個罪名遞解他還鄉內中又有個說道哥公門渡口好脩行况且自古道天子門下避醉人這個道士也不知他是那個府州縣道拋父棄毋背井離鄉搶到這裡看是拿他到官問罪遞解豈不傷了我們的天理不如饒他罷休內中又有個說道殺人須見血救人須救徹依喒們愚見不如搭手擡起他來擡到御道上等他酒醒之待自家去了罷若只睡在這裡到底明日不當穩便衆人都說道說得有理內中就走出一個人去架起他來一個架不起添了兩個

兩個也架不起添了三個三個也架不起三個添到九個九個也架不起九個添到十二個十二個也架不起十二個添到二十四個二十四個都架不起衆人一齊的惱起來都說道好意擡着他他越發撒起哪兒來內中一個說道抽過門拴來着實的溜他兩下看他撒哪兒不內中就有一個梁直的抽出門拴來照頭就打張蹶蹋心裡到好笑想說是這等一門拴到不斷送了我這個臭皮袋子輕上的把個指頭兒指着門拴彈一彈這一彈不至紧一門拴就打着那個抽門拴的仇人身上那個有仇的人眼也是見不得怎麼禁得溜他一門拴他却不曉得是張大仙的妙用只說是那個人故意的溜他公報私仇復手把個門拴一掣就掣將過來撲裟的丟到二十五里遠去了這個抽門拴的原出于無意不

曾隄防可可的喫他一掌就打出一個泰山壓頂來這個手裡也曉得幾下就還一個伸仙躲影溜過他的這個說道你怎麼打起我來那個說道我打你你到劈頭子溜我一門拴一則是兩個人有此宿氣二則是黑地裡分不得甚麼高低那個一拳打個青雀串巢這個一拳打個烏鴉撲食那個一拳打個滿面花這個一拳打個卒地錦那個一拳打個金鷄獨立這個一拳打個伏虎側身那個一拳打個高四平這個一拳打個中四平那個一拳打個共個四平這個一拳打個碓臼四平那個一拳打個虎抱頭這個一拳打個龍獻爪那個一拳打個順鸞肘這個一拳打個拗鸞肘那個一拳打個當頭抱這個一拳打個側身挨那個一拳打個閃𨍏生強這個一拳打個截長補短那個一拳打個一條鞭這個一拳

打個七星劍那個一拳打個鬼蹴腳這個一拳打個砲連珠那個一拳打個下插上這個一拳打個上驚下那個一拳打個探腳虛這個一拳打個探馬快那個一拳打個滿天星這個一拳打個抓地虎那個一拳打個火焰攢心這個一拳打個撒花盖頂到其後你閃我一個空我閃你一個空你揪我一揪我蹴你一蹴揪做一堆蹴在一處衆人只說是打道士都說道不當人子那曉得道士軒上安穩穩自家人打自家人炒了一夜炒到了五更三點宅子裡三聲梆响開了中門尚書胡爺出到堂上正要去侵曉入金門侍宴龍樓下只聽見人声嘈雜喧嚷一夜尚書老爺分付拿过那些喧嚷的来拿將过来原来是二十四名巡夜的更夫老爺道你們巡更的更夫怎敢在我這門前喧嚷衆更夫却把個道士的事細訴了一遍老爺道既是個酗酒無徒的採他過去就是衆人道因是支架他不起故此小的們纔喧嚷冒犯了老爺胡爺道再添幾個人架起他去又添了七八個跟轎的又架不起去老爺道既是架他不起去着更夫守着他待我早朝回来審問他一個来歷自古道大臣不管簾下事丙吉不問殺人〻。一竟就出門来要去張三峰心裡想道放過了這位老爺怎麼能勾見得萬歲你看他一轂轆扒將起来把個臉皮兒抹一抹把個身子兒抖兩抖衆更夫都說道原来一個標〻致〻香〻噴〻的道士好奇怪也那張三峰纔拿出個仙家的体格来甚麼体格大凡做仙家的睡如弓立如松行如風声如鐘他就三步兩步走到尚書老爺面前高叫道胡老爺小道張守成在這裡叩首哩老爺一時還想不起他又

叫道小道是張三峰混名張邋遢曾經奉上一粒丸藥孝順老爺来這道士把一席的話攞攏来做一句說了胡爺就咣的上心来說道原来是張三峰高士為甚麼這老爺認得他就叫他一声高士當原日老爺未進黌門之先得了一個半身不遂百藥無功喫了老大的驚嚇後来之時遇着這個張三峰張三峰認得老爺是個天上星宿不敢差池奉上一粒金丹一服而愈老爺道多虧你妙剂無物可酧張三峰說道目今不用酧謝直到相公明日做了當朝宰輔紫閣名公那時節叫一声我張三峰我貧道就榮于華衮老爺彼時節就說道貧賤之交不可忘怎麼說個只叫你一声老爺是個盛德君子又要不忘平生之言故此說出個張三峰来他就肯認他就叫他声高士張三峰說道自從老爺榮任以来已

九五傳宣霞洞寶幢恩雨潤

張三峰朝見万歲

三呼叩拜星冠瑤籙瑞烟浮

經三二十載貧道不曾敢来混擾今日特地来到京師嗑老爺一個頭老爺道我如今要去早朝高士你且坐在廂房裡面待我回来請教張三峰道實不相瞞老爺說貧道正要去見萬歲爺老爺肯替貧道先奏一声麼老爺道我去就奏老爺一邊行着一邊分付着馬来張三峰騎着老爺走進朝去只見

百靈侍軒后　萬国會塗山　豈如今慶哲　邁古獨光前
声教溢四海　朝宗引百川　鏘洋鳴玉珮　灼爍耀金蟬
淑景輝雕輦　高旌揭翠烟　庭實起五會　廣樂盛鈞天
既欣東户日　復味南風篇　願奉光華慶　從茲萬億年

老爺進了朝百官表奏已畢老爺獨自奏道臣啓萬歲朝門外有一位大羅天仙口稱願見聖駕小臣未敢擅便特請聖旨定奪施行萬歲爺一則是重胡爺平素為人言不妄發二則說是大羅天仙也是难見的龍顏大悅即時傳出一道旨意宣他進朝張三峰聽見宣他進朝整頓衣衫来見萬歲々々爺看見他鶴髮童顏自有一種仙風道骨飄々然有超世之表昂々然有出塵之姿聖心歡喜張三峰照依五拜三叩頭連忙三声萬歲萬歲爺金口玉言叫上一声道大羅天仙張三峰在下面連忙的叩頭謝恩為甚的就叩頭謝恩書上說得好王言如絲其出如綸王言如綸其出如綍萬歲爺金口御言叫了他一声大羅天仙就是敕封了他做大羅天仙張三峰就實受了大羅天仙之職故此叩頭謝恩這都是佛爺々的妙用張三峰無任之喜萬歲爺道仙家何不深藏名剎煉性修真今日来到金鑾有何仙旨張三峰道貧道得聞萬歲爺

視民如傷望道而未之見故此特来恭叩天庭萬歲爺听見他說出這兩句書来心裡想道這道士原來是個三教弟子心上愈加歡喜說道朕深居九重民隱未悉不知閭閻之下有多少啼飢號寒的焉得不視之如傷張三峰道堯仁如天舜德好生萬世之下誰不欽誦今日萬歲言念及此社稷蒼生之福即堯舜再生不過如此萬歲爺道人生在天地之間怎麼能勾脫離得這些苦難就是好的張三峰道樂因樂果苦因苦果這些人都是些苦因苦果萬歲爺道假如你出家人何如張三峰道貧道這些出家人都是些々樂因樂果萬歲爺道你說你們出家人的樂來與朕聽着張三峰道貧道出家人心不溷濁迹不彰顯朝暮間黃粱一盂苜蓿一盤既遷且安有時而披鶴氅衣誦黃庭經蝸篆鳥跡心曠神怡自

時而凝坐存心大和出入杳冥其有時而為九衢十二陌之遊水邊
林下逍遙徜徉或觸景或日見或寫懷或偶成出其真素以攄幽
懷與風月為侶不亦樂乎萬歲爺道你說他們衆人苦的與朕聽
看張三峰道農蚕的二月賣新絲五月糶新谷這不是苦讀書的
三更燈火五更雞鐵硯磨穿沒了期這不是苦百工的費盡工夫
你淫巧美來全不濟飢寒這不是苦商旅的戴月披星臥波水登
山過這不是苦為官的四鼓鼕々起着衣午門朝見尚嫌遲這不
是苦就是萬歲爺為国而晚眠念民而早起豈不是苦萬歲爺道
這些話兒也都說得是却怎麼就能勾免得這苦張三峰道為人
要知止知足有一曲滿江紅的詞兒說得好
膠擾勞生待足後何時是足　據見定隨家豐儉便堪龜縮

得意濃時休進步　須知世事多翻覆　謾教人白了少年頭
徒碌々　誰不愛黃金屋　誰不羨千鍾粟　奈五行不是
這般題目　枉費心神空計較　兒孫自有兒孫福　不須採
藥訪蓬萊　但寡慾
又有一曲水調歌頭說得好說道
富貴有餘樂　貧賤不堪憂　那知天路幽險倚伏互相酬
請看東門黃犬　更聽華亭鶴唳　千古恨难收　何似鴟夷
子　散髮美扁舟　鴟夷子成霸業有餘謀　收身千乘卿相
歸把釣魚鈎　春晝五湖烟浪　秋夜一天明月　此外儘
悠々　永棄人間事　吾道付滄洲
似此知止的便不恥似此知足的便不辱萬歲爺道這個知足的

事也是难的張三丰道若不知足就是萬歲爺也難免着一旦無
常萬歲爺道也难道就一旦無常張三丰道萬歲爺今日轉進宮
中之時有膳進不得有衮龍穿不得也就是一個小無常萬歲爺
听見他說出這両句話来龍顔大怒着錦衣衛校尉把這個道士
打將出去龍袍一展聖駕轉宮此時張三丰已是得了萬歲爺的
真性掣身回来取出一個小々的藥葫芦兒付與佛爺々々佛爺
得了不勝之喜一道金光竟到西洋撒髮国寶船之上却說寶船
上看見國師老爺封了門入了定這些內相都心上有些疑惑都
說道這国師敵不過個道士沒有面目見人故此封了門包羞忍
恥去了有個說道雖則是包羞忍恥却不餓壞了人麼又有個說
道女人家禁得三日餓男子漢禁得一七餓那裏就會餓壞了他

内中只有馬公々口又快氣又歹就認是真說道国師若有些甚
麼不測我和你轉南朝的事就都假了不如趁着這個時候請出
他来做個長處還好侯公々道既是如此我和你搶門而進有何
不可這正叫做內官性兒一窩蜂一声搶門果真的蜂湧而去把
個佛堂上的封条先揭了又把個禅堂上的封条後揭了四個公
々剛跨得一隻脚進去只見裏面站着四個七長八大的漢子都
是一樣的三個頭都一樣的六隻臂都一樣的青臉獠牙硃砂頭
髮都一樣的口似血盆牙似削拐齐声喝道是甚麼人敢進這裏
来這一喝不至緊把四個公々一個一觔斗跌番在禅堂裏面三
魂渺々歸陰府七魄茫々赴九泉虧了非幻禅師看見四個公々
跌番在地上連忙的走近前来飛上一道還魂籙送上一口受生

丹却纔醒了一個又一個醒了一個又一個都說道怎麽就錯走了路頭。走到陰司地國裏面來了。那神頭鬼臉的好怕人也。非幻禪師說道列位公公為何到此。馬公公却把個猜疑的事細說了一遍。禪師道列位差矣。俺師父自從見了萬歲爺之後。顯了多少神通。俺師父自從寶船離京之後。經了多少兇險。饒他就是王神姑七十二變。也脫不得俺師父的手。莫說只是這等一個道士。豈可不奈他何。就封上門包蓋恐耻去了。衆公公道是我們一時之錯。非幻道你們請出去罷。衆公公離了禪堂。走到佛堂門外。馬公公說道禪師老爺你千萬指引喒們一條陽路。喒們還要到陽間過得幾年哩。切不可指我到陰路上行。就壞了你出家人的陰騭。非幻說道阿彌陀佛。人不欺心。終得命不消半晌。便還魂。列位公

公只管放心前去。道猶未了。只見旁南一個人唱声道。唗這一声喝不至緊。就把四個公公嚇得魂飛天外。魄散雲中。只說又是那個三頭六臂青臉獠牙的鬼打將來。看了一會。原來是征西右營大都督金天雷。四個公公認真了。却纔放下心來。馬公公道金將軍你來此何幹。金天雷說道奉元帥軍令。特來問候國師。馬公公道怎麽今日就來問候國師。金天雷說道國師封門。今朝已經七日圓滿了。馬公公道喒們只在禪堂裏面跌得一跌。就是七日哩。金天雷道老公公你豈不聞洞中方七日。世上幾千年之事乎。馬公公道喒們纔在禪堂裏面出來。並不曾看見個國師的模樣。非幻說道你們說是不曾看見家師。道如今噥也噥念經的是那個。金天雷是個莽撞將軍。一逕奏進禪堂裏面。只見逼真的是個國

師老爺坐在那裏念經。金天雷看見國師老爺的金面。又不敢進去。又不好回來。只得雙膝跪下。稟道末將金天雷奉元帥鈞令。特來問候國師老爺。國師道連日軍務何如。金天雷道連日金毛道長百般討戰。元帥尚候國師未敢擅便。國師道金將軍你去拜上元帥作速點齊五十名鈎索手。今日要立馬成功。金天雷道既承國師老爺分付。莫說只是五十名。就是五百名。五千名五萬名都是有的。國師道也不須許多。你先回去。貧僧即時就來。金天雷回話。恰好的金毛道長又來討戰。國師旋一旋圓帽。抖一抖染衣。搖搖擺擺走出陣去。那金毛道長一見了國師。就高叫道好僧家你還不退兵。你還不知道我的利害麽。國師道阿彌陀佛。說個甚麽利害不利害。各人收拾些罷。金毛道長大怒說道你又把個大

言牌來推我麽。我也不和你閒講。只是磨旗。道猶未了。一手拿起個旗來就磨。畢竟不知這個旗磨得何如。且聽下回分解

第五十八回

國師收金毛道長　国師度碧水神魚

詩曰

千葉蓮臺上　晝門為掩関　偶同靜者來　正值高雲閑
寂不方丈内　瑩然虚白間　千燈智慧心　片玉清羸頰
黛色落深井　濤聲寒陰山　金毛稱道長　立地絶人寰

却說金毛道長一手拿過旗來。說聲磨。起手就磨。佛爺爺更不多話。轄轄的捧出個紫金藥葫蘆來。旋開了頂蓋。一道金光直射北

天門上金毛道長總在動手。猛聽得半天之上，一個人叫道那個敢擅自磨旗哩。金毛道長起頭一看，你說是那個？原來是個　披髮仗龍泉掃蕩人間妖孽　化身坐金關護持天下生靈　北極鎮天真武玄天仁威上帝。這正叫做國有王，家有主。金毛道長見了真武爺，再敢胡亂，只得捲了旗，飛身而起。金光射處，早已現出一個黑臉髭鬚大元帥來。一會兒又現出一個丹陵勝火大元帥來。一會兒又現出一個皎陵聖水大元帥來。真武爺道：你們四將怎敢擅離天門，下方作亂。四將道：小將們有罪，總乞仁慈。真武爺喝了一聲，即時化出四朵白雲，一個神將站在一朵白雲之上。真武爺念動真言，宣動密呪。只見那四朵白雲就变成了四座水山，把四位神聖收拾得連聲叫苦。真武爺說道：你有甚麼本領，假充

出像西洋記　十二　二十八

鐵騎飛揚將士挾雷公之怒

国師収金毛道長

金毛禿落蛮夷識天子之威

出像西洋記　十二　二十九

甚麼護國軍師，假稱甚麼金毛道長。你們衆人怎麼又敢助他為虐，怎麼又敢欺侮伕爺。叫声陰山鬼判在那裏。陰山鬼判答應一声。有真武爺道：我這水火四聖不遵玉皇爺爺旨意，擅離天門，下方作乱。你與我把他都打到陰山之地，教他永世不得番身。陰山鬼判舉起手來就行。不善。伕爺爺早知其事，一道金光逕到北天門上，見了真武爺，說道：看貧僧薄面，饒了這四位大聖罷。真武爺道：這廝都不守我令旨，擅離天門，擅自炒乱下方世界，情理難容。伕爺道：差了，是貧僧相請你來。你若貶他到陰山之地，卻不壞了我伕門中德行。真武爺聽知道壞了伕門中德行，即時依允。四座水山仍舊是四朵白雲，四朵白雲仍舊是水火四聖。怎麼真武爺聽知壞了伕門中德行，即時依允？原來真武爺由玄門中出身，歸

佛門中正果你不看他道號南無々量壽仸因歸仸門故此怕壞了仸門中德行。即時依允。水火四聖磕頭礼拜。各歸方位。仸爺々又拿起個紫金藥葫蘆來收了真武爺的真性。一道金光。又轉到南贍部洲北京城上。張守成看見仸爺來。不敢怠慢。遶仸三匝礼仸八拜。仸爺道萬歲爺龍体何如。張守成道。自從真性轉了北天門。龍体漸覺違和。仸爺道你快捧着這個紫金葫蘆兒去。張守成雙手捧着。戴着斗蓬。披着蓑衣。逕落到長安街上。搖々擺々。風又不像風。醉又不像醉。早有一個番兒手說道這戴斗蓬的道士却不是那個張蹴踼麼。這一声張蹴踼不至緊。就鬨動了九門民快五城兵番。漫街塞巷的人都擁住了個張蹴踼。一擁々到演象所張蹴踼說道你們都擁着我做甚麼。衆人齊声道你還敢說道做

甚麼。你是個欽依犯人。礼部大堂老爺出得有榜文在外面拿住你的官給賞銀百兩。張蹴踼道怎麼我是個欽依犯人。我有何罪出下榜文拿我。衆人道自從你這個蹴踼道士。驚動了當今萬歲爺万歲爺龍顏不展。減膳撤樂。連累礼部尚書老爺費盡了多少心机。躭盡了多少驚恐。正沒處拿你。々還敢在這裏大搖大擺開大口說大話。欺負人不曉得你麼。張蹴踼道你們不消囉唣。只拿我去見礼部老爺就是。衆人擁他到礼部堂上。礼部堂上帶他到朝門外聽候旨意發落。朝裏傳出一道旨意來着道士錦衣衛監候。張蹴踼說道不消監候。只消貧道看了萬歲爺的龍脉即時病愈。萬壽無疆。傳奏官傳進宮闈裏面。却又有一道旨意着滿朝文武百官。誰肯保奏張道士看脉。又是礼部尚書老爺出班保奏。保

奏已畢。尚書老爺說道龍脉還是怎麼樣看。張蹴踼道貧道是個出家人。萬歲爺是個當今帝主。誰敢把個手去看脉。你叫過一個近侍老公々來。教他拿了一根大紅絲線。却要百丈之長。裏面那一頭放在萬歲爺的脉上。外面這一頭遞與貧道。不是貧道誇嘴所說手到病愈。萬寿無疆。尚書老爺。依他所言。逐一奏過。即時准下本來。果真的一個老公々。遞出一根大紅絲線來。張蹴踼接在手裏。只摩得一摩。九重宮裏龍顏大喜。百病消除。怎麼這個道士這等神醫。原來紫金葫芦兒裏面的真性借着這根大紅線兒透引將去了。號脉只是個衍文。故此傳流到今。都說道大醫院號脉是懸絲脉。這正叫做以訛傳訛。世上的俗說如此。這佛爺々的運用。妙不妙。張三丰的過付高不高。却說萬歲爺尭眉轉彩。舜目重

明。頃刻裏淨鞭三下響。文武兩班齊。萬歲爺陞殿。只見

秋風閶闔九門開　天上鳴鞘步輦來　萬樂管絃流紫府
千官簪珮集鈞臺　華胥雲霧凝仙仗　南極星辰入寿盃
既醉太平均五福　明良賡載詠康哉

萬歲爺陞殿。兩班文武誠惶誠忭。稽首頓首。不勝之喜。聖旨一道宣上礼部尚書老爺。欽賞彩幣金花。特進少保。尚書老爺叩頭謝恩。又有聖旨一道。宣道士張守成。都說道這道士今番時來運來受用不盡。那曉得個道士先前去了。滿朝內外。那裏去尋個張守成。就是滿城內外。也沒處去尋個張守成。聖旨一道勅封大罗天仙。仍着兩京十三省。大小衙門。如遇張三峯到處。許指实奏聞。以便宜召張守成。只作不知。他在半天之上。回復了佛爺々的話。歸

到名山洞府佛爺上一道金光又來到西洋撒髮國寶船之上見了元帥元帥說道昨日承国師尊命五十名鉄甲軍拿住那個金毛道長那曉得那個道長又是一個王神姑國師道怎麽又是一個王神姑元帥道只得一付披掛皂羅袍皂帶束髮冠那裏有個道長皮兒罷却不又是一個王神姑国師老爺却把個先轉南朝取真武爺的真性收服了這個金毛道長後轉南朝送真武爺的真性勅封了張三峯各件的事故細說了一遍這一說不至緊把二位元帥喫了老大的一驚都說道有這等的事国師老爺有這等的神通馬公公道終不然南京移在北京去了却不知北京城裏比南京還是何如洪公公道北京城裏不知司礼监做得何如侯公公道北京城裏不知我們内相府做得何如王公公道北京城裏

不知可有南京的燒鵞燒鴨燒雞燒蹄子麽可有南京的罈酒燒酒薜清酒三白酒苐櫃酒麽三寶老爺道你們有這些閑講只說這個金毛道長怎麽不見了形影国師道比如得道的神仙屍解一般元帥道既如此這道長再不來了國師道貧僧費盡了這許多心事怎麽他又會來元帥道既如此差那一員將官進城去取下降書降表倒換通関牒文再往前去罷國師道且拿過那碧水神魚來我這裏問他左右的解上碧水神魚來國師道你是個甚麽魚神魚道小的是個碧水神魚國師道你原是個甚麽出身神魚道小的原是一条曲鱔修行了有千百多年成了一条龍成龍之後却又錯行了雨玉皇大帝見責貶小的做個碧水神魚國師道你當初為龍怎麽今日又為魚神魚道連小的自已也不知道

就像魯牛哀得疾七日化為虎形体变易爪牙施張其兄將入抓而食之當其為人不知將為虎當其為虎不知當為人国師道你這千百年修行分明也到了好處那曉得一旦成空神魚道小的正是晋上千日不足晋下一日有餘國師道你還歸海去罷神魚道小的幸遇佛爺上望乞佛爺超度國師道你拿出手來我與你一個字兒去罷碧水神魚伸起手來接了佛爺上一個字叩頭而去元帥道国師在上怎麽得這個國王的降書降表國師道既沒有了金毛道長但憑元帥高裁元帥即時傳下將令着前後左右四營大都督各領兵一枝攻拔四門務在旦夕不得有違又傳一道將令着左右先鋒各領兵一枝左右策應將令已出各將官領兵前去未久之時藍旗官報道左營大都督黄棟梁敗陣而歸鬼

兒愁的疾雷鎚都不濟事道猶未了又有一個報道右營大都督金天雷敗陣而歸神兒哭的任君鏜也不怎麽道猶未了又一個報道前營大都督應襲王良敗陣而歸喜得流金馸千里馬還跑得快些道猶未了又一個報道後營大都督武狀元唐英敗陣而歸險些兒爛銀盔都丟吊了道猶未了四營大都督敗陣而歸若不是個左右先鋒先後策應就一敗塗地無了無休二位元帥方纔捉了金毛道長討一個喜聞着這一場兒報又添了一憂老爺道敢是金毛道長不曾死麽王爺道国師之言豈有虛誑只問這些敗兵之將便曉得是個甚麽缘由道猶未了四營大都督一齊回話元帥道怎麽你四個將官一齊敗陣四將道非干末將們不才敗陣爭柰四門上四個將官都是個天神天將統領的都是些

天兵天卒。末將們不是他的對頭。故此敗陣。元帥道。是個甚麽天神天將。四將道。東門上一員大將。自稱青毛道長。南門上一員大將。自称紅毛道長。西門上一員大將。自稱白毛道長。北門上一員大將自称黑毛道長。却有三十多丈長。只是面貌服飾不同。一個噴火。一個就美烟。一個呼風。一個就喚雨。任你有萬夫不當之勇沒去用處。故此末將們大敗而回。元帥道。還請国師來。看他怎麽處治。王爺道。連日難為国師。不如去請天師來罷。即時請到天師。天師不敢怠慢。收拾出馬。那四員番將看見天師。正是仇人相見分外眼紅。一齊吆喝道。你做天師的人。怎麽枉刀殺人。天師不知其情。劍頭上燒了一道飛符。遣下一員天將。天將還不曾看見。来在那裏。東門上青毛道長。狠一聲呼。只見青天白日一個响雷公

萬壑千峰起莫雲　乾坤倒影鑄氤氳　飄飄人世聞鈞樂
霹靂天門謁帝君

雷响還不曾收聲。北門上黑毛道長。狠一聲呼。只見陰雲四塞。黑霧漫天

山川迷舊迹　雷電發先机　冉冉谷中起　遲遲雨後歸
桂林初作陣　披石忽成衣　豈是無心出　從龍願不違

濃雲深處。南門上紅毛道長。狠是一声呼。只見劃喇一声。爆出萬萬丈的火光

赫赫炎炎祇自猜　祝融飛下讀書臺　圓淵千里傳焦石
武庫雙旌失舊釵

火光萬道正在炎威猛烈之處。西門上白毛道長。狠是一声呼。只

見番天覆地的雨倒將下來

陰雲特地鎖重城　寒雨通宵又徹明　茅屋人家烟火冷
梨花院落夢魂驚

雷又响。火又燒。雲又黑。雨又大。四下子一齊來。天師到也好笑。只得撇却青鬃馬。跨上草龍而起。歸到宝船上。見了元帥。元帥道。天師出馬功展何如。天師道。叵耐四個道長。又是有些蹺蹊。馬公公道。這些道長敢是金毛道長的師弟麽。不是師弟怎麽同着毛道長三個字。洪公公道。喜得還是個毛道長。若是個鬍子道長還有些蹺蹊哩。侯公公道。只是上鬍子道長還可得。若是下鬍子道長還有些蹺蹊哩。王公公道。怎見得下鬍子道長。又還有些蹺蹊。侯公公道。你不記有個口蹄兒。王公公道甚麽口蹄兒。侯公公道。

普度衆生絳節摩霄時叩斗

国師度碧水神魚

同皈善果黃冠入座共叅禪

個嬌上。兩腿蹺上。三更四點蠟燭倒澆。這却不是下鬍子道長又蹺蹊哩。元師道既是這些道長蹺蹺還去請教國師罷天師道不消國師。貧道還有個處治。到了明日。天師預先躡罡步斗呪劍書符。收定了元神。輪廻了神將。却繞出馬。四位道長看見個天師就一湧而到天師道你們站着。各顯神通不許仍前這等撮烟弄火四將道我們就站着在這裏你待何如。天師起眼一瞧只見前面站着一個大將。自称紅毛道長身長三丈四尺。紅頭紅臉紅盔紅甲。紅袍紅袖後面站着一個大將。自称黑毛道長身長三丈四尺黑頭黑臉黑盔黑甲。黑袍黑袖左边站着一個大將自称青毛道長身長三丈四尺青頭青臉青盔青甲。青袍青袖右边站着一個火將们称白毛道長身長三丈四尺。白頭白臉白盔白甲。白袍白

袖天師拿出手段来照着前面的道長分頂一劍劈將下来這一劈就劈做兩個紅毛道長都是一般樣兒長。一般樣兒紅頭紅臉紅盔紅甲。紅袍紅袖天。師掣過劍来攔腰又一劍這一劍就攔做四個紅毛道長。都是一般樣兒長。一般樣兒紅頭紅臉。紅盔紅甲紅袍紅袖天師喝声道咗你把這分身法来謊我麼道猶未了後面的黑毛道長高叫道你這牛鼻子道士你曉得甚麼分身法哩天師轉過手来。也是劈頭一劍。這一劍又劈得巧一劈上做兩半個一边一隻眼。一半鼻子。一半口。一隻手一隻脚眼會看鼻子会動。口會叫。手會輪鎗。脚會跑路天師掣過劍来。也是攔腰一劍。這一劍又攔得巧。攔得上一段兩邊頭兩邊肐膊兩邊手都懸在半天之上下一段兩邊腰眼骨兩邊脚孤拐都跑在草地之下。頭也會搖肐膊也會動。手也會舞腰眼骨也會擺脚也會走天師喝聲道咗你這妖邪術法敢在我天師面前賣弄也道猶未了。左邊的青毛道長高叫道你這牛鼻子道士何不早上的投降。免得受我一刀之苦天師惱起來掃脚就是一劍這一劍掃得又有些巧處掃出一道青烟從地而起上。在半天雲裏烟頭上坐着一個青毛道長青頭青臉青盔青甲。青袍青袖笑。嘻上的叫道好牛鼻子道士好很劍也天師也不荅應他。又是掃脚一劍。這一劍。青烟就高一丈。又一劍又高一丈。一直高在天頂上去了。那裏又有下手他處天師道你也只是這等的本領麼青毛道長道我怎麼沒有本領天師道你既是有些本領怎麼跑出一溜烟來。道猶未了。右邊白毛道長高叫道你這牛鼻子道士說甚麼人跑出一溜烟來天

師道你可喫得我這一劒起麽劈頭就是一劒這一劒去得兇分頂就是兩道白氣冲天兩道白氣上就頂着兩個白毛道長天師又是一劒就是四道白氣冲天四道白氣上就跕着四個白毛道長天師又是一劒就是八道白氣冲天八道白氣上就跕着八個白毛道長天師看見他來得兇跨上草龍趕到雲頭上只見四面八方都是些道長也有長的也有矮的也有囫圇的也有半邊的也有兩架的也有四架的蜂湧而來天師左一劒右邊又湧將來右一劒左邊又湧將來前一劒後邊又湧得來後一劒前邊又湧將來正叫做寡不敵衆一不敵兩天師沒柰何只得騰空而起歸了寶船到了明日天師心裏想道這些毛道長分明是個邪門小戶怎麽不柰他何我今番不免拿出個寶貝來耍他一耍看是

何如天師出馬四個道長又是一湧而來天師更不打話袖兒裏撇出九龍神帕來漫天一撇天師心裏想道任你是個甚麽毛不毛道長不道長想也難脫我這個地網天羅把個九龍神帕收將囬來原來這些毛道長有好些美嘴怎麽好些美嘴一個在帕上一個在帕下一個在帕前一個在帕後一收收將囬來這正叫做夜淨水寒魚不餌滿船空載月明歸那裏有個甚麽道長天師道看這些毛道長不出儘有些本領哩沒柰何只得拜求國師國師道一個金毛道長費了許多事怎麽又有四個道長待貧僧看他看兒看是個甚麽出處即時高張慧眼看了一囬只見四個道長頂陽骨上俱有一道白氣國師道這又是個甚麽天神天將直貫力也立地時刻叫過王明來分付他拿了虎頭牌在手裏驀進城

去且看國王何如王明得令一手拿了隱身草一手拿了虎頭牌進了城門又進了朝門一直走到番王殿上番王正在坐朝兩邊番文番武番官番吏都在那裏叩頭礼拜王明心裏想道今番到好喃嗲番王取他首級爭柰不曾帶得刀來想了一會心裏說道也罷我有個道理就要取出個刀張開個大口放出聲氣來噯噯的大笑三聲笑了三聲把兩隻手左一掏掏不着個刀右一摸摸不着個刀心裏又說道人人都說是笑裏藏刀我笑了三聲偏不見個刀在那裏這是自己心裏說話還不至緊只見個虎頭牌也就講起話來說道王明哥王明哥你滿口裏都是些苦味怎麽取得個刀出來王明說道怪哉怪哉一個虎頭牌也會講話也罷我問你怎麽我口裏苦就取不出個刀來虎頭說道你就不曾看過

歷代通鑑通鑑上說道口蜜腹劒你口裏沒有蜜怎麽肚裏會有個刀王明道這個也講得有理只有一件你不過是個畫成的老虎頭怎麽鬚會搖口會講話虎頭說道王明哥你是個笑裏藏刀我是個毛裏開口說得好笑又笑了三聲這一會兒笑了又說說了又笑自家到不覺得却把個番王番官都喫了好一嚇都說道這個笑的說的只怕是南朝那個王明麽衆人聽見說是王明兩個字你也把隻手去摩一摩頭我也把隻手去抹一抹腦你說道還好哩你的頭在哩我說道還好哩我的腦在哩王明說道一不做二不休今番要賣弄一個手段把他瞧瞧道猶未了一手放下了隱身草只見直是一個王明直挺挺的跕在堂上番王起眼看見

早個王明唬得魂不附體一𣪍轆扒起來望後宮裏面只是一跑一邊跑着。一邊口裏叫值殿將軍拿住王明值殿將軍。又說得好說道你的頭就是頭生怕王明砍哩我們的頭便不是頭便不怕王明砍麽一聲吆喝一湧而去。一座殿上只剩得一個王明王明說道老虎不喫人只是壞了名色。這些人都不來相見怎麽轉去回復國師也罷不如與他講個和罷叫聲道國王你出來我有話和你講哩番王在裏面荅應道我不出來你會殺人哩王明道我刀也沒有怎麽會殺人番王道我曉得殺人不用刀哩王明道大丈夫一言既出駟馬難追我說了不殺人怎麽又幹這個勾當番王道你既是真不殺人先叫我們的文武百官出來我隨後就出來也王明又叫到文武百官那滿朝的文武百官都怕的是王明

都說道你南朝人說老實還不老實前日走的有個樣在那裏王明說道我今番是真老實哩百官道你手裏拿着一個老虎要喫人哩還說是老實王明道你錯認了我拿的不是老虎是個虎頭牌。衆官道虎頭牌是做甚麽的王明道是我元帥的頭行牌上面寫着是下西洋的緣故衆官道既是寫着下西洋的緣故你可念來我們聽着我們就好出來王明道既如此我念來你們聽着念說道

大明國朱皇帝駕下欽差征西統兵招討大元帥某為撫夷取寶事照得天朝歷代帝王傳國有璽歷千百年遞相授受切被元順帝白象馱入西番我大明皇帝盛德既膺天眷宗器豈容久虛為此欽差我等統領寶船千號戰將千員雄兵百萬來下西洋安撫夷邦撊問王璽等因奉此牌仰各國國王及諸將領知悉如遇寶船到日許從實呈揭王璽有無消息此外別無事端不許各國因緣為奸另生議論致起爭端敢有故違一体征勦不貸須至牌者

衆官道你們戰將千員敢是連着那道士和尚數麽王明道出家人怎麽筭做個戰將衆官道你可筭在裏面麽王明道我們不過是個小卒只可筭在雄兵百萬裏面衆官聽知王明這幾句話唬得魂不附躰心裏想道這等的道士僧家還不筭做個將官不知那戰將千員還是怎麽狠哩這等一個王明只筭做雄兵百萬却不就有一百萬個王明又不知如何狠哩我們撒髮國怎麽做得他的對頭却一齊跑出來一齊磕上幾個頭都說道王將軍饒命

罷這一程子爭閙非干我們之事都是總兵官和金毛道長的主意王明道已前的事俱罷了只這如今西門上四個道長又是那裏來的衆官說道並不干本國之事俱不知道他是那裏來的畢竟不知道這四个道長是那裏來的且聽下回分解

○○

第五十九回

國師收服撒髮國　元帥兵執錫蘭王

詩曰

劒客八誇貌　王人知此心　但營纖毫義　肯計千万金
勇發看鷙擊　憤來聽虎吟　平生志報國　料敵無幽深

王明道你們豈可不知道他們是那裏來的衆官道現有国王在

我們衆人怎麽敢來吊謊王明道你斗国王出來国王看見王明是個慷慨丈夫又聽見虎頭牌上行移都説得是些正大道理却纔放了心出朝相見王明道我們宝船千號戰將千員雄兵百萬來下西洋也只為安撫夷邦探問玉璽有無消息你們怎敢這等傲㑳無礼国王道非干我們之事第一來是總兵官不是第二來是金毛道長不是故此得罪將軍望乞恕罪罷王明道既徃不咎只這如今又有甚麽四個道長却都是那裏來的国王道這四個道長有些蹊蹺王明道怎麽蹊蹺国王道自從金毛道長去後却就添出四個人來自稱道長把守城門連我国中百姓都是喫他虧的王明道怎麽喫他的虧国王道四個道長一個撮火一個就美烟一個煽風一個就刮雨城裏住的不得到城外而去城外

仗節揚旄國老神九攻之策

提戈擐甲虎臣全百戰之功

住的却又不得進城裏面來這却不是喫他的虧苦王明道你們不要吊謊哩国王道敢有半個字兒涉虛敎我舉国君臣盡為虀粉王明道既如此待我去瞧他瞧來好個王明一手拿起隱身草來却就不見了他在那裏国王又有些害慌説道你們仔細些只怕他又蓦進我們宫裏面去衆人道宫裏面到還可得且看我們的頭哩王明也不答應他只是要笑慢騰々地走出朝來到了城門上王明心裏想道千難萬難々得走到這裏不如走上城去喒喚他一個頭来却不又是一個功績王明也只説是容易走上城去恰好是個東門東門上是個青毛道長恰好青毛道長又在瞌睡王明看見青毛道長呼々的瞌睡他就喜之不勝心裏説道瞌困就撞着個枕頭却不是天使我成其大功只是一件沒有帶得

刀来怎麽是好恰好的起眼一看刀架上挿着一張白渋渋的快
刀王明説道今番却做出個借刀殺人的事来了也顧不得這些
一手綽過刀来就要行事那曉得那張刀呼的一声响了這一
声不至緊早已驚醒了個青毛道長唱声道是那個生人在這裏
弄我的刀哩喝声長那張刀就長有三五十丈三五十丈長還由
自可王明粘在刀頭上不得下来青毛道長又唱声長又長有三
五百丈恰像個白虹貫日的一般様兒王明禦在刀頭上越発不
得脫哩擧頭紅日近回首白雲低今番却死在這個刀尖上也心
裏又説是也罷人生自古誰無死我今日死在這裏也死得有個
明白不如緊上的閉着两隻眼免得心上𢥞憂一閉上上了眼睛
一任他幌上幌下幌東幌西只説是不知死在那裏一會兒猛听

出像西洋記　卷之十二　四四

得那裏噥也噥的念經哩王明耳躲听見念説道揭諦揭諦波罗
揭諦波羅生揭諦菩提薩婆訶王明説道這分明是我国師念經
的声気却也古怪連忙的開了两隻眼来瞧一瞧那裏見個甚麽
道長那裏見個甚麽刀原来掛着在千葉蓮臺的抓風攢上王明
説道見鬼上上魔殺人也撲簌一声响跳將下来国師問道外面
怎麽响哩王明不敢怠慢逕自走到佛堂上雙膝跪下却把個番
王殿上始末緣由青毛道長来踪去跡逐一的細説了一遍国師
道到是這幾個道長不僧不俗不好處他王明是個伶俐乖巧的
人却便就乘机架上一個謊説道国師老爺在上這幾個道長不
但只是我和你喫他的虧還是撒髮国越發喫他的大虧老爺道
怎麽撒髮国越発喫他的大虧王明道這四個道長殺得性起這

如今発下了誓愿説道若不柰南朝何就要殺盡了撒髮国一国
的人民不拘男婦老少寸草不存王明這一席話却是信口謅的
那裏曉得福至心灵天凑其巧怎麽叫做福至心灵天凑其巧原
来国師老爺連日高張慧眼看見撒髮国君民人等死論男婦老
少俱有三年大難正在替他們害愁恰好的王明説個謊説道四
個道長要殺盡了他的国中不留寸草却不正閗着老爺的慈悲
方寸故此叫做福至心灵天凑其巧国師老爺説道這撒髮国君
民有難無處解釋怎麽是好王明又凑上一句説道老爺慈悲為
本方便為門和他解釋一番就是大幸老爺道也罷連這四個道
長一齊請他坐一坐罷王明道既如此公私两利彼此雙全阿弥
陀佛無量功德王明這幾句話又説得老爺滿心歡喜老爺即時

出像西洋記　卷之十二　四五

分付非幻禅師到軍政司取過前日的鳳凰蛋来非幻禅師不敢
怠慢即時叫過軍政司即時奉上一隻鳳凰蛋老爺道只用一個
拿着這一個在手裏口兒裏念上幾声手兒裏捻上幾下把個九
環錫杖照着地平板上撲地的响一声閉了眼入了定一會兒轉
過来説道王明你去請元帥開船罷王明心裏想道一個撒髮国
費了两年多工夫不曾得他的降書降表不曾得他的進貢礼物
怎麽就開船心裏雖然這等想面上却不敢有違報上元帥元帥
也不十分准信竟来請問国師国師道元帥在上实不相瞞這個
撒髮国君民人等俱有三年大难是貧僧把他們都收在鳳凰蛋
裏元帥道怎麽一個鳳凰蛋就收得一国的君民人等国師道元
帥豈不聞乾坤乂袋之事乎一個乂袋　了四大部洲中生弟子

人等只滿得一個小〻角兒何況這等一個大蛋。止收得這等一個小國。何難之有。元帥道。我時放他出來國師道。三年之後放他出來。元帥道三年之後不知我們的寳船走到那裏却怎麽放他出來國師道心到就手到。不嘗在那裏元帥道假如遲早些何如國師道早一日死一日遲一日受一日福遲一年受一年福元帥道遲十年受十年福遲百千萬年却不受百千萬福國師道各人福分不同也難到十年之上元帥道那四個道長何如國師道貧僧也主意連他們都坐一坐退下他些火性添上他些真元不想他的分淺緣慳又不在裏面元帥道既然他不在裏面只怕他又來攔阻國師道連國中的君民人等都沒有了他怎麽又好來攔阻元帥道君辱臣死不見了個國王他四個人肯就是這等干休

罷了國師道這四個人都是此𣸑來僧不是本国的文寇武弁他有個甚麽君辱臣死元帥道國師老爺怎麽曉得國師道是貧僧差王明進去打探來故此曉得。元帥道他既是個𣸑來僧却不又𣸑到前面去終久不是個好相識國師道貧僧也曾料度他來故此請元帥發令開船開船之後容貧僧到靈霄殿上去查他一查看是怎麽却好處他元帥道既如此敢不奉命即時轉過中軍帳上傳令開船。只見五十名夜不收稟說道國師老爺大顯神通把個撒髮國盡行抄沒了元帥故意的問說道豈可就沒一個人剩下來夜不收道連雞犬都沒有了道猶未了南朝五員大将回来一齊稟說道國師老爺大顯神通把個撒髮国的君民人等盡行抄沒了元帥也故意的說道國師是個出家人慈悲方便豈可抄

沒人國。衆官道元帥不准信之時乞親自進城踏看滿城之中連雞犬都不見了。元帥心裏想道佛力無邊。今果然也又故意的說道既是國師抄沒了他的國土我和你只得開船罷稍待遲延恐生他變。衆官唯〻而退即時開船到了三更時分却說國師老爺撇了色身。一道金光逕上南天門靈霄殿上見了王皇大帝王皇大帝看見佛爺〻。致恭致敬佛爺〻告訴道貧僧領兵來下西洋爭柰一個撒髮國從古到今典籍所不載之國王皇道國小易於處分。這是好的佛爺〻道國雖小。却有許多的兜搭。王皇道怎見得兜搭佛爺〻道。先前出下一個金毛道長。十分利害。是貧僧說到鎮天真武回來却繞收服他去其後又添出四個道長一個叫做青毛道長。一個叫做紅毛道長。一個叫做黑毛道長。一個叫做

干戈靖難知揖讓未易變夷

刑網勝殘謂仁義不能禁暴

白毛道長又是十分利害戰他不退。他昨日又要殺盡了撒髮國一國君民人等。貧僧不忍千他把他一國的中生都收在極樂天宮裏面。免得受他熬煎。玉皇道那四個道長何如。佛爺々道貧僧初意也要請他坐一坐兒歸他一個正果那曉得他分淺緣慳。早又不在裏面。玉皇大帝笑了一笑。說道佛爺々你說這四個道長是那個。佛爺々道正為不曉得他是那個。特來相拜。玉皇道佛爺爺。你有所不知。這四個道長就是金毛道長打頭踏的四個人。佛爺道那打頭踏的是青龍朱雀玄武白虎四個神道。玉皇道却不是他怎的。佛爺々道既是他們四個神道敢這等無禮。玉皇道他們因你的天師枉刀殺他到我這裏告狀是我依律批判許他取命填還故此纔敢大膽猖獗。佛爺々道他起先不合劝禁為虐怎

麼說天師枉刀殺他。玉帝道今番憑佛爺々收了他。罷。我這裏再不顧他。佛爺々謝了玉皇大帝。一道金光轉到寶船之上。寶船正值順風布帆無恙。望西洋而進。國師老爺坐在佛堂上叫過武狀元唐英來說道貧僧有一事相煩。狀元可肯麼。唐狀元道國師之命誰敢有逆。国師道昨日四個道長原來就是金毛道長打頭踏的青龍白虎朱雀玄武。唐狀元道他這如今怎麼。國師道只因他到玉皇大帝位下告說道天師枉刀殺人。玉帝依律批判說道准取命填還。故此就走到下方來無端猖獗。唐狀元道這如今國師有何佛旨。國師道貧僧料他不肯干休。一定還到前面的國中生災作耗。故此有事相煩唐狀元道。憑國師分付下來就是。國師道黃鳳仙頗精囲法。貧僧意下要相煩他先去打探　番看前面還

是甚麼國。這四個神祇又是甚麼出身。打探一個詳細回貧僧的話。貧僧還有個處治。唐狀元道謹依國師尊命。即時轉過本營。請出黃鳳仙來。把國師的話告訴他一遍。黃鳳仙道。敢不遵依。即時分付取過一張新床來。取過一付新帳幔來。取過　盆淨水來。取過七七四十九盞燈來。鋪了床。安了帳幔。一盆水放在床底下中間水裏面放上一個燈盞。四週圍画了九宮八卦九宮八卦上擺看四十八個燈盞收拾已畢。自己坐床上叫唐狀元封了門。此時已是戌時三刻直到子時三刻纔許開門。唐狀元不敢怠慢封鎖縝密重々疊々。却說黃鳳仙水囲而出。一處到一處。一事見一事分々明々。仔々細々。到了子時三刻。唐狀元開了門。問道夫人可曾回來。黃鳳仙道回來了。唐狀元道你可曾到過那個國。來黃鳳

仙道到了好幾個國唐狀元道可曾看見甚麽人來黃鳳仙道看見好幾個人來唐狀元道你先說一說麽黃鳳仙道所言私々言之所言公々言之不曾復命國師老爺怎麽先對你說唐狀元到與他幾句話兒撐得住々的曉日東升即時回話國師道黃鳳仙你可曾到那個國來黃鳳仙道小的從此前去先到一個帽山帽山下有好珊瑚樹帽山前去到一個翠藍山山下居民都是巢居穴處不分男女身上都沒有寸紗只是編緝些樹葉兒遮着前後国師道黃鳳仙你可曉得他們這段緣故麽黃鳳仙道小的只是看見却不曉得是個甚麽緣故国師道當原先釋伽佛在那裏經過脫了袈裟下水裏去洗澡却就是那土人不是把佛爺的袈裟偷將去了佛爺沒奈何發下了個誓頭說道這的中生都是人面獸心今後再不許他穿衣服如有穿衣服者即時爛其皮肉因此上傳到如今男婦都穿不得衣服黃鳳仙道前去有一個鸚哥嘴山又前去有一個佛堂山又前去却到一個國叫做錫蘭國国師道這是一個小小的國兒黃鳳仙道是個小國兒国師道雖是個小国却有許多古跡你可曉得麽黃鳳仙道別羅里有一座佛寺寺裏有釋伽佛的原身側着睡在那裏萬々年不朽那些龕堂都是沉香木頭雕刻成的又且廂嵌許多寶石製極精巧又且有兩個佛牙齒又且有許多活舍利子這可就是個古跡麽国師道這是釋伽佛涅盤之處別羅里還有一個脚跡在石上是釋伽佛踹的約有二尺長五寸深中間有一泓清水四季不乾大凡過往的人蘸些來洗眼一生不害眼蘸些來洗面一生不糟面比十里

有一座山叫做梭篤山々上下有兩個右脚跡在石上是人祖阿聃聖人踹的約有八九尺長二尺深中間也有一泓清水国人用以占候年歲每年正月望日來看假如其水清浅則其年多旱其水混濁則其年多澇試無不驗国人敬之如神這兩處豈不是個古跡麽黃鳳仙道小的不曾細看故此不知国師道可曾看見甚麽異人麽黃鳳仙道地方褊小容不得甚麽異人前去又到一個国叫做溜山国国師道你可曉得這個国怎麽叫做溜山国黃鳳仙道小的愚頑却也不解其意国師道山在海中天生的三個石門如城闕之樣其水各溜故此叫做溜山且這溜山有八大處第一叫做沙溜第一叫做人不知溜第三叫做處來溜第四叫做麻里滑溜第五叫做加平年溜第六叫做加々溜第七叫做安都里溜第八叫做官嶼溜八溜外還有一個半窄溜約有三千餘里正是西洋弱水三千這是第三層弱水黃鳳仙道国師老爺這等精細正是眼觀十萬里脚轉八千輪国師道前面又是那裏黃鳳仙道前去又到一個国叫做大葛蘭国前去又到一個国叫做小葛蘭国前去又到一個国叫做阿极国々師道這三個国也是個小国黃鳳仙道前去又到一個国這個国却有些古怪国師道是個大国還是個小国黃鳳仙道是個西洋頂大的国々師道既是大国叫做古俚国若只是個小国就叫做狼奴兒国了黃鳳仙道古俚国是真的国師道這古俚国可有幾個異樣的人麽黃鳳仙道委是有四個全真在那裏国師道這如今在那裏幹甚麽事黃鳳仙道他前日初來之時一個穿青一個穿紅一個穿白一個穿黑齊々

的要見国王国王與他相見問他從那裏而來他說道從上八洞而來問他有甚麼事下顧他說道要化一萬兩金子十萬兩銀子問他有何所用他說道要蓋佛殿一座要鑄佛像一尊問他何所祇求他說道你国中不日有大灾大難造下這佛殿鑄下這佛像和你做個鎮国大毘盧問他甚麼大災大難他說道主有刀兵之变君民人等十死八九剩下一個戓半個還要帶箭帶鎗問他在幾時他說道只在目下不出百日之外問他佛殿怎麼就蓋得起佛像怎麼就鑄得成他說道只要你拿出金子銀子來發了心出了手我們師兄師弟保管你举国平安問他還是暗消了這個災難還是明消了這個災難他說道憑他甚麼刀兵來只憑我們師兄師弟要殺得他隻鎗不見片甲無踪恰好的国王這幾時正有

些心驚肉顫深信他的言語即時拜他為師供養他在納兒寺裏每日間練兵選將舞劍弄鎗這四個全真却不是個異樣的国師道這些畜牲又在古俚国作炒哩貧僧還有個處分即時去拜元師告訴他黄鳳仙這一段的來踪去跡元帥道似此作炒將如之何国師道四個神將都在貧僧身上只是前面五個小国古俚一個大国調兵遣將都在元帥尊裁元帥道既是四個神將在国師身上其餘的事咱學生有處国師拜辭而去三寶老爺請出王尚書來計議一番王爺道西方僻夷強梗冥頑不知王化久矣今無故以兵加之彼必不服况我等初到此處路逕未熟不如遣幾個得力的將軍遊說他一番倘彼倔僵再作道理三寶老爺說道王老先兒言之有理即時傳令叫過四個公々來又叫過四哨四個

副都督來分付每個公々充做正使傳遞虎頭牌每個副都督各領二十五名鐵甲軍充做跟隨小郎各披暗甲各帶快刀如遇国王誠心歸附便以禮相待中間有等奸細即便擒拿以張天討四個公公四個副都督得了將令各人領下鐵甲軍各人駕上海鰍船各人分頭而去衆官已去老爺又傳將令叫過王明來分付他隻身獨自領一封書逕覔着古俚国見了国王投遞與他令他知道個禍福以便趋避王明道古俚国却有四個道長在那裏只怕国王不聽老爺道四個道長在国師身上你們不消掛心王明唯唯諾々駕了海鰍船一逕而去却說寶船行了數日到帽山山下得珊瑚樹高四五尺者十二枝又行了三日到翠藍山只見山脚之下赤身裸体的一陣又一陣每陣約有三五十個国師老爺看

兒說道阿弥陀佛佛々是金裝人々是衣裝怎麼一個人々都穿不得衣服莫若也學衆人下身圍条花布手巾罷佛爺々開了這句口不至緊以後這些赤身裸体的都圍着一条手巾傳到如今這也是燃燈佛一場功德寶船又行了七八日到鸚哥嘴山只見滿山下都是些沒枝沒葉的精光樹光樹上都是些五色鸚哥青的青紅的紅白的白黑的黑黄的黄毛色兒愛殺人也三寶老爺說道這一夥鸚哥到好些毛片怎麼都貼着在那光樹上王爺笑一笑說道安上光棍的串子全靠這些毛片兒須臾之間　夥鸚哥兒唤吱喳々嚷做一起鬧做一團国師沉吟了一會點　點頭三寶老爺說道国師為甚麼事沉吟了這一會又點一點頭国師道這些鸚哥兒叫得有些不吉老爺道鵲噪非為吉鴉鳴豈是凶人間禽

吉事。不在烏音中。我和你提師海外。誓在立功。怎麼說得個不吉的話。國師慢上的說道不是貧僧要說個不吉的話。是這些鷃哥兒嘴裏說道眼下一凶。老爺道怎麼說道眼下一凶國師道那鷃哥兒叫說道金碧峰。金碧峰。一戰成功。戰成功。戰成功。眼下一凶眼下凶。眼下凶。蝎子蜈蚣。這鷃哥兒却不是明上的說道眼下一凶老爺道這一凶却不知在那裏國師道多在錫蘭國。老爺道只怕還是古俚國國師道有眼下二字。還不是古俚國這個未了。寶船又到佛堂山。國師道難得到這個山上。二位元帥請先行貧僧在這裏念幾日經做一塲功果然後就來老爺道既是國師在這裏看經念佛咱們也在這裏相陪。住了船扎了寨。一連念了七日經設孤施食。呪水放燈莫說各色經卷。就只是阿弥陀佛把來裝

載也。㲉一千船哩。七日之後做了圓滿國師把根禅杖放在佛堂中間筆聿直竪着。二位元帥不知其情連天師也不觧其意元帥道念經已畢請開船罷國師道明日早開走。了兩三日藍旗官報道前面就是錫蘭國相去不過三五十里之遥先有一個鉄甲軍任這裏報事元帥分付鉄甲軍進來問說道你是那一個公上名下的軍人道小的是馬公上名下的。元帥道這前面是個甚麼国軍人道是個錫蘭國元帥道馬公上在那裏軍人道馬公上現在錫蘭國元帥道你來報甚麼事。軍人道小的奉馬公上差遣特來報元帥得知這個錫蘭國王立心奸險行事乖張初然接着公上們看見虎頭牌不勝之喜誠心誠意歸附天朝公上們住了一日聞說道有個甚麼番總兵在那裏歸來就教國王以不善意欲謀

害我師。這兩日。國王意思却便有始無終。公上們料度寶船不日就到未敢擅便特來稟知元帥。請元帥上裁元帥道番總兵現在那裏做甚麼軍人道番總兵現在統領兵卒。把守潑皮関元帥道関在那裏軍人道就是我和你進去的略上元帥道可有城池麼軍人道沒有城池就是這個潑皮関是其要害。元帥分付軍人先去歸見公上。叫他晝夜伺候以砲响為號准備厮殺違者軍法從事軍人去了元帥又叫過五名夜不收來教他假扮着番人每人帶着連珠砲十管悶入関內盡夜偵候以関外砲响為號許放砲吶喊違者軍法從事夜不收去了三寶老爺請出王爺來問說道錫蘭國反復不常意欲謀害我師咱學生意思說道與其病後能服藥莫若病前能自防寶船到了他國中他得以為備莫如就在

今夜稍住了寶船遣兩員上將領幾百精兵兼程而進乘其不備而攻拔之不知可否王爺道兵法有云兵之情貴速老公上兼程而進是也兵法又云攻其所不戒老公上乘其不備而攻拔之是已老公上動與孫子相符何患甚麼西洋不服王爺說得好三寶老爺大喜即時叫過遊擊將軍胡應鳳遊擊將軍黄懐德兩員遊擊。齊來到帳前。元帥分付道此去三十里之外。有一個國叫做錫蘭國正東上有一個関叫做潑皮関。関上有一個把関的官是個番總兵頗有些利害你兩個各領精兵五百分為二隊。一前一後首尾相應啣枚捲甲。兼道而行到関先放一個號砲関裏面砲响許并力攻関進関之後乘勝直搗王居。務要生擒国王不可違悞事。如違治以軍法。二位遊擊應聲而去元帥又叫過遊擊將

軍黄彪來。分付道：前面是個錫蘭国。正上上是個哈甘関。関上把守的是個番總兵。也有些利害。你可領精兵五百，盡今夜啣枚捲甲，兼道而行。以東関上砲响為號，許放砲吶喊，悉力攻関。進関之後，直搗王居，務要生擒国王，不可遅違悞事。如違，治以軍法。黄彪應聲而去。元帥又叫過遊擊將軍馬如龍來，分付道：前面是個錫蘭国。正南上是民房錯雜，沒有甚麽関隘。你可領精兵五百，盡今夜啣枚捲甲。兼道而行，以東関上砲响為號，許放砲吶喊，一湧而進，直搗王居，務要生擒國王，不可遅違悞事。如違，治以軍法。馬如龍應聲而去。王爺道：正西上差那一員將官去？元帥道：正西上邊海，不消遣將去罷。畢竟不知這些將官前去功展何如，且聽下回分解。

○○

第六十回

兵過溜山大葛蘭　兵過柯枝小葛蘭

詩曰：

漢使乘槎出海濱　紫泥頒處動星辰　風雷威息魚龍伏
雨露恩深草木春　去國元戎金帽苦　還家義士錦袍新
遠人重譯來朝日　共着衣裳作舜民

却說胡遊擊、黄遊擊二位將軍，領了元帥軍令，各帶五百名精兵，啣枚捲甲，兼道而行，行到溜皮関，已自夜半。関外面一聲砲响，這一响還不至緊，関裏面連珠砲，就砲响連天，殺聲震地。番總兵正在睡夢之中，一驚驚醒過來，說道：関外都是南兵，還自可得，怎麽関裏面都是南兵。内外火攻，背腹受敵，教我怎麽抵當得住。沒柰何，只得雜在番兵之内，各自逃生去了。走了番總兵，萬事皆散，咬不收。開了関，進了二位遊擊，一直殺進国王宮殿裏去。正北上一聲砲响，殺進一彪軍馬，去當頭一員大將，是征西遊擊大將軍黄彪。正南上一聲砲响，殺進一彪軍馬，去當頭一員大將，是征西遊擊大將軍胡應鳳。二路軍馬，自外而入，狼牙棒張柏，領了五十名鉄甲軍，自内而出，把個番王只當籠中之禽，檻内之獸，活活的捉將出來。到了明日，寶船已到馬頭下。這馬頭地名叫做別羅里。却遠遠的望見水面上有許多的泡沫浮沉。元帥道：水中必有緣故。道猶未了，左手下閃出一員水軍都督解應彪，來順手就是八枝寨牢飛上下水去。須臾之間，血水望上一湧，一躃躃出八個尸首

豈五月出師未息渡瀘之役

非一年疲衆不聞定筭之機

來元帥說道水底頭还有奸細解都督又是八枝賽犀飛々下水去須臾之間又洲出三四個尸首上來元帥道水底頭人已自驚散了許諸將各人用計擒拿一聲將令一個將官一樣計較十個將官十樣計較百個將官百樣計較一會兒就拿了一百多個番兵出水也有死的也有活的死的梟首活的解上帳來元帥道你們都是那裏來的番兵道小的們都是本國的水軍元帥道誰叫你伏在水裏番兵道是總兵官的號令小的們不敢有違元帥道是那個總兵官番兵道就是把守東門的元帥道你們伏在水裏怎麽安得身番兵道小的們自小兒善水伏在水底頭可以七日不食七日不死元帥道你總兵官教你們伏在水裏做甚麽番兵道總兵官叫小的們伏在水裏用鐽鑽鑿通老爺的寶船元帥道你們一總有多少人番兵道小的們一總有二百五十個人元帥道衆人都在那裏去了番兵道因見老爺們兵器下來得兇各自奔到海中間去了元帥大怒說道這等的番王敢如此詭詐道猶未了馬公々同了這一干將官解上番王來聽元帥處治元帥正在怒頭上罵說道番狗奴你敢如此詭詐你不聽見我的頭行牌上說道從實王揭王璽有無消息此外別無事端我以誠心待你々反敢以詭詐欺我叫刀斧手過來梟了他的首總番王只是赫得抖衣而戰口裏乾々鞊々說不出話來情愿受死却又是国師老爺替他方便走近前來說道阿弥陀佛看貧僧的薄面饒了他罷元帥再三不肯国師再三討饒元帥終是奉承国師就饒了番王這一死番王連忙的磕頭礼拜他這礼拜又有些不同兩手

直舒于前兩腿直伸于後胸腹皆着地而拜元帥道你叫做甚麽名字番王道小的叫做亞烈若柰兒元帥道你那把守東門的總兵官叫做甚麽名字番王道叫做乃柰塗元帥道他原是那裏人番王道原是瑣里人氏到小的国中來討官做小的看見他有些勇略故此陞他做个總兵官不想昨日為他所悞元帥道他如今在那裏去了番王道昨日在把守鍛皮関今日関門失守不知他的生死存亡元帥道這不過是個纖芥之事何足介意分付左右的這番王既是饒了他的死豈可空放回他討一条鉄索來穿了他的琵琶骨眼帶他到前面去明日回朝之時獻上我万歲爺請旨定奪番王唯々受鎖誰敢開言元帥正欲擇占開船到了明日只見正西上一彪番兵番卒騎了三五十隻高而且大的象蜂湧

而來元帥傳令。誰敢出馬擒此番奴道猶未了。帳下閃出一員大將來長身偉貌聲响若雷。打一個恭稟說道末將不才願擒此番賊元帥起頭視之原來是征西遊擊將軍劉天爵王爺道劉將軍英勇過人正好他去。老爺道多了他是個象戰。也不可輕視于他劉天爵道末將自有斟酌不敢差池王爺遞他一杯酒與他壯行三通鼓响。劉將軍領兵出陣高叫道番狗奴敢如此無礼。你可認得我劉爷。麽番總兵道你是南朝。我是西洋。你和我甚麽相干。你何故滅人之国。執人之君。偏你會欺負人。偏我們怕人麽。牽起番刀。照頭就砍劉將軍一鎗長有丈八急架相迎戰不上三合。番總兵那裏濫得手。劉將軍咬牙嚼齒主意要活捉番官。爭奈他牛角喇叭一聲响一茬三五十隻高象。齊湧將來那象本身是高本身是

出像西洋記　卷之十二　六十

人經了那番官的鞭策只曉得向前那肯退後。若只是打不在話下饒你戳上一鎗抽出鎗來就沒有了鎗眼饒你砍上一刀制回刀來就沒有了刀口劉將軍看見事勢不諧只得收兵而退元帥道今日功展何如劉將軍道一則象势高大二則不怕刀鎗故此不曾得功。容末將明日收服他献上元帥元帥道你有了破敵之策沒有。劉將軍道有策王爺道老公公有何高見老爺道咱學生只一個字。就是破敵之策王老先兒。你有何高見王爺道我學生只兩個字就是破敵之策不知劉將軍你有幾個字。總是破敵之策劉將軍道末將有三個字總是破敵之策王爺道我和你都不許說破各人寫下各人的字。封印了放在這裏到明日破敵之後拆開來有中者賞不中者罰。劉將軍道可許相同麽王爺道只要

破得敵取得勝。那管他同與不同三宝老爺說道言之有理即時叫過左右。取過文房四宝。來各人寫了。各人封號了。收在元帥印箱裏面到了明日劉將軍出陣。兵分三隊前面兩隊都是火砲火銃火箭之類。後一隊一人手裏一條賽星飛怎麽叫做賽星飛原來是個一條鞭的樣子。約有八尺多長中有八節能收能放可捲可舒中間都是火藥都是鉛彈子。隨手一伸其火自出疾如流星故此叫做賽星飛番總兵只說還是昨日的樣子。乘興而出一声牛角喇叭响。一羣大象蜂湧而来劉將軍分付左右說道今日之事有進無退進而捷者。一級必重賞退而却者。一隊必盡誅俱以喇叭响為號一声喇叭响頭一隊火砲火銃火箭一齊連放象還不退又是一声喇叭响第二隊火砲火銃火箭又是一齊連放象

出像西洋記　卷之十二　七一

還不退又是一声喇叭响第三隊賽星飛一齊連發星流烟飛雷擊電走霹靂之声不絕山谷都是震動的。任你是個甚麽象還敢向前来。一齊奔回本陣。渾身上都是箭。都是火傷。死的死爬的爬劉將軍借着這個勢兒挺鎗當頭後面三隊軍馬。一齊奔力一會兒那些番兵番卒。殺的殺了去捉的捉將來。止剩得一個總兵官措躲不及劉將軍走向前去很是一鎗這一鎗不至緊從背上戳起就戳通了到胸脯前直出鞭敲金鐙响人唱凱歌旋見了元帥献上首級元帥大喜分付左右印箱裏面取出昨日的字来當面拆開只見三寶老爺一個字是個火字。王爺兩個字是赤壁兩個字劉將軍三個字是賽星飛三個字彼此都大笑了一場都說道智謀之上所見畧同三宝老爺道前日羊都督一個賽星飛今日

劉將軍一個賽星飛怎麽有這兩様好兵器王爺道解都督的是個袖箭的様兒利于水故此叫做賽星飛劉將軍的是個流星様兒利于火故此叫做賽星飛水火不同成功則一老爺道俱該受賞即時頒賞上下將官兵卒俱各有差劉將軍禀道這些首級怎麽發放。元帥道俱要把個繩兒穿起來各人的首級還是各人看守明日開船行了七八日。却到溜山國早有個鉄甲軍上船報事元帥道這裏是個甚麽國軍人道這裏是個溜山國老爺道是那個公公在這裏軍人道是洪公公在這裏元帥道是那個副都督在這裏軍人道是後哨吴爺在這裏元帥道叫你來報甚麽事軍人道小的領了洪公公差遣報元帥老爺得知這個溜山國王看見虎頭牌。不勝之喜寫下了降書降表備办了進貢礼物。端一等

候元帥宝船親自來叩頭礼拜。只是這幾日。中間有兩個頭目心上有些不服煽惑番王教他不喜故此洪公公差小的先来迎接稟知這一段情由望元帥老爺也要在意隄防他一二元帥道我自有個道理即時分付左右帶過錫蘭王来琵琶骨上一条鉄索坐着一個囚籠囚籠上竪一面白牌。白牌上寫説道各國國王敢有負固不賓者罪與此同又分付劉遊擊隊裏原斬來的首級逐一點過掛將起來首級外竪一面白牌。白牌上寫説道各國頭目敢有倔强無礼者。罪與此同只消這兩面白牌。這叫做先声夺以夺人之気探聽的小番們看見這個番王坐在囚籠裏面看見這些首級掛在竿子上面看見兩面白牌上寫着兩行大字逐一的報上番王番王叫過左右頭目来説道你教我負固不賓你就作與我進囚籠裏去左右听見小番這一報也説道我們的頭也是要緊的怎麽又敢倔强即時同着洪公公迎到宝船之上進上降表元帥分付中軍官安奉又奉上降書元帥拆封讀之書曰

溜山国国王八兒向打刺董再拜致書于

大明國欽差征西統兵招討大元帥麾下竊惟麾下提貔虎以震天威深入山川之阻取鯨鯢而攄国憤求貽宗社之休豈惟蹇蹇以匪躬每見多多而益善某等遐陬路阻窺管見迷仰斧鉞之輝煌識師于之布列願言慶忭倍異等倫伏冀包涵不勝銘刻

書畢又獻上礼物進貢元帥接過单來展開來一看只見单上計開

浮雲盡捲寧峻岐折坂之危

銀錢一萬個　海𧴩二十石（其国堆積如山候肉爛時淘洗潔淨轉賣于他国）　紅鴉呼十枚（寶石也其色微紅故名）　青鴉呼十枚（寶石也其色微青故名）　青葉藍十枚（藍色寶石面有青柳葉紋）　昔剌泥十枚　窟沒藍十枚（俱寶石番名如此）　降真香十石　龍涎香五石（其香最佳價與銀同）　椰子杯一百副（以椰子殼作酒鍾鑲以金銀花梨做廂用番漆口極標致）　絲䋄手巾一百条（細密最勝他處）　織金手帕一百方（其製絶精富家男子以之纏頭每幅價值伍兩）　鮫魚乾一百石（一名溜魚切成塊淡乾米佳）

元帥受其礼物分付内貯官收下回敬国王以冠帯袍笏之類吽過左右頭目來分付他道你做頭目的只曉得教国王以不善你可曉得天命有德天討有罪順之則吉逆之則㐫你可曾看見錫蘭王坐在囚籠裏面麽你可曾看見錫蘭国的總兵官掛起頭來麽左右頭目只是磕頭礼拜哀求說道總望元帥老爺饒命罷元帥道你們之悪尚未形我這裏也不深究你不坐罪于你只是你自今以後要曉得有我天朝在南年々進貢歲々稱臣纔是個道理左右頭目又磕上幾個頭說道小的們知道了再不敢為非元帥分付軍政司賞他酒殺之類国王謝了賞兩個頭目也謝了賞俱各自回国去了寶船又開行兩三日到了大葛蘭国侯公々同着左哨黄全彦領了大葛蘭国国王利思多磕頭迎接侯公々道這個国王甚通大義接着虎頭牌听見說道此外別無事端這一句他就有万千之喜對着牌他就拜上八拜儘有個天威不違顏咫尺之意只是小国民頑都不習詩書不知文字故此沒有降書降表也沒有通關牒文只是儘着他的土產進貢天朝元帥道既

是他有分誠意不可不納一々受他的就是只見擺下礼物苦無奇異的

金錢一百文　絲段五十疋　花布二百疋　青白花磁十石
胡椒十石　椰子二十担　溜魚五千斤　檳榔五千斤

元帥受了他的礼物賞賜他巾服袍笏教他弁降揖遜礼樂雍容國王感謝而去寶船又行了三五日却又到了小葛蘭国只見五名鉄甲軍上船回話元帥道你們禀甚麽軍情軍人道小的們奉王公々差遣特來這裏迎接老爺老爺道王公々在那裏軍人道王公々到了這個國中國王不敢違拗誠心誠意歸附天朝昨日又有報事的小番傳說道元帥老爺因了錫蘭王斬了總兵官的首級愈加心驚膽裂惟上奉承王公々曉得他心無外慕故此

差小的們五個人在這裏伺候元帥老爺船到公〻起身到前面去了有此一段軍情特來禀上元帥道這叫做甚麽国軍人道叫做小葛蘭國元帥道国王在那裏元帥道国王就在船頭上元帥道可有降書降表麽軍人道這個國中国小人頑不習詩書不通文字故此沒有降書降表只有此〻土產礼物進貢天朝元帥道昨日大葛蘭国也沒有降書降表只因他有一念之誠故此受他礼物反賞賜與他既是這個国王也是誠心誠意叫他進來国王看見船頭上円着一個錫蘭王竿子上高掛了那些首級嚇得魂不附休魄不歸身見了元帥只是磕頭磕了又磕只是礼拜〻〻了又拜元帥道起來罷过了半晌却纔扒將起來元帥道你這是個甚麽国〻王噥了一会說道小国叫做小葛蘭国元帥道你叫甚麽

名字国王又噥了一會說道小人叫做利多理多里元帥道你們怎麽不習詩書不通文字国王又噥了一會說道小人愚頑故此不曾學得故此不曾有降書降表望乞元帥恕罪元帥道只你們有歸附之誠勝似降書降表国王道小人还有些土產礼物進貢天朝伏乞元帥海納元帥分付内貯官收下

金錢一百文　銀錢五百文　黄牛十隻每隻重四五百斤　青羊二十隻其毛青足高三尺　胡椒十石　蘇木十石　乾檳榔五十石

波罗蜜五百斤　麝香一百斤

元帥收了他的礼物却又取出中国的衣冠袍笏靴帶之類回敬国王又教他升降揖遜進退周旋国王感謝不盡寶船又開行了兩日却又到了一個国東边靠着大山西边濱着大海南北俱有

陸路可通收了寶船只見王公〻同着右哨許以誠上船迎接元帥道這是個甚麽国王公〻道這叫做阿枝国元帥道国王是那裏人氏公〻道国王是鎖里人氏頭上纒一段黄白布上身不穿衣服下身圍着一条花手巾再加一疋顏色紵絲名字叫做壓腰元帥道国王叫甚麽名字公〻道国王叫做可亦里元帥道国中百姓何如公〻道国中有五等人第一等是南昆人與国王相似其中剃了頭髮掛綠在頭上的最為貴族第二等是回〻人第三等叫做哲地這却是有金銀財宝的主兒第四等叫做革令岩一替人做牙做保買賣貨物第五等叫做木爪木瓜是個最低賤之稱這一等人穴居巢樹男女裸体只是細編樹葉或草頭遮其前後路上撞着南昆人或哲地人即時蹲踞路傍待他過去却纔起

來這就是五等人元帥道国中風俗何如公〻道国王崇奉佛教尊敬象和牛盖造殿屋鑄佛像坐其中佛座下週圍砌成水溝傍穿一井每日清早上撞鍾擂鼓汲井水于佛頂澆之澆之再三羅拜而去又有一等人名字叫做濁肌就是奉佛的道人也有妻小不剃頭不梳頭頭髮織的成毡分做十数綹或七八綹披在腦背後却將黄牛糞燒成灰搽在身上身上不穿寸絲只是腰裏繫着一根大黄藤口裏吹着海螺响後面跟着老婆只有一塊布遮着那些醜物沿門抄化過來這些風俗最是醜的元帥道國中氣候何如公〻道時候常熱就像我南朝的夏月天道五六月間日夜雷滂霈大雨街市成河俗語說道半年下雨半年晴就是這裏元帥道國王順逆何如公〻道國王看見虎頭牌的來意半句不違只是

中間有三個南昆人有四個哲地人都有謀害我師之意國王曉得罵說道這厮造逆不是加福于我止是加禍于我要我和錫蘭王去對坐也即時傳令拿下了這七個人綁縛在這裏聽元帥發落元帥道國王在那裏公公道就在門外元帥分付着他進來國王拜見元帥元帥以賓待之遞上降表元帥叫中軍官安奉遞上降書元帥拆封讀之書曰

阿枝國國王可亦里董再拜致書于

大明國欽差征西統兵招討大元帥麾下竊聞天命有德天討有罪順之者吉悖之者凶某等僻處海洋罔知順逆荷蒙旌鉞籍以彰明剪殘兇渠撫存疑類威暫行而德洽誅綫及而恩加和氣遠周邁七旬之干羽仁風溥暢寧六月之車徒獲奉昇平

不勝感戴忭躍之至倍萬恒情

元帥大喜國王又進上禮物元帥道彼既以誠待我不得相還分付内貯官收下

佛画塔圓一幅　菩提樹葉十張　舍利子一對　金錢一百文　銀錢一千五百文銀錢十五抵金錢之一　玠珠四顆但重四分半以分數論價每四分重彼處值銀一百兩　珊瑚樹四枝哲地人亦論秤輕重彼處人亦能雇倩匠人剪斷車礦成珠洗磨光淨秤分兩而賣　胡椒一百石　龍涎香五百斤　各色花布五百疋　蓬蓬桼一十石肉紅味甘夷人乾之以附遠

元帥受了他的禮物分付内貯官收下却又取出南朝帶去的冠帶袍笏之類回敬國王國王不勝之喜拜謝而去寶船又開行了數日元帥道這幾個小國幸而無事只前面那個古俚國却不知

王明在那裏怎麼畢竟不知王明功展何如且聽下回分解

十二卷終

新刻全像三寶太監西洋記通俗演義卷之十三

二南里人　編次

三山道人　繡梓

第六十一回

王明致書古俚王　古俚王賓服元帥

詩曰

漢家大使乘輶軒　擊筑高歌出帝前　烽烟廣照三千里

代赦從金庚海垣　野騎年來獵邊土　天王𣲖令更神武

大將今数霍嫖姚　儒生持節稱謀主　黍谷盧龍翰海傍

霞標六月飛清霜　錦袍十道秋風滿　碣石高懸閔路長

却說王明領了元帥將令，駕上海鰍船來了二十多日，纔找到古

羽檄星馳仰戴天威應咫尺

牙璋風動高懸酋首在須臾

俚國。只見四個全真鎮日間在那裏提兵遣將，防備刀兵。王明心裏想道：「這等四個毛道長又在這裏來弄誼。我如今到有些不好處得，怎麼不好處得？我奉元帥的國書，欲待不投遞之時，違了元帥軍令；欲待投遞之時，却又瞞不過這四個全真，他肯放鬆了我半毫罷？」好個王明，眉頭一皺，計上心來。到了明日，把頭上的頭髮挑將下來，挽做個髻頭，把身上的衣服定將過來，充做個道袍，手裏拿着一面招牌，上一段寫着「折字通神」四個大字，下一段寫着「治亂興衰吉凶禍福」兩行小字，偏然走到鬧市之中，大搖大擺。一會兒拿出隱身草來，不看見他在那裏；一會兒收起隱身草去，又看見他在街市上搖也搖的。只為這一個隱身草，却就惹動了那些番囬上，都說道：「這夾是個活菩薩臨凡，你看他一會兒現身一

會兒不見了。走了一日不開口。走了兩日不開口走到第三日曉
得那些番子。信他得狠。却纔開口說道貧道從上八洞而來經過
貴地你們衆生是那個有緣的。來問我一個字。我告訴你一個治
乱與衰吉凶禍福也不枉了我貧道在這裏经過一遭那此番回
回正不得他開口聽見他說道你有緣的來問我一個字一千番
子一湧而來。內中就有一個走向前來打個問訊王明故意說道
你這弟子問甚麽事。先寫下一個字來。那番子。寫下一個回字。他
本是個回回人家故此寫下一個回字。王明又問道那裏用的。番
子說道問六甲王明說道既是問六甲。只合生女那番子說道怎
見得只合生女王明說道你豈不聞回也其心三月不為人人你
先前不曾做下得人。怎麽會生子。却不是只合生女麽番子大喜

說道這個活菩薩三教俱通道猶未了又有一個番子走向前來
打個問訊王明說道寫下一個字來那番子寫下一個耳字。他因
是耳朵有些發熱故此寫下一個耳字。王明問道那裏用的番子
說道也是問六甲。王明說道你這個問六甲主生子。且生得多番
子道怎見得主生子。且生得多。王明說道你豈不聞耳小生八九
子這却不是主生子。且生得多這個番子。也大歡喜說道好個活
神仙道猶未了又有一個番子走向前來打個問訊王明說道寫
下一個字來那番子寫下一個母字。他因是外母家裏有些產業
要去爭他的故此就寫下一個母字。王明說道那裏用的番子道
問求財王明說道若問求財一倍十倍大吉。大吉番子道怎見得
大吉王明說道你豈不聞臨財毋苟得這却不是一倍十倍大吉

大吉。哄得個番子。越發歡喜說道好個活神仙也道猶未了又有
一個番子走向前來打個問訊王明道寫下一個字來那番子寫
下一個治字他因是王明招牌上有個治乱興衰的治字。故此就
寫下一個治字。王明說道那裏用的番子道問婚姻王明道若問
婚姻可主成就番子道怎見得可主成就王明說道你豈不聞公
治長可妻也這却不是婚姻成就麽這個番子因是說得他好他
就歡天喜地說道好個活神仙我們難逢難遇在這裏也要隨喜
一隨喜他即時遞上十個金錢說道弟子這些須薄意奉敬老爺
王明心裏想說道我扯這一番寡話原只為了聳動國王。終不然
圖人的財帛。若是得了人的財帛就有些不灵神。却故意的說道
多謝布施只是貧道沒用錢處不敢受罷那番子堅意要他受王

明說道你再要我受我就去了。剛說得一個去字出聲。一手拿出
隱身草來。早已不見了個王明在那裏。一千番子都埋怨這個拿
錢的說道分明一個好活菩薩正好問他幾樁吉凶禍福你偏然
拿出甚麽錢來惱了他去。中間有個說道若是有緣他明日還來
中間又有個說道他只在這裏经過那裏常來。你　嘴我一舌鬧
鬧炒炒早已驚動了那納兒寺裏四個全真四個人。商議說道街
市上有個髦頭只怕是那一位天神体訪我們的行事。我和你不
免去見他一見兒看他是個甚麽白毛道長說道我和你去見他
失了我們的体統只好着人去請他來商議已定差下一個得力
的家丁走到鬧市上伺候兩三日。纔請到那個髦頭王明心裏想
道我今日做了髦頭就趂着這個机関却要把幾句言話兒打動

他的本性大搖大擺而去見了四個全真四個全真看見這個髦頭不僧不俗到也老大的犯疑問他說道你從何處而來髦頭說道貧道從上八洞王母宴上而來全真道王母宴上可曾少了那位神將麼髦頭就扦他一句說道只有王帝查點五方神將少了幾個發怒生嗔來四個全真聽見了這一句話扦實了他的本心誠惶誠恐戰戰兢兢都不開口只心裏想道這個髦頭真是一位上界天仙也王明心裏明白又吊他一句說道四位老師父從幾時到這裏來的那四個全真就扯起謊來說道來此總三五個日子髦頭又說道蒙列位師父呼喚有何見教全真道相煩拆字起数髦頭道既如此請寫下一個字來青毛道長伸手就寫個青字髦頭道何處用青毛道長說道問刀兵髦頭道列位師父不要怪

貧道所說此数大凶道長道怎見得大凶髦頭道青字頭上是四畫就應在四位師父身上青字下面却是個月字月乃大陰之象陽明為泰天地交而萬物通上下交而其志同君子道長小人道消陰晦為否天地不交萬物不通上下不交天下無邦君子道消小人道長又且青字左邊添一撇是個災眚的眚字主目下有災青字下面添一横兩點是個責字主日後天曹有譴責若問刀兵此数多凶少吉王明扮着個髦頭說了這一席的話就把四個道長丟在水碊盂裏骨竦毛酥四個道長扯着髦頭倒地就是四拜王明心裏想道古人說得好得趣便抽身莫待是非來入耳從前恩愛反為仇更不打話一手拿出隱身草來就不見了個髦頭一溜烟而去四個道長好不驚慌這個驚慌還不至緊早已有個小

番把個髦頭拆字通神的事故一一的告訴番王且說道納兒寺裏的四個道長也拜他做師父他受了拜化一陣清風而去番王聽見這一席話就說動了他的火說道怎麽得這個髦頭和我相見問他一個興衰治亂我就放心哩即時分付左右有那個替我尋得那個髦頭來沒官的與他一個官有官的加他一級賞金銀段帛不在其內自古道厚賞之下必有勇夫左右的聽見有官賞又有金銀段帛賞你也去尋我也去找王明心裏也在想國王拿着個隱身草一會兒在東街又一會兒在西巷東街人看見說道好了我的官星來了西巷人看見說道好了我的官星現了可可的落在一個直殿將軍手裏怎麽就落在一個值殿將軍手裏直殿將軍有些力氣衆人搶他不贏看他一肩馱到殿上番王看見

是個髦頭滿心歡喜連忙的走下來唱上兩個偌說道不知大仙下顧有失迎候髦頭道貧道從上八洞王母宴上而來經過貴地故此叫幾個有緣的來我和他拆一個字告訴他一段吉凶禍福令他曉得趋避之方即如指撥生人上路扶持瞎子過橋也不枉了我貧道到貴地一次番王道千難萬難難得大仙下降弟子也有些心事要請教一番髦頭道既如此也請寫下一個字來番王伸手就寫個王字因他是個番王故此就寫個王字髦頭說道那裏用的番王道問我國家的盛衰與廢髦頭道你國中本無個甚麽事目下當主大貴人臨門只是一件多了一干小人在中間作炒這是你的好中不足且看你自巳的主意何如番王道怎見得主大貴人臨門髦頭道貧道據字所拆半點不差你寫着是個王

字上一畫是個天位乎上下一畫是個地位乎下中一畫是個人位乎中這却是個三才正位中間添上一竪叫做王字却不是王者一個人就能兼天兼地兼人却因這一竪來纔成得個王字這一竪豈不是主大貴人臨門番王道怎見得有一千小人作炒髦頭道王字側添一點不是個玉字玉字是個人玉字是個物人而变成個物豈不是一千小人作炒番王道怎見得有一點髦頭道多了國王你腰上有一點黑痣番王自家還不准信脫下衣服來果然腰裏有一點黑痣王明只因有那四個道長故此胡謅那曉得福至心靈偏謅得這等中節哩番王看見說穿了他的痣萬千之喜只說道好個活神仙也連忙的又唱上兩個喏說道大仙在上怎麽教弟子一個趨吉避凶之方王明却將計就計說

西洋記　卷之十三　七

解網全身早見昇平歌帝力

戢戈頓顙願將荒徼沐天恩

西洋記　卷之十三　八

道國王你既是曉得要趨吉避凶貧道就好告訴你了番王道弟子願聞伏乞大仙指教髦頭道你只依貧道所言凡有遠方使客到來一來只是奉承不可違拗便是趨吉避凶番王道弟子國中有四個道長可以趨吉避凶麽髦頭道那四個道長就是你腰下的黑痣哩番王過了半晌却從直說出來說道不惴大仙所說弟子也是西洋一個大國平素不曾受人的刀兵只因納兒寺裏這四個道長化我金子鑄佛像化我銀子蓋佛殿是我問他有何緣故他說道小國不出百日之外有一場大災大難蓋了這個寺造了這個佛叫做鎮國大毗盧就可以替我解釋得這一場災難弟子雖然依他的話言留他住在這裏其實心下不曾十分准信只見近日果有一場凶報傳說道甚麽大明国差下幾個元帥一個

道士一個和尚有幾千隻船。有幾千員將有幾百萬兵。來下西洋一路上執人之君。滅人之國。近日因着錫蘭王拗了。錫蘭國不日就到小國來。這四個道長的話却不是真今日又幸遇大仙故此特來請教髡頭道依貧道所言。當主大喜。你不准信之時門外就有一個喜信在那裏番王那裏肯信。王明就美𢡟起來。拿出隱身草障了傍人的眼目。把個勇字毡帽帶在頭上。把個[illegible]袍掀開來。单披着土黄臂甲。一手元師國書。一手一張防身短劍直挺挺的站在朝門外。口裏叫道送喜信的來見國王國王正在不見了髡頭懊悔一個不了。只見把門的番卒報說道。朝門外有個送喜信的說道要見我王番王說道世上有這樣的活神仙真可喜也快叫他進來。那曉得先前的髡頭就是今番送喜信的王明今番

送喜信的王明就是先前的髡頭王明見了國王遞上元師的國書輕輕的說道元師多多拜上国王我們寶船在在大国經過不敢驚煩。故此先上尺書。聊表通問之意番王看見了一封書已自是不勝之喜却又加王明說上這幾句溫存話兒愈加歡喜一面叫左右頭目陪着南朝的天使奉茶。一面拆封讀之書曰

大明国欽差征西統兵招討大元帥鄭某韮致書于

古俚国国王位下昔我太祖高皇帝驅逐胡元混一區宇。日所出入之邦。皆為外臣。今 皇帝念西洋等諸国。僻在一偶聲教未及故特遣官徧視索爰猷之遺璽取歸命之表章 帝命有嚴予不敢悖。受命以來波濤不興。舟航順流貔虎之師桓桓烈烈。遂用化服諸拜。及王之都門不欲以兵刃相加謹先遣書諭意惟我 聖天子。天所建立順之者昌逆之者亡。王宜自擇勿貽後悔

番王讀畢說道這一封書。果真是個喜信也對王明說道我這裏倉卒之際。不敢具書。你與我多多拜上元師。但遇寶船到日。我這裏降書降表通関牒文一切准備並不敢勞元帥金神王明又搗他一句說道俺元帥既蒙国王厚意感謝不盡。只是国王納兒寺裏有四個全真。他還要調兵遣將。不肯干休番王道那四個人不過是個化缘的道長。怎𣈆得我們軍国重情道猶未了。只見忙忙的走上幾個番兵番卒來口裏叫說是報報。報與我王知道四個全真一齐潦倒国王道你們報甚麼軍情的番兵道。納兒寺裏四個全真一齐的皮裏走了肉。番王道你從頭徹尾說與我聽番

兵道四個全真一向無恙只因前日有個甚麼髡頭折字通神四個人請他來折一個字。折得他日下有災。日後多謊斥。若問刀兵凶多吉少。四個人。一齐納悶悶了這等兩日。只見本寺裏方丈後面平白地長出一顆樹來。一會兒長一會兒大一會兒分枝分葉一會兒散影鋪陰四個全真心上本然是惱看見這顆樹却又喫了一驚站在樹下。站了一會。不曉得怎麼樣的就一齐兒掛在樹枝上。只剩得是個空殼番王道有此蜡事。可怪怪。前日那髡頭說道四個全真是我腰下一個痣待我也看一看痣來。看是怎麽解開衣服那裏有個痣番王道。好活神仙只是去得快了些不曾問得他一個端的左右頭目。說道這四個軀殼把怎麽處他番王道一日賣得三個假。三日賣不得一個真那空殼掛在樹上且由

由他待等南朝元帥兵來只說是我們縊死他的也見得一念歸
附之誠道猶未了探事的小番報說道南朝有寶船千號戰將千
員雄兵百萬勢大如山收在我們海口上好怕人也番王即時上
船迎接王明先已到了船上見了元帥把個粧髦頭的事細々告
訴一番又把個毛道長的事細々告訴一番元帥道你怎麽有這
等的好本事王明道仗着朝廷洪福元帥虎威信口謅將出來儘
謅得有好些像哩元帥道只難得那四個毛道長就死王明道只
怕其中有個緣故道猶未了番王叅見元帥見了二位元帥見了
国師見了天師各々礼畢元帥請他坐下待以賓礼問他道大国
叫甚麽国国王道小国不足叫做古俚国元帥道大王叫甚麽名
字国王道甲末不足叫做沙米的元帥道我大明　皇帝念你們

僻處四夷聲教未及特差我等前來紫誥一通銀印一顆金幣十
襲是用封汝為王汝諸頭目各陞品級各賜冠帶我昨日致書于
汝只大約說個來意不曾道及聖恩盖不敢貪天功為已功也汝
国王可曉得麽国王道甲末荷蒙聖恩感戴不勝未及遠迎伏乞
恕罪元帥道遠迎到不敢勞只問貴国中那四個道長原是那裏
來的国王道原是遊方來的甲末一時被他所惑元帥道幸喜終
其天年免得我們這一番爭鬧國王分明要扯個謊說道是我們
縊死他的看見天師國師都是通神役鬼的主子又不敢說將出
來到是不曾說出來的好國師早已接着說道元帥在上你可曉
得這四個道長的歸宿麽元帥道因為不曉得故此在這裏動問
國王國師道你看看就是元帥道看甚麽國師道貧僧借他納兒

寺裏的樹來你們看着元帥道他這國中也有個寺哩國師道礼
拜寺有三五十處說個有寺两個字道猶未了眼面前就是一顆
樹々上分枝分葉梢柮鬖髿々々裏面掛着四個道長元帥看見
還不至笑把個番王唬得抖々的顫心裏想說道這和尚好利害
怎麽一顆樹都會移得來過了一會元帥道多謝國師指教請他
回去罷國師念了一聲阿彌陀佛一顆樹只聽得一聲响那裏是
個樹原來是國師的九環錫杖今番却連元帥也笑了一笑問說
道一顆樹怎麽是根禅杖哩國師道貧僧曾許下元帥說這四個
道長在貧僧身上故此今日践這一句言話元帥心裏纔明白纔
曉得是前日那根禅杖纔曉得是國師佛力滿口称謝國師道貧
僧還自可得多得王明元帥道已経登了紀録簿上王明古俚國

第一功侯公々道四個道長怎麽只是個空壳國師道王帝收回
真性去了只落得一個軀壳在這裏恰像前日的金毛道長一般
侯公々道國師神異可喜々々番王看見國師這般神異安身不
住起身告辭元帥道擇日接詔不可有違番王唯々而去到了明
日番王同着各色頭目迎接詔書两個元帥親自進去國王及諸
將領謝恩已畢大開筵宴歡至半酣分付術衙行酒以葫蘆茄為
樂器以紅銅絲為絃彈番絃唱番歌相酹相和音韻堪聽番王捧
日進上降表元帥分付中軍官安奉遞上降書元帥拆封讀之書
曰
古俚國國王沙米的董再拜致書于
大明國欽差征西統兵招討大元帥麾下竊惟々德動天惟天

眷德王道蕩平若砥物情煦育望春頌千朔于四夷光布神明之政混車書而一統載揚慈惠之風茲以弱質僻處方[redacted]禹重荷眷存承茲寵渥瞻天顏于咫尺被法語之叮嚀四序由康島屿動聖明之想五兵不試邊陲無金革之声總屬大陶不勝戰慄願言稽顙無任瞻依

元帥收了降書國王又献上進貢禮物元帥分付內貯官收下

五色玉各四片　馬價珠一枚（青色每一枚價値名馬價相値故名）　金廂帶一条（赤金五十兩番匠用如髮細鏤之成片廂篏各色宝石成帶）　草上飛一隻（獸名形大如犬渾身似玳瑁斑猫之類性最純善惟獅象等悪獸見之即伏于地下此乃獸中之主也）　黑驢一頭（日行千里善闘虎一蹄而虎斃）　胡錦百端（最精紋立成五彩）　花藍布五百疋（以花藍織成者）　芸輝十箱（香草也色白如玉入土不朽唐元載碎之以塗壁号芸輝堂）

元帥受了番王禮物分付軍政司安排筵宴大宴番王盡歡而別番王道故老相傳小國去中國十萬餘里何幸得接二位元帥台光今日之別是稱消魂元帥道不覺去中國十萬餘里之外王爺道十萬里之外不可不勒碑紀程老爺道王老先生言之有理即時分付左右盖造一所碑亭竪立一道石碣不日報完左右來請字老爺道請王老爺見教羅王爺道還是老公公老爺道還是王老先生罷王爺揮筆書之說道

此去中國　十萬餘程　民物咸若　熙皞同情　永示萬世
地平天成

左右領去刻成碑銘番王道此存以甘棠之故事元帥道有中国繞有夷狄中國居內以制外夷狄居外以事內汝等享地平天成之福不可忘我中國國王感戴揮泪而別元帥分付開船大小寶船俱望西洋進發行了十數多日國師坐在千葉蓮臺之上一陣信風所過國師拿住他的風頭又拿住他的風尾細細嗅了一番前面這一個國又是賣嘴賣舌的又是損兵折將的國師來見元帥告訴這一段信風的情由元帥道所費周折不勝共勞怎麽是好國師道它船前去都是向西可照着天清氣明上走但凡黑霧濃烟都是妖氣所結不可不隄防他元帥即時傳令各船今後行船之際在意隄防天清氣明的方上任其所行若是黑烟濃霧務在撥轉柁軸不可遠悞軍法所在軍令已出誰敢有違却又行了幾日藍旗官報說道前面望見一個地方看看相近敢又是一個国到了二位元帥步出船頭来凝眸一望早到了一個地方又是一樣的世界只見島水瀠洄島樹秀密樹上有一等的鳥見生得毛羽稀奇相呼厮喚可惜不辯他的聲音其实可愛再近前去又有一夥小番也有在崖上打柴的也有在水裏摸魚的望見這些船來倉倉皇皇抱頭而走王爺道快把人上崖拿住那些砍柴的問他一個端的看是個甚麽国畢竟不知是個甚麽国有些甚麽將領且聽下回分解

○○

第六十二回

大明兵進金眼國　陳堂三戰西海蛟

詩曰

漢使翩翩乗四牡　黃雲望断泰揚挪　萬馬邊声接戍樓

三軍夜月傳刀斗　壯君此去真英雄　軍士材官入彀中
賜纛何須誇薩貫　請纓早已識終童

却說王爺分付左右上崖內中就有一等下得海的一躍而起把個砍柴的捉將來見了元帥元帥問道你這叫做甚麼国樵者道小的這裏叫做金眼國王爺道自太古到今並不曾看見一個金眼国就是前此至人也不曾到得這個地方上我和你可謂極窮到底矣王爺道你金眼國有多大哩樵者道週圍有數千里之遠氣候常熱黍稷兩熟又且者海為塩捕魚為食故此人多勇健好戰元帥道可有城池麼樵者道城池雖不十分高深其實堅固濱海就是一個関叫做接天関把関就是一個總兵官叫做西海蛟十分英勇元帥道可有番船往來麼樵者道也有番船往來只是

柔善者獲其大利若是強梗者就喫了他的虧苦元帥分付起去罷又叫軍政司賞他酒食樵者踴躍而去元帥分付五营大都督移兵上岸掘塹開濠扎成行寨四傍密布鹿角晝夜守以軍牢安营已畢元帥陞帳議事王爺上前元帥道造化低又來到這等一個国怎麼是好王爺道元帥差矣昔日班仲昇一個假司馬隨行的只是三十六個人仗節出関就能碎鄯善之頭繫月氏之頸一連三十六國質子稱臣朝廷永無西顧之憂此何等的功烈我和你今日寶船千號戰將百員雄兵十萬到不能立功異域勒名鼎鐘致令白頭灘下死兒女子手乎元帥道鄯善月氏都與我同類這如今西洋各国動手就是天仙地仙或是妖邪鬼怪先與我不同類你叫我怎麼處他王爺道也怕不得這些事至于此有進無退自古說得好不遇盤根鑿節無以別利器吾盡吾心吾竭吾力至于成敗利鈍雖武侯不能必之于前我等豈能必之于後元帥道承教極有高見只是事在目前先求一計王爺道依學生愚見西洋僻處海隅曉得甚麼夷夏之分驟然加以刀兵豈有不驚駭者不如把虎頭牌傳示一遍看他怎麼樣兒來我這裏却怎麼樣兒答應這纔是個先礼後兵之道元帥道承教極是即時分付傳示虎頭牌左右道差那一員將官前去傳示元帥道黃鳳仙儘熟國法差他前去罷王爺道女將先入何示人以不武也元帥道還是王明罷只是他勞苦太甚了些王爺道勞而有功雖勞而不怨何妨太甚即時差到王明王明得令不敢怠慢拿了虎頭牌竟進番王殿上番王正在坐殿文武班齐恰好正在講這南船入島的事故

鼓舞戎行喜見貔貅今百萬

大明兵進金眼国

虔恭師律不聞珠履昔三千

也有說道來意不善的也有說道苦無惡意的也有說道待之以禮的也有說道應之以兵的紛紛議論不一連番王也沒有個主張只見值殿的稟說道南船上差來一個小卒手裏拿着一面虎頭牌口裏說道要見我王番王叫着他來見王明見了番王遞上虎頭牌長揖不拜殿上左右喝道你是個甚麼人敢不下拜王明道王人雖微位在諸侯之上吾乃天朝之人礼當長揖何拜之有番王只作個不聽見的看過虎頭牌先說苦無惡意的就指着牌上此外别无事端一句說道果無惡意先說來意不善的就指着牌上一体征勦不貸一句說道還是來意不善又是一個一樣的議論只見總兵官西海蛟出班奏道小臣欽承王命把守接天関昨日南兵入界小臣曾经差下探馬探得詳細番王道既是探得詳細還是何如西海蛟道來船約有千號一隻船上扯着一面黄旗黄旗上寫着上国征西四個大字船上刀鎗密密劍戟林林精兵如雲猛將似雨總兵元帥一個是甚麼司礼監掌朝太監姓鄭一個是甚麼兵部尚書姓王內中還有一個道士官封引化真人能呼風喚雨駕霧騰雲還有一個和尚是朱皇帝親下龍床拜他八拜拜為護国国師能懷揣日月袖頓乾坤從下我們西洋來已曾经過一二十個番國大則執人之君滅人之國小則逼勒降書降表索取進貢礼物今日來到我們國中他豈肯輕放於我番王道他既是不肯輕放於我我們却怎麼處他西海蛟說道我國素称強盛雄視西洋今日事至于此豈可束手待斃貽笑于四隣小臣情愿領兵出戰效死决一雌雄一則分主上之深憂二則存我

千百年之國土伏望我王鑒察番王還不曾開口班部中閃出一個老臣愁眉傴眼咪嘴㖞牙那也那的那向前來奏說道不可不可番王起頭視之原來是左丞相肖哇哈番王道左丞相你說甚麽不可肖哇哈說道小臣奏道斷殺不可番王道怎見得不可肖哇哈道南兵深入我國不還加我以兵又先示我以牌此先礼後兵之計我們若是一逕和他厮殺他說我們不知礼義就識破了我外国無人依老臣愚見也還他一個先礼後兵之計番王道怎麽還他一個先礼後兵之計肖哇哈道厚待他的來使即差一個能言能語通事的小番回復他道我金眼国與你中国相隔遥遠一向不相侵犯今日無故加兵于我豈不曲在你南朝倘能撤兵回朝則敝国當以金帛牛酒犒師此外若是過求一毫不能聽命

若說你大国有征伐之師我小國却有御備之固惟主將圖之先盡我這一番禮他若是肯從彼此大幸他若不從其曲在彼其直在我兵出有名戰無不勝這却不是還他一個先禮後兵之計番王道此計太高即時分付從厚欵待來使即時差下一個小番回復元帥說道只願犒師不願降表元帥道只願犒師不願降表是何高見王爺道番王本心要戰因為我們先加他以礼他却故意的說出這兩句話來一且是見得他國中有人二且是慢我軍心他還得以就中取事元帥道既是他們有見何以處之王爺道昨日夜不收說是把守接天関的西海蛟身長丈餘頭大如斗勇猛不可勝當番王倚靠他做個萬里長城在那裏諸將中只怕還沒有他的對子哩道猶未了帳下一人歷階而上身長八尺有餘雙

肩山聳面如重棗二部虎鬚戴一頂太歲盔披一付油渾甲穿一領團花織就錦征袍束一条玲瓏剔透黃金帶手拖着一条丈八蛇矛一手搊着一条黃金花带高叫道元帥何小覷于人也喑啞叱咤千人自廢從古到今只有一個楚伯王勇猛不可勝當怎麽後來又死於韓信之手豈可一個些小西海蛟未將們就不是他的對子王爺起眼看來原来是個水軍大都督陳堂王爺心裏想道此人既出大言必有大用〻人之際焉敢小覷于人連忙的陪個笑臉說道學生失言了陳將軍英勇著聞兼備文武此去必然成功勿以學生之言介意三寶老爺道陳將軍自去調撥罷務在成功不可造次陳堂拂衣而起臨行王爺又叮嚀他道陳將軍你要曉得我軍深入重地利在速戰你須要在接天関下結寨安營

引誘得敵人出來與他交戰這叫做反客為主之法纔獲全勝陳都督得了將令自去調撥即時領了馬步精兵三千前去接天関扎下寨安了營早有巡邏的小番報上関去関上又有一等巡綽的番官報上番王番王心上有些惧怯即忙宣進西海蛟來商議退兵之策西海蛟未及開口先有番王第三個太子長身黑臉偃眼兜腮自小兒有些膂力長大來習學些拳棒漸漸的武事熟閑又兼有些謀畧能使一口合扇刀能飛三枝流火箭上陣厮殺之時儼然像個遊龍盤繞之狀故此名字叫做盤龍三太子西洋各国到是有些惧怯于他叫上一聲聞名抖戰走一下過見影奔逃年方一十八歲正是血氣方剛之時就跪着稟道南兵遠来得勝驕縱眼底無人自謂我国唾手可得其實兵驕者敗欺敵者亡他

先有敗亡之机望父王一切軍務俱付西総兵裁處自有妙計孩兒雖然不才願協力同去萬望父王寬心番王道若是西総兵肯一力擔當閫外將軍制之寡人豈敢中撓西海蛟說道養軍千日用在一朝君令臣共理也怎麽說個肯不肯的話又且南兵遠来久戰疲敝誠不足惧但憑小臣胸中的本領但憑小臣手裏的兵器若不把這些蛮子們殺得片甲不歸誓不回朝伏望我王鑒察番王看見三太子一段英勇已自有三分之喜却又聽見西海蛟一席玄談這個喜就有十分了說道天生下你兩個人來扶助我的社稷吾復何憂但須早奏捷音慰我懸望即時取過一付廂金的鞍馬鎧甲來賜與西海蛟觧下自已身上的金珮来賜與二太子二人拜謝飲酒三盃各綽兵器上馬三太子對西海蛟說道兵

之情貴速兵之机貴密我和你兩枝兵不可連成一路西海蛟道
怎麽不可連成一路三太子道若只是連成一路南兵得以悉力
抵敵勝敗未可知也西海蛟道不成一路却待怎麽三太子道我
和你本是兩枝兵還分做兩路你領一枝軍馬先去遇着南兵便
要與他厮殺我領一枝軍馬隨後策應你們等待南兵和你們厮
殺之時我抄出其後你抗其吭我扼其背南兵腹背受敵其势一
定抵當不來怕他不輸這一段就見三太子有些謀畧西海蛟道
妙計妙計學生先行恕僭了西海蛟先行三太子隨後各自下関
各自下寨待到明日天早南陣上三通鼓响擁出一員大將來身
長八尺有餘兩肩山聳面如熏棗一部虎鬚果然好一個水軍大
都督陳堂陳都督起頭一看只見番陣上吹的海螺一聲响打的

馱鼓三聲早已閃出一員番將來身高一丈頭大如斗金睛紅髮
相貌猙獰坐下一疋黃彪馬手裏拿着一様兵器上半節有三尺
團圓下半節有斗來粗細長有一丈來長重有三百斤重原來是
一根鉄梨木粗粗糙糙的方梁名字就叫做方天梁陳堂看見他
生得有些古怪劈頭就喝上他一聲咦你是甚麽人敢下関抵敵
番將張開口來吆喝一聲這一聲儘像個雷公霹靂說道吾乃西
洋金眼國親王駕下總兵官西海蛟是也你是何人陳都督道你
沒有耳朶也有鼻子豈不聞我是大明國征西水軍大都督陳爺
西海蛟說道你是大明國我是金眼國我與你素不相干焉敢領
兵侵犯我的疆界陳都督道我無事不到你國來因我大明　太
祖高皇帝驅逐胡元愛猷過海被他白象馱了我們的傳國玉
璽以至西洋我等特來取這個玉璽並取你們的降表降書正令
你們歸我王化不絕于被髮左衽你可曉得麽西海蛟大怒罵道
你休得在這裏胡講你若要我的降表降書須則是海枯石爛你
且看我手裏拿着是個甚麽東西相煩你就問他一聲問他肯不
肯麽陳都督也自怒從心上起惡向膽邊生罵說道番狗奴你有
個甚麽武藝你是個甚麽兵器敢在我跟前來誇口掣過丈八蛇
矛來照頭就是一戳西海蛟急忙的舉起方天梁急架相迎一來
一往一上一下殺做一堆攪做一處西海蛟兵器雖重重的就笨到底
使得不活套陳都督蛇矛溜小小的就乖終久使的灵变你看陳都
督人又精神蛇矛又伸出鬼沒兩點一般相似一上手就殺到百十

餘合兩家子却敵一個住不分勝負陳都督心裏想道這番狗奴

浮海濟師共集堂堂之陣

橫戈誓衆用成善善之功

除有此本領急忙裏不得贏他莫若賣個破綻耍他一耍心裏籌度已定。手裏把個丈八蛇矛。虛幌了一幌。拍馬望本陣而逃。西海蛟只說是真。放開馬。趕將下來。趕的看看將近。陳都督掣過一枝神標。紐轉身子。照直標將過去。原來西海蛟又有些些靈性。也在隄防陳都督的暗箭暗鎗。只看見是枝標。他急忙裏取出水磨鞭來一聲响。把枝標早已打落在地上。陳都督看見喫了一驚。說道這賊奴。這等眼快手疾。好生怕人。連忙的取出那兩枝標來。一齊放將去。那兩枝標就齊奔着西海蛟的頂陽骨上。西海蛟看見兩枝標不慌不忙。紐轉身子來。一手舉鞭。一手舉梁貴美。他平生的本領。只一聲响。兩枝標又齊齊的落在地上。陳都督就嚇得面如土色。說道我這神標不知取了多少上將之頭。假饒他是個能者也只好招架得我一枝。再沒有個三枝落空之理。那曉得反被這廝把我的。都打落在地上。一時怒發如雷。舉起丈八神矛來。直取番將。番將又是方天戟往來厮殺。兩家子正殺在酣處。一聲海螺响陳都督背後撞出一員番將來。長身黑臉。偃眼兜腮。騎着一疋番鬃馬。使着兩口合扇刀。高叫道南朝蠻子。走到那裏去。你可認得我盤龍三太子麽。陳都督看見又添了一員番將。越發抖擻精神左來左殺。右來右殺。便殺得好。自古道好漢不敵兩。况兼西海蛟三太子。又都不是個服土兒。陳都督心裏想道。這一陣只怕有些些假哩。怎麽假哩。莫說要贏他。只說捨個平過。也是難的。心上到也有些兒喫慌。正在慌處。只聽得一聲砲响。三太子背後又撞出一員南將來。面如黑鉄。鬚鬢似鋼錐。騎一疋烏錐馬。使一桿狼牙棒

高叫道番狗奴。你們既是要充好漢。怎麽兩個夾攻一個麽。你是好漢的。過來嘗一嘗我的狼牙棒麽。你可認得我張爺麽。三太子轉過頭來。只見這等一個異樣的黑人。騎一疋異樣的黑馬。使一件異樣的兵器。心上不敢怠慢。勒轉馬來。舞刀相架。張柏只是一片狼牙丁丁將去。三太子也只是一片合扇刀刀將來。張柏心裏想道。天色已晚。那裏就會贏得他。莫若使個蠻力。耍他喫我一嚇舞起那個丁來。只照着他的合扇刀上打。打得玎玎璫璫的响。就像大中橋上賣糖的糖鑼兒响一般。盤龍三太子果是喫嚇。心裏想道。他的兵器好利害也。喜得打在刀上。若是打在我身上。却不打壞了我麽。此人不可與他爭鋒。莫若借着這個天晚。各自收兵到了明日再作道理。三太子道。今日天色已晚。饒你去罷。你明日

再来領我的刀也張柏道你也只有這等的本事明日再敢來麽陳都督收兵回營參見元帥元帥道今日功展何如陳都督道啓將武秋高強急切裏不得勝他若不是張某來險些兒還要輸陣元帥道怎麽還要輸陣陳都督却把個厮殺的事故細說一遍元帥道既如此再着張柏出陣協力攻戰你二人凡事小心在意再看明日這一陣何如到了明早紅日東升藍旗官報道西海蛟又在陣前討戰張柏道末將先行都督留後罷陳都督道先聲足以奪人之氣若是張將軍你先行他只說是我學生害了怕怯今後他却易視于我了還是我學生先行陳都督出馬高叫道你這說大話的番狗奴怎麽要人來幇殺哩西海蛟說道你這不知死的賊你還要出來直待我一方天梁打你做個肉餅你纔干休陳都

督道我怕你甚麽方天梁就是照頭一戳那丈八神鎗恰像流星趕月一般西海蛟輪動方天梁也只了得個平過上手又是三五十合兩家子正殺在興頭上張狼牙就急性起來一疋烏錐馬一桿狼牙丁直丁着西海蛟西海蛟殺在好處那裏又顧得傍邊有個人筭計他來自古道得好螳螂捕蟬黄雀在後誰知道盤龍三太子看見張狼牙暗笑他的西海蛟他就連忙的取出一枝火箭来緊照着張狼牙的背上撲地响中上一箭這一箭可上的落在甲上西海蛟到不曾丁得着水火無情自巳甲上發起火來陳都督看見心裏說道這個狼牙丁又在惹火燒身哩三太子心裏也說道張狼牙這一燒不死也是一塊火炭哩張狼牙自巳慌起来狼是一聲喝這一聲喝就像半空中响一聲雷你說是一聲假雷

逼真的黑風從地而起大雨自天而降

　雨稱風威偏潑倒　風隨雨勢越顛狂　風風雨雨相追逐
　任是天公沒主張

風又大雨又大刮的刮淋的淋遶兩邊的將軍兩邊的兵卒都存身不住莫說只是錨巾上那星星之火只當不曾聽見各自收兵張狼牙無恙這也莫非是天心輔助我南朝也莫非張狼牙氣数不該断絶三太子說道張狼牙肚子裏有個雷公西海蛟道怎見他肚子裏有個雷公三太子道若不是肚裡有雷怎麽開口雷就响西海蛟說道賢太子你有所不知前日哨探的小番告訴我說道南朝有一個道士官封引化真人能呼風喚雨役鬼驅神這個莫非就是他的徒弟故此也會呼風喚雨三太子道似此呼風喚

雨你也有些難贏他西海蛟說道事到如今只好向前不可退後怎麽怕得他成到了明日再處到了明日張狼牙當先出陣高叫道甚麽三太子的番狗奴你只會背地裏放暗箭你今日明打明的出來我和你殺個三百合來你看一看三太子聽見叱名要他他就番心作悪抖膽行兇跨上番鬃馬使着合扇刀逕自奔出陣来也叫道你昨日還燒不死哩今日又來領刀麽張狼牙道你今日再敢放出一枝火箭來麽我就放出個轟天劃地的雷公却照頭還你一下我就放出個翻江攪海的風却連你這金眼國都翻他過来我就放出個傾盆倒缽的雨却連你這金眼國都渰將起來那時節問你敢也不敢三太子因是眼見他昨日的手段故此不敢回言也不敢放箭張狼牙看見他有些氣餒輪起狼牙丁來

劈刀頭就是三太子也打起精神来舉刀相架你一来我一往你一上一下砍做一堆殺做一處大約有了百餘合陳都督站在陣後說道昨日張將軍助我的與我今日豈可袖手傍观况兼前後夾攻賊勢必敗筭計已畢即特把馬一夾一桿鎗斜拽裏逕奔着三太子的身上陳都督指望斜拽裏一鎗出其不戒攻其無備一戰成功那曉得好事多磨西海蛟又在番陣上看見看見還不至緊他就勒轉個馬頭竟扒在陳都督的背後照着後腦上就是一方天梁這一方天梁後腦上到不曾打得着把個戰馬後跨上打番了打做兩截後一截落在地上前一截吊在天上陳都督坐在馬上喫他照前一閃手裏撲着鎗却不照前一伸這一伸又伸得巧伸在三太子的馬頭上又把個番鬃馬戳通了面門三太子又

喫他一閃兩家子却閃下馬来就在平地上一個一桿鎗一個合扇刀急忙裏殺了兩三合西海蛟怕三太子有失救轉三太子去了張狼牙怕陳都督有失救將陳都督回来各自收兵陳都督同了張狼牙叅見元帥元帥道連日出陣勝負何如陳都督道昨日張柏喫三太子一火箭甲上發起火来今日小將喫西海蛟一方天梁把個馬打做兩截幸賴天子威灵主帥洪福昨日天降大風大雨纔觧了火灾今日無意中一鎗伸在三太子馬頭上互相閃失纔討得個平開不然未將們都做了泉下之鬼怎能勾再見元帥尊顏元帥道這等的潑賴番人怎麽得贏得他一陣張狼牙說道元帥寬心明日小將單丁隻馬一定要活捉這兩個番人若是捉他不來誓不相見元帥道張將軍你休要這等急性且看兩個番

將明日怎麽出來且說那兩個番將先前在番王面前說大了話恐怕番王見怪一連殺了三日昔不曾有個甚麽大功勞心下生出一個計較來叫兩個小番前去飛報番王說道厮殺三日先一日不分勝負第二日三太子一枝火箭燒死南朝一員副都督第三日西海蛟一方天梁打死南朝一員大都督這如今一個太子一個總兵官一路凱歌而回番王大喜差官迎接接着入関大排筵宴賀功番王道連日大捷多得總兵官之力西海蛟說道多得賢太子之力三太子道還是總兵官功績居多番王道南船還在幾時退得西海蛟道不出三日之外一定要鳥他的元帥捉他的將官若不成功誓不回朝見主畢竟不知西海蛟復來勝負何如且聽下回分解

第六十三回

金天雷殺西海蛟　三太子燒大明船

詩曰

天低芳草誓師壇　西海蛟多戰地寬　鼓角迴臨霜野曙
旌旗高對雪峰寒　五營向水紅塵起　一劍當風白日看
從此大明征絕域　任誰番部怯金鞍

却說三寶老爺請上王爺同升寶帳文武百官會集帳前老爺道番將無知累來討戰連日中間雖不曾大敗却不能取勝于他怎麽是好你諸將中有誰勇略過人跑出陣前擒此二将成功之日官上加官職上加職老爺問了這幾句諸將都面面相覷半日半

日不作聲馬公公笑一笑說道朝廷養軍千日用在一朝難道這等一個番將我軍中就沒有一個英雄豪傑敢去敵他自古道激石乃有火不激原無烟到是馬公公這幾句話兒一下子就激出一個將官來歷階而上高叫道元帥何視諸將之薄也末將不才願借一枝軍馬前去擒住番狗奴獻于麾下元帥你心下何如衆人舉目視之只見其人身長三尺膀闊二尺五寸不戴盔不穿甲就像一段冬瓜滚上帳來原来是征西右營大都督金天雷元帥問說道金將軍你有何良策足破敵兵金天雷荅應道憑着末將這一柄神見哭的任君鑵怕他甚麽番狗奴元帥閑看兩隻眼把個頭兒搖幾搖說道那西海蛟身長一丈膀闊三停你這三尺長的人兒抵不得他的半節腿况兼他英勇過人又有盤龍三太子

霧雨朦朧未許南山多虎豹

金天雷殺西海蛟

霹靂那知西海有蛟龍

輔助這兩日饒是陳堂張柏尚不能取勝你怎麽是他的對頭這一席話兒把個金天雷激得只是爆跳高叫道咲元帥差矣豈不聞蚤蚊嗜牛巨象畏鼠人有技能豈在大小昔日王莽簒漢光武中興王莽名下有一個大將名字叫做巨無覇身長丈二腰闊十圍就是金剛一般的漢子况兼又有一面聚獸銅牌拿起個牌來幌一幌虎豹豺狼蜂湧而來那一陣不贏那一戰不勝昆陽城裏該多少的英雄豪傑都不能當其鋒後來出下一員小將姓郅名揮表字君章身軀不滿三尺只當得土地老子一個孫兒大破巨無覇于昆陽之西叉令王邑王尋等死無葬身之地今日西海蛟的英勇未必好似巨無覇末將雖是這等一個矮小人兒本領高強却不把個郅君章閣在心上元帥今日統領十萬雄兵出在十萬餘

里之外若但以形貌取人只怕諸將之心都有些冷冷兒的樣子元帥一時不曾開口金天雷又跳將起來鎗架子上取過一枝鎗來輪上一会那裏是桿鎗只當得個燈心拐棒兒樣子撇吊了鎗刀架子上取過一張刀來舞上一会那裏是張刀只當個半邊河瓢兒樣子撇吊了刀壁上取過幾張硬弓來一拽一張折兩拽折一双撇吊了弓拿起自家神見哭的任君鏜使將起來耳朶裡只听見一片响眼裏頭那裏看見有個人饒你是個流星趕月沒有這等圓饒你是個飛鴈盤雛沒有這等快王爺看見金天雷英勇絕倫即時跕起來叫說道且住且住道猶未了天師國師一齊到來相見礼畢分賓主坐下元帥道二位老師下顧有何見教國師道貧僧特來恭喜元帥道連日戰不勝攻不取有何恭喜敢労国

師國師道不是恭喜連日却是恭喜今日元帥道今日弓未上弦刀未上鞘怎見得恭喜國師道金將軍出陣手到功成故此特來恭喜天師道今日的功勞應在金將軍身上委是可喜王爺道學生也料今日之功成在金將軍手裏金天雷正在負屈不得自伸听見國師說他恭喜天師也說道可喜王爺也說他功成這一讜奬就把個金天雷奬得喜上眉峰平添膽累高叫道末將此行若不梟西海蛟之頭懸于高竿和千古刎君章做個知己誓不為人元帥道萬代瞻仰在此一舉你務在小心不可造次金天雷禀道二位元帥在上天師國師在前兵法有云將在軍君命有所不受今日之事委托末將中間行止疾徐俱憑末將元帥幸勿見罪元帥道只在到頭一着其餘的悉憑尊裁金天雷拜辭而去元帥又

叫過軍政司來取隻羊尊酒送到右營裏金爺處勸他滿飲一杯教他早梟番將之頭以慰衆位老爺懸望金天雷拜受已畢心裏想道為將不在大小看各人的本領何如交鋒不在惡殺看各人的志量何如我今日說了這幾句大話好不一戰成功只是這個功却也不是容易成的須則是拿出個智量來纔是贏手我今日是個甚麼智量兵法有云先為不可勝以待敵之可勝這如今賊勢方張我且退縮他兩日致使他志驕氣盈方纔一鼓擒他豈不為美籌策已定一連坐了三日並不曾出兵每日間只听見藍旗官報道番將西海蛟又來討戰金天雷只作不知內中也有說道金將軍平素性急怎麼這幾日如此寧柰也有說道金將軍開大了口說大了話收拾不得故此忍着西海蛟說道只講南船上雄

兵百萬戰將千員原來都是些假話只這兩三日並沒有個將官敢來出陣可笑可笑到了第三日上三通鼓响南陣上擁出一個將軍身不滿三尺沒甲沒盔坐在馬上就是一段木柢西海蛟看見就笑一個不止金天雷心裏想道你笑我麼我還一個好笑哩西海蛟說道果真的南朝沒有了人把這等一個小孩子叫他來做將軍只消我一指頭就打他做兩截只一件來打死他也不見我的手段我且問他一声看叫声道來者何人你莫非是那個庙裏急脚地里鬼怎敢來尋我金剛麼金天雷大怒說道腥狗奴吾乃大明國朱皇帝駕下征西右營大都督你這犬羊異類敢來欺滅我麼你縱有血肉千斤只好去攩刀抵箭終不然你有甚麼用處西海蛟又笑了一笑說道這矮賊人兒雖小嘴其實尖蚊虫遭

宿打只為嘴傷人我如今先把你這個賊鬼嘴割將下來且看你怎麼道猶未了一柄方天梁照頭照腦就是幾下金天雷却又古怪不拿出任君鏜来只掣過一桿鎗輪上輪下西海蛟來得鬆他又輪上前去西海蛟來得緊他又輪退後來輪上輪下輪了一日盤龍三太子看見急性不過拿起合扇刀劈面砍將過来金天雷看見他砍得很拖着一桿鎗望本陣而跑三太子埋怨西海蛟說道拿這等一個娃子和他廝殺殺了一日還不曾羸他你到不害羞哩西海蛟道殺此小賊何足為強待我明日一方天梁築他做塊肉泥就是到了明日金天雷又來出陣西海蛟說道你這娃子何不去撫養成人罷只管來自送其死金天雷大怒罵說道你這臊狗奴焉敢小覷於吾罵便是罵手裏又不是任君鏜又是一張

刀舉起刀来直砍上西海蛟的面上去西海蛟那裏採他隨意提起個方天梁來左一支右一架金天雷的刀只在方天梁上刮擋刮擋的响三太子斜曳裏又揷將來西海蛟說道賢太子請囬罷只這等一個小孩子要我們兩個人殺他不可使聞于隣國三太子說道此言有理我且囬朝但有別的甚麼將官出來你且再來請我這只是三太子的命不該絕還有幾日祿米未完故此走了他囬朝去了這兩個人又是這等混了一日不分勝負金天雷囬營參見元帥元帥道金將軍你一連出陣兩日並不曾成功你若是戰他不下莫若差幾員名將并力攻他或者還有個好處不然長了他的英氣大了他的膽略往後去急忙裏難得羸他金天雷說道末將正要驕他的志盈他的氣不愚不成功王爺大笑起來

說道正合我今日之見元帥心下明白却又怕走透了消息故意的說道你這些人都是巧言令色不能羸人反有這許多閑話左右的着他出去閉上了營門這都是兵不厭詐處到了明日西海蛟又來金天雷又去又是一桿鎗輪上輪下西海蛟到了三日心上有些喫惱儘着那些蠻氣力都拿將出來很着是一方天梁金天雷明是要賣個破綻他看迎着他一鎗一鎗就招做兩截金天雷折了鎗帶轉馬來連人連馬一跳跳起來就跳在圈兒外面又支起一張刀舞上舞下西海蛟儘着蠻氣力又很着是一方天梁金天雷又賣個破綻他看迎着他一刀一刀又招做兩段金天雷斷了刀帶轉馬來連人連馬又是一跳跳起來跳在圈兒外面却綫掣過那一百五十斤重的任君鏜來手裏舞的就是遊龍出洞

飛鷹投湖西海蛟猛空裏看見喫了一驚心裏想道今番却錯上了擋也這等的一個毛人到用着這許大的兵器怎麼敢小覷于他自古道天君泰然百体從令西海蛟心上喫了慌手裏就有些作怪分明是抖擻精神和金天雷廝殺不知怎麼樣兒一梁打將下來金天雷這裏就是一鏜挑將上去可可的方天梁撞在任君鏜上那鏜就是鋒剌一般這莫非是西海蛟該是命短金天雷該是成功只聽得咭叮一聲响把個方天梁就鏟做了兩段西海蛟已自是心上喫慌的人又斷了這個方天梁花子死了蛇沒有甚麼美得怕他甚麼人不着慌嚇得只是魂不附体魄不歸身坐在馬上頭輕脚重的金天雷又巧把個任君鏜照他腦背後恍他一恍他連忙的紐轉頭來把個半段方天梁還去一架剄綫紐轉

頭來那邊下壳子上。已是一鑣把個斗大的頭撲的一聲响雖將
下來。番兵們去了頭目。再敢向前。只是八四下裏逃生奔命。金天雷
一片鑣不知斷送多少人的頭。直殺得不見了人。却纔拿了斗大
的頭來見元帥。二位元帥大喜。天師国師都來賀功。國師道貧僧
的恭喜。可是真麽。老爺道多謝国師指教。但不知国師是何高見
國師道貧僧沒有甚麽所見。只說西海蛟怎麽是個金天雷的對
手。你把這個名字去想。就是。老爺道國師之言有理。西方也属金。
海在下。天在上。海裏的蛟怎麽敢敵天上的雷。只是一処而已。国
師之言何等有理。但不知天師也說道今日的功勞應在金將軍
身上。是何高見。天師道貧道以数觀之。得個金木相刑之数。金將
軍是金。用木蛟西海蛟却不是木。故此貧道曉得功勞在他身上

老爺道天師之言有理。但不知王老先生你也說是今日之功成
在金將軍手裏。先生是何高見。王爺道學生以理推之。怎麽的理
西海蛟連日得勝。已自是志驕氣溢。眼底沒有人了。再加上金將
軍人物矮小。不起堆垛。他必然藐視于他。欺他是個矮手。自古道
兵驕者敗。欺敵者亡。以此理推之。學生就知道今日之功成在金
將軍手裏。老爺道三公之見妙哉々々。王老先生是一個理。天師
老先生是一個数。国師老爺兼理兼数。諸公不言。言必有中。即時
分付紀錄司紀功。分付軍政司擺宴大宴慶功。正是。

三十羽林將　出身常事邊　春風吹淺草　獵騎何翩々
插羽面相顧　鳴弓上新弦　射麋入深谷　飲馬投荒泉
馬上共飲酒　野中聊割鮮　相看挾醉飲　從此勒燕然

筵宴已畢。元帥又分付取過銀牌綵段來賞賜金天雷手下將佐
各々有差。又分付取過西海蛟斗大的頭來。竪一条高竿于接天
関外。把他的頭懸在高竿之上。號令諸番。遲降者以此頭為例。却
說金眼国国王聽見西海蛟砍了首級。不覺的放聲大哭。哭得好
不痛苦也。說道西海蛟乃是我国中的擎天白玉柱。跨海紫金梁
今日一旦喪於南人之手。再有何人能扶助我的江山。能撑持我
的社稷。說了又哭。哭了又說。說猶未了。只見把関的番兵飛跑而
來。報說道南朝人到我們的関外。竪一根高竿。高竿之上懸掛着
西總兵的首級。首級上插着一面紅旗。紅旗上寫着遲降者以此
為例七個大字。號令関中。出言無狀。国王又聽知這一場。報越發
哭々啼々。哭一個不了。啼一個不休。盤龍三太子說道西總兵為

速我誅鋤竊謂威張還可避

三太子烧大明舡

惢渠毒詈詎知天經不能逃

国亡身今被蕞竿之慘孩兒無以報他情愿統領一枝人馬開関截戮梟取那個矮狗奴之頭也把他來懸在関上繞了得個寃報寃之事國王道孩兒差矣我兵新喪主帥人無戰心况兼他那裏出陣之將未必就是那矮子怎麼就能勾寃報寃麼三太子道既不能寃報寃我且領枝人馬衝下関去奪回西總兵之頭來之以理這也不失以德報德之道國王道孩兒也未可造次南人詭計極多他既是要號令我国中豈可不設兵守禦或者以此為餌四路裏埋伏軍馬未可知也難道就是以德報德三太子道既不能寃報寃又不能德報德教孩兒這一點心怎麼能勾表白國王道我也想來這如今沒有別法只得備辦三牲礼物到関上對着他的頭祭他一番聊表我們一念之誠罷了三太子說道父王之言有理即時備下三牲陳設供桌遥對着西總兵的頭大祭一番奠三杯酒焚幾炷香讀一篇祝文文曰

維某年某月金眼国上王莫古未伊失堇以庶羞之儀致祭於總兵官西海蛟而言曰嗚呼維我有国維將軍邴祖兹戈兵奮彼羽翮有鋒斯摧無梗不戢余方寄之干城而胡罹蕞竿之阨雖然將軍之頭可斷將軍之心不可裂將軍之頭可懸將軍之志不可摘嗚呼生抱豹韜死裹馬革悠上彼蒼將軍何忒嗚呼哀哉伏惟尚饗

祭畢一個國王一個三太子抱頭而哭哭聲未絕只見祭桌上一隻鵞平白地跳將起來叫了一會郎說道太子哥太子哥前行還主折人多陪了一壺酒還要陪着一隻鵞国王太子都喫了一驚

国王道這莫非是西總兵有灵來告訴我們的禍福我兒只怕前面凶多吉少不如趁着此時獻上一封降書降表也免得举国的生民塗炭你意下何如這幾句話兒分明說得有理那曉得三太子是個血氣方剛之人知進而不知退即時大怒說道父王差矣豈可因這等些小妖讖悞我軍国大事道猶未了一手揭過鵞來一手提起劍來把個鵞一揮兩段高叫道凡我臣子有不盡心報国者罪與此鵞同太子這一發怒之時左右們無不凜凜国王心下十分不悅當有一個附馬將軍名字叫做哈里虎看見国王不悅跪上前去禀說道勝敗兵家之常雖然折了西總兵幸有三太子在這裏三太子英雄蓋世韜略無雙莫說一個西總兵就當得十個西總兵莫說一個南將就當得百個南將既是太子盡心為

国小臣輩何敢貪生凢有差願效大馬之報国王聽見附馬將
軍這一席勸解心上纔有些歆喜說道非我志餒肯服輸於人只
怕畫虎不成反類狗也故此躊躇若早些回頭罷三太子說道父王
寬心不是孩兒空口所言孩兒有個退兵良策那怕他百萬南兵
也不在孩兒心上番王道是個甚麼良策你說来我聽三太子道
南朝既斬了西總兵料定了我国中再沒有個能者防備之心漸
上的懈怠况且他的寶船停泊在我内港水路曲折他豈能盡知
我若還是陸路上厮殺勝敗尚未可必孩兒今夜撥出海鰍船五
百隻順風直下裝載火箭火鎗火藥之類趂他在睡夢中間放起
火來燒他幾百號且驚他一驚這叫做攻其無備出其不意孫武
子最上兵法豈不為美却又再調附馬哈里虎領一隊人馬陸路

出像西洋記　卷之十三　三十九

上截殺他一番教他背腹受敵支持不來活捉他的將官生擒了
他的主帥到家之時割下他的頭也掛在竿子上却不替西總兵
報了這個仇豈不雙美父王你說此計何如番王說道此計也還
通得哈里虎道太子妙策真有鬼神不測之机我王社稷安於泰
山何慮南朝人馬番王道既如此你們依計而行只是不可輕易
不要貽我以後憂就是了蟠龍三太子別了番王自行其計坐上
牛皮番帳點齊五百隻海鰍船精選一千餘人會水的兵卒另選
四員水軍頭目做個副將一更左側上了海鰍船軍士都坐在艙
底上寂寂無聲恰好的這一夜月白風清波恬浪靜海鰍船五百
隻順看那一股流水放將出來看看的將近寶船大約還有一二
里之遠三太子傳下將令把這些大小海鰍船一齊灣住看着兩隻

巡哨的小鰍輕輕的前去体探一會兒体探的回來說道南船上
人人都在做夢個個都在扯呼只有一隻船上有些燈亮這燈亮
不知是誰原来是官封引化真人張天師天師怎麼還有燈在却
說天師坐在朝天官裏心裏似夢非夢眼兒欲開未開只見一個
穿紅的走到面前来打一個恭天師睜開眼來問說道你是那個
其人也不作聲也不見在那裏去了天師醒過来心上有些疑惑
說道今日值日天神却是龍虎玄壇趙元帥怎麼有個穿紅的過
我面前道猶未了国師差下一個人送了一幅小紙兒天師拆開
讀之上面只有十個字那十個字說道

夜半一場災　天師仔細猜

天師看見這十個字心上老大的明白說道災字是個川下火我

出像西洋記　卷之十三　四十

適來看見穿紅的走下過却不也是個火料想是今夜有個甚麼
火災国師只來告訴我是教我准備的意思他不曾去告訴元帥
我也不消去告訴元帥罷即時間叫上一聲值日神將何在只見一
個龍虎玄壇趙元帥就在階下打恭天師道今日是你值日麼趙
元帥道是小神值日天師道我們寶船上今夜該有甚麼災悔
趙元帥道今夜子時三刻熒惑流光直射武曲多般有些火災天
師道有我貧道在這裏怎麼做得這個勾當趙元帥道但憑天師
分付小神敢不竭力天師道你與我叫過風伯雨師來我自有個
話兒分付他趙元帥應聲而去一會兒四個神道一字兒跪着稽
個頭稟說道適承天師老爺呼喚有何使令天師道你們都是甚
麼神祇其神道小神們都是司風的風伯天師道怎麼有四個其

神道。一個是三月鳥風。一個是五月麥風。一個是七八月簷風。一個是十二月酒風。天師笑起來問說道那三個叫做信風我已知道他了。這個怎麼叫做酒風其神道十二月天冷飲酒擋寒多飲了幾盞就有些發風故此叫做十二月酒風天師道這個發酒風的笑不得個人数也罷你們今夜都在這裏伺候有功之日明昔上清道猶未了。又有四個神道一字兒跪着磕個頭稟說道適承天師老爺呼喚不知有何使令天師道你們又是甚麼神祇其神道小神們是行雨的雨師。天師道怎麼也是四個其神道小神按東西南北四方故此也是四個天師道你們既是個雨師怎麼這等衣冠不正言語侏儒雨師道天師在上還有所不知這如今世

変江河愈趨愈下。假饒孔夫子也有些衣冠不正也有些言語侏儒天師道怎見得。雨師道褒衣長短這豈不是衣冠不正夫子之言不可聞這豈不是語言侏儒天師道這都是解什之辭也罷你們今夜在這裏伺候有功之日明昔上清風伯雨師一齊稟道小神們今夜在這裏伺候天師有何令旨。天師道今夜子時三刻我們船上主有火災聽令牌响為號令牌一响你們即時要來風要刮開去。雨要淋下來。不許遲延悞事遠者治以罪。風伯雨師應聲而起畢竟不知這夜半之時有個甚麼火災風伯雨師有個甚麼顯應且聽下回分解

○○

第六十四回

王良鞭打三太子　水寨生擒哈秘赤

詩曰

陰風獵上滿旗竿　白草颼上劍戟攢　九姓羌胡隨漢節
六州蕃落從戎鞍　霜中入塞琱弓响　月下翻營玉帳寒
今日路傍誰不指　穰苴門戶慣登壇

却說三太子聽見南船上人上都在做夢。個上都在打呼。心上大喜說道此天意有在令吾成此大功也。分付放開船去番兵們得令一湧而開看上至近。一聲牛角喇叭响。一齊火箭。一齊火銃一齊火藥都照着南船上放去只見放去的火便紅南船再不見燒着。三太子心上有些疑惑說道怎麼南朝來的船不是木料造成麼既是木料造成有個不惹火的分付把些火具盡数放將出來果然是火勢連天照得海面上通紅如同白日。三太子道今番多

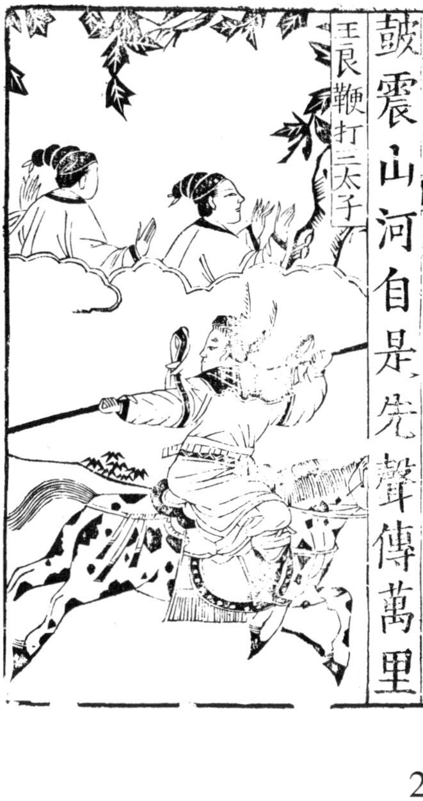

鞭驅雷電果然餘勇冠三軍

管是燒着他了。那曉得天師坐在朝元閣上披髮仗劍踏罡步斗。初然間火小時還不至緊。到後來火勢連天。通明上下他就狠起來敲一下令牌。喝聲道風伯何在。果然的一陣狂風刮將開去把此火。又燒到海鰍船上。天師又敲下令牌喝聲道雨師何在。果然的一陣驟雨淋將下來。把此火都撲死了。三太子看見這個風這個雨。激得只是頓足搥胸說道。交々這個風敢是南朝帶來的風麼我西洋海上那裏去尋這等乖々的風。這個雨敢是南朝帶來的雨麼我西洋海上那裏去尋這等乖々的雨。没柰何。只得收拾海鰍船回去。回去打一查。却原来火燒壞了七隻。浪打壞了八隻三太子反喫一驚說道。反把自家的船到燒得七打八。嘿。這叫做周瑜設計高天下。陪了夫人又折兵。却說寶船上夜半三更都在

出像西洋記　卷之十三　四十三

睡夢之中。只聽得一片吆喝一陣火起。都喫了一嚇。五營大都督在岸上傳起更來。准備着步戰。四哨副都督在船上傳起更來。准備着水戰。一會兒火發。一會兒狠起來。一會兒燒天燒地照海通紅。都也嚇得心驚膽顫無計可施。也只說是寶船有些難保。那曉得猛空裏一陣狂風。又一陣驟雨。把個火輕々的撲死了。全不見半星滿船上軍人那個不說道屋下有天。那個不說道船上有天到了明日早上。二位元帥升帳會集大小將官。天師國師都來相見。老爺迎着說道。夜来喫驚。二位老師可曾知道。國師道。貧僧從昨日早上喫驚起。驚到如今。天師道。貧道喫了一夜驚。到如今纔住了。老爺道。怎麼二位老師都先喫驚起。國師却把昨日裏送帖兒的話告訴一遍。天師却把夜來書符遣將的事告訴一遍。二位元帥大驚。請上天師國師。一連唱上兩個偌。說道多謝二位老師作主。不然連老夫都成灰燼之末。國師道。一言之微。何足稱謝。天師道。職分當為。不敢勞謝。元帥道。似此番奴將來還有不測之變國師道。緊防備着他就是。元帥道。承教甚有理。即時傳令五營大都督旱寨裏早晚間着意隄防。傳令四哨副都督水寨裏早晚間着意隄防。又傳令着兩員水軍頭目左巡哨百戶劉英。右巡哨百戶張盖領哨船五十隻先行便宜哨探。凡遇緊急軍務許星飛馳報毋違。又傳令着南京江淮衛把總梁臣。濟川衛把總姚天錫各領戰船一百五十隻。各領水兵一百五十名。進口二十里之地安扎水寨為犄角之勢。以防三太子水攻。又傳令着右先鋒劉蔭應襲王良領精兵三千攻打接天関限刻期取勝。又傳令着狠牙棒

出像西洋記　卷之十三　四十四

張柏領精兵三千前後策應諸將得令各自分頭去訖却說三太子乘興而來沒興而返哈里虎接着說道賢太子一塲大功怎麽壞在這個風雨手裏三太子說道正是我們自己到罷了只是父王有些不快哈里虎道既是国王不快我和你說起此就是去見國王上上道夜來功展何如三太子道孩兒之計非不善爭柰那金長老張真人神通廣大致令半塗而廢番王道寡人心上老大的𢙣煩𢙣惱怎麽躭煩躭惱南兵木等強梁無對况兼深入我的藩籬怎麽得他退去若再加那個長老真人展其術法到底是個毛也一子哈里虎奏道大王休憂太子武枕不在南將之下夜來一陣雖不曾燒得南船其實南船上的人都已心驚膽顫小臣不才願與太子同心戮力殺退此賊保全社稷伏乞大王寬心國王起

身以手摩其背說道賢卿乃我國家親臣好與吾兒協力同心共扶社稷子子孫孫同享富貴勿替哈里虎說道王臣蹇蹇匪躬之故小臣怎敢偷安道猶未了報事的小番報說道南船上差下了兩員大將統領着無萬的雄兵把個接天関圍得鐵桶相似有此軍情特來報上三太子聽知道接天関被圍翻身而起哈里虎說道不勞賢太子親征容末將提兵下関去罷三太子道单絲不線孤掌不鳴我和你兩個同去國王放心不下再三叮嚀說道凡事小心不可輕敵道猶未了又有一個報事的小番報說道接天関東水門外有無數的戰船百般攻打水門上沒人把守恐有疏失特來報知国王聽知這一報諕得抖衣而戰肝膽俱碎說道南兵水陸竝進却怎麽處治三太子道父王一国之主不可遇事驚慌

你一個驚慌不至緊恐驚動了國中百姓人心搖動上無鬪志將以国與敵乎國王道非是寡人驚慌怎柰敵兵壓境須得個良策之方三太子道孩兒自有良策國王道是個甚麽良策三太子道譬如醫者緩則治其本急則治其標這如今水門上的南兵勢分而遲緩之可也関下的南兵勢合而銳緩之則有失国王道兵勢固是如此吾兒怎麽處分三太子道孩兒自有處分水門上可令水軍酋長哈秋赤副總管沙漠咖兩個人各領海船一百隻把守水門堅壁不出南兵師老自斃此以逸待勞之策也南兵總然生出翅來飛不進我們的水咖裏面國王道関外何如三太子道関外南兵須則是孩兒和附馬親自與他央戰仗父王的洪福憑孩兒的本領或是生擒他兩員或是殺死他兩員那時節乘得勝之

威席捲長驅勢如破竹雖水門上諸將可一鼓而擒也道猶未了一手抽出一根令箭來一撒兩段說道孩兒此行若輸了半分銳氣誓不為人罪與此箭同科番王看見三太子英風凜凜殺氣騰騰又且調兵遣將条条井井心上大悅說道孩兒你自去罷只凡事小心些就是哈秋赤沙漠咖各領了水兵船隻把守水門堅壁不出盤龍三太子同哈駙馬開了関門把些番兵一字兒擺開飛馬出陣只見南陣上三通鼓響擁出一個右先鋒來長文身大肚膊囲子臭銅鈴眼騎一疋五明千里馬使一桿繡鳳鴈翎刀這等一個將軍三太子看見心上也要喝聲采高叫道來者何人右先鋒說道吾乃大明國欽差征西右先鋒威武大將軍劉蔭的便是你是何人三太子嗄嗄的大笑說道吾乃金眼國國王駕下嫡

嫡親上的盤龍三太子是也你在我國中一個多月豈不曾聞着我的大名麽刘先鋒大怒罵說道小番奴焉敢戲美于我你是個甚麽三太子敢在我大人長者之前搖唇鼓舌笑而無礼斉起張刀来就是楊柳花飛一路滚將春去三太子全不慌不忙掇動了個合扇雙刀緊来緊架慢来慢架兩個人一來一往一高一低正然是殺在好處只見南陣上三通鼓響斜肉裏閃出一員大將来騎一疋流金瓢馬使一桿丈八長鎗原来是應襲公子王良高叫道小狗奴你敢在這裏無礼麽一鎗就到三太子提起刀来好生一招又是三個人一往一来一上一下原来刘先鋒王應襲俱有萬夫不當之勇况兼又是兩個人成了雙作了對有照管有互换放心大膽拿定了要捉那個番官盤龍三太子雖是有些武執有些

膽畧到底是一不敵兩心上始終有些惧怯殺来殺去不斉的閃了一個空刘先鋒趁着這個空一刀就進三太子還是溜煞急忙裡補將過来饒他補將過来早已一刀劈開了個馬膊子王應襲看見劈開了三太子馬三太子換馬他就跑向前去是一鞭這一鞭正中着三太子左膊上打得個三太子昏天黑地不辨東西那一面唐猊鎧甲粉碎如泥還喜得是三重細甲不曾打得十分的穿三太子一則是壞了馬二則是帶了傷撥轉馬望本陣而逃刘先鋒和王應襲就是金鷹搏兎螳螂捕蟬那裏就肯干休一直趕到関下三太子喫了這一番好趕也在慌處心裏想道到了関且待我拿出火箭来奉承他几箭一手摸箭匕摸一個空一手摸弓上摸一個空原来換馬之時俱已吊將去了左一個空右一個空把個三太子激得只是爆跳如雷怎麽就激得爆跳如雷欲待跑進関去又折了威風欲待回来厮殺却又跑得氣喘終是不得赢人正在激得爆跳恰好関裏面一声牛角喇叭响閃出騎馬將軍哈里虎来三太子心慌意乱沒有了主張哈里虎却是醒上白白的曉得勢頭不善高叫道賢太子快進関来三太子還不動哈里虎說道你直待要做個針兒把線引麽三太子却纔明白把馬一夾跑進関裏面緊上的閉上関門王應襲說道那個番奴早来了一脚遲些兒我們搶了這個関哩刘先鋒道但得小勝便自足矣明日再来未為晚也到了明日劉先鋒說道為將之道鬪智不鬪力今番須要把個智去勝他王應襲說道但憑先鋒見教就是劉先鋒說道我學生先去出陣你且扮做個小卒雜在隊伍之中

水寨成功勝氣獨横千里月

水寨生擒哈哷赤

島夷就戮凱歌相送萬夫聲

直待殺到興頭上你却暗地裏補上他一箭教他照管不及應弦而倒王應襲大喜說道先鋒之計正中之奇妙哉妙哉請先行罷劉先鋒挽刀上馬領了一枝精兵三通鼓响列成陣勢只待三太子出來施其妙計原來三太子跑進関裏面哈里虎道你今日怎麼不拿出箭來也三太子說道因為砍壞了馬換馬之時倉皇急迫不知怎麼把個弓箭吊將去了哈里虎說道我有一計不知太子意下何如三太子道有何妙計請教一番哈里虎說道賢太子你的火箭百發百中但只是對面拈弓那人得以躲閃以我的愚見莫不㕘詐明日出陣之時我學生出身厮殺賢太子扮做個小番就站在我學生馬頭之下便中就放他一箭一個人只消一箭却不一箭成功賢太子你意下何如三太子大喜說道有此妙計天使我們成功到了明日把関的小番來報說是南將又來打関哈里虎飛身上馬開了関門一湧而下把些番卒也一字兒擺開劉先鋒喝聲道唗你是甚麼人敢來出陣哈里虎說道吾乃金眼國國王駕下駙馬大將軍哈里虎的便是你為敢小覷于人你說我這個八面金楞簡打不死你麼劉先鋒說道好大毛人敢開大口講大話你回去問昨日的番狗奴討一個信再來也未遲哩哈里虎說道口說無憑做出來便見道猶未了拿着那個八面金楞簡舞將起來就如白蟒纏身烏龍戲爪劉先鋒看見這個番將也有些利害抖擻精神舉刀相殺殺做一塊砍做一堆王應襲心裏想道殺人先下手先下手為強後下手遭殃此時不射更待何如悄悄的拈起弓來搭滿了箭看得真去得准撲的一箭這一箭

不至緊早已正中在哈里虎的左眼上把個左眼珠兒一穿穿得鐵緊却說三太子裸在哈里虎的馬頭之下看見南陣上射了哈里虎一箭連忙的取出弓來搭上火箭正照着那個放箭的還他一箭可可的中在王應襲的束髮冠上王應襲的頭頂上即時間騰騰火焰燒將起來却說哈里虎射了眼珠兒一手拔出箭頭連眼珠兒都帶將出來哈里虎說道兩隻眼本是多了一隻了他也罷提起來照着草地上一摜不知摜在那裏去了王應襲的頭上火燒起來劉先鋒連聲高叫道王公子火燒了頭王公子火燒了頭王應襲一時間也無計可施把馬一夾跑在百步之外就是一条長流河王應襲就在馬上番一個斛斗一番番在長流河裏自古道火來水救一個人番在水裏尚有個火會燒人麼兩家

子一個帶了箭傷。一個帶了火傷。各自收兵回陣。却說三太子回到関上。眉頭不展。臉帶憂容。哈里虎說道。我學生瞅了一目。尚不憂煩。賢太子。你為何眉頭不展。臉帶憂容。太子道。只因卑末不才。致令駙馬壞了一隻眼。又致令我父王添了一場愁。哈里虎說道。我學生之目何足掛齒。只是父王之憂須要與他一個寬解。三太子道。這憂愁怎麼與他寬解得。哈里虎說道。也有一個道理。三太子道。是個甚麼道理。哈里虎道。勝敗兵家之常。我和你須要反敗為勝。怎麼反敗為勝。南兵今日射出了我的眼珠兒。似覺得勝。早寨裏不免洋洋得志。一場大歡喜。這個喜信傳到水寨裏。水寨裏面豈復隄防。這如今我和你守着這個関。傳出將令。去着水軍酋長哈秘赤、副總管沙漠呵。各領戰船。各帶水兵。開了水門。一齊殺

將出去。攻其無備。出其不意。豈有個不贏之理。這不是反敗為勝麼。三太子說道。妙哉妙哉。即時傳令水軍酋長。如此如此。到了明日。哈秘赤、沙漠呵領了水兵。駕了戰船。一聲牛角喇叭响。大開水門。一湧而出。把個戰船一字兒擺開。如長蛇之狀。哈秘赤站在船頭上高叫道。南朝那個蠻子。敢來攩我的手麼。他只說南船上不作准備。那曉得早有個巡哨百戶劉英。又有個巡哨百戶張盖。兩下裏飛報回來。報說道。番船出関。一字兒擺着。番官聲聲討戰。出言無狀。姚、梁兩個把總不敢怠慢。即時傳下將令。擺開船隻。點齊水兵。梁臣道。今日之事。番兵慣習水戰。不可易視于他。姚天錫道。以我學生觀之。番兵未必慣習水戰。梁臣道。怎見得他不是慣習。姚天錫道。他把個戰船一字兒擺開。首尾相遠。不能相救。以此觀

之。見得他不是個慣習。梁臣道。長蛇之陣。自古有之。焉得說他的不好。只是我和你要個破他之法。怎麼個破他之法。他的船分得有個頭尾。我和你也要分開來。你領你的船。你領你的兵攻他的頭。我領我的船。我領我的兵攻他的尾。教他頭不能顧尾。尾不能顧頭。却傳令兩個巡哨百戶。領一枝精兵衝斷他的腰。一条蛇三下裏被傷。豈有再活之理。這却不是個破敵之法麼。姚天錫說道。將軍高見。這番狗奴在吾目中矣。即時傳令兩個巡哨官。即時傳令開船。一個連天砲。三通畫鼓。南船山一般出去。梁臣領了一百五十隻戰船。五百名水兵。直殺到他的頭上。姚天錫領了一百五十隻戰船。五百名水兵。一直截住他的尾巴處。更不打話。一任的廝殺。你殺我這裏一鎗。我殺你那裏一鎗。你砍我這裏一刀。我砍

你那裏一刀。你挺我這裏一棍。我挺你那裏一棍。你飛我這裏一鎚。我飛你那裏一鎚。兩家的船不動如山。兩家的兵卒飛跑如馬。殺得正在興頭上。只見巡哨的百戶劉英原是個多謀足智之人。坐在哨船上。猛可裏心生一計。即時放開這二十五隻哨船。稍泊在空濶去處。叫過船上那一班會水的軍人。一叫就叫出二百五十多名來。分付他一人各下。要蘆葉兩束。或是亂茅兩束。一會兒一齊交卸。又分付他一人兩束蘆葉。或是兩束乱茅。都要賠上的安在番船舵上。一會兒一齊安上。安上了這些草把兒。連水軍也不省得做甚麼。那些番船那裏曉得舵上安了東西。劉英分付放起號砲來。一聲砲响。閃出二十五隻戰船。就攔腰一劄。這一劄不是刀。又不是鎗。又不是耙。又不是棍。都是些火箭、火銃、火砲之類

响聲未絕又是一聲砲响。早又閃出二十五隻戰船來攔腰又是一劄這一劄又都是些火箭火銃火砲之類。梁把總看見中間火起即時傳令也是火箭火銃火砲一齊衝去姚把總看見頭上火起即時傳令也是火箭火銃火砲一齊衝去三四下裏都是南船南船來往如飛那番船禁不過這許多火器攻打。也要走動。把個舵東一推東不動把個舵西一推西也不動。舵工一攂子。跌起脚來口裏嗹咁道苦也苦也哈秘赤看見個番船不動。激得起來。一刀一個舵工兩刀就是兩個舵工到了三個舵工身上吆喝道可憐見枉刀殺人。嘿。哈秘赤說道怎麼枉刀殺人。舵工道爭奈這各船上的舵平白地都推不動非干小人之事。哈秘赤自已走過去推一推果然不動。哎上一聲說道這必定是那個和尚道士。下了魘符

魘住我的船隻那裏曉得都是劉百戶把個草把塞住了舵眼故此推不動捱不移轉身出來。正要挺鎗厮殺。只見南船漸上的挨將近去百戶劉英也駕一隻小船近去離番船大約還有一丈多遠劉百戶拖一桿鎗狠起來雙脚一跳竟跳到番船之上哈秘赤看見不是個對頭走下船艙裏面。竟思要躲。早被劉百戶一鎗戳中了左腿跌番在船板上。姚梁兩個把總看見劉百戶搶了頭功兩下裏都湧到番船上。把個哈秘赤活活的提將來了。沙漠咖看見哈秘赤被擒却就蕩了主意怎麼蕩了主意欲待厮殺勢力不加欲待回船舵又推不動慌了帳一毂轆跳到水裏去姚把總走向前喝聲道番狗奴那裏走擧起刀來一揮兩段可憐沙漠咖死在鋼刀之下。上一截還在船上下一截吊在水裏遂葬鯀魚之腹

兩個番將一個生擒一個砍死其餘的番兵怎麼再抵當得住捉的捉住殺的殺死只有些慣水的熟番攛下水去望岸上而跑這一陣活捉一個將官殺死一個將官擒到三百隻海鰍船。其餘殺死的不可勝計。生擒的也不可勝計。這一陣筭做一塲大功。却說張百戶攔腰一劄又去水門上巡哨番船怕有裏面策應巡哨回來聽見劉百戶成了大功。嘆上兩口氣說道我和劉某都是一般的官。一般的巡哨他今日建了如此大功。我無尺寸勞績怎麼去見二位元帥老爺即時統領了那二百五十名軍士理伏草坡底下。但有水裏走上崖的殘兵敗卒。一手一個兩手一雙逐個的拿將來解上帥府。却說梁把總解上哈秘赤來。姚把總提了沙漠咖頭來。劉百戶解上許多活捉的番兵來。張百戶解上許多殘兵敗

卒來各上獻功二位元帥大喜論功行賞以劉百戶塞舵眼功紀在第一。其餘的頒賞有差賞賜已畢。元帥分付推下哈秘赤去梟首上來。一會兒推人下去一會兒獻上頭來。元帥分付把這兩個番將的首級又竪起兩根竿子來又掛在兩根竿子上関外懸起頭號令関上說道凡有愚頑抗拒者罪與此同號令已畢元帥又分付把這些番兵盡行梟首王爺道學生有一言相禀老爺道有何見教願聞王爺道番兵蠢若犬羊。殺之誠不足惜但不降而戰者番王及三太子。及哈里虎諸色人等。這些人上有所命下不敢不從殺之似覺無辜其情可憫不如放他回去傳語番王教他早早歸服這却是体天地好生之仁。也足以表我中國莫大之量老公公以為何如老爺聽知這一席好話。把個頭連點遞點說道王

老先生之言是也。即時叫過刀斧手來解脫了這些番兵的綁索叫他一個個的跪到帳下來分付他說道你等抗拒天兵王法軍法俱不可赦。本當斬了你們的頭割了你們的頸傳示你們的国中但念你們都是天地間生灵我心有所不忍故此今日特地饒了你們死罪放你們回去你們回去之時傳語番王教他早來歸順所說的傳國玉璽有則早早的獻將出來。也見得他的功績沒有也當早早的回上一封表章。豈可愚迷不省若再愚迷不省我明日攻破他的城池教你寸草不留。那時悔之晚矣又且你們家中各有父母各有妻子。各人歸去各務各人的生理不可仍前助紂為惡我今番捉住你們再沒有個空放之理你們可曉得麽這些番兵一則是得了性命。二則是元帥的話言懇切你看他一個

個的兩泪雙流磕上二三十個頭都說道我等被擄之夫自知必死今日得蒙天星爺爺饒我們的性命從今以後天星爺爺是我們的再生父母我們是天星爺爺。留下的子子孫孫我們今日回去之時一定要把天星老爺的善言一句句對我國王陳說他若是早早來歸兩家俱好。他若不聽我們的言話定要提兵遣將和天星老爺撑對我們寧可各人尋個自盡再不敢反戈相向只是無以報天星爺爺的活命之恩道猶未了。一齊兒又是哭將起來元帥道你們不消哭罷各人起去。元帥又分付軍政司人各賞他一頓酒食與他壓驚各番兵一湧而去畢竟不知這些番兵傳語國王不曾。又不知國王果真肯來歸順不曾且聽下回分解

第六十五回　三太子帶箭回營　唐狀元單鎗出陣

詩曰

聞道西夷事戰征　江山草木望中精　城頭鼓角何時寂
野外旌旗逐隊明　號令且嚴驅豹虎　聲威夜到泣鯢鯨
須知功績非容易　元帥胸中富甲兵

却說三太子和哈駙馬把關門閉上同見國王國王道今日水軍頭目出陣未知勝負何如三太子道哈沙兩個將軍原是諳練水戰之人手到功成不消父王憂慮哈里虎道賢太子有知人之明哈沙二位將軍有料敵之智今日的功成不小我王眼觀旌捷起耳聽好消息就是道猶未了。報事的小番慌慌張張走到面前來

跧伏未期狡兎穴中憐一箭

三太子帶箭回營

捉將去了。沙將軍奔下海裏就被一刀。一擲兩段其餘的水軍殺的殺死在船上捉的捉將去了。又有一班打從水裏奔上岸來的却又一個將軍攔在路上。一個一個的綑着而回不曾剩着半個兒國王道似此說來。我們的兵卒死無噍類了。小番道却是沒有半個脫空番王道那五百隻海鰍船如今在那裏小番道却是南人駕將去了番王頓幾下腳搥幾下胸。說道誰想今日。人財兩空道猶未了。只見一夥番兵披頭散髮跪在階下。番王認得是昨日的水軍連忙問說道你們可是水軍麼衆人道小的們是水軍番王道你們既是水軍。昨日都死在南人之手。怎麼今日又得生還衆人道小的們都是生擒過去的擒到他船上見了元帥元帥分付盡行處斬。以警後來有個姓王的老爺說道。小的們都是無辜百姓超豁小的們殘生反又賞賜小的們酒食教小的們多上拜上我王說道早上歸降免得軍民塗炭若只是執迷不省待後城池一破寸草不留。那時悔之晚矣番王聽見這一席好話過了半晌不曾開言。心上就有個歸順之意三太子站在番王身邊喝聲道胡說你這一干殺不盡的狗奴昨日既不能奮勇爭先今日又不能身死國難逃得一条狗命回來罪該萬死還敢在這裏搖唇鼓舌替南人作說客耶番王道他們都說的是些直話你怎麼又歸怨於他三太子道父王有所不知這都是南人詭計這一干人受他的賄賂而歸正叫做楚歌吹散八千兵之法番王道怎見得是個楚歌吹散八千兵三太子道南朝和我國中。血戰了這幾陣恨我們深入骨髓豈肯相容却又心生巧計把一干殺不盡的狗奴做

跳踉無已孽狐丘上度䨇旋

哈里虎接着說道你們來報水軍的捷麼三太子道船上拿住南朝那個將官麼小番道若論捷音却在南軍船上若論拿着將官都在我們船上國王道似此說來到不是我們殺輸了麼小番道不好說得哈秋赤是一索沙漠咖是一刀三千名水兵只一空五百隻海鰍船得一看番王聽見吃了一驚說道諳練水戰之人就諳練到這個地位。有料敵之智的人就料敵到這個地位只消這兩句話把個三太子和哈駙馬都撐得啞口無言老大的沒趣小番道今日一敗塗地非干二位將軍之事。若論將軍和他廝殺未必便輸于他爭奈我們的海鰍船再撐不動就像釘上住了一般南船在水面上來往如飛我們的船分明要和他抵敵只是一個撐不動就無法可施可憐哈將軍先吃一鎗其後來活活的被他

個桊子。甜言蜜語兒哄他好酒好肴兒助他使他回來之時節傳說道南朝的元帥如此好哩却不致使得我国人離心士無鬪志這豈不是楚歌吹散八千兵之法麼番王道雖是如此却也無計奈何三太子道一不做二不休孩兒今番很是下手他也怎麼很是下手他孩兒合同哈駙馬領一枝精兵日上和他陸戰夜來搗他的水营教他日夜裏疲勞安身不住只得退去番王道我聞得南兵從下西洋來戰無不勝攻無不取一連取服了一二十国繞到我們的国中只曰你不歸順他不至緊折將損兵此時懊悔已自無及了你怎麼還要去羸他三太子道既是不和他厮殺依父王之言還是何如番王道我夜來反復思之只有降他為便三太道只是這等唾手降他豈不見笑於隣国況兼他挑恨于我豈肯

放鬆了我們父王你還一時思想不及哩番王聽見這一席話頭却又沉思了一會怎麼又要沉思一會若說是見笑于隣国心上也罷只說是不放鬆了于他他心上就有些惧怯却就轉口說道既是孩兒堅執要去我為父的也不好苦上相阻只是凡事都要小心謹慎而行不可輕易於他切莫把南船上那一千人當個等閑易敵之輩三太子應聲道父王之教是也即時同着哈駙馬拜辭而起走出門外三太子哈哈的大笑了三五聲哈駙馬道賢太子你笑些甚麼哩三太子道我笑我的父王枉做了一国之主把南船上這幾個毛兵毛將看得天上有地下無大驚小怪朝夕不寧我今番出陣不是我誇口所言若不生擒他幾個殺死他幾個我誓不為世上奇男子人間烈丈夫將軍你可助吾一臂之力萬

死不敢相忘哈里虎說道不才忝在戚末與国家休戚相關願效犬馬之勞萬死無恨三太子大喜即時高坐牛皮番帳挑選兩個水軍頭目着他把守水門教他牢牢的閉上任是殺只一個不開門水軍頭目領了將令而去自家點了番兵一枝開了接天関門一直殺將下來這一殺下來英風凜凜殺氣騰騰只說道南朝將官不是他的對手那曉得寃家路窄剛一下関之時早已撞着一個征西遊擊將軍劉天爵領着一枝兵橫着一疋馬挺着一桿鎗看見三太子下來喝聲道來者何人早通名姓三太子很聲道你這個蛮奴豈可不認得我是個三太子一雙合扇刀飛舞而來劉遊擊把馬望東一帶露一個空三太子來得竟早已一馬跑向前去撲一個空劉遊擊却挺起鎗斜曳裏一戳三太子大怒罵說道

蛮奴敢如此詭詐閃我一個空劉遊擊心裏想道此人匹夫之勇不可與他爭鋒且待我耍他耍來教他進不得戰退不得寧三太子不曉得劉遊擊安排巧計牢籠着他他一任的舞刀厮殺的很讓他一個空殺的慢又挺他一鎗一來一往一冲一撞不覺的日已西斜三太子激得只是爆跳眉頭一蹙計上心來說道天色已晚豈可放鬆了他悄上的取出張弓搭上火箭照頭一箭過來劉遊擊看見笑了一笑說道你這個番狗奴我曉得你只是這個箭你這個箭敢在我面前賣弄麼舉起鎗來往東一撥就撥在東邊地上把東邊地上的草燒一個精光三太子說道你是甚麼人敢撥我們的箭照頭又是一箭過來劉遊擊說道今番西邊地上的草合該燒着也舉起鎗來往西一撥就撥在西邊地上把西邊

地上的草烧一個精光。三太子看見兩箭落空。心上有些喫力。連
忙的飛過第三箭來。劉遊擊也激得怒從心上起。一鎗把枝箭打
一個倒栽葱。栽到三太子自家懐裏去。三太子險些兒自烧自。只
得手快。早撇過一邊。纔落得個乾凈。三太子不得手。没興而返。到
了明日。又下関來說道。昨日的箭。分明去得好。只是發遲了些。故
此天晚未得成功。今日不管他是個甚麽人。劈頭就還他一箭。恰
好的又撞着征西遊擊大將軍黄懐德。他果真的不管個甚麽高
與低。劈頭就是一箭。黄遊擊曉得他的箭有些利害。連忙的賣轉
身子來閃他。一空閃他一空。還不至緊。即時還他一箭。三太子只
在算計射別人。卻不曾算計別人射自己。那裏曉得這一箭正中
着他的左邊肩頭。你想。一個肩頭帶了一枝箭。疼不疼。連這半邊

文身都是酸麻的。三太子沒奈何。負痛而去。一連坐在牛皮帳裏
坐了兩三日。不曾出関。南船上這些將官。一日三會。每會都在說
那個二太子有幾枝火箭利害。這兩日肩上護疼。不曾出來。遲兩
日再若來之時。着實要隄防他。計議已定。各各隄防。這也莫非南
朝氣數該贏。也莫非是三太子氣數該敗。果真的過了兩三日。大
闖関門。當頭擁出一員番將。凹頭凸腦。血眼黄鬚。騎一疋捲毛獅
子一般的馬。使張鬼頭刀。三聲馱皮鼓。一聲吆喝。横衝直撞而來。
恰好的遇着征西遊擊大將軍馬如龍。馬如龍起頭一看。原來不
是個三太子。既不是個三太子。不免問他一聲。看是那個。喝聲道。
來者何人。早通名姓。哈里虎說道。吾乃金眼國七王駕下駙馬將
軍哈里虎是也。你是何人。馬如龍道。你這番狗奴。豈不認得我馬

爺是遊擊大將軍麽。你那甚麽三太子在那裏去了。哈里虎說道。
士各有志。人各有能。你既是個遊擊將軍。就我和你比個手罷。又
管甚麽三太子不三太子麽。馬遊擊道。你那三太子還有三分鬼
画符。你這無名末將。也敢來和我們比手哩。哈里虎大怒。罵說道。
蛮賊馬敢小覷于我。舉起刀來。劈頭劈臉。就是雪片一般相似。馬
遊擊看見他來者不善。我這裏答者有餘。也是雪片的刀還他。你
一刀。我一刀。正砍到個興頭上。南陣上三通鼓响。早已閃出一個
遊擊都司胡應鳳來。胡都司手裏拿着一根三十六節的簡公鞭。
驟馬而到。一團英勇。横衝直撞。馬遊擊心裏想道。好漢不敵兩。今
番這個番奴要喫苦也。道猶未了。南陣上三通鼓响。左壁廂又閃
出一個中軍左護衛鄭堂來。一騎馬。一桿方天戟。直奔着哈里虎

高叫道。番狗奴。那裏走。道猶未了。南陣上三通鼓响。右壁廂閃出
一個中軍右護衛鉄楞來。一騎馬。一柄開山斧。直奔着哈里虎。高
叫道。番狗奴。那裏走。四面八方。都是南朝將官。把個哈里虎圍住
在垓心裏面。一個個摩拳擦掌。要拿着這個番官。那曉得哈里虎
嚇得沒處安身。一聲牛角喇叭响。番陣上一連飛出三枝箭來。一
枝箭正中着左護衛鄭堂的盔。只見盔上一溜烟。把個纓毛都烧
着。一枝箭正中着右護衛鉄楞的甲。只見甲上一溜烟。把個扎袖
兒都烧着。一枝箭正中着遊擊都司胡應鳳的背。把個掩心鏡兒
都烧吊了。番陣上怎麽有這等三枝利害的箭。原來是三太子的
詭計。教哈里虎當先出陣。使人一個不疑。三太子扮着小軍。雜在
小番之中。暗地裏放出這等三枝火箭來。南陣上卻不曾隄防于

他故此三個將官都着了他的手馬遊擊着見三下裏帶傷即時傳令收火盔上發火的除盔甲上發火的卸甲背上發火的鮮披掛救死了火各自收拾回營元帥大怒罵說道虧你們還要做遊擊將軍盂盂浪浪中箭輸陣而歸當以失机論于律該斬軍中無戲言說個斬字不至緊把兩個遊擊兩個護衛就唬得頭有斗大默默無言只有王爺說道今日之事三太子詭計這些將官誤中了他的詭計其情可原望元帥饒他這一次罷老爺道怎麼饒得他自古道教善射則不可輕用其將教負勇則不可輕用其卒故兵家談机于虛實之間是以決勝他們虛實也不辨做個甚麼將軍王爺道若論做將官的道理他那裏曉得甚麼為將之道一弛一張成柔或剛伸縮無迹動靜無方他那裏知道只說我和你這如

定馬期功戰士勢頭成臂指

單鎗出陣狀元義氣激身心

今去國有十萬餘里之外殺之易得之難使功不如使過罷王爺說了這一席好話三寶老爺還不放口心上還有些記懷只見武狀元唐英歷階而上打一個恭說道末將唐英特來懇求二位元帥姑恕他們這一遭罷到了明日容末將夫婦二人出馬擒此番賊獻于麾下以贖前愆老爺道那兩個番賊到也不是容易擒得的唐英道縱然擒他不住也要挫折他一半銳氣老爺道羸他一陣也洗了今日之羞就筭得過了唐英道若不羸他願與今日諸將同罪老爺道軍中無戲言唐狀元你須要斟酌唐英道二位元帥在上末將們怎敢戲言虧了唐狀元這一番硬保老爺却纔開口道恕他們這一遭又叮嚀道今後失机再不姑恕各將謝罪而去到了明日唐狀元出馬同着黃鳳仙唐狀元道我昨日在元帥

面前說硬了話。不知今日勝負何如。黃鳳仙道。將在謀而不在勇。兵貴精而不貴多。這兩句話須要記在心上。唐狀元道。今日之謀却待怎麼。黃鳳仙道。那三太子只是那幾枝火箭有些利害。莫若你與他厮殺。待我囬將過去。掏將他的過來。却不是好。唐狀元道。此計雖好。只是不見我們的手段。黃鳳仙道。你要怎麼樣兒纔見手段。唐狀元道。明要他射過來。明要他射不着。他偏然射不着我。我偏然要射着他。這等樣兒纔見我們的手段。黃鳳仙道。此言有理。只是却要仔細一番。唐狀元道。謹記在心。他若還是哈駙馬出陣。我和你把一個厮殺。把一個隄防三太子的大箭放來。他若是三太子自家出陣。我和你一面厮殺。一面隄防他手裏暗箭放來。計議已定。唐狀元单鎗出馬。高叫道。你那甚麼三太子在那裏躲

着。怎麼不出來。一連叫了兩三囬。只見関門開得一响。早已閃出一個番將下來。又是那個凹頭凸腦血眼黃鬚的哈里虎。唐狀元道。你這番狗奴。權且寄下了頭。囬去叫你那個甚麼三太子來。哈里虎大怒。說道。三太子是你叫的。一口鬼頭刀飛舞而來。唐狀元號旗一展。喇叭吹上一長聲。各兵即時轉身。擺成三路。竹筒吹上第一聲。第一路一齊鳥銃。這一齊鳥銃不至緊。烟只是飛。火只是爆。聲無只是一片响。就像万馬奔潮一般。哈里虎舞不上前。只得抽身而退。南陣上竹筒吹上第二聲。第二路一齊火箭。這一齊火箭不至緊。風又順。火又狠。粘着的就是一髩烟。走得慢些兒。頭都要燋。額都要爛。哈里虎沒柰何。望関上只是跑。南陣上竹筒吹上第三聲。第三路一齊火砲。這一齊火砲。却又不比前番的兩般火器。

你看他為天黑地的烟。燒天燒地的火。轟天劃地的聲氣。把些番兵都打得沒個影兒。莫說是哈里虎再敢舞刀相向。只見他走進関裏。緊閉上関門。任你是個甚麼火砲打將去。他只是一個不開関。唐狀元領了得勝之兵。鞭敲金凳响。人唱凱歌聲。囬復元帥。元帥大喜。紀功頒賞。却纔免了前日那四個將軍失机之罪。却說哈里虎跑進関來。埋怨三太子說道。你今日怎麼不放火箭麼。三太子道。自家身上火緊。怎麼射得別人哩。哈里虎說道。你正好撇他開去。三太子道。撇不開去。反不惹火燒身。哈里虎說道。你既是這等怕火燒。怎得個贏手。三太子道。到了明日。待我自家當先出陣。劈頭劈腦就射他家娘。到了明日。唐狀元同着黃鳳仙又來関下。擺成陣勢。黃鳳仙道。今日决是三太子自家來也。唐狀元道。怎見

得。黃鳳仙道。三太子為人是個一匹之夫。勇有餘而智不足。他看見哈駙馬輸陣而歸。他不知怎麼樣兒在那裏跳叫。巴不得今日天明好來厮殺。以此觀之。却見得是他自家出來。唐狀元道。夫人之言有理。只一件來。今日饒他是自家出來。也要燒他一火。挫折他的銳氣。教他不敢正視于我。道猶未了。関門一開。早已跑下一個三太子出來。唐狀元看見他來。也不管他三七念一。一聲竹筒响。就是一齊鳥銃飛將過去。三太子一時躲閃不來。心上已自有些慌張。一會兒又是一声竹筒响。又是一齊火箭飛將過去。三太子分明要放出箭來。先一個安身不住。怎麼射得別人。沒柰何。只得紐轉身子。剛不曾紐得身子轉。又是一聲竹筒响。又是一齊火砲飛將過去。這火砲也和你作耍哩。攩着他的。一打一個對穿。三

太子無計可施激得只是爆跳僥他爆跳也躲在關裏面去了閉
上關門生怕有些躭失唐狀元道下不得無情意殺不得有情人
分付左右架起襄陽大砲來照着關門上撲碜碜的只聽見一
片响一會兒把個關打得粉碎火又燒炮又鬧三太子嚇得只是
啞口無言番王看見連聲叫道苦也苦也破了關教我們到那裏
去躲也哈里虎說道怎麼說得個躲字連忙叫過些小番搬磚運
水水來水澆磚來磚塞一會兒把個關門死死的堆塞起來火也
漸漸的澆滅了這一陣雖不曾進得關却也打破了關門番王喫
了老大一嚇三太子老大受些磨番王道我兒魯班雖巧量力而
行你既殺不過他不如早早的投降罷了三太子道非是孩兒殺
他不過只因他火銃火箭火砲一齊的迸將來屈死了孩兒的英

才都不曾得展哈里虎說道依我愚見明日出馬之時兩家子明
明白白見個高低他却就殺不過我們了三太子道此言有理待
我先和他講明白了然後動手不遲到了明日唐狀元又同着黄
鳳仙領了一枝得勝之兵先到關下擺成了陣勢黄鳳仙道今日
再燒他一火何如唐狀元道今日再燒他就沒理了我和你今日
相見之時却要拿出真正的本事來要他一個心服道猶未了只
見關門開處煥然一新關門開處早已閃出一個三太子後面跟
着一個哈駙馬一踴而來看見唐狀元全裝擐甲表表威儀他心
上就有些害怕高叫道你們既是南朝大將我也和你見個高低
今番再不可吹動那個竹筒哩唐狀元道見個甚麼高低三太子
道一十八般武執般般的比較一番就是唐狀元道憑你比較那

一般起三太子道就比較弓馬起罷唐狀元心裏想道這個番奴
立心不善却就要拿出那三枝火箭來會我哩也罷將計就計我
就在這個火箭上還他一個辣手他總認得我也說道就憑你比
弓馬起罷三太子道先講過了兩下裏俱不許放暗箭唐狀元道
大丈夫頂天立地要殺那個人就殺他一刀要饒那個人就饒他
一次放暗箭是個鼠竊狗偷之輩何足道哉三太子道還要講過
我和你先前之時各射三箭末後之時合射三箭唐狀元道怎麼
叫做各射怎麼叫做合射三太子道一遞一先你射我三箭我射
你三箭這叫做各射你那裏射過來我這裏射過去同搭箭同開
弦這叫做合射唐狀元道賞罰何如三太子道兩家平過各自收
兵明日再戰若是那家先輸的納款投降你說是也不是唐狀元

道言之有理請先三太子道請先唐狀元道恕僭了拈弓搭箭應
弦就是一箭三太子也不慌不忙拿起個合扇刀來照着一撇上
過一邊唐狀元又一箭三太子又一撇上過一邊唐狀元又一箭
三太子又一撇又撇過一邊唐狀元看見三箭成空心裏也有些
服他說道請射了三太子應聲是拿出手段來狠是一箭唐狀元
心裏想道他是張刀撇我的箭我也把張刀來撇他的箭不見得
我高故意的放着刀袖着手初然間一箭来唐狀元把個頭往左
一賣一箭就在右邊過了三太子又一箭来唐狀元把個頭往右
一賣一箭就在左邊過了三太子又一箭來唐狀元把頭一低一
箭就在頭上過了三太子看見唐狀元賣美手段心裏說道既你
賣美停會兒少不得喫我一虧也唐狀元道這兩會各人平過再

看合射何如。畢竟不知合射之時勝負何如，且聽下回分解。

十三卷終

新刻全像三寶太監西洋記通俗演義卷之十四

二南里人　編次
三山道人　繡梓

第六十六回　三太子拳刀自刎　哈里虎溺水身亡

詩曰：

三千甲士盡貔貅，笑擁牙旗策勝謀。海上初分魚鳥陣，
軍中還取犬羊頭。村原晝永天風靜，巢穴烟消海日流。
從是天山三箭後，為言功屬狀元收。

却說唐狀元道分射的箭各得平過，且看合射何如。三太子道：「請出箭來。」唐狀元道：「請出。」三太子一箭過來，唐狀元一箭過去，兩枝

誰識陋微川洞亦蹶張之技

三太子拳刀自刎

自貽擒滅山林非踐距之材

箭在半中間一撞撲的一响一溜烟爆出一塊火來唐狀元只作不知三太子又一箭來唐狀元又一箭去。又是半中間一撞又是一响一溜烟。一塊火三太子又一箭來唐狀元又一箭去又是半中間一撞又是一响。一溜烟一塊火怎麼一溜烟。一塊火原來三太子立心不善合射之時恰就拿出個火箭來思量要下手唐狀元喱唐狀元心裏又灵却又拿出個箔頭箭來箔頭箭頭是大的故此一箭挺住他一箭挺出他的火來三太子看見三枝火箭〻箭落空心上有些惧怯唐狀元只作不知不說破他只說道分射已是平過合射又是平過怎麼再見個輸贏三太子道我和你再射一回何如唐狀元道你這個箭射不得我有一個女將和你對射一回罷三太子聽見吽個女將和他對射他心上好笑又好惱

笑又好惱天地間只有個文官把筆安天下武將持刀定八平今怎麼有個女將會射哩這不是好笑自古以來交鋒厮殺兵對兵將對將怎麼唐狀元吽個女將和我對射忒小視于我却不可惱心上又惱半日半上不曾開言黃鳳仙高叫道番狗奴你不答應你欺負我是個女流之輩麼你可曉得女媧煉石補天木蘭代父守戍這都不是女流之輩幹的勾當麼。三太子受黃鳳仙這幾句話嚇倒了他說道也罷我和你對射一回黃鳳仙道怎麼射三太子道也是先前分射三箭落後合射三箭黃鳳仙道你先射來三太子道饒你先射起黃鳳仙道謝饒了。牽開弓來就是一箭三太子也學得唐狀元放下了刀。袖着手把個頭往左一閃一枝箭過右邊去了。黃鳳仙又是一箭三太子把個頭往右一閃一枝箭過

左邊去了。黃鳳仙又是一箭三太子把個頭一低一枝箭過上面去了。黃鳳仙心裏想道番官也只是這等的本領故意的喝上一聲采說道好〻今番該你射過來也三太子拽滿了弓搭准了箭狠着是一箭來黃鳳仙道待我賣個獬來你們瞧一瞧着怎麼的獬唱聲左那枝箭果真是左剔〻的揷在左邊鬓上黃鳳仙道你可認得這個獬麼三太子道不認得黃鳳仙道番狗奴這叫做左揷花你就不認得麼道猶未了。三太子又是一箭來黃鳳仙唱聲右。那枝箭果真是右剔〻的揷在右邊鬓上黃鳳仙道你可認得這個獬麼三太子道不認得黃鳳仙道番狗這叫做右揷花你就不認得麼三太子心裏想道這等一個女將這等大賣弄待我作准射他一箭不要他過左不要他過右看他何如拿准了箭認定

了中間。很着是一箭過來。三太子喫了老大的氣力。費了老大的心機。只說是三箭要把天山定。那曉得黃鳳仙不慌不忙。喝聲中。張開個口來。那枝箭可可的中在口裏。咬着箭。還說道你可曉得這個獮麽。三太子道不曉得。黃鳳仙道番狗奴。這叫做飛鴈投湖。你就不曉得麽。三太子喫了好一嚇。說道世上有這等一個女將。原來南朝人是有些難相處哩。道猶未了。黃鳳仙道分射已畢。再請合射。看是何如。三太子道請合射。黃鳳仙道面對面兒的射。不見得高。我和你不如背靠背兒射。不知你心下何如。三太子低頭一想。說是兩家合射。假饒面對面。還怕有個差錯。怎麽說個背靠背兒的話。這個成不得。故意的扯個謊。說道我西夷風俗相見之時以面為敬。以背為慢。還只是面對面射罷。黃鳳仙也扯个謊。還他

說道我中國風俗。臨陣之時以面為弱。以背為強。三太子道風俗各有不同。却怎麽處。黃鳳仙道各隨各俗。箭中了。就筭贏家。三太子道假如射了你的背。却不筭暗箭哩。黃鳳仙道但憑你射來。就是三太子道請先射來。黃鳳仙道今番該你先射了。三太子道多承尊讓。道猶未了。撲鼕的响。一箭過來。黃鳳仙背對着三太子。還他一箭過去。一箭來。一箭去。可可的射一個相當。箭頭對箭頭落在地上。兩邊大小軍人齊齊的喝上一聲采。喝聲未絕。三太子又是一箭過來。黃鳳仙背着又是一箭過去。一箭來。一箭去。又可可的射一個相當。箭頭對箭頭落在地上。兩邊大小軍人。又齊齊的喝上一聲采。喝聲未絕。三太子又是一箭過來。黃鳳仙背着又是一箭過去。又可可的射一個相當。一枝箭射一個相當。却又有一枝箭射中在三太子甲上。怎麽一枝箭對枝箭。又有一枝箭射中甲上。原來黃鳳仙的箭。不用眼看。得心應手。有百步穿楊之巧。射到第三回上。他就連發了兩枝。一枝是尋常的箭。故此頭對頭的射一個相當。這一枝却是鋼鉄鐵成的。就像個袖箭一般。故此飛中在三太子的甲上。却又中在肩甲上[illegible]三太子腳輕頭重。一個觔斗。番下馬來。南軍一湧而去。都要活活的捉住他。虧了哈里虎。一張鬼頭刀。左三右四。前五後六。一溜子攔住南兵。把個三太子救上關門而去。黃鳳仙喝聲道唗。今日且寄下你這兩顆驢頭。明日再来取也。唐狀元同着黃鳳仙得勝回營。不勝萬千之喜。見了元帥。元帥滿口称揚。分付一面紀録司紀功。一面軍政司設宴慶賀。一面取過銀牌彩段頒賞有差。却說哈里虎

救得三太子上關。調治幾日。心心念念。切齒之恨。番王日夜裏髡直。却又不敢開言。怕氣壞了孩兒。調治幾日。好了箭瘡。番王道孩兒。今番只是投降為上。免得受這等刀箭之苦。三太子道父王在上。有所不知。孩兒這如今是個騎虎之勢。不得自由了。番王道怎叫做騎虎之勢。不得自由。三太子道孩兒和他殺了一月有餘。恨入骨髓。不是他殺孩兒。定是孩兒殺他。却不是個騎虎之勢。番王道只怕他殺得你。你反殺不得他。怎麽是好。三太子心上十分不悅。說道父王好差。只管攔頭說個不利市的話。也罷。就是他殺了孩兒。孩兒也顧不得了。畢竟要和他大殺一場。方纔心死。番王看見三太子說硬了話。又且埋怨于他。一任是不好開口。悶悶而去。這也是三太子命合刀下而亡。兆頭先就不好了。却說三太子看

見父王起身去了嘆上兩口氣說道為子死孝為臣死忠我分明要做個好人偏我父王不肯把個好人我做哩哈里虎道這如今不在說父王肯不肯只在說個破敵之策是怎麼樣兒三太子道我如今已自籌之久矣只有一個夜戰拿定的要贏他哈里虎道怎麼拿定要贏他三太子道我受箭而歸南船疑我十死八九就是日上他料我不能厮殺莫說是夜晚間他豈隄防于我況且今夜這等大風他愈加不隄防于我我和你領了水兵駕了海鰍船劫他的水寨只是這等劫他還不是高每船上多帶些荻蘆柴草之類進寨他的船上放起火來教他上天無路入地無門這個計較你說可拿定贏他麼哈里虎道前番反受了他的虧不知今番却是怎麼三太子道似此遲疑再無了日我如今也不管他或輸或

贏都在今夜一決哈里虎怕敗了他的興只得轉過口來說道用兵之道只許向前不許退後只許說贏不許說輸三太子聽見這幾句話兒却纔有些喜色說道好話好話得勝之時我和你子子孫孫同享富貴道猶未了即時同到教場之中坐在牛皮帳上選出平素精練的水兵三千多個內中選出武秇熟閑深通謀略堪充頭目的得八個點過海舡三百號各船滿載荻蘆柴草引火之物分作六處三太子和哈駙馬各領五十隻當先八個頭目各領二十五隻押後分為兩隊如鳥有兩翼如魚有兩個划水前後策應不許踈虞分撥已定只待天晚便宜行事却說二位元帥正然坐在帳中談論軍情重務猛然間一陣旋風從西北上旋起直旋到中軍帳下纔止老爺道這一陣怪風頭來又主損折人馬王爺道

這不為怪風是個信風一定有個事故特來相報老爺道去請過國師來問他是個甚麼凶吉王爺道國師那裏管你這些只請過天師便知端的即時傳令請過天師來相見禮畢分賓主坐下老爺却把個旋風的事故告訴他一番天師不敢怠慢袖占一課說道這個風不為小可主今夜三更時分賊兵來劫水寨有好一場驚慌哩老爺道怎見得天師道西方屬金性主殺北方屬水色尚玄以此推之便知夜半之時賊兵來劫水寨老爺道何以處之天師道禍福無常避之則吉既有賊兵劫寨不過分付各各將官預先做一個准備就是老爺道多謝天師指教若不是這等神筭先知幾乎又中了這個番狗奴的奸計送過了天師即時傳令諸將會同帳前商議退兵之策一個將官陳上一個計策王爺道俱說

魂逐怒濤　謾道力能超北海

哈里虎溺水身亡

功隨流水那知壽可比南山

得有理只要總起來便為得筭老爺道怎麽總起來王爺道千金之裘非一狐之腋萬全之策非一善之長今日臨大敵遇大變怎麽不總要一個大上張老爺道今日之事悉憑王爺主張就是王爺道依學生之見水軍大都督陳堂領戰船五十隻水軍五百名各帶神鎗神箭鳥嘴銃一千夜戰兵器停泊在水寨左側以待賊兵中軍砲响為號水軍副都督解應彪統領戰船五十隻水兵五百名各帶神鎗神箭鳥嘴銃一千夜戰兵器停泊在水寨右側以待賊兵中軍砲响為號叅將周元泰統領哨船五十隻水軍五百名各帶琉璜焰硝引火之物埋伏在海口上東一邊空濶去所以待賊兵回來進口之時攔住他殺他一陣聽候喇叭天鵞聲為號都司吳成統領哨船五十隻水軍五百名各帶硫璜焰硝引火之

物理伏在海口上西一邊空闊去所以待賊兵回來進口之時攔住他殺他一陣聽候喇叭天鵞聲為號遊擊將軍劉天爵統領哨船二十隻水兵三百名各帶風火子母砲往來衝突放砲以張我兵威勢遊擊將軍黃懷德統領小鰍船十隻水兵一百名各帶號笛一管往來廵哨覘視敵兵來否遠近號笛報知中軍馬如龍胡應鳳黃彪沙彥章各領步兵五百名埋伏海口裏面兩邊崖上空闊去所防備番兵逃走上崖兩路截殺以銃响三聲為號各將聽令已畢各自歸營准備行事老爺道調度精密多得王先生只是還有一件有些不利于我兵王爺道是那一件不利于我兵老爺道今夜這等的大東風是個攏岸風不利于我西岸番奴若是仍前放火他是上風我們是下風我們就有些不便隄防王爺道這

個風不妨得我們左右兩翼却又在賊兵之上放火燒他那時節他自治且不暇怎麽又能勾來焚我們老爺道這還不是個萬全之策我燒得他他燒得我彼此有損無益必須還得一個妙計纔好王爺道再沒有個甚麽妙計除非是把個風來調一下轉哩老爺道調轉得個風又要何如王爺道這個也不難請天師來就調得個風轉老爺道言之有理即時請過天師來告訴他這個東風不便天師笑了一笑說道昔日赤壁鏖兵之時萬事俱備只欠東風今日二位元帥又欠了西風王爺道華夷不同地故此一東一西全仗天師道力斡旋一番天師道貧道一力擔當元帥道須煩天師作速些纔好天師道再不消二位元帥費心但只是交了夜半之時就有西風起來二位元帥謝了天師各自歸營聽候却說

遊擊將軍黃懷德領了將令回到本寨裏面點齊了小鰍船十隻水軍一百名先前出巡打探敵兵一邊在放船一邊心裏想道元帥分付于我打探敵兵我若是打探得不真卻不遑悞軍情我若只是這等明明白白放開船去驚動了敵人的耳目怎麽打探得真又且洩漏了我們軍情他反得以為備眉頭一蹙計上心來說道也罷海上有一等的白天鵞就有我們這個船大我不免把這個船就扮做個天鵞樣子令他不知不覺我便体探得他真他又不得隄防於我豈不為美籌美已定即時分付左右取出白布來把個小鰍船去了桅竿下了蓬脚渾身上下細細的幔了一週前面取巧兒做個鵞頭後面取巧兒做個鵞尾巴自由自在放在水面上閒遊布幔裏面都坐得是這些軍士撐起耳朵張開眼睛仔

出像西洋記　卷之十四　十

細細在那裏打聽只等三太子的賊船出來卻說三太子同了哈駙馬到了一更天氣叫起八個頭目點齊三千個水兵放開一百隻海船大開水關一湧而出只見烏天黑地船頭上一聲响三太子問道船頭上是甚麽响水兵報說道關門上吊下一個白鬚老者吊在船頭上吊得一聲响三太子心上有些喫驚叫道快拿他過來我問他一個端的這廝敢是南船上一個奸細麽拿過老者來三太子問說道你是甚麽人這等夜靜更深到我船上有甚麽事那老者應聲道愚老是西總兵門下一個記室特奉西總兵差遣差遣我賞一瓶酒一隻鵞特來你這船上奉献太子聊壯軍容三太子大怒罵說道這廝分明是個奸細敢借我西總兵為名我西總兵今已魂飛魄散豈有鵞酒夜來壯我行色之理擧過那

兩張合扇刀來照頭就是一下子一刀下去不至緊早已砍在船頭上那裏有個老者只見船頭上左一邊是一瓶酒右一邊是一隻鵞鳥三太子又說道這個鵞酒都是此妖邪術法惑亂我的軍心提起刀來酒上一刀一刀下去就迸出一團火來望天上一爆鵞上一刀一刀下去就跳起一隻鵝來望海裏一飛三太子心上有些不悅一邊分付放船一邊請過哈駙馬來把個老者鵝酒之事對他細說一遍哈駙馬說道賢太子你可記得前日祭賽西總兵之時白鵝跳起來講話三太子記將起來說道似此觀之今夜有些不利哈駙馬說道為將之道見可而進知難而退既曉得有些不利莫若趁早抽兵而回罷三太子道我昨日曾對父王講過了輸贏都在此一决若要我抽兵而回卻有些難哈里虎道既不抽

出像西洋記　卷之十四　十一

兵而回只怕前面有些差錯反為不美三太子道怕有差錯不如先差下一隻小船前去哨探一番哨探得他果有准備我這裏就鳴鑼擊鼓明殺他一陣哨探得他若無准備我這裏還依計而行不怕他不遭在我的手裏哈里虎說道這個有理即時傳令差下二十名小番駕着一隻小船悄悄的到南船身邊哨探虛實一會兒小番回報說道南船上鴉悄不鳴草偃不動沒有一些准備只是海面上有幾十個天鵝遊來遊去就像個曉得進退的意思一般三太子道只要南船上不曾准備就是我們功勞該成管他甚麽鵝不鵝哈里虎道那個鵝只怕就是先前船頭上的鵝麽三太子道行軍之際見喜不喜見怪不怪你只在說些邪話哩假饒西總兵有靈我明日成功之後再去祭賽他一壇他有父母我替他

泰着他有妻子我替他撫育子孫成人我替他報讐他再有些說
話罷。一任放船開去。咍駙馬一會兒心驚肉顫曉得有此不利只
是三太子纏着要行。不由他諫止。這也莫非是我南朝當興也莫
非是三太子該敗三百隻番船將次一二里之時海面上烟霧濛
々急忙裏看不真開岸風又緊。急切裏不得靠着水寨。只見東北
上那一二十隻天鵝。又是這等遊來遊去。恰像有此意思的一般
番船正在靠着水寨正要動手他又走近前來。一衝一撞三太子
惱起來叫聲弹弓在那裏。接過弹弓。復手就是一弹子。一弹子打
得個天鵞背上。一下撲簌的响。只見天鵞肚裏齊々的號笛一吹
怎麽天鵝肚裏有個號笛會吹。原來這個天鵝却就是遊擊將軍
黃懷德。伴探軍情的小鰍船兒。他看見番船將近。故此趂着他的

弹子勢頭就吹一聲號笛。這號笛一吹不至緊中軍寨裏一聲砲
响連天响聲未絕。南船上一片的火光如同白日。火光裏面左壁
廂閃出五十隻戰船五百名水軍。神鎗神箭鳥嘴銃一任的飛注
如雨截住厮殺船頭上站着一個大將軍。原來是水軍左都督陳
堂全裝擐甲。手執長鎗高叫道番狗奴。你可曉得中了我的妙計
麽不如早々的跪着受降。也免得這一鈎之苦。道猶未了。又是中
軍寨裡一聲砲响連天响聲裏面右壁廂又閃出五十隻戰船五
百名水軍。神鎗神箭鳥嘴銃。一任的飛注如雨。截住厮殺。船頭上
站着一個大將軍。是水軍右都督解應彪。全裝擐甲。手執長戈高
叫道番狗奴。你可曉得中了我的妙計麽不如早々的跪着受降
也免得這戈兵之苦。三太子看見勢頭來得不好。不敢厮殺即時

傳令收轉番船望海口裏面而跑後面陳都督解都督兩路的得
勝戰船追將過去勢大如山再有那個抵當得住番船一竟奔進
海口子裏面剗々的巴着海口只見南船上一聲喇叭吹做天鵝
聲海口子東一邊早已閃出五十隻戰船五百名水軍一齊的火
箭火砲飛將過去又都把些硫磺焰硝引火的諸物一齊的堆將
過去番船上延燒起來再救得住罷南船上站着一員大將原來
是条將周元泰全裝擐甲手執長刀高叫道拿住三太子的賞金
子一千兩道猶未了又是一聲喇叭吹做天鵝聲海口子西一邊
早已閃出五十隻戰船五百名水軍一齊的火箭火銃飛將過去
又把些硫磺焰硝引火之物一齊的堆將過去番船上愈加延燒
一個不住南船上站着一員大將原來是都司吳成全裝擐甲手

執開山大斧高叫道三太子在那裏拿住三太子的賞銀子一萬
兩前後左右都是此南船圍的番船鉄桶般相似番船上又是發
火延燒中間又是遊擊將軍劉天爵把些哨船雜進到裏面放起
子母砲來喊殺的又多砲又响火又狠况兼天師在朝元閣上祭
風風又大番船上十個中間燒死了三四個跳在海裏渰死了有
三四個止剩得一兩個也又沒處藏躲三太子叫說道会水的不
如走上崖罷剗說得這一句走上崖罷只見三聲銃响兩邊崖上
又是喊殺連天又是火明如晝火光裏面四路軍馬四個將軍一
個是遊擊大將軍馬如龍騎一疋馬拿一張偃月刀一個是遊擊
大將軍胡應鳳騎一疋馬拿一根三十六節簡公鞭這兩個在一
邊一上一下一往一來又有一個是遊擊大將軍黃彪騎一疋馬

拿一桿方天戟一個是千戶沙彥章騎一疋馬拿一根吞雲飽霧紫金鞭這兩個又在一邊也是一上一下一往一來海口裏面両邊崖上閃出這四路軍馬四個大將軍那個再敢上崖去罷三太子抬頭一望燒得可怜海面上通紅海水都是熱的隻身獨自四顧無門將欲斷殺有手段沒處去使將欲上岸崖上軍馬又是不相應將欲下海枉死不甘將欲投降不服這口氣正在思量左右難的時候只見上流頭流下一隻小小的船兒也沒有蓬也沒有桅也沒有篙槳也沒有猫纜也沒有人三太子看見心裏想道這等一個空船兒莫非是大船後面吊了的脚船兒也罷昔日項羽不渡烏江致有自刎之慘我莫若躲在他裏面隨其波而逐其流留得五胡明月在不愁無處下金鈎一鎗抓過個小船來一翻身

出像西洋記　卷之十四　十四

飛將上去刴刴的跳下船艙裏面只見兩三下裏鎗的鎗刀的刀鈎的鈎耙的耙雪片一般奔到他身上三太子曉得這個船是南軍扮成來捉他的仰天大叫一聲說道若也可怜我的西總兵前日祭賽之時那隻鵝活將起來說道太子哥太子哥前行還主折八多陪了一壺酒還要陪着一隻鵝今日出門之時果有一壺酒一隻鵝這海上又是這等一羣天鵝好靈驗也說了這一聲又叫上一聲說道父王父王我做孩兒的今番顧不得你了待我來生之時再做你的兒子再盡個為子之道罷道猶未了一手掣過一張刀一手就吊下一個頭來衆人提了他的首級報上陳都督原來這個船是陳都督的妙計故此提得頭報上陳都督陳都督親自檢驗這一陣好狠也三百隻番船三千名番兵八個頭目一個三太子都成灰燼之末細查一番只是不見了個哈駙馬畢竟不知這個哈駙馬躲在那裏且聽下回分解

○○

第六十七回

金眼王敦請三仙　三大仙各顯仙術

詩曰

一將功成破百夷　旌頭星落大荒西　千年豐草淒淒塞
萬里長風息鼓鞞　虎陣背開清海曲　龍旗面掣黑雲低
只今譚數嫖姚事　大樹猶聞鐵馬嘶

此時已是四更左側陳都督提來三太子的首級各將提了各人取的番兵首級也有水軍頭目的首級一齊獻上元帥元帥道天

出像西洋記　卷之十四　十五

偬蜴存心翹望三仙臨祭戟

豺狼成性強將百里固藩籬

師之筭諸將之功紀功頒賞各各有差元帥道三太子的頭到在這裏只是怎麽不見哈駙馬的頭哩衆官道黑夜中間一時分列不得不知逃走到那裏去了到了天明只見遊擊大將軍黄彪提了一顆首級擲於帳下未及開口衆將官都站在帳前都認得是哈駙馬的首級元帥道可真是他的麽黄遊擊道果是他的元帥道你在那裏得他的來黄遊擊道是末將今早之時廵哨海口子兩邊崖上只見水関上一夥番兵擁着一員番將番兵請那番將上船那番將堅執不肯上船是末將近前去問他一個端的原來那員番將就是駙馬哈里虎那些番兵都是城裏而走出來的救兵怎麽哈里虎站在那裏只因夜來火燒之際他無計可施搶在水中間慢慢的走到港裏面蘆葦叢裏到了今日天明救兵都到

都請他上船進関而去他不肯去說道我夜來親承国王鈞令保護三太子前來也只指望一戰成功君臣有益那曉得皇天不祚我国致使我們這一敗塗地一隻船也不見一個人影兒也不歸咳好傷悲也今日連三太子都死于南人之手不得生还三太子既死我豈可獨生罷了罷了這個水就是我的對頭了一下子望水裡一跳衆人一把扯住了他他說道你們不要扯我只是回去之時多多的拜上國王爺爺我枉受了朝廷的高爵厚祿食人之祿不能分人之憂乘人之馬不能濟人之難深負國恩死而無益惶愧惶愧一下子望水裏又是一跳衆人一把又扯住了他他又說道你們再不要扯住我我無過的是死只你們回去見了國王爺爺勸他務要起傾國之兵替我二人報仇不可降他致令我們

死不瞑目一下子望水裏又是一跳衆人一把又扯住了他他又說道你們怎麽又扯住我我終不然有個再生之理只你們回去之時拜上国王爺爺若要報仇空手不得前去吸葛喇界上有個紅罗山山上有三個異樣的好人一個叫做金角大仙一個叫做銀角大仙一個叫做鹿皮大仙三個人都是一樣的法術通玄変化莫測人人都曉得他是個世上活神仙若得這三個人肯來扶助社稷道猶未了一下子望水裏一跳衆人因他話語未終故此不曾隄防得他他却就跳在水裏去了三魂歸水府七魄返泉宮末將因見他有這一段忠義處故此不曾威逼於他儘他自盡了却纔取过他的首級來見元帥元帥道三太子為子死孝哈里虎為臣死忠夷狄之國有此忠孝之士我們堂堂中国到反不如他

故此孔夫子說道夷狄之有君不如諸夏之無也即时分付旗牌官把這兩顆頭依礼合葬俱葬以大夫之礼安葬已畢又竪一道石碑放在他的墳前碑上打着一行大字說道西洋金眼国忠孝之墓碑祀訖王爺又題了四句詩鐫刻在上面說道

太子見危能授命　為臣駙馬致其身　世間好事惟忠孝
一報君恩一報親

却說金眼國一班救兵看見哈駙馬溺水身亡一直奔到朝堂之上大哭起來番王喫了好一驚說道你們哭些甚麼衆軍道夜來一陣我們軍人船隻俱化做了一堆火灰番王道三太子何如衆軍道三太子也在灰裏面番王听見這句話兒身子往後一仰就跌在龍床之上三魂渺渺七魄茫茫不省得一些人事文武將官

一齊的走上前去扶將起來过了半晌方纔甦醒却問道哈里虎在那裏衆官道哈駙馬已自走到水關上來了听見三太子身死他就不忍独生溺水而死番王又听見哈里虎身死如失左右手一般放聲大哭哭了一会却纔哭道哀哉駙馬痛哉吾兒你兩個人一個死忠一個死孝則做得十分去了止丟得我一個老身在這裏生無益于當时死無聞于後世不如也尋個自盡罷道犹未了一手掣过一張刀來就要自殺左右頭目連忙抱住他的頭奪下他的刀勸說道人死不可復生兵敗可以再勝我王為一國之主一國的黎民生命所関只宜善保龙体理會國家大事豈可[illegible]同匹夫匹婦自經於溝瀆而莫之知也番王咬牙切齒說道我與南朝冤深万丈怨結千重斬吾大將殺吾愛子損吾嬌客殘吾生灵此根悠悠當入骨髓我又何顏自立于天地之間衆軍道国王爺爺你須自寬自解爷駙馬多多拜上我王說道他兩個身死之後要爺爺起傾国之兵和他復仇不可唾手投降致令他兩個死不瞑目番王道疾風知勁草世亂識忠臣我非不知復仇爭奈我今日有事之秋滿朝朱紫貴就沒有半個兒和我分憂的衆軍道這個到不消責備列位老爺哈駙馬臨死之時也曾說來說道若要復仇空手不得前去吸葛刺國界上有一座紅羅山山上有三個活神仙一個叫做金角大仙一個叫做銀角大仙一個叫做鹿皮大仙須要去請下這三位大仙方纔是個贏手番王聽知這両句好話如醉初醒似夢初覺說道既然有此高人可作速差下那一員官去宣他進朝只見左邊執班頭目蕭嘡哈說道不可不可

番王大怒說道當原日南兵一到之時就是你叫不可不可致使到今不利怎麽今日你又來說不可蕭嘡哈說道我王息怒聽微臣訴來自古用兵之家知彼知己百戰百勝臣觀南朝那一班將官足智多謀沉酣韜略更兼那兩個異人神通廣大道術精微太子雖然武執高強不是他的對手哈駙馬愈加不在話下故此一敗塗地身死国亡這如今滿朝文武都不是個通曉兵机之人只要靠着甚麽神仙和他厮殺豈有個做神仙的肯來厮殺肯來幇入為不善這又是畫虎不成反類狗也故此老臣說道不可不可番王大怒叫刀斧手過來這個老賊是私通外国之人推他下去砍了他的頭滿朝文武百官看見番王發怒要殺左執班沒奈何都來保救都說道太子駙馬新亡之後不可又殺大臣恐于国家

軍務有些不利番王生怕不利于軍務只得轉怒停嗔說道把他
權寄在監裏待功成之日處斬未遲軍令已出誰敢有違即時把
個蕭噠哈寄在監裏監禁官冊封已畢番王道滿朝的官豈可就
沒有個肯去的各官又都是面面相覷不做個聲只有右邊執班
頭目蕭噠嘌說道此莫非王事悉憑我王差着那个就是蕭噠嘌
這句話兒分明要在番王面前討個好那曉得番王就是個熱粘
皮說道既是差着就是我這裏差着你羅蕭噠嘌看見番王差着
于他他削性做個好漢說道小臣忝居輔弼受国厚恩今日不幸
當國家板蕩之時小臣焉敢袖手坐視既蒙差遣小臣就行番王
道你快去宣取他來寡人自有重用蕭噠嘌道那三位神仙不是
凡人等輩以礼聘他尤恐他不肯輕身就來怎麽宣召得他動哩

番王道既是不可宣召却怎麽請他蕭噠嘌說道我王須要修下
國書一封道達平素的殷懃敬慕之意又須要备辦下些礼儀幣
帛以表三聘之誠小臣賫了書捧了幣帛到他山中再三敦請他
一番纔方可以請得他下來番王道老卿之言深為有理不然險
些兒反得罪于這些神仙做成一個画餅充飢了即時修書一道
土儀幣帛各色成文交與蕭噠嘌蕭噠嘌拜辭而行臨行之時又
叮嚀番王道関門要緊須則多備些檑木砲石緊守着他不可再
與南兵厮殺水門要緊須則多擺些海鰍船隻守住着他不可輕
自開放番王道這個寡人自有斟酌你只管放心前行蕭噠嘌辭
了番王之後帶着徒者早行夜住飢飡渴飲不覺的行了半月有
餘却纔到得一個山下蕭噠嘌心裡想道來了這些日期纔能勾

看見這個山這個山敢就是他麽欲待說他是又恐不是欲待說
他不是又恐錯過了這個山頭正在遲疑之際只見一個小小的
娃娃趕着一羣的綿羊漫山漫嶺而來那娃娃低着頭自由自在
手裏敲着兩根簡板口裏唱說道

自小看羊度幾春　相逢誰是不平人　浮雲世事多番覆
一笑何須認假真

蕭噠嘌聽見這四句詩心上老大的驚異說道這等一個娃娃唱
出這等的四句詩來這豈是個塵凡之輩且待我近前去問他一
聲便知端的好個蕭噠嘌走近前去叫一聲道小哥哥見礼了那
娃娃原是個低着頭在那裏走的猛空裏叫上一聲他反喫了一
驚隨口喝上一聲畜生那裡走這分明是罵蕭噠嘌畜生那裏走

那些羊只說是喝他們畜生那裏走一個個都跕着即時間都變
做了一塊白石頭只見一山的白石頭蕭噠嘌心裏想道昔日初
平叱石為羊今日這個娃娃化羊為石這却不就是個神仙扯着
他倒頭便拜娃娃道你這個人有些風氣麽拜我做甚麽蕭噠嘌
說道大仙弟子不敢煩瀆只是借問這個山敢是個紅羅山麽那
娃娃說道我們不曉得我們在這裏

天為羅帳地為氊　日月星辰伴我眠　青衫白苧渾閒事
那曉得甚麽紅羅歪事纏

蕭噠嘌又說道大仙既是不曉得這個山可曉得山上有三個神
仙一個金角大仙一個銀角大仙一個鹿皮大仙都在這裏麽那
娃娃道我們不曉得我們只曉得

一鞭一馬一人騎　兩字雙關紅不提　縱是同行我師在
春風幾度浴乎沂
道猶未了早已不見了這個娃娃蕭嗟嚒仔細打一看時連一山
前白石頭都不見了蕭嗟嚒心上却明白得來怎麽明白得來這
娃娃雖是不曉得紅羅山青衫白苧却不是紅羅之對雖說是不
曉得三位神仙同行我師却不是三人的字眼這一定是了再不
可錯過即時叫過從者竟直走上山去到了山上起頭一望果然
不是個等閒之山只見
雲鎖岩巔　霧縈山麓　望着巍巍幾条鳥道險若登山
傍那碧澄澄萬丈龍潭下臨無地　偏生松栢　不長荊梅
時看野鹿啣芝　那有山禽啄果　數椽茅屋門雖設而長關

一對丹爐火不然而自熱　十洲三島休誇勝地不常閬
苑蓬萊果是盛筵難再　分明仙子修真地　豈比尋常百姓
家
蕭嗟嚒觀之不足玩之有餘心裏想道此真神仙境界說甚麽蓬
萊閬苑三島十洲再行幾里遠遠的望見一座石門蕭嗟嚒心上
越發歡喜說道有了石門不愁仙洞却又趲行幾里到了石門之
下只見石門下有兩個娃子一個把塊石頭枕着頭眠在綠莎茵
上一個一手牽着一隻鶴兩手就牽着一隻教他這等樣兒舞那
等樣兒舞自由自在耍子哩蕭嗟嚒夯到他的仙山不敢造次站
了一會這兩個娃子只作不知又站了一會蕭嗟嚒走近前去叫
聲道仙童哥仙山可是個紅羅山麽那兩個娃子眠的眠耍的耍

不來答應又過了一會蕭嗟嚒又叫道仙童哥你這仙洞裏面可
有三位老爺麽那兩個娃子還是這等眠的眠耍的耍不來答應
又過了一會蕭嗟嚒又叫聲道二位仙童哥你可是洞裏老爺的
高徒麽那兩個娃子又是這等眠的眠耍的耍不來答應蕭嗟嚒
連問了兩三次兩個娃子沒有一個做聲心上老大懊惱却又不
好開言只有眼瞎的一個老兒年紀雖老膽壯心雄他看見那兩
個娃子左不答應右不答應他就怒從心上起喝聲道咗你是甚
麽天聾麽你是甚麽地啞麽有問則對怎麽一個人以礼問你你
通然不理會着天下的事善化不足惡化有餘轉是這個老者發
作他一絟偏然就好只見那個睡着的娃子一轂轆爬將起來說
道你們是那裏來的為甚麽事問着山為甚麽事問着老爺為甚

三大仙各顯仙術
响聚蚊蟁敢謂春雷傳霹靂

毒連蛇豕詎如貔虎任騰驤

麽事問着徒弟為甚麽事大驚小怪唬嚇那個來蕭嘍嘌巴不得他開口連忙的走向前去盡一個礼陪一個小心說道實不相瞞仙童哥所說在下不是是金眼國上王駕下右執班大頭目蕭嘍嘌的便是特奉我王差遣賫下一封國書更兼土儀表裏輕造仙山相拜你三位仙長未敢擅便故此借問這等兩次三番仙童道我師父是個隱居避世之人怎麽又典人相見蕭嘍嘌道只念我學生不遠千里而來不勝登山涉水之苦今日幸到仙山豈可空手回去萬望仙童哥和我通報一聲見不見憑在令師罷仙童道既如此請站一會兒待我進去禀知師父看他何如好仙童連忙的走進洞裏面禀說道門外有一員官長自称金眼国上王駕下右執班大頭目帶了幾個從者賫了一封国書更兼有好些土儀表

稟知三位老師父未致擅便叫徒弟先來禀知一声金角大仙說道我們避世離羣之人那裏又典他厮見你去辭了他罷仙童說道徒弟已經辭他來他說道只念他不遠千里而來不勝登山涉水之苦今日幸到這裏豈可空自回去故此央浼徒弟特來相稟銀角大仙說道君子不為已甚既是他來意慇懃不免請他進來相見罷仙童聽知二師父說道請他進來相見罷就一路的飛奔飛脚跑將出來連声叫道請進請進蕭嘍嘌不勝之喜摳着衣裳就走那隨行的老者肚裏還有些炤一邊跑路一邊說道仙童哥仙童哥說道你又叫我做甚麽老者道你那個師弟你還勸他再讀幾年書來仙童道怎麽再讀幾年書來老者道他肚子裏不曾讀得有書要教甚麽鶴仙童道你還有所不知我那師弟

到是個積年教學的人老者說道既是積年教鶴的人怎麽這等娃子氣蕭嘍嘌聽見說道講甚麽閑談且管走路一直走到洞裏見了三位大仙蕭嘍嘌不敢怠慢扯着就一連磕了二三十個頭三仙說道尊客遠來不消行這個大礼請坐蕭嘍嘌不敢坐即時奉上国書三仙折封讀之書曰

金眼国上王莫古未伊失董再拜奉書于

金角銀角鹿皮三位仙翁位下寡人夙仰仙風宜以身授命之日久矣奈塵緣未断國事劻勑近者不幸更被南兵侵擾变起門庭禍延骨肉先生慈悲度世聞之諒為惻然礼當躬來請謁敵兵壓境身典士卒厉兵抹馬時刻不遑是用斋沐踰時特遣右執班蕭嘍嘌賫不腆之儀仰望仙壇恭伸哀懇願怜轍魚之

窮勉東鶴軒而至擁篲国門翹首不盡
三仙讀書已畢說道重辱致書已領眷注這個礼物請先生收回
不敢受蕭噠嘌說道不腆之仪仰祈海納金角大仙說道這個礼
物再不必講他只還有一件貧道兄弟們都是個懶散廢棄之人
逃名山野苟畢餘生那裏曉得甚麽用兵作戰之机治国安民之
術你国王此舉悞矣〻〻蕭噠嘌連忙的磕上两個頭說道三位
仙翁玄風妙術遐邇傳聞今幸鶴馭臨涖于茲是上天哀我下国
借以福星照之故此遠來相浼幸勿見拒萬幸銀角大仙說道昔
右丞你豈不知道仁者大事小智者小事大你國中既是被兵審
已量力擇而行之怎麽直要貧道兄弟們去和他厮殺蕭噠嘌說
道南兵勢大如山詹焰似火若是三位大仙不肯俯賜扶持我一

出像西洋記　卷之十四　十六

国軍民只在早晚間皆成灰燼倘可以講和不知幾時與他和了
怎麽肯送了個太子殘生駙馬微命今日只是没奈何特來相浼
鹿皮大仙說道既是你国中有這等大難我貧道兄弟們久樂山
林其實的不堪奉承驅使你莫若再到别處去訪問一個高士哀
浼他扶持一番豈不美也蕭噠嘌說道當今之時若論高士再無
有能出三位仙丈之右者道猶未了雙膝跪着又說道若是三位
仙長堅意不行我無顏再見我的国王情願死在仙境之上罷了
你看他两淚雙流牽扯不斷哭了一會又說說了一會又哭說得
懇切哭得哀慟三位大仙都一時心動齊〻的走上前來扶起蕭
噠嘌說道蕭右丞真是個忠臣義士舉世無雙我們本是不管閑
事只不奈你這個忠又何也罷和你走一次罷蕭噠嘌却又奉上本

儀礼物金角大仙說道既是你們来意至誠不敢不受分付仙童
們即時收下蕭噠嘌請行大仙道丞相請先行一步貧道兄弟們
不久就來也蕭噠嘌拜謝先行回到本国見了番王把三位大仙
的始末都說了一遍番王大喜却說三位大仙分付了洞中大小
徒弟又各將自己所用的物件細〻的收拾安排各踏了各人的
脚力還是個甚麽脚力金角大仙騎一隻金絲犬銀角大仙騎一
隻玉面狸鹿皮大仙騎一隻雙飛福禄各顯神通不上頃刻之間
一陣清風早已到了金眼国的地界上落下雲頭竟進接天関裏
蕭噠嘌直見是個三位大仙即時飛報番王番王先遣一班文武
出関遠接次二親自下階迎接〻上金鑾寶殿两家相見相見已
畢分賓主坐〻定致茶〻罷叙話番王道寡人承先世基業慙無

出像西洋記　卷之十四　十七

厚德可以守邦不幸敵国無故見侵今得三位仙丈儼然降臨非
獨寡人之幸寔一国軍民之幸也三位大仙躬身答礼說道貧道
兄弟們無甚大才过蒙上位厚聘願盡展胸中所學以敵南朝以
報知遇番王大喜即時安排筵宴與三位大仙接風酒至數巡彼
此情洽番王叫過些衙衛來踏番歌唱番曲千嬌百媚對舞雙飛
勸三位大仙飲酒三位大仙說道這個女樂請徹了罷番王看見
三仙不喜女樂又叫過一班文官來雍容揖遜各勸幾杯又叫过
一班武將來輪鎗耍刀跌脚飛拳各逞各人武秇勸三位大仙飲
酒又飲幾杯金角大仙說道貴国中文官可以把筆武將可以持
刀怎麽連敗于南兵把太子駙馬的命都送了敢是南朝的戰將
[illegible]番王道南朝戰將雖多敝国中也有能戰之士所不及他的

去所只因他那裏有個道士是個甚麽龍虎山姓張官封引化真人能驅神遣將喚雨呼風這個還自可得還有一個和尚叫做麽金碧峰長老這個人越發不是等閑之輩能拆天補地攪海翻江袖頊乾坤懷揣日月南兵未下西洋一連取了一三十個国大仗着此二人之力救国做不得他的對頭故此遠來懇求三位仙長金角大仙微々的笑了一笑說道今番上位只管放心了貧道們既不下山便自罷休今日既到了大国中。一定要與他大做一塲决不教他恁的施展番王道多謝々々。銀角大仙說道上位你只知道他們的手段不曾看見我們的設施我們試一試兒你瞧着番王道不敢不敢鹿皮大仙說道師兄之言深為有理請試一試兒何如畢竟不知這一試還是個甚麽設施且聽下回分觧

○○

第六十八回

元帥收服金眼国　元帥兵阻紅罗山

詩曰

山門雲擁金塗麗　谷口花飛宝篆香　萬里指揮龍一顧
九霄來性鶴隻翔　星嵓丹竈真難覔　石室玄文定有藏
願救余生谿金眼　帶來五福錫時康

却說鹿皮大仙說道二位師兄之言深為有理請當面試一試兒看是怎麽道循未了。金角大仙離了筵席站將起來說道我們借你的丹墀裡試一試手段你却不可喫驚。番王道正願請教金角大仙走到丹墀裏面一個跟斗番將過來却就除了頭上的九龍冠脫了身上的十星袍。一手掣过一口刀照着頸項底下猛空裏一麽把自家一個頭磨將下來左手提着刀右手提着頭望空一撇々在半天之上只見那顆頭在半天之上悠々蕩々從々容々就像　個鳥雀兒回翔審視的樣子這偃身子站在丹墀裏動也不動一會兒一個頭吊將下來可々的閒在頸頰脖子上半點不差金角大仙把身子一扑一個跟斗依舊是戴了九龍冠穿了七星袍走上殿來問說道王上你看貧道這等一個樣子可拿得南朝那個金碧峰麽可拿得南朝那個張真人麽番王連聲叫道不敢不敢真好神仙也從此後寡人貼蓆安眠不怕南人矣道猶未了只見銀角大仙離了席面走到丹墀裏跳上一個飛脚一下子就吊了個搶風一字巾脫了個二十四氣皂羅袍取出一件兵器

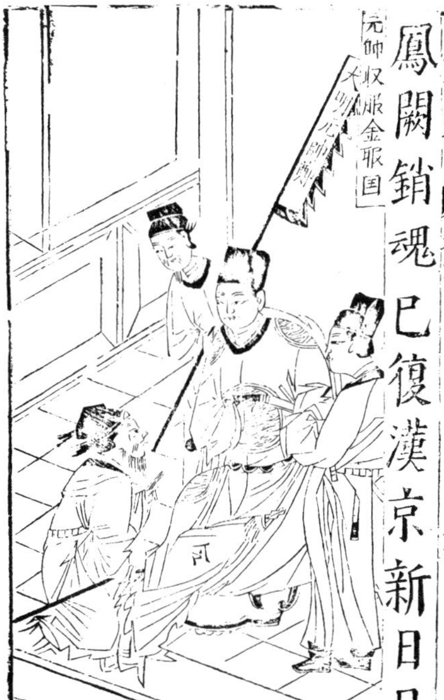

轅門稽顙載揚周旅舊雷霆

来只有三寸来濶却有二尺来長湾不湾直不直如乙字之様拿起來照頭上一撇一撇〻在半空裏面喝聲道变只見那件兵器一变十十变百即時間就变做一百口飛刀飛的齁〻的响一口口都插到他自巳身上自巳一個身子就像一座刀山的様兒一會兒把個身子一抖一口〻的又吊下地上来身子上沒有半點傷痕再喝聲道变那一百口刀還变做那件兵器銀角大仙却又跳上一個飛脚依舊的戴了搶風一字巾依舊的穿了二十四氣皂羅袍走上殿来問說道貧道的小術可拿得南朝那個金碧峰麼可拿得南朝那個張真人麼番王不勝之喜說道彀了〻〻但不知先生這件兵器可有個名字乞有若有個名字還求見教一番銀角大仙說道這個兵器千变萬化不可端倪憑你的意思変

变甚麼就变做個甚麼所变之物無不如意故此他名字就叫做如意鈎番王道原来天地間有如此寳貝寡人不是幸遇二位大仙却不虛生了這一世道猶未了鹿皮大仙離了筵席走到丹墀裏面也不除下巾来也不脫下衣服慢〻騰〻地到袖兒裏面取出一個小小的葫蘆来拿起個葫蘆放到嘴上吹上一口氣只見葫蘆裡面突出一把三寸来長的小傘来銅骨子金皮紙鉄傘柄鹿皮大仙接在手裏撑一撑喝声变一會兒就有一丈来長七尺来大拿起来望空一撇〻在虛空裏面沒頭沒腦遮天遮地連天也不知在那裏連日光也不知在那裏只〻的声响吊將下来就把兩班文武并大小守護的番兵一收都收在傘裏面去了番王看見喫了一大驚說道只見先生的道術了望乞放出這些衆人来

恐有疎失反為不便鹿皮大仙說道王上休要喫驚貧道即當送过這些人来還你道猶未了把個傘望空又是一撇〻在半空裏面一声响那些文武百官大小番兵一個〻慢〻的吊下来番王看見好一慌連忙的叫道先生先生却不跌壞了這些官僚軍士們鹿皮大仙還要在這裏賣弄偏不慌不忙取出一条白綾手帕来吹上一口氣即時間变做無數的白雲堆打堆的只見那些文武百官大小番兵都跕在白雲上面鹿皮大仙把手一招一陣香風所过一個〻的落到地上来並沒有半個損壞番王大驚又問說道先生這個寶貝誠希世之奇珍可也有個名字麼鹿皮大仙說道有個名字番王道請教一番是何如鹿皮大仙道這個寶貝[illegible]獻不盡的神道只說收之不盈一掬放之則遮天地故此名字

就叫做遮天蓋番王說道妙哉妙哉依舊請三位大仙上席開懷共飲直至夜半纔散到了明日早上三位大仙收拾上關共議退兵之策只見關外早有個探事的搶報報到寶船上來說道接天關外新添了三個道士都是甚麼紅羅山上請來的一個叫做金角大仙一個叫做銀角大仙一個叫做鹿皮大仙三個大仙一齊的說道要與我南朝比試手段要與我南朝見個輸贏二位元帥心上就有些不寬快說道我只道殺了三太子死了哈里虎這個金眼国可唾手而得那曉得又出下這等一班道士來這一班道士不至緊一定又有些蹺蹊術法古怪机謀前面空費了許多的事這如今又来從頭兒厮殺起這等一個国征服他這等樣兒难如之柰何如之柰何馬公公的口又快又說道前日撒髮国只一

個道士還受了那許多辛苦今日出了三個道士不知淘氣又當何如不如轉去也罷路也来得遠国也取得多這如今不叫做半途而廢了元帥道不入虎穴焉得虎子我與金眼国殺到這個田地豈可就罷了不成你從今以後再不可講這等的話兒這說的不至緊軍心搖動貽禍不小馬公公好沒趣緘口無言只見帳下閃出一員大將高叫道元帥寬懷量這個毛道士做的甚麼勾當末將不才情愿挺身出戰擒来献功二位元帥起頭一瞧只見這一員大將生得虎軀七尺臉似烟煤眼似曙星声若巨雷穿一領綠錦袍披一領鴈翎甲手裏拿一把月牙鏟原来是南京豹韜左衛都指揮現任遊擊將軍雷應春是也平生性氣剛強就是刀鋸在前鼎鑊在後他也視之坦然只當沒有[illegible]遊擊將軍雖然

[illegible]只怕獨力难成須再得幾個英勇將軍相幫前去纔是個萬全道猶未了帳下一連閃出兩個將軍来一個是束髮冠兕羅袖應襲公子王良一個是鉄幞頭紅抹額狼牙棒張柏兩個將軍齊声道某等不才願與雷將軍協同出陣誓把那山野妖道拿將過来献於麾下二位元帥大喜每人賜酒三杯以壯行色三位將軍各綽各人的兵器各跨各人的馬各領各人的兵一湧而去到了黃草坡前只見接天関下萬数的番兵一字兒擺着當頭三位仙長金角大仙居中銀角大仙居左鹿皮大仙居右前一路仙風凛凛後一路殺氣騰騰雷將軍說道這三個道士當頭一定是有些術法的我和你這如今備着個頭直撞而進這也是個出其不意攻其無備若且少待遲延他那裏弄動了術法我和你便不好處他

張狼牙說道是王應襲說道是只說得這兩聲是只見三個人三騎馬三般兵器一任的殺將去只見殺到関下番陣上一陣香風甜甘甘撲人的鼻子三位大仙起了三朵白雲漸漸的高又漸漸的高漸漸兒不見了人漸漸兒連白雲也不見了雷將軍心上喫驚說道好一場蜡事怎麼三個道士都騰雲去了王應襲說道這其中一定是個騙法騙我們進関不得脫身張狼牙說道眼見的是騰雲去了若只是這等怕起来總不如南京城裏第一安穩何苦又到這裏来雷將軍也莫非是福至心灵立地時刻就安上一個主意說道從下西洋以來諸公俱已立功樹績只有學生淹淹藥餌未見寸長今日之時也不管他計不計騙不騙我只是殺進関去倘或成功是天與我的倘或不成功馬革裹尸死而無怨王

應鰲說道將以克敵為功。雷將軍肯進關去末將願隨張很千道偏你們進得偏我們進不得打夥兒殺進去就是三個人計議已定一齊殺上關〻裏面本是沒有個能征慣戰的大將傳靠着這三個大仙三個大仙已自騰雲去了国中無主不問軍民人等。只是抱頭鼠竄那個又敢來抵當。儘着南朝三個將軍。一直殺到番王殿上卻說元帥坐在中軍聽得藍旗官報說道南兵殺進接天關裏面去了。二位元帥誠恐孤軍有失即時傳下將令着遊擊將軍馬如龍領一枝兵從南門上殺進又傳一道將令。着遊擊將軍胡應鳳領一枝兵從北門上殺進又傳下兩道將令着左營大都督黃棟良右營大都督金天雷領兩枝兵再從接天關殺進去前後策應又傳下兩道將令。着水軍大都督陳堂。副都督解應彪各領戰船五十隻水軍五百名從水關門上殺進。只是這等一個金眼國怎麽當得這四面八方的軍馬嘈雜把個番王唬得啞口無言。抖衣而戰躲在後宮裏面再也不敢出來雷將軍進了番王殿上拿住些文武百官。叫他領出番王來。一個〻面對面兒口對口兒只是一個不嘆氣雷將軍激得怒從心上起惡向膽邊生抓過一個來就是一刀。抓過兩個來就是兩刀。番官們沒柰何卻纔閃出一個右執班大頭目蕭噠嘌來說道將軍息怒片時容小臣們一會兒就送出国王來投降納款雷將軍一時怒發急怔囬不過來咬牙切齒喝聲道唗你是甚麽人。敢在這裏誑言你到好個慢軍之計哩蕭噠嘌無計可施只是磕頭勸解雷將軍怒頭上恨不得一把抓着番王兩家子正在難處只見元帥傳下將令來着諸

將退兵一舍許番王改過自新不許諸將妄殺一人不許諸將擄掠人口財物違者軍法重治雷將軍得了軍令不敢有違只得撤兵而退卻說蕭噠嘌請出番王來計議退兵之策。番王道悔不用左丞之言。致有噬臍之悔蕭噠嘌道左丞現在監裏何不取他出來便有個分曉番王即時傳令。取出左丞來番王道昔日不聽尊言今日汗顏相見蕭噠哈道主憂臣辱皆老臣之罪番王道。今日事至于此老卿教寡人何以處之蕭噠哈道中国制夷狄夷狄事中國這本是理之當然況兼今日計窮力盡無路可行只有一個投降就是番王道投降還是怎麽的樣兒蕭噠哈說道古人有肉袒負荊之禮我王今日是也越外再脩降書一封降表一封土儀禮物進貢天王卻就是這等一個樣子。番王道既如此。作速俻辦

鉄騎仍雲無柰青丘之梗

元帥兵阻紅羅山

寶船敝日未除冊浦之凶

將來。備辦已畢。番王同着蕭哇哈。蕭哇嚏。一干從人。竟到寶船之上。見了元帥。肉袒負荆。元帥道：「似你這等負固不賓。就該重處。于你只念你臣子忠孝分上。姑恕你這一遭。請起來罷。」起來行一個相見之禮。禮畢。番王遞上降表。元帥分付中軍官安奉。番王遞上降書。書元帥拆封讀之。書曰：

金眼國國王莫古未伊失堇再拜奉書于

大明國欽差統兵招討大元帥麾下。側聞天命有德。天討有罪。聖人。中天地而為華夷之主。育民物而為紀法之宗。同此有生。罔不率俾。其藐西洋之醜類。陋金眼之遐陬。未識王猷。致揚威武。連連執訊。矯矯獻俘。稚子無知。窮九攻九却之計。將臣賈勇。觸七擒七縱之威。自分粉骨碎尸。寧獲寬恩茂德。活我喘息。保我社稷。求我子孫。及我黎民。春育海涵。天高地厚。從今之日。以至[illegible]之年。從子之孫。至萬之億。條支若木。願順指揮。奇幹善芙。畢修耽貢。ㄙ無任激切惶恐之至。

元帥覽書已畢。番王又遞上一張進貢禮单。元帥道：「窮年之力。豈為這些小禮物。只要你知道一個華夷之分。就是自古到今。有中國。纔有夷狄。中國為君為父。夷狄為臣為子。豈有個臣子敢背君父。中國為首為冠。夷狄為足為履。豈有一個足。敢加于首。豈有一個履。敢加于冠。」番王領着兩個頭目。磕頭如搗蒜。滿口說道：「曉得。」元帥道：「似你這等倔僵無禮。我就該滅你之國。絕你之祀。戮你之首。遷你之子孫。我只因你國中。有子能死孝。有臣能死忠。我故此輕貸於你。你敢看得我們容易麼。」番王領着兩個頭目。又磕

上一溫頭。說道：「從今以後。再不敢倔僵。」元帥道：「你昨日還到紅羅山去。請下三個大仙來。你這是甚麼主意。你要把那些大仙來降視我們麼。你說自盤古到今。只有我中國代代相承。可有個神仙在那個國中。代代廝守麼。這是那個的主意。」番王看見二位元帥怒發雷霆。生怕取罪。不便不敢隱瞞。又磕了幾個頭。說道：「到紅羅山去請大仙。是死鬼哈里虎說的。是右執班蕭哇嚏去的。」元帥道：「今日之降。是那個主的。」番王道：「這是左執班蕭哇哈主的。」元帥道：「賞罰不明。無以令三軍。無以示四夷。無以詔萬世。」即時叫軍政司取過銀花綵段。把左執班。掛起紅來。叫刀斧手。把右執班。推出帳外。砍下頭來。軍政司掛了紅。元帥又分付一班鼓樂。起送左執班蕭哇哈歸衙。當頭懸着一面白牌。牌上寫着「順天者存」。典此同

賞八個大字。肅噠咯不盡榮耀滿朝的父老百姓們不勝的嘆息却說道早聽蕭爺之言。不到這個田地。刀斧手獻上頭來。元帥分付一班軍鼓手。把這個頭號令各門號令各街各市。當頭也懸着一面白牌。上上寫着逆天者亾與此同罪。八個大字。滿朝的父老百姓們那個不說道這老兒自取其罪。本是多了後來這一着哩賞罰已畢番王同着左執班又來拜辭。元帥道。你今後再敢如此我堂堂中國雄兵萬萬。戰將千千。莫說你只在十萬里之外。就是百萬里之外。千萬里之外。取你頭如探囊取物滅你国如拉朽摧枯你可曉得麽番王道曉得。曉得。左執班說道再不敢哩再不敢哩辭了番王番官。元帥分付紀功須賞。大設筵宴。諸將慶功諸將都說道二位元帥不但只是賞罰彰明德之所施者博威之所至

者廣柔遠人之道無以踰此。元帥道這個金眼国倖倖過了只是那三個道士駕了三朵白雲而起不知是個甚麽出處。只怕還在前面只怕還有些兒淘氣哩王爺道邪不能勝正那裏有個邪術做得甚麽乾坤。縱然做得乾坤。終不然就怕他麽。道猶未了。元帥傳令開船。船行了數日。遠遠的望見一座山。山頂上紫霧騰騰。瑞烟靄靄。有詩為証

詩曰

瑤臺無塵霧氣清　紫雲迷盡浮烟輕　朝擁羲軒騁丹曜
暮驅素魄搖金英　羲軒素魄歲年久　瓊宇珠楼何不有
天公吹笛醉倚床　王女投壺笑垂手　萬里銀河共明滅
夾岸榆花紛似雪　紅雲冉冉日更長　天上人間未乖別
層崖有書不可通　層崖有路誰能窮　海外未傳青鳥使
山中今見碧霞容　複道重岩閉丹穴　石膏天門飛玉屑
文石高擎雲母盤　彩虹倒掛蒼龍節　別有古殿幽潭深
玄林奇石同沉沉　已見飄霜夏不歇　還看飛雨冬常陰
夏霜冬雨兩奇絕　石榻金爐秘丹訣　採芝種玉有夙緣
此事誰從世人說　世人賤身貴立勳　搖精盜智徒紛紜
就中林臥觀無始　古來惟有柳梅君

元帥看了一會。說道原日那三個道士說是住在甚麽紅羅山上那山有些異雲怪氣敢只怕就是紅羅山哩。分付舟師把船撒開去到海中間些走不可近他這叫做是避之則吉元帥只好是這等小心那曉得天下事不如意者十常八九可與人言無二三好

好的一陣海風把千百號寶船齊齊的打攏在山下来了元帥道快着塘報官上崖去看是個甚麽國有個甚麽鬼怪妖邪好做處置元帥軍令誰敢有違。一會兒上崖一會兒復命說道上面只是一個空山沒有個甚麽國也沒有個甚麽鬼怪妖邪王爺道前日說那三個道士住在甚麽吸葛刺国界上的紅羅山既沒有個国這山還不是紅羅山。老爺道既沒有個甚麽國且一任的開船去着即時分付開船。剛剛的開到海中間又是一陣海風把這些大小寶船齊齊的刮到山脚之下元帥道有此蹊事偏要開船分付又開又開到海中間又是一陣海風把這些大小寶船齊齊的刮到山脚之下元帥道事不過三這個船不須開了即時傳令五營大都督移兵上崖四哨副都督扎住水寨各遊擊將軍分兵上崖

往來廵綽以備旱寨不虞水軍大小都督令船出汛往來廵綽以備水軍不虞分付已畢元帥道水陸安營已定憑他甚麽道士憑他怎麽樣來王爺道知己知彼百戰百勝我和你這如今不曉得山上是個甚麽動靜雖然水陸安營徒勞無補也老爺道既然如此快差捕報官上山去体探一番王爺道誠恐山上是那三個道士拿住了他們却不漏洩了軍情反為不美老爺道莫若差王明去罷王爺道王明是不能免的依我學生愚見事不厭細差王明往山南裏上去再差黃鳳仙往山北裏上去兩下裏仔細探訪他一番未有不得其實者老爺道老先生所言就是即時差下王明往山南裏上去体探山上有些甚麽民居或是岩洞或是荒蕪無限畫日回報王明領命去訖又差下黃鳳仙往山北裏上去体探山

上有些甚麽房舍或是祠廟或有神仙或有甚麽妖魔鬼怪限畫日回報黃鳳仙領命去訖却說王明領了元帥軍令往山南裏找路上去一手隱身草一手戒手刀找着個一条小路兒七個湾八個曲走了一一個日大約有二三十里之遥却纔看見一座石門兒石門上横寫着一行大字說道紅羅山第一福地王明看了一會心裏想道人人都說道門上有路々上有門原來這等一個深山裏面果真的有路有門一手拿起草來防着有人看見一手拿起刀來防着有人謀害照直一跑々到裏面又是一個小々的石門兒石門上又是横摺寫着白雲洞三個字王明說道這分明是個神仙洞府爭奈這個門兒關着沒處問人却不曉得裏面是個甚麽動靜怎麽是好不免敲他敲兒看是怎麽一手擡起一塊石

兒敲了兩三敲々了兩三敲只當沒有又敲了兩三敲又只當沒有王明說道原來是個空洞兒沒有神仙在裏面既是沒有神仙我又貼在這裏做甚麽不如趂早些找下山來回復元帥也是一差又是一手拿起根草一手拿着張刀自由自在走出石門來剛走到門上王明口裏說道王子去求仙丹成入九天洞中方七日傍邊一個人應声道獻世幾千年王明喫了一驚心裏想說怎麽這裏有個人声氣哩敢是個甚麽仙童麽擡起頭來四下裏瞧一交並不曾看見個人影兒在那裏王明口裏又念道洞中方七日那邊又有個人應声道獻世幾千年王明心裏有些慌張喝声道咗你是個人麽你是個鬼麽怎麽接我的下韻那人叫声道王克新你有運時不撞到這個山窠裏面王明聽見叫他的名字放

下根草來問說道你是那個怎麽苦不現身只見那個人撲地一声响跳出一個身子來原來是唐狀元的金紫夫人黃鳳仙是也王明道夫人為何到此黃鳳仙道承元帥軍令教我往山北裏找路上山探問山上事實特來到此王明道你怎麽不叫我只接我下面句詩黃鳳仙道你手裏有隱身草故此不曾看見你是那個不好叫你的王明道我怎麽不看見你來黃鳳仙道我也因是這山上的路徑兒生疎不敢明走是土遁而來身子囤着故此你又不看見我來王明道你上山來曾看見些甚麽人麽黃鳳仙道不曾看見個人只看見一個物件畢竟不知是個甚麽物件且听下

回分解

第六十九回

黃鳳僊假观世音　黃鳳仙戰三大仙

詩曰

石門一望路迢迢　岸嶂峯高聳碧霄　泉掛珠簾當路口
烟拖練帶東山腰　香爐捧出仙人掌　輦路行來織女橋
午夜月明天似水　鶴歸松頂聽吹簫

王明問說道你上山來可曾看見個甚麼人哩黃鳳仙道不曾看見個人只看見一個物件王明道是個甚麼物件黃鳳仙道是我纔在石門之下看見一隻金絲大有頭有尾有花有紋他在那裡閑遊閑走是我看見他他不曾看見我是我捻個訣試他試兒他一蹺而起起在半天之上不見下落這就是我看見的物件王明道

質本佳人瑩絜幾當崑玉潤

黃鳳仙假观世音

計成大士慈悲曾比竹陰濃

前日金角大仙騎的是隻金絲犬這等看起來果真是他的洞府無疑了黃鳳仙道石門上明明的寫着紅羅山這個不消疑的只是你在門裏來可曾打探得有些甚麼事跡沒有王明道洞門閑着不得他開故此不曾打探得一些事跡黃鳳仙道你敲開他的有何不可王明道也曾敲來只是敲不開哩黃鳳仙道你是個甚麼東西敲王明道是個石塊兒黃鳳仙道那石塊兒可曾下鍋煮來王明道這等一個荒山上又到那裏去煮來黃鳳仙道原來不曾煮過是個生敲生敲他怎麼肯開王明道怎麼生敲就不開黃鳳仙道你不聞生敲月下門王明道好個僧敲月不明我們且丟罷了黃鳳仙道元帥軍令要見或是民居或是廟宇或是神仙或是鬼怪打探一個的實來報這等一個糢糊怎麼就回得話哩王

明道不見他的面曉得他是個甚麽人黄鳳仙道依我愚人之見這三個人不是甚麽仙家正派王明道怎見得黄鳳仙道凡人内不足者外有餘内有餘者外不足怎麽是個内有餘者外不足洞開重門正如我心少有邪曲人皆見之這却不是個内有餘者外不足怎麽内不足者外有餘小人閒居為不善無所不至見君子而後厭然揜其不善而著其善這却不是個内不足者外有餘這三個人緊閉了重門正是銷沮閉藏之貌豈是一個正派的仙家王明道夫人之言有理只是不曾眼見得他不好回話黄鳳仙道我還有個道理王明道是個甚麽道理黄鳳仙道我和你尋一個深岩待我坐在岩裏充做個观世音你把個頭髮梳起来把個紅臂甲兒穿起来充做個紅孩兒他若是沒有個嫡門正派他自来

祷告於我聽他祷告便知端的王明道此計太妙只是怎麽令他曉得黄鳳仙道你帶着那個隠身草只在這門裏門外幌着但只是有人來之時你就拿出草來一下子不見了個形走一會却又收起草去令他看見些形走一會又拿出草来直走到岩邊前却又收起草去走進洞裏来這却不就令他曉得了王明道妙哉妙哉兩個人依計而行不出百步之外就有一個深岩窈窕縈紆鎖翠崖幽深虚敞絶纖埃黄鳳仙端端正正坐在裏面王明帶着草剗剗的走到岩上早已驚動了個鹿皮大仙怎麽就驚動了他原来王明穿了個紅臂甲世上只有個紅第一搶眼鹿皮正在打聽寶船轉来一眼就瞧着故此先驚動了他王明眼又快看見有個人即忙的就拿出草来鹿皮大仙轉眼又不見了那個穿紅的心

上把疑三步两步跑到岩邊来只見深岩之中坐着一個观音大士左側站着一個紅孩兒鹿皮大仙跑進来唱上一個喏説道果然人語不虚傳人人都説道這是個潮音洞今日果然有個大士在這裏現身道猶未了背身而去去到洞裏面見了那兩個師兄把观世音的事細説一遍金角大仙説道我們正在出兵之時正要問他一個禍福銀角大仙道如今就行遲了就是未意不誠果真的三個大仙齊齊的来到石岩之下礼拜已畢説道弟子兄弟三人原係凡胎後遇異人傳授我一班仙術又得了一班寶貝前日蒙金眼国國王聘召以退南兵不料本洞之中有一個千歲的猢猻見弟子們不在洞裏欺弟子們的道童謀占未遂放起火来把弟子們的窠巢一并大小徒弟盡為煨燼之末弟子們正在出

兵只見一陣信風所至弟子們無計可施只得抽身而回未有寸功虚負國王之請今日又是天緣湊巧這些南船都在這個山下經過是弟子們三陣海風刮住了他的船這如今准備着擒他的將領碎他的船隻一則報金眼國王之仇二則全西洋大方之體面弟子們這個地方原是西洋印度之地釋伽佛得道之所善不過的怎麽容得這等一千殺生害命的人在這裏作炒麽伏望大士大慈大悲救我一方生灵保佑弟子們一戰成功不勞餘力功成之日替大士修飾仙岩莊嚴寶相弟子們不勝虔懷之至祷告已畢又齊齊的磕了二三十個頭出門而去三個大仙去了黄鳳仙道你看好大仙哩王明道虧了夫人妙計盡得其情不但只是盡得其情他还拜做你的徒弟哩黄鳳仙笑了一笑説道他們拜

做我的徒弟。還不至緊。你還做了我的紅孩兒哩。王明道多了一個紅字。大家取笑一塲。遂下山來。回到寶船之上。已經二更多天氣。見了元帥。把個假扮观音大士的事。三位大仙禱告的情詞。逐一的細說了一遍。元帥大喜。說道這也叫做使于四方。不辱君命可謂士矣。分付重賞紀功。王爺道那千歲的猢猻。就是金眼国的災星。就是我們的福星。天下事有這等奏巧的。老爺道前事罷了只說他明日要來擒我們的將領。碎我們的船隻。却把怎麼抵敵他去。王爺道邪不能勝正。還要苦求天師国師一番。老爺道有理即時請到天師国師相見。礼畢。三宝老爺把這三個大仙的始末告訴一番。天師道他們既是凡胎。終久不為利害也。先與他厮殺幾塲。看他是個甚麼仙術。看他是個甚麼宝貝。其後來容貧道再

出象西洋記　卷之四　四十六

作區處。国師道若只是搬鬦術法。摩弄宝貝。還自可得。只怕他水裏撮出風來。岸上噴出火來。就有些不便。這個却都在貧僧身上。老爺道多謝扶持。各自散去。到了明日。果然是三個大仙。一湧而來。一字兒擺着。金角大仙騎着一隻金絲犬。居中。銀角大仙騎着一個玉面狸。居左。鹿皮大仙騎着一個雙飛福祿。居右。後面都是些毛頭毛腦的兵番。也不計其數。三個大仙高叫道南朝的好漢。你出陣來。我前日在金眼国輕恕于你。你今日再走到那裏去罷。道猶未了。南朝也是三員大將。統領了三路雄兵。第一員是遊擊大將軍雷應春。一疋馬。一張月牙鏟。居中。第二員是狼牙棒張柏。一疋馬。一把狼牙棒。居左。第三員應襲公子王良。一疋馬。一桿丈八神鎗。居右。南陣上三通鼓响。吶喊一聲。[illegible]地動的一般。金角

大仙看見。大笑了三聲。說道汝等都是些螻蟻微命。敢來衝我的泰山。我若畧畧的舉起手來。教你們都成虀粉。道猶未了。把座下的金絲犬着一鞭。只見那畜生口裏吐出一道青烟來。金星噴噴。尾巴頭彪出一道火來。赤焰騰騰。南陣上看見。心裏都有些喫驚。一時不敢向前去。只有張狼牙。心雄膽壯。怒發如雷。罵說道無端賊道。敢出這等大言。你既是泰山。怎麼又借個狗勢。我若惧怕於你。誓不為大丈夫。狠上一聲。提起那桿狼牙釘。橫築直築。上上前去。分明築得有些意思。那曉得那個烏錐馬喫了金絲犬的火爆一燒。撲的一聲响。跌在沙塲之上。這一跌不至緊。把個張狼牙失將下來。張狼牙正在怒頭上。顧不得甚麼馬不馬。挺出個身子。一跳跳將起來。丟了個馬。兩隻脚步行。兩隻手輪着狼牙棒。直釘到

出象西洋記　卷之四　四十七

金絲犬頭上。金絲犬到喫了兩釘。又釘到金角大仙的面上。金角大仙又笑一笑。說道這將軍到也是個不怕死的。我且教你受些磨折。你纔認得我哩。道猶未了。一口法水噴將出來。這一噴之時莫說張狼牙。就是跟隨的軍士。一個個的都跌番在地上。再有那個曉得些人事。罷張狼牙心裏其實明白。爭奈脚底下無力。走不動哩。只見一夥毛頭毛腦的兵番。細細縛縛。拿到山上去了。雷遊擊王應襲看見那個道士術法高強。勢頭來得不好。未敢擅便。只待收兵回來。見了元帥。把道士的術法訴說一番。元帥道怕他許多不成。你們抖擻精神。和他殺上幾陣。不得贏他再作區處。兩個將軍。應聲而退。却說金角大仙捞番了張狼牙。撮進洞裏。三個大仙仔細看一看。睛儘好怕人。也怎麼怕人。張狼牙本等是生得面

如鍋底鬢似鋼錐却又被法水所迷昏々沉々不省人事像個歕子一般睡在地下裏銀角大仙說道師兄這個人好個軟綿團兒金角大仙道你只曉得軟綿團兒你那裏曉得此人性極剛強萬死不折只為我的法水所迷故此動憚不得待我叫他醒來你看着道猶未了又是一口法水張狼牙恰像個睡夢裏面醒將過來及至睜開兩隻眼只見是三個道士坐在上面一干毛頭毛腦的兵番站在兩傍張狼牙欲待掙起來渾身上下都是些繩穿索綑肚子裏激不過大叫一聲道好大膽的道士也你敢綁着我在這裏麽快拿刀來殺了我就罷少待遲延我就崩斷了這些繩索教你寸草不留張狼牙這一塲狠金角大仙也有些懼怯却又笑一笑兒說道你不要這等急性我還有個安樂窩請你去坐一坐嘗

些安樂的滋味你總認得我來張狼牙又惱起來罵說道那個認得你這等一個毛道士　尖嘴刮臭　假充太乙　做醮念經過如主乞　金角大仙說道這厮死在頭上還不省得還來嘵嘴哩左右的把他送到新潮音洞裏去待明日多拿幾個一起開刀果真的一夥兵番把個張狼牙送在洞裏只見到了裏面陰雲慘慘黑霧濛濛無明無夜不見些天日一會兒那一夥兵番各自散了張狼牙心上打一想猛然間怒從心上起惡向膽邊生就儘着平生的蠻力氣狠是手脚一蹬毛髮一豎吆喝一聲身上的繩索就是刀斬斧齊的一般齊々的斷了張狼牙好一似鰲魚脫却金鈎鈎擺尾搖頭任我遊一逕跑下山來跑到寶船之上拜見元帥把前後的事故細說一遍元帥道是個甚麽洞張狼牙道外面像

一個神座兒轉到裏面就不見天地不見日月三光離地獄門也只隔得一張紙的樣子王明道那洞外面可有個甚麽臺基兒麽張狼牙道像個新砌的臺基兒王明道敢就是我們昨日夭喧的去所哩張柏道是了是了他們口々聲々說道新潮音洞裏王明道若只是送在那裏还好處得元帥道怎麽好處得王明道只消小的跑進去就取將來却不是好処得元帥道將計就計在你們做將官的身上王明道我們都曉得哩到了明日那三個大仙領了一干兵番又是一湧而來又是一字兒擺開高叫道南朝再有那個好漢敢來些我交鋒麽道猶未了南陣上皷响三通吶一聲喊早已閃出一員大將一騎馬一把月牙鏟飛奔而來原來是遊擊將軍雷應春未及臨陣之時又是三通鼓响喊上一聲早已又

殺氣橫衝任是四溟應変色

王鳳仙力戰三大仙

驚塵亂起曾教六合為韜光

閃出一員大將來。一騎馬一桿丈八神鎗飛舞而來原來是應襲公子王良未及臨陣之時又是三通鼓响喊上一聲早已又閃出一員大將來一騎馬。一桿滾龍鎗飛舞而來原來是武狀元唐英未及臨陣之時又是三通鼓响喊上一声早已閃出一員女將一騎馬。一張兩面刀。飛舞而來原來是金紫夫人黃鳳仙　四員大將四騎馬四樣兵器各逞其能。一齊高叫道你這些妖道們快來受死金角大仙說道你叫我來受死麼只怕你們死在頭上你不信之時你看昨日那個黑臉鬼有個樣子了。黃鳳仙說道昨日他們為你邪術所悮你今日再敢來張開個毛嘴噴出個臊水來麼金角大仙說道我就噴出來你待何如。黃鳳仙道你噴出來試一試兒看看金角大仙果然就是一口水來也只指望昨日的樣子擋

着他骨軟觔酥那曉得黃鳳仙不慌不忙取出一幅了事布兒名字叫做月月紅拿起來馬前一捲那口水只當得洋子江裏撒泡尿不曾看見金角大仙看見這口法水不靈連忙的把個金絲大加上一鞭那畜生好不施設哩口裏就噴出一道青烟尾巴頭就撒出一路紅火急走如飛竟奔到黃鳳仙臉上黃鳳仙不慌不忙取出一根扎頭繩兒名字叫做錦纏頭拿起來照前一幌即時把個金絲犬纏住了四隻蹄爪兒撲的一聲响跌一個毂轆那畜生跌一跌不至緊却早已把個金角大仙失將下来賣了個破綻黃鳳仙的兩面刀其快如飛照着他的頸膊子上已自擂了一刀金角大仙好苦也一段是頭一段是身子喜得這個大仙到底有三分鬼畫符黃鳳仙去捞他的頭只見那兩個眼珠子撑上兩撑一

張口呷上兩呷一個頭猛空裡一飛上在半天之上悠上蕩上從從容容如飛鳥盤旋之狀黃鳳仙又去捞他的身子那身子也又作怪哩一跳上將起來跳在山崗頭上一會兒一個頭吊將下來閂着個頸膊子上半點不差黃鳳仙罵說道好毛道士你要賣弄麽道術未了銀角大仙馳驟而來手裏拿着個如意鉤照頭一攢黃鳳仙擋他一刀兩下裏撞的珪玎上上一聲响黃鳳仙道你還要來你的頭可斷得這一會麽銀角大仙道胡講甚麽人敢斷我的頭來一邊講話一邊撇起個如意鉤撇在半空雲裏喝聲道变那個鈎果真的一変十十変百即時間变做了一百口飛刀剔上的响飛將下來黃鳳仙看見說道你還自称為六仙哩你那裏真是個大仙所行之事都是些妖邪術法敢到我老娘的跟前吊甚

麽[illegible]不慌不忙脚底下解下兩隻脚帶來名字叫做夜々拿起來上三下四左五右六舞的就像個雪花盖頂一般連人連馬那裏再看見些々踪影兒罷那一百口飛刀撞着的只是一响一會兒都吊在地上還是一個如意鈎銀角大仙看見解了他的術法心上儘有些喫驚說道這等一個女將儘有些學問不可小覷于他却又掣過個如意鈎來望空一撇々在半天之上喝聲道变那個鈎一变就变做一扇大磨磐懸在半天雲裏左磨右磨々來磨去一下子吊將下來竟壓到黄鳳仙的頂門骨上黄鳳仙看見罵說道潑妖道偏你有這許多的变化偏我就不會变化麽不慌不忙頭上取下一幅烏綾帕兒名字叫做個劈頭抓拿起來望地上一摔也喝聲道变道個变却不是小可的变就变做一座峭壁高山

拄天拄地的攔在陣前你想一扇磨磐會打得個山透哩輕々的吊在山上只當得個對江過告訴風罷了銀角大仙没柰何只得收回個如意鈎去意思間還要变幾变兒却不柰這個山拄在面前何兼且落日西沉昏鴉逐隊天、昏地黑不辨東西假饒你會变也是個臘梨变花枝变不出個甚麽好的來只得各自收兵而散回到洞裡銀角大仙大怒說道枉了我們六尺之軀反不柰一個女人何金角大仙說道你的如意鈎千变萬化怎麽不柰他何銀角大仙說道都是你輸了頭陣與他故此到底不利市金角大仙說道你們脚本等不齊只埋怨我的頭不齊哩鹿皮大仙說道當場不戰背後興兵這都是枉然的到明日之時二位師兄都請坐下待貧弟去拿他過來監他到安樂窩裏洩了二位師兄之忿罷

銀角大仙道師弟嗄過頭飯兒雖喫過頭話兒難講也難道你就拿得他來鹿皮大仙道貧弟若拿他不來我就把這個六陽首級送了師兄罷銀角大仙說道既如此但是師弟拿得那個女將來貧兄就把這個六陽首級送了師弟罷憑着大師兄做個証明功德到了明日南陣上這埒々將軍先去擺下了陣勢只在窄等那三個六仙鹿皮大仙騎了隻雙飛福禄飛舞而來威風凛々怒氣冲々高叫道南朝那個潑婦你還敢出來麽黄鳳仙喝声道我兒嘿々你叫我老娘做甚麽鹿皮大仙說道你這潑賤儕你那裏識得我仙家的妙用我饒了你這一刀々若你不如早々的下馬受降罷黄鳳仙大怒罵說道這誅斬不盡的賊道你不過是番国裡一個妖人怎比得我們天朝的上將你敢開大口說大話我今日與

你定個雌雄併個死活你纔認得我老娘來道猶未了把手一招南陣上飛出三員大將來一個雷游擊一騎馬一把月牙鏟一個王應襲一騎馬一桿丈八神鎗一個唐狀元一騎馬一桿滚龍鎗兒兼黄鳳仙一口兩面刀一個人當兩個四面八方一齊殺向前去團々轉就殺做一個走馬燈兒的樣子把個鹿皮大仙裹在中間鹿皮大仙也没有了主意怎麽没有了主意欲待厮殺這些々人勢頭來得兇施展個手段不出欲待吹葫芦急忙裏吹不及故此就没有了主意因是蕩了主意急忙的把個隻飛福禄加上一鞭那福禄儘解得人的意思一躍而起劃起得一丈來高黄鳳仙手裏取出一個錦纏頭來照着他一攛那錦纏頭原是個粘惹不得的惹着他就要剝番皮惹着他就要爛塊肉饒你是個甚麽潑天賊

地[illegible]好漢不得個乾淨脫身莫說只是那個福祿鏗然邋剅到底是個畜生班革一個錦纏頭一揩早已跌番下來黃鳳仙一肚子的怒氣正沒處去伸抓過個福祿就擂他一刀一刀擂下一個頭來原來就是山上一隻野麞假充做個福祿那裏是真的黃鳳仙越發識破了這個鹿皮大仙高叫道你們都要抖擻精神生擒這個妖道要曉得他純是些邪術只看這個野鹿便見明白眾人聽知黃鳳仙這一篇之詞委果是雄了一個心壯了一個膽一片的擂鼓一片的吆喝搖旗的搖旗吹哨的吹哨好不英勇也這正是先聲足以奪人之氣怕他甚麼鹿皮大仙鹿皮大仙起在雲裏無計可施倒要取出葫蘆來黃鳳仙早已就看見了高叫道那賊道又在那裏要夭喧要吹甚麼葫蘆哩即時分付鳥嘴銃過天星兩

點一般的打上去原來鹿皮大仙不是真仙只是些術法兒做得玄妙卻又怕人瞧破他因為黃鳳仙瞧破了故此葫蘆就吹不起又且鳥銃流星一干火藥逼得慌愈加吹不出左不是右不是不覺得又是紅日西沉天昏地黑只得各自散陣黃鳳仙連日兩陣兩陣俱贏回兵之時元帥大喜說道着意栽花花不發無心插柳柳成陰誰想女卑国得這等一個女將今日得他這等大功勞即時分付紀錄司紀黃鳳仙之功黃鳳仙道三位將軍之功未將不敢自認元帥道既如此連那三個將軍一齊紀功那三位將軍又說道妖道尚在未將們不敢言功元帥越發大喜說道克敵之功讓功之美這四個將軍俱得之矣即時分付安排筵宴諸將慶功到了明日天尚未明南師上照舊是雷游擊王應龔唐狀元黃鳳仙各領了各人軍馬擺成陣勢唐狀元道今日又不知是那一個賊道出來黃鳳仙道一定還是鹿皮大仙唐狀元道怎見得黃鳳仙道他昨日一籌不曾展得他豈肯服輸一定今日還是他來道猶未了山崗上一個道士騎着一隻白馬飛一般跑將下來高叫道我夜來喫了你的苦楚你今日也喫我一場苦也道猶未了一手拿出一個葫蘆來信口一吹畢竟不知這一吹還是些甚麼術法還有些甚麼利害還是贏還是輸且聽下回分解

第七十回

鳳仙斬金角大仙　國師點大仙本相

詩曰

為愛仙人閻世英　幾從仙籍識仙名　金童未得元來面

石室甘頤太古情　黃鶴幾番尋故侶　白雲隨處訂新盟
鹿皮俄見飛仙影　肩事隨風羽翰輕

卻說鹿皮大仙跑下山來摸着葫蘆就吹吹上一口氣即時間突出一把傘來唱聲道變一會兒一把傘就變有一丈多高七尺來多濶罩在半空之中天日都不見影劃喇一聲响落將下來實指望把南朝這些將官這些軍馬一繳過兒都撈番上去那曉得黃鳳仙又有些妙處怎麼妙處起眼一瞧瞧着是把傘他不慌不忙說道我兒流你敢把這個傘來撐我老娘哩輕輕的伸起隻手頭上取下一根簪兒名字叫做搜地虎照地上一擦也唱聲道變一會兒就成一個文筆峰約有萬丈之高拄天拄地把個傘就撐得定定的鹿皮大仙看見個傘不　下來卻又紐轉身子把右眼一

料即時間就变做一隻無大不大的山鹿原來那件衣服卻是一張鹿皮故此抖一抖就是一隻山鹿变成了鹿之時只見平的一聲响一跳跳到黃鳳仙的頭上來黃鳳仙看見他來得很一手就收起那個捜地虎照着他一架這一架又不曾架得鹿倒恰好的那把傘又吊將下來黃鳳仙也只得士囤而行可憐這一夥南兵摸頭不着無處逃生一傘就妆有百十多個在裏面鹿皮大仙不勝之喜提着個傘望山上逕跑唐狀元高叫道那妖道那裏走趕向前去狠是一鎗王應龍高叫道畨狗那裏走趕向前去狠是一標雷游擊高叫道賊奴那裏走趕向前去狠是一鏈鹿皮大仙只作不知往山上逕跑跑進洞裏面連聲叫道師兄師兄你都來看也金角大仙說道你今日這等喜孜孜想是得勝而回銀角大仙

果爾鳳仙十指纖纖明戛王

王鳳仙斬金角大仙

枉然金角半生碌碌暗成灰

道師弟你拿出那個女將來我把這個六陽首級還你鹿皮大仙道師兄軍中無戲言你的六陽首級坐得只怕有些不穩當哩銀角大仙說道大丈夫一言既出駟馬難追你既是拿得女將來我怎麽又和你反悔金角大仙說道口說無憑拿出來便見你且拿出來再處鹿皮大仙歡天喜地取出個傘來喝聲道变那把傘一會兒就变得有一丈來多長七尺來多濶又喝聲道開把個傘一會兒騰空而起漸漸的張開那兩位師兄擡起頭來一看只見南朝那一干軍士一陣風刮下十數多個來又一陣風又刮下十數多個來刮來刮去吊來吊去共有百十多個只是不見個黃鳳仙銀角大仙說道擡刀的到有這些只是那個女將却不曾看見在那裏鹿皮大仙說道分明收在傘裏怎麽不見下來想必是他有

些怕死躲在傘肚裏不肯下來一會兒一陣風呼的一聲响沒有個甚麽人下來一會兒又一陣風呼的一聲响又沒有個甚麽人下來鹿皮大仙説道這個賤价是有些作怪待我取下傘來看他再躲到那裏去把手一招那個傘一轂轆吊將下來細々的查點一番那裏有個女將在裏面銀角大仙説道師弟哩今番只怕你的六陽首級有些不穩當哩鹿皮大仙看見賭輸了就撒起賴來説道我分明拿住了他想是二師兄放得他去了故意的要我認輸銀角大仙説道誰見我放他去了鹿皮大仙説道先前同着這一干的軍士都在遮天蓋裏有則俱有無則俱無豈有個有軍士又沒有女將之理銀角大仙説道那女將变化如神出沒似鬼你那裏拿得他住哩鹿皮大仙説道倘你就曉得他变化如神出沒似鬼

出像西洋記　卷之十四　五八

却不是你放了他銀角大仙説道沒有一個賴説道放了一個説道沒有師兄師弟爭做一團兒金角大仙説道你們兩個都不消爭的二師弟沒有拿住得女將不筭做全羸二師弟的六陽首級不須取下拿住了許多軍馬又不筭做全輸三師弟的六陽首級也不須取下彼此都取一個和羅鹿皮大仙自知礼虧唯々就是只有銀角大仙説道師弟不當如此欺我金角大仙説道你也不消這等多怪少饒待我明日出陣擒住那個婦人解了二位師弟之忿罷到了明日南兵又在山脚之下擺成了陣勢金角大仙騎了一隻金絲犬飛奔而來黄鳳仙看見金角大仙正是仇人相見分外眼紅照頭就還他一下錦纏頭那金角大仙一時躲閃不及一粘々着錦纏頭上一轂轆跌下金絲犬來黄鳳仙只説跌他下

來那好就中取事那曉得金角大仙手裏拿着一桿三股托天叉步蹬而不撤得就是個鳥飛兎走一隻金絲犬又古怪張開一嘴的狗牙露出四隻那狗爪奔向前來就像個虎竄狼奔黄鳳仙反喫他一嚇即時取下一對夜々雙来左来左架右來右支人来人架犬來犬支架了一會支了一會金角大仙呼的一聲响就是一口法水噴將過来黄鳳仙沒奈何得又取出一片月々紅来馬前一展那口法水也又落空法水来了金絲犬鷙的一聲向一跳跳到頭上来黄鳳仙復手一刀這一刀不至緊早已把個尾巴上的毛劈下来一大堆金絲犬護疼迎風一擺起在半天雲裏去了金角大仙看見自已不奈人何金絲犬又不得力一手掣過一張刀頭膊子着實一磨々々下一個頭滿天飛好耍子不過悠々揚々盤

出像西洋記　卷之十四　五九

盤旋々過了一會那個頭一片的法水噴將下來黄鳳仙連忙的取出個月々紅来遮天遮地的幪着這一陣法水来得兇饒是個月々紅幪着十個中間還有一兩個擋着他的擋着他的就骨軟觔酥跌在地上如醉如痴一時間扛擡不及不覺的金烏西墜玉兎東昇南陣上還有好些昏迷着的都喫那些毛頭毛腦的兵番一齊擄進洞裏金角大仙一個頭又開在個身子上跨了金絲犬走進洞門不勝之喜説道今日這一塲廝雖不曾拿住那個婦人却也挫了他許多鋭氣拿了他許多軍士筭做是我全羸一邊分付師弟辦下酒席自已賞功一邊分付把這兩日拿住的南兵都送到安樂窩裏和前日那個黑臉鬼打夥兒受些快活分付已畢外邊停當金角大仙暢飲三杯銀角大仙説道明日出陣之時我

兩個都來幫你包你就拿住那個婦人金角大仙一團的英氣那裏肯服些輸說道我今番拿不住那個婦人誓不回山舉起一杯穩來照地一奠若不全勝誓不回山與此酒同大小山神都來鑒察這也莫非是金角大仙数合該盡黃鳳仙的功合該成到了明日臨陣之時更不打話一手一張刀一手磨下一個頭那個頭仍舊是滿天飛仍舊是滿口法水仍舊是擋着的骨軟觔酥黃鳳仙抖擻精神支支架架這一日到晚點水不漏下來金角大仙沒柰黃鳳仙何黃鳳仙却也沒柰金角大仙何天晚之時各自收兵回陣到了明日又是現成腔調一邊是一個光頭滿天上噴下水來一邊是一幅月月紅遮天遮地的幌着一連纏了三日不見输贏黃鳳仙心上有些懊惱唐狀元道夫人連日出陣每有英勇怎麼今日懊惱將起來黃鳳仙道非干我懊惱只是這等樣兒迁延歲月不得成功何日是了唐狀元道依我愚見那賊道只是些妖邪術法不如還去求教天師或是国師總有個結果若只是懊惱也徒然無補黃鳳仙道狀元之言有理我和你兩個同去道猶未了只見天師国師都在元帥帳上談論軍務唐狀元直入行一個礼天師笑一笑兒說道唐狀元此來為夫人求計唐狀元道非為夫人遠為朝廷近為元帥天師道狀元恕罪前言戲之耳唐狀元却把個金角大仙的始末缘由細說了一遍天師道邪不能勝正僞不能勝真只求國師老爺一言足矣貧道其實未能国師道貧僧只晓得看経念佛這殺人的事那裏得知唐狀元道這不是殺人的事只是金角大仙頭在一處就會飛身子在一處又不動一會兒

要文鬪任身子上半點不差這却都不是些術法只求二位老爺指教一番教他的頭鬪不上他的身子就完結了他的帳国師道這個不難既是他的身子在一邊你明日把本金剛經放在他的頸脖子上他就安鬪不成唐狀元道承教了功成之日再来拜謝老爺躬身而出走到外面把金剛經的事告訴黃鳳仙黃鳳仙道焉有此理一本金剛經那裏會顯甚麽神通唐狀元道国師自來不打誑語不可不信黃鳳仙道既是如此明日且試驗他一遭倘不灵應再來不遲唐狀元道你明日和他爭鬪之時待我們悄悄的放上他一本經兩不相照他一時却就隄防不來黃鳳仙大喜說道仰仗朝廷洪福近賴元帥虎威此計一成勝於十萬之師遠矣計議已定到了明日之時金角大仙風湧而來撇下了金絲犬除下了金角頭一會兒就在天上一會兒就噴出水來黃鳳仙道你這賊道今番總認得我老娘的手段哩金角大仙道你這幾日還有幾個毛將官來相護今日之間隻身獨自而來那些毛將官也害怕了你這等一個蠢婦人豈識得我仙家的玅用金角大仙只說是仙家的妙用那曉得唐狀元站在一邊還有個妙用道猶未了只見金角大仙飛起了頭一任的法水噴將下來黃鳳仙一任的月月紅照將上去兩家子正在好處金角大仙那裏又顧個文身却說唐狀元拿了一本金剛経找着他文身只見他頸顙脖子上一股白氣直衝出來唐狀元也不管他氣不氣白不白連忙的把那金剛経放在上面放了這金剛経不至緊一會兒就不見了文身就变成一個土堆在那裏一會兒土堆又長起來一尺就一丈

一丈就十丈就变成一個大山在那裏唐狀元心裏想道我夫人還不准信原來佛力廣無邊国師之教不當耍子道猶未了一騎馬逕出陣前手裏拿着那悍滚龍鎗照東一指一聲鑼响南陣上將轉兵馬金角大仙看見黄鳳仙跑下陣只說他心中惧怕連忙的跌下頭來去尋身子閗着那裏有個身子沒柰何頭只在半天之上旋旋轉轉慌慌張張左找右找左找不見右找不見找了一會不見個身子叫將起來左叫右叫左叫不見右叫不見叫了一會又不見個身子越發激得沒柰何哭將起來左哭右哭左哭不見右哭不見沒柰何哭了一會又叫上了一會又哭唐狀元叫聲道夫人好去捞着他的頭来哩黄鳳仙帶轉了馬取出個錦纏頭来照上一撇他雖然找不着身子眼睛珠兒却在頭上好不快捷

慧目高懸如在肺肝根底照

金碧峯点化三仙

佛門宏敞偏從識相內中分

一起又起在半天之上那裏捞得他住黄鳳仙叫聲道賊道你今番沒有了文身還做得甚麽好漢金角大仙說道你藏了我的文身你叫我怎麽結果黄鳳仙道你今番再駡人麽金角大仙說道我如今有口沒喉嚨再駡得那個黄鳳仙道你今番再殺人麽金角大仙說道我如今眼看得手動不得再殺得那個黄鳳仙道你今番再筭計人麽金角大仙說道我如今有口沒心再筭計得那個黄鳳仙道你今番再挪移人麽金角大仙說道我如今曉得脚走不得再挪移得那個黄鳳仙道你今番再強似人麽金角大仙說道我如今有上稍来沒下稍再強似得那個道猶未了只見一個金絲犬三跳兩跳跳將来髭開一張嘴就會講起話来說道主人公主人公你怎麽筭得這等一個濕東髮金角大仙說道我如

今是這等有上稍未沒下稍怎麽是好。金絲犬說道。主人公你若是不棄嫌時我的文身情愿談與你罷金角大仙想了一會。連說道做不得做不得。金絲犬說道怎麽做不得。金角大仙說道我在玄門之中走這一遭。巳自像個奴羣狗黨再真個披了你的皮却把甚麽嘴臉看見三淨老兒道猶未了。黃鳳仙一手一張兩面刀卆衣一聲响一刀金角大仙。一刀金絲犬殺番了這兩個對頭你看黃鳳仙喜孜上。鞭敲金鐙响笑盈上。人唱凱歌声。驟馬而帰進了營門之内把兩個尸首擺列着在階前上帳去見元帥。元帥道那是那個的尸首黃鳳仙道一個是金角大仙一個是金絲犬天師道那有頭有尾有手有脚的是那個那有頭沒尾沒手沒脚的是那個黃鳳仙道有頭沒尾沒手沒脚的是金角大仙那有頭

有尾有手有脚的是金絲犬。二位元帥嗄上一声說道原来這個該斬賊道狗也不如。道猶未了。旗牌官報說道天師國師来拜相見礼畢。剛坐下。天師問道。這個頭是那個的元帥道今日黃鳳仙力戰成功。這個頭就是金角大仙的天師嘆上一聲。說道。這畜生自称金角大仙今日做到這個田地是我玄門之玷国師道阿彌陀佛這個孽畜那是你玄門中人。天師道怎見得不是貧道玄門中人国師道你還不信來我取得他的文身来你瞧着天師道國師肯見教時。貧道大幸。國師道請過唐狀元來即時就是唐狀元帳前相見國師道你拿的金剛經放在那裏唐狀元道承国師老爺佛旨巳曾放在金角大仙的頸脖子上国師道其後何如唐狀元道放了金剛経之後那個文身即時変成一個土堆一會兒又

変成一個山嶺故此金角大仙再沒去尋處國師道你還去又轉經来唐狀元道巳經是個高山峻嶺怎麽又得他出来國師道這個不妨得你拿出手来唐狀元伸出隻手。国師拿起九環錫杖寫個土字放在他手掌心裏分付道你仔細拿着這個字。一直走到山嶺之前放開手掌来你就望本營裏跑唐狀元遵命而行走到山嶺之前到上的放開個手掌心来只聽得劃喇一聲响[illegible]似天崩地塌一般唐狀元領了国師嚴命。不敢有違。一逕望本营裏跑未及看見元帥只見階下巳自横擔着一隻野牛。毛撐上的及至回復元帥只見九環錫杖上頭上横擔着一部金剛経唐狀元唬得毛竦骨酥不敢作聲。天師道那野牛是那裏来的国師道這野牛就是金角大仙的身子。天師道怎麽一個人頭又是個牛身子

国師道頭也不是人的天師道見教一番何如国師道這個不难即時分付取過一碗無根水來取過水來照着那個頭一噴只一聲响就変出一個牛頭來兩隻長角。金幌上的国師道這却不是個金角大仙這等一個畜生混入玄門中。何足為玄門之玷。天師滿口稱謝二位元帥說道這個牛精自稱金角大仙果真的有變牛角只因這個故事傳到如今。都罵人做牛鼻子道士。却是有個來歷却說元師請問国師這兩個尸首怎麽處他国師道都宜以禮埋之但金絲犬墳上豎一塊石碑鐫着義犬兩個字。要見得人之不可不如狗後人感此做一篇病狗賦錄之為証。

賦曰

狗病狗病由何苦　狗病只因護家主　晝夜不眠防賊来

賊聞狗聲不登戶　護得主人金與銀　護得主人命與身
一朝老來狗生病　却將賣與屠狗人　狗見賣與屠人宰
聲叫主人全不采　回頭又顧主人門　還有恋主心腸在
嗚呼狗帶皮毛人帶血　狗行仁義人行殺　狗皮裏面有人
心　人有獸心安可察　嗚呼世上人情不如狗　人情不似
狗情久　人見人貧漸々踈　狗見人貧常相守　有錢莫交
無義人　有飯且養看家狗
元帥把功須賞不在話下。却說銀角大仙听知道金角大仙戰敗
而死嚇得如醉如痴。不省人事鹿皮大仙再三勸解說道死者不
可復生生者豈可尋死我和你不如丟了這個山頭再到別處尋
一個洞天福地安閑自在去罷銀角大仙說道今日也說南船上

有個金和尚張道士明日也說南船上有個金和尚張道士。把這
兩個人看做生鉄拐活洞賓不敢惹他到経今半月有餘不曾看
見他兩個放的半個屁。到反被這等一個潑婦人連贏我們這些
陣數。費了我們多少精神。用了我們多少計策今日丟到這個田
地我豈肯干休罷了。況且殺兄之仇。不共日月我明日定要與他
決一個高低鹿皮大仙說道我們這如今又不是前番的譜子怎
麼不是前番的譜子。前番他初見我們之時還只說我們是個上
界真仙縱有些々小疑惑終久不能自決這如今。捞番了師兄已自
看得針穿紙過的我和你又把旧譜子來行只怕就有差錯銀角
大仙道這個話說得有理只是我也曾經打處過來我如今有了
鬼神不測之机翻天覆地之妙鹿皮大仙說道師兄你試說出

丟我聽一聽看銀角大仙說道隔墻須有耳。窓外豈無人。我這個
神机妙筭。再不說出來。你明日只看着就是鹿皮大仙說道惟願
得眼观旌捷起耳聽好消息。到了明日剛交到五鼓時候銀角大
仙披衣而起站在山頭上。手裏拿着個如意鈎望海裏一撇這個
鈎千変萬化無不如意銀角大仙意思要他変做個水怪翻江攪
海打壞他的寶船果真的変做一個千百十丈的一大鰲魚就在海
中間撓起万丈的波濤。滔天的雪浪。一霎時只見
日月昏瞑　雷霆震怒　慘々黷々数重雲霧罩定乱坤　凜
々冽々一陣猛風撼開山岳　雪山萬丈打着天拍着太陽
銀燭千条瀉平地頃成滄海　鎮日間淅々漴々劃々喇々仛
是你寶船千號也不得東倒西歪　滿眼裏傾々動々倥々偬

々憑着他過海八仙也不免手慌脚乱　巉々崕々峭々嶇々
有眼難開嚇得個水神們縮頸坐時如鳳宿　嗶々剝々玎々
璫々有足難走打得個水族們搭身聚処似泥蟠　雲霧障天
冬日不知天早晚　波涛浴日要行難辨路高低　神光萬丈
閃々爍々爍々爛々恍疑五夜裏掣電爭明　殺氣千重昏々
沉々陰々深々恰似三月間奇花乱吐　拂々霏々不讓三更
驟雨　轟々劃々難逃九頭鵰鳴　不知是陽侯神靈胥神馮
夷神海若神天吾神壬癸神和誰鬪戰　只應是涇川君洞庭
君南海君北海君宫亭君川陽君各顯威靈　正是西風作惡
實堪哀　萬丈潮頭劈面來　高似禹門三汲浪　險如平地
一聲雷

却說四哨副都督看見這等萬丈的波涛。滔天的雪浪都喫一大驚都說道只怕是天意有此甚麽差池一齐兒来見元帥元帥道這一定又是那兩個殺不盡的道士。使風作浪唬嚇我們分付快去請國師来國師道辱承呼喚有甚麽指揮。元帥道前日初到之時承尊命說是海裏的風舡上的火都在老爺身上。今日不幸果是海裏生風作浪望乞国師老爺。不食前言。国師道貧僧受命而来何曾敢打半句誑語今日之事相煩二位元帥到貧僧千葉蓮臺之上去看一會来便見明白。二位元帥不敢怠慢一竟眼着國師同到蓮臺頂上起眼一瞧只見離船有十丈之遠。十丈之外雪浪滔天銀山吞日。十丈之内水光萬頃波濤不興二位元帥問說道怎麽外面那樣兇險裏面這等平靜国師道實不相瞞貧僧看

見那個妖道来使風作浪是貧僧一道牒文差下四個龍王在十丈之外。護持我們寳船。故此外面兇險。裏面就平靜。二位元帥連声稱謝說道若不是佛爺神力扶持。却不逹葬海魚之腹国師道若不是預先設法。這些寳船幾乎不保还守得到元帥来呼喚貧僧麽元帥道這風浪到几時纔寧靜国師道妖邪之術小者三刻大者三十刻這個妖道儘成了氣候今日風浪是寅時初刻起的要到巳時初刻纔得寧靜交了巳時果真的風恬浪靜四哨副都督并一切水軍都督都来問安二位元帥說道快吗軍政司偹辦一席筵宴與大小將官壓驚国師道阿彌陀佛這还是些小驚還有一個大驚在後面。且慢安排筵席不知是個甚麽大驚在後面且听下回分解

上四卷終

新刻全像三寶太監西洋記通俗演義卷之十五

二南里人　編次

三山道人　綉梓

第七十一回

國師收銀角大仙　天師擒瘟皮大仙

詩曰

忠臣勤劳不自知　勉然輿病強撑持
不斬降人表義師　願擒元惡酬明主
華夷一統清明日　木石含愁移塞處
誰把中華俗变夷　山川生色献功時

却說二位元帥分付安排筵宴諸將壓驚国師道且慢且慢這還是些小驚還有一箇大驚在後面二位元帥聽知道還有一個大

奮矣神威　不假兵車之力

國師收銀角大仙

縱然銀角　難為掌握之珍

出像西洋記　卷之十五

驚心上儘有慌張的樣子問說道還有個甚麼大驚不知可保全得麼国師道阿彌陀佛貧僧有言在先都在貧僧身上元帥道可要些甚麼預備着麼国師道不消甚麼預備你只昇交到黃昏戌時就見明白却說銀角大仙丟下了如意鈎過了二十刻看見風浪不能成功乘興而來沒興而返沒柰何只得收轉鈎去懨上納悶鹿皮大仙說道師兄又枉費了這一番心事不如依我做兄弟的說罷銀角大仙說道一不做二不休我到黃昏前後還有個妙計直教他前後左右支架不來他纔認得我哩鹿皮大仙說道只怕一番清話又成空銀角大仙說道各人做事各人當你不消管他就是到了黃昏時候站在山頭上手裏拿着那把如意鈎把個頭點三點又搖三搖把個手招三招把個脚踹三踹却撤起個如意鈎望半天裏一撇一撇上在半天之上齁上的一片响這一响不至緊早已驚動了南船上大小將官元帥連忙的去問國師國師詰過二位元帥生到蓮臺之上觀看又叫元帥傳令各將官各人安扎本営不許驚慌喧嚷傳令未畢只聽見撲簌的一聲响早已吊下一個血紅的火老鴉來恰好吊在帥字船上遠看之時那裏是個老鴉只當是一塊火團兒照得上下通紅烟飛熖烈二位元帥心上就嚇一個死生怕做成個赤壁鏖兵的故事只見國師叫上一聲金頭揭諦何在叫聲未絕猛空中就走出一個七長八大的天神來手裏拿出一道金箍頭走向前去照着那個火鴉輕輕的一箍上得那個火鴉啞一聲叫精光的一個老鴉有詩為証

白頭不嘆老年光　亂噪驚飛遶樹傍　影拂黑衣飛遶塞

出像西洋記　卷之十五

光搠金背閃斜陽　報凶厭聽因何切　返哺應知孝不忘
幾度五更驚好夢　數聲啼月下廻廊

光一個老鴉却沒有了身上的火舡上就不妨得一位元帥纔然放心說道多謝国師老爺神力扶持真個很是一塲驚恐也道猶未了只聽得撲簌的又是一聲响帥字船的桅桿上早已走下一個血紅的火老鼠來恰好是又走進到中軍帳上去遠看之時那裏是個老鼠只當得一塊火秧兒照得上下通紅烟飛熖烈二位元帥心上又嚇一個死生怕做成個博望燒屯的故事只見国師又叫上一聲銀頭揭諦何在叫聲未絕猛空中又走出一個七長八大的天神來手裏拿着一道銀箍頭走向前去照着那個火老鼠輕輕的一箍箍得那個火鼠嚌一聲叫精光一個老鼠有詩為

証
土房土屋土門樓　日裏藏身夜出遊　脚小步輕乖似鬼
眼尖嘴快滑如油　巧穿板窨偷倉粟　慣入巾箱破越紬
冇日相逢猫長者　連皮帶骨一時休
光一個老鼠却也沒有身上的火船上也不妨得二位元帥依然放心說道多謝国師老爺神力扶持真個又很是一場驚恐也国師道只怕還有一場元帥道怎麼是好道猶未了只聽得又是撲蓤的一声响水裏頭走上一条血紅的火虵來恰好是認得師字船錯進箬篷裏面遠看之時那裏是条虵只當得一条火擔照得上下通紅一會兒箬篷裏烟飛火爆二位元帥心上又嚇一個兎生怕做成個火燒新野的故事只見国師又叫上一声波羅揭諦

何在叫声未絕猛空裏又走出一個七長八大的天神來手裏拿着一道金剛箍走向前去輕輕的照着那条火虵一箍箍得那条火虵嘡一溜烟精光的一条大虵有詩為証
鱗虫三百六居一　大澤深山得自宜　吞吐陰陽誠有道
修藏造化豈無机　甲鱗漸漸方披處　頭角森森欲露時
待得春雷一声早　翻身变作巨龍飛
光只是一条大虵却也沒有了身上的火箬篷兒又不妨得二位元帥依然放心說道多謝佛爺爺之力過了這一嚇想是平安了国師道只怕還有一嚇二位元帥道事不過三怎麼三变之後還有個甚麼嚇來道猶未了只聽得撲蓤的一声响水裏頭又走上一個火龜來恰好是也認得師字船逕鑽進船艙裏面遠看之時

船裏是個龜只當得一個火盆照得上下通紅船艙裏面烟飛火爆二位元帥心上又嚇一個兎生怕做成個城門失火來只見好個国師又叫上一声波羅僧揭諦何在叫声未了猛空裏走出一個七長八大的天神來手裏拿着一個金剛鑽走向前去照着那個火龜輕輕的一鑽鑽得個火龜一交跌精光一個灵龜有詩為証
妙在天心蘊名奇　文明斯世應昌明　九疇全貝陰陽数
五絶能含造化机　氣合幽明渾有象　卜傳凶吉亦無私
誠哉是個鍾靈物　寶在當時豈得知
光只是一個靈龜也却沒有了身上的火船艙裏又得穩便二位元帥又且放心說道多謝佛力無邊過了這四場驚嚇想是平安

麼國師道此後却平安了只說得平安兩個字那馬公公就抽出一張嘴來說道國師老爺適來天神手裏拿的是甚麼東西国師道是個金剛鑽馬公又問道船上爬的是個甚麼東西国師道是個龜馬公道原來天神也鑽龜哩国師閉上一雙眼不做半個聲洪公公又補上一句說道這個天神敢是南京廻光寺裏的菩薩近硃者赤近黑者黑元師道只你們這等口多這如今還不知道那四個火怪藏在那裏還有好些不便處國師道都不在了沒有個甚麼不便元帥道怎麼就都不在了国師道至誠無息久假必歸故此鬼怪妖邪只一現了本相即時就消沮閉藏元帥道今番可安排筵宴麼国師道還有一驚只是不這等狠元帥道怎麼還有一驚国師道過了這一驚再無別事便可安排筵宴了元帥道

這一驚還在幾時。国師道。在明日半夜子時。今番只是貧僧支持。他再不經由二位元帥。二位元帥滿口称謝。却說銀角大仙費了一夜心機。半籌不展。心上又在納悶。鹿皮大仙說道。師兄今番你的如意鈎。怎麼也不灵驗哩。銀角大仙說道。昨夜之時一変〻做個火鴉。火鴉之計不行。又一変〻做個火鼠。火鼠之計不行。又一変〻做個火蛇。火蛇之計不行。又一変〻做個火亀。火亀之計又不行。這再叫做不変。這再是変得不如意。不知怎麼就是個捍麵杖兒吹火節〻不通風。鹿皮大仙說道。師兄〻〻。他船上的張道上金和尚都是甚麼人。你怎麼美鬆得他倒。銀角大仙就変過臉來說道。你只講他人的志氣。全不顧自己的威風。我今夜一個破釜沉船之計。若還再不得贏。我也誓不囬山。咬牙切齒。恨滿胸膛。

巴不得一把就抓過得南船來。到了半夜子時。一個兒站着山岡頭上。取出如意鈎來。嘆上一口氣。說道。如意哥。如意哥。不柰他何。柰我何。你今番前去。須索是當個百萬雄兵。千〻猛將。起眼成功。擡頭喝釆。纔不枉了我和你相呼厮喚這一生。道猶未了。那如意鈎果然的觧得人的意思。迎着風鹁的一聲响。銀角大仙大喜。說道。你曉得我的心事就好了。舉起他來照上一撇〻到半天之上。喝聲道変。即時間変做一辦无大不大的磨盤。𢌞〻旋〻。乘風而下。銀角大仙又叮嚀道。你快去快來。這磨磐竟落到南船上來。国師早已看見了。說道。阿彌陀佛。這等一扇大磨磐吊將下來。我這些〻大小寶船。却不打得直沉到底。我這些〻大小兵將。却不打成一塊肉泥。不慌不忙。拿起個鉄如意。禅床角上一敲。叫聲韋駄尊天。

簡在叫聲未絕。早已吊將一個朱臉獠牙的神將下來。又着手說道。蒙佛爺〻慈旨。有何使令。国師道。所有銀角大仙賣美術法。把個如意鈎変做一扇大磨磐。來打我的寶船。害我的元帥。你去接過他的來。韋駄得了佛旨。不敢有違。一駕祥雲。騰空而起。刮起之時。正撞着那扇磨磐。鹁〻的响。落到南船上來。韋駄尊天一則是佛爺〻慈旨。二則是各顯神通。伸手一接。把個磨磐就接將過來。喝聲道。孽畜敢在我跟前調喉哩。那扇磨磐一會兒還是一個如意鈎。落下雲來。交在国師老爺手裏。老爺道。你且囬天。後會有旨再來相煩。韋駄尊天各自方便。到了明日。二位元帥都到蓮臺上問候国師。国師道。阿彌陀佛。今日賀喜二位元帥。二位元帥說道。連日虩驚受怕。不是國師老爺佛力無邊。不知是個甚麼結果。何

仙府端嚴星衛森〻羅數闕

天師擒鹿皮大仙

鹿皮脫去天威赫赫震龍荒

敢又言賀喜國師道二位元帥一個。一個大難星過宮幸保安全故當賀喜。二位元帥說道是個怎麼樣兒的難星伏乞國師見教國師道口說無憑我拿出來你們看着即時到袖兒裏取出一個物件來。一尺來長二寸來濶直又不直湾又不湾神光閃閃殺氣騰騰二位元帥看見老大的眼生問說道這是個寶貝就是難星國師道這叫做個如意鈎千变萬化不可測度隨意所变無不如意他昨日变做一扇大磨盤約有千萬斤之重竟照着我們船上吊下來若是我們寶船擋着他打得直沉到底若是我們大小軍士擋着他打做一塊肉泥。這却不是個難星元帥道老爺怎麼收住他的國師道是貧僧分付韋馱尊天接着他的來。故此纔救住

貧僧處。二位元帥滿口稱謝。說道若非國師神通廣大老夫俱碎為虀粉矣馬公公道既然有此寶貝借咱學生們看一看。何如國師就遞與馬公公。一個傳一個看一回一個傳一個看一回都說道終不然這一件些些小物事就會变做千萬斤之重國師道你們有些不肯信麽貧僧撇起他來。你們看着何如。馬公公道國師之言誰不准信只說這等一件物事能大能小能去能來。变化無窮。能解人意却是個稀世奇珍。等閑怎麼得見國師道要見不難接過如意鈎來照上一撇撇在半天之上喝聲道变即時变做一扇大磨盤。無大不大果有千萬斤之重懸在半空中。盤盤旋旋騰騰轉轉颼颼的响那一個不說道好活寶貝那一個不說道果好靈通却說銀角大仙昨日不勝忿忿之氣放出如意鈎來實指望打

碎這些些寶船陷害這些些元帥兵卒。一場全勝那曉得美做個鮑老送燈臺。一去永不來。自從半夜子時起直等到朝飯辰時並不曾看見打壞了那個船並不曾看見打壞了那個人。不打壞船不打壞人還不至緊連如意鈎都不見踪影。好惱人也惱的直条条的睡在石門之下心裏只要尋個自盡正在惱頭上猛然間聽見颼一聲响像是自家的寶貝你看他一轂轆爬起來開眼一張果然是自家的宝貝。悠悠揚揚懸在半天之上颼颼的响這正叫做物見主必定取把手一招那扇磨盤飛一般吊到他的手裏又是一個如意鈎銀角大仙不勝之喜拿起來又要丟鹿皮大仙看見說道師兄你怎麼道等知進而不知退直要做到水窮山盡纔好銀角大仙說道你坐你的罷你只來阻我的興頭兵法有云出其不

意這如今那曉得是我收了宝貝我即時間撇起來。他只說還是
先前不作准備却不撈番他一個來。只消撈番他一個其餘的就
好處得。鹿皮大仙說道。若還只是個磨磬。他昨日怎麽接得你的
住。你今日怎麽撈番得他來。銀角大仙說道。既如此我又另变做
一個灵性此々的車要拿那個金和尚來開鑽眼。道猶未了。拿起如
意鈎來。寫付他幾句。叫他見様变様。單拿和尚一撇々在半天雲
裡。只見雲裡面有。一羣白鷹在那里飛舞。好個如意。果真的見様变
様。就变做一個白鷹。成雙作對。又舞又飛。却說国師先前把個如
意鈎变做磨磬本是試一試兒衆人看着那曉得銀角大仙收回
去了。那個不報怨。說道都是馬公々要看。這如今再看一個麽。都
是馬公々要試這如今再試一個麽。国師道你們都不要埋怨不

過一飯之頃這宝貝又來国師遭番的話人都准信。只有這兩句
話。人却有此々不准信怎麽不准信。都說道傷弓之鳥。漏網之魚。豈
有再求之理。過了半晌多此々。都把兩隻眼睛望着天上並不見有
個磨磬到只有幾個白鷹飛的飛舞的舞。這的原不相干只見国
師把個眼兒一開即時就閉了。一手把個鉢盂仰着戴在頭上替
下個圓帽來。衆人都只是白着一隻眼看他。全不解其意。一會兒
一個白鷹呼的一聲响。吊在老爺的鉢盂裡來。老爺取下鉢盂拿
出白鷹來看那裏是個白鷹原來就是先前的如意鈎這只因銀
角大仙叫他見様变様故此变做個白鷹叫他單拿和尚故此吊
在老爺鉢盂之中。二位元帥看見又得了個如意鈎萬千之喜。國
師道這個鈎誠二位元帥收下罷元帥道不敢收國師道馬公々

你再看麽。馬公々道再不敢看。國師道貧僧再試一試兒麽。衆人
一齊道再不敢試国師分付徒孫雲谷收着。三寶老爺說道這個
賊道去了寶貝沒有了命根明日多點將官多帶軍馬准備要撈
番着他王爺道我學生有一個小計。不劳隻鎗疋馬就要拿得這
個賊道過來老爺道既是王老先生有這等妙計。悉聽指揮。王爺
即時叫唐狀元來耳邊廂分付他如此々々。又叫過王明來耳邊
廂分付他如此々々。二將聽令而去。到了明日。唐狀元同着黃鳳
仙觧上銀角大仙一個人。到帳前王明觧上前日南兵陷在紅羅
山安樂窩的共有一百五十餘人。也到帳前。三寶老爺好一喫驚
說道這個賊道費了多少錢糧虧了多少軍馬。尚且不柰他何。怎
麽今日唾手可得。這還是那個拿住他來黃鳳仙答應道是承將

承王爺號令。拿住他來。老爺道王爺是怎麽的號令。黃鳳仙道王
爺料定他事急求神。叫小的依前假扮做觀世音。叫王明依前假
扮做紅孩兒同到潮音洞裏小的們依計而行。果然銀角大仙走
進洞來磕頭如搗蒜哀晚觀世音大捨慈悲。救他性命。他正在磕
頭禱告之時是小的和王明兩個走下來。一繩一索撈番他過來。
老爺道王爺明見萬里之外。一言之下果真的賢于十萬之師。這
一百五十個人他原在那裡怎麽今日也取得回來王明道這一
千人都被那個賊道法術所迷都放在潮音洞後土窖裏面是小
的借着黃將軍的威勢兒一糙子都取回他來老爺道可有損傷
麽王明道一個還是一個並沒有損傷老爺道這是王明之功却
也不小王明道小的何功都是黃將軍携帶黃鳳仙道這都是王

爺鈞令。末將何功。王爺道這都是朝廷洪福，諸將士效力。老夫何功。老爺道只這一場功都是這等謙讓揖遜雍容，可喜可喜。叫請國師天師同來處分。這個賊道國師天師都到元帥道今日僥倖拿住了這個銀角大仙，請二位老師怎麼處分。他天師道前日金角大仙是隻牛。這央也是個甚麼畜生，請問國師老爺就有個處置。國師道牛羊何擇，前日是個牛。今日一定是個羊。天師道還請老爺指教一個明白纔好。國師道你要看他看兒叫取無根水來一口無根水果真的是一隻雪白的肥羊。兩隻角的色道越發白稀罕甚麼銀子。天師道有此孽畜釀成這等大禍二位元帥說道原來金角銀角之號各從其實人自不察請問二位老師這個尸首放在那裏國師道丟了他罷天師道只怕他還有甚麼變化貽

害後人一手提起那張七星劍來罵說道畜生你肖領人皮假充仙長上犯天條下犯王法碎你的尸。剮你的皮尚有餘罪提起刀來橫一下。直一下。劈做三四塊燒了一道飛符，一蓬火把個銀角大仙一時火葬已畢天師怒氣冲冲。正在惱頭子上只見藍旗官報道鹿皮大仙張開一把大傘。丈來多長七尺多濶呼呼的一片响起在半天雲裏他自巳坐在傘上悠悠揚揚。望西而去天師喝聲道無端孽畜還敢那裏走埋拿起個劍來擺了三擺劍頭上噴出一道火燒了一道符即時間雲生西北霧長東南正南上一聲霹靂响响聲裏面吊下一個天神面如傅粉三眼圓睜一手一塊金磚。一手一桿火鎗走近天師之前躬身叉手說道承天師呼喚有何使令。天師道你是何神。天神道小神值日天神華光祖師馬元帥是也。天師道所有鹿皮大仙賣弄妖術。坐着一把傘。望西而去你與我去拿住他剝他的皮來。天師　令誰敢有違馬元帥輪動風車騰空而起趕上鹿皮大仙照着他的後腦骨上就溜上一金磚天下事終久是邪不能勝正假不能勝真一金磚把個鹿皮大仙打得倒番一個觔斗。好狠馬元帥一手抓過來一手就掀番他的交回車一响就交付個皮與天師。天神輪動火車而去天師看了皮說道原來是一張鹿皮二位元帥道這正是名稱其實披着鹿皮就道號鹿皮大仙請教天師把這個鹿皮怎麼處治他天師道也還他一盆火就是剛說得個火字出口。只見鹿皮大仙那點靈性還在半天之上叫聲道天師老爺可憐見我兄弟們雖是畜類却修行了千百多年。纔成得這些氣候爭到今日。委是不該屈

犯列位老爺。只是一件我兩個師兄他任性而行死而無悔若論我一個我甚實安分守巳累次諫止兩個師兄就只說今日我巳自抱頭鼠竄而去列位老爺又追轉我來去者不追列位老爺不也過甚了些。列位老爺念我前此修行之難今日悔悟之速還把那張皮還我罷鹿皮大仙雖然剝了皮這一段言話却也連皮帶骨的說得有理別的老爺都不理他只有國師老爺慈悲方寸听見他說的可憐說道阿彌陀佛你這孽畜苦苦的要這皮袋子做甚麼鹿皮靈性說道若沒有了這個皮袋子又要托生一遭却不多費了些事國師道罷了。把這個皮袋子還你也誰再要你托生去也誰依我所說你就做個紅羅山鹿皮山神罷鹿皮靈性說道這也通得只是沒有個憑據國師道天師大人你與他個憑據罷

天師不敢怠慢，取過一条紙來，寫着紅羅山鹿皮山神，照八個大字，用爲火化，交付與他。鹿皮靈性，連聲叫道：謝不盡，謝不盡。國師道：却有一件，你在這山上，只許你降福，不許你降禍。凡有舟船經過者，只許順風，不許逆風。鹿皮神說道：再不敢。國師道：你若敢時，我就牒你到陰山背後，教你永世不得翻身。鹿皮神說道：再不敢。後來紅羅山上，山神甚是顯應，凡來往舟船及土人疾疫旱澇，有禱必應。番人後百里之外來者，絡繹不絕，立有祠宇，扁曰鹿皮神祠。這都是國師老爺度化玄功，燃燈佛轉世功德。二位元帥嘆服不盡。国師道：過了這三個妖仙，寶船又好行哩。元帥道：已経分付開船。行得半日，船上紀功頒賞尚且未完，藍旗官報道：前面到一個國，離海沿上遠遠些。畢竟不知這個国還是個甚麼國，還有些甚麼阻滞，且聽下回分解。

○○

第七十二回

吸葛刺富而有禮　木骨都險而難服

詩曰

紛紛狐鼠渭翻浮　甲士從今徹底清　義轟懸山鬼哭
天威直奮島夷驚　風行海外稱神武　日照山中仰太明
若論征西功第一　封侯端不讓班生

却說元帥分付開船，行了半日，藍旗官報道：前面到了一個國，離海沿上還有許多路程。不知是個甚麼国。王爺道：前日說那三個妖仙住在甚麼吸葛刺国界上，這一究就是這個國。三寶老爺道：恨差，夜不收去体探一番，看是個甚麼動靜。夜不收承命而去，去了一日有餘，纔來復命。老爺道：是個甚麼國？夜不收道：是個吸葛刺國，即西印度之地，釋伽佛爺得道之所。老爺道：地方何如？夜不收道：地方廣潤，物穰人稀。國有城池街市，城裏有一應大小衙門，衙門有品級，有印信。老爺道：人物何如？夜不收道：男子多黑，白者百中一二。婦人齊整，不施脂粉，自然嫩白。男子盡皆削髮，白布纏頭，上身穿白布長衫，從頭上套下去，員領長衣，都是如此。下身圍各色闊布手巾，脚穿金線羊皮鞋。婦人髮堆腦後，四腕都是金鐲頭，手指頭、脚指頭都是渾金戒指，另有一種名字，叫做印度。這個人物又有好處，男女不同飲食，婦人夫死不再嫁，男人妻死不重娶。若孤寡無倚者，原是那一村人，還是那一村人家輪流供養不

有道當陽風醉太平而獨盛

吸葛刺富而有札

無疆貽福域臻仁壽以同歸

容他到別利乞食這又是一等人物老爺道風俗何如夜不收道風俗淳厚冠婚喪祭皆依回回教門老爺道離這裡還有多少路程夜不收道還有一五十里之遙老爺道既是有許遠的路程止令四哨副都督排列水寨嚴設隄防着遊擊大將軍雷應春領精兵三十名傳將虎頭牌前去開示吸葛剌國着遊擊大將軍黃彪領精兵五百名從後接應又着遊擊大將軍劉天爵領精兵二百名往來巡綽防備不虞諸將奉令而去却說雷應春領了精兵三十名賫着虎頭牌巡往吸葛剌國自從港口起程去了十五六里之遠到一個所在有城有池有街有市聚番貨通番商雷應春問道國王宮殿在那裏土人說道我這裏只是個市鎮地名叫做鎖納兒雷應春說道國王宮殿還在那裏土人說道還在前面哩

雷應春領了這些精兵又往前去大約又走了有二十多里路又到了一個去所也是這等有城池有街市鬧鬧熱熱雷應春心裏想道今番却是他了走到城門之下那些把守城門的小番不肯放人進去問說道你們是那裏來的雷應春道我們是南朝大明國朱皇帝駕下欽差來的把門的道你到這裡去做甚麼雷遊擊道要來與你國王相見把門的道你那南朝大明國可是我們西洋的地方麼雷遊擊說道我南朝大明國是天堂上國豈可下同你這西洋把門的道豈可我西洋之外又別有個南朝大明國雷遊擊道你可曉得天上有個日頭麼把門的道天上有個日頭是我曉得的雷遊擊道你既曉得天上有個日頭就該曉得世界上有我南朝大明國把門的道我西洋有百十多國那裏只是你南

朝大明國雷遊擊道你可曉得天上有幾個日頭麼把門的道天上只有一個日頭那裏又有幾個雷遊擊道你既曉得天上只有一個日頭就該曉得世界上只有我南朝一個大明國把門的道只一個的話兒也難說此雷遊擊道你豈不聞天無二日民無二王把門的道既是天無二日把我吸葛剌國國王放在那裏雷遊擊道蠢人你怎麼這等不知道譬如一家之中有一個為父的有一班為子的我南朝大明國就是一個父親你西洋百十多國就是一班兒子把門的道豈可你大明國就是我國王的父親麼雷遊擊道是你國王的父親原來吸葛剌這一國的人雖不讀書却是好禮聽知說道是他國王的父親他就不想是個比方只說是個真的更不打話一逕跑到城樓上報與總兵官知道說道本國

山王有個父親，是甚麽南朝大明國大皇帝，道如今差下一個將軍，在這裏要與國王相見。總兵官叫做何其禮，又悟差了，說道：「怪得個人人都說是國王早失父王，原來在南朝大明國，今日却不是天緣湊巧。」歡天喜地，一直跑到殿上，報上國王，說道：「小臣奏上我王，外面有個將軍，口稱甚麽大明國朱皇帝是我王父親，差他特来相見。小臣未敢擅便，先此奏聞。」国王沉思了半晌，說道：「怎麽南朝大明国朱皇帝是我父親？奏事的好不明白。」道猶未了，右班閃出一個糾劾官，名字叫做虎里麻，出班奏道：「總兵官奏事不明白，不免慢君之罪，于律該斬。」番王道：「姑免死罪，權且寄監。另着一個伶俐的去問他一個端的來。」道猶未了，左班閃出一個左丞相，名字叫做柯之利，出班奏道：「總兵官說話有因，不得深罪。」番王道：

「怎麽說話有因，不得深罪？」柯之利奏道：「自盤古到今，有中国有夷狄。中国居内，夷狄居外。中國為君為父，夷狄為臣為子。說南朝的一定就是中國，說朱皇帝的一定就是中国之君。只曰中国有君有父之尊，故此傳事的傳急了些，就說是我王父親。這却不是說話有因，不得深罪？」番王道：「唯左丞相所奏。」即差左丞相領着總兵官前去朝門外，問了一個端的，再來覆奏，毋違。左丞相得令，即時同了總兵官到朝門之外，採問端的，見了雷遊擊。雷遊擊說道：「我們是南朝大明國朱皇帝駕下欽差撫夷取寶，別無事端。現有一面虎頭牌在這裏可証。」左丞道：「我這個小国並沒有你的寳貝。」寶遊擊道：「既是沒有寳貝，止取一張降表、降書、通関牒文就是。」左丞道：「可還有些別意麽？」雷遊擊道：「此外別無事端。你不看這個牌上的来文？」左丞看了來文，便知端的，說道：「你且跕着，待我奏過国王，再来相請。」左丞進了朝，見了国王，把虎頭牌奉上去遞，又把牌上的来文一句句兒說與国王知道。国王道：「小国事大国，這是理之當然。快差一員總兵官同他的將官先去回話，你說我国王多多拜上，寛容一日，就奉上降書、降表、通関牒文，還有進貢礼物。」傳示已畢，雷遊擊同了番總兵回復元帥，元帥大喜。到了明日，番王差了左丞相柯之利逕到寳船上拜見元帥，先遞上一封降表，元帥分付中軍官安奉；又遞上一封降書，元帥拆封讀之。書曰：

吸葛剌国国王謨罕失般陀里謹再拜致書于

大明国欽差征西統兵招討大元帥麾下：側聞天啟昌期，篤生明聖；神開景運，誓殄妖氛。剟兹天討之辰，能逭鬼誅之罪。某衆

輕蟻鬥，勇劣怒螳。蠛縞當強努之初，豵豚債肥牛之下。事同拾芥，力易摧枯。秋忽肆腰，虐見辱于斉斧；突梯鼠首，濫欲寄于旄頭。揣分自安，不降何待。洗心效順，稽顙來歸。伏乞優容，不勝戰慄。

元帥讀書畢，左丞相遞上進貢礼物，元帥分付内貯官收下。元帥接单視之，只見单上計開：

方美玉一塊 径五寸，光可照髪，原生于水，為龍所寳，若投于水，必有虹霓出現，名為龍王。

圓美玉一塊 径五寸，光可照髪，生于岩谷中，為虎所寳，若以虎毛拂之，即時發光，迸遠百獸懾伏，名為虎王。

波羅娑步障一付 波羅娑如羅錦之狀，五色成文，解潔細巧絕倫，步障約有數十里之遠。

琉璃瓶一對 最明淨，價值千金。

珊瑚樹二十枝 色紅潤。

瑪瑙石十塊 中有人物鳥獸形，價最貴。

眞珠一斗 身圓色白，中有圓眼大者價最貴。

寳石一担 各色不同。

水晶石一百塊 俗名水玉，性堅，刀割不动，色如白水，清明而瑩，無纖毫瑕玷疵痕，最佳。

紅錦百疋

花羅百

氈　絨毯百床　畢伯一百疋番布名又名畢布闊二尺餘長五七丈白細如粉箋一般　滿者提一百疋布名姜黃色闊四尺餘長五丈有餘最緊密壯实　沙納巴一百疋布名即布羅是也闊五尺餘長三丈餘如生羅一樣　忻白勒搭黎一百疋布名即布紗是也闊三丈餘長六丈餘布眼稀勻可做番人用之纏頭　紗塌兒一百疋布名即兜羅是也闊二尺五六寸長二丈餘背面皆起絨頭厚四五分　名馬十疋價值千金　橐駝十隻　花福祿十隻

元帥看畢說道礼物太多了些何以克當左丞相道不腆之儀相煩轉獻天王皇帝尚容擇取吉日啇請元帥降臨敝国再致謝私元帥道我們就要開船多謝你的国王罷左丞相道小臣領了国王旨意多々拜上元帥萬勿見拒小臣啇在這裡伺候元帥道我這裏也有些薄礼回敬相煩你賚之而去左丞相道不敢總祈元帥降臨之日我国々王面領罷到了明日只見國王差下右丞相

俞加清統領人馬千数賚着衣服等礼迎接二位元帥二位元帥帶了左右護衛官親兵二百名前往彼國到了鎖納兒江國王又差下總兵官統領人馬千数賚了段絹礼物象馬之類迎接二位元帥到了朝門外只見兩邊擺列着馬隊千数都是一樣的大漢都是一樣的明盔明甲明刀明鎗弓箭之類甚是齊整國王親自出朝門外五拜三叩頭迎接二位元帥進了朝門只見左右兩邊都是長廊長廊之下擺列的又是象隊百数都是一樣大的象奴兒拿的都是一樣的鋼鞭吹的都是一樣的鉄笛儼然有個可畏之威又進了重門只見左右丹墀裏面都擺列的是孔雀翎的[illegible]孔雀翎的傘各有百數製極精巧可愛到了殿前只見長[illegible]上面是個平頂中間柱子都是銅鑄的兩邊花草鳥獸都是渾金

的地下都是龍鳳花磚甃砌的殿上左右兩邊左邊擺列着拿金柱杖的番兵數百名右邊擺列着拿銀柱杖的番兵数百名吹上一聲鉄笛响早已閃出二十個拿銀柱杖的來膝行在地上前面導引五步一呼到了殿中間又是一聲鉄笛响早已閃出二十個拿金柱杖的來膝行在地上前面導引也是五步一呼直到殿上殿上都鋪堆的是紅絨繡毯色々鮮妍番王相見跪拜有礼々畢排上幾個鏃八寶的座位請二位元帥上座元帥請番王下陪番王看見二位元帥待以賓礼不勝之喜分付大開筵宴欵待二位元帥燔炙牛羊百般海品無不具備奉進元帥都是各色番酒其味最佳番王自家點酒不飲恐乱性失礼止把薔薇露和蜜代酒大宴三日二位元帥看見番王富而有礼心裡也儘嘆服他宴罷

木骨都儉而难服

紀壞遐荒敢謂靈誅之不及

憑深負固乃云聲教所難行

也上本上三宝老爺金盔金鑿纓金甲金瓶金罍金盤金盞各五付金刀金鞘金弓金箭金弾弓金弾子金牌金孩兒各五付老爺受下奉上王爺銀盔銀甲銀繫纓銀瓶銀罍銀盤銀盞各十付銀刀銀鞘銀弓銀箭銀弾弓銀弾子銀牌銀孩兒各十付王爺收下左右丞相陪宴將官宴罷各餽以金鈴銀鈴紵絲段絹長衣等件總兵官陪宴南兵宴罷各賞銀錢壹百文箴絲手巾十条二位元帥看見他每事從厚愈加欢喜一一回敬都是中国帯去的礼物番王及各番官一一受下二位元帥回船番王親自送到船上于路象馬兵番前後護送不計其數到了船上番王又送上熟米百担薑葱瓜果各三二十担椰子酒米酒樹子酒荖葦酒麥燒酒各五十罈雞鵝鴨猪羊之類各百數以大小為多寡波羅蜜大如斗

甘甜甚美菴摩羅香酸味佳及糖霜蜜□之類各百□以□錢為多寡其餘蔬菜果品之類不計其數元帥道這些禮物太多於理不當受番王道若無所長都是些土物奉充軍宜元帥看見他富而有禮逐色逐件都受了他的仍舊安排筵宴欵待番王也是三日三日之後番王歸國元帥傳令開船老爺道從下西洋來止看見這個吸葛剌國富而有禮王爺道□□去都是這等的國就有些意思老爺道信步行將去從天分付來不覺的□□之後已經走了十數多日藍旗官報道前面又是一個國元帥□□□見得前面又是一個國藍旗官道遠遠望見海沿之上堆石為城城裏面隱隱的壘石為屋老爺道既然是有個國一面差夜不收前去体探一面收船四哨大都督移兵上崖安營下寨四哨副都督屯扎水

寨左右先鋒犄角旱寨各游擊將軍巡視旱寨防備不虞各水軍都督巡視水寨隄防不虞分付已畢布列已周夜不收回復元帥說道上面是一個國叫做木骨都東国南去五十里也是一個國叫做竹步國北去五十里也是一個国叫做卜剌哇國三個国彼此相連只有木骨都東国稍大些那兩個国又都小些元帥道地土何如夜不收道三個國都是堆石為城壘石為屋都是土石黄赤少收草木都不生長數年間不下一次雨穿井極深用車絞起水來把羊皮做成叉袋裹之而歸卜剌哇同有塩池百姓煎塩為業元帥道人物何如夜不收道都是男子拳髮四垂腰圍稍布婦人頭髮盤在腦背後黄漆光頂兩耳上掛絡索數枚項下帶一圈銀圈圈上纓絡直垂到胸前出門□□□布□□遮身青□□□□

皮鞋。元帥道風俗何如。夜不收道竹步國卜剌哇國風俗俱淳。只
有木骨都束國風俗嚚頑。操兵習射。元帥道既是風俗不同。我這
裏都要招示他一番。着遊擊將軍劉天爵傳一面虎頭牌招示木
骨都束国。着都司吳成傳一面虎頭牌招示竹步国。着參將周元
泰傳一面虎頭牌。招示卜剌哇国。元帥軍令誰敢有違。一會兒傳
去。一會兒回話。周參將回復道。末將傳將虎頭牌前去招示卜剌
哇国。々王和左右頭目都說道。敝国々小民貧。不知道有甚麼寶
貝。若要降書降表。情愿附搭在木骨都束国而來。元帥道這是句
實話。風俗果是淳厚的。道猶未了。吳都司回復道。末將傳將虎頭
牌去招示竹步国。々王和左右頭目都說道。敝国々小民貧。不知
道有甚麼寶貝。若要降書降表。情愿附搭在木骨都束国而來。元

師道也是句實話。風俗也還是淳厚。道猶未了。劉遊擊回復元帥
道。末將傳示虎頭牌去招示木骨都束国。々王和左右頭目說道。
敝国々小民貧。並不曾有中朝的寶貝。若要降書降表。国王連日
有些采薪之憂。寬容三五日。病體稍安。即當奉上。元帥道這是個
托詞。把病來推風俗。還是嚚頑。劉遊擊道国王推病負固不賓。罪
在不赦。依末將愚見。就點起四萬精兵。把他四門圍住。一壁廂架
起雲梯。一壁廂支起襄陽大砲。晝夜攻打。怕他甚麼鐵城不破。若
是諸將有辭。末將就願身先士卒。少效犬馬之勞。元帥道遊擊之
言。雖然有理。但自從兵下西洋以來。已經取了這些国。也有一等
易取的。也有一等難攻的。却都是他心悅誠服。並不曾勉強人半
分。今日未到了這個田地。豈可又來威逼於人。諸葛孔明還要七

擒七縱。我們怎敢全仗威力把持他。既然說是寬容三五日。就寬
容他三五日。他日後之時。死而無怨。王爺道老公以德服人。這却
好的。只有一件。知已知彼。纔能百戰百勝。這如今木骨都束国不
知是個甚麼將官。不知有個甚麼邪術。也須要去体探他一番。元
帥道体探的事。說得極是。快差精細的夜不收去体探他一番。要
快去快來。不可遲悞。一會兒夜不收去。一會兒夜不收來回復道
竹步国。卜剌哇國。這兩個国。並不曾有個將官。並不曾有個妖邪
術法。只是木骨都束国有個總兵官。叫做雲幕嗹。第一善射。有百
步穿楊之巧。又有一個飛龍寺。寺裏有個住持。叫做陀羅尊者。能
成妖作怪。捏鬼粧神。国王有事。全仗着這兩個人。故此昨日推病
元帥道這個夜不收探事得實。討分賞賜與他。夜不收領了賞去

元帥傳令四營四哨。各々小心。巡警。毋致疎虞取罪。却說木骨都
束国国王看了虎頭牌。推了病。辭了劉遊擊。即時坐殿。會集滿国
中頭目。把總。巡綽。大小番官。共議退兵之策。有一等老成的說道
只一封降書降表。所費幾何。反要和他爭兢。有一等知事的說道
南船上雄兵百萬。戰將千員。從下西洋以來。征服了許多大国。何
況于我們此々小之國。敢和他爭兢。這兩端話兒。分明是說得好。爭
柰一個總兵官叫做雲幕嗹。喫了一包酒。高叫道你這兩個人。都
說錯了話。悞国欺君。罪當論死。番王道你怎麼說。雲幕嗹說道我
国與南朝相隔有幾十萬里之遠。今日無故加我以兵。明欺我國
懦弱。我国雖弱。控弦之士。不下數千。彼行而勞。我坐而逸。以逸待
勞。此必勝之策也。豈可束手待斃乎。王上若以小臣之言為不然

請問国師。便見明白。怎麼木骨都束国也有個国師。原来国中有個飛龍寺。寺裏有個住持。叫做陀羅尊者。能飛騰变化。鬼出神帰。番王拜他做個護国真人。故此也號為国師。番王听知道請問国師。他心裏就有了主意。即時差下小番。賫了旨意。到飛龍寺裏請到國師。国師一來。相見禮畢。番王却把個虎頭牌的事。和他細說一遍。佗羅尊者道。這是個甚麼大事。就這等大驚小怪。哩憑着總兵官的巧射。就一戰成功。番王道。既如此。總兵官你莫吝此行。總兵官道。為国忘家。臣子之職。小臣即時就行。總兵官應聲而出。々到朝門之外。心裡想道。自古到今。兵不厭詐。我如今雖是善射。却不知南船上的手段何如。我不免僑粧假扮。前去体探一番。却好便宜行事。心思已定。曳步而来。々到寶船上中軍帳下。藍旗官問

道。你是何人。雲幕嗹就扯個謊。說道小的是木骨都束国。一個小軍奉國王差遣。特来元帥老爺帳下問安。藍旗官報上中軍帳。元帥道。其中必有個緣故。一面分付叫他進来厮見。一面傳令各營各哨。盛陳兵器。以戒不虞。傳令已畢。小番進来厮見。元帥道。你是甚麼人。小番道。小的是木骨都束國一個小軍。因為本国々王連日臥病不能納款。特差小的前来。素手問一個安。元帥道。你叫甚麼名字。小番道。小的叫做雲幕嗹。元帥道。你國中都習學些甚麼武秇。雲幕嗹道。小的国中的人。自小兒都持弓審矢。習射為生。元帥道。射得何如。雲幕嗹道。射頗精妙。有百步穿楊之巧。元帥道。你射得何如。雲幕嗹道。小的近硃者赤。也掏摸得些。元帥道。你既是能射之時。到我們軍營裏比試一番。何如。雲幕嗹道。小的不敢比

試。只得借觀老爺軍容之盛。于願足矣。元帥心裏想道。夜不来曾說来。正在這裏將計就計。要他認得我們。即時差下旗牌官。送雲幕嗹到軍營裏面。遍遊一番。遊到後營裏面。只見滿架上各樣兵器。内中有張弓。雲幕嗹就在弓上生發。伸手就取過一張來。一扯一個滿。他心上又看得容易。問說道。南朝都是這一樣的弓麼。唐狀元便知其意。說道。我南朝便只是這一樣的弓。雲幕嗹道。這一樣的弓莫不太軟了些。唐狀元道。還嫌他硬了。雲幕嗹道再軟些。却怎麼射得。唐狀元道。我那裡射不主皮。但主于中。不主于貫革。恐怕射傷了人。雲幕嗹心上好疑惑。天下的射只愁不中。怎麼中了又怕傷人。問說道。既是怕射傷了人。總不如不射之為愈。唐狀元又把個大話哄他。說道。你有所不知。我那裡用兵。只是要人心服。

箭々要射中他。箭々却不傷他。射得他心悦誠服。却繞住手。雲幕嗹道。這個事却是罕有。唐狀元道。你這裏怎麽射。雲幕嗹道。我這裏一箭射一個對穿。唐狀元道。只是射個對穿。何难之有。雲幕嗹道。射不傷人。也不見得甚麼妙處。唐狀元道。我與你見試一番看是何如。雲幕嗹只說是中了他的詭計。心中大悅。一手挽弓。一手搭箭。恨不得一箭穿楊。賣弄他一個手段。那曉得唐狀元又在將計就計。賣弄與他。叫声小校們。竪起把子來。即時間竪起個把子。唐狀元道。你先射。雲幕嗹道。各射一會。過罷唐狀元道。各射一會通得。只是俱要不傷。雲幕嗹道。這個却难。且射下來再看。唐狀元道。也罷。請先。雲幕嗹一連就是九箭。箭々上把子。却箭々射過去了。唐狀元道。待我来射一個。你看着一連九箭。箭々中。却箭々不

□粘着扎子就佳就是鬼運神輸不得這等奇妙雲谷幕嗶心上有些狐疑却又指着個鎗問說道假如你的鎗可傷人麽唐狀元道都是一樣鎗也不傷人畢竟不知怎麽鎗也不傷人且听下回分解

○○

第七十三回　佗羅尊者先試法　碧峰長老慢逞能

詩曰

報國精忠衆所知　傳家韜略最稀奇　秪旦奮武能威敵
充國移師竟懾夷　兵出有名應折首　凱旋無處不開顏
上功幕府承天寵　肘後黄金斗可期

却說雲谷幕嗶問說道假如你的鎗可傷人麽唐狀元道都是一般鎗也不傷人雲谷幕嗶道請教一番何如唐狀元道你站起來我要鎗〻殺到你身上。只是不傷你就是雲谷幕嗶道怎見得鎗〻殺到我身上唐狀元道我自有個記號兒雲谷幕嗶道你若是就中取事斷送我一鎗何如唐狀元嘎〻的大笑了三声說道我中国的人信義為本。一句話重似一千兩金子若只是這等反復不常到和夷人一樣去了。怎麽又吽做個中国唐狀元是個會說話的只消這幾句言語打動得個雲谷幕嗶有好些自愧却說道既是不傷人我只管站起來任憑你殺就是唐狀元吽声小校們取過一個活人心来即時間取到一個活人心唐狀元把個心𧼮在鎗頭上照着雲谷幕嗶上三下四前五後六。左七右八輪了一会舞了一囬收了鎗問說道可殺着你麽雲谷幕嗶道是殺着我來唐狀元道可傷着你麽雲谷幕嗶道是不曾傷着于我唐狀元道你只曉得不曾傷着于你〻還不曉得是多少下数你脫下你的衣服来数一数兒看是多少鎗数雲谷幕嗶不敢怠慢脫下那件長衫兒来数上一数只見有一鎗就有一個紅點兒怎麽一鎗一個紅點兒原来鎗頭上是個活人心心是一包血故此有一鎗就有一個紅點兒總上一数得七〻四十九個點子唐狀元道你說我的鎗高不高雲谷幕嗶說道鎗是高只是殺人不見血不像個信義為本的人行事唐狀元道我只是比試個手段如此若真個殺人不見血豈是我縉紳家之所行乎雲谷幕嗶自恃他的箭天下無雙看見唐狀元的箭射不傷人却又高似他的箭還由自可。一桿鎗又殺不傷人這却

任法展陀羅竟致曲梁之罰

縱位高尊者難移大樹之功

又高似一齐人的他心上有此驚慌告辞要去唐狀元左右要賈美着他又請過前営裏王應龔来告訴他要個殺人不見傷的手段王應龔東髪冠兜羅神御蛮帶練光拖手裏拿着一桿丈八長鎗就像一条活蛇也照着個雲幕嗹鑚風帶兩出穴尋巣只听見一片的响那裏看見是桿鎗輪了一会舞了一囬收了鎗唐狀元問雲幕嗹道可殺着你麽雲幕嗹道下下殺着我哩唐狀元道可傷着你麽雲幕嗹道却不曾傷着于我唐狀元道高不高雲幕嗹道高唐狀元又請過左営裏黄都督来也告訴他要個殺人不見傷的手段黄都督身長丈二膀闊三停手裏拿着一条三丈八尺長的疾雷鎚就像一個活戲毬照着個雲幕嗹圓似枯樹盤根疾如流星趕月輪了一会舞了一囬收了疾雷鎚唐狀元問說道可

曽打着你麽雲幕嗹道下下打着我哩唐狀元道可曽傷着你麽雲幕嗹道並不曽傷着于我唐狀元道高不高雲幕嗹道高ヒ唐狀元又請過右営裡金都督来也告訴他要個殺人不見傷的手段金都督却又生得古怪身長三尺膀濶二尺五寸不戴盔不穿甲手裏拿着一件一百五十斤重的任君鏜就像一塊生鉄片兒照着他雲幕嗹風吹草偃鵲噪鴉飛輪了一會舞了一囬收了個任君鏜唐狀元道可曽打着你麽雲幕嗹道下下打着我哩唐狀元道可曽傷着你麽雲幕嗹道却不曽傷着于我唐狀元道高不高雲幕嗹連聲道高ヒヒ唐狀元還要請四哨裏四個副都督来賈美一個與他看着雲幕嗹看見這些武執高強安身不住抵死的要去唐狀元只得放他去分付他道你囬去多ヒ拜上你的国

王一紙降表降書所費不多免得別生事端他日進退無門悔之不及雲幕嗹連聲道曉得了曉得了這一場賈美雖是元帥指麾却也虧了唐狀元撇閗正叫做是先聲足以奪人之氣却說雲幕嗹轉在路上心裏費好一番尋思怎麽費好一番尋思將欲把南朝武執高強的話告訴国王他先前出門之時說大了話不好囬復將欲隱瞞了假說些大話却又南朝這些將官殺人不見傷的手段禁得他幾下殺哩沒奈何只得轉到飛龍寺裏求見佗羅尊者尊者道你去南船上来是個怎麽様子雲幕嗹道一發不好說的尊者道怎麽不好説得雲幕嗹却把個南人武執高強殺人不見傷的話細說了一遍尊者道你意下何如雲幕嗹道末將不是對手不敢惹他尊者道怎見得不是他的對手雲幕嗹道其餘且

不講他只說一個矮矬子。不滿三尺之長[illegible]
百四五十斤重。舞的就是雪花盖頂。一事下的打在我身上[illegible]
有半下兒傷了。我你說這個手段還是高不高。我怎麽奈他的對
手。尊者道你是靠木使漆的。故此不奈他何。若是我們的飛騰变
化。他也奈得我何。雲幕嗶道我適來在他寶船之上看見有兩隻
異様的船。每隻船上有三四面白牌。這一隻中間白牌上寫着国
師行臺四個大字。左邊牌上寫着南無阿彌陀佛六個大字。右邊
牌上寫着雷声普化天尊六個大字。這個還自可。那一隻中間白
牌上寫着天師行臺四個大字。左邊牌上寫着天下諸神免見六
個大字。右邊牌上寫着四海龍王免朝六個大字。下面又有一個
小小牌兒。值日神将趙元帥壇前聽令十一個大字。你說這兩個

人。是兩個甚麽人。想必一個是僧家。一個是道家。你也不可輕易
看了他。尊者道。他若是僧家。我和他同教。他若是道家。我和他對
敵。我怎麽惧怯于他。雲幕嗶道不是說老師惧怯於他。只是萬一
有些差池。于国家体面上不好。尊者道。怎麽于国家体面上不好。
雲幕嗶道国家全靠老師。如泰山之穩。今日臨事之時。老師不審
個來歷。孟々浪々。嘗試漫為。倘或全勝。彼此有光。萬一有些差池。
把国王放在那裏去。尊者道。我若出身之時。怎麽得到個差池的
田地。雲幕嗶道這個話兒也有些难講哩。世上只有個天大。他还
是天之師。他的大還是怎麽大。天下諸神該多少尊敬。他还叫諸
神免見。他却不是諸神上一輩的人。四海龍王該多少遠哩。他还
叫龍王免朝。龍王却不是他矬一輩的人。馬趙温関十二元帥只

有玉皇大帝称呼得他々还寫着壇前听令。他却不是玉帝一輩
的人。這等一個人。你要看得他容易。雲幕嗶這一席話。雖說得無心
尊者听之。却有意。不免費了一番猜詳。先前相見之時。到有十分
銳氣。到如今听了這一席話。早已消滅了七八分。沉思了一会。說
道總兵之言有理。我也不免喬粧假扮。去体探他一番。雲幕嗶道
你去体探之時。不消尋這些将官。只到那兩個掛牌的船上。就是
尊者道。總兵之言深合吾意。雲幕嗶道。私場演。當場展。請教老師
怎麽假扮而去。尊者道。我假一個搏虎之戲。前去体探一番。雲幕
嗶道這個計較好。便宜变化。令人不測。最妙々々。道猶未了。佗羅
尊者牽着一隻老虎。來竟到宝船上去。一邊走着。一邊想着。說道
FF善怕惡。不是好人。我就尋着那個道士。一落頭竟跑到天師行

臺的船上。听事官看見他是個和尚。手裏又牽着一隻老虎到喫
了一驚。連忙的喝一声。道。咄。你是個甚麽人。敢牽着老虎到我船
上來。尊者道。長官你不要喫驚。我是個本地人。撮搏戲兒化飯喫
的。听事官又喝声道。胡說。化飯的人。怎麽牽着老虎走哩。尊者道
老虎是我化飯的行頭。听事官又喝声道。咄。你這個人。買乾魚放
生。死活也不知。我這老爺船上。可是你化飯喫的。尊者道。天下有
君子有小人。無君子不養小人。怎麽說個不是我化飯喫的。听事
官道。快走々罷了。些連你孤拐打折你的。尊者道。噯。也飯到不曾
化得喫。却又送了一双孤拐。麽你棨我棨。早已驚動了朝元閣上
的天師。老爺却說天師坐在朝元閣上。眼皮兒連跳了三跳。天師
心裏想道。眼皮兒這一跳。主有奸細臨門。正在躊躇。費想。只听見

船頭上鬧ㄑ炒ㄑ鬧做一塊炒做一䭾天師即時叫出個道童兒來問外面是那個這等喧嚷。听事官生怕連累于他連忙的跪着朝元閣外稟說道非干小的們喧嚷。只因船頭上那裏走來一個和尚手裏牽着一隻老虎。口稱是個撮摶戲兒化飯喫的。小的們怕他是個甚麽奸細。趕他去。不許他在這裏撮弄。他偏然不肯去偏然要在這裏撮弄。故此兩下裏爭鬧幾声。望乞爺ㄑ恕罪。天師听知道有個撮摶戲的。就曉得是那話兒來也。心裏想道。不免將計就計。使得他知道。也免得明日爭鬧之苦。問道撮摶戲兒的這如今在那裡。听事官道。現在船頭上。天師道你領他進我這裡來我正然心上有些不快。不免叫他進來。取笑一番。也叫做因過竹院逢僧話。又得浮生半日閑。听事官不觧其意。心裏想道到是便

宜了這個狗奴养的。只當替他通報一遭。却又是天師道令不敢有違。只得領他進去。佗羅尊者也不解其意。心裏想道今番却中我的机関也。一手一隻老虎。一手捏着個空拳頭。竟自跪到朝元閣下。見了天師。天師問道你是那裏人。尊者道小的是本地方人天師道你幹的甚麽勾當。尊者道撮摶戲化飯喫營生。天師道既是化飯喫怎麽牽個老虎。尊者道小的這裏是這等一個風俗。把這老虎就做個摶戲頭兒。天師道這個老虎是那裏來的。尊者道是小的自小兒养的。天師故意兒先分付听事官偹办賞賜賞這個撮摶戲的。却纔叫他撮弄來我看着。你看尊者觧下那個老虎來喝声道你坐着那地平上。那老虎依然坐着地平上。老虎坐着尊者却纔脫剝了上身衣服。脫出一個精膊子來。喝一声照就照

着那個老虎觜上一拳。那老虎却也是個慣熟的。就還他一爪左一拳。右还一爪右一拳。左還一爪。左一脚右還一蹄。右一脚左還一蹄。這是個兩平交開場的家所。一會兒尊者很起来。口裏連喝道那裏走那裏走。兩隻手。左一拳右一拳。兩點的一般。兩隻脚左一踢右一踢。擂皷的一般。把個老虎打得連跌遁跌。跌上幾交跌得半日不會番身。尊者又喝声道畜生。你有本事。你敢再來麽。喝声未絶。那老虎一骨碌爬將起来。把個頭擺幾擺。把個尾巴豎幾豎。把個腰眼骨恭幾恭。一會兒發起性来。做出那個咆哮之声。撲地一声响。就在尊者頭上跳到面前来。又一聲响。就在尊者頭上跳到背後去。又一聲响。又在尊者頭上跳到左壁廂来。又一聲响。又在尊者頭上跳到右壁廂去。跳了幾跳。[illegible]斗。挑過個屁股来

任渠妖魅臨時先見逾教明

照着尊者的光頭上着实一摜把個尊者摜番了。跌在地上。也跌得半晌不会番身老虎也像個人的意思。把嘴兒來聞一聞把個爪兒來搭一搭。把個尾巴兒來挑一挑。過了半晌尊者歇醒了。也一骰轆爬將起來。這却是一遍一龘纔叫做正解尊者爬将起來趂着個惱势兒。喝声道那裏走照嘴一拳。那老虎也叫上一声照頭一爪。尊者跳起來。很是一雙閔。把老虎打一跌。老虎跳起來很是一頭拳。把尊者打一跌。尊者打老虎一跌。老虎打尊者一跌々上一二十交跌一個不耐煩之時。尊者却伸起隻手來。一杵々在老虎口裏直到喉嚨管了。老虎就不敢動口。却纔服偷照舊是在地平板上。尊者取出手來。這是互相偷滿。又是一解大[illegible]的說道。弄得好。叫听事官。取過一肩生肉來。賞與老虎。老虎[illegible]道

來一口一搽一口一骰轆又叫听事官取酒飯過來賞這和尚和尚接過來酒飯並行一霎時風捲残雲。杯盤狼藉天師心裏想道我今番就借他的解数奉承他绕下。看他何如籌度已定却說道你這撮搏戲兒的委是撮得好。你再撮一会。我再重々的賞你。羅尊者全不解其意只說是真意思。尚舞一會兒。也要下手天師此々兒連声答應道是々。應声未絕一手牽過個老虎來喝声照就是一拳老虎叫上一声就是一爪。一個一拳一個一爪。打個平过開了戲場却又是尊者很起來連喝声道那裏走那裏走。左一拳右一脚。兩點一般天師趂他打得正在興頭上悄々的把指頭一捻那個老虎就番過臉來。一屁股把個尊者打得着实一跌這一跌就有百十多斤重。一個光葫芦頭。跌得血皮瞰蹋當真的死過

去了。天師只作不知歇了半晌半晌却绕醒些々。心裏想道這亡人今番敢這等下老實打我一跌怎麼我的術法有些々不灵驗麼又过了半晌一骰轆爬将起來。一肚子洩酸氣很着實伸起手來一杵々至老虎口裏天師又是悄々的把個指頭兒一捻。剗伸得個手到老虎口裏还不曾摸着喉嚨。却就喫他一口。把隻手。咬得鮮血長流。忍疼不過連忙的取出手來天師又悄々的把個指頭兒一捻那瘟老虎猛然間發起威來跳又跳叫又叫張牙夭爪地撲天番一跳就跳在朝元閣上。再有那個敢惹他罷。尊者却就喫了一肚子糍糊不見些清白。只說是這畜生怎麼這等作變却不曉得是天師就湯下麵。奉承他這一番連天師的左右道士道童都不曉得天師的妙用都只說老爺今日沒些鞦較惹這樣的無賴

之徒做出這樣的勾當。天師却自由自在。只作不知。又問他道你
這老虎你說是自小兒養的。可是真麽。尊者道是自小兒養的天
師道平素何如。尊者道。平素撮弄他化飯喫。已經度了小的半生
天師道今日怎麽就番過臉來。尊者道。小的也不省得敢是船上
跳得板動。他却喫了驚慌。故此就番過臉來。天師故意的說道這
個也是真情。這如今走在我船上。却貽害于我。尊者道這個不妨
得他過一会兒。自然下來。尊者口便是這等說。心裏巴不得貽害
于天師。他纔快活。天師心裏又想道。只是這等暗算他。々還不省
悟。不如明々白々做一個他看。他纔認得我來。立了主意。却叫和
尚過來說道。你可要這老虎下來麽。尊者道要他下來。天師道我
替你叫他下來。你心下何如。尊者道若叫得他下來感謝老爺不

出像西洋記　十五　廿八

淺。天師正要賣弄一個與他看。叫声道童取過一条紙兒來。道童
遞上紙去。天師拿起個硃筆來。寫了一道符。又叫道童燒在香炉
裏面。烟还未絕。只見那個老虎口裏啣着那一道硃符。跑下來。双
膝跪着在天師的朝元閣外。天師道孽畜。你今番敢如此無礼麽
那老虎儼然有知。把個頭服着地平板上。連磕遞磕。他羅尊者只
說还是舊時一般伸起隻手去牵他。那老虎又是一片的叫起來
一跳々起來依舊跳在朝元閣上。天師叫声道孽畜快下來。那老
虎依然跪在朝元閣下。尊者把隻手去牵他。他又是一叫々起來
一跳々起來。跳在朝元閣上。天師越發要賣弄一個與他看。叫声
和尚你這老虎。原脚子有些不正氣我和你除了這一害罷尊者
看見事势不諧做不得甚麽圈套。只得說個實話。說道我這光個

國中風俗都是這等撮弄老虎做搏戲化飯喫老虎却都是真的
既是老爺認得他脚子不正不如替小的除了他罷天師道我說
不是你自小兒養的天師叫聲孽畜快下來那老虎依然走下來
跪在朝元閣外天師却慢々的取出個七星劍來丢下一道飛符
劍頭上爆出一塊火來化了飛符頃刻之間雲生西北霧障東南霹
靂一聲响々聲裏面吊下一位拄天拄地的天神天師道你是何
神天神道小神是值日天神龍虎玄壇趙元帥是也蒙天師呼喚
有何指使天師道所有一個和尚帶了一隻老虎撮搏戲化飯喫
這如今老虎發起威來行兇背主罪不容逃你去除了他罷趙元
帥道不消小神自去只消小神的隨身神虎去就敎了天師道這
也罷道猶未了趙元帥身下跳出一隻大老虎來這纔是天上有

出像西洋記　卷之十五　廿九

地下無是個真正的老虎只消對看他撼上一聲那隻虎那裏是
個老虎原來是個哈吧狗兒一身黄毛一個黄尾巴一個白嘴兒
四個白爪兒現了本相唬得跌上一交滾上滾下做個不會說話
連屎都滾出來天師謝了天神叫過和尚來說道你看一看你帶
來的好個老虎也尊者道小的陷于不知只說他是個真老虎天
師道你把這個老虎來化飯喫這如今老虎反化成了一隻狗正
叫做化虎不成反類狗也尊者只是磕頭天師還只作不知叫听
事官重々的賞賜這個和尚着發他去罷尊者得了賞賜老大的
喫驚一路回來一路想道這牛鼻子道士當真的有些本領但不
知那個和尚何如不免轉回寺裏去過了這一夜到了明日之早
再去体探那個和尚一[illegible]那[illegible]這等利害不如趁

早抽身如果那和尚是個搭頭我還出案文持一二到十關日果真的又到寶船上来隻身獨自也沒有了老虎也沒有摔戲也不驚動天師竟找上國師行臺的船上起頭一看只見船便是一隻船却有個山門有個金剛殿有個大雄寶殿却又有個千葉蓮臺四處裏的佛像繪塑莊嚴都還不在話下尊者心裏想道我也號為國師他也只是個國師他在船上還是這等維持着在他本國的地土上不知還是怎麽樣兒阿彌陀佛我們却不枉為了這一世人道猶未了只見山門下走出一個長老来好個尊者連忙的走近前去打個問訊説道師父告稽首了那長老也連忙的還個問訊説道老師是那裏来的尊者道貧僧就是本處地方上人長老道甚麽釋名敢先請教尊者道貧僧不足叫做個佗羅尊者長

老道来此何幹尊者道特求布施些齋粮敢問長老尊名。長老道貧僧賤名叫做雲谷尊者道國師老爺是那個雲谷道是貧僧師祖尊者怎麽得知家師祖的名字尊者道適来看見粉牌上寫着國師行臺故此得知雲谷道你怎麽不到地方上化緣尋到船上来尊者就扯個謊説道地方上事熟人頑化不出甚麽来老師父寶艅是南朝来的想必好善故此斗膽上来雲谷道既如此待我禀過師祖来即當奉承尊者跕在山門外雲谷跑進去一直跑到千葉蓮臺上禀説道啟師祖得知山門外有一個僧家名字叫做佗羅尊者就是本國地方上人特来船上化緣國師所知道本國地方上僧家化緣心上就有些疑惑叫雲谷你領他進来見我見兒我自有個布施到他雲谷得了師祖的慈旨怎敢有違即時跑

出門外来領這尊者進去尊者心裏想道我正要見他見兒他恰好就来請我却不是有些夙緣道猶未了已自到了千葉蓮臺之上見了國師行一個相見之禮國師高張慧眼就曉得這個尊者来意不良問説道你是本國地方上的僧家叫做佗羅尊者可是麽尊者道便是國師道你到我們船上来化緣可是麽尊者道便是國師先前听見夜不收説道有個佗羅尊者能通神做鬼及至相見之時又看見他顔色不善言語不正心上越發明白却就有個緣用到他説道阿彌陀佛也是你到我船上来一番本當厚布施些爭柰我們来路遠日子長却沒有些甚麽好物件止是前日吸葛刺國国王布施得有幾個銀錢我如今把一個布施你罷道猶未了一手摸出一個銀錢来遞與尊者不知這個銀錢是個甚麽妙用且听下回分解。

○○

第七十四回　佗羅尊者求師父　鐃鈸長老下雲山

詩曰

樓船金鼓宿都蛮　魚麗羣舟夜上灘　月遶旌旗千嶂静
風傳鈴柝九溪寒　荒兀来必先聲服　神武由来不殺難
想見虞廷新氣象　兩階干羽五雲端

却説國師老爺一手摸出一個銀錢来遞與尊者説道我這個銀錢布施于你若是你真心化緣你拿我這個銀錢一生受用不盡你若是假意化緣我這個銀錢却不輕放于你佗羅尊者接過

裏想道這個和尚也有些唠叨哩只這一個銀錢怎麽有
這□說話我便是假意化緣諒他不為大害接了銀錢打個問訊
說道多謝布施了紐轉身子来一蓬風早已到了飛龍寺坐在方
丈裏面只見總兵官雲幕嗹来了進門就問連日体探的事体何
如尊者道還是那個牛鼻子道士有些利害若論那個和尚站着
一千只當得五百雙那裏放他在心上雲幕嗹道怎麽就不放他
在心上尊者道我看他滿面慈悲一團方便他看見我去化緣之
時只說我們真正是個化緣的拿出一個銀錢来送我又說上許
多的唠叨似這等的和尚放他在心上我怎麽又做得個護国真
人雲幕嗹道他說些甚麽唠叨来尊者道他說是我若真心化緣
這個銀錢一生受用他不盡我若假意化緣這個銀錢半刻兒不

出像西洋記　卷之十五　四十二

肯輕放於我跳起来只是一個銀錢怎說得不肯輕放於我的話
雲幕嗹道那銀錢在那裏尊者道在我鉢盂裏雲幕嗹道你借来我
看一看兒尊者一手取過鉢盂一手拿着銀錢遞與雲幕嗹手裏
雲幕嗹接過来左看右看看之不盡說道你不可輕看了這個銀
錢你看他光浪閃閃瑞氣氤氤這一定是個甚麽寶貝尊者道饒
他是個甚麽寶貝落在我手裏也着憑我来發遣他道猶未了只
見那個銀錢劃喇一聲响一跳跳起来竟套在尊者的頸顙膊子
上就像一塊白玉石做成的一道枷套在頸顙膊子上還不至緊
一會兒重有三五百斤怎麽帶得起壓得個尊者撲鬉的一交跌
番在地下要起来起不得要轉身轉不得沒奈何只得滿口吆喝
道佛爺爺救命哩佛爺爺救命哩雲幕嗹站在一邊嚇得魂不附

体口裏也在念佛心裏想道原来南朝人事事俱能如此害得我
還是個知進知退不曾觸犯于他尊者道總兵官你救我救兒雲
幕嗹道我怎麽救得你哩你只是自家虔誠懺悔一番就是了尊
者果真的發起虔心懺說道佛爺爺弟子今後再不敢粧神做鬼
妄生是非乞求赦除已往之愆解脫這個枷紐之罪罷尊者自家
口裏懺悔雲幕嗹也又跕在一邊替他懺悔一連懺悔了五七遍
只見那個玉石枷又是劃喇一聲响早已吊將下来依然還是一
個銀錢尊者看見心裏又好笑嘎嘎的大笑了三聲說道天下有
這等的異事剛說得異事両個字還不曾住口只見那個銀錢又
是劃刺一聲响又是一道枷枷在尊者的頸顙膊子上又是重有
三五百斤起来起不得轉身轉不得又是跌在地上吆喝了半邉

出像西洋記　卷之十五　四十三

未悟傾巢積圓顱於重阜

陀羅尊者求師父

敢懷拒轍　沸殘息於層峰

天雲幕嗹道國師本然是你的不是為人在世上樂然後笑你有要沒緊的笑些甚麽這如今還只自家懺悔就是尊者沒柰何只得口口聲聲懺悔自家罪惡雲幕嗹也又替他懺悔一番這一遭懺悔比不得先前也論不得遍數一直有兩個多時辰尊者念得沒了氣只在喘息之間却纔听見劃喇一聲响還是一個銀錢吊在地上雲幕嗹又沒豁敿起来走近前去看着個銀錢把個頭来點上兩點心裏想道你也只是這等一個銀錢怎麽有這許大的神通又點兩點頭這個雲幕嗹莫非是個搖頭不語那暁得那銀錢就是個明人點頭即知一聲响早已一個王石枷枷在雲幕嗹的頚額膊子上雲幕嗹慌了事滿口吆喝道佛爺爺與弟子何干加罪在弟子身上望乞恕饒這一遭罷連吆喝逓吆喝道這個枷再

不見鬆只見越加重得来漸漸的跕不住的樣子沒柰何叫聲道國師國師你也替我懺悔一懺悔叫一聲不見答應叫兩聲不見答應叫上三五聲只見方丈裡走出一個閽闍未看見是個總兵官帶着一面個枷在這裏連忙問道總兵老爺你為何在這裏帶着的是個甚麽東西雲幕嗹道我這個事一言難盡你只替我叫過住持来閽闍道却不見個住持在這裏雲幕嗹道方纔在這裏怎麽就不見他閽闍道老爺你豈可不知這如今人都是些趋炎附勢的他看見你帶了這個東西他生怕你貽累到他身上他却不先自溜了雲幕嗹道既如此且不要講他你去取過香燭紙馬之類未閽闍道要他何用雲幕嗹道這個枷是我業障所致你去取過香燭紙馬到佛爺爺位下和我懺悔一番我自然得脫閽闍

看見他是個總兵官不敢怠慢即時會集大小和尚即時取過香燭紙馬一邊取事一邊樂器細細的和他懺悔一週懺悔已畢輕輕的一聲响又是一個銀錢吊在地上衆和尚都来請問這個緣故雲幕嗹道你們有所不知不消問他只尋出你的住持来我與他講話內中有一個和尚口快嘴快說道住持老爺不在禪堂上打坐麽雲幕嗹謝了衆和尚拿了個銀錢一逕走到禪堂上只見佗羅尊者合着掌閉着眼公然在那裏打坐哩雲幕嗹叫聲道好國師你便打得好座叫我替你帶枷尊者撐開個眼来說道是你自取之也與我何干我如今只是修心煉性再不管人間的是與非雲幕嗹道這個銀錢放在那裏尊者道昨日那位老禪師已經說過了我若真心化緣一生受用他不盡我若假意化緣半刻兒

他不輕放於我々如今甚麼要緊。不去受用他反去受他的氣惱你把銀錢来交付與我就是雲幕嘽沒柰何。只得交付了銀錢回到朝裡只見滿朝大小番官都會集在那裏番王接着就問道你們連日出去体探事体何如。雲幕嘽先把他自家体探的始末。細說了一遍落後又把佗羅尊者体探的始末。細說了一遍番王道有這等異事。這銀錢如今在那裏雲幕嘽道如今現在國師身上番王道你還去請過國師来纔好雲幕嘽道他如今修心煉性不管人間是非。番王道他要我推了病他却修心煉性。明日南船上罪歸于我我如之何。雲幕嘽道果是那個銀錢難得脫哩。番王道我這如今是個羝羊觸藩進退兩難国師怎麼去得手。雲幕嘽道若要国師除非還是我自已到南船上。見推一番得他收了銀錢

去纔好。番王道都在你身上。再莫推辭雲幕嘽沒柰何只得找到国師行臺的船上。求見金碧峰老爺老爺所知道是個番總兵求見却先曉得是那銀錢的事兒發了。叫他進来。問他道你是個甚麽人雲幕嘽道小的叫做個雲幕嘽。老爺道你到這裏做甚麽雲幕嘽道小的奉国王差遣特来問候老爺老爺道。也不是白来問候于我决有個緣故雲幕嘽就使出一個就裏奸詐来說道實不相瞞。只為昨日化緣的和尚。是小的本国的護國真人蒙老爺賞他一個銀錢那銀錢却有些發聖。真人埋怨道只因国王臥病有慢老爺致使貽害于彼國王道我並不知怎麼叫做貽害因而彼此失和故此國王特差小的禀過老爺望乞大發慈悲赦除罪過收回了銀錢照舊君臣和睦庶幾便於投降原来老爺是個慈悲

方寸。来者不拒。去者不追。听知道他們君臣失和。心腸就軟將来了。說道阿彌陀佛。有個甚麼失和我收他回来就是道猶未了。撲的一聲响。一個銀錢早已吊在老爺面前。老爺道可是這個銀錢麼雲幕嘽近前去看一看々得真却說道正是他了老爺叫雲谷拾起来穿到串上去那裏是個銀錢原来就是一個瑩白的数珠兒就是向日借與天師拿王神姑的雲幕嘽看見又是個数珠兒越發曉得這個变化不測心上着實害怕磕上兩個頭謝了老爺回到飛龍寺裏只見佗羅尊者正在那裏打座還不曾曉得收去了銀錢雲幕嘽要他要兒問說道王上特着我来相請望真人千萬莫吝此行尊者道我說了不管人間是與非你又来歪事纏做甚的雲幕嘽道不是我們歪事纏只因王上取出你的銀錢去了

故此特来相請尊者還不准信說道我只是個不管是和非雲幕嘽道委果是銀錢去了我怎麼又来吊謊尊者却把手摩一摩々得不見個銀錢却纔睜開個眼来看一看々不見個銀錢你看他解脫了這場冤業就是開籠放鵲解攬行船。一轂轆跳將起来高叫道我佗羅尊者。豈可就是這等失志于他々今日也纏不着我了。一團天話滿面英風那裏曉得是個雲幕嘽替他擺脫的竟到国王殿上。相見国王。国王道連日不見国師如失左右手。尊者道我連日間為国勤劳有失侍衛番王道這樁事却怎麼處尊者道據總兵官所言。南朝那些將官天上有地下無據貧僧所見南朝那個和尚道士地下有天上無番王道這是怎麼說尊者道沒有甚麼說總来我們不是他的對頭番王道早知如此前日莂到之

時就該逓上一封降書降表萬事皆休捱到如今進退兩無所據尊者道王上不必憂心我如今有了一個殺退南兵之策番王道是個甚麽良策尊者道貧僧有一個師父住在齊雲山碧天洞獨超三界不累五形非貧僧誇口所言我這師父能駕霧騰雲又能通天達地能降魔伏怪又能出幽入冥也能驅天神遣天將也能罵菩薩打閻羅又能使一件兵器使得有些古怪你說是個甚麽兵器就是隨身的兩扇鐃鈸一雌一雄憑他撇起那一扇來一變十十變百百變千千變萬莫說只是一萬若是他使起神通來就連天上地下萬囯九州盡都是些鐃鈸塞滿了只怕他不肯下山來他若是肯下山來之時砍那和尚的頭只當切瓜斷那道士的頸只當撩葱憑他甚麽雄兵百萬戰將千員撞着他的就要去個頭粘着他的就要丟個腦盖骨有一千殺一千有一萬殺一萬有十萬損十萬就有一百萬也要送了這一百萬且莫說一百萬假饒他天兵百萬神將千員也只好叫上一聲苦罷了番王道叫甚麽名字尊者道因他這一對鐃鈸人人號他做個鐃鈸長老又因他鐃鈸會飛人人又號他做個飛鈸禪師番王道他住的齊雲山在那裏尊者道在西天極樂囯界上番王道有多少路程尊者道有十萬里之遠番王道水遠山遥怎麽走得到哩尊者道但憑貧僧的本領不愁他水遠山遥番王道怎麽的礼物去請他尊者道不須禮物只要一封国書足矣番王道還要幾個官員同去麽尊者道只消總兵官一個再加兩三個小番便勾了番王道事在燃眉不可遲悞即時修下国書一封交付總兵官雲幕嗹又差下了

三個小番跟隨佗羅尊者一同前去尊者帶了這些人辭了番王即時起馬行了一日約有百里之外雲幕嗹道此去有多少路程尊者道實不相瞞大約有十萬里之遠雲幕嗹道十萬里却不走上一年幾時得你師父下来救得国家這個燃眉之急尊者道你不消愁得我心上有個主意雲幕嗹道是個甚麽主意尊者道我師父原因傳授我一件寳貝名字叫做風火二輪火輪一起滿空嗹烈火烧天風輪一起滿脚下順風相送雲幕嗹道今日只用風輪便自勾了不消火輪罷尊者道也要他烧起来路上惡神惡鬼却總廻避你們雲幕嗹道此言有理但憑国師就是尊者不慌不忙袖兒裏取出那件寳貝来團團圓圓就像鐃鈸兒的樣子兩面相合相連磯一下就開開便是兩扇收一下就合合便是一扇尊

師弟恩深頓覺輕生無剩慮

疆場雖效徒貽濡首有餘羞

者拿在手裏碾一下開喝聲道变只見那兩扇鐃鈸兒就变成一合車輪上面車箱車櫃車帷色色齊脩就是一輛騾車尊者叫過總兵官和那三個小番一同坐在車上尊者拿出個如意来照着左邊輪上一敲喝聲道火此時不發更待何時喝聲未絕只見烟飛焰烈紅通通的一塊火從脚跟底下燒將上来尊者又拿起個如意来照着右邊輪上一敲喝聲道風此時不到更待何時喝聲未絕只見雲騰霧障呼呼的响一陣風從脚跟底下發將起来一面火燒得紅一面風吹得緊就像坐在個火車上火趂風威風隨火勢只听得呼呼的响好不利害哩尊者一個便不在心上總兵官和這三個小番虓了許多驚受了許多怕幸喜得一會兒到了一個山頭上尊者喝聲道住只見風平火息依舊是一輛騾車尊

[illegible]喝聲道变只見車埋輪轄依舊是一合鐃鈸兒尊者收起個[illegible]頭總兵官擡頭一望只見層峦嶂嶂虛聳谽谺高與天齊下臨無際果好一個名山也問說道這山叫甚麽名字尊者道這山叫做齊雲山雲幕嘩道名字叫做齊雲山名下無虚有詩為証

詩曰

齊雲標福地　縹緲擬蓬壺　閶闔天門迥　勾陳複道紆
鸞旗迎輦路　龍蓋擁香爐　石壁苔為篆　簾泉水作珠
眞人来五老　帝女下三姑　禮殿凌霄漢　齋壇鎮斗樞
雲端斐闕峻　洞口一松孤　庭舞千年鶴　池生九節蒲
丹房餘上藥　玉笥秘靈符　别岫階前出　飛梁樹杪迂
願言依勝托　長日覽眞謨

雲幕嘩道山便是個齊雲山令師不知還在那裏尊者道家師不遠前面的碧天洞就是家師大衆行了一會果然到了碧天洞門口只見

洞門無鎖月娟娟　流水桃花去杳然　低瞰湖峰烟數點
高攀蓬島界三千　雲中雞犬飛丹宅　天上龜蛇談法筵
奇勝紛紛吟不盡　一聲猿嘯晚風前

到了洞門口尊者道你們且站在門外待我先進去通報一聲却来相請你們厮見雲幕嘩道國師請行衆將們在此伺候尊者曳開步来望洞裏直跑見了飛鈸禪師行了禮禪師道徒弟你在那裏来尊者道小徒住在西洋之中木骨都束國飛龍寺裏做一個住持蒙國王十分敬重拜我為護國眞人仗老師父的佛力一向

風調雨順國泰民安沒有一些事故近日平白地到了寶船千號戰將千員雄兵百萬口稱是南朝大明國朱皇帝駕下欽差來的禪師道差來做甚麼勾當尊者道差來撫夷取寶本國沒有他的寶他又逼勒着要甚麼降書降表國王心下不肯他那船上就起出個不良之意統領人馬要抄沒他這一國人民總兵官要曉諭厮殺一塲爭奈那船上人馬強横勢大如山做不得他的對手小徒要與他對敵一塲爭奈他船上有一個道士號為甚麼引化真人又有一個和尚叫做甚麼金碧峰兩家子都會術法都會變化徒弟們一時不服禪師道你國王就寫上一封降書降表便自罷了這個災難也罷尊者就扯個謊打動師父的慈悲說道這個降書降表初然間是國王不肯到其後之間寫上去他又不接儘着

他的蠻勢一味只是要抄沒這一國的人民不分貴賤不分首從不分大小指日間盡為虀粉矣禪師听見抄沒兩個字就有幾分慈悲說道阿彌陀佛怎麼一個國就要抄沒了他你如今到我這裏來有何話說尊者道是我國王又聞老師父大名今日不幸到了這個天翻地覆的變故特來求救於老師現有一封國書現在下有一個總兵官還有三個跟隨的小廝都在洞門外徒弟未敢擅便先來禀知老師禪師道既有來人來書可叫他進來尊者即時叫進總兵官跟隨的三個一齊見了禪師各行一個禮寫上國書禪師拆書讀之書曰

西洋國木郤束國上王麻里思蘇再拜奉書于

飛鈸禪師仙仗下仙風宣暢遐邇被聞更得盛徒尊者朝夕左右荷無涘仰止之渴頃緣敝國不幸变墜自天鄰國黎元指日盡為虀粉殊為惻焉懇乞老師大捨慈悲俯垂救拔倘全蟻命無量功德臨楮不任激切屏營之至

禪師看了書說道我們又沉岩洞那曉得你人間的甚麼是與非多上拜上你的國王再求別一個去罷尊者道本國國王也曾說來本不當驚煩師父只說是人命関天螻蟻也曉得貪生怕死奚說是這個一國之中豈沒有個善男子豈沒有個信女人王不但焚滲天大变况且這如今天上地下只有師父一個人除了師父以後再沒有個人做得他的對手故此不遠而來求救于師父望師父只念人命分上不惜一行也是師父的無量功德飛鈸禪師與佗羅尊者這一席言語抑揚褒貶就說動了心說道也罷既是

你國王來意慇懃我和他救了這一塲苦難罷尊者道師父請行禪師道你們先行我隨後就到尊者拜辭師父說道千三不用親囑咐禪師道想應本骨國中人尊者出了洞門駕起風火輪来頃刻之間又到了木骨都束國上王接着說道好未得快也尊者道我駕起着風火兩輪一去一来此是三日拿了王上一封書請動了我的師父這正叫做風火連三日官書抵萬金國王道你師父可肯下顧麼尊者道貧僧再三央說我師父我師父許了就來即時就好到也道猶未了把門官報道有一個遠方来的禪師在門外口裡說道要來見朝尊者道是我師父来了國王道你快去迎接他進來佗羅尊者接住師父引進朝來僭王請上金殿便北的下拜磕頭說道寡人有何德能敢勞活佛下降飛鈸禪師道小徒

蒙王上洪恩未能補報今日有難貧僧當得前來效勞況且又承
尊使御札何以克當番王道敝國不幸禍從天降沒柰何故此遠
来驚動禪師道自古以来兵對兵將對將你們總兵官到那裏去
了番王道總兵官也曾去打探来爭柰南船上的將勇兵強殺人
不見傷禪師道怎麼殺人不見傷番王道不論刀鎗劍戟殺在人
身上並不曾見一點傷痕禪師道既他殺不傷人正好和他廝殺
番王道他明白要貢夭他的手段見得這等高強終不然是不會
殺人只會殺得狠些禪師道小徒也有三分本領怎麼不拿出来
尊者道我做徒弟的也曾去打探一番做出一個化虎不成反類
狗故此也不柰他何禪師道怎麼就會化虎不成反類狗尊者道徒
弟昨日已曾禀過師父来那船上有個道士號為天師又有個和

出象西洋記　卷之十五　五一四

尚号為國師他兩個人有十分的本領却就狠似兩個老虎故此
徒弟狗也不如只這兩句話說得低了些就激得個禪師一時發
怒躁跳如雷喝聲道咣胡說甚麼人是老虎甚麼人是狗番王看
見禪師發怒連忙的陪上個小心說道佛爺々恕罪佛爺々恕罪
禪師道不干我發怒生嗔只我的徒弟看得別人這等的大看得
自己這等小不是貧僧誇口所言貧僧看那船上的兵將如同螻
蟻一般看那兩個道士和尚如同草芥一般那裏在我心上貧僧
今日相見之初無以自通待貧僧取過南船上十個頭来獻與王
上權當一個贄見之禮番王大喜說道禪師有此神通寡人社稷
之福也道猶未了禪師取出一扇鐃鈸来望空一撇口裏喝聲道
變一會兒一就变十只見十扇鐃鈸旋々轉々飛舞在半空之中

颼々的响竟照着南船上吊下来却不知這一下来還是吉還是
凶且聽下回分解

○○

第七十五回

番禪師飛鈸取頭　唐狀元中箭取和

詩曰

天馬西馳析羽旌　瘡痍多帶血腥腥　三年已苦邊雲黑
六月猶聞汗馬聲　遍地漁歌傳海嶠　中天月色爭江亭
那堪飛鉢禪師出　不盡愁烏遶樹鳴

却說那十扇飛鈸颼々的响竟落到南船上来南船上軍士正在
軍政司関糧左出右入魚貫而行只所見天上一片的响响將下

出像西洋記　卷之十五　五一五

材謝中人飛鈸謾傳妖術巧

番禪師飛鈸取頭

位虛上將夷門空自引睥睥飛

出像西洋記　卷之十五

來那裏曉得有個甚麽利害却不曾隄防一潑刺就刮倒十個人的頭十個人摸頭不見惱那裏曉得甚麽東西那裏曉得甚麽南北只是一個人不見了一個頭那十個飛鈸一個盛了一個頭仍舊是起在半天之上齁齁的响番王正在大排素宴欵待飛鈸禪師禪師听見半空中响聲已到連忙的取出這一扇飛鈸輕輕的把個指頭兒一彈剗彈得有興响那十扇飛鈸連頭連鈸撲簌簌的吊將下來禪師起身說道王上且權收這十個頭當作贄見之禮番王看見這十個人頭好不快活也心裏想道一遭十個頭十遭百個頭百遭千個頭千遭萬個頭那怕他雄兵百萬禁得幾遭一萬個頭心裏不勝之喜口裏連聲道多謝多謝老爺如此神通何愁于南朝兵馬一面分付收過頭去一面陪宴禪師此時天色已

晚不覺得漏盡更殘禪師意欲就揖番王道請禪師就與寡人揖巖尊者道不如飛龍寺裏到還穩便禪師道我自有處道猶未了一手丟下一扇飛鈸來兩手丟下兩扇飛鈸來師徒們一個站在一扇飛鈸上乎一聲响早已無影無踪去了番王道明日再到飛龍寺裏去請踹到了明日果然是在飛龍寺裏番王親自去請禪師道王上你不必憂心且待貧僧親自去看一看来即時丟下兩扇飛鈸師徒兩個一躍而起起在半天裏面一下子吊在寶船頭邊只見一個天師直挺挺的站在船頭上等他下来怎麽天師就在船頭上等他下来原来昨日去了十個人的頭南船上都諕得魂不附体報上中軍帳来說道軍政司正在閱粮只听得一聲响恰好就不見了十個人的頭元師道有此蹊事這又是甚麽妖

出像西洋記　卷之十五

魔鬼怪星夜前去体探一番夜不收探了的實回復道木骨都東國前日化緣的僧家是個護国真人因為計窮力屈又到個甚麽飛雲山碧天洞請下一個甚麽飛鈸禪師來這禪師不當小可隨身有個雌雄兩扇飛鈸一变十十变百百变千千变萬空手而去見血而歸昨日初見番王無以自表到我們船上取過十個頭去以為贄見之禮故此我們船上不見了十個頭元師道番王連日推病原来有此一段情由快去請教天師国師看是怎麽處治他天師听知有此妖僧即時就要出馬国師道西洋地面妖僧草道極多雖不是個甚麽嫡門正派其實的利害不可勝當天師你須要隄防於他天師道承国師教道極是轉身到朝元閣上收拾了一番左邊擺列着朝天宮道士右邊擺列着神樂觀樂舞生故此直

〻〻站在船頭上等他下来飛鈸禪師看見船頭上是個道士問尊者道那站的可就是那個天師麼尊者道正是他了禪師道相逢不飲空囬去洞口桃花也笑人取過一扇雄鈸来照空一撇喝聲道快那扇雄鈸齁〻的一聲响一直吊將下来竟奔到天師的腦盖骨上那曉得天師的腦盖骨有些古怪那扇飛鈸只在頭上左磨右磨磨千磨萬只一個不敢下来天師看見他的雄鈸飛舞而来連忙的舉起把七星劍撇了船頭跨上青鬃馬一竟趕上前去禪師道這是甚麼天師也是有些手段哩連忙的又取出一扇雌鈸来照空一撇喝聲道変那扇雌鈸一會兒一変十十変百百変千千変萬滿空中齁〻的响吊將下来如鋒鉎一般的様子把個天師連那些道士連那些樂舞生都圍得密〻層〻人都移不

得步馬也搖不得頭飛鈸禪師心裏想道饒他天師有此本領跟隨的這些道士道童兒若要出吾之手除非是再去托生那曉得這些道士道童兒也有些古怪那上千上萬的飛鈸吊將下来止離得三两分兒只是一個不撳着他的頸額膊子激得個飛鈸禪師心頭火烈眉上峰攢没奈何連叫上两聲苦收回了那些飛鈸到弄得做個有與而来没與而返天師帶了這些道士道童兒轉到船上見了元師元師道多虧了天師怎麼躲得那個飛鈸之苦天師道是我頭上帶了三清的牒印玉帝的勅命致使諸神護阿故此那扇飛鈸不得下来元師道連道士道童兒怎麼也能脱得天師道也是我先前每人頭上安上了一道靈符諸神護定故此都不得下来元師道天師你既是這等安排布置怎麼不燒符遣

將殺他一場天師道貧道也要燒道符遣個將爭奈那些飛鈸碍手碍脚不得方便待他明日再来之時貧道自有個處治要他認得貧道国師道阿彌陀佛說甚麼認得認不得到明日之時待貧僧出去與他講一個和罷天師道諸人可和只有這個妖僧與他和不得国師道怎麼就與他和不得他是個甚麼正一禪師敢来取我船上十個人頭献上番王做個贄見之礼到好個大禪師到好個大贄見之礼国師道這十個人的尸首還在那裏元帥道尸首過了両日尚且心窩兒還是熱的敢是屈死了他不忿死麼国師道善哉善哉喜得還有熱氣待貧僧取囬頭来交個活的還元帥天師與他和了罷天師道若有十個活人還了元帥這便與他和罷国師道軍中無戲言貧僧怎麼敢打誑語即時間拿起根九

環錫杖就在面前畫了十個滴溜圓的圓圈兒一個圈兒裏面擱一錫杖輕輕的叫聲未只見一陣香風一個圈兒裡面一個頭元帥喫了一驚天師也好一嚇都說道国師老爺佛力無邊果有此奇妙国師道叫人拿過這些頭去還交付那些人原是那一個的頭還安在那一個的身子上不可錯了一會兒搬將去一會兒安上頭国師分付雲谷拿得鉢盂去取上些無根水一個人與他一口果然一個人喫了一口依然還是一個原来的人内中只有两個人粧出兩個醜来怎麼有兩個人粧出兩個醜一個人錯安了頭安得面在背上後髮對着胸膛前這却不是一個醜一個人剛未安上一個頭肚子裏一溜烟飛出一個心来没有了心只是空肚子這都不又是一個醜雲谷走得来笑一箇死国師道你笑甚麼雲谷都

却又[illegible]個醜告訴一番国師道快叫他来我看着一會兒叫過那
兩個人来国師看了一看點兩點頭元帥道老爺為何不開言只
是點頭国師道我初然只說是安反了頭原来是他自取的元帥
道怎見得是他自取的国師道反了頭的只因他平素為人有些
背前面後故此今日再生也是背前面後元帥道那飛了心的面
却是正的怎麽也叫做自取哩国師道面是他的心却飛了這個
人只因他平素為人有些面是心非故此今日再生也還是面是
心飛元帥道老爺慈悲為本方便為門伏乞超度他兩個人這一
遭罷老爺道你兩個人可講得話麽兩個人一齊答應道講得話
老爺道還要你各人自家招認改過前非我却好来超度你哩兩
個人一個說道我自今以後再不敢背前面後国師道你自家不

背前面後那個捉着你背前面後還了原罷剛說得還了原三個字果
然的原来還是原来好好的一個漢子磕頭禮拜而去一個說道
我自今以後再不面是心非国師道你自家不面是心非那個捉
着你面是心非還了原罷也剛說得還了原三個字果然的原来
還是原来好好的一個漢子磕頭禮拜而去元帥道國師無量功
德無處無之国師道天師你與他和了罷天師初然間應承了和
只說是頭不接上人不得活這如今看見接了頭活了人他却反
不得齒只是心上還是不肯說道既是国師老爺要和學生怎麽
敢拗只怕他還不肯和国師道也罷你明日再去一次看他那裏
[illegible]如到了明日天師出馬只見飛鈸禪師已自出在城門下帶着
[illegible]得弟搖也搖的搖將來剛出得城門外天師拿起九龍神帕望

空一撒那寶貝和你兩奚子哩一會子遮天遮地下来天師心裏想
道今番撈着這個賊禿也那曉得那賊禿是有些意思一手一扇
飛鈸遮在頭上做個斗蓬一手一扇飛鈸踹在脚下做個風車一
聳而起恰好就在九龍神帕的背上去了天師看見走了那個賊
禿心上喫惱連忙的收將神帕回来恰好的撈着了佗羅尊者在
裏面天師道未得其龍先截其角撈着了這個徒弟也斷了賊禿
一隻手正都在繩穿索綑之時不作准備那曉得賊禿復手一扇
飛鈸飛過来也撈着一個道士去了仰着一扇鐃鈸盛着一個道
士就像一個瓢盛了一瓢水且是好不穩當也天師道賊禿你輸
了個徒弟與我也禪師道賊道你輸了個道士與我也天師說那
和尚輸了和尚說天師輸了天師說自家贏了和尚也說他自家

穿楊絕技煖隨春雨度花門

廳了天師終是去了個道士心上有些不服只見後營裏閃出一個武狀元唐英来躍馬揚鞭高叫道你們兩家都好厮賴哩憑我来解一個交罷那飛鈸禪師看見唐狀元生得青年美貌目秀眉清到也儘可人的意思高叫道你是甚麽人敢来解交唐狀元道我是個後營大都督武狀元浪子唐英禪師道你既是個唐狀元就憑你解一個交也罷天師道我祖代天師的人和你有甚麽交解得唐狀元道一個不要說長一個不要說短但憑我連中三箭你們兩家子就都要開交若是内中有一箭不中之時但憑你兩家子厮殺去就是飛鈸禪師道我且問你交是怎麽解唐狀元道我這邊還你徒弟你那邊還我道士彼此不失和氣就是禪師道解交之後何如唐狀元曉得天師捨不得道士權且解這一交到

了後面又有個道理高叫道自古說得好今朝有酒今朝醉明日愁来明日當到了後面再處飛鈸禪師道唐狀元說得有理到了後去我豈是個怕的再作道理唐狀元道你兩家子都要推出人来我這裏三通鼓响彼此都要交割清禪師道就是推出人来只一件你既要連中三箭把何者為題唐狀元道不消多講就把你城墻上的竿子為題禪師道那竿子在城墻約有一十丈多高你也須要仔細唐狀元道那怕他多高我只是射中竿子還不為高還要射中那竿子頂上的喜鵲兒禪師道唐狀元你不要錯認了那喜鵲是個定風旗兒木頭刻的只有一拳之大豈可就容易連中三箭唐狀元道我有三枝箭第一箭要射得天吁第二箭要射得日月雙翻第三箭要射得星飛亂落如紅雨你那裏曉得我的

射来禪師道既如此請射唐狀元道鼓响之後都要人交兩家子齊齊的應上一声是道猶未了唐狀元拈弓搭箭撲蘷的一聲响一枝箭恰好的射在木頭喜鵲的頭上鼓响一通兩家子齊齊的喝上一聲采喝聲未絕唐狀元又是撲蘷的一聲响一枝箭這一箭又中得有些巧妙怎見得有此巧妙第二箭竟頂着頭一箭的稍上把頭一箭一推推過喜鵲頭兒那邊去了喜鵲頭兒上止掛得是第二枝箭鼓响二通兩家子又齊齊的喝上一聲采喝聲未絕唐狀元又是一箭這一箭又中得有些奇巧怎見得有些奇巧第三箭竟頂着第二箭的稍上把第二箭一催又催過喜鵲頭兒那邊去了喜鵲頭兒上又止掛得是第三枝箭鼓响三通兩家子又齊齊的喝上一聲采唐狀元高叫道飛鈸禪師你可曉得我這個

徒教麼禪師道却一時不曉得唐狀元道我這三箭叫做是長江後浪催前浪世上新人趲舊人禪師道多謝指教了唐狀元道你兩家可曾交割了人麼禪師道已經交割了道士還歸天師草荐還歸和尚各自收兵回陣天師道多謝狀元策應唐狀元道且收得道士回來到明日憑天師老大人再處天師道我明日又有個處決到了明日飛鈸禪師領了尊者又出城來天師不勝忿忿之氣跨上青鬃馬更不打話拿了個七星寶劍擺了兩擺劍頭上擺出一塊大火火頭上燒了一道飛符喝上一聲到只見雲生西北霧長東南半空中劃刺一聲响响声裏面吊下一位天神來躬身叉手稟說道適承天師呼喚有何使令天師道你是何神大神道小神是值日天神華光正一馬元帥天師道所有妖僧在這裏

賣弄兩扇飛鈸你與我除了他罷馬元帥得了道令一駕祥雲而起照着飛鈸禪師的頂陽骨上就送上他一金磚那禪師儘有些家數不慌不忙說道好很磚頭也却不斷送了我的硫硫一手一扇飛鈸幌兩幌兒收將回去把個金磚一下下收在飛鈸裏面去了去了金磚連馬元帥也蕩了主意也只得取個和說道你這賊禿敢下手我的金磚也飛鈸禪師道我不下手你你却下手我們馬元帥道我說過了不下手你就是你且把個磚來還我禪師道你莫非是吊謊麼馬元帥道是個好人且不吊謊莫說我是個天神豈有吊謊之理禪師道既是你們做天神的不吊謊貧僧敢不奉承一手掀開個飛鈸一手送上塊金磚馬元帥不好反得齒只得回復了天師騰雲而去天師道豈可為了馬元帥一個就餞了

他又是一道飛符又是劃喇一声响又是吊下一位天神天師道你是何神天神道小神是龍虎玄壇趙元帥是也適承天師呼喚有何指揮天師道此間有一個妖僧賣弄他的飛鈸你去除了他罷趙元帥應声是天師道你却要提防着他他儘有些本領哩趙元帥道小神曉得小神適來路上撞遇着馬元帥他細細的告訴小神一番說道被他收住了金磚只得與他和解小神這根鞭他敢收罷道猶未了一路火光而起照着個飛鈸禪師只是一片的响那根鞭打下去就像兩點一般相似趙元帥只指望這一頓鞭打番了那個妖和尚那曉得個和尚神通廣大變化無窮一鞭下去就是一扇飛鈸相承兩鞭下去就是一双飛鈸相承鞭鞭下去扇扇飛鈸相承一片鞭打得只是一片响恰正是老和尚搖鈴撲

噹撲噹打了一会兲鬆了一回趙元帥也沒奈何只得回復了天師駕雲而去天師道天上地下那裏有這等一個和尚連天神都不奈他何哩一個天神还不至緊一連就捱過了兩個天神我曉得事不過三請下第三個天神來料他們也难抵敵即時問一道飛符一声劃喇响吊下一位天神天師道你是何神天神道小神是霤壇掌教温元帥是也承天師呼喚有何使令天師道此間有個妖僧在這裏賣弄飛鈸適來馬趙二位元帥不奈他何沒興而去我特来請你你須要大显神通功成唾手方纔不辱滅了我們天師的休面却也見得你們天神的隊裏個賽個兒你可曉得麼温元帥道小神曉得馬趙二元帥人硬貨不硬一個一塊磚拋磚只好引玉怎麼收得個妖精一個一条鞭執鞭賤者之事怎麼降得

[illegible]小神這一根降魔杵。上天下地出幽入冥那一個不聞名
[illegible]怕他甚麽妖僧。怕他甚麽番和尚。天師听知得温元帥這一席
的英雄言話。滿心歡喜。說道好好好。這纔像個天神的腔子。温元
帥也得天師這兩声好奬。得分外精神。一駕雲頭照着個飛鈸禪師
一片的降魔杵。連槃延槃也不論他的頭面。也不管他的肩背只
指望[illegible]垣墻。那曉得個和尚有好些坐朝乱道怎麽有好些乱
道。丟下一扇雌鈸来。喝声道变。即時間一变十。十变百。百变千。千
变萬。上萬的飛鈸。你說多也不多。一扇扇兒。都堆在温元帥的杵
上。把個杵堆得住住的。要東不得東。要西不得西。要上不得上。要
下不得下。怎麽又能勾打番和尚的頭。降得和尚。倒温元帥空受
了一肚子悶氣。沒處發洩。只得回復了天師。駕雲而去。天師嘆上

兩口氣。說道怪哉怪哉。連連二個天神不奈一個和尚何。我今番
總有一個處。是個甚麽處。関元帥正直無私。那和尚妖邪乱道。自
古道邪不能勝正。且莫惮煩难。請下関元帥来。一定要收服了他
纔罷。即時間一道飛符。一声劃喇响。一個関元帥吊下来。丹鳳眼
臥蚕眉。龍鬚冉冉。殺氣騰騰。躬身叉手稟說道。天師呼喚小神何
方使令。天師道。多勞関元帥遠来。天下有這等一場不平的事。関
元帥道。請教天師是個甚麽不平之事。待小神来削平他。何如。天
師道。正要仗賴元帥削平他一番。関元帥道。請教甚麽事。天師道
我們宝船從下西洋。已經五六年矣。經過有二十多国。沒有個不
[illegible]之礼。每有兇怪妖魔。全得列位天神摧枯拉朽。現今行到這個
国叫做甚麽木骨都束国。国王請下一個野和尚来。叫做甚麽飛

鈸禪師。賣弄他的手段。施逞他的妖邪。拿兩扇鐃鈸在手裏飛騰
变化。取人的首級。如同切菜一般。抗拒我們的寶船。縱肆国王的
罪惡。這可是個不平之事麽。関元帥道。党惡逆天。不平之甚。天師
道。還有一件不平尤很哩。怎麽不平尤很哩。適来請到馬元帥。那
一錠金磚。被他兩扇鐃鈸兒收住了。馬元帥只得取和而去。又請
到趙元帥。那一条鞭打一下。一扇飛鈸承將来。打兩下。一雙飛鈸
打將来下下打扇扇飛鈸承將来。趙元帥沒奈何。空手而去。又請
到温元帥。那根杵本是利害。爭奈他一扇雌鈸。一变十。十变百百
变千。千变萬。千萬的飛鈸。堆在那根杵上。任君有計莫能施。連温
元帥一臭子灰悄悄去了。這等三個天神不奈這等一個妖和尚
何。這一件不平可還很些。関元帥原是個義勇之人。听見這等一

個不平的事。他就怒從心上起。悪向膽邊生。喝一聲。連罵一聲。賊
秃奴敢如此無礼。天師道。萬夫之勇。不是一夫之智。有餘。関元帥
你還在智不在勇。関元帥道。小神知道。一駕雲頭而起。叫聲周倉
何在。周倉應聲道有。関元帥道。你去叫過木骨都束国的當方土
地来。周倉應聲道是。即時間叫過一個矮老子。来見関爺。関爺道
你做個土地之神。怎麽容留這等一個妖和尚在這裏抗拒天兵
你得何罪。土地道。非干小神之事。[illegible]處還有個番城隍菩薩該管
地方。小神只在這裏當土地。[illegible]沒些權。関爺道。既如此。你就去叫
[illegible]個番城隍来。我這裏有話和他說。関爺號令。誰敢有違。一會
[illegible]、一會兒来。一個土地領着一個番城隍来。見関爺。関爺道你
[illegible]城隍之神。怎麽容留這等一個妖和尚。在這裏抗拒天兵。你

非城隍道。非干小城隍之事。他原是本国国王。脩下国書。請他来的。国王旨意。小神不敢拗他。况兼這個和尚本領高強。小神抵當他不住。且莫説小神。就是列位天神。尚然不奈他何。只得將就他去了。閔元帥道。你可曉得他那兩扇鐃鈸是個甚麼神通。城隍道。他那一扇雄鈸。只是會飛會殺人。雖會變化。只是一個。那扇雌鈸又會飛又會殺人。又會变化。可以变十变百变千。变萬。就变一個無數。遮天遮地。就都是他。神通廣大。小神只曉得這些大畧而已。閔元帥道。你可曾看見他的鐃鈸麼。城隍道。兩扇鐃鈸都已曾看見。閔元帥道。上面有些甚麼形影。城隍道。却有個形影。雄鈸裏面畫得是一個大頭。不像人不像鬼。是有眼睛有鼻子。有耳

杂有一張大嘴。雌鈸裏面畫的有無数的頭。都是一般有眼有鼻。有口有耳。兩扇鐃鈸就只是這些形影。別沒有個甚麼。閔元帥道。就是這個嘴上的病。畢竟不知怎麼就是嘴上的病。且听下回分解

十五卷終

新刻全像三寶太監西洋記通俗演義卷之十六

二南里人　編次
三山道人　繡梓

第七十六回

閔元帥禪師叙舊　金碧峰禪師鬧耍

詩曰

古往今来歷戰場　英雄義勇武安王　天教面赤心猶赤
人道鬚長義更長　夜靜青龍刀偃月　秋高赤兎馬飛霜
禪師若不施奸計　險把妖身濺血亡

却説閔爺道。就是這個嘴上的病。就在這裏討個分曉。城隍菩薩不解其意。説道。那和尚是一口長素。沒有個甚麼嘴上的病。閔爺

假舊文新穆矣清風隨舌轉

閔元帥禪師叙舊

忘仇重義烈　扯赤日滿心懸

好惱又好笑。道道不是嘴上的病我且說一個你聽着這如今萬歲爺。珍饈百味獨不見嘴上的病麽。朝中文武百官。尔奉尔祿獨不是嘴上病麽。士子呵。斷虀畫粥這不是嘴上病麽。農夫呵五月新谷這不是嘴上病麽。工人呵。饘粥糊口這不是嘴上病麽。商人呵飢食渴飲這不是嘴上病麽。富翁呵日食萬錢。這不是嘴上病麽。貧窮呵三旬九食這不是嘴上病麽。簞食豆羹。得之則生這不是嘴上病麽。簞食豆羹。不得則死這不是嘴上病麽。還有一等饕酒肉而後反歡天喜地的。這不是嘴上病麽。還有一等闍黎飯後撞鍾嘴塌鼻歪的。這不是嘴上病麽。比方我如今在中國春秋祭祀這不是嘴上病麽。比方你如今在這木骨都束國要求人祭祀這不是嘴上病麽。城隍菩薩連声道不敢不敢。小神並不敢要求

祭祀。關爺道。也不管你這許多閑事。你只去取過一片猪肉来就是。城隍道却沒有猪肉。關爺即時叫過土地老兒来。分付道你去取過一片猪肉来。土地道没有猪肉。要豆腐。小神就有。關爺道怎麽要豆腐。你就有。土地道小神這個地方上的人都有些眼淺看見城隍菩薩位尊祿厚。都就敬他。看見小神位卑祿薄。却都就輕慢小神。大凡猪首三牲。都是城隍的。豆腐就是小神的。故此要豆腐。小神就有。關爺爺就番過臉来叫声道。城隍你還說不要求人的祭祀。怎麽你就有猪首。土地老兒只是豆腐。城隍菩薩看見關爺爺番過臉来。嚇得只是抖抖的戰。正叫做城隍誠恐連忙的磕上上兩個頭。說道小神有罪。伏望關爺爺寬容。關爺道也罷。我饒你這一次。你去將功贖罪。何如。城隍道但憑關爺爺分付。小神湯火

不辭。去幹場功来。就是。關爺道你取過一片猪肉悄悄的走到那個和尚身邊看他飛鈸在那裏。把他裏面畫的鬼頭嘴上猪肉一塗。雄鈸上塗一下。雌鈸上張張嘴都要塗一塗。不在乎多。只要塗得到。塗了之時。他却有一聲响。你就輕輕的[illegible]嘴上病。他自然會住。城隍道怎得個空隙兒去下手。他關爺道。我和他講話之時他便不着意隄防。你可就中取事。城隍道小神理會得。爺爺請行罷。關爺又一駕雲起。喝声道賊秃奴。你是那一個教門。一邊口裏念佛。一邊手裏殺人。飛鈸禪師看見關爺爺以礼問他。他却也以礼答應。說道非貧僧敢要殺人。只是這一国軍民困苦。貧僧特来救拔他們。剛說得這兩句話。還不曾了。那兩扇飛鈸已自是猪肉塗污了。個鬼嘴一聲响。城隍道嘴上病。恰好的就住了。聲城隍菩

蘆溜過一邊關爺々即時怒發雷霆威傾神鬼鳳眼圓睜蚕眉直
豎喝上一声那裏走。一張偃月刀照頭就是一下。那飛鈸禪師還
把當先前三位天神不慌不忙。掀起一片扇雌鈸來喝声道變那曉
得那扇雌鈸就是吊了魂的掀也掀不起變也變不成禪師看見
這扇雌鈸變不來連忙的又掀起那扇雄鈸那曉得那扇雄鈸就
是喫醉了酒的游々蕩々慢々當々很很也不過三尺之遠兩扇
飛鈸都不濟事。關爺的刀又是來得兇禪師沒柰何只得轉身而
走關爺趕向前去還不殺他調轉個刀把照着背心窩裏一點點
番他在地上叫声周倉捉將他來那周倉又是個甚麼主兒一手
捉將過来早已捉吊了三分魂不見了七分魄關爺道捉去交與
大師好個飛鈸禪師。看見勢頭不善就扯出一個謊來。連声叫道

關爺々關爺々我是你一個大恩人你就不認得我了關爺是個
義重如山的人听知道是個大恩人心上到喫了一驚問說道你
是那個怎麽是我的大恩人禪師道關爺々。你就忘懷了過五關
誅六將之事乎關爺一時想不起来問說道你是那一關上的人
禪師道我是汜水關鎮国寺裏的長老你就忘懷了麽關爺道終
不然你是那普靜長老禪師道普靜長老便是貧僧我曾救了你
那一場火难豈可今日你就反害于我麽關爺道你既是普靜長
老經今多少年代你怎麽還在這裏禪師也是個利嘴反問說道
我和你同時經今多少年代你怎麽也還在這裏關爺道我是聰
明正直為神故此還在禪師道我也是聰明正直為人故此也還
在關爺道你怎麽不在中国走到這個夷狄之邦来禪師道關爺

々你豈不聞言忠信行篤敬雖蠻貊之邦行矣貧僧只要修真煉
性管他甚麽夷狄之邦關爺被他這幾句話打動了心。只說是真
說道今日之事却怎麽處拿將你去你又是一個恩人不拿將你
去天師道令怎敢有違禪師道昔日華容道上怎麽不怕軍師的
軍令關爺々又喫他這一句。搥得啞口無言只是周倉說道終是
私恩怎麽廢得公義還是拿他々去禪師曉得關爺恩義極重決不
下手他他就把句話来打發周倉狠声說是周倉。當原日華容道
上你怎麽不去拿下曹公你將軍何厚于曹公而何薄于我普靜
曹公不過只是三日一小宴五日一大宴上馬一錠金下馬一錠
銀却只是些口腹財帛而已我貧僧救了你那一場火灾保全了
甘糜二夫人自此之後功成名立全了自家君臣之義二夫人永

侍玄德公全了主公夫婦之德古城聚會又全了三兄弟之情這
如今萬世之下。那一個不說道過五關斬六將掀天揭地的好大
丈夫若不是貧僧之時只好過得兩個關我這第三個關上却也
有些难處不免做了煨燼之末就到如今為個神也有些烏焦巴
弓。貧僧這個恩比曹公的恩還是那一個的大麽曹公可以饒得
我貧僧可以饒得麽饒了曹公還要軍師面前去受死這如今饒
了貧僧可以自由麽況兼貧僧還與關爺々有個桑梓之情美不
美。鄉中水親不親故鄉人關爺々。你還是放我不放我。只這一席
長篇把個關爺々說得心腸都是碎的生怕負了他當日的大恩
連声道知恩不報非君子你去罷我決不拿你飛鈸得了這一句
話。一躍而起正叫做是將軍不下馬各自奔前程關爺々回復了

天師說道那個和尚自今以後再不為害饒了他罷一駕雲頭轉回天上去了。天師道怎麼閧元帥說出這兩句話來。細問左右却纔曉得叙息故這一段情由天師道偏听成奸獨任成断古語不虛。恨一声賊禿奴。這等一張利嘴若不是天色已晚我還有個妙計到庄要拿住他国師道這和尚都是貧僧釋門中的弟子待貧僧明日出去劝觧他一番罷却說飛鈸禪師憑了那一張利嘴哄脫了閧元師。不勝之喜轉到飛鈸寺裏尊者道師父的飛鈸怎麼今日不灵驗禪師道正是不知有個甚緣故尊者道拿來看一看何如禪師一手拿出一扇飛鈸来仔細打一看只見飛鈸裏面畫滑有些鬼嘴那些鬼嘴上一槩[illegible]得是油禪師道原來是那個把些猪油魔污了我的飛鈸故此飛不起変不来可惡可惡尊者道

這是那個禪師道不是別人今日只是城隍菩薩在我身边跕着想就是他使去請過城隍菩薩来那裏去請個城隍原來城隍菩薩怕飛鈸禪師計較他已自放起火燒了殿宇。脫身去了。禪師也不柰他何只得含忍着他取出兩個飛鈸重新煉一番魔重新收一番煞收拾得停停當當却又帶着尊者走出城來。一出城來。只見船頭上走下一個和尚隻身獨自一手一個鉢盂。一手一根禪杖飛鈸禪師說道来者莫非就是那甚麼国師麼尊者道正是他哩禪師曉得是個国師生怕他先動手。連忙的撇起那扇雌鈸叁喝声变一會兒上千上萬的飛鈸嚮嚮的响照着国師的頭上吊下来国師道阿彌菩哉原来這個僧家若沒有甚麼本領禪師高叫道你且顧着你的光葫頭呢怎見得我沒有本領国師道你既

是有些本領怎麼只是這等一味单方禪師道你管他甚麼单方不单方国師道貧僧也还你一個单方就是不慌不忙把個紫金鉢盂一下子撇起去也是這等一变十十变百百变千千变萬上萬的鉢盂飛在半天之上玎玎璫璫一片的响那禪師上千上萬的飛鈸我国師上千上萬的鉢盂一扇飛鈸还他一個鉢盂兩下裏上下番騰相對一個不住二位元帥看見說道国師妙用若是差分些兒怎麼當得那千萬個的飛鈸馬公公心裏想道雖然妙用却不收服他只和他比鬪終不是個了日心裏激得慌不覓的高叫道国師老爺你何不大顯神通收了他的飛鈸罷国師道阿弥陀佛這有何難伸起個指頭兒一指口裏說声来只見那上萬的鉢盂歸做一千一千歸做一百一百歸做一十一十歸做一個

佛日高懸自是洞胷而達腹

威風遐暢寧須接刃以交兵

还是好好的一個鉢盂托在手裏口裡又說声来只見那半空中上千上萬的飛鈸也听我国師老爺的號令一個一觔頭番將下来就像個昏鴉歸隊宿鳥投林一扇一扇兒都吊到老爺的鉢盂裏面繩穿索牽也不得這等齐犀到了末後之時也还只是一扇鐃鈸馬公公道好了今番那妖和尚啄木鳥兒斷了嘴也自干休那曉得那個和尚倒有些套数看見国師老爺收了他的鐃鈸連忙取出那一扇来獻上一声獻上一声不至緊鉢盂裏面這一扇一声响早已飛將去了原来兩扇飛鈸一雄一雌雄起雌落雌起雄落相叫廝喚半步不离故此這裏獻得响那裏就来却說飛鈸禅師取了他的實貝他却又挑过江兒水把扇雄鈸一掀掀起来那扇雄鈸却不變化只是很要撈番了人的頭一會兒起在半天之上一會兒竟照着老爺的頭上吊將下来老爺初意只說他飛鈸掀起之時還是怎麼变化不想他一竟下来到也喫他一遍借手不及只得把個身子一抖身上抖出千瓣蓮花枝枝葉葉拄天拄地那扇雄鈸盪了蓮花只听見玎玎一聲响早已奔回了禅師禅師其實的不肯忿輸連忙的又掀起那扇雌鈸来那扇雌鈸剛剛的响一會兒又是這等上千上萬的蜂湧而来只見国師老爺又把個千葉蓮花抖一抖抖得蓮花之上明明白白坐着一個千手觀音一扇飛鈸托在一隻手裡有一萬個飛鈸就有一萬隻手托定托定兒的禅師看見這扇雌鈸又不能成功只得取出那扇雄鈸来獻一下响收回了這扇雌鈸擱開了這許久工夫不覺的

天色昏沉東方月上各自收拾歸去国師歸到船上来馬公公道老爺何不大顯神通拿住他罷国師道阿弥陀佛彼此都是佛門中弟子怎麼就好下手得他馬公公道老爺既不肯下手他怎麼得個結果国師道再寬容他兩日自然心服馬公公道他若是不心服却待何如国師道到明日貧僧再處却說飛鈸禅師歸到飛龍寺裏番王親自迎接說道連日多勞佛爺爺費心寡人何德何能何以相報飛鈸禅師看見番王酬謝他越發羞慚無地說道勞而無功十分慚愧番王道欲速則不達從容些纔是尊者道只多了那個僧家有些賣嘴禅師道不怕他賣嘴明日成功番王道多謝佛爺爺容日犬馬相報禅師道我另有一番神術明日要取他的鉢盂来尊者道只怕他明日不拿出鉢盂来禅師道他是個有德有行的不肯下手我巳只要我巳心悅誠服他纔住手明

日一定还是那個鉢盂来到了明日。一邊国師老爺跟着一個
孫雲谷。一邊一個飛鈸禅師跟着一個徒弟尊者。禅師依舊还是
那扇雌鈸一变々上一萬滿空中。囉々唣々。国師依舊也是那個
鉢盂也一变々上一萬上。下翻騰一個抵敵一個兩下裏正在鬪
炒之時飛鈸禅師取出一個硃紅漆的藥葫芦兒去了削子。只見
葫芦裏面。一道紫霧冲天。紫霧之中。透出一個天上有地下無的
飛禽来自歌自舞就像個百鳥之王的樣子。一會兒滿空中有無
萬的奇禽異鳥。一個々的朝着他飛舞一番就像個人來朝拜一
般的樣子朝了一會拜了一囬。那百鳥之王把個嘴兒挑一挑那
些奇禽異鳥。一個鴿子翻身把老爺的鉢盂一個鳥兒啣了一個
有一万個鉢盂就有一萬個鳥兒啣着啣着之時还不至緊竟望

飛鈸禅師而去那個百鳥之王自由自在。也在轉身。也在要去國
師叶聲雲谷問道那個鳥王。是個甚広樣子。雲谷道到也眼生着
實生得有些古怪国師道怎麽古怪雲谷道雞冠燕喙魚尾龍腁
鶴頰鴛腮鴻前麟後。這等一個形狀却不眼生国師道似此之時
原来是一個鳳凰一個鳳凰却不是百鳥之王故此有這些々奇禽
異鳥前来朝拜。雲谷道舜時来儀文王時鳴于岐山可就是他広
国師道正是他鳳凰靈鳥見則天下大安寧有詩為証

詩曰

鳳凰集南岳　徘徊孤竹根　于心存不厭　奮翅騰紫氛
豈不常辛苦　羞與雀同羣　何時當来儀　要須聖明君

雲谷道既是個靈鳥。怎広又挑嘴兒叫百鳥啣我們的鉢盂国師
道這又是那僧家撮弄的術法哩雲谷道既是術法啣去了我們
鉢盂怎麽処他国師道你去取過向日的鳳凰蛋来雲谷道已經
用過去了国師道。止用過一個还有一個在那裏你去取将来一
會兒取过蛋來国師拿在手裏朝着日光兒幌了一幌只見那個
百鳥之王一個轉身。竟自飛進蛋殼兒裏面去了這也是個天下
之父歸之其子焉徃百鳥之王既来投宿又有那個鳥兒敢徃別
処飛的一個鳥兒啣着一個鉢盂都交还了国師老爺老爺接过
来依舊只是一個紫金鉢盂却說飛鈸禅師看見鳳凰之計不行
激得個光頭爆跳雙眼血彪叫声道苦也我豈可就不柰你這個
賊秃何広一手又取過一個黑漆々的藥葫芦兒来拿在手裏左
念右念左呪右呪磕了一會頭捻了一囬訣令番當直是很哩拿

起葫芦來把個削了打一広早已吐出一道青焰騰空而起

浮空覆雜影　合樹容花藤　乍如落霞發　頗類巫雲横
映光飛百仞　從風散九層　欲持翡翠色　時出鯨魚燈

再把個削子抽開来早已一聲响一陣黑風掀天揭地而起

蕭條起關塞　搖颺下蓬瀛　拂林花亂影　响谷鳥分声
披雲羅影散　泛水織文生　勞歌大風曲　威加四海清

風過処早已飛出一個異樣的大鳥来約有十丈之長兩翅遮天
九個頭。一個身子。人的頭鳥的身子。虎的毛龍的爪。趁着那些々風
势兒一敧斜吊將下来把老爺的圓帽一爪抓将去了抓去了老
爺的圓帽老爺頂上露出那一道金光照天照地。金光裏面現出
一個佛爺々。一手鉢盂。一手禅杖辟爪就搶轉那個圓帽来那神

鳥也不敢爭只是漫天飛舞做出那一等兇悪之狀老爺却叫声
雲谷問説道今番那神鳥是個甚宏樣子雲谷道那個鳥甚𢾰的
大約有十丈多長人的頭共有七個鳥的身子只是一個虎的毛
龍的爪兩翅遮天好不利害也国師道似此之時也还不筭做利
害雲谷道叫做個甚宏名字国師道叫做個海刀雲谷道怎宏叫
做海刀国師道因他是個悪種入海刀龍过山喫虎故此就叫做
個海刀雲谷道師公也还拿出那個鳳凰蛋来收服他宏国師道
那箇悪種豈可放得他到這個善窩裏来雲谷道他這等猖狂自
怎生麽処他国師道悪人自有悪人宏道猶未了好個佛爺々有
許多的妙用立地時刻一道牒文竟到靈山會上知會掌教什伽
老爺借下大力王菩薩釋伽老爺不敢違𠯗即時差下大力王菩

薩前往燃燈佛爺听調大力王菩薩自從帰了釋門並不曾得半
點空兒施展他平日的手段猛然間听見燃燈佛爺取他有用他
就是個嫣婦擡筲下車来一心要喫老虎肉你看他張開那兩扇
迎風翅九萬雲程一霎時早已到了西洋大海之中叅見国師老
爺稟説道佛爺々呼喚何方使令国師道所有一個妖僧實夫一
個海刀在這裡揚威逞势你典我收服他来大力王菩薩得了佛
旨乘風而起你看他遮天遮地一個大東西也是鳥的頭也是鳥
的嘴也是鳥的身子也是鳥的毛片也是鳥的翅関也是鳥的尾
巴只是一個大不过哩雲谷道師公這是個甚宏神祇一時就変
做這等一個大神鳥国師道這原本是個大鵬金翅鳥因他發下
了誓愿要喫盡了世上的衆生故此佛爺收回他去救拔衆生收

了他去又怕他不服却又封他一個官爵叫做大力王菩薩他在
佛門中做神道就叫做大力王菩薩他离了佛門中到海上来依
舊是個大鵬金翅鳥雲谷道他怎宏就暁得師公在這裏就来助
陣国師道是我適来一道牒文到灵山會上借下他来雲谷道師
公好妙用也道猶未了大鵬金翅鳥發起威来遮天遮地日月無
光雲山四塞国師道大力王你不可十分施展恐怕四大部洲沉
了做海怎宏四大部洲沉了做海也只是形容他的大不過有詩
為証

詩曰

騰雲駕霧過天西　玉爪金毛不染泥　萬里下来嫌地窄
九霄上去恨天低　声雄每碎群鴉胆　嘴快曾撤百鳥皮

豪氣三千飡日月　凡禽敢與一群棲

大鵬金翅鳥發起威来遮天遮地国師道你只可將就些罷大鵬
金翅鳥應声道暁得了我自然将就哩口便説着将就其實的老
虎不喫人日前壊了名将々就々飛下起来那海刀先望着他吊
了魂那裏敢来攪陣一時間躲閃不及早已喫了一斲怎宏喫了
一斲大鵬金翅鳥又大又兇只一個海刀雖説大々不过他雖説
很々不過他一爪抓下去皮不知道在那裏肉不知道在那裏骨
頭不知道在那裏頭不知道在那裏尾巴不知道在那裏這一斲
你説很不很雲谷看見這個金翅鳥有些神通連声叫道大力王
你可把那僧家一下子結果了他罷国師道不可不可我已同是
佛門中弟子怎宏今日下得這等無情手来大力王你自回去罷

佛爺々旨意不敢不遵大鵬金翅鳥只得乘風而去依舊至佛門中做大力王菩薩国師領了雲谷也自回了船二位元帥接着王三伸謝只有馬公々說道今日好個机會只消那個金翅鳥一夥兒結果了那個僧家豈不為美国師又說道我已同是佛門中弟子怎庅今日中間下得這等的無情手也元帥道国師老爺承教得極是只是我和你来得日子久前面还有許多的国怎庅是好几時是了国師道說不得這個話緊行慢行前面只有許多路程再寬容他幾日他自然計窮力盡怕他不服降庅二位元帥看見国師老爺只是寬容他的主意也不好強他謝了国師各自散了二位元帥同坐在中軍帳上再三籌度再不得個良策坐到五更時候王爺閉了眼打個盹神思昏々似夢非夢只見帳下一個老

者峨冠博帶一手一片猪肉一手一扇鐃鈸漸々的走近前来王爺道你是甚庅人老者道小神是本処城隍之神也王爺道手裏是甚庅東西老者道小神以此得罪元帥老爺以此得功道猶未了帳外一声响王爺睜開個眼来原来是南柯一夢王爺也不作声仔細猜詳一會心上却就明白了畢竟不知怎庅樣兒就明白了且听下回分解

○○

第七十七回

王尚書計收禅師　木骨國拜進降表

詩曰

青綾衲衫暖襯甲　紅線綠巾光遶脇　禿襟小袖鵰鶻盤
大刀長劍龍蛇挿　兩軍鼓噪屋瓦動　紅塵白羽紛相雜
將軍恩重此身輕　笑裏鋒鋩如一掐　書生只肯坐帷幄
談笑毫端弄生殺　叫呼繁鼓催上竿　猛士應憐小兒拐
試問黃河夜偷渡　掠面驚沙寒霎々　何如大艦日高眠
一枕清風過蒼霅

却說王爺得了一夢。猜詳了一會。心上却就明白了。怎庅心上就明白王爺想道前日天師請下関元帥来関元帥責令城隍菩薩把喂猪肉塗了他飛鈸上的鬼嘴故此飛鈸飛不起来变不過去我今日明上的夢兒是個城隍菩薩手裏拿的是片猪肉這却不是些我也把個葷腥厭他的飛鈸却又說道小神以此得罪元帥以此成功却不是明白告。訴我了。這就是城隍有靈我們該過這

王尚書計擒禅師

妙計天成任是竹浮三節巧

禪師路斷枉教木化九隆神

個西洋木骨都東國了。心上雖是這等明白事却有些不同城隍原是個神道我們是個人怎麽也過去奎得他的鬼嘴却又況思了一會眉頭一䁬計上心來到了明日早上飛鈸禪師又來鬧法天師又要出去。国師又要出去王爺道俱不敢勞出去天師道事在九分九厘上怎麽元帥阻人興頭王爺道做元帥的人巴不得一戰成功。威加萬国豈可阻人的興頭只是這個僧家。也只有些本領天師道他那兩扇飛鈸好不利害。不可說他只有這些本領王爺道橫來豎去不過只是這兩扇飛鈸連日間這等撇開苦無大益反長了他的惡不如冷他兩日。他只說是我們怕他上却志驕氣盈不作准備我們却請天師国師一同兩去再加幾員將官內外夾攻此必勝之策也衆人都不曉得王爺別有設施只說是真話王爺却本等說得有理都說道悉憑王老先生尊裁就是果真的。南船上一連三日不見動靜飛鈸禪師一連炒了三日只是一個不理他却說王爺辭了天師国師獨自坐在帳上悄悄的傳出一道將令。着落四營大都督。四哨副都督每營每哨各要草人兒一千二百五十個四尺多高。一尺五多大頭上都要男字扎巾。身上都要土黃罩甲。內外衣服脚下鞋襪限盡日五下鼓來交仍不許漏泄軍情違者即時處斬又悄悄的傳出一道將令着落各遊擊名下。要地羊一百隻限次日五下鼓報完仍不許漏泄軍情違者即時處斬四營回哨得了將令。連忙備辦馬草。扎做個人兒塗着臉戴起巾。穿着衣服。披了罩甲加上鞋襪之類不消半日工夫已經肅肅齊齊的只等到五下鼓交進中軍帳王爺親自驗

實仍舊各人領回。約以令箭來取各遊擊得了將令。要地羊一百隻。一時間那裏去尋。雷遊擊說道我有一個妙計。一日之間可以全得。馬遊擊道是個甚麽妙計雷遊擊道帶着夜不收假扮做個地方上人開一瓣羊肉店。高懸重價不論山羊。眠羊。地羊俱是一兩一隻自古道價高招遠客番子們爲了我這一兩銀子蜂湧而來却不一日之間可以全得。馬遊擊道好便好只叫個懸羊頭賣狗肉到底不高黃遊擊道我也有個妙計不消半日之間可以全得這一百隻馬遊擊道你又是個甚麽妙計。黃遊擊道我有一個收魂訣先捻起訣來把那城裡城外的番子。害得他頭疼心痛有病無醫我却走將去假降一個邪神。說道這是一陣地羊瘟都要牽隻[illegible]地羊還愿還一隻好一個却不一日之間可以全得這一百

儍馬遊擊道好便好。要個道場在那裏黃遊擊道就在東門外霞吧寺裏包你就塞滿一寺。馬遊擊道這也不好。一寺狗其餘皆苟到底是個假降邪神不高胡遊擊道懸羊頭的又不好一寺狗的又不好。這不是個作舍道傍。三年不成你把元帥的軍令放在那裏馬遊擊道我還有個妙的。胡遊擊道你是個甚麽妙的。馬遊擊道這是軍務重情。許你在這個本地方上驚慌攪亂我們這幾個遊擊分一半到竹步国去分一半到卜剌哇国去多帶些人馬多帶些弓箭。多帶些飛抓都去遊山打獵一遭不論獐麂兎鹿犬羊之類。一槩捞番他来射獵是我們本分内事。番子就不起疑却又把些野獸一槩收来。番子越加不覺察而有成我的妙計纔是妙的胡遊擊道。此計是高。我們快去黃遊擊道也不見得十分高馬

遊擊道怎麽不見得十分高。黃遊擊道你豈不聞狡兎死走狗烹之說馬遊擊道到那一步且自由他。只講今日的軍令胡遊擊道且未論甚麽帶明日要地羊交我們快去快来不得遲悮好一聲遊擊。一聲响。一半到竹步国。一半到卜剌哇国不消半日工夫得了一二百隻地羊。除了獐麂兎鹿都還不在話下。到次日五更時候都去中軍帳上報完王爺又密傳一道將令。取過地羊的生血来盡數注在酒罈裏面。明日五更時分擡到崖上新営裏所用又造一日一枝令箭取到那一萬個草人兒齊々的擺在崖上另扎一個新營四週圍重々密布。只有頭上不許遮蓋元帥號令誰敢不遵依時依候依令而行王爺却請到天師出馬天師也不解其意纔到了幾個道士幾個道童到了新営門口。看見上萬的官軍擺

廣下数。即忙来見王爺說道啟元帥得知。那僧家兩扇飛鈸好ノ利害這些官軍。只怕不是他的對手反受其灾王爺故意的說道人多成王。怕他做甚麽我這裏一人賞他一甌酒。壯他的胆志一番即時傳令取過酒来每人們灌上一甌王爺又傳下將令都要滿飲内中有不飲的。許澆在他的頭上一會兒賞遍了酒王爺田营天師吽道你們衆人都要仔細道猶未了。飛鈸禪師帶了尊者早已走出城門来擡頭一望看見有無萬的官軍擺成陣勢當頭騎馬的又是天師他心上就狠起来說道殺人先下手遲了便遭殃一連把兩扇飛鈸掀番起来那一扇雄鈸竟奔天師那一扇雌鈸一变十十变百。百变千千变萬上萬的飛鈸竟奔那上萬的官軍那扇雄鈸舞了一會不得天師到手。也番在官軍陣裏来禪師

心裏想道今番却切了那上萬的頭来却是一塲老大的功績那曉得那些飛鈸有一扇就砍番了一個頭只是一扇々的吊在地上再不起去禪師沒柰何連忙的念呪呪也不灵連忙的捻訣々也不灵那些飛鈸只是一個不起去禪師不得這些飛鈸起去就是討飯的吊了碗天師一疋青鬃馬。一口七星劍劈頭劈腦砍得去又且狠禪師抵敵不来。只得抽身轉去進了城門天師也帶馬回轉来坐在馬上只看見那些官軍直挺々的站着。身也不動心上老大的犯疑却自走進營裏面下馬一瞧原来那些軍那裏是個軍外面都有些皮面肚裏却是一個草包再到地上瞧那些飛鈸那裏有半個影兒罷天師心裏想道今日的事就有好些見鬼分明一個軍却不是個軍是個草包分明上萬的飛鈸都不見個

天師呆塲空好笑好笑不免去見王爺問個端的。剛〻的走上中
軍帳。只見階下跪着精赤撚〻的兩個和尚。公案上一對鐃鈸兒
却像那禪師的飛鈸様子。王爺喜孜〻近前迎接說道多勞天師
大駕。天師道貧道今日懵然無知。不敢勞王老先生見教一二。王爺
道天師問那一樁事。天師道那上陣的官軍怎麽都是草的王爺
道是學生一個拙計束草為軍假以賞酒為名。都淋上一碗狗血
魘汚那些飛鈸。故此今日成功。天師道這公案上敢就是那扇飛
鈸麽。王爺道是也。那些飛鈸受了魘汚。却都飛不起来現了本相
學生先差下了周恭將在一邊伺候天師正然追趕那僧家之時
這些已自拾將回来了故此放在公案上。天師道那堦下跪着是
兩個甚麽僧家。王爺道左邊就是飛鈸禪師右邊就是佗羅尊者

大師先前听說道草軍。听說道飛鈸都還不至驚。及至听說道堦
下就是禪師就是尊者心上好一喫驚想說道王爺終不然叫個
鷂鷹弓得他來越發不敢開口動問。王爺道天師老大人你不要
喫驚是我學生先前差下了王明黄鳳仙坐在飛龍寺裏料然他
輪陣而歸。一個人只一条索輕〻的牽將来。不曾費絲毫之力天
師道好王爺果然是

今代麒麟閣　何人第一功　開府當朝傑　論兵邁古風
滄海無傳箭　天山早掛弓　胡人愁逐北　苑馬〻從東
勛業青冥上　交親氣槩中

王爺道過承褒奬愧何敢當道猶未了。藍旗官報道木骨都東國
國王同着竹步國國王又同着卜剌哇國〻王。三個番王一齊在
□外投遞降書降表進貢礼物元帥分付把三個番王帶过一
边。叫三個番王進来見礼三個番王見了二位元帥不勝□□之
至。磕頭礼拜元帥道請起来不要行這個礼过了一會三個番王辭
色定了些元帥請他坐下說道我天兵西下原是撫夷取宝何為撫
夷安撫你們夷邦各沾我天朝王化何為取宝我天朝原有一個
傳国玉璽陥在西洋倘在你們那一国取他回去自此之外别無
事端我先有個虎頭牌傳示你們你們怎敢這等執違稽遲我的
歲月三個番王一齊陪礼那兩個番王說道非干小国之事只因
木骨国王木骨国王說道非干小国之事只因那兩個僧家再三
勉強元帥道那兩個僧家已自擒拿在這裏罪有所歸輕恕你們
罪只是自今以後要曉得我天朝如天之有日豈可違背三個番

王又一齊的陪礼說道自今以後再不敢違背遞上一封降表元
帥分付中軍官收下又遞上一封降書元帥折封讀之書曰
木骨都束国国王麻里思同竹步國〻王失里的卜剌哇國〻
王力是麻同再拜奉書于
大明國欽差征西統兵招討大元帥麾下側聞惟天有日惟民
有王上下之分既明事使之義斯定遠人未服王旅徂征迎鼓
鼓行靡待前茅之仆擒囚歸报遂成獨栁之誅華夷由此以知
感天地為之而卷復〻等三生有幸寸朽不遺是用稽顙以歸
歸敢蹈怒螳之故智仰祈海納俯鑒汗私不任激切屏营之至
書畢又献上進貢礼物元帥分付內貯官收下接过礼单三個□
是一单单上計開

丁佛一尊色如截肪照之皆見觔力脉胳如生佛然 玉圭一對 玉紘一對 貓
睛石二對 祖母緑二對 馬哈獸一對狀如麒麟 花福禄一對
狀如花驢 獅子二對 金錢豹一對 犀牛角十根 龍涎香十
箱 金錢二千文 銀錢五千文俱有各王名號私記 香稻米五十担
其稻最香每顆長可二寸 香菜十品
元帥看了礼单說道多謝厚意即時取過冠帶袍笏之類各回敬
一套三個番王拜受而去一面紀功王爺第一功一面筵宴大賞三
軍一面請過天師国師来怎麽發落這兩個僧家國師道看僧
薄面饒他兩個罷元帥道雖是饒他也要說他知道國師道此言
有理即時叫过那兩個僧家来帶了圓帽穿了染衣僧襪僧鞋一
切齐備国師道你兩個人今日自作孽不可活元帥要依律処斬

我說你們都是我佛門中弟子饒你們罷禪師道千載奇逢得這
等方便感謝不浅国師道你原是那裏人禪師又把個哄関爺的
謊耻起来說道実不相瞞弟子是漢末三分時人在漢明帝的鎮
国寺裏出家国師道既在中国出家怎麽又在這個西洋地面修
煉禪師道弟子為曰鎮国寺附近汜水関上雲長辞曹帰漢来到
関上把関官吏埋伏火焼之計是弟子漏洩于雲長以致関雲長
斬関而去弟子怕有后禍衣鉢雲遊不竟的遊到極樂国界上斉
雲山碧天洞是弟子愛他清爭秀索故此住下在那裏国師道你
從中国遊到極樂国金遊遍了好些名山禪師道三十六洞天
一一都遊到国師道不要吊謊禪師道怎麽敢吊謊国師道你
既是不吊謊數來[illegible]禪師道佛爺上請坐下待弟子数来第

一是霍僮山名為霍林之天在福州府長溪縣第二是東嶽泰山
名為蓬玄太空之天在兗州府泰安縣第三是南嶽衡山名為朱
陵太虛之天在湖南衡州府衡山縣第四是西嶽華山名為太極
総仙之天在華州華陰縣第五是北嶽常山名為太乙總玄之天
在定州常山縣第六是中嶽嵩山名為上帝司真之天在洛京王
屋縣第七是峨嵋山名為虛靈太初之天在嘉州娥眉縣第八是
廬山名為僊靈詠之天在江洲潯陽縣第九是四明山名為赤水
之天在明州第十是陽明山名為極玄之天在會稽縣第十一是
太白山名為真德之天在長安第十二是西山名為天寶極真之
天在洪州南昌縣第十三是小溈山名為好生玄尚之天在潭州
澧陵縣第十四是潛山洞名為潛真高詠之天在潛山縣第十五

書表將迎已見人心皆大順

木骨都拜進降表

君民鼓舞方知帝德妙玄通

是鬼谷山名為太玄司真之天在信州貴溪縣第十六是武夷山名為昇真元化之天在建寧府崇安縣第十七是玉笥山名為太玄秀發極樂之天在臨江新淦縣第十八是華蓋山名為容成大玉之天在温州永嘉縣第十九是盖竹山名為長耀寶元之天在台州黃巖縣第二十是都嶠山名為玄寶之天在容州普寧縣第二十一是白石山名為瑘秀長真之天在容州第二十二是勾漏山名為玉闕宝圭之天在容州北流縣第二十三是九嶷山名為朝真太虛之天在道州延康縣第二十四是洞陽山名為洞陽隱观之天在潭州長沙縣第二十五是幕阜山名為洞真太玄之天在鄂州[illegible]江縣第二十六是大酉山名為大酉玄妙之天在辰州第二十七是金庭山名為金亭崇妙之天在越州平郊縣第二十八是麻姑山名為丹霞之天在建昌府南城縣第二十九是九仙都山名為玄都祈仙之天在處州縉雲縣第三十是青田山名為青田大鶴之天在處州青田縣第三十一是鍾山名為朱日太生之天在昇州上元縣第三十二是良常山名為良常方會之天在潤州句容縣第三十三是茅山名為華陽之天在句容縣第三十四是天目山名為太極玄盖之天在臨安府余杭縣第三十五是桃原山名為馬娘光妙之天在鼎州武陵縣第三十六是金華山名為金華洞元之天在婺州金華縣国師道原来你這行僧家是個至誠的果是遊遍名山有些道行禪師道不但洞天福地就是色界十八天無色界十四天欲界六天無欲界六天弟子都也走過来国師道這是真的馬公公道雖道是真你既是走過来也數

一數兒只當見教喒們一番禪師道弟子就数来越衡天濛翳天和陽天恭華天宗飄天皇笳堂耀天端靜天恭慶天極瑶天元載大孔昇天皇崖天這是色界十二天極風天孝芒天翁重天江由天阮樂天雲嶽天霄度天元洞天妙成天禁上天常融天玉隆天梵度天賈奕天這是無色界十四天黃會天玉完天何童天平育天文舉天摩夷天這是欲界六天四天王天忉利天須燄摩天先率陁天樂变化天他化自在天這是無欲界六天佛爺々在上弟子饒舌了可說得是麼國師道句句說得是再不消只這如今你还到那裏去禪師道弟子還歸碧天洞東去国師道你自去罷禪師道弟子還有一事稟告佛爺々弟子来時是双飛鈸弟子去時沒雙飛鈸却就行不動了望乞佛爺々把飛鈸還捨與弟子去罷國

師道這個使不得你有這個飛鈸久後必定為非禪師道自今以後再不敢為非国師道再不消說這個飛鈸我自有用他之處你都跕開来待我出去国師連移幾步出到船頭上叫聲雲谷拿過那兩扇飛鈸来你看国師老爺大顯神通一手拿着鉢盂一手接着飛鈸照着鉢盂裏面吹上一口氣把個三昧真火放將出来即時間鉢盂裏面火燄騰騰紅光閃閃好老爺不慌不忙却把扇飛鈸放下火裏去只听得劃劃喇喇如迅雷奮激之狀响了一會火粘了飛鈸飛鈸粘了火漸漸的鎔成一家老爺不慌不忙又把扇飛鈸放下火裏去又是這等劃劃喇喇像個雷公聲嘆响了一會火又粘着他他又粘着火漸漸的也鎔成一家老爺却拿起個鉢盂来搖兩搖幌兩幌那鉢盂裏面就是九轉金丹霞光萬丈紫霧千

条老爺口裏念說道乾坤二象相生相生道猶未了把個鉢盂裏面的金冊照着船頭下瀉瀉將下去就像個建瓴瀉水溜溜兒一線之長只有許大的鉢盂只是兩扇的飛鈸能有多少銅鉄瀉来瀉去左瀉右瀉瀉一個不了瀉一個無休大約之間瀉了兩個多時辰你說瀉出個甚麼来瀉出像個繫馬樁兒金幌幌的一根銅柱瀉到臨了老爺收起鉢盂連打三個問訊叫上三聲阿彌陀佛那根銅柱連長了三丈多長銅柱上面一個寶蓋銅柱身上四面八方每方面上都有南無阿彌陀佛六個大字假饒匠人鐫刻也不能勾這等精細這根銅柱不至緊永遠鎮守在那海口上傳流萬萬世老爺功德就在萬萬世直與天地同休那一隻番船不念道這是大明国国師撫夷取寶留下的遺跡那 個番国不傳說

木骨都束国有大明国国師撫夷取宝留下一根銅柱飛鈸禪師說道佛爺佛爺在上弟子的飛鈸多謝佛爺佛爺到得了圓満只是丟下弟子在這裏怎麼得个返本还原国師起眼一瞧不見有些甚麼只見船頭上有根鐵貓的棕纜国師道也罷那僧家你自家到纜上取过一根棕来禪師听見国師開口就是捧了一道赦書連忙的走到纜上去取根棕那曉得那根棕纜用了這幾年磨上磨下磨得精光到有根棕皮罢沒柰何把個指甲去挑挑得一節兒不过一寸多長遞上国師国師拿在手裏念上一声阿弥陀佛双手一掣一寸棕早就長做一丈国師道那僧家你騎在上面罷那禪師不勝之喜磕了幾个頭一騎騎將上去国師又念声阿弥陀佛吹上一口氣這一口氣不至緊那根棕那裏是根棕有頭有角

有鱗有甲九色成文一躍而起原来是条龍一边駕霧一边騰雲冉冉兒望西去了尊者道佛爺佛爺在上弟子的師父多謝佛爺佛爺超度去了丟下了弟子在這裏進退无門伏乞佛爺佛爺一視同仁一并超度了罢国師老爺高張慧眼說道朽木不可雕也你原是個鬼精在佛爺蓮座下偷飯喫的怎麼也中超度尊者道千載難逢望乞佛爺佛爺設法超度罷国師道一個超度怎麼設得法哩也罷也是你相逢我一遭我有這根銅柱在這裏鎮守你就做个銅柱大王协同鎮守罷尊者磕个頭剛爬起来国師老爺照頭上呵一口氣呵得个尊者一跳跳起来就有一丈多長渾身上下將軍打扮頭上一頂盔身上一領甲脚下一双扎鞝鞋尊者道佛爺佛爺這却不是弟子的本行了国師道粧神像神粧鬼像鬼你既是叫

做大王就要像個大王的樣子偏是光着頭捧着瓢到反好些尊者得了這一番點化心上却就明白連声叫謝而去二位元帥道他兩個人都是一樣僧家怎麼国師老爺两様超度国師道各有一個道理畢竟不知是個甚麼道理且听下回分解

○○

第七十八回

寳船経过剌撒国　宝船経过祖法国

詩曰

優鉢曇華豈有花　問師此曲唱誰家　已従子美識桃竹

更向安期覔東瓜　宴坐林間時有處　高眠粥后不開鵶

此未超度知多少　骸轉燃燈鬼載車

却說二位元帥道兩個都是僧家国師怎麼两樣超度国師道各有個道理元帥道是個甚麽道理国師道佛还他一价佛鬼还他一個鬼騎驴覔驴以馬喻馬月色一天笑的誰怜哭的誰打元帥道這都是国師功德还有一件要見教那兩扇飛鈸怎麼瀉出一根銅柱来国師道那兩扇飛鈸似銅非銅似鉄非鉄收得都是天地之精日月之華故此能飛能变能多能少天地間惟精不朽惟真不𡚁有了這一股真精莫說只是一根銅柱就是擎天白玉柱跨海紫金梁何难之有正叫做　碧玉盞盛紅瑪瑙　井花水养石菖蒲　須知一法无穷尽　為問禅師理会無　道猶未了藍旗官报道前面又到了一個国不知是個甚麼国禀元帥老爺即可差下夜不收前去体探明白以便進止王爺道兵貴神速令番不消体探得即時傳令四營大都督各領本营軍馬圍住他四門各营果安上雲梯架起襄陽大砲許先放三砲以壮軍威再傳令各遊撃将軍各領本部軍馬各营策應再傳令四哨副都督扎住水寨晝夜戻加巡警以偹不虞元帥軍令誰敢不遵四營大都督移兵上崖可可的這個国叠石為城城有四門守城番将看見軍馬臨門連忙的閉上城門一門上一個都督一道雲梯一道雲梯上九個襄陽大砲各門上一個號頭連放三個大砲這三個砲还嚇了人情不曾打他的城門只照着城墻上放把城墻上的石頭打得火星迸裂那三声响豈當等閑川谷响應地動山揺四門上共放了十二個大砲連番王的宫殿都惧了兩三惧滿城中官民人等只說是吊下了天翻轉了地嚇得魂飛魄散胆戰心驚番王

海國啣恩誰謂五風為異色

槎星載節敢云四㬮不同文

道我的頭可还在麽番官道我的肝膽都不見了一會兒把門官

报說道天上吊下一塊禍来番王道吊下一塊火来可曾烧着那裏麽把門官道禍福之禍番王道火夫發了火何不叫水夫去救哩把門官道不是這等說番王道是怎麽說把門官道不知是那裏来的山一般大的船也不計其數只是塞滿了海口船上的旌旗蔽日鼓角喧天一會兒飛出四大堆軍馬把我們四個城門圍得鉄桶相似一個門上放上甚麽三声响器驚天動地好生怕人也番王道原来是那個軍馬放得單吞响麽左班頭目囉婆々說道這响声是中国的砲响這些船敢是中国来的右班頭目囉娑々說道是也是也幾年前番船上傳說道中国有宝船千號来下西洋抚夷取宝番王道既是你們曉得此来歷不知可利害麽羅

娑々道中国是個聖人之邦日月出入之地莫不賓貢他怎麽有個利害番王道人言不足深信快去禱告尉仇大王怎麽快去禱告尉仇大王原来這個国凡事信神尉仇大王是本国福神的名字凡事禱告他問無不知知无不驗故此番王要去禱告尉仇王羅婆婆道王上之言有理我兩個小臣願陪一個番王兩個頭目一班小番同到大王庙裏擺下了供献礼物番王親自禱告一番左頭目撞鍾右頭目擊鼓一會兒降下一個小童兒呼々的叫上一会跳上一會輪一路棒走一路拳番王烧会紙馬問說道今日特請大王不為別事只因弟子国中現今被了大难弟子是有眼无珠不知是什甚麽来歷不知是個甚麽軍兵或是凶或是吉仔細推詳明白指教小童兒叫声道金生麗左頭目就省得說道大王要

水喫快取水来小番們一時水到小童兒一上手就喫乾了十数個羊皮袋怎麽喫水喫乾了羊皮袋原来這個国動輒三五年不下點雨井水都是羊皮做成袋兒挑將来故此喫得水多就乾了十数個羊皮袋喫过水小童兒又叫声道周癸商左頭目又省得說道大王要湯喫快看湯来小番們一時湯到小童兒一上手就喫乾了十数鍋喫过了湯小童兒叫声道麈堂習左頭目說道下面是個听字我王大王叫你听着哩番王連忙的走向前唱個偌說道望大王仔細叅詳這些軍馬还是那裏来的小童兒說道五常四左達承左頭目說道一句中間是個大字一句下面是個明字恰好是大明国来的番王道大明国是個甚麽樣的人小童兒道爲管人龍師火左頭目說道下面是皇帝兩個字原来是大明

國的皇帝番王道皇帝姓甚麼小童兒說道包左石夜光称左頭
目說道總是個朱字原来是大明国朱皇帝差下来的番王道不
知戰船有多少軍馬有多少小童兒說道家給兵方賴及左頭目
說道是個千字万字原来戰船上千軍馬上万番王道這些戰船
這些軍馬都到這裏做甚麼小童兒說道逐物意入辟非左頭目
道這是個移字宝字却不知怎麼解只見把門官說道是了那些
船上一隻船一號旗旗上都寫着抚夷取宝四個大字番王道抚
夷取宝还是凶还是吉小童兒連說道求綏邵俗释纷並皆佳嵇
琴阮左頭目說道是個吉字利字妙字嘯字原来是大吉大利妙
哉妙哉好嘯〻〻我王且自寬心了番王道既是大吉大利怎麼
個見他小童兒說道箋牒簡稽頼再左頭目說道是個要字拜字

是要拜他拜兒番王道怎麼欵待他小童兒說道飽飫烹弦歌酒
左頭目說道是個宰字宴字是要宰猪宰羊安排筵宴小童兒說
道堅持雅操存以甘棠左頭目說道一個下句是好字一個下句
是去字說是大王好去了番王道多謝大王指教尚容事平之日
重〻的伸謝小童又說道布身遼丸如公之盛左頭目解了一日
到這兩句解不得了到是番王心上又灵变起來說道射字去了
身字却不剩下個寸字松字去了個公字却不剩下個木字大王
說我們是個寸木村子右頭目說道大王你背了一日千字文你
到不村小童兒說道你解了一日千字文你到不村番王道兩家
都不要爭依我說未村神莫对村人說說起村人村殺神道徒未
了掌朝的刺者跑將未報說道船上差着一員將官拿了一個大

老児頭遲在朝門外。要見我王。有話未講番王即時轉朝兩家相
見番王道尊処貴姓大名。現任何职。將官道在下姓馬。名如龙。現
任征西遊擊將軍之职。番王道宝船上有幾位將軍。馬遊擊道有
兩位元師。一位天師。一位国師。有一個左先鋒。一個右先鋒。有四
營大都督。有四哨副都督。有遊擊大將軍。有遊擊副將軍。有水軍
大都督。有水軍副都督。合而言之。戰將千員。統領着雄兵百万。番
王昕知道這一席話。心上好一聲慌。过了半晌。問說道。厚臨敝国
有何見諭。馬遊擊道。我元帥奉大明国朱皇帝差遣。來下你們西
洋。抚夷取宝。此外別無事端。我元帥恐怕你們不信。現有一面虎
頭牌在這裏。請看着就見明白。番王接过虎頭牌。叫过左右頭目
文武番官。逐句兒念。逐字兒解。番王却纔放心。心裏想道。好個灵

風度寶船六合　照臨無異地

寶船經過祖法國

國稱祖法大鑪覆載有餘閒

驗的尉佗大王果真的是個大明国果真的是個朱皇帝果真的

是個撫夷取宝欲知未来先观已往前一段這等灵驗後一段一定也是個大吉大利我一任只是宰猪宰羊安排筵宴投降於他就是了心下立定了主意却回復道相煩將軍先回去拜上元帥老爺敝国〻小民貧却沒有你大明国的傳国玺降書降表這是礼之當然不敢旁煩齒煩請元帥傳令收回這四門上的軍馬寬容一日俻完了書表办齐了礼物早末親自到宝船上磕頭謝罪还要請上元帥老爺大駕光降敝国一番言不盡意伏乞照察馬遊擊看見這個番王彬〻有礼晓得他不是脫白却請問道大国叫做甚麼国大王甚麼御名左右頭目甚麼貴表甚麼官爵番王道敝国叫做剌撒国早末叫做宰聖年左頭目叫做羅婆〻右頭目叫做羅婆〻左右頭目即同南人左右丞相之職馬遊擊道承教了辭謝番王歸見元帥把番王的言話細說一遍元帥道彼以禮待我豈可不以礼往即時撤回四門軍馬到了明日番王領了左右頭目親自到船上拜見二位元帥遞上金葉表文一道安奉已畢遞上降書元帥拆封讀之書曰

剌撒國國王宰聖年同左頭目羅婆〻右頭目羅婆〻並再拜奉書于

大明國欽差征西統兵招討大元帥麾下竊謂天之生人德有大小位有尊卑地有遠近礼有隆殺回分自守舊典足循恭惟

大明國皇帝躬神睿之姿撫休明之運百蛮奔走萬国謳歌知以元帥縱橫文武辱臨敝国出入聖神声教塞于天淵威灵

震于戎狄ㄙ蛟虬湫質幸對台顏封菲有詞伏祈海納

書畢遞上進貢礼物接過单来只見单上計開

鯨睛一雙（鯨魚眼睛世所稱明月珠即此）　魳鬚二根（魳魚之鬚明瑩可為簪珥價貴）　千里駱駝一對　龍涎香四箱　乳香八箱　山水磁碗四對（中有山水注水于中隱〻山青水綠之狀）　人物磁碗四對（中有人物注水于中隱〻有揖遜之狀）　花草磁碗四對（中有花草注水于中隱〻有搖動之狀）　翎毛磁碗四對（中有翎毛注水于中隱〻有飛奮之狀）

番王自進貢之外又献上許多金銀段絹米谷胡椒檀香牛羊雞鴨之類各有多寡不同元帥一切不受番王再三稟告元帥道既承厚意米受十担牛羊各受一隻雞鴨各受十隻其餘的毫不肯受一面回敬冠帶袍笏靴襪之類自番王以下各頭目俱有只是

各各不同一面安排筵宴大宴番王及幢而別番王心裏想道好
靈驗靜他大王原来宰豬宰羊反在南船上心上不勝之喜說道
敝国連山帶土草木不生田疇不收五穀惟有麥少熟數年間不
下一次雨管他不可言這些駝羊牛馬都是海魚乾喂养的故此
褻慢元帥反承元帥厚惠何以拜當元帥道一誠貧于萬倍再不
消說個褻慢二字飲畢番王辭謝而去元帥傳令開船紀功頒賞
有差三宝老爺說道都是這個剌撒国就有些意思王爺道不免
挾之以威老爺道不如此不得他心服王爺道到底是個力不贍
也非心服也道猶未了帳下閃出王明來禀說道小的王明有一
事禀上二位元帥元帥道有甚麼事未禀王明道前去再有那個
国小的有個術法要他心服不勞二位元帥費心王爺道你有甚

麼術法可以得他心服王明道小的自幼時有個戲法兒做得極
妙或是托夢于人或是燈花報喜或是喜鵲傳言大則粧神做鬼
小則栽樹開花怪則蛇蟒鵰鶚順則鳳麟鴻雁無所不能無不精
妙小的禀過元帥先行幾日見幾而作憑他甚麼国王預先與他
一個喜兆怕他不心悅誠服麼王爺道你怎麼先走得去王明道
近日小的土国又精頃刻之間可以千里王爺道你是那裏學来
的王明道実不相瞞是黄鳳仙所傳的王爺道好你用心前去功
成之日重々有賞歸朝之時子孫受用不盡王明應声而去做起
法来好不去得快也起眼就是一個国這個国是個甚麼国疊石
為城々門上高掛着一面牌々上寫着祖法兒国四個太字国王
有宮殿砌羅股石為之高有五七層如宝塔之狀民居高可三四

啓大則宴賓礼士小則厨厠臥室皆在其上王明進了城端詳
一会心裏想道我在元帥面前誇口而来々到這裏須得一個好
計較纔竦動得個番王眉頭一皺計上心来也罷且先拿出隱身
草沿街沿巷細訪他一番就中却有個道理一手隱身草一手撩
衣穿長街抹短巷只見滿国中人物長大体貌豊富語言朴実王
明道到好個地方又只見家々户々門前都晒得是海魚乾兒王
明調轉個舌頭粧成番子的話語問說道晒這乾兒做甚麼番子
道喫不尽的晒来喂養牛馬駝羊王明心裏道是了和昨日剌撒
国一般又行了一会只見男子拳髮白布纏頭身上穿長衫脚下
穿鞝鞋女人出来把塊布兜着頭兜着臉不把人瞧着王明偏仔
細看他看見只見女人頭上有戴三個角兒的有戴五個角兒的

甚至有戴十個角兒的王明說道這却也是倆異事又粧成個番
話来問說道女人頭上這些角兒不太多了番子說道不多有三
個丈夫的戴三個角有五個丈夫的就着戴五個角既是有十個丈
夫的少不得戴十個角終不然替別人戴哩王明故意的說道我
是剌撒国一個商客自小兒在這裏走一遭却不曾看見哩番子
道你小時節忘懷了我国中男子多女人少故此兄弟夥裏大家
着一個老婆若沒有兄弟就與人結拜做兄弟不然那裏去討
婆娘王明心裏想道新聞々々這是夷狄之道不可為訓又行
一会只見街市上異樣的香陣似陣兒撲鼻而過王明說道這
也有個緣故又粧出個番子来問說道街市上這個香是那裏
的番子說道明日礼拜寺裏香会王明又問道寺裏香会街

上可香會麽番子道明日國王親自出来香会满国中無論老少
那一個不去拈香那一個不去礼拜今日那一家不薰衣服禁得
這等家〻户〻燒香怕他街市上不香哩王明説道好了就在礼
拜寺裏是我的出𢩥一手隱身草竟找到礼拜寺裏揀個凼僻處
所安了身到了明日早上只听見篳篥鎖吶一片响王明説道這
尖是国王来也一会兒果真的前〻後〻擺列的都是象駝馬隊
牌手簇擁着一頂大轎到了寺門前国王下来頭上纏的細白番
布身上穿的是青花細〻絹外面罩得是金絲大紅袍脚穿的是
番靴襯襪大開寺門番王直進殿上燒香礼拜王明一手隱身草
即時閃在殿上撮〻美〻一會兒香爐裏面的香燒得亂〻氳〻
結而不散結了一會結出一個善菩薩来是個甚麽菩薩原来

是個南無救苦救難大慈大悲观世音菩薩左邊一個龍女右邊
一個鸚哥龍女兒指手指脚鸚哥兒跳上跳下番王看見不勝之喜連
忙的又走到香爐座下来再三叩頭再三礼拜禱告道弟子無德
無能怎麽敢劳大菩薩結烟現化龍女兒又指一指鸚哥兒又跳
一跳番王又禱告道既蒙菩薩現化若是弟子国中有個甚麽事
故或吉或凶當趋當避總望菩薩明彰報應弟子感謝無涯龍女
兒又指一指鸚哥兒又跳一跳番王道弟子有耳不聞有眼不見
萬望菩薩明彰報應哩禱告了再三菩薩却綫自家開口叫聲道
亞里你听我道来番王听見叫他名字連聲道有有菩薩道目今
有個大明国朱皇帝駕下欽差两位元帥統領宝船千號戰将下
員雄兵百萬来此西洋抚夷取宝只在十日之内到你国中經過

你切不可怠慢你可知道麽番王道弟子不曾知道只是師父菩
薩指教弟子怎敢怠慢𦬠他菩薩又説道你須先備下一封降表
再備下一封降書又須備办下進貢礼物又須出郭遠迎又須安
排筵宴犒賞等項你須一一的依我所言一有差池禍来不小番
王又叩頭礼拜説道弟子决不敢差池只是轉禍為福全仗菩薩
慈悲道猶未了只見那一股烟一丈就長十丈十丈就長百丈百
丈就長千丈千丈就長萬丈直長到九天之上無影無踪番王又
望空磕頭礼拜了一會却綫轉進朝去王明道今日這個術法何
等的明白伶俐怕他甚麽番囬〻再敢倔僵無礼依舊是十國而
囬到了船上報與元帥把個前緣後故細説一番元帥道是個甚
麽国王明道是個祖法兒國元帥道到了那裏再處却説祖法國

国王轉到朝裏叫過左右頭目説道今日行香可是異事麽左右
頭目一齊道有其誠則有其神菩薩現化只因我王平素誠敬所
致我王不可看得容易番王道我怎麽看得容易即時分付備下
降表一封降書一封備下各色礼物務在豊潔先差下左右頭目
駕一隻海楼船前路迎接自家又出到海口上離城三十里之外
日夜伺候迎接的接了五六日伺候的候了五六日果是有千號
宝船旌旗蔽日鼓角喧天左右頭目接着叅見元帥道達国王這
一段迎接的誠意又過幾日却望見祖法国三十里之外又是国
王親自迎接拜見元帥元帥待以賓客之礼国王大喜心裏想道
若不是观世音菩薩知會我險些兒失礼于他若是失礼于他你
看他山一般的船虎一般的將雲一般的軍馬加罪于我就是叅

山嚴禀那只好叫苦罷了到了城邊番王先進城去取出書表礼物遞元帥接了表章安奉已畢接上書來拆封讀之書曰

祖法兒国〻王亜里謹再拜奉書于

大明国欽差征西統兵招討大元帥麾下敝国僻處海隅溯馬螻蟻在唐為大夏在漢為火羅雖有君長之稱素無兵革之利頂緣元師載秉節旄遠辱龍臨用瞻威斧天高地厚覺宇宙之無窮日照月臨識太平之有象釜魚假息敢所望乎寧免待擒是所分也臨楮不勝虔懇之至

書畢番王進上礼物遞上草单只見单上計開

玉佛一尊　佛袈裟一襲（釋伽牟尼佛所遺者長一丈二尺置之猛火終日不焚）　金錢豹十隻　福祿十隻（周身俱日中有細看花如画者）　駝雞十隻（即駝鳥高七尺色黑足類駱駝背有肉鞍夷人乘之鼓翅而行日三百里能啖鐵一日駝鳥）　汗血馬二十疋（本国頻黎山有穴〻中産神駒背汗血）　良馬十疋（頭有肉角數寸能解人語知音律又能舞与鼓節相應）　龍涎香十箱　乳香十箱（其香乃樹枝也枝葉似榆而尖土人砍樹取香）　倘伽一千文（王所鑄金錢每文重二錢徑寸五分一面有紋一面有人形之紋）

元師看見番王有礼再三伸謝番王又献上金銀段絹檀香胡椒米谷磁器牛羊雞鴨等項犒賞船上三軍元帥道這個番王富而有礼各受少許犒賞眾軍士也見得是番王的誠敬元帥厚款待番王及王左右取過袍笏冠帶靴襪之類遞上徹下囬敬一過番王擇日請上元帥二位元師天師国師還有四個公〻借着番王的請期先到礼拜寺裏行一炷香礼拜已畢只見寺裏四壁瑩潔最是可人馬公〻道我們来路十萬里之外離家数年之久到此

名山寶剎能無一言以紀績乎王爺道馬公〻承教極是叫左右的取過文房四寶來奉上元帥題起三寶老爺道咱學生自幼兒有些逃學不曾攻書今日面墻悔之無及王爺道老公〻休得謙遜願求一律三寶老爺道既辱尊命敢復推辭也罷我寫首舊詩只當塞個白罷援筆遂書一律書曰

層臺聳靈鷲　高殿迓陽烏　暫同遊閬苑　還類入仙都
三休開碧落　萬户洞金鋪　攝心磬前礼　訪道把中虛
遙瞻盡地軸　長望極天隅　白雲起梁棟　丹霞映栱櫨

書罷老爺道偷舊而已諸公休笑王爺道佳句〻〻馬公〻道第二就到王老先生王爺道恕僭了援筆遂書一律詩曰

桑落談心快　楼船趁曉開　忽看天接水　已听浪如雷
不少孤臣泪　誰多報主才　夷氛應掃淨　早晚凱歌囬

王爺道殊不成詩叙事而已馬公〻道今番該到天師大人天師道還是国師〻〻道不須謙遜貧僧隨後也有一偈張天師援筆遂書一律詩曰

我本乘槎客　来從下瀨船　殊方王化溥　入夜客星懸
日月空雙眼　山河望一拳　何當降水怪　早在莫教燃

天師道詩便是八句嫫毌傳粉不知其醜也馬公〻道今番該到国師老爺国師道輪着貧僧也要作一偈畢竟不知是個甚麼偈且聽下囬分解

〇〇

第七十九回

寶船經過忽魯謨　寶船兵阻銀眼國

詩曰

大羅山上謫仙人　道德文章冠縉紳　日月聲名昭鳳闕
風雷號令肅龍門　經綸世教三才備　黼黻皇猷萬象新
紀績豈同章句客　之乎也者亂甚真

國師道輪着貧僧也有一偈援筆遂書偈曰

中國有聖人　西方豈無佛　世界本團圞　衆生自唐突
苦海果茫茫　慈航此時出　願得桑田頭　都成安樂窟

王爺道足見佛爺爺慈悲方便今番該輪到馬公公了馬公公說道晚學生也有一首舊詩聊以適興諸公休哂也遂援筆書之詩曰

海邊樓閣梵王家　一水橫橋一路斜　寄竹美風敲辟玉
怪松擎日起龍蛇　岩依遶檻偷秋果　石鼎臨窗煮露芽
中有高僧倦迎送　白頭無事老烟霞

王爺道好個白頭無事老烟霞我們碌碌怎麼能勾馬公公道勝録而已王爺道今番該到洪公公了洪公公道晚學生愧不能詩勉強塞責諸公見諒何如王爺道願聞大教洪公公寫詩一律詩曰

乘槎十萬里　萍水問禪林　地僻春猶住　亭幽草自深
烏呼經底字　江納磬中音　唱凱歸來日　明良會一心

王爺道欲出新栽足啟舊養今番到侯公公了侯公公道恕僭了援筆遂書一律詩曰

閑來無事不從容　睡覺東窗日已紅　萬物靜觀皆自得
四時佳興打人鍾

寫畢說道諸公休得見哂晚學生只是叶韻而已王爺道雖是叶韻臨了那一句却不是打人鍾侯公公道不是打人鍾是個甚麼王爺道是個与人同侯公公道王老先兒你好差了現鍾不打到去鍊銅王爺道今番該到王公公了王公公道晚學生只是個口號兒聊記歲月而已王爺道有來就是好的那曾甚麼口號兒王公公援筆遂書一律詩曰

上士由山水　中人坐竹水　王生自有水　平子本留水

寫猶未了王爺不覺嘎嘎的大笑三聲說道老公公四個水字都來到是點水不漏王公公道王老先生休得見笑聖人之心有七

忽魯謨斯未必山林高萬仭

寶船經過忽魯謨

存神過化豈容岩穴列千重

竅繞會題詩咱學生只好兩三竅兒故此點水不漏題得不十分見好王爺道若有兩三竅也還漏出些水點水不漏只怕還是一竅不通王公〻道教我也難漏出些水来又說是個教書先兒漏皮秀哩道猶未了番王迎接進朝殢宴大宴三日盡歡而别元帥分付開船王明又請先去老爺道王克新之功第一紀錄司明白紀来王明听知道紀功第一越發有了興頭一毂轆土囤而去擡起頭来恰好的又是一個国這個国叫做忽魯謨斯国王明跕起来一手隱身草穿街抹巷走。一走兒只見国王壘石為宮殿高有六七層平民壘石為屋高可三五層厨厠臥室待賓之所俱在上面無貴無賤是一樣再走一會只見撞遇着我個番子這番子比别的不同人物修長豊偉面貌白淨衣冠濟楚頗有些我們中国

的氣象再走一會又看見幾個女人女人郝編髮四垂黄漆其頂兩耳掛絡索金錢数枚項下掛宝石珎珠珊瑚細纓絡臂腕腳腿都是金銀鐲頭兩眼兩唇把青石磨水粧點花紋以為美飾儘好齐整再走一會只見街市上也有行醫的懸一面招牌說道業擅岐黄也有賣卜的懸一面招牌說道卦命通玄也有百般技藝也有百工商賈再走一會王明走得肚裏有些餓口裏又有些渴心裏想道那裏得個碗頭酒兒搭一搭到是好的聽前顧後並不曾看見個賣酒的招牌好王明調轉個番舌頭粧成個番話語問走路的說道那裏有酒賣哩走路的番子說道我這国中禁酒私自造酒官法奕市王明連聲叫道苦也苦也又走一會只見十字街口上人頭簇簇上個挨個兒閙閙炒炒攢做一團王明道這些人挤

着做甚麽一定是有些緣故且等我也去挤一挤兒看是怎麽一手隱身草兩腳走如飛挤向前去原来上千上萬的人圍着一個撮博戲兒的在那裏是個甚麽搏戲兒一個老者手裏牽着一個黑猴頭到有三四尺高兩邊擺着兩路博戲架子架子上都是些鬼臉兒都是些披掛都是些鎗刀都是些棍棒那老者點着鼓兒敲着鑼兒那猴兒戴一樣臉子穿一樣披掛舞一樣兵器逐樣的戴過逐樣的穿過逐樣的舞過這個還不至緊到臨了之時憑你是個甚麽人把個帕子蒙着那個猴頭的兩隻眼兩隻眼蒙得死〻的却憑你是個甚麽人不作聲不作氣照着猴頭上打他一下打了一下竟自躲到那千萬人的中間平心易氣站定了那裏却纔解開帕〻放出猴頭来牽猴的老者喝聲道是那個打你頭来猴

頭就照上照下有個要尋的意思老者道你去尋他来那猴頭一爬就爬起來把這上千上萬的人尋一遍恰好就尋着那個打他的再不差一半是試一次一次不差試十次十次不差就是百次千次萬次都是不差這一段最有些意思王明看了心上到好喜歡哩心裏也要去試他試兒却有正務在身不得工夫心裏就要在這猴頭上做個出場又怕他是個畜生人不肯准信況吟了一會拿起隱身草来又走走到前面可可的一個空濶所在又是這等人頭簇簇馬頭相挨鬧鬧炒炒鬧做一堆炒做一駝王明說道這裏又圍着這等上千上萬的人終不然又是個甚麽撮摶戲兒的好王明好耐煩放下個隱身草濟上前去只見人叢裏面又是一個撮摶戲兒的今番又是個甚麽摶戲這個摶戲名字叫做天高竿的共有七個人一個人牽隻白羝羊這六個人扛着六根杉木竿子第一根只有一丈長第二根只有二丈長第三根却就有三丈長第四根就有四丈長第五根就有五丈長第六根就有六丈長一字兒擺着地上初然間一個鳴鑼一個擊鼓這伍個人歌的歌舞的舞歌的有個排兒名舞的有個撥數歌的歌完舞的舞罷却一下鑼一下鼓齊齊的住了這便是個開場還不至緊到其後之時一聲鑼一聲鼓第一個人豎起第一根竿子又是一聲鑼一聲鼓牽羊的却牽過那白羖羊来又是一聲鑼一聲鼓那牽羊的口裏念念聒聒手裏支支舞舞又是一聲鑼一聲鼓那隻羊也照着那個人口兒哼也哼爪兒動也動一會兒鑼兒催得緊鼓兒送得忙那隻羊一轂轆竟走到竿子杪上去了先只把前面兩隻蹄

子踏着竿子頭上把後面兩隻蹄子懸在竿子盾下牽羊的貼着下面拍掌唱聲道燕雙飛那隻羊在上頭就把那後面兩隻蹄子竿上直伸起来舞了幾舞做個燕雙飛下面拍一掌唱聲道當昔轉上面就把個文身懸下来沿着竿子四周圍打一遍磨磨轉做個當昔轉下面拍一掌唱聲道左插花上面就縮了右脚單伸着左脚舞幾舞兒做個左插花下面拍一掌唱聲道右插花上面就縮了左脚單伸着右脚舞幾舞兒做個右插花下面拍一掌唱聲道倒栽葱上面平白地就掀起後兩隻蹄子来頭朝下尾巴朝上做個倒栽葱下面拍一掌唱聲道擎天柱上面就掀着後兩隻蹄子跕在竿子上把前兩隻蹄子幾幾的朝着天做個擎天柱下面拍一掌唱聲道金雞獨立上面就縮了三隻蹄子止伸着一隻蹄子直挺挺的跕在竿子上做個金雞獨立下面拍一掌唱聲道枯樹盤根上面就收了四隻蹄子低了頭倒了尾巴睡在竿子頭上盤做一跎兒做個枯樹盤根下面拍一掌唱聲道仰天笑上面就一轂轆爬轉身子来把脊梁骨粘着竿子上把四隻蹄子對着天口裏嘶嘶的叫做個仰天笑下面拍一掌唱聲道一窩弓上面又一轂轆爬將起來把四隻蹄子跕在竿子上把脊梁骨掙弓一般的弓起来做個一窩弓下面拍一掌唱聲道雪花盖頂上面就平空的跳將起去跳着竿子頭上有二三尺之遠旋旋轉轉旋一個不了轉一個不休做個雪花盖頂下面又是拍一掌唱聲道平地一聲雷上面就撲蓌的一聲响一下子就吊到竿子頭上来下面一聲鑼一聲鼓應一個恰好做個平地一聲雷這一場有許多的工

夫有許多的解數原却只是一隻羊曉得人唱又依着人的口語做出解數來做得儘有些意思王明心裏想道看這些番蠻不打緊到也是個夷囝子的頭兒王明看了這一會却又要走只見又是一聲鑼一聲鼓又是第二個人竪起第二根竿子這第二根竿子就是二丈多長牽羊的照舊是念々貼々支々舞々那隻羊照舊是一轂轆爬將上去牽羊的站在下面照舊是拍掌唱解數那隻羊在上面照舊是依着唱聲做解數那羖羊却不在二丈高的竿子上底下又是一聲鑼一聲鼓又是第三個人竪起第三根竿子這第三根竿子却就有三丈長牽羊的照舊是念々貼々支々舞々那隻羊照舊是爬將上去牽羊的站在下面照舊是拍掌唱解數那隻羊在上面照舊是依着唱聲做解數過了這些解數白

羖羊却不在三丈高的竿子上底下又是一聲鑼一聲鼓又是第四個人竪起第四根竿子第四根竿子就有四丈長牽羊的照舊是念々貼々支々舞々那隻羊照舊一轂轆爬將上去牽羊的站在下面照舊是唱解數那羖羊在上面照舊是依着唱聲做解數過了這些解數白羖羊却不在四丈高的竿子上底下又是一聲鑼一聲鼓又是第五個人竪起第五根竿子這第五根竿子就有五丈長牽羊的却不是先前那樣拍掌唱解數只唱聲道再竪起來唱聲未絕底下又是一聲鑼一聲鼓第六個人竪起第六根竿子這第六根竿子就有六丈長牽羊的照舊是念々貼々支々舞々念了一會舞了一會唱聲道一路功名到白頭只見那隻白羖羊就一轂轆爬到第五根竿子上剛到了第五根竿子上脚不牢

蹄又是一轂轆就爬到第六根竿子上到了第六根竿子上坐還不穩站還不定底下又是一聲鈸一聲鼓牽羊的唱聲道噫那竿子頭上的官高必險勢大必傾你及早回頭罷那白羖羊就是知進知退的靈蟲兒只聽見一聲响早已吊將下來睡在地上吊下羊來那六根竿子一齊放下倒又是一聲鈸一聲鼓牽羊的唱聲道羊哥々刀鋸在前你前面可曾傷么那隻羊搖一搖頭伸着前兩隻蹄子把人看牽羊的看了說道前面是沒有傷只是你前無所援好收拾了罷那隻羊把前兩隻蹄子輕々的收了牽羊的又說道鼎鑊在後你後面可曾傷么那隻羊又搖一搖頭伸着後面兩隻蹄子把人看牽羊的看了說道後面是沒有傷只是你後無所倚好收拾了罷那隻羊把後兩隻蹄子輕々的又收了收了之

赫々金戈遥望朱提而躍日
寶船兵阻銀眼国

膝々銀眼謾橫赤標以蹺彊

時又收一下鑼收一下皷正要散場王明心裏想道他們散場我們却好上場也拿起隱身草來撮々美了一會把第三根竿子一聲响一下子竪起來竪有三丈之長那些看搏戲的都不曾看見王明只說是那根竿子自家竪着都說道竿子跳起來一定有個緣故且看他看兒看了一會那根竿子猛然間又是一聲响向聲裏面就变做顆千葉蓮花一瓣蓮花上坐着一位小々的佛菩薩一會兒異香噴鼻細樂喧天把些看搏戲兒的唬得渾身是汗遍体生津磕頭的磕頭礼拜的礼拜都說道佛爺々現世不知主何吉祥連那些撮搏戲兒的唬得抖衣而戰魂不守宮也來磕頭也來礼拜也說道佛爺發現却不干弟子之事弟子們不覓食度口並不曾褻瀆聖賢望乞恕罪王明站在一邊到也好笑說道只須哄得人

動就是好的那裏曉得不但只是哄得人動連番王都驚動了却說番王坐在宮裏只聞得那裏異香噴鼻又且鼓樂喧天連忙的差下巡捕小番外面緝訪巡捕的得了王令怎敢有違逕直找到街坊上細挨細訪却看見這個千葉蓮花千尊佛像也說是個喜信飛星跑轉宮裏報上番王番王即時升殿會集文武百官說道這這場異事不知主何禍福當有個總兵官叫做失剌出班奏道這個事原自有因番王道甚麽因失麻道因為撮搏戲兒的做起故此就做出這場事來番王道撮甚麽搏戲失麻道是個丈高竿兒的番王道丈高竿兒的到是個節々高怎麽有這場異事敢是褻瀆聖賢佛爺々見罪麽左頭目思里出班奏道佛爺々是個慈悲方寸他怎麽等閑見罪這還是我王洪福一定是有些甚麼喜事

来故此佛爺々發現番王道這也難憑是個喜事只是事佛之道也不敢不謹我且親自去請他到禮拜寺裡来安奉番王也是一念之誠即時步行到街坊上來只見果真的一顆千葉蓮花一瓣蓮花上坐着一尊佛番王誠惶誠恐稽首頓首礼拜皈依再三禱告禱告已畢叫過大小番官計議怎麽樣兒請得這顆蓮花動正在計議未得其便王明站在一邊說道今番就好收拾再到寺裏去現化他一番王明撮々美々劃喇一聲响々聲裏就不見了個蓮花就不見了個佛菩薩光々的只一根竿子番王道佛爺々你若鑒弟子之誠你却先到寺裏番王轉身到寺裏果然大堂上坐着一尊古佛脚底下踏着還是千葉蓮花番王不勝之喜安排香供又加礼拜一番王明坐在上面說道我雖是假天一尊佛菩薩

在這裏卻怎麽得個言話兒使番王得知。正在愁煩，只見番王分付左右說道：「天色已晚，我就在這裏齋戒沐浴，奉祀佛爺爺。你們都要各自精潔。」王明說道：「磕匿撞着枕頭，正是貨哩。」到了晚上，番王沐浴，王明又撮一個神通，澡洗盆裏即時長出一枝蓮花，蓮花上就坐着一尊古佛。番王吃了一驚，說道：「佛爺爺，你怎麽這等現化？望乞恕弟子褻瀆之罪。」及至番王用齋，王明又撮上一個神通，齋菜盤裏就長出一枝蓮花，蓮花上又坐着一尊古佛。番王又吃一驚，說道：「佛爺爺，有何禍福，望乞明彰報應，若只是這等現化，弟子就不勝戰慄之至。」到了晚上，番王發燭，王明撮個神通，燭上就長出一枝蓮花，花上坐着一尊古佛。番王燒香，王明撮個神通，香上就長出一枝蓮花，花上坐着一尊古佛。番王嚇得行坐不安，神

思不爽，叫左右的安排宿歇，罷番王獨宿一房，各番官各照官爵各宿一房。夜靜更深，王明又假上一個術法，未及雞鳴，番王披衣而起，到佛爺爺面前來進香，只見燈燭交輝，香爐內香烟渺渺上[illegible]眼一瞧，上面那裏有個佛爺爺？番王又吃一驚，說道：「怪哉怪哉！」一齊叫起番官來，大小番官起來一瞧，那裏有個佛爺爺？番官們都吃一驚，都說道：「好異事，好異事！」左頭目說道：「我王不要吃驚，小臣夜來得了一夢，夢見佛爺爺走下座來，告訴道：『明日之間有個大明國朱皇帝駕下欽差兩個元帥，寶船千號，戰將千員，雄兵百萬，來此西洋撫夷取寶。順之者吉，逆之者凶。』末後又叮嚀道：『你可省得麽？』小臣當在夢魂裏連忙答應道：『省得省得。』」道猶未了，番王道：「寡人夜來也是這等一個夢。」道猶未了，左頭目[illegible]也是這等一個夢。道猶未了，衆大番官說道：「小臣們夜來也都是這等一個夢。」道猶未了，衆小番官說道：「小臣們夜來也都是這等一個夢。」番王道：「佛爺爺明白現化了這許多番遭數，托出夢來，又是這許多人數，事在不疑，一定是有個軍馬臨門，不消講得，只要安排接應就是。」左頭目道：「只不知怎麽接應？」番王道：「寡人還听得有兩句說，是先前遠遠的迎接，落後厚厚的進貢。」左頭目道：「佛爺爺慈旨，怎敢有違。依命而行就是。」番王道：「還在速行，遲則有罪。」一面差下文番官二十員，帶領民快二百名，駕海梭船十隻，水路上往東迎接；一面差下總兵官二十員，帶領精兵二千名，駿馬二百多匹，旱路上往東迎接；一面着落左右頭目督率大小牙儈，會集番商，貿易番貨，以備進貢；一面分付廚官預備水陸奇品，各色雜劇，以備筵宴；一面收

拾宮殿，鋪裀列褥，座席器皿，海上仙香，以備款待。無一事不預備，無一事不齊整。王明直到臨了，恰纔動身，出國而歸，歸到船上，見了元帥。元帥道：「今番是個甚麽國？」王明道：「是個忽魯謨斯國。」元帥道：「你怎麽美鬆他來？」王明却把個美高竿兒，千葉蓮花，千尊古佛，禮拜寺通前徹後細說一遍。元帥道：「你這都是那裏學來的？」王明道：「是自小兒家傳的。」元帥道：「奇哉奇哉！他道如今怎麽接待？」王明又把個番王接待的誠敬，一件件的細說了一遍。元帥道：「這兩國都美是你的功勞。」王明道：「小的怎敢指望美做功勞，只說強似刺撒國，威逼于他。」道猶未了，文番官駕的海梭船，接着參見元帥。元帥道：「你們先行，我們寶船隨後就到。」寶船到岸，總兵官等接着精兵二千名，駿馬二百匹，刀鎗弓箭之類，無不齊備。元帥道：「這也是

個武俻之国多虧了王克新這一些督察造之力王明道朝廷洪福
元帥虎威小的何力之有道猶未了番王親自接着前后簇擁仪
從甚盛左一班文番官右一班武番官拜見元帥番王家止有度
言矣不荀元帥深服他待之甚厚番王先歸左頭目留后同宝船
上要甚麼元帥分付傳上虎頭牌去開示明白也得番王犯疑
番王看了虎頭牌晓得宝船上若無深求即時備下降書降表安
排進貢礼物書表已備礼物已周先請二位元帥筵宴大宴三日
元帥告辞回船番王却進上降表元帥受下番王又進上降書元
帥拆封讀之書曰
忽魯謨斯国国王沙哈牟謹再拜奉書于
大明国欽差征西統兵招討大元帥麾下恭惟
大明国皇帝陛下德迈前王仁敷中宇虎旗皋甲韜兵武庫之

出像西洋記　卷之十六　五十四

中桂海水天献贄册墀之下邦有休符之應民躋壽域之康凡
属含生毎添爱戴頃緣分閫益切招徠何幸絕壤超荒共覩霓
旌之盛敢謂憑深負固苟逃斧鉞之誅用展葵忱仰祈雷答么
不勝激切屏营之至
書畢元帥說道謙上君子拜領何當番王又分付左右擡過礼物
来元帥道但領書表足矣不劳礼物番王道不腆之儀敢煩轉敬天子皇
帝隨後還要備官賣礼朝賀元帥看見這個番王雍容礼樂義不
容辭說道既承寵錫不敢不恭就煩尊從代送到船上一云開只
借草单来看一看見只見单上計開
獅子一對　麒麟一對　草上飛一對（大如猫犬渾身上玳瑁班兩耳尖黑性極純若獅象等惡獸見之即伏於地乃獸中之王）　名馬十隻　福祿一對（似驢而花紋可愛）
馬哈獸一對（角長過身）　閉羊十隻（前半截毛拖地後半截如剪淨者角上帶牌人家畜之以鬥故名）　駝雞十隻　碧玉枕一對（高五寸長二尺許）　碧玉盤一對（大如斗）
玉壺一對　玉盤盞十付　玉插瓶十付　玉八仙一付（高一尺許極精）　玉美人一百（製極精巧眉目肌理无不具備）　玉獅子一對　玉麒麟一對　玉螭虎十對　紅鴉呼三隻（各珠）　青鴉呼二隻　黃鴉呼三隻　忽剌石十對　担把碧二十對　祖母喇二對　猫睛二對　大顆珎珠五十枚（大如圓眼重一錢二三分）　珊瑚樹十枝（多枝大梗）
金珀　珠珀　神珀　蠟珀　水晶器皿（各色不同）　花毯　番絲
手巾　十樣錦　氈羅　氈紗　撒哈剌（俱多了載数）
元帥看畢說道礼太多了足徵厚意感謝不盡番王道甚不成儀
惶恐惶恐元帥辞謝回船取過礼物轉敬番王番王再三伸謝又

出像西洋記　卷之十六　五十五

差左頭目来請元帥已自發令開船彼此不勝繾綣之情開船之
後王明又来請先去天師道不可不可元帥道怎麼不可天師道
夜来貧道剱頭上發火前行主有一凶故此貧道曉得不可元帥
道既是天師早有凶兆便不可行王明道小的前去見可而進知
難而退就是元帥道只是一個不可去少有差失虧損国威事非
小可不得不慎畢竟不知前去是個甚麼国主有甚麼凶且听下
回分解

○○

第八十四回

番王寵任百里鴈　王爺計擒百里鴈

詩曰

將軍昔着役事衫　鉄馬衝突馳雨啣　披堅执鋭略西極
崑崙月窟東蕲崴　君門羽林萬猛士　悪若㭰虎子所監
五年起家列霜戟　今日過海揚風帆

却說寶船千號掛帆飽風行了數日藍旗官报道前面望見城池又是一国元帥請過天師国師商議進止天師道前日開船之時貧道劍頭上出火此国當主一齒国師道貧僧適来也看見前面這個国一道白氣騰空而起想應還有個妖僧妖道在這裏須則是着實仔細一番馬公公道既是這等煩惱不如不過去也罷元帥道為山九仞豈可功虧一簣即時傳令水陸安營不可造次船到之後果是水陸两營四營大都督崖上扎一個大营两個先鋒分為左右两営各遊擊前後左右策應隄防不測四哨副都督扎

馮百里飛妄擬千城之重寄

上三命錫敢云推轂之隆

住水寨水軍都督等官往來巡哨以戒不虞安排已畢元帥叫過夜不收来分付他体探本国動靜各賞銀五十两這正叫做重賞之下必有勇夫夜不收一道而去去了一日却來回話元帥道是個甚麼国夜不收道是個銀眼国元帥道怎麼叫做銀眼国夜不收道這一国的君民人等两隻眼都是白的沒有烏珠兒眼白似銀故此叫做銀眼国元帥道似此說來却不是個有眼無珠夜不收道若不是有眼無珠怎麼不來迎接二位元帥元帥道可看見麼夜不收道白眼上就有些瞳人一樣是這等看見元帥道前日那金眼國眼可像金子麼夜不收道雖不像金子到底是黄的元帥道銀眼國山川何如可有城郭夜不收道國中有一座大山叫做宝林山怎麼叫做宝林山山上有四面就出四件宝貝那四件宝

貝一面出紅塩番子們把鉄鎚去鑿就像鑿石頭一般鑿下一塊
来就有三五百斤重要用之時逐些兒搗一下碎塩性堅番子們
把来刻成器皿刻成盤碟食物就不用塩一面出紅土就是銀硃
大者就是硃砂一面出白土就是石灰用之粉飾墻壁便是風雨
不能損壞一面出黄土就是姜黄染練顏色無所不宜国王頟設
四員官四面看守各處番船都来收買各處去賣這却不是四件
寶貝元帥道前日忽魯謨斯国也是這等一個山也出這等四件
物事夜不收道忽魯謨斯国的山小週圍不過二三十里這個山
大週圍有數百里之遥元帥道可有城池夜不收道疊石為城四
圍都是支河直通海口正東上就是一個関叫做通海関儘有些
利害元帥道有些甚麽將官夜不收道有一個總兵官叫做甚麽

百里鴈用的兩口飛刀舞起那兩口飛刀来就像兩隻翅関一飛
可過百里故名就叫做個百里鴈元帥道這却就是個費嘴的夜
不收道還有四員副將又是費嘴怎麽又是費嘴一個叫做甚麽
道天大聖一個叫做甚麽衝天大聖這兩個都是會飛一個叫做
甚麽撼山力士一個叫做甚麽搜山力士這兩個着实有氣力俱
有萬夫不當之勇元帥道怎麽這一国就有這些狠户夜不收道
還有一個很的在那裏還是那一個很的在那裏就是百里鴈嫡
嫡親親的老婆叫做百夫人慣使九口飛刀騎在馬上使得就是
風捲残雲只听見個响聲罷了攩着他的就有些皮開肉綻兩隻
三寸長的小金蓮又着实會走急走如飛一日可以走得千百里
路元帥道會走也是閑的夜不收道他不是空走手裏帶着一條

九股紅套索兒約有三丈多長索上又有九九八十一個乾鐐一
個乾鐐上一個金鈎他急走之時帶起那根索来走得那根索筆
聿直就像撬着一得三丈多長的硬鎗凡有撞着他的金鈎一掛
一個兩掛一雙你說是狠也不狠元帥道黄鳳仙可做得對手麽
夜不收道只怕誰些怎麽誰些那百夫人又有一個甚麽悦心鈴
兒拿在手裏幌幾幌不論你是甚麽奇男子烈丈夫心肝都是碎
的騎馬的就要撞下馬来步行的就要撞倒頭来這等一個狠婆
娘又加這等一付狠家火怎麽黄鳳仙做得他的對頭王公公也
来口快說道這百夫人敢是我們南京城裏西營裏的老婆出身
麽元帥道怎見得王公公道若不是西營裏老婆出身怎麽得這
等一付狠家火元帥道你前日吟詩之時一竅不通今日說話偏

有這些唠叨我們這如今正在這裏計較這些人狠哩夜不收道
二位元帥老爺在上還有一個狠的在後面元帥道怎麽又有一
個狠的在後面夜不收道還有一個道士叫做甚麽引蟾仙師騎
一隻青牛吹一管没孔的鉄笛神通廣大变化無窮番王拜他為
御兄要他扶持他的江山社稷這却不是個狠的在後面元帥道
怪得天師說道劍頭上出火前行還主一凶國師說道一道白氣
冲天主有個甚麽妖僧妖道王爺道兵至于此有進無退怕不得
這些道猶未了藍旗官報道番国有一個總兵官自称為百里鴈
騎了一匹馬提着兩口刀帶着一枝軍馬出在通海関外下寨安
營擧上討戰諸將未敢擅便特来禀知元帥元帥道前三日不許
出兵後三日我這裏自有令箭相傳不許亂動違者軍令施行諸

將得令一連三日不曾出兵百里鴈先一日還在自家関外不敢遠來看見南兵悄静他說道人人都講這船上雄兵百萬戰將千員今日到我們國中一個也不見了可見得我們的手段盖世無雙到了第二日一騎馬一枝兵一竟走到南兵营外横穿直走如入無人之境又不見南兵動静他說道敢是個誘敵之計麼若是誘敵這厮造化就低將來了我百老爺可是個怕人的到了第三日一騎馬一枝兵又來营外横穿直走高叫道中朝的蛮子你既是有本領走得這裏來怎麼沒本領出來殺一陣叫上叫下叫了一週营裏只是一個不答應不答應不至緊激得個金天雷只是爆跳很上幾聲說道元帥好沒來由不容厮殺明日怎麼了也到了明日元帥傳下一枝令箭着前营裏大都督出陣只許敗陣不

許發羸元帥軍令誰敢有違只見百里鴈又是這等横穿直走到南兵营外來劉到得前营的营門上一聲砲响擁出一枝軍馬當頭一員大將束髮冠兠羅袖獅蛮帶練光拖清清秀秀標標致致一個小將軍原來是應襲公子王良百里鴈喝聲道咗你這厮全沒些年紀何苦到這來自送其死王應襲也喝聲道走你是甚麼人敢開這大口說這大話百里鴈道有名的銀眼國總兵官百里鴈你來 這幾日還不認得我麼王應襲道我王公子的眼也大些那裏看見你這一個畨狗百里鴈听見罵了他一聲畨狗他就怒氣冲天喊聲震地手裏兩口飛刀雙輪起來輪得只听見耳朶邊呼呼的响只看見眼面前雪片的白連人連馬都不看見些形影兒王應襲一桿丈八神鎗也舞得像個一片花飛也不看見自家的

身子只是元帥有令許輸不許羸王應襲再不敢追向前去那裏狠得來這裏只顉望後觸左一觸右一觸一直觸進营裏面來了百里鴈大勝而歸拜見畨王畨王道連日何如百里鴈道小將連日出去四陣前三日並不曾看見個人影兒只是今日被小將厚罵不過走出一個小小的將官來人到生得標致手段兒也通得只是擋不得小將的手轉殺轉走一直走進他自家營裏面去了畨王道你何不擒住他百里鴈道小將可怜他年青貌俊故此不曾下手他百里鴈拜辭而出只見引蟾仙師進朝畨王把個百里鴈出陣的事細說一遍仙師道百總兵死了畨王吃一驚說道仙師差矣百總兵方纔在這裏朝見寡人英風凛凛殺氣騰騰指日成功你怎麼說出這等一句不利市的話來仙師從從容容說道王

上寬懐不是貧道誑說百總兵自誇其能說道南來的軍將都不敢出來豈有不敢出來之理貧道打听得其南來的寶船千號戰將千員雄兵百萬有二位元帥運籌帷幄之中决勝千里之外還有一個道家號為天師還有一個僧家號為国師這兩個人会拆天補地倒海翻山百總兵還錯認了定盤星怎麼不死只是日子不曾到畨王雖是敬重這個仙師却這一席話說得太直了些畨王心上就有些不悅仙師看見畨王不悅即時告辭畨王道御兄辭去莫非見怪麽仙師道貧道久欲他往只因我王有這一場災難故此在這裏留連既是百總兵指日成功就不用貧道了何不告辭畨王看見仙師見怪連忙的轉過臉來陪個小心說道御兄恕罪再乞寬住幾日仙師道貧 道之行必不可止只有一件我晋

下這個木魚兒放在這裏我王若平安無事便自罷了若有緊急
災難之時你便焚起香來把這木魚兒敲上三下貧道還來相救
以表貧道受我王一生恩愛道猶未了一道白氣冲天早已不見
了個引蟾仙師番王去了引蟾仙師懊悔一個不了即忙宣進百
總兵來把仙師這一番話這一場去細說了一遍百總兵咬着牙
齒恨上一聲罵說道好了這個賊道不是先去之時叫他喫我一
刀番王道總兵官你也不要煩惱只要用心厮殺却不要中了南
人之計中了南人之計就中了仙師之口百總兵說道我王寬心
包你高枕無事不出三日之內我把那些南朝蠻子一掃無遺道
猶未了洋洋然而出到了明日又出來討戰南船上元帥傳下令
箭着後營大都督出陣也只許輸不許羸不許擅用火器違者軍

法斬唐狀元得令出馬百里雁兩口飛刀蜂湧而來唐狀元慢
他慢兒叫聲百總兵你不要這等鹵莽百里雁听見叫他聲總兵
儘有些懂喜回聲道你是何人到認得我哩唐狀元道我是南朝
武狀元唐英百里雁道怪得你是個狀元故此有礼你叫我總兵
麼唐狀元道兵對兵將對將我和你去了這些軍馬對殺一個何
如百里雁道這個通得即時傳令散了軍馬唐狀元也自散了南
兵一邊一人一騎一邊一桿鎗一邊兩口刀舞刀的舞得通神舞
鎗的舞得築鬼百里雁心裏說道這厮到好桿鎗若不是我的手
段高強却也奈他不何哩唐狀元道這番狗奴倒有些本領却不
在我之上只不奈元帥要輸何故意的賣個破綻與他百里雁趕
個破處一刀砍進來唐狀元拖鎗而走百里雁又羸了一陣又過

了一日番王看見不曾捉得南將也怕是計說道百總兵你不可
自恃其勇明日叫四個副將和你同去何如百里雁生怕分了他
的功說道只小將一個還多了半個又要甚麼副將不消了不消
了到了明日出來南朝元帥傳下令箭着左營裏大都督出陣仍
舊只許輸不許羸陳堂得令出馬更不打話一騎金叱撥一条三
丈八尺長的疾雷鎚兩家子吆喝一半天殺做一捅粥百里雁雙
刀如雨陳都督鎚快如飛陳都督心裏想道元帥雖不要我羸我
却也要羞他一日叫他纔認得我們自從早上辰牌時分殺起
直纏到下晝來申牌時分還不分勝負百里雁殺得性起狠是吆
喝一聲一雙刀狠是輪上前來陳都督說道得放手時須放手撥
轉馬望營裏只是一跑百里雁狠上一聲說道不是走得快怎麼

躲得我這一刀也罷權且寄個頭在你處明日還要你自已送來
到了明日元帥令箭下來着右營裏大都督出陣仍舊只許輸不
許羸違者處斬金天雷說道好笑元帥日日只要人輸何不只在
南京城裏坐罷一肚子悶拖了那一百五十斤重的鉄鐺跨上那
匹紫叱撥來徃如飛百里雁看見個金天雷人物矮小坐在馬上
就像一段東瓜嘎嘎的大笑三聲金都督說道番狗奴你敢笑那
個百里雁還帶着笑臉兒說道我笑你這個矮東瓜你南朝既沒
有大將惹這個空頭禍做甚麼你都到我這裏來尋死麼金都督
正是對矮人莫說矬話听見是罵他矮瓜他好不喫力也喝聲道
哫胡說喝聲未絕手裏那件兵器風一般响舞得太重又重快又
快馬又是馬百里雁到也喫驚說道這等一個矮了舞這等一件

兵器儘有些利害哩用心在意只要拿住金天雷金都督又只等言百里鴈就只是元帥軍令沒奈何得兩家子也是殺星上殺起殺到下晝時候來百里鴈千方百計不得個金天雷倒金都督又不好奈何得個百里鴈到了日西金都督心裏想道不做無量身不貴尖不燒山地不肥且待我撈他一鐺只是不要傷他賣一個破綻百里鴈就搶進來一刀金都督就即忙的補他一鐺這一鐺不至緊鐺本是重又去得兇把他一口飛刀鐺做兩節百里鴈一天英氣只看見断了口刀就激得火爆連天英雄無用武之地金都督只是嚇他嚇兒早已撥轉馬来走了百里鴈很上兩聲罵道矮鬼頭偏你会走麽不走就是好漢你明日再來麽咬牙切齒而去番王道仙師之言有理南人還是有計是真明日叫四員副將

三畧訓兵殺袂祆徒成霧廓

王尚書計擒百里鴈

五申誓衆搴旗克黨頓山崩

幇你出陣纔是個萬全之策百里鴈断了刀心上就有些怯說道就依我王號令明日叫四個副將同去上陣到了明日一個百里鴈一騎馬又換了兩口飛刀走在陣前後面又跟隨了四員副將一個是通天大聖一個冲天大聖一個是撼山力士一個是搜山力士就像個老虎生了兩隻翅関一發会飛跑出跑進罵上罵下南營裏又是元帥軍令不許出兵百里鴈高叫道那矮東西你今日怎麽不出來厮殺哩我把你這個矮賊不砍你做八段誓不為人南營裏靜悄悄的只是沒人答應百里鴈罵到日西沒轡轍而去却說王爺傳令夜半之時親自遊營各營裏一齊答應王爺一騎馬當頭六員遊擊六騎馬跟着後面各人身披重甲手持利刀從四營裏走起一直走到山脚下原來那個寶林山去城只有三

五十里之遠在銀眼国後面就是銀眼國的王山東一邊是銀眼
國西一邊是海海裏上来就是山山上下去就是海沒有走路却
只是一個套套兒最好灣船王爺細看了一番叫親隨的左右取
過筆硯來親自到石板上寫着一行大字說道鴈飛不到處人被
利名牽衆遊擊也還不觧其意只說是王爺私行有感王爺也不
作聲轉到船上已經天色大明王爺傳令把寶船移到海套子裏
面去水寨盡起又傳令崖上各營移到銀眼國西門外寶林山路
上十里一營直擺到山脚下總住要連牽如一字之形元帥軍令
誰敢有違水寨早營一齊移動一日之間屯扎已畢布置已周王
爺親自出来從山脚下看到銀眼国西門上又從銀眼国西門上
看到山脚下只見十里一營五十里就是五処大营分派左右先

鋒第一左营第二右營第三前營第四後營第五王爺傳令要一
處營裏堆起一個石頭敵樓要四方堆起低下要四個門上面要
六層就要六丈高每一營分為左右就夾住敵樓左右左一邊靠
着山軍營直搭住山下右一邊靠着海軍營直搭住海邊各遊擊
又分擺在這五處營裏任是番將番兵来只是一個堅執不戰不
出數日之間敵樓完備王爺傳下一面匾来寫着衡陽関三個大
字懸在第四個敵樓上衆人都不解其意說道王爺這等做起敵
樓掛起牌匾像是要在這裏過老的一般王爺又傳下號令五十
里路上俱要滴溜圓的石頭漫起街來漫一尺就要沙上面上盖
一尺漫一寸就要沙土面上盖一寸衆人都不曉得王爺是個甚
麼意思勞民動衆費鈔費貫都不免有些埋怨只是軍令所在不

敢有違過了幾日又来報完王爺却叫過各营裏官客上的分付
他一番又叫過各遊擊官客上的分付他一番又叫過水軍各都
督客上的分付他一番一個上摩拳擦掌要拿百里鴈却說百里
鴈帶了四員副將一直殺出西門外来各營裏只是不出每日間
来辱罵一遭每日間空手而去百里鴈那裏把個南軍放在心上
一出一入如履無人之地及至堆起了五個敵樓還不曉得犯疑
說道南人無計可施堆起石頭来好藏躲的蠢蠻既是怕人還不
扯滿了篷各自去了罷撼山力士說道甚麽石頭樓且待我来撼
倒他一座好個撼山力士一聲喝就像個响雷公兩手一推儘着
那些番力就像個地龍一顫果真的名下無虛把座敵樓推塌了
一角那一角的石頭都是一聲响卸將下来搜山力士說道哥偏

你撼得山倒偏我就搜山不来一手一個抓就像個不求人的模
樣拿起来照着第二層樓上七抓八抓也是有些古怪把個石頭
敵樓抓番了一角百里鴈不勝之喜凱歌而回明日又来只見昨
日推倒的敵樓一夜工夫收拾得齊整上撼山力士說道兄弟我
和你再来推倒他的百里鴈說道推他做甚麽自古道挽弓當挽
硬用箭要用長射人先射馬擒賊須擒王我和你一直殺進去擒
了他那個甚麽元帥却不了結了他那一股帳四員副將齊上的
答應一聲是道猶未了一個百里鴈四員副將一枝番兵也有三
五百個馱皮鼓一聲响早已殺進敵樓下来第一個敵樓下先前
到有些軍馬看見殺得來一個上的都躲到營裏面去了第二個
敵樓下也是這等躲開去第三個敵樓也是這等躲開去百里鴈

斬過頭來。叫那四員副將說道：「我們擒斬南人，勢如破竹，我們兵好漢也。」望見第四個敵樓，只見樓上懸着一面大扁，扁上寫着「衛陽關」三個大字。百里鴈說道：「這個樓懸得有扁，這決就是那個甚麼元帥在這裏。不入虎穴，焉得虎子？我們就要推番他這座樓也。」道猶水了，早已在樓下照面又懸着一面大扁，上上寫着「百里鴈死此樓下」。百里鴈看見說他死此樓下，他就怒發雷霆，吼一聲，說：「那個蛮子敢這等大胆，寫我的名字在這裏！」道猶未了，一聲梆响，四面八方都是火箭、火銃、火砲、火蛇、火龍，百般的火藥，又是許多襄陽大砲。這一番兵看見烏天黑地，的烟燒天煉地的火，轟天劃地的响聲。可憐一個百里鴈、兩個大聖、兩個力士，三五百個番兵，圍着在火中間，四顧無門，束手待斃。要往前進，前面還有一層敵樓，一片的喊殺連天，金鼓動地；要退後面，未後面又是一層敵樓，一片的喊殺連天，金鼓動地。要往山上去，山上又是兩員遊擊將軍，統領兩枝軍馬，連聲吶喊，擂鼓搖旗；要往海裏去，海岸上又是兩員水軍都督，統領兩枝水軍，連聲吶喊，擂鼓搖旗。百里鴈無計可施，仰天大笑，笑了三聲。通天大聖說道：「總兵老爺，今日遭此大難之時，何為大笑？」百里鴈說道：「我笑你兩個大聖怎麼不去通天，怎麼不去冲天；兩個力士怎麼不去撼山，怎麼不去搜山。」兩個大聖說道：「我兩個到如今叫做上天無路。」兩個力士說道：「我兩個到如今叫做入地無門。」通天大聖說道：「總兵老爺，你這如今怎麼也不飛去？」百里鴈說道：「我這如今叫做是有翅不能飛。」四員副將齊齊的大笑三聲。百里鴈說道：「你們今番笑些甚麼？」四員副將說道：「我們笑總兵老爺有翅不能飛。」適纔來了，只見渾身上是火，滿面是烟。畢竟不知這些番將番兵性命何如，且聽下回分解。

出像西洋記　十六　卅八

新刻全像三寶太監西洋記通俗演義卷之十七

二南里人　編次

三山道人　繡梓

第八十一回

百夫人為夫報仇　王克新計取鈴索

詩曰

才子郝嫌天上桂　世危番作陣前功　廉頗解武文無說
謝朓能文武不通　雙美盡輸唐督將　二南童句六鈞弓

却說四員副將上天無路，入地無門，百里鴈有翅不能飛，大家取笑了一會。笑聲未絕，渾身是火，滿面是烟。一個總兵官，四員副將，三五百名番兵，都做了一堆灰燼之末。這一陣比火燒藤甲軍只

窮鳥尚飛杜宇聲聲啼夜血

百夫人為夫報仇

羈牛且鬪廩君陣陣斷春雲

會狠些。到明日撥開灰來，也有燒化了的，也有不曾燒化了的，也有剩得一個頭的，也有剩得一個腦盖骨的，也有剩得一隻手的，也有剩得一隻脚的，也有剩得一塊皮的，也有剩得一根骨的。国師看見說道：「阿彌陀佛！恭露晃骸，此心何安？」二位元帥在上看見貧僧薄面，把這些殘餘骸骨收做一堆，再加上些土，殮他一殮，也是一場功德。国師開口，誰敢有違？元帥即時傳令，連灰連骨，都埋在山脚底下，共理做一個大堆，堆前竪一道碑，碑上刻着南無阿彌陀佛六個大字。国師又念上幾卷受生經，超度他們。一會大小將官都来上帳和王爺慶功。王爺道：「諸將士用力，學生何功？」三宝老爺說道：「王爺今日正是運籌帷幄之中，决勝千里之外。初然僮令一連三日不許出戰，連學生心上有老大的疑惑。王爺道初

然間番將甚銳况兼有許多技能未易爭鋒兵法有云攻堅則㓞三日不出軍正所謂堅其堅者老爺道落後之時只許輸不許贏這是怎麼說王爺道我強而反示之以弱兵法有云兵驕者滅許輸不許贏正所謂驕其氣老爺道移兵山下却又築起許多敵樓来都說道勞民動衆咱學生心上也又不明王爺道逼海関外曠蕩無垠地勢在敵宝林山下道里有限地势就在我兵法有云善戰者其勢險其節难我所以移過營来又豎起五個敵樓正所謂勢如彍弩節若發机老爺道不許擅用火藥是甚麼意思王爺道令其不知卒然无備正所謂出其不意攻其所不備老爺道敵樓上懸着衡陽関的三字扁這是甚麼意思王爺道番將名字叫做白里雁衡陽雁断為之兆也老爺道又懸着個百里雁死此樓下

的牌這是甚麼意思王爺道即是龐涓死此樹下先奪其氣也老爺道用圓石子兒漫街道却又掩上沙土這是甚麼意思王爺這可話不肯說破只說道這個到沒有甚麼意思王爷這一番調度這一場大功那個不說道王爺妙筭高天下冨羡胷中百萬兵三宝老爺分付安排筵宴王爺道百里雁雖死还有個百夫人着实利害強敵在前怎麼敢受筵宴道猶未了藍旗官報道番王大開了西門一片駝皮鼓响一片喊殺声喧當頭一員女將騎了一匹火炭一般的紅馬手裏使着九口飛刀領了一枝番兵高叫道殺夫之仇不共戴天是那個蛮子敢来和我百夫人比手麼此時人馬已自殺到第一層敵樓之下来了怎麼就有個百夫人殺到敵樓之下而来原来番王听見百里雁死於南人之火大哭一場說

道悔不听仙師之言致有今日之禍掣過戒手刀来就要自刎左右頭目滿朝大小番官一齊上前劝觧方纔住了手說道百總兵之死是我悮了他快差人報與他家裏知道教他全家不消傷感照舊受我爵禄所有陪下番兵一應百夫人掌管一切軍務先斬後奏諸人不得中制欽此欽遵番王只說是撫慰他家裏一番安生者之心報死者之德那晓得百夫人原是個眉粗眼大奶实胸高一双手會使九口飛刀又有個甚麼紅綿套索一双脚會是千百里達路金鈎倒掛着人腰裏又有一件甚麼愰心鈴兒素常是個不良之婦却又听見丈夫死于非命他就肝腸碎裂兩泪齊抛那一股怨氣冲天双脚只是平跳双手只搥胸正在有冤沒伸處恰好番王傳下旨意着他掌管番兵他就借着這個因頭頓起殺

人心領了一枝單馬竟出西門外来故此就殺到第一層敵樓之下王爺道害得還不曾肆筵設席險些兒美做個開宴出紅粧即時傳令着左右先鋒嚴守敵樓不許疎失亦不許輕自出陣直待日西敵兵退去之時許追殺他一陣可一戰成功左右先鋒得令不敢違悮堅守敵樓左右兩翼堅壁不出只見百夫人領了一枝軍馬往来馳驟直到敵樓之下高叫道殺夫之仇不共戴天是那個蛮子敢来盪我的手也口裏一遞罵手裏一遞舞着那九口飛刀舞得果真的奇妙上三下四左五右六前七後八就像一個飛馬有九隻翅関平地上會飛這还是初然間舞得下數到了末後之時舞到雪花蓋頂枯樹盤根就只耳根頭听得一片声响眼面前看見一片雪白說甚麼刀山好不利害也左右先鋒說道這個

番婆倒是难和他比手王爺怎麽這等神見就傳令不許輕自出
戰自侵早起纏到日西敵樓不得過去左右兩營堅壁不出戰
不通口也罵得牙齒軟手也舞得觔力乏只得收拾回去正叫做
乘興而來失得沒興而返剛轉到城下找着西門只聽見一声砲
响霹靂如雷响声裏面喊殺連天鼓声震地後面有兩員大將高
叫道甚麽番婆有甚麽本領敢來厮殺快快的下馬溜刀把個百
夫人激得怒氣填胸咬牙切齒更不回話只是紐轉身子輪動那
九口飛刀殺將轉來這邊兩員大將一個是左先鋒威武大將軍
張計一疋銀鬃馬一口豹頭刀一個是右先鋒威武副將軍刘蔭
一疋五明馬一口鳳翎刀兩騎馬兩口刀殺向前去你一上我一
下你一往我一來殺做一馱紐做一塊正在酣戰之時只見南陣

上左肋下一声砲响喊殺連天早已閃出一枝軍馬當頭一員大
將全裝摜甲一騎馬一桿丈八蛇矛高叫道吾乃征西遊擊大將
軍刘天爵是也奉王爺軍令特來拿住番婆喊声未絕一桿鎗翻
天覆地的殺進陣去左右先鋒看見添上一個刘遊擊越發殺得
有些興頭百夫人也罘支持得過一邊三員大將一邊一員女將
正殺在好處只見南陣上右肋下一声砲响喊殺連天早已閃出
一枝軍馬當頭一員大將全裝摜甲一騎馬一張開山大斧高叫
道吾乃都司吳成奉王爺軍令特來拿住番婆叫声未絕一張大
斧遮天遮地的砍進陣去自古道好漢不敵兩莫說是四員大將
單戰一個婆娘悄他甚麽狠戸只是百夫人手裏那九口飛刀有
些利害一時近他身不得故雖支架這一塲心裏却也漸漸的有

些惧怯正在惧怯之時只見南陣上一人一騎手裏拿着一面金
字旗飛一般跑過去高叫道吾乃中軍帳下左護衛鉄楞是也奉
王爺軍令南陣上有能拿住百夫人者官給賞銀一千兩斬首者
官給賞銀五百兩其餘的番子一顆頭賞銀十兩厚賞之下必有
勇夫四員大將想着那一千兩銀子那一個不想看百夫人這些軍
馬想着那十兩銀子那一個不撳番番子的頭來百夫人看見事
勢不諧心裏想道我且抽身回去不然之時一千兩銀子賣了個
文身五百兩銀子賣了一顆首級一声牛角响收轉軍馬回去自
家一騎馬押後兩脚蹬着鐙兩手舞着刀進得西門來已自折了
一半軍馬心上正在煩惱那曉得西門裏面一声砲响喊殺連天
門閣裏早已閃出一枝軍馬當頭一員大將全裝摜甲面如黑鉄

鬚似鋼錐一疋烏錐馬一桿八十四斤重的狼牙棒高叫道吾乃
狼牙棒張柏奉王爺軍令在這裏等候多時把你這潑賤番婆只
我一棒打你做塊肉餅何不早早的下馬投降百夫人喝声道你
是甚麽人敢閃在城門閣裏你可認得我的飛刀麽即時輪動那
九口飛刀果然輪得是個雪花蓋頂張狼牙也不管他甚麽雪花
不雪花儘着他的力気憑着那桿狼牙釘一任的築向前去百夫
人雖然利害後面又是四員大將一湧而來沒柰何只得把九口
刀漫天漫面的驀進城裏去了這一陣百夫人雖不曾受傷原有
三百多個番兵出陣止得三五十個回去番王大怒罵說道衝賤
婦人你既不善戰何故強要出陣虧折我的軍馬百夫人即時扯
個謊說道非干賤妾不善戰之罪只緣這些軍馬原是我丈夫學

管今日之間都不听賤妾調度故此取敗都是自送其死番王又在用人之際不敢十分难為百夫人恐生他变只得從容說道雖不干你事只是一日殺三百十日殺三千我這国中能有幾千軍馬我也不得不慮百夫人道賤妾今番不用軍馬只是匹馬单刀要殺退南朝這些些船隻若不成功誓不回朝拜見我王番王道既是不用軍馬功績愈高到了明日果真的只是百夫人一匹馬九口刀竟出西門来藍旗官報上元帥王爺道今日不許輕敵去不許追老爺道昨日一陣已褫潑婦之胆今日乘勝而殲之有何不可王爺道不可一例而論老爺心上還有些些犯疑却說第一層敵樓上原是左右先鋒左右兩邊遊擊原是刘天爵吴成前後策應新添張柏乃至百夫人討戰先鋒不敢違令百夫人看見没人出来

推轂未膺寧長萬夫而握筴

千城嘿寄每先十乘以臨戎

百般辱罵兩邊遊擊却有些忿忿之気却又不敢開言罵到日西百夫人也罵得氣嘆意思要去臨了又狠是罵上兩声罵甚麼蛮猪蛮徇蛮東蛮西别人還自可張狼牙又是個火性的這一場罵就是火上加油激得只是氣冲牛斗咬牙切齒恨不得一把抓過個百夫人来築他幾釘也不記得元帥的軍令還是怎麼一騎馬一桿狼牙釘飛一般跑出陣去接着百夫人只是一片釘响百夫人一則是日西氣嘆之時二則是猛空裏走近前去出其不意喫他一驚三則是張狼牙生得黑戚戚的相貌又惡手裏兵器又重那件兵器又只是亂築將去不分部數没有次第百夫人也不好支架只是舞起那九口飛刀護定了身子飛刀到左是個片薄的狼牙釘却是個粗夯的一刀盪着一釘就築一個缺左築右築把

九口飛刀口口上𥞊得是缺百夫人就忙裏偷閑險中生巧双手撒開九口飛刀一個跟頭番下馬来張狠牙看見𥞊缺了九口飛刀人又番下馬来再行這等一塲大功把馬一夾竟奔着百夫人身邊去要砍下他的頭来兩個先鋒和兩個遊擊看見百夫人番下馬来也都来搶功一齐砲响四下裏四個將軍一齊都到都只說斬得首級賞銀五百兩此功非小那曉得百夫人撇了刀丟了馬兩隻小金蓮走在地上其快如飛手裏帶着那一根三丈多長九九八十一個金鈎的紅綿套索兒脚走得快索帶得伸盪着他的就是一個乾髏八十一把金鈎到就掛傷了一二十個軍士帶傷的都在頭上或是掛了眼或是掛了鼻子或是掛了嘴或是掛了耳朶或是掛了頭髮或是掛了兩鬓或是掛了腦盖骨还有一等

不帶傷的或是掛吊了盔或是掛吊了纓或是掛吊了扎巾或是掛吊了甲或是掛吊了鎗或是掛吊了把还有一個將軍是那個將軍原来就是張狠牙掛吊了一頂鉄幞頭掛吊了一付紅抹額掛碎了兩塊皂羅袍張狠牙原在對陣馬又走得快故此被傷兩個先鋒兩個遊擊原是離得遠馬却到得遲故此不曾帶傷百夫人全勝了一陣帰去朝見番王一根索上取下許多的盔甲扎巾之類又有許多連皮帶骨的傷痕番王大喜重重的賞賜說道全仗夫人之力明日成功同享富貴却說張狠牙輸陣而帰自家受氣还不至緊違了元帥軍令豈當等閑只得自家先自綑綁起来解到中軍帳上請罪兩個先鋒兩個遊擊也都是小衣小帽跪在帳前王爺道違悮軍情于律當斬張柏說道是小將情愿承刀王

爺道先鋒遊擊都只分得旨浅不得為無罪兩個先鋒兩個遊擊齊齊的說道非干末將們之事望元帥老爺寬恩三宝老爺說道依法都該重治只是念在十萬里之外又是用人之際比在本朝不同姑容他們將功贖罪罷王爺道依老元帥劝觧姑容你們這一次今後違悮法無軽貸衆將拜謝起来老爺道同一個番將同一樣日西追殺昨日還有軍馬今日又沒有軍馬怎麼昨日勝今日敗王老先生你怎麼曉得昨日該出今日不該出王爺道昨日百夫人初見之時無所戒備兵法有云攻其無備我所以曉得該出出則勝今日百夫人當畏敗之後百計隄防兵法有云穷寇勿追我是以曉得不該出出則敗老爺道昔日小范老子胸中有百萬甲兵王老先生蹤多千萬王爺道承過獎了老爺道凡事豫則

立何况行軍王老先生在上明日那個百夫人来着那個出陣王爺道今日輸他一陣諸將再不可出陣可着黄鳳仙去和他比一個手即時傳下令箭叫過黄鳳仙来王爺分付做明日出陣又分付他九口飛刀昨日已自看見了三丈多長的紅綿套索今日已自看見了只是他有個甚麼幌心鈴兒那東西却有些作怪黄鳳仙道承元帥老爺差遣末將也有幾般器械料然不輸于他唐状元道其頭同出馬王爺道這個不消同出罷罷黄鳳仙拜辞而去老爺道黄鳳仙成功麼王爺道其氣盈只怕还不得成功老爺道何不就着唐状元幫他出去王爺道後面还有用他處老爺道黄鳳仙可敗陣麼王爺道雖不大贏亦不大敗明日可驗到了明日百夫人又来南陣上却挑過了江兒水不是昨日這些將官是甚麼將

官原来是個朱顔綠鬓杏臉挑腮三綹梳頭兩截穿衣的女將百夫人看見到也好笑怎麽好笑他説道世上只有我一個做女將怎麽這船上也有個女將却不好笑只一件来任他甚麽女將怎麽到得我的手段我且問他一聲便就曉得他的動静問説道来將何人黄鳳仙道我是征西後营大都督唐狀元的金紫夫人你不認得我麽你是何人百夫人道我是銀眼国女総兵百夫人是也你船上的人無故殺我的丈夫我特来報仇你們夫對妻妻對夫何苦到這裏来自尋死路黄鳳仙道甚麽人敢説甚麽死路舉起雙刀来没頭撲面而舞舞了一會百夫人道你且住待我也舞来你看着舉起個九口飛刀也是這等纏身裹足而舞舞了一會黄鳳仙道你且住棋逢敵手一着争先我和你比個手看是何如

百夫人心裏道還婦人儘有些本領怎敢輕視于他抖擻精神把個九口飛刀在心在意的砍過来黄鳳仙把個兩面刀也在心在意的架將去九口的也不見多兩口的也不見少百夫人也不見個贏黄鳳仙也不見個輸兩家扯一個平過百夫人道天色巳晚明日再来到了明日百夫人侵早就来黄鳳仙也應時出去照舊是刀照舊是各舞一會照舊是開砍一會黄鳳仙寸寸節節要尋思百夫人百夫人又在筭計黄鳳仙曉得這個飛刀不奈他何賣一個破綻黄鳳仙趂空兒砍將進去百夫人借着個勢兒一跟頭番下馬来兩隻脚快走如飛手裏帶起那一条三丈多長九九八十一個金鈎的紅綿套索实指望一鈎鈎住黄鳳仙那曉得黄鳳仙又是個積年看見他撇下馬来就曉得他的詭計更不趕上進

去砍他只是帶着馬順着他一跑手裏撒下一把黄豈出来只見八十一個金鈎上都鈎得是些人頭百夫人大喜轉頭看時黄鳳仙土囤而去那裏看見個黄鳳仙心裏想道昨日走了那個黑漢今日却捞着了這個婆娘此功不小帰見番王拿起那条索来見功番王道那鈎上都是些甚麽百夫人道都是些人頭番王道是個甚麽將官就着你捞着了這些人頭過来百夫人道实不相瞞前日那個黒將官是個男子漢喫我一戲捞了他的幞頭抹額今日這個將官是個女將官喫我一戲捞得他的頭来了番王道那一個頭是女將官的百夫人起眼一瞧有好些女人的頭哩只是還認得不真一個個的取將下来初然一個兩個還是人頭三個四個就是猪頭五個六個就是羊頭七個八個就是牛頭九個十

個就是狗頭一十二十還是葫蘆三十四十就是甜瓜五十六十就是苦瓜七十八十就是東瓜番王看見不是南人之頭心中大怒罵道潑賤婢欺君賣国不如趂早些殺了他罷叫聲左右開刀百夫人高叫道屈殺忠良天地鬼神照察番王道你欺君賣国怎麽是屈殺忠良百夫人道小婦人殺夫之仇報之不盡怎麽敢賣国欺君番王道你既是不賣国欺君怎麽頭是假的百夫人道小婦人臨陣之時只曉得帶起索来掛着頭来就是那曉得頭有假的這還是南朝女將戲弄了小婦人姑容明日小婦人出陣梟取那女將之頭前来贖罪罷番王心裏還有些不肯左右頭目再三劝解番王道姑恕這一次後去無功軍法從事到了明日百夫人帶着這些宿氣跑出陣来黄鳳仙笑嘻嘻的跑出陣去百夫人髙

番王道賤人你昨日怎敢戲美我黄鳳仙道怎叫做戲美你来者不
美我答者有餘百夫人道我今番教你喫我一刀也照舊是九口
飛刀舞上舞下黄鳳仙也照舊是兩口刀舞来舞去百夫人舞了
一會猛空裏把九口飛刀望上一撇一個跟頭番下馬来黄鳳仙
只說還是那条三丈多長八十一個金鈎的紅綿套索連忙的帶
轉馬来那曉得百夫人撇過了飛刀手裏換出個甚麼銅鈴兒搖
上兩搖擺上兩擺美得個黄鳳即時間滿心碎裂肝轉腸移心肝
頭上就是猫抓馬上坐不住一個倒栽葱跌下馬来怎麼一個搖
鈴就把人跌下馬来原来這個鈴是百夫人的護身宝貝名字叫
做幌心鈴兒只消暗地裏搖兩搖憑你是甚麼奇男子烈丈夫心肝
都碎騎在馬上的要跌下馬来跕在地上的要跌倒頭来故此黄

鳳仙就中了他毒手一個倒栽葱栽下馬来百夫人只說這是籃
裏魚阱中虎走近前套上一索只指望套將去那裏又想摸個空
怎麼又摸個空原来黄鳳仙有五行五遁跳下馬来看見中他的
毒手套索近前早已土囤而来百夫人走了黄鳳仙不勝忿忿之
氣婦見番王番王道怎麼今日又不曾成功百夫人道小婦人已
自擺動了幌心鈴那女将已自跌下了馬只是拿他不住番王道
豈有個跌下馬就拿他不住之理百夫人道我王不信乞明日親
自上城觀看一遭番王道你有心賣国我那裏看得你這些百夫
人道小婦人怎敢賣国我王一看就見明白番王道你有兩件兵
器一件寶貝　貝豈可不奈他何也罷我且看你明日這叫做物必
腐而後虫生人必疑而後讒入番王心上只是疑惑百夫人這莫

非是王爺又該成此一功怎麼又該成此一功原来番王這些疑
慮早已有個夜不收打探得詳細報上王爺王爺道好了今番百
夫人又死了三寶老爺道怎見得他又死了王爺道口說無憑到
了明日這時候就看見道猶未了一面叫過王明来分付道你即
時閃進城去撈出百夫人那条紅綿套索兒那個幌心鈴兒兩件
中間撈得一件来賞銀一千兩都撈得来賞銀二千兩限五鼓時
候就要交付王爺號令嚴肅誰敢有違王明諾諾而去又叫過左
右先鋒四營大都督来分付道明日黎明時候五個敵樓上都要
結起大紅花綵各色繡毬纓絡各要鮮明各樓上安排細樂吹打
軍馬休息不許喧嚷嘈雜以砲响為號各將官應聲而去又叫過
各游擊將軍来分付道各官統領各部軍馬各備鈎耙套索在第

三層敵樓以裏伺候以敵樓上砲响為號合遊擊應聲而去又叫
過各旗牌官来分付道你各人帶領各色兵番把第三層敵樓以
裏的磚街掃淨沙土各石縫裏細細密密安上鉄菱角黄昏時領
出鉄菱角去限五鼓報完違者梟首示衆各旗牌官磕頭而去又
傳出一枝令箭叫唐狀元黄鳳仙五鼓時候帳前聽令王爺分付
已畢正是計就月中擒玉兎謀成日裏捉金烏到了五鼓王明跪
在帳前交付一条三丈多長九九八十一個金鈎的紅套索兒一
個不大不小不銅不鉄的幌心鈴兒王爺道你怎麼兩件都撈得
来王明道兩件東西都在一張桌子上故此一下子撈了他的来
王爺道這兩件東西都有此通靈變化到沒個甚麼响聲王明道
不敢欺是我預備了去王爺道是個甚麼預備王明道是我預備

下官取帶來的狗皮荷包兒包着他狗為地魘任是甚麽通灵变化受了這個地魘再不作声王爺道百夫人可知道麽王明道知道背把我拐来他一覺睡得只是鼾鼾的响那裏晓得些罷王爺道怎麽這等睡得死哩王明道說起個睡得死的話来又長了畢竟不知是個甚麽話且听下回分解

第八十二回　百夫人墮地身死　引仙師念舊來援

詩曰

獨卧南窗一夢餘　悠然枕上是天涯　十洲三島山無險

閬苑蓬萊路不差　詩句精神池畔草　文章風骨筆頭花

出像西洋記　十七　十五

白刃交前未許三軍能奪節

百夫人墮地身死

丹心自守任從九死視如歸

出像西洋記　十七　十六

少年忠孝心如火　幾謁金門說到家

却說王爺道雖是話長你也大略些說與我听着王明道昨日小的承了老爺軍令不敢有違即時一根隱身草閃進城去進城之後我到百夫人宅上街衢屈曲經過一頭茂盛的林叢只見一個大虫飛到面上来一口就咬住個鼻子咬得小的昏昏沉沉就要瞌困小的心裏却明白想說道元帥老爺軍令在身怎麽敢在這裏瞌困連忙的口裏說道你是個甚麽虫咬着我我有元帥的印信批文在這裏你可怕麽那虫到是個靈虫兒就會說話答應道你既是個奉公差的我饒了你罷小的又多了個嘴問他道你是甚麽虫兒靈虫兒說道我的事也一言難盡小的說道你也說来灵虫兒說道維我之来黑黑冥冥非虺非螫無狀無聲不寢而夢

不醉而醒不疾而疲不嘆而呻若浮雲而未墜若負重而莫勝入人之首倏焉如兀欲仰又俯求昂反屈若南郭子偃几而坐北宮子喪亡而出入人之目若炫五色注睫欲迷回瞬成黑如昌黎之昏花步丘之眼白入人之手。如摯如維将揹臂而徒倚欲撫掌而離披墜何郎之筆落司馬之杯。入人之足如糾如纏欲舉武如超乘比寸步于升天李白安能脫靴于内陛謝安何以曳屐于東山至若青緗浩牘玉笥陳編誦不能句讀未終篇惟我一至。令人莣然如右軍之坦腹靖節之高眠又若汪洋奧義佶倔微言凝思佇想欲探其玄自我一至忽然汗漫如尹文之坐玄達磨之逃禪。凡此之類倦態不一實我之故伊誰之失是小的說道依你所言你却不是個瞌睡虫兒麼虫兒道是也是也他又問小的是個甚麼

人小的道我是個枕頭虫兒道你怎麼是個枕頭小的道你撞着我却不是個瞌睡撞着枕頭那虫兒笑起来一把扯住小的說道我正要個枕頭小的心上用得他就將計就計許下他一個枕頭帶着他找到百夫人宅上驀進百夫人房裏只見百夫人正在那裏欲睡未成是小的對虫兒說這不是一個嬌々刮々白々淨々一個好枕頭也那瞌睡虫兒也曉得有此意思一溜烟就溜在他的鼻子裏面去了百天人害了個瞌睡射々的一片响那裏會醒是小的乘其方便撈將他這兩件東西来了王爺即時取過二千兩銀子賞賜王明王明馱了這一百二三十斤銀子走出帳外来劈頭撞見個旗牌官都来報事又撞見個唐狀元黃鳳仙也来報事唐狀元問王明在那裏来王明却把個取百夫人兩件寶貝王

爺賞賜銀子各樣事細說一遍唐狀元道王爺叫我們五哉功令若是餘功也會有賞夫妻一對即時走上帳前拜見王爺王爺即時把那条紅綿套索幌心鈴兒交與黃鳳仙又分付他幾声說道如此如此又叫過叫過唐狀元来分付他幾声說道如此如此

到了天色黎明番王領了左右頭目大小番官一齊坐在西門樓上看百夫人出陣功展何如守到天明那裏見個百夫人出来只見城下遠々的兩個人兩騎馬来得從々容々走到城門之下只見左边馬上是個男子烏紗帽大紅袍黃金帶。皂朝靴衣冠齊楚文質彬々。右邊馬上是個女人金絲冠兒大紅袍兒官綠裙兒紅繡鞋兒眉灣楊綠臉帶桃紅兩個人齊々的擡起頭来看一看城上番王一向心上疑百夫人在陣上賣国今日之時却又不見個

百夫人出来却又看見城下兩騎馬兩樣的來人心上越發犯疑叫左頭目問城下道你們是甚麼人唐狀元受了王爺妙計答應道我是大明国一個征西大都督武狀元浪子唐英豪你百夫人新訂良緣做我偏房次室約了今早成親故此特来迎接黃鳳仙受了王爺分付高叫道我就是唐狀元的金紫夫人連日和你百夫人叙話蒙他許下嫁我丈夫佳期約在今早故此特来迎接列位若不准信之時現有他的三丈多長八十一個金鈎的紅綿套索搖得响得一個幌心鈴兒昨日已經交付在我處約定今早只是成親再不斷殺唐狀元又說道列位若不准信之時你看我們滿營中都是花紅掛綵都是鼓樂齊鳴道猶未了城外一聲砲响各營裏鼓樂喧天番王听知這兩席話滿心准信。高叫道潑賤儕

耽這等苟求快活我巳三五日前看破他了都是你們衆人和他遮蓋今日噬臍悔之何及叫左右。快去捉他過來。一會兒左右們捉將百夫人來了原來百夫人喫了瞌睡虫兒的虧一覺睡到日高三丈還是這等魂夢昏昏到了番王面前只得雙膝跪下番王大怒罵說好賤貨好個唐狀元的偏房次室偏你要受快活偏我的国把你賣麽叫左右的拿刀来等我親自剮他一百刀看你去做偏房次室不做百夫人越發不曉得風在那裏起雨在那裏落連声叫道好屈也好屈也番王又叫拿刀来百夫人道鋼刀雖快不斬無罪之人怎麽平白地只要殺我番王怒氣塡胸只是不得個刀到手左右頭目却把個唐狀元說的前縁後故細細的與他說一遍百夫人情屈難伸放声大哭說道天下有這等的冤枉事

情我丈夫死肉未寒我怎麽許他偏房次室假饒我要嫁人銀眼国豈可以了我的丈夫兒兼甚麽唐狀元我不曾看見他的面甚麽大明国我不知道在那個東西南北我怎麽有這段情由番王怒氣不息罵說道潑賤貨你還嘴強你既是不曾得看見他怎麽紅綿套索幌心鈴兒兩件寶貝都先交在他處却又睡到這等日高三丈還不睜開眼来百夫人說得啞口無言委是睡在床上不曾早起来起来之時止摸着九口飛刀不見了紅綿套索幌心鈴兒正叫做屈天屈地有口難分那裏曉得是王爺妙計兩着雙關百夫人只是長声啼哭一聲百里風喊一声天恨一聲冤叫一声屈哭得凄凄惨惨　江天冬任是猿聞也断腸左右頭目哭得心酸說道這個中間决有些甚麽冤枉沒柰何再三稟告番王饒他

一命罷番王看見百夫人哭得利害兒兼又是左右頭目再三勸解意思也罷百夫人又哭又說道只是饒我死我心事終是不明放我出城去殺他一陣把那冤枉人的賊精不是他就是我我死在沙場上心事就明只是我死之後不可令百氏無後家有弱嗣望二位老爺善爲撫養我夫妻兩個死在九泉之下感恩不浅左右頭目說道你怎麽說出這許多的閑話你只出城去殺一陣来就見你的心事勝敗非所論也番王道甚麽心事。只好去洞房花燭夜罷了左右頭目都說道决沒有此情小臣兩個情愿把兩家人口做個當頭放他出城而去倘有成親之事。小臣兩家人口願受其罪番王道既如此你兩家各供上一紙狀来我纔肯放他去左右頭目各自供一紙如虛甘同受罪番王應允百夫人挽刀上

馬大開城門放他出去百夫人騎在馬上這一肚子冤枉再沒處伐天咬牙切齒恨上兩聲只見城門外果真一個頂冠束帶的少年自稱唐狀元和他拱手他正然怒發雷霆又只見昨日那厮殺的女將也是挽角穿袍笑吟吟的叫声道二娘子你来也百夫人却纔曉得是這兩個人坑陷他恨上兩声罵上兩声恨不得一刀就了結一個把馬一夾那馬走如飛把九口飛刀儘着平生的氣力飛舞兩起一直殺上前来前兩騎馬轉身就走前面兩騎馬走得緊後面一騎馬趕得緊走的走趕的趕不覺的。一霎時就趕过了一層敵樓一霎時又趕過了第二層敵樓看看的趕上早巳又到了第三層敵樓百夫人狠起来飛一刀上前去一刀砍下一邑馬腿來百夫人有了與頭又夾起馬趕向前去前面就不見了那

兩個人那騎馬不知又是甚麽緣故。一骨碌跌番在地上把個百夫人一失〻將下來百夫人正在怒發冲冠勢如破竹走發了性子撇開馬就是兩隻金蓮步路而走還指望照舊是這等其快如飛那曉得走不過三五丈之遠也是一骨碌一個倒栽葱跌番在地上一聲梆子响兩邊遊擊將軍一片的鈎耙繩索一會兒觧到中軍帳上一會兒砍下一個頭來唐狀元領了頭到西門外竪起根竿子懸著這個頭高叫道銀眼國〻王及大小官員人等知悉早〻的開門納降遲者與此同罪唐狀元號令已畢回復王爺老爺道怎麽王老先生昨日就曉得今日百夫人會死王爺却把個王明取過紅綿套索幌心鈴兒各營搭綵各敵樓上細樂各遊擊鈎耙各旗牌官掃沙安鉄蒺角唐狀元夫妻冠帶事〻細說一遍

出像西洋記　卷之十七　二十三

為報君恩不惜路途千里遠

引仙師念舊来援

欲紓國難敢辭征戰一身勞

出像西洋記　卷之十七　二十四

老爺滿心懽喜說道今日之功奇哉奇哉王明是個捆車之計唐狀元是個反問之計搭綵鼓樂都是些插科打諢鉄蒺角鈎耙繩索線是下手工夫却還有一件原来要滴溜圓的石子兒漫街已自就筭定了是今日之用長廬却頗有如此王爺道我回百夫人一日會跑千里遠路故此把個圓石子兒漫街圓石子兒分外光滑怎麽起得步去漫街之計特令人不知昨日却掃開沙来安上鉄蒺角任他踹在石子兒上石子兒滑他一交任他踹在鉄蒺角上鉄蒺角趕他一交故此百夫人趕將来馬就馬倒人就人倒這也只當是個地網天羅死〻兒関住他的道猶未了一面傳令諸將帳前領賞唐狀元夫婦各賞銀五十兩各遊擊各賞銀七十兩各營各都督各賞銀三十兩各旗牌官各賞銀二十兩簪花掛綵

不在話下三宝老爺道今番却好安排筵席麽王爺道夜不收曾目說是还有一個甚麽引蟾仙師只怕他又来費嘴老爺道只在今日就見定奪怎麽今日就見定奪若是沒有那個仙師今日一定開門納欵若是果有那個仙師今日一定閉上城門之乎也者差人看来果是閉上城門城中不見有些甚麽動靜老爺道這番狗敢這等倔僵無礼明日拿住之時剮了做一萬塊却說番王看見西門外豎起竿子掛起百夫人的頭来却纔曉得百夫人是個真心實意屈死了忠良連忙的把两張供狀交还了左右頭目汗顏歸朝左右頭目說道事至于此不如開門納欵还得個乾淨遲則禍来不小欲解無由番王道起初不曽投降得到如今却是遲的前日仙師臨行之時留下一個木魚兒在這裏說道你国中若有

大難你就敲我的木魚兒我自然下来救你今日如此大難不免還要求救仙師一番左右頭目說道仙師曾說百里鴈何如番王道曾說他會死頭目道木從繩則直人從諫則聖前日仙師之言王上不听今日百夫人之言王上不听你莫怪小臣們所說有眼不識忠良有耳不听忠諫国破家亡想在目下番王道你两個人這等埋怨你各人自去罷我自有處左右頭目果真的收拾去了番王道我只要求我的仙師要你們做甚麽即時董焚真香對天祷告〻〻已畢拿出木魚兒来輕〻的敲了三下响声未絕一朶祥雲冉〻的下来雲裏面坐着一個引蟾仙師按下雲頭進到殿上番王扯着磕頭就是拜仙師即忙還礼說道王上你今日怎麽行這個大礼番王道御兄在上寡人今日国中被此大難控訴無門望乞御兄廣開方便和我救援一番仙師道百里鴈何如番王道果中御兄之言已經死了仙師道欺人連輸連走正所以長他的驕滿他的氣他公然不知驕矜自滿驕兵必敗欺敵必亡馬得不死百夫人何如番王道百夫人到盡忠而死仙師道他那三件寶貝這如今都在那裏番王道飛刀隨陣喪失套索鈴兒都是未死之先送了中朝仙師道也沒個送中朝之理想是被他們設計取將去了左右頭目在那裏番王也是個狡猾的就裏一個小小的謊兒說道左右頭目不堪提起仙師道怎麽不堪提起番王道他两個每〻主張我去投降我說還有御兄在上不曾禀告得怎麽擅自投降他两個就使起性子来說道今日也御兄明日也御兄當此大難之時御兄在那裏你既是求救御兄我們不如各人

去罷且看你御兄明日做出甚麽乾坤来故此他两個拂袖而去再三留他不住番王這一席話分明要激發個仙師果真的激石乃有火激水可在山仙師就激將起来說道這两個人好沒来歴何故小視於我他說我不如我偏然要做個大乾坤来他們看着到了明日衣袖裏取出個經摺兒掀了一掀〻出一個畫成的獨角青牛仙師噴上一口水那隻牛撲地一声响竟自走將下来仙師搶起衣服跨將上去手裏一管沒孔的鉄笛竟望西門上出去番王道御兄你不用些軍馬麽仙師道要他去抵鎗要他何用番王道你不用甚麽兵器麽仙師道要他去絆手要他何用番王道你却怎麽去厮殺仙師道這青牛就是我的軍馬這鉄笛就是我的兵器道犹未了逕自出了西門来到一層敵楼下各営裏不曾

得令不敢出兵仙師騎着個牛直前而走三五十里之遠只當得
緝緝剎剎一直繩走一直索一會兒走到第五層敵楼之下
看見宝林山石崖上一行大字着眼一瞧只見說是雁飛不到處
人被利名牽十個大字仙師沉吟了一會怎麽看見個字有個沉
吟原来引蟾仙師是天上一個乾鵲星乾鵲星頭上就是個利名
星牽着你是甚麽乾鵲的利名星一牽就走他沉吟之時看見百
里雁死在這裏是雁飛不到處一句已經准驗了若是人被利名
牽這一句再若准驗之時却不這場功勞是個假的故此費了這
一會沉吟美做個没興頭撥轉牛来照着西門上又是這等急走
如飛一會兒又在西門上各敵樓下還不見些動静走了一會又
望山腳下一去住了一會又望西門上一来一日工夫就走了三

五轉元帥只是個不傳令各營裏只是個不出兵一個仙師一隻
青牛跑進兜裏去了却說二位元帥看見有個仙師又来出陣也
不傳令諸將一竟請到天師天師道容明日出馬看是何如明日
之時天師整衣出馬只見西門上走出一位仙師
頭戴鹿胎皮　身披鶴氅衣　青牛卌井立　鉄笛醮壇歸
到也好一位仙師岸岸的滿面風光天師道来者是一位仙翁願
通名姓仙師把個青牛夾一夾走向前来把個鉄笛兒擺一擺像
個要吹之狀從從容容却說道
仙翁無定數　時入一壺藏　夜夜桂露湿　村村桃水香
醉中拋浩刼　宿處有神光　藥裏丹山鳳　棊函白玉郎
美州移砥石　吞日傍扶桑　龍竹裁輕菓　鮫絲熨短裳

樹栽嗤漢帝　橋板笑秦皇　径欲隨関令　龍沙萬里強
天師聽罷說道這是李義甫贈玄微先生的五言排律以此觀之
仙翁莫非是玄微先生麽仙師道是也又名引蟾仙師既承下問
願聞道長大名天師道吾乃大明国江西龍虎山引化真人張天
師是也仙師道既是一個天師豈不知天時豈不知地利何故提
兵深入我西洋之中滅人之国絶人之嗣利人之有貴人之財是
何理也天師道仙翁差矣我二位元帥奉大明国朱皇帝聖旨欽
差撫夷取宝果有我中朝元宝理宜取回如無即用一紙降書咼
至滅国絶嗣之慘仙師道既不滅国絶祀怎麽殺了我国中一個
百里雁又一個百夫人兵卒們不下五七百這些人命都有何辜
一旦置之于死天師道這是他們不知天命召自不賓自取其罪

仙師就撒起来說道你說那個不知天命那個自取其罪天師道
像你這等助人為悪就是不知天命就是自取其罪仙師把牛一
夾就是一鉄笛掀過来天師也把馬一夾就一宝劍掀過去你一
笛我一劍你一上我一下仙師也打不着天師天師也打不着仙
師美鬆了一會各人散夥仙師道你明日再来看我的本領天師
道貧道一定来相陪到了明日仙師相見更不打話坐在青牛背
上拿起根鉄笛来一撇撇在半天之上喝声道变那根鉄笛即時
間変一十一百一千一萬滿天都是鉄笛又喝声長那上萬的鉄
笛齊齊長起来長有千百丈之高柱天拄地又喝声麄那上萬的鉄
笛一齐的麄起来麄有三五丈之圍無大不大又喝聲来那上萬
的鉄笛一聲响又是一根鉄笛吊將下来拿在手裏天師道這等

的術法有何所难我也做一個你看着拿出一口七星宝劍喝声道起那口宝劍自然騰空而起喝聲道变那口宝劍就是变即時間上十上百上千上萬滿空中都是些宝劍喝声長那上萬的宝劍就是長即時間就長有十百丈之高撑天撑地喝声道麄那上萬的宝劍也就是麄即時間麄有三五丈之圍遮天遮地喝聲道来那上萬的宝劍一陣火光一齊的吊將下来还是一口宝劍歸在天師手裏仙師道我要自己变化一個变十個十個变百個百個变千個千個变萬個你意下何如天師道這個不消了分身之法且莫說是貧道就是貧道跟隨的小道童兒都是會的仙師心上有些不快活說道你何視人之小也旣是你的小道童兒都會你就叫他出来故一個我看天師笑一笑兒說道此何难哉叫出

一個小道童兒來年方十一二歲頭髮兒齊眉穿領毛青直裰看一雙紅廂道鞋天師分付道你做個分身法来那小道童兒且是慣熟把個頭髮兒抹一抹把個直裰兒抖一抖口兒裏念一會手兒裏捻一囬自己喝声变即時間一变十十变百百变千千变萬雖然萬數之多一樣的頭髮一樣的直裰一樣的道鞋天師喝声道長那萬數的道童兒就是長就有十丈之長天師又喝聲道麄那萬數的道童兒就是麄約有五七尺圍之麄天師看着仙師問声道可好麽仙師道也好好字未了仙師手裏的鉄笛吹上一聲只見一陣風突然而起

可聞不可見　能重復能輕　鏡前飄落粉　琴上响餘声

一陣風漸漸的大漸漸的狂將起来番天覆地平地上却跕不住人仙師的意思要刮倒那些道童兒那曉得上千上萬的道童兒就是釘釘住了的一般動也不動過了一時三刻風兒漸漸的葳天師却綐手下一道飛符即時一朵慶雲從地而起

若烟非烟　若雲非雲　郁郁紛紛　蕭索輪囷

那上千上萬的小道童兒都跕在雲頭上騰空而起天師道令番可好麽仙師道好便好只是起得慢些天師道你還要怎麽快哩仙師道你欺我不會快麽牛背上鉄笛又是一吹那条牛早已起在半天雲裏天師跨上草龍也自跟到半天雲裏仙師拿着鉄笛照着道童兒横一撇要做個筆鋒横掃五千軍天師伸起手接着还是一個道童兒分明是個粒粟直藏十百界仙師看見天師不是個巧主兒落下雲来竟回本国而去天師輕輕的放了道童兒

拜見二位元師元師道這仙師好一管利害鉄笛也天師道那個鉄笛又沒有孔又吹得响又能呼風又能变化到是個剝嘴的三宝老爺道不如也叫王明去捞他的過来罷天師道這也通得老爺即時叫過王明来分付道現今引蟾仙師那管鉄笛着你去捞他的過来捞得之時也照王爺舊例賞銀一千两王明應声而去走到路上心裏想道前日王爺賞我二千两銀子只當吹灰今日老爺許我一千两艮子不知財氣何如且走進城去再作道理進了城門轉東湾抹西角找到仙師的宮中驀進仙師的房裏只見引蟾仙師端端正正坐在那裏桌子上一枝燭一爐香一部道德経王明擡頭瞧一瞧仙師光着兩隻眼睛坐在那裏却又不見個鉄笛兒在那裏就是看見個鉄笛兒却也下手不得的王明況思

了一會無計可施畢竟不知是個甚麽計較繞撈得他的鉄笛来
且聽下回分解
○○

第八十三回　王克新两番鉄笛　地里鬼八拜王明

詩曰

無事閑来坐運机　立時行走立時宜　藏身一草偏行急
衆目觀旋旨返遲　盡皷無心聲戰閙　紅塵不動馬驅馳
任君門户重重鎖　幾度歸營酒滿巵

却說王明沉思了一會。無計可施。只得又悶到門外。心裏想道前
日那二千兩銀子。多虧了那個瞌睡虫兒今夜少不得去尋他来

一草隱身體合陰陽而互用

王克新两番鉄笛

两番鐵笛謀兼奇正以相生

繞有個蚊子一逕又走出門来我着前日的樹林之下。左走右走
不見有個甚麽虫兒過了一會只听見嗡一聲响。一個蒼蠅飛到
而上打一撞王明只在想着瞌睡虫兒認不得是個蒼蠅問說道
哥你是那個那蒼蠅又巧。說道你尋那個王明心是急的個不得
是不是說道我尋個瞌睡虫兒蒼蠅道你尋他做甚麽王明道我
有场好事照顧他蒼蠅听見說是有场好事照顧他他就認着
說道我就是瞌睡虫兒。你怎麽不認得王明道你却不是昨日的。
蒼蠅又說他說兒說道我雖不是昨日的昨日的却就是我們一
班王明道昨日的說了一篇文你可有得說哩蒼蠅道怎麽沒有
得說我也說一篇你聽着王明道你就說来蒼蠅道惡我之為人
也逐氣尋香無處不到頃刻而集誰相告報在物雖微為害至要

若乃炎風之熾夏日之長尋頭撲面入袖穿裳或集眉端或沿眼眶目欲瞑而或鼈臂已痺而猶攘或頭垂而腕脫每立寐而顛狂又如峻宇高堂法賓上客或集器皿或屯几格或醉醑醪曰之沉溺或投熱羹遂丧其魄尤忌赤頭號為景跡引類呼朋搖頭鼓翼至于大哉肥牲嘉殺美味稍或怠于防閑已輒遺其種類養息蕃滋淋漓敗壞覩朋索尔無罹藏穫曰之得罪余悉難名凡此為最

這一篇分明是個蒼蠅賦原来王明不學書文理苦不深听見說得好只說真是昨日的一般蒼蠅說道我說了這一篇你今番却認得我麼王明大喜連声道認得々々我和你同去有好事照顧你帶着他悶進仙師的宮中又進到房裏此時已是個深黄昏只見仙師坐那裏眉眼不開意思要打䶊王明指着仙師說道這

不是塲好事也蒼蠅看見仙師生得白々淨々只說是塊大哉肥牲很是嗡一聲一頭拳撞着他的臉仙師喫他這一撞轉撞醒了罵說道這屎蒼蠅是那裏来的叫聲徒弟趕開這個屎蒼蠅等我好睡王明跕在一邊心裏只是連聲叫苦也苦也說道原来是屎蒼蠅錯認他做個瞌睡虫兒致使仙師睡不着美巧反成拙說不得還要出去尋個真的來今番出去分外仔細東也叫聲瞌睡虫兒西也叫聲瞌睡虫兒忽然撞着一個大餓蚊虫正沒處尋個人咬肚裏餓得慌听見王明尋瞌睡虫兒他只說是有甚麼好處尋瞌睡虫兒他意思就要充他問說道是那個叫我也王明道我昨日照顧你你今日就不認得我蚊虫真是個利嘴就扯起謊来說道昨日是我家兄三明只是要得緊說道昨日是令兄你却不也是個瞌睡虫兒蚊虫就假充一下說道我怎麼不是你有個甚麼好處照顧我麼王明道有塲好事只要你是個真的蚊虫利嘴假的就說做真的說道好大面皮又有個甚麼假的王明道昨日令九有一篇文今日一個假的也有一篇文你既是真的小念出文来我聽着蚊虫說道我也念一篇你听着

我之為人也方大明之當天潜退避於幽深翅斂緝兮凝痴口箝結兮吞瘖雖智者之莫覺亦安能耿視而追尋及斜陽之西薄天冉々以就昏遂拉類而鼓勢巧排闥而尋門或投抵於間隙潜深透乎重闈覩燈光之晰々仍倚壁而逡巡何其人之夢覺為吾道之屈伸方其猶覺也則閴靜無語坐帷立裳心搖々而圖食意欲塋而畏擒及其既夢也則洋々而得志飛高下以紛紜親肌膚而利嘴吮膏血於吻唇

既飽而起飢而復集已貪婪之無厭揮之則去止之復来何耻畏之足云聲喧豗兮連雷刺深入兮利鍼夢既就而嬰覺心欲忍而莫禁既冥擊之莫得徒束手兮噴心

這一篇分明是個蚊虫賦王明听見說甚麼排闥尋門又說甚麼猶覺既夢只說是個瞌睡裏面的事今番却是真的速忙說道你是個真的跟我来我有塲好處照顧於你帶着他走到仙師房裏此時已是更盡多天仙師朦々朧々伏在桌子上打個䶊王明指着說道這不是一塲好處照顧你也蚊虫看見仙師生得細皮薄面正是他的貨輕些上前却好的他肚裏餓得慌那裏又顧得輕不輕撞上前咬着一嘴就是行針的醫生狠是一針蚊虫這一針比先前屎蒼蠅那一嗡還狠十倍你教仙師再又睡得着哩光溜々的兩隻眼睛叫聲徒弟

你都在那裏不来收拾致使這等的餓蚊虫来咬我哩王明咬了
說是個餓蚊虫却又連聲叫苦也苦也究竟怎麽又錯尋了一個
蚊虫今日這一千兩銀子這等難也沉思了一會將欲出去再尋
那瞌睡虫兒時日有限再錯尋了一個却不悞了工夫將欲站在
這裏引蟾仙師眼睜睜的却又不見個鉄笛兒在那裏到是費嘴
又過了一會却纔拿出主意来說道求人不如求己鈍鉄磨成針
只要工夫深挨了守這一夜那裏不是好個王明一直守到雞叫
怎麽直到雞叫却說那仙師伏在桌子上到儘在要睡一初逢着
個屎蒼蠅一嚷落後又着蚊虫一針反弄得清醒白醒的坐起来
故此一直坐到五下鼓却纔精神倦怠心事不加着實要睡把個
衣服一掀兩掀掀番了睡到床上原来那管鉄笛帶在胸脯前時

刻不離的只因要睡得快掀得衣服快却就連衣服捲着擱在床
頭邊上明眼看得真只是不敢動手過了一會還不敢動手又過
了一會總有半個多時辰仙師鼻子裏只是鼾响口裏只是哼
那王明心裏想道今番却睡沉了王明却又小心生怕有甚麽不
測處躡躡到他耳朵邊做個屎蒼蠅的聲嚶嗡狠是一声仙師也
不曉得王明又不放心拿起隱身草當做蚊虫到他臉皮上叱一
針仙師也又不得知王明道今番是好動手了只一件又怕那管
鉄笛有個甚麽响聲也罷丹桂不須零碎折請君連月掇将来好
個王明連仙師搽鉄笛的道衣一繳過兒都捞番他的来回来交
付老爺已自天色微明
茅屋雞鳴曙色微　半輪斜月已沉西　吾伊盈耳窮經處
滿目英英濟濟齐
老爺接了鉄笛滿心歡喜一邊叫軍政司收下一邊叫取過一千
兩銀子来賞王明王明領了這一千兩銀子好惱又好笑怎麽好
惱又好笑都是夜来的屎蒼蠅餓蚊虫兩個悞事却不好惱得了
這一千兩銀子盲子見錢眼開却不好笑王明便好笑引蟾仙師
也好哭却說仙師到了天明一覺眼醒正要起来俻辦厮殺床頭
邊摩衣服摩一個空摩鉄笛摩一個不見仙師慌了事連忙的叫
徒弟来告訴他不見了衣服不見了鉄笛徒弟到說得好說道師
父你沒有走甚麽邪路麽只怕吊在斜路上去了仙師惱頭上喝
聲道咗那裏一個出家人戴頂冠兒走甚麽斜路哩徒弟說道那
金厚金薄的笑話兒豈不是個戴冠兒的走斜路麽道猶未了只

見日高三丈番王不見仙師出去親自進来問候進到床面前叫
聲御兄你今日怎麽這等貪睡也仙師越發沒趣却又遮盖不来
只得直言告訴說道夜来五鼓上床並沒有個甚麽動靜不知怎
麽樣兒天明不見了衣服不得起来番王道我朝裏另做得有新
衣服取来御兄穿即時取過衣服仙師又說道衣服到不至緊還
不見了件東西番王道是件甚麽東西仙師道不見了我的鉄笛
番王道可還有第二管麽仙師道天上地下有一無二那裏又有
第二管哩番王道快差精巧鉄匠們旋打一管罷仙師道仙胎聖
骨怎麽旋打得成番王道這却不是花子死了蛇沒得弄了仙師
道還是猜枚的吊馬兩手都脫空番王道只一管鉄笛怎麽兩手
都脫空仙師道夫之不幸妾之不幸這却不是兩手都脫空番王

听見這句話却纔想到自家身上老大的喫力。說道那裏去追尋他来眉頭一皺計上心来即時出下一道榜文滿国中張掛所有仙師鉄笛一管自不小心夜深失落知風報信者賞銀五百兩收留首官者賞銀一千兩勑封一品官滿国中大小番子嘈嘈雜雜。那裏去追尋榜文張掛了一日到第二日侵早上一個官揭下了榜文逕進朝来討賞番王道你是何官揭我的朝榜推榜的說道小臣姓葛名燕平百夫人之弟現任副平章之職番王道可拿將鉄笛在這裏麽葛燕平道沒有鉄笛在這裏番王道既沒有鉄笛你這裏怎麽敢擅揭我的榜文葛燕平道雖沒有個現鉄笛却曉得鉄笛的着落又有個跟尋之方番王道方可灵驗葛燕平道百發百中只要王上那一千兩銀子番王道銀子現在你先說個着

風檃沉堆任是鬼王應屈膝

地里鬼八拜王明

術通玄妙豈容夷虜不寒心

落来葛燕平道小臣打探得南船上有一個將官名字叫做王明他身上有一根草叫做隱身草拿起来只是他看見別人別人却不看見他又善能排金門入紫闥不數甚麽鉄神前日小臣的女兒不見了那兩件宝貝負屈含冤都緣是個王明撈將去了今日這個鉄笛一定又是他這却不是個着落番王道這個着落也是倩詳未得其實且說跟尋之方何如葛燕平道本国宝林山下有一個獵户名字叫做沙咖嗼渾名叫做地里鬼常一駕鷹走大打獵為生一日打着一隻老猿拿住要殺他老猿就講起話来說道你不要錯認了我我是你一個大恩人地里鬼說道你是個老猿有個甚麽恩到我老猿道我已經修行了千百多年神完気足骨換胎移你怎麽拿得我住只因上帝有旨說你執業雖然不好中

叩去有一點不咨殺之心着本山土地化你做個好人本山土地又着我送件寶貝與你拿了這件寶貝十年之内官封一品白銀一千一塲富貴報你那一點不咨殺之心地里鬼听見這一塲富貴連忙的放了手反跪着他磕上兩個頭陪個情兒說道唐突之罪望恕饒老猿到自巳頭頂上扯下一根毫来碧澄ㄑ的顏色就像個翠羽一般約有三寸多長遞與地里鬼又說道我一生修行只修得兩根毫這是第二根毫將来與你名字叫做隱身毫拿在手裏只你看見人人再不看見你你去且安守十年貧困十年之内必主大發地里鬼道假如不發何如老猿說道十年之内如不發者天之命也君子俟命豈可再来絮聒打攪麽道猶未了早已不見了個老猿地里鬼大喜拿着根毫果真的人都不看見他他恪

守令旨再不打攪只是安貧番王道這事經今幾年葛燕平道經今已自八年王上榜文說道賞銀一千兩勑封一品官這却不是應在他身上叫他去跟尋這却不是個跟尋之方番王道既如此就在你身上去請他進来葛燕平即時請到地里鬼見了朝番王道本國仙師一管鉄笛被南船上王明有根隱身草撈將去了葛平章薦你有根隱身毫要你去撈他的来撈来鉄笛之時官封一品賞銀一千兩地里鬼看見印合了他當年老猿的話語不勝之喜拿了隱身毫竟出朝来一邊走路一邊想着說道我有這根毫只是人不看見我我到南船上怎暁得個鉄笛在那裏怎取得出来還有一計不如去見仙師討些口訣綫好行事果真的拜見仙師叙了閑話地里鬼說道仙師老大人鉄笛兒可有個甚麽號頭

麽仙師道我的鉄笛是個無價之寶凴你放他在那裏上面有一道黑烟但有黑烟就暁得是他地里鬼說道可有個甚麽名字麽仙師道名字便沒有只是對着黑烟之下叫聲帝都地他就一溜烟直冲而起不論在九地之下不論在九天之上都是到手的地里鬼得了口訣拜辭而去走到南船上此時已有未末申初滿船上上下下一遍却是隱身毫在手裏沒人看見他儘他自由自在逐節挨尋只見軍政司船上有一道黑烟直在船稍上些地里鬼要叫他聲兒這聲氣却是隱不得的怕人听見一直守到黃昏前後船上還不曾起更也好個地里鬼悄悄的走到黑烟之下叫上一聲帝都地果真的一聲响一管鉄笛冲將出来地里鬼拿着鉄笛只當與拿着一個一品官拿着一千兩銀子好不快活也一蓬風竟直

走轉朝裏把個鉄笛交付國王国王即時封官一品即時遞上一千兩銀子地里鬼一朝富貴而起引蟾仙師得了鉄笛仍舊是騎了牛一鞭而出高叫道南朝好蠻賊哩怎麽把我的寶貝兒偷將去了快快的雙手送將出来少待遲延我教你喫我一刀之苦手裏拿出口刀幌上幾下一隻牛走上走下藍旗官報上元帥老爺道昨日不来今日又来其中有個緣故王爺道怎見得老爺道昨日不来曰為失了寶貝今日又来一定是有了寶貝王爺道但看軍政司就見明白查到軍政司果真的不見了鉄笛王爺道元帥高見即時傳令各營俱各按兵不動仙師走了一會叫了一湯沒人理他無興而去王爺又叫過王明来分付道你昨日撈来的鉄笛不知怎麽今日又被他撈將去了王明道只是小的有這個隱

身草行走無踪會撈別人的那裏又有這等一個人會撈我們的老爺道正是有這等不明白的事王明道沒有甚麽講的小的再去撈他的来就是老爺道今番不比前番他那裏一定有個甚麽貝樣好人了王明道小的還有別法不當只是一根隱身草道猶未了竟自出去走到銀眼国城門之下原来仙師的貪心不足又叫地里鬼過来打探別的宝貝也走到城門之下一個一根隱身草一個一根隱身毫你不見我我不見你偏是冤家路兒窄可可的兩下裏撞一個頭拳一個人一骨碌跌番在地上王明喫了一驚說道只有人不看見我我怎麽這會兒也不看見人地里鬼也喫一驚說道只人不看見我怎麽這裏有個看不見的人王明拾起草拿在手裏地里鬼終是生疎扒起来毫還丟在地上沒有了

毫却就露了本相王明看見是個番子心上就明白向前去一把撾過来擂上幾個大拳頭罵說道番狗奴我昨日船上不見了鉄笛原来就是你的鬼地里鬼無言可答看見王明来得兇生怕去了這根毫很是一掙掙脫了手望地上一刺王明罵說道你只好做個地里鬼罷這一句是王明信口罵他地里鬼錯認了只說是叫他名字拾起了毫反来陪個小心說道王明哥小弟又仰大名怎麽老哥也曉得小弟的賤號王明曉得是番子錯認了話不免就鬼推他一番却好下手他連忙答應道我自從到你国中就曉得有個地里鬼只是不曾相會地里鬼越發歡喜說道前日国王為因鉄笛之事把老哥的事細細的告訴小弟只是小弟失親王明就透他透兒說道你手裏是個甚麽地里鬼說道是根隱身毫

地里鬼也問道你手裏是個甚麽王明道是根隱身草地里鬼道奇哉㭍是我看得見人人看不見我王明道你這寶貝是幾時得的他里鬼道我得了七八年前日纔得了這些和落王明又問他一個詳細地里鬼又告訴一個詳細王明得了他的詳細却来詭他說道你国中怎麽這等好只得一管鉄笛怎麽就官封一品銀子一千若把我們南船上只好一兩銀子賞賜就是大事地里鬼也是個鬼就要遜說王明說道王明哥你一根隱身草我一根隱身毫天生一對弟兄小弟有一事相告老哥不如和小弟同到小弟国中去罷王明正要鬼他這一句話又故意的說道好到好只伯你的国王不肯重用我哩地里鬼道我国王求賢如渴豈有不重用之理王明却来下手他說道既如此我和你同到船上我有

幾樣好寶貝待我取將来獻上你的国王却不是個進見之礼地里鬼雖乖却就識不得王明是個計說道這個意思甚好我和你同去王明哄着他跕在船頭下又叮囑道我是個官身只怕上船去有甚麽差遣我又只得去答應一番来得遲些你必須在這裏守我地里鬼只圖王明過去一任之見不曾經思說道好兄弟生死之交莫說只在這裏等候你就走到晚上些来我也等你王明又穩他穩兒說道你不怕人看見麽若是你的毫不濟我把我的草與你地里鬼又好勝說道我的毫怎麽不濟怎麽要你的草你只管去就是王明曳開步轉到船上把個地里鬼隱身毫偷去筒的事細細的稟知元帥元帥道既是此人有根隱身毫只怕明日不奈他何不如今日先着那個拿住他罷王明道不消又添出這

一番事。待我取過鉄笛囬来。一齊拿他同見元帥就是。元帥道只怕他私自去了。却不枉費了這一番心。又多添一個害。王明道其人雖是個番子。着實信實。拿来之時。還望二位元帥厚待他些。不然是小的賣了他。小的之罪不自重乎。元帥道就是。道猶未了。王明一手隱身草。一手戒手刀。走到銀眼國国王堂上。只見仙師正在對国王講話。講今日南兵怎麽不出。講明日怎麽殺退南兵。講得正有興頭。王明仔細一瞧。只見一管鉄笛帶着腰裏。一頭繫在帶倪上。坐在椅子上。衣服却不拱起来。一頭就露出些了。王明就在那露出了些的去處。撈將他的来。轉到船頭下。放一了草。叫聲地里哥。地里鬼也放下了。毫見了王明說道哥。你来得好快也。王明更不打話。一手挽着地里鬼望船上直跑。地里鬼力氣不加。只

得跟着王明跑。口裏叫說道你怎麽扯我到你船上来。王明道你怎麽要我到你國中去。地里鬼道到你船上。你們元帥肯容我麽。王明道到你國中。你們番王肯容我麽。他里鬼道我曾和你講来。我国王求賢若渴。豈有不容之理。王明道你還沒有看見我們元帥。天高地厚。于人何所不容。地里鬼道你還讓我去罷。王明拿出鉄笛来說道。鉄笛已経在這裏。你還到那裏去哩。地里鬼道怎麽你又撈番他来。王明道你昨日怎麽撈得去。道猶未了。已自進了中軍帳上。拜見元帥。交上鉄笛。元帥分付軍政司收下。地里鬼里頭元帥道。這是那個。王明道就是銀眼国地里鬼。元帥道依你昨日到我船上偷出鉄笛。不該宥你。只是你今日結拜了王明。返邪歸正。就是你開了自新之門。你可在我面前。拜了王明為哥。王明叫之

你兄弟。我元帥我和你兩個作個証憑。兩個結拜已畢。元帥又分付道你盡心報國。不可二三。擒你這様鬼頭。如發蒙振稿耳。地里鬼諾諾連聲說道既承重用敢不盡心。元帥又叫軍政司欵待酒食。王明陪飲兄弟交懽。地里鬼歡喜不盡說道。不意今日撥開雲霧而見青天這一段。都是二位元帥。曲盡人情。招徠遠人的机括。却說三寶老爺道。且喜鉄笛兒又来了。地里鬼也又来了。止剩得一個仙師。不如多着軍馬。圍住他何如。王爺道仙師是個古怪的。那条牛。也有些古怪。此人非國師必不可服。老爺道既如此。作速請國師不可挨延歲月。即時請到天師國師。二位元帥。把前緣後故細說一遍。却說這如今只是一個仙師。一条青牛。都是利害的。故此特来相浼國師做個處置。免得屢延歲月。所費不貲。國師道

貧僧看見這個國中。一道白氣冲天。一定有個甚麽妖僧妖道。東中貧僧之言。天師道開船之時。貧道𩑶頭上出火。貧道也就說来前行屡主一凶。果真的費了這些事。國師道仙師是個道家。請天師去罷。天師道貧道已経和他比過手来。他那一管沒孔的鉄笛变化無窮。他那一隻青牛。飛騰頃刻。貧道一時也不柰他何。國師道原来那管鉄笛。是個沒孔的。元帥道是個沒孔的。國師道是王明撈將来了。元帥道是王明撈將来了。國師道借来我一看。元帥即時分付軍政司。取過鉄笛来。奉上國師。老爺觀看。國師接過来左看右看。看之不盡。點兩點頭。說道這管笛兒我認得了。畢竟不知認得這管笛是個甚麽。且聽下回分解。

第八十四回　引蟾仙師露本相　阿冊小國抗天兵

詩曰

作曲是佳人　製名由巧匠　鴟弦時莫並　鳳管還相向
隨歌唱更發　逐舞声弥亮　宛轉度雲籠　透迤出蕙帳
長隨畫堂裏　承恩無所讓

却說國師老爺接着笛兒在手裏點兩點頭說道我認得了元帥道認得是那裏来的國師道且從容告訴你待等仙師出来貧僧親眼見他見兒一総繞實道猶未了藍旗官報道引蟾仙師騎了一隻青牛跨了兩口雙刀声々叫道是那個又偷了他的鐵笛是那個又串拐了他的地里鬼在那裏恨上恨下咬牙切齒好不利

枉用仙機片々落花隨水去

引蟾仙師露本相

空遺軀殼聲々啼鳥逐人來

害也國師道待貧僧出去看他看見國師站在船頭上看了一會說道這畜生在這裏這等維持全然迷失了真性衆人只說國師老爺罵那仙師坐下的青牛那曉得說得就是那個仙師國師老爺說道你們都站着我去就來國師輕移幾步只見白雲條々的圍住了國師一會兒就不看見在那裏去了去到了敵樓之下把個圓帽旋一旋除將下来頭頂上就透出一道金光金光裏面就現出了佛爺々的丈六紫金身左有阿難右有伽釋前有青獅白象後有帝釋尊天佛爺喝声道畜生你在這裏做甚麼引蟾仙師听見說畜生兩個字心下就虛撞起頭来猛空的是個佛爺々在上心裏喫好一大驚想說道怪得這些宝船来下西洋撫夷取宝原来是我佛爺々在上面未及開口荅應佛爺々又叫声利名星

何在只見一聲响吊下一個牧童来一手一条鞭㖞声那裏走恰好的青牛背上馱的也是一条牛只是顔色是個純白的一個牧童騎着一隻白牛騰空而起止剩得　条青牛在這裏没發落處国師收了金光雲收霧捲又在船頭上二位元師說道敢問国師老爺這是一段甚麽縁故国師道這個話儘長哩天師道難得国師這等玅用也要請教一畨国師道當原先佛母懷了佛爺々在身上未及生育之時歸寧母家過婆羅山上行了幾里只見一個牧童騎着一隻白牛吹着一管鉄笛佛母听見他吹得腔調不凡心上有些駭異漸々的牧童兒騎着白牛抹身而過佛母接過他的鉄笛来看一看原来又是個没孔的笛兒佛母說道娃々你這個笛兒又是鉄的又是没孔的怎麽吹得這等响里牧童道我母

出像西洋記　卷之十七　四十五

母你有所不知短笛横牛背各人傳授不同佛母道假如我們也吹得响麽牧童笑一笑兒說道我母々你吹得响時你就是個治世老母我就把這管鉄笛和這隻白牛都送了你罷佛母拿起来吹上一聲々音响亮吹上幾聲幾聲按律牧童跳下牛来磕两個頭連鉄笛連白牛都送與佛母牧童騰空而去佛母得了白牛不至緊生下佛爺々来没有乳就把這個白牛乳养大了佛爺々故此傳到至今世上喫齋的喫乳餅就是這個縁故元師道似此之時這条白牛的功德不小国師道白牛豈是等閑按天上的乾䨦星那牧童兒又是個等閑的按天上的利名星只有利名星牽得乾䨦星動後来白牛歸了佛道這如今㘴在佛爺々蓮臺之下牧童脫了凡骨快活天堂之上只有牧童兒牽得這個白牛動元師

道道来牧童兒騎着白牛上天去可就是這兩個麽国師道引[illegible]仙師就是蓮臺之下的白牛思凡住世托為仙師那管鉄笛就是佛母吹得响的鉄笛故此貧僧一見鉄笛就曉得他的来歷一見仙師就認得他是個白牛元帥道牧童兒是那裏来的国師道是貧僧叫他下来收服這個白牛上去元帥道鉄笛何不還他去罷国師道牧童兒手裏拿的鞭就是那管鉄笛元帥道他怎麽得去国師道是貧僧與他去的天師道佛爺玅用功德无量老爺道早知燈是火飯熟幾多時不去拜請国師空費了這許多手脚王爺道我學生初到山下意思要捉住百里鴈我寫在石板上說道鴈飛不到處人被利名牽怎麽今日牧童果是個利名牽仙師又是牧童收去偶爾中耳如此當有地里鬼听見王爺講話跪上前来

出像西洋記　卷之十七　四十六

說道前日仙師看見王爺題這兩句詩心中悶々不快原来也是這等一個縁故天師道即此一事可見得天下的事都非偶然老爺道還有那条青牛不知是個甚麽出處国師道叫来我問他卽時叫過青牛来国師道你是個牛麽青牛道小的是戴松画的青牛修行這幾百年䋲略有些意思就被那位仙師老爺騎将来左要变化右要飛騰喫他許多虧苦那裏曉得他是条白牛国師道你可脫化麽青牛道還是個牛不曾脫化国師道你牛有十牛輪廻到了雙泯自然脫化青牛道千載難逢望乞佛爺々指教国師道初然是個未牧未经童兒牧養之時渾身上是玄色　猙獰頭角恣咆哮　奔走溪山路轉遙　一片黑雲横谷口　誰知步步犯嘉苗　第又就是初調初穿鼻之時鼻上總有些白色　我有

芒繩驀鼻穿　一回奔競痛加鞭　從來劣性難調治　猶得山
童盡力牽　第三是受制為童兒所制頭是白的　漸調漸伏息
奔馳　渡水穿雲步步隨　手把芒繩無少緩　牧童終日自忘
疲　第四是廻首曉得轉頭之時連頸脖子都是白色　日久功
深始轉頭　顛狂心力漸調柔　山童未肯全相許　猶把芒繩
且繫留　第五是馴伏性漸順習之時和童兒相親相伴半身俱
变白色　綠楊陰下古溪邊　放去收來得自然　日暮碧雲芳
草地　牧童歸去不須牽　第六是無礙到了無拘無束的田地
渾身都白得來只是後脉上一条黑色　露地安眠意自如　不
勞鞭策永無拘　山童穩坐青松下　一曲昇平樂有餘　第七
到任運任意運動無不適宜渾身都变得是白只有一個尾子還

是本色　柳岸春波夕照中　淡烟芳草綠茸茸　飢飡渴飲隨
時過　石上山童睡正濃　第八到相忘牛與童兒兩下相忘是
不識不知的境界渾身都是白色脫化了舊時皮袋子　白牛常
在白雲中　人自無心牛亦同　月透白雲雲影白　白雲明月
任西東　第九是獨照不知牛之所在止剩得一個童兒　牛兒
無處牧童閑　一片孤雲碧嶂間　拍手高歌明月下　歸來猶
有一重関　第十是雙泯牛不見人人不見牛彼此渾化了無查
滓　人牛不見了無踪　明月光寒萬里空　若問其中端的意
野花芳草自叢叢　說了十牛國師又問道你可曉得麼青牛
道曉得了曉得兩個字還不曾說得了。只見青牛身子猛空間是
白國師道你是曉得已自到了相忘的田地道猶未了。一聲响。一

隻白牛就变做一個白衣童子。朝着老爺禮拜皈依國師道[illegible]
一步就是了一陣清風就不見了那個童兒只見天上一輪月。月
白風清悠悠蕩蕩天師道佛力無邊廣度衆生這個青牛何幸得
遇老爺超凡入聖國師道阿弥陀佛曰風吹火用力不多。那牧童
即是人牛即是心雙泯即人心俱渾化而證于本然之道阿弥陀
佛心孰不有。有則當修道孰不具。具則當證牛且可馴心豈不可
修心既可修道豈不可證不脩心不證道卽牛之不若阿弥陀佛
道猶未了藍旗官報道諸將統領軍馬攻破了四門拿住國王及
大小番官番吏都在帳前請元帥鈞旨定奪元帥道無道之君上
逆天命。下虐生民叫刀斧手過來一槩都砍了他的頭把這滿城
番子都血洗了他。三寳老爺怒發雷霆雙眉直竪王爺也不好勸

得天師也不好勸得只有國師慈悲為本說道元帥在上看貧僧
薄面饒了他們罷国師比別人不同凡事多得他的佛力。元帥不
好違拗只得分付且住國師又叫過那一干人来分付道怪不得
你們負固不服本等你們是個白眼有眼無珠不識好歹也罷自
今以後也不許在這裏立國。也不許你們在這裏為王。也不許你
們衆人在這裏做甚麼番官番吏番王道我們若不自為一國我
們這個銀眼却入不得那些番子的邦。國師道不立國自然都是
烏眼珠兒自然入得那佛爺的言語就是金口玉言後来銀眼国
果真的白眼睛却都变做了烏珠兒故此銀眼國不現經傳元帥
發放那番王番官番吏囬去元帥又查他國中原有兩個左右頭
目是個知天命的叫他來受賞却都逃去了無踪跡可查一面收

營拔寨一面傳令開船叙功頒賞各〻有差船行無事行了二十
數多日藍旗官報道前面又是一個國元帥道先收船收船之後
却差遊擊將軍傳上虎頭牌去元帥有令各自收船剗收得船住
只見一個番官頭上纏着一幅布身上穿着一件細布長衫脚下
着的是雙靴走上船来自称為總兵官要見元帥藍旗官禀明放
他進来參見元帥行跪拜之礼。元帥道你這国叫做甚麼国番官
道小国叫做阿丹国元帥道你国王叫做甚麼名字番官道叫做
昌吉剌元帥道。大小官員有多少番官道文武兩班共有五百
多員元帥道軍馬有多少番官道馬步兵有八千之多元帥道可
有城池麼番官道枕山襟海城小而堅元帥道你国王还是好文
还是好武番官道樹德懷仁務農講武元帥道你此来奉国王之

命麼番官道人臣無境外之交。豈有不奉王命者。元帥道国王此
来是個甚麼意思番官道也不過是個送往迎来之常道若無他
意元帥道你叫甚麼名字。番官道我叫做未摩阿元帥道你回去
拜上你的国王我們是大明国朱皇帝駕下。欽差来這裏抚夷取
宝如有我中朝元宝 取將回去如無只用一紙降表此外別無事
端我有一面虎頭牌是個頭行來歷你帶去你国王看看就見明
白倘蒙礼讓相先。明日再會即拒以兵戈。亦不出三日之外来麼
阿唯〻而去老爺道番官此来何意王爷道来意不善老爷道怎
見得王爺道既有好意国王親自会来国王不来便以礼来豈有
羌差一個官兒乘應对之間儘覺得便利其来意可知矣老爺道
只有八千兵怕他做甚麼王爷道再差夜不收去体探一番何如

老爺道蕞尔之国針穿紙過的要這等細作做甚麼王爺道先差
幾員遊擊假扮番子攛進城去裏應外合何如老爺道割雞馬用
牛刀那要這等的权謀奇計。王爺道老公〻意下何如老爺道今
日安排筵宴合家歡樂一番到明日再處王爺道這也通得到了
日西旗牌官報道阿丹国四門謹閉滿城上。一片旌旗不知是何
主意老爺道各人固守城門你怎麼禁得他麼只是明日之時不
能投降再作道理藍旗官散班已畢二位元帥即時赴宴請到天
師国師各隨帯素各有鋪設四個公〻各宴各船各將官各宴各
營酒行数巡老爺道軍中無以為樂叫帳下勇士們来舞劍為寿
即時勇士們齊到分班逐隊舞一會劍奉一回酒舞劍已畢老爺
分付軍中有善歌者各營公舉〻歌為寿。即時善歌的舉到也是

這等分班逐隊舉一回歌奉一回酒老爺道軍中有能楚歌麼王
爺道怎叫做楚歌老爺道昔日漢王圍着項羽在垓下項羽夜聞
楚歌拔劍起舞這不是個楚歌道猶未了班中走出一個軍士来
磕了頭禀說道小的是和陽衛的軍家住在烏江渡口橋裡左側
自小兒傳得有個楚歌不知可中老爺听麼老爺道只要喉嗓兒
好就是歌之文字與你無干。那軍士遂高歌一絕歌曰

泰山兮土一丘　滄海兮一葉舟　鱸魚正美好歸也　空戴
儒冠學楚囚

歌罷老爺道這正是楚歌思歸之意　然在耳。列位請酒〻尚未
乾三宝老爺一時肚腹疼痛。如霍乱吐瀉之状告辭衆位說道王
老先生作主相陪二位老師寬坐一會。咱学生陡然間有些賤恙

禀過列位就寢少許即時奉陪國師道貧僧告退罷天師道貧道告退罷老爺道二位老師若不見愛咱學生就不敢進去天師道此時已二鼓矣夜尽更深不劳賜坐罷老爺道咱學生今夜有個通宵之興王老先生在這裏作主舞的自舞〻的奉酒歌的自歌〻的奉酒舞罷繼之以歌〻罷繼之以舞循還相生週而復始我明日重〻有賞我暫時告退少得安息即就出来若出来之時有一名不在者軍法從事兩邊歌舞的毛髮竦然又說道二位老師若不久坐是重咱學生之罪王老先生若不久坐就是掃咱學生之興好三宝老爺把個言話都收煞得定〻兒的亦繞起身起身後酒未一巡老爺差人出来禀說道公〻多拜上列位老爺寛坐一會寛飲一杯疼痛少止些即来奉陪頃刻之間酒未一巡老爺

不自揣摩用肆鯨鯢横海曲

妄加尊大敢提豺豕抗天兵

又傳令出来說道歌的要歌舞的要舞敢有違悮即時梟首頃刻之間酒未一巡老爺差人出来禀王爺道公〻多拜上王爺相陪二位老爺寛坐一會寛飲一盃疼痛少可些即来奉陪頃刻之間酒未一巡老爺又差人出来禀說道公〻在裏面肚腹疼痛霍亂吐瀉听見列位老爺肯久坐听見列位老爺肯飲酒即時間就病减一半若說道不肯久坐不肯飲酒即時間就添出十分病來王爺回復道你去拜上公〻有我在這裏作主相陪二位老爺公〻放心調理我們直飲到天亮就是王爺又差人進去問候三宝老爺回来說道老爺貴恙覺得好些即刻就要出来老爺雖不在外面一會兒差人留坐勸酒一會兒傳令責俻歌者舞者國師天師也不好告亂王爺也只得勉強作主歌者舞者俻得只是料戟戟

怕也些不到處自取罪戾再敢有個懈怠之時只是這等留坐勸酒只是這等再歌再舞不覺就是五更。不覺就是天亮天師道元帥老爺說是有個通宵之因果真是天亮了王爹道老爺昨夜不該要個甚麼楚歌一個楚歌不至緊肚子裏楚歌了一夜道猶未了藍旗官禀說道元帥有命請列位老爹進城赴宴陪夜来睞慢之罪王爺还不敢信問道元帥這如今还在那裏藍旗官道元帥老爺昨夜三更時分已自進了阿丹城這如今大排筵宴在阿丹国ヒ王朝堂之上相請三位老爺。王爹道元帥神机妙筭人所不及即時都進到阿丹国ヒ王堂上相見老爹道夜来失陪耑此謝罪天師国師都說道元帥有鬼神不測之机。唾手功成可賀可賀王爺道我孝生还不得知。只說老元帥不該唱甚麼楚歌致使肚

子裏楚歌一夜老爺道嚮原是個意思阿丹国有精兵八千嚮要唱個楚歌取個楚歌吹散八千兵之兆王爺道今果然也可謂奇哉老爺道仗賴余庇僅免罪戾耳。馬公ヒ道這一千人下知道個詳細趕着来問老爹道是個掩襲之計。馬公ヒ道願聞其詳老爺道因為王先差下一個番官通問于我ヒ就借着這介回頭也差下一個將官通問於彼這是介往还之理。他又何疑我却就中使上一個計較差參將周元泰假扮做辦事官。外面頂冠束帶裏面披細甲藏利刀進朝裡通問番王。又差都司吳成扮做個跟隨小軍跕在朝門上伺候四門裏藏下四個游擊教場裏藏下兩個水軍都督兩個游擊將軍。約砲响為號周參將相見番王叙話已畢臨行之時一手抓過番王来兩逐文武番官。上前相救周參將一手

取出刀来喝聲道哇番王之命懸於我手你們順我則吉。逆我則凶這一聲喝就是個號頭朝門上吳都司就是一聲砲响四門上四個游擊早已殺了四處把門官。大開城門我們軍馬。一湧而進教場裡兩個都督。兩介游擊一齐砍門而入。把四個番總兵官一個只一条索交至嚮學生進城之時。已經百事停妥只待嚮學生發落嚮學生未敢擅便請王老先生同来。馬公ヒ道夜半蔡州城不能如此之周悉王爺道連我學生也瞞了。我說裏應外合老元帥还哄我割雞馬用牛刀。老爺道恕罪了兵机貴密。不得不然王爺道怎麼敢說個罪字。總見得老元帥之高。老爹分付請番王来相見相見之時王爺待以賓礼番王甚喜王爹又分他幾句說道国王你僻處西洋。不知夷夏之分自古到今。有中国總有夷狄夷

狄事中国如子事父。大分然也我們領了欽差来此撫夷取宝別無事端你昨日差下一個甚麼總兵官。你既不能以礼自處那總兵官語言恣肆。又不能以礼處人故此我們元帥。教道你這一番还是我們元帥体悉你們幸免塗炭之苦。你可知道麼番王道卑未知道已經禀知元帥来望乞寬容兩三日。修下書表備辦礼物冉有二三願以頸血洗元帥之刀。萬死無怨二位元帥俱各休么厚待番王放了四員番將太宴一塲。各自收兵歸營坐猶未穩只見軍政司跪下禀說道離京日久賞賜浩繁目今庫藏裏面缺少了錢粮老爹道可支消得清白麼軍政司道監守自盗律有明條豈可支消敢不清白之理老爺道还餘下多少軍政司道昨日稽查止剩下得一千二百多兩老爺道有上千。還可作用王爺道我

們多少船隻多少軍馬自古道軍馬未動粮草先行這一千兩銀子彀那個食用厚賞之下必有勇夫沒有賞賜叫那個肯用力這一千兩銀子彀那裏賞賜老爺道粮草還有哩王爺道前程還遠萬一缺少從何所來老爺初然還不覺得听見王爺說了這些利害心上就喫了些慌說道王老先生言之有理只一件在此穷途中無所措办萬一有缺怎麽前行怎麽捱延歲月不如轉南京罷王爺道我們離南京已經五載即今轉去也得週年這一千兩銀子可足週年之用麽侯公公道怪不得錢粮缺少遭凡有些禮物只做清官毫厘不受這如今却也腿肚子裏轉觔了老爺道既往不咎只是為今之計要個長處王爺道老公公不必焦心學生有個那移之法老爺道怎麽那移得王爺道天地生財止有此數不

在官則在民普天下的銀子也只在官民兩處何况我船上的銀子這庫藏裏面的錢粮不過是賞賜所用却不還在船上麽老爺道好去取回他的来王爺道怎麽取回他的只是老公公這裏傳下一面轉牌曉諭各船大小將校知悉憑他有多少的献出多少来俟歸朝之日奏聞朝廷見一還二有十兩還二十兩有一百兩還二百兩有一千兩還二千兩這却不是個那移之法老爺道妙哉妙哉即時寫下轉牌傳示各船大小將士知悉傳到後營船上唐狀元接着牌對着黃鳳仙說道我們收拾起来不知有多少銀子黃鳳仙道三五百兩像是有了唐狀元道到不如王明那徇脩前沓兩三日之間得了三千多兩黃鳳仙道沒事講起銀子来豈馬国忘家之道唐狀元道不是我講銀子只回元帥一面轉牌傳示各船大小將校借辦錢糧這如今凡有多少銀子儘多少献出去等到回朝之日奏聞朝廷一兩還二兩黃鳳仙道有這話来唐狀元道現有轉牌在這裏黃鳳仙接過牌来果真是牌上說道

征西大元帥鄭王　為公務事照得寶船離京日久賞賜浩繁以致錢鈔匱乏為此傳諭各船大小將校凡一切前此賞賜銀兩除花費外現存若干據實轉呈帥府登簿充辦軍用凱旋之日奏聞

朝廷見一還二不願銀兩者許計銀兩多寡給官大小轉移之術公私兩利各官務宜悉体從實具呈毋得隱瞞遺漏亦不許因而別生事端取罪不便須至牌者

看牌已畢黃鳳仙道只要銀兩有何難哉待我親自去見元帥願

送銀兩公用不願取還唐狀元不知他的意思說道夫人差矣我和你很有不過三五百兩毡上毫何補于用黃鳳仙也不說彼只說道一個三五百十個三五千百個三五萬積少成多豈不為美唐狀元只說是真同了黃鳳仙到千中軍帳外只見帳外監看一面牌牌上寫着借辦銀兩者抱此牌進黃鳳仙即時抱牌而進元帥道黃將軍借辦銀兩麽黃鳳仙道是小將因見元帥轉牌知得軍中缺乏銀兩故此特到帳前来输納元帥听知道輸納銀兩不勝之喜即時叫軍政司取過文簿来把黃鳳仙的銀兩数目登簿老爺道借辦官銀是黃將軍破簿也算一個頭功取過簿来王爺道你是多少銀両拿出来對過好登錄文簿畢竟不知黃鳳仙果是多少銀両且听下回分解

第五十五回

黄鳳仙賣美僊術　阿丹国貢献方物

詩曰

思婦屏輝掩　遊人燭影長　玉壺初下箭　桐井共安床
色帶長河色　光浮滿月光　靈山有珎甕　仙闕薦君王

却說王爺道你有多少銀子拿来對明好登録文簿黄鳳仙道还不曾帶得銀子来王爺大怒叫左右的推出黄鳳仙去梟首示衆黄鳳仙道好意借辦銀兩怎麽就梟首示衆王爺道你既沒有銀子怎麽叫做借辦銀兩引例當欺侮朝廷論于律處斬黄鳳仙道先登了文簿落後對上銀子憑要多少就是王爺道你說憑要多

術妙玄通天地于馬而聽令

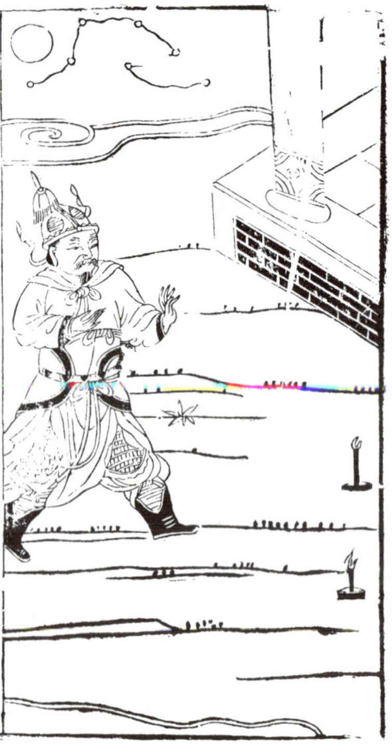

功成鉅靡華夷由此以知威

少攸把這等大話来降我們我這裏要銀一百萬黄鳳仙信口所說就一百萬把唐狀元跕在一邊嚇得只是小鹿兒心頭撞想是這婦人花心風發了莫說一百萬一千在那裏一百兩還差不多見王爺道軍中無戲言說了一百萬就是九十九萬還成不得黄鳳仙道元帥在上小將怎麽敢說個誑言自取罪戾倘若元帥不信心之時小將情愿立下一紙軍令狀交在元帥臺下如少一兩甘當斬首示衆三宝老爺道既有軍令狀便自罷了王爺道你拿軍令狀来黄鳳仙一手筆一手紙兩手就是一張軍令狀書了名押個字後面又寫着同夫武狀元唐英唐狀元道你寫着我上敢来畫字黄鳳仙道只要你畫個字你就不肯麽唐狀元道畫字何難你這一百萬兩銀子從何而得黄鳳仙道沒有銀子不過只是

個死罷了唐狀元道你便自送其死終不然教我和你同死麽黃鳳仙道你是個狀元豈不聞生則同衾死則共穴唐狀元道你旣讀書豈不聞夫妻本是同林鳥大限来時各自飛黃鳳仙好惱又好笑說道咳季子不礼于嫂買臣見棄于妻人只說是婦人家見識淺原来世情看冷暖人面逐高低都是頂冠束帶的做出来王爺道罷了不消他盡字。只你這銀子還是幾時有得来黃鳳仙道元帥在上救兵如救火就在眼面前怎麽說個幾時的話只不知這是甚麽時候王爺叫問陰陽官陰陽官回復道。已是巳時三刻黃鳳仙道既是巳時三刻。小將在午時六刻。獻上這一百萬銀子来唐狀元只是緘口無言。連衆將官也都不曉得他是個甚麽出處王爺看見他語言慷慨。全無懼怯之心。也老大的犯猜說道

你既是一時三刻有得銀子来你且自去着止留下軍令狀在這裏黃鳳仙道小將就在元帥當面取將来怎麽又到那裏去哩王爺道你自去取来罷。怎麽要在我面前黃鳳仙道還要元帥分付一個軍勞相助一力王爺道助你去擡来麽黃鳳仙道不是擡来要他取過黃土兩担綿紙一張旗鎗二把明燈一盞其餘的不消了。元帥傳令。一時取齐黃鳳仙就在元帥船頭上把那兩担黃土堆成一座土山。一張綿紙畫成一座城門把個城門紙帖在山脚下用兩根旗鎗插在兩邊城門上做一個小窩兒分定了東西南北點上一盞燈王爺看他這等羙鬆却也一時不解其意黃鳳仙道元帥在上銀子在小將身上這盞燈却在元帥身上。王爺道怎麽在我身上黃鳳仙道燈有個方向第一不可移動燈要常明第

二不可陰滅移動陰滅非徒無益。而反有害王爺道何為無益何為有害黃鳳仙道移動了就無益陰滅了就有害先禀過元帥無此二者罪在小將有此二者。罪在元帥王爺道你到好銀子還不知道在那裏先要罪在元帥黃鳳仙道非敢累及元帥。只是兩件事是要緊的元帥道依你所說就是你只管去取銀子来好個黃鳳仙不慌不忙。走到土山之下城門之前一手遷起衣服来一手推着門叫聲開只見那扇城門呀的一聲响齐齐的兩扇同開黃鳳仙走將進去進去之後只見一陣風兩扇城門可可的雙雙掩上王爺道這個法兒到也玅。馬公公道元帥你不得知這個法是個掩眼法兒他走到那裏去也正叫做船裏不走針甕裡不走鱉只好在這些船上罷你不信之時且待我吹陰了他的燈你看他在

那裏出来王爺道這個使不得他先前講過来吹滅了就有害我做元帥的豈可害他馬公公道既不吹滅他的且待我移動他的看他何如王爺道。他說移動了就無益馬公公道若只是無益尚可再去果真把個燈移動了些原向的是東南上這如今移動了向着正東王爺道移了燈不至緊取不得銀子来。反致怨于我到沒意思道猶未了。陰陽報道午時六刻馬公公道黃鳳仙此時好来也剛說得一個来字果然一陣風来那兩扇城門果然又是這等呀一聲响齐齐的兩扇同開了門黃鳳仙走出来手裏拿着一個帖兒。口裏說道是那個移動了我的燈王爺道是移動了燈你怎麽說哩黃鳳仙道因移動了燈故此不曾取得銀子来馬公公道沒有銀子。依着軍令狀而行黃鳳仙道我先前已經禀過了

移動了燈便徒勞無益這個罪在元帥身上王爺道這是馬公公移動了你的燈取不得銀子不該罪你你只說個緣故我們聽着怎麽移動了燈就取不得銀子黄鳳仙道小將進了那個門就要依着燈光所向而行想是燈對了正東上故此小將一走就走到了滿剌伽国排柵小城的庫藏裡面小將初然不知覺只見金銀財寶堆積甚多却要動手原来都是元帥封號小將心上緫明白寧可素手空回不敢輕動小將又怕轉来之時元帥們不肯信心即時生出一個計較取過一塊石灰團兒寫着黄鳳仙三個大字放在庫門裏面小將心裏又想這三個字雖是証憑却還在回船之日眼下元帥若不准信却不依軍令状而行却又生出一個計較不如去見王都督討張印信票帖這纔是個萬全元帥不信之時

現有票帖存証二位元帥接過票帖来果是王都督的親筆果是王都督的印信王爺道奇哉々々須再煩你走一遭今後再不移動了你的燈黄鳳仙道為国忘身萬死不避小將再去就是重新帖過一張畫成的城門重新換過一盞明燈自家放定了方向又叮囑王爺道這盞燈是小的的命小的也是為朝廷出力伏乞元帥老爺嚴加照管王爺道你放心前去今番再不許諸人移動黄鳳仙又走到土山之下城門之前推一下門吽聲道開只見兩扇門呀一聲响斉々的雙開黄鳳仙進去了吽聲道閉兩扇門呀一聲响斉々的閉着王爺道今番却有些好意思来也馬公々道黄鳳仙強不知為知適来的票帖還不知是怎麽樣的鬼推哩道猶未了一陣風来刮的兩扇門一斉開着黄鳳仙一轂轆鑽将出来

一手一個娃々。左邊娃々。穿一身黄右邊娃々。穿一身白王爺道今番走的却是路麽黄鳳仙道燈不曾移動。小的走得就是路王爺道走的是路。可曾取得銀子来麽黄鳳仙道取得来了王爺道你兩手兩個娃々。銀子在那裏黄鳳仙道銀子在元帥倉裡這兩個娃々。原是要到我們中国去看世界的王爺道怪不得馬公公說你是個鬼推這等看起来真是個鬼推我們坐在這裏那裏看見有一厘銀星兒罷黄鳳仙道口說無憑只去拉開鎖伏板就看見王爺去看果真的滿々一倉這一倉銀子不至緊把二位元帥四個公々大小將官都喫好一嚇都說道黄鳳仙真是個神人也一倉何止只是一百萬錠王爺取起一錠来看一看且又都是細絲横頂。老爺道有此大功當受大賞。一面繳回軍令状一面登録

文簿一面簪花。一面递酒王爺親递三杯飲到第三杯之時黄鳳仙道銀子可彀用麽王爺道彀了。黄鳳仙道若不彀之時把這兩個娃々去賣也值好幾兩銀子。王爺道這娃々說要到我們中国去看世界。怎麽好賣他况兼賣他能值幾何黄鳳仙吽聲娃々我元帥老爺許了帶你到我中国去你一個喫我一杯酒一個斟上一杯酒典他一個一口一轂轆吞将下去黄鳳仙喝聲道哇喫了我的酒坐着元帥官倉裏去兩個娃々。自由自在走。到官倉裏去了馬公々道這娃々是那裏来的黄鳳仙道是鬼推来的馬公公道那個說你鬼推哩只這兩個娃々。你帶將他来豈可不知他的来歴黄鳳仙道委是不知。敢強不知為知連上了這兩句話馬公公滿臉羞慙黄鳳仙拜辭而去。三寳老爺說道黄鳳仙雖有大功

意徘志滿還人的話我和你且去司着那兩個娃ㄣ看他是個甚麽來歷若有拐帶逼勒情由也是他一樁過惡道猶未了拉開官倉板来那裏是兩個甚麽娃ㄣ原来穿黃的是個七尺多高的金娃ㄣ筆實是金的穿白的是個七尺多高的銀娃ㄣ筆實是銀的老爺反自喫一驚說道黃鳳仙真心為国有這許多銀子不可勝當怎麽還有這兩個金娃ㄣ。銀娃ㄣ。恠知道他說是要到我們中国去看世界回朝之日把去進貢朝廷也是他一功。老爺喜之不盡又傳下金花兩朵銀花兩朵金鴛鴦一對紅綠紵絲四表裡加賞黃鳳仙却說黃鳳仙受了王爺賞賜巳自榮耀不可當又加三寶老爺加厚傳賞越發精彩。倍加欣喜拜謝来使唐狀元道金銀花朵還猶自可。這等金鴛鴦着實是奇。黃鳳仙道那裏去覓個籠兒

来籠着這對鴛鴦唐狀元道籠他做甚麽黃鳳仙道大限来时怕他各自分飛唐狀元又喫他還這句話好沒意思只得陪個笑臉兒說道夫人何事這等記懷我不怪你也罷你反見怪于我黃鳳仙道你有何事怪我唐狀元道我和你共枕同衾你有這等一個好法兒怎麽不傳教于我黃鳳仙道你要我傳教你麽唐狀元道非為財寶傳得也好搏笑一番黃鳳仙道這個不難我就教你去走一遭来唐狀元道你却不可耍我黃鳳仙道這是個出生入死之門怎麽耍得道猶未了好個黃鳳仙就在船倉板上畫一個城門船倉頭上放一盞燈取過一條紙来畫上一道符遞在唐狀元手裏教他拿着符自巳叫門又叮嚀他道你進門之後逢火亮處照直只管走ㄑ到金銀財寶去處你却就住紐轉身子就回来唐狀

元道曉得了只你也要看燈黃鳳仙道這是我的本行反要你来叮嚀唐狀元一手拿着一道符一手敲着門叫聲道開只見那扇門也照舊是這等呀一聲响双ㄣ的開了唐狀元挺身而進ㄣ到裏面果是有一路火光唐狀元遵着老婆的教照着火光路上一直跑ㄣ了ㄣ一會徃空裏滿脚下都㨫得是金子銀子堆積如山仔細看来只是一片黃只是一面白也不認得是個甚麽去處這非義之財唐狀元不苟。就輪起脚来照着火光路上又走ㄣ了一會只見前面黑蔆ㄣ的沒有了路唐狀元喫一慌起眼瞧ㄣ。一座高城一個城門城門上一個吞頭張牙露齒好不怕人也唐狀元手裏緊ㄣ的捻着那道符心裏想道這個門莫非就是我方纔進来的麽敢是背面故此不曾看見這個吞頭且待我叫他一聲看是

凝眸漢日謾傾簞食以來降

何如唐狀元剛叫得一声開門哩城頭上撲鼕的一声响吊下一個鬼来青臉獠牙藍頭紅髮喝声道你是甚麽人敢在這里叫門唐狀元只得說個謊話說道我是大明國征西大都督武狀元浪子唐英鬼說道你既是大明國的狀元饒你去罷唐狀元又問声道哥哥這是那裏鬼說道你好大膽子我這裏是酆都上國等閑可是叫開的唐狀元听見酆都兩個字曉得是個鬼國嚇得遍体酥麻沒奈何不得個出路又只得問說道哥哥我這如今往那個路上去哩鬼說道前行沒有了路你叫好紐轉身子来就是路了唐狀元心上卻纔明白說道我夫人叮囑道到了金銀財寶去處就要住就要紐轉身子来原来是我自家不是忘懷了轉頭故此走到這個田地即時紐轉身子来口裏只說得一声哥哥多謝指教了

照着火光一陣順風隨身而去前面就是一合閉呀的一声响亮的開了唐狀元出走門来恰好就是船倉裏面恰好就是黃鳳仙站在面前唐狀元嚇得把做再生之人慌慌張張交還了那道符黃鳳仙道狀元你為何這等驚慌唐狀元卻把酆都鬼國的事告訴一番黃鳳仙道這是你自家不是不曾及早回頭唐狀元道好怕人也險些兒送了我的殘生黃鳳仙道你何故這等大驚小怪我們只當耍子唐狀元道你只當耍子你再去走轉来黃鳳仙道此有何難即時抹吊了先前的画再又畫上一座城門再又點上一盞燈黃鳳仙叫聲開門門就開的黃鳳仙走將進去唐狀元也要隨後走將進去原来黃鳳仙是個做法的叫開門就開門要進去就進去唐狀元沒有了那道符進不得這個門了進不得門不至緊卻在船艙板上撞了一个額角把個船艙頭上的燈早已打除了除了燈沒有指路的亮黃鳳仙走不得半步路眼面前就是無萬的金銀黃鳳仙看一間一間都拿不得他的来說道默子也要我站在這裏進退無門怎麽是好道猶未了隔壁走過一個番子来都吆喝道一個賊在這裏快拿哩快拿哩黃鳳仙來得忙看見有一個花磁罐瓶兒在地上一跟頭就刺到瓶兒裏面去了早已有個番子眼快看見走在瓶裏就吆喝道在這裏在這裏又一個太番子坐在那一个廟分付道拿過来我看黃鳳仙仔細打听原来就是這是阿丹國主爺和一班文武查盤庫藏恰好的黃鳳仙撞在這個網裏黃鳳仙也就拿出個主意来說道我滿拔着坐在這裏憑他怎麽樣兒卻說阿丹國國王帶了一班文武查盤庫藏

收拾金銀奉献元帥進貢天朝拿着一個賊却又走在瓶兒裏面國王道此事怪哉一個人怎麽進得瓶兒裏面去叫左右的拿起来看裏面可有人麽左右的看了一會回復道裏面没有人番王道這個賊還是走了我說道瓶兒裏面怎麽進得去怎麽安得住番王又問先前看見的是那個總兵官去摩阿答應道是小臣看見番王道怎麽又不在瓶裏去摩阿道小臣分明看見豈有個不在之理待小臣親自来看拿起瓶来果真是不看見去摩阿還是個有見識的叫上一聲瓶裏的大哥只見瓶裏面就答應道噫那個叫我哩去摩阿道是我叫你瓶裏說道你是那個去摩阿道我是阿卅國的去摩阿瓶裏說道你叫我做甚麽去摩阿道我問你可在裏面麽瓶裏說道我在這裏去摩阿回復番王有人在瓶裏

番王親自問上一聲瓶裏可有人麽瓶裏應聲道有番王帶進朝去馮你那個問聲可在裏面應聲在問聲可有裏面應聲有都說道這是個甚麽緣故莫非是個鬼怪妖魔瓶裏說道我不是鬼我不是怪我不是妖魔番王道你是個甚麽黃鳳仙就在瓶裏扯起謊来說道我七百年前是個金母大凡世界上的金子都是我肚裏出来的我七百年後是個銀母大凡世界上的銀子都是我肚裏出来的番王道怎麽金子又变做銀子麽瓶裏說道行多了月經紅銅去了血却不是銀子番王道你今日到我庫裏做甚麽瓶裏說道我聞得你把金銀献上大明國元帥這是塲好事我特来看一看兒番王道你怎麽又走到瓶裏面去了瓶裏說道你献上元帥我替你做個今恐無憑番王道你叫做甚麽名字瓶裏說道

我叫做不語先生番王道何所取义叫做個不語先生瓶裏說道我本是個人却又坐在瓶裏人平不語我豈不是個不語先生番王听見這幾句話講得有些意思心上到快活說道你這如今可肯出来瓶裏說道我不出来番王道你願在那裏瓶裏說道我願跟着金銀同獻上元帥番王道也好也好看是一個瓶問話會答應也筭做一個寶貝叫左右的即忙收拾書表一應礼物連這個瓶同去拜見元帥左右道各色俱已齊備番王即行来到中軍帳下藍旗官報上元帥却說二位元帥分外傳賞厚待黃鳳仙並不曾看見他来面謝却托故叫他来看是何如只見黃鳳仙又不曾来唐狀元来叅見老爺道你那黃鳳仙為了這幾百萬銀子連我們元帥就都欺滅起来唐狀元道三軍之命係于元帥怎敢說個

欺滅二字老爺道既不是欺滅我們怎麽我們做元帥的到格外加厚你們你們做将官的都受之安然一個謝字兒討不得你黃鳳仙在那裏去了唐狀元只得說個直情說道實不相瞞二位元帥所說非干黃鳳仙不来親謝之事自從前日受賞之後是小将戲謔他有此神術怎麽不肯傳授丈夫他依前術法教小将進去走一遭小将失于轉頭一直走到酆都鬼國走得眼見鬼却纔回来老爺道這是你的事與黃鳳仙何干唐狀元道是小将回来報怨他他說我再走一個你看是小将要跟他進門々不曾進得一頭拳撞滅了指路的燈囙滅了指路燈到如今不知去向兩日未歸有此一段情由伏望二位元帥恕罪王爺道他原先說来陰臧了燈他却自有害可惜可惜陷害了這一員好女将老爺道這是

唐狀元的不是唐狀元，道是小將的不是王爺，道彼時燈是多早晚撞滅的唐狀元，道曰在船艙板上畫個城門，燈在船艙頭上，他前一脚進門小將就後一脚跟着進去，不擬門就閉上了，撞一個頭拳撞陰了燈。王爺道即時撞陰了燈所去不遠，只好就在這個阿丹國老爺道這個也難道。王爺道唐狀元你寬心，本國國王一會兒就到便見明白。道猶未了，只見藍旗官報道阿丹國國王參見。不知國王參見之後，黃鳳仙有無何如，且听下回分解。

十七卷終

新刻全像三寶太監西洋記通俗演義卷之十八

二南里人編次

三山道人繡梓

第八十六回

天方國極樂天堂　禮拜寺偏多古跡

詩曰

大漠寒山黑　孤城夜月黄　十年依虜食　萬里帶金瘡

拂露陳師祭　衝風立教場　箭飛瓊羽合　旗動火雲張

虎翼分營勢　魚鱗擁陣行　功成封寵將　力盡到貧鄉

雀老方悲海　鷹衰却念霜　空餘以劍在　開匣一霑裳

部北阿丹国国王金冠黄袍腰繫寶帶脚穿皮靴拜見二位元帥

佛日遲上列正宗二十六派

天方国極樂天堂

悉風蕩上張廣樂三千餘人

深謝不殺之恩元帥見以賓礼因王奉上金葉表文一道又奉上降書一封元帥不曾折書只見礼物裏面有一個磁花瓶兒又不曾封號瓶口上有一股生氣王爺心上就犯疑指着瓶兒說道那個瓶兒是甚麼王爺威嚴之下番王無上肰敢說甚麼誑話從直供招說道瓶兒有好些話講王爺道你請來番王道昨日甲末同了大小官員查盤庫藏只听見隔壁有個人聲氣是總兵官叫做去摩阿近前一看原來是個人一頭子就鑽到這個磁花瓶裏面去了拿起來看却又不見個人問他甚麼事體他又一一的答應甲末問他願去願留他又說道願同獻上元帥甲末一時不省得他的始末緣由只得依他所言獻上元帥唐突之罪望乞恕饒二位元帥心裡都明白了曉得是個黃鳳仙坐在裏面却要替他尋個出路纔見得妙問說道國王你可曉得他是個甚麼人番王道甲末却有所不知只是他自家曾說道是七百年前的金毋七百年後的銀毋王爺道這就是了他曾有個金娃娃銀娃娃在我的船上故此他要到我船上來王爺叫声左右的開了艙門放出那兩個娃娃來黃鳳仙坐在瓶裏曉得王爺是個出活他他就念動真言捻動妙訣一声响兩個娃娃都跕在元帥面前都有七尺之高三尺之圓一個黃澄澄火光閃爍一個白盈盈寶霧氤氳番王看見老大的驚恐世上有此異事金娃娃銀娃娃都是會走的瓶兒分明在面前王爺却自叫不叫却又分付番王叫他出來番王叫声道瓶裏大哥你出來罷道猶未了一声响一個黃鳳仙跳將出來王爺道你說是瓶裡大哥依我說還是梁上君子三寶老爺

不要和兒生怕番王別生議論把個頭搖一搖說道你領你的娃娃上下艙罷黃鳳仙嘿會其意一手一個金娃娃一手一個銀娃娃竟自進去了唐狀接着說道做得好法哩黃鳳仙道都是你吹滅了我的燈險些兒送了我的殘生唐狀元道作與你到瓶裏坐豈有不好之理黃鳳仙道你可曉得生也是這一瓶死也是這一瓶却說番王心裏道這元帥都是洪福齊天的一個金毋一個銀毋都要奔到他處來這豈是偶然我們怎麽是他的對手即時遞上禮物元帥叫左右的先取過書來拆封讀之書曰

阿丹國上王昌吉刺葛拜奉書于

大明國欽差征西統兵招討大元帥麾下恭惟　元老聿奉天威旗影雲舒似長虹之下指劍鋒電轉疑大火之西流斷蛇豕之

羣絕蚊蚋之响ㄟ無知蛋貊妄觸藩籬。自分萬死之無逃詎意
再生之大路荷蒙更始與以維新妄者居然似入新豊之市首
丘依尔忻瞻故國之蓬。敬勒短函。用伸眷矚顧眞洪造不盡欽
承
書畢。番王近上禮單只見單上計開
金芙蓉冠四頂　金廂寶帶二条　金廂寶坳角二枚　遊仙
枕一對枕之而寐則九州三島皆在其中奇物也　猫睛石二對大二錢許　各色鴉呼
十俱上　鴉鶻石十枚　蛇角二對　赤玻瓈一十　綠金精一
十　青珠十枚俱圓大至徑寸　珎珠百顆俱大顆　玳瑁　瑪瑙　車
渠俱百數　瑠璃百什　琥珀盞五十付　金瓚百把中有人物鳥獸花草製極精巧　麒麟四隻前兩足高九尺余後兩足高六尺余高可一丈六尺首昂后低人莫能騎頭耳邊生二短

肉角　獅子四隻似虎黑黃无斑頭大口闊声吼如雷諸獸見之伏不起　千里駱駝二十
隻　黑驢一隻日行千里善闘虎一蹄而斃　花福祿五對　金錢豹三對
白鹿十隻純白如雪　白雉十隻　白鴿十隻　白駝雞二十隻
如白福祿　綿羊百隻大尾無角　郤塵獸一對其皮不沾塵可爲褥價亦高　風毋
一對似猿打死得風即活若以菖蒲塞鼻則死不復活矣　紫檀百株　薔薇露百瓶
赤白鹽各百担赤如火白如銀　羊刺蜜百担草名上生蜜　阿勃參十斛
油宜塗瘡疥大効價極貴　菴羅十斛果中極品俗名香盖　石栗十斛生山石罅中花開三年方
結實土人九愛惜之　龍腦香十箱狀如雲毋色如氷雪　鑌鐵百担剖砌石中得者中有自然
花文價倍于銀　哺嚕嚟錢名赤金鑄之王所用重一錢正面俱有文
進貢已畢。復具金銀色段青白花磁器檀香椒米麵諸品各色
果實。牛羊雞之類止無猪鵞。地方不出故也。奉上元帥。聊充軍庖

元帥道當此厚礼何前踞而後恭也番王道前日相忤非卑末之
罪多因是兩個總兵官無礼故致如此元帥道總兵官叫做甚麼
名字番王道一個叫做來摩阿一個叫做去摩阿元帥道賢王自
家也有些不是你豈不知我們出師之時奉行天命以禮而來
豈是摩呵的我們到一個國降者存而去者亡豈是摩呵的番王
欠身施礼說道卑末有罪伏乞元帥原宥元帥道講過就是何罪
之有一而取過中国土儀回敬番王下及大小番官無不周徧番
王拜謝回国盛排筵宴請上二位元帥飲薔薇露當酒相敬極歡
元帥道盛筵中不設猪肉何如番王道敝国俱奉回回教門禁食
猪肉故此絕不養猪亦不養鵞先代傳流如此元帥道貴國中氣
候常暖可還有冷時麼番王道四時溫和若無寒冷之日元帥道

貴国中何為一年番王道以十二月為一年元帥道何為一月番
王道見新月初生為一月元帥道何為春夏秋冬四季番王道四
時不定自有一等陰陽官推筭極準筭定某日為春果有草木開
放筭定某日為秋果有草木凋零大凡日月交蝕風雲潮汛一切
等項無不准驗元帥道適來經過的街市上儘好熱鬧哩番王道
街市上無物不有書籍彩帛市肆混堂熟食什物俱各全具元帥
道國富民饒足徵賢王之治番王道卑末俱奉回回教門。若無科
歛于民民苦無貧者僅僅上下相安而已敢望天朝萬萬元帥道
賢王俱奉回回教門回回可有個祖国麼番王道極西上有一個
祖国叫做天堂極樂之国元帥道去此多遠番王道三個多月日
纔可到得元帥道我們可得到麼番王道二位元帥來此有幾十

萬里之外豈有這兩三個月日的路程就到不得的元帥道中途可還有那個国麽番王道小国這一帶都是極西之地天盡于此苦沒有甚麽国就是天堂国畢末伊都不曾過往王爺道待我問個杯卜可是到得麽怎叫做個杯卜王爺一手取出戒手刀来一手舉起飲薔薇露的杯来對天祝告說道到得天堂一刀杯兩段到不得天堂之刀空直上祝告已畢丟下杯去一刀挑上来可上的一刀杯兩段番王道尽有善念天必從之杯卜大吉元帥指日可到道猶未了把門的番官囬說道朝門外有三個通事四個囬囬自稱奉天堂国国王差遣賫着麝香磁器等項物件為礼迹来迎接大明国征西元帥老爺這一報不打紧把番王吃一驚就像做個夢驚醒過来不知是真是假連二位元帥也不敢准憑天下

有這等一個奏巧的說這国就是這個国說這人就是這個人眼目前還不為奇萬里之外怎麽能勾雁聲而到過了半晌王爺道報事的可報得真麽把門的道列位爺上在上敢有報不真的番王道一定是真好塲奇事元帥分付叫他進来進到堂上果然共是七個人都生得人物魁肥紫膛顏色元帥道你們都是甚麽人通事說道小的七個中間有三個通譯番書名為通事四個是囬王親隨頭目元帥道你国王是那一国通事道俺国王是天堂極樂国元帥道你們到這裏做甚麽通事道小的們奉国王差遣特来迎接元帥老爺元帥道你們国王怎麽得知我們在這裏通事道敝国中有個禮拜寺是俺國王的祖宗祈禱無不應事無不知自從去年一個月月初生之夜有一對絳紗燈自上而下直照寺

堂上一連照了六七夜番王不知是何報應虔誠禱告禪師爺爺祖師爺爺托下一個夢說道那一對絳紗燈是天妃娘娘所設的導引大明国的寶船来下西洋寶船在後面稽遲紗燈籠却先到了這裏你等好善當差人先去迎接好在阿卅国相遇国王得夢之後即時差下我們前来迎接一路上訪問並無消息昨日纔到這裏果是阿卅大国神言不虛元帥道你們是旱路而来你們是水路而来通事道小的是從旱路而来元帥道来了多少日子通事道也不曉得是多少日子只是月生了七遭元帥道月生七遭却不是七個月阿卅王道旱路徑曲水路則折半足矣元帥道你們手裏拿的是甚麽東西通事道拿的是些麝香磁器之類少充貢敬聊表国王之誠元帥道麝香也罷磁器怎麽得来通事道有

國擅天方品物盡登仁壽域

寺崇礼拜群生咸沐太和春

個千里駱駝馱將来元師問了一個的實郤繞曉得天妃娘々之顯應天堂国王之至誠滿心歡喜即時傳令旗牌官請到七個使客。上船欵待元師辝謝阿爾王收拾開船々七個来人仍舊要從旱路而去元師道水行逸而速陸行勞而遲你們從船便道猶未了。寶船已自一齊開岸趁着順風照西上直跑来人雖欲陸行不可得已。一程順風更不曾停阻行了三個多月忽一日天堂国通事到中軍帳下磕頭稟說道七日之内可到天堂本国元師道七日以後的事怎麼七日以前就知道通事道本国依城四角造塔四座各高三十六丈其影倒垂于海々日路外一覧可見小的適来有見影故此曉得七日之内可到本国再行兩日滿船上都看見天妃娘々的絳紗燈稟知元師元師道前後之言。若合符節可見

得維神有灵維我大明皇帝有福再行幾程捨至七日上面然羅官報道前面郤是一個國道猶未了。通事来稟說道到了敝國請元師傳令收船國王親自迎接帳上相見國王人物魁偉一貌堂堂頭戴金冠身穿黃袍腰繫寶鈿金帶脚穿皮靴說的都是阿剌比言語跟隨的頭上纏布身上長花衣服脚下鞋襪都生得深紫膛色元師厚待國王謝其迎接又厚礼儀國王唯々禮拜甚恭三日後二位元師請同國師天師列位公々大小諸將親造其國只見風景融和。上下安帖自西以来未之有也國王迎接進城盛陳筵宴大饗諸將只是不設酒回々教門禁酒故也元師道大國名天堂麼國王道敝國即古筠冲之地名為天堂國又名西㧱回々

祖師始於敝國闡揚教法至今國人悉遵教門不養猪不造酒日頗肥稻頗饒居民安業風俗好善吉單未為民上者不敢科歛于民下民也無貧難之苦無乞丐無盜賊不設刑罰自然淳化上下安和自古到今賓不相喘列位所說是個極樂之國元師道無懷氏之民歟葛天氏之民歟元師道大国有礼拜寺在那一廟国王道在城西離城有半日程途元師道前日蒙天妃娘々顯燈家祖師老爺托夢我們要親自去拜謁一番少伸謝意国王道卑末奉陪到了礼拜寺。只見寺分為四方。每方有九十間每間白玉為柱黃玉為地中間總是正堂正堂都是五色花石壘砌起来外面四方上面平頂一層又一層如塔之狀大約有九層堂面前有一塊拜石方廣一丈二尺是漢初年間從天上吊下来的堂門上兩個黑獅子把門若行香進謁的素行不善或是賊盜之類里獅子一口

一個故此国中再無賊盜堂裏面沉香木為梁棟桁科之類度金様子一年一度黄金為閣需四面八方都是薔薇露和龍涎香為壁中間坐着是叫叫祖師用皂紵絲罩定不見其形面前懸一面金字扁說道天堂礼拜寺每年十二月初十日各番叫叫都来進香讚念経文雖萬里之外都来来者把皂紵絲罩上剜割一方去名曰香記其罩出于国王一年一換倫剜割故也堂之左是司馬儀祖師之墓墓高五尺黄土壘砌起来的墓外有圍垣圓廣三丈二尺高二尺俱綠撒不泥空石砌起来的堂左右稍後有各祖師傳法之堂俱花石壘砌而成中開俱各壯麗寺後一里之外地名蓦氏納有麻祖師之墓墓上豪光日夜侵雲而起如中国之虹霓墓後有一井名為阿爭糝泉甚清洌味其下番之人取其泉藏在

船上若遇颶風起將以此水洒之風浪頓息與聖水同說不尽的古跡二位元帥天師国師列位公公大小将官遊玩不尽各官礼拜伸謝却說三寶老爺原是回回出身正叫做回龍顧祖好不生歡生喜讚念経文頂天礼拜馬公公道今番却好吟詩王公公道咱們一竅不通的只好告免罷了王爺道有其誠則有其神神聖既在哩相於我我們何敢說個甚麼詩褻瀆于他国師只是念佛天師道遊不尽的山行不尽的路請回船罷辞了礼拜寺回到船上国王進上書表元帥打封讀之書曰

天方国国王筠只里謹再拜奉書于

大明国欽差征西統兵招討大元帥麾下竊惟七緯經天六合異照臨之下八紘紀地入鑪同覆載之間卑彼中華冠裳人物蕃茲夷當左衽侏僞慨声教之遠迷敢遐荒之自絕惟神我吉用識天威惟我神將率沾聖化翹首漯隆合湛露聯陽之雅押心感戴續卿雲復旦之歌厶厶不任激切屏營之至

国王道愧不能文聊陳下悃而已還有不腆之儀貢上天王皇帝元帥道既承盛美不敢不恭樓過單来只見单上計開

天力圖一幅（天方国圖）　四景畫四幅（披花草美人花草以時雨洩卷舒美人披楽声能舞）

夜光壁一端（暗室視之如秉燭然）　上清珠一對（光明潔白可照一室視之有仙人玉女云雀之狀蘇動卜中水旱貝羊寿之兆不驗）　木難珠四顆（碧色木難鳥口中結沫所成）　寶石　琢

玡　珊瑚　琥珀　金剛五百（以紫石英百煉不消可以切玉）　玻璃盞十對

降真香百匣（燒之能引雀）　㸌叭兒香　麒麟一對　獅子四對

草上飛一對　駝雞五十隻　橐駝一百隻　羚羊一百隻

龍種羊十隻（以羊臍種土中溉以水聞雷而生臍属土中刀割必死俗擊鼓驚之臍斷便行齧草至秋可食臍内復有種）　却火雀一對（似燕置火中火滅其雀死湯因浴汰水受卵故能然）　後猊一對（生七日未開目時取之易調習稍長則性劇伏以其筋為琴弦一奏餘弦皆断取一滴乳并他獸乳同置器中諸乳皆化為水）

各馬五十隻（高八尺許名為天馬）　金滿伽一千文（番錢名重一錢金有十乃成）

梨一千（重五大斤）　桃一千（重十斤）

進貢礼畢又呈上金銀米麥牛羊雞鴨及各果品及各色段檀香麝香磁器之屬奉充軍餉元帥道受之有愧国王道弟愧不腆元帥一面排造款待也不設酒一面收拾回敬国王其左右頭目大小番官一切通事各各但倫国王盛感元帥大恩元帥傳令開船国王辞謝而去既去之後復又来求見元帥道賢王有何見諭国王道特表請問二位元帥宝船還向那一邊行元帥道還往西行

国王道敝国就是西海尽頭的路單末並不曾听見西边還有甚麽去路就是滿国中長老並不曾傳聞西邊還有甚麽国土元帥還往西行也須要一番斟酌元帥道地有三千六百軸怎麽就尽于此国王道區區管見固是于此但憑元帥尊裁元帥道多謝指教只是我們之行還不可止国王又辞謝而去宝船開洋无晓无夜往西而行只見天連水水連天渺渺茫茫悠悠蕩蕩一日又一日不覺得百日將近一月又一月不覺得二月已末二位元帥心上都有些費周摺怎麽費周摺將欲前行天堂国王已經說道前面没有甚麽国土果真的来了這些日子不見有些下落將欲不行却又不到這個田地半途而廢有此两端故此都費周摺王爺說道老公公在上我和你離京已經五六多年不知征到我時總

是住手不如趂着此時回去也罷我想化外夷人一時征勦不尽又弟大小諸將年深日久漸漸的年边力衰明日到了個進退两难之地反為不美老爺道老先生之言深為有理只是一件當原日萬歲爺差遣我們之時頭行牌上寫着是撫夷取宝花費了多少銭糧捱延了許多歲月撫夷两個字或者無歉取寶两個字放在那裡雖有些小進貢寶貝怎抵得個傳国玉璽為今之計不得不向前去王爺道只怕前面无益有損悔之無及老爺道這個長處最是我和你不如去請教天師看是何如再不然之時又去請教国師看是何如王爺道既如此請便同行同見天師坐还未定老爺就把個前程的事細講一番天師道貧道心上生任籌度不得個長處王爺道煩天師問一個卜何如天師道卜雖决疑我和

你說已洣矣非卜所能决貧道有一個八門神数姑容明早看下式上式卤吉未奉禀王爺道怎叫做八門神数天師道先把八門排下在玉皇閣上次後奏一道牒文[illegible]知玉帝㩗問前程玉帝發落下来就下在那個門上下在吉門上則吉下則卤門上則卤這叫做八門神数王爺道這個是好玉[illegible]是萬神之宗禍福无差明早嵩侯二位元帥到了明日早上甫方纔白曙色朦朧天師已自来到了中軍帳上二位元帥說道好[illegible]也卤吉何如天師出口就說道卤多吉少二位立時刻喫了一驚道恠的問道怎見得卤多吉少天師道牒文就從驚門上落下[illegible]来未及落地之時復往死門上撞將去幸喜得還是景門攔住看[illegible]有可救死而後可救這却不是卤多吉少麽王爺道来了這些年数征了這些国数以学生

愚見不如回去罷三寶老爺說道非也不肯回去怎禁傳国璽不曾得来原日白象駝璽陷入西番正在這個西洋地面天師道這如今事在两难不如去問国師一声老爺道咱两個正要去問他見了国師又把前程的事細說一遍都說道要国師做個主張国師道阿彌陀佛三軍之命懸于一帥行止都在元帥身上貧僧怎麽有個主張三寶老爺道非咱們不肯前進只是天師牒上卤多吉少因此上就沒有了主張国師道若有甚麽卤吉事這個一則天師二則貧僧还須一定要逢卤化吉轉禍成祥二位元帥大喜說道若能勾逢卤化吉轉禍成祥憑他甚麽陰司鬼国都走他一遭雲谷站在一邊說道前日磨牀元到不[illegible]走到鬼国裏面去了前面是個鬼国也未可知後来果[illegible]的未[illegible]除可鬼同這[illegible]話

豈不是人〻心之灵偶合如此二位元帥得了天師之數本是一憂得了国師之言又成一喜放心大膽一任前去又去了兩個多月先前朝頭有日色晚頭有星辰雖沒有了紅紗燈也還有些方向可考到了這兩個月之後陰雲慘〻野霧漫〻就像中朝冬月間的濛露天氣朝不見日暮不見月不見星宿不辨方隅一丈之外就不看見人只听見個声気這個時候不由你不行掌定了舵前面還是正西若左了些便不知道是那裏右了些也不知道是那裏再加個轉过身来越發不知去向那個敢轉過身来兢〻業〻又走了一個多月只見前哨船擺着在個黃草陂崖上藍旗官報到中軍帳元帥道既有陂崖一定是個国土且住下船再作區處即時傳令大小寶船一齊收住這時候正是雲暗不知天早晚水

高難辦路東西一會兒烏雲陡暗對面不見人伸手不見掌想是夜得來了過了一夜之時又有些朦〻的亮想是天明了。二位元帥坐在中軍帳上傳令夜不收上崖去体探夜不收不敢去老爺道着王明去王明道天涯海角都是人走的怕他甚麽霧露朦朧一手拿着隱身草一手一張戒手刀竟開步来就走走到十數多里路上天又亮了些再走又走到十數多里路上天又亮了些再又走走到十數多里路上天愈加亮淨了雖則有些烟雨霏〻也只當得個深秋的景象不是頭前那樣黒蔵〻的意思王明道這莫非又是我王明造化来了突暗投明天〻有意畢竟不知造化還是何如天意還是何如且听下回分解

第八十七回　寶船撞進酆都国　王明遇着刘生妻

詩曰

門庭蘭玉照鄉閭　自昔雖貧樂有餘　豈獨佳人在巾幗
却回麟趾識関雎　雲軿忽已歸仙府　喬木依然擁舊廬
忽把還鄉千斛淚　一時灑向老萊裾

却說王明行了三五里路前面是一座城廓〻外都是民居也儘稠密王明恨不得討了信回復元帥〻美他的功趲行几步走進了城又只見城裏面的人都生得有些〻古怪也有牛頭的也有馬面的也有蛇嘴的也有鷹鼻的也有青臉的也有朱臉的也有獠牙的也有[illegible]的王明看見這些〻古怪形狀心下就有些〻害怕哩都

路〻入陰司寧復八紘能紀地

兵行鬼國那知七綿動經天

九人的手脚都管于一心〻上有些害怕手就有些酸脚就有些
軟王明心上害怕。不知不覺就像脚底下絆着甚麼跌一較轆連
爬的扒將起来把一身的衣服都跌汚了。王明跌汚了這一身衣
服生怕起人之疑我到城河裏而去洗這個汚衣服就是天緣湊
巧惹出許多的事来。怎麼天緣湊巧。却又惹出許多的事来王明
在這邊河裏洗衣服可〻的對面河邊也有一個婦人在那裏洗
衣服王明看着那個婦人那個婦人也看着王明王明心裏有些
認得那個婦人那個婦人心裏也有些認得王明你看我一會我
看你一會王明心裏想道這婦人好像我故亡的妻室那婦人心
裏想道這漢子好像我生前的丈夫兩下裏都有些碍口餙羞那
婦人走上崖去又轉過頭来瞧〻兒王明忍不住個口叫聲道小

娘子你這等三迴四轉莫非有些相認麼那婦人就開言說道君
子你是何方人氏姓甚名誰為何到此王明道我是大明國征西
大元帥麾下一個下海的軍士姓王名字叫做王明為因桃窰軍
情幾然到此那婦人道你原来就是王克新麼那婦人父怕有天
下同名同姓的錯認了不當穩便又問道你既是下海的軍士家
中可有父母兄弟妻子麼王明道實不相瞞家中父親早年亡故
母親在堂還有兄弟王德侍奉有妻劉氏十年前因病身亡為因
官身下海並不曾繼娶並不曾生下子嗣王明這一席話說得家
下事卸穿紙過的那婦人却曉得是他的丈夫心如刀割兩淚雙
拋帶着眼泪說道你從上面浮橋上過来我有話和你講哩王明
走過去那婦人一把扯着王明大哭一場說道寃家我就是你十

年前因病身亡的劉氏妻室王明听見說道是他的劉氏妻越發
瀉了主意好說不是眼看見是口說又是好說是十年前身死之
人怎麼又在半驚半愛說道你既是我劉氏妻你已經死了十數
餘年怎麼還在怎麼又在這裏相逢我哩你一向還在何處躲着
麼劉氏說道街市上說話不便不如到我家裏去我細〻的告訴
你一巷轉一灣。捱一角進了一個八字門樓三間横廠清磚白縫
雅淡清幽進了第二層却是三間廠廳。左右兩邊廂房側屋劉氏
就在廳上拜了王明王明道你這是那裏劉氏道你不要忙我從
頭告訴你我自從那年十月十三日。得病身故勾死鬼把我解到
陰曹共有四十二名靈曜殿上閻羅王不曾坐殿先到判官面前
把簿書来登名對姓王明哭慌說道你說甚麼閻羅王說甚麼判

些王匪然你這裏是陰司麼劉氏道你不要慌我再告訴你那判官就叫做崔珏他登了名。對了姓解上閆羅王面前。一個〻的唱名而過止唱了四十一名閆羅王道原批上是四十二名怎麼今日過堂只是四十一名。崔判官說道。内中有一個是錯勾来的小臣要帶他出去放他還魂閆羅王說道此者甚善免使冤魂又来纏擾你快去放他還魂崔判官諾〻連聲帶我下来来到家裏我說道你放我還魂去是判官說道你本是四十二個一批上的人我見你天姿国色美麗非凡我正少一個洞房妻室我和你結個鸞鳳之交罷了。我說道你方纔在閆羅王面前說道放我還魂怎麼這如今強為秦晉這是何道理崔判官說道我方纔還魂的話是任衆人面前和你遮譫你豈可認做真話我又說道你做官

的人這等言而無信崔判官說道甚麼有信無信一朝權在手便把令来行你若强拗之時我又送你上去就是我再〻推卻沒奈何只得和他做了夫婦王明道你這裡却不是個陰司劉氏道不是陰司終不然還是陽世王明道既是陰司可有個名字劉氏道我這裡叫做酆都鬼国王明道可就是酆都山麼劉氏道只叫做酆都鬼国酆都山還在正西上有千里之遙。人到了酆都山去永世不得番身。那是個極苦的世界我這裏還好些王明道你這裏可有個甚麼衙門麼劉氏道你全然不知鬼国就是十帝閆君是主其餘的都是分司王明道既是這等一個地方。怎麼教我還在這裏坐着。我就此告辭了。劉氏道你慌怎的雖是陰司也還有我在王明道你却又是催判官的新人劉氏道欸子說甚麼新人你

還是我生前的結髮夫妻我怎生捨得着你王明道事至于此你捨不得我也是難的你是崔判官的妻這是崔判官的宅子崔判官肯容留我哩劉氏道不妨得判官此時正在陰間判事。直到下晚纔来我和你到這側廳兒長叙一番王明道陰司中可飲食麼劉氏道一般飲食你敢是肚飢麼王明道從早上到今跑了三五十里田地是有些肚飢了劉氏說道我和你講到個悲切處連茶也忘懐了叫聲了頭們只叫上這一聲裏面一跑就跑出兩三個了頭們来劉氏道我有個親眷在這裏你們看茶看酒飯来那了頭道可要些甚麼餚品麼劉氏道隨意的也罷即時是茶即時是酒餚即時是飯王明連飢帶渴的任意一飡自古道飯飽就有些夫筋王明說道當初我和你初相結納之時洞房花燭夜何等的

快活到落後你身死我下海中間這一段的分離誰想到如今反在陰司裏面得你一會這一會之時可能勾學得你我當初相結納之時麼王明這幾句話就有個調戲劉氏之意劉氏曉得他的意思明白告訴他說道丈夫我和你今日之間雖然相會你却是陽世我却是陰司縱有私情怕汚了你的尊体况兼我已事崔判官則此身屬崔判官之身怎敢私自踈夫縱然崔判官不知比陽世裏你不知還是何如大抵為人在世生前節義死後也還忠良昔日韓擒虎生為上柱国死作閆羅王以此观之實有此事好個劉氏做鬼也做個好鬼王明反覺着失了言告辭要去劉氏道只你問我我還不曾問你你既是下海怎麼撞到陰司裏來王明道我自從下海以来離了南京城裏五六年了征過西洋二三十国

我元帥還要前行左前行右前行順着風信着船不知不覺就跑到這裏来劉氏道怎麽又進到這個城裏来王明道。元帥差我上崖打探着是個甚麽国土。那曉得是個陰司故就進到這個城裏来了劉氏道你船上還有個元帥麽王明道你還有所不知我們来下西洋宝船千號戰將千員雄兵百萬還有一個天師還有一個国師劉氏道你在船上還是那一行王明道我是個下海的軍士只筭得雄兵百萬裡面的数劉氏道你可有些功麽王明拿起個隱身草来說道我全虧了這根草得了好些功劉氏道既如此你明日回朝之日一定有個一官半職我做妻子雖死在陰司也是瞑目的王明道我元帥尚等我的回話我就此告辞了劉氏道也罷我崔判官也只在這早晚来也道猶未了崔判官已自到了

廳上。聞說道側廳兒是那個在講話哩王明慌了悄悄的說道你出去我且跕在這裏劉氏道他豈可不看見王明道我有根隱身草不妨得劉氏道隱身草只瞞得人怎瞞得神暗室虧心神目如電你跕着轉不好你不如同我出来只我先行一步就是好個劉氏行止疾徐曲中乎礼行到所上說道側廳兒是我在那裏講話判官道好一陣生人的氣味你和那個講話劉氏道是我一個哥哥在這裏判官道他怎麽認得到這裏来劉氏道是我在河邊洗净衣服種遇他的故此請他進来判官道他可曾過堂麽劉氏道他還是陽世上的人悮入到這裡的判官道他既是陽世之人怎麽悮入到這裏的劉氏道他隨着征西大元帥寶船千號来下西洋順着風就走到這個地方上来了他又是元帥差遣着打探的

軍情却又悮人到這城裏来了判官道一個陽世上人悮入到我陰司裏面奇哉奇哉他叫甚麽名字。劉氏道他叫做王明判官道咊。你姓劉他姓王怎麽是你的哥哥。劉氏連忙的轉過口来說道哥哥。為因家道貧穷出贅在王老實家裏做個女婿王老實是各軍與担米王老實沒兒子哥哥就頂他的名與他的米這如今就當得是他的差故此姓王判官道既如此快請他出来我和他相見劉氏道哥哥是個窮軍敢長揖於貴官長者之前判官叟叟的大笑三聲說道夫人差矣他既是你的哥哥。就是我的大舅天子門下有貧親請他相見有何不可快請出来劉氏請出王明來行了礼叙了話判官道。人人都說是千載奇逢大舅你是個陽世我們是個陰司今日之間却是個萬載奇逢王明道不知進退萬望

長者恕却唐突之罪判官道說那裏話請問大舅。你是大明国人隨着甚麽征西大元帥来下西洋。王明道有兩個元帥。一個是三寶太監叫做鄭某。一個是兵部尚書叫做王某判官道還有那個王明道還有一個江西龍虎山引化真人號為天師。一個金碧峰長老號為国師。判官點一點頭說道金碧峰就在這裏這等還好王明道大人曾相認金碧峰来判官道雖不相認我曉得他共有多少船来王明道寶船千號戰將千員雄兵百萬。判官道甚麽賫幹。王明道下西洋撫夷取寶判官道可曾取得有寶麽王明道取的寶不是以下之宝是我中朝歷代帝王傳国玉璽並不曾取得判官道怎麽走到我這裏来了。王明道只曰不曾取得有宝務死的向前故此就来到這裏判官道来頭差矣你前日可曾到天堂

樫樂国麽王明道已経到来。判官道天堂国是西海盡頭處我這裏叫做酆都鬼国是西天盡頭處你走到這個盡頭路上来怎麽轉側兒兼陰司裏面有許多魍魎之鬼紛紛的告狀說道是甚麽撫夷取宝的人枉殺了他原来就是大舅你這船上還好喜得見了我你又和我至親王明看見判官口裏說話不乾凈相問說道這些魍魎之鬼要怎麽哩判官道枉殺了他他們要一命填一命你們就不得還鄉王明听見不得還鄉四個字肚裏就是刀割安身不住告辭要去判官道尊舅你好不近人情千難萬難得得到這裏怎麽就說個去字。今日天晚我已自分付你的令姐安排些簿酌權當作接風草塌了這一宵明日該我巡司帶你到各司獄裏面去看一看也不枉了到我這裏一遭王明道少不得有一遭

到大人這裏判官道那時節就不得回去告訴世上人一番道猶未了酒稜務到雖然崔判官欽着王明其實王明的心裏吞不下這個香醪美醞當不過這個賢主情濃殷勤支吾了一夜到了明日。判官道尊舅。你来。我和你同進子城裏面去走一走兒。崔判官前走王明後隨走。到了城門口。陰風颯颯。冷霧漫漫。一邊走出一個鬼来左一邊是個青臉獠牙鬼右一邊是個五花琉璃鬼看見王明喝声道是你是個生人走到那裏去崔判官回轉頭来說道胡說他是我一個大舅子。你怎敢阻當于他鬼說道既是令舅。只入倩去罷。王明跟定了崔判官走了一會只見左壁廂有一座高臺四週圍都是石頭疊起的。約有十丈之高左右兩邊兩路脚擦步兒左邊的是上路右邊的是下路。臺下有無數的人。上去的上下来的下。上去的也都有些憂心悄悄。下来的着实是兩泪汪汪王明低低的問說道姐夫那座臺是個甚麽臺為甚麽有許多的人在那裏啼哭判官道。大舅你有所不知大凡人死之時頭一日都在當方土地廟裏類聚。第二日解到東獄庙裏見了天齊仁聖大帝。掛了號第三日纔到我這酆都鬼國。到了這裏之時他心還不死閻君原有個號令。都許他上到這個臺上遙望家鄉各人大哭一場。却纔死心塌地。以此這個臺叫做望鄉臺。右壁廂也有一座高臺也是石頭疊起的也有十丈之高。却只是左一邊有一路脚擦步兒却不見個人在上面走王明問道姐夫右邊那座臺是個甚麽臺為甚麽沒有個人走哩判官道大舅。你听我說為人在世只有善惡兩途善有善報。惡有惡報這是為善的見了閻君之後

生死殊途自謂永無相見日

王明遇着刘生妻

幽明異路豈知還有話心時

着當差分司偹辦彩旗皷樂送上天堂却繞這個臺上上去以此這個臺叫做上天臺。王明道怎麽只一条路。判官道可上而不可下故此只一条路。王明道怎麽人走的稀少。判官道為人在世能有幾個上天的。王明道上天臺是個美事怎麽又做在右邊。判官道左入右出依序次而行原無所分別。走了一會。只望見左右兩座高山。一邊山上烟飛火爆烈燄騰空。王明問道姐夫那座山怎麽這等火發。判官道那叫做火燄山為人在世肚腸冷不念人苦手冷不還人錢冷痒風發。不帶長性這一等人見了閻君之後發到這個火燄山上来燒燒得他觔酥骨碎燃盡寒爐一夜灰那一邊山上刀鎗劍戟布列森森。王明問道那座山怎麽有許多凶器判官道那叫做鎗刀山。為人在世兩面三刀。背前面後暗箭傷人

暗刀殺人。口蜜腹劍。這一等人見了閻君之後發到這個鎗刀山上来。乱刀乱鎗乱砍做一團肉泥。問君認得刀鎗否再走一會。王明原是出門之時。吃了兩鍾早酒走到這裏口裏有些作渴只見前面一個老媽媽兒坐在蘆蓬裏熱湯湯的施茶。王明道姐夫我去喫鍾茶来。判官笑笑兒說道我這裏茶可是好喫的。王明道怎麽不是好喫的。不過只是要錢罷了。判官道只是要錢說他做甚麽。這個老媽媽原舊姓會在陽間七世為娼死了之時閻君不許投托人身。他却摩在這裏搭個蓬兒捨着茶兒那裏真個是茶大凡喫他的一口下肚。即時心迷竅塞也就不曉得我自家姓甚麽名甚麽家鄉住座是甚麽。王明道這茶叫做甚麽名字判官道不叫做茶叫做迷魂湯要曉得娼家的事貪心不足做鬼也要迷人再走了一會。只見前面一条血水河橫擻而過上面架着一根獨木橋團圓不出一尺之外圓又圓滑又滑。王明走到橋邊只見橋上也有走的幢幡寶蓋後擁前呼。橋下也有淥着血水裏的淥着的身邊又有一等金龍銀蝎子缺狗銅蛇撘着那個人咬的咬傷的傷。王明問道姐夫這叫做甚麽橋這等兇險却又有走得的却又有走不得的。判官道這叫做渿河橋做鬼的都要走一遭若是為人在世心術光明舉動正大平生無不可對人言無不可典天知。這等正人君子。死在陰司之中。閻君都是欽敬的不敢怠慢即時分付金童玉女長幢寶蓋導引于前擁護于後来過此橋如履平地你纔方看見走的就是這一等好人若是為人在世心術暗昧舉動詭譎傷壞人倫。背逆天理這等陰邪小人死在陰司之

中閆君叱之来度此橋卽時跌在橋下。血水河裏却就有那一班金龍銀蝎子。鉃狗銅蛇都来攢着咬害于他。你繞方看見淡着的就是這一等歹人。王明說道果真的善惡到頭終有報只爭来早與来遲。再走一會。走到一条孤埂上四望寂寥陰風刮面冷雨淋頭好恓惶人也。王明問道姐夫這条埂叫做甚麽名字。判官道這叫做恓惶埂。凡在陰司之間走過這条埂上兩泪雙垂偏㥘切傷心一片倍恓惶故此叫做恓惶埂。那埂約有三五里之長埂上的人来的也有去的也有。只見一羣三五個東歪西倒手風脚斜一個口裡叫說道三枚一個口裡叫說道兩謊。王明道這一干是甚麽人。判官道都是些酒鬼。又一羣三五個衣衫藍縷臉青口黃一個一手攢着一個大拳頭兩手攢着一雙拳頭。王明道這一干是

甚麽人。判官道都是些窮鬼。又一羣五七個眉不竪眼不開頭往東脚又往西手向前身子又退後死又不死活又不活䘮々崢々。王明道這一干是甚麽人判官道都是些温鬼。又一羣五七個一個一頭拳撞到東。一個一頭拳撞到西一個逢着人打個失驚唱聲道咗一個逢着人也不曾認得認不得。招下手。叫聲来一個支支舞々。一個吆々喝々。王明道這一干是甚麽人判官道都是些冐失鬼。又一羣七八十来個都生得嘴唇短牙齒長裏多外少扯拽不来包裹不過。王明道這一干是甚麽人判官道都是些瓷牙鬼。又一羣八九十数個仰又着睡在地上。手又撑。脚又蹬眼又䨹口又𠻳。王明道這一干都是些甚麽人。判官道這都是些掙命鬼。又有一羣十二三個。一個々兒有帽兒沒有網兒有衫兒。沒褟兒

有鞋兒沒襪兒。有上稍来沒下稍。一個手裏一根拐棒。一個手裏一個鄉杓。王明道這一干都是些甚麽人判官道都是些討飯鬼。又有一羣十二三個一個肩上擾着一根屋梁一個手裏一条綿索。王明道這一干都是些甚麽人。判官道都是些吊死鬼。又有一羣二三十個内中有一等拿着黄邊錢兒照着地上只是一洒。有一等拿着個錢左看右看。收着又看看着又收閙々炒々。成羣結黨而来。王明道這一干都是些甚麽人。判官道那洒着錢的是個捨財鬼兒。那看着錢的是個吝財鬼兒。恓惶埂雖然是長。走的鬼多様數又多。王明見一様問一様判官問一様答應一様。不覺得走過了這条埂。王明起頭一看。前面又是一個總門門楼上扁額題着灵曜之府。四個大字。進了總門却是一帶的殿宇峥嵘朱門

高敞儼然是個王者所居氣象走近前去。一連十層宮殿一字兒擺着。一層宮殿上一面扁額一面扁額上一行大字。從右数過左去第一秦廣王之殿第二楚江王之殿第三宋帝王之殿第四五官王之殿第五閆羅王之殿第六变成王之殿第七泰山王之殿第八平等王之殿。第九都市王之殿。第十轉輪王之殿王明道這些殿宇。都是些甚麽府裏判官道輕些講。未這正是我們十帝閆君之殿。王明道。兩廊下都是些甚麽衙門。判官道。左一邊是賞善行臺右邊是罰悪行臺。王明道可看得有兒判官道我和你同去看看。判官前走王明隨后。先到左一邊賞善行臺進了行臺的總門裏面只見瓊楼玉殿碧瓦参差牽手一路。又是八所宮殿每所宮殿門首都是朱牌金字。第一所朱牌上寫着篤孝之府四個大

字判官領着王明走將進去左右兩邊彩幢絳節羽葆花旌天花飛舞瑞氣繽紛異香馥郁。仙樂鏗鏘那裏說個甚麽神仙洞府也判官到了府堂上。請出幾位來相見出來的都是通天冠雲錦衣。珍珠履左有仙童右有玉女分賓主坐下。叙話献茶。一一如礼判官道內弟王明是大明国征西軍士因為寶船走錯了路。誤入陰司斗膽進來相拜。那幾位說道我們同是大明国但有幽明之隔耳王明道在下肉眼不識列位老先生判官道列位都是事父母能竭其力篤孝君子我略說幾位你听着這一位姓刘尊諱敬孝養祖母天雨粟五十鍾官至太保這一位姓吳尊諱震割股療父天賜舜孝草坐所割處即時血止痛除這一位姓高尊諱上達未冠時割股愈母疾官至右僉都御史這一位姓顧尊諱仲礼事母至孝毋卒廬墓三年。得朝廷旌表賜金十斤。這一位姓王尊諱延孝繼毋至孝官至尚書。左丞其餘列位大率。都是孝子。都在這個篤孝之府王明話〻連声。判官領着他告辞而出。王明道列位既都是孝子怎麽不輪迴出世判官道這些賞善行臺裏面的人都得天地之正氣无了无休每遇明君治世則生為王侯將相流芳百世不遇明君治世。則安享陰司。哩受天福王明道平生不信叔孫礼今日方知孝子尊。第二所宮殿朱牌上寫着悌弟之府畢竟不知這個悌弟之府。是些甚麽人　且听下回分解

○○

第八十八回

崔判官引導王明　王克新遍遊地府

詩曰

城闕宮車轉　山林廢路歸　蒼梧寒未達　姑射露先晞

玉脂蛟龍蟄　金寒雁鶩飛　老臣屯日泪　湖海想遺衣

却說到了第二所宮殿朱牌上寫着悌弟之府崔判官領着王明走將進去依前的儀從依前的仙樂依前的天花看見幾位依前的通天冠雲錦衣珍珠履依前的左仙童右玉女判官道大男這列位你可相認麽。王明道其實失認判官道這列位都是善事兄長能盡弟道的君子我略說幾位你听着這一位姓姜尊諱肱令弟尊諱季江適野遇盗兄弟爭死賊說道賢郎二兄弟。不敢犯這一位姓鄭尊諱均令兄為吏受賄公傭工得錢帛歸諷其兄兄感悟率有清名官至大夫這一位姓盧尊諱操事繼母尤謹繼母生

親上見親　明月清風渾不解

崔判官引導王明

錯中就錯落花流水謾相牽

三弟出就學公為執鞭趕驢繼母率友愛三弟越加厚后享年九十九二子俱仕至尚書這一位姓周尊諱司極能尊敬長上待前輩如父母待同輩如兄弟一日過江遇風浪舟獨全土地菩薩說道船上有個周不同總保無事司字少一点不成同字故此叫做周不同後官司理少卿其餘列位大宰都是盡弟道的都在這個悌弟之府王明道孝弟為仁本應知百福全第三所宮殿朱牌上寫着忠節之府四個大字崔判官領着王明走將進去依前的儀從仙樂天花看見幾位依前的冠裳珠履依前的仙童玉女判官道大舅這幾位你可相識麼王明道未及相識判官道這列位都是為國忘家忠臣烈士我略說幾位你听着這一位姓余尊諱闕王明道姐夫快不要講這幾位老爺我認得好些判官道你認得那幾位王明道這邊是方正學老爺這邊是周修撰老爺這邊是陳靖獻老爺共一班二十三位老爺我都是認得的判官道親不親故鄉人你去探訪他一番有何不可王明道我是個俗子武夫怎麼好混擾他的我和你出去罷判官領着王明就走王明道原来這幾位老爺都在這個陰司安享哩正是雪霜萬里孤臣老光嶽千年正氣收第四所官殿朱牌上寫着信實之府四個大字崔判官領着王明走將進去依前的儀從看見幾位老爺依前的冠服依前的仙童玉女判官道大舅這幾位你相識麼王明道不曾相識判官道這都是以實為實守信君子我略說幾位你听着這一位姓朱尊諱暉全朋友之信周朋友妻子之急官至尚書左僕射這一位姓范尊字巨卿千里之遠不爽雞黍之約這一位姓鄧

尊諱叔通聘夏氏女為婚女以疾瘂或勸其更擇婚公謂業已聘矣竟娶之如信何諸公子多登第其餘都是言而有信篤實君子都在這個信實之府王明道須知一諾千金重長舌何如若食言第五所官殿朱牌上寫着謹禮之府四個大字崔判官領着王明走將進去依前的儀從看見幾位老爺依前的冠服依前的仙童玉女判官道尊舅這幾位相識麼王明道不曾相識判官道這都是謙卑遜順守礼君子我略說幾位你听着這一位魯賢恭士尊諱池行年七十不敢什恭嘗說是君子好恭以成其名小人學恭以除其刑魯君歲賜錢萬貫這一位姓王尊諱褒年六十四壽終閏君加其謙厚有德增壽一紀壽至七十六這一位姓狄尊諱青坐客酗酒大罵至取盃擲其面公唯上謝罪執禮愈恭官至樞密使其

餘列位都是恭而有禮的。都在這個謹禮之府。王明道。三千三百
無非禮。小大由之。總在和。第六所官殿。朱牌上寫着尚義之府。四
個大字。崔判官領着王明走將進去。依前的儀從。看見幾位老爺
依前的冠履。依前的仙童玉女。判官道。尊舅這幾位你可相認麼
王明道。不曾相認。判官道。這都是義重如山的君子。我略說幾位
你聽着。這一位姓吳。尊諱逵。之嫂死。賣身營葬。從弟敬伯夫婦自
鬻于人。叉為賣田十畝。贖之歸。齊高帝聞其仗義。賜田二百畝。這
一位姓楊。尊諱起。汶鄉人。有孤子。被人強佔房屋。公義形于色。賣
巳田贖之。子孫代代貴顯。道猶未了。王明道。這個中間我也認得
幾位。判官道。你又認得那幾位。王明道。左邊那一位是萊州徐老
爺。尊諱承珪。自小兒喪了父母。兄弟三人共一爨。併族人三十口。

出像西洋記　卷之十八　三二

廿雍睦過了四十年。洪武爺名其鄉曰義感。判官道。你還認得那
一位。王明道。右一邊那一位是北海吳老爺。尊諱奎。嘗出巳貲。置
义田千畝。以贍親戚朋友之貧乏者。洪武爺賞他冠帶。年百歲有
奇。判官道。舅子也是通得。儘認得幾位好人哩。舅子。你还不認得
這後一位的是江州陳義門。九世同居。家徒七百餘口。南唐立為
義門。王明道。前朝的事。就有所不知。若是我本朝人物。聲名赫赫
昭天地。氣節稜稜泣鬼神。我們雖是個小人兒。未嘗不認得。第七
所官殿。朱牌上寫着清廉之府。四個大字。崔判官領着王明走將
進去。依前的儀從。看見幾位老爺。依前的冠服。依前的玉女仙童
判官道。尊舅。這幾位你可認得麼。王明道。姐夫不敢欺。說我今番
就認得好幾位哩。判官道。你認得那幾位。王明道。我也略節說說

兒你听着。有一位是周進士。尊諱卅門。無私謁。吏胥不得為奸。由
縣丞推考功主事。有一位是張學士。尊諱以寧。平白清白。奉使安
南。卒于途。止襆被而已。有詩云。覆身惟有緋袍在。垂橐渾無陸賈金
那一位是古尚書。尊諱朴。平生不事產業。案頭惟自警編一帙書
卒之日。無一錢尺帛遺子孫。那一位陳按院。尊諱仲述。平生称為
清白御史。死無以為殮。我認這幾位老爺。你說可是麼。判官道。這
個說得是。今番還有一府。你再認得幾位。就是好的。王明道。且看
是到了第八所宮殿。朱牌上寫着純耻之府。四個大字。崔判官領
着王明走將進去。依前的仪從。看見幾位老爺。依前的冠服。依前
的玉女仙童。判官道。你今番再來認一認。兒再認得幾位老爺。就
笑你也是個識者。王明道。姐夫。我做舅子的。真是個識者。判官道

出像西洋記　卷之十八　三三

口說無憑。你說來我听着。王明道。上面一位不是凌御史老爺。尊
諱漢。鞫獄平恕。曾有德及于人。其人謝以黃金一錠。凌爺說道。快
拿過去。不要羞了我的眼睛。又一位不是王參政老爺。尊諱純。嘗
持節撫諭麓川宣慰司。司官贈以金。王爺道。你愛我耶。還是羞我
耶。司官說道。願以報德。王爺道。我本無德。而汝餽我以金。是重我
之耻也。堅執不受。又一位不是錢知縣老爺。尊諱本忠。清操苦節
有密友以事相干。且云。可得百金。錢爺拒之門外。絕不與見。夫人
問其故。錢爺道。嗜利之徒。耻與之友。王明認了這幾位。又叫聲姐
夫。說道。我認下這幾位老爺。可是真麼。判官道。逼真是了。只是還
有許多你認不全哩。王明道。有相見的。有不相見的。怎麼認得全
判官道。就在面前。那一個是簡學士。耻舉服之污体。終身布衣。奉

观察壯車徒之汚足徒步而行范樞密使耻華堂之汚屐畢門来戶起清獻耻僕從之汚官。一琴一鶴道猶未了。王明道彼一時也此一時也前朝的老爺我怎麽會認得判官道認不得古人你也筭不得個尚友古人王明道姐夫你豈不聞今月曾經照古人古人不見今時月判官道走盡了這些仙府我和你還轉到罰惡行臺去瞧一瞧來王明道罰惡行臺裏面還是怎麽樣兒判官道也是八個分司。按不孝不弟不忠不信無礼無义無廉無耻都是一等悪人都在那裏受着禁持故此叫做罰悪行臺王明道既是悪人不要去看他罷自古道見不善如探湯瞧他做甚麽判官道我和你轉到後面十八重地獄門前去瞧一瞧兒何如王明道女人死了都在那裏判官道另有一個所在叫做女司。一邊是善一邊

是悪一邊管善一邊罰悪。王明道可看得麽判官道男女有別等閑不敢叫開他的門恐怕閻君曉得坐罪不小王明道既是看不得不如只到地獄裏走一遭兒罷判官領頭王明隨後行了有三五里之遠只見另是一般光景日光慘淡冷風颼颼。週圍一帶都是石頭墻約有数仞之高前面一所門門都是生鉄汁灌着的門上一面黑匾匾上一行大白字寫着普掠之門四個大字判官走到門上叫聲開門哩道猶未了。兩邊走出兩個小鬼來都是牛頭夜叉形容古怪眼鼻崚嶒口裏連喝聲道突突開了門打一驚說道今日造化低撞着這等一個紫頭鬼怎麽叫做紫頭鬼原來王明生得瘦削夜叉只說道是捉得來的有罪之鬼送下地獄来還嫌他瘦削兒故此說道造化低撞着這等　個紫頭鬼判官曉得

他的意思喝聲道胡說這是我一個大舅特来耍子的那個說甚麽這正叫做是不怕你官只怕你管判官開了口那個夜叉再敢胡歪判官一竟走進去王明也跟定着他走進去一進門就是第一重地獄門上匾額寫着風雷之獄四個字王明走近小門兒裏面去張一張只見裏面立着一根銅柱把個有罪的漢子綑在銅柱上外面架起一道大銅環圍着銅柱環上却是短小尖刀。小鬼列銅環上打一鞭風就呼呼的應声而响風响得大環轉得快環原是挨着人身上轉的。環上安得是刀却不環在轉刀在剌轉得快剌得狠一會兒環匼頭一聲雷响把個漢子打成虀粉。血流滿地打死了之後不鬼却又到環上打一鞭這一鞭是個退法鞭响了一聲雷收風靜地上慢慢的旋起一個旋窩兒風来左旋右旋

還望閻君旒冕袞衣先得日

旋來旋去把那些殘骸剩骨復手又是原身。依舊一個漢子。王明道這雷是甚麼雷判官道叫做黑天雷王明道這風是甚麼風判官道這叫做冤業風。王明道這都是甚麼人判官道都是陽世上十惡不赦的王明道只過這個風雷之獄麼判官道你原来不曉得一些兒但凡人死之後見了十帝閻君審問明白果是善良彩旗皷樂送進賞善行臺按孝弟忠信八個分班別類該到那一府的到那一府去受用審問的果是造惡發下十八重地獄一重到一重到一重受一重苦受了這些苦刼纔發到罰惡行臺裏面也是分班別類該到那一司的到那一司去伺候伺候三年之後变為牛羊犬豕生在世上把人剥皮把人炒骨喫人穢汚受人打駡王明道到幾時纔是了日判官道惡有大小罪有輕重累世也有數目若是十惡不赦的歷百千萬刼無了無休到第二重地獄門上扁額寫着金剛之獄四個大字。王明走進小門兒裏面去看一看只見地上一扇粗石磨磐約有八尺方圓四面八方。八方上坐着八個大鬼一個鬼雙手拿着一把鉄鎚四面上貼着四個大鬼一手抓過一個漢子來。一脚一踢踢到磨磐上八個鬼齊齊的八鎚把個漢子打做個柿餅的樣子。甲抓一個一脚一踢一齊鎚打做一個餅乙抓一個一脚一踢。一齊鎚又打做一個餅丙抓一個一脚一踢一齊鎚又打做一個餅丁抓一個一脚一踢一齊鎚又打做一個餅打到臨了之時。另是一對小鬼來説道只是做餅到便饒了他拿一個餅放在砲頭上煍幾煍原来還是原來。依舊又是個漢子。王明看見心膽都寒說道姐夫你看裏面那個打好怕

人也判官道你豈不聞人情似鉄非為鉄官法如爐却是爐到第三重地獄門上扁額寫着火車之獄四個大字。王明走近小門兒去瞧一瞧只見一輪車裝着幾個漢子。小鬼們嘴裏哨一声响那輪車飛滾而去。小鬼們呼一口氣那車下的火噴將出来車走得快火燒得大。一會兒把個漢子燒得烏焦巴弓。做一塊灰燼之末成了灰却又取過来。洒上幾點水原来還是原来。依舊是個漢子車轉不了。漢子燒不了。王明道那輪車好狠火也判官道這叫是不做無量罪不重火不燒時人不知王明道每人又還原這怎麼說判官道冤業相纏百千萬刼到第四重地獄扁額上寫着寒冷之獄四個大字。王明近前去瞧一瞧兒只見小門兒裏一口清水圓池。一班小鬼站在兩邊喝。声道走。一手一個漢子丟到圓池

裏面就是一個大鮎魚一張大濶口一口一轂轆吞將下去又是一個小鬼喝声道疌又是一手一個漢子丢下去又是一個鮎魚吞將下去丢十個繞滿一毌一毌之後滿池裏都是些鮎魚悠揚跳躍如醉飽之狀上面小鬼却又喝声道疌还我原人来一声喝不至緊就不見了這些鮎魚另是一班金絲鯉魚一尾魚啣着一個人照池沿上一攛攛將上来依舊又是那些漢子王明道姐夫那池裏魚都是教成的判官道魚因貪餌線吞鉤造孽多般總是愚又到第五重地獄扁額上寫着油詭之獄王明近前去瞧一瞧兒只見小門兒裏面擺列着无数的將軍柱柱頭上都倒掛着一条龍柱底下都綁着是大個的漢子漢子身上赤条条的沒有寸紗小鬼門把柱頭上一献龍口裏就彪出洌滚的香由一直照着

漢子漫頭撲面下来皮是綻的肉是酥的那些漢子止剩得一把光骨頭𥷌頭兒的樣子到了光骨頭的田地那些小鬼們走近前一把骨頭上澆上一瓢滚水原来又是原来照舊還是一個漢子王明道姐夫龍口裏敵是香油麽判官道是洌滚的香油王明道姐夫好狠也判官道從来作惡天昭報爭到頭来不自由又到第六重地獄扁額上寫着蠆盆之獄四個大字王明走近前去瞧一瞧兒只見小門兒裏面一個深土坑坑裏面都是些毒蛇惡蝎黃蜂黑蚃一千小鬼一手抓過一個漢子来照坑裏一扶坑裏那些蛇蝎蜂蠆嗡一声响群聚而来嘬其血串其皮食其肉了无人形一手又抓過一個来又是一扶又是這等各樣毒物串皮食肉抓過許多扶着許多直到末後之時又是一個小鬼喝声道上来手

裏拿着一管小笛兒吹上一声响果直的又是那些漢子走將上来只是皮開肉綻体无完膚王明道那坑裏怎麽有這些惡物哩判官道天造地設的一般不怕你走到那裏去王明道好磨折人也判官道說得這個話惡人自有惡人磨撞着冤家沒柰何又到第七重地獄扁額上寫着杵臼之獄四個大字王明走近前去看他看兒只見小門兒裏面當堂安上一個大杵臼約有数丈之寬四圍站着四個小鬼一個手裏拿着一付大碓杵掀下一個漢子来只听見一齐杵响須臾之間打成一塊蒜泥的樣子把個蒜泥捏成一個團兒逐個兒放在左邊還魂架上到了末後之時架子一声响原来還是原来照舊是個漢子王明道姐夫好狠杵臼哩判官道今日方知豫杵臼從来不信有程嬰又到第八重地獄扁

額上寫着刀鋸之獄四個大字王明走近前去瞧一瞧兒只見小門兒裏面兩片板夾着一個人或是男子漢或是女人家却有一班小鬼兩個鬼拽着一張鋸從頭上鋸到脚跟下止皮開肉破也有两半的也有三掛的也有四綁的也有碎砒的鋸到着後之時又是一個小鬼做好做歹一個個的拿起来用笤箒在渾身上掃一過一個還是一個男子的男子女人的女人只是那些刀痕血跡到底有些王明道姐夫這個鋸鏇的又慘些判官道生前造惡無憑據死後遭刑分外明又到第九重地獄還不曾走到門上只听得後面一個人吆喝道崔相公那裏去哩王明轉頭一看只見一個人生得是牛的頭馬的臉身上穿件青布長衣腰裏繫条紅纏帶脚下是雙黑皮皂靴口裏吆喝道崔相公你那裏去哩判官

道你吆喝怎的青衣說道閻羅爺有事相請道猶未了。又是一個猪頭狗面的趕將来吆喝道閻羅爺有事相請請你快些去哩道猶未了。又是一個驢頭羊嘴的趕將来吆喝道崔相公爺在廳上有請請你即忙就走哩崔判官看見来得凶只得跕着問說道有甚麼緊事一時就是三遍人来衆人說道我們只曉得奉着官差那裏曉得有甚麼事哩判官道堂上可有些甚麼人在那裏衆人說道堂上是轉輪王放出来的無罪之人判官道已經無罪各自散去托生罷了怎麼又轉到堂上来衆人說道在那裏告甚麼枉刀殺人的狀子判官道爺怎麼說衆人說道爺曰是不得明白故此相請相公請查文薄看他們果有罪果無罪殺人的果枉刀。不枉刀判官道既如此不得不去只一件來。大舅我如今閻君有召

不得相陪自已再去細看一番罷王明道姐夫你不在之時我小弟也不去了。判官道地獄共是一十八重我和你纔看得八重還有十重不曾看見况兼前面正有剉燒舂磨正好看哩王明道舉一可例其餘莫說已自看過了八重小弟出去也就告辭罷一會兒出了地獄判官道進灵曜之府王明走出于城来判官又叮囑道大舅你還到我家裏等着我哩王明道不等你罷判官道我有一封家書煩你相帶你怎麼不得我哩王明听見說是家書不得不等一逕找到崔家見了劉氏王明道娘子你今日做了我的姐姐好個姐々也劉氏道判官做了你的姐夫還好個姐夫哩兩個閑談不在話下却說崔判官進了靈曜之府直上第五殿見閻羅王行了礼閻羅王說道這一干無罪之鬼狀告枉刀殺人却不知

他的有無虛實你去細查一番。看他的真假以便發落施行崔判官道查此不难叫他們供出口詞來。我這裏拿個罪惡簿来一對便見明白閻羅王說道此言有理即時傳令着令這些告狀的逐一供出口詞常言道你是個閻羅王閻王出令誰敢有違一干鬼齐々的跕在丹墀之下。輪班序次一宗々的訴上來第一宗一個老者提着一个斗大的頭哭々啼々自称是金蓮宝象国總兵官名字叫做姜老星忽刺臨陣之時被南朝唐狀元所悞一箭割下了頭顱死無辜告唐狀元填命第二宗是兩個小後生一個拎着一個腦盖骨哭々啼々自稱是姜老星忽刺第三個公子名字叫做姜代牙臨陣之時被南朝張狼牙閃在後面不知不覺一狼牙釘打碎了個腦盖骨屈死無辜告張狼牙填命。一個拎着一塊臭

梁肎一雙眼烏珠兒哭々啼々自称是姜老星忽刺第二個公子名字叫做姜儘牙臨陣之時被南朝張狼牙所悞一狼牙釘打斷了臭梁肎爆出一雙烏珠兒來至今做個瞎鬼屈死不甘告張狼牙取命第三宗是五千個番兵結做一夥也有沒頭的沒眼的沒鼻子的沒手的沒脚的吆々喝々哭々嘶々同口一辭都說道是總兵官姜老星部下的番兵臨陣之時死了總兵官被唐狀元亂刀砍死一緊屈死無辜一緊告唐狀元取命第四宗是千百頭野水牛一個一身水哭々啼々都說道我們野水牛本是畜生孽障未除生長在金蓮宝象国郊眠露宿飢飡草渴飲水並不曾有甚麼罪惡只因奉女將姜金定官差。那曉得張天師遍勒我們下水。一任的响雷公。把我們活々的逼死于海水之中。屈死無辜告張

天師填命第五宗是千百頭犀牛頭上角崚嶒身上鱗落索也是
哭々啼々說道我們是一千犀牛生長在水裏與水族為隣並無
半毫過惡等因承奉金蓮寶象國女將姜金定所差切被張天師
借到那裏千百条長々大々的蜈蚣盡強鑽我們的鼻頭活々的
鑽死我們這一千性命情屈何辜告張天師填命第六宗是一千
婦人約有五百多個都只是精着個頭並沒有身子一個々哭啼
啼說道我原是個婦人身只到夜晚之間頭會飛走晚間飛去明
早飛來並無差錯多因女將姜金定差遣我們出城也只是備數
而已切被張天師叫下五方黃巾力士撇吊了我們原身致使頭
不歸身頃刻間坑陷了我們五百口性命情屈何辜告張天師填
命第七宗是一干柴頭鬼畢竟不知怎麼叫做柴頭鬼不知這一
干柴頭鬼訴個甚麼冤且聽下回分解

〇〇

第八十九回　一班鬼訴冤取命　崔判官秉筆無私

詩曰

員者被人訛　方者被人忌　不方與不員　何以成其器
至員莫如天　至方莫如地　天地之大也　人猶有所議
人或訛我員　我員思以智　人或訛我方　我方思以義
醒者彼自醒　醉者彼自醉　寧識陰司中　報應了無異

却說第七宗是一干柴頭鬼像有頭又不見個頭像有手又不見
個手像有脚又不見個脚空頭突腦烏焦巴弓原來是火裏燒過
来的故此叫做柴頭鬼哭々啼々都說道我們一干人是羅斛国
謝文彬麾下的番兵共有三五千個因為謝文彬和南朝爭鬬與
我們何干切被南朝五營大都督設下毒計把我們連人連船盡
行燒死蛟龍斲戰魚鱉何干活々的燒死我們這三五百個的性
命情實無辜告五營大都督填命崔判官道你只說五營大都督
還是甚麼人纔好對理柴頭鬼說道就是唐狀元為首判官道若
你們委實無辜這就該唐狀元填命第八宗又是兩個小後生一
個陀着個背口裏叫着好疼也好疼也一邊叫着一邊說道我是
爪哇國蘇刺龍臨陣之時切被南朝馬遊擊背空處打一鎚打得
腰駝背曲一命歸泉屈死無辜告馬遊擊填命一個連肩帶背拴
着半邊身子哭々啼々說道我是爪哇国蘇刺虎臨陣敗走暗地

枉死含冤怨氣獨橫斐鳳闕

欲生無地哀詞直上十閻羅

裏馬遊擊一刀。卸下一邊身子來。身死無辜。告馬遊擊填命。第九宗也是兩個後生。一個拎着一付頂陽骨。哭々啼々。說道我是爪哇国一員副將名字叫做咎刺婆臨陣之時切被金都督偷空兒一鏜々吊了一付頂陽骨屈死無辜告金都督填命一個背着脊梁骨哭々啼々。說道我也是爪哇国一員副將名字叫做咎刺窖回陣之時也被金都督背後趕將來脊梁骨上一鏜々得一命歸泉身死無辜。告金都督填命。第十宗是五百個番兵跕着就是一千個怎麽這等多哩。原來一個人是一刀兩段的上一段下一段雖是五百個人上下兩段。却不是一千個。一齊兒哭々啼々都說道我們叫做魚眼軍承總兵官的號令。去到南船之下切被王元帥設計滿船底下都是飛抓。々起一個來。一刀兩段屈死無辜告

王元帥填命第十一宗是三千名步卒一個々都是身首兩分皮開肉綻怨氣騰々哭々啼々都說道我們都是爪哇国上銅版冊的軍人跟隨總兵官出陣大敗而歸切被南朝諸將擒獲可憐我們三千個人都是砍頭都是剥皮都是剮骨都是一鍋兒煮喫了不何得罪遭此極刑告鄭元帥填命判官道你們原是那一個擒獲的你們還尋那一個怎麽要鄭元帥填命衆人說道一鍋煮喫之時都是鄭元帥主令故此要他填命第十二宗是十三個番官渾身上下寸絲不掛連身上的肉都是一条一条兒牽扯着哭々啼々說道我們是爪哇国々王駕下親隨頭目共是十三員城池失守與我等何干切被南朝人拿去一個人剮了一千刀平白地遭此鋒鏑之慘告鄭元帥填命第十三宗是一個老大的番官也

拎着一個頭哭々啼々說道我是爪哇国一個總兵官名字叫做咬海干盡忠報国切被南朝拿住砍了頭祭海孫忠無以自見反遭毒刑告鄭元帥填命第十四宗是一個女人聲口苦無甚麼頭面哭々啼々說道我是爪哇国一個女將名字叫做王神姑捨身為国切被南朝諸將萬馬踏為肉泥嚥大吠尭吠非其主遭此極刑告南朝諸將填命判官道你那婦人的狀不准王神姑又哭又說道怎麽不准判官道我這簿上註得有你是自家発下大呪上神不肯恕饒以致如此下去再查你前身第十五宗是一個南朝人拎着一個頭哭々啼々說道我本貫南朝人氏名字叫做陳祖義来到浡淋国官授泓胡左頭目之職好意迎接南船反被他梟首示衆思將仇報死不甘心告鄭元帥填命第十六宗是一連三

個女人一個女人拎着一個頭哭上啼上說道我是女兒国一個公主名字叫做金頭宮生為了唐狀元切被妹妹砍了頭楠曰花發藕以蓮生告唐狀元討命一個挤着個奶頭哭上啼上說道我就是金頭宮主第二的妹子名字叫做銀頭宮主為曰唐狀元致使第三個妹子一刀割了我的奶頭重傷至死唐狀元是個貽禍之根也告唐狀元填命一個捻着一把腰眼骨哭上啼上說道我就是金頭宮主第三個妹子名字叫做銅頭宮主為因兩個姐上爭風是我判其曲直切被馬太監暮地裏一刀刺了我的腰眼骨刺了一個大窟窿身死何辜告馬太監填命判官道那兩個姐上自巳淫亂爭風怎麽告得唐狀元這個不准這個妹上告馬太監還有三分理特任會兒再查第十七宗又是一個女人拎着一個

頭哭上啼上說道我是女兒国一員女將名字叫做王蓮英百戰百勝切被寶国女賊黃鳳仙一刀砍下了我的頭忠君者身死賣国者反昌情極何干告黃鳳仙填命判官道一個忠君一個賣国再查前身黃鳳仙還填你的命第十八宗共是五十個沒頭的鬼先一班二十五個哭上啼上說道我們是撒髮国總兵官部下看宝藏庫的小軍。上半夜夢寐之中喫南朝王明一個一刀一刀砍下一顆頭來身死無辜告王明填命後一班二十五個哭上啼上說道我們同是撒髮国同是看宝藏庫的軍下半夜夢寐之中喫南朝王明一個一刀一刀砍下一顆頭來身死無辜告王明填命第十九宗這個人有些古怪怎麽古怪合着是一個人分開來又是四架哭上啼上說道我是撒髮国一個總兵官名字叫做圓眼

帖木兒提刀出陣切被王明暗地裏劈了我四刀開我做四架屈殺英雄死不瞑目告王明填命第二十宗是一千沒頭沒腦断手断臂吆上喝上說道我們總是圓眼將軍部下的小軍切被王明暗刀所殺人不計其數刀不計其傷負屈含冤告王明填命第廿一宗是兩個狐狸精說道我們修行千百多年為曰金毛道長官差切被張天師把我兩個一個劈開做了兩個情死不甘告張天師填命判官道你原先同伴之時還有四個神道也劈做兩半個他們偏不告狀偏你們兩個會告狀兩個狐狸精齊說道他們是青龍朱雀玄武白虎之神已經告在天曹玉帝也准了他的狀許他取命判官道既如此我這裏也准你的第二十二宗是一千番卒有小半是帶傷的有大半是沒頭的帶傷的哭上啼上說道我

們是錫蘭国的防海水軍切被南朝解都督把個甚麽賽犀飛害了我們的性命死不甘心告解都督填命沒頭的哭上啼上說道我們同是錫蘭国的兵卒切被解都督拿住一人一刀一刀砍了首級死有何罪告解都督填命第二十三宗是一個總兵官領了無數的兵卒總兵官哭上啼上說道我是錫蘭国一個總兵官名字叫做乃夵益挺身為国喫南朝刘遊擊一刀砍了一個頭又把我的頭掛在高竿上又且將去傳示四隣衛国之臣宰得何罪遭此荼毒告刘遊擊填命那無數的兵卒一齊吆喝一齊啼哭說道我們就是乃夵總兵官部下的兵卒切被劉遊擊當陣殺死拿住的又是砍頭身死無辜告劉遊擊填命第二十四宗是一千毛陸禿的白象也哭上啼上說道我們是個守分的中土奉錫蘭国總

兵官差遣切被南朝劉遊擊把個甚麽饗星飛害得我們傷的傷爬的爬以致身死情理何干告劉遊擊填命判官道你這些中丘原日不合出陣今日也不合来纏擾那裏有這閑工夫准你的狀衆象說道老爺可怜見螻蟻尚且貪生何况我們獅象之列都是有德有行的中生怎麽肯白受其死判官道既如此待我再杳第二十五宗又是一個番總兵手裏提着一個頭哭上啼上說道我是金眼国一個總兵官名字叫做西海蛟南兵之难身經百戰喫金都督一鑹釖下我斗大的頭菓英雄無效用之處情屈何甘告金都督填命道猶未了後面又跟着無數的番兵都是些肢体不全連傷帶血的都是吆上喝上都說道我們一干人為因西總兵身死之後喫金都督雪片的鑹来措手不及負屈身死告金都督填命第二十六宗又是两個番官一個拎着頭說道我是金眼国水軍酋長名字叫做哈秋赤海上鏖戰之時喫刘百户設計塞了我的舵眼坑陷了我海鰍船又戳我一鎗又致使我砍下頭来些情何恨告刘百户討命一個只得上半叚連頭帶肐膊跕在地上下半節身子不見在那裏口裏說道我也是金眼国一個水軍頭目名字叫做沙漠咖喫了姚把總一刀揮我為两叚上一叚還在下一叚遠奕鰍魚之腹此恨何長告姚把總填命道猶未了後面一湧而来就有幾千個沒頭的鬼都說道我們都是跟隨哈酋長沙頭目出陣的只因他两個身死之後可怜我們撞着火燒個死撞着刀勒個死捉將去赫個死罪不加衆情屈何甘燒死的告梁把總填命殺死的告姚把總討命捉去的告張百户討命第二十

七宗這個鬼生得齐整青春年少叫屈連天原来是金眼国国王的盤龍三太子一手提着一張刀一手拎着一個頭氣冲冲的說道我做太子的為父殺賊這是理之當然怎麽活活的喫水軍大都督陳堂一齣逼勒得举刀自刎天下做忠臣孝子的豈可這等抑爵不伸到如今沒柰何只得告求閻君殿下替我做個主張一定要陳都督填命况兼我還有一個忠臣叫做哈里虎被他逼勒得溺水身亡還有八個頭目還有三百隻番船還有三千名番兵都堆做一坑燒做煨烬之末你們不信之時你看後面都是甚麽把手一指只見一個鬼平跳起来說道我是金眼国国王駕下的駙馬將軍名字叫做哈里虎為因国家有难不避斧鉞萬死一生那曉得天道無知偏使賊人得志致使我們溺水身亡割我頭的

秉筆無私　生死萬邦為憲

問刑有律　幽明一體相成

是個遊擊將軍黃彪我今日告黃遊擊取命道猶未了只見八個頭目吆々喝々說道我們八個頭目活々的火葬在陳都督手裏今日要陳都督填命道猶未了只見三千名番兵一齊的哭々啼啼都說道我們這一千人共有三千多個豈可都是數盡祿終白白的喪在陳都督火裏情苦何甚今日要陳都督填命第二十八宗是個丞相的樣子一個頭提在手裏哭々啼々說道我是金眼国々王駕下右頭目的便是名字叫做蕭噠嘌為因費了国書請了三位大仙就喫南朝二位元帥砍我的頭又把我的頭號令各門各街各市君令臣共這是常理怎麼教我受這等的苦毒到今日沒奈何望閻君替我做主要二位元帥填命第二十九宗走兩個道士一個說道我在陽世間叫做金角大仙一個說道我在陽世上叫做銀角大仙還有一個師弟叫做鹿皮大仙師兄師弟三個同時下山同時和南兵爭鬧怎麼我兩個就砍了頭現了本相我師弟反做了紅羅山的山神功罪不明賞罰不正我兩個要金国師填命第三十宗又是五個業頭鬼一個口裏哼也哼的說道我是銀眼国一個總兵官名字叫做百里雁活々的喫南朝王尚書一天火燒得骨碎觔酥啣冤不盡告王尚書填命後面四個哭哭啼々都說道我們是銀眼国四員副將一個叫做通天大聖一個叫做冲天大聖一個叫做撼山力士一個叫做搜山力士四個人平白地喫王尚書一夜火燒得灰飛烟滅負屈含冤無門控告特來告上閻君要王尚書償命判官道你這干人都是弔謊既是燒得骨碎觔酥灰飛烟滅怎麼到如今還有個形狀兒在我這裏

告狀衆鬼齊々的說道禀上判官大人你有所不知又是南船上一個金碧峰看見不忍又替我們安埋骸骨又替我們念上幾卷受生経故此又得這些形狀兒到這裏伸冤訴屈判官道既是如此還說得通我准你的再查第三十一宗又是一個婦人哭々啼啼說道我是銀眼国百里雁的妻房名字叫做百夫人代夫報仇喫南朝設計鈎牽索細砍下頭來夫為妻綱妻報夫仇這是個正理怎麼反殺我們毒遭刑憲砍下我頭的是唐狀元我如今要唐狀元填命第三十二宗是五七百個沒頭沒腦的鬼嘈々雜々吆吆喝々都說道我們是跟隨百將軍百夫人的兩枝軍馬共有七百多名活々的死在南人之手有屈難伸要尋他總兵官填命判官問道可還有麼下面答應道沒有了閻罗王說道崔判官這三

十二宗人命事非小可你仔ㄅ細ㄅ把個罪惡簿来與他對證一番中間有等惡極罪大的發下罰惡司要他周環地獄有等惡未甚罪苦不大的輕恕他發下左轉輪王與他托生而去果若是素無罪惡枉刀砍殺了他准南朝人一命填他一命怕他甚麼元帥怕他甚麼都督怕他甚麼狀元到了我這衙門按法而行毫無所隱昔日唐太宗尚然填還人命何况以下之人麽崔判官說道是小臣即時查對好個崔判官一手一枝筆一手一扇簿從頭徹尾查對了一番又加一番怕有差錯再加一番這叫做三思而行事無不殖崔判官却纔回覆閻君說道某也善某也未善某也是某也未是閻君道既是查對得明白你當面判断還他們判官道你們仍舊一宗一宗的上来听我們判斷衆人齊声答應道是判官

叫過第一宗下面應聲道有判官道姜老星你前身殺人無厭已経七世為猪尚且填還不滿你今日出世為人還是這等為君強戰燦爛民肉累惡不悛依法該送下罰悪司遍歷一十八重地獄姜老星說道容小的分訴道猶未了閻君傳下令来不許強嘴違者竟送阿皮地獄之下永世不許轉身果有不甘許未後再禀閻王行令誰敢有違只是鉗听而已判官叫過第二宗下面應声道有判官道姜儘牙你已経三世為人只因你為人在世怒目而視奇媿註定了打出你的眼烏珠兒来姜代牙你已經二世為人只因你在世作事机深樞人腦髓理合打碎你的腦蓋骨你這兩個報應已畢發左轉輪王許你托生下面應声是判官叫声第三宗下面應声道有判官道你這一千人初世為人前世都是一羣馬

作賤人間五谷以致今世死于刀兵苦無大惡發左轉輪王托生下面應声是判官叫声第四宗下面應声道有判官道你這一千畜生已経三世為牛只因你前生在世食人之禄不能終人之事欺君賣国你這簿上該十四世為牛你們今日受了這一苦准一世為牛通前後十三世為牛就滿許牲録司去托生為牛下面應声是判官叫声第五宗下面應声道有判官道你這一千畜生纔初世為犀牛只因你前世都做道士游手好閒又且穢汚齋醮故此此世做個犀牛你頭上這一隻角恰像道士那頂冠兒昨日那

天大蜈蚣都是些徒弟徒孫的冤業你這簿上共是六世為牛今番也免你一世再五世就滿許牲録司去托生下面應声是判官叫声第六宗下面應声道有判官道你這一千婦人前世都是

淫奔之婦背了結髮丈夫私通外人情趣已経十世為母猪羞耻不避穢汚倫常還有些餘業未滿却註你做個屍致之魚今番受了這一苦罪惡填滿了許赴左轉輪王托生為人下面應声是判官叫声第七宗下面應声道有判官道你這五千多人原是五千条毒蛇轉世閻羅王只說你們改行從善那曉得你們蛇鑽竹洞曲心還在故此又註你這一死你們這簿上還該一世為猪再世為牛三世纔轉人身許牲録司去托生下面應声是判官叫声第八宗下面應声道有判官道蘇刺龍你已経三世為人只因前生在世帯一駄人的財物不肯還人以致罪惡貫満故此今日一鎚打駄了你的背命染黄泉蘇剌虎已是四世為人只因你前生在世帯一破人姻縁離間人骨肉以致罪惡貫満故此今日一刀連

看帶占的分開你的屍骸却只一件你兩個苦無大惡還是人身許赴左轉輪王托生下面應声是判官吽声第九宗下面應声道有判官道咍剌姿你已自二世為人只因你前生在世常一說話過頭行事滿頂故此今日喫這一鑹削吊了你的頂陽骨哈剌密你已是五世為人只因你前生在世說話沒脊骨行事沒脊骨故此今日喫這一鑹剗吊了你的脊梁骨却你兩人亦無別惡還是人身許赴左轉輪王托生下面應声是判官吽声第十宗下面應声道有判官道你這五百個魚眼軍總是兩次為人初次為人你就奴羣徇黨飲酒輸錢牽扯不斷故此今日註你一個一刀砍為兩段你第三世為人方知警省許赴左轉輪王托生下面應声是判官又吽声第十一宗下面應声道有判官道你這三千個人都

是前生不敬父母不尊長上不孝不弟之人已經十二世為牛砍前剮皮剮骨鍋煮纔然初世為人罪業尚且未滿仍舊又是砍頭剝皮剮骨鍋煮你們這簿上還有四世為牛許赴牲録司托生判官吽声第十二宗下面應声道有判官道你這十三個人也是初世為人原日為因抵触了繼母六世為驢受人欺壓遭人鞭朴纔得為人復又剮你這一千刀今後理業稍可饒你罷許赴左轉輪王托生下面應声道是判官又吽声第十三宗下面應声道有判官道茨海千你這個人原沒有甚麽罪惡已經八世為人這一世又是個盡忠報国的只因你前世王殺了一条大蛇故此今世不免這一刀之苦却也不該償命發賞善府受用下面沒有答應判官吽声第十四宗下面應声道有判官道王神姑你是個不敬公

姑不順父母不盡婦道犯了七出之条的婦人已經十八世為母狗今日又犯呪神故此要遭萬馬跺為肉泥送罰惡分司還歷那一十八重地獄下面應声是判官吽声十五宗下面應声道有判官道陳祖義你已是五世為人苦無罪惡只因你呼喝長兄一声故此不免這一刀之苦却来生還是人身許赴左轉輪王托生下面應声是判官吽声第十六宗下面應声道有判官道你這三個女人前身是個田三嫂炒家精在我地獄裏面已自鋸開了做三個教你為人改心從善誰知你還是這等貪淫無耻故此一個人又是一刀也罷今番再変一遭母狗消你那些淫慾之火却再来托生許赴牲録司伺候下面應声是判官吽声第十七宗下面應声道有判官道王蓮英你原是個孝婦出身已經三世戴珠冠穿霞帔

只因有些小不足處甚麽些小不足處瞞着婆婆喫了一隻雞故此今生要砍這一下却不該人来填命許赴左轉輪王托生下面應声是判官吽聲第十八宗下面應声道有判官道你這五十個人前世都是個出頭的好漢只因有些出頭害人苦沒有甚麽大善行故此今世都要剁頭却来生還是人身許赴左轉輪王托生下面應声是判官吽声第十九宗下面應声道有判官道圓眼帖木兒你為人在世言不信行不果取不明與不明有這四樣不是處故此今日砍你四刀開你做四架你来生僅僅的討得個人身却也沒有甚好處赴左轉輪王托生下面也不曾答應判官吽声第二十宗下面應声道有判官道你這一千人都是前一世在鄉黨之中暗箭傷人暗刀殺人故此今生遭王明的暗劍却也苦沒

有大過惡還得人身。許赴左轉輪王托生下面應声是判官叫声第二十一宗。下面應声有。判官道你這兩個狐狸一邊脩行。一邊魔污迷人。今日又不合跟隨着甚麽道長這正叫做狐假虎威罪孽重大叫過鬼司来送。他到陰山之下。永世不許他轉身下面哭哭啼啼而去判官叫声第二十二宗下面應声道有。不知這個應声道有還有些甚麽過惡判官怎麽判断且听下回分解

○○

第九十回

靈曜府五鬼閙判　靈曜府五官閙判

詩曰

大定山河四十秋　人心不似水長流　受恩深處宜先退　得意濃時便好休　莫待是非来入耳　從前恩愛反爲仇　世間多少忠良將　服事君王不到頭

却說判官叫聲第二十二宗。下面應聲道有。判官道你這一干帶傷的前生賣酒渾是水不見個米皮兒。故此今生遭解都督的賽犀飛水裏抓起你来你那些砍頭的是前生酒裏下了蒙汗草故此受禍又絛些。都還不失人身許赴左轉輪王托生下面應聲是判官叫聲第二十三宗下面應聲道有判官道乃荼毒你前生是個強盗頭兒謀財害命。故此今日註下砍頭又將你的頭傳示隣国你那些兵卒都是你這一班為從的應得陣上殺死拿住砍頭却都失了人身怎麽失了人身。得他的財。下世要变牛变馬還他的。許赴牲録司托生下面應聲是判官叫聲第二十四宗下面應

聲道有判官道你這些畜生還說你有德有行你們七世前都是個人身都曾放火燒人房屋已經七世变畜生不離湯火之災究業尚然未滿却又主這一場賽星飛来燒你今番却得了人身許赴左轉輪王托生下面應聲是判官叫聲第二十五宗下面應聲道有判官道西海蛟你是個盡心報国的只因你前生是条好漢喘一充大頭鬼虎嚇人故此今日要剢下你那斗大的頭来你後面那一干人都是襯幫你的助人虎嚇死有餘辜只一件一施一報還不失個人身西海蛟請進賞善府衆人俱赴左轉輪王托生下面齊應聲是判官叫声第二十六宗下面應聲道有判官道吞秘赤你前生是個屠户殺牲害命故此註你一鎗又砍你的頭沙漠咖前生上半世做好人下半世殺牛營生故此註你下半截身

靈曜府五鬼閙判

負屈含冤每欲快心於崔判

樂生惡死故寧逆命於閻君

子遠葬鮲魚之腹却都不失人身許赴左轉輪王托生你們後面那一千八原是幾千個鼠耗托生嚙嚼之罪應得如此今番該是變蛇少得清爭許赴牲錄司托生下面應聲是判官叫聲第二十七宗下面應聲有判官道盤龍三太子是為子死孝哈里虎是為臣死忠你兩個俱十世為人的三太子只因前生勒死了一隻鹿故此今世有自刎之報哈里虎前生把滾湯澆死了一穴螻蟻故此今生有溺水之報兩個人俱善多惡少俱該填命只是南人已經原待你們了不必填命請進賞善府受用那八個頭目是八隻班斕虎托生那三千名兵是三千個豺狠托生應得此報八個頭目今番出世是羊三千名番兵今番出世是豬俱赴牲錄司托生下面應聲是判官叫聲第二十八宗下面應聲道有判官道蕭醇

禀你前生到是個好人喫齋把素看經念佛修積得五世為人今生又做丞相只因你前生那些大秤小斗故此不免這一刀赴左轉輪王托生还不失富貴之厚。下面應聲是判官叫声二十九宗下面應声道有。判官道你這兩個畜生敢如此無礼冐頂了人皮敢自称甚麼金角銀角叫鬼司即時趕他到门山之下。不許他轉身兩個哭々啼々而去判官叫声第三十宗下面應声道有判官道百里鴈你原是個飛天的光棍動騙良善財物。致有今日這一場火燒你得人的財物。还要变下畜生填還人可赴牲録司托生百里鴈不肯去判官喝声鬼司們扯他去。又說道那兩個大聖原是偷天換日的光棍兩個力士原是掘地三尺的光棍同是火光故同是火燒俱發下牲録司变下畜生填還人財物下面應声是

判官叫声三十一宗下面應声道有。判官道百夫人你前生是個長脚婦人東家又到西家南隣又走北舍。又不合不受婆々教訓凡有分付只是頭搖故此今日有此絆脚砍頭之禍却只是惡少善多許赴左轉輪王托生下面應声是判官叫声第三十二宗下面應声道有判官道你這七百個都是前生一班喫狗肉的和尚故此聚在這一䭾兒受些刀兵之苦魘污的罪重今番不得人身許赴牲録司去托生下　而應声是道犹未了閻羅王問道可曾完麼判官道已經完了。閻羅王道可有甚麼差錯判官道沒有甚麼差錯閻羅王問道丹墀之下。衆鬼都散去了麼鬼司道都散去了止有五個大鬼還在那裏不肯出去閻羅王說道那五個不肯出去有些甚麼話說道犹未了。五個鬼歷階而上都說道崔判官受

私賣法查理不清閻羅王道我這裏是甚麽衙門有個受私賣法之理五鬼道縱不是受私賣法却是查理不清閻羅王道那一個查理不清你說来我听着劈頭就是姜老星說道小的是金蓮象国一個總兵官為国忘家臣子之職怎麽又說道我該送罰悪分司去以此說来却不是錯為国家出了力麽崔判官道国家若無大难怎叫做為国家出力姜老星道南人寳船千號戦將千員雄兵百万勢如纍卵之危還說是国家若無大难崔判官道南人何曾滅人社稷吞人上地貪人財貨怎見得勢如纍卵之危姜老星道既是国勢不危我怎肯殺人無厭判官道南人之来不過一紙降書便自足矣他何曾威逼於人都是你們偏然強戦這不是殺人無厭麽交海干道判官大人差矣我爪哇国五百名魚眼軍一

刀兩段三千名步卒煮做一鍋這也是我們強戦麽判官道都是你們自取的圓眼帖木兒說道我們一個人劈做四架這也是我們強戦麽判官道也是你自取的盤龍三太子說道我舉刀自刎豈不是他的威逼麽判官道也是你們自取的百里鴈說道我們燒做一個紫頭鬼兒豈不是他的威逼麽判官道也是你們自取的五個鬼一齐吆喝起来說道你說甚麽自取自古道殺人的償命欠債的還錢他枉刀殺了我們你怎麽替他們曲断判官道我這裏执法無私怎叫做曲断五鬼說道既是执法無私怎麽不断他填還我們人命判官道不該填還你們五個鬼說道但只不該兩個字就是私弊這五個鬼人多口多乱吆乱喝嚷做一歇鬧做一堆判官看見他們来得兇也没奈何只得跕起来喝声道甚

麽人敢在這裏胡說我有私我這管筆可是容私的五個鬼齐々的走上前去照手一搶把管筆奪將下来說道鉄筆無私你這蜘蛛蟰兒扎的筆牙齒縫裏都是私絲敢說得個不容私判官看見搶去了筆心上越發懊惱喝声道唗又還胡說哩我有私我這個簿可是個容私的五個鬼曰是搶了筆試大了膽又齐々的走上前去照手一搶把本簿搶將下来說道甚麽簿無私你這繭紙兒釘的簿一肚子都是私絲判官去了筆又去了簿激得怒從心上起悪向胆邉生平跳將起来兩隻手攢着兩個拳頭前四後三左五右六上七下八支起個空心架子实指望打倒那五個鬼那曉得那五個鬼都是一班潑皮鬼齊々的打上前来一下還一下兩下就還一双略不少遜自古道好漢不敵兩老大的只是判官一

個那裏打得那五個鬼齊把頭上的晋巾兒也打吊了把身上的皁羅袍也扯碎了把腰裏的牛角带也蹬断了把脚下的皁朝靴也脱將去了判官空激得爆跳眼睜々的没奈他們何處閻羅王看見不是頭勢也跳將起来高叫道你們衆人敢這等鬼炒麽快叫衆鬼司来推他到陰山之下去看他何如那五個鬼連閻羅王也不怕說道這的與老爺不相干只曰判官賣法故此激変了我們閻羅王道怎叫做賣法五個鬼說道南朝人枉刀殺人理合一命填還一命判官徇私執拗反叫我們到牲録司去変畜生反叫我們去左轉輪王托生反叫我們到賞善府去閑住似此不公不法怎怪得我們閻羅王道你們前世所為不善造下逆来今世理合如此怎麽還欺負我判官五個鬼看見閻羅王發作也只得歎

些說道老爺在上我們都是人然語聲高激石乃有火怎麼敢欺負判官閻羅王道你們還說不是欺負我且問你々們打吊判官的巾兒可是欺負他到頭上扯碎了判官的皂羅袍可是欺負他身無所倚蹬斷了判官的牛角帶可是恣意欺負人略無芥蔕若說起皂朝靴来還有好些話講五個鬼說道怎麼還有好些話講閻羅王說道判官脚下的靴可是好脫的你們都脫將去還是不欺負人麼道猶未了只見把城門的小鬼慌々張々跑將進来跪着畫說道報々々今番却是天大的禍事来到道猶未了把子城的小鬼也是這等慌々張々跑將進来跪着說道報々々今番却是天大的禍事来到道猶未了把靈曜府門的小鬼也是這等慌々張々跑將進来跪着說道報々々今番天大的禍事来到這一連三

卷之十八　六十二

個報来得怔報得重說得急把個崔判官嚇得只是抖戰閻羅王也慌了主意那五個鬼今番却也不敢鬼推姜老星只得進罰惡司蛟海干三太子同進賞善府帖木兒托生左轉輪王百里鴈到牲録司閻羅王問道你這一干小鬼頭報甚麼天大禍事来了把城門的小鬼說道小的不知道来歷只看見五個猛漢騎着五騎馬舞的五般兵器搶門而進金頭鬼王喫他一苦把子城的小鬼說道小的也不知来歷只看見五個猛漢跨着五騎馬舞的五般兵器銀頭鬼王喫他一虧把府門的小鬼說道小的也是不知来歷只看見果是五個猛漢跨着五騎馬舞五般兵器来到靈曜府門之外来々往々走一個不住吆々喝々嚷一個不休滿口說道要拿崔判官老爺要見閻羅王老爺小的未敢擅便只得報上老

爺伏乞老爺詳察閻羅王說道這五個人是那裏来的不知是那裡来的原来是我南朝宝船千號戰將千員雄兵百萬来到這個黄草崖前藍旗官報上元帥二位元帥着令夜不收上崖体探夜不收看見天昏地黑不敢前行却又責令王明上崖体探王明去了有一七多些還不見個回報這一七中間天色漸明雖有些炮雨霏々却不過像我們中朝深秋的景致老爺道今日寶船来到這個田地夜不收又不敢去王明又不見来却怎麼是好王爺道昔日諸葛武侯五月渡瀘深入不毛之地畢竟致使南人不敢復反我們今日船上都是這等袖手傍观怎叫做個下海王爺這幾句話似輕而実重却是欵確這些將官出不得身幹不得事恰好可激石乃有大激水在山道猶未了早已有個將官鉄幞頭紅抹

出像西洋記　卷之十八　六十三

五遁五官撼乾坤而震蕩

一呼一吸　指林木以騰驤

額牛角帶皂羅袍手裏拿着一桿狼牙棒坐下跨着一疋烏錐馬高叫道元帥在上末將不才願前去体探一番再来回話元帥起頭看時原来是前哨副都督張柏道猶未了帳下又閃出一員大將来身長三尺膀濶二尺五寸不戴盔不穿甲手裏拿着一百五十斤重的任君钂坐下跨着一疋紫叱撥的潘神駒高叫道末將不才願同張狼牙前去体探元帥起頭視之原来是右营大都督金天雷道猶未了帳下又閃出一員大將来紅扎巾綠袍袖黄金帶錦拖羅手裏拿着一条三十六節的簡公鞭坐下跨看一騎賽雪銀鬃馬高叫道末將不才願同二位將軍前休探元帥起頭視之原来是征西遊擊大將軍胡應鳳道猶未了帳下又閃出一員大將来豊髯嵏鼻偉貌長軀滿面英風渾身環甲手裏拿着一把

七十二楞的月牙鏟坐下跨着一疋深虎刺的捲毛駒高叫道末將不才願同三位將軍前去体探元帥起目視之原来是征西遊擊大將軍雷應春道猶未了四個將軍四騎馬四般兵器蜂湧而去只見帳前閃出一員大將来高叫道四位將軍且慢跑還有我浪子唐英在這裏元帥起頭看時果是好個唐狀元爛銀盔金鎖甲花玉帶剪絨拖一桿朱纓閃閃滚龍鎗一疋銀鬃照夜白千里馬老爺道有了四員大將已自足矣不消唐狀元去羅王爺道老元帥豈不聞古先時五虎將之名乎老爺道好個五虎將快着唐狀元去四員將軍前跑一個唐狀元後隨跑了有十數多里頭来天色漸漸開亮只是黄雲紫霧别是一般景巳唐狀元高叫道列位且不要忙這個國一定有些古怪我和你要拿定一個主意纔

是孟浪走不得四員大將齊齊的答應一聲是却又是走了十数多里路頭也還不見個民居街市五個大將軍打夥兒又跑再又跑了十数多里路頭只見遠遠的望見有一路矮矮的墻頭兒中間有一個小小的門兒五員將五騎馬五般兵器搶而入只見門裏面左邊閃出兩個青臉獠牙的鬼来右邊閃出兩個牛頭馬面的鬼来一齊吆喝着説道你們是那裏来的一味生人気五個將官看見這些鬼又听知説道生人気心上都有些不穩便唐狀元道敢是個鬼国麽衆官道像個鬼国的模樣唐狀元道我和你也怕他不成道猶未了只見青臉鬼喝声道咗你們竟自進去過関錢兒也沒有些唐狀元也喝声道咗你是甚麽関敢要過関錢兒青臉鬼説道虧你還有一双眼連鬼門関也認不得麽唐狀元轉

㫰一瞧果真是那一座小々門上寫着鬼門関三個大字唐狀元說道列位我和你怎麽撞到鬼門関上来了張狼牙說道怕他甚麽鬼門関金都督說道那管他甚麽関只是殺上前去胡遊擊說得好說道昔人但願生入玉門関我們今日生入鬼門関也是一塲異事雷遊擊說道今日中間且不要談玄進了鬼門関却是個鬼国人与鬼鬪殺全靠拿出些主意来唐狀元道我們須索個抖擻精神殺他到底衆官齊々的應声是只說得一声是你看他五員將五騎馬五般兵器一湧而進怕他甚麽青臉獠牙鬼怕他甚麽牛頭馬面鬼轉嚇得都走过一邉都只認做一起鬼那裏曉得還是個人都說道好狠鬼也我們只當他的鬼孫兒五騎馬一會兒就跑到城門之下只見城上有一面牌々上寫着古酆都国四

個大字衆官　齊說道来得好恰好是個酆都鬼国却是個鬼窩兒裡道猶未了城門裏湧出一群小鬼来當頭一個大鬼跕着地上就有一丈多長頭上一双黄角金幌々的兩隻手攢着一双拳頭喝声道咗你們是那裏来的早々下馬磕頭快通名姓少待遲延就教你認得我哩金都督喝声道鬼奴你是甚麽人就認不得你大鬼說道我有名的金頭鬼王你豈可還不認得我麽五個將官听知得是個金頭鬼王齊々的一声喝一片的刀鎗莫說那些小鬼把個金頭鬼王就嚇破了膽捨命就跑連跑遞跑早已背心窩裏喫了三十六節的簡公鞭一鞭打做個四馬攢蹄的樣子仰畓着在地上金頭鬼王喫了這一虧也只說是個甚麽凶神惡鬼那裏曉得是陽世上活人五個將軍打畓了這個鬼一湧而進將

軍是將軍馬是馬一會兒又跑到一座城門之下這一座城較矮小些這一座城門較窄狹些陰風颯々冷霧漫々衆官起頭一看只見城上也有一面小牌々上寫着禁城兩個字唐狀元道禁城二字却是閻羅天子所居之處我和你可好進去麽張狼才說道怕他甚麽閻羅天子怕他不寫下一封降書唐狀元道且莫講降書不知前面是個甚麽出處雷遊擊說道閻羅王不怕鬼瘦我們今日也不怕閻羅瘦少不得要乾鞳他一畨道猶未了只見禁城裏面湧出一羣小鬼来吆々喝々當頭也有一個大鬼也有一丈之長也有頭上双角只是頭面上白淨々的不像頭裏的黄髙叫道你們是那裏来的或是奉那裏的公差快通名姓怎敢撞入我這禁城之中唐狀元喝声道咗我們五虎將軍日戰陽間夜戰陰

你是個甚麽野鬼敢攔吾去路那鬼也還認不得是個陽人只說陰司裏有此一等惡煞也就狠起来攢着一双拳頭高吽道你說甚麽五虎將軍你那裏認得我銀頭鬼王麽衆官齊々的一声喝說道你是甚麽銀頭鬼王饒你那個金頭鬼王險些兒打折了脊梁骨一片的馬响一片的刀鎗把個銀頭鬼王又撈畓了在地上那些小鬼却就走得无影无踪五個將軍也不管他又是一湧而進一會兒却進到一個處所這却不是城墻這却不是城門只見無限的朱門髙敞殿宇崢嶸儼然是王者所居的氣象宮門上也有一面牌々上寫着灵曜之府四個大字唐狀元道今畨却到了閻羅王宮門上我和你也要仔細一畨兩個遊擊說道狀元之言近理道猶未了只見金都督就粗粹起来說道今日之事有進无

怎麼說得仔細兩個字恰好張狠牙起來狠起來說道天下事
一不做二不休怕他甚麼閻羅王五個將官齊齊的一𠍣滿口吆
喝道要拔判官要見閻王故此有許多小鬼報進灵霄府裏去却
說閻王听知這一報說道五個將官五騎馬五樣兵器殺進灵曜
之府連閻王也荡了主意只不曉得是個甚麼來歷叫聲判官問
道你幾時錯發了文書錯勾甚麼惡鬼判官想了一會說道並不
曾發甚麼文書並不曾錯勾了甚麼惡鬼閻王道既不錯怎麼有
這五個猛漢到府門前來斷要判官道今日的日神不利違未是
五個鬼大鬧一場怎麼又有五個將軍五騎馬又來大鬧閻王道
敢是天上吊下來的判官道不應吊得這等兇閻王道地上長出
來的判官道不應長得這等兇閻王道水裏湿將來的判官道不

應湿得這等兇閻王道地獄裏走出來的判官道不曰走得這等
兇閻王道連來告狀的鬼帶將來的判官道不應帶這等兇道猶
未了五条猛漢五騎馬五般兵器一湧而入已自進到灵霄府閻
罗王殿下閻罗王看見來得兇也无法可治叫聲崔珏你快下去
問他一個來歷你切不可鬧他道猶未了閻羅王轉身進到後殿
去了止剩得一個崔判官在殿上唬得只是抖衣而戰一時又尋
不見巾幘一時又換不着袍兒一時又穿不着靴一時又尋不着
筆。一時又尋不到文簿殿下五条猛漢齊齊的吆喝道你那殿上
站的快下來我問你一個來歷。少若遲延。一齊殺上殿教你命染
黃沙那時悔之晚矣崔判官不敢違拗。只得走下殿來不知這一
下來問個甚麼來歷有個甚麼吉凶。且听下回分解。　十八卷終

新刻全像三寶太監西洋記通俗演義卷之十九

二南里人　編次
三山道人　繡梓

第九十一回

閻罗王寄書國師　閻罗王相贈五將

詩曰

朝進東門營　暮上河陽橋　落日照大旗　馬鳴風蕭蕭
平沙列萬暮　部伍各見招　借問大將誰　恐是霍嫖姚

却說崔判官勉強支起架子。定下殿來說道你們還是強神。你們
還是惡鬼我這裏是個十帝閻君所居之處怎麼容得這等炒鬧
這等持鎗跨馬直狀元見他說是閻君所在也以礼開譚。說道你

遠致國書始信幽明同此理

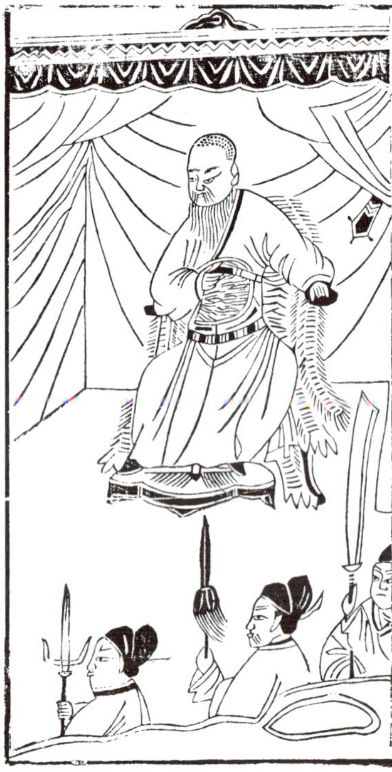

高懸佛日果知人鬼共無私

不要曉驚我們號爲五虎將軍。日戰陽間夜戰陰判官道你這些將軍還是陽世上人還是陰司裏人唐狀元道你這裏還是陽世還是陰司。判官道將軍說話也好差了。一行告訴你這是十帝閻君所居之處豈可又不是陰司况兼你們一路而来先過鬼門關次進酆都城又次進禁城却繞進我靈曜府。過了這許多去所豈可不認得我這是個酆都鬼国唐狀元道大聖人尚且好問好察我們焉得不問判官道列位可是陽世上人唐狀元道是陽世上人判官道還是那一國唐狀元道是大明国朱皇帝駕下差来的判官道既奉朱皇帝欽差。怎麽走到我這鬼国来。唐狀元道爲因兵下西洋。撫夷取寶。故此輕造判官道我這鬼国是西天盡頭處却也是難得到的唐狀元還不曾開口。張狼牙就搶着說道胡說

我管你甚麽盡頭不盡頭我管你甚麽鬼国不鬼国你快去拜上你的黑面老兒早早修下封降書備辦些寶貝免得受我們一刀之苦判官道你這位說話又差你大明国朱皇帝是陽間天子我酆都国閻羅王是陰間天子。他有陰陽哉無尊卑礼無隆殺焉得你又問我們要降書問我們要寶貝張狼牙就激起来喝聲道唗我們兵下西洋已経三十餘国那一国不遞上降書那一国不奉上寶貝饒他是個勇猛大將軍饒他是個天地人各仙長也都是這等帖尔奉承又何况你這些瘟鬼敢在我面前搖唇鼓舌說短道長判官受了這一席狠話到也磨奈得說道你若還說起這西洋二十餘国来就該磕我四個頭拜我八拜張狼牙已経動氣再又加上個磕頭礼拜的話他就心如烈火膽似鍾粗拿起個狠牙釘来照着判官頭上只是一片築藂狼牙已自太過了却加上個金都督又是個鹵莽滅裂的又是一片任君鑹鑹將去再又加上兩個遊擊也狠起来一個一条簡公鞭一個一把月牙鏟鞭的鞭敲鏟的斵削喜的判官是個鬼溜下踞兒也不覺的四個將軍攢着一個判官就像鍾馗擒小鬼的形境把個判官左走也不是右走也不是唐狀元連聲叫道不要動手哩不要動手哩且問他一個来歷再殺也不遲判官道正是我且告訴你一番看你是我是唐狀元吆喝得緊動人只得住手判官道你們兵下西洋。枉殺了千千万万的性命。今日頃刻之間接下三十二宗告你們冤人命的狀詞是我把罪惡簿来一查查他前生今世作何善惡當得何等報應善者是我送進賞善行臺快活受用惡者是我發下罰惡

分司遍歷一十八重地獄還有一等善多惡少者又送左轉輪王托生並不曾断你們填還性命我這一段情由還叫我不是你們可該磕頭可該礼拜唐狀元道你任何職能勾判断還他判官道我是崔珏判官有名的閻羅殿下鉄筆無私唐狀元道你既是個判官怎麼這等衣冠不整儀從不張判官道說起来你們又該磕頭又該礼拜張狼牙又惱起来喝聲唗唐狀元道不消嚷且待他再說一番判官道為因不曾判断填命中間有五個強梁之鬼和我爭鬧一場說我徇私曲庇是我責備他們他們五個鬼〻多手多反加我以無礼唐狀元道怎麼無礼判官道到也不堪提起把我的巾兒袍兒帶兒靴兒都一果兒連筆兒簿兒也險些兒故此衣冠不整儀從不張唐狀元道這是你的執法不偏致令五鬼鬧

判張狼牙又鬧起来說道誰听他那一面之詞終是要封降書降表要些土貝進貢若說半個不字我這裏只是一味狼牙釘憑你怎麼處我道猶未了就是輪起狼牙釘来照着判官的頭上雨點一般過去金都督又是鏜兩個遊擊又是一条鞭一把鏟把個判官又趕得沒處跑唐狀元急忙吆喝不得他們住手却說閻羅王站在後殿上听知外面一徃一来細問細荅閻君長嘆一口氣說道這都是仗了佛爺〻的佛力無邊就欺負上我門哩道猶未了只見內殿之中閃出一位老者壽高八百鶴髮也頦一手一根柱杖一手一掛數珠兒走近前来問說道是個甚麼佛爺〻在那裏閻君起頭一看原来是個椒房之親岳宗泰岱名字叫做個過天星怎有這個親怎有這個名字只因他一日走地府一遍一夜走

天堂一遍脚似流星故此叫做個過天星他所生一女名字叫做爭幻星君嫁與閻羅王做正宮皇后他却不是閻羅王的外岳故此叫做椒房之親岳宗泰岱他問道是那個佛爺〻在那裏閻羅王說道這五個將軍是大明国朱皇帝欽差来下西洋取宝的他船上有個長老原是燃燈古佛臨凡故此他們仗他的勢力欺上我門来老者道你怎麼曉得閻羅王說道他日前到我處来老者道来有甚麼貴幹閻羅王道曰為路上有許多的妖魔鬼怪他来杳問老者道你這如今怎麼處他閻羅王道到有些不好處得怎麼不好處得欲待要多叫過些鬼司来撥動那一干游魂索貯魂瓶錐瑰鐀削魂刀怕他們走上天去却于佛爺〻体面不好看相欲待將就他們他們又不省事輕舉妄動出言无狀却于我自家

的体面上又不好看相這却不是不好處他老者道只知其一未知其二閻羅王道怎麼說老者道這五個人也不是凡夫俗子你有所不知閻羅王道這個委是不知請教老者道那持鎗的姓唐名英是個武曲星那狼牙釘的姓張名柏是個黑煞星那舞鐺的姓金名天雷是個天蓬星那拿月牙鏟的姓雷名應春是個河鼓星那簡公鞭的姓胡名應鳳是個魁罡星閻罗王道既是些天星臨凡却也害他不得况兼又有佛爺〻在船上莫若只是做個人情與他去罷老者道你須去自家分付他們一番閻罗王道我還有好些話與他講哩好個閻罗王竟自走出殿上来只見四個將官攢着一個判官這邊一個連声叫道快住手哩快住手哩閻罗王却就開口先叫上一声左右的何在這正叫做堂上一呼階下

百諾左右兩邊湧出百十多個鬼來閻羅王站在上面兩邊列着
百十多個鬼却不有了些威勢問一声下面甚麽人敢持刀驟馬
逼勒我判官麽判官正在沒走處一直跑上了殿唐狀元看見殿
上問話的是個冕而衣裳王者気象心裏曉得是個閻罗天子勒
住馬高声荅應道末將們介冑之士不敢下馬成拜实不相瞞我
們是大明国朱皇帝駕下欽差來撫夷取寶的閻罗王道怎麽撞
進我灵曜府裏來唐狀元道為因不見王寶直窮到底故此檀入
府門閻羅王道你們就該抽身回去罷怎麽又威逼我判官唐狀
元道非干威逼判官一言不合怒気相加判官接着說道都是那
黑臉大漢說要甚麽降書降表要甚麽進貢礼物閻罗王道這說
話的好差我和你陽間天子職掌相同但有陰陽之别耳怎麽我

這裏有個降書有個礼物唐狀元道陰陽雖異路通問之礼則同
我們今日也是难逢难遇須則求下一封陰書明日回船之時奏
上陽間天子纔有個明證閻羅王說道你還講個回船二字你這
個船有些难回了唐狀元心上喫了一驚說道怎見得难回閻罗
王道你們下洋之時枉殺了千千萬萬的人命他們這如今一個
個的負屈含冤要你們填還他性命雖然是我崔判官和你們硬
断到底是怨気冲天無門救解大小寶船却有沉覆之厄唐狀元
道事至于此怎麽沒有處分不如就在這裏討個解手出去纔好
閻罗王道你們自家計處一番可有個解什之法唐狀元道我們
苦无解釋之法閻羅王道你們回船請教国師就見明白唐狀元
听見說到国師身上心裏老大的驚異曉得回船决有些禍患却

只得把幾句言話兒出來高叫道我們朱皇帝是陽間天子。大王
是陰間天子內外協同豈可沒個互相救援之意閻罗王道回船
請教国師我這裏無不依允只你們也是進我府門一遭各通名
姓上來我這裏還有一物相贈以表邂逅慇懃唐狀元道末將姓
唐名英原中武科狀元現任征西後營大都督之職這任君鏜姓
金双名天雷。現任征西右營大都督之職這狼牙釘姓張名柏現
任前哨副都督之職這簡公鞭姓胡双名應鳳現任征西遊擊大
將軍之職這月牙鏟姓雷。双名應春現任征西遊擊大將軍之職
閻羅王道好一班武將莫說陽世上威風第一就是我陰司裏武
秇無双道猶未了。即時叫過左右的取文房四寶來寫下了四句
短札又叫過管庫藏的取出一件宝物來盛在珠紅匣兒裏面看

猛士森森一曲大風歌海上

閻君赫赫半函奇貨映封中

判官傳下分付短札兒拜上国師珠紅匣兒相贈五員武將唐狀元連声称謝躍馬而出出了門金都督道好了這個黑臉賊張狼牙道你罵我麽金都督道罵道来的閻羅天子張狼牙道你說甚麽黑臉賊我穿青的就有些護皂道猶未了這正叫是回馬不用鞭早已到了宝船上拜見二位元帥只見王明正在那裏講劉氏是他的生妻死後嫁與崔珏判官又講崔珏判官誤認他做個大舅領他進城看見望鄉臺鎗刀山柰河橋孤栖埂賞善行臺罰惡分司又是一十八重地獄銼烧舂磨各色刑憲正在講到興頭上唐狀元一千五員大將五騎馬五般兵器飛舞而歸兒了元帥都問王明你在那裏去了這些日子今日纔来王明道我今日不是崔珏判官兩塲口角還不得家来也唐狀元道甚麽崔珏判官王明道就是閻羅殿上的崔珏判官唐狀元道甚麽口角王明道一日之間先是五個鬼和他大閙一塲後又是五個天星和他大閙一塲家裏聞知這兩塲兒報生怕有些差池故此我拜辭而来唐狀元不覺的大笑了三声　元帥道你笑些甚麽唐狀元道原来真是個鬼国真是個陰司戲我們硬和他爭閙一塲元帥道怎麽和他爭閙唐狀元道王克新說五個鬼和判官大閙就是為了我們殺死的魍魎之鬼一總有三十二宗都在告狀取命五個天星就是我們殺到靈曜府裏閻王殿下元帥道怎麽就殺了這幾日唐狀元道早去晚来只是一日元帥道已經三個日子王明共去了十個日子唐狀元道可見洞中方七日世上幾千年陰陽有准禍福無差元帥道裏面風景何如唐狀元道陰風颯颯冷露漫漫不

盡的凄凉景色元帥道居止何如唐狀元道照舊有街道照舊有房舍有個鬼門関有座酆都城有座禁城却繞到火曜之府繞是閻羅王的宮殿朱門宏厰楼閣崚嶒儼然王者所居気象元帥道閻羅王何如唐狀元道冕而衣裳儼然王者気象元帥道可看得真麽唐狀元道覿面相親細問細對他還有一封短札拜上国師還有一件礼物賞賜末將們的元帥道怪哉怪哉連陰司之中也征到了連閻羅王也取出降書来也取出寶貝来今日之事千載奇事即時請過国師天師唐狀元逓上書国師拆封讀之原来是個七言四句說是

身到川中数十年　曾在毘盧頂上眠　欲透趙州関捩子

好姻缘做惡姻缘

国師見之心上有些不快活元帥道国師老爺為何不悅国師道貧僧心上的事一言难尽只不知閻君送唐狀元們是個甚麽寶見唐狀元道是一個硃漆的紅匣兒即時交上二位元帥當面開来原来是臥獅王鎮紙一枚王爺道以文具而贈武郎閻君亦不免謬戾之失國師道彼有深意存焉豈得為謬戾元帥道請教国師有些甚麽深意國師道鎮紙原有所自未相贈則一字一義都不是個深意存焉元帥道何所自来乞国師見教国師道說起来話又長了些元帥道閻君相贈大是奇事願聞詳細那怕話長国師道這鎮紙是唐西川節度使髙駢贈与蜀妓薛涛的到我朝又為洪武甲戌進士田孟沂所得今日都又是閻君贈與唐狀元這都不是鎮紙原有所自来元帥道何所攷正国師道唐時有薛氏

女名涛為時絶妓麗色傾城又且精研経史詞章詩賦綽有大家彼時有個西川節度使姓髙名駢字千里来鎮巴蜀諸妓中甚珎愛薛氏女寵冠一時將贈甚厚後来髙以病去薛氏女随亦物故葬附廓三里許火村之陽所葬處山青水碧景色獨幽鄭谷蜀中詩有小桃花繞薛濤墳之句後人因此盛栽桃樹環繞其墳春時遊賞士女畢集称勝槩焉到我朝洪武十四年五羊人姓田名百禄携妻挈子赴任成都教官其子名洙字孟沂隨父任洙自幼聰明清雅標致書畫琴棋靡不旁暢諸生日與嬉遊愛之過於同氣凡遠近名山勝景吟賞殆遍明年秋父百禄議欲遺洙回籍毋又不忍捨洙告其父說道兒未末久柰何遽使之去又且官清毡冷路費艱難莫若再留住許時別尋一個歸計其父百禄心上費了

一番周摺都謀于諸生中最親厚者使他另設一館一則可以讀書進業二則藉其俸資為明年歸計諸生都不忍捨去孟沂一聞田老師命唯唯奉承薦在廓外五里許巨族張運使之家次年正月半後擇吉設帳諸生中又爭送去張姓主人大喜張𢘿開館又一日宴其父百禄席罷主人說道令嗣君晚間只宜就宿斎頭免致奔走勞頓不便百禄滿口称謝說道愈加体愛之周到了二月花辰之日孟沂辭斎歸省路経火村只見村埜中境界幽雅環小山之下都是桃樹又且花方盛開爛烟如錦孟沂心甚愛之四顧徘徊有不能捨之意忽見桃林中有一所別館門裏走出一個女人来綽約嬌姿年方二八眉湾柳緑臉襯桃紅孟沂不敢起頭过門而去自後每進城去必過其門每過其門美人必在門首有一

日過其門遺失了所得的俸金為美人所得明日又过其門美人着令婢者追孟沂還所遺金孟沂心裏想道這女子有德有貌徃謝其門婢者先行報美人說道遺金郎今来奉謝請入内厛美人出両家相見美人先自開口說道郎君莫非張運使家西賓乎孟沂說道承下問不足便是美人說道好一對賢主佳賓孟沂說道虗席無功辱承過奬了請娘行尊坐容小生拜謝還金之德美人說道張運使是賤妾一家姻婭彼西賓即此西賓何謝之有孟沂說道敢問娘行名閥為誰與敝東何眷美人說道此賤妾舅氏之家姓平成都故家舅氏存日與張運使同外氏賤妾姓薛氏文孝坊人字平幼子康不幸康早喪舅姑隨亦終天年賤妾孀居窮匕乎立道猶未了茶至茶罷又茶如是者至三至四孟沂辭謝欲去

美人說道旣辱大駕寵臨還願羈留頃刻孟沂說道不敢留了美人說道賤妾若不能留盛東亦不能無罪說道我有此佳賓竟不能為我一款賤妾之罪夫復何辭道猶未了即陳設酒殽分為二席賓主偶坐上中勸酬備至語雜諧謔孟沂心裏想道主家姻婭何敢放恣每歛容稱謝酒至半酣美人說道即君素性倜儻長于吟咏今日相逢頗称奇靚何苦做出這一段酸子的形狀來孟沂說道非敢寒酸一則識荊之初二則酒力不勝請告辭罷美人道說那裏話賤妾雖不聰敏亦曾從事女經短章口律頗得其解今遇知音而高山流水何惜一奏孟沂先前嘆他有德有貌說到了經書詩律愈見得才貌雙全縱非惜玉能不憐才斂容称謝說道古有引玉不佞願先拋一磚美人說道先奉一玻璃盞以為詩興

孟沂拿着玻璃盞在手裏口占一律說道

路入桃源小洞天　亂紅飛去過嬋娟　襄王悞作高唐夢
不是陽臺雲雨仙

吟畢孟沂舉酒自飲美人說道詩則佳矣但短章寂寥不足以盡興用落花為題共聯一長篇相公肯麼孟沂說道謹如教美人道相公請先孟沂說道娘行請先美人說道自古男先于女還是相公孟沂道恕僭了

孟韶艷應難挽　美芳華信易凋　孟綴階紅尚媚　美委地
白仍嬌　孟墮速如辭樹　美飛遲似戀條　孟鮮鋪新㲲繡
美草疊巧裁綃　孟麗質愁先殞　美香魂慟莫招　孟燕
啣歸故壘　美蝶逐過危橋　孟怙帙將稀露　美衝簾作起
颺　孟遇晴猶有態　美經雨倍無聊　孟蜂趂低兼絮　美
魚吞細雜漂　孟輕盈眛履跡　美零落惹鈿飄　孟鳥過生
愁觸　美兒嬉最怕搖　孟褪時浮雨潤　美殘處漾風潮
孟積徑交童掃　美沿流倩水漂　孟媚人沿錦瑟　美淪
茗入詩瓢　孟王貌樓前墜　美水容夢裡消　孟芳園曾籍
坐　美長路觧追鑣　孟羅扇姬盛瓣　美筠籬僕護苗　孟
折來隨手畫　美帶處近鬟焦　孟泥涴猶悽慘　美瓶空更
寂寥　孟葉濃陰自厚　美蔕客子偏饒　孟豈必分茵席
美寧思上研硝　孟香餘何吝竊　美珮解不須邀　孟台態
宜宮額　美痴情媚舞腰　孟粧臺休亂拂　美留伴可終宵

詩聯旣成時已二皷將盡美人延孟沂入寢室自薦枕蓆孟沂酒

興詩狂把捉不住不覺有繾綣之私次日孟沂告別美人贈以臥獅玉鎮紙一枚且說道無惜頻來勿效薄倖即也孟沂習以為常詒主人說道老母相念之深必令家宿不敢留此主人信之半年後張運使過泮宮謁田老師告訴說道令嗣君每日一歸不勝匍匐俾之仍宿齋頭乃為便益田老師喫一驚說道自從開館之後止寓公館中並未有以家也何言之謬張運使心上疑惑不敢盡詞而出歸告張夫人夫人道此必拾翠尋芳耳張運使道此中若無歌館願安所得乎左右躊躇不得他的端的差下一個精細家童尾其歸只見田孟沂行至桃林中忽然不見運使心上明白了差人宿田老師衙舍候先生來時問說道昨夜何宿先生道衙舍主人道小僕適從衙舍來並不曾見先生先生道或從途路上相

左麽土人道小者宿衙舍何為相左孟沂看見遐觴不过把羙人還金欵洽賡詩各項的事細説一番運使道這的不是我親是個鬼祟相戲即時請到田老師細述前事老師道這一定是桃林中有個妖物三人同往旧處只見桃紅千樹草緑連天何嘗有個別舘運使説道不是妖物這桃林中地名火村唐妓薛涛葬在這裏此必薛涛精魄相戲田老師説道不消疑了他説道嫁與平幼子康乃平康巷也他説道文孝房城中並無此額文與孝合豈不是個教字妓女居教坊司也非薛涛其誰孟沂説道還有一枝玉鎮紙在這裏運使接過來看一看鎮紙之下有高氏文房四個字運使説道這鎮紙即西川節度使高駢所贈薛涛者経這一塲異事田老師即時謝過主人遣孟沂還廣中孟沂蚤寳重鎮紙後中洪

武甲戌進士授山東曹縣知縣門子看見鎮紙稀竒竊之而去孟沂屈賴侍婢竊去有外捷之至死侍婢死後告于閻君閻君拘集門子償命留鎮紙入官這鎮紙却不是唐西川節度使高駢贈與唐妓薛涛唐妓薛涛贈與我朝田孟沂田孟沂又為門子所竊拘留陰司閻君又把來相贈唐狀元們這却不是有所自來元帥道看鎮紙可有字麽唐狀元遞與元帥果是鎮紙之下有高氏文房四個大字二位元帥説道国師高見不但通今慱古却又察幽燭明国師道偶中耳元帥道又蒙分付相贈則一字一義再請教一番畢竟不知是個甚麽一字一義且听下回分觧

○○

第九十二回

国師勘透閻羅書　国師超度魍魎鬼

詩曰

吾身不與世人同　曾向華池施大功　一粒丹成消萬劫
双〻白鶴降仙宮
海外三山一洞天　金樓玉室有神仙　大丹煉就爐無火
桃在開花知幾年

却説元帥請問国師一字一義還是何如国師道他原是卧御王鎮紙卧音握同御與師同這兩個字是説唐狀元五員大將手握重兵王音御同這個字是説唐狀元五員大將持刀跨馬到他御前鎮與震同這個字是説唐狀元五員大將威震幽明紙音止同這個字是説唐狀元五員大將兵至于此可以自止總是説道你

廊廟江湖勘破閻羅來簡牒

甲兵尊祖遠銷海國亂烽烟

們五員大將手握重兵到我御前威震幽明矣是不可以止乎。這是勸我們班師的意思元帥道国師明見但不知国師四句詩還是怎麽說国師道貧僧適來不堪告訴意思也是一同只是比例訊誚貧僧着是很毒令貧僧如負芒刺元帥道願聞詩句是怎麽念訊誚是怎麽比例国師道詩原是八句。他只寫着四句未這就是訊誚貧僧半途而廢却這四句原是王通和尚動了淫戒之心比例訊誚貧僧動了殺戒之心這都不着实很毒元帥道怎見得王通和尚動了淫戒之心国師道這個話又是長篇元帥道難得国師老爺見教幸勿見拒国師道曰是宋紹興間臨安府城南有個水月寺寺中有個竹林峰〻頭有個王通禅師俗家西川人氏有德有行衆僧都皈依他衆官府都敬重他着他做本寺住持雖

住持却在竹林峰頂上坐功修煉已經有三十餘年。不曾出門每遇該管上官迎送之礼俱是徒弟徒孫代替。上官每〻也不責備他忽一日有個永嘉縣人氏姓柳雙名宣教。一举登科御筆親除寧海軍臨安府尹。到任之日凡所屬官吏斉舍師徒及糧里耆老住持僧道一切人等。无不遠迎到任之後各有花名手本逐一查點一番恰好的查點得水月寺住持王通和尚不到是個徒孫代替。柳爺說道迎我新官到任一個住持尚然不来着令徒孫代替何相藐之甚即該房出下牌票拘審王通要問他一個大罪庶警將来當有衆寺裏住持一斉跪着禀說道相公在上這王通和尚是個古佛臨凡獨在竹林峰上已經三十多年。足跡不曾出門户舊時一切迎送俱是徒弟徒孫代替道猶未了各屬官恭見柳

爺告訴各屬官一番各屬官斉声道這個和尚委实三十年不曾出門户。望相公恕饒道猶未了。又是各鄉官相見柳爺又告訴各鄉官一番各鄉官斉声道這個和尚委实三十年不曾出門户。望相公恕饒柳爺是個新任府官鋒芒正銳却又是和尚輕藐他〻越發要力雖則衆口一辭饒了和尚拿問心上其实的不饒他过了三日赴公堂宴宴上有一班承應歌姬内中却就有一個細腰一搦二八青春。音韻悠揚。嬌姿娬麗柳爺心裏想道。這個歌姬好做王通和尚的對頭也宴罷。各官散畢柳爺独叫上這個歌姬喝退左右。問說道你姓甚名何歌姬道賤人姓吳小字紅蓮柳爺道你是住家的。還是趕趁的紅蓮道賤人在這裏住家專一上廳答應柳爺道你可有個動人的手段麽紅蓮道業擅專門縱不動人

人爹自動椰爺道小夥兒可動得麽紅蓮道少壯不努老大傷悲豈有不動的椰爺道老頭兒可動得麽紅蓮道滿地種薑老者纔辣豈有不動的椰爺道道士可動得麽紅蓮道其冠不正望々然來豈有不動的椰爺道和尚可動得麽紅蓮道佛爺雖聖不斷中生豈有不動的椰爺道既如此說你果是個作家我却有件事要你去動他動兒你可肯麽紅蓮道爺那裏鈞令小賤人怎麽敢辭赴湯蹈火萬死不避椰爺却又搗他搗兒說道只紅蓮假如你受了我的差遣却又不依從我所言當得何罪紅蓮道准欺官藐法論賤人就該死罪椰爺道我和你講白了去動得人來重賞銀一百兩着你從良任你跟得意的孤老動不得人重々有罪紅蓮道老爺分付就是只不知是個甚麽人是個道士麽是個和尚麽椰

爺滿心歡喜說道好伶俐婦人也一猜必中委是一個和尚紅蓮道是那個和尚椰爺道是水月寺的住持玉通和尚你可曉得麽紅蓮道小賤人不認得那和尚只憑着我揣度無情坑陷手怕他不做有情人磕頭而去老爺又叮囑道這個打不得誑語要收下他的雲雨餘腥紅蓮道理會得走出府門々路裡自思自想如何是好回到家裏把椰府尹之事和媽兒細說一番媽兒道別的和尚還通得這玉通禪師有些難剃頭哩好紅蓮眉頭一蹙計上心來說道不怕他難剃頭也要割他一刀兒到了夜半三更偹辦下乾粮更換衣服竟自去去到竹林峰左肋下義塚山上爬起一堆新土來做個墳營自家披麻帶孝哭々啼々這一堆土離峰頭上不過百步之遠這哭々啼々不過百步之外這王是淒凉無限傷

心泪任是猿聞也斷腸怕他甚麽玉通和尚不動情麽到了天亮果真玉通和尚問道是那裏哭哩原來水月寺裏只是和尚一個徒弟又在五臺山去了不在家徒孫又在村庄上碾稻做米去了不在家自此之外更只討得一個八九十歲聾聾啞啞撞々跌々的老道人在家裏面復道是峰頭下新墳上甚麽人哭王通道好凄慘也從此後自侵早上哭起哭到黃昏自黃昏時哭起哭到天亮第一日哭起哭到第二日第二日哭起哭到第三日一連就哭了六七日那玉通禪師是個慈悲方寸哭得他肝腸都是斷的恰好又是十一月天氣天寒地凍點水成氷哭到第七日上陰風四起大雪漫天紅蓮心裏想道今夜却是帳了到了三更上下哭々啼々一直哭到竹林峰上玉通和尚打坐的牕子前叫聲道佛爺

爺天時大雪你開門放我躲一會兒若不慈悲我一条狗命即時凍死在這裏玉通和尚听知他哭了一七這豈是個歹人直哭到窗子下來這豈又是個歹意原心本是慈悲他的又兼風狂雪大少待遲延凍死人命于官法上也不穩便故此再不情疑走下禪床開門相見琉璃燈下却是個婦人披麻帶孝玉通說道原来是一位娘子耶紅蓮故意的又哭又說道小婦人是個女身家在城裏南新街居住丈夫姓吳今年纔方年半夫妻不幸夫死上無公公下無婆々我欲待彼時同死爭柰丈夫屍骸沒人埋葬故此每日每夜在老爺山頭下義塚之中造墳造完了墳小婦人一定也是死的止差得一二日工程不料天公下此大雪小婦人怕凍死了前功盡棄故此不知進退唐突佛爺々借宿一宵玉通和尚道

將孝心也請坐禪堂上待貧僧看火来你烘着紅蓮又詭說道但得了一坐足矣不劳火哩我痛如刀割心似火燒這個婦人不曾見面之時這等七日啼哭見面之後這等一席哀告天下事可欺以理之所有王通和尚再不隄防他只是一味慈悲恨不得怎麼樣兒收他一救那曉得他是個明修棧道暗度陳倉只見琉璃燈下亮〻爭〻長老坐在禪床上滿心的不忍紅蓮坐在蒲團上哼也哼還在哭哭了一會把隻手揉起肚子来揉了一會一交跌在地上滾上滾下滾出滾進咬得牙齒只是一片响故意的偏不叫人王通和尚心裏想道這婦人是有些淘氣本是哭了這一七今日又受了這一天雪凍死在這裏却怎麼處只得走下禪床来問聲道敢是甚麼舊病發了麼紅蓮又故意做個不會講話的一連問

了兩三聲却慢〻兒說道我原是個胃氣疼也丈夫死了沒有醫手王通和尚再不警覺只說是真又問說道你丈夫還是怎麼樣醫紅蓮又故意的說道這個怎好告訴得佛爺〻王通和尚听知他不肯告訴越發說是真情又說道小娘子你差意了。一死一生只在呼吸之頃你快不要碍口飭羞的紅蓮討實了和尚的意思却纔慢騰〻地說道我丈夫在日熱捱熱兒故此寒氣散去和尚心裏明白熱捱熱兒須則是個肚皮兒靠肚皮纔是也又不敢亂開個口問說道小娘子你這胄氣在心腕上還在肚皮上紅蓮說道實不相瞞賤妾這個胄氣是會走的一會兒在心坎上一會兒就在肚皮上王通和尚只怕疼死了這個婦人那裏又想到別的說道小娘子你不棄嫌待貧僧把肚皮兒来捱着你罷紅蓮分明

是要賺他却又故意的說道賤妾怎麼敢寧可我一身死棄黄泉敢把佛爺〻清名玷汚王通和尚說道小娘子你豈是個等閑之人事姑孝報夫義天下鮮有兒貧僧敢坐視你死而不救紅蓮又故意的在地上滾上滾下滾出滾進口裡噥也噥就像個要死的形狀其实好個王通和尚一把抱住了小娘子抱上禪床解開禪衣露出佛相把個小娘子也解開上身衣服肚皮兒靠着肚皮捱了一會不知怎麼樣兒那小娘子的下身小衣服都是散的那小娘子肚皮兒一邊在捱一双小脚一邊在搗左搗右搗把和尚的小衣服也搗吊了吳紅蓮原是有心笑無心借着捱肚皮爲名一向捱着和尚不便之處和尚原是無心對有心捱動了慾火春心飄蕩李下瓜田

那顧如来法戒　難遵佛祖遺言　一個色眼横斜氣喘声嘶
好似鶯梭柳底　一個淫心蕩漾話言嬌澁渾如蝶粉花稍
和尚耳邊訴雲情雨意　紅蓮枕上說海誓山盟　怕甚麼水
月寺中不変做極樂世界　任他們王通禪座頃刻成快活道場

這都是長老的方便慈悲致使得好意翻成悪意紅蓮到雨收雲散之時把個孝頭布兒收了那些殘精剩點口裏連声說道多謝多謝歡天喜地而歸王通長老心上早已明白敲兩下木魚說道只因一點念頭差到今日就有這些魔障来也這不是別人即是新任太爺眞嫌我不曾迎接破我色戒墮我地獄事到頭来悔之不及道猶未了。天色黎明只見徒孫跪在面前王通道你從何来徒孫道庄上碾稻做米回来王通道從那門来徒孫道從武林門

寧城過来王通道。可曾撞着甚麽人来徒孫道清波門裏撞遇着一個行首拖着一領麻衣後面兩個公差跟着口裏說道好個古佛臨九也雖然听不得真。大略只是這等的意思王通嘆一口氣說道不消講了。叫道人燒熱湯我要澡洗叫徒孫取文房我要寫字。徒孫先取到文房王通和尚先寫下了一幅短箋摺定了壓在香爐之下。道人燒熱湯来和尚澡洗澡洗之後更了禪衣分付徒孫上殿燒香。徒孫燒了香走進禪堂只見師公坐在禪床上說道徒孫即時間有個新任太爺的公差来你問他甚麽来意他說道要請我去你說道我師祖已經圓寂了止遺下一幅短箋現在香爐之下你拿去回復太爺便罷道猶未了王通禪師閉了眼收了神拳了手。冷了腳。已經三魂渺渺。七魄茫茫徒孫還不省得是個

圓寂問說道師公怎叫做個圓寂哩問了兩三聲不見答應却纔省悟。曉得是師公已自圓寂去了。即時叫過道人来商議後事。道人還不曾見面。到是臨安府的承局来到面前。原来吳紅蓮得遇王通和尚的破綻滿口稱謝。歡天喜地而去。此時已是天色黎明進了清波門。恰好的有兩個公差在那裡伺候紅蓮即時進府。回復相公。相公喝退左右。紅蓮把前項事細說一番。又把個孝頭布兒奉上去看柳爺大喜說道好個古佛臨九也即時取過百兩白金賞與吳行首。責令從良任其所好。吳行首拜謝而去。却又叫過一個承局来把孝頭布放在一個黑漆盒兒裏面盒兒貼着一道封皮封皮上不是判斷的年月。却是四句詩說道

水月禪師號玉通　多時不下竹林峰　可憐若許菩提水
傾入經蓮兩瓣中

封了盒兒着承局竟到水月寺。送與玉通禪師要討回帖。不可遲悞。相公有令。誰敢有違故此徒孫叫過道人。承局早已到在面前来了。徒孫道尊處敢是請俺師祖麽。承局道正是太爺有命。相請令師祖。小長老你何以得知徒孫道先師祖圓寂之時已曾分付到来。承局喫了一驚。說道令師祖終不然已經圓寂去了。徒孫道怎敢相欺。現在禪床之上承局進去一看果然是真承局說道令師祖去得有些妙處。只是我在下。何以回復相公徒孫道尊處不須煩惱家師祖又曾寫下一幅短箋。封固壓在香爐之下。叮囑道若本府柳相公有請即將香爐下短柬去回承局愈加驚異說道令師祖果真古佛臨凡有此早見奇哉奇哉。即時拿了短箋轉到

未許魔王盡付法輪填陷穽

國師超度魍魎鬼

全憑佛力頓教寒谷轉陽春

府堂上囬復相公。柳相公拆封讀之。原来是七言八句。辭世偈兒。說道。

自入禪門無罣碍　五十三歳心自在　只因一點念頭差
犯了如来淫色戒　你使紅蓮破我戒　我欠紅蓮一夜債
我身德行被你虧　你的門風還我壞

柳相公讀罷喫了一驚。說道這和尚乃是真僧是我壞了他的德行。即時分付左右。備办龕堂。却又請到南山爭慈禪寺法空禪師與他下火。原来法空禪師是個有德行的。恭承柳相公嚴命。来到水月寺。看見玉通禪師坐在龕堂之上。嘆說道真僧可惜真僧可惜。差了念頭墮落惡跡。即時請出龕堂。安于寺後空濶去所。法空禪師手拿火把打個圓相說道。

身到川中数十年　曾向毘盧頂上眠　欲透趙州關捩子
好姻緣做惡姻緣　桃紅柳緑還依旧　石邊流水冷消消
今朝指引菩提路　再休錯意怨紅蓮

念罷。放下火去。化过龕堂。只見火燄之中。一道金光冲天而去。這一宗事。却不是玉通和尚動了色戒之心。適来閻君送與四句詩。正是法空禪師度玉通和尚的前四句。却不是把個動晟之心。訕詢貧僧動殺戒之心。只寫四句。却不是訕詢貧僧半途而廢。這等帖兒可狠毒麽。唐狀元道国師在上。閻罗王又曾說来。說我們下洋之時。枉殺了千千萬萬的人命。怨氣冲天。大小寶船俱有沉海之禍。彼時末將就請問他一個觧釋之法。他又說道你囬去請教国師。就見明白。似此說来。有個沉海之禍。還在国師身上解釋。

国師道阿弥陀佛。閻君說問貧僧便見明白。還是要貧僧超度這些亡魂。元帥道怎見得。国師道總在他四句詩裡。他四句詩原是法空禪師超度玉通和尚的。問貧僧却不是問他四句詩。問他四句詩却不是超度兩個字。元帥道我和你今日来到酆都鬼国。已自到了天盡頭處。海尽路處。正叫是天涯海角有窮時。豈可此行无轉日。大小实船少不得是囬去的。況兼閻羅王也說道可以止矣。卦明一理。豈可執迷。只一件。来沿路上鋼刀之下。未必不斬無罪之人。超度兩個字。最說得有理。伏望国師鑒察。国師道這也是理之當然。好個国師。就大建水陸两壇。旗旛蔽日。鼓樂喧天。晝則念經說法。夜則施食放燈。牒文達上三十三天。天天自在。禪杖献開一十八重地獄。獄獄逍遙。一連做了七七四十九個晝夜。圓滿之日国師老爺親自祝贊親自酹奠一隻採蓮船无萬的金銀甲馬用憑火化天尊火燄之中一道白烟望空而起一會兒結成二十二朶瑩白的蓮花飄々蕩々一會兒三十二朶蓮花共結成一個大蓮蓬約有十斛之量悠々揚々猛然間一陣風起把個蓮蓬倒將过来一會兒一声爆竹响蓮蓬直上天去爆開了蓮蓬儾吊下三個蓮子来衆官起頭一看站在地上那裏是個蓮子原来是三個道童兒三個道童朝着国師老爺齊々的行個問訊說道佛爺々弟子們稽首国師道你是甚麽人一個說道弟子是明月道童一個說道弟子是芳草行者一個說道弟子是野花行者国師道原從何處出身明月道童說道弟子們曾受佛爺々度化是佛爺々門下弟子国師道有何所憑明月道童說道有一首七言四句

足憑国師道試念来我听着明月道童說道　人牛不見了无踪

明月光寒萬象空　若問其中端的意　野花芳草自叢々

国師老爺點一點頭說道從何而来道童道弟子自從佛爺々度化之後身居紫府職佐天曹為因昨日佛爺々做圓滿三十二宗魍魎之鬼俱已超凡俱已正果玉帝傳旨着令弟子三個下来做証明功德是弟子三個闢開方便路弘廠紫虛宮国師道来此何幹道童道弟子聞佛爺々寶船回轉特来送行国師道生受你得道童道何為生受弟子道號明月表字清風日上清風送行晚上明月送行清風明月無人管直送仙舟返帝京国師道好個返帝京又生受野花行者行者道何為生受野花如錦鋪流水為送仙舟上帝京国師道也好個上帝京又生受芳草行者行者道多情

芳草連天碧遠送仙舟進帝京国師看見送行的送得順序滿心歡喜說道好個進帝京多謝三々位厚意到京之日自有重酹各請方便罷一個道童兩個行者又打個問訊而去元帥道国師種々的妙用咱學生全然不知國師道那一件不知元帥道那三十二瓣蓮花是個甚麽妙用国師道原是三十二宗魍魎之鬼三十二瓣蓮花各自超昇元帥道共結一個蓮蓬是個甚麽妙用国師道共結一個蓮蓬共成正果元帥道明月道童是個甚麽妙用国師道這道童就是銀眼国引蟾仙師座下的青牛元帥道既是青牛怎麽這等受用国師道因是貧僧度化他故此身居紫府職佐天曹今日又不負先前度化之德特来送行元帥道圓滿已畢道童又来送行寶船擇日回去罷国師道天下事有始有終始終相生

循環之理當原日寶船起行之時萬歲爺大宴百官犒賞士卒故此從下西洋以来將勇兵強無不用命戰勝攻取今日来到了酆都鬼国行人所不能行之地到人所不能到之国荷天地覆載之功辱神聖護呵之德事非小節未可造次須還要斟酌一番元帥道這個斟酌就在国師身上国師道依貧僧愚見还要如儀祭賽海神一壇還要大宴百官一席大賞士卒一番礼畢之後却繞回船轉棹不識元帥肯麽元帥道国師之言有理敢不遵依即時傳令備辦祭儀安排筵宴以便擇日應用到了吉日鋪下祭礼旗牌官請二位元帥行礼元帥請到天師国師行礼天師国師各相推讓一番還是国師行礼各官依次礼畢国師偈曰

維海之止　維天之西　海止天西　神豈我欺

祭畢即日大宴百官犒賞士卒大小將官都在帥府船上各軍士各按各營各哨各隊。這一日的大宴雖則是海盡頭處其实鋪設有法殽品豐肥畢竟不知怎麽樣兒的鋪設怎麽樣兒的殽品且听下回分解

○○

第九十三回　寶賞船離𨚗都国　太白星進夜明珠

詩曰

路入𨚗都瑞鬼国　此行天定豈人為　祖征敢倚風雲陣
所過須同時雨師　尚喜遠人知向望　却慚無術撫瘡痍
閻羅天子應收旆　寧直兵戈定四夷

海道澄清舟客轉𨚗都之棹

蠻烟蕩滌波神獻水月之花

却說這一日大宴百官犒賞士卒帥府船上鋪設有法殽品豐肥怎見得鋪設有法滿船上結起彩樓

飛閣下臨陸海　重臺上接天潢　珠璣錦繡遍攢粧　絳繆流蘇采幌　闌檻王鋪翡翠　榱楹金砌鴛鴦　一金猊寶篆噴天香　時引蓬萊仙仗

帥府堂上鋪設筵席

味集鼎彝佳美　殽兼水陸精奇　玉盤粧就易牙滋　適口充腸莫比　竹葉秋傾銀甕　葡萄滿泛金卮　試將一席細詳之　中户百家產矣

筵席左一邊設一班音樂

寶瑟銀箏細奏　鳳簫龍管徐吹　稽琴祢鼓祭天齊　節樂

板獻象齒　戛玉鳴金迭响　成九変交施　霓裳羽服無
嬌姿　不忝廣寒宫裏
筵席右一邊設着一班雜劇
傀儡千般巧製　俳優百套新編　番竿走索打空拳　掣棒
飛鎗跳劍　放馬吹禽戲獸　長歗院本鞦韆　嬌兒弱女賽
神仙　承應今朝盛宴
宴罷元師道請国師擇日囬船国師道昔馬伏波銅柱操界却不
出中国之中我們今日来到酆都鬼国天巳盡矣可寂〻無間今
後世無所攷據元師道此意極高只是黄草崖上不便標界国師
道貧僧有個處分道猶未了国師念聒詋声偏衫袖兒裏面走出
一個一尺二寸長的小和尚未朝着国師打個問訊説道佛爺〻

呼喚弟子有何使令国師道你去須彌山西北角上有一座三十
六丈長的小山嘴兒你與我移来安在這個黄草崖上快去快来
不可遲悞小和尚應聲是一道火光而去一會兒一道火光而来
囬復国師国師道可曾移来麽小和尚道巳経移来安在崖上国
師道天柱峯左壁廂有一根三丈六尺長的小石柱兒你替我撮
来安在這座山上快去快来不可遲悞小和尚應声是一道火光
而去一會兒一道火光而来囬復国師国師道可曾撮来麽小和
尚道巳経撮来安在山上国師道你可通文字麽小和尚道未出
童限不曾通得文字国師道既不通文字你去罷一道火光而去
国師又念聒幾聲只見一道火光裏面吊下一個護法韋馱尊天
下来朝着国師打個問訊説道佛爺〻呼喚小神何方使令国師

道就這崖上有一座小山山上有一根小石柱你去把降魔杵磨
下幾行大字来韋馱道磨下幾行甚麽大字国師道石柱原有八
面正南上一面你磨着大明国朱皇帝駕下欽差征西大將帥立
十六個大字其餘七面各磨着南無阿弥陀佛六個大字全在你
的降魔杵上討分曉韋馱諾〻連聲一雲而起一會兒復命国師
道字可完麽韋馱道巳経完了国師道迴避罷韋馱打個問訊而
去国師老爷這一段意思雖好移山移得神玄撮石柱撮得神玄
磨字磨得神玄衆將官都不准信不在話下連天師連二位元師
心下也有些不准信却又国師平素不打誑語不敢問他可〻的
徒孫雲谷問説道降魔杵磨字怕不精細後日貽笑于閻羅王国
師原出于無心應聲道你何不上去瞧着看是何如来囬我話衆

人心上疑惑的巴不得国師分付去看都就借着雲谷的因頭兒
一湧而去去到黄草崖上果真的一座小山實高有三十多丈衆
人又上山去果真一根石柱實在有三丈多高衆人又瞧石柱果
真石柱上八方都是有字正南上是大明国朱皇帝駕下欽差征
西大元師立十六個大字其餘七面俱是南無阿弥陀佛六個大
字仔細看来這些字好不精妙也饒他是蒼頡製字也只好製得
這等精饒他是羲之獻之也只好寫得這等妙二位元師嘆之不
盡都嘆説道好国師你也嘆説好国師我也嘆説好国師這一嘆
衆人都是一時之興不曾想到天師在面前一長便形一短嘆西
施使自誰為東施天師心裏想道金碧峰恁的設施我祖代天師
人豈可袖手旁觀漫無所建立眉頭一皺計上心来説道二位元

師在上国師妙用立這一座山豎這一根石柱忌称双美只再得
一通石碑勒一篇銘尤其妙者三宝老爷説道碑文可免罷天師
道老公公豈不聞勒碑刻銘之説乎。王爷道不可得耳固所願也
天師就秉机説道王老先生分付不可得还是碑不可得还是銘
不可得王爷道銘在學生易得耳。特碑不可得天師道既然銘在
王元帥碑就在貧道王爷道學生先奉上銘。天師道銘完之後貧
道就奉上碑王爺分付左右。取過文房四宝来援筆遂書説道
爰告酆都　我大明国　爰勒山石　於昭赫赫　文武聖神
率土之濱　九有血氣　莫不尊親
天師應聲道好。非此雄文不足以鎮壓閻羅天子。王爺道過奬何
堪請天師老大人碑碣道猶未了。天師合手一呼仰手一放劃喇

一聲响一個大雷公跕在面前把兩隻翅関擺上两擺説道天師
何事呼喚小神。天師道此山用一座石碑。勒一篇銘相煩尊神取
過一通素碑来雷公應聲是。一聲响一溜烟而去一聲响一溜烟
而来早已一通素碑跕在石柱之前比石柱止矮得五尺多些雷
公道碑可好麽天師道好雷公道好去罷。天師道一客不煩二主
相煩勒上這八句碑銘一聲响一溜烟。早已勒成了八句雷公道
字可好麽天師道好雷公道我去罷天師道後面还要落些行欵
雷公道願聞欵志天師道王爷　撰文鄭爷篆額貧道書丹尊神立
石雷公應聲是一聲响一溜烟。早已列成些行欵志雷公性急不
辞而去天師這一出分明是国師激出来的却其實後使雷霆最
有些意思不在国師之下。衆官這一會兒又賛嘆天師你也説好

天師我也説好天師天師道不要空説好。我念着你們听看果好
不。二位元帥道願聞後面欵志罷。天師念道　大明国王元帥撰
文　大明国鄭元帥篆額　大明国張天師書丹　九天應元雷
公普化天尊立石　衆人一齐大笑起来説道好個雷公立石雲
谷跕在面前説道王。爺撰文撰得順序張爺書丹。書得順序雷公
立石立得順序。只是鄭爺篆額却篆左了些鄭爺道篆左了些就
是関元帥篆法雲谷道怎。見得是関元帥篆法鄭爺道関雲長月
下看春秋春秋不是左傳篆王爺道這個篆那個傳篆法還不同
些。道猶未了国師傳令。請列位爺開船雲谷上船告訴國師説道
天師竪一通石碑。在石柱之前。這是甚麽意思国師道正少此碣
君子成人之美雲谷道石碣比石柱矮五尺許。這是甚麽意思国

師道居已于下。君子無欲上人之心雲谷道天師役使雷公這是
甚麽意思国師道雷公最狠君子不成人之惡道猶未了。藍旗官
報道開昭自開船之後昨日上順風相送每晚上明月相隨行了
半月。没有了月。又是一顆亮星相親相傍不亞于月之明雲谷問
道老祖在上連日這等風順這是甚麽意思国師道你不記得明
月道童送行麽雲谷道晚間星月相親這是甚麽意思国師道你
不記得道號明月。表字清風早上清風送行。晚上明月送行終不
然有個誑語麽雲谷道從後去這清風明月可還有麽国師道你
不記得野花芳草願送仙舟之句乎。雲谷道原来那個道童兩個
行者送我們行。不知還在那裏止国師道進了白龍江口便自回
来雲谷道郤好長路頭哩道猶未了。外面報二位元帥過船相拜。

坐猶未定。又報道天師老爺過船相拜。相見坐定王爺道連日好順風也天師道多謝国師老爺国師道朝廷之福諸公之縁貧僧何謝天師道老師忘懷了清風明月無人管。直送仙舟上帝京国師連声道不敢不敢這三位老爺都在講話都有喜色獨有三寶老爺眉頭不展緘口不言国師道老公公何獨不言三宝老爺道咱學生夜来得一夢不知凶吉何如。心下疑慮故此無言国師道見教是個甚麼夢哩老爺道夜至三更時分。夢見一個老者。對我唱個偌說道我有兩顆賽月明相煩順帶到南朝送與主人公收下咱問他姓甚麼名甚麼。他說道姓金名太白咱問他家住那裏他說道家住中岳嵩山上咱問他主人為誰他說道山上主人就是不必具名咱問他賽月明在那裏他說道已先送在船上咱問他送在何人處他說道一顆送在姓支的矮子處一顆送在姓李的鬍子處道猶未了不覺的鍾傳皷送驚醒回来原来是南柯一夢。咱想起来這個夢也得有些不吉。国師道怎見得不吉。老爺道一則賽月明是個晚間所用物件。不見得正大光明。二則口說賽月明之名。不曾看見賽月明之實。怕此行有名無實三則是支矮子。李鬍子。支胡之說中間怕有甚麼隱情一個夢。有許多猜疑不知吉凶禍福故此放不下心国師道天机最密貧僧不敢強為之解。天師道夢中不是凶兆。老爺過慮了些王爺道月明是個明加一賽字豈不是大明寄信到南朝是個回送與主人豈不是見主上。以學生愚見豈不是回轉大明国拜見生上麼况兼那老者自稱姓金名太白。却不是太白金星以此相告元帥。天師道王老先生解得是好。国師道這也是依理而言。不為強辨三寶老爺說道到底白字多。賽月明是個白不見其實是個白名字太白又是個白。吉主玄丧主素終是不吉。天師看見老爺心上疑惑不解說道元帥寛懷容貧道袖占一課看是何如。老爺道足見至愛。一會兒天師占下了一課連声道大吉大吉。老爺道怎見得天師道占得是双鳳朝陽之課鳳為靈鳥。太陽福星當主大喜老爺心上還不什然原来三宝老爺本心是個疑惑的。又且国師劈頭說道天机最密貧僧不敢強為之解。老爺只猜国師說得是不好話他信国師的心多故此王爺說好他不信。天師說好也不信只見侯公公坐在面前說道夢還不至緊只要圓得好。可惜船上沒有個圓夢先生。天師道雄兵百萬。戰將千員。豈可就沒有個圓夢先生老爺

太白星進夜明珠

瑞應祥臻珠炫夜光高北斗

人忻神恍星懸太白誦南山

道。未說是非者。就是是非人就在侯公公身上要個圓夢先生侯公公笑一笑說道是非只為多開口煩惱皆因強出頭少不得我去尋一個圓夢先生來也好個侯公公口裏連声吆喝道咱老子要個圓夢先生咱老子要個圓夢先生叫上叫下。宝船上叫了一週並不曾見個圓夢先生侯公〻心裏想道乗興而来。怎麽好沒興而返敢是我不該自稱咱老子。故此圓夢的不肯出来。也罷礼下于人必有所求。不如改过口来罷却連声叫道咱兒子要個圓夢先生咱兒子要個圓夢的先生叫上叫下叫到一隻船上。只見一位老者。鬚眉半白深衣幅巾。侯公〻正然往西去那老者正然往東来兩個人撞一個滿懷侯公〻叫說咱兒子要個圓夢先生那老者說道。兒子要圓夢。不如請我老子。道猶未了。侯公一把扯着再肯放他竟扯到千葉蓮臺上侯公〻道這是咱老子会圓夢老好惱又好笑說道怎就是你老子侯公公道饒是叫他老子他道不肯来那老者也是個積年相見四位各行一個相見之礼老爺道你姓甚名誰祖籍何處現任何職老者道小老姓馬名歡原籍浙江会稽縣人氏現任譯字之職老爺道咱這裏要個圓夢先生你可会圓麽馬歡道小的略知一二老爺道你這圓夢敢是杜譔麽老者道師友淵源各有所自老爺道你原是個甚麽師父老者道小的師父姓劉名字叫做劉星先生平生為人善圓古怪蹺蹊夢勘破先天造化机老爺道只是劉星先生不知諏得准麽馬歡道名字劉星拆字圓夢半點不諏星老爺道名劉人不諏却不有名無実馬歡道且莫講我師父不是有名無実就是小的今年長

了八八六十四歲圓了多少富貴貧賤聖愚賢不肖的夢豈肯有名無実老爺道依你所言夢是人情之常馬歡道那怕他富貴之極貧賤之極少不得各有個夢那怕他聖愚之分賢不肖之異也少不得各有個夢老爺道富厚之家豢养之下豈有個閑夢馬歡道否崇從小夢乗龍這豈不是富人夢老爺道既有個典故那是貴人夢馬歡道漢高連夢赴蟠桃這豈不是貴人夢老爺道那是貧人夢馬歡道范冉夜夢拾黃金這豈不是貧人夢老爺道那是賤人夢馬歡道反僧夢化小花鞦這豈不是賤人夢老爺道那是聖人夢馬歡道孔子夢寐見周公這豈不是聖人夢老爺道那是愚人夢馬歡道董遵誨不辨黑黃龍這不是愚人夢老爺道那是賢人夢馬歡道莊周夢蝴蝶這豈不是賢人夢老爺道那是不肖

人夢馬歡道丹朱夢治水這豈不是不肖人夢老爷看見這個馬譯字應對如流心上老大的敬重他却又問說道說了有夢可有個無夢的馬歡道一有一無事理之對既有這些有夢就有這些無夢的老爷道你可說得什麽馬歡道小的也說得过老爷道你從頭兒說来與我听着馬歡道牙籌唱徹五更鍾這却不是富人無夢不寢听金鑰這却不是貴人無夢袁安殭卧長安雪這不是貧人無夢斜倚薰籠直到明這豈不是賤人無夢周公坐以待旦這豈不是聖人無夢守株待兎這豈不是愚人無夢睡覺東窓日已紅這不是賢人無夢小的夜来財財直到五更鍾這豈不是不肖人無夢老爷道輸身一着好個結稍馬歡道世事総如春夢断全憑三寸舌頭圓老爷道好個三寸舌頭圓咱夜来一夢你仔細

和我圓着馬歡道請元帥老爷說来老爷道咱夢見一個老者自称姓金名字太白相托我寄一双賽月明回中岳嵩山去却又賽月明不在手裏說一顆在咱們船上支矮子處說一顆在咱們船上李鬍子處說話未了醒將过来不知這個吉凶禍福还是怎麽你與我圓来馬歡道稟元帥老爷得知此夢大吉老爷道怎見得馬歡道老者姓金名字太白是個太白金星王爷道我也是這等圓馬歡道月是夜行的賽月明是個夜明珠王爷道這個夜明珠我就圓不着了馬歡道一顆在支矮子處膝屈為矮是跪着奉承主不日之間先見一顆在李鬍子處鬍子在口上口說尚難憑主久日之後纔見寄回是個回朝中岳是我大明皇帝中天地而為華夷之主嵩山是山呼萬歲元帥老爷這一個夢依小的愚見所

圓主得兩顆夜明珠。一顆先在面前一顆還在落後却到回朝之日面見萬歲爺。山呼拜舞献上這双稀世之珎官上加官爵上加爵隨朝極品與国同休這豈不為大吉之夢王爺道後一段我李生就解不出来馬譯字委是會解馬歡道口說無憑日後纔見三寶老爺得這一解心上略寬快些重賞馬譯字而去三宝老爺帰到師字船上念茲在茲只在想這兩顆夜明珠船行無事傳下將令。把這百萬的軍籍逐一挨查任是挨查並不曾見個支矮子李鬍子雖有。並沒有個夜明珠的情由時光迅速節序推遷不覺的宝船回来已經一個多月每日順風每夜或星或月如同白晝一般大小宝船不勝之喜忽一日雲生西北霧障東南猛然間一陣風来

晚来江門失大木　猛風中夜吹白屋　天兵斬断青海戎
殺氣南行動坤軸

一陣大風不至緊馬船上早已吊下一個軍士在海裏去了小報上中軍帳元帥分付挨查軍士甚麽籍貫甚麽姓名一面快設法要救起人来元師軍令誰敢有違一會兒回復道軍士姓劉双名谷賢原籍湖廣黄州府人氏現隸南京虎賁左衛軍站着蓬下失脚墮水風帆迅駃救援不便元帥傳令問他船上衆人可見軍士形影麽回復道看見軍士在水面上飄飄蕩蕩隨着宝船而来老爺道異哉異哉夜明珠偏不見却又淹死了一名軍馬譯字之言大謬王爺道軍士自不小心與夢何干只是這個風却大得緊怕船有些不便將如之何老爺道国師原說是清風明月無人管直送

仙丹上帝京怎麽今日又主這等大風還去請問他一番就見明白二位元帥拜見国師把劉谷賢吊下海風大宝船不便行兩擡事細說了一遍国師道貧僧也在這裏籌度開船之時幸喜得那個道童和那兩個行者前来送行這三十日中間順風相送怎麽今日又是這等大風老爺道風頭有些不善国師道天意有在一會見自止也未可知王爺道海嶠颶風自午時起至夜半則止這個風從昨日黄昏時起到今日這早晩已自是未牌時分還不見止多管是夜来還大老爺道日上還看見些東南西北夜来愈加不好處得道猶未了雲谷報說道船頭上跕着兩個漢子一個毛頭毛腦手裏拿着一隻大老猴一個光頭滑臉手裏提着一隻大白狗齊齊的說道要見老爺三宝老爺說道敢是送過夜明珠来

国師不敢怠慢走出頭門外来親自審問他兩個的来歴只見那漢子瞧見国師連忙的雙膝跪着国師道你兩個是甚麽人那毛頭毛臉的說道弟子是紅羅山山神特来叅見国師道紅羅山山神原是鹿皮大仙你有甚麽事来見我山神道弟子蒙佛爺爺度化大德護送宝船国師道你手裏拿着是個甚麽山神道是個風婆娘国師道怎叫做風婆娘山神道他原是個女身家住在九德縣黒連山顛唧洞飛廉部下一個風神主管天上的風一張嘴會吹風兩隻手會舞風兩隻脚會追風醉後之時又會發酒風故此混名叫做風婆娘国師道怎麽這等一個形狀山神道他面貌相個老猴看見人来慚愧滿面不肯伸頭出頸任你打他一千殺他一萬見了風就活萬年不死国師道你拿他来做甚麽山神道佛

爺爺宝船回禅。已有明月道童野花行者。芳草行者。順風送行爭柰這個風婆娘不知進退放了這一日大風道童行者都是軟弱之門降他不住弟子怕他再發出甚麽怪風来宝船行走不便是弟子助道童一力。拿將他来。未敢擅便特来稟知佛爺爺国師道今後只令他不要發風饒他去罷風婆娘說道今日是小的不是既蒙佛爺爺超豁。小的再不敢發風山神道口。說無憑你供下一紙狀在這裏纔有個准信国師道不消得山神道他名字叫壞了轉過皆就要發風国師道擒此何難風婆娘說道只消佛爺爺一道牒文小的就該萬死何須這等過慮山神道還要和他講過宝船有多少時候在海裡行着他就多少時候不要發風国師道大約有一週年風婆娘說道小的就死忍着這一週年再不敢發風

国師道放他去罷只說得一聲放你看那風婆娘一聲响一陣風頭而去国師道那一個是甚麽人畢竟不知那一個是甚麽人且听下回分觧

○○

第九十四回

碧水魚救回劉谷賢　鳳凰蛋取出撒髮国

詩曰

高風應塞節　搖落漸疎林　吹霜旅鴈断　臨谷晩松吟
屡棄凉秋扇　恒飄清夜琹　泠泠隨列子　弥諧逸豫心

却說國師道那一個是甚麽人光頭滑臉的說道弟子是銅柱大王國師道銅柱大王原是毗罗尊者你有甚麽事来見我大王道

弟子蒙佛爺爺度化大德特来護送寶船国師道你手裏提着是個甚麽大王道是個信風童兒国師道怎叫做個信風童兒大王道他原先是個小郎家住在汝南臨汝縣崆峒山王燭峰土穴之内常一走脚送信其快如風飛廉收他在部下做個風神主管送天上的風信三月送鳥信五月送麥信七八月送簦信海洋上送颶颷信江湖上送船棹信魯東門送爰居信五王宮送金鈴信岐王宮送碎玉信崑崙山送祛塵信扶枝送鳥鵲信怒時送大塊信喜時送鳴條信故此叫做個信風童兒国師道怎麽這等一個形狀大王道他皮毛狀貌像隻白狗帝堯朝裡為人所護碎剮碎剮剮得只有蒼蠅翅閃的薄但遇有風其肉先動搖動他的肉其風自生後来遇着風又活將起来後帰飛廉部下国師道你拿他来

出像西洋記　卷之十九

碧水神魚翹首王師應效順

碧水魚救出刻公賢

四十二

青田瑞鶴奮身枉海謾高騫

出像西洋記　卷之十九

四十三

做甚麽大王道曰他到海上来送颶颷風信明月道童和他爭閙他就把明月道童打了一跌加上那兩個行者一個喫他踢了一脚一總三個都不是他的對頭是弟子不忿于心拿住他来見佛爺爺請佛爺爺重加懲治国師道放風還是頭裏的風婆娘與送信的何干大王道風雖發不送信風不起風之大小時日之多寡都在送信的口裡定奪国師道既去如此他今後不送信就是你放他去罷信風童兒听見佛爺爺放他去不勝之喜說道佛爺爺就是天地父母之心我今後再不送風信便罷国師道也难道今後再不送風信只是週年之内不送便自足矣信風童兒說道就是週年国師道你去罷好個信風童兒說聲去不曾住口一聲响一陣風頭而去銅柱大王說道佛爺爺只管慈悲也不管人之好

歹這等一個娃子家。口尚乳臭他顧甚麽信行轉背只好又送出信来国師笑一笑說道拿此等童兒何難之有道猶未了把禅杖一指一個信風童兒一轂轆跌在面前吽說道小的再也不敢怎麽佛爺〻又拘我回来国師道你去罷一聲响又是一陣風頭而去大王道弟子今番曉得了国師道你兩人回去罷紅羅山神道弟子願送銅柱大王道弟子願送国師道我們海上要走過一週年你兩人怎送得這遠兩個齐說道弟子蒙老爺度化萬年不朽天地同休。豈說這一週年。呼吸喘息之頃耳況兼明月道童何如国師道既如此你兩人住在鏡臺山罷前行經過那一個国你来報我知道兩個齐應聲是齐上鏡臺上而去国師又邀二位元帥坐在蓮臺之上二位元帥說道国師妙用人所不知當時只說空

鐃了鹿皮大仙那曉得今日得他拿了風婆娘除此一害當原先只說便鐃了佗羅尊者那曉得今日得他拿了信風童兒又除一害国師道且莫講除害兩個字不知此今風勢何如元帥道想也會住即時分付旗牌官看外面風勢何如旗牌官道風勢漸〻的平伏元帥道漸〻平伏可喜可喜旗牌官道還有一喜不知老爺們可曉得麽老爺道甚麽喜敢是夜明珠麽旗牌官道早上吊下去的軍士幸遇一尾大魚好〻的送上船来老爺道軍士現在何處旗牌官道現在馬船上老爺道呼過他来嘗問他一個端的元帥軍令吽去就去吽来就来一會兒一個軍士跪在面前老爺道你是甚麽人軍士道小的是虎賁左衛一名小軍姓劉名谷夫老爺道早上吊下水去可就是你麽谷賔道是小的老爺道怎得上来谷賔道是一尾大魚送小的上来老爺道是個甚麽様的魚谷賔道其魚約有十丈之長碧澄〻的顏色黑菱〻的鬐鎗是小的〻下去之時得他乘住。雖然風大浪大他浮沉有法並不曾受半點兒虧老爺道清早上到如今。風大船快不知行了多少路怎麽會趕着谷賔道小的坐在他身上。也不覺得是哩老爺道你怎得上来谷賔道是他口裏說道你去罷不知怎麽様兒小的就在船上他臨去之時。口裏又說道多〻拜上佛爺〻国師點一點頭說道貧僧曉得了三宝老爺說道国師老爺曉得敢是条龍麽敢是送夜明珠麽国師道龍便是龍只不是夜明珠哩老爺道怎見得是龍又不是夜明珠国師道元帥不准信之時。貧僧叫他過来就見明白老爺道水族之物。焉得有知既去了。怎麽又吽得轉来国

師道這的不打緊道猶未了把禅杖一指早已有個漢子碧澄〻的顏色黑菱〻的鬐鎗頭上一双角項下一路鱗。合着手打個問訊說道佛爺〻呼喚弟子。有何指揮国師道劉谷賔多謝你救援漢子道弟子承佛爺〻超度無恩可報。今日止救得谷賔一命何足掛齒国師道你為何不戢掌龍宫还在外面散誕漢子道弟子運蹇時乖撞遇着一個儱㦬旧知已扳扯一場故此羈遲歲月国師道是那旧知已漢子道菩薩魚籃裏的歪貨国師道魚籃裏是個甚麽人漢子道是個金絲鯉魚成精作怪的中主国師道他怎與你知已漢子道实不相瞞佛爺〻所說弟子怎吽做碧水神魚元做曲鱔出身在南瞻部洲東京城北碧油潭裏那一潭之水碧澄〻的約有萬丈之深弟子淢在裏面有千百年之久故名碧水

裡魚国師道金絲鯉魚在那裡漢子道曰他同在碧油潭裡国師道他怎麽会成精作怪漢子道曰是宋仁宗皇佑三年正月元宵令節東京城裏奉聖旨放燈大內燈会金絲鯉魚動了遊賞之心即時跑出崖去变成一個女子使個分身法变成一個了鬟吐出一顆小珠兒变成一籠燈火一個女子前面走着一個了環一籠燈自由自在穿長街林短巷緩步金蓮恣意遊玩只見

弱骨千絲　軽毬萬眼　庭開菡萏英〻華岳明星　洞遶篔簹點〻竹宮爟火　雲母帳前瀲灎多則過十千枝光溜〻的露影琉璃　夜明簾外輝煌少也有一萬盏翠冷〻雨絲纓絡急閃〻瑤光乱散粧成鹿啣五色靈芝　慢騰〻獸炭雄噴做出犬吠三花宝藥　魚遊上下似洞霄宮裏隱〻約〻魚油

錦上生波　走馬縱橫象吐火山前㧾〻瓏〻瑪瑙屏中絶影怎見得星移萬户赤溜〻的珠毬滚地抛来　可知他月到千門碧團〻銀燭半空去下　靈船低泛逼霞臺上沉〻露〻平白地透出霞舟百里丹炮流宿海　火鏡高燃望日殿前雄雄魄〻半更天推出日扇九枝紅艷簇天壇　的〻攢〻晃觚稜畫點綴了丹房簷蔔　霏〻臬〻旋壓盖鎮飄飆些〻紫蔓葡萄　綠〻天〻高掛着明璚宛轉都未是方空素穀粘成　紅〻白〻細看他花格綸連好不过員嶠軽蚕裁就　又不是龍吟声彪吼声驎合遝驎迤夜驎踐至蚤㕘擂了鼕〻曈〻瑞門禁鼓六街驚㥶阿香車裏行雷　且道個過雲社飛盂社喬宅眷喬迎酒喬樂神旋扮將来嘈〻雜〻複道危柵百隊香攢玉女窻前吠電　綠香沉穗吹笙送度紫微裁〻艷〻半層圈絡金莖盤上映初晴　繡襖雲花夾仗繞開四照玲〻瓏〻幾柱水条玉胆瓶中看欲化　水晶縈璀〻璨〻白鳳凝酥到處廣寒宮一般清徹　珊瑚座璃〻璘〻玄龍吐燭咫尺融阜国萬里通明　玉消膏琥珀餳屑〻零〻粧花攉耦朱盤架簇插飛蛾　流蘇帶芳隄葉閒〻淡〻糁火楊梅縞衣衫爭傅帖蛍別樣的机関活動得奇〻怪〻。綵楼高處削成仙子三山　諸般故事彩畫得分〻明〻玉柵鋪時簇成皇帝萬歲　正是黄道宮羅瑞錦香　雲霞冉〻度霓裳　龍輿鳳管經行處　萬點明星簇紫皇

京城地面街道又寬濶灯火又鬧閧那妖精貪看了一會。那暁得

掣轉身来金雞已三唱矣天色將明妖精怕現了本相不敢轉到碧油潭急忙的走進金丞相後花園中。魚池裏面藏了。花園中有幾盆牡丹花妖精每夜裏来吐氣噴之牡丹顏色鮮艷紅的紅似血白的白似雪。最可人情一日有個赴選的劉秀才寄寓在金丞相府裏听知道花園中牡丹盛開顏色鮮艷稟过丞相帶酒殺進園裏遊賞一番酒闌人散那妖精走上岸来搖身一变〻做金丞相的千金小姐調戲劉秀才大抵好色之心人皆有之劉秀才被他所惑日往月来情稠意密被府中侍婢看見侍婢雖然心上明白暁得千金小姐美玉無瑕沒有這個淫奔之行却劉秀才房裡又有個美人兮相親相伴侍婢費了好一番尋思走進小姐房裡来房裏是個小姐走到劉秀才房裏去劉秀才房裏又是個小姐

侍婢們喫驚報上金丞相金丞相不得明白報上包閆羅包閆羅把兩個小姐一下子都拘将来審問一沓也不得明白即時分付張龍趙虎取出照妖鏡来作一照原来是一個金絲鯉魚那妖精現了本相却繞慌了吐出一口黑氣冲天〻昏地黑一声响連千金小姐都不見了這是一樁鬼怪包閆羅豈肯干休牒到城隍城隍不敢怠慢差下陰兵四路裏一訪却訪得千金小姐在碧油潭左側四雅山石室之中回報包閆羅金丞相親自取回小姐去了却訪得金絲鯉魚在碧油潭裡出身陰兵来拿他〻就走到南海中間躲着因為陰兵来拿弟子也安身不住也自移了窩巢落後来包閆羅不放城隍城隍没柰何只得具劄通知四海龍王関上海門嚴加捕捉那妖精又賣弄神通往天上跑恰好撞遇着观世

音菩薩却繞收服了他放在魚籃之中除此一害城隍回命包閆羅大喜金丞相作謝劉秀才得生那妖精却不是個傭懶的弟子和他同住過却不是個舊知巳国師道他雖傭懶怎牽連着你漢子道弟子蒙佛爺〻度化之後巳経脫变放龍到了龍宮見了龍王旧例要叅謁菩薩去到南海叅謁之時那妖精閑在籃裏一轂轆跳將起来說道弟子也曾成精也曾作怪也曾迷人今日不該成此正果牽拈弟子這一沓菩薩怕中間有等隱情却就打回龍宮海藏来行查扯喜得佛爺〻當日度化弟子寫得有個佛字在弟子處却繞得這一硬証龍王却繞回復菩薩弟子却繞浔了正果因受他這一牽扯故此羈遲不得职掌龍宮还在閑散国師道閑散到幾時繞住漢子道巳経入班在第七個上不出一年之外

就有事管国師道你怎麽曉得劉谷賢吊在水裏漢子道弟子護送佛爺〻回京故此曉得国師道救人一命勝造七級浮屠你快去罷就該你是頭班好個漢子一声去即時現出本相来鳴哧頭角鱗甲稜掙一朶紅雲托着一条黑龍冲天而起二位元帥不勝之喜原来這個漢子就是碧水神魚変成了這条好龍也當原日只說是便饒了碧水神魚那曉得今日又得他這一力国師妙用何處无之三宝老爺又說道龍便是条龍只是又没有夜明珠哩国師道貧僧怎麽敢打誑語龍便是珠却不是老爺道馬譯字還是說謊怎麽再不見個珠影兒主爺道命裏有時終須有命裏無時到底无老元帥怎麽這等慌各自散去光陰似箭日月如梭忽一日旗牌官跪着禀事老爺道你禀甚麽事旗牌官道小的看守

寄處神宮散髮披襟歌舜日

皈依佛果含餔鼓腹樂堯天

蜘蛛五七年来並無半毫差错到了今日之時猛然問蜘蛛不見在那裏去了籠裏面止遺下得一個滴溜圓的白石子兒大約有雞卵之大小的不知是個甚麽出處特来禀知元師老爺老爺道那白石子兒在那裏旗牌官道現在蜘蛛籠裏老爺道你去取来元師軍令如雷如霆一會兒取到白石子兒老爺拿在手裏看一看只見那石子兒豈是等閑之物身圓色白視之燁燁有光老爺看了一會想了一會却明白了大笑三声叫快請過王爺来王爺進門看見老爺一天之喜說道老元師怎麽今日這等盈盈笑色喜上眉峰老爺手裏拿着那白石子兒說道王老先生你試猜一猜猜咱有何事可喜王爺道想是得了夜明珠麽三宝老爺看見王爺一猜必中越發大笑起来說道王老先生天下事這等有准

王爺道怎見得老爺道當原日夢見賽月明咱學生只說是個不吉之兆雖則天師說双鳳朝陽咱學生又怕他課不灵驗馬譯字說夜明珠咱學生也怕他圓夢不准枉了無限的心机那曉得天師的灵課馬譯字神猜王爺道果是一顆夜明珠麽老爺双手拿出珠来王爺一看果然圓又圓大又大亮又亮乃稀世之奇珎無價之宝王爺道可喜可賀只不知支矮子是那個老爺道你也猜一猜兒猜着那個王爺道知之為知之不知為不知這個我學生猜不着也老爺道請天師国師同来作一猜看那個猜着即時請到天師国師老爺相迎之際不勝之喜天師道恭喜元師得了夜明珠国師道阿彌陀佛恭喜恭喜老爺道咱學生得了夜明珠怎麽二位老師就都曉得天師道入門休問荣枯事观着容顔便

得知老元帥這等歡天喜地豈不是得了夜明珠麽老爺道珠便是了。遞出珠来国師看過天師看過都說道好顆夜明珠却是無價之宝老爺又說道畢竟支矮子是個甚麽人相煩天師猜着天師想了一會說道這到也是难猜老爺又請問国師国師只作不知說道善哉善哉天師尚然不知何况貧僧老爺道這個支矮子曾在国師門裏出身怎麽就不知道国師道既是貧僧門裡出身有個不知道之理只因是信風所過不記得他說了個信風所過四個字把三宝老爺嚇得只少一跌連声說道国師神見国師神見王爺道怎麽信風所過就是神見天師道貧道也省得了王爺道省得是個甚麽天師道我和你初下西洋繞到爪哇國之時一陣信風所過国師說道當主一物其形如吼其大如斗其絲萬縷其只善走先前雖王一驚以後還有一喜今日夜明珠就是那一喜王爺道或原来支矮子是個蜘蛛国師信風之言數年之後這等靈驗老爺道馬譯字圓夢更圓得有趣天師道貧道双鳳朝陽的課却也頗通国師道双鳳朝陽還不在這裏老爺道想在李鬍子身上国師道李鬍子另是一顆夜明珠双鳳朝陽又是一宗功德老爺道在幾時国師道目前就見道猶未了。国師叫過陰陽官問他行船行了多少月日陰陽官回復道已經行了五個月零八日。国師道是了又叫過非幻禪師分付他天盤星上取下一個鳳凰蛋来又叫過雲谷徒孫。分付他旗牌官處取過那一個鳳凰蛋来一時俱到国師拿着兩個蛋在手裏念ヒ聒ヒ。念了幾声咒了幾声。一會兒兩道白氣冲天而起白氣中間飛出一對鳳凰啣着

那兩個蛋殼悠ヒ揚ヒ。自由自在直奮九天之上把二位元帥一位天師。四位公ヒ。大小將官滿舡軍士那一個不說道真的双鳳朝陽真的国師妙用三宝老爺又問道原日撒髮国收在鳳凰蛋裏今日朝陽撒髮国還在那裏国師道已經放回他去了。老爺道不曾損壞軍民人等麽国師道貧僧敢打誑語曾經說過的話以三年為率多一日。受一日之福少一日。受一日之苦。經今五年多些那一個不受福無量那一個不生歡生喜。老爺道可看得見麽国師道要見何难老爺道可用稍舡麽国師道自從開船之後五個多月。不曾落逢豈可今日為着這個撒髮国反又稍船老爺道既不稍船何以得見国師道管你看見就是老爺道怎曾得看見国師道貧僧自有個妙處且問列位中間那幾位要看各人諕將

了来老爺道喒一個是不消說的要看四個公公一齊說道要看王爺道我學生不願看天師道貧道也不願去国師道不願去的便罷三宝老爺道諸將中有願看的麽狼牙棒張柏應声道願看遊擊將軍馬如龍應声道願看王爺道只兩個去看足矣其餘的不許亂答應諸將中分明都是願去看的得王爺這一攔阻却纔不敢多話国師道願看的請上来依次而坐三寶老爺坐上面四位公公坐左側兩位將軍坐右側国師道列位去時儘着脚走以鈴响為號都要轉身衆人一齊應声是国師道阿彌陀佛都要閉了眼衆人一齊閉了眼国師又念声阿彌陀佛伸出手来一個人張上畫一個十字衆人一齊瞌睡靜悄ヒ的国師坐下分付雲谷旋烹新鮮茶来與列位老爺醒瞌睡雲谷應声是即時備辦烹茶

国師手裏一声鈴响衆位瞌睡的一齊醒過来三宝老爺隻脚平跳着双手齊拍着嘆ヒ的大笑說道異哉異哉国師一遏叫雲谷遞上茶来雲谷回復道茶尚未熟王爺道茶尚未熟好快去快来也老爺道得此奇妙何用茶為王爺道怎這等奇妙老爺道我如今滿眼中都是奇妙的滿腹中都是奇妙的只是一口說不出来王爺道怎麽一口說不出来老爺道其妙處多得矢說他不盡王爺道說個大略就是老爺道喒平生看見五国三出心上着实有些犯疑到了今日却纔深服喒這来閉上眼不知怎麽就出了神怎麽就到撒髮国依舊的城廓依舊的宮墻依舊的民居依舊的番總兵府依舊的圓眼帖木兒戰場依舊的金毛道長仙跡是喒看見兩個老者對手看棋喒問他道大国是甚麽国他說道是撒

髮目咱問道你国中平安麽他說道我這個国〻小民貧不載絲典自古到今平安無事只是三五年前受了一場兵火這三五年後却混沌了一場這五七日中間纔見天日故此在這裏着幾局棋賀一個太平咱問他是個甚麽兵火他說道是個大明国差来的兩個元帥一個道家一個僧家其实的利害殺了一個總兵官滅了一個金毛道長却不是一場兵火咱心裏到好笑指着咱說元帥就是指着和尚馬禿子咱又問他道怎麽混沌了一場他說道為因抗拒了那兩位元帥不曾遞上的降書降表却就喫他一虧把我們這一個国下了甚麽禁符𫝀了甚麽術法致使得這三五年間滿天重霧混〻沌〻不辨東西南北不見日月星辰也沒有商販等舡到我這裏来我這裏也沒有人敢出外去咱問他可

過得日子麽他說道只是混沌些漁樵耕牧却比舊時一同日子到是過得却又有件好處三五年間沒有半個人死沒有半個人害病這個又好似舊時咱問他是幾時開的他說道纔開五七日咱心上還要問他猛空的那裏一声鈴响轉過身来恰好還在這裏似夢非夢何等的奇妙王爺道你們衆人看見些甚麽衆人道地方都是一同只各走各人的路各撞着各樣人王爺道你們撞看甚麽人也說一個馬公公道咱撞着一班白鬚長者飲酒洪公公道咱撞着一羣光頭娃子放羊侯公公道咱撞着鋤田的喫着二十四樣的小米飯王公〻道咱撞着三綹梳頭的却穿着二十四幅青腰裙張狼牙說道我進城門之時撞着四個人一個手裏一口快劍一個平裏一張琵琶一個手裏一把傘一個手裏一条

帶馬遊擊說道我出門之時。也撞遇着四個人。一個手裏一撮米皮。一個手裏一座東嶽。一個手裏一盞燈籠。一個手裏一騎禿馬王爺道這些人是個甚麽意思。国師道貧僧有所不知天師道貧道更不得知。天師口便說道更不得知。臉上笑了一笑畢竟不知天師這一笑是個甚麽緣故。且听下回分解。

○○

第九十五回

五鼠精光前迎接　五個字度化五精

詩曰

圓不圓兮方不方　須知造化總包藏　玉為外面三分白
金作中央一點黃　天地未分猶混沌　陰陽纔判始清光

贏于撒髮君民樂　勝上天宮覲玉皇

却說撒髮国收在鳳凰蛋裏面。愈加福壽康寧。四位公〻看見四樣人物。兩員將軍。看見兩班人物。都不識得是個甚麽意思。只有天師笑了一笑。王爺道天師這一笑想是有個高見。伏乞見教。天師說道。貧道非敢妄笑。只是恭喜国師老爺無量功德。王爺道怎見得無量功德。須要天師老大人見教一番。天師道一班白鬚長者飲酒。白鬚是老。飲酒是鍾。這叫做老有所終。鍾一羣光頭娃子牧羊。娃子是幼。牧羊是養。這叫做幼有所養。鋤田的喫二十四樣小米飯。鋤田的是農夫。二十四樣飯是米多。不过這叫做農有餘粟。三綹梳頭的穿二十四幅青腰裙。三綹梳頭是個女人。二十四幅青腰裙是布多。不過這叫做女有餘布。張狼牙撞着四個人一個一口劒劍是鋒風一個琵琶々々是調一個傘々是雨一個常々是順進門去撞着從此以前風調雨順馬遊擊撞着四個人一個米皮米皮是谷国一個東嶽東嶽是泰一個燈篭燈篭是明民一個禿馬禿馬無鞍安是出門来撞着從此以後国泰民安繼而言之是撒髮国君民人等扠在鳳凰罜裏坐了這三王年来老有所終幼有所養農有餘粟女有餘布從此以前風調雨順從此以後国泰民安這却不是国師老爺的無量功德故此貧道恭喜不覺的笑將出来王爺道原来有此一段情由可喜可喜那一個不叫々佛爺々、那一個不念声阿弥陀佛各自散去不覺的日往月来又是三個多月国師老爺坐在千葉蓮臺之上叫过陰陽官問道從開船以来一總走了多少月日陰陽官回復道走了八個半月

舸艦連雲五鼠錐妖先頓顙

五鼠精先前迎接

鼓鼙動地三軍無處不騰懽

国師道既有了八個半月該到滿剌伽国陰陽官禀道路途遙遠筭不得日期国師道雖筭不得日期甚麼様的順風儘日儘夜而行差不多也是年半来了豈有不到之理道猶未了紅羅山神和銅柱大王兩個跪着一齊禀事国師道生受你二人在船上護送兩個齊說道弟子們沒有甚麼生受還是生受明月道童和那二位行者每日每夜如此順風国師道都是一同生受你兩個未有甚麼話来講兩個齊說道適来听見佛爺々問滿剌伽国此處到那裏只消三晝夜工夫若不遠路特来禀知国師道既不遠路便自可喜你兩個且各方便着果然是過了三晝夜藍旗官報道前面經過一個国不知是個甚麼国不知可收船也不收船二位元帥即時請到天師国師計議前事天師道收了船着夜不收去体

探一番便知端的。国師道不消体探。此中已是蒲剌伽国元帥道国師何以得知国師道三日之前銅柱大王們先来告訴貧僧故此貧僧得知。二位元帥不勝之喜說道天師門下有值日神将听令国師門下有山神大王听令。三教同流。又且同功同用妙哉妙哉。道猶未了。元帥傳令收舡。收舡未定藍旗官報道船頭上有五個将軍迎接元帥分付他進来相見五個将軍進到中軍帳下。行相見之禮大約都有一丈多長好長漢子。只是頭有些尖眼有些小稀稀的幾個牙齒鎗上的幾根髭鬚老爺道你們是甚麼人五個将軍齐声答應道小的們是蒲剌伽国上王駕下值殿将軍老爺道你們姓甚麼名字叫做甚麼齐声道小的們姓馮陳褚衛的褚字。原是一胞胎生下我兄弟五人故此順序兒叫名字。叫做褚

一。褚二褚三褚四。褚五老爺道你們有甚麼事来相見褚一道小的兄弟五人承国王嚴命替元師老爺看守庫藏看守限滿故此迎接老爺老爺道庫藏中無所損壞麼褚一道庫藏中一一如故並無所壞只是門背後新添了黄鳳仙三個大字。老爺道怎麼有這三個大字褚一道這三個大字。原是數年之前一個女将暮進庫裏来偷盗財宝。是小的們兄弟五人。一齐趕将他去他見了都督之時寫下這三個大字。以為後驗故此有這三個大字。老爺道這話兒是实我得知了你們去罷五個将軍朝着国師又另行一個相見之礼叩了二十四個頭国師道你們怎又在這裏褚一道弟子們自從東京大雖之後却又修行了這千百多年纔能勾聚會在這裏旦是蒲剌伽国上王授我兄弟們直殿将軍之職故此

得看守佛爺爺庫藏三四年間幸無損壞全仗佛爺爺收録弟子們這一功度化一番弟子們纔得長進国師道你們既是改心修行便自入門况又有此看守一功貧僧自有個處你們且各自方便着五個将軍一齐磕個頭。一齐而去国師道阿彌陀佛萬物好修皆自得。人生何處不相逢道猶未了。中营大都督王堂迎接各各相見各各訴說離别一番道猶未了。滿剌伽国上王各各相見各各叙舊元師傳令盤上庫藏限即時起猫開船国王留住。元帥不允国王又告訴要跟隨宝船朝見大明皇帝。元帥許諾另撥一隻馬船付国王居止国王携妻挈子。并大小陪臣一切跟隨公辦共有五六十人住馬船上打着進貢旗號。不出三日之外宝船齐開五個直殿将軍拜辭国師老爺国師道管庫有功。你各人伸上

一隻手来各人寫上一個字典你去。五個将軍一人一隻手。國師一人典他一個佛字。俱各磕頭礼拜而去開船之後閑居相叙三宝老爺說道来了一年将近再不見個李鬍子。這一顆夜明珠却有些假了。国師道自有其時何愁之有。老爺道昨日那五個直殿将軍是個甚麼出處國師老爺一個人典他一個字。王爺道前日碧水神魚也只是一個佛字。致令他崢嶸頭角戟掌龍宮國師這一個字却不是小可的怎麼輕易典他国師道二位元帥你有所不知。這五個将軍原是灵山會上出身落後在東京朝裡遭難近時改行從善。又兼今日看守庫藏有功故此貧僧典他這一個字度化他反本還原得其正果。二位元帥道怎叫做灵山會上出身国師道這又是一篇長話元帥道願聞国師道。這五個将軍原父

就是灵山會上天倉裏面一個金星天一尾戩授天倉左大使歷任千百多年並無罣悞靈霄殿玉皇大天尊考上上廷授天厨太乙星君所生五子各能自立各有神通但不習父戩移居錦帆山下瞰海岩中歸鼠為褚改姓褚順序而名故此就叫做褚一褚二褚三褚四褚五這却不是灵山會上出身元師道怎叫做東京城裡遭罪国師道因為兄弟五人離了西天来到東京瞰海岩下賣弄神通往来变化時或变做老人家脱騙人財物時或变做青年秀士調戲人家的女人時或变做二八佳人迷乱人家子弟忽一日西京路上有一座錦帆山山勢盤旋六百餘里幽林深谷崖石嵯峨人跡所罕到大凡鬼怪精灵都趕着這裏好做買賣却說清河縣有個施秀才上京赴試帶着一個家僮兒名字叫做小二飢

飡渴飲夜住曉行路從錦帆山下経過正叫做一心指望天邊月不憚披星戴雨行来到山下已経半更天氣天色昏濛人烟稀少小二說道夜靜更深不如投宿旋店罷施秀才依小二所說竟投到一個旋店之中店主人出来問了鄉貫来歷曉得是個赴選的相公十分敬重俻辦酒殽共席飲酒飲酒中間論及古今事变経史百家那店主人應對如流略無疑滯施秀才心裏想道恁的開店主人能博古通今如此我十載螢窓尚且不能記憶因而問道主人亦曾從事學問麼主人道實不相瞞在下也曾連赴几度科場爭柰命途多舛科場沒分又因家有老母不能絡養故此棄了詩書開張小店每日尋得几文銭將就供養老母足矣亦不圖覓甚麼重利厚貲正叫做苟活而已何足為君子道施秀才曰店主

人說及老母却動了他內顧之心說道鴈飛不到處人被利名牽公有老母得盡仰事之道于願快足我學生曰這功名兩字家有少艾不能俯育人道實虧道及於此心膽俱裂施秀才這一席話原是真情實指望知音說與知音听那曉得不是知音強與彈怎叫做不是知音強與彈原来這個店主人不是個真店主人就是那天厨太乙星君的第五個兒子名字叫做褚五正然在這錦帆山下弄精作怪看見施秀才来得天晚他就撮弄出一所店房假扮一個主人鬼推這許多殽酒意思要下手施秀才及至听知道施秀才家有少艾他就頓起不良之意舉起一杯酒呵了一口毒氣遞與施秀才施秀才不知不覺飲了這一杯方纔飲下喉嚨去就覺得四肢無力昏昏沉沉褚五故意的叫声施管家你相公行

路辛苦酒力不加要尋瞌睡你快去服事相公就寢也施小二只說是真扶着施秀才上床去睡小二也飲了一杯也是一樣的睡着褚五看見迷昏了這兩個主僕却就騰雲駕霧来到清河縣施秀才門首搖身一变变做個施秀才走進房裏叫声娘子我回来也那娘子何氏正然在梳洗之時唇紅齒白綠鬓朱顏好不標致哩看見丈夫回来正叫做新娶不如遠歸不勝之喜問說道相公你離家纔方二十餘日怎麼急地裡就得回来褚五故意的說道不堪告訴莫非是卑人時乖運蹇未到東京之日科場已罷紛紛的都是回籍秀才是我討了這個消息竟自抽身而回不曾上京去何氏說道你前日帶着小二同去怎麼今日又是隻身回来褚五又故意的說道小二不會走路行李又重故此還在後面遲几

日纔到何氏以為實然只說是自已丈夫自去自來梁上燕一相親相傍水中鷗那曉得那個真施秀才在路上受苦連天却說施秀才喫了褚五的毒酒睡到五更頭肚腹疼痛滾上滾下叫声小二小二也是肚腹疼痛叫爹叫娘一個滾到天亮一個叫到天明那裏有個店房那裏有個店主人施秀才說道那裏眼見鬼就到這個田地小二說道山脚下人原来不忠厚把個毒藥藥人一主一僕正在急難之處幸喜得天无絕人之路有個樵夫荷檐而来施秀才沒柰何扯着告訴他夜来這一段情由樵夫道此處妖怪極多夜来受了妖魔的毒气以致如此施秀才就求他一個解救之方樵夫說道離此百步之外就有一所店房可以棲身離此六十里之外有個茅山董真君施捨仙丹一驅治鬼魅陰毒可以救解

佛力超玄自是十方同品節

五个字度五鬼精

神功妙濟管教五氣任周旋

施秀才說道我主僕二人俱已受毒怎得個人兒前去樵夫又看一看說道你的毒氣太重三五日間就要喪命你管家的毒氣尚淺在十日之後纔重施秀才說道小价雖然毒淺目今也不能動止將如之何樵夫道管家只消把地上的土塊兒喫他三五口權且解得一二日之危有了一二日却不請到茅山董真人的仙丹麽道猶未了樵夫也不在面前小二道怪哉怪哉夜来見鬼也罷日上怎麽又見鬼哩施秀才說道蠢才夜来是鬼日上是神仙這决是神仙来答救我們也果真的小二喫了三五口土疼痛頓止人事復旧即時走向前去找着店房安了主人上着行李竟却茅山拜求董真人各得一粒仙丹一主一僕一口吞之吞了下喉不至緊一人吐了兆大盆却纔消得毒氣日復一日舊病安爰再欲

上京東京科塲已罷矣刘秀才沒柰何帶着小二謝了店主人歸到清河縣自家門首着小二先進門去說信只見何氏接着小二說道你既是跟着相公上京怎麼于路只是躲懶不肯趲行小二喫了一驚說道主母怎說出這幾句話来怎見得小的躲懶不肯趲行何氏道還說不是躲懶二十日前主人到了家裡二十日後你却纔来這豈是個趲行麽小二說道主母這話越發講差了我與主人公日上同行夜来同寢相呼厮喚寸步不離怎得一個主人公二十日前到了家裏何氏道你不准信之時後堂坐着的是那個小二走進堂前去果真是個施秀才坐在上面小二喫忙走出門外来恰好又是個施秀才站在外面小二說道今年命蹇只是見兕路上也見鬼家来又見鬼道猶未了施秀才走進門去叫聲

娘子何在何氏還不曾答應那豬五假充施秀才到是狠走出門来喝聲道呔你是甚麽人假充我的形境調戲我的妻小劈頭就是一拳把個施秀才打得沒些分曉不敢進門他反告訴何氏說道小三路上不小心帶將甚麽鬼魅回来假充做我特来調戲明日快去請法官懲治于他纔得寧靜何氏还不敢認他是個假的只是施秀才趕在門外告訴左隣右舍把出下店主人的事各說一番却有小二做証左隣右舍道此必店主人就是個妖怪貪君妻貌故此蠱毒于前歸寧于後這一樁事少不得告到官纔得明白施秀才告到本縣本縣不能决告到本府本府不能决一直告到王丞相處王丞相先審問施秀才施秀才把個前緣後故逌說一番却又拘到小二審問小二口詞和施秀才無二却又问到後

面店主人店主人口詞與施秀才無二王丞相心上明白說道有此妖怪大是異事即時移文提到假施秀才并何氏一干人犯當面一証两個施秀才面貌無異連何氏也認不透連小二也認不透王丞相也認不透王丞相心生一計分付一齊寄監到晚上些取出何氏来問他直施秀才身上有何為証何氏道我丈夫右臂上有一點黑痣丞相得之于心到明日早上取出一干人犯先前囑付了公牌假施秀才右臂上沒有黑痣我分付下来即時就要枷號他不可輕恕取到人犯王丞相更不開口叫過公牌取到枷鎖分付两個施秀才都要脱去上身衣服枷号起来即時脱去上身衣服公牌們看得真下手得快揀沒有痣的就枷起来却不恰好是枷到假施秀才了那假施秀才委是有些灵变就曉得是右

臂上沒有點黑痣口裡連声叫屈說道枉刀殺人天地鬼神可憐見也王丞相大怒罵說道潑恠還敢口硬其施秀才右臂上有點黑痣你假施秀才右臂上沒有黑痣你還賴到那裏去假施秀才就弄上一個神通說道這都是這些公牌錯悮了老相公的公事小的怎麼右臂上沒有黑痣老相公不肯准信之時乞龍眼親自相驗王丞相又怕屈問了人只得親自下来相驗一番果真是右臂上也有一點黑痣两個施秀才都是右臂上有點黑痣怎麼辨個真假怎麼再好枷號那個只得收監听候再問到了監裏之時假施秀才心裡想道今日險些兒弄假了事說不得再叫一個哥来鬼推王丞相一下看王丞相何如好個豬五郎時可起難香早已瞰海岩下有個豬四听知道豬五監禁在丞相府中他即時閃

進府堂上搖身一变〻做王丞相。一様無二。大侵早上。擂皷陞堂
各屬各役依次叅見。叅見之後。取出施秀才一干人犯。前来听審
三言两句。把個真施秀才故意的認做假。一夹棍二十板子。打得
真施秀才負屈含冤。連声叫苦。叫声未絕。真王丞相却来陞堂。只
見堂上先有一個坐在那裏坐着的。却是假王丞相。假王丞相偏
做得兇。喝声道。唗。你是甚麽人。敢假我形境。妄来坐堂。叫左右的
公牌快與我拿下去拷打他一番。真王丞相到底是真。怎肯服輸
於他。喝声道。唗。誰敢来拿。公牌雖不敢動手。心上却不能無疑。怎
麽不能無疑。都是一樣面貌。都是一樣語音。都是一樣形境。都是
一樣動靜。故此不能無疑。真王丞相拿出主意来。扯着假王丞相
面奏宋仁宗皇帝。褚四又美一個神通。噴上一口妖氣。連仁宗皇

帝御目都是昏花。不能明視。辨不得真假。傳下旨意。把两個丞相
權且寄送通天牢裏。待明早再問。怎麽明早再問。原来仁宗皇帝
是個赤脚大仙臨凡。到夜半北斗上時。直見天宮。諸般妖怪不能
逃避。褚四早已知其情生。怕北斗上時露了本相。即時呵起難香
叫過褚三来。作一商議。褚三也又美起灵通。閃進金鑾殿上。搖身
一变〻做個仁宗皇帝。未及五皷。先坐在朝元殿上。會集文武百
官。商議王丞相之事。正要開通天牢。取出两個丞相。適逢得真仁
宗皇帝官裏陞殿。文武百官看見两個聖上。面〻相覷。不敢開言
百官沒奈何。只得奏知國母。國母取過玉印。隨身出殿審視。只見
两個聖上面貌相同。語音相似。國母也喫一驚。想了一想。說道。尔
百官都不要驚慌。真聖上两手自別。左有山河紋。右有社稷紋。文

武百官眼同啟視两個聖上。都是左山河。右社稷。國母又說道。既
是妖怪神通廣大。尔百官可傳下玉印。把两個聖上都用上一顆
真聖上請回宮。假的送到通天牢。明日擊治。道猶未了。早已是两
個國母站在朝元殿上。原来褚三看見事势不諧。呵口難香。請到
褚二。褚二却又搖身一变。变做國母。大家鬼火。做一團。文武百官
但不能辨。只是真聖上真國母自家心裡明白。只得退回後宮。而
去。一個假國母。一個假聖上。對着百官。有許多議論。百官只得唯
唯奉承。正在議論中間。只見後殿走出一個小内使。傳一道詔書
出去。文武百官还不解其意。褚二心上早已明白了十二分。怎麽
這等明白。原来那一道詔書。是欽取包待制進朝問理。褚二神通
廣大。知過去未来。故此早已明白了十二分。這一明白不至緊。一

口難香驚動褚一。包待制未及起馬之時。褚一走到朝門外。搖身
一变〻做個包待制。帶了二十四名無情漢子。取出三十六樣有
用刑具。逕進朝来。吆〻喝〻。說道。你們都不要走了。我已牒知城
隍。奏請玉帝。今番却容不得私也。分付取出通天牢裏人犯来。两
個王丞相。两個施秀才。面〻相覷。都指望包待制断出真假。决不
御寃。那曉得是個假包待制。做得這等閙閧。道猶未了。却是個真
包待制来了。劉進得朝門之内。假包公就嚷起来。說道。好妖怪。敢
借我名色。進朝来騙人麽。衆人又昏了。辨不得真假。真包公心裡
却明白。口裡不好做声。想說道。世上有此等妖麽鬼怪。敢撮弄刑
朝元殿上来。敢把我老包也来頂替。轉想轉惱。叫上一声。惱殺人
也。一轂轆跌番在丹墀裡。衆人只說是個假包待制。喫了一虧。那

曉得到是個直的真包待制認得是個五鼠借這一跌直魂逕上西天雷音寺裡世尊殿前借出金睛王面神猫來降服他們過了一會包待制甦醒爬將起來喝声道你這些孽畜那裏走哩袖兒裡放出一個金睛王面神猫來一爪一個抓番過來原來假包待制是個猪一做国母是個猪二假仁宗皇帝是個猪三假王丞相是個猪四假施秀才是個猪五五個老猪原來是五個老鼠五個老鼠就是適來五個值殿將軍這豈不是東京城裏一厄元帥道既是妖怪怎麽適來国師超度他国師道他們自從東京遭厄之後改行從善声声是佛口口是經今又修行了千百多年已自有了仙体光燕昨日庫藏之中若不是他們在裏面看守豈沒有個鼠耗相侵豈沒有個妖麽相害有此大功故此貧僧不得不重

報元帥道国師廣開方便之門致令妖怪却得成其正果這何等的功德国師道甚麽功德昔日三祖以罪懺罪二祖將錯就錯一陣清風劈面來罪花業果俱零落貧僧佛門中原是如此三宝老爺道国師到好只是咱們的李鬍子還不見些踪影国師道自有其時老爺道咱夜來又夢見過嗡鉄嶺又不知何如国師道這一定在翁鉄嶺下有個李鬍子三宝老爺曉得国師不打誑語得了這一句話日夜裏爬不得翁鉄嶺那曉得窗外日光弾紙過不覺得宝船又行了幾個月国師問及陰陽官陰陽官回復道已經共行了十一個多月国師道是好到嗡鉄嶺也道猶未了銅往大王稟說道前面已是嗡鉄嶺止差得一日路程了畢竟不知這嗡嶺今番是怎麽過且听下回分解

十九卷終

新刻全像三寶太監西洋記通俗演義卷之二十

二南里人　編次
三山道人　繡梓

第九十六回

摩伽魚王大張口　天師飛劍斬摩伽

詩曰

大漠寒山黑　孤城夜月黃　十年依蓐食　萬里帶金瘡
拂雲陳師祭　衝風立教場　箭飛瓊羽合　旗動火雲張
虎翼分營勢　魚鱗擁陣行　功成西海外　此日報吾皇

却說銅柱大王報道前行去嗡鉄嶺不遠止差得一日路程國師分付從孫雲谷報上元帥二位元帥請過天師議論稍船與否天

摩伽魚王大張口

海若效靈豈許魚王逞幻變

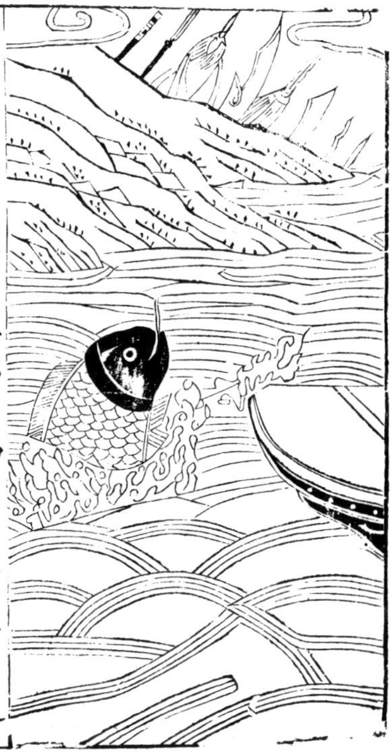

馬夷即序益知佛力廣玄通

師道原是國師過来還要請教國師纔是同時請問國師國師道貧僧前次過来費了老大的氣力不知眼目下何如待貧僧問他聲兒看是怎麽老爺道大海中間好問那個國師道自有問處道猶未了國師只點一點頭只見有個矮矬矬的老者朝着国師行個禮禀說道佛爺爺呼喚小神有何指使國師道你是何神老者道小神噏鉄嶺山神土地是也國師道近日嶺下行船何如土地道原日這五百里地水底下都是些噏鉄石子兒舟船其實難過國師道古往今来過了多少豈可沒有人行麽土地道雖然是行却船用竹釘所釘或有蹺蹊自從佛爺爺經過之後那噏鉄石子兒都变成金子任是舟船來往並無沉溺之患國師道金子可拾得麽土地道說起金子來却又有些古怪國師道怎古怪土地道只派貧不輳富貧到足底就拾着一塊大的或三十斤或五十斤貧略可些就拾着一塊小的或三斤或五斤若是富商貴客任你怎麽様兒不見半點假饒他撈着一塊就是石頭王爺道聖人有言君子周貧不繼富這個嶺今後改名君子嶺罷國師道依王老先生所言就改名叫做君子嶺叫過土地来分付他看守着君子嶺三個字不許損壞致使後人好傳土地道不曾鐫刻文字怎叫小神看守國師道你去已經有了字在海南第一峰上土地之神不敢違拗應聲而去二位元帥道國師怎麽就是有字國師道實不相瞞列位所說承王爺分付之後貧僧叫過韋駄尊天刋了三個大字在峰頭上元帥道国師妙用鬼神不測道猶未了藍旗官禀說道船尚在嶺下敢是噏鉄嶺麽過這嶺可收船麽元帥道任風

所行不必收船罷好風好水好天道過這五百里之遥如履平地到了明日却又是軟水洋来了二位元帥又来說問國師國師道也叫土地来問他一個端的佛爺爺號令不識不知一聲要土地就有個土地老兒跕在面前国師道你是何神土地道小神軟水洋土地之神是也国師道近日軟水洋舡行何如土地道當原先委是難行近日却好了国師道當原日難行豈可就沒人走罷土地道怎麽說個沒人走的話天下軟水有三大處各自不同小神的這個水雖然軟弱却有分寸國師道怎見得有個分寸土地道我這水自從盤古分天地之後每日有一時三刻走得船只認他不真不知是那個時辰有造化的遇着走一程沒造化的一沉到底落後孫行者護送唐僧在這裏經過撩着汤龍王借轉硬水走

船自此之後却就每日有兩次好走早潮一次有兩個多時辰晚
潮一次有兩個多時辰舟人捉摸得定遇潮時便走走了這些時
候就住却還不得漏行自從昔年佛爺爺經過之後硬水愈多軟
水愈少每日間只好一時三刻是軟水却又在半夜子時候日晝
任是行船坦然無阻我這水却不是有這些分寸國師道昔年海
龍王說道難得狠哩土地道也誰全信他賣瓜的可肯說瓜苦麽
國師道生受你去罷土地道小神還有一事奉稟國師道有甚麽
事土地道前行海口上出了兩個魔王船行不可不仔細國師道
是個甚麽魔王土地道一個是魚王約有百里之長十里之高口
和身子一般大牙齒就像白山羅列一雙眼就像兩個日光開口
之時海水奔入其口舟船所過都要喫他一虧怎麽喫他一虧水

流的緊船走得快一直撞進他的口直進到他的肚子裏連船連
人求無蹤跡這不是喫他一虧國師道有此異事土地又說道非
是小神敢在佛爺爺之前打這誑語曾經上古時候有五百隻番
船過洋取寶撞着他正在張口五百隻船只當得五百枚冷燒餅
國師道可有個名字土地道名字叫做摩伽羅魚王國師點一點
頭說道原來就是他這孽畜麽三寶老爺道國師老爺你說話到
說得鬆爽我們听之頭有斗大國師道怎這等怕他老爺道來了
數年之久征了許多番蠻得了許多的寶貝今日中間仰仗佛爺
爺洪力却又轉到這個田地再肯撞入不測之鄉甘心自殞國師
道怎到得不測之鄉土地道到是狠戶吉凶未擬國師道那一個
又是甚麽魔王土地道那一個是個鰍王國師道甚麽鰍王土地

道鰍就是中国的泥鰍因他長而且大積久成精故此叫做鰍王
国師道是個甚麽形境土地道鰍王若不甚長約有三五里之長
五七丈之高背上有一路鬐鬣骨顏色血點鮮紅遠望若紅旗靡
靡相逐而來國師道怎麽為害土地道鰍王只是一個長舌頭搭
着舟船就如丁耙之狀再不得脫去直至沉船而止國師道生受
你你去羅土地道小神還有一事奉稟国師道又有甚麽事土地
道也是海口有一座高山叫做封姨山山上有個千年老猴成精
作怪五七年前西天又走过一個甚麽李天王配為夫婦那李天
王又有件甚麽寶貝照天燭地無所不通一個猴精一個天王如
虎而翼故此岀一在海口上使風作浪駕霧騰雲阻人的去路壞
人的船隻佛爺爺也少不得在那裏進口却也要仔細一番国師道

這的不在話下你去罷土地老兒拜辭而去三寶老爺說道今番
天王姓李却不是個李靖子麽有件寶貝却不是個夜明珠麽咱
學生的夢一定在這裏見了天師道寶船上原有個李海在這裏
吊下海去敢就是他得生寄寓假充李天王未可知也王爺道豈
有此理太倉稊米死能再生天師道或者得道為神也未可知王
爺道人死魂散能有幾個為神道猶未了藍旗官報說道前面有
一望之遠有許多船隻都是大紅旗號啣頭結尾相逐而來極目
不斷或是海寇或是外国刀兵小的未敢擅便特來報知元帥伏
乞元帥天裁元帥道怪哉怪哉這是鰍王來也若不是土地老兒
預先報說險些兒遭他毒手即時傳令各船說道前面來的不是
船隻是個海鰍之王專一用舌頭勾搭往往沉人之船如今偶不

許咱囔着舵工掌定了舵鋭手掌定了篷上斗兜定了繩索撩手
看定了方向捕盗兵番人各手執快刀一把。如遇鰍王舌上任意
剮割。以脫去為度。元帥軍令誰敢有違。各船安排已定。二位元帥
同天師俱在国師千葉蓮臺之上坐着眼同看見果真的紅旗靡
靡。逐隊而来。看看相近原来恰是百十多条鰍就像中国泥鰍的
様子。只是還不止三五里之長也不止三五丈之高。衆捕盗兵番
雖然跨刀相待。其实的心上都有些驚慌却不知怎麽様兒。那些
鰍三挨身而過一往一来。並不曾伸出舌頭来。元帥坐在蓮臺之
上看見不動舌頭心上大喜說道今番又仗賴佛爺爺洪力過此
鰍王不致貽害国師道貧僧不知何力之有。老爺道若不是佛力
驅逐他他怎不伸出舌頭来。道猶未了。只見鰍王過到一半。鰍王

背上紅雲隱隱紫霧騰騰。雲霧中間坐着一位官長。緋袍玉帶。大
袖峩冠像個前朝丞相的様子。朝着蓮臺上拱一拱手說道列位
恭喜了。二位元帥同天師国師都喫他一驚。却不知他的来歴只
得問復道請了。我們勞而無功何為恭喜官長道使于四方不辱
君命可謂士矣豈不恭喜元帥道既承褒獎敢問公相尊姓大名
現任何職官長道老身宋丞相趙鼎是也這四位所知道是個宋
丞相趙其愈加欽敬。王爺道原来是忠簡公失敬了敢問老相何
干海上忠簡公道誠恐坐下一干孽畜貽害寶船故此老身御中
而行聊致護待之私。王爺道老相何以得知這一干孽畜貽禍小
船忠門公笑一笑說道老身原是被害之家故此知得王爺道得
麽老相碧經被害。忠簡公道老身延生之日得罪朝廷朱崖貶

從雷州浮海而南三日之外。遇着這孽畜。彼時還只是一条。小舟
險些為他所碎。這不是老身曾被他害。王爺道今日何敢相勞。忠
簡公道聖天子在位百神護呵。何况老身職属臣子胙祀無窮。故
此不避風涛之險特来保持王爺再欲動問鰍王去得遠紅雲漸
散紫霧漸收不曾得終話而去。三寶老爺道好灵土地也王爺道
土地之来還是国師所召馬得趙忠簡押班扶助果然我大明皇
帝洪福齊天神人協順。道猶未了。藍旗官又来報道前面山頭上
閃出兩個日光不知主何凶吉。特来禀知元帥。伏乞上裁。元帥道
兩個日頭在那一邊。藍旗官道在西南上些。元帥大驚說道摩
摩伽魚王来也。即時傳令各船各舵工。把船都要望東北上攢着
些。各船得令各舵工一齊着力。把船望東北上一齊攢着。元帥攢

天師飛劒斬摩伽

嗚劒伊吾破竹極追星之勢

揚鑣海岱妖魚失戴日之形

船的意思原是指望讓過那摩伽罗魚王。那曉得那摩伽羅魚王只見挨近身来。魚王挨得緊。宝船攢得緊。攢上攢下。攢来攢去。大小宝船一齐攢近崖上。藍旗官報道大小宝船俱已攢近了崖。特啨元帥鈞命。元帥道既是近崖。許落篷下猫。權且安歇。篷還不曾落得完。那魚王越発挨近舡幇来了。船上人只看見一座峭壁高山。長蛇一字擺着也。不曉得是多長。只曉得有数百丈之高。山脚下。空空洞洞。海水奔入北中。兩邊山岩之下。都是白石頭峻嶒古怪。山左一個日頭。山右一個日頭。照着天上一個日頭。耀眼爭光。大小軍士口裏不敢道。心裡都說是怎麽海水而上涌將一座山来。大小將官心裏想道。怎麽這裏山像個龍牙門山。怎麽山左右有兩個日頭。那曉得是個魚王。恁的長。恁的大。却說元帥即時傳

令。示諭各船說道。水面上浮来的不是甚麽山陵岡阜。是個魚王作祟。許各船排定。放箭放銃放砲。挨次而行。以魚退為度。各船得令。五營四哨各遊擊各都督各領各部下戦船。擺着。一声號笛一齐箭响。就射了一個多時辰。也不知費了多少箭。那魚王只當不知。箭後就是銃。先鳥銃。次二蔑天雷銃。又放了一個多時辰。也不知費了多少火薬。那魚王只當不知。銃後又是砲。先將軍砲。次後襄陽大砲。也不知費了多少石點心。那魚王只當不知。大小將官不得魚王退回。復元帥。元帥請到天師。天師道。未到家門前。肯容這個孽畜猖獗。貧道即行。好天師。站着玉皇閣上。念上聒上。飛起一口七星劍去。那口劍竟奔着魚王的腦盖骨。魚王喫了這一劍。却纔有些護疼。把個頭擺兩擺。這的擺豈當等閑。山搖地動。水

湧波翻。連大小寶船一連幌了七八十幌。尚然不得寧靜。天師看見魚王不肯動身。一聲令牌。收回劍来。劍頭上燒下四道飛符。一霎時吊下馬趙温関四員天將。齐打恭。齐禀事。天師道。此中一個魚王。横攔海口。阻我歸路。相煩四位天將。趕逐他去罷。四位天將一雲而起。各逞英雄。各施手段。馬元帥狠一磚。馬元帥狠一鞭。温元帥狠一杵。関元帥狠一刀。這四位天將狠是四般兵器。魚王却纔有些難捱。把個身子望水底下觸了一觸。這一觸不至緊。海裡面水陡然間湧起有千百十丈。大小寶船連帆絞起猫来。不然之時。船都要掛碍沉沒。天師怕有甚麽差池。只得辭謝四員天將。四員天將騰雲而去。元帥道。這魚王到不好處。怎麽不好處。不計較他上又攔着路上計較。他上又翻江攪海。寶船不便。三寶老爺道

師求國師一番何如王爺道國師只是慈悲方便這魚却不曉得人情也沒柰何他處老爺道國師前日嘴裏說道就是他這等害想必國師還曉得他的来歷王爺道既如此又碍口餙羞不如當面去講二位元帥見了國師把放箭放砲放鏡的事細說一遍又把天師遣天將的事細說一遍國師道阿彌陀佛他終不然不曉得貧僧在這裏這句話說得不真不假不輕不重連王爺心裏也說道國師又好惸氣一個魚蠢然無知之物他有個甚麼曉得三寶老爺說道他曉得國師在這裡便何如他不曉得在這裏便何如國師道他曉得貧僧在這裏不應如此無礼老爺道着個人去告訴他何如國師道也通得老爺道着那個去國師道須還是天

出像西洋記　卷之二十　十

師即時請過天師說他告訴的話天師道貧道適来劳須天將他還不肯動身若只告訴兩個字却也未必怎麽國師道試他試兒若不肯動貧僧再處天師道怎麽告訴國師道借天師寶劍貧僧寫下一個字天師却纔飛劍出去飛劍之時不要照他的腦盖骨須照他的眼他纔看見天師不敢怠慢即時取出劍来國師老爺把手指頭寫個佛字在劍上天師念念聒聒一劍飛起竟照着魚王的眼上魚王把個眼睜了一睜看見是個佛字即時間眼兒閉頭兒垂口兒合上身子兒漸漸的小一小二小急小慢小頃刻之間就只好一条曲鱔的樣子却又朝着寶船上遶三遶轉三轉悠然而去天師拿着劍交還國師老爺的佛字請問這魚王是個甚麽縁故國師道這魚王好一段縁故一言難盡天師道請教一番國師道這魚王前身是人生在中天竺地方中天竺所屬之國叫

做摩伽陁国国王所生三子魚王是他長子取名摩伽羅初生下地時啼哭三日不止雙脚頓地地下頓成一小穴穴出水清且香国王舉家不知摩伽羅哭為何穴出水為何忽一日有老僧過其門看見摩伽羅喫一驚說道而若生耶国王問他甚麽因果老僧道此子雷音寺如意童子因蟠桃會上一者失敬菩薩二者毀仙瓶以致佛爺大怒斥謫塵凡六十年纔得輪轉國王又問道他昨日降生之初啼哭不止雙脚蹈地地上流出清泉此又何因果老僧道啼哭不止為他墮落苦因地上這一股清泉是他樂果這泉却不可輕易他國王道怎麽不可輕易老僧道此泉名為聖水能止風濤或遇天上大風略用数點洒之其風立止或遇海上驚濤略洒幾點其濤立靜道猶未了老僧忽不見國王心上就明白

出像西洋記　卷之二十　十一

曉得這個老僧不是凡人這些話語不是虛謬摩伽羅日漸長大聖水日漸灵驗一切番船往来海上都用琉璃瓶乘之一遇風濤無不立應摩伽羅長大不事生業崇一習學戲術鬼魅㥦諧無不通曉落後國王年老以病故該他嗣位在位半年貪人婦女殺人非罪國中百姓不堪不願他為王四路作乱四隣兵起他看見事勢不諧竟自走到南天竺国国王苦不為礼摩伽羅自陳能仙術可令人長生不老髮白轉黒国王不信摩伽羅說道国王不信請嘗試之国王說道既試之有驗則真摩伽羅即時就在桌子上用戟撮黃沙鋪開来做成田畝之狀取一片紙畫一条牛另畫一個農者喝声道牛起来耕田那畫牛應声而起又喝声道農者起来扶耕那畫上農者應声而起鞭杖農具無不全備一會兒耕田

會兒蘊瓜那瓜一會兒萌芽。一會兒藤蔓一會兒開花一會兒結
果子在田埂上閑眠農者在田埂上瞌睡摩伽羅又喝声道甚多
而力勤者為上農那農者。你怎麽只是瞌睡你把那瓜地上四週
圍栽些棗樹長些棗兒也得謝々酒農者又應声而起果真的栽起
棗樹一會兒長大一會兒開花。一會兒結果摩伽羅問說道那農
者這如今還是瓜熟還是棗兒熟農者道兩下裏都熟摩伽羅道
你揀選上熟的摘將来農者唯々。遞上四枚瓜遞上幾升棗兒摩
伽羅接着。却奉上南天竺国王国王剖而食之瓜是瓜味棗兒是
棗兒味。比着尋常間愈見鮮美国王心上且信且疑說道這瓜棗
敢是撮弄来的麽摩伽羅說道方今隆冬盛寒頭安所得此国王
道這話兒也說得過自是之後相待以礼終須不見得十分敬重

又一日摩伽羅說道我王乏財我能為君充足国王道苦無他用
只這兩日少些銀錢摩伽羅請同国王到御花園中琉璃井上把
手指頭到井欄上画一画。喝声道錢只見井裡面的銀錢一個々
的連班逐隊而出。一會兒錢滿數斛国王看見他果有仙術心上
大悅却着實敬重他問他長生之術教他另居修煉国王無不依
從。只因国王有個愛妃坐在深宮裏面。猛然間飛進兩個蝴蝶那
蝴蝶口裏會講話對着愛妃耳根頭說道摩伽羅是個活佛臨凡
你若肯與他一宵恩愛。就可升天不墜地獄愛妃大驚即以其語
告訴国王国王曉得是摩伽羅撮弄仙術調戲他愛寵深恨摩伽
羅即時差下兵番趕逐他去不容潜住国中摩伽羅做壞了事抱
頭鼠竄而去去到伽毗黎国国中人都傳聞他的出身。曉得他素

行不善沒有個人加礼於他国王也曉得詳細不與他相見他鍬
然不樂住在店肆之中每朝出暮歸々来就是爛醉。々後衣袖裡
面掏出金銀珠宝送店主人不笑帳店主人心上有些疑惑他每
着人跟尋他去到那裏他却只是飲酒閑遊並無生業主人又恐
他囊貲富盛每竊窺他囊槖苦無長物住了半年多些每々如此
主人却生出一個法来夜靜時耑到窓隙中去看他動靜只見他
到了三更時分。取出十數多個紙剪的鼠耗来噴上一口水那些
鼠耗一齊活將起来他又喝声去那些鼠耗一湧而去頃刻之間
喝声来那些鼠耗一湧而来這一来不至緊口裏却都啣得有物
或金或銀或錢或宝一齊跌在地上都喂以果食又噴上一口水
那些鼠耗依舊又是一張紙主人大驚說道原来此人是個鼠竊

之輩怪知得我這国中半年中間多鼠侵害明日直言其事驅逐
他出境不許潜留摩伽羅又做壞了這場事抱頭鼠竄而去去到
伽尸国不容去到蘇摩黎国不容去到斤施利国不容。去到婆羅
国不容沒奈何遠走高飛去到西印度国也不容又走到罽賓国
也不容却走到波斯国改名換姓苟活残喘也自勾了。他却又不
安分。一日波斯国王在獻宝他就撮弄一個鬼怪把塊紙剪做兩
隻飛鴉一隻飛鴉啣將他一個宝貝来国王不曉得只說是飛鴉
如此成怪又一日波斯国王在御花園賞花花最多最鮮艷可愛
他又撮弄一個鬼怪取過一碗飯嚼一口吐一口嚼兩口吐兩口
把碗飯嚼到了。吐到了。吐成一天的土黃蜂飛集御花園內。掃了
国王一天豪興。国王也不得知只說土黃蜂如此無礼。偏来作惡。

可憐人也又一日波斯国王後宫飲宴歌姬舞女羅列成行摩伽羅也邀着三五個道友設酒具殺更相酬勸摩伽羅心中不樂道友說道今日摩兄不樂莫非座上少一點紅麽摩伽羅說道一點紅何足為重連国王的歌姬舞女要他来他不敢不来要他去他不敢不去道友道這個也難道摩伽羅道兄長不准信之時小弟即時叫他来好個摩伽羅叫聲来果是来須史之間就有十数個美人從西廊下空房中出来都官粧美貌窈窕嬌娆侍立于側摩伽羅說道今日客飲你們奉歌衆美人一齊歌々聲嘹亮流水行雲歌罷摩伽羅說道你們衆人再舞衆美人一齊舞柳腰輕擺百媚千嬌歌罷又舞々罷又歌直到夜半時摩伽羅分付他去復從西廊下空室中去諸友不勝之喜酒闌而散却說波斯国王夜宴

中間猛可的歌姬舞女齊骨柮跌番在地上瞬目不能言番王喫一大驚說道快救醒来少待遲延命不能保左右的急忙扶着叫着再有那個醒罷番王又道人命閔天快叫御醫来看畢竟不知御醫看是怎麽且聽下回分解

〇〇

第九十七回

李海訴說夜明珠　白鱔王要求祭祀

詩曰

細敲檀板囀鶯喉　响遏行雲遏莫愁　多少飛觴閑醉月
千金不惜買涼州
長安兒女踏春陽　無處春陽不斷腸　舞袖弓腰渾忘却
蛾眉空帶九秋霜

却說這些歌姬舞女跌番在地上番王道人命閔天快叫御醫来看一時間御醫齊到看下脉来說道此非病症不當死番王道既不當死怎麽這等不省人事御醫道此必鬼魅相侵天明後當復醒果然是天明後齊々的醒將過来番王問其故齊說道奉摩伽法師差遣番王一時不解其意差下巡捕官兵滿国中查究查得是個摩伽羅番問一番却又曉得他平生行事即時拿住解上番王一条铁索鎖在琵琶骨上番王分付打板板打在地上粘不到他的皮肉番王分付夾夾棍節々斷夾不到他的脚上番王分付殺砍下頭来頭不見身子不見又听見他的声氣說道你殺得我好我做鬼也不饒你番王怕他做鬼不饒没柰何請下一個天自

春色呈祥氣共韶鈴而禦侮

夜明炫乘諜深帷幄以輸籌

在這天自在又是那裏来的。原来波斯國有個蹺蹺僧人。不剃頭
頭髮四時只有半寸長。不洗臉。臉上四時有塵垢不佰整衣服。衣
服四時是披一片。掛一片。相逢人只講天上的事只講天上好自
在人人叫他是個天自在這天自在却有老大的神通大則通天
達地小則役鬼驅神無所不能故此番王請下他来請到天自在
告訴他摩伽羅一番。天自在道。這個孽畜四下裏害人。罪惡盈滿
今日該犯到我手裏来了。即時搭起一座高臺。有七七四丈九尺
天自在坐在臺上書符遣將。獻了三下令牌。就要摩伽羅見面摩
伽羅敢来見面抽身就走。走到北天竺。天自在又関會北天竺城
隍之神。北天竺安不得身。又走到東天竺。天自在又関會東天竺
城隍之神東天竺又安不得身却又要走只見天自在関會五天

竺五個城隍之神各天竺所屬同各城隍之神各處安不得身去
又要上天天上又是天自在借下的天羅密密層層没有空隙却
要下地。地下又是天自在借来的地網密密層層。又没有空隙没
奈何一轂轆鑽到西海裏面去了。變做一個魚擺擺搖搖。權且安
住身子天自在却又曉得他下了海變做魚一道牒文関會四海
龍王閉着海門一捉捉得摩伽羅没處藏躲正叫做人急懸梁狗
急緣墻他就儘着平生的本領一變變做這等一個大魚百十多
里之長二三十里之高撒起蠻刀和那些水族神兵。廝殺一塲。水
族神兵俱已殺輸天自在也差做了這個對頭。只得一道號表告
佛爺佛爺佛爺佛爺差下了李天王把紫綂子呪收他却絶收得他服
佛爺佛爺不壞他却也不放縱他。要他供下一紙狀不許他做人。不

許他變化。止許他做魚。長不過一尺大不過三寸。如違即時處斬
故此他方纔看見個佛字。即時俛首而去。這却不是魚王一段緣
故一言難盡天師道。若不是國師老爺遠見。險些兒家門前又做
出一塲来。老爺道那裡就是家門前天。師道。魚王去後開船又走
半日已自是白龍江口上。只要轉身。就進到江裏面。離了大海。怎
麽不是家門前老爺道若是白龍江口怎麽不轉過舵来。即時傳
令各船各舵工仔細收口。藍旗官報道前面烟霧昏沉。不看見江
口在那裏故此各船各舵工。不敢擅自轉舵。不敢擅自收口。老爺
道海口上有一座封夷山。各舵工只看有山就是藍旗官道連山
也不見在那裡老爺道既不看見山在那裏這一定是那工地老
兒的話来了馬公公道土地老兒甚麽話老爺道軟水洋土地老

說道封姨山上有一個千歲的老猴專一在海口上使風作浪駕霧騰雲阻人去路這却不是他來了王爺道水面上的事這等難當原日下海之時只說去得難轉來却容易那曉得轉來還有這許多難天師看見王爺口裏左說難右說難他怒從心上起惡向膽邊生一手掣過一把七星劍來掣過劍來國師道天師大人且不要急性待貧僧着發這些護送的你再來也未遲天師看見國師開口不敢有違連声道是是國師輕輕的念上一声阿弥陀佛却繞叫過明月道童野花行者芳草行者三位見了國師遶佛三匝礼佛八拜國師道我們宝船已經来到白龍江生受你們回去罷三位道再送一程國師道不消了三位拜辭國師道明年盂蘭會上相謝二位連声道不敢不敢乘風而去國師却又叫過銅柱大王紅羅山神二位見了國師遶佛三匝禮佛八拜國師道我們寶船已經来到白龍江生受你兩個回去罷二位道再送一程國師道不消了二位拜辭國師道再過三年我有道牒文来取你二位連聲道專候專候乘風而去國師道天師大人請有事見教道猶未了一個毛頭毛臉摳眼凸腰的老猴一轂轆吊在面前原來國師在看發那些護送的天師就在一邊燒了飛符請下天將拿住老猴當等國師事畢他就一轂轆吊在面前國師道阿彌陀佛這是那個天師道這就是封夷山上的老猴精駕霧騰雲阻我們歸路故此貧道請下天將拿將他來國師道阿弥善哉你既是駕雲騰霧你趂早些收了雲霧便罷天師大人怏不要加害于他老猴吆喝道佛爺佛爺可怜見小的是一團好意天師老爺還不

得如此三寶老爺听見說道好意兩個字却就吊動了他的賽月明連忙道你是好意敢是個李天王送夜明珠麼老猴又着三寶老爺待着連聲說道這位老爺神見果是一個李將軍果是一顆夜明珠三寶老爺喜之不勝說道李將軍在那裡老猴道現在小的山上老爺道既在你山上怎麼不早来告訴反又騰雲駕霧阻人船隻老猴道不因漁父引怎得見波濤不是小的騰雲駕霧怎得天師拿住小的不是天師拿住小的怎得李將軍上船老爺道原來有此一段好意請起來待恭老猴道怎敢要恭小的還去送過李將軍来好老猴一声去就是去一声來就是來這一來不至緊連李將軍一齊來了二位元帥一個天師一個国師四位公公大小將官仔細打一看恰好是昔年吊下水的李海人物面貌但然照舊只是嘴上鬍子長了許多三寶老爺撫掌而笑說道異哉異哉我好一個夢馬譯字好一個圓夢天師道且慢些講夢叫李海過来謝了老猴着發他去罷国師道救人一命勝造七級浮屠這中生救了我們舡上一個軍士又且養育了這些年數莫大之功天師大人你那裡典他一張執照封他為封姨山山神萬年享祀天地同休天師不敢怠慢即時寫下牒用着印付與老猴老猴磕頭礼拜乘風而去老猴這一去不至緊天清氣明萬里無雲明明白白一個白龍江口大小宝船一齊碾過舵來一齊進了江口船行無事李海來磕頭三宝老爺說道李海你當原先吊下水去怎麼得到這個山上李海道小的吊下水去隨波逐浪而滾滾到山脚之下還不曾死是小的沿上崖去躲在山脚下一個岩洞之中

過了一宿過明日早上轉思轉想越悲越傷是小的放聲大哭一場這一哭不至緊就是小的福星降臨怎麽福星降臨崖上就是山山呌做封夷山。山上就是這個老猴有三個小猴老猴听見那裡哭問着小猴小猴問着小的小的却從直告訴他這一段緣故小猴又去告訴老猴老猴說道人命関天你們把葛藤接起引他上来果真是引小的上山小的上山見了老猴却又從前告訴他一段緣故老猴會起數起一數說道小的日後有条金帶之分小的又與他有宿世之緣却就加禮小的小的就住在這山上不覺得過了這些年數老爺道老猴說你有一顆夜明珠你這如今珠在那裡原是那裡来的李海道說起珠来又有好些緣故老爺道是個甚麽緣故李海道那山上有一条千尺巨蟒無論陰晴三日

下海一次飲水下海之時鱗甲粗体尾巴搖擺抓得山頭上石子兒雷一般响小的听見响却問老猴老猴告訴他的出處小的去看他看兒只見他項下一盞明幌幌燈籠小的又問老猴老猴說道不是燈籠是顆夜明珠。小的彼時就安了心把山上的竹子斷將来削成竹箭兒。日晒夜露晒一個乾露一個飽那竹箭兒比鉄打的還硬幇三分却悄悄的安在他出入必由之路上他在那条路上走了有千百多年並無罣碍那曉得小的筭計他小的心裡也想来天下事成敗有個數這中生數該盡死在竹箭上數不該盡莫說竹箭饒他甚麽金銀銅鉄錫都是不相干可可的他數合該盡走下山来。死在竹箭之上小的即時取了他的夜明珠告訴老猴老猴又起一數說道這中生數合該盡小的數合該與小的

夜明珠有些一段緣故老爺道這緣故也巧。如今珠在那裏李海道彼時小的得了珠之時拿在手裏老猴看見哄小的說道前面又是個大蟒来取命也小的喫他一哄起頭去看老猴哄得小的起頭去看他就一手搶過夜明珠一手抓開了小的腿肚子一下子安在腿肚子裏面老爺道這如今李海道這如今珠在皮肉之裡外面皮肉如故。老爺道你取開着我兒看着李海即時取開来衆位老爺一看果真的那隻腿就像盞燈籠光亮亮的老爺道到幾時纔取出来李海道那老猴說来這珠直要回朝之日面見萬歲爺方纔取得老爺道遲早何如李海道老猴說来小的是個小人鎮壓這顆珠不起除是見了萬歲爺方纔取得一遲一早俱要傷害小的。老爺道既如此不消取他王爺道雖在李海處也是大

白鱔稱王期眷明禮而畢達

白鱔王来求祭祀

皇家載典禮隆祠祀以相傳

白金星之意彼此一同天師道今日到此萬事俱備再不須多話
各人安靜休養以待進朝之日面見萬歲爺衆位都說道天師之
言有理各人安靜休養不過三日中間旗牌官報說道不知那裏
來的一個老道人鬚髮盡白手裏敲着木魚口裏念着佛滿船上
走過來不知是個甚麽出處小的們未敢擅便特來禀知元帥元
帥道不過是個化緣的問他要甚麽叫軍政司與他甚麽就是再
不消到我這裡來煩瀆藍旗官得了將令跑出來迎着道人問說
道你是個化緣的麽道人不做聲旗牌官問道你化衣服麽道人
不做聲旗牌官問道你化齋飯麽道人不做聲旗牌官問道你化
道巾麽道人不做聲旗牌官問道你化鞋襪麽道人不做聲旗牌
官問得不柰煩不埋他由他去敲由他去敲不至緊日上還可到

了晚上他還是這等敲中軍帳二位元帥听着明日早叫過旗牌
官來問說道昨日化緣道人怎麽不肯化緣與他旗牌官道問着
他他只不開口老爺道既不開口怎麽又在船上敲着木魚喜得
這如今是個回船之日若是出門之時軍令所在也容得這等一
個面生可疑之人罷旗牌官看見元帥話語來得緊走將出去扯
着道人徃中軍帳上只是一跑禀說道這道人面生可疑伏乞元
帥老爺詳察元帥道那道人你是那裏人氏道人道小道就是紅
江口人氏元帥道你姓甚麽道人說道小道姓千百之百的百字
元帥道你叫甚麽名字道人說道只叫做百道人並沒有名字元
帥道你到我船上做甚麽道人說道小道無事不到老爺寶船上
元帥道你有事你就直講罷道人說道元帥心上明白就是元帥

道甚麽明白你不過是個化緣我昨日已經分付旗牌官憑你化
甚麽着軍政司化與你去旗牌官說問你你不做聲你既要化緣
怎麽碍口餙羞得道人說道非是貧道不做聲旗牌官說的都不
是故此不好做聲得元帥道旗牌官說的不是你就明白說出來
罷道人說道貧道的話告訴旗牌官不得元帥道你告訴我罷道
人說道也告訴不得元帥道既告訴不得你来這裡怎麽道人說
道元帥自家心上明白就是元帥道心上明白是個混話我那裡
曉得道人又說道元帥自家心上明白就是一問也說道元帥自
家心上明白就是二問也說道元帥自家心上明白就是三問四
問他越發不作聲元帥急性起来叫聲旗牌官碾他出去旗牌官
一湧而來一個碾〻不動兩個碾〻不動加上三個四個也碾不

動就是十個二十個也㩳不動元帥道好道人在這裏撒賴麼道
人說道我豈是撒潑我去自去你怎麼礙得我去元帥道既如此
你去罷道人拂衣而去又是這等敲木魚又是這等念佛元帥道
這個潑道人這等可惡叫旗牌官推他下水去罷元帥軍令誰敢
有違一班旗牌官你一推我一送把個道人活ヒ的送下水裏去
了旗牌官回復元帥說道送道人下了水道猶未了道人恰好的
站在背後元帥道旗牌官敢吊謊麼旗牌官道怎敢吊謊明ヒ白
白送下水去不知怎麼又會上来元帥道這一定又是個变幻之
術王爺道這樣妖人何不去請教天師作一長處老爺道纖疥之
疾何足掛懷叫旗牌官再送他下水去就是軍中無戲言叫送他
下水再那個敢送他上崖一會兒一千旗牌官推的推送的送只

指望仍前的送他下水那曉得這個道人有些古怪偏然不動就
像丁釘了一般老爺大怒罵說道無端賊道說話又不明送你又
不去你欺我們沒刀麼殺你不死麼道人說道元帥老爺息怒貧
道不是無曰而至些只是老爺一時想不起元帥道儘說得是些
混話有個甚麼想不起道人說道你叫我去我且去你叫我下水
我且下水只元帥想不起之時貧道還要来相浼老爺道胡說你
且去道人說道我就去好個道人說声去果真就去去到船頭之
上又告訴旗牌官說道你們送我下水不如我自家下水去罷旗
牌官道你下去我看着一轂轆跳下水去一轂轆跳上船来站在
船頭上衆人去推他偏推不動一個不動十個也不動百個也不
動偏是沒人推他他自家一轂轆又跳下水去一轂轆又跳上船

来一班旗牌官不敢易視了他却回復元帥把他跳下水跳上船
的事故細說一遍老爺道沒有甚麼法待他再来見我之時我分
付一声殺你們一齊上再不要論甚麼前後不要論甚麼上下亂
刀亂砍看他有甚麼妙處道猶未了那道人又跑將進来說道元
帥老爺可曾想起来麼元帥喝一声道殺元帥令誰敢違一班刀
斧手一齊動手你一刀我一刀刀便去得快殺便殺得究只是道
人不見在那裏連人也不見怎麼殺得他元帥分付住了刀剛住
了刀一個道人又站在帳下元帥又分付殺又是一片刀响一片
殺那道人又不見了住了刀那道人又站在面前元帥道怪哉怪
哉這等一個道人淹不死殺不死你還是個甚麼神通道人說道
元帥老爺你自家心上明白就是老爺道你只說個混話何不明

白說將出来道人說道只求老爺想一想就是老爺道沒有甚麼
想得王爺道終久不是結果不如去請教天師老爺沒柰何只得
去請教天師把前緣後故細說一遍天師叫過道人来問說道你
是那裡人道人說道小道是紅江口人天師道你姓甚麼道人說
道小道姓千百之百的百字姓百天師道你叫甚麼名字道人說
道並沒有名字就叫做百道人天師道你手裏猷的甚麼道人說
道小道手裡猷着是個木魚天師道你口裡念着甚麼道人說道
小道口裡念着是佛天師點一點頭說道我認得你了你何不明
白說將出来怎麼只要元帥心上明白道人說道這原不是個口
皮兒說的原是個心上發的故此小道不敢說只求元帥老爺心
上明白天師道你只該来尋我怎麼又尋元帥道人說道當時討

便與天師這如今行都是元帥三寶老爺說道還是個甚麼許甚麼行天師大人指教一番罷天師笑一笑說道這原是貧道身上一件事未完今日却要經由元帥老爺道是個甚麼未完天師道元帥就不記得當原日我和你兵過紅江口鉄船也難走江猪吹白浪海燕拂雲烏蝦精張大爪鯊魚量人斗白鱔趂波濤吞舟魚展首日裡蜃蛟爭夜有蒼龍孔蒼龍吼還有個猪婆龍在江邊守江邊守還有個白鱔成精天下少這道人姓百手裡猷木魚口裡念佛百與白同木魚是個魚字念佛是個善字魚字合善字却不還是個鱔字加上一個白字却不是個白鱔兩個字老爺道原来這道人就是白鱔精當原先出江之時已経盡礼祭賽怎麼又是天師未完天師道元帥老爺你却忘懷了彼時是貧道設醮一壇

各水神俱已散去止有他神風凜凜怪氣騰騰是貧道問他還要另祭一壇麼他摇頭說不是貧道問他還要跟我們下海麼他摇頭說不是貧道問他還要封贈一個官職麼他點頭點腦說道是是貧道彼時寫一道勑與他權封他為紅江口白鱔大王又許他回船之日奏過當今聖上討過勑封立個祠廟永受萬年香火一言既出駟馬難追這却不是貧道的未完老爺道有此一段情由咱学生想不起了天師你許他奏過聖上就是天師道今日回船復命行止俱在元帥老爺貧道未敢擅便還要元帥老爺開口老爺道依天師所許咱回朝之日奏上萬歲爺討過勑封立所祠廟永受萬年香火道猶未了白道人已経不見了形影只是各船上俱听見白道人臨行之時口裡說道風調雨順国泰民安老爺曉得說道只這兩句就說得好庇国福民聰明正直為神不枉了天師這一段厚意王爺道都只說安靜休養等待進朝那曉得又喫白鱔大王生炒熟炒炒了這一盪老爺道今後却是家門前可保無事天師道進了朝門見了萬歲爺復了命龍顏大悅那時節纔保無事只這如今雖然是江也還是水面上不敢就道無事老爺過咱学生有個妙法可保無事天師道有個甚麼妙法老爺道朝廷洪福齊天一呼一吸百神嘿應一動一靜百神護呵咱学生把聖旨牌擡出来安奉在船之腦額上再有那個鬼怪妖魔敢来作炒天師道這個話到也講得有理只一件鬼怪妖魔雖然不敢作炒九江八河的聖神豈不来朝老爺道来朝是好事終不然也要拒絕他天師道挨了諸神朝見這就通得三宝老爺即時分付左

右擡出聖旨牌安奉在船額上左右回復道安奉已畢天師道三位元帥却要備辦叅見水府諸神二位元帥心上還不十分准信哩哩無言須臾之頃旗牌官報說道船頭下一道紅光燭天而趙紅光裡面閃出三位神道畢竟不知是個甚麼神道且听下回分解

〇〇

第九十八回

水族各神聖宋叅　宗家三兄弟叅聖

詩曰

岸上花根總倒垂　水中花影幾千枝　一枝一影寒山裏
野水野花清露時　故国幾年仍縹緲　異鄉終日見旌旗

凱歌声息運雲起　水族諸神知未知

那說旗牌官報道船頭下一道紅光燭天而起紅光裏面湧出三位神通都是朱衣象簡儼貌豐ヒ稱口ヒ聲ヒ叫說道山呼山呼万歲万歲小的們不知是個甚麼神道特來禀告元帥老爺得知三寳老爺原來擡出聖旨牌去只指望鬼怪妖魔不來作炒那曉得又驚動了這等一班有名神道听知得這一塲旁報沒柰何只得竟求天師怎麽打發他們回去天師到底是個慣家說道二位元師不要喫驚我和儞且坐到將臺上看他怎麽来却怎麽回他去果然是二位元帥一位天師坐在將臺之上只見三位神道朱衣象簡儼貌豐ヒ稱口聲ヒ叫道万歲ヒヒ天師問道三神朝謁願通姓名第一位說道小神洋子江上水府顯靈至聖忠佐濟江王之神

出像西洋記　卷之二十　二十八

神聖畢朝凜ヒ若北辰之拱

水族各神聖来參

波濤頓解顒ヒ共南面之承

出像西洋記　卷之二十　二十九

第二一位說道小神洋子江中水府顯靈順聖忠佐平江王之神第三一位說道小神洋子江下水府顯靈大聖忠佑通江王之神天師道三位水府何事到此三位水府說道聖旨在上特來朝參天師道朝參已畢請退三位水府應一声是一湧而去道猶未了船頭下又是一道紅光燭天而起紅光裡面閃出一位神通又是朱衣象簡儼貌豐ヒ稱口ヒ聲ヒ說道山呼萬歲天師道來者何神早通名姓其神道小神江瀆廣源順濟王楚屈原大夫是也天師道廟祀何處江神道江之源發于岷峨山下小神之廟立于成都府中大師道廟貌雄壯麽江神道舊時廟貌卑淺不稱得宋文潞公重加修飾煥然一新天師道文潞公何由到此江神道文潞公少時隨其父越任蜀州幕官過成都府謁小神之廟是小神先一

晚分付奉祀官說道明日當洒掃祠庭候宰相到此奉祀官得之於心明日伺候果文潞公到奉祀官接之甚勤且引導之細觀画壁具言祠廟頹與文潞公大驚說道你這奉祀官何如此慇懃也奉祀官說道夜來江瀆灵神報說今日宰相下臨相公異日之宰相不敢不敬文潞公笑一笑說道宰相非所望但得宦遊成都當令廟貌一新不至若此早浅慶曆中文潞公果以樞密直知益州聽事之三日謁小神廟怏然有感心上正在躊躇忽前奉祀官叩頭礼拜文潞公嘆一聲說道事物興廢俱有數人生何處不相逢昔年多謝慇懃今日果然宦遊也奉祀官說道他日必為宰相豈止宦遊我成都文潞公道原我說来宰相非所望只得宦遊成都當令廟貌一新此言豈敢自食即時下令鳩材餝工計新祠廟

甫下令之明日江水大漲漫山漫嶺而来漲頭上推下十抱之木有數千百根竟奔小神之廟而止未幾漲消文潞公大喜說道天從人愿命工取之充為廟材物曲盡利人官盡能小神之廟遂雄壯甲于天下這却不是廟貌舊時早浅得文潞公一新天師道你今日来此何幹江神道聖旨在上特来朝叅天師道朝叅已畢請退江神應一聲是一溜而去道猶未了船頭下又是一道紅光撲天而起紅光裏面閃出一位神道龐眉皎髮美鬚髯面如童少博帶峩冠連聲道萬歲萬歲萬〻歲天師道来者何神早通名姓其神道小神九江八河之上靈通廣濟顯應英佑侯姓蕭名伯軒是也天師道尊神原来是太洋洲上蕭老官人後面是那個蕭公道後面是豚子蕭祥叔天師道再後面是那個蕭公道再後面是小

孫蕭天任天師道都是同時得道麼蕭公道小神生于宋得道于咸淳初年天師道尊神不消講得平生剛正自持言笑不苟善〻惡〻里閈咸為之質正宋咸淳間為神旹附童子先事言禍福動若發机鄉民相率朝謁立廟于新淦之太洋洲福澤一方萬代瞻仰貧道附近在龍虎山頗知顛末只不知令嗣君幾時得道蕭公道豚子生于元至正中仕為灵陽主簿灵陽劇盜潛天王刼縣庫藏逼勒縣官豚子不屈而死上帝謂豚子生前忠正死後剛方命為神著于鄉〻人合祀於小神之廟天師道令孫幾時得道蕭公道小孫于洪武中仕為白溝河巡檢司巡檢死王事上帝謂死雖非命聰明正直足嘉命為神目今尚未著聞天師道斯民也三代之所以直道為神也可喜〻〻蕭公道過承誇奬天師道尊神来此

貴幹蕭公道聖旨在上特来朝叅天師道朝叅已畢請退蕭公應声是領着子和孫一溜而去去猶未了只見船頭下一道紅光燭天而起紅光裡面閃出一位神道濃眉虬鬚面如黑漆紗帽圓領皂靴角帶連声道萬歲萬歲萬〻歲天師道来者何神早通名姓其神道小神姓晏名成仔官拜平浪侯本貫臨江府清江鎮人氏天師道原来是晏公都督大元帥晏公道小神忝居天師桑梓但上下之分相懸不及請益天師道尊神平生疾惡如探湯人少不善必面叱之鄉人起敬起畏動輒曰得無晏君知乎此貧道即于敬恭之有素者只不知尊神初仕居何官晏公道小神元初以人材所選入官為文錦局堂長元人暴虐征求無厭局官舊晉供應宮錦有枕户濮二者坐織染累罄當二女一子倍償上官小神憐

其無辜出俸資代之不足脫妻替珥滿其數濮得父子完聚日夜
焚香告天上帝素重小神剛正廉謹遂命為神小神承上帝命奄
忽於官家人初不之知也小神死之日即先暢騶導于里之曠野
峩冠博帶護呵甚衆里中人見之愕然莫不稱羨說道晏氏之子一
旦榮歸故鄉人材官如此誇耀月餘小神輿櫬而歸里中人且駭且
疑及至相語則見之日即小神官舍死之日也里中人始驚異家
人啟棺相視棺中一無所有乃知小神尸解為神立廟祀之厥後
小神頗奉祇于九江入河之上無少差失云天師道久仰久仰今
日到此有何尊幹晏公道曰為寶船中有聖旨在外故此特來朝
叅天師道朝叅已畢請回羅晏公應一声是一湧而起去猶未了
船頭下又是一道紅光燭天而起紅光裡面閃出一位神道金盔

金甲獬眼爭光兼且人物長大声响如雷連声叫道萬歲萬歲萬
萬歲天師道來者何神早通名姓其神道小神姓風名天車官拜
沿江遊奕神是也天師道你何處出身遊奕神說道小神生于蜀
之酆都縣生下地來有三隻眼一隻覌天凡遇烈風暴雨無不先
知一隻覌地凡有桑田滄海莫不先知一隻覌人凡有吉凶禍福
無不先知曰小神覌天覌地覌人無不先知故此上帝授小神一
個沿江遊奕之職專一報天上之風雲江河之变遷人間之禍福
天師道曾有何顯應遊奕神道宋丞相陳堯咨未遇之時有遠遊
泊舟三山磯小神先一日請謁具告他來日午時有大風突至舟
行必覆公宜避之陳唯唯称謝到明日自朝至中天清氣朗萬里
無雲舟人累請解纜陳不許舟人再三促之陳說道緊行慢行先

行只有許多路程更待同行舟一時開發殆盡片帆風飽無限悠
揚舟人嗟嘆不已甫及午牌時候忽然西北上一朵黑雲漸漸而
起起到天頂上之時大風暴至折木飛沙怒涛如山同行舟收拾
不及不免沉溺之患陳舟如故舟人始信陳語竪而致謝陳心亦
異小神之報毎欲謝无由他日焦山下又見小神陳揖小神近前
致礼問小神故小神具告他是沿江遊奕神以公他日當做宰相
故來告陳說道何以報德小神說道貴人所至百神理當接衞不
敢望報但願求金光明経一部乘其力稍可廷帙陳唯唯這正叫
做君子一言重于九鼎陳他日卋遣人送三部金光明經詣三山
磯投之小神原日只求一部回得陳三部連陞三級陳宰相得小
神免一時沉舟之患小神得陳宰相陞平等数級之官這一段情由

說是小神顯應天師道今日到此何幹遊奕神說道曰為寶船之
上有聖旨在外特來朝叅天師道朝叅已畢請回罷遊奕神應声
是天師又說道尊神且慢去貧道還有一事相問遊奕神說道有
何事見教天師道你職掌遊奕可曉得朝廷麼遊奕神說道朝廷
一動一靜神鬼護佑一語一嘿神鬼欽承豈有不曉得之理天師
道你既曉得這如今萬歲爺可在南京麼遊奕神說道在南京天
師道前日有信聞說道朝廷營建北京有遷移之意果是真麼遊
奕神說道是真万歲爺已曾御駕親臨北京城裏這如今又轉南
京來也遷都之意已决只還不曾啟行天師道不曾啟行還是貧
道們有緣遊奕神拜辭而去老爺道怎見得不曾啟行還是有緣
天師道便干復命不是有緣何如道猶未了船頭上一道黑烟燭

天而起老爺道黑烟起處又是個甚麽神通麽天師道多謝元帥老爺照顧今日中間擡出聖旨牌去接待了這一日江河上有名神道今番却又不是個神道却又有些硝氣哩老爺道怎見得不是個神道天師道先前的神道都是紅光赤焰瑞氣祥烟並沒有些黑氣今番黑氣冲天一定又是個妖魔鬼怪也道猶未了一声响一道氣半邊青半邊紅上拄天下拄地攔住在船頭之下元帥老爺喫了一慌問說道這是甚麽天師道這却古怪是一段長虹老爺道這虹是些甚麽出處天師道虹即螮蝀陰陽交接之氣著于形色者王爺道古有美人虹那是甚麽出處天師道那時異苑上的話說道古時有一夫一婦家道貧窮又值飢饉食菜根而死俱化成青紅之氣直夬斗牛之墟故此名為美人虹蘇味道不有

一首詩可証詩說道

紆餘帶星渚　窈窕架天潯　空曰壯士見　還共美人沉
逸勢含良玉　神光藻瑞金　獨留長劍彩　終負昔賢心

三宝老爺說道螮蝀便是真的還望天師收起他去纔好天師道貧道敢辭好天師說一声不敢辭已經手裏捻着訣一個訣打將去天師的訣豈是等閑畫是天神天將蜂湧一般去一声响早已不見了那条螮蝀恰好散做一天重霧伸手不見掌起頭不見人老爺道這重霧又是個甚麽出處天師道霧是山中子船為水靴鞋苦沒有甚麽出處王爺道雖道沒有甚麽出處昔日黃帝與蚩尤對々敵尤戰不能勝黃帝歸于泰山三日三夜天霧冥々有一個婦人人的頭鳥的身子黃帝知其非凡稽首再拜伏不敢起婦人說道吾乃九天玄女是也子欲何問何不明言黃帝說道小子欲萬戰萬勝萬隱萬匿何術以能之麽玄女說道從霧而戰萬戰萬勝從霧而隱萬隱萬匿這豈不是個出處麽還有梁伏挺早霧詩一律為証

水霧雜山烟　冥々見曉天　听猿方忖岫　聞瀨始知川
漁人惑澳浦　行舟迷泝沿　日中氛靄盡　空水共澄鮮

三宝老爺說道螮蝀又散做一天重霧都是些古怪却怎麽處他天師道還是貧道做他的對頭好天師說声對頭早已又是一個訣打將過去一声响那一天重霧猛然間潑天大晴船頭之下恰好又是一顆老松樹上沒了枝下沒根脚無長不長無大不大筆聿直跕在帥字船前頭老爺道今番又变做一顆老松樹好惱人

護國福民笑指青萍嚴有赫

同枝連氣光含碧漢淨無私

也王爺道大夫松是個貴物怎麽反惱人哩天師道難道松樹就全是貴物。王爺道有那些不貴處天師道方山有野人出遊看見一個虬髯使者衣異服牽一白犬匆迫而去野人問說道君居何处去何速也使者說道在下家居偃蓋山此犬恋家不欲久外故去速野人尾之使者至一古松下而沒野人仰視古松果仰偃如蓋却不知野人白犬之故見一老翁當前野人問其故老翁指古松說道此非虬髯使者乎白犬則其茯苓也野人大悟知使者為古松之精松樹成精這豈是個貴物王爺道唐明皇遭祿山之変鑾輿西幸時事可知矣禁中枯松復生枝葉葱蒨宛如新植者落後肅宗果平內难唐祚再興枯松逞祥這豈不是貴物天師道天台有怪松自盤根于岩穴之內輪菌逼側而上身大數圍而高不四五尺礧砢然蹙縮然幹不假枝枝不假葉有若龙挐虎踞壯士囚縛之狀豈是個貴物王爺道庾顗嘆和嶠說道和君森ヒ如千尺松雖礧砢多節施之大厦有棟梁之用棟梁之用豈不是個貴物李德林有一律詩為証

結根生上苑　擢秀邇華池　歲寒無改色　年長有倒枝
露自金盤洒　風從玉樹吹　寄言謝霜雪　貞心自不移

三宝老爺說道二位再不消苦辨只今日之間一条長虹散為一天重霧一天重霧收為一顆古松中間一定是個鬼怪妖魔這等搬鬧似此搬鬧之時怎得行船怎得復命万歲爺天師道元帥之言淥有理待貧道審問他一番看他是個甚麽緣故天師卽時披髮仗劍躡罡步斗念ヒ聒ヒ念了一會聒了一回提起劍喝声道

你是甚麽妖魔你是甚麽鬼怪敢擱我們去路麽你快ヒ的先通姓名後收臺下少待遲延我這裏一劍飛来断你兩段那時悔之噬臍無及那顆松樹果然有灵一ヒ声响ヒ長ヒ有千百丈長天師喝声道咄何必這等長那顆松樹一声响一大大有百十圍之大天師又喝声道咄何必這等大那顆松樹長又長大又大好怕人也天師披着髮仗着劍喝声道咄你或是個人就現出個人来你或是個鬼就現出個鬼来你或是個物件就現出個物件来你或是護送我們就明白說我是護送你或是要求祭祀就明白說我要祭祀你或是負屈含冤就明白說我是負某屈含某冤要取某人命要報某人仇怎麽這等含珠不吐起人之疑天師這一席話說得有頭有緒不怕你甚麽人不聳听那顆松樹果然的有灵有

能大能小一声响一轂轆𨈆在水面上天師分付旗牌官仔細看来水面上𣲴着是個甚麽物件旗牌官叫復道是一条綜纜天師点一点頭說道原来是這個孽畜也敢如此無礼麽老爺道一条綜纜怎是個孽畜天師道元帥老爺你就忘懷了我和你當原日出門之時開船緊急吊下了一条綜纜今日中間成了氣候故此三番兩次变幻成形攔吾去路老爺道一条綜纜怎麽就有甚麽氣候天師道一粒粟能藏大千世界一莖草能成十萬雄兵何况一条綜纜乎元帥道既如此凡物都有氣候麽天師道此亦偶然耳不可常道猶未了那綜纜在船頭之下一声响劃劃剌剌就如天崩地塌一般天師惱起来提着七星宝劍喝声道咗你這孽畜還是得道成神還是失道失鬼快快的現將出来一声喝很

是一劍這一劍不至緊天師只指望斬妖縛邪那曉得是個脫胎換骨怎叫做脫胎換骨那条纜早已断做了三節断做了三節筆聿直站起来就是三個金甲天神頭上金頂圓帽身上金鎖子甲齊齊的朝着天師舉一手說道天師大人請了天師道你是何神敢與我行礼三個金甲天神齊齊的說道小神們已受上帝勑命在此為神只不曾遠知人王帝主故此在這裡伺候天師天師道你原是我船上一条綜纜怎麽上帝命你為神三個齊齊的說道原日委是一条綜纜在天師船上出身自從天師下海去後小神兄弟三人在這洋子江上福国澤民有大功于世故此上帝命我等為神天師道你只是一条綜纜怎麽又是兄弟三人三個齊齊的說道原本是一胞胎生下来却是三兄弟合之為一分之則為

三天師道你們既是為神尊姓大表三個齊齊的說道曰是綜纜得姓為宗曰是兄弟三人順序兒排着去故此就叫做宗一宗二宗三天師道上帝勑命為神是何官職三個齊齊的說道兄弟三個俱授舍人之職天師道原来是宗一舍人宗二舍人宗三舍人三個齊齊的說道便是天師道既是這等有名有姓的神道怎麽变幻撇閑宗一道無以自見借物捿神天師道尊神在江上有甚麽大功宗一舍人說道小神在金山脚下建立一功天師道甚麽一功舍人道金山脚下有一個老鼋這鼋却不是等閑之輩他原是真武老爺座下龜蛇二將交合而生者蛇父鼋母生下他来又不是個人形又不是個物形只是彈丸黑子之大一點血珠兒年深日久長成一個鼋貪着天下第一泉故此住在金山脚下前比

之時修行學好每听金山寺中的長老呼喚叫一声老鼋即時浮出水面上或投以饅首或投以菓食口受之而去呼之則来叱之則去寺僧以為戲具取笑諸貴官長者近来有五七十年學好千日不足學歹一日有餘動了滛殺之心每每的在江面上变成渡江小舸故意沉溺害人性命貪人血肉又或風雨晦冥之夜走上崖去变成美婦人迷惑良人家美少年百般变幻不可枚舉水府諸位神聖奏明玉帝要驅除他一時未便却是小神抖擻精神和他大殺了兆陣他有七七四十九变小神变变都拿住他却绕驅除了他驅除他却不除了這一害救多少人的性命得多少的安穩這却不是小神金山脚下建立一功天師道這是一功第二位舍人有甚麽大功宗二舍人說道小神在南京下新河草鞋夾建

立一功。天師道草鞋夾是甚麽功。舍人說道草鞋夾從古以來
個精怪。甚麽精怪原是秦始皇朝裡有個草亥着实會走路日行
千里夜行八百里。是秦始皇着他走遍東西南北。量度中國有多
少路程。他走到東海斷了草鞋子。就丢下一隻草鞋在南京下新
河。故此下新河有一所夾溝叫做草鞋夾。那草鞋在那夾溝之中
年深日久。嗡天地之戾気受日月之餘光。变成一個精怪。他這精
怪不上崖不变甚麽形相。耑一只在草鞋夾等待各盐船齐幇之
時。他也变成一隻盐船。和真的一般打扮一般粉餙。一般人物故
意的雜在幇裡。左一頭拳右一腦盖。把兩邉的船打沓了。他却就
中取事。利人財宝。貪人血肉。這等一個精怪害了多少人的性命
騙了多少人的財物。再沒有人知覺。水府諸位神聖都說道大明

皇帝當朝。宇宙一新之會。怎麽容得這等一個精怪在輦轂之下。
却共我弟兄計處商議要懲治于他。却是小神不自揣度和他大殺
一場。他雖然神通廣大变化無窮。終是邪不能勝正。假不能勝真
畢竟死在小神手裡。這如今草鞋夾大平無事。却不是小神建立
一功。天師道這也是一功。第三位舍人是甚麽功。宗三舍人說道
小神也就在南京上面螺砒山建立一功。天師道螺砒山是甚麽
功。舍人道螺砒原是一個小山獨立江心。砒上一穴約有千百丈
之深。穴裏面有一条老螺如蛟龙之状。那老螺出身又有些古怪
怎麽古怪。他原是西番一個波斯胡。南朝這宝行至江上悮吞一
珠。那顆珠在肚子裡發作。發作得波斯胡只是口渴只是要水喫
盆来盆盡。鉢来鉢盡。不足以充欲。叫兩個隨行者。擡到江边低着

頭就着水只說好喫一個飽。那曉得那個波斯胡喫飽了水一毂
轆滾到水裏去了。滾到水裡去不至付变成一個物件。說他像蛇
沒有這等鱗甲。說他像龍又沒有那付頭角。像蛇不是蛇。像龍不
是龍。原来就叫做螺螺。即蛟龍之類。故此那個磯頭得名為螺磯
螺性最毒。耑一在江上使風作浪。駕霧騰雲。上下商船甚不方便
是小神畧施小計。即時收服了他。放在穴裏雖不害他性命。却不
許他在外面維持。這如今洋子江心舟船穏載。這却不是小神一
功。天師道這是一功。三位舍人果然是除國之蠹。有護國之功。除
民之害。有澤民之功。上帝勑命為神理當如此。三位舍人齐說道
小神兄弟雖蒙上帝勑命。却不曾受知人王帝主。故此在這裏伺
候天師。相煩天師轉達。天師道三位既有此大功。貧道即當奏上

請回罷。三位說道既蒙天師之諾。小神兄弟奉承一帆風管教今
夜到南京。明早進朝復命。畢竟不知這一帆風果否何如。且听下
回分解

第九十九回

元帥鞠恭復朝命　元帥献上各寶貝

詩曰

將軍曾此譽時髦　唱凱英風拂錦袍　八表順時鶯雨露
四溟隨斂息波濤　手扶北極鴻圖永　雲捲長天聖日高
未會漢家青史上　韓彭何處有功劳

却說三位舍人說道既蒙天師之諾。小神兄弟們奉承一帆風管

說今日晚上到南京明早進朝復命道犹未了三位舍人一湧而去果真的時来風送滕王閣行了一夜船到了五更將近藍旗官報道大小宝船已経到了南京收住在下関草鞋夾一帶稟知二位元帥進城復命三宝老爺一躍而起說道今日却也到了南京這五七年間好擔心也即時傳令着大小將官收拾各国進貢礼物二位元帥賷了各国表章進朝復命未到午門上正是五更三點官裡陞殿文武班齊二位元帥領了大小將官丹墀之下揚塵舞蹈三呼萬歲萬歲爺見之龍顏大喜問說道去了多少年数元帥奏道永樂七年出門今是永樂十四年去了八年有餘萬歲爺問道征了多少国元帥道征过之国頗多一一有表文在此一一有進貢礼物在此萬歲爺道頭一国是甚麽国先念他表文一道

聖澤弘敷允荅懷柔之至意

夷風丕變恪共奉使之惟能

元帥道頭一国是金蓮宝象国取出表来黄門官宣讀

金蓮宝象国臣占巴的賴誠惶誠恐稽首頓首伏惟

皇帝陛下功超邃古位建大中衣裳垂而保合乾坤劍戟鑄而範圍區宇神武不殺人文化成廓明　明之德以臨御下民懷翼翼之心以昭事上帝至仁不傷于行葦大信爰及于淵魚故得天監孔彰帝臨有赫顯今古未聞之事保邦家大定之基竊念臣微類醯雞賤如芻狗世居夷落地遠華風壓荷烛幽曾无执贄今者竊覌兵仗普及遐陬限年屬于垂褕阻躬陳于王帛矧滄溟之曠絕在跋涉以稍难是敢欽倒赤心遙瞻丹闕任土作貢同螻蟻之慕羶委質事君比葵藿之向日臣無任激切屏營之至

万歲爺听罷說道夷狄之国頗知讀書来表雅馴未可輕易視他以後表文免宣讀元帥獻上進貢礼单黄門官宣讀金蓮宝象国進貢　宝母一枚　海鏡一双　大火珠四枚　汀水珠十枚　辟寒犀二根　象牙簟二床　吉貝布十疋　奇南香一箱　白鶴香一箱　千步草一箱　雞舌香一盤　海棗一盤　如何一盤　獻上万歲爺龍眼覌看万歲爺道海鏡似蚌蛤之形馬得此名元帥道其亮光可射日故得此名万歲爺又問道白鶴香是怎麼元帥道其香燒在炉中香烟結成一對一對的白鶴冲天故名白鶴香万歲爺道着黄門官燒来看黄門官接了香燒在御炉之中果然是香烟裡面結成白鶴之形成双作对冲天而起龙顏大悅滿朝文武百官那個不說道好宝貝万歲爺又問道那如何却

不過是個棗子之類怎得此名元帥道雖然其形類棗却九百年繞結実一度人生一世不曾見他開花如何不曾見他結実如何故名為如何

第二国賓童龙国元帥進上表文黄門官接着元帥献上進貢礼单黄門官宣讀賓童龙国進貢　龙眼杯一付　鳳尾扇二柄　珊瑚枕一對　奇南香帶一条　献上万歲爺龙眼覌看問道杯扇何如元帥奏道杯果是驪龙眼眶子廂成的扇果是鳳凰尾巴緝成的龙顏大喜

第三国罗斛国元帥進上表文黄門官接着元帥献上進貢礼单黄門官宣讀罗斛国進貢　白象一對　白獅子猫二十隻　白鼠二十隻　白龜二十個　羅斛香二箱　降真香二箱　沉速香各二箱　大風子油二十瓶　薔薇露十瓶　蘇木二十担　獻上萬歲爺龍眼覌看萬歲爺道白象着象奴兒厮養白猫白鼠俱無益之物可給賞各内使白龟放到御河之中不可傷他生命其餘的各歸職掌

第四國爪哇國元帥奏道爪哇國國王都馬板倔僵無禮曾戕殺我天使又經無故要殺我朝從者百七十人悪極罪大小臣不曾受他的進貢不曾受他的降表都馬板供下一紙狀詞供定親自前来朝貢元帥逓上供狀萬歲爺道不消供狀都馬板同着兩個頭目已先進朝償前死者金六萬兩又進貢黄金一萬兩朕却之赦勿問元帥復奏道都馬板無禮之甚必重治而後知儆萬歲爺道償死者金已知畏矣遠人知畏便罷不必深求滿朝文武百官

那個不說道堯仁如天舜德好生我皇上無愧條貫卽堯舜再生何以加此

第五國重伽羅國元帥奏道重迦羅国國小民貧又且不事詩書故此降表不具進貢不備止備鸚鵡一對其餘羚羊水棉椰子林酒海盐已經船上費用不存獻上鸚鵡萬歲爺龍眼覌看說道飛禽何補于用令縱之林藪任其自来自去更布告軍民人等知悉毋得持弓挾弾傷其生命滿朝文武百官那一個不說道萬歲爺恩及禽獸

第六國浡淋國元帥進上表文黄門官受表元帥奉上進貢禮单黄門官宣讀浡淋国進貢　神鹿一對　鶴頂鳥一對　火雞一對　琉璃瓶一對　珊瑚樹一對　崑崙奴一對　血結二匣

薔薇水二罈　金銀香二箱　膃肭臍五十　獻上萬歲爺龍眼
觀看萬歲爺道神鹿縱之紫金山鶴頂鳥縱之禁苑俱令自去火
雞發光祿寺使用崑崙奴有甚麽用元帥奏道崑崙奴能踏曲為
樂萬歲爺道發教坊司令勿深究其義血結何用元帥奏道血結
治傷聖藥萬歲爺道其賜大小將官有餘再給散各軍士滿朝文
武百官那一個不說道萬歲爺萬物咸若視民如傷
第七國女兒國元帥獻上表章黃門官接着元帥奏道女兒國〻
小民貧又且都是女身不致隣国貿易小臣不曾受他的進貢方
歲爺道今其有知足矣何必進貢
第八國滿剌伽國元帥奉上表章黃門官受表元帥奉上進貢礼
单黃門官宣讀滿剌伽国進貢　珎珠十枚　靉靆十枚　黃速

香十箱　花錫百担　黒猿二對　白鹿十隻　白麂十隻　紅
猴二對　火雞二十隻　波羅蜜二匣　做打麻二罈　茭蔁簟
二床　茭蔁酒十罈　獻上萬歲爺龍眼觀看萬歲爺道猿猴鹿
麂之類各隨其性縱之使去火雞仍發光祿寺做打麻是個甚麽
元帥奏道樹脂結成者夜點有光可代燈燭萬歲爺道勞民傷財
要他何用元帥奏道土儀不得不進萬歲爺道靉靆是個甚麽元
帥奏道眼鏡之類觀書可以助明萬歲爺道其賜左右入門辨事
老臣滿朝文武百官那個不說道萬歲爺不私所有真天地無私
氣象
第九國啞魯國元帥進上表章黃門官受表元帥奏道啞魯國〻
小民貧止有表章進貢不備伏乞萬歲爺憐察奉聖旨是

第十國阿魯国元帥奉上表章黃門官受表元帥奏道阿魯国〻
小民貧止有表章進貢不備伏乞萬歲爺憐察奉聖旨是
第十一國蘇門答剌國元帥奉上表章黃門官受表元帥奉上進
貢礼单黃門官開讀蘇門答剌国進貢　金麦三十斛　銀米三
十斛　水珠一雙　螺子黛十顆　琉璃瓶十對　象牙十枝
烏卵一雙　鵓鴿一雙　活脖蛇十条　名馬十疋　胡羊五十
竹鷄二百隻　五色番錦百端　紅絲千斤　駝毛褥子五
十床　番花簟五十床　錦襆百幅　金締壽帶五十条　銅帶
五十条　連環臂鉤五十付　薔薇水五十瓶　棟香　白龍腦
香　白越諾香　龍涎香　乳香　膃肭臍香　尋枝瓜　千年
棗　石榴　臭果　酸子　葡萄　美菓　礼物獻上龍眼觀看

萬歲爺道金粟銀米取之太多不傷於廉乎元帥奏道出其素所
有者非强而取之也萬歲爺道蛇雀之類仍前縱放毋遺名馬着
五府官領去雞羊發光祿寺廚官餘物貯庫支用
第十二国默伽国元帥奏道默伽国〻小民愚表章不具止貢上
金剛指環一對　摩勒金環一對　伏乞天恩容納奉聖旨是
第十三国孤兒国元帥奏道孤兒国〻小民愚表章不具止貢上
稍割牛一頭　龍腦香一箱　伏乞天恩容納萬歲爺道何為
稍割牛元帥奏道牛角長四尺十日一割〻不割則死人飲其血壽
可五百歲牛壽亦如之萬歲爺道其令都民廝養庶與民同壽滿
朝文武百官那個不說道人情莫不欲壽皇上壽之而不傷
第十四国勿斯里国元帥奏道勿斯里国〻小民愚表章不具止

貢上　火蚕緜一百担　伏乞聖恩鑒納萬歲爺道何為火蚕綿
元帥奏道本國有蚕虫名曰火蚕所吐絲極熱絮衣一襲止用一
兩稍多則熱氣逼人不可用萬歲爺道邊塞上正人苦寒其令給
散毋遺滿朝文武百官那個不說道挾纊之恩天高地厚
第十五國勿斯離国元帥奏道勿斯離国々小民愚表章不具止
貢上　奄摩勒十盤　波羅蜜五盤　伏乞聖恩鑒納萬歲爺道
奄摩勒是個甚麽元帥奏道味香酸甚佳奉聖旨所司收貯
第十六國吉慈尼國元帥奏道吉慈尼国々小民愚表章不具止
貢上　龍涎香五十斤　伏乞聖恩鑒納奉聖旨是
第十七國麻離拔國元帥奏道麻離拔国国　小民愚表章不具止
貢上　兜羅錦十疋　雜花番錦十疋　細布五十疋　伏乞聖

西盡流沙咸矢一心而貢篚

北尊拱極頓傾百拜以来王

恩鑒納奉聖旨是
第十八國黎伐國元帥奏道黎伐國國小民愚表章不具止貢上
白砂糖五担　吉貝一箱　賓鐵十担　伏乞聖恩鑒納奉聖
旨是
第十九國白達國元帥奏道白達國々小民愚表章不具止貢上
金錢二千　銀錢伍千　五色玉各五端　夜光璧五片　白
光琉璃鞍一副　伏乞聖恩鑒納聖上道小國焉有許多珠寶元
帥奏道國小民富故此有這些寶貝奉聖旨是
第二十国南浡里国元帥奉上表章黄門官受表元帥奉上進貢
礼单黄門官宣讀南浡里国進貢　後貌一隻　獻上萬歲爺龍
眼观看萬歲爺道這後貌還是自小兒收養的麽元帥奏道生七

日本開目睜眼之則易調習稍長則難萬歲爺道養他無用著令所司斷養毋戕害朕百姓滿朝文武百官那一個不說道我皇上仁民愛物自有科等

第二十一国撒髮国元帥奏道撒髮国君民人等習于不善又且該三年大難是国師收他到極樂国过了這五年故此不曾受他表章不曾受他礼物萬歲爺道這如今怎麽元帥奏道這如今已經放還本國萬歲爺道不致損傷麽元帥奏道極樂國中老有所終幼有所養農有餘粟女有餘布五年以前風調雨順五年以後国泰民安萬歲爺道夷人樂業便罷不必表章進貢滿朝文武百官那一個不說道我皇上如傷之念無問華夷真天地無私氣象

第二十二国錫蘭国元帥奏道錫蘭国王負固不賓惡極罪大小

臣未敢擅便鎖械国王來京伏候聖旨定奪聖旨道国王雖無道之甚鎖械來京已足褫其膽奪其魄其特赦之仍送四夷館同滿剌伽国王滿朝文武百官那一個不說道萬歲爺春育海涵天覆地載

第二十三国溜山国元帥奏上表章黃門官受表元帥奏上進貢礼单黃門官宣讀溜山国進貢　銀錢一萬個　海𧴩二十担　紅鴉呼十枚　青鴉呼十枚　青葉藍十枚　昔剌泥十枚　窟沒藍十枚　降真香十担　龍涎香五担　椰子杯盤一百副　絲嵌手巾一百条　織金手帕一百方　鮫魚乾一百担　獻上萬歲爺龍眼觀看萬歲爺道青葉藍是甚麽元帥奏道藍色寶面上有青柳紋故得此名万歲爺道昔剌泥窟沒藍是甚麽元帥奏

進但是寶石番名如此。奏聖旨各歸所司職掌。

第二十四國大葛蘭國。元帥奏道大葛蘭國々小民愚表章不具止貢上　金錢一百文　絲段五十疋　花布二百疋　青白花磁十担　胡椒十担　椰子二十担　獻上萬歲爺龍眼观看。萬歲爺道國小民愚。其勿傷彼之財。元帥奏道俱是土產。並無傷財等項。奏聖旨所司收掌。

第二十五國小葛蘭國元帥奏道小葛蘭国々小民愚表章不具止貢上　金錢一百文　銀錢五百文　黃牛十隻　青羊二十隻　胡椒十担　蘇木五十担　波羅蜜五百斤　麝香一百斤　獻上萬歲爺龍眼觀看。萬歲爺道黃牛高大有力。其給散附廓農家。青羊胡椒俱發光祿寺。蘇木發織染局。免征求之擾。餘者各歸

職掌。

第二十六國阿枝國元帥奏上降表黃門官受表元帥奏上進貢禮单黃門官宣讀阿枝國進貢　佛面塔圖一幅　菩提樹葉十張　舍利子一對　金錢一百文　銀錢一千五百文　珎珠四顆　珊瑚樹四枝　胡椒一百担　龍涎香五百斤　各色花布五百疋　蓬々頭一百担　獻上龍眼觀看。萬歲爺道蓬々頭是個甚麽元帥奏道果屬肉紅味甘夷人乹之以附遠萬歲爺道各國進貢禮多似覺勞民傷財。元帥奏道俱係各國土物。並無傷勞等情。奏聖旨是

第二十七國古俚國。元帥奏上表章。黃門官受表元帥奏上進貢禮单黃門官宣讀古俚國進貢　五色玉各五片　馬價珠一枚

金廂帶一条　草上飛一隻　黒驢一頭　胡錦百端　花蕋
布五百疋　芸輝十箱　献上龍眼觀看萬歲爺道草上飛怎麽
元帥奏道獸名。性最純善偏御象等悪獸見之卽伏于地乃獸中
之王。萬歲爺道好個獸中之王黒驢何用。元帥奏道日行千里善
聞虎一嘶而虎斃萬歲爺道無用日行千里其給驛遞厮養聽用
滿朝文武百官那一個不說道不用千里驢却千里馬之意
第二十八國金眼國元帥奉上表章黄門官受表元帥奏道金眼
國王性極愚頑全不達華夷之分小臣委曲開示他一番不曾受
他的進貢奉聖旨是
第二十九國吸葛剌國元帥奉上表章黄門官受表元帥奉上進
貢禮單黄門官宣讀吸葛剌國進貢　方美玉一塊　圓美玉一

塊　波羅婆步障一副　琉璃瓶一對　珊瑚樹二十枝　瑪瑙
石十塊　砗珠一斗　寶石一担　水晶石一百塊　紅錦百疋
花羅百疋　絨毯百床　畢伯一百疋　滿者提一百疋　沙
納巴一百疋　忻白勒搭黎納百疋　紗塌兒一百疋　名馬十
匹　槖駝一隻　花福禄一隻　獻上龍眼觀看萬歲爺道畢伯
以下四件是甚麽元帥奏道俱番布名色萬歲爺道名馬發兵部
官領給這個還有實用餘物雖珍貴却其實無裨于實用各歸所
司耽掌滿朝文武百官那一個不說道不貴異物如此。
第三十國木骨都東國第三十　國竹步國第三十二國卜剌哇
國元帥奏道三國共進上一封表章黄門官受表元帥奏道三國
共是一分進貢黄門官接单宣讀進貢　玉佛一尊　玉圭一對

玉琓一對　猫睛石二對　祖母禄二對　馬哈獸一對　花
福祿一對　獅子二對　金錢豹一對　犀牛角十根　象牙五
十根　龍涎香十箱　金錢二千文　銀錢伍千文　香稻米十
担　香菜十品　献上龍眼觀看萬歲爺道佛像不可褻瀆安奉
尭礁寺中住持奉祀馬哈福祿獅豹之類雖得之易其實厮養之
難今後不宜取他香稻給散老農貽種香菜給散老圃留種滿朝
文武百官那一個不說道安奉玉佛得敬鬼神而遠之道麽馬哈
福禄獅豹雖養防率獸食人之漸老農老圃留種有足民務本之
意後來香稻有種其粒最長其味最香至今進貢香菜各色不一
只一菜剖甕而出内庑外莆葱味爽失其名元帥命名甕菜至今
不絕。

第三十四國剌撒國元帥奉上表章黄門官受表元帥奉上進貢
禮单黄門官宣讀剌撒國進貢　鯨睛一雙　魴鬚二根　千里
駱駝一對　龍涎香四箱　乳香八箱　山水磁碗八對　人物
磁碗四對　花草磁碗四對　翎毛磁碗四對　献上龍眼觀看
聖上道這一國盡稀世之寶何以承當他的。元帥奏道這一国国
小民富且動必以禮奉聖旨是。
第三十五國祖法兒國元帥奉上表章黄門官受表元帥奉上進
貢禮单黄門官宣讀祖法兒国進貢　玉佛一尊　佛袈裟一襲
金錢豹十隻　福祿十隻　駝雞十隻　汗血馬二十匹　良
馬十匹　龍涎香十箱　乳香十箱　倘伽一千文　獻上龍眼
觀看奉聖旨玉佛安奉大報恩禪寺馬着兵部等官給散餘者各

歸所司職掌

第三十六國忽魯謨斯國元帥奉上表章黄門官受表。元帥奉上進貢礼单黄門官宣讀忽魯謨斯国進貢　獅子一對　麒麟一對　草上飛一對　福禄一對　馬哈獸一對　名馬五十匹　閘羊十隻　駝雞十隻　碧玉枕一對　碧玉盤一對　玉壺一對　玉盤盞十副　玉插瓶十副　玉八仙一對　玉美人一百　玉獅子一對　玉麒麟一對　玉螭虎十對　紅鴉呼三雙　青鴉呼三雙　黄鴉呼三雙　忽剌石十對　担把碧二十對　祖母剌二對　猫睛石二對　大顆珎珠五十枚　珊瑚樹十枝　一金箔　珠箔　神箔　蠟箔　水晶器皿　花毯　番絲手巾　十樣錦　毯羅　毯紗　撒哈剌　獻上龍眼觀看萬歲爺道

這一国何進貢之多。元帥奏道這國國富民稠通商貿易。故此進貢礼物頗多。万歲爺道怎麒麟都有。元帥奏道也是土産奉聖旨各歸所司職掌。

第三十七国銀服国元帥奏道銀服国王信任妖邪。抗拒天兵無道之甚。是国師不許他獨立為國止許他編户為民。故此不曾受他表章不曾受他進貢萬歲爺道甚易滅人之國絕人之祀。元帥道国師已經超度他白眼轉為黑眼受用不盡雖不称国上下相安富足如故奉聖旨罷

第三十八国阿丹国元帥奉上表章黄門官受表。元帥奉上進貢礼单黄門官宣讀阿丹国進貢　金廂寶地角二枚　金廂夫容冠四頂　金廂宝帶四条　遊仙枕一對　猫睛石二對　各色鴉呼各十枚　鴉鶻石一枚　蛇角二對　赤玻瓈一十　緑金睛一十　青珠十枚　珎珠百顆、玳瑁　瑪瑙　車渠　琉璃百副　琥珀盞五十副　金鎖百把　麒麟四隻　獅子四隻　千里駱駝二十隻　黑驢一隻　花福禄五對　金錢豹三對　白鹿十隻　白雉十隻　白鳩十隻　白駝雞二十隻　綿羊百隻　却塵獸一對　風母一對　紫檀百株　薔薇露百瓶　赤白塩各百担　羊刺蜜百桶　阿勃参十斛　菴羅十斛　石栗十斛　龍腦香十箱　鑌鐵百担　味嚕嚟一千　献上龍眼觀看聖上問說道怎麽後面這些国進貢愈多。元帥奏道往西去国極富民極淳故此進貢愈後愈盛萬歲爺道西方聖人于理亦有

第三十九国天方国元帥奉上表章黄門官受表元帥奉上進貢

礼单黄門官宣讀天方国進貢　天方圖一幅　四景畫四幅　夜光璧一端　上清珠一對　木難珠四顆、宝石百顆　珎珠百顆、珊瑚樹百枝　琥珀百塊　金剛五百　玻瓈十對　降真香百匣　唵八兒香十箱　麒麟一對　獅子一對　草上飛一對　駝雞五十隻　駱駝百隻　羚羊百隻　龍種羊十隻　却火雀一對　後猊一對　名馬五十匹　金滿伽一千　梨一千　桃一千　献上龍眼觀看不知喜否何如且听下回分解

〇〇

第百回

奉聖旨頒賞各官　奉聖旨建立祠廟

詩曰

皇華使者承天勅　宣布綸音往夷域　鯨舟吼浪滄溟
经涉洪濤渺無極　洪濤浩浩湧瓊波　犀由隱隱浮青螺
占城港口暫停憩　揚帆迅速来闍婆　闍婆遠隔中華地
天氣蒸人人物異　科頭跣足語侏儒　不習衣冠兼礼義
天書到處騰歡聲　蛮首酋長爭相迎　南金異宝遠馳名
褁恩慕義攄忠誠　闍婆又往西南去　三佛齐過臨五嶼
蘇門荅剌峙中流　海舶番商经此聚　自此分䑸往錫蘭
柯枝古俚連諸番　弱水南濱溜山谷　去路茫茫更險艱
欲投西域遥凝目　但見波光接天緑　舟人矯首混東西
惟指星辰力南北　忽魯謨斯近海傍　大宛未息通行商
曾聞博望使絕域　何如當代覃恩光　書生從役忘卑賤

恩溢百朋　清響發時搖地軸

珍藏什襲　榮光起處燭天文

使節三陪遊覽遍　高山巨浪皆曾覩　異寶奇珎今始見
俯仰堪輿無有垠　際天極地皆王臣　聖朝一統混華夏
曠古及今孰可倫　聖節勤劳恐遅暮　時值南風皆歸路
舟行巨海若遊龍　回首遐荒接烟霧　歸到京華覲紫宸
龍墀納拜皆奇珎　重瞳一顧天顏喜　爵禄均頒雨露新

却說元帥献上天方國進貢龍眼觀看問說道。天方国是甚麼地方元帥奏道天方國是西天盡頭路上小臣們心不肯服。勉強往前再進不覺得撞進酆都鬼國拜見閻羅天子有。閻羅天子送唐英等一枚臥獅王鎮紙寄國師一首四句詩。二事可証萬歲命道鬼國則非人世矣兵至於彼。大是异事元帥奏道仰伏天威。人鬼欽服自進貢之外還有太白金星献上兩顆夜明珠一顆在蜘蛛

肚裡那蜘蛛從帥字船上下来非人力所致。一顆在小軍李海腹
肚子裏面原是封夷山上所得。又非人力所為。去時有個天妃娘
娘天燈領路。来時有宗家三兄弟順風相送俱乞聖恩裁答萬歲
爺道傳国璽何如。元帥奏道杳無消息萬歲爺道此行諸將士勤
勞。天師國師扶助皇風宣暘西夷夷而慕華。莫大之益但越海泛
槎搜奇索異。不足為寶又且獅象之類每日食萬錢。非中人數十
口之費。不足給養謂緩急何着所司。一切不可馴伏之物置之牧
養之所毋令傷人。一切飛走之類縱之開曠之地。容其自去一切
有用之物。給散各司候用一切珎寶。藏之内帑各該部知道滿朝
文武百官相率上表称賀。奉聖旨免賀。各該部議功叙賞来說到
了明日兵部一本為議功順賞事。細將征西員役功勞。逐一開揭

請旨定奪。奉聖旨征西大而帥鄭ム進三級。蟒衣玉帶。仍掌司禮
監事。金銀彩帛之類分數上等。副元帥王ム進柱國。太傅蔭一子
中書舍人。金銀彩帛之類分数上等。五營大都督。四哨副都督。各
陞三級。金銀綵帛有差。各遊擊叅將都司。各水軍各都督各陞二
級。金銀彩帛有差。黃鳳仙封二品夫人。金銀彩帛有差。王明李海
俱實授指揮使。金銀彩帛有差各各一應大小将官一應大小軍
士各各欽賞有差。帶来夷人等另行欽賞。不在數内擇日慾宴征
西大小將官大小軍士宴罷二位元帥叩頭謝恩交還師印五營
四哨叩頭謝恩交還都督印。各遊擊叅將都司。各水軍都督。各叩
頭謝恩。交還各原所授印。凡有印信。及大小關防。一切繳報聖旨
一道着禮部會議加国師官職國師拜辭不受加。天師官職天師

拜辭不受頒賞國師國師拜辭不受頒賞天師。天師拜辭不受頒
賞非幻禪師。雲谷禪師非幻雲谷拜辭不受頒賞朝天宫道官道
士及神楽觀樂舞生。道官道士楽舞生拜辭不受。奉聖旨国師不
受官職。着工部擇地建立碧峰禪寺。以永祀事天師不加官職。着
所在有司。于龍虎山別建玉皇閣。一座以永祀事。大元帥勤勞着
工部擇地建立香火。勅賜靜海禪寺。扁額副元帥勤勞。着有司官
別立生祠。以示来裔国師天師二位元帥俱各叩頭謝恩。二位元
帥上言請勅建天妃宮。宗家三兄弟廟。白鱔王廟以昭灵貺奉聖
旨是後来靜海禪寺建于儀鳳門外。天妃宮宗三廟白鱔廟俱建
于龍江之上。碧峰寺建于聚寶門外。靜海寺有篇重修碑可証。天
妃宫有篇御製碑。及重修記可証。碧峰寺有篇非幻菴香火記可
証

建靜海禪寺重修記

通議大夫資治尹南京禮部右侍郎豐城楊廉撰文
嘉議大夫資治尹南京禮部右侍郎泰和羅欽順書丹
資德大夫正治上卿叅贊機務南京兵部尚書泰原喬宇篆
額

南京儀鳳門外御子山之陽有靜海寺焉𢚩創歲深蠹壞日
甚守備太監黄公偉謂是不可以不葺劉郎謂失今不葺後
愈難為高公隆贊决之芮公景賢劉公琛董公文崔公安皆
深然之乃以内使楊君寬專其任君公浮屠故事費出募緣
經營三載厥功告僝于是撓析者加杚固矣傾圮者加崢嵘
矣慢忠者加鮮明矣凡為殿四堂六亭亦四若門若閣若樓
若廊以間計則四十云鄉人七得于縱觀
者莫不駭且嘆焉未几守備成國朱公輔西寧侯宋公愷
偕七公以視城故登覽一週下集于靜海焉𩆜以署篆各官
亦從其後丹盈刻桷大厦深簷坐愛久之有不忍去者既而
黄公屬廉為記且謂求樂間太監鄭公和輩嘗奉
使航海往來于粘天無壁之間曾未覩夫連山排室之險
仁宗皇帝勅建此寺而曰以名焉董以
太宗皇帝聖德廣被薄海内外焉耳昔成周之時越裳氏重三譯
而獻白雉以受命曰之黄耇天無烈風滛同海不揚波三年
意者中國有聖人茲異也雖窮海之國能知之而實中庸致
和天地位萬物育之理也即是而觀則當時楊侯效靈焉
助順其視成周之盛何異哉今七公主謀皆同而楊君果終
其事其所以望
今日之治近則如永樂洪熙之時遠則如有周成康之世之意
不淺矣雖然靜修劉夢吉記高氏園以成毀代謝二者相因
為氣机之使然以前者既不為焉後者復不為焉則天地間
皆化為草莽之區而斯人安得遂遊觀之樂是又一論也寺
于諸公豈特如高氏園之于遊人而已哉頃年視城必至于
此一時之逸可以消一日之勞豈特如高氏園之于遊人而
已哉至于作善降祥古有明訓福田利益宜非所計也固併
及之以復
正德十四年歲次己卯夏四月上浣

御製弘仁普濟天妃宮之碑

仰惟

皇考太祖高皇帝肇域四海幅員之廣際天所覆極地所載咸入
版章懷柔神人咸明循職各得其序朕承鴻基勉紹先志罔
敢或怠撫輯內外悉俾生遂夙夜兢惕惟恐弗逮恒遣貫敷
宣教化于海外諸番国導以禮義變其夷習其初使者涉浩
洋繼浩渺颶風黑雨晦冥黯慘雷電交作洪濤巨浪摧山倒
嶽魚龍変怪詭形異狀紛雜出沒驚心駭目莫不錯愕乃有
神人飄飄雲際隱顯輝霍上下左右乍有忽無以妥以侑旋
有紅光如日熖熖流動飛来舟中凝煇騰燿偏燭諸舟熇熇
有聲已而烟霞霾霧風浪恬息海波澄鏡萬里一碧龍魚伏

藏百怪潛匿張帆溫舶倏然順適倏忽千里雲駛星疾咸曰
此天妃神顯示灵應默加祐相歸日以聞朕乃績特加號曰
護国庇民妙灵昭應弘仁普濟天妃建廟于都城之外龍江
之上祀神報貺自是以来神益顯休應視前有赫凡使者及
諸国朝貢繹重而来者海泊還往駕長風駁飛帆驀數千里
若履平地略無波濤憂險之虞歌吟恬嬉咸護安濟或膠於
淺胃入險阻則陵徙日移若無関闔奇灵實効莫可殫紀今
夫江湖之間以環海視之如地超之多猛風急浪當有掀檣
破舟之患而況于臨無涯不測之巨漫也哉然神之功於是
為大矣雖然君国子民其任在朕而衛国庇民必賴于神陰
陽表裏自然之道海瀆渤澥神之攸司凡風霆雨露寒暑澡
濕調燮惟宜易傷為祥奠危為安剷險為夷皆神之能其可
無文以著其蹟爰書其事建碑于宮并係以詩曰

湄州神人濯厥灵　朝遊玄圃暮蓬瀛　扶危濟弱俾屯亨
呼之即應禱即聆　上帝有命司滄溟　驅役百怪降魔精
橐括風雨雹雷霆　時其發泄執其衡　洪濤巨浪帖不驚
坡空若履平地行　雕題卉服此天氓　梯杭萬国悉来廷
神俾佑之功溥弘　陰翊默衛何昭明　寢国巍巍高外門
報祀蠲潔勝苾馨　神之来兮佩瓏玲　駕飈車兮旖霓旌
雲為宸兮霧為屏　灵繽繽兮倏而昇　視下方兮福萬生
民安樂兮神攸明　海波不興天下平　于千萬世揚休聲

神假居歆頤錫嘉祥綿四序

禮崇大報直教曠典重千年

御製弘仁普濟天妃宮重修題名碑記

古之聖王道俾天地德洽生民舟車所至人力所通無思而不服恭惟
太祖高皇帝混一寰宇際天極海罔不賓服百神昭格此誠萬古超然而一見者也
太宗文皇帝繼承聖業於昭洪休敷宣教化罔敢或怠而使者奉使外番用宣懷遠人敷宣教化務使遐邇同風萬邦率服也
聖神文武之盛亦天地同仁之至德也然而使者涉海汪洋浩渺使其平風靜浪頃刻無際其或颶風作浪摧山倒嶽魚龍變詭紛雜出沒驚心駭目罔不變異竭誠傾倒乃有神人飄飆雲際紅光映日飛來舟中頃刻寧妥賴以得生使回敷奏
上心嘉悅特加封號曰護國妙灵昭應弘仁普濟天妃之神歲遣南京太常寺諭祭二壇乃建宮于都城之外龍江之上衆百里間舟航之往來居民之輳集雨晹之衍期心之所欲傾誠啟禱罔不受應人之信慕古今一致于是乎本宮之外又有三清殿玉皇閣各隨其力之所及極其莊嚴金碧交映煥然天設奈何歲月弥遠風雨侵蕩日見陵夷見者無不傷嘆然労有逮不敢承載
欽差守備南京司禮監太監劉公瑯徃而見之感
聖恩之宏深憫前今之至意于是罄竭囊貲以修理之然而一時同寅內守備太監黃公儲高公隆內公景貸董公文崔公安外守備戎掌南京中軍都督府事太子太傅成国公朱公輔協同守備掌南京右軍都督府事西寧侯宋公愷參贊机務南京兵部喬公宇協力贊助之功又僉以督理難乎其人而遴選于衆乃得南京內官監太監王君興公勤慎節品民有方又且典司龍江關事往來不防于公務于是乎特委任焉君至而相理之掄材命工成得其宜傾敗者正之残缺者補之朽軸者新之而一時煥然若天宮前後殿宇房屋廊廡碑亭門楼共七十九間座週圍四外墻垣計三百八十一丈餘肇工于正統十二年十二月十九日畢工于次年十月十九日其成工信乎神速矣然琳宮仙館歷百餘年之久一旦上舊即新偶然之故耶是故有黙相之者矣然劉公潛心期道務欲以清靜化民而体玄遠之教也歷事中外五十餘年荷

列聖之眷遇典留鑰氏懷其德豈欲藉此以資後福者哉蓋欲
上休
祖宗天地司化之心以使斷世咸育乎四海同春之樂也今茲
成功凡其同心協力者紀其姓名勒之堅珉以垂不朽使百
世之下人之覽感繼其餘著于不朽其功德之所存數計而
燭照斯須不爽烏可惑耶匪直以文字紀述事功而已爾
正德十三年八月既望
賜進士出身工部都水司主事建業黄謙撰文書丹篆額

非幻菴香火聖像記

梵宇菴所創業之難豈易得哉須宿培德厚因緣感天龍外
護方可作為亦在乎立練操志之勤財力之備苟缺其一欲
求其成未之有也剏業既成苟無後人傳受其業篤守先規
則至一世二世多替者屢屢有之既有後人當垂家
訓令其確守第代相承傳之綿遠庶幾歷世之功益垂久遠
城南之梵刹同碧峰山麓之巔菴曰非幻乃前僧録之闡教
翁無涯永禅師昔主斯山構室所寓自是以名且天地萬物
佛与衆生亦皆幻也由是觀之則何一物而非幻也耶其徒
孫廣縁往持謐無為者曰不然菴名非幻蓋祖立意知生是
非知身是幻依如幻境發如幻智作如幻佛事住如幻三昧
以幻修幻幻亦不立故名非幻此合于理也予今請文為記
且論于事奚不可哉切思師祖出三衢之授記道學益精地
理益明永樂下郊間
太宗文皇帝詔至稱
旨宅性學窮陰陽風水遂更衣以擢用時有太監鄭和等叅礼覲
灸求决心要企仰至矣後事訖復本職主茲山復主靈谷寺
而廷化之是菴所由作也有師牧菴譲公繼之至宣德改元
師主牛頭時靈監公深契往謁覽兜率崖辟支佛洞㵱然有
感乃伐不鳩林復崇棟宇像設起人之瞻敬嘗謂師曰吾曰
經西洋番邦諸國其往返叨安感戴
聖上彤天之訶護出已緡命工鑄金銅像一十二軀雕桩羅漢大

十八位併古銅爐瓶及鍾磬樂師灯供具等今安于宅尚慮
後之之人崇詩逮吾西洋回還俱送小碧峰退居供奉以為
永遠香火旦夕焚修冬有暖床送尔安寢不至纖毫有失及
擅移他處所以言者有深旨乱蓋其遺囑有本族户矦鄭均
曰義有姪曰珩皆目擊耳聞乎不期宣德庚戌欽承
上命前往西洋至癸丑歲卒于古里国有師宗謙感慕袁日惠用
以追悼節次率領孫徒若干衆數詣宅建齋薦度宣德乙卯公
户矦曰義姪曰珩德與同先太監公共下西洋楊公惠泉袁
公普性黄公宗深杜公普明高公定住衆同計議不違先大
監公日前遺囑之言及將前項聖像若爐瓶鍾磬灯床畫皆
送付碧峰之退居供奉以滿太監公生前之願崇祈冥福追

悼神魂超濟淨界次與福址蔭庇生存有森徒司設監太監
劉公福办來公宗震宣德己酉同中貴常公宗惠武公宗瀾
及衆官等懸慕祖意各出己資盡心竭力重建退居殿宇若
干楹舉目宏麗尺亢大方及印造藏經仍置其龕函供桌供器
復建影堂塑粧師祖真容瞻奉及剃度門僧于中旦夕焚修
以圖報
聖主大恩師資厚德及其父母宗親俱霑助利俾若見若聞贊嘆
則福德無量無邊豈可言以天順改元八月初旬太監公為
不蔽懐證等曰吾今老矣尔等信吾囑言且菴所成始䂨惟
艱吾等慕于非幻師與建是所尔師亦具福德紹承斯業建
今尔等各各皆枆祖蔭安武先踪吾今恐後之居者漫不省

攷湮明前人之光有負吾等之念乃録其事用勒于石以
悠久繼志使其後之居者不得不盡心焉
天順元年歲次丁丑秋八月十五日中澣
二十卷終

圖書在版編目（CIP）數據

海上絲綢之路文獻集成. 歷代史籍編. 第四輯. 第四卷 / 范金民主編. --福州：福建人民出版社，2023.8
ISBN 978-7-211-09067-9

Ⅰ. ①海… Ⅱ. ①范… Ⅲ. ①海上運輸-絲綢之路-史料-彙編 Ⅳ. ①K203

中國國家版本館CIP數據核字（2023）第072987號

審圖號　GS（2022）4637號
本書有關內容和地圖僅代表作者個人觀點，不代表官方立場。

海上絲綢之路文獻集成・歷代史籍編（第四輯 第四卷）

主　　編　范金民
責任編輯　連天雄
美術編輯　白　玫
出版發行　福建人民出版社
電　　話　0591-87533169（發行部）
電子郵箱　fjpph7221@126.com
地　　址　福建省福州市東水路 76 號
經　　銷　福建新華發行（集團）有限責任公司
印刷裝訂　上海盛通時代印刷有限公司
地　　址　上海市金山區廣業路 568 號
電　　話　021-37910000
開　　本　787 毫米 ×1092 毫米　1/16
印　　張　344
版　　次　2023 年 8 月第 1 版第 1 次印刷
書　　號　ISBN 978-7-211-09067-9
定　　價　4400.00 元（共 11 册）

国家出版基金项目
NATIONAL PUBLICATION FOUNDATION

海上絲綢之路文獻集成

總主編 陳支平 陳春聲

歷代史籍編

139

主編 范金民

海峽出版發行集團
THE STRAITS PUBLISHING & DISTRIBUTING GROUP
福建人民出版社

本册目次

〔民國〕石碼鎮志十一卷

林鳳聲纂

［民國］《石碼鎮志》十一卷，林鳳聲纂。鳳聲字擇三，福建龍溪（今屬漳州）人。石碼地處閩南九龍江入海口，明宣德間爲鄉，嘉靖初分龍溪十一都建石碼鎮，今屬漳州市龍海區。是志凡十一卷，地理第一，記建置沿革、星野、疆界、街巷、鄉社、形勝、山川、古蹟等。規制第二，記鎮城、堡寨、公署、營汛、水利、户口。民俗第三，記碼俗歲時、雜俗、氣候謡、晴雨占。賦役第四，記田賦、賦額、廉俸、津貼。學校第五，記書院、學堂。典禮第六，記祠廟。武備第七，記兵制、兵事、駐防。職官第八，記駐官沿革、歷官等。選舉第九，記選舉、議員。人品、方外、祥異、著書、節孝、藝文第十。藝文第十一。所收修造諸橋碑記，猶見其地中外貿易之遺痕，據福建省圖書館藏民國間抄本影印。

石碼鎮志

地理第一

長沙彭祖壽鑒定

石溪林鳳聲撰　三氏重編

建置沿革

石碼原名石溪（在郡治東南四十里）明宣德间为鄉人競渡聚處故曰錦江弘治戊申改元置錦江埠嘉靖旁分龍溪十一都建石碼鎮（按十一都宋屬始安鄉惠恩里）先是郡人士以地當海潮上下激湧乃沿江累石築十二礄障之因名石碼大宗伯林公士章設市编千字文署號劃分上下碼（公一名崇章浦人嘉靖己未進士官至南京礼部尚書卒年七十有七歲）萬曆間大司馬戴公燿湲營新市以移盧沈埠頭（公字德輝長泰人隆慶戊辰進士官至大司馬）國朝順治初鎮民更填江增建外市舟車雲集居民夥焉九年正月鄭成功大举入漳碼適當其衝十八年九月又遷沿海居民鎮境遂成廢土（先是郡守房星燁降鄭逃歸使其弟星耀上言海賊皆從边取餉使空其土而徙其人寸板不下海則賊無食而自遁矣至是沿海地令遷居他處而撥兵以守之）康熙元年築石碼城調水師駐防之廿二年海宇肅清散者復聚始漸恢舊四十八年陸路提督藍公理於下碼江滸隄沙堰石闢新行市孔道通衢鎮境益盛五十九年移柳營司駐焉乾隆八年改置石碼廳（先是大府以石碼鎮為繁庶之區奸宄易生雀角輒起非巡檢所能彈壓請改駐通判以資治理報可乃裁司而置廳焉）鎮境遂為廳治而屬仍之（宣統三年分石碼為龍溪縣之第六區）民國二年鎮民請改建石碼縣已実行会同劃界駐委籌备旋值減政而止四年改設縣佐大類清初駐司故事然碼鎮自同光以降商务户口日益繁與治江新市頻增靡已撫今較昔非復啓疆時景象矣

星野

閩漳古揚州之域天文牛女分野按魏太史令陳卓列州郡星野會稽入牛一度臨淮入女四度廣陵入牛八度泗水入女一度晋安入女六度漳故閩地屬会稽其入牛一度无疑但以揚州之地而有會稽會稽之中而有閩閩之中而有漳漳則今而拆之而有石碼其中當有辯焉今按清朝時憲書牛七度四十一分女十一度三十九分逐里差歲差裒之漳州龍溪漳浦長春海澄四邑实聯牛六度四分之一石碼宜依郡邑配度儒者略觀大意謂星之為分以精气相屬不拘繫方隅遂孜天道难測然察王圻之言封域有分星千八百國各有所屬解此則石鎮之星野可推矣

三

星野辨疑

考邑志謂郡志以龍溪漳浦海澄長泰四縣屬牛六度四分之一南靖詔安平和諸縣屬女七度七分之三考鄭宗疆星經每星一度轄地千四百六十里有奇今南靖平和諸邑相去或百里而南靖即龍溪漳浦分地乃歷牛及女越八度有奇不应若是之遼闊也古淡以星察州以星之度察郡邑先儒謂其書已亡郡國所入度非古數信然

郡志紀遺云前志以漳之溪浦澄泰四縣实屬牛六度四分之一其靖和安三邑实屬女七度七分之三謂今日簡平規圖記可考按梅文鼎歷学疑问详論地圓可信云南行二百五十里則南星多見一度而北極低一度北行二百五十里則北極高一度而南星少見一度以星度应地二百五十里漳郡疆域廣袤相去匪遠者莫若詔安亦在三百里之内不得云與龍溪分星越八度有奇若是之遼闊總之分星之說未可尽信古人約畧言之亦大段不的確

四

疆界

石碼廳治鎮市之外各鄉皆兼轄處所陸程東至角尾埈西至同第鄉南至嶽嶺北至東美街東南廣六十五里南北袤三十六里水程上起鎮门下至海澄之戴厝碼計一十五里而兼轄龍溪海澄南靖長泰四邑海防

按石碼廳原司粮捕二務乾隆五十四年奉憲題准粮捕職銜改帰雲霄廳海防戢銜改帰石碼廳嗣後溪澄靖泰四邑洋面失事開參有兼轄處分之責飭行四縣知照在案

宣统二年实行立憲石碼為龍溪縣第六區創設鎮自治会其區域則尽有十一都及二十八都之滸茂烏礁二洲之地呈報在案

按邑志十一都统圖十三轄保八曰石碼曰鄭𡊮高曰方碩曰王平曰吳真曰鄭周林曰王五倫曰高許林二十八都圖九轄保五曰烏礁曰滸茂曰太平曰澳頭曰劉瑞除烏礁滸茂二保屬石碼鎮自治區域外其太平等三保則屬於石角東自治區域詳見於自治案冊

街市

上碼廟前街
五穀街
包仔街
直扶街 俗呼冉港街
内鑄錕巷街
安懷街
橋頂街
北港街 俗呼大港墘
鎮城東门街
城内街
仙庵前街
石跍仔街 古称鰲冠
長明街
下碼廟前街
古街
綿仔街
湯盤街
沐澤街 俗呼木屐
馬公爺街 古有今庙廢

布街
茶料街
廟後街
龍河街
糖街
仁和街
蓬萊街 俗呼麵粂街
登瀛街
西门街
上西湖街
新街亭街
石橋頭街
龍樹王街
大碗街
天河街
磁仔街
榕梧街 俗呼营和
位占頭街
三兵街

肉街
米街
太和街
八仙街
龍腹街
橋内街
南港街
篾龍街
水门街
下西湖街
王爺前街
甘棠前街
打石街 古称溪边社
小碗街
勳街
鴻漸街
新興街
煙河街
打鉄街

漆街
書荣街 俗呼書前
龍興街
澗仔街
玉簪街
內市街
玉田街
銅鞍馬街
西湖溪口街 新增
春藹菱口街 新增
獅頭仔街
田尾街
五板橋市
魚仔市 前在大宮前
菜市 前在相公廟今為公園
燈市 前在下碼廟前
琵琶仔街 補遺
三府前街 古称大港 補遺

埕巷

大埕 古称北岸今之柴市

新行街
竹棚街
祥福街
祖宮前街
總爺街
外市街
龍田街
後街
海關後街 新增
宛南亭前街
行後街
木屐汎口街
大碼頭市
蟶仔市 仝上
衣市
新市 在祖田厝口今廢為公路
龍門街 補遺
郭厝埕

大宮前街
福壽街
打繚街
龍聚街
杉行街
藍田街
集蝦街
紙街 俗呼紙街仔內在後街下截
錫河碼街 新增
車仔路頭街
龍海橋街
沙埭內街
米市 前在祖宮前今移在南台廟
鹽魚市
柴市 在大埕或呼為茅仔市
鴨市 在沙埭內
王爺後街 補遺
李厝埕

七

方厝埕
訓義埕
蠘壳埕
小李厝埕
小石埕 在郭厝埕前
嚴厝巷
許厝巷
大巷
十二間巷
春藹巷
打銀巷
小田厝巷
甘棠巷 在甘棠廟邊
燒灰巷 媽祖宮邊
嘉字巷
豆付巷
桂花巷

間厝

大六間
十六間

錦水埕
湧川埕
太保公埕
梧桐埕
箭道埕
蔡厝巷
丁百巷
姚厝巷
蝦美巷
拖竹巷
土地公巷
書巷
道義巷
大宮巷
無底巷
剖牛巷
小六間
糞間 古名訓往

三芳埕
王爺前石埕
下埕
蕃芝埕
磚仔埕
何厝巷
古双第巷
蝦巷
挑水巷
外鑄錫巷
大田厝巷
水仙王巷
安懷巷 在外市
祖宮巷
仁義巷
王公巷
十二間

八

祖田厝　大田厝　小田厝
新田厝　美田厝　莘美田厝
姚厝　許厝　杉排尾
東郊尾　下碼尾俗呼下仔尾
下墩仔尾今改良公园　新洲仔尾　塢仔内
城仔角　田仔墘　河仔墘
蔡港与磚埕比連　利济通衢港与新街亭毗連　大港即今三府前
後港
霞庵　田裏厝　渠庵
聚公庵

南臺廟　相公廟廟廢改良公园
媽祖宫前之帮盐館建築今廢　晏海宫恭祀媽祖今廢　陽春宫
鎮安宫在銅鼓馬　鰲西宫

石鎮五御社

鴻團社俗呼内社　登第社　平林社俗呼林边
鰲西社俗呼西頭　塔溪社俗稱溪邊

古鄉附誌

公地社即今霞庵　許厝社即今許厝　東魯社即今东路
沙埭社即今沙埭内　東郊社即今玉田街並蛾壳埕一帶　訓徑社
溪邊社即今之打石街　田裏庵社　田中路社

北岈社即今南台廟　龍樓社即今泥樓社　港口社即今之港口
港岸社

石鎮八景

五福禪鐘又名北岈間鐘　沙埭蛙鼓　東郊步月
北岈含煙　雙橋織雨　柳店迎風
錦水帰帆　江城聞笛

坊表

父子中丞坊在鎮之布街明某年月為都御史蔡宏安蔡德流立已廢

節孝坊一在錦繡西社清乾隆十一年為儒士蔡進琪妻陳氏立

一在鎮西聶揚清乾隆十三年為儒士陳継灼妻黄氏立

而邑誌作乾隆二十七年誤現尚存

春宫翼德坊在翠林社明為王府紀善鄭深道立

亞科進士方伯坊明為布政使司林同立

二代榮褒坊為明都御史吳祥吳章守立

文英坊為明舉人鄭茂立

進士坊為刑部郎中張锝立

誥旌坊在京山彭港隆慶三年軍門涂澤民為元義士蕭景懋重建

覃恩崇祀坊在鎮門南為孝子邱子斛立

登第坊在東坑社為舉人黄建立

旌孝坊在鎮門南為孝子邱永彰立

節孝坊一為增生鄭元楨妻陳氏立

一為邱倚炳妻蕭氏立

一為庠生鄭元勲妻楊氏立

一為鄭鍾戠妻方氏立

烈女坊為庠生黄元陽女二姐立

烈婦坊為鄭理年妻周氏立

十一

以上各坊均存

登科坊為林福立

亞科坊為林鈞立

節孝天成坊為庠生楊炳妻盧氏立

恩寵坊為舉人吳昇立

以上各坊均廢

墓附

經畧使連南夫墓在十一都秀山俗名龜山

太傅鄭深道墓在金榜山正統間豎坊立祠于墳前

義士蕭景懋墓在十一都文山

主事林弼墓在郡西石碣平林社人

方伯林同墓在十一都雲山

中丞蔡文墓在璞埔萬曆間賜葬

司馬吳焉墓在橡林埔萬曆間賜葬

十二

潭河池附

楊厝潭在陽春宫前　嚴厝潭在嚴厝巷内居民填築已侵过半
李厝潭在大李厝埕　張家潭在廟後街民居之内現被侵築殆尽
東门潭在鎮城東门外　洪厝潭在新田厝街後　市潭一名中潭

右乃石鎮七星潭与备載於縣志按府志謂十一都有二潭曰七星潭曰下墩尾大潭非也七星乃七潭之總名而下墩尾大潭之外尚有日鏡潭此在霞庵真武帝庵後邑志闕焉特補而称之

天河　四角河俱載縣志　曲池
瑶池俗訛為姚池非也在北埒之北

洋埒

新洲後洋埒　五埭洋埒　新洲鎮東洲埒
港尾庵後埒　紫泥洲埒　福河白蓮墻埒
紫陽洲洋埒　此外尚有文山洋埒西洋埒高洲洋埒險橋洋埒碧水亭前洋埒程塗洋岸官洲洋埒俱恭載於縣府志皆十一都之轄

十三

橋梁

龍海橋為溪澄两邑交通要道前明架木梁以濟行旅康熙四十年里人鄭之惠等如易以石長一百五十尺廣五尺有半護以石檷縻金錢四十餘萬乾隆間刑部陳文芳重脩之大學士蔡新為之記

港口橋在鎮東郊之外為汛防要隘溪澄通衢其興不知始於何時齒牢而版固乃啓年既久牢者傾而固者塌矣雍正四年里人高遠志等募脩之較前制而更牢固進士鄭溥為之記

翁厝橋距碼可里許為各鄉往來衝要其始不知建於何代然自昔視之岌岌欲倒而今殊无恙聞故老相傳是橋曾經罗隱讖過曰此橋要倒虽要倒再造去此好故至今婦稚猶傳誦不已按吾閩遇稍怪異难解之事輙曰羅隱秀才讖過其然豈其然乎

西门登瀛橋　新街橋　柳营橋在王爺前
蓬萊橋在蓬萊街头　濯錦橋　石橋頭橋
美田橋　棚尾橋　宛南亭前橋
方厝埕橋　塔溪陳家橋　関帝庙後橋
平林龟背橋　福勝橋在朱子祠後

以上採鎮舊志列入按縣志十一都南溪昔從文山南數十折至石碼山北一水細流直下近因洪水嚙坼遂成巨浸南溪僅通舟楫而已現之險橋正當山南自觀音院前橋　鉄沙橋　象山橋

十四

打竹橋　官洲橋　高厝橋　東山橋　翠林橋　陡门頭橋

雲梯橋　盧沈橋　港口橋　龍海橋昔人為橋十二後加增鉄

沙象山二橋是酌遠近之宜鄉人便之

碼頭

新洲大碼　銅鞍碼　西湖亭碼

錫鞍碼　大碼頭　蔡港碼

車仔路頭　大宮前碼　龍海橋碼

新行碼　客川碼

津渡

浦頭渡　新橋渡　碧湖渡　鎮门渡

十五

長洲渡　福河渡　高庵渡　翰林渡

東溪渡　郭坑渡　天寶渡　山城渡

古逢渡　水頭渡　蓬萊渡　馬崎渡

澚頭渡　石美渡　南门渡　海滄渡

浮宮渡　豐田渡　青浦渡　玉洲渡

白石渡　黄枣渡　官潯渡　角美渡

金山渡　穿山渡　浦南渡　海澄渡

西溪渡　北溪渡　南溪渡　厦门渡

漳州渡　石畬頭渡　客川碼渡　白水营渡

港尾壇渡

自内河行駛小輪之後而厦门渡皆為运貨之用

搭客無一過问者矣

十六

形勝

石鎮衍脉鳧峰（一名魚鞍）挺嫳第三十里（一名同第，以唐周匡物讀書于此，與兄匡業俱登第，故名同第，在十一都）蜿蟺東赴，回布蕨舒，若翔若舞，趋於鎮市，屏枕紫雲、岩山、獄嶺，以大江為襟帶，烏礁、紫泥、滸茂三洲榜列，松阁石峽擁翼上流，圭嶼海门廻環左拱，為咽喉，為保障，形勝渾雄，一郡巨鎮。形象家謂鎮域若浮筏，樓泊江上，更得三洲羅衛於旁，乃艦之有碇，山川鞏固，允稱福地，安砌廣長相稱，歷後必盛云。

山川

鎮境少名山巨川，據上流橫亘於鎮门左右者有犀象二山（郡志：西溪水口在鎮门東，以犀山、象山屏峙，俗称為獅山），為漳郡之门戶，即廳縣水程分轄處也。其他各鄉土山如釜如豆，不可勝紀，尚著名者莫如鳧翠（俗称魚翠，為鎮境望山，其麓有玉石岩，南有玉泉岩，在烏）、龍滁（有龍潭，飛泉百尺，直瀉而下，潭前有龍祠，每值旱災，鄉人禱雨，每至多應）、文山（一名觀音山，宋子守淳時愛其山水清秀，故改文山，山半有觀瀾書院，廢之久矣，而有清風館、三賢祠，在烏）、名第（唐時周匡物与兄匡業讀書于此，俱登第，故又名同第，山麓有二周祠，而基址尚存）、礲尖山（內有石洞，可容萬人，為明季鄉人避亂之所）、育翠岩（上有石岩，亦為里人避亂之處）、牛牢岩（上有一岩，亦是避亂之所，現其遺址尚在）、獄嶺（山阿有東嶽廟甚靈，每歲三月廿四日隣村樓山社必詣廟進香，昔鎮人亦迎神杖故事以助之，且有弄獅演技之舉，鎮民於是日幾空巿而往觀）、尚書尖（原名秀山，宋進忠肅公南夫葬此，墓道碑陰鎸漳浦蔡尚書新記畧）、登高岩（上一岩鄉人因避亂所築，遺址尚在）等山，餘皆卑無足道。

鎮之水上接龍溪，下通厦海，計長百一十五里，距郡三十五里，去厦八十里，潮汐應焉。其水之源有二：一自西溪繞郡城而出鎮门；一自北溪過瓦渡橋、石峽山，經柳营，奔流直達三叉河而匯西溪之水（西溪有二源，北源出永溪，南源出銅盎子，南靖合流，繞郡城為南河而出鎮门；北溪亦分二源，東源出于安溪，西源出于延汀，而合寧巖平之水，出長泰達柳营），出於福河，稍上為錦江，中浮二洲，岐為三港，洲曰烏礁、曰滸茂。夾馬礁滸茂之间為中港；趋石碼海澄者為南港；滸茂之北繞玉洲者為北港。三港之流咸歸于厦海。然自鎮门以至石碼，沿江岐流入於各鄉者，約舉有七：曰洋西港（一作安西），經許林、恒山、莊厝等鄉；曰碧溪郎港（溪郎一作北）；曰福河港，其流通墟北、內厝等鄉；曰謝溪郎港；曰康吳郎港（一作濠溪），其水至新墩分流各鄉；曰洲齊通斷巷鄉，規之今為二流一經新街亭入鎮市旁達各街濠滆一入汈埭而注於鰲西平林蘆洲塔尾等鄉溉田萬畝民皆賴之曰龍海橋港其流往入登第盧沈鴻園都賓而通雲梯太陽峁洋諸港復由盧沈分流過張边樓入陸门尾田邊榜山塗亭東山高厝官洲象山浦尾等鄉與洋西之港滙合俗稱九十九灣是也相傳古北鎮门未闢郡人諸郡舟楫皆從此出今則淤塞過半矣

十九

古蹟

曠聆樓

樓臨江駕西湖亭上崇祀天后時聞隔浦漁歌遊人多登覽焉江上雲物披列函奩開襟危欄渺然天際前清宣統二年改建西湖小學校

罨雲塔 俗呼港口塔

塔在鎮西闉外里許即田裏巷對面之岸濱港屹立不知建自何代前清宣統末年忽然坍壞今之遺址亦泯矣

王孫堤

出廿崇數百武為楊厝潭其左有長渠隄限之可半里芳草萋々香泥印屐春時士女踏青於此歸去每繫人思故名之曰王孫

平分風月閣

閣為民部荔園林公建在鎮城東臨江俯檻芳洲列嶂每賓從讌游月夕風宵潮聲入座閣外画舫笙歌若侑觴酬咏夜景绝追城鼓欲闌寺鐘初撞恍分天上雲端

柳篁別墅

柳依々竹猗々柳樓竹塢夾水闌行迴曲折高低深淺有隱趣無俗塵也林雲將多著書於此雲將乃文翔孝廉字推漳江七才子之一別墅屬嚴氏

二十

帰養堂

南川先生名天寵第雍正庚戌進士授兵部主政以母老請乞帰養因顏其堂芑園先生贈以聯闕廷請晏臣軀暇顏色歡娛子趣長

華舫

王中憲維家園也在鎮港南双扉北向外亘脩垣墅內植西府海棠一株榦可斗大高二丈餘花時動遠近瞻矚有如秋霞嚴太乙先生爲書華舫額之今蕃芝埕是其故居

盧家園

伯甫名崇墩以明應辟入都门把臂當世士聲稱籍々遂縱覽燕趙齊秦舊墟凴弔以抒壯懷既倦遊搆園於石溪之上樓臺竹木景甲一鎮

翼中樂水閣

翼中樂水閣在北圩潭泉檻外平　鋪縠柳桃夾岸花時如昼水光瀲々翻檻與庭柯交影鎮中名士常聚此讌遊今五易主矣猶書翼中存始也

不欺室

芑園舉於鄉年七十餘精力強健潛究程朱之學嘗語人曰余生平以欺爲卒名利澹然無嗜也學者因其所主故名先生郭氏成郭

可詩亭

嚴太乙讀書處也太乙名仙蔡紫頷長鬚丰姿俊與工詩善画一時名士多從其遊公掃可詩亭爲諸名流下榻亭在嚴厝巷後之左

太乙故居

太乙雅負詩名與言皆清遠工画看墨蕭踈四壁凄々桐陰漫榻觀察使李公玉鋐慕之延置署中两載多酬詠著有碧桐庵詩集嚴厝巷即其故居也父家椿字二爲別號質園石江名士慷慨風雅爲当時之冠

顯園

華宇巷右折幽以深穹以葳迤以曠者顯園也園前輩子韓洪公所搆公力學篤行乃石溪名宿其園有庭宇樓榭廡廊迴擁無不座不飫之晨無不燈不誦之夜一時登賢書列膠庠者多出公门墻故園不絕名士之履云

不作近玩菴

有介黃公著書築此公字忍贅爲諸生時廉矜清刻朋友鮮可其意晚年邃经學善篆隸筆力透紙背户曹史公起賢權稅鹭江延致署中累月僅獲一幅曰曲型可使不作近玩

鄭八眉宅

八眉嗜學不務名譽居北圩依塘種柳時々步々行池上輙自删理

題云渠書一濤師鐵水柳刪五數避先生其採植如此

竹垣

竹垣即陳元美廻冬圭罨雲墻之左扉有蘿香庭有苔翠墻不壁窗不額堂潔無飾字詩片恙拈壁背窗下數石縱橫可坐卧果園花畦列陰布影植竹以垣屏棄俗塵元美孤高廻拔士也兒侄輩瀟洒脫屏而已莫市一矜然蔦泮之車蓋遺廬窺竹垣外徹徙始入其敬慕一見不苟如此

談敘樓

談敘樓鶴壘書之六不居士文談居之文談著有危談鳴敘各一集危談漁山太璣敘之鳴敘雲平翼南敘之因以名

二三

篤園

市鮮有園入華三篤園而忘其市也園居市南闢十畝有堂有廡有池池有泉且通潮旁有竹依墻陰霮墻徑轉而西牖扉相值有塢塢隱松高千霄四十丈簷際有玉蘭亦丈餘若與松既下置石草葺葺襯石凡數處内舍又有枕柳蔚高并松松蕐埽烟子纍纍下垂雨風時署月欲穿迎坐聞書聲自北而南有吟樓繡閣可燕賓遠一垣屏市於外門不面市背以小窗通王孫堤去市愈遠矣

富石居

漳石推華灘為上其質之潤上色之绚上形之側平厚磷脩狭巨纖肖類各上石溪登寔嗜石獲所擇資而居之甚富終莫有上之者又善鼓琴琴文上琴音幾欲裂石石富靡驕慾時哉登寔洪氏慶庚浦邑生郭成郭先生為之作富石居詩序

清坐堂

出東郊里許為清坐堂堂在登第之東橋水廻流岸足屿上植芙蓉桃柳夾墻竹窓之梅疎之籐蘿叢之内鑿池開畦蔬數魚匃每花時月時夕陽時夜潮時主人浩蕩堂上醉吟堂下散武前楹則溪山映合嵐翠濤散翛然獨領主人乃蔚峰方氏

我廬

我廬孫異我自我也宅石溪不入市不營利屋廬蕭疎而蔽風雨異我高潔人也用物康竹牀紙帳石枕艸茵烹茶習松子食僅薑醬菊黄蟲不葷也字不晋詩不唐也是異於隱者也

二四

秋屏

渠通潮數里舟行市中至下墩而盡墩有廟度短橋西折為秋屏秋屏兹园别墅也居依水旁週以墻丹籐霮之雜藝名花翠篠置石可坐賦墻角好峰群立超然塵外晚來月下疏鐘樹巔孤火水湄欲界仙都矣

瑤池

北圻之北曰北園姚家園也園之北又北有池砌白石渠水入石飽水若玉曰瑤池高槐垂柳濃陰涵池池悉種荷小花時葉小如錢壯如蓋如擎綠盤下如珠水濺亦珠也游人賦觴無虛日俟花

開濃淡賞玩不獨花葉尤清香時有客從池外来聞荷薌里社訛之曰姚池

叢青窠

由甘棠而東為姚家衙左為園舊名思園主人章〻新之為叢菁窠重〻扉窄苍苔翠染裾入則庭宇宏敞墻角石峰壁立嶽〻生雲氣每花開鳥喧主人掀髯校書風流獨賞平居締交追古人作文刋時黏自題風詹古道跡相照歲月名山老不驚時彦珍〻窠〻園之意也

惕巷

惕巷陳君漢章藏書處也奇書萬軸古器名圖充楹映壁庭置花石以韻之邑中藏書之富無能出其右者

柳墘

由南台西出里許即鴻国岳渠水瀠紆渠之旁植柳〻下架短橋〻之左則為柳墘主人洪達九新葛軒北向社齋中多南向獨是墘聠阡遠矚城堞樓檣市居鱗比迴環在睫隔江天柱峰曉雲飛来每侵客座面不得不北也西偏闢三楹為脩廣断以垣簷蔚布陰庭花競藻佳子弟書聲時聞柳墘之外

城南竹塢

塢在鎮城南泥牆石扉茅庭草徑周旁植竹萬竿有孫有節蹂〻密〻下〻高值雨淺〻聽初午風夜月竹陰竹响十倍尋常主人何

三五

須問此君不可去迹〻叟韻人涵流羽客遥多吟咏俗襟迸絶主人蔡竹氏自號南塢居士

含遠樓

郭家樓在新興街擴窗前後拱𡵚環江翠屏翁善書為額含遠題示云囂塵也更上一層時可游目有領略溪山平分風月之趣數語道盡矣翁藍氏振泰浦中士

一方居

一方居在港口之東鄭迩白建庭宇開園敞花徑竹扉清幽岑寂往来以小舟渡〻匆勞〻湖游也

小武陵

小武陵類武陵也去鎮西里許溪光隴翠隱約桃源塞淵闢為避囂處籬藋之庭草之艸泼皆蘿穿座上四壁環陰皆綠每茗甌香沈吟閑夢醒歎乃數聲疑有捕漁人尋花入也

藏翠軒

居而市高潔者謂蔡東江之居面水也泊帆影履橋陰名人屢滿矣軒背氷半畝壞竹逶梅廊焦窓柳巷隨次置石蒔花苔痕染壁入則人衣皆碧也坐久如在林谷間忘市居實去諸也

可軒

面闤闠而背則軒面軒敞而背則市少明築軒於市面背有栽軒列几置座上有堂〻軒面寬以庭可納涼受月中架石床栽花卷

二六

開落可玩堂二一硯書一攤賓朋迭往来多雅韵年少俱容止可人堂之背隙地半畝可畦可亭别開生面軒遂可名

快亭

謝氏族居平林平林舊有太傅東山廟々之左闢圃曲折而踈宕曰快亭々之快有四于山快于水快於竹爵禽魚雨炯風月時景俱快墻角好峰駢豈晨曦晚嵐遥挹几席有渠通潮環墅外墻以内穴双池受水池低水瀉入則淙々有聲平則魚泳游矣樹影竹影揺窗漾石主人高枕時聞鳥聲上下夢境亦清有客款扉延入座酌酒賡詩吹簫對弈又以人快悦倂東山之韵也

竹南石

周竹南石二俱可觀一于庭约腰盤趾面有牡丹画跡花俯仰葉淡濃天然墨漬餘半作浅红雲襯花一于松臺势岩三折澤洌多英伟若与松配一竪而方波鳞蠡々按之澤瞶旁有梅亾臺也蠟石佳几上以色名豹石依座以章名鼢石以形名三于堂焉

共語谿莊

有記詳淩藝文中

二旅草堂

有記詳淩藝文中

覊書堂

為許江𬙊圃文居之

丙庚軒

為石溪林南士黄樿聲讀書處也

靖海侯施公碑亭

波平浪息垂及百年勒石记功巍然嶽立大丈夫每自期许笞兵擁節印佩侯封快而難獲独施公才遇之盛抒其所蕴恵政無窮碑亭跨龍海橋西近水亭圮矣然頌其碑而流澤可思也

小鴛鴦湖

墩之水趣田之水溢渠之水疏瀦於湖々狭而脩水鸟咸集為小鴛鴦湖深魚之淺蓮之菱之即不蓮而菱自蒲葦之沿水而墅者亭者因水也水亦因亭墅相賞遥跂在可望不可即之间

夕陽亭

墩麓同帰相毗去三十餘步有元帥宫住持僧募衆建亭亭西向曰夕陽每落日悲風青燐欲出為題柱云銷尽千古英魂紙掛白楊添洗黄土喚回五更残梦鐘沉院落日吟亭陰墩樹瀟々起人凭弔折而右有明都御史蔡公墓道

百花寮

在下碼廟前街四序花時趕集於此濃纖芬馥每動游人来々往々或餽送或供玩市日無虚元宵前郡城剪綵製新花其色較鮮花尤艷惜少芬芳耳亦駢集人家簷櫳亭榭祠宇各市云

砥瀾居

居依水也水多瀾，曲析東入磯砥之環而南而西南竹樹又環之主人次乖梢軒貯史籍圖西築垣列二十餘丈有亭有庭半广供茶灶垣穴牖小扇迸二里旅堂通自石鎮南行取道貳至水乃橋之橋凡三涅邨舍入上有石橋自田畦入有板橋達濤橋則溪矣又有短橋達家居翼之以欄時散武庭皆眺戶外野寺山城高低雲際遥聞鐘殺

云

社倉

石碼社貯穀一百八十二石七斗零係乾隆十八年奉文設立按縣志龍溪縣計社倉四十二所共貯本息穀一萬七百六十二石十一都除石碼社外高許林社貯谷三百九十五石零方碩社二百一十石八斗零吴真社一百五十四石九斗零鄭黄高社一百三十九石四斗鄭周林社一百四十四石五斗零王五倫社二百零七石七斗零按社倉之制爲明成化間知府婁諒以郡境連年水旱民無儲蓄乃請求朱文公社倉法命屬邑鄉都谷仿建之勸各富民出粟歲豐則斂歲歉則散選公正者爲社正副以司出納

石碼鎮志　規制第二

長沙彭祖壽鑒定

石溪孝廉林文翔編輯

石溪擇三氏林鳳聲重編

鎮城

鎮城建於康熙元年折鎮门城改築於此城周百五十餘丈高二丈二尺厚一丈有奇為门三東曰受貢西曰萬悅各建樓北安瀾水门臨江為濠背環宮港馬道覆石版上列女墻築方臺置礮位旁脩窩鋪城外居民稠密市肆雲連延袤數里民國十年折毀將石以埔馬路

堡寨

明嘉靖三十六年瀕海冦亂（海冦許老謝策等之亂見郡志）軍门阮公鶚檄縣令沿海居民各築土堡防禦之石溪舊堡久廢遺址在鎮城西教場外石碼下墩尾舊有木寨以資守衛墩上築高壘為捍蔽瞭望要區尋寨毀於兵壘亦傾圮

演武廳教場牧馬所在鎮城西门外新洲久廢遺址尚在

軍器局在鎮城内久廢

望高樓在木屐街久廢

戰船廠在福河社光绪末葉已廢（福邑志作河街）

礮臺一在龍海橋··在港仔尾社久廢遺址尚存

三一

譙樓在鎮城東西门上民國九年更改馬路連鎮城並折

戰艦泊新洲尾

守戰艦水门口

游巡大哨巡邏小哨無定所

漳州府海防同知閔公督建石碼城功德碑

漳郡發源天寶芝麓蔚起秀聚層巒無窮有奔赴之勢去城東四十里地逆海濱潮汐往來有艫舳出沒之虞築脩防禦簡練捍守故曰石碼鎮蓋郡之门戶也壬辰歲在龍蛇鯨鯢嘯聚屋宇傾折烏止靡定煙火燐半留半滅者石碼僅存其址法當事目擊心傷勤勒以墩　計劃商禦衛之策所以衛堂奥而先固门戶也太保李公坐鎮東南撐天半壁德綏江浙撫輯閩粵廓清海甸之畧胃蘊已久乃會同太保海澄公暨各鎮道府等籌厥是謀僉以為善及逆徒覆邦爰度輿圖築城碼以固疆圉所以堅门戶而衛乎堂奥也海澄公與各鎮量擇形勢興土工而道府諸當事各抒勞瘁一時匠料輸將悅如靈臺故事藉非公有先時之成算豈易得今日之謀猷若是哉是以特简我公監督其任重其地抑重其人也伏念我公蒞任以來茹蘗自甘竭資賑飢捐築雲城溫撫　諸如輯兵安民　善政真所謂祥雲瑞月輯熙我霞岑者也督理城役均勞度程勤惰人唯恐其後者謂非公之德化乎城匝百五十餘丈分功建築自

三二

夏徂秋告厥成功謂非公之才力乎雖然公之德化才力皆太
保公成之也爲作詩紀之詩闕
康熙元年壬寅　　　　　　　　　　　　日
總督標某淮泰守信王應□立

三三

公署

石碼廳署建於乾隆十九年署計三進（鎮志載在大港市上古称為周氏家廟）中爲大堂兩旁護以木㮰下爲石埕中爲甬道東偏案牘尊神廟右爲左右爲海防一二科辦公所大堂之外爲儀门東爲城隍庙西爲関帝廟爲二聖廟左右爲隸快班房又外爲頭门右左入字墻前爲照墻旁立東西轅门已毀大堂兩旁爲號房茶庫入爆閣即二堂旁爲司丁室東花廳久廢改爲廚房役舍租嚴姓民房改建西花廳（久之變放官棧）二堂後爲内宅上有樓曰瑞鶴祀大仙爺官刹望均詣行香乾隆五十九年水災署毀通判李廷彩借幣重脩光绪初通判劉秉清捐資新之三十年通判彭祖壽再脩民國三年裁廳改分防委員署四年改爲縣佐公署五年縣佐涂彥昇重脩
䢖營廵檢司署在鎮城南隅康熙五十九年建乾隆八年裁署久廢

三四

營汎

石碼游擊衙署在鎮城内康熙二十三年建宣統末実行裁撤綠營署久不脩尋毀民國五年石碼縣佐涂彥昇請准許巡按使以廢址改建貧民工藝廠在案旋又改作西湖学校
左營守備行署在鎮城水门久廢

左營千総弁署在木屐街遺署没爲石碼水上警察分署
福滸汎在福滸社河濱久廢
南臺汎在南臺廟已廢
港口汎在港口已廢
龍海橋汎在龍海橋已廢
烏礁洲汎在烏礁洲已廢
北溪頭汎在北溪頭社已廢
以上皆康熙二十年調撥分防二十三年裁撤弁地尋廢惟福
河弁署至宣统末始毁

關局

総辦石碼驗𠜧關署雍正二年設在鎮城東门背城西江（係祖許姓民房）民
國元年裁
課釐局在水门路頭（祖陳姓民房）同治四年設民國元年裁
税釐局在車仔路頭同德肆年設光復時裁民國元年復今名釐
金局
閩海關在外鑄錫巷路頭康熙四年設今仍之
大汎口在媽祖宮（古稱燒灰巷邊）乾隆五十四年設民國元年裁
冬防保甲総局在媽祖宮分局在西湖亭

三五

水利

石碼利濟通衢港（俗稱蔡港）接潮汐通舟楫（明季各鄉小船可由蔡港直入鎮市以通貿易）其流一
入沙塍抵鴻江各鄉一入鎮市由新街亭四合宮（即玉爺前）南環登瀛
街之後復轉而北抵炯河街之末勢若带鈎農田藉以灌溉日用
因之飲吸利莫大焉故官斯地者與地方紳民靡不時加疏濬以惠
民生光绪二十七年通判賴輝煌捐廉爲倡再濬之後始設閘於
四合宮前之石橋以通潮水而納河潮並募工守閘如時啓闔月
給二金資其工食欵存當鋪生息（時碼鎮尚未有銀莊）按月收取子金爲用藉
垂久遠鎮市沿河民居梯比雜穢抛積河道日淤濁流難通春夏
之交發爲疫癘弱者輒喪其生民國四年縣佐涂彦昇商諸紳庶
分段疏濬轉瞬功成是歲夏令疾疫不作民賴以安涂公濬河之
後更清理街道取締厠可不遺餘力良可嘉許焉

疏濬官河水利碑

漳州府龍溪縣正堂黄爲恩示勒石永沾水利事蒙本府批據
本縣申詳看得官河壅塞關係風水近奉督憲捐濬河漳因工
力浩大未果興工而石碼鎮士庶輒生向慕鼓舞開濬不日間
遂將本處官河疏接長江潮汐其懋績誠爲可嘉乃有不法之
徒堰石侵築河涯及架木挿籬積土填穢其究將復淤塞前功
盡棄紳士之控誠屬深思遠慮兹據前呈理合詳請憲台着令

三六

勒石永禁如有故犯绳之重典庶功绩永著矣康熙二十二年八月十九日申請本府蒙批如詳嚴禁其勒石永遵確照現在開濬長廣畧限妥勘通詳振奪繳等因蒙此案照在晝先據鄉紳鄭之惠舉人郭茂才蔡日先生員洪唯聰鄭廷杰高自超方元輔蔡宗孔嚴家椿陳應輅等稱石碼市鎮城外入小濟河與蔡港分派折南環登瀛街之後遶轉而北抵炟河街之末勢若苐鈎潮汐常通農田藉以灌溉日用因之飲吸播亂以來水道淤塞不獨地脉有傷抑且士民艱食近奉督憲姚令凡通城河外河濟水利皆令通濬　等呈請前任本府憲白前任本縣老爺梁行牌開濬仍清查侵佔在案今幸厥功告成但恐有一二豪強仍蹈前轍或堰土為居侵築河涯或架木為梁或插篱河中私養鵝鴨水澤仍舊淤塞前功尽棄呈乞詳憲勒石永禁庶河洛明德長垂百世等情到縣據此案經確看具詳去後今蒙前批合亟禁諭為此示諭石碼鎮地方人等知悉嗣後如有豪強堰土侵佔河涯及横蓋河棚插篱河中私養鵝鴨等項許該地方指明馳禀本縣以憑嚴拿重責特示

三七

康熙二十二年一月　日給

疏濬官河碑記

石碼漳之巨鎮也鎮有大溪接海汊環抱於西北溪旁鑿河後自東而北而西濴繞市中蓋溪与海接而河与溪通早潮夕汐資汲飲而備疏浅者利莫大焉年来商艖鱗集廍屋雲連填築河旁架屋水面以致土壤堆積潮汐不至岌岌乎有旱乾水溢之虞矣里人具呈請濬而是時本汎游府亦以民屋凸築于前有碍瞭望詳請提憲分咨督撫二憲并劄本府憲高轉行縣主到勘詳憂蒙巡海汀漳龍道憲徐親臨覆勘為之相其形勢因其時宜若者宜疏若者宜折又以河面之廣狭無從考也爰就鎮西赤徑佔築之河形計之丈有四尺者率以為準而於位占頭一帶仍其舊而稍狭焉若什户魏尚等於營房佔築之處整齊翼如免其折卸劄令從溪填築另造營房一座以資瞭望叙詳院憲奉批如詳劄遵在案居民某奉憲諭踴躍爭先不日而厥功竣於是佔者以去塞者以通凸者以平而瞭望之所及可以無遠而弗屆矣雖然道憲營謀籌度之心無非為吾民謀數百年之樂利其或日久漸弛复加侵築俾居者之逸幾忘作者之勞烏乎可謹叙其畧勒諸碑石以垂永久庶幾憲澤河流同於不朽

三八

雍正十三年乙卯孟秋谷旦立

鴻江港　登第港　平林港　鰲西港　埼溪港

以上五港之水皆從大河流入分岐各鄉溉田萬餘畝按府志尚有文山前港福河港錦江港雲梯港

龍邑侯袁公水利功德碑記

漳內縣爲龍溪十一都其一大都會也人民田作少遂末畝田萬頃土高水涸地不鑿井舊制從石碼阮家埠濬一港接北溪水脉經靈沈入雲梯橋涉瀛州灣折坂頭東山南坂塔尾林下浦邊園頭象坑等處山前山後延袤小港三十四條圍十有五戶里之長一百四十錢粮四十有奇并資河澗灌溉充賦日用飲食渴飲取挹其中此三十餘之水道并原本石碼運行自靈沈岡係良鉅靈沈以下則爲普賢下隸龍溪嘉靖間月港稱亂分設海澄縣舊有普賢河是爲九都地引九十九坑水泉蓄洩滋灌亦各其利也所從來久遠已今春澄民創議于靈沈分濬港一條透普賢天河夫靈沈水出入處也普賢地又當下靈沈分洩水皆下瀉環都三十四條之支流盡搞壞矣都民號慟欲死得請分守高公停止澄民勿濬以郡貳守杜公往視杜公方正私不可干還白濬港不便屬高公京行急議且擱袁侯以官請于郡守方公奉撫台徐公命親履畝距以侯親爲導會天雨袁公乘兜子徹帷蓋而雨霏霏下沾冠及衣頂踵髮膚皆濡侯邑不動也舟行則泛小　隨方公舟所至指陳利病甚悉方公既熟察害狀爲調停議就港口濬之各接溪潮不就腰脊貫穿上觀察程公報可都民乃得聊生都縉紳蔡宗周張廷榜弟子員蔡國璋徐明等鄉約洪恩寬索記于余圖勒石爲侯聞邀謝

三九

都人民凡三謁余曰吾儕自有条也舊無記載上人趾踈草野利害莫得而考也用有茲變非藉吾仁父母吾屬旦暮斃矣是宜垂不朽余聞言惻然援筆爲之記是舉也撫台徐公觀察高公程公守方公貳守杜公後先主持而當勘議築舍民情危湧時苦心焦肝櫛風沐雨不避辛艱侯深矣侯諱業泗江西宜春人萬歷戊戌進士而邑貳黃文煜羅定人邑蔚沈應鐘山陰人樓元俊諸人暨邑史应瑞豐城人同心協贊例得并書

乙應岳龍巖尚書

四十

戶口

石碼鎮市向分一二三甲據光緒三十年編查保甲核實

一甲土著民戶計一千三百八十五戶成丁男女計七千三百五十九丁口幼丁男女計七百九十四丁口

附戶大小男女計四十八丁口

二甲土著民戶計　八百五十九戶成丁男女計四千三百四十一丁口幼丁男女計八百五十六丁口

附戶大小男女計一十七丁口

三甲土著民戶計一千三百一十九戶成丁男女計六千九百六十五丁口幼丁男女計五百三十一丁口

附戶大小男女計二百五十三丁口

合計土著民戶三千五百六十三戶

合計成丁男女一萬八千六百六十六丁口

合計幼丁男女二千一百八十一丁口

合計附戶大小男女三百一十八丁口

以上統計大小男女二萬一千一百六十五丁口

按編查保甲詳於城市而略于鄉村積習然也鎮境戶口若今五鄉及烏礁滸茂二洲計之民戶當在七千餘戶大小男女當在六萬餘丁口也

石碼鎮志　民俗第三

長沙彭祖壽鑒

碼俗歲時

元日無貴賤必御新服詣親友賀年主人出辛盤桂圓茶款客小兒至婦女以朱縷貫金錢佐双柑餽之取吉兆也

初四日俗謂之家神寧宅焚甲馬具牲醴祭之所謂接神

元宵謂之燈節各廟觀咸張燈屏及蓮花燈祈保壽燈之屬自十三晚起至上元夜止西湖之觀音亭紙街之福德廟外市之閩帝樓更陳列鰲山以娛游人

清明節家家插柳門外有新喪之家必備牲醴酒筵偕婦女親祭墓所舉哀晚拜至舊故亦紛紛祭掃立夏始止

三月三日古上巳節俗謂之三日節祭祖用酒筵必製薄餅而舉家共餔之

四月八日俗謂之佛仔生鎮之觀音亭苑南亭五福寺婦女咸詣燒香僧尼於是日煮八寶粥餽諸檀越此風已泯

五月五日謂之蒲節家家門前必懸青蒲黎明汲井泉水調雄黃飲兒女謂可辟瘡瘍午時祭神焚紙完於水　以解危各鄉競渡月盡乃罷

六月十五日謂之六月半必製米糰薦神祭祖即古薦新之意也

七月自一日至月晦各街於常年輪值之日互作盂蘭盆會延僧禮誦經文施食祀鬼演劇讌客靡費不貲

中秋節以月餅米糍祀福德神閤鎮互演黎園酬神由市而鄉亦古秋報之遺意

九月初九日謂之重陽節俗蒸薯芋及花生柿柱之屬荐神家人分啖之以薯芋之皮塗于门檻謂之剥鬼皮兒童爭放紙鳶為樂

十月十五日俗謂之人官降福之辰婦女紛集五福寺祭神祈福踵相接也此風已泯

十一月冬至日各氏族咸祭于家廟按此即家禮冬至祭始祖之遺也家家製糯米糰薦神

四三

十二月念四日俗傳家神朝天具牲醴焚甲馬送之謂　神除夕家家薦神祭祖謂之辭年舉家聚飲于堂案下設火爐千錢圍之謂之圍爐飲畢焚舊灯架排其炭十二塊視其红黑以驗来年十二月之晴雨

雜俗

碼俗元宵新婚之家皆大張燈綵飾新婦出立廳ㄗ任人觀看輕薄子恣意品評惡俗也司風化者亟宜禁革之此風於宣統年间已漸泯至民國以来市鎮禁绝鄉村间或有之子弟舞龍灯粧故事游行閭里闹巧爭奇相以為樂二月中乃罷

下碼廟前街元旦五日内花燈百條玩品羅列游人畢集轂擊肩摩途為之梗俗謂之灯市

元旦五日内市鄉少年畢集南臺洋分上下碼以擲石為戲觀者堵環檣林石飛如雨進退追逐鬨聲數里技精者石不虛發中人破顱折肱死而無怨有司嘗會嚴禁不可至務六日官不禁而自止

光緒以還人心日肆每歲擲石自冬至日起至元宵後始止擲者　石佐以利及日聚千人列陣而闹視等仇敵因而喪生歲有所聞然未聞有索償者輕民命藐法纪至斯已極良有司宜痛懲之以挽頹俗幸此風自民國　年不禁自绝甚可慰也

鎮於正二月及八九月间為酬賽玉皇並土地壽期通衢曲巷共修梨園無虛日無间區亦古春祈秋報之遺意然竭民資殊甚誠非法也

清明節俗為百虫啓目婦女皆停針黹恐傷蟲目也然俗多於是日种百花

俗謂五忤者誤也故五月不嫁娶不遷徙作事多忌按月令仲夏陰陽交死生分或即俗忌所由来歟

六月七日俗謂之天门開都人及婦女多於黎明詣五福寺禳災祈福謂是日晾衣服不蠹詳見太平廣記

俗十二載一迎王爺始至祖宮次大宮次新行次大碼頭次西湖終及新洲凡王爺駐驛[illegible]或高结彩樓或修張錦幔俗謂之不見天陳百

四四

寶或粧臺閣扮故事列旌樂迎神閱境　費不貲而脩醮演劇祀王鴉將則閤鎮皆然雖窮鄉无能免者歷數歲王始返駕又必造巨艦貢粮稱進百貨大會神人而後送之總計所耗不下五六十萬金奢靡如此良可慨也

無賴誘賭种类至多曰銅寶曰小花會曰十二枝曰擲骰曰摯鐵曰打陰陽錢等墜其術中年至蕩產列行不齒党里乃近今開坊聚賭反多出於搢紳勢豪之家有司莫敢过问斯誠地方之蠹賊斯文之奇玷也

光绪以降麻雀盛行看游馬吊亦複奔驅一局未終勝負以千百計民生日窘何怪其然

四五

獨可恨者強鄉土豪十社九開花會男婦惑者甚於他賭间有敗名喪節之可矜有司雖嚴加禁辦不過奉故事牽蘿根株净绝豈無故哉

民無貴賤多喜吸鴉片禍人之烈甚於鴆毒李時珍曰鴉片一名阿芙蓉產印度者佳初吸時令人驟肥吸久则神氣昏耗過時不吸癮發則涕泣交至脱肛溏瀉状若死人今則鴉片種類愈多有红土雲土川土同安漿本地漿等名目然皆不及印度土之濃郁光绪末葉朝野洞明其害業與英人訂期禁绝遂漸加嚴犯者不赦無如黑籍中人依然醉生梦死可慨也

俗好鬪鵪鶉以博勝负每鬪輒千百金弗惜也健者養之隔年毛羽更新復與人鬪無不捷者謂之全勝鶉價值不貲鄉愚無識睚眦细故動輒械鬥有司會營弹壓官退復鬪甚或牽連數十鄉仇鬪靡已有斃命者又輒捨正凶而誣連良善終至公親調停必索償多金而止故官斯土者莫不以辦凶為故事以命案為奇貨也痛哉

俗尚鬼神故多演戲或教小童歌舞登臺演唱謂之七子班十餘歲美童濃粧艷抹殺色俱佳子弟輩觀之神迷魄奪揮金结識謂之做戲箱粧旦者登臺時以眼波送情謂之落魅能獲二三送情則群以為榮光绪间此風最盛為父兄者不可不嚴加禁戒也

娼妓多外籍来者營皮肉業曰土娼賣唱者曰堂子班善泉調者曰閣旦本地私娼曰半掩门更有水居渡客而兼接客曰船婆凡此等皆足以喪人名節蕩人家產有司莫知嚴禁却亦有故

四六

光绪末葉各屬創辦巡警艱於籌資遂有花捐之作俑（即娼妓捐之）千弟輩因而染毒喪生宗嗣斷絶者指難勝屈大可哀也

俗有好訟不好訊之諺故訟師得把持而玩嚇以飽其橐訟師多紳衿勢豪為之日與不肖官幕相盤桓狐假虎威以欺百獸狐之罪有甚於虎訟師亦然故清明之官無不痛恶嚴懲

僧尼者所齒鰥獨之輩使不至於死亡失所乃若輩竟取少年男女強之出家绝其人道责令恪守清規違論未能則使能之而怨慕之气已足上干天地之和下兆水旱之災貽患匪尠也故紫陽

逆化首勸僧尼還俗文。踐郡志有民責者宜力行之，関係道偉哉
詎淺鮮哉
碼俗有一種陋習，為業主者以田租人種作，而租戶又以所佃之田轉佃他人。其初租戶按冬僅納業主七成或一成之租，收耕者九成或十成之税，除納業主租税外，实可坐享二三成之餘益。久之遂生踞佃匿畝抗租種種弊竇，為業主者反不知已田確在何處，追究無從，空輸去業之賦，貽累及于子孫。按此則郡國利病書卷三九所謂漳州田有三主，一产主，一租主，一佃户之説也。今俗猶然，亟当禁绝

气候謡

冬至在月頭　要寒在年兜　冬至在月中　無雪又去霜
冬至在月尾　要寒二三月
清明來墓门開　立夏至墓门閉
未喫五節粽　破裘不敢放　中秋雲遮月　上元雨打灯
六月勞三雨　地瓜大如杵　立夏雨霖霖　漁者皆傷心
中秋月皎來年孰　九日風清冬雪乾
雷鳴未驚蟄　十天九出日　若是雷打蟄　陰雨卅九日
冬至烘　年下霎　冬至烏　年下酥
六月一雷去九颱　七月一雷九颱來
馬脚西南起　狂風兼暴雨　晚霞紅滿天　來朝烈日煎
四月芒種雨　五月無乾涂　六月日曝石　七月火燒浦
春濛曝死兎　夏濛做大水
五月一十九　去風水出吼（俗稱龍母教子）
六月十二　彭祖是忌　纵然无風　亦有怪異

附晴雨占

鵲巢營樹杪　夏秋颱暴少　鵲巢營樹枝　颱暴必交施
鵲仰鳴　風日晴　若俯鳴　防雨傾
鳩互鳴　主天晴　聲不回　風雨來
百舌呼曝翼　主雨候出日　若呼天霎霎　風雨必相接

鴉浴風　鵲浴雨　鵓鴣浴　風雨止
地龍鳴　雨將晴　油虫飛　急須帰
蜈蚣辟上行　不日風雨傾　螻蟻巢泛高　大水必相遭
犬爬塗　雨載途　喫青草　少雨潦
春寒雨至　冬寒斷滴　若逢秋熱　風雨必烈
烟絲濕　雨來急　烟絲燥　雨不磽
春濛風　冬濛霜　三日濛　風必狂

驗潮歌

初一十五　潮滿日午　初八廿二　早晚雨至　初十廿五
潮平閉户

石碼鎮志　賦役第四

長沙彭祖壽鑒定

田賦

前清初葉沿明代舊制設衛官守备一員統千総二員管屯粮康熙六年裁撤衛所屯粮皆為賦額併帰府州粮捕分府经理乾隆八年移粮捕通判分駐石碼粮屯悉龍渓縣併徵故廳志缺焉（縣志作乾隆元年误）

賦額

查民國二年石碼请准設縣治会同龍渓縣劃界分粮案内據龍渓縣知事許南英詳叓以石碼應分粮額一萬元在案是石碼轄内每年应徵粮銀一萬元（縣存擬）至前清一代田賦之变更增蠲附捐各情形係志縣卷五考可淂其詳兹不另贅

廉俸附

石碼通判俸銀全年六十兩原坐派龍溪縣按季批解養廉銀五百兩仍坐派龍溪縣按季批解道光七年起改赴藩庫具領

縣志載海防廳養廉銀二百兩粮捕廳養廉銀五百兩查石碼通判原司粮捕後改海防職銜雖改而養廉如舊縣志作二百兩誤也

附工食額數

石碼廳衙门額設门子二名　皂隸十二名　快手八名　轎伞扇夫役七名　合計二十九名全年共領工食銀壹百三十八兩四錢按季赴縣支領

縣志作一百七十九兩八錢共廳卷異当照廳卷更正

補志

石碼通判衙门額設左右典吏二員書五六名原領工食銀十八兩八錢順治十五年奉部議行書辦非同別役裁免工食惟海防衙门書吏并無經管絮保嗣後承辦各項　准取筆資以充膏伙紙墨之費

律貼

石碼通判特任官全年津貼銀八百兩署任官一千兩按月具文由漳州府税厘総局支領

按咸豐三年匪亂之後各屬陋規無不裁撤故有津貼之議以

五一

資各官補助云

浒茂禾蘩醫局

鎮由北過溪溪即南港又名錦江之洲曰烏礁洲由烏礁過溪溪即中港之洲曰浒茂洲距鎮約四里許通浒茂洲長約十里有奇横廣狭不一洲羅十九鄉风林社南興社彭西社北溪頭園社新洋港社東興社美港社雲溪港雲溪港社陞武刀社合興社金鐘社銀釘社興玉社会魁社章红社仁和社金宝社俗尚樸陋專以蓑畊佃漁為生活民國八年林僑商林秉祥継承父志擇洲中北溪頭園社倫資收買舊圯重新改築顏之曰禾蘩醫局因父名而稱之誌不忘也局北坐南面前後西進左右衛以護厝垤围以短墻張設頗倫祥思久居南洋遠離桑碩乃就各鄉中选举義董以任其事另举諸昆仲之卓者監視財政由是請官存案以垂久遠焉

為布告勒石事案據林秉祥呈称窃祥兄弟閩南之佃民也自少随父经营遠涉南洋群島車主馬點所至名遂微利蝇頭計三十餘載懋迁所在頗称於橐於囊匹以秋風叶落愛日无多不期迎養未帰　仙去风木之感耿耿于懷因念先人志願素以興学施醫助棺捨药卹鄰息訟為前提祥　思承父志爰自备基金叁萬一千元乃謀諸父老以頻年时疫頻多生命攸闗遂在本鄉創設醫局以先父之名曰禾蘩以稱之醫局聘請醫士二人輪流

五二

施診並設董事会計庶务等職共同维持試辦半載道路稱便唯
祥懋此举專為慈善事業亦以继先人之志而身涉重洋遠雖兼顧
自应呈请立案並於所置之業产給示勒石俾得垂為久远而免
被人侵佔盜賣之弊除将学务事件另案呈报外合将章程一通
計二十五条抄呈察鑒核示等情查該僑商昆仲懋遷遠帰继承
先志以基本金三萬一千元設局施醫並義辦捨药助棺賑䘏脩
路等事本樂善好施之念完先人未竟之功允称薛鳳蔔龍光增
閭里深堪嘉慰所擬章程亦屬妥善除呈报上級官廳立案一面
致贈一鄉善士匾額一方以樹風聲外合将該僑所置業产開列
土名地點給示勒石永垂久遠為此布告諸色人等知悉以淺来

五三

藥醫局基本金業经呈报上級官廳立案無論何人均不得私相
授受及典押抵借等事如有前弊一经察出或被告發定即嚴拏
　按法懲辦特此勒石布告咸使週知此布
中華民國八年八月　日知事孫翊立

　計開醫局建置产業
一置漳州公園边西園樓屋一座
一置漳州南隅南市場全座内張格八十四间
一置漳州舊府口新南街坐東向西毗連共二座
一置漳州舊府口新南街坐西向東毗連共拾座
一置浒茂洲鶯蛋新圍全圍計三十五畝六分五厘種

此田於民國十二年由局董林聯茂报官呈墾龍溪知事許多
金准予給示開墾成田十三年冬醫局倫工兴築堤岸流傳社
郭姓家長郭用中郭古今等出阻不遂鳴官以局董恃強佔地
截断水道為訟局董則訴以经前知事親勘給示准予開墾告
示煌煌遺改委初定知事改換李德威貪而受賂郭姓告无实
据恐受誣告之懲乃串漳之慣走衙署者張鳥庆寄通情節、
於李将案斷遏郭姓局董不服屢呈不效李德威查林姓亦漳
望族恐難紛塗幸免乃自行履勘代請公親調停俱無效相持
十一个月未能水落石出时張毅以福建第一師師長兼漳厦
鎮守使治軍駐漳振礪官声局董與某磋商遂将此案始終情

五四

形並繪圖呈稟師部請其照公評判張師則委其重托副官許仁
壽親身按圖勘驗帰而照稟師部將李德威撤任一面令飭林郭
所争之港確係官有之地惟林姓請墾在先实非佔地且郭姓溉
田水道既有陡门在林姓岸外何得謂之截断水道郭姓以無理
負气多金圖謀实屬非法林局董估价大洋五千元如数繳呈師
部核收以充軍餉令縣傳催新填明四至丈尺製照給局董送交
采藥醫局管業事遂了结後任龍溪縣公署訓令粮总吉吴黄銘
文量配粮
案據浒茂采藥醫局董事呈稱代表采藥醫局呈报許前縣給示
圍墾浒茂鵝蛋港坪為田並蒙陸軍第一師師長核准合縣給莫

某又代表采蘗醫局徽價呈蒙　唯查墾田本应升科
配粮报省以垂久远而重賦税今再呈請俯賜升科配粮等情
　茂洲林郭两姓控争鹅蛋港坪前由采蘗醫局代表徽價
大洋五千元承認領買当奉
陸軍第一師長令飭由縣填明执照呈徽特给在案查鹅蛋坪州
地前勘丈計東至西直長一百一十五丈又南至北上横一十七
丈半下横一十九丈七尺究竟合計田畝若干按則升科配粮若
干合行仰該摠書即便遵照前指尅日查勘明確將該田应配丁
粮数目開单具复以凭核辦毋违切切此令
呈為呈诘事案據浒茂采蘗醫局董事呈称代表采蘗醫局呈报

五五

許前縣给示围墾浒茂鹅蛋港坪为田蒙福建陸軍第一師師長
核准令縣给费又代表采蘗醫局徽價呈蒙给照营業唯查墾田
本应升科配粮报省咨部以垂永久而重賦税合再呈請俯准升
科配粮等情據此查此案先據浒茂采蘗醫局董事呈蒙師部准
予承買浒茂洲洲地壹所生落土名鹅蛋港坪為田因估價大洋
五千元之數徽呈師部核收令縣填明四至丈尺製呈徽特给等
因当经李前知事派員丈量該地東至草坪西至鹅蛋港直長一
百一十五丈南至林家田坪北至郭家田坪上横一十七丈五尺
下横一十九丈七尺繪圖呈覆适因李前知事交卸未及辦理知
事抵任遵即照案填照呈送在案據呈前情复经谕飭粮總書勘
丈覆稱該田東至西直長一百一十五丈南至北上措一十七丈
五尺下横一十九丈七尺按照從前丈量形式係屬梯形以南北
上下横合併折半在位以東西直不折乘之計積二千一百三十
九方丈每六十方丈為一畝計畝三十五畝六分五厘查龍溪賦
則分為上中下三等種子種芽分為兩種如係種芽折半科賦上
則種子每畝科賦二錢零六厘中則每畝科賦一錢七分二厘五
毛下則每畝科賦一錢三分六厘該四洲地土壤盐鹵播種鮮收
且係種芽按照中則折半科賦每畝配粮八分六厘二毛五丝共
計应科賦額三兩零七分五厘列入采蘗醫局户内完纳彙解等
情前来知事覆核無異似应准如所请彙入十五年份征收报解

五六

以重粮賦案关升科理合據情連同圖説三紙具文呈請鈞長察
核俯賜分别存轉注册咨部备查至应繳册费若干并乞指令祇
遵俾便轉飭繳解实為公便謹呈　福建財政廳廳長尹
中華民國十五年二月廿四日龍溪縣知事傅維新

石碼鎮志　學校第五

長沙彭祖壽鑒定

石溪林鳳聲擇三氏重編

書院

觀瀾書院在平林社距碼可里許宋儒蔡南溪汝作所建以教学者也歲久傾圮明洪武间纪善鄭深道請於巡按御史陳仲述重脩之仲述為之記後迁於南阪弘治七年致仕布政林同以南阪杂民居乃遷於文山之麓中建匸祠以祀先聖先賢前為書室及齋舍正德四年知府羅列請于院司以孔子六十二世孫孔文惇兴衣巾以主祀事併撥給新洲田坐落瀛江社雾知府陳宏模張鵬相继撥本山观音寺田租入院以充祭祀萬曆十二年詔革天下私創書院有議(司)上於朝謂观瀾书院兩経奏勘准合聖裔奉祀非私創者可比且子孫相继又增置居室已來孔氏世守家庙不便没官再傳至孔脩擅天啟间移家庙於漳城舊書院已廢

一

錦江書院在石碼之東郊康熙六十年辛丑石溪諸紳士議呈覺羅制臺可其請雍正元年建院中祀朱子後為諸生肄業地乾隆十四年通判王祖慶建前進里人方德清董其事後邱錡煌邱嶽王文輝購地築書舍九區院產在烏礁保洲頭社本都紳士於雍正三年合貲置買洲田外有草坪埭滸等税其後築(田)漸廣田額洲地益擴今通計院產一百二十八畝有奇年徵租谷五百一十八石新舊草洲一百八十八畝有奇并埭滸年徵歲銀八十一兩五錢八分零経官斷撥每年於本院祀產銀谷額内半以充芝山丹霞兩書院膏火半以為本書院祭祀延師考課及大比賓兴等費勒石記之光绪间貢生陳衡南康翔等重籌之三十二年改設為

錦江小学校

石碼義塾同治六年通判楊汝器设附於新田厝街育嬰堂中以教貧民子弟之無力就学者其経費係募捐充之光绪二十九年以経費支绌董理無人因而停辦

我国教育向以造就官吏為目的官立学校在京師則有國子監公立学在各省府州廳縣則有大小書院月課八比試帖而已義学亦公立之類也延師以課貧寒子弟免其束脩其程度以識字及授四書白文為旨至能讀朱註学作八比試帖則甚少也外此皆為私立書館最為發達若家塾則係地方紳富之家所自設延師以教子弟者自民间書塾以至京師國子監無不殫精攻力以造八比之文字無一人不以生增貢举進士翰林狀元為望想然自科举一廢可勝嘆哉

二

學堂

我國自罷科舉採西制改書院為學堂实始於前清光绪三十一年於是京師有大学堂之設各省郡縣有師范中學小學之設石鎮錦江書院亦三十二年改設高初两等小學堂唯内地風气闭塞當斯変法之初頑固者咸譁為用夏變夷时圖破壞風潮屢起此學务驟難進步之故一也经費支绌擴展矣泛二也革命之際秩序大亂原校尚恐難持发展何暇計及三也以故興學多載首尾僅成十餘校年来風氣漸闸学童漸增則苦於校人舍難容矣力推拓為憾耳民國成立後奉教育部通飭各等学堂一律改稱学校五年通飭初等小学校均改称某某國民学校溯自光绪三十一年起至民國六年止所有頒定教育宗旨学务章程備載教育全書兹不贅述祇就石碼區各学校依其成立先後分志如左

一錦江國民学校前清光绪三十二年二月成立創办人陳成金連城珍潘樹人以書院原有延師考課賓兴等項及地方乾菓捐為经費

二蕃芝國民学校光绪三十三年七月成立創办人石碼勸学所总董蕭廳視学連城珍以文武兵役私收牛肉陋費稟請裁充為開办費及地方金箔捐乾菓捐為经費

三西溪國民学校宣统二年二月成立創办人鄭良璧連城珍以五谷公捐及布捐乾菓捐为经費

三

四石碼民立國民学校光绪三十二年成立民國元年迁今校創办人瀚人洪克昌王耀魁蔡觀鑑以募捐及水菓捐為经費

五木商公立國民学校原名成瀛宣统二年三月成立創办人黄鳴琳等以本途公捐為经費

六滸茂乘彝私立國民学校　年　月成立創办人華僑林秉祥林秉懋等計通洲所办六社一滸茂城内暂寓大宗祠堂二北溪頭围社乘彝留局邊三仁和社四霞溪港社五金錠社六新洋港社皆獨資以充经費

省庫補助志略

民國初元據省議会議決案以小学之不發達由经費支绌嗣后各廳縣每歲各由省庫補助銀一千二百元按月给单請領五年議決案自六年度起各大縣年加補助一千二百元等因通飭在案龍溪全年應照大縣補助銀二千四百元石碼補助一千二百元先是巡按使許世英以统一財政起見石碼補助費名目併入龍溪縣補助費項下以免分歧唯石碼補助銀仍須撥歸石碼自行支配等因通飭又在案最可異者石碼各校自始至终徒受補助虛名未領丝毫实惠請諸省縣官廳則上下推諉查諸各縣各学區大举类此不唯石碼然也教育行政乃此學务前途欲求發

四

達其可得乎

五

六

石碼鎮志 典禮第六

長沙彭祖壽鑒定

石溪林鳳聲擇三氏重编

朱子祠

朱子祠在鎮之東郊崇祀

宋徽國公先賢朱夫子歲春秋二仲致祭先一日詣祠省牲習儀

次早引贊生導正献官及各陪祭官就位行礼凡三献祭物羊

一豕一爵三帛一籩六豆六簠簋各二鉶三献礼如儀

祝文 经

先生豪傑之英聖賢之 道统是傳覺我後覺昔守漳邦化行民

樂永世仰瞻泰山喬嶽唯兹仲春秋謹以牲帛酒醴粢盛庶品用伸

常祭謹告（祠產載舊院碑志兹不再贅）

月朔日有司必詣祠行香

文祠

文祠在平林社其地昔觀瀾書院遺址前清道光三年二月舉人鐘南請於薩塔二別駕（乃通判別稱）請復舊基庀材重新之乃移錦江書院大魁夫子崇祀於中分青大之廠以資祭祀故里人又稱爲魁樓歲重九日一致祭之祠後數楹附記蔡南溪鄭深道二先生表忠書院所由始也并及林登州弼平林之賢也所謂殆而祭於其鄉又以薩塔二公有造於是役為位尸祝之崇有功也

七

武廟

武廟在下碼庙前街明嘉靖间禮部尚書林公崇所建築康熙乙未國学方元銓倡脩至宣統末郡人葺新廟貌益煥崇　敕封忠義神武關聖大帝（雍正五年敕封）歲春秋致祭有祀產有司主之会同營汛詣庙行香不與祭一在大碼頭街一在外市街一在新竹街均有祀產一在蔡港一在內社口一在翁厝橋頭一在盧沈橋頭唯大碼頭武庙為闔碼紳民所崇敬香烟不绝

天后宮

天后宮大宮前街崇祀　敕封天上聖母林娘娘（康熙五十九年列入祀典）歲春秋致祭有祀產文武朔日詣宮行香後殿祀積慶公有司亦詣行香官不與祭雍正间孝廉劉光篤鳩里人重脩并為之記一在祖宮一在車仔路頭名晏海宮有祀產一在上西湖街溪口名慈濟宮此宮乃盐船及七帮盐商所共祀文武有司逢元旦一詣行香此宮於民國　年折毀晏海宮亦同時折毀

按慈濟晏海兩宮自被洪兆麟與周醒南藍汝漢合成三公司將兩宮尽有之地托林威南介紹貴興僑商林秉祥造民國十六年冬祥之子紹裘將慈濟宮一片之地築為酒厰號曰建豐紹酒廠

八

而天妃林娘娘神像終流落於無底巷某堂之内香烟斷绝亦足傷矣

城隍廟

廟在鎮廳署儀门左旁崇祀 敕封監察司民顯佑伯（明洪武二年始敕封）三年正諸神封號改題曰某省府州廳縣城隍之神有司朔日行香不致祭誕辰行慶祝禮

祠廟類誌

蔡南溪祠祀宋儒蔡汝作已廢（見縣志遺址無考或謂即鰲西清惠宮）

姜太爺祠明漳州府太守姜諒祠附石碼廳城隍廟（官績載見府志）誕辰行慶祝禮

九

紫牘尊神廟祀蕭曹二相國廟在廳署儀门内有司朔日行香誕辰行慶祝礼

大仙樓祀大仙於廳署後宅瑞鶴樓上為前清署之通祀也官朔望诣行香

五福禅寺在仙庵前街古之鄉约所也歲文武祀鳌於此寺建前明成化间中祀三寶尊佛嘉靖二十三年里人楊廷楷陳集義等倡脩通判薩克達氏為之記光绪八年都人士康翔連觀其洪裕林樹聲等更新之并記始末於左

南臺廟在鎮之北明萬曆间建祀無諸王（詳見縣志）光绪间里人温瑞等重脩之

北極宮祀玄天伏魔大帝一在霞庵街一在銅鞍碼溪口曰鎮安宮一在龍樓社俗呼曰石庵仔

吳真人庵祀保生大帝在鎮之打儏街（詳見府志）

王爺廟祀王爺一在王爺前街一在王公巷内

東山廟祀晋大傅謝安在平林社該鄉多謝姓故祀之

元帥庙祀晋謝石一在平林東山廟一在登第社

龍樹王祀龍樹尊王在鎮龍樹王街（當中港馬路之先已毀折）

馬公爺祀馬公爺在鎮馬公爺街（當中港馬路之先已毀折）

相公廟祀相公爺在鎮相公廟街（民國九年新創公园前馬路將廟折毀無存）

三老爺廟祀三老爺在鎮蚵仔街

十

牌頭爹廟祀牌頭爹二在鎮琵琶仔街一在内社口以上五神無可考唯牌頭爹無專廟均附祀於關聖帝廡下旁又塑一馬像類夫馬者或即武帝之司馬夫歟然香火獨盛殊爲可怪

太師廟祀明太師林公偕春一在仙庵街曰文山書院一在田厝仔街皆光绪间所建築

甘棠廟祀觀音大士在甘棠前街光绪三年里人洪宋寅重脩民國四年更新之廟益輪奐十五年改良馬路因充碍折毀将廟改為坐西向東

寶月寺祀觀音大士在鎮新街亭街舊寺面江旋因建築石碼城乃改建背城南向現寺旁豎巨碑於道左尚面江也

宛南亭祀觀音大士在宛南亭街为清初所建閩鎮人士多崇敬
香火特甚
西湖亭一名觀音亭祀观音大士有祀產後進僧舍於宣统二年
改建西湖学校後寺楼面江爽气逆人
渠庵古名刹也祀观音大士在沙埭内清初法印和尚建築院舍
宏敞樹陰滿庭有生夏忘暑之致后傾塌遺地被民居割佔甚
多光绪间鎮紳林奎煌林篤人等重脩前進今亦漸傾頹矣
清忠宮祀觀音大士在鰲西社清初建已頹壞矣
田程庵祀觀音大士在千里庵街未知築自何年宣统间里人更
新之益壯觀瞻
里仁寺祀觀音大士尼僧主之在謝溪頭社有祀產光绪及民國
五年尼僧恒乘募勸鄉紳林克卿重脩之
埔尾亭祀泗洲佛祖在鎮埔尾山麓未知築自何時每當誕辰之
月閩鎮人民婦女詣庙焚香甚為灵感
陽春宮祀注生娘娘在王孙堤畔民国初里人鳩脩之
伽藍廟祀伽藍菩薩在濂溪頭社一在仙庵
福德廟祀土地正神一在後街仔坑（碍馬路民國一年折卸）一在蓬萊街一在
銅鞍碼街一在上西湖街一在東门街（皆因碍馬路民國十年俱拆毀）一在土地公
巷
蔡媽廟祀蔡媽夫人在西頭社清忠宮前殿因該鄉俱蔡姓故祀

十一

之一在登第社
閻王廟祀森羅天子在仙庵左畔香火甚盛
冊簿司廟祀判官亦在仙庵左畔第二间香火甚盛
東嶽廟祀五嶽聖帝在嶽嶺昔甚灵赫每歲碼屠宰户咸往建醮
解罪

十二

石碼鎮志 武備第七

長沙彭祖壽鑒定

石溪林鳳聲撰三氏重編

兵制

邑明初有機兵弓兵之設嘉靖末沿海倭患乃添設鄉兵無定額萬曆十一年特設客兵一營鄉嫌機民者募民間武勇為之有事則征戰無事復遠為民原額五百名弓兵屬御營司往役者復其家原額八十名鄉兵務無定額各鄉以團長一人教習武藝以衛鄉里　按明軍制倣唐府兵之遺有征操軍以備戰守有屯旗屯種軍以供役種屯軍可衛民而民不必養軍復設機兵弓兵命文吏統之或撤銳銜鋒或戍險守寨文武相維大小相制立法未始不善也乃日久弊生武備廢弛官鎧有破被之謠戰艦蒙竹棚之號又故老言天啟間兵與民避寇爭道兵曰爾民也尚可冀生我兵也遇賊必無倖由是觀之戰祺士卒無一可用欲求不亡烏可得哉前清順治四年設駐防總兵副將迭更不一十一年設中路總兵官及城守副將十三年設海澄公標各營康熙四年裁公標兵額六年裁中路十六年仍設轄中左右三營又設江東橋副將一營念二年復裁中路總兵官及三營念三年裁江東橋副將念七年定營制裁公標以漳浦右路總兵官改為漳州鎮總兵官

改漳浦鎮標中營左營為漳州鎮標中營左營改城守協標左營為鎮標右營裁城守副將以協標左營為城守遊擊一營乾隆十九年改遊擊為都司詳見府縣志

自清初編定經制兵之後始有旗營綠營之分咸同間洪楊變起蹂躪東南向之所謂八旗勁旅水陸綠軍者皆不足以克賊致果故曾李治軍先後有湘勇淮勇之增設然非經制兵也平粵平捻屢奏巨忠清政府頗賴之何[illegible]光緒間法越之敗遼東之北於是湘淮勇之名掃地矣三十年特設陸軍部乃有編練陸軍之制全國暫編三十六鎮此中國最新之經制兵也法越戰後清政府謀擴海權因復建海軍二十營艦隊卅餘艘固赫然經制海軍也詎中日戰而全師熸矣庚子之後藩險盡撤雖有雄兵又將何用民國成立更定海陸軍制自有全書可考茲不備志

兵事

石碼自明迄清遭寇亂屢矣然寇至或刼掠即遁去或未即至僅受風鶴迁徙之驚而溯其為禍最烈荼毒最甚者莫如明嘉靖間之倭寇及九都賊張維等之劉群賊濟倭為亂號為三十六猛紛据城堡殺掠之惨甚于倭寇故俗有三十六猛賊之諺小兒聞之不敢夜啼當日大受荼毒可想見矣嘉靖三十八年三月倭由月港即海澄也寇石碼福滸流刼龍溪長泰南靖各邑四十三年二月戚繼光大破倭於平海衛群賊亦以次捕滅吾鎮之匪患幸自此息巡海道周賢宣撫同知鄧士元指揮戴欽軍門淅之崇正二年六月撫寇李魁奇復叛從中港狹於南北港之中为中港犯龍溪滸茂八月犯福滸石碼把總吳逸爈哨官蔡春

等擊敗之是役雖死傷相半然賊亦自是不振矣其次厥維鄭氏父子之亂蓋鄭氏屢世大舉入漳石碼為郡門户適當兵衝加以先後遷界流離之惨罄竹難書俗有三日三夜不得出南臺廟之諺即指居民避亂奎擁之情形也鄭亂之詳載明府志計自順治九年起迄康熙二十二年施琅平台止漳民始獲高枕惨可知矣次為咸豐三年四月双刀會匪黃德美之變初七日陷石碼鄉民久困錢粮之苛暴至是遠近响應時有沈某洪某服伶人冠服據石碼廳及水師左署自稱大人勒民告狀洪某獲窃賊鞠之弗承大罵曰尔欺乃公未嘗作賊也左右皆匿笑之十月從賊者多反正尋復石碼匪首解厦门正法故俗有換旗不換刀小弟殺大哥之諺同治三年九月十四日髮逆偽侍王李世賢由汀州竄入漳州陷龍溪各邑石碼居民遷徙一空四月二十一日大兵雲集克復郡城民始寧居然而獲驚已不少矣諺云寧為太平犬莫作亂世民信哉

駐防

石碼鎮駐水師提督軍门左營遊擊一員千总一員兵二百五十名巡艦二號（署在鎮城內）分防福滸汛把总一員兵五十名槳船二號（署在福滸城中嗣後移福滸社西江）

木屐街汛兵十名　龍海橋汛兵二十名炮台一名

南薹廟汛兵七名　烏礁汛兵六名千总兼轄

北溪頭汛兵六名（屬把总兼轄之）　三叉河汛兵五十名（炮台烟墩各一名）

港口隘汛兵額無考石碼舊志僅存其名縣志亦無載入仍存之

滸茂汛兵十名屬玉洲千總兼轄灣頭汛兵十二名東尾汛兵三十名石美汛兵二十名烏屿汛兵五名俱屬玉洲兼轄

按府志康熙二十年撥各營官兵分防石碼等處汛地十一年奉調進征汛务暫交陸路廿三軍海氛既靖各汛仍歸水師

公私城堡閩险附記

石碼鎮城康熙元年移鎮门城改築為邑险要地見縣志餘詳規則中

福河城明天啓间海寇劉香之亂居民所築見縣志劉香亂府志作崇正五年四月海寇劉香寇海澄乘夜抵浮宮知縣梁兆陽遣把总吳彪溓大破之

三叉河城康熙元年移鎮门城石改築亦為邑衛要地舊設守备一名海氛既靖易以水師把总今載城廢城内變為鄉人園地

玉洲城嘉靖间鄉人郭賡昂等築以防倭寇萬曆末圮于海漲順治二年都司郭之奇煽眾再築康熙二為海寇隓

石美城原係土堡嘉靖改築為城中設同知行署順治三年為海寇鄭香所據後隨於清兵康熙九年更築十七年復為海寇所據今圮

萬松関在岐山之间明崇禎间知府施邦耀築里人王必標董其役助二萬餘元

江東南北二城康熙二年建在橋北者已圮今橋南城亦廢

鎮门南北二城南在十一都北在廿七都里人陳天定築崇禎间知府施邦耀易以石康熙元年折其石以築石碼及三叉河二城

浒茂城係居民所築以避倭冦其詳無可考焉

現城内居人林姓甚夥稱曰浒茂城内

福河城旧有守兵今廢焉

十九

石碼鎮志 職官第八

長沙彭祖壽鑑定

石碼林鳳翺擇三氏重编

駐官沿革

石碼在前清初葉沿明舊制駐巡檢司一員以資治理即御營司乾隆八年大府議以石碼爲鎮市繁盛之區輪蹄輻輳商賈駢集奸宄易生雀角輙起非巡檢所能彈壓請准以漳州通判改駐石碼採龍溪志乾隆五十四年奉恩題准粮捕衙名改帰雲霄同知其海防衙名改帰石碼通判換鑄関防申报啟用在案嗣後溪海靖泰四邑

二十

内外海洋如遇船隻被刼有盈轄屬分之責嘉慶二十年三月題五月奉准飭行四縣知照在案先是乾隆四十八年巡撫部院雅以石碼海疆重地議将上洋通判要缺改帰石碼奉准依議石碼簡缺改帰上洋嘉慶十三年奉文石碼通判要缺改帰霞浦縣其霞浦縣簡缺改帰石碼廳經准本府移知在案民國成立更定官制省府州廳缺改石碼通判爲分防委員三年紳民以委員难資鎮摂請改設石碼縣經奉准派員会同龍溪县劃界分撥駐碼籌备在案三年迄力行減政遂罷前議改爲龍溪縣分駐科員四年奉令改爲石碼縣佐今仍之採石碼廳署須知冊

通判職權

石碼通判原司粮捕乾隆元年奉文粮務歸縣办理通判專司捕務兼轄海澄靖泰四邑凡遇盗刼大案有兼轄處分之責五十四年改換職銜乃專司海防事务并理民间詞訟一切户婚田土錢債細故等雜案以及清查保甲稽察盗匪私宰私梟私鑄邪教娼賭奸拐闘棍皆得審理按月詳報至盗刼人命重仍歸各県辦理乾隆二十七年奉委勘驗漳廠五營戰船具造冊結呈送督撫兩院及本司府道嘉慶十八年八月石碼原設驗掣闽鹽大使一員奉文裁汰其盤驗事务改歸通判管理二十三年十二月復鹽大使盤驗仍歸原闽办理光緒以还屢奉文兼办税厘課厘等局务至宣統末亡其他如督办警察禁烟原为戢务所應為故不并志

調駐石碼 柳營司 康熙五十九年調 乾隆八年裁

歷官

王育生 武生

陳汝貴 例監

張維周 例監

陳文顯 漳州府任歷

王朝貴 永豐巡司

趙爲梓

通判 乾隆八年調駐

歷官

劉夢驊 例監

楊琪 鑲黄旗例監

金溶 燕山進士漳州府拼理

徐尚志 江西高安拔貢署理

李應明 舉人署理

熊定猷 署理

石山 安慶府宿松県監生

石之璉 正白旗乾隆四年任

王祖慶 十四年回任

嚴文烈 大興人廿六年任

顧朝泰 無錫舉人四十年任

瞿建鉞 臨川貢生

善寶 鑲藍旗嘉慶四年任

那爾昌阿 正藍旗滿州監生

王祖慶 華亭例監

許齊卓 安徽拔貢龍溪縣護理

汪家琭 安徽進士

楊洪 鑲紅旗漢軍十年任

德克精額 鑲紅旗二十年任

李俟 聊城進士三十六年任

長庚 鑲藍旗四四年任

林靜 鑲黄旗漢軍

忠貴 鑲黄旗滿舉十八年任

祥祿 鑲黄旗人

潘覲光 無錫監生

鈕重瀛 歸安監生十七年任

曹銜達 浙江嘉善進士廿八年任

沈兆坤 廿八年任

董寅 三年任

左良弼 八年任

馬珍 四川松潘廳人十年任

韓晋臣 長壽監生

明貴 鑲藍旗漢軍監生 年任

卞祖同 陽湘監生光緒元年任

塔清額 正藍旗人

李熾 元江州廪貢廿二年任

童永清 廿八年任

謝世城 咸丰元年任

沈兆坤 四年回任

潘璣 九年任

楊汝器 同治四年任

斌敏 正白旗舉人

李屏 臨海監生十二年任

傅文光 二年任

李　屏 四川四年回任
劉秉清 山東進士五年任
方　某 八年任
曹文昭 十年任
畢大鎔 十一年任
潘文鳳 舉人十三年任
陳國鈞 十四年任
楊萬清 十五年任
高企辛 十七年任
陶濟福 拔貢十八年任
余振芳 十九年任
曹文昭 廿年回任
劉邦恩 十五年任
陳　某 廿六年任
賴濟成 廿六年任
裴仁壽 廿七年任
賴輝煌 廣東廿八年任
彭祖壽 長沙蔭生廿九年任
黃兆鈺 廣東宣統元年任
許德新 二年任
黃顯揚 三年任

廳署移案自經光復零落甚存故歷官履歷籍貫多無可考

民國歷官

葉　桐 安溪人光復補任
李景驥 閩侯人元年任
游肇源 羅源人二年任
李定祥 江西人二年任

自二年改名碼廳為石碼分防委員三年又改龍溪縣分駐科員有楊鳳旭竇榮昌林錫圭等駐碼四年有文改設石碼縣佐五年改換閩防呈報啓用在案

縣佐

塗彥昇 湖南人四年任
施澤霖 浙江山陰人五年任

鹽大使 雍正二年設據鎮志採入

歷官

毛國藩 驛丞
王猷禮 漳州海防
江化龍 海澄守備
吳　英 進士興化同知
魏如玉 照磨
沈　梗
蘇石麟 進士調海澄縣
吳彥遵 署南安縣
方士謨 福州海防
趙旭星 進士
鄭羽逵 進士原成都知縣
章　藩 例監調龍溪縣
張嘉誠
李　乾 舉人
景　璠 舉人調德化縣
禹　鉿 舉人
譚高鵬 舉人調平和縣
辛竟可 舉人
陳世俊 舉人

游擊 水師左營

歷官

陳　甲 漳州人

丁　斌 江南武進士

聶國翰 山東人

林佳桂 興化人世襲

魏國泰 泉州人行伍

林黃彩 台灣人行伍

潘林祚 福州人

鄭李嘉 無考

陳　敬 海澄人功加左都督

尤　鵬 泉州人功加左都督

王　爵 同安人行伍

韓嗣忠 龍溪人

鄭良達 福州人行任

劉　載 無考

林　洛 同安人行伍

鄭李信 無考

聶吳昭 湖廣人

許光祿 同安人行伍

林　年 龍溪人

藍武陞 漳浦人

劉　聰 同安人行伍

林　貴 泉州人行伍

歐陽敏 漳州人世襲

蔡　仁 海澄人

自綠營裁汰左署倒塌卷宗無存游擊歷官無從查考右據石碼旧志錄入年任皆疏略殊甚不得不歸咎於前人焉

石碼鎮志　選舉第九

長沙彭祖壽鑒定

石溪林鳳聲擇三氏重編

選舉

成周賢書之貢必加拜受三物之教必曰賓興賢良極諫之科始於漢文郡國孝廉之举始於漢武宣帝因地震而举文学实異举士之始也光武有歲举之制順帝有限年之条對策射策不同秀茂十無異隋置進士科唐因之然春官之試未聞也自元宋而試禮部廷試之对未行也自武后親試殿前設衛棘闈始於天宝下第入学始於開元進士試詩賦唐制也至宋変加經義臨軒賦詩賦唐制也至宋始定策試弥封官設於淳化謄錄院立於祥符殿試不黜起自嘉祐三年一举定自治平明洪武三年開科取士尚仍元舊十七年定科举程式士各專一經並四書一場試七藝二三場試論表判策子午卯酉鄉試辰戌丑未会試殿試則試策進士及第出身有差定為制

唐科目

秀才　明經　進士　俊士　明法　明書　明算

一史　三史　道举（謂通老子學者）　開元禮　童子

宋科目

進士　特奏名　雜科（進士特科之外是為雜科耳）　鄉貢

元制羅博宏学詞專设進士分蒙古為左榜漢人為右榜

明制專设進士罷詞賦

清制選舉悉仿明制

明進士（石溪閩革始於嘉靖嗣後甲科亦起於此次等志錄自進士追于庠監并志之）

世宗嘉靖廿六年丁未李春芳榜

蔡　文 貴州右都副御史

神宗萬歷二十三年乙未宋之蕃榜

鄭懷冠 浙江副使

懷宗崇禎十三年庚辰魏藻德榜

方文耀 直隸河間府知府

清進士

聖祖康熙三十三年甲戌胡任輿榜

蔡目光 綦江知縣

二七

康熙四十五年丙戌旋雲錦榜

鄭亦鄒 內閣中書

世宗雍正元年癸卯恩科楊　炳榜

鄭　溥 泉州府學教授

雍正八年庚戌沈昌宇榜

陳天寵 兵部職方清吏司主事

明舉人

世宗嘉靖廿五年丙午洪世遷榜

蔡　文 丁未進士

神宗萬歷十三年乙酉李光縉榜

陳汝錄

萬歷廿二年甲午王鐵榜

鄭懷魁 順天中式乙未進士

萬歷卅一年癸卯林欲楫榜

鄭爵魁 順天中式苏州知縣

熹宗天啓元年辛酉范　方榜

陳叔忱　蔽劍銘

天啓七年丁卯戴震雷榜

鄭龍楨（府志作懷魁子）　姚一洙

懷宗崇禎三年庚午張能恭榜

二八

高嵓

崇禎六年癸酉陸布韶榜

方文耀 庚辰進士

清舉人

世祖順治八年辛卯陳聖泰榜

蔡時中

順治十四年丁酉吳　孟榜

鄭之惠 丘縣知县

聖祖康熙十九年庚申曾　炳榜

蔡日光 甲戌進士　郭茂才

康熙卅二年癸酉鄭基生榜

鄭亦鄒 丙戌進士

康熙四七年戊子林　昂榜

楊菁開

康熙五三年甲子林廷選榜

鄭　溥 癸卯進士　林文翔

康熙五六年丁酉黃煥章榜

林日章

康熙五九年庚子謝道承榜

陳天寵 庚戌進士

世宗雍正元年癸卯廖學聖榜

洪體元 浙江分闱

雍正四年丙子吳士拔榜

一 劉公篤 長汀教諭

雍正十三年乙卯黃元寬榜

巖光遠

乾隆元年丙辰恩科蔡雲涏榜

郭成郭

乾隆十五年庚午藍彩琳榜

康光國

乾隆三十年乙酉王國鑾榜

姚嘉謨 榜作陳姓　姚全聰 錦田人

明進士補遺

卋宗嘉靖四十一年壬戌申時行榜

吳　善 紫泥人兵部右侍郎總督兩廣

清進士補遺

世祖順治十八年辛丑馬卋俊榜

康孟侯 漸茂安山社人海澄籍罗平縣知县有惠政

卋宗雍正二年甲辰陳　悳榜

吳開業 紫泥社人祈门縣知县

明舉人補遺
世宗嘉靖三十七年戊午黃才敏榜
吳善 壬戌進士
清舉人補遺
世祖順治十四年丁酉吳　孟榜
康孟侯 辛丑進士
聖祖康熙五十年辛卯許斗榜
吳開業 甲辰進士
高宗乾隆五三年戊申 預行正科 韓学秦榜
鍾儀鴻
乾隆五十九年甲寅恩科揚恵元榜
鍾南 儀鴻子
宣宗道光廿六年丙午黃維岳榜
高承恩 石碼高坑社人內閣中书
文宗咸豐元年辛亥恩科孟晉叡榜
周靈楷 原籍石碼榜山社人遷居海澄
咸豐二年壬子陳翔蜚榜
張鳴珂 石碼人內閣中書
德宗光緒十一年乙酉
周耀青 靈楷子
光緒十九年癸巳恩科林旭榜
曹謙 住石碼新行街海澄籍

三一

清貢生
聖祖康熙十二年癸丑
鄭嘉錫 歲 澄籍石碼人主惠兄溥祖
康熙三十六年丁丑
康伟然 恩 溪籍興化教授
康熙五十三年甲子
康匪開 副榜 溪籍宣德教授
世宗雍正九年辛亥　五年丁未
康捷 歲溪籍
連兴朝 歲溪籍
雍正十二年甲寅
康天墀 拔溪籍
高宗乾隆二十年乙亥
方德清 歲溪籍
乾隆四十二年
連家瑋 歲溪籍

三二

乾隆四十九年
連臚聲 府歲溪籍
仁宗嘉慶
吳長綖 歲溪籍
苗安禮 歲溪籍
苗安邦 拔府学溪籍
翁長春 歲溪籍住田尾街
宣宗道光八年戊子
黄雨辰 副溪籍
道光十一年辛卯
黄陽春 副溪籍
道光廿六年丙午
張鳴珂 優溪籍住石碼
道光廿九年己酉
盧春魁 拔泰籍住石碼大田厝
文宗咸豐五年乙卯
林龍光 歲府溪籍
洪澤元 歲溪籍住碼郭厝埕
方乾楷 歲澄籍
咸豐九年己未
方時雨 飲賜副榜澄籍
咸豐十一年辛酉
謝紹箕 拔泰籍

穆宗同治二年癸亥
吳昌 恩溪籍
同治六年丁卯
張致身 歲澄籍住碼十六间
同治十一年壬申
許乃郭 歲溪籍住碼下南坂社
同治十二年癸酉
陳開貞 歲澄籍住碼祖田厝
德宗光緒元年乙亥
詹錫圭 恩府学住碼蓬萊街
光緒五年乙卯
蔡時榮 恩溪籍住碼大港墘
康翔 恩澄籍住碼祖田厝
光緒十一年乙酉
陳衡南 岁溪籍住碼訓義埕
光緒十五年
方琮 恩澄籍住碼登第社
光緒十七年辛丑
戴黄图 恩泰籍住碼双福街

特用文職

王文裕鄖陽知府

陳文倬瓊州同知

陳文芳刑部郎中

特用武職

蔡裕 明以副將累陞都督登州總兵

雲龍 清副將

連烺 參將特授昭勇將軍福營隨征恭將事實詳府志

連起龍 康熙由擢勒營千總功功授崇祿大夫左都督世襲拜他喇布勒哈番又一拖沙喇哈番

三五

連日省 康熙間任海澄公標守備

連光耀 康熙間授福省撫標守府

連高陞 乾隆四十五年任台灣北路淡水營把總

明薦辟

連象 廣東巡檢府志有傳

連周耀 任廣西寧化府巡檢掌珠池府志有傳

連茂 江西建昌府司獄

明封典

林經賢 以子司累贈戶部員外

張拱 以子倬累封刑部員外

蔡弘安 以孫文贈右副都御史

蔡德流 以子文贈右副都御史

吳祥 以孫善贈仝上

吳章宇 以子善贈仝上

張師洛 以子廷棟贈行人

鄭萬 以子懷魁累贈雷州知府

清封典

康宿寀 以子孟矦贈奉直大夫

康元矦 以子偉然贈文林郎邑志有傳

吳璘 以子開業贈文林郎

王經熙 以孫文祇贈中憲大夫

王維 以子文祇贈仝上

陳明祥 以孫文倬贈仝上

陳崇瑞 以子文倬贈仝上

陳崇盈 以子文芳贈仝上

明任子

吳廷覲 乃善子太常寺典簿

三六

議員

民國六年重脩邑志議以議員殿選舉蓋我國自清末廢科舉行憲政議員之名始見於此其法雖仿自歐西其義即古者鄉舉里選之遺也殿諸選舉允妄疑義石碼為龍溪自治第八區依自治制于宣统四年秋設鎮自治會越民國三年袁氏將謀帝制乃先解散國会於是省議会概城鎮鄉各自治團体亦莫不同時停止未幾袁氏雖以帝制敗然自是天下多故國會屢而更散而自治團体則終妄召集之日不惟吾國然也歷観諸先進國何獨不然哉兹將第一次鎮自治會全體員董臚列於左

議長藍汝漢　副議長林振家　議員謝若蘭

陳瑞芳　黃鴻謨　姚錦芾
何湯臣　楊承恩　蔡汪生
王春江　王漢宗　林醉光
黃呈祥　鄭鄭賢　劉鄭南
連振坤　徐海润　郭先登
陳國瑞　徐守安　總董連城珍
董事鄭良鋅　吳雅音　蒋金輝
陳傳祚　林開春

三七

石碼鎮志　人品第十

長沙彭祖壽鑒定

鄭深道　洪武丁卯舉人授梁府紀善

鄭深道名文多踖　敎字行洪武间奉旨視两淛盐運司獄康浔數人非其罪出之比逯其人懐金尾舟後以謝唆却不受永樂末陞司経局校書時仁廟在邸屢承諭问稱旨召入侍経筵以学问老成操履清慎褒美之授梁府紀善正言讜論輔益宏多年七十致仕歸乃重新观瀾書院以教鄉子弟著有存養輯畧棲遲集等書年八十二卒贈太子太傅

一

連象　明成化时人

連象字凱範始祖曰南夫宋紹興间忤權相避居郡東之秀山因家焉象少好學有幹才隱耕潘尚書榮康其名訪之談竟夕歡甚碩潘貴象不屑往見之潘既重象會朝廷令举所知遂以象應給郵赴部忌者中之出爲廣東臨高巡檢時流冦秦若曾刼掠邑境蹂躪者累月象設計攻之生擒巨魁捕斬賊徒數十餘悉憤散去遺因举賢良象竟不就引疾帰隱結廬於山中與同志者相與唱和爲樂尤好建德於鄉卒年六十有九云

林同　大順庚戌進士

林同字進卿平林人官工部主事歷户部郎中撮錢穀樞要作指南錄從政者皆以爲便成化庚寅保定飢奉敕賑濟明年擢江西左叅政權貴請託皆格不行宏治庚戌永福賊亂同偕總兵官馬俊禦之賊平陞浙江右叅政督理粮儲力革諸弊陞廣東布政條示利病二十餘事督郡縣行之又勸民行呂氏鄉約及文公家禮年七十致仕帰隱同之为人柔外剛中勇於爲義嘗請郡県移建觀瀾書院於文山置祭田以脩祀事自出資營大宗祠以合族人居官四十年卒之日家無餘資

二

張綽　宏治癸丑進士刑部主事歷郎中

張綽字垚寬明慎敏練宏治丙寅奉命恤刑兩粤便道過家潮州有殺人當死者織多金因隣戚以求脫綽叱去捕置之泫時海禁甚嚴闻宗人私造巨船将越販命亟焚之綽内行至惇恤兄弟之孤爲己子與人交惆窮濟困師友之誼則尤篤云

蔡文　嘉靖丁未進士官至貴州巡撫

蔡文字孚中嘉靖间出治柳州柳雜夷酋文化之以德多懐服土舍羅護負固據羅城堡侵民田数百畝當道莫能制文曰頑冥不可長也乃躬往勘治之累迁貴州潘司會督撫征水西兵敗文爲設方略土酋以平陞貴撫貴跨滇蜀粤諸猺恃險跳浪文督師征之凡三奏捷以母憂帰文性沈毅䏻淅臬時内臣李佑以督造丞妄自尊明三司文抗不为屈張居正柄國文以同年生耻攀附尋常寒温而已其風節可概見矣年六十五卒著有一淂語闻見錄戢方抄及集稿数十卷蔡文乃宋儒蔡沈之孫

三

張綱

張綱字本纪綽之弟也亦篤行從伯喪不能葬則與之地從兄歿不能殯賻之財課諸子学曰業欲一思欲深科第有定勿外慕如綱之言蓋幾於々知道矣

吳　善　嘉靖壬戌進士官兩廣總督

吳善字元夫碼䃜泥社人官刑部主事恤刑廣東多所平反擢永寧兵備諸獞多反覆及夷其巢柵列為編民建市廛通鹽筴教技藝獞皆向化以軍功又擢按察使歷布政對歷癸未晉應天府尹尋以副都御史巡撫廣西時府江猺叛平樂兵又告变所在焚掠議者謂宜姑綏撫之善曰養驕寇如養疽不治將潰遂躬率入險阻平定之詔加秩賜金轉兵部侍郎督兩廣軍务值海南黎猺叛遂以勞卒於官加贈予祭葬蔭子一相傳歿時署中有光如斗上出半空乃滅

連周耀

連周耀號藍田岐山人嘉靖間有司以人才薦任廣西宣化巡宰有能聲奉委掌珠池事尤以冰操勤慎自勵迨官歸囊橐蕭然僅携古瓷器一具畜金魚置堂屋中間玩之不事家人產業可想見其風致矣

四

楊寰威　嘉靖時人

楊寰威石碼人貌魁偉極驍勇里人號為楊大刀嘉靖間沿海倭亂会威客海澄聞倭由滄泉入寇威曰桑梓數遭慘毒不殺賊非夫也乃與義士陳萃禦倭於大徑嶺殺賊無數時因援兵不至皆戰死賊斷威首去屍挺中三日不仆鄉人義之鎔錫為頭并萃合葬於嶺之南〻二人者執干戈以衛社稷間赫然烈丈夫也後人稱其墓為錫頭公　佛仔嶺頂里人立一祠塑像以祀之現義士陳萃之像猶存

鄭　萬

鄭萬碼人也精醫術治病不主故方而時得奇效嘗治某太守夫人兒啼腹中病令傾圍棋子一盒於地令二婢夾夫人俯拾之未半而啼止蓋兒在腹中口失乳根而啼毋俯身以乳根就兒得乳則不啼也既而太守得其即秋提信喜甚頤張不可合召萬〻知其由故不應時至既見又故觸之守益怒鄭走出使人再召萬曰守之病已矣使還果如萬言蓋喜極當濟以怒也鄭素為人慈善貧者每代煮藥令飲之子懷魁爵魁均得第名噴一時

五

鄭懷魁 萬曆乙未進士官至浙江副使

鄭懷魁字思輅穎慧好学家貧從人假書抄讀経史百家鷹目淹貫迨成進士選司褒出營北新積囤以千字文為標黠者偷移之乃易以韵書偷者莫别遂絶其弊已而移署上供大璫索珠具甚急魁抗疏言微臣不能化沙礫為明珠旨下減十之三旋為處州守聽斷甚勤民稱為半餐太守後備兵三衢盜賊遠遁行旅便之去官时唯書數篋而已家居養母極歡撫諸弟俱皆成立為文覃思博奧長於駢儷著有葵圃集瘦仏小草蓑民賜筆蓮城咏等書弟爵順天中式蘇州知州與兄並齊名於世

鄭爵魁 萬曆癸卯順天举人

鄭爵魁字瓚思幼從兄学懷魁結社漳江與里中張绍和同郡王志遠輩名為七子爵魁游諸公閑日承指授学大進古文詩詞俱成體绍和嘗称之曰此居家公敏也志遠亦言季鄭才雋如軾之有轍举癸卯京兆仕至薊州同知爵魁雅精人倫鑒少重周起元之為人深相結也嘗賦夾道青松詩起元和之爵魁稱其害言遥深凜然見歲寒志後果如所稱云

六

林憲

林憲字士從即方伯同之孫也應嘉靖二十八年貢授南國子監学正出判撫州廉隅可嘉时有官家女許字諸生金節尋憎其貧欲悔之謀與絶納金五百於憲請勿竟其事憲佯諾之及对簿出所賂金勸之曰尔悔婚為節貧也今以五百金予節可無貧即訟庭具禮而帰之後節秉守漳南道值憲已卒為之襄葬事焉

張廷棟 萬曆庚辰進士

張廷棟字國材乃绰之曾孫也授行人数使諸藩餉饋一無所授曾道経吴越可知為塩筴御史一賈人被誣其子夜献多金求白棟唆却之然其寃可悯乃容白於御史事得釋賈人不知為公力也為大行十載屏跡權门會吏部郎缺当事将用之或告廷棟当趋謝卒不往當事啣之不典調已丑改儀制司主事踰月而卒事母孝有不懌必免冠跪床下母意釋乃止鄉國有大利弊輙以義爭之如議改容兵營於西郊開城濠疏滯去淤里閈至今猶称不絶云

七

張廷榜 萬曆甲戌進士

張廷榜字登材廷棟弟也太平時為民請律令設鄉約簡賦役儁穎圯搜紀乘暇則課士自作文示之旁邑才名士多負笈願從使君游擢鎮江丞署篆吳江竟以不善事長官論罷士民痛惜之著有布鼓初聲盥耳吟夢醒話等卷

廷棟與弟廷榜結廬錦江自相師友一日有里友許暹至其舍見張兄弟籌酌高談品第一時名士榜曰所見有凡耳棟曰無如弟也既而曰此外何人差強人意暹乃掉臂闖入拍張肩曰好主司亦差不瞎三人大笑相與傾罍盡歡而罷後二張成進士許亦舉於鄉云

張燮 萬曆甲午舉人

張燮字紹和廷榜子幼穎異長博羣書與鄭懷魁蔣孟育林茂桂高克正王志遠陳翼飛稱七才子性孝不求官達歸侍父結廬石江怡然自樂天啟間何喬遠疏薦與脩實錄諸名士多勸駕終不赴人稱為徵君既灾禍大作燮猶飄然幾先眾比之申屠蟠郭有道黃道周嘗云文章不如張燮一時海內鉅公咸造廬訪之校書萬石山中著有霏雲居集閩中記東西洋考及所刻七十二家文選行世

張于壘

張于壘燮子也七歲能詩有明月小池平之句年十四隨父入閩與諸賢即席分韻倚待立成四座擱筆遍游吳越所至皆有詩名廬山看雲句溪中一片雲分作千林雨唯聞溪流聲不見溪流處又陶元亮歸里詩云陶令憂世心醉以頭其節眉為斗酒攢腰豈斗米折不必窮桃源自與人境別三徑雖就荒落英猶可擷清思雋采雅韻欲流惜年二十二歿矣漳有幼清祠祀張童子即于壘也

蔡裕 天啟間人

蔡裕石碼人初應募山東以擒徐鴻儒功擢千總遣內璫高寀運福建糧資船沒於登萊榜招撈資裕應招入水以連環鉤釣取無遺旋值軍功陞登州游擊崇禎五年孔有德據登州反裕力戰少利改隸萊州敗復困之裕堅保城池日暮突出城奮勇斫賊追斬甚眾城賴以安陞副將癸酉三月擒斬賊党毛承祿累功晉封都督賜上方劍開府便宜行事裕沉雄勇決善用眾長能得將士心後卒以身殉國初父梅廷從外家居江東迺於柳營建坊焉并贈及三代

方文耀 崇禎庚辰進士

方文耀字翟公授户部主事典試雲南補河间知府旋奉敕督餉遼東甲申之变道梗乃间従海道帰閩唐王召拜兵部郎旋丁内艱解職清師下漳州帥府闻名欲見之耀不可辱餽之不受亦不謝遂遯入粤隱於肇慶莫羅山陳天定寄以詩曰處居如今戀汗顔君行度嬾我依山堅持七尺綱常事萬里来歸鱷海灣子珀垓皆知忠孝大義兄弟俱隱不仕云

李耀宗 順治时人

李耀宗家福河素好善利于桑梓者皆勇為之順治壬辰海寇圍漳食人炊骨闔城餓死殆尽既解圍耀宗傾家財使僧闻曉往收遺骨得七十三萬具作五墳瘞之即今南関外萬善寺也布政周亮工義之為之立碑紀其事且旌其盧曰一鄉善士時共同事者有王耀李一龍陳永得林員明等云

十

鄭亦鄒 順治丙辰進士

鄭亦鄒字居仲博極群書闻寧都魏叔子善古文賫粮往謁之遂游江淮歷豫晋下楚粤帰而户著述鄒為諸生时名已滿大江南北迨成進士授内閣撰文中书與方望溪何屺瞻等交善契鄒爽於仕進未幾告帰结廬白雲洞之麓倡南屏文社四方学者多従之游張清恪伯行撫閩聘為書院正学康熙间滚薦入纂脩館未赴而卒著有白麓莊书十数種皆散佚唯存樂府一卷詩文鈔卷従子溥

康元侯 順治人以子伟然贈文林郎

康元侯字錫公弱補諸生順治九年海賊由廣丕掠沿海入漸江元侯親督里人列舟以戰殊死鬪賊垂却而他舟動賊遂登樓従元侯後剸其背而殁族叔催宗及里人同死十數人焉

連烺

連烺字雲伯生而英敏慷慨狀貌奇伟当是華间沿海震動舍举子業従事戎行時和碩康親王统兵南下見而奇之拔置左右授福營叅將随征調遣進䒭務以不擾民间勤据兩載丁外艱懇請終制其明年楊將軍捷奉命平閩檄召之力以父喪乞免海上蕩平在事諸臣皆第次錄用公以宗社邱墟思安集之無复仕志倡建宗祠邀師儒立条约俾族姓無逼举時溯江而上倫然遠寄形諸吟咏年逾髦期猶能作小楷自偏其集曰鴻江滌草人之望之者不知其起家將材也有司擧赴鄉飲雍正初元并受恩錫壽九十七終

十一

錢時洙 康熙人

錢時洙字泗客少倜傥不羈博涉经史歌詩樂以忘倦游東瀛數歲歸文思益壯有波屬雲委之概從游日廣多所成就時石溪故名才藪碩交者皆言儒脩若泗客品潔学深文粹於理醇乎醇矣微斯誰友哉泗客入澄庠仲子亦拳諸生

蔡日光 康熙甲戌進士

蔡日光字于章父時中日光稟承儒業邃於经傳與同里鄭亦鄒齊名時人称為蔡经鄭史知綦江縣多惠政綦士治经不為易学日光曰易為五经之原也奚可獨缺為刻周易傳義以度学宫月課諸生经解一通是科鄉闱以易雋者四人及去官綦士祠之榜曰易教開先晚年里居勵名節时称其康介

十二

周之欽 康熙时人

周之欽字君德母黄早丧继母涂氏举一弟之炘而父亦亡继母患目疾百药弗效欽日籲天每旦舐以舌目遂明家貧力作撫弟讀書及長為娶婦弟亦游庠欽喜曰庶成立矣嫂欲分爨时欽已力積置田數畝弟請分半欽曰尔讀書授徒曷足给尽以田與之乃力作自養里人歌之曰憂母目疾以舌舐之撫弟讀書讓田與之既孝且友誰其比之請諸有司旌表其廬

詹明章 康熙时名儒

詹明章字士峩海澄人隱居自樂不求闻達壮歲嘗客游燕趙齊楚秦晉廣滇黔所至偶與賢士大夫交时為當事畫弭亂平边之策足跡屢遷若藉以晦其肥遯之跡者晚歲结廬石溪造儀封張清恪伯行撫闽聘主鼇峰輯脩先儒書魏荔彤守漳視式其閭為築景雲樓月餽以粟康熙戊戌景雲樓傾於風雨僦居斗室中日無再食許孙有飢色而明章殊蕭然自得也李相國光地假歸欲見之以老病辭年九十三而卒蔡宗伯世遠表其墓称曰黄山先生黄山力学老而不倦尤精河洛之旨未嘗授徒講業而以貫穿六经上下諸史以悅事物之理不肯為无用之学者著有诗文集经解易義等書凡二十餘種

十三

洪廷珪 康熙时人

洪廷珪字子轄號顒園世治詩書與弟弘绪同游庠初值瀕海干戈雲起欲投筆從戎為保寧家族計父慧浦厲聲叱之曰我家一经箕裘矣可改憲遂卒業於儒游其门者多奮飭儒脩孝廉劉先篤得其学最深珪性至孝好施與淡薄自甘處家人渾厚善少長悉以從讓故其子弟多醇謹年八十二猶赴鄉闱步履如飛

方元輔 康熙人

方元輔字畀甫明進士文耀孫也食餼郡学文必擇闡理原道者
乃誦之恢奇不貴也立行狷介事無巨細持之以慎根剌賓朋睹
必選無瑕書必端整從游在门庠序則呼字餘乃名之待昆弟以
礼處党里以和子弟見之無敢隕越狂躁浮薄之子遇于途畏匿
汗下人欽其方正称醇儒云

林在山 康熙癸丑举人

林在山字貞夫父殁事母至孝初以文優食餼每給廩帰谓家人
曰此君恩也以養母慎勿他費鷄鳴起炊粥供母餐不令家人代
食已乃就館在山持家儉而養母則偕其弟肥鮮未嘗缺歷四十
年如一日者歲鬢漬髮巳華輙塗药黑之蓋恐以老狀傷母心也癸
丑領鄉薦例補司鐸以親老不就母壽百歲恩賜肉帛有加以天
年終在山哀毀過傷亦尋卒鄉党称為孝云

林文翔 康熙甲午举人

林文翔字雲將家居敦实文学優博丰儀峻整甲午與郑鶴亭同
举于鄉时在東江文社雅負才名大宗伯文勤蔡先生與文亭愛
重之嘗言郡中文章品行若雲章者誠不多得歲庚戌雲將赴禮
闱為東山參史徐公所拔以額滿阻會曲江徐公不勝惋惜蔡先
生於座中拍案嘆遺保出仕雲將以母老固辞侍養平生嗜臨右
軍筆法號飛亭每書人護之称曰飛亭帖

十四

陳之彥 康熙人

陳之彥字元美力学勵行性剛勇嚴毅唯處昆弟相對怡愛翕如
子侄見之不命坐不敢坐嘗讀史遇大奸悪輙悲憤裂眦似欲起
其人而尽殲之乃快隣有老媪貧且病子賭蕩竊其家豕賣諸屠
媪奔訴之彥立入市擒其子并豕歸令跪母前服罪且戒之曰不
痛改吾请三尺法治尔無悔也里人惮甚方正相戒為善曰有過
勿使陳君聞之

陳乃章 康熙人

陳乃章字雲平與徐岷川江来並為諸生執文場牛耳黄唐堂之
按漳試溪邑雲平第一岷川第五古学漳属亦雲平一岷川則第
二越数載林雲將文翔以公車入都於旅中晤江西会試者詢知
漳州人具问貴府有陳乃章徐江来乎曰同社也何以相識曰曩
從唐堂校文闽中讀两君試藝詩賦甚激賞至今津津齒頰两君
才子也且訊近状又何而尚困於鹽車乎語罷復為嘆息

十五

康偉然 康熙丁丑恩貢

康伟然字驪仙以恩貢教諭羅源日召諸生請求正学上書條陳謂周程張邵位次宜右漢唐諸儒朱子既升十哲其高弟黄勉斋陳北溪及漢之河间献王并宜列入兩廡以光祀典迁兴化教授首揭白鹿洞規條誘進諸生周緩急卹脩脯一如在羅源時復捐脩大成殿明倫堂以老告歸家居撰述猶能作蝇頭楷書臨殁遺命不事浮屠生平為学以居敬為本其教人久而不倦兴化羅源之士相与祀之学宫所著有四書説義孝経衍義輯要八閩鄒魯及永貞文献兴安人物志学者称為中江先生云

嚴仙蔡 康熙时人

嚴仙蔡字太乙紫歡長身丰姿俊爽雅負詩名与言皆清遠工西着墨蕭疎四壁凄凄桐蔭覆榻觀察使李公玉鋐慕之延署中两载多酬咏著有碧梧菴詩集

方元銓 康熙时人

方元銓字衡庚明進士文耀孫也為人誠篤好義不顺然诺州里交相推望壮年游國学聞誉益高鄉人有紛争莫解者輒為平釋其憾以去故人尤以是德之石鎮下碼武聖帝廟明嘉靖间禮部林君士来设市时所建也歲久将頽元銓見之愀然曰是先哲規

十六

置遺跡也乌可聽其傾廢因鳩鎮中人士更新之康熙乙未落成復倡置義塚脩橋造路凡有善举靡不勇為殁後有閙訟不已者莫不追念衡庚不置也

鄭日就 康熙时人

鄭日就字遜旼九歲喪父事母先意承志怡色柔声隣里称孝壮歲与弟日将俱入成均母老其翁如晨夕绕膝嘗語人曰乃父在日無以樂也年八十二而卒日就子天傅天德相承恂恂濟美無改父道同居四世人皆羡之天僖字君友天德懷遠亦後先遊國学

林文桂

林文桂字贊兴性醇謹樂善好施嘗置義塚三所以資貧不能葬者溪澄接壤江流之衝都人謀建石梁而艱於費文桂闻之獨資以匡其事年九十四邑侯蔣公運昌扁其堂曰仁者壽以褒美之子士元孫鳳儀俱入國学鳳儀尤善楷法學亦有聲

連茂

連茂字陞如松號也初市柑于天津值所交一貴官貲累伐乃傾囊予之赤手留都窘甚未幾貴官復職為例授北京巡簡治裝還之居有年汀轉西建昌府司獄而貴官遣以代巡至諸屬官皆免

十七

揖报建昌連司獄名邵闹中门握手延入公囙不敢按院曰吾以故礼見強挽之行一时觀者咋舌践在官时善恤囚或見從因令下罪者皆罹拜感泣而去無俘棄戰携妻子遨遊匡廬自浔数年而返卒年七十二云

郭之球 康熙时人

郭之球字商寶早喪父事母唯謹时海氛烽烟未靖撫諸弟拮据俾有成立亂定躬操贏自資家計平生恂行重儒雅禮師猶隆其長子承寵游國字季子承恩入郡庠有司嘉其篤行褒額以荣之

連永昌 康熙时人

連永昌歧山人母黄氏孝事翁姑國初遭亂流離轉徙翁病家貧不能贖药黄氏黙禱于天割股肉調粥以進翁食之病尋愈後黄氏染病篤永昌年十餘歲亦叩天禱祝割股以療其母将卒子婦環侍始道及啓視刀痕未滅卒时年八十有二矣

吳開業

吳開業字和仲棠泥人四歲喪母父教之讀知感奮弱冠父又忘益刻苦自勵思有以表見於時康熙辛卯举於鄉越十四年雍正甲辰成進士知祁门縣悃愊無華愛民礼士恂々然追古循良吏

十八

幾政仕遑家居二十載廣陽弥劭学者宗之掌教芝山勤訓廸曆五載遊其门者咸有立年九十卒郡人士以老成凋謝益傷醇懿之未易数々觀也子元瑞字謹孚丙子举子有至性庚辰上公車都中聞父訃八千里匍歸哀毀踰恒遂病瘵至家益劇竟不起年五十七

黄有介

黄有介字君賛为諸生廣矜清刻朋友鮮可其意晚年遂経学篆隸尤堅勁曹公起賢権税鷺江延署中累月僅浔一幅曰典型可欽不作近玩

十九

鄭溥 雍正癸卯進士

鄭溥字百泉居仲涎子也弱冠受知学使沈心齋涵拔取澄學第一为人雅飭而博學多才自経史以至方书地理靡不精究工詩及書画尤绝妙時人称為錦江才子授泉州教授卒於官

嚴光遠 雍正乙卯举人

嚴光遠字四被博学能文少與兄與智齊名兄殁養其母益孝謹授任不敢出百里雍正乙卯举於鄉一上公車因母老遂不再赴掌教儒山書院士之有文学者多出其门年七十餘终子錫祉亦為名諸生膺岁薦光遠澄籍居石碼

二十

王　維

王維字國俊別號西巖少讀書能知孝友仁恕比長惟務治生置產以營祀田讚先緒為急伯仲分居推讓無矜容自奉甚約語其兒曹曰余非吝也留此以廣濟人之需耳歲丙午大飢乃出家資以賑桑梓貧無生計者輒貸以資使居積或困乏甚焚券之審其人無匪更貸焉終心如一日以是人皆德公長子文秩知湖北鄖陽府政治有聲乾隆十六年覃恩誥贈中憲大夫併逮先世子孫貴顯甚多

張　養　雍正时人

張養鴻岸人弱冠攻書屢困文場乃投筆以韜畧上謁軍门提督許公奇之擢把總雍正十年台湾北路土番為亂養聞警请從征軍至半線未番頑敵猝至養奮勇爭先敵來益衆身陷重圍馬墜淖泥中養躍起步戰自午至申殺賊無算賊引去忽為流矢中鼻死次日敵遁鎮軍呂公援至見養屍挺立坡间手拔箭作殺敵狀公嘉其勇奏賜祭葬乾隆二年追封忠義將軍賜入祠祭子耀武世職千總

二

郭成郭　乾隆丙辰舉人

郭成郭字若霙幼嗜学工制舉業兼治古文詞原本經史尤服膺朱子大全至古文家最愛歸震川集手丹黃至四五次故所作皆精邃淳古时流莫能及也鄭亦鄒倡主南州社偉其学表以風社中入南靖学試輒高等與莊副使亨陽齊名晚始舉於鄉公車歸遂不復出家故貧所居不蔽風雨常杜门著述浩歌自得也凡求文者非其人雖厚幣悉郤之老益潛心学理常語人曰学以不欺為本曾子誠意子思慎獨以及周程張朱之奧旨括此一言因榜其所居為不欺室卒時年七十餘矣

洪　龍

洪龍字伯雲號寧洲鴻江人儒雅工詩以世勳襲蔭都閫東駿遊都门匹馬往來汴梁泰岱姑蘇廣陵间與賢士豪傑游名濟南翔戊午出鎮翁州翁乃瀕海要區至則傣士卒明紀律鎮茸滌悍時駕巨艦衛洪濤巡洋以安邊囯海疆無事則横槊長吟輕裘緩帶與陵州李徵熊文善酬和最多李為序其詩以行世又寧洲者誠可與古儒將風流相頡頏矣

羅錫皇乾隆时人

羅錫皇字邇之受業郭成郭之门粹然得宗旨弱冠以郡試冠軍入学受知汪棣園是时多士習辭藻為詩酒會羅獨閉门脩宋儒書治經务敦实行少夜偶有寡婦置私奩五百金欲嫁之媒告羅謝曰我寒儒若莫逆我苦也媒之奩告何患貧羅峻却之生平言規行矩廉受而惠施其教人寬而肅於後学多所成就年八十餘尚應歲科試学憲汪持坐大加獎賞呼之額曰耄而好学及殁人皆嘆曰後生輩失一典型矣

洪光宇乾隆时人

洪光宇字宗之性孝友幼穎異力学不倦捐長知慕義期許自高作上以方正為準歲甲辰見知于督学黄公以額滿阻遂入辟雍聲聞日廣凡同学有所建議每質其識以濟石溪營建紫陽書院經紀祀產賓儀義学董其事始終無缺和平衆口乾隆十八年郡司馬石公山徵集鎮志飛其任宗之即潔除庭軒共相參討倫凡搨宿粮陳饌以給繕寫者志甫急殺此书竟無刻本人咸謂士林中義舉莫宗之若也

三

石碼鎮志 方外第十

長沙彭祖壽鑑定

石溪林鳳翽擇三氏重編

施八功德水草庵長老

草庵長老儉質日间無事茶粥浣衣洗沐約用水七觔庵口置瓦缸二貯水待遠行者病者渴者懸一版横書八功德水清冷香柔甘凈不蝕弱疴每鳴鐘上煖水仍滿昏晨不缺息不與語其徒曰武林禅师見拈吾书往後遂無继水

渠庵和尚

法印大師築招提向水涯曰渠庵师具大辯才契宗旨乾隆丙辰年於五福禅寺開壇參戒者百餘人師退渠庵每入定月餘不出樹陰滿院坐夏忘暑庵外桂反旋折通五板橋

提樹禅师

提樹禅师寶月寺即浙街尾住持也寺在鎮城外西北净光蘭若即師講經入定處前臨水庭木森森晚鐘初撞雉堞城高共水光木陰互映夜深常聞梵貝聲令人作脫塵想师戒行清嚴為一时禅宗江城不蔽窕禅月戍鼓更參入定鐘乃子牛贈師之句蓋纪实也

一三

穎慧禪师

穎慧住石溪下碼関帝廟之石室三十年矣廟為嘉靖间禮部林公士章所建穎慧乃其支属世家子也能詩善談禪逢釀墊疏新遺書邀客銜杯恣咏或闲坐則掩扉避俗凈掃空堦太乙雲平過訪狂弗自持否則俯首房中莫恤人怪穎慧高僧哉不屑屑折旋于方内

二四

石碼鎮志

祥異第十

長沙彭祖壽鎰定

石溪林鳳歊擇三氏重编

戊申年水災実録

石碼自前明宏治開埠以来遭水災者屢矣然未有如光绪三十四年秋九月二十至二十三等日受災之劇且廣者先是自二十起暴雨傾盆狂風拔木倏忽间地決山崩洪濤怒湧查其災源其一則自永定平和南靖始經靖轄之蓋港梅林奎洋長教施洋至船塲南坑山城以達南靖其一則自龍山湧口碇口逕奔南坮両路匯騰海靖邑穿漳城直至石碼各鄉及角尾等處入海災區之廣綿亘二百五十餘里建瓴而下平地水深二三丈廿一日午後水入碼鎮入夜八时水高没屋一时房舍傾塌聲男女哀號呼救報風雨澎震報洶濤奔擊声怪声萬狀耳不忍聞四時水勢漲至廿二日六时水稍退廿三日退尽而窪下處依然没服也據公署調查計此次受災之地南靖大小百三十餘鄉決堤四千五百数十丈倒屋萬一千餘间溺死大小男女五百餘人淹没田園六萬千畝城崩百八十餘丈龍溪揔計八十五保大小四百六十鄉決堤百三十三處長千三百餘丈倒屋萬七千七百二十一间溺斃男女百五十三人淹没田園八千六百六十餘畝城崩九十餘丈

二五

至於兩邑沿河村落十減六七或一村無一家々無一人者甚有極目力之所至概為平地者水後災民無家可歸露棲露宿孑然一身衣食俱絶飢寒交迫戰兢震慄父不得顧其子夫不得顧其妻號啕相继于道路斯誠數百年來未有之奇災也石碣如此他處慘慨可想見焉云爾

二六

廳署預識

石碣廳署相傳古為周氏家廟當建廟時形家預為之讖曰坐北岸看北岸代々出通判蓋其後為北岸鄉而為北岸所得故云後周氏式微乾隆间就其廟地改建通判署果符其讖亦異哉

英橋不圯

英厝橋在鴻江之左自昔岌々欲頹然歷數百年無恙也故老相傳云曾經羅讖過云要倒是要倒哥造無些好婦推撐道至今不衰亦可怪也

五福鍾赦

五福禪寺建於成化间相傳旧有巨鍾一口赦问閣鎮及於五鄉唯在近處闻之赦殊不宏愈遠則声愈清越故曰但鍾不知毀於何时今亡矣夫

二七

巨碣没字

新街寶月寺之右有巨碣屹立道左不甚斜攲中無隻字見者咸以為奇问諸故老云前明寺原面江康熙间築鎮城後寺為城所蔽乃改建背水寺史而碣不移今所見者碣背也文在其陽非真没字碑云

石馬異說

故老相傳鎮市濠濟原係巨港故廳署前一帶俗稱大港概名鄉小舟皆可随潮來去達大橋頭抵溪边社等處即今之打石橋頂

是也屢肆掠此哉不知有檣〻下有石馬一匹此石碼之名所由來也興舊志載郡人沼江築十二礮以陣海潮故名石碼之說大異然橋下石馬人鮮知者旋因濬河發見始信故老相傳非盡無據也特志以資攷証

礁碼辯訛

林龍津石碼志畧云石馬訛作碼集洲訛作礁通六書正譌本軟字典無礁字碼石類玉者無砌石義但郡邑志相沿寫此核之未免附驋俗譯遵之亦仍舊意也合二說觀之石碼實作石馬故老之言信矣

水牢誣說

下碼某氏宅多妖異相即前明進士方文耀曰之水牢後遂無敢居者因光间始售為天主教堂按文耀當易革時遭丁艱家居不久請師下津帥府閔名請見文耀不可辱覩不納亦不謝遂避粵隱于莫羅山觀其大義凜冽豈設水牢之輩不意後世竟有是說敢直決其傳誣也

鬼翠窖金

鬼翠山俗名魚嘴嶺傳有窖金十三甕每值天氣晴朗山下居民輒見堆金滿山如晒曝狀迨詣觀之則一無所覩山上有神甚靈赫御盜迹於花會者多具牲醴夜禱屢獲奇驗然卒不知何神也

二八

或曰昔陳友定攻漳營於鬼翠裡軍餉十三窖後敗不遑收取其妹不捨身殉之以護藏金然事不見於記載不知故老何據而云然姑志之以俟博雅君子

慶井瑞〻

石碼志略載有慶井瑞泉水甚清冽明李尹昊芝二孫国初又產紫芝故號瑞泉井在何處今無可攷或曰上碼武廟內聖座下之井即瑞泉也未審確否

鳳田誌異

鳳田山距鎮五六里嶽廟在焉兩廡鬼判猙獰可畏故老云清初時廟原背陽面陰神極靈赫每過午後經是間者輒聞敲扑哀號之聲故人相誡不敢晡行廟因日久廢毀里人重新之改為面陽靈異遂絕雖然郡人之負冤抑者輒相率詣廟鳴誓理曲者卒獲冥譴以是故人咸知敬畏不敢妄瀆

異鳥哀音

冤枉鳥者何以其鳴聲類似以故人即是呼之光緒初始有此聲前未之聞也人亦罕覩其狀據鄉人云鳥小如鳩鴿灰黑色究其詳殊不可考所可異者其聲歲僅二三聞或旦或夜且未聞有和之者蓋二十餘年僅此一鳥已耶約以質諸博物君子

或謂此亦杜宇之屬舍曰不然蓋杜宇自古有之人所共知共見今此鳥前未見故知為新羽族也

二九

石碼鎮志

長沙彭祖壽鑑定

著書第十

石溪林鳳翽擇三氏重編

著書總目

明代

林弼　梅雪齋文集　使南集
家佩會解　詩經講義
林倫　清約軒集六卷
林同　指南錄
鄭深道　存養輯畧　樓遲集　經筵講章
蔡文　一得語　聞見錄　職方抄
張廷榜　布鼓初聲　蝕耳吟　夢醒話
鄭懷魁　葵圃集　渡口小草　裳豆既筆
連城紀錄
張燮　霏雲居續集　手定七十二家文選
張于壘　舒嘯編　麟角初集

清代

嚴似蔡　碧梧庵詩集
蔡日光　周易傳義

三十

鄭亦鄒　詩集　文集
詹明章　四書提要　易經提要　大易通義
洛範啓要　河洛通解　先後天卦說
班馬合訂　莊子同壇
康偉然　四書說義　孝經衍義輯要
吳開業　江村集
林龍津　鳴劍集　石碼志畧
林文瑛　危潭集
姚嘉謨　閩文獻集
連架三字子浩　鑄園存稿
連烺　鴻山詩草
連臚翽　漳濱一得
連冏　自怡集
連伯僑　巴游詩草
連覲其字寄垕　正俗編
連奎煌字湘望　孝經引証
傅文雄字子英　倢女畧

三一

石碼鎮志 節孝第十

長沙彭祖壽鑒定

成家節孝（節孝成家爲大未婚乃難有秉有專者次以化之 此錄舊集志）

石溪林鳳巖撰三氏重編

鄭氏濂江嚴文撰妻年二十六而寡撫孤時親老在堂兒幼在抱氏竭誠勤奉舅姑鞠育幼兒時伯叔亦相繼而忘氏撫侄若子爲經營畢婚比能事毋則晨夕課督以成遠器回念高曾祖妣未葬乃命延形家師卜吉歷有歲月氏黨拜減食完數世宅穸秋毫皆氏力也子履恭碼志國學鳳有令名孫樹梅能世其書香入溪庠

諸孫曾俱力學成名鄭氏年七十三迺歿

蕭氏太學生許開叔嫂也伯兄殿基早世氏年二十九歲撫青二孤以柏舟自矢恬然閨範恭孝自甘居數年開叔妻亦卒子施瑩甫三歲氏保之篤摯殷勤以養以誨不知知持之苦也開叔亦少失恃性恬淡喜讀書慎交游凡宿朋過從氏爲潔涵粱治殽膳弗厭以故施瑩得賢觀摩鄉里多稱開叔嫂之賢洎後施瑩偕弟子員開叔嘗語人曰吾嫂孀居沈靜簡默隱其悲戚門內雍和子侄知學成我家道實藉吾嫂兒今得列膠庠酬恩何日矣言畢潸潸淚下聞者莫不嘆美道憲劉公燦錫匾苦節自守以旌其門氏年八十七次子銳以徽節推選孫曾僥膝屆有四代

未婚節婦

鄭氏林則哲妻哲以疾亡時未婚鄭氏悲其夫親老誰以奉養誓歸林家撫嗣兒而養舅姑親終哀毀盡禮養一子名恤教以義方好學不倦畢婚後生子亦歿母婦共孫寒燈對泣鄭氏孀居半世不妄笑語鄉閭尚之邑令江公聞而旌其節烈年五十四而歿

陳門節婦姚氏星娘長泰人父居恆上舍母黃氏星娘締婚于石鎮國學陳文典之子名曰耀初黃氏方娩夢一星耀於懷遂誕乃以星名追字曰耀之聘十歲矣曰耀書生也因力學疾卒星娘聞訃欷絕叩辭父母奔尸盡事不許既聞將治喪志益堅以死請父母迺告于舅姑以麻衣來迎星娘怡然就道入門撫柩號慟晨昏夜絕水漿請翁爲夫俟嗣甘守清節待子成立願從亡夫於地下翁遂以抱孫嗣之名曰翰星娘恭順舅姑訓子外無他預家居勤女紅積有餘資置產待嗣子之壯給之及子長畢婚兒自治衣斂喪服乃戒囑謀從容自經家人早知防益密閱期年防者疎倦夜深竟投環而逝面如生星娘之卒也去夫歿時十有九年耀匿星沉生睽死合方星誓守陳孤之時邑侯中公景堂司鐸劉公坦徐公加年各贈額揚休卒之日石鎮諸搢紳都人咸賦歌詩况弔於文典家請赴當道題旌以表其節烈

黃妾娘劉抗人配夫王德德家龍海橋西病故黃姓議別婚妾娘

堅請歸夫家守節德父以家清力辭姜娘莫何自矢死必同穴遂却食毀粧毋及家人勸諭不可回數月聞夫營葬淚落無言閉户自經顏色如生報夫家知共夫合窆鄉鄰哀之焚楮燃香以彩樂迎姜娘主配夫家

節孝

鄭氏嚴欽紀之妻二十而寡甘守堅貞事舅姑以孝聞義方垂訓有子勳為彰平城守孫家椿遊郡庠家桂入國学寄園劉勷為之立傳以風於世

林氏洪天權妻天權郡庠廷珪次子也以讀書促世三十九而卒林氏愴夫勵学而亡遂堅貞操節撫有三孤訓誨成人仍勗以詩札平居事舅姑承志勤謹悅豫始終不懈二人相顧怡然曰誠我家婦也御族雅称之溪澄二邑侯錫額華之云

李氏儒士陳萬妻萬卒时李氏終二十一子長方四歲姑早世翁老且疾李氏奉翁鞠子慈孝兼尽及翁歿成禮卜葬子長讀書勉以篤行平居耐淡薄不敢異言恐傷子心也壽七十二終郡守金公嘉其節孝以匾旌之

林龍津曰婦道匪一猶眼遇者尽之夫之歿也舅姑誰賴守能卜壤以安之婦道也夫孤之幼也鞠育侍毋以長以教誰賴守能倩館西席竭力以成之又毋道而父道也之教者兮任尤難益尽則苦况孀守之婦哉若李氏者道其益之矣余次節孝至茲不無三嘆云

徐氏黄氏皆有傳備載藝文中

孝婦

奔喪孝婦

鄭氏勉娘庠生許奇芳妻奇芳父朝恩居國学有聲共苑南生員鄭遠貴交善遠貴以女字奇芳々有弟德正未議婚而毋李氏卒從娶本李奇芳素有遠志家法遂挾游学居廣外和積資數年父朝恩歿家無媳婦遺喪礼鄭氏聞訃悲嗚念二親已故乃對拜父耿章哭陳奔喪大節拜父義之即送許家奔喪於年奇芳還鄭氏婦苑南侯服闋擇吉成婚时奇芳三十九鄭氏三十五夫婦月餘奇芳再行竟長逝異域矣鄭氏孀守事姑撫幼為拜完婚时德正已游庠矣鄭鞠養三子長國英次國俊三國傑莫能繼讀父書思於毋德

節婦

陳氏儒士蔡進璞妻年十七歸蔡二十九而夫亡遂堅守無二志事姑課子益尽孝慈後子皆成立克家时陳氏已六十餘歲矣村當道呈請群教授鄭公德履祥其懿行以聞乾隆十三年敕有司建坊旌表

王氏處士林良友妻良友居石鎮授徒為業娶王氏同勤勞數載而良友卒生二子長錫祉次錫祚俱幼王氏柏舟自矢守節不移

時舅姑早世存祖姑陳氏年九十餘王氏侍養唯謹撫育二子翼
以成立年六將老矣錫祀力耕錫祚居市俱能竭志承歡以娛朝
夕孫觀宸祚之次子弱冠入澄庠諸孫曾亦循〻务學閭里称王
氏守節乃自餘慶
甘氏陳廷榜妻廷榜居田厝授館敎〻為教〻焉生一女三歲而
廷榜卒妻號曰天乎夫死何速將毋女俾侍爭旦夕哭泣不休隣
有乃媒勸之止徐謂之曰汝韶華尚少姿態尤新夫死女耕家又
貧薄更無嗣子可依宜自為計氏俯首曰毋還也當俟期年耑期
媒又告之曰可矣曰待三年終禮閲三年媒促曰时將逝矣不可
失也氏泣曰有老姑在且病夫死我去姑誰與養後三年姑殁拮
据畢三年喪煢〻撫一女隣媒嗤其愚終笑之一日氏謂女曰汝
毋久踈嘩宰數日後舅家當來携爾我今先往遂梳櫛洗沐易衣
裳詔女晨炊入房自縊
黄氏國學生桂枝女也年十九適国学生陳懋德之男進灼甫期
年而灼卒黄氏以遺腹九月然計曰姑以忍之男也撫育存祀女
也余與俱殉矣弥月生子果男乃名植異其成人也遂称未亡人
足不踰閾代夫事親撫訓孤兒成立時安溪李太史光墺游漳闻
其事賦詩　之後建旌表
陳氏石浦人也年二十適國学生孫如岡次男宜爻如岡賦性敦
睦夙有门誉宜爻与循躍克践光绪宜爻卒时年二十六男方立

歲遂失志柏舟奉舅姑鞠孤子詩以成立孀居十五年足不踰閫
節操凜然今抱孫矣處娣姒同居三十餘人毫無閒言鄉閭称貞
洲焉

石碼鎮志　藝文第十

長沙彭祖壽鑒定

石溪林鳳聲擇三氏重編

請告還家入勝山書院作　太傅 鄭深道

得請還來萬里餘欣懸高院水雲居庵從洙泗傳心印晚閱燈窗教子書佃草幽花香筆硯清風明月滿庭除一腔宇宙皆春意告樂顔西未必如

留本府太守詩（府志遺拾部載詩二則）

可惜更惜何更惜可惜清官留不得洪恩再賜三五年瀕海蒼生深利澤

一

送本縣丁毋艱

民望公來如母來愛民如母愛嬰孩公今失母離民去民亦如公失母哀

福山歌（山在郡治西北）　登州府 林弼

羣峰天寶西飛來氐林岀壁相縈廻福山中峙太古色紺樓碧殿凌雲開雲間一珠光萬丈圓外瑩中明月森々寒彩淨變攢烟々神毫書龍象如知此宝梵宮珍山揮川媚草木春瓊花一朶開曇鉢紫芝三秀生添輪福山高拱蓬山列蒼松不凋檜不拔山中酒熟桂花開年々來醉中秋月

齊雲亭奇石歌（亭在府署中今已廢）

何年星芒化山骨古色蒼顔勢崷崒就中別有混沌天萬象森羅了毫髮府公初置齊雲亭一府來看棗陽屏蓬萊清淺隔弱水君山晻靄浮洞庭我疑太陰照天地山河倒影搖丹桂又疑明河瀉九天斗牛騰光通斂氣公餘至此獨踟躕咫尺萬里論江湖幽篁古木在眼底何用人間屬畫圖

過盤陀嶺

盤陀嶺上幾盤陀茅竹蕭々雨乍過水暖游魚出陰澗草香馴鹿食陽坡恠山當面疑迷路啼鳥迎人却和歌假謂世途當險悪太行蜀道復如何

二

重過白鶴嶺

栖碧亭空鎖翠微詩成人世已俱非墨池水暖鵝徒換華表雲閒鶴自歸樓倚仲宣休作賦碑思叔子故霑衣古來陳跡知多少立馬西風又落暉

題陳王墓

將軍山下陳王墓落日西風秋草繁斷蹙千年餘手澤豈碑十丈滿苔痕山河不改英雄老天地難窮忠孝存酹罷耕衆傳佇立一声遙鶴月黄昏

停舟圭嶼呈朱明府

遙山盡處是滄溟眼底雲濤一色青野鳥隨波明遠白毒龍扶雨

散餘腥水濱女珮留春月天上仙搖夜泛星槎有同舟賢李郭枕
樓尊酒一燈熒

紫陽祠　副使　鄭懷魁

一代宗工百世師摩洋猶識宋時碑年來儒墨翻新識海上春風
別有祠仰止高山留貌像夢回明月想光儀斯文凋喪微言絕三
復遺經有所思

咸鎮亭

雄鎮當年控上游危亭偏壓曲城頭八牕雲合時看雨萬竅風生
夏亦秋潮汐遙通滄海氣乾坤中劃大江流向來島嶼烽烟靜極
浦縱橫有釣舟

三

游仙跡

鍊石仙人不更求獨留履舄寄丹邱高蹤寥落浮雲外遺跡分明
古洞頭龍伯空疑凌海嶠巨靈漫擬劍浮流鐵橋飛渡他年事白
石蒼苔洵地秋

憶下岩　即青山岩　僉都　蔡文

喚醒猶憶舊蹤攀小徑溪前入萬山古寺鐘鳴深樹裡晴空泉響
亂雲間仙翁有約親人嘯野草無心滿目斑丹竈茶烟無俗物幾
時曾伴老僧閑

康仙祠補遺二則　祠在琵琶坂　林獬

仙宮重記夢來衣十二峰山紫翠迷一片溼雲初過雨半篙新漲
已平溪笙歌彩鳳空中下飯化群龍画裡斷何日神丹成九轉徒
公來聽枕中雞

春山散策覓仙翁花信於今第幾風千樹碧桃流水外一聲白鶴
亂雲中風帆無路尋蓬島霞珮何年謁蕊宮富貴都來空枕夢且
須沈醉學山公

重遊九侯巖偕周仲先　孝廉　張樊

山徑阻且長重來每失路浚發爾先登鳴禽倚春樹禮佛遂步雲
攬衣峰頂度音石吼飛泉適然生遠趣不必坐香臺枕漱去為駐
逢僧摘山毛雜佐伊蒲具淩壁鎖雲叢盤空散花雨良游愜性欣
曠懷絕塵慕下山向天門徂芳幾回顧

四

望海

海水不可極蛟龍潛為窟不知何年歲滄波長泊沒鱗甲生苺苔
肌膚蒼如髮一朝委遺蛻神光麗日月十洲自浮沉滄桑無枯竭
物故雖具論耳目何超忽

龍驤廟

玉鈐威上衛龍將儀唐祠東土雄風被中州世爵垂百年勞勛戟
四啓影旌旗戟前深荒草蝕碑封苔疑

冬日遊雲洞

古洞曾盤野鶴群每於險絕常清芬幾回穿徑疑無路直到登峰
只是雲天畔泉源來霧合林邊鳥道望中分高低屐齒頻頻換窗

寒声徹隔樹聞

游天柱山

探奇不百里踦勝隔多年磴引孤亭外樓開古樹邊客衣隨墜葉
僧磬韻鳴泉極目峰霞迥深〻何處烟

漸入環佳景躋攀倒着身南山歸隱霧東海俯揚塵木末芙蓉晚
梅間薜荔春黄昏疏雨過凉月倍相親

峙谷

空洞達潺湲窜石在其上不得覓泉源但聞流水响

登海晏樓

飛蓋移橋逸勝游凉生衣帯已深秋月明倒映江如月樓尽逢連

五

蜃作樓埤挽風前横短笛烟波天外有歸舟凭欄坐覺機心息安
穩平沙卧白鷗

丹霞㠧　鄭爵魁

海门盤礁水東流古㠧浮圭望十洲五夜霞光生日晶千年蜃色
幻丹邱潮来倫藻青〻泛月上漁罾點〻收朝暮近傳喧鼓角楼
船諸將急防秋

爲山寺贈双峰和尚　方文耀

非貪世味来疏间占得禅家幾日閑最愛心空緣俗了鐘声夜度
白雲山

九侯山　鄭爵魁

神峰分邃古帝裔宅夷方地控泉山外天明漲海陽筆篮規楚粤
陶穴或周商轉德中原事茫〻説九皇

建德屯

伯業無諸舊王封建德磐霜戈千島盡雲壘一峰寒太武遺乃韓
滄溟怒作潮衣冠今故國壯氣尚桓〻

紫陽堂

郡曲鴻儒重堂遺鷲嶺懸雲来峰一〻識出地千年治古風華轉
人逸道脉傳日星今煥炯懸照嶺山川

蒲葵閩

龍驤東郡昔開唐西下蒲閩嶺漢疆府筆叢中荒故壘鷓鴣声裡

六

斷針陽龍頭大稻鋤雲墊海上霜華斂氣光山父不问鶩鞦鼓玉
孤長遺射天狼

琵琶坂

圖嶠何来碧海涯翠微深處问琵琶虛疑洞府飛丹鼎舊見神仙
卖藥家董奉靈峰通地脉紫陽山郭滿雲霞西来拉頻凝眸望秋
氣晴分西西嘉

西平岩

西去平岩杖錫開中公寶蓋不分迴任尝冷落千人座靈泉長懸
百丈崖錚裡神虵聽法伏雲间香檜護壇栽降魔莫見深潭碧習
坐山中長綠苔

龍使君水鑑泛舟放歌　　鄭懷魁

使君清標皎玉樹，揭來不向城頭住。木蘭爲檝桂爲舟，片帆隨意
江干駐。我來水鑑坐相鮮，四榻圖書共瀰然。市得醽醁多貰酒，釐
取官裝百俸錢。向閩海上黃金使，遙望神君迴車騎。萬檣雲屯穽
不澤，高歌今日爲君醉。移舟日暮更徘徊，左持蟹螯右酒杯。世事
紛紜生慷慨，天風爲我西南來。習習潮聲凌嵲吼，畫船簫鼓乘流
發。江峰一指洞雲深，記取中秋待明月。

問月居　　大尹鄭亦鄒白巖

久仰住雲社，來過問月堂。寶珠真塵映，嗌玉是文章。錦水有蟠動，
丹霞說雁行。門前書帶草，猶作舊時香。

憶石溪諸友簡盧則正　　鄭溥百泉鶴塋

憶昔南屏會風雨，白麓先生實鼓舞。一時雲集三百人，爍爍英光
動眉宇。文風振起八代衰，簡約精華共奇古。縱橫萬狀無方物，嚴
藻離披亦各取。引商刻羽和者誰，盧子則正最稱愈。清新淡遠饒
風流，玉茗華亭堪比數。其中仰山十三狂，共者雲平共乙光。大瑟
後來若寞先，翼中元美互翱翔。裂眼決眥白傲子，俯視一切但茫
茫。錦江高會動置酒，濁醪累舉千萬觴。乙光狂歌大瑟鼓，歡呼肆
謔夜未央。村中學究多却立，一切豪舉動清漳。十年之間風景殊，
人事反覆多無常。大瑟既沒乙光死，雲平繼之亦淪亡。石溪嘖嘖
三才子，身去名留惡足揚。祖山故高宿草碧，但聞悲風振白楊。祇

七

墨空留俗子家，圖書半落富兒場。長居上天久不返，白玉臺詞誰
人望。禹六李生無消息，匡山不來空斷腸。天未洊灑杜老泣，訪舊
半見增悲傷。餘子飄零各衰老，十年不見投何方。我也少年負不
羈，髯髮已華志尤昂。無端苜蓿餧騏驥，何日梧桐棲鳳凰。仰面但
籌青源石，折腰曾無五斗粮。今年逢君話夙昔，明年君歸亦淒涼。
東皋清嘯陶彭澤，南山高臥孟襄陽。但願長年飽噉飯，共君相見
命觴長君家。故翁長生秘將子，無死獲瓣香。古來鶴髮魁多士，定
喜鷹揚追老姜。銀鞍玉勒賦歸來，紫綬金章耀華堂。南山之南北
山北，共老披老相徜徉。

見孀室炊烟有感　　林文翔

貧孀母女兒，絰衰飢號泣。冥冷空餘盤，相攜強出入。溽暑兔衣單，
枵腹悲於邑。死父哭有涯，生兒嗟何及。轉恨多此身，遺滯莫我拉。
昔有岐山翁，萬歲靡不給。同是四窮列，大造賴補葺。我嘗困抱中，
內顧常岌岌。懷古發吁嗟，五嶽胸中立。忽見孀婦閭，炊烟動雲集。
鄰顧尝爲閑，薰風來習習。四命視一餐，無乃太維縶。富牛恃此驕，
謂生有階級。道心何處覓，危雅固所急。安得絕世仁，此注向彼挹。
傾心併倒海，生全在呼吸。

遊靈洞　　巖心蔡乙光

探幽仗孤航，挂席及巖麓。覩面咤奇靈，儲鉄互盤錯。曲折紆百迴，
松篠憇疲弱。劈石駕飛甍，憣影天上落。飛斧自何年，元氣此劇削。

八

懸崖嵂白虹荒嶮跨海嶽側身俯石盤呑碁事寥廓筆跡留亭亭
前賢想高漢中懸滌寒泉一洗塵囂惡月出浩歌遙
溪烟隔林薄

木棉庵

西風瑟瑟樹頭哀天遣平章此地來宝篆自窺似識大西橋空憶
美人顧木棉花下鬼應斷蟋蟀声中怨未灰欲覓殘碑無處所行
指說非荒言

迎神曲

鵲尾燒香鷓鴣斑龍膏照市霞光闌女兒微微開笑顏壓墻女郎
墜玉環八鳳黃旛繡玉押抱臂朱纓紫韎韐胡粧立馬連錢踏西

九

角高風俗閩國人山人海沸如蜂千门萬户烟濛濃長堤泥深污
錦韈三寸華滑芳草茸日晡归去魚鬚舞一道低灰红出土海五
辟神腰佩倭數声近鼓灵旗雨

元宵石碼竹枝詞十則

鏤金剪綵作樓台真個終教與俗猜我說石江通巨浸六鰲爭駕
海山來
逐月闪歌到港涯石橋流水正潺潺龍王宫口温爐会燒尽溪南
幾担柴
千家燈大照溪濱一派笙歌隔水分西鄰幾双來月下水花時濕
小红裙

覘音亭子俯清湍百樹銀花映水寒月上漁舟齊唱曲大家同倚
木欄干
上馬琵琶下馬箫一龍燈隔一邊橋近來亦有鄭公子只少亞似
粉面嬌
誰家明月不回羅廟向甘棠去聽歌羅僕數完綠禮佛只因中殿
立人多
昨頭繳尾亦燈花傍水燃灯復幾家遙指小桃舟棣内一群箫鼓
出籬笆
魚市看灯足漸傳沉檀濃爇壓虀鯖送來莫掩熏猶味一陣香風
一陣腥

十

只游田裡不遊燈歲歲姚家结綵繒双桴搖去西港月一龕回望
古林燈
月色灯花映繡襟同胞姊妹復同心商量去看骷髏塚莫待長堤
草色深

秋夜飲可詩亭　錢時沐

久日莫来天欲荒秋風誰覆桂花黄事雖如意有何甚酒可同人
醉不妨笛水送流催烛短嗚壺劈破引盃長清平調　新聲美一
曲烏烏夜未央

述懷

閑窗静坐瞎魔侵偶涉園林秋色深閑裔最常憑野菊去來無礙

任氣翁紫扉寂寞稀人叩殘卷低徊獨自吟將老何心圖富貴勿貪車馬與黄金

丹桂　林文翔

雲外香飄桂子丹琼枝旖旎護木闌珊瑚寶樹生元圃大大明珠出廣寒血性不同媚世艷赤心可剖与人看開時莫訝三秋老高映朝霞露正溥

巖家別墅九月红堯玉蘭再開　鄭亦鄒

秋魁好似奪春魁红碧桃蘭九月開貞幹剛添雲錦麗仙姿正剖水晶胎琼林有信催焦圖寶樹傳芳到硯台若使名材培上苑更教瑞色探花來

十一

朱子祠懷古　嚴家棟

石鎮衣冠地尊祠祀紫陽人山開面目学示津梁闡蘊聖無秘居儒宋有光千妹道脉在不獨恵清漳

同張少千諸友游古林岩詠松　洪光宇

喬松百尺扭雲天歷漢经秦不絶年屈曲有如龍欲蟄青蒼不改壽而仙何須艷冶花爲伴自許堅操石并肩良友高便放坐玩風廻清韵入桐絃

紫陽書院　姚嘉謨

漳水稱名郡錦江亦勝區負墻唐子弟祀重宋先儒習禮人牽龍親師吏擁騶儼觀依鹿洞講習慨鵝湖

英橋古刹

英橋橫古岸一刹梵王宮貝葉閃经語柔蔭憩野翁水涵新月白樹割夕陽红俯仰閑憑眺陶然雅詠中

龍海觀潮

井地分溪界溪潮并海漲红翻圭笏日青擁鷺门嵩野樹全低水津帆半礙橋年々端午節看奪錦龍標

鷺湖聽雨

隔斷红塵市鵝湖别有溪客來帆外雨人在水中低野岸春雲確秋聲亂竹堤最宜園韭剪夜話小窗西

江城步月

城隅頻緩步譙鼓已三更天曠雲無影江涼月有聲謝莊千里共庾亮一樓明會把金樽倒聊娱物外情

十二

北岈拾翠

草綠東郊外花明北岈村佳人曳羅綺俠客試朱軒烟樹收嵐影波塘漲雨痕同心閑共賞最好是清樽

新洲晚渡

野店喧行客江頭喚晚津水分南北港船載利名人烟外沈青鳥帆邊起白蘋黄昏漁火照隔岸是礁濵

古林晨鐘

古樹隱高岑鐘敲破曉林常將雲外响喚覺夢中心山靜霜風廻

[illegible]夜[illegible]溪[illegible]業舜蹤[illegible]酒飲

旅居溪客中送春　　曾異騕

春風共我俱作客，携我舟行春水碧。二月三月共客中，四月同歸不可得。世間何子最愀人，草滿花閑客送客。

石溪寄夜書懷寄李元仲

寒灯吹暗燗，双眸劍拂長。江不肯留歎，恍悠悠。家山店依人泛泛，恨如舟。意中有友相看老，夜半伊誰共說愁。起坐便思出门去，一窗霜氣到床頭。

石溪晚望　　宗丞　唐朝彝

四望狸烟滿長堤，草露深寒光留月。影與氣動山陰西，舫來何處。

江留渓吟心晨曦，江上起露湿一渓。

渓上白鷗

素羽清姿泊水湾，幾經波浪夜初還。海鷗信是忘機者，世上何人并等閑。

登石碼江樓　　長汀　賴　僊

萬家烟火泊孤舟，并逊晴光上客樓。有酒最宜今日事，賦詩還惹去年愀。好山爲我開春眼，流水無心泛白鷗。自是閑游歸未得，不同秋思繫汀洲。

古林寺晚歸

古寺烟中隐，斜陽松際微。長歌山下路，孤鳥逐人歸。

同錢泗濱率諸少年古林寺潜　　林　芳

傍壁臨流占早春，肴來蕭寺不稱貧。氷清玉润皆名士，月下風前尽美人。伈榻梦迴青鳥語，錦箋魂斷晴香塵。逢君更有清標格，把臂林中話入神。

游城南竹塢詠竹限韵

城南營別墅，高畔啓荒蒿。多種江潭竹，無殊邱壑遭。封侯分渭水，染淚自湘濤。毋幹和雲徙，胎根托石牢。抽空風易得，覆地暑能逃。動葉連禽重，低梢拂筆勞。寒声交客語，綠影入林醪。刪簳因閑戴，栽竿習釣操。定將餘鳳鳴，吹做聽龍号。圓達心寧塹，貞堅節不撓。早知蕭柳别，幸與梅松曹。歲久儔蒙密，却忘日色高。

題東郊胡處士壁

爲訪先生識避肥，花间吠犬守柴扉。短橋客踏潮声過，高枕梦游山色歸。階净綠苔粘倒屐，座饒香草拂禾衣。誰知我是逃名客，留得烟霞只不違。

同杜登紫雲岩　　祭酒　蔣孟育

非支遁臨水，曾同洗佛。　遮莫　共闌來暮色，諸君袖裡有明珠。

石碼鎮　　通判　石　山

南漳名勝地，石碼更称雄。金厦如襟帶，澎臺接艦艟。街衢誇洞達，闤闠慶盈豐。一自海氛息，安歌樂土中。

謁朱文公祠

白鹿芳徽遠丹霞遺澤通功應參化育仁自迈春陽竹帛名常在
馨香薦未央我来凭仰止屐拾事追踪

江城戍鼓 石鎮八景

涼月照江城三冬戍鼓鳴數声嚴紀律萬籟寂幽清獨坐詩為敵
孤斟酒是兵沈沈遥入耳幾欲動鄉情

五福禪鐘

十笏禪關靜鐘鳴歷四時蒲牢上界响雄雌下風隨韵徹清宵廻
声儘曠野知今人深省聲頓覺絕塵思

東郊陌翠

東郊何者勝瓏陌遍青葱芳草連雲碧香商常兩豐晴光施淑氣
麗日散和風一任舒吟覧揮鞭策玉驄

北岈潭烟

初寒怯曉風散步野塘中斷岈輕烟鎖閑潭薄霧籠長流双澗合
極目五雲崇安得王摩詰圖傳景物工

双橋雨霽

江渚雨初晴双橋景色清流霞拖半錦鳴鳥奏還笙山水開新西
魚龍戲碧泓潭南形勝地一洗最分明

市港潮廻

滄溟潮勢轉市港寂無声列岸臨波靜移舟趁浪平垂楊寒日落

鷺鶿急流行追逐江干去蒼茫烟水横

千帆夕照

帆影乘風飽滄溟返照紅縱橫隨蕩漾來往泝浮空暮色開煙景
長天貫彩虹有人凭檻立疑入画圖中

萬井晨炊

樓鴉啼古木海峤露朝暾闤闠人初闹村墟曙漸暄風旌頻展舞
野鳥日翩翩試看炊烟起應知食齒繁

石鎮即景　沂陽　陳世俊

海派犀渓直夹山宏開石鎮結中間樓臺近水千家聚潮汐通梁
四面環市有珊瑚来越國林无兜豹度松関太平月夜笙歌静勝

如蓮瀛竟日閑

禱雨 歲壬申入春不雨三月望日偕父老步行三十里詣命 命於龍潭即日甘霖大沛因以誌喜非敢貪天也

為禱滂沱延里行芒鞋共羨彩虬輕救荒每愧經籌拙請命聊披
肝胆誠備懷於今歉大有原因从此慶妹成自慚作吏无長策甘
雨隨車浪得名

石碼鎮　碩崎

倚山臨海結石碼萬户千門接大衢舟楫駢闐通上国人文炳蔚
擅中都鬱葱每見浮佳氣填溢還將展画圖知有王充游歷當儒
書料得名非孤

石鎮誌盛

衍擅漳南勝風光入望殊海山環繞壤樓閣繞康衢泉布通三市
珍奇集五都紅塵頻合霧宜似日中安

瞻睇樓

飛樓直欲接天開選勝登臨狎自來雲物不隨塵事擾閑情豈為
俗緣摧蒲軀迷常晴烟去沙鳥低啣夕照回攜侶倚欄頻嘯詠衹
慚未辨仲宣才

王孫堤

一帶脩堤襯暖塵風光以西最宜人萋萋芳草裙腰綠裊裊垂楊
眉黛新林外每闻嘶玉勒花间时見碾朱輪徜徉頻連行吟趣拈
句何妨藉錦茵

十七

淨光蘭若

迥出塵氛絕俯觀物外情翻經香貝葉習靜息心兵檻畔隨雲繞
窗前任鳥鳴坐看松月上潭影漾空明

留別石溪諸友　閩縣　盧潯運

今宵剪燭對金樽明日輕舟出海门鄉夢已歸梅嶺月愁心猶寄
石溪雲一年浪跡來遊往兩地交情酒与文留將冰壺風雨共莫
教形影嘆離群

江城戍鼓

重门擊柝徹江城一夜貔貅振五更西角恍闻天際落秋笳时向
暮雲橫風森刁斗旌旗肅潮湧波光劍戟明却怕錦帷人喚起春
花扶月故園情

五福禪鐘

禪鐘幾許舊禹傳欲証心塵昕未豈真妄時參古佛空明何日悟
傳燈紅牙翠板樽前尽急管繁弦曲後停怎奈逃禪逃不得現身
原是舊

双橋雨霽

收回霽景上浮梁別有天容繪海塘烟散綠雲團柳渎樹佳紅雨
落花香亭亭翠黛懸秋色的的明霞襯夕陽却笑橋頭黃石老報
書可識漢張良

萬井晨炊

十八

盈衢烟火襍雲堆萬户千门曉正開饒有赤霞連海國頻將佳氣
護樓臺民因地富家三飯俗尚壺艰酒一杯衹愧吕飢還索米饑
金炊玉乏良媒

瞻睇樓晚眺　洪祖範

幾灣靈渚枕城衢極目層樓眼界舒青鳥和烟將去艇丹崖流水
若棲霞秋開蜃市鮫人室空見漁村處士家今日波臣亂已靜荒
亭殘館尚寒花

春日同石江友人游古林寺

登山漸入白雲窩林鳥迎人洞裡過固𣿰雜纯追酒癖仙家無術
治詩魔特删叢竹堪歸鶴復剪殘英可養鵞自是一春三月日除

非風雨樂偏多

過嚴太乙故居　姚藻

偶步城東嚴子寰野航憔悴幾躊躇切磋有侶雅攻玉雕傷何人偏著書一室琴樽今換主十年風雨獨傷余碧梧殘葉斜陽外況是蕭蕭九月餘

題富石居　謝昌岐

秉心貞確少游移採石名山獨得奇宜郡陰陽囊錦備僧儒甲乙布庭墀飄飄不惜金千鎰漸漸常揮酒一卮有玉能攻思共琢未家偏在水之湄

江城戍鼓

戍鼓重聞警聲聲常曉霜城烏沉西角海月傍牙檣未弛金吾禁偏依玉漏長不眠愀枕上曙色濕扶桑

五福禪鐘

隱隱街南寺疏鐘度水平人心方有覺萬籟寂無聲馳月排雲白拖風廓夜清一天寒夢冷吹落滿江城

早春鎮城遠望

江城臨水致悠然極目闌珊鏡裡天五　梅花新映日双橋楊柳正拖烟霞漳澤國開名勝石碼陽春際聖年更有海門來王氣繁華不盡萬家觴

登膽瞻樓　邱文煥

十九

巍樓聳聳矗天台極目晴空四望迴鷺島搖紅潮外起龍潭飛白霧中來侵簷水氣當襟冷捐檻山光撲面開珍任吾臨思作賦恨無能表仲宣才

礁洲漁火　吳日達

斷橋古岸隱漁家幾點疏燈漏荻花遠隔一溪明極目月如霜色浸平沙

古寺雲蹤　林登春

徑松周折斷更斜客履粘苔袖拂花欲叩禪扉何處是鐘聲風送隔烟霞

石溪江頭漫興

極目滄江外安瀾碩寓功津樓含蜃氣魚市帶腥風城鼓春雷响船旗夕照紅還宜花月夜高唱大江東

二十

萬井晨炊　洪觀海

閭閻撲地昂鐘鳴海日初升黑霧橫知是萬家齊舉火非關一室獨開黃曉烟曙色交加繞佃廈高樓錯雜榮共沐太平風景好黃粱白黍慶豐登

鎮城春眺　唐德文

江城凭倚俯平沙隔浦晴烟入望賒幾點青山饒碧草一方村樹醉鶯花溪橫西舫沿邊錦天向紅梅盡處霞漫說皇都春色遠也隨潮水到人家

游西湖亭小酌

西湖亭上尘簾捲一溪晴西棟臨江起疎林隔岸呈詩題山色翠
酒籌海潮濛小借徐公榻曇花午夢清

双橋雨霽　方日藻

遠近清波落彩虹白虹收尽碧山風含烟楊柳緣溪綠带雨芙蓉
夹岸红好鳥声々喧上下轻舟泛々織西东相將且酌江詒月雅
有游人樂趣同

市港潮廻

潮廻曲港送波清短棹轻舟入市行新柳細添花墅倩斜陽翻擁
石橋晴山川好是鍾靈處民物由来太古情撒網渡頭茅舍近漁
歌過邊兩三聲

二

題宿石居華萼石　康泰

此石何年隐水濱穿沙磨浪劈痕新潤於滴三秋雨擘敵長披五
色斑瘦骨未消天欲補嗅椽不削袖難珍居君踏破雲霄路犖出
名山卧綠苔

闲居書懷　洪君敬

卧蓮附驥各分门世態炎情可勿論洋望自知行潦小井覩唯有
夜郎尊金多不買相好賦裘敝空消季子視白髮红顔應柄鑿無
媸皓首日頻髭

東郊陌翠　鄭巔

春来春草遍春沙曲岸長堤發翠葩遠眺鬱蒼多古寺近看未棠
有方家賢祠在望留芳蹟息澳流丹映影霞綠柳红桃随所遇风
光尽處是天涯

市落潮廻

入市濛廻溯莫窮探源只在石溪中滔々漲淌十家汲滚々潮平
四處通小艇去来随早晚短橋向背隔西東問津不比桃源路兩
岸人烟尚古風

夕霽　蔡永紹

風雨霽秋夕清空夹岸瀨亂雲浪染袖初月遠吞倫山色鵝眉綠
溪光玉鑑新不逢斯景象將近兩三旬

三

江夜　方士模

隔林風折動補網夜灯红星影翻試室潮声撼月宫界闽山勢折
到海地图窮三載留邊徹生涯付斷蓬

征婦吟　連其芳

歲乙亥邦命以浙兵披甲策鎮边郵浙之征婦泣送北行肉號慟而别

昔在閨閨日猶婦学儒頻溺爲父母爱視若掌中珍覓翠与红裏
何曾味世辛昨夜邊书急將軍出虎首揮鞭嘶萬馬叱咤捲黄塵
丈夫負節烈洒泪出關津破鏡明心迹不知歲有春吁嗟世上人
莫作婦人身

姑蘇吊古

橋引寒流入西城千家歌管鬧時聲吳王宫殿今何在離草空餘
蟋蟀鳴
登臨一望萬山低水抱吳城落晚霓為憶當年圖霸日傷心不忍
復燃藜

崖门三忠祠（在廣州崖山祀文天祥陆秀夫張世傑三先生）

刺刺胡笳淘地吹江山今昔一同悲日沉滄海蛟龍泣忍向崖门
讀舊碑

候山廟

王子求仙去不回空餘古廟卸蒼苔山中歷久無人識落盡桃花
落盡梅

二三

游武夷山　連藻（玉情）

行徐涉徑入嶙峋不識岩名數問人六六青峰高傍漢三三條水
曲迷津花迎韻士常為主鳥喚山僧使拂賓此地神仙多刺迹石
西橋盖洞西雲

次謝如松除夕原韻　連錫圭

蠟去今夜盡綠酒餞江濱听柳舒青眼瓶花欲笑人一宵分兩歲
八載尚孤身此地雖堪樂難忘故國春

立春前一日即景　連捷（儀圃）

久客天涯外勞勞逐遠塵山川千古舊花柳一時新不意當寒夜
清言盡故人壺觴聊共酌為待曉春來

鴻山早行　連娘

緩步清晨去深林別一天途從歐洞起足與曉雲連暘影晞殘露
松聲帶濕烟相逢來往少何處水涓涓

感詠

揮血焚香論死生誰知終是口頭盟十分酒氣十分誼半百銅錢
失弟兄

山居感懷

歲月蹉跎已半生鷄麋一職未成名曾辭五斗為腰折朝市於今
不繫情
澹澹山中釣復薪敢勤泉石結芳鄰閑將鄙俗詢山叟未免鄉心

二四

入夢頻

雨後東郊即景　林奎煌（德星）

散步東郊外晴田雨後因泥痕來饁婦笠影失花人望杏紅猶滴
覘蒲翠未匀三農忙播種耒耜載芳辰

贈鶴卿陳刑部　姚嘉謨

漢詔重公車周官書大比我漳崇陽澤科名如鵲起錦江盈彬彬
才與郡邑崇義祖有遺規卿校名不毀賢哉刑部君慕善踵厥美
翕然頌聲作一時溢梓里君子非貨取豪傑豈名市所嘉好義心
踴躍莫能已余也尤不佞木訥慚有斐迎來搜遺書與君商魯豕
（刑部重刊北溪先生集余與之校訂焉）君志尊古人固宜慎多士賦此用為勸偩言莫

[illegible]部

石碼鎮志　藝文第十一

長沙彭祖壽鑒定　　石溪林鳳毅撰　三氏重脩

林元凱使南槁序　明宋濂

吏部主事林君元凱奉使安南還以使南槁一編授予序々曰安南古交趾也漢唐以來其地皆入職方稱臣奉貢比內諸侯近代馭非其術徼其重貨責其歸朝蠻夷乃敢為弗恭出不遜辭廷議憤之復有鑄金為人夜光為目之徵而蠻夷之心益離使者至其國多貪支悅其金貝輒昧々攖之遂啟其褻侮於麾下君子為之短氣方今聖天子御極之初遣使往告即住其國主陳日煃稽首上表遂仍封為安南王未至日煃卒嗣王日熞有請於朝夏詔設爵以初東廷臣充頒封使者僉謂元凱前進士学古明經尤長于辭令其出使為宜上召至奉天殿親加勞問而遣焉元凱即日上道越五月至其國宣布天子威德君臣悅服乃北面拜跪聽詔如藩臣禮將還日熞遣陪臣夜半提黃金為壽元凱峻言卻之肆唯皇上宅居中土達夷慕化者以其限山絕海使各安于境上而無利之深合古帝王懷柔之道國當著之史牒垂憲萬世有若元凱之為使義正辭嚴足以聳動群聽凡其國以利相啗之奸卒無所售拳手加額稱為賢使者可謂不辱君命矣然予聞序事之體志

其大而舍其细故特取蛮夷叛服之由聖世明良之盛书之於首简玉於行役之勞唱酬之遺山川土俗之詳已見詩中者可得而畧也元凱名唐臣明漳人今以時制所禁更為獨文辭爾雅吾友王内翰許人物謂元凱之在閩猶毛之有麟介之有龜云（一本跋詞却之下有浩旦英忠雨去）

重脩縣学記

蔡文

蔡侯以丁未進士出宰龍溪其為治急於興教化成人材原風俗維是邑儒学自宋嘉佑辛丑迄今四百餘年中间興廢之跡詳矣夫事有漸壞制有未備侯涖政以来约以俗民度时舉事经始於乙卯年春而告成于丁巳年夏學有文廟兩廡儀门明倫堂兩垒啓聖公祠敬一箴亭讀书樓大魁樓倉廚之次廨舍之位棟楪榱桷板檻瓦級坊墁之蠹腐缺折漶漫不鮮者治之新之櫺星门易樹坚石可垂永久泮池闹剞偶溢蹴濤淤淺而甃砌以石北立石櫚南樹高墉東西築號房各十间以居学者舊有射圃湮廢已久乃於墉之東南剪除礫穢辦正方位而決拾有次東搆閣射廳三間共騰蛟山翁時則学者誦讀之餘游藝其间而古禮可見也而侯旦夕必至於以校德論能士皆歡欣踴躍服習其教於是教諭曾君宸邵君雲訓導余君顯廖君尚脩合諸士之意謀紀侯跡而以屬文夫世謂海濱僻陋非上國文献之論非通論也龍溪自晦菴先生過化以來民知冠昏喪祭之禮士習堯舜周孔之學故北溪劉愛禮陳布衣先後继作天下稱之今侯以道德仁義倡率於上又以時経理頹廢昭新耳目自玆以往有能继侯之烈丞以不墜則龍溪文献可以上国比隆而蔡侯之烈永不泯於天下後世矣然在諸士不可不勉也夫上承賢侯之誨俯仰賢哲之範依宫牆而覩俎豆幸生太平时之世矣苟学不立吾將誰執易曰君子

進德脩業欲及时也諸士曰諸庚名亨嘉字元會廣東潮陽人曾邵余廖四君者并協謀贊事有功於是役也故具书焉

廿九

文昌橋記

鄭懷魁

建德雄邦清漳通浦南洲北渚泰階之執天盤朝丹暮霞大海之氣斯在故橋東閩洪濤怒號閱數禩而爲沔田或化而成海自有宋大儒陳先生淳學上通乎天紀議東建乎地維爰泊青囊之家亦著金鎖之讖乃海上之牧代有道旁之築無时川壅必宣運極而轉至我明郡守雲陆韓侯清夷河海撤揭乾坤百度維新羣生闔澤於时薦紳賢良之士子弟耆老之倫捐資請移不秀自集者九萬有千人侯博咨群議俯濟洪流瞻郡城之東偏得水雲之舊址規摩木石籌集方程胥有成梁回客遣策搞成奏記洞中機宜鑿藩宣使者俞公志切澄清壯雲龍之扞海廉訪者金公思用利

三十

涉快漢鵠之摘霄并下金錢宏施玉哉至諸集事爰拓之費悉出韓侯祿錢之餘維時鴻鷺交和鵷襄競贊同襄大撥克佐遠猷刻羅一我陶玉淵二大夫梁念初俞星海兩別駕王温泉司理陆袁折諸令尹其人也地材人官之飾既周日省月試之今咸扶爾乃攢螢東海之石捷下南山之松犀工方鳩百靈就馭漲玉而祠海若式遠靈瀰移文而驅雨工遄錯循海賦文尺于屬役盤礴砥于長波雁齒嶙峋龍頭崭岩脩梁虹蜿駕瀛海之鼋鼉列肆星羅識漢家之雞犬於是琅璫之鎖既擊戚甃之鑰斯開長江劃以安流百谷峙而害下右通圖嶠左接方壺洲沚共登錯落三台之象川梁正叙上應七星之文法乎極于文昌錫嘉名於海甸波光上下

橋水東西層構淩霄高司錄之翠蓋瓠㩅韋漢覘滄海之鴻流中開般若之臺俯度波羅之岸滄海沆瀣妙相莊嚴雨涘渚崖樓閣府以相望中流砥柱水月涣以文輝信足冀西北之洪波壯東南之巨鎮若乃黄菖黄石時授帝師之品駟馬高車并駕題橋之客固已感風雲于玄始應輔弼于微垣珍渚發乎人文寔達徵乎靈識矣夫其運鍾名世期會貞元信起于中孚而功成于既濟坤儀唯其别構川瀆于焉效靈動叶禎符機由神造天人妙合今古誰論美而变則必傳变而通乃可久是用標鴻名於日月橋𠏉洄于球琳庶使陵谷不移競識牽牛之渚山河無改長瞻贔屭之文爲其銘曰

扶輿磅礴南極明津百川㕯喻中貫石梁喤磁噴薄砥用不康三洲隐曜左海莊光皇命韓侯督此南服帝以會昌神以建禧周爰咨諏思濟傾覆俯察旁羅宏移地軸告于岳牧岳牧克任爰暨有僚罷勉同心説々令尹式廣德音沈匪白辟施乃黄金安協幸作反晷遑食子来千夫晨夜展力陽侯不驚川后受戢雲乘旋撣虹梁并飭䊧寶咨徒狂瀾戢舒傒爰有衆奠厥攸居我車我驅我舟我漁水衍民用君子樂胥並以層軒東明決濟亂閣神行中臺弘敞大士金姿文昌帝像作鎮江濤辟易閎兩戾曰康哉適欽厥成考驗符識爰著嘉禎貞山既青西湖既平金鑰既啓代顯公卿景運休明宴需明德地闢天迴人謀有翌靈鼉迺嘯巨鼇立極視此

三

神功昭岳萬億

清漳風俗考

明　張燮

漳在無諸國為最南漢武帝時徙民江淮間虛其地其後乃徙安為綏城羈縻瘴鄉户教尚阻沈懷遠謂陰崖猿晝嘯陽畝秔先熟稚子候葛衣樵人辟蘿處蕭索景象至今可覆案也唐垂拱時玉鈴建麾始得比於郡國周渚通籍而後夫亦稍知學矣趙宋以來往制漸備生齒漸繁鄒音覯覯音漸殷鳳嶽漸啓追乎考亭作牧嘉興所部共化名教經術遂為沾染餘風流韻蓋歲猶有存者則大儒建標之力也若左道尊而尚鬼雄心熾而妄爭户說渺論終復難革習俗之漸所由來為明興聖治翔洽被於海表易固陋而文明往往自嗇而豐雕琢于醇初又往剝厚而薄人情物態亦略可

三三

言如婚姻不甚擇婿在門户為主其有高門修衡倚庭樹遷者中或别有利焉則遠近醜之男禮女贄豪華相尚覓明珠翠羽之屬大為誇踴死喪之門粗知倫礼頗強半作佛事伸佛猶然营奠一而見塞陰陽家歲月遷延十室而九然娶婦無不親迎者讀礼不終制者即細族賤人尽知守此尚循古道之遺耳嘗試考卅年之間士大夫多能自樹坊表扃門户課洒掃謝掾籍樂寒温耳目足跡不復出百里外而高者乃披赤心而憂國是抱素業而思名山白屋縉紳人弦户誦禿翁稍具脩脯莫不阿兒作計挾策而問吾伊者士從平門起家以為常至後來騃快又多自重乎學作馨語琴書圖籍較有遠志前此未有也此士風之盛也田家畢力從事汙邪即高卯懸崖可闢而畝他或結網而漁或反裘而薪足復生活城闉之内百工鱗集機杼鑪鞴心手俱應又或别市方物而貿易以時盈縮焉四方巡視大有可觀前此未有也此民風之盛也甲第連雲朱甍西梁負妍争麗山濱饒石门柱庭砌備極廣長雕摩之工倍於故木傳道設色也每見委巷窮閻短牆敗屋轉盼未幾合併作翚飛鳥革之觀矣中人家倏自存伶俜巡諸亦強自脩飾為鄉里顏面焉人無貴賤多衣綺繡意製相詭華采相鮮蓋一二華胄貴人或存寒素而俗子官儀學童婦飾每每瓶無餘粟術列綫衣嘗見隆萬初年布衣未試子衿依然皂帽今則冠蓋相望於道不知何族之子弟也嘆世者謂竟盛之端即伏衰之路有

三四

炊哉僭是當世第一喫緊然一家之繁費十家取給焉貧人因得糊口其間損有餘補不足安知非天道乎所可笑者一捷徹衣麤馬傍托清脩而華避名攫金閉眼又如老子素封衣不曳地食不重肉美牙籌争刀錐徼以施予賑貸搖頭而走若者竟日阿堵貧民不得名其一錢出孔甚狹入孔甚溢波何益於人世哉又其甚者豪门上族实繁有徒蜂目豺声乍展始猶禍中黠應也終且煽虐士紳閭左無賴抜扈輸張鶴筋安拳螳臂推轍始猶横施村落也終且明目都市矣大都競勝終訟兢利般蔡亂華因冤社作威虎冠以生翼濫暴狡者視闌方為奇貨後進凌長大作頑厭此漳興四方之所同也築水為田淄澠稍混因而攘奪不休以吏

為市子毋既羸困而機械百變此漳興四方之所異也若夫行樂公子閑身少年闘雞走馬吹竹鳴絲連手醉歌遨遊達曙雖妨本業然亦足鼓吹盛世點綴豐年不容缺此以見太平已世重福田每梵宮有所脩葺金錢之施不呼而滿然多不媚道而佞佛人家祈禳置壇甚尊膜拜甚虔焚香作供甚備然又不信僧而信巫此其不可解者若夫尋常閨閫之內差數四維婦女非老大足跡不踰閾而貞女烈姬在在有黃鵠之韵焉男子安分守法亦不乏人老翁坐大樹下談上皇及京朝事倚華艷耳而聽或公家之吏胥輿隸偶爾相遇輒起立氣書唯恐失乃公欲催科在他最易嘵遘而漳人東皋輸稅即甚儉歲不敢縮頓於常供郡國吏稍稍恩澤留在民間去輒尸而祝之或事久往過迤遲至萬餘口此亦末俗之近於龐厚者也夫以孤嶼邊屯前代不曾甃土忽而聲名文物為東南一大都會然世變江河之憂亦浸淫之而趨是必有人焉砥柱其間臨尾閭而防沃焦洪濤不至蕩嶽耳是所望于司世者

郡侯閔公肇闢泮池記

鄭懷魁

學在邦畿曰辟雝在邦國曰頖宮規而員之以為辟也頖之以為璜也乾象其全坤周其半君臣之義也是故清池泱泱所以為鑑也倫棄濟濟所以為文也橋門四會所以為達也於牣魚躍所以為變也造國士者非而進之為天下士其教一也漳吱海濱鄒魯而髦髦蔚起太守吳興閔侯夢得以文獻世家教翔化洽于茲者三年已睹舊制郡泮在庠門之內水敝以墊隘其南學舍久弟民用堪居勢不面內舊濬水漱未能極睢渙之觀是何可苞而不警矣乃志劃而平之侯自材官俸五百緡以興浚役截員度地凡得弥若千武弦徑三之二矢半之此泮池新鑿之程也僚屬佐事官師展勤萬曆庚戌嘉平之月至辛亥浹歲而觀厥成鑿以文石環以鐵檻周以條垣天地通氣吐納靈潮崇樓文昌上應星斗既樹桂以為苑復植槐而成市衿佩鱗集甚甚焉雝雝焉信足以明達耳目疏盪心靈者矣侯既雅止鼓歌以撫之笙鏞以間之多士執經者詠異同於是學易者進曰德澤為嚮道淵相說濟論澄心緊水是鏡敢敬益嚴澤之兌為書者進曰欝塞衍亨致學是達大川攸濟為霖為雨敢敬宣傅說之命誦詩者進曰良馬五之式昭德音小大從公廣爾德心敢敬頌思樂之章習禮者進曰源有所受委有所歸其思盈科而放渠渤敢敬陳學記之篇業春秋者進曰曰疇滋於植子弟澤於教興其青穀也而寧有人敢敬述卿校之

傳庠門之遺若爰稱周官彙興三物时負墻辟席者俢然而各有
會也是歲也雲龍書院成月試群藝則有慶雲夏都華月秋月晨
映重光夜燈五色符采焜煌乎池上孟自紫陽興学于滄闢佛教
而宗孔孟幾五百年矣而庠在泮期以會昌觀水觀閣廓然地闢
雲雨天開宜瑞應之佀至也恩皇德〻奮庸熙載懐魁請志得史
而俟之庠績用著在石車列之宮牆世〻其无斁

擴建錦江斋舍記

錦江書院始於康熙六十一年壬寅盖十一都塈島碓紳士旭建
以為講学之區也時盖中後兩進前環以墻中塑祀
先賢朱夫子像都人士以春秋二祭習礼其中兩旁後進为教育
讀書所雍正元年癸卯二年甲辰八年庚戌鄭鶴斋導與江邨閑
業陳南川天寵相继成進士閤都翹然謂人文蔚興此其兆矣於
是將原置碓州祀産漸次墾田議積祭餘資嘗大佐賓興幽称盛
為乾隆十四年合憲王公捐俸倡建前進諸生方君德清等集腋
成之自是觀察平公前邑庠歷與泉永觀察劉公各贈聯額題考
課英俊子弟觀摩者日益眾矣鎮南邱君倚煌慮斋舍未擴偕其
族弟嶽捐資二百于十五年臘月買院右田以需築顧为費浩繁
遲数載未能舉行二十二年材掌教於斯適族侄文輝董書院事
倡捐興築以成其美斋舍後裁田文許直之为種植花木地餘田
三倍其數向方宅易院前田擴𨑛外鑿方塘以通活水於是錦江
一鑑源接　考亭矣書院在石鎮之陽坐巽向乾左聯登第右
抱龍田後枕雁格前挹鳳山諸峯环秀綠野翠蒼盖勝地也新築
斋舍九齋院一如護屋勢該都紳士左縊落成不負列憲暨諸前
輩設学義舉也囑予誌之并勒是役捐題姓名於碑陰
大清乾隆廿四年己卯葭月十一都紳士立
賜進士出身工部寔衡清吏司主事掌教錦江書院琯山王材撰

為刑部徵詩啓（刑部先田於錦江書院資同人卿金試）　　姚嘉謨

千峰拱鎮山署為文一水臨漳江名是錦周遭闤闠幹震城鷺島之樞颯沓檣帆聯七邑三溪之夕地靈鍾秀物望歸仁刑部郎中鶴村陳先生者扶貢西曹官應列宿榜諸君於白雲樓上早欽香名蜕要路於丹筆班中還滋樹德夫豈常而好禮樂在與人魯子敬之囷未可分范純仁之舟麥堪贈〃尚知已茲有進焉慨自人利福田世疎儒素珠林紺宇山積檀施白屋青燈魚枯轍涸執資林宗之學誰貸蘇季之錢先生則慷慨為行欲令眾士無寒公溥居心不顧一家私貴千樹之葉蔭份披乎儒林百川之源波瀠泗於學海捐鐫金而朋錫卿校增輝覩資斧於賓興同人有慶將使野苹鹿聚懷惠好於周行場藿駒來赴遐心於空谷紹名第山人之芳躅士盡觀光使鏡澗書院之傳燈氏知慕道倘無佳詠曷稱盛情爰疏介辭快覩新制鏘金戛玉永為實崎美談激水培風即是石溪佳話

贈鶴鄉陳刑部

漢詔重公車周官書大比我漳紫陽澤科名如鵲起錦江益彬彬才與郡邑盛義祖有遺規卿校名不毀賢哉刑部君慕善踵厥美僉然頌聲作一時溢梓里君子非貨取豪傑豈名市所嘉好義心踴躍莫能已余也尤不佞木訥慚有斐迩來搜遺書與君商魯豕（刑部重刊北溪先生集余與之校訂）君志章古人固宜慨多士賦此用為勸盾言莫逼鄙

閩儒著述志略

藝菴餘論云史氏之學至宋始備而吾閩為最盛晦菴綱目一書直繼尼山筆削其餘如鄭夾漈通志袁機仲通鑑紀事均堪垂之不朽余謂不特史也經學尤著晦菴之四書註易義詩傳蔡九峰之尚書傳胡文定之春秋傳今學宮所頒雖百世不易矣外此若律呂新書大學衍義西山之書尤足佐佑六經藝菴所謂真儒之生上應星曜南極之分其象文明者莫過於此或曰朱子祖出安徽自署新安朱某而子謂為閩人可乎余答曰孔子祖宋而居魯其自言某殷人也而子不謂之魯人可乎且夫濂洛關閩之為周程張朱也夫人而知之也

淸神私議

清　藍梭世

或有問於藍子曰王爺之神何昉乎曰聽說也五行之氣與時偕行木春大夏金秋水冬本諸陰陽根於太極後之人因行而為之著姓水曰池氏金曰白氏等類皆聽說也且為之狀其形加之以王號立廟祀之則甚惑矣夫五形有氣而無形叙則雨暘時而萬物育逆則災殄見而疫癘生故月令曰季春命國儺九门磔攘以畢春氣仲秋天子乃儺以達秋氣季冬命有司大儺旁磔出土牛以送寒气皆所以逐疫也其事方相氏掌之大抵古聖王燮理陰陽民將有厲为百姓禜宣而逐解民提以通民心亦神道設教云爾今季冬逆春出土牛孟春擊鼓鳴鑼迎神繞境此物此志也然

則祈安有說乎曰祈安上元節迎本社神明祈之如祈穀祈秋祈年歲豐熟人物阜安至秋報之人樸而禮質意誠而神享故可佀也然則今之祈安非耶曰非也上元已行之矣今所祈何事乎彼將曰五王來難之曰來何事彼將曰察善惡難之曰既察善惡矣祈安彼將曰冀免罪耳難之曰罪可以祈而免是王徇人情而違帝破法也王誰欺欺天乎若然則燒米更非乎曰罪之罪惑之惑者也即知彼言王來察善惡刑賞畢而王行矣守此欲何為乎守此以待食蚩稍知礼义廉耻者不为而为王为之乎且王神也黍稷非馨明德惟馨必待人祭而後食則王所缺不特肥甘輕煖也前乎此者王何食后乎此者王何食王之為餓也多矣此其無

哉

有而不足信豈待辯說而後明哉然則造船亦非乎古者送神以紙為舟後易之以布今易之以木不愈加恭敬乎曰不唯不敬而且有罪古之时其送神也舟車夫馬以紙為之東西南北唯其所之斯謂明器神明之也亦猶殉葬者束草為人以為從衛云爾後之人易之以俑孔子謂之無後以其太似人也至穆公殉以三良未始非作俑者階之禍也今木船之設其以人殉無異所爭者人與物耳即此類而充之如河伯娶婦彼亦悍而不為乎況其所費至百餘金不止奪中人數十家產以投之水中無用之地其為禍尤酷也至船中所辦之物妓女賭具煙毯倫慢罪不勝誅而首事為之此幸無神猶可如其有神其獲罪當不旋踵而至矣可不慎

文祠碑記　　鄭開禧

距石碼里許有村曰平林其地故有書院宋儒蔡汝作所建以教学者也歷元而明太傅鄭深道重脩之巡按御史陳仲述為之記其後徙於南坡之文山平林之址墟焉道光三年二月舉人鍾南請于藩臬二別駕請復舊址允材而新之既蕆事使里人開禧為記石之文開禧竊謂書院之名雖昉于唐之麗正寔古者黨庠術序之遺其關於人材綦重邇來直省大吏多以脩復書院入告乞賜匾額如中州之大梁楚南之嶽麓吾閩之鳳池屢見于邸抄而鍾君等復有斯舉亦以見國家太平無事文治昌明自通都大邑以至僻壤遐陬無不知以養育人才為要務也吾邑誌載書院有

四丹霞芝山霞北皆在郡治獨錦江在石碼石碼漳南一鎮市耳歸者錦江之設脯脩膏火之羸以濟丹霞芝山之不足今又舉四百餘年已廢者而興之則其人之好義何如耶書院落成移錦江所祀

魁星像祀于其中後數楹以祀蔡鄭二先生誌書院所由始并及林登洲衡則平林之賢也所謂殁而祭於其社也又以藩臬二別駕有造于是役為位尸祀之凡所區畫悉合于禮焉嗚呼墜而勿墜廢而勿廢因者之功與創者等意將有神焉默相之則由茲而往其不至復墜而終廢也審矣然開禧所極致念者閩學自宋以來與伊洛相埒而吾鄉北溪東湖尤為晦翁高弟後而王孟魚陳剩夫蔡鶴峯類能志於聖賢之学不墜薪傳士之執簡策請業於斯者苟能希鄉先生所教砥行礪名以身追前軌平林雖僻處海隅豈不與大梁嶽麓鳳池同為國家育才之地哉遂不辭而為之記以繼仲述之後

道光四年　月　日

重造南臺王像序

鄭巔

南臺古稱鄉约所廟祀南台尊王即三山南台王也歷唐征閩閑
疆闢土功績炳然由来遠矣其神正直不佑於姦士人雖多拜禱
而善者善之悪者辱之非凡求必應比也以故飲射讀法在焉廟
以後有梵宇數椽僧住持奉祀尊神曩者香烟不绝廟貌巍然卓
爾王換市軌倶其盛也迄今風雨漂揺墻屋壞矣僧無宿處有一
二外方野衲任意去留遂至香沉大息王之衣裳蘗冕藏垢封塵
神光蕭索非复昔時之旧矣甚者盡蟻為蝕王及夫人座像竟為
灰燼嗚呼入斯庙者拭目愴然莫不為王气短嗟傷無已因与衆
議謀及重造神像併及諸神顏面衣冠補葺彰守復新庶几勲業
在人而聲灵在世當其破閩壘下南丹舳艫千里雲凡満旗以清
異類掃除盡矣於今共受其賜夫荀慕王之名見王之容溯王之
功与德能不捐以助勷然以兴而晏然穿々已乎夫萬古荆榛賢
勞劍戟固我王之能而千年血食永寄桑麻亦自後代之力乃期
共濟福期共植非骈贊何以至其成謹瀝精誠爰弁數語願者有
同心

四五

重兴石碼天后宮序

孝廉司鐸劉光篤

攷之祭法凡山川陵谷能興雲雨而澤生民及有功德禦災捍患
者皆崇庙祀　天后聖母閩之莆人夙慧天開成道海表洪波
迅濤之中扶危濟險如見如聞靈赫較諸神為尤著是以歷代褒
封俾祀迨我朝神光屢見昔者靖海將軍奉旨平台湧潮助戰朝
廷遣禮臣致祭勅今俱存皇上御宇以来累加褒贈列入祀典者
州郡縣春秋祭饗仍頒示所在有天后廟隨時脩葺則國家所以
崇正者有加無已較諸神為尤重也石碼天后大宮由来舊矣鎮
為大都會西北達漳通泉南接廣東抵台澎且荷蘭日本諸國
四方舟車商旅出入者必經是地而廟实居其隘以故轂擊肩摩
禱祝無虛日當道各留匾額而廟以歲久甍桷傾頹拜瞻不肅居
者每有重兴擴之議今年夏余奉簡命分鎮斯土復寧中協之象
住持僧思熙同鎮紳士据其事為請夫際郅治之會时和年豐百
廢皆兴豈于名勝之區神光所憑祭祀攸合祀典必載而不令其
巍然煥然是誰之過微有請猶將趋而赴之蓋善恥猶為福期偕
衆不有倡者孰開其始孰贊其成凡蒙福庇呵護之評無忘布金
集錦之力衆志可凝巍哉指日而上以體朝廷崇報功之典亦下
以順羣黎祈禳賽禱之心降祐穰々降福簡々則斯举之可闵不
既大哉

四六

石碼革清丐所斷方公地碑

鄭溥

至治之世疲癃殘疾皆得其養要有地而處之原不令其偏居市廛為害民間也鎮本輻輳之都以海氛遷界安為荒土始於澄丐構茅隙地日久月深延為故壘其為害也窩賭窩妓鼠竊狗偷妄所不有至於癩氣傳染穢惡流洒毒及千家尤不可言者都之人士議鳴公革久之矣而未可動搖近因澄邑丐者互控蒙澄縣主蘇公斷歸澄邑而溪丐又聚兇徒強據此土爰是鎮之衿耆公呈列憲往批示清革而奸丐懸不畏死盤據如故幸逢神君縣主劉新政親勘重責立飭地方刻期歸逐春清院仍面諭鄉耆捐還地價銀七十一兩七錢當堂繳給丐遷領將地充為下碼岡帝廟春秋二祭之資付僧主之不許私侵尺寸數十年人物之害一旦廓清神歆於上民安于下丐亦哀得其所斯誠以猛濟寬以義成仁千古不磨之大德萬世無窮之大利也然則神靈在上官法當前凜凜可其有覬覦未忘者亦仰體我父母敬神愛民之至無徒干神人之怒焉為勒石以誌不朽時

雍正九年辛亥九月　日鄭溥撰

四七

重修港口橋碑

鄭溥

港口橋為汎防重地兩邑通衢往來輻輳者不絕一日就圮不獨病涉為憂也橋之興不知始於何時按其制甚牢而板固履其坦坦頌其明德為利大矣乃歷年既久牢者就塌行李艱焉況太平日久熙熙攘攘較古倍盛其不可使一日之圮也明矣茲有鄉親高志遠陳志選黃佳琭康萬民者出力倡首又有僧日參者汲募眾共成厥事爰是鳩工董石而至正其傾而易其塌始於雍正四年二月成於雍正四　月較前制而更牢更固夫千古無不敝之物有創則必有修其勢然也然則紹古之烈振今之功奚謂古今不相及也於是勒諸貞珉以志不朽焉

四八

脩築龍海橋津渡碑

進士陳天寵

龍海橋津渡為兩縣交壤之區江湖上下帆楫往來日計百艘橋東舊有石渡迂曲且狹近圮矣濟渡駢集多有顛蹶而高君熗頭惻然倡議脩築鎮中耆老等博求諸施力成是舉由是盤跐累級闢盧為莊幸而直倍蓰而舊縻金錢八十千有奇更作津亭以廣行人使待船無風雨之虞歸櫂有烟波之樂樓者憩者以眺以嬉咸歌弗諼余聞之而喜列耆之嗜善與諸善信之樂者為紀其事俾勒姓氏于碑左彰盛舉焉

四九

建造龍海橋碑

鄭之惠

石碼鎮為霞漳一大都會逡鎮而南至下碼以溪左溪右分龍海界明代架木板橋通行旅士民輻輳廛匯相接变亂以來橋梁久廢雖航可渡而一水之隔迥于千里歲乙丑之惠與御親張瑞亭林允文等鳩衆興復費百金仍搆木橋十餘年俾行李往來視近如咫原載層碼一帶昔僅焦土今成村落烟火相望皆此橋所通也無何日久歲過水浸木蝕枝撐窯罅扶欄剝落行者恃居者嘆有溫陵文起施老先生者雅與家到夫張瑞亭親知頗向偶過茲橋發菩提心見其不久就壞而將病涉也願助百金改築石梁為久遠計慮艱継艱許以江東廢石充為長板其餘基址尚缺工費不貲瑞亭力肩之仍馳告於之惠謂前建木橋今改石梁幸終始贊力之惠乃邀諸同志黃元祥李林非劉勝千等共襄義舉勸助勸施錙兩皆賜涓滴靡遺間未敷者呈請於澄縣主陳及吾鄉恩蒞新捐俸波恩便民利濟計自庚辰仲春経始至今年辛巳秋週年方竣事費金錢四十餘萬橋橫亘溪間長十一丈五尺濶五尺五寸是役也雖無萬安之偉昇仙之勝然自是田夫牧豎跋涉無劳馬跡車轍絡繹相继至於兩縣通津一方砥柱人文淵藪踵司馬之留題天漢彩虹倰青蓮之雅咏謂当事咸謂盛典今之惠備書始末并誌各捐施姓名之惠不敢固讓以致湮沒爰勒貞珉永垂不朽

五十

重建鳳田嶽記

鳳田嶽俗稱嶽宿之建不知始於何代也余閱嶽上舊碑稱萬曆壬寅重脩距今方百載而人事代更後來雖居蕩析兵火之間其廢也忽然歲甲子有僧梵声者向余商興復事余愀然久之謂古廟僻在孤眉一望荆榛樵牧之侶誰爲擅施乃梵聲不辭勞瘁敲梆托鉢善心苦行相視而感於是有佈巨金者有助畚鍤者有愿挑運者甫半載而伻宇重光神像翼然衆建之力其興也勃爲猶憶余少時父老嘗爲言此廟于風雨晦冥間時聳聽道行杖之聲里下有以事憤爭者不之官先之嶽相與指日盟心輸誠悔罪而去今茲告成安知不赫〻若前日事耶嗚呼聰明正直之神曾謂泰山不如林放吾於嶽帝見福善禍淫之天道爲於往生娘〻見賦形定命之人理爲於速報尊司見戒欺求慊神道設教之遺意爲於以鎮撫一方佐治百里良不虛矣是役也任其勞者僧梵声董其成者緣主劉光璇吳士信方天錫等皆有功于嶽者也不可以無記　時康熙甲戌陽月之吉瀛州里人鄭之惠薰沐拜　石碼閩鎮諸善信等仝黄田村坑往口後塘柜頭五鄉耆老仝立石

五一

脩石碼港南橋

進士陳天寵

出石碼鎮之南里許鴻江登第村落环港而居港界溪澄海潮上下沒石渠東折經御史沈公里门通衢闽粤時或駭浪奔濤踰阡越岸道路載崩日圮艱於行鎮中耆老之惠等善信人也廣求濟施崩者脩之圮者築之砌石凡三十丈餘工興訖百有餘口縻金錢八十千有奇厥事以後由是行道謳歌履坦〻而遵蕩〻矣夫

王政康莊大道可驗其盛乎方今聖治覃敷民心向化石鎮耆老信士既造津渡於前復脩崩塌於經戰事不言勞樂施無倦色何吾鄉好善之多也不可不記因列諸名氏勒於碑左

乾隆辛未年鎮耆老立　舉人候補知縣錢廷欽篆額

五二

重興石鎮上碼武廟碑記

記曰凡祭有其舉之莫敢廢也況忠義之神祠而可坐聽其傾圮乎石鎮上碼舊有廟祀　關聖帝君明嘉靖間建康熙間因舊制重脩歲久傾圮都人士姚君承詰倡议重興偕董理莊君汝錫等募衆指題相與新之住僧荊芝與有勞焉姚君請於余余自通籍以後待罪夾江久荒文墨何能為記然桑梓之誼不容辭也是廟之成僅六閱月經始于乾隆癸巳五月而告竣於十月規模聿新廻異曩昔豈非帝之忠义有以鼓舞于人心故莫不樂於趨事赴功歟嗚呼　帝當漢末造乃心炎祚百折不回止知以身殉國至今濱海之區人皆向風慕义爭薦馨香蓋非可強而致也諸君不鄙余言則願以入廟思敬之心勵尊君親上之誼匪不虛此盛舉至　帝之正氣弥乾坤而塞宇宙奠河嶽而昭日星衆共知矣俟余言矣

賜進士出身知四川嘉定府夾江縣事劉希周拜撰
特恩御進士文林郎揀選知縣李雲漢拜書
乾隆癸巳年小春　仲士閭境家長仝勒石

五三

募脩渠庵序

恩貢康　翔雲撰

渠庵鎮之名刹也在昔添印大師募建恭祀觀音大士殿後庭院宏敞樹木森翳都人士每於夏时訪師煮茶談論有坐夏忘暑之趣迨添印西歸後庭院变成荒土被民侵居割尽僅留佛殿而已吾師德星林奎煌先生於課讀之暇閑眺郊原偶往是處見其廟棟折榱崩神像當空漂晒感慨繫焉退而命翔作序覩募其善信之契友及泛游諸门人隨緣樂助得金百餘乃鳩工就其原址之佛殿一進并常因牆草草脩葺重光佛像月餘告竣雖無當日之壯麗而渠庵之名幸賴諸之德尚留不泯焉

五四

與朱梅崖太史書　姚嘉謨

梅崖太史老先生座下嘉謨南洲之鄙人也側聞先生高誼大名近掌教鼇峰務以經史古学振勵後進自恨僻陋不獲奉教大君子知以質魯学疎其於洞言數义未及仰鑽萬一然竊不自揆度欲效古者芻蕘一得之獻以塵覽尊聴伏唯先生恕其狂愚少垂納焉嘉謨幼時稍知句讀授古文便以心好之家本貧稍長求為應挙之学急僥倖於一得不暇肆力斯道己丑計偕一至京師下第後歸侍庭闈足罕踰里学益疎所作多應酬杂具不足存又苦無就正當哉以請去其非以求其是故輙以自息庸既又思念以吾閩之大宜人才蔚興不应沈汩舊紙中自安卑陋若是而豈無有一人為出而大振起之也而今固已幸遇之於先生嘉謨因閲建寧縣志得先生所作李世昇傳驚詫以為奇後乃於友人處見梅崖文集益反覆湛味至旬月然後知先生之文三百年來未有之文也尊集中傳志真得左氏史遷筆法其記序學郭銘說尤勝與人書淳質勁達曲折汪肆莫名其為何家要皆涵茹古今自周秦迄唐宋融冶漁擇而出之期於大暢己意而止以卓然自成一家言益嘉謨所得於先生之文者如此吾閩自古能文章之士唐有歐陽行周詹宋有蔡忠惠襄王深甫回〻之弟子直向韓子稱詹文善往復歐陽称忠惠文清遒粹美而王介甫為深甫誌墓曾子固有王子直文集序皆極賛其文学然詹與深甫兄弟弗獲永

五五

年無以竟其業而忠惠屢典大郡不如歐公在翰林故文章為政事所掩不能遂与八家者並明有晉江王氏尤傑然以古文詞自負鼎峙荊川震川無媿色顧竊其所造未脫北宋人门户今先生獨能出經入史色蠡越劉变化涵渾靡所不具故嘉謨謂先生之文其為吾閩張文章之幟以軼元明而繼于唐宋八家之後者必先生無疑也然尚恨鄙心有所未釋者集中議論多齮齕朱子而尤不善其補格致傳義詆以為僭又譏其詞之支離朽腐夫朱子之学絶篤賅備精粗兼到彭非後学所可妄疵至摘其補傳一條則先生偏見浮氣讀书未暇細心之過矣以嘉謨觀之朱子实未嘗補傳也今試繹其詞曰所謂致知在格物者言欲致吾之知在即物而窮其理也此朱子明以集註之斛行之而謂其補傳可乎大学一書出自戴記使朱子補傳豈不能割剝點竄為句奇語重以一勢帮於戴記之文乎即云文章與易昉代所為然觀周子通書張子西銘邵子經世胡氏知言皆簡質伯潔有語孟之遺今為朱子縱不能為戴記之文獨不能為周子数人之文乎朱子非不能為文也集註之體与著书異也如之何其以支離朽腐為譏也然而朱子寧不避支離朽腐之譏必不肯效割剝點竄之文則朱子之不補傳愈昭然明矣朱子不補傳而格致為学者用功之始实不可缺故以集註補之存其次第功夫猶不敢自是推本於程子之意此正朱子之小心慎密而先生反詆以為僭尤不可之甚

五六

者也夫誠以為僭是不能察朱子之意以原其未嘗補傳也識其支離抒腐是不能擇朱子之辭以明其仍為集註之体也由前之說則為刻由後之說則為肆刻與肆不可以論他人況可以論朱子哉夫世之詆毀朱子者其意不過欲尊陸氏耳竊嘗論之朱子為學似曾子發明道蘊似子思闢邪說似孟子陸子聰明穎敏開劃直截大約如子貢有子朱陸固皆孔子徒特所造有淺深其辯也期以明道而非有私意存乎其間自明儒崇陸者始倡狂縱恣以為不抑朱無以張吾說故其弊益甚今先生之言曰吾非宗陸學者吾學韓子以達于孔孟嘉謨竊謂先生於韓子之文則裁矣於韓子之道則有所未盡何也韓子嘗不喜董子文中子矣而未

五七

嘗有一言詆毀之也奚以明韓子之不喜二子韓子論道已不及仲舒其送王秀才含序引上勳醉鄉記而悲其時無聖賢之學勳為仲淹子弟而韓子云爾則不滿仲淹可知夫二子之學粹於荀楊乃皆不為韓子所喜此亦不可解然嘉謨嘗原其故矣人之質有狂狷之殊故其氣象多不能相入二子淳懿謹重而韓子通蕩英爽其不相入者或職是之由歟然韓子未嘗有一言詆毀二子者則韓子之不可及矣後儒於前哲知所推尊則推尊之否則置之而已必肆為詆毀是韓子所不敢出也今以朱子之賢嘉謨嘗欲躋之於曾孟在先生必不謂然如降與董子文中子並論當亦首肯矣而詆毀不已至於太甚是韓子所不敢出者先生肆然為

之耶先生又謂荀楊二家決不可廢此亦祖韓子之說者楊氏大節虧喪不可以言盡行荀氏學實有足採宋儒闡之大甚然荀子所以不免後人疵议者正坐詆毀子思孟子耳荀氏敢於毀子思孟子而韓子不敢毀董子文中此韓子之所以不可及也今先生反之故嘉謨謂先生學韓子之道有所未盡且先生以為韓子之學異於朱子乎韓子之自述其為文也曰無望其速成無誘於勢利是主敬之說也又曰處若忘行若遺儼乎其若思茫乎其若迷又曰然後識古書之正偽與雖正而不至焉者昭昭然白黑分矣是致知格物之說也又曰平心而察之其皆醇也然後肆焉行之乎仁義之途遊之乎詩書之源是誠意正心之說也此學為文之

五八

次第也其於道也亦宜然今試有人焉內未嘗博覽六經諸子外未嘗周閱古今事變而曰吾守窮致專斷割嗜慾以斬至於古之為文也則先生許之乎必不許矣是何異於求道者捨格致而虛言誠正也今將學道乃自外於朱子以別求為簡便徑捷之途又何將學文而自外於韓子以別求為易售速化之術也其不可以至於道與文均也道學文章二者本相表裏未有真道學而不知文章者未有真文章而不知道學者朱子博極群書功在傳註而於文家特著韓文攷異則其與韓子至矣使韓子復生亦當與朱子朱子上孝宗封事斥和議中復屢與諸帥談兵洞中機宜持節楚執法忤時宰視韓子之諫宮市佛骨諭王庭湊佐裴相平蔡州

其直節勇氣有異世同符者人生大端不致差謬其餘議論行事豈能盡合淺深大小隨其所得不必以意見歧乎其間也今先生將學韓子乃為韓子別樹一幟以自效於程朱恐非韓子知己即韓子教人自為之旨其氣節學問自不可朽亦不必附程朱以為增重然謂其背而馳焉如冰炭之相反鑿枘之不可以相入也必不然矣又先生集中所論文原委甚悉於唐宋後獨取姚文公實道園歸震川三家而已姚氏為許魯齋高弟宗朱學嫡裔實氏歸氏雖不以道學名者其論著要其牴牾朱子鮮矣今之牴牾朱子者皆妄庸子拾陽明唾餘者也以先生博學高識卓然自樹立不宜有是陽明人品事業世所希有獨詆毀朱子一節為學術之累

善乎湯文正公有言曰陽明之詆毀朱子是陽明之大罪過也以陽明人品事業而不能蓋其詆毀朱子之罪過以湯子篤信陸學於陽明若何欽仰而亦不能代諱其詆毀朱子之罪過則朱子不可詆毀斷斷明甚今學如先生行誼如先生為文章足亞韓柳如先生不免為陽明之罪過將使天下之極愛重於先生者亦不免為先生求諱罪過而不可得可惜之甚也近世李剛主奇士也慕諸葛武侯王陽明之為人而目程朱為迂闊後卒感於其友望溪方氏一言取稾所校駁程朱語鋟板以行者盡削去終身不敢復非之望溪可謂古之諍友而剛主可謂不吝改過豪傑之所為矣嘉謨每讀先生文竊意先生聰明魁偉其氣質大類剛主而學問遠過之而又私怪一時所與遊者必多聞近能引古而非尋常之人何不聞有一諍友如方氏者如其有焉安知先生不翻然速悟而勇於從也昔韓子因文見道晚乃益邃先生年愈高德愈卲又安知不有以更其少壯英氣之為而進於寬厚和平也則先生不亦粹然當世之韓子乎此嘉謨所以區區而不忍自默也歟嘉謨嘗私輯有閩文錄十二卷仿唐文粹宋文鑑篇例蒐羅頗廣漢晉時寥寥數篇唐以下加詳矣宋錄朱子朱子自其父韋齋公居閩已為閩人故世稱周程張朱曰濂洛關閩凡此類義例頗精非妄竄入恐疑者見摘聊及自明耳為吾鄉文獻必考次其年代居里而行誼事業亦附以見其偉人鉅公雖斷簡必存之有文集行世者多錄至數十篇意在表章前哲不厭繁浩連江陳元鍾有言此吾國風與中州爭文字雄未知先生以為何如乎將以求質於先生且乞弁言偏未成不敢遽達也請以此書先之為質焉臨紙不勝悚惶之至

是吾閩數百年來第一篇書啓文字學術源流槩括其中而文章本末亦附見焉識解高超議論平允文情宕折筆力宏肆乃宋潛溪歸震川以下所不能及原評

鴻山詩草序

連娘

余生坎壈未冠滄桑事起已流落海濱從戎馬歷偏裨一生失學人也中多壹鬱輙於韵語寄之不自知其淺安在今老矣孫曹謂余武人不屑此請簡存劉青田云百歲復何如予是以嗟日月之無幾也檢舊艸作十之七八命播之存者一二後之人或指之曰此焚餘云尔歧下九十七老人雲伯氏

六一

正俗編序

道光連覲其可甫

余雅不信鬼神釋道任讖風水諸邪流見士庶人折腰於木偶乞靈於枯骨酷信任讖惑迷風水不勝憤然三慨嘆焉夫吾人稟天地二氣而生則此身富貴窮通壽夭皆天主之天即理也豈鬼神釋道任讖風水得操其柄而轉移也哉張子曰鬼神者二氣之屈伸何能禍福人語最明確朱子曰佛老異端吾道之賊也士子讀聖賢書見茲邪說切宜屏斥之乃於親歿禮讖甚至惑風水停柩不葬者此皆大不孝也尤見正大之論吾漳僻處海隅自紫陽過化地稱鄒魯民風日上士子讀書誦詩庶人服疇力穡大有先民之遺風不謂降至近今習俗漸染趋向頓殊釋道紛然并與人心

六二

妄為不古指道之頑石以為神為聖尊塚中之枯骨為祖為公祀典籍不載之淫鬼曰王爺奉土木裝成之偶像曰聖帝種種怪誕指难勝屈唯溯其作俑之原實自佛老佛老倡地獄之說後世遂生無數淫鬼淫祀廣洲先生曰浮屠地獄尚可以儆凶頑小人措謂禮佛祀鬼雖大惡人亦能解免向使佛老第言爲惡之人一入地獄萬不可解是亦勸善化教之一助君子何患其為異端此論明妮嚴正佛老有知当亦俯首知罪矣余每引諸先賢語錄與士庶人言人皆曰子流於異端而反謂世惑於異端誠不可解嗟乎世人之說是則吾之說非乎吾之說非豈諸先賢之說亦不是乎總之皆緣佛老邪說入人已深遂至牢不可破凡世之士大夫區

匾在八比上作工夫不講正学之誤也今吾讀史之餘廣採古今仁君良臣光明正大之篇或摘诸先賢格錄裒为二卷顔其衔曰正俗編取其挽正頹俗之意也閲者詳其理而求之庶不再为鬼神釋道徑讖風水诸異端所惑不無補於世亦教化之一助也夫

俟女罳序　　傅子英

余未成丁而孤幸賴母教成立乃讀律遊閩衣奔食走遠晨昏者二十有一年矣乙未冬聞訃获厌頓冷風木徒悲吾傅氏代代以仁孝傳家中饋多賢吾母尤能嗣我王母許太孺人之徽音举凡女道婦道治家御下之規皆堪为戚里矜式为姑者共之處而慈为媳者共之處而孝為婦者共之處而敬唱隨蓋我母氏善説辭聆雅言者莫不悦服改其不善而底于善也愧余落落無以仰承先德慰顯揚之望不肖之罪上通乎天頑愚敢任吾母之迹熄乎爰考诸神聖任傳搜羅今古名賢泮拨簡篇暇輙披覧时憶我母微言可共相發明者即証而剪裁之役役者三載於兹矣嘗讀曹氏大家所著所誡五引古女罳之詞而全書遍覓不得嗚呼吾母李太孺人杯棬雖存音容已杳不幾如女罳全书之不可得而再見也哉然而蠡可測海管可窺天則就微言而紬绪引伸安見致曲者之不足以俟貽也是以書成命之曰俟女罳云尔

澎湖紀略十二卷

〔清〕胡建偉纂

《澎湖紀略》十二卷，清胡建偉撰。建偉字勉亭，廣東三水（今屬佛山）人。乾隆十年（一七四五）進士，三十一年任澎湖通判。以澎湖開闢雖久而文獻無徵，遂以公退之暇撰作此書。分天文、地理、官師、文事、人物、武備、風俗、土産、賦税、户役、倉儲、藝文十二紀，紀各一卷。以屬草創，故於每紀務尋原委，但明因革，不嫌迂蔓。諸紀徵引典籍之外，多據身履目擊，故於他書傳説，每有辨正。如地理紀實考澎湖島嶼之數爲五十五，而非向傳之三十六。又引舊志云臺郡南北潮流有異，半線以下潮汐與澎湖同，建偉自稱未至實地，同否姑以俟之。其實事求是，類皆如此。據上海圖書館藏乾隆三十六年刻本影印。

澎湖紀略序

由厦門海道七百二十里至臺灣而澎湖扼其衝澎湖四面踞海無所不通在臺灣之西凡五

十五嶼嶼有居民設文武官副將通判治之遥屬臺灣蓋其地錯出海面盤踞無幾而據海道之咽喉與金厦二門遥

相犄角實形勢之最也往年

王師平鄭逆及朱一貴之亂皆駐跡於此而　時既昇平海疆富庶宦賈臺

灣者相望往來之艘皆泊澎湖其水道曲折風潮占候及民俗土宜政事沿革宜皆有書向時附見臺灣志中舉大意

而已未能詳也今通判三水胡君示余所著澎湖紀畧一書余讀而深嘉之蓋近日所傳星槎勝覽瀛涯雜志言海事

者類皆搜尋怪異不切民生日用至内地郡縣之志所陳多民事矣而時因仍吏牘譾語猥雜無紀或取辦衆手前後

乖舛者有之是書提綱挈目部署編次悉中條理而天時地利氣候不齊一一圖注取海道者時有資焉至於述民生

之勤苦敘

王化之漸深浴嗟咏嘆之意見於言外所以宣

上德而達下情固為吏之道宜爾亦文字之勝概也

歲庚午余奉命巡視臺灣由澎抵臺道途所歷閱是書一一如在目前時方兼督學政歷試四縣頗異臺處海外而士多秀出其能文者有中土風獨澎湖無聞焉今書述澎湖士入學者至十餘人則知國家文教久而益昌我

皇上壽考作人之化無遠弗屆無微不燭宇內淪浹矣夫事有舉一隅而可以見全體者此類是也余與胡君同官斯土雖職有崇卑而事惟一致每念承流宣化責任重鉅自顧恆懍懍焉惟以欣逢聖時民安物阜中外同風一

切張弛俱禀
皇靈以從事其庶幾可以無
隕越也夫是爲序
乾隆三十六年辛卯秋
八月七閩承宣仁和
錢琦撰

澎湖紀畧序

古之善治者每務乎其大而籌乎其所不及備追臚所措施往往立言不為一時而收效期諸數世此豈括地家所能涉筆哉則如　勉亭胡公所撰澎湖紀略是已澎湖為臺郡郡别駕分駐其地有司土責故事遴内吏之廉而能者畀焉而君實膺是職既蒞三閱歲凡所為奠毗業詰澳慝釐懋遷程譸肄諸大端靡弗張舉於編中窺崖畧焉

下還勺泉盂井亦必辨其鹹洌而識其所在其用意周而籌槩備矣昔歐陽文忠公作唐書地理志凡一渠之開一堰之立無不記於其縣之下論者謂其詳而有體君殆得是意歟夫以環瀛絕島棊然疆索又得賢通守精心擘畫所措施具有本末而復以公餘研成一書義例井然持論精卓足使後之司是土者資所考鏡是真合古之善治者余故樂為之序

序二

乾隆庚寅歲春三月

賜進士出身中憲大夫分巡臺澎兵備道兼提督學政前翰林院檢討金竹蔣允焄撰

序三

澎湖紀略序

在昔志輿地者率祖禹貢周官嗣是扶風叔為史體而別於史者則有辛氏三秦常璩華陽國以及三輔黃圖諸書其分志體之一

者則又有洛陽伽藍建康宮殿襄耆舊汝南先賢諸書至若十洲洞冥真臘佛國之屬又述其支別而恢詭焉者夫奇編異記掌錄區隅其叢凡起例要無

當於通都大邑所撰著然酈善長注水經往往取財於二百四十家豈非擷其菁華規其輪廓足以徵攷實而廣聽睹且於其因革雜翕土宜風俗之故有不

失禹貢周官之遺而一為甄綜歟臺郡之有澎湖海中一島也宛溪顧氏謂險要而紆迴莫如此島信然往時錄者不一

國朝康熙二十三年始定有其

地屬臺郡雍正五年設別駕於此資彈壓焉夫五服有要荒謂要甯荒會不可以内治之也今澎湖隸版圖近百年宅其土者戶籍日增絃歌四徹環匝浸為樂國於此

序三

境覘之是其因革離翕土宜風俗之未可以恢詭載筆也可知已僚友　胡勉亭先生以通守駐斯境三稔於茲矣境之士庶樂其治　先生亦以清暇排纂澎

湖紀略一書凡十二卷既蕆事郵以示余余卒業服其掌錄區隅體例一準乎通都大邑而事核而旨潔舉所為矜奇炫奧者蘿擯之在　先生紀略名

序四

書若以為迷其支別也者而史裁賅合於是乎在夫禹貢以敷奠挈綱周官以藪浸標目略云乎哉莫備于此矣志輿地者尚津逮斯編也可

乾隆歲次庚寅清和望日
賜進士出身朝議大夫知福建
臺灣府事前知浙江杭
州嘉興紹興三郡事加一級
年家眷寅弟梁溪鄒應元
拜手撰

澎湖紀略序

澎湖紀略十二卷　　武水胡公
通判澎湖時所著也公以名進
士歷知五縣皆有惠政是以振
興文教為己任由閩邑陞判澎
湖澎湖在海中居民僅數千家

小島也實為臺廈咽喉要地故
任公以鎮撫之公官澎湖五載
公餘之暇因成此書書中述澎
民為生之苦地瘠草木率以牛
糞為薪男女把守鹹井之上後
先應歉以救旱渴早夜嗷嗷然

其言咨嗟太息曲盡情態令人憮然不忍卒讀又載市肆區目致意守土者之加惠商人招致其來以給居民之用其用心惻怛蓋畫周至而護惜弱學雖退傷之詩所云民之父母者奚坐

序二

于袪除鄙僿開牖闇沕尤尚文教公創建書院條設學規教以人倫分別義利勖之躬行以志為賢人君子非僅舉藝取科第榮名而已嘗曰十室之邑必有忠信斯地雖小安知後不有邛

文莊海忠介其人者出哉識者因是知公所思之遠待世之厚彷彿古人霖戰之義而文翁常袞不得專美于前也澎士赴試臺灣多憚遠涉風濤以致皓首窮經不得預童子試者公詳請

序三

列憲就澎考試送道免其縣府兩試守候之苦科歲弍試獲雋入學者十有弍人澎之文風寔公開之也參都會關津卯方之鼻區官其地者知置力焉至于海外邊徼跂遠京師見謂不足

觀聽豈而直棄者齊之或地瘠
風陋楚憂乘聊朝夕僅代而已
公所云乃弌弌可書而此益諦
語曰出門而見大賓使民而承
大祭故所在乘怨也公其深體
此意也乎紀志體本史氏繁者

病乎猥雜取簡又傷太略公是
書皆乘之法嚴事覈精文並美
蔚蔚彬彬是又著述之善者矣
余得卒諦之云
乾隆弍十卯年季夏原翰林院
庶吉士朱仕琇頓首拜撰

凡例

一集以紀畧名者紀對綱而言畧則詳之反也凡作志乘者必先挈其大綱然後詳其節目此班志之例由來尚矣茲集就事論事無煩立綱發明取其紀以記事之體而已故不稱志而稱紀也況澎地無文可考無獻可詢事屬草創則畧而不詳者亦勢之所不得不然者耳

一集內分十有二門其先後次序首天文次地理天尊地卑之義也高卑陳斯貴賤位故次官師

官師立然後教化行故次文事文教興則賢材出故次人物有文事者必有武備故次武備經文緯武由是而俗美風淸故次風俗風俗醇者厥心臧必由土物愛故次土產物產饒則任土作貢故次貢賦賦以八戸爲籍故次戸口人戸盛則積貯不可不裕故次倉儲倉廪實然後知禮節故以藝文終焉

一每一門類務尋源委自覺迂蔓無當於簡潔也但鄙意竊計斯爲草創之編合從訓詁之例俾後之作者流覽今昔知所因革芟繁就簡不亦事半而功倍乎

一援引典籍或用以開端或取以徵實勢所不免集內俱一一標出徵獨知所由來亦用以彰前賢之美也其澎湖原有志畧一本三二十篇然事多不核集中並未引入僅列其觀海賦文石賦二章而已

一澎洋島嶼向傳三十有六昔人亦祇言其槩耳以今考之實五十有五焉即臺志載澎湖全圖方隅亦多淆舛率皆耳食未經身履目擊之故也余悉爲更正至於各嶼水陸程途均未的確

茲一以廳署爲主由近及遠一一註明於各嶼之下俾披圖而閱者勝槩悉在目前可以臥遊而得之也

一水乃至便之物昏暮叩門求無弗與者也茲於井泉一節不啻三致意者誠以澎地居瀛海之中盡皆鹹鹵又無溪澗流泉足資挹注所得甘泉甚難故於各澳井眼一一臚列俾知渴飲與饑食同艱也遊海壖者必載水以行入島嶼者必問泉流所自何莫非此意也哉

一藝文一門鉅製鴻章雖堪千古必其有關於澎

湖者方爲採入集中所錄僅得諸臺郡志內而已此外因澎島題咏者或業經問世或尚貯錦囊散見壘出諒必甚富但余限於耳目致有遺珠應俟捜羅或承惠教自當源源增入以昭全璧

一祥瑞災異事多荒誕如董子劉向所說春秋多書事應每爲昔賢所議餘可知矣况澎湖乃海心撮土並無有所謂芝草醴泉等類即間或風雨期愆陰陽道錯微災小眚亦與郡邑所同似可毋庸另立門類應從省文之例可耳

一澎湖舊爲鄭逆所踞其僭竊逆事已備載於臺郡志內茲不復贅庶免文字雷同數見不鮮之誚故與外洋番島一併刪除槩不載入

一談元說空所謂外教也服其教者禪林精舍窮幽極致徧布川原人士亦樂與居遊此郡乘邑志所以有外教一門以紀靈蹤而誌勝槩也惟澎湖一十三澳各澳祇有土神廟宇以供香火並無僧尼庵寺亦無淸修道觀故茲門亦闕焉

澎湖紀畧總目

澎湖全圖

澎湖紀畧　圖　一

澎湖紀畧　圖　二

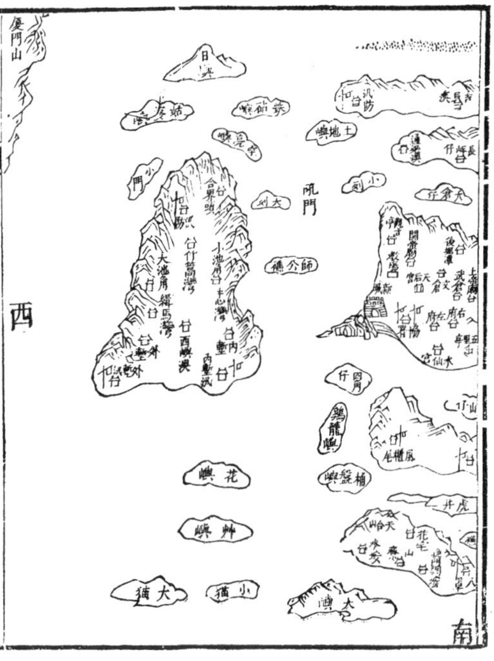

澎湖紀畧卷之一

天文紀目錄

澎湖紀畧卷之一

嶺南胡建偉勉亭纂著

天文紀

星野

易曰仰以觀於天文俯以察於地理在天爲分星在地爲分野此精氣之相通亦理之有可信者也周禮保章氏以星土辨九州之地所封封域皆有分星以觀祥妖夫九州旣應星土則三百餘度皆有驗何獨十二次乎又曰封域皆有分星則千八百國與夫荒服海隅皆有屬何但十二國乎此古今之所通疑也閩自漢初始隸職方後之疏星野者大都指禹貢維揚而以星紀之次屬之爲會稽域內云星紀者斗牛也古之言天者由斗牛以紀星故曰星紀紀爲十二次之首而斗牛女二十八宿之首也考星經云周天之數每星一度轄地一千四百六里有竒閩在會稽東南距揚州三千里已在分度一千四百六里之外計自揚州而南終斗歷牛至女凡前史所載史記天官書前漢天文志皆云屬牽牛婺女之分後漢郡國志云自斗十一度至婺女七度一名須女曰星紀之次于辰在

丑謂之赤奮若於律爲黃鐘斗建在子爲吳越分野晉天文志云自南斗十二度至須女七度爲星紀吳越分野屬揚州隋志亦以爲屬斗牛須女之分唐天文志云東南負海爲星紀負海者以其雲漢之陰也又云南斗牽牛星紀也初南斗九度餘千四十二杪十二太中南斗二十四度終女四度爲星紀之分古吳越及東南百粵之國南斗當雲漢下流當淮海間爲吳分牽牛去南河寖遠自豫章迄會稽踰嶺徼爲越分宋史天文志天市垣二十四星東西藩各列十一星其東南垣第六星曰

吳越亦爲星紀之次元史歷志亦云起斗四度三十六分六十六杪外入吳越爲星紀之次明天文志以福建郡縣並屬斗牛之分明一統志又以爲屬斗牛女之分以及劉向蔡邕皇甫謐所謂統在斗牛女中者俱爲未得其詳也春秋元苞經云牽牛流爲揚州分爲越國范曄後漢志曰牽牛主吳唐僧一行以爲天下山河之象存乎兩戒北戒自三危至朝鮮是謂北紀爲胡門南戒自岷嶓至東甌閩中是謂南紀爲越門張守節又以牛女不專屬閩越據此則魏陳卓所云會稽入牛一度似可

類推蓋牽牛跨浙粵閩三省閩九郡西屆樵川北盡柘浦東抵長溪而清漳襟當嶺南距會稽不上數百里實在周天分度數一千四百六里之內卽謂九閩咸隸會稽牛一度也固宜以歷家仰儀之理推之則星紀在北而光燭於南其以吳越當之者從星紀之所燭也亦何疑南北相配之未協耶今閩越正從其所燭耳惟澎湖孤懸海中向屬荒島分野所屬未有指定無可考據隋開皇中遣虎賁陳稜畧地至澎湖三十六島其名始見元末置巡司迨明初隸泉郡星土從泉

國朝平定鄭逆改隸臺灣郡說者謂臺灣海島之地不在九州之限按古四譯館因外彝來貢以外彝分方紀星臺灣原屬島彝其次爲鶉尾其宿爲翼其辰爲巳宋天文志云鶉尾在翼軫之交居南方七宿之末隨南極而半入海且臺灣背接呂宋右連日本其爲値翼九度無疑占驗家槪以臺灣同彝島一體測驗謂呂宋居巽巳入翼十度日本在寅艮入軫八度臺灣與彼相接實爲翼九度也今澎湖改隸臺郡則星當爲翼不得從泉郡爲星紀之次也噫是說也則是籍可轉而星亦可移矣

豈通論哉僧一行曰郡縣有變山河無改星之與土精氣相屬不係方隅占測以山河爲限而不主於州國談理者推爲定論况星土自當以土占星計里道而推儘可得其確據也夫臺距呂宋水道七十更其去日本也水道亦七十更以每更六十里計之則四千二百里矣若臺至澎不過五更由澎至廈七更止矣是臺距泉郡僅七百二十里臺卽爲彝島亦在周天度數一千四百六里之內豈得據呂宋日本四千二百里之外而謂其爲翼九度也澎更密邇泉郡舊隸同安其分星係屬牛女

又何疑焉按此則臺郡宅東南其臺鳳諸彰四縣分野均屬牛女更無庸聚訟也夫黃帝堪輿之書後世無傳代有作者亦非古法而張衡所云風后經緯三辰及風后十三篇俱讖緯家臆說不足信從應以周禮爲斷可耳

氣候

三日一候五候一氣漸積而成歲功當寒而寒當暑而暑陰陽不忒風雨以時此天道之自然也然西北高燥東南卑濕氣候每因而轉移此四方之氣所以各殊焉澎湖僻處東南居大海之中地勢最下其氣候不特與燕齊秦晋吳楚諸省懸殊卽與閩中內郡亦覺逈別閩中春則多雨澎則頻旱夏日西北風則有雨語云夏北風雨太公澎則北風無雨必待東南風方得有雨此雨暘氣候之不同也內郡中四季草木長青澎則自立春以至清明草芽不發至夏方生立秋以後草則漸黃更無花卉此生植之氣候不同也內郡春風融和夏日南薰溫煦秋日淸肅天高氣爽最足宜人冬日北風雖寒亦無栗烈之威摧折之勢澎則春時東南風起入人腠理以致頭暈土人每以青布裹頭禦

之夏日則赤日炎蒸無高山樾蔭暑氣襲人與瘴厲相似土人多嚼檳榔以解之至秋則西風時作稍晴仍似夏日冬日雖無祈寒然風聲水聲無日不聒耳甚至飛沙走石此寒暑之氣候不同也左傳曰天有六氣降爲五味蓋氣候既殊則飲食自別董子曰陰陽之氣常漸人者若水常漸魚也澹澹不可見耳凡物漸則變氣化之漸非直水也而人以治亂之氣相淆動無已時於是搖蕩失常徙其故跡矣夫暑之變寒也始於微凉積百八十一日而暑始盡寒之變暑亦然此積漸之驗也澎之

人其爲氣候之變者非其漸耶人自不覺耳殆亦如魚之在水或淡或鹹或淸或濁惟其所際魚且如何哉又廣東志云嶺南陰少陽多故四時之氣闢多於闔一歲間溫暑過半元府常開毛腠不掩每因汗溢卽致外邪蓋汗爲病之媒風爲汗之本二者一中寒瘧相乘其疾往往爲風淫又云盛夏士庶出入率以青布包頭蓋南風爲厲一侵陽明則病不可起余官斯土將及兩載驗其氣候畧與相彷云

風信

易通卦驗曰冬至廣漠風至立春條風至春分明庶風至立夏淸明風至夏至景風至立秋涼風至秋分閶闔風至立冬不周風至八風以時至則陰陽變化之道成萬物得以生育王者順八風以行八政當八卦也風之有信豈非天道之常哉惟澎湖風信不惟與內地不同亦與他海迥異周歲獨春夏風信稍平可以種植然有風之日已十居其五矣一交秋分直至冬底則無日無風其不沸海覆舟斯亦幸矣臺志云風之大而烈爲颶又甚者爲颱颶則倏發倏止颱常連日夜其正二三四月發者爲颶五六七八月發者爲颱九月則北風初烈或至連月爲九降過洋以二四八十月爲穩二四月少颱八月秋中十月小春天氣多暖故也然以余官此兩載丙年八月十八覆敗多船丁年八月自初二日起風直至月杪皆烈中間稍靜者不過三兩日耳則八月中秋之說未敢盡信也惟二月渡洋最爲第一凡事得之耳聞不如得之親見此類是也凡六月多颱九月多九降颱颶俱多挾雨而來九降多無雨而風至於颶風將至則天邊斷虹先見一片如船帆者曰破帆稍及半天如鱟

尾者曰屈鱟稗海紀遊云颶之尤甚者曰颱颱無定期必與大雨同至至必拔木壞垣飄瓦裂石久而愈勁舟雖灣泊常至虀粉海上人甚畏之惟得雷聲卽止占颱風者每視風向反常爲戒如夏月應南而北秋冬與春應北而反南（三月二十三日媽祖颶後應南風白露後至三月皆應北風惟七月北風多主颱）旋必成颱幸其至也漸人得早避之或曰風四面皆至曰颱不知颱雖暴無四方齊至理譬如北風颱必轉而東東而南南又轉西或一二日或三五七日不四面轉徧不止是四面遞至非四面並至也颶驟而禍輕颱緩而禍

久且烈春風畏始冬風慮終又非常之風常在七月而海上鱗介諸物遊翔水面亦風兆也海外紀畧云颱風乃天地之氣交逆地鼓氣而海沸天風烈而雨飄故沉舟傾檣若海不先沸天風雖烈海舟順風而馳同鯤鵬之徙耳六月有雷則無颱諺云六月有雷止三颱七月一雷九颱來澎湖灣船之澳有南風北風之別時當南風俁灣北風澳時當北風俁灣南風澳則舟必壞癸亥興師正當盛夏南風大作之候僞都督劉國軒將戰艦盡泊南風澳時我師到澎舟盡俁泊北風澳國軒得計可謂不戰而勝也豈知天眷忽北風大作我師舟楫無損而僞敵連腙覆没因得乘時進攻克取澎湖

風暴日期開列于左

正月初三日眞人暴　初四日接神暴　初九日玉皇暴是日有暴則各暴皆驗否則至期或有或無靡所準也　十三日劉將軍暴　十五日上元暴　二十四日小妾暴　二十八日洗炊籠暴　二十九日烏狗暴又云龍神會

凡正月初三日初八日十一日二十五日月晦日皆龍會日主風

二月初二日白鬚暴　初七日春明暴　初八日張大帝暴　十七日馬和尚渡江暴　十八日達摩渡江暴　十九日觀音暴　二十五日龍神朝天暴一云是二十九日

凡二月初三日初九日十二日皆龍神朝上帝之日

三月初三日元帝暴　初七日閻王暴　十五日眞人暴又名眞君暴　十八日后土暴　二十三日媽祖暴眞人多風媽祖多雨　二十八日東嶽暴又曰諸神朝天暴

凡三月初三日初七日二十七日皆龍神朝

星辰之日

四月初一日白龍暴　初八日佛子暴又云太子暴　十三日太保暴　十四日純陽暴　二十三日又云太保暴　二十五日龍神太白暴

凡四月初八日十二日十七日皆龍神會太白之日

五月初一日南極暴　初五日係大暴名屈原暴

初七日朱太尉暴　十三日關帝暴　十六日天地暴　二十一日龍母暴　二十九日威

颶暴

凡五月初五日十一日二十九日皆天帝龍王朝玉帝之日

六月初六日崔將軍暴　十二日彭祖暴　十八日彭婆暴　十九日觀音暴　二十三日小姨暴　二十四日雷公暴此暴最狠又最准　二十六日二郎神暴　二十八日大姨暴　二十九日文丞相暴

凡六月初九日二十九日皆地神龍王朝玉帝之日

七月初七日乞巧暴　初八日神煞交會暴又云十八日　十五日中元暴　十八日王母暴　二十一日普庵暴

凡七月初七日初九日十五日二十七日皆神煞交會之日　又六月多主颱海上人謂六月防初七月防半雖未必盡然有時而驗

八月初一日竈君暴　初四日伽藍暴　初五日九皇暴又係大暴旬　十四日伽藍暴　十五日魁星暴　二十一日龍神大會暴

凡八月初三日初八日二十七日皆龍王大會之日

九月初九日重陽暴　十六日張良暴　十七日金龍暴又云冷風信　十九日觀音暴　二十七日冷風暴

凡九月十一日十五日十九日皆龍神朝玉帝之日　又九月自寒露至立冬止常乍晴乍陰風雨不時謂之九降又曰九月烏

十月初五日風信暴又名朔風信　初六日天曹暴　初十日水仙王暴　十五日下元暴　二十日東嶽朝天暴　二十五日雪棲暴　二十

六日翁爹暴

凡十月初八日十五日二十七日皆東府君朝玉皇之日

十一月十四日水仙暴　二十七日普庵暴　二十九日西嶽朝天暴

凡十一月時朔風司令無日無風然而南風盡絕凡皆北處皆可泊船

十二月初八日臘八暴　二十四日送神暴　二十九日火盆暴

凡十二月自二十四日至二十九日凡有南

風則應來年如二十四日則應四月二十五日則應五月二十九日則應九月俱不差爽大凡遇風暴日期不在本日則在前後三日之中又箕壁翼軫四宿亦主風皆當謹避之澎臺之風與內地相反而適相宜者內地多早西晚東惟澎臺之風則早東午西名曰發海西四時皆然臺灣船隻來澎湖必得東風方可揚帆出鹿耳門澎湖船隻往臺必得西風纔可進港設早西晚東則來澎船過日中始能放洋去臺船隻昏暮不能進口此風信有天造地設之奇也

日月

易曰懸象著明莫大乎日月傳曰日月所照蓋言明照四方無遠弗屆無處弗周也然而日暄月皎在澎地蓋亦有不同焉者如冬日可愛夏日可畏此日之恒也澎則冬日多風日不着地負背不溫夏日則砂磧一片熱晒如火又無高山峻阜林木陰蔽行人喘息甚於吳牛此爍石流金所以過於內地也然時當子夜銀濤浴日遙望東海紅光璀燦雲霞繚繞日如車輪載沉載浮波瀾隱躍是亦一奇觀也至於月有謂澎湖月色分外獨明者非也夫澎湖撮土孤懸巨海之中如鷗鳧泛泛四面八方汪洋萬頃月爲水之精水爲月之魄上天下水澒澒洞洞月與水相盪摩人在其間如蟻行鏡面爲光芒所觸故覺獨明耳余于丙歲中秋之夕曾駕扁舟泛海觀月水天相連茫無涯涘滄波鱗映莫名其狀所謂琉璃殿宇瓊瑤宮闕者其在斯乎吾不得而知也若夫內郡當月色正濃之候散步林間花篩蟾影風送香來又別有一種幽致也豈澎島之不若哉

雲霓雨露

記曰天將時雨山川出雲今海上無時無雲雖濃

雲靉靆但有雲脚可見必不雨雲脚者如畫家繪水口石其下橫染一筆爲水石之界者是也無脚之雲如畫遠山但見山頭不見所止至日出有雲蔽之辰刻後雲漸散必大晴日初出即開朗是日必不晴暑月久晴則不拘也如日落時西方有雲氣橫亘天上或作數十縷各不相屬日從雲隙中度過是謂日穿經緯來日大晴或雲色一片相連其中但有一二點空竇得現紅色是謂金烏展晴亦主晴又日落時西方雲色黯淡一片如墨全無

錞賫又不見雲脚者主來日雨若雲色濃厚當夜必雨若昧爽時雨俗云開門雨是日必晴諺云雨灑鷄啼候行人不用憂若巳飯時雨是日必主久雨竟夕又雲蓋山頭定主雨久雨後暫止猶見細雨如霧縱令開朗旋即雨至俗云雨前濛濛雨不終雨後濛雨不晴久雨忽見星月必尚有大雨久雨後近晚遍天紅色來日便晴俗云火燒薄暮天者是也若夫虹霓則宋務光有曰虹霓紛錯陰陽之沴也爾雅云凡虹雙出色鮮者爲雄闇者爲雌詩曰朝隮於西崇朝其雨朱子註云雨久而晚見

於東則晴晴久而早見於西則雨諺曰東鱟日頭西鱟雨又斷頭虹不相連者俗名爲破篷又名颶母見於東方來日不免大風雨此皆虹霓致雨之驗也然澎地多風少雨雲霓之兆固亦有難卜焉者論五風十雨之常每歲以三十六雨爲均調澎地則無需於此自二月中旬起至八月底止得均調透雨十次即爲豐年蓋澎湖自八月秋分以後即無日無風不能種植晚收故雨水至此而足用也至於露乃陰陽之盛氣亦能滋長百物當雨水稀少之時得露以潤澤之自不致旱乾之苦臺灣則露如小雨十分濃沃是以彼處高岡尚可栽植澎地之露甚微少沾濡之功求所謂湛湛露斯匪陽不晞者則何有焉

雷電霜雪

張衡云豐隆軒其震霆列缺曄其照夜豐隆者雷神列缺者電神也蓋有雷必有電或雷先而電後或雷後而電先或雷電交作正楊雄所稱霹靂列缺吐火施鞭者是也乃神仙傳以爲天公與玉女投壺天爲之笑則電不亦誕乎總之雷出地奮雷聲之疾緩視乎地氣之厚薄凡地氣厚者雷聲則

緩薄則疾澎湖當大海之中地氣最薄而絕無轟烈之聲即電光飛閃亦無內郡火蛇滚地之威此雷電之異也若夫陰陽之氣結而爲霜凝而爲雪詩曰蒹葭蒼蒼白露爲霜又曰上天同雲雨雪雰雰澎之人雖云所已聞實見所未見也况乎椰絮因風花飛六出此種逸韻風流極雅人深致亦烏能慨想而得之也哉

澎湖紀畧卷之一終

澎湖紀畧卷之二

澎湖紀畧卷之二

嶺南胡建偉勉亭纂著

地理紀

建置

澎湖在閩省東南大海之中距會城水陸程途一千二十里（陸程自閩縣至同安縣五百四十里自同安至厦門水陸程六十里自厦門至澎湖水程七更以六十里爲一更計之則四百二十里）古荒服之地也自隋開皇中遣虎賁將陳稜畧地至澎湖其名始見於中國迨元末時始置巡檢司以官斯地隸屬泉州郡同安縣治此建置之所自始也明洪武五年信國公湯和經畧海上以澎島居民叛服靡常因盡徙歸內郡置于漳泉之間廢巡檢而墟其地繼而不逞之徒復潛聚其中倭奴往來停泊取水亦必經此窺伺嘉隆間曾一本嘯聚爲寇天啟元年海寇顏思齊亦竊踞焉思齊以澎湖地狹不足以逞狂謀因引倭奴剽掠海上并有臺灣之地以爲巢穴臺灣之有內郡人民實自思齊始時鄭芝龍弟芝虎亦爲海寇依附思齊後思齊死賊衆遂擁立芝龍爲賊酋鄭氏遂有澎臺之地焉崇正元年九月鄭芝龍率所部降于督師熊文燦然猶遷延海

上追
國朝順治三年丙戌秋八月平閩鄭芝龍乃就撫歸降將澎臺之地稅與紅夷此紅夷有澎臺之所自也舊云紅夷借居紿得一牛皮之地者非也順治七年芝龍子鄭成功自江南敗歸遂襲澎湖乘潮水漲大進鹿耳門據安平城紅夷以死拒成功告以此地乃先人之業應歸于我財物仍聽爾載歸紅夷乃遁去僞鄭置澎湖安撫司踞有三世康熙二十三年六月靖海侯施琅率舟師由銅山直抵澎湖並克臺郡僞鄭投誠澎湖遂改隸臺郡臺

灣縣屬焉

形勝

易曰王公設險以守其國澎湖屹峙巨浸之中幅員不過百里而島嶼森列巨細相間砂線廻環坡隴相望古稱長江天塹不足以喻其險也昔鄭成功竊之而喘延三世朱一貴失之而六日可平此其大較也方輿紀要云海中島嶼最險要而紆廻則莫如澎湖蓋其山周回委折險口不得方舟內溪可容千艘非熟悉水道者稍差一線舟船則立爲虀粉且與海壇南澳凡稱海外三山爲全閩喉咽然占形勢者則以澎湖爲最云誠以澎湖西則控制金廈爲犄角之聲援東則屏蔽臺灣居上游之扼要北而薊遼江浙南而瓊州交趾以至日本呂宋諸番莫不四達在在可通故漳州志云澎湖島北起北山南盡八罩北山龍門港丁字門西嶼頭倭所必由爲最要地媽宮澳嵵裡澳爲次要地春汛冬汛浯銅二寨分兵爲聲援防守是澎湖實爲東南半壁之鎖鑰也烏得以黑子彈丸而輕之也哉

海道

自澎湖航海西至廈門水程七更東至臺灣鹿耳門水程五更志約六十里爲一更然亦無據也樵書二編云更也者一日一夜定爲十更以焚香幾枝爲度船在大洋風潮有順逆行駛有遲速水程難辨以木片於船首投海中人從船首速行至尾木片與人行齊至則更數方准若人行至船尾而木片未至則爲不上更或木片反先人至船尾則爲過更皆不合更也舟子各洋皆有秘本云係明王三保所遺名曰洋更凡廈船來臺必以澎湖爲關津從西嶼入或寄泊嵵裡或媽宮或八罩然後

渡東吉洋凡五更至臺灣入鹿耳門行舟者皆以北極星爲準黑夜無星則以指南車按定子午格巽向而行倘或子午稍錯南犯呂宋或暹羅或交趾北則飄蕩莫知所之此入臺者平險遠近之海道也放洋全以指南針爲信認定方向隨波上下曰針路船由浯嶼或大嶝門放洋用羅經向巽已行總以風信計水程遲速望見澎湖西嶼猫嶼花嶼可進若過黑水溝計程應至澎湖而諸嶼不見定失所向仍收泊原處候風信由澎湖至臺灣向巽方行近鹿耳門隙仔風日晴和可以泊舟若爲東

風所逆不得入而門外鐵板沙又不可泊勢必仍返澎湖若遇月黑莫辨島嶼又不得不重回廈門以待天明者往往有之矣海上不得順風尺寸爲艱然海風無定亦不一例常有兩舟並行一變而此順彼逆禍福之所攸分也渡洋舟楫固畏逆風又甚畏無風大海無搖櫓撥棹之理千里萬里秖藉一帆風耳自大嶝放洋後初渡紅水溝再渡黑水溝澎湖海道惟黑水溝最險自北南流不知源出何所海水正碧溝水獨黑如墨勢又稍窪故謂之溝廣約百里湍流迅駛時覺腥穢襲人又有紅

黑間道蛇及兩頭蛇繞船遊泳舟師時時以楮鏹投之屏息喘喘懼或順流而南不知所之耳紅水溝不甚險人頗泄視之然二溝在大洋中風濤鼓蕩與綠水終古不淆理亦難明渡溝良久聞鉦鼓作舵間舟師來告望見澎湖矣登鷁尾高處凴眺祇覺天際微雲一抹如綫徘徊四顧天水相連一舟蕩漾若纖埃在明鏡之中也至于獨坐舵際時近初更皎月未上水波不動星光滿天與波底明星相映上下兩天合成圓器身處其中遂覺宇宙皆寬若海上黑夜不見一物則擊水以視一擊而

水光飛濺如明珠十斛傾撒水面晶光熒熒良久始滅亦一奇觀也哉又大海洪波止分順逆凡往異域船皆順勢而行惟自廈往臺藏岸七百里號曰橫洋經紅黑溝驚濤鼎沸險冠諸海外海見聞錄云黑溝東順流七百里即爲弱水昔有閩船飄至弱水之東閱十有二年始得還鄉續文獻通考又云水至澎湖漸低近琉球謂之落漈漈者水趨下而不回也凡西岸漁舟到澎湖以下遇颶風發漂流落漈回者百無一返焉放洋時離澎湖水自深碧轉爲淡黑回望澎湖諸島猶隱隱可見頃之漸

入烟雲之外前望臺灣之山已在隱現間更進水變為淡藍轉而爲白而臺灣山巒畢陳目前矣凡船隻到澎湖寄椗停泊者當南風時四五六七八月必于八罩將軍澳停泊北風時九十月至三月底必于西嶼頭內外塹灣泊一有錯悞船即不可保矣惟媽宮一澳無論南風北風俱可泊船凡放洋不見飛鳥則漸至大洋若近島嶼則先見白鳥飛翔舟人以此爲得岸之驗也又海吼俗名海叫小叫如擊花腔鼓點點作撒豆聲乍遠乍近若斷若續臨流聽之殊有成連鼓琴之致焉大吼如萬

馬奔騰鉦鼓響震三峽崩流萬鼎共沸惟錢塘八月怒潮差可彷彿觸耳駭愕余嘗臨海岸俯瞰溟渤而靜淥淵渟曾無波瀾不知聲之從何出也然遠海雲氣已漸與風雨不旋踵至矣海上人習聞不怪曰是雨徵也若冬月吼常不雨多主風焉

潮信

邵子曰海潮者地之喘息也所以應月者從其類也余襄公海潮圖序云月臨卯酉則潮長乎東西月臨子午則潮平于南北一月則潮盛于朔望之後一歲則潮盛于春秋之中春夏晝潮常大秋冬夜潮常大盖歲之春秋猶月之有朔望天地之常數也此潮之消息乃係月之進退非因地之浮沉也張子之意以天包水水承地地承天水與天氣相爲升降氣升而地沉則海溢上而爲潮氣降而地浮則海水縮而爲汐然張子驗氣之升降非論潮也按以月論潮此先儒一心𡨚通天地乃能理透根宗而發此至論也盖月屬陰水之象也以陰類推之潮應于月自是鐵板道理澎湖地盡東海地而既東則月常早上十七八夜月臨卯酉僅在初昏故潮水長退視他處亦較早焉通志載同厦

初一十六潮滿子午而盡竭于卯酉初八二十三潮滿卯酉而盡竭于子午臺灣則初一十六潮滿巳亥而盡竭于寅申初八二十三潮滿寅申而盡竭于巳亥是臺灣之潮較同厦早一個時候矣澎湖之潮亦與臺灣同時但臺灣初一日滿于巳初三刻十六日滿于亥初三刻初八日滿于申初一刻二十三日滿于寅初一刻澎湖則初一日滿于巳正二刻十六日滿于亥正二刻初八日滿于申正初刻二十三日滿于寅正初刻澎湖之潮與臺厦相較遲臺灣三刻早厦門五刻此澎湖之潮信

也至通志稱臺郡南北亦有不同處半線以下潮流過北汐流過南與澎湖同半線以上則潮流過南汐流過北相反如此余未至半線其與澎湖同否則姑以俟之可耳慣海道者狎知潮候據其上游方無虞也

澎湖潮

申：初七日初一刻滿　初八日正初刻滿　初九日正一刻滿　十二日初二刻長　十三日正一刻長

未：初五日初二刻滿　初六日正一刻滿　初十日初一刻長　十一日正三刻長

酉：初十日初一刻滿　十一日正三刻滿　十四日初初刻長　十五日初二刻長　十六日正二刻長

戌：十二日初二刻滿　十三日正一刻滿　十七日初一刻長　十八日正一刻長　十九日正三刻長

亥：十四日初初刻滿　十五日初二刻滿　十六日正二刻滿　二十日初二刻長　廿一日正一刻長

子：十七日初一刻滿　十八日正一刻滿　十九日正三刻滿　廿二日初一刻長　廿三日正初刻長　廿四日正二刻長

澎湖之潮早於廈門五刻遲於臺灣三刻按圖查考即得潮信時刻毫不差爽今圖

信之圖

內僅列潮長至滿而已至於潮退潮涸以及汐之長消俱可按圖推算而得之也

午：初二日初一刻滿　初三日正一刻滿　初四日正三刻滿　初七日初一刻長　初八日正初刻長　初九日正二刻長

巳：初一日正二刻滿　廿九日初初刻滿　三十日初二刻滿　初五日初二刻長　初六日正一刻長

辰：廿七日初二刻滿　廿八日正一刻滿　初二日初一刻長　初三日正一刻長　初四日正三刻長

卯：廿五日初一刻滿　廿六日正三刻滿　初一日正二刻長　廿九日初初刻長　三十日初二刻長

寅：廿二日初一刻滿　廿三日正初刻滿　廿四日正二刻滿　廿七日初一刻長　廿八日正一刻長

丑：二十日初二刻滿　廿一日正一刻滿　廿五日初一刻長　廿六日正三刻長

圖說

類篇云海濤早曰潮夕曰汐每日十二時分爲兩潮早潮則三時滿三時涸汐亦三時滿三時涸此一日潮汐歷十二時而周也然世人率云早潮晚潮而不言汐者以汐統于潮也按圖而稽出初長而至滿由始退而至涸循環考索自無遺義此乃天地之盈虛消息理之自然者也至于圖內所定總以二八月朔望爲準以其時當春分秋分晝夜均平並無盈縮而潮痕則豎標于海以占長落準以時刻毫髮不爽焉爰將每日潮信時刻開列于

後俾得一目瞭然云

初一日潮初長於卯正二刻歷辰至巳正二刻而滿退于午歷未至申正二刻而涸　再長於酉正二刻歷戌至亥正二刻而滿退於子歷丑至寅正二刻而涸

初二日潮初長於辰初一刻歷巳至午初一刻而滿退於未歷申至酉初一刻而涸　再長於戌初一刻歷亥至子初一刻而滿退於丑歷寅至卯初一刻而涸

初三日潮初長於辰正一刻歷巳至午正一刻而

滿退於未歷申至酉正一刻而涸　再長於戌正一刻歷亥至子正一刻而滿退於丑歷寅至卯正一刻而涸

初四日潮初長於辰正三刻歷巳至午正三刻而滿退於未歷申至酉正三刻而涸　再長于戌正三刻歷亥至子正三刻而滿退於丑歷寅至卯正三刻而涸

初五日潮初長于巳初二刻歷午至未初二刻而滿退於申歷酉至戌初二刻而涸　再長於亥初二刻歷子至丑初二刻而滿退于寅歷卯至辰初二刻而涸

初六日潮初長於巳正一刻歷午至未正一刻而滿退於申歷酉至戌正一刻而涸　再長於亥正一刻歷子至丑正一刻而滿退於寅歷卯至辰正一刻而涸

初七日潮初長於午初一刻歷未至申初一刻而滿退於酉歷戌至亥初一刻而涸　再長於子初一刻歷丑至寅初一刻而滿退于卯歷辰至巳初一刻而涸

初八日潮初長於午正初刻歷未至申正初刻而

滿退於酉歷戌至亥正初刻而涸　再長於子正初刻歷丑至寅正初刻而滿退於卯歷辰至巳正初刻而涸

初九日潮初長於午正二刻歷未至申正二刻而滿退於酉歷戌至亥正二刻而涸　再長於子正二刻歷丑至寅正二刻而滿退於卯歷辰至巳正二刻而涸

初十日潮初長於未初一刻歷申至酉初一刻而滿退於戌歷亥至子初一刻而涸　再長于丑初一刻歷寅至卯初一刻而滿退于辰歷巳至

午初一刻而涸

十一日潮初長於未正初刻歷申至酉正初刻而滿退於戌歷亥至子正初刻而涸　再長於丑正初刻歷寅至卯正初刻而滿退於辰歷巳至午正初刻而涸

十二日潮初長於申初二刻歷酉至戌初二刻而滿退於亥歷子至丑初二刻而涸　再長於寅初二刻歷卯至辰初二刻而滿退於巳歷午至未初二刻而涸

十三日潮初長於申正一刻歷酉至戌正一刻而

滿退於亥歷子至丑正一刻而涸　再長於寅正一刻歷卯至辰正一刻而滿退于巳歷午至未正一刻而涸

十四日潮初長於酉初初刻歷戌至亥初初刻而滿退於子歷丑至寅初初刻而涸　再長于卯初初刻歷辰至巳初初刻而滿退于午歷未至申初初刻而涸

十五日潮初長于酉初二刻歷戌至亥初二刻而滿退於子歷丑至寅初二刻而涸　再長於卯初二刻歷辰至巳初二刻而滿退于午歷未至申初二刻而涸

十六日潮初長於酉正二刻歷戌至亥正二刻而滿退於子歷丑至寅正二刻而涸　再長於卯正二刻歷辰至巳正二刻而滿退于午歷未至申正二刻而涸

十七日潮初長於戌初一刻歷亥至子初一刻而滿退於丑歷寅至卯初一刻而涸　再長於辰初一刻歷巳至午初一刻而滿退于未歷申至酉初一刻而涸

十八日潮初長於戌正一刻歷亥至子正一刻而

滿退於丑歷寅至卯正一刻而涸　再長於辰正一刻歷巳至午正一刻而滿退于未歷申至酉正一刻而涸

十九日潮初長於戌正三刻歷亥至子正三刻而滿退於丑歷寅至卯正三刻而涸　再長于辰正三刻歷巳至午正三刻而滿退于未歷申至酉正三刻而涸

二十日潮初長于亥初二刻歷子至丑初二刻而滿退於寅歷卯至辰初二刻而涸　再長于巳初二刻歷午至未初二刻而滿退于申歷酉至

戌初二刻而涸
二十一日初長于亥正一刻歷子至丑正一刻而滿退于寅歷卯至辰正一刻而涸　再長于巳正一刻歷午至未正一刻而滿退于申歷酉至戌正一刻而涸
二十二日初長于子初一刻歷丑至寅初一刻而滿退于卯歷辰至巳初一刻而涸　再長于午初一刻歷未至申初一刻而滿退于酉歷戌至亥初一刻而涸
二十三日初長於子正初刻歷丑至寅正初刻而

滿退于卯歷辰至巳正初刻而涸　再長于午正初刻歷未至申正初刻而滿退于酉歷戌至亥正初刻而涸
二十四日初長於子正二刻歷丑至寅正二刻而滿退于卯歷辰至巳正二刻而涸　再長于午正二刻歷未至申正二刻而滿退于酉歷戌至亥正二刻而涸
二十五日初長于丑初一刻歷寅至卯初一刻而滿退于辰歷巳至午初一刻而涸　再長於未初一刻歷申至酉初一刻而滿退于戌歷亥至子初一刻而涸
二十六日初長于丑正三刻歷寅至卯正三刻而滿退于辰歷巳至午正三刻而涸　再長於未正三刻歷申至酉正三刻而滿退于戌歷亥至子正三刻而涸
二十七日初長于寅初二刻歷卯至辰初二刻而滿退于巳歷午至未初二刻而涸　再長於申初二刻歷酉至戌初二刻而滿退于亥歷子至丑初二刻而涸
二十八日初長于寅正一刻歷卯至辰正一刻而

滿退于巳歷午至未正一刻而涸　再長于申正一刻歷酉至戌正一刻而滿退于亥歷子至丑正一刻而涸
二十九日初長于卯初初刻歷辰至巳初初刻而滿退于午歷未至申初初刻而涸　再長于酉初初刻歷戌至亥初初刻而滿退于子歷丑至寅初初刻而涸
三十日初長于卯初二刻歷辰至巳初二刻而滿退于午歷未至申初二刻而涸　再長于酉初二刻歷戌至亥初二刻而滿退于子歷丑至寅

初二刻而涸

島嶼

澎湖之有島嶼猶他郡之有岡巒也凡岡巒必識其主從起伏去來盤結之勢然後地方之險易可得而知也澎之諸嶼錯落于巨浸之間若鷗鳧泛泛似無主從盤結之形矣不知以大山嶼居中爲主南有八罩北有吉貝東有陰陽諸嶼西則西嶼環抱兼之四隅星布疎密相間大小相維層層從衞以至于水口沙線左縈右拂又爲諸島之錯節盤根僞鄭時于諸嶼之上俱設砲臺守禦靖海侯

嘆其堅如鐵桶者此也由海道者必問島嶼蓋不特得往來之標的且知某嶼有某處可以進舟某嶼某處有明礁暗礁不惟不可以進且不可以泊如出入八罩必知船路礁之險水口僅容一舟稍一差失即長年三老不能保其舟之不破也吉貝之北礁藏沙一片形勢屈折如吉字遇有風潮不順倏入其中百無一全者矣由吼門出入則大烈小烈之宜慎此其大槩也凡澎湖之嶼嶼脚俱有礁石商船戰艦俱不可近泊惟本地小漁船始可灣停此又諸嶼之所同也况澎湖洋大而山低水急而流廻島嶼蜒蜿非十分諳熟者不敢掉至海防志謂澎湖三十六島如排衙此亦畧舉其槪而已蓋不止此也以今考之寔五十有五焉天數二十有五地數三十合五十有五而備天地之全數此澎湖所以爲天造地設之險也哉董應舉云志冊山川率多訛舛蓋紙上山水與地上山水有互異焉不可謂翔寔矣誠以凡修志乘者皆未目覩身履盡屬傳聞耳食故耳余于通志臺志所載澎湖島嶼方隅形勢之異者悉爲更正焉庶觀者可以臥遊而得之也

在澎湖之中者則爲大山嶼（廳署協營在焉中分五澳幅員約有百里）

大山嶼之

東　陽嶼（距廳治水程三十里）　陰嶼（距廳治水程三十里二嶼平分一水）　香爐嶼（距廳治水程二十里在陰陽嶼之左）　雞膳嶼（距廳治水程三十五里）　鼓架礁嶼（距廳治水程四十里）　椗鈎嶼（距廳治水程四十五里）

東北　長岸礁嶼（距廳治水程一十九里）　灣貝嶼（距廳治水程二十里）　雁淨嶼（距廳治水程二十里）　藍笨嶼（距廳治水程三十里）　屈爪嶼（距廳治水程三十里）　鳥嶼（距廳治水程四十里）　白沙仔嶼（距廳治水程四十五里）

北　大倉仔嶼距廳治水程一十八里　涼繖礁嶼距廳治水程一十八里　中墪嶼有民居距廳治水程二十里　北山嶼有民居中分四澳距廳治水程三十里　金嶼距廳治水程三十五里　險礁嶼距廳治水程四十里　土地公嶼距廳治水程四十里　吉貝嶼內有民居乃廳治極北之地水程八十里　北礁此礁非嶼也乃半沉半浮隱躍水面沙線屈曲形如吉字一目未了最為險要水程一百里

西北　大烈嶼距廳治水程三十五里　小烈嶼距廳治水程三十五里二嶼斜對中分一水　吼門此沉水礁也在大烈小烈二嶼之中船隻出入經此最為險隘　空殼嶼距廳治水程三十六里　北鐵砧嶼距廳治水程四十里　姑婆嶼距廳治水程五十里　目嶼距廳治水程六十里

西　師公礁嶼距廳治水程二十里　牛心灣嶼距廳治水程二十六里　西嶼內有民居中分十社凡臺廈往來船隻皆以此嶼為標準北風可泊船于嶼之內塹外塹二處係文武查船汎口距廳治三十里　小門嶼在西嶼之西北距廳治水程三十五里

西南　四角仔嶼嶼乃大山嶼水口形象以為印浮水面宜築文塔于其上云凡來往媽宮船隻俱從此進出距廳治水程十里　雞籠嶼距廳治水程一十五里　花嶼距廳治水程六十里　草嶼距廳治水程七十里通志云澎湖諸嶼惟二嶼菁葱故以花草名焉　大猫嶼距廳治水程八十里　小猫嶼與大猫嶼斜對中分一水距廳治八十五里

南　虎井嶼距廳治水程四十五里　桶盤嶼二嶼東西平分距廳治水程四十五里　沙狗嶼距廳治水程六十五里　馬鞍嶼距廳治水程六十五里　船路礁嶼一名布袋嶼凡臺廈往來船隻入八罩者必由此進出水口僅容一舟最為險隘距廳治水程七十里　金雞嶼距廳治水程七十里　挽門嶼內有民居即八罩水垵澳距廳治水程八十里　將軍嶼內有民居即八罩網垵澳乃係南風時泊船之處與挽門嶼東西平分中隔一水船篷嶼即在此嶼之後本同一嶼並非兩嶼也距廳治水程八十里　鐘仔嶼其形如鐘距廳治水程九十里　頭巾嶼距廳治水程九十里　南鐵砧嶼距廳治水程九十里　南嶼即南天嶼廣袤三十里原有民居後因被寇鞭長莫及徙歸八罩永為禁地距廳治水程一百四十里

東南　東嶼坪距廳治水程七十里　西嶼坪二嶼平分對峙奉禁不許

民人放牧并搭寮採捕亦防鞭長莫及也距廳治水程七十里　東吉嶼距廳治水程一百二十里　西吉嶼二嶼平分中隔一水凡廈來船隻入臺灣者皆以此二嶼為標準距廳治水程一百二十里　鋤頭增嶼嶼在東西吉之中距廳治水程一百二十里

右所列五十五嶼有主有從有朝有對如排衙如執戟如落鴈羣如布棊局外則巨海包羅中則支流穿揷眞化工點染天然圖畫而為海表之勝槩也又形家云大山嶼形如蓮花其餘四面八方諸嶼則荷葉田田者是也以形象觀之說亦近似有理焉至各嶼里數先後俱由大山嶼自近及遠並

無淩躐參差

城池

澎湖本無城也臺灣志載澎湖城乃康熙五十六年總督覺羅蒲保巡撫陳璸布政司沙木哈建大書特書如是豈志亦有誤耶大約其時建議後不果行作志者不察而書之耳不知澎湖以大山嶼爲主四面八方島嶼羅列水道紆迴此無形之金湯也奚必高樓雉堞重門擊柝濬隍塹始足爲固哉稽之舊志又有載暗澳城係明嘉靖四十二年都督俞大猷建以備征流寇林道乾爲駐師之

所一事暗澳卽今之文澳廳署在焉然問所謂暗澳城者則居人之耆艾者亦不知其基址之在于何處也蓋世遠年湮存而不論闕疑焉可也惟廳治迤西二里許有紅毛城廢址一處周圍一百二十丈舊傳爲紅夷所築云媽宮澳之西逼近海岸有小城一區名曰新城不知築自何年并爲何人所建周圍僅及百丈中無民居惟澎協設兵更番戍守于此今名爲新城汛奎壁澳有社名大城者相傳亦云紅毛時築城于山頂之上以爲瞭望之所今城址亦頹廢無存居人但指其地而云然耳瓦硐澳亦傳有紅毛銃城一處址亦無存此則澎湖之所謂城也澎湖蓋無城也至于池則大海周環于外汪洋萬頃內而港汊支流之玄曲折層層繚繞兼之砂線礁石嶙峋布伏齒齒淩淩盡皆險要楚人以漢水爲池豈能方其萬一也哉

公署

魯語曰署位之表也雖職有崇卑秩有厚薄莫不有署以爲出而治事入而退思之地此署之所由設也而必繫之以公者何也詩曰委蛇委蛇退食自公又曰敬爾在公故曰公也至于創建必書繕

葺必書或增或廓亦必書者亦公也蓋以官之遷徙無常代替不一謀其政乃居是位與一家之經紀異矣是公者又別乎私而言之也故凡一言之出一令之行要有易直子諒之意以流溢于文誥之間毋居上以凌下毋挾勢以朘民俾托吾宇者悉有家人父子之誼斯可以爲民表而無愧乎署之爲官表也澎湖廳署乃巡檢之舊署也自雍正五年改設廳治遂將舊署畧加式廓而大局規模並未革故而鼎新焉嗣是歷任雖有修飾亦不過因仍故轍而已至乾隆三十一年余抵任之後鈌

者補之圯者修之置宅門以分內外復柵欄以肅觀瞻而體制斯畧備焉居是署者其可不恪供厥職公爾忘私顧名而思義乎

署制

署之中則爲大堂三間六柱廣三丈五尺深稱之前有蓽蓬後有板障獨無暖閣大堂之前東西科房各三間前爲儀門儀門之前爲頭門頭門之前爲照牆照牆之內豎旗杆二枝節朔陞旗左右翼以柵欄東額曰海邦駐節西額曰澤國分藩乾隆三十一年余捐廉修復大堂之後爲宅門東房二

間西房一間以爲司閽所居自此上下辨而內外始肅焉（亦余三十一年捐建）宅門內爲路亭（亦余三十一年捐建）路亭之上爲二堂三間堂有匾額曰居敬（前廳周于仁題）二堂之後爲路亭（亦余三十一年捐建）路亭之後爲內宅中左右共三間內宅之後正北爲護房三間東一間改爲更房中與西二間仍爲住室二堂之東偏爲廚房共三間西偏則爲客廳廳有匾余額曰品石廳之西院翼以小房三間廳前大天井鋪以磚石前有月華門以通馬道（舊皆頹毀亦余三十一年捐葺）于廳後近內宅之西小屋二間爲家人居住大堂之西小屋一間

爲聽差居住大堂之東偏則爲庫房一間貯澎營兵餉庫房之後則爲營房乃弁兵更番駐劄看庫之所共八間

澳社

禹貢曰九州攸同四隩既宅釋文云隩與澳同水隈也蓋言九州底定凡水隈之地皆可安而居也厥後海島民居其烟火聚落之處胥名爲澳焉澎湖之人依水爲家傍涯作室非澳而何哉若夫社卽內郡所謂里是也比閭鄰鄙著于周官軌里連鄉詳于管氏古之制也域民而處如農之有畔民

數于是乎稽壤賦于是乎定政教于是乎成故澳以聚之是卽鄉以嚮往之也社以分之是卽里以經理之也因畸零而整齊之隨紆衺而砥矢之出入相友以爲井田卽潤澤之井田也守望相助以爲軍政亦卽黙寓之軍政也澳社之與鄉里名異而寔同亦猶行古之道也但澎地古稱荒嶠隋時僅著厥名歷唐迄宋均未經理斯土其澳社之有無不可得而悉矣迨元末始置官吏夫有官則有民有民則有居而澳社亦闕如不可考也至明初徙其人民逆歸內郡地且爲墟澳社之無亦可知

矣繼而海寇嘯聚紅夷竊據復又摧殘于僞鄭其民不相率而爲盜者幾希矣寧復有寧宇哉自康熙二十三年平臺而後招徠安集以漁以佃人始有樂土之安而澳社與焉其時澳則僅有九也至雍正五年人物繁庶又增嵵裡通梁吉貝水垵四澳遂十有三澳共七十五社此何非

國朝深仁厚澤涵濡煦育輕徭薄賦斯海隅日出之鄉生齒日蕃也哉蓋已九州之外又九州矣寧第如禹貢所云而已乎官斯地者披牘指掌睢側皆周是猶一呼一吸而四體皆通也百里之內非秦越萬井之中托腹心則又存乎其人焉

澎湖澳社列後

一東西衛澳　紅毛城址在文澳西

媽宮社　協營各官衙署暨廳倉俱在此內港乃商哨灣泊之所距廳治陸路五里

文澳社　舊名暗澳廳署暨書院俱在此　東衛社　距廳治陸路三里

西衛社　距廳治陸路五里　後窟潭社　距廳治陸路五里　宅脚嶼社　距廳治陸路六里　案山社　距廳治陸路四里

一嵵裡澳　此澳于雍正五年從東西衛分設北風時可泊船隻

嵵裡社　距廳治陸路一十九里　井仔垵社　距廳治陸路一十九里

鷄母塢社　距廳治陸路一十六里　風櫃尾社　距廳治陸路二十八里　猪母落水社　北風時可泊船隻距廳治陸路一十七里　鎖管港社　距廳治陸路一十五里　鐵線尾社　距廳治陸路一十四里

烟墪仔社　距廳治陸路四里　石井社　距廳治陸路四里

菜園社　距廳治陸路四里

一林投澳

林投社　距廳治陸路一十六里　龍門港社　距廳治陸路二十二里

尖山社　距廳治陸路一十九里　西溪社　距廳治陸路一十六里

隘門社　距廳治陸路一十四里　烏崁社　距廳治陸路一十一里

雙頭跨社　距廳治陸路一十里　太武社　有一小山名太武距廳治陸路一十四里　東石社　距廳治陸路一十一里

一奎璧澳

奎璧港社　距廳治陸路二十二里　北寮社　距廳治陸路二十三里

菓葉社　距廳治陸路二十三里　湖東社　距廳治陸路二十里

白猿坑社　距廳治陸路二十里　湖西社　距廳治陸路一十九里

青螺社　距廳治陸路一十九里　紅羅罩社　距廳治陸路一十七里

大城北社　舊有紅毛城今址廢距廳治陸路一十里

一鼎灣澳

上鼎灣社　距廳治陸路一十一里　下鼎灣社　距廳治陸路一十里

港底社　距廳治陸路一十里　沙港頭社　距廳治陸路一十三里

港仔尾社　距廳治陸路八里　鼎灣頭社　距廳治陸路一十三

里　水窩社距廳治陸路一十五里　土地公前社距廳治陸
路一十五里　潭邊社距廳治陸路一十里
以上五澳四十四社總名爲大山嶼乃澎湖
諸島之主山也至廳署陸路可通
一瓦硐澳
瓦硐港社距廳治陸路三十里　後寮社距廳治陸路三十里　港
尾社距廳治陸路一十九里　城前社舊有紅毛銃城今基址亦廢距廳治
陸路一十八里　中墩嶼社距廳治陸路二十里
一通梁澳
通梁社距廳治陸路三十一里　長岸社距廳治陸路三十一里

大倉社距廳治陸路一十八里
一赤嵌澳
大赤嵌社舊有紅毛城名赤嵌今基址無存臺灣亦有赤嵌城距廳治陸路二十九
里　烏嶼社距廳治水陸程四十五里
一鎮海澳
鎮海社距廳治陸路二十二里　岐頭社距廳治陸路二十三里
港仔社距廳治陸路二十三里　小赤嵌社距廳治陸路三十里
已上四澳一十四社總名北山嶼在大山嶼
之北中隔一港潮退陸路可通
一吉貝澳

吉貝社舊有砲臺一座相傳紅毛所築今址亦廢距廳治水程八十里
右吉貝一澳乃孤嶼也爲大山嶼極北之地
北山一澳是其南衞澳北藏沙一片最爲險
隘該澳恃此以爲設險雍正五年從鎮海分
設另爲一澳焉
一西嶼澳在大山嶼之西出產文石
內塹社乃北風泊船之處文武汛口在此距廳治水程三十里　外塹社
此山頗高臺厦往來船隻皆視此爲標準亦北風泊船之處距廳治水程三十里　小
菓葉社距廳治水程三十里　大池角社距廳治水程三十里　小
池角社距廳治水程三十里　橫礁社距廳治水程三十二里　後

螺社距廳治水程三十二里　二崁社距廳治水程三十里　合界
頭社距廳治水程三十二里　緝馬灣社距廳治水程三十二里
竹篙灣社距廳治水程三十二里
右西嶼一澳中分一十一社其山頗高凡自
臺往厦自厦往臺船隻必望見此嶼然後放
洋寔標準也
一網垵澳
網垵社距廳治水程八十里　山寮社距廳治水程八十里　將軍
澳社臺厦往來船隻南風時停泊之處文武汛口在此稽查點驗距廳治水程八十里
一水垵澳此澳于雍正五年從網垵澳分設

水垵社距廳治水程八十里　花宅社距廳治水程八十里

右網垵水垵即八罩嶼乃大山嶼極南之地也水路最爲險要二澳共五社在汪洋大海之中

廟祀

傳曰國之大事在祀與戎自天子命祀而外下至於州縣凡有守土之責者莫不竭虔盡敬率乃典常以修歲祀孔惠孔時罔或忒焉禮曰祭則福蓋言祭而誠則受厥福也又曰淫祀無福若濫祭則亦何福之有唐狄仁傑毀天下淫祠四千七百餘

所誠以惑人耳目亂人心志敗人風俗愚夫愚婦赴之若渴慕之如飴燒香結會大爲世道人心之蠹者不可不懲也況閩俗人情浮動信鬼而尚巫如迎賽闖神崇奉五帝閩人稱瘟神爲五帝則尤爲淫祀之尤者也督憲蘇　撫憲莊　痛悉其弊凡有土木之偶盡毀而投諸水火於乾隆三十二年六月恭

奏奉

旨嚴禁斯眞振頹拯弊之一大政也苟其習俗相沿無悖于義者則亦例不禁焉澎湖自歸版圖以後即設有專官以鎭斯土以主斯祀雖無山川社稷風雲雷雨諸壇與夫

文廟春秋釋菜之禮而奉文致祭載在

國典者歲時肇舉斯亦守土者之所有事也至于一十三澳澳各有廟士庶奉爲香火者率皆土神因地以祭均無敗俗傷化與閩神五帝二事相似爲淫惡之祀在所必禁也則亦仍之而已

城隍廟

城隍神元學士王惲作汴梁城隍祠記謂世說秦功臣馮尚見夢于漢高帝曰奉天帝令與王知領城隍事遂以爲城隍之祀始于西漢焉而南陽王

鴻儒則以爲周禮八蜡之祭有水庸之神庸城也水隍也此爲祀城隍之始且城復于隍已見于前則周時已有此祀矣固不獨漢也自是而後歷代皆有祠祀惟唐爲著至宋時或賜封爵或賜廟額祠宇遂徧于天下至有遷就附會各指一人以爲神之姓名如鎭江慶元太平寧國華亭蕪湖諸郡邑皆以爲紀信龍且江西郡縣城隍率祀漢潁陰侯灌嬰考漢高六年命灌嬰下江南定豫章或平定之後奉以祀焉未可知也至于近世郡稱威靈公州稱顯佑侯縣稱顯佑伯者則自明洪武三年

始也凡守土官入境必先祭城隍而後履任及祈禱水旱必先牒告而後禱于壇卽祭無祀亦必前三日牒告至日迎城隍神位于壇以主斯祭焉今澎湖城隍廟在廳署之東規模狹隘不足以展敬寔限于地也

關帝廟

廟在媽宮澳西偏距廳治五里日久傾圮乾隆三十一年余與協營諸公捐俸增修祠宇式廓今煥然一新焉祀　神勇關聖也元至治時封義勇武安王明洪武都金陵建一十四廟一曰漢前將軍

漢壽亭侯廟以四孟朔日歲暮除日應天府官主祭又有仲夏太常之祭祭以少牢自是香火遍天下窮鄉僻壤皆祀之嘉靖十年太常卿黃芳始奏改稱漢前將軍漢壽亭侯盖漢壽本封邑在今犍爲亭侯爵第五等曰徹侯曰關內侯曰縣侯曰鄉侯曰亭侯是亭侯居五等之末今人以侯仕漢以壽亭侯爲封爵非也本謚壯繆繆與穆同用傷武功之不成今人爲神諱不書謚亦非也萬歷四十二年十月司禮太監李恩始齎九旒冠玉帶龍袍金牌勅封爲帝頒知天下然太常祭祀則仍舊稱史官焦竑曰稱漢前將軍侯志也天啓元年太常少卿李宗延有修明祀典疏云臣于本年正月親詣本廟內標三界伏魔大帝神威遠鎮天尊關聖帝君冠冕俱係帝服然本寺職掌初無憑也此封號所當考核者也按此則帝封非朝議矣及天啓四年七月禮部覆題得旨祭始稱帝至

國朝順治九年加封忠義神武之號乾隆二十五年二月廷議以原謚壯繆未協請更定謚號改謚神勇歲祀用太牢典禮與　闕里並隆焉乾隆三十三年三月奉

上諭加封忠義神武靈祐關聖大帝其官建祠宇秩在祀典者並依新號設立　神牌以申崇奉欽此澎湖自乾隆三年奉文起每歲三祭開支錢糧銀一十八兩

天后宮

廟在媽宮澳距廳治五里　天后林姓世居莆之湄洲嶼宋都巡檢林愿之第六女也始生時地變紫有祥光異香長能乘席渡海乘雲遊島嶼間宋雍熙四年二月十九日昇化是後常衣朱衣飛翻海上里人祀之宣和癸卯給事中路允廸使高麗

中流震風七舟俱溺獨路所乘神降于檣安流以濟使還奏聞特賜順濟廟號紹興已卯駕風掃海寇乾道二年又降于白湖掘泉飲疫者累封靈慧昭應崇福夫人淳熙十一年加封善利紹興間特封靈惠妃慶元戊午以霧遮大溪寇開禧丙寅解淮甸圍莆民艱食米船阻于朔風神反風即至景定辛酉海寇肆暴醉卧廊廡間神縱火焚之又令風沙晝晦蹄淺而敗累封助順顯衛英烈協正善慶等號元以海漕得神助賜額靈濟明永樂間累著靈蹟命修祠宇加封號

國朝康熙十九年封爲護國庇民妙靈昭應宏仁普濟天妃遣官致祭二十二年我師克澎湖恍有神兵導引及屯兵媽宮澳靖海侯施琅謁廟見神衣半濕始悟寔邀神助又澳中水泉止可供數百口是日駐師萬餘忽湧甘泉汲之不竭施琅上其異　勅建神祠于其原籍湄洲勒文以紀功德二十三年加　封天后六十年臺匪竊發天后顯靈鹿耳門水驟長數尺舟師揚帆並進七日克復全臺雍正四年巡臺御史禪濟布奏聞

御賜神昭海表之額十一年又　賜錫福安瀾匾額于福州南臺神祠并令有江海各省一體葺祠致祭乾隆二十二年五月內閣交出　天后封號

奉

吉原封　天后護國庇民妙靈昭應宏仁普濟福佑羣生此次加封　天后誠感咸孚欽此按天后即媽祖凡海舟危難有禱必應洋中風雨晦暝夜黑如墨每于檣中見神燈示祐神亦靈異也哉澎湖自乾隆四年奉文起每歲三祭開支錢糧銀十七兩是年五月前廳周于仁協鎮顧元亮左營遊府柳圓共捐俸銀三十六兩置買澳民黃明店屋每

月紋廣租銀六錢五分交約正高士典等按月收租以爲廟中香燈之費勒石廟中以垂永久

眞武廟

廟在媽宮澳距廳治五里　北極眞武元天上帝乃北方元武之神也元武屬水水色黑故帝衣服旗幟俱黑即所謂元冥秉坎而司冬溯冬帝曰黑帝者是也神爲五行之一五行之祀載於月令此天地之正氣也說者謂帝北而位南南爲火不相尅耶不知民非水火不生活坎離相濟而人得以養今南方祝融之墟多祀之者此也至封神傳所

稱帝爲通天教主之弟子則吾不得而知也

觀音廟

廟在媽官澳距廳治五里康熙三十五年遊擊薛奎創建乾隆二十九年重修祀　大慈大悲南海觀世音菩薩也南海卽今寧波郡普陀山是也山舊爲古昌國州地其所稱慈悲者卽吾儒惻隱也惻隱之心仁之端也人能以惻隱之心推廣仁術如火然泉達隨處充滿天理周流無少間斷卽仁人也世有仁人無不俎豆祀之千秋奉之矣理之正也祀之宜也若夫菩薩云者則釋氏之尊詞也

佛書云菩提薩埵言覺有情也從省文稱菩薩耳又釋典云菩普也薩濟也能普濟衆生故尊之爲菩薩也此猶與慈悲之理相近至於觀世音之義余嘗論之矣凡物有色者可觀音則有聲無形觀于何有乃不觀色而觀音欲舉世間之無形有聲者一一而鑒別之其與神視氣聽之說將毋同此所以爲禪此所以爲佛也今世之人每誦觀音經以求福祐宜乎窮鄉僻壤皆有廟焉若夫小說家以觀音爲廟莊王女則更荒誕不經存而不論可也

祖師廟

廟在廳治之西半里許康熙年間建乾隆二十九年里人重修所祀之神稱曰祖師詢之居民云前于康熙年間有一和尚從泉州清水巖到此與人治病極有神效不取藥資卽送錢米亦不収受甚有道行去後因立廟祀焉所以云報也

嘉蔭亭俗名五里亭

亭在廳治西二里許前廳胡格于乾隆四年建因澎湖道旁不長樹木行人無所休息故建此以備往來偶憇之所如樾之有蔭因以名其亭焉亭內

中祀三官神左祀文武二帝右祀龍王神余改祀文武二帝居中三官神居左龍王神居右焉亭久漸圮乾隆二十九年里人重修余揭其額曰古嘉蔭亭云

水仙宫

廟在媽官渡頭距廳治五里　神有五像或曰大禹伍子胥屈原又其二有謂爲項羽魯班者更有以魯班易奡者更屬不經或曰王勃李白按禹平水土功在萬世伍子胥浮鴟夷以遯屈子投汨羅王勃省親交趾溺于南海李白粃視塵俗沉於采

石没而為神理頗近焉凡洋中欻遭風浪危急不可保惟划水仙一事庶能登救其法在船諸人各披髮蹲舷以空手作撥棹勢假口作鉦鼓聲如五日競渡狀即檣傾柁折亦可破浪穿風疾飛抵岸其靈應如響亦甚殊絶矣哉

眞人廟

廟一在嶼裡澳一在奎璧澳　眞人姓吳名本乃泉之同安縣白礁人母夢吐白龜之祥生于宋太平興國四年長而學道以醫濟人用藥如神景祐二年卒里人祀之部使者以廟額為請勅為慈濟

慶元間封為忠顯開禧二年封英惠侯土人以神為醫故此廟獨盛今各澳多建祀不獨嶼裡奎璧已也

大王廟

廟祀大王其神不可考蓋亦金龍大王之類乃土神也廟一在龍門港一在通梁澳今考各澳多有此廟不止此二處也

將軍廟

廟在八罩網垵澳神無考其名將軍與者亦因有此廟故得名焉

無祀祠

無祀祠者蓋彷古者泰厲公厲之祭也其禮始自明洪武三年頒其祭于天下凡郡縣俱立壇于北郊其制廣丈五尺高二尺前陛三級餘無階級以垣蓋壇也寔非廟也每歲清明中元十月朔凡三祭先期三日牒告城隍至日迎城隍位于壇上以主之設無祀鬼神牌于下左右排列祭物果品羹飯香燭楮帛冥衣數百具以祭焉此定制也今澎湖易壇以廟雖非古制而祭孤之禮意則一也其間祠祀俱係歷任守土文武職官因感時事捐俸

創興蓋以為非廟則主無所依而守廟之人亦無所居焉亦何嫌于與古制之不相若也哉

一祠在媽宮澳海邊土名西垵仔廟中周歲燈油俱係協營捐辦祠左有一大墳即埋瘞枯骨之處也祠建于康熙二十三年高不過尋寬不及弓于乾隆十五年前廳何器與協鎮邱有章等公捐增修廓大二十九年右營遊府戴福等又公捐重修焉

一祠在西嶼內外塹適中道左乾隆三十一年余與左營遊府林雲右營遊府戴福捐俸創建蓋有

感于三十年九月二十三日大風覆沒商船淹斃商民一百二十餘人之慘立祠以祀俾孤魂得所依焉勒石祠前以垂永久

街市

易曰日中爲市致天下之民聚天下之貨交易而退各得其所周禮亦有司市之官所以爲民通有無平物價息爭訟者至詳至悉也市之時義大矣哉澎湖自歸版圖而後生齒日繁資用日廣况地土磽瘠不產百物所有衣食器用悉取資于外郡如布疋綢緞磁瓦木植等貨則取資于漳泉米

穀雜糧油糖竹藤等貨則取資于臺郡無一物不待濟于市則通商惠工實守土者之所有事也况一十三澳並無馬頭市鎮以及墟場交易之地率皆遠赴媽宮埠頭購覓買售然媽宮之所以諸貨悉備者固在于坐賈開舖之人而亦半藉于往來商船隨帶臺厦貨物以致于足用也市顧不重哉

媽宮市

倉前街　酒米舖　鮮果舖　檳榔舖　打石舖

左營街　鹽館一所　酒米舖　雜貨舖　打鐵舖

大井街　藥材舖　竹器舖　瓦器舖　磁器舖

麵餅舖　酒米舖　油燭舖　打銀舖　故衣舖

右營直街　綢緞舖　冬夏布舖　海味舖　雜貨舖　藥材舖　醬菜舖　酒米舖　涼煖帽舖　麵餅舖　鞋襪舖　豬肉案　磁瓦器舖　故衣舖　油燭舖

右營橫街　海味舖　酒米舖　雜貨舖　醬菜舖　綢緞舖　冬夏布疋舖　故衣舖　鞋襪舖　麵舖　涼煖帽舖　藥材舖　鮮果舖　檳榔舖　餅舖　磁瓦器舖　蔴苧舖　油燭

舖　豬肉案

渡頭街又名水仙宮　酒米舖　鹹魚舖　瓜菜舖　檳榔舖　小點心舖

海邊街　當舖一家乾隆三十二年新開

杉木行　磚瓦行　石舖　酒米舖　蔴苧舖　雜貨舖　瓜菜舖　鮮魚舖　鹹魚舖　檳榔泉

魚市在媽宮廟前係逐日赴趁並無常住舖舍

農具　黃蔴零賣　苧蔴零賣　鮮魚各色俱齊　螃蟹名色不一　鮮蝦名色不一　青菜　瓜　果

水藤　竹筏　木料雜用碎料如犁耙等項　薯苓染網用
高粱　豆　麥　薯乾　瓦器什物俱備　檳榔　桌
點心　木柴乾隆三十一年臺灣漂來各澳民拾獲甚多澎湖無木乃拾獲并破船板之類　草柴　牛柴即牛糞土人揑成餅樣晒乾出賣名爲牛柴名字亦新人家逐日皆藝此

西嶼外塹海邊亦有小舖數間

布舖　油燭酒米舖　青菜豆腐舖　鹹魚舖
藥材舖　猪肉案遇節方屠宰亦不常有也
染布舖　東衛社一家　港底社一家　雙頭跨社一家

販賣鹹魚往臺換雜糧舖　嵵裡社一家　緝馬灣社一家
大赤崁　雜貨小舖一家
西嶼緝馬灣社　小藥舖一家
八罩澳　雜糧小舖　光餅舖　販賣鹹魚舖
其餘青菜豆腐猪肉俱無出賣民亦苦矣哉

井泉

淮南子曰伯益作井而龍登元雲神棲昆崙此井之權輿也自是而地無伏泉民用以濟利亦溥哉夫饑而食渴而飲人之性也當其渴而思飲得之則斗奚翅食重也以故遊海曲者必載水而行入島嶼者必問水泉所在誠以赤鹵之區甘泉爲重謀之不豫何嗟及矣易曰木上有水井君子以勞民勸相尤必井泥不食首爲兢兢也澎湖一嶼孤懸瀛海之中四面汪洋水盡鹹鹵又無高山大麓溪澗川流以資浥注澎之人其需井而飲也較諸他郡爲獨亟焉然鑿井於澎則更有難焉者或地中多石井將成而爲盤石所硬者有之或地脉無泉鑿至數尋終爲棄井虛費人力者有之或即得泉而水性鹻苦面浮鐵膜而不可食者有之或一

澳而得一井焉幸也或一澳而得二三井焉則更幸矣嶺南記載鬱林有司命井今澎湖之井不誠爲澎民之司命也哉余于此蓋不禁三致意焉誠重之也

東衛社村前井　水最清冽且泉流甚旺即亢旱亦不乾涸距廳署三里署中煎茶必取此水寔澎湖之第一泉也

文澳社書院內井　此井係乾隆三十二年新鑿水亦清潔形家云此處地脉最正故井水最清云

嘉蔭亭井俗名五里亭　此井泉流極旺亦無鹹鹵之味凡往來商船戰艦皆赴此井取水井身甚淺舉手可汲寔乃山凹流泉故亢旱亦不涸焉

媽宮社大井　康熙二十三年靖海侯施琅率師討鄭逆先克澎湖駐兵萬餘於此先時水泉微弱不足以供衆師之食侯虔禱于　天后神甘泉立湧汲之不竭兵無渴飲至今此井水泉亦甚旺焉但水味畧覺有些鹻氣耳

協鎮署內井　此井水亦清洌然在署內取汲未

便不能資濟居人

觀音廟前井　井在媽宮澳之西逼近海邊而泉流清澈味甚甘美與東衞井相彷亦井中之佳者也但此井旱久畧鹹東衞之井旱久越甘此井雨多味更美東衞之井雨多則味畧帶土氣二井於晴雨亦各有不同焉然均之非他井所能及也

鎮海澳西寮井　水亦清潔味甘甜無鹹鹵之氣土人云亦可比美于東衞井云

西嶼外塹社井　此井在半山之腰水亦清甜無鹻氣亦井中之畧佳者

澎湖一十三澳澳各有井未免俱帶鹵氣水味畧鹹不如此數井之清洌耳然土人久食不覺相與習而安焉但亢旱則乾涸婦女徹夜守井取水截竹筒以汲之嗷嗷渴待似甚於饑澎之人其亦苦矣哉

澎湖紀畧卷之二終

澎湖紀畧卷之三

官師紀目錄

澎湖紀畧卷之三

嶺南胡建偉勉亭纂著

官師紀

建官

通判古長史別駕之職也秦罷侯置守則有長史之稱漢名別駕秩六百石位重端僚晉宋齊梁陳因之隋初亦稱長史大業年間罷長史置通守又名贊治唐名別駕武德十年改雍州別駕爲長史其以元帥節度使等知州事則稱行軍長史又稱判官宋名通判又有簽書判官之名元明皆稱通

判

國朝因之統稱曰倅倅者副也所以副郡守者也庾亮云別駕與刺史同宣王化于萬里其任居刺史之半別乘傳車故謂之別駕漢循吏傳宣帝賜別駕車緹油屏泥車前以彰有德後漢周景爲豫州刺史辟陳蕃爲別駕蕃不就景乃題別駕輿曰陳仲舉坐也不復辟蕃乃起視職世因號別駕爲題輿至晉以孔源休爲晉安王長史隋以趙軌爲齊州別駕唐以盧俔爲渭州別駕宋以王珪判廣陵蘇軾判黃州朱子判漳州率皆當年郡守刺史

所辟署爲僚幕官也與今制亦畧異焉澎湖向爲蠻服其名始見于隋史然自唐迄宋皆未有設官經理其地元末置巡檢一員屬泉郡同安縣明洪武五年撤其官遷徙民人歸于內郡而墟其地鄭逆時置僞安撫司至康熙二十三年臺平乃設巡檢專員駐剳改隸臺灣府臺灣縣雍正五年以澎湖孤懸海島巡檢微員不足以彈壓于添設廈門道員案內設改通判此建官之源委也

調補

澎湖爲臺廈居中扼要之區稽查彈壓實爲海疆

要缺現奉例行自到任起連閏歷俸扣至三十六個月爲滿先九個月前備具履歷親供政績印結各七本具文通詳各憲報滿預行調補或陞補接任舊任回至內地留在本省題補陞用與臺灣廳縣一體遵行其歷年節次奉行條例則有康熙三十年奉

旨臺灣各官自道員以下教職以上俱照廣西南寧等府之例將品級相當堪調之員仍歸部選著爲令又康熙六十年議准嗣後臺灣大小文武官員不許攜帶眷屬雍正七年奉

上諭臺灣地方遠隔重洋全在道府廳縣各得其人而該員又須熟悉其風土情形殫心辦理於地方始有裨益向例文員以三年爲滿後經原任總督滿保條奏請將三年任滿之員再行加銜留任三年所以慎重海疆俾諳練之人久于其任也今據總督高其倬摺奏臺員以六年爲滿而調任之時渡海而往卽須數月任滿之後候缺挨陞以及交盤渡海又或一二年不等是前後合計須八九年方得陞用且臺灣之例不帶家口其父母妻子隔越海洋轉托親朋照看未免有所牽掛意念分

馳應否請以四年爲滿等語朕思臺灣道府廳縣等官自宜選用諳練習熟者然定期六年爲滿又加以候缺交盤渡海之期實屬太久其父母妻子隔越重洋難免內顧之慮今再四思維臺灣文員自到任之日爲始將滿一年之期著該督撫於閩省內地官員內揀選賢能之員乘冬月北風之時令其到臺新舊協同辦理半年之內大約可以熟悉地方情形則令舊員乘夏月南風之便回至內地補用將來接任之員俱照此更換該員到臺協辦之時俱各一體算俸並給與俸銀及養廉之項

如此更換調補則臺員易于得人且該員在臺前後不過二年爲期甚近而更換之員先往恊辦又可習練地方事宜似有裨益其道府大員作何請
旨揀選同知以下等官作何銓選調補及量加議敘之處該部詳悉妥議具奏議准臺灣道府同知通判知縣到任一年令該督撫於閩省內地揀選賢能之員乘北風之時令其到臺與舊員協辦半年之後令舊員乘夏月南風之便回至內地補用政績優著者准其加二級稱職者准其加一級以示鼓勵

爲遵旨議奏事于雍正八年大學士公馬等議准署閩督將軍阿奏請嗣後調臺各員到任二年該督撫另選賢員赴臺協辦半年之後將舊員調回則在臺各官爲期既不爲過久亦可免交盤頻疊及借此諉延之弊所奏與臺灣情形相宜至自臺調回各員應令該督撫仍據實分別實能稱職及居官平常之處照例具題以昭勸懲可也

雍正十一年覆准臺灣道員准其照鎮協之例三年報滿知府同知通判知縣准其照叅將之例二年報滿俟協辦人員到臺半年之後令各該員交代清楚回至內地該督撫照例察核分別具題如果實心辦理地方寧謐俱准其以應陞之缺卽用再查道府應陞之缺俱係
特旨補用應令該督撫給咨赴部引見候
旨陞用其同知通判知縣俱留于本省遇有應陞缺出該督撫卽行具題陞用

雍正十二年總督郝玉麟奏准調臺官員年逾四十無子者准其挈眷過臺

乾隆九年于一件爲請定臺員俸滿限期以專責任以昭畫一事案內議准嗣後臺灣府廳縣准其

照道員佐雜教職等官一體三年期滿報明督撫照例具題分別陞用免其在臺協辦查協辦之例自雍正七年起至乾隆九年于請定臺員俸滿限期等事案內停止協辦其協辦新舊各有俸廉舊員俸滿仍留協辦半年期滿調回內地分別陞用例載臺灣廳縣俸滿回至內地遇應陞之缺不論中簡繁缺俱得陞補

定例臺灣文職缺出廳縣以下等官不論有無叅罰俱准其調補仍令該督撫揀選有才有守者保題如將不肖之員濫行保題事發之日將保舉之

督撫各官照保薦不實例議處
乾隆二十一年吏部爲請
旨事文選司案呈查各省題陞人員惟卓異未滿三年者定例毋庸送部引
見其餘題陞知縣以上官員定例俱令送部引
見恭候
欽定惟臺灣一屬例載凡調往臺灣各員於期滿調回內地之日該督撫分別保題道員知府赴部
引
見候

旨陞用同知通判知縣俱留本省遇有應陞之缺該督撫即行具題陞補定例以來凡該督撫保題調回內地候陞人員遇有應陞缺出該督撫題請陞補到部臣部俱照定例准其具題陞補毋庸送部引
見但查臺灣俸滿人員俸滿時督撫保題並未送部引
見及至遇缺陞用又祇具題陞補恐調回內地人員有遲至數年始遇缺題陞者其人之年力才具距該督撫保題之時已久勝任與否必須恭候
欽定方足以昭愼重且查廣東之崖感昌陵各缺俸滿調回內地候陞人員向來遇有題陞者俱令送部引
見而臺灣俸滿人員祇令具題陞補于例未爲畫一臣等酌議請嗣後臺灣俸滿留于本省候陞人員遇得缺知縣以上等官該督撫具題到部臣部照各省題陞人員之例令其送部引
見以昭愼重而歸畫一理合
奏明奉
旨依議

又准部覆調臺官員及差使渡海乘坐船隻道免船三隻府免船二隻廳縣免船一隻教官佐雜等官免半隻各衙門遞解人犯計差犯每名免配穀五石

俸廉

俸者官之秩祿也漢宣帝詔云今小吏勤事而俸薄欲其無侵漁百姓難矣增其俸百石以上什五光武紀亦有增百官俸詔宋太祖詔云吏員猥多難以求治俸祿鮮薄未可責廉與其冗官而重費莫若省官而益俸差減其員舊俸月增五十是有

官卽有俸由來舊矣而酌品級之崇卑定俸秩之多寡則

國朝寔超越前代者也澎湖廳員正六品歲給俸銀六十兩至於養廉一項考周禮天官小宰以聽官府之六計弊羣吏之治一曰廉善二曰廉能三曰廉敬四曰廉正五曰廉法六曰廉辨旣斷以六事又以廉爲本也玉篇云廉者淸也又潔也養之者俾百爾臣工無內顧之憂公忠任事淸而且潔也但考歷代官制俱未設有養廉款項今普天率土凡在有位皆沐有養廉者此其

曠典深仁實自雍正七年始也而養廉之厚薄則一以地方之繁簡爲準澎湖爲海疆中缺歲支養廉五百兩此澎湖俸廉之定額也

一全年俸銀六十兩每歲在于澎湖徵收正供錢糧項下坐支毋庸赴省請領

一全年養廉銀五百兩

在澎湖徵收錢糧耗羨項內儘支銀七十三兩零八分三釐

又在臺灣縣耗羨內支銀四百一十二兩四錢七分七釐

又在彰化縣耗羨內支銀一十二兩零九分六釐

通共實歲支養廉銀四百九十七兩六錢五分六釐不足銀二兩三錢四分四釐內于乾隆二十九年詳定貧員路費案內每年捐解廉銀百分之一銀五兩解赴臺灣府彙解實支食養廉銀四百九十二兩六錢五分六釐

職事

呂新吾曰朝廷設官分職衙門各命以名百官庶府各顧名而思職緣職而盡分人人皆滿其分量

而天下無事矣陳榕門中堂云呂公明職一篇循名責實可爲當官者一棒太原諭屬語語透闢分爲八等使人反觀對照知所決擇其垂戒至深切也蓋呂公著明于前陳公推行于後正欲使有官守之責者以不忍人之心行不忍人之政隨分自盡從根本上講求爲民生造命可大可久之計若僅循塗守轍了官場之公案以示盡職猶非二公嘉惠後賢之盛心也澎湖職本通判乃郡守之副然分防專駐有民人政事之責則亦與州縣無甚異焉故不得與貼堂丞倅戒侵權戒越俎一以安

靜爲主與坐鎮雅俗者同科也況澎島爲厦臺居中要區實乃海疆重寄非振刷精神時時刻刻遇事留心體訪不知不覺職分之所虧已多矣可不愼歟

一刑名刑名之重者則爲盜命夫有盜而捕之不若于其無盜而防之聯保甲嚴偵緝併令各安本分毋使失所則人盡循理奸宄奚自而生而盜源淸矣至于人命有仇有鬭其弊非一果能先時告誡諄切曉諭俾愚民知一朝之忿有忘身及親之累則血氣自平而命案之源亦淸矣澎湖俗頗淳

厚無命盜重情萬一遇此等事件立卽親往查勘相驗錄供通報仍遵例檄發臺灣縣招解審擬定案其餘鼠竊狗偷以及輕生短見命案一詳立案完結者則係本衙門辦理

一錢穀錢穀之大者徵收錢糧澎湖錢糧止有六百九兩零爲數無多民亦樂輸每歲自二月開徵起令民自封投櫃一錢以下零星小戶照部例每銀一錢收制錢一百文連耗在內至九月內卽可掃數全完並不用挨村滾單等法亦無庸差役下鄉催擾間有一二遲延着澳甲向催卽便完納再

查澎湖並無官莊寺租房田稅契亦無口岸落地等稅

一自理詞訟卽戶婚土田錢債鬭毆等類是也澎湖並無唆訟訟師等輩以故詞訟甚少每月不過三五件或六七件亦無代書遞詞者少喊稟者多部限二十日審結澎地可以隨到隨審無須二十日之限也乾隆三十一年四月內于一件遵批議覆事案內按月將准理過詞訟已結未結各案開列管收除在造冊送本道本府查考至于奉有上憲批審事件自當遵限一月內審詳完結不惟上

憲省案牘之催而百姓亦免拖累之苦矣

一宣講

上諭康熙九年頒

上諭十六條第一條敦孝弟以重人倫第二條篤宗族以昭雍睦第三條和鄉黨以息爭訟第四條重農桑以足衣食第五條尚節儉以惜財用第六條隆學校以端士習第七條黜異端以崇正學第八條講法律以儆愚頑第九條明禮讓以厚風俗第十條務本業以定民志第十一條訓子弟以禁非爲第十二條息誣告以全良善第十三條誡匿

逃以免株連第十四條完錢糧以省催科第十五條聯保甲以弭盜賊第十六條解讐忿以重身命

雍正元年

欽定

聖諭廣訓十六章頒發直省恪奉遵行澎湖每月朔望會同協營各官在媽祖宮公所恭設香案請

上諭牌位行三跪九叩禮畢分班東西階坐講生登講席宣講二章先用官音宣講一遍次用土音細爲詳講俾環聽民人咸盡通曉又平時令各澳社師將廣訓十六章教令蒙童自幼熟讀俾令家喻而戶曉焉

一課農勸學蓋衣食足禮義興乃化民善俗之第一件要政也民以食爲天農者食之所從出重農正所以足食也每歲于春二三月之時一遇雨澤霑濡即肩輿減從親往四郊勸耕如有勤者賞以錢文以爲酒食之資惰者則申飭之間有老農則更加優恤併詢其風土人情則官民之氣上下可以相通閭閻之利病亦可因而併悉也至收耘時亦照此巡行辦理無少怠惰則農見我勤而農自勸矣況澎湖以海爲田力農者少更不可不再三董勸以作其勤也若徒奉行故事而無眞實之意貫注其間則農已窺我之後矣勸于何有若夫讀書一事更不可不作之矜式也海外之人必使之明理義然後可以爲良民故每到各澳必赴社學親爲指點即蒙童小館亦必親到如童子能背誦經書能講解字義者即奬賞之給以紙筆錢文以示鼓勵其生監俊秀援以程氏課程必令讀四書五經小學近思錄性理綱目諸書以端其心術正其識見爲國家有用之材澎湖向來讀書人少余行之兩載近日漸見鼓舞各澳皆有書聲蓋長上

之教比父兄之教事半而功倍也

一緝捕逃犯此種乃鄰省及本省兎脫之重犯也緝捕不力自有分處況果能留心捕獲盜首兇犯以及新疆人犯等類現奉例行保題引

見陞用賞罰如此嚴明何可任其漏網澎湖雖無高山陵麓密林深箐可以藏奸聚慝一有面生可疑之人到境立能捕獲無遺惟是逃犯搭附臺廈船隻船戶利其貨賄或冒充水手或假作行商者有之但臺廈往來船隻透洋直過者居多此種藏奸匪船非十分風信不順不肯灣泊偶一寄椗者

百無一二故一有暫停非十分細心查驗聽其聲音察其年貌與該船牌照對勘鮮有不疎漏者若人照不符即當查訊是緝捕乃澎湖第一緊要事件所當留心者也豈可以一票了事乎

一編查保甲于一件爲請編臺地保甲等事案奉前撫憲鐘奏准臺屬各廳縣編查保甲一案每逢歲底造報民數之期將臺地戶口開明四柱與內地另立一條彙摺奏報以昭慎重等因現在遵行辦理

一查點門牌此件與編查保甲相爲表裏實海疆

之要政也其法先諭各澳澳甲將澳內居民業儒業農業漁爲吏爲差爲商爲販併男女名口查開送核然後將門牌塡明分給懸掛每十家爲一甲其中有增減遷移隨時登記每歲于春間風靜時候查點一次約五六日可以事竣凡甲內一家有犯不舉報十家連坐至甲內有曾爲盜竊犯有案者著令取保管束官仍設簿記名果能改過自新官則將簿開除惡名不咎其既往十家之人尤要敦睦患難相恤有無相通教訓子弟毋作非爲各安生業毋好閒遊手如此則不特奸宄潛蹤而風俗亦厚矣其查點時飯食紙張之費雖經邵武縣條稟查練保門牌案內詳准通飭詳支閒款銀兩在案查澎湖並無閒款可以詳支俱係官爲捐給併不許藉派澳民致滋累擾

一稽查漁船康熙五十三年覆准各省海洋商漁船隻分別書寫字樣柁工水手各給腰牌刊明姓名年貌籍貫如船無字號人有可疑即行嚴拏究治澎湖本地小漁船四百七十二隻俱編澎字號船戶柁水人等姓名年貌俱註明船照之內每年届期一換查此項俱係小漁船梁頭四五六尺餘

不等係在于本垵海邊採捕朝出暮歸不能出洋及往鄰省鄰郡採捕之事至于修補所用釘油等料俱係本衙門自道廠領回給賣每年修補若干用料若干亦按季循環造報督憲藩憲衙門查考又于乾隆二十六年奉憲通飭閩省各澳船隻俱要油飾書刊字號籍貫姓名于舩邊如有剝落隨時油補務令四季常新併大書篷上如有汎口拏獲未書未刊者即將該管官給處併分別商漁不許冒混如有改易則詳明辦理又于乾隆三十二年四月奉督憲蘇爲再申稽查船隻嚴令以靖海

疆事通飭沿海所屬口岸各澳大小商漁船隻以及採捕小艇務遵定例將縣分船戶姓名字號油書篷上務須濃墨大書舨邊刊刻不許細小模糊如有剝落隨時填補凡有給照務查船戶柁水的實姓名填明照內不許裝載禁物石塊牌照不得逾限不換再查澎湖小船向係臺灣縣發給腰牌自乾隆元年改歸廳辦就近稽查取結驗烙則更爲周密也

一稽查汛口康熙四十二年覆准各處商船經由汛口掛號澎湖汛口南風時自四五六七八等五

個月內飭令書役往八罩汛協同武汛查辦北風時自九十十一十二正二三等七個月內飭令書役往西嶼內外塹汛協同武汛查辦其媽宮澳汛則無論南北風周年俱可停泊亦協同武汛查驗按月將查驗過船隻造冊報督憲藩憲衙門查考臬憲衙門用循環簿填報凡查驗臺廈各處商船務要人照相符並無禁物始准放行一有偷渡違犯併形跡可疑卽行拘訊詳報治罪但此項商船亦無一定赴澎掛號之例透洋直過者居多偶一風信不順始到汛暫停是到澎者不過百中之一

二耳至于粘連印花于一件特行通飭事于乾隆三十二年四月奉督憲蘇通飭沿海營縣嗣後所轄汛口概用印花編號給發該汛口兵役收領備用如遇船隻赴汛掛驗卽將印花塡明實貼該船照內騎縫仍蓋用汛口戳記另立印簿發該汛口將貼過印花號數月日及船戶姓名字號塡簿申繳該管上司如汛口與該管衙門相近則專用印信汛口只令驗明掛號毋庸蓋用木戳總以印信爲憑澎湖則于八罩西嶼二汛遵用印花媽宮澳汛距廳署甚近則仍用本衙門關防只令書役查

驗掛號毋庸粘貼印花

一民壯演習鳥鎗查澎湖原設民壯二十名向係學習刀鎗弓箭鳥鎗藤牌各器械併有差遣勾攝事件自雍正十年爲特飭嚴查以除民害事案內通飭閩省各衙門民壯凡係催徵勾捕一應事務概不准差遣又于一件遵旨議奏事內雍正十一年前督憲郝以臺屬地方孤懸海外此項人役俱係無賴流寓應充每多滋事奏准改撥營兵給道府廳縣衙門聽候護衛各衙門民壯悉行裁汰澎湖額設民壯二十名不在奏汰之內是以仍舊存

留乾隆三十一年督憲蘇爲遵
旨議奏事奏稱伏查民壯一役原爲緝拏盜匪防護城池倉庫而設與兵丁相爲表裏查鳥鎗一項爲軍械中最迅利之器高下旣可兼施遠近皆堪制勝仿照東省之例將各項器械一體教習鳥鎗令制備鳥鎗火藥選年力精壯之人充補會同防城營員如法教以步武及連環聲勢按季會營操演責成道府隨時考驗分別勤惰飭令嚴加約束稍有滋事立卽責革等因奉准部覆在案乾隆三十二年藩憲錢　爲臺械務歸實用等事詳准各

屬民壯鳥鎗歸局製造每桿鎗重六觔八兩准銷銀一兩一錢八分六釐照營式製造編鑿字號每月隨營演放一次其火藥在附近營分風雨停操項下開銷總以三十二年爲始尚有未經入奏衙門與泉道民壯三十名澎湖廳民壯二十名諸羅縣丞民壯八名典史民壯四名仍聽各衙門自行籌價赴局製造三十二年二月初八日現任澎湖廳胡捐俸銀二十四兩差齎省局遵照製辦鳥鎗二十桿于本年十一月三十日領回報明在案遵照隨同附近之澎協兩營按月演習其火藥亦遵照在澎營風雨停操項下開銷

一稽查鹽務查澎湖所食之鹽乃臺鹽也例載臺灣行鹽遠隔重洋行銷鹽觔委令該府官收官賣並無商人定地認額行銷與內地行鹽迥別故行鹽之人不曰鹽商而曰鹽販也澎湖自雍正六年改設廳員之日鹽係前廳王仁官運行銷每年五千石嗣雍正九年第二任梁檸以官運周章仍須假手于人每多不便乃歸販戶運賣時有浙紹人韓國杜在前府王給照販運此澎湖鹽觔歸販之始也以後遇有販戶更易俱係臺府取本人殷實

切結詳明鹽憲然後給照販運移知本廳知照辦理其從前五千石今增至六千石者則乾隆三十年前府蔣允焄詳請增添一千石也于乾隆三十年閏二月奉制憲蘇　批鹽憲宋呈詳一件特行飭查事飭令販戶陳必竣等自乙酉年爲始遞年認銷額鹽六千石出具認狀繳查如有缺額卽令賠課至每升原定價小錢五文五毫嚴飭照舊發賣毋許私擡短秤該廳有督銷之責應卽遵照詳定章程將該販運銷鹽觔數目按月造冊報查等因此則逐月造報之始也至于販戶運到鹽觔必

稟請查驗鹽與引相符然後准其盤收上倉發賣所以杜藉引帶私之弊也其巡緝地方私販則飭差協同販丁巡查一有拏獲立即通詳照例辦理仍嚴飭丁役不許藉端滋擾至每年鹽課奏銷仍係臺府辦理本廳衙門並無督銷議敘叅處之事焉

一支放糧餉查澎湖庫于一件遵

旨議奏事案内預貯半年兵餉銀一萬六千兩所以濟運不及時支放也其全年兵餉則係澎臺水師兩協鎮五營守備輪流差撥一員協同臺郡佐

雜文員一員遞年赴藩庫請領回澎兌交貯庫每年澎協兩營餉銀三萬一千七百二十六兩三錢三分八釐五毫内藩憲除朋扣銀一千兩零八錢外實在司庫領回兌交銀三萬零七百三十五兩五錢三分八釐五毫遇閏之年兩營餉銀三萬四千一百九十二兩八錢六分二釐六毫内藩憲除朋扣銀一千零八十兩八錢外實領回兌交銀三萬三千一百一十二兩零六分二釐六毫此二柱乃係乾隆三十一年三十二年之數也至於大小建遞年或有參差不齊俱由藩憲核准給領貯庫

其預貯半年餉銀于未曾領到全年餉銀之前支放過若干即在領回全年餉銀内劃清歸補貯庫通報存查其支放月餉按月大小建于上月廿八日該兩營具領到廳請領兌交弁目領回本衙門將支放過數目按月申報查考又於一件請嚴通同扣尅等事案内每月初一日該營移請親臨兩營將餉封兌明按名會同支放出結移營轉報至于扣缺每年俱係協營自行奏銷每月糧米則于存倉臺諸二縣運到穀石内按月大小建碾支其碾支過數目亦按月通報存查放米之期每月初

一二三等日係大放之期兵丁持執米票赴倉認票發米其住汛及出差者則于三六九日補放掣票存銷所有扣缺亦係該營自行奏銷辦理與本衙門無涉焉

一查點班兵于一件恭陳臺灣事宜等事案内所有調臺水陸兵丁經由澎湖向例内地各該營造冊送廳會同澎協按名查點如有頂冒立即通報駁回本營更換其與冊相符者始准放行過臺于乾隆二十三年臺灣鎮馬龍圖爲詳請換臺班兵

恩免由澎點驗等事詳奉督憲楊批嗣後内地調

臺兵丁抵厦照例聽提督率同文武各官按照冊造年貌箕斗查驗相符即准其配船直抵臺灣交與臺鎮驗明收伍所有中途赴澎湖點驗之處飭行停止等因自此臺灣兵丁聽其透洋直渡毋庸停泊澎湖聽候點驗最爲簡便也至于換澎兵丁仍舊遵照例行內地各該營造具姓名年貌箕斗冊一本送廳又於再行嚴飭編記等事案內內地各該營造具器械冊一本送廳本衙門會同澎協將兵丁按名點驗年貌箕斗相符又查驗器械果係精良然後准赴澎營歸伍操防仍造冊會營申

送查考

一墩臺營房查澎湖修理墩臺營房一有風雨刮壞俱係協營移會本衙門估計該營造冊請修即間有些小損壞亦係該營隨時粘補至于建自何年原卷據臺灣縣知縣楊元璽于乾隆八年六月詳覆從前建蓋始自何年且康熙六十年臺匪逆變府縣卷案俱被焚燒莫從查考等因嗣移查該二營左營守備張勇右營守備蔡忠等呈本協楊移覆二營墩臺營房自康熙二十三年設立營制陸續起蓋以便戍兵住宿一遇風雨損壞隨即呈報移會文員估修等因卷查于一件具報等事乾隆二年五九等月五年閏六月被風雨刮壞各汛營房墩臺該營歷歷移會估詳奉憲行查臺府酌撥偷渡閒欵等銀修葺後因臺屬並無閒欵可撥直至乾隆八年始蒙前藩憲張議就營中截存隨糧銀兩動用奉前督憲那批行遵照左營差管隊李奇陞右營差百總許相往漳厦購料修葺于是年八月完竣該營造冊會勘會印營中自行報銷又一件奏明動帑等事二營墩臺營房坍塌不堪工程浩大疊經前後造冊移會本衙門估詳奉准

酌撥本衙門准營移會具印領該營差弁赴臺灣府酌給兩營銀二百六十兩領回勻分左營署守備許順右營署守備李景瑞各差目赴厦購料回修工竣于乾隆十四年九月攝守備官守備陳陞卿出具並無浮冒遵結送又同月攝守備官守備陳陞卿出具完竣保固加具收管前來俱係奏明動帑等事案內事也此案于乾隆十五年四月兩營守備陳陞卿顏得慶呈本協邱移覆案准澎分府移准臺灣府彙給文批齎送藩司衙門聽候滙造去後現今在省尚未回營呈懇賜移澎分府備

念海外經識寥寥現有前差經識李艮佐在省聽候滙造免其再撥等因在案歷年至今該營俱照此辦理本衙門並無經手承領承辦之事歷任前廳交代結內俱各聲明亦在案其自乾隆二年至乾隆十八年等年修理墩臺營房文卷俱被風雨鹹鹵霉爛並無完卷可查余摘其字跡可見者抄列釘埋一冊交該房收存輪流交代庶後之覆斯任者得有所據以爲辦理焉

一協營交涉會辦事件一件爲詳籌兩省等事案內開閩省各營酌防城汛砲位每年于冬月按依

多寡分年會同文員輪流演放一周等因屆期該營移會訂期在于空間處所演放其火藥該營奉文在于風雨停操節省項下撥用所需扛夫奉文係撥用額夫查澎湖並無額設之夫歷年需夫扛擡俱係本衙門捐雇辦理又一件爲海洋情形不同等事案內開凡戰船應換篷索例須會同文員驗明出結等因遞年兩營戰船應換篷索移結驗明舊料果係朽壞不堪再用會具切實印結移營以憑差目赴司請領篷索料價銀兩回營製換又一件爲飭知事于雍正七年奉巡臺御史赫碩色

夏之芳飭行遞年該營移請赴營會操水陸大操一次仍將會操過緣由會銜移營于十月內照例具報又一件請定稽察等事于乾隆三十一年四月奉　督憲蘇前撫憲莊批藩憲議詳嗣後各營遇燂洗戰船之時即移明所在附近不理船工之文員會同營員臨船勘驗果有燂洗有無蝵蛀據實會文通報如有不移知文員勘驗私自揑冒即行照例叅追倘文員狥情不赴船親驗扶同揑報一併叅處等因遵即按月准營移訂燂洗日期親行勘驗會結通報又金門鎮一件爲詳請憲示事

乾隆三十一年七月奉督憲蘇批司照議移行遇有金門左右營船灣泊地方燂洗立即會同勘驗會銜具結通報至于澎協二營此外遇有應估修者照例估修應出結者照例出結辦理或兵民間有交涉口角爭訟等事件亦即遵照例限依期結斷以免拖累

題名

熊勉菴居官格言有云做官想到去之日做人想到沒之時更當留一二好事與人間嗟乎熊公此言其厚待天下後世之人而出此語以勉之乎抑卑視天下後世之人而出此語以醒之乎吾人所當日省也夫不言在之日而言去之日者何也蓋在官之日雖無好事及人而巷議街談猶未敢直非之也至于去官之日則公論定而是非著矣在公正之君子居官盡職誠心愛物無所爲而爲而盛德在人去後之思至有沒世不忘者固有餘榮

哉若夫守國憲畏清議勉勤職業有所畏而爲善者其亦可以無愧矣澎湖自雍正五年改設廳官至今四十五載歷任正署共計十有八人爲時不久其名斯在猶歷歷可稽也纂而書之披而閱之曰某也某也不昭然若揭乎此人去之所以貴留名也哉所有歷任姓名備書于左

王　仁順天大興縣人由吏員考職經歷于康熙五十七年遵欽奉　上諭事例具呈兵部急公自備鞍馬行糧運米幫駝議敘選授漳州府通判調任澎湖于雍正六年五月到任至雍正八年五月二年俸滿自雍正九年正月新任梁到任協辦起至本年七月止協辦期滿離任

梁　檍陝西咸寧縣人康熙辛丑科進士雍正五年二月初任長泰縣調任長汀縣陞授澎湖廳于雍正九年正月到任至雍正十一年正月二年俸滿仍留協辦本年九月內聞訃丁母憂卸事回籍

周　于仁四川安岳縣人康熙戊子科舉人雍正七年選授永春縣調任將樂縣陞授澎湖廳于雍正十一年八月到任至十三年八月二年俸滿

仍留協辦于乾隆元年六月內告病卸事回籍

曹　顯庚浙江石門縣人由監生考授州同雍正三年遵例在阿爾泰加捐通判即用九年選授泉州府通判調任澎湖于乾隆元年二月到任至三年二月二年俸滿仍留協辦期滿離任

胡　格湖廣江夏縣人康熙丁酉科舉人雍正七年引　見發閩以知縣用題署詔安縣實授調任同安縣十二年調任晉江縣乾隆三年委署澎湖廳本年八月到任四年九月奉督憲于行取例薦舉議准註冊以單月主事陞用仍留任

辦事五年十月卸事離任署任無留協辦之例卽回內地候陞

王　鶚江南崑山縣人由監生遵甘肅着改捐款事例捐職州同又遵土方事例加捐通判卽用選授泉州府通判調任澎湖于乾隆五年十月到任至七年十月二年俸滿仍留協辦期滿離任自此以後定以三年俸滿協辦之例停止

陸　鵬浙江海鹽縣人康熙丁酉科舉人由奉化縣教諭卓異引　見授連江縣知縣調任諸羅縣俸滿丁母憂起復回閩候陞實授泉州府通

判調任澎湖于乾隆八年六月到任至九年十一月在任病故

費應豫湖南巴陵縣人由拔貢官學教習保舉引　見發閩以知縣用初任尤溪縣調任彰化縣俸滿委署澎湖廳于乾隆九年十二月到任十年二月為特參婪賄等事參革臺府范昌治案內緣事離任後于乾隆十四年陞授福寧府通判

鄒承垣江南無錫縣人雍正壬子科舉人癸丑科進士乾隆元年吏部保送道府知縣引　見發閩以知縣用初授南靖縣調任鳳山縣俸滿奉委接署澎湖廳事乾隆十年二月到任本年四月卸事離任

汪天來江南碭山縣人由監生考職州同遵戶部運糧事例加捐通判卽用乾隆元年六月選授福州府通判調任澎湖于乾隆十年四月到任至十三年三月連閏三年俸滿本年十二月卸事離任

楊　琪漢軍鑲藍旗王廷臣佐領下人由吏部筆帖式陞建寧府通判丁憂起復發閩補用題授

漳州府石碼通判調任澎湖于乾隆十三年十月到任十四年六月在任病故

王如璋江西盧陵縣人由監生捐納州同加捐知縣卽用初任廣西遷江縣丁父憂起復補授湖廣廣濟縣知縣乾隆七年補行元四兩年大計奉參才力不及降補福州府經歷調臺灣府經歷委護澎湖廳乾隆十四年七月到任本年十二月卸事回臺

何　器江西豐城縣人由監生捐職州同遵預籌運糧等事例加捐通判卽用選授江南徽州府

通判丁母憂起復補選福寧府通判調任澎湖于乾隆十四年十二月到任至十七年十一月連閏三年俸滿十八年五月卸事離任

王祖慶江蘇華亭縣人由監生于乾隆十三年遵暫請開捐等事例加捐通判即用選授漳州府通判調任澎湖于乾隆十八年五月到任至二十年六月因前署福清縣任內失察降調離任

張　埰直隸磁州人由附生捐貢遵江賑減四事例遞捐通判乾隆九年選授廣東惠州府通判丁憂起復補選福州府通判奉委署澎湖廳于

乾隆二十年六月到任本年八月奉文調補實授至二十三年七月連閏三年俸滿二十四年五月卸事離任陞邵武府同知

王　欐河南睢州人由監生遵舊江事例捐按察司經歷雙月即用選授福建按察司經歷乾隆十九年計典卓異二十三年奏陞澎湖廳于二十四年五月到任至二十七年四月連閏三年俸滿本年六月離任

張思振山東齊東縣人由監生遵奏請暫開河工事例遞捐通判即用選授興化府通判調任澎湖于乾隆二十七年六月到任至三十年五月連閏三年俸滿三十一年二月離任

胡建偉廣東三水縣人乾隆戊午科舉人己未科進士乾隆十四年十一月選授直隸無極縣知縣歷任正定縣知縣丁母憂起復補選福鼎縣知縣調任永定縣乾隆二十九年三月署閩縣知縣兼署福州府糧捕廳三十年奏陞澎湖于乾隆三十一年二月十九日到任

巡檢附

巡檢官之名始自唐初其時以李靖等十三人爲巡簡黜陟大使事權如今日之督撫大憲嗣後宋亦有都巡檢之職至元明巡檢則爲吏員是巡檢一官乃古貴今卑之官也澎湖自元季時始設巡檢一員經理斯土終明之代未有設官但元時所設始終何年歷任何員無籍可稽姑闕疑焉可也

迨

國朝康熙二十二年平臺以後復設巡檢駐劄澎湖改隸臺灣郡臺灣縣屬至雍正五年改設廳員

乃裁汰斯缺閱年四十四載歷任者十有二人附錄于後俾考古者知設官之所自云

姚法唐河南祥符縣人吏員康熙二十三年任在任病故

朱　縉浙江錢塘縣人吏員康熙二十七年任陞河南府照磨

胡廷鳳江南含山縣人吏員康熙三十二年任

林開彥直隸撫寧縣人吏員康熙三十五年任

李慧仁直隸安肅縣人吏員康熙四十一年任

耿　胡河南柘城縣人承差康熙四十五年任

陸　鑑順天人吏員康熙四十七年任陞雲南騰越州吏目

喬　傑順天人吏員康熙五十二年任

李振宗江南江都縣人吏員康熙五十八年任

朱唯彰順天宛平縣人內閣供事雍正元年任後以丁憂去任

鄭奎聚直隸通州人吏員雍正四年任是年以緣事去官

羅開勳湖廣人吏員雍正四年任五年改設裁缺另補

列傳

蓋聞蘭生幽谷片瓣足馨豹變南山一斑亦貴故良醫療病功取活人寧盡參苓哉治民者何獨不然耶昔史遷作循吏傳不及漢代之賢君子不無遺議焉澎湖乃洪流孤島傍海而居人棲磽确之地及瓜而代官存傳舍之心職斯土者苟能自愛用以愛人亦足多矣何必連城斯重合抱爲良哉況乎有善必揚寸長必錄前事不忘後事之師也考古鏡今因人勵已不亦可以風乎謹將輿論所述者採而輯焉以俟後之君子

梁　棹字子章號駁菴陝西咸寧人也登康熙辛丑科進士第爲人老成持重不喜事矜功以縣令陞任澎湖時攺設廳官不久一切章程多未就緒謹遵職守考定規條大小部署親自手裁其前廳有已行而不合功令者悉爲革除更念澎地多風少雨其于農事尤深惓惓焉即如在長汀任時奉委赴長泰採買穀石一事長泰其舊治也乃上不廢法下不厲民邑人賴之任澎兩載餘不肯妄差一役妄役一民其治一以安靜爲主而事亦理焉論者以爲頗得政體云斯亦慈惠之師忠信之長也哉

周于仁字純哉號仙山蜀中安岳縣人領康熙戊子科鄉薦初任永春縣上憲以爲能調將樂令陞授澎湖遇事果斷天植之性也念調澎戍兵素稱驕悍欺凌澳社一繩以法不少假借民賴以寧雍正十三年奉行清查地畝勸民首墾墾地一百四十餘畝報陞網繒滬稅三十餘兩資給牛種耕具吏無侵漁民沾實惠俸滿後因病告假回籍澎人建祠祀焉

胡　格湖廣江夏人也字壽平號昜夫登康熙丁

酉賢書歷任泰寧詔安同安晉江四縣作令八載兩調繁疆上游稱其才堪肆應甚器重焉乾隆三年奏陞澎湖廳因晉江任內國課尾欠格于吏議仍委署廳事四年保舉行取留任候陞主政任澎兩載蒞事治民不憚勞怨訟無留牘其亦吏事之能者哉

陸　鵬字西濵號敬齋乃浙之海鹽人也舉康熙丁酉科孝廉初授奉化學教諭訓士有方以卓薦陞連江縣知縣調任諸羅其在諸羅也安集流寓輯柔番社臺陽四令治稱最焉俸滿以丁

毋孺人艱去任起復旋閩陞泉糧廳奉調澎湖
下車之日首隆勸學每月月朔聚諸生于媽宫
公所課以文藝兼崇尚品行不徒爲詞章之學
蓋出曩時教奉士之教以教澎也爲人和平樂
易禮士愛民其循良之吏也歟後以病卒于官
澎人哀思如失怙恃云

澎湖紀畧卷之三終

澎湖紀畧卷之四

文事紀目錄

澎湖紀畧卷之四

嶺南胡建偉勉亭纂著

文事紀

學校

澎湖學校隸屬臺郡遠隔大洋三百餘里以故仰車服而神馳者未免覩波濤而心怵也粤稽七閩夙稱海邦鄒魯如唐觀察李公椅之振興學校常公衮之獎掖生徒爾時歲貢士于宗伯者率與中州並齒人有稽古之榮士懷不學之耻此閩省風氣有開必先也洎乎有宋海濱四先生出楊羅李

朱接踵挺生道學淵源遠承洙泗近紹洛濂猗歟盛矣然此皆內郡之儒日得親炙乎禮樂詩書之澤者然也若夫海外荒陬時猶未洽焉迨至
國朝文教覃敷德威遠播討平鄭逆即裸人番社無不被以詩書此眞追隆四代遠邁唐宋者也澎入版圖于今八十餘年矣久道化成浹于骨髓無不家禮讓而戶絃歌惟是蕞爾彈丸孤懸巨海秀杰之士觀光有志較諸內郡儒生近炙宮牆日夕講貫者其釐高山之仰生景行之思尤爲眞切而專篤也

玆于乾隆三十二年四月有歲貢生呂崑玉等以一件隔洋赴考維艱懇恩轉詳就澎童試造册送道俾貧寒得遂觀光等事聯呈具請伏查澎湖原隸臺灣縣隔離大洋水程五更上年十月間臺邑示考當即傳諭諸童領照赴臺應試乃人人皆稱守候縣府兩試迨至道考無論進與不進總需半年有餘寔在盤費艱難不能前往爲辭竟至百無一應以致十餘年來久無進學入泮之人卑職只得就每月在署歷課文理稍優者捐助養廉資其盤費給與印照再三勸諭僅有九名縣試考在前

列者三人府試考在前列者亦有三人現在道憲考試取錄入泮者三名是過臺應試僅止十分之一已得列名黌序者三人而在澎之不能應試者尚有十分之九無不人人欣慕人人嗟嘆甚至皓首窮經未得一預童子之試者比比皆是此種情形寔堪矜憫今據輿情籲懇轉詳就澎爲試造册送道以免縣府兩試守候仍附入臺灣縣童生額內一併憑文取錄俾人人均得青雲有路等情前來卑職伏查廣東南澳同知所轄地方童生俱歸該同知衙門考試仍附饒平縣額內進學今澎湖

遠隔大洋較之南澳更爲艱苦可否倣照辦理再
查于定額既無關礙又非增廣額數似可無庸
題達咨部卑職目覩情形不敢壅蔽不陳理合據
情轉禀是否可行伏候
憲裁批示飭遵荷蒙
各憲批飭議詳奉藩憲錢　查得澎湖通判胡
禀請澎屬童生就澎考試造册送道附入臺灣縣
額內凴文取進一案奉　憲臺批司移關臺灣道
確查妥議通詳等因遵卽咨移臺灣道議覆澎湖
地方係臺灣縣管轄歲科兩試童生向由該縣錄
送祇緣澎湖孤懸海島距臺郡相隔大洋各童領

照渡臺由縣而府閱卷發案造册錄送道考竣日
始得回澎動逾半載單寒之士資斧維艱褁足不
前是以習儒業者百有餘人而應試者止有數名
望洋咨嗟殊堪矜惜自應籌酌變通以廣造就查
廣東潮州府南澳同知所轄地方童生亦因遠隔
洋面俱歸該同知衙門考試仍附饒平縣額內取
進成例可以倣照請將澎湖童生准在該通判衙
內就近扃試造册送道移府備案免其縣府兩試
仍附入臺灣縣童生額內一體凴文取錄不必酌
定取進名數通融辦理等由移覆前來本司查澎

湖地方係臺灣縣管轄童生考試向歸縣籍今據
該府縣以各童盤費維艱守候需時援照南澳同
知所轄地方俱歸同知考送之例議就澎考錄送
道仍附入臺灣縣額內一體凴文取錄不必酌定
取進名數通融辦理寔係作養人材體恤貧儒之
意似屬可行應如該道府所議澎湖童生俱歸該
通判衙門考送至澎湖童生現無廩生保結識認
應請責成該通判查照烟户門牌入籍二十年以
上現有田墓廬舍方准應試道考時仍着臺學廩
生保結識認俟將來澎籍補廩有人再歸就近保

結以專責成再縣考事同一轍既非增數廣
額亦于學政並無紛更似可無庸
題咨理合核議詳覆伏候　憲批飭遵等因奉督
憲蘇并署撫憲蘇　批如詳移行遵照于乾隆三
十二年閏七月准本府鄒關移到廳卽于本年丁
亥歲科考爲始就澎扃試遵奉詳定章程辦理錄
送道考與臺邑童生憑文較試蒙取入泮者又復
獲雋三人焉查澎湖數十年來只有生員七人今
蒙
列憲恩准就澎童試儒林踴躍以故列名黌序者

四考增進一十三人日新月異澎士之興其可量耶從此更加奮勉文行交修則德業聯鞭科名接踵以無負

列憲作育之恩則又區區之私所厚期者也

書院

浚儀王氏曰漢初郡國往往有夫子廟而無校官且不置博士弟子員其學士嘗課試供養與否不見經傳然諸儒以明經教于其鄉率從之者數百人齊魯燕趙間詩書禮易春秋論語名家者甚盛則設書院昉是矣蓋庠序未修士病無所于學相

與擇勝地立精舍爲羣居講學之所若石鼓嶽麓白鹿睢陽世所謂四大書院是也閩士之興寔始于唐爾時書院有無建置編閱閩志並無載籍可稽惟自宋咸淳三年將樂邑人禮部尚書馮夢得奏建龜山書院度宗敕賜龜山書院四字匾額仍詔郡縣撥田奉祀兼惠養諸生此閩省書院之設其可知者寔肇端于此也迨至明代建置甚廣初未聞有書院之禁自嘉靖十七年吏部許讚始言按司府多建書院以聚生徒供億科擾亟宜撤毁從之又萬歷十年張江陵當國以言官之請槩行京省查革書院當時士論不協竟亦不能盡撤也彼時守土者所建書院名爲學舍陰寔生祠借講學之地以爲奉祀之所所謂作養士類寔乃具文以致垂爲厲禁蓋亦咎有由屬也若夫右文重士則

國朝寔有度越千古者焉如會城鼇峰書院于康熙五十年

聖祖仁皇帝親灑宸翰

御賜三山養秀匾額

龍文鳳藻炳耀東南壽考作人允稱極盛雍正十

一年

世宗憲皇帝又命各省書院延師督課

頒賜帑金一千兩永資膏火書院之教從此益興乾隆元年當今

皇帝御極之初即頒

諭旨愼延講席選擇生徒肄業其中并令酌仿朱子白鹿洞規條立之儀節仿分年讀書之法予之課程務欲令諸生檢束身心貫通經史爲世通儒復于乾隆五年以學者入德之方在乎辨志爲已

訓飭　太學諸生大哉

王言誠萬世爲學之標準也
列聖相承文教覃敷無遠不屆在興化則有考亭書院泉州則有泉山書院漳州則有龍江書院延平則有道南書院建寧則有文定書院邵武則有崇賢書院汀州則有龍山書院福寧則有正學書院臺灣則有海東書院以至二州六十四縣與夫通都巨鎮亦莫不設有書院以爲士人敬業樂羣之所猗歟盛矣惟澎湖一隅自入版圖于今八十餘年向未設有書院而教官則又遠阻大洋三百餘里寔膠庠之所不及者也生童有志稽古而問道

無門學鮮良師致有望洋而嘆是何異百工而不居肆欲其制器尚象以期得心應手豈不難哉余非知學者也然濫叨斯職則化民造士有不容辭焉者矣乃于下車之始即進生童而校閱之士多秀杰但牿于聞見無人指授聰明俊彥終于汩沒殊可惜也爰于公餘之暇纂輯諸儒入德之方讀書之法作文之式以爲模範季課月考人品學業漸見成效澎地一十餘年以來並無入泮之人今歲試獲售者三人寔澎湖向未曾有之事也以故人皆鼓舞時則有貢生許應元張綿美監生蔡聯

輝等呈請捐創書院以惠士林隨即稟明本道學憲張公札商本府秦公俱蒙報可余乃捐廉百兩以襄泉美擇文澳之勝地創建焉經始于乾隆丙戌之孟冬落成于丁亥之孟夏中爲講堂三楹匾曰鹿洞薪傳中祀朱子兩程子周子張子五賢前則頭門三間中架爲樓樓上祀魁星之神後爲後堂三間中祀文昌之神左右兩間以爲山長住居之所至于東西兩面翼以書室各十間以爲諸生讀書精舍統榜曰文石書院文石者澎産也其石五色繽紛文章炳蔚石之文何莫非人之文也因取

而名焉獨是講學有所而周歲師生膏火之需更當爲之計長久也昔文翁教蜀凡力學之士數以刀布贈遺孔文舉興學好賢范希文恤儒周困此數君子者有惠士之心而力又足以副之迄今千載而下想其遺風猶令人悠然意滿也及閱臺灣郡志于海東書院條內大書貢生施士安捐田一千畝以爲院內膏火一節則又拍案驚奇不覺爲之起舞語云求士于三代之後惟恐其不好名信哉今澎湖書院一切善後事宜蓋亦大費躊躇矣以視夫登高一呼羣山響應得爲而爲者相去又

當何如也耶

一曰重人倫

古者庠序學校之教皆所以明人倫也是人倫者非教者之所最重而為學者之所必先也哉試思人生那一日不與五倫之人相周旋聖賢那一言不與五倫之理相發明孟子曰規矩方員之至也聖人人倫之至也又曰堯舜之道孝弟而已矣朱子白鹿洞規條首列父子有親君臣有義夫婦有別長幼有序朋友有信五教之目以為學者學此而已而博學審問慎思明辨篤行則所以學之也

若夫修身處事接物之條皆在所後焉蓋人倫之理命于天則謂性率于性則謂道性與天道乃學問之大原而其寔不過于人倫日用之間各盡其當然之寔自可以為天下後世法如中庸一書其大無外其小無內放之則彌于六合卷之則退藏于密言至誠至聖以至于上天之載無聲無臭至矣無以復加矣而其中之得力則寔在三達德以行五達道以馴至乎其極而已豈有他哉然人倫固在所重而孝為百行之原則又五倫之本也人能善事父母必篤于兄弟和于妻子求忠臣必于孝子之門至性厚者朋友亦不薄以至明天察地通于神明光于四海何一而非孝之所推暨乎倘身列宮牆而門內多慚至性滋薄以視反哺之烏跪乳之羊物且不如矣安望其忠君信友親親長長也哉清夜自思何以為人何以為子更何以謂之學者可不惕然而知所重耶

二曰端志向

志者心之所之也凡人心之此之彼志必先為之向導而後心乃從之而往也如行路者欲往東志必先向東而去欲往西志亦必先向西而行是志

之有向正如射者之有鵠也故學者之志未有所向不端而可以有為者也禮曰一年離經辨志蓋言童稚就傅之年必先使之志向先端而後可以漸進以至于智慮通達而為大成之候也即如孔子至聖也亦必自十五志學而後能從心所欲不踰矩朱子曰書不記熟讀可記義不精細思可精惟有志之不立直是無着處世人讀書不志道德而志功名所向已差了況所稱功名亦只是科第耳官爵耳非真欲建功立名以垂不朽也以富貴為功名富貴之外復有何求趨向不端宜其所學

皆非也毫釐之差千里之謬正在于此今生童中儘有穎異之資止是志向不專爲習俗所染未能擺脫即勉強從學或作或輟口耳之功且難更何有于心性之學光陰坐廢卒無成就殊可惜也試觀漢儒董仲舒下帷發憤潛心大業三載不一窺家園宋范文正公斷虀劃粥勤苦勵學做秀才時便以天下爲己任此何等志向也爾諸生可不勉哉

三曰辨理欲

凡人莫不有性性即理也性發而爲情情動而欲

生爲此危微之介聖狂之分也而可不辨乎哉劉子云烟生于火而烟鬱火氷生于水而氷過水故烟微而火盛氷泮而水通性貞則情銷情熾則性滅是以珠明則塵埃不能附性明而情欲不能染也又曰將收情欲先斂五關（五關耳目口鼻身也）蓋言五關不破則五德不得而入也（五德仁義禮智信也）即如孔子論仁必先從富貴貧賤說起者夫人必能于富貴不處貧賤不去則取舍之分明取舍之分明斯存養之功客庶可漸至于終食不違仁而造次顛沛必于是也學者果能于此間辨得明守得定壁立千仞之上何難與聖賢同歸也哉東莊學約有云米鹽妻子庶事應酬以道心處之無非道者苟使縈懷豪傑志氣不難因以損盡彼如應舉一事在明理者入場赴考認題作文不過將平日之學發聖賢之理道至于取中與否則聽其在天毫無僥倖之想今人則一團欲心入場必思詭遇擬題藍本無所不至朱子曰非科舉之累人人自累科舉耳又云居今之世雖孔子復生亦必應舉豈能累孔子耶天理人欲同行異情有如此者可不辯乎

四曰勵躬行

呂獻可嘗言讀書不須多讀得一字行取一字伊

川程子亦嘗曰讀得一尺不如行得一寸蓋讀書不力行只是說話也今人生聖賢之後凡我身之所未行者皆古人之所已行而筆之于書者也故誦讀時不可看做書是書我是我書與我兩不相干必如朱子所云須要將聖賢言語體之于身如克己復禮如出門如見大賓等事須就自家身上體覆我寔能克己復禮主敬行恕否件件如此方爲有益又如顏氏所云未知養親者欲其觀古人之先意承顏怡聲下氣不憚劬勞以致甘軟惕然

慚懼起而行之也未知事君者欲其觀古人之守職無侵見危授命不忘誠諫以利社稷惻然自念思欲效之也素驕奢者欲其觀古人之恭儉節用卑以自牧禮爲教本敬爲身基瞿然自失斂容抑志也素鄙吝者欲其觀古人之貴義輕財少思寡欲忌盈惡滿賙貧恤匱赧然悔耻積而能散也引而伸之推而廣之事事皆根本古人之成法做去即讀得一句行得一句矣不亦躬行寔踐之君子也哉

五曰尊師友

傳道解惑莫重于師勸善規過必資于友是師友者乃人生德業之所藉以成就者也書曰主善爲師又曰師道立則善人多禮曰獨學無友則孤陋而寡聞師友顧不重哉孔子云君子哉若人魯無君子者斯焉取斯蓋言子賤能尊師取友以成其德故夫子稱之也考之古人未有不尊重師友者也即如宋賢楊龜山游定夫侍伊川程子之側程子偶瞑坐楊游二子侍立不去程子既覺門外已雪深三尺矣古人之尊師重道有如此者至于朋友朱子所謂五倫之綱紀者是也人或于君臣父子夫婦昆弟中有難言之隱不白之情積成嫌怨得一良友爲我排釋爲我解紛委曲周旋維持調護俾得相好如初其有益于人者更爲不淺況乎勵行勸學質疑問難讀書作文無一不取証于友其所係之重又有如此者詩曰他山之石可以攻玉不信然乎乃世之人無尊師之誠心取友之寔意視師友如過客路人豈不可哀哉極其所謂尊師者亦不過厚修脯隆節儀以此爲敬而已其于尊德樂道則槩乎未之有講也待朋友雖極深情厚貌亦僅以酒食往來爲親密笑言通脫爲莫逆

而已求所謂以文會友以友輔仁者則又安在也爾諸生當以古人自待以今人爲鑒也

六曰定課程

記曰比年入學中年考校一年離經辨志三年視敬業樂羣五年視博習親師七年視論學取友謂之小成九年智慮通達謂之大成此古人爲學之次第法程也矧今人欲學古人而可無法也哉孟子言大匠誨人必以規矩學者亦必以規矩課程者即匠之規矩也欲讀書者課程可不定乎而課程之法則莫有善于程畏齋分年日程之一法也

其法本末兼該體用具備陸清獻云此非程氏之法而朱子之法非朱子之法而孔孟以來教人讀書之法也其尊信有如此者今院內仿依此法令諸生各置一簿以爲每日課程記本日讀何書何處起止或生書或溫書并先生所講何書午間何課夜間何課一一登記簿內從寔檢點不得虛張濫記積日而月積月而歲歷歷可考工夫有常自然長進每五日又于已熟之書按簿抽背一次或余于公事之暇到院亦按簿抽背以驗其生熟如有從頭至尾背念一字不忘者即給送紙筆之資

以獎其勤能倘有妄自開寫簿內背念不熟者即申飭示罰以爲怠惰者儆至于作文每十日作文一篇五言排律詩一首夏日則加策一道務須盡一日之力以完此課不許繼燈給燭平日用功以看書讀書爲急不比塲前要多作時文以熟其機也每日講書後要看書先將白文理會一徧次看本註次看大全等講章如此做工夫則書理自可漸明四書既明則經學便勢如破竹矣

七曰讀經史

經經也史緯也學者必讀經而後可以考聖賢之成法則亦未有不讀史而可以知人論世者也是十三經二十二史非學者所必讀之書而爲學問之根柢者哉今國家取士鄉會第二塲試經義四篇固所以重經學也至于第三塲多有以史事策試者史學亦何嘗不重是經之與史有不容以偏廢者也自世之學者以讀書爲作文而設如薛文清所云學舉業者讀經書只安排作時文料用與已原無相干故一時所資以進身者皆古人之糟粕終身所得以行事者皆生來之氣習與不學者何異然此等讀書雖無心性之益猶有記誦之功

也惟近來塲中擬題一件最爲惡陋其不出題者忽而不講即出題之處亦不過畧曉大意僅能敷衍成文而已更有剿竊雷同即章句亦多茫然也本經如此他經可知又安望其兼讀諸史以爲淹通之儒耶但人之質性不同敏鈍各異槩令其服習熟讀經史亦非易事然亦有法焉可以循序漸進也則莫如仿歐陽文忠公限字讀書之法準以中人之性日約讀三百字四年半可讀畢四書五經周禮左傳諸書依此做去則史亦可盡讀也亦惟勤者能自得之耳學者果能如朱子所云枓擻

精神如救火治病然如撑上水船一篙不可放緩如此着力去讀則又何書不可盡讀耶寧第經史而已哉

八曰正文體

文所以載道也穠纖得中修短合度莫不有體焉是體也者乃文之規矩準繩也而可不正乎今
朝廷取士重科舉之業文取清真雅正上以是求下以是應固已文無不純體無不正矣平淡奇濃各具一體均堪入彀至于膚淺卑弱之文雖不中程式然此等文字如人生質微弱病在標末元氣

未嘗傷損服以湯劑飼以粱肉自然日就强壯猶可以爲完人也惟有一種艱深怪僻者以荒誕爲新奇以畔道爲超脫何異病入膏肓外强中乾縱有扁和亦豈能以救藥也哉凡此者皆托名江西派之一說有以悞之遂日復一日沉溺而不知返也夫江西五子之文或意在筆先或神遊題外自成一家機杼然按之題位題理依然一絲不亂此文之所以可貴而可傳也今人無此本領但剽竊險怪字句以塗飾耳目牛鬼蛇神欲以欺人適以自欺而已然余以爲欲正文體更當先正題目如欲出搭題以試學人之靈思妙緒亦不得過爲割裂以致首尾不貫上下無情近見坊本率多牽搭如兩馬之力與齊饑等題學者遇此亦安得不無中生有支離附會耶是何異策泛駕之馬而欲其範我馳驅按轡和鈴以遊于康衢九達之上豈可得哉

九曰惜光陰

人生百歲三萬六千日光陰盛矣而其中可以讀書之年則自七八歲至三十歲僅有二十二三年而已卽陸桴亭分年讀書之法所言自五歲至十

五歲十年誦讀十五至二十五十年講貫二十五至三十五十年涉獵亦總不出三十年之外也讀書之日寧有幾乎子曰年四十而見惡焉其終也已又曰四十五十而無聞焉斯亦不足畏也已蓋人至四五十歲血氣漸衰精神日減眼目近花記性亦絀禮言四十而仕五十服官政未聞此時而始向學者也余觀今人讀書暴棄者固多姑待者亦復不少謂今日不讀有明日今年不讀有明年不知眼前一刻卽百歲中之一刻也日月其除揮戈難及嗟何及矣今幸書院落成爾諸生萃處其

中晝則明窗淨几夜則爇燭焚膏眞有讀書之樂矣正宜勵志潛修及時勉學斷不可羣居燕坐三五問談以致耗費精神荒度時日也若遇芳辰令節放假一日者是亦玩物適情所以暢發其天機之一道如樊遲從遊于舞雩不忘崇德之問則遊亦豈能廢學也哉至家中有事或日久歸省亦人情之常不能免也但必回明先生告假登記簿內限日回銷總不得有逾五日之期昔樂羊子遠學來歸其妻乃斷機相戒婦人尚且知學如此倘無故頻頻告假思家不惟見怪于師友亦且有愧于

婦女安可以有限之光陰而漫不加珍惜也歟

十曰戒好訟

昔人有言餓殺莫做賊氣殺莫告狀夫賊者害人之名人而爲賊鄉評之所不齒國法之所不容賤惡極矣而謂告狀者似之亦以告狀之人虛詞架陷敗人名節傾人身家與賊無別事異情同所以深著其害而重以爲戒也卽如易以天水名訟卦義外剛內險或前剛而後險或彼剛而此險兩不相下而訟以興焉是好訟之人未有不剛險者也人而好訟大抵其人必貪暴而尚氣機械而詭詐

率其剛險之性明則舞文弄法暗則射影含沙或恃己之健訟而顚倒是非或唆人之爭訟而混淆曲直深文以期其巧中搆釁以圖其重酬無知者稱其訟師有識者鄙爲訟棍此種人品寔鄉黨之鬼魅而名教之罪人也縱或法網偶疎時有呑舟之漏卽天地神明亦斷不爲之少寬也已試以訟事言之告狀之時每日衙前伺候或官府出署則攔路下跪或坐堂放告則階前俯伏官呼役叱靦顏忍受其苦一也如或不准又須再告倖而准理出票之時承書揹勒萬狀刁難乃下氣怡色委婉

順從過于孝子之事其父母及至差役到家則有接風酒下馬錢恭迎欵待甚于賢賓嘉客一有不當意之處則飲爾酒發爾酒風無所不至其苦二也及至臨審一切保隣詞証又需供養酒樓茶館任其燕遊百計逢迎總欲藉其左袒又有泒堂雜費一班衙頭皂快如餓虎逢羊必無生理非遇廉察之官身家必致立破且伺候聽審自辰至酉寸步不敢遠離驚心弔膽忘饑失食若遇衝繁地方職官因公他出又須收牌另示十旬一月未有定期其苦三也至于審後水落石出輕則戒飭重則

問擬有何好處而樂爲此耶爾諸生讀書明理心氣和平既無剛險之性倘有非禮之加橫逆之投情遣理恕何難渙然氷釋即或萬不得已務要申訴官長而據事直書仍不失爲忠厚之道則有中惕之吉而無終訟之凶慎毋恃官府待我厚而奔走公庭毋恃衙門爲我熟而鑽謀蠹吏守卧碑之訓而一意詩書品端行潔誰不愛而敬之苟其不然即使爾諸生身爲職官見此等好訟之人有不疾而惡之者幾希矣

社學

社學之名其即古之小學乎周禮鄉有黨正即一黨之師也有州正即一州之師也下而爲比閭胥上而爲鄉遂大夫皆師也又仕焉而已者教於閭里稱曰鄉先生故學記曰家有塾黨有庠術有序黨遂有學閭里以上可知也明洪武倣周禮詔天下每五十家設社學一所延秀才之有學行者訓廸軍民子弟社學之設權輿于此矣若閩南則于天順間督學游明命每廂里增設社學二所立教條復其身後遂著爲令繼而督學潘璜復檄有司城必立社學聘學行生員以主之而民間之塾則選士之良者復其身有教約以誓社師有教法以訓蒙士閩志稱郡邑奉行者有彬彬鄒魯之風云但其所布教約教法今不可得而考矣然此皆內郡事也至

本朝平定澎臺教育之廣更遠訖于荒陬遐島即裸人番社亦莫不設有社學何第中土而已耶以故澎湖一十三澳俱有塾以訓童蒙大澳三五處小澳亦不下二三處雖隱燈火大非蛋雨蠻烟之舊矣但學必有師師必有法然後教可成而學可興易曰蒙以養正聖功也社學雖小實乃大學之

根柢此時入手一差後即難挽不可不慎也必如呂司寇所云選社師務取年四十以上良心未喪（必有良心始不愧人子弟）志向頗端之士不拘巳未入學如果見識近正音韻不差文理粗通講解亦是者擬爲社師此擇師之法也又云初入社學八歲以下者先讀三字經以習見聞百家姓以便日用千字文亦有義理刊布社學令之學習念書先要數字次要聯句次要一句緊一句眼睛定則字不差心不走則書易入句漸緊則書易熟遍數多則久不忘每講書就教童子向自家身上體貼這句話與你

相干不相干這章書你能學不能學仍將可法可戒故事說與兩條令之猛省他日違犯即以所教之書責之庶幾有益身心至于作文寫字歌詩習禮俱足以長其德性而又有五禁以防其佻達十戒以飭其行檢此教之之法也榕門陳中堂稱吕司冦因人立教即知即行爲懇切而精要眞篤論也余竊取其法而行之每歲于二月中旬傳齊澎屬社師考較一次并倣程純公之法于因事下鄉時親詣塾館將兒童所讀之書正其句讀若教之不善者則易置焉其勤而得法者旌奬之童子能

背書能解說并能熟念聖諭廣訓者即給予紙筆以爲鼓勵否則訓誨之使有勸有耻社學之教庶幾由是而興乎

科目

進士之科始于隋大業二年盛于唐貞觀永徽之朝當貞觀初放榜日太宗私幸端門見進士于榜下綴行而出喜謂侍臣曰天下英雄入吾彀中矣以故縉紳俱以由進士出身者爲美其時賢良之外有明經明法明書明算一史三史開元禮道舉(謂通老莊學者)俊士童子與進士共十二科而所重者惟進士而已試進士時務策五道帖一經全者爲甲第通四者爲乙第調露二年加試雜文天授元年始親策進士于殿前神龍二年方行三塲試加詩賦并列詩賦題目于榜中每歲放榜不過三四十人其都會謂之舉塲通稱謂之秀才投刺謂之鄉貢得第謂之前進士(時有詩云曾題名處添前字送出城人乞舊衣)互相推敬謂之先輩俱捷謂之同年有司謂之座主京兆府考而升者謂之等第外府不試而貢者謂之拔解既捷列名于慈恩寺塔謂之題名大燕于曲江亭子謂之曲江會閩省舉進士自神龍二年丙

辰福寧州薛令之始及第此閩進士之始也乃韓文公謂閩人舉進士自歐陽詹始非也詹成進士於貞元八年距神龍二年中隔五帝後九十年且薛之後尚有晉江蔡沼莆田林藻俱在詹之前其非詹始歷歷可考也而以詹爲言者詹時爲宰相常衮所重頗有文名爲國子監四門助教與韓公同事故因而稱之耳五代時科制無考宋代設科仍因唐制進士試詩賦雜文各一首策五道帖論語十條帖春秋或禮記墨義十條(或得四或五六爲通墨義如作者七人則對云某某七人有不能記憶則云對未審)此外尚有九經五經三

史三禮三傳學究明法等科而進士之科爲盛殿試加論一首而以三題爲準榜分三甲皆始于太平興國年間至治平時始定三年一開科熙寧三年始頒經義式取士（此時文八股之始也）而殿試專以策分爲五甲焉元祐初分經義詩賦論策爲四場紹興中分經義詩賦爲兩科亦以進士爲重其曰特奏名者以别于奏名進士也始于開定三年詔貢士十五年終場文雖不合式毋許黜落各賜本科進士出身此特奏名之恩例也凡不第舉人未階以入仕也（元亦無鄉舉出仕至明始以舉人宰邑）推恩特奏則不復鄉

舉矣元代至仁宗皇慶三年始賓興賢能設進士科而罷特奏名之例由行省鄉試次年禮部會試每科分蒙古色目人爲左榜漢人南人爲右榜而試目各殊其試目初場試經疑二問經義一道二場古賦詔誥表章內科一道三場試策一道明初罷詞賦專以經義取士洪武初三場後十日試騎射書算律後皆罷洪武三年始開科舉以秋八月鄉試明年春二月會試四年五年連試六年詔停科舉令有司察舉賢才至十七年始頒行科舉式定以子午卯酉爲鄉試期辰戌丑未爲會試期第

一場四書義三道經義四道未能者各減一道二場論一道判五條詔誥表內科各一道三場試經史時務策五道未能者許減二道鄉試中式赴京會試再中則殿廷親試傳臚賜宴第一甲賜進士及第第二甲賜進士出身第三甲賜同進士出身第一甲三人首名稱曰狀元次名稱曰榜眼三名稱曰探花皆極美之名也至

國朝開科悉仍明制康熙二年裁三場爲二場而罷書義八股之文頭場試時務策五道次場四書論一篇五經論一篇表一道判語五條康熙七年

仍復三場初場四書文三篇經文四篇二場論一篇表一道判語五條三場時務策五道乾隆二十一年定以初場四書文三篇二十三年加性理論一篇二場經文四篇表文一道二十二年二場表文易以五言八韵唐律一首三場策五道其表文判語俱行删省會試以丁丑科爲始鄉試以己卯科爲始至於臺郡科額康熙二十六年提臺張雲翼奏准臺郡鄉試另編字號取中一名康熙三十六年前督憲郭世隆奏撤另號通省匀中雍正七年巡臺御史夏之芳奏復另號額中一名雍正十

三年前撫憲盧焯奏准于本省解額之外加增臺
郡中額一名以故每科臺郡額中二名另編臺字
號定爲例乾隆四年巡臺御史諾穆布等奏請臺
郡會試照鄉試另編臺字號取中一名部議臺郡
士子來京至十名以上再行奏聞恭請欽定今澎
湖之士科目其有待乎然英才不擇地而生如邱
文莊海忠介皆產于瓊崖儋耳之墟應科目而與
文章政事拔萃中州澎之士其可易量耶傳曰百
年之計樹人此其時乎余將拭目以俟之矣

貢途

貢途則有歲恩拔優副榜之分統名曰貢生考唐
宋元俱無正科惟明洪武十六年始令天下府州
縣學歲貢一人入國子監肄業此貢途之始也洪
武二十五年令府學一年貢二人州學二年貢三
人縣學一年貢一人正統六年定例府學一年貢
一人州學三年貢二人縣學二年貢一人著爲令
俱以食廩年深之人挨次出貢故又謂之挨貢宣
德八年令天下生員年四十五以上者考選貢國
子監天順五年令天下廩膳增廣生員年四十以
上者考選貢國子監此則所謂拔貢也然亦特詔
舉行非著爲定例也若夫援例貢國子監則自景
泰三年時始至
國朝歲貢亦仍明制而恩拔副榜優貢則有加焉
康熙三年罷歲貢九年復行歲貢恩貢者則遇有
覃恩之年各學以正貢作恩貢次貢作歲貢此特
典也拔貢于雍正五年定以六年選拔一次乾隆
七年奉
上諭從前選拔或數十年一舉或二十年一舉今
則六年一舉爲期太近應酌量變通嗣後着定爲
十二年選拔一次永爲定例試目乾隆十六年定

以頭場書文二篇經解一道二場策一道性理論
一篇五言八韻詩一首删去判語一條俱歸學政
考試府學拔取二名州縣學拔取一名副榜者則
于鄉試中式舉人之外另列一榜名爲副榜明時
雖有張榜並不准貢至
本朝始一體准作貢生謂之副榜貢生每科按大
中小省定爲中額至于優貢雍正四年奉
上諭嗣後學政三年任滿將生員中寔在人品端
方有爲有守之士大省舉四五人小省二人送部
引

見親加考試酌量擢用現遵例行學政三年任滿舉報優生升入太學大省五六名中省三四名小省一二名寧缺毋濫澎湖隸屬臺學今歲貢之士已有二人焉其亦有開必先也哉

武科

古者士列于庠序有賓客則射值祭祀則射別士之行同從偶則射平時以此教養三載以此賓興射豈專屬武事哉自漢武帝詔吏民有茂才異等可爲將相者成帝詔舉猛勇知兵法者此亦特詔舉行固未嘗異其科也至唐武后始別立一科謂

之武舉其制有馬射步射又有馬槍身材等選遂與進士並立開元間詔兩京諸路各置太公廟以張良爲配始有武學焉宋開寶間罷試武舉仁宗朝因富弼蘇洵言武舉宜如舊復之乾道後詔及第補授皆倣進士恩例淳祐四年遂親閱武舉進士射明初訓士有武學科目有武舉除吏有武選成化十四年太監汪直請武舉設科如進士例下部條議劉大夏言宜倣唐宋故事損益鄉會二試事例乃詔次年四月開科初較騎射以九矢中四爲合式次較步射以九矢中二爲合式三試策論優者列職論官至

國朝開設武科鄉試中式者爲武舉會試中式者爲進士武進士亦分一甲二甲三甲傳臚及第賜宴與文進士並隆焉鄉會考試之法初考馬箭遠射三回中四箭者爲合式次考步箭遠把以五十步爲程射九箭中二箭者爲合式并考弓刀石分頭二三號名曰技勇合式者再射近把考內場試策二道武經論一篇康熙四十九年兵部會同九卿議覆山西太原鎮馬見伯條奏考試武生武童用論二篇第一篇論出論語孟子題第二篇論出

孫子吳子司馬法題鄉會試照此例行刪除六韜三畧等書出題乾隆二十四年兵部議覆御史戈濤條奏考試外場弓刀石三項必有一二樣頭號技勇方准入內場其三號者不准合式至考內場亦應如該御史所奏將四書論一篇裁汰止存武經論一篇策一道以歸簡易乾隆二十五年兵部議覆江蘇巡撫憲陳宏謀條奏考馬箭射二回共射六箭復考地毬一回總以中三箭者爲合式考試步箭將向例五十步之遠把改爲三十步每人各射六箭以中二箭者爲合式其馬弓以三力爲

率步弓以五力爲率投文時報明臨時抽驗如不及者不准合式加者聽其自便又乾隆二十四年部議將雙單好者列于甬道東號房合式者列于甬道西號房彼此分別中隔甬道無從跳越尋覓代倩乾隆二十七年大學士管兵部尚書劉統勳議覆本部侍郎王際華嗣後武科鄉試除雙單好字號外無庸另立合式字號其坐號自可均勻派撥無庸分列東西但合式一項既經裁去則雙單好字號應視各省中額酌量人數較從前挑取量爲增加以備內場採擇此武科之源委也臺郡武

舉歷科皆比隆內地亦海外之雄駿也哉詩曰公侯干城吾于澎之士有厚望焉

題名

孝經有云立身行道揚名于後世以顯父母孝之終也士人應科目而興非得君行道以顯父母時乎宋神宗廷試進士考定首選焚香祝曰願得忠孝狀元可見教孝教忠上求下應科目之名是卽忠孝之名而非聲華之名也世顧以浮名目之者何哉朱子曰居今之世雖孔子復生亦必應舉朱子言此豈孔子亦務名者耶陸子以爲學問思辨篤而行之由是而進乎場屋其文皆道其平日之學胸中之蘊以此而成名其不可與僥倖名場詭遇獲售者同日而語也明矣以故上焉者狀頭甲第名題雁塔次焉者賢書鄉薦名標虎榜卽至明經拔雋亦聲振儒林名登天府寔至名歸夫何愧焉使身列膠庠沒世無聞亦君子之所疾也名顧不重哉考閩省科目志進士舉貢各爲分別冊頁隔越未得一目瞭然惟倣歐譜之式則三途並著較若列眉最爲盡善嶺南郡邑諸志多有宗焉余今倣此式將進士列在上格舉人列于中格貢生

列于末格有並美之觀無隔越之患此式之所以可從也所有題名方格謹列于左

進士舉人貢生

顏我揚　康熙五十二年臺邑學歲貢

呂崑玉　乾隆十七年臺邑學歲貢

許應元　附生例貢

張綿美　俊秀例貢

張德倫　俊秀例貢

澎湖紀畧卷之四終

澎湖紀畧卷之五

人物紀目錄

澎湖紀畧卷之五

嶺南胡建偉勉亭纂著

人物紀

賢能

賢有德者能有才者命于天則日簡在鍾于地則日嶽降賢能之參于天地也尚矣傳曰太上立德其次立功其次立言夫輔世莫如德濟世莫如功覺世莫如言有此三者所以能卓立兩間利賴斯人而爲千古之不朽也賢能之人顧不重哉然論人有以物言者詩曰鳳凰鳴矣于彼高岡是也又

有以材言者詩曰濟濟多士維周之楨是也考之書又有曰若金用汝作礪若濟巨川用汝作舟楫若歲大旱用汝作霖雨賢能之人或稱物或稱材不更昭然若揭乎凡此皆天地之所鍾毓不以時代今古而有殊不因疆域大小而或異也乃大戴之論則不然謂平原大藪而後鳥獸始怪高山多林而後虎豹斯蕃物必擇地而生人亦猶是耳信斯言也則是伊尹不生于空桑傅說不產于岩畔而後可也七閩地居薄海夙稱鄒魯人物之盛駕于中州觀此則大戴之論更不足辯可知矣今澎湖一孤島也非平原大藪高山多林而謂間氣所鍾獨遺于此有是理乎澎之人有以明經著者有以材武稱者斯亦經文緯武足備一時之選者矣以視夫當日文身漆齒不大異乎況從此沐浴

盛朝之化日新月異安知將來不有如邱文莊海忠介者其人出焉以破天荒于海表耶子曰十室之邑必有忠信如邱者焉不其然乎不其然乎

仕途

晝錦堂有云仕宦而至將相此人情之所榮而今昔之所同也然余以爲人而入仕寧盡得爲將相

哉使入仕之人而盡懷將相之想則熱中僥倖奚所不致是出位之思矣豈盡職之道耶周官三百六十三公論道百職宣猷凡在有位官雖有崇卑之別而敬事之心則一也故程子曰凡一命之士苟留心于愛物于人必有所濟仕以行道君子欲之以此而已豈有他求哉澎湖自入版圖以來雖無尊官顯秩之人而明經司鐸則亦一命之榮也昔王文成訓司鐸謂視兒童如巳子以啟廸爲家事不但訓其子弟亦復化其父兄不但勤于詩書章句之間尤在致力于德行心術之本務使禮讓

日生風俗日美庶不負有司作興之意崔大中丞官鏡錄曰文成之言不特司鐸者當法而爲民牧者尤當加意蓋蒙以養正教化之始也意深遠矣苟能身體而力行之有益于世教有裨于人材卽秉鐸亦何慚焉寧必將相乎哉澎之仕于教職者則有

顏我揚西嶼㴣小池角社人由臺灣縣學康熙四十六年歲貢于雍正五年八月內選授汀州府歸化縣學訓導爲人品高行潔居官三載齋頭苜蓿自甘淡薄不受諸生贄禮教人不倦嘗言人以立

品敦行爲重文章詞藻其枝葉也品之不立則本實先撥葉將焉附縱有隹文風雲月露無補于身心無益于政治亦何取焉以故汀之人多取法焉雍正八年告假回家教訓鄉里澎人至今論文行兼優者必爲我揚首屈一指也此澎湖文士入仕之始也

材武

讀兎罝之詩而嘆世之盛也風俗之美賢材之多固如是乎論古者至此斯亦躊躇滿志矣及考平臺紀畧一書載康熙六十年臺灣奸民朱一貴作逆之日其時感義而起者臺郡南路粤莊之義民猶在後也其首先用命清港插標引師破賊則澎湖里下之良民也以此而較之兎罝之儔余以爲有過之無不及也何也蓋兎罝之人其材可用猶是預擬之詞而澎湖諸人之材之可用則已實見于行列之間干城之寄公侯之偶不誠鑿鑿乎豈虛語哉夫有教化而後有風俗有風俗而後有賢材此何莫非

聖祖仁皇帝六十載深仁厚澤淪于肌膚浹于骨髓如文王之惠鮮懷保之所致耶噫盛矣中林赳

赳寧得專美于前也哉爾時平臺著績者則有

洪就瓦硐澳港尾社民人平日強幹有膽氣澎臺各處砂線礁石風潮水性無不熟悉康熙六十年朱一貴作逆竊踞臺郡水師提臺施世驃駐師澎湖募至軍前牌委隨征千總同洪選李孟等六人駕領小船二隻分南北二道飛赴鹿耳門清港監標六月十五日午刻到潦仔探聽賊情是夜卽到鹿耳門親身入水疏清港路十六日插標明白陡遇賊衆前來攻殺協同守標千總顏得慶楊彬等拚命把守殺傷賊夥賊遂解去大師乃得揚帆直

進克復平安鎮十七十九連日在七鯤身打仗奮勇爭先二十夜在塗墼埕瀨口一帶開放炮火打死賊黨甚衆朱一貴逃遁克復府治臺平制府滿論功以就先入鹿耳門清港首功授臺協水師右營左哨千總雍正二年給劄功加署都司簽書五年任金門右營守備九年彰化縣大甲西兇番作逆十年朴仔籬兇番殺人并柳村庄兇番馬明潭兇番各處殺害良民連年節次奉命剿平又南路匪賊吳福生豎旗作亂帶兵三百名前往救援殺捕賊衆南路悉平以功累官至廣東碣石鎮標中

營遊擊所到之處恩威並著兵民輯睦現今年老告休家居兢亦人傑也哉

洪選林投澳尖山社民人熟悉水道康熙六十年施軍門駐師澎湖軍前應募牌委隨征千總奉命前赴鹿耳門清開港道與賊抵敵殺退賊衆引舟師進港屢有戰功事平制府滿題授功加都司簽書職銜任臺協水師中營千總卒于官

顏得慶林投澳文良港社民人平時駕三板頭船生理澎臺水道最爲熟悉施軍門招募軍前牌委隨征千總奉命往鹿耳門協同楊彬等守標以待大師進港忽遇賊船驟至拚命拒守殺退賊衆大兵戰艦乃得揚帆直入克復安平鎮後南北兩路隨征屢著戰捕之績事平制府滿題授功加都司簽書任澎湖右營守備

許翰冲林投澳文良港社民人爲人有謀畧老成歷練康熙六十年臺匪朱一貴作逆時詣施軍門帳前應募平臺有功制府滿題授功加都司簽書歷任厦門水師提標左營千總俟陞守備卒于官

許鄭勝翰冲之子康熙六十年施軍門平臺軍前効力屢著剿捕功績事平制府滿授外委守備職

銜任厦門提標水師左營把總因病告假家居

許元吉翰冲之姪康熙六十年平臺有功制府滿題授功加都司僉書職銜在厦門水師提標前營把總任內請授封典陞任臺協水師右營守備保舉引

見回任候陞後以年老告請家居

張啟琫赤崁澳民人爲人平日忠誠信實遇事敢爲康熙六十年以平臺功題授功加都司簽書職銜後累官至福建銅山水師營參府

許順八罩澳山寮社民人康熙六十年以平臺功

授職守備履歷無考

蔡王文東西衛澳媽宮社民人康熙六十年以平臺功授職守備履歷無考

許榮瓦硐澳民人康熙六十年以平臺功授職千總履歷無考

陳志東西衛澳媽宮社民人康熙六十年以平臺功授職千總履歷無考

楊彬吉貝澳民人平日駕三板頭船生理熟悉水道為人猛勇康熙六十年施軍門專差募至軍前効力特命赴鹿耳門同顏得慶洪就諸人清港守

標賊衆猝至悉力拒守殺賊甚多賊退大師戰艦得以直進鹿耳門者彬之力多焉事平論功題授都司僉書制府滿傳令授職任事自願恬退給功加劄付榮身以終焉

封典

捧檄而懽志切雞豚之養乘車而歎情深風木之悲顯親揚名之際士君子處此蓋亦有幸有不幸乎封典推恩正

朝廷所以曲體臣下之情而俾之以各遂其顯揚之願而大慰其情者也定例一品封贈三代二品三品封贈二代四品至七品封贈一代郎八九品微員亦得以貤其父母教孝勵忠不誠仁至而義盡也哉至于武職封階向例一品封贈榮祿大夫自二品至五品封贈將軍六七品封贈校尉乾隆二十年六月十九日奉

上諭內閣考宋制武職原有武功大夫武功郎等階今一品既封大夫其二品至四品亦宜改稱大夫五品以下則俱稱為郎但各冠以武字可耳著軍機大臣擬定字樣候朕酌定載入會典以昭典制其從前已領誥勅不必追改欽此又乾隆三十

二年十二月內奉

上諭更定武職正一品封為建威大夫從一品封為振威大夫二品以下仍循其舊載入會典永遠遵行此其曠典深仁受之者固有餘榮哉但不知當何如盡職以庶幾仰酬于萬一也澎湖之人領過封典者武職則有

洪就雍正元年任臺灣水師協標中軍守備恭遇

覃恩誥授武德將軍

洪盛以子洪就貴于雍正元年恭遇

覃恩贈為武德將軍福建臺灣水師協標中軍守

備

許敵成以孫許元吉貴于雍正十三年恭遇
覃恩貤贈明威將軍功加都司福建水師提標前
營左哨二司把總

許翰賓以子許元吉貴于雍正十三年恭遇
覃恩贈爲明威將軍功加都司福建水師提標前
營左哨二司把總

鄉行

古者同鄉而處則必共井而耕出入相友疾病相關緩急相濟此閭里所以有長者之行君子觀于鄉而嘆王道之易也以故三載賓興取士者亦必始于鄉焉無如世情多鄙古道爲難鄉中有多收幾石粟則曰我富矣而挾富以制貧多養幾個兒子則曰我强矣而恃强以凌弱嗚呼何其鄙也此種風氣北方猶鮮惟近海之鄉地薄而氣浮往往有焉閩粵爲尤甚余粤人而仕于閩者知之甚悉自慚德薄不足以感人欲以隻手挽巨海之狂瀾力雖不逮而心實有餘也澎湖雖海中一孤島而人淳俗厚視他郡獨勝焉採風之下里老尚有談及某某仗義輕財某某解紛息訟古道在人聽聞

之餘不覺軀然色喜因樂得述而誌焉以爲居鄉者勸也

薛應瑞西嶼澳内垵社人生平好善樂施嘗築義塚二處一在東衛一在西嶼以葬無主之棺骸又自北山至中墩自中墩至潭邊社海港阻隔厲涉維艱因獨自修造兩石堤以利行人費白金數百兩今土人稱爲澎湖蟳廣汶二處是也迄今遂爲通津男女無跋涉之苦望洋之嘆皆瑞之力也宜其時　臺郡尊鍾　澎湖廳王攊　澎協臺葉相德各錫匾褒嘉焉夫士君子有濟人利物之功詎必其在大乎即此已足多矣斯亦一鄉之善士也哉

張希文赤嵌澳人生平剛正好行善事周貧恤困澳之人至今猶津津樂道焉非其平日感人之深事過時遷何由得此也康熙六十年平臺有功乃受職而不受官　上憲深器重之給予功加劄付以榮其身其恬退自樂又有如此者不更足多乎

顔起浩西嶼澳小池角社人乃顔我揚之兄也鄉黨稱其正直無私解紛息訟有王彦方之風且兄弟友愛至老更覺怡怡康熙四十九年臺灣縣知縣張宏舉充鄉飲賓之選稱爲齒德兼優殊無愧

焉
許福基丸硐澳人生平長厚口不言人是非每教人爲好人存好心行好事有爭競者必力爲解勸不使赴控公庭澳內化之康熙五十三年臺防廳攝臺灣縣事洪一棟以其品重行高舉充鄉飲賓之選匾曰碩德可風亦何慚焉

呂良銓丸硐澳人生平質直好義澳內事無大小俱以一身獨任又能緩急相濟古稱任恤此其選歟乾隆七年臺灣縣知縣楊允璽舉充鄉飲賓匾曰望重鄉評澳人愛敬至今不忘焉

流寓

古來高人逸士履跡所届川原增色草木流芬論世者未嘗不津津樂道而心儀之如梁伯鸞之居吳令人肅然起敬者是也元遺山有云敬亭不著謝元暉斷岸何由比天姥地以人傳不信然乎若必謂人以土著爲重如農之有畔牲之在俎則桑弧蓬矢以射于四方者其何以稱焉夫賢者之僑寓也譬彼芝蘭所過遺馨偶一相值自然戀慕何必移植結根稱曰園中之物也哉七閩山水秀靈車騎輻輳亦賢士所樂居之地晉時東渡衣冠林陳黃鄭詹邱何胡八族入閩以及唐時韓偓周朴諸人代有寓焉今澎湖孤島夙少賢豪考臺郡志載寓澎者僅有二焉因列于左以備紀事之畧抑亦稽古之資也

盧若騰字閑之同安縣人明進士莊烈召對稱旨授兵部主事疏劾督師楊嗣昌陞本部郎中兼總京衛武學三上疏劾定西侯蔣惟祿有惡其太直者外遷寧紹兵備道瀕行劾兵備陳國興旣至浙興利革弊兩郡士民有盧菩薩之謠鼎革後遯跡澎湖杜門著述詩文甚富臺灣郡志

張灝字爲三同安縣人由進士官兵部職方司郎中初隱于大嶝庚申自厦門至臺康熙癸亥施將軍琅撥舟送回至澎湖病作遂寓焉卒時年九十五矣臺郡志

列女

福州郡志引閩越王外傳云無諸宮中以仁義禮智定宮妃位號故婦德茂焉志稱如此余不謂然夫七閩夙稱海濱鄒魯其婦人女子或得于家庭之教誨或得于夫子之刑于男有儒行女有節義此自然之理也且沐浴于

盛朝之德化百有餘年凡有節烈者俱蒙
旌表此閭地婦德之所以日茂也其由來遠矣豈無諸之謂哉李翺髙愍女碑所謂賞一女而天下胥勸者此也易坤曰妻道也臣道也地道無成而代有終也家人曰利女貞又恒曰婦人貞吉從一而終也夫從一故無成從一而終故無成而有終也妻道也臣道也非以順爲正之義歟臣效忠女守貞承天時行所謂順也不然者是倚門獻笑之婦朝秦暮楚之臣雖順而非順矣今澎湖雖海中孤島而風化所被節義與焉澎之女蓋亦有貞順

之德乎雖鵠不洗而白烏不染而黑亦其天植之性然歟而亦不可謂非慕義而起者矣獨惜諸婦茹蘗飲氷備嘗艱苦困守一隅無人焉爲之表揚上達以遂其幽貞賫志而沒與輕塵弱草而同盡不重可傷耶此何莫非守土者之責也余特博採輿論而備錄之以爲閨閫之勸乃僅得十有一人焉澎之婦其止此耶蓋湮沒而無傳者多耳悲夫

林氏乃林乾之女許裕之妻也年二十而裕亡遺孤翰冲翰賓食貧撫孤備嘗艱苦翰冲長有謀畧以平臺逆朱一貴功授功加都司翰賓亦克自成立以母道而兼父道世以爲有陶歐諸母之風焉孫元吉亦以平臺功累官侯陞遊府雍正十二年
恭遇
覃恩貤贈林爲恭人享壽九十有四天之報施者寧或爽哉

陳氏陳立之女適文良港社顏舜年二十一而舜亡遺一子顏同家徒壁立有勸其他適者氏即以死自誓矢志靡他撫孤有成此亦柏舟之亞也歟

王氏乃赤嵌澳王然之女張嘯之妻也年十九生一子僅三月而嘯卒艱難困苦撫養此子幸至長

成自以爲亡夫有後母子得以相依矣旋以清明日同子駕小舟上墳祭墓遭風覆舟王經救活乃以子溺亡復赴海而死嗚呼何其慘也天耶命耶冥冥之中其可知耶其不可知耶

許氏奎壁澳許長之女適嵵裡澳陳意年二十而意亡所遺一子陳暢甕無宿米耕耘而食竈無薪樵蘇而爨身心俱瘁撫養陳暢以延夫祀節有足多而艱辛備歷氏亦苦矣哉

謝氏奎壁澳謝道之女蔡欽之妻也年十八而欽亡遺腹一子育五月而殤促艱者踵相接氏誓曰

婦不幸而夫死命也有子守之無子死之亦命也吾今惟有一死而已奪志者乃止焉後另立一子以續夫後其從容就義是亦可以風乎

盧氏湖西社盧遜之女適辛仁爲妻年二十二而辛仁卒止遺一子辛蒲苦志撫養教導成人其子亦能卓立稍慰毋心云

陳氏蒔裡澳陳暢之女適翁君千年二十一而君千病没遺孤二子苦守不移有勸之再醮者氏謂之曰女子之賤行莫有過于再嫁者今吾有子二人天不絶吾夫之後吾得爲未亡人足矣無多言

以自汙其口聞者莫不嘆惜焉氏祖毋許氏貞節著稱其得于家教者深矣不有足多乎

顔氏西嶼澳顔壯之女李喬之妻年二十一育二子而喬亡氏朝夕哭泣絶粒者數次父母勸之曰爾在子存萬一爾死藐孤何托守小信而忘遠圖非孝也氏乃輟泣勵志撫養二子今皆成立亦足以稍慰毋氏矣

李氏西嶼李蔭之女適薛千祿年二十而千祿亡每逢夫忌日設奠哭泣嗚咽欲絶所遺一子氏甚珍愛莫以延夫後也無何子亦相繼夭殤父子淪亡氏痛入骨髓肝腸寸裂時常嘔血一日値夫忌辰乃自訣曰吾向所以不死者以有子嗣耳今復何望自古皆有死死得其所復何恨焉遂呼天自縊而終噫畢命遂志求之丈夫且難何有于一弱女子也貞魂渺渺凄風苦雨情何極哉悲夫

林氏女乃赤嵌澳林楨未字之女也許配黄廣生年未及笄而廣生遽夭林乃告于父母奔喪夫家舅姑驚怛辭不獲女視含視殮曲盡其禮言不達户足不踰閫三載服畢除靈之日哭泣幾絶救而復甦遂潛赴自縊而終噫此亦女之貞而烈者哉

林氏東西衛澳林昂淑之女稟性温良操行純潔年十九適林投澳郭克誠爲妻執持婦道有鹿車共輓之風家姑李氏性頗嚴厲有子婦四人惟林氏事之得其歡心克誠兄弟析居之後李以林氏孝順不樂與長次二婦相依與林氏共爨林氏乃第三子婦也克誠亦能仰體毋志澳中咸以孝稱内外無間焉年三十而克誠卒遺孤一子郭元年僅十齡家徒四壁甕鮮餘糧事姑如常不以寡婦稍懈其心此尤人所難能也專力女工晝夜不輟以給衣食又能教子成人李至晩年多病病即詈

罵諸婦少有近之者惟林氏以爲罵人者乃老人之病源也事之盆謹時李年已九十三歲矣奉侍湯藥衣不解帶者三月李疾革時執林氏手謂之曰爾事我如此可謂孝矣我無以報汝惟願爾婦之事汝亦如爾之事我我必慰矣言畢而逝林氏能以婦道而兼子道以母道而兼父道如此求之今日已難求之海外不更難哉用表而出之以爲島嶼風焉

澎湖紀畧卷之五

澎湖紀畧卷之六

武備紀目錄

澎湖紀畧卷之六

嶺南胡建偉勉亭纂著

武備紀

營制

澎湖一營乃海中之孤島也論其地則風多雨少斥鹵鹹鹻不產稻麥種植維艱夙稱磽确無用之地也若據形勢而論則大山嶼居中（營署廳署在焉）東則有香爐諸嶼之險南則有八罩船路礁之險西則有西嶼吼門之險北則有吉貝嶼藏沙之險外而五十五嶼周環布列水口礁線犬牙交錯實乃閩

浙江廣燕遼山左七省之藩維而為臺廈居中之咽喉也故備澎正所以備邊澎固而腹心之地未有不固者也向為荒裔海氛出沒元時雖設巡檢經理斯土而營制亦缺如不可考矣明洪武初信國公湯和經畧海疆棄如敝蹝以致寇盜跳梁倭子紅夷接踵窺伺御亦疎矣至萬歷初倭寇猖獗始分銅山浯嶼二遊兵分班輪戍亦僅春秋巡警有名無實迨勢不可支萬歷二十五年乃增設澎湖遊兵甚至料羅東湧大小甘山亦設遠哨實欲其緩急攸資互為應援然而海外孤軍兵力單弱

萬歷三十七年紅夷突至澎湖遊兵一鬨星散遂為所據久之乃去天啓二年高文律又復竊踞遂因出為城環海為池破浪長驅肆毒漳泉都督俞大猷乃克復澎湖議于文澳出築城用大石壘砌高丈有七尺厚丈有八尺設東西南三門北設銃臺一座內蓋衙宇營房以資控制然道旁築室議寢不行以致鄭芝龍盤踞延至三世屢為邊患內郡遷界以避之禍亦慘矣康熙二十二年荷

廟謨神算討平鄭逆澎湖遂列版圖東南半壁始安衽席乃設官兵駐箚控制外洋而營制與焉協

以統將將以統備備以率弁兵一呼百諾如身使臂如臂使指瀚海無波則畫方以守戈船下瀨則合方以攻如康熙六十年臺匪朱一貴作逆竊有全臺七日之內渠兇芟沒此何莫非澎湖一營固若金湯得以駐兵進剿之所致也哉

俸餉

澎湖水師協鎮一員階副將秩從二品每月支俸薪蔬菜心紅紙張等銀三十一兩四錢五分四釐八毫內除朋扣銀二錢實支銀三十一兩二錢五分四釐八毫

每月支養廉三十分該銀四十五兩內除朋扣銀一兩五錢實支銀四十三兩五錢

每月支坐馬一十二疋草乾銀一十二兩

每月支米三十票

左營遊擊一員秩從三品每月支俸薪蔬菜心紅紙張等銀一十九兩二錢七分八釐三毫內除朋扣銀二錢實支銀一十九兩零七分八釐三毫

每月支養廉一十五分該銀二十二兩五錢內除朋扣銀七錢五分實支銀二十一兩七錢五

分

每月支坐馬六疋草乾銀六兩

每月支米一十五票

左營守備一員秩五品每月支俸薪蔬菜心紅紙張等銀七兩五錢五分八釐八毫內除朋扣銀二錢實支銀七兩三錢五分八釐八毫

每月支養廉八分該銀一十二兩內除朋扣銀四錢實支銀一十一兩六錢

每月支坐馬四疋草乾銀四兩

每月支米八票

左營千總二員秩六品每月各支俸薪銀四兩內除朋扣銀二錢實支銀三兩八錢

每月各支養廉五分該銀七兩五錢內除朋扣銀二錢五分實支銀七兩二錢五分

每月各支坐馬二疋草乾銀二兩

每月各支米五票

左營把總四員秩七品每月各支俸薪銀三兩內除朋扣銀二錢實支銀二兩八錢

每月各支養廉四分該銀六兩內除朋扣銀二錢實支銀五兩八錢

每月各支坐馬二疋草乾銀二兩

每月各支米四票

左營外委千總二員外委把總五員每月各支餉銀一兩五錢內除朋扣銀五分實支銀一兩四錢五分

每月各支養廉一分該銀一兩五錢內除朋扣銀五分實支銀一兩四錢五分

每月各支米一票

左營額外外委把總三員每月各支餉銀一兩五錢內除朋扣銀五分實支銀一兩四錢五分

每月各支米一票

左營步戰兵五百名內除各官養廉八十一名實在戰兵四百一十九名每月每名支餉銀一兩五錢內除朋扣銀五分實支餉銀一兩四錢五分

每月每名支米一票

左營守兵五百名內除舵工炊糧一十七名實在守兵四百八十三名每月每名各支餉銀一兩內除朋扣銀三分實支餉銀九錢七分

每月每名各支米一票

右營遊擊一員秩從三品每月應支俸廉馬乾銀兩併月支米票與左營遊擊同

右營守備一員秩五品每月應支俸廉馬乾銀兩併月支米票與左營守備同

右營千總二員秩從六品每月每員應支俸廉馬乾銀兩併月支米票與左營千總同

右營把總四員秩七品每月每員應支俸廉馬乾銀兩併月支米票與左營把總同

右營外委千總二員外委把總五員每月每員應支餉廉銀兩併月支米票與左營外委同

右營額外外委把總三員每月每員應支餉銀米票與左營額外外委同

右營步戰兵五百名內除各官養廉八十一名實在戰兵四百一十九名每月每名應支餉銀米票與左營戰兵同

右營守兵五百名內除舵工炊糧一十六名實在守兵四百八十四名每名每月應支餉銀米票與左營守兵同

營署

協鎮署大堂一座三間大堂前爲頭門頭門前周

圍木柵東西轅門各一轅門內豎旗杆二枝東西鼓吹亭各一間大堂後爲後堂七間一廳二房護房四間又東西案房共七間左右兩邊護房共八間署之西邊箭道一所箭亭一座兩進署之東邊花廳一所中廳一座三間花廳頭門三間花廳後廳三間廳東爲旗廳房廳西爲管班房又東邊馬房一座二進西邊厨房一連三間

官廳在花廳之東一連二進乾隆三十二年五月內協鎮許同左右兩營公建

左營遊擊署頭門一座三間大堂一座三間川堂一座三間後堂一座三間署西客廳一連兩進後一進三間東邊廚房小屋七間土地祠一座二間西邊案房六間旗廳房三間乾隆三十年五月內遊府林雲詳請在營中截隨銀兩項下修葺現在通署一律堅固新潔

右營遊擊署頭門一座大堂一座三間川堂一座後堂一座三間東邊廚房二間西邊旗廳房一連三間署西客廳一座三間外有照牆（乾隆三十二年現任遊府吳勇捐建）

左營守備署頭門一座三間大堂一座三間川堂一座三間後堂一座三間東邊廚房一連三間西邊護屋三間案房一座三間

右營守備署頭門一座大堂一座三間川堂一座後堂一座三間大堂後護房小屋三間東邊廚房二間案房六間旗廳房二間

軍裝局在右營遊府署後街頭門一座局內二進共房六間

火藥局在新城內一座三間官廳一座三間炮房一座三間

大教場一所在協署之西偏演武廳二進前一進三間（係舊有的）後一進三間則乾隆三十三年協鎮許同兩營詳請增修者

調補

澎營自協鎮遊守以及千把總各官俱由內地水師營分揀選調補查定例副將三年俸滿給咨赴部引見遊擊守備二年俸滿咨部推陞千總把總三年俸滿赴省候文推補此向來之定例也

乾隆二十六年二月內兵部為酌定臺澎武職等

事議得閩浙總督楊廷璋題前事查臺灣澎湖文武各官向係三年俸滿該督提會核保題陞用嗣于雍正八年十一月內前任福建臺灣總兵王郡因臺灣文職于雍正七年定議改為一年俸滿再協辦半年調回內地補用隨援引奏請將參將遊擊都司守備等官應比照臺灣文職之例二年俸滿即行調回內地陞用經大學士會同臣部奏准在案迨至乾隆八年臺地文職照原例改為三年俸滿而武職參遊都守仍循二年之例辦理今該督既稱臺澎參遊都守等官職雖遜于鎮協然亦

同受主恩且各員于俸滿調回後卽得仰邀首先陞用之恩若靳此一年之戾期于心亦覺難安況臺灣武職年過四十無子者准照文員之例奏明攜眷過臺設遇事故原有給假回籍之條請嗣後臺澎叅遊都守等官應照鎮協大員及文職之例仍定爲三年俸滿保題調回內地候陞庶各員不致以任事不久草率塞責于海疆營伍既多裨益而定例亦昭畫一等語應如所請嗣後臺灣澎湖叅將遊擊都司守備均仍改爲三年報滿該督提等會核保題調回內地陞用恭候

命下臣部載入例冊併行文該督等遵照辦理等因奉

旨依議

又定例調臺武職年逾四十無子者亦准照文職之例奏明挈眷過臺

又咨准部覆凡調臺官員及差使渡海乘坐船隻臺鎮免船三隻副將免船二隻叅將遊擊都司守備各免船一隻千把總每員減穀四十石軍裝器械等項每百斤減穀二石遞解人犯計差犯每名減穀五石

班兵

有文事必有武備故兵可百年而不用不可一日而不備凡以固疆圉輯人民有備而無患也周中兵制始于漢有南部之兵晉則有典船之兵唐則有泉山府兵至宋則置福建三軍曰水軍曰保節軍曰崇節軍元則以兵增戍有萬戶翼萬戶府之制明初置衛于閩命江夏侯周德興入閩防倭後又設立南日烽火浯嶼小埕銅山五寨遊巡萬歷年間始增設澎湖遊然兵力單弱不足以守也至

國朝革明代戍卒之弊置綠營以重鎮守分營協

鎮棊布星羅馬步如雲舟師集鷁五寨七遊之制聯千萬人爲一身兵制實爲大備矣然兵有水有陸夫防水之兵難于防陸也陸地雖極山川之險猶有徑可入有力可通至于水則風潮水勢有非人力之所得而施者矣然水兵亦有別焉內河之水易防而外洋之水難防也何也外海一片汪洋水天一色颱颶之風鯨鯢之浪與內河洶湧之勢逈不相同故凡外海之兵必須熟悉風期潮信港道水口礁石沙線而後可以勝厥任也故曰難也澎湖自康熙二十三年平臺之後設立營制原召

募土著以充卒伍以其人民生于斯長于斯熟習水性故也至康熙六十年臺變之後于一件恭陳臺灣事宜等事案內始定以內地水師營分兵丁輪班戍守三年一換以均勞逸而兵制定焉所有應撥澎協兩營內地水師營分戰守兵丁名數開列於後

廈門水師提標前營應撥班兵戰兵九十五名守兵九十七名

廈門水師提標後營應撥班兵戰兵九十二名守兵九十五名

海壇鎮標左營應撥班兵戰兵五十二名守兵七十一名

海壇鎮標右營應撥班兵戰兵二十二名守兵二十七名

南澳鎮標左營應撥班兵戰兵三十一名守兵三十七名

閩安協標右營應撥班兵戰兵三十四名守兵五十六名

烽火門營應撥班兵戰兵一十六名守兵二十名

銅山營應撥班兵戰兵五十四名守兵五十八名

金門鎮標左營應撥班兵戰兵一十二名守兵十一名

金門鎮標右營應撥班兵戰兵一十一名守兵十一名

以上十營共撥戰兵四百一十九名守兵四百八十三名撥換澎協左營操防戍守軍裝器械俱全

金門鎮標左營應撥班兵戰兵一百三十五名守兵一百四十六名

金門鎮標右營應撥班兵戰兵一百二十二名守

兵一百四十八名

海壇鎮標右營應撥班兵戰兵三十三名守兵四十六名

南澳鎮標左營應撥班兵戰兵三十五名守兵三十四名

閩安協標左營應撥班兵戰兵四十七名守兵六十名

閩安協標右營應擐班兵戰兵九名守兵九名

烽火門營應撥班兵戰兵二十八名守兵一十八名

銅山營應撥班兵戰兵一十名守兵一十三名

以上八營共撥戰兵四百一十九名守兵四百八十四名撥換澎協右營操防戍守軍裝器械俱全

雍正二年奉

上諭前往臺灣換班之兵丁守戍海外巖疆糧餉在臺灣支給伊等所留家口若無力養贍則當差之兵丁必致分心苦累朕甚為軫恤每月着戶給米一斗以資養贍內地米少則動支臺灣所貯米石合計船價僱募運至廈門交與地方官躬親按

戶給發務使均沾實惠

雍正五年奉

上諭臺灣防汛兵丁例由內地派往更換而該管將弁往往不肯將勤慎誠實營伍中得力之人派往是以兵丁到彼不遵約束多放肆生事此乃歷來積弊朕知之甚悉嗣後臺灣換班兵丁着該管官弁將勤慎可用之人挑選派往倘兵丁到彼有生事不法者或經發覺或被駐臺官員參出將派往之該管官一併議處如此則各派撥兵丁不敢苟且塞責而海疆得防汛之益矣

雍正六年奉

上諭駐臺兵丁軍器誠為緊要但此項軍器悉係各營自行製備是以易于破壞然將內地精良之器給與臺軍亦非善策嗣後換臺兵丁軍器着該督撫于存公銀內動支製造務必堅利精良該督撫驗看給發俟兵丁至臺之日該巡視御史會同該鎮查驗點收倘有不堪使用者巡視御史等即據實題參將該督撫及承辦官交部議處三年之內有應更造者亦令該督撫製造給送

雍正七年奉

上諭福建臺灣戍守之兵丁其父母妻子留在內地前已加恩每月給與米糧以為養贍之資聞臺兵向例每月將所領錢糧扣留五錢于內地為養贍家口之用朕思兵丁遠涉海洋所得餉銀又復扣除以養家口恐本身用度或有不敷今沛特恩於駐臺之兵丁每年賞銀四萬兩為內地養贍家口之用着總督等均勻分派按期給發俾兵丁本身食用既得寬舒而父母妻子之在內地又得養贍以示朕恤兵賞勞之至意乾隆五年奉

上諭福建臺灣換班兵丁遠戍重洋向棠

皇考聖心軫念于本身應領月餉外添賞伊家口留住內地者每月米一斗銀二錢八分零以資養贍誠爲格外之恩今朕聞得班兵更換之時一切行李衣裝不能無費甚爲拮据每于本營私派幫貼而後啓行是行者居者均有未便可寄信與總督德沛令其將閩省生息銀兩查算餘剩之數每年共計若干即于此項內分別班兵路途遠近賞給往來盤費示禁營中幫貼之弊庶于內外兵丁均有裨益

哨船

澎營孤懸海外居臺廈之中藏岸七百餘里南北則汪洋一片茫無際涯且一十三澳汛守海汊港道處處間斷非船莫濟是澎營之戰艦視別營之水汛爲獨重也自康熙二十三年建置營制額設大趕繒船十隻中趕繒船十隻雙帆艍船一十六隻共哨船三十六隻以資巡防左營綏字一號至綏字十八號共船一十八隻右營寧字一號至寧字十八號共船一十八隻乾隆二十五年于欽奉上諭事案內奉文將寧字十三號寧字十七號寧字十八號三船裁汰是右營僅止一十五隻後奉文將左營綏字十八號之船撥入右營補額現在左營哨船實一十七隻右營哨船實一十六隻實存哨船三十三隻就中撥派防守媽宮汛左營例撥船八隻右營例撥船九隻兩營汛地一十三處例撥船十隻每歲護餉例撥船六隻此必不可已者已足三十三隻之額矣此外尚有大換班兵之年必須船八隻小換班兵之年亦須船四隻以及副將總巡船四隻兩營將備分巡船共八隻又每歲大小修赴廠之船亦約有十隻在在需船實不足以抽撥夫水兵之有船與陸兵之有汛一也少

一船即少一汛矣船可少而汛不可少也況淼茫大海非船莫渡更關緊要船顧可少乎哉至于哨船製造固在于材料堅固而把哨駕駛之人尤須諳練熟習方可保其無虞其中舵工繚手斗手碇手四項兵丁實爲一船緊要之人而舵工一項更爲緊要也使舵工非二十分熟練于水性風潮港道砂線稍一差失磕响一聲船即虀粉是一船數十人之性命係于舵工一人之手不可不慎也雍正六年遵

旨議准臺灣鎮總兵官王郡所奏嗣後臺灣各水

師管碇繚斗三項揀選兵丁學習更換以六年爲期著爲定例如各營將弁不勤加查管訓練以致操駕生疎及仍有隱瞞不換者一經察出將該管將備千把照溺職例革職總督提督總兵官交部嚴加議處其舵工尤關緊要各船正舵准以九年爲滿令其更換再有杉板工一項專管駕駛杉板小船亦照碇繚斗一例教習更換

理臺末議云陸師重馬力水師重舟力戰陣之時務爭上風而運轉不靈不能占居上風壓持不重或反退居下風此雖人力全在良舟然匠人爲舟

固守繩尺及駕至中流而快利遲鈍之用乃見同時發棹而前後入港之日頓殊者何也蓋木之本質不類如鹽木爲舵遇波濤乃不搖動餘則否輕重亦異木老則堅而重否則輕必得良材輕重配合如人一身筋骨相配然後善于運動也故水師必講于造舟者此其一也水師之灣泊猶陸師之安營凡水師不能于外洋覔戰皆于近港交鋒所以灣泊之處卽是戰爭之場我舟先至利在居要以爭上風然風信難憑透發之後往往轉變先要泊穩倘一澳中有南風澳北風澳不同則寧泊南風以待此又老將之持重不可執一而論也故水師必明于灣泊者此其一也水師之入港猶陸師之克城凡港門爲賊所守而險隘尤爲賊所持兵法有挾制其險而攻其虛之說以險處多虛故險可制而虛可攻耳故水師必詳于入港者此其一也此水師之大槩也要而言之師之用在舟舟之用在水水之用在風風與師相習風與水相遭其在于變而通之以盡利至于神而明之則又存乎其人焉

汛防

劃汛而守固無失伍之虞按季而防又有及瓜之

代凡以專責成而均勞逸者制甚周也身厥任者自當嚴卒伍勤巡警務使四境安寧家無夜吠之犬重洋清晏海無鼓浪之鯨斯細柳森嚴遠殊於棘門灞上者矣當今海宇昇平邊陲清肅其爲戍守也易易矣但使兵有衛民之心弁無縱兵之弊則兵輯民安更何有鞭長莫及之慮今澎湖兩營戰守之兵二千各分駐汛防共十有三處度地勢之險要定口岸之衝要守望之聲援可接遠近之呼吸相通斯眞島嶼之干城而瀚海之保障也哉媽宮汛乃澎營居中最要之地也爲本標營署駐

劄之所密邇文澳澎糧廳署倉庫錢糧與夫兩營軍裝火藥局皆在于此且舖舍民居星羅雲集又爲臺厦商艘出入口岸在在均關緊要稽查防守責任綦重左營俐派戰守兵二百五十名戰船八隻駐防右營俐派戰守兵三百三十二名戰船九隻駐防兩營各派千把總一員以爲專汛之官按季輪流更替此則兩營互爲巡防者也

左營

媽宫澳新城東汛營房七間東港口炮臺一座汛兵二十八名港口戰船一隻配兵五十名係媽宫

專汛之官管轄

蒔裡汛係外洋最衝要口營房三間烟墪一座炮臺一座汛兵一十五名按季派撥千把總一員戰船一隻配兵六十名駐防統轄文良港風櫃尾二汛東至陰陽諸嶼西至雞籠桶盤諸嶼南至虎井嶼北則陸路距媽宫汛二十五里

文良港汛係外洋次衝要口營房三間烟墪一座屬蒔裡汛兼轄按季派撥外委千把總一員戰船一隻配兵五十名協防東至陰陽諸嶼西則陸路距媽宫三十里南至鎖管港北至雞膳諸嶼

風櫃尾汛係外洋次衝要口營房三間烟墪一座炮臺一座屬蒔裡汛管轄按季派撥目兵防守駐汛兵丁一十名四至與蒔裡汛同

八罩將軍澳汛係外洋最衝要口營房五間烟墪一座炮臺一座駐汛兵一十八名按季派撥千把總一員戰船一隻配兵八十名駐防統轄挽門水垵二汛東至東西吉嶼西至金雞嶼南至半坪頭巾諸嶼北至虎井嶼

挽門汛係外洋最衝要口營房五間烟墪一座炮臺一座駐汛兵二十八名屬將軍澳兼轄按季派

撥外委千把總一員戰船一隻配兵六十名協防東至金雞嶼西至草嶼南至大嶼北至桶盤嶼

水垵汛係外洋最衝要口營房五間烟墪一座炮臺一座屬挽門汛管轄按季派撥目兵防守駐汛兵丁二十八名四至與挽門汛同

右營

媽宫澳新城西汛營房七間西港口炮臺一座汛兵二十八名港口戰船一隻配兵五十名係媽宫專汛之官管轄

西嶼內塹汛係外洋最衝要口營房五間烟墪三

座炮臺一座駐汛兵二十八名按季派撥千把總一員戰船二隻配兵一百名駐防統轄外塹小門二汛東至師公礁西至外塹山鼻尾南至桶盤嶼北至大倉仔嶼

外塹汛係外洋最衝要口營房五間烟墪三座炮臺一座屬內塹汛兼轄按季派撥外委千把總一員汛兵一十五名協防兼轄小門汛東至本汛山鼻尾西至淸水垵南至花嶼猫嶼諸嶼北至吼門

小門汛係外洋次衝要口營房五間烟墪三座炮臺一座屬外塹汛管轄按季派撥目兵防守駐汛

兵丁三十名東至吼門西至鼎灣嶼南北則一片汪洋大海渺無涯際

北山汛係外洋次衝要口營房一十間烟墪三座按季派撥千把總一員戰船二隻配兵一百名駐防兼轄吉貝澳汛東至烏嶼西至姑婆嶼南至中墪灣貝諸嶼北至北礁嶼外則汪洋大海渺無涯際

吉貝汛係外洋次衝要口營房五間煙墪一座屬北山汛管轄按季派撥外委千把總一員戰船一隻配兵五十名協防東至藍筊嶼西至目嶼南至險礁諸嶼北則一片汪洋大海渺無涯際

巡哨

巡哨者以時巡歷所以消患于未萌靖邊圉而衛人民也然而往來駕駛則習練自熟是于巡防之中併寓有操兵演武之法故凡遠近島嶼礁石砂線之險隘與夫港道水口之廣狹紆廻無一不悉用能于風濤淜湃之中奔馳矯捷如履平地無事之日則穪節制之師有事之時則爲精銳之旅將勤兵勇此道得也澎營每歲于二月起至九月底止副將坐駕兵船四隻出洋在于左右兩營所轄洋面總巡自二月起至五月底止兩營遊擊各帶

兵船四隻出洋在于本轄洋面分巡自六月起至九月底止兩營守備各帶兵船四隻出洋在于所轄各洋面梭織哨捕又十一月正月係單月分兩營遊擊各帶兵船四隻出洋輪巡十月十二月係雙月分兩營守備各帶兵船四隻出洋輪巡定例凡將備出洋巡哨每月于初二日在南勢左右兩營交界之花嶼洋面兌旗會哨十六日在北勢左右兩營交界之烏嶼洋面兌旗會哨此營制也誠能按期而往善其舟楫器械習其行陣擊刺定其

遊巡往來毋滯伏內港而空文申報不致有名無實則在乎爲主將者以身率人先之勞之而已豈有他術也哉

水巡由媽宮澳開駕向西至西嶼頭巡內塹外塹復收回西嶼頭從大果葉登岸二里左爲緝馬灣右爲小果葉八里至小池角四里至大池角十五里至小門汛四里至合界頭橫礁三里至竹篙灣仍回至大果葉登舟由內港駕至北山瓦硐港寄椗登岸四里至通梁三里至後寮二里至大北山之頂瞭望北爲吉貝嶼欲赴吉貝須出吼門往北

但吼門水道窄而且險在大烈小烈二嶼之中舟行過此舵工非十分熟練者不能若逆流逆風則未可駕駛瓦硐港四里至大赤嵌一里至小赤嵌三里至港仔東二里郎嶠頭東南二里至鎮海澳三里至港尾二里至城前仍回至瓦硐港登舟從吼門出洋收入內塹寄泊駕回媽宮港

又由媽宮港開船出四角仔嶼往南經雞籠嶼桶盤嶼虎井嶼順風雨潮水可以直抵八罩金雞嶼入挽門汛往西南一里許至網垵澳南爲半坪等嶼西南爲大嶼西北爲花嶼草嶼猫嶼網垵半里許至甕菜堀北四里至花宅四里至水垵復回挽門汛汛東隔小港一里許爲將軍澳澳與挽門東西對峙臨海有石山頗高可以望船因名爲船篷嶼向北爲金雞嶼在將軍澳後有馬鞭嶼由挽門登舟出船路礁嶼往東南大洋至東吉西吉等嶼回轉向北直往文良港經鎖管港猪母落水嵵裡汛復經雞籠嶼入四角仔嶼港口回至媽宮港

陸巡由媽宮澳起行五里至文澳經澎湖廳署三里至東衛五里至大城北三里至隘門仔一里至林投仔四里至尖山仔 里至文良港東鼻頭烽

臺可望香爐嶼陰陽二嶼北五里至果葉仔二里至奎壁澳三里至白灣坑二里至湖東二里至湖西五里至紅羅罩北三里至青螺仔紅羅罩半里許至西溪三里至大武西三里至港底北一里至東石六里至沙港頭南三里至鼎灣澳北三里至中墩嶼潮退陸路可通二里至潭邊南二里至港仔尾三里至蚌脚嶼二里回至東衛五里至西衛二里至後堀潭回至媽宮澳

又陸巡由媽宮港用大杉板往南到嵵裡後山登岸至嵵裡汛五里至風櫃尾汛東二里至井仔垵

東南四里至豬母落水東北二里至鎖管港西北一里許至雞母塢五里至鐵線尾六里至烏崁五里至雙頭跨與大城北相對三里至菜園仔三里回至文澳五里卽回至媽宮澳

恤賞

臺澎恤賞之典雍正八年臺灣鎮總兵官王郡奏准

恩給營中恤賞銀兩臺澎二處領到本銀槩就臺郡購置田園糖廍魚塭等業各協營遴員經理於冬成徵收租穀糖觔稅銀其應納各縣正課仍依

民間則例支納所獲租息以六分存留營中賞給兵丁遊巡及有病革退併兵弁拾骸扶櫬等盤費以四分解交臺灣府劃兌藩庫備賞戍兵眷屬吉凶事件所截六分租息每年除賞恤外所有盈餘存貯賞給期滿換回班兵盤費其出入數目按年造冊送督撫提督藩司查核在案澎湖協標左右兩營兵丁共二千名領帑銀四千兩在于臺灣購置莊埸左營置買北路頭橋路南莊又草地尾莊共二處右營置買北路黃吉嵜莊又南路東寧莊亦共二處兩營莊埸歲收租息視歲之豐歉原無定額每年兩營各派撥妥當千把總一員赴莊經理歲獲租息遵照奏准之例辦理所有恤賞則例開列于後

一兵丁娶妻及子女婚嫁各賞銀三兩

一兵丁父母本身及妻亡故各賞銀四兩

一故弁扶柩回籍照依每員名下支食養廉名糧計算每名賞銀四兩

一故兵遺骸班滿隊目拾運回籍安葬分上下游給賞運費上游賞銀三兩下游賞銀一兩五錢如同標營一起運拾三名以上者各減賞銀三

錢水師有營船可以帶運每名止賞銀一兩

一病兵辭退革伍回籍者照站給賞盤費每站賞銀四分計站核算

一遊巡兵丁每名每日賞銀一分五釐

一期滿班兵換回內地分上中下游賞給盤費上游賞銀二兩中游賞銀一兩五錢下游賞銀一兩

澎湖水師協鎮題名

詹六奇海澄人行伍康熙二十三年任陞江西贛南鎮總兵官

張　旺山西人行伍康熙二十五年任陞江西贛南鎮總兵官

王國興寧夏人行伍康熙三十年任三十三年陞臺灣鎮總兵官

陳國任陝西長安人行伍康熙三十七年任陳之上缺一位然不可考矣

王三元甘州人行伍康熙三十九年任

尚　宣騰驤衛人兵部効力康熙四十三年任四十五年調三屯協

趙呈烜安定人康熙四十五年任

葉國鼎閩縣人功加左都督康熙四十六年任

張　進漳州人行伍康熙五十年任

朱　杰順天人武舉康熙五十三年任

許　雲海澄人康熙五十六年任五十七年調臺灣安平協有傳

藍廷珍漳浦人康熙五十七年任本年陞南澳鎮總兵官有傳

羅光乾天成衛人康熙五十八年任

戴憲宗浙江太平衛人康熙六十一年任

陳倫烱同安人侍衛出身雍正元年任

董　方同安人雍正三年任

呂瑞麟晉江人行伍雍正五年任

陳　勇海澄人雍正六年任

章　隆福州人行伍雍正十年任十二年陞福寧鎮總兵官

顧元亮字明甫號松菴廣東番禺人行伍雍正十二年任

李維揚廣東陽春人武榜眼乾隆三年任四年休致

高得志江南崇明人行伍乾隆五年四月任

楊　瑞廣東潮州人行伍乾隆九年五月任

邱有章晉江人行伍乾隆十三年任

林　洛同安人行伍乾隆十七年任十八年陞浙江溫州鎮總兵官

林　貴晉江人行伍乾隆十九年任二十一年陞浙江溫州鎮總兵官

葉相德浙江歸安人武進士出身乾隆二十二年

任
談　秀廣東新會人行伍乾隆二十五年任
魏宗聖浙江溫州人行伍乾隆二十六年任
龔　宣江南通州人武進士出身乾隆二十七年
任
江起蛟浙江鎮海人行伍乾隆二十九年任卒于
官
許　德字聿修號懋亭廣東陽江人由侍衛出身
乾隆三十一年任三十二年軍政大計卓薦乾
隆三十三年陞授總兵官

顏鳴皐號丹崖廣東嘉應州人武進士出身乾隆
三十四年八月任

左營遊府題名
陳　簡福清人行伍康熙二十三年任
李大訓河南人四川籍康熙二十四年任
康運昌陝西廣陽人行伍康熙三十年任
楊明錦直隸天津人功加康熙三十六年任
高天位陝西西寧衛人武進士出身康熙三十九
年任陞廈門水師提標參將
王　貴浙江西安人功加康熙四十二年任卒于
官
洪　德同安人功加康熙四十五年任陞江西吉

安營參將
鞏廷瑞陝西盩厔人武進士出身康熙四十九年
任
陳國瓚晉江人行伍康熙五十四年任五十八年
告休
陳國星同安人行伍康熙五十八年任
謝希賢詔安人雍正元年任
蔡　高龍溪人雍正二年任
任文龍浙江溫州人雍正六年任
黃　曉漳浦人雍正十年任

椰　圓山東登州蓬萊人雍正十三年任
楊　瑞字旭舉廣東潮州海陽人行伍乾隆四年任
高　省安溪人乾隆六年任
鄭李嘉廣東揭陽人行伍乾隆十年任
陳洪建同安人行伍乾隆十四年任
陳吳燦同安人行伍乾隆二十年任卒于官
楊　添同安人行伍乾隆二十一年任
魏文偉同安人廕生乾隆二十五年任
林士雄同安人行伍乾隆二十八年任爲特參玩

視戰艦等事革任
林　雲字五堂古田人武舉乾隆二十八年任
尤　用羅源人行伍乾隆三十二年任是年陞廣東大鵬營參將
葉　凱字撓南號若谿閩縣人行伍乾隆三十二年任

右營遊府題名

胡　愷順天宛平人行伍康熙二十三年任
方　氷福清人行伍康熙二十六年任
張　錦陝西榆林衛人行伍康熙二十九年任以病去
薛　奎奉天人行伍康熙三十四年任薛之下至翁相距一十四年應尚有三四位然不可考矣闕疑可也
翁國楨詔安人行伍康熙四十八年任陞臺灣北路營參將

林　秀漳州人行伍康熙五十年任
王之印陝西寧夏衛人康熙五十四年任卒于官
葉　紀浙江人康熙五十六年任五十八年以病去
張　駥江南江都人行伍康熙五十八年任
洪　平泉州人雍正元年任
楊　恩同安人雍正四年任
李　燕漳浦人雍正六年任
高得志江南崇明人雍正八年任
邱有章晉江人行伍雍正十一年任

原缺

左營守府題名

王　祖興化人行伍康熙二十三年任

趙　廣河南商邱人武進士出身康熙二十七年任

褚國柱直隸宣化人行伍康熙三十年任

葉得祿江南霍邱人將材康熙三十四年任

張成準陝西渭南人武舉康熙三十九年任

張得勝山東濟寧人行伍康熙四十三年任

譚士瑍湖廣江陵人武進士出身康熙四十七年任

洪　文晉江人行伍康熙五十二年任

陳本昭長樂人行伍康熙五十六年任

朱　文南安人行伍康熙五十七年任

邱延祚浙江人行伍康熙五十九年任

劉　使泉州人行伍雍正二年任

林如錦廣東人行伍雍正五年任

姚　德龍溪人行伍雍正十年任

薛存忠莆田人行伍雍正十三年任

聶國賢莆田人行伍乾隆四年任

張　勇泉州人行伍乾隆七年任

原缺

右營守府題名

原爾恆連江人行伍康熙二十三年任

劉　奇山西平陽人行伍康熙二十六年任

陳　蛟山西陽曲人行伍康熙三十年任

沈　鶴陝西寧夏人行伍康熙三十五年任

達養棟陝西涼州衛人行伍康熙三十九年任

鄭　璸河南祥符人武舉康熙四十三年任

喻　義陝西人行伍康熙四十七年任

鮑世倫江南人武生康熙五十一年任

陳國星同安人行伍康熙五十五年任

林　亮漳浦人行伍康熙五十七年任有傳

尹日和福州人行伍雍正二年任

張　標福建人行伍雍正五年任

蔡　啓漳浦人行伍雍正六年任

施必功晉江人行伍雍正十年任

李　嘉廣東揭陽人行伍雍正十三年任

施鳳來晉江人行伍乾隆四年任

蔡　忠漳州人行伍乾隆八年任

鄭　捷龍溪人行伍乾隆十一年任

顏得慶同安籍澎湖人功加乾隆十四年任卒于

官

陳　德閩縣人行伍乾隆十六年任

蔡　從晉江人行伍乾隆十九年任

蕭　英晉江人行伍乾隆二十二年任

戴　福浙江仁和人行伍乾隆二十五年任二十
六年陞厦門水師提標右營遊擊

吳　科晉江人行伍乾隆二十七年任

楊　元字仁長晉江人行伍乾隆三十年六月任
三十二年預行保舉赴部引
見回任候陞

列傳

藍廷珍漳浦人澎湖副將陞南澳鎮總兵官朱一貴倡亂總督覺羅滿保飛檄調赴厦門商畧機務廷珍以海外豕突殘魂必須重臣坐鎮以安人心消反側乃遣人陳請滿公駐厦門就近督師滿公得所指陳喜曰藍總兵事事與吾胸合吾無憂矣遂自會城兼程疾趨至厦門而廷珍亦單騎率所部舟師繼至滿公令總統征臺水陸大軍赴澎湖會提督施世驃進剿六月朔出厦門港二日至清水溝時颶風驟起軍士相顧失色廷珍親自操舟

駛風漂至銅山風定由銅山至澎湖世驃大喜與議進兵廷珍慷慨言曰羣盜烏合一攻即靡但其衆至三十萬不可勝誅以某所見殲厥渠魁餘令自新且安反側乃戒將弁無得妄殺翼日進兵廷珍親率諸將奮擊賊衆敗走克復安平賊復率二萬衆列牛車夾牌盾爲陣蜂擁蟻附攻安平廷珍發大炮四面環擊賊大潰退保府治越數日廷珍督大兵南下復敗賊衆追殺至蔦松溪一貴遁去遂復府治駐
萬壽亭提督世驃屯北教場分遣大兵廓清南北

二路以除殘孽一貴及餘黨先後就俘臺郡悉平臺灣郡志

許　雲漳州海澄人澎湖副將調任臺協水師副將朱一貴倡亂南路被陷逆賊環攻府治雲不以水陸分岐于四月三十日率次子方度家丁吳國珍等赴春牛埔援總兵歐陽凱時鎮標官兵俱陷雲衝突血戰殺賊數千人賊退走翌日賊衆十餘萬擁至雲率遊擊游崇功千總林文煌趙奇奉把總李茂吉自黎明戰至日中矢窮炮盡雲重傷遍體墜馬步戰猶手刃數十賊勢孤無援賊衆愈甚

弁兵俱沒厲聲命次子方度曰賊勢猖獗我分當捐軀報國爾速突圍出將安平鹿耳門各炮位封釘無遺賊用卽齎印信赴提督乞師復仇方度號泣奔突出圍雲左臂被賊砍猶奮勇血戰厲聲曰吾生不能盡殺爾等死必來殲滅爾賊怒寸磔之

事聞

贈拜他拉布勒哈番世職予卹

賜祭葬廕子弟一人以守備用崇祀忠義祠安平百姓憫其捐軀殉國爲立五忠祠以祀焉次子方度隨叅將王萬化征剿朱逆攻入鹿耳門克復安平鎮殺賊七鯤身西港仔蘇厝甲底定臺灣以軍功補臺灣鎮標中營遊擊臺灣郡志

林　亮漳浦人澎湖右營守備爲人平日膽畧過人遇事有決斷康熙六十年臺匪朱一貴作亂臺廈道梁文煊知府王珍同知王禮臺灣縣吳觀域縣丞馮廸典史王國定諸羅縣朱虁典史張青遠併臺協中營遊擊張彦賢右營遊擊王鼎守備千把各官率兵丁千餘人于五月初二初三兩日逃遁到澎湖澎協將弁倉皇不知所措見羣情洶洶亦各出家屬登舟將度廈門百姓婦女爭舟雜沓

哀聲震海岸亮聞之詣協營主將挈回登舟各家屬死守澎湖諸將猶豫不決亮厲聲曰朝廷以海外封疆付我等正爲緩急倚賴非徒畀平食廩祿肥身家已也今鋒刃未血而相率委去他日駢首市曹寧能免乎大丈夫不死則已死則死忠義耳請登兵配船守禦要害俟賊至決一死戰戰不捷而亮死公等歸亦未遲皆諾願死守亮馳出江干徑申主將號令拔所佩刀驅官民家屬盡各登岸衆心始固六月初十日大師至澎湖十三日發澎湖以林亮董方爲前鋒抵鹿耳門賊目蘇天威率

衆壘發大炮又以小船扼要迎敵林亮董方亦以六船冒死直進亦施大炮攻擊遥望炮臺火藥堆積亮命專攻火藥桶中之火起燔爇賊衆無筭賊潰遂入鹿耳門亮乘勝掩殺奪取鹿耳門炮臺焚其營壘賊目蘇天威遁入安平城列兵迎敵亮奮勇先登復陷賊陣遂復安平城又敗賊于七鯤身瀨口又于木柵仔追殺賊衆至蔦松溪直擣臺郡收復府治七日而克復全臺時以亮爲首功云後以功累官至臺灣鎮戢兵安民至今人猶思慕焉亮真名將材也哉纂平臺紀畧

澎湖紀畧卷之七

風俗紀目錄

澎湖紀畧卷之七

風俗紀

嶺南胡建偉勉亭纂著

總論

嘗聞風俗之殊與政治通其由來者漸矣然而剛柔燥濕被之則為風此繫于天者也貞淫奢儉習之則為俗此繫于人者也天與人鼓盪而風俗成焉人之漸于其中者如風之被物為其所移而物不知也以故南北東西一郡而四境頓殊箕風畢雨一邑而羣情各别此習俗移人賢者之所以不免也古人擇里而居卜鄰而處非有見于此而慎之也哉考閩省志稱七閩燠多寒少民性柔緩亦其大槩然矣然上游之俗柔滑而詐下游之俗頑梗而强終未能一道而同風焉豈非風俗之殊而習尚之異耶惟澎湖一區孤懸海中土瘠民勞善心易生人無作奸犯科亦無僭忒左道之惑秀業詩書愚安漁佃夜戶不閉牛羊散牧于野此亦風俗之有足多者焉

習尚

男女衣服悉用布素至于綾羅綢緞則絶無而僅有者也地不產桑麻女人無紡績之工所有棉夏布疋俱取資于廈門婦人最喜着青布衣裙上山討海出門探親俱用青布一幅裹頭男子則喜着色繭衫褲服此者則為有體面人家有喜慶時則穿鞋襪平日俱皆赤足秋冬時亦用青布包頭以禦寒厥近日富室及秀士間亦有服綢緞者此亦風氣日趨于華也然亦不可多得者矣

鬻賣男女各處皆有此亦貧人之常無足異者惟澎湖之人雖十分貧困男不賣與人作僕女不賣與人作婢富室所用之奴婢俱從內地買來亦無禁錮婢女之事此亦風俗之所難覯也

泉郡志載澎湖居民以苦茅為廬舍今則全易以瓦由忠質而漸至文明此亦理勢之必然也其屋宇俱結于山凹之內水隈之處故不名曰村而名曰澳即書所謂四隩既宅者是也牆壁俱用老古石所砌其石乃海中鹹氣所結取出之時石猶鬆脆迨風雨漂淋去盡鹹氣即成堅實價廉而取便澎湖之房屋悉皆用此其屋亦高不過一丈一二尺之外者非為省工價為因海風猛烈不敢高大以防飄刮故耳其木植瓦料俱由廈門載運而來

本地亦有燒瓦然火色不好且亦脆裂不可用近日媽宮市有開設瓦料舖以資民間採買焉

臺郡志稱澎湖居民煮海爲鹽釀秫爲酒採魚蝦螺蛤以佐食云查澎湖並無煮鹽曬鹽之處其鹽政俱係臺府管理販運至澎散賣民食至釀秫爲酒澎地並無秫酒媽宮舖以糖釀酒名曰糖燒以薯釀酒名曰地瓜燒人家有宴客俱樂飲此然澎民嗜酒特甚每日三頓不離飲酒者十室而九竟有飲成酒病而不悔者何沉湎至此極也每日飯三餐閩粵皆然無足怪者澎人之飯並無稻米饌

飯惟用薯乾煮粥而食名曰薯米糜無薪木以牛糞乾炊爨名曰牛柴薯米牛柴名亦新頴可聽澎亦不產茶採買亦貴澎人飲茶者絕少惟飲水一瓢以解煩渴而已澎之人蓋亦苦矣哉

舊志稱澎民聚居推年大者爲長至今澳中凡有大小事件悉聽鄉老處分以故鼠牙雀角旋即消息且亦最重讀書之人不特紳衿秀士爲凡民所敬即訓蒙社師澳中人亦加禮焉其士子亦能知自愛遵守臥碑並無武斷鄉曲出入衙門之事至童子就塾讀書者務必穿着衣履不肯露體亦足餘人則否故望而知其爲業儒之士也近日十三澳中雞窓螢火朗朗書聲不減內地就而聽之有不令人欣快者哉

澎民男有耕而女無織凡一切種植俱係男女並力然女更勞于男蓋男人僅犂耙及土其餘栽種耘耔俱女人任之諺云澎湖女人臺灣牛蓋言其勞苦過甚也澎湖地皆赤鹵可耕者甚少俱以海爲田男子日則乘潮撳網夜則駕舟往海捕釣女人亦終日隨潮長落赴海拾取蝦蟹螺蛤之屬名曰討海易曰以畋以漁澎俗有焉

澎湖之人信鬼而尚巫凡有疾病不問醫藥只求神問卜而已惟無僧尼寺觀婦女亦無上廟燒香朝山禮拜之事此一節甚有足取焉

壽辰

生辰祝壽致賀者送禮點燭留食壽麪設席謝客諸事澎俗亦與內郡相同無足異者惟澎人于生辰之日必以米粉和紅麴做紅雞與麪包相彷以爲祀神之敬併惠送親戚其富家即于是日于買備在家之棺木僱工人做棺工人用斧盡力一劈其木屑飛去得遠即以爲長壽之兆主家喜不自

勝飛得近者卽以爲去路無多也做好將棺竪起放在廳上以俟將來之用名曰做壽又曰贊壽贊之爲言站也以其竪起棺壽之謂也此則澎俗之與內郡不同者也

誕育

凡生育男女之家是日必宰雞一隻以熟酒煮好送外家報更到三日後外家富者備雞十隻糯米二斗粘米二斗酒一埕布一疋到來送更主家于鷄米則受半酒布全收外家貧者不能全備或雞數隻糯粘米一斗酒或一樽布或半疋不等隨人力量辦送到十日後各親亦有送雞米者亦謂之送更主家亦必宰雞十餘隻或數隻貧富不等將麻油和薑屑鹽煮飯分送與送更之人又備酒席油飯請男女客到滿月剃頭主家則分送雞旦亦仍前宰雞煮油飯請客是日外家備米粉和紅麵做丸一百枚送來邀新外甥到家其親朋于滿月時亦有送銀牌手鐲如內地者亦有送月餅桃麵者至周歲外家送紅綾衣一領帽鞋韈俱備及桃麵紅雞等物親朋亦有致送者主家亦備酒席以酬謝云

喪葬

喪葬之禮其衣衿棺槨稱家有無與夫設靈弔祭諸儀亦與內地相同無足贅者惟澎湖之人臨斂之時必取六姓竈灰以塡棺底做七一節內地則逢七日做七一次七七四十九日祭畢澎人則計死者之年歲以爲做七之期如死者八十歲卽派八十日做七個七祭之類末七之日是夜延道士到家做開路醮併拜懺盡一夜而止富室卽延道士五員做普度功果徹三晝夜以爲死者則陰間必開路然後能行云云此實無益之費余每諄切

曉諭近有遵改者惟隨死卽葬貧者葬于三日之內富者亦不出百日之外並無惑于風水停棺不葬之弊又無草葬火葬之慘此尤風俗之美也

婚姻

結婚之始媒人送庚帖到家必三日內家中無事然後訂婚如三日內家中偶有誤毀器物卽送還庚帖另卜別姓如二姓允諾卽行納采之禮富者或備手鐲一雙檢婚錢二百文貧者卽備頭簪一對或戒指一雙檢婚錢一百二十文托媒人送至女家爲定若聘金澎俗不論家之貧富女之美惡

定例用番銀三十六員女家回三員以爲折買鞋襪之禮實收三十三員又備禮一担內猪腿一肘重十六斤輕亦須十二斤併雞麵糖棗等物共十色婚書一紙禮燭一對約重數斤小燭一對以及梹榔禮香啓書等儀其梹榔只用四個用木雕成上刻百年偕老四字以金箔貼之係在舖租來應用故女家必壁還焉所云三十三員聘金者亦不是一次送足乃自結親之始以至將娶之時陸續送完或將糧食牛羊他物抵兌者亦有之如不足此數即男至三十歲女家亦不肯完婚甚至有自知家貧無措情願退婚者實爲陋俗余于　撫憲崔札諭條稟地方事宜內將此一節備稟蒙批澎俗婚娶維利是尚惟在官斯土者勸諭化導自能變易也此繳隨即遵批出示曉諭嗣後結婚隨人所便聘禮多寡量力而行不得額定取盈三十三員之數既已聘定者男女二十以上限半年內盡行迎娶畢婚不得藉勒留難澎民無不稱便以後應無怨曠之虞矣

請期之禮澎俗名爲壓定于其月迎娶先期數月備禮一担亦用猪腿雞麵糖棗等物十色併禮燭

婚期逐一開列送往女家其禮物或受一半不等至期乃迎娶焉澎俗無親迎之禮于一歲之中擇吉迎娶者有之俗例多以臘月除夕成婚謂此日甚吉不用擇日云即漳泉之人亦多如此澎俗娶親無轎俱用牛車其車用青藍帳蓋住前面掛紅綢一條或紅布一幅牛角亦用紅布裹住趕車之人必着袍帽車前兩人打鑼兩人放爆竹兩人執提燈其執事人役必湊雙而往到女家門首就有親人迎接入內先奉茶湯次奉湯丸點心新人穿大紅衣打扮好了父母把盞醮而遣之媒人同父母人等扶掖上車及到男家門首小叔在新人車前請下車媒人扶行至中庭新郎手持米篩上書紅八卦擎蓋在新人頭上攜手進房兩人對揖新郎將韉戳尾揭其包頭烏巾藏在腰肚內然後就坐其韉戳尾揭烏巾之說余問之土人亦以爲相習成風不知其何所取義也

合巹之禮是夕備席一筵在房中男女對酌飲畢即備湯圓二碗每碗湯圓六枚先男女各執一碗各食二枚次即男女交碗又食二枚每碗各剩二枚男即以所執之碗蓋住新娘之碗放在牀下然

後就寢先是遣嫁之時母親爲新娘備暖肚一個內藏歷書一本取押煞之義桔餅二個取大吉之義氷糖一包取甜和之義小鏡一面取光明之義洋銀一圓取團圓之義犁頭鐵彩一塊取鐵心不移而有光彩也生炭一塊炭字土人讀作攤字取生子攤出愈多之義也束在新娘肚中定情之後新娘取出各物與新郎在帳中共食焉新人在房中住三日至第三日請新人出房先拜天地祖宗次拜公姑其伯叔兄弟嬸母妯娌等以次相見拜揖午間備正席一筵請新人首坐諸女客陪坐新

人飲至三杯郎起立告辭不敢當乃執婦禮是日外家遣小舅送花油來謂之探房併備帖來請新郎同新人回門主家備席待小舅併送探房禮銀錢豐儉隨人力量並無一定之數也第五日回門外家香花蠟燭鋪氊結彩以待新娘與壻俱駕牛車同往及門小舅先迎入行至門內則有大舅迎入中庭對揖而坐小舅捧送雞旦湯次奉蓮子點心後奉茶三次壻皆有禮三封或銀或錢輕重不等謂之押盤禮壻與新人亦先拜天地祖宗次拜丈人丈母其伯叔嫂嬸以及大小舅等以次相見

揖拜亦如新人進門時一樣其丈人伯叔大小舅等各有禮儀相奉或用番銀或頭簪手鐲輕重厚薄不等謂之答拜禮丈人備席請壻首坐丈人把盞安位丈人退壻纔就坐亦飲至三杯壻起立固辭不敢當親人及陪客挽留再坐終席成禮而散壻與新人俱留住母家三日夫婦同牀共寢夜半丈母遣人送壻點心或豬腰煮酒蓮子湯不等次日早又送四果湯午間又備席請會親酒三日之後壻與新人同回丈人備盤四色麵餅圓棗併席一筵送回此回門之禮也

歲時

新正元旦各家張燈結彩拜賀新年與內地相同其男女孩童俱着新衣而女子裝飾更爲打扮整齊

初四日澎人自爲接神節各家俱備牲醴祭品供奉謂是日竈君自天而回故虔誠以接之也

元宵各家先于十三夜起門首掛燈廳中張燈結彩至十五夜各家俱備牲醴碗菜供奉三界闔家燕飲鳴鑼擊鼓極爲熱鬧間亦有裝扮故事往別澳遊玩者各廟中張燈男女出遊謂之看燈廟中

札有花卉人物男婦有求嗣者在神前祈杯求得花一枝或亞公仔一個回家供奉如果添丁到明年元宵時另做新鮮花卉人物以酬謝焉

是夜男女出遊以竊得物件爲吉兆未字之女必偷他人的葱菜諺云偷得葱嫁好公偷得菜嫁好壻未配之男竊取他家牆頭老古石諺云偷老古得好婦又婦人竊得別人家餵猪盆被人咒罵則爲生男之兆周年吉慶云

清明節澎人俱于節之前後五日內拜墓祭祖邀請親友壺漿殺核絡繹于原野之間祭畢藉草而

飲相爲勸酬必薄暮而返或人家有新娶子婦者即同新婦往祭諸女客陪焉

端陽節裹角黍相饋遺插蒲艾飲雄黃酒諸儀亦與內地無異門首家皆插榕葉一枝謂之老而彌健又將小漁船或小舢仔船彩畫五色鳴鑼角勝謂之鬬龍舟好事者於海口處所豎標招人相奪其標用紅布一幅銀牌一面或一二錢三四錢不等銅錢數十文用紅繩串成一串奪得者以爲得彩即盧肇詩所云報道是龍君不信果然奪得錦標歸者是也午時爲小兒女結五色縷男繫左手女繫右手名曰神鍊各家門牆俱用雄黃書寫吉慶字樣以爲辟除不祥

六月一日人家俱用米粉和紅麴爲圓以祀其祖先祭畢闔家飲酒食湯圓名曰半年圓

七月十五日爲中元節亦爲盂蘭會澎人最喜祀鬼祭孤澳中必推一二人爲頭家斂錢做會延道五人作道場功果或三晝夜或一晝夜不等每道場至夜必放燄口祭幽又有破地獄打鬼門之名總謂之普度會中人各書生年月日時于道士疏內焉其陳設餅粿時果諸品約有十數色不等堆

在盤中疊起高三四尺誇奇競富又有猪羊牲醴各色先將方桌搭起高臺約有丈餘置祭品于其上祭畢任人攘攫搶奪以爲戲樂其強而有力者每多獲焉甚至于相爭相毆在臺上跌下地來傷人者亦有之實爲惡風媽宮一澳兵民錯處尤爲特甚余抵任即訪聞其弊屆期出示嚴禁併親身前往阻止飭令祭品論人分派不許仍前攘奪此風遂息然普度祭孤例所不禁仍準其照舊做道場亦不許其做破地獄打鬼門之事道場畢後一二日各會請戲演唱爲樂謂之壓醮尾如是者必

月盡方止

中秋節燕飲賞月以月餅相遺亦與內地相同無足異者惟于是夜風晴月朗時買扁舟一葉放乎中流斯時微波不動星月交輝水天一色極目無際心曠神怡恍如置身瓊樓玉宇之中眞奇觀也無如澎湖一交秋節即多風少晴獲此良宵蓋亦甚罕余任澎三載僅于丙戌中秋之夕一遊覽焉後乃不可得豈良宵美景大不易假人而人亦難遘也哉

重陽節各澳塾館備酒殽請社師燕飲謂之登高

會又放風筝札爲人物鸞鳳以及河圖八卦之類色色都有但掛響絃乘風直上聲振天衢夜則繫燈于其上恍如明星熠燿彼此相賽以高下爲勝負此雖遊嬉之事然亦足見太平之樂也

冬至日謂之長至節家皆以糯米粉做湯丸宰雞煮肉以祭祀家堂祖先祭畢闔家飲酒食湯丸以爲添算謂之團冬是日即古所云亞歲也澎人彼此不賀冬獨祭于其家而已門扇粘一丸于其上謂之餉虛耗云

臘月二十四日謂之小除各家掃舍宇備牲醴菓品又置紙旙幢車馬舟楫之類與楮帛同焚而送之謂是日爲送神節言竈君于是日上天見天帝云

除夕家家守歲與內地無異惟是夕以滾水泡青菜盛以磁碗簪春花其上供在神前謂之長命菜又謂之隔年菜又煮白飯一盆亦插春花其上供在神前謂之壓年飯以爲明年豐歲之兆各家不論貧富俱宰雞煮肉圍年祀祖祭畢闔家男女老少俱同一席圍飲置火爐于席下圍住飲酒謂之圍爐又做年糕相送謂之一年高一年其糕一塊

約有二三十斤重俱以糯米粉爲之此澎湖之俗也

澎湖紀畧卷之七終

澎湖紀畧卷之八

土產紀目錄

澎湖紀畧卷之八

嶺南胡建偉勉亭纂著

土產紀

總論

周禮職方掌天下之地人民材畜有辨九穀六畜有别管子師其意以五施别五土凡五種之宜與不宜若草木鳥畜又孰宜又分五土而三而各其六也土物九十而種三十六也古人之盡地利窮物性精知博究以導民如此誠以貢賦財用飲食宮室養生送死之所由藉也土物之所繫不綦重哉然而雍州之梁不周之粟陽山之穄南海之秏與夫璆球裕于西北金錫盛于東南以至于橘不踰淮貉不踰濟物產于土而域于土者亦與宋斤魯削粤鎛同一遷其地而弗能爲良之意也太史公曰原大則饒原小則鮮豈虛語耶昌黎稱閩地肥衍有山川禽魚之樂固不僅旁梃龍眼側生荔枝焜煌中土已也夫聖人因地布利不患其產之不豐而患其本之弗尚苜蓿蒲桃罽賓卭竹固不得與絲麻菽粟而比隆也今澎湖雖無珍禽異獸美果奇花之饒而人勤于職無曠土無游民日耕

于山夜釣于水飽食煖衣含哺鼓腹以樂太平奚事侈陳異物以珍富美也哉

陸産

澎湖乃海心孤島率皆平衍並無崇巘密林飛鳥走獸即如草木乃大地之毛而澎湖獨無木焉道上行人求一休息之處亦不可得惟衙署及屋舍之有圍牆可以避風者內中間植一二株以資蔭芘其樹亦僅隨牆高下不能高出于牆之外然亦只有榕柳二種而已餘則不能活矣草更賤卉而澎地之草長不滿尺並未覩所謂白葦黃茅芃芃

勃勃者至于花木縱有從內地帶來不久亦即萎落焉余履任時攜有劍蘭二盆到署初年尚覺青翠開花次年即減三年則根苗俱殞非人事之不齊實水土之各別也今民所最重者五穀而稻麥黍稷菽之不全僅以高粱小米地瓜雜糧爲種植之本養命之源蓋土地既已磽瘠而風多雨少又無露足之潤雖有上農亦何所施其力也哉

穀之屬

稻 其名品甚多且各處所呼又各不同有紅白二色早晚兩種糯米可以釀酒占米即人家常用之飯米稻田澎湖惟大城北西溪二社約有十數畝遇雨水調勻之歲則能種蒔否則種雜糧澎雖有稻實無稻也

黍 即俗呼爲小米者是也種原出北地名品亦甚多粒小于粱結穗如狗尾者名狗尾粟如鴨腳者名鴨腳粟內地兩種俱有澎湖只有狗尾粟一種

秫 即俗名黃小米是也其性與稻之糯米相同可以釀酒澎人獨不曉釀酒只做粘糕等用

番薯 俗名地瓜閩書云皮紫味甘于芋自明萬曆甲午歲荒巡撫金學曾從外番匀種歸教民種之後乃蕃衍何喬遠有番薯頌序云來自呂宋可生熟食亦可釀酒今澎人編地皆種穫而切片曬乾名曰薯米其藤可飼羊牛可供炊爨利亦普矣哉

落花生 俗名地豆又名番豆蔓生黃花花謝時花心如針入地即成子故名落花生形如莢豆以一莢三四子爲美性宜沙土炒食氣甚香美適口人多嗜焉但其性太熱多食非宜汪訒菴本草稱其辛能潤肺香能舒脾吾則不敢知也今各處皆用以榨油利益甚廣其藤亦可飼

牛羊供爨澎地徧處皆種焉

芝麻 一名胡麻一名巨勝一名油麻一名脂麻謂其脂多油也有黑白二種沈存中云胡麻即今油麻古時中國只有大麻其實爲蕡自張騫從大宛國得種來故名胡麻余考麻乃五穀之一邠詩有禾麻菽麥周禮三農生九穀亦有麻是時大宛未通中國安得有胡麻乎張騫之說似亦好事者附會耳存而不論可也澎人多植收子以榨油爲利亦普

高粱 一名蘆粟本草名蜀黍高粱註云春種秋收莖高丈許狀似蘆荻而內實穗大如帚粒大如椒有二種粘者可以作酒不粘者可供飯食稍可作箒莖可供爨編籬最有利于人者澎人以此爲周歲之糧

綠豆 綠以色名也豆肉平皮寒能解金石砒礵草木一切諸毒澎人和米煮飯供食亦可作芽菜

米豆皮色俱白澎人和米煮飯供食故名爲米豆亦可作餅稻春種秋收

扁豆一名娥眉豆又名沿籬豆蔓生花如小娥莢生花下莢軟連莢可食硬者取其子晒乾爲
扁豆白者入藥性得中和脾之氣也凡女人服
艸毒墮胎腹痛者生白扁豆去皮爲末米飲服
濃煎汁飲亦可血崩不止取白扁豆花焙乾爲
末每服二錢空心炒米煮飲入鹽少許調下奇
効亦能解
砒礵毒

蔬之屬

芥菜農書云氣味辛烈菜中之介然者也食之有剛介之氣故字從介比之人爲烈士當舉以
首蔬云經霜味益甘美心挺出謂之薹結子大
如蘇子色紫味辛研末泡過爲芥末辛辣可愛
亦有爲醬者本草云其氣辛能利九竅通經絡
治口噤耳聾等症取芥心作辣菜食亦可愛乃
菜之美
者也

白菜本出北地近日到處皆有然出北方者脆美無滓名曰黃芽白一本有十餘斤數斤不等
安肅白菜竟有重至五十斤一本者其脆美實
非他處可比也閩地北船帶來之山東白雖美
大不如
安肅矣

芥藍葉如藍而厚青碧色亦菜之美者薹心尤佳一名灰菜北方人掘其頭醃之謂之大頭菜

菠薐劉禹錫佳話錄此本出西域頗稜國有攜其子來訛頗爲波閩中記以葉紋如波有稜豈
以義求之歟今
盡呼爲波菜

萊菔即蘿蔔本音來郭璞云蘆萉音羅北色白性能消食尤制麵毒故北人食麵必啖蘿蔔又
有紫色名水蘿蔔有一種黃色者名胡蘿蔔閩
粵人和檳榔食之澎湖只有白色並無紫黃二
種

莙薘泉郡志云葉厚而柔晒之不乾蓋載陰氣之多者閩中記云去頭風利五臟莖灰淋汁洗

衣白如玉色此
乃菜之賤者

芹菜詩曰思樂泮水言采其芹芹生于泮故今丁祭必用焉有赤白兩種荻芹根之白者可葅
赤芹則莖葉皆可葅白芹謂水芹赤芹生
于陸地謂之旱芹澎湖有旱芹而無水芹

韭菜一名草鍾乳一名起陽艸說文韭字從葉出地上形又一種而久故謂之韭一歲可以四
五割性極煖
故號鍾乳云

葱一名芤一名菜伯一名和事草初生曰葱針葉曰葱青衣曰葱袍莖曰葱白葉中涕曰葱苒諸
物皆宜故云菜伯和事生辛散熟甘溫有發散
通氣之功內則膾脊用葱又脂用葱曲禮凡進
飲食之道葱渫處末注渫蒸葱
也藥性用之尤多茲不具載

蒜小蒜也外國有蒜十子一株名曰胡蒜俗謂之大蒜說文謂之葷菜釋道家謂爲五葷之一也
又謂生食增恚熟食發婬有損性靈故絕之
爾雅云蒚山蒜也蒚音力今人多生食此

胡荽湘山集云即園荽也莖葉柔細而根多鬚綏綏然也相傳張騫使西域得其種而歸故名
胡荽云幼幼新書
云即鵞不食草

同蒿時珍云氣同蓬蒿故名葉似艾花如單瓣菊一花結子近百成毬學圃雜蔬謂之葷蒿

蕹菜蔓生花白莖中虛摘其苗以土壅之即活遯齋閒覽云本生東夷古倫國番舶以甕盛之
歸故又名甕菜粵中有水甕菜沿水面而生其
莖葉更肥脆可啖能解野葛毒其汁滴葛根立
萎

莧菜有紫白各種易曰莧陸乃馬齒莧非今之莧菜也吳允膺云莧性解毒通竅利大小腸人
受三春濕鬱之氣積熱在內適生此菜解散除
治之此真造化之仁也最宜食之此說非本草
所有而言之有理可信但不可
與鼈同食令人生鼈瘕不可治

豆角有紅白各種世人目爲裹帶菜豆莢長尺餘亦菜中之美者福州人名爲豆結

蓏之屬

番瓜 種出南番故名番瓜又名南瓜形如壺盧者名北瓜黄色者又名金瓜葉如蜀葵花黄澎湖之番瓜開花時帶子之花謂之母花不帶子之花謂之公花土人取公花之心插在母花心之中方能結瓜蓋瓜亦有雌雄此澎地之所獨異也

冬瓜 廣雅一名地芝本草註經霜而上白衣如粉又曰冬瓜益氣奈老除心胸滿去頭肉熱熱人食之佳冷人食之瘦瓜大可數拱長二三尺不等小者名爲節瓜性味亦同

菜瓜 蔓生有青白二色澎地獨無白瓜醬豉糖醋皆宜凡病後不可食又不得與牛乳酪同食蕭子眞云菜瓜能暗人耳目觀驢馬食之即眼爛可知矣

壺盧 壺酒器也盧飯器也是物各象其形可爲酒飯之器也俗作葫蘆非矣世以壺匏瓠三物通稱不知本草明分三種長如越瓜首尾如一者爲瓠無柄而圓大形扁者爲匏頭短而小腹大而圓者爲壺味雖不殊而形則各別也鶡冠子曰中流失船一壺千金即此也今近海之孩皆背負一壺亦以防溺也

絲瓜 天羅布瓜蠻瓜魚鰦一物五名瓜老則筋絲羅織故名絲羅二名世人呼爲亂織又有魚鰦之名或云虞刺來自南方故曰蠻瓜唐宋以前無聞今南北以爲常蔬葉如蜀葵汁可染綠老瓜筋絡可以滌器又呼爲洗鍋瓜云

苦瓜 學圃雜蔬種出南番今粤閩皆種焉皮上痱瘰如荔枝殼故北人呼爲癩蒲萄錦荔枝味苦熟則色黄廣州人呼爲蒲蓮食物皆宜亦名爲菜中國老

香瓜 有青黄二種味香性冷宜生食暑月食之可消暑氣本艸甜瓜有十餘種此其一也粤中香瓜有大至二三十斤者亦香甜可嗜澎地大不及斤各處俱有總不如哈密產者之爲佳也

西瓜 草木子謂自元太祖征西域始得此種松漠記又云洪皓使虜攜歸胡嶠陷虜記言嶠征回紇得此種則自五代時已入中國矣然劉楨陸機吳淑諸人皆有瓜賦則西瓜亦由來久矣瓜之所出以燉煌爲美燉煌古瓜州地也各處皆生長于夏月惟臺灣貢瓜則八月下種十一月收瓜每年定例正月貢瓜二十枚澎地亦長于夏味不如臺地本草云性甘寒解暑除煩利便名天生白虎湯稽食賦云瓜曝則寒油煎則冷亦物性之異也

花之屬

蘭 草木疏曰蘭爲王者香黄山谷云一幹一花而香有餘者謂之蘭一幹數花而香不足者謂之蕙此說本之爾雅翼世人皆耳食信之今閩地山中一幹一花者甚多且有並頭者一幹數花而高出葉上者山中人皆以意名之總謂之蘭如山谷所云諸種將謂之蘭乎蕙乎可謂强作解事矣閩蘭總以素心爲第一品然亦一幹數花也澎本不產蘭乃從內地攜來然水土不合三二年根苗俱萎矣

菊 爾雅曰蘜治蘠埤雅曰鞠名聚金聚而不落故名禮記季秋菊有黄花今黄白紅紫諸色俱備獨以黄爲正色耳劉蒙泉菊譜三十五品范石湖菊譜七十一種亦不能盡收本艸名更生味兼甘苦性稟和平飽經霜露得金水之精居多能益肺腎治目疾頭眩可藥可餌可釀可枕仙經重之野菊名苦薏不可入藥澎湖並無野菊

茉莉 開花色白妙麗而香方言謂之末利又有紅茉莉藤生亦香閩書云原出波斯國移種南海洛陽名園記作抹厲佛經作抹利王十朋作沒利洪邁作末麗泉州志作木麗亦隨人意會而已香濁不如素馨

木芙蓉 一名拒霜秋開色淡紅一種百葉朝開純白午後則漸紅如醉謂之醉芙蓉菊亦名拒霜芙蓉陸生荷亦名芙蓉楚詞集芙蓉以爲裳古詩涉江採芙蓉皆指芙渠而言也

老少年 一名秋紅一名雁來紅初生時葉綠與莧無異秋深秀出新葉紅黄相間俗呼爲十

樣錦亦花中之隹卉也

雞冠 佛書謂之波羅奢闍中記曰秋生紫色如繡畫雞冠之狀亦有白色者又有一種中間花最大旁枝之花四面環拱名百鳥朝陽又有錯出五色者亦隹又一種稱壽星雞冠亦有紅白二種或云即後庭花也本艸謂坐種則矮立種則高蓋矮者另是一種非坐種之謂也

百日紅 一名千日嬌春種秋花紫紅色花結如毬大如彈子其中仁如莧菜仁採摘經久亦不變色故名爲百日紅云

玉芙蓉 又名滿臺香葉粉紅色其氣清香簪于婦人笄內香越勝于樹樹屬艸本煞植之年久亦有高二三尺者問花黃色如菊花心但此花香美不在于花而在于葉

美人蕉 圖經曰花出瓣中極繁盛紅如火炬又謂之紅蕉四時俱茂閩部疏曰秋發一紅瓣上抽綠苗三四日間齊放簇若朱蓮經月不散大是隹卉

鳳仙花 又名金鳳花有紅黃白紫五色亦有五色相間者春間開至秋盡開與謝相續子名急性子可入藥用宋光宗李后名鳳宮中避后諱呼爲好兒女花張宛邱呼爲菊婢唐韋后呼爲羽客此草不生蠹即蜂蝶亦不敢近焉女子捶其花以染指甲又名爲指甲花

水仙花 叢生宜濕地根似蒜葉如萱艸葉中生莖莖端開花瓣白心黃謂之金盞銀盆香韻清幽花種出福清之海壇山上澎地本無此種乃從內地攜來者

佛桑花 即木槿葉似桑四時長開朝開夕謝有朱白黃紫各色又云扶桑花折枝插土即活內地人種以作籬此亦花之最粗者也

萱花 一名鹿葱一名忘憂詩焉得諼草言樹之背諼忘也謂食之令人忘憂周處風土記云妊婦佩之則生男又謂之宜男草根名欝金花名金針菜

月季花 一名月月紅花似薔薇而香不及色亦微淡七姊妹賽牡丹等花俱與相類而異名

長

木之屬 澎地無木止有後所列二種然亦止植于人家牆內其平地大道俱不生

榕 亦作榼海物異名記云材擁腫不中繩墨故謂之榼或曰其蔭覆寬廣故謂之榕垂鬚入地輒復生根易生之物也相傳千年榕樹上生奇南香福州號曰榕城今粵閩處處皆有此樹

檉 一名西河柳葉細而枝柔似垂絲柳夏著花粉紅如粟其木折枝插土即活亦易生之物余于澎署及文石書院俱徧植焉

草之屬

草 百卉也禹貢厥草惟繇詩小雅在彼豐草論衡云地性生草山性生木澎地之草長不滿尺豈地性有異歟亦風多雨少故草不長耶草且如此何有百穀也哉

蕢 生有三稜爾雅謂之莖生淡水者可以織席生近海者名曰鹹水草只可作繩

香附草 一名沙根又名侯莎爾雅翼莖葉似三稜根周匝多毛謂之香附子一名雀頭香入氣分之藥

刺裙草 穗刺人衣裳或云到雞鳴時一抖即脫落又謂之雞鳴草世人取其心以編帽縛以作箠亦隹

蒺藜 有三角刺本草云風家宜用刺蒺藜補宜用沙宛蒺藜乃腎肝肺三經之藥端午采其莖煮湯浴身亦能消風

蒲公英 葉似萵苣花如單瓣菊四時有花花謝飛絮斷之莖中有白汁能化熱毒解食毒消腫核治乳癰爲通淋妙品

蒼耳 本草作枲耳即詩所謂卷耳也一名羊負來本草云性温善發汁散風濕上通于腦下行足膝外達皮膚治頭風目暗等症作湯浴可以治身癢

車前子 郭璞云江東人呼爲蝦蟆衣一名當道一名馬鳥郎詩所謂芣苢也大葉長穗好生道旁本草稱其强陰益精令人有子又云與茯苓同功

艾 有大葉者有小葉者本草云味苦辛生溫熟熱能回垂絕之元陽通十二經走三陰理氣逐血暖子宮煎服用鮮者搗揉如綿謂之熟艾灸火用陳者良孟子謂七年之病求三年之艾是也

仙人掌 閩小紀謂多貼石壁上如人掌人家門前屋上多植之謂可辟邪云

毛之屬

羊 繁露曰有角而不用類好仁者執之不鳴殺之不嗥類死義者飲乳必跪其母類知禮者白澤圖曰羊有一角當頂上龍也殺之震死又羊爲孝獸故論畜產必以羊爲首稱焉澎無綿羊只有山羊一種從前各家割耳爲記散牧于島嶼之上今民人日衆土地漸開乃各畜于家本艸言羊肉于人最補澎湖之羊非爲無補且有微毒中羊毒者飲甘艸湯則解銅器煮之男子損

陽女子暴下物性之異如此不可不知也

牛 耕畜也易坤爲子母牛曲禮牛一元大武元頭也武足跡牛肥則跡大也周禮謂之大牢牢乃豢空牛大故大之羊小故曰少牢焦貢易林牛龍耳聵牛耳無竅以鼻聽龍則以角聽也牛齒有下無上察齒可知其年牛有黃牛水牛二種澎無水牛只有黃牛然黃中色革卦鞏用黃牛者是也

犬 爾雅以犬未成毫爲狗說文以狗之懸蹄者爲犬今通作狗易艮爲狗術家以狗爲地厭能禳逐一切邪魅妖術史記秦時殺狗磔四門以禦災殺白犬血題門以辟不祥則自古巳然矣狗守畜故人家必畜之犬最有義古稱義犬事不勝書焉

豕 曲禮豕曰剛鬣註豕肥則鬣剛也豚曰肥腯者充滿貌也總名曰彘牡曰豭曰牙牝曰豝曰豭古者教民二母彘乃家畜也故家字從豕言無豕不成家也孕四月而生在畜屬水在卦屬坎在禽應室宿易繫辭坎爲豕言性趨下豕俯首也

貓 爾雅翼曰小獸之猛者禮郊特牲迎猫爲其食田鼠也有黃黑白駁色尾長腰短目如金上齶多稜提耳而身團縮者良睛可定時子午卯酉如一線寅申巳亥如滿月辰戌丑未如棗核王屑云猫出天竺國因鼠嚙佛書故畜之彼處猫死不埋掛于樹上唐僧取經得猫歸養之乃入中國此說謬也詩大雅有猫有虎禮云迎猫此豈在大唐之後乎

狸 狸有數種大小似狐毛雜黃黑斑如猫員頭大尾者爲猫狸善竊雞鴨斑如虎者方口銳頭者爲虎狸食虫鼠澎地止有此二種

獺 淮南子曰獺穴知水言獺能前知歲水潦高下預度水所不至而穴也人因以是爲潦水之候月令正月獺祭魚取魚水濱四面陳之不食謂之祭魚孟冬復祭之祭邕月令章句曰獺毛虫西方白虎之屬埤雅曰似狐而小青黑色膚如伏翼一名水狗亦有白者異主孫和舞鉄如意

悞傷鄧夫人頰求白獺髓雜琥珀治之而愈又諸畜肝皆有定惟獺肝一月一葉十二月十二葉其間又有退葉魚骨鯁久嗽取獺肝燒灰服之愈獺肝必自取者乃眞否則僞也

鼠 穴虫之最黠者善竊晝伏夜動俗稱鼠爲耗虫易艮爲鼠抱朴子云鼠百歲則色白似非也澎湖之姑婆與產白鼠毛如銀鼠四足兩眼俱紅余任澎三載僅捕得一隻數日即失去再求則不可得矣土人云近日與上有狸猫爲其所食故不可得也

羽之屬

雞 易巽爲雞禮雞曰翰音翰長也田饒告魯哀公曰雞有五德首戴冠文也足搏距武也敵在前敢鬬勇也見食相呼仁也守夜不失時信也故世稱爲德禽風俗通云雞本朱氏所化故呼朱朱祝雞翁善養雞故呼祝祝若夫朝鮮之長尾雞南越之長鳴雞蜀中鶤雞江南矮雞之類名色甚夥不能多載

鴨 爾雅曰舒鳧尸子曰野鴨爲鳧家鴨爲鶩不能飛翔如庶人守耕而已故庶人執鶩爲贄鴨皆雄瘖雌鳴重陽後乃肥腯清明後生卵則內陷不滿伏卵聞礱磨之聲則毈而不成無雌抱伏則以牛矢嫗而出之粵人以火焙而生子此皆物理之不可曉者也肉作白鳳膏甚良血解諸毒及小兒白痢尤効以白者爲勝禽經曰雞鳴呷呷鴨鳴呷呷大抵皆象其聲而名之耳陸龜蒙有鬬鴨欄孟郊爲漂陽尉開射鴨堂

鵝 爾雅謂之舒鴈一曰蒼鵝鵝頸如瘤長脰夜鳴應更又善旋轉運其項古者善書者法以動腕逸少所以好鵝也寫經換鵝有兩事晉史載右軍寫道德經換鵝又仙傳拾遺云山陰道士管霄霞籠鵞一雙請書黃庭經又是一事也世遂以黃庭經爲換鵝經卽黃魯直亦承其訛行有行列故兵有鵝鸛之陣

海鵝 卽野鵞也大于鴈謂之駕鵝亦曰鴚鵝鴚之別名則曰天鵝贊寧曰凡物之大皆謂之天

天大也海鵝常于海濱獵魚而食翮可爲箭羽臺澎之人名曰南風[illegible]又名布袋鵝

鷺鷥 詩振鷺于飛于彼西雝詩義云水鳥也所好潔白謂之白鳥凡渡海者見有白鳥飛翔則喜以其將近與島也鷺涉淺水好自低昂如春如鋤故又名春鋤埤雅曰頂上有絲毿毿長尺餘欲取魚則弭之禽經曰鷺啄則絲偃鷹捕則角弭藏殺機也陰陽變化論曰鷺目感而受胎一名雪客一名風標公子

燕 爾雅燕乙也齊人呼爲鳦取其自呼名鳦也詩謂之元鳥禮記仲春元鳥至陶隱居曰紫胸輕小者是越燕胸班黑聲大者是胡燕古今註一名神女一名天女說文燕布翅岐尾作巢避戊巳春社來秋社去

百舌鳥 卽反舌鳥也能反覆其舌隨百鳥之音朝野雜記春囀夏止禮記云仲夏之月反舌無聲

練雀 禽經謂之帶鳥俗名壽帶鳥似山雀而小頭上披一帶雌者尾短雄者尾長禽經云冠鳥性勇纓鳥性樂帶鳥性仁張華云帶鳥者練雀之類是也臺灣人呼爲長尾三娘澎本無此雀間有自臺飛來余曾獲其一隻育之數日釋之而去

麻雀 曹植賦頭如顆蒜目如擐椒躍而不步古今註一名嘉賓言棲宿簷瓦馴近階除如賓客也禽經曰雀交不一雄交不再老而班者爲麻雀小而黃口者爲黃雀逸周書謂雀入大水爲蛤殆此類非家雀也澎湖當日亦無麻雀臺鎮呂瑞麟任澎湖時從內地攜百隻來育于署中陞任時放之四散遂蕃衍焉

叫天鳥 土人名爲山麻雀形與麻雀相類而畧大飛則向天而鳴故因以名焉

蟲之屬

蜂 檀弓范則冠而蟬有緌范蜂也蜂毒在尾垂穎如鋒故謂之蜂傳曰蜂蠆垂芒是也蠆字象形

蜂動以萬計故借億萬之萬又蜂有兩衙應潮上下主蜂所在衆蜂旋繞之關尹曰聖人師蜂之君臣是也蜂之種類甚多採花者爲蜜蜂澎無蜜蜂只有黃蜂黑蜂泥蜂之數種耳

蜾蠃 一名蠮螉一名蒲盧郭璞註細腰虫也莊子細腰者化爲蒲盧古人名物皆取形似瓠之細腰者曰蒲盧故蜂亦如之詩螟蛉有子蜾蠃負之鄭箋云螟蛉桑虫蒲盧取去養之以成巳子法言曰螟蛉之子殪而逢果蠃祝之曰類我類我七日而化

蟻 禮記云玄駒爾雅名蚍蜉壅土成封曰蟻封亦謂之垤化書螻蟻之有君臣也一拳之宮與衆處之一粒之食與衆啻之一罪無疑與衆戮之埤雅云蟻善鬬力舉等身鉄鬬輒酣戰不解有行列隊伍抱朴子蟻有兼弱之智是也又有黑自黃色等類鬬越地潮濕白蟻之爲害更甚也凡蟻之侵物無可禦者第畏茶茗一物委棄之茶渣乾而爲末佈于中途蟻卽裹足而不敢前矣

尺蠖　屈伸虫也似蠶而絶小行則促其腰使首尾相就乃能進步易曰尺蠖之屈以求伸也亢倉子曰俗隨國政之方員猶尺蠖之于葉也食黃則身黃食蒼則身蒼

螳螂　爾雅謂之莫貈音鶴說文謂之斫父淮南註謂之拒斧又謂之天馬此虫知進惟捕蟬則一前一却齊莊公目爲天下之勇虫迴車避之莊子云螳螂怒臂以當車轍

蟋蟀　詩義蟋蟀似蝗而小正黑身有光澤如漆有角翅或謂之促織里語促織鳴嬾婦驚袁瓘秋日詩芳艸不復綠王孫今又歸人都不解施蔭見之曰王孫蟋蟀也唐宫人秋時以金籠閉蟋蟀置枕函畔聽其聲長安富人以鬬蛩爲戲鏤象牙爲籠而畜之今世亦有鬬蟋蟀事

螽斯　草木疏一名春黍青色長角長股股鳴者也一母百子故詩以爲子孫衆多之况方言記江東人呼爲蚱蜢今俗人皆呼爲艸蜢本艸以爲螽斯莎雞一物而異名也

蜻蜓　爾雅謂之虰蛵又名勞負名青蔥名紗羊名蜻蛉名虰蛵音欣埤雅曰蜻蜓飲露六足四

翼翅輕薄如蟬遇雨多集水上欲飛青蔥言其色蛉虰言其狀或云其尾如丁也或云其尾好亭而挺故曰蜓曰蜻也紗羊言其翅如紗也

蝴蝶　古今註一名蛺蝶一名野蛾一名鳳蝶亦名鳳子鳳車搜神記云朽葦爲蠶朽麥爲蝶以至桑化蝶花化蝶或桔蠹蔬葉壞帛尺蠖薾皆可化自無知化爲有知造化固不可測耳四翅有粉以鬚代鼻其交皆以鼻道藏經曰蝶交則粉退蜂交則黃退

蠅　酉陽云蠅聲在翼身青者糞能敗物故詩刺青蠅巨者首如赤火號爲景迹故歐賦曰大忌赤頭號爲景迹也青蠅亂色故詩以刺讒蒼蠅亂聲故詩曰匪雞則鳴蒼蠅之聲埤雅云蠅好交其前足有絞繩之象故繩爲字從蠅省

蚊　列子謂之脊芮王周賦曰蚋子古今註蚊所化不一湾水有孑孓之蜕江南有吐蚊之鳥塞北有蚊母之艸南中有産蚊之木是草木禽虫皆可化也註草虫昏虫也昏下從虫乃古篆文蟁

字也楊子法言善撓人通夕不寐晝伏夜飛又有一種名蠓子黑色而小于蚊不得紗縠夜伏晝飛人尢苦之

蜘蛛　布網如罾右繞蛛自處其中飛虫觸網者纏縛食之爾雅多名今皆省文作蜘蛛詩蠨蛸在户即小蜘蛛長股者俗呼爲喜子陸賈曰蜘蛛集而百事喜是也

蛜蝛　爾雅謂之鼠負郭注曰甕器底虫陶隱居曰鼠在坎中背則負之一名鼠婦陸佃云食鼠婦令人善淫故有婦名詩蛜蝛在室室無人則生故也太平御覽載葛洪瘧方用鼠負

⿰虫倉螂　狀如龍蝨緣壁善走好在廚篋中遇物嗜食亦嗜書與墨以其食油闕人或呼爲油虫俗呼曰黃蠻正語曰漆虫

蜥蜴　似蛇而四足青碧色以五色者爲雄而不備者爲雌一種善緣籬壁形小而黑名蝘蜓亦名蛇師以其常在屋壁故又名守宫一種形小尾長見人不動名龍子在草澤中大者名蠑螈

捕蠅曰蝎虎首隨十二時變色者曰十二時虫東方朔射覆曰臣以爲龍又無角謂之爲蛇又有足跂跂脈脈善緣壁非是守宫即蜥蜴

蚓　月令孟夏蚯蚓出冬至蚯蚓結結屈也天寒蚯蚓入穴首向下陽動則首向上其身屈曲也一名螾一名朐䏰音蠢閏一名土龍長吟于地中江東謂之歌女荀子蚓無爪牙之利筋骨之强上食稿壤下飲黃泉其用心一也凡中蚯蚓毒者以鹽湯洗之愈或更飲鹽湯一杯甚良不可不知也

蜈蚣　赤腹黑頭多足善啖蛇食其腦能螫人一名蝍蛆莊子謂蝍蛆甘帶是也舊說蟾蜍食蝍蛆蝍蛆食蛇蛇食蟾蜍三物相値莫敢先動俗名百足虫

蠹　凡地蒸濕則多蠹甚爲衣帛書畫之害始則黃色老則有粉碎之如銀一名白魚一名衣魚一名壁魚俗呼蠹魚一名蟫雜組載何諷得黃紙中一髮長四寸卷之無端用力絶之兩端滴水

方士云仙經云衣魚三食神仙字則化此名爲脈望夜持映天中星星使立降又壁魚入道經中食神仙字則身有五色吞之可以致仙

竈雞 本草名灶馬俗呼亦同穴灶而居狀如蟋蟀詩義疏云似蝗而小善跳好鬬立秋後則夜鳴俗言灶有馬足食之兆

蛇 毒虫也尾如指甲其舌雙其耳聾其聽以目其蟠向壬其毒在涎其珠在口其行也紆其食也吞蛇交蛇則雄入雌腹交已乃退出交雄則生蜃及蟓蛸居常饑稍飽即蜕冬含土入蟄春出蟄則吐之員重如石謂之蛇黃蛇之爲類甚多大小不一不能悉載

蟾蜍 與蝦蟆同類居陸地下陰處身大背黑行遲腹下有丹書八字者真蟾蜍也抱朴子云蟾蜍千歲頭上有角腹下有丹書名曰肉芝食之得仙戰國策月魄象蟾兎故世謂月彩爲蟾光者不考所從出耳

石之屬

文石 産于西嶼外塹小池角二處石外有璞剖其璞而石始出石有五色錯而成文故名以黃者爲上土人以有眼者爲貴琢爲念珠物類以供玩賞然石質鬆脆過北風時則皆折裂近日挖掘殆盡搆求甚難亦無有大如雞卵者不過零星細小只可作扇墜等物而已以余觀之殆不及壽山石遠矣

水産

水之大者莫過于海海爲天池所以納百川者也上應天星下饒物産傳曰及其不測黿鼉蛟龍魚鼈生焉貨財殖焉傳亦約言之而已若夫析而言之則有爾雅之書所不及詳山海之經所能紀者焉今澎湖一島四面環海汪洋巨浸茫無際涯何奇不有何怪不儲試就魚而論極其大可以吞舟極其小可以穿針孔更何有于天琛鮫綃詭異質者哉欲一一而詳之亦孰得而詳之也第澎人以海潮爲田以魚蛤爲命海之所生即穀之所出取之無禁用之不竭均有賴于水産余僅就其日夕採捕常見之物有名可稱有形可舉者類紀之而已至于耳之所未聞目之所未覩無濟于食貨無益于閭閻者存而勿論焉可耳

鱗之屬

鯨魚 一名海鰍俗呼爲海翁身長數十百丈虎口蝦尾皮生沙石刀箭不能入大者數萬斤小者數千斤有言其背生草木樵者悞登其上須臾轉徙不知所之此亦荒詞無可考據也閩大記云最巨能吞舟日中閃鬐鬣若簸朱旗道徙好動故又名鰌閩中海錯疏海鰌噴沫飛洒成雨其來也形若山岳乍出乍沒舟人相值必鳴金鼓以佈之布米以厭之鰌乃逝去否則鮮有不罹其害者間有自斃沙上者土人梯而臠之炙其皮以爲油艌船甚佳其目珠即明月之珠死即脫落故鰌死兩目皆空世罕得而獲焉澎湖于乾隆二十二年夏四月有一鰌自斃于虎井與灣上土人爭割其肉約有數千斤云今澎署大門尚有支門魚骨一條長數尺大數把其春骨可以作碓臼兩眼亦空無目珠澎人云此尚是鰌之小者也

海監 狀如海翁其大次之亦有千餘斤及數百斤者三月媽祖誕時海翁來潮必三躍而後去躍時水浪滔天如雨土人所云如此其不可網也明矣

龍占魚 形似海鯽大僅一二斤醃以作鮝味亦頗佳此乃澎魚之上品也

泥鰌魚 即塗魠魚形如馬鮫而大重者四五十斤口濶身黑無鱗澎海之魚推此爲第一品

云初冬時出仲春即止康熙二十二年平臺之後提督施令輸魚規一千二百兩以爲賞兵之用及提督許良彬奏請將此項歸公以爲提督衙門之用歲以爲常至乾隆二年四月二十五日奉

上諭永行禁革此項陋規制憲郝遵奉出示曉諭大哉

皇言澎民永受恩膏于無窮矣

白腹魚 狀如塗魠而小

馬鮫 形如白腹青斑色無鱗有齒又名章鮌

長翼魚 頭尖身圓而大有細鱗翼甚長重亦有二三十斤與塗魠同時而出形亦頗相類

梳齒魚 狀亦與塗魠相防重者七八十斤

鯢魚 即敏魚頭大鱗大鱗有金色

鯧魚 閩中海錯疏鯧之小者其形扁諺云山上鷽海下鯧言其味之美也又閩書云魚遊羣鳥隨之食其涎沫有類于娼又曰昌美也

鯊魚 海族志以皮如沙得名其種不一有胡鯊青色背上有沙大者長丈餘小者長五六尺鼻如鋸皮可鏤爲膾甍以爲脩可充方物鮫鯊皮可飾劍鯊尾如劍虎鯊頭凹而有虎文鮈鯊頭如狗黃鯊好食百魚大者五六百斤

凡鯊魚翼鬣取以作饌俱名魚翅

獅刀魚 背腹如刀故名無鱗肉多刺味亦美

烏頰魚 口尖身扁有鱗黑色故名大寒時出

鰳魚 三山志似鰣而多鯁海錯疏鰣鰳其美在腴鰣後口圓春多鯁大者長三四尺重六七斤

鰳狹口劍春亦多鯁大者長二三尺重三四斤

鰻魚 似鱔而腹大有黃色青色春生者毒產海中者相類而大土人名慈鰻

烏鰂 即墨魚也閩書形如鞍囊肉白皮斑無鱗埤雅曰烏鰂八足絶短前有二鬚極長集足在口縮喙在腹懷板含墨遇大魚輒噀墨涵其波以遠害遇小魚蝦過其前即吐墨涎以致之背有板潔白形如布梭輕虛如通艸可鏤刻以指剔之如粉名海鰾鮹

柔魚 似烏鰂而小厚味甘美小者曰猴染又小者曰墨斗似鎖管墨斗能吐墨

青鱗 俗名青鯽味頗劣

烏燕魚 狀如燕子身有黑花大有十餘斤

狗母魚 身長嘴大尾尖以形名也

金目魚 即松江之鱸四腮者也

金梭 身圓如梭沙梭魚亦同類

米魚 身扁細鱗重止三四兩

烏魚 本草名鯔魚閩志稱從黃河而來冬至前捕之名日正頭烏肥而味美冬至後捕之日回頭則瘦而味劣吳王論魚以鯔爲上隋大業六年帝出鯔魚以賜近臣稱爲奇味

跳魚 生海與邊泥塗中大如指善跳故名俗曰花魚以其身有花文也作羹食味頗佳

丁香 身圓尖長寸許澎人用以作醬名丁香醬

水尖魚 身圓而尖嘴尖而長

飛烏魚 魚疑是燕所化兩翼尚存漁人俟夜深時懸燈以待乃結陣飛入舟中舟滿則滅燈以避焉

白帶魚 身薄而長其形如帶無鱗小者謂之帶柳閩中海錯疏帶冬月最盛一鈎則羣帶啣尾而升故市者獨多或言帶無尾者非也蓋爲羣帶相啣而尾脫也

赤鯮魚 身短頭大尾兩開赤色有鱗

馬鞭魚 身赤長而扁尾尖上有絲一條故名

竹葉鰮 身扁鱗相重疊大只二三兩作鮭佳

石老魚 頭圓身扁青色粗鱗大有十餘斤

鰱魚口小鱗細色白亦有紅鱗者名紅鰱

青嘴魚狀如龍占頭上有一條青色作羹佳

象耳身扁色黑其刺最利重有五六斤　雞魚身扁赤色細鱗形頗如雞故名

鶯歌魚烏嘴紅色遍身皆綠如鶯故名即鸚鵡魚也

刺龜魚身圓如毬頭尖尾短兩邊有小翼有刺無鱗形如龜其刺如蝟故名焉好事者脫其皮以作燈留為上元節賞玩殊有可觀　鰍哥頭圓而小紅色口上有鬚

花鰸魚狀如長翼魚　魛魚身扁無鱗尖頭短尾亦名牛牯魛

青威遍身青色故名狀如石腦大有十餘斤

虎魚狀如虎巨口細鱗長不滿尺肉嫩而美

比目魚形如鰈沙鱗細色紫一目兩相比乃行故名閩人呼為鞋底魚以形名之也又謂之

貼沙魚

章魚腹圓口在腹下八足聚生口旁足內皆有圓文凸起紫色春初出夏初止澎人以火照取用作釣餌亦可充饌又一種似章魚而大居石穴中人或取之能以足粘石拒人名曰石拒又一種曰塗婆

琵琶魚郭璞江賦名鱝魚身圓而扁長尾狀如琵琶故名有紅黑二種無鱗尾上有刺能螫人俗呼為鍋蓋魚亦以形名也遊則浮于水面故又呼為浮魚

飼子飯無細骨可和飯飼兒故名　鐵甲魚鱗硬如甲去皮方可食

黃翅魚狀如烏頰肉細味美其翅黃故名

扁魚形如貼沙而薄晒乾作羹味極香美閩人之所樂嗜者也鮮食亦佳一名塗剝

金錢魚身圓眼有金睛故名體薄多刺　大頭丁頭大尾尖狀如鐵丁故名

牛尾魚狀如牛尾無鱗身直如條黑色　遍身苦魚身有花點細鱗重只一二兩

班午魚身有班點細鱗重只三四兩　咬網狗黑色口歪無分左右狀似扁魚

來猫魚頭大口濶細鱗有花點皮肉甚粗　黃爵身薄而小多鯁疑為黃雀所化故名

鰕溪澤江海皆有之磔鬚鉞鼻背有斷節尾有硬鱗多足好躍其腸屬腦子在腹外水母依以為眼越絕書云海鏡蟹為腹水母蝦為目是也一種龍蝦長有二三尺鬚長亦有一二尺剝其肉殼可以作燈一種紅蝦大亦有一二尺可理為杯名曰蝦杯多出于福清又南海雜志云商舶見波中雙檣遙深高可十餘丈意其為舟老長年曰此海蝦乘霽晒雙鬚耳非舟也鰕之種大小甚多不能悉載鰕本魚族故當從鰕

附淡水魚以下數種澎地西溪大城北二社內水坑中有之

鯽魚呂子曰魚之美者洞庭之鮒鮒小魚也即今之鯽魚肉厚味美性不食釣埤雅云此魚旅

行吐沫如星以相即也故謂之鯽以其相附故謂之鮒易井九二所謂谷射鮒者也本草云諸魚屬火獨鯽魚屬土土能制水故有和胃實腸行水之功

鱔埤雅謂之鰻鱺魚本草亦名白鱔時珍曰背有肉鬣連尾無鱗有舌腹白脂膏甚多生于泥中頭角焚之可以辟蠹說文云鱺與鱧同此魚有雄無雌以影浸于鱧而生故謂鰻鱺一曰鮎亦生鰻蓋其乳子三分之二為鮎一為鰻此說近之

鱓鱓腹黃故世稱黃鱓異苑作黃鉭似蛇無鱗體多涎沫夏出冬蟄凡貯以水缸畜數百頭夜以燈照之其蛇化者必項下有白點遍身浮水上當棄之勿食食則傷人

泥鰍即泥鰌也似鱓而短無鱗以涎自染難握與魚為牝牡莊子所謂麋與鹿交鰌與魚遊是也古云守魚以鱉養魚以鰌蓋鰌性善擾令魚利轉制字從鰌得毋是乎爾雅謂之鰼註鰼尋也尋習于泥而厭其清水也

鬬魚　魚經云狀如指長寸許有花文紅綠相間尾鮮紅有黃點善鬬養盆中令其相鬬閩書名丁班魚

金魚　一謂之變魚春末生子好自吞啗初黑色久乃變爲紅色或白色或紅黑白相間尾作三歧又一種雙眼凸起尾作四岐者謂之龍頭金魚前古罕知惟自宋高宗始畜高宗畜之池中置水銀其下畜之最大至三四寸止矣晉桓冲遊廬山見湖中有赤鱗魚即此也

水雞　即田雞也似石鱗閩省志稱石鱗陸產有五種蝦蟆蟾蜍大約兩蛤也水雞水產亦有五種尖嘴蛤青約青蛤黃蛤也世多食水雞而青約等罕有食者石鱗即石蛤又名谷凍此種澎湖所無

龍蝨　又名水龜狀似蟑螂而小黑色兩翅六足秋月暴風起從海上飛落水田中或池塘內閩人取油鹽製藏以爲珍味余于平和旅舍中主人設以餽余未有嘗也

澎湖紀畧　卷八　土產　卅五

介之屬

瑇瑁　瑇瑁狀如龜殼稍長背有甲十二片黑白班文邊缺如鋸齒無足有四鬣前長後短煮其甲柔如皮因以作器顧玠海槎錄云老者甲厚色明小者甲薄色暗世言鞭血成班者謬也陸佃曰瑇瑁不再交望卵影抱謂之護卵應邵曰雄曰瑇瑁雌曰觜蠵劉欣期交州記作蝳蝐劉郁西都記瑇瑁遺精鮫魚吞食吐出年深結瑰者爲撒八兒價如金澎人取瑇瑁伺其登海岸伏卵時尾而逐之其行甚疾衆併力反其背俾其仰卧將不埶住四圍明早抬回剝之重者一二百斤小者亦有數十斤醃爲脯鬻之味同牛肉

鱟　介而中坼厥色青黑殼甚堅可以作杓尾長如鎗足十二眼在背上口在腹下雄小雌大置之水中雄者浮雌者沉雌常負雄而行雖波濤終不解散失雄則不能獨活故號鱟媚漁人獲必雙焉腹中子如粟可醃以爲醬閩書形云熨斗如便面如惠文冠廣尺許韓昌黎詩鱟實如惠

文尾可爲如意燒烟可辟蚊蚋

螃蠏　一名郭索易說卦離爲蠏埤雅曰蠏行側故今里語謂之旁蠏澎湖以身圓殼黃者爲蠏並無毛蠏及金錢蠏二種

蟳　埤雅云似蠏而大殼黃色青又有金蟳色黃膏多于肉曰紅蟳無膏曰菜蟳大者長尺餘

虎蟳　海族志文有虎斑閩部疏色如瑪瑙其殼作猙獰斑爛盡似虎頭因之名曰虎蟳

蠘　閩中海錯疏蠘似蠏而大閩書云殼兩旁尖出而多黃螯有稜鋸利截物如剪故曰蠘

蟛蜞　在海岸鑽穴而居比戶錄云有毛者曰蟛蜞無毛者曰蟛螁

寄生　閩書云生在蠣房蚌蛤腹中郭璞江賦璅蛣腹蠏一名璅蛣生于曲岸中故名曰蛣海上有枯螺殼存者寄生其中負殼而走形如蠏四足兩螯大如榆莢其味若蝦炒食味亦甘美

螺　易說卦離爲螺古字通亦作蠡今惟作螺本草曰含泥在腹二十年猶活能伏氣飲露爾雅翼

澎湖紀畧　卷八　土產　卅六

云公輸見螺引閉其戶不可開因效之作門中子聖人法蠡蚌而閉戶是也澎之螺大者如盆小者如米種類甚夥所常見者則有巴螺鈿螺俗云琉球螺可飾物器達摩螺可作杯花螺白螺黃螺紅螺可作醬俗名珠螺醬生水田者則曰田螺

牡蠣　三山志附石而生傀儡相連如房故名蠣房又名蠔韓昌黎詩蠔相粘爲山百十各自生嶺表録異地無石灰者燒蠣殼爲之本草云鹹以軟堅化痰消瘰癧結核濇以收脫治遺精崩帶止嗽斂汗固大小腸爲肝腎血分之藥煆用亦有生用者

蚶　殼厚狀如瓦屋肉紫色嶺表錄異云盧鈞鎭南海改爲瓦屋子其肉曰天臠肉有珠蚶絲蚶斧頭蚶數種斧頭蚶大者長一尺餘形如斧內郡蚶有埕悉係種養澎湖則自生于海中而已

蛤蜊　閩書殼白厚而圓海上人云蛤蜊文蛤皆一潮生一暈有白蛤赤蛤花蛤各種本草言殼煆爲粉與牡蠣同功炒藥則用蛤粉

殼菜即淡菜也生四明者肉大而肥閩中則肉小而瘦澎湖則更瘦小矣生海石中以苔爲根殼長而堅硬紫色味頗佳其乾者閩人呼曰幹小名沙箭一頭尖中銜少毛號東海夫人又有烏蛤鳥投形狀俱同但畧小耳總如珠母

蚌易離爲蚌蛣也形如蛤蜊殼厚而長五雜組蚌大者如箕海濱人習見不足異也爾雅蚌聞雷則瘷久則生珠中秋無月則蚌無胎左思賦蚌珠胎與月盈虧陸佃云蚌無牝牡須雀蛤化成故能生珠專一于陰陽也

鮑魚閩部疏云附石而生惟一殼無對大者如手小者如兩三指殼有孔土人名爲九孔即本草所稱石决明是也煆灰可除肝肺風熱并內外障亦治骨蒸勞熱通五淋解酒酸雜組云即鰒魚而本草圖經另是一種與决明相近耳俗呼爲將軍帽

海月閩書一名蠔鏡以其圓如鏡故名其殼一面紅一面白亦名海鏡臨海志云海月大如鏡

謝靈運詩掛席拾海月是也

海雜產附

珍珠說文蚌之陰精劉勰曰蚌病成珠淮南子曰明月之珠螺蚌之病而我之利也國語珠足以禦火災是也通雅云古有辟塵珠辟寒珠夜光珠照乘珠大者徑寸或出于龍魚異物腹中非獨出于蚌也陸佃云龍珠在頷蛇珠在口魚珠在目鮫珠在皮鱉珠在足蛛珠在腹皆不及蚌珠沈懷遠南越志珠有九品寸五分以上至寸八九分者爲大品有光彩一邊小平似覆釜者名璫珠璫珠之次名走珠走珠之次爲滑珠滑珠之次爲磊砢珠磊砢之次爲官珠雨珠官雨之次爲稅珠稅珠之次爲璁珠見博物志澎湖島中蚶蚌間亦有珠珠皆碎如小米然得之亦罕姑存其名而已

珊瑚說文珊瑚石也生西海磐石中李時珍曰珊瑚生海底五七株成林謂之珊瑚林居水中直而軟見風則曲而堅變紅色漢趙佗謂之火樹是也亦有黑色碧色者碧色者良珊瑚初生白如菌一歲變黃二歲變赤枝幹交錯高三四尺明潤如紅玉中有孔亦有無孔者總以枝多者爲上澎湖海中亦有一種名土珊瑚在水中見淡紅色出水即白而枯槁並無紅潤之色且極鬆脆收貯數月即自行碎折亦海樹耳有一種黑色極堅實然色似牛角亦不堪用

石帆類書云即海樹也枝柯如鐵綆相勾聯以其扁薄如帆故名生海底礁石之上有紅黃黑白數種外有鹹涎包裹洗去其膜即見木本

紫菜狀如鹿角菜而細秋時生海底石上潮浸則鬖鬖然堅起潮退復粘于石上生時青色乾則變紫郭璞江賦云紫菜熒曄以叢被是也澎人采取搗作餅以鬻于市名曰菜餅

海藻即海菜青色似菜而小春時生海底石上或云即猴葵色赤大者爲鹿角菜本草云出東海者有大葉馬尾二種味鹹能軟堅性寒能行水消癭瘤結核治痰飲脚氣水腫之濕熱澎地

止有大葉一種土人采其嫩者和米煮粥食粗而老者采以飼猪亦濟人之物也

昆布俗亦名海菜青色大葉如菜與海藻形亦相類木草云功用同海藻而少滑耳亦春時生海石中

海藤與海樹同類此乃單枝直上耳亦有紅黑白數種長有三二尺不等亦木本又有一種形如鐵線甚堅光如黑漆亦有可觀土人名曰鐵線亦生海底礁石之上

海龍土人名爲海馬形如博古龍身方而有稜尾卷曲頭有一角無鱗長只三四寸小者長一二寸每于冬節時天寒甚則凍死浮于海面漁人拾之目爲珍物云入藥功同海狗閩人搆求者衆然不可多得也

海參黑色有口無耳目無鱗足形如瑪瑱而大長有尺許大如把泉郡黑参雖不及遼東刺参而味亦頗佳澎地雖產而肉薄味苦不中食並無采用之者考閩地近海之郡福興泉漳福寧

各處皆產而閩省通志
並不載入亦缺典也

澎湖紀畧卷之八終

澎湖紀畧卷之九

賦稅紀目錄

緣起

款項內分十三澳

度支

當稅

澎湖紀畧卷之九

嶺南胡建偉勉亭纂著

賦稅

緣起（纂集閩省諸志）

賦出于田什一而稅天下之中正自禹貢以來無異也秦用商鞅開阡陌隨田之在民者而賦之而不復問其多寡而周之法壞漢承其後能輕其户稅可也乃漢不師古而襲秦此亦田賦之一大關鍵也閩盛于唐請以唐論唐武德二年始定租庸調之法有田則有租有身則有庸有家則有調租

出穀庸出絹調出繒纊布麻至于揚州則以錢嶺南則以米安南則以絲益州則以羅綢綾絹閩中蓋賦錢也肅代而後軍旅煩興人户流亡而籍僅存按籍而責租庸民無所控德宗建中元年從宰臣楊炎議遂更爲兩稅法户無主客以見居爲籍人無丁中以貧富爲差行商所至稅三十之一度行貨與居者均使無僥利居人之稅則夏秋兩徵之（夏稅無過六月秋稅無過十一月）其租庸調諸雜徭名目悉省法簡易民便之後世相因而不可易誠以定稅以丁轉徙難稽定稅以畝地章易覈故兩稅之不可

廢也五代時僞閩王延鈞弓量田土第爲三等高腴以給僧道其次以給土著又次以給流寓其科取之法亦倣唐兩稅而加重焉宋興行均田法蠲僞閩錢五千三百二十一貫米七萬一千七百餘石遂以土田高下定出産錢而第多寡五等爲人户貧富之差兩稅一以産錢爲宗（産錢者田以種子論上等種子斗約二十文中等斗約十五文下等斗約十文）後乃産錢失寔五等人户無足據乃議方田議均稅及南渡軍興名色繁多至主者不能盡究此宋代田賦之大凡也元之科取略采唐法取于內郡曰丁稅曰地稅此倣唐租

庸調也取于江南者曰夏稅曰秋稅此倣唐兩稅法也丁地之稅自元太宗始令諸路驗成丁之數每丁歲科粟一石驗丁五升新户丁驗各半之或驗牛具之數或驗地土之等丁稅少而地稅多者納地稅地稅少而丁稅多者納丁稅工匠僧道則驗地凡官吏商賈皆驗丁于是會計之法皆備至元十七年定諸路差稅課程增益者上報隱漏者罪之皇慶元年遣官檢核江南匿田令民以私田自寔于官三年始免諸路自寔田大約元代稅輕稅重原無定額隨其主而已惟耶律楚材定三則

之稅實中正之良規也無如奉行之不率何哉明之賦稅與前代畧異明初籍天下田地山塘海蕩之名數分官民二等其係之官者有職田學田廢寺田没官田官租田民田則一則而已亦分兩稅夏稅徵銀秋稅徵米官田米本折中半折色米徵銀解京本色米存留各倉民田米着以十分爲率七分徵本色派倉三分折色徵銀解京惟官田內米有一斗至一石大相懸殊者宣德四年下減分之詔凡官米畝徵一斗至四斗者減十分之二四斗一升至一石者減十分之三正德十四年議以

額重官田折價輕賫輕額民田加派耗米于是官米皆折銀解京民米俱存留在倉官田折解無徭役民田徵本色而有驛傳機兵均徭等役則是似輕而實重于是鬻田之家急于田售特以官則之輕而鬻之者移重作輕田去糧存里胥詭飛旁射寔始于此弊至嘉靖之季而極矣萬歷七年履畝丈量均勻攤補視田高下爲差截長補短彼此適均則壤成賦民間無不稅之田計畝均糧公家無不田之稅其役官吏更代奸胥悉易其籍亦無有能詰之者可勝道哉今

國家鑒古定制雁雁有常前代無名之徵悉從釐革載在賦役全書班班可考無庸贅述閩省官民田地池塘河蕩等銀併本色米每畝寔徵銀米各州縣起科則例不等附徵寺租漁課渡稅等銀各州縣科則亦不等康熙五年奉

旨俱彙解户部一存留充本省兵餉及經制官役俸食驛站賓興紳衿吏承削免匠班等項其需所歸併州縣屯田糧額起運存留俱照州縣例取民之制實有超越千古者爲豈唐宋元明之所得而同也哉澎湖自康熙二十二年始入版圖其地畝

則內郡民田之例也俱下則起科每畝徵銀五分六釐一毫八絲槩不徵米其船繒網滬等項即內郡漁課之例總入正供項下每年除存留支本衙門俸工役食外起解臺灣府庫銀二百二十七兩七錢二分七釐乾隆三十二年新開當鋪一所徵當稅銀五兩起解藩庫此外並無附徵雜項錢糧以及官租寺租等項此則澎湖之賦稅也所有實徵名目備開于左

澎湖一十三澳款項

東西澳

正額地種三石零五升　溢額地種一百四斗八升

新收地種一十一石七斗六升三合

共地種一十六石二斗九升三合　共徵銀六兩六錢九分一釐八毫六絲

又新收地種一百畝零六釐四毫五絲　共徵銀五兩六錢二分一釐六毫二絲三忽

正額杉板二隻　溢額杉板八隻

首報杉板八隻　新收杉板三隻

共徵銀八兩八錢二分

溢額尖艚二隻　新收尖艚一隻

共徵銀二兩五錢二分

新收小繒二口　共徵銀一兩六錢八分

澚內通共正溢首報新收地船等銀二十五兩三錢三分三釐四毫八絲三忽

蒔裡澳

正額地種十石二斗　溢額地種七斗

首報地種三石五斗　新收地種六石二斗四升

共地種二十石六斗四升　共徵銀八兩六錢六分八釐八毫

又新收地種一百三十九畝三分六釐九毫四絲四忽　共徵銀七兩八錢二分九釐七毫七絲五忽

正額大網十二口　首報大網四口

新收大網二口　共徵銀六十三兩

正額小滬二口　溢額小滬七口

新收小滬一口　共徵銀四兩二錢

正額小網十口　新收小網二口

共徵銀二十一兩

溢額小繒二口　首報小繒一口

新收小繒五口　共徵銀六兩七錢二分

正額杉板八隻　溢額杉板二十九隻

首報杉板二十五隻　新收杉板五隻

共徵銀二十八兩一錢四分

正額尖艚船一隻　新收尖艚船一隻

共徵銀一兩六錢八分

澳內通共正溢首報新收地船等銀共一百四十一兩二錢三分八釐五毫七絲五忽

通梁澳

正額地種八石四斗四升　新收地種一石一斗
共地種九石五斗四升　共徵銀四兩零陸釐
八毫
又新收地種三十八畝三分四釐六毫七絲五忽
共徵銀二兩一錢五分四釐三毫二絲
正額杉板三隻　溢額杉板八隻
首報杉板五隻　新收杉板三隻
共徵銀七兩九錢八分
正額小澹二口　共徵銀八錢四分
澳內通共正溢首報新收地船等銀共一十四

兩九錢八分一釐一毫二絲

鼎灣澳

正額地種十二石三斗六升　溢額地種二石三
斗九升　新收地種五石八斗八升
共地種二十石零六斗三升　共徵銀八兩六
錢六分四釐六毫
又新收地種一百零九畝五分零八毫七絲五忽
共徵銀六兩一錢五分二釐二毫一忽
正額杉板五隻　溢額杉板八隻
首報杉板七隻　共徵銀八兩四錢

溢額尖艚一隻　新收尖艚一隻
共徵銀一兩六錢八分
溢額小繒一口　新收小繒一口
共徵銀一兩六錢八分
正額小澹一口　溢額小澹七口
新收小澹一口半　共徵銀三兩九錢九分
澳內通共正溢首報新收地船等銀共三十兩
零五錢六分六釐八毫一忽

赤崁澳

正額地種二十三石六斗九升五合六勺

溢額地種七石二斗三升　新收地種六斗九升
共地種三十一石六斗一升五合六勺　共徵
銀一十三兩二錢七分八釐五毫五絲二忽
又新收地種二十畝零七分零五毫七絲五忽
共徵銀一兩一錢六分三釐二毫四絲九忽
正額杉板一十三隻　溢額杉板三十隻
首報杉板三隻　新收杉板二隻
共徵銀二十兩零一錢六分
首報小繒一口　徵銀八錢四分
正額小澹四口　共徵銀一兩六錢八分

澳內通共正溢首報新收地船等銀共三十七兩一錢二分一釐八毫零一忽

林投澳

正額地種一十七石六斗　溢額地種一石二斗四升

新收地種七石八斗

共地種二十六石六斗四升　共徵銀一十一兩一錢八分八釐八毫

又新收地種一百三十三畝二分五釐八毫三絲

共徵銀七兩四錢八分六釐四毫五絲一忽

正額杉板七隻　溢額杉板二十隻

首報杉板十六隻　新收杉板一十一隻

共徵銀二十二兩六錢八分

正額大網二口　溢額大網二口

共徵銀十四兩

溢額尖艚一隻　徵銀八錢四分

溢額小繒三口　首報小繒二口

新收小繒九口　共徵銀十二兩七錢六分

溢額小滬二口　新收小滬三口

共徵銀二兩一錢

澳內通共正溢首報新收地船等銀共七十兩零五分五釐二毫五絲一忽

西嶼澳

正額地種一十四石三斗五升　溢額地種五石八斗零六合七勺　首報地種一十二石六斗八升

共地種三十九石一斗八升六合七勺　共徵銀一十六兩四錢五分八釐四毫一絲四忽

又新收地種一百二十四畝八分三釐二毫五絲

共徵銀七兩零一分三釐零八絲九忽

正額杉板八隻　溢額杉板二十九隻

首報杉板六隻　新收杉板十隻

共徵銀二十二兩二錢六分

正額尖艚一隻　徵銀八錢四分

首報小網一十五口　新收小網九口

共徵銀四十二兩

新收小泊網一口　徵銀六錢三分

正額小滬四口　溢額小滬十口

新收小滬七口　共徵銀八兩八錢二分

澳內通共正溢首報新收地船等銀共九十八兩二分一釐五毫零三忽

奎璧澳

正額地種二十一石八斗六升　溢額地種三石六斗五升　首報地種一石五斗　新收地種四石三斗四升　共地種三十一石三斗五升

共徵銀一十三兩一錢六分七釐

又新收地種一百三十八畝一分三釐八毫

共徵銀七兩七錢六分零五毫九絲二忽

正額杉板八隻　溢額杉板一十三隻

首報杉板一十五隻　新收杉板一十四隻

共徵銀二十一兩

溢額尖艚一隻　徵銀八錢四分

新收大網二口　徵銀七兩

溢額小繒四口　首報小繒一口

共徵銀四兩二錢

正額大滬一口　徵銀八錢四分

正額小滬二口　溢額小滬二口

共徵銀一兩六錢八分

澳內通共正溢首報新收地船等銀共五十六兩四錢八分七釐五毫九絲二忽

網垵澳

正額地種四石三斗六升　溢額地種四斗八升

新收地種一石二升

共地種五石八斗六升　共徵銀二兩四錢六分一釐二毫

又新收地種四十六畝一分二釐零七絲五忽

共徵銀二兩五錢九分一釐六絲三忽

正額杉板一十五隻　溢額杉板十隻

首報杉板一十三隻　新收杉板一十九隻

共徵銀二十三兩九錢四分

正額大網一口　徵銀三兩五錢

新收小滬一口　徵銀四錢二分

澳內通共正溢首報新收地船等銀共三十二兩九錢一分二釐二毫六絲三忽

水垵澳

正額地種三石九斗九升　溢額地種一石三斗四升　新收地種一石　共地種六石三斗三升

共徵銀二兩六錢五分八釐六毫

又新收地種三十七畝五分二釐四毫五絲

共徵銀二兩一錢零八釐一毫二絲七忽
正額杉板九隻　溢額杉板一十四隻
首報杉板三隻　新收杉板一十一隻
共徵銀一十五兩五錢四分
溢額尖艚三隻　共徵銀二兩五錢二分
新收小繒二口　共徵銀一兩六錢八分
澳內通共正溢首報新收地船等銀共二十四
兩五錢零七釐零六絲三忽

鎮海澳

正額地種一十三石五斗九升二合　新收地種

六斗七升　共地種一十四石二斗六升二合
共徵銀五兩九錢九分零四絲
又新收地種三十四畝三分八釐五毫
共徵銀一兩九錢三分一釐七毫四絲九忽
正額杉板七隻　溢額杉板一十七隻
首報杉板三隻　共徵銀一十一兩三錢四分
溢額泊艚一隻　徵銀四錢二分
正額泊網二口　共徵銀二兩五錢二分
溢額小繒一口　徵銀八錢四分
新收尖艚一隻　徵銀八錢四分

正額小滬一口　溢額小滬三口
共徵銀一兩六錢八分
澳內通共正溢首報新收地船等銀共二十五
兩五錢六分一釐七毫八絲九忽

瓦硐澳

正額地種一十八石四斗四升　溢額地種二石
二斗　新收地種二石一斗九升　共地種二十
二石八斗三升
共徵銀九兩五錢八分八釐六毫
又新收地種四十一畝七分一釐零五絲

共徵銀二兩三錢四分三釐二毫九絲五忽
正額杉板一十一隻　溢額杉板一十七隻
首報杉板十隻　新收杉板三隻
共徵銀一十七兩二錢二分
溢額尖艚一隻　徵銀八錢四分
溢額小滬三口　新收小滬二口
共徵銀二兩一錢
首報小繒一口　新收小繒二口
共徵銀二兩五錢二分
澳內通共正溢首報新收地船等銀共三十四

兩六錢一分一釐九毫

吉貝澳

正額地種七石一斗六升　溢額地種一石七斗

新收地種二斗六升　共地種八石四斗九升

共徵銀三兩五錢六分五釐八毫

又新收地種二十畝一分八釐二毫五絲

共徵銀一兩一錢三分三釐八毫五絲二忽

正額杉板一隻　溢額杉板一十七隻

首報杉板三隻　新收杉板五隻

共徵銀一十兩九錢二分

正額大滬一口　徵銀八錢四分

正額小滬四口　共徵銀一兩六錢八分

澳內通共正溢首報新收地船等銀共一十八

兩一錢三分九釐六毫五絲二忽

通澎計石起科地種共二百五十三石三斗零七

合三勺（每石折地七畝四分七釐五毫共折地四百五十畝零八分八釐五毫一絲五忽零八纖二沙）

每石徵銀四錢二分共徵銀一百零六兩三錢

八分九釐零六絲六忽

通澎計畝起科地種共九百八十四畝一分四釐

七毫二絲四忽　每畝徵銀五分六釐一毫八

絲共徵銀五十五兩二錢八分九釐三毫五絲

通澎共杉板五百二十隻　每隻徵銀四錢二分

共徵銀二百一十八兩四錢

通澎共尖艚一十五隻　每隻徵銀八錢四分共

徵銀十二兩六錢

通澎共小繒三十八口　每口徵銀八錢四分共

徵銀三十一兩九錢二分

通澎共大網二十五口　每口徵銀三兩五錢共

銀八十七兩五錢

通澎共小䋲三十六口　每口徵銀一兩七錢五

分共徵銀六十三兩

通澎共大泊網二口　每口徵銀一兩二錢六分

共徵銀二兩五錢二分

通澎共小滬六十九口半　每口徵銀四錢二分

共徵銀二十九兩一錢九分

通澎共大滬二口　每口徵銀八錢四分共徵銀

一兩六錢八分

通澎共舶艚一隻　徵銀四錢二分

通澎小泊網一口　徵銀六錢三分

已上通澎共徵正額溢額首報新收地種船網繒滬等銀六百零九兩五錢二分七釐

度支

度支者每歲徵收存留支應起運之數也澎湖廳員秩正六品歲支俸銀六十兩役則有額設門子二名歲共支工食銀一十二兩四錢馬快八名歲共支工食銀四十九兩六錢皂隸十二名歲共支工食銀七十四兩四錢民壯二十名歲共支工食銀一百二十四兩轎傘扇夫七名歲共支工食銀四十三兩四錢至于祭祀

關聖每歲春秋誕辰三祭共支銀一十八兩通共應支正項銀三百八十一兩八錢除支外寔應起運銀二百二十七兩七錢二分七釐每年批解臺灣府庫歷年造冊　奏銷在案

當稅

乾隆三十二年據澳民彭典呈請開設文榮號當舖一間詳奉批允照例開設年徵當稅銀五兩起解藩庫其舖現開在媽宮市

澎湖紀畧卷之九終

澎湖紀畧卷之十

户役紀目録

澎湖紀畧卷之十

嶺南胡建偉勉亭纂著

戶役紀

戶口 纂集閩省諸志

周禮大司寇掌民數登其生齒孟冬祀則獻于王王拜受之凡以田里貢賦祿食軍旅五禮五刑咸取諸民數也且民數之盈縮國家之氣運繫焉而可不敬乎自戶口之籍定而民數乃有可稽矣或十年而一造或五載而一編所貴詳覈人數令上下無相蒙里胥無奸利則戶口未有不實者也粵

稽前古西漢率以十戶爲四十八口東漢率以十戶爲五十二口可準周之下農唐人率以十戶爲五十八口可準周之中次農夫宋人率以十戶爲二十一口則一家止于兩口疑無是理必詭名子戶漏戶者衆也原唐人之著爲令者民始生爲黃四歲爲小十六爲中二十爲丁六十爲老里立手實法歲終其民生死與地濶狹之數爲鄉帳上之縣縣上州州上戶部爲計帳其來歲課役之數以報度支董戶口資產升降爲九等定戶以仲年子午卯酉造籍以季年辰戌丑未籍成上計戶而留其二于州縣五代時僞閩承唐而版籍澌散無可稽焉宋之戶口類分主客主戶者土著之戶客戶者外邑之人寄庄守米者也皆以丁力多寡科差兼論資產自衙前之法與應役之民輒至罄產至父子兄弟各自爲戶或父子二丁自殘以避重差者有司方且以增戶課最拆客爲主額雖多而丁口賦稅無所益徒滋漫其文而已南渡以後詔州縣官以生齒多寡爲殿最而冒濫之弊遂終宋之世矣元之戶口籍無所稽大約額不及宋而口數彷彿之明洪武三年詔籍天下戶口各具姓名貫

址夫家之數謂之戶帖已著之籍編給勘合州縣上籍于公府而帖給之民令有司以時覈焉歲郊祀中書省以戶籍陳壇下薦之天祭畢而藏十四年頒黃冊令以一百一十戶爲里推丁糧多者十戶爲長餘百戶爲十甲甲十戶各全圖不能十戶名半圖城中曰坊近城曰廂鄉都曰里里各編一冊冊首爲總圖鰥寡孤獨不任役者則繫于百一十戶之外附圖尾曰畸吟帶管冊成上戶部而省府州縣各存其一以待會比至十年查比丁口存亡畜產除收補里長之消乏附絕戶于畸吟蓋唐

制户有調丁有庸而明之取民則惟于丁而不于户故每圖一百一十之數未嘗減絶則析而補之亦或二姓而朋一户而户口之有登耗此也以户言則有三等曰民曰軍曰匠而民又有儒有醫軍又有校尉力士弓舖兵匠又有厨役裁縫馬船之别若近海有鹽寺有僧觀有道士咸各以其業著籍而人户以籍爲斷民户歸宗另爨者聽異籍惟軍匠有勾凊以異籍爲規避禁不聽諸户之中軍民爲重而軍户又視民户幾三之一其丁口幾半于民籍是何也蓋明初患兵籍之不足民三丁抽

一丁充之有犯者輙編入籍至父子兄弟不能相免後乃多耗矣以丁言則有二等曰成丁不成丁民始生登名于籍曰不成丁年十六曰成丁丁成而役六十而免婦女若不成丁不役官吏及老疾者復之皆十年一事自洪武至宏治代有增減嘉靖之季流寇充斥死徙流亡衰耗極矣萬歷中畧增而天啟又衰此明代户口之大畧也

國朝鑒明初抽丁明季增户之弊首定賦役全書丁口開載原額收除寔在康熙五十二年

恩詔但據康熙五十年丁冊定爲常額續生人丁永不加賦蓋明時户有軍民匠三等康熈十七年于各衛所屯丁新編屯户盡歸畫一雍正十三年奉文裁除匠户休養生息涵濡煦育至今百有餘年閩省人户丁口現有一百六十五萬餘千之盛即澎湖一隅人户丁口現有二萬五千八百餘閩省如此他省可知猗歟盛矣

丁役　纂集閩省諸志

有户則有丁有丁則有役此力役之征三代以來所不能易者也然而役有重輕代有沿革或役其身或征其值于是始有丁口之賦馬漢法民年十

五而算出口賦五十六而除二十而傅給徭役亦五十六而除且賦之且役之也唐之法五百家爲鄉設鄉正一人百家爲里設里長一人邑居者曰坊正田野者曰村正各有職掌其用人之力歲二十日閏加二日不役者日爲絹三尺謂之庸加役二十五日免調三十日者租調皆免通役不過五十日災傷視所損輕重爲免歲十月收田授田皆里正預造簿籍上縣令稽給應退應授者大約里正管百丁田萬畝欲使百家仰事俯育不致匱乏耳此盛唐之法可比治于三代者也未幾世變兵

起版籍燬散户部按籍而責租庸科徵廹促無復
常準規避逃亡土著益寡楊炎當國乃立兩稅以
救其弊户以見居爲籍人以貧富爲差而雜役悉
省至宣宗大中九年乃據人之貧富爲役之重輕
作差役簿令據簿當差是則庸已歛而差役猶在
民也豈法不善哉不奉法者之過也後世因而罪
楊炎兩稅謂與商鞅變井田同科豈不謬乎五代
中僞閩爲政諸州各計口算錢謂之身丁錢民年
十六至六十放免其後漳泉等州折變爲米五斗
宋興閩地版籍仍僞閩之舊因取官斗較量閩時

五斗宋得七斗三升自是命民歲輸身丁米七斗
五升意以二升爲加耗也眞宗之世念南方地狹
兩浙福建除身丁錢四十五萬貫而漳泉興以丁
錢折米無人論奏除錢之惠遂不及于三州景祐
三年詔漳泉興三州計丁出米最重令主户納米
五斗減二㪷五勝客户納米三斗減四㪷五勝定
爲例㪷作斗勝作升出宋史盖是時麗籍爲相也原宋之法
分鄉吏二役以入户五等科差凡里正督財賦户
長承符帖即明時里長甲首耆長弓手壯丁察盜賊即明老人
弓兵民壯此鄉役也以衙前主官物即明之庫子斗級納户解户入

吏帖司書手掌案牘手役散從官給趨使即皂隸禁子
縣曹司至押錄州曹司至孔目官下至雜職虞候
揀掐等人即今秤子舖户此吏役也吏役惟衙前最重是
時韓琦司馬光以及韓絳蔡襄等前後陳之乃衙
前之役破產如故熙寧中有衙前越千里輸內庫
金七錢吏巡留難踰年不返神宗廉得大傷之議
變法于是王安石議總州縣應用僱直之數隨人
户貲產高下出錢在官名免役錢其坊郭等户及
未成丁單丁女丁寺觀品官之家舊無役令出半
錢名助役錢官得錢以僱役民輸錢即訖而巧吏

之誅求一無所施稱便因行保甲法五家爲比五
比爲保保有長十大保爲都有都保正副耑察鄉
里非常令其相保餘差悉以稅户等出錢僱募王
安石之法多不可行惟免役一法有可行者而温
公必欲盡革之亦過矣紹聖以後竟行僱募耆户
長應募者役錢多時不給久之遂廢而役錢遂入
爲上供矣自後丁役其流弊尚可問乎元代定人
户爲十等立科差法有絲料包銀夫役三項皆視
丁力輸辦其詳不可考縣設坊正鄉設里正都設主首專以催輸權稅追會
公事後更爲季役其次爲貼役雜役明代則括之户口以籍爲定丁

成而役六十而免婦女若不成丁不役年七十以
上許一子侍養免雜泒役寡婦年三十前夫亡守
志迨五十不改節者旌其門免家徭品官免役視
職秩爲差官故仍免徭三年凡老人及里甲十年
輪一役謂之正役餘謂泛役泛役有三以隸兵門
斗凡在官人役給使令曰均徭以夫馬驢三等專
接遞曰驛傳以機兵弓兵防盜賊曰民兵併正役
謂之四差也洪武間黄册編一百十户爲圖十户
爲里長餘百户附于十户爲甲首里甲十年輪一
役始惟催徵錢糧勾攝公事及出辦上供物料而

已後乃支應官府如春秋飲社存恤日用諸經費
浸淫至雜供私饋無名百出令里甲賦錢以供至
嘉靖之季而極矣隆慶四年江西布政司請將各
項差役逐一較量輕重如力差則計代當工食之
費銀差則計扛解交納之費加以溢耗通計歲用
幾何悉照糧敷泒開載各縣帖交限徵收異時之
雜役悉革罷名爲一條鞭法户部題允然未有行
者至萬歷初年都御史龐尚鵬始推廣行之民間
徵泒名色一切省除（此法即免役錢之意亦即朱文公輸納產錢分利原額之）
意其一時無不稱便若乃未幾以徵銀在官遣資

其貪墨仍復舊制至額外費多支應不給仍令里
甲貼辦稱曰班次又爲雜泒名色猥瑣遂終明之
世而莫可挽矣今
國朝現行定例人丁五年編審一次凡鄉紳舉貢
生員得免一身謂之優免人丁餘曰當差人丁每
丁科里徭銀每州縣一則輕重不等康熙五十二
年
恩詔徵收錢糧但據康熙五十年丁册定爲常額
續生人丁永不加賦爲盛世滋生户口澎湖原丁
六百七十二丁丁銀照康熙二十三年題准臺灣

人丁徵銀之例每丁徵銀四錢七分六釐至雍正
六年內地丁銀改爲隨田辦納澎湖未有奉文乾
隆二年奉
上諭內開澎糧廳淡防廳均有額編人丁每丁徵
銀四錢有零從前未曾裁減亦着照臺灣四縣之
例行每丁徵銀二錢乾隆九年臺灣老民于化龍
等僉呈懇請臺地丁銀照內地一體隨糧辦納巡
臺御史六　等爲據實陳奏等事摺奏臺屬丁銀
勻入地糧徵收一案奉准部咨應請閩省督撫就
臺屬情形悉心詳查妥議到日再議等因于乾隆

十二年福建巡撫陳　疏稱據布政司高　詳議以通郡之丁銀勻入通郡之田畝酌量變通自無偏枯允洽輿情至澎湖原係臺邑所轄人丁歸併該縣造報因該處一隅地皆斥鹵民藉捕魚爲業日久相安是以仍舊今奉部行于地方寔有利濟自應一視同仁等因奉部議准將臺灣及澎湖丁銀自乾隆十二年爲始勻入田園徵收以免光丁苦累欽遵辦理澎湖丁銀撥歸臺邑田畝勻徵豁免本處地糧攤派永沐
皇仁之寬恤抑何幸哉

澎湖户口

東西澳

人户二百户

男九百五十六丁　女七百二十五口

共男女一千六百八十一丁口

媽宮澳

人户二百六十二户

男九百三十四丁　女五百零六口

共男女一千四百四十丁口

林投澳

人户三百三十二户

男一千六百五十二丁　女一千三百二十五口

共男女二千九百七十七丁口

奎璧澳

人户二百八十二户

男一千八百六十丁　女一千三百一十口

共男女三千一百七十丁口

鼎灣澳

人户一百七十四户

男八百七十一丁　女七百二十二口

共男女一千五百九十三丁口

嵵裡澳

人户二百五十二户

男一千四百五十三丁　女一千一百三十四口

共男女二千五百八十七丁口

瓦硐澳

人户二百二十一户

男一千一百三十四丁　女一千零八口

共男女二千一百四十二丁口

通梁澳

人户八十七户

男三百八十九丁　女三百五十二口

共男女七百四十一丁口

赤嵌澳

人户一百四十六户

男七百五十丁　女六百四十二口

共男女一千三百九十二丁口

鎮海澳

人户一百一十六户

男七百三十二丁　女六百二十一口

共男女一千三百五十三丁口

西嶼澳

人户三百三十二户

男一千五百五十八丁　女一千三百三十五口

共男女二千八百九十三丁口

吉貝澳

人户六十四户

男四百五十二丁　女三百七十四口

共男女八百二十六丁口

網垵澳

人户二百户

男一千零五十四丁　女七百六十八口

共男女一千八百二十二丁口

水垵澳

人户一百三十四户

男七百零五丁　女五百二十一口

共男女一千二百二十六丁口

以上通澎一十三澳共人户二千八百零二户

共男一萬四千五百丁

共女一萬一千三百四十三口

合男女共二萬五千八百四十三丁口

澎湖前項人户丁口屆編審之年遵照章程實力查審汰老添壯除故增新總歸實在共增益丁口則爲盛世滋生永不加賦又于請編臺地保甲等事案驗奏准每逢歲底造報民數之期將臺地户口開明四柱與內地另立一條彙摺奏報以昭慎重等因歷來遵行在案查澎湖乃海外孤島稽查

誠不可以不慎也現在每年將一十三澳人户編列保甲給予門牌親行查點一次其查點時書役飯食紙筆之費俱係官爲捐備並無私毫擾累其澳民盡皆土著並無移居別地及別地流寓來澎與他郡遷徙靡常者情形迥不相同且澎地率皆平衍無崇嶺密林可以藏奸聚匪人亦安分守巳亦無爲非作歹之事頗稱淳樸易治官斯土者隨其俗而勿擾焉如荀子所云覩驅雞而得御民之術也則民安物馴户盛丁增人有樂土之歌久之不成富庶之域也哉

澎湖紀畧卷之十終

澎湖紀畧卷之十一

倉儲紀目錄

澎湖紀畧卷之十一

嶺南胡建偉勉亭纂著

倉儲紀

總論

澎湖海中荒島土性斥鹵不殖五穀民鮮盖藏其仰藉于倉儲者視他郡爲較急更不可不廣爲積儲以濟民食而寔海疆焉越稽周禮倉人掌粟入之藏此倉儲之所由起也而又有遺人掌鄉閭之委積以待艱阨廩人周稽民食以至耕三餘一國有九稔之積故雖遇水旱之災而民無菜色法至

善也迨漢宣帝時大司農丞耿壽昌奏請邊郡皆築倉貯穀穀賤則增價而糴以利農穀貴則減價而糶以充食名曰常平嗣後歷代悉遵其制如北齊之富民倉宋之廣惠倉明之預備倉之類皆其遺法也至於社倉則始於隋開皇三年度支尚書長孫平其法令民間每秋收穫之日隨其所得出粟及麥上户一石中户七斗小户四斗以貧富爲差其粟麥設倉儲之於社委社司檢校名曰義倉厥後朱子於宋乾道四年建州歲饑請於府得粟六百石貸於民是冬有年民以粟償官遂仿社倉之法儲於里中隨年加息歛散歲歉則蠲其息之大半大饑則盡蠲之凡十有四年息溢巳多自此不復收息止收耗米三升所有條議至淳熙八年奏於朝請行於倉司及嘉定時眞德秀又踵行於長沙人多賴之明侍郎王廷相言備荒之政莫善於義倉宜儲於里社推有德者爲社長善處事能會計者副焉凡出納皆聽民自爲苐令登記册籍以備稽考而吏胥不得預焉陳芳生云社倉之制專以賑貸凡官貸者必多侵冒貸官者必假追呼民求民貸必出倍息惟此三害俱無也故曰法之

善也然斟酌時宜監于往古常平社倉並行於世者則未有如今日者也苐就澎論澎則常平之倉穀宜多積義倉之法所宜遵設乃諉於土地所限社倉既格而不行而常平之穀現止二千石連諸羅縣撥運備糶穀一千五百石尚不敷原議五千石之數余於三十二年詳請撥運并請留諸邑之一千五百石者寔有見於海疆荒歉不可不預爲籌備也至於按月碾放兵米似無關積儲然兵慶飽騰民安粒食於不産米之區藉此互相調劑甚有裨益此改米易穀運貯澎倉以爲有備無患之

討者法良意美故並備書於後以紀　列憲仁愛
海疆之盛心於不朽焉

常平倉 在媽宮即文倉

澎湖自雍正五年改設廳員于雍正七年一件遵
旨議奏事案內定議撥儲澎湖常平倉穀五千石
當奉　督憲高行司仰府嚴飭臺諸二縣各先撥
運正供穀一千五百石運赴澎倉俟冬成各再運
一千石以足五千石之數續因前廳王仁慮澎地
潮濕呈詳懇將撥運澎倉穀三千石仍寄貯臺諸
二邑設遇臺郡歉收之年杉板頭船隻無可買運

即當行令臺諸二縣將寄貯倉穀立速撥運過澎
隨時糶賣等情隨奉督憲高以澎湖建倉運貯穀
石一案現准部文辦理事關奏
旨豈容延緩行府速行酌撥臺諸二縣乾新上等
好穀共二千石先即運赴澎倉試貯如或可以久
貯即呈報撥運不可令該通判因關考成恐將來
賠補遂捏稱霉爛以圖卸責所以雍正七年止據
臺諸二縣撥運到澎倉穀二千石尚缺三千未運
者職此之故也惟是此案當日原議原案因雍正
九年及乾隆十年等年屢遭非常風雨科房倒塌

案卷霉爛無存莫從查考是以臺諸二縣原運穀
二千石自乾隆五六兩年前廳王詳糶解價歷久
未經撥補至乾隆二十七年前廳張思振未知源
委以倉貯久懸僅就二千石之數通詳請撥十二
十八年就府倉撥運二千石歸補續於一件澎湖
要地等事前廳張又不查詢原議率行詳請增貯
監穀六千石張前廳前後兩詳非少即多不中窾
竅宜乎上憲之駁飭也嗣於二十九年准本府抄
移諸羅縣檢送原案一本始知當日原議係撥五
千石之數也二十九年六月乃再牒詳本府撥運

以符原議于七月准批澎倉添貯穀石業經核議
轉詳已蒙藩憲飭令抄錄從前請貯原卷呈送察
核當即轉移在案應速檢查雍正年間詳題原案
備錄移送以憑轉詳俟有憲示到日另移遵照此
覆當於二十九年前廳張以原卷霉爛前准本府
移送諸羅縣檢抄原卷一本內多掛漏牒懇本府
飭行諸邑就近抄全送府彙轉在案以後如何轉
詳有無奉到憲示未准移知此案遂爾中止也但
改設廳員迄今四十餘年生齒日繁大非昔比況
海外要地積貯宜充即使運足五千石之數尚虞

其少今於五千石之額尚缺三千石之多得不爲之深慮乎余察看澎地形乃備文詳府仰懇軫念海外要地不可不爲有備無患之計查照舊卷轉請列憲檄飭臺諸二縣各撥正供好穀一千五百石來澎以足原議之數焉又查倉內於乾隆二十四年一件爲倉貯無幾等事五月內據諸羅縣運到穀一千五百石收貯倉內以備平糶之用流交在倉三十二年十二月內准本府關移奉憲飭將此一千五百石之穀發糶將價解府發諸邑買補歸款等因查目下米價平減不敷買補未敢遽行

出糶有虧成本牒詳本府請將諸邑所運倉貯無幾等事現存澎倉穀一千五百石抵作諸邑遵旨議奏案內未運澎穀一千五百石之項在諸邑將來得免再運之費而澎倉亦免糶解之繁若必俟將來價貴將現存之一千五百石出糶解價歸還諸邑則澎湖祇有存貯正供穀二千石寔不足爲有備無患之需也奉准府批查前府詳請將澎湖添貯穀三千石在於彰邑供穀內撥補之處現奉糧道憲批駁案未歸結貴廳所議即將諸邑現存澎倉之一千五百石抵作應運之穀原屬可行

應俟本案詳定再將臺邑之一千五百石應動何項撥運酌籌妥協再行移知牒詳議轉可也此復查此案三十三年並詳藩憲本府亦轉議詳請藩憲奉批查諸邑乾隆二十四年運澎備糶穀一千五百石原係存貯澎倉備糶之項今既查明米價平減民食充裕自未便賤價濫糶轉恐將來無穀接濟之虞仰候咨明大部俟該地米價昂貴另行糶解買補歸款造報至應運增貯澎倉正供穀三千石既稱現詳糧道駁查未經批准即遵照道檄指駁情節作速歸案分晰詳候糧道覆核移司立

等議轉飭遵事關預貯該府務須迅速妥辦詳覆慎勿再延等因屢奉批駁不得如數運貯者皆因前廳王仁從前借潮濕推卸不肯實貯足額之所致也使任地方之責者盡如此居心焉則地方亦何賴於是也哉

社倉

社倉者朱子稱其爲近古之良法不可不行者也澎湖自雍正六年改設廳員雍正八年十二月內爲一件遵　旨密奏等事案內准本府牒開照依事理善於勸導趁此大有之年多方勸輸積貯使

貯蓄有資地方不擾將勸過穀石造册出具倉收送府以憑彙轉等因此澎湖奉行勸捐社倉之始也又于雍正九年于欽奉

上諭事檄飭勸捐嗣後遞年奉行辦理緣澎湖不產稻穀並無澳民捐輸自雍正九年前廳王仁捐起至乾隆十六年分止各官捐穀并武營各官所捐共積穀二百五十九石郎於十六年八月十八日准本府陳關移於一件爲遵

旨詳議具奏事內開澎湖廳原存報部官捐積社共穀二百一十五石原奏討入臺屬額存官民捐

澎湖紀畧　卷十一　倉儲　七

社穀澎湖共穀四萬八千一百六十五石之內今澎湖係屬臺邑地方似應將該廳穀石歸入臺邑撥貯三萬石數內造報以符額數今據臺灣縣詳稱卑職查得澎分憲倉存捐積社穀二百一十五石歸入卑縣撥貯三萬石數內造報相應撥載下縣等因前廳何器於十六年十一月將二百一十五石社穀碾米移澎營抵作撥臺穀石其時寔存二百五十九石之數除撥臺邑外寔存乾隆十一年以後捐穀四十七石又十八年六月同前事據臺灣縣詳請將澎湖社積乾隆十一十二兩年分社穀八石撥縣等由前後二次共撥臺邑官捐社積穀二百二十三石尚存三十六石奉文改作溢捐穀石歸入常平倉內存貯此澎湖社倉奉行未行之始末也向使前廳何器果能軫念民食體恤地方自應委曲詳請列憲澎湖旣屬臺邑地方今臺邑貯社穀至三萬石之多是臺邑處處皆有社倉則澎湖亦不可不設社倉自應分貯也請將三萬石之內分貯三十分之一來澎亦應得一千石之數何致將澎積社穀反撥臺邑致令產米之地倉有餘糧不產米之處反無粒貯在上憲仁慈澎民

澎湖紀畧　卷十一　倉儲　八

均屬臺邑赤子斷不忍令其獨處向隅未有不俯准者也乃不出此以致良法美意格而不行是誰之責耶

武倉

武倉者即按月碾支澎營兵米之倉也向來澎營撥哨赴臺運米到澎儲倉支給兵食其改米易穀者則自乾隆二十年前廳王祖慶稟請始也稟稱澎地不產稻穀惟藉客米販澎以資民食第海疆風信靡定每致市米缺乏深以爲憂猶賴澎協兩營每月臺運兵米六百石依期散給互相調劑今

自本年以來每每逾期二千兵目豈能枵腹以待
伏查澎協兵米每年通計七千二百石嫣宥現有
武倉十間今俱空設但前人既建武倉當年自必
備貯兵米緣澎地潮濕貯米易致霉爛遂起按月
赴臺運米之例不知按月臺運豈無風阻似於海
疆究非盡善之道 卑職 謬議請自秋季爲始改米
爲穀先運秋冬、二季穀七千二百石存貯武倉遵
照兵餉之例令文員掌管按月碾米公同營員散
給俟秋季之米給完冬、季之米將動預行具文申
請擇天氣晴和之候派撥哨船赴臺運載來年春

季之穀三千六百石存倉如此源源相接不特按
月兵米有資即使颶風阻滯客販不通而一月半
月之間民食亦暫藉兵糈而有濟一轉移間兵民
兩益易米爲穀似于定例無違等情奉藩憲德爲
據禀飭議事詳奉兩院憲奏准乾隆二十年十二
月二十五日督憲喀爲遵
旨議奏事准户部咨開福建司案呈內閣抄出閩
督喀奏請澎湖兵米穀石預先撥運一季積貯澎
倉一摺本年十一月初五日奉
硃批該部議奏本月初七日抄出到部臣等查澎

湖兵食向例按月領運往來不能如期官弁兵丁
不免有守候之虞相應仰懇
天恩俯准預先一季撥運穀石積貯澎倉責令澎
湖通判掌管按月碾米會同營員依期散給該處
現有倉厫無須另建而以米易穀先爲運貯不過
畧爲轉移亦非更定章程俾臺灣諸羅二縣並免
碾米之繁澎湖戍守各兵均得備貯之益等因前
來伏查兵丁口糧例應按月散給如先期領運誠
不免侵蝕之虞而臨時不能接濟兵丁又有守候
之苦閩省澎湖地方孤懸海島兵糈米石向在臺

諸二縣按月領運而海洋風信靡常哨船往返不
能刻期即至兵丁之待食者自不能散給如期今
據該督等奏請預撥秋冬、二季穀七千二百石儲
倉俟秋季散完將動冬、季之時即請撥運來年春
季以資接濟自應如該督等所奏辦理惟是澎湖
向運兵米今改運穀石爲數較多且預領一季存
貯倉粒最關緊要自應責令文員加謹收貯毋令
虧缺至碾米散給仍會同武弁按月支領毋得徇
情預借並令該管道府按例盤查如有虧短挪移
情弊即行揭報查參再查此項兵米係按月散給

預運一季存倉為時無幾即地氣潮濕何至不能收貯遽請改易穀石其中有無情節應令查明報部可也等因本年十一月二十九日奏本奉
旨依議二十一年五月准户部咨開督憲喀查澎湖四面環海地本潮濕雖預貯一季存倉為時無幾但計自季前領運迨按月散給即一季之兵糧亦必得備預四五月之久春夏海氣薰蒸恐米性易致霉變是以議請改易穀石且以米易穀按二穀一米與例相符原屬因地制宜並無別有情節該督既將澎湖地方情形聲覆並無別有情節應

毋庸議相應移咨該督轉飭遵照辦理可也等因同前事于二十一年六月前廳張埰詳稱奏准澎營兵米七千二百石今改米為穀計需一萬四千四百石照運澎平糶事例每穀一石水脚銀三分核算約需四百二十餘金再碾穀斗級雇夫工食亦無所出向來運米來澎係兩營弁目自備哨船運回散給今改歸文員辦理是否仍用哨船飭兵日協同赴運抑或僱募民船卑職通盤籌及查向例協營赴臺運米所需脚費俱係臺諸二縣給發該縣額設有斗級其斗級應撥歸澎倉使用所需

車船脚費及斗級工食可否飭令臺諸二縣解給歸縣報銷等由詳請憲示奉兩院憲批藩憲查議于二十四年六月奉藩憲德奉督憲楊撫憲吳批准如詳移行遵照內開為此牌仰該廳官吏遵照將澎營應運預備穀七千二百石照澎倉按年收貯常平倉之例速飭臺諸二縣務將好穀先撥杉板頭船運載令該二營同該廳各撥誠寔隊目人役協同赴臺領運回澎交收貯倉所有自臺運穀到船裝載至澎盤收入倉一切車船脚費在於臺屬各案墾耕應陞未陞各田園追存充公穀石變

價銀內照數撥用事竣造冊報銷統自預備穀石運足澎糧廳碾米給兵澎營停止往臺運米後即令澎營照領運兵米例按月派撥弁目自備哨船赴臺領運兵穀回澎交收貯倉以資接濟其自臺領穀到船運至澎湖媽宮水口盤收入倉悉令營中兵目自備料理該廳每於該二營領運兵穀之時着撥妥役隨同營船前往押運回澎以免紛更其按月領運兵穀照領米之例營中備具文領移送給發查核毋庸該廳年終與二縣清算所有斗級一項該廳循照澎倉碾糶民食之例一體酌辦

預運穀數務照原奏辦理倘倉厫果有不敷即於常平倉內酌撥逼匀收貯等因又同前事於乾隆二十四年九月十六日澎協鎮葉相德據二營詳請轉詳各憲奉批查議藩憲德查得澎湖協葉副將詳據該二營呈請按月派撥哨船赴臺領支兵米穀石不特船隻不敷抑且費無所出懇請飭令臺諸二縣改撥杉板頭船載運等由奉憲批司立速查議詳奪本司念係預備之穀爲數既多是以議如所請將應運前項穀石照澎倉常平倉之例行令臺諸二縣先撥杉板頭船載運一切車船脚

費飭令臺府查臺屬墾耕各案田園充公價銀內撥用而該營自行議詳請俟備貯穀石運足之日澎糧廳碾米給兵澎營停止往臺領運糧米然後接載按月之穀石忽欲一併派撥杉板頭船爲之運載不顧有無船脚之費惟圖一已之安逸背議率詳令該營原應派撥哨船赴臺關支之兵穀脫然事外耶且每月運穀止一千二百石需船不過二隻按月輪流派運何至每年用船三十餘隻輙行諉卸耶等由本年十月二十九日奉督憲楊批此案現准水師提督咨請再查照提督來咨及前

指飭節悉心確查從長籌酌妥確另議詳奪藩憲德奉批再議遵查澎協二營兵米向係營中派撥哨船赴臺領運散給兵食今改米運穀自應照例辦理但全年運穀一萬四千四百石較之從前運米七千二百石爲數倍多需船亦必加倍且該營戰艦現在議裁三隻除每年屆期修造外共存營船隻又須派撥分巡總巡汛守以及渡載餉銀班兵差務絡繹按月領運兵穀誠有乏船之勢所有該二營按月應運兵糧穀石似應照依提督咨請將諸羅縣存貯笨港倉穀每年撥出一萬二千六

百石用杉板頭船按月載運直抵澎湖交收接濟兵食仍令該二營暨澎糧廳各派撥誠寔隊目人役協同赴臺諸各縣倉領押運回收貯至諸羅縣應運內地兵米粟石仍就府治倉存穀石配搭府治商船載運似屬彼此兩便其澎協左營秋季分應兌臺灣縣倉兵穀一千八百石併請一例派撥杉板頭船載運到澎盤收再由臺灣縣倉并諸邑笨港倉運穀載至澎湖媽宮水次盤收入倉一切車船脚費據稱每月需錢二十五千二百文年共需錢三百餘千文既不便派之於兵又未便徵之

於民且臺屬各案墾耕粟石變價充公銀兩有無
莫定似應請於司庫加收各營截隨銀內按年通
匀照數發給臺諸二縣承領給發統俟年終將按
月寔需確數造冊送司核明詳銷其從前臺諸二
縣每米一百石貼米一石五斗變價充用之處永
行革除毋許隊目再行故措勒貼該二縣亦不得
浮徵累民致干察究等因又乾隆二十四年十二
月前廳王㰁爲謹呈薥蕘等事揭稟二十五年五
月二十四日臺防廳宋清源案准本府關開蒙藩
憲德憲牌奉督憲楊批據澎湖通判王㰁揭稟澎

協二營每年應需兵糧穀一萬四千四百石照依
遞年運貯常平倉之例令杉板頭船由笨港直運
澎湖或照配運內地兵眷米穀之例令鹿耳門同
知派撥商船就近裝載赴澎接濟等緣由奉批查
臺灣各縣派運內地兵眷米穀槩係配給商船運
載而澎湖二營兵穀派撥哨船領運致悞巡防辦
理原不畫一但澎湖兵穀一例配給商船運載赴
澎之處有無累商是否妥協仰布政司會同糧驛
道再行查議詳覆察奪奉此查澎湖應運兵穀先
奉兩院批司查議業經議照提督咨請將諸羅縣

存貯笨港穀石撥用杉板頭船就近運澎併臺灣
粟一體派撥杉板頭船載運奉憲批示在案茲奉
前批合行查議仰府逐一確查妥議詳覆等因蒙
此轉移查詳備關到廳准此敝廳查臺屬杉板頭
船例無由南北各港給照直達澎厦惟按年澎湖
常平倉穀三千石係由鹿耳門給單出口茲查前
項澎營兵穀例應哨船裝載若令杉板頭小船赴
笨運府再行給單轉運到澎不但周折而杉板頭
小船亦多此差累似屬未便若自臺渡厦商船照
配運內地兵眷米穀之例給予免單令其裝運在

商船自臺渡厦順道到澎交卸與赴內地交卸事
同一轍並無擾累尚屬妥便等由於四月十四日
牒詳本府核轉奉藩憲德詳奉兩院憲允准商運
轉飭遵行在案此澎湖兵米改易穀石配搭商船
順道運澎之源委也按澎哨當運米之日於乾隆
二十二年十一月內寧字十一號哨船赴臺運米
四百四十石在洋遭風飄至廣東碣石地方丟水
糧米二百石五斗是年十二月內綏字十三號哨
船赴臺運米四百四十石全船飄没無踪米石軍
器一盡沉失淹歿兵丁二十二名二十三年正月

內寧字十四號哨船赴臺運米四百四十石在大與洋面遭風擊碎米石軍器一盡沉失後來補造戰船補運米石恤賞淹歿兵丁虛糜國帑七八千金且爾時一連三個月哨船無米到澎接濟即民船之杉板頭亦因風阻滯並無一船販運米石來澎發賣而澎地又不產米穀人情惶惶二千兵戍爭買民間雜糧以致民亦無食地瓜乾每斤賣錢五六十文即番薯藤綠豆皮亦爭食殆盡兵民交困個個啼饑地方幾至不寧至今澎民言之猶令人心悸也可不懼哉縱商運有失所

配不過一百二十石九十石之數所失猶少於兵糈無悞何致有妨民食此商運之所以可行而兵哨之不能赴運者其明徵也即杉板頭船一項無論例不許自笨港直達澎湖而當北風盛發之時亦不能負重載運以致有失則杉板頭船之運亦非可恃也荷蒙　列憲體察澎湖情形因地制宜改米為穀易哨運為商運至今一十餘載源源接濟兵慶飽騰民安粒食地方無饑困之憂戰艦獲巡防之益一舉而衆善皆備此眞可以永遠遵行而萬世莫易者也彼道傍皆議者亦蛇足而已是

誠何必也哉

澎湖紀畧卷之十二終

澎湖紀畧卷之十二

藝文紀目錄

澎湖紀畧卷之十二

嶺南胡建偉勉亭纂著

藝文紀

緣起

文所以載道也文而不衷於道以之治已則無補於身心性情以之問世又無關於國計民生雖盈編累牘月露風雲君子不取也澎湖自開闢以來向爲荒裔鯤島彝洲蛋烟蠻雨固無所謂詩書禮樂政事文章也自康熙二十三年討平鄭逆乃隸版圖至今將及百年醇風漸染雅化薰陶盡洗文

身陋俗郁郁乎幾與中土相等易曰觀乎人文以化成天下文之時義大矣哉所有開疆闢土遠慮深謀見乎章奏問俗採風易直慈諒形于歌詠以及流寓經由文人墨士或文或詩有裨世教有益人心者輯而錄焉庶讀之者于地方之險要民俗之苦勤莫不一目瞭然是亦可以興矣

文

陳海上情形疏　靖海侯施琅晉江人

鄭成功倡亂二十餘年恃海島爲險蔓延鴟張荼毒生靈故當時不得不從權折地絕其進取之路

嗣而
皇上廣開德意招徠撫綏漸散其黨成功疑懼乃
遁踞臺灣以爲兎窟康熙元年間兵部郎中黨古
里至閩臣偕將逆島可取之勢面乞代奏復上疏
密陳荷蒙
俞旨仰藉天威數島果一鼓而平逆孽鄭經逃竄
負嵎恃固去歲
朝廷遣官前往招撫未見實意歸誠從來順撫逆
勦大關國體豈容頑抗而止伏思天下一統胡爲
一鄭經殘孽盤踞絶島而折五省邊海地方畫爲

界外以避其患况東南膏腴田園及所産漁鹽最
爲財賦之藪可資中國之潤不可以西北長城塞
外風土爲比倘不討平臺灣匪特賦稅缺減民困
日蹙卽防邊若未爲定制錢糧動費加倍輸外省
有限之餉年年協濟兵食何所底止又使邊防持
久萬一有懼罪弁兵及冐死窮民以爲逃逋之窟
遺害叵測似非長久之計且鄭成功之子有十遲
之數年並皆長成假有一二機覺才能收拾黨類
結連外島聯絡土番羽翼復張終爲後患我邊海
各省水師雖布設周密以臣觀之亦僅能自守若

使之出海征勦擇其精鋭習熟將卒實亦無幾况
後此精鋭者老習熟者疎何可長恃臣蒙
皇上逾格擢用荷恩深重分應滅賊以盡厥職毎
細詢各投誠之人及陣獲一二賊夥備悉賊中情
形審度可破之勢故敢具疏密將臺灣勦撫機宜
爲我
皇上陳之查自故明時原住澎湖百姓有五六千
人原住臺灣者有二三萬俱係耕漁爲生至順治
十八年鄭成功挈去水陸僞官兵并眷口共計三
萬有竒爲伍操戈者不滿二萬又康熙三年間鄭

經復挈去僞官兵并眷口約有六七千爲伍操戈
者不過四千此數年彼處不服水土病故及傷亡
者五六千歷年渡海窺伺被我水師擒殺亦有數
千相繼投誠者計有數百今雖稱三十餘鎮並係
新拔俱非夙練之才或轄五六百兵或轄二三百
兵不等計賊兵不滿二萬之衆船隻不及二百號
散在南北二路墾耕而食上下相去千有餘里鄭
經承父餘業智勇不足戰爭匪長其各僞鎮亦皆
碌碌之流又且不相聯屬賊衆耕鑿自給失于操
練終屬參差不齊内中無家口者十有五六豈甘

作一世鰥獨寧無故土之思但賊多係閩地之人其間縱使有心投誠者既無陸路可通又乏舟楫可渡故不得不相依爲命鄭經得馭數萬之衆非有威德制服實賴汪洋大海爲之禁錮如專一意差官往招則操縱之權在乎鄭經一人恐無率衆歸誠之日若用大師壓境則去就之機在乎賊衆鄭經安能自主是爲因勦寓撫之法大師進勦先取澎湖以扼其吭則形勢可見聲息可通其利在我仍先遣幹員往宣

朝廷德意若鄭經勢窮向化可收全績倘頑梗不悔俟風信調順卽率舟師聯䑸直抵臺灣拋泊港

口以牽制之發輕快船隻一往南路打鼓港口一往北路蚊港海翁窟港口或用招誘或圖襲取使其首尾不得相顧自相疑惑疑則其中有變賊若分則力薄合則勢蹙于以用正用奇相機調度登岸次第攻擊臣知已知彼料敵頗審率節制之師賈勇用命可取萬全之勝倘賊踞城固守則先清勦其村落黨羽撫輯其各社土番狹隘孤城僅容二千餘衆用得勝之兵而攻無援之城使不卽破將有垓下之變賊可計日而平矣夫興師所慮募

兵措餉今沿邊防守經制及駐劄投誠閒曠官兵皆爲臺灣而設聽臣會同督提諸臣挑選習熟精銳用充征旅無事徵募動費之煩此等兵餉征亦用守亦用與其束手坐食于本汛孰若簡練東征于行間至脩整船隻就于應給大脩銀兩領收可無額外動支船未足用則浙粵二省水師亦爲防海設立均可選用仍行該省督提選配官兵各舉總兵一員領駕協勦每船用慣熟澎湖臺灣港路柁梢數人卽于福建投誠官兵內挑選分配不足則將投誠兵汰其老弱別募熟于海道之人補額

因此見在額給糧餉不須分外加增無煩夫役輓輸安配定妥以候風期毋論時日風信可渡立卽長驅利便之舉誠莫過于此者但水路行兵出海水深利用大船進港水淺利用小哨今當新造小快哨一百隻以爲載兵進港及差撥哨探之用又當新造小八槳二百隻每大船各配一隻到臺灣臨敵登岸之時可以盤載官兵蜂擁而上其小快哨每隻新造只用價銀四十兩小八槳每隻新造只用價銀一十五兩二項共該用銀七千兩爲費不多若臺灣一平則邊疆寧靖防兵可減百姓得

享昇平國家獲增餉稅沿邊文武將吏得安心供職可無意外罣累一時之勞萬世之逸也

密陳航海進勦機宜疏　　施　琅

臣荷皇上特恩起用以臣深知水性賊情專畀進勦海逆之責受事以來練兵整船靡敢刻懈然用兵之法不得不熟審詳慎古者行兵多用奇計聲東擊西兵不厭詐非可直道而行去冬具疏請以今年三四月微北風進兵蓋爲鄭逆奸細頗多使賊知

我舟師必用北風而進然後出其不意而收之臣在在密用間諜亂其黨羽自相猜忌自去年逆艘糾集澎湖欲抗我師據險以逸待勞設我舟師到彼必由澎湖西嶼頭然後轉帆向東北而進正值春夏之交東北風爲多我船盡是頂風頂流斷難逆進賊已先站立外塹內塹接連娘媽宮俱居我上風上流其勢難以衝擊取勝故不可不慮及此也所以前議微北風之候猶恐未能萬全且水道行兵專賴風信潮水非比陸路任意馳驅可以計定進止臣日夜撫心熟籌莫如就夏至南風成信連旬盛發從銅山開駕順風平浪船得聯䑸齊行兵無暈眩之患逆賊縱有狡謀斯時反居下風下流賊進不得戰退不能守澎湖一得更知賊勢虛實直取臺灣便可克奏膚功倘逆孽退守臺灣死據要口我師暫屯澎湖扼其吭拊其背逼近巢穴使其不戰自潰內謀自應不然俟至十月乘小陽春時候大舉進勦立見蕩平此乃料敵制勝所當詳細一一披陳者也然臣切有請者督臣姚啓聖調兵製器獎勵士卒精敏整暇咄嗟立辦捐造船隻無所不備矢志滅賊國爾忘身堅圖報稱非臣

所能力止惟是生長北方雖有經緯全才汪洋巨浪之中恐非所長矧撫臣吳興祚見在陸任卽有新撫臣初到視事恐未識閩疆情形臣之愚慮謂督臣宜駐廈門居中節制別有調遣臣得耑統前進行間將士知有督臣後趲糧運策應則糧無匱乏之患兵有爭先之勇壯志勝于數萬甲兵今若與臣偕行征糧何以催趲封疆何所仰賴安內攘外非督臣斷難彈壓緩急臣故密疏入告使督臣聞知必以臣阻其滿腔忠藎仰冀皇上密行溫諭督臣免其躬親偕行臣同督臣操

練水陸精銳官兵充足三萬分配戰艦儘可破賊
但臣僅掌有水師提督印信未奉有征勦臺灣之
勅諭伏望迅賜頒發以副轉睫師期俾得申嚴號
令用以節制調度所有督臣題定功罪賞格賜臣
循例而行則大小將士咸皆凛遵至于師中叅酌
見有同安總兵官臣吳英智勇兼優竭忠自許可
以爲臣之副尤望恩加獎勵又有興化總兵官臣
林承金門總兵官臣陳龍平陽總兵官臣朱天貴
海壇總兵官臣林賢留閩候補總兵官臣陳昌江
東副將臣詹六奇隨征左都督臣李日焜等俱堪

衝風破浪勇敢克敵共勦搗巢藉我
皇上天威丕著醜類遊魂何難殄殲航勦滅賊關
係臣之一身承當責任何等綦重以故凡賊之形
勢風之順逆事之區畫亟當十分詳審以圖萬全
况出汪洋大海之外非敢輕舉妄動苟且從事致
負眷顧之隆臣當會商將軍合詞具題而將軍海
務情形非所諳曉又恐奸細窺探洩漏是以自將
戰畧師期密疏上聞

請決計進勦疏　　施琅

鄭逆抗拒顏行深費
皇上宵旰南顧之憂臣茲復荷
聖恩起用非重臣以水師提督之任實用臣進平
臺灣之逆患兼面奉
天語溫諭勦滅臺灣以免生靈塗炭銜
命以來兼程疾趨即于去歲十月初六日抵厦門
視事點驗船兵全無頭緒焉敢妄舉進勦時欲具
疏入告恐傷寅恭和衷故日以繼夜廢忘寢食一
面整船一面練兵兼製造器械躬親挑選整搠至
今年四月終方稱船堅兵練事事全備移請寧海
將軍臣喇哈達侍郎臣吳努春到厦門看閱此時

將士人人思奮臣即于五月初五日會同督臣姚
啓聖統率舟師開駕至銅山以俟夏至後南風成
信聯䑸進發苐督臣以五月初一日准部咨進勦
海賊關係重大之
旨隨轉意不前而三軍側聽並盡解體臣自初七
日起日與督臣決計進取力爭十餘日至十六日
將軍二臣抵銅山到臣營所臣面懇將軍轉勸督
臣乘南風進勦以成摧枯拉朽之勢奈督臣終執
旨意以督提同心合意爲辭臣故不便違抗姑聽
督臣主疏展期實非臣之本意此二將軍臣親到

銅山所目擊而共悉臣吏也本月初九日承准兵
部劄付內開寧海將軍喇哈達等疏稱總督提督
稱南風不如北風臣深為駭異切思臣當日在銅
山與將軍二臣並無言及南風不如北風之語日
與督臣爭執南風進勦不惟三軍皆悉其情即通
省士庶亦皆共曉且督臣日遣各總兵勸臣權依
督臣之議今將軍二臣具疏竟不分晰明白陷臣
推托不前若非
皇上寬置不究則臣先後疏章自相矛盾欺誑君
父罪當萬死矣夫南風之信風輕浪平將士無暈

眩之患且居上風上流勢如破竹豈不一鼓而收
全勝臣見督臣堅意難以挽回故聊遣趕繒快船
二十三隻令隨征總兵臣董義投誠總兵臣曾成
提標署左營遊擊事臣阮欽為弁各鎮營千把等
官領駕前往澎湖瞭探賊息據其回稱義等奉令
遵于六月初四日午刻從古雷洲開船至初五日
未時到澎湖猫嶼與時各船未便輕進灣泊花嶼初
六日黎明率各船由虎井過獅嶼頭瞭見劉國軒
賊艘盡泊于媽宮賊見我船大船繫起頭帆小船
盡起大帆賊遂出趕繒二十餘隻駕出西嶼頭又

有八罩賊船十餘隻由南面而來我船恐衆寡不
敵本日未時傳炮收回各船于初七日到大境初
八日到厦門港歸汛等情據此則此行遣發巡哨
船隻來去無阻見有明據矣乃坐塘筆帖式譚木
哈圖具題大兵水面度日逆賊窺望空隙之疏殊
非真知灼見臣全不解其故以臣生長濱海總角
從戎風波險阻素所經歷且荷
簡命前任水師提督閱歷至今豈有海面形勢風
信水性猶不暢熟胸中而筆帖式乃更勝于臣乎
蓋賊中情形臣屢得舊時部曲密信稱臺灣人心

惶惑兼以劉國軒恃威妄殺稍有隙縫全家屠戮
人人芒刺在背間有心欲向義奈隔絕汪洋難以
朝呼夕應未敢輕舉此端便是可破可勦之機又
此六月二十八日據守口兵丁遞送澎湖長髮賊
柳勝林斗二人赴臣軍前投誠詢據柳勝等供稱
原坐杉板頭船過來投誠澎湖新舊熕船鳥船趕
繒雙帆艍各船有一百一二十隻劉國軒林陞江
欽等賊衆六千餘內有家口舊賊約二千其餘俱
係無眷口新附之衆私相偶語提督不嗜殺人俟
大軍到便瓦解歸順有偽蕭一鎮下將領謀議候

出娘媽宮操船乘勢駕舟投誠被其知覺立殺頭目九人因探聞我兵船自銅山撤回歸汛彼故調賊二千餘回臺灣耕種今僅留賊四千在澎湖配船防守等語據此則賊中虛實又已得其詳矣且臣更以賊中之情形言之昔之僞鎮營蟻附脇從皆受鄭成功鄭經父子結恩舊人籠絡相依今劉國軒暴戾操權動輒殺戮以威制人誰肯甘爲几肉是我舟師未到澎湖權猶在劉國軒一人之主持我舟師若抵澎湖勢難過各僞鎮僞卒之變亂則踞守澎湖逆賊縱有萬餘內多思叛驅萬賊萬

心之衆以抗我精練勇往之師何足比數雖劉國軒輕命死敵于人心猜忌之際靡不自潰則可破可勦之機又無加于是今我
皇上若以侯有可破可勦之機
温旨下頒則汪洋巨浸之中誰肯効命七尺之軀而殫力三窟之險勢必藉
旨意爲居奇遷延歲月虛糜浩費所謂築舍道傍三年不成是賊終無可破可勦之日矣矧夫按兵不動善以撫諭劉國軒沐猴鴟張操縱自如志得意滿斷無輸誠向化之念其中有僞鎮營賊衆有

心歸正而邇來臺灣各港禁錮嚴密一船不許出港雖有謀叛隱情亦難通報故非聯䑸進發疾行撲擊安有自甘獻俘坐待賊亡竟在何時在督臣滅賊之念實切惜乎生長北方水性海務非其所長登舟之際心搖嘔吐所以前疏懇留督臣居中調度蓋爲此也中有一二視此畏途未免低徊以致督臣疑惑不決臣雖庸愚料敵頗效前于康熙二年間海逆猖獗
皇上特差兵部郎中黨古里到閩問臣機宜當即決意進攻厦門時督臣李率泰亦以臣過于擔當

然兩島竟爲臣克平旋于康熙六年十一月爲邊患宜靖逆賊難容等事具題未奉
俞旨乃使逆孽于甲寅年有燎原之變鄭經雖死留此餘黨負踞絕島臣丁年六十有二血氣未衰尚堪報稱今不使臣乘機撲滅再加數年將老無能爲後恐更無擔當之臣敢肩渡海滅賊之任是以臣鰓鰓必滅此朝食惟是臺灣殘孽未殲故濫設鎮營官兵糜費錢糧貽累民生未甦況所設水師鎮營原爲航海擣巢之用今就中挑選精兵二萬有奇大小戰船三百號儘堪破賊可以無用陸

師徒相牽制卒難成功若陸師之中間有勇敢効
忠熱練海務能將客臣調選一二以爲臂指共勷
大舉之需伏思臣累受
國恩奉召進京即
寵擢內大臣之列豢養十餘載今復謬荷起用寸
功未効又叨更晉宮銜
特賜御膳亘古臣子未有受
君恩如是也即赴湯蹈火臣志所不辭倘荷
皇上信臣愚忠獨任臣以討賊令督撫二臣催趲
糧餉接應俾臣整搠官兵時常在海操演勿限時

日風利可行臣即督發進取出其不意攻其無備
何難一鼓而下事若不效治臣之罪臣樸質武夫
一片圖報微誠惟知欽遵
天語煌煌責臣必破臺灣克奏膚功臣以
君命爲重故當克盡臣職不禁煩瑣激切瀝陳斷
不敢以浮言飾辭冐眛陳于
君父之前伏乞
皇上睿鑒

飛報澎湖大捷疏　施烺

臣自去年六月同督臣姚啓聖在銅山停師回汛
劉國軒偵知自回臺灣留撥僞鎭營等船兵扼守
澎湖不時來往調度今年四五月知臣乘南風決
計進勦就臺灣賊夥選撥精壯敢死者及抽調草
地佃丁民兵將洋船改爲戰船凡各僞文武等官
所有私船盡行脩整弔集來澎湖大小砲船鳥船
趕繒船洋船雙帆艍船合計二百餘號賊夥二萬
餘衆仍將僞鎭營等官兵各眷口監羈臺灣紅毛
赤嵌二城堅其死戰劉國軒親統傾巢之衆復來
澎湖將娘媽宮嶼頭上下添築砲城二座風櫃尾
砲城一座四角山砲城一座雞籠山砲城一座東

西嶼內一列砲臺四座西面內外塹西嶼頭一列
砲臺四座牛心灣山頭頂砲臺一座凡沿海之處
小船可以登岸者盡行築造短牆安置腰銃環繞
二十餘里分遣賊衆死守星羅棊布堅如鐵桶臣
總統鎭營舟師將各大小戰船風蓬上大書將弁
姓名以便備知進退先後分别賞罰于六月十四
日辰時由銅山開駕進發十五日申時到猫嶼花
嶼有守汛賊哨數十餘隻見臣舟師將到即奔回
澎湖時值天晚將船灣泊八單水垵澳遣官坐小
哨到將軍澳南大澳等島安撫島民十六早進攻

澎湖逆賊排列船隻迎敵臣標署右營遊擊藍理等官兵配坐鳥船一隻署後營遊擊曾成等官兵配坐鳥船一隻署左營遊擊張勝等官兵配坐鳥船一隻二等侍衛吳啓爵等官兵配坐鳥船一隻同安城守右營遊擊趙邦試等官兵配坐鳥船一隻海壇鎮標中營遊擊許英等官兵配坐鳥船一隻銅山鎮標右營遊擊阮欽爲等官兵配坐鳥船一隻此數船首先衝鋒破敵直入賊䑸攻殺賊砲船二隻趕繒船六隻賊夥斬殺殆盡其船放火燒燬又用炮火攻擊立刻沉壞賊鳥船一隻趕繒船

二隻副鋒臣標右營千總鄭高匀配水陸等官兵坐鳥船一隻烽火營遊擊王祚昌匀配水陸等官兵坐鳥船一隻臣標署右營守備方郤等官兵配坐鳥船一隻金門鎮標中營遊擊許應麟等官兵配坐鳥船一隻金門鎮標右營守備林芳等官兵配坐鳥船一隻臣標隨標功加守備李光琅等官兵配坐鳥船一隻用砲火攻擊打沉賊鳥船一隻趕繒船二隻賊夥溺死殆盡時值南潮正發前鋒數船逼近砲城賊艘齊出合圍臣恐數船深入難出自將坐駕船直衝入賊䑸興化鎮臣吳英繼後

夾攻焚殺僞揚威將軍援勦左鎮沈誠統轄前鋒鎮姚朝玉義武鎮陳侃戎旗五鎮陳時雨僞協將弁大小賊目計七十餘員僞水師總督林陞中箭三枝中鹿銃二門左腿被大砲打折立即載回臺灣賊衆焚殺溺死計二千餘衆遂救出數船臣右眼被銃擊傷眼睛未壞四天色將晚收出西嶼頭洋中拋泊十七日早將全䑸舟師復收泊八罩水垵灣嚴申軍令查定功罪賞罰官兵十八日進取虎井桶盤嶼十九日臣坐小趕繒船往澎湖內外塹嶼內細觀形勢二十二十一兩日故用老弱驕

兵之計用趕繒雙帆艍船分二股假攻嶼內內外塹以分賊勢臣于二十二日再申軍令分股進發遣臣標隨征都督陳蟒魏明副將鄭元堂領趕繒雙帆艍船五十隻爲一股從東畔嶼內直入雞籠嶼四角山爲奇兵夾攻又遣臣標隨征總兵董義康玉外委守備洪天錫領趕繒雙帆艍船五十隻爲一股從西畔內塹直入牛心灣作疑兵牽制將大鳥船五十六隻居中分爲八股每股七隻各作三疊臣居中爲一股興化鎮臣吳英領一股居左平陽鎮臣朱天貴臣標前營遊擊何應元合領一

股居右金門鎮臣陳龍領一股在次左臣標署中營參將羅士鈖署右營遊擊藍理署後營遊擊曾成合領一股在次右之右署銅山鎮臣陳昌領一股在次左之左海壇鎮臣林賢領一股在末右厦門鎮臣楊嘉瑞領一股在末左尚有船八十餘隻留爲後援臣督率嚴陣指揮直向娘媽宮撲勦賊各處砲城及迎敵砲船鳥船趕繒大小各船四面齊出迎敵每賊砲船安紅衣大銅砲一位重三四千觔在船頭兩邊安發熕二十餘門不等鹿銃一二百門不等砲火矢石交攻有如雨點烟燄蔽天

咫尺莫辨首衝破敵陷陣乃海壇鎮臣林賢平陽鎮臣朱天貴前營遊擊何應元海壇鎮標左營遊擊吳輝千總蔡琦鳳海壇鎮標右營守備林正春副鋒臣標前營千總林鵬海壇鎮標右營遊擊江新圍頭營遊擊陳義平海營遊擊鄭桂海壇鎮標中營遊擊許英等其分遣東西二股官兵船隻繼進夾擊互攻自辰至申我師奮不顧身抵死擊殺賊被我師用火桶火礶焚燬大砲船十八隻擊沉大砲船八隻焚燬大鳥船三十六隻趕繒船六十七隻洋船改戰船五隻又被我師火船乘風燒燬

鳥船一隻趕繒船二隻逆賊并力死鬬勢窮難支用火藥藏于船艙發衝必砲自焚砲船九隻鳥船一十三隻賊驚危勢急跳水得獲鳥船二隻趕繒船八隻雙帆艍船二十五隻焚者焚殺者殺僞征北將軍曾瑞定北將軍王順水師副總督左虎衛江欽統領右先鋒陳諒戎旗二鎮吳潛援勦右鎮鄭仁援勦後鎮陳啓明宣毅左鎮邱輝護衛鎮黄聯後勁鎮劉明折衝左鎮林順斗壁宿鎮施廷親軍水師三鎮薛衡水師一鎮蕭武水師二鎮陳政水師四鎮陳立中提督中鎮洪邦柱中提督右鎮尤

俊中提督後鎮楊文柄中提督親隨一鎮陳士勛左龍驤中協黃國助右龍驤左協莊用侍衛中鎮黃德侍衛右協蔡智侍衛驍翊協蔡添侍衛領旗協林亮侍衛左總轄毛興勇衛中協張顯勇衛左協林德勇衛右協陳士勳勇衛前協曾遂中提督領兵協吳畧中提督左協林德中提督前協曾瑞中提督領旗協吳福中提督前鋒協陳陞中提督總理協陳國俊右武衛右協吳遜右武衛隨征二營梁麟水師二鎮前鋒副將李富水師二鎮左營副將張欽水師三鎮左營副將許端水師三鎮右

營副將林燿援勦右鎮右營廖義援勦前鎮前鋒
營莊超折衝鎮左營陳勇左提督後鎮左營王受
等四十七員其餘偽協營領兵監督翼將正副總
班總理監營候鋏將小頭目焚殺溺死約計三百
餘員焚殺自焚跳水溺死賊夥約計一萬二千有
奇屍浮滿海總兵朱天貴被砲穿脇立死遊擊趙
邦試亦被砲擊腦立死總兵林賢被箭輕傷左臂
總兵吳英被鹿銃輕傷右耳賊止剩有小砲船三
隻小鳥船二隻趕繒船十一隻雙帆艍船十五隻
脫出北面吼門遁走訊知劉國軒乘小快船亦從

吼門而逃時值黃昏難以追殺在山偽將軍果毅
中鎮楊德遊兵鎮陳明果毅後鎮吳祿中提督前
鎮黃球璧宿鎮楊章侍衛後鎮顏國祥中提督中
協副總兵張顯驍翊營副將洪良佐統領右先鋒
領兵副總兵李錫右先鋒營副總兵黃顯右虎衛
領兵副總兵江高果毅鎮下左營林新左虎隨征
營副將黃豹左虎副將江篇遊兵鎮中營周烈前
營副將劉隆果毅後鎮右營副將林好旗鼓中軍
嚴澤親隨營正總班阮俠中提督下副將李芳管
理大砲副將林武前鎮下隨征副將湯興前鎮下

左營副將蔡穆戎旗二鎮右營副將吳陞果毅中
鎮正領兵副將曾勝中營副將楊傑左營副將吳
振右營副將陳李隨征營副將黃桂前鋒營副將
張佐春參將楊彬偽提督後鎮領兵中軍徐其昌
果毅後鎮左營林和左翼將廖冬神威營林啓後
鎮左營楊壯璧宿鎮隨征參將洪存光候鋏親隨
營參將王建遊兵鎮親隨標參將鄭泗隨標參將
何正前鎮正領班參將林興衛鋒正總班參將黃
峨左虎衛正領遊擊林尾副領都司卯陞璧宿鎮
旗鼓正中軍遊擊林朝暉宜毅左鎮左營卯睿果

毅中鎮下遊擊王壽吳旋賴淑鄭應一正領遊擊
黃壽二正領遊擊林明三正領遊擊林暢陳賢王
招四正領遊擊陳勝遊兵鎮中營遊擊陳恕前營
遊擊薛舅隨標營遊擊施辰果毅後鎮領兵洪陞
坐營中軍劉斌翼將楊勝親隨營將徐秋隨征營
將曾春遊擊鄭先庚前鎮隨征遊擊顏滔左翼遊
擊錢孟喬左副領遊擊方勝右副領遊擊林盛掌
標遊擊陳奕小監營遊擊戴耀左副總班都司黃
陞右副總班都司黃義侍衛監營林仕領旗營陳
寅旗鼓中軍林贊果毅中鎮下都司鄭辛王友順

何榮黃桂　李陞吳麟管砲都司陳鳳壁宿鎮下正
總理侯鉠　都司林英楊勸宣令守備林玉監營守
備陳和副總班守備林麟副總班守備楊瑞周明
黃登中提督下二領林輝明三領梁三老果毅中
鎮下守備沈雲隆許福柯偉陳仕陳定鄭與陳鑾
林長陳德完蔡興洪祿林鳳林甫陳萬蔣鳳謝吉
康順張福　王麟曾艮陳月陳尾遊兵鎮中營守備
李忠前營守備朱義隨標營守備黃二林彩許五
林泰管砲守備林換李受前鎮下守備吳傳胡哲
龔耀陳新提督後鎮衝鋒總班陳斌侯鉠親隨營

王飛龍正總班曾道與副總班歐與都司高陞陳
進果毅後鎮下司總陳貴楊美陳桂總班周虎中
提督下司總林愛都司林三侍衛下副領陳祺遊
兵鎮下親標營千總胡進黃璉隨征千總李四朱
都王雄果毅後鎮下都司楊龍蔡珀監營林龍璧
宿鎮下都司劉明許佐總班程雄趙和紅旗官沈
冬陳勝果毅後鎮下司總謝里蔡明正總班洪忠
柳賜正總理黃三副總理許攀隨征正總班張猛
紅旗官許卯何煌陳勝董與總司黃貴等共一百
六十五員帶賊衆四千八百五十三名倒戈投降

臣仰體
皇上好生之德宥其自新俱巳發令薙髮僞鎮營
賞以袍帽賊衆給以銀米用彰我
朝廷不嗜殺鴻恩以策後效是役也逆賊盤踞海
島四十餘載荼毒生靈跳躪版圖致厪
皇上宵旰之憂臣體
聖衷誓心滅此淨盡故雖帶傷負創賈勇撲勦舟
師自十四日深入汪洋巨浸之中水天相連稽古
以來六月時序澎湖無五日和風怒濤山高變幻
莫測今抵澎旬餘日海不揚波俾臣得以調度七

日夜破賊且二十二日進師午刻潮漲較多四尺
莫非
上天垂祐
皇上彌天之福故使扼守澎湖巨魁巨鎮精鋭逆
賊巨艦不數日而全軍覆沒雖各鎮將弁目士卒
戮力用命實賴
皇上天威丕振督臣姚啓聖捐造船隻捐養水兵
與臣共勦大舉仍又親來厦門殫壓殫心催趲糧
餉輓運不匱加以厚賚犒賞將弁三軍莫不激勵
思奮今日克取澎湖之大捷皆督臣賞賚鼓舞之

功乃有此成效也擬卽乘勝進勦但臺灣港道紆
廻南風狂勇深淺莫辨似應少待八月或十月利
在北風進取萬全倘有機會可破臣立卽進師三
軍關係綦重尤當倍加愼毖不敢輕舉妄動澎湖
爲臺灣咽喉今澎湖既已克取臺灣殘賊必自驚
潰膽落可以相機掃蕩矣但二穴克掃之後或去
或留臣不敢自專合請
皇上睿奪或遴差內大臣一員來閩與督臣商酌
主裁或諭督撫二臣會議俾臣得以遵行更有請
者臣奉有

欽頒功罪格例賞罰期必嚴明行間將士首先衝
鋒破敵自當題叙如逡巡不前法豈容寛必宜分
別依格究處惟賞功一項臣前題明暫取二萬五
千兩布政司纔發一萬六千兩尚少九千兩此番
官兵用命血戰者多必須從優奬勵仰俟銀兩遵
照格例賞賚又見在進勦臺灣尤切需賞功銀兩
以昭信賞用鼓士愾伏祈
勅部移咨督臣迅行酌給如投誠官兵中有自願
歸農者臣查其原籍卽行該府縣安插老弱者亦
在黜汰若欲入伍者糧餉在所必需應動何項錢

糧并乞
勅部咨會督臣撥給策應使投誠之衆各得其所
而無流離之嘆臺灣逆孽勢必望風歸附蕩平之
後仍遵
旨裁汰此十六二十二等日水陸官兵攻殺賊衆
死亡者計三百二十九員名帶傷者計一千八百
餘員名悉被砲火攻擊以致傷亡甚多臣將被傷
官兵按其輕重一等傷每名給銀三兩二等傷每
名給銀二兩三等傷每名給銀一兩以資藥費死
亡者酌給銀兩以備殯殮此項銀兩臣暫爲那應

容備造發給數目細册送部稽核發給還項至于
格外優䘏出自
皇仁其重傷官兵不能荷戈者臣俱已撥船載回
厦門延醫調治其所少兵額另咨督臣就于陸師
挑選前來補足精兵實數時常操演尅期合䑸進
發至于分派衝鋒副鋒鎮營將弁配坐鳥船趕繒
船鳥船每船或配大小將弁閑員及外委弁員二
三十員不等趕繒船每船或配十員八員不等又
如鎮將所領一股每股鳥船七隻其中分配水陸
將弁首先跳船焚船者尚多其人䟽內未得逐一

槩列容臣蕩平臺灣奏凱之日擬定功罪臚列在事文武官兵員名備造清册開報請叙其投誠僞鎮營繳到僞關防牌劄與夫得獲船隻大砲甲器旗幟等項查所獲紅衣大銅砲十二位每位重有四五千觔砲子大者二十二三觔中者十七八觔次者十四五觔鉎鏔大砲二位每位重七千餘觔用砲子三十餘觔尚有焚燬砲船所配之砲俱已沉落在海見在尋撈其餘大小發熕砲火甲器等物容查明一并造册繳部以聽查察

論臺鎮不可移澎書代　藍鼎元漳浦人

臘月望三日連接憲翰五函及馬守備安遊擊口述鈞諭令某暫駐臺灣不可遽爾班師竊惟此時臺中大定署鎮黄總兵足資彈壓以某越俎久淹自顧亦覺無謂况當宁已議臺鎮移澎更設副將是一總兵處此尚嫌其多而某又爲蛇足獨留不去竟似貪戀雞肋殊堪羞慚裁營减兵之説臺人聞知頗有嘖嘖竊笑者某告以廷議未定必待督撫提臣遵依具奏方可施行玆奉憲檄减兵及裁回將弁名數某尚秘不宣露望早晚或有變更若果臺鎮移澎則海疆危若累卵部臣不識海外地理情形憑臆妄斷視澎湖太重意以前此癸亥平臺止在澎湖戰勝便爾歸降今玆澎湖未失故臺郡七日可復是以澎湖一區爲可控制全臺乃有此議不知臺之視澎猶太倉外一粒耳澎湖不過水面一撮沙堆山不能長樹木地不能生米粟人民不足資捍禦形勝不足爲依據一草一木皆需臺厦若一二月舟楫不通則不待戰自斃矣臺灣沃野千里山海形勢皆非尋常其地亞于福建一省論理尚當增兵易總兵而設提督五營方足彈壓乃兵不增而反减又欲調離其帥于二三百里

之海中而以副將處之乎臺灣總兵果易以副將則水陸相去咫尺兩副將豈能相下南北二路參將止去副將一階豈能俯聽調遣各人自大不相統屬萬一有事呼應不靈貽悞封疆誰任其咎以郭子儀九節度之師而不立元帥統攝尚且師徒潰散况今日耶澎湖至臺雖僅二百餘里順風揚帆一日可到若天時不清颶颸連綿浹旬累月莫能飛渡臺中百凡機宜鞭長不及以澎湖總兵控制臺灣猶執牛尾一毛欲制全牛雖有孟賁烏獲之力總無所用何異欲棄臺灣乎臺灣一去漳泉

先爲糜爛而閩浙江廣四省俱各寢食不寧山左遼陽皆有邊患某庸愚無識以爲此土萬萬不可委去若遵部議而行必悞封疆某杞人妄憂中心如焚非特爲桑梓身家之慮惟望恕其狂瞽且賜明示解惑焉

論哨船兵丁換班書

臺澎水師換班之兵自當悉數遣發不使私留一人　諭旨當遵憲令亦不敢違也但哨船中舵繚斗椗各兵則有不可更易者蓋闔船性命關係數人之手而臺澎洋面橫截兩重潮流迅急島澳叢

雜暗礁淺沙處處險惡與內地迥然不同非二十分熟悉諳練夫寧易以駕駛哉內地所來換班之兵雖曉水務畢竟礁脉生疎不可倚賴而習熟可賴之舵工水手則內地水師各營俱欲留以自用誰肯舍已讓人縱令換班于遠勢必以疎劣嘗試苟且塞責以　朝廷戰艦官兵供斯人美錦學製之具希圖徼幸于萬一蓋亦危矣幸得苟安無事以庶幾港道漸熟瞬息三年瓜期又至終不能長有此人不幸而中流風烈操縱失宜頃刻之間不在浙之東廣之南則扶桑天外一往不可復返即使收入臺港礁線相迎不知趨避衝磕一聲奮飛無翼以　朝廷戰艦官兵斷送于換班舵繚之手是良法美意適以傾人性命斯亦　當宁所惻然傷心不忍聽聞者也夫事有經權法有通變與其悔之于後何如慎之于初執事經濟宏深忠誠爲國不識尚有轉圜之機可于此中畧爲籌畫否上則繕疏入　告次則設法酌留依阿隱忍坐觀其僨諒高明必不出此惟執事留意焉

各汛口查船粘連印花議　胡建偉三水人

案准臺灣府關奉飭議汛兵私刻木戳掛驗船隻

作何杜絕一欵伏查木戳原非印信關防可比汛口掛驗誠不足以昭信守也若船隻過口必需待用印信關防則汛口離署遠近不一往返蓋印勢必守候需時是欲絕弊而反以累民矣但木戳雖不足爲憑又不可不用以專汛口之責成卑職愚見莫善于印信關防與木戳粘連交用一法之爲妥也請嗣後凡屬汛口令該管文武衙門預用印花于中間挨順塡明號數或一百張或五十張給發汛口兵役收領備用俟用完再請于掛驗時將年月日船戶姓名塡註印花內實貼該船牌照之

上該汛即于印花騎縫處鈐盖木戳使印花木戳搭連可查該管文武衙門設立循環印薄發交汛口將貼過印花號数月日船戸姓名一一塡明薄內送該管衙門查核則印花得免盜貼之弊如汛口與衙署相近之處竟可專用印信關防其印花木戳均可不用如蒙准行之後尚有查出並無印花但用木戳者即以私刻論罪并出示遍行曉諭俾通省船隻商民人人共知縱有私刻木戳亦無所用之固可不禁而自絶也如是辦理汛口兵役既各有責成不能諉卸亦無私刻盜用之虞矣卑

職管見如斯是否可採伏候　憲臺酌奪批示倘蒙　允准仰懇即賜通飭以便通行

捐創澎湖書院序

原夫書院之設所以輔膠庠之教之所不逮也我國家加意作人振興士類于學校之外凡省會建置書院發帑金以資膏火法良意美士生于今抑何幸哉因而府廳州縣與夫通都巨鎮薄海遐陬靡不踵事而興以爲士人敬業樂羣之所藝林精舍遂徧寓内焉澎湖學隸臺郡遠阻大洋風聲逖聽人無奮志學鮮良師實膠庠之教所不逮也百年以來風氣未開守土者豈能辭其責耶余下車伊始即進諸生而校閱之間多秀杰但識解梏于見聞未能遠到耳繼而月有課季有考公餘之暇與之講求讀書之法舉業之式甫經數月漸有成就惟是僕僕往來奔走道路而無游息居學之安余甚憫之爰與都人士謀所以創興書院之意衆志僉僉欣然報可隨稟明　臺灣學政張憲並達知郡守秦公均以爲地方應辦之事深加奬勸嗟乎道待人行義因時起天將霖雨山川出雲豈偶然哉謹捐俸廉百金以爲諸君倡念我澎賢夙稱

好義衿耆士庶與夫客寓斯土者其各踴躍樂捐以勷斯舉俾翬飛鳥革以翼我士林凡歲中脩脯之需膏火之費均有賴焉則幸甚也昔文翁守蜀昌黎刺潮皆以興學爲先懃懃懇懇而不能以自已者何也記曰能爲師而後能爲長使詩書之道廢禮樂之教荒而欲人人親其親長其長野有敦睦之行庭無雀鼠之訟豈可得哉余雖學殖疎淺不足以振起人文儀型多士而于化民成俗之道則斷斷以是爲當務之急也是爲序

重修　關帝廟引

余莅澎之三日循例謁神恭詣　武廟見其棟宇傾頹中心惻然夫修舉廢墜者守土之責也余亦何辭但此意蓄而未伸傳曰先勤民而後致力于神將與地方事宜次第舉行耳及晤　總戎林公戴公已先得我心諄切具陳厥舉囑余權輿肇始各捐俸廉以倡嗟乎事以義舉而四方響應者其心同也矧　關聖之德播在人間普天率土以至海隅日出庸夫愚婦罔不尊親焉非心同乎是役也衆志僉俞凡我屬兵民衿士以及四方商賈遊歷斯土者隨願捐輸以勷厥工庶　廟貌重新言

言翼翼以福我澎疆者寧有既耶是爲引

創建西嶼義祠記

國家于郡邑地方咸建設無祀壇祠每歲致祭所以慰幽魂也況風師鼓浪沒命于波臣者可不有以妥侑之乎乙酉九秋二十三日颶風陡發浪同山湧擊碎通洋船隻數不勝指而灣泊于澎湖西嶼內外塹被難者不下三十餘船淹斃人口至一百二十餘人之多此誠歷年來所未有之奇災異厄也孤魂渺渺永與波濤相上下誰實祀之總戎戴君特與義舉于西嶼內塹外塹適中之地創建祠宇招溺者之孤魂而普祭由是靈有所依鬼無餒而非仁人君子之用心而能若是乎余于今歲仲春始來分守斯土聞之適洽予懷遂與護協鎮林君共贊成之鳩工庀材兩越月而告成從此昭茲來許厥祀克綿而戴君惻隱之懷不且與祠宇常存勿替耶是爲記

文石書院落成記

文石者澎產也產于澎而重于世此石之所以可貴也石何以貴以文爲貴也然文之見貴于人亦自有辨凡物之文華而不實者縱繪雲絢藻烘染

精工而柔脆難久實之不存文亦何取惟文石之文以堅貞之質著斑爛之耀五色紛綸應乎天則五緯昭應乎地則五行位應乎人則五常敘而五教彰充實光輝發越而不可掩斯文之所以可貴也君子觀此因以得爲學之道焉夫石之由璞而發于山也如人之自蒙而就于塾也石必擇工之良者而授之治也如人必擇師之賢者而從之遊也始而琢磨繼而攻錯久之而彫刻之形痕迹俱化以幾于純粹以精之候亦如學者之始而訓詁繼而服習久之而漸摩之至義精仁熟不知不覺

升堂入室進乎聖賢之域懷瑾握瑜不亦一藝林之純璧也哉昔漢犍成子遇異人受以文石吞之因而明悟遂為一代儒宗後以授五鹿充宗亦為通儒噫一文石也二公獲之俱以文顯如此然則生于斯長于斯萃山海之靈而孕奇毓瑰者又當何如也彭之人士從此居業得所游息有方而無言龐事雜之累春夏詩書秋冬禮樂以砥礪其心性潤澤其文章處則為有道之士出則為有用之儒記曰君子比德于玉豈欺我哉行將圭璋特達以上應

當宁之求當與夏瑚商璉輝映于清廟明堂之上矣緯地經天斯文為至文也石云乎哉書院之名因有取焉是役也經始于丙戌之孟冬落成于丁亥之孟夏所有助貲宣力者例得備書以垂永久是為記

增建　關聖廟頭門儀門記

澎湖　關聖廟迺康熙二十三年平臺後所建以主斯土之祀者也但時值草創規模未備且歲久飄搖丙戌秋余與協營林戴二君圯者復之剝者墁之畫棟雕甍業已一律維新矣茲協鎮許公謂當今　武廟與　闕里並重廟制未宏非所以肅祀事而荅神貺況去年歲時豐美海嶼安瀾兵民輯睦何莫非仰賴　神庥之所致也治民祀神非守土之責耶因與余謀所以廓其制焉兩營諸同事亦欣然報可遂各捐廉俸增建頭門一進三間門內東西翼以兩廊各三間又增建儀門一進三間門內東西亦建兩廊各二間以為祭祀時各官至止聽候行禮之所也其天井堦除鋪砌磚石俱各修整相稱焉噫道待人行時至義起許公之誠意如斯其所見者遠矣是役也肇于丁亥之季冬

成于戊子之仲春越兩月而告成從此　廟貌森嚴規模宏敞神所憑依其在斯乎所有助財宣力者並備書于匾以垂永久云是為記

澎湖紀畧卷之十二

賦

觀海賦

澎湖廳　周于仁西蜀孝廉

讀書而周知萬彙窮居而備悉九寰祇能心識乎
名物尚未目及夫班班予也生長西蜀求志槃阿
造車結網閉戶爲多間有所適千里還輌名山大
川閱歷幾何迨竊賢書長綏斯握歷雲間之巑岏
辨涇渭之清濁睹流沙之黃河盻插天之華嶽驚
寒風之裂肌訝堅冰之須斲由秦晉而達神京益
驚心乎卓犖集萬國之冠裳拱
宸居之雲倬極人物之殷繁兼車馬之喧轕苟株
守乎窮鄉終鴻觀之罔覺憶余春秋五十有五謁
選屆期再治我輔熟路兮輕車越山兮度浦及銓
授求春
庭對
聖主三覲
天顏感與欲舞䘖　命就道幽燕齊魯經泰岱之
旁率濟水之滸觀亦云多指不勝數由淮入吳天
塹雄圖擊楫爪步載酒西湖仙霞峻極閩浙機樞
雖人物之不異却言語之大殊浦城登舟尤溪入
陸石吼兮灘高山連兮嶺複心悸兮忡忡身疲兮
僕僕長林兮森森豐草兮蔘蔘希味兮悦口如荔子海味等
奇觀兮豁目崎嶇歷盡乃至桃源銅符初綰事
劇且煩譬之駑力懼不勝轅復承
簡命調我鏞州路當衝要刑政須修人豪地勝有
暇亦遊望龜山兮仰止搜玉華兮窮幽謂縱觀之
已極寧睽望而他求甫越期年胡又量遷澎湖重
地海島孤懸捧檄遄往再歷興泉厦門暫憇詹吉
登船淼淼大洋從茲掛舵非山而浪擁千峰無花
而波開萬朶不雨而風激如霖搖星而眼迷似火
時起霧而騰烟間堆垠而列埰正子午于星經防

颶颭之相左中有二溝乜稱奇特紅溝兮如丹黑
溝兮似墨形稍窳而不平勢橫流而若仄傍綠水
之清泓亘萬古而不忒潮旣往而旋來日應時而合
刻窮睇盻于汪洋覺疇昔之言海不啻乎管窺而
蠡測烱烱然合五十載之睹記傳聞不覺于斯而
有得嗟嗟觀屬于目理通于心量可有容兮吾觀
其大虛乃能受兮吾觀其深觀豈徒然哉擴所觀
以服政兮又何難當
明聖之世而堯舜乎斯民獨鄙人識闇而才疎兮
愧有志而未能

文石賦有序

澎湖產文石在外塹山麓掘地旁石得之外其醜惡經磨礲而文出其文與質不一其色淡而不濃淺而不艷其形大小不倫欹陷稜斜尖突異狀絕無方圓平直者其直低昂不一售者倍之爲念珠重而凉不宜于冬餘亦堪爲案頭玩具云

考文石之托始兮韞于璞而深藏迨疇人之穿鑿兮乃由闇而之章色清淡而不艷兮形多稜而少方不可黙而成金兮不可餐而爲糧不可爲圖而

作篆兮不可爲器而薦香不可入藥而供丹竈兮不可作硯而伴文房胡爭取之若騖兮致厥直之常昂購之無謂兮棄之何傷石若鮑然而自鳴曰君不吾取吾爲君宣吾聞君子不責人以全美不没人之微賢矧吾粹品出自天然質瑩瑩而不駁性硜硜而恒堅不追琢而自麗不粉飾而成鮮合雲帶霧染黛浮烟依海島而儲秀歷寒暑而永年匪自衒以求售偏競美而投錢曾雜珍奇于五都之市幾供玩悅于七寶之前士逢知已而自貴物經賞識而益妍君不吾取吾無憾焉余聞其言歎異者久之乃恍然曰非石之貴惟文爲貴文不雷同故其色各出文不柔靡故其質常貞文不好異而矜奇故淺淡而不可厭文不悅人而逢世故平常而不可輕惟其如是是以取之嗚呼一石之微尚以文見重于海隅况士君子斯文自任懷瑾握瑜選珪璋兮黜碔砆探英奇于崑崙之巔識卞璞于荊山之區視玆石又當何如也

澎湖文石歌　福建藩臺錢　琦

茫茫元氣虛空鼓長波汗瀁蛟鼉舞忽然蓬萊失左股幻結澎湖擁仙府秀靈磅礴孕扶輿滄桑閱

歷成今古遂有寶氣磨青蒼知是奎星墮沙渚雷電追取勅神丁氷雪琱鏤運鬼斧合則成璧分如珪員或應規方就矩蘚斑隱躍漬璘璘螺文屈曲旋楚楚或如端溪鴝鴿眼或如炎洲翡翠羽蒼然古色露精堅秀絕清姿工媚嫵几案有時烟雲供光怪猶作蛟龍吐底用珊瑚採鐵網那復夜光詫懸圃我來海外搜奇材誰料眼中盡塵土塵土塵土何足數此石莫共匣劍處猶恐神物不自主夜半飛騰作風雨

乙酉三月十七夜渡海遇颶天曉覓澎湖不

得回西北帆屢瀕于危作歌以紀其事

臺防廳　孫元衡　桐城人

羲和鞭日日巳西金門理檝烏鵲棲滿張風帆夜濟海天吳鎮靜無纖翳東方蟾蜍照顏色高低萬頃黃琉璃飛廉倏來海若怒豬鬣鼓鋭喧鯨鯢南箕簸揚北斗亂馬銜罔象隨蛟犀暴駭鏗訇兩耳裂金甲格鬭交鼓鼙倒懸不解雲動席宛有異物來訶詆伏艎僮僕嘔欲死膽汁瀝盡攣腰臍長夜漫漫牛人鬼舵樓一唱疑天雞阿班眩逮逡筋力出海环琰頻難稽不見澎湖見飛鳥鳥飛已沒山

轉迷旁羅子午晷度錯陷身異域同酸嘶况聞北嶕沙似鐵誤爾觸之為粉虀（澎湖山南有北嶕下為鐵板沙）回帆北向豈得巳失所猶作中原泥浪鋒春漢鷁首立下旋渦臼高桅低怒濤内濺頂踵濕悔不脫殼為鳧鷖此事但蒙神鬼力窅然大地眞浮稊翠華南幸公卿集從臣舊職咸金閨挂冠神武蹤巳邈願乞骸骨還山谿讀書有兒織有妻春深烟雨把鋤犂

危舟得泊晚飯書懷

大海狂瀾驚轉舵金山到似解重圍此生不道有來日欲往何如成獨歸麤糲儒餐初定痛蕭疎旅鬢忽知非百年好是雙行脚夢繞湖山舊翠微

海波夜動燄如流火天黑彌爛亦奇觀也

亂若春燈遠度螢坐看光怪滿滄溟天風吹却半邊月波水杳然無數星是色是空迷住著非山非鬼照青熒夜珠十斛誰拋得欲掬微聞龍氣腥

客以海圖見遺漫賦一篇寄諸同學

中原十五州無地託我足銜命荷蘭國峭帆截海腹披玆瀛壖圖島嶼紛可矚回身指南斗東西日月浴颶風怒有聲駭浪堆蓬幅滌汔終古心瀇瀁

萬里目毫釐㫁舟輿稊米辨巖谷道犇裸體人市莽連雲竹覽者睫生芒聞之肌起粟寄語平生親將毋盡一哭

抵澎湖澳

孤島如稊一葦航情懷跋扈興相羊身隨雲鳥投清壍（洋少淺清水壍）日夜鼓天風過黑洋翠蝌胎魚堪入饌（海蝌翠色沙魚胎生）竹灣花嶼（俱澎湖山名）有飛觴此間未是埋憂地貫月浮查正渺茫

紅夷劍歌

海潮迅復千丈波寶劍出匣悲風多劍身三尺菖

蒲葉文成蝌蚪星辰羅耿耿光明拖疋練潢潢氣勢飆長河繞膝柔如弓抱月錚然脫手鏘鳴珂壯士斫石迸陰火應聲解物無延俄寒燈照夜老蛟泣冷雨入屋神龍歌長鬚遺民向我說兒時喪亂淪于倭長歷荷蘭諸絕國酷嗜長劍情靡他蕃禁例同盜神器得此逋竄遭蹉跎渡海中流鬼物奪雷公電母頻撝訶歸向中原廼拂拭照見頭髮霜爲皤艮工導我開生面千金裝飾十年磨佩之邪心除已盡世人不敢輕摩挲我有墨兵久不用睹此神物心平和願見聖人舞干羽喜逢宇內銷兵

戈遺民掀髯發長嘯太平對此將如何萬事不平今已矣掉頭蹈海雙滂沱

黑水溝

氣勢不容陳茂罵犇騰難著謝安吟十洲徧歷横洋險百谷同歸弱水沈黔浪隱檣天在臼神光湧櫂日當心方知渾沌無終極不省人間變古今

颶風歌

九瀛怪事生微茫瘴母舍胎颶母長虹篷出水勢傾墮（斷虹飲水稱爲破篷主風）雲車翼日爭迴翔（雲如車輪主風）須彌山下風輪張獰悍標怒天爲盲瑜然于扶桑之木末吞吐夫天池之巨洋訇哮簸蕩鼓神力不崇朝而周廻于裸人之絕國黑齒之窮鄉颸颭颰颰無不有一一堁堀塵飛揚宊如神兵交萬馬崩若秦家天地瓦飈飍起中央沙礫盡飄灑鼇身贔屭拄坤軸羲轂軒軒欲回轅怒鯨張齒鵬奮飛涸鱗陸死鹽田肥嗟哉元龜入轂避武威伏蟲盡跦蹸楦物將誰依東門大鳥何時歸我聞山頭磐石墜海水夔鼓轟騰五百里戰舸連檣吹上山乖龍罔象追遷徙萬八牵之返於沚嗚呼海田幻化艮如此又有麒麟之颶火爲妖颮颮熻熻如焚燒黃髮遺

民一再見闔門堅壁逃蒸熇青青者黃黃者黑死海破塊山枯焦飛廉任癡肆其虐祝融表裏夫誰要帝天不下聽仰首空雲霄舉筆用紀其事爲長謠昨者估客歸爲言落漈事（入溜爲落漈）遭此四面風溯滂無由避連山波合遠埋空湧嶂劃開驚裂地木龍宜鬱叫幽泉（海船下用直木稱爲木龍神實樓之忽有異聲則云木龍叫主凶）桅不勝帆柁出位閃閃異物來告凶鬼蝶于羣下窺伺赤蛇逆浪掉兩頭白鳥掠人鼓雙翅天妃神杖椎老蛟攘臂登檣叱魔祟（名媽祖棍可驅水怪）事急矣划水求仙披髮執箸虛搖船牛馬其身蹄其手口

銜珠勒加鞍韉雷霆一震黃麻宣金雞放赦天所憐扶歒盡仗六丁力中原一髮投箸烟芒刺在背鉗在口自量歸渡霜盈顛爲舉一杯酹南斗胡爲乎職司喉舌而箕張其口聖人御極不鳴條噫此厲氣焉能久雄兮雌兮理則均强爲區別楚人狃花信何妨廿有四扶搖不礙萬盈九動物神功齊雨暘南風薰兮慍何有顧箕察所好剛柔用其中戢威自艾安爾宮三年不波萬國來同吾將查乘貫月歷四荒八極徜徉而東

過澎湖嶼　巡臺御史景考祥（汲縣人）

渺矣澎湖嶼海中天一涯島開環四面民聚約千家風剝山無樹潮侵石有花捕魚生計足不解植桑麻

登大登山　巡臺御史范咸（仁和人）

瞥見山坳翠欲流葱蘢密樹景清幽嵐光迴與羣峰別海色遥看四面收日暮碧雲驚異彩雨過寒氣逼深秋天南鎖鑰横江外不放鯨魚夜出遊

三月二十五日渡海紀所見

海門峽如東放舟還趁潮島嶼漸以遠仰視惟雲霄天與水爲一逺颿同秋毫極目杳無際意氣慘

不驕問程藉指南（放洋全以羅經定方向）出海稱人豪（船主曰出海）亞班攬篷索上下等懸猱（占風望向者曰亞班緣篷桅而上登降盤旋了無怖畏）巨浪拍天起比似桅檣高龍骨（船底大木曰龍骨）從上過一落輕于毛遠望峻巆矗水沸山岳搖柁師噤不語謂是鯤魚尻噴沫散作雨十里聞腥臊轉瞬無所覩但覺心旌慆晚霞日初落星斗何迢迢夜黑青燐生非鬼亦非妖燄燄千萬點誰將十斛拋此景洵奇絶坐看過中宵鷄鳴天欲曙華彩掀波濤天吳與紫鳳野火春風燒萬頃蕩金碧蛟鼉爭潛逃動心復駴目快事傾醇醪幸逢

聖御宇海宴無飄颻生平見未見恣意誇同曹得藉滄溟力永靜番俗囂歸將畫蓬壺游仙足解嘲笑語金華人踞踏虛鳴鑣

二十六日晚泊澎湖

計程問澎湖取道疑已遠沿洄逾七更花嶼杳難辨金烏已西落風微柁欲轉黑溝驚狂瀾橫洋畏屯蹇傳聞弱水近東去不復返（桐城孫元衡赤嵌集臺與厦藏岸七百里號曰横洋中有黑水溝色如黑日黑洋險冠諸海或言順流而東則爲弱水自來浮去之舟無一還者）豈必飽魚腹竊自輕軒冕藤絚數百尺用試水深淺（大洋中欲下碇用鉛錘試水櫻藤艸三絚約長六七十丈）俄見白鳥飛

後缺

夢魂跌宕雷霆間是時望雨憂如渴極目園疇斷餘蘖北風可但濟行船喚起癡龍驅旱魃

渡海紀行　胡建偉（三水人）

時維二月中和節天氣晴明浪澄徹鷺門待濟匝月餘一朝理楫心怡悅鳴鑼擊鼓舟師迎拔椗許許歡同聲抓桅整繚候風信四面飄飄揚旗旌港繞山廻指大登兩峰對峙如門徑絮絮鐘磬出雲端共言此地頗幽勝探奇未暇蠟屐登訂遊約爽虎溪僧（虎溪僧曾約余舟過遊大登山）好山看徧且觀海眼界開豁心神凝停橈忽向寮羅（地名）揮呀呷無風亦簸灑

更兼海氣湧臊腥重暈頭眩輕也備守風七日藉風便倏忽千里茫無邊島嶼青青四山失只見上天下水相膠連渾淪囊括地軸逸洗濯星辰浴月日有如混沌未分之兩儀朔南何方東西晒餘皇巨艦輕于毛一葉泛泛隨波濤後船瞥見前船底彷彿露出鯤魚尻形形色色見未見灼灼爍爍閃流電似燹非燹燐非燐云乃鹹氣浮光夜炫爚認副駕（渡洋官船爲正駕餘船爲副駕）招隣舟火號高燒明星流天雞未鳴天已白茫茫飛渡黑水溝（海中有黑水如溝）黑水之溝黑逾墨蛟鯨宮闕龍伯國任爾銅船鐵梢公

每每過之生喘息我曾泛歷江與湖自謂大觀難爲徒觀此爽然翻自失川渟瀆渚等盃盂浩浩落落有如此一腔豪氣何時已酒酣夜半擊楫歌刮起黃頭盡傾耳最憐徐福三千人昔年過此曾問津求仙採藥那可得至今漆齒作文身八十年前驅鱷戰（謂平鄭逆也）兇人革心先革面九州之外又九州盡入版圖要荒甸置官命吏滄溟東捧檄萬里乘長風坎險如夷履平地丈夫如此亦豪雄

到澎湖境

舟人告我水中沚青青一點小于米此是澎湖西

嶼頭好向望樓遙瞪視七更洋走十二時白鳥翻飛輾然喜（使槎錄云近島嶼則有白鳥飛）漁火星星漸漸明到境不過三十里風微卸蓆下櫓搖齊心協力力足恃引絙探淺復量深恐防沙線與礁址大船進港本來難恰值今宵好潮水四角仔金龜嵵港口如門屹山峙紛紛吏役懽相迎紅紗夾岸籠燈候連日驚心千尺濤足踏實地樂無比從容就館謁諸生殷勤問俗挈大指一十三澳民頗惇澆瀉只有媽宮市

文石

石產于澎瀛之西嶼居人採取琢爲人物花卉鳥獸魚蟲圓璧方圭念珠手串色色皆備以供案頭雅玩閩中人士過此者莫不搆求焉斯亦大塊之菁華一方之貴重歟

地靈何處不仙洲且看文章點石頭寶氣陸離威鳳舞金光灼爍錦龍浮好將閱世存雙眼（石以有眼者爲佳）未許違時老一坵海外自來多瑰異願隨方物備共球

其二

輝山潤木最精神雅重儒林席上珍幾度沉埋封草莽一朝磨琢出風塵不愁抱泣同和氏轉恐拋奇有甕人藻釆更饒堅確性問從何處覓緇磷

其三

光華日月著文名肯共雕蟲小巧爭鎮物本來資厚重補天由此費經營樹從玄圃花常滿種向藍田玉自生絲竹一時訴合奏大成猶藉振金聲

其四

大作圭璋小念珠方員隨意總規模鏤光錯彩如三棘奪目怡神亦五都成子漢庭推碩學充宗文苑頌鴻儒（二公俱遇異人授文石吞之後大明悟遂爲一代名儒）瑯玕肺腑璠璵品價重連城出海隅（時建書院額名文石）

澎湖歌

藐茲澎湖一孤島幅員百里彈丸小九州不入禹貢圖開闢以來置不道荷蘭驅逐僞鄭平設官命吏名斯肇臺陽喉咽壯藩維金廈戶庭資障堡宅漻爲村一十三民居錯落晨星渺歲不十雨月千風（多風少雨之地）波翻浪覆勢傾倒匝時鹹水漲漫天白日昏昏晝窅流沙一片恍飛霜草未逢秋已盡黃地無高岡與陵麓又無溪澗與橋梁又無飛禽與走獸又無花木與篝篁織紝不事無麻苧絲帛不出無蠶桑三農最重無牟麥五穀最貴無稻粱燮

糞爲柴仗牛矢（土人燒牛糞呼爲牛柴）薯乾作食呼薯米（喚薯乾爲薯米）土瘠民貧何處無未有土瘠民貧到如此只合乘潮討海爲新畬揚帆棹槳爲犂鋤張罾掛網爲稼穡戳垵塞滬爲篝車多黍多稌頌蜃蛤千倉萬箱祝蝦魚不祭田祖祭龍伯吹邠擊鼓水中渚俗儉勤人椎魯熙熙恬恬風近古不崇佛教絕僧尼寺觀禪林目未覩漁者恒漁農者農饑食渴飲安井伍更無雀鼠訟譸張公庭清晏如召杜論文

時亦聚諸生詩書善氣溢眉宇千里一聖百里賢化導在人須鼓舞割雞慣笑子游刀家絃戶誦並中土（時余興學課文生童大加奮勵）惟有媽宮市上頗不馴言罷事雜多游民草竊無聊兼牙儈鰥兵蜂聚重爲隣赫赫炎炎盡烈火厝薪不徙勢必焚溱洧有蔄野有蔓鶉奔狐走鳥獸羣從此洗心先革面海宇淸寧看虎變褊心杞國日焦憂隻手欲挽狂瀾溉匆云蕞爾無重輕半壁東南關　帝眷作此長歌備採風形勢輿情一目見告我凡百諸君子匆棄芻蕘下里諺

除夕作

白酒黃柑共勸酬歲除淸燕也風流明朝考歷欣添算此夕傳杯笑舉籌暖氣迎春爐火活寒香送臘嶺梅幽占年何事憑龜卜海晏河淸是有秋

元旦次前韻（丁亥歲）

震行坎止遞相酬律轉東皇大化流萬國朝元嚴鵠立五更待漏聽雞籌陽回澎海韶光普春到湖山淑景幽滿酌屠蘇人盡醉椒花銀勝祝千秋

立春日作

農祥晨正肇今朝有腳陽春到海嶠但願均調多雨露更祈淸晏絕風颷（澎地多風少雨故云）洞庭酒酌黃柑滿粉署花明白晝饒（地無花卉僅植得美人蕉二株）澚社十三人盡樂秧歌齊唱舞翹翹

其二

九十春光第一朝十分和氣滿孤嶠祥開紫陌迎新睍瑞擁青旛拂曙颷寶字帖來人事快土牛鞭罷歲華饒瞻雲海國思羅勝莫笑坡公老插翹

其三

春應堯蓂六葉朝東風何地不員嶠仙齡浪侈三千歲花信難忘廿四颷白首橫釵喧戴勝青郊行

酒羨杯饒從今天地多生意甲拆勾萌漸長翹

其四

宦遊閩地八春朝遠駐澎瀛海外嶠舊雨縈懷舒柳眼故園入夢憶梅颷及瓜方代星初易（澎地海疆三年報滿）剪綵相遺俗尚饒株守一官虛歲月風流何日扈雞翹

十三澳詩　文澳

粉署何嫌冷似冰（廳署在澳內）東西分衛蔚雲蒸（澳即東西衛）少躬稼穡先疇美多羨魚鹽舊業增屋結海隅隣叔敖人誇豪氣擬陳登案山頭看鯤遊浪會向

風雷化大鵬

媽宮澳（即東西衛澳）

豈特雄封一馬頭（澎地鋪舍往來商船皆萃于此）重洋天塹此咽喉西援泉廈連犄角東護臺陽控上游遣戍干城歌肅兎編氓環堵類居鳩自維海甸分符重夙夜難忘馭遠猷

鼎灣澳

沙廻港繞錦相聯海濶銀河落九天鼎峙中分廬上下（澳有上中下三社）灣開四面地方員潭邊月載求魚艇水漏人耕立鶴田（潭邊水漏皆社名）禮讓易興緣俗樸書聲時聽和春絃

林投澳

行春按部過林投人物豐盈里社休東石（社名）風靖看鷺鶿西溪（社名）浪暖起龍游大夫計富惟詢馬比戶能封在畜牛（地多牛羊）海國太平真樂土安居漁佃即仙洲

奎璧澳

奎璧光芒本列星化作人間應地靈俗尚漁樵知力穡戶敦仁讓喜橫經城當北拱瞻辰極湖自東連洛日溟（城北湖東皆社名）紅罩青螺皆瑞氣（紅罩青螺亦皆社名）

乾坤何處不清寧

嵵社澳

四邊無樹浪爲花猪母雲趨落水涯（猪母落水社名）看徧魚龍思結網蕩搖星斗快乘槎石泉（社名）日麗眠黃犢鐵線（社名）風勍捲白沙傍島倚垵爰作室晨星三五是鄰家

赤嵌澳

赤嵌紅毛舊日城（臺郡亦有赤嵌城）文身陋俗久全更十洲海外逢清晏百忍堂前好弟兄（澳內張姓最稱敦睦）羨有多魚頻入夢漫勞春鳥喚催耕官閒到處詢民隱巷舞衢歌咏太平

鎮海澳

屹立洪濤鎮海門星分棋布壯聲援雷鳴百里風雲會豹變重溟雨露屯港仔（社名）行春車駕犢旗頭（社名）擊楫浪騰鯤蒼茫極日浮天水縹渺蓬壺粒米痕

通梁澳

亂石磊砢砌作牆（磊砢石俗名老古石）綢繆人事擬苞桑鈎來烟雨黿鼉棹牧徧阿池卜式羊海絕鯨波逢道泰民無鱷夢覘官良採風問聽滄浪咏步入通梁

過大倉（社名）

瓦硐澳

四澳星連萃北山（赤嵌、鎮海、通梁、瓦硐四澳統名北山）瓦硐看偏頓開顏雞窓夜照青藜火魚網朝圍綠水灣港尾（社名）地饒花蛤盛城前（社名）人樂鷺絲閒豚肩斗酒春風社白叟黃童帶醉還

西嶼澳

一嶼孤懸澎島西小門（嶼名）風亂水雲迷珊瑚海底魚龍護（外塹海中有珊瑚樹，番人曾到採不獲，說有蛟龍守此云）文石山頭鳳鳥啼（海產文石，居人琢為麟鳳玩器）夜半橫礁（社名）喧掛網春深合

界（社名）課耕犁塹分內外帆檣集共訝泉臺百貨齊

吉貝澳

地隆元武壯坤維鑰難忘保障思吉字有礁藏鐵板（澳北鐵板砂一帶，形如吉字，最為險要）貝文無價重金蠣（蠣即玳瑁，皮可飾物，以黃金色為尚）風晴日麗神山現浪捲颶馳海角迷邊徼自來天設險烟臺烽火慨紅夷（澳北有紅毛炮臺舊址）

八罩澳（即網垵、水垵二澳）

八罩澎南海外村也憑漁艇當田園珠璣（海出蚌珠）映月尋花嶼（島名）玳瑁乘潮（澳多玳瑁，大者重百餘斤）戳挽門（汛名）九夏望雷消颶母三秋祈雨長薯孫（澎地雨水最少）往來商

舡安瀾渡（此地泊船最險）馬腹鞭長可勿論（遠賦口岸稽查頗難）

同戴文煒林五雲兩總戎閱紅毛城舊址因懷靖海侯賦

頹墉依舊紀紅毛露冷雲寒野鼠嗥負固夜郎曾自大恢張天網更誰逃鯨鯢勢絕波濤靜（世傳鄭成功為鯨魚妖氣）臺廈勳懸日月高世盛永無烽火警太平黼黻屬吾曹

牛柴（澎地並無薪木，以牛糞炊爨，土人呼為牛柴）

漫云牛後遜雞聲糞出呼柴亦命名跨竈人驚烟縷縷登山誰聽斧丁丁輸他榾柮原無累剩得灰

廖更有情雖不用燔郊上帝力能調鼎著和羹

薯米（澎無稻粱，居人以薯乾供食，因名為薯米）

番薯當米度年華鼓腹安閒海外家義士不須勞指囷將軍何事慨量沙笑殊香秔供天府喜並山芋喚地瓜（閩人呼番薯為地瓜）一自島隅分種後風流隨處咏桃花（紅白相參為桃花米）

文石（次胡別駕原韻）　范君僎（浙江人）

澎湖一島類瀛洲石韞山輝品望優敲鑿得來文自顯（產于山之根，破璞而石始出）磨礱琢就彩應浮漫嗤落落輸雙琥最愛粼粼重九卯海嶼只今非易覓（石已採取）

始盡十分珍貴勝鳴球
把玩低徊妙入神他山怎與比儒珍連珠的爍渾
懸薏謂有眼爲重五色晶瑩那染塵詎似梧臺藏大寶
還同禹穴探遊人休言堅潤難如玉冬寒風燥常易裂磨
琢功深却不磷
誰云海外妄邀名虹氣光隨日月爭象物宛然傳
膂巧摹人彷彿極經營莫嫌瑑瑑零星見須識瑩
瑩大塊生不必價增踰十萬留情人盡布芳聲
分明聲價等明珠玉振于今紹聖模案上生花排
筆陣有做成筆架玩好者甚佳日邊浮尹誦瓊都九疑覆去傳

金簡五鹿吞來見碩儒從此文名增海甸璠璵應
貢鳳城隅時建書院以文石爲名故云

澎湖　孝廉張五典涇陽人
三十六島知何似數點煙缸數尺磯出海來占風
信好時時白鳥傍人飛
澳口新晴日未斜拍天碧水浸紅霞撥船三板乘
風軟礁嶼東西揀石花

文石書院詩并序
澎島無學宮別駕胡勉亭先生出俸錢搆講
院公餘輒課諸生官府山長兼之矣詩以紀
之
寸莛由來許叩鐘植林開礀謝長供千間廣庇勞
工部六百還捐自曼容何翅經師推北海應從天
下說中庸移情我亦隨烟櫂悟得琴心在衆峰

與文石諸生
海邊無事偶相過遞引深杯且和歌風雨閉門黎
進士記從笠底識東坡

題澎湖嶼　唐時人施肩吾
腥臊海邊多鬼市島夷居處無鄉里黑皮年少學
採珠手把生犀照鹹水

澎湖　臺郡丞齊禮物奉天人
海外遙聞一島孤好風經宿到澎湖蟶含玉舌名
西子蚌吸冰輪養綠珠蕩漾金波浮玳瑁連環鐵
網出珊瑚登臨試問滄桑客猶有田橫義士無

西嶼落霞臺郡八景之一　臺灣道高拱乾陝西人
孤嶼澎湖近晴霞返照時秋高移絳樹海晏捲朱
旗孫楚城頭賦劉郎江上詩淋漓五彩筆直欲補
天虧

澎湖紀畧卷之十二

新刻全像三寶太監西洋記通俗演義

二十卷（卷一至卷六）

〔明〕羅懋登撰

《新刻全像三寶太監西洋記通俗演義》二十卷，明羅懋登撰。懋登字登之，號二南里人，生平多不可攷。此書爲章回體，計二十卷一百回，記明永樂年間鄭和掛印西征，王景弘爲副手，平服三十九國事。首有萬曆二十五年（一五九七）自序。前十四回敘述碧峰長老出家、降魔及與張天師鬥法故事。十五回起寫鄭和下西洋，得碧峰長老和張天師協助，一路斬妖除魔，懾服諸國事。每回均配插圖，情節荒誕，文字平庸。蓋本馬歡《瀛涯勝覽》等書所記鄭和下西洋故事，並捃拾民間傳説，敷會而成。然其序有云：「今日東事倥偬，何如西戎即序，不得比西戎即序，何可令王、鄭二公見當事者，尚興撫髀之思乎？」則此書之作，時值日本侵略朝鮮，明軍東援，戰事方殷，故寓以思古傷今之意，抒其憂時感事之忱。書中人物皆於史有徵，書末附録所見四方明碑碑文，依次爲《建静海禪寺重修記》、《御製弘仁普濟天妃宫之碑》、《御製弘仁普濟天妃宫重修題名碑記》、《非幻菴香火聖像記》，尤有價值，斷非向壁虚造者，而民國標點諸本皆删之，爲可惜耳。此書雖爲小説，然其中多存史料，故附於「歷代史籍編」之末。據明萬曆間刻本影印。

叙西洋記通俗演義

恭惟我
皇明重新宇宙海外諸番獲覩天日
以莫不梯山航海而重譯來朝
文皇帝嘉其忠誠勅命太監鄭公和
大司馬王公景弘泛靈槎奉
使南印度錫蘭山國遡流窮源直
抵西印度忽魯謨斯及阿丹天方
諸國極天之西窮海之湄此外則
非人世矣歷國大小三十餘番王
酋長匍匐羅拜之為兢兢罔敢後
中間鋤強扶弱海道一清歸獻

序　一

大廷珠玉錦罽琛異香併獅象駝
駿猛獒火雞之屬礌砢然充後宮
實外囿貢琛之盛前此未聞書稱
猾夏詩曰讐邦夷且為中國梗矧
匍匐羅拜之罔敢後周先王甚盛
德爾慎氏止間一入貢周且須其
賂物語語後人矧舉海外大小三
十餘國盡匍匐羅拜之罔敢後自
非
聖德際天蟠地昭揭日月而胡極天
所覆極地所載極日月所入文命
誕敷帖爾效順致令二百年餘借

序　二

簪請纓之士卷舌不談擁旄授鉞之臣韜戈不試於都休哉即碎南山之竹捐西山之兎曷足為
聖明揄揚萬一稗官野史謂何此西洋記所由作布帛菽粟謂何此西洋記所由通俗演義贅疣云乎哉

耳食云乎哉說者又謂王者不治荒夷九重一怒勢必溝血枕尸背旅獒明教不幾汚蔑青史曰是不然開闢之主貴在宣威守成之君戒于好大二者殊科今日東事倥傯何如西戎即序不得比西戎即序何可令王鄭二公見當事者尚興撫髀之思乎說者唯唯是為序

旹

萬曆丁酉歲菊秋之吉二南里人羅懋登敘

新刻全像三寶太監西洋記通俗演義目録

九卷

十一卷

十七卷

十八卷

十九卷

二十卷

新刻全像三寶太監西洋記通俗演義卷之一

二南里人　編次
三山道人　繡梓

第一回

○盂蘭盆揭諦○補陀山會神

詞曰

春到人間景異常　無邊花柳競芬芳　香車寶馬閙來往
引却東風入醉鄉　醲剩酒　卧斜陽　滿擵三萬六千塲
而今白髮三千丈　還記得年來三寶太監下西洋

夫自天開於子。便就有箇金羊玉馬。金蛇王龍金虎王虎。金雞鉄騎芬狗盘蝸。龍纏象緯羊角鷄精漉々甦々。瀼々稜々無限的經

一點靈山直納須彌於芥子

盂蘭盆揭諦

片時蘭會橫挑日月於蓮花

緯。中間却有兩位大神通。一箇是東太陽之真精。行週天三百六十五度。一日一周。一箇是東太陰之真晶。行週天三百六十五度盈虧圓缺。正所謂日行南陸生微暖。月到中天分外明。自地闢於丑分柔分剛。便就有箇三社三内三界。四履四裔四表五宇五服五遂六詔六狄六幕。七埠七壤七陘。八漸八紘八埏九京九圍九垓。十鎮十望十緊大千億萬閆浮嘍雉。膴々葬々。漉々業々。無限的町疃。中間也有兩位大頭目。一箇是形勢蜿蜒磅且礴奇々怪々色蒼々靜而有常。與那仁者同壽。一箇是列名通地紀。𧿹派合天津。動而不括。與那智者同樂。正所謂山色經年青未改。水流盡日聽無聲。有天地然後有萬物。故人生於寅。便就有箇胎生卵生形生氣生神生鬼生濕生飛生。日積月累。盈天地之間者唯萬物

休休總總億千萬刧。便又分箇儒家釋家道家醫家風水家龟卜家丹青家風鑑家琴家棋家。號曰九流。這九流中間。又有三箇大管家第一是儒家。第二是釋家第三是道家。那一箇是儒家。這如今普天下文廟裡供奉的孔夫子便是這孔夫子又怎麼樣的出身。却說這箇孔夫子。生在魯之曲阜昌平鄉闕里身長九尺二寸腰大十圍凡四十九表眉有一十二彩目有六十四理其頭似堯其顙似舜其項似皐陶其肩似子產學貫天人道窮秘奥龟龍啣負之書七政六緯之事庖羲皇帝之能堯舜周公之美靡不精備刪詩書定礼樂賛周易脩春秋教授於洙南泗北門徒三千。傳徒六藝達者七十二人歷代詔封他做大成至聖文宣王我朝嘉靖爺登基。止稱至聖先師孔子。這孔夫子却不是小可的萬世文章

祖歷代帝王師。是爲儒家有贊爲証。

贊曰

孔子之　胄於商國　弗父能讓　正考銘勒　防叔来奔
鄹人倚立　尼父誕聖　闕里生德　七十升堂　四方取則
行誅兩觀　攝相夾谷　嘆鳳遷衰　泣麟何促　九流仰敬
萬古欽躅

唐睿宗御製贊曰

猗歟夫子　實有聖德　其道可學　其儀不忒　刪詩定樂
百王取則　吾豈匏瓜　東南西北

宋太祖御製贊曰

王澤下衰　文武將墜　尼父挺生　海岳標異　祖述憲章

有德無位　哲人其萎　鳳鳥不至

却說那一箇是釋家這如今普天下寺院裡供奉的佛爺爺便是這佛爺爺怎麼樣出身。原来這佛爺爺叫做箇釋迦牟尼佛。他當初生在西天舍衛国剎利王家養下地来便就放大智光明照十方世界。地湧金蓮華。捧住他兩隻脚他便指天劃地作獅子吼聲長大成人脩道於檀特山中。乞法煉心乞食資身投託阿藍迦藍鬱頭藍佛處做弟子。一日三三日九能伏諸般外道結成正果佛成之日。號爲天人師轉四諦法輪說果演法普度衆生先度憍陳如等五人。次度三迦葉并徒衆一千人次度舍利弗一百人次度目乾連一百人。次度耶舍長者五十人。到今叫做阿羅世尊菩薩佛爺爺身長一丈六尺黃金色相頂中佩日月光能变能化無大無不大無通無不通後一千二百一十七年。教入中国即漢朝明帝時也漢明帝夜来得一夢夢見一箇渾金色相的人約有一丈多長頭頂上放光如日月之象明日升殿訪問百官百官中有一箇叫傅毅曉得是西天佛爺爺降臨東土。當日稟明漢明帝便欽差中郎蔡愔賫一道詔書逕到天竺国問他的道得他的書又領了許多的沙門来傳到如今。月新月盛。這便叫做釋家有詩爲証

詩曰

國開兜率在西方　號作中天淨梵王　妙相端居金色界
神通大放王豪光　閻浮檀水心無染　優鉢曇花體自香
率土蒼生皈仰久　茫茫苦海泛慈航

僧詩

浮杯萬里達滄溟　徧礼名山適性靈　深夜降龍潭水黑
新秋放鶴野田青　身無彼此那懷土　心會真如不讀經
爲問中華披剃者　幾人雄猛得寧馨

那一箇是道家。這如今普天下觀裏供奉的太上老君的便是這太上老君却怎麼樣出身原來老君住在太清道境乃元氣之祖宗天地之根本。他化身周歷歷沙也不可計數自從盤古鑿開混沌以来傳至殷湯王四十八年上這老君又来出世乘太陽日精化做五色玄黃如彈丸般樣的大時有玉女當晝而寂他便輕輕的流入玉女的口中。玉女不覺。一口吞之遂覺有孕懷了八十一年直到武丁九年。歲次庚辰剖破玉女右脇而生生下地時頭髮已自欺霜賽雪。就是箇白頭公公。因此上人人叫他做老子。老子

生在李樹下。指李樹爲姓故此姓李。名耳字伯陽到秦昭王九年活了九百九十六歲娶了一百三十六箇婆娘養了三百六十一箇兒子。忽一日。喫飽了飯整整衣窜過一隻不白不黑不紅不黄青歲歲的兩角牛来跨上牛背。竟出函谷関而去那一箇把関的官也有些妙處。一手攩住関一手挽着牛。只是不放老子道偌盤詰奸細麼那官道不是老子道俺越度関津麼那官道也不是老子道左不是右不是敢是要些過関錢兒那官道說箇要字兒到在挪只是錢字又不在行老子道要些甚麼那官道要你那袖兒裏的老子道袖裏止有一本書。那官道正是這書。老子不肯。那官要留。捱了一會老子終是出関的心勝。只得拽起袖来。遞書與了那官老子出関去了。這箇書就是道德經上下二篇。上篇三十七章下篇八十章道教大行於東土。和儒釋共爲三教這是道家有詩爲証

詩曰

玉女度塵譁　和九咽紫霞　時憑白頭老　去問赤松家
瑤砌交芝草　星壇遶杏花　青牛函谷外　玄髩幾生華

道詩

占盡乾坤第一山　功名長揖謝人間　晝眠松壑雲埃暖
夜漱芝泉石髓寒　曲按宮商吹玉笛　火添文武煉金丹
榮華未必惓翁意　自是黃冠正好閒

這三教中間獨是釋氏如来在西天靈山勝境娑婆雙林之下。雷音寶刹之中。三千古佛。五百阿羅八大金剛大衆菩薩幢旛寶蓋

妙花你看他何等的逍遙快活。何等的種因受果正是無情[illegible]無識無滅亦無生。一任閒浮外。桑田幾變更尔時七月十五日盂秋之望切照常年舊例陳設盂蘭盆會盆中百樣奇花千般[illegible]果佛祖高登上品蓮臺端然兀坐諸佛阿羅揭諦衆等分班[illegible]作礼礼畢阿難捧定寶盆迦葉佈散寶花如来微開善口敷[illegible]法宣暢正果剖明那三乘妙典五蘊楞嚴等衆各各聳聽皈依講罷如来輕聲問道遊奕官何在原来佛祖雖在西天却有一箇急脚律令戢居四大部洲遊奕靈官每年躰訪四大部洲衆生善悪直到盂蘭會上回報所曹登錄文簿達知靈霄寶殿玉帝施行故此如来問道遊奕官何在道尤未了只見一位尊者

長身濶臂　青臉獠牙　手輪月斧　腳踏風車　停一停抹

過了天堂地府　霎一霎轉遍了海角天涯　原本是陰司地
府中一箇大急脚律令　而今現在佛祖寳蓮臺下　戕授四
大部洲遊奕靈官波那
他一聞佛祖慈音忙来頂礼應聲道有々如来道不時四部洲一
切衆生作何思惟為我說靈官啟道東勝神洲敬天礼地如故北
俱盧洲性拙情疎如故我西牛賀洲养氣潛灵真人代々衣鉢如
故独是南膳部洲自從傳得如来三藏真經去後大暢法門要旨
廣開方便正宗為此有一位無上高尊身長九尺面如滿月鳳眼
龍眉美髯紺髮頂九氣王冠披松羅皂服離了紫霄峯降下塵凡
治世如来聽知微々笑道原来高尊又臨凡也當有大衆菩薩齊
聲上啟道是那位高尊如来道是王虛師相玄天上帝衆菩薩又

[illegible]六何事又臨凡如来道當日殷紂造罪惡毒心横遂感六
天魔王引諸煞鬼傷害下界衆生元始乃命玉皇上帝降詔紫微
陽命武王伐紂陰命玄帝收魔不時玄帝披髮跣足金甲玄袍皂
纛黑旗統領丁甲下降凡世與六大魔王戰于洞陰之野魔王
坎離二氣化蒼龜巨蛇变現方成玄帝赫顯神通躡于足下又鎖
阿々鬼衆在酆都大洞故此纔得宇宙肅清今日南膳部洲因為
胡人治世其尾之下那一道腥膻毒氣尚且未争玄帝又須佈旋
那戦魔王躡坎離的手段来也只一件未五十年後摩訶僧祇遭
他厄會無由解釋道猶未了原来諸佛菩薩慈悲為本方便為門
只因如来說了這兩句話早又驚動了一位老祖這老祖却不是
等閑的那謨前一千後一千中一千他就是三千古佛的班頭一

萬十萬百萬千萬々々萬他就是萬々菩薩的領袖怎見得他是三
千古佛的班頭萬々菩薩的領袖却說當日有十六箇王子一同
出家為沙彌年深日久後来都得如来之慧最後者就是釋迦牟
尼佛也在前早有八個王子出家拜投妙光為師皆成佛道最後
成佛者燃燈古佛是也釋迦如来是諸釋之法王燃燈古佛是如
来授記之師父有詩為証

詩曰

嘗聞釋迦佛　先授燃燈記　燃燈與釋迦　祇論前後智
前後體非殊　異中無一異　一佛一切佛　心是如来地

這驚動的老祖却就是燃燈古佛又名定光佛你看他無我相無
人相無衆生相無壽者相頂上光明直中千百丈尓時在無上迦

[illegible]一聞如来說道五十年後摩訶僧祇遭他厄會無由解釋他的
慈悲方寸如醉如痴便就放大豪光廣大慧力立時間從座拔起
飛鳥下来一見了如来便就說道既是東土厄難我當下世為大
千徒衆解釋如来合掌恭敬回聲道善哉善哉諸佛阿羅菩薩等
衆齊聲道善哉善哉無量功德老祖即時喚出摩訶薩迦摩阿二
位尊者相隨金光起處早已離了雷音寳剎出了靈山道場香風
湫々瑞氣氳々一箇老祖兩箇尊者師徒們慢騰々地踏着雲躡
着霧磕着牙摩訶薩道師父此行還用真身還用色身老祖道要
去解釋東土厄難須索是箇色身摩訶薩道既用色身還要箇善
娘麽老祖道須索一箇善娘摩訶薩道既用善娘還要箇善參麽
老祖道須索一箇善參摩訶薩道既要善參善娘还要箇善地麽

老祖道：須索一箇善地。迦摩阿道：弟子理會得了。一要善娘，二要善爹，三要善地。師父師兄且慢待，弟子先到南膳部洲，挨尋一遍，擇其善者而從之。老祖道：不消你去。南海有一位菩薩，原是靈山會上的老友，大慈大悲，救苦難。南膳部洲，那一家不排香列案供奉着他，那一箇不頂礼精虔，皈依着普我。且去會他一會，諦問一處所。一箇善男子，一箇善女人，以便住世。道猶未了，按下雲頭，早到了一座山上。這山在東洋大海之中，東望高麗、日本、琉球、新羅如指諸掌，西望我大明一統天下，兩京十三省，圖畫天然，自古以來叫做梅岑山。我洪武爺登基，改名他陀落迦山。山上有箇觀音峯、靈鷲峯、掛天峯、九老峯、筆架峯、香爐峯，又有箇三摩巖、大士巖、海月巖、玩月巖、真歇巖、美珠巖，又有箇潮音洞、善才洞、槃陀洞、曇

運注撥機轉金輪於香地

懸河瀉辯宣銀鼓於寶坊

龍洞、華陽洞；又有箇百丈泉、爾淦泉、喜客泉、八公泉、溫泉、美九泉、掛珠泉。山後怪石嶙嶒，吞雲吸霧。山前平坦，中間有一座古寺，前有卓錫峯，左有石鍾，右有石皷，天然奇絕。這座寺古來叫做寶陀寺。我洪武爺登基，改名補陀寺，名山古寺，東海一大觀處。有詩為証：

詩曰

古寺玲瓏海澨中　海風淨掃白雲蹤　誰堪寫出天然景

十二欄杆十二峰

却說老祖按下雲頭，早到了這補陀落迦山上，領着那摩訶薩迦摩阿二位尊者，指定了補陀寺，直恁的走將進來。進了一天門，二天門，再進了上方，上方寶殿。只見兩廊之下，奇花異卉，獻秀呈祥

雀巢雛雛各相乳餔老祖心裏想道。果好一片洞天福地。也摩訶薩輕輕的咳嗽一聲。只見寶蓮座下。轉出一位沙彌。未摩訶薩早已認得他了。叫聲惠岸你好因果哩。把那一位沙彌。到喫了一驚他心裏自忖道。這等面生遠来的和尚。如何就認得我。如何就曉得我的名字。好惱人也。心裏湏則着惱。皮面兒却也要光。好箇小沙弥。一時間便回嗔作喜。陪箇問訊。問長老緣何認得弟子。如何曉得弟子的賤名。摩訶薩道。且莫說你。連你的父親。我也認得他我也曉得他名字。小沙彌道也罷。你認得我父親是甚麽人。你曉得我父親叫做甚麽名字。摩訶薩道。你父親叫做箇托塔李天王。原是我一箇老道友。我怎麽不認得他。我怎麽不認得你。小沙弥看見打實了他。愈加恭敬。再陪一箇問訊。說道原来是父執之輩

有眼不識泰山。望乞恕罪。敢問老師父儘名。摩訶薩道在下不足法名摩訶薩。小沙彌笑了笑。說道好箇摩阿薩。果真如今大下事。只是摩阿薩。敢問那一位師父甚麽儘名。摩訶薩道師弟叫做個迦摩阿。小沙彌又笑了一笑。說道也是會摩阿。敢問那一位老師父甚麽法名。摩訶薩道。那一位是俺們的師父。却就是燃燈老祖。小沙彌聽知是燃燈老祖。心裏又喫了一驚。把箇頭兒搖了三搖。把箇肩膊子聳了三聳。慢慢的說道。徒弟到都摩阿薩師父却不摩阿薩也。摩訶薩道。少叙閑譚。師父何在。沙彌道俺師父在左壁廂紫竹林中。散步去了。摩訶薩伺了惠岸。轉身便走。出門三五步。望見竹陰濃。只見竹林之下一箇人士

身長八尺　十指纖纖　唇似抹朱　面如傅粉　雙鳳眼
巧蛾眉　跣足桃頭　道冠法服　觀盡世人千苦切苦救苦
煎自磨自折　獨成正果一腔子救苦救難大慈大悲　左傍
立着一箇小弟子火燄渾身　右傍立着一箇小女徒弥陀滿
口　綠鸚哥去去来来飛遶竹林之上　生魚兒活活潑潑跳
躍團藍之中　原来是箇觀世音来觀世音　我今觀盡世間
人

原来是箇觀音菩薩。這座補陀落迦山。正是菩薩發聖之地。故此老祖說道。南海有一位菩薩。原是靈山會上的老友。會他一會。諦問東土。作何善惡。却說這菩薩高張慧眼。早已知道老祖下臨。抽身急轉。蓮臺之上。兩家相見。分賓主坐。坐定閑叙叙。及阿耨會多羅會。蟠桃會。兜率會。九老會。須菩會。各各種因。各各證果。不時惠

岸站在邊廂。輕輕敵道。相見未湏愁落莫。想因都是會中人。老祖道。勝會不常。樂因湏種。即時撤座而起。步出山門。一箇老祖和一箇菩薩。把箇補陀落迦山。細遊細玩。慢挨慢詳。遊罷玩罷。直上那靈鷲峰的絕頂說經臺上。敷座而坐。左有老祖。右有菩薩。談經說法。蜜諦轉輪。惠岸直上香爐峰上。焚起龍腦噴天香。摩訶薩走上石鍾山上。撞起石鍾来。迦摩阿走上石鼓山上。撞起石鼓来。頃刻之間。只見滿空中。瑞靄祥烟。天花亂落如雨。說經臺下。聽講的又有四箇異樣的人。頭上盡有雙角。項下俱有逆鱗。只是面貌服色不同。第一箇青臉青衣。數甲道乙。第二箇紅臉朱衣。指丙蹦丁。第三箇白臉素衣。呼庚吸辛。第四箇黑臉玄衣。頂壬履癸。惠岸近前去打一看。原来不是别的。却是四海龍王。面青的是東海龍王敖

黶面紅的是南海龍王敖欽。面白的是西海龍王敖順。面黑的是北海龍王敖潤。尔時摩訶薩迦摩阿位列下班聽講。已畢。看見天花亂落。龍王各々聽講。輕々問道老祖。菩薩說法。天雨花。龍王聽講。是何神通。菩薩道。是尔衆撞鍾撞皷的因緣。摩訶薩道。如何是我等撞鍾撞皷的因緣。菩薩道。我這箇鍾不是小可的鍾。我這箇皷不是小可的皷。却不知怎麽不是小可的鍾。怎麽不是小可的皷。還有甚麽神通。還有甚麽鬼怪。且聽下回分解。

第二回　補陀山　龍王獻寶　湧金門　古佛投胎

鍾詩

既接南隣磬　還隨百里笙　平陵通曙響　長樂警宵聲
秋至含霜動　春歸應律鳴　欲知常待扣　金簴有餘清

皷詩

舜日諧鼗響　堯年韻土聲　向樓疑欲擊　震谷似雷驚
儛鶴排門起　靈鼉帶水鳴　樂云行已奏　礼曰與相成

却說菩薩說道。我這箇鍾不是小可的鍾。其質本石。其形似鍾。自天開於子。那一團的輕清靈秀。都毓孕在這塊石頭上。故此這箇石鍾左有日月文。右有星辰象。燥則天朗氣清。潤則晦明風雨。其聲上徹于三十三天。適來鍾响。驚動天曹。為此天花墜落。這箇皷也不是小可的皷。其質本石。其形似皷。自地闢於丑。那一股的重厚氣魄。都融結在這塊石頭上。故此這箇石皷左有山岳䨿。右有河海痕。燥則河清海宴。潤則浪滾濤翻。其聲下下徹于七十二地。適來皷响。驚動海神。為此龍王聽講。摩訶薩迦摩阿合掌齊聲道。善哉善哉。無量功德。尔時已過了七七四十九日。老祖撤講下臺。菩薩欠身施礼。老祖道。玄天上帝臨凡。摩呵僧祇遭他厄難。何由解釋。菩薩道。須索老祖下世。為大衆解釋。老祖道。何是善地。何是善叅。何是善娘。尔菩提為我擇說。原來觀世音菩薩顯化南膳部洲。故此南膳部洲家々頂礼。箇々皈依。善的善。悪的悪。好的好。歹的歹。拙的拙。巧的巧。毒的毒。慈的慈。却都在菩薩慧眼之中。正是暗室虧心。神目如電。菩薩要箇善地。要箇善叅。要箇善娘。一時犹有了。合掌恭敬。回復老祖道。南膳部洲。有箇古跡。名叫做杭州。自古道。上有天堂。下有蘇杭。這是箇善地。老祖道。有了善地。没有

補陀山四海龍王獻寶

金鱗鐵面虔将碧砮之賝

航海梯山遠奉白環之使

善爹菩薩道杭州城湧金門外左壁廂有箇姓金的員外他原是玉皇案下金童思凡下世阿耨多羅三藐三菩提這是箇善爹老祖道有了善爹沒有善娘菩薩道金員外的妻室姓喻氏他原是玉皇案下玉女思凡下世阿耨多羅三藐三菩提這又是箇善娘老祖一得了善地二得了善爹三得了善娘飛身便起只見摩訶薩高聲叫道弟子願隨師父下世也須得箇善地善爹善娘迦摩阿也叫聲道弟子願隨師父下世須得箇善地善爹善娘老祖道却都在菩薩身上菩薩也不開口也不回話袖兒裏取出兩箇錦囊來一人交付一箇與他老祖看見兩位尊者有了錦囊飛身便起又只見那四箇龍王一字兒晚着高聲叫道佛爺爺且住且住我老祖是箇慈悲方寸看見龍王恁的吆喊分明是要去得緊暫

且駐驊停驂微微笑道怎麼叫且住且住法門無住那四箇龍王齊聲叫道弟子兄弟們今日箇得聞爺爺的三乘玅典五蘊楞嚴免遭苦海沉淪都是爺爺的無量功德各願貢上些土物表此微忱老祖道貪根不拔苦樹常在這的不消四箇龍王又齊聲叫道多羅多羅聊證皈依之一念老祖未及開口菩薩從傍替相道一念虛念念虛一心證心心證老祖道那裏箇菩菩薩愛人些些菩薩笑了笑道豈不聞海龍王少了寶只見那四箇龍王又齊聲叫道聞知爺爺下世少不得借肉住靈弟子們曾聞得五祖一株松不圖粧景致也要壯家風曾聞得六祖一隻碓踏着閑振子方知有與無伏望爺爺鑒受無量功德無量生歡喜老祖起頭一看只見第一班跪着的青臉青衣數甲道乙手裡奉着一掛明幌幌的

珍珎老祖微開善口問道第一位是誰龍王道弟子是東海小龍神敖廣老祖道手裡捧着甚麼龍王道是一掛東井玉連環老祖道何處得來的龍王道這就是小神海中驪龍項下的大丸龍老則珠自脫小神收取他的日積月累經今有了三十三顆滿了三十三祖之數老祖道有何用處龍王道小神海水上鹹下淡淡水終喫鹹水不終喫這箇珠兒他在驪龍項下年深日久淡者相宜鹹者相反拿來當陽處看時裏面波浪層層背陰處看時裏面紅光射目舟船漂海用他鋪在海水之上分開了上面鹹水却纔見得下面的淡水用之烹茶用之造飯各得其宜老祖點一點頭想是心裏有用他處輕輕的說道分付他在南膳部洲伺候龍王把箇手兒朝上拱一拱好箇東井玉連環只見一道霞光燭天而去

第二班跪着的紅臉朱衣指丙蹁丁手裏捧一箇毛鬆鬆的椰子老祖道第二位是誰龍王道弟子是南海小龍神敖欽老祖道手兒裏捧着甚麽龍王道是一箇波羅許由迦老祖道是何處得来的龍王道這椰子長在西方極樂國菴羅樹上其形團圞如圓光之象未剖已前是謂太極既剖已後是謂兩儀昔年羅堕闍尊者降臨海上貽與小神老祖道有何用處龍王道小神海中有八百里軟洋灘其水上軟下硬那上面的軟水就是一匹鳥羽一葉浮萍也自勝載不起故此東西南北船隻不通若把這椰子鋸做一箇瓢你看他比五湖四海還寛大十分舟船漂海到了軟洋之上用他取起半瓢則弱水盡去硬水自然上生却不是撥轉梜輪成廓落東西南北任縱横老祖也點一點頭想是也有用他處輕輕

的說道分付他到南膳部洲答應龍王把箇手兒朝上拱一拱好箇波羅許由迦只見一道青烟抹空而去第三班跪着的白臉素衣呼庚吸辛手兒裏捧着一箇碧澄澄的滑琉璃老祖道第三位是誰龍王道弟子是西海小龍神敖順老祖道手兒裏捧着甚麽龍王道是一箇金翅吠琉璃老祖道是何處得来的龍王道這琉璃是須彌山上的金翅鳥殼其色碧澄澄如西僧眼珠子的色道性最堅硬一切諸寳皆不能破好食生鉄小神自始祖以来就得了此物傳流到今求作鎮家之寳老祖道要他何用龍王道小神海中有五百里吸鉄嶺那五百里的海底堆堆砌砌嵾嵾層層盡都是些吸鉄石一遇鉄器即沉到底舟船浮海用他垂在船頭之下把那些吸鉄石子兒如金鎔化型了無滓渣致今慈航直登彼

岸老祖也點一點頭想是也有用他處輕輕的說道分付他南膳部洲發落龍王把個手兒望上拱一拱你看好箇金翅吠琉璃只見他一道清風掠地而去第四班跪着的黒面玄裝頂壬履癸手裡捧着一隻黒雲雲的禪履老祖道第四位是誰龍王道弟子是北海小龍神敖潤老祖道手兒裡捧着甚麽龍王道是一隻無等等禪君老祖道何處得来的龍王道這禪履是達磨老爺的達磨老爺在西天為二十八祖到了東晉初年東土有難老爺中水路東来經過耽摩國羯荼國佛逝國到了小龍神海中猛然間貝颶頓起撼天関搖地軸舟航盡皆湥没独有老爺兀然坐在水上如履平地一般小神近前打一探只見坐的是隻禪履小神洗他到了東土來下他這隻禪履永鎮海洋老爺又題了四句詩在禪履

上說道吾本来茲土傳法覺迷情一花開五葉結果自然成老祖道有何用處龍王道小神自從得了這禪履之後海不揚波水族安處今後舟船漂海倘遇貝颶取他放在水上便自風恬浪淨一真湛寂萬境泰然老祖也又點一點頭想也是有用他處輕輕的說道分付他南膳部洲聽指龍王把箇手兒朝上拱一拱好箇無等等禪君只見一朵黒雲漫頭撲面而去四龍王滿心歡喜合掌跪着告回老祖飛身又起只見那水族隊裡大千衆生一齊跪着一齊高聲叫道爺爺且慢去且慢去老祖終是慈悲方寸看見衆生恁般叫號分明是要去得緊又只得權時間解羽回鑾又微微笑一笑道怎麽叫慢去慢去法門無去大千衆生齊聲叫道衆生們願求爺爺法戒各各貢上土物頂礼皈依老祖起頭看時只

見鯤鰲以頭獻長鯨以口獻靈鼉以鼓獻蟠蛟以細頸獻蒼虬以稜鬐獻元黿以箕籌獻尺鯉以錦梭獻怪鰐以百卵獻神蝓以雲雨獻犀牛以獸狀獻蝳蝐以其甲獻精衛以木石獻蝫蟰以蛇狀獻鰌蛑以雙螯獻蟭螟以蛟巢獻山滲以獨足獻蛑蛤以夜明獻南鱷以祭文獻巨螁以車渠科斗獻鯥鯩以龍爪虎文獻窫窳以人面蛇身獻螣蛇以朱冠紫衣獻鮀魚以西施乳味獻老祖道善哉善哉尔眾生作甚麼因果眾生齊聲吽道願各捨所有頂礼皈依老祖道不用尔眾生施捨眾生齊聲吽道願佛爺爺鑒受老祖道我這裡不受眾生齊聲吽道不捨不受眾生們怎麼得出离苦海怎麼得超度慈航老祖道善哉善哉諸法空相無捨無受無無捨無無受于是向眾生而說偈曰

若以色見我　以聲音求我　是人行邪道　不能見如来

水族眾生捧着老祖的真言密諦飛的飛躍的躍鼓的鼓舞的舞上的上下的下遠的遠近的近一湧而退老祖又飛身而起只見那羽虫毛虫兩族隊裡大千眾生兩班跪着兩班兒齊聲吽道佛爺爺且来且来老祖到底是箇慈悲方寸看見兩班的眾生恁的跳吽分明是勒馬登程只得又按鞭轉掉又微微笑一笑道怎麼吽且来且来无去亦無来兩班大千眾生齊聲吽道水族已受真言密諦願普度眾生免沉苦海老祖擡頭一看只見羽虫隊裡鳳鸞鵷鷺鷗鶂鵰鷹鶚梟鶴鷄鶩燕鶯鴻鵲鵜鸛以及鵾鵬鸑鷟鈞軥鸊鷉鵜鵰鶅鸂鶒鵷之輩文翎采羽青質朱衣濯濯冥冥分行逐隊又只見毛虫隊裏麟驥虎貔豹貅彪犢兕象雉麑猩鹿蜚鵙駱貘猿猱馬牛犬豕以及雄虺騶駼合窳貙貐貉駃駒腮之朋王爪金鱗霜蹄鈎距綏綏睢睢作對成雙老祖道善哉善哉尔眾生作甚麼因果眾生齊聲吽道願受真言超度願從正果菩提老祖道善哉善哉无脩無證無得無說無眾生可度無菩提可入于是對眾生而說偈曰

一切有為法　如夢幻泡影　如霞亦如電　應作如是觀

羽虫毛虫兩班眾生捧着老祖的真言密諦騰的騰驤的驤馳的馳逐的逐嘯的嘯吽的吽啼的啼唫的唫一湧而退老祖也自一躍而起渾身上毫光万道直逼斗牛一邊分付摩訶薩迦摩阿各自投胎仕世一邊駕起風車張開烟幕只見補陀山上天香馥郁草木爭妍鳥雀環繞大眾皈依恵岸口口吽着佛爺爺善才口口

湧金門燃燈古佛投胎

門列湧金水共心池而一色

佛臨塵界花連意樹以雙開

出像西洋記　卷之一　廿

叫着佛爺上龍女口上叫着佛爺上諸徒衆口上叫着佛爺上鸚哥兒也口上叫着佛爺上就是淨瓶兒也口上叫着佛爺上老祖只是一箇不停直恁去矣惠岸聽知老祖臨行分付那二位尊者叫了幾聲摩阿摩呵老祖去了他倒笑上了幾聲說道俺前日初見之時只說是徒弟摩阿薩原來今日臨別之際師父也摩阿薩只見菩薩送了老祖領了惠岸及各徒衆歸真復命不提且說老祖辭了補陀山別了菩薩駕起雲車張開烟幕呼吸之頃早已過了錢塘江上進了杭州城裏老祖起眼視之果然好一箇福地十分美麗東土無雙有一曲望海潮詞為證

詞曰

東南形勝　三吳都會　錢塘自古繁華　烟柳畫橋　風簾翠幙　參差十萬人家　雲樹遶堤沙　怒濤捲霜雪　天塹無涯　市列珠璣　户盈羅綺競豪奢　重湖疊巘清佳　有三秋桂子　十里荷花　羌管弄晴　菱歌泛夜　嬉嬉釣叟蓮娃　千騎擁高牙　乘醉聽簫鼓　吟賞烟霞　異日圖將好景　歸去鳳池誇

須史之間出了湧金門外金貞外的宅上借觀一番這宅上須則是箇民居却不是小可的占斷人間福分來海上前後面枕着一箇鳳皇山山勢若鳳皇欲飛之狀故取此名有詩為證

詩曰

滄海桑田事渺茫　行逢遺老色荒凉　為言故國遊麋鹿
漫指空山號鳳皇　春盡綠莎迷輦道　雨多蒼蘚上宮墻
遙知汴水東流畔　更有平蕪與夕陽

詩曰

荒山欲承鳳皇騫　誰搆浮圖壓寢園　上原南封南渡骨
月明不照北歸魂　海門有路雙龍去　沙溆無潮萬馬屯
幾向秋風重惆悵　梵王宮殿易黃昏

左側有箇南高峰右傍有箇北高峰相峙相視如二人拱立之狀俱有詩為證

詩曰

南望孤峰入翠微　清泉白石可忘機　雲中犬吠劉安過
樹杪春深望帝歸　白鶴曾留華表語　蒼官合受錦衣圍
朱禧王柳今何許　一笑人間萬事非

詩曰

高高孤峰上　寒陰帶遠城　不知山下雨　奎斗自分明

又曰

翠出諸峰上　湖邊正北看　夜来雲霧散　獨卧斗杓寒

前有西湖山川秀發景物華麗自唐朝傳到如今為東南遊賞勝處有詩為証

詩曰

湖上春来似画圖　亂峰圍遶水平鋪　松排山面千重翠
月點波心一顆珠　碧毯綠頭抽早稻　青羅裙帶展新蒲
未能抛得杭州去　一半勾留是此湖

又曰

混元神巧本無形　匠出西湖作画屏　春水淨于僧眼碧

晚山濃似佛頭青　栾櫨粉堵摇魚影　蘭桂烟叢閣鷺翎
往往鳴榔與橫笛　斜風細雨不堪聽

湖心裏有一箇孤山獨印波心一峰突起愈加是湖山勝絕處有詩為証

詩曰

樓臺聳碧岑　一徑入湖心　不雨山長潤　無雲水自陰
斷橋荒蘚合　空院落花深　猶憶西窗夜　鍾聲出北林

這都說得是金員外宅上前後左右的形勝老祖熟視了一回無量生歡喜正欲移步近前只見湖上又有一箇嶺阜霞光燦爛霞中有一道怨氣直射斗杓老祖心裏想道這還是恁般的怨氣未消好箇老祖定一定元神睜一睜慧眼却原来是箇棲霞嶺嶺下是箇岳武穆王的墳岳武穆王的祠堂有詩為証

李閣老詩曰

苦霧四塞　悲風橫來　義景縮地　下沉蒿萊　坤輿内折
蹄足中頹　大霆無聲　枯葉槁荄　翔虜騰突　狼風崔嵬
龍困沙漠　鱗傷角摧　齊仇九誓　楚尸三懷　奸宄賣国
忠臣受猜　積毀消骨　遺禍成胎　命迫十使　功喪兩淮
盟城不耻　借寇終諧　重器同劉　羣兒共咍　髮豎檜冠
潮浮五骸　氣奪胡酰　殃流宋孩　英雄已死　大運成乖
魂作厲癘　形細漢臺　天不祚國　人胡為哉　壯士擊劍
氣深殷雷　日落風起　山號海哀　樹若可轉　江為之回
乾坤老矣　嘆息雄才

邵尚書詩曰

六橋行盡見玄宮　生氣如聞萬鬣風　松檜有靈枝不北
江湖無恙水猶東　千年宋社孤墳在　百戰金兵寸鐵空
將宰胡為竊天意　野雲愁絕夕陽中

高學士詩曰

大樹無枝向北風　千年遺恨泣英雄　班師詔已成三殿
射虜書猶說兩宮　每憶上方誰請劍　空嗟高廟自藏弓
棲霞嶺上今回首　不見諸陵白露中

却說岳廟裡怨氣未消老祖也自嘆了一聲老祖心裏想道杭州真是善地金員外果是善爺爺孺人果是善娘只一件托生之後還要一箇好法門善世不如趂此時先自選擇罷拽開步来把箇

杭州城裏城外的洞天福地逐一磨勘一番逐一查刷一番都有些不愜他的尊意急轉身來復到西湖之上金員外門前只見百步之內就有一座摩阿古刹前面一箇山門矮矮小小次二一箇天王殿兩邊列着箇風調雨順儘有些雄壯次二一箇金剛殿前後坐着箇國泰民安越顯得威風到了大雄寶殿之上三尊古佛座御座象座蓮花咯咯的轉東另有一所羅漢殿中間有五百尊羅漢每尊約有數丈高寺前面有箇孤峰挺立秀削芙蓉峰頭上一箇稜稽古塔不記朝代一寺一峰真分左右如毋顧子外面看時霞光閃閃紫霧騰騰老祖拽起步來直入大雄寶殿熟看一會原來這寺叫做箇淨慈寺說起這箇淨慈二字就有許多的古跡怎見得有許多的古跡原來這箇寺不是一朝一代盖造的是周

顯德中盖造的那峰叫做箇雷峰說起這箇雷峰二字也有許多的古跡怎麼也有許多的古跡原來這箇山峰不是杭州城裏堆積的是西天雷音寺裏佛座下一瓣蓮花飛來東土貪看西湖的景致貼着隄上猛然間金雞三唱天色微曛飛去不得遂成此峰後有西僧法名慧理說他這一段的緣故故此叫做箇雷峰周顯德中盖造佛寺就取雷音清淨慈悲之義故此這寺叫做箇淨慈寺老祖本是西天的佛祖爺爺見了這箇雷峰淨慈寺俱是西天的出身正叫做是美不美鄉中水親不親故鄉人他自無量生歡喜說道道在邇而求諸遠得之矣得之矣轉身便向金員外家裏來此時約有二更上下正是

地遠棠門靜　天高夜氣淒　寒星臨水動　夕月向沙堤

原來金員外是箇在家出家的從祖上來喫齋把素到金員外身上已經七代偷孺人又是胎裏帶得素來真箇是夫妻一對天上有地下無家裏供奉着一箇觀音大士也不記其年飲食必祭疾疾必禱大士也是十分顯化他只是少了一口氣却說老祖來到金員外宅子上這時正是洪武爺爺治世號曰元年十月十五日下元三品水官解厄之日金員外夫婦二人自從五更三點時分起來洗了臉梳了頭擺了供祭發了寶燭燒了明香斟了淨茶獻了淨果設了齋飯展開那三乘妙典捧動那五蘊楞嚴聲聲是佛口口是經一直念到這早晚已有是二更上下念經已畢懺悔已周夫婦二人閑步庭院之中只見天上一輪皓月萬顆明星素練橫空點塵不染那院子裏有一箇洗臉架兒架兒上有一箇銅盆

銅盆裏有這等幾杓兒水那一天星映着這盆兒裡的水這盆兒裏的水浸着那一天的星微波盪漾星斗斡旋也不知星在天之上也不知水在盆兒裏就是一盆的星真箇愛殺人也員外見之滿心生喜連聲叫着孺人來看孺人見之滿心生喜連忙的挽起那兩隻袖兒來伸起兩隻手到那盆兒裏去撈那箇星左撈也撈不起右撈也撈不起好老祖丟一箇神通即時就變做箇流星離在水盆裏面就是天上的星一般孺人先是左撈也撈不着右撈也撈不着忽然一下撈着一箇星兒在手裏正叫做是掬水月在手論不的喜喜歡歡直是舉起手來和星和水一口吞之却不知吞了這箇星後有些甚麼吉凶有些甚麼顯應還是有喜無喜還是生女生男且聽下回分解

第三回　現化金員外之家　投託古淨慈之寺

詩曰

夜々生蘭夢　年々種玉心　克問看氣色　入戶試啼聲
明月還珠浦　高枝發桂林　北堂書報日　不啻萬黃金

却說爺孺人在水盆中撈起一箇星來雙手捧着一口吞之自家到也不覺員外甚實喫了一驚說道恁的不仔細也孺人道昔人杯影悞吞蛇我這也是一差二悞員外道杯影是假的恁星是真的孺人道這正是弄假成真員外道且是可惜這一箇好亮光々的星子孺人道偏你又說甚麽星子可惜哩員外道惺々自古惜

漢日通暉瑞色已分天地界

周星降誕金光直逼斗牛杓

惺々大家反又取笑了一回纔收拾安寢則箇明日起來只說是搁水悞吞星那曉得是燃燈古佛投胎現世借肉住靈直到對月紅信愆期却曉得是有喜孺人一則是初叶二則是吞星心下十分疑慮員外也不放心二人商議到關爺廟裏祈求一籤看後面是凶是吉員外親自拿了香燭紙馬之類來到關爺廟裏五拜三叩頭把前項口詞細說一遍雙手捧着籤筒劄々的搖了一搖就有一根籤番身落地員外低了頭拾將起來看一看原來是五十三籤下面有箇中平兩字員外又加禱祝一番說道果是五十三籤願求兩箇聖笤果然兩箇聖笤略不爭差員外唱了偌謝了關爺到於西廊之下進了籤房見了道士施了禮遞了一箇紙包兒道士拿出五十三籤々詩來遞與員外員外接過來讀一讀這詩

就說得有些蹺蹊。

詩曰

君家積善已多年　福有胎兮禍有根　八月秋風生桂子

西風鶴唳哭皇天

金員外讀了這籤詩。心中轉惱。道士看見金員外喫惱。問道這籤何處用。員外帶着惱頭兒答應道問六甲。道士說道若是問六甲。大吉大吉。員外道怎見得。道士說道。八月秋風生桂子。這不是大吉如何。員外道多了一箇哭皇天。只怕不吉。道士說道。你原只問生子。不曾問甚的禍福。那一句是箇搭頭。假如問禍福的。這八月秋風生桂子一句就落空了。道士雖然是解得好。金員外心上到底有疑。辭了道士。轉入家門。爺孺人連忙的接着問道。求的籤如何。員外把箇籤詩朗誦一遍。孺人道。似此籤詩凶多吉少。員外又把箇道士的話說又傳述了一過。孺人道。那是面諛之詞。難以憑准。員外道。我還有箇道理。孺人道怎麽樣的道理。員外道。我前日在通江橋上。看見一箇先生。頭上戴的是呂洞賓的道巾。身上披得是二十四氣的板摺。腳下穿的是南京轎夫營裡的三廂履鞋。坐一張背北面南的黑漆新店。店門前竪着一面高腳的招牌。招牌上寫着易卦通神的四箇大字。那求籤問卦的。如柳串魚。今我陪箇小心。到他的鄰居家裡問他是箇甚麼先生。那鄰居道也不知他的姓名。只是聞得他道是鬼谷子的徒弟。混名鬼推。這等的先生易卦通神。我且去問他一箇卦來。看是如何。孺人道。言之有理。好個員外。整一整巾。抖一抖袖。撇撇脫脫。竟望通江橋上而來。

只見那先生忙忙的占了又斷。斷了又占。擠不開的人頭。移不動的腳步。金員外站得腿兒麻。腳兒酸。還輪他不上。沒奈何只得叫上一聲鬼推先生。那先生聽知叫了他的混名。只說是箇舊相識。連忙的說道。請進請進。金員外把箇兩隻手排開了衆人。方纔挨得進去。兩下裡相見禮畢。那先生道。員外占卦。請先說箇姓名住座。占問緣由。員外道。小可是湧金門外。姓金名某。今敬問六甲生男生女。或吉或凶。那先生是箇慣熟的。轉身就添上一炷香。唱上一箇偌。口兒裏就念動那

虔叩六丁神。文王卦有靈。吉凶含万象。切莫順人情。夫卦者。與天地合其德。與日月合其明。與四時合其序。與鬼神合其吉凶。

皇天無私。卦靈有感。謹焚真香。虔誠拜請八卦祖師伏羲聖人。文王聖人。周公聖人。大禹聖人。孔子聖人。鬼谷先生。袁天罡先生。李淳風先生。陳希夷先生。邵康節先生。前傳後教。演易宗師。再仰圜請。卦中六丁六甲神將。千里眼順風耳。縮天縮地神將。報卦童子。擲卦郎君。直日傳言玉女。奏事功曹。本境五土祀典明神。本處府縣城隍大王。本家門中宗祖。隨來香火福神。虛空過往一切神祇。咸望列聖下赴香筵。鑒今卜筮。今據大明国浙江道杭州府仁和縣求卦信人金某。敬為六甲生產吉凶休咎。難以預知。今月今日。敬叩列聖。八八六十四卦內占一卦。三百八十四爻內占一爻。爻莫亂動。卦莫亂移。莫順人情。莫順鬼意。吉則吉神上卦。凶則凶神上卦。吉則吉神出現。凶則凶神出現。伏望諸位聖賢。仔細檢點。仔細推詳。人有誠心。卦有靈信。爻通

天地卦通鬼神列位聖賢靈彰報應。
念罷了。把個銅錢擲了六擲。看來是個雷水解卦。先生道。好一個
解卦。解者。難之散也。且是天喜上卦。卦書說道。紅鸞天喜遇。凶少
吉更多。男遇添妻子。女遇得同和。六甲生子無疑矣。員外道。勞先
生再看一看。君子問禍不問福。直說不妨。那先生看見金員外是
個積者。難以隱藏。却說道。這個卦却好個卦。只有一件不足些。員
外你休怪我說。員外道。正要先生直說。怎麼說個怪字。先生道。今
日是個母日。身在五爻。鬼也在五爻。這叫是個身隨鬼入墓。便只
多了這些。却有天喜臨門。逢凶化吉。員外但放心不妨的。金員外
聽知身隨鬼入墓五個字。就是五條丈八的神鎗。一齊趲到他心
坎上。好不喫疼。也你看他眉頭不展。臉帶憂容。遞了個課錢。把個

手兒拱上一拱。脚兒輪上幾輪。早已到了自家門首。喻孺人接着。
這叫做是個入門休問榮枯事。觀看容顏便得知。嗳了一聲。說道。
原來占課又弗吉。但員外却把課名天喜及鬼墓等事。細說一過。
孺人未及開口。忽聽得員外身背一人高叫道。問甚麼卜。求甚麼
神。員外急轉身來。孺人挣開雙眼。却是街上化緣的阿婆。約有八
九十歲。漫頭白雪。兩鬢堆霜。左手提着一個魚籃兒。右手拄着一
根紫竹的拐棒。孺人道。阿婆怎見得不要問卜。不須求神。阿婆道。

如來觀盡世間音　遠在靈山近在心
何須問卜與求神　禍福古來相倚伏

這四句詩不至緊。即時點破了金員外喻孺人。孺人道。阿婆言之
有理。請進裏面坐着。待我來布施布施。孺人剛剛的轉得身來。員
外眼打一霎。早已不見了個阿婆。他夫婦二人便知得是觀音大
士現身點化。即時擺列着香案。貢上三炷寶香。展開那紙爐。化了
一千百張甲馬。至誠皈依舊像。虔叩阿彌陀。不覺的金烏西墜。玉兎
東生。原來這夜却不是等閑之夜。八月十五。是個中秋之夜。這月
又不是等閑之月。八月十五。是個中秋之月。金員外分付收了香
案。焚起紙爐。孺人道。今夜是個中秋佳節。已自備辦的獻餅獻茶。
禮天禮地。供案且自由他。不上半餉之久。果是獻了茶餅。禮了天
地。只見一輪月湧。萬里雲收。真個是愛殺人也。有賦為証。

賦曰

維彼陰靈　三五闕而三五盈　流素彩而水净　湛寒光而
雪凝　碩兎騰精而夜逸　蟾蜍絢彩以宵驚　容仙桂之託

植　仰天星而助明　乍喜哉生　還欣始萌　經八日而光
就　歷三月而時成　呂錡射之而占姓　闞澤夢之而見名
吾大西郊坎壇　秋風夕祭　類在水　故應于潮　義在陰
故符於禮　取象后妃　視秩卿士　故以為上天之使　人
君之姊　瞻瑞彩於重輪　共清光於千里　尔其遊西園之
飛盖　騁東鄗之妍詞　會稽愛庭中之景　陸機攬堂上之
輝　圓光似扇　素魄如圭　同盛衰於蛤蟹　等盈缺於珠
龟　暈合而漢圍未解　影圓而虜騎初來　若乃珥戴為瑞
朏魄示冲　為地之理　作陰之宗　降祥符於漢室　通
吉夢於吳宮　覩爪牙而為咎　見側慝而為凶　觀素景流
天　方輝入戶　婦順苟或不脩　王后衣之事缺　物惟徐

孺之說　竊見楊雄之賦　彌関山而布影　入廊櫳而積素
　廣御兮維何　望舒兮孅阿　垂藹〻之澄輝　美穆〻之
金波　聞感精之女狄　傳竊藥之嫦娥　皎兮麗天　昭然
離畢　應魚腦而無差　驗階蓂而靡失　亦有晝蘆灰而暈
缺　捧陰燧而輝流　擣閒白兔　常見吳牛　乍認媚眉
逢驚玉鈎　得不薦鳴琴而滅華燭　玩清質之悠〻
止是秋半高懸千里月。夜深寒浸一天星。金員外喻孺人會着了
一會。不覺的二更將盡。三鼓初傳。孺人猛地裡精神倦怠。情思不
加。叫聲員外大家安寢。如何一覺直到明日天明。日高三丈。這豈
走開來無事不從容。睡覺東窗日已紅。央有個緣故。只見孺人起
來開眼一看。已自產下了一箇大娃子。也不知是天上吊下來的

跡共沙彌開員光之淨域

投託古淨慈之寺

經傳切利啓方便之禪門

也不知是地上長出來的。也不知是自家產下來的。也不知是外
人送將來的。也不知是黃昏戌時。也不知是鐘鳴亥時。也不知是
半夜子時。也不知是雞鳴丑時。也不知是日出寅時。也不知是朝
頭卯時。叫道一聲苦。一手又着床。一手挽着員外。那員外還在睡
夢之中。便不曾開眼。一夫一婦雙〻的閉了眼。合了掌。趺跏在臥
榻之前。那娃子金光萬道。滿屋通紅。却說那左右隣友附近居民
到了天色黎明。日高三丈。無一箇不起來。無一箇不梳洗。正是士
農工商各居一業。只聽得天上吹〻打〻。鼓樂齊鳴。鼻兒裏異樣
的天香一陣一陣。開門作一看。時金家宅上的火光燭天。霞彩奪
目。好隣居好親友。一湧而來。只見金家的大門尚然未開了。無人
語。這風火事豈是等閑。大家撞門而入。門裏也不見箇人。堂前也

不見箇人直是搶門到了卧房之内只見禿上的一箇娃子坐在床上金員外夫婦二人閉了眼合了掌趺跏在卧榻之前衆人見了又驚又呆好說不是被火頭裡又赤熖紅光好說是被火如今又烟飛灰滅好說不是生產床上却端正是箇娃子好說是生產娃子不合恁的莊嚴好說不是被人謀故他夫婦兩人却已魄散魂飛好說是被人謀故他兩人身上却没箇刀痕斧跡到是一樁没頭的公事中間有等老成練達的說道這人命関天事非小可莫若前去禀明了府縣官員聽他發落庶免林木之災衆人就叫陸阿公為首連名首官阿公姓陸是箇耆老年高有德坊牌人無一箇不欽仰他故此推他為首陸阿公聽了衆人的計議諾上連聲拂袖而起人叢裡面猛地時閃出一箇小厮兒來雙手扯住陸

阿公衣袖說道且慢些箇阿公問道你是甚麽人扯住我的衣袖那小厮兒道小可的就是本家這妃的是我的大哥我是他第四的阿弟小可的叫做金四兒妃弟埋何禀官之有陸阿公道你阿哥死怕有些不明白箇焉得不去禀官金四說道不消禀官陸阿公說道要去禀官爭了一回終是箇四不拗六連名一紙状兒禀了杭州府堂上清天太爺這太爺是清江浦人姓田氏田齊之後居官清正廉能杭州人有箇謠言說道太爺清清而正一毫人情也不聽太爺廉廉而能半點苞苴也不行故此人人叫他是箇清天太爺那太爺接了這箇連名的状兒審了幾句口詞拿了一箇道理即時披破状詞說道據状金某之妃雖有疑無傷可驗遺孩之生雖無母有息當全仰地方收骸殯殮遺孩責令出家存没兩利毋得異詞再擾陸阿公領了這些地方隣右磕了幾箇頭答應了幾句是是急轉身来買了兩口棺木收了金員外夫婦二人的屍骸衆人又譎議道屍骸雖已殯殮停柩何所娃子出家是甚麽年紀上是甚麽佛寺裡須則再去禀明太爺那太爺正叫做高擡明鏡朗照四方只見這些耆老隣佑到上的進衙門一字兒跪在丹墀之下未及開口太爺就說道你這廝又来禀我只是停柩出家兩頃的縁由這些耆老隣佑連忙的磕上幾箇頭答應道太爺神見太爺道我已籌之熟矣停柩須則昭慶寺裡北一廂慶忌塔下那娃子出家又須雷峰之下静慈寺裡温雲寂長老名下作弟子也就在今日不可遲悞分付已畢即時叫過該房寫了兩箇回票差下兩箇快手一箇快手拿了一箇飛票逕到西湖之上昭慶

寺裡通知本寺住持停柩塔下一箇快手拿了一箇飛票逕到雷峰之下浄慈寺裡通知本寺雲寂長老收養小徒兩下裡處置得宜存殁均感那曉得人間才合無量福天上飛將禍事来本寺是滿天上鼓樂齊鳴遍城中異香飛散怎的不驚駭人也且除了軍民人等在一邊只說都布按三司撫按三院南北兩関這都是甚麽樣的衙門這都是甚麽樣的官府恰好就有一箇費周折的爺上在裏面還是那一位爺上這爺上

王節搖光出鳳城　威摧山岳鬼神驚　羣奸白晝嬿霜冷
萬姓蒼生喜日晴　當道豺狼渾斂迹　朝天驄馬獸馳名
九重更借調元手　補袞相期致太平

他坐在烏臺之上早已曉得金員外這一樁没頭的公事北時就

差下了一箇精細的聽事官到那府門前去探箇消息看那太爺還是怎的處置他餉午若些聽事官來回報說道清太爺如此如此那一位爺爺即時差下兩箇旗牌官下府來提該房文卷上去要親自勘問提到了該房接了文卷正在作難那清天的太爺早已到了庭參相見相見礼畢那爺爺就開口道人命重情豈容輕貸太爺道非敢輕貸但這一樁事須說從頭下官其實明白那爺爺道怎見得明白請問其詳太爺道下官每日五鼓而起沐浴焚香告天然後出廳理事今日五鼓起來告天已畢猛聽得天上鼓樂聲鳴[illegible]鼻的異香馥郁下官心下想道這番端的有箇祥瑞也須臾之間果見一朶祥雲自西而下祥雲之上幢幡寶蓋羽伏霓旌雙排鼓樂四塞護呵隱隱約約中間早有兩輪龍車並馳鳳輦

出像西洋記　卷之二　卅七

逕下城之西北隅未久中間其雲郤自下而上那左邊車上端的生一箇男子右邊車上端的坐一箇女人愈上愈高不可窮究適來地方人等口稱俞某夫婦二人哭齋以此下官省悟止責令收骸停柩而已那爺爺道現停在何處太爺道現在昭慶寺裡慶忌寶塔之下那爺爺道娃子有何奇異太爺道娃子的事下官不曾見甚奇異止是地方人等口稱遠望其家紅光滿屋近前視之只見這娃子兀然端坐雙手合掌兩腳趺跏以下官之㦄見必是箇善菩薩臨凡故止責令出家而已那爺爺道現在何處出家太爺道現在淨慈寺裏雲寂和尚之名下那爺爺道賢太守言之有理處之得宜只　件來下民狡詐百端我和你居上者不可不詳察太爺道惟命那爺爺道既然如此說賢太守請回本衙俺這裏行有箇道理太爺已出那爺爺傳箇號令叫過杭州前衛杭州右衛觀海衛臨山衛四衛的掌印衛官來又傳箇號令叫過海寧守禦千戶所澉浦守禦千戶所乍浦守禦千戶所大嵩守禦千戶所霩衢守禦千戶所健跳守禦千戶所隘頑守禦千戶所浦岐守禦千戶所八所的掌印所官來又傳箇號令叫過赭山巡檢司石墩巡檢司王江涇巡檢司白沙灣巡檢司皂林巡檢司皂塘巡檢司四安巡檢司天目山巡檢司八司的司官來仰衛官各帶馬軍三十所官各帶步軍三十巡司各帶弓兵三十鮮明盔甲精鋭器械齊赴西湖之上昭慶寺裡慶忌塔下開棺見屍多官眼同相驗有无傷痕驗畢轉赴雷峰之下淨慈寺裡雲寂僧房多官眼同點檢有無徒弟火速回報無得稽遲取罪這叫做箇只聽將軍令不聞天

出像西洋記　卷之二　卅八

子詔却說這些衛官所官司官有許多的官員馬兵步兵弓兵有許多的軍馬一湧而來把箇昭慶寺裡就圍得周周匝匝鉄桶相似一般嚇得衆和尚們魂不附体那些官長那一箇心裏不想道今日檢出傷痕第一功也那些軍馬那一箇心裏不想道今日檢出傷痕合受賞也那曉得擡過棺材來劈開一箇一箇是空劈開兩箇兩箇是空多官們面面相覷衆軍士箇箇相挨沒奈何只得轉過淨慈寺裏去也來到淨慈寺裏那雲寂長老不是等閑的長老除了肉眼不在部下法眼最下慧眼稍中天眼稍上佛眼總是他的家數這些軍馬全不在他的眼裏軍馬臨門他早已知得是按院爺爺查點一手抱着那箇娃娃一手拄根拐棒更不打話逕望察院進步而去衆官府們一則說他年老二則有箇娃娃抱在

手裏事有准憑了故此不攔不阻一路回來此時已天色漸昏驛羯鼓陣按院爺〻還坐在堂上等着衆官們來回話只見衆官們魚貫而入挨序次跪在階前那爺〻問道開棺檢驗有甚傷痕麼衆官齊聲回復道兩箇棺材俱是空的那爺〻笑了一笑點一點頭更不問第二句止問道娃〻兒何在衆官又齊聲回復道現有和尚在門外那爺〻分付衆官各散另帶和尚進來衆官散去和尚慢〻的挨也挨進丹墀裡來那爺〻便自家站起立着分付道和尚不要行禮一直走上廳來那爺〻把頭一擡只見一箇老和尚抱着一箇小娃〻那娃〻頭長額闊目秀眉清鼻拱耳環唇紅齒白養下來纔一日就是一箇布袋的和尚行藏那爺〻滿心生喜問道這娃〻今日可曾喫着甚麼來和尚道這娃〻須則是養

下來一箇日子其實的有許多彌羅爺〻道怎見得和尚道早間承清天的太爺發下來做徒弟小僧念他出胎失母乳哺無人叫過那火者來抱他到施主家裡去布施些乳哺到一家他一家不開口到兩家他兩家不開口到三家四家就是[illegible]家他也只是一箇不開口及至抱轉山門之時天將暝日已曛小僧心裏想道這弟子莫非是隨佛隨緣的是小僧將佛前供果揉破些與他喫他就是一口一轂轤吞將下去吞之纔方兩口適逢爺〻的官兵降臨故此小僧抱着他遠來叩伏乞替天行道的爺〻俯加詳察那爺〻還不曾開口只見那把門官高聲稟道府上太爺參見那爺〻一邊分付和尚起來好生斷養一邊的接着太爺太爺廷參那爺〻雙手挽將起來嘻〻的笑着說道今日之事何如太爺道

有棺无屍下官之罪那爺〻道說那裡話賢太守是箇見而知俺學生不過聞而知之太爺道何為見而知之何為聞而知之那爺〻道大凡神仙下界借肉住靈這靈性就是仙那肉身却是箇軀殼靈性既昇軀殼隨化故世人謂之曰屍解賢太守早間親見金其夫婦昇仙俺學生心裏想道這二人的肉身必定隨風化去不在棺材裡面了故此責令多官開棺相驗一則顯賢太守之神明一則見得俺學生之粗見這却不是賢太守見而知之俺學生聞而知之太爺連聲稱謝那爺〻又道賢太守怎見得那娃子是箇善菩薩臨凡太爺道據地方人等的口詞下官之聽見那爺〻道今番俺學生是箇見而知之賢太守是箇聞而知之太爺道願聞其詳那爺〻道賢太守據地方人等的口詞憑胸中之高見俺

學生適問親見那長老抱着那娃〻進來你看他頭長額闊目秀眉清鼻拱耳環唇紅齒白善阿〻笑彌〻就是一箇布袋和尚的形境這却不是俺學生見而知之賢太守聞而知之正是

一切須菩提　心如是清淨　佛言世希有　所未曾見聞
若復有人聞　清淨生實相　若復有人見　成就第一天
無見復無聞　是人即第一

這箇按院爺〻和那清天太爺雖說是各有所聞各有所見那曉得其中就裡有許多的因果耳所不及聞目所不及見還是甚麼因果耳所不及聞目所不及見且聽下回分解

第四回

○削髮除煩惱○留鬚表丈夫

詩曰

由來跡狀甚殊常　脫落人間宅渺茫　鐺煑山川深有策
瓢藏世界妙無疆　中天浄假能飛翼　脹目長居不老鄉
漢武秦皇求未得　豈因浪說事荒唐

却說這箇金員外是玉皇案下一箇金童俞孺人是玉皇案下一箇玉女他兩箇都思凡兩箇同下世兩箇就結成鸞鳳偶那靈霄殿上纔方瞬息不覺的人世上已經七七四十九歲這一日只因老祖臨凡他的万道金光直冲着靈霄宝殿以此玉帝陞殿查點這金童照刷那玉女怕他不頃刻裏復命歸根却說那座下來的娃子又有許多的因果越加耳不及聞目不及見怎的娃子的因

心殊道種瑩七淨以交輝

削髮除煩惱

戒月悲花耿三空而列耀

果越加不聞不見原來這娃子是箇燃燈古佛臨凡解釋五十年摩訶僧祇的厄難却又怎麼叫做燃燈佛他原當日在西天做太子受生之初一落地時已自身邊光焰如燈火之亮故此叫做箇燃燈佛因他錠身置燈燈字又從金因是錠身後世翻為錠光佛如今人省做這箇单定字有偈為証

偈曰

說即雖萬般　合理還歸一　除是身畔燈　纔方是慧日

却說這娃子是燃燈老祖的色身自出胎時父母棄世進了浄慈寺裏雲寂長老名下做箇弟子雲寂長老看得他十分珎重只是這箇弟子有許多的古怪蹺蹊處怎麼有許多的古怪蹺蹊處他自從進了山門之後胎裏帶得素來素便罷了還有一件來一日

與他三飡五飡他飡〻的喫一飡與他三碗五碗他碗〻的喫也
不見他箇飽三日五日不與他喫他也不来要喫也不見他箇飢
還有一件来也是一般的眼也是一般的黑白只是一箇不睁開
也是一般樣的口也是一般樣的舌頭只是一箇不講話也是一
般樣的耳朵也是一般樣的輪廓只是一箇不聽見也是一般樣
的手也是一般樣的十指纖〻只是一箇不舉起也是一般樣的
脚也是一般樣的跟頭只是一箇不輪動却只一箇坐字就是他
的往来本命星君或在禪堂裡坐對着那箇磚墻一坐坐他箇幾
箇月或在僧房裡坐對着那箇板壁一坐坐他箇半週年迅駒驟
隙飛電流光不覺的三三如九巳自九年上下師父雖則珎重他
他却有這許多不近人情處不免也有些輕忽一日一箇遊脚僧

人自稱滕和尚特来叩謁雲寂雲寂請他至僧房裡面相見雲寂
見他有些骨氣有些手姿就留他坐待他茶齋他飯兩家子講些
經翻些典正是空華落影陽燄翻波光發襟懷影含法界滕和尚
起頭只看見一箇弟子囫〻的坐在板壁之下問雲寂道此位坐
的是誰雲寂道是小徒滕和尚道他怎坐的恁端正哩雲寂道小
徒經今坐了九箇年頭滕和尚道長老你也不問他一聲雲寂道
便自問他他耳又不聞只因這兩句話打動了一天星好箇弟子
你看他輕〻的離了團坐拽起步来望禪房門外竟走你看他走
到那裡去只見他一直走進佛殿之上叅了佛禮了菩薩拜了羅
漢上皷楼上擊幾下鼓上鍾楼上撞幾下鍾番身又進禪房裡来
先對着師父一箇問訊後對着滕和尚一箇問訊睁開眼調轉舌

問道道無可聞　問法法無可問
把箇雲寂滿心歡喜笑色孜〻滕和尚道果真可喜恁般的陀羅
聲入心通耳無　逆那弟子應聲道
迷人不悟色空　達者本無逆順
滕和尚道法門尚多哩難道箇達者本無逆順那弟子又應聲道
八萬四千法門　至理不過方寸
滕和尚道這方寸地上煩惱其實有根淨華其實無種那弟子道
煩惱正是菩提　淨華生于泥糞
滕和尚道你這話兒只好駭我遊方僧那弟子又應聲道
識取自家城色　莫浪遊他州郡

滕和尚道貧僧原有這等一箇短偈你這話兒都是雷同了我的
弟子道佛以一音而演說法故一切法同此一音三世諸佛此一
音六代祖師此一音天下和尚此一音何雷同之有滕和尚道雖
則一音也分箇昔日今日前後之不同弟子道昔日〻今日〻照
無兩般昔日風今日風鼓無二動滕和尚道這陀羅既有顛倒之
口倒藏之機我且考你一考那弟子道願聞滕和尚道怎麽叫做
箇道弟子道不斷不常不来不去不生不滅性相自如常住不遷
這就叫做箇道滕和尚道怎麽叫做箇禪弟子道萬法俱明謂之
諦一切不取謂之禪滕和尚道怎麽叫做箇佛怎麽又叫做箇佛
祖弟子道不覩惡而生嫌不觀善而勸惜不捨智而近愚不抛迷
而就悟達大道通甚心不與凡聖同纏超然獨諳這就叫做箇佛

這就叫做箇佛祖滕和尚道佛爺上的法身何在弟子道無在無
乎不在滕和尚道這殿上坐的敢是法身麼弟子道金姿丈六不
是法身滕和尚道似此説来佛豈無身弟子道有身滕和尚道何
為佛身弟子道六度為佛身滕和尚道佛豈無頭弟子道有頭滕
和尚道何為佛頭弟子道正念為佛頭滕和尚道佛豈無眼弟子
道有眼滕和尚道何為佛眼弟子道慈悲為佛眼滕和尚道佛豈
無耳弟子道有耳滕和尚道何為佛耳弟子道妙音為佛耳滕和
尚道佛豈無鼻弟子道有鼻滕和尚道何為佛鼻弟子道香林為
佛鼻滕和尚道佛豈無口弟子道有口滕和尚道何為佛口弟子
道甘露為佛口滕和尚道佛豈無舌弟子道有舌滕和尚道何為
佛舌弟子道四辦為佛舌滕和尚道佛豈無手弟子道有手滕和

尚道何為佛手弟子道四攝為佛手滕和尚道佛豈無指弟子道
有指滕和尚道何為佛指弟子道平等為佛指滕和尚道佛豈無
足弟子道有足滕和尚道何為佛足弟子道戒定為佛足滕和尚
道佛豈無心弟子道有心滕和尚道何為佛心弟子道種智為佛
心滕和尚道陀羅却差矣弟子道怎見得差滕和尚道你又説無
你又説有一脚踏了兩家船却不是差了弟子道妙有而復非有
妙無而復非無離無離有乃所謂法身滕和尚道這些話兒是被
你抵搪過去了我還要考你一考弟子道再願聞滕和尚道我且
問你讀佛書可有箇要領處弟子道衣之有領網之有綱佛書豈
無箇要領處滕和尚道要領處有多少哩弟子道只好一箇字滕
和尚道是一箇甚麼字弟子道是一箇空字滕和尚就嗄上的大

笑起説道。今番差了些些弟子道怎麼會差了些些。滕和尚道一箇空
字。能有幾大的神通怎麼做得佛書的要領。弟子道老師父看小
了這箇空字。滕和尚道。怎麼會看小了他弟子道我也問你一聲
兒滕和尚道你問來。弟子道佛爺上可有憂可有喜滕和尚道無
憂無喜。弟子道。佛爺上可有苦。可有樂。滕和尚道無苦無樂。弟子
道佛爺上可有得。可有喪滕和尚道。無得無喪弟子道可知哩滕
和尚道怎見得可知哩弟子道心與空相應。則譏毀贊譽何憂何
喜身與空相應則力制香途何苦何樂。根與空相應。則施與劫奪
何得何喪忘憂[illegible]輕得喪[illegible]空字把箇佛爺上的形境都
盡了莫説是佛書。不為要領滕和尚道今番又被你胡塞賴了我
還問你經上説道色即是空空即是色怎麼是色怎麼又是空弟

子道你不見水中月鏡。裏花還是色還是空滕和尚道經上又説
道無我相無人相無衆生相怎。叫做箇無我。弟子道大宅者只我
身可是句經滕和尚道這是一句經。弟子道若我是火宅。我應燒
人。既不能燒明知無我滕和尚道怎麼叫做箇無人。弟子道人。居
色界。可是經典滕和尚道。這也是一句經。弟子道若人有色界。此
土憑何而立既無色界明知無人滕和尚道怎麼叫做箇無衆生
弟子道劫火洞然。大千俱壞可是經典滕和尚道這也是一句經
弟子道若有衆生應火不能壞。既火能壞明知無衆生滕和尚道
我還有箇考你的去處弟子道真好鶻突人也滕和尚道陀羅也
自怕考哩。弟子道。説甚麼怕考兩箇字。滕和尚道一箇蚯蚓斬為
兩段兩頭俱動。佛性還在那一頭。弟子道。澄江一片月。三隻船兒

同玩賞頃刻之間一隻不動一隻往南一隻往北月還在那箇船上滕和尚道一般樣的水海自鹹河自淡佛性還在鹹處還在淡處弟子道東邊日出西邊下雨天道還在雨處還在晴處滕和尚道你恁的會替答應我還把箇世故考你一考弟子道甚麼世故滕和尚道那箇飛来峰既飛得来怎麼不飛得去弟子道一動不如一静滕和尚道觀音大士怎麼又念觀音呪弟子道求人不如求巳滕和尚道大茅長老怎麼三月只化的一文錢弟子道多得不如少得滕和尚道你怎麼今日走上殿去動一會响器弟子笑一笑道這是做一日和尚撞一日鍾滕和尚未及開口弟子說道師父也到弟子身上来想只是肚子裏乾了待我弟子也考師父一考滕和尚道也任你考弟子道閆浮世界之中萬物不齊這萬物果有

冉冉豐髯聳珍翹而拂漢

留鬚表丈夫

堂堂男子飛實伋以冲天

箇一定麽滕和尚道有箇一定弟子道高岸為谷深谷為陵有生即死有死即生何得為定滕和尚道萬物果真不定弟子道萬物若是不定何不指天為地呼地為天召星為月命月為星只消這兩句話把箇滕和尚撐住了兩下裏正在作笑忽聽得半空中劃剌剌一箇响聲雲寂說道恁兩家說一箇不住致于天怒道猶未了只聽得一箇聲氣說道直饒有傾峽之辯倒嶽之機衲僧門下一點用他不着把箇雲寂連忙的望空礼拜說道小弟子不合饒舌望乞恕罪滕和尚自家想道話兒也是多了些就此告辭雲寂道徒弟你拜謝了滕師父滕和尚道不用拜雲寂道要拜好箇滕和尚望門外只是一跑雲寂忙忙的扯住他說道既不用小徒拜謝容貧僧一言滕和尚道有何見諭雲寂道小徒自進山門来繼今

九眾眼不開耳不聽話不說手不舉足不動貧僧只恐他墮落輪
廻来無上乘適蒙老禪師下教致使他圓通朗照美响飛揚這正
叫做箇這正叫做箇好雲寂連說了兩聲這正叫做箇却沒有下
回一句巧話兒来湊合猛撞起頭只見一箇彈弦兒唱道情的打
廊簷下走過好箇雲寂便就見景生情說道小徒蒙老禪師下教
致令他圓通朗照美响飛揚這正叫做箇琴瑟琵琶雖有妙音若
無妙指終不能發滕和尚聽知這兩句話兒有些机竅他口兒裏
害聲袖兒裏取出一箇黃紙的紙包来遞與雲寂雲寂剛上的接
了他的包兒眼打一尖早已不見了這箇和尚雲寂到喫了一驚
面上雖是喫了一驚心裏想道這決是箇禪師下界點我這箇小
徒弟這箇小徒弟決也不是箇凡胎急轉身来叫上一聲徒弟那

弟子連忙的答應幾聲有有有雲寂道適来的長老来有影去無
踪不知是那一位那讓弟子道他自已稱為滕和尚師父可就把
這滕和尚三箇字到各經典上去查一查便知端的雲寂道言之
有理一時間那箇觀音經華嚴經金剛經孔雀經能仁經般若經
涅槃經圓覺經法華經楞嚴經楞伽經遺教經一一的擺将出来
只說是水中捉月海裏撈針那曉得信手拈来頭上是道剛上的
展開那經卷一眼一瞧就有一箇偈兒說道

脩道上無可脩　問法上無可問　迷人不悟色空　達者本
無逆順　八萬四千法門　至理不過方寸　煩惱正是菩提
淨華生于泥糞　識取自家城邑　莫謾遊他州郡

那偈兒後面又有一箇標題說道騰上和尚偈雲寂見之滿心歡

喜叫聲徒弟那弟子連忙答應道有有有雲寂道適来和尚果真
是過去的禪師弟子道可是姓滕麽雲寂道滕便是滕却不是那
箇滕字弟子道是甚麽滕字雲寂道是箇雲騰的騰字叫做箇騰
騰和尚弟子道可有甚麽說来雲寂道適来你那箇問道上無可
問的七言古風是他的小偈弟子道徒弟却不知道雲寂道你怎
的說将出来弟子道他那里問一聲我這里應一聲信口說將出
来的雲寂道終不然你口上是經弟子道除是師父們聲上是佛
雲寂道再不必多言只一件来這騰上和尚既是箇禪師神通不
小纔方那箇黃紙包兒裡面一定有箇道理弟子道何不拆開他
的来看他一看雲寂道有理有理口兒裏說道有理手兒裏一傍
把箇包来拆開只見包兒裏面端正有兩件波斯還是那兩件波

斯一件是箇羚羊角一件是箇賓鐵刀兒雲寂道這還是箇甚的
禪機弟子道這箇禪機不離是經典上的好箇雲寂沉思了半晌
猛省起来叫聲徒弟這箇禪機我解得了弟子道願聞雲寂道這
箇禪機出在金剛經上弟子道怎見得雲寂道金剛世界之寶其
性雖堅羚羊角能壞之羚羊角雖堅賓鐵能壞之弟子道這箇解
釋只怕畧粗浅了些雲寂道意味還不止此弟子道還有甚麽意
味雲寂道金剛譬喻佛性羚羊角譬喻煩惱賓鐵譬喻般若智這
是說那佛性雖堅煩惱能亂之煩惱雖堅般若智能破之弟子道
騰上和尚把来送我們還是甚麽意思雲寂道敢是指點我老僧
戒煩惱也好箇弟子早已勘破了騰和尚這箇機關說道這箇禪
機不是指點老師父戒煩惱雲寂道怎見得不是指點我戒煩惱

道自今以後毋得再像前面那九歲的事體弟子道那九歲何如雲寂道那九歲之內只是箇好坐誦經說法全沒半星弟子道經典上有一句說得好哩雲寂道是那一句弟子道八歲能誦百歲不行不救急也雲寂道便你行來我看着只這一句話兒不至緊觸動了這弟子的機輪你看他今日箇說經明日箇講典一則是小師父能說能道善講善談二則是杭州城裏那些喫齋把素的多聽經聽典的多只見每日間蜂屯蟻聚魚貫鴈行把箇杭州城裏只當了一箇經堂把箇杭州城裏的善菩薩們只當一班大千徒衆却說飛來峰下有一箇禪寺叫做箇靈隱寺就是風魔和尚罵秦檜的去所靈隱寺裏有一箇經會叫做箇碧峰會因是飛來峰油澄上的就像胡僧眼碧故此取名為碧峰會當原先大志禪

師在這箇會上講法華經晃朗開雅絕能清轉能使聽者忘疲失倦法建禪師在這箇會上講華嚴經聲不外徹有人倚壁而聽但聞豈々溜々如伏流之吐波這等一箇會場經過兩箇這等大禪師那有箇法門不盛演也後來年深日久世遠人亡這壇場也冷落了這等三五十載到今日也莫非是否極泰來貞下元起撞遇這等一箇能說能道善講善談的小師父來却只見東半城的会首姓遲名字叫做箇遲再忙々的望西半城走西半城的會首姓巴名字叫做箇巴所忙々的望東半城走東半城的會首望西半城走說道好去請那位能說能道善講善談的小師父到碧峰会上談經西半城的會首望東半城走說道好去請那位能說能道善講善談的小師父到碧峰會上說典果真一請々得這箇小師

弟子道老師父明心見性清淨慈悲又有甚的煩惱戒得雲寂道既不是指點我來還是指點那一箇弟子道還是超度氐做徒弟的雲寂道怎見得弟子道我做徒弟的雖入空門尚未披剃雖聞至教尚未明心這箇羚羊角論形境就是徒弟的卯角論譬喻就是徒弟的煩惱却又有箇賓鍐明々的是叫徒弟披剃去煩惱也雲寂道說得好箇道理只一件來既入空門少不得的披剃莫若取皇曆過來選擇一箇吉日一箇良時和你落了這箇髮挼了這箇煩惱的根苗叫一聲小沙弥取皇曆過來一箇小沙彌拿了一本皇曆奉上雲寂雲寂接過手来展開在佛案上看一看說道今日是箇四月初六明日初七又明日初八這初八日本是佛爺々的生日已自大吉况兼曆日上寫着結婚姻會親友上表章進人

口冠帶沐浴竪柱上梁剃頭立券交易移徙宜用辰時大吉之日徙弟擇取初八日和你落髮罷弟子道謹依尊命一日又一日不覺的就是初八日雲寂侵早起來分付燒了水磨了刀親自替了香禱告了菩薩和那弟子落下了那一頭的青絲細髮光々爾一箇好彌陀這是燃燈老祖託生杭州捨身淨慈寺溫雲寂門下執弟子削髮除煩惱一節有詩為証

詩曰

自入禪林歲月長　今朝削髮禮穹蒼　一真湛々三乘透
五蘊空々萬慮忘　鉢底降龍時濫水　圈中伏虎夜焚香
渾然失却人間事　一點禪心自秘藏

却說這弟子削了髮參了佛礼了菩薩皈了羅漢拜了師父師父

父到碧峰會上敷衍真言廣開善世一日三三川九一月三三月
九一年三三年九人上說道這等一位大禅師豈可沒箇法名這
等一位活菩薩豈可沒箇徽號迍再的說道我們做弟子的怎麽
敢稱他的法名只好奉上一箇徽號已所的說道這箇徽號也不
是等閒奉承得的一人傳十十人傳百百人傳千千人傳万同聲
同口的都說道要上這會上的師父尊號內中有等看眼色的說
道這位師父胡僧碧眼合就號做箇碧眼禅師內中又有等信臭
子動的說道這位師父臭如峰拱合就號做箇臭峰禅師內中又
有等山頭上住的說道這位師父前日出家淨慈寺在雷峰之下
今日講經靈隱寺在飛來峰之下合就號做箇雷峰禅師合就號
做箇飛峰禅師也有叫碧眼禅師的也有叫臭峰禅師的也有叫

雷峰禅師的也有叫飛峰禅師的正是箇人多口多口多號多到
底都說的不的確還是那迍再的有箇斟酌還是已所的有箇裁
剪那迍再的怎麽說那迍再的道號碧眼的號臭峰的這都是近
取諸身丈六金姿不是法身不必近取諸身號雷峰的號飛峰的
這都是遠取諸物雖在世間無有物味也不必遠取物那已所的
道既不近取身又不遠取諸物怎麽會有箇號來迍再的道就在
這箇會字上生發已所的道怎麽會字上有生發迍再的道我和
你這箇經會叫做甚麽會已所的道這經會叫做箇碧峰會迍再
的道可知哩這會叫做箇碧峰會這位師父是箇會主我和你們
不過是箇會中的人既是會主就號做箇碧峰長老何如已所的
道好箇碧峰長老一箇傳十十箇齊說道好箇碧峰長老十箇傳

百箇百箇齊聲道好箇碧峰長老百箇傳千箇千箇齊聲道好箇
碧峰長老千箇傳萬箇萬箇齊聲道好箇碧峰長老因此上傳到
如今叫做箇碧峰長老又因他俗姓金連着金字叫做箇金碧峰
長老這號碧峰長老的時節長老已自約有二十上三十下一嘴
的連鬓滂腮鬍子淨慈寺裏的師父也久已陞仙去了止是長老
身一箇光頭一嘴鬍子這箇鬍子不是小可的有詩為証

詩曰

堂上六尺属仙郎　更喜豐髯品字傍　風急標絲飛渡口
雨餘苔襯上宮墻　龍歸古洞藜先醉　鳳出丹山尾帶狂
惟有美髯公第一　滿腔忠義越加長

却說碧峰長老一嘴連鬓滂腮鬍子人上都說道長老何事削髮

留鬚毗沙門乎也說道長老何事削髮留鬚三藐三佛陀也說道
長老何事削髮留鬚弗把提也說道長老何事削髮留鬚泥犁陀
也說道長老何事削髮留鬚優婆塞也說道長老何事削髮留鬚
優婆夷也說道長老何事削髮留鬚陀羅尼也說道長老何事削
髮留鬚諸檀越也說道長老何事削髮留鬚就是僧綱僧紀僧錄
也說道長老長何事削髮留鬚就是茶頭飯頭菜頭火頭淨頭也
都說道長老何事削髮留鬚人上口上口上聲上碧峰長老只把
他當箇對江過告訴風却不知這箇碧峰長老這箇削髮留鬚還
是按些甚麽經典還是有些甚麽主張還是到底削髮削鬚還是
到底削髮留鬚且看下回分解

第五回

○摩訶薩歸宗○迦摩阿復命

詩曰

四月八日日遲遲　雨後薰風拂面吹　魚躍亂隨新長水

烏帝爭占最高枝　紗廚冰簟難成夢　羽扇輪巾漸及時

淨梵中天今日誕　好將檀越拜階墀

却說碧峰長老任他們說道何事削髮留鬚他只是還他一箇不答應口兒裏須然不答應他心兒裏却自有箇歸除且喜的這一日就是四月初八日浴佛之辰碧峰會上聽講的堆山塞海席地幕天好箇碧峰長老心裏想道今日中間若不把這箇削髮留鬚的因果剖破了如入寶山空手回你看他起先時端正在碧峰會蓮花寶座之上頃刻裏金光起處早已不見了箇碧峰長老衆弟

禁閫傳芳娌四樹五乘之妙

登期續談須三輪八藏之文

子們只是箇磕頭禮拜都說道老爺的法門經典正講在玄妙之處弟子四衆人等實指望拔離了苦海永不墮地獄之門今日圓滿尚且未脩怎麽就起身而去伏乞老爺返旆回輪禱告未了只聽得走路的都說道六和塔上一箇老爺金光萬道好現化人也衆弟子聞知碧峰老爺在六和塔上只是虔誠禮拜念佛懇求碧峰長老心裏想道這回却好點破他們了金光一起翻身又在碧峰會上寶蓮禪座中間端端正正的坐了四衆人等齊聲上啓道老爺何事兒棄衆生碧峰長老道我見你衆生們班次混乱污我的眼睛故此到那塔上去亮一亮這箇眼珠兒四衆人等又齊聲上放道望乞老爺指教那些兒班次混乱碧峰長老道你衆生們有鬚的有没鬚的有髮多的有髮少的都站在那一般兒怎麽

不是紛亂四衆人等又齊聲上啓道望乞老爺指教怎麽樣兒分
班碧峰長老道有鬚的站一邊無鬚須的站一邊好箇四衆人等即
時間分作左右兩班有鬚的居左無鬚須的居右碧峰長老又說道
鬚須多的站一邊鬚少的站一邊四衆人等即時間又分作上下兩
班鬚須多的居上鬚須少的居下碧峰長老道分班的齊不齊四衆人
等齊聲道班齊碧峰長老丢了一箇神通問聲道那丹墀裏左側
站的甚麽人四衆人等起頭看時果真是丹墀東左側站着一位
聖賢身長十尺面似抹朱鳳眼蚕眉美髯紺幘碧峰長老道你甚
麽聖賢那聖賢道

手擎三國　脚踏五湖　人上道我　美髯丈夫

碧峰長老道既是美髯公請回罷劃刺一聲響早已不見了這位

聖賢碧峰長老又問道那丹墀裏右側又站着甚麽人四衆人等
起頭看時又只見丹墀裏右側也站着一位聖賢身長十尺面似
靛青環眼劍眉虬髯絳幘碧峰長老問道你是甚麽聖賢那聖賢
道

不提漢末　只說唐初　人上認我　虬髯丈夫

碧峰長老道既是虬髯公請回罷也劃刺一聲響就不見了這位
聖賢四衆人等站在班上齊聲道阿彌陀佛無量功德碧峰長老
道不是阿彌陀佛一箇是美髯丈夫一箇是虬髯丈夫尔衆在那
箇像丈夫四衆人等齊聲上啓道左班有鬚須的像丈夫右班無鬚須
的使不像丈夫上班鬚須多的像丈夫下班鬚少的使不像丈夫碧
峰長老得了衆生這句話便自一手捜了自家的鬚須一手指定了
衆生問聲道我這的鬚可也像丈夫麽四衆人等如夢初醒如醉
初醒齊聲道弟子們今番却解脫了老爺是留鬚表丈夫只這句
話雖則是箇五字偶聯傳之萬古千秋都解得碧峰長老削髮除
煩惱留鬚表丈夫有詩為証

詩曰

名山閱萬古　明月來幾時　顧遊屬中秋　萬里雲霧披
心閒境亦静　月滿山不移　况茲飛來峰　秀削清漣漪
下有碧峰禽　飆上偃風吹　主者碧峰老　白玉不磷淄
豸山暫寄逸　所至琴且詩　削髮除煩惱　猗彼仙翁毘
留鬚表丈夫　怡然大雅姿　雲騈與風馭　來往誰可知
但聞山桂香　繽紛落殘巵　婗我羈軒冕　妄意臯與夔

那知渉幻境　百歲黍一炊　風波世上險　日月壺中遲
何如歸此山　相從為解頤　朝霞且沆瀣　火齊不交梨
晨夕當供給　足以慰渴飢　此事未易談　聳耳聽者誰
洗盞酹山靈　吾誓不尔欺　天空萬籟起　為奏塤與篪

却說碧峰長老剖破了這箇留鬚表丈夫的啞謎兒莫說是四衆
人等念聲阿彌陀佛就是毘沙門子三藐三佛陀也念聲阿彌陀
佛就是弗把提泥犁陀也念聲阿彌陀佛就是優婆塞優婆夷也
念聲阿彌陀佛就是陀黟尼諸檀越也念聲阿彌陀佛就是僧綱
僧紀僧録茶頭飯頭菜頭火頭爭頭一箇上的念聲阿彌陀佛碧
峰長老照舊箇登臺說法四衆弟子們照舊箇聽講皈依却不知
烏飛兎走寒往暑來人人上道請經的講到妙處好做圓滿些箇上

道聽經的聽到妙處。好做圓滿哩那曉得佛門無了又無休刻々時々上々水舟怎見得刻々時々上々水舟。却說四衆人等。才子要做圓滿便就有箇弄神通闡法力的那謊來了。只見碧峰長老坐在上面那些々四衆弟子列在左右上下四班。每日家這些弟子進門時劉々的坐下一箇人懷兒裏一疋三汗絹或是一疋四汗絹帮晚來出門時一箇々又不見了這一疋絹因此上街坊上嘈々雜雜都說道碧峰會上聽經的失了絹疋叫是尊前說話全無准路上行人口似飛一下子。講到了碧峰長老的耳朶裡面去了。碧峰長老心裏想道聽經的失了絹這的絹從何而來從何而失中間一定有箇緣故待我明日與他處分。到了明日天明之時只見四衆弟子一箇々的魚貫而來劉々的坐下。分々左班右班上班下班長老微開善口講了幾句經。說了幾句典。問聲道你衆生懷袖裏可有甚麼子沒有那些四衆人等。聽知長老問道連忙的把箇懷袖兒裏揣一揣來還是昨日的那疋絹齊聲答應道弟子們懷袖裏一箇人一疋絹長老道果是一疋絹歷四衆人等齊聲道果是一箇人一疋絹長老道你們都交到我這裡來這些々弟子們。箇人交了一疋絹長老道你們還坐定了這些四衆弟子們仍舊的分了四班。長老又講了幾句經說了幾句典。長老道這是甚麼時候。左班領班的弟一就是那箇遲再遲再的起上身來走到時辰牌下打一看。已自是午未未初轉身回復長老道此時已是午末未初。長老道既是午末未初。你衆生趁早散散。長老說的一聲散。衆弟子們起身皆立在長老面前獨那謊却又不見了長老道

出像西洋記　卷之一　十五

你們且慢去待我們一箇々的驗下過好箇長老高張慧眼收定元神一站々在門首把這些弟子們排頭兒數過唱名而出一數數到一箇弟子原是箇出家人

幾載棲雲住梵林　琅々清演海潮音　三乘悟徹玄機妙
萬法通明覺海深　玉麈揮時龍虎伏　寶花飄處鬼神欽
紅爐一點鵝毛雪　消却塵襟萬慮心

碧峰長老看見這箇弟子有些仙風有些骨氣心裏自忖道端的就是這箇陀羅尊者也狠着的喝上一聲正是巫峽中霄動滄江二月雷龍蛇不成蟄天地劃爭廻那箇弟子看見這箇長老來得兇哩製身便走這箇長老看見那箇弟子去得緊哩金光一縱颷地裏趕將來那箇弟子却不是走却是會飛這箇長老又不是會飛又不是騰雲又不是駕霧一道金光就在半天之上一箇在前一箇在後叫做箇緊趕上趕得箇弟子沒奈何那弟子情知是走不出杭州城來却也又是有些家所的把箇眼兒一睜只見桑園之內一箇小々的人家兩扇籬門兒一箇高々的架子那架子上一簇的青頭蟲兒是箇甚麼蟲兒他

吐絲不羨蜘蛛巧　飼葉頻催織女忙　三起三眠時化運
一生一死命無常

却原來是箇蚕嬬養的蚕蟲兒那蚕蟲兒一箇々的頂着一箇絲窩兒是箇甚麼窩兒只見他

小々彈丸渾造化　一黃一白色相當　待看獻繭盆繅後
敬奉君王作衮裳

出像西洋記　卷之一　六十

却原來是箇蚕虫兒作的絲繭兒好箇弟子搖身一變就變做一
箇蚕坐在那繭兒裏面去了這碧峰長老却又是積慣的番身就
趕將進去趕將進去不至緊反又遇着一箇禪師那禪師道来者
何人碧峰道在下金碧峰便是那禪師道来此何幹碧峰道適來
有箇法門弟子賣弄神通是我趕將他來故此輕造禪師道那弟
子轉身就出去了碧峰道老禪師尊名大號願聞其詳那禪師道
不足是法名慧達碧峰道何事宿於繭室之中慧達道我晝則坐
高塔上去說法夜則借蚕繭裏面棲身碧峰道怎麽說瀆要到塔
上去慧達道雲崖天樂不鼓自鳴碧峰道棲身怎麽要到蚕繭中
去慧達道石室金容無形留影碧峰道謝教了好箇長老倒說得
謝教兩箇字出口已自渾身上金光萬道騰踏到了半天高張慧

幸明鏡當臺胡來胡現漢來漢現

迦摩阿復命

喜霜鍾在架大叩大鳴小叩小鳴

眼只見西湖之上陸宣公祠堂左側有一辦小小的雜貨店兒那
店兒裏面擺着兩路紅油上的架兒那架兒上鋪堆着兇枝白上
靖上有節有孔的果品兒是箇甚麽樣的果品他

家譜分從泰華峰　冰姿不染俗塵紅　體含春繭千絲合
天賦心胷七竅通　入口忽驚寒凜烈　沾唇猶惜玉玲瓏
暑天得此真風味　献納湏知傍衮龍

却原来是一枝藕那弟子又美了一箇神通閃在那藕絲孔兒裏
面去了這箇神通怎麽瞞得碧峯長老的慧眼鑒照果好一箇長
老一轂輪逕自趕進那藕絲孔兒裏面今番趕將進去不至緊却
又遇着裏面一箇禪師那禪師道来者何人碧峰道在下金碧峰
使是那禪師道来此何幹碧峰道適来有箇法門弟子賣美神通

兵秘捏將他来故此輕造禪師道那弟子轉身就出去了碧峰道
老禪師尊名大號願聞其詳禪師道不足是法名阿脩羅碧峰道
何故宿在這藕絲孔裏阿脩羅說道是我與那帝釋相戰戰敗而
奔故此藏身在這藕絲孔裏碧峰道老禪師戰怎麽會敗阿脩羅
道摩天鵕鳥九頭毒護世那吒八臂長碧峰道老禪師藕絲孔裏
怎麽好宿阿脩羅道七孔斷時凢聖盡十身圓處刹塵周碧峰道
謝教了剛說得謝教兩箇字只見渾身上金光萬道早已騰踏在
不雲不霧之中把箇慧眼一張只見西湖北首宝石山上

一聲响亮　四塞昏沉　紅氣撲天　黑烟障日　風聲刮襍
半空中走萬々道金蛇　熱氣轟騰遍地裏滾千々團烈焰
山童土赤霎時間萬屋齊崩　水沸林枯一會裏千門就圮

無分玉石崑岡傳野哭之聲　殃及魚蝦炎海播燭天之禍
項羽咸陽肆炎洲之煦灼　牧童秦塚絛上郡之輝煌　閼伯
商丘之戰非權舉之能禳　宋姬亳社之妖誰裕揭以為備
詡圓淵之灼照靡竺之貨財殆盡　驚武庫之焚蕩臨那之井
灶無存　雖不是諸葛亮赤壁鏖兵　却沒箇劉江陵反風滅
兩

這一天的火好利害也碧峰長老慧眼一開又只見那箇弟子羙
了一箇神通躲在那紅通通的火燄裏面長老也自趕得怒從心
上起惡向膽邊生金光閃處一手把箇保叔塔的塔楷攜將過来
連那楷上的九箇生鉄盤兒都也帶將過来左手叠在右手右手
叠到左手把那一箇塔楷操做一根禪杖把那九箇鉄盤兒操做
九箇鉄環這就是那一根九環錫杖碧峰老爺終身用的有詩為
証

九節蒼々碧玉同　隨行隨止伴禪翁　寒蹊點雪鳩頭白
春徑挨花鶴膝紅　縮地一從人去後　敲門多在月明中
扶凡指佞兼堪用　亘古誰知賛相功

却說碧峰長老拿了這根九環錫杖眼兒裏看得真手兒裏去得
溜照着那箇火頭狠是還他一杖這一杖不至緊打得箇灰飛烟
滅天朗氣清這箇弟子今番却沒有飛處你看他平了身合了掌
雙膝兒跪在地上口兒裏叫道師父師父超拔了弟子罷碧峰道
你是甚麽人敢在我會上弄神通賣法力哩弟子道今番再不敢
弄甚麽神通賣甚麽法力碧峰道會上失了絹就是你麽弟子道

是碧峰道前此還有箇傳說道會上不見了許多皮鼓也是你麽
弟子道也是碧峰道你既是做了這等的無良你好々的喫我一
杖方纔舉起杖來那弟子嘴兒且是快叫聲道師父且不要打這
是弟子的禪機碧峰道你是甚麽禪機弟子道昔日有箇大志禪
師在這箇會上講法華經晃朗閒雅絕能清轉能使聽者忘疲能
使聽者忘倦今日師父說經就是大志禪師一樣腔調能使聽者
忘疲豈真是失了皮能使聽者忘倦豈真是失了絹這兩句話說
得有些々譜就是長者也自無量生歡喜說道既這等說却是疲敝
之疲不是皮革之皮却是勞倦之倦不是紬絹之絹弟子道便是
碧峰道疲倦兩箇字便是解得好你叫我做師父這師父兩箇字
有些々甚麽因緣弟子道這師父兩箇字在南海補陀落迦山上帶

得來的碧峰道怎麼是補陀落迦山上帶得來的弟子道補陀山錦囊受計願隨師父臨凡的便是碧峰道我也不記得甚麼錦囊只一件來你既有錦囊那錦囊裏面有甚鈐記弟子道錦囊之中止有三箇字兒碧峰道那三箇字弟子道是箇天開眼三箇字碧峰道這天開眼三箇字有何用處弟子道用來轉凡住世碧峰道果真在在天眼上麼弟子道因為是沒去尋箇天眼費了許多的周揩裡碧峰道後來住的何如弟子道把箇南膳部洲排門兒數遍了那裡去討箇天眼來一直來到這杭州西北上二三百里之外有一箇山其高有三千九百餘丈周維約有八百餘里山有兩箇峰頭一箇峰頭上一箇水池一箇屬臨安縣所轄地方一箇屬於潛縣所轄地方東西相對水汪汪的就像兩隻眼睛兒名字

叫做箇天目山我心裏想道這箇莫非就是天開眼了況兼道書說道這山是三十四洞天碧峰道有何為証弟子道有詩為証碧峰道何詩為証弟子道宋人葉豊詩曰

我來將值日午時　雙峰照耀碧玻璃　三十四天餘福地
上中下池如仰箕　人言還有雙徑雄　勝處豈在阿者中
兩泓秋水淨汗鑑　恢上天眼來窺東

碧峰道既得了那錦囊中的鈐記你托生在那裡弟子道就托生在山腳底下姓鄭的鄭長者家裡碧峰道你出家在那裡弟子道就出家在山之西寶福禪寺碧峰道你叫甚麼法名弟子道我的腳兒會飛云飛來口兒會呼風喚雨因此上叫做箇飛喚碧峰道這卻不像箇法名你原日在西天之時叫做箇甚麼名字飛喚道叫做箇摩訶薩碧峰道只你一箇摩訶薩飛喚道還有徒弟迦摩阿碧峰道迦摩阿在那裡飛喚道他也從補陀山上討了一箇錦囊碧峰道他的錦囊卻怎麼說飛喚道他的錦囊又是五箇字碧峰道五箇甚麼字飛喚道是雁飛不到處五箇字碧峰道他這五箇字卻怎麼樣住凡飛喚道他也曾把箇南膳部洲細數了一遍碧峰道畢竟怎麼一箇樣兒的雁飛飛喚道直在溫州府東北上百里之外有一箇山約有四十里高東連溫嶺西接白巖南跨玉環北控蒼括頂上有一箇湖約有十里多闊水常不涸春雁歸時多宿于此名字叫做箇雁蕩山先弟說道這箇莫非就是雁飛不到處也碧峰道你纔方說道春雁來歸怎麼當得箇雁飛不到飛喚笑一笑道將以反說約也碧峰道這句又是儒家的話語了飛

喚又笑一笑道三教同流碧峰道好箇同流二字只這雁蕩山有何為証飛喚道也有詩為証碧峰道何詩為証飛喚道王十朋的詩為証

歸雁行飛集澗阿　不貪江海稻粱多　峰頭一蕩誰云小
飲啄偏堪避網羅

又有林景熙的詩為証

驛路入芙蓉　秋高見早鴻　蕩雲飛作雨　海日射成虹
一水通龍穴　諸峰盡佛宮　如何靈運屐　不到此山中

碧峰道他既得了錦囊中的鈐記卻托生在那裏飛喚道他就托生在山腳底下姓童的童長者家裏碧峰道他出家在那裏飛喚道他就出家在東內谷峰頭之下白雲禪寺碧峰道如今叫做甚

麽法名飛鐶道他地塲是箇東内谷禪林是箇白雲寺他[illegible]兒取箇法名叫做箇雲谷。碧峰道你那裏聽得來的飛[illegible]送水聲來枕畔。月移山影到牀前。碧峰道原來你只不知[illegible]道曾遊松下路。看見洞中天。碧峰道先覺上後自利上他你快[illegible]叫將徒弟來。飛鐶道悟由自已。印乃憑師。弟子就去也。真好箇飛鐶口兒裏說得一箇去半天之上止聽得一陣响風呼早已到了那箇鴈蕩山把那一箇兩蕩山一十八箇尋世寺。叫喚了一遭。又把箇東邉的溫嶺西首的白巖前邉的玉環北首的蒼括搜刷了一周。又把箇東外谷五箇峰頭東内谷四十八箇峰頭西内谷二十四箇峰頭西外谷二十五箇峰頭翻尋了一遍。又把箇大龍湫細龍湫上龍湫下龍湫檢點了一番。並不曾見箇徒弟的影兒。飛鐶

心裏想道師父命我來尋徒弟沒有徒弟怎麽回得箇師父話來好箇飛鐶翻身又到那一十八箇善世法門裏面去挨訪。只見過了箇靈巖寺。就是箇能仁寺飛鐶起頭一看。到也好一箇洞天福地也祥雲靄上瑞氣騰上飛鐶照直望裏面跑着轉上灣。抹上角却早有一箇道院各家門兒另家戶。門額上寫着西山道院四箇字飛鐶進到裏面。却早有一箇禪房。兩邉手却是些禪僧飛鐶陪一箇問訊。說道徒弟雲谷在這裏麽。人上黙坐箇上無言。内中只有箇老僧答應道過了大龍湫還上去數里叫做箇上龍湫那山巖壁立自中間有一箇石洞兒就是雲谷的形境飛鐶得了這兩句話兒就是脚從空裏立火向水中焚再陪一箇問訊望外面只是一蓬風找至大龍湫到了上龍湫只見飛流懸瀉約有幾千丈果真那箇山巖壁立怪石峻崢中間可上的有一箇小洞兒這洞止有八九尺洞外奇花異卉洞裏石凳石床飛鐶看了一周洞便是箇洞却沒有箇雲谷在那裏心裏想道到底是箇未完心兒裏一邉籌度眼兒裏一邉瞧看過來只見洞門上有幾行字隱上約約細看之時原來是一首七言八句這七言八句怎麽說。

詩曰

蓬島不勝滄海寒　巨鰲擎出九泉閑　洞中靈怪十三子
天下𩲡奇第一山　棍曲浩歌蒼霧外　幔亭高宴紫霞間
金芽自蛻詩人骨　何必神丹煉大還

却說飛鐶看了這詩讀了這詞心兒裏就有一箇主意他想道找不看徒弟找得看徒弟的詩句轉去回復師父的話也有箇准憑

就把這七言八句都已記將他的來風地裏一聲响早已轉到了杭州城上來。回碧峰長老的話却不知這七言八句的詩有些甚麽意味又不知碧峰長老看了這七言八句的詩有何剖判且聽下回分解。

卷終

新刻全像三寶太監西洋記通俗演義卷之二

二南里人　編次
三山道人　繡梓

第六回

碧峰會証果　武夷山降魔

詩曰

瀼瀼秋露鶴聲長　靈隱仙壇夜氣凉　明月照開三島路
冷風吹落九天香　青山綠水年年好　白髮紅塵日日忙
休問人間蝸兩角　無何認取白雲鄉

却說飛喚捧了這個七言八句的詩兒逕來回復碧峰長老的話碧峰長老道雲谷在麽飛喚道雲谷早已不在鴈蕩山了長老道

瞻彼西天慧日懸而長夜蒙曉

維茲東土法雨降而焦種受榮

那裏去了飛喚道却不知道他在那裏去了只是洞門上貼下的有幾行龜文鳥跡的字兒碧峰道那字是個甚麽詞兒飛喚道是個七言八句的詞兒碧峰道你可記得麽飛喚道記得碧峰道你念來我聽着好個飛喚他就把那個七言八句的詞兒一字上的朗誦一句上的高談碧峰長老聽着把個頭來點了一點飛喚道師父是個點頭即知我弟子却還坐在糨糊盆裏碧峰道他這個詩是武夷山的詩多在武夷山去了飛喚道師父我和你都到武夷山去走一走何如碧峰道要走就是個行脚僧了飛喚道昔日有個飛錫來南国乘杯渡北溟的豈不是個那謨碧峰長老看見他說個飛錫乘杯都是些實事心上也有點兒生歡生喜說道你也思筭着南国北溟麽飛喚道莫論南国北溟只這南膳部洲有

五箇大山叫做五岳四箇大水叫做四瀆我弟子還未曾看一看哩碧峰道你既要看那五岳也没有甚麽難處飛鈸道師父肯教一箇領袖麽碧峰道且慢飛鈸道怎麽且慢碧峰道你今日尋徒弟尋的費了力我今日箇等你等的費了神我和你且在這箇寶台山頭上坐一回来纔方説得一箇坐字長老已自是擡了脚合了掌閉了眼收了神師父如此徒弟不得不如此正是德均平等心合無生却待箇飛鈸閉了眼定了神好箇碧峰長老輕輕的張開口来念了幾句密諦輕輕的伸出手来去了一箇神通頃刻之間飛鈸的睟上一箇吏噴掙開眼来連聲叫道師父師父你好現化我弟子也碧峰長老只作一箇不知不覺的輕輕的説道怎麽叫做箇現化你們飛鈸道弟子已經遊遍了五岳哩碧峰道敢是吊

謊麽飛鈸道看得到記得真怎的敢吊謊碧峰道你既不是吊謊我且盤你一盤飛鈸道請教碧峰道你既到東岳来看見箇甚麽神聖飛鈸道看見箇天齊仁聖大帝金虹氏碧峰道他職掌些甚麽事理飛鈸道看見他職掌的是人世上貴賤高下之分祿料長短之事一十八重地獄卷案文籍七十五箇分司壽夭死生碧峰道看見山是怎麽樣的飛鈸道這箇山

俯首無齊魯　東瞻海似杯　斗然一峰上　不信萬山開
日抱扶桑躍　天横碣石來　秦皇松老後　仍有漢王臺

碧峰道你到西岳来看見箇甚麽神聖飛鈸道看見箇金天順聖大帝姓善名望碧峰道他職掌些甚麽事理飛鈸道他職掌的是人世上金銀銅鐵錫五寶五金陶鑄坑冶埏埴坯坫兼管些羽毛飛類鳥雀鸞鳳碧峰道看見山是甚麽樣的飛鈸道這箇山

西入秦關口　南瞻驛路連　彩雲生闕下　松樹到祠邊
作鎮當官道　雄都俯大川　蓮峰徑上處　彷彿有神仙

碧峰道你到南岳来看見箇甚麽神聖飛鈸道看見箇司天昭聖大帝姓崇名里碧峰道他職掌些甚麽事理飛鈸道他職掌的是人世上星辰分野九州十方兼管些鱗甲水族蝦鱉魚龍碧峰道看見山是怎麽樣的飛鈸道這箇山

曲磴行来盡　松陰轉寂寥　不知茅屋近　却望石梁遥
葉唧疑聞雨　渠寒未上潮　何如廻雁嶺　誰箇共相招

碧峰道你到北岳来看見箇甚麽神聖飛鈸道看見箇安天玄聖大帝姓晨名萼碧峰道他職掌些甚麽事理飛鈸道他職掌的是

世界上江河湖海溪澗溝渠兼管些虎豹犀象蛇虺昆虫碧峰道看見山是甚麽樣的飛鈸道這箇山

元氣流行鎮朔方　金枝玉樹爛祥光　包燕控趙奇形壯
壓地擎天秀色蒼　張果岩前仙跡著　長桑洞裏帝符昌
夜深幾度神仙至　月下珊珊響珮璫

碧峰道你到中岳来看見箇甚麽神聖飛鈸道看見箇中天崇聖大帝姓惲名善碧峰道他職掌些甚麽事理飛鈸道他職掌的是世界上地水火澤山陵川谷兼管些山林樹木異卉奇葩碧峰道看見山是怎麽樣的飛鈸道這箇山

峻極於天一柱青　誕生申甫秀儲灵　石存擣臼今無迹
地鎮中天舊有名　萬壑風生聞虎嘯　五更日出聽雞鳴

當年武帝登臨處　贏得三呼萬歲声
碧峰道這是南膳部洲五箇大山叫做五岳還有四箇大水叫做
四瀆你們性去看一看来到好哩飛鸞道今番再不去也碧峰道
既是不去我和你且轉到法會上去来飛鸞道就請師父到武夷
山去罷碧峰道會上要做圓滿怎麼就去得飛鸞道既如此請回
碧峰長老一則是得了這箇飛鸞徒弟二則是得了這根九環錫
杖你看他生歡生喜轉到這箇法會上来師徒們兩箇人一匙兒
坐着講的講聽的聽則見那風送好香結而成蓋月臨淨水印以
搖金却不覺的就是一更二更三更半夜飛鸞的略把箇眼兒周
一圈碧峰長老就輕輕的伸起一箇指頭兒来到地上畫了一箇
圓溜溜的小圈兒這箇圈兒不至緊又有許多的妙處一會兒長

出像西洋記　卷之二　五

老咳嗽一响把箇飛鸞喫了一驚口兒裏亂說道咳咳咳險些兒
險些兒碧峰道又胡話了飛鸞道却不是遊湖的話却是江河淮
濟的話碧峰道怎麼有箇江河淮濟的話飛鸞道却好又是師父
現化我也碧峰長老又做箇不知不覺的說道怎麼又是現化你
也飛鸞道弟子已經遊遍了四瀆哩碧峰道你既是遊遍了四瀆
看見箇甚麼神道来麼飛鸞道看見江瀆之上一箇廣源順濟王
楚屈原大夫的是河瀆之上一箇靈源弘濟王漢陳平的是淮瀆
之上一箇長源永濟王唐裴說的是濟瀆之上一箇清源博濟王
楚你大夫的是碧峰道看見水是怎麼樣的飛鸞道這箇水
運行不息妙流通　逝者如斯本化工　動樂有機春潑潑
虛明無物劍空空　深源自出先天後　妙用原生太極中

尼聖昔形川上嘆　續觀瀾者越何窮
碧峰道你看了那箇五岳四瀆心下何如飛鸞道我心下遂有
多解不脫的去處碧峰道是誰個細縛你来飛鸞道雖則不是箇
細縛得来却不知這箇五岳要這等的高怎麼碧峰道登高阜於
漫山橫遮法界飛鸞道四瀆要這等的深怎麼碧峰道滔長波於
負海吞盡欲流飛鸞道那高山上的茂林脩竹滿地閑花却是怎
麼碧峰道青青翠竹總是法身鬱鬱黃花無非般若飛鸞道既是
法身又是般若怎麼山又會崩花又會謝碧峰道妄念既息幻境自安
塵翳既消空華自謝飛鸞道那四瀆的水川流不息却是怎麼碧
峰道川何水而復新水何川之能故飛鸞道也有箇時候江而不
流却又怎麼碧峰道禪河隨浪靜定水遂波清飛鸞道既有這等

出像西洋記　卷之二　六

妙處怎麼教弟子在夢裏過了碧峰道豈不聞一夕之夢翱翔百
年一尺之鏡洞形千里這些話兒都是碧峰長老點化這箇飛鸞
徒弟把箇飛鸞點化得他如風卷烟如湯沃雪碧峰長老看見這
箇弟子已自超凡入聖又叫上他一聲說道徒弟你可省得了麼
飛鸞應声道省得了碧峰道你省得甚麼来飛鸞道我省得箇空
華三界如風卷烟幻影六塵如湯沃雪碧峰道你果是省得了只
你的法名還有些不省得飛鸞道弟子的法名有還正果伏乞師
父典我另取上一箇何如碧峰道另取便是另取只你自家也要
取一箇我也和你取一箇飛鸞道請師父先說碧峰道我和你不
要說飛鸞道既是不說怎麼得知碧峰道我却有箇處分飛鸞道
怎麼樣的處分碧峰道你取的法名寫在你的手兒裏我和你取

的法名寫在我的手兒裏飛喚又笑了一笑說道這是箇心〻相諳師徒們各〻取上一付筆墨各人寫上两箇字兒碧峰道你拿出手来飛喚道師父也請出手哩碧峰就拿出一箇手兒放在外面說道我的手兒雖在這裏却要你的手先開飛喚道還是師父先開師父叫徒弟先開徒弟請師父先開两家子都開出手来打一看只見那两隻手兒裏俱是那两箇字兒俱是一般兒呼俱是一般兒寫俱是舊法名的一般兒呼却不是舊法名的一般兒寫還是箇甚麽两箇字俱是一般兒呼俱是一般兒寫俱是舊法名的一般兒呼却不是舊法名的一般兒寫原来是箇舊法名的飛呼一般兒呼却是箇是非的非字却不是舊法名的飛字一般兒寫原来是箇舊法名的喚字一般兒呼却是箇幻杳的幻這却不

妖霧自消六〻峰[illegible]門玉立

法流已導三〻溪[illegible]碧波澄

是舊法名的喚字一般兒寫碧峰長老看見他的心印了徒弟的心徒弟的心印了他的心不知怎麽樣的[illegible]歡生喜說道你今番却叫做這箇非幻了這非幻是金碧峰的高徒弟後来叫做箇無涯永禅師非幻道這两箇字却是一般樣兒呼怎麽一箇中取一箇不中取碧峰道你豈不知自性迷即是衆生自性覺即是佛慈悲即是觀世音喜舍即是勢至能淨即是釋迦平直即是弥陀道猶未了這箇非幻聽了長老此語心神已自飛度在西天之上了連忙的皈依叩礼只見一箇茶頭送將茶来看見道箇非幻小師父虔誠礼拜他也自曉得他得了根宗歸了正果叫声淨頭哥快取床蓆兒来裹看這箇小師父淨頭說道怎麽樣兒小師父要箇蓆兒裹茶頭說道這箇小師父今朝得了道了淨頭說道怎麽今

朝得了道又要蘼兒茶頭道你豈不聞朝聞道夕死碧峰長老聽見說道講是麼閑譚你和我到西園裏去看一看来茶頭道看些甚麼長老道你看那果樹上的果子可曾熟麼茶頭道我方纔在園裏出来只看見果樹滿園果子滿樹長老道既如此快些兒收拾做圓滿哩即時間收拾起法塲做下了圓滿做到那七七四十九日只見那天上一切寶蓮華雲一切堅固香雲一切無邊色樓閣雲一切種種色妙衣雲一切無邊清淨旃檀香雲一切妙莊嚴寶蓋雲一切燒香雲一切妙曼雲一切清淨莊嚴貝雲只見這會上一切比丘僧一切比丘尼一切優婆塞一切優婆夷又只見這四衆人等一切清淨法身一切圓滿報身一切千百億化身又只見這三身之內一切過去心一切現在心一切未来心又只見這三心之內一切本来寂淨通達無涯的真[illegible]一切自覺無明割削煩惱的內智一切分別根門識了塵境的[illegible]智又只見四衆人等頭上頂的一切以不思議為宗的維摩[illegible]一切以無任為宗的金剛經一切以法界為宗的華嚴經一[illegible]佛性為宗的涅槃經又只見四衆人等手裏捧着的一切金[illegible]寶一切白象寶一切如意寶一切玉女寶一切主藏寶一切主兵寶一切紺馬寶又只見青中湛外駐彩延華一切銀色世界一切金色世界一切寶色世界一切妙色世界一切蓮花色世界一切薝蔔色世界一切優曇鉢羅花色世界一切金剛色世界一切玻瓈色世界一切平等色世界把這些四衆弟子一箇箇身是菩提一箇箇心如明鏡就是茶頭飯頭菜頭大頭淨頭也一個個罪花零落一箇箇業果飄消就

[illegible]毒鳥也自一箇箇六時来拜一箇箇掌上飛飡就是金毛獅子無角鉄牛也自一箇箇解脫畜身一箇箇長眠丈室故此杭州城裏傳到如今那箇處所不是善地那箇人不是善男子那箇人不是善女人有一曲讚佛詞為証

詩曰

羣相倡明茂　四無適清和　凌晨將投禮　首宿事奢摩
閃爍太陽来　朗躍周九阿　諸天從帝釋　旌拂紛婀娜
脩羅戢怨力　波旬解障魔　馥郁旃檀樹　彫炳珊瑚柯
醍醐釀甘露　徐挾神飆過　千葉青芙蓉　一一凌紫波
流鈴相間發　寶座鬱嵯峨　上有慈悲父　金頂綳青螺
端嚴八十相　妙好一何多　微吐柔細吉　雍如鳴鳳歌
惠澤徹無間　哀响徧婆娑　容踪中踴躍　大士亦偎俄
獨解舍利子　回心乾闥婆　靈花散優鉢　智果結菴羅
法鼓撞震方　慧燈導恒河　方廣詣由旬　成遂僅利那
寘心歸真諦　毋使嘆蹉跎

却說碧峰會上圓滿已周長老說道你四衆弟子在這裏今日做了箇圓滿我貧僧也要伸一箇敬四衆弟子齊声念一句阿弥陀佛說道蒙老爺超拔天堂永不墮地獄已自無量功德怎麼敢受老爺的敬長老道不是別的就是那西園之中果樹滿園果子滿樹這都是數年之中我貧僧親手種的你們到園裏面去一人取一箇人人要到手箇箇要到口纔不枉了我貧僧種果的初心四衆弟子不敢違拗齊齊的離了法會進了西園真箇的果樹滿園

果子蒲樹挨次兒一人取一箇人〻上到手一箇咬一口箇上到口
其中滋味也有甜的也有酸的也有苦的也有澁的味雖不同却
都是一般的得了正果魚貫兒轉到會上來只說是圓蒲又圓蒲
無了又無休那曉得碧峰長老帶着箇非幻神僊已別尋一箇洞
天福地去也正行之際非幻說道師父你把前日的詩兒再加詳
細一詳細却不要錯上了門哩碧峰道你不看見這就是一箇山
這箇山總有三十六箇峰頭那前面一箇秀削的就叫做箇大王
峰又叫做天柱峰當原先有箇魏王子騫和張湛等一十三箇人
都在這箇峰頭下得道就住在這箇峰窩兒裏面那裏面雖則是
一箇石室却別是一箇天地別是一箇日月星辰別是一箇山川
岳瀆峰頭上有一樣檜栢與竹有一樣仙橘仙李有一樣長生芝

草奇花故此他的詩上說道洞中靈怪十三子非幻道這一句是
了那天下現奇第一山在那裡碧峰道那一句又是合而言之非
幻道怎叫做箇合而言之碧峰道總說這箇山碧水丹崖神剜鬼
削龍驤虎踞馬驟蜺蟠是普天之下第一箇山非幻道權曲浩歌
蒼靄外這在那裏碧峰道這山下溪流九曲繚遶之玄有一等蘭
舟桂棹來往其間長嘯浩歌山谷震動却不是權曲浩歌蒼靄外
非幻道又怎麽叫做箇幔亭高宴紫霞間碧峰道大王峰轉過北
一首有一箇幔亭峰是秦始皇時候玉帝為太姥魏真人武夷君
設一座虹橋跨空上面建立的是幔亭綵屋中間鋪設的是紅雲
裀紫霞褥請些鄉裏人來飲酒名字叫做曾孫酒唱的是賓雲
曲舞的是掬雲腰後來這些男女們在橋上喫過酒來的都活了

二三百歲故此叫做箇幔亭高宴紫霞間非幻道師父既是認得
這箇山這箇山還叫做箇甚麽名字碧峰道昔日有箇僊人住在
山上自稱武夷君故此這箇山叫做箇武夷山非幻道山便是武
夷山却不知徒弟在那裏碧峰道且下來再作道理好箇碧峰長
老說聲上就是上說聲下就是下收了金光恰好到了那六曲溪
流的左側一箇小〻峰頭之上那峰頭上的石頭都生成是箇僊
人的手掌紅光相射紫霧噴花碧峰心裏想道這箇僊人遺掌十
指春葱也都是箇般若些叫聲道非幻你看見這幾片僊掌石頭
麽非幻聽見師父呼喚連忙的近前頂禮碧峰擡頭看來只見是
兩箇非幻在面前跕着碧峰心裏想道這却又是箇小鬼頭來賣
弄也心兒裏雖則曉得是箇小鬼頭却終是慈悲為本方便為門

面上却沒些兒火性微開善口叫聲非幻他兩箇齊〻的答應上
一聲有碧峰道那箇是真非幻他兩箇人齊〻的答應道我是真
非幻碧峰道是真非幻過左兩箇人齊〻的過左碧峰道是真非
幻的過右兩箇人齊〻的過右碧峰道是真非幻的把那前面的
僊人掌都勵將來勵這僊人掌不至緊一勵〻出許多的妖魔鬼
怪來了怎麽就勵出許多的妖魔鬼怪來了原來這六箇僊人掌
是六塊石頭只是形狀兒像箇僊人的手掌上面又有些掌紋兒
一箇石頭約有千百斤之重長老分付一聲道是真非幻的勵將
僊人掌來只見六塊石頭就是六箇非幻勵將來了這六箇非幻
却比頭裏的又多了四箇長老坐在峰頭之上高張慧眼只見這
六箇之中有兩箇是人却有四箇是鬼碧峰心裏想道渾濁不分

鯉共鯉水清方見兩般魚待我與他一箇頂門針叫聲道把箇偃人掌敭上来些只見六箇非幻敭的六箇偃人掌逕直走到面前来好長老拿定了這根九環錫杖照前還他一杖這一杖打得箇山鳴谷應鶴唳猿啼只有兩箇非幻跕在面前那四箇非幻一箇一跟頭都做箇倒栽葱栽在那瀑布飛泉的裏面去了長老看見走了四箇還有兩箇心兒裏就明白了叫聲非幻他兩箇人又来齊聲的答應長老微開善口輕輕的呵上了一口氣只見一陣清風劈面来罪花業果俱消剥可可的是兩樣的人一箇是非幻一箇不是非幻雖則一箇是一箇不是却兩箇都不會說話長老心裏曉得這都是妖氣太重了又呵上一口氣與他只見一陣清風劈面来師父徒弟都明白非幻心裏纔明白了看見是箇徒弟心

裏又看惱又好歡喜說道你做這等箇神頭鬼臉怎的雲谷道不是我做這箇神頭鬼臉来其中有好一段緣故非幻道且不要說甚麽緣故師祖在上面雲谷聽知道師祖兩箇字就有三分鬼見愁連忙的磕頭禮拜拜了師祖又拜師父纔方像箇法門弟子這雲谷是金碧峰的小徒孫後来叫做箇無盡溥禅師非幻把箇鴈蕩山看詩的事故武夷山找尋的緣由細說了一遍雲谷蒲口只是一箇阿彌陀佛阿彌陀佛碧峰道你纔方有甚麽一段好緣故雲谷道弟子自別了師父實指望踏遍紅塵看山尋水松林聚石竹徑搖風那曉得箇好事多磨碧峰道磨磨折折金頭玉脊却甚麽事磨折雲谷道這箇山自古已来有箇鈐記碧峰道甚麽鈐記雲谷道鈐記說是

溪曲三三綠　峰環六六青　三三都見鬼　大大盡埋精

碧峰道原来鬼怪這等多也雲谷道多便多還有一箇大得凶的碧峰道纔方敭偃人掌的可就是他雲谷道纔方的只當箇怪孫兒碧峰道那大的還在山上還在水裏雲谷道就在這九曲溪流的裏面碧峰道怎見得雲谷道時常变做箇船兒在水面上有等的生黨人兒不曉得悞上了他的船就着了他的手他若是出来時遇晴天便就烏風黑雨遇陰雨便就雨散雲收神通廣大变化無窮弟子在這裏受他的氣也有年䍐了碧峰道他自在水裏與你何干雲谷道他水裏不得手又变化到崖上来碧峰道你纔方怎麽又下手師父哩雲谷道不是下手師父也只因這箇老怪時常間帶着些兒大精小怪或变做我的師父或变做我的師兄是

我弟子遭番與他賭箇勝閗箇智賽箇寶鬭箇神通那曉得今日裏果真一箇師父師祖来也碧峰道怎麽今日不曾見他出来雲谷道他有數的来便来七七四十九箇日子去便去七七四十九箇日子今日這些小怪受了搪突一定前去報知他了只在四十九日後他纔出来碧峰道你可扦得他的根脚兒着雲谷道却不曉得他的根脚是怎麽樣的好箇碧峰長老叫聲非幻跕着左壁廂叫聲雲谷跕着右壁廂自家口裏念動幾句真言宣動幾句咨語片時間有許多的文文武武紅紅綠綠老老小小長長矮矮的人来了也不知是箇人也不知是箇神也不知是箇神也不知是箇鬼非幻問聲道来者何人那些来的看見了這箇長老坐在峯頭上金光萬道那邊的小長老紫霧騰空嚇得他一箇箇扶扶札

孔怕向前来非幻又說聲来者何人各通名姓那些来者却總一字兒跪着一箇說道東方揭諦神叅見一箇說道西方揭諦神叅見一箇說道南方揭諦神叅見一箇說道北方揭諦神叅見一箇說道中方揭諦神叅見一箇說道日遊神叅見一箇說道夜遊神叅見一箇說道巡山邏候叅見末後有一箇老又老矬又矬跛也跛的跛將来說道本境土地之神叅見長老道土地之神跪上些那土地又跛也跛的跛將上来長老道你山裡有箇甚樣的精怪在這裏麼土地回復道若論小精小怪車載斗量若論半精半怪籠蓋箱張若論大精大怪雖則只是一箇却也很似閻王長老道他怎的這等很哩土地道不管他很事他一家兒都是些兄弟兵却不知這箇怪有箇甚麼兄弟兵却不知後来碧峰長老怎麼樣降服他的兄弟兵且看下回分解

○○

第十回

九環錫杖施䏻　四路妖精盡掃

詩曰

岩下飄然一老僧　曾求佛法礼南䏻　論時自許窺三昧
入聖無梯出小乘　高閣松風傳夜磬　石床花雨落寒燈
全憑錫杖連環响　掃蕩妖氣誦法楞

却說長老問這箇精怪的這等很土地道不管他很事只因他一家兒都是些兄弟兵長老道他是甚麼兄弟兵土地道他一門有四箇房頭都是精怪只是大房裏更加茂盛些一箇老兒養了三十三箇兒子箇箇神通廣大箇箇變化無窮其餘的三箇房頭都是单傳的一家一箇兒長老道可有箇姓麼土地道也不知其姓長老道可有箇名字麼土地道也不知他的名字長老道既沒有姓又沒有名字却怎麼樣兒稱呼土地道他大房裏人多就號做天罡精二房裏只一箇號做鴨蛋精三房裏一箇號做葫蘆精四房裏一箇號做蛇船精長老道你這山上的是那一房哩土地道這山上是四房裏蛇船精故此只在九曲溪流之上長老道那三房都住在那裏土地道第三房住在羅浮山上第二房住在峨眉山上大房裏住在五臺山上長老一直打貫了他的底兒總方分付這些神道各回本位一箇長老兩箇神僧就在這箇山上遇曉便行遇晚便宿遇峰頭便上峰頭遇岩洞便進岩洞遇寺觀便坐寺觀遇祠廟便住祠廟遇長老請上幾句經遇衆生教他幾句偈遇強暴引他進善門遇慈悲掖他登法界遇龍與他馴遇虎導他仁遇鶴任其舞遇鳥雀隨其飲啄不覺的烏飛兔走月復一月這一日坐在齊雲峰的齊雲亭上那亭外豎着一座碑石碑上鐫着一首七言四句的詩長老問說道那碑上的詩是甚麼人題的非幻看了一看回聲道是朱文公題的長老道你把那詩念来與我聽着非幻的慌忙走近前去念說道

九曲將窮眼豁然　桑麻雨露見平川　漁郎更覓桃源路
除是人間別有天

一箇天字總念得出聲猛見得半空裏火光一閃颼地裏一声的响將来只見

視之無影　聽之有聲　噫大塊之怒號　傳萬衆之䟫叫
穴在宜都頃刻間美威靈於萬里　猷行法獄平白地見鞠陵
於三門　一任他與々磅々栗々烈々撼天関搖地軸九天儤
子也愁眉　那管他青々紅々皂々白々翻大海攪長江四海
龍王同縮頸　雷轟々電閃々飛的是沙走的是石直恁的滿
眼塵埋春起早　雲慘々霧騰々折也喬林摧也古木說甚麼
前村燈火夜眠遲　忽剌々前呼後叫左奔右突就是九重龍
鳳閣也教他萬瓦齊飛　吉都々横衝直撞亂捲斜拖即如千
丈虎狼穴難道是一毛不拔　雖不終朝却負大異公的戴松
之失牛喝的韓幹之墮馬　纔聞虎嘯後訝鳶鳴愁的雞豚之
囮柵怕的鳥雀之移巢　縱宗生之大志不敢謂其乘之而浪

杖列九環啟尸羅之妙躅

九環錫杖施能

輪迴四諦開解脫之玄宗

破千層　雖列子之冷然吾未見其御之而旬有五日　似這
等的惡神通那裏去聽箇有慶解愠之　黄帝吹塵之夢　須
別樣的善菩薩纔得這箇高祖豐沛之樂光武汾陽之詩
正是萬里塵沙陰晦瞑　幾家門戶响敲推　多情折盡章臺
柳　底事掀開杜屋茅
吾好一陣怪風也非幻見了只是縮了箇頸雲吞見了他只是伸
出箇舌頭來長老坐在齊雲亭上只把他當一箇耳過風這一陣
風纔方息了又只見黑沉々的世界漫地裏傾盆倒鉢的下將來
只見
湊然凄々　霈焉祁々　納於大麓而弗迷　自我公田而及
私　王政無差　十日為期　未能破塊　才堪濯枝　微若

草間委露　客似空中散絲　歙酒方觀於御叔　假盞定聞
於仲尼　若夫月方離畢　雲初觸石　紆淮壇之神馭　儼
高唐之麗質　雖潤不崇朝　而暴難終月　尔其驂屏翳
駕玄冥　嘆室中之思婦　集水上之焦明　蜀道淋鈴　周
郊洗兵　罷陛栖於泰殿　奏簫鼓於劍城　或以占中國之
聖　或以伐無道之邪　及夫舟運度中　衣生堂上　喜甘
泉之已飛　伊百穀而是仰　亦有洞中鞭石　鞍上飛雲
煩河伯之使　藉無為之君　則有諒轉聚艾　戴封積薪
漂麥已稱於高鳳　流粟仍傳於賈臣　隨景山之行車　折
林宗之角巾　亦聞文侯期獵而守信　謝傳出行而致怒
或勤閔而求　或霖霪為苦　忤羅浮之神龜　鳴武昌之石

鼓　復見商羊奮躍　石鷰飛翔　玉女振衣　雷君出裝
認天河之浴豨　觀卯日之羣羊　利物為神　零雲有香
霈則爚宣尼之相象　霖則為傅說之輔商　又云欒巴噀酒
樊英漱水　浮朱鼈於波上　躍黑蜧於水底　陰陽肹合
而風多　日月蔽虧而雲細　或因掩骼而降　或為省冤而
致　考於羲易悵西郊之未零　翫彼麟經睠北陵而可避
正是茅屋人家烟火冷　梨花庭院夢魂驚　渠添濁水通魚
入　地秀蒼苔滯鶴行
却又好一陣驟雨也非幻伸出手来把箇指頭兒笑一笑雲谷道
你笑箇甚的非幻道我笑一笑来今日剛上的是七七四十九箇
日子了。雲谷道這孽畜真箇是會呼風喚雨的非幻道。少說些。罷

只見碧峰長老坐在亭子上。合了眼定了神。只當一箇不看見的
須臾之際雨收雲散皎日當天。一撲剌一箇猛漢。站在長老的面
前。猫頭猪嘴露齒張牙。長老心裏想道今番却是那畜生来也開
了眼輕輕的問道你是甚麽人那猛漢道你還不認得我哩。我是
當方有名的鮀船大王。長老道你到這裏做甚麽。猛漢道你無故
久占我的山頭我特来和你賭箇賽。長老道你這等一箇矮矬矬
的人兒要賭箇甚麽賽那猛漢聽知道說他矮。他就把箇腰兒拱
一拱手兒伸一伸。恰好就有幾十丈高就像箇九層的寶塔。長老
道高便有這麽樣兒高只是箇竹竿樣兒終不濟事。那猛漢知道
說他身小。他又把箇身子兒搖幾搖手兒擺幾擺恰好就有十丈
寛大就像箇三間的風火土庫。長老耍他变高了。眼便不看見下

面的動靜長老耍他变夯了。腰便不會如常的屈伸。長老想道却
好笑計他了雙手拶定了這根九環錫杖諕照着他的腰眼骨兒
着實斷送他一下。把箇孽畜打得一箇星飛繚亂魄散魂飄咬着
牙忍着疼望正南上逕走好箇碧峰長老拽着根九環的錫杖帶
着兩箇証佛的高徒金光起處。早已趕上了這箇孽畜。這孽畜看
見後面趕得緊只是望着第三的哥哥處奔他那裏前面走得緊
我這裡後面追得緊。這孽畜一走走到一箇高山之上。逕自奔着
一箇峰頭兒只是一閃長老起頭看来。只見這箇山約有五六千
丈的高約有三四百里的大。有十五箇巔頭神光爍爍。有三十二
箇峰頭瑞氣漫漫。却再看一看来原本是兩箇山。如今合做一箇
山長老心裏明白了。把箇頭兒點了一點。非幻問道師父這却是

箇甚麽山也長老道這是道書上十大洞天之一雲谷道想也就是那箇土地菩薩說的羅浮山非幻說道既是羅浮山却不是他第三的哥〻家裏長老道不要管他甚麽第四第二直恁的礙將他去好箇碧峰長老說了一箇礙字金光起處就在那箇高峰頂上去了起眼一瞧並没有一些兒動靜長老道非幻你把那箇峰頭的上下細〻的挨尋一遍來回我的話雲谷道弟子也要下去尋他尋長老道你也去走一遭兒却一件来一箇望東而下自西而上一箇自西而下望東而上兩箇小長老同領了師父的佛旨同將下山来挨尋你也指望捉妖縛精師父面前去討賞我也指望擒魔殺怪師祖面前去献功非幻的望東而下自西而上兩手摸着一箇空雲谷的自西而下望東而上半星兒都是假兩箇人

走到師父面前来你也說道没有我也說道没有好箇碧峰長老把箇慧眼一張只見那箇峰窩兒裏面有這等一點兒妖氣長老道你兩箇同到那箇峰窩兒裏瞧一瞧来看那裏是些甚麽物件快来回話兩箇人走將下去並不曾看見有些甚麽物件復身回來非幻走得快些一脚絆了一下瞧地下就是一毂轆雲谷走上前去打一看原来絆了脚的是一根葫蘆藤兒這根藤儘有老大的非幻心裏就有些兒犯疑雲谷心裏就有些兒費想兩箇人更不打話逕直跟着這根藤兒只是走大約走了三五百步只見一箇石巖裏面一箇大毛鬆〻的葫蘆非幻道這敢就是那話兒雲谷道却不是怎的兩箇人抽身便轉〻到峰頭上回了長老的話長老金光一聳那箇石巖就在面前好長老掣起那根九環錫杖

照着箇葫蘆只聽得一聲响把那葫蘆打得箇望巖上只是一滚原来那裏是箇葫蘆却是一箇毛頭毛臉的老妖精手裏還牽着那箇猫頭豬嘴的猛獸長老又照着他一杖把這兩箇妖精打得存扎不住他兩箇就走到玉鵝峰上去長老就打到玉鵝峰上去他兩箇走到麻姑峰上去長老也打到麻姑峰上去他兩箇走到僊女峰上去長老也打到僊女峰上去他兩箇走到會真峰上去長老也打到會真峰上去他兩箇走到會僊峰上去長老也打到會僊峰上去他兩箇走到錦繡峰上去長老也打到錦繡峰上去他兩箇走到玳瑁峰上去長老也打到玳瑁峰上去他兩箇走到金沙洞裏去長老也打到金沙洞裏去他兩箇走到石臼洞裏去長老也打到石臼洞裏去他兩箇走到朱明洞裏去長老也打到

朱明洞裏去他兩箇走到黄龍洞裏去長老也打到黄龍洞裏去他兩箇走到朱陵洞裏去長老也打到朱陵洞裏去他兩箇走到黄猿洞裏去長老也打到黄猿洞裏去他兩箇走到水簾洞裏去長老也打到水簾洞裏去他兩箇走到蝴蝶洞裏去長老也打到蝴蝶洞裏去他兩箇走到大石樓上去長老也打到大石樓上去他兩箇走到小石樓上去長老也打到小石樓上去他兩箇走到鉄橋上去長老也打到鉄橋上去他兩箇走到鉄柱上去長老也打到鉄柱上去他兩箇妖精愈加慌了又走到跳魚石上去長老又打到跳魚石上去他兩箇又走到伏虎石上去長老又打到伏虎石上去他兩箇妖精也無計奈何雙〻的鑽在那阿耨池裏面去碧峰長老也打到阿耨池裏面去他兩箇又鑽在夜樂池裏去長

老又打到夜樂池裏去他兩箇一鑽又鑽在卓錫泉裏去。好箇碧峰長老把那九環的錫杖望地上略々的响一聲。只見他兩箇妖精。和那泉水兒同時朝着面上一瀑起来兩箇妖精。心生一計巡走到御花園裏柑樹上。搖身一变閃在那柑子裏面去了。碧峰長老已自看見就遠々的打一杖来他兩箇又安身不住。却又搖身一变藏在那御花園裏龍葱竹兒裏面去了。長老照着這箇竹兒又是一杖来他兩箇又是安身不住。却只見山上有一羣五色的小雀兒。共飛共舞他兩箇又搖身一变恰好变做箇五色的小雀兒。也自共飛共舞碧峰長老把箇九環的錫杖對着雀兒一指。那些真雀兒一齊吊下地来。只有他兩箇假雀兒趂着這箇勢頭兒一篷風飛了。他兩箇在前面飛長老拽着一根錫杖領着兩箇徒

出像西洋記　卷之二　十三

織翠刪毛四路妖魔盡掃

擒犀截角一天雷電横馳

出像西洋記　卷之二　十四

弟緊着在後面趕他兩箇遥望西北上飛。長老也望西北上趕正在追趕的緊溜處非幻說道這兩箇妖精。只望西北上飛莫非是到峨眉山上去討救兵来也。長老道我已自理會得了。雲谷道憑着師祖這根錫杖。怕他甚麽百萬妖兵。師徒們正在閑談閑論不覺的就是峨眉山了。原来他兩箇妖精雖則靈变却要駕着雲霧借着雲綵。會飛碧峰長老他本是箇古佛臨凡。不駕霧不乘雲。金光起處還很似飛故此他兩箇妖精再走不脫。他兩箇剛上的飛到峨眉山上。叫一聲二哥哩。到也好箇二哥平白地跳將起来。却是三箇妖精。打做了一夥。雲谷說道。這箇妖精。又是箇藍頭藍面的非幻道這就是那土地老兒說的鴨蛋精。長老更不敢譖。趕上前又還他一杖。今番又是三箇妖精没路跑了。只見大峨眉山上。打

到中蛾眉山上中峨眉山上打到小蛾眉山小蛾眉山上又打到
大蛾眉山上来山頂上打到山脚下来把那八十四箇磨盤灣做
了箇銀瓶墜井山脚下又打到山頭上去把那六十餘里的之玄
路做了箇寶馬嘶風一百一十二座石頭的龕兒龕々的流星趕
月一百二十四張石頭的床兒床々的弩箭離弦大小洞約有四
十餘箇那箇洞裏不聽得這九環錫杖砧々玎々洞裏穴約有三
十六隻那箇穴道不聽得這九環錫杖碌々剝々雖則是光棍禪
師也做不得箇萬間廣厦縱然有普賢菩薩也做不得箇西道主
人那三箇妖精也自計窮力盡了大家商議道和尚很得緊哩我
和你莫若奔到五臺山去就着那些天罡精再作道理說猶未了
後面又追將来三箇妖精沒奈何捨着命直衝正北上走長老拽

着錫杖領着徒弟也望正北上趕將来却趕的有十之七八雲谷
道師祖前面是甚麽山長老道就是五臺山雲谷道怎麽叫做箇
五臺山長老道這箇山是北岳恒山的頭太行山的尾綿亘有五
六百里的路按東西南北中的方位結就金木水火土的氣脉却
是五箇峰頭那峰頭上平々坦々就像臺基兒一般故此叫做箇
五臺山非幻說道那三箇妖精已自奔到峰頭上去了師父快些々
掣出杖来長老道今番却又不在打上只見那三箇妖精慌々張
張吆々喝々這箇峰頭上又跑到那箇峰頭上那箇峰頭上又跑
到這箇峰頭上長老也不舉杖也不迫他只是坐了中間的臺上
念動幾句真言宣動幾句密語拽着根錫杖領着兩箇高僧且自
尋箇善世法門入定去了却說他三箇妖精東邊也叫着天罡精

西邊也叫着天罡精哩那些天罡精東邊也跳出一箇来西邊
也跳出一箇来叫的叫了兩三日總叫得徧跳的跳了兩三日總
跳得全你看那三箇妖精又得了這三十三箇天罡如虎生翼每
日間在這些峰頭上跳的跳叫的叫飛的飛跑的跑吼的吼哮的
哮磨的磨蠢的蠢髮的髮鬆的鬆每日間又在這箇長老入定的
門前呼風的呼風喚雨的喚雨吸霧的吸霧吞雲的吞雲移山的
移山倒岳的倒岳攪海的攪海翻江的翻江飛鎗的飛鎗使棒的
使棒撒尾的撒尾搬磚的搬磚攛炮的攛炮夭火的夭火雲谷聽
知得門外這等樣兒鬧々炒々走將出去看一看只見那三箇一
箇是蛇船精猫頭猪嘴一箇是葫蘆精毛頭毛臉一箇是鴨蛋精
藍頭藍面新添的這三十三箇天罡精好不標致哩一箇々光頭

光臉白盈々的就是箇傅粉郎君雲谷也自有三分的懼怕叫聲
師父你来看也非幻的聽見外面叫他也自跑將去看見這些妖
怪神通廣大變化多般心裏也自有兩分的慌張一箇師父一箇
徒弟兩箇人正在恂々慄々憷々懵々猛聽得裏面長老叫上一
聲嚇得他師徒兩箇很着一箇大蹤蹱忙々的走將進来回復道
師父有何呼喚長老道我入定有幾箇日頭了非幻道已經七々
四十九箇日頭了長老道外面的妖怪何如雲谷道兑得凹哩長
老道你們看見他麽雲谷道適来我和師父兩箇人眼同面見的
長老道待我出来好箇長老從々容々出了定淨了水納了齋一
隻手攪了髭髯一隻手拽了那九環錫杖後面跟着兩箇高僧大
搖大擺的走出門去早有一箇小妖精就着見了那小妖精口兒

裏吹上一箇鬼號舌兒上調出一箇鬼腔長老剗上的坐在山頭上只見前後左右四面八方盡是些妖怪都奔着長老的面前来奔便是奔到長老面前来及至見了長老的金身也自有三分兒鬼扯腿長老道你們是甚麽人猫頭猪嘴的說道你豈不認我是蛇船大王毛頭毛臉的說道你豈不認我是葫蘆大王藍頭藍面的說道你豈不認我是箇鴨蛋大王那些光頭光臉標致些的跳上跳下嘈上雜上說道我們兄弟是箇天罡大士你本然不曾認得我哩長老道你們到這裏做甚麽蛇船精說道趕人不過百步你趕我怎麽直趕到這裏来葫蘆精說道一身做事一身當便我的兄弟有不是處你怎麽連我也趕將来鴨蛋精說道家無全犯你怎麽樣一聯兒欺負我弟兄三箇那些天罡精人多口多齊聲

說道你不合這等的上門欺負人長老道既是這等說来你們也有些手段麽衆妖精齊聲說道你不要小覷了人我們有神有通能变能化長老道口說無憑做出来纔見衆妖精齊聲說道你教我們怎麽做出来長老道你們說道有神有通你們就顯箇神通我看着衆妖精說道看風哩說聲風這些妖精打夥兒撮上兲上果真是箇飄上一氣怒呼號伐木摧林鳥失巢風便是一陣大風長老把箇杖兒指一指却就不見了這箇風衆妖精說道看雨哩說聲雨果真是箇遊人脚底一聲雷倒鉢傾盆瀉下来雨便是一一陣大雨長老把箇杖兒指一指却就不見了這箇雨衆妖精說道看霧哩說聲霧果真是箇山光全暝水光浮隹氣氤氳滿太丘霧便是一天大霧長老把箇杖兒指一指却就不見了這箇霧衆

妖精說道看雲哩說聲雲果真是箇如峰如火更如綿雨未成特漫障天雲便是一天黑雲長老把箇杖兒指一指却就不見了這箇雲衆妖精說道看山哩說聲山果真是箇秀削芙蓉萬仞椎天然一柱幹維東山便是一箇高山長老把箇杖兒指一指却就不見了這箇山衆妖精說道看海哩說聲海果真是箇巨海滔瀾勢自平百川歸處看潮生海便是一箇大海長老把箇杖兒指一指却就不見了這箇海衆妖精說道看鎗哩說聲鎗果真是箇丈八蛇矛勢儼然萬人叢裏獨爭先鎗便是一根長鎗長老把箇杖兒指一指却就不見了這根鎗衆妖精說道看磚瓦哩說聲磚瓦果真是箇點上磚飛如雨乱鱗上瓦走似星流磚瓦便是許多磚瓦長老把箇杖兒指一指却就不見了這多磚瓦衆妖精說道看烟

火哩說聲烟火果真是箇黑燄濛上逼紫霄一團茅火鬧烟燒烟火便是一番烟火長老把箇杖兒指一指却就不見了這箇烟火非幻跕在左壁廂看見這些妖精這麽樣兒搬弄說道師父你莫道此人全没用也有三分鬼畫符雲谷跕在右壁廂說道豈不聞呆者不来来者不呆長老說道你們有這些閑話且待我来收拾他長老道你們的神通我已自看見了你們又說道能变能化你們再弄箇变化我看着衆妖精說道還是身裏变還是身外变長老道先变箇身外变来看着原来那些妖精本也是箇通達的你擠我擠兒攊着你也口兒裏嚷上上我也口兒裏嚷上上一會兒一箇人手裏一株松長老道這的到是箇耐歲寒一會兒一箇人手裏一叢竹長老道這的到是箇君子一會兒一箇人手裏一

剪梅長老道這的到是箇春幌。一會兒一箇人手裏一朵絨長老
道這的到是箇紅孩兒。一會兒一箇人手裏一盤銀杏長老道這
的到是箇甜苦相勺。一會兒一箇人手裏一枝棕長老道這的到
是箇清明節。猛然間一箇妖精唱說道。一変已周再有再変長老
道你們再変来。只見那些妖精你也口兒裏又唧々々減也口兒
又唧々々。一會子一箇人手裏一掛龍長老道這的到是箇有頭
角的。一會兒一箇人手裏一隻鳳凰長老道這的到是箇五色成
文的。一會兒一箇人手裏一對麒麟長老道這的到是箇應聖人
之瑞的。一會兒一箇人手裏一隻白猩長老道這的到是箇美玉
無瑕的。一會兒一箇人手裏一隻獅子長老道這的到是箇認得
文殊師利的。一會兒一箇人手裏一頭白象長老道這的到是箇

不拜安禄山的。一會兒一箇人手裏一隻老虎長老道這的到是
箇山君有名的。一會兒一箇人手裏一箇豹兒長老道這的到是
箇南山隱霧的。一會兒一箇人手裏一箇金絲犬長老道這的到
是箇渾金色相的。一會兒一箇人手裏一箇玳瑁猫長老道這的
到是箇有好皮毛的。又猛聽得一箇妖精唱聲道再変已周。三看
三変長老道你們三変来只見這些妖精你也口兒裏嗒々々。我
也口兒裏喳々々一會兒一箇人手裏一錠馬蹄金長老道這的
也只看得他是黄的。一會兒一箇人手裏一錠圓寶銀長老道這
也只看得他是白的。一會兒一箇人手裏一架景陽鍾長老道這
也只是雑鍋雑鉄鑄的。一會兒一箇人手裏一面魚陽鼓長老道
這也是雑皮兒漫的。一會兒一箇人手裏一籠料絲燈長老道這

也只是和夜行指路的。一會兒一箇人手裏一箇草蒲團長老道
這也只是聽別人打坐的。一會兒一箇人手裏一面古銅鏡兒長
老道這也只是自家心裏明白的。一會兒一箇人手裏一把泥金
扇兒長老道這也只是自家身上凉快的。一會兒一箇人手裏一
壺茶長老道這的原是盧仝的。一會兒一箇人手裏一瓶酒長老
道這的原是杜康的。又猛聽得一箇妖精唱聲道茶酒已周理無
又変長老道這却都是箇身外変哩。今番却要箇身裏変哩却不
知這箇長老說箇身裏変還是甚麼樣的千変萬化又不知那些
妖精的身裏変還是些甚麼樣的神巧機関且聽下回分解。

第八回

太平天子　退邇率賓

詩曰

縹緲祥雲擁紫宸　齊明箕斗瑞星辰　三千虎拜趨丹陛
九五飛龍兆聖人　白玉階前紅日晓　黄金殿下碧桃春
草莱臣庶無他慶　億萬斯年頌舜仁

却說金碧峰長老分付那些妖精要箇身裏変原来那些妖精正
待要賣弄他的本事高強機関巧妙等不得這箇長老開口哩長
老一說道你們変箇身裏変来看看那衆妖精响々的荅應道一
聲有纔說得一箇有字你看他照舊時一字兒擺着說道怎麼樣
変哩長老道先添後減衆妖精說道看添哩你看他一班兒湊々
合々果直就是一箇添怎見得就是一箇添原来舊妖精只是三

㒺新妖精也只是三十三箇。一會兒一箇妖精添做十箇妖精十箇妖精添做百箇妖精百箇妖精添做千箇妖精千箇妖精添做萬箇妖精本等只是一箇山頭兒放了這一萬箇妖精都不滿眼都只見是些妖精了。把這箇非幻喫了一驚說道師父還是那裏到了一船妖精麽。把箇雲谷喫了兩驚怎麽雲谷又多喫了一驚只因他學問淺些。故此多喫了一驚他又說道想是那裡宄到了箇妖精窖哩長老看見他添了一萬箇妖精又說道再從身上添来又只見這些妖精咭咭咻咻。一會兒一隻手添做十隻手。十隻手添做百隻手。百隻手添做千隻手。只見一箇妖精管了一千隻手。一萬箇妖精都不是管了萬萬隻手。這也真是三十年的寡婦好守些。好手哩。長老又說道再從身上添来又只見這些妖精嘻

萬壽無疆白玉階前紅日曉

一人有慶黃金殿下碧桃春

嘻嘎嘎。一會兒兩隻眼添做四隻眼四隻眼添做八隻眼長老道把眼兒再添些。衆妖精說道你也没些眼色。只有這六六的面皮如何添得許多的珠眼長老道再從身上别添羅。又只見這些妖精奄奄嗟嗟。一會兒一寸長的鼻頭添做一尺長一尺長的鼻頭添做一丈長。一丈長的鼻頭添做十丈長。本等只是一箇精怪。帶了這等十丈長的鼻頭委實也是醜相長老道忒長了些不像箇鼻頭衆妖精齊聲說道不是箇象鼻頭怎麽會有恁的長哩長老道再從身上添来又只見這些妖精唧唧吧吧。一會兒一箇口添做兩箇口兩箇口添做三箇口三箇口添做四箇口。四箇口添做五箇口。五箇口添做六箇口。六箇口添做七箇口七箇添做八箇口。八箇口添做九箇口。九箇口添做十箇口。長老道添得都是甚麽

衆妖精說道添得都是儀秦口長老道怎麼添的都是儀秦的
口衆妖精道不是儀秦的口怎麼得這等的多長老道再從身上
別添罷又只見這些妖精嗞嗞喝上一會兒一箇耳朶添做兩箇
耳朶兩箇耳朶添做三箇耳朶三箇耳朶添做四箇耳朶四箇耳
朶添做五箇耳朶五箇耳朶添做六箇耳朶六箇耳朶添做七箇
耳朶七箇耳朶添做八箇耳朶八箇耳朶添做九箇耳朶九箇耳
朶添做十箇耳朶長老道可再添些麼衆妖精說道就是你要添
我也不耳你了長老道添便是會添却不會減了衆妖精道有添
有減既會添豈不會減長老道你減来我看着只見這些妖精髏
骶一聲响原来還是原来舊妖精還是三箇新妖精還是三十三
箇一箇妖精還是一隻手一箇妖精還是一隻眼一箇妖精還是

一箇鼻頭一箇妖精還是一張口一箇妖精還是一隻耳朶長老
道你再減来我看着衆妖精依舊是這等捻訣依舊是這等作弄
一會兒没有了這隻手長老道好没有手省得撾一會兒没有了
一隻眼長老道好眼不見為淨一會兒没有了一箇鼻頭長老道
好没有了鼻頭省得受這些骯髒臭氣一會兒没有了一張口長
老道好穩口深藏舌一會兒没有了一隻耳朶長老道好耳不聽
肚不悶一會兒没有了一箇頭長老道好省得箇頭疼發熱一會
兒没有了一隻脚長老道好没有了脚省得箇胡亂踹一會兒這
些妖精要轉来了恰好的不得轉来了你也吆喝着我的手哩我
也吆喝着我的脚哩東也吆喝着我的頭哩西也吆喝着我的眼
哩左也吆喝着我的鼻頭哩右也吆喝着我的口哩我的耳朶哩

長老只是一箇不講話口兒裏念也念手兒捻也捻原来長老的
話兒都是些聽法聽他去了頭去了手去了脚那些妖精只說是
平常間要去就去要来就来那曉得這箇長老是箇緊箍子呪一
去永不来了却說這些妖精没有了頭也只是箇不像人還不至
緊没有了手却便撾不住没有了脚却就跕不住恰像箇風裏楊
花滾上滾下長老口裏念得緊這些妖精一發叫得緊長老手裏
捻得緊這些妖精一發滾得緊越叫越滾越滾越叫長老看見他
恁的滾恁的叫心裏想道這會好收拾也舉起杖来一箇妖精照
頭一杖一箇上反本還原一宗上歸根復命長老叫聲非幻只見
非幻的應聲道有長老又叫聲雲谷只見雲谷的也應聲道有長
老道你兩箇近前去看他一看且看這些妖精原身是箇甚麼物

件非幻的走近前去看了一看雲谷的也近前去看了一看長老
道你兩箇看得真麼非幻道看得真雲谷道看得真長老道你兩
箇数得清麼非幻道数得清雲谷道数得清長老道還是些甚麼
物件非幻道一箇是一隻禪鞋雲谷道一箇是一箇椰子非幻道
一箇是一箇碧琉璃雲谷道這其餘的都是些真珠光溜上的長
老道你們拿来我看着非幻拿將那隻禪鞋来問聲道兀的敢就
是鮀船精麼長老道便是非幻道這是箇甚麼禪鞋會這等神通
廣大哩長老道這却不是箇等閑的禪鞋非幻道怎麼不是箇等
閑的禪鞋長老道你便忘却了補陀山上北海龍王的人事非幻
道哎原来是箇無等上天君長老道便是雲谷拿將那箇椰子来
問聲道兀的敢就是葫蘆精麼長老道便是雲谷道這是箇甚麼

椰子會這等神通廣大哩長老道這却不是箇等閑的椰子雲谷道怎麽不是箇等閑的椰子長老道你忘却了補陀山南海龍王的人事雲谷道哎原来是箇波羅許由迦長老道便是非幻又拿將那箇碧琉璃来問聲道兀的敢就是鴨蛋精麽長老道便是非幻道是箇甚麽琉璃會這等神通廣大哩長老道這却不是箇等閑的琉瑠非幻道怎麽不是箇等閑的琉璃長老道你又忘却了補陀山西海龍王的人事非幻道哎原来是箇金翅吠琉璃長老道便是雲谷又盛將那些珠兒来問聲道兀的敢就是天罡精麽長老道便是雲谷道這是箇甚麽珠兒會這等神通廣大哩長老道這却不是箇等閑的珠兒雲谷道怎麽不是箇等閑的珠兒長老道你又忘却了補陀山東海龍王的人事雲谷道哎原来是三

十三箇東井玉連環長老道便是原来這四處的妖精都是四樣的寶貝這四樣的寶貝都是四海龍王獻的金碧峰長老原日分付他南膳部洲伺候故此今日見了他各人現了本相後来禪鞋一隻就當了一隻在脚底下穿椰子鐴開来做了箇鉢盂長老的紫金鉢盂就是他了碧琉璃隨身的杭貨那三十三箇真珠穿做了一串数珠兒慣在長老的手上却說這五臺山附近的居民却不曉得他這一段的縁故又且看見這箇長老削髮留鬚有些異樣人人說道有這等降魔禪師也有這等異樣的長老也一人傳十十人傳百百人傳千千人傳萬一隣傳里一里傳黨一黨傳鄉一鄉傳國一國傳天下執弟子的無論東西南北四遠八方那一箇不来皈依那一箇不来聽講碧峰長老無分春夏秋冬起早睡

晚那一時不在說法不在講經這時正是永樂爺爺登龍位治天下聖人作而萬物覩有一首聖人出的樂府詞為証

詞曰

聖人出格玄穹　祥雲護甘露濃　海無波山不重　人文茂年穀豊　聲教洽車書同　雙雙日月照重瞳　但見聖人無為時乘六龍　唐虞盛際比屋封　臣願從君兮佐下風

這箇萬歲爺登基用賢如渴視民如子勵精圖治早朝晏罷每日間金雞三唱官裡陞殿文武百官濟濟鎗鎗有一律早朝詩為証

詩曰

雞鳴閶闔曉雲開　遥聽宮中响若雷　玉噐浮香和霧散
翠華飛杖自天来　仰叨薄祿知何補　欲荅賡歌媿不才

却憶行宮春合處　蓬山僊子許追陪

萬歲爺坐在九重金殿上只見淨鞭三下响文武兩班齊左班列着都是些内閣文淵閣東閣中極殿建極殿文華殿武英殿這一班少師少保少傅的相公和那詹事府翰林院這一班春坊諭德洗馬侍講侍讀的學士又有那吏戶禮兵刑工六部的尚書帶領着各部的清吏司的司官又有那都察院通政司大理寺一班的大九卿又有那太常寺光祿司國子監應天府太僕寺鴻臚寺行人司欽天監太醫院一班的小九卿又有那十三道一班的御史又有那六科一班的給事又有那上江兩縣襍色分理一班的有司一箇上文光燁燁喜氣洋洋有一律李閣老的宰相詩為証

詩曰

手扶日轂志經綸　天下安危繫此身　再見伊周新事業
却畀管晏舊君臣　巍巍黄閣群公表　皡皡蒼生萬户春
自是皇風底清穆　免令憂国鬓如銀

右班列着。都是些公侯駙馬伯和那五軍大都督又有那京營戎政又有那禁兵紅盔。又有那指揮千百户。一箇箇威風凛凛。殺氣騰騰。有一律唐會先樞密詩為証

詩曰

戢任西樞著武功　龍韜豹畧熟胸中　身超九陛忠心壯
威肅三軍號令雄　刀斗夜鳴関塞月　牙旗秋拂海天風
聖朝眷顧恩非小　千古山河誓始終

傳宣的問說道文武班齊麽。押班官出班奏道。文官不少。武將無

中國有聖人太平太蒙胡不服

外夷無疆項戴日戴斗以来王

差班次已經齊整了。傳宣的道。各官有事的引奏。無事的退班。道猶未了。只見午門之内。跪着一班老者。深衣幅巾。長眉白髮。手裏拄着一根紫竹杖。脚底穿着一雙黄泥鞋。鴻臚寺唱名。說道。外省外府外縣的耆老們見朝。傳宣的說道。耆老們有何事見朝。可有文表麽。耆老們道。各有文表。傳宣的道。是甚麽文表。耆老們道。俱是進祥瑞的文表。傳宣的道。是甚麽祥瑞。耆老們道。自從萬歲爺登龍位之時。時暘時雨。五穀豊登。百姓們安樂。故此甘露降。醴泉出。紫芝生。嘉禾秀。小的們進的就是甘露醴泉紫芝嘉禾這四樣的祥瑞。傳宣的道。那箇是甘露文表。班頭上一箇老者說道。小的是潞州府耆老。進的是甘露。傳宣的道。接上来。潞州耆老當先雙手的進上了文表。後来雙手的捧上甘露。那傳宣的轉達上。聖旨

文武百官三呼萬歲稽首稱賀。有一律甘露詩為証

詩曰

良霄靈液降天衢　和氣融融溢二儀　瑞應昌期濃似酒
香涵仁澤美如飴　零瀼寒透金莖柱　錯落光凝玉樹枝
朝野儒臣多賛詠　萬年壽賀拜丹墀

傳宣的道那箇是醴泉文表班次中一箇老者說道小的是醴泉縣耆老進的是醴泉傳宣的道接上来醴泉耆老當先雙手的進上了文表後来雙手的捧上醴泉那傳宣的轉達上聖旨看了。文武百官三呼萬歲稽首稱賀。有一律醴泉詩為証

詩曰

太平嘉瑞溢坤元　甘醴流来豈偶然　麴蘖香浮金井水
葡萄色映玉壺天　瓢甞解駐頹齡遠　杯飲能教痼疾痊
枯朽從今盡榮茂　皇圖帝業萬斯年

傳宣的道那箇是紫芝文表。班次中一箇老者說道。小的是香山縣耆老進的是紫芝。傳宣的道接上来。香山縣耆老當先雙手的進上了文表後来雙手。的捧上紫芝那傳宣的轉達上聖旨看了。文武百官。三呼萬歲稽首稱賀有一律紫芝詩為証

詩曰

氣禀中和世道亨　人間一旦紫芝生　謝庭昔見呈三秀
漢殿曾聞串九莖　翠羽層層從地産　朱柯燁燁自天成
療飢却憶龎眉叟　深隱商山避姓名

傳宣的道那箇是嘉禾文表班次中一箇老者說道。小的是嘉禾縣耆老進的是嘉禾傳宣的道接上来嘉禾耆老當先雙手的進上了文表後来雙手的捧上一本九穗嘉禾。那傳宣的轉達上聖旨看了文武百官三呼萬歲稽首稱賀有一律立閣老的嘉禾詩為証

詩曰

靈稼生来豈偶然　嘉禾有驗吐芳妍　仁風毓秀青連野
甘露涵香緑滿田　九穗連莖鍾瑞氣　三苗合頴兆豊年
文人墨客形歌咏　寫入堯天擊壤篇

却說這四樣的祥瑞依次兒進貢了。龍顏大悅。即時傳下了一道旨意来賞賜耆老們給與脚力田籍又只見午門之外跪着一班兒異樣的人。是箇甚麼異樣的人。原来不是我中朝文獻之邦略

似人形而已頭上包一幅白氎的長布身上披一領左衽的衣服脚下穿一雙犛牛皮的皮靴。口裏說幾句侏儺的話鴻臚寺報名說道外国夷人進貢傳宣的問道夷邦進貢的可有文表麽各夷人的通事說道。俱各有文表傳宣的說道。為甚麽事来進貢夷人通事的說道自從天朝萬歲爺登龍位之時。天無烈風暴雨海不揚波故此各上小邦。知道中華有箇聖人治世。故此齎些土産恭賀天朝傳宣的道進貢的是甚麽物件。各夷人通事的說道現有青獅白象名馬。羱羊。鸚鵡孔雀。俱在丹陛之前傳宣的道一国挨一国照序兒進上来我和你傳達上。只見頭一箇。是西南方哈失謨斯國差来的番官番吏。進上一道文表貢上一對青獅子這獅子

金毛玉爪目懸星　羣獸聞知盡駭驚　怒向熊羆威凜々
雄驅虎豹氣英々　已知西國常馴養　今獻中華賀太平
却羨文殊能不服　穩騎駕馭下天京
第二個是正南方真臘國。差来的番官番吏。進上了一道文表貢上四隻白象。這箇白象。
慣從調習性還馴　長鼻高形出獸倫　交趾献来為異物
歷山耕破總為春　踏青出野蹄如鉄　脫白埋沙齒似銀
怒目祿山終不拜　誰知守義似仁人
第三箇是西北方撒馬兒罕國。差来的番官番吏。進上了一道文表貢上十疋紫騮馬。這箇紫騮馬
俠客重周遊　金鞭控紫騮　蛇弓白羽箭　鶴轡赤茸鞦

發跡来南海　長鳴向北州　匈奴今未滅　畫地取封侯
第四箇是正北方靼韃國。差来的番官番吏。進上了一道文表貢上了二十隻羱羊。這羱形似吴牛角長六尺五寸。蒲嘴髭髯正是
長髯主簿有佳名　羵首柔毛似雪明　牽引駕車如衛玠
叱教起石羨初平　出郊不失成君義　跪乳能知報母情
千載匈奴多牧養　堅持苦節漢蘇卿
第五箇是東南方大琉球。小琉球。差来的番官番吏。進上了一道文表。貢上一對白鸚鵡。這箇白鸚鵡
對々含幽思　聰明憶別離　素衿渾短尽　紅嘴漫多知
喜有開籠日　寧慙宿舊枝　白應憐白雪　更復羽毛奇
第六箇是東北方奴兒罕都司。差来的番官番吏。進上了一道表文貢上一對孔雀。這孔雀
翠羽紅冠錦作衣　托身玄圃與瑤池　越南産出誰稱美
隴右飛来鞴嶶許　荳蔻圖前頻起舞　牡丹花下久棲遲
金屏一箭曾穿處　盈得婚聯喜溢眉
却說這箇進貢的都是有名有姓的番王。還有一等沒名沒姓的進貢金珠寶貝。菴蘿波羅蜜。瑠璃加蒙絞布。獨峰福祿緊鞋靴。羅璝珀珊瑚。車渠馬瑙。蒔蘭翡翠。砂鼠龜筒。還有一等果下馬。只有三尺高。八稍魚。八箇尾巴浮胡魚。八隻脚建同魚。一箇象鼻頭四隻脚。長尾雞長有一丈。蚊子盬。是馬蚊兒的卵煎熬得的。菩薩石生成的佛像。猛火石浸在水兒裏面猛烈萬歲末長了有千百年。篤耨香。直冲到三十三天之上。朝霞大火珠。火光照到七十二

地之下。歌畢佗樹。點々滴々都是那蜜淋漓金顏香。樹上生成的香々瀆々直透在凡人身上。這些進貢的都不在話下。只見文武百官三呼萬歲叩頭稱賀。都說道遐迩一體率賓歸王。萬歲爺見之龍顏大悅。即時傳下旨意。着四夷館款待夷人。着光祿寺筵宴大宴羣臣宴罷。大小官員各々賞賜有差。這正是宴罷蓬萊酒一巵御爐香透侍臣衣。歸時不辨来時路。一任顛東復倒西。却說明朝早起官裏陞殿百官謝恩。謝恩已畢傳宣的說道。文武兩班有事出班引奏。無事捲簾朝散。鴻臚寺唱說道。百官平身散班。百官齊聲呼道萬歲萬歲萬々歲。一湧而退。只見班部中一箇老臣。戴的朝冠披的朝服。繫的朝帶。穿的朝鞋。手執的象板。口兒裏吁的萬歲一箇兒跪在金階之下。不肯散班。却不知這箇老臣。姓甚麼

名字叫做甚麽鄉貫科目又是甚麽跪在金階之下口兒裏還要
說些甚麽心兒裏還要做些甚麽且聽下回分解

第九回

張天師金階面主　茅真君玉璽進朝

詩曰

孤雲無定鶴辭巢　自有焦桐不說勞　服藥幾年辭碧落
書符何處咒丹毫　碧松山上紅雲吝　青草湖中碧浪高
從此人稀見蹤跡　還因選地種僊葩

却說文武百官謝恩已畢各自散班獨有一箇老臣跪在金階之
下口稱萬歲萬萬歲爺道階下跪的甚麽人這老臣奏道臣龍虎山

龍虎山中服藥幾年辭碧落

張天師金階面主

金鑾殿下驗符此日咒丹毫

正一嗣教道合無為闡祖光範領道事張真人　其萬歲爺道原來
是箇張天師不知卿有何事獨跪金階天師道臣蒙聖恩天高地
厚有事不敢不奏萬歲爺道有事但奏不妨天師道昨日諸番進
貢的宝貝都是些不至緊的萬歲爺道那裏又有箇至緊的麽天
師道还有箇至緊的萬歲爺道朕父天母地而為之子天下之民
皆吾子天下之財皆吾財天下之宝皆吾宝豈有箇至緊之宝之
理天師道這箇宝不是天下之宝都是帝王家裏用的宝萬歲爺
道若求生富貴除是帝王家朕纘承父王基業西華門裏左首見
有廣惠庫廣積庫承運庫甲字庫乙字庫丙子庫戊子庫兩座丁
字庫共是九庫內啟另有宝藏庫真珠琥珀車渠瑪瑙珊瑚璿瑁
鴉青大綠猫睛祖母顛不喇的還有許多怎麽又有一箇帝王家

裏用的至紫之宝天師道萬歲爺赦臣死罪臣方敢奏若不赦臣
死罪臣不敢奏萬歲爺道赦卿無罪但奏不妨天師道陛下朝裏
的宝貝莫說是斗量車載就是堆積如山也難以拒敵這一箇宝
萬歲爺道敢是箇驪龍項下的夜明珠麽天師道夜明珠越發不
在話下了萬歲爺道似此稀奇之寶可有箇名字麽天師道有箇
名字萬歲爺道是箇甚麽名字天師道叫做箇傳國宝萬歲爺道
這傳國宝可載在典籍上麽天師道就載在資治通鑑上萬歲爺
道三教九流聖經賢傳諸子百家那一本書朕不曾過眼怎麽不
曾看見這箇傳國宝哩天師道帝王之學與常布不同故此不曾
看見萬歲爺道怎麽帝王之學與常布不同你說来與我聽着天
師道帝王之學只講一箇脩身齊家治國平天下的大道理與夫

古今治乱興衰之所以然豈肯下同于布衣寒士尋朱数墨逐字
逐句閎靡誇多故此陛下不曾看見這箇傳國宝哩萬歲爺道既
如此卿說来與朕聽着天師道當原日三皇治世五帝為君唐虞
堯舜三代夏商周傳至周末列國分爭叫做箇秦楚燕魏趙韓齊
却說楚武王當國國中有一箇百姓姓卞名和閒遊於荆山之下
看見一箇鳳凰棲於石上卞和心裏想道璞玉之在石中者這塊
石頭必定有塊宝玉載之而歸獻於武王武王使玉人視之玉人
說道石也武王說和欺君刖其右足文王即位獻於文王文王使
玉人視之玉人說道石也文王說和欺君刖其左足卞和抱着這
塊石頭日夜號哭泪盡繼之以血聞者心酸楚武王聽見他這一
段的情事方纔把箇石頭觧開来只見裏面果真是一塊嬌滴滴

美玉無瑕後来秦始皇併吞六國得了這玉到了二十六年上揀
選天下良工把這塊玉解為三段中一段碾做一箇天子的傳国
璽方圓約有四寸頂上鐫一箇五龍交紐面上李斯鐫八箇篆字
是那八箇篆字是受命于斯富壽永昌八箇篆字左一段碾做一
箇印形其紐直竪直竪紐上有兩點放光如人的雙目烱烱右一
段碾做一箇印形其紐横撇横撇紐上霞光燦燦這兩段却不曾
鐫刻文字到二十八年上始皇求仙過洞庭湖風浪大作舟船將
覆始皇與令投横紐印于水投訖風浪稍可些又令投竪紐印于
水投訖風浪又可些遂令投傳國璽于水投訖風平浪靜穩步而
行最後三十六年始皇巡狩到華陰有箇人手持一物遮道而来
護從的問他是甚麽人其人說道持此以還祖龍從者傳與始皇

始皇看来只是箇傳國璽始皇連忙問道還有兩顆玉印可一
同拿来麽護從的跟問那箇人那箇人已自不見踪跡了故此只
是傳國璽復歸於秦始皇始皇崩子嬰將璽獻與漢高祖王莽篡
位元祐皇太后將印去打王莽崩其一角以黄金廂之光武得
此璽於宜陽孫策得此璽於新殿南井中婦人死屍項下曹操得
此璽於許昌唐高祖得此璽於晉陽宋太祖得此璽於陳橋兵變
之中元人得此璽於崖山之下萬歲爺道這傳國璽現在何處天
師道這璽在元順帝戕掌我太祖爺分遣徐常兩箇國公追擒順
帝那順帝越愉越走徐常二國公越勝越追一追追上到極西上叫
做箇紅羅山前面就是西洋大海元順帝止剩得七人七騎這兩
箇国公心裏想道今番斬草除根也元順帝心裏也想道今番送

干礙也。那既得天公另是一箇安排。只見西洋海上一座銅橋亦然架上的架在海洋之上。元順帝趕着白象駝着傳國璽打從橋上。竟往西番。這兩箇國公趕上前去。已自不見了。那座銅橋轉到紅羅山。天降角端口吐人言。說話。徐常二國公繞自撤兵而回。故此這箇歷代傳國璽陷在西番去了。昨日諸番進貢的寶貝却沒有箇傳國璽在裏面。却不都是些不經緊的。萬歲爺道。第二顆玉印現在何處。天師道。現在三茅山元符宮華陽洞正靈官處職掌萬歲爺道。這顆印是怎麼的來歷。現在三茅山。天師道。句容縣東南五十里有一箇山。形如句字。就叫做箇句曲山。道書為第八洞天第一福地。漢時有箇姓茅的兄弟三人。原是茅濛真人的玄孫長的叫做茅盈。恬心玄漠遍遊天下名山。遇着王真君點化他

傳與他道籙符水。漢初元中。過句曲山升高而望。心裏說道。這山有異樣的形境。遂入其山。煉丹于華陽洞。丹成。有一白鬚老者来謁。口稱有物相贈。茅盈舉手接着。只見是一箇錦囊。茅盈開口問他錦囊中還是甚麼物件。已自不見了那箇白鬚老者。及至開了錦囊。中間是箇朱紅小匣。扭開金鎖。只見是一顆玉印。方圓有四寸。其紐直豎。紐上有兩點放光。恰像人的雙目炯炯。面上却沒有鐫刻文字。茅盈心裏說道。此莫非是山靈授我以印章。後来募化良工把箇印面鐫了九老仙都之印六箇字。就占住在句曲山第一箇峰頭上。道號大元真君。這箇真君姓茅。因此上句曲山改名茅山。萬歲爺道。怎麼又叫做三茅山。天師道。茅盈第二箇兄弟叫做茅固。官居武威太守。第三箇兄弟叫做茅衷。官居上郡太守

聞知道茅盈得道成仙。那兩箇都棄了官職。尋到茅山來見了哥哥日夜脩煉。後来俱成地仙。茅固道號定籙真君。占住第二箇峰頭上。茅衷道號保命仙君。占住第三箇峰頭上。因此上傳到如今叫做箇三茅山。萬歲爺道。這顆印後来何人職掌。天師道。自從三茅真君現化之後。廣招天下道士。崇祠香火。分為上下兩宮。歷代欽賜田地。約有萬餘畝。俱是下宮職掌。上宮世襲靈官。這顆印俱是靈官輪流職掌。萬歲爺道。第三顆玉印現在何處。天師道。現在小臣府中。萬歲爺道。這顆印是怎麼的來歷。現在卿的府中。天師道。小臣貴溪縣西南八十里有一座山。其峰峭拔。兩面對峙。如龍昂虎踞之狀。故此叫做箇龍虎山。道書為三十二福地。臣祖名喚張道陵。乃漢留侯八世的孫。生長在浙之天目山。自幼兒學長生

之術。遍遊天下名山。東抵吳安雲錦溪僊岩洞。煉丹其中。三年。青龍白虎旋繞於上。丹成。餌之時年六十。容貌益少。又得秘書通神变化。驅除妖鬼。登蜀之雲臺峰。拿住一箇鬼王。乞命不得。遂出一物自贖。臣祖開視。只見是一顆玉印。其紐横撒。紐上霞光閃閃。臣祖自從得了這顆印。雖不曾篆刻文字。他的術法益神。漢朝孝章皇帝封為天師。遂將玉印開洗。在上面有漢天師張真人之印八箇字。後於龍虎山昇僊而去。如今飛昇臺遺址尚存。所遺經籙符章印劍。傳與子孫。龍虎山下有箇演法观。古松夾道。後来蓋造做箇天師府。臣家世襲真人居於此府。宋江萬里有詩為證

詩曰

鑿開風月長生地　占却烟霞不老身　虛靜當年僊去後　一

不知丹訣付何人

萬歲爺道這顆印却在卿的府中天師道是在臣府中萬歲爺道既是卿府中有此玉印何不進来與朕天師道印雖是在臣府中臣等但能用却不能戓掌萬歲爺道怎麽能用不能戓掌天師道臣祖上這顆印却收在天上老天師處萬歲爺道老天師在天上那裏天師道現在兜率天清虚府的便是萬歲爺道怎麽用這印来天師道臣府中從山下有一条小路直到飛昇臺上已前的真人俱從那飛昇臺上昇天取印来用萬歲爺道這如今怎麽天師道後来世遠事乖到于唐末聽着一個風水先生指教把那條路徑兒鑿断了故此傳到如今不得上天去了萬歲爺道既不得上天怎麽得這顆印用天師道臣祖遺下有一箇指甲臣等急要用

岫列三茅萬道烟霞穿戶牖

茅真君王璽進朝

璽鐫九老一天星斗煥文章

印之時焚起香来把那箇指甲放在香烟之上薰他一薰名唤做燒雞香臣祖就在半天之中現身顯化凡有奏疏一印可管萬千張紙這就是臣等用印的機縁萬歲爺道朕用的須得傳國璽来天師道傳國璽已經遠在西番去了怎麽得来萬歲爺道既有番人走的路豈無我中國人走的路朕即時調動南北兩邊人馬五府侯伯四十八衛指揮千百戶竟往西洋去征戰一番有何不可天師道西洋道路遙遠崎嶇險峻南朝的人馬寸步難行萬歲爺道要知山下路須問去来人天師你好差意了你又不曾到西洋去走過怎麽曉得西洋的道路是這等棘跷難上難天師道臣仰觀天文俯察地理陛下問臣臣不敢不以难奏萬歲爺道你把那难走的路兒說與我聽着天師道难走的路兒到肯說只恐怕萬

歲爺哭驚臣該萬死萬歲爺也略節笑了一笑說道朕在北平鎮守之時到邊墻外去砍達子砍得他尸積如山血流成渠朕只當掃了幾隻雞雞兒朕在百萬軍中取大將之首如探囊取物神色自如就是鐃他会搖天関摧地府朕也只當箇兒戲一般怎麼到箇哭驚的地位天師道請下了旨意赦臣無罪臣纔敢說萬歲爺道不必太謙只情說下天師道府州縣道集埸埠泊一切赦臣不說了萬歲爺道正是要找捷些你只把那險峻関津崎嶇隘口說與朕知便罷天師道天覆地載日往月来普天之下有四大部洲一個是東勝神洲一個是西牛賀洲一箇是南膳部洲一個是北倶盧洲陛下掌管的山河就是南膳部洲陛下命將出師由水路而進先從洋子大江出到孟河口上過了日本扶桑琉球交趾前

面就有吸鉄嶺五百里难行過了吸鉄嶺前面又有紅江口十事难行過了紅江口前面又有白龍江三百里难行過了白龍江前面一步也去不得了一步也去不得了萬歲爺道怎麼一步也去不得了天師道前面就是八百里軟洋灘軟洋灘却怎麼去得萬歲爺道怎麼叫做箇軟洋灘天師道九江八河五湖四海那水都是硬的舟船穏載順風揚帆惟有這八百里的水是軟弱的鵞毛兒也直沉到底浮萍兒也自載不起一根却怎麼会過去得萬歲爺道过了這個軟水洋前面是甚麼去處天師道軟水洋這一邊還是南膳部洲過了軟水洋那邊去就是西牛賀洲了萬歲爺道西牛賀洲何如天師道到了西牛賀洲說不盡的古怪刁鑽数不了的蹺蹊妖孽萬歲爺道你只把那有頭緒的說来天師道有頭緒的頭

一国是箇金蓮宝象國第二國是箇爪哇國第三國是箇西洋女兒國第四国是䫉門荅剌國第五國是箇撒髮國第六國是箇溜山國第七国是木葛蘭國第八國是箇柯枝國第九國是小葛蘭国第十国是箇古俚國第十一國是箇金眼國第十二國是吸葛剌国第十三國是木骨都國第十四國忽魯謨斯國第十五國是箇銀眼國第十六國是箇阿丹國第十七國是箇天方國第十八國是酆都鬼国這十八箇大國各國有謀士各國有軍師各國有畨將畨將有萬夫不當之勇各國行畨兵畨兵有遮天掩日之能也有一等婦人女子也会調兵設策還有一等丫頭小厮也會舞棒飛鎗还有一等草仙鬼仙人仙神仙地仙天仙祖師真君中品天尊一箇箇都會呼雷吸電還有一等畨僧胡僧聖僧禪僧遊脚

僧喇抹僧罪佛僧一箇箇都解役鬼驅神只殺得翻江攪海地動天搖這正是強龍不鬬地頭蛇南朝人馬怎麼去得萬歲爺道斷殺的事不在話下只是為着這塊石頭亦不當勤兵於遠天師道傳國璽終是不得来了萬歲爺道傳國璽已是求之不得卿府中印又在兜率天清虛府不知茅山的印朕可用麼天師道凢夫俗到神仙地位三朝天子福七輩状元才天子神仙一而二二而一豈有三茅祖師之印陛下用不得之理萬歲爺道傳下一道旨意發下一面金牌差下一箇能達的官員前往三茅山宣印見朕連問了三聲那一個官去得階下並沒有一個官員答應只見姚太師跕在萬歲爺御座左側說道来說是非者便是是非人就差張真人前去奉聖旨是萬歲爺退朝張天師齎了這一道聖旨領了

這一面金牌帶了這一班校尉星夜奔驅不敢違悞出了通濟門過了高橋門竟奔句容縣去這九十里路上心裏想道姚太師分明是箇出家人做了這許多勾當今日看見我們儒釋道本是個屡世通家了他就把這個宣印的差累陷我好沒来由哩轉想轉惱却不覺的到了句容句容縣官来迎天師道旨意在身不及施禮竟往三茅山而去却說三茅山的正靈官也是從八品的官副靈官也是從九品的官這一日正是三月十八日洗殿之日兩個靈官領着兩班當直的道士收拾了殿宇鎖鑰了殿門各自下山各歸各宮安置那曉得睡到半夜三更只聽得外面的人吆上喝唱都說道山頂上發了南方丙那一個道士不起来那一個靈官不起来及至跑到山頂上却又不見了火光轉到上宮下宮又只

出像西洋記　卷之三　五三

見火光熖上衆道士說道不好了想必有甚麽禍事臨門靈官道火發敢是乇大貴人至道猶未了金雞三唱曙色曚曨只聽知說道聖旨已到快排香案開讀把這些道士嚇得慌上慌一箇上都到小酒店裏去討法衣把這靈官嚇得忙上忙一個上都到徒弟床上去撹冠兒天師捧了聖旨校尉捧了金牌竟到山頂大殿之内開讀開讀已畢天師叅見三茅祖師在帘内捻了一炷明香原来天師叅見祖師不行跪拜禮只把個手兒举三举把個牙齒兒叩三叩竟出前殿坐下那個靈官捧着那顆玉印裝在蟠龍盒兒裏面付與天師天師心忙意急抽身便轉南京正是

急遞思鄉馬　張帆下水船　流星不落地　弩箭乍離弦

天師捧了這個蟠龍盒兒逕進通濟門會同館住着等到五更時分萬歲爺陞殿文武百官進朝正是

臨軒啟扇似雲收　率土朝天極水流　瑞色含春當正殿
香烟捧日在髙楼　三朝氣早迎恩澤　萬歲聲長繞冕旒
請問漢家功第一　麒麟閣上識鄭侯

萬歲爺陞殿文武百官進朝傳宣的問道文武班齊麽押班的官出班奏道文官不少武將無差班次已經齊整了傳宣的道各官有事的出班奏無事的退班道猶未了黄門官說道張天師在門外聽宣萬歲爺道宣他進来只見三宣兩召宣至金鑾天師五拜三叩頭三呼萬歲萬萬歲萬歲爺道着卿宣印印在何處天師道現在午門不敢擅入萬歲爺道宣進朝天師聽知宣印進朝的旨意忙上的走到午門上來起個蟠龍盒兒奉與禮部尚書禮部尚書接着

出像西洋記　卷之三　五四

奉與掌朝的閣老掌朝的閣老接着奉與司禮監的太監司禮監太監獻上龍顔龍顔見之果真這顆重霞光萬道瑞氣千条龍顔大喜只是上面還有六個字不合揩些不知還是那六個字不合朝廷使用不知後来把那幾個字更替他纔合朝廷使用且聽下回分解

○○

第十四回　張天師滅僧　金碧峰救難

詩曰

璠璵琢就質堅剛　布命朝廷法制良　寶匣深藏金縷細
硃砂新染玉文香　宮中示信流千古　闕下頒榮遍四万

卻憶卞和三獻役　到今如斗鎮家邦

卻說萬歲爺看了這顆玉璽龍顏大喜只是印面上是個九老仙都之印六個字萬歲爺道這玉璽委實是精只不知朕可用得麼天師道陛下用得萬歲爺道朕富有四海之内貴為天子用了這個九老仙都之印朕却不反又做了個道士也這句話兒雖是萬歲爺盤剥的不至緊天師心裏想道似這等說来反為欺侮朝廷了唬得他魂不附體慌忙的五拜三叩頭說道臣啟陛下這顆印朝廷可用只是璽可用非是九老仙都之字可用萬歲爺道既是這個字不可用却待怎麽處分他天師還不曾回話只見那個姚太師又在御座左側又說道來說是非者便是是非人這個字不可用也在天師身上哩萬歲爺道這個字不可用須在天師身

不滅不生崖將頹而未墮

成空成色峰入漠以猶懸

上天師道臣有一計伏望天裁萬歲爺道你說来與朕聽着天師道這印面上的篆文當原日也不過是個鐫刻的這如今伏乞陛下傳出一道旨意揀選天下良工鐫刻上朝廷爺的字號便是朝廷爺用的有何不可萬歲爺道天師之言有理即時傳出一道旨意着尚寶寺正堂錢厶朝夕守護又傳出一道旨意着工部正堂馬尚書管理鐫刻又傳出一道旨意着文華殿掌中書事中書舍人劉厶篆與他奉天承運之寶六個字你看旨意已到誰敢有違只見尚寶寺的卿領了旨意捧着這顆玉璽朝夕不離工部尚書領了旨意即時發下了許多的文書寫下了許多的牌票就仰五城兩縣揀選碾玉匠人眼同考校精上要精強上要強每城限取五名五五二十五名每縣限取五名二五一十名拘齊火速赴部

聽用毋違。不覺的五城兩縣帶領着一班見碾玉的匠人来見尚書道。解官銷徽文書各回本衙。衆匠人叫上紀録司。取過紀録簿来把這些匠人的名姓。逐一計開。以便有功者賞有罪者罰。紀完發放街下俟候。原来這個玉璽。不敢輕自碾動。又不敢發落該房。逕在工部大堂上陳設了兩張公案。公案上一襯鋪錦繡褥。引芙蓉又且閼會欽天監擇取吉日良辰。馬尚書朝衣朝冠焚香拜告天地。拜告已畢。轉身又拜了玉璽。方自到尚寶寺乎裏請出璽来。安在這個公案襯褥之上。衆匠人各上拜天禮地。燒紙拈香。方纔走近前来。只見這顆璽。霞光萬道。瑞彩千條。欲待不動手。却是聖旨不敢違拗。欲待動手来。這璽好怕人也。只聽得堂上一聲雲板响。尚書道。辰時已到。衆匠人興工。衆匠人只得動手。原来這些匠人

不是胡亂的動手。先前分定了上中下三班。匠人九名。三班共三九二十七名。餘八名。兩名添砂。兩名換水。兩名補空。兩名提點周而復始。序次而行。每日間也不是時時刻刻用工。寅時匠人進衙卯時還不動手。辰時興工。巳時又興工。午時正是磨洗。未時還磨申時歇斷。一日間怎麽有這許多分派。原来寅卯時日初出。太陽尚斜。辰巳午未太陽居頂。申牌時分。太陽西墜。故此一日之中。有用工時有不敢用工時。馬尚書心裏想道。這個璽若是磨洗得工成。還有衣錦還鄉的日子。若是磨洗得不成。却不知怎麽是好哩。衆匠人心裏想道。磨洗這個璽。若有功果。羊酒花紅。若有疏虞禍来不測。一個個拎看腦袋兒在手裏。一個個掛着心肝兒在刀上。却不覺的光陰迅速。時序推遷。轉眼就是三十個日子。一個月日

已過。工程圓滿。尚寶寺卿睜睜的看着。鐫上的是奉天承運之寶六個字。馬尚書眼見的璽面上是奉天承運之寶六個字。兩家兒一同歡喜。叫過把總来摧挿一對金花摧掛一疋大紅段子。抖過衆匠人来。權且散些賞賜。俱待聖旨看来另行重重須賞。尚寶寺仍舊捧了這顆玉璽。馬尚書送到朝門外来覆着旨意。只見五更三點。萬歲爺陞殿。文武百官進朝。傳宣的道文武班齊麽卿班的官出班奏道。文官不少。武將無差。班已齊整了。傳宣的道。各官有事的。引奏無事的退班。道猶未了。黄門官說道。現有工部馬尚書聽宣。聖旨道。宣進朝来。三宣兩召。宣至金鑾。馬尚書五拜三叩頭。三呼萬歲。聖旨道。煩卿開璽用工。何如。馬尚書道。萬歲爺的洪福齊天。開璽的工程。已經完備。聖旨道。現在何處。馬尚書道。現在

午門請旨定奪。聖旨道。宣璽進朝。尚寶寺聽知宣璽進朝。雙手舉起奉與禮部尚書。禮部尚書接着奉與掌朝閣老。掌朝閣老接着奉與司禮監太監。司禮太監獻上龍顏。龍顏見之。果是奉天承運之寶的篆文。聖旨道着司禮監將璽用紙上我看着。秉筆的太監慌忙里刷上硃砂。司箋的太監慌忙裡展開繭素。一連用上兩三顆璽。聖旨掀開看時。原来又是九老仙都之印的篆文。聖旨已自有三分不寬快了。故此不宣尚寶寺。止是傳出一道旨意宣上工部尚書。另行開光。馬尚書領着這顆玉璽。轉到本衙。悲悲切切。兩淚雙拋。心裏想道。空負了我十載螢窓之苦。官居一品之尊。今日斷送在這個璽上。沒奈何。只得喚過該房来。寫了飛票。用了印信仍舊拘到原舊的碾玉匠人。這些匠人。聽知這段事故。也都哭哭

啼啼怕遭刑憲。却又官差不自由。只得前来。分班的仍舊分班。添砂换水的仍舊添砂换水。補空提點的。仍舊補空提點。每日卯寅時進衙。仍舊進衙。卯時不動手。仍舊不動手。辰時興工。仍舊興工。巳時又興。仍舊又興。午時磨洗。仍舊磨洗。未時還磨。仍舊還磨。申時歇斵。仍舊歇斵。今番比着前番做的更加燥辣些。故此不及一個月日。已經完備了。馬尚書仔細看来。明明的是奉天承運之寳六個字。却又進朝復命。只見萬嵗爺在謹身殿議事。馬尚書心忙意急。投謹身殿而来。黄門官道。工部尚書在殿外聽宣。聖旨道。宣他進来。尚書也不待三宣兩召。逕自進来。聖旨道。卿来的何事。這等促忙。尚書道。開璽工完。特来復命。聖旨道。璽在何處。尚書道。璽在門外聽宣。聖旨道。宣璽進来。即時宣進玉璽。到於謹身殿内。龍顏覩看之時。委是奉天承運之寳六個字。忙刷硃砂。印在紙上。掀起看来。依舊又是九老仙都之印。聖旨已自有七分不寛快了。又宣工部尚書。領出去重造。尚書仍舊點起匠人。匠人仍舊用工開洗。尚書挨着這個二品的官。衆匠人挨着這個一條的命。尚書道。今番要把舊字洗得清。却纔新字開得明。衆匠人說道。理會得了。舊字洗得清。新字開得明。只說着洗得清三個字。就把個璽洗薄了一半。豈又有不清之理。只說着開得明三個字。却在那新半個上鐫刻了字。又豈有不明之理。分明明是個奉天承運之寳。不覺的工程又滿。明日五更。官裏陞殿。尚書進上璽来。忙刷硃砂。印在紙上。掀起看時。仍復又是九老仙都之印。萬嵗爺一時間怒發雷霆。威摧山岳。舉了此印。望九間殿丹墀之下。只是一摜。罵說道。

纔是能者不過草仙而已。怎敢戲弄朝廷。即時傳出一道旨意。宣上錦衣衛掌印的堂官。到於午門之外。押將王印。重責四十御棍。永不叙用。錦衣衛都指揮領了聖旨。唱令校尉。五棍一換。四十御棍換了八個校尉。把個玉璽打得一命歸泉。不中重用。怎麽一個璽叫做一命歸泉。不中重用。原来這塊玉璽。是個活的。夜食四兩硃砂。一印千張紙。自從打了四十御棍之後。不食硃砂。一印只是一張紙。却不是個一命歸泉。不中重用。到如今這顆印。還是茅山侍奉靈官收管。却說萬嵗爺撤座。文武百官散班。正是青天白日撞着一個顚歹子。莫道無神也有神。到了半夜三更。三茅祖師見說打了他的玉璽四十御棍。兄弟們心懷忿恨。一個人一拳。一個人一腳。把個華陽洞踹沉了。當原先這個華陽洞。洞裏坐得百十個多人。丹灶丹爐。石床石凳。各樣的奇異物件。不計其数。只因三位祖師踹沉了。故此這如今只留得一個洞口在了。這三位祖師踹沉一個華陽洞不至緊。即時間駕起祥雲霞光萬道。竟奔金陵建康府而来。實在有個不良之意。只見萬嵗爺正在乾清宮龍床之上。鼾鼾的熟睡。頭頂上現出真身。三茅祖師纔知道萬嵗爺是玉虛師相玄天大帝臨凡。原来玄武爺。比着三茅祖師還大幾級。不是個對頭。好三茅祖師。知已知彼。袖手而歸。不覺的金雞三唱。曙色曚曨。官裏陞殿。文武百官進朝。正是

鍾傳紫禁綂應徹　漏報仙闈儼已開　雙闕薄烟籠菡萏
九成初日照蓬萊　朝時但向丹墀拜　伏下應從紫殿廻
聖道逍遥更何事　願將巴曲賛康哉

[illegible]文武百官進朝淨鞭三下嚮文武兩班齊聖旨一道
[illegible]虎山正一嗣教道合無為闡祖光範領道事張真人見朝
天師見了旨意忙来朝謁五拜三叩頭三呼萬歲萬歲爺道昨日
三茅山的璽已經打了四十御棍不終用了鄉府中的璽又在兜
率天清虛府不能用了朕到今日還把那個璽来用天師道陛下
用的還是傳國璽萬歲爺道依卿說起来傳國璽又去得遠哩天
師道西番路途遙遠險隘崎嶇一時往来不便萬歲爺道須得一
員能幹的往西番去走一遭天師還不曾回復姚太師跕在御座
方側說道求說是非者便是〻非人須就着在張真人身上要也
萬歲爺道張真人這璽却在你身上要也天師心裏想道這個姚
太師我和他遠日無冤近日無仇他苦〻的計較我們忒来得緊

了我怎麼也設一個計較也還一個禮兒好個天師眉頭一蹙計
上心来姚太師他本是個僧家我今日就在這個取璽上要滅了
他的僧家教他城門失火殃及池魚他日噬臍悔之無及因是萬
歲爺着他要璽他就回復道臣有一計要這個傳國璽如探囊取
物手到擎来萬歲爺道卿有何計說来與朕聽着天師道臣有一
事依臣所奏然後纔敢献上計来萬歲爺道依卿所奏欽此欽遵
天師道陛下要用取璽之計先將南北兩京一十三省庵廟禅林
裏的和尚一齊滅了方纔臣有一計前往西洋取其國璽手到璽
来萬歲爺只是取璽的心勝便自惟依所奏即時傳出一道旨意
盡滅佛門該禮部知道禮部移文関會兩京十三省曉諭天下僧
人無論地方遠近以関文到日為始俱限七日之内下山還俗七

日以内未下山者發口外為民七日以外不下山者以違背聖旨
論俗家全家處斬四隣通同不行舉首者發邊遠充軍自古道近
火者先焦這個金陵建康府近在輦轂之下禮部發下了告示五
城兵馬司追銷天下名山僧占多南朝有四百八十座寺無萬的
僧人龍蛇混雜一例兒都要勒他下山兜熏聖旨的事重又豈可
容情得的衆僧人那一個敢辨拗只行收拾行囊包裹一個〻高
肩擔兒挑着哭〻啼〻也有師父哭徒弟的也有徒弟哭師父的
也有師公哭徒孫的也有徒孫哭師公的也有師父師公哭着別
個房頭徒弟徒孫的也有徒弟徒孫哭着別個房頭師父師公的
也有張和尚帽子李和尚戴得去的也有李和尚的驢張和尚騎
得去的也有到私㙮子家裏無限別離情的也有到尼姑庵裏去

抱娃〻的正是削髮又犯法離家又到家袖拂白雲歸洞口杖挑
明月浪天涯可憐樹頂新巢鶴辜負籬邊舊種花却說這些僧人
下山出乎無柰那一個不致怨一聲人多怨多却就驚動了五臺
山清涼寺裏那一位講經典的碧峰長老長老正在升座玄談信
風到了長老便知其情心裏想道摩訶僧祇果真有此厄會我若
不行佛門求不得興起我原日為甚麼来住世也即時按住經典
分付提科的殿主上来你可對衆僧人說好〻的看守祈場我往
南京去走一遭来只見左善世右善世左闡教右闡教左講經右
講經左覺義右覺義正提科副提科正住持副住持正僧會副僧
會正僧科副僧科正僧綱副僧綱正僧紀副僧紀個〻說道老爺
經典正講在玄妙之處弟子們實指望拔離苦海永不墮地獄之

門。又怎麼今日要去。又只見一切比丘僧。一切比丘尼。一切優婆塞一切優婆夷四衆人等人上說道。老爺經典正講在玄妙之處。弟子們實指望拔離苦海。永不墮地獄之門。怎麼今日要去。又只見徒弟非幻。徒孫雲谷。也說道走千家不如坐一家。怎麼又向南京去。碧峰長老道。你們不須罣牽。我快去快來也。衆人說道。老爺此去幾時來。長老道。往還只好兩三個日子。怎麼五臺山走到南京。往還只要兩三個日子。原來碧峰長老是個古佛臨凡。金光起處便行。金光按下便住。故此與凡人不同。衆人說道。老爺若去。弟子們度日如年。兩三日也難捱了。長老終是去的心勝。更不打話。你看他頭戴的圓帽。身穿的染色直裰。腰繫的黃絲細縧。脚蹬的暑僾禪鞋。肩勵的九環錫杖。金光起處。便早已離了五臺山頂。刻裏

辭却五臺傷智幢之欲折

趨承九陛悼戒寶之將沉

就到了南京上清河。舉頭一望。好個南京。真個是龍蟠虎踞帝王之都。有一曲帝京瞻望詞為証。

詞曰

漢室金陵吳建業　盤囷百里帝王国　三山二水壯皇圖
虎踞龍蟠旺地脈　鍾陵佳氣鬱葱葱　萬歲嵩呼遺劍弓
紫霧寒浮山月曉　紅雲晴挾大明東　巍峩闕殿隱霧谷
星列辰分環輦轂　天上清虛廣寒宮　人間玉葉瓊枝屋
閱江樓下撫紅泉　鶴鳥臺上眺青天　分服不殊周鎬洛
授時猶守舜璣璇　主家戚里連朱户　執戟三千食帝祿
長楊校獵疾飛雲　熊館驅馳如破竹　鏜鼓堂皇肅未央
巖更蹕道儼周行抗　帶礪共盟千古石　金甌永稱萬年觴

世　天子尊文教　求賢直下金門詔　草茆愿策治安書
蘂爆敢揮清平調　石渠天禄宛蓬瀛　經筵御日對承明
作賦未能遭狗監　注書甘自老虞卿　吁嗟世人嗜竿不嗜
瑟　真贗繽紛誰鑒別　安貧獻有子雲賢　寂寞玄成聊自
適　世事沉浮似轉丸　由来先達笑彈冠　只尺君門遠萬
里　令人惆悵五雲端
又有獅子山清涼寺二律詩為証
萬仞顛崖俯大江　天開此險世無雙　符堅小見投遺笑
魏武雄心入挫降　一統輿圖新氣象　六朝形勝舊名邦
題詩未覺登臨晚　笑折黄花滿酒缸
不用芒鞋竹杖扶　肩輿直到翠微間　生逢王氣千年地

秀拔金蓮一座山　佛殿倚空臨上界　僧房架壑出塵寰
傳杯暫借伊周手　且放經綸半日間
却說長老到了南京上清河。按下金光。竟投𡀔廟兒落下。此時已
自三更天氣正是
靜夜有清光　閒堂仍獨息　念身幸無恨　志氣方自得
樂哉何所憂　所憂非我力
却說三更天氣長老已自到了上清河𡀔廟兒落下　這個廟裏雖
有幾個神道他看見長老金光萬道曉得他不是個善主兒都也
各自去了長老進了廟門坐在他供案之上只見一陣的風過好
風呀
無踪無影透人懷　四季能吹萬物開　就地撮將黄葉去
入山推出白雲来
風過處刮將一位神道進来了。這位神道怎麽樣打扮。只見他戴
的漢巾。披的緑錦。玉帶横腰青龍刀凛凛。長老道是何聖賢。那神
說道佛弟子是十八位護教伽藍長老道原来是玉泉山顯聖的
関將。那神說道便是長老道請回本位。不敢有勞。這一位神道去
了又只見一陣風過好風呀
有聲無影過天涯　庭院朱簾月自斜　夜月江城傳戍鼓
夕陽関塞遞胡笳
風過處又刮將許多神道進来了。長老道諸者何神。各通名姓。只
見這些神道各人自通名姓原来一個是日游神一個是夜遊神
一個是增福神。一個是掠福神一個是[illegible]祭神。一個是虚空過往

神又有五個是五方揭諦神。長老道諸神各回本位不必相勞。這
些神道各自散了。又只見一陣風過好風呀
無影無形一氣回　花心都要亂吹開　分明昨夜青樓上
斜拽笙歌入耳来
風過處又刮將一位神道来也。這位神道又怎麽打扮只見他頭
戴的皂幞頭身穿的大紅袍腰繫的黄金帶。手拿的象牙笏板當
張刀且自生得眉清目秀。齒白唇紅。傅粉的臉三綹的髭髯。見了
長老。遶佛三匝叩齒通虔長老道是何神聖。那神說道小神是南
京城裏斬妖縛邪護呵真命皇帝御駕的便是長老道你護呵那
個真命皇帝来那神說道大凡真命皇帝下界百神護呵小神是
保護洪武爺御駕的便是長老道現在那裏管事。那神說道小神

現今在東十三外十八把守江東門的便是長老道你曾斬甚麼妖縛甚麼邪那神說道自從胡元入主中國乾坤顛倒妖邪極多精怪無数及至洪武爺下界小神護呵斬縛這些妖怪方纔遠走他方這地方〻纔寧靜長老道有何憑據那神說道有一個三山街賣藥的賀道人為証長老道怎麼賀道人為証那神說道賀家是南京城裏一個古跡人家是漢末三分時候住起的那賣藥的道人也有幾分靈性日裏醫人夜来醫鬼有一個精怪時常来到賀道人的家裏取藥走動了約有三五十年忽一日五更三點哭啼〻的来辭賀道人說道業師〻〻我今番再不来取藥了賀道人說道仙家你為何發出此言那精怪說道此今洪武爺治世按上界婁金天星玉皇有旨差各城隍各門把守我們邪不能勝正

怎麼又敢進門来也呼的一聲風响這個精怪就去了這却不是小神斬妖縛邪的憑據麼長老道原来你是個城隍菩薩哩那神說道便是長老道既是城隍請通名姓城隍說道小神姓紀名信長老道天下都是你一個人麼城隍道不但這個江東門天下城隍姓紀不但天下就是海外東夷西戎南蠻北狄造下了城池立下了廟宇城隍都要姓紀這話兒還不曾說得了只見眼面前又有一個神道也頭戴的皂幞頭也身穿的大紅袍也腰繫的黃金帶也手裏拿的象牙笏板當張刀高聲說道少說些哩城隍說道怎麼少說些那神說道你說天下城隍都姓紀海外城隍都姓紀哩城隍說道却不是天下城隍都姓紀海外城隍都姓紀怎麼那神說道且莫講天下且莫提海外只怕咫尺之間就有一個城隍

不姓紀哩城隍菩薩大怒說道你是甚麼人敢學我們裝扮敢来搶白我們說話也罷你說得咫尺之內有個城隍不姓紀便自干休若說不得咫尺之內有個城隍不姓紀我教你喫我的象牙板這一虧那神說道你這等性如火爆常言道有理不在高聲還有這個佛菩薩做個証明功德長老道你兩家也不要傷了和氣各人說出各人的話来自有公道在那裏城隍說道少叙閑談你只說出咫尺之內有個城隍不姓紀来便罷那神說道我問你應天府管幾縣哩城隍道管的七縣那神說道七縣中間可有個溧水縣麼城隍道有個溧水縣那神說道溧水縣城隍姓甚麼哩城隍道都是我姓紀的那神道却不姓紀城隍道姓紀那神說道不姓紀兩家兒都不認輸長老道難憑你兩家硬　你們說姓紀的說

出一個姓紀的緣由来說不姓紀的也說出一個不姓紀的緣由来却不知溧水縣的城隍果真是姓紀果真是不姓紀不知這個城隍說出個甚麼姓紀的緣由来又不知那一位神道說出個甚麼不姓紀的緣由来且聽下回分解

新刻全像三寶太監西洋記通俗演義卷之三

二南里人　編次
三山道人　繡梓

第十一回　白城隍戩掌溧水　張天師怒發碧峰

詩曰

萬峰秋盡百泉清　舊鎖禪扉在赤城　楓浦客来烟未散
竹窗僧去月猶明　盃浮野渡魚龍遠　錫响空山虎豹驚
一字不留何足訝　白雲無路水無情

這詩是单道僧家的却說城隍說道天下城隍都姓紀那一位神道說道溧水縣城隍不姓紀長老道難憑你兩家硬証你們說天

護國抒靈瑞靄祥雲三洞曉

為民禔福和風甘雨萬家春

下城隍都姓紀的說出一個都姓紀的緣由来你們說溧水縣城隍不姓紀的說出一個不姓紀的緣由来城隍菩薩就搶出說道小神親事漢高祖見危授命為臣死忠以此勅封我為天下都城隍到如今歷了多少朝代熬了多少歲寒豈有天下之大另有一個天下都城隍之外另有一個城隍以此天下城隍都姓紀長老道你說溧水縣城隍不姓紀的怎麼說那神說道這話兒說起来且是長哩長老道但說不妨那神說道當原日中八洞神仙前赴西池王母大宴那七位神仙去得快爽無獨有呂純陽駕着雲攝着霧自由自在遲遲而行正行之際猛聽得下界歌声滿耳他便撥開雲頭望下瞧着只見是個南朝城中有花巷裏一所花園花園之内一個閨女領着弍個丫環竹歌互荅原来這個閨女領了

幾個丫環看見那百草排芽。是花開放不齊的唱個舊詞兒說道二九佳人進花園手扯花枝淚漣漣。花開花謝年年有人老何曾再少年內中就有個知趣的丫頭就接着唱一個說道可嘆一寸光陰一寸金寸金難買寸光陰寸金使盡金還在過去光陰那裏尋天下事有個知趣的就有個不知趣的那不知趣的就唱一個說道十三十四正當時只我十八十九還婚姻遲二十三十容顏退衾寒枕冷那個知。呂純陽聽知這些歌兒心裏說道小鬼頭春心動也待我下去走一遭來便自按住雲頭落在花園之內呂純陽本是標致再加變上了一變越加齊整真個是潘安之貌子建之才。你便是個鐵石人也自意惹情牽你看他頭戴的紫薇折角巾身穿的佛頭青綿紗直裰脚穿的褲腿兒暑襪。三廂的䩞鞋竟

迎着那閨女兒走。那個女孩兒家臉皮兒薄薄的羞的赤面通紅轉身便走好個純陽粧着個嘴臉兒趕上前去陪一個小心唱一個喏那閨女沒奈何也自回了一拜純陽說道小娘子休怪那閨女帶着惱頭兒說道君子你既讀孔聖之書豈不達周公之禮怎麼無故擅入人家純陽又故意的陪個小心說道在下不足是黌門中一個秀才。適纔有幾位窓友拉我們到勾欄之中去耍子是我怕宗師訪出來飲酒宿娼有虧行止不便前程因此上迴避他不覺的擅入潭府。搪突之罪望乞恕饒那閨女說道既是如此叫丫頭過來你送這位相公到書房裏去迴避一會罷女孩兒抽身先自歸到內房去了。那曉得這個丫环听着個秀才唆撥到不領他到書房裏去反又領他到卧房兒裏面來。這個女孩兒一則是

早年喪了父　養了些。二則是這一日母親到王姨娘家裏去了。三則是禁不得那個秀才的温存四則是喫虧了這些丫頭們的攛掇。故此呂純陽就得了手。自後日去夜來暗來明去頗覺的穩熟了。却說母親在王姨娘家裏歸來那曉得這一段的情故只是女兒家容顏日日覺的消瘦唇兒漸漸淡臉兒漸漸黄為母的看見心下不忍只見明日是個七月初一日。母親說道兒子。你今夜早些安歇罷明日是個初一日我和你到南門外各廟裏去進一炷香。進了香回来。我和你到長干寺裏去听一會講經說法散一散你的悶兒来果然是到了明日。兩乘轎子。出了門進了廟拈了香招回来竟投長干寺而去。只見寺裏正在擂鼓法主升座說經四衆人等听講歇一會香盡經完。法師下座。看見了這個白氏女

問道這個道人貴姓还是那家的。只見那母親向前下拜。說道弟子姓白這是弟子的小女小名叫做白牡丹。法師道他面上却有邪氣白氏母道邪氣敢害人麼法師道這條命多則一個月白氏母道望乞老爺見憐。和我救他一救。法師道你回去問他夜晚間可有些甚麼形跡。你再来回我的話我却好下手救他白氏母轉進家門把個女兒細盤了一盤女兒要命。也只得把個前緣後故細說了一過明日個白氏母。再到長干寺。見了法師把個前項事也自對他細細的說了。法師道菩薩你来我教你一段工夫如此如此白氏母歸来對着女兒道我教你救命的工夫如此如此這女兒緊記在心果然是二更時分那秀才仍舊的来仍舊幹事。這女兒依着母親的教法如此如此把那個呂純陽激得爆跳原

来呂純陽。人〻說他酒色財氣其實的全無此說。這樁事豈為貪花却是個採陰補陽之術那晓得那個法師打破了机関教他到交合之時緊溜頭處用手指頭在左肋之下。點他一點又把他的丹田至寶卸到了陰戶之中。這豈不是個非徒無益而又害之故此呂純陽激得只是爆跳飛劍就来斬這白氏女這女兒却慌了。唬着討饒就說出長干寺裏的法師来。那純陽飛劍到長干寺裏去斬那個法師原来那個法師。又不是等閑的是個黃龍禪師這口劍飛起来。竟奔禪師身上。那禪師喝聲道孽畜不得無禮用手一指。境插在地上。洞賓看見那口雄劍不回来。急忙又丟起個雌劍。雌劍也被他指一指。插在右壁廂洞賓看見。却自慌了。駕雲就走黃龍將手一指把個洞賓一個筋斗。番將下来洞賓轉身望黃

龍便拜說道望慈悲見恕罷。黃龍道我也肯慈悲你。你却不肯慈悲別人哩洞賓道。今後晓得慈悲了。黃龍道你身上穿得甚麼洞賓道是件納頭黃龍道可知是件納頭。你既穿了納頭行如閨女坐像病夫。眼不覷邪色。耳不聽淫聲。纔叫做個納頭。焉得這等貪愛色慾洞賓道這的是我不是。從今後改却前非。萬望老師还我兩口劍罷黃龍道我待还你劍来。其實你又傷人洞賓道再不傷人了。黃龍道這兩口劍留一口雄的在我山門上與我護法雌的还你罷。洞賓先生走向前去拔出雌劍来拿在手裏黃龍法師說道劍便还你。還不是這等的佩法。先生道又怎麼個佩法。黃龍法師道你當日行凶劍插在腰股之間分為左右。今日這口劍却要你佩在背脊上。要斬他人拔出鞘来。先從你項上經過斬妖縛邪

聽你所用如要傷人先傷你自己先生道謹如命。故此叫做個洞賓背劍洞賓得了這口劍。又說道弟子沒有了丹田之寶。走不得西池王母蟠桃大會。望老師再指教一番。法師道我教你到龍江閑叫船一百二十里水路。竟到儀真縣儀真縣叫船。七十里水路竟到揚州府揚州府叫船一百二十里水路竟到高郵州到了高郵不要去了。你就在那個地上尋個處所。養陽九年。功成行滿再朝玉京洞賓先生得了口劍。又得了養陽的處所竟自拜謝而去至今高郵州有個洞賓養陽观的古跡却說白氏女叫做個白牡丹得了純陽的至寶。月信愆期身懷六甲。懷了二十個整月。方纔分娩生下一個娃〻来不至紫只見頂平額潤。天倉飽滿地角方圓雖則初然降生。就像個兩週三歲的模樣。白氏毋沒奈何只得

養了他養到五週六歲投師開蒙七歲八歲四書五經。無不通解九歲十歲旁及諸子百家。十一十二。淹貫了三教九流總括了五車百藝。十三歲入學。十四歲中舉十五歲登黃甲。初任句容縣知縣。六年考滿考上〻。行取過京。補廣東道監察御史。柱下彈劾驄馬風生三迁九轉一轉〻到兵部侍郎之職。回馬南朝謁陵。逕往溧水縣住下。這個白侍郎一清如水與百姓水米無交。秋毫無犯只是心上喜好的有一件東西是個甚麼東西却說白侍郎秋毫不染。只是喜歡的雞子。每日侵早起来要雞子做上一碗湯潤其心肺因此上逢府州縣行頭舖戶。逐日買辦進来。送進衙来交與貼身的門子。忽一日舖戶進了雞子。門子接了他的。就安在衣廚之內。到於三更時分。門子們都已睡了。只有白侍郎眼睜〻的睡

不成来只見一羣鼠耗把此雞子盡行搬運去了甚麼鼠耗搬得雞子動原来兩個鼠耗同来一個仰着睡在厨裡把個雞子抱在肚上四個爪兒撥定了這一個把個嘴兒咬着那個睡的尾巴逐步的拖也拖將去了拖来拖去盡行去了白侍郎見之心裏想道天下事那裏沒有個屁情明日個起来不見了這些雞子門子沒有甚麼交付厨子厨子沒有甚麼去做湯侍郎坐在堂上只作不知故意兒叫過四個門子来拷究他一番打的打夾的夾撥的撥攢的攢也有招道偷喫了的也有招道偷出去了的那個省得是個鼠耗之災侍郎看見這等屁打屁招心裏想道天下有多少屁情的事我做了數十年官錯斷了多少屁情的事我為官受了爵祿不能為國為民反做下了這等無常孽帳枉䠶了這個人身咬

起怒金階亂簪楹之横豎

張天師怒發碧峰

發嗔寶劍混施厲之姸媸

着牙齒磕叮一聲响猛地裏照着廷柱上哼通一個哼通不至緊撞得腦漿似箭口血如流命染黄泉身歸那世當有諸神上表奏知玉皇大帝說道下方有這等的清官怕屈了民情寧可亡身先丧玉帝差了許真君傳下旨意把個白侍郎宣進兜率宮竟到靈霄寶殿玉皇設宴欵待了他因他在溧水縣身亡就勅封他為溧水縣城隍管事寫勅與他到任管事故此溧水縣城隍姓白你怎麼道天下城隍沒有個別姓長老道我和你解了罷天下城隍姓紀溧水縣城隍姓白那神說道好了他些長老道你敢就是白城隍麼那神說道不是長老道你既不是白城隍怎麼来費這許多的唇口那神道不公不法許諸人直言無隱長老道你是何神那神說道小神是天下的都土地長老道你怎麼和城隍一樣粧束

都土地說道我本與他對耿的止有那下面岾的小土地纔受他的節制長老起頭看來只見下面一此矮矬ㄅ的老兒頭戴的一色東坡巾穿的一色四𢇁直裰繫的一色黄絲絛脚蹬的一色三廂儒履手拄的一色過頭拐棒長老道你們是何神道那此矬老兒說道小神都是當境土地之神長老道到此何幹衆土地說道特来迎接長老道連都土地俱請回罷長老發放了這些土地此時已経是四更時分長老拽了九環錫杖離了䢖廟兒之門只見街坊上的人閙ㄅ哄ㄅ他看見個民居稠密心裏想道也是到南膳部洲来走一遭不免度一個超凡入聖正果朝元方纔是我為佛的道理你看長老的法身長有八尺五寸好不躯𩨓方面大耳削髮留鬚好不偲畓一手抗着九環錫杖一手托定紫金鉢盂口

裏吆喝着貧僧化你一飧齋行了這等幾十家的門面並不曾見一個發慈悲的世主来再走ㄅ到前面一個十三間的門面長老道此中高楼大厦一定有個善菩薩来結緣那曉得走到他的門前叫聲貧僧化你一飧齋門裏閃出一個不糧不莠不三不四不上串的臘梨頭来人便是個臘梨頭嘴却是個鷹嘴看見長老化齋他說道老爺再過一家兒罷長老站着不動他就捺着長老的偏衫竟自推到隔壁的人家裏去那隔壁的門裏又閃出一個不尷不尬不伶不俐没撩倆的邋遢頭来說道你這人好沒略眇你家門前的和尚推到我家門上来那臘梨頭性急如火掀着這個邋遢頭就是㷀毛就是搗眼兩下裏混打做一堆歇會兒街坊上走出幾個㗐ㄅ确ㄅ紇ㄅ𦆉ㄅ的地方來到不去勸解且加上個

破頭𤸃說道這和尚化甚麼齋衆人到把個長老推了幾推一推推到街那边去了街那边又推到街這边来為甚麼把個長老推上推下原来此今是永樂爺與道滅僧故此地方上嚴禁長老只好笑一笑心裏想道経典上說南無南無果真是慈悲方便的南膳部洲却也無此時已是五更天氣萬歲爺要陞殿文武百官要進朝長老拽開歩来離了上新河進了江東門又進了三山門過了陡門橋過了行口過了三山街過了淮清橋過了大中橋過了崇禮街過了五條街竟到正陽門上正走之間撞着一位黄門官来了那打路的官牌吆喝着下来長老吆喝着化齋那官牌起頭一看只見一個光ㄅ的頭戴着瓢兒帽穿着㭍色衣一手是個鉢盂一手是条錫杖明ㄅ的是個和尚也那官牌且是利害看見是

個和尚輟籠裏抽出一根荊條来掃脚就打那曉得和尚到不曾叫疼自家肐膝頭兒上到喫了一下苦把個官牌急將起来一發狠的和尚緊不奄的黄門官到了面前問說道甚麼人在這裏喧嚷這却是公案傍边一句言官牌說道聖旨滅僧興道五城兩縣現在挨拿街坊上頭髮稀兩根的也要拿去摶限臘梨秃子槑得不敢出門這個和尚大搖大擺吆喝着化齋不知伏了那個的势力靠了那個的門墻黄門官道你這和尚是山上長的是水裏滾来的你也有兩個耳朵豈不曉得當今聖旨興道滅僧長老道小僧是外京来的故此不知黄門官道既從外京而来我這京城的禁門裏十三外十八你從那一門進来長老心裏想道我若說了從那一門進来却便難為了把門官我心何忍好個長老低頭一

想計上心来反請問朝使大人僊鄉何處黃門官到也是個有德器的見這長老問他。他答應道學生是徽州人。長老道既是徽州便可知道黃門官道怎麼是徽州便可知道長老道若是本京人却不知道外京的事故外京的府州縣道。俱有城墻。城墻上俱有城樓城樓上俱有白粉的牌々上俱有黒墨寫的字寫着甚麼門走路的便曉得進了甚麼門京城是日月脚下建都之地城墻雖然高聳却沒有個城樓沒有個牌匾兒且小僧又是三更半夜知道那個裏十三外十八。那打路的官牌夙氣不散稟說道小的押他舊路回去看是進的那一門長老道小僧来時倒了幾個灣抹了幾個角知道那是走的舊路黃門官道既如此。我這裏不冤門官。專一冤你長老道。多謝搭救貧僧貧僧無恩可報黃門官道說

甚麼搭救我這裏追冤着你長老道追冤還是何如黃門官道輕則祠祭司拿問重則梟首示衆長老道朝使大人好意只不曾見過大事黃門官道怎麼不曾見過大事。長老道若要貧僧梟首就相煩朝使大人替了也不是甚麼大事黃門官道自古只有個仗義疎財。那裏有個仗義疎命的。長老道當原日有個喜見菩薩放火焚身供佛三日。又有個妙庄王香山修行為因父王染疾要骨肉手眼煎湯作引子。就卸下手眼救取父王。以致現出千手千眼救苦救誰大慈大悲纔登觀世音正果又有個釋迦太子捨了十萬里江山。雪山修行。以致烏鵲巢頂。蘆笋穿膝。且又捨身喂虎割肉飼鷹。看起来已前的人都捨的死。如今的人到都捨不得死官牌道好個大話。黃門官道且押着他待我進朝請旨定奪道猶未了。

只見金殿上鼓樂齊鳴已是早朝時分只見

大明宮殿轉蒼々　紫禁龍鍾直曙香　九陌華軒爭道路
一投寒玉任烟霜　須聽瑞雪傳心語　更喜文鴛續舊行
共說聖朝容直氣　朗君此日奉恩光

却說早朝時分萬歲爺陞殿文武百官班齊。黃門官奏道午門外有一個和尚聽宣萬歲爺道我這裏滅僧怎麼又有個和尚来見朝想必是有些神通本事的纔来吉意一道宣他進朝那長老聽見宣他進朝他大搖大擺走將進去他又不走左邊文官的街他又不走右邊武官的街他逕直走着萬歲爺的金階御道兩邊校尉喝聲道那是爺的御道怎麼和尚敢走長老道我自幼兒肚小的人。三条路只走中間見了萬歲爺。也不行大礼只走打個問訊

把個手兒略節的將一举。鴻臚寺說道。和尚怎麼不拜長老道國泰民安只可說個興怎麼說個敗萬歲爺已經是滅僧看見這個和尚搶了御道又不行礼龍顏大怒喝令當駕的官紳出午門外去梟首只見殿東首履聲珰々玉珮琤々閃出一位大臣叫聲刀下留人。原来是個新袭誠意伯的姓刘名厶。只見他垂紳正笏。萬歲三呼說道臣啟陛下天下寺院甚多寺院裏僧家最衆面奏朝廷的却少今日這個和尚面君多因有個来歷望陛下詳察之果於礼法不順再斬不遲。萬歲爺道依卿所奏放那和尚進来和尚却又進来萬歲道和尚有甚冤屈捨身見朝長老道因為上位滅我僧家特来見駕萬歲爺道是我滅你僧家你有何話說長老道昔日漢文帝不曾斬得僧詣希夫人不曾破得僧戒上位乃是千

十代帝王之班頭萬々年皇王之領袖天高地厚春育海涵於人何所不容况且三教九流都同是上位之赤子上佐何厚何薄何愛何憎今日這等滅僧與道萬歲爺道這原是龍虎山張天師奏的本道猶未了只見黄門官奏道龍虎山張天師收雲下来現在門下聽宣聖旨一道宣天師進朝天師進了朝五拜三叩頭行礼已畢萬歲爺道先生海上風霜多有劳頓天師道這都是為臣的理當怎麽說個海上風霜四個字原来天師過海去採長生芝草進貢朝廷故此海上風霜天師轉眼一看只見丹墀裏面站着一個和尚怔々的又奏說道陛下既已滅僧與道怎麽又把這個和尚放進朝門之内這叫做是巳身不正焉能正人伏乞陛下詳察萬歲爺道自從五皷設朝直到這早晚文武兩班在此国事不曽分理半毫着這和尚進来盤今傳古將九比聖偏然有個許多閒談我也是沒奈他何處天師大怒喝令圓牌校尉拿送礼部祠祭司却不知這個和尚拿送礼部祠祭司他怎麽樣兒分說却不知礼部祠祭司拿到這個和尚怎麽樣兒發落且聽下回分解

○○

第十二回

張天師单展家門　僧道們兩班賭勝

詩曰

交光日月煉金英　一顆靈珠透室明　擺動乾坤知道力
逃移生死見功神　逍遙四海留踪跡　帰去三清立姓名
直上五雲々路穩　紫鸞朱鳳自来迎

這都是說道家的詩兒却說天師大怒喝令圓牌校尉拿送礼部祠祭司長老微々而笑說道拿我到祠祭司却待怎麽天師道追你的度牒發你边遠充軍長老心裏想道我生時还沒有日月那裏有天地這三教九流都是我們的後輩何况一張真人乎心裏雖是這等想却又不可漏洩天机問說道你真是個張真人麽天師道我是與天地同休的天師麒麟殿上無雙士龍虎山中第一家你豈不知道長老道你也只是這等一個人物天師道你又是甚麽樣的人物長老道我們出家人也不支架子也不貪嗔癡也不欺心滅那一教是法平等無有高低但不知你有何能欺心滅我佛教天師道你還不曉得我的道法

獨處乾坤萬象中　從頭歷々運元功　縱横北斗心机大
顛倒南辰膽氣雄　鬼哭神號金鼎結　雞飛犬化玉爐空
如何俗士尋常覔　到得稀夷第一宮

你還不曉得我的修煉

水府尋鉛合火鉛　黑紅々黑又玄々　炁中生炁肌膚換
精裏含精性命圓　藥返便為真道士　丹還本是聖胎仙
反儕入定麁華事　徒費工夫萬々年

你那曉得我的丹砂

誰知此小玉華池　中有長生性命基　運用須憑龍與虎
降升全仗坎兼离　晨昏煉就黄金粉　頃刻修成白玉脂
斋戒餌之千日後　等閒輕夅上雲佛

你那裏曉得我的結証

曾經天上三千刼　又在人間五百年　腰下劍鋒横紫炁
爵中丹藥起雲焰　綠騎白鹿過滄海　又跨青牛入洞天
假使無為三淨在　也應聯書共爭先
你那裏曉得我的住家
舉世何人悟我家　我家別是一年華　盈箱貯積登仙籙
滿爵收藏伏火砂　解飲長生天上酒　閑栽不死洞中花
門前不但蹲龍虎　遍地紛紛五彩霞
你那裏曉得我的神劍
金水劍來出上曹　凌晨開匣玉龍嚎　手中氣概冰三尺
石上精神蛇一條　奸血點隨流水盡　凶豪氣逐瞘痕消
削除塵世不平事　惟我相將上九霄

整拂家門三尺太阿雄宇宙

具陳法力半肩符水蕩妖氛

你那裏曉得我的玉印
朝散紅光夜食砂　家傳玉璽最堪誇　精神命脈歸三要
南北東西共一家　天地变同飛白雪　陰陽會合產金花
須知一印千張紙　跨鳳騎龍謁紫霞
你那裏曉得我的符驗
篆却龍文片紙間　飛傳地軸與天関　呼風喚雨渾能事
遣將驅兵只等閑　閃動須弥翻轉過　拿来日月逆周還
若还鬼怪妖魔也　歛手歸降敢撒蛮
你还不曉得宋仁宗皇帝御製一篇賦单道三教之内。惟道為尊
三教之内　惟道至尊　上不朝於天子　下不謁於公卿
避凡龍而隱藉　脫俗網以似真　樂林泉兮絕名絕利　隠

岩谷兮忘辱忘榮　頂星官而耀日　披布褐以長春　或蓬頭而跣足　或了髻以包巾　摘鮮花而砌坐　折野草以鋪茵　吸井泉而漱齒　嚼松栢以延齡　歌闌鼓掌　舞罷眠雲　遇儒客兮則求玄問道　會道友兮則詩酒講文　笑奢華之濁富　樂自在之清貧　豈一毫之罣礙　無半點之牽縈　或三三而參同契悟　或兩兩以話古譚今　話古譚今兮嘆前朝之興廢　參同悟契兮究性命之根因　任寒暑更變　隨烏兔逡廵　蒼顏返少　髮白還青　攜單筇兮臨清流　潔齋糧炊爨以充飢　提藍鋤兮入山林採藥餌遍世以濟人　解安人而利物　或起死以回生　修生者骨之堅秀　達道若神之最靈　判吉凶兮明通易象　定禍福兮密察人

心　闡道法揭太上之正教　書符籙除人世之妖氛　降邪魔於掌上　步罡氣於雷門　扣玄関天昏地暗　激地户鬼伏神驚　默坐靜室存神奪天地之秀氣　閒遊通衢過處採日月之精英　運陰陽而煉性　養水火以胎凝　二八陰消兮若恍若惚　三九陽長兮如杳如冥　按四時而採取　練九轉以丹成　跨青鸞直冲紫府　騎白鶴遍遊玉京　參乾坤之正色　表妙道之慇懃　比儒教兮官高職顯留晋浮雲　比釋教兮寂滅為樂豈脫凡塵　朕観三教　惟道至尊

張天師這一席話。也不是個漫言無當。也不是個闘靡誇多。大抵只是要壓倒個僧家。好滅和尚的。長老心裏想道。我若是開言。便傷了和氣。却也又沒個甚[illegible]進益。不如穩口深藏舌。權做個癡呆懵懂人。故此只作一個不知。天師看見個長老不開口。他又把個言語兒挑他一挑。說道。你做和尚的。也自說出你和尚的家數來。長老滿拚着輸的。自已說道。我們遊方僧有個甚麼大家數哩。住的不過是個庵堂破廟。穿的不過是個百衲鶉衣。左手不離是個鉢盂。右手不離是根禪杖。天師得了他的輸着。好不歡喜。也說道。可知是和尚的家數了。住的庵堂破廟。就只是個花子的伴當。穿的百衲鶉衣。那虱子也有幾斗。左手的鉢盂是個討飯的家火。右手的禪杖。是個打狗的本錢。天師嘴裏說着到不至緊。兩边文武百官也覺得天師犯了個忒字兒。可可的姚太師又馳騁還鄉去了。故此天師放心大口說話。長老道。既是天師的道法精妙。可肯見教小僧麼。天師道。憑你說個題目來。長老道。就精教個出神

遊覽羅天師道。此有何難。萬歲爺看見這個天師發怒生嗔。恐有疎失。即時傳旨。着僧道各顯神通。毋得粗糙生事。天師得了旨意。越加精神。就於金階之下。閉目定息。出了元神。多官起眼看時。只見天師面部失色。形若死屍。去了半晌。尚然不回。及至回來。心上覺得有些不快。心裏雖則是有些不快。皮面見上做個洋洋得志的。說道。我適來出神。分明要遠去。偶過揚州。只見瓊花觀裏瓊花盛開。是我細細的玩賞一番。長老道。怎麼回得遲。天師道。遇着后土元君。又進去拜謁太守。又從海上戲耍一番。故此來遲。長老道。想是帶得瓊花來了。天師道。人之神炁出遊。止可見物知事而已。何能帶得物件來也。和尚既出此言。想是你也會出神。想是你的出神。會帶得物件來也。長老道。貧僧也曉得幾分。天師道。你今番

却出神遊覽来我看着長老道貧僧已經隨着天師去遊覽瓊花觀来天師道你帶得瓊花在那裡長老把個瓢帽兒挺一挺取出兩瓣瓊花来天師接手看着果是瓊花百官見之果是瓊花即時獻上萬歲爺々々說道天師此行好像個打雙陸的無梁不成反輸一帖原来天師出神去了長老立在丹墀之中眼若垂簾半醒半睡也在出神只是去得快来得快人不及知天師出神只到得揚州去了許久都是長老把根九環錫杖横在半路中間天師的元神撞遇着個毒龍作耗沿路稽遲及至長老收起了錫杖天師纔得回来却說天師喫了虧心裏明白只是口裏不好說得其實的豈肯認輸說道和尚你既是有些神通我和你同去罷長老道但憑天師尊意天師道先講過了不許蠱毒魘魅長老道出家人怎

麼敢却說天師依舊在金階之上閉目定息出了元神長老眼不曾開早已收了神笑吟々的站在丹墀裏面天師又去了熱多時纔方一身冷汗掙開眼来天師又是強闔闢說道今番和尚出神咱在那裏遊覽来長老道天師到那裏貧僧也到那裏天師道我已經在杭州城裏西湖之上遊覽一番長老道貧僧也在西湖上来天師道我已帶得一朶蓮花為証和尚你帶些甚麼物件来長老道貧僧帶的是一枝藕天師道你的藕是那裏得来的長老道就是天師花下的天師道你試拿来我看着及至長老拿出藕来還有個小帶兒在上面却是接着天師蓮花的這百官微々的笑了一笑說道天師得的還是妍華長老得的到是根本天師心上十分不快說道和尚你既是有這等神通今番我和你遠去些長

老道但憑尊意小僧願隨天師收拾起一股元神仍舊在於金階之下閉目定息長老也仍舊在丹墀之中閉目定息長老終是来得快天師又過了半晌纔來長老又笑着天師覺的又有些惱頭兒說道和尚你今番却在那個遠處來也長老道你在那裏收桃子時我也在那裏了天師道我在王母蟠桃會上来可惜的去遲了些止剩得三個桃子都是我袖了他的来長老道貧僧也收了一個来天師聽知長老也收了一個心上犯疑把隻手伸到袖兒裏掏一掏左也只是兩個右也只是一隻天師道和尚的桃子敢是偷得我的長老道是我拾將来了天師道敢是說謊麼長老道說謊的吊了牙齒一手挺起一個瓢帽一手取出一個仙桃天師又覺的掃了他的桃子與文武百官木善是說天師高妙也有說

這和尚却不是個等閑的那謨內中只有個劉誠意他是個觀天文察地理通幽明知過去未来的看見天師兩番收神遲慢他袖占一課心上就明了原来天師杭州轉来是長老把個九環錫杖監着在路上変做了一座深山天師悞入其中不知出路長老收了錫杖天師纔找着歸路天師王母蟠桃會上轉来又是長老把個九環錫杖在于歸路上劃成一条九曲神河天師循河而走々一個不休長老收了錫杖天師纔找着歸路又撮了小々一個術法弄了他一個僊桃故此三番兩次長老收得快天師收得遲打說萬歲爺看見這個和尚有好些不遜天師處即時發下一道旨意来說道適来兩家賭賽都是些傍門小乘以後不宜如此戲謔天師就趂着這個旨意要奈何這個長老說道和尚我今番明々

白〻和你賭個勝。長老硌〻确〻說道。但憑〻〻天師道都要呼的風。喝的雨。令牌响處天雷霹靂。遣將幾位天將下来。教他東。他不敢往西。教他南。他不敢往北。却要這等様的神通。長老道賭些甚麽。天師道。我輸了我下山。你輸了你還俗。請旨定奪。不得有違。長老道這罰的輕了些。天師道還要怎麽様的重罰。長老道都要罰這個六陽首級。我輸了。我的六陽首級。砍下来與你。你輸了你的六陽首級。砍下来與我。天師道就罰了這個六陽首級罷。把個文武百官。嚇得只是心裏叫苦。口裏不敢作聲。萬歲爺聽知罰了六陽首級。也慮及天師。怕一時有些差錯。即時傳旨。宣天師上殿。三宣两召。直至金鑾殿擎天柱下。萬歲爺坐在九龍墩塌之上。把個王圭指定了天師。說道這個和尚遠来尋你。必有太能。你須自

佛廣無邊截瓊枝寸寸是寶

出像西洋記　卷之三　廿七

道超有象析壇特片片皆香

出像西洋記　卷之三　廿

家慈定了。有個真傳習授。你便與他賭個輸贏。但若是傍門小術。到也不消與他相罷。待我發起怒來。又出他到午門外去。体面上還好看些。天師道。臣的印劍符章。都是從始祖以来傳授到于今日。現有符驗一箱。神書十卷。驅神役鬼。正一法門。臣豈惧這個和尚。聖旨道。既是如此。任你施為。下去罷。又傳聖旨宣那和尚上来。只見碧峰長老大搖大擺。〻〻將上来。萬歲爺道。你與我國天師賭勝。事非小可。你不可看的恁般容易。長老道。輸贏勝敗。人間常理。萬歲爺道。你輸了不要哀告于我。我這裏王法無親。長老道。普天之下。那一座名山洞府。沒有個捨身岩。那還是平白地攛將下去跌似一塊肉泥。貧僧今日賭勝而死。死得有名。何惧之有。萬歲爺道。你不要說這等的大話。你且到舟坪底下去看。長老方纔下来。只

見殿東首閃出一位大臣来垂紳正笏。萬歳三呼。萬歳道見朕者
何人。那一位大臣奏道臣誠意伯劉ㄙ。萬歳道有何奏章。劉誠意
道僧道比勝。比軍門斷殺不同。那軍門斷殺的。還按個軍令收放
有個𠜱頭這两家賭勝。都是些〻書符諷呪。役鬼驅神。贏了的歡喜
輸了的羞慙。臣恐羞慚的擊石有火。遣下惡神惡鬼来却這九間
金殿不便。萬歳爺道却要預防他两家。不致後患。纔為穩便。劉誠
意道今日僧道两家須則各要幾個官保。纔無後患。萬歳爺道依
卿所奏。卿且退班。劉誠意下班。即時傳下旨意說道。今日僧道賭
勝。着文武班中取保。願保者書名畫字。後有疎虞。連坐不貸。旨意
已到班部中閃出一位大臣。說道。小臣願保天師。萬歳爺龍眼看
特。只見是個成國公朱ㄙ　願保天師。書名用印僉押關防退本班

而去去猶未了班部中閃出一位大臣說道小臣願保天師萬歳
爺龍眼看特。只見是個英國公張ㄙ　願保天師書名用印僉押關
防。退本班而去去猶未了。班部中閃出一位大臣說道小臣願保
天師萬歳爺龍眼看特。只見是個衛國公鄧ㄙ　願保天師。書名用
印。僉押關防。退本班而去去猶未了。班部中閃出一位大臣。說道
小臣願保天師。萬歳爺看時。只見是個定國公徐ㄙ　願保天師書
名用印僉押關防。退本班而去。萬歳爺心裏想道天師是我的心
腹百官恰好就都保天師。却說這個萬歳爺終是個皇王氣度天
地無私。看見那個和尚沒有個人保他坐在九龍墩埸上連聲問
道文武班中何人肯保僧家。一聮問了幾遍。只見班部中鴉悄不
鳴風停草止。原来張天師住在龍虎山中。自從漢朝起傳留到于

今日。根深名大。〻且屢次遣將驅兵。人〻曉得。故此保的多。料定
了張天師苦無大疎失。若是那個和尚。他本等是個北方来的僧
人。不知他在那個破廟裏居住。他的嘴兒又硬。口說的無憑。倘有
疎虞他那裏又来顧我。故此不保和尚的多。這叫做是個扶起不
扶倒。萬歳爺問得發性。坐在九龍墩埸上。問着怎麽保和尚的不
見出来。只見文武百官。中間也有說道那個敢保和尚。也有說道
媒人不挑担。保人不還錢。保了僧人。終不然就要替命。道猶未了
班部中閃出一位老臣。頭欺臘雪。鬢壓秋霜。說道老臣願保僧人
萬歳爺龍眼觀看。只見這個老臣還是洪武爺未登龍位以前的
人物。今年壽年九十三歳。斈貫五車。才傾八斗。本貫太平府當塗
縣人氏。現任大斈士之職。姓陶名ㄙ　願保僧人。他一邊寫着保狀

一邊問着僧人說道。你實〻的叫做個甚麽名字。我好保你。長老
道我俗姓金。號為碧峰。叫做個金碧峰長老。陶斈士說道我定保
你了。書名用印。僉押關防。退回本班而去去猶未了。班部中又閃
出一位青年大臣說道。小臣願保僧人。萬歳爺龍眼觀看。只見是
個誠意伯劉ㄙ　願保僧人書名用印僉押關防。退回本班而去。却
說僧道两家賭勝。俱有了保官。只見文官武將。議論做一阤兒說
道。今日這樁事。保天師的雖多两員。却都是我背中人物。也保和
尚的。雖少两員。這两員却有許多的勾當。怎見得有許多的勾當
陶斈士年將百歳。多見多聞。劉誠意善知天文。能察地理。通達過
去未来。這两位高人。到保了和尚。莫非和尚今日有幾分贏了。內
中又有人說道。張天師却不是等閑之人。你不記得洪武爺朝裏

他與鉄冠道士賭勝。四九天道他還借轉来。做個三伏天道去綿襖更汗衫有旋天轉地之亢。何愁一個和尚。內中也有説道不必躭憂頃刻便見。只見天師傳下㸃令。仰上江二縣。要不曾見過女人的卓子。用七々四十九張。要不曾經過婦人手的黄絨繩。用三百根。要向陽的桃樹椿八根。要㓜出室門的水缸用二十四隻。要不曾經禽鳥踏過的火爐用二六一十二隻。要沒有妻室的高手的丹青用六十名。要唇紅齒白的青童用五十六名。要不曾開蔞的符水紙用千百餘張。要朝天宮平素有德行的道官。用一百二十名。要神樂觀未出童限的樂舞生用六十名。辰時出牌。限巳時初刻。一切報完。如違以軍令施行。却說上江二縣。俱是有能幹的清官。兩縣的民快。俱是有家私的好漢。照牌事理施行。即時搬運

到皇城裏面去了。天師就於九間金殿上立壇。把那卓子一張々上層一張。層得有數丈之高。黄絨繩周々匝々。綑的綑。纏的纏。把個桃樹樁按乾坎艮震巽离坤兑的八卦方位擺開来。用八個青童。頭上貼着甲馬。手裏拿着槌兒。不住的打。用丹青手。綵画了五方五帝凶神旗號。一按東方甲乙木。立着青旗。々上画的青龍神君。二按南方丙丁火。立着紅旗。旗上画的火德星君。三按西方庚辛金立着白旗。々上画的白虎神君。四按北方壬癸水。立着皂旗。旗上画的黒殺神君。五按中央戊巳土。立着黄旗。々上画的靈官神君。把那二十四隻水缸。按二十四氣。擺開来。用青童二十四個。頭上貼着甲馬。手裏拿着棒兒。不住的把水来攪。把那二十四座火爐跟着二十四隻水缸。一隻間一坐。用青童二十四個頭上貼了甲馬。手裏拿着扇兒。不住的把火来煽。叫那朝天宮一百二十個道官口裏諷誦着黄庭經。叫那神樂觀六十名樂舞生。口裏吹動着响器。壇下許多素齋素食。還有許多香燭紙馬。還有許多巡風料哨。還有許多飛報道情。還有許多拾遺補缺。天師原是個肯受奢華的。把個皇城裏收拾得相像個極樂天庭。一般的景象。壇場已畢。請天師臨壇。天師齋戒沐浴。越宿而来。来到壇下。直上到卓子頂上。披着髮。伏着劍。踏着罡步。着斗捻着訣。諗着呪。初然臨壇。還是五更時分。那時節萬里無雲。一天星斗。到這早晚巳自天色漸明。天師在卓子上撮弄得緊。道官在兩邊念哌得緊。樂舞生在四下裏吹打得緊。攪水的攪得緊。煽火的煽得緊。打樁的又打得緊。就把乾坤也逼勒得沒奈何。只見西北方一朶黒雲漫天而上。皂

旗巳是得了風。風兒漸々宣。雲兒漸々漫。立地裏天昏地黒。文武百官說道。這早晚要個天神下来。何難之有。早有個當駕的官。奏上萬歲爺說道。此時天昏地黒。怕走了和尚。萬歲爺傳下旨意。閉了皇城四門。不許走了和尚。却說朝內文官武將。大約有四百多員。這四百員文武官員。豈沒有個六親出家做道士的。又豈沒有個六親出家做和尚的。做道士的看見天師這等作為。其心大喜做和尚的看見天師這等誇張。心上也却有一點。看惱就有一個官長山南人氏。現居正二品吏部侍郎之職。姓陳名ㄙ。他有七個公子。第六個公子華蓋星照命。也在善世法門中。這個陳侍郎老大有些不足天師處。心上分明要去作與那個僧家。却又不見個和尚在那裏東邊也叫聲乍兒和尚在那裏西邊也叫聲年兒和

尚在那裏畢竟不知這個侍郎老爹。尋着那個和尚還是怎麽樣
見作興他。不知那個和尚得了這個侍郎老爹作興還是怎麽樣
兒題聖且聽下回分解

○○

第十三回　張天師壇依金殿　金碧峰水淹天門

詩曰

你是僧家我道家　道家丹鼎煮烟霞　眉藏火電非閑說
手種金蓮不自誇　三尺太阿為活計　牛肩符水是生涯
幾回遠出遊三島　獨自歸来只月華

這一首詩。也是說道家要勝僧家之意。却說陳侍郎到處去尋和

金殿耀煌雲裏帝城雙鳳闕

瀍壇峭峻眼前春樹萬人家

尚忽有一個年家。用手一指。說道那玉闌干下不是個和尚麽這
個和尚叫做個真人不露相露相不真人。陳侍郎擡頭一看。只見
一個和尚坐在玉闌干下。自由自在。不覺不知。好個陳侍郎走近
前去。奔起牙笏把個長老的背脊上輕輕的點了一點。長老道甚
麽人。侍郎道你也幹出你的勾當来也。長老道叫我幹出那一件
来。侍郎道士農工商。各執一業。你們既與天師賭勝。也像個賭勝
的纔好哩。長老道怎麽像個賭勝的。侍郎道天師立了許大的壇
場。站在壇上。披着髮。仗着劍。踏着罡。步着斗。捻着訣。念着咒。這早
晚天昏地黑。他的神將料應是下來了也。你也須立個甚麽法場
書個甚麽符驗。念個甚麽呪兒。遮攔着他的天神不降壇場。却纔
有個贏手。長老道天師有人答應。會立壇場。我貧僧沒人答應。不

會立壇場道士會捻訣我僧家不會捻訣道士會誦咒我僧家不會誦咒侍郎道普菴咒極能劈邪你可誦些。長老道普菴咒梵語重疊貧僧不曾亭的。侍郎道既不誦咒只誦你自家的經典罷長老道連經典也不會誦侍郎道心經又明白。又簡易這是好念的長老道若是心經幼年還誦得一半。到如今就是懸本。也誦不清了侍郎道你還是自幼兒出家。你還是半路上出家。長老道我是自幼兒出家的侍郎道怎麽不從個師父長老道我也拜過好兇個名師来侍郎大笑說道再不拜過名師還不知怎麽樣的蠦蝠怎麽看見這個官長有許多的作與他〻把個慧眼瞧他一瞧原来這個人已經五世為男子。到了七世就是地仙長老心裏想道待我點他點兒說道你愁我不會誦經我有兩句話兒告訴你你

可聽我侍郎道亭生也在門裏怎麽不聽長老道你可記得達磨西来一字無全憑心上用工夫若將紙上尋門路筆尖點下了洞庭湖侍郎大驚失色說道你賭了勝。待我来拜你為師。長老道你果是在門之人侍郎道這早晚天愁地暗。衆天將只在目下降壇你若是輸了。佛門也不好看相。長老道你甚麽要緊這等替我着急你說道我到為你。你自家越加不理着這是甚麽時候這如今正是天翻地覆鬼哭神愁你要些甚麽東西怎麽再不開口。長老道你問得緊我說了罷侍郎道是個甚麽長老道待我先尋個物件去取来侍郎道要尋個物件或是各牙行去支取或是官府家去借辦或是朝廷裏面去請旨。快當〻說罷長老道這個都不潔淨莫若還是我自家的罷侍郎道也快當〻取出来長老把隻手

到袖兒裏面左掏右掏。又問說道你高遷的衙門是文是武還是那裏管事。那陳侍郎心裏喫緊咬的牙齒齰齰〻〻兒响却又撞遇着這個和尚就是個綿花團兒再也抽扯不斷。急得他放出聲来說道你管我甚麽高遷且拿出你的家火来也長老左掏右掏左摸右摸〻〻出一個鉢盂来。陳侍郎說道你這個師父原来越發是個碍口餙羞的。這早晚還沒有用齋哩長老道不是用齋侍郎道既不是用齋却用些甚麽。長老道要些水兒侍郎道要些水兒就費了這許多的唇舌。恰好的有一個穿白靴的走將過来侍郎問他道你是個甚麽人。其人道小的是個廵班的圓牌校尉侍郎道你替這師父掐些水来。那校尉接着鉢盂就走長老連聲叫道掐水的快轉来。侍郎道老師你忒費事。與他掐水去罷怎麽又叫

他轉来長老道你不曉得我要的甚麽水那校尉到也是個幫襯的連忙的轉来說道你要的甚麽水長老道你把洗了手脚的水不用掐校尉道小的怎麽敢長老道缸盤裏的水不用掐房簷晃底下的水不用掐養魚池裏的水不用掐溝澗裏的水不用掐侍郎急得沒柰何說道老師只管說個不用掐的。你把個用掐的水叫他掐便罷長老道不是你這個破頭楔這不用掐的水說到明日這早晚還說不盡侍郎聽之。又惱又好笑說道你這等的磨賴纔做得和尚。你還是要些甚麽水長老道我要個沒根的水那校尉聽見的沒根兩個字放下鉢盂望外就走侍郎道你且站着怎麽就走校尉道樹木便有根竹子便有根不曾見個水說甚麽有根沒根我不會掐得。另尋一個来掐罷侍郎又問道同是一樣的

水老師怎麽講個有根沒根的言語碧峰長老道那長流的江水通着江海這就叫做是沒根那校尉曉得了沒根的水拿起鉢盂又走長老又叫道掐水的快轉来侍即道老師你怎麽這等三番兩次叫人轉来長老道還有話不曾說得完校尉又轉来道請說完了待我掐去罷長老道掐水時左手掐起就是左手拿来不要放到右手裏去。右手掐起就是右手拿来。不要放到左手裏去行路之時不要挨着那裏不要靠着那裏也不要跕住在那裏一竟捧着到我貧僧面前来這纔是沒根到底那校尉連聲道曉得曉得急忙的就走長老又叫道掐水的還轉来侍即也厭煩了。不去問他只是那個校尉有緣。又跑轉来說道。還有甚麽分付長老道你拿這個鉢盂去掐水之時。止好在鉢盂底上皮上兒一層多了

便拿不起来校尉說道曉得曉得却急忙的離了九間金殿出了五鳳樓前爺賞的玉河之上校尉心裏想道這個水直通江海却是個沒根的待我下去掐起一盂兒来心裏又想道那長老分付道掐多了水便自拿不起来看將起来這個鉢盂只有恁的大我的膂力可舉百鈞怎麽會拿不起来我且把個鉢盂滿上掐了看是何如果真的掐滿了便就拿不起来那怕你兩隻手。那怕你儘着力只是個拿不起来去了些還拿不起来又去了些還拿不起来再又去了些還又拿不起来一直去到底兒上只有皮上的一層方纔拿將起来這個校尉也就曉得這個長老不是個等閑的那漢只見他一隻手舉起鉢盂兩隻脚跑着路又不敢偷閑又不敢換手一直拿到長老面前来拿得那個校尉渾身是汗遍体生

津老爺說道放在地上還要柳枝兒兩根好個校尉放了鉢盂轉身又取了兩根柳條兒逓與長老也不辭而去長老把個賭勝只當個耍子兒把個指甲挑出一爪甲兒水来。放在磚街之上写了個水字左脚踏了。把個鉢盂放在右邊廂柳條兒担着右脚踏了。侍即說道你也立個壇場。做些手法長老道我也沒個壇場我也沒個手法侍郎道你不要碍口飾羞的。你就用一百張卓兒也是有的你就用一百張椅兒也是有的。你就用一百口水缸也是有的。你就用一百個火爐也是有的。你就用一百根桃木椿兒也是有的。你就用五百面五方旗號。也是有的。你就用五百名上堂僧諷經也是有的。你就用五百名青童也是有的。你就用五百名軍卒也是有的。你就用一百一千張馬甲。也是有的。長老道這都是

天師用的。貧僧用他不着侍郎道既用不着時却怎的能取勝長老道我這鉢盂兒的水就彀了。侍郎嘆上一聲說道箭頭不行送折了箭桿也是沒有用處長老道不消你發激我這裏自有個處分侍郎也沒柰何。告辭長老退回本班而去却說僧道賭勝張天師在九間金殿上立了壇場文武百官多半都是他的心腹也有謳謡歌的也有唱道情的。都只是助張天師的興金碧峰長老跕在玉闌干之下。只作不知天師又意大心高。老大的不放金碧峰在心上長老看見那一天的雲向東南上漸上的散了。天清氣清知道天師有些不湊節了。伸起手来指着桌子上高聲大叫說道張天師你也遣下天神来待我貧僧取下六陽首級與你哩一連叫了兩三聲那天師自從五鼓上壇做法到了日中。還沒有些甚

麼証明功德恰又聽見和尚在壇下揚言心下也有幾分不自在了傳下一個法令分付誦黃庭經的且把黃庭經歇了。吹打的且把樂器歇了只許五方磨旗校尉磨動五方神旗他自家在七七四十九張的桌兒上披着髮仗着劍踏着罡步着斗。捻着訣念着呪法用先天一氣將用自己元神忙忙的取出令牌拿在手裏連敲三下喝聲道一擊天門開。二擊地戶裂三擊馬趙温關赴壇天師還是有些傳受果然的又是東南霧起西北風生真好一陣大風有一律秋風詞為証

詩曰

白帝陰懷肅殺心　梧桐落盡又楓林　江蘆爭刮盈盈玉
籬菊搖開滴滴金　張翰弃官知國難　歐陽問僕覺商音

兜率洪宮飲耨池之八味

靈霄巨浸佩陀伽之一九

無端更惹愁人睡　亂迸孤城月下砧

此時正是太陽當頂。午牌時分。被這個風一陣刮一陣直刮得天日無光伸手不見掌面前不見人百官們多半是天師的心腹那個不說道神將即刻降壇那個不說道和尚却賭輸了也。朝廷看見這個天昏地黑。也怕走了和尚差許多的官圍住了雲路丹墀那丹墀中高照點了一百二十對那高照又有些妙處也不知是生來的好也不知是制作得好。風越大燈越明話說這個燈到不怕風只是天上的雲到有些怕風原来刮得風大。把個黑雲都掀將去了一時間雲開見日正交未時太陽當空。萬里明淨。沒有了雲也罷連風也沒有了些天師心上的官員又說道。似這等萬里無雲神將想是在半路上回去了。張天師在于七七四十九張桌

子上激得只是爆跳渾身是汗直透重衣心裏又激得慌太陽又晒得慌把那些符牒一道末了又燒一道一道末了又燒一道一氣兒燒了四十八道符便燒了四十八道天將却不曾見有半隻脚兒下来碧峰長老對着那個桌兒上高聲大叫道我把你當個神傳的後代祖師的玄孫原来盡是些障眼法欺侮朝廷只這三日費了朝廷多少錢粮你這懨懨的道人怎麽敢與我貧僧賭勝我欲待饒了你的項上六陽首級又恐怕動了戒殺之心我欲待饒了你的項上六陽首級却又沒有些甚麽還你的滅僧之罪也罷朝廷在上文武百官在前自古道饒人不是癡々漢不饒人我且饒了你罷我自回名山去也道猶未了渾身上金光萬道原来這個和尚早已有影無形了衆保官一齊上殿面見萬歲爺々齊

聲奏道今日僧道賭勝和尚早已回名山去了萬歲爺道僧道兩家那個贏那個輸衆保官說道張天師符牒燒了四十八道並不曾見個天將赴壇那僧家說道朝廷在上文武百官在前我且饒了你罷我自回名山去也萬歲爺道僧家饒得他我這裏却饒不得他我若饒了天師護相容隱怎麽叫做個王法無私即時傳下旨意若錦衣衛掌印官即將張真人綑下壇場前赴市曹處斬獻上首級毋違一聲叫斬文武百官都吊了魂只見三尺劍從天分付一聲虎就地飛来劃剌推下人去血淋々獻上頭来這個君王的旨意就是一百張口也難分辨一傍綁下天師一傍開刀要斬天師口々聲々叫着冤枉萬歲爺是個不嗜殺人之君聽知天師口叫冤枉誠恐他屈死不明即時又傳下個旨意權赦天師上殿

分理天師上殿萬歲爺道你今日賭勝不見勝欺侮朝廷怎麽叫做冤枉天師說道臣有飛符五十道纔燒了四十八道還有兩道飛符不曾燒赦臣兩個時辰的死罪臣再登壇遣神調將若是再無天神降壇那時斬臣首級臣死甘心聖旨一道准赦張真人兩個時辰死罪天師再上七々四十九張桌兒上去也沒有個人去打挑樹幡也沒有個人去磨五方旗也沒有個人去動水缸兒裏的水也沒有個人去煽火爐兒裏的火也沒有個道官去諗黃庭經也沒有個道士去吹動樂器只是自家披着髮仗着劍躡着罡步着斗捻着訣諗着咒躡踏了一會却又取出那個令牌来拿在手裏連敲三下喝聲道一擊天門開二擊地戶裂三擊馬趙溫關赴壇敲了三下令牌急忙裏把個飛符燒了兩道猛聽得半空中

劃剌々一聲響々處吊下了四位天神同是一様兒的長々有三十六丈　同是一様兒的大々有一十八圍只是第一位生得白白的白如雪

一稱元帥二華光　眉生三眼照天堂　頭戴义々攢頂帽
五金磚在袖兒藏　火車脚下團々轉　馬元帥　速赴壇場

第二位生得黒黒的黒如鉄

鉄作幞頭連霧長　烏油袍袖峭寒生　濆花玉帶腰間滿
竹節鋼鞭手内擎　坐下斑斕一猛虎　四個鬼一左右相跟

第三位生得青青的青如靛

藍靛包巾光滿目　翡翠征袍花一簇　硃砂髮赤遍通紅
青臉獠牙形太毒　祥雲靄々離天宮　狠狠牙　妖精盡伏

第四位生得赤赤的赤如血
鳳翅綠巾星火裂　三綹髭鬚腦後撇　卧蚕一皺肝膽寒
鳳眼圓睜神鬼怯　青龍刀擺半天昏　跨赤兎　壇前謁謁
原来面白的是個馬元帥面黑的是個趙元帥面青的是個溫元帥面赤的是個関元帥這四位元帥齐齐的朝着天師打了一個恭齐齐的問聲道適承道令宣調吾神不知那廂聽用天師看見了四位天神可喜又可惱可惱又可喜怎麽可喜又可惱若是天神早降壇場免得賭輸了與和尚這却不是個可喜又可惱怎麽叫做個可惱又可喜終是得了這四位天神赴壇纔免了那鉢鏑之苦這却不是個可惱又可喜天師問道我與和尚賭勝諸神何不早赴壇場四位天神齐聲答應道並不曾曉得天師賭勝天師

道我有飛符燒来諸神豈可不曾看見天神齐聲道不曾看見天師道我燒了四十八道豈可一道也不曾看見天神齐聲道止是道纔看見兩道天師道除這兩道之外先燒了四十八道天神齐聲道若說四十八道諸神實不曾看見天師道想是天曹那一個匿按我的飛符不行天神齐聲道天曹誰敢匿按飛符天師道諸神却在那裏公幹不曾看見飛符天神齐聲道今年南天門外大水就是倒了九江八河就是翻了五湖四海浪頭約有三十六丈多高淹了靈霄寶殿險些兒撞倒了兜率諸天故此小神們都在南天門外戽水適纔落了早潮就有兩道飛符来到小神們見之特来聽調天師辭謝了四位天將下壇繳旨當有圓牌校尉覷着陳侍郎笑了一笑陳侍郎覷着校尉點一點頭怎麽圓牌校尉笑

了一笑陳侍郎點一點頭原来南天門外的大水就是金碧峯鉢盂裏的水金碧峯鉢盂裏的水就是圓牌校尉揩的玉河裏無根的水別的耳聞是虛陳侍郎眼見是實故此校尉笑一笑侍郎點一點頭却說文武百官看見四位天將對着天師講話一個個一句句都傳與萬歲爺得知萬歲爺聽知天將說話又聽知上方有這個水厄淹了靈霄殿險些兒撞倒了兜率天萬歲爺道天宮尚且如此有水不知今年天下百姓如何滿腔子都是惻隱之心只見天師下壇俯伏金階繳旨萬歲爺道上界有水天將来遲恕卿死罪只一件来死罪可恕活罪又不可恕天師道既蒙聖恩恕臣死罪怎麽又有個活罪難恕聖旨道要卿前往西番取其玉璽與朕鎮国這却不是個活罪難恕天師道伏乞陛下寛恩要取玉璽

苦無甚麽難處聖旨道怎麽取璽不難好個天師眉頭一蹙計上心来心裏想道今日受了這個和尚許多週摺就在取璽上還他一個席兒罷回復道容臣明日上本保舉一人前往西洋取其玉璽全然不難聖旨道朕要玉璽甚急明日上本又費了事修書不知面覷就是今日從直口奏罷天師道依臣口奏臣保舉適纔賭勝的和尚本事高強過洋取寶手到寶来聖旨道適間的和尚也不知其姓名怎麽叫他取璽天師道陛下先問保官便知他的端的聖旨一道宣陶學士劉誠意二卿上殿二臣即時俯伏金階奏道陛下何事宣臣聖旨道二卿保舉僧家那僧家甚麽名姓陶學士道小臣保狀上已經有了那僧人俗家姓金道號碧峯叫做個金碧峯和尚天師道就是這個金碧峯下洋取寶手到寶来劉誠

意道天師差矣朝廷要重你無故奏上朝廷滅了和尚今日你賭輸了與和尚又保舉和尚下西洋你這還是侮慢朝廷你這還是顛倒和尚這兩句話兒不至緊把個張天師連燒四十八道飛符的汗又嚇出来了只見金階之下一字兒俯伏着四位老臣上啓道四位老臣是誰原来第一位成國公朱ㄙ第二位英國公張ㄙ第三位是衛國公鄧ㄙ第四位是定國公徐ㄙ四位老臣說道天師既滅和尚又保和尚一功一罪伏乞天恩寬宥則個聖旨道怎麽見得該寬宥他四位老臣道因是天師滅却凡僧纔得聖僧若不是滅却凡僧怎麽得這個聖僧功過相準伏乞寬恩聖旨道依四卿所奏赦天師無罪只是那僧人不知何處去了到那裏去尋他来天師道小臣有個馬前神筭容臣筭来聖旨道着實筭来天

師笑了一笑說道臣筭他在西北方五臺山文殊師利寺裏講經說法聖旨道你會筭他居住怎麽不會筭他本事又和他賭勝天師道臣已經筭他四卦第一卦筭他是個廪膳生員第二卦筭他是個已府殿下第三卦筭他是個乞丐之人第四卦筭他是個九十八九歲的老兒到有個八十七八歲的沒踏跡的媽媽隨身所以陰陽反復老大的不識得他劉誠意道天師滿肚子都是筭計人的心腸怎怪得陰陽不准聖旨一道着張真人明日五鼓進朝領旨前往五臺山欽取金碧峰長老無遺百官散班欽此文武百官出朝天師也在出朝那保天師的四位老臣說道適来的和尚就是屬起火樹的天師道怎見得那老臣道你不曾看見他响的一聲就上天了那兩個保僧人的大臣說道那長老是個騎硫磺馬的天師道怎見得那大臣道你不看見他屁膨裏一綹烟只見一個吏部侍郎姓陳聽見這些國公斈士都在取笑說道今日的和尚到是個熟讀嫖經的衆官道怎見得陳侍郎道你不看見他得趣便抽身只見一個圓牌校尉在陳侍郎馬足之下走他也說道這個和尚不但是熟嫖経大斈中庸也熟侍郎道怎見得校尉道老爺不曾看見他的缽盂裏的是個今夫水一句却又大家取笑了一會各人歸衙不覺轉身便是半夜便是五更金雞三唱曙色曚矓官裏陞殿文武百官進朝天師進朝領旨却不知天師領了旨意取的碧峰長老有功無功却不知碧峰長老知道天師領了旨意取他来也不来且聽下回分解

○○

第十四回

張天師倒理碧峰　金碧峯先朝萬歲

詩曰

天仗宵嚴建羽旄　春雲送色曉雞號　金爐香動螭頭暗
玉珮聲来雉尾高　戎服上趨承北極　儒冠列侍映東曹
太平時節難身遇　郎署何須笑二毛

這詩単道得是早朝的却說僧道賭勝過了明日五更三點萬歲爺陞殿文武百官進朝天師早已在午門見駕朝廷爺和文武官議了国事宣上天師付了他一道欽旨又付了他一面金牌萬歲爺道南京前往五臺有多少程途天師道有四千六百里萬歲爺道你怎麽曉得這個程途天師道臣仰觀天文俯察地理道途遠

近無不周知萬歲爺道你今日去幾時囬朝天師道臣今日去明
日囬朝萬歲爺道四千多里路程怎麼得這等的快天師道大凡
欽差官旱路驢一頭要登山度嶺水路船一隻要風順帆開小臣
既不是旱路又不是水路萬歲爺道莫非卿家有個縮地的法麽
天師道也不是縮地法臣騎的是條草龍騰雲駕霧故此限不得
路程萬歲爺道既如此快上快来天師辭了聖上出了午門諷動
真言宣起神呪跨上了草龙雲條上霧騰上起至半天之中竟往
五臺山文殊寺而去却說碧峰長老坐在法臺上講經早已就知
其情了即時按住經典離了法臺心裏想道這個天師儘有二八
分鏤鈠𢧵也我和你遠日無冤近日無仇你怎麼又在朝廷面前
保我去下西洋只有一件我若是去不像個和尚家的勾當我若

出像西洋記　卷之三　四一

嶷上添嶷城帶夕陽聞鼓角

張天師倒埋碧峰

計中授計寺臨秋水見菩提

出像西洋記　卷之三　四二

是不去佛門又不得作興沉吟了一會設了一計叫聲家主僧上
来分付本山大小和尚都要得知今日朝廷有一道旨意有一面
金牌欽差的就是張天師特来此中取我進朝去下西洋取其國
璽天師心懷不良之意我設一個妙計搪抵天師你們大小和尚
依計而行不可違拗悞事不便衆和尚齊聲念上一聲阿彌陀佛
說道弟子們誰敢執拗長老對了家主僧附耳低聲說道如此如
此長老起身便走徒弟非幻徒孫雲谷兩個說道師父也教我們
一教却好囬復天師的話語長老道你兩個跟我来也一個師父
一個徒弟一個徒孫慢搖慢擺一直擺到那海潮観音殿裏去了
師父坐在上面入定徒弟坐在東一首入定徒孫坐在西一首入
定正是

蕭寺樓臺對夕陰　淡烟疎磬散空林　風生寒渚白蘋動
霜落秋山黃葉深　雲盡獨看晴塞鴈　月明遙聽遠材砧
高人入定渾閑事　一任縱橫車馬臨

却說張天師收了雲霧部却草龍落將下来撇過五臺山竟投文殊師利的古寺而来纔進得寺門天師高聲叫道聖旨已到和尚們快排香案迎接開讀只見走出一千僧人来大々小々老々少々長々矮々一個人一個白氈帽一個人一身麻衣一個人腰裏一条草繞一個人脚下一雙草結的履鞋大家打夥兒擡着佛爺々座前的一張供桌就是佛爺々座前的花瓶就是佛爺々座前的香爐迎接聖旨天師大怒罵說道你這和尚家這等可惡你們終不然不服朝廷管罷衆和尚說道怎麽說個不服管的話天師道既是服管你寺裏還有一個為首的僧人叫做個金碧峰怎麽不来迎接你們這些衆和尚怎麽敢這等披麻帶孝出来衆僧說道欽差老爺息怒實不相瞞金碧峰是我們的師祖師父我們是他的徒子徒孫天師道他怎麽不来迎接聖旨衆僧說道他前日来到南京和欽差老爺賭勝受了老爺許多的氣回来本寺轉想悔惱不期昨日三更時分歸了西天天師道你看他這等的胡說他是個萬年不能毀壞之人怎麽會死衆僧說道欽差老爺不信現今停柩在方丈裏面天師心上却有幾分不信拽起步来望方丈裏面竟走々進方丈門来果真的一口棺材棺材蓋上釘了四個子孫釘棺材頭上搭了一付孝幔棺材面前燒了一爐香點了兩枝蠟燭供献了一碗齋飯天師見之大笑了一聲說道金碧峰

不知坐在那裏把這個假棺材反来哄我哩衆僧道棺材怎麽敢有假的天師道既不是假的待我打開来看着說聲打開来看着嚇得那些僧人面々相覷天師心下越加犯疑叫聲看刀斧過来連叫了兩三聲衆僧人沒奈何只得拿刀的奉承刀拿斧子的奉承斧子天師叫聲開棺沒有那個和尚敢開天師叫着這一個開這一個說道我是個徒弟敢開師父的棺材叫着那一個開那一個說道我是個徒孫敢開師公的棺材天師看見你也不開我也不開心裏全是疑惑自家伸出手来舉起個斧子好個天師兩三斧子把個棺材劈開来了開了看時佛家有些妙用端的是個金碧峰条々直々睡在裏面天師道敢是活的睡在裏面謊我們伸隻手到裏面去摸一摸只見個金碧峰兩隻眼閉的緊如鐵渾身上冷的冷如冰果真是個死的天師心上又生一計說道怕他敢是個閉氣法我若是被他籠絡了不但辜負了數千里而来且又便饒了他要着寡嘴我不如削性加上他一個楔免得個他日噬臍悔之無及只見衆和尚說道欽差老爺你眼見的是實了俺們師父果真是個死屍麽天師面上鋪堆着那一片假慈悲来說道我初見之時只說是個假死那曉得真個是他死了他這今停柩在家不當穩便我和你擡了他去罷衆和尚說道怎麽要欽差老爺埋我們的師父哩天師道你們衆人有所不知你師父在南京與我賭勝之時蒙他饒了我的性命我却無以報他活命之恩是我就在法壇之下大拜了他四拜拜你老爺為師今日你的老爺歸天我該有一百日緦麻之服我有服的師弟肯教他恭露尸骸

死而不葬故此你們也趂我在這裏大家安埋了他豈不為美天師是個欽差他說的話那個敢執拗他的只得是奉承他二八分衆和尚說道但憑欽差老爺内中有個不開口的各人有各人的忖度天師道你這個禪寺可有一所祖壠麽衆和尚道有一所祖壠天師道在那裏衆和尚道就近在山門左側百步之内天師道傍祖安葬這也是個人情之常衆和尚道但憑欽差老爺就是天師道我與你三五個知事的先到祖墳上定個向點個穴誅個茅破個土築個坑砌個壙你衆人在寺裏照依毎常舊例出殯而來天師領了幾個和尚先到祖墳上去了其餘的這些和尚在寺裏敢違背了天師的號令只得擡出柩來哭了幾聲師父動了幾下响器列了幾對幢幡張了一雙寶盖上来却說天師到了那祖墳

上親自點了一個穴直點在祖墳後高岡之上衆和尚道恐怕忒上了些于天豈有損天師道碧峰老爺他不比甚麽凡僧埋得高纔照得西天近及至築坑砌壙天師站着面前分付工人方圓廣闊止用三尺直深却用一丈衆和尚道欽差老爺這個坑却築得有些不尷尬天師道你們有所不知碧峰老爺是個聖僧葬埋之法自與凡僧不同及至紲棺入土天師又揭開棺材来看了長老的屍首他便親手紲着把個棺材頭先下棺材脚向上倒豎着在那坑裏衆和尚道欽差老爺這却不是個倒埋了天師道你們都是些俗人之見有所不知把他的兩脚朝天却不是踹着雲躡着霧輪動就是天堂若是兩脚朝地起步就蹉了地獄我這個都是葬埋聖僧之法載在典籍你們莫嫌知事少只欠讀書多衆和尚

也只有家主僧心裏好笑其餘的心裏吃惱好笑的心上解悟說道天師空費了這一段心機吃惱的不曾解悟說道天師不該這等樣兒待我師父怎麽家主僧心上解悟原來碧峰長老預先曉得天師到来預先曉得天師來時有個不良之意故此叫過家主僧来附耳低聲教他見了天師只說是師父死了又曉得天師不肯准信教他到山門之外隣居家裏借了一口壽材停柩在于方丈之内又曉得天師一定要開棺驗尸又教他把師父的九環錫杖安在裏面又曉得天師要倒埋他教他不要違拗憑他怎麽樣兒處分這都是將計就計佛爺運用之妙碧峰長老領了一個徒弟又一個徒孫坐在海潮殿上高張慧眼瞧着那個天師把個假屍撮弄猛然間大發一笑說道喜得我還是一個假死若是真死

却不被他倒埋了我非幻道倒埋了却待何如長老道自古說得好大丈夫頂天立地終不然頂地立天雲谷道我和你怎麽樣兒處分他長老道有個甚樣兒處他我和你先到南京見了聖上敎他個一籌不展滿面羞慚好個碧峰長老金光一道帶着徒弟徒孫直冲南京来見聖上張天師還不解其中的緣故倒埋了碧峰服了這口氣心上老大的寬快即時間出了文殊寺離了五臺山颯起真言宣動神咒蹺上草龍雲滚滚霧騰騰起在半天之中竟轉南京而来却說五更三點萬歲爺陞殿文武百官進朝正是

月轉西山回曙色　星懸南極動雲璈　千年瑞鶴臨丹地
五色飛龍遶赭袍　閶闔殿開香氣杳　崑崙臺接珮聲高
百官敬撰中興頌　濟上瑤宮上碧桃

却說萬歲爺陞殿，文武百官進朝，碧峰長老到了南京。收了金光把個徒子徒孫。安頓在會同館裏，自家竟到午門外來聽宣。只見萬歲爺和那文武百官。商議了些宗國事，裁決了許多朝政，黃門官奏道前日在雲路丹墀裏面和張天師賭勝的和尚，戴着氊帽穿的染衣。一手鉢盂。一手禪杖，站在午門之外。口々稱道聽宣。聖旨道宣字輕了些。不可說宣他。只可說請他。當駕官傳旨道。請長老進朝。那長老照舊時大搖大擺。々將進朝。見了聖駕。也不行禮只是打個問訊。把個手兒略節舉了一舉。朝廷待他比初見時老大不同。着實是十分敬重他了。請到金鑾殿上賜他一個繡墩坐下。稱他為国師。說道。朕有金牌淡墨差着天師前到国師的大剎禪林。可曾看見麽。長老道。說起天師來。一言難盡。萬歲爺道怎麽

衲子趨蹌寒著霽烟歸紫閣

衮衣披拂暖浮佳氣動皇城

叫做一言難盡。長老道天師雖則是受了欽差賫了旨意捧了金牌。来到貧僧荒寺。這都是萬歲爺的鈞命。他也是出乎無奈。若還他的本心到底是個敬德不服老。貧僧深知其心。是貧僧略使了些小手段教小徒以生作死。囬了他々開了貧僧的棺。驗了貧僧的屍。他就趂着這個机會兒。把貧僧倒埋了。纔下山来萬歲爺道這個怎麽使得。埋人不如埋已。道猶未了。黃門官奏道張天師在午門外聽宣。長老道萬歲爺着臣另坐在那裏。且看天師進朝怎的繳旨。怎的囬話。聖旨道。叫當值的引這個國師。到文華殿上打坐。另有旨来相請。長老去了。方纔傳下旨意。宣進天師。只見天師頭戴的三梁冠身穿的斬衰服腰繫的草麻縧。脚穿的臨江扳。做個哭々啼々之狀。走進朝来。萬歲爺明知其情故意問他說道天

師你這重服还是何人的若論憲綱除是父母的嫡喪見朕乞求
諭葬乞求諭祭方纔穿得重服進朝若是外孝再沒有個戴進朝
来之理天師道小臣的孝服是家師的萬歲爺道怎麼師父也有
這等的重孝天師道天地君親師人生於三事之如一故此小臣
為着家師戴此重孝萬歲爺道是那一位令師朕聞得卿是家傳
的本事並不曾從遊着甚麼令師天師道就是前日賭勝的金碧
峰家師萬歲爺道你兩家誓不兩立豈有個從他為師之理天師
道自從前日賭勝蒙他饒了臣的六陽首級是臣望空大拜了四
拜拜他為師萬歲爺道金碧峰是你的師你戴的是金碧峰的孝
終不然金碧峰有甚麼不測之变天師道金碧峰歸到五臺山文
殊寺半夜三更西歸去了萬歲爺道你去時可曾見他面麼天師

道去遲了些不曾得相見萬歲爺道你怎麼樣盡個禮兒天師道
小臣說那一切拜哭之禮俱屬虛文自古道生事之以禮死葬之
以禮祭之以禮今日碧峰家師已死臣無以為情只得替他傍祖
安葬是小臣和他親自定的向點的穴誅的茅破的土築的坑砌
的墻安葬了他然後回轉南京今日見駕萬歲爺道金碧峰和你
驟面相識今日無常你到殯葬了他你如今受了朝廷的高官顯
爵享了朝廷的大俸大禄朕有一日有所不免你却怎麼樣兒相
待朕来天師那曉得萬歲爺的意思只要奉承得萬歲爺的喜歡
高声答應道萬萬年龍歸滄海即如待師父一同萬歲爺道似這
等說起來連朕也要倒埋了天師聽知得倒埋兩個字把那連燒
四十八道飛符的汗又嚇出来了萬歲爺道天師你也不要喫驚

只有一件沒有了這個和尚怎麼得這個傳国重歸朝天師道沒
有了這個人香是難得其重萬歲爺道別的和尚可去得麼天師
道除了金碧峰之外再沒有這等一個僧人萬歲爺道你昨日到
五臺去了又新到了一個和尚也道你不合滅僧也要與你賭勝
天師心裏想道這莫非是我命裏犯了和尚星剗度不是剗度怎
麼去了一個又来一個朝着聖上問道這新来的和尚現在那裏
聖上道現在文華殿打坐天師道宣来與臣相見何如聖上道你
再不可又與他賭甚麼勝天師道謹遵明旨再不敢有違金鑾殿
上傳下一道旨意逕到文華殿宣出一個和尚来那和尚遠遠的
走將来這天師遠遠的就認得了卻認得是個甚麼人原来是天
師的家師已經倒埋了的天師認得是個金碧峰羞慚滿面冷汗

沾衣心裏想道這和尚分分明明是我倒埋了他的如何又會起
来長老看見天師問道天師你這渾身重孝為着那個来天師無
言可答急急的除了凉冠脫了斬服解了孝絛忙忙的簪上道冠
披了法服圍了軟帶合着掌望長老盡禮也學僧家打個問訊長
老道你既是我的徒弟你怎麼不拜我天師道弟子低頭便是拜
長老道徒弟倒埋師父得其何罪天師满口只說是不敢不敢長
老道倒埋還是報德还是報仇哩天師道今後弟子再不敢胡為
望乞赦罪聖上道国師請坐下朕有一事請問長老坐下了回復
道願聞聖上道國師俗姓金禅號碧峰可是哩長老道是姓金是
號碧峰聖上道朕長見出家人鬚髮落地国師何為落髮留髯碧
峰長老道貧僧落髮除煩惱留鬚表丈夫萬歲爺聽見他這兩句

話心下老大的重他却就把個下西洋的事央兇他了說道朕請国師進朝有一事相兇長老道悉憑聖旨萬歲爺道朕有傳国王重陷在西洋曾有陰陽官奏朕說道常星出現西洋這如今要到西洋取其国重須煩国師下海去走一遭国師肯麽長老道須是天師緣去得天師道還是國師緣去得哩若論小臣傳授祖宗的不过是些印劍符水止可驅神役鬼斬妖縛邪而已若是前往西洋須索是斬将搴旗登先陷陣旗開取勝馬到成功緣不羞辱了朝命小臣怎麽去得長老道貧僧是個軟弱法門就只会看経念佛况且領兵動衆提刀殺人却不是個和尚幹的勾當聖旨道怎麽要国師領兵統衆提刀殺人只求國師前去大作一個主張使足矣長老道既是只要貧僧做個證明功德貧僧怎敢有違只是

天師也緊不得個懶聖上道天師也要他去天師道小臣去了龍虎山中沒有了人長老道天師之言差矣豈不聞為国忘家不惮劳只這一句話兒不至緊把個天師就撑得他啞口無言只得應声道去上聖旨道此去西洋有多少路程長老道十萬八千有零聖旨道此去西洋從旱路便從水路使長老道南朝走到西洋国並沒有旱路只有水路可通從水路便聖旨道此去路程国師可曉得麽長老道略節曉得些聖旨道國師曉得路程还是自家走过来還是書上看見来長老道貧僧是個遊脚僧四大部洲略節也都走過来聖上聽見他說四大部洲都已走遍了心上老大驚異他說道走遍四大部洲有何憑據長老道有一首律詩為証聖旨道律詩怎麽講長老道

路遍紅塵不計程　看山尋水了平生　已經飛錫來南國
又見乘杯渡北溟　花徑不知春坐穩　松林未許夜談清
檐頭行李無多物　一束詩囊一藏經

聖旨道国師既是記得這些路程可略節說来与朕聽着長老道天師也是曉得的相煩天師說罷天師道我已曾說过来聖旨道雖說過来朕久已忘懷了長老道口說無憑貧僧有個小經摺兒奉上朝廷龍眼観看聖旨道接上来長老雙手擧起来奉上朝廷聖上接着放在九龍金案上近侍的展開龍眼観看只見一個経摺兒盡是大青大緑粧成的故事青的是山山就有行小字兒註着某山緑的是水水上就有行小字兒註着某水小的就是江江有行小字兒註着是某江水大的是海海上有行小字兒註着某海

一個圈兒是一國圈兒裏面有行小字兒註着某國一個圈兒過了再一個圈兒一個圈兒裏面一行小字兒註着某圖某圖画兒画得細字兒寫得精龍顔見之萧心歡喜說道国師多承指教了萬里江山在吾目中矣叫声近侍的你接着這本兒把路程还念一遍與我聽着長老道還是貧僧来念聖上道從上船處就說起長老道上船處就是下新河洋子江口轉过来就是金山聖上道這金山的水就是天下弟一泉了長老道便是過了金山就出孟河过了孟河前面就是紅江口過了紅江口前面就是白龍江过了白龍江前面却都是海舟船望南行右手下是万歲的錦繡乾坤浙江福建一帶左手下是日本扶桑前面就是大琉球小琉球過了日本琉球舟船望西走右手下是廣東雲貴地方左手下是

交趾過了此處前面就是個軟水洋。過了軟水洋。前面就是個吸
鐵嶺萬歲道怎麼叫做個吸鐵嶺長老道這個嶺生于南海之中。
約有五百里遠周圍都是些頑石坯那頑石坯見了鐵器就吸將
去了。故此名為吸鐵嶺聖旨道。水底下可有這個吸鐵石麼長老
道這五百里遠近無分崖上水下都是這個吸鐵石子兒聖上道。
明日我和你下西洋。舟船却怎麼過去。長老道也曾自有個過的
聖上道多謝國師。但不知那個軟水洋還是怎麼樣兒的。長老道
這軟水洋約有八百里之遠大凡天下的水都是硬的水上可以
行舟。可以載筏無論九江八河。五湖四海皆則一般惟有這個水
其性軟弱就是一匹毛。一根草。都要着底而沉。聖上道似此軟水。
明日要下西洋。却怎麼得過去。却不知這個軟水還是過得去還

是過不得去却不知碧峰長老有擔當過這個軟水沒有擔當還
不得這個軟水。且看下回分解

○○

第十五回

碧峰圖西洋各國　朝廷選掛印將軍

詩曰

雨足江潮水色新　碧琉璃滑淨無塵　潮回萬頃鋪平練
風過千層簇細鱗　野鷺沙鷗爭出沒　白蘋紅蓼倍精神
個中浩蕩無窮趣　都屬中流拳釣人

這詩是于忠肅公秋水的詩見得天下的水都不似那個軟水。却
說聖上聽得這個軟水心上也有半分兒不喜。問說道。似此軟水

明日要下西洋。却怎麼得過去長老道貧僧也曾有個過的天師
吻忽然搶着說道佛門軟弱。弱水也是軟弱兩個都是一家故此有
個道理長老道不因軟弱。不得倒埋天師不覺的赤面通紅了說
道這又是舊文帝來了。聖旨道過了軟水洋前面何如。長老道軟
水洋以南。還是南贍部洲軟水洋以西去却是西牛賀洲了。聖上
道西牛賀洲。是個甚麼地方長老道就却叫做西洋國。聖上道既
叫做西洋。就在這裡止了。長老道西洋是個總名其中地理疆界
一國是一國。乞龍顏觀看這個經摺兒就見明白。聖上起頭一看
總看見這一十八國說道原来却有這許多國土也長老道可知
哩第一國金蓮宝象國第二國爪哇國第三國女兒國第四蘇門
荅剌國第五國撒髮國第六國溜山國第七大葛蘭國第八國阿

枝國第九小葛蘭國第十國古俚國第十一國金眼國第十二吸
葛剌國第十三國木骨國第十四國忽魯國第十五國銀眼國第
十六國阿丹國第十七國天方國第十八酆都鬼國經摺兒已自
開得清長老口裏又說得明說得個萬歲爺心神飛度西洋國恨
不得伸手扯將玉璽來說道國師西洋的路程朕已知道了這個
經摺兒朕收下却不知下西洋還用多少官員還用多少兵卒。你
說来與朕聽着長老道下西洋用多少官員用多少兵卒。貧僧也
有一個小經摺兒奉上朝廷龍顏观看聖旨道好好好原来國師
也有個經摺兒快接上來長老雙手舉起来奉與聖上聖上接着
放在九龍金案上近侍的展開龍眼觀看只見這個經摺兒却沒
有那大青的顏色也沒有那大綠的粧點只是素素淨淨幾行字

兒聖上吽聲道近侍的按着這個本兒上的字念一遍與我聽着近侍的念着說道第一行計開二字第二行總兵官一員掛征西大元帥之印第三行副總兵官一員掛征西副元帥之印第四行左先鋒一員掛征西左先鋒大將軍之印第五行右先鋒一員掛征西右先鋒副將軍之印第六行五營大都督中都左都右都坐都行都各掛征西大都督之印第七行四哨副都督參將遊擊都事把總各掛征西副都督之印第八行指揮官一百員第九行千戶官一百五十員第十行百戶官五百員第十一行管糧草戶部官一員第十二行觀星斗陰陽官十員第十三行通譯番書教諭官十員第十四行通事的舍人十名第十五行打幹的餘丁十名第十六行管醫藥的醫官醫士一百三十二名第十七行二百六

西下諸洋列画圖而指掌

瑒峰圖画西洋國

東與猛將撼山岳以揚威

十行匠人每行二十名第十八行雄兵勇士三萬名有零第十九行神樂觀道士二百五十名第二十行朝天宮道士二百五十名念罷聖上道原來國師是個法演三千界胸藏百萬兵萬歲爺心上老大的驚異他說道還有天師當任何職當填註在那行長老道天師照舊管御營裡軍師事務不必另加官職故此不曾填註名姓萬歲爺道國師當任何職當填註在那行長老道貧僧只好做個說明功行故此不曾填註名姓萬歲爺道既是國師與天師不肯填註名字料應是不敢把個官職相煩這的朕不相强只是明日出師之時斬妖縛邪在天師身上扶危濟難在國師身上彼此都要用心竭力馬到功成旗開得勝不負今日倚托之重纔稱朕心長老道貧僧和天師各當效力不費聖心萬歲爺道下西洋

的路程有了一個經摺兒朕已知道了下西洋的官員兵卒。又有
一個經摺兒朕又知道了。只是國師說道南朝去到西洋。並無旱
路只有水路可通。既是水路。雖則是個船隻還用多少。還是怎麽
樣的制度國師你心上可曾料理一番麽碧峰長老道過洋用的
多少船隻怎麽樣兒制度貧僧也有一個經摺兒奉上朝廷龍眼
觀看聖旨道妙妙妙原来也有一個經摺兒快接上来長老雙手
擧起来奏與聖上聖上接着放在九龍金案上近侍的展開龍眼
觀看只見這個經摺兒又是大青大綠的故事青的畫得是山綠
的畫得是海海裏畫得是船船又分得有個班數每班又分得有
個號數不知總是多少班數每班有多少號數今番萬歲爺一天
好事喜中喜滿紙雲烟佳更佳不叫近侍的来覷。只是龍眼親自

觀看只見頭一班畫的船約有三十六號每隻船上有九道桅那
小字兒就填着說道寶船三十六號長四十四丈四尺濶一十八
丈第二班畫的船約有一百八十號每隻船上有五道桅那小字
就填着說道戰船一百八十號長一十八丈潤六丈八尺第三班
畫的船隻約有三百號每隻船上有六道桅那小字兒就填着說
道坐船三百號。長二十四丈闊九丈四尺第四班畫的船約有七
百號每隻船上有八道桅那小字兒就填着說道馬船七百號長
三十七丈闊一十五丈。第五班畫的船約有二百四十號每隻船
上有七道桅那小字兒就填着說道粮船二百四十號長二十八
丈。闊一十二丈。船五班共計一千四百五十六號。每一號船中間
有明三暗五的廳堂有明五暗七的殿宇。每一號船上面有三層

天盤每一層天盤裏面。擺着二十四名官軍日上看風看雲夜来
觀星觀斗。這個經摺兒萬歲爺看了。心上一則以喜一則以懼怎
見得一則以喜。因有了這個船隻却就到得西洋到得西洋却就
取得國璽這不是個一則以喜却這個船數又多制作又細費用
又大須是支動天下一十三省的錢粮来纔方彀用。這不是個一
則以懼萬歲爺終是取璽的心勝。不怕他甚麽事幹得不成此時
已自是落日啣山昏鴉逐隊。聖旨一道百官散班。着僧録司迎送
國師到于長干上刹各住持輪流供應着道録司迎送天師到于
朝天宮。各道官輪流供應萬歲爺退回乾靜宮。心裏有老大的費
想怎麽費想却說這個下西洋的事務重大用度浩繁。一行一止
都在萬歲爺的心上經綸。到了九龍繡榻之上。睡不成寐。只見更

又永夜又長果真是
　秋夜長　殊未央　月明白露澄清光　層城綺閣遙相望
　川無梁　北風應節南鴈翔　崇蘭委質時菊芳　鳴環曳履
出長廊　為君秋夜擣衣裳　纖羅對鳳凰　川綺雙鴛鴦
調砧亂杵思自傷　征夫萬里成他鄉　鶴關音信斷　龍門
道路長　君在天一方　寒衣徒自香
萬歲爺睡不成寐。叫起近侍的来。開了玲瓏八窓。捲起珠簾絳箔
只見萬里長空一輪明月。果真是
　三五月華流烟光　可憐懷歸道路長　逾江越漢津無梁
　遙上思永夜茫上　昭君失寵辭上宮　蛾眉嬋娟臥氈穹
　胡人琵琶彈北風　漢家音信絕南鴈　昭君此時怨畫工

可憐明月光朣朧　節既秋兮天向寒　沅有漪兮湘有瀾
沅湘糾合淼漫漫　洛陽才子憶長安　可怜明月復團團
逐臣恋主心彌恪　棄妾忘君情不薄　巳悲芳歲徒淪落
復恐紅顏坐銷鑠　可憐明月方照灼　向影傾身比葵藿
輪明月不至緊還有一天星斗燦燦爛爛果真是
萬物之精為列星　庶民象兮元氣英　認綽約兮其挽給
聸瑤光兮其玉繩　歌既稱兮列重耀　傳曾聞兮還夜明
牽牛服箱兮不以　今夕在戶兮識取　辰參主兮為晉商
箕畢分兮見風雨　為張華兮而見拆　感仲尼兮以當聚
中方定兮作楚宮　三五彗兮彼在東　予常識宋公之從
史墨知吳國之凶　軒轅大電兮繞樞　白帝華渚兮流虹

東井漢祖兮興起　梁沛曹公兮居止　驚嚴光兮帝共卧
笑戴逵兮自求妃　息夫指之兮獲罪　巫馬戴之兮出治
燦連貝兮倚泝羅　授人時兮命羲和　二使兮隨之入蜀
五老兮觀之遊河　嵗則降靈於方伯　昴則淪精於肖何
清為柳兮濁為畢　亂如雨兮隕如石　天錢曜兮於北落
老人指兮於南極　任彼彗光兮竟天　然而聖朝兮妖不勝
德

萬歲爺對月有懷因星有感龍腹中猛然間想起一樁事來了急傳旨意道上印綬監掌印的太監来這呌做是個殿上一呼階下百諾旨意已到誰敢有違只見印綬監掌印的太監即時来到號着珠簾之外聽旨萬歲爺道你是印綬監掌印的太監麽太監道奴婢是印綬監掌印的太監萬歲爺道你監裏可有餘剩的金銀印信麽太監道本監並沒有個餘剩的金銀印信萬歲爺道我原日過南京之時四十八兩重的坐龍金印有若干顆数五十四兩重的站虎銀印有若顆数三十六兩重的螭虎印走鮫印盤蛇印虬髯印龜紐印鰲魚印蝦鬚印也不計其數你那掌印綬怎麽說得一個沒有印太監道本監那掌印綬俱是奉爺爺聖旨禮部関會篆文旋時鑄成一個印旋時鐫上幾個字這却都是新的並沒有個舊時印信萬歲爺道我這舊時的印信從那裏去了太監道既是舊時的印信俱屬寶貝敢在寶藏庫裏麽聖旨道急宣寶藏庫的庫官来原来寶藏庫設立在內殿掌管的不是個庫官也是個太監一聲有旨只見寶藏庫的太監飛星而来磕頭如搗蒜連

聲嵩道爺喚奴婢有何旨意萬歲爺道你寶藏庫裏可有舊時的金銀銅鐵的印信麽太監道有有有萬歲爺道你快把那四十八兩重的坐龍金印取過兩顆来你再把五十四兩重的站虎銀印取過兩顆来你再把三十六兩重的螭虎印取過五顆来你再把三十四兩重的虬髯印取過四顆来那寶藏庫的太監即時取過許多的印来萬歲爺分付印綬監太監捧着此時正是金雞三唱曙色朦朧萬歲爺陞殿文武百官進朝只見淨鞭三下响文武兩班齊聲上道今日文武百官都會集在這裏朕有旨意百官細聽傳宣百官齊聲道萬歲萬歲萬萬歲有何旨意臣等欽承聖上道朕今日富有四海之內貴為天子上承千百代帝王之統緒下開千百代帝王之將来所有歷代帝王傳國璽陷在西洋朕甚憫焉

合行命將出師掃蕩西洋取其国璽先用總兵官一員掛征西大元帥之印。朕如今取出一顆坐龍金印在這裏那一員官肯去征西即時出班掛印。連問〻三四聲文班鴉鵲不鳴武班風停草止聖上又問了一回只見班部中閃出四員官來。朝衣朝冠手執象簡一字兒跪在丹陛之前。聖上心裏想道這四員官莫非是個掛印的來了心裏又想道這四員官人物鄙萎未可便就征西當駕的問道見朝的甚麽官員。那第一員說道小臣是欽天監五官靈臺郎徐某第二員說道小臣是欽天監五官保章正張某第三員說道小臣是欽天監五官保章副陳某第四員說道小臣是欽天監五官挈壺正高某。聖上道你們既是欽天監的官員有何事進奏欽天監齊聲道臣等夜至三更仰觀乾象只見帥心入斗口光射

出像西洋記　卷之三　六十一

天子臨軒雉扇繞分金闕曉

朝廷遣掛將軍印

將軍掛印龍旂盡引玉階春

西洋記　卷之三　六十二

尚書垣故此冐昧仰奏天庭聖上道帥星入斗口。敢是五府裏面公侯駙馬伯麽欽天監齊聲道公侯駙馬伯應在右弼星上不是斗口。聖上道莫非是六部裏面尚書侍郎麽欽天監說道尚書侍郎應在左輔星上。不是斗口。聖上道既不是武將又不是文官却那裏去另尋一個將軍掛印。欽天監道斗口係萬歲爺的左右近臣聖上道左右近臣不過是這些内官太監。他們那個去征得西洋。掛得帥印只見殿東首班部中履聲咭〻環珮琤〻閃出一位青年侯伯來。埀紳正笏萬歲三呼萬歲爺龍眼覷之。只見是個誠意伯劉某。聖上問道劉誠意有何奏章劉誠意道小臣保舉一位内臣征得西掛得印。聖上道是那一個刘誠意道現在司礼監掌印的太監姓鄭。名和聖上道怎見得他征得西掛得印刘誠意道

臣觀天文察地理知人潤禍福通過去未來臣觀此人若論他的身材正是下停短兮上停長必為宰相侍君王若是庶人生得此金珠財寶滿倉箱若論他的面部正是面闊風頤石崇擅千乘之富虎頭燕額班超封萬里之侯又且是河目海口食祿千鍾鉄面劍眉兵權萬里若論他的氣色紅光横自三陽一生中須知財旺黄氣發從髙廣旬日内必定遷官聖上道只怕司禮監太監老了些劉誠意道乾姜火棗越老越好正是龜息鶴形純陽一夢還仙境明珠入海太公八十遇文王聖上道却怎麽又做太監劉誠意道只犯了些面似橘皮孤刑有准印堂太窄妻子難留故此在萬歳爺的駕下做個太監聖上道既是司禮監可就是三寶太監麽左右近侍的說道就是三寶太監聖上道既是三寶太監下得西

洋掛得帥印快傳旨意宣他進朝即時傳下一道旨意即時三寶太監跑進朝来磕了頭謝了旨聖上道我今日出師命將掃蕩西洋取其國璽要用總兵官一員掛征西大元帥之印劉誠意保你下得西洋掛得帥印你果是下得西洋麽你果是掛得帥印麽三寶太監道奴婢仗着萬歳爺的洪福情願立功海上萬里揚威奴婢是下得西洋奴婢是掛得帥印聖旨道着印綬監遞印與他着中書科寫勅與他三寶太監掛了印領了勅謝了恩竟投丹墀下去有詩為証

詩曰

鳳凰池上聽鳶笙　司禮趋承舊有名　袍笏滿朝朱履暗
弓刀千騎鉄衣明　心源落落堪為將　膽氣堂堂合用兵

撚指西番畫稽顙　一杯酒待故人傾

聖上道征取西洋次用副總兵官一員掛征西副元帥之印朕還取得有坐龍金印一顆在這裏是那一員肯去征西出班掛印又問了一聲還不見有人答應聖上道適来欽天監照見帥星入斗口光射尚書垣司禮監是個斗口了今番副元帥却應在尚書垣你們六部中須則着一個出来掛印道猶未已只見右班中閃出一位大臣埀紳正笏萬歳三呼說道臣願征西臣願掛副元帥之印聖上把個龍眼覷看之時這一位大臣身長九尺腰大十圍面闊口方肌肥骨重讀書而登進士之第仕宦而歷諫議之郎九轉三遷践樞帳要先任三邉總制屹萬里之長城現居六部尚書校入方之戎籍忝賛机務為塩為梅巾府協同乃文乃武堂上相貌

說甚麽燕頷食肉之資欣欣心懐銜是些馬革裹尸之志正是門迎珠履三千客戶納貔貅百萬兵原来是姓王名ム山東青州府人氏現任兵部尚書聖上道兵部尚書你肯征進西洋麽你肯掛副元帥之印麽王尚書道小臣仰仗天威誓立功異域萬里封侯小臣願下西洋小臣願掛副元帥之印聖旨道着印綬監遞印與他着中書科寫勅與他王尚書掛了印領了勅謝了恩竟囬本班而去有詩為証

詩曰

海岳储精膽氣豪　班生彤管呂虔刀　列星光射龍泉劍
瑞靄香生獸錦袍　威振三邉勛業重　官居二品姓名高
今朝再掛征西印　兩袖天風拂海濤

聖上道。征取西洋。要用左先鋒一員。掛征西左先鋒大將軍之印
朕取得有站虎銀印一顆在這裏。那一員任左先鋒之職。願掛大
將軍之印。也一連問了幾聲。不見有個官員答應。怎麼問着個征
西偏再沒人肯答應。原來下海兩個字有些嚇怕人。故此文武官
員等閑不敢開口。聖上又問上一聲。只見殿東首。班部中。閃出一
位老臣。來履聲咭咭。環珮琤琤。原來是個英國公張公。直至丹墀
之内。三呼萬歲。稽首頓首。奏道。微臣保舉兩員武官。堪充左右先
鋒之職。聖上道。朕求一個左先鋒。且不可得。老卿連右先鋒都有
了。這都是個為國求賢。深得古大臣之體。但老卿保舉的還是甚
麼人。英國公道。他兩個人都是世胄之家。將門之子。執干戈而衛
社稷。每恭盟府之勛。侍孫武以為師。深達戎韜之略。一個虎頭燕頷

騰千。髮落腮鬍。長長大大。攀不倒的猛漢。一個銅肝鉄膽。由子臭
銅鈴眼。粗粗奋奋。選得上的將軍。一個武秇高強。一任他大的鉞
小的斧。長的鎗。短的劍。件件皆能。一個眼睛溜煞。惡看些。遠的箭
近的砲。飛的弾。掣的鞭。般般盡會。一個站着就是李天王降下九塵
手裏只少一把降魔劍。一個坐下。恰如真武爺坐鎮北極。面前只
少一桿七星旗。一個人如猛虎。馬賽飛龍。抹一角。明幌幌電閃旌
旗。日月高。一個威風動地。殺氣騰空。喝一聲。黑沉沉雷轟鼙鼓。山
河震。一個是姓張。名計。定遠人也。現任羽林左衛都指揮之職。一
個姓劉。名蔭。合肥人也。現任羽林右衛都指揮之職。這兩個武官
下得西洋。掛得左右先鋒之印。聖上道。依卿所奏。即時傳下兩道
旨意。宣上羽林衛兩員官來。羽林衛兩員官。即時宣上金鑾殿。萬

歲爺龍眼看來。果真的不負英國公所舉。旨意道。着印綬監各遞
一顆站虎銀印與他。着中書科各寫一道先鋒勅與他。兩員官各
掛了印。各受了勅。各謝了恩。各回本衛而去。有詩為証

詩曰

英傑天生膽氣豪　先鋒左右豈辭勞　斗牛並射龍泉劍
雨露均沾獸錦袍　九陛每承皇詔寵　隻眸慣識陣雲高
此回一吸鯨波盡　歸向南朝讀六韜

英國公也回本班而去。聖上道。征取西洋。還用五營五員大都督
各掛征西大都督之印。還用四哨四員副都督。各掛征西副都督
之印。印綬監有印在此。你們班部中不論文官武將。但有能征進
西洋者。許即時出班掛印。道猶未了。殿東首班部中又閃出一位

老臣。來履聲咭咭。環珮錚錚。原來是定國公徐公。徑直至丹墀之
内。三呼萬歲。稽首頓首。奏道。三軍之命懸于一將。用之者不得不
慎。今日征進西洋。事非小可。五營四哨。又非一人。依臣所奏。許文
武各官保舉上來。取用奉聖旨。依卿所奏。許百官即推堪任正副
都督的。纔十員來看。這些文武百官奉了旨意。議舉所知五府都
督。說道。考核將材。本兵官的事。打一個恭請兵部尚書定奪。兵部
尚書說道。今日此舉。時刻有限。未可造次。須是你本官舉薦。打一
個恭請五府侯伯定奪。定國公道。今日選將出征。事務重大。難將
一人手。掩得天下目。這如今或是那一員堪任正都督。或是那一
員堪任副都督。先許五府侯伯指名推來。次用六部官僉名保結
次後本兵官裁定。恭請旨定奪。如此再三。庶幾用不失人。前無

麽事文武百官齊聲道老總兵言之有理卽時間府中椎出一員部中僉名保結本兵官裁定叅詳一會見府中又推一員部中僉名保結本兵官裁定叅詳再推一會見府中又推一員部中僉名保結本兵官裁定叅詳三推四保五結六詳。七裁八定填刻裏把個長單填遍了。也有推了沒保結的。也有上保結過不得本兵官的又推又保。又過得本兵官的約有二十多員百官俯伏丹墀稽首頓首奏道臣等舉保堪任正副都督的官員姓名開具揭帖進呈御覽伏乞聖裁奉聖旨有點的是文武百官欽此欽遵卽時間奉聖旨點了的。御命而來拜舞丹墀之下。見朝已畢當駕的說道五營五員大都督站立丹墀中左側四哨四員副都督站立丹墀中右側鴻臚寺唱名印綬監交印中書科付勅只見五營五員大

都督一字兒站着丹墀中左側四哨四員副都督一字兒站着丹墀中右側鴻臚寺站在班首。唱名說道第一營第一員大都督姓王名堂便應聲道有掛了印領了勅謝了恩竟投階下而去第二營第二員大都督姓黃名棟梁便應聲道有掛了印領了勅謝了恩竟投階下而去第三營第三員大都督姓金名天雷便應聲道有掛了印領了勅謝了恩竟投階下而去第四營第四員大都督姓王名朋王朋應聲道有掛了印領了勅謝了恩竟投階下而去第五營第五員大都督姓唐名英唐英應聲道有掛了印領了勅謝了恩竟投階下而去有詩為証

詩曰

少年乘勇氣　五虎過烏孫　力盡軍勞苦　功加上將恩
曉風聽戍角　殘月倚城門　共掛征西印　鯨波漾月痕

五營五員大都督過了。就到四哨四員副都督。鴻臚寺又唱道第一哨第一員姓黃名全彥。應聲道有掛了印領了勅謝了恩竟投階下而去第二哨第二員姓許名以誠應聲道有掛了印領了勅謝了恩竟投階下而去第三哨第三員姓張名柏應聲道有掛了印領了勅謝了恩竟投階下而去第四哨。第四員姓吳名成掛了印領了勅謝了恩竟投階下而去有詩為証

詩曰

旌亞齊安睦　風高漢武威　營門連月轉　戍角逐烟催
青海聞傳箭　天山報合圍　今朝携劍起　馬上疾如飛

聖上道征取西洋。還要用指揮官一百員千戶官一百五十員百

戶官五百員着兵部尚書逐一推上来看以便鑄印與他却不知聖上取到這些官有何重用處却不知兵部尚書取到那些官上来復旨且听下回分解

新刻全像三寶太監西洋記通俗演義卷之四

二南里人　編次
三山道人　繡梓

第十六回

兵部官選將練師　教場中招軍買馬

詩曰

十八羽林郎　戎衣事漢王　臂鷹金殿側　挾弾玉輿傍
馳道春風起　陪遊出建章
侍獵長楊下　承恩更射飛　塵生馬影滅　箭落鴈行稀
薄霧隨天仗　聯翩入瑣闈

却說萬歲爺道征進西洋還要用指揮官一百員千戸官一百五

擐甲揮戈臨高門於馳道

楊威躍武列長表於康衢

十員百戸官五百員着兵部官逐一推来看。鑄印與他兵部尚書齊伏丹墀。稽首頓首。奏道陛下選將征西事非小可須則是個智勇具足文武兼資馬到功成旗開得勝方纔不辱滅了朝命似此任大責重。小臣未敢擅便聖上道。卿意何如兵部道依臣所奏寬賜欽限容臣等會同五府侯伯教場之內嚴加考校拔其尤者来復朝命未審聖意若何奉聖旨依卿所奏限三日內回報即時御駕轉宮。文武百官班散。兵部尚書歸衙移咨五府五府侯伯傳示各營。示仰各衛指揮各所千百戸各備軍器器械馬匹。俱限明日黎明齊赴大教場內。操演武藝比校勝負中間武秇高強韜略閑習即便疏名進朝請旨掛印前往征西不覺的月往日来就是三更五鼓雞唱天明兵部尚書開了提搭了轎竟投大教場而来那

此々京營裏的將官人頭簇々。馬首相挨不在話下。還有一班五府
公侯伯子男貂蟬滿座。斗轉疑星只見兵部尚書進了營。各々相
見相見已畢。叙次坐下各官投參尚書把個投參的手本查一查
大略約有二千四百餘員尚書心裏想道今日多中撈摸想必得
個好將官也即時上了將臺東首扯起一桿為国掄材四個大金
字的旗號西首扯起一桿欽差選士四個大金字的旗號即時傳
下好令。各官先試弓馬次試弩箭三試鎗四試刀五試劍六試矛
七試盾八試斧九試鉞十試戟十一試鞭十二試簡十三試撾十
四試杈十五試耙十六試白打十七試綿繩十八試套索一十八
般武執件上考全。這一考不至緊把這些々將官都考倒了投參時
原有二千四百餘員及至考校已畢把個紀録簿兒來總一查恰

好的去了一千七百餘員止有七百員登簿中間却有張相等一
十八名現任指揮之職鈇楞等三十六名現任千戶百戶之職這
兩班兒却是與衆不同一十八般武執無不精通。三略六韜無不
胥熟尚書心下十分歡喜即時類集表奏朝廷。只是欽限少了五
十名。五府侯伯說道。千日之長一日之短。一個人討上了幾個滿
了欽限各官散塲直到明日五鼓。金雞三唱曙色朦朧官裏陞殿
百官進朝正是

紫殿俯千官　春松應合歡　御爐香焰煖　馳道玉聲寒
乳燕翻珠綴　祥烏集露盤　宮花一萬樹　不敢舉頭看

萬歲爺陞殿百官進朝文武班齊奏章已畢。兵部尚書出班俯伏
萬歲三呼稽首頓首。奏道。臣蒙聖恩考選諸將考選已畢今將堪
任指揮一百員堪任千戶一百五十員堪任百戶五百員具有劄
子々呈奏聖旨接上来看聖旨看了說道各官現在何處尚書道
現在午門外聽宣奉聖旨宣進来只見那七百五十員將官奉了
聖旨蜂湧而来進了朝門一字兒跪着丹墀之下黃門官奏道介
冑之士不拜。各官平身。各官齊聲呼上一聲萬歲萬歲萬々歲站
將起来只見

一個々頭戴的爛金盔映日　一個々身穿的鎖子甲舖銀
一個々扎袖兒半寬半窄織成五采文章　一個々條鬚兒不短
不長斜曳三春楊柳　一個々掛一把戒手的刀夜靜青龍偃
月　一個々跨一口防身的劍。秋高白虎臨門　一個々掩心
鏡兒明幌々。照耀乾坤　一個々獸吞頭兒黑沉々舖堆烟雨

一個々弓衣兒邊々。早三弦晝三弦晚三弦々上擺許多的
虎豹　一個々箭壺兒小々。上八洞中。八洞下八洞。々裏有無
限的神仙　一個々遠望處紺地勾文虎頭連壁赫奕兮最是
英明　一個々近前時蚪龍列象樓櫟成形炳爛兮越加壯麗
一個々擦掌摩拳跐牙倈齒略々綽々。那裏再尋這個混世
魔王　一個々橫眉豎髮開角拳毛傴々兜々。就是生成狠的
當年太歲　正是渾身有膽能披難　奮武何人敢敵鋒　豺
虎陣中驅戰馬　貔貅隊裏捉真龍

本聖旨首事的鑄印與他一同的関防管事。各々謝恩而退聖上
道征進西洋。還用管粮草的官幾員。陰陽官幾員通譯番書官幾
員。精通醫藥的醫官幾百員。醫士幾十名該部知道即時戶部尚

書點本部浙江司郎中ㄙ官一員。進呈欽天監點陰陽官ㄙ共十
員進呈四夷館點通譯番書ㄙ共十員進呈太醫院點醫官一百
名。醫士三十名進呈奉聖旨。各該到任聽調有詩為証

詩曰

耀武揚威海上洲　百官濟上借前籌　襟裾華夏未為遠
俯仰堪輿不盡遊　任是怪禽呼姓字　何難海鳥佐朋儔
明朝來享來王日　一統車書闕下收

聖旨道征進西洋。還用精兵十萬名馬千匹。該部知道兵部領了
招兵的旨意太僕寺領了買馬的旨意不旬日之間兵部招了十
萬雄兵。每日間在於教場中分班操演。就在長干門外。札了五個
大營。分個中左右前後。這個中。却不是留守中。武功中。濟陽中。武

城中。富略中。大寧中。這個左却不是金吾左。羽林左。府軍左。留守
左。虎賁左。永清左。武功左。武驤左。騰驤左。潘陽左。神武左。這個右。
却不是金吾右。羽林右。燕山右。留守右。虎賁右。永清右。武功右。武
驤右。义勇右。騰驤右。潘陽右。這個前。却不是金吾前。羽林前。府軍
前。燕山前。留守前。義勇前。忠義前。大寧前。這個後。却又不是金吾
後。府軍後。留守後。義勇後。忠義後。他自操自演。自札自營。只在伺
候聖旨調遣有一闋從軍行為証

行曰

穹廬雜種亂金方　武將神兵下玉堂　天子旌旗過細柳
匈奴運數盡枯楊　關頭落月横西裔　塞下凝雲斷北荒
漠上邊塵飛衆鳥　昏上朔氣聚羣羊　依稀鏟杖迷蘄竹
髣髴胡床識故桑　臨海舊來聞驃騎　尋河本自有中郎
坐看戰壁為平土　近侍軍營作破羌

兵部尚書復了招兵的本奏聖旨該部嚴加訓練。俟征西之日調
發却說太僕寺領了買馬的旨意遍尋天下名馬。不旬日之間馬
已齊備了這個馬却不是等閒的馬盡是些　飛龍　赤兎　駿
騍　騂騮　紫燕　驌驦　嚙膝　踰暉　騏驎　山子　白蟻
絶塵　浮雲　赤電、絶羣　逸驃　騄驪　龍子　驎駒
騰霜驄　皎雪驄　凝露驄　照影驄　懸光驄　决波騟　飛
霞驃　發電赤　奔虹赤　流金騧　照夜白　一丈烏　五花
虬　望雲騅　忽雷駮　捲毛騧　獅子花　玉驌騮　紅赤撥
紫叱撥　金叱撥　就是毛片也不是等閒的毛片。都是些布汗

論聖虎喇合里烏楮啞兒爺屈良蘇盧東騮海騮栗色燕色兎黄
兵白玉面銀鬃香膊青花。就是馬鹿也不是等閒的馬鹿。都是些
飛虎朋驎吉良龍騏騊駼駃騠騕褭六羣。天花鳳苑荒豢奔星內
駒外駒左飛右飛左方右方東南內西南內這個太僕寺馬匹齊
集。只是伺候旨意發落有一闋天馬歌為証

歌曰

漢水揚波洗龍骨　房星墮地天馬出　四蹄蹀躞若流星
兩耳尖修如削竹　天閑十二連青雲　生長出入黄金門
鼓鬣振尾恣偃仰　食粟何以酬王恩　豈堪碌上同凡馬
長鳴噴沫奚官怕　入為君王駕鼓車　出為將軍靜邊野
將軍與尔同死生　要令四海無戰爭　千古萬古歌太平

太僕寺復了買馬的旨意奉聖旨該本衙門牧養俟征西之日發落。明日萬歲爺陞殿百官進朝淨鞭三下响。文武兩班齊。一道聖旨竟往長干寺。宣國師進朝却說金碧峰在長干寺裏領看非幻徒弟雲谷徒孫更有本寺的欽定上人古隱上人靡宣上人靈聰上人。元叙上人講經說法正果朝元忽聞得聖旨召。你看他頭戴的瓢兒帽身穿的染色衣。一手鉢盂。一手禪杖大搖大擺上上金鑾殿來萬歲爺看見個碧峰長老遠來。忙傳聖諭着今當駕的官看下繡墩賜坐長老見了萬歲打個問訊把個手兒拱一拱聖上道不見國師又經旬日。長老道貧僧知得上位連日有事選將練師招軍買馬故此不敢擅自進朝。恐防軍國重務聖上道但說起

霧湧千軍潽座山光搖劒戟

教場中招軍買馬

雲屯萬馬繞城波色動樓臺

個選將練師。我心上就有許多不寬快處長老道。為何有許多不寬快處聖上道枉了我朝中有九公十八侯三十六伯都是位居一品祿享千鍾績紀旂常盟垂帶礪一個個貪生怕死不肯征進西洋。長老道怎見得不肯征進西洋。聖上道是我前日當朝廷之上。取了先顆四十八兩重的坐龍金印並沒有一個公侯伯肯出班掛印征西長老道這正使合該是司禮監太監協同合該是兵部尚書聖上道國師是何高見長老道貧僧夜觀乾象只見帥星入斗口光射尚書垣聖上道欽天監也曾說来但不知這斗口可是三寶太監麼長老道是誰保舉三寶太監来聖上道是劉誠意保舉的長老道欽天監該陞他三級劉誠意該進爵公侯聖上道怎見得欽天監該連陞他三級劉誠意該進爵公侯長老道欽

監陰陽有准劉誠意天地無私。聖上道欽天監陰陽有准這便是了。怎見得劉誠意天地無私。長老道滿朝文武百官俱征不得西洋。止有三寶太監下得西洋。征得番。這是個天造地設的劉誠意直言保舉。却不是個天地無私。聖上道怎見得三寶太監下得海征得番。長老道三寶太監不是凡胎。却是上界天河裏一個蝦蟆精傳世。他的性兒不愛高山。不愛旱路。見了水便是他的家所。故此下得海征得番。聖上道怎麽兵部尚書去得。長老道兵部尚書也不是個凡胎。却是上界白虎星臨凡。有了這個虎將鎮壓軍門方纔個斬將搴旗摧枯拉朽。萬歲聽見這兩個元帥都是天星心裏想道世上那裏有這許多的天星。只怕明日征西洋。有些做話靶。怅問道左右先鋒國師可曾知道。長老道貧僧知道。聖上道

國師何事得知道。長老道貧僧都是個未卜先知的。萬歲爺心裏想道原來這長老未卜先知哩。問道既是國師未卜先知這兩個先鋒可去得麽。長老道這兩個先鋒不但只是去得。還有老大喫緊處。聖上道敢是個喫緊的天星麽。長老道這兩個人雖不是個天星却是個喫緊處相生相應。聖上道怎叫做個相生相應。長老道三寶太監是個蝦蟆精這個張計號做東塘這個劉蔭號做西塘蝦蟆見了塘。你說他伏水土不伏水土。況兼有了西塘。就保管得他前往西洋。有了東塘又保管得他轉歸東土。這却不是個喫緊處相生相應。萬歲爺道其餘諸將可都是個天星麽。長老道一言難盡天机怕洩。明日征西之後。上位責令欽天監。註記某日某星現某方。貧僧同西洋去做證明功德也立一項文簿。填寫着

某日某人出陣。某日某人出陣等待回朝之時。兩家登對便知某是星不是星。龍目親覩之。纔見明白。聖上道這也是國師縝密處。朕不相強。只是眼目下軍馬俱已齊備寶船的事體国師上裁長老道這個寶船。事非小可。須則戶部支動天下一十三省的錢粮。工部委官欽採皇木。却又要順天之時。因地之利。擇一個吉日良時蓋一所寶船官廠。却纔用得人官之能。盡得物曲之利把個三百六十行的匠作。選上加選。精上要精。勒日成功。刻期完件這叫做個要取驪龍項下珠。先須打點降龍手。萬歲爺沉思了半晌說道朕有個處分了。目今盖造皇宮。錢粮木料俱已齊備。權且大工停止。把這錢粮木料那移到寶船廠來。彼此有益民不知勞。長老道上位言念下民。社稷之福。無敵於天下者天吏也。此去西洋。百戰

百勝。都在上位這一念愛民心上得來。萬歲爺聽知個百戰百勝滿心歡喜。說道全仗國師指教。即時傳下旨意。大工暫止。轉將前項錢粮木植。盡赴寶船廠聽用。該部知道。又傳出一道旨意。竟往龍虎山宣張天師進朝。選擇吉日良時。以便起工。又傳出一道旨意。着船政分司踏勘寬闊去處。盖造寶船廠一所。又傳出一道旨意。着匠作監精選三百六十行的匠人。類齊聽用。聖旨已出。誰敢有違。只見張天師親自進朝。具上一個章疏。擇取本年九月初六日寅時破木起工。萬歲道今日已是八月二十日。欽限却快了些。道循未了。工部船政分司一本。為大工事。臣等踏勘。就于下新河三叉口。草鞋夾地。形寬闊。盖造寶船官廠一所。工完奏聞奉聖旨九月初六日開廠興工。道循未了。匠作監一本。為大工事。臣等考

還三百六十行匠人堪充工作。開具姓名。揭帖具奏奉聖旨九月初六日寶船廠聽用戶部一本為大工事。臣等欽遵旨意將前項錢粮清查明白。聽候寶船廠支用。先此奏聞奉聖旨工部知道工部一本。為大工事。臣等採取皇木已經進城的盡行訖。未用的散在龍潭江。天寧洲上。冬月江水歸漕。以致水次窵遠。抑且木料長大一時搬運不便。恐違欽限。先此奏聞聖旨看了。說道此時水涸岸高。果是上下不便。初六日不論木之大小。起工便罷。碧峰長老道不可不可。豈不聞工師得大木則王喜。以為勝其任也。匠人斲而小之則王怒。以為不勝其任也。起工之日須得皇木取齊了。聖上道河乾水浅搬運不便將如之何。天師說道若是搬運不便容臣驅下天將来搬運罷。長老道今番另寫過四十八道飛符。不

可仍前的不應付。天師但說起個四十八道的飛符。心上就有些決々。好個萬歲爺生怕詈倖了天師。說道但憑國師高見長老道貧僧袖占一課。初五日。寅時皇木一齊到廠。天師心裏想道這和尚說個日期且不可。還又限了個時辰只當半夜三更發個譫語萬歲爺心裏也有三分兒不准信。心裏雖然不准信面上却要奉承他說道初五日皇木到廠。國師何以知之。長老道天机不可漏洩。到了初五日。便見議事已畢。萬歲爺轉宮。文武百官班散。天師去朝天宮。長老又找長干寺而去。不覺的光陰似箭。日月如梭。轉眼就是九月初旬。戶部錢糧俱已齊備。寶船廠俱已齊備。管工分司俱已齊備。三百六十行匠作人等俱已齊備。只是不得個皇木到廠。看々的是九月初四日。每日三本進朝皇木還在洲上。不得

下水。萬歲爺心裏想道長老今番也有些謅了。天師心裏想道這和尚今番却有些跋涉了。到了初四日挨晚上。天寧州搬運官夫嚌々哇々。你也說道朝裏好個國師初五日皇木到廠。我也說道朝裏好個國師初五日皇木到廠。一更歇工。二更安寢。三更悄靜四更撮空。五更雞叫。六更天明。怎麽有個六更。却說這些官夫睡到天明還不曾番身轉搢。却不是個六更。及至醒了。撑開眼来只見白茫々一江洪浪。赤喇々萬里滔天。睡在簰篷裏的簰隨水起還落得個乾浄渾身。睡在店房之中床廳兒都也渰了。渰了床廳到不至緊。過了工部大堂印信的皇木大約有幾千萬多根。一根也沒有了。官夫又慌。管工的官又慌。都說道這皇木若有差池。粉骨碎身不及也。有望下流頭去找的。也有望上流頭去找的。却說

初五日早辰萬歲爺還不曾陞殿。只見寶船廠管廠的官。已有飛本進朝說道今日洋子江非常潮信。自五鼓起至日出寅時止潮頭約有五十丈多高。寶船廠盡行渰沒。臣等站在水中。幾乎沒項須臾之際只見水面上幾千萬根頂大木植。隨潮而来直至寶廠下。臣等攀援而上。苟延残喘。即時潮退。臣等細查原来木植之上俱有工部大堂印信。臣等未敢擅便。謹此奏聞萬歲爺龍眼觀看。龍腹中就明白了。心裏想道好個長老範圍天地之化而不過。曲成萬物而不遺。即時陞殿。文武百官進朝。天師長老一時俱到。萬歲爺道皇木到廠多謝國師扶持。長老道萬歲爺洪福齊天。鬼神助力。潮從上湧簰逐潮来。貧僧何敢貪天功為已功也。這幾句話說得何等謙卑。百官無不心服。萬歲爺即時傳旨。寶船廠動工。萬

歲爺道寶船廠委官雖有冗員還得冗員大臣督率總好道猶未了。工部馬尚書出班奏道造船本是該部公幹小臣不憚勤勞願時常督率萬歲爺道功程浩大難以責備一人之身。還要斟酌道猶未了。兵部王尚書出班。奏道造船事務重大小臣願時常督率萬歲爺道這總是個敬事後食之臣道猶未了。只見司禮監太監出班奏道奴婢願往。協同二位尚書不時督率。萬歲爺道百官都是這等不肯偷閑那怕甚麽西洋大海即時欽差一員太監兩員尚書。前往寶船廠督率。御駕轉宮百官班散天師長老各歸舊刹這一位内相。二位尚書搭了轎開了棍逕投寶船廠而来進了廠下了轎叙了禮參見了委官查明了手本點過了匠作燒了天地紙馬破了木動了工。一日三。三日九。事事俱好只是那個皇木原

是深山之中採来的俱有十抱之圍年深日久性最堅硬斧子急忙的砍不進鑿子急忙的錐不進錛子急忙的鋤不進鋸子急忙的鏟不進鏇子急忙的銑不進箭子急忙的釘不進鉋子急忙的推不進動工已經一月有餘。工程並不曾看見半點每日間一個内相兩個尚書。聯鑣並轡。奔着廠裏而来。馬尚書道似此成功之難。十年也造個寶船不起。王尚書道就是十年也下西洋不成。三寶太監笑了一笑說道二位老先兒十年還是一書生。馬尚書心裏想道這寶船終是我工部的事務這擔兒終是我要挑的。心生一計。瞞了二位同事獨自一個兒逕投長干寺中。請教碧峰長老長老道這個土木之工。使不得甚麽手法。只廣招天下匠人其中自有妙處。馬尚書得了這兩句話兒。就辭却長老而歸心裏只是

念茲在茲。不得這個工程快捷。忽一日坐在轎上猛然間想起個長老那兩句話来廣招天下匠人其中自有妙處多半這個寶船成就都在這十二個字裏面即時寫了告示揭于通衢廣招天下匠人有功者許賞官職請旨遵行天下的匠人聽知道有功者許賞官職不遠千里而来四方雲集匠人日見其多。這多中撈摸果真的就有個妙處鋸子也鏟得快斧子也砍的快鑿子也錐的快錛子也鋤得快鏇子也銑得快箭子也釘得快鉋子也推得快請下了金碧峰的寶船圖樣来依樣画葫蘆圖。上寶船有多少號数就造成多少號数圖上每號有多少長就造成多少長圖上每號有多少潤就造成多少潤圖上每號怎麽樣的制度就依他怎麽樣的制度只有四號寶船不同都是萬歲爺的旨意。如此如此。是

那個四號寶船不同第一號是個帥府頭門儀門丹墀。滴水官廳穿堂後堂庫司側屋别有書房公廨等類都是雕梁画棟象鼻挑簷。挑簷上都安了銅絲羅網不許禽鳥穢污。這是征西大元帥之府第二號也是帥府。一樣的頭門儀門丹墀。滴水一樣的官廳穿堂後堂。一樣的庫司側屋。一樣的書房公廨。一樣的雕梁画棟象鼻挑簷。一樣的挑簷上銅絲羅網。這是征西副元帥之府第三號是個碧峰禪寺。一進是個山門過了山門就是金剛殿過了金剛殿就是天王殿兩邊泥塑的金剛木雕的風調雨順崚嶒古怪殺氣漫漫。過了天王殿總到大雄寶殿殿上坐了三尊古佛兩邊列着十八尊羅漢這十八尊羅漢俱是檀香木刻的。約有七尺多高後面是個毘盧閣另有方丈。另有個禪堂。中間有一個寶座盡是

黃金葉子做成金蓮花一千瓣團々簇々號為千葉蓮臺又有一個懸鏡臺々高三丈五尺兩邊俱是畫成的諸天神將別樣的那誤這是金碧峰受用的第四號是個天師府頭門二門門裏有千樹仙桃四時不謝中間是個三清殿後面有個玉皇閣後面又有個聚神臺上面是馬趙溫關四位天將兩邊列的都是三十六天罡七十二地煞另有個真人不老宮奇花異卉別是人間一洞天這是龍虎山張天師受用的這些寶船用了無萬的黃金費了萬萬歲爺許多的聖慮不及八個月日大工告完馬尚書會同王尚書三寶太監連名一本寶船告成乞加恩賞事萬歲爺見了本龍顏大怒急宣文武百官却不知龍顏為甚麼這個大怒急宣文武百官有甚麼旨意且看下回分解

○○

第十七回

寶船廠魯班助力　鐵猫廠真人施能

詩曰

大明開鴻業　巍々皇猷昌　止戈戎衣定　修文繼百王
統天從甫施　理物體含章　深仁諧日月　撫運邁時康
幡旗既黑々　征鼓何鍠々　外夷遵命者　剪覆破天殃
和風凝宇宙　遐邇競呈祥　四時調玉燭　七燿烈萬方
維岳降宰輔　維帝用忠良　五三成一德　於昭虞與唐

却說工部尚書一本寶船工完乞加恩賞事萬歲爺看了本龍顏怒發急宣文武百官淨鞭三下响文武兩班齊萬歲爺道今日百官在此工部一本為寶船工完事這寶船可是完了麼馬尚書出班奏道陛下洪福齊天不日成之王尚書出班奏道天地協和鬼神效力故此寶船工程易完三寶太監出班奏道奴婢們星夜督率委實是工完聖上道你這廝俱是欺侮我朝廷豈有恁大的功績不假歲月而成文武百官一齊跪下稽首頓首奏道為臣的誰敢欺侮朝廷萬歲爺把個龍眼覷有只見班部中獨是劉誠意不曾開口聖上就問道劉誠意你為何不作聲劉誠意道非干小臣不言之罪小臣袖裏占課故此未及奏稱聖上道你占的課怎麼說劉誠意道小臣袖占一課這寶船廠裏有個天神助力故此易於成功陛下不須疑慮聖上道須則是眼見那個天神我心纔信劉誠意道要見也不難聖上道怎麼不難劉誠意道無其誠則無

其神有其誠則有其神聖上道既是這等說我三日齋七日戒親至寶船廠內要九張桌子单層起来果是天神飛身而上此心敬信百官齊聲說道欽此欽遵御駕回宮百官班散馬尚書這看劉誠意唱了一個喏打了兒個恭說道聖上要見天神怎麼得個天神與他相見劉誠意道到了七日上自有天神下来劉誠意雖是這等說馬尚書其實不放心不覺的捱到了七日之上果真的萬歲爺排了御駕文武百官扈從逕往寶船廠来廠裏已自单層了九章金漆桌子御駕親臨即時要個天神出現如無天神准欺侮朝廷論官匠盡行處斬說着個處斬二字那一個不伸頭縮頸那一個不魄散魂飛那一個是個神仙出来未久之間只見厨下一個燒鍋的火頭蓬頭跣足走將出来對衆匠人說道我在這裏無

功食禄過了七個月今日替衆人出這一力罷只是你們都要吆唱着一聲天神出現助我之興我纔得像果真的衆人吆喝一聲道天神出現哩到是好個火頭番身就在九張桌子上去了把個聖上也喫了一驚心裏想道莫道無神也有神聖上問道天神你叫做甚麼名字天神道我即名ㄑ即我萬歲爺轉頭叫聲當駕的官再轉頭時其人已自不見了萬歲爺心上十分快活今日天神助力明日西洋有功可知即時叫過衆匠人来衆匠人見了個御駕骨頭都是酥的一字兒跪着萬歲爺道這桌子上是個甚麽人衆匠人道是個烧鍋的火頭萬歲爺道他姓甚名何衆匠人道只曉得他姓曾不曉得他的名字萬歲爺道他怎麽様兒打扮衆匠人道他終日裏蓬頭跣足腰上繫的是四個拳頭大的數珠兒左

寶厰宏開玉樹峰前依日近

仙舟立就蜃樓海上駕雲高

脚上雕成一隻虎ㄑ口裏啣一個珠右脚上雕成一枝牡丹花ㄑ傍有一枝蘭草他食腸最大每日間剩一盆他就喫一盆剩一缸他就喫一缸若是没有得剩三五日也不要喫萬歲爺道畢真是個天神發放衆匠人起去又宣劉誠意上来問道卿再袖占一課看這個天神是甚麽名姓劉誠意道不必占課衆匠人已自明白說了聖上道他衆人說道不暁得他的名字劉誠意道他說姓魯腰裏繫着四個拳頭大的数珠兒魯字腰上加了四點却不是個魯字他左脚下一隻虎ㄑ是獸中之王右脚下一株牡丹ㄑ是花中之王老虎口裏啣着一個珠是一點牡丹傍邊一枝蘭是一撇兩個王字中間着一點一撇却不是個班字以此観之是個魯班下来助力故此他說我即名ㄑ即我聖上道卿言有理即時叫

傳宣的官宣碧峰未見駕長老見了聖駕微微的笑道今日魯班面見天子聖上道國師你怎麽得知長老道是貧僧指點馬尚書請来的聖上道怎麽是國師指點馬尚書請来的長老把馬尚書請教的話細說了一遍萬歲爺老大的敬重長老老大的敬重劉誠意一面宣紀録官紀功叙功重賞一面御駕臨江觀看寶船好寶船也有一篇寶船詞為証

詞曰

刻木為舟利千古　肇自虞姁與共鼓　權輿簸木吳艅艎
矜誇浮上漢雲母　白魚瑞周以斯歸　黃龍感禹而来負
誰知道濟艤艋功　秉風縱火有艨艟　徐宣凌波其抗厲
鄧通持櫂何從容　艤烏江而待項羽　燒赤壁而走曹公

沙棠木蘭稀巧嚴　指南常安有奇制　釆菱翔鳳兮竝稱
是䑳晉舶兮一類　李郭共汎兮登仙　胡越同心兮共濟
涉江求劍兮楚偵　伐晉王官兮在秦　紼纚維兮汎五會
舳艫接兮容萬人　飛雲兒兮知吳國　青翰聞兮為鄂鄰
漢武兮汾陽申辨　廣德兮便門陳諫　穆滿兮乘之鳥龍
山松兮望彼鳧鴈　造維江陵兮喬木　習維昆明兮鏖戰
翔螭赤馬兮三侯　鵁鶄鷁頸兮五樓　蒼隼兮先登見號
飛廬兮利涉為謀　泛靈芝兮杜白鶴　浮巨浸兮梁銀鈎

却說萬歲爺看了寶船就問長老道寶船巳是齊備國師何日啟行長老道寶船雖是齊備船上還少些鉄猫聖旨道三山街舊內之門裏面曾有幾把可借用罷長老道那個猫小了此去不得聖上道既是舊猫去不得新猫但憑國師上裁長老道須則是與工鑄造聖上道文武百官在這裏是那個肯去與工造猫哩道猶未了班部中又閃出三寶太監来稽首頓首奏道奴婢願去與工造猫道猶未了班部中又閃出工部馬尚書来稽首頓首奏道小臣願去與工造猫道猶未了班部中又閃出兵部王尚書来稽首頓首奏道小臣願情協同造猫聖上見了這原舊三員官心上老大的寬快說道多生受了列位衆官齊聲道這是為臣的理當怎麽說個生受兩個字但不知與工造猫猫要多大的聖上道非朕所知可宣國師来問他長老就跕在左壁廂說道這個猫忒大了也躴𩨘用不得忒小了也浪蕩用不得大約要分上中下三號每號要細分三號每上號要分個上上號上中號上下號每中號要分個中上號中中號中下號每下號又要分個下上號下中號下下

號三三共九號頭一號的猫要七丈三尺長的䑽要三丈二尺長的齒要八尺五寸高的環第二號的猫要五丈三尺長的䑽要二丈二尺長的齒要五尺五寸高的環第三號的猫要四丈三尺長的䑽要一丈二尺長的齒要三尺五寸高的環其餘的雜號俱從這個丈尺上乘除加減　還要百十根綜纜每根要吊桶樣的粗大穿起猫的臭頭来繞歸一統長老分派巳畢聖駕回朝文武百官隨駕所有三寶太監兵部尚書工部尚書面辭了萬歲分了委官即時到於定淮門外寬闊所在盖起一所鉄猫廠来即時出了飛票仰各柴行炭行鉄行銅行等三百六十行凡有支用處俱限火速赴鉄猫廠應用毋違即時發下了幾十面虎頭牌票仰各

省直府州縣道。凡有該支錢粮。火速解到鉄猫廠應用。毋違即時出了飛票拘到城裏城外。打熟鉄的鑄生鉄的打熟銅的鑄生銅的火速齊赴鉄猫廠聽用毋違即時發下了幾十面虎頭牌仰各省直府州縣道招集鉄行匠作星夜前赴鉄猫廠應用毋違這叫做是個朝裏一點墨侵早起來跑到黑朝裏一張紙天下百姓忙到夗不日之間無論遠近供應的錢粮一應解到無論遠近銅鉄行匠作一應報齊。三寶太監坐了中席王尚書坐左。馬尚書坐右各項委官逐一報齊㸔了天地甲馬祭了鉄猫祖師開了爐起了工動了手。三位總督老爺歸了衙。只說是眼觀旌捷旗耳聽好消息那曉得這些匠作打熟鉄的打不成猫鑄生鉄的鑄不成猫毛毛糙々就過了一個月只鑄猫的還鑄得有四個爪打猫的只打

打得一個環却說這三位總督老爺三日一次下廠過了一個月却不是下了十次廠並不曾見個猫星兒這一日三位老爺又該下廠。下廠之時先叫二十四名打熟鉄的作頭過来二十四名打熟鉄的作頭一齊跪下三寶老爺問道你們打的猫怎麼樣哩衆作頭說道俱打成了一個鎰三寶老爺道猫到不打到打個甚麼鎰叫左右的把這些作頭揪下去每人重責三十板衆作頭吆喝着道鎰就是猫上用的三寶老爺道那裏猫上有個鎰衆作頭吆喝道老爺在上豈不聞猫而不秀者有一鎰三寶老爺聽之大怒罵說道你這狗娘養的你欺負咱不讀書咱豈不知苗而不秀者有矣夫你怎麼敢謊咱猫而不秀者有一鎰坐他一個造作不如法准違滅聖旨論該斬罪即時請過旨意盡將二十四名作頭押

赴直沽口梟首示衆可憐二十四個無頭鬼七魄三魂逐水流却說斬了二十四名打熟鉄的作頭纔方来叫這二十四名鑄生鉄的作頭這二十四名作頭說道你我今番去見公々再不要說書語。只好說個眼面前的方言俗語纔是及至見了三寶老爺老爺問道你們鑄的猫怎麼樣哩衆作頭說道小的們三番兩次還不曾鑄得完老爺道工程不完也該重責三十板叫聲左右的端下去打着衆作頭吆喝道小的們禁不得這等打三寶老爺道怎麼禁不得這等打衆作頭道小的們是鉄鑄的辭々禁不得這等打三寶老爺聞之又發大怒罵說道你這狗娘養的。到不把鉄去鑄猫却把鉄来鑄你的辭々。坐他一個侵盜官物滿貫。該斬罪請了旨意又將這二十四名作頭押赴橫江口梟首示衆可憐二十四

個辭々鬼。一旦無常萬事休。却說鉄猫廠裏殺了四十八個作頭另換一班新作頭更兼各省解來的銅匠鉄匠。看見這等的賞罰那一個不提心。那一個不挈膽。那一個不着意那一個不盡力那一時不燒紙。那一時不造猫。只是一件。鑄的鑄不成打的打不成不好說得也不知累死了多少人。三位總督老爺見之也沒奈何欲待寬縱些。欽限又促欲待嚴緊些。百姓無辜三位老爺只是焚香告天願求鉄猫早就。忽一日三位老爺坐在廠裏。正是午牌時分衆匠人都在過午猛然間作房裏囉々唣々。泛唇泛舌三寶老爺最是個計較的叫聲左右的。你看作房裏甚麼人跛嘴這正是猛虎坐羊羣嚴令肅千軍。一霎時拿到了作房裏跛嘴的老爺道你們猫便不鑄跛甚麼嘴那掌作的說道非干小的們要跛嘴緣

新刻全像三寶太監西洋記通俗演義　卷四

走街坊上一個釘碗的走到小的們作房裏面来小的們說道有碗釘他偏生的要碗釣因此上跌起嘴来非干小的們之事老爺道釘碗的在那裏那掌作的說道現在小的們作房裏面老爺道拿他来見咱左右的即時間拿到了釘碗的那釘碗的老大的有些懵懂自由自在那裏把個官府擱在心上走到老爺的面前放下了釘碗的家火深〻兒唱上一個喏左右的喝聲道喏釘碗的行甚麼禮那釘碗的說道禮之用小大由之百官在朝裏萬民在鄉裏農夫在田裏樵父在山裏漁翁在水裏就是牧牛的小厮也唱個囉哩這都是礼我豈沒有個禮老爺道你既是這等知禮怎麼又釘碗營生釘碗的道小的釘碗就是個禮假如今日釘得碗多就是禮以多為貴假如今日釘得碗少就是禮以少為貴假

出像西洋記　卷之四　十三

回造化於指顧之間功班彜鼎

鉄猫厰真人施能

運神機於呼吸之頃業擅爐錘

出像西洋記　卷之四　十四

如今日事繁就是禮以繁為貴假如今日事簡就是禮以簡為貴豈謂知禮者不釘碗乎老爺道既是釘碗你釘你的碗罷怎麼到咱這作房裏来釘碗的道老爺作房裏有千萬個人吃飯豈可不打破了幾個碗豈可沒有幾個碗釘這叫做個一家損有餘一家補不足老爺道你尋碗釘便罷怎麼在這裏高聲大氣的釘碗的道小的那裏是高聲只有老爺是指日高陞小的那裏是大氣只有老爺是個君子不器三寶老爺道原来這個人字義也不明白釘碗的道字義雖不明白手藝却是高強老爺道你有些甚麼手藝釘碗的道到也不敢欺嘴說小人碗也會釘鉢也會釘鍋也會釘缸也會釘就是老爺坐的轎我也會釘就是老爺你這個廠我也會釘就是老爺你這個猫我也會釘三寶老爺平素是個火性

的到被這個釘碗的吱上嗜上這一席話兒不至緊說得他又惱
又笑兒兼說個會釘猫又扦到他的心坎兒上過了半晌說道你
這個人說話也有些胡謅哩釘碗釘鉢釘鍋釘缸這都罷了就是
釘轎也罷了只說是釘廠一個廠怎麽釘得釘碗的道除舊布新
也就是釘君子不以辭害意可也老爺道一個猫怎麽釘得釘碗
的道造作有法也就是釘老爺心裏想道這莫非是個油嘴豈有
個釘碗的會造猫哩沉思半晌還不曾開口王尚書在左席曉得
老爺的意思說道君子先行其言而後從之這等小人之言何足
深信馬尚書坐在右席說道夫人既有大言必有大用豈可以言
貌取人莫非是這些匠人有福鉄猫數合當成故此馬尚書說出
這兩句話来這兩句話兒不至緊把個三寶老爺挑剔得如夢初

醒如醉方醒猛然問心生一計說道口說無憑做出来便見釘碗
的道是做出来便見老爺叫聲左右的看茶来左右的捧上茶来
老爺伸手接着還不曾到口舉起手来二十五里只是一摜把個
茶甌兒摜得一個粉碎也不論個塊數老爺道你既是會釘碗就
把這個茶甌兒釘起来方纔見你的本事釘碗的道釘這等一個
茶甌兒有何難處只是一件天子不差餓兵功懋懋賞老爺要小
人釘這個碗須則是飲小人以酒飽小人以肉又飽小人以饅首
老爺道你要得多少哩釘碗的道須則是猪首一枚饅首一百順
家糟房裏的原罈酒一罈老爺道這個不打緊即時取酒取猪首
取饅首堂上一呼階下百諾取酒的先到老爺道有酒在此你可
飲去只見他一手颺將下去一手扳開泥頭伸起個奪錢伍不當

他甜酸苦澁只是一踏這一踏不至緊就踏乾了半罈左右的說
道你也等個殺来進酒哩釘碗的道先進後進其揆一也須臾之
間取猪首的取了一枚猪首来取饅首的取了一百饅首来你看
他三途並用一會兒都過了作老爺道你今番好釘茶甌兒了釘
碗的道承老爺尊賜過厚了些待小人畧節歇息一會就起来釘
着這一日三寶老爺且是好個磨爛的性子說道也罷你且去歇
息一會就来老爺也只說是歇息一會就来那曉得他到是個陳
摶的徒弟儘有些好睡哩一會也不起来二會也不起来三會也
不起来老爺等得性急叫聲左右的快叫他起来左右的就是叫
更的一般他只是一個不醒老爺急將起来叫聲左右的連床擡
將他来真個是連人連床抬將出来放在三位老爺面前好說他

是個假情他的鼾响如雷好說他是真情沒有個人叫不醒的把
個三寶老爺只是急得爆跳没柰何叫聲左右的拿起他的脚夾
將起来左右的把兩個拿起他的脚把兩個拿了夾棍夾起他的
脚来他只是一個不醒只見把個索兒收了一收把個枷頭兒敲
了幾下那濫頭的長班平空的叫將起来老爺道叫甚麽長班道
敲得小的脚疼哩老爺道敢是敲錯了待咱来看着你敲老爺親
眼看着拿榔頭的却又敲了一敲恰好是第二個長班叫起来說
道敲得小的孤拐好疼哩老爺道再敲及至再敲了一敲第三個
長班又叫將起来說道敲了我的孤拐好痛哩老爺道既是這等
且放了他的夾棍選粗板子過来叫聲板子只見拿板子的雨點
兒一般来了老爺叫聲打只見頭一板子就打了捺頭的腿第二

板子。就打了捺脚的腿。老爺叫聲再打。第三板子就打了行杖的自家腿肚子。老爺道這是個寄杖的邪法兒。王尚書道既是邪術把顆印印在他的腿上。再寄不去了。三寶老爺就把個總督印信印在他的腿上。叫聲再打。再打。就寄在印上。打得個印硃上的响馬尚書道不消費這等的事罷。莫若待他自家醒過来。他必有個妙處。三寶老爺也是沒有了法。只得叫聲各長班且住了。住了。許久還不見他醒来。老爺道擡下去。左右果真的擡到丹墀裏面。看看的金烏要西墜。玉兎要東升。三位總督商議散罷。只見他口兒裏噯叫了一聲。兩隻脚縮了一縮。兩隻手伸了一伸。把個腰兒拱了兩拱。一骨碌爬將起来。就跕在三位老爺公案之下。老爺道你這小人貪甚口腹。有甚大事。釘碗的道起遲了些。多釘幾個碗罷。老爺

道老大的只有一個茶甌兒在那裏。說甚麼多釘幾個釘碗的道把甌兒来左右的拾起那個碎甌兒與他甌兒原本是個碎的。左右的惱他。又藏起了兩塊要他釘不起来。那曉得他釘碗全不是這等鑽眼。全不是這等釘丁。抓了一把碎磁片兒左手倒在右手。右手倒在左手。口裏吐了兩口唾沫。倒来倒去。就倒出一個囫圇的甌兒来雙手遞與三寶老爺。老爺見之心上有些歡喜。還不曾開口。釘碗的道再有甚麼破家破火。拿我們手裏釘了他永無損壞。老爺叫聲左右的。可有甚麼破敗家火。拿来與他釘着。老爺開了口。那些左右的。就不是破的。也打破了。拿来與他釘着一會兒盤兒碗兒甌兒盞兒鉢兒盆兒。就搬倒了一地。你看他拿出手段来。口裏不住的吐唾沫。手裏不住的倒過来。一手一個。一手一個

就是宝窯裏燒也沒有這等的快捷。一會搬来。一會搬去。三寶老爺心裏想道此人非凡。一定在造猫上有個結果。故意的問他道你說是會釘猫。你再釘個猫来我看看。其人道老爺你有壞了的猫。拿来與我釘着。老爺若沒有壞了的猫。我便與你造個新的。罷老爺道你若與咱們造得猫起。咱們奏過天廷。大大的賞你一個官。大大的賞你幾担祿。釘碗的道我也不要官。我也不要祿。我也不要後面的賞。老爺道你要怎麼。其人道我只是頭難頭難。老爺道怎麼個頭難頭難。釘碗的道就在起手之時要盡禮於我。老爺道怎麼盡禮與你。釘碗的道要立一個臺要拜我為師。要與我一口劍許我生殺自如。要憑我精造不許催限。老爺道築一個臺也可。拜你為師也可。與你一口劍也可。許你生殺自如也可。只是不

許催限就難。釘碗的道怎麼不許催限就難。老爺道却有個欽限豈由得咱們。釘碗的道欽限多少時候。老爺道欽限一百日。釘碗的道一百日也還後面日子多哩。老爺道此時已過了四十多個日子。釘碗的道餘有六十日。還用不盡哩。老爺道既是六十日用不盡。這個就好了。王尚書道就此築臺拜了他罷。馬尚書道還須奏過了朝廷。纔為穩便。三寶老爺道馬老先生言之有理。待咱明日早朝見了萬歲爺。奏過了此事。纔来築臺拜他為師。又叫釘碗的来問他道你叫做甚麼名字。甚麼鄉貫。咱明日好表奏萬歲爺爺。釘碗的道小人是萊州府蓬萊縣人氏。也沒有個姓。也沒有個名字。只因自幼兒會鈕各色雜扇的釘角兒。人人叫我做個釘角兒。後来我的肩膊上掛了這個葫蘆。人人又叫我做葫蘆釘角三

寶老爺道。今文從省，就叫做個胡釘角罷。三位老爺一面起身，一面分付委官厚待那胡釘角，待明日奏過朝廷拜他為師。却不知這三位老爺明日奏過朝廷有何旨意，又不知這個釘碗的拜了為師有何德能，且聽下回分解。

○○

第十八回　金殿上大宴百官　三叉河親排鑾駕

歌曰

雲英上兮出山阜　倏為白衣忽蒼狗　月皎上兮照清澄
波光亂擊驚蛇走　浮雲飛盡或無蹤　明月西沉還自有
雲來月去本無心　下有真人胡釘紐　不生不滅不入間

紫禁聲傳日照袞龍瞻駕出

金門宴罷香浮花綬沐恩歸

且與天地長共久　為送寶船下西洋

却說三位總督老爺各歸本衙歇息。明日五鼓萬歲爺陞殿，文武班齊。三寶太監出班奏道：「奴婢奉萬歲爺的旨意，前往鉄猫廠監造鉄猫，但奈所造之猫，且樣長大，一時人力難成。昨有山東萊州府蓬萊縣人氏，姓胡，名釘角，自稱造猫有法，指日可成。奴婢未敢擅便，奏過萬歲爺，乞賜他欽勅一道，寶劍一口，令其便宜從事，俟功成之日，另行請旨定奪。」奉聖旨：「是。寫勅與他，着劍與他。」三寶老爺得了聖旨，領了勅劍，即將搭轎還往鉄猫廠來。原来兩個尚書已自先到了廠裏。三位老爺彼此相見，叙序坐下。即時分付左右的築起臺来。臺成，分付備辦金花一對，綵段四端，渾猪二口，肥羊二隻，饅頭二百，罈酒二罈。即時請出胡釘角来，請他登臺。三位老爺拜他為師送上欽勅一道寶劍一口各色禮物胡釘角受下劍把個花紅禮物盡行散與衆匠人衆匠人說道釘碗的也行宣一步時却說三位老爺進城去了分付委官仔細荅應分付已周胡釘角捧了勅提了劍坐在臺上吽聲衆匠人過来衆匠人看見他有了勅劍不敢不来胡釘角說道衆匠人跪着衆匠人不敢不跪只得跪下胡釘角說道兵隨印轉將逐符行今日三位總督老爺築了這個臺拜了我一拜朝廷賜我一道勅一口劍我今日忝有一日之長了你們衆人俱要聽吾調遣衆匠人道惟命胡釘角說道我也不是甚麽難事調遣但只是我叫行你衆人就要行我叫止你衆人就要止我叫往東你衆人就要往東我叫往西你衆人就要往西我叫往南你衆人就要往南我叫你往化你衆人就

要往北如違軍法從事此劍為証衆人見沒有甚麽疑難處務乞荅應聲是好聲是奉承得胡釘角滿心歡喜走下臺来竟望廠門外跑把個四圍的山把個四圍的水把個四圍的地塲細細的看了一遍轉来要酒喫要肉喫要饅首喫委官一一的荅應他歇息了一夜明日早上起来也不洗臉也不梳頭也不要喫分付衆匠人要蘆蓆五百領對面洲上使用即時蘆蓆俱到又步了一個丈尺分付搭起篷来四圍俱不用門即時搭起篷来將完之時他坐在裏面安了勅按了劍分付衆匠人在外面封起来蓆上又加蓆一層又一層他在裏面坐着百步之內並不許外人囉唣又不許外人走動也不許外人吽他亦不許外人聽他如違軍令施行衆匠人因他有勅有劍誰敢執拗他只得一一的依他分付竟不知他在裏

面幹的甚麽勾當就是三位總督老爺出来看見他的作用也自由他衆匠人打的打鑄的鑄工夫各自忙日月如梭不覺的就是一七光陰似箭不覺的又是一七去了二七之久衆匠人也有些疑惑他也有說道他在裏面生法的也有說道他騙了三位老爺金蟬脫殼的也有說道他長睡着在裏面的只有三位老爺料他是個有作用的分付衆匠人再不許近前驚動他到了二七只見他一拳一脚把個蘆蓆篷兒掀番了吽一聲衆匠人們衆匠人忙忙的走近前来他分付拆了篷罷衆匠人人多手多即時把個篷拆了只是篷中間有一領蘆蓆盖在地上他指定了說道這個中間是我的勅劍都不許動我的衆人依他分付不敢動他的他就把那一領蘆蓆做個磨盤心四周圍踹了七七四十九個圓圈兒

就像個磨盤的模樣分付衆匠人一個圈兒上安一坐爐這一坐爐却不是小可的爐周圍約有九丈九尺爐高約有二丈四尺每座爐上按乾坎艮震巽离坤兊方位上留下一個小小的風門兒却於兊位上築起一個小小的臺基兒設了一個公座擇取次日午時舉火起工即時分付各鋪行運鉄各匠人運炭實於各爐之中以滿為度也不論他千百担十到了次日午時運鉄的工完運炭的炭畢胡釘角請到三位老爺獻了猪羊奠了茶酒燒了紙馬舉火動工三位老爺回馬他便走到臺基兒上去坐着按住個八卦方位口兒裏嚅〻需〻手兒裏撮〻美〻只見那爐上的小門兒風兒又大火兒又緊火趁着風威風隨着火力無分晝夜都是這等通明本然只是一個蘆洲子安了這個七七四十九座無大

不大的爐，却就是火燄，山也不過如此。不覺的過了一七，不覺的又過了一七。到了二七之上，把那一個爐洲子，方圓有三五十里，莫說是草枯石爛，就是土也通紅的。莫說走路的下不得脚，就鳥雀也是不敢飛的。胡釘角曉得裏面的工程完備了，却下了毫基兒来見三位老爺。三寳老爺連聲問道猫造得何如了。胡釘角道已經完了。老爺道完在那裏。胡釘角道都在土裏。老爺道既在土裏，快差人去取来看着。胡釘角道正在火性頭上，還不好取哩。老爺道在幾時纔取得。胡釘角道今夜亥時有雨，明日丑時纔晴，辰時就有猫来復命。說得個三寳老爺心裏就是猫抓，等不得下雨，等不得天晴，又等不得今日天晚，又等不得来日天明。果真的亥時大雨，丑時放晴，辰牌時分，胡釘角請到三位老爺看猫，走到洲

上，那地土還是燒脚的。胡釘角走到磨盤心裏，掀開那一領蘆蓆，寂寂只見一道勅，一口劍，還是好好的在那裏。唬得三位老爺只是把個頭搖。却說胡釘角叫聲人夫們看鍬鋤来，一聲鍬鋤，只見挖的挖，谷的谷，撇開土来，裏面就是個鉄猫的窖。三位老爺見之，一天歡喜。胡釘角說道禀上三位老爺，收回勅劍去罷。這個鉄猫，彀用了，儘你是多少號数船，每船上儘你放上幾根，放到了，取到了。只是不可筭数。三寳老爺道怎麽不可筭数。還不曾問得了，早已不見了個胡釘角。三位老爺喫了一驚，只見厰裏把門的報道張天師来拜。三位老爺正在喫驚之處，聽見個張天師来拜，即時轉身迎候，依次相見。相見已畢，依次坐定。天師道連日造猫何如。三寳老爺就開口，把個胡釘角的始末緣由，細細的說了一遍。天師

道原来是他。老爺道天師認得這個人麽。天師道他不是個凡人，是上界左金童胡定教真人。王尚書道怪得他背了葫蘆，原来隱了一個胡字。他又說道會鉗各色雜扇的釘角兒，原来藏得是個定教兩個字兒。馬尚書道他坐在蓬裏二七一十四日，這是甚麽勾當。天師道他不是坐在蓬裏，他是學得穿山甲，着地裏剗成猫樣兒。三寳老爺說道多承天師指教了。王尚書道他臨行之時說道猫彀用了，只是不宜筭数。快分付取猫的任意取去，每船上憑他任意要多少，只不許筭数，如有違令，先斬後奏。因是先斬後奏四個字，故此取猫的不曾敢筭数猫，却用得有剩。却說天師先別了三位。三位老爺進朝，奏道鉄猫已經造完，請旨定奪。奉聖旨叙功頒賞有差。一面宴賞百官，一面宣請國師下河看猫。碧峰長老

曉得是胡定教真人造完鉄猫，奉了聖旨，逕往寳船上来看猫，只見他頭角崢嶸，爪牙張大，真好猫也。有一闋鉄猫歌為証。

歌曰

渾沌兮一九未剖　陰陽老火無何有　鵞毛兮點彼紅爐
巫父鴻門撞玉斗　煅煉功成九轉丹　爐鍾萬物為芻狗
開成十大黃金蓮　結就如船白玉藕　更誰兮頭角崢嶸
嗟余兮身材窮猊　艨艟巨艦兮江頭　蒼隼飛鷹兮海口
撼天関兮風浪掀　沉地府兮蛟龍走　豈捕鼠之玳瑁兮
賈余勇而獅子吼　噫嚱乎寳船兮百千萬艘　征西兮功成
唾手　三寳兮巵酒為壽　我大明兮天地長久

却說金碧峰長老看了鉄猫，回到朝堂裏面奏知萬歲爺，鉄猫功

程浩太賞賜不可輕微奉聖旨知道了萬歲爺即時陞殿文武百
官班齊萬歲爺對着長老道寶船鉄猫俱已齊備不知國師幾時
下洋此時已是永樂五年正月十四日長老道明日上元日就取上元
吉兆燒神福紙馬開船萬歲爺得了長老的日期即時傳下一道
旨意着文武百官散班天師歸朝天宮長老歸長干寺萬歲爺坐
在金殿上即時傳下幾道旨意一宣營繕局掌印太監一宣織染
局掌印太監一宣印綬監掌印太監一宣尚衣監掌印太監一宣
針工局掌印太監即時五個太監一齊叩頭奏道奉聖旨宣奴婢
們不知有何使用萬歲爺道宣進你們不為別事明日征進西洋
各官俱有各官的行頭各官俱有各官的服飾就是天師有天師
的行頭有天師的服飾只是國師全然不曾打疊我今日要八寶

載鉞張旄四處山河沾雨露

弾冠轉弁九秋奎壁麗雲霄

廂成的毘盧帽一頂要魚肚白的直身一件要鵝黃色的偏衫一
件要四圍龍錦襴的袈裟一件要五指闊的玲瓏玉帶一条要龍
鳳雙環的鞋襪一雙要二龍戲珠的僧鞋一雙要四条蛟龍盤旋
的金牌一面又傳下幾道旨意着光禄寺備辦素齋筵宴務在潔
淨欽待國師另辦筵宴大宴征西官將着尚寶寺備辦金銀花朵
紅緑綵緞聽候征西官將簪花表裏傳宣已畢萬歲爺不曾進宮
坐以待旦及至金雞三唱曙色朦朧早已坐在殿上百官進朝鳴
鞭三下响文武两班齊萬歲爺傳下一道旨意朝天宮宣天師傳
下一道旨意長干寺宣國師天師國師俱已進朝萬歲爺道今日
征進西洋文武百官俱是戴大冠拖長紳前呼後擁受朕爵禄享
朕富貴料想他勞而不怨只是有勞國師遠涉于朕心實是不安

却又無物可表恭敬。叫聲内使們何在。只見五監太監們慌忙的走近前來。奏道萬歲爺有何旨意。萬歲爺道昨日分付的禮物可曾齊備。五監太監道已經齊備在這裏。又問光祿寺筵宴可曾齊備。光祿寺奏道葷素筵宴俱已齊備。又問尚寶寺花紅可曾齊備麽。尚寶寺奏道花紅已經齊備。即時分付當直官就在九間金殿上。擺開筵宴。中一席素食筵宴。喫一看十。欵待天師。右側兩席。俱是喫一看八。一席欵待國師。左側一席。大葷筵宴。喫一看十。欵待征西大元帥鄭太監。一席欵待征西副元帥王尚書。文華殿大開筵宴。欵待征西官將。武英殿大開筵宴。欵待在朝文武百官。這一日筵宴。不是小可的。正是

韶光開令序　淑氣動芳年　駐輦華林側　高宴栢梁前
紫庭文樹滿　丹墀衮紱連　九夷簉瑤席　五服列瓊筵
娛賓歌湛露　廣樂奏鈞天　清尊浮綠醑　雅曲韵朱絃
大明君萬國　書文混八埏　金甌保鞏固　神聖厲求賢

却說筵宴已畢。取過八寶粧成的毘盧帽。魚肚白的直身。鵞黃色的偏衫。龍錦襴的袈裟。五指闊的王帶。龍鳳隻環的暑襪。二龍戲珠的僧鞋。用盤龍盒兒盛了。欽命閣老皇親雙手遞與長老。又取過四条蛟龍盤的金牌一面。萬歲爺御筆寫着大明國師金碧峰七個大字于其上。又用閣老皇親雙手遞與長老。三番兩次。欽賜欽依。長老只是把個嘴兒一挑。分付徒孫雲谷收下。把個手兒略節的舉一舉。文武百官站在兩傍。都說道好大意的和尚。全不像個捧鉢盂化齋喫的。萬歲爺又取過金花銀花各二十對。紅綠綵

段各二十表裏。用皇親遞與大元帥鄭太監。又取過金花銀花各二十對。紅綠綵段各二十表裏。用皇親遞與副元帥王尚書。仍各御酒三杯。空頭勅三百道。許先斬後奏。軆朕親行。大元帥副元帥叩頭謝恩。歷階而下。萬歲爺又取過金花銀花各十五對。紅綠綵段各十五表裏。用尚寶寺遞與左先鋒張計。又取過金花銀花各十五對。紅綠綵緞各十五表裏。用尚寶寺遞與右先鋒劉蔭。仍各御酒三杯。簪花掛綵。左右先鋒叩頭謝恩。歷階而下。萬歲爺又取過金花銀花各十對。紅綠綵段各十表裏。用尚寶寺遞與五營正總兵官。又取過金花銀花各十對。紅綠綵段各十表裏。用尚寶寺遞與四哨副總兵官。仍各御酒三杯。簪花掛綵。五營四哨。叩頭謝恩。歷階而下。萬歲爺又傳出幾道旨意來。一應指揮官各金花銀花四對。綵段四表裏。一應千戶官。各金花銀花二對。綵段二表裏。一應百戶官。金花銀花各一對。綵段各一表裏。一應管糧戶部官。各金花銀花二對。綵段二表裏。一應陰陽官。醫官。通事。醫士。各銀花一對。綵段一端。分賞已畢。各官叩頭謝恩而下。萬歲爺又傳出一道旨意。着兵部官點齊十萬雄兵。每名給賞夏絹四疋。冬布八疋。花銀十兩。舍人余丁每名給賞夏絹八疋。冬布十二疋。花銀十兩。寶船水手每名給賞紅綠布十疋。花銀八両。萬歲爺又傳出一道旨意。禮部官點齊神樂觀道士。樂舞生。朝天宮道官。道士。每名給賞夏青布四疋。冬青布四疋。花銀五両。一切征西人役。無不沾恩。一切沾恩人役。無不忻喜。歡聲動地。四路謳吟。真個是縹緲天門曉日射黃金之殿。霏微春晝聲歌徹赤羽之旗。却說九重金殿傳

出一道旨意着征西大元帥統領將官點𢘥軍馬護送國師天師先上寶船聖駕即時親送聖旨已到誰敢遲延三寶老爺即時會同王尚書閲會左右先鋒五營四哨一切將官前徃大教場裏點𢘥軍馬將臺上扯起一面二十丈長的帥字旗来殺猪宰羊千張甲馬如儀祭賽二位元帥領頭其餘將官各挨班次五拜三叩頭

福主開讀祭文

文曰

維旗風翻鳥隼之文日薄蛟龍之影　八陣兮婆々　七星兮炳々　花明兮越水春　楓落兮吳江冷　蠢彼西洋　師煩東井　疼龍門兮寧睬　吸鯨波兮誓靖　萬國兮朝宗　百蠻兮繫頸　凱歌兮食封　歸第兮朝請

祭畢三聲砲响萬馬齊奔旗列五方兵分九隊竟上寶船而去人歸隊馬到營二位元帥上了帥府寶船國師上了碧峰禪寺的寶船天師上了天師府的寶船坐猶未定藍旗官報道遠々望見鑾駕来也只見

王排御駕　帝整鑾旋　王排御駕離金闕　帝整鑾旋出鳳城　逐隊的千軍萬馬　扈從的三公九卿　作對成雙的金爪月斧　行歌互答的玉笛鑾旋　金聲錯落　玉响琮琤　雪消千嶂巧月出萬山明　花徑穿雙飛之粉蝶　柳隄藏百囀之黄鸎　旗閃處山搖地動　刀响處鬼哭神驚　頭搭兮露浥好花滿岳里　眼前兮風送細柳亞夫營

聖駕已到三义河倒豎虎鬚圓睜龍眼只見千百號寶船擺列如星每一號寶船上扯起一桿三丈長的鵝黄旗旗上寫着上國天兵撫夷取寶八個大字萬歲爺龍眼細覌只見另有四號寶船與衆不同第一號是個帥府扯着一桿十丈長的帥字旗船面前掛了幾面粉牌中間牌上寫着大明國統兵招討大元帥左邊牌上寫着迴避右邊牌上肅靜第二號也是個帥府也扯着一桿十丈長的帥字旗船面前掛了幾面粉牌中間牌上寫着大明國統兵招討副元帥左邊牌上寫着迴避右邊牌上寫着肅靜第三號是個碧峰禪寺也扯着十丈長的慧日旗船面前掛了幾面粉牌中間牌上寫着大明國々師行臺左邊牌上寫着南無阿彌陀佛右邊牌上寫着九天應元天尊第四號是個天師府也每有十丈長的七星旗船面前掛了幾面粉牌中間牌上寫着大明國天師行臺左邊牌上寫着天下鬼神免見右邊牌上寫着四海

龍王免朝鑾駕迸排上帥府寶船之上天師國師出迎大元帥副元帥侍立兩邊左右先鋒五營四哨還有一切將官挨班次站着天師俯伏御前稽首頓首奏道江口開船須是萬歲爺親自祭江纔為穩便奉聖旨是即時擺下祭禮翰林院撰下祭文就於帥府船上設壇祭賽萬歲爺親自行禮文武百官依次叩頭禮部官展讀祭文

文曰

維江之瀆　維忠之族　惟忠有君　惟朕為肅　用殄鯨鯢　誓清海屋　旌旗蔽空　舳艫相逐　燦彼忠精　所在我福

祭畢文武百官保駕回朝三寶老爺請過王尚書來同坐在帥府廳上各將官依次叅見聽候將令三寶老爺道咱們今日揚旌旆於轅門捧九重之命令洗甲兵於海嶠張萬里之神威任係鉅肩事非小可你衆將官聽咱傳示每戰舡一隻捕盗十名舵二十名瞭手二十名扳招十名上斗十名碇手一十名甲長五十名每甲長一名管兵十名每五船為一哨每二哨為一營每四營設一指揮官統領指揮以上舊有戦掌座船馬船糧船執事照同及戰船器械大發貢十門大佛狼機四十座碗子銃五十個噴筒一百個鳥嘴銃一百把烟罐一千個灰罐一千個弩箭五千枝藥弩一百張粗火藥四千斤鳥銃火藥一千斤弩藥十瓶大小鉛彈二千斤火箭五千枝火磚五千塊火砲三百個鈎鐮一百把砍刀一百

出像西洋記　卷之四　四一

張過船釘鎗二百根標鎗一千枝藤牌二百面鐵箭三千枝大皂旗一面號帶千條大桅旗千頂正五方旗五十頂大銅鑼四十面小鑼一百面大更鼓十面小鼓四十面燈籠一百對火繩六十根鉄蒺藜五千個什物器用各船同每日行船以四帥字號船為中軍帳以寶船二十二隻為中軍營環繞帳外以坐船三百號分前後左右四營環繞中軍營外以戰船四十五號為前哨出前營之前以馬船一百號實其後以戰船四十五號為左哨列於左人字一撇撇開去如鳥舒左翼以粮船六十號從前哨尾起斜曳開到左哨頭止又以馬船一百二十號副於中以戰船四十五號為右哨列於右人字一捺捺開去如鳥舒右翼以粮船六十號從前哨尾起斜曳開到右哨頭止又以馬船一百二十號實於中以戰船

四十五號為後哨留後分為二隊如燕尾形馬船一百號當其前以粮船六十號從左哨頭起斜曳收到後哨頭止如人有左肋又以馬船一百二十號實于中以粮船六十號從右哨頭起斜曳收到後哨頭止如人有右肋又以馬船一百二十號實于中晝行認旗幟夜行認燈籠務在前後相維左右相挽不致踈虞敢有故縱違悞軍情因而憤事者即時梟首示衆傳示已畢三寶老爺差下馬公公過到國師船上請問國師那個時辰開船國師道船已開了馬公公回報道船已開了老爺即時叫過親隨的少監来問道寶船還是幾時開了少監道適纔老爺分付齋封的時候船就開了老爺道怎麽不来禀我少監道開船之時因為吊了一根宗纜左拶右拶拶不上来故此忙迫不曾来禀老爺道猶未了只見小内

出像西洋記　卷之四　四十

使兒報道張天師過船相拜老爺迎着就問道今日開船怎麽咱們也不曾知道天師道老公休怪這是貧道撮弄的小術法兒老爺道怎麽是個撮弄的術法哩天師道為因貧道船上有神樂觀裏的二百五十名道士樂舞生有朝天宫裏的二百五十名道士道童他都是怕下海的故此貧道弄了一個手法把船開了令其不知免得他啼哭老爺道適纔開船吊了一根宗纜這個主何禍福天師道這個没有甚麽禍福不過是他有些氣候日後成精作怪而已道猶未了外面的小内使兒又来報道王老爺過船相拜天師看見王尚書過来即時告辭而去王尚書和三寶老爺坐了一會談了一會正在綢繆之處只聽得藍旗官跪在門外禀道江上狂風驟起白浪翻天前船不動左右兩哨不行寶船后船顛顛

到々甚在危急之處。把個兩位元帥老爺唬得魂不附體。魄已離身。王尚書道快去請教國師看是甚麽縁故。老爺道且先去問聲天師來。王尚書道學生去問罷。老爺道老先生請回船。待咱們親自過去。老爺逕過天師寶船之上。天師正在玉皇閣上書寫飛符。只見樂舞生報道。元帥老爺過船相拜。天師聞之。即時迎到玉皇閣上。分賓主坐下。天師道。大元帥不在中軍驅兵調將。下顧貧道有何見教。老爺道無事不敢擅造。只因這如今風狂浪大。寶船不行。故此特来相拜。天師道。江上風波。此乃常事。老爺道寶船不行怎麽說得個常事。天師道貧道有處。即時取了一條兒紙。寫了兩個字。叫聲樂舞生來。分付他拿這個免朝二字。丟在船頭之下。看是何如。樂舞生拿着免朝二字。丟下水。只見水裏走出一個老者

来有頭沒耳有眼沒鼻有口沒鬚一尺長的手。二寸長的指頭兒接着個免朝二字。輕々的扯破了。樂舞生問他姓甚麽。他說是姓江。問他的名字不答而去。樂舞生回復道。丟得免朝二字下水去。只見一個姓江的老者。接着就扯破了。天師道我還有個處。即時取了一葉兒紙。又寫了兩個字。叫聲樂舞生来。分付他拿這個天將二字。丟在船頭之下看是何如樂舞生拿着天將二字丟下水。只見水裏又走出一個老者来頭上不見肉眼睛不見皮鬚長三五尺背在彈弓西接着天將二字。也輕々的搭碎了。樂舞生問他姓甚麽。他說是姓夏問他是甚麽名字。不答而去。樂舞生回復道丟將天將二字下水。只見一個姓夏的老者接着又搭碎了。天師道我還有個處。又取了一葉兒紙。寫了兩個字另叫一個樂舞生來。分付他拿這個天兵二字。丟在船頭之下。看是何如。樂舞生拿着天兵二字丟下水。水裏又走出一夥娃子来背兒烏。肚兒白眼兒光。嘴兒突。手兒過于膝。屁眼上一把剪刀淬々黑。他接着天兵二字。也輕々的撚做個紙条兒。樂舞生問他姓甚麽。他說是都姓駱。問他甚麽名字。不答而去。樂舞生回復道丟將天兵二字下水。只見一夥姓駱的娃々。接着撚做個紙条兒。天師道是個甚麽波神水怪。敢這等無禮。叫聲徒弟皎偹。拿過符章寶劍来。却不知張天師取了符。取了劍。怎麽樣的設施。又不知那些精怪見了符。見了劍。怎麽樣的藏躲。且聽下回分解

○○

第十九回

白鱔精鬧紅江口　白龍精吵白龍江

詩曰

芒潵攪壓沙　左右不相識　颯々吹萬里　昏々同一色
船傾不敢進　人急未遑食　草木春更悲　天景晝相匿
兵氣騰北荒　軍聲振西極　坐覺威靈遠　行看祲氛熾
賴有天師張　符水申道力

却說天師拿了符章寶劍。即時寫了一道飛符。就叫徒弟皎偹拿了這道飛符。丟在船頭之下。看他何如。徒弟拿了一道飛符丟下水去。只見水裏走出一個老者。身子矮鬆々。背上背斗蓬一張大闊口。江上噓西風。他接了這道飛符。一口就喫了。問他姓甚麽。他說是姓沙。問他叫甚麽名字。也不答而去。徒弟回復道丟將下去。

只見姓沙的老者一手接着。一口嗑了。天師道再寫一道符去。即時寫了。又叫過徒弟来。分付他拿了這道靈官符。丢在船頭之下。看是何如。徒弟拿了一道靈官符。丢了下水。只見水裏走出一個白面書生。兩眼銅鈴。光頭禿腦。嘴是天庭。他接着這道靈官符。輕々的袖到袖兒裏去了。問他是姓甚麽。他說道姓白。問他甚麽名字。他不答而去。徒弟回復道丢將靈官符下水。只見一個白面書生袖將去了。天師道連靈官符也不靈了。又寫了一道符。又叫幾個徒弟過来分付他拿了這道黒煞符。丢在船頭之下。看是何如。徒弟拿了一道黒煞符。丢了下水。只見水裏走出一個花子。搖頭擺尾。一張寡嘴。近處打一瞧。原来是個大頭鬼。他接了這道黒煞符。輕々的抿了嘴。問他姓甚麽。他說是姓口天吴。問他甚麽名字。

出像西洋記　卷之四

淼々紅江映日鯤鰭浮海出

四五

茫々白晝繞空羊角引盃長

出像西洋記　卷之四

四六

不答而去。徒弟回復道丢將黒煞符下水。只見一個姓口天吴的花子。拿着抿了嘴。三寶老爺見之又惱又好笑。說道張老先生你的符只好嚇殺人罷。原来鬼也嚇不殺哩。天師道不是那個嚇殺老爺道。取笑而已。天師道笑便笑這些妖精儘有老大的氣候。待我再寫一道符来。即時又寫了一道符。叫過徒弟来。分付他拿了這道雷公符。丢在船頭之下。看是何如。徒弟拿了一道雷公符。丢了下水。只見水裏走出一個老媽々兒来。毛頭毛腦。七擅八倒。腰兒長天々。脚兒矮熇々。他接了這道雷公符。吹上一口氣。把個符飛在半天之中去了。問他姓甚麽。他說是姓朱。問他甚麽名字。不答而去。徒弟回復道丢將雷公符下水。只見一個姓朱的老媽々兒接了符。吹上一口氣。吹在半天之中去了。天師道三番四復。有這許多的精怪連雷公也沒奈何哩叫過外面聽差的圓牌校尉來卻又寫了一道急脚符叫他丢在船頭之下看是何如那校尉拿了這道急脚符丢了下水也只見水裏走出兩個老者来一個有鬚一個有角一個身上花譁譁一個項下鱗索索須臾之間又走出一個長子来一光光似油一白白如玉窈窕竹竿身七湾又八曲三個老者共接着一道急脚符叫做是我急他未急只當個不知問他姓甚麽也當不知問他叫做甚麽名字只見長子說道不消你左符右符酒兒要幾壺左問右問猪頭羊肉要幾頓那校尉回来把這些事故說了一遍天師道似此要求酒食却怎麽處置他二寶老爺道他都是些甚麽精怪哩天師道因為不曉得他是些甚麽精怪故此不好處得老爺道去請國師来治化他罷天

師道這就倒了我的架子我還有個調遣好個天師即時披髮仗劍躡罡步斗捻訣念咒一會兒烧了符取出令牌来敲了三响喝聲道一擊天門開二擊地戶裂三擊天神赴壇只見令牌响處吊將一位天神下来這一位天神也不是小可的只見他

頭戴銀盔金抹額　臉似張飛一樣黑　渾身披掛紫雲籠
脚踏風車雲外客

天師問道来者何神其神道小神是勅封正一威靈顯化鎮守紅江口黑風大王天師道你這裏是甚麽地方大王道此處正是紅江口天師道我奉大明國朱皇帝欽差撫夷取寶寶船行至此間風浪大作舟不能行特請大王赴壇請問紅江口作風浪的是些甚麽妖精大王道也不是一個哩天師道一總有多少大王道一總有十個天師道是那十個大王道

兵過紅江口　鉄船也難走　江猪吹白浪　海燕拂雲鳥
蝦精張大瓜　鯊魚量人斗　白鱔趂波濤　吞舟魚展首
日裏赤蛟爭　夜有蒼龍吼　蒼龍吼　還有個猪婆龍在江
邊守　江邊守　還有個白鱔成精天下少

原来姓江的是個江猪姓鄢的是個海燕姓夏的是個蝦精姓沙的是個鯊魚姓白的是個白鱔姓口天的是個吞舟魚姓朱的是個猪婆龍身上花的是条赤蛟項下有鱗的是条蒼龍長子是条白鱔天師謝了天神罵道孽畜敢無禮即時親自步出舡頭披了髮仗了劍問道水族之中何人作炒只見江水裏面大精小怪成羣結黨浮的浮沉的沉遊的遊浪的浪聽見天師問他一說道管

山與山晉水與水你的寶船在此經過豈可只是脫個白罷天師道不消多話了我這裏祭賽你一壇就是了衆水怪道你既是祭賽萬事皆休天師回轉玉皇閣對着三寶老爺說了老爺轉過帥府寶船分付殺猪殺羊備辦香燭紙馬祭物齊備了方纔請到天師天師帶了徒弟領了小道士念的念宣的宣吹的吹打的打設醮一壇祭祀已畢那些水神纔方歡喜而去只是一個白鱔神威風凜凜怪氣騰騰兀然在於寶船頭下不肯退去天師道你另要一壇祭麽只見他把個頭兒搖兩搖天師道你要隨着我們寶船去麽只見他又把個頭兒搖兩搖天師道左不是右不是還是些甚麽意思猛然間討上心来問他道你敢是要我們封贈你麽只見他把個頭兒點了兩點天師道我這裏先與你一道勅權封你

為紅江口白鱔大王待等我們取寶回来奏過當今聖上立個廟宇置個祠堂教你永受萬年之香火只見白鱔精搖頭擺尾而去去了這些水怪風恬浪靜寶船自由自在洋洋而行正行得有些意思三寶老爺吁了一個小内使過到天師玉皇閣問道這如今寶船進了海也不曾天師道繞到了有名的白龍江小内使回復老爺說道繞到了有名的白龍江道猶未了只見藍旗官報江上狂風大作白浪掀天大小寶船盡皆顛危之甚莫說是行就是站也站不住哩三寶老爺心裏想道這分明是我的不是吁起妖精作禍殃好個老爺即時請出王尚書来同去玉皇閣上拜見天師行到天師船上只見

萬里茫然烟水勞　狂風偏自撼征艘　愁添舟楫顛危甚
怕看魚龍出沒高　樹葉飄飄歸朔塞　家山渺渺極波濤
多君宋玉悲秋淚　鴈下蘆花後正號

却說三寶老爺同了王尚書来見天師天師正在玉皇閣上說這個風浪不妥只見樂舞生報道二位元帥老爺来拜天師倒身相迎迎到玉皇閣上坐下天師道有勞二位元帥龍步三寶老爺道特来相候請問這個白龍江是甚麼處所這等的風狂浪大寶船不得前行好憂悶人也王尚書道這風浪又是個甚麼妖精作炒麼天師道貧道適来看見這個風浪不知其由是貧道袖占一課課上帶頭帶角帶鬚帶鱗依貧道愚見多敢是個懺懃的蛟龍王尚書道事在危急既是不知他的端的怎麼好處置他不免再去請問國師来天師道言之有理王尚書辭了天師邀了三寶老爺

同到國師船上國師已在千葉蓮臺上打坐只見徒孫雲谷報道二位元帥老爺相拜國師道為着風浪而来快請他進来雲谷忙步的出来請着二位老爺進去二位元帥竟到千葉蓮臺之上長老相見相見已畢分賓主坐定長老道有勞二位仙車未及迎候老爺道輕造了王尚書道無事不敢輕造只因這個風狂浪大寶船不行特来請教長老道這是個白龍江有名的神道尚書道是個甚麼有名的神道長老道到也不曾詳考他不知天師曉得麼尚書道適来天師袖占一課少中帶頭帶角帶鬚帶鱗長老道似此課上就是個龍哩尚書道因是不知他個端的不好處置他故此特来請教長老道此事有何難處貧僧和二位同到懸鏡臺掛起照妖鏡来就見明白果真的三位老爺同到懸鏡臺上長老分付放下鏡来早有個徒弟非幻徒孫雲谷兩個人解開了索放下那個寶鏡来那個寶鏡也不是小可的那個鏡臺有三丈多高這個寶鏡方圓就有三丈多大正是

月樣團圓水樣清　不因紅粉愛多情　從知物色了無隱
須得人心如此明　試面緇塵私已克　搖光銀燭旭初晴
今朝妖怪難逃鑑　風浪何愁不太平

却說懸鏡臺上掛起了照妖的寶鏡長老道請二位元帥親自看来二位元帥看来只見是一個老白龍口裏不住的在喫人哩二位元帥道原来真是一個白龍只是口裏要喫人有些不好處他長老道此事只憑天師裁處罷二位元帥好費心也辭了長老又到玉皇閣来天師接着說道國師怎麼說来三寶老爺道國師也

沒有甚麽話說。他只是懸鏡臺上掛起個照妖寶鏡来照得這個孽畜。是一条白龍。口裏不離的喫人哩。故此。請天師做個處置天師道有些不好處置。尚書道怎麽不好處置。天師道貧道只說是老龍。今却又是甚麽新到的妖魔。若是那個老龍。他原是黃帝荊山鑄鼎之時。騎他上天。他在天上貪毒。九天玄女拿着他。送與羅睺閣尊者。尊者養他在鉢盂裏。養了千百年。他貪毒的性子不滅。走下世来。就喫了張果老的驢。傷了周穆王的八駿。朱謾評心懷不忿。學就個屠龍法。要下手他。他藏到巴蜀中橘兒裏面。那兩個着棋的。想他做龍脯。他又走到葛陂中来。撞着費長房打了一棒。忍着疼。奔到華陽洞。那曉得吳綽的斧子。又利害些。受了老大的䠞苦。頭腦子雖不曾破。却失了項下這顆珠。再也上天不得。恨

紫霧池中端擬奮鱗歌帝力

出像西洋記　卷之四

白龍江下那堪俛首讀妖書

出像西洋記　卷之四　五十一

起来在這個白龍江。大肆貪毒。喉嚨又深。食腸又大。尚書道怎麽叫做喉嚨深食腸大。天師道他只是要人喫。一喫就要喫五百個。少一個也不美飽。尚書道這等說起来。就是個難剃頭的。三寶老爺道天下事有經有權。我和你欽承皇命。征進西洋。還要深入虎穴。纔得虎子。豈可就在家門前碍口飾羞。逡巡不進。天師道若要風平浪靜。寶船安穩。須得五百名生人祭賽了他。纔心滿意足。放我們経過。老爺道五百名也是難的。依我說只不離他一個五字。就是把五十個生人祭他也罷。天師道這五十名生人從何處得来。老爺道我有個處。天師道是個甚麽處。老爺道這兩日有許多的軍士。遞病狀到我處来。我把這個遞病狀的叫来當面審一審。若得他果是病勢危急。不可復生。選出五十名来把

犯祭了江也罷天師和三寶老爺說了這一席話王尚書只是一個低頭不語正是眉頭攢上雙鎚鎖心內平填萬斛愁天師道司馬大人為何不悅尚書道我思想起来人命関天事非小可我們雖是職掌兵權生殺所係却是有罪者殺無罪者生這五十名軍士跟隨我們來下西洋皆井離鄉抛父母棄妻子也只指望功成之日歸来受賞父母妻子還有個團圓之時豈可今日纔方出得門来就將些無辜的人役祭江於心何恐這王尚書說的話都是個正正大大的道理誰無個惻隱之心把個三寶老爺撑了個嘴把個大師張真人掃了一樹桃只是老爺門下有個馬太監到也是個饑餐上將頭渴飲仇人血的他說道成大事者不惜小費小不忍則亂大謀掌三軍封萬戶豈可這等様兒的匹夫之勇婦人

之仁咱爺的雄兵兊十萬那裏少了這五十名害病的囚軍只請他下水便罷馬太監這一席的話老爺和天師聞之心上有些寛快王尚書聞之越加愁悶天師道司馬大人意下何如尚書道人皆有不忍人之心況兼行一不義殺一不辜雖得天下不為也五十個人的性命平白地致他於死天理人心何安天師又聽了王尚書一番這等的慈悲說話他只是一個不開口三寶老爺說道作舍道傍三年不成這如今事在呼吸存亡之頃那顧得這些叫聲小軍校過来分付他傳令各營凡有害病的軍人許同伍合隊者擡来相驗小內使跑將出去傳了號令說道各營中凡有害病軍人許同伍合隊者擡来相驗果是病重將来祭江可憐這一行害病的軍人聽說道病軍祭江那一個不扶扶拨拨扒將起来張

也說道張的病好了李也說道李的病好了這都是個真害病的還有一等老奸巨猾推假病的猛然間聽知道病軍祭江你看他一個一個擻擻擻將起来也有三五日不曾喫飯的都扒起来三五碗的飯喫也有七八日不曾梳洗的都扒起來梳了頭洗了臉裹了網巾兒帶了勇字大帽這些軍士為着那一件来豈不聞螻蟻尚且貪生豈可一個活活的漢子就肯無辜一命喪長江却說三寶老爺坐在帥府之上立等着這些病軍相驗只見隊長伍長領着一千的軍人跪在老爺跟前齊來回話老爺見了這些沒病的軍人即時大怒罵說道你這些狗娘養的沒有耳朵聽着也有鼻子聞着咱這裏要害病的軍人相驗你怎麼領着一千沒病的軍人到這裏来搪抵咱們那些隊長伍長唬得個死股震葫蘆都說

道這一千軍人就是前日害病的老爺道害病的軍人豈可是這等的精壯衆軍人說道小的們前日害病這兩日都好了老爺道你這些狗娘養的都到咱們這裏胡塞賴咱們有個話兒對你講叫過管冊籍的都公来只見管冊籍的都公連忙的跑將来跪着說道元帥老爺有何事呼喚老爺道你把前日各營裏遞来的病狀都拿来咱們看着都公道病狀都在這里即時把個病狀都抱在老爺公案之上老爺自家逐　的指名叫過逐一的有人答應答應的都是些精壯漢子並沒有個害病的軍人老爺道你們既不害病怎麼到咱們這裏亂遞病狀衆軍人道自古說得好昨日病今日愈小的們一則是托賴朝廷的洪福齊天二則是生受老爺們恩深似海故此舊病全安尚延殘喘這都是實情怎麼敢有

虛話原来人情都是好奉承的。三寶老爺看見這些軍士奉承他兩句。把個心腸就軟了。王尚書看見三寶老爺心上有些不忍處他就開口道有病的軍人。此猶不可。況兼這如今都是些沒病的軍人豈可活活的推他下水老爺道事在兩難。憑老先兒上裁罷王尚書道也難憑我學生一人之愚見莫若去請教國師一番来看他是個怎麼處法天師不行。只是兩個元帥。竟過碧峰寶船上去直上千葉蓮臺之上長老見了兩個元帥過来。已知其意笑一笑道阿彌陀佛。做元帥的都會活埋人也老爺道怎麼說個活埋人。只是孽畜使風作浪沒柰何處長老道二位元帥可曾看過三國志麼二位元帥道也曾略略看過来長老道既是看過三國志来豈不聞諸葛亮祭瀘水之事乎長老只是這一句話兒不至緊

要叫做救人一命勝造七級浮屠莫說是救了五十個軍人的性命。這都是佛爺爺運用之妙。把個二位元帥說得滿天歡喜計上心来撫掌大笑三寶老爺又有些淘氣說道只怕笑不的哩尚書道豈不聞梁武帝宗廟以麵為犧牲享帝享親且可。何況一妖精乎老爺說道是是。二位即時辭了長老歸到本船叫過得力的圓牌校尉来附耳低言。教他如此如此。那校尉依計而行直至黄昏左側立了供案献了生人天師帶了道士道童念經拜懺二位元帥親自行香禮數已畢。把個供案生人一齊推將下水方纔下水颼地裏一陣响風刮得個風蓬亂轉把捉不来。恰好的船稍上蓬脚索打一拽拽將兩個軍人下水去了。後上馬船上流星的搭救救了一個上来。還有一個不曾救得藍旗官報與老爺知道老

爺道五十個也要捨得這一個軍人好打緊哩原来那長老的計策高強二位元帥的設施巧妙。圓牌校尉的手段伶俐怎見得伶俐那校尉領了二位元帥軍令。即時選上些妙手。把個紙来糊在茂圈兒上粧做一個軍人却又褁的病軍的網巾兒戴的是病軍的帽兒裏面穿得是病軍的小衣服外面穿得是病軍的海青脚下穿得是病軍的鞋襪且又一個人肚裏安上些猪羊鵝鴨腸肚血臓祭塞已畢掀將下去。那白龍精看見是個人喫的又是血即時俛首而去。浪靜波恬寶船照直而走。只是可憐那個軍人吊在水裏不曾顧得起来。那個吊在水裏的把冊籍来查一查原来是南京水清右衛一個軍士姓李名海吊在水裏一連沉了幾個沒頭喫了好幾口水。隨波逐浪漂了有二三百里之遙天色將晚忽

然一陣潮来推到一個山脚下那海口的山都是石頭的。年深日久浪洗沙淘石頭却都是空的。李海推到山脚下。石岩之中権且歇息一會。纔醒轉来。只見衣服又濕天色又昏。只是喜得石頭岩裏煖煨煨的到不冷。把些些濕衣服脱下来帚乾了水。及至明日早晨衣服乾了。仍舊穿起来。只是孤身獨自。不知道那是東西。那是南北這裏還是那個去處。又沒有個舟船往来。又沒有個人来搭救起頭一望。只見天連水水連天。正是仰面叫天天不應翻身入地地無門昨日下午推到這裏。今日又是日西。肚子裏雖是水灌的飽。心裏其實的悽惶。一會兒想起寶船来。此時風平浪靜穩載而行不知走到那裏了。我如今怎麼再得到他的船上。一會兒想起南京来京城地面花花世界雨花臺踏青兒文定橋遊船兒我

今後怎麽得去路個青遊個船一會兒想起家裏来父母在堂妻兒老小在旁。我如今怎麽得見我父母的面怎麽得見我妻子的面。轉思轉想越悲越傷。初然間還噥噥唧唧。哭了一聲。到其後不覺的放聲大哭。放聲大哭不至緊。早巳驚動了山崖上一位老媽媽。這一位媽媽。原是彌羅國王之女。兩個哥。一個為王。一個封公。三個兄弟。一個封伯。一個封子。一個封男。平生好養的是個麻鵲兒。養一個麻鵲兒過了五百年。能言能語。自去自來。忽一日飛到終南山上耍子。撞着后羿。一箭射死了他的。他就惱了一惱。竟過中國来告訴周天子。周天子下堂與他唱個喏。後来秦始皇要謀他做正宫皇后。他又不肯從。走遍天下。只見淮上漂母留他喫飯寃家便多韓信又来調戲他。是他狠着手一巴掌。把個韓信打風

了。漢高祖提着他監禁了。直至三后七貴人来纔得脫。他說道南瞻部洲難過日子。走到東勝神洲花果山上去住。又着孫行者炒得慌。却纔飛進海口。占了這個山頭。這個山叫做個封姨山。他在這裏住了到也有好多年。東鈎西搭。養下了有四個孩兒。原来是一隻老母猴生下的四個小孩子。就是四個小猴兒。這一日老猴正在洞中打坐。只聽得山岩之下有人啼泣。打動了他的慈悲念頭。即時叫聲小的個都在那裏。只見那四個小猴兒聽見老母猴呼喚。他一擁而至。問說道。母親呼喚孩兒。有何分付。老猴道。山岩下有人啼哭。莫非是個過洋的客人。遭了風浪。打破了船隻。你與我去看一看来。那些小猴兒不敢違命。一竟跑到倒掛岩上。蹺着一塊石磴。扯着一条葛藤。低着頭。撐着眼。望着山岩之下。打一瞧

来。只聽得人便是有個啼哭。不曾看見那個人躲在那廂兒。却不知是個甚麽人。在此山岩之下。啼啼哭哭。却不知那些小猴兒尋着那個啼啼哭哭的。怎麽樣兒搭救他。且聽下回分解

第二十回

李海遭風遇猴精　三寶設壇祭海瀆

詩曰

遭風誰道不心酸　岩洞之中斗樣寬　曲頸坐時如鳥宿
屈腰睡處似鰍蟠　抬天浪沸渾身濕　刮地風生徹骨寒
喜有白猿修行滿　平施惻隱度雲端

却說四個小猴。承了母命。竟望山岩之下打一瞧。只聽得有個哭泣之聲。却不曾看見是個甚麽樣兒的客子。是這些小猴兒着實

吆喝一聲說道。甚麽人啼哭哩。却說李海在個山岩之下啼哭。猛聽得有人問他。他心裏想道。這等大海之濱。終不然有個茅屋雞鳴。猥海曲。終不然有個漁翁夜傍江干宿。怎麽岩上有個人聲。心裏一則犯疑。二則巳不得有個人来。總有個解手。故此收拾了眼淚。閃到洞門外面。擡起頭来望一望。瞧着。那些猴兒看見岩下委果是個生人。連忙的又問道。君子你是何方人氏。姓甚名誰。為那一件事故。撇在這個岩洞之中。你若是告訴的明白。我這裏救你的性命。李海擡頭一看。只見是一班小猴兒。嘆上一聲氣說道。運去奴欺主。時乖鬼弄人。我今日遭此大難。誰想一夥猴子也来戲弄我哩。那山上的猴子聽見他嘆氣。高聲大叫。漢子你不消嘆氣哩你但從實的說個来踪去跡。我這裏搭救你上山来。李海心裏想

道這些猴兒話語兒輕喉嚨兒清想必也是有些氣候的。我欲伸
不告訴他来我也到底是個死的。到不如告訴他這一叚苦情或
者又有個生活處未可知也這叫做是個情知不是伴事急且相
隨到如今碍口飾羞的事做不得了沒柰何高声答應道我乃姓
南朝朱皇帝駕下欽差下海取寳的軍士本貫水軍右衛選鋒姓
李名海的便是為因寶船行至白龍江下。風浪大作寶船有傾覆
之危當有我朝國師高登懸鏡臺掛起照妖鏡看見江水裏面是
一条白龍精困厄一千餘載專一在此顛風作浪破壞往来舟船
除是生人祭賽纔得平妥衆官商議不忍殺生害命。又是国師遠
效梁武帝宗廟犧牲。近做諸葛亮瀘水祭品。彼時陳設祝賛。是小
人跕在寶船稍上卻不知是個祭物不周。又不知是個孽龍貪毒

陡然間一口怪風吹轉蓬脚。推得小的下水。救援不便以致飄流
此間你們若是救得我的殘生恩當重報那些小猴兒聽知他這
一席的話說得好不苦楚哩即時轉身報與母猴知道把李海的
話兒細說了一遍老猴聽知。掐個瓜兒笑了一笑早知其事滿心
歡喜不覺的笑一個嘎嘎。小猴説道母親為何如此大笑敢又是
個好饅頭餡兒来也老猴道你還想着要喫人哩你就不記得骨
骶頭卻了你嗓子的時候小猴道終不然因咽廢食罷老猴道只
你們有這些氣淘哩。小猴道不是淘氣只因母親笑的不是老猴
道我笑不是要喫人。小猴道既不喫人笑些甚麽老猴道我適来
把個前定數笑了一笑卻笑得此人有一条金帶之分。且我與他
有一十八年前世的夙緣故此發了一笑。小猴道卻怎麽得他上

来老猴道你到洞裏取出那些葛藤来揀選幾根長大的又要堅
牢的接續了放將下去救他上山来我自有個道理常言道救人
一命勝造七級浮屠。你與我快去收来那些小猴領了母親尊命
不敢有違隨即取了藤接了索放下山来高声叫道漢子你休要
害怕哩我奉母親之命。救你上山来李海接着這一根葛藤在手
裏心裏想道上去也是死不上去也是死挨着一個死且上去走
一遭来硬着個心挨着個命。把個葛藤拴在腰裏叫声道你上面
拽着哩只見山上四個小猴兒拽了半日拽上山来李海心裏想
道人將礼樂為先樹將花果為園。我今日到此。也不知是凶是吉
且把個礼来施他一施好個李海觧下了葛藤抖一抖衣袖對着
四個小猴兒一個人唱上一個喏那四個小猴兒看見他一個人

強結同心洞口捫蘿舒倦眼

李海遭風遇猴精

不堪回首海風飛浪濕征衣

唱上一個喏。好不快活哩。即時領他洞裏相見老猴。李海跟着他輕移三兩步。便是洞門前。李海提着個胎子。走進洞中。雙膝跪下把個眼兒悄悄的瞧着他。原来是一個老猴婆。金睛凹臉。尖嘴累腮。渾身上一片白毛。那白毛長有五六寸。正是

独自深山幸六韜　依稀一片白皮毛　枝頭喜共猿奴戲
月下寧同狗黨豪　冠沐已經輕楚客　拜封猶自重齊髦
幾回顛倒埋兒戲　為道胡孫醉濁醪

李海也是沒柰何。雙膝跪着。口裏說道。小人是南朝朱皇帝御前選鋒姓李名海。下海取寶。不幸遭風被難至此。望乞老爺救命。生死不忘。那老猴走下座来。雙手挽着李海。說道。請起請起。你原来是南朝一個將軍。李將軍。實不相瞞你說。是我在這裏打坐。聽知

你的啼哭之声。是我笑你一笑。雖然眼下一驚。日後有条金帶之福分。且與我有些些夙世姻緣。故此專命小兒接你上山来。你且權住在此。待等你的寶船取得寶来。必然在此經過。我還送你上了寶船。同回京去。豈不是好。這個老猴話兒雖是說得好。其實像覭兒有些些曉蹊。李海心上有些些害怕。老猴早已知其中情。說道。李將軍你不要怕我。我在此中已經脩行了有上千百餘年。全是人身。你不信。我待我穿起衣服来你看看。叫声小的個拿衣服来與我穿着。只見四個小猴兒蜂擁而来。拿衫兒的遞了衫兒。拿羅裙的遞了羅裙。拿鬏髻的遞了鬏髻。拿釵環的遞了釵環。一會兒撮撮美美恰好是一個婦人。正是個

翠翹金鳳絕塵埃　畫就蛾眉對鏡臺　携手問郎何處好
絳幃深處玉山頹

却說老猴變成了一個婦人。又叫声小的個都要穿起衣服来。只見四個小猴兒跑出跑進。指東話西。一會兒就是四個齊整小廝正是

紫衣年少俊兒郎　十指纖纖玉笋長　借問美人何所有
為言贏得内家裝

老猴是個婦人。小猴又是四個小廝。這會兒李海心事纔定。老猴又且殷勤。叫声小的個看仙茶仙酒仙桃仙果之類来。我與李將軍壓驚。一時酒菓俱到。兩個對飲。對滌不竟的天色已晚。老猴精就纏住李海。鳳枕鸞衾。猥紅倚翠。正是

一綫春風透海棠　満身香汗濕羅裳　個中好趣惟心會

體態惺鬆意味長

魚水相投意味真　不膠不漆自相親　一團春色融懷抱
誰解猴精变底人

一個李海一個猴精日近日親情濃意密問無不言言無不盡李海每日早晨睡在床上只聽得山頂上响声如雷心上常是疑惑這一日問着老猴説道你這山上可是有個雷公窖那老猴道那裏雷公有個窖之理李海道不是雷公窖怎的三日两日這等很很的响老猴道不是雷响李海道不是雷响還是甚麽声响老猴道我這山上有一条十丈大蟒他時常間下山来戲水下山之時鱗甲粗体尾巴拗搉招動了山上的乱石故此响声如雷李海道有這等的畜生老猴道也不是甚麽異事我在這山上住了有千

多百余年也在這山上過了有千多年何足為異李海道他與你可相妨碍麽老猴道公修公得婆修婆得自是不相妨碍李海道我們要看他看兒可通得麽老猴道看也通得只要悶在洞裏面不可露出身子来李海緊記在心過了幾日山上又在响雷李海謹守老猴的教誨悶在洞門裏偷眼瞧着他真個是好一条老蟒里身長百丈有餘鱗甲斗般的大々一張喜門血口一對燈籠眼睛李海看了回来問着老猴説道怎麽大蟒下山面前又有一對燈籠照着他来老猴道不是燈籠是他两隻眼睛李海道眼睛怎麽這等發亮哩老猴道他項下有一顆夜明珠々光射目越添其明故此就像一對燈籠照着的李海心裏想道夜明珠乃是无價之寶若能彀取得這顆珠日後進上朝廷也强似下西洋走一次又

問老猴説道大蟒的珠我要取他的可通得麽老猴聽知大笑了一声説道螳臂當車萬無一濟這条大蟒身材長大力量過人假饒你千百個將軍近他不得何况獨自一人如何近得他也李海口裏答應着是心裏一邊就在忖個計策終是個南朝人物心巧神聰眉頭一蹙計上心来問声道這大蟒幾日下来戲水一次老猴道不論陰晴三日下山一次李海又問道大蟒下山還有幾条路逕老猴道他走了一千年只是這一条路李海討實了他的行藏心中大喜每日問自家運用月深日久計策堅勤喘着老猴安排布置安排已定布置已周心裏想道明日大蟒遭我手也又對老猴説道我夜来一夢甚兇心懐疑慮是我適来起一個數原来這個兇夢應在大蟒身上大蟒數合休囚了老猴聞之喫了一驚

却自家搯着瓜兒笑他一美説道咳真個是大蟒數合盡也李將軍你也晓得數你的晓得還是個甚麽數哩李海道我是諸葛孔明馬前神數老猴道你可曾和我起個數哩李海道也曾起個數来老猴道數上何如李海道你的數上千年不朽萬年不壞積蕴成聖累妙成空得了朝元正果的李海這幾句話兒把個老猴奉承得他歡天喜地老猴又問道我這四個小的不知他日後何如李海道我也曾起個數来老猴道數上何如李海道他的數上比你差不得幾厘兒老猴道怎麽只差幾厘兒李海道有其父必有其子就只好差得幾厘兒道猶未了只聽得山上又在响雷老猴道那話兒来了李海道我和你去瞧他一瞧来老猴道不可造次李海道數盡之物畏之何為兩個人攜手而出纔出得洞門恰好

是那個終生自山而来頭先向下。不知怎麽樣兒項下喫了些虧
終生性子又燥。擡起頭来儘着力氣。望山下只是一洑。快便是去
得快。那曉得身子兒已自劈做了兩半個。到得水次之時。三魂逐
水。七魄歸天。李海急忙的走近前去。把顆夜明珠即時撈在手裏
了。老猴見之。又驚又愛。心裏想道。南朝人不是好相交的。我這如
今事到頭来不自由。不如做個君子成人之美罷。猛然間把隻手
兒望西一指。說道。西邊又有一条大蟒来也。李海聽知又有一条
大蟒。嚇得他心神撩乱。擡起頭来望西上去瞧。老猴趂着這個空
兒。就把李海的腿肚子一爪剳了一条大口子。一手搶過夜明珠
来。就塞在那個口子裏。吐了一口唾沫。搽上了一個大拳頭。及至
李海回頭之時。一個夜明珠好好的安在自家腿肚子裏了。李海
道。這是怎麽說。来老猴道。夜明珠乃是活的。須得個活血養他。你
今日安在腿肚子裏。一則是養活了他。二則是便於收藏。三則是
免得外人爭奪。李海道。明日家去。怎麽得他出来。老猴道。割開皮
肉。取他出来。獻上明君。豈不享用個高官大爵。李海聞言。心中大
喜。說道。多謝指教了。老猴道。我且問你。来李海道。問我甚麽事。老
猴道。這個大蟒雖是合當數盡。怎麽樣兒身子就劈開了做兩半
個。李海不敢瞞他。從直告訴他說道。是我用了一個小計。老猴道。
還是個小計。若是大計。却不粉骨碎尸。你且把個小計說来與我
聽着。李海道。一言難盡。我和你同去看来就是。李海携着老猴的
手。照原路上打一看。原来路上埋的却都是些鉄鎗兒。老猴道。你
這一付家火是那裏得来的。李海從直說道。不是個鉄鎗。就是你

這山上的苦竹。取將来。断成段數。一根一根的削成籤兒。日晒夜
露。月深日久。以致如此。老猴聞之。心裏老大的有些怕。個李海李
海也知其情。每事小心謹慎。毫厘不敢放肆。心裏只在等待的寶
船轉来。帶他歸朝。却說寶船自從祭賽之後。風平浪靜。照直望前
而行。正是船頭無浪。舵後生風。不覺的離了江。進了海。只見總兵
官傳出將令。盡將大小寶船。一切戰船座船馬船粮船。俱要下蓬
落錨。一字兒擺着海口上。三寶老爺會了王尚書。會了國師。會了
天師。商議已畢。站着船頭上一望之時。只見

今朝入南海　海闊不可臨　茫茫失方面　混混如疑陰
雲山相出沒　天地互浮沉　萬里無涯際　云何測廣深
潮波自盈縮　安得會虛心

望闕儼然紫誥高懸滄海日

三寶設成祭海瀆

祭神如在　青衣端立翠壺山

即時備办祭品陳設已周。兩位元帥排班行礼。中軍官開讀祭文

文曰

維我大明　祥開戴土拓地軸以登皇　道契寰緼掩天紘而
践帝　玄雲入戶纂靈瑞於丹陵　綠錯昇壇薦禎圖於華渚
六合照臨之地候月歸琛　大鑪覆載之間占風納寶　蠢
茲遐荒絕壤　自謂負固憑深　祝禽疏三面之恩　毒虺肆
九頭之暴　爰命臣等謬以散材　飭茲軍容忝專分閫　鯨
舟吞滄溟之浪　鰍囊括鄯善之頭　呼吸則海岳番騰　喑
啞則乾坤搖蕩　橫劍鋒而電轉疑大火之西流　列旗影以
雲舒似長虹之東下　俯儋耳而椎髻　指洞胸而逵腹　闖
遠門揭侯坐收西極之狼封　紫微殿受俘重覩岦岊之虎繞

寔甬海瀆　祀典攸崇　赫兮厥位　用申誥告

祭畢。連天三砲响。万馬一齊奔。只見舟行無阻。瀾滄風霽雲衣
來觀星觀斗。行了幾日。中軍帳上有幾個軍士整日家聆聆睁睁
只是要瞌。原來三寶老爺手下的小內使兒也是這等聆聆睁睁
要瞌。王尚書船上伏侍的軍牌校尉。也是這等聆聆睁睁要瞌。傳
令前哨後哨左隊右隊。各色軍士人等也都道是這等聆聆睁睁
要瞌。問及天師船上。天師船上那些道官道童樂舞生也都是這
等聆聆睁睁要瞌。問及國師船上。只有國師船上一個一個眉舒目
暢。一個一個有精有神。細作的報與三寶老爺。老爺道其中必有個
緣故。竟往碧峰寺來。碧峰長老正在千葉蓮臺上打坐。只見徒孫
雲谷說道。元帥來拜國師。即忙下坐迎接。相見禮畢。分賓主坐下

長老道。自祭海之後。連日行船何如。老爺道。一則朝廷洪福。二則
國師法力。頗行得順遂。只有一件。來是個好中不足。長老道。怎麼
叫做個好中不足。老爺道。船便是行得好。只是各船上的軍人都
要瞌睡。沒精少神。却怎麼處。長老道。這個是一場大利害。事非小
可哩。老爺聽知道一場大利害。這句話唬得他早有三分不快。說
道。瞌睡怎麼叫做個大利害。敢是個睡魔相侵麼。咱有個禳倦鬼
的文。將來呪他一呪何如。長老道。只是瞌睡打甚麼緊。瞌睡後還
有個大病來。老爺聽知還有個大病來。心下越加慌張了。說道。怎
麼還有個大病來。長老道。這衆人是不伏水土。故此先是瞌睡。病
來瞌睡不已。大病就起。老爺道。衆人上船已自是許多時了。怎麼
到如今總不伏水土。長老道。先前是江裏。這如今是海裏。自古道

海鹹河淡軍人喫了這個鹹水故此臟腑不伏生出病来老爺道既是不伏水土怎麽国師船上的軍人就伏水土哩長老道貧僧取水時有個道理老爺道求教這個道理還是何如長老道貧僧有一掛数珠兒取水之時用他鋪在水上鹹水自開淡水自見取来食用各得其宜老爺道怎麽能彀普済寶船就好了長老道這個不難貧僧這個数珠兒按周天三百六十五度之数我和你寶船下洋共有一千五百餘號貧僧把這個数珠兒散開来大約以四隻船為率每四隻船共一顆珠兒各教以取水之法俟回朝之日付還貧僧老爺道救人一命勝造七級浮屠国師陰功浩大不盡言矣長老道道是我出家人的本等況兼又是欽差元帥嚴命敢不奉承両家各自回船各船軍人自從得了長老的数珠兒取

水有法飲之有味精神十倍光彩異常船行又順那一個不替国師念一声佛那一個不稱道国師無量功德却說長老正在蓮臺之上收神嘿坐徒孫雲谷報道王老爺来拜長老迎着就問道有甚麽事下顧貧僧王老爺說道連日寶船雖是行動却被這海風顛蕩得不穩便怎麽是好特来請教国師長老道便是連日間颶颱不絕寶船老大的受他虧苦但不知三寶老爺意下何如王尚書道他在中軍帳上只是強着要走哩長老道若不害事由他也罷王尚書道我斈生連牢三日親眼看見日前出船来只見

天伐昏正中　渺渺無何略　極島遊長川　嚴颸起夕霧
海氣蒸戎衣　操金識高戍　捲簾豁雙眸　不辨山與樹
振衣行已遙　寒濤响孤鶩　嗟哉炎海中　勒征何以故

昨日出船来只見

冥冥不得意　無柰理方艨　濤声裂山石　洪流莫敢東
魚龍負舟起　馮夷失故宮　日月淒蔽虧　寒霧飛濛濛
誰是凌雲客　布帆飽茲風　而我媿大異　末由乘之從

今日出船来又只見

颶風来北方　傍午潮未退　高雲歛曦光　况乃日為晦
飛廉欻縱横　濤翻六鰲背　桂席奔浪中　辨方竟茫昧
想像問篙師　猥以海怪對　海瀆祀典神　胡不恬波待

學生連日所見如此以學生之愚見還求国師法力止了這個颶颱更為穩便長老道既是老總兵分付貧僧貧僧自有個處置只是相煩老總兵出下個將令叫三百六十行中選出那一班絲畫

匠来王尚書道要他何用長老道自有用他之處王尚書相別而去即時傳出將令發下一班絲畫匠来衆匠人見了國師叩了頭稟了話長老拿出一隻僧鞋来叫徒孫懸在寶船頭下做個樣兒令画匠就在萍實中間依樣畫了一隻僧鞋在上畫匠看了僧鞋仔細描画只見僧鞋之中還寫得有四句詩在裏面畫匠也不知其由竟自畫了長老又令衆匠人照本船式樣凡是寶船并一切糧色船隻俱在船頭上畫一隻僧鞋一邊畫鞋一邊風静一邊畫鞋一邊浪息衆匠人畫完了僧鞋只見天清氣朗寶船序次前行王尚書把這個話兒告訴三寶三寶老爺道有這等道神的手段哩叫過匠人来問道那国師的鞋是甚麽樣的衆畫匠道就是平常的一隻僧鞋只是裏面有四句詩寫着在老爺道你們可記得

麽衆匠人道也有記得的。原来衆匠人之中。癡呆懵懂的雖多。伶俐聰明的也有。那記得的說道詩說吾本来兹土傳法救迷情一花開五葉結果自然成三寶問王尚書道老先兒可解得這詩麽。王尚書道孝生一時也不解其意。不如請天師来問他怎麽說郎時請得張天師来。把這四句詩問他。天師到也博古。說道這是達麽祖師東来的詩。三寶老爺道可是真哩。天師道怎麽敢欺。王尚書道既是達磨祖師的詩。一定就是達磨祖師的鞋了。天師道敢是碧峰長老適纔画的麽。王尚書道正是天師道這是達磨祖師的禅履不消説了。王尚書道怎見得天師道達磨祖師在西天為二十八祖。入東土為初祖。自初祖至弘忍盧能共為六祖。經上説道初祖一隻履。九年獨坐無人識五葉花開遍地香二祖一隻臂。看上三尺雪。令人毛髪寒。三祖一隻身。覔之不可得。本自無瑕纇。四祖一隻虎。威雄鎮十方。声光動寰宇。五祖一株松。不圖粧景致。也要壯家風。六祖一隻碓。踏破関捩子。方知有與無。以此観之這僧鞋却不是達磨的。兩個元帥説道還是天師通今博古。天師道這個長老其實是個有打㸃的。道猶未了。只見藍旗官報道国師將令着各船落蓬打猫。不許前進。兩個元帥。一個天師。都不解其意。未及開口。大小寶船。一切諸色船等。俱已落了蓬。打了猫。攏進畄兒擺着却不知碧峰長老不放船行前面還是甚麽地面。且听下回分解

四卷終

新刻全像三寶太監西洋記通俗演義卷之五

二南里人　編次
三山道人　繡梓

第二十一回

軟水洋換將硬水　吸鉄嶺借下天兵

詩曰

莽上雲空遠色愁　嗚上戍角上征樓
吴宫怨思吹進管　楚客悲歌動五侯
萬里関河春草暮　一星烽火海雲秋
鳥飛天外斜陽盡　弱水無聲嗌不流

却說碧峰長老傳令着前後五営四哨船隻盡行落蓬下猫不許前進適逢得元帥天師正在議論僧鞋之事猛聽得這個消息兩

頓撒軟洋彩鷁飽風潮路穩

軟水洋換將硬水

全憑佛力天風吹浪海痕消

個元師俱不解其意只有天師說道這莫非是軟水洋来了三寶老爺一向耽心的是這個軟水洋。一說起軟水洋三個字就嚇得他魂飛天外魄散九霄連聲說道来到此間怎麽是好王尚書道全仗天師道力天師道當原日碧峰長老見萬歲爺萬歲爺問他軟水洋的事他說道貧僧自有個過的事至于此豈可自食其言王尚書道相煩天師同往蓮臺之上走一遭何如天師道但去不妨三位竟往蓮臺上去只見雲谷報知長老長老早知其情迎着就道三公下顧貧僧莫非軟水洋的事麽三寶老爺道正是當原向承國師親許萬歲爺擔當渡過此水今日事在眉睫特来相求長老道不消三位費心貧僧自有個道理三位請回本船姑待明日便可過去也三位只得回船天師心裡道好漢便讓他做且穿他做個穿来。却說碧峰長老靜坐蓮臺之上分付徒弟徒孫各自打坐去訖待至三更時分將色身撇下。金光一聳離了寶船竟撞入龍宮海藏早已驚動了東海龍王那個龍王看見了燃燈古佛忙近前来。遶佛三匝禮佛八拜說道不知佛爺前来不曾遠接接待不周望乞恕罪長老道你是何神龍王道弟子是東海小龍神敖廣長老道我今領了南朝朱皇帝駕下寶船一千五百餘號軍馬二十餘萬前往西洋。撫夷取寶今日到了你這個軟水洋我特来問你我的寶船怎麽過去龍王道寶船其實的難過哩長老道怎的其實難過龍王道若是佛爺上乃是三千古佛的班頭萬代菩薩的領袖過去何難之有爭奈你寶船上許多軍馬都是凡夫肉眼乘寶船人甚重大遇此軟水怎麽過得長老道據你所說我的

寶船就過去不成了。我這西洋也下不成了。龍王道恰像也有些難處長老道我且問你自盤古到如今可也曾有人過此水麽龍王道盤古到今豈無一個人曾經過得此水的長老道怎麽又过得龍王道說起来話又有根長老道是甚麽根龍王道當原先大唐朝有個蜀郡成都人姓袁道號天罡先生。上察天文下通地理知道過去未来曉得吉凶禍福每日在十字街頭賣卦營生其日有一個秀才来占課袁天罡起下課来說道占課君子你不是個凡人那秀才道我不是個凡人還是甚麽袁天罡道你是個水府龍神其神大驚說道先生何以得知在下就是龍神袁天罡道不是我誇口說我這課問無不知。知無不盡笑得天有幾萬丈高笑得黃河水有幾百丈深。大則泄漏天機小則人間禍福那一件不

知道其神說道你既是這等神課你且筭一筭天曹該我幾時行雨行雨該有幾千萬點你若筭得我着我就說你是個神仙袁天罡道筭也不見得差我和你賭〻罷其神道賭些甚麼袁天罡道我若筭不着我便不來賣卦我若筭得着你便不要行龍其神道差池了一點也不筭贏袁天罡道便是只見起下課來袁天罡道該你行雨快了就在三日後玉皇有旨差你午牌時分起雲未牌時分下雨雨有四十八萬點其神道三日後沒有勅旨纔來和你講話哩過了三日果真是玉皇傳出一道旨意着金河老龍午時起雲未時行雨雨有四十八萬點火速毋違原來這個占課的是金河老龍金河老龍接了旨意心下大驚說道袁天罡的手段這等神哩我天曹的事故都把他賣出銅錢來我有個道理雨便

大行只是少行幾點却便是我贏簡只指望少行幾點去贏賣課的先生那曉得少行幾點違了勅旨玉皇傳令該斬差唐太宗駕下左丞相魏徵監斬那時節金河老龍慌了只得及來拜求袁天罡先生天罡道你違了上帝勅旨我是凡人怎麼見得上帝怎麼會救得你老龍大哭拜伏地下只是一個不起來天罡道你起來罷我有一計可以救得你的性命老龍聞之即時磕了幾個頭扒將起來拱立而聽天罡道我教你一個斬草尋根的法兒明日斬你的是魏徵丞相丞相是唐太宗爺的親臣你今夜三更時分前到太宗爺寢殿投一個夢將此情衷訴與他煩他轉達魏徵方可救你的性命老龍道太宗雖是天子終是凡人怎麼止得天曹的事袁天罡道太宗是個君魏徵是個臣君令臣共何敢不聽老

龍唯〻而去夜至三更逕到寢殿托夢太宗哀求他救命細說苦情一番又說是魏徵丞相的事理原來唐太宗本是個不嗜殺人之君就是魂夢裏也會慈悲聽知老龍這一段情苦便就說道我救你一命老龍又哭〻啼〻說道千萬不要悞了我的事太宗爺道若是悞了你之時一命還你一命老龍又哭〻啼〻說道只在明日午時三刻挨過了這個時辰小神就得了性命太宗爺道知道了老龍拜謝而去太宗驚醒回來原來是個南柯一夢唐太宗心下喫了一驚却又想道雖是個夢裏我做天子的無戲言只得救他性命只是還有一件來若是明白說了此事又恐怕泄漏天機猛然間心生一計無任歡喜早上起來設朝百官朝罷聖旨獨留丞相魏徵同到文華殿對奕唐太宗原是借此羈留丞相魏徵

丞相心裏想道今日玉帝有旨差我監斬金河老龍聖上又有旨看我文華殿對奕兩下裏儘有些妨碍一則是不敢泄漏了天機二則是不敢違滅了當今聖上終是陽間天子要緊只得陪着唐王着棋魏徵丞相看了一會棋到了午牌時分只見情思昏〻精神困倦不覺的伏在桌子上打一瞌唐太宗心裏想道正好不要叫他醒來捱過了這個午時三刻龍王之命可救矣一會兒丞相醒將回來看見個太宗皇帝陪他坐看就嚇得他渾身是汗遍體生津忙〻的俯伏金階奏道臣該萬死臣該萬死非臣敢慢君王故意的瞌睡只因玉帝有旨差臣南天門外監斬金河老龍復旨纔回伏乞我王赦罪說了一個監斬金河老龍唐太宗只是口裏叫屈只是口裏叫屈撇了魏徵丞相竟轉寢宮而來悶〻的不快活夜至

三更金河老龍直至宮裏拉住唐太宗要他填命唐太宗驚得爬明不明盻曉不曉及至天亮設聚兩班文武商議龍王索命之事當有護國公秦叔寶敖國公尉遲敬德出班奏道萬歲爺但放心今晚小臣二人把住宮門看是甚麼龍王敢進果真的到了晚上兩個國公把守宮門龍王又來時擡頭一看左邊是個天蓬星站着右邊是個黑煞星站着他那裏敢進龍王沒柰何竟投閻君告下了一紙陰狀陰司拘到唐王唐王如夢一般竟赴陰司對理金河老龍說道你原說過了一命填一命唐王沒柰何對了閻君親自許他削髮出家前往西天雷音寶剎面佛求取真經超度老龍托生轉世唐太宗又遍遊地府只見尉遲公鞭掃六十四處烟塵多少士卒一個上困苦陰曹無錢使用也都來哀告唐王唐王無

計可施當得判官崔珏借辦了東京城裏相老兒寄庄的金銀一庫仍許了衆鬼魂超度他一壇唐太宗回轉陽間如夢初醒次日早朝聚集滿朝文武當朝堂之上把個陰司地府的事情細說了一遍即時傳旨東京城裏要個相老兒尋來尋去止尋得一個貧窮老漢担水營生是個相老兒原來這個相老兒年高八十子息俱無恐怕身沒之時無人燒化錢紙每日食用之外剩得幾文錢盡數兒買了金銀紙馬燒化在北泉傍邊有此一段緣故欽差校尉拿來進見太宗太宗審實了他的情詞賞他銀子他不要銀子賞他金子他不要金子賞他大官他不願做官唐太宗傳旨勅建一座相國寺奉他萬年的香火到今相國寺尚存却說唐王許下了老龍超度果真的要削髮出家前往西天雷音古剎面佛求經

百官上表奏道天不可一日無日國不可一日無君既是前言要賤莫若張掛榜文召集天下僧人內中揀選個有德行的代萬歲取經庶為兩善唐太宗准奏大張皇榜召集天下僧人果真的就有一個僧人俗姓陳金山寺長老拾得的留養成人法名光蕋有德有行竟徃長安揭了皇榜面見太宗太宗大喜封為御弟賜名玄奘帶了三個徒弟一個是齊天大聖一個是灎来僧一個是朱八戒師徒們前往西天取經當得齊天大聖將我海龍王奏過天庭封為掌教釋伽牟尼佛故此奉佛牒文撤去軟水借來硬水纔能過去這今早晚兩潮有些硬水間或的過得此水長老道我便不用你們撤去軟水你待何如龍王道既是佛爺上不要我們撤去軟水越加省力小神敢不奉承長老別了龍王金光一道早已

頑鉄無踪拳石經年皆化玉

神兵有赫片帆此日盡乘風

又在寶船上来了只見天色將明外面已自是元帥天師都過蓮臺之上来了國師心裏想道你們只曉得来看那曉得我們和龍王磨了這一夜牙来心裏這等講口裏一邉叫看茶三寶老爺道不消喫茶罷只求速〻過去就喫水也甜國師道不必催儹貧僧你們只管傳下將令着大小船隻盡行起猫以水响為度但聽得船下水响卽忙的扯起篷来望前遂走再無阻碍三位心上也不十分准信只見將令已出各船起猫長老慢騰〻的走出船頭上来三位都跟將出来長老慢〻的問聲道各船上起的猫何如當有欽差校尉囬報道各船上起猫已畢只是船下水還不曾聽見他响長老道你們站開来歇了一會方纔伸出手来又歇了一會方纔溜出個鉢盂来又歇了一會方纔口裏嚷嚷出兩三聲未嚷了這等兩三聲不至緊只有些〻雲海有些〻霧長老拳了兩隻脚跎了一個弹子背輕〻的走到船頭下把個鉢盂招起了這等一鉢盂兒水須臾之間船下的水微〻的有些〻响聲各船上一齊扯起篷来照前便走如履平地一般船上還有一等不知事的說道只說甚麼軟水洋鵞毛也載不起似這等重大的寶船也過了。又有一等略知些〻事的說道這個船行都是我朱皇帝的洪福齊天水神擁護如此這叫做是倘耳聞是虛只是三位老爺眼見的是實眼見的國師取了一鉢盂兒水眼見的大小寶船望前而行眼見的長老把個鉢盂掛在天盤星上那三位却纔辭了長老而去長老也不曾逃他只是分付欽差校尉仔細照管行船分付徒弟非幻徒孫雲谷同到千葉蓮臺上打坐却說那三位回船都有些〻疑慮

三寶老爺說道敢是個掩眼法兒王尚書道決使是個法却不是個掩眼法天師道這個法我也猜評得他的着不過是個天將天兵虛空撮過的手段王尚書道他那一鉢盂的水是怎麼天師道那是個例子常言道十法九例無例不成法三寶老爺道我有個處郎時差下藍旗官禀過了國師明日鉢盂裏的水三位老爺還要来面見發放長老早知其意傳言囬道俟發放之日請同三位老爺當面過来長老只在蓮臺上運神定炁聽候寶船過洋却又虧個軟水洋有八百里之遠急切裏走不過去只是喜得風恬浪靜穩載而行正是

征西諸將坐扁舟　晚照風烟萬里收　一望海天成四塞
雙垂日月浸中流　波翻簫鼓龍知避　水放浪花地共浮

閙道軟洋難覔路　也應穩載下西洋

却說碧峰長老坐在千葉蓮臺之上收神運炁俟候寶船過洋且喜得連日風平浪静掛帆鼓楫而行了幾日長老心裏知道軟水將過分付徒孫雲谷傳命欽差校尉請過三位來天師早已知道將過軟洋會同兩位元帥三寶老爺道國師有請不知甚麽事因王尚書道不過是個發放鉢盂的事因長老見了三位便說道恭喜了三寶老爺道國師同喜長老道過了這個軟水洋是我和你下西洋第一個閧隘老爺道多謝國師佛力長老道朝廷的洪福貧僧何功道猶未了只見欽差校尉報道船頭之下已是清水泛流長老聞知即時起身而出到于天盤星上取下了那一鉢盂之水拿在手裏口兒又是這等噥了兩三聲三寶老爺終是有些

風子樣兒看見長老拿了鉢盂他快着口問道國師你這個鉢盂裏的水敢是個倒子麽長老輕輕的說道阿彌陀佛元帥在上不要小覷了這個鉢盂這八百里軟水都在我這一個鉢盂之中這一句話兒說得不大不小莫說是兩位元帥喫驚就是天師也老大的蕩了些主意長老輕輕的又噥了兩聲把個鉢盂裏的水放將下去就是倒瀉天河穿沙激石放了半日工夫纔放得乾淨二位元帥見之纔害怕哩天師却纔是死心倒地拜着長老只是磕頭長老道天師請尊重怎麽行這等的大禮天師道老師父佛力無邊伏乞師父指教一番長老道三位請坐下容貧僧從直相禀三位坐定長老道這軟水洋匹毛枝草俱是載不起的是貧僧出乎無奈夜來撞入龍宫海藏之中央浼龍王龍王道亘古至今只

是唐三藏西天取經仗着齊天大聖過了一遭自後早晚兩潮有些硬水却只容得一葉扁舟怎麽過得這等重大的寶船果然要過去也須是奉佛牒文撤去軟水借来硬水方纔過得貧僧討了他這一個口訣兒纔把鉢兒擂起了軟水口兒裏念動了真言借些硬水以此上纔過得来天師又打了一個恭唱了一個喏王尚書道國師的鉢盂掛在天盤星上這是甚麽佛法國師道八百里海水終不然船上載得起借着天盤星為因其實的掛在天柱上三寶老爺道怎麽這等一個鉢盂就盛得這許大的水長老道老元帥你不記得水淹兜率宫浪打靈霄殿的日子了天師道這就是我學生連燒了四十八道飛符的事大家反取笑了一場這會分明取笑得有些意思猛然間藍旗官報道前哨的戰船險些

兒一沉着底喜得是回柁轉蓬大風反旆纔方免了這一場沉溺之苦那個海路本等是險這個報事的官却又嚇得三寶老爺一天憂悶兩泪雙垂王尚書道老元帥何事這等感傷哩老爺道咱原日掛印之時也只圖得為朝廷出力為中國幹功倘得寸勞或者名垂不朽那曉得一路上有這些風浪有這些崎嶇曉這些驚憂受這些虧苦終不然咱這一把老骨肯断送在萬里外痒海之中王尚書道雖是路途險峻賴有天師國師老元帥當自保重天師道凡事有國師在前老元帥不必如此悲切西来的路程也只是這一個吸鐵嶺過此俱是坦途三寶老爺得了這一團的勸解歇了一會問說道這便是吸鐵嶺麽長老道便是老爺道這寶船是鐵釘釘的大小錨俱是鐵鑄的刀鎗劍戟都是鐵打的却

怎麽得過去長老道列位請回過嶺都在貧僧身上即時送過了二位老爺轉到千葉蓮臺之上寫下了一道牒文當天燒下。那道牒文早有個直符使者。奏事功曹。一直賫上靈霄寶殿玉帝位下親投却又有個左金童胡定教真人接着。問說道這牒文是那裏來的幹甚麽事的功曹道是南贍部洲朱皇帝駕下金碧峰下西洋過吸鉄嶺特来懇借天兵搬運鉄猫等件。真人聽知道鉄猫二字。恰好又是個買香囊吊泪覩物傷情怎麽[illegible]覩物傷情原来這個鉄猫都是他親手自造只見胡真人拿了這道牒文竟自展開奉上玉帝玉帝看来

牒曰

於維大明　三光協順　暨我皇上　萬國来王　帝道光華　寶籙啟千年之景運　乾文璀璨璇臺符萬壽之昌期　不忍國單陷彼西洋　爰命雄師赫然東出　戈戟散飛蛇之電　鼓鼙掀震蟄之雷　鳴劍伊吾　揚帆海瀆　胡吸鉄之有嶺　嗟破竹之無門　恭薦特牲　用申短牒　望形輿而敬止　祓玉座以綏安　願假天兵　快茲戎器　庶鯨鯢就戮見西海之無波　果氛祲頓消得太陽之普照　無任延結　須牒施行

玉帝看了牒文即時准奏傳下一道玉旨。欽差三十六天罡統領天兵四隊往西洋大海吸鉄嶺下。搬運寶船上鉄猫兵器頃刻不得有違玉旨已出誰不遵依只見三十六天罡領了天兵四隊竟自駕起祥雲。望西洋大海而来見了古佛領了佛旨。把些寶船上的

鉄猫兵器無論大小無論多寡一會兒都搬到西洋海子口上去了各自駕轉雲回長老心裏又想道鉄猫兵器雖是搬運去了這些大小船隻却都是鉄釘釘的我身上的金翅吠琉璃也要得個好力士繞用的快捷好個碧峰長老念上一聲佛佛法一時生轉身寫了一個飛票差了一個夏得海竟投西海中龍宮海藏而去只見西海龍王敖順接了佛爺爺這一個飛票票說道票仰西海龍王火速統領犀候鰐伯一千水獸前到寶船聽候指使毋違龍王領了飛票即時點齊一千水獸統率前来見了佛爺爺稟說道適承飛票呼召不知有何指揮長老道驚煩列位替我把這些舡隻撞過吸鉄嶺鉄砂河逕往西洋海子口上須在今夜不得遲悞雞鳴龍王道撞便容易撞得只是盡在今夜似覔得限期太促了些長老道我還有你一個寶貝在這裏龍王道正是正是若是佛爺爺拿出那個金翅吠琉璃来照着前面後面撞的便輕巧了這五百里路不消呼吸之間長老取出一個寶貝交付龍王龍王拿了這個寶貝親自領頭後面一千水獸撞了船隻一會子就是西洋海子口上口上龍王交還了琉璃說道佛爺爺這鉄砂河今日經過了這個寶貝却有十年不生鉄却有十年走得船長老道要他千万年走舡龍王拜辭領着水獸而去長老又坐在千葉蓮臺之上却說三寳老爺耽驚受怕巴不得天明来看長老的手段及至天色微明船上人都嘈雜嘈雜你也說道不見了猫我也說道不見猫有個說道失了的有個說道走了的有個說道飛了的一會兒戰船上軍士起来又囉唕囉唕你也說道不見了鎗我也說道不

見了劍張也説道不見了戟李也説道不見了刀一襄上到三官
老爺耳朶裏来老爺又喫了一驚説道這些猫和這些軍器想都
是吸鉄石兒喫吊了飛星差人報知王爺船上王爺早已知道了
又飛星差人報知天師天師早已知道了又差人報知碧峰長老
只見長老船上的猫照舊在船頭上校尉還不曾起来傳送官回
復三寳老爺道某船如此某船如此老爺道快請王爺同天師来
只見王尚書會了天師天師也不解其意一同見了老爺老爺道
同去問国師就見明白長老接了三位老爺笑了一笑道列位都
為不見了鉄猫軍器而来老爺道敢是吸鉄石兒喫吊了長老道
豈有此理是貧僧受了元師鈞旨費了一夜辛勤我和你的船已
自過了吸鉄嶺這如今是西洋海子口上了老爺道吸鉄嶺有五

百里之遥如何一夜會過得長老把個牒文飛票兩項事細説了
一遍三位老爺心下老大的喫驚一齊的打恭一齊的作揖那一
位不欽敬老爺又問道天兵擸的鉄猫在那裏長老道在這西崖
百步之内便是老爺傳下將令青令各船人夫各船軍士前往崖
上百步之内擡回猫来這些人夫軍士跑上崖去百步之内是有
無限的猫只是一個也擡不動却不知這個猫怎麽樣兒擡不動
又不知往後去這個猫怎麽樣兒擡得来且聽下回分解

○○

第二十二回　天妃宮夜助天燈　張西塘先排陣勢

詩曰

將軍遠發鳳凰城　日月回看帝座明　豈是仙槎窮異域
將因駟牡急王城　陽當九五飛龍出　甲擁三千跨海行
底事嶺呼為吸鉄　頑貪當為聖人清

却説各船上人夫各船上軍士得了將令逕投西崖之上百步内
擡猫上便是有無数的在那裏只是一個也擡不起来即時報與
元師老爺老爺道這個猫擡不起来也在国師身上長老道喜得
不是驢鞍兒吽声雲谷近前来分付他取過甲馬一百張交與擡
猫的令他一個猫上貼一張甲馬擡了這些回又將這一百張甲
馬貼在那一百個猫上擡將回来周而復始擡完了交付還我衆
人得了長老的甲馬一會兒盡數擡来還了甲馬船上軍人那一
個不念聲碧峰老爺佛法無邊那一個不念聲碧峰老爺無量功

海蜃神燈五色曉霞開日觀

天妃宮夜助天灯

天街慈雨萬株秋露滴雲根

德王尚書道只此一事莫大之功即時拽篷開船長老分付道目今已是西洋大海前哨的務要小心不得模糊悞事不便各船傳示已畢恰好行了這等一二日之間只見海面寬濶路徑不明且又是浮雲蔽天太陽不見前面嘹哨的兩眼昏花也不知何為天也不知何為水也不知那是東那是西也不知那是南那是比正是雲暗不知天早晚眼花難認路高低前哨的傳與中軍中軍的稟了元帥三寶老爺心上又慌了王尚書道老公公不消這等耽煩耽惱縱有甚麼不駱節處還有国師擔當道猶未了只見烏天黑地浪滚濤翻正西上一陣狂風刮地而到正是

来无踪跡去無形　不辨渠從那處生　費盡宝船多少力
顛南倒北亂蓬瀛

這一陣風不至緊把這些些前後船隻打開了不成隊伍連天師的船也不在幇連國師的船也不在幇只是兩隻中軍船還在一處三寶老爺却就埋怨王尚書說道王老先生你只道是有個國師今番你去尋個國師来也尚書道天有不測之風雲人有旦夕之禍福怎怕得這許多哩兩位元帥雖強在辨論風却是狂浪却又大這却也有些些不駱節處三寶老爺道怎麽處哩王尚書道付之天命而已老爺道與其付之天命不如拜天懇求他一番尚書道這也說得有理二位元帥即時跪着稽首頓首說道信士弟子鄭某王某恭奉南膳部洲大明國朱皇帝欽差前往西洋撫夷取寶不料海洋之上風狂浪大寶船將危望乞天神俯垂護佑回朝之日永奉香燈禱告已畢只見半空中劃喇一聲响响聲裏吊下一個

天神天神手裏拿着一紅燈籠明明白白聽見那個天神唱道甚麽人作風哩又唱聲道甚麽人作浪哩那天神却就有些些妙處唱聲風風就不見了風唱聲浪浪就不見了浪一會兒風平浪靜大小寶船漸漸的歸幇二位元帥又跪着說道多謝神力扶持再生之恩報答不盡伏望天神通一個名姓待弟子等回朝之日表奏朝廷勅建祠宇永受萬年香火以表弟子等區區之心只聽得半空中那位尊神說道吾神天妃宮主是也奉玉帝勅旨来護大明國寶船汝等日間瞻視太陽所行夜来觀看紅燈所在永無疎失福國庇民剐道了幾句話兒却又不見了這個紅燈須臾之間太陽朗照大小寶船齊来攏幇天師國師重聚二位元帥叩頭伸謝而起這一節可見的朱皇帝萬歲爺是個真命天子寶船所在百

神護呵正是
天開景運篤有道之曾孫　電繞神樞受介福於王母　觚稜
瑞靄　閶闔臚傳　誕紹洪圖　丕承駿命　至仁育物侍秋
而萬寳来　盛德在躬居所而衆星拱　當立綱陳紀之始
為施仁發政之規　廣文王有聲之詩載歌律吕　衍殷宗無
逸之壽虔祝華嵩
却說行了數日只見藍旗官跪着中軍帳下禀道落蓬下猫三寳
老爺只說道又是甚麽蹺蹊險峻喫了一驚也就不會荅應當有
王公〻在傍問道甚麽事落蓬下猫藍旗官道如今到了一個海
口上口上有許多的民船岸上有一座石塔〻下有許多的茅簷
草舍想必是個西洋國土了故此禀過元帥爺早〻的落蓬下猫

羅老爺聽知道到了西洋國土却總放心發放了藍旗官傳下將
令收船之時仍舊的前後左右四哨仍舊的中軍即時請到王尚
書天師國師大家商議征進之策尚書道須先差人體訪一番纔
議征進天師道老總兵之言有理老爺道似此一掌之地何用體
訪他長老道貧僧適来問到土民了此處只是個海口叫做哈密
西関往来番船舨舶之所進西南上去有百里之遥纔是個大國
怎麽不要人去探訪老爺道既是如此差下五十名夜不收去訪
那五十名夜不收鑽天踏地一會兒去一會兒来一齊復命老爺
道這是個甚麽國夜不收道這個崖上中間是一条小汊港兒両
岸上有百十家店房那店房都是茅草盖的房簷不上三尺之高
出入的低着頭鑽出鑽入路頭上是一個石頭砌的関〻門上寫

着哈密西関四個大字從関門而入望西南上行還有百十餘里
路却總有個城廓是小的們走到那個城門之下只見他疊石為
城〻下開着一個門城上是個樓城樓上掛着一面黑嵗〻的牌
牌上粉寫金蓮寳象国五個大字是小的們要進城去那把門的
眼兒且是溜煞就認着是遠方来的盤詰来歷小的們怕泄漏軍
情取罪不便故此就跑將回来老爺道看起来這就是個金蓮寳
象国了即時傳令諸將兵分水陸両營大張旗幟晝則擂鼓搖旗
夜則高招掛起朗唱更籌務在縝密比在南朝時倍加嚴謹如違
軍令施行諸將得令五营大都督務兵上岸札做一個大营中軍
坐着是両位元帥左先鋒另下一营在左右先鋒另下一营在右
為犄角之勢四哨副都督仍舊在船上劄做一個水寨分前後左

右中軍坐着是国師天師却說両位元帥高陞中軍寳帳只見
藍對白　黑對紅　戎纛對飄紫　緑柳對青葱　角声悲塞
月　旗影捲秋風　寳劍横天外　飛鎗出海中　干戈横碧
落　矛盾貫重瞳　弩箭纒星舍　雕弓失塞鴻　緑巍〻荷
葉擎秋露　紅灼〻天花破故叢　一對〻紫袍金帶南山虎
一個〻鉄甲銀盔北海龍　坐纛輝前擺列着七十二層圍
子手　中軍帳裏端坐下無天無地一元戎
三寳老爺傳下將令說道那一位將官敢統領上国天兵先取金
蓮寳象國建立這一陣頭功道猶未了帳下閃出一員大將身長
九尺膀闊三停黑面拳鬚虎頭環眼威風凜〻殺氣騰〻連声說
道末將不才願領天兵先取金蓮寳象首国報效朝廷元帥老爺

起頭看時只見是個現任征西左先峰掛大將軍之印姓張名計別號西塘定遠人也原任南京羽林左衛都指揮他是個將門之子世胄之家業精韜畧才兼文武三寶老爺見之滿心歡喜說道兵貴精而不貴多將在謀而不在勇醜虜叵測黠虜難馴張先鋒你此行務在小心免致踈虞有傷国體張計道元帥放心不勞囑付三寶老爺遞酒三杯軍政司點付京軍五百只見一声砲响擂鼓三通扯起一面行軍旗號各哨官各按各方各豎各方旗幟吹一声天鵝声的喇叭各軍吶喊三声正是鼓角連天震威風動地夾竟奔金蓮寶象国哈密西関而進却早有個巡関的小番叫做叫ヒ嚇得滾下関去報與巡邏番總兵占的里占的里正坐在牛皮帳下調遣小西飛只見小番連声報道禍從天降災湧地來占

的里道怎叫做禍從天降災湧地來田ヒ道小的戥掌巡関只見沿海一帯有寶船千號名將千員大軍百萬說是甚麼南膳部洲大明国朱皇帝駕下差來甚麼撫夷取寶早有一員大將統領着一彪人馬殺進関来逼城而近好怕人也占的里也是個曉得世事的聞着這一塲的凶報沉思了半晌說道沒有此理他南朝和我西番隔着一個軟水洋八百里又隔着一個吸鉄嶺五百里饒他插翅也是難飛道猶未了只見又有一個細作小番叫做區連兒曉着報道是小番去打聽來打聽得南來船上兩個大元帥坐着兩號帥字船就是山來樣兒長就有山來樣大檣着兩桿帥字旗號就有数百丈高就有數百丈闊一個元帥叫做個甚麼三寶老爺原是個出入禁闈近侍龍顏不當小可的一個元帥叫做個

兵部王尚書原是個戥掌兵權出生入死又不是個小可的道猶未了只見又有一個細作小番叫做奴文兒忙ヒ的跪着禀道兆小番又去打聽來打聽得南來船上還有一個道士叫做甚麼引化真人張天師那天師雖不會着見他的本領只是寶船頭上立着兩面大言牌左邊一面寫着天下諸神免見右邊一面寫着四海龍王免朝這個還不至緊中間還有一面沉香木雕的魚尾團牌ヒ上寫着一行硃砂大字說道值日神將関元帥壇前聽令道猶來了又只見一個細作小番叫做海弟寧丹忙ヒ的跑將來跪着說道小番也去打聽來打聽得南來船上還有一個和尚那和尚頭上光禿ヒ項下毛簇ヒ叫做個甚麼金碧峰比道士還利害幾十分哩占的里說道還利害十分不過是會喫人罷海弟

日射旌旗幕府　紅蓮開白書

張西塘先排陣勢

風傳鼓角轅門野鳥逐黃昏

寧兒說道說甚麼喫人的話他有拆天補地之才他有推山塞海之手呼風喚雨役鬼驅神袖頓乾坤懷揣日月他前日出門之時那南朝朱皇帝親下龍床拜他八拜々為護国々師故此他的寳船上有三面大牌中間牌上寫着国師行臺左邊牌上寫着南無阿彌陀佛右邊牌上寫着九天應元天尊這四遍飛報把個番總兵嚇得魂離殼外膽失胎中說道無事不敢妄奏有事不得不傳連忙的帶了芙葉冠披了竺花布竟去面奏番王只見番王聽知外面總兵官奏事即忙戴上三山金花玲瓏冠披上潔白銀花手巾布穿上玳瑁朝履束上八寳方帶兩傍列了美女三四十人竟坐朝堂之上宣進總兵官來番王道奏事的是誰總兵官道小臣是巡邏番總兵占的里便是番王道有甚麼軍情占的里道小臣

欽差巡邏哈密西關只見沿海一帶平白地到了戰船幾千號名將幾千員雄兵幾百萬說道是南膳部洲朱皇帝駕下欽差兩位大元帥撫夷取寳現有一員大將領兵一枝擂破了花腔戰鼓斜拽了錦繡狼旗声々討戰喊殺連天故此啟奏駕前伏乞大王定奪番王聽奏想了一會說道總兵官差矣若是南膳部洲他和我西番相隔了八百里軟水洋五百里吸鐵嶺他怎麼得這些船隻軍馬過來占的里奏道所有我国巡哨的小番三廻四轉報說道南朝船上兩個元帥本領高強十分利害番王道是個甚麼元帥占的里奏道一個叫做甚麼三寳老爺他原是個出入紫閣近侍君王的不當小可一個叫做甚麼兵部王尚書他原是個職掌兵權出生入死又不是個小可的番王道這也不為甚麼高強不為

甚麼利害占的里道還有兩個人本領越加高強利害越加十倍番王道是兩個甚麼人占的里道一個是道士一個和尚番王聞知大笑了一声說道文官把筆安天下武将持刀定太平他既是個出家人已超三界外不在五形中他有個甚麼本領高強他有個甚麼十分利害占的里奏道那個道士不是個等閑的道士號為天師世上只有天大他還是天的師父却大也不大他寳船上有三面大言牌左邊一面寫着天下諸神免見右邊一面寫着四海龍王免朝中間一面寫着值日神將関元帥壇前聽令那個和尚也不是個等閑和尚臨行之時南朝天可汗親下龍床拜他八拜々為護国々師這個国師有拆天補地之才有推山塞海之手呼風喚雨駕霧騰雲袖頓乾坤懷揣日月這一席話兒不至緊把

個番王嘑得高山失脚大海崩洲高山失脚非為險大海崩洲好
驚番王未及答應只見守城的番官又來報道南朝將官分付
手下軍士架起一個甚麼湘陽大砲准備打破城墻也番王愈加
驚惧計無所出當有左丞相字鎮龍說道寫封降表投降便罷右
丞相田補龍也說道寫封降表投降便罷只有三太子補的力站
在龍床之下說道俺国是一十八国的班頭西方国上的領袖終
不然是這等袖手而降就是国中百姓也不好看哩番王道若不
投降那裏有南朝的雄兵那裏有南朝的大將三太子道俺国的
軍馬也不是单弱的俺國的剌儀王父子兵也不是容易的番王
道卑奈剌儀王父子又在崑崙山去了三太子道俺国数不合休
剌儀王父子蚤晚就回也道猶未了只見傳事的小番報道今有

剌儀王差老星忽喇領了姜儘牙姜代牙父子倆自崑崙山回還
特來見駕這一個歸來見駕不至紧有分交情空轟霹靂張盤羣
貔虎豺狼平地滾風波起無數毒龍蛇蟒番王聽知道剌儀王父
子見駕喜不自勝即時宣進朝來三太子道俺國還是合該與也
番王道今有南膳部洲大明国朱皇帝駕下欽差兩個元帥統領
戰船千號名將千員雄兵百萬侵俺社稷俺欲待寫了降表投降
與他却辱滅了國體俺欲待擂鼓揚旗與他争鬪争奈兵微將寡
卿意下何如三太子高声說道父王差矣君命臣死臣不敢不死
父叫子亡子不敢不亡君命臣死臣不死不忠父叫子亡子不亡
不孝俺這裏堂堂大国豈可輕易自損威風剌儀王道托大王的
洪福憑小臣的本事只要大王與臣一枝人馬前往哈密西關與

他對陣管教是鞭敲金鐙响人唱凱歌旋番王道內中有一個道
士一個和尚本領高強十分利害三太子道父王好差单只是長
他人的志氣滅自巳的威風剌儀王道憑着小臣這一枝画桿方
天戟若不生擒了和尚活捉了道士若不攻上寶船掃蕩元帥俺
誓不回朝番王大喜即時焚香祭天地殺牛祭戰鬼點了番兵五
千付與剌儀王臨行時遞了三個蔞葉的檳榔賜了三杯咂嚨
的焦釀自送朝門之外好個剌儀王領了五千番兵一聲牛角喇
巳响竟奔哈密西關而來只見南朝軍馬早巳扎成一個陣勢在
那裏南軍看見番兵蜂湧而來早有左哨千戶黃全彥到於中軍
請令說道番兵行列不齊行走錯亂道路擠塞言語喧嘩乘其未
定而擊之此以逸待勞之計也張先鋒說道不可夷人狡詐信義

不明中国堂堂特有此信義二字若復欺其不見而取之何以使
南人不復反也道猶未了番兵直逼陣前高聲搦戰先鋒傳令回
復道今日天晚各自安营明早整兵來戰到於明早先下戰書兩
軍對列于曠野之中各成陣勢南軍陣上旌旗擺列隊伍森森三
通鼓罷張先鋒乘馬而出只見

鳳翅盔纓一撒　魚鱗甲鎖連環　鑲金嵌玉帶獅蛮　獸面
吞頭斐結　大桿鋼刀搖拽　龍駒戰馬往還　將來頭胄任
飢飡　一點寒心似鉄

張先鋒在中上手是左哨千戶黃全彥下手是右哨千戶許以誠
兩個千戶押住陣脚探子馬跑出軍前請對陣主將打話只見番
陣上門旗開處兩員番將分左右而出各持兵器立於兩傍次後

番將一對對分列在門旗影裏中央擁出一員主將只見

胡帽連簷帶日看　扎袖貂裘擋雪寒　畫桿方天戟　詐輸人不識　金龍九口刀　謾說小兒曹　頭大渾如斗　逢人開大口

却說番將擁出中央對南陣上問道来將何人張先鋒勒馬近前應聲道吾乃南膳部洲大明国朱皇帝駕下。欽差撫夷取宝征西大將軍左先鋒西塘張討的便是你是何人番將道俺是西牛賀洲金蓮寶象国占巴的賴御前官封刺儀王姜老星忽刺的便是張先鋒道我太祖高皇帝奉天承運汛掃胡元定鼎金陵華夏一統所有元順帝白象駝重入于西番我們奉今萬歲爺欽旨宝船千號名將千員雄兵百萬二位元帥二位天師国師遠下西洋一則安撫夷邦二則探問玉璽你們奉上通関牒文献上玉璽萬事皆休。何故興師動衆。敢阻我們去路麽老星忽刺道俺和你地分夷夏天各一方兩不相干焉得領兵犯我境界。你這都是生事四夷非帝王遠馭之術豈不聞漢光武閉関謝西域乎張西塘道談甚麽今傳甚麽古奉上通関牒文献上玉璽萬事皆休若是半聲不肯却教你受我的大桿鳫翎刀一塲虧苦也姜老星道你休開這大口說這大話只說是偶然間從此経過借幾担粮食求幾担柴草我這裏便把三五担来賞你若說甚麽通関牒文便要俺主御名僉押便是俺主降書降表一般俺這国是西洋第一国豈可無故投降於人你說你的大桿鳫翎刀你还不認得俺的畫桿方天戟張西塘道你有畫桿方天戟你敢来和我比個手麽姜老星

道来者不示。呆者不来。豈怕個比手二字。好番將即時提起畫戟直撞而来張西塘舉起鳫翎刀直奔而去。兩馬相交。兩器並舉戟来刀去。刀往戟還一上手就是五六十回不分勝負。只見南陣上鼓响三通東南角上跑出一員大將来。全装擐甲。勒馬相迎高聲叫道番狗賴敢如此無禮麽輪起一張仙花銅斧。直取番將的六陽狗頭只見番陣上也跑出一個番將来。青年大膽手舞雙刀。叫聲道搶陣者何人你豈不認得我姜二公子在這裏麽。南將道我黄全彦的眼睛児大些那認得你甚麽姜二公子兩個人兩騎馬兩般武執。抵手相交只見南陣上又是鼓响三通西南角上又跑出一員大將来全装擐甲。勒馬相迎高聲叫道番奴敢無禮挐出一条丈八神鎗直取番酋首級只見番陣上。又跑出一個番將来人強馬壯。手架鉄鞭。叫聲道何人敢来搶陣敢搶我姜三公子麽南將道你是甚麽姜三公子你且来認一認我許以誠来。兩個人兩騎馬兩股武執。抵手相交這一陣。三員南將三個番將。混殺一塲果是一塲好殺也。只見

人人兇暴　個個粗頑　兇暴的是九里山横死強徒　粗頭的是三天門遭刑惡黨　鎗如急雨刀似秋霜鎗刀林裏猛然間風生虎嘯　戟斷残虹戈横落日戈戟叢中忽聽得霧湧龍行　斜刺的不離喉管　盤砍的長依頸項　一冲一撞渾如四鬼爭環　這壁廂怒冲斗牛那壁廂氣滿胸堂　一架一迎儼似蛟龍戲寳　南陣上耀武揚威依行逐隊单的单對的對居然孫子兵機　番彀裏張牙舞爪縮頸伸頭後的後前的前曾甚麽

穣祖紀律　鼓聲震地砲响連天陰々沉々枉教他天空絕塞聞邊鴈　白日昏々鑼黃雲慘淡閙々嚷々直殺得水盡派材見夜燈　一任的亂軍中沒頭神催命鬼提刀仗劍殺人放火江豚吹浪夜還風　兩家的門旗丁斜地煞直天罡閃星步斗吸霧吞雲石燕拂衣晴欲雨　正是城邊人倚夕陽樓　城上雲凝萬古愁　山色不知秦苑廢　水聲空傍漢宮流

却說南陣上三員南將番陣上三個番將混殺了六百合不分勝敗紅日漸西兩家子各自鳴金收陣張先鋒道莫說此人全沒用也有三分鬼畫符明日須則設個計策兒去拿他只見明日之間兩軍對陣姜老星出馬張西塘道為將之道智力二事有智鬪智有力鬪力昨日連戰百十餘回量汝之力不足為也汝既無力可

施必定有智足待我布下一個陣勢你可識得麼却不知張西塘布下的是個甚麼陣勢又不知姜老星看見這個陣還認得是個甚麼來回且聽下回分解

○○

第三十三回　小王良单戰番將　姜老星九口飛刀

詩曰

大將原從將種生　英雄勇畧鎮邊城　陣師煩牧枕戈寢
法授孫吳智更精　色動風雲驅虎旅　聲先雷電擁天兵
西洋一掃天山定　百萬軍中顯姓名

却說張西塘擂鼓搖旗布成陣勢開聲番將道你可認得我的陣麼姜老星道俺夷人不認得甚麼陣全憑着畫桿方天戟殺得你血湧藍關馬不前張先鋒道既是如此你敢殺進來麼姜老星掣過方天戟一直殺過陣來三公子姜侭牙說道殺過陣去可曾損傷着寶貝兒麼姜老星一邊的厮殺一邊的答應道齐整齐整須臾之間南陣上皂旗一展呼的擺開一聲只見黑霧障天狂風大作對面不見人伸手不見掌張先鋒傳下將令活捉姜老星々姜老星左衝右突不得脫身却被南兵活々的捉將來了捉了姜老星天清氣朗姜老星把個斗大的頭來搖了兩搖只見肩膊子上骼輅一聲响々裏吊出九口飛刀一齊奔着南軍的身上這些南軍看見個事勢不諧各人奔命各自逃生那裏又管個甚麼老星忽剌恰好的猫兒踏破油瓶盖一場快活一場空張先鋒聽知道走了

小小身材　鼍鼓宵鳴　高嶺月

赳赳勇略牙旗驍濕重蛮炯

番将恨了兆鑿問衆軍道他的飛刀從何而来衆軍道只看見他斗大的頭擺了兩擺却就肩膊子上骼轄一聲响々裏吊出這九口飛刀来竟奔到小的們身上先鋒道怎麽還不曾傷人衆軍人道是小的們捨命而跑々的快些故此不曾受他的虧苦張先鋒道怪的臨陣之時他兒子說道預備寶貝原来就是九口飛刀的寶貝自今以後我與他交戦只看見他頭搖膊子動許鳥銃手火箭手一齊奔他他說道是個寶貝我們偏要壞他的寶貝道猶未了只見姜老星又来討戦張先鋒勒馬相迎兩軍對陣射住陣脚張先鋒道為人在世上既叫做個總兵官怎麽又抱頭鼠竄而走姜老星道今後只是将對将兵對兵鎗對鎗劍對劍再不和你打甚麽陣勢你看我再走也不走張先鋒道口說無憑做出便見說

行作番将怒從心上起惡向膽邊生一条畫桿方天戟殺将過来張先鋒一把大桿扅鋼刀殺将過去戦到四十餘合不分勝敗姜老星心生一計撥轉馬頭落坡而走口裏說道張先鋒我且讓你這一陣罷放開馬逕跑張先鋒心裏想道要追将下去怕他九口飛刀若不追将下去又不得成功為人都是貪名逐利的心勝顧不得甚麽刀竟自追将下去這一追好似三星月下追韓信九里山前捉伯王那番将聽得後面馬鈴兒漸々的响料是追我者近也把個頭兒搖了一搖毒的張先鋒眼兒溜煞看見他的頭搖擺轉馬頭便走及至九口飛刀迸将出来張先鋒連人連馬不知走到了那裏那裏却又是鳥銃火箭一齊而発番官嘆上一口氣什一聲天竟自閃去兆番討戦兆番詐敗兆番飛刀只是不奈張先

鋒何却是張先鋒也不及奈何得他哩一連數日迄無成功張先鋒道似此雖𤕤怎麽下得番取得寶不免去見元帥別選良将別出奇兵總是個道理張先鋒回船一面留下将令不許諸将擅自離營廝殺如違軍令施行先鋒總去番将就来討戦営裏虛張旗皷並沒有個将官出来姜老星說道你們怕的廝殺不如安穩在南朝罷却又到俺西番来尋個甚麽死哩他就来々往々絮々叨叨営裏却有一班招募的子弟兵人々雄壯個々英明聽不過這的瑣碎大家說道似此番狗奴敢說這等大話自古道三拳不及四手四手不及人多我和你挨命殺他一場說起一個殺字兒来正叫做是出兵不由将一湧而出人多馬衆将勇兵強黃草坡前搖旗吶喊把那老星忽刺一褁々在垓心裏面就是衆虎攢羊那

消個張牙露爪飛虫觸火不過是損滅其身到是蹻了這個姜老星困在垓心裏面一疋馬橫衝四下一桿戟混戰八方正在危急之時只聽得西南角上一彪人馬殺將進來當先一員番將口裏說道休得傷俺父親還有俺姜代牙在這裏道猶未了東南角上一彪人馬殺將進來當先一員番將口裏說道休得傷俺父親还有俺姜代牙在這裏三員番將內外夾攻方纔救得個姜老星出去姜老星得了命出了重圍放開馬望坡下只是一個跑這些子弟兵卻又不肯放他你也指望拿了姜老星你是頭功我也指望拿了姜老星我是頭功那曉得姜老星是個計就月中擒玉兎謀成日裏捉金烏他筭計着這些追俺的將次近身就口裏念動真言宣動密呪把個頭兒略節的搖了一下只見明晃晃九口飛刀

望空而起這些子弟兵看見九口飛刀望空而起唬得心旌搖拽意樹昏迷心旌搖拽隨風蕩意樹昏迷帶雨沉撥回馬便走一時問那裏走得這許多及到了本營原是十六個子弟兵趕將去就只有七個子弟兵沒傷這九個也有砍了盔的也有砍了甲的也有傷了指頭的也有傷了膀子的也有傷了耳朶的也有傷了鼻子的也有傷了鎗桿的也有傷了刀鞘的這叫做是個有與而去沒與而回坐猶未定只見姜老星又在陣前討戰口裏不乾不淨說短道長這十六個子弟兵你也說道去我也說道去身子兒卻是你也懶絲絲我也懶絲絲早已激發了一個金吾前衛指揮王朋他聽不過姜老星的閒言碎語激得他就爆跳如雷他一条鎗一疋馬竟奔陣外殺去那姜老星颩地裏來迎兩個人不通名姓

不敘閑話只是廝殺殺到五十合姜老星力氣不加。盡我乱戳王朋越加精神越加細密那一条鎗相將是個銀龍護體玉蟒遶身實指望一鎗戳透了番奴的胸那曉得姜老星不是個對頭撥馬便走王朋促馬相追走的走得緊追的追得緊走的走得忙。追的追得忙姜老星卻又弄了一個術法只見九口飛刀望空而起王朋不曾預備得看見九口飛刀一齊奔他他便勒住了馬不走只見看這一桿鎗團團轉轉就像一面藤牌那九口飛刀他就架一個七打八只有末後一口刀獨下得遲他只說是飛刀盡了不曾支持卻就喫了這一苦把隻左手傷了一下雖不為害終是護疼舉止不便卻說姜老星看見王朋一桿鎗架住了九口飛刀唬得他魂飄天外魄散九霄嗟嗟說道南朝好將官也饒我們通神會

法也沒柰他何收了九口飛刀回陣而去這兩塲廝殺不至緊早有藍旗官報上寶船上來。元帥說道故違軍令。王法無私一時間拿到了一班子弟兵。并王朋等限即時梟首示衆刀尚未開早已帳下閃出一個年小的將跑將過來。未曾跪下先自兩眼淚抛鶴唳猿啼。號天大哭高叫道元帥老爺刀下留人。屈情上訴元帥道你是甚麼人敢在這裏號咷大哭小將道小的是南京金吾前衛指揮。王朋之子王良今有殺父之冤不得不訴元帥道你父親故違軍令。理合梟首示衆。何得為冤。王良道將以當先為勇軍以克敵為功。方今元帥老爺提兵海外。不憚勤劳。卻實指望萬里封侯立功異域。這金蓮寶象國不過是一個番國這姜老星忽剌不過是一個番將這九口飛刀。不過是一個妖術他到敢于如此倔強

隨我去路老元帥為九重之股肱三軍之司命獨不思懸賞募
異材破拘攣殄兹兇頑用彰天伐而反執小令守小信長他人志
氣滅自己威風况且今日之功甚大敗之易成之難天之生才有
數殺之易得之難伏乞元帥天恩赦宥諸臣死罪容其立功它日
自贖前愆小的不勝戰慄待命之至三寶老爺道賞罰是公事救
父是私情你話兒雖説得好也難道以私害公王良道湜滐一女
子且能上書没身救父况兼小的是個男兒略通武執豈可坐視
父兄之死而不救乎小的情愿單鎗出馬生擒番将報父之仇贖
父之罪伏乞元帥天恩三寶老爺道将功贖罪的話兒還説得通
即時傳下将令遣令將官免死前襲王良出馬立功王良即時披
掛綽鎗上馬你看他

生長将門有種　孫吳妙策胸藏　青年武執實高強　是賊
聞風膽丧　上陣能騎劣馬　衝鋒慣用長鎗　千軍萬馬怎
攔當　梓潼帝君模樣

好個王良渾身披掛綽鎗上馬竟奔前来怒目圓睜咬牙切齒大
喝一聲番将何在姜老星早已盡戟相迎説道小将軍是那裏来
的願通姓名王良喝一聲道唗番狗奴你豈不認得我是南朝總
兵官大元帥麾下都指揮王朋長公子應襲王良姜老星道就説
是王良便罷説了這許多根脚怎的王良罵道我和你南山之竹
節節是仇東海之濤聲聲是恨為你這個番狗奴陰些兒丧了我
父親一命道猶未了掣起那一桿簇銀鎗直取姜老星首級好個
姜老星看見他的鎗来即時舉起那根區桿方天戟架住了他的

王良道番狗奴這一鎗是你輸了番官道未曾舉手交鋒怎見得
是俺輸王良道你既不輸為何雙手架住姜老星道不是俺雙手
架住俺適来看見你年方一十四五歲口上乳腥尚臭頂上胎髮
猶存我欲待殺了你這個小畜生肉不中喫血不中飲那日汝父
尚然受我一戮量汝何足道哉饒汝性命回去報與總兵官知道
叫他早上退下寶船招回人馬萬事皆休若説半個不字俺即時
攻上船来把你這些大小官軍俱為刀下之鬼王應襲大怒喝聲
道唗你這番狗奴焉敢小覷於我掣過簇銀鎗来照着番官便戳
番官説道俺本待將心托明月誰知明月照溝渠俺道昨日既傷
其父不可今日又傷其子誰想你這個小冤家又要来討死連忙
的舉起畫戟劈面相迎兩軍摇旗擂鼓吶喊連天真好一場大殺

鐵騎橫衝野鶩暗隨秋霧泣

鋼刀直上海鴉愁傍夕陽飛

也你看他

響鼕鼕陳皮鼓打　血淋淋旗磨硃砂　擯榔馬上要活拏
就把人參半夏　暗裏防風鬼箭　烏頭桔梗飛抓　直殺得
他父子染黃沙　只為地黃天子駕

姜老星看見王良年紀雖小，鎗法甚精，心裏想道：除非是舊對子，纔得這個小冤家下塲。即時撥轉馬頭，詐敗下陣而去。王良早已知其情，大喝一聲道：哇！番狗奴，你今日却輸陣與我了。番官道：權且讓你這一個頭功。番官一邊走馬，一邊轉頭，實指望王良趕他下去，中他九口飛刀。王良只是一個不趕，那怕他飛刀飛不到他身上來。明日又戰，番官又詐敗，王良又是不趕。如此者一連兩三日，王良心裏想道：這番狗奴只是會飛刀，我若不賣一〓與他，着他不曉得我的本領高強。明日兩軍對敵，番官又詐敗而走，王良高聲叫道：番狗奴，你這個誘敵之法瞞不過我了。我那怕你甚麼飛刀，你且站着，飛来我看。番官即時勒轉馬来，說道：你既是不怕飛刀，怎麼不敢趕俺？王良道：趕你便中你之詐，覺的我愚。不怕飛刀是我的本領，見得我好。番官道：我飛来與你看着。王良道：你且飛来。番官口裏念動真言，宣動咒把個斗大的頭来搖了兩搖，只見九口飛刀望空而起，第四口竟奔到王良身上来。好王良，那放個飛刀在心上，本是他的眼睛兒快，本領兒高，照着那口刀一鎗撇去，一撇撇在二十五里之外，復手来一鎗，就在番官身上。番官慌忙的收了刀，盡餞相迎，一往一来，一衝一撞，兩個人正在酣戰，不分勝負，只聽得東南角上鼓聲震地，喊殺連天，番官起頭一望，早已是南朝一員大將来也。

自小精通武略　從来慣習兵書　狀元御筆我先除　赫赫名傳紫署　丈八長鎗誰抵　穿楊箭發無虛　降龍伏虎有神圖　海外立功報主

姜老星看見南朝添了一員大將，他情知是個好漢，不敵兩手，丢下了王良，撥轉馬便走。来將高聲叫道：好番將，你這一走，或百步而後止，或五十步而後止。番將聽知是個說書的，心上略安穩些，勒住馬，回頭一看，只見門旗影裡軍伏森嚴，四盖八麾，彪旌坐纛，中間有一面牙旗，牙旗上寫着一行大字，說道：征西後營大都督武狀元唐英。番官心裏想道：既是個武狀元，此人必定文武兼資，超羣出衆的豪傑，今番不可輕敵也。再又勒住馬，看上一回，只見

[illegible]閃上中央坐着個武狀元
戴一頂三叉四縫五瓣六楞護胸遮頭攔鎗抵箭水磨鳳翅爛
銀盔　披一領老君爐裏燒煉成的欺寒冰奪瑞雪九吞頭十
八扎柳葉砌成金鎖甲　襯一件巧女粧綉女描前後獬豸銷
金補子左鸞右鳳雙朝日月剪絨碎錦紫襴袍　繫一条茜琢
英攢八寶嵌珎珠拖瑪瑙鈕吊紐門倒搭銀鈎玲瓏剔透嵌花
帶　懸兩面照耀乾坤光輝日月走妖魔親鳳侶左吞頭右吞
口掩心前後鏡青銅　圍一条滿天紅雙摺擺左走獸右飛禽
霜敵玉兎電閃蟾蜍兩幅戰裙雙鳳舞　左手下帶一張稍不
長靶不短控金鈎填玉碗上陣長推九個滿通稍挺直寶雕弓
插戈枝劍人心摘人膽捻一捻轉千轉射去長行一里半水

銀灌捍攢竹箭　右手下帶一根逢人傷逢虎傷老傷乚少傷
乚水磨竹節鋑銅鞭　跨一口欽七星沙魚鞘砍殺龍斫殺虎
吹毛利刃喪門劍　正叫做十年前是一書生　仗鉞登壇領
重兵　總領射鵰霜磧暗　交河牧馬陣雲明　羽書火速達
邊塞　露布星馳入漢城　掛印封侯今日事　十年前是一
書生
番官見之已自有了三分惧怕高聲叫道來將何人願留名姓來
將道吾乃南膳部洲大明國朱皇帝駕下欽差撫夷取寶征西后
营大都督武狀元浪子唐英姜老星忽刺心裏想道此人面如傅
粉唇似抹朱清ㄑ秀ㄑ的人品却又打着武官的旗號又說着武
官的出身莫非是個說客待俺探他一會児着是怎麼思想已定

却纔開口問道你既是個武狀元來此有何話說唐狀元道你是
何人番官道俺是西牛賀洲金蓮寶象國占巴的賴御前官封刺
儀王姜老星忽刺的便是唐狀元道你既是個刺儀王是個天王
之稱位居極品豈不知機姜老星道知己知彼百戰百勝俺豈不
知機唐狀元道我天兵西下經過你這個小邦我又不是占你的
城池我又不是滅你的社稷不過是要你一張通関牒文問你可
有傳國玉璽如有玉璽献將出來如無玉璽你便寫下一張降表
親到寶船見我元帥我兵再往他國別作道理你焉敢執拗抗違
賣弄小術連日統領兵卒糜爛小民你既知機豈不知以小事大
者畏天者也畏天者保其國我這寶船上謀臣如雨猛將如雲殲
你這個小將如折栁穿魚滅你這個小國如泰山壓卵只怕你他

日噬臍悔之晚矣你與我作速的退兵進城送上通関牒文來還
不失知機之智姜老星聽知這一席的話児心裏想道此人果是
個說客雖是一篇誇誕之詞其實的却有幾分道理但有一件事
在中間不當穩便當原日俺在國王面前誇口說道要生擒和尚
活捉道士今日豈可遇着這等一個說客却自輕易回兵莫若還
與他交戰一塲再作區處思想已定喝聲道你既是個狀元怎麼
把這個虛詞来誆我ㄑ不知機只曉得厮殺道猶未了一枝画桿
方天戟早已刺到唐狀元跟前唐狀元舉鎗架住罵道你這番狗
官我說你是個知己知彼的原来是一個草木匹夫我唐狀元豈
是個怕你的若不生擒這賊誓不回兵好一個唐狀元掣過那一
条帶血滚银鎗

左五ヒ右六ヒ　三下四相遮　揚前抵後沒分差　雪片梨花雨打　武秖九邊首選　文章四海名誇　孫吳伊呂屬吾家　鎗法豈在人下

姜老星看見唐狀元這一桿鎗就是鎗山一般相似心裏想道此人鎗法甚精只在俺上不在俺下果是南朝一員名將也不敢怠慢把個畫桿方天戟越加用心一来一往一架一攔大戰百十餘囬不分勝負唐狀元心裏想道人不可貌相水不可斗量這番狗奴也有三分鬼畫符不免用個奇計勝他眉頭一蹙計上心来正在大戰之時把根滾銀鎗虛晃了一晃放開馬下陣而跑番官看見唐狀元敗陣下去心裏想道此人詐敗而去我若是趕他不免中他詭計我若是不趕他我便怯陣不見得我的本領高強還有

一件就他詭計不過是個囬馬鎗囬馬箭在意隄防他便是好番官放心大膽趕下陣来唐狀元看見番官趕下陣来心中暗喜撒下了帶血滾銀鎗取過那一張通梢挺直寶雕弓搭上那一枝水銀灌桿攢竹箭正是弓如滿月箭似流星豁豁一聲響早已射中了番將的心窩兒裏而好番將賣弄他的手段把馬望左夾一夾左手就綽住了這一枝箭唐狀元的箭是個百發百中的他曾在金銭眼裏番觔斗也曾把半風道士穿胸走也曾把百步垂楊開大口也曾把紅心隊裏陰陽鬭術愁着個不中的緣故放馬過来欲待梟了番官的首級只見番官把那一枝箭撚着在手裏看哩唐英大驚失色心裏想道豈有我的箭綽在他手裏之理連忙的取下第二枝箭只聽着一聲響早又射將過来番官把個馬往右

夾一夾右手又綽住了這一枝箭唐狀元大怒說道好番奴敢兩手綽住了我兩枝箭喝一聲看箭早已鑽猴一箭飛来原来這個番官又巧顒他一個手段賣弄他一個聰明也不用左手也不用右手儘着那個斗大的頭張開那個獅子口一口就綽住了那一枝箭這一枝箭射成一個麋鹿啣花的故事把個唐狀元見之又惱又好笑卻說那個番官綽了三枝箭拿在手裏輕輕的拗做六枝唐英見之越加大怒罵說道番賤奴敢折吾寶貝不斬此賊誓不囬船撚过鎗来直取番官首級番官挺戟相迎兩家又戰了三四十合不分勝負番官却又来費手把個戟虛晃了一晃竟敗陣而走唐狀元心裏想道這番奴詐敗佯輸奉承我九口飛刀的術法這呂太后的筵席好很哩只一件来我不趕他下去我反不如

他了好個唐狀元放開馬趕他下去姜老星看見唐狀元趕下来心中暗喜連忙的口裏念動真言諷動密語把個頭兒搖了一搖那九口飛刀望空而起唐狀元正然追下陣来只聽得半空中呼呼ヒ的響料應是九口飛刀下来即時取弓在手搭箭當弦卻好的就是第一口刀他照着那口刀噹的一响射落在地番官看見唐狀元射落了他的飛刀心裏想道我這飛刀自祖宗以来傳流了七八十代並沒有個脫白的今番却不濟事了連日之間不曾傷得南朝一個將官昨日被那小將軍打了一鎗今日又被這狀元射了一箭你這飛刀雖有若無了正是夷狄之有刀不如諸夏之無也眉頭一蹙恨上心来正待把戟分春那曉得唐狀元猛空一箭好番官急忙裏閃個空高聲叫道似此暗箭傷人不為高手

唐狀元道就憑你說個高手來番官道堂堂之陣正正之旗這總是個高手唐狀元道悉憑你說來就是番官道若依俺說來兩家對面相迎約去百步之遠勒住馬拽滿弓一連三箭唐狀元道就是對面相迎就是百步之遠就勒住馬就拽滿弓你就射我三箭番官道還不是這等射唐英道你還要怎麽射哩番官道一不許鎗撥二不許刀攔三不許劍遮四不許弓打正是生鉄補鍋看答人的手段唐狀元道你若輸了之時却不要反悔番官道大丈夫一言既出駟馬難追豈有反悔之理唐狀元道我做個把子你射來這一番對面比射却不知誰先誰後又不知誰勝誰輸且聽下回分解

第二十四回　唐狀元射殺老星　姜金定回淹四將

詩曰

君子雍容揖遜行　射將觀德便多爭　一枝貫蝨諸人羨
百步穿楊衆口稱　后羿仰天烏殞落　薛仁文陣馬飛騰
邊城今見胡塵靜　多感將軍手段精

却說一個唐狀元一個姜老星兩家對陣取弓在手搭箭當弦唐英道我做個把子你射來番將道俺做個把子你射來唐狀元道恭敬不如從命恕僭了取弓搭箭對着番官嗖颼一箭過去番官把個左眼瞪了一瞪那枝箭望左邊地下去了唐英道好蹺蹊我的箭馬得偏左急忙的射過第二箭去那番官把個右眼瞪了一瞪那枝箭望右邊地下去了唐狀元道好古怪我的箭怎麽會偏右第三箭看得清去得輕多管是結果了番官也那曉得番官把兩隻眼齊瞪了一瞪那枝箭見竟望馬前地下去了唐英心裏想道這冤家不是頭了眉頭一蹙計上心來只見番官道今番該俺射你了唐英道且慢番官道你射了俺三箭應該俺射你三箭怎麽說道且慢唐英道我南朝人不進軍門便罷若進了軍門從三歲五歲就學個叟箭法起番官道怎麽叫做個叟箭法唐英道似你方纔眼瞪左箭落左眼瞪右箭落右眼叟瞪箭落馬前這却不是個叟箭之法番官道原來你也曉得此唐英道此等何足為奇番官道還有甚麽奇的唐英道我南朝還有三枝箭莫說是你眼不曾見就是你耳也不曾聞番官道好胡謅哩有個甚麽三枝箭

昔日傳臚虎榜姓名書第一

唐狀元射死姜老星

今朝射虜轅門功績紀無雙

眼不曾見耳不曾聞唐英道我南朝這三箭非是我誇口所說須一箭射天就射得天叫第二箭射山就射得山崩第三箭射石頭就射得石頭粉爛番官聽知大笑了一声說道好胡謅自古到今那裏有個天會射得叫哩唐英道口說無憑做出来便見番官道既是做出来便見俺也不要你射山俺也不要你射石頭你只把個天射得叫来與俺聽着若是射得天叫俺即時下馬投降舉國降書降表送上寶船不費你絲毫之力若是射不得天叫你却下馬投降于我軍中却無戲言唐英道你不要走待我射来與你看着番將道怎麽我走正要看你射天只怕你射天天不叫做你入地ㄟ無門原来軍伍中隨身有三綳箭第一綳是狼牙棗子箭第二綳是一寸二分濶的鏦馬箭第三綳是响樸頭箭唐狀元心聰計巧叫一声我射的天叫你看来此時正是西南風他却把馬勒在東北上望空着力一射撲頭箭原是响的迎着風越加声响只聽得半空中呼ㄟ的好响哩那姜老星到底是個番國裏的人有三分稚氣聽得响声只說真個是射得天叫擡起頭来瞧着上面那曉得唐狀元鬧中奪趣暗裏偷情急忙的取出第二綳一寸二分濶的鏦馬箭照着番官鎖喉一箭把個斗大的頭就是切葫蘆的樣子一鏦ㄟ將下去唐狀元綽了這個番頭鞭獻金鐙响人唱凱歌還早已有個藍旗官報與寶船上總兵官知道唐狀元笑下西洋第一功喜酒綵旗金花色段南船上歡声動地却可怜小西番報上番王說道禍事臨門一来不小番王嚇得魂不附躰問道怎麽禍来不小番道刺儀王出馬却被南朝一個甚麽唐狀元

砍了頭去五千名番兵盡為虀粉左丞相李鎖龍笑了一笑說道砍了姜老星今番又多個大頭鬼了番王道好丞相国事通不知只曉得鬼打鋑俺如今江山不穩社稷不牢早知有此灾禍當初只是寫一道降書降表萬事皆休却又是三太子在傍說道勝敗兵家之常伯王百戰百勝一敗而失天下漢王百戰百敗一勝而得天下豈可以此小挫頓失大事伏乞父王寬觧番王道既知此作急傳下旨意責令各總兵官誰敢領兵前去與朕分憂道猶未了只見班部中閃出一位青年小將年方二十約長八尺眼横秋水頭戴金盔身着皂袍腰垂玉帶啼ㄟ哭ㄟ跪伏金階奏道俺王在上末將不才願領一枝番兵前退南朝人馬活捉唐央碎尸萬段以報父仇番王起頭看来乃姜老星忽刺二公子姜佽牙番王

素知他父子們本領高強心中大喜遞酒三杯以壯行色臨行又叮囑道南人文武全材智勇雙倫你務在小心姜侭牙道不斬南將誓不回朝郎時點集軍馬奔出関來黄草坡前擺開陣勢高叫道你們廵船小校探事兒郎早々報與總兵官知道敵那甚麽唐狀元出來受死唐英知道一馬一鎗離船相敵姜侭牙道来將何人通名與俺唐英道你豈不知我唐狀元的大名如雷灌耳你這黄口稚子從何而来番將道俺是姜總兵二公子姜侭牙的便是甘羅十二為丞相豈不是稚子乎唐英道稚子乳臭来此何幹姜侭牙道殺父之仇不得不報声猶未絕一張金湛斧飛来直取唐英好唐狀元掣鎗急架兩下交鋒三十餘合不分勝負番將心生毒計把個金湛斧晃了一晃敗陣而去唐英仗了破竹之威那裏

出像西洋記　卷之五

把這個小廝兒放在心上撇開馬竟追下去姜侭牙看見唐英追他下陣心中暗喜連忙的腿了頭上金盔抖乱了青絲髮念動真言宣動密語喝聲道疾風不到等待何時只見西南上狂風大作四面八方飛沙走石乱打將来起初只有石子兒大次後就有雞卵般粗就把個唐狀元披頭散髮甲卸盔歪竟投寶船而去坐猶未穩小番將又來討戰中軍帳傳出將令誰敢領兵出戰只見班部中閃出一員大將原来是征西副將軍右先鋒劉陰孪刀上馬只見班部中又閃出一員大將原来是征西中営大都督王堂綽鎗上馬

兩員將々似金剛　兩頂盔々攢鳳翅　兩領甲々掛龍鱗
兩件袍々腥血染　兩条帶々乘玲瓏　兩張弓々彎秋月
兩綳箭々插流星　兩疋馬翻江攪海　兩般兵器取命攝魂

那番將須則是小々的年紀仗了些妖兵倚着些邪術那怕甚麽南朝的將軍正叫是個初生鬼兒不識虎看見兩個將官下来他便舉斧相迎口裏說道適来唐狀元且大敗而去何惧于汝乎刘蔭道這等一個小番胡敢放開這大口敢說這大話王堂道稱錘錘小壓千斤我和你也要隄防他些刘蔭道甚麽隄防只是蛮殺他下去那一個小番胡怎麽當得這兩個大將一上手就是走二將趕下去他便褪々下了金箍抖散了頭髮念動真言諷動密呪喝声風就是風果然的就是飛沙走石劈面抓頭却說這兩個將軍又比唐狀元不同偏不怕風偏不怕沙灰偏不怕石子兒迎着風冒着沙灰石子兒只是一個殺把個姜侭牙直殺得沒有個存身

出像西洋記　卷之五

之地只得望前而走々了這等一會兒風清氣朗兩員大將却又一弃砍殺將去姜儘牙殺慌了却又褪下金箍抖散頭髮念動真言宣動密呪唱声風又是一陣風飛沙走石劈面抓頭這兩個將軍又迎着風又冒着沙灰石子兒斷殺々得個姜儘牙沒有存身之地又只得望前而走三回四轉殺的殺得轉精轉神只是金箍褪得煩瑣了頭髮抖得煩瑣了咒語念得煩瑣了神通都不靈驗口裏都不准信姜儘牙慌了落草坡而走這兩位將軍儘力趕將前去看々的趕上約有一踵之地王堂伸長了手狠着是還他一鎗實指望結果了小番胡那晓得斜刺裏又有一個小番胡横刀躍馬而出舉刀架住長鎗王堂道来者何人小番道俺乃姜總兵三公子姜代牙的便是你南朝人好心歹哩前日既傷俺父今日

又欲致傷俺兄這冤家不可結盡羅王堂道順天者存逆天者亡我天兵西下你何敢謀動干戈攔吾去路這是自作孽不可活劉蔭道那聽他的胡言我和你只曉得殺一鎗一刀這個姜代牙也不攔手連戟了兩回撥轉馬便走趕上去一鎗姜代牙把個旗兒望左閃一鎗戳一個空趕上去一刀姜代牙把個旗兒望右閃一刀砍一個空劉蔭道小番奴你既是這等會撮空你跕着不走我就說你是個好漢姜代牙道跕着不走有何難處俺便跕着看你待如俺哩好個姜代牙即時跕着劉蔭對面跕着偏左王堂對面跕着偏右站成一個品字的模樣王堂先試一鎗姜代牙旗兒左閃一鎗戳一個空劉蔭再砍一刀姜代牙旗兒右閃一刀砍一個空一鎗空百鎗空一刀空百刀空姜代牙心裏想道似俺有如此

出像西洋記　卷之五　四八

撮空之法那怕他南朝雄兵百萬戰將千員其奈我何那曉得螳螂捕蟬黃雀在後猛空裏一個黑面閻羅王舉起一把狼牙棒照着頂陽骨上𠵘一声响早已打得個天靈殼兒做粉碎福無雙至禍不早行姜代牙又在面前褪䙨念呪他跑着念就好卻又是跕着念早被這個黑面閻羅王舉起那把狼牙棒照着鼻梁骨上𠵘一声响早已打得個烏珠凹骨盡分開原來這個黑面閻羅王現任征西前哨副都督姓張名柏按上方黑煞神臨凡九尺之軀千斤之力面如塗漆声若巨雷鈇作獷頭硃紅抹額烏牛角帶深皂羅袍手中使的狼牙棒本是鉄梨木做的幹子周圍有八十四根狼牙釘故此叫做狼牙棒就有八十四斤多重他正在勒馬巡河聞說道番將費嘴故此怒發雷霆前來助陣一捧一個打發了兩

個番官過作劉蔭王堂稱羨不盡一齊金磴响都唱凱歌歸卻說小西番又報上番王說道禍事又來了禍事又來了番王又喫了一驚說道甚麼禍事又來了小番道所有姜二公子姜代牙姜三公子姜代牙卻被南朝帶来的黑面閻羅王一槌一個俱已搥成肉泥了番王道好悶殺人也若是早寫降書降表怎至于此正是悶似湘江水涓涓不斷流番王叫声三太子在那裏三太子應声道有番王道今朝禍事臨門你與俺去解着三太子道為臣死忠為子死孝做孩兒的便行何惧太子一邊裝束一邊上馬只見一個小女子渾身掛孝兩泪如麻跪着三太子的馬前奏道不勞太子大駕親征婢妾不才情愿領兵出陣上報国家大恩下報父兄長恨番王道你是個甚麼人女子道婢妾是刺儀王妾老星忽頓

出像西洋記　卷之五　四九

巧寄妖旗四壁無門天似海

姜金定　困淹四將

平遭魔術一沉到底夜如年

之女二公子姜佽牙三公子姜代牙之妹叫做姜金定是也姜父兄俱喪于南將之手誓不共戴天望乞戕王怜察番王道你是個女子之身三綹梳頭兩截穿衣怎麽會輪鎗舞劍上陣殺人姜金定說道木蘭女代父征西豈不是個女子姜自幼跟隨父兄身親弓馬武秇熟閑韜畧盡曉更遇神師傳授通天達地出幽入冥番王道也自要小心些〻姜金定道若不生擒僧人活捉道士若不拿住唐英張柏火燒寶船誓不回朝即時領兵前去搦戰早已有個藍旗官報上寶船說道西洋一夷女聲〻討戰不提別人坐名武狀元唐英前哨裡張柏出馬定奪輸贏三寶老爺聽知夷女討戰笑了一笑說道這個番王是個朽木不可雕也王尚書道怎見得是個朽木不可雕也三寶老爺道有婦人焉朽人而已尚書道到

不要取笑只一個女子敢口〻聲〻要戰我南朝兩員名將也未可輕覷于他傳下將令誰敢領兵戰退西洋夷女道猶未了班部中一墻閃出四員大將來第一名武狀元唐英第二名正千戶張柏第三名右先鋒劉蔭第四名應襲王良三寶老爺道割雞焉用牛刀一個女人那裏用得這四員名將王爺道他既坐名要此唐張二將只着此二將出馬便罷軍令已出誰敢再違唐狀元單鎗出馬遠〻望見門旗開處端坐着一員女將

面如滿月　貌似蓮花　身材潔白脩長　語言清冷明朗
舉動將威風出衆　號令處法度森嚴　密拴細巾豈同繡襖雅襦　緊繫帶鑾刀不比金貂玉珮　上陣掤眉倒竪　交鋒星眼圓睜　慣騎戰馬鳳頭鞋寶鐙斜踏　善使鋼刀烏雲髻金

簪束定　包藏斬將搴旗志　撇下朝雲暮雨情

果好一員女將也他看見南朝大將勒馬而來他便問道來將通名唐英道你豈不聞我唐狀元的大名如雷灌耳你這女將還是何人姜金定道吾乃姜總兵之女姜金定是也唐狀元高聲罵道你這潑賤婢焉敢陣前指名厮戰捻一捻手中鎗飛過去直取姜金定只見姜金定掤眉直竪鳳眼圓睜斜撇着櫻桃小口恨一聲說道殺父之仇不共戴天殺兄之仇不共日月我怎麽與你干休舉過那日月雙刀擺了一擺竟奔唐狀元身上而去兩家大殺一場有一篇花賦爲証

山花子野露薔薇　一丈蓮蛾眉錦綉　玉簪金盞肯干休
劈破粉團別走　水仙花旗展干番　鳳仙花馬前賭鬪　只

殺得地堂嘗草隔江愁　金菊空房獨守
兩家大戰多時不分勝負姜金定要報父兄之仇心生巧計把個
雙刀空地裏一撇敗陣而走唐英喝道好賤婢那裏走把馬一夾
追下陣去那女將見唐英追下陣去按住了雙刀懷袖取出一尺
二寸長的黃旗来望着地上一索勒馬在黃旗之下轉了三轉竟
徃西走了唐英笑一笑道此為惑軍之計偏你轉的我就轉不得
勒着馬也望看黃旗轉了三轉〻了三轉不至緊就把個唐狀元
細縛得定〻的帶馬徃東〻邊是一座尖削的高山阻住帶馬徃
南〻邊是一座陡絕的懸崖阻住帶馬徃西〻邊是一座突兀的
層巒阻住帶馬徃北〻邊是一座嶮巇的峭壁阻住四面八方俱
無去路唐英心裏想道這樁事好古怪怎麽一行交戰一行撞到

山窩裏来了這決是此〻妖邪術法不免取過降魔伏鬼的鞭来賞
他一鞭看是何如却就収着刀奉承他一鞭只見忽剌一聲响〻
裏面有斗大的青石頭吊將下来唐英道似此青石頭真個是山
了我總兵官又不知我在這裏受窘正叫是裏無糧草外無救兵
心中驚惧沒柰何又是一鞭却說姜金定在千雲頭之上看見這
個唐英左一鞭右一鞭說道似這等打壞了我的山怎麽好還我
的祖師老爺去連忙的誦動真言宣動密呪只見唐英一鞭打將
去那石頭的線縫裏面都爆出火来唐英大驚心裏想道四面俱
是高山又無出路倘或燒將起来到不是個藤甲軍的故事這唐
英喫驚還不至緊早有藍旗官報上寶船来說道武狀元唐英與
夷女姜金定交戰多時姜金定敗陣唐英趕下陣去只見熱烘〻

一股青氣升空唐狀元不知下落此時姜金定吶喊搖旗又来討
戰三寶老爺道有此異事刀便刀劈了鎗便鎗刺了捉便活捉了
怎麽一個人不知下落此必是個妖邪術法快差那員將官出陣
捉此妖婦救取唐狀元道猶未了班部中閃出狼牙棒張柏来綽
衣出馬誓擒妖婦救取唐狀元姜金定看見寶船上另是一員將
官出来他卽時勒馬迎敵問道来將留名張千戶那有個心腸和
他通名道姓只是一片狼牙丁鑿着他姜金定一則是力氣不加
二則是武執不高三則是要佯輸詐敗好弄邪法故此盪不得手
你看狼牙棒張千戶大展神威有一篇花賦為証
一丈葱䯅紅日　十様錦剪春羅　金梅銀杏柰他何　鳳尾
雞冠笑我　紅芍藥紅灼〻　佛見笑笑呵〻　菖蒲虎刺念
弥陀　夜落金錢散穀

只〻交馬姜金定便自敗陣而走張柏自料我雙臂有千斤之力
胯下馬有千里之能這一根狼牙棒有百斤之重假饒他強兵猛
將也須讓我三分何况一女子乎實指望趕他下去一狼牙棒結
果了他的終生那曉得這一個妖婦袖兒裏取出一桿一尺二寸
長的白旗来望地上一索勒馬在白旗之下轉了三轉望北而去
張柏大罵道潑賤㑭那裏走放開馬趕来只在白旗之下打一轉
這一轉却不是有心跟隨他轉只為趕他下陣却就轉了這一轉
纔聽得忽喇一声响把個千里馬陷住了不能前進張千戶起頭
一看只見天連水水連天四面八方都是這等白茫〻的張千戶
心裏想道好古怪一行厮殺一行陷在水裏這却不是個水渰〻

軍前把個張千戶只是激得爆跳如雷南陣上早有個監旗官報上寶船上来說道千戶張柏與夷女交戰多時夷女敗陣張千戶趕下陣去只見白滏滏一股白氣騰空張千戶不知下落此時姜金定吶喊搖旗又来討戰三寶老爺道這都是個術法一個人錯悮第二個人豈容再悮快差那一員將官出陣擒此夷女救取兩員大將来道猶未了班部中閃出一員大將回子臭銅鈴眼威風卝卝殺氣漫漫全裝擐甲綽衣上馬竟奔陣前要捉夷女姜金定救取南朝兩員大將姜金定對着馬便問道来將何人大將應声道南膳部洲大明國朱皇帝駕下威武副將軍征西右先鋒劉蔭的便是你是何人夷女道我是刺儀王姜老星忽頓之女姜代牙姜代牙之妹姜金定便是劉蔭道汝何等尤物敢播美妖邪陷我

南朝大將姜金定道敗兵之將各自逃生他與我何干劉蔭道胡講趁早把我南朝二將送上船来萬事皆休若說半個不字教你碎屍萬段立地身亡姜金定大怒掣過日月雙刀分頂就砍劉先鋒舉起繡鳳雁翎刀一桿劈手相迎砍的砍得快迎的迎得兒到也一塲好殺有一篇花賦為証

大將軍芭蕉葉　西夷女洛陽花　繡毬團兒掛着花木瓜　攀枝孩兒當耍　火石榴張的口　錦荔枝劈的牙　濃莚那李漫交加　撇却荼蘼滿架

大戰多時姜金定敗陣而走劉先鋒殺得性如烈火兒熏坐下一疋五明馬急走如飛不覺的跑下陣去猛然間想起夷女邪術之事好一個劉先鋒知巳知彼知進知退勒住馬掉轉回来那姜金定念動真言宣動密呪取出一桿一尺二寸長的青旗照着刘先鋒的腦後一撇撇將来颼地裏一陣狂風烏天黑地走石揚沙就刮得刘先鋒雙目緊閉不敢睜開及至風平浪靜睜開眼打一瞧只見四面八方都是些酸棗荚樹周周圍圍重重疊疊不知所出劉先鋒心裏暗想道分明是這個妖婦的術法我這等英雄好漢豈有束手待斃之理舉起那一桿繡鳳雁翎刀照着那酸棗荚邊見着地一掃那荚蓬裏無萬的毒蛇排頭而出都要奔着這個先鋒身上来刘先鋒道與其惹火燒身不如靜以待動没柰何只得息怒停威再作區處却說應襲王良看見劉先鋒不見回陣早知其計綽短鎗披細甲放馬前去見了姜金定高聲罵道潑賤儕你既沒個堂堂六尺之軀又沒個三畧六韜之妙但憑着些傍門

小術敢沒禁我們上國大將軍我教你剮骨碎屍疊為虀粉姜金定道小將軍不須怒發且看你手段何如王良罵道潑賤儕你豈不曉得我應襲王良百戰百勝姜金定道口說無憑做出来便見王良喝一聲道照鎗喝聲未絕一鎗早已刺到姜金定面前姜金定急忙裏舉起日月雙刀左遮右架一個一桿鎗一個刀兩口鎗来刀往刀送鎗迎好一塲殺有一篇花賦為証

滴滴金搖不落　月月紅来的多　芙蕖香露濕干戈　鉄線蓮蓬踢破　掛金燈照不着　水晶葱白不過　繡毬雙滚快如梭　十姊妹中惟我

兩家大戰二十多回不分勝負姜金定又是詭計而行敗陣下去王良料他是計不去趕他姜金定看見王良不趕他說道今番這

小將軍輸了。王良道你敗陣而走。怎麽筭是我輸。姜金定道你不趕我便是怯陣。却不是你輸麽。王良道你今番一尺二寸的法兒行不得了。姜金定道一個一桿鎗一個兩面刀。憑着手段厮殺說甚麽一尺二寸長的法兒。王良道你只在陣上厮殺不許假意的丢身便見你的手段。姜金定道你既是要當面硬殺。你看刀來。哼通一聲响。日月雙刀。早已飛在王良的面前。王良連忙的舉鎗相架兩下裏又戰了二十多合。不分勝負。姜金定把個雙刀。幌了一幌。却又敗陣而走。王良勒住了馬。又不去趕他。姜金定看見王良不趕他。詭計又行不得。却又跑馬上陣来。王良罵道潑賤婢。輸了兩陣。有何面目又上陣来。姜金定道雖是我輸你。却不敢趕我。終是怯陣。也筭不得贏。王良道你既是本領高強。再和我對面硬殺幾十合。姜金定道對戟的本事。我已自看見了。莫若你先丢身敗陣待我趕来。王良道我便敗陣。任你趕来。不知王良怎麽敗陣。姜金定怎麽趕来。且聽下回分解

○○

第二十五回

張天師計擒金定　姜金定水囤逃生

詩曰

截海戈船飛浪中　金蓮寶象即蛟宮　水犀萬弩潮停避
魚麗千峰陣自雄　映日旌旗懸蜃氣　震天金鼓惜鵬風
饒他夷女多妖術　敢望扶桑一掛弓

夷女姜金定詭計不行。說道俺敗陣而去。你不敢趕来。莫若你先敗陣待我趕来何如。王良心裏想道趂着他。教我敗陣不免將計就計奉承他一鎗。應聲道我便敗陣而走。待你趕来。好個應襲王良說着走。真個是狀元歸去馬如飛。姜金定一馬趕来。王良拖了一桿丈八神鎗。只見姜金定看看的趕近身来。他紐轉身子颼地裏一鎗。把個姜金定嚇得魂不附體。魄不歸身。一時間措手不及只得把個衣袖兒一裴。王良急地裏掣回鎗来。早已把個衣袖兒搊做了兩半個。衣袖兒擠做了兩半個不至緊。中間吊出一面小紅旗来。只聽得忽喇一聲响。如天崩地塌一般。嚇了王良連人帶馬。就跌下一個十餘丈的深坑底下。上面紅光相照。火焰滔天。將欲往上而行。正叫是上天無路。將欲策馬而走。却又四壁無門。好悶人也。姜金定又得了勝。又來討戰。二位元帥問道怎麽夷女又

拿定山妖仙掌九秋承露肩

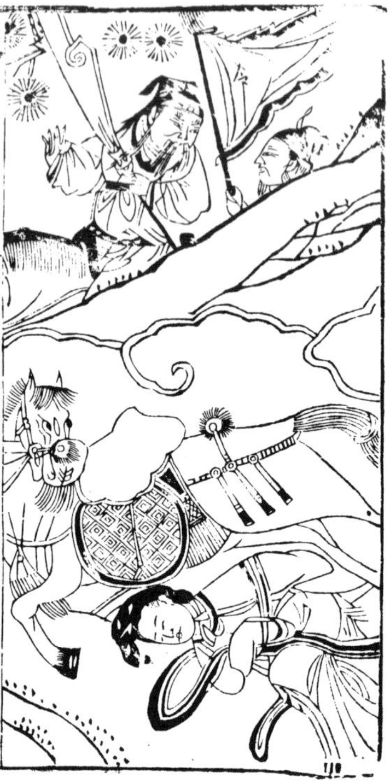

踏番海嶠天河半夜碍星槎

来討戰藍旗官說道右先鋒劉蔭出馬一道青焰燭天不知下落應襲王良出馬一道紅焰燭天不知下落王爺道似此說來却不餡了我南朝四員將官了藍旗官道是四員將官了第一員是武狀元唐英第二員是狼牙棒張柏第三員是銅鈴眼劉蔭第四員是應襲王良三寶老爺道罷了罷了似此一國左戰右戰戰不勝他左殺右殺殺不贏他不如傳下將令席捲回京還不失知難而退之智王尚書道老公請寬懷抱自古道虎項金鈴誰去解解鈴還得係鈴人我們當初那知得甚麽西洋那知得甚麽取寶都是天師國師二人所奏今日我兵不利夷女猖狂不免還在天師國師身上三寶老爺道目今夷女討戰天師國師怎麽得及王爺道今日天晚且擡將免戰牌出去再作道理果然擡將免戰牌出去

夷[illegible]見之竟回本國報上番王番王大喜說道朕的江山社稷全仗卿家父子兵不料卿之父兄俱喪于南軍之手今日江山牢固社稷不移此天以賢卿貽我也待事平之日卿當與国同休同享富貴姜金定奏道今日仰仗我王洪福小臣本領困住了南朝四將明日出戰之時定要生擒長老活捉天師燒了寶船殺了元帥纔稱心也此時天色已晚番王退朝姜金定回去正是

王漏銀壺底事催　鐵関金鎖幾時開　誰家見月能閑坐
何處呼童不酒来

却說姜金定執妖邪之術指望全勝南軍盼不得天明又来討戰二位元帥正在議事藍旗官報道夷女討戰王爺請三寶老爺同過天師船上請計馬太監道俺們今日也去拜天師一拜王爺道

既如此請便同行三位竟到玉皇閣上天師相見坐定馬太監起頭一瞧只見玉皇閣上面坐着是上清玉清太清三位元君左右兩邊列着都是些天神天將這些天神天將都是些三頭六臂青臉獠牙硃鬚絳髮馬公道二位總兵在上天師在前似此兩邊擺列着天神天將當原日醜陋不堪如此到反以為神不知何以為其正果這如今的人生得眉清目秀博帶峩冠聰俊如此到反不能為神何以墮落輪刼王爺道老公有所不知當初古人是獸面人心故此畫得為神成其正果這如今的人都是人面獸心故此不得為神墮落輪刼馬公道老總兵言之有理馬公又起頭看來只見兩邊神案之下斜曳着有幾面大枷馬公心裏想道比如南京三法司上江兩縣五城兵馬理刑衙門纔有這個枷鎖刑具怎麽

天師是個玄門中人用這等的刑具若是俺當初在內守備的時節不免動他一本是個擅用官刑仔細一看只見枷面上還有許多洸不曾凈的封皮封皮上還有許多看得見的字跡馬公起身看時原来是廣西甚麽急脚神又是朝陽洞甚麽大頭鬼馬公又問道二位總兵在上天師在前似此兩邊供案之下擺列着這幾面大枷還是那裏用的天師道老公有所不知天下有一等狂神惡鬼擾害良民有一等鬼怪妖精為災作祟這都是貧道該管的故此這左一邊的枷俱枷號的是急脚神遊手神遊食神大頭鬼旋面鬼楊梅鬼一干神鬼右一邊枷俱枷號的是雞精狗精猪精驢精馬精騾子精門拴精掃箒精扁擔精馬子精一干妖精馬公道天師如此神威俺們今日何幸得親侍左右天師道承過奬了

馬公道假如這海外妖邪俱服老天師管轄麽天師道通天達地出幽入明豈有海外不服管之理馬公道連日金蓮寶象国女將姜金定妖邪術法陷我南朝四員大將不知生死存亡天師可也曾得他麽天師道老公豈不聞假不能以勝真邪不能以勝正歹是女將姜金定有甚麽妖邪術法貧道不才願效犬馬之力生擒妖婦救取四將遠報朝廷之德近張元帥之威二位元帥道多謝了天師即時出馬左右列着兩桿飛龍旗左邊飛龍旗下二十四個神樂觀的樂舞生細吹細打右邊飛龍旗下二十四名朝天宮的道士執符捧水中間一面坐纛々々上寫着江西龍虎山引化真人張天師十二個大字門旗隱々一疋青騌馬馬上坐着一個天師你看他

如意冠玉簪翡翠　雲鶴敝兩袖扒米　火溜珠履映桃花
環珮玎璫斜掛　背上雌雄寶劍　龍符虎牒交加　大紅旗展半天霞　引化真人出馬

却說姜金定又来討戰。只見南陣上兩面飛龍旗。兩邊列的是此々道童道士。中間一桿皂纛。々々之下。坐着一個穿法衣的。恰像個道宮樣兒。姜金定笑了笑說道。南朝殺不過俺們。叫道士来解魘哩。不是解魘。就是打醮祈禱保佑昨日四個將軍。道猶未了。只見天師傳令搖旗擂鼓。喊殺連天。姜金定喫了一驚說道。南朝有個甚麽道士。此来者莫非就是他了。好個姜金定。即時擺開人馬抖擻精神高叫道。来的敢是牛鼻子道士麽。天師把個七星寶劍擺了一擺。把個青騌馬前了一前。果見是西洋一個女將。喝一聲道。

小妖精早々的下馬受死。免汚了我這寶刀。姜金定道。俺把你這個大胆的道士。俺聞你的大名。如轟雷灌耳。俺慕你的大德。如皓月當空。我只說你三個頭六個臂。七個手八個脚。旋的天撥的地轉的人。原来也只是這等一個紡車頭。蚱蜢腿的道士麽。這正是聞名不如面見。面見勝似聞名。你今日到此何幹。莫非是自送其死。天師大怒。把個七星寶劍就是一劍砍来。姜金定把個日月雙刀急忙的架住。天師道。你把此々傍門小術淹禁了我四員大將。是何道理。還敢架住我的寶劍麽。姜金定道。兩軍對敵。一輸一贏。俺贏了聲唱凱歌。他輸了落草而走。不知走在那裏。與我何干。天師道。好油嘴賤婢。還不早々的獻上四將出来。免你剮骨熬油之罪。姜金定道。不消講多話了。你說俺淹禁你四員大將。你如今筭一

□□得你四員大將在何處。你便稱得過一個真人。若是羙不出□不如早早下馬。受我一条繩綁。張天師聞言。心裏想道。今番到被這個小妖精難住了我。眉頭一皺。計上心来。說道。蹔開待我羙□說與你听着。好天師。連忙的掣起寶劍。對着日光幌了一幌。那寶劍噴出火来。又連忙的取出一道飛符。放在火焰上燒了。叫聲頭天宮的道士。把個硃砂的香几兒拿来。怎麽有個硃砂的香几兒候候。原来天師的令牌。都是些天神天將的名姓。若還敲在馬鞍橋上。却不褻瀆了聖賢。故此早先辦下了這個香几兒。以尊聖賢。天師把個令牌放在香几兒上。擊了三下。叫聲道。一擊天門開。二擊地户裂。三擊天將赴壇。道猶未了。只見雲生西北。霧長東南。東南上萬道金光。西北上千条瑞氣。半空中雲頭裏面吊將一位

天將下来。長似金剛。面如熏棗。丹鳳眼。臥蚕眉。拿的是青龍偃月刀。騎的是赤兎臙脂馬。天師道。来者是那一位天將。天將道。小神是漢末三分義勇武安王。現今職掌南天門的関元帥。不知天師呼喚小神。有何道令。天師道。今有西番出一妖婦。擅用傍門。困我四員大將。不知困在那一方。你與我仔細看来。関聖賢得了道令。一駕祥雲。騰空而起。撥開雲頭。往下看来。只見南朝四將。各在一方。好卤險也。聖賢即時轉到馬前。回復道。南朝四員大將。被西番妖婦將石囤、水囤、木囤、火囤四囤。囤在東西南北四方上。天師若不救他。明日午時三刻。化成血水矣。天師道。就煩聖賢與我破了他的囤法罷。聖賢駕起雲来。飛向前去。正南上一拳。打破了火囤。正東上一脚。踢破了木囤。正北上一刀。挑破了水囤。正西上一鞭。

只見這個囤是一座石山。任你一鞭。兀然不動。聖賢發起怒来。打一拳也不動。踢一脚也不動。挑一刀也不動。関聖賢仔細看来。原来是羊角山羊角道德真君的石井圈兒。這一個圈兒不至緊。有老大的行藏。是個甚麽老大的行藏。原来未有天地。先有這塊石頭。自從盤古分天分地。這塊石頭繞自發聖。平白地响了一聲。中間就爆出這個羊角道德真君出来。他出来時。頭上就有两個羊角。人人叫他做個羊角真君。後来修心煉性。有道有德。人人叫他做個羊角道德真君。這羊角道德真君。坐在這個石頭裏面。長在這個石頭裏面。飢食這個石頭上的皮。渴飲這石頭上的水。女媧借一塊補了天。秦始皇得一塊塞了海。這石圈兒有精有靈。能大能小。年深日久。羊角道德真君帶在身上。做個寶貝。却是姜金定

術以逃生西日下城人影散

姜金定水囤逃生

倖而不死東風吹馬鬐雲歘

拜羊角道德真君為師依着師弟之情借他的来困住了武狀元唐英關聖賢仔細看来纔知其情沒柰何放下了偃月刀伸出了拿雲手把這一座山提將起来纔放得武狀元唐英出去關聖賢回了話騰雲去了天師高叫道小妖婢何在姜金定說道有理不在高聲何事這等的吆喝天師道小妖婢你有多大的神通敢把金木水火四圍圍住了我的將官姜金定道現在何處天師道你敢来瞞我哩現在東西南北四方上姜金定看見天師拆穿了他他把嘴兒咂了兩咂把個頭兒搖了兩搖心裏想道天師大德下無處撥回馬便走天師高叫道小妖婢那裏走饒你走上焰摩天我腳下騰雲追着你放開青鬃馬趕近前去把個七星寶劍就是一劍姜金定急忙的閃開急忙的懷袖裡取出那一桿一尺二

寸長的白旗来望地上一索勒着馬照白旗之下轉三轉指望國住天師那曉得天師是個斬妖縛邪的都元帥只看見他取出白旗来早已知道了他的詭計把個指甲對着他指一指兒那桿白旗感東一聲响化陣白烟而去姜金定看見國法不行只得挈過日月雙刀来強支持幾下天師的七星寶劍再點的下來一來一往一架一迎一個是南朝得道的老天師一個是西番保駕的姜金定一個是扶持大皇帝安天下一個是保守西番王做上邦兩家這一場殺也好一場大殺有幾句俗語兒說得好是個甚麼俗語兒說得好俗語說道江南一塊銅一馬兩分鬃一塊鑄成鑼一面一塊鑄成一口鍾鍾响僧上殿鑼响將交鋒一般俱是銅善惡不相同這一陣殺是天師要心服姜金定不肯輕易下手他姜金

定自知他不是天師的對子放開馬望正西上逃生總走不過一箭之路猛聽得前面一枝兵搖旗擂鼓喊殺連天當先一員大將喝聲道潑妖婦那裏走早早的下馬受縛姜金定起頭看時原来是一個爛銀盔金鎖甲花玉帶剪絨裙通文會武的武狀元浪子唐英姜金定喫了一驚心裏想道他是俺師父的石井圈兒圈着的怎麼輕易的得到此間姜金定情知是冤家路窄更不打話撥轉馬望正北上逃生總走不過一箭之路猛聽得前面一枝兵搖旗擂鼓喊殺連天當先一員大將喝聲道潑賊婦那裏走早早的下馬受我一頓狼牙丁姜金定起頭看時原来是一個鐵幞頭銀抹額皂羅袍牛角帶騎烏騅馬使狼牙棒的千戶張柏姜金定又喫了一驚心裏想道這個人是俺水圍裏的人怎麼輕易的得到

此間姜金定情知是個仇人相見分外眼睜更不打話撥轉馬望正南上逃生總走不過一箭之路猛聽得前面又有一枝兵搖旗擂鼓喊殺連天當先一員大將喝聲道潑妖婦那裏走早々的下馬盜我一刀姜金定起頭看時原來是個身長十尺腰大十圍面子臭銅鈴眼騎一疋五明馬使一桿繡鳳鴈翎刀的威武副將軍劉蔭姜金定又喫了一驚心裏想道這個人是俺木囤々着的怎麼囤法都不靈反惹他到來殺俺姜金定情知是個好漢不欲兩好事不過三更不打話撥轉馬望正南上逃生總不過一箭之路猛听得前面又是一枝兵搖旗擂鼓喊殺連天當先一員大將喝聲道賊妖婢那裏走早々的下馬受我一鎗姜金定起頭看時原來是個青年小將束髮冠兜羅袖練光拖獅蠻帶聰々俊々嬝々

婷々騎一疋流金騧千里馬使一桿張飛丈八神鎗的金吾前衛長公子應襲王良姜金定一連看見這四員大將唬得他心驚膽戰骨悚毛酥心裏想道這些囤法想都是張天師破了我的教我四顧無門多應是死也只見天師提了一張七星寶劍在於中央四面是四員大將四枝天兵一片只是鼓响一片只是殺聲把個姜金定圍得鉄桶一般相似好個姜金定手裏拿了一枝簪棒兒望地上一刺早已連人帶馬刺到地上不見了張天師連忙的走向前來把個七星寶劍一指綁住了姜金定却又走不脫地下裡一轂轆爆將出來天師又是一劍好個姜金定手裏丟下一叚紅羅連人帶馬就站在紅羅上一朶紅雲騰空而起天師即時撇過了青綜馬跨上草龍一直趕到雲頭裏面高叫道賊妖婦那裏走

你會騰雲偏我不會騰雲麼姜金定說道天師差矣趕人不过百步你在陣上圍得我四面八方鉄桶相似我欲待入地你又要我入地無門我只得上天還幸得上天有路你怎麼又追趕我來天師道直待拿住了你碎尸萬段總報得你淹禁我四將之罪姜金定說道四将已自出去了怎麼又說是俺們淹禁天師道是你放他出去的是我老張打破了你的囤法總方得出姜金定說道既往不咎何必苦々見罪天師道那聽你這個花猫巧嘴照頭就是一劍砍去姜金定只得舉刀相架兩個人在雲頭裏而戰了多時姜金定却又心生巧計一隻手輪刀相架一隻手取出那家傳的九口飛刀來念動真言宣動咨呪望空一撇實指望取到天師首級天師看見他明幌々九口飛刀望空而起反笑了一笑說道你

的飛刀焉能近我道猶未了那九口飛刀看見天師齊々的望後一觸原來天師是個正一法門百邪逃避故此九口飛刀看見他便自望後一觸早已四漫散了天師罵道你這賤妖婢敢在我跟前使甚麼飛刀之計我叫你飛蛾撲火自損其身連忙的取出一道飛符放在寶劍頭上燒了燒了之時望空一撇只見四面八方天神天將一湧而來姜金定又唬得心驚膽戰骨悚毛酥欲待駕雲而去却又四壁無門欲待不去只怕一會兒上有天羅下有地網那時悔之晚矣姜金定無心戀戰挨々撥々只要尋個出路張天師看見他挨々撥々要尋出路恐有疎虞空費了這一番精力連忙的取出一方九龍神帕望空一撇單將下來這個九龍神帕原是太上老君受生的胎衣兒斗方如壽帕之狀紋成九道飛龍者

是草將下来任你就是天神天將也不能逃莫說是個凡夫俗子。故張天師將帕收取姜金定姜金定眼兒又巧。看見天師丢下宝貝兜来他就隨着宝貝兜望下一响天師只說是他在寶貝兜裡面那曉得這個姜金定連人带馬撇却雲頭吊將下來一吊吊在荒草坡下却說南朝四員大將看見天師跨上草龍竟徃雲頭之上追殺夷女都說道我們暂帰寶船禀过元帥另調兵馬前来策應唐狀元說道不可不可我等若不是天師神通焉能脫此大難豈可天師斷殺我們私自回營衆將道悉憑唐狀元發揮唐狀元道依我學生之愚見扎立軍營在此伺候衆將道伺候便罷何必扎營唐狀元道列位先生有所不知勝負兵家之常果是天師得勝那賎婢妖婢必定落將下来倘或天師不勝天師一定落將下来我

和你扎營在此天師下来便於救應那賎婢下来便於擒拿豈不兩利而俱存衆将道狀元高見學生輩遠拜下風道猶未了只聽得鼙鼓一声响吊將一個姜金定下来你看那四員南將就如猛虎撲羊一般一個人使一様兵器各様兵器一齊殺將下來把個姜金定殺做了一塊肉泥一堆肉醬唐狀元說道是我珠纓閃閃滚銀鎗殺的張千戶道是我八十四斤重的狼牙棒打的劉先鋒道是我綉鳳鴈翎刀砍的王應襲道是我張飛丈八神鎗刺的一併卸下馬来爭他的首級只見都是些爛盔爛甲舊衣舊裳蓋着的是一泓清水約有幾杓之多何曾有個姜金定在那裏南朝四員大將你也說道眼見見鬼我也說道眼見見鬼你也摸了一場空我也說道摸了一場空原来天師收了九龍神帕也摸了一場空天師早知其意即時謝了天神天將卸下草龍竟到荒草坡前只見四員南將正在猜疑天師道那妖婢吊將下来到那裏去了四將道正吊在這個荒草坡前是我們一齊擠着他你一鎗我一刀你一槌我一棒實指望結果了他的性命取了他的首級獻上天師及至下馬之時都是些爛盔爛甲破衣破裳排開来打一看却又蓋着一泓清水約有一杓之多小將們正在這裏猜詳未定忽然天師下来有失迎接望乞恕罪天師道說那裏話只是便饒了這個賎婢了這一泓水他就是水囤去了也罢閻王註定三更死並不留人到五更想是這個賎婢子命不當絶待等明日擒他未遲分付軍中與我掌上得勝鼓大家齊唱凱歌聲回上宝船見了二位元帥二位元帥聽知天師得勝又看見四員大將逐隊而来滿

心歡喜各各相見三宝老爺道這四員將官連日陷在何處天師道唐狀元被他石囤囤在正西方上張狼牙被他水囤囤在北方上劉先鋒被他木囤囤在正東方上王應襲被他火囤囤在正南方上三宝老爺道何以得脫天師道是貧道請下閔元帥打破了囤去繞方救得他們出来三宝老爺道這女將現在何處天師道是貧道要拿他他走上天貧道就趕他上天他走下地貧道又趕他下地他這来又是水囤而去想必是遠走高飛去了王尚書道那女將方纔又在這裏討戰口口聲聲說道要與天師賭勝又說他明日有個師父下山來他神通廣大变化無窮還有許多不遜之言天師道這潑妖婦果是無理我貧道若不生擒妖婦碎骨粉尸誓不回船不知天師徃後怎麼様兒拿住這個妖婦且听下回分解

五卷終

新刻全像三寶太監西洋記通俗演義卷之六

二南里人　編次
三山道人　繡梓

第二十六回

姜金定請下仙師　羊角仙討安前部

詩曰

娼狂女將出西天　擾擾兵戈亂有年　謾道螢光晴日下
敢撐螳臂帝車前　堪嗟后羿穿天箭　更笑防風過軾肩
一統車書應此日　鋼刀濺血枉垂憐

却說姜金定從水囤中得了性命，竟進朝門之內，朝見番王。番王道：「愛卿出馬，功展何如？」姜金定道：「今日撞着對手了。」番王大驚，說

洞府春飛天半寶花飄閣道

法師駕出月中桂子落仙衣

道：「撞着那一員大將來，是你的對手？」姜金定道：「不是個甚麼將官。」番王聽知不是個甚麼將官，早已有八分焦燥了，說道：「既不是個將官，還是個甚麼人？」姜金定道：「今日所遇者，是南膳部洲大明國朱皇帝駕下一個引化真人張天師。」番王聽知是個張天師，先前只有八分不快，今番却有十分煩惱了，說道：「卿父存日，曾說此人呼風喚雨，駕霧騰雲，本領高強，十分利害。誰想今日你遇着他，你今日和他抵手，勝負何如？」姜金定奏道：「只是兩家對手，臣也不懼怯於他。但他果然是書符諷呪，役鬼驅神。小臣正欲把個國法去囤他，他的七星寶劍儘利害，一剔就是兩半邊；小臣正欲把個飛刀去斬他，他的天神天將又衆，一湧而來。不是小臣有五囤三出的本領，險些兒喪于道士之手了。」番王道：「似此何以處之？俺的江

山有些〻不穩。社稷有些〻不牢。左丞相字鎮龍說道。依臣愚見。寫了降書降表。送上通關牒文。萬事皆休。何必磨這等的牙。傳這等的嘴。右丞相田補龍說道。左丞相言之有理。南陣上有個武狀元。他前日高聲說道。我天兵西下。既不取你的城池。又不奪你的世界。不過是要你一張通關牒文。問你傳國玉璽。果有玉璽獻將出來。如無玉璽獻上通關牒文。萬事皆休。這武狀元已自明白說了。何必執迷不悟。撥弄干戈。糜爛小民。坐空國計。況兼我國所恃者。刺儀王父子兵而已。今日他父子俱喪於南兵之手。料這一女將焉能成其大事。堂〻天朝。雄兵百萬。戰將千員。豈下於一女子。伏乞我王詳察。總兵官占的里又奏道。左右丞相言之俱有大理。小臣職掌巡哨。甚曉得南兵的利害。不但是雄兵百萬。戰將千員。只這

一個天師呼風喚雨。役鬼驅神。也是十分利害。還有一個國師懷揣日月。袖囤乾坤。更加佛法廣無邊。若是女將軍不肯罷兵。明日禍來非小。伏乞我王詳察。番王聽知這一堂和解。心上也不願興兵。只是姜金定心懷父兄之恨。要假公濟私。奏說道。這都是些賣國之臣。遺悞我王大事。番王道。怎叫做是個賣國之臣。姜金定說道。我王國土。受之祖宗。傳之萬世。本是西番國土的班頭。西番國王的領袖。今日若寫了降書降表。不免拜南朝為君。我王為臣。君令臣共。他叫我王過東。我王不得往西。叫我王過北。我王不得往南。萬一遷移我王到南朝而去。我王不得不去。那時節凌辱由他。殺斬由他。若依諸臣之見。是把我王萬乘之尊。賣與南朝去了。我王下同常布之賤。這却不都是個賣國之臣。道猶未了。只見三太

子自外而入。聽知道要寫降書降表。就放聲大哭起來。番王道。我兒何事這等悲傷。三太子道。父王何故把個金甌玉碗輕付於人。這社稷江山。終〻不然是一日鬧得的。番王道。非干我事。所有左丞相說道該降。右丞相說道該降。又有占總兵說道。南兵利害。三太子罵道。你這些賣國的狗奴。豈不聞主憂臣辱。主辱臣死。你受我們的爵。享我們的祿。賣我們的國。悞我們的事。是何道理。伏乞父王先斬此賣國之賊。容孩兒出馬。若不取勝。誓不回朝。姜金定奏道。三太子言之有理。但只一件來。臣還有一妙計。不消三太子親自出征。番王道。有何妙計。不消三太子出征。姜金定道。臣有一個師父。道號羊角道德真君。番王道。怎麽叫做個羊角道德真君。姜金定奏道。這個師父沒有爹。沒有娘。原是一塊石頭。自從天地未

分之先。頑然為石。後來盤古分天分地。這塊石也自發聖。感栗一聲響。中間爆出一個人來。這個人出來時。頭上却有一隻羊角。那時節不曾有書契。不曾有姓名。人人叫他做個羊角真君。羊角真君生在這個石頭裏面。長在這個石頭裏面。飢飡這個石頭上的皮。渴飲這個石頭上的水。年深日久。道行精微。德超三界。傳至唐虞夏商周。有了文字。有了書契。人人叫他做個羊角道德真君。那塊石頭有靈有神。能大能小。羊角道德真君帶在身上。做個寶貝。昨日小臣借他的來。囤住了武狀元唐英便是。番王道。他這如今在那裏。姜金定道。他這今在正西上五百里之外。有一座高　其山有一所深洞。是他在這個洞裏修真養性。人人就叫這個山羊角山。叫這個洞羊角洞。有詩為証

羊角稜層靈秀開　西天積翠起仙臺　入關足躡烟霞起
倚闕手招萬鶴来　怪石摩空撐砥柱　飛泉瀉澗走風雷
兇能道德真君侶　一嘯臨凡未忍回
番王道只消他一個石囤也自有八分贏手了姜金定道俺師父
回天補日吸霧吞雲慣使天曹飛劍百步之内取人首級如盤中
取果手到功成騎一隻八叉神鹿上天下地無所不能還有一個
水火花藍兒中間有許多的寶貝善可梟人首級任是甚麽天兵
也不能親近豈止一個石囤而已番王道似此說来却是個超凡
入聖有德有行的姜金定說道他號為道德真君名下無虛有詩
為証
羊角住羊山　癯瘦如角立　仙鹿駕長風　世網安能繫

朝隨白雲出　暮採紫芝入　道靈未去来　德氣自呼吸
月明响環珮　時有飛仙集　我欲從之遊　共飲華池汁
番王道怎麽得他下山来姜金定道須得我王草詔一道小臣不
憚劬勞連夜捧詔上山去請他来上扶我王錦繡江山下救萬民
塗炭之苦番王准奏即時草詔一道付與姜金定姜金定接了詔
書擲下三尺紅羅一朶紅雲望空而起須臾之頃就到了羊角山
姜金定落下雲去收了紅羅牽了戰馬手持信香口稱祖師大獅
来到羊角洞口只見一個把門的小道童兒早已認得是個姜金
定迎着說道姜師兄你又来了姜金定說道是俺又来看一看哩
小道童說道前日老爺傳了你五囤三出的本領駕得起千百丈
的縢雲你今日又上山来有何貴幹姜金定道有事求教師父望

師弟和我通前所聲你說道叫一學執的姜金定在此面見祖師
小道童即時傳到洞門裏羊角道德真君叫来相見見了姜金定
真君道我前已傳授了一半道術與你因你是個女流之輩不便
久留你今日又来見我有何事故姜金定跪着禀道前日多蒙老
爺賜弟子一班本領保我金蓮寶象國為上邦誰想強中更有強
中手遇着強梁沒奈何真君道有個甚麽強梁的遇着姜金定道
是南膳部洲大明國朱皇帝駕下差出一個道士名喚天師差出
出一個和尚名喚國師統領些甚麽寶船帶了些甚麽兵將来到
弟子金蓮寶象國把弟子一個父親兩個哥哥俱送了殘生性命
弟子傳授法術之時只指望扶持我　王国王為上邦那曉得自家
的父兄俱不能保真君道你好拿出你的五囤三出千丈縢雲的

本領来姜金定說道是我拿出五囤三出的本領来却都被那個
天師破了故此俺國王修下了一封詔書多多拜上祖師老爺萬
望老爺下山走一走一来扶持俺國王的錦繡江山二来救拔俺
弟子的一家性命真君道我既超三界外不在五形中怎麽又来
管你凡間甚麽閑爭閑鬧姜金定哭哭啼啼伏在地上說道老爺
不肯下山俺一國君民盡為虀粉自古道救人一命勝造七級浮
屠老爺只說是可怜見俺這一國君民的性命罷羊角道德真君
他是個慈悲為本方便為門的看見個姜金定苦苦的哀告打動
了他的不忍之心說道姜弟子我許你下山来只一件我却不到
你金蓮寶象國見你番王姜金定道老爺不到俺國中弟子却到
那裏来相會真君道你只到哈密西關之内荒草坡前你可帶本

國人馬跟隨我拿一個你鄉一個我拿兩個你鄉一隻成功之後俱羨你的功我自回山而來。姜金定連磕了幾個頭歸到金蓮寶象國。報上番王。番王道。姜金定不過一女將。尚肯捨身報國。家右丞相併總兵不合賣國欺君。着鎮撫司監候。候姜金定得勝回來。押赴市曹處決。姜金定領了本部兵馬。逕到荒草坡前等待師父。却說師父羊角道德真君。許了姜金定下山去殺退南兵。心裏想道兵凶戰危。事非小可。况兼南朝來到西洋。隔了八百里軟水洋。隔了五百里吸鐵嶺。這個道士。這個和尚。若不是個有本領的。焉能至此。我却有個道理。先得一個人做個先鋒。探他一探。看他本領何如。次後到我上便有個斟酌。只還有一件來。須得個形容古怪相貌蹊蹺的做個先鋒。纔嚇得人哩。正在躊躕之時。只見嵴下

出象西洋記　卷之六　七

脫去凡胎芝草暖霞浮露綵

化成兵仗藕絲秋水拂霜痕

出象西洋記　卷之六　八

一個小道童兒。身長三尺。髮長齊眉。聰俊無雙。舉止端重。祖師心裏想道。這個小道童兒到有些仙骨。不免這個先鋒就安在他的身上罷。好祖師。叫一聲堦下走的甚麼人。道童答應道。弟子是無底洞。祖師道。你怎麼叫做個無底洞。道童說道。弟子自家也不知道。只是傳聞道弟子初生之時。不見父。不見母。却在龍牙門山洞裏嬫將出來。當得一個樵夫拾着。那樵夫低頭一看。其洞極深無底。樵夫就叫我弟子做個無底洞。真君道。誰叫你到我這個山上來。無底洞道。只因樵夫早喪。弟子身無所歸。故此投托門下。真君道。你在我的山上幾年了。無底洞道。已經在此六年了。真君道。曾學些甚麼本領麽。無底洞道。弟子本領。一分也不曾學得。真君道。你既一分本領也不曾學得。你在我山上所幹那一門。無底洞道。

弟子在此山上挑了六年水燒了六年火澆了六年松樹這就是弟子所學的本領了真君道似此說来這六年之間多虧你了無底洞道怎麽說個虧弟子只是自今以後望師父教愛些々就是真君道我今日就教你無底洞道既蒙師父教誨待弟子先磕幾個頭真君道不消磕我的頭你到後面玉皇閣上對了三清老爺叩上四個頭来我這裏即時傳授些々本領與你天下人學本領的心那一個不勝無底洞聽知師父要傳本領與他辭了師父竟奔後面玉皇殿去上到山後果見三間大殿々門外有一座白玉石做成的欄杆々々外是一条金水河滴溜々的一泓清水殿門是硃紅漆的槅扇々々上是金獸面的吞環殿上都是碧瓦雕梁兩邊都是挑簷象鼻進得殿来果見上面坐的是上清玉清太清三位

祖師兩邊坐的都是些々三十六諸天七十二尊者中間供案上兩道紗燈兩路淨瓶一座大香爐香烟不絕下面供献着三杯仙酒三枚青東兒無底洞因是師父許了傳他本領已是歡喜却又看見這個宝殿清幽越加歡喜跌倒身子就磕了四個頭起来就走却又想一想說道這供献的是我師父的仙酒這仙酒飲一杯與天同壽髮白轉黑齒落重生求遠不死我每常伏侍師父之時看見他飲這個酒我聞得他一陣香我喉嚨裏面就是猫抓的一般癢已不得飲上半盃兒今日我来磕頭却遇着這個仙酒豈不是天假良緣難逢難遇况兼此處幽靜又沒有個人兒瞧着何不偷喫了他的以得長生也強似學甚麽本領總要動手心裡又想道倘或師父知道却又枉了我六年挑水燒火的辛勤正在籌度忽然聽得一陣風来吹得那仙酒清香撲鼻而過無底洞饞病發了巴不得甚麽師父不師父一手取過一鍾来一口直乾到底却沒有些甚麽下酒的取過一個青東兒来一口一轂轆這一杯酒下去好不快活也正是

一任光陰付轉輪　平生嗜酒樂天真　笑吞竹葉杯中月
香瀉桃花甕底春　彭澤縣中陶靖節　長安市上謫仙人
羊角半山千日醉　直眠無底洞通神

却說無底洞飲了這杯仙酒越惹得喉嚨癢了忍不住的饞頭兒却把那兩杯酒都斷送了他的把那兩枚青東兒都結果了他的方纔要轉前山去見師父怎奈兩隻脚不做主撲的一聲响跌在地上昏々沉々的鼾响如雷過了半日酒纔醒些一會兒扒將起

来搥胸跌脚的說道哎師父叫我磕了頭轉去教我本領我怎麽在此貪甚口腹悞了大事恨上兩聲急忙裏就走剗纔的走了兩三步只見渾身上下就如馬蟻子鑽一般也說不盡的癢抓了抓兒越撾越癢無底洞心裏想道似此癢々酥々怎麽去見師父這玉欄杆外到有一泓滴溜々的清水不如下去澡洗一番再作道理脫了衣服一個澡洗洗得好不快活那里再有半點兒癢氣罷無底洞心裏想道明日過夏時再来洗一洗跑上岸来提起衣服把隻左手去穿只見颼颼栗一聲响左邊肋指窩裏撑出一隻手来把隻右手去穿只見颼颼栗一聲响右邊肋指窩裏撑出一隻手来把個無底洞就諕得魂不附体魄不歸身說道敢是我不合偷飲供酒三清老爺見罪撑起我兩隻膀子來似這等節外生枝怎麽

去見師父道猶未了只見左邊肩窩兒裏觱栗一聲响左邊撑出一個頭来右邊肩窩兒裏觱栗一聲响右邊撑出一個頭来左邊的頭像朝着右邊的頭說話右邊的頭就像朝着左邊的頭說話中間一個頭照左不是照右不是無底洞越加心慌意亂安身不住走到玉欄干外清水裏面去照一照恰好全不是自家的模樣了三個頭就有三張口三個鼻子三雙耳朶六隻眼睛六道眉毛又有十二個獠牙生在口上無底洞跳上両脚說道吖今番却主餓死也平時間一個頭尚且沒有帽兒戴如今三個頭那裏去討這許多的帽兒戴平時間一副臉皮尚且沒有躲人處這如今三副臉皮那裏去躲浮這許多的人平時間一張口尚且沒有飯喫這如今三張口那裏去討這許多的飯喫平時間一口牙齒尚且

沒有甚麼齦得如今十二個獠牙那裏去討這許多的齦却不是生生餓死也再照一照只見頭髮都是紅的無底洞說道今番是個紅孩兒了再照一照只見三個頭都是靛染的無底洞說道今番又是個藍面鬼了似此模樣三分像人七分像鬼怎麼去見我的師父怎麼去見我的朋友心中煩惱把三個頭搖了一搖只听得忽喇一聲响如天崩地塌一般全然不由無底洞了平白地往上一長就長得身高三丈三個頭四条臂膊無底洞道我這回是個甚麼樣人品欲待不見師父我這等身長脚長頭多手多那裏去討衣穿那裏去討飯喫欲待去見師父我這等身長手長頭多口多又不像個人模樣只一件来自古道得好醜媳婦免不得堂上見公姑我不免還去請教師父叫他救我轉身来到前殿三丈長的身子那裏有這等可體衣裳只得把些舊衣服遮了前面不便之處三丈長的人那裏有這等的高大門扇只得低着頭俯伏而入見了師父滿口叫道師父可怜見我弟子捨福救我弟子罷羊角道德真君只作一個不知唱聲道這是個甚麼鬼王敢進我的寶殿快上的叫過黃巾力士来你與我把他打下陰山背去教他永世不得番身無底洞慌了連聲叫道師父我不是甚麼鬼王我不是甚麼鬼王真君道你不是鬼王你是那個無底洞說道弟子是六年挑水掃地灌松樹的無底洞真君道你既是無底洞怎麼這等一個模樣無底洞道是弟子到玉皇閣下去磕頭不合偷喫了三清老爺面前三杯酒三枚青棗兒真君道你有酒喫有棗兒喫就做這等的模樣無底洞道不是做模樣只因酒醉之後渾身發痒

是弟子到金水河裏作了一個浴跑上岸来左邊肋指窩裏一聲响左邊撑出一隻手来右邊肋指窩裏一聲响右邊撑出一隻手来左邊肩窩裏一聲响左邊撑出一個頭来右邊肩窩裏一聲响右邊撑出一個頭来真君道三頭四臂是了怎麼又有這等長哩無底洞道弟子只把個頭兒搖了一搖只聽得天崩地塌一般也全然不由弟子的主張一長就長到這個田地如今做出這一塲醜来全仗師父救拔真君道你這叫做自作孽不可活那個酒連我們也不敢惹他你怎麼去喫他喫了他不至緊永世不得人身只好在陰司之中做個惡鬼無底洞聽知他永世不得人身就放聲大哭說道老爺可怜見弟子在這個山上六年也是伏侍老爺一塲望乞高擡神力救拔残生羊角道德真君看見他哭的悽慘

[illegible]把個真情對他訴說說道徒弟你不要慌無底洞道怎麼叫弟子不要慌真君道我如今要下山去和南朝的道士和尚提刀賭戰缺少了一個前部先鋒無底洞道缺少先鋒與弟子不相干涉真君道是我將你脫了凡胎換了仙體充為前路先鋒擒拿道士和尚無底洞道既是師父有這許多的情由何不直對弟子所說免得弟子喫了這許多的驚疑真君道此是超凡入聖何必驚疑無底洞道怎麼三杯酒三枚青棗兒就會超凡入聖真君道三杯仙酒乃是三個仙體你三個頭便是三枚青棗兒是三股仙氣你兩股氣從傍而出却就撐出兩隻手你一股氣從直而上却就撐得這等三丈之長無底洞道我的四大如今在那裡真君道有個特候你親自看見無底洞道師父怎麼救取我轉來罷真君道

你再到金水池裏作一浴來我這裏就有個法兒和你解救無底洞聽知與他解救他心中大喜連忙的跑到山後只見金水河中水面上幌着一個死屍無底洞又喫了一驚近前去作一看來原來就是他的色身他心裏想道既是我的色身在此何不下水去走一遭兒一則是澡洗仙身師父好來解救二則是取上色身來還他一個爽理道理跑將下去那裏有個色身洗了一會澡復上橋來三頭還是一個頭四臂還是兩隻臂無底洞還是一個無底洞再去參見師父師父道今番可好哩無底洞道我的還是我的豈有不好之理真君道收拾下山去來無底洞道弟子今番見了本相怎麼又做得先鋒真君道你到交戰之時大叫一聲師父把個身子兒望上弓一弓還是三頭四臂還是三丈之長無底洞道我若是三頭四臂三丈全身我把南朝的人馬直殺得他隻輪不返片甲不回真君道你明日上陣之時現了三頭四臂三丈全身只待南朝將官跌下馬來你切不可壞他待姜金定去拿他別有個道理無底洞道怎麼不可壞他真君道你若壞他便傷了我殺戒之心枉了我千萬年修煉無底洞道謹依師父嚴命不敢有違羊角道德真君收拾一班寶貝張滿一口花籃帶領無底洞真人排備下山厮殺不知此去勝負何如且聽下回分解

○○

第二十七回

二指揮雙敵行者　張天師三戰大仙

詩曰

山人騎鹿雲中行　手拾翠華飡玉英　欲捫星辰辨南北
紫雲峰上坐吹笙　野客尋真跨鹿行　洞天寥廓秋雲晴　布袍草履無相問
嘯美干戈夜戰征

却說羊角道德真君頭戴着冲天如意巾身穿着黑緣邊藍道袍腰繫着水火雙環帶脚穿着鞡鞡紫麻鞋還有一張太阿寶劍還跨一隻八叉仙鹿帶領了無底洞真人分付了衆弟子撇了羊角洞辭了羊角山駕起一朵祥雲望空而起須刻之間就是金蓮寶象國好個真君按落雲頭竟到荒草坡下只見姜金定走近前來俯伏在地說道有勞師父遠來未曾迎接上待不周望乞恕罪真君道姜徒弟你過來聽我說姜金定跪着說道師父有何分付真

兵道兵不厭詐將貴知幾今日是個頭陣不可輕易造次姜金定道須煩師父指教一番真君道若是你先出馬南朝將官怕怯于你不肯領兵前來莫若先將無底洞出馬出其不意攻其無備閃他幾員將官過來先滅他一塲威風先掃他一個興子却待我来多搬出幾番本領活捉僧人生擒道士與你成功姜金定道多謝師父指教感謝不盡羊角道德真君叫聲無底洞何在無底洞應聲道弟子在這裏真君道你到沿海地面南軍陣前高聲叫道那一個強將敢来出馬敢與我交鋒看他那裏是個甚麽將官来你便抖擻精神與他交戰無底洞說道弟子空着一隻手怎麽與他交戰真君道我自有兵器與你無底洞道願借兵器来羊角道德真君轉身到水火花籃之内取出一個小小的葫蘆来拿在手裏

出像西洋記　卷之六　十五

陣上鷹兒四臂三頭身丈

二指揮叟敵行者

伏前虎將单鎚獨鐺馬叟飛

出象西洋記　卷之六　十六

說道你過来我把這個兵器交與你無底洞看了微上而笑說道師父差矣這個葫蘆只好盛藥怎麽教我拿去當鎗當刀真君道你看来只說一聲看就把一個葫蘆拿在手裏吹上一口仙氣喝聲道变即時就变做丈八長的一桿栁葉神鎗遞與無底洞無底洞接了這一桿鎗飛星就走真君道你轉来我還有事分付你無底洞道師父你好掃人的興真君道你謹記得臨陣之時要叫師父無底洞說道曉得我做徒弟的不叫師父敢叫別人卽時拽鎗出陣高叫道南朝是那一員將官敢来和我厮殺一来一往叫上叫下的早有藍旗官報上中軍寶帳說道番國裡走出一個小道童来身長三尺髮跡齊眉手裏拽着一桿長鎗聲上叫道討戰討戰三寶老爺道料一小道童能有多大的本領傳下將令說道誰

敢出陣擒此道童道猶未了班部中閃出一員將官来應聲道末
將不才願单鞭出馬擒此道童老爺道你姓甚名誰現任何職来
將道本姓沙名彦章原任南京錦衣衛鎮撫司正千戶之職末將
祖籍出自西域囬囬極知西番的備細老爺道有甚麼備細沙彦
章道西洋地面多有草仙木仙花仙菓仙又有一等雷師雨師風
師雲師又有一等山精水精石精各樣的妖術也不計其数這個
小道童一定是個甚麼怪物三寳老爺道你出陣脩務在小心不
可踈畧沙彦章應聲道末將知道即時綽鞭上馬你看他

上世功勲滿鍾呂　後昆風骨總侯王　金鞭响處無強敵
立地妖兒束手降

却說沙彦章单鞭匹馬竟奔陣外来到荒草坡前果真見一個小

小道童身不滿三尺髮跡齊眉手執長鎗高聲叫道来者何人願
留名姓沙彦章說道吾乃南朝總兵官王爺麾下正千戶沙彦章
的便是你是那裏黄毛小犬山野的畜牲敢在這裏胡言亂語驚
動我大明人馬你從實說来你還是那一國差来打探我寳船細
作萬事皆休若還亂道你看我手裏吞雲吸霧紫金鞭教你目下
就喪殘生他時悔之晚矣那小道童大笑了一聲說道我實告訴
你罷我非别國所差我乃羊角山羊角洞羊角道德真君的徒弟
謹奉師父嚴命来取你南朝將官的首級你不如早々的下馬受
降免受兵刀之苦沙彦章大怒罵道這等一個小毛虫敢開這等
的大口敢說這等的大話舉起鞭来照頭一鞭那無底洞原本等
不是個輪鎗舞劍的却沙千戶的鞭又来得兇他措手不及只苦

了個頭攢了一鞭打得個頸膊子只是一觸忍不過疼叫上一聲
師父救命哩那曉得這一聲師父正叫得合了指立地時間就長
出三個頭四個臂就長成三丈多長就長成硃砂染的頭髮青靛
塗的臉子好不怕人也沙千戶灰㗐了一驚收神不定不覺的失
下馬来失下馬来不至緊早被此番奴撮々弄々撮弄去了正是
龍遊淺水遭蝦戲虎落平洋被犬欺沙千戶沒柰何只得隱忍再
團後功羊角真君吆喝道只可拿人不可傷人性命却說無底洞
又到南朝陣上高聲大叫的說道要生擒道士要活捉和尚總兵
老爺聞之問道沙彦章出陣何如報事官囬復道沙彦章中了小
道童之計已經活捉去了總兵官大怒說道這等一個三尺童子
輸陣與他怎叫做個過海怎叫做個取番郎時取過令箭一枝折

為兩段說道你們將官拿不住這個道童取不得這個金蓮寳象
國罪與此箭同衆將官看見總兵老爺發怒生嗔那一個不戰々
兢々那一個不披掛上馬早有一員將官現任南京金吾前衛都
指揮金天雷身長三尺膀濶二尺二寸不戴盔不戴甲全憑手裏
一件兵器重有一百五十斤叫做個神見哭任君鏜總兵官未及
分付早又閃出一員將官現任南京豹韜右衛都指揮黄棟良身
長一丈二尺膀濶五尺紅札巾緑袍袖黄金軟帶鉄菱角包跟使
一条三丈八尺長的鬼見愁疾雷鎚總兵老爺看見這兩員將官
雖則是一個長一個矮甚實的

一般勇猛　無二狰獰　都則是操鍊成的武秇高強　那些
個揀選過的身材壯健　神見哭的任君鏜怕甚麼甲伏鱗明

鬼見愁的疾雷鎚那管他刀鎗鋒利　騰々殺氣你々我々
同時賽過六丁神　凛々英雄阿々儂々一地撇開三面鬼
旗開處唱一聲响令似雷霆　馬到時撐兩道眉威如熊虎
長的長窈窕撞着開路先鋒箚說甚麽你的長　短的短婆娑
遇着土地老子你說甚麽你的短　正是森々戈戟寒水雪
閃々旌旗爍綺霞　九里山前元帥府　昆陽城下將官家
總兵官老爺說道諸將出馬敢有躊躇軍法從事這兩員將官答
應道一聲是早已跨上馬奔出陣前只見還是那一個小道童身
長三尺髮䯻齊眉手裏拽着一桿長鎗口裏叫道南朝有那一員
強將敢来與俺厮殺金天雷一時怒發從左角上雪片的任君鑵
剗上前去黄棟良從右角上雨點的疾雷鎚打上前去一個剗將

来一個打將去自古道好漢不敵兩莫說個無底洞會得支持口
裏連聲叫道師父救命哩師父救命哩立地時節就長出三個頭
四個臂就長成三丈多長就長成硃砂染的頭髮就長成青靛染
的臉子金天雷吆喝道黄指揮那管他三頭四臂我和你只是剗
他娘黄棟良叫金指揮道那管他甚麽青臉獠牙我和你只是打
他娘一個剗一個　打々得個藍面鬼沒處安身藍面鬼走過左々
邊剗得兒藍面　走過右々邊打得兒只當兩個鍾馗攢着一個
小鬼手脚道德　君看見喫了一驚心裏想道南朝將勇兵強不
當小可我今番差起了這個主意姜金定站在真君身傍說道師
父快救師弟哩好個真君拿過水火花籃兒取出一件寶貝念動
真言宣動咒把個寶貝望空一撇只見滿天飛的都是些明幌

幌的鋼刀那一天的飛刀吊下来也不計其數廝殺了南朝兩員
大將一個任君鑵一個疾雷鎚把那飛刀就打做個顛任挪絮隨
風舞輕薄桃花逐水流羊角道德真君只是口裏打嘖々沒奈何
收了飛刀接了藍面鬼南朝二將策馬而回只是兩個馬帶了些
傷一個傷了後腿一個傷了尾巴藍旗官報上中軍寶帳總兵老
爺大喜說道威武不能屈這纔是個將官的道理道猶未了那三
尺長的小道童又不討戰口裏不知高不知低的說道要生擒道
士要活捉和尚總兵老爺說道須得天師纔有個結束還他即時
来見天師天師道這小道童兒是個甚麽来歷總兵爺道前日之
戰多蒙天師道力退了妖婢姜金定這如今又是姜金定請到甚
麽羊角山羊角洞羊角道德真君這真君原是姜金定甚麽師父

彼通廣大變化無窮先着這個小道童做個前部先鋒會耍三頭
四臂青臉獠牙呪嚇人取勝先前千戶沙彥章被他捉去後来金
指揮黄指揮二人出馬。已自有個棘手。又被羊角真君滿天的飛
刀遮頭撲面。以此上二將不能取勝如今小道童又來討戰坐名
要天師對陣故此冒瀆尊顏請憑示下天師道此等妖道何足為
奇貧道家傳自漢朝到于今日歷過多少朝代見過多少法師莫
說頭冠束帶的就是三歲娃花兒也曉得神通也曉得變化莫說
受生為人的就是雞豚犬鴨也會通神也會變化總兵老爺道做
此說来絕妙々々須煩天師一行天師道貧道就行即時出馬左
右列着兩桿飛龍旗左邊是二十四名樂舞生細吹細打。右邊是
二十四名道士。仗劍捧符中間一面坐纛。纛々上寫着江西龍虎

山引化真人張天師十二個大字門旗隱隱一個天師坐着一疋青鬃馬却説那個小道童兒看見一簇人馬擂鼓搖旗就要厮殺也不管他是個甚麽人掣過那一桿火尖鎗劈胸就是一鎗天師一袖拂開了鎗一手舉起七星寶劍望空一撇主意来取道童的首級那曉得羊角道德真君悶在半空中雲頭裏面把個寶劍接住了天師看了半日不見個七星寶劍下来只見那個小道童現出三頭四臂三丈金身硃紅頭髮青臉獠牙三個頭就是三張口口口説道要捉天師四隻手就是四桿鎗鎗鎗来奔天師天師到也好笑没柰何只得跨上草龍騰空而起騰空而起不至緊却又劈頭撞着羊角道德真君真君高叫道那裏走天師道你是個甚麽人敢来攔我的去路真君看見天師来得兇却不敢輕易連忙

儸符一紙歸来獨禮斗前燈

張天師三戰大仙

宝劍七星飛去不須雲外鶴

的拿過水火花籃兒取出一個寶貝来這寶貝不是小可的却是軒轅黃帝頭上一個頂陽骨圓圓如鏡子之狀他衔是一股太陽真精聚而不散背後有五岳四瀆面上有社稷山川明照萬里即如皓月當空憑你是人是鬼是神仙舉起来一照即時現出本形凡是呼風喚雨駕霧騰雲見之即止凡是驅神遣將五國三推見之即退任是移星轉斗擎天手也要做個懵懂癡呆渾蝕人這寶貝名字叫做個軒轅鏡羊角道德真君取出這個鏡来打一照天師没柰何也自現了本相連人連草龍都吊將下来下面又撞着㚖金定日月雙刀藍面鬼火鎗三桿天師看見到也好笑没柰何只得丢下一根束髮冠簪兒来那簪兒颼地一聲响化作一條白龍馱着天師下海而去却説羊角大仙得了頭陣滿心歡喜跲

[illegible]仗着天曹寶劍左邊一個姜金定日月雙刀右邊一[illegible]無底洞火鎗三桿成羣結黨徃徃来来高聲叫道你既是天師怎麼敗陣而走再有本領敢来戰麼天師道這個妖畜如此無禮搪突於我卽時出馬也不用飛龍旗也不用皂坐纛也不用樂舞生也不用甚麼道七單騎着一疋青鬃馬仗着一口七星寶劍高聲罵道那騎鹿的草虫那三頭的惡鬼斷了你們好厚臉皮人生在天地之間秉陽精而為男子男正乎外夫者妻之綱豈可以區區男子六尺身材反被一個妖婦所惑反為一個婦人指使巾幗之辱撻于市朝何况于你男女溷雜晝夜不分成一個甚麼道理縱有大功難收此耻羊角仙人聽知這一席話兒心上老大的没趣只是勉強答應道你敗兵之將不是以言勇反来搖唇鼓舌惑

亂我的神机道猶未了姜金定在左壁廂輪動日月雙刀徑奔到天師的面上右邊藍面鬼掣過三桿火鎗竟奔到天師的身上天師急架相迎前面羊角仙人又是劈頭的寶劍天師那一口七星寶劍

一冲一撞說甚麼李天王降妖魔於曠洞之野　一架一迎那數他揭帝神收魍魎於陰山之前　鎗的鎗刀的刀劍的劍管敎他難尋半點空閑　撇處撇捺處捺長處長到底是不爭分毫差錯　一任他一二三抖擻威神恁般的喊聲震動　但憑俺七八九設施武秇全不見戰馬咆哮　劍舞八方儼然是個乾坎艮震巽离坤兌之位　威生八面竟然打破他休傷杜絶驚開生死之門　風行雷令就是須弥山卽如芥子何愁他鐵疊金城　火速符飛縱然大羅殿就在目前豈惧你兇神惡煞

誰不道我龍虎山龍虎衙龍虎真人統領着貔貅百萬　却笑你小西洋羊角山羊角洞羊角草仙牽連的麞麂一班　正是

走入邊崖石逕斜　無端魍魎肆揶揄　豈同三戰劉先主
直是鍾馗把鬼拿

却說羊角仙人看見張天師来的不善轉身取過水火花籃兒拿動寶貝天師眼児又快早知其意卽時取出一道飛符放在寶劒頭上焼了念了兩句喝了一聲早有四個天將站在面前及至羊角眞君又取出那個軒轅鏡来實指望天師照依前番落馬不曉得天師到不曾落馬恰被黑臉獠牙的趙元帥照頭一鞭打得個落花有意隨流水流水無情恋落花好個趙元帥左一鞭左邊姜

金定慌了隨着鞭梢兒一道火光入地而去右一鞭右邊無底洞三個頭只剩得一個四隻臂只剩得一隻拽着鎗没命而跑天師謝了天將得勝回来元帥老爺道多蒙天師道力殺退此賊但此賊一日不擒此國一日不服設何計以擒之天師道今日天晚尚容明日貧道再作一個處置到了明日不待天師出馬那個羊角仙人又領了姜金定藍面鬼陣前討戰天師今番拿定了主意方纔出馬羊角仙人見了天師一口寶劍斜撇而来天師七星寶劍急忙架住一上一下一徃一来兩個人正戰在酣處只見左肋下姜金定斜刺裏日月雙刀滚將来左邊就有一個天師一口七星寶劍单戰姜金定兩家正戰在酣處右肋下三頭四臂鬼斜刺裏三桿火尖鎗刺將来右邊就有一個天師一口七星寶劍单戰三

頭四臂鬼。正戰在酣處羊角仙人高叫道好道士你會分身法我不會使個分身法麽道猶未了。一個就是十個十個就是一百個天師高叫道好草仙。你會分身法偏我不會使個分身麽天師也是一個分十個十個分百個先是一百個羊角仙人。也是塞滿了黃草坡煎今番又添了一百個張天師就把個黃草坡圖得密密層層吆吆喝喝一百個羊角仙人。一百口飛刀。一百個張天師一百口七星寶劍混殺做一䭾兒也不見個高低也不分個勝負羊角仙人心裏想道兩家只鬪個分身之法何足為奇少不得還要拿出寶貝兒来耍他一耍。一手提着水火花籃。一手摸着寶貝兒天師的神眼豈當等閑先前就看見了。急忙的劍頭上燒了飛符喝聲到羊角仙人拿出那個軒轅鏡的寶貝兒来打一照兩家子

都收了分身法仙人即時跑向前来指望把天師拿住那曉得左邊猛空的撲地一聲响轉頭看時只見左邊跕着一個三隻眼拿火碑的大漢掣將水火花籃兒去了。未及開口。右邊猛空的也撲的一响轉頭看時只見右邊跕着一個鉄幞頭拿鋼鞭的大漢一手掣將軒轅寶貝兒去了。未及轉身。那兩個大漢駕起一朶祥雲騰空而起羊角仙人也自騰空而起兩個要拿去。一個要搶来三個人絞作一堆兒在半空之上却說去了羊角仙人止剩得一個姜金定一個藍面鬼這兩個怎麽是天師的對手。天師把個嘴兒拱一拱那兩個就是釘釘了的一般天師對着左邊喝一聲道賤婢你的日月雙刀怎麽不舞姜金定把個眼兒哭兩哭只是動不得也沒柰何天師又對着右邊喝一聲道小鬼你的火尖三桿鎗

怎麽不戳藍面鬼把個眼兒睜兩睜只是動不得也沒柰何天師道相煩閔元帥與我拿他過来。只見閔元帥圓睜鳳眼倒竪蚕眉怕他甚麽姜金定怕他甚麽藍面鬼少不得一条索。天師辭了天將解上兩個賊頭獻上中軍帳元帥麾下。三寶老爺道你兩個是甚麽人。一個道俺是金蓮寶象國女將姜金定一個道俺是羊角大仙徒弟無底洞三寶老爺道你兩個人少不得一死。只一件来死於王事不失為忠姜金定道既是女將們盡忠元帥這裏理合什放罷三寶老爺道怎麽什放得你自古道在商為義士在周為頑民三寶老爺又有些鬪氣叫聲左右的每人賞他酒一瓶肉一肩與他一個醉飽而死姜金定頭也不轉藍面鬼一口一瓶酒一口一肩肉左右道你怎麽喫得這等快哩藍面鬼道你豈不曉得

我是個無底洞左右道這一位怎麽不喫藍面鬼道他是個女將軍洞有底左右道既是有底怎麽會陷人哩藍面鬼道正叫做個有底陷人坑道猶未了。一枝令箭下来着俘囚解到帳下。三寶老爺道押出轅門外梟首示衆。王尚書道且慢老爺道怎麽且慢王爺道下戰斬首上戰輸心今日梟首之時也要他心服老爺道怎見他心服王爺道要他各人供一紙狀看他心下何如老爺道王老先兒說的就是即時責令兩個俘囚各人供狀一紙老爺道你兩人今日之死各人心服不服兩個人齊聲答應道心服老爺道你兩人既是心服各人供上一紙狀来姜金定道女將不知道狀是怎麽樣供老爺叫聲左右的取出供狀式様来與他看着姜金定看了供說道

供狀人姜金定係金蓮寶象國總兵官姜老星忽賴之女供爲違抗天兵自取罪戾事中國有聖人萬邦來享天兵西下自不合鞠旅陳師違抗不順以致戰敗擒俘理當梟首逆天者亡大復何辭所供是實

藍面鬼供說道

供狀人無底洞係羊角山羊角洞羊角道德眞君徒弟供爲妖邪煽惑良民自重罪惡事王者四海一家臥榻邊豈容鼾睡自不合倡妖惑衆抗拒天兵以致人國兵傷財盡是誰之過歟妖言者斬親于其身爲不善罪何可逃所供是實

三寶老爺看了供狀說道這兩人果眞心服王爺道得他心服絕是個王者順天應人之師旗牌官押赴轅門外梟首一個人一刀

煉性功成石屋丹光砂夜走

鎖魂瓶轉理壇紫氣夠秋橫

只見姜金定一刀一道黑烟撲天而去藍面鬼一刀一段白氣騰地而去旗牌官報上中軍帳三寶老爺道快問天師不知天師有何高見曉得他是個甚麽脫殼金蟬且聽下回分解

○○

第二十八回

長老悞中喻魂瓶　破瓶走透金長老

詩曰

爲問西洋事有無　猙獰女將敢糢糊　防風召固終成戮
獮狖強梁竟作俘　可汗頭顱懸太白　閼氏妖血濺璵璠
任君慣脫金蟬殼　難免遭俘獻帝都

却說三寶老爺聽知轅門外刀下不見了人一時未解其意請問

天師天師道黑烟是火囤白氣是水囤三寶老爺不准信說道師是他會水火二囤怎麽初然肯受縛而来怎麽末後肯寫供狀王尚書道似此綁縛怎麽得脫天師道二位元帥不信即時就見分明道猶未了藍旗官報道所有妖道身騎着八叉神鹿手持寶刀帶領姜金定藍面鬼還有一枝番兵番馬聲聲叫道放火燒船張天師不在心上单要生擒金碧峰長老原来羊角仙人是個仙籍上有名的主兒就是馬元帥趙元帥赦擅便總然爭鬭一塲水火籃軒轅鏡俱已付還他了故此他又下来討戰三寶老爺道果真的這些番狗死而不死着實是不好處他天師道此時天晚莫若擡將免戰牌出去俟明日天晚再作道理邦說羊角仙人看見了免戰牌高吊道你們有耳朶的聽着我們今晚且回明日来单要

你甚麽金碧峰出馬其餘的到不来也罷三寶老爺聽知他這等吆喝心上老大的喫力到了明日早上請出王尚書来大家計議王爺道今日妖道再来我和你說不得了来說是非者便是是非人還只在國師身上纔好不然連我等的性命都是難逃道猶未了妖道又来討戰不要别人坐名要金碧峰長老王爺道說不得了只得拜求國師老爺道見教的極是即時相見國師國師道連日勝負何如三寶老爺道這個金蓮寶象國如何這等費手也長老道怎麽費手老爺道前日有幾員番將武執頗精神通頗大俟憑朝廷洪福國師佛力俱已喪于學生的帳下諸將之手故此不曾敢来驚犢國師近日出一女將名喚姜金定雖是一個女流之輩賽過了那七十二变的混世魔王好利害哩好利害哩多虧了

天師清淨道德敗了他幾陣不料他到個甚麽羊角山羊角洞請下個甚麽羊角道德真君来那真君騎一隻八叉神鹿伏一口飛天寶劒帶領了一個小道童三頭四臂一手就伸有三丈多長硃砂染的頭髮青靛塗的臉兒遭番廝殺来諸將不能取勝昨日天師一戰妖道雖不曾大敗却也不能大勝今日妖道又来討戰口口聲聲不用他將交鋒坐名要國師老爺出馬故此俺學生輩不識忌諱特来相懇長老道善哉善哉貧僧是個出家人慈悲為本方便為門怎麽說個出馬二字就是平常間掃地也恐傷螻蟻命飛蛾可惜紙糊燈三寶老爺心裏想道國師道個話是個推托的意思王尚書心裏想道國師退托我們下西洋的事就有些毛巴子縻兒只有馬太監在座到是個肯說話的他說道既國師不肯

出馬不如暫且寶船回京奏過萬歲爺再作道理長老道阿彌陀佛怎麽暫且回京馬公道用兵之道進退二者今日既不能進前莫若退後若做個羝羊觸藩進退兩無所據那時悔之晚矣長老道阿彌陀佛你們都不要慌待貧僧出去看一看来看這仙家是個甚麽樣子馬公道看也沒用處長老道自古說得好三教元来是一家待貧僧看他看兒不免把些善言勸解他歸山去罷馬公道道士乃是玄門中人不比釋教慈悲方便倘或他動了火性饒你會說因果就說得天花亂落如紅雨怎柰他一個不信何他尊口嗷然佯不知不如依俺學生愚見暫且回京的高長老道欽承王命兵下西洋豈可這等半途而廢待貧僧去勸解他一番看是何如長老站將起来把個員帽旋了一旋把個染衣抖了一抖一

尋扎了紫金鉢盂。一手拄着九環錫杖，念了一聲阿彌陀佛，把個鬍鬚抹了一抹，竟下寶船而去。王尚書走向前来問說道：「國師那裏去？」長老道：「貧僧去勸解那個仙家，叫他轉回山去罷。」王爺道：「你把自己的性命都不當個性命。雖說你佛門中曾有捨身喂虎，割肉飼鷹，那却是個朝元証果。你今日身無寸甲，手無寸鉄，傍無一人，光光乍兒前臨勁敵，豈不是個暴虎馮河？倘或有些些差池，怎麽走好？」長老道：「有個甚麽差池？」王爺道：「國師忒看輕了。昨日天師帶領着許多人馬，况有令牌符水隨身，况有天神天將救護，况有草龍騰空而起，若大的本領，尚不能取勝于他。你今日赤手空拳，輕身而往，豈不是羊入虎口，自速其亡？依我學生愚見，還帶一枝人馬去壯軍威，還帶兩員將官隨身擁護。國師，你心下何如？」長老低

了頭，半晌不開口，心裏想道：「天師雖則是外面擺列得好看，內裏兒怎比得我的佛力。」過了半晌，說道：「貧僧也不用人馬，貧僧也不用將官。」馬公道：「國師可用一疋脚力？」長老道：「貧僧也不用脚力。」三寶老爺道：「你們只管瑣瑣碎碎。國師，你去罷，全仗佛爺無量力，俺們專聽凱歌旋。」長老把個頭兒點了一點，竟下寶船而去。長老去了，馬公道：「國師此行不至緊，我們大小將官和這幾十萬人馬的性命都在他身上。」王爺道：「怎見得這些性命都在他身上？」馬公道：「我們當初那曉得甚麽西洋，那曉得甚麽取寶，都是天師國師所奏，故此纔有今日。到了今日，正叫做蒲團菓子，只看得他兩個人紅哩。昨日天師有若大神通，也不能取勝。今日國師此去，又未知勝負何如。倘或得勝，就是我大明的齊天洪福；倘或不能取勝，有些

差池，反惹他攻上船来，我等性命也是難保。」王爺道：「公公之言深有理，只是這如今事出無奈，空抱杞人之憂。」馬公道：「俺學生還有一個處置。」王爺道：「是個甚麽處置？」馬公道：「禀過元帥鄭爺，差下五十名夜不收，前去打探軍情。若是國師得勝，報進營来，我們安排金鼓旗旛迎接；倘或不能取勝，多遣將官，多發軍馬，助他一陣；再若是國師微弱，被妖道所擒，叫他作速的報上船来，我們攪動刻車，拽起鉄猫，擔蒲風篷，順流而下，回到南京，再作一個道理。王老先兒，你意下何如？」王爺道：「此計忝憑元帥鄭爺裁處。」禀過三寶老爺，老爺說道：「所言者是。」即時差下五十名夜不收，前去体探消息。怎麽南朝的夜不收會到西洋体探軍務消息？原来三寶太監是個回回出身，他知道西番的話語，他麾下有一枝人馬，專一讀番

書，專一講番話，故此有這一班夜不收，善能打探消息。却說這五十名夜不收離了寶船，望崖上奔着，國師老爺就早已看見了。原来西番俱是些些沙漠地界，無山林叢雜，無罔阜綿亘，五十名夜不收走得塵土迷天，故此老爺就曉得了。老爺心裏想道：「這五十個人，多應是元帥不放心，差下来打聽我的消息。只是俺却也要隄防他。怎麽要隄防他？我如今是個四大假相，前面羊角道士若是個妖邪草寇，便不打緊；若是那一洞的神仙，或是那一代的祖師，我少不得吊動天兵，少不得現出我丈六長的真相，少不得這五十個人看破了我。看破了我不至緊，你也說道國師不是個和尚，是尊古佛；我也說道國師不是個和尚，是尊古佛。自古道：真人不露相，露相不真人。却就枉了我湧金門外託生的功果。又且前面

有許多的國各國有許多的妖僧妖道有許多的魑魅魍魎張也捱我去李也捱我去我都去了却教這些下西洋的將官功績從何得来損人利已豈是我出家人的勾當故此我也要隄防他一番好個國師無量的妙用把手望東一指正東上只將一位神將下来朝着國師遶佛三匝礼佛八拜鳳盔銀鎧金帶藍袍手裏拿着一桿一千二百斤的降魔杵國師起頭看時原来是個護法韋馱尊者長老道相煩尊神把貧僧的四大色身重叠闈護不可泄漏天机韋馱道謹遵佛爺牒旨國師又把手望西一指正西上祥雲靉靆瑞氣盤旋一朶白雲落在草坡之下長老起頭一看只見一位尊神頭戴鎗風一字巾四明鶴氅越精神五花鸞帶腰間緊珠履凌波海外人長老道尊仙高姓大號那仙家拜伏在地說道

在下不足是個白雲道長長老道相煩尊仙可將白雲八百片遮住我南軍耳目不可泄漏天机白雲道長說道謹依佛旨須臾之間烏雲陡暗黑霧漫天坐营坐船的軍士还不至緊所有打听的五十名夜不收囁々嚅々都說道好古怪天有不測風雲人有旦夕禍福適纔明晃々的青天白日一會兒就是這等烏雲蔽日黑霧遮天只怕还有大雨来雨来却耍了我們沒脚手的不免到這個山凹底下躲一躲兒却說金碧峰長老一步々的望草地下来羊角道德真君早已看見沿海岸走着一個僧家頭長耳大面濶口方一手托着一個鉢盂一手拖着一根禪杖隻身獨自大搖大擺而来羊角仙人心裏想道来的就是南朝甚麽金碧峰和尚了只一件若是甚麽金碧峰他是南朝朱皇帝親下龍床四跪八拜

拜為護國國師他豈不領兵統卒他豈不擂鼓搖旗這还不是他一會兒又想道我這西洋却沒有個和尚想必就是他也罷是與不是待我叫他一聲看是何如高叫道来者莫非是南朝金碧峰長老麽原来三教中惟有佛門最善長老低聲答應道貧僧便是羊角仙人看見金碧峰這等鄙萎心裏想道過耳之言非不足信美金定就說得南朝金碧峰海濶的神通天大的名望原来是這等一個懦夫擒這等一個懦夫如几上肉籠中雞何難之有叫一聲無底洞你與我拿過那個和尚来無底洞寫供狀的醜酸陳氣總沒處發洩聽知道叫他拿過和尚来他便怒從心上起惡向膽邊生掣起那一桿火尖鎗飛過来直取金碧峰長老長老看見他的飛鎗戳到自家身上来說道善哉々々貧僧是個出家人怎麽

得這一鎗哩好佛爺々的妙用把個指頭兒畧節的指一指那無底洞兩隻脚就如釘々了的一般那無底洞一桿鎗就像泥團兒塑的一般無底洞分明要走脚兒誰擡分明要厮殺鎗兒不得起只得口々聲々吆喝着師父救弟子哩就叫出三丈長的全身来就叫出三個頭四個臂来就叫出硃砂染的頭髮藍靛塗的臉皮来長老看来笑一笑說道好說道你是個人你又不像個人好說道你是個神你又不像個神好說道你是個鬼你又不像個鬼全不在長老心上須臾之間長老起眼一看只見他頂陽骨上有三尺火光而起長老心裏想道此人不中相交的把隻僧鞋在地上拂了一拂佛爺々衣袖裏而走出一個小和尚来不上一尺二寸来長光着頭精着脚一領小偏衫数珠兒一大索朝着長老打一

訴說道佛爺着弟子那壁廂使用長老道你與我把前面的
無名鬼退了他其人纔小本事高強走向前去喝聲道無名鬼此
時不退等待何時無底洞反笑起來說道吃乳的娃〻就做和尚
小和尚道油嘴你还不退要費我的手脚即時取出一尺二寸長
的鉄界尺来照着無底洞的孤拐上樸簌一界尺打得個無底洞
跌番地上四脚朝天羊角仙人看見打番了他的無底洞心上老
大喫力高叫道好個出家人恁的兇哩焉敢就傷我徒弟連忙的
催動八叉神鹿走近長老身邊提起一口寶劍来望空一撇喝声
道中那口劍先從下而上復從上而下竟照着長老的頂陽骨砍
將下来長老把個指頭略節一指那口劍早已落在草地裏羊角
仙人見之大驚失色心裏想道這和尚不中看却中喫比着昨日

出自瓶中鳳翥鸞翔光日月

破瓶走透金長老

直来閣上龍吟嘯會風雲

的道士老大不同少不得也拿出那個寶貝兒来會他一會那忙
裏提過水火籃来一手拿着軒轅寶鏡望空一擲這個軒轅寶鏡
宜真不宜假長老丈六金身那怕他照只是長老本心是個眞人
不露相不肯把他照破了連忙的把個手裏鉢盂也望空一擲鉢
盂上去就把個軒轅鏡迎住了不能下来一個是佛門中天無二
日一個是玄門中國無二王两家子敵一個相當長老收了鉢盂
仙人收了寶鏡仙人心裏想道這個和尚本領高強不枉了南朝
朱皇帝拜他八拜〻為國師我只是尋常的家火耍他不通兵行
詭道不免安排個巧計教他喫我一虧纔見得我的本領纔不枉
了姜金定請我下山心上經綸已定方纔開口高叫道金碧峰我
聞你是南朝護國的國師一人之師相百官之領袖巍〻乎惟你

[illegible]仙你為師你享這等的大名还有些甚麽大本領麽長老道
阿彌陀佛貧僧是個出家人有個甚麽大本領羊角仙人道盛名
之下难久居你今撞遇着我是個真对手你也拿出些本領来綫
像長老道阿弥陀佛但憑仙人分付就罷貧僧有個甚麽本領拿
出来羊角仙人道也罷我叫你一聲金碧峰你敢答應我麽原来
金碧峰長老是個佛爺上臨凡佛力廣無邊無可無不可憑人叫
他長他就長叫他短他就短全不用半點兒心机鄧也憑你就是
[illegible]八天王也讓他不得他說道阿彌陀佛有問即對豈有叫我名
字我不答應之理羊角仙人道軍中無戲言長老道貧僧是個出
家人一言一語有個甚麽戲言羊角仙人高叫一聲道金碧峰長
老𡍩長老應一聲道有貧僧在這裏只見羊角仙人手裏一個三

寸長的瓶兒把個長老撈將去了撈將金碧峰去了不至緊早有
那五十名夜不收打探軍情的報上中軍寶帳馬公道快上寶船
撦動划車拽起鉄錨揝滿風蓬順流而下竟轉南京事在呼吸不
可遲疑自古道三十六行走為上策王尚書道三十六行走為上
策豈我們堂堂大將之事三寶老爺道大丈夫馬革裹尸人生自
古誰無死留取丹心照汗青怎麽說得一個走字道猶未了只見
非幻禪師早到了中軍寶帳說道列位但寬懷俺家師父君無本
領焉敢領兵來下西洋今日之事未辯是真是假即知是真他自
有個脫身之計又或者是個疑上添疑計中用計亦未可知也三
寶老爺道禪師言之有理這正叫做個知師者莫若弟子即時取
出一枝令箭傳示各營敢有妄報軍情者即時梟首示衆却說羊

角道德真君拿了一個瓶兒把個足兒足了瓶嘴叫一聲姜金定
你来姜金定連忙的跪下說道師父有何分付真君道我今日與
你幹了這一個大功姜金定說道師父怎麽就撈番了他真君道
他不合打番了我的無底洞故此我惱上心来用此毒計姜金定
道多謝師父的仙刀拿了這個僧人其餘的將官不在話下羊角
真君道徒弟你拿這個瓶兒去見番王羡你的十代功勞姜金定
說道這個瓶兒有些淘氣弟子不敢拿相煩師父進朝走一遭同
献功劳也不枉師父下山来一次真君不肯去姜金定决意要請
去羊角仙人看見他的心堅意堅和他同去跨着一隻八叉神鹿
左手提着一口寶劍右手拿着這個瓶兒番王下榻相迎說道寡
人有何德能敢勞祖師鶴駕未及遠迎望乞恕罪仙人道小徒之

請不得不然番王請羊角仙人坐在龍床上面自家下陪說道多
謝祖師仙力擒此僧家寡人的社稷堅牢江山鞏固自此以後一
時十二刻俱是祖師之大賜羊角真君道仰仗大王洪福𢹂着小
道本領擒此僧家實是難事番王道拿的和尚在那裏帶過来些
我看一看羊角真君手裏拿着一個瓶兒說道和尚拿在這個裏
面番王道怎麽和尚拿在瓶裏羊角真君道怎麽敢欺姜徒弟親
眼看見的番王道這是個甚麽瓶兒羊角真君道這個瓶儘有些
来歷番王道是個甚麽来歷羊角真君道這是元始天尊煉丹的
丹爐裏面有萬年的真火百代的真精番王道有多少年代哩羊
角真君道自從盤古不曾分天地之先已經燒煉了萬千多載及
至盤古分天地之後又曾燒煉了千百多年番王道怎麽会嚇人

哩真君道不是會哭人天地間只有這一股真精真氣放之則彌六合卷之不盈一掬一真相契翕受無遺番王道怎麽得那個人進來真君道我這裏先開了瓶口方纔叫那個人一聲那個人答應了一聲有大抵聲出于丹田聲到氣到〻〻精到故此就把那個人噏將来番王道叫做個甚麽名字羊角真君道叫做個噏魂瓶兒番王道炮魂可也噏得麽真君道噏炮魂就是個吃炮食的番王道祖師從何得来真君道這是我道家弟一個寶貝惟有德者有之番王道這和尚在裏面怎麽結果他真君道到了午時三刻便就化做了血水就是他的結果番王叫左右的快排筵宴一則欵待祖師二則守過午時三刻真君道把這瓶兒掛在金殿上正中梁上得等午時三刻再取他下来番王大喜設宴相待正是

一杯一杯復一杯　兩人對酌山花開　我醉欲眠卿且去
明朝有意抱瓶来

番王與羊角真君獻酧禮畢不覺的就是午時三刻以来真君叫道快取梁上的瓶兒来與我當有番官番將雙〻兩〻即時取過瓶来真君接着幌了一幌說道裏面金碧峰長老已経化成血水了明日擒了元帥燒了寶船天下太平黎民樂業大王再整一席太平宴番王道太平宴是小事只是難逢祖師這個寶貝何不傳授俺滿朝文武官員看一看一則見祖師之仙力二則慶希世之奇珍真君道此乃小事何足為奇即忙把個瓶兒遞將下去文與文共武與武連看了一週付還羊角真君真君接到手裏再幌一幌覺知道輕了些仔細看来只見瓶底上有一個針眼大小的窟籠真君吃了一驚說道吔罷了番王看見羊角道德真君吃驚把他也唬倒了問道祖師為何着驚真君道貧道這個寶貝百發百中饒他就是超凡入聖上界天星入在瓶中過了午時三刻未有不化成血水者那曉得這個和尚鑽了我寶貝的底火走了和尚不至緊壞了我的寶貝無藥可醫番王道一個和尚這等美謊其人的龍床坐不穩了真君道大王放心寬解容貧道暫且回山採些藥草補完了這個瓶兒再来與大王出力那時節盡數搬出我祖傳的本領来饒他活佛哭我一齣竟跨着八叉神鹿駕起祥雲望羊角山而去無底洞趕向前高叫道師父帶得弟子歸山去也罷真君道你暫且在那裏我不日又来姜金定說道全仗先鋒誠恐那和尚又来哩無底洞說道先鋒好做缺界　雖熬大家笑了一會却說金碧峰長老回到寶船非幻禪師只是鼓掌而笑三寶老爺道国師怎麽遭他的毒手長老道他是個噏魂瓶兒叫一聲應一聲就把個三魂七魄噏將去了老爺道怎麽又得回来長老道是貧僧把根九環錫杖擣通了他的底眼抽身而来老爺道他今番又来何以處之王尚書道只是一個不答應他任他叫得花如錦奴家只是一個不開言長老道到底不是個結局馬公道他的瓶底兒已経擣穿了怕他来怎麽長老道他肯甘心做個破家火一定要去泥補王尚書道就這個泥補裏面安個机彀長老道貧僧自有個安排畢竟不知長老是個甚麽安排且聽下回分解

〇〇

第二十九回

長老私行羊角洞　長老直上東天門

詩曰

白雲羊角石門開　八向蓬萊頂上来　四面峯巒排劍戟
九重烟霧幻樓臺　水清潭底龍常卧　風靜松稍鶴又回
一覺長眠天未曉　噙魂瓶底秖相催

却說長老說道貧僧自有個安排道猶未了一道金光逕到羊角山羊角洞口收了金光早有個本山的山神接住看見是個佛爺ゝ進佛三匝禮佛八拜說道不知佛爺ゝ降臨未曾遠接ゝ待不周望佛爺ゝ恕罪長老道羊角道德真君可在這個洞裏山神道在這個洞裏長老道此時可在洞裏麽山神道因為佛爺ゝ把他寶貝兒搗壞了他方纔進得門來氣冲ゝ分付徒弟有底洞看守

羊角洞前緩帶看花春二月

金蓮國内登壇灑酒雨千峰

了那個水火花籃兒可為道花籃兒裏面有許多的宝貝不可輕易我下山去採些藥草回来補煉噙魂瓶底因此上下山去了不在洞裏長老道羊角大仙今日下山怎麽樣打扮山神道他今日下山挽的雙丫髻穿的白道袍繫着一条黃絲縧麻窩子暑襪高不高長老道手裏拿着甚麽山神道手裏提的另是一個小藍兒長老道你們且廻避着山神廻避了好長老搖身一変就変做一個羊角真人一般無二挽的雙了髻穿的白道袍束着一条黃絲縧麻窩子暑襪一般高手裏提着一個小籃兒搖ゝ擺ゝ擺進洞去適逢得那個有底洞的徒弟正在打盹長老裝做一個羊角道德真君叫一聲有底洞把個有底洞唬得他好夢忙驚醒顛徃不自由長老又故意的罵上两声說道着你看水火花蓝兒原来只

在這裏打吔有底洞說道方纔把個眼皮兒睞一睞那曉得師父就来長老故意的說道我不曾下山去哩有底洞說道原来不曾下山去却就捐將回来長老故意的說道是我下山去走了幾步忽然間想起来那個碧峰和尚本領高強他倘或到這裏做個犬吠雞鳴滑度關却不坑殺了我不如帶在身邊萬無一失那有底洞正然要去臨睢巴不得個寃家離眼前說道師父說得有理不如你拿去罷省得弟子耽驚受怕的長老又故意的說道拿過籃兒来有底洞雙手捧着個籃兒長老取了個喻魂瓶又故意的叮囑道這一件寶貝是我拿去藍兒裏面别的寶貝還多哩你再打吔我回来和你講話有底洞心裏想道騎馬不撞着親家公騎牛便就撞着親家公方纔打得一個吔惹得師父說了這許多涝氣

却說金碧峰長老得了仙家這一個寶貝。金光一道早上了寶船三寶老爺說道適来國師為甚麼匆々而去長老道也只為着個喻魂瓶兒老爺道怎麼為着個喻魂瓶兒長老道貧僧料定了那個仙人去下山採藥是貧僧差了一個術法賺得他的瓶兒来了老爺道在那裏長老道在這裏老爺道借與俺學生瞧一瞧長老即時把個瓶兒遞與三寶老爺老爺道原来這等一個瓶兒只有三寸来長二寸来闊就像白玉石碾成的一般馬公道這等一個小瓶兒如何裝得一個老大的人在裏面長老道此乃仙家妙用可以大大則包山吸海可以小。小則針鼻子不能容。可以輕々則無一七之力。可以重々則這等一個寶船也可以裝載得寬芍綽芍。馬公道原来這等妙借俺學生看一看各公々俱看了一看說

道可將此瓶傳示衆將今後遇着這等一個瓶兒叫你名字切不可答應長老道善哉々々。傳示各將官俱看一看這一看不至緊中間就有一段古怪蹺蹊的事出来是個甚麼古怪蹺蹊的事出来瓶兒遞與衆將官。衆將官看完了。仍復遞與金碧峰長老長老拿在手裏看一看。仰天大笑一聲三寶老爺道國師大笑笑着那一件来長老道這個喻魂瓶兒不是真的了三寶老爺喫了一驚說道怎麼不是真的長老道是那一個抵換去了。老爺道國師差矣衆將官俱是我帳下的人正叫做南来一路馮豈有個抵換之理長老道不是我這裏人抵換就是那羊角道德真君抵換去了馬公道羊角真君過来衆將官豈不認得長老道那大仙的本領不小他必然是変做我南朝的軍士。混在帳前攛々美々。美將去

了馬公道那裏変得這等一般兒断像長老道我怎麼変得像羊角大士王爺道查問傳遞官便知端的傳遞官說道只是船頭上提鈴的趙幼兒他說道只怕明日我也上陣錯答應了他不如借我看一看。想必就是他了。長老道就是他了。三寶老爺道怎麼来待這等快怎麼変得這等像俺心上到底有些々不准信長老道你不准信把個手指頭望西一指只見正西上吊將一位尊神下来素巾素袍素靴素帶看見佛爺々遶佛三匝禮佛八拜說道佛爺々呼喚有何使令。長老道你是何神其神道小神是西方揭諦神長老道羊角山羊角洞在你西方麼揭諦神道是在小神西方長老道洞裏有個羊角大仙你可曉得揭諦道小神曉得長老道他方纔下山採藥可曾回来麼揭諦道方纔採藥回来為着老爺的事

鬧了這一會長老道他怎麽鬧哩揭諦道他採了藥轉回洞中吆聲有底洞拿過喻魂瓶兒来待我来補着那有底洞道師父拿去了怎麽又問我要仙人道我下山採藥交付與你的你怎麽就沉沒了我的把個有底洞口裏只是叫屈仙人道叫屈也枉然我要我的寶貝有底洞說道你先前是交付與我々便與你看守着然後你下山去去不上一盞熱茶時候番身摺回来我又問你怎麽就来了你說是我方纔下山去走了幾步猛然間想起来那個碧峰和尚本領高強倘或他走將来搌去得我的去了却不是坑殺了我不如帶在身邊萬無一失我便連忙的遞與你你怎麽又来問我要反賴我況沒了你的師徒兩個你賴我々賴你賴了一會兒羊角仙人袖占一課早知其情即時駕起祥雲来到老爺宝船

之上可々的老爺船上都在看寶貝他就搖身一變々做個船頭上提鈴的花幼兒帶的是花幼兒的綠札巾穿得是花幼兒的黃披掛故意的說道只怕我明日也上陣錯答應了他不如借我也看一看他拿到手裏来就抵換去了長老道是了你去罷揭諦神駕雲而去長老一手拿了瓶兒一手叫左右的取過無根水一鍾来用指甲水一彈々在那個瓶上遞與老爺々々看時原来是張白紙剪成的老爺道怪哉々々有此異事傳下將令叫過花幼兒来傳令的回復道花幼兒連日發了絞腸殺不曾起来遞得有病狀在軍政司王尚書道這都是逼真的再不須查究只一件来馬公道那一件王爺道那仙人得了這個寶貝只怕他明日又来長老道我还去會他的馬公道好人不做到做賊長老道都是羊角道士做賊馬公道怎見得是羊角道士做賊長老道你豈不聞拺斬賊道道猶未了一道金光燭天而起却說羊角仙人取了寶貝轉回洞来好不快活也叫聲有底洞在那裏有底洞走向前去說道弟子在這裏師父你是真的你是假的仙人笑了一笑說道我是真的終不然師父有個假的有底洞說道那個金碧峰長老和師父一般々兒那曉得他是個假的仙人道你這是傷弓之鳥兒曲木以爲飛真的自真假的自假你也帶些眼色走就好了有底洞道師父你在那裏去来仙人道我去取寶貝来有底洞道可曾取得来麽仙人道是天々的緣分有底洞道怎麽是天大的緣分仙人道我去之時他們正在看這個寶貝是我变做了南朝一個提鈴的化幼兒接他的過来復手就把個白紙剪的換了他的有

底洞說道寶貝在那裏仙人袖裏取出一個喻魂瓶交付徒弟說道這不是有底洞大喜說道師父真好手段也仙人道我的藥草共是七樣已經有了四樣還少三樣我不免還下山去走一遭你今番却要仔細再不可被他誆騙了有底洞說道今番弟子曉得了師父来的遲就是真的師父来的早就是假的若是假的我一把揪住了他待等師父回来與他笑帳仙人道言之有理但我去後你須關上洞門免致疎失有底洞道是是羊角仙人離了洞門方纔要下山去々心裏想一想說道我還少分付了他一件却又揩回来敲一敲洞門有底洞聽見是那個敲門心中大喜說道今番却是金碧峰来也待我擒住了他功勞不小連忙的開了洞門也不管是張三也不管是李四一把擒住大喝一聲道唗金碧峰你

今番遭我手也仙人道徒弟我不是金碧峰我却是師父有底洞道你還来胡說我前番被你哄了致使我師徒們大鬧一塲我今日豈肯輕放於你仙人道我委實不是金碧峰有底洞說道你又来哄我我與師父計議已定大九来得遲就是師父来得早就不是師父豈有我的師父這早晚就摺回来也仙人道你放了我〻有話與你說有底洞道放是放不成你有話只管說来我聽着仙人道我轉来與你定下一個計策好拿金碧峰的有底洞心上還是半信半疑的說道是個甚麽計策仙人道若不定下一個計策這如今我分明是真的你又說我是假的佳會兒他分明是假的你又說他是真的却不錯惧了乾坤顛倒了日月有底洞道你定下個計策便是仙人道我和你做下一個啞謎兒大九是我回来

直上天門錫杖全收洲十二

長老直上東天門

誓平海怪金盂欲貯界三千

之時先把頭上巾點一點次二把腰裏的條抖一抖次三咳嗽三聲不論来遲来早俱是這個啞謎兒就是我真師父大九沒有這個啞謎兒就是假師父你便擒住他與他相鬧有底洞心下纔明了放下手說道師父饒罪師父饒罪弟子是個有眼不識泰山衝撞了師父仙人道徒弟我不怪你這正是你的小心處羊角仙〻定了這個啞謎兒放心大膽而去却說金碧峰到了羊角洞收住金光羊角山山神急忙的接住迭佛三匝禮佛八拜說道接待不周望佛爺〻恕罪長老道羊角仙人可在洞裏麽山神道方纔又下山去了長老道他今番又有甚麽事下山山神道他藥草共是七味還少三味故此下山長老道他的寶貝在那裏山神道還在洞裏長老道他今日下山之時怎麽樣兒打扮山神道他今日打

扮與每日不同此長老道是個甚麼不同山神道他今日頭戴的道遥搭巾身着的鴉青直裰腰繫的呂公絲絛脚穿的方頭雲履長老道他手裏拿着甚麼山神道他今日撇了小籃兒拿的是鵝翎羽扇長老道你且廻避着好個長老搖身一变就变做一個羊角仙人一般的模樣一般的打扮搖搖擺擺到羊角洞口叫一聲徒弟開門有底洞連忙的把個洞門開了只見衣服面貌都和師父一般只是啞𠰻兒不是師父傳的有底洞大笑了三聲說道金碧峰和尚你好不羞哩前番我是認不得你被你騙了今番我又認不得你麼我又把你騙麼金碧峰長老被他數說的啞口無言一道金光燭天而起有底洞看見長老走了不勝之喜嗄嗄的大笑了幾聲說道我師父好計策也長老聽知說好計策三個字他

便掉頭一處計上心来收了金光落下洞口山神接住說道佛爺爺還有甚麼使令長老道他這洞外可有甚麼隣居麼山神道山凹之中有一家子姓皮名字叫做個皮之和他與羊角大仙相厚朝夕往還長老道皮之和家裏可有個甚麼丫環小厮麼山神道皮之和有一個親生女兒叫做個皮大姐年方六歲他每日閑到洞裏来耍子長老道那皮大姐怎麼樣打扮山神道皮大姐頭上小小的一個頂鬏兒上身青布褂兒下身藍布裙兒脚下一隻精精緻緻的花鞋兒長老心裏想道皮大姐雖小兒字到多說道你且廻避着好長老搖身一变就变做個皮大姐頭上一個頂鬏兒上身青布褂兒下身藍布裙兒脚下一隻花鞋兒輕輕的款一款洞門有底洞說道今番是師父来也開了洞門只見是個皮大姐

有底洞說道皮大姐你来耍子哩皮大姐說道媽叫我来看看你有底洞說道看我怎的皮大姐道媽聽見你和那個爭鬧哩有底洞說道你和媽說是個南朝和尚騙我的寶貝哩皮大姐道騙得去了没有有底洞說道我師父出門之時有個啞𠰻兒故此不曾騙得去皮大姐道是個甚麼啞𠰻兒有底洞說道大凡是我真師父回来先把頭上的巾點一點次二把腰裏的縧扦一扦次三咳嗽三聲那和尚做得不像故此不曾騙得去皮大姐道我家去哩有底洞說道有慢你你明日再来補你果子罷有底洞又閉了洞門好長老得了這個啞𠰻兒心中大喜撇了皮大姐又变做個羊角大仙搖搖擺擺到洞門口来叫一聲徒弟開門有底洞聽知是師父的侯嗓說道門也開得我不耐煩了今番却是師父来也開

了洞門只見師父先把頭上的巾點一點次二把腰裏的縧扦一扦次三把個喉嚨咳嗽三聲有底洞看見是個真師父大笑一個不止碧峰長老怕泄漏了天机不敢笑故意的問道你笑甚麼有底洞說道我笑那和尚假充你来騙我寶貝是我識破了他他撞了一鼻灰而去長老又故意的說道今番虧了你有底洞說道也不虧我只是師父採的藥草何如長老故意的說道藥草俱全了拿出寶貝来我到後面山裏去補有底洞雙手遞過寶貝来長老又得了寶貝無量生歡喜竟往後山而去一道金光燭天早已了中軍寶帳見了元帥說了這一段情由各自准備羊角仙人再来厮殺却說羊角仙人採完了藥草歸到洞口做了三般啞𠰻兒有底洞說道你拿了寶貝又做甚麼啞𠰻兒羊角仙人大驚細問

一遍有底洞把個前緣後故細說了一遍羊角仙人大怒罵說道金碧峰你出家人心腸忒很我若不拿住你誓不回山叫一聲有底洞看了洞門待我去拿了和尚再来即時跨上八叉神鹿一朶祥雲竟落金蓮寶象國番王接着問道前日的寶貝補完了麽羊角仙人不好說道被長老得了只是含糊答應道完了姜金定接着問道師父寶貝補完了也說道補完了無底洞接着問道師父寶貝補完了也說道補完了番王道有勞仙長鶴駕遠臨叫左右的快擺齋来羊角仙人道不勞齋但看姜金定點兵出城以便綑綁却說姜金定即時點起番兵無底洞取出那一付臉子隨着師父出了哈密西關特来討戰金碧峰長老說道那妖道又来討戰少不得還是貧僧出去羊角仙人遠遠的高叫道好大胆的僧家

你三番兩次偷我的寶貝是何道理道猶未了取出一口寶劍念動真言宣動咨呪望空一撒喝聲道中那口寶劍竟奔國師頭上来長老慢騰騰的說道貧僧是個出家人怎禁得這一劍袖兒裏面把個指頭望空一指其劍斜刺裏插着草地之上羊角仙人大怒說道好和尚恁的欺人也把個八叉神鹿角上獻了一獻那個鹿就急走如飛手裏拿着一面魚鼓兒迎風幌一幌就变成做丈来多長碗来粗細的一根生鉄棍照着長老頂門上一棍劈將来長老說道善哉善哉唬殺了貧僧你這一棍来不把貧僧打做了一塊肉泥也叫一聲韋馱尊天何在韋馱尊天一手接住了那一根鉄棍那一根鉄棍輕輕的落在地下把個羊角真人激得只是爆跳如雷大叫一聲道氣殺人也好和尚你賣弄你有家私若不

擒你誓不回兵即時叫無底洞接過水火花籃兒來取出一件寶貝就像一箇小令字旗兒高叫道和尚那裏走把個令字旗照着長老的頂陽骨上一招這碧峰長老雖是三千古佛的班頭萬萬菩薩的領袖然却是杭洲城裏湧金門外四大的凡胎撲的一聲响把個長老跌在地下斜靠着那根九環錫杖一路白烟入海而去羊角大仙說道好了這個和尚却又乾脫了身明日再来定要生擒他去繞消咱恨却說長老歸了寶船轉到中軍寶帳三寶老爺道國師為何不能取勝長老道多應他手裏的令字旗兒是個引魂旛招了一招把貧僧的真魂招將去了老爺道却怎麽又得回来長老道多虧了我佛門中一位菩薩叫做護法伽藍擒轉了我的真魂老爺道國師怎麽又從寶船上轉上来長老道是我把

根九環錫杖指水水回而歸故此先上寶船後登尊帳老爺道似此征進之難何日是了長老道貧僧自有個道理老爺道還在幾時長老道好歹不出三日之外長老許了三寶老爺三日之內要取金蓮寶象國話便是如此說心上却也費好些經綸回到千葉蓮臺之上坐過了三更把個色身撇下現出丈六紫金身渾身上萬道金光騰空而起高張慧眼只見羊角道德真君頂陽骨上一道白光直冲東天門上佛爺道原来此人不是甚麽妖仙鬼仙乃是中八洞嫡支親派玉葉金莖佛爺爺尋思了一會到有兩分費周摺怎麽有兩分費周摺若不下手此人此人不肯干休若是下手了此人仙門上又不好看相猛然間得一良策佛爺爺說道去罷自古道究樹尋根我不免到東天門上去走一遭自有個妙處

金光罄處早已到了東天門々外就有兩個走脚報信的在那裏左邊跑過一個來佛爺叫聲道行者那行者連忙的走近前來只見他披襟凉吹臨秋扇滿耳松聲入夜琴佛爺道你叫做甚麽名字行者道弟子叫做清風行者道猶未了右邊又跑過一個來佛爺叫聲道童那道童連忙的走近前來只見他輪影漸移金殿碧鏡光頻浸玉樓春佛爺道你叫甚麽名字道童道弟子叫明月道童清風行者說道佛爺々何事降臨佛爺道我有一事特來請教天尊敢煩你們和我通報行者說道佛爺々說那裏話弟子即時通報道童說道佛爺々無事不來弟子就去通報佛爺笑一笑道清風明月無人管也解慇懃送暖來一個行者一個道童即時請進佛爺々到于火雲宮裏元始天尊接着分賓主坐下天尊道近

日聞得佛爺臨凡解釋僧伽尼會佛爺道因為臨凡這如今造下了許多孽障天尊道善哉々々佛爺々有何孽障佛爺道因為南膳部洲大明國朱皇帝欽命貧僧兵下西洋撫夷取寶纔到金蓮寶象國遇着一個仙家賣美他的本領誇耀他的高強貧僧有些不好處得天尊道佛爺々佛力廣無邊何難處之有佛爺道不是不能處只是不好處天尊道怎麽不好處佛爺道欲待不下手他他又不肯干休欲待要下手他那些々仙門上又不好看相天尊道佛爺々如此慈悲善哉々々今日下顧貧道尊意何如佛爺道是我昨日看見他頂陽骨一道白光竟冲東天門上必定是老祖師部下那一位仙長相煩老祖師查一查査得是那一位仙長相煩老祖師善言勸解他幾聲彼此有益天尊道既蒙佛爺々下顧貧

道即當細查分付行者燒起聚仙香念動追仙咒只見上八洞中八洞下八洞蓬萊閬苑三島十洲那一位仙長不曾查過並沒有一個思凡天尊道本部既沒有一個思凡想是那一部的佛爺道只我親眼看見他的的氣直冲東天門上豈有別部之理天尊道沒有指實故此難查佛爺道他有許多寶貝是貧僧取了他一件在這裏即此寶貝便指實了天尊道請拿出來看看佛爺拿着寶貝在手裏說道是這等一個瓶兒天尊看見大驚失色說道這是我火雲宮寶元庫裏的合魂瓶兒佛爺道敢是那一個妖仙闖進火雲宮偷了去的天尊道我這庫裏豈有那一個妖仙會偷得去快叫徒弟來把火雲宮寶元庫裏的寶貝查一查看是何如不知叫着那一個徒弟不知失了那一件寶貝且看下回分解

第三十回

羊角大仙歸天曹　羊角大仙錦囊計

詩曰

獨騎鵬翼抹滄溟　東有天門晝不扃　晴瀑遥分千澗碧
陰崖俯眺萬山青　篆烟縹緲龍金殿　絳節崔嵬倚玉屏
借問天尊何事々　紫雲深處度黃庭

却說元始天尊叫過徒弟來開了火雲宮的寶元庫查一查寶貝看是何如叫了幾聲只見一位仙長走將過來對着佛爺行一個禮却又對着天尊行一個禮佛爺道此位仙長是誰天尊道是貧道第二個徒弟叫做個魏化真人真人道師父呼喚有何法旨天

尊道你與我開了火雲宮寶元庫裏面的寶貝看是何如魏化真人即時開了庫查了一番唬得半日半日不敢走出庫門來天尊道查得何如真人不敢隱瞞只得直說庫裏不見了四件寶貝天尊道是那四件真人道一不見斬妖劍二不見軒轅鏡三不見陰陽瓶四不見引魂旛天尊道陰魂瓶是甚了佛爺道他還騎着一隻八叉神鹿也是個指實天尊道快查後園中的神鹿看是何如只見看園門的行童說道是大師父牽的去了天尊道原來就是這個孽畜思凡快叫看庫門的行童來問他是那個拿得寶貝去了只見看庫門的行童說道是大師父拿的去了天尊道這個孽畜敢如此大膽叫聲魏化真人快尋你師兄在那裏去了只見天門外直符使者說道真人跨了一隻八叉神鹿提了一個水火花

辭去番王氣高懸樓若海

羊角大仙歸天曹

歸來天府鰲簪褭綰髻湯侯

籃兒離了天門已經一時三刻了天尊對着佛爺上說道萬望佛爺上恕罪果是貧道部下的孽畜思凡多有得罪處佛爺道還是那位仙長天尊道是貧道大的徒弟名喚紫氣真人他跨了八叉神鹿離了天門已經一時三刻佛爺道正着了洞中方七日世上已千年他得了這一時三刻好不維持哩但只一件還相煩天尊的法旨天尊道既蒙佛爺下顧貧道敢有推却貧道把一件寶貝送佛爺上前去其中自有個處分佛爺道是個甚麼寶貝天尊即時分付一位尊者取出一件寶貝拿在手裏說道這個寶貝雖則是五寸來高二寸來圍就像一個筆筒兒的模樣其實好大的肚皮不拘甚麼寶貝但見了他恍一幌却都要歸到他處來你明日與他比鬭之時收盡了他的寶貝他自然反本還原這是個不戰

而居人兵的陣勢佛爺道叫做甚麼名字天尊道叫做個聚寶筒兒天尊交與佛爺〻〻佛爺〻無量化欽喜讚了天尊金光萬道一竟歸到千葉蓮臺依舊是個長老到了天明二位元帥一個天師各員武將那一個不來請討那一個不來問安徒孫雲谷說道師公還在打坐眼皮兒不曾擡酆都說是國師好寬心也那曉得他一夜無眠到五更天宮地府都遊遍來次日高三丈羊角大仙又來喊殺連天鼓聲震地長老扒起來一手鉢盂一手禪杖走上崖來說道貧僧是個出家人你怎麼這等欺人也羊角大仙看見長老高叫道你那和尚已知我的本領何不早〻投降直待我寶劍分屍那時悔之晚矣長老道善哉〻〻說個甚麼分屍好怕人哩仙人高叫道我把你碎屍萬段你纔曉得怕人哩長老道善哉善

哉你這過頭話兒少說些只怕你今日也有些難為人哩羊角大仙聽見長老說他今日有些難為人就激得他怒從心上起惡向膽邊生掣過寶劍來望空一撇那口劍竟奔長老頭上來長老把個指頭兒指一指那一口劍就掃在地上羊角仙人大怒罵道好大膽和尚敢壓污我的寶貝麼叫聲無底洞拿過水火花籃兒來即時取出軒轅鏡又望空一撇那個鏡竟奔長老身上來長老把個鉢盂仰一仰那一面鏡就吊在盂裏來羊角仙人看見兩個寶貝都不靈神心裏慌了說道敢是和尚添了些本領麼敢是我自家該倒運麼沒奈何只得拿出那個引魂旛來高叫道好和尚那裡走長老站着說道善哉〻〻我出家人走到那裏去羊角仙人把個鹿角上獻了一獻那鹿走如飛竟靠着長老相近仙人把引魂

旛到長老頂陽骨上一招長老把個禪杖點一點唬得那隻鹿倒走了幾百步那手旛倒反掃在羊角仙人頭上仙人收了這些寶貝心中好惱口裏不住的念呪手裏不住的掐訣只見長老說道你那仙長只顧下手別人別人可也下手〻你仙人道你有甚麼寶貝也拿來出陣看我怕不怕麼長老道你可怕我的禪杖麼仙人道任你打來就是我怕他怎麼長老把個禪杖一拋〻將去只見叫的一聲响一条千尺長的毒蟒把個羊角仙人緊〻的纏起來就像絞弓弦的樣子好個羊角仙人鹿角上獻一獻連人帶鹿一躍而起高叫道好和尚你說我怕禪杖不怕長老道善哉善哉禪杖是你不怕你可怕我的鉢盂麼仙人道任你丟將來就是我怕他怎麼長老把個鉢盂一拋〻將去只見呼的一聲响一片千

百斤重的磨盤壓在羊角仙人的頭上就像波斯獻寶一般好個羊角仙人鹿角上獻一獻連人帶鹿走過一邊去了高叫道好和尚你說我怕鉢盂不怕長老道善哉〻〻你是不怕鉢盂仙人道你還有甚麼寶貝你都拿出來長老道沒有甚麼寶貝只有你的瓶兒在這裏仙人道你偷得我的瓶兒做甚麼行止長老道你管他偷不偷只說你怕不怕仙人道那是我自家的寶貝我怕他怎麼長老道你若是不怕他我也叫你一聲你敢應麼仙人道但憑你叫我怎麼不應長老道軍中無戲言仙人道你前日不戲於我我今日豈戲於你長老雖是個慈悲方寸却有一般妙用絕勝于天他把個淨瓶兒放在鉢盂裏面方纔高叫一聲羊角道德真君哩直君隨口答應一聲有到應得一聲有連人帶鹿都在瓶兒

裏面去了長老心裏想道雖是仙家體面上不好傷損他這早晚
將午時三刻還遲不免也耍他一耍免得誤金碧峰不是等閑的
册主兒好長老把個足兒足了缾〻口叫聲羊角大仙哩大仙在缾
裏應道我在這裏長老道裏面可好哩大仙在缾裏應道裏面也
好長老道你今番可怕哩大仙在缾裏應道有甚麼怕也長老道
你可要出来哩大仙在缾裏應道我要出来怎的也原来羊角大
仙嘴硬實指望缾底上有個眼兒只要一鑽就是那曉得金碧峰
是個心細的曉得缾底上有些舊病把個缾兒又座在鉢盂裡面
羊角大仙在裏面撮〻弄〻弄不通了叫做個鑽之彌堅上天無
路長老拿着缾兒在手裏覺的裏面有些費周摺了又叫上一聲
道羊角大仙可在裏面哩大仙在缾裏應道我在裏面也長老故

出像西洋記　卷之六　五十九

意的吊他一聲道羊角大仙你再一會兒好出来賣鹿脯哩大仙
歎了一口說道但憑你罷了長老本是個慈悲方寸又且仙家分
上故意的把個鉢盂拿開了單單的一個滑缾兒拿在手裏長
老就帶的道輕了些叫一聲羊角大仙哩只見羊角大仙跨着一
隻八叉神鹿手裏拿着一桿一丈二寸長的黃旗兒纏着長老纏
了一轉口裏很着一聲道我在缾外哩你不看見我麼長老早知
其意說道善哉〻〻我到放鬆了你〻就来恩將仇報也還遲的
把個九環錫杖點一點只見忽刺〻一聲响吊將一個無大不大
的石井圈兒在長老面前長老道阿彌陀佛你就把個石囤兒来
囤我哩大仙道好和尚你偷得我的寶貝反来害我〻偏然不怕
我把這等一個小圈兒奉承你你怎麼怕的很哩長老道你說我

怕我不如和你結果了他罷好長老舉起個九環錫杖輕〻的照
着井圈兒敲了一敲只見井圈兒渾身火爆撲的一聲响〻做了
兩半個羊角仙人大怒罵說道你這賊禿敢這等無禮損傷了我
的寶貝一不做二不休你来我教你喫我這一劍掣過劍来望空
一撇口兒裏念着手兒裏捻着實指望這一劍斷送了這個和尚
那曉得今日的和尚又不是昨日的和尚只見他把個偏衫的袖
兒幌一幌那一口劍竟飛到他的袖兒裏面去了羊角仙人見之
喫了一大驚心裏想道這是個甚麼法兒我這口劍是我師父的
斬妖劍百發百中縱不傷人罷那裏有個跟人走的道理高叫道
好和尚你怎麼把我的劍袖了去長老道善哉〻〻非是我要袖
他却是他來袖我羊角仙人連忙的把個軒轅鏡兒念〻捻〻着

出像西洋記　卷之六　六十

實的望空一撇那個鏡兒竟奔着長老身上来長老又把個袖兒
幌了一幌那面鏡却也飛到袖兒裏面去了羊角仙人看見去了
斬妖劍又去了軒轅鏡心上却慌了暗想道沒有了這寶貝怎麼
轉得東天門怎麼得朝元怎麼得正果把個鹿角上左敲右敲〻
得隻八叉神鹿飛上飛下他騎在鹿背上就勝如騎在老虎背上
長老曉得他的意思却又吊他一聲說道大仙你水火花籃兒裏
面還有寶貝沒有把個羊角大仙激得怒發如雷高聲罵說道好
賊禿你欺負我沒有寶貝麼我今日和你做一場不是你便是我
長老道善哉〻〻我一個出家人有甚麼做得羊角大仙驟鹿而
走〻近長老身邊把那一手小令字旗兒照着長老的頂陽骨上
一閃長老把個袖兒幌一幌那手旗兒又走到長老的袖兒裏面

去了。把一個羊角大仙就唬得他魂不歸身。那曉得是箇聚宝筒兒。心裏想道原來這個和尚好大來歷也。這些寶貝除是我師父元始天尊纔用得他，纔收得他。似此之時，這和尚那不與我師父齊驅並駕，好怕人哩。心裏又想道我在金蓮寶象國誇口一場，豈可就軟弱於他。只得赤手空拳，勉強支起一個虛心架子。高叫道好和尚，你把我的寶貝都騙了。你敢何如於我。長老道善哉善哉。我是個出家人，有甚麽何如於你。仙人道你再不要把那個善哉二字來謊人。你既是善哉善哉，怎麽把我的寶貝都騙了。長老道不是我騙你的，我和你收了。勸你歸山去罷。仙人道我歸山我自歸山，怎麽把你挾制得我歸山。長老道說個甚麽挾制，自古道好放手時須放手，得饒人處且饒人。你去罷。羊角仙人當初說大了

羊角大仙翠壁千盤隨杖轉

錦囊妙計丹梯一線自天垂

話到如今收拾不來，故此只是一個不肯去，硬着嘴說道我不去，你敢叫人拿我麽。長老道拿你就不好看相。仙人道你便拿我，其柰我何。長老心裏想道不唬他一唬，他到底不肯認輸。好長老，把個脚下的僧鞋梭了兇梭。只見偏衫袖兒裏面走出一班小和尚來。大畧只有一尺二寸來長。一個個光着頭，一個個精着脚，一個個一領小偏衫，一個個手裏一根鉄界方。照着羊角仙人脚跟上擂。一夥小和尚也不計其數，把個羊角仙人打慌了。仙人也沒柰何，只得騰雲而起。長老道你去了罷。羊角仙人說道受了你這等的欺侮，豈肯干休。我怎麽就去。長老道你師父叫你去罷。羊角仙人道你這說謊的和尚。那一個是我的師父。長老道元始天尊不是你的師父。仙人看見扦實了他，老大的沒趣，只得強口說道就

是我師父他不在這裏也不柰我何長老道你師弟叫你去罷仙人道你這和尚又来說謊那一個是我師弟長老道魏化真人不是你的師弟仙人看見他露了相越加慌張只是沒柰何仍舊強着口說道就是我師弟他不在這裏不柰我何長老道你說不在這裏那前面的是那個嘐得個羊角仙人把頭一起開眼一瞧果真的雲裏面是個魏化真人魏化真人說道師兄快轉火雲宮裏去師父在那裏發激哩羊角大仙道我還有寶貝不曾得來魏化真人拿着個聚寶筒兒在手裏說道已交還你的寶貝平白地逼勒個羊角大仙一天妙計難尋路八面威風總是空羊角大仙好難處哩將欲不去違了師命不得朝元將欲去了便饒了和尚辜負了姜金定却還是朝元正果的心勝只得把個鹿角上敲一

敲騰空而去口裏恨兩聲說道和尚机深不中相交的一面騰雲而去一面差下一個急脚鬼把三個錦囊計送與姜金定教他依計而行自有安身之策却說無底洞看見師父騰起雲来連忙的吆喝道師父帶我去哩師父道你快来剝剝的騰起雲去早被一個一尺二寸長的小和尚一鉄界尺打番了在地上徒弟不得師父到手師父也顧不得徒弟這叫做夫婦本是同林鳥大限来時各自飛姜金定得了三個錦囊看見事勢不諧化作一道火光而去金碧峰一手一個鉢盂一手一根禅杖就像一個化齋喫的和尚慢騰騰的轉到寶船上来只見二位總兵元帥一位天師各各武將各各謀臣雖不見長老鞭敲金鐙響這些人也齊唱凱歌聲三寶老爺道多謝國師佛力莫大之功長老道貧僧是個出家人也只是勸解他一番有個甚麼功績三寶老爺說道國師前日喫他的寶貝許多苦怎麼今日又收了他的寶貝長老却把個東天門元始天尊的始末細說了一過衆位都說道多虧了國師佛力長老道貧僧受了朝廷的勅旨不得不然王尚書道原来這個羊角大仙就是紫氣真人長老道便是王爺道却是個有名神道故此猖狂馬公道只怕他去了還来長老道朝元正果到不要緊尋非爭鬧到要緊道猶未了只見一尺二寸長的和尚尚帶得無底洞来回話長老道跪的甚麼人小和尚道弟子是阿難使者帶得無底洞来回佛爺爺的話長老道阿難迴避了罷無底洞你跕起来無底洞說道不敢長老道你是羊角仙人的徒弟麼無底洞道小的是羊角仙人的徒弟長老道你怎麼會三頭四臂三丈全身

無底洞說道非干小的之事都是師父教的長老道你原来是個甚麼出身無底洞說道小的是個漏神出身長老道怎麼叫做個漏神無底洞說道掠人之財減人之福妬人之有竊人之多如世上的漏巵一般故此叫做個漏神長老道你既是個漏神怎麼又来出家做徒弟無底洞說道只因這如今世上漏神出得多了漏不到那裏去故此弟子改行從善拜羊角大仙為師長老道改行從善這是你的好處我還問你你羊角洞裏還有個行童叫做甚麼名字無底洞說道那是小的小的師兄叫做個有底洞長老道他原是那個出身無底洞說道他原是個看財童子出身長老道怎麼叫做個看財童子無底洞說道不怕餓死飯不喫不怕凍死衣不穿看着這個銅錢一毛不拔故此叫做個看財童子一名守錢

奴兒長老道他做他的看財童子罷怎麽也来出家無底洞説道
他枉着了這一世財不得一毫受用如今省悟過来了故此也来
出家拜羊角大仙做師父長老道也好個如今省悟過来了我還
問你姜金定那裏去了無底洞説道適来俺師父上天之時又差
下一個急脚鬼送了三個錦囊計交與他他得了錦囊計他就化
作一道火光火國去了長老道你也去罷無底洞道小的到那裏
去長老道你還尋你師兄一同去脩行罷三寶老爺説道這個三
頭四臂的鬼王他前日臨陣之時唬嚇我們軍兵莫大之罪軍中
有功者賞有罪者斬不斬蕭何法不行怎麽放他去罷長老道貧
僧是個出家人慈悲為本方便為佛門今日只是上為朝廷下為
元帥不得已纔方拿住此人児蕪他是個改行從善的又還有一

個師兄在洞裏朝夕懸懸怎麽説個壞他阿弥陀佛看貧僧之面
饒了他罷馬公道放了他去他明日又同看姜金定撑出那一付
鬼臉子来那時懊悔之晚矣長老道饒他還来還在貧僧身上三
寶老爺道看我國師金面饒了你去你只好去説法聽經再不可
裝那神頭鬼臉無底洞拜謝佛爺而去老爺道羊角仙人雖去姜
金定又得了甚麽錦囊這個金蓮寶象國毙特收服得他長老道
寛容一日看他怎麽樣来道猶未了藍旗官報道姜金定又来討
戰三寶老爺道果中學生之計長老道貧僧告便但憑元帥調兵
遣將就是元帥即時傳下將令誰敢披掛出陣殺退姜金定將令
一出班部中閃出一員將官来鐵幞頭紅抹額皂羅袍牛角帶手
裏拿着一桿八十四斤重的狼牙棒座下騎着一疋烏騅千里馬

不[illegible]是征西前哨副都督張柏披掛未了班部中又閃出一員青
斗將官来束髮冠兜羅袖練光拖獅蠻帶手裏拿着一桿丈八神
鎗座下騎着一疋流金騙千里馬原来是金吾前衛應襲王良兩
員大將兩騎駿馬兩樣兵器一齊殺出陣来只見荒草坡前擺列
着千百隻有頭有角有皮有毛有蹄有尾黑蔞的水牛成羣遂隊
竟奔荒草坡前有一篇牛賦為証

　賦曰

嗟乎物之大者状若垂天之雲　禮稱三月在滌詩云九十其
犉　岐蹄者天穿鼻者人　或衣繡而入太廟或翔皷而正三
軍　尔牛来斯其耳濕濕　鼷鼠既忌于見傷風馬亦知其不
及　扣角伸甯戚之困燒尾救田单之急　或為軍事之占或

示農耕之候　畏彼髦頭寧為雞口　晉武以青麻彰德何曾
以銅鈎被奏　至于傷口吹卜用犢貫誠　或捩角而不售或
割肉而復生　倖劉寛之量達羡魯公之政行　多郭舒之寛
恕慕朱冲之不爭　中尉則駕之者赤桃根則献之者青　王
愷既聞其八百莳騎亦稱其千里　雖有雙筋且無四齒　别
有得于文山放之桃林　木則饋粮石則便金　設以福衡卷
之牢筴　愚公畜牸于齊山百里載塩于秦國　禴祭乃東鄰
之殺無妄見行人之得　袁宏見諷于羸牸華元應嘲于有皮
　遂布既因于王烈置芻亦見于羅威　復有戢人掌芻封人
供槀　彦田靡恃于墜井虗愷不烹而哀老　或憤于豚上或
置之樹柯　詹何既識于白蹄葛盧亦辨其三犧　甯慎占之

而入貢弦高用之而犒師　別有盆子主之以建業光武騎之以起兵　或為蔓于蔣琰或見解于庖丁　觀其豫章挈絹蒲鞴掛書　白則識李氷之綬青則駕老子之車　季知一搏而思過江酒但飲而無芻　又有蹋石成花塗泥求雨　或行詐而王帛戎華長而殺御　既擔矛而救犢亦結陣而却㡀　至若置于盆簽老在牢闌　角不失于三色香獨称于四膏　遇變致問喘月辭勞　稱精鑒者辞公晋遺書者晋祖　既曰不能執鼠又云難以逐兎　成牛宏之寬厚顯盧呂之仁恕　至于干足而富夜鳴則庴　顧憲仲文感史獄而人服時苗羊氏並居官而犢留　又有程鄭江竭婁提谷量　望氣知北夷之驗卜兆為司馬之祥　若乃嘉彼柔謹哀其觳觫　或蹊田而見奪或洗耳而為辱　丙吉已劳于問喘龔遂更懲于佩犢　正因官分耽牛人乃主于牵傍留寶諸賢和嶠亦勤于刺促　正是春暖飢飡原上緑　山深渴飲澗邉清　幾番潦倒斜陽後高臥南山看月明

却說荒草坡前擺列着千百頭野水牛姜金定撮弄々々弄得一頭牛背上一個小娃子一個小娃子手裏一条絲鞭姜金定騎在馬上念一念喝聲走那些々牛就望前走喝一聲快那些々牛就走得快南朝兩員將官陡然間看見喫了一驚王良道這是個甚麽出處張柏道這不過是個田单火牛之計罷了王良道我和你蛮殺他娘張柏道為將之道見可而進知難而退倘有踈虞貽禍不小王良道這决是那羊角道德真君的詭計那裏真是個牛張柏道假做的牛那裏有這等英勇活泛王良道快擂起鼓来一聲鼓响兩員將官左右隻上只見那些々水牛单奔狼牙棒張柏々々雖是力大心雄怎麽禁得這一羣千百頭牛何致使敗陣而歸姜金定得勝而回說道多虧了師父又助我這一陣也却說兩員將官歸来一個受傷一個平過元帥道好古怪哩兩員官一齊出陣一個卯牛就趕着這一個這是個甚麽緣故即忙去問國師國師道但問天師便知端的元帥又去請問天師不知天師有何高見且聽下回分解